KB233430

法律學辭典

[第 4 全訂版]

責任編輯委員
金 曾 漢

法 文 社

責任編輯委員

金 曾 漢

編 輯 委 員

安 二 濬
沈 泰 植
李 尙 圭
裵 基 玟
金 容 漢
金 鍾 源
朴 秉 濠
金 燦 奎
李 時 潤
金 鐵 容
李 好 珽
朴 昌 來

編輯審議委員

金 道 昶
文 鴻 柱
朴 商 鎰
朴 一 慶
徐 壹 敎
劉 基 天
李 英 燮
李 漢 基
鄭 榮 錫
鄭 熙 喆
韓 泰 淵
黃 山 德

(가나다順)

編輯補助委員

張 鎭 權　白 忠 鉉　鄭 烈
金 貞 夫　李 世 昌　金 贊 鎭
崔 昌 浩　鄭 東 潤　朴 英 植
閔 丙 國　黃 仁 喆　韓 龍 植

執 筆 者 (가나다順)

葛奉根
康文用
姜炳斗
姜海龍
姜鎬元
高在駬
高昌鉉
高漢俊
郭潤直
權景植
權寧星
權文澤
權純永
權五柄
琴榮祐
金璟祚
金起東
金箕斗
金箕範
金基善
金基洙
金基洙
金南辰
金道昶
金斗壽
金斗鉉
金斗煥
金麗洙
金文達
金炳圭
金炳燦
金錫宇
金錫鉉
金世新
金壽根
金順永
金永浩
金容圭
金容武
金容晋
金容泰
金容漢
金伊烈
金仁梧
金正均
金貞夫
金正實
金鍾洙
金鍾壽
金鍾源
金宗炫
金疇洙
金柱益
金駿洙
金曾漢
金　辰
金振雄
金鎭元
金燦奎
金鐵容
金致善
金兌奎
金泰柱
金學洙
金驃鎭
金漢基
金顯奎
金顯泰
金洪奎
金洪洙
羅憲洙
南興祐
盧永斌
文鴻柱
閔丙國
閔載祚
閔貞博
朴觀淑
朴光緖
朴德培
朴秉濠
朴三世
朴相源
朴商鎰
朴相弼
朴邵欽
朴勝夏
朴英植
朴永華
朴元善
朴源昌
朴鈗炘
朴一慶
朴在丰
朴貞根
朴鍾聲
朴準規
朴昌健
朴昌來
方順元
裵基玟
裵載湜
裵鐵世
白南檍
白忠鉉
邊圭現
徐燉珏
徐廷甲
徐柱實
徐壹敎
徐希源
成耆春
孫聖奎
孫珠瓚

鄭熙喆
諸吉雨
趙敬熙
曺圭大
趙鏞春
朱文基
朱宰璜
車洛勳
蔡汶植
蔡炳默
崔炳煜
崔光彦
崔大賢
崔　栻
崔龍煥
崔雲祥
崔載勳
崔鍾起
崔宗一
崔俊浩
崔昌浩
崔泰永
崔海泰
卓熙俊
韓建淑
韓己俊
韓相範
韓元道
韓昌奎
韓泰淵
咸秉春
玄勝鍾
洪永杓
黃山德
黃仁喆

法制史年代表 作成者 金潤泰

李完永
李龍九
李院錫
李允榮
李在澈
李廷植
李鍾河
李宗洽
李珍雨
李太載
李漢基
李恒寧
李亥雨
李鉉湜
李好珽
李熙鳳
林健默
林光澤
張庚鶴
張淳龍
張仁錫
張仁洙
張鎭權
田鳳德
田源培
全昌祚
鄭光鉉
鄭近永
丁洛鎭
鄭東潤
鄭明煥
鄭範錫
鄭榮錫
鄭一永
鄭在瑛
鄭鍾學
鄭暢雲
鄭熙彩

孫海睦
申東旭
申東旭
申宗淳
申駿湜
沈泰植
沈憲燮
安明基
安秉洙
安溶敎
安二濬
梁承圭
梁承斗
梁用植
嚴敏永
吳完洙
吳在煥
吳貞根
劉基天
劉守鎬
尹基鳳
尹世昌
尹熙慶
李光信
李圭復
李根祥
李根植
李東述
李範燦
李炳勇
李炳泰
李　俸
李三顯
李尙圭
李石善
李時潤
李英燮
李榮郁

第 4 全訂版　序文

법률학사전이 출간된 지도 벌써 35년이 되었다. 1964년 본 법률학사전이 출간되었을 때 학계에서는 韓國法學의 總力量이 集積된 大作으로 평가하였다. 당시 집필진은 말 그대로 우리나라 법학계의 대가들이었으며, 그분들 모두의 헌신적인 노력으로 이 사전이 완성된 것이다. 初版은 金曾漢·金道昶·安二濬 세 분 교수님의 주관하에 268명의 중견 학자들이 참여하여 이루어졌고, 그 2년 뒤 金道昶 전법제처장님의 주도하에 追補版을 냈으며, 그 후 4차에 걸쳐 李尙圭 변호사님 주관하에 新版(1973), 補訂版(1976), 第二補訂版(1980), 第三補訂版(1981)을 펴내어 오늘에 이르렀다.

그 동안 세계는 국제화·정보화 등 국내외적으로 큰 변혁을 겪었고 法律 분야도 수많은 改廢 과정을 거쳐 왔다. 새로운 法律用語와 判例들이 무수히 쏟아져 나왔고, 法域도 대폭 확대되었다. 그러한 사정임에도 국내 유일·최고를 자처하는 법률학사전이 1981년 제3전정판 이래 개정을 못하여 독자들의 끊임없는 改訂 요구를 받아 오던 차 금번 본사 편집국 주도로 법제처의 자료를 반영하여 5년여의 작업 끝에 第4全訂版을 내게 되었다.

본 제4전정판은 그 내용과 체제면에서 크게 바뀌었다.

우선 내용에 있어서 1999년 2월말 현재의 법령과 학설·판례를 바탕으로 3,000여 항목이 신설되었고, 전 항목에 걸쳐 수정이 가해졌음을 밝힌다. 또한 구법에 관한 것도 상당수 수록하여 현행법과의 관계를 밝혔고, 법철학·국제법은 물론 법제사·외국법에 관하여도 법학연구상 필요한 항목은 되도록 많이 수록하였다.

한편, 체제면에서도 상당한 변화가 있었는데 기존의 가변항목 중 필요한 것은 본항목에 흡수하여 재정리하였고, 活版 조판에서 컴퓨터 조판으로 版面을 바꿈과 동시에 活字를 키워 읽기 편하도록 하였고, 기존 해설 부분의 漢字 표기 일색에서 상당 부분을 한글화하여 독자들의 시대 감각에 맞도록 체제를 일신하였다.

금번 제4전정판을 펴냄에 있어 능력이 닿는 한 최선을 다해 새로운 법률용어와 바뀐 법령을 반영하려고 노력하였지만 아직도 不備한 점이 많다. 이 또한 完成에로 가는 하나의 발걸음이다. 그러기에 이번 개편 과정에서 내용상의 오류나 결함이 많이 나타날 수 있으며, 이는 전적으로 저희 法文社 편집국 책임임을 밝혀두는 바이다. 앞으로도 독자 여러분의 끊임없는 충고를 받아 보다 완벽한 사전이 되도록 노력하고자 한다.

1999년 5월 10일

法文社 編輯局

第三補訂版을 내면서

이 辭典의 第二補訂版을 펴낸 후의 지난 1년은 法의 理論面이나 實際面을 가릴 것 없이 눈부신 변화를 감수하지 않을 수 없었던 시기로서, 法學의 분야에 있어서도 여러 가지 측면에서 많은 의미를 가진다. 우선, 지난 해의 10월에 있은 國民投票를 통하여 全文改正된 憲法의 公布·施行에 바탕을 둔 第5共和國의 발족에 따라 갖가지 法制整備作業이 활발하게 이루어짐으로써 實定法秩序에 커다란 변동이 있었을 뿐만 아니라, 이른바 成長沮害要因으로 추정되는 법령의 改善을 위한 實務家와 學者들의 共同作業이 적극적으로 추진되고 있음은 周知의 사실이다. 또, 現代的 法現實에 視角을 맞춘 法觀念의 성숙과 法理의 전개에 따라, 우리 나라의 法學에도 괄목할 만한 변화와 발전이 있은 것도 또한 否認할 수 없다. 이 모든 일들이 이 辭典의 대대적인 補訂을 불가피하게 한 주된 요인으로 지적될 수 있는 것들이다.

이번의 補訂은 1981년 10월 1일을 기준으로 한 것으로서, 그 동안에 法令의 制定과 改廢가 워낙 많았던 탓으로 法令項目과 可變項目은 전면적으로 再構成·執筆하는 한편, 本項目의 경우도 5,000여 項目을 新設·補完 내지 修正하여 명실공히 最新法律學辭典으로서 손색이 없는 것이 되도록 힘썼다. 이 辭典이 國內法學界를 거의 總動員하여 學者와 實務家들이 共同執筆하여 이룩된 國內唯一의 것임은 앞의 版에서도 거듭 밝혀졌거니와, 당초의 의도대로 시시각각으로 발전하는 法學은 물론, 새로운 시대의 길잡이 구실을 다할 수 있도록 하기 위하여 이번에 다시 이 방대한 補訂作業을 하게 된 것을 못내 흐뭇하게 생각한다.

이 補訂版을 펴냄에 있어서 公務에 바쁜 틈을 내서 編輯企劃과 執筆을 위하여 특히 수고가 많았던 韓元道 法制處 第1局長을 비롯하여 張明根 및 金弘大 法制官과 尹榮宣 海運法務官에게 감사드리면서, 近者의 出版界가 안고 있는 여러 어려움에도 불구하고 이 辭典을 펴낸 본래의 뜻을 살리기 위하여 끊임없는 補訂을 감당하고 계시는 法文社의 金性洙 社長의 성의에 깊은 謝意를 표하지 않을 수 없다.

1981년 11월

李 尙 圭

第二補訂版을 내면서

國內 法學界의 力量을 總集結하다시피 하여 펴낸 이 法律學辭典이 간행된 지도 어언 16년이 흘렀다. “10년이면 江山도 변한다”는 말이 있지만, 江山을 변화시키리만큼 긴 10년에 6년을 더한 歲月이 흘렀으니 이 辭典의 내용에도 많은 變更이 불가피하게 된 것이 사실이다. 물론, 그 사이에 세 차례에 걸친 광범한 修正補完作業을 하여 이 辭典이 항시 내용적인 정확성을 유지할 수 있도록 노력하여 온 것이 사실이나, 法令의 새로운 制定이나 改廢가 빈번하였을 뿐만 아니라, 學問硏究의 深化 내지 分化와 아울러 判例의 集積 등에 따라 이 法律學辭典의 전면적인 修正·補完이 불가피하게 되었다. 이에, 이 辭典의 내용을 전반적으로 檢索하고 再檢하여 새로운 취급이 필요하게 된 項目을 신설하고, 旣存項目 중 변경된 사항에 대한 修正을 하게 된 것이다.

이번의 補訂에 있어서는 1980년 1월 1일 현재의 法令과 判例를 바탕으로 하였으며, 주로 環境法과 土地法의 분야, 民法의 改正에 따른 民事法의 분야 및 각종 行政關係法의 분야에 많은 손이 갔으며, 500餘 項目이 修正 내지 新設되었음을 밝혀 둔다.

이 法律學辭典은 初版의 序文에도 밝혀 있듯이 金曾漢 교수, 金道昶 법제처장, 安二濬 변호사 그리고 本人의 네 사람이 主軸이 되어 編輯 등을 맡았었기 때문에, 이 補訂作業에도 이 분들이 함께 參與하거나 적어도 이 분들의 意見을 들었음이 마땅한 일이라 하겠으나, 위의 세 분이 모두 시간을 낼 수 없어서 부득이 本人이 主動이 되어 補訂作業을 하지 않을 수 없었던 것을 못내 아쉬워 하며, 이 기회를 빌어 위 세 분의 諒解를 구한다.

그리고, 이번의 補訂作業에 있어서 法制處 韓元道 法制官, 慶熙大 具然昌 敎授와 司法硏修院生인 尹榮宣 君 및 吳容錫 君의 勞苦가 특히 컸음을 밝히면서, 여러 가지 어려운 가운데에서도 이 辭典을 항시 up-to-date한 것으로 하기 위하여 애써 온 法文社 金性洙 社長에게 감사드린다.

1980년 5월 1일

李 尙 圭

補訂版 머리말

法律學辭典의 내용을 항시 up to date하게 유지해 간다는 일이 얼마나 소중하면서도 어려운 일인지를 새삼 느꼈다. 全國의 거의 모든 法學界人士가 參與하여 2年餘의 긴 시일을 두고 힘을 기울인 결과로 얻어진 보람이 바로 이 法律學辭典이었고, 따라서 그것은 우리 法學界의 協同과 努力의 集積體라 하여도 過言이 아닐 만한 것이었다. 그 후 13년을 지나는 동안에 두 차례에 걸친 대대적인 修訂과 補完을 하였음에도 불구하고, 이번에 다시 광범위한 補訂作業을 하지 않을 수 없게 되었다. 새로운 法令의 制定을 비롯한 既存法令의 改廢, 判例의 새로운 傾向 및 새로운 學術用語의 등장 등이 補訂을 불가피하게 한 요인이라 하겠는바, 이는 또한 우리 나라 法律制度 내지 法律文化의 발전하는 한 모습을 반영하는 것이라고도 할 수 있을 것이다.

이번의 補訂에 있어서는 1976년 9월 1일 현재의 法令과 通說을 바탕으로 하여 法令項目과 可變項目은 물론 本項目에 이르기까지 전면적인 검토를 함으로써 法令項目과 可變項目을 전반적으로 改筆함과 동시에, 本項目에 대한 修訂과 새로이 필요한 項目을 新設 補完하였다. 새로운 出版物의 製作·發刊을 企圖하는 데 있어서는 매우 의욕적이면서도, 既刊行物을 間斷없이 修訂·補完하여 언제나 새롭고 충실한 내용의 것으로 유지하는 데에는 다소 인색한 느낌마저 없지 아니한 우리의 현실 속에서, 이 法律學辭典의 補訂에 끊임없는 관심을 쏟고 노력을 기울이는 法文社 金性洙 社長에게 깊은 謝意를 표하지 않을 수 없다.

끝으로, 公務에 쫓기는 틈을 내어 이 補訂作業에 직접 參與하여 애써 주신 法制處의 朴鋎炘·韓元道 兩法制官과 金世新 課長 및 張仁錫 參事의 勞苦에 감사를 드린다.

1976년 9월 20일

李　尙　圭

新版 머리말

이 辭典이 國內法學界를 總動員하다시피 하여 教授와 實務家들이 직접 共同執筆함으로써 이룩되어서 出刊을 보게 된 것은 1964년이었다. 그 후 1963년 12월 17일 이후 1966년 5월 1일 現在의 새로운 法令에 의거하여 약 200項目에 달하는 解說을 追補의 형식으로 보태어 1966年에 增補版을 간행하였었다.

이 法律學辭典이 法律의 研究와 實務에 필요한 基礎的 參考資料로서 큰 역할을 담당해 왔다고 하는 것은 編輯·執筆者 一同이 마음 속으로 흐뭇하게 여기고 있는 바이다.

그러나 1972년에 憲法이 새로운 制定이라고 볼 수 있을 정도로 大幅的 改正을 겪었고, 그에 따라 數百의 法律의 改廢를 보게 되니, 이제는 部分的 改訂만으로는 도저히 이 辭典 본래의 使命을 다할 수 없게 되었다. 그 使命을 다할 수 있게 하기 위하여는 폭넓은 改新이 불가피하다.

이 新版은 1973년 11월 1일을 基準日로 하여, 本文中 憲法과 法令의 改正에 따라 改訂을 요하는 부분을 改筆하고, 商事仲裁·簡易公判節次·少額審判事件·給付行政·統一主體國民會議 등 새로운 項目을 신설하였으며, 그 밖에 可變項目과 法令名은 전면적으로 改筆하였다. 그리하여 新設項目이 200餘에 달하고, 약 2,000項目을 改筆하였다.

이 作業은 愼重한 計劃과 치밀한 준비를 필요로 하는 것이었다. 그러나 初版 이래로 주동적 역할을 맡았던 本人이나 金道昶·安二濬 兩氏 모두 자기 일이 바빠서 충분한 시간을 낼 수 없는 사정에 있었기 때문에, 주로 李尙圭 國立圖書館長이 主動이 되어 朴銃炘 法制官, 韓元道 法制處總務課長, 姜昌雄 空軍法務官, 鄭正一 法制調査委員會 專門委員이 長期間 수고를 하셔서 脫稿를 보게 된 것이다. 위의 여러분에게 深甚한 謝意를 表하는 바이다. 대체로 公法을 주로 연구하는 분들인 것은 이번의 改筆이 公法關係가 많았기 때문이다. 그러나 改筆이 公法關係에만 국한되었던 것은 아니고 本書 全般에 걸쳤던 것임을 밝혀둔다. 또 항상 이 나라의 法律文化의 향상을 위하여 犧牲的으로 奉仕해 주시는 金性洙 社長에게 敬意를 表하여 마지 않는다.

이 新版도 舊板과 마찬가지로 각 방면의 이용에 크게 공헌할 수 있게 되기를 念願하는 바이다.

1973년 11월

金 曾 漢

追 補 序

이 辭典이 國內法學界를 총동원하다시피 하여 敎授와 實務家들이 직접 共同執筆함으로써 이룩된 韓國唯一의 法律學辭典으로서 出刊을 보게 된지 두 돌을 맞이하게 되었다. 이제 다시 法文社側의 용단으로 學生들을 비롯한 一般讀者들이 購讀의 便宜를 도모하기 위하여 보급판으로 새로이 丹粧한 모습으로 重刊을 보게 된 것을 同慶하여 마지 아니한다. 그와 함께 이 普及版에는 1963년 12월 17일 이후 1966년 5월 1일 現在의 새로운 法令에 의거하여 약 200項目에 달하는 解說을 追補의 形式으로 添加하였다. 이로써 이 辭典이 비단 法學에의 길잡이가 될 뿐만 아니라 시시각각으로 형성되어 가는 새 시대에의 길잡이가 되게 하여야 한다고 하는 애당초의 約束을 조금이라도 이행하였다는 의미에서 編輯에 참여한 사람으로서 한가닥의 自慰感이 없지 아니하다.

돌이켜 2년 전에 이 辭典을 編纂하던 당시를 회상하면 자못 胸中에 往來하는 感懷를 금하기 어려운 점이 있다. 세상에 쉬운 일 같으면서도 어려운 것이 學界의 共同作業일 것이다. 실상 解放後 20년이 지난 오늘날까지도 學界에는 安定이라는 것이 없다. 차분히 가라앉아서 각자의 硏究에 몰두할 수 있는 大學內的 및 大學外的 要件이 造成되어 있지 못한 것이 否認할 수 없는 사실이다. 이러한 어려운 환경 속에서 전국적인 규모로 多數의 學界人士들이 動員되어서 오랜 세월을 두고 한 가지의 프로젝트를 위해서 精力을 집중한다는 것이 얼마나 힘드는 일인가는 추측하고도 남음이 있을 것이다. 일찍이 兪鎭午博士가 이러한 編輯企圖를 보고 韓國사람들의 生活力이 强靭한데 새삼 놀랐다고 評하신 일이 있거니와, 결국 다른 말로 표현한다면 이 辭典은 誠意의 所産으로 볼 수 있는 것이니 이것을 編輯하는데 직접 펜을 들고 참여하신 敎授와 實務家 諸位가 구구한 利害를 초월해서 오직 이 나라 法律文化의 향상에 조금이라도 도움이 되겠다는 衷情에서 흔연히 협조한 까닭이라 아니할 수 없고, 그러한 의미에서 이 法律學辭典은 知識의 集大成이라는 것 이상으로 誠意의 集大成임을 否認할 수 없다. 그 無數한 誠意들이 활자의 형태를 빌려 이 辭典의 生命 속에서 영원히 脈膊치고 있을 것이고, 또한 辭典의 형태를 빌려서 우리의 精神世界 속에 길이 協同의 발자취를 남길 것임을 의심하지 아니한다.

또한 學界의 協同이 어려운 것과 마찬가지로, 事業家가 利害를 떠나서 어떤 사업을 기도한다는 것도 어려운 일이 아닐 수 없다. 著名한 學者들의 共著인양 名義만 借用하여 출판하는 것이라면 모르되, 學界의 진정한 협동을 出版面에서 媒介하려면 現下 우리나라의 諸般與件에 비추어 出版社側의 상당한 出血과 犧牲에 대한 각오가 필요한 것이니, 지금까지도 그러하였거니와 이제 다시 普及版의 형태로 이 法律學辭典의 重刊을 단행하는 法文社의 金性洙社長의 法學徒다운 識見과 情熱에 새삼 敬意를 表하여 마지 아니하는 所致이다.

그리고 여기서 한 마디 언급해 두고 싶은 것은 이 辭典의 責任編輯委員이신 金曾漢 教授가 뜻하지 아니한 身病으로 臥席中이라는 것인데, 평소에 健康과 精力에 있어 남의 追從을 不許하는 분인지라 안타까움을 금할 길이 없으며, 先生이 하루 속히 快癒하시기를 빌어 마지 아니한다.

끝으로, 이번 追補作成에 있어 勞苦를 아끼지 아니하신 關係編輯審議委員 · 編輯委員 특히 安二濬 · 李尙圭 先生을 비롯하여 梁用植 局長 · 李時潤 · 李好珽 · 金鐵容 諸教授 및 法文社企劃部長 朱信源氏에게 深甚한 謝意를 表하는 바이다.

1966년 5월 1일

第3回「法의 날」에 즈음하여

金 道 昶

머 리 말

약 2년반의 革命政府가 軍政의 旗를 내리고 政權을 民間政府에 移讓한지 5개월이 되어간다.

원래 革命이라고 하는 것은 法的側面에서 본다면 旣存 法秩序의 破壞를 의미한다. 그러나 그것이 破壞 자체를 위한 파괴나 정권의 장악만을 위한 파괴가 아니라 보다 나은 새로운 法秩序의 확립을 가져올 때에 거기에 革命의 正當性을 찾을 수 있는 것이다. 그렇기에 革命政府는 새로운 法秩序를 수립하려고 애를 썼고, 革命政府가 2년반 동안에 5·16革命前 13년간의 法律制定 總件數의 163%에 달하는 1,000여건의 法律을 制定한 것도 새로운 法秩序를 수립하려는 意慾의 표현이라고 말할 수 있을 것이다. 그러나 그 의욕이 넘쳐 흐른 나머지 法令의 改廢가 너무 頻繁하여 法의 安定性을 흔들리게 하고 法의 權威를 도리어 失墜시키지 않았는지 매우 우려된다. 그러므로 결국 革命課業의 핵심을 이루어야 할 새로운 法秩序의 확립은 아직 완성되지 못하였다고 하지 않을 수 없을 것이다.

그럴진대 法의 權威를 드높이고 새로운 法秩序를 安定性의 토대 위에 올려 놓는 일이야 말로 第三共和國의 最大의 課題이며 또 가장 焦急한 課題라고 하지 않으면 안된다. 法의 權威가 서고 法이 안정되지 못하는 한 民心의 안정도 經濟의 안정도 政治의 안정도 바랄 수 없다.

法의 權威가 서고 法이 安定性을 얻으려면, 爲政者나 國民이 모두 法을 尊重하는 精神에 투철하여야 함은 물론이거니와, 동시에 이 精神이 法의 知識과 法에 대한 理解에 의하여 뒷받침되지 않으면 안된다. 무릇 民主主義는 모든 國民이 法律을 자기네 스스로가 만든 것으로서 理解하고 批判할 것을 要請하는 것이며, 國民이 어느 정도로 이 責務를 自覺하고 法의 理解를 위하여 협력하느냐에 의하여 그 나라의 民主主義의 成長度가 좌우되는 것이다. 國民이 法을 理解함으로써 法이 「國民의 것」이 되는 것이며, 法이 國民의 것이 됨으로써 法이 政治의 道具로 떨어져서 朝令暮改되는 것을 막을 수 있는 것이다.

그러나 法을 알고 法을 理解한다는 것은 어려운 일이다. 그것은 한편으로는 法이 高度로 專門的인 것이기 때문이고, 다른 편으로는 法의 體系가 매우 방대하고 복잡하기 때문이다. 즉 첫째로 法에는 專門的 術語와 技術的 理論이 대단히 많다. 近來의 法令은 法律文章의 平易化에 많이 힘쓰고 있지만, 워낙 法에는 로마法 이래의 傳統的인 전문적 술어가 많아서, 이러한 術語의 정확한 槪念을 이해하지 못하고서는 法의 意味를 이해할 수 없다. 그리고 많은 新法令이 續出함에 따라서 새로운 術語가 또한 늘어가고 있다. 둘째로 法의 體系가 매우 방대하고 복잡하여, 한 개의 法律條文이라 할지라도 法體系의 다른 부분에 그 條文과 관련되는 어떠한 규정이 있는가를 머리에 두지 않고서 그 條文 하나만을 自足的으로 理解할 수는 없다. 더구나 革命政府 期間中은 法令의 改廢가 극도로 빈번하였기 때문에 어디에 어떠한 규정이 있는가를 찾아내는 일은 法律專門家에게도 極難한 형편이다.

이 法律學辭典은 이러한 애로를 극복함으로써 모든 國民이 손쉽게 우리 나라의 法을 理解할 수 있도록 돕고자 하는 의도에서 엮어진 것이다. 따라서 무엇보다도 먼저 모든 法域에 걸쳐서 法律上의 用語·概念을 빠짐없이 추려내어 간결한 설명으로 그 정확한 意味를 理解할 수 있게 하지 않으면 안된다. 이러한 요청에서 이 辭典은 필연적으로 小項目主義를 취하지 않으면 아니 되었다. 그러나 그 설명은 단순히 用語의 解說에 그치는 것이 아니라, 現行法의 내용을 손쉽게 파악할 수 있게 하고, 法令體系 속에서의 상호 관련을 제시하고, 또 되도록 法令改廢의 經路까지도 충실히 나타내어, 말하자면 하나의 法令百科全書로서의 一面을 갖추도록 힘썼다. 또 그와 동시에 現行法의 理解에 필요한 한도내에서 法哲學·法制史 및 外國法의 分野에까지 걸쳐서, 法律上의 基本的인 制度나 主義에 대하여 學理的인 解說을 해 주는 法律學敎科書로서의 一面을 兼備하도록 힘썼다. 卷末에 人名·法諺·法制史年代表를 붙인 것도 이런 뜻에서이다.

간편하게 찾아 볼 수 있는 한권의 辭典에 이러한 여러 가지의 要請을 담아 보려는 意慾을 가지고 이 사업에 착수한 것은 1962년 3월 1일이었다. 그 때에 그 사업에 착수하게 된 動機는, 1961년말로써 日政時代와 美軍政時代의 一切의 舊法令이 정리됨으로써 우리 나라의 法令體系가 一元化되어 面目을 一新하였으니, 軍政期間中에 다시 정비될 法令의 改廢를 보태어, 第三共和國이 발족하게 될 당시의 法令을 토대로 한 法律學辭典을 第三共和國 탄생 기념으로 세상에 내어 놓자는 것이었다. 그리고 또 釜山避難地에서 兪鎭午·高秉國 두 先生님을 모시고 金道昶·安二濬 兩敎授와 함께 靑丘文化社 간행의 法律學辭典을 엮은지 10년이 넘는데, 그 동안 法도 많이 달라져서 그 辭典의 이용도가 많이 줄었고, 한편 그 期間 동안에 우리 法學界에도 상당한 成長이 있었을 것이니, 그 때의 세 사람이 다시 한번 중심이 되어 우리 나라 法學界의 현단계에 있어서의 總力量을 기울인 것을 만들어 보자는 포부도 또한 있었던 것이다. 이 辭典의 執筆者가 1962년 3월 1일 당시에 全國의 각 대학에서 法律學講義를 담당하고 계셨던 분들을 거의 총망라하고 있는 것도 그 때문이다. 다만 이번의 辭典編輯에 있어서는, 兪鎭午·高秉國 두 先生님께서 너무 바쁘셔서, 두 분 先生님께 指導의 責任을 맡아주시기를 부탁드리지 못한 것을 매우 遺憾으로 생각한다. 그리고 처음에는 金·安 兩敎授와 本人 세 사람이 중심이 되어 編輯責任을 맡아 보다가, 後半期에 들어 와서는 公法關係에 일이 하도 많아서 李尙圭 法制官을 함께 모셔, 결국 이 네 사람이 끝까지 共同責任을 지고 이 사업을 담당하였던 것이다. 그러므로, 책의 體裁上 한 사람의 代表를 내세우자니 本人의 이름이 앞에 나왔지만, 실제로 일을 한 것은 위의 네 사람이 꼭 같이 共同責任을 지고서 하였던 것임을 밝혀 두는 바이다.

일에 착수한 후로 만 2년이 넘는 세월이 흘렀다. 그 기간 동안에는 우리 나라의 歷史에도 波瀾曲折이 많았지만, 이 辭典編纂事業도 극심한 隘路를 겪지 않으면 안되었다. 첫째로, 筆者의 수가 많으니까 簡粗·文體는 물론 그 取하는 學說에 이르기까지 不統一이 매우 심하였다. 그렇다고 筆者의 原稿에 함부로 손을 댈 수도 없고, 반면 한 권의 辭典속에 이러한 不統一을 그대로 담을 수도 없었다. 결국 筆者의 原稿를 최대한으로 존중하면서 전체적인 통일을 꾀하도록 하는 수밖에 없었으며, 그러느라고 썼다 버렸다 한 원고지가 무려 數萬枚에 달한다. 둘째로, 이 일을 하고 있는 도중에 法令의 改廢가 극도로 심하여, 原稿를 일단 完成했다가 고쳐 쓰고, 또 고쳐 쓰고 한 일이 이루 헤아릴 수 없을 정도였다. 法令名項目과 法令의 改廢에 따라 내용이 변동될 가능성이 많은 項目(可變項目)을 뒤로 몰아서 붙인 것도 이러한 애로를 극복하려는 데서 案出된 것이고, 이 辭典의 出刊이 民政移讓後 5個月을 기다리지 않으면 안된 것도 民政移讓 직전의 數日동안에 160여건의 法律이 公布되어 이에 맞추어서 原稿를 다시 손질하지 않으면 안되었기 때문이다.

이와 같이 多大한 隘路가 있었음에도 불구하고 2년여라고 하는 비교적 짧은 시일에 이 책이 出刊되기에 이른 것은, 처음에 原稿를 써 주신 執筆者 여러분들의 수고는 물론이거니와, 특히 그 다음의 編輯事業에 있어서 編輯審議委員·編輯委員·編輯補助委員이 渾然一體의 팀을 이루어 獻身的인 협력을 해 주신 덕분이며, 또 이 책이 일의 分量에 비하여 매우 짧은 時日內에 완성을 보게 된 것은 法文社의 關係職員 특히 白俊基 編輯部長과 朱信源 法學士가 놀라울 정도로 緻密한 計劃에 의하여 重複이나 浪費가 없도록 많은 사람들의 흩어진 노력을 하나로 集結시켜서 일을 추진시킨 결과이다. 이 책의 水準은 물론 첫째로 執筆된 原稿의 內容에 의하여 결정되어야 할 것이지만, 編輯에 있어서 全體로서의 統一을 꾀하고 조금이라도 內容이 더 풍부하게 하며 조금이라도 더 찾아보기 편리하게 하기 위하여 극히 微細한 점에 이르기까지 신경을 쓰면서 無盡히 애를 썼다는 것을 特記하고 싶다. 이 辭典이 과연 처음에 意圖하였던 使命을 어느 정도로 완수하였느냐는 各界의 批判에 맡겨야 할 것이지만, 執筆者와 編輯에 관여한 분들이 무궁무진한 애를 썼다는 것은 사실이며, 만약에 이 辭典이 우리나라의 現段階에서 비교적 높이 評價받을 수 있다면, 그 榮光은 全的으로 이 분들의 노력과 협력이 차지해야 할 것이다. 이 여러 분들의 勞苦에 대하여 衷心으로 敬意와 謝意를 表하는 바이다.

끝으로 이 辭典은 法文社 金性洙 社長이 出版事業 10周年의 紀念事業으로 세상에 보내는 것임을 또한 特記하지 않을 수 없다. 金性洙 社長은 서울大學校法科大學 출신의 法學士로서 그간 주로 法律書籍의 出版을 통하여 우리 나라의 法律文化 향상에 寄與하여 왔는데, 이 辭典은 그 10周年事業으로서 완전히 收支計算을 초월하여 오로지 이 나라의 法律文化의 향상에 하나의 礎石을 세우려는 衷情에서 萬難을 무릅쓰고 完遂한 것이다. 이에 그 壯志에 敬意를 表하며 앞으로 그의 出版事業에 一段의 躍進的 發展이 있기를 祈願하여 마지 않는다.

1964년 5월 1일

第1回 「法의 날」을 記念하며

責任編輯委員　　金　曾　漢

凡　　例

I. 編輯의 方針

(1) 項目選定의 範圍

우리나라의 현행법을 중심으로 하여 모든 法域에 걸쳐 法律上의 槪念·用語를 빠짐없이 항목으로 수록하도록 하였으며, 舊法에 관한 것도 상당수 수록하여 現行法과의 관계를 밝히도록 하였다. 또 法哲學·國際法은 물론, 法制史·外國法에 관하여도, 法學硏究上 필요하다고 생각되는 항목은 되도록 많이 수록하도록 하였다. 이와 반대로 法學 이외의 다른 社會科學에 속하는 것은 엄선하는 방침을 취함으로써 너무 산만하게 되는 것을 막으려고 하였다.

(2) 解說의 基本的 態度

해설은 字義의 풀이에 그치지 않고, 현행법의 내용은 물론 學說·判例에 이르기까지 간결하게 설명하였으며, 또 項目間의 유기적 통일을 기하도록 하고, 중복·모순을 피하여, 최소의 분량에 최대의 내용을 담도록 힘썼다. 學說의 대립이 있는 점은 원칙적으로 通說을 취하기로 하였으며, 이 사전 전체를 통하여 일관되도록 하였다.

(3) 基準日

항목의 선정과 내용은 1998년 8월 15일을 기준으로 하였다.

(4) 別途收錄

卷末에 별도로 法諺, 法令名, 人名 및 法制史年代表를 수록하였다.

① 法　諺: 로마法 이래 각국의 法諺으로서 法學上의 기본원리를 이루고 있는 것을 수록하였다.

② 法令名: 現行法令 중에서 중요한 것을 총망라하여 公布年度·法令形式·法令號數 및 내용의 설명을 붙여 수록하였다. 다만 法令일지라도 이미 폐지된 것이거나(예: 朝鮮民事令), 가장 기본적인 法律(예: 民法·商法·어음法·手票法·刑法·民事訴訟法·刑事訴訟法)은 기본항목에 수록하였다.

③ 人　名: 유명한 외국의 法學者를 수록하여 그 生涯와 業績을 해설하였다.

④ 法制史年代表: 로마法과 게르만法 및 敎會法에 있어서의 중요한 사항의 法制史的 흐름을 알기 쉽게 도표로 만들어 수록하였다.

Ⅱ. 編輯의 形式

1. 項目의 表示 및 排列

(1) 項目은 한글로 표시

항목은 한글로 표시하였으며, 漢字로 된 단어는 괄호 안에 한자를 부기하여, 項目檢索을 하는데 편리하게 하였다.

예: 집행(執行)의 방법(方法)에 관한 이의(異議)

(2) 가나다順에 의한 項目의 배열

항목의 배열은 다음의 子母順에 따랐다.

① 初　聲: ㄱ ㄲ ㄴ ㄷ ㄸ ㄹ ㅁ ㅂ ㅃ ㅅ ㅆ ㅇ ㅈ ㅉ ㅊ ㅋ ㅌ ㅍ ㅎ

② 中　聲: ㅏ ㅐ ㅑ ㅒ ㅓ ㅔ ㅕ ㅖ ㅗ ㅘ ㅙ ㅚ ㅛ ㅜ ㅝ ㅞ ㅟ ㅠ ㅡ ㅢ ㅣ

③ 終　聲: ㄱ ㄴ ㄷ ㄹ ㅁ ㅂ ㅄ ㅅ ㅆ ㅇ ㅊ ㅌ

(3) 複合項目

복합적인 항목은 처음 말의 音順에 따라 배열하였다.

예: 공법·사법(公法·私法)은 공법의 音順에 배열

2. 項目과 外國語

(1) 外國人名 항목의 표기

原名을 附記할 때에는 姓(surname)을 먼저 쓰고, 「반점」(,)을 한 다음 이름(Christian name)을 뒤에 쓰고, 生歿年代를 괄호 안에 밝혔다.

예: 「켈 젠」 Kelsen, Hans(1881~1973)

다만 文章 속에서는 이름을 먼저 쓰고 다음에 姓을 썼다.

예: 「마이어」 (Max Ernst Mayer)

(2) 外國語述語의 기재

각 항목에는 필요에 따라 대응하는 라틴어·영어·독일어·프랑스어 기타의 외국어를 기재하였다. 그러나 정확하게 해당하는 外國語가 없는 경우에는 기재하지 않았다. 라틴어의 j는 원칙적으로 i로 통일하였다. 同一外國語에 2 이상의 표현이 있을 때에는 양자를 구별하기 위하여 그 사이에 반점(,)을 찍고, 다른 외국어와의 사이에는 반점을 찍지 않았다.

예: 착　오(錯誤)　〔羅〕error〔英〕mistake〔獨〕Irrtum〔佛〕erreur

　　악　의(惡意)　〔羅〕dolus malus, mala fides〔獨〕böser Glaube, Arglist〔佛〕mauvaise foi, dol

3. 項目의 記述

(1) 法令條文의 引用

① 설명 중 괄호 안에 법령을 인용할 때에는, 그 법령명에 관하여는 별표의 法令名略語表에 있는 것은 그에 따르고, 거기에 없는 것은 법령명을 그대로 밝혔다.

예: (民 1)……民法 제1조, (檢疫法 4)……檢疫法 제4조

② 同一項目의 설명 중에 동일법령의 조문을 거듭 인용할 때에는 두번째 이하에는 조문만을 적었다. 다만 중간에 다른 법령의 인용이 있는 때에는 다시 처음의 법령명을 그대로 표시하고 뒤의 것은 상기예에 따라 생략하였다.

예: 反社會秩序行爲(民 103), 不公正한 法律行爲(104)

③ 괄호 안에 條文을 여러 개 인용할 때에는 同一法令의 조문 사이는 중점(·)으로, 相異한 법령의 조문 사이는 반점(,)으로 구분하였다.

예: (民 1·3·5, 商 1·3·5), (民 1～3, 商 1～3)

④ 괄호 안에 條文을 但書는 但, 本文은 本, 前段은 前, 後段은 後로 표시하였다.

예: (民 42 Ⅰ 但)은 民法 제42조 제1항 但書를,

(商 452 iii 前本, v 後但)은 각각 商法 제452조 제3호 前段 本文과 제5호 後段 但書를 뜻한다.

⑤ 同一條文의 다른 항 또는 호를 2개 이상 인용할 때에는 그 항 또는 호를 표시하는 숫자 사이에 구분했다.

예: (民 2 Ⅰ.Ⅱ), (民 67 i.iii)는 각각 民法 제2조 제1항과 제2항, 民法 제67조 제1호와 제2호의 뜻.

(2) 字句의 생략

字句를 생략할 수 있는 것은 괄호로 앞뒤를 묶어 이를 표시하였다.

예: 처분(권)주의는 처분권주의 또는 처분주의를 뜻한다.

4. 項目相互의 관련

(1) 複合項目

서로 특히 밀접하게 관련되는 사항, 예를 들면 公法과 私法, 有限責任과 無限責任과 같은 것은 **공법·사법**(公法·私法), **유한책임·무한책임**(有限責任·無限責任)과 같이 복합항목으로 하여 일괄적으로 설명하는 동시에, 따로 **사법**(私法), **무한책임**(無限責任) 등도 항목으로 하여 해당 장소에 실어서, 檢索의 편의를 도모하였다.

(2) 參照項目의 정리

參照項目(특히 설명을 가하지 않고 단지 다른 항목을 참조하도록 지시한 項目)에 관하여는 그 내용에 따라 다음과 같이 구별하였다. 참조항목이

① 다른 항목과 同義인 경우에는, ×××와 같다고 하였다.

예: **반의사불벌죄**(反意思不罰罪)　　반의사불론죄와 같다.

② 다른 항목의 약칭인 경우에는, ×××의 略稱이라 하였다.

예: **신의칙**(信義則)　　신의성실의 원칙의 略稱.

③ 다른 항목의 설명 중에 설명되어 있는 것에 한하여, → ×××로 하였다.

예: **자격수여적 효력**(資格授與的效力)　　→ 배서의 효력

④ 본문기술의 말미에 → ×××라고 한 때에는 그것이 설명 전체에 관련되는 것이고, 본문기술 중에 (→ ×××)라고 한 때에는 특히 그 前部分의 설명에 관련된다.

Ⅲ. 略　　語

(1) 法令名의 略語

법령명의 약어는 별표의 法令名略語表에 의하였다.

(2) 舊法의 表示

구법은 法令名 또는 그 略語의 앞에 舊라고 덧붙여 써서 이를 표시하였다.

예: 舊憲……舊憲法,　舊民……舊民法

(3) 施行法·施行令·施行規則 및 施行細則의 표시

施行法은 施法으로, 施行令은 施로, 施行規則은 施規로, 施行細則은 施細로 각각 표시하였다.

예: 商施法……商法施行法

歸財施……歸屬財産處理法施行令

兵役施規……兵役法施行規則

道路交通法施細……道路交通法施行細則

(4) 附則의 표시

法令名 또는 그 略語 뒤에 附를 붙여 이를 표시하였다.

예: 民附……民法附則

(5) 外國法典의 表示

獨民·佛民·獨商·瑞債 등은 각기 독일 民法·프랑스 民法·독일 商法·스위스 債務法을 가리키며, 이와 같이 일반적으로 통용되는 것 이외에는 모두 완전한 法令名을 표시했다.

法令名 略語表

〔ㄱ〕

家　訴 ······家事訴訟法
家訴規 ······家事訴訟規則
監　院 ······監査院法
檢　察 ······檢察廳法
輕　犯 ······輕犯罪處罰法
警　職 ······警察官職務執行法
計　量 ······計量 및 測定에 관한 法律
戒　嚴 ······戒嚴法
公　選 ······公職選擧 및 選擧不正防止法
公年金 ······公務員年金法
工　抵 ······工場抵當法
公　證 ······公證人法
供　託 ······供託法
關　稅 ······關稅法
鑛 ··········鑛業法
鑛　抵 ······鑛業財團抵當法
教 ··········教育基本法
教　公 ······教育公務員法
國　公 ······國家公務員法
國　賠 ······國家賠償法
國　訴 ······國家를 當事者로 하는 訴訟에 관한 法律
國稅基 ······國稅基本法
國　財 ······國有財産法
國　籍 ······國籍法
國　徵 ······國稅徵收法
國　會 ······國會法
軍法法 ······軍事法院法
軍　需 ······軍需品管理法
軍人事 ······軍人事法
軍　組 ······國軍組織法
軍　刑 ······軍刑法
軍行刑 ······軍行刑法
歸　財 ······歸屬財産處理法
勤　基 ······勤勞基準法

〔ㄴ〕

內水面 ······內水面漁業開發促進法
勞　委 ······勞動委員會法
勞　整 ······勞動組合 및 勞動關係調整法
農漁村 ·······農漁村進興公社 및 農地管理基金法
農　協 ······農業協同組合法
農　組 ······農地改良組合法

〔ㄷ〕

擔保社 ······擔保附社債信託法
道 ··········道路法
都　計 ······都市計劃法
獨　公 ·······獨占規制 및 公正去來에 관한 法律

〔ㅁ〕

文化財 ······文化財保護法
物　管 ······物品管理法
民 ··········民　法
民　訴 ······民事訴訟法
民訴費 ······民事訴訟費用法
民　印 ······民事訴訟 등 印紙法
民　調 ······民事調停法

〔ㅂ〕

罰金臨措 ····罰金等臨時措置法
法　士 ······法務士法
法　組 ······法院組織法
辯 ··········辯護士法
兵　役 ······兵役法
保　險 ······保險業法
不　登 ······不動産登記法
非　訟 ······非訟事件節次法

〔ㅅ〕

赦 ··········赦免法
社　保 ······社會保護法
山 ··········山林法
商 ··········商　法
商施法 ······商法施行法
生　保 ······生活保護法
船　員 ······船員法
選　委 ······選擧管理委員會法
涉　私 ······涉外私法

稅 罰……租稅犯處罰法
稅罰節……租稅犯處罰節次法
少…………少年法
消 防……消防法
訴訟促進……訴訟促進 등에 관한 特例法
訴 願……訴願法
少 院……少年院法
水 產……水產業法
手 票……手票法
水 協……水產業協同組合法
身 保……身元保證法
實 用……實用新案法
信 託……信託法

〔ㅇ〕

兒 童……兒童福祉法
어 음……어음法
豫 會……豫算會計法
外 資……外國人投資促進法
外 土……外國人土地法
郵…………郵便法
原 子……原子力法
遺 失……遺失物法
銀…………銀行法
醫…………醫療法
意 匠……意匠法

〔ㅈ〕

自 抵……自動車抵當法
著…………著作權法
電 事……電氣事業法
傳 染……傳染病豫防法
電 通……電氣通信基本法
電 波……電波法
政 黨……政黨法
政 組……政府組織法
住 登……住民登錄法
住 賃……住宅賃貸借保護法
中 協……中小企業協同組合法
卽 決……卽決審判에 관한 節次法
證 去……證券去來法
地 公……地方公務員法
地 稅……地方稅法
地 自……地方自治法
地 財……地方財政法
地 籍……地籍法
集 示……集會 및 示威에 관한 法律

〔ㅊ〕

請 願……請願法
出 管……出入國管理法

〔ㅌ〕

土 收……土地收用法
土地區劃……土地區劃整理事業法
統 計……統計法
特 許……特許法

〔ㅍ〕

破…………破產法

〔ㅎ〕

河…………河川法
韓 銀……韓國銀行法
海 審……海洋事故의 調査 및 審判에 관한 法律
行 代……行政代執行法
行 訴……行政訴訟法
行 刑……行刑法
憲…………大韓民國憲法
憲 裁……憲法裁判所法
刑…………刑 法
刑 補……刑事補償法
刑 訴……刑事訴訟法
刑訴規……刑事訴訟規則
刑訴費……刑事訴訟費用法
戶…………戶籍法
和…………和議法
環 基……環境政策基本法
會 整……會社整理法

法律學辭典

ㄱ

가(家) 동일한 호적에 등록되어 있는 사람의 단체. 호적상의 형식적인 단체로서 현실적인 생활단체와는 일치하지 않는 경우가 많지만, 법률상 가족제도의 기본단위로서 중요한 기능을 담당하고 있다. 家는 戶主와 家族으로써 구성되고 호주는 호주권에 의하여 가족의 신분행위에 어느 정도 영향을 미치고 호주의 지위는 戶主承繼에 의하여 자손에게 전해진다. 가의 동일여부는 상속·부양 등에 크게 영향을 미치고, 친족이라도 家가 상이함에 따라서 법률상의 관계는 약화된다.

가감례(加減例) 법률상 刑을 加重 또는 減輕하거나, 재판상 형을 감경할 경우에, 그 정도와 순서에 관하여 기준이 되는 원칙. 법률상의 가중에 관하여는 형법 34조 2항(특수교사·방조), 35조 2항(누범), 38조(경합범) 및 135·144 Ⅰ·203·264·278·279·285조(각칙 본조에 의한 가중)에 그 준칙이 규정되어 있고, 법률상의 감경은 다음 기준에 의한다(55 Ⅰ). ① 死刑은 무기 또는 10년 이상의 징역·금고, ② 무기의 懲役·禁錮는 7년 이상의 징역·금고, ③ 유기의 징역·금고는 그 형기의 2분의 1, ④ 資格喪失은 7년 이상의 자격정지, ⑤ 資格停止는 그 형기의 2분의 1, ⑥ 벌금은 그 다액의 2분의 1, ⑦ 구류는 그 장기의 2분의 1, ⑧ 과료는 그 다액의 2분의 1을 감한다. 법률상 감경할 사유가 수개 있을 때에는 거듭 감경할 수 있고(55 Ⅱ), 1개의 죄에 정한 형이 수종일 때에는 먼저 적용할 형을 정하고 그 형을 감경한다(54). 형을 가중·감경할 사유가 경합된 때에는 ① 각칙본조에 의한 가중, ② 형법 34조 2항의 가중, ③ 累犯加重, ④ 法律上減輕, ⑤ 競合犯加重, ⑥ 酌量減輕의 순서에 의한다(56).

가감적 구성요건(加減的構成要件) 기본적 구성요건(Grundtatbestand) 이외에 형벌을 가중하거나 감경할 만한 사유가 포함된 구성요건으로 加重的 構成要件(Qualifizierter Tatbestand)과 減輕的 構成要件(Privilegierter Tatbestand)이 있다. 加重事由 또는 減輕事由가 불법에 기초한 것인가, 책임에 기초한 것인가는 각 구성요건의 해석에 따라 밝혀져야 할 문제이다. 가중적 구성요건은 대체로 身分(예컨대 보통살인죄에 대한 존속살해죄, 과실상해죄에 대한 업무상 과실치상죄 등), 行爲手段(단순절도죄에 대한 특수절도죄) 등에 근거한다. 감경적 구성요건의 예로는 보통살인에 비해 영아살해죄(刑 251), 囑託·承諾에 의한 살인죄(刑 252 Ⅰ) 등이 있다.

가감적 신분(加減的身分) 신분이 없어도 범죄는 성립하지만 신분에 의하여 형벌이 가중 또는 감경되는 경우로서 강학상 부진정신분범이라고 부른다. 직계비속에 의한 尊屬殺害罪(刑 250 Ⅱ), 直系尊屬에 의한 영아살해죄(刑 251) 등이 이에 속한다. 여기서 신분은 형벌을 가감하는 인적요소로서 기능할 뿐이며, 신분 없는 자에게도 보통의 범죄는 성립한다.

가격광정항목(價格匡正項目) 〔獨〕 Wertberichtungskonto, Korrektivkonto 자산의 部에서 감가한 재산을 원가(취득가액 또는 제작가액)대로 기재하는데 대하여 회사재산의 진가를 나타내기 위하여 부채의 部에 기재하는 감손액. 이것은 단순히 재산평가를 정정하는 대차대조표상의 기술에 지나지 않으며, 진정한 준비금이 아니다. 이것을 不眞正準備金이라고도 한다.

가격규제(價格規制) 가격의 폭락 또는 폭등에 대한 안정을 도모함으로써 국민경제의 건전한 발전을 기하기 위하여 행정청이 직접·간접으로 가격결정을 조정·규제하는 행정작용. 物價規制라고도 한다. 고도자본주의국가에서 흔히 볼 수 있는 예로서 우리나라에는 가격규제에 관한 일반법으로 물가안정에 관한 법률이 있는 외에 수 많은 개별법이 있다.

ㄱ

가격배상(價格賠償) 넓은 뜻으로는 물건의 대가를 금전으로 見積하여 배상하는 것이지만 보통은 공유자의 1인이 공유물 전부를 취득하여 다른 공유자에게 각자의 지분에 따라서 그 가격을 배상하는 방법이다.

가격분할(價格分割) 가치분할과 같다. →현물분할·가치분할

가격역지정주문(價格逆指定注文) →역지정주문

가격지지제(價格支持制) 융자제도의 하나. 농산물 생산의 과잉으로 가격이 갑자기 떨어졌을 때의 가격안정책으로서 정부가 매상 또는 융자하는 제도를 말한다.

가격차별(價格差別) 〔英〕 price discrimination 고객에 따라서 가격을 부당하게 차별하는 것. 각종의 운송관계법에서도 운임요금은 특정한 하주에 한하여 부당한 차별적 취급을 하는 것이 아니라는 것을 사업인가의 한 기준으로 삼고 있다(航空法 117).

가격차별납부금(價格差別納付金) 공정가격이 인상된 경우에 인상 이전의 가격으로 사들인 상품에 있어서는 차익이 생기는데 그 전부 또는 일부를 국고에 납부하는 금전을 말한다.

가격표시(價格表示) 정부가 국민생활의 안정을 위해 필요한 주요 물품의 가격, 부동산 등의 임대료 및 요금의 최고액을 지정하여 이의 대상기간, 지역 등을 명시하여 이를 고시하여야 한다고 규정된(물가안정에 관한 법률 중) 경우와 공정한 거래 또는 소비자보호를 위해 주무장관이 대통령령으로 정하는 바에 따라 명하게 한 가격표시.

가격(價格)**카르텔** 가격에 관한 업자간의 협정. 업자간의 판매가격을 자치적으로 통제하고 이윤을 확보하기 위한 것. 제1차대전 후에는 카르텔 조성법에 의하여 카르텔 참가자뿐 아니라 아웃사이더에도 강제되었으나 오늘날에는 특정한 공동행위의 하나(가격의 결정·유지·인상)로서 원칙적으로 금지된다. →공동행위의 금지

가결의(假決議) 회의에서 결의할 안건이 갖추어지지 아니한 때에 후일의 승인을 유보하여 우선 행하는 임시결의. 특히 특별결의를 위한 주주총회에 있어서 그 성립에 필요한 인원수의 주주가 출석하지 않았을 때에 출석한 주주의 의결권의 과반수에 의하여 임시로 행하는 결의. 이때에는 변경절차를 거쳐 다시 주주총회를 열고 그 출석주주의 결의권의 과반수에 의하여 가결의 가부만을 결정하고 가결된 때에는 특별결의와 동일한 효력을 갖는다(舊商 343Ⅱ 참조). →특별결의

가 계(家契) 조선시대에 가옥소유권을 증명하는 공문서. 한 집마다 그 소유자, 소재지, 가옥의 종류·평수 등을 기입한 것이며, 토지소유권을 표시한 공문서를 地契라고 한 것에 대응한다. 가계는 가옥의 소유권을 보장할 뿐 아니라 가옥을 전당하고 금전융통을 얻는 편익이 있었다. 조선중엽 이후는 가옥의 매매도 사문서인 文記에 의하여 행하여진 것이었으나 개국 502년(1893년)에 漢城府에서 처음으로 가계를 발급하고 그 후, 인천·평양·대구 각 도시에 파급되었다.

가계약(假契約) 본계약을 체결하기까지의 준비가 정비되지 않은 경우에 하는 계약의 일종으로서 예약과는 다르다.

가 공(加工) 〔羅〕 specificatio 〔獨〕 Verarbeitung 〔佛〕 spécification 타인의 동산에 공작을 가하여서 새로운 物件(加工物)을 만드는 것. 예컨대 타인의 물건으로 미술품이나 공예품을 만드는 경우와 같다. 그 만들어진 물건이 새로운 물건이냐 아니냐는 사회의 통념에 의한다. 수선은 보통 가공에 해당하지 않으나 포목으로 의복을 만드는 것은 가공에 해당한다. 가공물의 소유권은 재료의 소유자에 속하는 것이 원칙이나, 가공에 의하여 증가한 가격이 재료의 가격보다 현저하게 클 경우에는 加工者가 그 소유권을 취득한다(民 259Ⅰ). 이때에 손실을 받은 자는 상대방에게 부당이득에 관한 규정에 의하여 求償을 할 수 있다(261).

가공(加工)**에 관한 행위**(行爲) 수선업자·세탁업자·염색업자 등과 같이 재료·원료는 주문자(도급인)로부터 받아 가지고, 주문자를 위하여 그 물건에 가공하는 행위. 가공자가 타인과 이러한 관계가 있기 때문에 타인의 물건에 가공을 한 때에는 가공물의 소유권은 항상 주문자에게 귀속하고, 가공자는 어떠한 경우에도 그 소유권을 취득하지 못한다. 상법은 가공에 관한 행위를 基本的 商行爲로 규정하였다(46 iii). →가공

가공물(加工物) 동산에 工作을 가하여 제작한 물건. 원칙적으로 소유권은 재료의 소유자에게 있다. 그러나 공작으로 인하여 가격이 현저하게 변동하면, 즉 재료의 가격을 현저히 초과하면 가공자가 그 소유권을 가진다(民 259, 260Ⅱ). →가공

가 관(假官) 임시로 임명된 관원을 일컬어 가관이라 한다.

ㄱ

가 구(家口) 주민등록법상 세대별 주민등록표의 세대주(1인이 세대를 이루는 경우를 말한다) 또는 ① 세대주와 동일한 세대별 주민등록표상에 기재되어 있는 세대주의 배우자 또는 그 직계존속, ② 세대주와 동일한 세대별 주민등록표상에 기재되어 있는 세대주의 직계존속·직계비속 또는 그 배우자, ③ 세대주와 동일한 세대별 주민등록표상에 기재되어 있지 아니한 세대주의 배우자 또는 미혼인 18세 미만의 직계비속의 집단을 말한다. 다만, 세대주와 동일한 세대별 주민등록표상에 기재되어 있는 자로서 첫번째 또는 두번째에 해당하지 아니하는 자는 대통령령이 정하는 기준에 의하여 따로 하나의 가구를 구성한 것으로 본다(舊宅地所有上限에 관한 法律 2).

가구주(家口主) 가구의 長. 보통 世帶主의 이름으로 통용된다. 가구주는 주민등록법 11조의 규정에 의한 주민등록신고의무와 병역법에 의한 병역의무자에 관한 특정한 신고의무 등을 가진다.

가구제(假救濟) 행정소송이 제기된 경우에 본안판결의 실효성을 확보하기 위하여 다투어지고 있는 行政處分이나 공법상의 권리관계에 관하여 가정적인 임시의 효력관계나 지위를 정함으로써 본안판결이 확정될 때까지 잠정적으로 권리구제를 도모하는 것을 말한다. 행정처분의 효력은 執行力·公定力 등 특수한 효력이 인정되기 때문에 적절한 가구제가 인정되지 않을 경우 행정처분이 집행되어 원상회복이 불가능하게 되어 행정구제가 어렵게 되므로 하자있는 행정작용에 대한 권리구제제도로서의 기능을 다하기 위하여는 본안판결이 있을 때까지는 잠정적인 권리구제수단으로서 이러한 가구제 제도가 필요하게 된다. 현행 행정소송법 23조에 의한 집행정지가 가구제제도의 일종이다.

가급임금(加給賃金) 사용자는 연장된 시간의 근로(勤基 49 참조)와 야간근로 또는 유급휴일 이외의 휴일근로에 대해서는 원래 정하여진 기초임금에 통상임금의 5할 이상을 가산한 임금을 지급하여야 되는 것으로(55), 이 경우의 가산지급된 임금을 加給賃金 또는 加算賃金이라고 한다. 근로기준법 55조는 다만 동법 49조의 규정에 의하여 연장된 시간의 근로에 대해서만 가산임금을 지급하여야 되는 것으로 못박아 놓고 있지만, 이는 예시한 것에 불과한 것이고, 기타의 장시간근로, 즉 동법 52조, 58조, 67조 등에 의한 연장시간근로에 대해서도 똑같이 55조의 규정에 의한 가산임금이 지급되어야 한다는 점은 사물의 성질상 당연하다. 유급휴일 또는 유급휴가에 노동을 한 경우에는 休日勤勞(無給休日勤勞)에 대한 임금보다도 더 많아서, 유급으로서 당연히 지급되는 임금에 당해 유급휴일의 노동에 대한 소정의 통상임금을 가산한 임금을 지급해야 한다. → 유급휴일, 유급휴가

가납부(假納付) 벌금·과료·추징 등을 선고한 때에 판결의 확정 후에는 그 집행을 할 수 없거나 집행하기 곤란할 염려가 있다고 인정할 때에는 법원은 직권 또는 검사의 청구에 의하여 벌금·과료·추징에 상당한 금액의 假納을 형의 선고와 함께 판결로써 명할 수 있다. 형사소송법 334조에 규정되어 있다.

가납재판(假納裁判) 법원이 罰金·科料 또는 追徵의 선고를 할 때 판결의 확정전에 벌금·과료 또는 추징에 상당한 금액을 미리 납부할 것을 명하는 재판(刑訴 334 I). 판결의 확정 후에는 집행할 수 없거나 집행하기 곤란할 염려가 있다고 인정되는 경우에 직권, 또는 검사의 청구에 의하여 형의 선고와 동시에 판결로써 선고하여야 한다. 재산형에 부수되는 재판이며 즉시로 집행할 수 있다(334, 477). 가납재판이 집행된 후에 재판확정 전에 피고인이 사망하거나 피고인이었던 법인이 소멸한 경우에도 재산형을 선고한 판결이 파기되지 않는 한 이미 징수한 금액은 반환되지 않는다. 제1심의 가납재판을 집행한 후에 제2심의 가납재판이 있거나 또는 집행한 벌금·과료 또는 추징의 재판이 확정한 때에는 이미 납부한 금액의 한도에서 제2심의 가납재판 또는 확정된 재판이 집행된 것으로 간주한다(480, 481).

가 단(家團) 현실에 있어서 一團으로 되어 공동생활을 영위하는 家族共同體(대략 세대에 해당한다)를 하나의 단체로 생각하여, 이것을 가단이라 한다. 민법은 이러한 단체를 인정하지 않고 개개인의 권리의무관계로서 이것을 구성하고 있으나, 일부의 학자는 가단이 현실로 거래 등의 사법관계의 당사자로서 활동하고 있는데 착안하여, 解釋上 家團理論을 채용함으로써 가단의 재산에 어느 정도의 독립성을 인정하고, 또한 가단의 불법행위책임을 인정하는 등의 근거를 부여하고 있다. 스위스 민법의 家財團(Familiengemeinschaft)의 제도는 이러한 가단의 이론에 참고가 된다.

가담범(加擔犯) 좁은 뜻의 공범, 즉 教唆犯 및 從犯의 별칭. → 공범

가 도(假渡) 운송업자 또는 창고업자가 貨物相換證(또는 船荷證券) 또는 倉庫證券과 상환하지 아니하고 운송물 또는 수치물을 인도하는 것.

운송업자 등이 실제상의 거래의 편의에 따라 자기의 위험으로(정당한 증권소지인에 대한 손해배상책임) 행하고 있다.

ㄱ

가독상속(家督相續) 구민법상에 있어서의 호주의 신분(호주권) 및 재산의 상속의 형태로서 항상 단독상속이며(舊民 964~991) 공동상속인 유산상속과 대립하였다. 새 민법은 이를 호주승계라고 한다. → 호주승계

가두검색(街頭檢索) 각종 범법자를 체포하기 위하여 거리에서 행인을 조사하는 것.

가등기(假登記) 〔獨〕 Vormerkung 本登記(終局登記)를 할 수 있을 만한 실체법적 또는 절차법적 요건을 완비하지 못한 경우에, 장래 그 요건이 완비된 때에 행하여질 본등기를 위하여 미리 그 순위를 보전해두는 효력을 가지는 등기(不登 3). 豫備登記의 일종이다. 후에 요건을 갖추어서 본등기를 하게 되면, 그 본등기의 순위는 가등기의 순위로 된다(6Ⅱ). 따라서 순위를 보전하기 위하여 이용되는 것이 보통이지만 본등기의 등록세를 潛脫하기 위하여 남용될 염려도 있다. 가등기를 할 수 있는 것은, 부동산물권의 변동을 목적으로 하는 청구권을 보전하려고 할 때(예 : 가옥매매계약이 체결된 때) 및 그러한 청구권이 始期附 또는 停止條件附인 때 기타 장래에 있어서 확정될 것인 때(예 : 가옥매매의 예약)이다(3). 가등기는 가등기권리자의 신청이나 가등기가처분명령에 의한 촉탁에 기하여 한다(37, 38). 가등기가 행하여진 후에 본등기가 행하여지면 본등기의 순위가 가등기의 순위로 소급한다(6Ⅱ). 즉, 가등기보다 후순위의 다른 등기는 그 가등기에 기하여 행하여진 본등기보다 먼저 행하여진 것이더라도, 본등기가 행하여지면 그 본등기보다 후순위로 되거나 가등기되었던 권리와 상치되는 한도내에서 효력을 잃게 된다.

가등기담보(假登記擔保) 채권담보를 위하여, 채권자와 채무자(또는 제3자) 사이에서 채무자(또는 제3자) 소유의 부동산을 목적물로 하는 代物辨濟豫約 또는 賣買豫約 등을 하고, 동시에 채무자의 채무불이행이 있는 경우에 발생하게 될 장래의 所有權移轉請求權을 보전하기 위한 가등기를 하는 변칙담보를 가등기담보라고 한다. 이는 讓渡擔保와 더불어 소유권이전의 형식을 취하는 담보방법으로서 이때 행해지는 가등기가 담보적 효력을 확보해주기 때문에 가등기담보라고 불리는 것이다. 가등기담보의 성질에 관하여는 가등기담보 등에 관한 법률도 직접 언급하고 있지 않기 때문에 일종의 담보물권으로 볼 수 있는가 하는 문제가 발생하는데, 가등기담보권은 일종의 담보물권인 특수저당권이라고 하는 견해가 있는 반면, 가등기담보는 신탁적 소유권이전이며, 다만 채권자·채무자·제3자간의 관계에 관하여는 담보물권의 법리가 준용 또는 유추적용되어야 한다는 입장도 있다. 가등기담보는 假登記擔保契約과 假登記를 함으로써 설정된다.

가등기담보계약(假登記擔保契約) 가등기담보의 설정을 위한 契約을 말한다. 즉 채권담보를 위하여, 채무의 불이행이 있는 때에는 채무자 또는 제3자의 소유권 기타의 권리를 채권자에게 이전할 목적으로 행해진 대물변제예약 기타의 계약으로서, 그 계약에 의한 채권자의 권리에 관하여 가등기(또는 가등록)를 할 수 있는 것을 말한다.

가등기(假登記)**된 청구권**(請求權) 장래 일정한 조건하에 부동산물권을 취득할 수 있는 청구권으로서 가등기된 것은 物權的 取得權이라고 부르기도 한다. 본등기를 할 수 있을 만한 실체법적 또는 절차법적 요건을 완비하지 못한 경우에 장래 그 요건이 완비된 때에 행하여질 본등기들의 순위를 보전해 두는 효력을 가지는 가등기를 한다. 나중에 요건을 갖추어서 본등기를 하게 되면 그 본등기의 순위는 가등기의 순위에 의한다. 가등기는 地上權·地役權·傳貰權·抵當權 또는 소멸의 청구권을 보전하려 할 때 이를 하며, 그 청구권이 始期附 또는 停止條件附인 때 기타 장래에 있어서 확정될 것인 때에도 이를 한다. 예컨대 부동산매매의 豫約完結權(民 564)·還買權(590)·條件附不動産物權(148, 149)으로서 가등기된 것이 그것이다. 이러한 가등기된 청구권은 목적물이 특정되어 있고, 또 등기됨으로써 배타성이 부여되어 있다는 점에서 물권으로서의 일면을 갖추고 있으나 청구권 자체는 債權的 性質을 가진 것이므로 채권과 물권의 중간적 권리이다. → 물권적 취득권

가 례(家禮) 주로 朱子家禮의 관·혼·상제에 관한 예제. 고려말 주자학과 거의 동시에 들어왔다. 조선시대 때는 국가의 正敎로 확립되어 폐해가 뒤따랐으나 학문적인 예학파의 대두와 民風의 순화, 가족제도의 발달에 공헌하였다.

가리오아자금(資金) 〔英〕 Garioa Fund, Governmental Account for Relief in Occupied Area Fund 제2차대전후 미국이 점령지구의 경제적 구제를 위하여 방출한 자금. 공여를 받은 국가는 한국·일본·독일·오스트리아 등이며, 에로아자금과 함께 점령지의 경제부흥·민생안정에 중대한 공헌을 하였다. → 에로아자금

가 망(加望) 조선시대 초부터 관리를 선택하던 방법의 하나. 관리를 추천할 때 신중을 기하기 위하여 그 관직에 해당한 品階보다 한 품계 낮은 사람을 3인(三望) 안에, 또는 그 밖에 더하여 추천하면 임금이 그 중 1인을 선택하였다. 經國大典에 이러한 기록이 있다.

가면제(假免除) 장래 일정한 어떤 조건이 도래할 때까지 가정으로 출자의 부담 또는 채무의 이행 따위를 잠정적으로 면제함을 뜻한다.

가 묘(家廟) 家祭를 행하는 장소. 祠廟. 禮記의 祭法에 의하면 天子·王·諸侯·大夫의 祠廟를 宗廟라 하고 天子七廟, 王諸侯五廟, 大夫三廟, 士一廟이며 士의 祠廟를 가묘라 한다. 庶人은 廟를 세울 수 없고 正寢에서 제사하는 것이 원칙이었다. 가묘를 祖廟라고도 하며 司馬書儀에서는 影堂, 朱子家禮에서는 사당이라 칭하고, 經國大典도 사당의 용어를 쓰고 왕의 宗廟와 구별하고 있다. 조선 宗廟制는 士大夫를 상대로 하는 것이지만 서민의 立廟를 금한 바 없다. 조상의 제사를 主掌하는 宗子·宗孫은 가묘를 설치유지하는 것이 그 의무이며, 또 특권이었다. 가묘의 구조는 朝鮮末期에는 자연적으로 定型이 생겨 祠堂·序立屋·廚庫·周垣·外門으로 되어 있었다. 사당은 三間五架, 神主를 奉安하고, 序立屋은 家衆이 序立待期하는 장소이며, 廚庫는 三間, 遺書·遺物·祭器·祭具 등을 保藏한다.

가방면(假放免) 〔羅〕 absolutio ab instantia 〔獨〕 Instanzentbindung 유죄의 증거가 충분하지 못한 경우에 일시 방면하였다가 새로운 증거가 나타났을 때에 다시 訴訟의 提起를 허용하는 제도. 이것은 이탈리아 주석학파로부터 전래한 것으로, 카롤리나법전을 거쳐 1848년 개정에 이르기까지의 독일에 존속하였다.

가벌성(可罰性)**의 조건**(條件) 〔獨〕 Strafbarkeitsvoraussetzung 일단 성립한 범죄의 가벌성만을 형벌필요성 내지 형사정책적 이유에서 문제삼는 요건을 말한다. 이에는 객관적 처벌조건과 인적처벌조각사유가 있다. 전자는 이것이 존재함으로써 처벌이 가능하게 되므로 積極的 可罰要件이라고도 불리어지는 한편, 후자는 그 존재가 처벌을 행하지 아니하도록 작용하므로 消極的 可罰要件이라고 불리어진다. 가벌성의 조건은 성립된 범죄의 가벌성에 직접 관련을 맺으므로, 범죄의 성립은 물론 그 가벌성에도 관련이 없이 오직 公訴提起 및 公訴遂行의 요건에 불과한 소추요건과 구별된다. 가벌성의 조건을 결하고 있을 때에는 실체적 재판인 刑의 면제의 판결을 선고하게 되나, 소추요건을 결할 때에는 公訴棄却 등 형식적 재판을 해야 한다(刑訴 327).

가벌적 위법성론(可罰的違法性論) 행위가 형식적으로 어느 구성요건에 해당하는 듯한 외관을 보여도 범죄로서 형벌을 과하기에 상당한 정도의 위법성을 결한 경우에는 아직 위법하다고 할 수 없다는 이론을 말한다. 이 이론은 우리 형법 20조와 같은 포괄적인 違法性阻却事由가 규정되지 아니하고 선고유예제도조차 없는 일본 형법에서 형벌의 謙抑主義(경미한 사건에 무죄판결을 내리기 위한)를 바탕으로 하여 발전된 것인데, 독일의 사회상당성론과도 유사한 점이 있다. 이 이론에는 위법성과 불법을 구분하지 아니한 개념상의 혼동이 있고, 사회상규에 위배되지 아니하는 행위를 위법성조각사유로 규정하고 있는 우리 형법에는 이 이론을 도입해야 할 아무런 필요성이 없다.

가본적(假本籍) 1945년 8월 15일 당시 북위 38도 이북에 본적이 있었던 자로서 북위 38도 이남지역에 거주하는 자에 대하여 호적의 임시조치에 관한 규정에 의하여, 假戶籍이 편제된 경우의 그 가호적의 소재장소를 말한다. 호적법의 시행과 더불어 이 말은 현행법상의 용어로 쓰이지 않게 되었다(戶附 Ⅱ, 戶施附 Ⅱ 참조).

가봉자(加捧子) 夫가 볼 때의 妻의 前夫의 所生子. 덤받이라고도 한다. 가봉자가 모의 부의 호적에 입적하려면 부의 동의가 있어야 한다(民 784Ⅰ). 호적에 입적되더라도 모의 夫와의 사이에 일반적으로 법률상 효력이 미치는 친족관계는 발생하지 않고 단순한 인척으로서 가족으로 되는데 지나지 않는다.

가 부(家父) → 빠떼르 파밀리아스

가 부(葭莩) 인척과 같다.

가부권(家父權) 가장권과 같다.

가부장제(家父長制) 〔獨〕 Patriarchalismus 가부장(가장인 남자)이 강력한 家長權을 가지고 가족을 통솔하는 가족형태. 가장의 지위는 장남 1인에게 승계되는 경우가 많다. 모계제가 무너진 후, 고대와 중세의 가족은 정도의 차이는 있으나 가부장제적인 것이었다. 근대에 내려와서도 가부장제적 형태를 유지하는 예를 많이 볼 수 있는데, 오늘날의 우리나라의 가족제도는 戶主權을 가진 호주가 통솔하고, 호주승계에 의하여 그 지위가 원칙적으로 장남에게 승계되는(民 984, 985) 家의 제도이므로, 형식상은 가부장제적이라고 할 수 있다.

가분급부(可分給付) 〔獨〕 teilbare Leistung 그 성질 또는 가치를 해하지 않고 분할할 수 있는 급부. 쌀 100가마의 인도, 금전 50만원의 급부 등이 그 예. 不可分給付에 대립하는 말. 급부의 가분·불가분은 급부에 관하여 다수의 채권자 또는 채무자가 있는 경우에 주로 문제된다. → 분할채권관계

가분물·불가분물(可分物·不可分物) 그 성질 및 가치를 현저하게 손상시키지 않고도 분할할 수 있는 물건(예 : 금전·곡물·토지)을 가분물(〔羅〕 res dividuae 〔獨〕 teilbare Sachen 〔佛〕 choses divisibles), 그렇지 아니한 물건을 불가분물(〔羅〕 res individuae 〔獨〕 unteilbare Sachen 〔佛〕 choses indivisibles)이라 한다. 이 구별을 하는 실익은 공동소유·다수당사자의 채권 등과 같이, 1개의 물건에 관하여 수인이 物權 또는 債權을 가지는 경우에 나타난다(民 269, 274, 408 이하).

가분조항(可分條項) 하나의 법률 가운데 어떤 규정이 법원에 의해 무효가 되더라도 다른 규정은 그것에 의해서 영향을 받지 않는 취지를 규정한 조항. 법원에 法律審査權을 인정하는 미국에서 이러한 종류의 규정을 두는 법률이 많으며, 그 법률적 의의는 명확하지 않다.

가분채권·가분채무(可分債權·可分債務) 분할채권관계에 있는 채권·채무. → 분할채권관계

가불금계정(假拂金計定) 현금의 지출이 있었음에도 불구하고 그 소속·계정 또는 금액이 정해지지 아니했을 때에 이것이 확정될 때까지 임시로 처리하기 위하여 만들어진 계정. 計定科目·금액이 결정되면 이것을 적당한 계정에 옮긴다. 예컨대 사원출장비의 전불·매매착수금·계약보증금 등은 이 계정을 이용한다.

가사대리권(家事代理權) 민법 827조에 규정된 권리로서, 夫婦는 일상의 가사에 관하여 서로 대리권이 있다. 日常家事란 부부의 공동생활에서 필요로 하는 통상의 사무를 말하며, 그 내용·정도 및 범위는 그 부부공동체의 생활정도와 그 부부의 생활장소인 지역적 사회의 관습 내지 일반견해에 의하여 결정된다. 학설과 판례에 의하면 부부공동생활에 통상 필요로 하는 쌀·부식 등의 식료품의 구입, 연료·의복류의 구입, 가옥의 임차, 집세·방세 등의 지급 또는 접수, 전기요금·수도요금·전화요금의 지급, 세금의 납부 등의 가족의 의식주에 관한 사무나, 가족의 보건·오락·교제, 자녀의 양육·교육 등에 관한 사무가 일상가사의 범위내에 속한다. 이에 반하여, 일상생활비로서 객관적으로 타당시되는 범위를 초과한 消費貸借, 가옥의 임대, 순수한 직업상의 사무, 입원, 어음 背書行爲 등은 일상사무에 들어가지 않는다. 특히 이러한 부부 상호간의 가사대리권과 관련하여 문제가 되는 것은 민법 126조의 表見代理의 적용 여부이다. 판례는 재산처분행위나 담보제공행위 자체는 일상가사가 아니라는 전제에 서서 처의 일상가사대리권을 기초로 하는 126조의 적용에 있어, 상대방이 특히 그 행위에 대하여 夫의 수권이 있었다고 믿을 만한 정당한 사유가 있는가 없는가에 따르고 있다. 즉 대법원판결은 부가 직장관계로 별거중인 처가 보관중인 부의 인장을 사용하여 부의 부동산에 저당권을 설정하고, 저당권자가 그 부동산을 경락취득한 것에 대하여, 비록 부가 자기의 처에게 저당권설정에 관한 권한을 수여한 사실이 없다손 치더라도, 부부 사이에는 일상의 가사에 관하여 대리권이 있는 것이므로, 위 처의 행위는 권한 밖의 법률행위를 한 경우에 해당한다고 할 수 있을 것이요, 저당권을 취득한 상대방이 위에서 본 바와 같이 처에게 그러한 권한이 있다고 믿을 만한 정당한 이유가 있다면, 본인되는 부는 처의 행위에 대하여 책임을 져야 되는 것이다라고 판시하고 있으며, 또 다년간 처와 별거하고 있는 부가 자기의 印章과 不動産에 관한 權利證을 처에게 보관시키고 처자를 남기고 다년간 별거를 하고 있었다면, 위와 같은 처에게 대하여서의 인장과 권리증의 보관행위는 다른 특별한 사정이 없는 한, 어떠한 대리권을 수여한 것이라고 봄이 타당하다 할 것이며, 그 처가 피고로부터 금전을 차용하고 보관중인 인장과 권리증을 이용하여 夫의 代理人이라고 칭하고 피고에게 담보 의미로서의 소유권이전등기를 한 것이라면, 다른 특별한 사정이 없는 한, 위 妻의 행위는 적어도 表見代理行爲에 해당한다고 해석함이 타당할 것이다라고 判示하고 있다.

가사비송사건(家事非訟事件) 가사비송사건에는 가사소송법상 라類·마類 사건이 있다.

［1］ 라類事件으로는 1. 민법 9조 내지 14조의 규정에 의한 限定治産·禁治産의 宣告와 그 取消, 2. 민법 22조 내지 26조의 규정에 의한 부재자재산의 관리에 관한 처분, 3. 민법 27조 내지 29조의 규정에 의한 失踪의 선고와 그 취소, 4. 민법 781조 3항의 규정에 의한 성과 본의 창설의 허가, 5. 민법 829조 2항 단서의 규정에 의한 부부재산약정의 변경에 대한 허가, 6. 민법 871조, 동법 900조(동법 906조의 규정에 의하여 준용되는 경우를 포함한

다)의 규정에 의한 후견인의 入養同意 또는 罷養同意에 대한 허가, 7. 민법 872조의 규정에 의한 후견인이 피후견인을 양자로 함에 대한 許可, 8. 民法 909조 2항 단서의 규정에 의한 친권행사 방법의 결정 9. 민법 915조, 동법 945조(동법 948조의 규정에 의하여 위 각 조항이 준용되는 경우를 포함한다)의 규정에 의한 感化 또는 矯正機關에 위탁함에 대한 허가, 10. 민법 918조(동법 956조의 규정에 의하여 준용되는 경우를 포함한다)의 규정에 의한 재산관리인의 선임 또는 개임과 재산관리에 관한 처분, 11. 민법 847조 2항, 동법 921조(후견인과 피후견인, 수인의 피후견인 사이의 이해가 상반되는 경우를 포함한다)의 규정에 의한 특별대리인의 선임, 12. 민법 927조의 규정에 의한 친권자의 法律行爲代理權 및 財産管理權의 사퇴 또는 회복에 대한 허가, 13. 민법 936조, 동법 940조의 규정에 의한 후견인의 선임 또는 해임, 14. 민법 939조의 규정에 의한 후견인의 사퇴에 대한 허가, 15. 민법 941조 1항 단서(동법 948조의 규정에 의하여 준용되는 경우를 포함한다)의 규정에 의한 후견인의 재산목록작성을 위한 기간의 연장허가, 16. 민법 947조 2항의 규정에 의한 금치산자의 監禁 등에 대한 허가, 17. 민법 954조(동법 948조의 규정에 의하여 준용되는 경우를 포함한다)의 규정에 의한 후견사무에 관한 처분, 18. 민법 955조(동법 948조의 규정에 의하여 준용되는 경우를 포함한다)의 규정에 의한 후견인에 대한 보수의 수, 19. 민법 957조 1항 단서의 규정에 의한 후견종료시의 관리계산기간의 연장허가, 20. 민법 963조 1항 본문, 동법 965조 2항, 동법 971조의 규정에 의한 親族會員의 選任·補充·改任 또는 解任, 21. 민법 966조의 규정에 의한 親族會의 소집, 22. 민법 967조 3항의 규정에 의한 친족회의 서면결의의 取消, 23. 민법 969조의 규정에 의한 친족회의 결의에 갈음할 재판, 24. 민법 970조의 규정에 의한 친족회원의 사퇴에 대한 허가, 25. 민법 994조의 규정에 의한 承繼權爭訟 중의 재산관리에 관한 처분, 26. 민법 1019조 1항 단서의 규정에 의한 상속의 승인 또는 포기를 위한 기간의 연장허가, 27. 민법 1023조(동법 1044조의 규정에 의하여 준용되는 경우를 포함한다)의 규정에 의한 相續財産保存을 위한 처분, 28. 민법 1024조 2항, 동법 1030조, 동법 1041조의 규정에 의한 상속의 한정승인 또는 抛棄申告의 受理와 그 取消申告의 受理, 29. 민법 1035조 2항(동법 1040조 3항, 동법 1051조 3항, 동법 1056조 2항의 규정에 의하여 준용되는 경우를 포함한다). 동법 1113조 2항의 규정에 의한 감정인의 선임, 30. 민법 1040조 1항의 규정에 의한 공동상속재산을 위한 관리인의 선임, 31. 민법 1045조의 규정에 의한 상속재산의 분리, 32. 민법1047조의 규정에 의한 상속재산분리 후의 상속재산의 관리에 관한 처분, 33. 민법 1053조의 규정에 의한 관리인의 선임 및 그 공고와 재산관리에 관한 처분, 34. 민법 1057조의 규정에 의한 相續人搜索의 공고, 35. 민법 1057조의 2의 규정에 의한 상속재산의 分與, 36. 민법 1070조 2항의 규정에 의한 유언의 檢認, 37. 민법 1091조의 규정에 의한 유언의 證書 또는 錄音의 檢認, 38. 민법 1092조의 규정에 의한 유언증서의 開封, 39. 민법 1096조의 규정에 의한 유언집행자의 선임 및 그 임무에 관한 처분, 40. 민법 1097조 2항의 규정에 의한 유언집행자의 승낙 또는 사퇴를 위한 통지의 受理, 41. 민법 1104조 1항의 규정에 의한 유언집행자에 대한 보수의 결정, 42. 민법 1105조의 규정에 의한 유언집행자의 사퇴에 대한 허가, 43. 민법 1106조의 규정에 의한 유언집행자의 해임, 44. 민법 1111조의 규정에 의한 부담있는 유언의 취소.

［2］마類事件으로는 1. 민법 826조, 동법 833조의 규정에 의한 부부의 동거·부양·협조 또는 생활비용의 부담에 관한 처분, 2. 민법 829조 3항의 규정에 의한 재산관리자의 변경 또는 공유물의 분할을 위한 처분, 3. 민법 837조, 동법 837조의 2(동법 843조의 규정에 의하여 위 각 조항이 준용되는 경우 및 혼인의 취소 또는 인지를 원인으로 하는 경우를 포함한다)의 규정에 의한 子의 양육에 관한 처분과 그 변경, 面接交涉權의 제한 또는 배제, 4. 민법 839조의2 2항(동법 843조의 규정에 의하여 준용되는 경우 및 혼인의 취소를 원인으로 하는 경우를 포함한다)의 규정에 의한 재산분할에 관한 처분, 5. 민법 909조의 4항(혼인의 취소를 원인으로 하는 경우를 포함한다)의 규정에 의한 친권을 행사할 자의 지정과 변경, 6. 민법 924조 내지 926조의 규정에 의한 親權·法律行爲代理權·財産管理權의 喪失宣告 및 失權回復의 선고, 7. 민법 972조의 규정에 의한 친족회의 결의에 대한 이의, 8. 민법 976조 내지 978조의 규정에 의한 扶養에 관한 처분, 9. 민법 1008조의2 2항 및 4항의 규정에 의한 기여분의 결정, 10. 민법 1013조 2항의 규정에 의한 상속재산의 분할에 관한 처분이 있다. 가사비송절차에 관하여는 이 법에 특별한 규정이 있는 경우를 제외하고는 비송사건절차법 1편의 규정을 준용한다. 다만, 비송사건절차법 15조의 규정은 이를 준용하지 아니한다(家訴 34). 가사소송법과 대법원규칙으로 관할법원을 정하지 아니한 가사비송사건은 대법원소재지의 가정법원의 관할로 하며, 가사소송법 13조 2항 내지 5항의 규정(가소사건관

할)은 가사비송사건에 준용한다(35). 가사비송사건의 청구는 가정법원에 심판청구를 함으로써 하며, 심판의 청구는 書面 또는 口述로 할 수 있는데, 심판청구서에는 ① 당사자의 본적·주소·성명·생년월일, 대리인이 청구할 때에는 代理人의 주소와 성명, ② 청구의 취지와 원인, ③ 청구의 연월일, ④ 가정법원의 표시 등을 기재하고 청구인 또는 대리인이 기명날인하여야 한다. 구술로 심판청구를 할 때에는 가정법원의 법원서기관·법원사무관·법원주사 또는 법원주사보 앞에서 진술하여야 한다. 이 경우에 법원사무관 등은 위 각호의 사항을 기재한 조서를 작성하고 이에 기명날인하여야 한다(36).

가사비용(家事費用) 상인의 영업 외의 생활비용. 영업재산에서 지출한 것은 물론, 일기장에 기재해야 하나 1개월마다 그 총액을 일괄 기재하면 된다(商 29 I). 영업재산과 관계가 없는 가사비용은 일기장에 기재할 필요가 없다고 해석된다.

가사사용인(家事使用人) 일반가사의 보조인으로서 가정부·파출부 등을 말한다. 가사사용인의 근로형태는 주로 개인의 사생활과 관련되어 있고, 일반근로자의 경우와 달라 일반근로자와 같은 근로시간이나 임금에 관한 규제를 하기가 어렵다. 따라서 근로기준법의 적용대상에서 배제되고(勤基 10 I), 가사사용인의 근로관계에 대해서는 민법의 고용규정(民 655 내지 663)이 적용된다. 가사사용인인지의 여부는 가정의 사생활에 관한 것인가의 여부를 기준으로 근로의 장소·종류 등을 구체적으로 판단하여 결정하여야 한다.

가사소송(家事訴訟) 넓은 의미의 가사소송은 가정법원의 전속관할에 속하는 소송으로, 가사사건을 그 성질에 따라 家事訴訟事件과 家事非訟事件으로 나누고, 가사소송사건은 가類·나類 및 다類로, 가사비송사건은 라類 및 마類로 세분하여, 그 중 나類 및 다類 가사소송사건과 마類 가사비송사건을 조정의 대상으로 하였다. 가사소송사건은 판결로, 가사비송사건은 심판으로 재판한다. 1990년 민법일부개정으로 사후양자선정의 허가를 가사심판사항에서 삭제하고, 이혼 등의 경우의 미성년자인 子의 친권을 행사할 자의 지정, 寄與分의 결정, 특별연고자에 대한 상속재산의 分與 등을 가정법원의 관장사항으로 규정하여 그 재판절차를 정하고 있다. 또 친생자관계존부확인 등을 위한 혈액형검사 등의 수검명령제도를 신설하고, 금전의 정기적 지급 또는 유아의 引渡命令을 위반한 자에 대하여는 일정한 경우에 30일의 범위 내에서 監置에 처할 수 있도록 하였다.

가사소송사건(家事訴訟事件) 가사소송사건에는 가사소송법상 가類·나類·다類 事件이 있는데, ① 가類事件으로는 1. 혼인의 무효, 2. 이혼의 무효, 3. 認知의 무효, 4. 親生者關係存否確認, 5. 入養의 무효, 6. 罷養의 무효, 7. 戶主承繼의 무효 또는 회복, ② 나類事件으로는 1. 事實上 婚姻關係存否確認, 2. 혼인의 취소, 3. 이혼의 취소, 4. 재판상이혼, 5. 父의 결정, 6. 親生否認, 7. 認知의 취소, 8. 인지에 대한 이의, 9. 認知請求, 10. 入養의 취소, 11. 罷養의 취소, 12. 裁判上 罷養, ③ 다類事件으로는 1. 약혼해제 또는 사실혼관계부당파기로 인한 손해배상청구(제3자에 대한 청구를 포함한다) 및 원상회복의 청구, 2. 혼인의 무효·취소, 이혼의 무효·취소 또는 이혼을 원인으로 하는 손해배상청구(제3자에 대한 청구를 포함한다) 및 원상회복의 청구 3. 入養의 무효·취소, 罷養의 무효·취소 또는 파양을 원인으로 하는 손해배상청구(제3자에 대한 청구를 포함한다) 및 原狀回復의 청구가 있다. 가사소송절차에 관하여는 이 법에 특별한 규정이 있는 경우를 제외하고는 민사소송법의 규정에 의한다. 다만, 가類 및 나類 家事訴訟事件에 관하여는 민사소송법 138조, 139조 1항, 257조, 259조, 320조, 321조의 규정 및 206조 중 청구의 認諾에 관한 규정, 261조 중 자백에 관한 규정은 이를 적용하지 아니한다(家訴 12). 가사소송은 이 법에 특별한 규정이 있는 경우를 제외하고는 피고의 普通裁判籍所在地의 가정법원의 관할로 하며, 당사자 또는 관계인의 주소·거소 또는 최후주소에 의하여 관할이 정하여지는 경우에 그 주소·거소 또는 최후주소가 국내에 없거나 이를 알 수 없을 때에는 대법원소재지의 가정법원의 관할로 한다. 가정법원은 소송의 전부 또는 일부가 그 관할에 속하지 아니함을 인정한 때에는 결정으로 관할법원에 이송하여야 하며, 또 그 관할에 속하는 가사소송사건에 관하여 현저한 손해 또는 지연을 피하기 위한 필요가 있는 때에는 직권 또는 당사자의 신청에 의하여 다른 관할가정법원에 이송할 수 있다. 이송결정과 이송신청의 棄却決定에 대하여는 즉시 항고할 수 있다(13). 여러 개의 가사소송사건 또는 가사소송사건과 가사비송사건의 청구의 원인이 동일한 사실관계에 기초하거나 1개의 청구의 당부가 다른 청구의 당부의 전제가 되는 때에는 이를 1개의 訴로 제기할 수 있다. 위 사건의 管轄法院이 다를 때에는 가사소송사건 중 1개의 청구에 대한 관할권이 있는 가정법원에 訴를 제기할 수 있다(14 I·II). 가類 또는 나類 가사비송사건의 원고가 사망 기타의 사유(소송능력을 상실한 경우를 제외한다)로 소송절차를 속행할 수 없게 된 때에는 다른 제소권자는 소송절차를 승계할 수 있다. 이 승계신청은 승계의 사유가 생긴 때부터 6월 이내에 하여야 하며, 이 기간 내에 승계신청이 없을 때에는 訴가 취하된 것으로 본다(16). 가類 또는 나類 가사소송사건의 청구를 인용한 확정판결은 제3자에게도 효력이 있다. 이 청구를 배척한 판결이 확정된 때에는 다른 제소권자는 事實審의 辯論終結 전에 참가할 수 없었음에 대하여 정당한 사유가 있지 아니하는 한 다시 訴를 제기할 수 없다(21).

가사심판(家事審判) 가정내의 분쟁에 관한 소송사건을 가정법원이 심판하는 제도. 가정의 평화를 유지하기 위하여 일반인의 방청을 허용하지 않는다. 가사심판관과 참여원이 관여하여 간단한 절차로 情義에 적합한 해결을 내린다. 이는 일본, 미국 등에서 시행하고 있다.

가사심판관(家事審判官) 가정법원에서 행하는 재판사항을 처리하는 법관. 가사심판관은 단독 또는 합의로써 재판을 행하는 바(舊家審 3), 그 임무 중 중요한 것은 가사사건이나, 소년사건을 심판하는 외에 조정에 회부된 가족 및 친족간의 분쟁사건, 그 밖의 가정에 관한 사건을 해결함을 목적으로 하는 조정위원회는 조정장 1인과 조정위원 2인 이상으로 조직된다(家訴 52).

가사심판법(家事審判法) 1963년 법률 제1375호로 인격의 존엄과 남녀의 평등을 기본으로 하여, 가정평화와 친족상조의 건전한 공동생활의 유지에 기여함을 목적으로 제정된 법률. 調停前置主義에 의하여 조정을 할 수 있는 사건에 대하여는 먼저 가정법원에 조정신청을 하여야 한다. 그러나 2조 甲·乙類 사항에 대하여는 조정을 하지 않는다. 또한 보도와 타인의 비밀누설금지를 원칙으로 하고, 조정은 비공개를 원칙으로 하나 조정장이 적당하다고 인정한 자에게는 在席許可를 할 수 있는 점이 특색이다. 1991년 1월 1일 가사소송법의 시행에 의하여 이 법은 폐지되었다.

가사조사관(家事調査官) 가정법원(또는 지방법원)에 계속된 가사사건에 관하여 조사를 전담하는 동법원의 직원. 조사관은 調停事件에 관하여 조정장의 명령을 받아 그 신청일로부터 2개월 이내에 문서작성·자료수집 그 밖의 필요한 조사를 완료하여야 하고 직무수행상 필요한 때에는 당사자·참고인 또는 이해관계인을 소환할 수도 있다. 법의 개정으로 사법보좌관제도에 흡수되었다(法組 附 5Ⅱ). → 사법보좌관.

가사조정(家事調停) 가정 또는 친족 사이의 분쟁에 관하여 가사소송법이 정하는 바에 따라 가정법원이 행하는 조정을 말한다. 가사소송법상 나類 및 다類 가사소송사건과 마類 가사비송사건에 대하여 가정법원에 소를 제기하거나 심판을 청구하고자 하는 자는 먼저 조정을 신청하여야 하는 바, 이를 調停前置主義라 한다. 이 사건에 관하여 조정을 신청하지 아니하고 소를 제기하거나 심판을 청구한 때에는 가정법원은 그 사건을 조정에 회부하여야 한다. 그러나 公示送達에 의하지 아니하고는 당사자의 일방 또는 쌍방을 소환할 수 없거나, 그 사건이 조정에 회부되더라도 조정이 성립될 수 없다고 인정할 때에는 그러하지 아니하다(家訴 50). 가사조정에 관하여는 가사소송법에 특별한 규정이 있는 경우나 민사조정법에 특별한 규정이 있는 경우를 제외하고는 민사조정법의 규정을 준용한다. 다만, 민사조정법 18조(대표당사자) 및 23조(진술의 원용제한)의 규정은 이를 준용하지 아니한다. 가사조정사건은 그에 상응하는 가사소송사건이나 가사비송사건을 관할하는 가정법원 또는 당사자가 합의로 정한 가정법원의 관할로 하며, 또 家事訴訟法 13조 3항 내지 5항의 규정은 가사조정사건에 준용한다(家訴 51). 가사조정사건은 조정장 1인과 2인 이상의 조정위원으로 구성된 조정위원회가 처리하며, 조정담당판사는 상당한 이유가 있을 때에는 당사자가 반대의 의사를 명백하게 표시하지 아니하는 한 단독으로 조정할 수 있다(52). 조정장 또는 조정담당판사는 가정법원장 또는 가정법원 지원장이 그 관할법원의 판사 중에서 이를 지정하며, 조정위원회를 구성하는 조정위원은 학식과 덕망이 있는 자로서 매년 미리 가정법원장 또는 가정법원 지원장이 위촉한 자 또는 당사자가 합의에 의하여 선정한 자 중에서 각 사건마다 조정장이 이를 지정한다(53). 조정위원은 조정위원회에서 행하는 조정에 관여하는 외에 가정법원·조정위원회 또는 조정담당판사의 촉탁에 따라 다른 조정사건에 관하여 전문적 지식에 따른 의견을 진술하거나 분쟁의 해결을 위하여 사건관계인의 의견을 듣는다(54). 調停長 또는 調停擔當判事는 특별한 사정이 없는 한 조정을 하기 전에 기한을 정하여 家事調査官으로 하여금 사건에 관한 사실의 조사를 하게 하여야 한다(56). 조정의 목적인 청구와 가사소송법 14조에서 규정한 관련관계에 있는 나類·다類 및 마類 가사사건의 청구는 병합하여 조정신청할 수 있다. 당사자간의 분쟁을 일시에 해결함이 필요한 때에는 당사자는 조정위원회 또는 조정담당판사의 허가를 받아 조정의 목적인 청구와 관련있는 민사사건의 청구를 병합하여 조정신청할 수 있다(57). 調停委員會가 조정을 함에 있어서는 당사자의 이익 외에 조정으로 인하여 영향받게 되는 모든 이해관계인의 이익을 고려하고 분쟁의 평화적·종국적 해결을 이룩할 수 있는 방안을 마련하여 당사자를 설득하여야 하며, 또 子의 친권을 행사할 자의 지정과 변경·양육방법의 결정 등 未成年者인 子의 이해와 직접 관련되는 사항을 조정함에 있어서는 未成年者인 子의 복지가 우선적으로 고려되어야 한다(58). 조정은 당사자 사이에 합의된 사항을 조서에 기재함으로써 성립하는데, 조정 또는 확정된 조정에 갈음하는 결정은 裁判上 和解와 동일한 효력이 있다. 그러나 당사자가 임의로 처분할 수 없는 사항에 대하여는 그러하지 아니하다(59). 조정신청된 민사사건의 청구에 관하여 조정신청인이 제소신청을 함(57 Ⅱ)에 있어서는 민사조정법 36조의 규정을 준용하며, 이 경우 가정법원은 결정으로 당해 민사사건을 관할법원에 이송하여야 한다(60). 조정의 목적인 가사사건의 청구에 관하여 민사조정법 36조의 규정에 따라 제소신청 또는 심판에의 이행청구가 있거나, 가사소송법 50조 2항의 규정에 의하여 조정에 회부된 사건을 다시 가정법원에 회부할 때에는 調停長 또는 調停擔當判事는 의견을 첨부하여 기록을 관할 가정법원에 송부하여야 한다(61).

가산국가(家産國家) 〔獨〕 Patrimonialstaat 영토 및 그 위에 존재하는 인간을 군주의 소유물이라고 보고 국가의 기초를 군주의 소유권에 두려고 하는 국가. 여기에서는 公法과 私法, 統治權과 所有權의 구별이 명백하지 않다. 봉건시대의 국가, 특히 영주국가가 대개 이러한 성질을 가졌다. 이른바 家産國家思想은 이러한 사회관계를 배경으로 하여 중세말기부터 근대까지 주로 독일에서 제창되었지만, 19세기에 들어와서 체계화되고 근대국가에 있어서의 봉건적 복고의 이론으로 되었다(예 : 할러(Karl Ludwig von Haller)).

가산금(加算金) 일종의 연체금에 해당하는 것으로서 租稅債務의 이행에 대한 간접강제의 효과를 갖는 것을 말한다. 租稅를 납부기한까지 납부하지 아니한 때에 고지세액에 가산하여 징수하는 금액과 납부기한경과 후 일정기한까지 납부하지 아니한 때에 그 금액에 다시 가산하여 징수하는 금액. 가산금은 과태료 또는 연체에 대한 이자의 성격이 있으며 법률상 의무위반에 대하여 제재를 과하는 일종의 과태료에 속하는 질서벌과 유사하지만 처벌이 아니라는 점에서 다르고, 세법이 규정하는 의무의 성실한 이행을 확보하기 위한 가산세와 유사하나 가산세가 의무불이행을 전제로 하여 과해지는데 반해, 가산금은 지정기한내에 납부하지 않으면 자동적으로 과해지는 점에서 구별된다. 국세징수법상의 가산금은 납부기한까지 완납하지 아니한 때에는 그 납부기한이 경과한 날로부터 체납된 국세에 대하여 100분의 5에 상당하는 가산금을 징수한다(國稅徵 21). 체납된 국세를 납부하지 아니한 때에 납부기한이 경과한 날로부터 매 1월이 경과할 때마다 체납된 국세의 1000분의 12에 상당하는 중가산금을 징수하되 중가산금을 가산하여 징수하는 기간은 60月을 초과하지 못한다(22). 관세법에서도 이와 같은 내용이 있으며(關稅 17의3) 지방세법에서도 체납세액의 100분의 5의 가산금 및 1000분의 12에 상당하는 중가산금을 징수하는 것까지 국세와 같다. 納期限이 경과한 날로부터 15일 이내에 10일 이내의 납기한이 붙은 독촉장을 발부하여야 한다(地稅 27).

가산세(加算稅) 벌금과 마찬가지로 조세법상의 의무위반에 대한 금전적인 制裁로서 조세법상의 의무이행확보를 위한 행정적인 조치를 말한다. 조세법상 法定申告期間內에 신고하여 납부하여야 할 의무가 있는 경우에 신고하지 아니하였거나 과소신고를 하였을 경우에는 일정비율의 납부불성실가산세라든가 신고불성실가산세 등이 과하여진다(所得 85 참조).

가산임금(加算賃金) 가급임금과 같다.

가산제도(家産制度) 〔英〕 homestead 〔獨〕 Heimstätte 〔佛〕 biens de famille insaisissables 가족공동생활을 보장하기 위하여 부동산을 중심으로 하는 일정범위의 재산을 일종의 特別財産으로 하여 소유자의 처분·채권자의 강제집행을 금지함으로써 이를 보호하고자 하는 제도이며, 주로 농가의 유지·보호를 위하여 19세기 후반으로부터 각국에서 발달한 것. 근세자본주의가 발달하기까지는 가족단체를 주체로 하는 농업이 사회경제조직의 기초를 이루고, 家의 재산은 농업의 기초로서 사회적 통제에 따랐으므로 가산은 저절로 유지되었다. 그런데 근세 자유평등사상의 발달로 인한 자유로운 所有權(→자유소유권)과 공동상속의 이론은 가산에 대한 사회적 통제를 일소하였으므로 토지는 영세하게 분할되고 賣買·擔保의 목적이 되어 농업가족은 점차 그 존립의 기초를 잃게 되었다. 여기서 19세기후반 이래 농업경영상 최소한도의 재산을 가산으로 하여 그 分割·去來·擔保化·强制執行 등을 금지하는 제도가 미국·스위스·프랑스·독일 등에서 행해지게 되었다. 그러나 가산제도는 평등상속의 사상과 충돌하고 특히 농업용부동산에 의한 금융수단을 봉쇄하였으므로 철저한 태도로써 실행함에는 많은 곤란이 따르게 되어 입법정책상의 어려운 문제가 되었었다. 1933년에는 당시 농민보호를 가장 중요한 정책강령으로 삼았던 독일에서 가장 과감한 가산제도인 세습농장의 제도를 채용하여 또한 새로운 문제를 제공한 바 있었다. 우리나라에서는 농지개혁법에 의하여 분배받은 농지는 분배받은 농가의 대표자명의로 등록하고 가산으로서 상속한다고 규정되어 있으나(舊農改 15), 특별한 농지등록제도도 마련되어 있지 않고 또 공동상속으로 인한 농지의 분할을 금하는 아무런 조치도 강구된 바 없었으므로, 위의 규정은 전혀 空文化되었었다.

가석방(假釋放) 〔英〕 parole 〔獨〕 vorläufige Entlassung 〔佛〕 libération conditionnelle 懲役 또는 禁錮의 집행중에 있는 자가 그 행상이 양호하여 개전의 정이 현저한 때에, 무기에 있어서는 10년, 유기에 있어서는 형기의 3분의 1을 경과한 후에 행정처분으로 미리 석방하는 제도(刑 72 Ⅰ). 少年에 대하여는 무기형에는 5년, 15년의 유기형에는 3년, 부정기형에는 단기의 3분의 1이 지나면 가석방이 된다(少 65). 가석방의 처분을 받은 후, 처분이 실효 또는 취소되지 아니하고 가석방기간을 경과한 때에는, 형의 집행을 종료한 것으로 간주한다(刑 76Ⅰ). 소년에 대하여는, 가석방전에 집행을 받은 기간과 동일한 기간을 경과하면 된다(少 66). 가석방의 처분은 가석방중 금고 이상의 형의 선고를 받아 그 판결이 확정된 때에는 그 효력을 잃으며(단, 過失犯의 경우는 예외)(刑 74), 監視에 관한 규칙을 위배하거나, 保護觀察의 준수사항을 위반하고 그 정도가 무거운 때에는 가석방처분을 취소할 수 있다(刑 75). 이와 같이 실효 또는 취소된 경우에는, 가석방중의 일수는 형기에 산입하지 않는다(刑 76Ⅱ). 이상과 같은 가석방의 제도는 수형자의 사회적 복귀를 촉진하기 위한 것으로, 刑事政策上 매우 중요한 의미를 가진다.

가석방심사위원회(假釋放審査委員會) 가석방자를 심사하기 위하여 두는 기관. 법무부차관이 위원장이 되고, 위원은 판사, 검사, 변호사, 법무부소속 공무원 및 교정에 관한 학식과 경험이 풍부한 자 중에서 법무부장관이 5인 이상 9인을 임명 또는 위촉한다. 그 임무로서는 수형자의 연령·죄명·범죄의 동기·刑名·형기·수형 중의 行狀·석방 후의 생계수단과 생활환경·재범의 우려 유무 그 밖의 사정을 참작하여 결의로써 가석방심사 여부를 결정한다(行刑 50, 51).

가선박국적증서(假船舶國籍證書) 일시적으로 船舶國籍證書와 동일한 효력이 인정되는 증서. 대한민국선박이 외국항에 정박할 동안에 선박국적증서를 滅失·毁損하거나 기재사항에 변경이 발생하였을 때에는 선장은 그 정박지에서 가선박국적증서를 신청할 수 있으며, 외국에서 선박을 취득한 경우에도 그 취득자는 취득지에서 가선박국적증서를 신청할 수 있다(船舶 21). 가선박국적증서의 유효기간은 1년을 초과하지 못하나(23), 선박이 선박항에 도착하였을 때에는 그 유효기간 전이라도 효력이 상실된다(24).

가설인(假設人) 실재하지 않는 사람을 假設人이라 하고 간혹 가설인의 명의를 악용하는 사례가 있어 가설인의 명의 사용자의 책임을 규율한 경우가 있다. 가령 상법 332조 1항은 가설인의 명의로 주식을 인수하거나 타인의 승낙없이 그 명의로 주식을 인수한 자는 주식인수인으로서의 책임이 있다고 규정하여 주식인수를 할 때에 자기에게 유리한 때는 인수인임을 주장하고, 불리한 때는 이것을 회피하기 위하여 자기명의로 주식을 인수하지 아니하고 가설인의 명의로 주식을 인수하거나 타인의 승낙없이 그 타인의 명의로 주식을 인수한 경우에는 인수인의 명의여하에 불구하고 그 배후자의 책임을 추궁할 수 있게 하여 그 자로 하여금 주식인수인으로서의 책임을 부담하여 주금을 납입하도록 하였고, 어음법 7조는 어음行爲獨立의 原則을 천명하여 가설인이 기재된 경우도 상정하여 환어음에 어음채무를 부담할 능력이 없는 자의 기명날인 또는 서명, 위조의 기명날인 또는 서명, 假設人의 기명날인 또는 서명 또는 기타의 사유로 인하여 환어음의 기명날인자 또는 서명자가 그 본인에게 의무를 부담하게 할 수 없는 기명날인 또는 서명이 있는 경우에도 다른 기명날인자 또는 서명자의 채무는 그 효력에 영향을 받지 아니한다고 규정하여 어떤 어음상에 유효하게 어음행위를 한 자의 채무는 그 어음 위에 하여진 다른 어음행위의 효력 여하에 의하여 영향을 받지 아니하는 경우를 예시하고 있다.

가설인(假設人)의 명의(名義) 수표발행의 名義가 개인인 경우에는 주민등록표상의 명의와 일치하지 않는 名義, 법인인 경우에는 법인등록부상의 명의와 일치하지 아니하는 명의(不正手票團束法 2Ⅰi, 同施 2Ⅱ). 가설인의 명의로 수표를 발행한 자는 부정수표단속법에 의하여 처벌을 받는다(2Ⅰ·Ⅲ 참조). → 가설인

가 수(枷囚) 고대의 足枷 또는 首枷를 한 중죄인

가수금계정(假收金計定) 현금의 수입은 실제 있었으나 그 상대계정 또는 금액이 미정일 경우에 이것이 확정될 때까지 수입을 임시로 처리하

는 계정. 가불금계정과 같다.

가스안전관리기금(安全管理基金) 가스의 안전관리와 유통구조의 개선을 위하여 액화석유가스의 안전 및 사업관리법 38조에 근거하여 1984년 설치된 민간관리기금. 기금의 재원은 국내에서 정제된 액화석유가스의 판매(수출에 의한 판매 제외)시 석유정제업자로부터 징수하는 수입금, 액화석유가스 수입시 수입업자로부터 징수하는 수입금, 석유정제업자 외의 자가 제조한 액화석유가스의 판매시에 당해 제조업자로부터 징수하는 수입금 등으로 조성된다. 基金은 가스안전기술의 개발·조사·연구 및 가스안전관리에 관한 검사·교육·홍보사업의 보조·가스유통구조의 개선을 위한 융자, 기타 대통령령에서 정하는 가스안전관리사업에의 보조 또는 융자사업에 사용한다.

가압류(假押留) 〔獨〕 Arrest 금전채권이나 금전으로 환산할 수 있는 채권에 대하여 채무자의 재산을 확보하고, 장래의 강제집행을 목적으로 하는 명령(民訴 696, 701), 또 그 집행으로서 하는 처분(民 168), 또는 그 총칭. 債務名義를 취득하고 강제집행에 착수할 때까지 채무자의 財産隱匿, 도망, 빈번한 轉任 등의 사실이 생겨, 채무명의를 얻어도 집행을 불능 또는 현저히 곤란하게 할 염려 있을 때, 일시 채무자의 재산을 확보하고 그 위험을 예방하여 강제집행을 가능케 하려는 제도이다. 독일법에 있어서는 人的保全押留라 하여 채무자의 구금 기타 일신상의 자유의 구속을 인정하고 있지만, 우리 법에서는 대인집행을 기피하는 일관적인 태도 때문에 오로지 物的押留만을 인정함에 그치는 것이 그 특색이다. 가압류는 가압류명령을 발하는 절차(가압류소송)와 가압류명령을 채무명의로 하는 집행절차(가압류집행)와의 양자를 포함하고 있는데, 각각 일반판결절차·강제집행절차에 대응한다. 따라서 그 규정의 준용이 인정되어 있으면서도(民訴 707), 가압류의 집행은 가압류명령절차를 전제로 하고서만 가능한 점이 특색이다. 假押留命令은 가압류를 하지 않고 현상대로 방치하면 판결의 執行不能 또는 현저한 집행곤란의 염려가 있을 때, 즉 가압류의 이유(예컨대 채무자의 책임재산의 濫費·廉賣·은닉·도망·외국에 있어서의 집행)가 있고, 충분한 物的擔保나 債務名義의 존재와 같은 阻却事由가 없을 때에 발하지만(697), 피보전채권은 금전채권 또는 금전으로 환산할 수 있는 채권이면 아직 이행기가 도래하지 아니한 것이라도 좋다(696 Ⅱ). 따라서 期限附債權은 물론, 停止條件附債權 그 밖에 장래의 청구권이라도 무방하다. 가압류명령의 관할법원은 미리 압류할 수 있는 물건의 소재지의 지방법원 또는 본안의 관할법원이며, 모두 전속적이다(698). 다만 급박한 경우에는 재판장도 가압류명령을 발할 수 있다(723). 가압류명령은 가압류의 신청에 관하여 변론을 거친 때에는 종국판결, 이를 거치지 않은 때에는 결정으로써 한다(701). 이에 불복이 있을 때에는 판결에 대하여는 항소·상고를, 결정에 대하여는 이의신청을 할 수 있다(703). 이의의 신청에 관하여는, 법원은 반드시 변론을 열고, 가압류의 당부에 관하여 다시 심리하고 나서 가압류의 인가·변경·취소의 재판을 終局判決로 하지만(704), 이의신청이 있어도 집행은 원칙으로 정지되지 아니한다(703 Ⅲ). 그리고 가압류명령은 제소명령에 정한 기간을 도과하고(705) 또는 事情變更이나 擔保의 제공이 있을 때에는 채무자의 신청에 의하여 종국판결로써 취소된다(706). 가압류신청인이 신청의 취지를 관철하려면 가압류의 집행을 하지 않으면 안되지만, 이 집행은 강제집행에 준하여 행하여짐을 원칙으로 한다(707). 그러나 집행요건에 관해서는 집행문의 원칙적 불요(708 Ⅰ), 가압류명령송달전의 집행가능(708 Ⅲ)이라든가, 집행기간의 제한 등(708 Ⅱ), 또 집행의 방법에 관하여는 가압류의 집행이 그 목적물의 換價까지 이르지 않는 것이 원칙인 것(709～712), 가압류의 집행의 취소에 관하여는 가압류해방금액(702)의 供託에 의한 취소가 인정되는(713 Ⅰ) 등 많은 차이가 있다. 가압류가 되면 본압류와 같이 집행의 목적인 재산에 대하여 채무자는 處分權을 상실한다.

가압류명령(假押留命令) 〔獨〕 Arrestbefehl 가압류신청을 인용하여 가압류를 허용하는 재판. 변론을 거치느냐 안 거치느냐에 따라 재판의 형식으로 행하기도 하고 결정의 형식으로 행하기도 한다. 판결의 경우는 宣告에 의해 효력을 낳지만(民訴 190), 결정의 경우의 告知方法은 당사자에 송달하는 것이다(708 참조). 가압류명령에 기재할 사항으로는 ① 당사자나 법정대리인 및 보전되어야 할 청구권의 원인과 금액, ② 담보결정을 한 경우에는 그 담보를 제공한 사실과 그 방법을 기재하여야 하고, 조건부가압류명령에 있어서는 그 취지(700 Ⅳ, 704 Ⅲ), ③ 가압류의 목적물(다만 본안의 관할법원이 가압류를 명한 경우에는 필요치 않다), ④ 가압류해방금액(702), ⑤ 가압류재판절차의 소송비용(89), ⑥ 그 밖에 일반재판서에 기재할 사항(193) 등이다. 가압류명령을 종국판결로써 한 때에는 불복방법으로 抗訴나 上告를 할 수 있고, 결정으로 한 때에는 가압류를 한 법원에 異議申請을 한다(703 Ⅰ). 이의는 동일심급내의 불복방법으로 상소는 아니므로 변론을 거쳐 다시 가압류신청의 당부에 관하여 심판을 구하는 신청이다. 이의는 관할위반이나 그 밖에 절차상의 이유로, 청구 또는 가압류의 이유를 다투는 경우에도 할 수 있는데, 假押留決定 그 자체의 취소를 구하기 위한 유일의 불복방법이다. 이의를 신청할 수 있는 자는 채무자 또는 그 訴訟承繼人에 한한다.

가압류법원(假押留法院) 가압류명령을 발하는 법원. 가압류사건은 가압류를 할 물건의 소재지를 관할하는 지방법원이나 본안의 관할법원에 전속한다(民訴 698). 급박한 경우에는 변론없이 할 수 있는 경우에 한하여 재판장이 할 수 있다(723). 가압류법원은 채권에 대한 가압류의 執行(709 Ⅱ), 가압류결정에 대한 異議의 재판(704), 承繼執行文付與의 소(708), 提訴命令(705 Ⅰ), 假押留命令의 취소(705 Ⅱ, 706) 등을 관할한다.

가압류(假押留)**의 집행**(執行) 가압류명령의 집행에 대하여는, 원칙적으로 강제집행의 규정이 준용되지만(民訴 707), 가압류의 간이·신속성에 비추어 약간의 특칙이 정해져 있다. 승계의 경우를 제외하고 집행문의 附記가 필요없다는 것, 집행기간이 정해져 있는 것, 가압류명령송달전이라도 집행할 수 있는 것(708), 채권·부동산에 대한 가압류의 집행기관은 가압류법원인 것(709 Ⅱ, 710 Ⅱ) 등이 그에 해당한다.

가압류(假押留)**의 취소**(取消) 가압류명령의 취소를 말하는 것이 보통이지만, 가압류집행의 취소를 가리키는 경우도 있다. 가압류명령의 취소는 가압류신청에 기한 소송절차에서 일단 발한 가압류명령이 異議(民訴 703)에 의해 취소되는 경우 외에, 이와는 무관계하게 채무자의 신청에 의한 별개의 소송절차에서 제소명령소정기간의 不遵守(705), 事情變更 또는 擔保의 제공(706)이 있는 때 취소하는 경우가 있다. 어느 경우나 변론을 열어 終局判決로써 재판한다(704, 705, 706). 가압류명령을 취소하는 판결은 당연히 집행력이 생기는 것은 아니기 때문에 가집행선고가 붙은 경우에 한하여 즉시 효력이 발생한다(199). 이에 대하여는 항소 또는 상고할 수 있다. 가압류집행의 취소는 가압류해방금액을 공탁한 경우, 가압류를 속행하기 위하여 특별한 비용이 들 경우에 그 비용을 예납치 아니한 경우에, 변론없이 결정의 형식으로 한다(713 Ⅰ～Ⅱ). 취소신청을 기각하는 결정에 대하여는 즉시항고할 수 있다(713 Ⅲ).

가압류해방금액(假押留解放金額) 〔獨〕 Lösungssumme 가압류의 집행을 정지하고 또는 취소할 수 있기 위하여 채무자로부터 供託하여야 할 금액으로서 가압류명령 중에 기재되는 금액(民訴 702). 이 금액은 보전되어야 할 채권의 원본·과실·집행비용을 표준으로 하여 정할 것이요, 압류할 물건의 가격을 대중으로 할 수 없다(判例). 판례는 금전만이 공탁의 대상이 될 수 있다고 하나 금전에 한하지 않고 일정한 수량의 유가증권이나 당사자의 합의한 내용도 적법이라 할 것이다. 이 금액이 인정되는 것은 가압류가 금전적 가치의 확보를 목적으로 하므로, 성격을 달리하는 가처분의 경우에도 준용되느냐에 관하여 학설상 다툼이 있지만, 민사소송법 720조의 의미의 특별한 사정이 가처분명령을 발하기 이전부터 존재하는 것이라고 인정될 때에는 準用을 인정하여도 좋다 할 것이다.

가압수(假押收) 법원이 압수 또는 수색을 함에 있어서 다른 범죄에 관한 현저한 증거물을 발견했을 때에 압수의 절차를 밟지 않고 그 효과를 얻는 처분(舊刑訴 153). 현행법은 인정하지 않는다.

가 액(價額) 어느 일정한 일시에 있어서의 특정물의 가액을 말한다. 바꾸어 말하면 어느 일정한 시기에 있어서의 특정물의 일반 거래가격을 말하는 것이다(民 283, 285).

가(假)**어음** 〔獨〕 Interimswechsel 어음예약을 서면으로 정하였을 때 그 서면이 가어음이다. 가어음은 직접 어음상의 권리의무를 발생시키는 것이 아니므로 어음이 아니다.

가영치(假領置) 경찰상의 즉시강제수단의 하나. 물건의 소지가 경찰상 장해를 발생케 하는 상당한 이유가 있을 때에 일시 그 소지를 박탈하여 경찰관서에 보관하는 것으로 臨時領置를 말한다(警職 4). → 경찰상의 즉시강제

가예산(假豫算) 국회는 會計年度가 개시될 때까지 국가예산을 의결하여야 하는데 부득이한 사유로 예산이 의결되지 못한 때에 국정상의 지장을 제거하기 위하여 단기간(예 : 1개월)내의 잠정적인 성격을 띤 예산을 의결할 수 있다. 이것을 가예산이라고 한다. 이 가예산제도는 영국·프랑스·벨기에 등에서 채용되고 있는 제도인데, 제3차개헌전의 우리나라 헌법에서도 이것이 채택되고 있었다(舊憲 94). → 준예산

가옥대장(家屋臺帳) 가옥의 소재, 가옥번호·종류·구조·건평, 소유자의 주소·성명 등을 등록하여, 가옥의 상황을 명확하게 하는 장부. 家籍簿라고 할 수 있는 것으로서 세무관서에 비치되어 과세의 기본이 된다. 가옥대장은 가옥의 사실상의 상황을 명확하게 기재하는 점에서, 등기소에 비

치되어 가옥에 관한 권리관계를 공시하는 건물등기부와 구별된다. 건물에 관한 이 두 가지의 公簿는 동일사항에 관하여는 서로 일치하여야 할 것이다. 이 요청에 기하여 건물의 사실상의 상황에 관하여는 대장의 기재를 등기부의 기재의 기초로 삼고(不登 55 x, 102), 건물에 관한 권리의 변동에 관하여는 등기부의 기재를 대장의 기재의 기초로 삼는다. 다만 所有權保存登記만은 예외로 대장의 기재를 기초로 삼는다(130, 131). 등기부에 기재한 건물의 표시가 건물대장과 부합하지 않는 경우에는 그 건물소유권의 등기명의인은 그 건물의 표시의 변경의 등기를 하지 않으면 그 부동산에 대하여 다른 등기를 신청할 수 없도록 하여 양자의 일치를 꾀하고 있다(56). 한편 등기부를 기초로 하는 사항에 관하여는 등기에 부합하도록 帳簿登錄處分을 할 수 있다.

가옥세(家屋稅) 가옥을 과세물건으로 하고 그 임대가격을 과세표준으로 하여 그 소유자에게 부과시키는 租稅.

가옥임대가격(家屋賃貸價格) 가옥의 貸主가 公租公課, 수선비 그 밖에 가옥의 유지에 필요한 경비를 부담한다.

가위탁(假委託) →감호조치

가유치(假留置) 구속영장의 집행을 받은 피고인·피의자를 목적지까지 호송하는 도중, 필요한 경우에 가장 근접한 교도소 또는 구치소에 임시로 유치하는 것(刑訴 86, 209).

가이사(假理事) 구민법상의 용어. →임시이사.

가 인(家人) 律令制에 있어서 개인에 예속되는 반자유민을 말한다.

가인의(假引儀) 通禮院에 임시로 딸린 종9품의 벼슬.

가 입(加入)〔條約의〕 〔英〕 accession, adhesion, adherence 이미 성립된 조약에 原締約國이 아닌 당사국이 새로이 참가하는 행위. 특히 다수국간의 일반조약은 이와 같이 조약의 원체약당사자 이외에 다른 國際法主體의 가입을 인정하는 이른바 가입조항을 포함하는 것이 보통이다. 가입조항을 포함한 조약을 開放條約이라고 하는데, 이러한 가입조항은 제3국의 가입을 초청하는 제안(청약)의 성질을 가진 것이다. 그러므로 개방조약에는 비당사국이 일방적 가입의사의 표시에 의하여 당사국의 동의없이 가입할 수 있다. 단 비당사국의 가입을 인정하면서 일정한 조건의 충족을 요구하는 이른바 半開放條約(예 : U.N.헌장)에 있어서는 그 조건을 충족시킴으로써 가입이 인정된다. 기존조약에의 가입은 가입하는 국가측에서 볼 때 하나의 새로운 조약의 체결을 의미한다.

가입강제(加入强制) 일정한 자격을 구비한 자가 법령에 의하여 당연히 일정한 단체에 가입하는 것으로 되는 것. 통제단체 기타 공공적 성격을 가진 단체에의 가입에서 많이 볼 수 있다. 이와 같은 단체에 있어서는, 그 단체설립의 이니셔티브를 개인에게 맡긴 경우에라도(이것을 맡기지 않는 것은 설립강제이다) 그 가입과 탈퇴마저 각자의 자유에 맡기는 때에는 그 목적을 달성하는데 지장이 생긴다. 그러므로 법률은 일정한 절차를 밟아서 어떤 종류의 공공적 단체가 설립되면, 단체원이 될 자격을 가진 자는 모두 당연히 단체원이 된 것으로 본다는 뜻을 정하는 경우가 자주 있다. 農地改良組合(舊農村近代化促進法 19)에서 그 예를 볼 수 있었다.

가입전화(加入電話) 전화관서가 특정한 개인·회사에게 설치하는 전화. 가입전화는 공중통신역무에 제공하는 것으로서 정보통신부장관이 지정하는 일정한 구역에 설치해야 한다. 가입전화의 공공성에 비추어 정부는 그 설비의 수리 또는 복구를 무상으로 돌봐주고 일정한 경우에는 손실보상·실비보상·손해배상을 제공한다. 그러나 소정의 계약조건을 붙인 엄중한 벌칙을 두고 있다.

가입조항(加入條項) 締約國 이외의 제3국의 조약에의 가입을 인정하는 조항. 제3국은 소정의 절차를 밟음으로써 체약국과 동일한 권리·의무를 인정받게 된다. 그러나 가입에는 단지 제3국의 가입통고만으로써 효력이 인정되는 것과, 체약국의 전부 또는 일정한 수의 동의를 요한다고 하는 조건이 붙어 있는 것이 있다. 가입조항이 붙어 있는 조약을 開放條約, 그것이 없는 것은 閉鎖條約이라 한다. →개방조약

가 자(嫁資) 혼인중의 처의 재산을 두 개로 나누어서 남편에게 인도되는 재산을 특히 가자(dot)라고 한다. 남편은 가자에 대하여 管理權과 用益權을 가진다. 그것은 그 수익으로 혼인을 유지하는 비용에 쓰려는 때문이다. 가자 외의 처의 또 하나의 재산은 처자신이 관리용익하는 권리를 가진다. 가자인 부동산은 남편이나 처가 단독으로 이것을 처분하지 못하며, 뿐만 아니라 배우자쌍방의 합의를 얻더라도 혼인중에는 이것을 양도할 수 없으며, 또는 抵當權을 설정할 수 없다는 데에 특색이

있다. 덴마크 민법·스위스 민법에서 사용하고 프랑스 민법에서도 일정한 조건밑에 인정되고 있으나, 우리나라에서는 인정되지 않는다. 嫁資制度의 특색은 가자를 양도하지 못하게 하여 처의 가자를 보존하는 데에 있으며, 남편의 지급불능 및 배우자 쌍방의 낭비에 대하여 보호를 받게 된다는 점에 이익이 있다. 그러나 이 제도에 의하면 양 배우자 사이에 있어서 이해의 공동이 이루어지지 못하며, 따라서 처는 남편의 관리의 교묘함과 서툴음, 運·不運에 간섭·참가할 수 없다는 것, 가자의 非讓渡性은 때로는 배우자에게 큰 속박을 주게 되는 것, 또 가자 중에서 처의 부동산만 인정하고 동산의 가자는 남편이 멋대로 낭비할 수 있도록 한 점 등이 제도의 결함이다.

가자분산(嫁資分散) 〔佛〕 deconfiture 상인·비상인의 구별이 없이 채무자가 강제집행을 받아 辨濟資力이 없게 된 상태. 상인파산주의의 구파산법하에서는 인정되었으나 일반파산주의를 취하는 현행 파산법의 시행과 함께 가자분산제도는 폐지되었다. 직권선고의 가능, 선고 후 미지의 재산에 대한 채무자의 처분권의 존속, 부인권의 적용이 없는 점에 특색이 있으나 신분상의 효과, 형벌규정, 복권에 관하여는 파산에 유사하다.

가 장(假將) 主將의 명령으로 임시로 직무를 맡아보는 장수. 대개 싸움터(戰地)에서 장수의 결원에 보충되었다.

가장권(家長權) 〔羅〕 patria potestas 〔獨〕 väterliche Gewalt 〔佛〕 puissance paternelle 가장이 가족을 통솔하기 위한 권리 또는 권한. 로마법상의 家父長權은 生殺與奪權(jus vitae becisque)까지 인정되었기 때문에 법사상 특히 현저하다. 게르만법에서의 家長權(→문트)은 가족을 비호하는 의무의 면에서 인정되고 있었다. 가장권은 가족공동체가 부부 내지 친자로써 구성되는 근대사회에 이르러 夫權과 親權으로 분해되어 해소한다. 우리나라에서도 일찍이 가장은 상당히 강력하게 가족을 통솔하였다는 것은 사실이다. 민법의 여러 규정에서 파악되는 戶主權은 근대법상에 남겨진 일종의 가장권이라고도 생각되는 특이한 존재이다.

가장납입(假裝納入) 주식회사 등의 物的會社에 있어서 출자의 이행을 가장하는 것. 이를 위한 주된 수단으로는 ① 見金(→견금), ② 預合(→예합)이 있고 ③ 신주발행의 경우 회사가 자기자금을 빌려 주고 이것을 株金納入에 충당시키는 타인명의에 의한 자기주식 인수의 경우도 있다. 상법은 자본충실의 원칙을 해하는 가장납입을 막기 위하여 株金納入 보관은행의 책임(商 318), 發起人의 담보책임(321), 刑事罰(628) 등의 제도를 두고 있다.

가장매매(假裝賣買) ① 매매의 眞意가 없으면서 상대방과 통정하여 허위표시를 하여 매매를 가장하는 행위. 假裝行爲의 일종. 이러한 매매는 무효이지만, 그 무효는 선의의 제3자에게 대항하지 못한다(民 108). ② 특히 증권거래소에서 행하여지는 유가증권의 권리의 이전을 목적으로 하지 않는 가장의 매매거래. 이는 시세조종의 수단으로서, 매매거래상황에 관하여 타인에게 오해를 줄 목적으로 행하여지고, 건전한 公定時勢의 형성을 방해하므로 금지되어 있다.

가장적 선점(假裝的先占) 〔英〕 fictitious occupation 〔獨〕 fiktive Okkupation 〔佛〕 occupation fictive 국제법상으로는 實效的(effective)이 아닌 선점. 擬制的 先占이라고도 한다. 이 관념은 조약에 기하여 세력을 행사하는 세력범위의 관념과는 다르다. 연안일대의 선점이 그 배후지에까지 효력이 미친다고 하는 사상은 實效的 先占에 대한 가장적 선점인 것이다. →선점

가장조건(假裝條件) 조건으로서의 외관을 가질 뿐 참다운 의미의 조건이 아닌 것. 旣成條件·不能條件·不法條件 등은 이에 속한다. 진정한 조건이 아니므로 조건으로서의 효과는 생기지 않는다.

가장행위(假裝行爲) 〔英〕 simulation 〔獨〕 Scheingeschäft 보통 虛僞表示와 같은 뜻으로 쓰여지나 엄격히 말한다면 허위표시는 상대방과 통정하여서 하는 의사표시이고, 가장행위는 이러한 의사표시를 요소로 하여 이루어지는 법률행위이다. 예컨대, 서로 통정하여서 하는 허위의 請約과 承諾이라는 두개의 의사표시(허위표시)에 의하여, 가장의 매매계약이 법률행위(가장행위)로서 성립하는 것과 같다. →허위표시

가 적(家籍) 호적과 같다.

가 전(駕前) 행사 때에 왕보다 앞에 가는 시위병을 가리킨다.

가정대부(嘉靖大夫) 종2품 문무관의 품계

가정법원(家庭法院) 가정에 관한 사건과 소년에 관한 사건의 처리를 목적으로 설치된 법원. 가정법원은 각 부의 장 및 판사 그리고 調停委員會로 구성된다. 조정위원회는 조정장 1인과 조정위원 2인 이상으로 조직되며(家訴 52 Ⅰ), 조정장 또는

ㄱ

조정담당판사는 가정법원장·지원장이 그 법원의 판사 중에서 지정한다(53Ⅰ). 調停委員은 학식과 덕망이 있는 자로서 매년 미리 가정법원장 또는 가정법원지원장이 위촉한 자 또는 당사자의 합의에 의하여 선정한 자 중에서 각 사건마다 조정장이 지정한다(53Ⅱ). 가정법원의 관장사항을 家事訴訟事件과 家事非訟事件으로 대별하고, 성질에 따라 가사소송사건을 가類(7개 항목), 나類(12개 항목), 다類(3개 항목) 사건으로 나누고, 가사비송사건을 라類(44개 항목), 마類(10개 항목) 사건으로 나누었다. 가사소송사건 중 나·다類事件과 가사비송사건 중 마類에 대하여는 調停前置主義에 의하여 조정을 거쳐 재판을 한다(50). 가정법원에 가정법원장을 두며, 가정법원장은 판사로 보한다. 가정법원장은 그 법원과 소속 지원의 사법행정사무를 관장하며, 소속 공무원을 지휘·감독한다. 다만, 법원조직법 3조 2항 단서의 규정에 의하여 1개의 지원을 두는 경우에는 가정법원장은 그 지원의 가사사건, 소년보호 및 호적에 관한 사무를 지휘·감독한다. 가사법원장이 궐위되거나 사고로 인하여 직무를 수행할 수 없을 때에는 수석부장판사·선임부장판사의 순서로 그 권한을 대행한다(法組 37, 26Ⅳ). 가정법원에 부를 두며, 부에 부장판사를 둔다. 부장판사는 그 부의 재판에 있어서 재판장이 되며, 가정법원장의 지휘에 의하여 그 部의 사무를 감독한다(38, 27Ⅱ·Ⅲ). 또 가정법원지원에 지원장을 두며, 지원장은 판사로 보하되, 지원의 사법·행정사무를 관장하며, 소속 공무원을 지휘·감독한다(39, 31Ⅱ·Ⅴ). 또 법원조직법 27조 2항 및 3항의 규정은 가정법원지원에 이를 준용한다. 그리고 가정법원 및 가정법원지원의 합의부는 ① 가사소송법에서 정한 가사소송과 마類 가사비송사건 중 대법원규칙으로 정하는 사건, ② 가정법원판사에 대한 제척·기피사건, ③ 다른 법률에 의하여 가정법원합의부의 권한에 속하는 사건을 제1심으로 심판하며, 또 가정법원본원합의부는 가정법원 단독판사의 판결·심판·결정·명령에 대한 항소 또는 항고사건을 제2심으로 심판한다(39, 40).

가정의례심의위원회(家庭儀禮審議委員會) 보건복지부장관의 자문에 응하여 가정의례에 관한 사항을 조사·연구·심의하기 위해 설치된 위원회. 동 위원회는 家庭儀禮準則의 보급 실천을 추진하게 하기 위하여 보건복지부장관 소속하에 중앙가정의례실천추진위원회를 서울특별시·광역시·시·도와 시·군에 지방가정의례실천추진위원회를 두고 있다. 또한 각급 가정의례실천추진위원회의 구성·직무·운영 및 경비에 관하여 필요한 사항은 대통령령으로 정한다(家庭儀禮에 관한 法律 12).

가정적 상계(假定的相計)**의 항변**(抗辯) 상계의 항변을 가정적으로 한 것. →가정적 주장·가정적 항변

가정적 주장·가정적 항변(假定的主張·假定的抗辯) 가정적 주장(〔獨〕 eventuelles Vorbringen, eventuelle Behaptung)은 하나의 진술(주장)이 부정(배척)될 것을 염려하여, 예비적으로 동일한 목적을 달성하기 위하여 이와 양립하지 않게 하는 진술. 사실상의 주장은 절차의 불안정을 피하게 하는 의미에서 條件이나 期限을 붙일 수 없게 하고 있으나 다만 예외적인 경우, 즉 가정주장이나 가정항변의 경우에는 조건부주장의 일종을 인정하고 있다. 所有權確認請求訴訟에 있어서 그 취득원인으로 먼저 상속을 주장하고 예비적으로 取得時效를 주장하는 경우에 후자가 가정적 주장이다. 이것이 항변으로 행하여지는 것이 가정적 항변(〔獨〕 eventuelle Einrede)이다. 예컨대 대금청구소송에 있어서 먼저 辨濟를 주장하고 예비적으로 시효소멸을 주장하는 경우에 후자가 가정적 항변이다. 이러한 假定主張(抗辯)이 나와서 동일목적의 주장이 수개일 때에는 그 상호간의 논리적 관계나 역사적 전후에 관계없이 법원은 어느 것을 선택하여 승소시켜도 무방하다. 다만 예외적으로 소송상의 相計의 항변에 대해서는 기판력이 생기기 때문에 제1차적으로 한 채권의 부존재의 주장이 배척되고 원고의 채권이 확정된 후가 아니면, 상계에 관하여 판단해서는 안된다.

가정폭력범죄(家庭暴力犯罪) 가정구성원에게 신체적·정신적 또는 재산상 피해를 주는 범죄로서 존속상해(刑 257), 존속폭행(260), 尊屬遺棄(271), 존속학대(273), 영아유기(272), 아동혹사(274), 존속협박(283), 死者의 명예훼손(308) 등의 죄를 말한다. 가정폭력범죄에 대하여는 가정폭력범죄의 처벌 등에 관한 특례법을 다른 법보다 우선적용한다(家庭暴力犯罪의 處罰 등에 관한 特例法 3).

가 제(家祭) 가정에서 호주가 행하는 조상에 대한 제사. 가제의 대상은 일반적으로 부모, 조부모 2代 또는 증·고조부모까지 4대에 한한다. 집안에 家廟 또는 祠堂을 두고, 神主(位牌)를 모시고 제사를 지낸다. 가제에는 매년 忌日에 행하는 忌祭와 정초·단오·추석 등 명절에 행하는 節祭가 있고, 기제 중에서는 1주기를 小祥, 2주기를 大祥이라 칭하고, 대상은 성대히 거행한다. 가제에는 제주인 호주는 물론 주부, 가족일동이 齋戒하고 가옥내외를 청소하고 제복·제기를 청결히 하고, 사당이

있는 집은 사당에서, 사당이 없는 집은 대청에서 제단을 꾸미고 제를 행한다. 正式忌祭의 절차는 다음과 같다. ① 神主奉安, ② 進饌, ③ 參神, ④ 降神 ⑤ 獻酒, ⑥ 讀祝, ⑦ 闔啓門, ⑧ 點茶, ⑨ 辭神, ⑩ 撤饌. 이 절차를 기록한 문서를 笏記라고 부르며, 제례를 집행하는 자가 가지고 있다.

가조인(假調印) 〔英〕 initial 略式署名 또는 假署名이라고도 한다. 정식의 서명에 앞서 행하여지는 경우가 있다. 정식의 서명과는 달라, 조약의 내용을 일응 확정할 뿐이며, 수정이 인정된다. →서명

가 족(家族) 집의 구성원 중에서 호주가 아닌 자. 한 사람이 동시에 두 개 이상의 家의 가족으로는 될 수 없다. 가족은 호주의 배우자·혈족과 그 배우자가 되는 것이 원칙이기는 하나(民 779), 민법상 다음과 같은 경우에도 가족으로서의 신분을 취득하게 된다. 즉 호주의 변경이 있는 경우에는 前戶主의 가족은 新戶主의 가족이 되고(780), 夫의 혈족아닌 처의 직계비속은 夫의 同意를 얻어 그 家에 入籍하게 할 수 있다(784).

가족계획심의위원회(家族計劃審議委員會) 가족계획에 관한 중요사항을 심의하기 위하여 보건복지부에 두는 자문기관. 위원회는 위원장 1인과 부위원장 1인을 포함한 가족계획에 관한 학식과 경험이 풍부한 자 및 관계 공무원 중에서 보건복지부장관이 위촉한 위원 9인으로써 조직하며 그 임기는 1년이다. 위원회는 위원회에서 심의한 안건을 지체없이 보건복지부장관에게 보고해야 한다(家族計劃審議委員會規程).

가족법(家族法) 가족법은 가장(호주)에 의한 家의 통제지배와 그 지배적 지위의 세습에 응한 혈통계속의 요구를 그 골자로 하여, 婚姻法·親子法 및 협의의 親族法과 더불어 친족법의 일부를 이루고 있다. 개인의 존엄을 표방하는 현대에는 가장권의 절대성이 부인되어 가장의 가족에 대한 통제지배는 그 의의를 상실하게 되고, 따라서 가족법의 비중이 작아진다. 특히 오늘날 구미제국에 있어서는 가족법은 거의 그 존재가치를 잃고 있으며 혼인법과 친자법의 조화만이 문제되고 있으나, 우리나라에서는 아직 家에서의 가장과 가족간의 지배복종의 관계가 잔존하므로, 가족법은 우리나라 신분법의 하나의 기저가 되고 있다.

가족제도(家族制度) 가족제도라는 말은 널리 쓰여지고 있지만, 그 뜻은 일정하지 않다. 넓은 뜻으로는 가족제도란, 공동생활을 영위하는 血族的 集團, 즉 가족단체를 규율하는 법적 제도라고 할 수 있다. 경제발전에 따라 가족구성에도 변화를 초래하여 가장을 중심으로 그에 지배되는 봉건적 가족제도로부터 부부와 그 자녀를 중심으로 하여 인격의 평등을 인정하는 시민적 가족제도로 이행되어 왔다. 그러나 우리나라의 일반적 용례로서는 도리어 전자의 가부장적인 봉건적 가족제도만을 특히 가족제도라 칭할 때가 많다. 즉, 戶主에 의하여 통솔되는 家라는 공동체를 인정하여 모든 사람으로 하여금 모두 가에 속하게 하고 戶主權, 즉 호주의 지위는 호주승계에 의하여 승계되는 것으로 되어 있었다. 家는 한 사람의 호주에 의하여 통솔되는 친족의 일단이지만, 반드시 현실적으로 공동생활을 할 필요도 없다. 현행 身分法은 시대의 요청에 따라 많은 면에서 민주화되어 개인중심제로 수정이 가해졌다.

가주소(假住所) 〔獨〕 erwählter Wohnsitz 〔佛〕 domicile provisoire, domicile élu, domicile d'élection 당사자가 어떤 행위에 관하여 주소 이외의 장소에 주소로서의 효과를 부여하기 위하여 특히 선정한 장소. 법률이 거래의 편의를 위하여 인정한 것이다. 가주소가 선정되면, 그 거래에 관한 한, 이 장소가 주소로 간주된다(民 21). 따라서 주소에 관한 법적 효과는 이 장소에 관하여 발생한다. 가주소와 본래의 주소와의 관계는 選定行爲의 해석에 의한다. 어디를 가주소로 하느냐는 당사자의 자유이며, 실제의 생활관계에 관계없이 거래의 편의에 따라 임의로 정할 수 있다. 또한 强制執行에 관하여도 가주소의 선정이 있다(民訴 489).

가족수당(家族手當) 〔英〕 family allowance 〔獨〕 familienzulage 가족을 가진 被傭者에게 그 생활을 유지케 하기 위하여 보통의 임금 이외에 주는 특별한 급여. 노동에 대한 대가라 하기보다는 생활보장적인 뜻을 갖는다. →부양수당

가족수당법(家族手當法) 〔英〕 Family Allowances Act 1945년 6월 제정. 동년 8월 실시. 이 법은 16세 미만의 아동 2명 이상을 가지는 가족에 대하여 제1차를 제외한 다른 아동 한 사람에 대하여 매주 수당을 지급할 것을 정한 영국의 사회보장법률. 양친의 자력이라든가 사회적·경제적 지위 등은 전적으로 관계하지 않고 보험료를 납부할 필요도 없으며, 2명 이상의 아동을 가지는 가족이 그 양육비는 국가에 의하여 분담하게 한 것이다. 그리고 이 법에서 큰아들이나 독자 수당이 전혀 지급되지 않고 있으나, 그것은 가족 자신이 양육할 수 있으며 양친의 의무라는 생각에서 나온 것이다.

가중감경(加重減輕) 法定刑을 법률상 또는 재판상 가중하거나 감경시키는 것. 같은 피고인에 대하여 가중 또는 감경할 사유가 경합할 때에는 형법 56조의 소정순서에 의한다.

가중주의(加重主義) 경합범을 처벌함에 있어서 경합범 중의 가장 무거운 한 죄를 가중한 형으로서 행하는 주의. 형법은 유기의 징역·금고에 있어서 이 주의를 채용한다(刑 38 I).

가중형(加重刑) 법정의 사유에 따라 법정형의 범위를 넘어서 가중하는 형. 형의 일반적 가중원인에는 競合犯과 累犯의 두 가지가 있다. 유기징역 또는 유기금고에 관하여는 25년까지 가중할 수 있다(刑 42 但). 이 한도내에서 경합범은 가장 중한 죄에 정한 장기 또는 다액에 그 2분의 1까지, 누범은 장기의 2배까지 가중할 수 있다(35, 38). 그러나 유기형을 가중하여 무기형으로, 무기형을 가중하여 사형으로 함은 허용되지 않는다. →경합범, 누범가중

가증금부발행(加增金附發行) 액면주식·사채·공채 등을 권면액 이상의 가액으로 발행하는 것. 권면액 이하로 발행하는 할인발행에 대하는 경제상의 용어. 가증금이라 함은 프리미엄을 말하는 바 주식의 액면 이상의 발행은 예상배당률이 시장금리보다 높은 때에 행해지고, 사채·공채에서는 그 이율이 일반금리보다 높을 때에 행해진다. → 프리미엄

가지위(假地位)**를 정하는 가처분**(假處分) 〔獨〕 einstweilige Verfügung zum Zwecke der Regelung eines einstweiligen Zustandes 권리관계 혹은 법률상태가 명확하지 못한 것은 결국 소송을 제기하여 판결로써 확정되어야 비로소 그것을 제거할 수 있는데 그 소송이 종결될 때까지 현상을 방치하여 두면 수습할 수 없는 결과에 빠질 우려가 있는 경우에 재판에 의하여 일단 잠정적으로 법률상태를 정해 두는 가처분. 같은 가처분이라도 係爭物에 관한 假處分(民訴 714)과는 전혀 성질을 달리한다. 이 가처분의 요건은 다음 두 가지이다. ① 권리관계에 있어서 분쟁이 있을 것. 이 권리관계는 假地位를 정하기에 적당한 계속적 권리관계임을 요하고 가처분에 의하여 1회의 급부로 끝나는 것은 포함하지 않는다. 재산적 법률관계이든 신분관계이든 불문한다. 예컨대 소유권·특허권·저작권 등에 대한 침해가 있는 경우, 조합·도급·임대차의 효과에 관하여 분쟁이 있고 의무위반의 우려가 있을 때, 주식회사의 이사 선임의 결의, 노동조합의 조합원의 제명 또는 사용인의 해고를 다투는 경우 등이다. ② 假地位를 정하여 보호할 필요가 있을 것. 계속하는 권리관계에 있어서 심한 손해를 피하거나 혹은 급박한 횡포를 방지하기 위하거나 그 밖의 이유로 말미암아 그것이 필요한 경우로서 이를테면 특히 모조제품 판매로 말미암은 손해, 이사의 직무집행상의 非違, 근로자의 해고로 말미암은 생활상의 궁핍, 구정물(汚水)의 유입, 水利權의 방해가 되는 제방의 공사 등이 이에 해당한다.

가집행(假執行) → 가집행선고

가집행면제(假執行免除)**의 선고**(宣告) 假執行宣告가 인정되는 경우에, 敗訴豫期者의 신청에 의하여 또는 직권으로, 판결주문에 담보를 제공하고 가집행선고의 집행력을 배제할 수 있다는 취지의 선고를 하는 것(民訴 199 II·III). 구민사소송법(舊民訴 196 II)은 채권전액의 담보를 요구하지 않던 것을 현행법은 전액담보를 요구함으로써 채무자의 부담을 가중시켜 권리실현의 부당한 방해를 예방하고자 한다. 이 선고가 있은 때에는 담보를 제공한 취지의 증명서를 제출하여 강제집행의 정지를 청구할 수 있다(民訴 510 iii).

가집행선고(假執行宣告) 〔獨〕 vorläufige Vollstreckbarkeit 〔佛〕 exécution provisoire 종국판결 확정전에 집행력을 부여하는 形成的 裁判. 판결은 확정후라야 비로소 그 집행력이 발생하는 것이 원칙이므로, 원고는 하급심에서 승소하더라도 피고의 무익한 상소로 인하여 판결의 확정이 이루어지게 되고, 따라서 때로는 회복할 수 없는 손해나 측량하기 어려운 손해를 받을 염려가 있다. 이와 같은 상대방의 訴訟遲延策을 방지하려는 형평사상에서 이 제도가 인정되게 되었다. 결정·명령은 즉시 집행력을 발생하는 것을 원칙으로 하므로, 그 필요가 없다. 현행법은 다음과 같은 경우에 가집행선고를 할 수 있게 하고 있다. ① 재산권상의 청구에 관한 판결에 있어서 법원이 그 필요를 인정한 경우(民訴 199 I). 그 필요는 확정전의 집행이 승소자의 손해를 방지하고 패소자에게 회복할 수 없는 손해를 주지 않는 것을 고려하여 결정한다. 비재산권상의 청구(예외 : 가처분취소판결) 또는 의사표시를 구하는 청구(695)에 관한 판결에는 할 수 없다. ② 민사소송법 508조·509조의 경우에는 반드시 붙여야 한다. ③ 상급심에 있어서 하급심의 판결 중 불복신청이 없는 부분에 관하여 하는 경우(375, 405). ④ 支給命令에 붙이는 경우(가집행선고 있는 지급명령). 가집행선고는 신청 또는 직권으로 종국판결 중에서 하는 것이 보통이다(199 I). 그런데 소송촉진 등에 관한 특례법 6조 1항(1990

년 삭제)은 재산권상의 청구에 관한 판결에는 신청의 유무를 가리지 않고, 상당한 이유가 없는 한 필수적으로 가집행선고를 붙이되, 국가를 상대로 하는 재산권의 청구에는 붙일 수 없게 하였었다. 가집행선고는 무조건으로 하는 경우와 담보를 공여하는 것을 조건으로 하는 경우가 있다(199 I 本). 그러나, 수표금과 어음금의 청구에 관한 판결에는 담보를 제공하지 아니하고 가집행을 할 수 있음을 선고하여야 한다(199 I 但). 법원이 擔保提供을 조건으로 가집행선고를 하였을 때에는, 직권 또는 신청으로 패소자가 채권전액의 담보를 제공하면 가집행을 면제할 수 있을 것을 선고할 수 있다(199 Ⅱ)(가집행면제의 선고). 전기 특례법 6조 2항(1990년 삭제)에 의하면 담보제공을 조건으로 가집행선고를 할 때는, 과대한 담보를 요구할 수 없게 하고 있었다. 가집행선고는 성질상 판결의 선고와 동시에 효력을 발생하고, 상소에 의하여서도 효력이 정지되지 않는다. 그 효력의 인적범위는 確定判決의 그것과 동일하다(204). 이행판결에 대하여 붙여진 때에는 이를 채무명의로써 강제집행을 할 수 있다(469). 상급심에서 선고만을 변경하거나, 또는 본안판결을 변경한 때에는 그 한도에서는 효력을 잃는다(201 I). 본안판결을 변경할 때에는 피고의 신청에 의하여, 가집행선고로 인한 지급물의 반환 및 손해배상을 명하는 판결을 한다(201 Ⅱ·Ⅲ). 이 신청은 본안판결의 변경을 조건으로 하여 변론중 제기되는 특수한 소로서, 그 배상책임은 일종의 無過失責任이다.

가집행선고(假執行宣告)**있는 지급명령**(支給命令)　채무자에 대한 지급명령의 송달로부터 2주일 경과후 채권자의 신청에 의하여, 지급명령에 가집행선고를 붙인 것. 그러나 가집행선고 전이라면 비록 이 기간이 지난 뒤의 異議申請이라도 유효하다. 따라서 그 이의신청이 있으면 가집행선고를 할 수 없다. 가집행선고는 지급명령의 原本과 正本에 기재하고, 그 정본은 당사자에게 송달하여야 한다. 가집행선고신청이 부당할 때에는 却下한다. 채권자는 이 재판에 대하여 즉시항고할 수 있다. 채권자가 가집행선고를 신청할 수 있을 때부터 30일 내에 그 신청을 하지 않으면 지급명령은 실효되어 독촉절차는 끝난다. 가집행선고있는 지급명령에 대하여 채무자가 그 송달후 2주일의 불변기간내에 이의를 하지 않으면 독촉절차는 끝나는 동시에, 지급명령은 確定判決과 동일한 효력이 생긴다(民訴 445). 그 뒤에는 채무자가 지급명령에 대한 재심의 소, 異議却下의 결정에 대한 再審(443, 431), 異議의 追完(160) 따위를 할 수 없는 한, 불복할 방도가 없게 되는 것이다. 그러나 가집행선고있는 지급명령은 1990년 1월 13일 민사소송법 440조 및 441조의 삭제로 별 실익이 없게 되었다.

가처분(假處分)　〔獨〕 einstweilige Verfügung　금전채권 이외의 특정물의 給與·引渡 기타의 특정의 급여를 목적으로 하는 청구권의 집행·보전을 목적으로 하고(계쟁물에 관한 가처분), 혹은 쟁의있는 권리관계에 관하여 임시의 지위를 정함을 목적으로 하는(임시의 지위를 정하는 가처분) 재판(民訴 714), 혹은 그 집행으로서 행하는 처분(民 168), 또는 그 총칭. 가처분절차는 가처분명령을 발하는 절차(가처분소송)와 債務名義로서 행하는 가처분집행절차(가처분집행)와의 양자를 포함하고, 각각 가압류명령의 절차와 가압류집행의 절차에 대응하고, 따라서 가압류명령 기타의 절차에 관한 규정이 준용되고 있다(民訴 715). 가처분명령은 被保全債權 및 가처분의 이유(714)가 존재하고, 또 가처분조각사유가 없는 경우에 한하여 발하여진다. 가처분명령은 원칙적으로 본안의 관할법원의 관할에 전속하지만(717 I), 급박한 경우에 한하여 가처분할 물건의 소재지의 지방법원 또는 재판장(다만 변론없이 할 수 있는 경우에 한함)이 발할 수 있다(721, 723). 가처분의 申請·審理·裁判은 假押留의 그것과 대체로 같으나, 다음의 몇 가지 점에서 차이가 있다. ① 본안의 관할법원의 재판은 변론을 거침을 원칙으로 하고, 다만 급박한 경우에 한하여 변론없이 할 수 있다는 것(717 Ⅱ), ② 그리고, 재판의 내용에 관하여 성질상 자연히 차이가 생기는 것(719, 721), ③ 가처분명령의 취소의 사유와 절차도 가압류에 준하지만(715, 705~707), 민사소송법 721조 1항의 가처분은 이의신청에 부적당한 것, ④ 특별한 사정에 의한 취소(720) 및 ⑤ 민사소송법 721조의 기간의 경과에 의한 취소, ⑥ 가처분의 취소판결에 假執行宣告를 할 수 있는 것(716) 등은 가처분에 특유하다. 가처분의 집행에 관하여도 집행문의 原則的 不要, 집행기간의 준수의 필요, 명령송달전의 집행가능 등, 가압류집행절차와 유사하나, 그 집행의 방법은 가처분명령의 내용에 따라서 다르다. 예를 들면 동산·부동산의 보관을 명할 때에는 민사소송법 689조·690조의 준용, 채무자에 作爲·不作爲를 명할 때에는 代替執行(692)이나, 間接强制(693)의 방법에 의한다.

가처분명령(假處分命令)　〔獨〕 Anordnung einstweiliger Verfügung　가처분의 신청을 인용하는 재판. 가처분집행의 債務名義가 된다. 가처분명령을 발하는 요건은 계쟁물에 관한 가처분과 임시의 지위를 정하는 가처분의 경우로 나누어 생각할 필요가 있다. 계쟁물에 관한 가처분은, 금전채권 이외의 청구권으로서 특정한 계쟁물의 引渡 내지 明渡를 목적으로 하는 권리(보전할 권리)에 대해 현상의 변경으로 당사자의 권리를 실행하지 못하거나, 이를 실행하는데 현저히 곤란할 염려가 있을 때(예를 들면, 係爭物인 특정물이 讓渡·毁滅·狀態變更·負擔增加가 될 경우)(民訴 714 Ⅰ)에 발하고, 임시의 지위를 정하는 가처분에 있어서는, 쟁의있는 권리관계에 대하여 임시의 지위를 정하기 위함이고(가처분의 이유), 계속되는 권리관계에 손해를 피하거나, 급박한 강포를 방지하기 위하거나, 기타 가처분을 할 만한 이유가 있을 때(예를 들면, 친권자의 親權濫用, 주식회사이사의 社務紊亂, 汚物流出로 방해하는 행위, 남의 지위 위에 건축물의 공사 등)(714 Ⅱ)에 발하는 것이다. 어느 경우에나 이와 같은 가처분이유가 있을 때에도 즉시로 강제집행을 할 수 있는 경우나, 동일목적의 가처분을 받은 경우에는 그 필요성이 조각된다. 가처분명령의 기재사항은 법원의 자유스러운 의견으로써 정하는 바, 민사소송법 719조는 이를 예시한다. ① 처분의 방법, ② 가처분해방금액. 특별한 사정이 있을 때에는 민사소송법 702조를 준용하여 기재하지만(715), 이에 관하여는 논쟁이 있다. ③ 채권자의 보증(700, 712), ④ 변론을 위하여 상대방을 소환할 기간의 지정(721조의 경우). 가처분명령은 변론을 거치지 않을 때는 결정, 변론을 거치는 때는 판결의 형식을 취하지만, 전자의 경우에는 異議의 申請(704, 715), 후자의 경우에는 抗訴 또는 上告를 제기하여야 한다.

가처분법원(假處分法院) 가처분명령을 발하는 법원. 假押留法院에 대응한다. 가처분의 재판은 본안의 관할법원에 전속되는 것이 원칙이고, 다만 급박한 경우에 한하여 가처분을 할 물건의 소재지를 관할하는 지방법원 또는 재판장(다만 변론을 필요로 하지 않는 것에 한한다)이 행한다(民訴 721, 723). 가처분에 관하여는 가압류의 규정이 준용되므로(715), 그 권한도 가압류법원에 준한다. 다만 계쟁물의 소재지를 관할하는 법원은 가처분명령을 발할 때라도(721), 집행에 관한 것 이외에는 그 권한을 가지지 않는다.

가처분(假處分)**의 집행**(執行) 가처분명령의 집행은 가압류명령의 집행에 준하게 되어 있기 때문에(民訴 715), 집행문의 불필요, 집행기간의 제한, 명령송달전의 집행가능 등의 특칙에 따르지 않으면 안되는 외에, 원칙으로 强制執行의 규정에 의한다(707). 그러나 가처분명령의 내용은 가압류와 같이 단일한 것이 아니기 때문에 그 집행방법도 그 내용에 따라 각각 다르다. 예를 들면 물건의 인도, 보관을 명하는 가처분은 민사소송법 689조, 690조를 준용하고, 금전적 급여를 명하는 가처분은 금전채권에 관한 집행(525 이하)에 의하고, 또 작위 또는 부작위를 명하는 가처분은 代替執行(692), 間接强制(693)에 의하여 각각 집행된다. 부동산의 처분금지를 명한 것만은 가처분법원이 등기부에 그 뜻의 기입을 囑託하여 집행한다(719 Ⅲ). → 가압류의 집행

가처분(假處分)**의 취소**(取消) 보통은 가처분 명령의 취소를 뜻하나, 때로는 널리 그 執行의 취소도 포함한다. 어떠한 취소에든지 원칙적으로 가압류의 취소에 관한 규정이 준용되나(民訴 715), 다만 법원이 정한 담보를 제공할 경우에는 가처분 절차에 특칙이 있다(720). 즉, 담보를 제공하게 하고 가처분을 취소할 경우에는, 반드시 특별한 사정이 있을 것을 요한다. 이것은 가처분의 종국적 목적이 채권자에게 금전적 만족을 주려는데 있는 것이 아니고, 가처분의 목적인 물건 또는 권리관계 자체의 유지를 기하는데 있기 때문이다. 따라서, 관할법원은 이러한 특별한 사정이 있는 경우에 한하여, 擔保提供을 원인으로 가처분의 취소를 명할 수 있다. 그런데, 판례는 여기의 특별한 사정을, ① 특히 채권자가 금전적인 보상으로써 거의 만족할 수 있는 형편인 경우, ② 채권자가 금전적인 보상으로써는 만족할 수 없으나, 채무자가 가처분으로 인하여 입을 손해가 채권자의 손해보다 현저하게 클 경우로 보고 있다.

가체포(假逮捕) 〔英〕 provisional arrest 범죄인인도를 청구하는 국가가 청구의 근거서류를 제출하는 동안, 범죄인인도에 관한 조약 및 국내법 규정에 따라 被請求國이 범죄인을 체포하는 것. → 범죄인인도

가축검역(家畜檢疫) 가축전염병예방을 위하여 가축이나 그 시체 및 肉·骨·皮·毛의 수출입에 있어서 행하여지는 검역을 말한다. 검역을 받지 않으면 수출입을 할 수 없다(家畜傳染病豫防法 20 이하).

가축방역관(家畜防疫官) 가축의 전염성 질병의 발생을 예방하기 위해 가축방역사무에 종사하는 자. 대통령령의 정하는 바에 따라 농림부·특별시·광역시·도·시·읍·면에 두며, 수의사 중에서 임명한다.

가축시장(家畜市場) 가축(飼養하는 소·

말·양·돼지 등)의 매매·교환을 목적으로 하는 시장. 가축시장은 축산업협동조합이 개설·관리하며, 농림부령이 정하는 바에 의하여 시장·군수·구청장의 허가를 받아야 한다(畜産法 36). 가축의 거래는 경매 또는 중개방법에 의하며, 시장에서의 불공정한 담합행위는 금지된다(38, 39).

가출(家出)**과 범죄**(犯罪) 가출의 동기는 가정불화, 親子간의 갈등, 父兄으로부터의 질책, 實父母에의 사모, 養子身分의 발각 등 주로 가족간의 관계에서 비롯되는 경우가 많다. 이외에도 行狀不良·交友不良·學業失敗·求職 등의 동기로 인한 가출도 적지 아니하다. 특히 화려한 도시생활을 막연히 동경하여 농어촌의 청소년이 무작정 도시로 오는 가출의 경우도 적지 않다. 가출한 자(특히 청소년)는 불량한 환경에 처하기 쉬하며, 특히 무작정 상경한 청소년들은 부당한 근로조건하에서 노동에 종사하거나 매음, 불량배의 소굴에 들어가 범죄자로서 헤어나지 못하는 환경에 빠지는 경우가 많다.

가출옥(假出獄) 〔英〕 parole 〔獨〕 vorlaufige Entlassung 〔佛〕 liberation conditionnelle 징역 또는 금고에 처해진 자가 그 行狀이 개전의 정이 있을 때에는 유기형에서는 형기의 3분의 1, 무기형에서는 10년을 경과한 후, 행정처분으로 가출옥할 수 있다(刑 72). →가석방

가치권·물질권(價值權·物質權) 가치권(〔獨〕 Wertrecht)이라는 용어는 법전용어가 아니고, 用益物權에 대비하여 擔保物權의 특질을 분명히 하기 위하여 物質權 내지 實體權(〔獨〕 Substanzrecht)에 대한 대립개념으로서 사용되는 학술용어이다. 재화는 사용가치 및 교환가치의 두 측면으로부터 관찰할 수 있는데, 재화에 대한 권리도 이들의 어느 측면에 성립하느냐에 따라서, 물질적 이용을 목적으로 하는 권리와 교환가치를 목적으로 하는 권리로 구별할 수 있다. 전자는 재화의 물질을 객체로 하는 것으로 물질권, 후자는 교환가치를 목적으로 하는 것으로 가치권이라는 명칭이 생긴 것이다. 실체권은 재화의 사용가치의 享受를 목적으로 한다. 따라서 그것은 필연적으로 사용가치실현의 기초인 점유를 수반한다. 한편 가치권은 사용가치에 대한 권원이 없고, 직접 재화의 교환가치를 지배하는 권원을 요소로 한다. 그러나 가치권도 어떠한 형식으로든지 실체권에 매개되지 않으면 안된다. 따라서 보통 가치권은 재화에 대한 全面的·包括的 支配權을 기초로 하면서, 그 가치지배의 면을 맡음으로써, 전면적 지배권을 제한하는 것으로써 구성된다. 그런데 가치권을 株主權, 조합원의 持分權 등에까지 확장하는 견해도 있으나, 하여튼 물권 및 채권과 더불어 재산법상 일반적으로 가치권이라는 독립의 권리의 유형을 세울 수 있는가는 장래에 남겨진 문제이다. 가치권으로서 가장 순수한 형태를 나타내는 것은 저당권이다. 왜냐하면, 저당권은 담보물이 지니는 교환가치의 취득만을 목적으로 하는 것이고, 그 설정으로부터 소멸에 이르기까지 이용가치취득의 권능이 주어지지 않기 때문이다. 이러한 저당권의 가치권으로서의 성격은 근대저당권법의 발전에 의하여 점점 독립적인 것으로서 나타난다. 저당권이 채권에 종된 하나의 보조수단인 단계에 머무는 한, 저당권의 가치권으로서의 성격은 채권의 작용에 덮이어서 순수한 형상을 나타낼 수 없다. 저당권이 확정한 가치의 파악자로서 자신을 완성하고 다시 채권으로부터 독립하여, 나아가서 독일의 토지채무에서와 같이 채권적 기능을 남김없이 자신의 안에 포섭했을 때에, 저당권은 價值取得權으로서의 순수한 형태를 획득한다. 이리하여, 저당권은 목적물의 가치를 독립하여 금융시장에 유통시킬 수 있는 것으로 된다.

가치분할(價值分割) →현물분할·가치분할

가택수색(家宅搜索) ① 형사소송법상, 가택내에 들어가 행하는 수색(109, 123Ⅱ, 137 참조). 법률상 용어는 아니다. ② 행정법상으로는, 臨檢·檢査·調査 등을 위한 행정상의 卽時强制의 수단으로서 가택수색이 행하여지는 수가 있다. 음식물 저장소의 검사(食品衛生法 17), 총포·도검·화약류의 제조소·저장소의 임검(銃砲·刀劍·火藥類 등 團束法 43) 등이 그 예이다. 행정상의 즉시강제의 수단으로서 법치국가에서는 예외적 작용이므로 엄격한 법률의 근거를 요한다. 가택수색을 행함에 있어서 법관의 영장이 필요한가에 관하여 학설이 갈리어 있으나, 헌법의 취지상 원칙적으로 그것을 요한다고 봄이 타당하다(憲 16 참조). →즉시강제

가택출입(家宅出入) 소유자나 관리자의 의사에 불구하고 타인의 주택·창고·사무소 등에 출입하는 것을 말한다. 이에는 경찰관직무집행법에 의하여 하는 위험방지를 위한 가택출입과 소방법·전당포영업법·검역법 등에 관한 가택출입이 있는데, 원칙적으로 공개시간내에나 일출후·일몰전에 하여야 하며, 출입자는 권한을 표시하는 증표를 휴대하고 관계인에게 제시하여야 한다.

가택침입죄(家宅侵入罪) 주거침입죄와 같다.

가투표(假投票) 선거에 참여하여 투표하려는 자의 투표권의 적법성에 대한 의문으로 말미암아, 종국적인 투표를 인정하지 아니하고, 일단 투표는 행하게 하되, 그 효력의 유무는 사후에 투표권의 유무에 대한 판단을 기다려 결정하는 투표. 우리나라에는 가투표제도가 없으며, 일본의 공직선거법상 인정되고 있다.

가 트 관세무역일반협정과 같다.

가해선박선적국법주의(加害船舶船籍國法主義) 공해상에서의 선박충돌시 충돌선박이 각각 그 선적국법을 달리할 경우, 이에 대하여는 法廷地法主義·不法行爲地法主義·被害船舶船籍國法主義·加害船舶船籍國法主義, 피해선박의 소유자의 선택에 의한 어느 일방의 船籍國法主義, 累積的 適用主義가 있다. 이론상으로 누적적 적용주의가 타당하나, 우리 섭외사법 46조는 공해에서의 선박충돌에 관한 책임은 각 선박이 동일 선적국에 속하는 때에는 그 선적국법에 의하고, 각 선박이 선적국을 달리하는 때에는 가해선의 선적국법에 의하도록 함으로써 공해상에 있어서의 異船籍船舶 사이의 충돌에 관해서는 가해선박선적국법주의를 채용하고 있다.

가해조항(加害條項) 벨기에 조항(Clause Belge)이라고도 한다. 외국의 원수 및 그 가족에 대한 살해는 정치범죄로 보지 않는다는 조항으로서 1856년 벨기에에서 최초로 犯罪人引渡法에 삽입하였다. 그 후 영미제국 및 스위스를 제외한 유럽의 다수 국가가 채택하였다. 범죄의 동기와 목적은 정치적인 것이나, 동시에 살인·방화 등 보통범죄를 구성하기 때문이다. 실제로는 국가간의 분쟁을 피하자는데 목적이 있으며 政治犯不引渡의 原則 자체가 정치적 성격이 다분함을 명백히 말해 주고 있는 것이다. →정치범불인도의 원칙, 범죄인인도

가호보호(加護保護) 상이군경으로서 퇴역 또는 퇴직의 원인이 된 상처가 계속하여 가료를 필요로 할 때, 또는 상처가 3년 이내에 재발되었을 때에 국가가 베푸는 加療, 이 경우 피가료자에 대하여는 가료 중 다른 보호 또는 각종의 급여금과 따로 가료수당을 지급한다.

가호적(假戶籍) 호적의 임시조치에 관한 규정(軍政法令 179호)에 의하여 인정된 관념. 1945년 8월 15일 당시 북위 38도 이북지역에 본적을 가졌던 자로서 그 호적부가 북위 38도 이북에 소재한 결과, 호적부를 사용하기 곤란하게 된 자를 위하여, 시장(府尹)·읍면장이 편제한 임시조치적인 호적이었으며(同規定 3), 호적과 동일한 법적 효력을 가지고 있었다. 가호적은 호적법에서도 인정되고 있었으나, 1962년 12월 호적법의 개정에 따라 폐지되었다(戶附 Ⅱ 이하, 戶施附 Ⅱ 이하).

가혹행위(苛酷行爲) 타인으로 하여금 심히 수치·오욕·고통을 주는 행위. 법원·검찰·경찰 그 밖에 인신구속에 관한 직무를 행하는 자, 그 보조자 또는 피구금자를 간수 호송하는 자가 직무집행중 형사피고인·피구금자에 대하여 폭행 또는 가혹한 행위가 있으면 독직죄가 된다(刑 125).

가환부(假還付) 압수물을 임시로 환부하는 것(刑訴 133, 219). 법원은 증거에 제공할 압수물은 소유자·소지자·보관자 또는 제출인의 청구에 의하여 被告事件終結前이라도 결정으로 가환부할 수 있으며(133 Ⅰ 後), 또 증거에만 제공할 목적으로 압수한 물건으로서 그 소유자 또는 소지자가 계속 사용하여야 할 물건은 사진촬영 기타 원형보존의 조치를 취하고, 신속히 가환부하여야 한다(133 Ⅱ). 법원이 이러한 가환부의 결정을 함에는 검사·피해자·피고인 또는 변호인에게 미리 통지하여야 한다(135). 그리고 가환부는 압수 그 자체의 효력을 잃게 하는 것이 아니므로, 가환부를 받은 자는 그 동안 보관의 의무를 지며(刑 142 참조), 이것을 반환시키려면 다시 압수의 절차를 취할 필요가 없고, 다만 가환부를 취소하면 된다. 가환부한 장물에 대하여 별다른 선고가 없는 때에는 환부의 선고가 있는 것으로 간주한다(刑訴 333 Ⅲ). 가환부가 있더라도 이해관계인은 민사소송절차에 따라서 그 권리를 주장할 수 있다(333 Ⅳ). 위에 말한 압수물의 가환부에 관한 규정은 검사 또는 사법경찰관의 압수물의 가환부의 경우에 준용한다. 다만 사법경찰관이 압수물의 假還付處分을 하려면 검사의 지휘를 받아야 한다(219 但). →환부

각 감(閣監) 奎章閣의 잡직의 하나.

각감청(閣監廳) 각감이 사무를 보던 곳.

각국약장합편(各國約章合編) 고종 13년(1876)에 각 나라와 맺은 통상조약을 합편한 책. 정해년(1887)에 交涉衙門에서 편찬하고 경인년(1890)에 증보하였다.

각급법원(各級法院)**과 국과조직**(局課組織) 고등법원, 특허법원, 지방법원 및 가정법원 및 행정법원과 대법원규칙이 정하는 지원에 사무국을, 대법원규칙이 정하는 고등법원 및 지방법원에 사무국외의 국을, 사무국을 두지 아니하는 지원 및 소년부지원에 과를 두되, 그 설치 및 분장사무는 대법원규칙으로 정한다. 국에는 총무과·민사과·형사과 등

의 과를 두며, 국에 국장을, 과에 과장을 둔다. 고등법원과 특허법원의 사무국장은 법원이사관 또는 법원부이사관으로, 지방법원사무국장 및 가정법원 사무국장은 법원부이사관 또는 법원서기관으로, 과장은 법원이사관·법원서기관 또는 법원사무관으로 보한다. 국장과 과장은 상사의 명을 받아 국·과의 사무를 掌理하고 소속직원을 지휘·감독한다(法組 10).

각 령(閣令) 일반적으로 수상이 법률에서 일정한 범위를 정하여 위임을 받은 사항과 법률을 실시하기 위하여 필요한 사항에 관하여 발하는 명령. 각령은 議院內閣制에 있어서는 법률 밑에 있는 명령 중에서 가장 상위의 것이다. 대통령제에 있어서는 대통령령이 이에 대치된다. 우리나라에서는 國家再建非常措置法(23 Ⅱ)이 내각책임제헌법상의 국무원령에 해당하는 명령으로서 각령을 인정하였었고, 제7차개정헌법부칙 6조 2항은 이를 동헌법에 의거한 대통령령으로 간주하기로 하였었다.

각 서(覺書) 〔英〕 memorandum 〔獨〕 Memorandum 〔佛〕 mémoire 사건의 주요사실을 요약한 외교상의 문서. 그 자체로서는 조약(넓은 의미의)이 아니나, 때로는 국가간의 합의를 포함하는 경우도 있다. 외교관이나 정치가의 사적인 備忘錄을 각서라고 부르는 경우도 있으나, 그것은 이곳에서 말하는 공적 외교문서로서의 각서와는 전연 별개의 것이다.

각성제(覺醒劑) 황산암페타민 또는 메탄페타민이라고 불리는 중추성의 흥분제. 대뇌피질의 자극에 의한 각성작용이 있으며, 상쾌감·활동감을 가져오지만, 多用에 의하여 중독증상을 일으키고, 습관성으로 되는 외에 사용을 중지하면 금단증상이 나타나게 된다. 그 결과 의사·정서면에 변조를 가져오고, 무기력·불안·환각을 일으킨다. 각성제에 관한 범죄는 각성제의 상용에 의하여 習慣性·禁斷性으로 되어 입수의 욕망에서 범하는 것과 중독성의 정신장해증상에서 범하는 것이 있다. 전자의 경우는 가끔 절도·공갈·강도·매춘의 행위가 행하여지나, 후자의 경우는 폭행·상해·살인 등의 범죄에 이르는 일이 많다.

각 신(閣臣) ① 규장각의 관원. ② 국무대신.

각아문(各衙門) 공무아문·군무아문·내무아문·농상아문·외무아문·탁지아문의 총칭.

각 원(閣員) →국무위원

각 의(閣議) 〔英〕 meeting of state council or cabinet 內閣의 회의나 국무회의의 회의. 국무회의는 국무위원으로 구성되는 회의체인 기관을 말하고(憲 88 참조), 국무회의의 회의 또는 각의는 그 기관의 활동을 말한다. 우리나라에서는 국가재건비상조치법 아래에서 국무회의를 각의라고 불렀었다(舊政組 10). →국무회의

각 하(却下) 〔獨〕 Zurückweisung 일반적으로는 국가기관에 대한 行政上 또는 司法上의 신청을 排斥하는 처분. 특히 소송상 법원이 당사자 기타의 관계인의 소송에 관한 신청을 배척하는 裁判에 쓰인다. 민사소송법상 소가 소송요건을 구비하지 않았다든가, 상소가 그 요건을 구비하지 아니하였을 때, 소 또는 상소를 부적법한 것으로 하여 본안의 재판을 하지 않고 소송을 종료시키는 것이다. 본안의 재판에 의해, 소에 의한 청구 또는 상소에 의한 불복의 주장을 이유없다 하여 배척하는 棄却에 대해서 쓰이는 말이다. 형사소송법에 있어서는, 이 개념을 쓰지 않고 棄却으로 통일하고 있다(刑訴 20, 270 Ⅱ, 272 Ⅱ, 273 Ⅲ, 327, 328 참조).

각하재결(却下裁決) 裁決이란 행정심판청구사건에 대하여 행정심판위원회가 심리·의결한 내용에 따라 재결청이 판단하는 행위를 의미하는데, 재결은 그 내용에 따라 却下裁決·棄却裁決·認容裁決 등이 있다. 그 중 각하재결은 행정심판제기요건이 결여되어 부적법한 경우에 本案審理를 거절하는 재결이다. 예컨대 법정기간 경과 후에 행정심판제기를 하는 경우나, 행정심판제기 자격이 없는 자가 제기한 경우이다. 이와 같은 행정심판제기요건에 관한 심리는 본안에 대한 재결이 있기 전에는 언제든지 할 수 있기 때문에 본안심리에 들어간 후에도 이러한 요건이 결여되어 있을 경우에는 각하재결을 할 수 있다.

간격범(間隔犯) 범행과 결과의 사이에 시간 또는 거리상으로 간격이 있는 범죄.

간 관(諫官) 사간원, 사헌부의 관원의 총칭.

간 기(刊記) 서적·잡지의 출판사항. 이를테면 인쇄 연월일·출판 연월일·저자·발행자·인쇄소·발행소·값 등을 권말에 기재하는 것으로 판권이라는 말로 통한다.

간도문제(間島問題) 지금의 만주에 있는 간도지방의 소속문제를 가지고 조선과 청나라 사이에 분쟁한 사건. 숙종 38년(1712) 청나라 우라(烏剌) 총독 穆克登과 조선 定界 사이에 세운 백두산

定界碑를 중심으로 일어난 문제. 비문의 東爲土門이라는 내용에 의하여 조선영토라고 주장하였다. 고종 20년(1833)에 魚允中으로 하여금 조사. 1885년에 李重夏가 土門勘界使로서 청나라 관리들과 담판하였으나 청나라에서는 토문강을 두만강의 상류라 하고 한국측에서는 송화강의 상류라고 하여 해결되지 못하였으나 일본이 1909년 청나라와 간도조약을 맺어 두만강을 국경으로 하게 되었다.

간부직원(幹部職員) 법인이나 단체 등 기관에서 관리층에 있는 직원. 특정범죄가중처벌 등에 관한 법률에 의하여(4), 형법상 賂物罪의 적용대상이 되는 정부관리기업체의 간부직원은 정부관리기업체와 농업협동조합중앙회·축산업협동조합중앙회·수산업협동조합중앙회·임업협동조합중앙회·농지개량조합연합회·농지개량조합의 임원 및 과장대리급 이상의 직원과 한국방송공사·지역농업협동조합 등의 임원을 말한다(特定犯罪加重處罰法에 관한 法律施行令 3).

간 섭(干涉) 〔英〕·〔佛〕intervention 〔獨〕Intervention 한 국가가 현실의 상태를 유지하거나, 또는 변경할 목적에서 다른 국가의 대내 및 대외사항에 강제적으로 개입하는 것. 이러한 간섭은 권리에 의하여 나타날 수 있으며 또는 권리없이 나타날 수도 있으나, 언제나 관계국가의 대외적 독립 및 領土高權 또는 對人高權의 침해를 가져온다. 본래의 간섭은 强制的(dictatorial) 干涉을 의미한다. 권리에 의한 간섭은, 다른 국가의 獨立 또는 領土高權 및 對人高權을 침해하는 것이 되지 않는다. 국가는 다음과 같은 경우에 타국에 대하여 간섭할 수 있는 권리를 가질 수 있다. ① 보호국은 피보호국의 모든 대외사항에 간섭할 권리를 가진다. ② 한 국가의 대외사항이 권리에 의하여 동시에 다른 국가의 사항일 때에는 후자는 전자가 일방적으로 그러한 사항을 처리하는 경우에 간섭할 권리를 가진다. ③ 국제조약에 의하여 그의 대외적 독립 또는 영토고권이나 대인고권의 제한을 받고 있는 국가가 이러한 제한에 따르지 않는 경우에는, 다른 당사국은 간섭할 권리를 가진다. ④ 한 국가가 평시 또는 전시에 있어서, 관습에 의하여 보편적으로 인정되어 있거나, 또는 조약에 의하여 제정된 국제법을 위반한 경우에, 다른 국가는 간섭하며, 위반한 국가를 관계조약에 복종시킬 수 있는 권리를 가진다. ⑤ 조약에 의하여 정부형태를 보증한 국가는 정부형태의 변경이 있는 경우에 간섭할 권리를 가진다. ⑥ 재외국민의 保護權에 의하여 다른 당사자를 권리로써 간섭할 수 있다. 국제연맹규약 11조와 국제연합헌장 2조 6항은 세계평화를 파괴한 국가에 대하여, 그리고 국제제평화와 안전의 유지에 필요한 한 비회원국에 대한 集團的 干涉權을 규정하고 있다. → 국내문제불간섭의 의무

간소화지령(簡素化指令) 行政規則의 일종으로서 행정행위가 일시에 대량으로 이루어져서 구체적인 기준을 설정하기 어려울 경우 획일적으로 行政行爲의 기준을 설정하여 주는 것을 말한다. 예컨대 국세청장에 의한 소득표준율에 관한 지령과 같은 것이 있다.

간 수(看守) 사실상 사람이 관리·지배하고 있는 것을 말한다. 함부로 타인이 침입하는 것을 방지하는데 족한 人的·物的 設備를 갖출 것을 요한다. 따라서 수위나 경비원 또는 관리인을 둔 경우는 물론, 자물쇠로 잠그거나 문에 못질을 해 둔 경우는 간수에 해당하지만, 단순히 出入禁止의 標識를 해둔 것만으로는 간수라고 할 수 없다.

간수자(看守者) 법률에 의하여 구금된 자를 간수하는 자가 피구금자를 도주시킬 경우에는 특별히 도주원조죄를 형성하고(刑 148), 또 피구금자에 대하여 폭행이나 기타 가혹한 행위를 가하면 공무원의 직무에 관한 죄의 일종에 해당되며(125), 법률에 의하여 구금된 부녀를 감호하는 자가 그 부녀를 간음하면 처벌된다(303 Ⅲ).

간수자도주원조죄(看守者逃走援助罪)
간수 또는 호송의 임무를 담당하는 자가 고의로 법률에 의하여 구금된 자를 도주하게 함으로써 성립하는 죄. 처벌은 1년 이상 10년 이하의 징역이며 미수범도 처벌한다. 예비·음모자는 3년 이하의 징역에 처한다(刑 148, 149, 150). 또한 구금된 자를 탈취하거나 도주케 한 자도 처벌한다. 도주와 범인은닉의 죄의 하나.

간 음(姦淫) 넓은 뜻의 추행행위의 하나. 부녀에 대하여 위법한 성행위를 하는 남자측의 행위. 13세 이상의 부녀에 대한 간음은 폭행·협박을 수단으로서 행한 때에 한하여 해당되고 13세 미만의 부녀에 대한 간음은 폭행·협박의 유무를 불문하고(합의에 의한 경우라 할지라도) 강간죄가 성립한다(刑 297, 305). 또 心身喪失이나 抗拒不能의 상태를 이용하여 간음한 때에도 역시 강간죄의 성립요건이 된다(299). 이와 같은 범죄로 인하여 사람을 사상케 하면 무기 또는 5년 이상의 형에 처한다(301). 미성년자 또는 心身微弱者에 대하여 僞計 또는 威力으로써 간음한 경우, 법률에 의하여 구금된 부녀를 감호하는 자가 그 부녀를 간음한 경우 및 혼인을 빙자하거나 그 밖에 위계로써 음행의 상

습이 없는 부녀를 기만하여 간음한 경우에도 처벌된다(302, 304). → 간통죄, 강간죄

간이공판절차(簡易公判節次) 형사소송법상 피고인이 공판정에서 자백한 公訴事實에 대하여는 법원은 결정에 의하여 그 공판절차에 있어서의 증인신문과 증거조사의 엄격한 형식을 완화하여 법원이 상당하다고 인정하는 방법에 의하게 할 수 있는 바, 이와 같이 결정된 公判節次를 말한다. 피고인이 공판정에서 공소사실에 대하여 자백한 때에는 법원은 그 공소사실에 한하여 간이공판절차에 의하여 심판할 것을 결정할 수 있다(刑訴 286의2). 지방법원 및 지방법원지원의 合議部가 1심으로 심판할 사건은 그러하지 아니하다.

간이법원(簡易法院) 소액사건심판법의 적용을 받는 민사소송의 제1심, 벌금 이하의 형에 해당하는 죄 외에 일정한 간이한 범죄에 관련된 형사의 제1심의 재판권을 가진 법원. 인정되어 있지 않았으나 현행의 즉결심판제(法組 34, 35 참조)의 폐단을 시정하고 사건의 신속한 처리와 지방법원, 고등법원, 대법원의 사안을 줄이고 민·형사사건의 참된 인권옹호를 위하여 市·郡法院이 설치되어 있다. → 시·군법원

간이보험(簡易保險) 우체국에서 취급하는 국영의 연금보험사업. 연금계약을 체결하고 일정한 부금을 납입하여서 일정한 연령에 도달하면 연금을 받게 된다. 정보통신부 소관으로 전국에 보급되어 있으며 심사 없이 가입하는 것이 보통이다. → 보험

간이인도(簡易引渡) 〔羅〕 tradition brevi manu 〔獨〕 Übergabe kurzer Hand 인도를 받은 자가 이미 물건을 점유하고 있는 경우에 인도의 의사표시만으로 인도가 된 것으로 하는 간편한 인도방법. 예컨대, 賃借人이나 受置人은 이미 賃貸人 또는 任置人의 물건을 점유하고 있으므로, 현실의 인도를 하지 아니하고 인도의 合意만 있으면 인도를 받은 것으로 된다(民 188Ⅱ). → 인도

간이재판정(簡易裁判廷) → 재판정

간 인(間印) 하나 또는 일련의 서류가 수매 또는 수개의 서류로써 성립하는 경우 그 상호의 連接이 정당히 행하여졌다는 것을 확인하기 위하여 그 連接面에 찍는 印章 또는 그 印影. 契印이라고도 한다. 공무원이 작성하는 서류에는 인장이 요구되는 경우가 많다(刑訴 57Ⅱ). 간인은 분리되는 서류 상호간의 관련을 증명하는 割印과는 다르다. → 할인

간접강제(間接强制) 〔獨〕 indirekter Zwang 〔佛〕 contrainte indirecte 채무자가 채무를 이행하지 않는 경우에 법원이 일정한 가간내에 이행하지 않을 때에는, 손해배상을 지급할 뜻을 명함으로써 채무자를 심리적으로 강제하여 이행시키는 執行方法(民訴 693). 채무자의 인격에 간섭하는 일이 많으므로 이것을 허용하는 경우는 한정되며, 작위·부작위에 관하여, 直接强制·代替執行이 허용되지 않는 不代替的 給付에 관하여서만 간접강제가 가능하다. 그러나 불대체적 급부 중, ① 간접으로 강제하는 것이 문화적 관념 등 선량한 풍속 기타 사회질서에 위반하거나, 또는 채무의 본래적 내용을 실현할 수 없는 경우(예 : 夫의 妻에 대한 同居請求權, 約婚의 强制履行(民 803), 저명한 화가에게 회심의 걸작을 그리게 하는 것)에는 허용되지 아니한다. ② 또한 채무의 이행에 특수한 기술·지위·설비를 필요로 하여, 채무자가 강제되어 이행의 의사를 가지더라도 사실상 불능한 채무(예 : 제3자의 협력을 요하거나, 용이하게 지급하기 힘든 다액의 비용을 필요로 하는 것)에 관하여도 허용되지 아니한다. 결국 간접강제는 채무자의 의사에만 매이는 급부에 관하여서만 인정된다.

간접계약강제(間接契約强制) 수도·전화·철도 등 사회생활상 필수적인 사업이 법률상 또는 사실상 독점기업의 형태로 경영되고 있는 결과로서 이용자가 그 공기업을 이용하지 아니할 수 없으며, 간접적으로 그 공기업의 이용이 강제되는 경우를 말한다.

간접고의(間接故意) 간접적으로 의도된 고의를 말한다. 直接故意에 대응하는 개념으로서 예컨대 생명보험금을 수령할 목적으로 살인하는 경우와 같이 다른 주된 목적을 달성하기 위하여 범행을 수단으로 이용하는 경우이다. 독일 보통법시대에 많이 사용되었으나, 오늘날은 거론의 대상이 되고 있지 아니하다.

간접관리(間接管理) 제2차세계대전 후 연합국이 피점령국을 관리함에 있어서 피점령국의 정부를 통하여 간접적으로 이를 통치하는 것. 일본에 대한 관리방식은 원칙적으로 이 방식에 의하였고, 연합국최고사령관이 일본정부에 대하여 지령을 발하고 이것을 실시하기 위하여 日本政府는 立法 및 행정적 조치를 취하였다. 直接管理에 대응하는 것. → 직접관리

간접교사(間接教唆) 〔獨〕 mittelbare Anstiftung 타인에게 제3자를 교사하여 범죄를 실행케 한 경우(예컨대 갑이 을에게 병을 시켜 A를 살

해하도록 敎唆한 경우)와 타인을 교사하였는데 피교살자가 직접 실행하지 않고 제3자를 교사하여 실행케 한 경우(예컨대 갑이 을에게 A를 살해할 것을 교사하였는데 을은 병에게 A를 살해하도록 교사한 경우)를 정범에 대한 間接敎唆라고 하며, 교사의 한 형태이다. 간접교사의 가벌성에 대하여 간접교사를 처벌한다는 명문의 규정이 없는 형법 아래서는 범죄의 정형적 의미를 중시하고 형벌법규의 엄격한 해석이 요구되므로 그 可罰性을 부정해야 한다는 견해와, 형법은 교사범의 요건으로 타인을 敎唆하여 죄를 범한 자라고만 규정하고 있을 뿐이며, 그 방법에는 제한이 없으므로, 피교사자가 반드시 正犯이어야 하는 것은 아니고, 따라서 간접교사도 타인을 교사하여 죄를 범한 자에 해당한다고 보아야 하므로 교사범과 같이 처벌하여야 한다는 견해의 대립이 있다. 대법원은 간접교사를 교사범으로 처벌하고 있다.

간접국가행정(間接國家行政) 국가의 행정이 국가 자신의 기관에 의하지 않고, 지방자치단체와 같은 자치단체에 의하여 행하여지게 되는 경우를 말한다. 대체로 이것을 自治行政이라고 한다. 자치행정에 있어서는 법률로써 지방자치단체를 설립케 하고 법인인 그 자치단체가 그 책임밑에서 그 구역내의 행정을 행하게 되는 것을 그 특색으로 한다. → 자치행정

간접국세(間接國稅) 국가가 부과 징수하는 간접세로서 酒稅 및 附加價値稅, 特別消費稅, 전화세 등이 있다.

간접귀속(間接歸屬)**의 법률관계**(法律關係) 〔獨〕 mittelbare Zustäudiges Rechtsverhltnis 어떤 법률관계를 가진 자에 대하여 그 법률관계를 통하여 다른 권리의무가 귀속되는 경우. 예컨대 借地借家法의 적용이 있는 건물의 소유권을 취득한 자는 당연히 임대인으로서의 권리의무를 차지하는 경우와 같은 것을 가리킨다.

간접기관(間接機關) 直接機關 아래서 직접기관으로부터 위임받은 권한을 행사하는 기관. 따라서 간접기관의 권한은 헌법에 의하여 부여된 것이 아니고 헌법상 본래는 직접기관의 권한에 속하는 것이나, 직접기관으로부터 권한을 위임받음으로써 비로소 그 존재가 인정되는 기관이다. 간접기관이라고 하는 것도 이 까닭이다. 직접기관은 다른 기관의 명령을 받지 않고, 항상 독립해서 권한을 행사할 수 있음에 반하여 間接機關은 원칙적으로 다른 기관에 예속되어 그 명령하에서 권한을 행사할 뿐이다. 직접기관을 헌법상의 기관이라고 함에 대하여, 간접기관을 흔히 법률상의 기관이라고 한다. → 직접기관

간접대리(間接代理) 〔獨〕 mittelbare Stellvertretung 타인의 계산에 있어서 자기의 이름으로 거래를 하는 것. 委託賣買人·運送周旋人 등의 주선에 관한 행위는 이에 해당한다. 경제상의 대리라고도 하며, 간접대리인의 행위의 경제적 효과가 모두 위탁자에게 귀속하는 점에서는 대리(직접대리)와 같지만, 그 법률효과가 직접 위탁자에게 귀속하지 않고 일단 모두 간접대리인에게 귀속하였다가 그 다음에 다시 위탁자본인에게 이전되는 점에서, 행위의 법률효과가 직접으로 본인에게 귀속하는 대리와 다르다. 즉 간접대리는 민법상의 代理의 일종은 아니다.

간접민주정치(間接民主政治) → 간접민주제

간접민주제(間接民主制) 〔英〕 indirect democracy 〔獨〕 mittelbare Demokratie 국민이 정치에 참가하는 경우를 의원 기타 공무원의 선거에 한정시켜 국민이 그의 대표자인 의원 기타의 피선기관을 통하여 정치에 참가하는 것을 기조로 하는 민주제. 代表民主制 또는 代議制라고도 한다. 직접민주제의 반대개념. 현재의 민주제는 거의 모두가 간접민주제에 의하고 있다. 우리 헌법도 그 일례이다. → 민주제

간접민주형(間接民主型) 국민이 선출한 대표자에 의하여 행정을 운영하는 경우를 말한다. 행정기능이 다양하고 복잡다기한 오늘에는 간접민주형을 채택하는 것이 보통이나, 행정이나 국민으로부터 지나치게 유리될 우려도 있기 때문에 그에 대처하기 위하여 國民召喚制 등 直接民主型的인 요소를 보충적으로 채택하는 경우가 많다. → 간접민주제

간접반정(間接反定) 國際私法上, 轉定의 결과로서 法廷地法이 적용되는 것. → 반정

간접반증(間接反證) 〔獨〕 indirekter Gegenbeweis 요건사실을 직접 증명할 증거가 없는 경우에 그 요건사실에 대한 立證責任을 지는 당사자가 간접사실을 증명함으로써 요건사실을 증명하였을 경우에, 그 상대방이 이 간접사실과는 별개의 이와 양립할 수 있는 다른 간접사실을 입증함으로써 요건사실의 推認을 방해하는 입증활동을 말한다. 다수설에 따르면 피고가 제시하는 간접사실의 증명(간접반증)은 本證이어야 한다고 한다.

간접발행 · 직접발행(間接發行 · 直接發行) 사채발행회사가 직접 公衆에 대하여 사채발행의 절차를 취하는 것을 직접발행, 그렇지 않고 은행 등의 起債에 숙달한 중개인을 거쳐 간접으로 공중으로부터 사채를 모집하는 것을 간접발행이라 한다. 직접발행에는 直接募集 · 賣出發行의 방법이 있고 간접발행에는 委託募集 · 引受募集 · 總額引受의 방법이 있다.

간접법(間接法) 국제사법상 법률관계를 직접적으로 규율하는 私法을 實質法 또는 事項規定이라고 하는데 대해서, 국제사법은 법률관계를 직접적으로 규율하는 어느 나라의 사법을 지정함으로써 간접적으로 섭외적 생활관계에 있어서의 법률관계를 규율하는 법이다. 이러한 의미에서 여러 나라의 사법의 장소적 적용범위를 결정하는 법이므로, 이를 적용법 또는 간접법이라고 한다.

간접법정모욕(間接法廷侮辱) 직접으로 법관의 면전에서 행해지는 것이 아닌 유형의 법정모욕의 총칭. 법관의 면전에서는 아니나 그 심리를 방해하는 행위 외에 중요한 것으로서 法官의 尊嚴을 모욕하는 언론이나 係屬中의 사건의 論評과 같은 출판에 의한 모욕 및 법원의 명령에 대한 불복종이 포함된다.

간접보조금(間接補助金) 국가 외의 자가 보조금을 재원의 전부 또는 일부로 하여 반대급부를 받지 아니하고 그 보조금의 교부목적에 따라 다시 교부하는 급부금을 말한다. 국가가 보조하여야 할 사업 및 사무는 전국 각처에 산재하고 있어 이를 국가의 중앙행정기관이 직접 그 실수요자를 선정하고 사업규모를 판단하기가 어려우므로, 이러한 난점을 극복하고 가능하다면 각 지방자치단체의 고유사업의 계획에 맞추어 보조금 등의 효율성을 높이기 위하여 인정된 것이다. 간접보조금의 교부체계는 통상적으로 국가가 도 · 시 · 군 등의 지방자치단체에 필요한 자금을 보조금으로서 교부하고 이의 교부를 받은 지방자치단체는 이를 다시 최종사용자에게 교부하는 계통을 취하고 있다. 이 경우 보조를 국가측에서 보면 간접보조가 되고, 지방자치단체로부터 급부금의 교부를 받은 자는 간접보조사업자가 된다.

간접사법(間接私法) 간접사법상 여러 나라의 實質私法과 國際私法의 차이를 살펴보면, 전자는 섭외적 사법생활관계를 직접적으로 규율하는데 반해, 후자는 섭외적 사법관계에 관련되는 여러 개의 실질사법질서 가운데서 가장 적당하다고 생각되는 것을 지정함으로써 그 실질사법으로 하여금 간접적으로 문제된 생활관계를 규율하도록 한다. 전자가 直接私法인데 비하여, 후자를 간접사법이라고 한다.

간접사실(間接事實) 要證事實을 증명하는데에 필요한 재료인 사실. 徵憑이라고도 한다. 이것을 증명하는 증거가 間接證據이다. → 간접증거

간접선거(間接選擧) 〔英〕 indirect election 〔獨〕 indirekte Wahl, mittelbare Wahl 〔佛〕 suffrage à deux degrés 일반선거인은 이른바 선거인으로서 중간선거인을 선거하는데 그치고 그 중간선거인이 대통령이나 의원 등을 선거하는 제도. 直接選擧에 대한 개념. 일반선거인의 선거능력에 대한 불신에서 채택하는 경우와, 인구가 많고 지역이 광대함으로써 선거의 간편화를 기하려는 목적에서 채용하는 경우도 있으나, 間接選擧制의 근원은 전자에 유래한다. 중간선거인이 원선거인의 의사대로 의원을 선출하면 무용의 절차이고, 반면 원선거인의 의사에 반하면 민의를 중간에서 저지 · 왜곡하는 까닭에 그 한도내에서는 민주주의의 정신에 위배된다고 할 수 있다. 현존 제도로는 미국대통령선거가 대표적인 것이나, 정당정치의 발달로 실질적으로는 직접선거와 같다. → 직접선거

간접세(間接稅) 〔英〕 indirect tax 〔獨〕 indirekte Steuer 〔佛〕 contributions indirectes → 직접세

간접소권(間接訴權) 채권자대위권과 같다.

간접소비세(間接消費稅) → 소비세

간접심리주의(間接審理主義) 〔獨〕 Mittelbarkeit 변론의 청취 및 증거조사를 受訴法院이 직접 행하지 아니하고, 다른 裁判機關(예 : 수명법관 · 수탁판사)이 청취한 변론 또는 행한 증거조사의 결과를 소송자료로 하는 주의이며, 간접주의라고도 한다. 直接審理主義에 대한다. 현행법상 이 주의는 직접심리주의를 관철할 수 없는 경우에 예외적으로 인정됨에 그친다(民訴 268 · 269 · 284 등, 刑訴 136 · 167 등).

간접의무(間接義務) 〔獨〕 indirekte Verpflichtung 의무적으로 그 실행을 강제하고 있는 것은 아니지만 그것을 실행하지 아니하는 경우에는 법률상 불이익이 초래되는 것으로 규정되어 있는 경우에 간접의무가 있다고 한다. 예컨대 承諾延着의 통지의무(民 528), 상사매매에 있어서 매수인의 瑕疵通知義務(商 69), 受領遲滯에 의한 주의의무의 경감 등이다.

간접적 의무이행강제(間接的義務履行强制) 직접적으로 경찰상의 의무이행강제로서의 성질을 가지는 것은 아니나, 간접적으로 일정한 경찰상의 의무이행을 확보하는 효과를 기대하고 이루어지는 警察作用을 말한다. 간접적 의무이행강제는 그것이 상대방에게 주는 威嚇效果 내지 불이익으로 말미암아 그 상대방의 의무이행을 확보하는 수단으로서의 기능을 기대할 수 있는데, 경찰상의 제재로서의 警察罰·課徵金·犯則金·供給拒否·公表 및 警察許可 등의 撤回나 停止는 직접적으로는 경찰법상의 의무위반에 대한 제재로서의 성질을 가지는 것이나, 동시에 간접적으로 경찰상의 의무이행을 확보하는 수단으로서의 구실을 한다.

간접적 일반관할권(間接的一般管轄權) 국제사법 또는 국제소송법에 있어서 재판관할이 문제되는 경우, 내국의 법원이 일정한 섭외사건에 대해서 관할권을 가지는가의 문제를 直接的 一般管轄權이라 하는데 비해, 외국의 법원이 일정한 섭외사건에 대해서 관할권을 가지는가의 문제를 간접적 일반관할권이라고 한다. 후자가 문제되는 것은 외국법원에서 선고된 판결의 효력의 승인에 관해서이다. → 직접적 일반관할권

간접점유(間接占有) → 직접점유 · 간접점유

간접정범(間接正犯) 〔獨〕 mittelbare Täterschaft 사람을 도구로 이용하여 범죄를 실행하는 것. 도구로서 이용되는 사람은 보통 責任無能力者 또는 故意없는 자이다. 예컨대, 광인을 시켜서 사람을 죽이게 하거나 사정을 전혀 모르는 간호사를 이용하여 환자에게 약 대신에 독물을 주게 하는 경우를 말한다. 또한 요사이에는, 생명없는 도구·목적없는 고의있는 도구·신분없는 고의있는 道具·違法性阻却行爲(예 : 正當防衛行爲) 등을 이용하는 경우도 간접정범이라고 한다. 또한 원인에 있어서 자유로운 행위도 자기를 도구로 이용하는 일종의 간접정범이라고 한다. 하여튼 간접정범을 인정하는 범위에 관하여는 일치를 보지 못하고 있으며, 현행형법은 어느 행위로 인하여 처벌되지 아니하는 자 또는 過失犯으로 처벌되는 자를 교사하여 범죄행위의 결과를 발생하게 한 자는 교사의 예에 의하여 처벌한다(刑 34 I 참조)라고 규정하고 있는데, 오히려 이론상의 혼란을 야기하고 있다. 그리고 본규정에 있어서의 교사하여라는 말은 이용하여라는 뜻으로 이해하여야 할 것이다. 간접정범의 개념은 한편으로는 制限的 正犯概念을 취하면서 다른 한편으로는 共犯從屬性說(특히 極端的 從屬形態)을 취하는 결과로 생기는, 즉 正犯으로도 共犯으로도 처벌할 수 없는 불합리한 처벌의 흠결을 메우기 위한 技巧的 槪念이라고도 한다. 확장적 정범개념을 취하면 간접정범은 당연한 정범으로서 파악되고, 공범독립성설의 입장에서는 간접정범을 무용한 개념이라고 한다. 간접정범을 인정하는 경우에, 그 실행의 착수시기에 관하여, 이용자의 행위를 표준으로 하느냐 피이용자의 행위를 표준으로 하느냐에 관하여 학설이 나누어져 있다. 또 간접정범의 착오, 즉 이용자가 착오로 피이용자의 도구적 성격을 오신한 경우에 관하여는 이용자가 인식한 바에 따라야 한다는 主觀說과 객관적인 사실에 따라야 한다는 客觀說이 대립한다. → 자수범

간접증거(間接證據) 〔獨〕 mittelbare Beweis 〔佛〕 preuve indirecte 요증사실을 증명하는 데에 필요한 자료인 사실을 증명하는 증거. 다시 말하면 간접적으로 요증사실의 증명에 필요한 증거, 예컨대 現場不在證明(→ 알리바이)을 위한 증인, 증인의 증언의 신빙성에 영향있는 사실(증인의 성격, 이해관계 등)을 증명하기 위한 증거 등을 말한다. 이는 직접증거에 대한 말인데, 양자의 구분은 요증사실과의 관계를 기준으로 한다. 그러므로, 예컨대 피고인이 혈흔이 부착한 단도를 소지하고 있었다는 취지를 진술하는 증인은 그 단도의 소지 자체에 관해서는 直接證據이나, 그 단도의 용도에 관하여는 간접증거인 것이다.

간접지정주의(間接指定主義) 국제사법상 지정에 있어서, 미국·스위스 등과 같이 一國數法의 경우의 本國法, 즉 不統一法에 속하는 사람의 본국법의 결정문제의 해결에 관한 학설 중, 법정지의 국제사법이 명시적 또는 묵시적으로 본국법으로서 적용될 본국에 있어서의 일정한 지역의 법률을 지정하여야 한다는 견해(Neuman, Niemeyer)를 직접지정주의라 하는데 비해, 본국에 있어서 어떠한 지역의 법률을 본국법으로서 적용할 것인가는 본국 자신의 보통법 또는 준국제사법의 원칙에 따라서 결정하여야 한다는 견해(Pillet, Weiss, Zitelmann)를 말한다.

간접참정(間接參政) 주민이 선출한 대표자를 통하여 자치행정을 수행하는 間接民主主義制度를 말한다. 주민의 간접참정은 주민이 선출한 대표자의 의사에 종속되는 결과 주민의 의사와 주민이 선출한 대표자의 의사가 상반되어 지방자치행정이 운영되는 경우가 있기 때문에 이를 시정하기 위한 보충수단으로 住民發案·住民召喚·住民投票 등의 直接參政制度를 제도적으로 보장할 필요가 있다.

간접책임(間接責任) 주식회사의 주주 또는 유한회사의 사원은 회사자본에 대한 출자의무만을 부담할 뿐 회사채무에 대하여 회사채권자에게 직접 아무런 의무도 부담하지 아니한다. 이것을 보통 주주 또는 유한회사의 사원의 간접책임이라고 한다. 그러나 엄격하게 말하면 이것은 無責任이라고 함이 타당할 것이다. 합자회사의 유한책임사원도 그 책임이 유한인 점에서는 주주 또는 유한회사의 사원의 그것과 같으나 회사채권자에 대하여 직접 회사채무를 변제할 책임을 지는 점에서 이것과 다르다. 상법하에서는 株金全額納入主義로 되어 주식인수인은 원칙적으로 정식주주로 되기 전에 주금의 전액을 납입하게 되었으므로 특별한 경우를 제외하고는 정식의 주주로서는 출자의무를 부담하지 않는 것이 보통이다.

간접침략(間接侵略) 〔英〕 indirect aggression 외부의 세력이 타국내의 반정부단체 등을 조작하여 그 무장봉기를 촉진하는 것. 이에 대하여 외부로부터의 무력공격을 直接侵略이라고 한다. 간접침략에 관하여 규정한 국제조약은 많다. 예를 들면 미주기구에 관한 보고타 헌장(1948년 4월 30일)의 15조·17조, 미국의 상호방위원조법(1949년 10월 6일)의 전문, 미·일안전보장조약(1951년 9월 8일)의 전문 및 1조가 그것이다. → 직접침략.

간접행정(間接行政) 行政權은 국가통치자의 1요소로서 국가는 始原的인 행정주체이다. 시원적인 행정주체인 국가는 그 행정권을 대통령을 정점으로 하는 國家行政組織을 통하여 행사한다. 그러나 국가는 모든 행정을 스스로 행사(직접행정)하지 않고 행정기능이 확대됨에 따라 국가로부터 독립된 행정주체(지방자치단체, 공공조합, 영조물법인)를 설치하여 그로 하여금 일정한 범위의 행정을 자주적으로 행하기도 하는 바, 이와 같이 국가로부터 독립된 행정주체가 행하는 행정을 간접행정이라 한다. 오늘날 간접행정의 영역이 점차 확대되는 것은 정도의 차는 있으나 현대국가의 공통된 현상이다. 이에 대하여 국가행정권의 일부가 공공단체 또는 기관이나 사인에게 위임되어 이들에 의하여 행사하는 경우를 委任行政이라 한다.

간접효과설(間接效果說) 契約解除의 효과에 관한 학설의 하나. 해제는 계약상의 채권관계를 소멸시키지 아니하고 다음 그에 기한 작용을 저지시킬 뿐이며, 따라서 채무가 아직 이행되지 않은 경우에는 이행을 거절할 抗辯權이 생기고, 이미 이행된 경우에는 새로이 返還請求權이 생긴다고 설명한다. 이 견해에 의하면, 해제에 의한 原狀回復義務는 법률의 특별규정에 의하여 인정된 특수의무이지 결코 不當利得의 관념에 기한 것이 아니다. → 해제, 직접효과설

간주(看做)**한다** 본다와 같다.

간 첩(間諜) 〔英〕 spy 〔獨〕 Spion 〔佛〕 espion 한쪽 교전자의 작전지대내에서 다른쪽 교전자에게 통지할 의사를 가지고 비밀 또는 허위의 구실하에 정보를 수집하는 자. 변장하지 않고 적의 작전지대에 잠입하는 斥候와 구별된다. 간첩죄는 전투법규의 위반행위는 아니나 자국의 안전을 위하여 전쟁범죄로 처벌한다. 간첩죄는 직접 간첩행위를 행한 자뿐 아니라 이를 幇助한 자에게도 적용된다. → 전쟁범죄, 통상의 전쟁범죄, 작전지대, 전시반역

간첩죄(間諜罪) 적국을 위하여 간첩하거나, 적국의 간첩을 방조하거나, 또는 군사상의 기밀을 적국에 누설하는 죄(刑 98). 적국을 위하여 간첩한다는 것은 적국에 알릴 목적으로 비밀로 우리나라의 군사상의 기밀을 탐지하거나, 군사상의 기밀에 속하는 자료를 수집하는 것을 말한다. 그러므로 적국에 군사상의 기밀을 알리지 아니해도 좋다. 그리고 이 범위내에서는 目的罪이다. 군사상의 기밀을 적국에 누설한다는 것은 비밀로 되어 있는 군사상의 사실로서 이를 적국이 알면 그만큼 군사상의 이익을 상실하게 되는 것을 적국에 알리는 것이다. 그 방법은 구술이라도 좋고 서면이라도 좋다. 본죄의 未遂犯(100) 및 豫備·陰謀·煽動·宣傳(101 Ⅰ·Ⅱ)을 처벌한다. 간첩죄의 특별규정으로는 군형법 13조, 15조, 16조와 국가보안법 4조, 5조, 13조가 있다.

간 통(姦通) 배우자 있는 자가 자기의 배우자 이외의 이성과 성교하는 것. 민법상으로는 재판상 이혼원인이 되고(840 Ⅰ), 형법상으로는 간통죄(241)를 구성한다.

간통죄(姦通罪) 〔英〕 adultery 〔獨〕 Ehebruch 〔佛〕 adultère 배우자 있는 자가 간통하거나 그와 相姦하는 죄(刑 241 Ⅰ). 간통죄에 관한 입법례는 ① 간통을 범죄로 인정하는 않는 不罰主義(영·미의 보통법·노르웨이刑·폴란드刑·스웨덴刑·日刑), ② 부부를 평등하게 처벌하는 夫婦平等處罰主義(雙罰主義·오스트리아刑·독일刑·스위스刑·中刑·그리스刑·우리 형법), ③ 부부의 쌍방을 처벌하나 夫의 간통은 범죄의 성립 및 처벌에 있어서 처보다 유리하게 하는 주의(프랑스刑·이탈리아刑), ④ 처의 간통만을 처벌하는 不平等立法主義

(구형법)로 나눌 수 있는데, 姦通不罰主義가 오늘날 유력하게 주창되고 있다. 본죄의 보호법익은 가정의 혼인생활 및 사회의 선량한 풍속이다(→풍속범). 배우자란 법률상의 배우자만을 말한다. 相姦者에게는 상대방에게 배우자가 있다는 것을 그가 인식한 경우에 한한다. 親告罪이며, 배우자가 간통을 慫慂 또는 宥恕한 때에는 고소할 수 없다(241 Ⅱ). 종용은 사전승낙인데, 이것으로 간통행위의 위법성이 조각되는 것은 아니다. 고소는 혼인이 해소되거나 이혼소송을 제기한 후가 아니면 할 수 없으며, 다시 혼인을 하거나 이혼소송을 취하한 때에는 告訴는 취소된 것으로 간주된다(刑訴 229). 또한 범인을 알게 된 날로부터 6月을 경과하면 告訴하지 못한다(230 Ⅰ). →간통

간트 상여제(賞與制)　작업에 대한 표준시간을 결정하여 표준시간 이내에 작업을 완수하면 상여금을 지급하고 완수 못하면 日給만을 지급하는 제도.

간 평(看坪)　소작제도하에서 매년 작물이 성숙한 후 수확전에 地主나 舍音 또는 지주의 대리인이 소작인의 참여하에 작물의 작황을 조사하여 그 예상수확고를 표준으로 하여 소작료를 결정하는 방법. 執穗·看穗·執租小作이라고도 한다. 소작료는 보통 예상수확고의 5할로 하였으나 많은 경우 수확고를 실수액 이상으로 사정하여 소작료는 실질상 6할을 초과하였다. 이 방법에 의한 소작료의 결정은 전소작지의 2할에 미달하였으며 전라남북도·경상남북도 등 주로 남부지방에서 행하여졌다.

갈등가정(葛藤家庭)　〔英〕 conflict family 양친 사이에 알력이 있는 가정. 힐리(W. Healy)·브로너(A. Bronner)는 갈등가정은 비행의 중요한 隨伴現象이라고 하는데, 그 훈육적 기능에 대한 방해는 경험적으로 틀림없으나 통계적 연구는 없다. →결손가정

감가사채(減價社債)　회사의 정리, 화의에 의한 재건정리를 함에 있어서 손실부담의 결과 권면액이 감소된 사채. 액면주식에 있어서도 자본감가의 결과 권면액이 감소된 주식을 발행할 수 있으나 이 경우는 주식병합을 하는 것이 통상인데 비하여 사채의 경우는 병합은 있을 수 없다.

감가상각(減價償却)　〔英〕 depreciation 〔獨〕 Abschreibung 〔佛〕 dépréciation 固定財產(고정자산)의 감손액을 계량하여 그만큼 장부가액을 감소시켜 이것을 損失 또는 費用으로 이체하는 회계절차. 상법은 상인에게 재산목록의 작성을 명하고 이것에 기재하는 재산의 가액에 관하여는 특히 영업용고정재산에 있어서는 제작가액 또는 취득가액으로부터 상당한 감가액을 공제한 가액을 기재하도록 강제하고 있으며(商 31 ii), 주식회사나 유한회사에 있어서는 예측하지 못한 減損이 생긴 때에는 그 액을 공제하여야 하는 것으로 하고 있다(583 Ⅰ참조). 손익계산을 명백히 하기 위하여, 자산을 取得原價로 계상하고 상각액을 減價償却充當金으로서 표시하는 방법이 常用된다.

감가상각자산(減價償却資產)　토지 및 가옥 이외의 것으로서 사업용에 제공할 수 있는 자산중에 그 감가상각액이 법인세법 또는 소득세법의 규정에 의하는 소득의 계산상 손해금 또는 필요경비에 算入되는 것.

감가상각충당금(減價償却充當金)　原始價額(取得價額 또는 製作價額)으로부터 감가한 재산을 대차대조표의 자산의 부에 그 원시가액을 그냥 기재한데 대하여, 그 감가액을 차계하여 재산의 실제가액을 표시하기 위하여 반대측인 부채의 부에 그 감가액을 기재하는 價額匡正項目의 하나이다. 자산평가에 관하여 直接法(直接減價法·直接記入法)을 취한 경우에는 자산의 부에 고정자산의 감손액을 기재하는 것이므로 이 충당금의 문제가 없다. 재무제표규칙은 감가상각충당금의 일괄기재에 관하여 규정하고 있다(54).

감 경(減輕)　각각의 형벌규정에서 정해져 있는 法定刑의 범위를 가볍게 하는 것을 형의 감경이라 한다. 이것에는 특히 법률에 의한 감경의 사유가 없는 경우에도 법원이 범죄의 정황에 따라 행할 수 있는 것과 법률에 의해서 감경사유가 정해져 있는 것이 있다. 모든 범죄에 공통하는 법률에 의한 감경은 형법총칙에 정해져 있으므로 각각의 특별법에 別段의 규정이 없는 한 모든 범죄에 관하여 적용된다.

감 관(監官)　官衙와 궁가에서 돈이나 곡식을 출납시키고 보살피던 관리. 조선시대 국가의 곡식을 서울로 운반할 때 각읍의 감관이나 邑吏가 같이 와서 곡식을 바쳤다. 領船監官, 俸上監官 등이 있었다.

감 군(監軍)　밤에 성안의 시가를 순행하고 군사의 行巡을 감독하던 임시벼슬. 매일 兵曹에서 병조 都督府의 낭청 및 모든 宣傳官의 이름을 써서 임금에게 올리는 受點된 그 사람은 申時에 대궐안에 들어가서 監軍牌를 받고 맡은 구역을 순검하던 군대. 감군패는 그 다음날 아침 도로 바친다.

감 금(監禁) 〔英〕 detention 〔獨〕 Einsperrung 사람을 일정한 장소 밖으로 나가지 못하게 하여 신체적 활동의 자유를 장소적으로 제한하는 것. 장소적 제한이 있는 점에서 逮捕와 구별된다. 감금의 수단 또는 방법을 불문한다. 문을 잠그거나 감시인을 두거나, 개로 하여금 지키게 하여 출입구를 봉쇄하는 것이 보통이나, 여기에 제한되지 아니한다. 폭력을 사용하거나 묶거나 마취시키는 것과 같은 有形的 方法에 의하든, 脅迫 또는 欺罔과 같은 無形的 方法에 의하든 불문한다. 밖으로 나가지 못하게 한다는 것은 탈출이 절대적으로 불가능할 것을 요하지 아니하며, 그것이 곤란한 경우도 포함된다. 따라서 사실상 탈출할 수는 있었다고 할지라도 피해자가 출구를 모르거나 인식하기 어려운 상태에 있었다면 감금에 해당한다. 피해자가 출구를 알고 있었던 경우에도, 예컨대 아파트의 창문을 통하여 뛰어내리거나, 질주하는 차에서 내리는 것같이 탈출하는 때에는 생명 또는 신체에 대한 위험이 뒤따르는 경우는 물론, 수치심 때문에 밖으로 나가지 못하게 한 때에도 감금이라고 하여야 한다. 예컨대 목욕하고 있는 부녀의 옷을 가져가서 나가지 못하게 하는 것이 그것이다. 監禁은 작위에 한하지 아니한다. 피해자가 방 안에 있는 줄 모르고 문을 잠근 후에 그 사실을 알고도 문을 열어주지 아니하거나, 불법하게 구속되어 있는 자를 석방해야 할 사람이 그대로 있는 때에는 부작위에 의한 감금이 성립한다. 감금은 또한 自手로 실행할 것을 요하지 않으며, 따라서 間接正犯에 의한 감금도 가능하다. 捜査機關에 허위의 사실을 신고하여 구속되게 하는 경우가 여기에 해당한다.

감금죄(監禁罪) 사람을 감금하는 죄(刑 276 I). 그 본질은 사람의 신체적 활동의 자유를 침해하는 데에 있다. 尊屬監禁(276 Ⅱ)·重監禁(277 Ⅰ)·尊屬重監禁(277 Ⅱ)·特殊監禁(278)·常習監禁(279)의 경우에는 형을 가중하고, 감금치사상(281)의 경우에는 傷害罪와 비교하여 중한 형으로 처단한다. 객체는 自然人이며, 責任能力·行爲能力은 물론이요, 의사능력의 유무도 불문이다. 감금이라 함은 사람으로 하여금 일정한 구역밖으로 나가는 것을 불가능 또는 현저히 곤란케 하여 신체적 활동의 자유, 특히 場所的 移動의 자유를 제한하는 것을 말한다. 방안에 가두는 따위의 유형적 장애에 의하든 목욕중의 부녀의 옷을 빼앗아 수치심으로 그곳을 못나오게 하는 따위의 무형적 방법에 의하든, 作爲이든 不作爲이든, 제3자를 이용하든 아니하든 불문이다. 자동차를 운전질주케 하여 승객으로 하여금 생명·신체의 위험없이는 하차할 수 없게 하는 것도 감금이다. 본죄는 감금에 의한 자유박탈이 조금의 시간이 계속된 때에는 완성되고(따라서 일시적인 자유박탈에 그친 때에는 본죄의 미수범이 된다), 다시 자유가 회복된 때에 비로소 종료한다. 이러한 의미에서 본죄는 繼續犯이다. 본죄에 있어서의 미수범은 처벌한다(280).

감 급(減給) 근로계약위반·직장질서위반 기타에 관해서 사용자가 근로자에게 과하는 制裁의 일종. 취업규칙에서 감급을 정하는 경우에는 1回의 額이 평균임금의 1일분의 반액을 초과하고, 총액이 1임금지급기에 있어서의 임금총액의 10분의 1을 초과하지 못한다(勤基 98). 정당한 이유가 있는 경우에 한해서, 즉 감급을 정당시할 만한 상당한 이유가 있는 경우에만, 감급을 할 수 있는 것은 물론이다(30 I).

감독관계(監督關係) 상·하급관청 상호간의 관계에서 인정되는 行政意思의 통일성과 계통성을 유지하기 위한 행정관청 사이의 관계. 행정조직에 있어서는 사법조직이나 입법조직과는 달리 상급기관의 의사가 하급기관에 효과적으로 작용하며 전체로서 통일성을 유지할 수 있도록 하기 위하여 지휘·감독의 확보가 요구되는데, 이러한 감독권의 범위는 행정관청의 지위·성질 등에 따라 한결같지 아니하며, 특히 監督院과 같이 권한의 독립이 보장된 合議制官廳은 감독에 대한 예외가 인정됨이 보통이다.

감독관청(監督官廳) ① 사인 또는 공공단체의 사업 또는 업무에 대하여 감독권을 가지는 행정관청(의료인에 대한 보건복지부장관, 상공회의소에 대한 산업자원부장관 등), ② 하급의 행정관청에 대하여 감독권을 가지는 상급의 행정관청(→감독권). ③ 그 밖에 행정관청에 대한 감사의 任에 당하는 기관(감사기관)도 일종의 監督官廳의 성질을 가진다. →감사기관

감독권(監督權) 〔英〕 supervisory power 일정한 자 또는 기관의 행위를 감시하고, 그에 대하여 필요한 명령 또는 승인을 행함으로써 그 행위의 合法·妥當性을 보장하는 권한. 법인의 감독, 상급행정관청의 하급행정관청에 대한 감독, 지방자치단체에 대한 국가의 감독 등이 그 예. 감독권의 내용으로서는 보통 監視權·訓令權·認可權·取消權·權限爭議決定權 등이 포함된다. →감독관청, 감독행위

감독명령(監督命令) →회사의 정리, 감독원

감독목적조사(監督目的調査) 국정조사의 調査目的에 따른 유형의 하나. 국정조사는 그 조사목적에 따라 입법목적조사, (행정)감독목적조사, 공표목적조사로 나누는 경우가 있다. 이 경우(행정) 감독목적조사는 행정사항 내지 정부의 행정작용에 관한 사항을 감독하기 위한 목적의 조사를 말하며, 예컨대 행정행위의 적정·타당성 여부, 공무원의 행정작용상의 부정여부, 선거관리의 적법·공정성 여부, 특정한 의혹사건 내지 부정사건에 대한 조사 등이 있다.

감독사무(監督事務) 감독권의 행사를 함에 있어서의 사무. 공법상으로는 감독의 種別에 따라서 다르나 실질적으로는 행정사무와 사법사무로 크게 나누어진다. 사법상으로는 그 사무가 신분상, 재산상 또는 단체성을 가진 업무집행상의 사항이냐의 여부에 따라서 각각 특수한 형태를 취하게 된다.

감독원(監督員) 회사정리의 절차중, 감독명령이 내린 경우에 있어서 법원에 의하여 임명되어 정리회사의 이사의 업무집행 및 재산관리를 감독하는 자. 법원이 결정한 행위에 관하여 이사에게 동의를 부여하는 권한, 그 조사를 위하여 법원의 허가를 얻어 집행관, 경찰관 등의 도움을 청하는 권한 및 정리종결 결정신청권을 가진다. 상법은 회사의 정리에 관하여는 회사정리법(1962년 법 제1214호)에 새로운 규정을 두고 있다.

감독행위(監督行爲) 일정한 자의 행위를 감시하고 그 자에 대하여 필요한 명령 등을 함으로써 그 자의 행위의 합법성 및 합목적성을 보장하는 행위. 법인에 대한 감독(民 37). 공공단체에 대한 감독(韓銀 40)·하급행정관청에 대한 감독 등 공법상·사법상 그 예가 많다. 감독행위에는 豫防的 監督行爲(감시·훈령·인가)와 矯正的 監督行爲(취소·정지명령 등)가 있다. →감독권

감 별(鑑別) 비행소년의 要保護性을 과학적인 전문지식에 의하여 진단하고 그 矯正治療의 구체적 방법을 분명히 하는 절차. 감별은 소년의 자질과 관련하여 소년이 갖고 있는 중요한 문제, 즉 비행문제를 파악하는 것으로서, 일반적인 정신감정과는 다르다. 후자가 책임능력에 관한 정신의 학적 진단임에 반하여, 감별은 단순한 精神醫學的 診斷·臨床的 檢査·心理學的 判定·教育的 評價 또는 社會的 調査와는 다르다. 개성과 환경을 力動的 相關關係에 의하여 구명하여, 장래의 범죄적 위험성의 예측을 하며 구체적 보호방법을 세우기 위한 사회적 자원을 이용개척하여 적절한 처우의 결정을 목표로 하는 일련의 활동전부를 말한다. 감별의 대상은 비행 혹은 범죄와 같은 증상이 아니라 그와 같은 증상을 가진 少年 자신이다. 우리나라에서는 이 감별제도가 극히 미흡하게 적용되고 있을 뿐이다.

감 봉(減俸) 공무원에 대한 징계처분의 일종. →감급

감 사(監事) [1] 〔獨〕 Aufsichtsrat 민법상 사단법인이나 재단법인이 이사에 대한 감독기관으로서 두는 것이 監事이다. 감사는 定款 또는 總會의 결의에 따라 성립되는 법인의 임의기관으로서 그 수에는 제한이 없다. 감사는 법인의 내부에서 이사의 사무집행을 감독하는 권한만 있고, 외부에 대해 법인을 대표하는 代表權은 없다. 감사도 이사와 마찬가지로 선량한 관리자의 주의로서 사무를 처리하여야 할 善管注意義務가 있고, 이를 懈怠한 경우에는 법인에 대해 배상책임을 지나, 감사들이 연대하여 책임을 지지는 않는다. 민법상 규정된 감사의 직무로서는 ① 法人의 재산상황을 監査하는 일, ② 이사의 업무집행의 상황을 감사하는 일, ③ 재산상황 또는 업무집행에 관하여 부정·불비한 것이 있음을 발견한 때에는 이를 총회 또는 주무관청에 보고하는 일, ④ 前記의 보고를 하기 위하여 필요한 때에는 總會를 소집하는 일 등이다(民 67).

[2] 〔英〕 auditor 〔獨〕 Aufsichtsrat 〔佛〕 commissaire de surveillance 상법상 監事는 이를 주식회사의 감사와 유한회사의 감사로 나누어 볼 수 있다. ① 주식회사의 감사. 주식회사의 감사는 하나의 필요기관으로서 회사의 會計監査를 주된 업무로 하는 상설기관이다. 개정상법이 412조 1항을 신설하여 감사는 이사의 직무집행을 감사한다고 규정하였으므로, 감사는 업무감사권도 그의 주요한 임무이다. 그리고 그 밖에 報告要求調査權(商 412Ⅱ), 理事會出席 意見陳述權(391의2Ⅰ, 390Ⅱ), 留止請求權(402), 이사와 회사간의 소에 관한 會社代表權(394)이 있다. 그리고 株主總會 決議取消의 訴(376Ⅰ), 新株發行無效의 訴(429), 資本減少無效의 訴(445), 合倂無效의 訴(529Ⅰ) 및 設立無效의 訴(328Ⅰ) 등 각종의 소를 제기할 수 있다. 회사의 설립시에 있어서 감사는 발기설립의 경우 발기인이 주식인수인으로서 갖는 의결권의 과반수로서 선임한다(296Ⅰ). 모집설립의 경우 창립총회에서 출석한 주식인수인의 의결권의 3분의 2 이상이며, 인수된 주식총수의 과반수에 해당하는 다수로서 선임한다(312, 309). 설립후에 있어서 감사는 주주총회에서 선임한다(409Ⅰ). 그 선임방법은 의결권 없는 주식을 제외한 발행주식 총수의 100분의 3을 초과하는 주식을 가진 주주는 그 초과하는 주식에 관해

감사의 선임에 있어서는 의결권을 행사하지 못한다(409Ⅱ). 정관으로 의결권 행사의 제한을 강화할 수 있으나, 완화할 수 없다(409Ⅲ). 감사는 반드시 주주일 것을 요하지 않으며 정관으로 감사의 자격을 정하는 것도 무방하다. 통설은 회계감사의 성질상 또는 회계감사를 공인회계사에게 담당시킬 필요에서 자연인에 한한다고 본다. 다만 監事는 理事 또는 支配人 기타의 使用人의 직무를 겸하지 못한다(411). 감사의 員數에 관하여는 제한이 없으므로 1인이라도 무방하다. 감사의 성명 및 주민등록번호는 등기사항이다(317Ⅱ viii). 회사와 감사와의 관계는 委任이다(415, 382Ⅱ). 민법 686조 1항은 위임은 원칙적으로 無償이며 특약에 의하여 有償으로 할 수 있음을 규정하고 있다. 그러나 이사와 마찬가지로 감사도 보수를 받는 것이 통상적이다. 감사가 받는 보수는 이사의 보수와 동일하게 정관으로 그 액을 정한 때에는 그에 따르나, 그 정함이 없는 때에는 주주총회의 의결에 의하여 정하여야 한다(415, 388). 감사는 감사보고서에 利益剩餘金處分計算書 또는 缺損金處分計算書가 회사재산의 상태 기타의 사정에 비추어 현저히 부당할 때에는 그 뜻을 기재하도록 하고 있으므로(447의4 Ⅱ viii), 이익처분안 중에 이사 및 감사에 대한 賞與가 계산되어 있는 경우에는 이것을 감사의 대상으로 할 것이 요구된다. 이사는 위임의 본지에 따라서 선량한 관리자의 주의로써 위임사무를 처리할 의무를 부담한다(民 681). 이사는 회사에 대하여 선량한 관리자의 책임을 부담하므로 이에 위반할 때에는 계약상의 債務不履行責任을 부담하며(商 415·382Ⅱ, 民 681), 그 밖에 不法行爲責任도 부담한다. 상법은 任務懈怠가 있는 감사가 2인 이상 있는 때에는 회사에 대하여 연대하여 손해배상책임을 진다고 규정하고 있다(商 414). 감사가 회사에 대하여 임무해태에 의한 손해배상책임을 부담하는 때에 이사도 책임이 있는 경우에는 이사와 감사는 連帶債務者가 된다(414Ⅲ). 발행주식총수의 100분의 5 이상을 보유하는 소수주주는 회사에 대하여 감사의 책임을 추궁하는 소송의 제기를 청구할 수 있다(415, 403). 감사가 악의 또는 중대한 과실로 인하여 그 임무를 해태한 때에는 그 감사는 제3자에 대하여 연대하여 손해를 배상할 책임이 있다(414Ⅱ). ② 有限會社의 감사. 회계와 업무의 감사를 임무로 하는 기관으로 주식회사의 이사와 본질적으로 동일하다. 다만 定款에 의하여 1인 또는 여러 명의 감사를 둘 수 있다는 규정(568Ⅰ)으로 보아 任意機關임을 알 수 있다. 감사의 자격과 임기에는 제한이 없다. 그리고 이사는 감사를 겸직할 수 없다(570, 411). 감사는 언제든지 회사의 업무와 재산상태를 조사할 수 있고 이사에 대하여 영업에 관한 보고를 요구할 수 있다(569). 임시총회소집요구권(571Ⅰ, 582Ⅲ), 설립무효의 소(552Ⅰ), 사원총회결의취소의 소(578, 376), 增資無效의 訴(595Ⅰ), 資本減少無效의 訴(597, 445), 合倂無效의 訴(603, 529) 등의 제기권을 갖는다.

감사기관(監査機關) 행정기관의 사무집행을 검사하여 그 비위를 적발·시정함을 임무로 하는 국가기관(예 : 감사원). 감사기관이 감독기관과 구별되는 요점은 감독기관은 直系監督機關임에 대하여, 감사기관은 어느 방계의 행정기관이 행하는 고유사무가 동시에 다른 기관의 행위를 감독하는 결과가 되는 경우에 있게 된다. → 감독관청

감사기준(監査基準) 〔英〕 auditing standards 감사실무 중 관습으로서 발달한 것 중에서 일반적으로 공정 타당하다고 인정된 바를 귀납 요약한 것으로서 공인회계사 등의 직업적 감사인이 감사를 담당하는 원칙. 감사일반기준, 감사실시기준, 감사보고기준의 3부가 있다. 미국, 일본의 증권거래소 등에서 채용하고 있는 제도.

감사원(監査院) 국가의 세입·세출의 결산, 국가 및 법률에 정한 단체의 會計檢査와 행정기관 및 공무원의 직무에 관한 監察을 하기 위하여 대통령 소속하에 설치된 헌법상 必須的 獨立機關(憲 97)을 말한다. 제3공화국 헌법은 구헌법하에서 職務監察權을 가졌던 감독위원회와 會計檢査權을 가졌던 심계원을 통합하여 감사원을 두었는데, 제4공화국 헌법은 국회의 국정조사권을 없애고 감사원을 활용하였는바, 제5공화국 헌법도 이를 답습하고 있었다. 현행 헌법은 국회의 국정감사권을 부활시키면서도 감사원제도를 계속 유지하고 있다. 감사원은 대통령소속하의 헌법상 기관이나, 이는 행정수반으로서의 대통령에 소속되는 것이 아니라 국가원수로서의 대통령에 소속되어 있을 뿐이다. 감사원장의 임명에는 국회의 동의를 요하며(98Ⅱ), 또 세입·세출의 결산을 매년 검사하여 대통령과 차년도 국회에 그 결과를 보고하도록 하고(99) 있음은 감사원이 입법부와 행정부 어느 한편에 속하지 않는 독립기관임을 의미하는 것이다. 따라서 감사원은 정치적 중립기관으로서 행정부로부터 독립하여 職務監察과 會計檢査를 하여야 한다. 그러나 감사원을 국회에 직속시켜야 한다는 견해도 있다. 감사원은 결산감사권을 가지며, 국가 및 법률이 정한 단체의 회계검사와 행정기관 및 공무원의 직무에 대한 監察을 할 수 있다. 행정기관 및 공무원의 직무감찰 결과 비위사실이 적발되면 임명권자에게 징계를 요

구할 수 있다(監院 32Ⅰ). 감사원은 歲入·歲出의 決算을 매년 검사하여 대통령과 차년도국회에 그 결과를 보고하여야 한다(憲 99). 헌법은 결산의 제출을 정부의 의무로 하지 않고, 감사원이 세입·세출의 결산을 매년 검사하여 대통령과 차년도국회에 그 결과를 보고하게 하고 있다(99). 會計檢査의 범위에 관하여는 감사원법 22조와 23조에 규정되어 있다. 감사원은 공무원의 비위감찰뿐만 아니라 적극적으로 행정관리의 개선을 도모하기 위한 行政監察權도 가지고 있다. 그러나 행정감찰권에 의한 부당한 행정간섭을 방지하기 위해 행정정책면에의 관여는 금지하고 있다. 즉, 감사원법은 34조 1항에서 감사원은 감사결과 法令上, 制度上 또는 行政上의 모순이 있거나 기타 개선할 사항이 있다고 인정할 때에는 국무총리·소속장관·감독기관의 장 또는 당해 기관의 장에게 법령 등의 제정·개정 또는 行政上의 개선을 요구할 수 있다라고 규정하여 행정정책면에의 관여를 금지하고, 구체적인 집행부분에 있어서만 그 개선을 요구할 수 있도록 하고 있다. 그 외에도 辨償責任有無의 판단(監院 31), 懲戒處分 및 問責의 요구(32), 是正 등의 요구(33), 개선 등의 요구(34), 기타 수사기관에 고발(35), 再審議(7절) 등의 권한이 있다. 감사원은 원장을 포함한 5인 이상 11인 이하의 감사위원으로 구성되는 合議制機關(憲 98Ⅰ)이다. 합의제로 한 이유는 감사원의 독립성을 보장하기 위함과 동시에 감사원의 직무가 신속·강력하기보다는 신중·공정할 것을 요하기 때문이다. 감사원은 합의제기관으로서 감사업무의 합의에 관한 한 감사원장과 감사위원은 동등한 지위에 있다고 하겠으나 감사원장에게 監査委員任命提請權이 부여되어 있는 관계로 사실상의 평등한 合議는 의문이다. 감사원장은 대통령이 국회의 동의를 얻어 임명한다(98Ⅱ). 감사원장의 임명에 국회의 동의를 얻게 한 것은 감사원장의 지위의 중요성에 비추어 행정부에서의 독립성을 확보하고 대통령이 보다 적격인 인물을 제청하게 하기 위한 배려이다. 감사위원은 원장의 제청으로 대통령이 임명한다(98Ⅲ前). 감사원장에게 제청권을 부여한 것은 감사원의 동질성을 유지하고 감사원의 업무상의 독립을 보장하기 위한 것이다. 감사원장의 제청권과 대통령의 임명권과의 관계는 국무위원임명의 경우와 같다. 원장과 감사위원의 임명에는 同意·提請에 의한 제한 외에도 헌법 100조에 따른 법률에 의한 제한이 있다(監院 7). 감사원장과 감사위원의 任期는 모두 4년이며, 1차에 한하여 중임할 수 있다(憲 98Ⅱ後·Ⅲ後). 임기제를 채택한 것은 彈劾이나 刑罰의 경우를 제외하고는 그 신분을 보장하여 직무집행의 공정을 기하기 위해서이다. 감사원장과 감사위원의 임기를 4년으로 한 것은 대통령의 임기가 5년인 점에 비추어 무의미하다.

감사위원(監査委員) [1] 감사원의 의결기관인 감사위원회의의 구성원. 감사원장의 제청으로 대통령이 임명하며, 4년의 임기를 가지나 1차에 한하여 중임될 수 있다. 감사위원이 되기 위하여는 일정한 자격요건을 충족하여야 하며(監院 7), 탄핵결정이나 금고 이상의 형의 선고를 받았을 때 또는 장기의 심신쇠약으로 직무를 수행할 수 없을 때 외에는 그 의사에 반하여 免職되지 않는다(8).

[2] 〔英〕 committee of inspection 〔獨〕 Gläubigerausschuss 파산절차에 있어서, 破産管財人의 재단관리를 감사하는 직무를 행하는 파산재단의 기관. 파산관재인과 같이 必須機關이 아니고, 이를 두느냐 두지 않느냐는 제1회의 채권자집회에서 의결한다(破 169). 감사위원을 두는 경우는 3인 이상으로 하고, 채권자집회가 선임하고 법원의 認可를 얻어야 한다(170). 그 해임은 채권자집회는 자유로이, 파산법원은 중요한 사유가 있을 때에 한하여 이해관계인의 신청을 기다려 할 수 있다(173). 감사위원의 직무집행은 특별한 이해관계자를 제외하고 과반수에 의하여 한다(171). 각 감사위원은 언제든지 파산관재인에게 파산재단에 관한 보고를 요구하거나 파산재단의 상황을 조사할 수 있다(172). 감사위원은 선량한 관리자의 주의로써 직무를 집행하여야 하며, 태만히 하면 손해배상책임을 진다(174, 154).

감사위원회의(監査委員會議) 감사위원으로 구성되는 監査院의 議決機關. 감사원장이 의장이 된다(監院 11Ⅰ). 감사위원회의는 감사원의 권한에 속하는 중요사항을 의결하며(12), 의결방법은 재적감사위원 과반수의 찬성으로 행한다(11Ⅱ).

감사증명(監査證明) 財務書類가 기업의 재정상태를 적정히 표시하고 있는가의 여부에 관하여 공인회계사 등의 직업적 감사인이 행하는 의견의 표명. 이것은 공인회계사의 주된 업무이며, 상장주식발행회사·유가증권의 신고회사 등이고 증권거래법에 기준하여 신고하는 재무서류는 그 자와 특별한 이해관계가 없는 독립한 공인회계사의 감사증명을 받지 않으면 안된다. 우리나라에서는 아직 이 제도가 실시되지 않고 있다.

감사청구(監査請求) → 사무의 감사청구

감손경정(減損更訂) 과세표준의 결정 이후에 있어서의 사정의 변화에 의하여 그 課稅標準에 따라 부과 징수함이 가혹하다고 생각되는 경우에 과세표준을 경정하고 세액의 경감을 인정하는 것. 부과과세의 제도하에서는 소득세에 관하여 인정되고 있으나 신고납세제가 실시된 이후는 필요없이 되었다.

감 쇄(減殺) → 유류분

감 수(監守) 파산절차 중 파산자나 이에 준하는 자에 대하여 신분상의 保全處分으로 도주 또는 재산의 隱匿·毁棄의 우려가 있을 때 명하는 법원의 명령(破 139Ⅰ). 이 때에 법원은 감수결정서의 정본을 검사에 송부할 것을 요하고 검사는 파산자의 주거지를 관할하는 경찰서의 경찰관리에게 명하여 감수를 집행하게 한다. 감수의 명을 받은 파산자는 법원의 허가를 얻지 않으면 타인과 面接하거나 또는 通信을 할 수 없다(140). 감수명령에 위반하여 도주 또는 외부와의 교통을 하는 때는 처벌을 받는다(369).

감수위반·주거지이탈죄(監守違反·住居地離脫罪) 파산법에 의하여 감수의 명을 받은 자가 도주하거나 법원에 허가를 얻지 아니하고 外人과 접견 통신하거나 주거지를 떠남으로써 성립하는 죄. 그 처벌은 1년 이하의 징역 또는 1천만원 이하의 벌금에 처한다(破 369).

감 시(監視) [1] 〔獨〕 Polizeiaufsicht 〔佛〕 surveillance de police 자유형의 일종. 수형자에 대하여 석방 후 일정한 기간 경찰적 취재에 복무시키는 제도를 말한다. 구형법은 附加刑으로서 인정하고 있었으나 현행 형법은 이를 폐지하였다.

[2] 상급관청이 하급관청의 사무처리상황을 파악하기 위하여 報告徵收·事務監査 등을 행하는 것을 말한다. 이를 할 수 있는 권한을 감시권이라 하며, 감시권은 특별한 법적 근거를 필요로 하지 아니한다.

감시관(監視官) 옛날 과거장을 감시하던 벼슬.

감시권(監視權) [1] 상법상 사원의 감시권은 人的會社의 업무집행권없는 無限責任社員 또는 有限責任社員이 갖는 회사의 업무 및 재산의 상황을 검사할 권리(商 195·277, 民 710). 이 권리는 自益權的 性質과 함께 共益權的 性質을 가져, 자기의 이익뿐만 아니라 회사의 이익을 위하여서도 행사되어 회사의 부정업무집행을 피하도록 하는 것이 사회적 이익에 적합하다는 이유에서 부여된 것이므로, 이는 정관으로써 박탈하거나 제한할 수 없다. 유한책임사원의 감시권은 업무집행권없는 무한책임사원에 비하여 ① 영업연도말과 ② 영업시간내에 한한다는 두 가지 점에서 제한을 받고 있다(商 277Ⅰ). 그러나 유한책임사원도 중요한 사유가 있는 때에는 언제든지 법원의 허가를 얻어 회사의 업무 및 재산상태를 검사할 수 있다(277Ⅱ). 이 절차에 대하여는 비송사건절차법에 규정이 있으며(非訟 80, 8), 감시권의 행사를 방해하였을 때에는 과태료의 제재가 있다(商 635Ⅰ iii·iv).

[2] 행정법상 감시권은 예방적인 監督權의 일종.

감시선(監視船) 국제법상 평시에는 공해에서 군함이 감시임무를 맡는다. 해적을 감시하고 또는 공해자유제한에 관한 특별조약이 있을 때에는 체약국군함이 그 위반을 감시한다. 전시에는 交戰國의 군함이 감시임무를 담당한다. 戰時禁制品의 수송의 감시, 戰時封鎖時 封鎖地域으로부터의 선박의 출입감시, 군사적 방조 등의 감시를 한다. 關稅警察의 임무에 당하는 선박을 말할 때도 있다.

감 옥(監獄) 교도소의 구명칭.

감옥서(監獄署) 죄인을 가두어 두며 형벌을 집행하던 관청. 고종 31년(1894) 典獄署를 고친 이름이다. 융희 1년(1907) 감옥으로 관원은 감옥서장 1인·총순 30명·서기 2인·간수장 2인으로 죄수의 작업과 명부작성 등 죄수의 사무를 담당하던 기관이다.

감옥학(監獄學) → 행형학

감자차익(減資差益) 자본감소의 경우에 그 감소액이 株式消却이나 株金의 還給에 들은 금액과 결손을 충당한 금액을 초과한 때의 그 초과금액. 資本準備金에 속하는 법정준비금으로서 주식회사·유한회사에서는 그 적립이 강제되고 있다(商 459, 583).

감 정(鑑定) 〔獨〕 Sachverständigenbeweis, Gutachten 〔佛〕 expertise [1] 민사소송법상, 특별한 학식·경험을 가진 자로 하여금 그의 전문적 지식이나 또는 그의 지식을 이용한 판단을 소송상 보고시켜 법관의 판단능력을 보조하기 위한 證據調査, 그 조사에 응하여 의견을 진술하여야 하는 제3자가 감정인이다. 우리나라 裁判權에 따르고 감정에 필요한 학식경험을 갖고 있는 자나, 또는 감정의 촉탁을 받은 公務所·法人은 감정의무가 있다(民訴 306, 314). 의무의 내용은 출석의무·선서의무·진술의무의 3자로 대체로 증인의무와 같다. 감정의 절차는 대체로 증인신문절차에 준하지만(305), 宣誓書의 방식이 조금 다르고(311), 또 서면으로 의견을 진술할 수 있다(312). 그런데 증인은 과거의 특정사실의 견문자로서, 特定的 不代替的임에 대하여, 감정에 필요한 지식은 정도의 차는 있으나 대체적이고, 실험을 요하는 경우라도 다시 되풀이할 수 있는 것이다. 그러므로 증인은 거증자가 특정인을 표시하지 않으면 안되지만(280), 감정인의 인선은 법원에 맡겨져 있고(308), 또 증인능력을 제한하면 증거가 되지 않을 우려가 있어 이를 인정치 않음에 대하여, 감정인에 대해서는 법관과 같은 결격사유(306 Ⅱ) 및 기피(309)를 인정하여 불공정한 감정을 할 우려있는 자를 뽑아 감정시킬 필요를 없게 하고, 또 불출석할 때 무리하게 끌어 오면 바른 감정을 기대할 수 없어 拘引의 强制를 적용치 않고 있다.

[2] 형사소송법상으로도 동의로 사용되는데, 경우에 따라서는 감정인의 보고도 감정이라 하며, 이 보고를 행하기 위한 감정인의 사실상의 행위도 감정이라 하고, 또한 법원이 명한 경우(刑訴 169) 이외에 검사나 사법경찰관이 수사과정에서 委囑한 경우에도 감정이라 불리운다(221). 감정을 하는 경우에 법원은 鑑定留置(172 Ⅲ)를 할 수 있으며 감정인은 법원의 허가를 얻어 타인의 주거 등에 들어갈 수 있고, 身體檢査·死體解剖·墳墓發掘·物件破壞를 할 수 있다(173 Ⅰ). 다만 公判廷 외에서 행하는 감정에는 許可狀의 제시가 필요하다(173 Ⅱ·Ⅲ). 그리고, 감정인은 감정에 관하여 필요한 경우에는 서류와 증거물을 열람 또는 등사하고 피고인 또는 증인의 訊問에 참여할 수 있으며, 그 신문을 구하거나 재판장의 허가를 얻어 직접 發問할 수 있다(174). 검사·피고인 또는 변호인은 감정에 참여할 수 있다(176). 감정의 경과와 결과는 감정인으로 하여금 서면으로 제출하게 한다(171). 선서한 감정인이 허위의 감정을 하면 虛僞鑑定罪(170, 刑 154)가 성립한다.

감정가격(感情價格) 〔獨〕 Affektionspreis 어떤 재산에 관하여 특정인이 특수한 사정 때문에 교환가치에 의하지 않고, 주관적 감정에 기하여 평가하는 가격. 예컨대, 父親의 유물에 대하여는 천금으로도 바꿀 수 없는 가치를 인정하는 것. 손해배상으로서 이 가격을 청구하는 것은 위자료(정신적 손해의 배상)로서 인정되는 범위에 한한다.

감정법학(感情法學) 〔獨〕 Gefühlsjurisprudenz 자유법론의 지나친 태도에 대한 비난 또는 경고의 뜻을 표시하는 말. 법규의 개념구성을 경시하고, 법관에게 무제한한 自由裁量을 인정하도록 한 자유법론이 법의 운영을 주관적 감정에 위탁하여 법적 안정성을 해하고 심지어는 법학의 논리적 과학성까지도 부인하는 경향을 가지고 있는 것에 대해서, 이러한 경고적인 명칭이 부여된 것이다.

감정분석소(鑑定分析所) 수출입물품의 검사와 감정 및 이에 관한 연구를 하기 위하여 재정경제부장관 소속하에 두는 기관. 분석소에 소장을 비롯한 직원을 두고, 제1과와 제2과를 두는바, 전자는 지류, 섬유류, 기계, 식료품류 그 밖에 雜商品에 대한 물리적 측정, 검사, 감정 등에 관한 사항, 표본, 견품의 관리와 일반행정, 기획, 경리에 관한 사항을 분장하고, 후자는 無機 및 유기화학 공업, 제품류, 약재, 약품 그 밖에 물리적 식별이 곤란한 물품에 대한 화학적 분석·감정에 관한 사항을 분장한다(鑑定分析所職制).

감정서(鑑定書) 감정인이 법원에 보고하기 위하여 작성하는 감정의 경과와 결과를 기재한 書面. 서면에 의한 의견의 보고가 요구됨은(民訴 312, 刑訴 171) 증인과 다른 한 가지 특징이라고 할 수 있다. 그런데 이러한 감정서는 書證으로서 취급할 수 없다. 이에 반하여 소송 외에서 당사자의 의뢰에 의하여 작성된 감정서를 제출하는 것은 書證으로 된다.

감정유치(鑑定留置) 피고인의 정신 또는 신체에 관한 감정을 함에 있어 필요한 경우에, 법원이 기간을 정하여 병원 기타 적당한 장소에 피고인을 유치하는 것. 감정이 완료되면 즉시 유치는 解除하여야 한다(刑訴 172 Ⅲ). 일종의 强制處分이며, 이 경우에는 구속에 관한 규정을 준용한다(172 Ⅶ).

감정유치영장(鑑定留置令狀) 감정유치를 할 것을 결정한 재판서. 감정유치를 하기 위하여는 鑑定留置令狀을 발부받아야 한다(刑訴 172 Ⅳ). → 영장

감정(感情)**의 표시**(表示) 〔獨〕 Gefühlsäusserung 일정한 감정을 타인에게 표시하는 행위. 법률이 이것을 법률사실로서 다루는 경우는 드물지만, 민법 841조에 규정된 容恕가 그 예이다. 즉 배우자의 일방이 타인에 대하여 不貞한 행위(民 841)를 용서하였을 때에는 그는 이혼의 청구를 할 수 없게 되는데, 이 효과는 법률 자체가 생기게 하는 것으로서, 容恕者가 그것을 의욕했기 때문에 생기는 것은 아니다. 그러므로 이 점에서 의사의 통지 및 관념의 통지와 같이 일종의 準法律行爲이다. 감정의 표시는 의사표시의 일종으로 생각되어 왔는데, 근대 독일의 법학자가 의사표시를 심리적으로 분석한 결과 감정의 표시는 의사표시와는 다른 개념이라는 것을 명백히 하였다. → 준법률행위

감정인(鑑定人) 〔英〕 expert witness 〔獨〕

Sachverständige 〔佛〕 expert →감정

감정인기피(鑑定人忌避) 감정인에게 성실한 감정을 기대할 수 없는 사정(예를 들면 당사자의 일방과의 친족관계)이 있는 경우에, 당사자가 그 사유를 疎明하여, 그 감정인의 감정을 거절하는 것. 忌避는 감정인의 진술후에 그 원인이 발생되었거나 또는 당사자가 그 후에 비로소 이를 알게 되었을 경우 이외에는 진술전에 하지 않으면 안된다(民訴 309). 기피의 신청은 수소법원, 수명법관 또는 수탁판사에게 하여야 한다. 기피의 이유가 있다고 한 결정에 대하여는 불복을 신청하지 못하고, 이유없다고 한 결정에 대하여는 卽時抗告를 할 수 있다(310). →감정, 기피

감정증인(鑑定證人) 〔獨〕 sachverständiger Zeuge 소송상 특별한 학식·기능에 기하여 知得한 과거의 구체적 사실을 진술할 것을 법원 또는 법관으로부터 명령받은 제3자(民訴 313, 刑訴 179). 특별한 학식·경험을 이용하는 점에서는 鑑定人에 유사하므로 이러한 명칭을 붙였지만, 추상적인 지식이라든가, 이에 기한 판단을 보고하는 것이 아니고, 자기의 경험한 사실을 진술하는 것이므로 證人이라 할 것이다. 이에 관련하여 그 학식·경험에 기한 의견을 신문하는 때에는 동시에 감정이며, 감정인도 차후에 다시 되풀이 할 수 없는 감정경과(예컨대 死體解剖)에 관하여 訊問을 받았을 때에는 증인이 되는 것이다. 여하튼 감정증인에 관해서는, 증인신문에 관한 규정에 의한다(民訴 313, 刑訴 179). 따라서 감정증인이 불출석하는 경우에는 拘引할 수 있다(民訴 283, 刑訴 152).

감정평가사(鑑定評價士) 타인의 의뢰에 의하여 토지 등을 鑑定評價하는 것을 직무로 하는 자로서 감정평가사 제1차시험 및 제2차시험에 합격하고 2년 이상의 실무수습을 마친 자 또는 감정평가법인, 감정평가사무소, 감정평가협의회, 감정평가업무를 지도 또는 감독하는 기관, 국유재산을 관리하는 기관, 과세시가표준액을 조사·결정하는 업무를 수행하거나 동업무를 지도·감독하는 기관 등에서 5년 이상 감정평가에 관한 업무에 종사한 자로서 감정평가사 제2차시험에 합격한 자에 대해 감정평가사의 자격이 주어진다(地價公示 및 土地 등의 評價에 관한 法律 14).

감정평가업(鑑定評價業) 타인의 의뢰에 의하여 일정한 보수를 받고 토지 등의 감정평가를 업으로 행하는 것을 의미한다. 감정평가업을 영위할 수 있는 자는 감정평가사사무소의 개설등록을 한 감정평가사와 설립인가를 받은 감정평가법인에 한정되는 바, 이를 鑑定業者라고 한다. 1995년 6월 30일까지 농업협동조합중앙회와 그 회원조합, 축산협동조합중앙회와 그 회원조합 및 수산업협동조합중앙회와 그 회원조합은 대출을 목적으로 한 토지 등의 평가업무를 한시적으로 행할 수 있다.

감정평가제도(鑑定評價制度) 감정평가는 동산·부동산 기타 재산의 경제적 가치를 판정하여 그 결과를 가격으로 표시하는 것을 말하는데, 현행 地價公示 및 土地 등의 評價에 관한 法律은 토지 및 그 정착물, 동산, 저작권·공업소유권·어업권·광업권 기타 물권에 준하는 권리, 광업재단저당법에 의한 광업재단, 공장저당법에 의한 공장재단, 입목에 관한 법률에 의한 입목, 자동차·중기·선박·항공기 등 관계법령에 의하여 등기 또는 등록하는 재산 등을 감정평가의 대상으로 삼고 있다.

감정허가장(鑑定許可狀) 감정인이 감정에 관하여 필요할 때 법원의 허가를 얻어 타인의 주거, 간수자가 있는 가옥·건조물·항공기·船車내에 들어가는 경우에 사전에 그 제3자에게 제시함을 요하는 법원이 발부하는 허가장. 감정허가장에는 일정한 사항을 기재하여야 한다(刑訴 173 Ⅱ).

감 찰(監察) 공무원의 違法·非違의 소행에 관한 조사와 정보의 수집, 비행공무원에 대한 징계처분과 그 소속장관에 대한 정보의 제공, 처분의 요청 및 수사기관에의 고발 등을 내용으로 하는 감사기관의 직무행위. 현행법상 이를 임무로 하는 기관은 감사원이다.

감 찰(鑑札) 경찰허가의 의사표시와 그에 대한 공증의 뜻을 가지는 표찰. 警察許可效力要件으로 되는 때도 있다. 실정법에서는 감찰이라는 용어보다는 許可證·免許證 또는 免狀이라는 용어가 사용됨이 보통이다. 경찰허가를 받은 자가 감찰을 분실하였을 때에는 특별한 규정이 없는 한 허가의 효력이 당연히 없어지는 것은 아니나, 증명의 효과가 없어지므로 그 재교부를 신청하여야 한다.

감찰사(監察司) 고려 관청의 하나로 시정논란, 풍속교정, 백관규찰, 탄핵 등을 담당하였다. 1275년 충렬왕 원년에 監察使로 고쳐서 1279년까지 계속하다가 1308년 다시 司憲府로 개정하였으나 1362년 다시 감찰사로 변경하여 1368년까지 계속하였는데 명칭의 개정은 원나라의 내정간섭이 심하였기 때문이라고 한다.

감찰위원회(監察委員會) 감찰위원회는 위원장 1인을 합한 감찰위원 7인으로써 구성되고, 그 권한은 다음 각호에 해당하는 사항을 감찰한다. ①

국가 또는 지방자치단체의 행정기관의 사무와 그 공무원의 비위, 단 군에 있어서는 군기밀 또는 작전상 지장이 있다는 當該軍參謀總長의 疎明이 있을 때에는 예외로 한다. ② 국영기업체 또는 주식의 과반수가 국가에 귀속하는 법인의 사무와 그 임·직원의 비위, ③ 국가 또는 지방자치단체의 장이 임·직원을 임명하거나 이를 승인하는 단체의 사무와 그 임·직원의 非違, ④ 국가재건최고회의의 지시사항, 내각수반·각부장관·도지사·서울특별시장 또는 법원에서 요청하는 사항 등이다. 헌법상의 기관으로서 감사원이 설치됨에 따라 폐지되고 감사원에 흡수되었다(監院附 2).

감찰장교(監察將校) 특별참모의 하나. 부대 각 단위대의 능률과 경제에 영향을 미치는 재산의 기록, 계산서 및 기타 모든 사항을 검열·보고하고 장교, 지휘관의 지시와 육군 규정에 의거하는 각 단위대의 제도로서 수송·시설·회계 및 비군사기관을 검열하고 각 개인기관의 주장·불평 및 고충을 접수 조사하여 보고한다.

감찰제(監察制) 조선 초기에는 감사·수령의 得失과 土豪의 불법과 민생의 고초를 살피기 위하여 行臺監査, 分臺라는 것을 지방에 특파하여 답사케 하는 일이 성행하였는데, 이 가운데에는 潛行으로 살피게 하는 형식을 취하는 일도 있었는바, 암행어사는 이것이 제도화된 것이며, 이것을 어사 또는 繡史라고도 하였다.

감채기금(減債基金) 채권의 발행으로 인하여 발생한 채무(특히 장기)의 변제를 목적으로 채무자가 정기적으로 일정액을 적립함으로써 설립되는 특별기금을 말한다. 즉, 감채기금은 채권발행자가 만기상환시의 과중한 자금부담을 덜기 위하여 이에 미리 대비하는 발행채권의 상환 또는 償却의 한 방법으로의 의의를 가지고 있는데, 통상 채무대리인이나 수탁자에게 일정금액을 적립함으로써 성립한다. 감채기금의 운용은 주로 정기예금, 타채권에의 투자, 발행인채권에의 투자 등의 형태로 이루어지고 있다. 원래 減債基金制度는 산업자본주의의 단계에서 건전재정을 실시하기 위한 하나의 수단으로서 등장한 것이나, 이로써 공채의 누적경향이 완화되지는 않았으며, 현재에는 사기업부문에 이르기까지 널리 이용되고 있다.

감채적립금(減債積立金) 〔英〕 sinking fund reserve 사채의 상환의 목적으로 적립하는 준비금. 積立金穀의 일종.

감청설비(監聽設備) 대화 또는 전기통신에 대하여 당사자의 동의없이 전자장치, 기계장치 등을 사용하여 통신의 음향·문언·부호·영상을 聽取·共讀하여 그 내용을 知得 또는 採錄하거나 전기통신의 송·수신을 방해하는데 사용될 수 있는 전자장치·기계장치 기타 설비를 말한다(通信秘密保護法 2 viii).

감 치(監置) 법정 등에서 질서를 문란하게 한 자에 대하여 과하는 제재의 일종. 법원 및 재판장은 법정내외에서 법정의 질서유지를 위한 재판장의 명령을 위배하는 행위를 하거나 暴言·騷亂 등 행위로 법원의 심리를 방해 또는 재판의 위신을 현저히 훼손한 자에 대해 직권으로 결정에 의해 20일 이내의 감치 또는 100만원 이하의 過怠料에 처하거나 이를 倂科할 수 있다(法組 61 Ⅰ). 감치는 경찰서유치장, 교도소 또는 구치소에 유치하여 집행하며, 법원은 감치하기 위해 법원직원·교도관 또는 경찰관으로 하여금 즉시 행위자를 구속하게 할 수 있는데, 이 경우 구속시로부터 24시간 이내에 감치에 처하는 재판을 하지 아니하면 즉시 석방해야 한다(61 Ⅱ). 감치에 처하는 재판에 대하여는 異議申請 또는 抗告 및 特別抗告를 할 수 있다(61 Ⅴ).

감항능력(堪航能力) 〔英〕 seaworthiness 〔獨〕 Seetüchtigkeit 〔佛〕 navigabilité 선박이 안전하게 항해를 할 수 있는 상태에 있고, 필요한 선원의 乘船, 선박의장과 필요품의 보급이 되어 있는 상태에 있는 것. 선장은 선원법상 출항전에 이것을 검사할 의무가 있다(7). 상법상 감항능력이라고 하면 이 밖에 堪荷能力, 즉 선창·냉장실 기타 운송물을 적재할 선박의 부분을 운송물의 수령·운송과 보존을 위하여 적합한 상태에 두는 것까지 포함한다.

감항능력주의의무(堪航能力注意義務) 傭船者 또는 送荷人에 대하여 발항당시 선박이 안전하게 항해를 할 수 있게 할 의무, 즉 감항능력에 관한 해상운송인의 주의의무(商 787). 이 주의의무는 운송물을 안전하게 지체없이 도달시키는 것을 목적으로 하는 것이므로 감항능력은 각 항해와 각 운송물에 따라서 정도를 달리하는 상대적인 것이다. 堪航能力注意義務의 내용은 ① 선박이 안전하게 항해를 할 수 있게 할 것. ② 필요한 선원의 승선, 선박의장과 필요품의 보급. ③ 선창·냉장실 기타 운송물을 적재할 선박의 부분을 운송물의 수령·운송과 보존을 위하여 적합한 상태에 둘 것 등이다(787). 그리고 해상운송인이 감항능력을 주의할 의무를 부담하는 시기는 發航當時이다. 여기에 發航이라 함은 船籍港에서의 발항이지, 각 기항항에서의 발항을 의미하는 것은 아니다. 상법은 海上

運送人 또는 船員 기타의 船舶使用人이 발항당시 감항능력에 관하여 주의를 해태하지 아니하였음을 증명하지 아니하면 운송물의 멸실·훼손 또는 연착으로 인한 손해배상책임을 면하지 못한다고 규정함으로써 堪航能力注意義務에 관하여 過失責任主義를 취하고, 무과실의 입증책임은 선박소유자에게 부담시켰다. 또 감항능력주의의무에 관한 규정은 강행규정이므로 당사자간에 해상운송인의 주의의무나 책임을 輕減하는 특약을 하더라도 그것은 무효이다(790).

감항증명(堪航證明) 항공기가 안전하게 비행할 수 있는 성능이 있다는 증명(航空 15 I). 한국의 국적을 가진 항공기는 감항증명을 받지 않으면 이를 항공에 사용해서는 안된다(15 Ⅲ). 감항증명의 유효기간은 1년으로 하지만 항공운송사업에 사용되는 항공기에 대하여서는 건설교통부령이 정하는 기간으로 한다(15 Ⅳ).

감 형(減刑) 형의 선고받은 자에 대하여 그 선고받은 형을 변경하거나 형의 집행을 減輕하는 것. 죄 또는 형의 종류를 정하여 일반적으로 행하는 감형(원칙적으로 형을 변경한다)과 특정인에 대한 감형(원칙적으로 형의 집행을 경감한다)으로 구분할 수 있는바, 전자의 경우에는 국무회의의 심의를 거쳐 대통령령으로써, 후자의 경우에는 법무부장관의 上申으로 국무회의의 심의를 거쳐 대통령이 행한다(赦 5 I iii·iv·8~10, 憲 89 ix). 형의 선고에 의한 旣成의 효과는, 감형으로 인하여 변경되지 않는다(赦 5 Ⅱ). → 사면, 복권

감호조치(監護措置) 소년사건을 調査·審判할 때까지 소년의 身柄을 맡겨두는 것(少 18). 臨時措置라고도 한다. 소년부판사의 결정으로써 집행한다. 그 종류로는 ① 보호자, 소년을 보호할 수 있는 적당한 자 또는 시설에 위탁하는 것, ② 병원 기타 요양소에 위탁하는 것, ③ 소년감별소에 위탁하는 것 등이 있다. 감호조치는 언제든지 결정으로써 취소 또는 변경할 수 있다(少 18 Ⅵ).

감화능력(堪貨能力) 〔英〕 cargoworthiness 船艙·冷藏室 기타 運送物을 적재한 선박의 부분이 운송물의 수령·운송과 보존을 위하여 적합한 상태에 있는 것. 해상운송인인 선박소유자가 부담하는 堪航能力注意義務의 일부이며, 자기 또는 선원 기타의 선박사용인이 發航 당시에 이러한 것에 관한 주의를 해태하지 아니하였음을 증명하지 아니하면 운송물의 멸실·훼손 또는 연착으로 인한 손해를 배상할 책임을 면하지 못하며, 해상물건운송계약의 당사자간의 特約으로써 이러한 운송인의 주의의무나 책임을 경감하여도 그 특약은 효력이 없다(商 787, 790). → 감항능력

감화원(感化院) → 아동복리시설

감화제(感化制) 〔英〕 reformatory system 엘마이라제와 같다.

감환지교부(減換地交付) 增換地交付를 하기 위하여 특별한 필요가 있다고 인정되는 경우 또는 광대한 토지의 地積을 감소하여 지정할 필요가 있는 경우에 토지의 換地地積을 특히 減하여 지정교부하는 환지처분을 말한다.

갑 리(甲利) 原本과 같은 액수에 이른 이자.

값싼 정부(政府) 〔英〕 Cheap Government 국가의 활동영역을 될 수 있는 대로 축소시킴으로써 개인의 자유를 최대한 보장한다는 입장에서 국가기능을 최소한으로 국한하는 것을 재정적으로 표현하는 경우 그것은 경비가 적게 드는 값싼 정부가 된다. 19세기초 자본주의가 순조롭게 발전하고 있었던 시대에 있어서는 경제의 그 자동적 조절작용이 유효했으며 개인이 자유로운 영리활동을 하는 것이 경제의 조화적 발전을 촉진하기 위한 가장 유력한 수단이라고 간주되었다. 이러한 자유주의경제의 단계에서는 국가권력이 경제과정에 관여한다는 것은 그 조화적 발전을 저해하는 것이며, 국가의 임무는 최소한으로 국한하는 것이 필요하다고 간주되었다. 그러나 자유주의경제단계의 종료와 함께 정부는 점차 고가로 되어가고 있다.

갑판원적임증서(甲板員適任證書) 선원법의 규정에 의한 선원 중 갑판부의 소속원에 대하여 그 적임임을 인정하고 교부하는 증서. 갑판원 적임증서는 19세 이상인 남자로서 沿海 이상의 항해구역을 항행하는 총톤수 100톤 이상의 선박에 갑판원으로 승무하여 3년 이상 직무한 자 또는 연해 이상의 항행구역을 항행하는 선박에 갑판원으로 1년 이상 승무하고 선박의 운용에 관한 고시에 합격한 자에게 교부하는바, 그 증서의 서식은 별지에 규정하고 있다(甲板員適任證書交付規程).

갑판적재하물(甲板積載荷物) 갑판에 적재한 하물. 갑판적재하물도 선하증권 기타 적하의 가격을 정할 수 있는 서류없이 선적한 경우에 원칙적으로 共同海損에 있어서 보존된 경우에는 그 가액을 공동해손의 분담에 산입하고, 손실된 경우에는 그 가액을 공동해손의 액에 산입하지 않으나, 연안항해의 경우에는 예외로 취급된다(商 839 Ⅱ). 연

안항해의 경우에는 갑판적재가 보통이기 때문이다.

갑호증 · 을호증 · 병호증(甲號證 · 乙號證 · 丙號證) 법원의 慣例로서 당사자가 민사소송에서 제출하는 서증에 관하여 누가 제출하였는가를 명백히 하기 위하여 사용되고 있는 符號. 원고가 제출한 서증을 갑호증, 피고가 제출한 서증을 을호증이라 하고, 피고가 다수인 경우 또는 참가인이 있는 경우에는 각자가 따로 제출한 서증을 병호증 · 정호증 등으로 부른다.

강 간(强姦) 〔英〕 rape 〔獨〕 Notzucht 〔佛〕 viol 폭행 · 협박에 의하여 상대방의 반항을 곤란하게 하고 부녀를 간음하는 것을 말한다. 여기서 暴行이란 사람에 대한 有形力의 행사를 말한다. 폭행은 부녀에 대한 폭행에 제한된다고 해야 한다. 제3자에 대한 폭행은 협박이 되는데 불과하기 때문이다. 脅迫이란 害惡을 통고하는 것을 말한다. 반드시 본인에 대한 해악의 통고에 한하지 않고 제3자에 대한 害惡(예컨대 子女에 대한 해악)의 통고도 포함한다. 해악의 내용에는 제한이 없다. 폭행 · 협박의 정도에 관하여는 强盜罪의 그것과 같이 해석하여 상대방의 의사를 억압할 정도에 이를 것을 요한다는 견해도 있으나, 통설은 반드시 상대방의 반항을 불가능하게 하는 경우뿐만 아니라 그것을 현저히 곤란하게 하는 것도 포함한다고 해석하고 있다. 대법원도 본죄의 폭행 · 협박은 상대방의 반항을 현저히 곤란하게 할 정도로 족하다고 판시하고 있다. 마취제 또는 수면제 등의 약물을 사용하거나 최면술을 거는 것도 본죄의 폭행에 해당한다고 해야 한다. 그것은 絶對的 暴力의 한 유형이라고 보아야 하기 때문이다. 姦淫이란 남자의 성기를 여자의 성기 속에 沒入케 하는 것을 뜻한다. 남자성기가 아닌 그 유사물을 여성의 성기에 삽입하더라도 醜行行爲로 될 뿐 간음은 아니다. 폭행 · 협박과 강간 사이에는 因果關係가 있어야 한다. 폭행 · 협박은 강간의 종료 이전에 행하여져야 하며, 또 그것은 행위자에 의하여 행하여질 것을 요한다. 타인이 행한 폭행 · 협박을 이용하여 부녀를 간음한 때에는 準强姦罪는 성립할 수 있어도 강간죄는 성립하지 않는다. 또한 부녀의 反抗意思는 간음시에도 존재할 것을 요한다. 다만 부녀가 현실적으로 반항하였을 것까지 요하는 것은 아니다.

강간(强姦) **등에 의한 치사상죄**(致死傷罪) 형법 297조(강간) 내지 298조 · 299조 · 300조(강제추행 · 준강간 · 준강제추행 및 그 미수)의 죄를 범하여 사람을 사상에 이르게 함으로써 성립하는 범죄를 말한다. 본죄는 强姦罪 · 强制醜行罪 · 準强姦罪 · 準强制醜行罪 · 未成年者에 대한 姦淫罪(및 醜行罪. 刑 305 後) 및 그 미수범을 범하여 사람을 死傷에 이르게 하는 結果的 加重犯이다. 따라서 위의 각 범죄에 대해서는 결과로 인하여 불법이 가중되는 加重的 構成要件이며 본죄에는 未遂犯과 親告罪에 관한 규정이 없다. 사상의 결과는 간음 · 추행의 기회에 또는 이와 밀접히 관련된 행위에서 생긴 것이면 충분하다. 따라서 간음 · 추행행위 그 자체에서 발생한 경우는 물론, 그 수단인 폭행 · 협박에 의해서 야기된 경우 또는 간음 · 추행에 수반되는 행위(피해자가 폭행을 피하다가 상처를 입은 경우)에 의해서 야기된 경우도 포함된다. 상해는 상해죄의 그것과 동일하다. 處女膜裂傷, 會陰部 찰과상과 같은 외상은 물론, 보행불능 · 수면장애 · 식욕감퇴 · 성병감염 등 기능장애를 일으킨 경우, 나아가서 히스테리병을 야기시킨 경우 등도 모두 상해에 해당한다. 死傷의 결과 발생과 그 원인인 간음 · 추행 · 폭행 · 협박 또는 이에 수반되는 행위와의 사이에는 인과관계가 있어야 한다. 따라서 강간당한 피해자가 수치심이나 임신을 비관하여 자살한 경우, 강간으로 임신되어 낙태수술이나 분만 중에 사망한 경우에는 강간행위에 수반된 행위로서 야기된 것이라 할 수 없으므로 본죄에 해당하지 않는다. 그러나 강간을 피하기 위하여 창문으로 도피하려다가 사상의 결과가 발생된 경우에는 강간행위에 수반된 행위와 인과관계가 있으므로 본죄에 해당한다. 본죄는 强姦 · 强制醜行 등의 기본행위가 旣遂로 되었건 未遂로 그쳤건 관계없이 사상의 결과발생이 있으면 기수로 된다. 본죄는 결과적 가중범이므로 사상의 결과에 대한 因果關係와 豫見可能性이 필요하지만, 행위자에게 결과에 대한 고의가 있을 것을 요하지 않는다. 행위자에게 살인 또는 상해의 고의(특히 미필적 고의)가 있는 경우에도 본죄가 성립하느냐에 대하여는 견해가 대립되고 있다. 살인 또는 상해의 고의가 있는 때에는 본죄는 성립하지 아니하므로 강간죄 또는 강제추행죄와 살인죄 또는 상해죄의 想像的 競合이 된다는 견해, 강간치상죄는 不眞正結果的 加重犯이므로 본죄와 상해죄의 상상적 경합이 되지만 사망의 결과가 발생한 때에는 강간죄 또는 강제추행죄와 살인죄의 상상적 경합이 된다는 견해 및 사상의 결과에 대하여 인식이 있었던 때에도 본죄와 살인죄 또는 상해죄의 상상적 경합이 된다는 견해로 나누어진다.

강간죄(强姦罪) 〔英〕 rape 〔獨〕 Notzucht 〔佛〕 viol 폭행 또는 협박으로 부녀를 강간하는 죄(刑 297). 본죄의 보호법익은 性的 自由이다. 강간치사상(301)의 경우에는 형을 가중한다. 객체인 부녀는 既婚·未婚이든 賣春婦이든 불문이며, 그 연령도 불문이다(→유년부녀간음죄). 다만 자기의 처는 제외된다고 해석된다. 폭행·협박은 상대방의 항거를 현저히 곤란케 할 정도이면 족하다. 마취제·수면제 등을 施用하는 것은 폭행에 해당한다. 강간이란 상대방의 반항을 현저히 곤란케 하고서 간음하는 것을 말한다. 남성성기를 여성성기에 조금이라도 삽입하면 기수가 된다. 미수범을 처벌하며(300), 告訴가 있어야 公訴를 제기할 수 있다(306). →정조에 관한 죄

강간치사상죄(强姦致死傷罪) 强姦罪·準强姦罪·幼年婦女姦淫罪 및 이상의 미수범을 범하여 사람을 사상에 이르게 하는 범죄(刑 301). 사상의 결과는 간음행위 그 자체로부터 발생한 경우 또는 그 수단인 폭행·협박으로부터 발생한 경우는 물론이요 간음에 수반하는 행위로부터 발생한 것이어도 족하다. 사상의 결과에 대한 豫見可能性(과실)이 있어야 한다(15 Ⅱ). 또한 사상의 결과에 대한 고의가 있는 경우 본죄의 성립여부에 관하여는 학설이 나뉜다. 강간죄 등이 미수에 그친 경우에도, 사상의 결과가 발생한 때에는 본죄가 성립함은 물론이다. →강간 등에 의한 치사상죄

강권발동(强權發動) 널리는 국가권력에 의한 강제력의 발동을 뜻하는바 특히 경제상으로는 물가조절에 관한 임시조치법(1961년 法 제770호) 등에 의한 물가의 앙등을 억제하기 위한 한 비상수단으로서 쓰인다.

강단사회주의(講壇社會主義) 와그너, 슈몰러, 브렌타노 등 독일의 경제학자에 의한 사회문제 해결의 주장. 일면에서는 사회개량주의를 반대하여 근로자의 보호를, 다른 면에서는 급진적 사회주의에 반대하여 勞資의 조화를 기도하였다.

강 도(强盜) 〔英〕 robbery 〔獨〕 Raub 〔佛〕 Vol avec violence 폭행·협박으로 타인의 재물을 강취하거나, 기타 재산상의 이익을 취득하거나, 제3자로 하여금 이를 취득하게 하는 것을 말한다. 폭행이란 사람에 대한 有形力의 행사를 말한다. 단순한 물건에 대한 유형력의 행사는 폭행이라고 할 수 없다. 그러나 직접 사람에 대하여 유형력이 행사되었을 것을 요하는 것은 아니다. 직접적으로는 물건에 대한 유형력이라고 할지라도 간접적으로 사람에 대한 것이라고 볼 수 있으면 여기의 폭행에 해당한다. 사람의 신체에 직접 유형력이 미쳐야 하는 것도 아니다. 따라서 사람에게 총을 겨누는 것도 폭행이 될 수 있다. 협박이란 해악을 고지하여 상대방에게 畏怖心을 일으키는 것을 말한다. 해악의 내용에는 제한이 없다. 반드시 생명·신체에 대한 해악에 제한되지 않는다. 현실적으로 해악을 가할 의사와 능력이 있을 것을 요하는 것도 아니다. 폭행·협박은 재물의 소지자에게 행하여지는 것이 보통이지만 제3자에 대하여 가하여져도 무방하다. 폭행과 협박은 상대방의 의사를 억압하여 반항을 불가능하게 할 정도에 이를 것을 요한다. 强取란 폭행·협박에 의하여 피해자의 의사에 반하여 타인의 재물을 자기 또는 제3자의 占有로 옮기는 것을 말한다. 强取는 반드시 奪取임을 요하지 않고 상대방의 의사에 반하여 교부한 경우도 포함된다. 폭행·협박과 재물의 强取 사이에는 일정한 관계가 있어야 한다. 폭행 또는 협박이 財物强取의 수단이 되지 아니한 때에는 강도죄는 성립하지 않는다. 이러한 관계는 폭행·협박과 재물의 강취가 시간적·장소적 연관이 있어야 인정될 수 있다. 즉 폭행·협박은 재물의 强取時에 이루어져야 하며, 적어도 그 旣遂 이전에 있었음을 요한다. 강도죄는 폭행·협박에 의하여 재산상의 이익을 취득하거나 제3자로 하여금 이를 취득케 한 때에도 성립한다. 폭행·협박과 재산상의 이익의 취득도 수단과 목적의 관계에 있어야 하고, 因果關係가 필요한 것은 財物强取의 경우와 같다.

강도강간죄(强盜强姦罪) 강도가 부녀를 강간하는 죄(刑 339). 본죄의 주체는 强盜犯人이며, 强盜罪·特殊强盜罪, 準强盜罪 및 略取强盜罪의 강도범인을 모두 포함한다. 강간은 강도행위의 기회에 행하여짐을 요하며, 또 이로써 족하다. 강도행위의 기수·미수를 불문하고, 강간행위가 미수에 그친 때에는 본죄의 미수범으로 된다(342). →강간죄, 강도죄

강도미수죄(强盜未遂罪) 일반적 미수죄와 같이 강도의 실행에 착수하고 財物奪取를 이루지 못한 경우에 성립한다(刑 342). 강도의 착수는 폭행·협박에 착수할 때에 성립한다. 강탈할 목적으로 재물탈취의 행위에 착수하여도 아직껏 폭행·협박을 하지 않는 때에는 강도의 착수가 아니다. 이에 반하여 강도할 의사로서 탈취에 착수하여, 도중에 家人에게 발각되어 다시금 폭행·협박을 사용하였을 때에 비로소 강도의 착수가 된다.

강도살인치사죄(强盜殺人致死罪) 강도가 사람을 살해하거나 치사케 하는 죄(刑 338). 본죄의 주체는 강도범인이며, 단순강도죄(333) 뿐만 아니라 特殊强盜罪(334), 準强盜罪(335) 및 人質强盜罪(336)의 강도범인을 포함한다. 살해는 살인에 대한 고의가 있는 경우이고, 치사는 結果的 加

重犯의 경우이다. 殺害·致死는 그 원인행위가 강도행위의 기회에 행하여졌음으로써 족하다. 살해의 고의가 있었으나 사망의 결과가 발생하지 아니한 경우에는, 강도행위의 기수·미수를 불문하고 본죄의 미수범이다(342). 사람을 살해하고 재물을 탈취하는 경우, 이른바 死者의 점유에 관하여는 견해가 나뉘어 있으나, 피해자의 생전의 점유에 착안하여 이를 침해하는 행위를 사망의 전후에 걸쳐 전체적으로 관찰함으로써 행위자는 피해자가 가지고 있던 점유를 살해·탈취의 일련의 행위에 의하여 침해하고, 자기의 점유로 옮겼다고 보는 것이 타당할 것이다.

강도상해치상죄(强盜傷害致傷罪) 강도가 사람을 상해하거나 치상케 하는 죄(刑 337). 본죄의 주체는 강도범인, 즉 강도의 착수를 한 자이며, 單純强盜罪(333) 뿐만 아니라 特殊强盜罪(334), 準强盜罪(335) 및 人質强盜罪(336)의 강도범인을 포함한다. 상해는 상해의 고의를 가지고 한 경우이고, 치상은 結果的 加重犯이므로 결과에 대한 因果關係 및 豫見可能性(과실)(15 Ⅱ)이 있음을 요한다(통설). 치상의 결과는 강도의 수단으로서의 폭행·협박행위에 의하여 발생하였음을 요하지 않으며, 상해 내지 치상의 원인행위가 강도행위의 기회에 행하여졌음으로써 족하다. 강도행위에 있어서 상해의 고의를 가졌음에도 불구하고 상해의 결과가 발생하지 아니한 경우에는 본죄의 미수범으로 처벌되며(342), 강도행위의 기수·미수와는 관계가 없다.

강도예비음모죄(强盜豫備陰謀罪) 강도할 목적으로 예비·음모함으로써 성립하는 죄. 처벌은 7년 이하다(刑 343). → 강도죄

강도죄(强盜罪) 〔英〕robbery 〔獨〕Raub 〔佛〕vol avec violence 폭행 또는 협박으로 타인의 재물을 강취하거나 기타 재산상 이익을 취득하거나 제3자로 하여금 이를 취득하게 하는 죄(刑 333). 財物罪인 동시에 利益罪(利得罪)이며 領得罪이고 奪取罪이다. 본죄의 보호법익은 재산권 및 신체·자유이며, 特殊强盜(334), 强盜傷害致傷(337), 强盜殺人致死(338), 海上强盜(340), 常習强盜(341)의 경우에는 형이 가중되고, 準强盜(335), 人質强盜(336)의 경우에는 강도죄의 예에 의한다. 또 강도강간(339)이 규정되어 있고, 강도의 미수(342), 豫備·陰謀(343)가 처벌된다. 폭행·협박을 수단으로 하는 점과 利益罪를 포함하는 점에서 절도죄와 구별되며, 폭행·협박이 상대방의 반항을 억압할 만한 정도임을 요한다는 점에서 공갈죄와 구별된다. 재물에는 부동산도 포함하며, 재산상의 이익은 일시적 이익이냐 영구적 이익이냐 또는 적극적 이익이냐 소극적 이익이냐를 불문한다. 행위는 폭행·협박으로써 타인의 재물을 강취하는 것 또는 재산상의 이익을 취득하거나 제3자로 하여금 취득하게 하는 것이다. 따라서 폭행·협박과 取財·利得 사이에 因果關係가 있음을 요하고, 이것이 없으면 미수가 된다(342).

강력범(强力犯) 〔英〕barbarous offence 〔獨〕Gewaltsverbrechen 살인·강도·강간·상해·공무집행방해죄 등과 같이 폭행·협박(물리적·심리적 강제)을 수단으로 하여 행하는 범죄를 말하고, 暴力犯이라고도 한다. 비교적 높은 교양과 지식을 필요로 하는 지능범에 대응하여 범죄수사·형사학에서 사용되는 개념이다. 집단적 또는 상습적 폭력행위를 중하게 처벌하려는 특별법으로서 폭력행위 등 처벌에 관한 법률이 있다.

강 박(强迫) 〔羅〕metus 〔英〕coercion, duress 〔獨〕Drohung 〔佛〕menace 고의로 해악을 제시하여 공포심을 발생케 하는 위법한 행위. 강박행위의 방법이나 해악의 종류는 사람의 공포를 야기시키는 것이면 어떠한 것이라도 무방하다. 그러나 그것이 위법한 행위로 인정될 것이냐 어떠냐는 구체적인 경우에 당하여, 행위의 목적과 수단과를 상관적으로 고찰하여서 社會通念에 비추어 판단할 문제이다. 강박당한 자의 공포심에 기인해 한 의사표시는 瑕疵있는 意思表示로서 표의자가 이것을 취소할 수 있다(民 110). → 강박에 의한 의사표시

강박보험(降雹保險) 〔英〕hail storm insurance 농업보험의 일종이며, 강박으로 말미암은 果實·桑樹 그 밖의 농작물에 미치는 손해를 전보하기 위하여 설정한 보험이다.

강박(强迫)**에 의한 의사표시**(意思表示) 강박당한 자가 공포심에 기인하여 한 의사표시, 詐欺로 인한 의사표시와 함께 瑕疵있는 의사표시로 된다. 이것은 의사와 표시 사이에 불일치는 가져오지 않으나 그 의사를 결정하는 동기에 위법성이 있는 경우이다. 강박으로 인한 의사표시는 완전한 효력이 인정되지 않으며, 취소할 수 있게 된다(民 110Ⅰ). 민법상 강박을 당한 자에게는 2개의 구제방법이 주어져 있다. ① 강박으로 인하여 입은 손해를 불법행위를 이유로 하여 배상시킬 수 있고(750), ② 강박으로 인하여 한 의사표시는 하자있는 의사표시로서 取消할 수 있다(110Ⅰ, 140, 141). 그러나 그 취소에는 일정한 제한이 있다. 즉, 상대방 이외의 제3자가 강박을 한 경우에는 상대방이 그 사실을 알았거나 또는 알 수 있었을 경우에 한

하여 취소할 수 있고(110 Ⅱ), 강박으로 인한 의사표시의 취소는 그것으로써 선의의 제3자에게 대항할 수 없다(110 Ⅲ). 또한 재산행위 중에서 외형에 신뢰하여 대량적으로 신속히 이루어지는 상법상의 거래행위에는 적용되지 않는 것도 있다. 예컨대 株式引受의 取消制限(商 320). 신분행위에 관하여는 따로 특칙이 있다(民 816, 823, 884). 강박한 자의 형법상 책임에 관하여는 脅迫罪를 보라.

강 사(講師) 교원의 일종으로서 각 학교의 정원 이외의 교육의 직무를 보조케 하기 위하여 대학에 두는 자(敎 14, 17). 시간강사와 전임강사가 있는데 그 자격은 학사학위 소지자 또는 동등한 자격자로서 대학에 있어서는 연구실적 연수 2년(초급대학도 2년)과 교육경험 연수 3년(초급대학은 2년)의 경험을 가진 자 또는 대학교수인사위원회에서 자격의 인정을 받은 자라야 하며(敎公 5, 8), 그 임명은 총장 또는 학장이 행한다(26).

강 습(强襲) → 돌격

강요(强要)**된 행위**(行爲) 저항할 수 없는 폭력이나 자기 또는 친족의 생명·신체에 대한 위해를 방어할 방법이 없는 협박에 의하여 강요된 행위. 責任阻却事由의 하나로서 처벌되지 않는다(刑 12). 여기서의 폭력은 絶對的 暴力(vis absoluta)이 아니라 强制的 暴力(vis compulsiva), 즉 일정한 행위를 강제하도록 영향을 미치는, 매질·고문 등의 폭력을 말한다. 또 협박은 위해를 고지하여 공포심을 일으키는 것을 말한다.

강요죄(强要罪) 폭행 또는 협박으로 사람의 권리행사를 방해하는 죄(刑 324). 본죄의 보호법익은 행동의 자유이며, 이러한 의미에서 의사의 자유를 보호하는 脅迫罪와 制限物權을 보호하는 權利行使妨害罪와 구별된다. 구형법에서는 본죄를 협박의 죄(32장) 속에 규정하였고, 신형법에서는 권리행사를 방해하는 죄(37장) 속에 규정하고서 본죄에 暴力에 의한 權利行使妨害罪라는 표제를 붙이고 있다. 본죄를 범하여 사람의 생명에 대한 위험을 발생하게 한 때에는(重權利行事妨害罪) 刑을 가중한다(326). 폭행은 사람에 대한 것으로 족하고(넓은 의미, → 폭행). 협박은 상대방이 현실로 공포심을 일으켰음을 요한다(좁은 의미, → 협박). 권리행사를 방해한다는 것은, 법률상 허용된 행위(작위 또는 부작위)를 방해하는 것, 환언하면 법률상 허용된 행위를 행하지 못하게 하거나 법률상 의무없는 행위를 행하게 하는 것을 말한다. 그 행위가 法律行爲·事實行爲든 불문이다. 폭행·협박과 권리행사방해의 사이에 인과관계가 있음을 요한다. 또한 본죄의 미수범처벌규정은 없다.

강의 교도소(矯導所) 벨기에의 강(Gand)에 1772년부터 1775년에 걸쳐 세워진 獨居拘禁制 矯導所. 1703년에 교황 클레멘스 11세에 의하여 소년을 위한 夜間獨居制의 상 미케리 소년교도소가 건설되었는데, 강교도소는 이 제도를 모방한 마리아 테레사 여왕의 신하 비랑 14세백작의 제창에 의하여 성년의 수형자를 위하여 건설된 교도소로서, 성년을 위한 독점구금제 교도소로는 최초의 것이다.

강 임(降任) 동일직렬 내에서 하위의 직급에 임용되거나, 그 하위의 직급이 없어 다른 직렬의 하위직급에 임용되는 것을 말한다. 강임은 공무원에 대한 不利益處分이므로 본인의 의사에 반하여 할 수 없음이 원칙이다. 다만 직제와 정원의 개폐 또는 예산의 감소에 의하여 직위가 폐지 또는 강등되었거나 본인이 동의한 경우에 한하여 강임할 수 있는데, 그 경우에 강임된 자는 上位級類의 직위에 결원이 있을 때에는 시험없이 우선적으로 승임하여야 한다.

강 제(强制) 〔英〕 coercion 〔獨〕 Zwang 〔佛〕 coercition [1] 일정한 의사실현을 위하여 물리적·심리적 압력으로 타인에게 작용하는 目的活動. 법규범은 그 실효성을 담보하기 위하여 강제를 본질적인 요소로 한다. 행위규범은 강제규범과 결합함으로써 실정법이 된다. 따라서 법철학상 가장 중대한 문제의 하나인 法과 道德과의 구별도 강제의 계기에 있다는 것이 통설이다. 강제를 수반하지 않는 법규는 그 자신 모순이다라고 한 예링의 말도 이것을 의미하는 것이다.

[2] 공법상으로는 국가가 실력을 발동함으로써 개인의 자유 또는 재산을 침해하는 權力作用. 의무의 존재를 전제로 할 때도 있고 그렇지 아니할 때도 있다. → 명령, 행정상의 강제집행, 행정상의 즉시강제

강제가격(强制價格) → 통제가격

강제가입(强制加入) 조합 또는 법인 기타의 단체에 법률상 당연히 가입하는 것. → 가입강제

강제건강진단(强制健康診斷) 전염병의 감염상태를 신속·정확히 파악함으로써 전염병의 발생·유행을 방지하기 위한 것으로서, 특별시장·광역시장 또는 도지사는 전염병에 감염되었으리라고 의심되는 자나 전염병에 감염되기 쉬운 환경에 있는 자에 대하여 본인의 의사에 관계없이 건강진단을 할 수 있는 것을 말한다.

강제검사(强制檢査) 〔英〕 compulsory audit 법률의 규정에 의하여 강제되는 회계의 검사. 넓은 의미로는 公的 監査一般, 즉 법률의 규정에 의한 감독관청의 검사(銀 32~34, 保險 14, 信託業法 26)를 말하나, 보통으로는 증권거래법의 규정에 의하여 감독관청이 증권거래소의 업무·재산상황·장부·서류 기타의 물건을 검사하는 것을 말한다(證去 112).

강제격리(强制隔離) 행정상의 卽時强制의 한 수단. 전염병예방을 위하여 강제적으로 환자를 전염병원·격리병사 등에 입원시키고, 기타 감염의 염려 또는 의심이 있는 자를 격리소 기타 적당한 장소에 격리시키는 것(傳染 29, 檢疫法 13).

강제경매(强制競賣) 〔獨〕 Zwangsversteigerung 민사소송법상의 강제집행으로, 법원에서 책임자의 부동산을 압류·매각하여 그 대금으로 채권자의 금전채권의 만족에 충당시키는 절차(民訴 601 내지 666)를 말한다. 收益執行인 강제관리에 대하여 집행대상의 경매에 의한 換價를 수반하는 점에 강제경매의 특징이 있다. 부동산에 대한 강제경매를 기본으로 하고, 여기서 부동산이라 함은 부동산 이외에 특별법에 의해 부동산으로 간주되거나 또는 부동산의 규정이 적용 또는 준용되는 것(水産 15 Ⅱ)을 포함한다. 부동산에 대한 강제집행은 그 부동산 소재지의 지방법원이다. 부동산이 여러 개의 지방법원 관할구역에 있는 때에는 각 지방법원에 管轄權이 있다. 그리고 이 경우 법원이 필요하다고 인정한 때에는 사건을 다른 地方法院에 이송할 수 있다(民訴 600). 유체재산에 대한 집행기관인 집행관과 다르게 한 것은 부동산이 중요재산일 뿐 아니라, 부동산에 각종의 擔保物權·用益物權이 설정된 경우에 押留·換價·配當 등에 관하여 고도의 법률지식이 필요하기 때문이다. 부동산에 대한 강제경매는 채권자의 신청에 의하여 개시한다(599). 집행법원의 채권자의 신청에 의하여 경매시기를 결정하고, 이에 따라 부동산의 압류를 명하여야 하며, 경매절차의 개시결정 후에는 법원은 직권 또는 이해관계인의 신청에 의하여 부동산에 대한 침해행위를 방지하기 위하여 필요한 조치를 할 수 있다(603 Ⅰ 내지 Ⅲ). 압류는 채무자에게 그 결정이 송달된 때 또는 경매신청의 등기(611)가 된 때에 효력이 생긴다. 강제경매신청을 각하하는 재판에 대하여는 卽時抗告할 수 있다(603 Ⅳ·Ⅴ). 법원은 경매개시결정을 한 후 지체없이 집행관에게 부동산의 현상·점유관계·차임 또는 보증금의 수액 기타 현황에 관하여 조사할 것을 명하여야 한다(603의2 Ⅰ). 이해관계인은 경락대금의 완납시까지 법원에 경매개시결정에 대한 異議申請을 할 수 있다. 압류부동산의 환가방법에는 競賣와 入札의 두 가지가 있다. 경매는 집행법원이 경매기일을 지정공고하고 그 공고한 날로부터 14일 이후로 경매기일을 정하여야 한다(619). 이 기일에 최저경매가격 이상의 경매신청이 있을 때에는 경매기일부터 7일 이내에 경락기일을 정하고, 다시 경락기일에 관계인의 진술을 들은 후에 그 경락을 허가할 것인지 안할 것인지를 결정한다(617 내지 632). 이해관계인은 競落 許否의 결정에 대하여 즉시항고를 할 수 있다. 그리고 경락허가결정이 확정되면 대금의 지급 및 배당요구를 한 각 채권자에 대한 배당기일을 정하여 배당절차를 행한다(654). 그리고 법원은 출석한 이해관계인과 배당을 요구한 채권자를 심문하여 配當表를 확정하고, 이에 대해 이의가 없으면 배당표에 의하여 배당을 실시한다. 경매에 의하여 취득한 부동산소유권은 등기를 하지 않아도 효력을 발생한다(民 187). 이 밖에 등록된 선박에 대한 강제경매에는 약간의 특례가 인정된다(民訴 678 내지 688).

강제경매(强制競賣)**의 신청**(申請) 강제경매절차의 개시를 구하기 위하여 채권자가 법원에 대하여 하는 의사표시. 이 신청에 기재할 사항과 첨부할 서류에 관하여 민사소송법 601조·602조에 규정되어 있다. 다만 부동산이 농지일 경우에는 위 602조의 첨부서류 이외에 그 농지가 농지개혁법에 의하여 분배받지 않은 농지 또는 償還을 완료한 농지인 점에 대한 소재지관서의 증명서를 첨부하여야 한다(舊農地改良法 19 Ⅱ 참조, 대법원결정).

강제공채(强制公債) 국민으로부터 강제적으로 모집하는 公債. 공채의 모집은 일반적으로 임의적인 것이나, 국가가 전쟁 기타 비상사태 또는 재정상의 편의를 위하여 국민으로부터 강제적으로 모집하는 경우가 있다. 공채를 형식적으로는 강제모집하지 아니하나, 금전의 지급에 갈음하여 공채증권을 교부하는 방법으로 실질상 강제공채가 인정되는 경우가 있다. 강제공채는 국민일반으로부터 모집하는 것과 국민 중의 특정의 자로부터 모집하는 것이 있으며, 또한 이자가 있는 것과 없는 것이 있다. 不換紙幣도 하나의 강제공채의 성질을 가지고 있다.

강제관리(强制管理) 〔獨〕 Zwangsverwaltung 채권자에게 금전채권의 변제를 얻게 하기 위하여, 채무자소유의 부동산의 수익에 대하여 하는 강제집행, 또 가압류의 집행으로서도 할 수 있다(民訴 599 Ⅳ). 채무자가 압류부동산의 소유권을 상실하지 않는다는 점에서 强制競賣와 다르다. 채권자는 강제경매와 강제관리의 양자 중 어느 하나를 선택할 수도 있고, 양자를 병용하여도 무방하다(599 Ⅱ). 강제관리는 그 대상이 양도금지물인 때, 부동산의 時價低廉으로 즉시로 경매함이 불리한 경우에 효력을 발휘한다. 강제관리는 채권자의 신청에 의하여 개시된다(667). 강제관리개시결정에는, 채무자에 대하여 관리사무에 대한 간섭과 부동산수익의 처분을 금하고, 부동산수익을 채무자에게 지급할 제3자에 대하여는, 그 뒤에는 관리인에게 지급할 것을 명하여야 한다(668). 관리인은 수익 중에서 公課를 공제한 뒤, 관리비용을 변제하고 잔여가 있으면 각 채권자에게 배당한다(675). 그 취소에 대해서는 민사소송법 677조에 규정이 있다. 또 강제관리에는 집행력이 있는 정본을 가진 채권자만이 배당요구를 할 수 있다.

강제관리절차(强制管理節次)**의 취소**(取消) 강제관리도 일종의 집행절차이므로 일반적인 취소사유에 의하여 취소된다. 집행법원이 取消裁判을 하면 관리사무에 종사하던 관리인은 그 재판의 제시를 받고 그 내용에 알맞는 행동을 한다. 강제관리의 취소는 법원의 결정으로써 한다(民訴 677Ⅰ). 각 채권자가 부동산의 收益으로써 전부 변제를 받았을 때에는 직권으로써 한다(677Ⅱ). 이를 취소하는 경우는 민사소송법 667조 1항, 613조 및 677조 Ⅱ·Ⅲ의 경우, 제3자가 부동산에 대한 강제관리를 저지하는 권리를 주장하여 第三者異議의 訴에서 집행처분취소의 판결이 있을 때(674), 강제경매에 있어서의 경락허가결정의 확정, 부동산의 소멸 등을 들 수 있다. 관리행위가 취소되더라도 취소의 효과는 遡及되지 않고 그 동안에 한 관리행위는 유효이다.

강제국채(强制國債) 국가가 국민에게 강제적으로 금전을 부과하고, 그 元利償還의 의무를 부담하는 것. 임의국채에 대하는 말이다. 강제국채는 보통은 인정되지 않으나 다만 예외적으로 금전을 급부하는 대신에 국채증권의 交付國債의 형식에 의하여 실질상 강제국채를 인정할 때가 있다.

강제권(强制權) 공법관계에 있어서 직접 자기를 위하여 일정한 이익을 주장할 수 있는 법률상의 힘을 公權이라고 하는데, 공권은 國家的 公權과 個人的 公權으로 분류할 수 있다. 그 중 국가적 공권은 국가나 공공단체 등으로부터 공권력을 부여받은 자가 우월적인 의사주체로서 개인에 대하여 가지는 권리를 말한다. 예컨대 强制執行 또는 卽時强制를 할 수 있는 권리, 즉 강제권이 대표적인 예이다.

강제규범(强制規範) 〔獨〕 Zwangsnorm 犯罪 및 義務違反 등과 같은 불법요건에 대하여 강제효과를 귀속시키는 규범. 社會規範과 대조하여 사용되며 사회규범의 실효성을 보장한다. 법규범은 강제규범과 더불어 사회규범도 아울러 포함하며, 강제규범에 있어서 법규의 특이성을 발휘하고, 사회규범에 있어서 道德의 세계와 관련되어 있다. 법규범은 이러한 의미로서 사회규범과 강제규범과의 이중구조이다. 법규의 특징이 강제의 계기에 있다는 점으로 法規範을 강제규범이라고 본다.

강제근로(强制勤勞)**의 금지**(禁止) 근로기준법 6조가 규정하는 바와 같이 사용자가 폭행·협박·감금 기타 정신상 또는 신체상의 자유를 부당하게 구속하는 수단으로서 근로자의 자유의사에 반하는 근로를 강요하는 것을 금지하는 것을 말한다. 勤勞强制의 수단으로서의 폭행·협박·감금은 형법상의 개념으로 이해하면 되고, 기타 정신상 또는 신체의 자유를 부당하게 구속한다는 것은 보다 넓은 개념이다. 그러므로 근로계약시에 약정된 직무 대신 다른 일을 일방적으로 하게 하거나, 근로자를 기숙사에 수용하여 외부와의 접촉을 막으면서 근로를 시키는 것은 강제근로의 예에 해당한다. 이 이외에도 근로계약의 불이행에 대한 배상액의 예정(勤基 27), 前借金相殺(28), 强制貯金(29) 등도 근로자의 의사를 구속한다면, 강제근로와 관련하여 문제가 된다. 강제노동은 근로자의 노동인격의 침해에 해당하기 때문에 가장 엄한 벌칙이 적용된다(110). 근로기준법 6조는 헌법 12조 1항(강제노역을 받지 않을 권리)의 근로관계상의 구체화 규정이다.

강제노역(强制勞役) 〔英〕 compulsory labour 헌법 12조 1항과 근로기준법 6조는 폭행·협박·감금 기타 정신상 또는 신체의 자유를 부당하게 구속하는 수단으로써 强制勞役을 시키는 것을 금한다. 여기서 폭행·협박·감금이란 형법상 범죄가 되는 행위이지만, 기타 정신상 또는 신체의 자유를 부당하게 구속한다는 것은 이보다 훨씬 넓은 개념이다. 종래 우리나라에서는 공장에서 여공을 기숙사에 강제수용하여 외부와의 접촉을 막아 사실상 인신을 감금하는 강제노역의 예가 많았으며, 이러한 현상은 우리나라의 근로관계의 봉건성을 말하는 대표적인 것으로 근로기준법은 이것을 금한 것이다. 강제노역의 금지위반에 대한 벌칙은 근로기준법상 가장 엄한 것으로서 5년 이하의 징역 또는 3,000만원 이하의 벌금에 처한다(勤基 110). 형의 선고에 의하지 아니하고는 강제노역을 과할 수 없다(憲 12Ⅰ).

강제도선사(强制導船士) 〔英〕 compulsory pilot 〔獨〕 Zwangslotse 〔佛〕 pilote obligatoire 특정한 수역의 항행에는 반드시 도선사를 사용하도록 되어있는 경우의 도선사를 말한다. 우리나라도 최근에 제정된 도선법에서 특정한 수역에 있어서 외국 선박·외국항으로 항행하는 대한민국 선박, 해상화물운송업에 종사하는 1천톤 이상의 선박, 이외의 1천톤 이상의 대한민국 선박에 대하여 인정되었다(導船法 20).

강제력(强制力) 행정청의 행정행위 중 의무를 부과하는 下命行爲에 있어서 상대방이 의무를 불이행한 경우에는 행정청이 자력에 의하여 의무를 이행시킬 수 있는 힘을 말한다. 강제력은 의무위반에 대하여 부과되는 行政刑罰 또는 行政秩序罰인 制裁力과, 의무불이행에 대하여 국가의 집행기관에 청구하지 않고 자력으로 그 이행을 강제할 수 있는 自力執行力으로 구분할 수 있다.

강제벌(强制罰) 〔英〕 Zwangsstrafe 행정법상의 의무위반에 대하여, 의무자에게 과하여지는 행정상의 처벌의 일종으로서, 의무의 이행을 강제하는 수단으로 과하여지는 것. 執行罰이라고도 한다. 의무위반에 대한 제재로서 과하는 제재벌에 대응한 개념이다.

강제변호(强制辯護) 필요적 변호와 같다.

강제보존주의(强制保存主義) 재산상속에 관한 입법의 형태 중의 하나이다. 이 외에도 强制分割主義, 自由遺贈主義(유언주의) 등이 있다. 强制保存主義는 强制統一相續制라고도 하는데, 상속재산을 한 사람의 상속인에게 귀속시켜서 될 수 있는 대로 상속재산을 분산시키지 않는 것이다. Menger는 이 주의를 상속법의 귀족적 경향을 표시하는 것이라 지적한다. 이 주의를 따르는 대표적인 것이 家族世襲財産制이며, 一子相續法의 본질도 이 귀족적 경향에 따른다. 이에 반해 强制分割主義는 민주주의의·평등주의에 기초를 두고 발달한 주의이다. 이것은 프랑스 민법이 원칙으로 하고 있다(동법 913 이하). 이 주의에 따르면 균등히 강제적으로 분할되는 특징을 갖는다. 우리나라 민법의 遺留分制度는 이 사상을 받아들여 발달한 것이다. 자유유증주의는 위와 같은 강제없이 모두 被相續人의 자유로운 처분에 맡겨 유언의 자유를 실현시키는 것이다. 영국의 遺言自由制가 대표적인 예인데, 오늘날 이러한 입법례는 매우 드물다. 대다수의 나라에서는 1인상속, 즉 강제보존주의를 택하고 있었으나, 우리나라는 고려시대에서 조선시대에 이르기까지 共同均分分割相續制度를 시행하고 있었다. 단 承重子만 고유의 상속분에 제사조로 5분의 1을 加給했다.

강제보험(强制保險) 〔英〕 compulsory insurance 〔獨〕 Zwangsversicherung 국가 기타 공공단체에 의하여 강제로 가입시키는 보험. 이는 일정한 범위의 자(예 : 근로자·사업자 등)에 대하여 직접 법률의 규정으로 당연히 보험단체에 가입하는 의무를 지움으로써, 소정의 국가정책을 강행하여 실효를 거두게 하기 위한 것으로서, 社會保險 기타의 公保險에서 취하는 보험이지만, 私保險에 있어서도 전시 등의 경우에는 화재·해상 등의 보험의 가입이 강제되는 때가 있다. 이에 대하여 보험의 가입이 강제되지 아니하고 가입자의 자유의사에 맡겨진 것을 任意保險이라고 하며 營利保險을 비롯한 사보험은 임의보험에 속한다.

강제부담(强制負擔) 부담의무자의 의사와는 전혀 관계없이 일방적으로 과하여지는 公用負擔을 말한다. 강제부담은 직접 법률의 규정에 의하여 성립되는 경우, 법률에 의거한 일정한 행정행위에 의하여 성립되는 경우, 토지수용의 협의와 같이 일방적인 행위에 의하여 부담을 과하기에 앞서 부담권리자와 의무자가 협의를 하도록 하는 경우가 있다.

강제분가(强制分家) 강제분가제도는 민법이 제정 당시 새로 둔 규정으로서, 그 입법취지는 戶主가 부양할 필요가 없는 가족은 호주의 지배에서 벗어나게 하여 호주의 부양의무를 덜게 할 뿐 아니라 실제에 있어서 호주의 지배에서 벗어나서 사실상 경제적으로 독립하여 생계를 유지하고 있는 가족을 법률상으로도 완전히 분가시킴으로써 호적상의 가족과 현실생활 공동체와의 부합을 실현시키고자 하는 것이다. 그러나 현실에 있어서는 실효성이 있는 규정이라고 볼 수 없는 것이었다. 1990년의 민법 일부개정 전에는 호주는 直系尊屬이 아닌 成年男子로서 독립의 생계를 할 수 있는 가족을 그의 의사와 관계없이 분가시킬 수 있었으나, 개정때 삭제되었다.

강제상속(强制相續) 〔獨〕 Zwangsnachfolge 상속인의 상속포기를 허용하지 않고 상속을 강제하는 상속형태를 말한다. 이에 대응하는 것이 상속인의 상속포기를 인정하는 任意相續이다. 우리 민법은 호주상속에서 강제상속제를 채택했었으나, 1990년의 민법의 일부개정에서 戶主承繼權을 포기할 수 있게 함으로써(民 991) 任意承繼制를 채택하였다.

강제설립주의(强制設立主義) 법률에 의하여 법인의 설립을 강제하는 주의. 국가는 어떤 단체의 구성원이 될 자에게 직접 이해관계 없는 경우라 하더라도 공익에 관계있을 때에는 국가 정책상 그 자에게 법인의 설립을 강제하는 경우가 많다. 예컨대 수리조합, 수산조합, 商工會議所, 의사회, 변호사회 등. 이 주의는 모두 일장일단이 있으나 강제설립주의는 특허주의와 같이 각각 특수한 사회작용을 담당하는 것이므로 이 주의는 일반법인에 대하여 채용하는 것은 곤란하고, 국가가 정책상 적극적으로 개인의 생활관계를 보호간섭하려는 경우가 가장 적합하다.

강제소각(强制燒却) → 임의소각 · 강제소각

강제송환(强制送還) 〔英〕·〔美〕 deportation 강제송환이라 함은 전문용어는 아니며 追放(expulsion)과 동의로 사용된다. 이는 자국의 영토로부터 외국인을 강제로 축출하는 것으로, 당해 외국인이 재입국하려 하는 경우에도 입국을 금지(exclusion)시키겠다는 경고를 수반하는 것이 보통이다. 이는 범죄인인도라는 복잡한 절차 대신의 편법으로 이용되는 것이 보통이기 때문에 가장된 犯罪人引渡(disguised extradition)라 불리우기도 한다. 入國禁止(exclusion) 역시 강제송환과 동일한 절차이지만 이는 입국관문에서의 강제조치라는 점에서 구별된다.

강제수사(强制搜査) 강제처분에 의한 수사. 任意搜査에 대한 말. 강제수사는 법률에 특별한 규정이 있는 경우가 아니면 하지 못한다(刑訴 199 但). 수사상의 강제처분은 수사기관이 영장없이 행하는 것과 영장에 의해서 행하는 것, 그리고 판사에게 청구하여 행하는 것으로 구분할 수 있고, 이는 각각 對人的 强制處分과 對物的 强制處分으로 나누어진다. ① 대인적 강제처분으로서 영장없이 행할 수 있는 것은 현행범인의 체포(212), 영장에 의해서 행하는 것은 보통의 구속(201), 판사에게 청구하여 행하는 것은 증거보전절차상의 증인신문(184 I) 등이며, ② 대물적 강제처분으로서 영장없이 행할 수 있는 것은 피의자구속을 위한 搜索과 현장에서의 押收·檢證(216, 217), 遺留物이나 임의로 제출된 물건의 압수(218) 등이고 영장에 의해서 행하는 것은 보통의 압수·수색·검증(215), 판사에게 청구하여 행하는 것은 證據保全節次上의 押收·搜索·檢證·證人訊問·鑑定(184 I) 등이다. 현행 형사소송법에서는 구법에 비해서 영장없이 강제수색을 할 수 있는 범위가 축소되기는 하였으나, 영장만 받으면 수색기관의 강제수사는 훨씬 용이하게 되어 있다.

강제수용(强制收容) 행정상의 卽時强制의 한 수단. 사회질서유지 또는 환자치료를 위하여 환자·광인·중독자 등을 강제적으로 일정한 장소에 격리수용시키는 것. 강제입원·강제격리와 거의 같은 뜻으로 쓰인다.

강제실시권(强制實施權) 特許權者의 의사와는 관계없이 법률에 의거한 행정행위에 의하여 발생하는 특허권자 이외의 자로서 특허권의 내용에 속하는 특정한 행위를 할 수 있는 권리를 말한다. 이에는 불실시(특허권자가 특허받은 후 3년 이상 정당한 이유없이 불실시하는 것)의 경우의 通常實施權의 裁定과 公益을 위한 강제실시권 등을 들 수 있다.

강제위임(强制委任) 命令的 委任이라고 한다. 議會議員을 구속하는 그 選出母體의 指令. 유럽의 등족회의가 근대적인 의회로 발전하는데 있어서 의원은 자기의 선거인의 지시대로 행동하여야 하는 대리인과 같은 자가 아니라 전체로서의 전국민의 이익에 합치하는 自主獨立的으로 행동하여야 할 것이라는 인식이 대두되었다.

강제융자(强制融資) 정부의 명령에 의하여 강제적으로 행해지는 융자. 일제시대 國家總動員法에 의거하여 재무장관이 은행에 대하여 자금의 융통 등을 명령할 수 있었으나 지금은 이와 같은 제도는 없다.

강제이행(强制履行) 〔獨〕 Zwangserfüllung 〔佛〕 exécution forcée [1] 講學上 채무의 현실적 이행의 강제의 의미로 쓰인다. 채무자가 임의로 채무를 이행하지 않는 경우에, 국가권력에 의하여 강제적으로 채권의 내용을 실현하는 것, 그 방법으로는 直接强制·間接强制·代替執行(民 389)과 의사표시의무의 집행(民訴 695)의 4종이 있다.

[2] 법률상 강제이행이라는 말은 민법 389조와 민사소송법 693조에서 쓰여지고 있으나, 같은 말을 사용하면서 민법 389조는 間接强制에 관하여는 하등 언급이 없고, 거꾸로 민사소송법 693조는 오로지 간접강제에 관한 규정이라고 하는 불통일이 있기 때문에, 강제이행이라는 말에 어떠한 의미를 부여하여 양조의 관계에 관하여 통일적이고도 타당한 해석을 발견할 것인가에 관하여 학설의 분열이 심하다. ① 민법과 민사소송법에서 따로 따로 쓰여지고 있는 강제이행이라는 말에 통일적인 의미를 발견할 수 있다고 전제하는 입장에서는, 강제이행이라는 말을, 혹은 强制執行과 동의로 해석하고, 혹은 間接强制의 의미로 해석하고, 혹은 채무자로부터 급부 본래의 내용의 실현을 목적으로 하는 강제집행의 방법으로서, 直接强制·間接强制만을 의미하고, 代替執行은 포함하지 않는다고 하는 견해 등으로 나

누어진다. ② 이에 대하여 양자에 공통하는 의의를 발견하는 것을 단념하고 민법·민사소송법에서는 별개의 의미로 쓰여진다고 하고, 민법에서는 직접강제, 민사소송법에서는 간접강제를 의미한다고 하는 설이 있다. 이러한 여러 설 중에서 어느 것을 취하느냐에 따라, 直接强制·代替執行·間接强制의 적용범위 또는 적용의 순서에 차이가 생기는데, 간접강제는 대체집행의 여지가 없는 非代替的 作爲義務에 관한 최후의 수단으로 인정되어야 할 것이므로, 이러한 결론을 이끌어 낼 수 있는 해석이 정당하다고 할 것이다. 이러한 견지에서 보면, 민법·민사소송법에서는 다른 뜻으로 쓰여지고 있다고 하는 견해가 무난하고 따라서 가장 유력하기도 하다.

강제인지(强制認知) 婚姻外의 출생자 또는 그 직계비속이 그 生父 또는 生母를 상대로 하여 재판상의 청구로서 하게 하는 認知(民 863). 강제인지는 가정법원 또는 지방법원에 대한 심판의 신청으로써 제기하여야 한다(家訴 2). 신청권자는 子와 그 직계비속 또는 법정대리인이며, 그 상대방은 父 또는 母이고 부 또는 모가 사망한 경우에는 檢事를 상대방으로 한다(民 864). 검사를 상대방으로 하는 때에는 부 또는 모의 사망을 안 날로부터 1년 내에 하여야 한다. 재판이 확정된 경우에는 신청을 제기한 자가 호적법에 정한 바에 따라서 그 취지를 신고하여야 한다(戶 63). → 임의인지

강제입당(强制入黨)**의 금지**(禁止) 누구든지 본인의 자유의사에 의한 승낙이 없이 정당가입 또는 탈당을 강요당하지 아니한다(政黨 19 I). 그러나 본인의 의사에 반하는 행위라 하더라도 당원이 제명처분을 받거나 이중당적의 보유를 이유로 제재를 받는 경우에는 그러하지 아니하다. 强制入黨의 사례로서 과거의 개인적인 친분관계나 친척 기타 특수관계를 이용하여 본인의 자유의사에 의한 승낙없이 임의로 입당원서를 위조하여 정당에 가입시킨 경우에 정당법의 강제입당 등의 금지에 저촉된다고 중앙선거관리위원회는 유권해석하고 있다.

강제재판(强制裁判) 의무적 국제재판과 같다.

강제저금(强制貯金)**의 금지**(禁止) 사용자는 근로계약에 부수하여 强制貯蓄 또는 貯蓄金의 관리를 규정하는 계약을 체결해서는 안된다. 그러나 근로자의 위탁으로, 저축금을 관리하는 것은 무방하다. 이 경우에는 보관과 반환방법을 정하여, 노동부장관의 認可를 받아야 한다(勤基 29). 강제저금의 수단으로 근로자를 억류할 가능성이 있기 때문이다.

강제적 관할권(强制的管轄權) 〔英〕 compulsory jurisdiction → 국제사법재판소

강제조사(强制調査) 강제력이 벌칙규정에 의하여 간접적으로 담보되어 있는 行政調査로서, 행정청이 행정작용을 적정하고 효과적으로 수행하기 위한 각종 자료를 수집하는 과정에서 조사를 할 때 상대방이 협력을 하지 아니하면 벌칙을 적용받게 하는 것을 말한다.

강제조정(强制調停) [1] 민사상 조정절차에 있어서 당사자의 의사를 강제하여 조정의 성립을 촉진하는 요소를 포함하고 있는 調停制度. 본래 조정의 본질상 그에 응하는가 않는가, 혹은 조정에 따를 것인가 아닌가는 당사자의 자유에 맡길 일이지만, 이렇게 되어서는 조정이 無力化하고, 또한 모처럼 진행된 절차가 허사가 되므로 경우에 따라서는 調停節次를 이행하는 것을 강제하거나 혹은 조정에 따를 것을 강제한다. 전자의 예로서는 조정전치주의를 생각할 수 있고(家訴 50), 후자의 예로서는 조정에 갈음하는 재판의 방식이 있다.

[2] 노동법상 노동쟁의의 해결을 위해서 법률상 조정에 붙이는 것이 강제되어 있는 것. 임의조정에 대해서 강제조정이라고 하나, 이 경우에도 조정안이 당연히 구속력을 갖는 것은 아니고, 다만 조정에 붙이는 것이 강제되어 있을 따름이다. 따라서 정확하게 말하면 調停强制라고 하여야 할 것이다. 노동조합 및 노동관계조정법은 임의조정 외에 공익사업이나 일반사업을 불문하고 필요한 때에는 노동위원회의 직권에 의한 조정, 즉 강제조정을 인정하고 있으나(勞整 53), 조정위원회에서 작성된 조정안의 수락여부는 전혀 관계당사자의 자유에 맡겨져 있다(61). → 긴급조정

[3] 국제법상, 국제분쟁을 의무적으로 국제조정에 부탁하는 경우, 義務的 調停이라고도 한다. → 국제조정위원회, 조정

강제조치(强制措置) 국제분쟁의 강력적 해결방식으로서 安全保障理事會가 국가연합헌장 39조에 의한 사태를 인정한 후에 취하는 조치이며 전가맹국에 대하여 법적 구속력을 가지는 비군사적(41) 또는 軍事的 强制措置(42). 조치의 선택은 안전보장이사회의 자유재량에 의하며, 당시의 사태에 비추어 결정한다. 비군사적 조치란 병력의 사용에 이르지 않는 일체의 수단을 말하며, 구체적인 수단의 선택은 안전보장이사회가 행한다. 헌장 41조는 경제관계·철도·항해·항공·우편·전신·무선통신 및 다른 교통통신수단의 전부 또는 일부의 중단과 외교관계의 단절을 예시적으로 열거하고 있다

(→경제봉쇄). 군사적 조치란 비군사적 조치의 부당성을 인정한 경우 안전보장이사회가 결정할 수 있는 조치로서 가맹국의 육·해·공군에 의한 示威·封鎖 및 기타의 조치를 포함한 군사조치이다(42). 병력의 사용을 위한 제도적 보장으로서 特別協定制度(43)와 軍事參謀委員會制度(47) 등이 뒷받침하고 있다. 그러나 강제조치의 결정에는 군사조치·비군사조치를 막론하고 5대국의 拒否權이 작용하며, 또한 분쟁당사국인 이사국도 표결권을 가지므로 5대국 또는 그 어느 일국의 비호하에 있는 국가에게 강제조치를 실시하기란 거의 불가능하다(41~50 참조). →잠정조치

강제죄(强制罪) 본인 또는 친족의 생명·자유·명예·신체 혹은 재산에 대하여 害를 가하겠다고 협박하거나 또는 폭행을 행사하겠다고 공갈하여 사람에게 의무없는 행위를 하게 하거나 또는 행사할 권리를 방해하는 죄(刑 324). 강요죄라고도 한다. 미수를 처벌한다.

강제중재(强制仲裁) 〔英〕 compulsory arbitration 보통의 중재는 분쟁의 당사자쌍방이 함께 또는 일방이 團體協約에 의한 신청을 하지 않으면 개시되지 않는 것이지만, 일방 또는 쌍방의 신청이 없음에도 불구하고 개시되는 중재를 강제중재라고 한다(勞整 62). 즉, 公益事業에 있어서 행정관청의 요구에 의하거나, 노동위원회의 직권으로 중재에 회부한다는 결정을 한 때에 개시되는 중재를 말한다. 이 중재도 任意仲裁의 경우와 마찬가지로 仲裁委員會에서 행하며(64), 仲裁裁定은 서면으로 작성하여야 되고(68), 그 효력은 단체협약과 동일한 효력을 갖는다(70).

강제진단(强制診斷) 행정상의 卽時强制의 한 수단. 전염병예방을 위해서 강제적으로 전염병에 감염되었으리라고 의심되는 충분한 이유있는 자 또는 전염병에 감염되기 쉬운 환경에 있는 자에 대하여 건강진단을 행하는 것(傳染 9).

강제집행(强制執行) 〔英〕 execution 〔獨〕 Zwangsvollstreckung 〔佛〕 exécution [1] 민사소송법상으로는 사법상 청구권의 국가권력에 의한 강제적 실현절차. 判決節次(좁은 뜻의 민사소송)와 더불어 민사소송의 2대부문을 이룬다. 채권자가 강제집행을 국가에 대하여 청구할 수 있기 위하여서는 권리자의 권리나 법률행위의 존부가 어느 정도 확정된 모습으로 나타나야 한다. 이에 대한 공증의 증서가 債權名義이다. 이를 필요로 하는 이유는 채무명의의 작성기관과는 별개의 기관인 집행기관이 집행을 하고 집행기관이 집행을 함에 있어서 일일이 권리의 존부를 심사하는 것이 집행의 신속확실화의 견지에서 부적당한 까닭이다. 강제집행의 대상은 채무자의 개개의 財産이고, 제3자의 재산을 압류하는 것은 위법이다. 또 압류금지재산의 압류도 허용되지 않는다. 강제집행의 방법은 실현되어야 할 청구권의 종류에 의하여 金錢執行·非金錢執行, 대상인 재산의 종류에 의하여 動産執行·不動産執行·船舶執行 등으로 나누어진다. 금전집행에는 채무자의 금전 그 밖의 재산을 압류하고, 금전 이외의 재산은 다시 매각(경매·입찰·適宜賣却)·추심·관리에 의하여 금전화하여, 채권의 만족에 충당하는데(→배당), 동산집행·부동산집행·선박집행은 押留·換價·滿足의 3단계를 통해서 각각 차이가 있다. 비금전집행 가운데서, 동산의 인도를 목적으로 하는 채권의 집행(民訴 689), 부동산의 인도·명도를 목적으로 하는 채권의 집행(690)은 直接强制이다. 代替的 作爲請求權에 대해서는 代替執行, 또 채무자의 의사에 의존하는 不代替的 作爲 및 不作爲請求權에 대해서는 간접강제의 방법에 의해, 또 의사표시를 할 것을 목적으로 하는 채권에 대해서는 판결의 확정에 의해 당연히 의사표시를 한 것으로 간주된다(695).

[2] 행정법상 의무의 불이행에 대하여 행정주체가 실력을 가하여 그 의무를 이행시키거나 또는 이행된 것과 동일한 상태를 실현하는 작용. 경찰상의 强制執行·조세의 强制徵收 등이 그 예이다. 장래에 향하여 의무의 이행을 강제하는 점에서 과거의 의무위반에 대한 제재인 行政罰과 구별되며, 또한 의무의 존재와 그 불이행을 전제로 하는 점에서 의무를 과하지 아니하고 즉시로 실력으로써 강제하는 행정상의 卽時强制와 구별된다. 私法上 義務 또는 訴訟法上 義務의 강제는 私人이 스스로 행하지 않고 사법권의 작용을 통하여 행하는데 대하여, 행정법상 의무의 강제는 행정주체 자신이 행할 수 있는 점에 그 특색이 있다. 이와 같은 행정상 의무의 강제는 국민의 자유·재산의 침해가 되므로 반드시 법률의 근거가 있어야 한다. 일반법으로서 行政代執行法과 國稅徵收法이 있고, 그 외에 각 단행법률(예 : 關稅 23, 防禦海面法 7, 海軍基地法 7, 土收 64·77)에 강제집행의 규정이 있다. 행정대집행법은 행정상 강제집행에 관한 일반법으로서, 그 강제집행의 수단으로 대집행의 방법을 인정하고 있다. 국세징수법은 공법상의 금전급부의무의 이행의 강제(즉 행정상의 강제징수)의 일반법으로서, 滯納處分 절차에 관하여 정하고 있다. →대집행, 강제징수

강제집행면탈죄(强制執行免脫罪) 강제집행을 면할 목적으로 재산을 隱匿·損壞·虛僞讓渡

또는 허위의 채무를 부담하여 채권자를 해하는 죄(刑 327). 본죄는 채권자의 채권보호에 중점이 두어져 있다. 강제집행에 관하여, 형사소송법 477조에 의한 벌금·과료·몰수 등의 집행, 국세징수법에 의한 체납처분도 포함시키는 견해가 있지만, 민사소송법상의 강제집행에 한한다고 보는 것이 타당할 것이다. 강제집행을 면할 목적이 있어야 하지만(목적범), 그 달성여부는 불문한다. 재산은 동산·부동산뿐 아니라 채권 기타의 재산상의 권리를 말한다. 隱匿·損壞·虛僞讓渡·虛僞債務負擔行爲에 의하여 채권자를 해할 우려있는 상태가 발생하면 족하며, 현실로 채권자를 해하였음을 요하지 않는다.

강제집행법(强制執行法) 형식적 의의의 강제집행법은 민사소송법 제7편 이하의 규정이고, 실질적 의의의 강제집행법은 형식적 의의의 강제집행법 이외에 민법 389조·公證人法 등이 이에 속한다. 우리나라의 강제집행법의 내용은 대체로 독일 민사소송법 중의 해당부분을 계수한 것이나, 독일법과 다른 점은 ① 독일법은 押留優先主義를 채용하고 있는 반면에 우리 법은 平等配當主義를 채용하고 있는 점, ② 평균배당주의를 채용하기 때문에 押留質權과 强制抵當을 인정하지 않는 점, ③ 독일법은 間接强制와 保全處分의 이행수단으로서 拘禁(Haft)인 人的執行을 인정하고 있는 반면에 우리 법은 인도주의정신을 철저히 하고 민형사책임의 분화를 선명히 하려는 취지에서 物的執行만을 인정하고 있는 점 등이다. 신강제집행법이 구법에 비하여 강제집행의 신속을 위한 제도의 신설, 집행채무자의 권익을 보호하기 위한 제도를 신설한 점은 구법의 不備를 많이 고쳐 놓았다고 볼 수 있으나, 앞으로 강제집행법에서 입법론상 고려되어야 할 점은 우리나라의 실정에 비추어 지나칠 정도로 인적집행을 제한할 필요가 있겠느냐는 점과 기업유지상 기업재단에 대한 집행법규의 기술화가 필요하지 않겠느냐의 점 등이다.

강제집행비용(强制執行費用) 집행비용과 같다.

강제집행(强制執行)**의 보전**(保全) 의무자의 자력감소 기타 현상의 변경에 의하여 일정한 권리의 장래의 강제집행이 곤란하게 될 염려가 있는 경우에 그 예방수단을 강구하는 것. 이것은 채권자의 일반담보를 이루는 재산이나, 채권의 목적물을 채무자가 隱匿·毁損·浪費하는 것을 예방하는데 의의가 있다. 그 수단으로서는 현행법상 假押留와 係爭物에 대한 假處分의 두 가지가 있다. 채무명의획득에 상당히 긴 세월을 요하는 강제집행제도 아래서는 執行保全制度는 극히 중요한 의미를 가진다.

강제집행(强制執行)**의 속행**(續行) 강제집행은 이의의 소가 제기되어도 그 속행이 방해되는 것은 아니다(民訴 507 I). 그리고 채무자 또는 제3자는 신청에 의하여 일정한 방법으로써 강제집행의 정지를 구할 수 있으나 채권자는 이 執行停止處分에 대하여 개개의 집행정지사유의 소멸을 주장하고, 정지된 집행의 속행과 개시가 정지되었을 때에는 집행의 개시를 구할 수 있다.

강제집행(强制執行)**의 정지**(停止) 법률상의 이유에 의하여 强制執行을 개시할 수 없거나 또는 속행할 수 없는 것. 집행의 일부에 대하여 생긴 정지를 강제집행의 제한이라고 한다. 집행정지는 보통 채무자 또는 제3자로부터 정지원인에 관한 서면을 제출한 경우에 행하여진다(民訴 510). 예를 들면 請求異議의 訴를 하고, 가처분으로서 동시에 집행정지의 재판이 있었을 때는(507 II), 채무자는 이를 집행기관에 제출하여 집행의 정지를 구할 수 있다. 기타 법률의 규정이 있는 경우에도 정지된다(破 61, 和 10, 會整 68). 정지에는 집행이 일시적으로 정지되는 경우도 있고, 때로는 종국적으로 정지되는 경우(民訴 510 i)도 있다. 집행의 정지가 기간부인데 그 기간이 경과했을 때(507 V, 509 III), 일시의 정지를 명한 재판을 취소하고 집행의 속행을 허용하는 재판(續行命令이라고도 한다)이 있을 때(508, 509 III), 채권자가 속행에 필요한 담보를 제공한 때 및 판결이 확정되었을 때에는 채권자는 정지된 집행의 속행을 구할 수 있다.

강제집행(强制執行)**의 제한**(制限) 강제집행의 범위를 감축하는 것. 예를 들면 債務名義에 기재된 청구금액의 변제와 집행비용의 변상에 필요한 범위를 초과하여 압류한 경우, 이를 적당한 한도로 감축하거나(民訴 525 II), 또는 一部辨濟·免除를 이유로 請求異議의 訴를 제기하여(505), 그 확정판결의 정본을 집행기관에 제출한 경우, 혹은 변제나 義務猶豫의 승낙이 청구권의 일부에 대해서만 있어 그 승낙서를 집행기관에 제출한 경우에, 집행범위를 감축하게 된다. 그 절차는 강제집행의 정지와 같다.

강제집행(强制執行)**의 취소**(取消) 이미 실시된 집행절차에 있어서 그 중의 어느 부분이나 또는 전부에 대한 집행처분을 종국적으로 배제하는 집행기관의 행위. 압류물의 占有의 拋棄, 封印 기타 押留의 표지의 제거, 경매개시결정의 취소와 경매신청등기말소의 촉탁 등과 같은 것이다. 이와 같이 집행의 취소는 집행중의 집행처분을 배제하는 것이므로 집행이 개시된 뒤 아직 집행이 종료되기 전에도 있을 수 있다. 취소의 원인에는 취소를 명하는 재판(民訴 473Ⅰ, 507Ⅱ, 508, 509Ⅲ), 집행의 종국적 정지의 사유로 되는 재판(510 i), 일정한 서류의 존재(510 iii, 511) 등이 있다. 이미 행하여진 집행처분의 종국적 제거, 압류물에 대한 채무자의 처분권회복, 채무자에 대한 제3채무자의 변제의 유효 등의 결과가 생긴다. 따라서 취소명령에 대한 불복신청의 결과, 명령이 취소되어도 집행의 새로운 실시를 가능케 함에 그친다.

강제집행절차(强制執行節次) 〔獨〕 Zwangsvollstreckungsverfahren 채권자가 법원 또는 집행관에게 급부의무를 명확히 한 債務名義(예: 판결·지급명령·공정증서 등)에 의하여 채무자에 대해 국가의 강제력을 행사해서 그 의무의 실현을 하도록 하는 절차를 말한다. 예를 들어 이행판결로써 확정된 貸金債權을 집행하기 위하여 채권자의 신청에 의해 집행관이 채무자의 재산을 押留·競賣하는 절차이다.

강제집행청구권(强制執行請求權) 〔獨〕 Vollstreckungsanspruch 사법상의 권리자(채권자)가 국가에 대하여 강제집행을 구하는 권리. 債務名義에 기하여 발생하고, 국가에 대하여 집행의 실시를 구하는 권리로서 집행에 의하여 실현되어야 할 사법상의 청구권과는 전연 이질적인 것이다. 강제집행청구권이 채무명의만을 전제로 하느냐, 집행이 이행되어야 할 사법상 청구권의 존재를 전제로 하느냐에 따라 抽象的(形式的) 執行請求權說과 具體的(實體的) 執行請求權說로 나누어진다. 이러한 학설의 분기는 개인은 어떠한 경우에 집행권능을 발동할 수 있느냐는 문제에서부터 시작된다. 그러나 어쨌든 채무명의의 존재, 진부, 이용성이 執行文에 의하여 공증되어 있는 한 집행기관은 집행을 실시하지 않으면 안되며, 집행절차의 어떠한 단계에 있어서도 집행기관 스스로 사법상 청구권의 존재를 심사할 수 없다. 도리어 이 사법상 청구권의 소멸·부존재 등은 강제집행의 절차 외에 있어서 독립의 소로써 주장하여야 할 이의의 원인이 된다(→청구이의의 소). 이 소에서 원고승소의 판결이 확정한 때에는 그 채무명의에 기한 집행이 허용되지 않게 된다. 이미 이 확정판결전에 채권자가 집행에 의하여 만족을 얻은 때에는 채무자는 채권자에 대하여 부당이득의 반환 또는 경우에 따라서는 불법행위로 인한 손해배상의 청구를 할 수 있다. 그리고 채권자·채무자 사이의 집행을 하지 않겠다는 취지의 합의를 이 執行請求權을 포기한 것으로 보는 것은 타당하지 않지만, 집행의 방법에 관한 이의의 사유로 되는 일은 있다고 해석하는 것이 판례이다.

강제징수(强制徵收) 조세체납처분의 절차에 의하여 국가 또는 공공단체의 채권을 강제적으로 징수하는 것. 행정상의 强制執行이라고도 한다. 국제징수법에 의거하여 국세체납처분에 의하여 징수되는 채권은 국세와 지방세 채권을 비롯하여 국가 또는 공공단체의 공법상의 金錢債權의 전반에 한하나, 국세채권 이외의 공법상의 금전채권에 있어서는 법률에 의하여 그 채권집행에 관하여 국세징수법에 의한다. 또는 국세체납처분의 예에 의한다는 등의 법률로써의 授權이 있어야 한다. 이러한 공법상의 금전채권 중 國稅債權은 모든 공과에 우선하며(國稅基 35), 지방세채권은 국세징수의 예에 의하되 국세채권을 제외한 기타의 모든 공과에 우선한다(地稅 31, 65). 공법상의 금전채권 이외의 행정상의 채무이행에 있어서도 강제징수에 의하여 그 목적을 달성할 수 있다. 행정상의 의무자가 그 의무를 이행하지 아니할 때에 代執行을 하고 그 비용을 부담시키는 것과 같은 것이 그 예이다. → 강제집행

강제참가(强制參加) 행정사건 소송의 심리에 있어서 법원이 직권에 의하여 소송의 결과에 관하여 이해관계가 있는 행정청 및 그 밖의 제3자를 소송에 참가시키는 제도. 이 제도가 인정되는 것은 행정사건소송이 당사자의 이익뿐만 아니라 공익에 관계하는 일이 크다는 것과, 특히 行政處分의 取消變更의 訴訟에 있어서는 행정청이 형식적 당사자가 되기 위하여 소송이 진실로 자기의 권리이익에 관계하는 자가 당사자가 되지 않는다는 것이기 때문이다.

강제처분(强制處分) [1] 형사소송법상 넓은 뜻으로는 강제의 요소를 포함하는 일체의 처분을 말하고, 좁은 뜻으로는 이러한 처분 중에서 證據調査의 성질을 가진 것, 즉, 검증·증인신문·감정·통역·번역 등을 제외한 것을 말한다. 좁은 뜻의 강제처분은 공소제기후 법원 또는 법관이 행하는 것(소환·구속·압수·수색)과 공소제기전에 수사기관이 행하는 것(구속·압수·수색)으로 나누어진다. 이 양자는 그 직접적인 대상이 사람인 경우와 물건인 경우에 따라서 對人的 强制處分(소환·구속)과 對物的 强制處分(압수·수색)으로 나누어진다.

[2] 민사소송법상 집행처분과 같은 뜻으로 사용되는 경우가 있다(473, 510 ii).

[3] 행정법상 작위 또는 부작위의무를 이행치 않는 경우에 代執行·執行罰 또는 直接强制의 방법으로 이를 이행시키고 또 금전급부의무를 이행치 않

는 경우에 국세체납처분의 방법에 의하여 이를 강제징수할 수 있다. → 강제집행, 강제징수

강제처분법정주의(强制處分法定主義) 강제처분은 법률에 특별한 규정이 없으면 하지 못한다는 원칙(刑訴 199)을 말한다. 인권침해의 위험을 방지하기 위하여 强制搜査의 허용조건을 법률에 규정함으로써 강제처분을 제한하는 일반적 형식에 의한 억제를 의미한다. 이 주의는 任意搜査의 원칙과 표리관계에 있는 원칙이다. 즉 수사는 원칙적으로 임의수사에 의하고, 강제수사의 방법을 취하는 경우에는 그 종류와 내용이 법률에 규정되어 있을 것을 요구하는 것이 곧 강제처분법정주의이다. 강제처분의 適法性의 한계를 법률에 명백히 규정하여 법관에 의한 구체적 판단을 가능하게 한다는 점에서 令狀主義의 전제가 된다고 할 수 있으며, 이러한 의미에서 영장주의와 同義語라고 해석하는 견해도 있다. 그러나 이 원칙은 강제처분에 대한 형식적 法定의 요구에 그치는 것이 아니라, 적정절차의 요구를 강제수사절차에 실현하는 것이라 할 수 있다. 다만 강제처분법정주의는 과학기술의 발전에 의하여 형사소송법이 예상하지 아니한 새로운 강제처분이 출현함에 따라 탄력적인 해석을 필요로 한다.

강제추행죄(强制醜行罪) 폭행 또는 협박으로 사람에 대하여 추행하는 죄(刑 298). 치사상(301)의 경우에는 형을 가중한다. 객체인 사람은 남녀·연령 여하를 불문한다(→ 유년자추행죄). 폭행·협박은 상대방의 항거를 현저히 곤란케 할 정도이면 족하다. 추행이라 함은 성욕의 흥분 또는 만족을 얻을 동기로 행하여진(이러한 의미에서 본죄를 傾向犯이라고 한다), 正常한 성적인 羞恥感情을 감히 해할 성질을 가진 행위를 말한다. 상대방을 나체가 되게 하는 것도 여기에 해당한다. 강간은 강제추행의 특수한 형태이지만, 특별규정이 있으므로 여기에서 제외된다. 본죄를 공연히 행한 때에는, 公然淫亂罪(245)와의 想像的 競合이 된다. 미수범을 처벌하며(300), 告訴가 있어야 公訴를 제기할 수 있다(306). → 정조에 관한 죄

강제축출술책(强制逐出術策) 〔英〕 freeze-out 회사의 지배주주는 회사의 해산·합병 등 회사의 基本的 構造를 변경하는 결의를 하는 경우에는 소수파주주나 회사의 이익이 침해되지 않도록 주의할 의무가 있다. 특히 지배주주가 소수파주주를 억압하거나 축출하는 경우에는 지배주주의 충실의무에 위반된다. 지배주주는 여러가지 수단으로 소수파주주를 제거하려고 획책하는 수가 많은데, 이처럼 소수파주주를 제거하려는 술책을 말한다. 또는 枯死退社術策(squeeze-out)이라고 한다.

강제(强制)카르텔 〔獨〕 Zwangskartell 법률에 의하여 성립이 강제되는 카르텔. 1930년대에 각국에서 국가의 産業統制의 방법으로 사용되었다.

강제통용력(强制通用力) 법률이 화폐에 대하여 인정하는 지급수단으로서의 통용력. 한국은행법에 의하면, 화폐의 發行權은 한국은행만이 가지고(47), 한국은행이 발행한 한국은행권은 대한민국 안의 유일한 法貨로서 공사일체의 거래에 무제한으로 통용한다고 규정되어 있다(48). 그러므로, 금전채무의 이행으로 한국은행권이 제공된 경우에 채권자가 이를 받지 않을 때에는 수령지체의 효과가 생긴다(民 400).

강제통일상속제(强制統一相續制) 강제보존주의와 같다.

강제투표(强制投票) 선거인으로서 정당한 이유없이 투표하지 않는 자에게 일정한 제재를 과하는 제도. 임의투표에 대한 개념. 선거권의 법적 성질을 공무적인 것으로 보는 제도로서, 처음 프랑스의 1791년의 헌법회의에서 바르나브(Barnave, Antoine Pierre Joseph Marie) 등에 의하여 주장되었고, 1795년 執政憲法의 토의에 있어서도 지배적인 주장이 되었으며, 19세기 중엽 이후의 유럽제국에서 많이 채택된 제도이다. 제재로서는, 보통 성명의 公示, 譴責, 公權의 정지, 공권의 박탈, 벌금, 조세의 增徵, 공무원의 경우에는 減俸, 免職 등의 방법이 있다. 기권의 방지가 그 목적인 것이나, 반면 정치적 관심의 低劣을 표시하는 증거도 된다. 벨기에에서 강제투표제를 채용하고 있다. 그러나 선거권의 권리적 성질과 배치되는 제도라는 이유 아래 현대민주주의국가의 대부분에 있어서는 任意投票制를 쓰고 있다. 우리나라도 임의투표제를 채택하고 있다.

강제화의(强制和議) 〔獨〕 Zwangsvergleich 〔佛〕 concordat 넓은 의미에서는 화의법에 의한 화의를 포함하지만(和 1 참조), 좁은 의미에서는 破産法에 의한 화의, 즉 파산자와 파산채권자와의 사이에 협정으로써 배당에 갈음하여 변제방법을 정함으로써 파산적 청산에 의하지 않고 파산절차를 종결하는 제도. 강제화의는 파산자가 강제화의의 제공을 하여, 채권자집회에 있어서 특별다수의 동의에 의해 성립하며, 법원의 인가결정의 확립에 의하여 효력이 발생한다. 강제화의의 제공은 파산자 또는 이에 준하는 자가 최후의 배당의 허가가 있을 때까지 일정한 和議條件을 법원에 신고한다(破 262~

264, 266, 275). 법원은 감사위원의 의견을 제출케 하고(269), 채권자집회를 개최한다. 강제화의를 가결함에는 의결권을 행사할 수 있는 出席破産債權者의 과반수로써 그 채권액이 신고를 한 파산채권자의 총채권의 4분의 3 이상이 되는 자의 동의를 요한다(278). 가결이 되면 법원은 認否의 결정을 할 것인데, 認可決定이 확정되면 파산채권자 전원을 위하여, 또는 전원에 대하여 효력이 발생한다(280, 282, 289, 293, 298 Ⅰ). 파산채권자가 보증인에 대하여 갖는 權利·擔保權에는 영향이 없다(298 Ⅱ). 이로 인하여 파산절차는 종료되는데, 파산종결결정을 하여야 한다(296, 254). 파산자는 당연히 복권되고(358 Ⅰ ⅱ), 재산의 관리처분권을 회복하게 되지만, 화의조건에 따를 것을 요한다(297). 파산자가 화의의 이행을 해태한 때에는 强制執行을 할 수 있고(294, 300), 또 양보의 취소나 강제화의의 취소가 인정되고 있다(302~306).

강 조(强調)　시세가 폭등할 듯한 경향. 경조 또는 견조보다 시세가 더욱 강하고 높은 경우에 사용된다. 증권거래상의 용어.

강행규범(强行規範)　국제법상 어떠한 일탈도 허용되지 않는 일반국제법의 규범으로서 ius cogens라고 한다. 逸脫이 가능한 任意規範에 반대된다. 강행규범을 변경 또는 종료시킬 수 있는 것은 강행규범만이며, 체결시에 강행규범에 저촉하는 조약은 무효이다. 또한 체결후에 조약과 저촉하는 강행규범이 출현한 경우에는 그 조약은 종료한다. 전통적으로는 일반국제법은 國際慣習法으로서 존재하며 임의규범에 그쳤다. 그러나 최근에 와서 전쟁의 위법화, 국제적인 人道觀念의 발달 등의 요인에 의해 강행규범의 존재가 인정됨으로써 조약법에 관한 빈 조약이 이를 정식으로 인지하였다. 이 認知는 한편으로 국제사회의 법지배의 진보를 의미하나, 다른 한편으로는 조약관계의 안정화를 損傷하는 의미도 가진다. 그래서 조약법에 관한 빈 條約은 그 당사국간의 강행규범에 관한 분쟁에 있어서는 우선 국제연합헌장 33조에 정한 調停 등의 수단에 의해서 해결을 도모하고, 12개월 이내에 해결되지 않는 경우에는 국제사법재판소에 일방적으로 부탁할 수 있다고 규정하고 있다. 이것은 조약관계의 안정성을 확보함과 동시에 강행규범의 내용확인을 최종적으로 국제사법재판소에 맡긴다는 취지이다. 조약법에 관한 빈 조약의 심의에서는 侵略·海賊·集團虐殺(Genocide)의 금지 등이 강행규범으로 되었다.

강행규정·임의규정(强行規定·任意規定)　당사자의 의사여하에 불구하고 강제적으로 적용되는 규정을 强行規定 또는 强行法規(〔羅〕 ius cogens 〔英〕 imperative law 〔獨〕 zwingendes Recht 〔佛〕 droit impératif)라 하며, 이에 반하여 당사자의 의사에 의하여 그 적용을 배제할 수 있는 규정을 任意規定 또는 任意法規(〔羅〕 ius dispositivum 〔英〕 dispositive law 〔獨〕 nachgiebiges Recht 〔佛〕 droit facultatif)라 한다. 원칙적으로 公法에 속하는 규정은 거의 강행규정이고, 임의규정은 私的自治를 원칙으로 하는 私法에 속하는 규정이 많다. 민법에서는 선량한 풍속 기타 사회질서에 관계없는 규정(民 105)을 임의규정이라고 하며, 계약에 관한 규정에 이를 널리 인정하고 있다. 그러나 강행규정과 임의규정과의 구별은, 법문의 표현 및 기타 법규가 가지고 있는 가치 등을 고려하여, 각 규정에 대하여 구체적으로 판단하는 수밖에 없다. 公法이라 할지라도, 민사소송의 합의관할에 관한 규정(民訴 26 Ⅰ)과 같은 것은 임의규정이며, 私法이라 할지라도, 물권의 종류·내용에 관한 규정(民 185), 신분관계에 관한 규정(826 이하, 909 이하, 1000 이하), 특히 사회적 약자를 보호하고자 하는 규정(339) 등 기타 수많은 강행규정들이 있다. 강행규정에 위반하는 법률행위는 무효이다. 강행규정은 그 효력에 있어서 단속규정과 구별된다. 양자는 다 같이 일정한 행위를 금지하는 금지규정이지만 후자는 그 위반행위를 한 자에 대하여 제재를 가하여 그것을 금지하는데 그칠 뿐이나, 강행규정은 그 사법상의 효과를 부인한다. 이러한 의미에서 강행규정을 단속규정에 대하여 效力規定이라고도 한다. 임의규정은 그 작용으로부터 보충규정과 해석규정으로 나누어진다. 전자는 표시내용의 흠결을 보충하는 기능을 하며, 후자는 표시내용의 불명료한 점을 일정한 의미로 해석하는 기능을 한다. 양자는 다같이 법률행위의 불완전한 것을 완전하게 하는 보완적 기능을 발휘하는 것이다

강행법규·임의법규(强行法規·任意法規)
→ 강행규정·임의규정

강 화(講和)　〔英〕 peace 〔獨〕 Friede 〔佛〕 paix　전쟁을 종결시키고 평화를 회복하며 더 나아가서는 전후문제처리를 위한 교전국간의 합의. 일반적으로 휴전조약체결 후에 행하여진다. 이의 내용은 講和條約(平和條約)으로서 나타나며, 일반적 효과는 전쟁상태의 종결, 평화회복, 이에 따르는 평화회복후의 당사국간의 법적 관계이다. 특히 강화에 따르는 敵對行爲의 終了, 大給, 포로신분의 終了 등은 필연의 효과로서 강화조약에 규정된다. 또한 전후에 흔히 볼 수 있는 영토의 할양과 이에 따르는 주민의 국적변경, 배상금의 지불, 장래의 평화에 대

한 담보 등은 강화의 특별한 효과로서 강화담판후에 체결되는 講和條約에 규정되는 것이 보통이다.

강화도사건(江華島事件) 1875년 9월 일본군함 운양호가 강화도 앞바다에서 강화도 포대의 포격을 받아 일으킨 사건. 이에 일본은 군함 가스가(春日)를 파견하여 11월 청나라를 통하여 운양호사건의 보상을 요구, 300년간의 舊交를 계속할 것을 요청하였다. 이에 일본은 다시 다음 해 1876년 1월 구로다 기요다가(黑田淸隆), 이노우에 가우루(井上馨) 등을 전권으로 임명하여 국서의 거부와 운양호 포격의 이유를 정부에 힐문함에 정부는 접견대신 申櫶과 부관 尹滋承을 보내어 화견하였으나 교섭부진하였다. 이때 朴珪壽·김윤식 등이 개국의 이점을 주장하여 1876년 2월 21일 한일수호조약에 조인하였다. → 강화조약

강화예비조약(講和豫備條約) 〔英〕 preliminaries of peace 강화조약이 체결되기 전에 강화조약의 주요한 조건을 약정하는 조약. 이는 반드시 체결되는 것은 아니다. 普佛戰爭을 체결하기 위한 1871년의 예비조약과 같이 전쟁종결을 위한 교전국간의 합의가 용이치 않을 때 대체적인 講和條件을 약정하여 강화에의 길을 열자는데 있는 것이다.

강화조약(江華條約) 1876년 체결된 이른바 한·일수호조약으로서 강화도사건에 의한 것으로서 청나라로부터 한국의 독립, 부산 그 밖의 開港 등을 규정하고 한국의 쇄국정책을 배제하였으나 일본의 한국 진출에 이용된 불평등조약이다.

강화조약(講和條約) 〔英〕 treaty of peace 〔獨〕 Friedensvertrag 〔佛〕 traité de paix 交戰國이 강화를 위해 체결하는 조약. 이로써 전쟁이 종결되고 평화가 회복되므로 平和條約이라고도 하며 講和豫備條約에 대한 용어로서 確定講和條約이라고도 한다. 이는 講和談判 또는 平和會談에서 체결되는데 방식은 일정하지 않으나 서면이 상례이고, 그 내용은 전쟁의 종료와 평화의 회복을 선언하는 동시에 영토의 할양, 배상금의 지급 등과 같은 강화조건을 규정하고, 그 이행을 보장하기 위한 담보수단을 설치하는 것이 통례이다. 이의 締結權과 批准權은 일반적으로 국가의 원수가 가지며 비준에는 국회의 동의를 얻어야 한다. 그러나 제2차대전시의 강화조약은 국제사회의 구조적 변화를 배경으로 그 형태가 달라졌다. 1943년 9월 이탈리아가 항복하고 이어 유럽의 다른 4개국이 항복했으며 독일은 1945년 5월에 완전항복했다. 또한 일본은 동년 8월에 포츠담 선언을 무조건으로 수락하고 동년 9월에 항복문서에 조인하여 휴전없이 전투는 완전히 종결되었다. 이와 같이 하여 각 패전국은 연합국에 의한 점령과 관리에 복종하였다. 강화조약은 이탈리아 외의 유럽 5개국과는 1945년 2월(동년 9월 발효)에 체결되었고, 일본과는 1951년 9월(1952년 4월 발효)에 체결되었으나, 독일과는 체결되지 아니하였다. 이들 제국에 대해서는 항복전에 이미 강화의 기초가 될 중요사항이 포츠담 선언 등과 같이 규정되어 있어 연합국의 점령 및 관리정책으로서 실시되었다. 체결양식으로서는 연합국, 특히 대국의 지도하에 조약내용이 일방적으로 결정되었을 뿐만 아니라 항복 때에 이미 결정된 기본조항을 장기의 占領·管理政策을 통하여 실현한 후, 강화조약에 具顯시켰다는 점과 강화조약의 내용이 종래에 찾아볼 수 없던 전쟁범죄의 처벌이나 정치의 민주화 또는 기본적 인권의 보장 등을 규정하고 있다는 점이 특징이다.

개괄위임(概括委任) 특별위임에 대하는 것으로 어떤 종류의 사항을 분류하지 않고 일괄하여 위임하는 것을 말한다.

개괄적 고의(概括的故意) 〔羅〕 dolus generalis 불확정적 고의의 하나이며, 일정한 범위내의 어느 객체에 대하여 결과가 발생하는지가 불확실한 경우(→ 고의). 예컨대, 군중 가운데의 누군가를 살해할 의도로써 군중에 향하여 발포하는 경우, 군중 가운데의 누구라는 것이 특정되어 있지 않다는 의미에서 불확정이지만, 그 가운데의 누구이든 사람을 살해할 의사가 있으므로 살인의 고의가 인정된다. 그런데 概括的 故意라고 하는 경우에, 특히 그 創稱者의 이름을 붙여서 웨버적 개괄적 고의를 가리키는 경우가 있다. 이 경우의 개괄적 고의란, 예컨대 사람을 교살할 의도로써 목을 졸랐더니 피해자가 假死狀態에 빠졌는데 행위자는 완전히 사망한 것으로 믿고서 피해자를 물속으로 던졌던 바, 실은 피해자는 물을 마셔서 익사한 경우와 같이, 최초의 동작에 의하여 행위자가 의도한 결과가 발생한 것으로 오신하고서 제2동작에 나아갔던바 사실은 제2의 동작에 의해서 최초에 의도한 결과가 발생한 경우를 말한다. 이에 관하여, 양 동작을 전혀 별개의 두개의 행위라고 보는 견지에서는, 제1동작에 대하여는 未遂, 제2동작에 대하여는 過失(및 不能未遂(刑 27))을 인정하고 양자를 경합범이라고 한다. 이에 대하여 전과정을 개괄적으로 파악하여 한개의 행위라고 보는 견지에서는, 최초에 예견된 사실이 결국 실현되었으므로 고의의 성립을 인정한다. 그리고 因果關係의 錯誤의 문제라고 보는 견지에서는, 제2의 동작에 의하여 성립된 결과가 제1의 동작의 (상당)인과관계의 범위내이냐에 따라 고의의 성립을 인정한다.

개괄주의(槪括主義) 列記主義에 대한 개념. 행정상의 不服申請 또는 行政訴訟을 제기할 수 있는 사항을 法定하는 때 특정사항에 한정시키지 않고 행정행위로부터 권리 또는 이익을 침해당한 경우에 널리 불복신청 또는 소송을 인정하는 것을 원칙적으로 하는 주의를 개괄주의라고 하며, 법령이 정하는 특정의 행정행위에 한정하는 주의를 列記主義라고 한다. 또한 이 양자의 중간적 형태로서 槪括的 列記主義(일정사항을 열거하고 그 사항에 속하는 행정행위에 관해서는 특정의 행정행위를 지정하지 않고 일반적으로 불복신청 등을 인정하는 주의)와 個別的 槪括主義(특정의 법률에 의거한 행정행위에 관해서는 특정의 행정행위를 지정하지 않고 일반적으로 불복신청 등을 인정하는 주의)가 있다.

개념법학(槪念法學) 〔獨〕 Bergriffsjurisprudenz 19세기의 독일 보통법학에서 유래한 번쇄주의적 경향을 비난한 말로, 예링에 의하여 처음으로 사용된 것이지만, 후에는 법해석학에 있어서 형식논리 편중의 태도를 비판적으로 부르는 명칭으로 사용되고 있다. 目的法學이나 自由法論 등 목적론적 법해석의 주장이 높아짐에 따라, 개념법학의 고루함은 충분히 비판되고 극복되기에 이르렀다. 법학이 추상적 법규를 해석·적용함에 있어서 법규를 중요시하는 것은 당연한 일이겠지만, 實定法을 자족적이고 흠결없는 완결적 근거로 보고 여기에서 오로지 형식논리적으로 도출된 결론만을 위주로 법률문제를 처리하려는 태도는 개념법학의 가장 큰 결함으로 지적되고 있다. 그러나 成文法主義를 채택한 이상 성문법규를 전제로 하는 개념구성을 무시하고서는 질서의 안정은 보장될 수가 없는 것이므로, 개념법학에 내재하는 법적 안정성의 요구는 法解釋에 대한 하나의 근본적 제약으로서 존중되지 않으면 아니될 것이다. →자유법론

개량주의(改良主義) 자본주의의 害惡을 비난하고 노골화한 착취와 억압을 비관하지만, 정부에 의하여 노동자보호의 법률이 제정되고, 피용자가 실업의 경우에는 생활을 보장하기 위하여 보험의 방법에 의하여, 保險給付를 지급하는 실업보험과 사회보장제도가 정하여지며, 어떤 때는 노동자 자신이 생산협동조합을 조직하는 등 개량에 의하여 노동문제가 해결된다고 역설하는 주의를 말한다.

개량행위(改良行爲) 管理行爲의 일종. →관리행위

개 명(改名) 〔英〕 change of name 〔獨〕 Änderung des Namens 〔佛〕 changement de nom 법률상 이름을 개칭하는 것. 법원의 허가를 얻어 개명할 수 있다. 개명의 허가를 얻은 자는 그 謄本을 첨부하여 허가가 있은 날로부터 1월 이내에 시·구·읍·면의 장에게 신고하여야 한다(戶 113).

개발부담금(開發負擔金) 토지공개념 제도 도입과 함께 1989년 개발이익환수에 관한 법률에 의해 입법화하여 1990년 3월부터 시행된 것으로서 택지개발, 공업단지, 관광단지, 도심재개발, 유통단지조성, 온천개발, 골프장, 여객자동차터미널 및 화물터미널 등의 개발사업으로 사업시행자에게 생긴 이익을 부담금으로 징수하는 제도를 말한다. 개발부담금의 산정: 개발부담금은 개발사업이 완료된 시점의 지가에서 개발사업이 착수된 시점의 지가와 개발에 소요된 비용, 그리고 그 기간중의 정상지가상승분을 공제한 금액에서 0.5를 곱하여 산정된다. 즉 개발부담금 = 완료시점의 지가 −{(착수시점의 지가+개발비용+정상지가상승분)× 0.5}.

개발세(開發稅) 토지소유자가 개발사업의 시행이나 기타 사회·경제적 요인에 의하여 正常地價上昇率을 초과하여 얻게 되는 토지가격의 증가분 중에서 환수하는 利得稅를 말한다. 이에 관하여는 개발이익환수에 관한 법률에 있다.

개발이익(開發利益) 국가나 공공단체 등이 시행하게 되는 개발사업의 결과로 인근토지의 가격의 상승으로 인하여 생긴 利益을 말한다. 종래의 토지수용법제에 있어서는, 토지수용에 대한 보상액을 재결 당시의 인근지가를 기준으로 산정하도록 규정하였기 때문에 그 보상액에는 開發利益이 포함되어서 토지소유자의 토지가 우연하게도 개발사업의 시행지에 있었다는 이유만으로 이러한 개발이익은 토지소유자가 받는 것이 보통이었다. 그러나 개발사업은 국민 또는 지방자치단체의 주민의 부담으로 시행하면서도 그 개발의 결과인 개발이익은 특정한 토지소유자 등이 독점하게 된다는 것은 형평의 원리에 적합하지 못하므로 근래에 와서는 공용수용의 대형화·종합화에 따라 개발이익을 損失補償額에 산입하지 아니하고 사회에 환원시키고자 하는 제도가 일반화되고 있다.

개발이익환수제(開發利益還收制) 현행 조세 가운데 개발이익환수제도로서의 성질을 갖는 것으로는 토지가격상승에 대한 土地超過利得稅, 토지보유에 대한 재산세·종합토지세 및 도시계획세, 토지형질변경에 대한 看做取得稅 그리고 토지이전에 대한 양도소득세가 있으며, 비조세적인 것으로는 개발이익환수에 관한 법률에 의한 개발부담금제, 토지구획정리사업에 있어서의 減步率, 토지형질변경허가에 있어서의 공공용지부담, 수익자부담금제, 공시

지가제, 국공유토지임대제, 公營開發制 등이 있다. 이들 제도 중 본격적인 개발이익환수제도는 개발부담금제와 토지초과이득세이다.

개발자(開發資) 〔英〕 development expenses 새 기술의 채용·경영조직의 개선·시장의 개척 등을 위하여 지출한 비용. 지출의 효과가 후년도에 미치는 것 및 비용부담의 평균화를 도모하는 견지에서 移越計定으로 하는 일이 있다.

개발제한구역(開發制限區域) 건설교통부장관이 도시계획으로 결정·지정하여 도시개발을 제한한 구역(都計 21)을 말하며, 통칭 그린벨트라고도 한다. 도시의 무질서한 확산을 방지하고 도시주변의 자연환경을 확보함을 주목적으로 하지만 국방부장관의 요청이 있어 보안상 도시의 개발을 제한할 필요가 있다고 인정되는 경우에도 이를 지정할 수 있다. 개발제한구역은 보통 도시주변에 지정되며 그 지정이 있으면 동 구역 안에서는 사업을 계속할 수 있는 旣得權이 인정되지 아니하는 한(21Ⅱ但) 그 구역지정의 목적에 위배되는 건축물의 건축, 토지의 形質變更, 토지면적의 분할 또는 도시계획사업은 시행할 수 없다.

개발촉진지구(開發促進地區) 특정구역개발촉진에 관한 임시조치법(1978년말까지 限時法)에 의하여 건설부장관이 도시의 건전한 발전을 위하여 필요하다고 인정하는 경우에 대부분의 도시계획구역 안의 토지 또는 행정청이나 대한주택공사가 시행하는 토지구획정리사업이나 일단의 주택지조성사업지구 안의 토지에 대하여 지정하는 지구로서, 이에는 주택건설촉진지구와 재개발촉진지구의 2종이 있다. 개발촉진지구로 지정되면 그 지구 안에서 건축되는 건축물과 그 대지의 取得 및 讓渡 등에 관하여 조세의 減免, 자금의 융자 등 혜택을 받게 되는 반면에 사업시행상 여러가지 제약도 아울러 받게 된다.

개발탄좌(開發炭座) → 탄좌

개방적 구성요건(開放的構成要件) 〔獨〕 offene Tatbestände 형법이 금지 또는 요구의 내실을 규정하는 방법에는 2가지 방법이 있는 바, 그 하나는 무엇이 법적으로 금지 또는 요구되는가를 오로지 구성요건에서만 정하는 것이고, 다른 하나는 過失犯 또는 不眞正不作爲犯의 구성요건과 같이 금지 또는 요구의 내실의 일부만 구성요건에 규정하고 나머지 부분은 법관에 의하여 보충되도록 일임하는 방법이다. 후자를 개방적 구성요건이라고 한다.

개방조약(開放條約) 〔英〕 open treaty 일정한 조약에 규정된 권리·의무를 다른 非加入諸國에도 확장적용할 목적으로 제3국의 가입을 인정하는 뜻을 그 조약 속에 명시하고 있는 조약(예: 국제연합헌장). 조약 속에 제3국의 가입을 인정(초청)함을 규정하는 조항을 加入條項이라 한다. 가입조항은 원체약국이 그 상호간에 있어서와 같은 동일의 권리·의무를 제3국에도 확장적용하고자 하는 취지의 명시적인 의사표시로서 일종의 청약이다. 제3국은 그 조항이 정하는 절차에 따라 동조약에 가입할 수 있다. 가입조항이 붙은 조약 중에도 일반으로 모든 국가에 가입이 개방되어 있는 것과 그렇지 않은 것이 있다. 예컨대 특정범위의 국가에 대해서는 무조건가입이 인정되나 기타의 국가의 가입에는 현체약국의 전부 또는 특정수의 동의를 조건으로 하는 것(예 : 1944년의 국제민간항공조약, 국제연합헌장)이 있다. → 일반조약, 가입조항

개방처우(開放處遇) 〔英〕 open treatment 단기자유형의 폐단, 과잉구금의 문제, 行刑의 경제성, 처우의 효과 및 사회기여도 등이 문제로 제기되면서 수형자의 건전한 사회복귀라는 관점에서 구금제도를 완화 내지 보완하려는 방안으로 나타난 처우를 말한다. 여기에는 개방처우를 위한 특수시설인 開放施設(open institution)을 설치하는 방법과, 구금상태를 완화하는 방법이 있다. 半拘禁制·外部通勤制·歸休制·夫婦特別面會制·中間矯導所制 등을 그 예로써 들 수 있다.

개별노동관계(個別勞動關係) 1사용자와 1근로자간에 있어서 노동의 급부에 대하여 임금의 지급이 행하여지고 있는 관계. 근로자가 노동을 제공하면 사용자는 이에 대하여 임금을 지급한다고 하는 관계는, 일반적으로 근로자 각자와 사용자와의 사이에 체결되는 계약(勤勞契約)에 의하여 발생되는 것으로, 이 근로계약은 노동의 내용이나 임금 등의 근로조건에 대하여 사용자와 근로자 사이의 의사가 합치됨으로써 성립되는 것이나, 실제로는 근로자는 사용자가 일방적으로 제시하는 근로조건을 그대로 승낙하고 들어갈 뿐이지 근로자 자신의 의사는 개입될 여지가 없는 형편으로 되어 있는 것이 보통이다. 이와 같은 勤勞契約에 대해서 일정한 규정을 만들고 이를 보호하려고 하는 법률이 근로기준법이다.

개별대리(個別代理)**의 원칙**(原則) 동일당사자에 대하여 여러 명의 訴訟代理人이 있는 때에는 각자가 당사자를 대리한다는 원칙으로, 당사자가 이와 다른 약정을 하여도 그 효력이 없다(民訴 84).

개별매각(個別賣却) 〔羅〕 distractio bonorum 로마법에 있어서 채무자의 파산의 경우에 財産管理人(curator)이 채무자의 재산을 포괄적으로 매각하지 않고 개별적으로 채권액에 달할 때까지, 또는 매각할 물건이 하나도 남지 않을 때까지 매각하여 그 賣得金을 채권자에게 평등하게 배당하던 제도. 이 경우 채무자는 公權剝奪을 면한다.

개별보험(個別保險) 〔獨〕 Einzelversicherung 〔佛〕 assurance particulière 개개의 물건 또는 사람을 목적으로 하는 보험. 생명보험에서는 이를 單獨保險 또는 單生保險이라고 한다. 이에 대하여 물건 또는 사람의 집합체를 목적으로 하는 것을 集合保險이라고 한다. 개별보험과 구별할 것은 특별보험으로서, 이는 총괄보험에 대립되는 개념이다.

개별부담(個別負擔) 부담의무자인 각 개인에 대하여 개별적으로 과하는 부담을 말한다. 개별부담은 公用負擔의 전체가 각 부담의무자에게 분할되어 개별적으로 과하여지며, 따라서 부담의무자가 다수인인 경우에도 각 부담의무자는 자기의 부담자에 대해서만 책임을 진다.

개별신문(個別訊問) 증인이 여러 명 있을 경우에 저마다 개별적으로 격리하여 신문하는 방식. 隔離訊問이라고도 한다. 증인이 수인 있는 경우의 신문의 원칙적 방식이다(民訴 300 Ⅰ, 刑訴 162 Ⅰ). 민사소송법에서는 필요에 따라서는 뒤에 신문할 증인을 재정시킬 수 있으나 형사소송법에서는 신문하지 아니한 증인의 퇴정을 명하여야 한다(民訴 300 Ⅱ 但, 刑訴 162 Ⅱ). 필요한 때에는 증인과 다른 증인(또는 피고인)과의 對質을 명할 수도 있다(民訴 301, 刑訴 162 Ⅲ).

개별의견(個別意見) 〔英〕 individual opinion → 소수의견

개별재판조약(個別裁判條約) 국제재판에 관한 개별조약. → 국제재판조약

개별적 강제집행(個別的强制執行) 채권자가 채무자의 개개의 재산에 대하여 행하는 강제집행. 個別執行이라고도 한다. 일반적 강제집행에 대립된다. 보통의 강제집행은 개별적 강제집행임에 반하여 파산절차는 일반적 강제집행이다.

개별적 권리능력(個別的權利能力) 국제사법상 權利能力은 관념상 일반적 권리능력과 개별적 권리능력으로 구분된다. 전자는 권리의무의 주체로서의 자격, 즉 법률상의 인격이며, 후자는 일반적 권리능력을 가진 사람이 개개의 권리를 향유하고 개개의 의무를 질 수 있는 자격이다. 예컨대 외국인은 內國에 있어서 土地所有權을 향유할 수 있는 자격이 있는가 여하에 관해서는 외국인이 무릇 법률상의 인격을 가지는가의 문제가 전자의 경우이고, 그것을 긍정한 위에 토지소유권을 가지는가의 문제가 후자의 경우이다. 따라서 국제사법상 양자의 준거법 여하가 문제되나, 우리 섭외사법에는 권리능력에 관한 규정이 없다. 즉 동법 6조는 행위능력에 관한 규정이고, 동법 8조는 權利能力의 소멸을 규정할 뿐이다.

개별적 법률유보(個別的法律留保) 개별적 법률유보라 함은 헌법이 기본권의 제한을 그 스스로 규정하지 아니하고 그 제한을 법률에 위임할 것을 규정하고 있는 경우에 어떤 基本權을 특히 지적하여 법률로 제한할 수 있다고 규정하는 것을 말한다. 특정의 기본권을 지적하지 아니하고 기본권 일반이 법률에 의하여 제한될 수 있다고 규정하는 일반적 법률유보에 대응하는 개념이다. 개별적 법률유보조항이 있는 기본권은 법률이 정하는 바에 따라 제한이 가능하다. 그러나 개별적 기본권에 관하여 헌법은 다만 법률에 의한 제한허용성만을 규정하고 있을 뿐 제한의 목적이나 제한의 방법은 규정하고 있지 아니하다.

개별적 이혼사유(個別的離婚事由) → 구체적 이혼사유

개별적 이혼원인(個別的離婚原因) 이혼의 원인을 사항별로 규정해 놓은 것을 말한다. 구민법은 이혼을 제한하기 위해 이혼원인을 한정적으로 규정하여, 그 사항에 해당해야 이혼을 인정하는 소위 絶對的 離婚原因主義를 채택했으나(舊民 813), 현재의 민법은 相對的 離婚原因主義를 채택하여 예시하고 있는 개별적 이혼원인 외에 혼인을 계속하기 어려운 중대한 사유가 있을 때 이혼을 인정해주고 있다. 이를 破綻主義라고 한다. 개별적 이혼원인만 규정해 놓은 것은 例示主義라고 한다. 개별적 이혼원인으로 들고 있는 것은 ① 배우자의 부정한 행위(民 840 i), ② 배우자의 악의의 유기(840 ii), ③ 배우자 또는 그 직계존속에 의한 심히 부당한 대우(840 iii), ④ 자기의 직계존속에 대한 배우자의 심히 부당한 대우(840 iv), ⑤ 배우자의 3년 이상의 생사불명(840 v) 등이 있다.

개별적 저촉규정(個別的抵觸規定) 〔獨〕 individuelle Kollisionsnorm 일방적 저촉규정과 같다.

개별적 집행(個別的執行) 채무자의 개개

의 재산에 대하여 개별적으로 행해지는 强制執行. 집행의 목적인 채무자의 집행에 대하는 관념. 우리나라 법처럼 평등배당주의를 채택하는 경우에는 작용적으로는 일반적 집행에 가까워지나 집행재산마다 별개의 절차를 하는 점에서 개별집행이라고 말할 수 있다.

개별조약(個別條約) 〔英〕 individual treaty 〔佛〕 traité individuel →특수조약

개별준거법(個別準據法) 〔獨〕 Einzelstatut →포괄준거법

개별중재재판소(個別仲裁裁判所) 〔英〕 arbitral tribunal ad hoc 〔佛〕 tribunal arbitral ad hoc 仲裁裁判所의 일종이며, 각 구체적 사건마다 부탁된 사건을 해결하기 위하여 설립되는 중재재판소를 말한다. 부탁된 사건에 대한 재판이 종료되면 그 재판소도 소멸된다. 常設仲裁裁判所와 다른 점이다. 이 재판소는 대개 3 내지 5인의 학자 또는 외교관으로 구성되며, 그 일부를 각 분쟁당사국이 단독으로 임명하고 기타는 합의로써 선임한다. 국제재판소로서는 초보적이며 재판의 공평을 기대할 수 없고 또한 판결의 권위도 불충분하다. →상설중재재판소, 중재재판조약, 개별재판조약

개산계약(概算契約) 각 중앙관서의 장 또는 그 위임을 받은 공무원은 개발시제품의 제조계약·시험·조사·연구용역위탁, 정부투자기관 또는 정부출연기관의 법령의 규정에 의한 위탁 또는 대행계약에 있어서 미리 예정가격을 정할 수 없을 때에는 개산계약을 체결할 수 있다. 概算契約이란 금액을 확정하지 않은 상태에서 개산의 금액으로 하는 계약을 말한다. 각 중앙관서의 장의 위임을 받은 공무원은 개산계약을 체결한 때에는 개산의 이행이 완료된 후 정산하여 소속 중앙관서의 장의 승인을 얻도록 되어 있다.

개산급(概算給) 국고금의 지출방법에 관한 하나의 특례. 금액미확정의 채무에 대하여 국가가 개산하여 지급하는 것. 국고금의 지출은 확정채무에 대하여 지급하는 것이 원칙이나 運賃·傭船料·旅費 기타 대통령령이 정하는 경비로서 그 성질상 개산급으로서 지급하지 아니하면 사무 또는 사업에 지장을 초래할 우려가 있는 경비의 경우에는 그 개산급이 인정되고 있다(豫會 68, 地財 55). →선급금, 도급경비, 조체수불

개 선(改選) 일반적으로 선거에 의해서 임명되는 公職에 관하여 전임자가 결원된 경우 또는 그 임기만료의 경우에 행해지는 선거를 말한다.

개선불능(改善不能)**한 범죄인**(犯罪人) 〔獨〕 unverbesserlicher Verbrecher 사회적응성을 결여한 범죄인. 目的刑論은 형의 개선작용에 따라, 범죄인을 개선가능자와 개선불능자로 대별한다(리스트나 라트브루흐). 그 표준은 사회적응성의 유무이며, 그 위에 개선의 필요있는 자와 개선곤란한 자가 가하여진다. 종래의 범죄인의 분류에 의하면, 개선불능자의 유형에는 慣習犯罪人·狀態犯罪人·職業犯罪人·生來犯罪人이 포함된다. 리스트의 설명은, 이들은 프롤레타리아트의 범죄인, 즉 거지·알콜중독·매춘부·사기꾼·變質者 등의 사회병리학적 현상이며, 이 반사회적 행위자군의 대표가 慣習犯罪人이라고 한다. 그러나 개선불능의 판단이 현재의 형이나 처분 등의 제도를 표준으로 한다면 부당하며, 그것들의 이상적 상태로부터 범죄인을 평가하는 것도 정당한 것은 아니다. 더욱이 범죄인을 생산한 사회를 개량하지 아니하고, 형이나 처분의 만능성을 믿는 것은 과학적이 아니다. 그러므로 개선불능의 유형을 배척하고, 형사정책의 발전에 노력하여야 할 것이다.

개성회담(開城會談) 한국전쟁을 종식시키기 위한 예비회담이 1951년 6월 23일 말리크의 제의에 의하여 개성에서 열렸는데 이를 속칭 개성회담이라고 한다. 후에 본회담은 유엔측의 요구에 의하여 판문점으로 옮겼다.

개시선서(開示宣誓) 〔獨〕 Offenbarungseid, Manifestationseid 독일법계의 입법에서 볼 수 있는 특수한 宣誓. 2종이 있다.

[1] 실체법상으로는 계산을 명백히 할 의무를 지는 자가 그 의무를 임의로 이행하지 아니하는 경우에 판결에서 그것을 명하고, 그 결과 그 의무를 이행한 때에 행하는 양심에 좇아서 될 수 있는 한 완전히 하였다는 취지의 선서(獨民 259, 260, 257 등).

[2] 소송법상으로는 ① 有體動產에 대한 금전집행이 완전한 만족을 보지 못하였을 때 또는 그 우려가 있을 때, ② 특정물의 引渡請求權의 집행에 즈음하여 그 목적물을 발견하지 못하였을 때에 담보가 될 재산의 소재를 명백히 함과 동시에 하는 그것이 진실하다는 취지의 선서, 또는 목적물의 소재를 알지 못한다는 취지의 선서. 채권자의 신청에 의하여 행하여지나, 그 명령에 복종하지 않을 때에는 拘留에 의하여 강제된다(獨民訴 899 이하).

개시장(開市場) 조선시대에 무역하던 장소로서 의주·中江·동래·왜관 등지로서 1593년(선조 26년) 임진왜란으로 기근이 심할 때 당시의

영상 柳成龍의 건의에 의하여 압록강 중류지대인 중강에서 개시하여 遼東과 무역. 이것이 對明貿易의 시초가 되었다. 그후 청나라의 요구로 다시 시작하여 회령개시·경원개시·동래개시·왜관개시 등이 열렸다.

개연성설(蓋然性說) → 미필적 고의

개원식(開院式) 국회를 개회하는 의식. 개회식이라고도 한다. → 개회식

개 의(改議) 국회법상 발의된 議案 또는 動議에 대한 飜案動議와 修正動議를 말한다. ① 飜案動議는 본회의에서는 의안을 발의한 의원이 그 의안을 발의한 때의 찬성자 3분의 2 이상의 同意로, 위원회에 있어서는 위원의 동의로 발의하되 재적의원 과반수의 출석과 출석의원 3분의 2 이상의 찬성으로 의결한다. 그러나 본회의에 있어서는 안건이 정부에 이송된 후에는 번안할 수 없으며, 위원회에 있어서는 본회의에 의제가 된 후에는 번안할 수 없다(國會 91). ② 의안에 대한 수정동의는 그 안을 갖추고 이유를 붙여 의원 30인 이상의 찬성자와 연서하여 미리 의장에게 제출하여야 한다. 그러나 예산안에 대한 修正動議는 의원 50인 이상의 찬성이 있어야 한다. 위원회에서 심사보고한 수정안은 찬성 없이 의제가 되며, 위원회는 소관사항 외의 안건에 대하여는 수정안을 제출할 수 없다. 또 議案에 대한 대안은 위원회에서 그 原案을 심사하는 동안에 제출하여야 하며, 의장은 이를 그 위원회에 회부한다(95).

개의정족수(改議定足數) 개의를 함에 필요한 인적 요건. → 개의

개 인(個人)〔國際法上의〕 국제법상 개인은 원칙적으로 국제법의 객체이며 주체는 아니다. 그러나 최근에 와서는 개인도 국제법상의 주체가 될 수 있다고 주장하는 견해가 우세하다. 개인은 국적을 표준으로 하여 自國民과 外國人으로 구별된다. 세계정부가 존재하지 않는 한 개인은 항상 어느 국가의 국민이며 반면에 어느 국가의 국민은 다른 국가에 대한 외국인으로서 존재한다. 自然人으로서의 개인은 私的個人과 公的個人이 있다. 개인의 이와 같은 여러 분류는 각자에 대한 국제법적 규율의 차이를 표시하는 데에 필요하다. → 국제법의 주체

개인소권주의(個人訴權主義) 기소의 권리를 피해자 또는 일반 사인에게 인정하는 주의. 전자의 경우를 채용하는 입법은 현재는 없다. 후자는 영미법계의 여러 나라에서 원칙으로 채용하고 있다. → 국가소추주의, 원심제

개인소추주의(個人訴追主義) → 사인소추주의

개인실재론(個人實在論) 사회의 기초는 개인에게 있으며, 사회는 개인의 집회에 대한 명칭에 지나지 않는다고 하는 18세기의 個人主義的 社會觀. 그 대표적인 것은 법제적 사회관, 원자론적 사회관, 사회명목론, 사회여론, 사회의제론과 같은 것 등이다.

개인연설회(個人演說會) 대통령후보자나 국회의원후보자, 지방의회의원 및 단체장후보자는 사전에 일정한 장소와 시간을 정하여 다수인을 모이게 하여 소속정당의 정강·정책이나 후보자의 정견 기타 홍보에 필요한 사항을 발표하게 할 수 있으며, 이를 개인연설회라 한다(公選 77). 현행 공직선거 및 선거부정방지법에 의하면 대통령선거는 1회 5시간 이내에서 시·도마다 2회, 구·시·군마다 1회 이내, 지역구국회의원 선거에서는 1회 3시간 이내에서 국회의원 지역구마다 2회 이내로 하되 다만 하나의 국회의원 지역구가 2 이상의 구·시·군으로 된 경우에는 그 추가되는 구·시·군마다 각 1회를 더한 횟수 이내로 한다. 그리고 지방의회의원선거에서는 1회 2시간 이내에서 선거구마다 1회, 시·도지사 선거에서는 1회 4시간 이내에서 당해 시·도안의 시·군·구마다 1회 이내, 자치구·시·군의 장선거에서는 1회 4시간 이내에서 자치구·시·군마다 2회 이내에 각각 선거운동을 위한 연설회를 개최할 수 있게 하고 있다(77 I).

개인위탁사무(個人委託事務) 행정기관이 법령이 정하는 바에 의하여 그 소관사무 중 조사·검사·검증·관리업무 등 국민의 권리·의무와 직접 관계되지 아니하는 사무를 地方自治團體가 아닌 개인에게 맡겨 그의 명의와 책임하에 행사하도록 한 사무를 말한다. 이러한 사무에는 단순사실행위인 행정작용, 공익성보다 능률성이 현저히 요청되는 사무, 특수한 전문지식 및 기술을 요하는 사무, 기타 국민생활과 직결된 단순행정사무 등이 있다(行政機關의 委任 및 委託에 관한 規程 2, 11).

개인(個人)으로서의 국민(國民) 개인으로서의 국민은 基本權主體로서의 국민과, 義務主體로서의 국민으로 나누어지는데, 개인으로서의 국민의 지위에 대하여는 학설이 대립한다. 엘리네크는 국가에 대하여 국민이 갖는 지위를 적극적 지위·소극적 지위·능동적 지위·피동적 지위로 나누어, 국민의 국가에 대한 소극적 지위에서 自由權이, 적극적 지위에서 受益權이, 능동적 지위에서 參政權이, 피동적 지위에서 국민의 의무가 나온다고 설명

하였다. 우리나라에도 이에 동조하는 학자가 있으나, 國民主權說을 채택하고 있는 우리 헌법에서는 부적합하다고 하겠다.

개인(個人)**을 위한 양자제도**(養子制度) 양자(Pflegekinder)에는 家를 위한 양자와 개인을 위한 양자가 있다. 종래 우리의 양자제도는 宗法制의 영향으로 오직 家를 계승하기 위한 양자만 허용되었고, 양자는 家의 계속에 봉사해야 했다. 그러므로 근대적 의미의 양자제도는 발달되지 못했었다. 이때는 양자를 한 사람에 한정시켰고, 死後養子나 遺言養子도 인정되었다. 이에 반하여 개인을 위한 양자는 家를 계승한다는 목적 외에 양자를 맞을 수 있는 제도이다. 특히 점증하는 고아들의 보호문제 등을 고려해서 민법은 개인을 위한 양자제도를 도입했고, 1990년 민법의 일부개정으로 死後養子·遺言養子 및 壻養子와 같은 家를 위한 양자제도를 모두 폐지했다.

개인의사자치(個人意思自治)**의 원칙**(原則) → 사적자치의 원칙

개인적 공권(個人的公權) 국민이 국가에 대하여 가지는 공권. 국가적 공권에 대응한 말. 참정권·수익권·자유권으로 나뉘고, 사권과 달라서 국가적·공익적 견지에서 인정되는 권리이므로, 一身專屬的 性質의 것이며, 따라서 移轉性이 없고, 또 그 포기가 제한되는 일이 많지만, 경제적 가치를 내용으로 하는 권리에 있어서는 예외가 인정된다. 개인적 공권은 行政訴訟으로써 법원에 출소함으로써 보호받는다(憲 27 I, 行訴 1). → 공권, 국가적 공권

개인적 공의무(個人的公義務) 공의무는 국가적 공의무와 개인적 공의무로 분류되는데, 개인적 공의무란 의무자의 의사에 불구하고 직접 법률에 의하거나, 또는 법률에 근거한 行政處分에 의하여 가하여지는 의무를 의미한다. 이러한 개인적 공의무를 불이행하는 경우에는 법률에 근거하여 행정권의 自力强制가 인정되거나 벌칙이 가해진다. 그 대표적인 예로 국가 또는 지방자치단체의 租稅徵收權에 대한 개인의 納稅義務를 들 수 있다.

개인정보보호(個人情報保護)**에 관한 법률**(法律) 미국에는 1974년의 프라이버시法(Privacy Act)이 있고 영국에는 1984년의 약칭 情報保護法(Data Protection Act)이 있으며, 프랑스에는 1978년의 情報處理·蓄積·自由에 관한 법률이 있고, 독일에는 1977년의 聯邦情報保護法이 있다. 일본의 경우도 1988년 12월 행정기관이 보유하는 전자계산기처리와 관련된 個人情報에 관한 법률(약칭 個人情報保護法)을 공포한 바 있다. 經濟協力開發機構(OECD)는 1980년 10월 個人情報의 國際的流通과 프라이버시保護에 관한 가이드라인을 작성·공포한 바 있다. 이 가이드라인은 정보의 자유로운 유통을 원칙으로 하면서도 프라이버시보호라는 관점에서 가맹국이 개인정보처리시에 준수하여야 할 8개 원칙을 제시하고 있다. 우리나라에서도 1995년 1월부터 공공기관의 개인정보보호에 관한 법이 시행되고 있다. 이 법률은 국가주요업무에 관한 전산화의 확대추진과 전국적 행정전상망의 구축 등으로 개인정보의 무단사용 또는 무단유출로 인한 개인의 사생활침해 등 각종 부작용이 우려됨에 따라 ① 공공기관이 컴퓨터에 의하여 개인정보를 취급함에 있어 준수할 사항들을 규정하고 있으며(동법 8~13 참조), ② 공공기관 외의 개인 또는 단체도 컴퓨터를 사용하여 개인정보를 처리함에 있어 공공기관의 예에 준하여 個人情報의 보호를 위한 조치를 강구하도록 하고 있다(22).

개인정보(個人情報)**화일** 특정개인의 신분을 확인할 수 있는 사항에 의하여 당해 개인정보를 검색할 수 있도록 체계적으로 구성된 개인정보의 集合物로서 컴퓨터의 磁氣테이프·磁氣디스크 기타 이와 유사한 매체에 기록된 것을 말한다.

개인주의(個人主義) 〔英〕 individualism 〔獨〕 Individualismus 〔佛〕 individualisme 법률·정치·경제 등 모든 분야에 있어서 개인의 가치와 의의를 존중하고 강조하는 입장. 요컨대 개인을 일체의 사색의 출발점으로 하는 사상이다. 법철학상의 개인주의는 개인의 존재의 유지 및 그 충실을 위하여 필요한 모든 제도를 확립하는 것을 궁극의 목적으로 함으로써 國家主義, 全體主義를 배격한다. 근세자연법론은 그 대표적인 예가 된다. 개인인격의 존엄성도, 天賦人權說도 법적으로는 여기에서 나왔다. 근대민법의 3대원칙인 私所有權의 絶對不可侵, 契約自由의 原則, 過失責任의 原則은 사법상에 있어서의 개인주의 법사상의 단적인 표현인데, 이것이 근대 자본주의가 급속도로 발전하는데 있어서의 법적 뒷받침이 되었던 것이다. 현대의 자유주의 내지 민주주의도 물론 개인주의에 입각한 사상이다. 그러나 19세기 말엽부터 경제적 불균형으로 오는 사회적 문제로 인하여 종래의 개인주의법사상이 대폭적으로 수정되어 법의 사회화의 경향이 현대법사상의 특징으로 되었다.

개인주의적 회사(個人主義的會社) → 단체주의적 회사·개인주의적 회사

개인회사(個人會社) 회사의 持分 또는 주

식의 대부분이 1개인의 소유에 속하고, 그 개인이 회사기업을 지배하고 있는 형태의 회사.

개입권(介入權) 〔獨〕 Eintrittsrecht 상법상 개입권이라고 하는 것에 성질이 다른 두 가지가 있다. 그 하나는 타인의 계산으로 한 거래행위를 자기의 계산으로 한 것으로 보거나 그로 인한 이득의 양도를 청구할 수 있는 권리로서 競業避止義務의 실효를 확보할 목적이 있으며 奪取權이라고도 한다. 다른 하나는 위탁을 받은 위탁매매인이 위탁사무의 처리방법으로 스스로 거래의 상대방이 되는 권리이다. 전자는 다시 세 가지 경우가 있다. 즉, ① 상업사용인의 행위에 관한 영업주의 개입권(商 17 Ⅱ). 상업사용인이 경업피지의무를 위반한 경우, 즉 상업사용인이 자기의 계산으로 한 것인 때에는 영업주는 이를 영업주의 계산으로 한 것으로 볼 수 있고, 제3자의 계산으로 한 것인 때에는 영업주는 사용인에 대하여 이로 인한 이득의 양도를 청구할 수 있다. 상업사용인의 의무위반에 대하여 손해배상 외에 상법이 특히 이러한 介入權 내지 奪取權을 인정한 것은 이러한 경우에 영업주의 손해를 입증하기가 곤란하고 또 거래처를 확보해 줄 필요가 있어 영업주를 보호하기 위한 것이다. 개입은 일정기간 내에 상업사용인에 대한 일방적 의사표시로 하게 되므로 形成權의 일종이다. 타인의 명의로 한 경우는 물론이고 사용인의 명의로 한 경우라 할지라도 개입권의 행사에 의하여 영업주가 거래의 상대방에 대하여 직접 거래관계에 서게 되는 것이 아니며, 다만 거래의 경제적 결과를 영업주에게 귀속시킬 의무를 사용인에게 부담시킬 뿐이다. ② 代理商이 競業避上義務에 위반한 경우의 본인인 상인의 개입권(89 Ⅱ). 이 관계는 상업사용인의 경우와 같다. ③ 합명회사·합자회사의 무한책임사원 또는 주식회사·유한회사의 이사의 競業避止違反의 경우의 회사의 介入權(198 Ⅱ, 269, 397 Ⅱ, 567). 개입의 의사결정은 합명회사·합자회사에서는 다른 사원(무한책임사원)의 과반수의 결의(198 Ⅳ, 269), 주식회사·유한회사에서는 주주총회나 사원총회의 결의에 의한다(397 Ⅱ, 567). 개입의 효과는 商業使用人의 경우와 같다. 위탁매매인이 가지는 개입권은 위탁매매인이 거래소의 시세있는 물건의 매매의 위탁을 받은 경우에 직접 賣渡人 또는 買受人이 되기 위하여 위탁자에게 의사표시를 하는 권리이다(107 Ⅰ). 일종의 形成權이기는 하지만 위의 개입권과는 다른 것이다. 상법이 이러한 개입권을 인정한 것은 이러한 경우에는 위탁매매인이 매매의 상대방이 되더라도 위탁자의 이익을 해할 염려가 없기 때문이다. 위탁매매인은 개입을 함에 있어 善管者의 注意를 가지고 하여야 하며, 만일 이것에 위반하여 위탁자에게 손해를 생기게 한 때에는 그 배상의무를 지는 것은 물론이요, 때에 따라서는 위탁자는 개입의 효과를 거절할 수도 있다. 위탁매매인이 개입을 한 경우에도 위탁자에 대하여 보수나 바용의 청구를 할 수 있다(107 Ⅱ). 운송주선인에 관하여도 상법은 특히 運送周旋人이 개입권이 있음을 명정하고 또 스스로 貨物相換證을 작성한 때에는 개입을 한 것으로 의제하고 있다(116).

개입의무(介入義務) 〔獨〕 Selbsteintrittspflicht 중개인이 타인간의 상행위의 중개를 함에 있어 임의로 또는 그 타인의 요구에 의하여 당사자의 일방의 성명 또는 상호를 상대방에게 표시하지 아니한 때에 상대방에 대하여 직접 이행의 책임을 지게 되는 것(商 99). 상대방은 그 상행위의 당사자가 누구인지를 모를 것이므로, 法이 특히 신뢰보호를 위하여 이 의무를 인정한 것이나, 委託賣買人의 개입권과 달라 중개인으로 하여금 당사자가 되게 하여 상대방에게 자발적으로 이행하거나, 反對給付를 청구할 수 있게 하는 것은 아니다.

개 적(改籍) 인구수를 알기 위하여 식년마다 漢城府와 8도 각읍의 호적을 고치던 일. 漏戶者, 漏丁者, 漏籍者, 年齡加減者, 奴婢不正記載 등의 호적을 잃은 자는 1개월 이내에 자수하지 아니하면 엄벌의 제재가 있었다.

개 전(開戰) 전쟁의 개시의 약칭.

개전법규(開戰法規) 해상의 전투에 관한 국제법상의 규칙의 총체. 그 주요한 규칙은 1856년의 파리선언, 1907년의 헤이그 평화회의 등 여러 조약에 의하여 성문화되었다. 1909년의 런던선언도 중요한 규칙을 성문화하였으나 정식으로는 효력을 보지 못하였다.

개전시(開戰時)**의 적상선취급**(敵商船取扱)**에 관한 조약**(條約) 1907년의 제2회 헤이그 평화회의에서 불의의 전쟁발발에 있어서 國際商業의 안전을 보증하고 또한 전쟁개시전 善意로 착수하고 또 이행도중에 있는 상거래를 보호할 목적으로 개전시에 있어서의 적의 상선(모든 私有船舶을 포함하나 구조상 군함으로 개조할 수 있음이 명백한 것을 포함치 않음)의 취급에 관한 자세한 규정을 마련한 조약. 이 조약은 개전시 自國領水內에 있는 적상선에 대하여 즉각 또는 상당한 恩惠期間 (days of grace) 중에 자유로이 출항케 하고 또한 통항권을 부여한 후에 상선의 도달항 또는 다른 지정항에 직항토록 조치하고(同條約 1 Ⅰ) 개전전에 최종출범항을 떠나 전쟁을 모르고 항내에 들어온 적상선에 대해서도 같은 조치를 취할 것을 희망하였다(1Ⅱ). 희망사항에 불과하므로 적상선의 출항을 허가해야 할 의무는 없다 하겠으나 출항이 불허된 상선도 몰수는 면제되고 다만 抑留 또는 徵發만은 할 수 있으나 억류한 경우에는 전후에 배상없이 소유자에 환부해야 하고 징발한 경우에는 배상을 지급해야 한다(2). 불가항력으로 전기 기간내에 출항할 수 없는 적상선의 취급(2)도 1조의 경우와 같다. 이상의 적상선에 적재된 적화도 몰수할 수는 없고 억류 또는 징발할 수 있을 뿐인데 억류나 징발의 조건은 상선의 경우와 같다(4). 또한 전쟁개시전에 최후기항지를 출발하여 해상에 있는 적상선이 교전국군함을 만났을 때도 전쟁의 발발을 모르는 적상선(및 화물)은 몰수되지 아니하고(3), 다만 抑留·徵發 또는 경우에 따라 破壞될 뿐이다. 억류나 징발의 조건은 상선이 교전국항내에 있을 경우와 같다. 파괴를 필요로 하는 실질적 이유에 따라 파괴할 때에도 상선내의 인원의 안전과 선박서류의 보관을 기하고 또한 상선소유자에게 배상을 해야 한다(3Ⅰ). 적상선이 그의 본국 또는 중립국의 항구로 기항한 뒤에는 그에 대한 취급은 일반해전법규에 의한다(3Ⅱ). 이 조약은 총가입조항을 규정하고 있으므로 일반적 적용이 어려운 형편에 놓여 있음에도 불구하고 무제한적인 전쟁의 피해를 억제하려는 인류공통의 기원과 국제무역의 안전과 각국의 경제적인 이익의 보호를 기하려는 所請이 대체적으로 이 조약의 주의에 따르는 행동을 보장해 왔다.

개전(開戰)**에 관한 조약**(條約) 1907년 헤이그 평화회의에서 조인된 후 30개국에 의해서 批准(1910년 10월 발효)된 조약. 이 조약은 1조에서 이유를 붙인 開戰宣言, 즉 宣戰 또는 條件附開戰宣言을 포함하는 最後通牒의 형식을 가진 명료한 사전통고 없이는 체약국 상호간에 전쟁을 개시하지 않을 것을 규정하였다. 따라서 개전은 비록 일방당사국의 단독의사로 이를 행할 수 있으나 戰意(animus belligerendi)의 표시는 항상 명료한 것이라야 하며 선전의 통고에는 반드시 이유를 붙여야 한다. 전보와 같은 것에 의한 통고는 다른 조문(2)과의 연관적 해석상 허용되지 않는 것으로 되어 있다. 또한 이 조약은 전시중립법규의 적용을 고려하여 2조에서 전쟁상태는 지체없이 중립국에 통고하여야 하며 통고수령 후가 아니면 그 국가에 대하여 전쟁상태의 효과를 주장할 수 없다고 하였다. 그러나 중립국과의 관계에 있어서 전쟁개시의 효과를 발생시킴에 있어서는 電報로 하는 통고도 유효하다고 하였고 한편으로는 중립국은 그가 실제 전쟁상태의 존재를 알고 있음이 확실한 경우에는 통고의 흠결을 주장할 수 없다고 하여 약식으로도 허용되는 통고의 수령이 다만 公平義務에 관련이 있고 묵인의무는 통고와 관계없이 이 전쟁상태의 개시와 함께 인정되어야 한다는 관행을 이루었다. 그러나 제1차 세계대전후에 현저해진 전쟁의 불법화경향에 따라 개전방식의 적법성의 문제는 이미 그 의의를 상실한 것이라 하겠다. → 전쟁의 개시, 최후통첩

개전(改悛)**의 정**(情) 규율을 지키고 선행하여 타인으로부터 悔悟하였음을 인정받을 만한 정상. 가석방을 허용하는 요건의 하나이다.

개 정(開廷) 지정된 공판기일에 공판정에서 소송절차를 행하는 것. 다만 법원장은 필요에 의하여 법원 외의 장소에서 개정케 할 수 있다(法組 56Ⅱ). 개정함에는 판사와 서기관 또는 서기의 열석, 검사의 출석이 필요하고 피고인의 출석이 필요한 것이 원칙이다(刑訴 275Ⅱ, 276). 야간의 개정도 특히 訴訟關係人의 권리를 해하는 것이 아닌 한 위법은 아니다. →공판정

개정금지규정(改正禁止規定) 헌법에는 개정의 절차를 정하는 규정뿐 아니라 일정한 개정을 금지하는 규정을 두는 예가 있다. 그것은 전면개정의 금지라는 양적 제약도 있으나, 특히 특정내용의 개정을 금지하는 質的 制限이 있을 수 있다. 또한 일정시기에는 개정을 금지하는 時間的 制約도 있다.

개 표(開票) 선거에 있어서 투표함을 열고 투표를 점검하여 그 효력을 결정하는 절차. 개표사무는 구·시·군 선거관리위원회가 이를 행한다(公選 172Ⅰ). 투표의 점검은 개표구마다 각각 따로 하는 것이 보통이다.

개표구(開票區) 개표의 기초인 구역. 그 구역내의 투표는 하나의 개표절차로서 점검된다. 시·읍·면의 구역에 의하는 것이 원칙이나 예외도 있다. 투표구와 일치하는 일도 있고, 여러 투표구를 포함하는 일도 있다.

개표소(開票所) 개표를 행하는 장소·선거관리위원회가 선거일전 5일까지 구·시·군의 사무소 소재지 내에 설치한다(公選 173).

개표참관인(開票參觀人) 개표상황을 참관하는 사람. 각 정당은 8인을, 무소속후보자는 4인을 선정하여 시·군 선거관리위원회에 신고하여야 한다(公選 181Ⅱ). 개표참관인은 개표내용을 식별할 수 있는 가까운 거리(1m 이상 2m 이내)에서

참관할 수 있도록 개표사무 종업원과 상대편에 좌석을 정해야 하되 수시로 순회 감시할 수 있고, 개표에 관한 위법사항에 대하여 그 시정을 요구했을 때에는 구·시·군 선거관리위원회는 정당한 이유가 있다고 인정할 때에는 이를 시정해야 한다. 또한 참관인은 개표소 안에서 개표상황을 촬영할 수 있다(181 Ⅷ).

개품운송계약(個品運送契約) 〔英〕 carriage in a general ship 〔獨〕 Stückgütervertrag 〔佛〕 affrètement à cueillette, transport 개개의 운송물의 운송을 목적으로 하는 해상운송계약. 해상법은 해상물건운송계약의 종류로서 傭船契約과 이 개품운송계약의 두 가지를 규정하고 있다(商 780). 오늘날의 해상물건운송으로는 개품운송계약이 오히려 일반화되어 있으나, 이에 관한 상법의 규정은 미비하므로, 결국 선하증권상의 普通契約約款에 의하게 된다.

개 항(開港) 〔英〕 open port 외국통상을 허용하는 항. 개항은 대통령령으로 지정하고(開港秩序法 3), 개항내에 입·출항하는 선박은 地方海運港灣廳長에게 신고해야 한다(5). 현재 개항장은 인천·군산·목포·부산·묵호·제주·고현·속초·옥계·보령·서귀포·여수·마산·통영·포항·평택·진해·동해·삼척·울산·삼천포·장승포·장항·완도·옥포·광양 및 대산 등이다(開港秩序法施行令 2).

개혁(改革)**된 형사소송법**(刑事訴訟法) 〔獨〕 reformiertes Strafprozessrecht 프랑스 혁명후 나폴레옹이 執權하여 1808년에 제정한 治罪法(Code d'instruction criminelle)을 가리킨다. 이 프랑스의 치죄법은 근대 형사소송법의 모범으로서, 독일을 비롯하여 유럽각국의 형사소송제도의 개정운동에 극히 중요한 영향을 주었다. 독일에서는 나폴레옹에 의하여 점령되었던 당시에 위의 치죄법이 알사스지방에 시행되었는데, 점령해제후에도 우수한 형사법전으로서 독일의 형사입법의 근대화에 대하여 그 본보기가 되었다. 이 프랑스의 형사법의 계수 이전에는 철저한 糾問主義가 행하여지고 있었다. 그러므로 독일에서는 이 나폴레옹 형사법전을 특히 개혁된 형사소송법이라 부르고 있다. 이 법전에서는 검사제도의 수립, 법원의 조직·권한의 명료화, 彈劾主義, 口述辯論主義, 公開主義 등의 중요한 여러 원칙이 채용되고 있다.

개 회(開會) 일반적으로는 합의체기관의 회의를 개시함을 뜻하나, 국회의 경우에 있어서는 會期의 초일에 그 회기의 회의를 개시함을 말한다. 국회의 개회는 집회일에 개회식을 거행함으로써 한다(國會 6).

객관설(客觀說) 객관주의 형법이론을 구성하는 설. →객관주의, 객관주의 형법이론, 구파

객관적 경과실(客觀的輕過失) 抽象的 輕過失과 같다. 선량한 관리자의 주의라고 하는 객관적 표준에 의하여 과실의 유무를 결정하므로 이렇게 부른다.

객관적 관련사건(客觀的關聯事件) 수인이 형사사건에 일정한 관련관계가 있는 경우로서 4종으로 나눌 수 있다(刑訴 11). 즉 ① 1인이 범한 數罪, ② 수인이 공동으로 범한 죄, ③ 수인이 동시에 동일 장소에서 범한 죄, ④ 범인은닉죄·증거인멸죄·위증죄·허위감정통역죄 또는 贓物에 관한 죄와 그 本犯의 죄를 말한다.

객관적 귀속론(客觀的歸屬論) 〔獨〕 Die Lehre von der objektiven Zurechnung 因果關係가 인정되는 결과를 行爲者의 행위에 객관적으로 귀속시킬 수 있는가를 확정하는 이론을 말한다. 인과관계는 발생된 결과를 행위자에게 귀속시키기 위하여 행위와 결과 사이에 어떤 연관이 있어야 하는가에 대한 이론이다. 그러나 발생된 결과를 행위자에게 귀속시킬 수 있느냐의 문제는 인과관계가 있는가라는 存在論的 문제가 아니라 그 결과가 정당한 처벌이라는 관점에서 행위자에게 객관적으로 귀속될 수 있느냐라는 규범적·법적 문제에 속한다. 因果關係論과 客觀的 歸屬論의 관계에 관해서 오늘날 독일에서는 객관적 귀속론의 獨自性을 인정하여 인과관계론을 객관적 귀속론으로 대체해야 한다는 이론도 대두되고 있다. 그러나 인과관계를 무용지물로 보지 않고 이와는 독립된 객관적 귀속관계의 중요성을 강조하면서 인과관계를 먼저 검토하고 난 뒤 더 나아가 반드시 객관적 귀속관계를 검토함으로써 구성요건적 결과의 객관적 구성요건 해당성을 최종적으로 판단하려는 견해가 지배적이다. 행위와 결과 사이에 因果關係가 존재한다는 것만으로는 이러한 관계가 법질서에 대하여 어떤 의미를 갖는가에 대하여 아무런 해결을 주지 못한다. 여기에 인과관계 이외에 歸屬의 기준을 명백히 하지 않으면 안될 이유가 있다. 객관적 귀속의 척도를 어떻게 설정할 것인가에 관해서는 학자들 사이에 견해가 다소 상이하게 나타나고 있으나, 대체로 공통되는 점을 종합·정리하면 다음과 같다. 즉 일반적인 객관적 귀속의 척도를 의미하는 위험의 창출(허용된 위험의 원칙, 위험감소의 원칙, 社會相當하고 경미한 위험의 원칙, 구성요건적 결과의 객관적 지배가능성의

원칙)과 특별한 객관적 귀속의 척도가 되는 위험의 실현(위험의 상당한 실현의 원칙, 법적으로 허용되지 아니한 위험실현의 원칙, 합법적 대체행위와 위험증대이론) 및 규범의 보호목적(고의적인 自損行爲에의 관여, 양해있는 피해자에 대한 가해행위, 타인의 책임영역에 속하는 행위, 보호목적사상의 기타 적용례)이 있다.

객관적 법(客觀的法) 〔獨〕 objektives Recht 〔佛〕 droit objectif 法規範 또는 法體系 그 자체, 즉 法과 같다. 法(ius, droit, Recht)과 권리(ius, droit, Recht)는 본질적으로는 표리의 관계에 있는 것이라고 생각되어, 傳統的 法思想은 법을 권리가 객관화된 것으로 보고 이것을 객관적 법 또는 객관적 의미에 있어서의 法이라고 불렀다. 이에 대하여 권리는 법의 주관적 측면으로서, 主觀的 法 또는 주관적 의미에 있어서의 법이라 불린다.

객관적 불능(客觀的不能) 〔獨〕 objektive Unmöglichkeit 급부가 누구에게 있어서도 불능한 것. 당해 채무자에게만 불능인 主觀的 不能(〔獨〕 subjektive Unmöglichkeit)에 대립한다. 우리 민법상의 불능은 객관적 불능만을 가리킨다고 하는 설이 있는데, 구별의 표준에 관하여는, 채무자의 一身的 事情에 의한 불능은 主觀的 不能, 그 밖의 불능은 객관적 불능이라고 하는 설 등 여러가지이며 정설은 없다. 현재 이 구별은 불필요하다고 하는 설이 유력하다.

객관적 상당인과관계설(客觀的相當因果關係說) 행위자에 대신하는 제3자(구체적으로는 법관)를 行爲者의 지위에 놓는 경우, 일반적으로 관찰하고 발견할 수 있는 결과에 인과관계를 설정하는 설.

객관적 상행위(客觀的商行爲) 〔獨〕 objektives Handelsgeschäft →절대적 상행위

객관적 소송(客觀的訴訟) 개인의 구체적인 권리·의무와 관계가 있는 法律上 訴訟과는 달리, 국민 또는 주민의 한 사람으로서 법치행정의 유지를 도모하기 위하여 위법한 국가행위의 시정을 구하는 民衆訴訟이나, 행정기관이 개인의 이익과 관계없는 직책상의 권한을 주장하여 소송을 제기하는 기관소송을 객관적 소송이라고 한다. 현행 행정소송법은 민중소송 및 機關訴訟은 법률이 정한 경우에 법률에 정한 자에 한하여 제기할 수 있다고 규정하여 객관적 소송은 법률에 의하여 특히 인정된 경우를 제외하고는 행정소송을 제기할 수 없도록 제한하고 있다.

객관적 위법성설(客觀的違法性說) 위법성의 의의에 관하여, 객관적으로 평가규범으로서의 법에 위반하는 것을 위법이라고 보는 설. 법은 命令規範(意思決定規範)으로서 기능하기(책임의 문제)에 앞서, 먼저 評價規範으로서 기능한다는 것을 논거로 삼는다. 이 설에 의하면 책임없는 위법의 존재가 인정되고, 행위가 위법하기 위하여는 행위자에게 책임능력이 있느냐의 여부는 불문이다. 따라서 책임능력없는 자의 침해에 대하여도 정당방위가 성립할 수 있게 된다. 主觀的 違法性說에 대한다.

객관적 쟁송(客觀的爭訟) 당사자의 권리·이익의 침해를 요건으로 하지 않고 법규의 정당한 적용이라는 공익상의 요청만으로 그 제기가 인정되는 쟁송. 주관적 쟁송에 대립되는 개념. 쟁송제도는, 일반적으로 개인의 권리·이익의 보호를 그 주목적으로 하나 쟁송(특히 행정쟁송) 중에는 이와 같이 순전히 공익상의 요청만으로 그 직접적인 이해관계인 이외의 자에게도 提起權이 인정되는 쟁송이 있다. 民衆爭訟과 機關爭訟이 그 예이다. →민중쟁송, 기관쟁송

객관적 처벌조건(客觀的處罰條件) 刑罰權은 원칙적으로 범죄의 성립에 의하여 곧 발생한다. 다만 예외로서 범죄의 성립이 있더라도 형벌권의 발생이 다른 조건에 의존하는 경우가 있다. 이를 객관적 처벌조건 또는 단순히 처벌조건이라고 한다. 예컨대 사기파산죄에 있어서 破産宣告의 확정(破 366). 事前收賂罪에 있어서 공무원 또는 중재인이 된 사실(刑 129 Ⅱ) 등이다. →처벌조각사유

객관주의(客觀主義) 主觀主義에 대한 말. 여러가지 경우에 여러가지 뜻으로 쓰여지지만, 대체로, 心的 및 관념적인 것보다 物的 및 실재적인 것을 중시하고, 또는 개인적인 입장보다 사회적인 거래상의 입장을 중시하는 것과 같은 경향의 사고방법을 객관주의라 한다. 법률해석이나 법률행위의 해석에 있어서는 입법자나 행위자의 의사를 떠나서 사회적인 요구에 중점을 두는 것이 객관주의의 특색이다. ① 민법상으로는 예를 들면 점유의 성립을 위하여는 소유의 의사라든가 자기를 위하여 하는 의사라든가 하는 따위의 주관적 요건을 필요로 하지 않고 물건을 사실상 지배하고 있다는 客觀的 要件(體素)만 갖추고 있으면 족하다고 하고, 주소의 설정 또는 변경에는 定住의 의사를 요하지 않고 정주의 사실만으로 족하다고 하는 입장을 객관주의라고 말한다. ② 형법이론으로서의 객관주의란 科刑의 전제로서의 범죄를 고찰함에 있어서 결과라든가 被害法益이라든가의 행위의 객관적 측면을 중시하는

사상을 말한다. 舊派(古典學派)의 중심사상의 하나이며, 주관주의에 대한다. 주관주의는 범죄를 객관적으로 행위로서 현실화한 것에 한정하여 그 객관적 측면을 중시함으로써, 국가권력의 자의를 방지하는 기능을 가지고 있다. 그리고 객관주의라는 말을 구파를 대표시켜서 사용하는 수도 있다. → 구파, 객관주의 형법이론

객관주의형법이론(客觀主義刑法理論) 형법의 기초를 외부적 행위 및 객관적 實害 위에 두는 것으로서 舊派의 중심사상의 하나인바 행위주의라고도 불리운다. 주관주의형법이론에 대하여 쓰인다. 객관주의의 사상은 자유의사를 전제로 하고 자유의사는 인간이 평등하게 갖추고 있는 것이므로 각자의 차이는 발견할 수 없다고 하여 여기에서 형벌의 중점을 외부적 행위, 實害에 둠과 동시에 범죄를 객관적으로 행위로서 현실화된 것에 한정함으로써 國權의 恣意를 방지하려는 것이다. 따라서 형사책임의 기초를 범죄행위에 구하고 또 형벌의 대소도 행위 및 실해의 대소에 의하여 결정한다고 한다. 그 행위는 犯罪徵表說이 이해하는 바와 같은 행위자의 위험성의 단순한 징표가 아니라 그 자체가 현실적인 존재가치를 가지는 것이라고 이해된다. 그러므로 객관주의형법이론은 필연적으로 현실주의 형법이론이다. 그러나 객관주의도 외부적 행위만을 형법적 평가의 대상으로 하는 것이 아니라 행위자의 내심·성격도 행위에 현실화된 한 문제시한다. 즉 행위를 주관·객관의 구조를 가지는 것으로 파악하고, 그 외부적 실현을 형법적 평가의 대상으로 하고 있다. 객관주의는 법관의 주관적 獨斷에 대하여 범인을 위한 방위적 역할을 가진 점에 있어서 역사적으로 중요한 구실을 다 했다고 할 수 있는바 이 권능은 오늘날에 있어서도 의의가 있다. → 구파, 주관주의형법이론

객 주(客主) 客商人의 뜻. 仲介人, 周旋人에 해당한다. 沿革未詳이나 고려시대부터 있었다고 전하고 있으며, 상업·금융·숙박 등을 겸한 기관의 하나이다. 步行客主는 주로 여관을 경영하면서 소상인을 숙박시키고 겸하여 상품의 委託仲介 등을 하는 영업 또는 그 營業을 하는 자. 物商客主는 주로 상업금융기관으로 영업소와 창고 등을 가지고, 物件都賣業·倉庫業·運送業·委託販賣業을 하고 이들 업무에 부수하여 근대은행업무에 유사한 금융업도 하였고, 荷主吸收의 방법으로 旅宿의 편의를 돕기도 하였다. 생산자 혹은 중개인의 화물을 인수하고 혹은 지방상인을 숙박시켜 그 화물을 위탁판매하거나 중개하여 구전을 취득하고 경우에 따라서는 객주는 하주나 매주에 대하여 대금을 替當하고 혹은 자금을 융통하였던 것이다. 개성지방에서는 換錢客主라 칭하고 금융자본만으로 객상이나 하주에게 貸金·어음發行 등을 전문으로 하는 금융기관도 있었다.

객주금융(客主金融) 客主가 소기업에 대하여 행하는 금융·소기업의 원재료를 신용으로 매도함으로써 실질적으로 유동자금을 융자하는 경우와 소기업의 제품을 판매 인수할 때 대금을 선급함으로써 유동자금을 융자하는 경우 및 그 밖에 여러 경우가 있다.

객차지정권(客車指定券) 혼잡하여 좌석을 잡지 못할 것을 방지하기 위하여 특별열차의 시발역에서 승차할 때 定員을 제한하여 객차를 지정하는 표로서 보통 좌석권이라고도 부른다.

객체(客體)**의 착오**(錯誤) 〔羅〕 error in objecto [1] 민법상 법률행위의 목적물에 관하여 착오가 있는 경우. 목적물의 同一性에 관한 착오 등이 그것이다. 행위를 취소할 수 있을 것인가 없을 것인가는, 당해 법률행위에 있어서 그 목적물의 개성이 중요시되느냐 않느냐에 따라서 결정될 문제이며, 일률적으로 논단하기는 어렵다. → 내용의 중요부분의 착오

[2] 형법상으로는 사실의 착오가 성질에 관한 경우이며, 目的의 錯誤라고도 한다. 예컨대, ① 갑의 물건이라고 생각하고서 을의 물건을 절취하거나 갑이라고 생각하고서 을을 살해한 경우(구체적 사실의 착오), ② 이웃 노인인 줄 생각하고서 자기부친을 살해하거나 도적인 줄 생각하고 사살했던 바 실은 이웃 개였던 경우(추상적 사실의 착오)이다. → 착오

갱 〔英〕 gangster, racketeer 폭력적인 범죄를 행하는 집단. 우리나라에서는 집단으로 행하는 강도를 말하지만, 미국에서는, 더 널리 반사회적인 집단의 의미로 쓰여진다. 대규모의 갱으로, 폭력적 경제기구로 利를 얻고, 정치권력과도 결탁하는 것을 racketeer라고 한다. 공갈, 매수, 統制違反, 밀수, 도박, 유괴 등의 위법을 은연 내지 공연히 행한다.

갱내노동(坑內勞動) 광산에 있어서의 지하노동·중노동이기 때문에 여자와 18세 미만자는 갱내에서의 노동이 금지되어 있다(勤基 70). 또한 기타의 일반근로자에 대해서도, 이러한 갱내노동의 경우에는 특별히 1일에 6시간, 1주일에 36시간을 기준으로 하여야 한다. 갱내노동의 근로시간의 계산에 있어서는 노동자의 入坑과 出坑에 소요되는 시간이 포함되지 않는 것으로서, 입법론상 논의의 대

상이 되고 있다. →갱내부, 구속시간제

갱내부(坑內夫) 갱내노동에 종사하는 근로자. 여자와 18세 미만의 근로자는 갱내부가 될 수 없다(勤基 70). 1919년 국제노동총회에 광산에 있어서의 지하노동에 여자를 사용하는 문제에 관한 조약안이 채택된 이후, 여러 외국에서는 연소자와 아울러 坑內勞動을 금지하는 경향이 있다.

갱생보호(更生保護) 징역 또는 금고의 형을 받은 자로서 그 집행을 종료하거나 면제된 자, 가석방중인 자 및 소년원에서 퇴원 또는 假退院한 자에 대하여, 善行을 장려하고 환경을 조성시켜 재범을 방지하거나, 親族·緣故者 등으로부터 원조를 얻을 수 없는 경우에 자활을 위한 생업의 지도, 취업의 알선 등을 하는 것. 갱생보호는 관찰보호 또는 직접보호의 방법에 의하며, 갱생보호공단이 법무부장관의 지휘·감독을 받아 수행한다.

갱생보호공단(更生保護公團) 갱생보호사업을 담당하는 기관. 法人이다(保護觀察 등에 관한 法律 72). 법무부장관의 지휘·감독하에 정관이 정하는 바에 의하여 필요한 곳에 支部 및 支所를 둘 수 있다. 공단에 이사장 1인을 포함한 10인 이내의 이사와 감사 1인을 둔다. 이사장은 법무부장관이 임명하고 그 임기는 2년으로 하되 연임할 수 있다(73, 76 I·II).

갱생보호사업(更生保護事業) 갱생보호를 행하는 사업 및 그 지도·연락 또는 조정을 하는 사업을 말한다. 갱생보호공단 이외의 자가 갱생보호사업을 하고자 할 때에는 법무부장관에게 법무부령이 정하는 바에 의하여 그 허가를 얻어야 한다(保護觀察 등에 관한 法律 67 I).

갱생시설(更生施設) 생활보호법에 의한 보호시설의 일종. 신체 또는 정신상의 이유로 인하여 養護 및 輔導를 필요로 하는 극빈자를 수용하여 생활보조를 행한다(生活保護法 25). 再活施設이라고도 한다.

갱 신(更新) 〔英〕 renewal 어떤 법률관계의 존속기간이 만료된 때에 그 기간을 연장하는 것을 말한다. 明示的 更新과 默示의 更新이 있다. 명시적 갱신은 기간이 만료되기 전에 당사자가 계약으로 기간을 연장하는 경우이고, 묵시의 갱신은 기간이 만료되었는데도 賃貸人이 아무런 이의를 제기하지 않고 賃借物을 계속 사용·수익하는 경우에 법률상 당연히 갱신이 이루어졌다고 보는 법정갱신이다. 민법은 임대차의 존속기간에 관하여 당사자가 계약으로 갱신하는 경우와 묵시의 갱신을 나누어 인정하고 있다(民 651, 639 I). 보통의 임대차는 그 존속기간이 20년으로 제한되어 있으나, 그 이상의 존속이 금지되지 않는다. 즉 당사자는 합의로 10년을 넘지 않는 범위에서 約定期間을 갱신할 수 있으며(民 651 II). 이 갱신은 몇번이라도 할 수 있다. 한편 이에 의하여 최장기의 제한을 받지 않는 건물 기타의 공작물의 소유 또는 植木·採鹽·牧畜을 목적으로 하는 토지임대차에 있어서는, 그 기간이 만료한 경우에 건물·수목 기타의 토지시설이 현존한 때에는 임차인은 계약의 갱신을 청구할 수 있으며 만일에 임대인이 계약의 갱신을 원하지 않을 때에는 임차인은 상당한 가액으로 그 공작물이나 수목의 매수를 청구할 수 있다(民 643, 283). 이 更新請求權이 인정되는 임대차의 범위는 민법 651조 1항에 의하여 최장기의 제한을 받지 않는 토지임대차의 범위보다도 넓다. 임차인이 갱신청구권을 행사한 경우에 임대인은 이에 응하여 승낙하여야 할 법률상의 의무는 없으며, 거절할 자유가 있다고 해석하여야 한다. 그러나 임대인의 갱신거절로 임차인이 지상시설의 買受請求權을 행사한 경우에는 임대인은 그 매수를 거절하지 못한다. 즉 이 地上施設買受請求權은 이른바 形成權으로서, 그 행사로 임대인·임차인 사이에 지방시설에 관한 매매가 성립하게 된다. 이 규정은 강행규정이며, 이에 위반하는 것으로서 임차인에게 불리한 약정은 그 효력이 없다(民 652). 이 외에 임대차기간이 만료한 후에도 임차인이 임차물의 사용·수익을 계속하는 경우에, 임대인이 상당한 기간 내에 이의를 제기하지 않은 때에는, 前賃貸借와 동일한 조건으로 다시 임대차한 것으로 본다(民 639 I 本). 이를 法定更新이라 하고 이는 임차인을 보호하기 위한 것이다. 이와 같은 법정갱신은 전임대차와 동일한 조건으로 임대차를 한 것으로 되나, 다만 그 존속기간만은 기간의 약정이 없는 것으로 본다. 그러므로 당사자는 언제든지 계약해지를 통고할 수 있고, 일정한 기간의 경과로 해지의 효력이 생긴다(民 639 I 但, 635). 법정갱신이 인정되는 경우에는 전임대차에 대하여 제3자가 제공한 담보는 그 전임대차의 기간의 만료로 법률상 당연히 소멸한다(民 639 II). 그러나 소멸하는 담보는 제3자가 제공한 것에 한하며 당사자가 제공한 담보는 소멸하지 않는다. 당사자는 위의 639조의 규정을 배제할 수 있다. 또한 주택임대차보호법에는 법정갱신에 관한 특별규정이 있다. 임대인이 임대차기간이 만료하기 6개월 전부터 동기간이 만료하기 1개월 전까지의 임차인에 대하여 갱신거절의 통지 또는 계약조건을 변경하여야만 갱신하겠다는 통지를 하지 않은 경우에는 賃貸借期間이 만료된 때에, 전임대차와 동일한 조건으로 다시 임대차한 것으로 본다. 그러나 그 존속기간은 전임대차의 기간과 동일한 것으로 되지 않으며, 기간의 약정이 없는 것으로 본다(住賃 6 I). 그러나 이와 같은 법정갱신이 인정되는 것은 임차인이 의무를 성실히 이행한 경우에 한하며, 2기의 차임액에 달하도록 임차를 연대하거나 기타 임차인으로서의 의무를 현저히 위반한 임차인에 대하여는 法定更新을 인정하지 아니한다(6 Ⅱ).

갱신청구권(更新請求權) 地上權이나 賃貸借의 존속기간이 갱신되는 것은 계약에 의하는 것이 원칙이고, 임대차에 있어서는 묵시의 갱신도 인정되고 있으나, 민법은 이에서 한걸음 더 나아가 일정한 요건 아래에서 지상권자와 토지임차인에게 대하여 일방적으로 갱신의 청구를 할 수 있는 권리를 인정하고 있는데 이것을 갱신청구권이라고 한다(民 283, 643). 민법이 특히 지상권과 토지임대차에 관해서 지상권자나 임차인에게 갱신청구권을 인정하고 있는 취지는 토지와 지상시설의 利用關係維持(利用權의 강화)와 지상시설의 社會經濟的 效用을 될 수 있으면 완전하게 발휘시키려는데 있다. 그러나 地上權者나 土地賃借人에게 이 권리를 인정하고 있다손 치더라도 이 권리는 形成權的인 성질을 지니고 있지 않으므로, 地主(地上權設定者 또는 土地賃貸人)는 그 갱신청구를 승낙하느냐의 여부를 保留하고 있다. 그러므로 그것은 비록 청구권이라고 불리기는 하나 권리로서의 성질마저도 뚜렷하지 않으며, 보통의 계약에 있어서의 청약과 마찬가지의 효력을 가짐에 지나지 않고, 지주가 그에 응하지 않으면 갱신의 효력은 생기지 못하는 결과로 된다.

거 가(去家) 호주 또는 가족이 종래 속하고 있었던 집을 떠나는 경우의 총칭. 去家는 혼인·입양·분가·친족입적 등을 원인으로 하여 일어난다.

거 간(居間) 중개인 또는 중개업자. 타인의 거래를 仲介 周旋하는 자. 상거래 뿐만 아니라 토지 가옥의 매매·임대차·전당 등도 중개한다. 그 종류가 다기다단하여 혹은 전문업으로 혹은 부업으로 하는데, 이를 대별하면 객주나 여각에 통근하면서 객상 및 화물의 거래를 중개하며 구전을 취득하는 외에, 거간·객주나 여각에 숙식하면서 사무처리를 해주고 기별의 이익분배를 받는 內居間. 일정한 장소나 사무소를 가지고 토지의 매매·대차·전당을 전문적으로 취급하는 복덕방이 있었다. 또, 다루는 물품에 따라 布木居間·洋糸居間·소(牛)居間·돈(錢)居間(금전융통) 등으로 불린다. 오늘날에 있어서도 이 말이 흔히 쓰이지만, 법전상·학술상의 용어는 아니다. → 중개인

거국일치내각(擧國一致內閣) 국가가 전쟁 또는 대규모의 경제불황에 임하였을 때 이 위기를 극복하기 위하여 일정한 기간 여러 정당이 내각에 참여하는 것. 예컨대 영국의 제2차대전 때에 로이드 조지 내각, 제2차대전 때의 처칠 내각, 세계공황을 타개하기 위한 맥도날드 내각 등이 그 예이다.

거동범(擧動犯) 단순거동범과 같다.

거래계약허가구역(去來契約許可區域) 토지의 투기적인 거래가 성행하거나 지가가 급격히 상승하는 지역과 그러한 우려가 있는 지역으로서 국토이용계획·도시계획 등 土地利用計劃이 새로이 수립되거나 변경되는 지역, 법령의 제정·개정 또는 폐지나 그에 의한 고시·공고로 인하여 토지이용에 대한 행위제한이 완화되거나 해제되는 지역, 법령에 의한 개발사업이 진행중이거나 예정되어 있는 지역과 그 인근지역 등에 해당하는 지역에 대해 국토이용계획심의회의 심의를 거쳐 건설교통부장관이 지정한 지역을 말한다(國土利用管理法 21의2). 이 지역내에서의 일체의 토지거래는 소재지 관서의 허가를 받아야 하며 이를 위반할 경우에는 자유형 또는 벌금이 과해진다(31의2).

거래법(去來法) 〔獨〕 Verkehrsrecht 재산거래에 관한 법의 전체. 재산법 중에서 靜的인 재산내용에 관한 物權法이나 組織法에 대하여, 재산거래 자체에 관한 법. 예컨대 債權法·行爲法·物權變動에 관한 법이 대략 이에 속한다. 去來의 安全, 動的 安全이 강조되는 분야이다.

거래보호주의(去來保護主義) 국제사법상 연령에 기초한 행위능력의 문제에 있어서 屬人法(本國法)의 원칙에 대해서 거래보호의 목적상 行爲地法을 적용함으로써 본국법의 적용을 제외하는 주의를 말한다. 행위능력에 관해서 屬人法主義가 인정되는 것은 주로 무능력자 개인의 보호를 이유로 하나, 거래보호주의는 일반 거래사회의 안전·보호를 이유로 한다. 우리 섭외사법 6조 2항은 외국인이 대한민국에서 법률행위를 한 경우에 있어서 그 외국인이 본국법에 의하면 무능력자인 경우라 할지라도 대한민국의 법률에 의하여 능력자인 경우는 이를 능력자로 본다고 규정하고 있다.

거래세(去來稅) 경제상의 거래에 의하여 추측되는 擔稅力을 課稅物件으로 하는 조세를 말하며, 부가가치세·인지세 등이 이에 속한다.

거래소(去來所) 〔英〕 (stock) exchange

〔獨〕 Börse 〔佛〕 bourse 상품 또는 유가증권의 매매거래를 하기 위하여 필요한 시장. 우리나라에는 증권거래법에 의한 證券去來所만이 있다. 증권거래소의 경제적 기능은 그 시장에 대량의 매매를 집중시켜 공정한 가격을 형성시킴으로써 유가증권의 유통을 원활하게 하는데 있다. 증권거래법에 의하여 설립된 한국증권거래소는 영리를 목적으로 하지 않는 법인으로서 社團法人에 관한 규정이 준용된다(證去 75).

거래시간(去來時間) 법령 또는 관습에 의하여 정해진 거래를 할 수 있는 시간. 법령에 의하여 정해진 거래시간의 예로서는 은행의 거래시간이 있다. 商行爲에 의한 채무의 이행에 관하여 거래시간이 정해져 있는 경우에는 그 시간내에 한하여 채무를 이행하고 또는 그 이행을 청구할 수 있다(商 63). 그러나 명문이 없는 민사거래에 있어서도 해석상 상법의 규정과 동일하게 해석하므로 이 규정은 주의규정에 불과하다.

거래원(去來員) 증권거래법상 증권회사로서 증권거래소에 등록을 하고 그 증권거래소가 개설한 유가증권시장에서 상시로 유가증권의 매매거래에 종사할 수 있는 자(舊證去 2 xi). 증권거래소 회원은 증권거래소에 대하여 그 매매거래상의 모든 책임을 지며, 증권거래소에 위약손해배상공동기금을 적립하여야 한다(證去 95 I).

거래(去來)**의 안전**(安全) 동적 안전과 같다. →동적 안전 · 정적 안전

거래일(去來日) 국경일 · 공휴일 · 일요일 기타의 일반휴일(어음 81, 手票 66)을 제외한 商去來를 하는 날. 어음법 · 수표법상 특히 문제가 된다(어음 38 I · 44 III · 45 I, 手票 40 II 등 참조). 만기에 이은 二去來日이라 함은 만기 다음 날부터 따져서 상기한 휴일을 공제한 거래일을 말한다.

거류지(居留地) 〔英〕 concession, settlement 외국인의 거주 · 영업을 위하여 지정된 지역. 1900년(明治 33년) 7월의 不平等條約 개정까지의 일본, 제2차대전까지의 중국에 있었다. 중국에서는 이것을 租界라고 부른다. 중국 조계의 특징은 조약 또는 관행에 의하여 外國行政權의 행사가 인정되며, 또한 원칙적으로 중국인의 토지소유가 금지된 것이다. 그러나 일본에 있어서의 외국인에 의한 居留地行政權은 중국에 비하여 정도가 약한 것이었다.

거부권(拒否權) 〔英〕 veto, right of veto 〔獨〕 Veto 〔佛〕 veto [1] 국제법상 국제연합의 안전보장이사회의 5대상임이사국이 실질적 문제의 表決에 있어서 갖는 권리. 이 이사회에 있어서는 절차사항은 9이사국의 찬성(이사국은 15국이므로 3분의 2의 다수결)으로 결정되지만(憲章 27 II), 그 밖의 실질사항은 상임이사국(미국 · 영국 · 프랑스 · 러시아 · 중국의 5대국)의 同意投票를 포함하는 9이사국의 찬성으로 결정된다(27 III). 따라서 常任理事國이 1국이라도 반대하면 결정은 성립하지 않는다. 이에 대하여는 벌써 국제연합의 성립당시부터 소국들이 강력히 반대하였다. 拒否權을 주게된 이유는, 국제문제의 처리에는 대국의 일치가 중요하다고 하는 국제정치의 현실을 승인한 결과이지만, 그 후에 구소련은 자주 거부권을 행사하여 결정을 성립할 수 없게 하였으므로 거부권을 제한 또는 폐지하자는 요구가 강하다. 이 제도의 질적 해결은 정치적 현실의 진전에 의존할 수밖에 없을 것이다.

[2] 헌법상 대통령의 法律案拒否權이 있다. →法律案拒否權

거부처분(拒否處分) 행정청이 행하는 구체적 사실에 관한 법집행으로서의 공권력의 행사를 거부하는 行政作用. 즉 행정행위의 신청이 있는 경우에 그 신청에 따르는 행정행위를 할 것을 거부하는 내용의 행정행위를 말하는데, 不作爲와는 달리 소극적이지만 행정청의 일정한 행정행위이다.

거 세(去勢) 생식선의 제거. 범죄적 소질이 유전하는 것을 방지하기 위하여, 상습적인 풍속범 등에 대한 보안처분으로 쓰여지는 일이 있었다. 예컨대 1933년 나치스의 保安矯正處分法. →단종

거 소(居所) 〔英〕 residence 〔獨〕 Wohnort 〔佛〕 résidence 사람이 얼마 동안은 계속해서 거주하는 곳으로 토지와의 밀접의 도가 住所만 하지 못한 장소. 주소를 알 수 없거나 국내에 주소가 없는 자에 대하여는 거소를 주소로 본다(民 19, 20).

거소지법(居所地法) 사람이 거소를 가지고 있는 장소의 법률. 국제사법상 준거법 중의 하나이다. 우리나라 涉外私法은 주소지법의 대용으로 거소지법의 적용을 인정하고 있다(2 II · III).

거소지(居所地)**의 특별재판적**(特別裁判籍) 재산권에 관한 소는 거소지의 법원에 제기할 수 있는데(民訴 6), 이때의 재판적을 거소지의 特別裁判籍이라 한다. 이 특별재판적은 거소지를 중심으로 하여 생긴 생활관계에 관하여 인정되는 것이다. 그렇지 않으면 이러한 경우에도 피고의 일반재판적인 주소지에 제소할 수밖에 없어서 소송경제와 신속의 이념상 불편하기 때문이다.

거소지정권(居所指定權) 타인의 거소를 지정하는 권리. 친권자는 자에 대하여 거소를 지정하여야 한다(民 914). 그러나 子의 의사에 반하여 그것을 강제할 수 없고 다만 子에게 의사능력이 없는 경우에는 이 효과로서 親權妨害排除請求權을 인정하여야 할 것이다.

거수투표(擧手投票) 표결방법의 하나로서, 거수로 가부의 의사를 표시하는 것. 公開投票의 한 방법이다. →공개투표

거절사정(拒絶査定) →특허사정

거절증서(拒絶證書) 〔英〕 protest 〔獨〕 Protest 〔佛〕 protêt 遡求權의 행사 또는 보전에 필요한 행위를 한 사실 또는 그 결과를 증명하기 위한 유일한 요식의 公正證書. 거절증서에는 그 작성이 요구되는 경우에 따라서 ① 引受拒絶證書(어음 35, 44), ② 日字拒絶證書(25Ⅱ, 78Ⅱ), ③ 一覽拒絶證書(78Ⅱ), ④ 支給拒絶證書(44·77Ⅰ, 手票 39), ⑤ 參加引受拒絶證書(어음 56Ⅱ), ⑥ 參加支給拒絶證書(60Ⅰ, 77), ⑦ 複本返還拒絶證書(66Ⅱ), ⑧ 原本返還拒絶證書(68Ⅱ, 77Ⅰvi)의 8종류가 있고 거절증서작성에 관한 사항은 대통령령으로 정한다고 위임하고 있다(어음 84, 手票 70). 거절증서는 위탁에 의하여 公證人 또는 執行官이 작성하며 위탁자는 어음·수표의 소지인 또는 그 대리인이다. 공증인 또는 집행관과 위탁자와의 관계는 일종의 委託이며, 위탁자가 증서를 작성하는 것은 그 공직으로서 일정한 사실, 즉 거절사실을 자기의 체험에 의하여 증명하기 위한 것이다. 작성장소는 청구를 한 장소가 원칙이나 거절자의 승인이 있을 때에는 다른 장소에서 작성할 수도 있다. 거절증서는 어음상의 청구를 할 수 있는 기간내에 작성하여야 하며, 이에 관하여는 어음법에 규정을 두고 있다(어음 21, 35, 44Ⅱ). 거절증서의 작성은 어음 또는 附箋에 하는 것이 원칙이나(拒絶證書令 4Ⅰ). 原本返還拒絶證書, 일부인수에 의한 거절증서는 謄本 또는 附箋에 작성하여야 한다(6Ⅰ·Ⅱ). 기재사항은 ① 거절자와 피거절자의 성명이나 명칭, ② 거절자에 대하여 청구를 한 뜻 및 거절자가 청구에 불응하였다는 사실, ③ 청구를 하였거나 또는 할 수 없었던 장소와 연월일, ④ 거절증서작성의 장소 및 연월일, ⑤ 작성자의 記名捺印 등이다. 기재의 방법은 거절증서작성 당시의 어음상태를 명백하게 하고, 또 중간여백을 이용하여 부정한 기입을 방지하기 위하여 어음 원본, 등본의 배면에 기재한 사실에 접속하여 기재하게 하고 있다(4Ⅱ, 5Ⅲ, 6Ⅲ). 공증인·집행관이 작성한 거절증서는 그 등본을 작성하여 사무소에 보관하여야 하고(9), 거절증서가 멸실·분실된 경우에는 이해관계인의 청구가 있을 때에는 공증인·집행관은 이 등본에 의하여 새로운 등본을 작성하여야 한다. 이 등본은 원본과 동일한 효력이 있다(9Ⅱ).

거절증서(拒絶證書)**와 동일**(同一)**한 효력**(效力)**이 있는 선언**(宣言) 어음에는 遡求權保全節次로서 拒絶證書作成免除의 경우를 제외하고는 거절증서의 작성을 절대 필요로 하고 있으나, 수표에 있어서는 그 지급증권성에 비추어 그 형식적 요건인 증명방법으로서 지급거절증서 외에 간편한 두 가지 방법을 인정하여 소지인으로 하여금 이를 선택하게 하고 있다(어음 44, 手票 39). 그 종류로는 ① 수표에 제시의 날을 표시하고 또한 일자를 기재한 지급인의 선언, ② 적법한 시기에 수표를 제시하였으나 지급이 없었다는 뜻을 증명하고 일자를 기재한 어음교환소의 선언 등이다.

거절증서작성면제(拒絶證書作成免除) 〔獨〕 Protesterlass 遡求權의 행사·보전의 형식적인 거절증서의 작성을 면제하고, 이것이 없어도 소구할 수 있는 제도를 말한다(어음 46·77Ⅰvi, 手票 42Ⅰ). 거절증서의 작성을 면제할 수 있는 자는 상환의무자인 발행인·배서인 및 이들의 보증인이다(어음 46Ⅰ, 手票 42Ⅰ). 법의 규정은 없으나, 參加引受人도 거절증서의 작성을 전제로 하여 채무를 이행하는 자이므로 이를 면제할 수 있다. 인수인과 그 보증인은 면제될 수 없고, 약속어음의 발행인도 주된 채무자의 지위에 있으므로 거절증서작성을 면제할 수 없다. 거절증서의 작성을 면제받기 위해서는, 어음상에 無費用償還, 拒絶證書不要의 문자, 또는 이와 동일한 의의가 있는 문언(이것을 무비용상환문구라고도 한다)을 기재하고 기명·날인 또는 서명하여야 한다(어음 46Ⅰ·77Ⅰiv, 手票 42Ⅰ). 거절증서작성면제가 적법하게 되면, 어음 또는 수표의 소지인은 거절증서 없이 소구권을 행사할 수 있게 된다. 발행인이 無費用償還文句를 기재하였을 때에는, 모든 어음채무자에 대하여 효력이 있고, 배서인 또는 보증인이 이를 기재하였을 때에는, 그 배서인·보증인에 대하여서만 효력이 있다. 발행인이 상술한 문언을 기재하였음에도 불구하고 소지인이 거절증서를 작성시킨 때에는, 그 비용은 소지인이 부담하고 배서인·보증인이 이 문언을 기재하였음에도 불구하고 거절증서를 작성시킨 때에는, 모든 어음채무자에게 그 비용을 상환하게 할 수 있다(어음 46Ⅲ·77Ⅰiv, 手票 42Ⅲ).

거주권(居住權) 가옥에 거주하는 권리를

널리 거주권이라고 한다. 법령상의 용어가 아니라 거주를 권리로서 주장하기 위하여 일부에서 사용한다. 그 근거는 生存權에 있다.

거주이전(居住移轉)**의 자유**(自由) 〔獨〕 Freizügigkeit 〔佛〕 liberté d'aller et de venir 주거를 결정하고, 그를 변경할 수 있는 자유와 국내의 여하한 장소에도 여행할 수 있는 자유 및 국외에 이동하고 국내에 歸還할 수 있는 자유(憲 14). 권리조항이 보장하는 전통적인 자유권의 하나. 이 자유는 국가안전보장 · 질서유지와 공공복리를 위하여 필요한 경우에 법률로써 제한될 수 있는 바(37), 구체적으로는 위생상 · 풍속상 · 형사상 · 군사상의 필요에 의하여 제한되고 있다.

거주제한(居住制限) 자유를 제한하는 保安處分의 하나로서 특정한 범죄자에 대하여 그 주거를 제한하는 처분을 말한다. 주로 思想犯罪人 등에 대하여 인정되고 있다. 스위스 형법 16조, 이탈리아 형법 215조 2항 2호 및 230조, 프랑스 刑法草案 70조 1호 등이 이를 규정하고 있으며, 과거 사회안전법 5조는 보안처분대상자 중 죄를 다시 범할 위험성이 있다고 인정되거나 보호관찰처분에 위반한 자에 대하여 住居制限處分을 인정했었다.

거주지(居住地) 거주지 및 주소를 합하여 이와 같이 부른다. 또 다만 사람이 현재 살고 있는 곳을 말하는 때도 있다.

거중조정(居中調停) 〔英〕 mediation 〔獨〕 Vermittelung 〔佛〕 médiation 중개라고도 한다. 국제분쟁을 제3자(국가 · 국제기관 · 개인)의 勸告(또는 助言)에 의하여 평화적으로 해결하는 방법. 제3자(1국 또는 數國)는 분쟁당사국의 부탁 또는 자기의 발의에 의하여 분쟁당사국의 交涉開始를 권유하기도 하고, 분쟁당사국의 직접교섭 내용에 관여하여 해결안을 제시하거나 양보를 권하거나 한다. 다만 외부에서 교섭을 원조하는 周旋과 다르다. 해결안을 권고하기 위하여 어떤 협의를 가지는 것이 예이다(國際紛爭의 平和的 解決에 관한 條約 4). 당사국에는 부탁의 의무는 없고 또 제3국도 발의할 의무가 있는 것은 아니다. 제3자는 분쟁당사국 양측에 친교있는 국가가 보통이다. 조정은 중대한 의견의 충돌 또는 분쟁이 발생한 경우에 한한다. 제3자의 해결안에는 당사국이 拘束되지 않으며, 따라서 수락의 의무가 없다. 제3자의 임무는 그 제시된 調停方案을 수락치 아니함이 분쟁당사국의 일방이나 또는 제3자 자신에 의하여 인정될 경우에는 종료된다. →국제분쟁의 평화적 처리, 국제조정

거증책임(擧證責任) 입증책임과 같다.

거증책임분배(擧證責任分配)**의 원칙**(原則)
[1] 일정한 法律效果의 유무를 주장하는 자에게 이를 시인할 만한 사실을 전적으로 입증시키는 것은 논리적인 요구에는 합치되어 대립당사자 상호간의 이익 반발에 의하여 사물의 진상을 명백히 하려는 민사소송법의 원칙과 형평의 관념에 배치된다. 여기에 거증책임을 당사자간에 분배하여 그 법률효과 발생의 적극 · 소극요건인 사실을 그 주장자에게 입증시키고 그와 같은 효력의 발생을 방해하고 또는 이를 滅却하고 사실에 관한 거증책임을 상대방에게 부담시키는 것이 요청된다. 따라서 이 원칙은 소송법상의 법칙이나 실체법규와 관련하여서만 뜻을 가진다.
[2] 형사소송법상 의심스러운 것은 피고인의 이익에 따른다라는 원칙에 의하여 범죄사실 및 처벌조건의 존재에 관하여는 항상 검사가 거증책임을 진다. 그러나 재판에 영향을 미치는 사실로서 피고인에게 이익이 되는 것에 대하여 법원이 모를 때 또는 그 사실을 증명할 만한 증거방법을 모를 때, 자기에게 유리한 재판을 받으려면 피고인측에서 이를 입증해야 한다.

거증책임(擧證責任)**의 전환**(轉換) 거증책임은 검사가 부담하는 것이 원칙이나, 예외적으로 피고인이 거증책임을 부담하는 경우를 말한다. 상해죄의 同時犯에 관하여 특칙을 규정한 형법 263조가 이에 해당한다. 名譽毁損罪에 있어서 진실성과 공익성(刑 310)에 관해서는 피고인이 거증책임을 부담한다는 견해가 있으나, 이는 명예훼손죄에 관한 특수한 違法性阻却事由의 부존재에 대한 거증책임은 검사에게 있다고 해야 한다.

거직강도(居直强盜) 절도의 실행에 착수한 후, 발견되어 폭행 또는 협박에 의하여 완수하는 행위를 말한다. 처음 판례는 강도의 단순죄라 하고 후에는 절도와 강도의 연속범이라고 했다. 학설상 강도의 單純一罪라고 하는 것이 통설이다.

거짓말탐지기(探知機) 〔英〕 polygraph, liedetector 〔獨〕 Lügendetektor 과학적인 분석을 통해 진술의 진실성을 측정하는 기계의 총칭이다. 사람이 거짓말을 할 때는 정신적 · 감정적 동요를 일으키게 되고 이에 따라 안색이 변하거나 호흡과 맥박이 빨라지는 등의 신체변화를 보인다. 이런 것들의 반응을 측정하여 그 진술의 진실성 여부를 측정한다. 이와 유사한 것으로 痲醉分析이 있다. 마취분석은 직접진술을 얻어 내는 것이어서 소위 陳述拒否權과 충돌되지 않는다고 보는 것이 통설이

나, 거짓말탐지기는 진술거부권과 충돌되어 문제가 된다. 학설은 긍정설과 부정설로 대립되어 있다. 판례는 ① 거짓말을 하면 반드시 일정한 심리상태의 변동이 일어나고, ② 그 심리상태의 변동은 반드시 일정한 생리적 반응을 일으키며, ③ 그 생리적 반응에 의하여 被檢者의 말이 거짓인지의 여부가 정확히 판정될 수 있다는 전제요건이 충족되어야 하며, ④ 특히 생리적 반응에 대한 거짓 여부의 판정은 거짓말탐지기가 위 생리적 반응을 정확히 측정할 수 있는 장치여야 하고, ⑤ 검사자가 탐지기의 측정내용을 객관성 있고 정확하게 판독할 능력을 갖춘 경우라야 그 정확성을 담보할 수 있어 證據能力을 인정한다는 소극적인 태도를 취한다.

거치배당금(据置配當金) 〔英〕 deferred dividend 회사에 있어서 일정기간 동안 회사가 이익배당금을 거치하고 지급하지 않는 것을 가리키며, 생명보험에 있어서는 회기 동안 이익배당을 계약만기까지 거치하고 만기에 지급하는 일도 있는바 이 배당금을 거치배당금이라고 한다.

거치보험(据置保險) 〔英〕 deferred insurance 保險契約 후 일정기간은 계약의 효력을 발생하지 않는 것을 가리키고, 계약 후 3년 동안은 비록 사고가 발생할지라도 보험자는 보험금을 지급하지 않는 취지를 조건으로 하는 보험.

거치주권(据置株權) 〔英〕 deferred stock 이익배당을 받는 권리를 어느 기간 동안 정지당하거나 또는 보통 주권소지인에게 소액의 배당을 주는 株權. 우리나라에는 이 제도가 없다.

거치할인제(据置割引制) 카르텔이 일정기간 다른 기업의 상품을 취급하지 않는다는 조건으로 상인에 대하여 일정률의 할인을 해주는 제도. 이는 企業獨占을 하기 위한 하나의 수단이다.

거행지법(擧行地法) 〔羅〕 lex loci celebrationis 婚姻擧行地의 법률. 국제사법상 혼인의 형식적 성립요건, 즉 방식의 준거법으로서 인정되고 있다(涉私 15 I 但). 행위의 방식에 관한 국제사법상의 원칙인 장소는 행위를 지배한다(Locus regit actum)가 적용되는 하나의 경우이다. 그러나 혼인에 관하여는 일반적인 법률행위에 관한 경우와는 달리, 거행지법의 적용은 强行的이고 원칙적이다. 즉, 민법 814조가 정하는 방식에 의하는 경우 이외에는, 반드시 혼인거행지의 법률이 정하는 방식에 의하지 않으면 안된다(15 I 但 · II).

건강보험(健康保險) 〔英〕 health insurance 질병 · 부상 · 사망 · 分娩 등에 있어서의 사회보험제도. 피보험자는 강제피보험자, 임의포괄 피보험자, 임의계속피보험자 등이고, 보험자는 건강보험조합과 정부가 담당하는 것이 원칙이다. 우리나라에는 아직 이 제도가 없다.

건강진단(健康診斷) 건강체를 의사가 진단하는 것. 병의 유무만을 진단할 때와 신체검사를 병행할 때가 있다. 입학시험, 생명보험에의 가입, 또는 근로기준법에 규정이 있었다(勤基 1990년 삭제).

건공장군(建功將軍) 조선시대 從三品 무관의 품계. 수군청절도사, 병마청절도사가 이에 해당된다.

건국공로훈장(建國功勞勳章) 건국훈장의 이전 이름. 대한민국 건국에 공로가 현저한 자에게 수여하는 훈장. 건국공로훈장령(1949년 대통령령 제82호)에 의하여 3급으로 나누어 각각 공로에 따라서 수여하였다.

건국포장(建國褒章) 헌신적으로 독립운동 또는 건국사업에 종사하여 그 공적이 현저한 자에게 수여하는 포장의 하나.

건 물(建物) 〔英〕 building 〔獨〕 Gebäude 〔佛〕 bâtiment 토지에 정착하고 있는 建造物이며, 不動産이다(民 99 I). 토지와 구별되며, 독립의 물건으로 취급된다. 보통 토지상에 건설된 것 중에서, 지붕 · 주벽이 있고, 사람의 거주에 사용되고 있는 것(가옥), 저장 등에 사용되고 있는 것(창고) 등을 말한다. 건물은 토지로부터 독립된 부동산으로 거래되므로, 그 권리관계를 명확하게 하기 위해서 公示할 필요가 있다. 그 때문에 토지와는 별개의 登記簿(建物登記簿)가 설치되어(不登 14), 독립으로 등기하게 된다. 그리고 법률행위로 인한 건물에 관한 物權의 得失變更은 등기하지 않으면 효력이 발생하지 않는다(民 186). 건축중의 건조물은, 판례에 의하면 지붕 · 흙벽이 된 때에는 독립의 부동산으로서의 등기를 인정하고 있으나, 건물은 물리적 구조를 표준으로 할 것이 아니라 거래의 실제에 따라 사회적 견지에서 판단할 것이 필요하다. 건물이 붕괴하면 부동산이 되지 않는다. 따라서 그 위에 설정되었던 抵當權은 소멸한다. 개축하거나, 장소를 이동하여도 반드시 건물의 동일성을 잃는 것은 아니다(판례). 건물의 구성부분으로 보아야 할 것, 예컨대 遮陽 · 덧문 등은 건물의 일부이고 독립의 물건은 아니다. 건물의 個數는 登記簿에 의할 것이 아니라, 사회적 견지에 의해야 할 것이다.

건물등기(建物登記) 우리나라에서는 건물

은 토지와 떼어서 한개의 부동산으로 취급하기 때문에 독립하여 등기할 수 있으며, 등기부에는 토지등기부와 따로이 건물등기부가 있어(不登 14Ⅰ), 1동의 건물에 대하여 1용지를 사용한다(15Ⅰ). 건물등기는 그 물건을 표시하는 기초가 되는 서면이 확실하지 못하여서 문제가 되는 일이 적지 않다. 또 등기되지 아니한 건물이 대단히 많고, 건물의 新築·改築·滅失 등을 정확하게 장부상에 표시하여 나가도록 하는 것이 극히 곤란한 점에서도, 토지등기에 비하여 불완전하다. → 부동산등기

건물등기부(建物登記簿) → 부동산등기부

건물보험(建物保險) 〔英〕 building insurance 〔獨〕 Bauversicherung 건물에 관한 손해를 보험사고로 하는 損害保險. 주로 화재보험에서 이용된다. 상법은 손해보험에서 건물을 보험의 목적으로 한 때에는, 그 소재지·구조와 용도를 보험증권에 기재하도록 하였다(商 685 i). 이 건물보험은 기성의 건물만이 아니고, 건축중의 건물도 보험의 목적으로 할 수 있다. 또 상법이 예정하고 있는 건물보험은 건물내의 동산의 보험(685 ii)에 한하지 않고, 건물 이외의 부동산(예: 교량·입목 등)이나, 건물 안에 있지 않은 동산(예 : 문밖에 쌓아 놓은 재목)의 보험도 가능하다. 특히 건물의 滅損의 경우에 그와 똑같은 건물을 再築하는 때에만, 보험자가 손해보상책임을 부담하기로 하는 약정을 할 수 있다. 이것을 정한 약관을 再築約款이라 한다.

건설공사(建設工事) 토목공사·건축공사·산업설비공사·조경공사 및 환경시설공사 등 시설물을 설치·유지·보수하는 공사(시설물을 설치하기 위한 부지조성공사 포함), 기계설비 기타 구조물의 설치 및 해체공사 등을 말하는데 전기공사업법에 의한 전기공사, 정보통신공사업법에 의한 정보통신공사, 소방법에 의한 소방설비공사, 문화재보호법에 의한 문화재수리공사 등은 포함하지 아니한다(建設産業基本法 2 iv).

건설기계저당(建設機械抵當) 건설기계관리법에 의하여 등록된 건설기계의 저당을 말하는바, 저당권자는 채무자 또는 제3자가 점유를 이전하지 아니하고 채무의 담보로 제공한 건설기계의 환가금에서 다른 채무자보다 자기채무의 우선변제를 받을 권리를 갖는다(建設機械抵當法 4). 저당권의 득실변경은 건설기계관리법 7조 1항의 규정에 의한 建設機械登錄原簿에 등록하지 않으면 그 효력이 발생하지 아니한다(5).

건설기술용역(建設技術用役) 다른 사람의 위탁을 받아 수행하는 건설공사의 계획·조사·설계(건축사법 2조 3호의 규정에 의한 설계 제외)·구매·조달·시험·공사감리·시운전·평가·자문·지도·사업관리·구조의 안전성 검토 기타 대통령령이 정하는 역무를 말한다(建設技術管理法 2).

건설분쟁조정위원회(建設紛爭調停委員會) 건설업 및 건설용역업에 관한 분쟁을 조정하기 위하여 설치된 기관. 건설교통부장관 소속하의 중앙건설분쟁조정위원회와 특별시장·광역시장·도지사 소속하에 지방건설분쟁조정위원회가 있다(建設産業基本法 69Ⅰ). 위원회는 위원장과 부위원장 각 1인을 포함한 15인 이내의 위원으로 구성되는데 중앙건설분쟁조정위원회 위원장은 건설교통부차관이, 지방건설분쟁조정위원회 위원장은 특별시·광역시 또는 도의 부시장 또는 부지사가 된다(70Ⅰ·Ⅲ)

건설이자(建設利子) 〔英〕 interest or dividend during construction 〔獨〕 Bauzinsen 〔佛〕 intérêts de construction 회사가 철도·운하·전력·築港 등과 같이 준비를 위하여 상당한 시일이 걸리는 사업의 경영을 목적으로 하는 경우 주식의 모집을 쉽게 하고 주식의 가격의 안정을 기함으로써 企業資本의 조달을 가능하게 할 목적으로 이익이 없으면 배당을 하지 못한다는 원칙의 예외로서 인정되어 이익이 없음에도 불구하고 주주에게 배당되는 이자. 建設利子의 배당은 예외적인 제도이므로, 그 요건이 매우 엄격하다(商 463Ⅰ). 즉, ① 그 사업의 성질상 성립후 2년 이상 전부개업을 할 수 없어야 하며, ② 原始定款으로 건설이자부주식의 數·配當期間·利子率을 정하여야 하되, 배당기간은 사업전부의 개업전 일정한 기간에 한정되며, 이자율은 年 5分을 넘지 않아야 하고, 이 정관의 규정들은 등기를 하여야 하며(317Ⅱ v), ③ 정관의 규정은 법원의 인가를 얻어야 한다(463Ⅱ). 인가를 얻는 절차는 비송사건절차법에 의한다(非訟 151, 146). 회사가 위의 정관의 규정을 변경하는 데에도 법원의 인가를 얻어야 한다(商 463Ⅱ). 건설이자의 배당을 주주가 가지는 주식의 수에 따라 하여야 함은 이자의 배당에 있어서와 같다(464). 배당한 이자액은 대차대조표의 資産의 部에 계상할 수 있게 하고, 개업후 연 6분 이상의 이익을 배당하는 경우에 그 6분을 초과하는 금액과 동액 이상의 償却을 명하고 있다(457).

건설위탁(建設委託) 건설업자가 건설산업기본법 2조 1호의 규정에 의한 건설공사, 전기공사업법 2조 1호의 규정에 의한 전기공사, 전기통신공

사업법 2조 2호의 규정에 의한 공사, 소방법 52조 1항 2호의 규정에 의한 소방시설공사 및 기타 대통령령으로 정하는 공사 등의 건설공사의 전부 또는 일부를 다른 사업자에게 위탁하는 것을 말한다(下都給去來公正化에 관한 法律 2).

건설협회(建設協會) 건설업에 관한 사항에 대하여 정부에 건의하는 사무기관. 건설협회는 법인인 바 그 설립에는 건설업자 5인 이상이 발기하여 50인 이상의 동의를 얻어 창립총회에서 정관을 작성한 후 건설교통부장관의 인가를 받아야 한다(建設產業基本法 50~53).

건 양(建陽) 조선시대 처음으로 제정한 연호. 갑오경장 이후 開國年號를 사용하다가 1895년(고종 32) 11월 15일을 양력 1896년 1월 1일로 하고 건양연호를 처음으로 쓰고 태양력을 사용하였다. 이 연호를 1년간 사용하고 다음 해(1897)에 皇帝國이 되자 光武로 개칭하였다.

건 옥(建玉) 유가증권시장에서의 매매거래 용어. 증권거래소에 매매약정으로 기장되어 있는 決濟未了의 증권이나 상품. 淸算去來制度下에서 인정되며, 玉이라고도 한다. 賣渡約定인 때에는 賣建 또는 賣建玉이라고 하고, 買收約定인 때에는 買建 또는 買建玉이라고 한다.

건 의(建議) 개인이나 단체 또는 국가의 기관이 정부 또는 해당기관에 현안문제나 관심사안에 대하여 앞으로 그 대책이나 개선 또는 발전방안을 연구검토해 주기를 희망하는 것. 국회나 지방의회에서는 建議案을 의결하여 건의내용을 소관하는 정부 및 지방자치단체 또는 기관에 이송하게 되는데 건의안의 내용은 반드시 강제성을 띠는 것은 아니나 건의안을 이송받은 기관은 건의안의 내용에 대해 처리결과를 통보한다.

건전재정주의(健全財政主義) 건전한 재정수지를 도모하기 위하여 歲出財源을 제한하는 원칙. 예산회계법에서 국가의 세출은 國債 또는 借入金 이외의 세입으로써 그 재원으로 하여야 한다라고 규정하고 있는데, 부득이한 경우에는 국회의 의결을 얻은 금액의 범위 안에서 국채 또는 차입금으로 충당할 수 있다.

건전증서(健全證書) 선박이 출항할 때에 세관 또는 영사가 선장에게 교부하는 증서. 그 출발항 근방에 惡疾의 유행이 없음을 증명하는 것이며 도착항에서는 이로써 검역을 위한 정박을 면한다.

건제부대(建制部隊) 전술상의 목적에 의하여 평상시부터 대오의 편성법을 제정하여 건설하는 부대. 이를테면 사단이나 여단 또는 연대·대대·중대·소대 따위.

건조물(建造物) 〔獨〕 Gebäude 〔佛〕 à building 형사상 住居 또는 邸宅을 제외한 일체의 건물. 즉 공장·창고·극장 또는 관공서의 청사가 여기에 해당한다. 건물뿐만 아니라 정원도 포함한다. 그러나 건조물은 住居와 달리 부동산에 제한하지 않을 수 없다. 즉 건조물이라고 하기 위하여는 지붕이 있고 담 또는 기둥으로 支持되어 토지에 정착하고 있어 사람이 출입할 수 있을 것을 요한다. 따라서 사람이 출입할 수 없는 犬舍나 토지에 정착되지 않은 천막은 건조물이 아니다.

건조물파괴죄(建造物破壞罪) → 공용물파괴죄, 공익건조물파괴죄, 재물손괴죄

건조중(建造中)**의 선박**(船舶) 〔獨〕 Schiffsbauwerk, Schiff im Bau 〔佛〕 navire en construction 건조중에 있는 선박은 아직 선박은 아니지만, 금융의 편의를 위하여 船舶優先特權과 船舶抵當權에 관하여는 선박과 동일하게 취급된다(商 874).

건축물(建築物) 토지에 정착하는 공작물중 지붕·기둥·벽 또는 이에 부수되는 시설과 공중의 용에 제공하는 관람시설 등을 말한다(建築 2ⅱ). 건축물에는 이 밖에 특수건축물(학교·병원·극장·관람장·백화점·공장 등)이 있다.

건축분쟁조정위원회(建築紛爭調停委員會) 건축물의 건축 등에 관하여 건축관계자와 당해 건축물의 건축 등으로 인하여 피해를 입은 인근주민간의 분쟁, 관계전문기술자와 인근주민간의 분쟁, 건축관계자와 전문기술자간의 분쟁, 건축관계자 상호간의 분쟁, 인근주민 상호간의 분쟁, 관계전문기술자 상호간의 분쟁, 기타 대통령령으로 정하는 사항의 분쟁을 조정하기 위하여 시·군·구에 설치한 委員會(建築法 76의2Ⅰ). 위원회는 위원장과 부위원장 각 1인을 포함한 15인 이내의 위원으로 구성한다(76의2Ⅱ).

건축사(建築士) 건설교통부장관의 면허를 받아 건축물의 設計와 工事監理 등의 업무를 행하는 자(建築士法 2Ⅰ). 건축사가 되고자 하는 자는 건설교통부에서 시행하는 건축사자격시험에 합격하고 건설교통부장관의 면허를 받아야 하며(7Ⅰ), 건축사가 개업을 하고자 할 때에는 단독 또는 공동으로 건축사사무소를 정하고 건설교통부장관에게 등록신청을 하여야 한다(23Ⅰ). 건축사는 타인에게 免許證

을 대여하거나 부당하게 이를 행사하여서는 아니되고(10), 등록없이 業으로서 타인의 위탁에 응하여 보수를 받고 업무행위를 하여서는 아니되며(26), 성실히 업무를 수행하여야 할 의무가 있다(20). 만일 이 의무에 위반하여 타인에게 면허증을 대여하거나 등록하지 아니하고 業으로서 업무행위를 할 경우에는 벌칙에 의한 제재를 받게 된다(39 iii · v).

건축사보(建築士補)　건축사보는 建築士法 23조의 규정에 의한 건축사 사무소에 소속하여 건축사의 업무를 보조하는 자 중 국가기술자격법에 의하여 건축 · 토목 · 전기 · 기계 · 화공 · 통신 · 환경관리 · 에너지 · 국토개발 또는 안전관리분야의 기술계 기술자격을 취득한 자 및 대통령령이 정하는 자격을 가진 자로서 건설교통부장관에게 신고한 자를 말한다(建築士法 2).

건축사협회(建築士協會)　건축사의 품위보전 · 업무개선 및 건축기술의 연구 · 개발을 통한 건축물의 질적 향상과 건축문화의 발전을 도모하기 위하여 설립된 법인(建築士法 31). 건축사협회가 아니면 이와 유사한 명칭을 사용하지 못한다(37).

건축선(建築線)　건조물에 관하여 그 이상 돌출하여 건축을 허용하지 않는 境界線. 보통 도로의 경계선으로 하나 그 도로의 폭이 법정소요의 폭 미만일 때에는 그 중심선으로부터 그 소요의 폭의 2분의 1에 상당하는 수평거리를 후퇴한 선으로 한다(建築法 36 I). 시장 · 군수는 시가지에 있어서 건축물의 위치를 정비하거나 환경을 정리하기 위하여 필요한 때에는 건축선을 따로 지정할 수 있다(36 II).

건축위생(建築衛生)　건축에 있어서 인체에 미치는 영향을 고려하는 위생. 이에 대하여는 행정적 강제를 받는다.

건축의장(建築意匠)　건축설계의 한 부분으로서 건물의 내외부의 구조가 외관상의 미감을 주기 위하여 형상 · 모양 · 채광 · 조명 · 시각 · 음향 · 색채 등의 모든 분야에 걸쳐 종합적으로 효과를 나타내기 위한 특수한 고안. → 의장

건폐율(建蔽率)　건축법상 건축면적의 대지면적에 대한 비율을 말한다(建築法 47 I). 건폐율은 지역과 건축물의 주요구조부의 구조에 따라 다른 바, 즉 ① 녹지지역에 있어서는 10분의 2 이하, ② 주거지역에 있어서는 10분의 9 이하, ③ 공업지역에 있어서는 10분의 6 이하, ④ 상업지역에 있어서는 10분의 9 이하, ⑤ 상업지역과 준주거지역내의 방화지구내에 있는 건축물로서 그 주요구조부가 내화구조인 것은 10분의 8(대통령령으로 정하는 가로의 모퉁이 등에 있어서는 10분의 9)이다. 방화지구 외에 있어서 특히 필요한 경우에는 대통령령이 정하는 바에 의하여 건폐율을 인하할 수 있다(47).

검 거(檢擧)　수사기관의 범죄의 예방, 공안의 유지 또는 범죄의 수사상 지목된 자를 일시 抑留하는 것. 법률상의 용어는 아니다. 검거는 본인의 승인없이 강제로 하지 못한다. 만약 범죄수사상 범인의 체포 · 구속 등의 강제처분이 필요한 경우에는 법관의 구속영장이 있어야 하고, 긴급한 경우에는, 형사소송법에 정한 긴급구속의 요건을 구비하여야 한다(刑訴 206).

검 률(檢律)　조선시대 刑曹와 지방관아(수원 · 개성 · 광주 · 강화 등 留守郡과 각 도)에 두어 刑律을 맡아보던 종9품의 관직.

검 사(檢事)　〔英〕 prosecutor 〔獨〕 Staatsanwaltschaft　형사소송에 있어서의 원고로서 檢察權을 행사하는 국가기관. 검사는 각자가 단독제의 관청인 것이며, 모두 자기의 이름으로 검찰사무를 행할 권한을 갖는다. 다만 檢事同一體의 원칙에 의하여 상명하복의 관계에 서지만, 직무상으로는 상사의 보조자가 아니며, 각자가 국가기관으로서 의사를 결정 · 표시하는 것이다. 그 직무의 내용을 보면 ① 형사에 관하여 공익의 대표자로서 犯罪搜查, 公訴提起와 그 유지에 필요한 행위, 범죄수사에 관한 사법경찰관리의 지휘감독, 법원에 대한 법령의 정당한 적용의 청구, 재판집행의 지휘감독 등을 행하며(檢察 4), ② 민사사건에 관하여 금치산 · 한정치산 선고의 신청을 하고(民 9, 12), 부재자의 재산관리에 관여하며(22~24), 회사의 해산명령을 청구하고(商 176), 외국회사 영업소의 폐쇄명령청구(619) 등의 직무를 행한다. 검사의 임명에는 법관과 같이 엄격한 임명자격이 요구되는 반면(檢察 27~36), 검찰권의 행사가 정치적 압력을 받지 않도록 하기 위하여 검사에게는 강력한 신분보장이 인정되어 있다(37). 검사는 법령에 특별한 규정이 있는 경우를 제외하고는 소속검찰청의 관할구역내에서 그 직무를 행한다. 다만, 수사상 필요한 때에는 관할구역 이외에서 직무를 행할 수 있다.

검사공소(檢事公訴)　검사가 행하는 공소. 검사공소가 있을 때에 한하여 법원은 원판결을 피고인에게 불리하게끔 변경할 수 있다(刑訴 368 참조).

검사국(檢事局)　① 법부에 속하던 1국. 오늘날의 검사의 직책에 해당하는 것인 바 1895년

(고종 32)에 설치했다가 1909년에 폐지하였다. ② 元帥部에 속하던 1국. 군관계의 검사의 직책을 담당하였다. ③ 度支部에 속하던 1국. 회계감사에 관한 일을 담당하였다.

검사동일체(檢事同一體)**의 원칙**(原則) 〔獨〕 Grundsatz der Einheitlichkeit der Staatsanwaltschaft 개개의 검사는 각자가 국가를 대표하여 검찰권을 행사하는 독립관청이지만, 한편 검사는 법관과 달라서 검찰총장을 정점으로 하여, 전국적으로 상명하복의 관계에 서서 일체불가분의 유기적 조직체로서 활동한다는 원칙. 범죄수사는 광범하고 자유자재로 움직일 수 있는 전국적 수사망이 없이는 그 효과를 거두기 어렵고, 또 起訴便宜主義下에 있어서는 전국적으로 起訴猶豫의 표준을 통일하는 것이 요청되기 때문이다. 그리하여 검사는 그 직무를 행함에 있어서 상사의 명령에 복종해야 하고, 검찰총장과 검사장 또는 지청장은 소속검사의 직무를 자신이 처리할 수 있는 동시에(職務承繼의 權限), 자신의 권한에 속하는 직무의 일부 또는 소속검사의 직무를 다른 소속검사로 하여금 처리케 할 수 있다(職務移轉의 權限)(檢察 7). 검사동일체의 원칙의 정점은 검찰총장이지만 그 상위에 법무부장관이 있다. 그러나 검찰권의 행사에 관하여, 행정부로부터 정치적 영향이 미치는 것을 방지하기 위해 법무부장관은 검찰사무에 있어서 검사에 대하여 일반적인 지휘권을 가질 뿐이고, 구체적 사건에 대한 개별적 지휘감독권은 검찰총장에 대해서만 행사할 수 있게 하였다(8). 검사동일체의 원칙의 결과, 犯罪搜査 또는 公判關與 등 일체의 검찰사무의 취급도중에 다른 검사와 교체되어도, 소송법상의 효과에는 변함이 없고 따라서 更新節次를 필요로 하지 않는다(刑訴 301 참조).

검사(檢事)**의 모두진술**(冒頭陳述) 〔英〕 opening statement 형사소송의 冒頭節次에서 검사가 공소장에 의하여 起訴의 요지를 진술하는 것(刑訴 285)을 말한다. 재판장의 人定訊問에 이어 행하여진다. 검사가 공판기일의 통지를 받고 2회 이상 출석하지 아니하거나 판결만을 선고하는 때에는 검사의 출석없이 개정할 수 있다(278). 검사의 모두진술은 사건의 심리에 들어가기 전에 사건개요와 입증의 방침을 명백히 하여 법원의 소송지휘를 가능하게 할 뿐만 아니라, 피고인에 대하여는 충분한 방어를 준비할 기회를 보장하기 위한 것이다. 따라서 抗訴審 또는 上告審에서는 검사의 모두진술을 요하지 않는다.

검사인(檢查人) 〔英〕 inspector 〔獨〕 Revisor, Prüfer 〔佛〕 reviseur 주식회사의 설립절차 또는 주식회사와 유한회사의 업무 및 재산상황에 관한 조사를 직무로 하는 臨時的 監查機關. 그 권한이 계산의 정부 및 발기인이나 이사의 업무의 적법성의 조사에 한정되고, 업무집행의 合目的性에 미치지 않는 점은 감사와 비슷하나, 법정한 경우에 임시적으로 선임되는 기관인 점에서 다르다. 그 자격과 원수에 특별한 제한은 없으나, 성질상 그 회사의 理事 또는 支配人 기타의 使用人은 검사인이 될 수 없다(商 411 참조). 검사인은 법원에서 선임하는 경우(298, 310, 422, 467)와 창립총회 또는 주주총회에서 선임하는 경우(366 Ⅲ, 367, 542 Ⅱ)가 있다. 총회의 선임에 의한 검사인은 회사에 대하여 위임관계에 있으나, 법원의 선임에 의한 검사인은 회사와의 사이에 계약관계는 없고, 일종의 공직으로서 법원이 보수결정과 해임권을 가진다(非訟 122, 123). 그러나, 법원이 선임한 검사인이 惡意 또는 重過失로 인하여 임무를 해태한 때에는, 회사 또는 제3자에 대하여 손해배상책임을 진다(商 325).

검사장(檢事長) 검사의 직급명칭이자 검찰조직법상의 직위의 명칭. 고등검찰청 또는 지방검찰청검사장의 의미로 사용될 때에는 직위의 명칭으로 쓰이나 지방검찰청검사장, 고등검찰청차장검사 및 대검찰청검사는 검사장으로 보한다고 할 때에는 직급의 명칭으로 된다(檢察 14 등). 검찰조직법의 검사장은 그 검찰청의 사무를 맡아 처리하고, 소속공무원을 지휘감독한다(17). 검사장은 10년 이상 판사·검사 등 일정한 직에 있던 자라야 한다(27).

검사징계위원회(檢事懲戒委員會) 검찰징계법에 의하여 검사의 징계사건을 심의하기 위하여 법무부내에 두는 기관. 위원장 1인과 위원 6인으로써 구성하고 예비위원 6인을 두는 바, 그 임기는 3년이다(檢懲 4~5).

검 상(檢詳) 議政府의 정5품의 벼슬로 郎官. 죄인을 거듭 심리하여 검사하는 일을 맡아 보았다.

검색(檢索)**의 항변권**(抗辯權) 〔羅〕 beneficium excussionis 〔獨〕 Einrede(od. Rechtswohltat) der Vorausklage 〔佛〕 bénéfice de discussion 채권자가 보증인에 대하여 채무의 이행을 청구한 경우에, 주채무자에게 辨濟資力이 있다는 사실 및 그 집행이 용이할 것을 증명하여, 먼저 주채무자의 재산에 대하여 집행하라고 하여, 청구를 거절할 수 있는 보증인의 항변권(民 437). 催告의 抗辯權과 함께 보증채무의 보충성에 기하는 항변권이며(→보증), 보증인에게 유력한 무기이다. 이 항변에도 불구하고 채권자가 주채무자에 대하여 집행을 해태하였기 때문에, 전부나 일부의 변제를 받지 못한 때에는, 해태하지 않았으면 받을 수 있었을 한도에서 보증인은 책임을 면한다(438). 연대보증인은 이 항변권이 없다(437 但).

검수업(檢數業) 선적화물의 적입 또는 揚陸에 있어서 그 화물의 개수의 계산 또는 授受의 증명을 맡아보는 영업.

검 시(檢視) ① 司法檢視. 변사자 또는 변사의 의심있는 사체의 상황을 5官의 작용으로 검사하고, 범죄에 의한 사망인가 아닌가를 조사하는 처분(刑訴 222). 검시한 결과, 범죄의 혐의가 인정되면 수사를 개시하고, 긴급을 요할 때에는 영장없이 검증을 할 수 있으나(222 Ⅱ), 검시 자체는 수사처분이 아니고, 범죄의 발견과 증거보전의 작용을 하는 수사전의 처분이다. 변사체의 소재지를 관할하는 지방검찰청검사가 하여야 하며, 검사는 사법경찰관에게 이 처분을 명할 수도 있다(222 Ⅰ·Ⅲ). 변사란 자연사 또는 통상의 병사가 아닌 사망을 말한다. 검시를 할 때에는 법관의 영장없이 사람의 주거에 들어갈 수 있고, 착의 등 물건을 파괴할 수 있다. 검시에는 일반인도 협조하여야 하며, 검시전의 변사체에 변경을 가한 때에는 제재를 받는다(刑 163). ② 行政檢視. 범죄에 의한 사망이 아니라고 인정되는 사체 또는 死胎에 관하여 경찰관 등이 신원확인 등 일정의 행정목적을 위하여 행하는 검시(戶 90, 93).

검 안(檢案) 법률상 특별한 지식기능을 가진 자가 직무상 혹은 타인의 위촉에 의하여 직권으로써가 아니고 임의로 하는 감정을 말한다. 이를테면 사법경찰관이 書家에게 書體를 감정하거나 의사에게 변사체에 대한 감정을 의뢰하는 것 따위.

검안서(檢案書) 의사의 진찰을 받지 아니하고 사망한 자의 사망을 확인하는 의사의 증명서. 의료법에 의하면, 의료업자는 자신이 검안하지 아니하고는 검안서를 교부하지 못하며(18 Ⅰ), 검안을 한 경우에 검안서의 교부요구가 있을 때에는 정당한 이유없이 거부하지 못한다(18 Ⅲ). 이러한 업무에 위반한 의료업자는 처벌을 받게 된다(68, 69).

검 역(檢疫) 〔英〕 quarantine 〔獨〕 Quarantäne 〔佛〕 visite sanitaire 전염병 등의 예방을 위하여 인체·동식물·수송기관 등에 대하여 전염병 등의 병원체의 유무를 검사하는 것. 주로 국외로부터의 병원체침입을 방지하기 위하여 행하여지나, 반드시 그것에만 한하는 것은 아니다. 검역법에 의한 것과 전염병예방법(44~46)에 의한 것 이외에 동식물의 검역에 관한 植物防疫法(12~16)과 家畜傳染病豫防法(20~26)이 있다. 검역법에는 국외로부터 전염병이 전입됨을 방지하기 위하여 海·空港에 내항하는 승객·승무원·선박·항공기·하물에 대한 검역절차와 예방조치를 규정하고 있다. 검역소장이 발행한 검역증이나 가검역증의 교부를 받은 후가 아니면, 외국으로부터 내항한 선박 또는 항공기, 그로부터 사람이나 물건을 轉載한 선박 또는 항공기는, 국내의 어떠한 항구에도 입항할 수 없다. 검역소장은 진료·검사·소독 기타 전염병의 오염을 예방하기 위한 필요한 조치를 취할 수 있다.

검역비행장(檢疫飛行場) 검역을 하는 비행장. 외국에 출항하거나 외국에 기항하였다가 내항한 항공기가 착륙·착수하여야 하는 비행장. 현재로는 김포비행장이 있다(空港檢疫法施行令 참조).

검역항(檢疫港) 국외로부터 전염병의 침입을 방지하기 위하여, 국외에서 내항하는 승객·승무원·선박·항공기 또는 하물을 검역하는 공항 및 해항. 선박 또는 항공기의 장은 검역항에 접근하였을 때에는 적절한 방법으로 그 해·공항의 검역소장에게 검역에 관한 사항을 통보한 후 소정의 검역을 받지 아니하고는 입항절차를 밟을 수 없다(檢疫法 4).

검 열(檢閱) 〔英〕 censorship 〔獨〕 Zensierung 〔佛〕 censure 국가기관이 개인의 신서·출판물·공연물의 내용에 대하여 조사하는 것. 검열은 개인의 자유, 특히 通信秘密의 自由와 言論·出版의 自由의 침해가 되므로 가능한 한 이를 피해야 하지만, 일면에 있어서 국가의 안전, 공중도덕과 사회윤리의 유지상 부득이한 경우에만 허용된다. 구임시우편단속법에서 국방상·치안상 위해가 가해질 우려가 있을 경우에 한하여 우편물의 검열이 허용되고(1), 법률에 의하지 아니하고는 언론·출판의 자유를 제한받지 아니하므로(憲 21), 국가안전보장·질서유지·공공복리를 위하여 필요한 경우에 법률로써 인정된 때 외에는 일체 검열은 금지되어 있다. 다만, 비상계엄하에서는 검열이 넓은 범위에서 시행된다.

검 인(檢認) 법원이 유언증서 또는 유언녹음을 개봉하여 調査·確認하는 절차. 자필증서·녹음 및 비밀증서에 의하여 한 유언의 증서나 녹음을 보관한 자 또는 이를 발견한 자는 유언자의 사망 후 지체없이 법원에 제출하여 그 검인을 청구하여야 하며(民 1091), 가사소송규칙은 유언검인의 관할·검인방법·조서작성에 관하여 상세한 규정을 두고 있다(85 이하). 그러나 검인은 유언증서 또는 유언녹음의 존재 및 내용을 공적으로 확인하고, 僞造·變造를 방지하기 위한 것에 불과하며, 그 유효·무효를 선언하는 것은 아니다.

검인정교과서(檢認定敎科書) 국가에 검정·인가한 교과서(대통령령 제336호). 초등·중고등학교의 교재로 사용. 이에 관련된 업무는 한국검인정교과서주식회사가 통할한다.

검임배심(檢妊陪審) 〔英〕 jury of matrons 사형선고를 받은 여자가 잉태중에 있음을 이유로 형의 집행정지를 신청한 때, 그 懷妊與否를 심사하는 배심. 영미법에서의 배심제도의 일종으로 受胎審査陪審이라고도 한다. 검임배심은 12인의 기혼부인으로 구성되며, 受胎調査令狀(ad ventrem incipiciendum)에 의해 소집한다.

검 정(檢定) 어떤 것을 일정한 기준에 따라 검사하고 그것이 기준에 합치하는가의 여부를 確定 또는 認定하는 것. 검사라는 말과 비교할 때 그 기준에 적합한 것을 인정하는 것을 함께 의미하는 점이 다르다.

검 증(檢證) 〔英〕 view 〔獨〕 Augenscheinbeweis 〔佛〕 constatation 법관이 자기의 5官의 작용으로 물체의 性狀이나 사물의 現象을 실험함으로써 증거자료를 얻는 증거조사. 그 실험의 대상물을 검증물이라 한다. 검증을 어느 장소에 임하여 하는 것을 臨檢(現場檢證)이라 하고, 공판정에서 개개의 물건에 대하여 하는 것을 증거물의 조사(刑訴 292)라 한다. 검증은 스스로 증명할 사물을 검열하는 것이므로 그 실험은 가장 확실한 것이다. 法定證據主義를 취하는 법제하에서는, 가장 가치있는 증거방법으로 취급하고 있으나, 자유심증주의의 현행법제하에서는 그 가치가 다른 증거방법과 다름없다. 문서일지라도 그 기재내용을 증거로 하는 것이 아니라, 그 紙質·筆跡·印影을 검사함은 서증이 아니고 검증이며, 사람일지라도 이를 신문하여 진술내용을 증거로 하는 것이 아니라, 그 신체·容姿를 검사하는 것은 증인신문이 아니고 검증이다.

[1] 민사소송법상에서는 검증절차는 대체로 書證에 준한다(338 Ⅰ). 검증의 신청에는 검증의 목적을 표시함을 요하고(336), 당사자와 제3자는 그 소지 또는 점유하는 물건을 제시하여 검증을 수인할 의무가 있으며, 정당한 이유가 있을 때에만 거절할 수 있다. 당사자가 정당한 이유없이 검증을 거절하거나, 또는 상대방의 사용을 방해할 목적으로 검증물을 破棄·隱匿한 때에는, 법원은 상대방의 주장을 정당한 것으로 인정할 수 있으며(338, 320, 321), 제3자가 제출명령에 복종하지 않을 때에는 과태료의 제재를 받는다(338 Ⅱ). 검증의 결과는 調書에 기재한다(143).

[2] 형사소송법상 검증에는 법원이 행하는 檢證(139~145, 184)과 검사·사법경찰관 등 수사기관이 행하는 檢證(215~217, 219)이 있다. 법원의 검증 중에서도, 공판정에서 행하는 것(증거물의 조사)은 증거조사 그 자체에 속하는 것이지만, 그 외의 것은, 그 결과를 검증조서라는 서증으로 전환하여 공판정에서 증거조사를 하기 위한 수단인 것이다(311 참조). 법원이 하는 공판정 외의 검증에는 영장을 필요로 하지 않지만, 수사기관의 검증에는 영장을 필요로 한다(215 참조). 검증을 함에는 신체의 검사, 사체의 해부, 분묘의 발굴, 물건의 파괴 기타 필요한 처분을 할 수 있다(140, 219). 야간에 타인의 주거 등에 들어가는 경우에는 家主 등의 승낙을 필요로 한다. 그러나 검증의 성질상 야간이 아니면 그 목적을 달성할 수 없을 염려가 있는 경우에는 승낙이 필요치 않다(143 Ⅰ).

검증물(檢證物) 검증의 목적물로서 표시된 물건(검증목적물).

[1] 민사소송법상 검증에는 이를 신청한 당사자가 검증목적물을 서증신청의 방식에 준해서 법원에 제출하여야 한다(338 Ⅰ). 그리고, 당사자가 그 소지·점유하는 검증목적물을 정당한 사유없이 제출거부하거나 또는 상대방의 사용을 방해할 목적으로 毁棄·隱匿 등을 하였을 경우에 관해서는, 법률상 특별한 효과가 규정되어 있고(338 Ⅰ, 320, 321), 제3자가 검증물제출명령에 불응하는 경우에는 과태료의 제재를 받는다(338 Ⅱ).

[2] 형사소송법상 검증에는 檢證物을 소송당사자가 제출할 필요없이, 법원이 사실발견에 필요하다고 인정하는 경우에는, 검증물에 대한 제한없이 검증을 행하는 것이 원칙이다. 그러나 군사상 비밀을 요하는 것에 한해서는 그 책임자의 승낙을 요한다는 제한이 있다.→검증

검증조서(檢證調書) 檢證의 결과를 기재한 調書(民訴 143 iii, 刑訴 49 Ⅰ).

[1] 형사소송법상 검증조서에는 검증목적물의 현상을 명확하게 하기 위하여 도화나 사진을 첨부할 수 있게 되어 있다(刑訴 49 Ⅱ). 또 이에는 검증의 연월일시·장소를 기재하고 그 검증처분을 한 자와 참여한 서기관 또는 서기가 서명날인하여야 한다(50). 공판정에서 한 검증은 公判調書에 기재하면 족하다. 그리고 법원 또는 법관의 검증조서는 당연히 증거능력이 있지만 수사기관이 작성한 검증조서

는 원진술자의 진술에 의하여 그 성립의 진정함이 인정되어야만 증거능력을 취득하게 된다(311, 312 Ⅰ).

[2] 민사소송법상도 검증에 관하여 작성하는 증거조사조서. 受訴法院이 변론기일에 검증을 행하는 경우에는 변론조서에 검증의 결과를 기재하면 족하다(143). 검증이 법원 외에서 행하여지거나 또는 受命法官·受託判事에 의하여 행하여지는 경우에도 이에 준하여 조서를 작성한다(149, 269, 270 참조).

검 진(檢眞) 〔獨〕 Beweis der Urkundenechtheit 민사소송에서 사문서의 성립에 관한 진정을 입증하기 위한 증거조사. 사문서가 진정임을 입증하기 위하여는 一般證據方法(證人訊問, 鑑定 등)을 사용할 수 있음은 물론이나, 이 외에 필적 또는 인영의 대조에 의하여 문서의 진부를 증명하는 방법이 있는데(民訴 330), 후자의 경우가 검진이다. 대조용의 筆跡이나 印影있는 문서는 입증자로 하여금 제출시키거나, 상대자나 제3자에 대하여 제출을 명하거나, 또는 송부를 촉탁한다(331Ⅰ, 315, 318～321, 323～325). 제3자가 정당한 사유없이 이 제출명령에 좇지 않을 때에는 법원은 결정으로 50만원 이하의 과태료에 처할 수 있다. 이 결정에 대하여는 즉시항고를 할 수 있다(331Ⅱ). 대조에 적당한 필적이 없을 때에는 법원은 대조에 제공할 문자의 수기를 상대방에게 명할 수 있다(332 Ⅰ). 상대자가 정당한 사유없이 이 명령에 좇지 않을 때에는 법원은 문서의 진부에 관한 입증자의 주장을 진실인 것으로 인정할 수 있다. 고의로 필치를 변경하여 수기한 때에도 마찬가지다(332Ⅱ). 대조용으로 제3자의 필적이 필요할 때에는 제3자를 증인으로 신문하고 또 문자의 수기를 命할 수 있다(302). 법원은 진정한 성립을 입증하려는 문서와 위의 절차에 의하여 수집한 물건을 대조하여 자유심증으로 그 진부를 판단한다. 그 대조의 결과를 알아내기 위하여 특별한 지식이 필요하면 鑑定을 명할 수 있다. 대조용으로 쓴 서류의 원본·등본 또는 초본을 調書에 첨부하여야 한다(333).

검 찰(檢察) 범죄를 수사하고 증거를 수집하는 것. 檢事·軍檢察官이 검찰의 직무를 행하나, 그 외에도 법률상 이러한 직무를 행하는 자로서 사법경찰관리·군사법경찰관리 등이 있다.

검찰관(檢察官) [1] 군대 내부에서 公訴權의 행사를 주요임무로 하는 군검찰부 소속의 국가기관. 형사소송법상의 검사에 해당한다. 그 직무의 내용은 ① 공소제기와 그 유지에 필요한 행위, ② 군사법원 재판집행의 지휘감독, ③ 다른 법령에 의하여 그 권한에 속하는 사항 등이다(軍法法 37). 검찰관은 군법무관 중에서 관할관이 임명하며, 관할관은 군법무관시보로 하여금 그 직무를 대행하게 할 수 있다(41, 42). 검찰관은 재판에 관한 직무상의 행위로 인하여 징계나 기타 여하한 처분도 받지 아니한다(21Ⅱ). 국방부장관은 군검찰사무의 최고 책임자로서 일반적으로 군검찰관을 지휘·감독하며, 다만 구체적 사건에 대하여는 각군 참모총장만을 지휘·감독하며(38), 각군 참모총장은 각군 검찰사무의 지휘·감독자로서 예하부대 보통검찰부의 관할에 속하는 군검찰사무를 통할하며, 소관 검찰관을 지휘·감독하고(39), 군검찰부가 설치되어 있는 부대의 장은 소관 군검찰사무를 관장하고 소속 검찰관을 지휘·감독한다(40). →검사동일체의 원칙

[2] 검사의 직명의 하나. 검사의 最大位職級이다.

검찰국(檢察局) 법무부 소속의 1국으로서 검찰과와 인권옹호과를 둔다. 檢察課는 검찰행정의 종합계획·검찰청 직원의 교양지도·범죄의 수사지휘·범죄정보·법무부 소속 공무원의 비행에 대한 정보수집 및 감찰·형의 집행지휘·사면·감형·복권·범죄인의 인도·사상범의 인도에 관한 지휘 감독 등에 관하여, 人權擁護課는 인권침해사건에 대한 정보수집 및 조사·인권옹호단체의 감독과 조성·빈곤자의 소송원조 그 밖에 인권옹호에 관한 사무와 갱생보호단체의 감독에 관한 사항 등을 분장한다. 국장은 이사관급으로 보하고 각 과장은 행정서기관급으로 보한다(法務部職制 6).

검찰사무(檢察事務) 검사의 직무인 범죄의 搜査 및 公訴權의 행사에 관한 사무. 검찰행정과 구별된다. 검사는 다른 법령에 의하여 그 권한에 속하는 사항 이외의 형사에 관하여 공익의 대표자로서, ① 범죄수사, 공소제기와 그 유지에 필요한 사항, ② 범죄수사에 관한 사법경찰관리의 지휘감독, ③ 법원에 대한 법령의 정당한 적용의 청구, ④ 재판집행의 지휘 감독, ⑤ 국가를 당사자 또는 참가인으로 하는 소송과 행정소송의 수행 또는 그 수행에 관한 지휘감독에 관한 직무와 권한을 가진다(檢察 4). 檢察權은 行政權의 한 작용으로서 법무부장관의 지휘 감독을 받을 뿐만 아니라 검찰총장·검사장의 지휘 감독을 받기 때문에, 검찰사무는 행정사무이기는 하지만, 司法權과 밀접한 관계를 갖고 소극적으로 형사사법운영에 중요한 영향을 미친다. 따라서 사법권의 독립의 정신은 준사법권의 의의를 가지는 검찰권에도 소급되어야 한다. 검사의 신분보장 등은 이러한 면에서 중요한 의의를 가진다.

검찰연구위원회(檢察硏究委員會) 검찰사무의 전반에 걸친 종합적인 연구를 하기 위하여 法務部에 두는 자문기관. 위원회는 검찰행정에 관한 연구, 검찰신문에 관한 연구, 검찰인사에 관한 연구 등의 사항에 관한 필요한 결과를 법무부장관에게 보고 건의한다. 위원회는 위원장 1인, 부위원장 2인을 비롯한 위원 12인으로써 구성하고, 위원회에 검찰행정분과위원회, 검찰실무분과위원회, 검찰인사분과위원회를 두는 외에, 위원회의 서무를 담당케 하기 위하여 간사 1인을 둔다(檢察硏究委員會規程).

검찰청(檢察廳) 법무부장관의 소속하에, 검사의 사무를 통할하는 官署(檢察 2). 이는 검사가 행할 사무를 통할하는 기관에 불과하며, 그 자체로서는 아무런 권한을 갖지 않는다. 검찰청은 검찰청법에 의하여 설치된다. 그 종류로는 대검찰청·고등검찰청 및 지방검찰청의 3종이 있는데, 각각 大法院·高等法院 및 地方法院 및 가정법원에 대치한다(3 Ⅰ). 지방법원지원이 설치된 지역에는 이에 대응하여 지방검찰청지청을 둘 수 있다(3 Ⅱ). 각 검찰청과 지청의 관할구역은 각급 법원과 지원의 관할구역에 의한다(3 Ⅳ).

검찰총장(檢察總長) 검사의 직명의 하나. 대검찰청의 장으로서 대검찰청의 사무를 맡아 처리하고, 검찰사무를 통할하며, 검찰청의 공무원을 지휘·감독한다(檢察 12 Ⅱ). 그 임기는 2년으로 하며 중임할 수 없다(12 Ⅲ).

검찰행정(檢察行政) 검찰청직원의 任免·補職·定員·勤務 기타 廳務一般(예 : 서무·회계·청사의 관리 등)과 같이 검찰사무를 가능하게 하는 전제가 되는 사무로서, 검찰사무와 구별되는 개념이다. 성질상 순전히 行政事務이다. 그러나 검사의 사건분담의 결정 등, 검찰사무와 밀접한 관련을 갖는 사무도 있어 양자의 한계가 극히 불명확한 때가 있다. 검찰행정은 각 검찰청의 장이 法令·訓令 등에 따라, 법무부장관의 지휘 감독하에 이를 행하므로, 일반행정관청의 사무와 동일하다.

검 험(檢驗) 조선시대 살인사건에는 無怨錄을 典據로 검험(시체의 실지의 검시)을 하여 각각 다른 관원으로 하여금 初檢·覆檢을 시키고, 검안서를 작성하여 이들의 의견이 일치하면 그것으로 끝나고 그래도 의혹이 있으면 검험을 거듭 실시했다.

게노센샤프트 〔獨〕 Genossenschaft 다수인의 단체이며, 그 구성원의 변경에도 불구하고 同一性을 상실하지 않는 것은 法人과 같지만, 법인과 같이 구성원과는 별개의 인격을 가지는 것이 아니라 구성원의 총체가 그대로 단일체로서 인정된 것. 게르만의 촌락공동체(마르크)가 그 전형적 예이다. 로마법의 법인에 대하여 게르만의 단체의 특색을 이룬다. 綜合人(Gesamtperson) 또는 실재적 종합인이라고도 한다. 단체가 가지는 권리의무에 관하여 본다면, 법인에서는 단체원과는 직접적인 관계없이 법인에 단독으로 귀속함에 대하여, 게노센샤프트에서는 그 단체에 總有的으로 귀속하며(그 소유형태는 총유로 된다), 管理處分의 권능은 전체에게, 使用收益의 권능은 구성원에게 각각 분속한다. → 마르크단체

게르마니스텐 〔獨〕 Germanisten 로마니스텐에 대하여 게르마니스텐이라 함은 독일에 있어서의 역사법학파가 법의 역사성과 민족성을 강조하면서도 로마법의 연구에만 몰두하는 경향이 있음에 대하여, 역사법학파의 주장을 진실로 관철하려면 독일 민족고유의 게르만법 내지는 독일 고유법의 연구에 치중하여야 할 것이라고 제창하여, 역사법학파로부터 분열되어간 일파의 학자를 말한다(게르만법학파). 이 일파의 대표자는 베젤러(Beseler), 기에르케(Otto von Gierke) 등이며, 기에르케가 독일 민법 제1초안에 가한 통렬한 비판인 民法典草案과 독일法(Der Entwurf eines bürgerlichen Gesetzbuches und das deutsche Recht, 1899)은 특히 게르마니스텐의 입장에서 쓴 것으로 유명하다. 그리고 게르마니스텐이란 칭호는 이 일파에 한하지 아니하고 널리 게르만법·독일 고유법의 연구를 전문으로 하는 학자라는 정도의 의미로 사용되는 수도 있다.

게르만법(法) 〔英〕 Germanic Law 〔獨〕 germanisches Recht 〔佛〕 droit germanique 게르만민족의 古法. 게르만인은 그 기원 및 언어의 계통에 따라 북·동·서게르만인의 3종으로 대별되는데, 게르만법도 또한 이에 따라 북·동·서게르만법의 3종으로 나누인다. 북게르만법이라 함은 스칸디나비아나 아이슬란드 등, 북구의 지역에 거주한 게르만 여러 부족의 古法이며, 그 지리적·역사적인 환경으로 말미암아 古典文化(특히 로마법 및 기독교)의 영향을 비교적 받지 아니하고, 게르만 고래의 전통을 비교적 후대까지 잘 유지하고 있어, 10세기의 북게르만법은 5세기의 서게르만법에 필적한다고 일컬어질 정도이다. 이에 대하여 반달·고트·부르군트族 등의 동게르만법은 게르만민족대이동을 계기로 하여, 고전문화의 세례를 가장 일찍부터 또한 가장 현저하게 받았다. 이 점에 있어서

북게르만법과 동게르만법의 중간에 위치하는 것이 서게르만법, 즉 앵글로 색슨·프랑크·작센·랑고바르트 등 서게르만계통의 여러 부족의 법이며, 이것은 고전문화의 영향을 받으면서도 동시에 게르만 고래의 전통도 유지하면서 로마법과 더불어, 후대 영국·독일·프랑스 제국법의 핵심을 이루게 되었으며, 다시 이들 諸國法이나 敎會法을 통하여 유럽 내외제국·전세계의 법제에 큰 영향을 미치고 있다. 로마법과 더불어, 게르만법에 관해서도 세계사적 법체제의 발전이라든가 세계사적 사명이 구가되고 있는데, 게르만법으로서 이것을 담당한 것은 이 서게르만법이다. 게르만법의 주요한 법원으로서는, 프랑크시대의 렉스 살리까 이하의 여러 부족법전, 중세프랑스의 꾸뛰미에, 독일의 작센슈피겔 등의 법률서 및 바이스튀머 등을 들 수 있는데, 그 밖에 영국법제사상의 여러 종류의 법원이나 중세북구의 법률서 따위도 간과할 수 없다. 로마법이 法曹法·都會法·商人法인데 대하여 게르만법은 民衆法·農村法·農民法이라 일컬어지며, 또한 게르만법에 관하여 법분열의 경향·慣習法主義·象徵主義·公私法의 融合·團體主義 등의 특색이 열거되고 있는데, 이들 게르만법의 특색이라고 통례적으로 말하여지는 것에는, 고대의 원시적인 사회의 법으로서의 게르만법에 속하는 것과, 중세의 봉건적인 사회의 법으로서의 그것에 속하는 것이 있을 수 있으므로, 이것을 분석하여 고찰하는 것이 필요하다.

게르만부족법(部族法) 〔羅〕 leges barbarorum 〔獨〕 Volksrechte, Stammesrechte 〔佛〕 loi des barbares 중세초기·프랑크시대에 있어서의 게르만제부족의 법. 여러 부족법은 일반적으로 게르만고법의 전통을 보유하는 동시에, 로마법이나 기독교회의 고전문화의 영향을 받고 있다. 고전문화의 영향은 역사적·지리적으로 로마에 근접한 제도에 비례하며, 동고트·서고트·부르군트·랑고바르트의 여러 법이 많이 받았으며, 작센·프리이젠의 여러 법이 적게 받았다. 또 프랑크왕국의 발전에 따라 여러 부족법에는 프랑크법화의 영향을 볼 수 있다. 부족법은 人民法의 성질을 가진 것으로서 프랑크국왕의 王法에 대립하고, 또한 각 당해부족민에게만 적용되는 屬人法으로서 프랑크제국법에 대립되는 것이다. 여러 부족법(관습법)은 5세기후반 내지 9세기초기의 사이에 성문화되었다. 게르만제부족법전(살리까법전, 리부아리아법전 등)이 그것이며, leges barbarorum이라는 말은 이들 여러 부족법전도 의미한다. 여러 부족법전의 내용은 속죄금에 관한 형사규정과 소송법의 규정이 많으며 사법적인 규정은 아주 적다. →부족법전

게리맨더링 〔英〕 gerrymandering 특정의 정당, 후보자에게 특히 유리하게 선거구의 구역을 정하는 것. 게리(Elbridge Gerry, 1744~1814)가 매사추세츠주지사였을 때, 입법부에서 다수를 점한 공화당(현재의 민주당)이 특히 공화당에 유리한 상원의원 선거구개정법을 성립시켜, 한 만화가가 이를 풍자하여 奇形의 도롱뇽과 같다는 뜻으로 한 말에 반대당이 게리의 이름을 붙어 지은 말. 도롱뇽(salamander)과 비슷한 기형의 선거구를 만들었을 때에 만들어진 말이라고 한다. 선거구의 획정에 당하여서는 게리맨더링을 피하기 위한 주의가 필요하다.

게마이네스 레히트 〔獨〕 gemeines Recht 普通法, 즉 독일에서 15·16세기의 로마법의 계수이래 독일민법전시행에 이르기까지 전국에 공통으로 행하여진 법을 말한다. 그 내용은 로마법대전이 주석학파·후기주석학파에 의하여 수정 변용된 것이었다. 독일에서는 강력한 중앙집권의 발달이 늦었기 때문에, 統一的 私法의 제정을 보지 못하고, 각 지방에 地方的 特別法(Stadtrechte, Landrechte, Partikularrechte)이 존재할 뿐이었으며, 계수된 로마법이 普通法으로서 통용되게 되었다. 이 보통법의 효력은 원칙으로, 지방적 특별법의 규정이 없는 경우에 적용되는 보충적인 것이었으나(Stadtrecht bricht Landrecht, Landrecht bricht gemeines Recht), 사실에 있어서는, 보통법이 지방적 특별법을 압도하고 행하여지기에 이르렀다. 이 보통법의 내용은 이른바 판덱텐의 근대적 관용에 의하여 근대화된 로마법이며, 지방적 특별법이 독일고유법의 요소를 다분히 유지하고 있었던 것에 대립되는 것이다.

게만샤프트와 게젤샤프트 〔獨〕 Gemeinschaft und Gesellschaft 사회결합의 본질이 의사결합에 있다고 보는 퇴니스(Tönnies)의 용어로, 게만샤프트는 共同社會 또는 協同體라고 번역되고, 게젤샤프트는 利益社會 또는 集合社會라고 번역된다. 그에 의하면 生得的인 본질의지에 기초를 둔 것이 게만샤프트이고, 후천적인 選擇意志에 기초를 둔 것이 게젤샤프트이다. 또한 이를 사회형상의 측면에서 보아 풍습·종교 등의 자연적·전통적인 것을 게만샤프트적이라 부르고, 정치·여론 등의 恣意的·近代的인 것을 게젤샤프트적이라고 할 수 있다.

게만샤프트 〔獨〕 Gemeinschaft 사회생활의 하나의 유형. 게젤샤프트와 상대적 개념으로 사용된다. 게만샤프트에서는 사람들은 傳統과 慣習의 지배를 받으면서 애정으로 결합되고, 지역적으

로도 근접하여 평화롭게 공존한다. 여기에서는 다투고 있는 때라도 그 속에 깊은 이해가 흐르고 있다. 이에 반하여, 게젤샤프트에서는, 사람들의 결합은 언제나 이익에 의하여 매개된다. 그러므로, 여기에서는 인간은 서로 표면상 아무리 평화적으로 공존하고 있는 것처럼 보여도, 그 근저에는 무관심이 있고, 대립이 있고, 반발이 있다. 사회적 공존의 이들 2개의 유형을 선명하게 그려낸 퇴니스는 가족을 게만샤프트(共同社會)의, 주식회사를 게젤샤프트(利益社會)의 전형이라고 하였다. 사회는 역사와 함께 전자에서 후자에로 推移한다. 그러나, 퇴니스는 전자에의 강한 향수를 보이고 있다. → 공동사회

게베레 〔獨〕 Gewere 〔英〕 seisin 〔佛〕 saisine 게르만법상 物權의 表現形式·表象으로서의 물건의 사실적 지배의 상태. 동산에 있어서는 所持, 부동산에 있어서는 用益에 있다. 게베레는 게르만물권법의 중심개념이며, 物權의 現象形態이었다. 게르만법에서는 추상적인 권리라는 관념이 없었기 때문에, 관념적인 권리와 그 외형적 표현인 사실적 지배와를 구별하지 못하고, 양자를 일체로 유착된 것으로 파악하였다. 즉, 동법에서는 物權은 모두 게베레의 형태를 가지고 나타나고, 게베레의 형태를 가지고 나타나는 것은 모두 물권으로 취급되어, 물권으로서의 보호를 받았다. 따라서, 게베레는 보통 게르만법상의 占有라고 불리지만, 그것은 어디까지나 物權(本權)의 表現形式이며, 本權에 대립하는 것이 아니라, 오히려 그 배후에 본권의 존재를 예정하는 것으로, 이 점에 있어서 로마법상의 占有(뽀세시오)가 본권으로부터 독립하여, 본권과 대립하는 것과 본질을 달리한다. 로마법상의 占有에서는 本權과 분리하여 점유 그 자체에 독립한 효력이 인정되고, 점유 그 자체가 독립하여 소송의 목적으로 되지만, 게베레에 있어서는, 그 효력은 本權을 위한 것이며, 그 보호는 바로 본권의 보호이다. 즉, 물권관계의 조정은 모두 게베레를 통하여 행하여지는 것이다. 게베레를 현대식으로 풀어서 공식으로 표현한다면 物權+占有라고 할 수 있을 것이다. 게베레는 원칙적으로 사실적 지배를 수반하는 것(현실적 게베레)(leibliche Gewere)이었지만, 예외로서 재판상의 讓渡(Auflassung)·相續·侵奪 등의 특정의 경우에는 사실적 지배를 缺하는 것(관념적 게베레)(ideelle Gewere)이 인정되었다. 게베레의 효력으로서는, 防禦的(즉, 權利推定의) 效力, 攻擊的(강한 게베레—예컨대, 소유자의 게베레—가 약한 게베레—예컨대, 차지인의 그것—를 깨뜨리고 목적물을 회수할 수 있는, 즉 권리실현의) 效力, 移轉的(게베레의 이전으로 물권이 이전되는, 즉 권리이전의) 效力이 있다. 근대의 점유제도는 로마법상의 뽀세시오와 게르만법상의 게베레의 양 제도의 交錯으로 이루어진 것인데, 게베레의 사상은 근대의 점유제도 중에도 계수되었으며, 예컨대 점유의 權利推定力, 間接占有, 善意取得 같은 것은 게베레에서 온 것이다.

게셀샤프트 〔獨〕 Gesellschaft → 게만샤프트, 이익사회

겐 스 〔羅〕 gens ① 로마의 씨족. 게르만의 지페 또는 그리스의 게노스에 상당하는 것이다. 종족관계(아그나치오)의 연장인데 공동의 조상을 가지거나 가진다고 믿으며, 동일한 이름(nomen, nomen gentilicium)을 가지고, 또 공동의 제사를 지내는 家(패밀리아)의 집단이었다. 옛날에는 겐스가 정치적·법적 기능을 가졌었으나, 나중에 겐스는 그와 같은 기능을 잃어버리고 종전에 겐스의 구성요소에 지나지 않았던 패밀리아가 국가의 직접의 구성요소로서 중요한 구실을 하게 되었다. 고전시대의 로마법에서는 겐스는 이미 자취를 감추었다. ② 민족·유스·겐띠움이라고 하는 경우에는 이 의미이다.

격리범(隔離犯) 〔獨〕 Distanzverbrechen 구성요건에 해당하는 행위와 이에 의한 結果發生(法益侵害)이 시간적·장소적으로 간격이 있는 범죄를 말한다. 예컨대 독이 들어 있는 케이크를 생일선물로 우송하여 사람을 살해하는 경우가 이에 해당한다. 離隔犯이라고도 한다. 격리범의 실행의 착수에 관하여 객관설에서는 결과발생(법익침해)에 근접·밀접한 행위를 한 때(적어도 독이 혼입된 케이크가 배달된 때) 실행의 착수가 있다고 보게 된다. 주관설에서는 원인행위를 설정한 때(독케이크를 우체국에 위탁한 때)에 실행의 착수가 있다고 본다. 행위자의 전체 범죄계획을 고려하여 법익에 대한 침해의 위험성이 나타난 때를 기준으로 실행의 착수를 논하는 個別的 客觀說에 의하면 대체로 원인설정행위에 의해서 행위자의 행위가 종료된 때(우체국에 배달위탁이 된 때)에 실행의 착수가 있다고 보게 된다.

격리병사(隔離病舍) 전염병을 철저히 방지하기 위하여 환자를 격리시켜 치료하게 하는 병사. 법정전염병 중에서 콜레라, 페스트 등의 유사성환자도 격리 수용한다.

격리신문(隔離訊問) → 개별신문

격정범죄인(激情犯罪人) 〔獨〕 Affekts-verbrecher 순간적인 정열적 흥분으로 자제력을

잃어 평소의 인격과는 전혀 무관계한 행위를 하여 죄를 저지른 자. 情熱犯罪人이라고도 한다. 싸움·群集犯罪가 그 예로서, 위해의 의도는 없다. 激情에 의한 행위라 하더라도 그 인격에 의한 易激性에는 차이가 있고, 激情犯罪自體內에 위험한 인격특성을 발견하는 것을 막는 것은 아니므로, 이 유형에서는 정열의 순간적 폭발의 행위자에만 한정하며, 계속적으로 격정을 일으키는 성격의 자는 제외되어 있다. 機會犯罪人의 일종이다.

격정행위(激情行爲) 〔獨〕Affekttat, Affekthandlung 급작스러운 감정의 폭발로 광폭한 행위를 하는 것을 말한다. 평상시에는 평온한 생활을 하던 자가 일시적인 흥분·분노 등에 의해 폭행·살인 등의 행위를 하는 것이다. 형법상으로 격정행위가 문제되는 것은 責任能力과 관련해서이다. 초기에 독일에서는 격정행위를 행위의 문제로 보고 논의를 하였으나, 지금은 책임능력의 문제로 보는 데 일치되어 있다. 따라서 책임무능력의 기준과 관련해서 격정행위를 어떻게 다룰 것인가와, 自招한 激情行爲를 처벌할 수 있는가의 경우를 나누어서 살펴야 한다. K. Hewin의 이론과 T. Dembo의 실험결과에 따르면 급작스러운 격정행위시에는 의사결정능력이 결여되기 때문에 그의 책임능력이 흠결된다고 한다. 그러므로 이 때의 행위는 책임능력없는 행위로서 정당화될 수 있다. 문제는 자신의 그러한 기질을 알고도 責任無能力 상태에 빠지거나 예방을 하지 않는 경우이다. 도그마틱의 구성상 禁止錯誤의 법리로 해결하는 견해와 원인에 있어서 자유로운 행위로 해결하는 견해가 대립된다. 생각건대 금지착오는 회피가능성에 따라 유지되는 전제가 인정되어야 하는 바, 의무의 위반이라는 인식이 있어야 가능하다. 즉 기능적 결함에 관한 문제인 것이다. 그러나 격정행위는 이러한 인식이 완전히 탈락되는 구조적인 결함이다. 그러므로 구조적 결함 자체를 구성해 주는 원인에 있어서 자유로운 행위로 도그마틱 구성을 하는 것이 타당하다고 본다.

격지급자금(隔地給資金) 격지자에게 지급하는 국가의 지출금. 예산회계법에 있어서는 국가의 격지자에 대한 지출은 한국은행 또는 체신관서에게 교부하여 그로 하여금 지급할 수 있게 하여, 국가의 예외적 지출방법으로서의 資金前渡의 방법을 인정하고 있다(67). → 자금전도

격지자(隔地者) 〔獨〕Abwesender 의사표시를 한 뒤에 그것을 了知할 수 있는 상태를 가져오기까지 거래상 고려할 만한 시간적 경과를 필요로 하는 관계에 있는 자. 의사표시를 곧 요지할 수 있는 상태에 있는 대화자에 상대하는 개념이다. 그러나, 격지자는 공간적 거리를 표준으로 하여 말하는 것은 아니며, 거래상 고려할 만한 가치가 있는 시간적 거리를 표준으로 하여 말하는 것이다. 따라서, 手旗信號나 電話 등에 의한 통신은 대화자이지 격지자는 아니다. 격지자간의 의사표시는 원칙적으로 도달에 의하여 효력이 발생한다(民 111). 그러나 거래의 신속을 필요로 하거나 또는 상대방·제3자·채무자를 보호하여야 할 필요가 있을 때에는 예외적으로 發信主義를 취한다(15, 131, 455, 531).

견 금(見金) 주금납입을 가장하는 주된 수단의 하나로 發行人(신주발행의 경우에는 이사)이 납입취급은행 이외의 제3자로부터 소요금액을 借入하여 이것을 주금으로 납입하고 회사가 성립한 후 혹은 신주발행의 효력이 발생한 후에 그 納入取扱銀行으로부터 반환받아서 채권자에게 변제하는 방법(→가장납입, 예합). 見金에 의한 가장납입의 효력에 관하여 자본충실의 원칙을 해하는 탈법행위로서 무효라는 견해와 법률상은 금원의 이동에 의한 현실의 납입이 있는 것으로 볼 수 있으며 발기인의 내심적인 사정에 따라서 납입의 효력을 부정하는 것은 옳지 않다는 유효설이 있다.

견 련(牽連) 〔獨〕Konnexitat 〔佛〕conexite 사물 상호간에 연결되어 있는 의존성을 견련 또는 관련이라 부르고, 이것에 법률상의 뜻을 부여하는 경우를 말한다. 예컨대 留置權에 있어서 담보된 채권과 물건이 쌍무계약의 경우에 쌍방의 채무가 견련관계에 있다고 한다.

견련관할(牽連管轄) → 관련재판적

견련범(牽連犯) 범죄의 수단 또는 결과인 행위가 다른 죄명에 해당하는 경우의 범죄(舊刑 54 Ⅰ 後). 예컨대, 주거에 침입하여 절도하거나, 문서를 위조하여 행사하는 경우이다. 견련범에 관하여 구형법은 그 가장 중한 형으로써 처단한다라고 규정하였는데, 통설은 科刑上一罪로서 취급하는 것으로 보았다. 그러나 현행형법은 견련범의 개념을 인정치 않으며, 따라서 그러한 경우에는 본래대로 수죄로 취급하면 될 것이다.

견련사건(牽連事件) 관련사건과 같다.

견련파산(牽連破産) 和議·强制和議·會社整理가 일단 개시된 뒤에 이와 견련하여 인정되는 파산(破 307~316, 和 9·10·71, 會整 23~26).

견련화의(牽連和議) 회사의 정리가 개시

된 후 이와 관련하여 인정되는 화의(舊商 401). 법원이 채권자의 일반적 이익을 위하여 필요하다고 인정하는 경우에 법원의 인가를 얻어 개시된다.

견본매매(見本賣買) 견본에 의하여 목적물을 정하는 판매. 不特定物의 매매에 관하여 행하여지는 것이 보통이지만, 特定物에 관하여 행하여지는 일도 있다. 매도인이 급부한 물건이 견본에 적합하지 않는 경우에는, 債務不履行 또는 瑕疵擔保責任이 발생한다. 견본에 적합하냐 어떠냐는 계약의 취지, 목적물의 성질, 거래의 관행에 좇아 결정된다. 상법에서는 견본을 見品이라 한다(95 참조).

견서지(肩書地) 구상법상의 용어. →방서지

견 책(譴責) 전과에 대하여 훈계하고 회개하게 함에 그치는 가장 가벼운 懲戒罰을 말한다.

견품(見品)**의 수거**(收去) 약품·식품·유해물 등의 일부를 검사 또는 실험용에 쓰기 위하여 감독행정청이 강제적으로 보통 무상으로 수거하는 것(食品衛生法 17). 소유권의 침해이므로 필요의 최소한도에 그쳐야 한다.

결격사유(缺格事由) 일정한 공직 또는 자격 등을 취득하기 위하여 해당되어서는 아니되는 소극적 요건. 공무원이 된다거나 選擧權·被選擧權 등을 가짐에 있어서의 결격사유에 관하여는 국가공무원법·지방공무원법·공직선거 및 선거부정방지법에 각각 규정되어 있다.

결과반가치(結果反價値) 〔獨〕 Erfolgsunwert 법익보호 관점에서 행하는 결과에 대한 부정적 가치판단을 말한다. 결과반가치에는 법익침해와 법익에 대한 위험의 야기가 포함된다. 형법상의 불법은 이익침해로서의 結果反價値와 規範侵害로서의 行爲反價値가 갖추어져 있을 때 비로소 완전하게 성립한다. 결과반가치와 행위반가치는 독자적으로 불법을 충족시킬 수 없고 양자의 상호관계 속에서만 가능하다. 결과반가치만을 중시하는 견해는 침해나 이에 대한 위험을 야기시킨 動因으로서의 행위 자체를 그 불가분성에도 불구하고 도외시한다는 문제점을 갖는다. 행위반가치(행위무가치, 행위불법)와 결과반가치(결과무가치, 결과불법)를 불법의 실질적 판단기준으로서 고려하게 된 것은 근대적 불법이론의 전개과정에서 이룩된 중요한 이론적 성과의 하나이다.

결과범(結果犯) 〔獨〕 Erfolgsdelikt 행위 이외에 일정한 결과의 발생이 구성요건상 요구되어 있는 범죄(예 : 살인죄). 단순거동범에 대한다. 결과범이 보통의 犯罪形態이다. 결과범의 罪責에 있어서는 행위와 결과와의 사이의 인과관계가 문제가 된다. →실질범

결과선택주의(結果選擇主義) 관련있는 여러 국가의 실질법의 내용이나 법목적을 검토한 위에 利益衡量에 의해서 준거법을 결정하려는 국제사법상의 새로운 고찰방식. 샤비니 이래 전통적인 국제법상에서 준거법선택은 선택되는 準據實質法의 구체적인 내용을 미리 점검하지 않고, 이른바 각국 실질법상의 가치에 대한 중립적인 입장에서 행하는 것을 기본적인 전제로 하였다(法域選擇主義). 이에 대해 1930년대 이래 주로 미국에서 당해 사건에 관련하는 여러 국가(주)의 실질법의 내용이나 목적을 미리 검토하고 그 가운데에서 실체적으로 가장 양호한 법을 선택하여 적용하여야 할 것이라는 결과선택주의의 방식이 대두하였다. 그러나 이 고찰방식은 전통적인 국제사법체계에 커다란 충격을 주었으나, 그 내부에서 각종의 방법론이 대립하고 있으며 또한 미국의 각주 私法上의 문제를 중심으로 전개된 것을 어떻게 국제법인 법의 저촉의 경우에 적용할 것인가 등의 문제가 지적되고 있는 실정이다.

결과적 가중범(結果的加重犯) 〔獨〕 erfolgsqualifiziertes Delikt 〔佛〕 infraction præterintentionnelle 일정한 범죄행위가 행위자가 예견하지 아니한 중한 결과를 발생시킨 경우에 그 중한 결과로 인하여 형이 가중되는 범죄. 加重的 結果犯이라고도 한다. 예컨대, 상해죄를 범하여 치사의 결과가 발생하면, 상해치사죄로서 형이 가중된다(刑 259 Ⅰ). 중한 결과에 대하여, ① 조건적 인과관계가 있으면 족하다는 설, ② 상당인과관계를 필요로 하는 설, ③ 예견가능을 필요로 하는 설, ④ 과실을 필요로 하는 설이 나누어지는데, 현행형법은 ③설을 입법화하였다(15 Ⅱ 참조). 그런데 보통은 주의하였더라면 예견가능했다는 뜻으로 ④설과 마찬가지로 해석한다. 인과관계를 필요로 함은 물론이다.

결과진술(結果陳述) 辯論主義를 원칙으로 하는 민사소송법은 준비절차의 결과를 변론에 있어서 진술하는 것을 요구할 뿐더러(258). 법관경질의 경우에는 종전의 변론의 결과를, 또는 抗訴審에서는 제1심의 변론의 결과를 각 진술할 것을 요구한다. 결과진술은 형식적인 보고의 의미에 그치기 때문에 개괄적이면 되고, 또 당사자의 어느 일방이 하는 것으로 족하다.

결과책임(結果責任) 〔獨〕 Erfolgshaftung
[1] 민법상 고의·과실의 유무에 불구하고 손해

의 발생이라고 하는 결과에 대하여 배상책임을 지는 것. 결국 無過失責任과 같다.

[2] 형법상 고의·과실의 유무에 불구하고, 현실적으로 발생한 결과에 대하여 刑事責任을 지는 것. 종래에 결과적 가중범을 결과책임사상의 유물이라고 설명하였으나, 이는 근대형법에 있어서의 책임주의의 원칙에 반하는 것이며, 현행형법(15 Ⅱ)은 이를 입법적으로 해결하였다(→결과적 가중범).

결단주의(決斷主義) 〔獨〕 Dezisionismus 독일의 공법학자인 칼 슈미트(Carl Schmitt)의 憲法觀을 지칭하며, 그는 당시의 헌법학을 지배하였던 形式的 法實證主義를 극복하고 국가와 헌법을 실질적으로 파악하려는 시도의 하나로서 제시한 것이 결단주의 헌법이론이다. 즉, 그는 국가를 정치적 통일체로 이해하고 헌법을 그 정치적 통일체의 결단으로 보며, 판단을 내릴 수 있는 자는 힘과 권위를 가지고 있는 자, 즉 주권자이고 이러한 주권자의 지배의사의 표명이 命令이고 이 명령의 규범화가 곧 法이라고 한다.

결말판결(結末判決) →잔부판결

결부법(結負法) 고려시대부터 조선시대 말까지 세법의 기본이 되었던 것. 결·부는 토지의 면적과 그 토지의 수확량을 2중으로 표시하는 독특한 계산법이다. 즉 穀禾의 수량을 기준으로 하여 곡화 1줌(握)을 把라 하고, 10파를 束, 10속을 負 또는 卜, 100부를 結이라고 하되, 이것은 동시에 토지의 면적을 말하는 단위인 것이니 토지의 비옥도에 따라 면적을 달리하여 일정한 면적에서 수확되는 결부수는 당연히 차이가 생기는 것인만큼 같은 1결이라고 비옥한 토지의 1결은 좁고 황막한 토지의 1결은 넓게 되는 것이다. 頃畝法에 대립되는 것.

결 사(結社) 다수인의 공동목적을 위한 계속적·조직적 결합. →결사의 자유

결사금지법(結社禁止法) 〔英〕 Cemination Act 영국에서 노동조합 결성을 금지하기 위한 법률. 1824년에 폐지하였다.

결사비(決事比) 漢代에 斷獄之官이 재판을 함에 있어 전례에 의거할 것이지만, 전례가 없을 때는 유례(比類)를 찾아 그것을 참고하여 판결한다. 周禮秋官篇에 若今時決事比라 하고, 그 疏文에 若今律其斷事, 皆依高律斷之, 其無條, 取比類以決之, 故云決事比라 한 것이 그 출전이며, 決事는 決獄·決訟 등과 같으며, 사건을 판단하여 결정하는 것이고, 比는 例, 즉 類例를 말하는 것이다. 漢書刑法志에는 死罪決事比三千四百七十二事라 하여 斷獄의 사례를 많이 간직하고 있었던 것이다.

결사(結社)의 자유(自由) 〔英〕 freedom of association 〔獨〕 Vereinsfreiheit 〔佛〕 liberté d'association 다수인이 계속적인 단체를 조직할 수 있는 자유로서, 기본권의 하나(憲 21). 특히 근세에 와서는 정치적 단체조직과의 관계에 있어서 민주사회에서는 반드시 보장되어야 할 국민의 基本權의 하나이다. 헌법은 정치적 단체인 정당과 근로자의 결사인 노동조합을 적극적으로 보호하고 있다(8, 33).

결 산(決算) 〔英〕 accounts 〔獨〕 Rechnungsabschluss [1] 매회계연도의 세출에 관하여 당해연도의 출납완결 후에 있어서 豫算과 실적과를 대비검토한 결과 작성되는 확정적 計數. 국가의 결산은 재정경제부장관이 이를 작성하여 국무회의의 심의를 거쳐 감사원에 제출하며, 감사원에서는 이를 검사하여 대통령과 차년도국회에 그 결과를 보고한다(憲 99).

[2] 개인·조합·법인 등에 있어서 일정한 시기를 정하여 수입과 지출을 계산하는 것.

결산기(決算期) 상인 또는 회사가 영업연도말에 하는 영업에 관한 계산마감의 시기. 상인은 매결산기에 계산을 마감하여 財産目錄·貸借對照表를 작성하고, 주식회사·유한회사는 계산서류를 작성하고, 이에 따라 損益分配·利益配當·建設利子의 配當을 한다(商 30, 365, 447, 579). 결산기는 연1회 또는 그 이상일 수가 있고, 정기적이어야 한다.

결석재판주의(缺席裁判主義) [1] 민사소송법상 對席裁判主義 내지 雙方審問主義에 대립하는 개념으로서, 이에 따르면 당사자 일방이 결석한 경우에 출석자의 주장사실에 관하여 결석자의 自白이 擬制되고, 출석자의 신청에 의하여 결석판결이 행해져 소송이 종료되며 당사자 쌍방이 결석한 때에는 절차가 休止되고 일정기간 휴지의 방치에 의해 소취하가 의제되어 소송이 종료된다. 현행법은 이러한 결석재판주의를 취하지 않고 결석자가 제출한 준비서면의 내용을 변론한 것과 동일하게 다루어서 출석자의 변론과 종합해서 심리판결하도록 하고 있다(民訴 137). 당사자 쌍방이 적법한 소환을 받고도 결석하거나, 참석한 경우에도 법원으로부터 陳述禁止決定을 받거나(民訴 134) 퇴정명령을 받아서 변론하지 않은 경우 재판장은 새로운 기일을 정하여 당사자 쌍방을 소환하여야 하며, 법원이 정한 이러한 기일이나 그 후의 기일에 다시 당사자 쌍방이 불출석하거나 출석하더라도 변론하지 않는 경우에는 1月 이내에 기일지정신청을 하지 않으면 소를

취하한 것으로 보고 있다(民訴 241).

[2] 형사소송법상 신속한 재판을 위하여 피고인이 출석하지 않은 상태에서도 재판을 허용하는 제도를 말한다. 소송촉진 등에 관한 특별법은 제1심 공판절차에서 피고인에 대한 송달불능보고서가 접수된 때부터 6월이 경과하여도 피고인의 소재를 확인할 수 없는 때에는 피고인의 진술없이 재판할 수 있다고 하여(訴訟促進 23) 결석재판제도를 채택하고 있다. 그러나 신속한 재판은 피고인의 권리를 보호하기 위한 원칙이므로 소송촉진을 위하여 절차의 적정과 피고인의 防禦權이 유린되어서는 안된다. 따라서 缺席裁判制度는 신속한 재판의 원칙과 이념을 달리하는 것으로 입법론상 타당하다고 할 수 없다.

결석절차(缺席節次) 〔獨〕 Versäumnisverfahren 민사소송의 구술변론기일에 당사자의 일방이 결석한 경우의 절차. 구법에서는 결석판결의 제도가 인정되어 있었으나 현행법은 이를 폐지하고, 모두 재래의 변론에 의거하여 對席判決을 하기로 되어 있다. ① 최초로 하여야 할 구술변론 기일에 당사자가 출석하지 않거나 출석하더라도 본안의 변론을 하지 않을 때에는 그 사람이 제출한 소장·답변서 그 밖의 준비서면에 기재한 사항을 진술한 것으로 보고 상대방에게 변론을 하게 할 수 있다(民訴 137). 이로써 재판을 할 수 있게 되면 변론을 종결하여 판결을 하여도 무방하다. ② 속행기일에 당사자가 출석하지 않거나 출석하여도 본안의 변론을 하지 않을 때에는 이미 결석자의 종전의 변론 또는 의제적 변론(260)이 있으므로 출석자에게만 변론을 시켜 판결을 하기에 이르면 변론을 종결할 수 있다. 변론개시 후 속행기일 전에 제출된 준비서면이 있더라도 그 내용은 진술의 擬制를 받지 않는다(口述主義). 또 결석절차에 있어서도 擬制自白의 적용이 있으며(그러나 공시송달에 의한 소환을 받은 경우를 제외한다(139)), 상대방이 주장한 사실을 자백한 것으로 본다(139 I).

결석판결(缺席判決) 〔獨〕 Versäumnisurteil 당사자의 일방이 변론기일에 결석한 경우에, 在來의 辯論의 상태여하에 불구하고, 출석당사자의 주장만에 기하여 하는 결석자에게 불리한 판결. 우리 현행법은 결석판결의 제도를 인정하지 않고 對席判決主義를 관철시키고 있지만, 결석판결은 가장 그 필요가 큰 제1회기일에 있어서만 인정한다든가(이탈리아·프랑스·오스트리아·영국), 제1회기일이든 속행기일이든 불문하고 인정한다든가(일본구법·독일구법), 결석판결과 대석판결의 선택을 인정한다든가(현 독일법) 하여, 입법례가 매우 구구하다.

결선투표(決選投票) 〔英〕 decisive ballots 〔獨〕 engere Wahl 〔佛〕 ballottage 재투표의 일종. 당선인을 결정하기 위하여 일정수 이상의 득표를 필요로 할 때, 전단계의 투표에서 그 득표수에 달하는 자가 없기 때문에 최고득표자 2인에 대하여 행하는 투표. 국회의장·부의장선거(國會 15) 등에 인정된다.

결 세(結稅) 조선시대의 토지세. 매년 9월 중순에 수령들이 실지 조사하고 이를 관찰사에게 보고하면 정부에서 의정부·6조의 관원들이 모여 세금의 비율을 결정하였는데 대략 매결에 쌀 4말(斗), 三手米로 2말(斗) 2되(升)를 징수하였다.

결손가정(缺損家庭) 〔英〕 broken home 〔獨〕 Unvollständigkeit der Familie 사망·실종·별거·이혼·장기의 출정·시설수용 등으로 인하여, 양친 또는 양친 중의 한 사람이 없는 가정. 범죄 특히 소년비행 발생의 하나의 因子로서 주목되고 있다. 1925년의 뉴욕의 조사에서는 비행자의 47.1%가 결손가정에서 나오고 있다. 그 후의 조사는 좀더 高率을 보여준다. 아버지가 없는 아이와 어머니가 없는 아이의 어느쪽이 더 위험하느냐에 관하여는 그릴레(Grille)는 후자라고 하고, 호프만(Hoffmann)은 전자라고 주장한다. 실제의 조사에서는 아버지가 없는 자의 율이 많다. 다만 5세전에는 어머니가 없는 자의 쪽이 단연 많다고 하는 조사의 결과가 나와 있다. 그러나, 현재에는 가정의 결손 그 자체보다도 가정내의 심리적인 관계가 非行原因으로서는 중요하다고 생각되고 있다.

결손금계산서(缺損金計算書) 〔英〕 deficit statement 전기 移越缺損金이 있는 경우에 잉여금의 이월·처리 또는 증감을 명백히 하는 계산서. 재무제표규칙에 의하여 채용된 것인 바(9 I iii, 94) 손익계산에 결손금의 구분을 두어 그 내용을 기재하고 그 작성을 생략할 수도 있다. 그리고 이 서류는 유가증권보고서, 상장유가증권보고서 등에 첨부함을 요한다.

결손금처리계산서(缺損金處理計算書) 〔英〕 deficit reconciliation statement 결손이 있는 회사에서 잉여금처분계산서 대신에 작성하고 결손의 전보 또는 移越을 명백히 하는 계산서. 재무제표규칙에 의하여 채용된 것. 따라서 이 서류는 유가증권보고서·상장유가증권보고서 등에 첨부함을 요한다.

결손처분(缺損處分) 일정한 사유의 발생 또는 존재로 말미암아 부과한 조세를 징수할 수 없다고 인정되는 경우에 그 納稅義務를 소멸시키는 세무서장 또는 지방자치단체의 장 등의 행정처분. 결손처분의 사유는 ① 체납처분이 종결되고 그 체납세액에 충당될 배분금액이 체납세액에 미달될 때, ② 체납처분을 중지한 때, ③ 租稅徵收權의 소멸시효가 완성된 때, 또는 ④ 대통령령이 정하는 바에 따라 징수의 가망이 없다고 인정될 때이다(稅徵 86, 地稅 30의3).

결송유취(決訟類聚) 사송유취와 같다.

결 심(結審) [1] 민사소송법상 訴가 부적법하여 却下를 면할 수 없을 때든지 원고의 청구가 이유있거나 또는 없는 것이 명확해진 때와 같이, 사건을 재판하기에 적합할 때 변론을 종결하는 것.

[2] 형사소송법상 공판기일에서의 冒頭節次, 證據調査, 검사의 논고, 피고인측의 최후진술이 끝나고 변론을 종결하는 것. 결심의 시기까지 나타난 소송자료에 의하지 아니하면 재판의 기초로 할 수 없기 때문에 이 시기는 旣判力의 시간적 범위 또는 上訴의 이유를 논하는데 중요한 의의를 갖는다. 또 결심은 하나의 소송지휘에 관한 행위이므로 언제든지 이를 취소할 수 있다(刑訴 305). →변론의 재개, 기판력

결약서(結約書) 〔獨〕 Schlussnote 중개인의 중개에 의하여 당사자간에 계약이 성립하였을 때, 각 당사자의 성명 또는 상호·계약연월일과 그 요령을 기재하고 記名捺印 또는 서명한 후, 각 당사자에게 교부하여야 하는 서면(商 96). 이것은 증거를 보전하기 위하여 작성되는 문서로서 계약의 성립요건은 아니다. 중개에 의한 계약이 성립하면, 당사자가 계약을 즉시이행하는 경우에는 중개인은 결약서를 각 당사자에게 교부하면 되고, 계약의 목적물의 급부가 기한부 또는 조건부인 경우에는, 중개인은 각 당사자로 하여금, 결약서에 기명날인 또는 서명하게 한 후, 이를 교환시켜야 한다. 기명날인 또는 서명의 거부가 있는 때에는 중개인은 지체없이 상대방에게 통지하여야 한다(96 Ⅱ).

결 의(決議) 〔英〕 resolution 〔獨〕 Beschluss 합의체를 구성하는 여러 사람이 일정한 사항에 관하여, 전체의 의사를 결정하고 그것을 표현하는 행위, 또는 그 결정된 사항.

[1] 私法上은 사원총회·친족회·주주총회의 결의가 대표적인 것인데, 그 법률적 성질은 合同行爲의 일종이라고 한다. 일정한 자격(예 : 사원·친족회원·주주)이 있는 자가 전체(사원총회·친족회·주주총회)로서 일정한 권한(법인의사의 결정, 친족의 일정사항의 감독, 회사의사의 결정)을 가지며, 그 권한을 행사하기 위하여 결의를 한다. 결의는 대개 召集의 通知에 의하여 각 성원이 집합하여서 이를 한다. 결의의 방법은 출석자의 다수결에 의하는 것이 보통이지만, 그 이상으로 특별한 다수를 요하는 경우도 있다(예 : 民 42Ⅰ, 78). 또 결의를 성립시키는데 필요한 출석인원의 비율, 즉 定足數를 정하는 경우도 많다(예 : 民 75Ⅰ, 商 368Ⅰ). 주주총회의 결의에는 발행주식의 총수의 과반수에 해당하는 주식을 가진 주주의 출석이라는 정족수를 필요로 하는 것을 원칙으로 하고, 출석주주의 의결권의 다수결에 의하는 普通決議(商 368Ⅰ)와, 그 3분의 2 이상의 다수결을 요하는 特別決議(434)가 있다. 의사의 방법은 정관 또는 관습 등에 의하지만, 의사록의 작성·공시를 요한다(民 76, 商 373·396). 총회의 권한에 속하는 사항의 결의는 이사를 구속한다. 다만 결의의 내용 또는 절차가 법령이나 정관에 위반하는 경우에는, 결의에 하자가 있는 것으로 되어, 주주총회결의무효확인의 소 또는 그 결의의 취소 또는 변경의 소를 제기할 수 있다(商 376, 380, 381).

[2] 公法上에 있어서는 국회 또는 지방의회 기타의 합의체의 의결에 의하여 결정·표시되는 의사 중에서, 그 법률상의 권한행사로서 행하여지는 것(예 : 법률안·예산안의 의결, 징계의 의결)을 제외한 일반적인 것을 결의라고 말한다. 따라서 별다른 법률상의 효과가 없는 것이 보통이지만, 때로는 법률이 특별히 일정한 법적 효과를 결부시키고 있는 것도 있다(예 : 제3차 개정헌법하에서 民議院의 내각에 대한 불신임결의). →의결

결의법(決疑法) 보편적인 道德法則을 개개의 행위와 양심문제에 적용하는 법. 예컨대 법률가 자신이 유죄라고 생각하는 것을 그렇지 않다고 변호해야 옳으냐 그르냐 하는 것. 일반적으로는 도덕법칙을 외적인 것으로 믿고 권리와 논리에 근거하여 개개의 경우를 판단하는 법을 말하나 나쁜 뜻으로도 쓰인다. Jesuit파에서는 이 법으로써 신자들의 양심을 지도하였다.

결 정(決定) 〔獨〕 Beschluss 〔佛〕 ordonnance 넓은 뜻으로는 국가기관이 疑義있는 사항에 관하여 公權的으로 확정하여 선언하는 것을 의미하고, 行政·司法의 각 영역에서 사용되는 말.

[1] 민사소송법상 법원이 하는 재판 가운데서 판결 이외의 것. 判決과 달리 원칙으로 任意的 辯論 또는 書面審理에 기하여 간이·신속하게 진행시킬 수 있고(124Ⅰ但), 법원이 상당하다고 인정하는 방법으로 告知함으로써 성립되고, 또 효력이 발생한다(207). 재판의 주체가 법원인 점에서 재판장·수

명법관 또는 수탁판사가 하는 명령과 구별된다. 다만 법문상 명령이라고 되어 있어도 결정의 성질을 갖는 것이 적지 않다(예 : 지급명령 · 압류명령 · 전부명령 · 가압류명령 · 가처분명령 등). 결정 · 명령에 대한 독립의 불복방법은 원칙으로 항고이다(409, 410).

[2] 형사소송법상 법원이 하는 재판 중 판결 이외의 것. 일반적으로 판결에 비하여 경미한 사항에 관한 재판이다. 결정은 口頭辯論에 의거하지 아니할 수 있다(37 Ⅱ), 법원은 결정을 함에 필요한 경우에는 사실을 조사할 수 있고(37 Ⅲ), 결정을 고지하는 경우에는 재판서를 작성하지 아니하고 조서에만 기재하여 할 수 있다(38但). 결정은 원칙적으로 종국전의 판결이나, 終局的 裁判(예컨대, 公訴棄却의 決定)인 경우도 있다. 결정에 대한 上訴方法은 抗告이다. → 판결, 명령

[3] 행정법상 결정은 보통 確認이라고 한다. 쟁송을 전제로 할 때도 있고, 爭訟과는 관계없이 행해질 때도 있다. → 확인행위

결정권(決定權) 일반적으로 합의체의 의결에 있어서 가부가 동수인 경우에 이를 결정하는 권한. 헌법은 국회의 의결에 있어서 가부동수인 경우에 있어서는 부결된 것으로 보고 있으므로(49), 의장의 決定權을 인정하고 있지 않다. 제5차개헌전 헌법에 있어서는 국회의 의결에서 의장이 결정권을 가지며(37 Ⅳ), 제3차개헌(1960년 6월 15일)전 헌법에 있어서는 국무회의에서 의장, 즉 대통령이 이를 가지고 있었다(71 Ⅱ). 이와 같이 국회의장에게 결정권을 부여하지 않고 부결된 것으로 보는 것은 현상유지를 위한 것이다. 이러한 결정권은 이론상 적극 · 소극의 어느 곳으로도 결정할 수 있으나 관례상 소극적으로 행사하고 있다.

결정규범(決定規範) 〔獨〕 Bestimmungsnorm 일정한 행위를 명령 · 금지하는 기능을 가지는 규범. 보통 意思決定規範이라고 한다. 주관적 위법성설은 법의 본질을 受命者에 대한 의사결정규범이라고 이해한다. 이에 대하여, 객관적 위법성설의 입장에서는 결정규범은 책임에 대응하는 규범이라고 한다. 즉, 違法性과 責任과의 분리에 대응하여, 법규범을 評價規範과 決定規範으로 나눈다. 법은 명령 · 금지를 하기 위하여는 그 논리적인 전제로서 먼저 무엇이 허용되고 무엇이 허용되지 않느냐를 평가하지 않으면 안된다. 환언하면, 법은 결정규범으로서 기능하기 전에, 먼저 평가규범으로서 기능함을 요한다고 한다. 이러한 분석에 대하여는, 평가규범과 결정규범이라는 두개의 규범이 있는 것이 아니라 한개의 규범의 평가기능 · 결정기능에 불과하다는 비판, 결정규범에 대응하는 책임도 또한 평가로서 생각할 수 있다는 비판 등이 있다. → 평가규범

결정서(決定書) 관공서 또는 공공단체가 관계법령에 의거하여 의견을 달리하는 당사자에게 권리의무의 상태를 명백히 하여 분쟁의 해결을 결정하는 문서.

결정전치주의(決定前置主義) 공무원의 위법한 직무집행행위로 인한 손해배상을 청구하는 절차는 行政節次에 의한 것과 司法節次에 의한 것으로 나눌 수 있는데, 국가배상법은 손해배상의 소송은 배상심의회의 배상금지급의 결정을 거친 후가 아니면 이를 제기할 수 없다. 다만, 배상결정의 신청이 있는 날로부터 3월을 경과한 때에는 그 결정을 거치지 아니하고 소송을 제기할 수 있다고 규정하여 결정을 사전에 거치지 않고는 소송을 제기할 수 없도록 하고 있는 바, 이를 決定前置主義라고 한다.

결 제(決濟) 유가증권시장에 있어서의 매매거래를 受渡 또는 差金의 수수를 함으로써 結了하는 것. 그 방법은 업무규정에 상세히 규정되어 있다.

결제통화(決濟通貨) 국제간의 거래결제에 이용되는 통화.

결탁소송(結託訴訟) 제3자의 권리를 침해할 목적으로 원고와 피고가 공모하여 제기하는 소송. 詐害訴訟이라고도 한다. 예를 들면 채무자가 財産隱匿을 위하여 虛僞權利者에 대하여 제기시키는 것과 같다. 독립당사자참가(民訴 72)는 그러한 소송에 개입하여 자기의 권리를 주장할 경우에도 이용된다. 주주의 代表訴訟이 그와 같은 소송일 때에는 회사 또는 주주는 재심의 소를 제기할 수 있다(商 406).

결투죄(決鬪罪) 본래 피해자의 동의에 의한 殺傷이나 私鬪를 금지한 형법상 명문은 없으나 사회의 치안을 확보하기 위하여 엄하게 처벌된다. 결투라 함은 합의에 의하여 서로 신체 또는 생명을 상해하기 위한 투쟁을 말하며, 그 形式 · 殺意의 유무를 불문한다. 결투를 제의한 자, 결투의 제의에 응한 자, 결투를 행한 자, 결투에 입회를 했거나 입회할 것을 약속한 자, 그 情을 알고 결투의 장소를 제공한 자 등을 처벌한다. 결투로 인하여 사람을 살해했을 때에는 형법의 살인 · 상해의 죄를 적용하는 것이 상례이다.

결합국(結合國) 국제법상 여러 국가가 하

나의 최고권력 아래 결합함으로써 성립하는 국가. 그 중요한 것은 연방국·君合國·政合國·합중국 등이다.

결합(結合)**의 원리**(原理)　행정조직 안에서 각 단위기관 사이에 요구되는 질서의 확립을 위한 원리를 말한다. 즉 종적인 사무분배의 원리이다. 이 원리의 의의는 상급기관의 의사가 하급기관에 효과적으로 작용하며 전체로서 통일성을 유지할 수 있어야 하는데, 行政組織은 그 상급의 단계로 올라감에 따라 차츰 큰 단위의 기관으로 결합되는 데 있다.

결합범(結合犯)　〔獨〕 zusammengesetztes Verbrechen　각자 독립하여 죄가 될 수개의 행위를 결합하여, 1개의 범죄로 구성한 것. 예컨대, 폭행·협박과 이에 의한 盜取를 결합하고 있는 强盜罪(刑 333)가 이에 해당한다. 결합범은 단순한 1죄이다. 결합범의 실행의 착수에 관하여, 客觀說은 제1의 행위의 착수가 있으면 결합범의 착수가 있다고 보고, 主觀說은 결합범 그 자체의 고의의 수행적 행위가 있는 때에 결합범의 착수가 있다고 본다.

결 혼(結婚)　혼인과 같다.

결혼세(結婚稅)　농노가 다른 莊園領主의 지배 밑에 있는 농노와 결혼할 때 영주에게 바치던 세금.

결혼퇴직제(結婚退職制)　民間企業에서 여성근로자를 채용하는 때에 고용계약 또는 취업규칙이나 노동협약에서 여성이 결혼 때에는 퇴직한다는 것을 정한 제도. 여성의 취직을 결혼까지만 생각하는 사회적인 관습에 편승하여 기업이 미혼여성을 임금이 낮은 보조적인 업무에 雇傭하기 위하여 사용되어 왔다.

결효범(缺效犯)　→ 실행미수

경 개(更改)　〔羅〕 novatio 〔英〕 novation 〔獨〕 Novation, Schuldersetzung, Schuldumwandlung 〔佛〕 novation　신채무를 성립시킴으로써 구채무를 소멸시키는 契約(民 500~505). 경개에는 세 가지의 형이 있다. ① 채권자의 변경으로 인한 경개. ② 채무자의 변경으로 인한 경개. ③ 목적의 변경으로 인한 경개. 전2자는 채권채무에 관하여 그 동일성을 잃지 않고 당사자가 변경되는 것을 인정하지 않았던 로마법에서는 債權讓渡 및 債務引受에 갈음하는 작용을 한 제도였으나, 현재는 비교적 중요성이 없다. 채권자의 교체로 인한 경개는 신구양채권자와 채무자와의 三當事者간의 계약에 의한다. 이 경우 제3자에게 대항하기 위하여는 債權讓渡에 있어서와 같이, 확정일자있는 증서로 하여야 한다(502). 채무자의 교체로 인한 경개는 채권자와 신채무자간의 계약으로 할 수 있다. 그러나 구채무자의 의사에 반하여 이를 할 수 없다(501). 목적의 변경으로 인한 경개는 채권자·채무자간의 계약에 의하여 행하여진다. 경개에 있어서는 신채무자가 구채무자와 그 중요한 부분을 달리하는 것이어야 한다. 채권자, 채무자, 채권의 목적의 3자 중의 어느 하나를 변경하는 경우에는 언제나 신채무가 구채무와 동일성이 없다고 인정되는 것은 아니며, 다시 당사자가 신채무의 성립으로 구채무를 소멸시키려는 의사(경개의사)를 가지는 때에만 중요부분의 변경이 있다고 하여야 한다. 경개의 효력은 ① 구채무가 소멸하고(500), 따라서 이에 종된 債務(保證債務)·擔保權(質權·抵當權) 등도 소멸하는 것이 원칙이다. 다만 그러나 質權·抵當權은 특히 이를 신채무에 옮길 수가 있지만(505 本), 제3자가 제공한 담보는 그 承諾을 얻어야 한다(505 但). ② 신채무는 구채무와 전혀 별개의 채무이므로 구채무에 관하여 존재한 항변권을 신채무에 관하여 주장할 수 없다. 그러나 채권자의 교체로 인한 경개에 있어서는 항변권을 유보한 경우에 한하여 신채권자에 대하여 이를 주장할 수 있다(451 I, 503). 그리고 신구채무의 성립·소멸은 서로 조건이 되고 있으므로, 채무가 존재하지 않든가, 또는 신채무가 어떤 이유로 성립하지 않는 경우에는, 경개는 성립하지 않는다(504).

경계문구(境界文句)　〔獨〕 Schlussvermerk, Trennungsvermerk　어음등본에 謄寫境界를 표시하는 문구. 어음등본에는 어음원본에 기재된 모든 사항을 再記하고, 또 원본의 등사인 부분과 등본상에 처음으로 기재되는 부분과를 구별하기 위하여 그 등사에 末尾의 表示(예 : 右謄本임)를 해야 한다. 경계문구의 기재가 없을 때는 등본의 효력이 없고, 등본이라는 기재가 없을 때는 독립한 어음으로 본다. 따라서 이러한 어음에 어음행위를 한 자는 위조어음에 어음행위를 한 자와 같이 독립하여 어음상의 責任을 지게 된다.

경계변경(境界變更)　지방자치단체의 구역변경으로서 지방자치단체의 폐치 또는 신설을 초래하지 않는 경우. 그 절차는 원칙적으로 지방자치단체의 폐치 또는 신설을 수반하는 廢置分合의 경우와 같다(地自 4). 다만 道의 경계에 걸쳐서 시·읍·면의 경계의 변경이 있었을 때에는 도의 경계도 스스로 변경된다.

경계분쟁(境界紛爭) 지방자치단체의 경계에 관하여 지방자치단체 사이에 일어나는 분쟁. 경계분쟁은 지역적 권한쟁의로서의 성질을 가지며, 지방자치단체는 원칙적으로 대등한 인격체이므로 경계분쟁이 있는 경우에는 관계자치단체의 협의에 의한 해결을 도모하여야 하는데, 자치단체 사이의 협의에 의한 해결이 이루어지지 아니하는 때에 분쟁당사자가 서울특별시·광역시 또는 도인 때에는 행정자치부장관이, 시·군·구인 때에는 관계 특별시장·광역시장 또는 도시자가 당사자의 신청에 따라 조정할 수 있으나, 조정이 이루어지지 아니하는 경우에는 헌법재판소의 權限爭議에 관한 심판에 의하여 해결을 도모할 수밖에 없다.

경계사정(境界査定) 公物인 토지에 관하여 관리청이 그 범위를 정하는 행위. 일반사유토지의 경계획정은 당사자의 합의나 법원의 판결에 의하여 행해지는 것이 원칙이나, 공물의 경계사정은 행정청의 一方的 行爲로써 행해지는 점에 특색이 있다(河 2 ii, 道 25). 따라서 이에 불복하는 자는 행정쟁송을 제기할 수 있고, 이로 인한 損失에 대해서는 公法上의 損失補償請求權이 인정되는 것이 보통이다.

경계소송(境界訴訟) 相隣地의 경계정리에 관한 법률관계를 소송물로 하는 소의 총칭. 界標의 설치·보존에 관한 소와 토지경계확정의 소가 그 대표적인 것이다. → 경계확정의 소

경계(境界)**에 관한 상린관계**(相隣關係) 서로 인접하는 부동산을 이용하는 자 사이에 경계선을 확실히 하고, 이웃 거주자에게 불편을 주지 않도록 협력하여야 하는 법률관계. 인접지소유자는 다른 관습이 없는 한 공동비용으로 통상의 경계표나 담을 설치할 수 있고(民 237 I·II), 자기의 비용으로 담의 재료를 통상보다 양호한 것으로 할 수 있으며, 그 높이를 통상보다 높게 할 수 있고, 또는 방화벽 기타 특수시설을 할 수 있다(238). 그리고 경계에 설치된 境界標·담·溝渠 등은 相隣者의 共有로 추정한다(239 本). 다만 경계표·담·구거 등이 상린자 일방의 단독비용으로 설치되거나, 담이 건물의 일부인 경우에는 그러하지 않다(239 但). 다음으로 건물을 축조함에는 특별한 관습이 없는 한 경계로부터 반미터 이상의 거리를 두어야 하고, 隣地所有者는 이에 위반한 자에 대하여 건물의 변경이나 철거를 청구할 수 있되, 건축에 착수한지 1년을 지나거나 건물이 완성된 후에는 손해배상을 청구할 수 있음에 불과하다(242). 다음으로 경계로부터 2미터 이내에서 이웃 주택의 내부를 관망할 수 있는 창이나 마루를 설치하는 경우에는, 적당한 遮面施設을 하여야 하고(243), 우물 기타 지하시설을 하는 때에는 경계로부터 2미터 이상의 거리를 두어야 하고, 貯水池·溝渠 또는 지하실공사를 함에는 경계로부터 그 깊이의 반 이상의 거리를 두어야 한다(244 I).

경계침범죄(境界侵犯罪) 경계표를 손괴·이동 또는 제거하거나 기타 방법으로 토지의 경계를 認識不能하게 만든 죄(刑 370). 본죄는 토지에 관한 권리의 범위를 표시하는 경계의 명확성을 보호하려는 것이다. 토지의 경계는 토지의 所有權·地上權·賃借權 등 토지에 관한 사법상의 권리의 범위를 표시하는 경계뿐 아니라, 도·시·군·읍·면의 경계 따위의 공법상의 관계에 기하는 토지의 경계도 포함한다. 사실상 경계의 인식이 불가능하게 됨으로써 성립하고, 등기부에의 조회나 측량 등의 방법으로 새로이 정확한 경계를 인식할 수 있어도 이는 본죄의 성부와 무관계하다.

경계확정(境界確定)**의 소**(訴) 〔羅〕actio finium regundorum 〔獨〕Grenzscheidungsklage 인접한 토지의 경계가 불명한 경우, 법원의 판결에 의하여 그 경계선을 확정하여 줄 것을 청구하는 소. 현재에는 경계확정소송에 관하여는 아무런 명문이 없다. 이것을 근거로 하여 현행법하에서는 이 소는 인정되지 아니한다는 견해도 있으나, 통설은 적법이라고 해석하고 있다. 현재에는 이 소송의 성질에 관하여 이것을 객관적으로 정하여진 隣接地간의 경계를 확정선언하는 것이라는 確認訴訟說과 판결로써 경계선을 형성하는 것을 구하는 것이라는 形成訴訟說이 대립하여 있으나, 오히려 실질상은 공유물분할의 소나 父를 정하는 소와 같이 비송사건에 불과한 것이 형식상 민사소송으로서 취급되고 있다는 소위 形式的 形成訴訟이라고 하는 견해가 유력하다. 본질상 비송사건이므로 원고는 경계선을 구체적으로 주장할 필요는 없고, 법원은 당사자가 경계선을 주장하여도 이에 구속되지 않고(民訴 188 참조), 따라서 당사자간에 승소·패소의 문제가 없는 점에서 통상의 소송과는 다르다. 법원은 당사자적격과 경계설정의 필요를 긍정하는 한, 언제나 本案判決로써 경계를 설정할 것이고, 원고의 주장하는 경계선보다 불리한 판단을 하더라도 請求棄却의 판결을 할 것이 아니다.

경 고(警告) 일정의 행위를 하거나 하지 않음으로써 제재 기타 불이익한 처분을 받거나 일정의 법률상의 효과가 발생 또는 소멸하는 경우에 사전에 주의를 촉구하기 위하여 그 취지를 알리는 것.

경고파업(警告罷業) 〔獨〕 Warnstreik 노동조합이 행하는 단기간의 파업으로서 단체교섭이 최종적으로 결렬되기 이전의 단계에 있어서 사용자에 대해서 교섭결렬의 경우에는 파업에 돌입할 용의가 있다는 것을 시위하고 이것에 의하여 당해 團體交涉을 촉진시킬 목적으로 행하는 파업을 말한다. 경고파업은 일반파업과 다음과 같은 점에서 구별된다. ① 경고파업은 수십분부터 한나절 정도의 단기간의 시한의 노동거부이며, 압력의 정도가 일반파업에 비하여 상당히 적다고 할 수 있다. ② 개시의 시기에 관해서는, 일반파업이 최종적인 交涉決裂 후에 실시되는데 반하여, 경고파업은 단체교섭의 계속 중에 이것에 수반하여 행하여지는 것이다. ③ 파업의 종료에 관해서는 일반파업은 원칙적으로 협약체결이라는 목적을 달성하기까지 종료하지 않는데 반하여, 경고파업은 미리 그 시간이 한정되어 있어, 그 종료는 파업의 성과를 묻지 않는다. 경고파업은 우선적으로 쟁의행위는 모든 交涉可能性이 사라진 후에 최후의 수단(ultima ratio)으로서 행하여져야 한다는 쟁의행위의 일반원칙에 위반되는듯이 보인다. 따라서 경고파업의 허용 여부, 혹은 그 허용 정도에 관하여 독일을 중심으로 격렬한 논쟁이 전개되고 있다.

경과규정(經過規定) 〔獨〕 Übergangsvorschriften, Übergangsbestimmungen 법령의 制定·改廢가 있은 경우, 구규정과 신규정의 적용관계 등, 구법으로부터 신법으로 이행함에 필요한 경과적 규정. 그 내용에는 ① 구법과 신법의 적용에 관한 시간적 한계, ② 종전의 법령의 효력에 관한 조치, ③ 종전의 법령 밑에서 발생한 상태를 일정한 제한하에 또는 잠정적으로 승인하는 것, ④ 신법의 최초의 적용에 관한 특례조치, ⑤ 행정기관의 新設·改廢의 경우의 기관 및 그 직원에 관한 경과조치, ⑥ 법인이나 단체의 財産處分·組織變更 등의 조치 등 여러가지가 있다. →부칙

경과실(輕過失) 〔羅〕 culpa levis 〔佛〕 faute légère 선량한 관리자의 주의를 조금이라도 결여하는 것. →과실

경국대전(經國大典) 조선시대의 근본법전, 세조의 勅撰으로 개시하여 성종시대에 완성함. 세조는 즉위와 더불어 萬世不易의 대법전편찬의 의도를 품고, 六典詳定所를 신설하고, 六典詳定官으로 하여금 撰進케 하고, 왕 자신도 審議筆削을 가하였다. 세조 6년에 호전이 撰進되어 經國大典으로 명명 개판하고, 7년에 형전의 완성을 보았으나 모두 脫漏不備하여 他四典과 같이 改撰을 명하였다. 13년에 우선 全編의 撰了를 보았으나, 讐校를 거듭하여 頒行을 못보고 세조가 서거하여, 예종 원년 9월 全六典의 편찬을 완료하고, 익년 1월 1일부터 시행하기로 정하였다. 그러나, 동년에 예종이 사망하여 성종이 즉위하면서 다시 校正의 議가 일어나 勘校를 가한 후, 성종 원년 11월에 완성, 익년 1월 1일부터 시행하였다. 이것이 甲午大典이다. 이에 대하여도 역시 수정의 議가 있어, 검토심사 10여년 후인 성종 15년 12월에 완료하고 頒行, 다음해인 16년 1월 1일부터 시행하였다. 이것이 乙巳大典이며 금일까지 전존하는 唯一最古의 법전이다. 그 내용은 六卷六冊, 吏·戶·禮·兵·刑·工 各典으로 되어 있으며, 吏典은 京外의 관리의 직분·임면, 관의 편성, 관리제도 등을 규정하고, 戶典은 전제·세제·호적·조운·권농·비황 등 재정경제에 관한 것이고, 禮典은 과학·사대·관혼·상제 등 의례·교육·문서식과 외교 등에 걸친 규정이고, 兵典은 京外武官의 직분·임면, 兵制·驛制의 일반이고, 刑典은 刑獄에 관한 형사규정과 公私奴婢等事와 상속 등에 관한 민사규정을 포함하고, 工典은 토목건축·도량형·京外工匠 등을 규정하고 있다. 經國大典은 祖宗之法이라 하고, 萬世不易의 成憲이라 일컬어 왔으며, 각 조항의 폐지나 변경을 불허한 不磨의 대전이다.

경국대전주해(經國大典註解) 경국대전주해는 이름 그대로 經國大典의 疑義를 註解한 것으로, 조선 명종 5년(1550년)에 왕명으로 편찬하기 시작하여 10년에 완성하였다.

경기변동(景氣變動)**과 범죄**(犯罪) 〔獨〕 Konjunkturschwankungen und Kriminalität 穀價와 財産犯과의 평행관계는 일찍이 페리 라카사뉴(Lacassagne)의 연구를 효시로 많은 연구가 실증한다. 또한 賃金과 財産犯의 역행관계도 렝거(E. Renger)의 연구이래 대체로 승인되고 있다. 경기의 악화, 즉 불황과 범죄와의 관계를 처음으로 든 사람은 레붸이다. 그는 독일의 제1차대전전의 세개의 불황시대를 골라서 조사한 결과, 특히 절도범의 증가를 밝혔다. 엑스너(Exner) 및 뢰스너(Roesner)도 같은 결론을 내리고 있다. 1931년에 독일의 경기변동연구소는 불황으로 인하여 절도·강도·공갈·낙태의 각범이 증가한다고 발표하였다. 불황이 한편으로 경제생활의 파탄을 초래하고, 다른 한편으로 도덕적 퇴폐를 낳기 때문이다.

경 락(競落) 〔獨〕 Zuschlag 경매에 의하여 그 대상인 동산 또는 부동산의 소유권을 취득하는 것. 동산의 경락의 告知는 집행관이 최고의

경매가격을 3회 호창한 뒤에 한다(民訴 540 I). 부동산의 경우에는 법원이 경락허부의 재판을 하기 위하여 경락기일을 연다. 이 기일은 경매기일의 공고 중에 기재하여야 하고(618), 법원내에서 하여야 한다(620). 기일에 있어서 이해관계인은 경락의 허가에 대하여 진술하게 되어 있는데(632), 그 異議事由는 법률에서 정한 것에 한한다(633). 과잉경매의 경우(636)에는 경락불허의 결정을 할 것이지만, 경매 자체를 허용하지 않는 경우가 아닌 한 경락불허의 결정이 있어도 新競賣를 행한다. 신경매기일은 공고일부터 7일 이후로 정하여야 한다(637, 631). 이에 반하여 이의의 사유가 없다고 인정하면 競落許可決定을 한다.

경락결정(競落決定) 경락허가결정과 같다.

경락기일(競落期日) 부동산의 강제경매 또는 구경매법에 의한 경매에 있어서 경락을 許할 것인가 안할 것인가를 이해관계인의 진술을 들어 재판하기 위한 기일(民訴 620, 632).

경락불허가결정(競落不許可決定) 경락을 허가하지 않는다는 뜻의 결정. 이 결정을 하여야 되는 경우는 법률상 그 원인이 정하여져 있다(民訴 635, 636, 638 I, 639, 642, 646). →경락허가결정

경락인(競落人) 경매에 있어서의 買受人.

경락허가결정(競落許可決定) 〔獨〕 Zuschlagsbeschluss 부동산경매절차에 있어서 법원이 최고가경매인에 대하여 경매부동산의 소유권을 취득시키는 執行處分. 집행법원은 경락기일에 있어서 이해관계인의 진술을 들어 異議事由(民訴 633)가 없다고 인정할 때에는 경락허가결정을 한다. 이 결정은 부동산의 소유권을 취득시키는 국가의 공법상의 처분으로, 사법상의 매매의 청약에 해당하는 경매신고에 대한 승낙에 해당하는 효력이 생긴다. 경락허가결정의 선고에 의하여 경락인은 경락부동산의 과실 그 밖의 이익을 취득함과 동시에, 대금지급의무를 부담하며(655), 부동산상의 留置權은 인수되지만, 抵當權(傳貰權은 의문이다)은 소멸한다(608 II·III). 그러나 경락부동산의 소유권의 취득시기는 임의경매의 경우에 있어서는 代金完納時이나, 强制競賣의 경우에는 의문이다. 학설은 경락허가결정이 확정된 뒤 대금지급기일에 대금을 완납하였을 때라고 하나, 판례는 경락허가결정시라고 한다. 또 경락허가결정에 대해서는 卽時抗告를 할 수 있다(641~643).

경락허가(競落許可)에 대한 이의(異議) 경락을 허용할 수 없다고 하는 소송상의 진술. 이 사유는 법정사유(民訴 633)에 기하여야 하고 이의를 신청할 수 있는 자는 경매절차의 이해관계인이고(607) 또 이의는 경락기일의 종료일까지 하여야 한다(632, 634).

경략사(經略使) 평안북도, 함경북도의 국경지방의 정치에 관한 모든 사건을 정리하는 임시로 임명된 관직.

경력방송(經歷放送) 公職選擧시 선거운동에 해당하는 것으로 한국방송공사는 대통령선거·국회의원선거 및 지방자치단체의 장 선거에 있어서 선거운동기간 중 텔레비전과 라디오방송 시설을 이용하여 후보자마다 매회 1분 이내의 범위 안에서 管轄選擧管理委員會가 제공하는 후보자의 사진·성명·기호·연령·소속정당명 및 직업 기타 주요한 경력을 選擧人에게 알리기 위하여 방송하여야 하며, 경력방송의 횟수는 텔레비전 및 라디오방송별로 大統領選擧에서는 각 8회 이상으로, 국회의원선거 및 자치구·시·군의 장 선거에서는 각 2회 이상으로, 시·도지사선거에서는 각 3회 이상으로 한다(公選 73).

경력직공무원(經歷職公務員) 실적과 자격에 의하여 임용되고 그 신분이 보장되며 평생토록 공무원으로 근무할 것이 예정되는 공무원. 그 종류에는, 기술·연구 또는 행정일반에 대한 업무를 담당하며 직군·직렬별로 분류되는 一般職公務員과 법관·검사·외무공무원·경찰공무원·소방공무원·교육공무원·군인·군무원 및 국가안전기획부의 직원과 특수분야의 업무를 담당하는 공무원으로서 다른 법률이 특정직공무원으로 지정하는 공무원 등의 特定職公務員 및 기능적인 업무를 담당하며 그 기능별로 분류되는 技能職公務員 등이 있다(國公 2 II, 地公 2 II).

경력평정(經歷評定) 공무원의 경력을 평정하고 그 기록을 작성하여 인사행정의 기초로 함으로써 공정한 인사관리에 이바지하게 하려는 것. 경력을 승진의 기준으로 하는 경우 장점으로서는 ① 고도의 객관성이 있고, ② 행정의 안정성을 유지할 수 있으며, ③ 승진제도운영의 정실화를 막을 수 있다. 그러나 단점으로서 ① 행정이 침체되기 쉽고, ② 유능한 인재등용이 어렵고, ③ 기관장의 부하통솔이 어렵다. 경력의 종류에는 갑·을·병·정 등의 네 가지가 있으며 5급공무원의 경우 35점, 27.84점, 6.00점, 4.80점을 각각 만점으로 하는 비중에 따라 경력평정을 한다.

경 륜(競輪) 자전거경주에 승자투표권을 발매하고 승자투표·적중자에게 환급금을 교부하는 행위(競輪·競艇法 2). 승자투표권은 경륜개최시 승자를 적중시켜 환급금을 교부받고자 하는 자의 청구에 의하여 경륜사업자가 발매하는 승자투표방법·선수번호 및 금액 등이 기재되어 있는 표권을, 그리고 환급금은 경륜선수의 도착순위가 확정되었을 때에 경륜사업자가 승자투표권발매금액 중에서 발매수득금 및 제세 등을 공제한 후 승자적중자 또는 승자투표권을 구매한 자에게 교부하는 금액을 말한다.

경리관(經理官) 支出原因行爲를 하는 지방자치단체의 장 또는 그 위임을 받은 공무원(地財 49). 예산회계법은 국가의 지출원인행위를 하는 자에 대하여 財務官이라는 용어를 사용하고 있다(61).

경리상(經理上)**의 원조**(援助) 사용자가 노동조합에 대하여 경리상의 원조를 주는 것은 조합을 어용화시킬 우려가 있으므로 일정한 경우를 제외하고는 부당노동행위가 된다(勞整 81 iv). 또한 경리상의 원조를 받고 있는 조합은 노동조합 및 노동관계조정법상의 노동조합이라고 할 수 없다(2 iv). 경리상의 원조에 관하여 가장 문제가 되는 것은 조합 專從者의 급여의 지급이다.

경 마(競馬) 기수가 騎乘한 말의 경주에 勝馬投票權을 발매하고, 승마적중자에게 환급금을 교부하는 행위를 말한다(韓國馬事會法 2). 이때 환급금이란 출주마의 도착순위가 확정되었을 때 韓國馬事會가 승마투표권 발매금액 중에서 발매수득금 및 제세를 공제한 후 승마적중자 또는 승마투표권 구매자에게 교부하는 금액을 말한다.

경 매(競賣) 〔獨〕 Versteigerung 넓은 의미에서는 매도인이 다수인을 집합시켜 구술로 買受申請을 최고하고, 매수신청인 가운데 최고가신청인에게 승낙을 하여 매매하는 것. 개별적 매매에 비하여 비교적 고가로 또 공평한 가액으로 환가를 가능하게 하는 방법이다. 국가기관이 행하는 경매를 公競賣라고 하는데, 여기에는 국세징수법에 의한 경매, 민사소송법상의 강제집행에 있어서의 경매, 경매법에 의한 경매가 있다. 좁은 의미에서는 강제경매에 대하여, 구경매법에 의한 경매를 의미하며, 민법·상법 등에서 換價權이나 換價義務를 인정받은 자가 집행관이나 또는 법원에 신청하여 개시되는 것을 말한다. 이 가운데는 재산의 보관 또는 정리방식으로서 환가하는 이른바 自助賣却(예 : 公有物·受置物·相續財産)과 抵當權·質權 등 타인의 물건에 대한 담보권의 실행으로서 행하는 경우가 있다. 어느 것이나 실체법상 그 권능을 가진 자가 단독·임의로 신청할 수 있는 것으로, 强制競賣에 대하여 任意競賣라고 한다. 이와 같은 경매는 실체법상의 賣却權을 행사하기 위하여 국가의 힘을 빌린데 그치고, 채무명의에 표시된 청구권의 국가권력에 의한 강제실현의 절차는 아니기 때문에, 비송사건의 성질을 띠었다고 볼 것이다. 그러나 임의경매와 강제집행에 의한 경매와는 절차자체는 대체로 공통적이고, 특히 부동산의 경매에는 경매법도 강제경매에 관한 민사소송법의 규정을 많이 준용하고 있으며, 또 판례도 절차의 유사성 때문에 그 일반적 준용을 인정하고 있다. 그러나 임의경매에서는 성질상 채권자·채무자의 대립이 없고, 채무명의를 요하지 아니하며 또 일반채권자의 배당요구가 원칙적으로 인정되지 않는 것은 강제집행에 있어서의 경매와의 차이점이라 할 것이다. 경매로 인한 소유권취득의 시기는 경락대금을 완납한 때이며(舊競賣法 31 참조)(강제경매의 경우는 이점 의문이다), 경매로 인한 소유권의 취득은 법률의 규정에 의한 物權變動이고, 부동산의 경우에도 등기없이 그 효력이 생긴다(民 187).

경매가격신고(競買價格申告) 경매인으로서의 의무를 지고자 하는 단독의사표시(民訴 624 참조). 이 신청에 의하여 경매인은 일정한 구속을 받는다(626 I).

경매개시결정(競賣開始決定) 〔獨〕 Beschluss über die Anordnung der Versteigerung 부동산의 강제경매절차 또는 구경매법에 의한 경매절차 등의 개시를 선고하는 법원의 결정. 강제경매의 경우에는 동시에 채권자를 위하여 부동산의 押留를 선고하여야 하고, 이 결정을 채권자에 송달함으로써 압류의 효력이 생긴다(民訴 603). 구경매법의 경매개시결정에도 압류의 효력이 생기기 때문에(舊競 26 Ⅲ), 그 결정에 있어서도 압류의 선고를 하는 것이 타당하다. 경매개시결정에 대해서는 집행의 방법에 관한 이의를 신청하여야 한다는 것이 판례이지만, 학설은 卽時抗告(民訴 571)를 제기할 수 있다고 한다. 법원은 경매개시결정과 동시에 직권으로 경매신청이 있은 것을 등기부에 기입할 것을 등기공무원에게 촉탁하여야 한다(611, 舊競 27). 이를 기입한 뒤에는 押留의 효력을 선의의 제3자에게도 대항할 수 있다.

경매기일(競賣期日) 경매실시에 관한 절차를 행하기 위한 기일로서 법원의 의견으로서 법원내 기타의 장소에서 執行官으로 하여금 실시하게 하는 기일. 부동산의 경매기일에 관하여는 민사소송법 617조 내지 619조·621조, 선박의 경매기일에 관하여는 동법 678조·685조·686조, 동산의 경매기일에 관하여는 동법 538조에 규정되어 있다. 공고방법에 관하여는 訴訟促進 등에 관한 特例法에 특칙이 있었다(14, 1990년 삭제).

경매매(競賣買) →경쟁매매

경매보증금(競賣保證金) 强制競賣에 있어서 이해관계인의 신청에 의하여 경매인이 경매의 보증으로 집행관에게 예치하는 현금 또는 유가증권(民訴 625, 627, 629, 678 등).

경매부족액청구권(競賣不足額請求權) 再競賣를 한 경우에 재경락대가가 최초의 경락대가보다 낮을 때에는, 전의 경락인은 그 부족액과 節次費用을 부담한다(民訴 648). 그 부족액과 비용의 지급을 청구하는 권리가 경매부족액청구권이고, 이 권리는 채무자 기타의 이해관계인에게 속한다.

경매신청(競買申請) 〔獨〕 Abgabe von Geboten 경매에서 買受申請을 하는 것. 법원에 대하여 부동산의 경매를 원한다는 취지의 강제집행법상의 신청이고, 이에 의하여 사법상의 매매의 청약의 효과가 발생한다. 이 청약에 대한 승낙이 競落이다. 경매(가격)의 신고는 부동산의 경매에서는 최저경매가격 이상의 가격으로써 신고하지 않으면 안되고(民訴 622, 633 iii 참조), 또 그 신고한 가격에 구속된다(626 I).

경매실시(競賣實施) 집행관은 경매기일에 경매조건(매각조건)을 고지하여 경매신고를 催告하고 경락은 최고가경매신청인에 대하여 허가하여야 할 것이며, 경락대금의 지급과 相換으로 경락물을 인도함으로써 경매를 실시한다(民訴 540·624·626·627·647, 舊競 14).

경매위임자(競賣委任者) 구경매법상의 경매를 집행관에게 위임한 자. 다만 여기에서 말하는 위임은 민법상 위임의 뜻이 아니고 구경매법 23조·38조 등에서 말하는 申請의 뜻이다.

경매(競買)의 취소(取消) 경매기일과 경락기일 사이에 천재 기타의 사변으로 부동산이 현저히 훼손된 경우에 최고가경매인으로 지명받은 사람이 그 경매를 취소하는 것(民訴 639, 舊競 33). 이에 의하여 최고가경매인은 신고한 경매가격에 관하여 받고 있었던 拘束(民訴 626)을 免한다. 취소 후에는 새로이 최저경매가격을 정하고 부동산의 모든 부담과 절차비용 등을 변제한 잉여의 유무를 검토하고 나서 절차를 진행한다(646, 615, 616 I).

경매인(競買人) 경매를 실시할 때에 경매의 신청을 하는 자(民訴 616, 625, 641).

경매입찰방해죄(競賣入札妨害罪) 僞計 또는 威力 기타의 방법으로 競賣 또는 入札의 공정을 해하는 죄(刑 315). 본죄의 보호법익은 경매 또는 입찰의 공정으로서, 경매 또는 입찰에 있어서 자유로운 경쟁을 보장하려는 것이다. 본죄의 위법성과 관련하여 문제되는 것은, 경매 또는 입찰에 있어서 경쟁자 사이에 미리 특정인에게 경락 또는 낙찰시킬 것을 협정하는 이른바 談合行爲의 해석이다. 담합행위는 자유경쟁을 방해하므로 본죄를 구성하지만, 적정한 가격을 유지하기 위한 협정이고 또한 그것이 일반관행상 용인되는 정도이면, 사회상규에 위배되지 아니하는 행위(20)로서 위법성이 조각된다고 해석된다. 信用毁損罪·業務妨害罪와 더불어 危殆犯의 하나이다.

경매절차(競賣節次)의 중지(中止) 有體動産의 경매에서 목적물이 수개 있기 때문에 순차로 매각하는 경우에, 그 賣得金으로써 채권자에게 변제를 하고 강제집행의 비용을 보상할 만한 때에는, 즉시 경매절차를 중지하여야 한다(民訴 541). 그러므로 경매하지 아니한 물건은 압류를 해제하여 채무자 또는 제출자에게 반환한다.

경매조건(競賣條件) 경락인으로 하여금 압류목적물의 소유권을 취득시키는 조건. 경매는 보통의 매매와 달라 국가가 압류에 의하여 취득한 채무자의 處分權을 행사하여 목적물을 매각하는 일종의 매매이므로, 그 효력과 요건을 미리 정형화할 필요가 있다. 이에는 법정매각조건과 특별(합의)매각조건이 있다. 집행관은 이 조건을 경매기일이 개시될 때에 고지하고 競買申請을 최고한다. →경매실시

경매청약(競賣請約) →경매신청

경매취소권(競買取消權) 천재 기타의 사변으로 부동산이 현저히 훼손된 경우에 最高價競買人으로 呼唱을 받은 자가 경매를 취소할 수 있는 권리.

경무관(警務官) 일반공무원의 서기관에 해당하는 경찰공무원의 직위. 임명절차는 서기관과 같으며 치안감 아래 총경 위로 경찰국장급이다(行政自治部職制 2).

경무국(警務局) ① 警部에 속하던 관청의 하나, ② 內部에 속하던 국의 하나. 1905년에 설치하고 1919년에 폐지하였다.

경무법(頃畝法) 조선시대 세법의 기본이 되었던 제도. 結負法에 대립되는 것. 결부법은 수확표준·수세표준인 것으로서 實績의 불명확으로 말미암아 중간적인 姦僞搾取가 개입될 우려가 많은 데 대하여 경무법은 頃·畝·步를 단위로 하여 고정된 면적을 표시하는 실적표준을 목적으로 한 제도이다.

경무사(警務使) 경무청의 최고벼슬. 1894년에 좌우 포도청을 폐지하고 경무청을 신설하여 내부에 부속시켰다.

경무서(警務署) 각 지방의 경찰사무를 맡았던 관청. 1906년에 설치하여 1907년에 경찰서로 고쳐 불렀다.

경무청(警務廳) 한성부 안에서 경찰과 감옥의 일을 맡아보던 관청. 1894년(고종 31) 포도청을 폐지하고 경무청을 창설하였다. 내무아문의 관할에 두었으며 1900년(광무 4)에 경부로 승격, 독립하였다가 다시 경무청으로, 뒤에 경시청으로 개명하였다.

경방조(輕幇助) 런던선언에 있어서의 군사적 방조의 구별. 동 선언 45조는 경방조를, 46조는 중방조를 규정하고 있다. 경방조의 경우에는 선박은 몰수되고 화물은 선박소유자에 속한 것만 몰수되며 승무원은 포로가 되지 않는다. 輕幇助行爲는 ① 선박이 적군에 편입된 승객을 수송할 목적으로 또는 적군에 이익되는 정보를 전달할 목적으로 특별항행하는 경우, ② 선박소유자, 선박용선자, 또는 선장이 사정을 알면서 적군 및 적의 작전을 援助한 자를 수송하는 경우를 말한다. →군사적 방조, 중방조, 런던선언

경범죄(輕犯罪) 범죄의 예방 및 공공의 안녕질서의 유지 기타 특정한 경찰목적의 달성을 위하여 경범죄처벌법의 규정에 의하여 금지된 일정한 유형의 행위. 경범죄에는 54개의 종류가 있으며, 그에 대한 형은 拘留 또는 科料이다. 卽決審判事項이며, 그에 불복이 있으면 7일 이내에 정식재판을 신청할 수 있다(法組 35).

경비계엄(警備戒嚴) 전시·사변 또는 이에 준하는 비상사태에 있어서 질서가 교란되어 일반행정기관만으로는 치안을 확보할 수 없는 지역에 선포하는 계엄(憲 77, 戒嚴 2 Ⅲ). 경비계엄이 선포되면, 당해 지역내의 군사에 관한 행정사무와 사법사무는 군의 관장에 속하게 되나(戒嚴 7 Ⅱ), 비상계엄과는 달라서 일반국민을 군법회의의 재판에 붙일 수 없다. →비상계엄, 계엄

경비기지(警備基地) →해군기지

경비부(警備府) 해군기지 구역내의 방어 및 방비를 관장하는 기관(舊海軍基地法 8). 警備府司令官은 그 관할구역내에 무력침입이 있을 때에는 함정을 동원하고 육상부대와 협조하여 적을 격퇴하고 그 밖에 해난구조·산업의 보호·위생시설의 감독 강화 등의 업무를 주관하고 총무·작전·정보·경리·의무·헌병의 각 부서를 경비부에 둔다. →해군기지

경비함(警備艦) 해상의 경비순찰의 임무를 띤 군함. 적함정의 동정을 감시하고 적의 잠수함 및 간첩선의 침투를 방어함이 그 중요임무이다. 또는 부수적으로 어선의 어로작업을 보호하고 해난구조도 담당한다.

경상비(經常費) 각 회계연도마다 연속되어 지출되어 그 액수를 예견할 수 있는 경비. 금액도 일반적으로 변동이 적다. 이를테면 공무원의 봉급이나 교육비 등이 이에 속하는 바 일반적으로 경상비는 경상수입에서 충당된다.

경상세(經常稅) 매년 정기적으로 부과·징수하는 租稅로서, 국가 또는 지방자치단체의 경상수입이 되는 것을 말하는데, 소득세·부가가치세·법인세 및 농지세 등이 그 예이다.

경상수입(經常收入) 각 회계연도마다 규칙적으로 반복 계속적으로 들어오는 수입. 이를테면 통상의 조세·수수료·광업수입 등이 이에 해당한다.

경상수지(經常收支) 외국과 물건(財貨)이나 서비스(用役)를 팔고 산 결과를 종합한 것을 말한다. 반면에 재화·용역의 주고 받음이 없이 외국에서 빚을 얻어오거나 빌려 주는 것을 資本收支라고 한다. 경상수지는 크게 상품, 서비스, 소득, 경상이전 등 4가지 항목으로 구성되는데 商品收支(貿易收支)는 물건을 수출·수입한 내역이며, 서비스收支는 상품수출입에 들어가는 운수비용, 해외여행·유학·연수비용, 국가간 통신·보험서비스수지, 각종 특허·상품권 이용에 관한 로열티 등으로 구성된다. 所得收支에는 외채이자나 배당 및 외국인에 대한 임금이, 經常移轉收支에는 해외동포송금 등이 반영된다. 경상수지적자는 국내에 들어온 돈보다 해외로 빠져나간 돈이 많다는 것이므로 그 결과는 外債로 나타난다.

경상예산(經常豫算) 경상세입세출을 계상한 예산. 매회계기간내에 있어서 규칙적으로 계속

하며, 변동이 있더라도 일반적 경향이 예견되는 세출입을 계상한다.

경성헌법(硬性憲法) 〔英〕 rigid constitution 〔獨〕 starre verfassung 헌법의 개정절차에 있어서 일반법률의 개정보다 엄격한 절차를 필요로 하는 헌법. 일반법률의 개정절차와 같은 절차로 개정할 수 있는 軟性憲法에 대응하는 개념이다. 경성헌법은 반드시 成文憲法으로 되어 있다. 그러나, 성문헌법은 반드시 경성헌법은 아니다. →성문헌법

경시관(京試官) 조선시대에 각 도에서 3년마다 보는 科擧에 서울에서 파견되던 시험관.

경시청(警視廳) 관청의 하나. 1907년(광무 11년)에 경무청을 개칭하였다. 같은 해(융희 1년) 감옥사무는 法府로 이관하고 1910년까지 존속하였다.

경업금지(競業禁止) 〔獨〕 Konkurrenzverbot, Wettbewerbsverbot 특정한 지위에 있는 자가 영업자의 영업과 경쟁적인 성질을 가진 행위를 하지 못하게 하는 것. 競業避止義務라고도 한다. 영업주를 보호하기 위하여 상법상 商業使用人(商 17 I), 無限責任社員(198 I, 269), 理事(397 I, 567), 代理商(89), 營業讓渡人(41)(→영업양도) 등에 이 의무가 과하여져 있다. 회사의 무한책임사원(합명회사, 합자회사)이나 이사(주식회사, 유한회사)는 다른 무한책임사원, 주주총회 또는 사원총회의 승인없이, 대리상은 본인, 상업사용인은 영업주의 허락없이, 자기 또는 제3자의 계산으로 회사나 본인 또는 영업주의 영업부류에 속하는 거래를 하지 못한다. 자기의 계산으로 하는 경우에는 누구의 名義로 하든 상관이 없으며, 제3자의 계산으로 하는 경우란 제3자의 대리인으로서 하는 것을 말한다. 이상이 좁은 뜻의 경업피지의무인데 대하여 넓은 뜻으로는 特定地位就任禁止가 포함된다. 즉, 회사의 무한책임사원, 이사 또는 대리상은 전술한 승인 또는 허락이 없이는 동종영업을 목적으로 하는 다른 회사의 무한책임사원이나 이사가 되지 못하며, 상업사용인은 영업주의 허락없이 다른 회사의 무한책임사원, 이사 또는 상인의 사용인이 되지 못한다. 상업사용인의 그것은 동종영업이라는 제한이 없는 점에서 전자의 경우와 다르다. 의무위반의 경우는 행위 자체는 유효하나 위반자에 대하여 損害賠償請求, 契約의 解止(代理商契約) 또는 解任(상업사용인, 이사)의 원인이 될 수 있고, 또한 개입권을 행사할 수 있다.

경업자소송(競業者訴訟) 상호 경쟁관계에 있는 업자 사이에 利益侵害와 관련하여 제기되는 行政訴訟. 예컨대, 기존업자가 제기한 신규업자에 대한 선박운항사업 면허처분의 취소소송, 기존업자가 제기한 신규사업자에 대한 자동차운수사업의 노선연장 인가처분의 취소소송, 기존광업자가 제기한 다른 광업권자에 대한 增區許可處分의 취소소송, 기존업자가 제기한 신규업자에 대한 공중목욕장영업 허가처분의 취소소송, 기존업자가 제기한 신규업자에 대한 석탄가공업 허가처분의 취소소송 등이 그것이다.

경업피지의무(競業避止義務) →경업금지

경영관리(經營管理) 〔獨〕 Betriebsführungsvertrag 한 기업이 다른 기업에 당해 기업의 이익에 있어서 그 경영을 위임하는 것. 법률상의 성질은 위임계약인 바, 受任者는 위임자의 계산으로 위임자의 지휘 감독에 따라서 경영하고, 다만 일정한 보수를 받음에 그친다. 좁은 뜻의 경영위임에 대하는 것. 넓은 뜻의 경영위임의 일종으로 상법상 물적회사에 있어서 특별한 규칙에 복종한다(商 374). 또한 보험회사에 있어서는 이와 같은 계약의 체결 또는 해제에 주무부 장관의 인가를 요하며(保險 99, 100). 그 공시 및 법률관계에 관하여는 특별한 규정이 있다(101). →관리명령

경영권(經營權) 경영자가 자기의 기업의 경영·사업·업무에 관해서 專斷的으로 처리할 수 있는 權利라고 하여 사용자측에서 주장하는 것. 그러나 경영권이라고 하는 독립된 권리가 법률상 존재하는 것은 아니며, 소유권의 작용 속에 당연히 내포된 것으로서, 근로자의 勞動權(勤勞權)에 대응하는 개념이 아님은 물론이다. 근로자의 경영참가 기타 사용자가 가지고 있는 人事權에 대한 근로자, 특히 노동조합의 참가의 주장에 대하여, 사용자측에서 원용한 정책적인 이론에 불과하다.

경영별노동조합(經營別勞動組合) 기업별조합과 같다.

경영위임(經營委任) 〔獨〕 Betriebsüberlassungsvertrag 기업소유자가 기업이윤분배의 우선적 귀속자로서의 지위를 확보하고 수탁자에게 그 기업의 경영을 위임하는 것. 기업소유의 법적 관계에 변동을 생기게 하는 것이 아니라 기업경영의 법적 관계에 변동을 생기게 하는 것이지만, 그 이전방식이 기업의 賃貸借와 약간 다르다. 즉, 경영위임의 경우에는 經營權歸屬의 권리의무의 주체, 즉 상인의 자격은 여전히 위임자가 가지고 있고 수

임자는 경영권행사의 주체로서 이것을 대리행사하는데 불과하다. 상법상 물적회사에서는 이러한 경영의 위임에는 주주총회 또는 사원총회의 特別決議를 요한다(374 ii, 576 I). 순수한 경영위임은 위에서 말한 바와 같이 위임자가 기업이윤분배의 우선적 귀속자로서의 지위를 가지는 경우지만 수임자가 기업이윤의 제1차적 귀속자로서의 지위를 갖는 것, 환언하면 受任者의 계산으로 委任者의 지휘를 받지 않고 경영을 하게 되는 것이 보통이며 이것이 좁은 뜻의 경영위임이다. 이 때에는 위임자에게 소정의 보수가 지급되거나 일정률의 配當保證을 하게 되는데, 그렇게 되면 기업의 임대차나 별로 다름이 없게 된다. 결국 수임자의 지위는 委任契約의 내용에 따라 결정된다.

경영조직법(經營組織法) 〔獨〕 Betriebsverfassungsgesetz 독일의 經營參加法制는 크게 다음과 같은 세 가지로 구분된다. 즉 ① 석탄 및 철강산업에 적용되는 특별법으로서 1951년 5월 21일 제정·공포된 共同決定法(이를 보통 Montan-Mitbestimmungsgesetz라고 한다), ② 1952년 10월 11일 제정되고 1972년에 전면개정된 經營組織法(Betriebsverfassungsgesetz), ③ 1951년의 특별법과는 달리 통상 2,000명 이상의 종업원을 거느리는 주식회사·주식합자회사·유한책임회사 등에 적용되는 1976년의 共同決定法(Mitbestimmungsgesetz)이 있다. 1972년의 경영조직법은 그 역사적 배경을 보면 1919년 독일 Weimar 헌법하의 노동입법정책에 따라 1920년 2월 4일 제정된 經營協議會法(Betriebsratsgesetz)까지 거슬러 올라간다. 당시부터 독일의 모든 노동조합은 초기업적으로 조직되어 있었던 까닭으로 企業內勞動組織은 거의 없었다. 따라서 노동운동에 있어서 공동화지대인 기업 내, 직장 내의 노사문제를 생산협동사항과 함께 다룰 수 있는 從業員代表制가 필요했고 이러한 이유로 설치된 經營協議會(Betriebsrat)는 기업 내에 있어서 민주적 노사협력체제를 실현하기 위한 종업원대표조직으로서 여러가지 권한을 부여받게 되었다. 이러한 경영협의회법은 근로자를 대표하는 기구가 경영협의회와 노동조합으로 이원화됨으로써 노동조합의 통제력의 약화를 우려한 노동조합의 반대와 당초부터 勞使協助를 원칙으로 하였던 까닭에 큰 성과를 거두지 못하였다. 그 후 이러한 경영협의회법은 히틀러통제하에서 한때 그 효력이 정지되었다가 1952년의 경영조직법으로 부활되었다. 한편 노동조합은 자신의 입장을 바꾸어 경영체 안에 勞組에 의하여 통제되는 경영참가기구를 건설할 목적으로 1952년의 경영조직법의 입법을 찬성하는 방향으로 선회하였다. 다만 경영협의회에 의하여 통제되는 문제의 확대(경제적 영역에서의 사용자의 독자적 결정권 약화)를 주장하였으나 의회에 의하여 받아들여지지 않자 유명한 新聞罷業(Zeitungsstreik)을 감행하기도 하였다. 그러나 1952년의 경영조직법하의 경영협의회의 활동은 기대했던 것보다는 큰 성과를 거두지 못했으며, 동법에 대한 비판은 그 후에도 계속 제기되었다. 1952년 경영조직법의 가장 큰 문제점은 勞動法院에 의한 경영협의회의 해산처분이라는 길을 터놓고 그 提訴權을 당해 경영체를 관할하는 노동조합에 부여했기 때문에 500인 이상의 사업장의 경영협의회가 2년 동안 1회의 경영총회도 개최하지 않아 당해 노동조합이 해산제청을 하여 결국 해산된 사례가 다수 있었다는 점이다. 이러한 문제점을 인식하고 경영조직법을 변화한 새 시대에 적응시키기 위하여 의회는 1972년에 이를 전면개정하였다. 신법의 구조를 보면 제1장 총칙(1조 내지 6조), 제2장 경영협의회·경영총회·경영협의회연합회 및 콘체른경영협의회(7조 내지 59조), 제3장 연소자 및 교육훈련자 대표기관(60조 내지 73조), 제4장 근로자의 협력 및 공동결정(74조 내지 113조), 제5장 선원 및 항공운항관계근로자의 경영협의회(114조 내지 118조), 제6장 벌칙규정(119조 내지 121조), 제7장 법개정(122조 내지 124조), 제8장 경과규정(125조 내지 132조)으로 되어 있다. 1972년의 경영조직법의 특징은 ① 기업에 있어서 경제적 사항에 대한 결정은 공동결정에서 제외하고 단지 사용자에게 협의 및 告知義務만을 부과한 점, ② 1952년의 법에서 수립한 노사의 협력원칙을 그대로 존속시키고 있는 점, ③ 경영협의회는 노동조합의 조직이 아니라는 점을 분명히 하면서도 노동조합의 영향력 행사 가능성이 현저하게 확대되었다는 점, ④ 支配人(leitende Angestellte)은 경영협의회에 의하여 대표되지 않는다는 점에 있다. 경영조직법에서 노동조합은 중요한 역할을 한다. 즉 경영협의회는 이론적으로는 노동조합에서 독립되어 있지만 실제로 경영협의회위원의 대부분은 노조원이다. 그 밖에 노동조합은 경영체 내에 경영협의회가 없는 경우 근로자가 경영협의회를 원하는지 여부를 결정하기 위한 經營總會(Betriebsversammlung)를 개최할 수 있으며, 경영협의회에 대한 통제기능으로서 노동조합은 선거절차를 통제하며 절차상 하자가 있는 경우 법원의 판결에 의해 선거를 무효화할 수 있을 뿐만 아니라, 경영협의회 혹은 경영협의회위원이 그의 임무를 위반한 경우 법원의 판결에 의하여 위원의 해직이나 경영협의회를 해산할 수 있다. 또 사용자가 경영조직법에 의하여 부여된 임무를 침해한 경우

勞動法院에 처벌을 요구할 수 있고 노동조합대표는 經營總會에 참석할 권리가 있다.

경영참가(經營參加) 근로자 특히 노동조합이 사용자의 기업경영내용에 어느 정도 참가하는 것. 생산설비의 개선, 인원배치의 적정화 등에 참가하는 따위에서부터, 근로자의 고용·해고, 극단적인 것으로는 중역의 선임에 대해서까지도 노동조합의 참가를 주장하는 경우가 있다. 여러 외국의 예로는 독일의 共同議決法(Mitbestimmungsgesetz)과 같은 특수한 경우를 제외하고는, 이러한 극단적인 경영참가는 주장하지 않는 것이 보통으로 되어 있으며 생산설비의 개선 등에 대해서 근로자나 노동조합의 협력을 예정하는 경우가 있을 뿐이다. → 경영협의회, 노사협의회

경영체제법(經營體制法) 1952년 독일에서 제정한 경영민주화를 위한 법률. 경영에 있어서 피용자 대표기관으로서의 經營協議會, 노사의 연합협의회로서 경영협의회, 감사회의에 피용자참가 등을 규정하였다.

경영협의회(經營協議會) 근로자와 사용자가 경영상의 여러 문제 특히 근로자의 생활에 직접·간접으로 관계를 갖는 여러 문제에 대하여 협의하는 제도를 말한다. 유럽에 있어서는 일찍이 19세기 후반에 이미 이와 같은 제도가 마련되었던 사례가 있는데 특히, 제1차대전중의 영국에 설치된 勞使産業協議會(Joint Industrial Councils)와 제1차대전 후의 독일에 마련한 經營協議會(Betriebsräte), 그리고 제1차대전후 프랑스에서 설치한 經營協議會(Comité d'Entreprise)는 유명하다. 우리나라는 노사쌍방의 상호신의를 바탕으로 공동의 이익을 증진시키기 위하여 勞使協議會法(1980년)을 제정하고 근로조건의 결정권이 있는 사업 또는 사업장단위로 노사협의회를 구성·운영하도록 하고 있다. → 노사협의회

경우가 한정(限定)**된 완전저촉규정**(完全抵觸規定) 〔獨〕 vollkommene Kollisionsnorm mit Fallbeschränkung → 불완전쌍방적 저촉규정

경자유전(耕者有田)**의 원칙**(原則) 모든 경작자는 자기의 농지를 가진 자작농이어야 한다는 주의를 말한다. 이는 고래로부터 토지개혁이 있을 때마다 이상론적으로 추구되어온 이념이었지만 이 원칙이 완전하게 구현된 예는 거의 없다. 1924년 孫文은 그의 三民主義 중에서 민생주의를 논한 가운데 식량문제의 해결 및 지주로부터의 농민해방이란 목표를 위해 이 원칙을 주장하였다. 제헌헌법 86조에 의거 1949년 법률 제31호로 제정된 농지개혁법에 의하여 단행된 우리나라의 농지개혁도 근본적으로는 이 원칙에 입각하고 있었다. 農地改革法은 농지를 농민에게 적절히 분배함으로써 농가경제의 자립과 농업생산력의 증진으로 인한 농민생활의 향상 및 국민경제의 균형과 발전을 목적으로 제정되었다. 동법은 정부가 국고귀속, 매수 등의 방법으로 농지를 취득하고 이에 대한 보상을 하며, 정부가 취득한 국유농지는 자경할 농민에게 순위를 정하여 1가구당 3정보 이내의 범위에서 분배·소유하게 하였으며, 상환액은 취득시의 보상액과 동액으로 하여 5년간 균분상환하게 하였다(舊農地改革法 5, 7, 11~13). 현행 헌법은 국가가 농지에 대하여 경자유전의 원칙이 달성될 수 있도록 노력하여야 함을 규정하고 있다(憲 121 I).

경작권(耕作權) 농민이 토지를 경작하는 권리. 소작농이 가지는 소작권을 가리키는 것이 보통이나, 그 밖에 자작농이 자작지를 경작하는 권리를 포함하여 말하는 경우도 있다. 永小作權인 것도 있으나 보통 임차권이므로 지주와의 관계에 있어서 그 보호는 박약하다.

경재소(京在所) 지방의 연고자가 서울에 있어서 당해지방을 위하여 여러 사무를 주선하고 경향간의 연락을 꾀하는 동시에 鄕所와 함께 수령을 견제하기도 하는 지방관아의 출장소와 같은 기관. 京所라고도 하며 堂上·別監 등을 두어 그 사무를 관장하게 되었다.

경 쟁(競爭) 〔英〕 competition 2개 이상의 사업자가 동일한 수요자에게 같은 종류 또는 유사한 상품 혹은 役務를 공급하거나(매도인간의 경쟁) 동일한 공급자로부터 같은 종류 혹은 유사한 상품 또는 역무의 공급을 받는 것(매수인간의 경쟁)을 말한다.

경쟁계약(競爭契約) 入札 또는 競賣 등의 방법에 의하여 계약의 내용에 관하여 다수인을 경쟁시켜, 그 중 가장 유리한 내용을 표시한 자를 상대방으로 하여 체결하는 계약. 경쟁계약은 계약의 공정성과 유리성의 확보를 위한 최선의 방법이며, 이것은 계약체결을 신청할 수 있는 자가 한정되어 있느냐 않느냐에 따라 指名競爭契約과 一般競爭契約으로 나누어진다. 예산회계법에 있어서는 국가가 체결하는 계약은, 원칙적으로 일반경쟁계약에 의하고, 일정한 경우에 한하여 예외적으로 지명경쟁계약에 의할 수 있도록 하고 있다(76, 1995년 삭제). 경쟁계약을 체결할 때에는 원칙적으로 입찰의 방법에 의하여 계약서를 작성하여 관계공무원이 기명날인

하여, 보증금(입찰보증금 · 계약보증금 · 하자보수보증금)을 납부시켜서 한다(豫會施 74, 75, 77, 78, 90, 96, 111, 1995년 삭제).

경쟁매매(競爭賣買) 증권거래소의 용어이며, 賣渡側과 買收側이 모두 다수이고, 그 양측의 저마다가 呼價를 하고, 그 가격이 일치한 것에 대해서 매매를 성립시키는 賣買方法. 증권거래소가 개발하는 유가증권시장에서의 매매거래의 체결방법의 일종으로서 그 업무규정에서 정하고 있다. 가장 보통의 방법이다. 이것은 종래 競賣買라고 불리어 왔었다. 이에는 단일가격의 경쟁매매와 복수가격의 경쟁매매의 두 가지가 있다.

경쟁억압선(競爭抑壓船) 운임 등에 관한 협정에 참가하고 있는 船舶運航事業者가 경쟁을 억압하거나 또는 제한할 목적으로 협정에 참가하고 있지 않은 업자의 선박을 특정항로로부터 배제하기 위하여 당해 항로에 사용하는 선박.

경쟁입찰(競爭入札) → 입찰

경쟁제한(競爭制限) 시장에 있어서 영업의 자유를 전제로 경쟁의 억제를 행하는 것. 헌법은 職業選擇의 자유를 보장하거나 이것에는 영업의 자유가 포함된다고 이해된다. 이 자유는 精神的 自由權과는 달리 타인의 권리 · 자유와 밀접한 관계를 지니고 있으므로 공공복리에 의한 제약도 내재적인 그것을 초월하여 사회적 · 경제적인 정책실현을 위한 적극적 규제를 받는다. 이 자유도 국가에 의한 적극적인 통제에 의해 공정하고 자유로운 경쟁에 촉진됨으로써 그 실질적인 보장이 도모된다. 이를 위하여 법은 공급제한을 목적으로 규제를 행하거나 또는 영업소의 위치에 대한 거리제한을 두거나 과당경쟁을 방지하기 위하여 경제적 약자를 보호하는 조치를 규정하기도 한다. 이 경우 법의 취지 · 목적으로부터 합리적인 제한이 있으면 합헌적인 제한이 된다고 본다.

경쟁체결(競爭締結) 계약을 체결하려고 하는 다수인 중에서 가장 유리한 조건을 제시하는 자와 계약을 체결하는 방법. 경매 · 입찰 등은 이에 속한다. 賣買 · 都給 등의 계약체결에 많이 이용된다.

경저리(京邸吏) 京主人 · 鄕吏 · 邸人이라고도 한다. 고려 · 조선시대 지방관아에 예속되어 지방과 중앙과 연락사무를 맡아보기 위하여 서울에 머물러 있던 관리. 吏屬 등이 서울에 출장하였을 때 여러가지 사무 및 숙박에 관한 사무를 담당하였다. 예컨대 금전의 대차 및 각종 사무에 사용한 비용 등을 주선하였다.

경 정(競艇) 모터보트경주에 승자투표권을 발매하고 승자투표 적중자에게 환급금을 교부하는 행위를 말하는 바(競輪 · 競艇法 2), 승자투표권은 경정개최시 승자를 적중시켜 還給金을 교부받고자 하는 자의 청구에 의하여 경정사업자가 발매하는 승자투표방법 · 선수번호 및 금액 등이 기재되어 있는 표권을 말하며, 환급금은 경정선수의 도착순위가 확정되었을 때에 경정사업자가 승자투표권발매 금액 중에서 발매수득금 및 제세 등을 공제한 후 승자적중자 또는 승자투표권을 구매한 자에게 교부하는 금액을 말한다.

경정결정(更正決定) 〔獨〕 Berichtigungsbeschluss 판결에 違算 · 誤記 기타 이와 유사한 명백한 오류가 있는 경우에 경정하는 결정. 판결은 羈束力 때문에 선고한 법원이라도 스스로 취소할 수 없는 것이 원칙이나, 그 판결 중에 명백한 잘못이 있는 경우에 그 판결의 실질을 다치지 않는 한도내에서 간단히 고칠 수 있는 것이면, 번잡한 상소에 의할 필요가 없게 되어 법원은 물론 당사자에게도 편리하다는 이유로 이 제도를 두었다. 경정은 본판결을 한 법원이 언제든지 신청에 의하여 또는 직권으로 할 수 있다(民訴 197 Ⅰ). 경정결정은 판결의 원본과 정본에 부기하여야 한다. 경정결정에 대해서는 卽時抗告할 수 있으나, 更正申請을 却下한 결정에 대해서는 항고할 수 없다고 본다(197 Ⅲ 참조). 경정결정은 본판결과 일체가 되는 재판이므로 그 효력은 本判決時로 소급한다. → 판결의 경정

경정등기(更正登記) 등기의 내용에 의한 분류 중의 하나로, 어떤 등기를 하였는데 그 절차에 錯誤 또는 遺漏가 있어서 원시적으로 등기와 실체관계 사이에 불일치가 생긴 경우, 이를 시정하기 위해 하는 등기. 變更登記의 일종이다. 소유권취득등기를 하는 경우에 등기공무원이 소유자의 주소를 오기한 경우, 또는 3분의 1의 持分을 2분의 1로 오기한 경우 등에, 이를 정정하는 것이 그 適例이다. 당사자의 신청에 기하여 행하여지게 되지만, 등기공무원이 과오를 범하였을 때에는 직권으로 경정하는 수도 있다. 경정등기를 할 수 있는 것은 경정으로 등기의 동일성을 해하지 않을 때에 한하며, 또 등기부상 이해관계자의 승낙을 얻어야 한다. 왜냐하면 경정을 허용하는 등기는 경정하기 전일지라도 이미 유효한 것으로 인정되므로, 함부로 경정을 허용한다면 제3자에게 뜻하지 않은 손해를 끼칠 염려가 있기 때문이다.

경정재결(更正裁決) 재결에 違算 · 誤記

기타 이와 비슷한 誤謬가 있는 것이 명백한 때에, 토지수용위원회가 직권이나 당사자의 신청에 의하여 原裁決을 경정하는 재결을 말한다. 재결은 行政爭訟에 의하여 취소·변경되지 아니하는 한 당해 토지수용위원회도 이를 임의로 취소·변경할 수 없는 것이 원칙이나, 裁決 중에 객관적으로 명백한 오류가 있는 경우에 그것이 재결의 실질을 다치지 아니하고 간단히 정정할 수 있는 것이면, 번잡한 행정쟁송절차에 의하지 아니하고 그것을 정정하게 함으로써 토지수용위원회는 물론 당사자에게도 편의를 도모할 수 있도록 하기 위하여 인정된 것이 경정재결제도이다.

경제경찰(經濟警察) 경제생활에서 생기는 사회공공의 질서에 대한 장해를 제거하는 警察作用. 혹자는 이 이외에 경제의 조화있는 발전을 위하여 명령·강제하는 작용까지를 포함하여 경제경찰이라고 부르기도 하나, 이것은 복리증진이라는 적극목적을 가진 통제작용이지, 질서유지라는 소극목적을 가진 경찰작용이 아니다. →경찰

경제규제행정(經濟規制行政) 자본주의 사회에 있어서의 社會調和的인 요구를 경제정책적으로 실현하고, 국민경제의 균형있는 발전을 도모하기 위하여 개인의 경제활동에 관여하고 규제하는 행정작용을 말한다. 즉 이는 국가 또는 공공단체가 균형있고 조화로운 국민경제의 발전을 도모하기 위한 경제정책을 실현하기 위하여 적극적으로 생산·분배·유통·소비 등의 과정에 관여하여 경제의 자율적인 순환에 간섭을 가함으로써 경제질서를 일정한 방향으로 질서있게 형성하기 위하여 하는 行政作用을 뜻하는 것이다.

경제백서(經濟白書) 〔英〕 white paper of economic 정부가 경제정세에 대하여 국민에게 발표하는 調査報告書. 백서라는 말은 원래 영국하원에 위원회로부터 제출되는 보고서의 별칭으로서 본문의 인쇄용지와 동일한 표지를 붙이고 특별한 裝幀을 하지 않는 까닭에 白書(white paper)라고 불리어진 것인바 그 후로부터 보통 발표되는 정부의 조사보고서를 백서라고 일컫게 되었다.

경제범죄(經濟犯罪) 경제활동에 관련하는 범죄. 경제의 발달·고도화에 수반하여 경제활동에 관련하여 다양한 범죄가 발생하기에 이르렀으며, 형사법에 의한 경제활동의 규제는 현대 형사정책의 중요한 문제가 되고 있다. 경제범죄로서는 전통적인 개인적 법익을 침해하는 행위 외에 단순한 개별적인 개인의 이익보다는 集合的인 이익을 침해하는 행위유형이 많이 존재하며, 특히 이 후자의 집합적 이익을 어떠한 경우에 어떻게 刑事法으로 보호할 것인가가 중요한 문제가 된다.

경제법(經濟法) 〔獨〕 Wirtschaftsrecht 제1차대전후의 자본주의경제의 변천에 따라 특수한 경제관계를 규율하기 위하여 나타난 입법을 통일적으로 설명하기 위하여 주로 독일학자에 의해 일컬어진 개념. 다른 국가에 있어서는 제1차대전후의 공황대책을 비롯하여 그 후 많은 경제통제입법이 나타난 것을 계기로 연구의 대상이 되었고, 우리나라에 있어서도 건국 후 많은 경제통제입법이 나타남에 따라 經濟法 혹은 經濟統制法이 차차 연구의 대상으로 되고 있다. 경제법의 내용에 대하여는 학자에 따라서 일치하지 아니하며 경제에 관한 모든 법이라는 설. 국민경제에 직접 영향을 주는 것을 목적으로 하는 法規範이라는 설. 경제적 기업자의 기업경영에 관한 특별법이라는 설, 조직된 경제에 고유한 법이라는 설 등이 있다. 경제법에 관하여는, 이것이 公法·私法과 병립하여 제3의 법체계를 형성하는 것이라는 설이 있고, 또한 상법과의 관계에 있어서 상법개념의 확장·변천 등이 논의되고 있으나, 그것이 공법과 사법의 중간영역이요 私法의 公法化의 현상의 결과라고 일반적으로 설명되고 있다. 경제법의 통제법적 성격의 强弱은 헌법제도와 밀접한 관련이 있는 것이니, 자유주의 경제질서를 기본으로 삼은 현행헌법의 경제조항(제9장) 아래서는 경제법의 통제적 성격이 완화되지 않으면 안됨을 알 수 있다. →사회법, 경제조항, 경제통제법.

경제봉쇄(經濟封鎖) 〔英〕 economic blockade 〔獨〕 Wirtschaftsblockade 〔佛〕 blocus économique 국제연맹규약 16조 1항 및 국제연합헌장 41조에 규정된 국제분쟁의 해결을 위한 强制措置로서 비군사적 조치의 한 형태. 국제연맹규약 16조 1항은 규약에 위반하여 전쟁을 한 국가에게는 다른 전연맹국에 전쟁행위를 한 것으로 간주하여 즉시 제재를 가한다. 모든 연맹국은 위반국에 대하여 즉시 모든 통상·금융상의 관계를 단절하고 자국민과 교전국민과의 교통을 일체 금하며, 연맹국을 포함한 모든 국가의 국민과 위약국국민과의 모든 금융·통상상 또는 개인적 교통을 금한다. 국제연합헌장 41조는 비군사적 제재를 규정하고, 안전보장이사회가 인정한 침략국에 대하여 경제관계와 鐵道·航海·郵便·電信·라디오 및 기타 교통수단의 전부나 일부의 중단과 외국관계의 단절을 포함하는 조치의 적용을 전가맹국에 요구할 수 있다. 이러한 조치는 안전보장이사회의 결정에 따라 가맹국 또는 가맹국소속 국제기관의 행동을 통하여 실시된다. 경제적 제재는 현대의 전쟁에 있어서 경제의 중요성

에 비추어 정한 것으로, 유효하게 행사되면 전쟁방지에 많은 효과를 거둘 수 있겠지만, 현대의 국제관계에 있어서는 규정대로 행사되는 것이 매우 곤란하다. 국제연맹시대에 이탈리아·이디오피아 분쟁(1935~36)에서 이탈리아에 부분적 제재를 가한 바 있으나 결과는 불충분하였다. →강제조치

경제사범(經濟事犯) 경제통제법 위반죄의 일반적인 호칭. 경제통제가 시작된 당초에는 자연범에 비하여 법의 不知, 위법인식의 결여 등을 수반하는 것이 많으며, 학설·판례상 여러가지 새로운 문제를 제기하고 있다.

경제사회이사회(經濟社會理事會) 〔英〕 The Economic and Social Council 〔獨〕 Der Wirtschafts- und Sozialrat 〔佛〕 Le Conseil économique sociale 국제연합의 주요기관의 하나(國際聯合憲章 7 I). 총회 밑에서 경제·사회·문화·교육·보건 기타 항구적인 평화의 기초조건을 개선하기 위하여 연구·보고·권고한다. 총회의 3분의 2 다수로 선출되는 54개이사국으로 구성되고 임기는 3년, 매년 18개국씩 개선하며 재선도 가능하다. 상임이사국제도는 없다. 하부기관으로서 經濟雇傭委員會·運輸通信委員會·人權委員會·유럽經濟委員會·아시아·태평양 經濟社會委員會 등 다수위원회가 있고 또한 國際勞動機構·國際復興開發銀行·國際通貨基金·國際聯合食糧農業機構 등의 전문기관과 제휴협력한다. 議事는 상시 단순다수결로 한다.

경제성장률(經濟成長率) 〔英〕 economic growth rate 한 국가의 경제가 전년에 비해 얼마나 커졌느냐를 숫자로 나타내는 것이다. 여기에서의 경제규모라는 것은 보통 國民總生産(GNP)을 기준으로 한다. 때문에 흔히 말하는 경제성장률은 GNP증가율을 의미한다. 또 GNP는 보통 돈으로 표시된다. 이 때 GNP의 規模增加를 그대로 계산할 경우 물가가 올라 커진 부분도 늘어난 것으로 나타나게 된다. 이렇게 물가가 오른 것까지를 포함해서 늘어난 GNP의 증가율을 경상경제성장률이라고 한다. 그러나 물가가 올라 돈으로 표시된 경제규모가 커지는 것은 아무 의미가 없기 때문에 물가상승률을 배제한 GNP규모의 증가율을 계산해 낸 것이 실질 GNP성장률이고 이것이 흔히 쓰이는 경제성장률이다. 경제성장률은 경제정책의 수립이나 평가과정에서 매우 중요한 개념으로 사용되고 있다. 그 이유는 경제가 성장하지 않는다면 날로 늘어나는 노동인구에게 일자리를 줄 수 없게 되어 실업이 늘어나기 때문이다.

경제육전(經濟六典) 조선개국초에 편찬반포된 법전. 朝鮮의 근본법전. 經國大典의 전신이 된다. 경제육전으로 범칭되는 법전에는 여러가지 종류가 있다. 趙浚六典, 河崙六典, 李稷六典, 黃喜六典 등은 그 편찬적임자의 이름을 단 분류이고, 元六典, 續六典, 謄錄은 편찬연대에 의한 구별로 명명한 법전명이다. 吏讀元六典, 詳定元六典은 條文表示가 吏讀(方言)의 혼용여부에 의한 구별이다. 趙浚六典은 태조 6년에 반포된 것이며 元六典이며 吏讀六典이다. 河崙六典은 태종 13년에 반포된 것으로 趙浚六典을 吏讀를 빼고 한문으로 詳定한 원육전, 즉 詳定六典과 태조 6년 이후의 受敎條例를 모아 편찬한 續六典으로 구성된다. 李稷의 육전은 세종 11년에 반포된 것으로 河崙의 속대전에 태종 8년 이후의 受敎條例를 합하여 통일법전으로 한 속육전오권과 謄錄一卷을 말한다. 黃喜六典은 세종 15년에 반포된 것으로 역시 續六典만 개편한 것이며, 태조 6년 이래 세종 14년까지의 受敎條例를 통합하여 신규로 續六典六卷과 謄錄六卷을 撰進한 것을 말한다. 이상 各種六典과 謄錄도 元六典과 같이 傳存하지 않으며 조선초기의 실록에 의거하여 條項의 幾個를 간접적으로 찾아볼 수 있다. 經濟六典은 그 후에 반포된 不磨의 육전인 경제대전의 모체가 된다.

경제적 국가주의(經濟的國家主義) 〔英〕 economic nationalism 1930년대의 세계 대공황하의 자본주의 각국이 공황의 극복을 서로가 타국의 희생으로써 달성하려고 하는데서 국제 通商戰爭이 격화되어 換戰爭과 關稅障壁의 강화 등에 의하여 각국이 자국을 중심으로 하는 경제영역 속에서 이것을 확대하려고 노력한데서부터 유래된 말이다. 따라서 종래의 국제경제관계는 중대한 변화를 일으켜 블록 경제화의 경향을 두드러지게 하고, 또 다른 면에서는 자본주의 각국에 있어서의 국가정책의 확대를 야기시키고, 나아가서는 제2차대전의 요인을 조성케 하였다.

경제적 기본권(經濟的基本權) 〔獨〕 ökonomische Grundrechte 〔佛〕 droits économiques fondamentaux 대체로 생존권적 기본권과 동일한 개념으로서, 자본주의가 고도로 발전함에 따라서 빈부의 차가 심해지고 국민대중의 생활이 위협을 당하게 되자 국가는 국민에게 국가로부터의 자유를 의미하는 自由權의 보장에 그칠 수 없게 되었고 국민의 인간다운 생활을 보장하기 위하여 여러 경제적 기본권을 보장하였다. 경제적 기본권을 처음으로 포괄적으로 규정한 헌법은 바이마르헌법이다. →생존권적 기본권

경제적 민주주의(經濟的民主主義) 政治的 民主主義에 대한 말. 18·19세기의 이른바 시민의 정치적 자유를 기조로 하는 단순한 정치적 민주주의가 경제상의 평등 및 사회적 약자의 생활보장을 부당하게 등한시 내지 무시한데 반하여, 20세기의 국가는 자본주의가 초래한 여러 폐단을 제거하고 모든 국민에게 인간다운 생활을 확보하게 하며 그들의 최저생활을 균등하게 보장하지 않으면 안되게 되었다. 각국 헌법은 경제조항의 설치, 私有財産權의 제한 내지 의무화 등으로써 경제적 민주주의의 실현을 기도하고 있다. →정치적 민주주의

경제적 자유권(經濟的自由權) 인간의 경제활동에 관련한 自由權의 총칭. 기본적 인권의 분류의 하나로서 현행 헌법상의 財産權保障, 소비자의 권리, 직업선택의 자유 등이 여기에 포함된다. 이들은 근대헌법의 성립기에서는 강력한 보장을 받는 것으로서 권리선언 가운데 포함되었으나, 현대국가에서는 사회국가의 이념의 등장과 아울러 국가로부터 많은 규제를 받고 있다.

경제적 환경(經濟的環境) 〔獨〕 wirtschaftliche Umwelt 경제적 상태의 변화는 대부분의 범죄와 어떠한 관계를 가질 수 있는 것이지만, 반면 모든 범죄를 경제적 제약이라고 하는 것도 과대평가이다. 경제적 환경은 經濟變動과 經濟發展으로 나누어진다. 후자는 비교적 장기에 걸친 국민경제의 변화로서, 농업경제로부터 자본주의경제에로의 발전따위를 말한다. 전자는 비교적 단기의 경제상태의 변화로서, 가격변동·소득변동·경기변동·인플레이션·실업 등의 사실을 말한다. 이들 경제변동의 여러 요소가 범죄와 관계되는 것은 어떤 특정의 경제상태하에 있어서 뿐이며, 언제 어떠한 경우에도 관계된다고 생각하는 것은 잘못이다.

경제제재(經濟制裁) 國際聯盟規約 16조 1항 및 國際聯合憲章 41조에 의한 제재의 통칭. 전자는 규약에 위반하여 전쟁을 한 국가에 대해 일체의 연맹국은 직접 모든 통상·금융상의 관계를 단절하고 자국민과 위약국국민과의 모든 금융·통상상 또는 개인적 교통을 방지하려는 것이다. 후자는 비군사적 제재를 규정하여 안전보장이사회가 인정한 침략국에 대해 경제관계 및 철도, 항해, 항공, 우편, 전신, 무선통신 기타 운수통신의 수단 전부 또는 일부의 중단 및 外交關係의 단절을 포함하는 조치의 적용을 가맹국에게 요구할 수 있다.

경제조정관(經濟調整官) 1952년 경제조정협정에 의거하여 한·미합동경제위원회의 경제조정 사무를 담당하는 기관. 부흥부장관이 조정관직을 겸임한다. 그 업무로서는 외화배정문제, 각부 사업계획, 시설재수입, 잉여농작물의 구매 등과 기술자 파견 및 초빙 등을 협의 결정한다.

경제조항(經濟條項) 〔英〕 economic clause 〔獨〕 wirtschaftliche Klausel 보통 경제에 관한 헌법의 여러 규정을 말한다. 自由放任主義와 個人主義에 입각하여 사유재산권의 신성과 계약자유의 원칙을 강조하던 18·19세기 각 국가의 헌법에 있어서 경제에 관한 헌법의 규정으로서는, 財産權의 神聖不可侵 및 契約自由의 原則을 규정한 것 이외에는 이를 찾아볼 수 없었다. 그러나 20세기에 들어와서 자본주의가 사회적·경제적인 모든 면에서 여러 난문제를 발생시키고 그 위에 자력으로 이를 극복할 자극성을 상실하게 되자, 여기에 경제적·사회적인 모든 면에서 국가의 합리적인 관여 및 통제가 강력하게 요청되게 되었다. 이리하여 바이마르헌법을 비롯하여 제1차대전후의 20세기 각국 헌법은 경제에 관한 규정을 극히 중요시하여 그에 관한 규정을 많이 설치하게 되었는데, 우리 헌법도 이 진보적 경향에 따라 제9장 經濟에서 경제에 관한 기본원칙을 宣明하고 있다. 즉 119조에서 자유주의적 경제질서의 원칙을 선명하고 경제의 민주화를 위하여 경제에 관한 규제와 조정을 규정하고 120조에서 중요한 자원과 자연력은 법률이 정하는 바에 의하여 일정한 기간 채취·개발 또는 이용을 특허할 수 있게 하고 국토와 자원은 국가의 보호를 받으며, 국가는 균형있는 개발과 이용을 위하여 필요한 계획을 수립해야 함을 규정하고, 121조에서는 耕者有田의 원칙이 달성될 수 있도록 노력하여야 하며, 農地의 小作制度는 금지하고, 122조에서는 국토의 효율적 이용을 위하여 법률이 정하는 바에 의하여 그에 관한 필요한 제한과 의무를 과할 수 있게 하였으며, 123조에서는 농민·어민의 自助를 기반으로 농어촌을 개발하고 지역사회의 발전을 기하고, 농민·어민·중소기업자의 自助組織의 육성을 보장하고, 125조에서는 대외적 무역을 육성하며 이를 규제·조정할 수 있게 하였으며, 126조에서는 국방상 또는 국민경제상 긴절한 필요로 인하여 법률에 정한 경우를 제외하고는 私營企業을 國有 또는 公有로 이전하거나 그 경영을 통제 또는 관리할 수 없게 하고, 127조에서는 국민경제의 발전과 이를 위한 과학기술은 暢達·振興되어야 한다고 하고 대통령은 이러한 목적달성을 위하여 필요한 諮問機關을 둘 수 있게 하였다. →국민경제자문회의

경제질서(經濟秩序) 국가의 기본적인 경제적 구조. 우리나라의 경제질서는 개인의 경제상의 자유와 창의를 존중함을 기본으로 하며, 국가는

모든 국민에게 생활의 기본적 수요를 충족시키는 사회정의의 실현과 균형있는 국민경제의 발전을 위하여 필요한 범위안에서 경제에 관한 規制와 調整을 할 것을 규정하고 있다(憲 119). 즉 우리나라는 국민에게 경제상의 자유를 보장하여 그의 창의를 존중하고 그를 최대한으로 발휘시킴으로써 국가경제의 발전과 국민생활의 自主性을 도모하면서도 한편 극단적인 自由放任主義가 초래한 여러 폐단에 착안하여, 국가에 의한 경제에의 합리적인 關與可能性 및 국민각자의 경제적 자유의 한계를 규정함으로써 均等社會의 수립을 기하려는 것이다. → 경제조항

경제질서규제(經濟秩序規制) 자유롭고 공정한 경제활동의 기반을 조성하고, 건전하고 조화된 경제질서를 확립하기 위한 규제행정을 말한다. 예로는 企業公開·不正競爭 및 不公正去來防止·獨占規制와 消費者保護 등이 있다.

경제통제법(經濟統制法) 경제를 통제하는 모든 법을 말한다. 소극적인 질서유지만을 위한 經濟警察에 관련되는 경제를 제한하는 법이 아니라, 적극적으로 공공복리의 증진을 위하여 자유주의경제의 모순을 수정·보완하여 새로운 질서의 형성을 촉진하려는 법이다. 그러나 경제통제법은 자유경제체제를 전제로 하는 점에서 통제경제체제를 전제로 하는 통제경제법과는 근본적으로 다르다. 우리나라의 입법례를 살펴보면 독점규제 및 공정거래에 관한 법률, 물가안정에 관한 법률, 하도급거래공정화에 관한 법률, 농수산물유통 및 가격안정에 관한 법률, 외국인투자 및 외자도입에 관한 법률, 양곡관리법 등이 있다. → 통제경제법, 경제법

경제행정(經濟行政) 〔獨〕 Wirtschaftspflege 국가 또는 공공단체 등의 행정주체가 경제목적의 수행을 위하여 행하는 행정. 급부·규제행정의 일부라고 할 수 있다. 즉, 교육행정·사회행정·문화행정과 같은 것은 給付行政에는 포함되나 경제행정에는 포함되지 않으며, 또 재무행정과 같은 것은 급부행정에는 포함되지 않으나 넓은 뜻으로는 경제행정에 포함된다.

경제협력개발기구(經濟協力開發機構) 〔英〕 Organization for Economic Cooperation and Development(OECD) 세계경제협력 및 경제발전을 추구하는 시장경제를 가진 선진국들의 국제기구를 말한다. 제2차세계대전 후 파괴된 유럽을 재건하기 위하여 미국은 Marshall Plan이라는 경제원조계획을 수립하였다. 이 Marshall Plan을 효율적으로 수행하기 위하여 각국간의 경제계획을 조정할 필요가 있었기 때문에 이 조정기능을 담당할 受惠國家간의 협력기구를 창설하였던 것이다. 이것이 유럽經濟協力機構(Organization for European Economic Cooperation : OEEC)이며 18개 회원국을 갖고 있었다. OEEC가 그 기능을 충분히 발휘하고 Marshall Plan이 효율적으로 수행되었으며, 유럽경제는 더 이상 원조를 받을 필요가 없을 정도로 빠른 성장을 하였다. 1959년 12월 21일 미국·프랑스·독일·영국은 개발도상국 경제개발 및 국제경제의 발전을 위하여 협력하기로 선언하였다. 이에 따라 OEEC의 회원국들은 1960년 1월 파리에서 모임을 갖고 이 기구를 개편하기로 하였다. 1960년 12월 14일 새로운 기구인 OECD 설립조약이 파리에서 체결되었고, 1961년 9월 30일 효력을 발생하였다. 이 새로운 경제협력기구는 유럽이라는 지역을 벗어나서 시장경제구조를 가진 선진국들간의 經濟協力機構로 변모하였다. 18개국 OEEC 국가 이외에도 한국·미국·캐나다·일본·호주·뉴질랜드 등이 참여하여 29개국이 되었다. OECD의 목적은 세계경제의 확대·성장·발전이다. 다시 말해서 회원국 및 개발도상국의 경제확대·고용증대·생활수준향상·경제안정의 유지 등을 추구하는 것이다. OECD의 구조는 理事會(Council)와 執行委員會(Executive Committee)·事務局(Secretariat)으로 되어 있다. 이사회는 모든 회원국으로 구성된 全體機關이다. 이사회는 각료회의로 개최되거나 常駐代表會議로 개최한다. 상주대표회의인 경우에는 사무총장이 주재한다. 이사회의 의결절차는 원칙적으로 만장일치이다. 다만 기권은 반대로 간주되지 않기 때문에 이 원칙은 어느 정도 완화된 셈이다. 기권한 국가에 대해서는 그 결정의 효력이 미치지 않는다. 집행위원회는 매년 이사회에서 선출되는 10개 회원국의 대표로 구성되는 限定機關이다. 이사회는 또한 이 대표들 중에서 의장과 부의장을 선임한다. 집행위원회는 이사로부터 위임받은 사항을 집행한다. 또 사무국은 OECD의 지원행정업무를 담당하는 국제기관이며, 그 최고책임자는 사무총장이다. OECD본부는 파리에 있다.

경제형법(經濟刑法) 〔獨〕 Wirtschaftstrafrecht 경제법상의 경제범죄를 규율의 대상으로 하는 형벌법규의 총체, 즉 국민경제적 질서를 유지·형성하려는 刑罰法規의 체계. 형법전 속의 재산범죄의 규정은 경제생활에 관련을 가지지만, 본래의 의미에서의 경제형법이 아니다. 경제형법은 行政刑法의 일종이다. → 행정형법, 경제법

경제활동규제(經濟活動規制) 일정한 경제질서 안에서 구체적으로 이루어지는 경제활동을 대상으로 하는 규제를 말한다. 그 예로는 物資規

制·物價規制·貿易規制, 外換 및 外資規制 등이 있다.

경 조(硬調) 증권거래상의 용어. 시세가 상승할 듯한 경향. 軟調에 대하는 것으로 견조라고도 한다.

경 죄(輕罪) 〔英〕misdemeanor 〔獨〕Vergehen 〔佛〕délit 범죄를 重罪·輕罪·違警罪의 셋(프랑스형법·독일형법·그리스형법 등) 내지 중죄·경죄의 둘(영·미법)로 나누는 분류방법에 기한 범죄의 일종. 현행형법은 이러한 명칭을 사용하지 않고 있다. →중죄, 위경죄

경주·마권세(競走·馬券稅) 競走事業者와 韓國馬事會는 競輪場·競艇場 또는 競馬場 소재지 및 場外發賣所 소재지의 道에 각각 경주·마권세를 납부할 의무가 있다(地稅 152). 과세표준은 勝者投票券 또는 勝馬投票券의 발매금총액으로 하고 세율은 100분의 10으로 한다(153, 154).

경징계(輕懲戒) 군인이 군율에 위반하거나 군풍기를 문란하게 하거나 그의 본분에 배치되는 행위를 한 경우에 과하는 징계처분의 일종으로서, 重懲戒에 대한 것. 경징계는 減俸·謹愼 및 譴責의 총칭(軍人事 57). 종래에는 일반직인 국가공무원 및 지방공무원에 대한 징계처분도 중징계와 경징계로 대별하였었으나, 현행 국가공무원법은 그 구분을 폐지하였다.

경 찰(警察) 〔英〕·〔佛〕police 〔獨〕Polizei 실질적 의미와 형식적 의미의 두 가지 면에서 볼 수 있다. 실질적 의미에 있어서의 경찰은 직접 사회공공의 질서를 유지하기 위하여 일반통치권에 기하여 국민에게 명령·강제함으로써 그의 자연적인 자유를 제한하는 行政作用이다. 이와 같은 질서목적의 경찰의 개념은 자유주의적 법치국가사상에 의한 국가목적의 한정을 배경으로 하여 구성된 것이다. 이 경찰작용은 목적·수단·권력기초의 세 가지 점에서 다른 행정작용과 다르다. ① 경찰은 소극적인 보안목적의 작용인 점에서 적극적인 복리목적의 保育作用·統制作用과 다르고, 사회목적적 작용인 점에서 국가목적적 작용인 財政作用·軍政作用과 다르다. 경찰은 위와 같이 소극적인 보안목적의 작용인 결과, 경찰권의 발동에는 일정한 한계가 있다(→경찰권의 한계). ② 경찰은 권력적 작용인 점에서 비권력적 작용임을 원칙으로 하는 保育作用과 다르고, 국민의 자연적 자유를 대상으로 하여 사실상 필요한 일정한 상태를 실현하는 작용인 점에서 법률상 능력을 좌우하는 형성적 행위와 다르다. ③ 경찰은 국가의 일반통치권에 기초를 둔 작용인 점에서 特別權力에 기초를 둔 명령·징계와 다르다. 형식적 의미에 있어서의 경찰은 실정법상 일반경찰기관의 권한에 속하는 일체의 작용을 말한다.

경찰강제(警察强制) 〔獨〕Polizeizwang 경찰목적의 달성을 위하여 사람의 신체 또는 재산에 실력을 가함으로써 경찰상 필요한 상태를 실현하는 작용. 경찰상의 强制執行과 경찰상의 卽時强制로 나눌 수 있다. 경찰에 관한 각 특별법 중에 구체적인 규정이 있으나, 일반적으로 말하면, 전자에는 行政代執行法이 있고, 후자에는 警察官職務執行法이 있다. 경찰강제에는 對人的 强制·對物的 强制·對家宅强制가 있다. →경찰상의 강제집행, 즉시강제

경찰공공(警察公共)**의 원칙**(原則) →경찰권의 한계

경찰관리(警察官吏) 〔獨〕Polizeibeamte 경찰사명의 실력적 행사를 그 주된 임무로 하는 경찰공무원으로서 特定職公務員에 속한다(警察公務員法 1). 경찰관리는 제복을 착용하고 무기를 휴대함을 특징으로 하며, 각 지방경찰관청에 소속되어 있는 것이 원칙이다. 경찰관리는 그 직급에 따라 치안총감·치안정감·치안감·경무관·총경·경정·경감·경위·경사·경장 및 순경으로 나누어지며, 이들을 총칭하여 경찰관이라고도 한다. 경찰관리는 그 고유한 경찰사무 이외에 사법경찰에 관한 사무를 아울러 담당한다(刑訴 196). 이 때에는 검사의 지휘를 받는다.

경찰국가(警察國家) 〔獨〕Polizeistaat 근대의 법치국가 성립 이전의 17·18세기 유럽에 있어서의 절대군주제국가. 이 국가에 있어서의 군주의 포괄적인 內政權力을 警察權이라 부르고, 그 행사는 법적으로 구속을 받지 않았기 때문에 인민에게는 법적인 구제수단이 없었다. 점차로 사법법원이 독립하고 또 자연법적인 시민적 자유주의와 국민참정의 요구에 의하여 權力分立이 인정되고, 입법기관, 즉 民選議會가 제정하는 법률에 기하여 사법·행정을 행하게 됨에 이르러 근대의 법치국가로 진화하였다.

경찰권(警察權) 〔英〕police power 〔獨〕Polizeigewalt 경찰작용으로서 발동되는 일반통치권. 경찰권은 一般統治權의 작용이므로 그 나라의 통치권에 복종하는 자는 내국인·외국인·자연인·법인의 구별없이 경찰권의 대상이 된다. 법치국가에 있어서는, 경찰권의 발동은 반드시 법규의 근거

가 있어야 하고, 또 명문 또는 조리상의 한계(→경찰권의 한계)에 제약된다.

경찰권(警察權)**의 한계**(限界) 〔獨〕 Grenze der Polizeigewalt 경찰권이 유효하게 발동될 수 있는 한계. 사회공공의 질서유지는 국가존립의 최소한도의 필요조건이므로, 이를 위한 권력적 작용인 경찰권의 발동은 모든 국가에 있어서 불가피한 일이나, 그 경찰권의 발동은 국민의 권리·자유를 침해하는 전형적인 권력적 작용인 까닭에 민주국가에서는 여러가지 방법으로 그 한계점을 정립하고 있다. 경찰권의 한계로서 제일 먼저 들 수 있는 것은 법치주의에 의한 법규적 제약이다. 그러나 이 법규적 제약은 경찰권의 한계로서는 의의가 크지 않다. 왜냐하면, 경찰은 임기응변의 작용이고, 따라서 그에는 재량의 여지가 많으므로 입법 자체에 기술상의 한계가 있기 때문이다. 따라서 경찰권의 한계로서는 그 재량을 제약하는 조리상의 한계가 중요한 의의를 가지고 있다. 이러한 경찰권의 한계에 관한 원칙으로서는 警察公共의 原則, 警察比例의 原則, 警察責任의 原則이 있다. ① 警察公共의 原則. 경찰권은 직접 사회공공의 질서유지에 관계되는 범위내에서만 발동될 수 있으며, 이와 직접관계가 없는 사생활·사주소·사경제·민사상 법률관계에는 간섭할 수 없다. 다만, 이에 관하여도 사회공공에 관계있는 한도내에서는 간섭할 수 있다. ② 警察比例의 原則. 경찰권은 원칙적으로 사회공공의 질서유지를 위하여 묵과할 수 없는 장해를 제거하기 위해서만, 그리고 그 제거를 위하여 필요한 최소한도내에서만 발동될 수 있다. ③ 警察責任의 原則. 경찰권은 사회공공의 질서에 대한 장해(경찰위반의 상태)의 발생에 대하여 직접 책임을 질 지위에 있는 자(경찰책임자)에 대하여서만 발동될 수 있고, 이러한 책임이 없는 자에 대하여는 긴급한 경우에 특히 근거가 있는 때(경찰긴급권의 발동) 이외에는 발동될 수 없다.

경찰금지(警察禁止) 〔獨〕 Polizeiverbot 警察下命의 일종. 경찰목적을 위하여 일정한 부작위를 명하는 것. 법규 또는 행정처분의 형식으로 행하여진다. 경찰금지에는 절대적 금지(예 : 미성년자의 끽연금지)와 상대적 금지, 즉 허가를 유보한 금지(예 : 자동차의 운전)가 있다. →경찰하명, 경찰허가

경찰긴급권(警察緊急權) 〔獨〕 Polizeinotrecht 현재의 긴박한 경찰상의 필요에 의하여 일반적인 경찰권의 한계를 넘어서 경찰권을 행사함으로써 인민의 신체·재산 등에 실력을 가하는 권한. 경찰상의 卽時强制權과 같은 말. 경찰상의 援助强制(消防 72, 78), 보호조치 및 무기사용 등은 그 예이다. 사회의 안전을 도모하기 위한 국가긴급권의 한 현상.

경찰긴급권이론(警察緊急權理論) 사적 불법방해로 인하여 권익을 침해당한 자에게 그 침해가 급박할 경우 自力救濟가 인정되는 것과 마찬가지로, 공적 불법방해가 있는 경우에는 행정청이 自力除去로서의 强制執行力이 인정된다는 이론을 말한다. 독일에서부터 발전된 것으로서 구체적인 수권법규가 없는 경우에도 경찰의 일반적 임무를 정한 警察概括條項에서 경찰상 즉시강제의 허용성이 도출된다는 견해이다. 즉 경찰개괄조항이라는 관념을 배경으로 하여 민법이나 형법에서 인정되고 있는 私人의 緊急權을 원용하여 경찰상의 즉시강제가 구체적인 법률의 수권없이도 허용된다는 것이다.

경찰면제(警察免除) 〔獨〕 Polizeierlass 긴급목적을 위하여 명하여진 작위·급부 등의 경찰의무를 특정인에 대하여 해제하여 주는 행정처분. 豫防接種義務의 면제가 그 예. 경찰면제는 작위·급부의 경찰의무의 해제인 점에서, 부작위의 경찰의무, 즉 경찰금지에 따르는 의무를 해제하는 警察許可와 다르다. →경찰허가

경찰명령(警察命令) 〔獨〕 Polizeiverordnung 경찰에 관한 사항에 대하여 경찰목적을 달성하기 위해 발하는 行政立法. 법치주의 아래서는 경찰명령은 오직 법률의 위임이 있는 때나 그 집행을 위하여서만 정립될 수 있는 것으로서, 위임명령과 집행명령만이 있을 수 있다. 경찰명령은 警察法規의 중요한 부분을 이루고 있다.

경찰벌(警察罰) 〔獨〕 Polizeistrafe 경찰법상의 의무위반에 대한 제재로서 一般統治權에 의거하여 과하는 벌. 전형적인 行政罰이다. 경찰벌에는 형법에 형명이 있는 형벌(사형·징역·금고·자격상실·자격정지·벌금·구류·과료·몰수)과 秩序罰인 과태료가 있다. 경찰벌은 원칙적으로 법률에 근거가 있어야 하나, 예외로서 법률의 특별한 위임에 의하여 명령으로써 정하는 경우와 지방자치단체의 조례로써 정하는 경우가 있다. 경찰벌을 과하는 절차는 형벌인 경우에는 형사소송법, 과태료인 경우에는 법령에 특별한 규정이 없으면 비송사건절차법의 규정에 의한다. 경찰벌은 行政罰의 일종이므로 행정벌의 특색을 가진다. →경찰범, 행정벌, 과태료

경찰범(警察犯) 〔獨〕 Polizeidelikt, Übertretung 경찰의무의 위반으로서 경찰벌이 과하여지는 비행. 전형적인 行政犯이다. →경찰벌, 행정벌, 과태료

경찰비례(警察比例)**의 원칙**(原則) →경찰권의 한계

경찰상(警察上)**의 강제집행**(强制執行) 〔獨〕 polizeiliche Zwangsvollstreckung 警察强制의 일종. 그 성질은 行政上의 强制執行과 같다. →경찰강제, 행정상의 강제집행

경찰상(警察上)**의 제재**(制裁) 경찰하명으로 과하여진 의무위반에 대한 제재로서 과하는 처벌 기타의 불이익조치를 말한다. 경찰상의 제재수단은 警察罰·犯則金 등 금전적 제재, 認·許可의 撤回·停止, 供給拒否 및 公表 등이 있다.

경찰상(警察上)**의 조사**(調査) 경찰기관이 사회공공의 안녕질서를 유지하기 위하여 필요한 자료나 정보를 얻기 위하여 하는 權力的 調査作用을 말한다. 경찰상의 조사는 경찰작용을 위한 준비적·부수적인 작용에 그치고, 그 자체로서 직접 일정한 경찰상태를 실현시키는 작용은 아니며, 개인의 신체·재산에 중대한 영향을 미치는 권력적 작용이므로, 특히 法律의 授權이 있는 경우에 한하여 당해 법률이 정하는 바에 따라서만 할 수 있다.

경찰상(警察上)**의 즉시강제**(卽時强制) 〔獨〕 sofortiger Polizeizwang 警察强制의 일종. 그 성질은 행정상의 즉시강제와 같다. →경찰강제, 행정상의 즉시강제

경찰서(警察署) 경찰활동의 단위인 경찰기관. 그 하부기구로서 지서 또는 파출소가 있고, 필요에 따라 경찰관 출장소도 둘 수 있다(警察法 17 Ⅲ).

경찰서장(警察署長) 경찰서의 장. 경찰서장은 총경으로써 보하며(警察法 17 Ⅰ), 서장은 지방경찰청장의 지휘 감독을 받아 관할구역 안의 소관 사무를 관장하며 소속공무원을 지휘 감독한다(17 Ⅱ).

경찰소극목적(警察消極目的)**의 원칙**(原則) 경찰권은 소극적으로 공공의 안전과 질서의 유지에 대하여 유해한 영향을 미치는 秩序違反狀態의 예방 또는 제거를 위하여 발동되는데 그치며, 적극적으로 공공복리의 증진을 위하여는 경찰권의 발동이 허용되지 아니하는 원칙을 말한다.

경찰소추(警察訴追) 〔英〕 police prosecution 英法에 있어서의 소추제도로서, 경찰에 의한 訴追. 영법에 있어서는 私人訴追主義를 원칙으로 한다. 이러한 경우에 소추의 임무에 당하는 자는 縣·市에 근무하는 솔리시터 또는 특별히 위임을 받은 솔리시터 및 배리스터이다. 그리하여 사건을 소추할 私人이 변호사를 댈 수 없는 경우 또는 起訴에 냉담한 경우 등에 있어서, 경찰 자신이 수사 기타의 공판준비를 하며 소추를 담당한다. 이것은 사실상 직권소추이지만, 이론상은 私人訴追(公衆訴追)에 속한다. 영국에서는 경찰소추가 가장 일반적으로 행하여지는 방식이다. →사인소추주의, 공중소추주의

경찰수사권독립론(警察搜査權獨立論) 범죄수사의 주도권을 사법경찰관리에게 부여하고 검사와 사법경찰관리의 관계를 상호 협력관계로 하는 것이 바람직하다는 입법론을 말한다. 미국·일본의 경우처럼 이러한 의미의 경찰수사권독립론을 입법론으로 지지하는 견해와 오늘날 우리나라 경찰수사의 현실을 직시할 때 警察搜査權을 독립시킨다는 것은 시기상조라고 여기는 견해의 대립이 있다. 1991년 경찰청의 신설로 경찰수사권독립을 향한 작은 발걸음을 내디뎠다고 하겠다.

경찰위원회(警察委員會) 경찰행정에 관하여 ① 경찰의 인사·예산·장비·통신 등에 관한 주요정책 및 경찰업무발전에 관한 사항, ② 인권보호와 관련되는 경찰의 운영·개선에 관한 사항, ③ 경찰임무 외의 다른 국가기관으로부터의 업무협조 요청에 관한 사항, ④ 기타 행정자치부장관 및 경찰청장이 중요하다고 인정하여 委員會에 부의한 사항을 심의·의결하기 위하여 행정자치부에 두는 기관을 말한다(警察法 5·9 Ⅰ 각호). 그러나 행정자치부장관은 경찰위원회에서 심의·의결된 내용이 부적정하다고 판단될 때에는 再議를 요구할 수 있다. 경찰위원회는 위원장 1인을 포함한 7인의 위원으로 구성하되, 위원장 및 5인의 위원은 비상임, 1인의 위원은 상임으로 한다. 위원은 행정자치부장관의 제청으로 국무총리를 거쳐 대통령이 임명하며, 행정자치부장관은 위원을 제청함에 있어서 경찰의 정치적 중립이 보장되도록 하여야 한다. 또 위원 중 2인은 법관 자격이 있는 자이어야 한다.

경찰응원(警察應援) →행정응원

경찰의무(警察義務) 〔獨〕 Polizeipflicht 警察下命에 의하여 부과된 공법상의 의무. 경찰목적의 달성을 위하여서는 경찰강제에 의하여 실력으로써 경찰상 필요한 상태를 실현하는 것이 가장 신속한 것이나, 인권보장의 요구에 의하여 특별한 경

우를 제외하고는 경찰의무를 명하는 방법에 의함이 원칙이다. 그 의무의 부과형식에는, 직접 법규에 의하는 경우와 행정처분에 의하는 경우가 있다. 경찰의무는 일반 공법상의 의무와 같이 그 내용에 따라 作爲義務·不作爲義務·給付義務·受忍義務로 나눌 수 있는바, 경찰목적은 주로 사회상의 장해를 제거하는 데에 있기 때문에, 경찰의무의 가장 보편적인 내용은 不作爲義務이다. 이것을 禁止義務라고도 한다. 경찰의무를 이행하지 아니한 경우에는 경찰상의 강제집행의 대상이 되고, 경찰의무의 위반자는 경찰벌의 대상이 된다. →경찰하명

경찰작용법(警察作用法) 경찰법제의 근거를 결정하는 법. 절대주의하에서는 保育行政이라고 불리우며, 경제·위생·풍속의 사소한 일에 이르기까지 경찰이 간섭하게 되는데, 경찰목적의 원칙, 사생활자유 불간섭·민간관계 불간섭·경찰비례의 원칙 따위가 구비되어 있으므로 오늘날 경찰작용의 과잉에 대하여 경찰관 직권에 대한 법규를 경찰작용이라고 한다.

경찰전문학교(警察專門學校) 내무부 소속하에 두었던 경찰의 교육훈련기관. 순경·경사로 임명될 자와 현직경찰관을 교육 훈련한다. 본과·보통과·특과를 두며, 본과는 경위로 임명될 자의 교육과 경위 이상의 현직 경찰관의 재교육을, 보통과는 순경의 재교육을, 특과는 특수한 직무에 종사할 현직경찰관에 대하여 그 필요한 교육을 각각 실시했었다(舊警察專門學校職制). 1991년 경찰법의 제정으로 폐지되었다.

경찰책임(警察責任) 사회의 공공질서의 장애의 발생(경찰위반상태의 발생)에 관하여 책임이 있음을 말한다. 이 책임은 객관적인 것으로서 경찰위반의 상태가 어떤 사람에 의하여 또는 그 사람의 지배하에 있는 사람 또는 가축 그 밖의 물건에 의하여 생겼을 때에는 그것이 그 사람의 고의·과실에 기인하는 여부를 불문하고 그 사람이 경찰책임을 진다. 警察權은 이 뜻에서의 경찰책임을 진다. 경찰권은 이 뜻에서의 경찰책임이 있는 자에 대하여만 발동되는 것이 원칙이다.→경찰권의 한계

경찰책임(警察責任)의 원칙(原則) 경찰권은 警察責任이 있는 자에게만 발동되어야 한다는 원칙. 경찰권발동의 조리상 한계의 하나로서, 이에 위반하면 위법이 된다. 경찰책임이 있는 자라 함은 경찰위반상태에 대하여 직접 책임이 있는 자로서, 사용자·고용주·영업주 기타 법상 타인을 지배하고 있는 자가 그 지배범위내에서 발생하는 장해에 대하여는 타인의 행위로 인한 것일지라도 경찰책임이 있게 된다.

경찰처분(警察處分) 〔獨〕 Polizeiverfügung 경찰목적의 달성을 위하여 행하여지는 행정처분. 경찰행정관청이 법률의 집행으로서 행하는 경찰하명이나 경찰허가 등이 그 예이다. →행정처분, 경찰하명, 경찰허가

경찰청(警察廳) 警察法(1991년 5월 31일 법률 제4369호)의 제정으로 우리나라의 특수한 안보상황과 치안여건에 효율적으로 대처하기 위하여 국가경찰체제를 유지하면서 경찰의 기본조직을 중앙은 행정자치부장관의 보조기관으로 되어있던 치안본부를 행정자치부장관 소속하의 경찰청으로, 지방은 시·도지사 보조기관인 경찰국을 시·도지사 소속기관인 지방경찰청으로 개편한 것이다. 경찰청에 警察廳長을 두되, 경찰청장은 治安總監으로 보하는데, 경찰청장은 경찰위원회의 동의를 얻어 행정자치부장관의 제청으로 국무총리를 거쳐 대통령이 임명한다. 경찰청장은 경찰에 관한 사무를 統轄하고 廳務를 관장하며 소속 공무원 및 각급 경찰기관의 장을 지휘·감독한다. 또 경찰청에 次長을 두되, 차장은 治安正監으로 보하는데, 차장은 경찰청장을 보좌하며, 경찰청장이 사고가 있을 때에는 그 직무를 대행한다. 경찰청의 하부조직은 局 또는 部 및 課로 하며, 또 경찰청장·차장·국장 또는 부장밑에 정책의 기획이나 계획의 입안 및 연구조사를 통하여 그를 직접 보좌하는 담당관을 둘 수 있다. 한편 경찰청의 하부조직의 명칭 및 분장사무와 공무원의 정원은 대통령령으로 정한다.

경찰평등(警察平等)의 원칙(原則) 경찰권을 행사함에 있어서는 상대방의 성별·신앙·인종·사회적 신분 등을 이유로 하는 불합리한 차별을 하여서는 아니된다는 원칙이다.

경찰하명(警察下命) 〔獨〕 Polizeibefehl 경찰목적을 위하여 일반통치권에 기해서 국민에게 특정한 경찰의무를 명하는 경찰작용. 경찰하명에 관한 목적은 경찰직제로서도 달할 수 있으나, 이는 하명에 비하여 인권보장의 요구에 반할 우려가 많으므로 경찰작용은 하명에 의함을 원칙으로 한다. 경찰하명은 그 내용에 따라 作爲下命·不作爲下命·受忍下命·給付下命으로 나누어지는데, 경찰목적이 주로 사회의 장해를 제거하는데 있으므로 가장 보편적인 경찰하명은 사회에 위해를 미칠 우려가 있는 행위를 금지하는 不作爲下命이다. 이것을 警察禁止라고 한다. 경찰하명은 직접 법규에 의하여 또는 법규에 기한 행정행위에 의하여 행하여진다. 후자가 경찰처분이다. 경찰하명은 또 일반인에

대하여 행하여지기도 하나 주로 특정인에 대하여 행하여진다. 전자가 일반하명이다. 경찰하명의 효과는 그 수명자가 그 하명의 내용을 이행할 공법상의 의무를 지는데 있다. 이 의무를 이행하지 않을 경우에는 경찰상의 강제집행의 대상이 되고, 이 의무의 위반자는 警察罰의 대상이 된다. →하명, 경찰의무, 경찰금지, 경찰강제

경찰학교(警察學校) 경찰관의 학교로서 교양을 목적으로 하는 교육기관. 특별시와 각 도에 1교씩 설치. 1954년 폐지하였다.

경찰허가(警察許可) 〔獨〕 Polizeieraubnis 경찰목적을 위한 일반적인 금지를 특정한 경우에 해제하여 적법하게 일정한 행위를 할 수 있게 하는 행정처분. 營業許可·建築許可와 같은 것이 그 예이다. 一般的 禁止의 解除이고, 새로운 권리를 설정하는 행위가 아닌 점에서 특허와 다르며, 허가를 하여야 할 것인가의 여부는 경찰관청의 자유재량에 속하는 것이 아니고 경찰상의 장해의 염려가 없는 한 허가를 하여야 한다(羈束處分). 경찰허가의 형식은 신청에 의하여 서면으로써 행하는 것이 보통이며, 免許證 등의 교부, 公簿上에의 등록 등 특정한 형식을 그 효력발생요건으로 하는 때가 많다. →허가, 경찰금지, 경찰하명, 특허

경 합(競合) 〔獨〕 Konkurrenz 일반적으로 단일한 사실 및 요건에 대한 평가 또는 평가의 효력이 중복하는 것. 특히 형법에 있어서 동일한 행위가 몇개의 죄명에 해당하는 경우인바 이에는 실질적 경합, 즉 상상적 경합과 형식적 경합, 즉 法條競合이 있다.

경합범(競合犯) 〔獨〕 Realkonkurrenz 〔佛〕 cumul réel 판결이 확정되지 아니한 수개의 죄 또는 판결이 확정된 죄와 그 판결확정전에 범한 죄(刑 37). 판결확정의 전후의 죄는 경합범이 되지 않는다. 경합범은 想像的 競合에 대하여 實體的 競合이라고도 하며, 구형법에서는 併合罪라고 불렀다. 경합범은 동시에 재판을 받거나 그 가능성이 있는 數罪이므로, 전체적으로 보아 형벌적 평가가 행하여지고 특별한 취급을 받는다. 즉 경합범을 동시에 판결할 때에는, 다음의 구별에 의하여 처벌한다. ① 가장 중한 죄에 정한 형이 사형 또는 무기징역이나 무기금고인 때에는, 가장 중한 죄에 정한 형으로 처벌한다(吸收主義)(38 Ⅰ i). ② 각죄에 정한 형이 사형 또는 무기징역이나 무기금고 이외의 동종의 형(징역과 금고는 동종의 형으로 간주하여 징역형으로 처벌함(38 Ⅱ))인 때에는 가장 중한 죄에 정한 장기 또는 다액에 그 2분의 1까지 가중하되 각죄에 정한 형의 장기 또는 다액을 합산한 형기 또는 액수를 초과할 수 없다(加重主義)(38 Ⅰ ii 本). 과료와 과료, 몰수와 몰수는 병과할 수 있다(任意的 併科主義)(38 Ⅰ ii 但). ③ 각죄에 정한 형이 무기징역이나 무기금고 이외의 이종의 형(38 Ⅱ 참조)인 때에는 병과한다(必要的 併科主義)(38 Ⅰ iii). 경합범 중 판결을 받지 아니한 죄(餘罪)가 있는 때에는 그 죄에 대하여 형을 선고하고(39 Ⅰ), 이러한 판결이 수개 있는 때에는 앞 예에 의하여 집행한다(39 Ⅱ). 경합범에 의한 판결의 선고를 받은 자가 경합범 중의 어떤 죄에 대하여 赦免 또는 형의 집행이 免除된 때에는, 다른 죄에 대하여 다시 형을 정한다(39 Ⅲ). 물론 이상의 경우에 있어서 형의 집행은 이미 집행한 형기를 통산한다(39 Ⅳ).

경합적 병합(競合的併合) 선택적 병합과 같다.

경합적 합의관할(競合的合意管轄) 민사소송에 있어서 특정한 소송사건에 대하여 여러 개의 법원이 관할권을 가지는 것으로 약정한 합의관할. 法定管轄權을 가지는 법원에 관할권없는 여러 개의 법원을 모두 관할법원으로 약정하는 경우를 포함한다. 경합적 합의관할의 경우에는 원고는 그 중 어느 법원이든지 하나를 선택하여 訴를 제기할 수 있다. →합의관할, 전속적 합의관할

경향범(傾向犯) 〔獨〕 Tendenzdelikt 행위가 행위자의 일정한 주관적 경향의 표출이라고 인정되는 경우에, 범죄가 되는 것. 예컨대 强制醜行罪(刑 298)가 여기에 해당하는데, 행위가 성욕의 흥분 또는 만족을 얻을 동기로 행하여진 때에 비로소 범죄가 될 뿐이요, 외관상 같은 행위라도 진찰이나 치료의 목적으로 행하여진 때에는 범죄가 되지 아니한다. 이와 같이 경향범에 있어서는 단지 외부적 행위를 단순히 의욕하는 것만으로는 부족하고 이를 초과하는 내심적 경향을 필요로 한다. 그런데 이 초과내심적 경향(예 : 음란한 동기)이 행위의 위법성을 결정하므로, 이를 主觀的 違法要素라고 한다.

경향범죄인(傾向犯罪人) 〔獨〕 Neigungsverbrecher 범죄가 행위자의 內因的 특수경향의 顯現으로 보여지는 성격적인 累犯性을 특징으로 하는 자. 행위자유형으로서는 단순경향범인 구성요건적 동일의 반복형과, 혼합경향범인 심적 경향에 있어서 통일적 관련을 가지는 다양한 상습적 범죄가 있다. →성격범죄인, 내인적 범죄인

경험법칙(經驗法則) 〔獨〕 Erfahrungssätze 일상경험에 의하여, 세상이 일반적으로 승인하고 있는 법칙. 인과관계, 사물의 性狀 따위의 事實判斷의 법칙이다. 實驗則이라고도 한다. 법관도 상당한 교양과 지식을 갖추고 있는 사회의 일원인 만큼, 이같은 경험법칙을 모를 리 없지만, 이 경험법칙에는 상식상의 법칙뿐 아니라 전문과학상의 법칙까지도 포함하고 있기 때문에 자칫하면 후자에 관한 법칙에 관하여는 소양이 없는 수가 많고, 또 그 같은 소양(私事의 지식)이 있다 하더라도 그것을 이용하여 사실인정을 하는 것이 판결의 객관성을 저해할 우려가 있다. 그러므로 이와 같은 특수한 학식경험에 속하는 경험법칙은 반드시 감정의 방법으로 증거조사하여 이용하여야 할 것이다. 경험법칙도 법규와 같이 법원이 직권으로 발견하여 이용하여야 할 것이지만, 그것이 쉽게 발견되지 않는 경우에는 그 법칙의 존재를 주장함으로써 이익을 받을 사람이 그 증명을 할 보람이 있다. 경험법칙의 존부확정은 사실확정이 아니므로 상고심을 羈束하지 않는다(통설·판례). 따라서 경험법칙에 대한 자백은 법관을 기속하지 않는다. 그러나 일부 유력설에 의하면 경험법칙은 법규와 달라서 통상 사실판단의 과정에서 쓰이는 자료이기 때문에, 그 취사도 사실심의 법관의 전권에 맡기는 것이 옳다고 한다.

경호원(警護員) 대통령경호실에 두는 일반직 국가공무원. 경호원은 경호관·경호사로 나누어지는 바 대통령이 임명한 경호실장의 지휘·감독을 받는다(大統領警護室法 4, 5). 일정한 결격사유에 해당하지 않는 자로서 대통령령에 의해서 임명되며 신분보장에 대하여는 국가공무원법이 준용되는 외에 사법경찰권이 부여된다. → 대통령경호

경 화(硬化) 증권거래상의 용어. 시세의 저락에 반대되는 것. 즉 軟化에 대한다.

계(契) 稧 또는 禊라고도 쓴다.

[1] 法史的으로 보면, 삼한·신라 등의 고대부족국가시대에 共同祭典·共同會飮 등의 공동행사의 관습이 契의 원시적 형태로 생각되며, 신라시대의 嘉俳가 바로 그것이다. 계라는 명칭이 본격화된 것은 고려말엽에 軍布契라는 것이 조직되게 된 때부터이다. 조선시대에 이르러 전성시대를 맞이했으며, 계의 종류는 무려 수백을 헤아렸다. 조선시대에 성행되었던 계를 오늘날의 법리에 비추어 고찰하면, 일종의 조합 또는 社團的 성질을 띤 것이었다고 볼 수 있다. 혈연적·지역적 기타의 공동이해관계를 가진 자가 일정한 공동목적을 위하여 金錢·穀物·勞力 등을 갹출하여 상호협조하기 위하여 조직되었다. 계원도 수명에서 수백명에 이르고 契長이 있었으며, 금곡출납이나 재산관리를 하는 掌財 또는 會計가 있었고, 집행역으로 有司·色掌·執事 등의 명칭을 띤 약간명의 임원이 있었다. 매년 또는 매월, 계일(총회)을 정하고, 계원이 집합하여 계전의 납부, 이익금처분 혹은 목적사업집행 등을 논의하고, 會飮散會하였다. 조선시대에 행하여졌던 계를 유형적으로 보면, 대체로 세 가지로 나눌 수 있다. 즉, ① 金融·營利·殖産에 관한 것, ② 공익·상호부조·교육에 관한 것, ③ 오락 기타에 관한 것이 그것이다. 제1에 속하는 것으로는 金融契·貯蓄契·殖産契·水利契·洑契·松契·船契·漁網契·日收契·月收契·土地契·興農契·小作契·畜牛契(養牛契) 등이 있었으며, 제2에 속하는 것으로는 洞契·里(里中)契·自治契·社倉契·戶布契·學契·儒林契·爲親契·冠婚契·老人契·宗親契·喪布契·喪輿契·同甲契·禁酒契·禁煙契·師恩契 등이 있었으며, 제3에 속하는 것으로는 詩契·山遊契·親睦契 등이 있었다.

[2] 이와 같이 조선시대에 있어서는 계가 조직되는 범위나 목적은 매우 광범한 것이었으나, 오늘날에 있어서는 그 범위나 목적이 좁혀져서 약간의 예외(冠婚契·喪布契·同甲契·親睦契 등은 아직도 농촌지방에서는 어느 정도 행해지고 있으며, 이러한 것 중에는 그 법적 성질이 社團的인 것도 있다고 생각한다)를 제외하고는 오로지 金融貯蓄을 위해서만 이 제도가 활용되고 있다. 그러나 금융저축을 위해서 활용되고 있는 이 제도는 우리나라의 서민간에 있어서의 금융 내지는 사금융의 수단으로서 지대한 사회적 작용을 하고 있다. 오늘날 성행되고 있는 금융저축을 목적으로 하는 계는 보통 算通契라고 불리며, 그 법적 성질은 계의 구성원 전체가 일정한 시기에 일정한 금품을 각자 갹출하여 일정한 시기마다 일정한 순번에 따라 계원에게 계금(곗돈)을 교부할 것을 추첨의 방법으로 결정하든가 구술 기타의 무방식의 약정에 의해서 성립되며, 契長(속칭 오야라고도 한다) 또는 일정한 계원이 구성원 전원의 위임에 의해서, 계에 관한 업무를 처리하는 일종의 組合契約 내지는 조합유사의 無名契約으로 파악할 수 있다. 그러나 계는 구체적인 경우마다 복잡한 내용을 지니고 있으며, 민법의 조합의 규정만으로써는 규율할 수 없는 여러가지의 특색을 지니고 있음을 유의하지 않으면 안된다.

계 간(鷄姦) 〔獨〕Unzucht zwischen Mannern 남성간의 성적 행위를 말하며, 우리 형법에는 이러한 행위를 처벌하는 규정이 없다. 그러나 이러한 행위가 公然淫亂罪·强制醜行罪 등에 해당

하는 때에는 처벌한다. 여성간의 동성애인 lesbianism에 대응하는 것이다.

계 고(戒告) 行政代執行法 등에 의하여, 행정상 의무의 이행을 催告하는 행정주체의 통지행위. 즉 대집행의 한 절차로서, 대집행을 하기 전에 행정관청이 상당한 기한을 정하여 그 기한까지 그 의무의 이행이 없을 때에는 代執行을 한다는 뜻을 미리 문서로써 경고하는 행위와 같은 것이 그 예이다(行代 3). →대집행

계 구(戒具) 戒護를 위하여 사용되는 도구. 수형자의 도주·폭행·소요 또는 자살의 방지 기타 필요한 경우에는 계구를 사용할 수 있으며(行刑 14 Ⅰ), 그 종류는 포승·수갑·사슬·안면보호구 등이다(14 Ⅱ). 수형자의 도주를 목적으로 한 폭행·소요 등 긴급한 때에는 교도소의 질서유지를 위하여 총검 등 무기를 사용할 수도 있다(15).

계 권(契券) 契約書를 의미하는 옛말.

계 급(階級) 넓은 뜻으로는 모든 시대의 모든 사회에서 발견되는 사회계급 일반을 의미하나, 좁은 뜻으로는 근대자본주의사회에 있어서 이른바 근대계급의 의미로서 사용된다. 계급의 개념규정으로서 오늘날 일반적으로 지지되고 있는 것은 경제학적 규정방법이며 그것에 의하면 계급이란 역사적으로 규정된 일정한 사회적 생산체제 가운데에서 차지하는 지위에 의거한 지배복종관계에 의해서 구분된 人間集團이라고 한다. 다만 대중사회의 상황하에서는 계급과 계급의식간에 차이가 발생하는 점에 하나의 문제가 있다. 또한 계급이란 다른 의미로서 실력행사를 임무로 하는 집행기관의 조직에서 일체로서의 행동을 확보하기 위해 직원간에 설정한 상하의 구별을 의미하기도 한다.

계급선거(階級選擧) 〔獨〕 Klassenwahl 〔佛〕 suffrage des classes 납세액의 多寡에 따라 선거인을 여러 개의 등급으로 분류하여 당선인을 선거하게 하는 선거제도. 등급선거와 같은 말. 이 제도는 재산의 다과에 따라 선거에 차별을 두는 제도이므로 민주주의의 발달과 더불어 소멸되고 말았다. →등급선거

계급의식(階級意識) 계급성원에 있어서 계급적으로 공통한 의식. 좁은 뜻으로는 계급 그 자체의 의식이며, 계급 그 자체(Klasse an sich)와 자신을 위한 계급(Klasse für sich)과의 구별은 계급의식의 유무를 기준으로 한다.

계급제(階級制) 〔英〕 rank system 국가기관을 비롯한 대규모조직체에 있어서 그 조직의 요소가 되는 각 직위를 사람 또는 인적요소를 기준으로 하여 분류하는 인사관리제도. 職階制에 대한 말. 이 제도를 주로 이용하고 있는 나라는 영국·프랑스·이탈리아·네덜란드·그리스 등인데 우리나라는 원칙적으로 이 제도에 입각하고 있으면서 직계제를 가미하고 있다. →직계제

계급친등제(階級親等制) 친족의 遠近을 정립하는 제도의 일종. 중국식제도로서 혈족의 원근에만 의하지 않고, 그 외에 지위의 尊卑, 情誼의 후박과 남계와 여계, 부계와 모계, 부족과 처족 등 각종 親系의 형태를 가미하여 친계의 遠近을 法定하는 男系·父系·父系尊重에 입각한 立法主義이다. 그러므로 이 입법주의하에서는 친족상호간의 등급이 반드시 동일하지 않으며 또 부부간에도 서로 차별적 등급이 있다. 예컨대 妻에게 있어서는 夫는 一等親이나 夫에게 있어서는 妻는 二等親, 妻로부터 夫의 부모는 二等親이지만, 夫로부터 妻의 부모는 5등친 따위로 부부간에, 나아가서는 양인의 인척간에도 친등의 차별을 두었던 것이다. 현재는 이 제도를 채용하는 나라는 없다.

계 량(計量) 거래 또는 증명에 사용하기 위하여 길이·질량·시간·온도·광도·전류·물질량·넓이·부피·속도·각속도·역량·압력·일·공률·열량·각도·가속도·각가속도·입체각·유량·질량유량·점도·동점도·밀도·농도·파수·주파수·전력량·전력전기량·전압·기전력·전계·전기저항·전기컨덕턴스·정전용량·인덕턴스·자속·자속밀도·기자력·자계·무효전력·무효전력량·피상전력·피상전력량·비열·열전도율·엔트로피·방사강도·광속·휘도·조도·방사능·중성자방출률·조사선량·소음·纖度·경도·충격치·인장강도·압축강도·입도·굴절도·습도·비중·내화도·역률·흡수선량·에너지프로언스·조사선량률·흡수선량률·에너지속밀도·입자프로언스·방사능표면밀도·입자가속밀도·방사능농도 및 진동레벨 등을 결정하기 위한 조작을 말한다(計量 2).

계량단위(計量單位) 계량의 기준이 되는 것. 이를 통일하는 것은 경제발전, 문화의 향상에 절대 필요로 하므로 계량 및 측정에 관한 법률에 의하여 기본단위(길이는 미터, 질량은 킬로그램, 시간은 초, 온도는 켈빈)와 여기에서 나오는 유도단위(면적은 평방미터, 체적은 입방미터 등) 및 보충단위, 보조단위, 특수단위를 법정하고 있다(計量 6~10).

계량측정심의회(計量測定審議會) 계량

및 측정에 관한 중요한 사항에 관하여 산업자원부 장관의 자문에 응하기 위하여 산업자원부에 설치된 심의회이다. 심의회는 관계공무원·경제계·기술계 및 학계의 학식과 경험이 있는 자 20인 이내로 구성한다(計量 3Ⅰ·Ⅱ).

계량형사학(計量刑事學) 〔英〕 criminometrics 刑事學(犯罪學)上의 제반문제를 통계수치에 의거하여 계량적으로 해결하려 하는 입장을 말한다. 이러한 계량형사학은 언제나 100% 적중할 것만을 지향하는 것이 아니고 대체적인 적중률로 일응 만족하려 하고 있다. 그리고 이러한 정도로도 업무의 간소화와 능률화·객관화에 크게 기여하리라고 믿는 것이다.

계리사(計理士) 회계에 관한 검사·조사·감정·증명·계산·정리·立案 또는 법인설립에 관한 회계와 세무대리를 업으로 하는 자로서 구계리사법에 규정된 자. 소정의 자격을 갖춘 자가 계리사로서 업무를 개시하려면 계리사 등록부에 등록함을 요한다(舊計理士法 4). → 세무사, 공인회계사

계 모(繼母) 전처의 생출자로부터 볼 때의 父의 後妻. → 계모자, 계자

계모자관계(繼母子關係) 법정혈족관계의 하나로 전처의 출생자와 그 부의 후처와의 친자관계를 말한다. 이에 대해 嫡母子關係는 父의 認知를 받은 혼인외의 출생자와 부의 처 사이에 그들의 의사에 의하지 않고 당연히 발생하는 관계를 말한다. 이러한 친자관계는 家父長制度와 결합된 제도로서 전근대적인 제도였다. 1990년 민법 일부개정으로 폐지되었다.

계박지(繫泊地) 국외에 있는 내국선박 내의 범죄를 심판하는 법원의 토지관할을 정하는 표준. 즉 일반표준 외에 선착지가 함선의 船籍의 소재지와 함께 토지관할의 표준이 된다(刑訴 4Ⅱ).

계산서류(計算書類) 주식회사와 유한회사에 있어서 그 재산 또는 영업의 상황 등을 밝히기 위한 서류를 말한다. 1984년 개정 전 상법에 의하면 계산서류는 재산목록·대차대조표·영업보고서·손익계산서 및 준비금과 이익이나 이자의 배당에 관한 議案으로 되어 있었다. 그런데 개정 상법에 의하면, 조문제목에서 쓰이고 있던 計算書類(商 447, 448, 449, 579 등)가 財務諸表로 개칭되고 있는데(447, 447의3, 448, 449, 579 등), 이것은 개정법의 내용이 기업회계기준에서의 재무제표와 거의 같기 때문이다. 개정법에서는 재산목록이 삭제되고 있다. 또한 영업보고서가 재무제표체계에서 제외되어 있다(447). 구상법의 건설이자배당의안이 개정법에서 삭제되어 있으며, 구상법의 준비금·이익배당의안을 개정법에서는 이익잉여금처분계산서로 고치고 있는데, 이것은 준비금과 利益配當議案 이외의 利益剩餘金의 처분도 정기총회에서 승인·결정할 필요가 있기 때문이다. 또한 개정법은 구상법에 없는 결손금처리계산서를 재무제표에 포함시키고 있다. 즉 재무제표란 대차대조표·손익계산서·이익잉여금처분계산서 또는 결손금처리계산서를 말한다(447). 영업보고서는 이사회의 승인을 얻어야 한다(447의2). 기업회계기준상의 재무제표에는 현금흐름표도 포함되지만(企業會計基準 5ⅰ) 상법에서는 제외된다. 재무제표와 상업장부는 재산과 영업상태를 표시함을 목적으로 하는 점에서는 같지만, 그 범위는 일치하지 않는다. 이사는 재무제표와 그 부속명세서를 작성하여 이사회의 승인을 얻은(商 447) 다음에는 정기총회회일의 6주간 전에 감사의 감사를 위하여 제출하여야 한다(447의3). 또한 이사는 재무제표를 주주총회의 승인을 위하여 제출하여야 한다(449Ⅰ). 이사는 정기총회회일의 1주간 전부터 財務諸表와 영업보고서 및 감사보고서를 본점에 5년간, 그 등본을 지점에 3년간 비치해야 한다(448Ⅰ). 이 때 주주와 회사채권자는 영업시간 내에 언제든지 이 서류를 열람할 수 있으며, 회사가 정한 비용을 지급하고, 그 서류의 등본이나 초본의 교부를 청구할 수 있다(448Ⅱ). 이사는 財務諸表(447)를 정기총회에 제출하여 승인을 얻어야 하는데(449Ⅰ), 이 때의 승인은 주주총회의 普通決議에 의하며, 주주총회는 승인을 거부하거나 수정해서 승인할 수 있다 하겠다. 독일의 경우를 보면 계산서류는 감사와 결산검사인의 검사를 거쳐 원칙적으로 감사의 승인으로 확정된다. 그러나 이사와 감사가 계산서류의 승인을 주주총회의 결의에 의하기로 결의한 때에는 예외라 하겠다(獨逸株式法 172Ⅰ). 재무제표에 관한 주주총회의 승인이 있으면 그 연도의 재무제표는 확정된다. 정기총회가 재무제표의 승인을 한 후 2년 내에 다른 결의가 없으면 회사는 이사와 감사의 책임을 해제한 것으로 보는데, 부정행위가 있는 경우에는 그러하지 않다(商 450). 주주총회가 재무제표를 승인한 때에는 이사는 지체없이 대차대조표를 공고해야 할 의무가 있다(449Ⅲ). 또한 주주총회의 승인에 의하여 재무제표가 확정됨에 따라서 이익잉여금처분계산서에 포함된 이익처분안이 그 효력을 발생하여 주주는 회사에 대해 구체적인 配當金支給請求權을 가지게 된다.

계산서류부속명세서(計算書類附屬明細書)

〔英〕 schedule 회사의 업무와 재산상태를 상세하게 기재한 서류. 실질상 대차대조표와 손익계산서의 필요한 부분을 보충하는 서류이다. 이사(대표이사)는 결산기마다 결산기로부터 4월내에 계산서류 부속명세서를 작성하여 본점과 지점에 비치하여야 한다. 株主는 영업시간내 언제든지 그 閱覽 또는 謄寫를 구하고, 또 회사소정의 금액을 지급하고 그 등본이나 抄本의 교부를 청구할 수 있다. 명세서에는 계산서류만으로는 알 수 없는 것으로서 부당 또는 부정한 행위가 있기 쉬운 것을 기재하여야 하는 바, 상법이 예시한 것으로는 자본과 준비금의 증감, 이사·감사 및 주주와의 거래, 담보권의 설정, 금융을 영업으로 하지 않는 회사에 있어서는 금전의 대부, 다른 회사의 주식취득, 고정재산의 처분이다(商 465, 1984년 삭제). 부속명세서의 서식에 관하여는 주식회사의 계산서류 등에 관한 규정(1970년 대통령령 제5122호)이 정하고 있다.

계산서(計算書)**의 승인**(承認) 相互計算에 있어서 채권·채무의 총액을 기재한 계산서의 승인을 하면 계산계정의 채권·채무의 총액에 대하여 상계가 행하여지고 잔액이 확정되어 당사자의 일방에 잔액지급청구권이 발생한다(商 72, 74). 쌍방으로서 채무승인을 목적으로 하는 일종의 계약. 更改的 效力을 발생한다. →상호계산

계산수표(計算手票) 〔獨〕 Verrechnungs-scheck 〔佛〕 chèque de virement 발행인 또는 소지인이 증권의 표면에 計算을 위한(nur für Verrechnung)이라는 문자 또는 이와 동일한 의의가 있는 문언을 기재하여, 현금의 지급을 금지하고 換·어음交換 등의 기장방법에 의한 결제만을 인정한 수표. 橫線手票와 같이 도난·분실에 의한 손실을 방지할 뿐 아니라, 끝까지 현금을 사용하지 않을 수 있는 이점이 있다. 독일법계의 제도로서 통일조약에도 이에 관한 규정이 있으나 우리나라에서는 이를 채택하지 아니하고, 외국에서 발행하고 대한민국에서 지급할 것으로 되어 있는 이러한 종류의 수표에 대해서는 일반횡선수표의 효력을 인정한다(手票 65). 우리 법이 인정하는 횡선수표는 영·불법계의 제도이다.

계 선(繫船) 〔英〕 laid-up vessels 배를 운항하여도 채산이 맞지 않으므로 船舶維持에 비용이 들더라도 운항을 그만두는 것이 손실이 적은 경우에 선주가 자기소유선의 운항을 중지하고 항구에 매두는 것을 말한다. 계선의 수의 다소는 해운경기 변동의 바로미터가 된다.

계 세(契稅) 중국에서 행해진 賣買稅. 옛부터 중국에서는 매매증서를 契 또는 券이라 하고, 토지·가옥·가축 등의 중요한 것을 매매할 때에는 계약이 성립된 뒤에 관청에 알리고 세금을 지급하였다. 관인이 찍힌 계약서를 赤契, 紅契, 없는 것을 白契라고 하였다.

계속범(繼續犯) 〔獨〕 Dauerdelikt 〔佛〕 délit continu 범죄가 기수가 된 후에도 그 법익의 침해 내지 위태의 상태가 계속하고 있는 동안 범죄사실이 계속하는 것으로 인정되는 것. 예컨대 逮捕監禁罪. 그 동안은 언제라도 從犯이 성립하고, 또 공소시효가 진행하지 않는다. →즉시범, 상태범

계속보험(繼續保險) 〔獨〕 laufende Versicherung 〔佛〕 assurance souscrite à abonnement 일정기간내의 모든 任置物에 대하여 총괄적으로 체결되는 손해보험. 총괄보험에 속하며 창고업자에 의하여 이용되는 바가 크다. 그 보험료가 임치물의 가액의 변동에 따라서 매일 日邊처럼 계산되는 경우를 日邊保險이라고 한다.

계속보험증권(繼續保險證券) 일정한 기간 계약서로써 같은 종류의 보험을 계속하는 보험증권. 이는 계약 때마다 증권을 작성하는 복잡성을 없애기 위한 제도. 예컨대 해상보험에서 항해할 때마다 선박보험계약을 다시 체결하지 아니하고 최초의 보험으로써 자동적으로 같은 조건에 따라 계속시키는 것과 같다.

계속비(繼續費) 수년도에 걸친 사업의 경비에 관하여 미리 일괄하여 국회의 의결을 얻고, 이것을 변경할 경우 외에는 다시 그 의결을 얻을 필요가 없는 경비. 국가의 세출은 매회계연도마다 예산으로 편성하여 매년도 국회의 의결을 얻는 것이 원칙이지만 계속비는 그 예외이다(憲 55 Ⅰ). 계속비의 연한은 5년이내이다(豫會 22 Ⅱ). 수개년간 계속되는 사업, 예컨대 국가의 대규모의 공사나 계획 등이 일단 착수된 후에 중도에서 국회의 의결을 얻지 못함으로써 중지케 되는 것과 같은 일이 일어나지 않도록 하려는 것. 또한 계속비는 경비총액과 그 연한을 미리 정할 뿐만 아니라 각 연도에서 지출할 금액을 미리 정하여 국회의 의결을 얻어야 하는데, 계속비의 성질로 보아 매년도의 지출잔액은 예정연한이 종료될 때까지 순차로 이월사용할 수 있는 것이라 할 것이다. 그리고 지방자치단체에 있어서도 계속비의 제도가 인정되고 있다.

계속심리주의(繼續審理主義) 〔獨〕 Konzentrationsprinzip 형사소송법상 공판의 심리를 계속적으로 행하여야 한다는 주의. 사건의 심판을

지체없이 하여 刑事被告人을 보호한다는 요청(憲 27)으로 보든지, 법원이 신선하고 확실한 심증에 의하여 재판해야 한다는 점으로 보더라도, 공판기일은 될 수 있는 한 계속하여 이를 열고, 심리의 중단에 의한 법관의 심증의 연락의 薄弱化를 방지할 필요가 있기 때문에 요청되는 원칙이다. →공판중심주의

계속(繼續)**의 원칙**(原則) 상속에 관한 원칙의 하나로, 상속이 개시될 때에 상속인은 권리능력자일 것을 요하는 원칙을 말한다. 同時存在의 原則이라고도 한다. 민법에서 문제되는 것은 戶主承繼에서 태아의 경우이다. 1990년 개정 전의 민법 988조는 태아의 경우 호주상속에서 이미 출생한 것으로 간주하고 있었기 때문에, 이 원칙에 대한 예외의 인정 여부가 문제되었으나, 1989년의 민법일부 개정에서 이 규정이 삭제되었다.

계속적 공급계약(繼續的供給契約) 〔獨〕 Sukzessivlieferungsvertrag 일정한 종류의 물건(예 : 신문 · 우유 · 가스 · 전기)을 일정한 기간(예 : 1년간) 또는 부정의 기간(예 : 수요가 있는 동안) 동안 일정한 대금으로 계속적으로 공급하는 계약. 賣買의 특수한 형태. 이 계약에 있어서는 일부(예 : 매월)의 공급과 그것에 대한 대금은 개별적으로 대응하는 것이지만, 계약은 전체로서 단일한 것이므로, 매도인은 전기분의 대금미급을 이유로 하여 차기분의 공급의 청구에 대하여 同時履行의 抗辯을 할 수 있으며, 또 1회의 채무불이행을 이유로 하여 장래에 대한 契約全部의 解止를 할 수 있다.

계속적 급부(繼續的給付) 〔獨〕 sukzessive Leistung 계속적으로 행하여지는 급부. 예컨대 신문사 또는 우유판매업자의 신문 또는 우유의 배달 등 계속적 공급계약에 기한 급부, 가옥의 임대 · 노무의 공급 등 繼續的 債權關係에 기한 급부. 競業을 하지 않는다고 하는 繼續的 不作爲의 급부와 같다. 통상적인 매매의 경우에 있어서와 같이 목적물을 1회에 한하여 급부하는 것과 대립하는 관념이다. 다만 계속적 급부 중 일정기간 반복적으로 행하여지는 급부(우유 · 신문의 배달 등)를 특히 回歸的 給付라고 하고, 다른 것을 좁은 뜻의 계속적 급부라고 하는 견해도 있다. 계속적 급부에 있어서는 당사자간에 계속적 채권 · 채무관계가 이루어지는 까닭에 특히 신의칙이 지배하는 정도가 강한 채권관계라고 볼 수 있으며 따라서 同時履行의 抗辯權 또는 契約의 解止에 관하여 특수한 취급을 하고 있다.

계속적 보증(繼續的保證) 〔英〕 continuing guarantee 〔獨〕 laufende Bürgschaft 계속적 채권관계의 특질을 가지는 보증. 身元保證이나 信用保證이 그 예이며, 일시적 보증에 대하는 말. 계속적 보증의 특질은 고도의 未必性과 보증인의 책임이 광범하며 영속적인 점에 있다. 그러므로 이를 적당히 제한하기 위하여 신원보증법이 제정된 바 있다. 기타의 계속적 보증의 해석에 있어서도 보증인의 책임의 경감이 고려되어야 할 것이다.

계속적 불능(繼續的不能) 채무의 이행(따라서 급부)이 계속적으로 불능하여, 그 불능이 제거될 시기를 알 수 없는 것. 이것은 채무의 성립을 방해하며 또 기존채무에 관하여서는 채무를 소멸시키는데, 채무자의 책임이 있는 사유로 인하여 불능이 발생하였을 때에는 채무자는 損害賠償責任을 진다(民 390).

계속적 불법행위(繼續的不法行爲) 가해행위가 연속적으로 끊임없이 행해지고 따라서 손해도 또한 시시각각으로 연속적으로 발생하는 불법행위. 토지의 不法占據나 부당한 逮捕監禁이 그 전형적인 사례이다. 계속적 불법행위에 있어서는 가해행위가 연속적이고 손해의 발생도 연속적이므로, 소멸시효의 起算點이나 遲延利子의 계산에 관하여 보통의 불법행위와는 다른 취급을 하지 않으면 안 된다.

계속적 재보험(繼續的再保險) 재보험을 계속보험의 형태로서 행하는 것. 해상보험 · 운송보험의 재보험에 많다.

계속적 채권계약(繼續的債權契約) 계속적 채권관계를 발생시키는 계약. 賃貸借 · 雇傭 · 組合 · 終身定期金 등과 같은 것이다. →계속적 채권관계

계속적 채권관계(繼續的債權關係) 〔獨〕 dauernde Schuldverhältnisse 채무의 내용인 급부의 실현이 시간적 계속성을 가지는 채권관계. 일시적 채권관계에 반대되는 말. 계속적 공급계약에 의한 채권관계 외에 雇傭 · 賃貸借 · 消費貸借 · 任置 등에 의한 채권관계가 이에 해당한다. 이러한 채권관계에 있어서는 목적물의 장기간에 걸친 계속적 대여 · 借賃의 회귀적 지급과 같이 급부의 실현이 시간적 계속성을 가지는 결과, 당사자간에는 일종의 상태적인 법률관계(대주와 차주의 고정적 관계)가 성립하고, 또 가끔 각 당사자는 복합적인 권리의무관계, 즉 일종의 포괄적인 法的 地位(貸主 · 借主의 법적 지위)를 가지는 수가 많다. 민법상의 계약에 관한 여러 규정 및 일반적으로 채권에 관한

여러 규정은 주로 일시적 채권관계를 표준으로 하고 있으므로 계속적 채권관계에 대하여 그대로 적용할 수 없는 것이 적지 않다. 민법이 계속적 채권관계에 대하여 解除를 인정하지 않고 다만 소급효과가 없는 解止를 인정하는 것도 이러한 차이를 나타내는 것이다.

계속지역권(繼續地役權) 간단없이 계속하여 지역권의 내용이 실현되어 있다고 인정되는 지역권. 통로를 개설한 通行地役權, 不作爲地役權이 이에 속한다. 지역권의 시효취득은 계속지역권이어야 하는 점에 구별의 실익이 있다(民 294).

계속항해(繼續航海) 海上戰時公法上의 하나의 원칙으로 봉쇄를 깨뜨릴 계획이 있는 선박이나 전시금제품을 싣고 가는 배가 한 중립항으로부터 다른 한 중립항으로 간 다음에 敵港 또는 봉쇄지에 이르는 경우 그 전후의 항해를 單一航海로 치는 것이다.

계속회·연기회(繼續會·延期會)〔株主總會의〕 주주총회가 그 의사를 중지하고 뒤에 속행할 것을 결의한 경우에 뒤에 개최되는 총회를 繼續會(〔獨〕fortgesetzte Generalversammlung)라 하고 주주총회의 의사에 들어가지 않고 會日을 후일로 변경하여 개최되는 총회를 延期會(〔獨〕Vertagung)라 한다. 양자는 총회의 연장이므로, 별도의 소집절차를 밟을 필요가 없으며(商 372Ⅰ·Ⅱ), 여기에 출석할 수 있는 주주는 당초의 총회에 출석할 수 있었던 주주에 한한다.

계 수(繼受) 법의 계수와 같다.

계수법(繼受法) 〔獨〕rezipiertes Recht 어떤 국가·민족이 그 역사적 발전의 과정에 있어서 다른 국가·민족의 법제에 좇아 定立한 법, 즉 계수에 의하여 성립한 법. 固有法에 대한 말. →법의 계수

계 승(繼承) 법의 규정에 의거하여 전자의 지위를 계승함으로써 전자와 동일한 권리 또는 권리를 향유하는 것을 말한다.

계 약(契約) 〔英〕contract 〔獨〕Vertrag 〔佛〕contrat [1] 사법상 넓은 뜻으로는 사법상의 효과의 발생을 목적으로 하는 서로 대립된 두개 이상의 의사표시의 합치로 성립하는 법률행위. 좁은 뜻으로는 그 중에서 채권의 발생을 목적으로 하는 것만을 가리킨다. 민법 제3편 제2장의 계약은 좁은 뜻의 계약을 말하지만, 넓은 뜻의 계약에는 그 밖에 신분상의 합의와 物權契約도 포함된다. 계약은 복수의 의사표시를 요하는 점에 있어서 單獨行爲와 다르고 合同行爲와 같다. 그러나 합동행위는 의사표시의 방향이 동일한데 반하여 계약은 대립되어 있으므로 이 점에서 양자는 다르다. 이와 같이 계약에 있어서는 의사표시가 복수이므로 그 당사자도 복수이다. 그러나 당사자가 복수라고 하는 것은, 결코 실제로 의사표시를 하는 자가 복수라는 뜻은 아니고, 법률효과가 귀속하는 당사자가 복수라는 뜻이다. 그러므로 自己契約이나 雙方代理도 유효할 수 있다(民 124). 계약은 한편의 청약과 다른 편의 승낙에 의하여 성립한다(예외: 交叉請約, 의사의 실현). 계약은 有名契約(典型契約)·無名契約·混合契約, 雙務契約·片務契約·有償契約·無償契約·諾成契約·要物契約 등으로 분류된다. 근대법은 계약자유의 원칙을 인정하며, 계약은 자본주의사회에 있어서의 재화의 분배에 중요한 기능을 하고 있다.

[2] 공법적 효과의 발생을 목적으로 하는 계약을 강학상 公法上의 契約이라 한다. 원래 행정법관계는 권력복종관계이므로 행정주체는 법률에 기하여 그 단독의사로써 국민과의 법률관계를 정할 수 있으나, 공공단체 상호간과 같은 대등관계에 있어서는 물론, 行政主體와 國民간과 같은 不對等關係에 있어서도 상대방의 동의를 얻어 할 수 있는 것이면, 쌍방의 합의에 의하여 할 수 있는 것인즉, 그 합의가 공법적 성질을 가질 때에는 이를 공법상의 계약이라 할 수 있다. 공공단체 상호간의 事務委託, 국공립학교의 入學許可 등이 그 예이다. 공법상의 계약은 첫째로 비권력적 관계에서의 행위라는 점에서 권력적 관계를 전제로 하는 행정행위(독립적 행정행위 및 쌍방적 행정행위)와 구별되고, 둘째로 쌍방의 의사가 완전한 對等價値를 가진 것이 아니고 공법적 효과의 발생을 목적으로 하며, 계약자유가 인정되지 않는 점에서 완전한 대등가치를 가진 쌍방의사의 합치를 내용으로 하고 사법적 효과의 발생을 목적으로 하며 契約自由가 인정되는 사법상의 계약과 구별된다. 공법상의 계약은 당사자를 표준으로 하여 행정주체 상호간에서 성립하는 것, 행정주체내부의 대등관계 상호간에서 성립하는 것, 행정주체와 사인간에서 성립하는 것, 사인 상호간에서 성립하는 것으로 나눌 수 있다. 또 당사자간의 관계의 성질을 표준으로 하여 대등관계에서 성립하는 것(예 : 공공단체 상호간의 事務委託·經費分擔에 관한 협의 등)·부대등관계에서 성립하는 것(예 : 公法上 特別權力關係의 設定·任意的 公用負擔·公法上 補助契約·土地收用에 관한 협의 등)으로 나눌 수 있다.

계약가입(契約加入) 〔獨〕Vertragsbeitritt 한편으로는 加入者(Beitretende)가 계약관계에 가입함으로써 새로운 당사자가 되며, 다른 한편으로는 종래의 당사자도 계약관계에서 벗어나지 않고, 가입자와 더불어 당사자의 지위에 머물러 있게 되는 제도로서 독일에서 인정되고 있고, 우리나라에서는 아직 이용되지 않고 있다. 그러나 대법원은 私的自治·契約自由의 원칙에 따라 민법상의 규정이 없다 하더라도 계약가입 등의 계약이 인정된다고 판시하고 있다. 계약가입에 있어서 가입자는 채무에 관하여는 종래의 당사자와 연대채무를 부담케 되고, 채권에 관하여는 加入契約(Beitritts-vertrag)의 내용에 따라서 종래의 당사자와 분할채권·연대채권 또는 채권의 準合有를 하게 된다.

계약강제(契約强制) → 체약강제

계약갱신청구권(契約更新請求權)〔地上權者·土地賃借人의〕 地上權이 소멸한 경우 또는 건물 기타 공작물의 소유 또는 식목·채염·목축을 목적으로 한 토지임대차의 기간이 만료한 경우에, 일정한 요건하에 지상권자 또는 토지임차인(轉借人)이 지상권설정자 또는 임대인에 대하여 계약의 갱신을 청구하는 권리(民 283 I, 643, 644). 지상시설이 현존하는 경우에 인정된다. 갱신청구는 상대방의 승낙을 요하며, 청구권자의 의사표시만으로는 효력이 생기지 않는다. 지상권설정자 또는 임대인은 이를 자유로 거절할 수 있는데, 이 경우에는 지상권자 또는 임대인은 地上物買受請求權을 행사할 수 있다. 계약갱신청구권과 지상물매수청구권은 그 어느 하나만으로서는 그 의의를 충분히 발휘할 수 없으며 양자가 아울러서 비로소 임차인보호라고 하는 法律理想에 봉사하게 된다. 즉, 갱신청구에 대해서는 지상권설정자 또는 임대인은 자유로 거절할 수 있으므로 계약갱신청구권은 지상물매수청구권의 뒷받침을 받아야만 비로소 존재의의를 가지며, 또 地上物買受請求權만은 인정하고 계약갱신청구권을 인정하지 않는다면 임차인의 보호는 실익없는 것으로 된다. → 지상물매수청구권

계약금(契約金) → 체약금

계약보증금(契約保證金) 계약을 체결할 때 契約價額의 일부를 계약보증금이라고 해서 지급하는데 그 성질에는 여러가지가 있다. ① 계약보증금은 계약이 완전히 성립하였다는데 의의가 있다. ② 위약금은 어느 한편에 임의로 계약을 撤回한 때 이를 위약한 죄로 몰수하고 다시 손해배상을 받을 수 있는 것과 계약보증금만을 몰수할 수 있는 것이다. 여기에는 계약보증금을 몰수하고 다시 손해배상을 받을 수 있는 것과 계약보증금만을 몰수할 수 있는 것이 있다. ③ 解約金은 매수인의 계약보증금을 포기하고 매도인은 계약보증금의 倍額을 지급하여 매매계약을 해제할 수 있는 것이다.

계약불이행(契約不履行)**의 항변**(抗辯) 동시이행의 항변과 같다.

계약상(契約上)**의 채무회수**(債務回收)**를 위한 병력사용**(兵力使用)**의 제한**(制限)**에 관한 조약**(條約) 1907년 제2회 헤이그 평화회의에서 중남미 6개국을 포함한 24개국에 의하여 체결된 조약. 깔보주의와 드라고우주의가 발전한 것인데 전기 회의에서 미국대표 포터(Porter)가 제안한 관계로 포터協約 또는 드라고우·포터協約이라고도 부른다. 이 조약은 자국민의 채권을 회수코자 흔히 병력을 이권획득의 수단삼아 사용해 온 유럽제국의 소행을 억제하기 위하여 남미의 피해제국이 주창한 것으로 국가간의 분쟁을 가급적 평화적 수단에 의하여 해결하려는 의도에서 체결된 것이다. 이 조약에서는 원칙적으로 일국의 정부가 타국의 국민에 대해서 지니고 있는 계약상의 채무를 회수하기 위해서 채권자인 그 국민이 소속하는 국가가 병력에 호소하는 것을 금지하고 있다(1 I). 그러나 채무국이 ① 그 분쟁을 중재재판에 부탁하려는 채권자 소속국의 제의를 거절하였을 때, ② 그러한 부탁의 제의에 대해 회답을 하지 아니할 때, ③ 비록 그러한 제의를 수락했을지라도 중재계약의 성립을 가능케 한 때, 또는 ④ 중재재판 후 판결에 복종치 않을 경우 등에는 무력을 행사할 수 있다는 예외규정을 두고 있다(1 II). 20세기 초두에 체결된 이 조약은 무력의 사용을 전적으로 금지하고 있지는 않더라도 실정법 특히 조리상 일정한 전쟁을 불법으로 明規하기에 이른 시초의 것인 동시에 그 후 브라이언 平和條約, 국제연맹규약, 로까르노조약, 전쟁포기에 관한 조약(不戰條約), 라틴아메리카 부전조약, 국제연합헌장 등으로 이른바 전쟁위법화의 계보를 이루고 있다는 점에 그 의의가 있다. → 깔보조항, 드라고우주의

계약설(契約說) 〔英〕 contract theory of the state 〔獨〕 Vertragstheorie 〔佛〕 théorie du contrat social 국가는 개인의 합의에 의하여 성립되었다는 설. 이 이른바 원시계약은 社會契約(〔英〕 contract of society 〔獨〕 Gesellschaftsvertrag 〔佛〕 pacte d'association)과 支配契約(〔英〕 contract of government 〔獨〕 Herrschaftsvertrag 〔佛〕 pacte de gouvernement)과의 두 개의 이념으로 성립한다. 정부의 의미로서의 국가가, 지배자와 피지배자와의 계약에 기한다고 하는 지배계약의 관념은 사

회계약을 전제한다. 이것을 처음으로 명백히 구별한 것은 알투지우스이다. 이에 대하여 홉스, 루소가 계약이라고 하는 경우에는 사회계약을 의미한다. 支配契約은 主權(potestas)을 만들 뿐이지만, 사회계약은 社會(societas) 그 자체를 만든다. 인간은 국가성립 이전의 자연상태에 있어서는 완전히 자유이고 다만 자연법의 지배만이 있었지만, 그 반면 그 생활에는 안전의 보장이 없었으므로 개인간의 합의에 의하여 국가를 만들었다고 하는 것이 계약설의 기초를 이루는 國家目的論이다. 따라서 정부는 국민의 자유와 권리를 보호하기 위하여서만 그 권력을 행사하는 것이 허용된다고 봄으로써, 계약설은 근대자유주의의 국가관의 기초가 되었다. 최초에는 이와 같은 국가계약을 역사상의 사실로서 설명하는 경향이었지만, 루소 및 칸트에 이르러서는 본래 자유스러운 인간이 국가안에 있어서 권력의 구속하에 놓이는 것을 시인하기 위하여서는 이론적으로 국가 그 자체의 존립의 기초를 국민의 자발적인 합의에 구할 필요가 있다고 하는 사고경향으로 이행하였다. 즉, 국가계약은 事實의 問題(quaestio facti)는 아니고 權利의 問題(quaestio iuris)로 생각됨에 이르렀다. → 국가의 기원

계약신탁(契約信託) 위탁자·수탁자간의 계약에 의하여 성립하는 신탁. 우리나라에 있어서의 신탁은 원칙적으로 쌍방행위인 계약신탁이지만, 유언에 의한 신탁도 인정된다(信託 2). 그러나 위탁자가 생전의 單獨行爲로써 스스로 수탁자가 되는 것. 즉, 信託宣言(declaration of trust)은 우리 신탁법상 인정되지 않는다.

계약(契約)**의 결합**(結合) 수개의 계약이 성립 또는 존속함에 있어서 일방적 또는 쌍방적으로 혹은 택일적으로 견련하는 것. 예컨대, 10만원의 물건을 5만원에 팔고 증여를 포함시키는 계약. 그 취급은 당사자의 의사를 해석하여 각 경우에 따라서 구체적으로 결정하여야 한다.

계약(契約)**의 효력**(效力) 계약함으로써 발생하는 법률상의 효력. 계약이 그 내용에 적응하는 효력을 발생하기 위하여는 그 내용이 법률행위 일반에 있어서와 마찬가지로 확정·가능·적법·사회적 타당이라는 효력발생요건을 갖추어야 한다. 민법은 쌍무계약의 효력과 제3자를 위한 계약의 효력에 관하여 일반적 규정을 설치하고 있다(民 536 이하).

계약이민(契約移民) 일정한 기간 노동조건으로 일정한 일에 종사할 것을 현지의 고용주와 미리 계약하고 渡航하는 이민. 노예해방 후 그 대용으로 성행. 미국에서는 1885년 법률로서 이를 제약하였다.

계약인수(契約引受) 〔獨〕 Vertragsübernahme 계약당사자의 지위의 승계를 목적으로 하는 계약을 말한다. 이에 의하여 종래의 계약당사자의 일방이 가지고 있었던 권리·의무는 전체로서 그대로 承繼人에게 이전된다. 따라서 그 계약에서 이미 발생하고 있는 채권·채무가 이전할 뿐만 아니라, 그 계약에 의하여 장차 발생할 채권·채무도 양도인(인수인)을 주체로 하여 발생하며, 그 계약에 따르는 取消權이나 解除權도 이전한다. 계약인수는 계약상의 쌍방 당사자와 양수인의 3면계약에 의해 성립됨은 물론, 계약의 일방당사자와 양수인 사이의 계약에 의하여서도 가능한데, 이 때에는 타방당사자의 承諾을 停止條件으로 하여 그 효력이 발생한다.

계약자배당(契約者配當) 생명보험회사에서 각 보험계약자에게 분배하는 배당금. 배당방법에는 二元式 配當과 累加配當方法의 두 가지가 있다.

계약자유(契約自由)**의 원칙**(原則) 〔英〕 liberty of contract 〔獨〕 Vertragsfreiheit 〔佛〕 liberté contractuelle 인류가 사회에서 생존해 가는 데 있어 자기의 의사에 따라서 자유로 계약을 체결하고 사법관계를 규율할 수 있는 것이며 국가는 되도록 여기에 간섭하여서는 안된다는 근대법의 원칙으로서의 사적자치의 원칙이 계약에 나타난 것. 계약관계를 자기의 의사에 따르게 한다는 것은 각종의 방향에 있어서 발현하는 것이나, 보통은 다음의 네 가지에 나타난다. ① 締約自由의 原則. 계약을 체결하느냐 않느냐는 것은 자유이다. 계약은 청약과 승낙에 의하여 성립하는 것이 가장 보통의 경우이므로, 계약의 자유는 다시 청약을 하느냐 않느냐의 자유와, 승낙을 하느냐 않느냐의 자유로 나누어진다. 또 기간이 정하여져 있는 계약은 기간의 만료로 당연히 종료하며 재계약의 의무를 부담하지 않는 것인데 이것도 역시 계약체결의 자유에 포함하여 이해할 수 있을 것이다. ② 相對方選擇의 自由. 계약을 체결함에 있어서 어떠한 상대방을 선택하든지 자유이다. 이 자유는 특정인만을 상대방으로 할 의무를 부담하지 않는다는 점에 실제상의 의의가 있다. ③ 內容決定의 自由. 계약을 체결함에 있어서 당사자는 여하한 내용으로도 이를 자유로 정할 수 있다. 물론 시민법의 전개기에 있어서도 강행법규정이라든가 사회질서에 반하는 사항을 내용으로 하는 계약은 허용되지 않았으나, 채권거래법에 있어서는 강행규정은 적고 사회질서의 제한적

기능도 미약한 것에 불과하였다. 그 뿐만 아니라 그와 같은 제한은 어디까지나 예외에 불과하여, 制限외에서는 전혀 자기가 원하는 바에 따라 계약내용을 정하여도 좋은 것으로 생각되고 있어, 여기에 계약자유의 진실한 면목이 나타나고 있다. ④ 方式의 自由. 계약을 성립시키는 본체는 당사자의 합의이고 눈에 보이는 상징이라든가 특정된 방식은 전혀 필요하지 않다. 고대의 사회생활관계는 신분이나 계급에 의하여 숙명적으로 결정되어 있어서 개인의사의 자유가 허용될 여지가 없었던 것인데 근세초기의 개인주의사상에 의하여 봉건사회의 신분적·경제적 압력이 타파되고, 계약만이 개인의 사회관계를 결정하는 계기가 될 수 있다고 생각하게 됨에 이르러 이 원칙이 확립되었다. 이를 영국의 법학자 메인은 *身分*으로부터 契約으로(from status to contract)란 말로 표현하였다. 이 원칙은 개인의 경쟁심을 자극하고 창의에 기한 활발한 활동을 촉진하여 사회진보의 원동력이 되었던 것이며, 근세자본주의는 계약자유의 원칙과 사유재산제도를 지주로 하여 발달되었다고 하여도 과언이 아니다. 그러나 자본주의가 고도로 발달하여 감에 따라 빈부의 차가 현저하여져서, 계약자유의 원칙은 실질적으로는 경제적 약자에 대해서 부자유를 의미하게 되었고, 평등한 문화적 생존을 만인에게 보장한다는 이상을 달성하기 위해서는 이것을 무제한으로 허용할 수 없게 되었다. 그리하여 20세기에 들어와서는 점차로 계약을 제한 내지 통제하려는 경향이 농후하여졌다. 일정한 契約約款의 효력부인, 독점적 기업자가 정하는 약관에 대한 국가적 감독, 계약체결에 대한 직접적 또는 간접적 강제(→체약강제), 근로자의 團體交涉의 허용, 私的獨占의 금지 등이 이 경향을 표현하는 것이다.

계약지법(契約地法) 〔羅〕 lex loci contractus 계약이 체결된 장소의 법률. 국제사법상 하나의 準據法으로서 인정되고 있다. →행위지법

계약체결상(契約締結上)**의 과실**(過失) 〔羅〕 culpa in contrahendo 〔獨〕 Verschulden beim Vertragsschluss 계약이 원시적 불능으로 인하여 불성립으로 된 경우에, 계약체결에 즈음하여 그 不能을 알았거나 過失로 인하여 알지 못한 일방의 당사자는 선의·무과실의 상대방에 대하여 그 계약을 유효로 믿었음으로 인하여 받은 손해(이른바 信賴利益. 예컨대 목적물의 조사비용, 융자받은 대금의 이자 등)의 배상을 할 책임을 진다. 예링이 제창한 것으로서 민법은 독일민법(307)을 본받아 명문으로 이를 인정하고 있다(535). 명문의 규정이 없었던 구민법하에서도 학설은 대체로 信義誠實의 原則을 근거로 하여 이것을 인정하였었다.

계약해석(契約解釋)**의 보조준거법**(補助準據法) 국제사법상 계약서가 契約準據法 소속국, 예컨대 우리나라 이외의 나라의 용어, 가령 國際商業語인 영어로 작성되고 그 중에는 그 국어 특유한 법률용어가 사용되어 있는 따위와 같은 경우에는 그 계약의 해석은 그 用語國의 해석원칙에 따라서 행해져야 한다.

계약해제(契約解除) 일단 유효하게 성립한 계약을 소급적으로 소멸시키는 일방적인 의사표시이다. 그리고 이러한 일방적 의사표시에 의하여 계약을 소멸시키는 권리를 解除權이라고 한다. 채무자가 채권을 이행하지 않았을 때와 그 밖에 특별한 경우에는 계약을 해제할 수 있다.

계약형양자법(契約型養子法) 入養을 養親과 養子와의 사적인 신분상의 계약으로 하는 法을 말하며, 우리나라의 養子制度도 이를 취하고 있다. 반면 외국의 경향은 입자를 신분상의 사적계약으로 하지 않고, 子의 복지를 위하여 국가기관의 선고(허가)에 의해 성립시키는 선고(허가)형 양자법을 따르고 있다. 이것은 성립요건을 기준으로 나눈 것이다. 현대 양자법의 동향은 계약형 양자법에서 宣告(許可)型 養子法으로 변하고 있다.

계 엄(戒嚴) 〔英〕 martial law 〔獨〕 Belagerungszustand 〔佛〕 état de siège 전시·사변 또는 이에 준하는 국가비상사태에 있어서 병력으로써 군사상의 필요(군사계엄) 또는 공공의 안녕질서의 유지의 필요(행정계엄)가 있을 때에 대통령 또는 일정한 군지휘관의 선포에 의하여 전국 또는 한 지방을 병력으로써 경비하며, 당해 지역의 行政權과 司法權의 일부 또는 전부를 군의 관할하에 두는 것(憲 77, 戒嚴 1·6). 계엄에는 비상계엄과 경비계엄이 있다. 警備戒嚴이 선포된 경우에는 계엄지역내의 군사에 관한 행정·사법사무가 군의 관장하에 이관되며(7 Ⅱ). 非常戒嚴이 선포된 경우에는 계엄지역내의 모든 행정·사법사무가 군의 관장하에 이관되고, 특히 이 경우에는 법률이 정하는 바에 따라 영장제도·언론·출판·집회·결사의 자유에 관하여 특별한 조치를 할 수 있다(憲 77 Ⅲ, 戒嚴 7 Ⅰ·9 Ⅰ). 계엄을 선포한 때에는 대통령은 지체없이 국회에 통고하여야 하며, 국회가 계엄의 해제를 요구한 때에는 이를 해제하여야 한다(憲 77 Ⅳ·Ⅴ, 戒嚴 11 Ⅰ·Ⅱ). →비상계엄, 경비계엄

계엄령(戒嚴令) 계엄을 위해 대통령이 발하는 명령. 계엄의 종류에 따라 非常戒嚴令과 警備

戒嚴令으로 나누어진다. →계엄, 비상계엄, 경비계엄

계엄사령부(戒嚴司令部) 국방부 소속의 군사기관으로서 계엄법에 의하여 설치한다. 대통령 및 국방부장관의 지휘 감독을 받아 계엄사무를 집행하는데 사령관·부사령관·행정·법무·치안·동원 등의 각과를 두며 자문기관으로서 戒嚴委員會를 둔다.

계열회사(系列會社) 2 이상의 회사가 동일한 企業集團에 속하는 경우에 이들 회사는 서로 상대방의 계열회사라 한다(獨禁 2 iii).

계열사(系列社)**간 채무보증**(債務保證) →상호지급보증

계 율(戒律) ① 佛家에서 말하는 이른바 三學·六度의 하나. 修練, 性善이라는 뜻. 小乘은 禁制止惡을 위주하고 在家는 5계이고, 大乘은 行善三衆淨戒·圓頓戒, 律을 합하여 계율, ② 기독교에서 말하는 종파 내의 질서유지를 위하여 교단당국이 설정한 규칙과 처벌, 구교에서는 教會規律 중 특히 수도원의 규칙을 말한다.

계 인(契印) →간인

계 자(繼子) 父의 後妻로부터 볼 때의 전처의 출생자. →계모자, 계모

계쟁물(係爭物) 소송물을 가리키는 뜻도 있으나 보통 假處分節次에 있어서만 쓰인다. 계쟁물에 관한 가처분이라고 함과 마찬가지로 특정한 給付의 목적물의 뜻으로 쓰이는 경우(民訴 714)와 假地位를 정하는 가처분의 목적물을 포함하는 뜻으로 사용하는 경우(721)가 있다.

계쟁물(係爭物)**에 관한 가처분**(假處分) 〔獨〕 einstweilige Verfügung in Beziehung auf den Streitgegenstand 金錢債權 이외의 특정물의 引渡와 같은 특정적 급여를 목적으로 하는 청구권에 대한 가처분(예컨대 계쟁물의 처분금지의 가처분, 가옥명도의 강제집행의 보전을 위하여 채무자가 공유하는 가옥을 집행관에게 보관시키는 가처분). 被保全請求權에 관하여는 특정한 계쟁물의 존재를 필요로 하는데, 그 청구가 기한부·조건부일지라도 무방하고(民訴 715, 696), 채권적 청구권·물권적 청구권 또는 친족법상의 청구권의 어느 것이라도 불문한다. 가처분의 이유로서는 係爭物에 대한 현상의 변경에 의하여 장래의 강제집행에 의한 권리의 실현이 불능 혹은 현저하게 곤란하게 되는 것이다. 예를 들면 채무자 기타의 자에 의한 계쟁물의 毁滅·隱匿·讓渡, 負擔의 증가와 같은 위험이 있을 경우와 같다. 이와 같은 통상의 가처분의 이유가 있어도 즉시로 강제집행을 할 수 있는 경우나 동일목적의 가처분명령을 받은 경우에는 필요성은 阻却된다. →가처분, 임시의 지위를 정하는 가처분

계절(季節)**과 범죄**(犯罪) 자연적 환경의 한 요소인 기후의 주기적 변화, 즉 계절은 범죄운동을 제약하고 있다. 그러나 모든 범죄운동의 발전을, 氣溫·日照時間 등의 자연적 조건에 직접적으로 환원하는 것은 잘못이다. 예컨대, 性的 犯罪는 늦은 봄으로부터 여름에 걸쳐 증대하는데, 이것은 인간의 생리적 리듬과 관계가 있으며, 財産犯罪는 冬期에 증대하는데, 이것은 취업의 기회라든가 생활의 난이에 관계되며, 暴力犯罪는 봄으로부터 여름에 걸쳐 증대하는데, 이것은 기온의 상승과 관계지어질 수 있는 동시에, 사회적 마찰의 증대로 폭력범죄를 범할 기회가 많아진 것이며, 12월에 폭력범죄가 증대하는 점은 한국의 연말이 갖는 사회적 의미에 관계지어진다.

계절관세(季節關稅) 1년의 어느 계절에 한하여 부과되는 관세. 영국, 독일에 있어서 어떤 종류의 농산물의 出品期에 가격의 폭락을 방지하기 위하여 부과한다.

계절적 업무(季節的業務) 계절적 업무에 사용되는 자로서(농번기의 인부). 6개월 이내의 기간을 정하고 사용되는 자를 해고할 경우에는 근로기준법이 정하는 해고수당을 지급할 필요가 없다(勤基 35 iv).

계제사(稽制司) 조선시대에 經筵·科擧·國忌·漏刻·廟諱·史官·喪葬·禮式·印信·制度·朝會·天文·表箋에 관한 사무를 맡아보던 禮曹의 한 부서이다.

계층소유권(階層所有權) 〔獨〕 Stockwerkeigentum 〔佛〕 propriété de l'étage 빌딩 등의 고급건축물을 각층으로 가로로 나누어서, 그 각각의 것을 독립의 목적물로 하는 所有權. 원래 게르만법에서 인정되었던 것인데, 오늘날에 있어서도 구분소유의 특수한 형태로서 이것이 인정되는 추세에 있다.

계친자(繼親子) 부모의 한편 자녀와 그의 친부모가 아닌 다른 한편의 부모와의 친자관계. 전처의 자녀와 후처와의 관계(계모와의 관계), 전 남편의 자녀와 현 남편과의 관계(계부자 관계) 등이 그 일례. 계모자 관계에 있어서의 繼子는 실모자의

관계와 다름이 없으며, 계부자 관계에 있어서의 계자는 實子의 신분을 가지지 못한다. 계친자의 관계는 계모의 이혼 또는 혼인의 취소로써 소멸한다.

계 표(計票) 표결에 있어서 가부의 수를 계산하는 것. 계표의 공정을 기하기 위하여 計票委員이 선임되는 수가 많다.

계표본위(計票本位) 〔英〕 multiple standard 本位制度에 대한 2, 3의 특수한 제안 중의 하나로서 이 계표본위제도는 화폐의 가치를 장기에 걸쳐 유지하기 위하여 화폐본위를 그 나라의 물가지수에 의뢰시키려는 제도이다.

계품환방(啓稟換房) 承政院의 六承旨가 사무를 분장하여 임금에게 고하던 일. 도승지가 이방, 좌승지가 호방, 우승지가 예방, 좌부승지가 兵房, 우부승지가 刑房, 동부승지가 工房을 각각 맡았다. 또한 육방의 이름만을 써서 單子를 올리면 임금이 그 아래에 여러 승지의 이름을 써서 재가하는 특례도 있었다.

계해조약(癸亥條約) 조선시대(1443년) 일본과 歲遣船 등에 관하여 맺은 조약. 그 내용은 대마도 島主에게 매년 쌀·콩 200석씩을 하사하고 도주는 세견선 50척으로 할 것 등으로 하여 대마도 왜인과의 통상을 하였다. 이보다 앞서 세종 때 대마도를 정벌한 후 삼포를 개항하여 대마도 왜인의 무역과 고기잡이를 허가한 일이 있다.

계 호(戒護) 〔英〕 discipline 교도소내에 있어서의 受刑者의 질서유지를 위한 조치(行刑 14 이하). 이것은 격리작용의 충실을 기하기 위하여 도주방지, 所內의 질서유지, 위생시설의 완비를 꾀하는 동시에, 수형자의 기율생활의 馴致를 목적으로 하여 이루어진 제도이다. 계호에는 物的 戒護와 人的 戒護가 있는데 물적 계호는 행형시설을 의미하고, 인적 계호는 교도관리의 교화작용을 의미한다. 그런데 행형시설이 수형자의 도주방지나 소내의 질서유지를 위한 소극적인 시설로부터 수형자의 교정 교화를 위한 과학적인 시설로 바뀌어져가는 오늘에 있어서는 물적 계호는 교육적 행형시설을 의미하게 되고 인적 계호는 교도관리의 과학적 교도를 말하게 된다.

계획경제(計劃經濟) 〔英〕 planned economy 〔獨〕 Planwirtschaft 계획경제라는 말은 사회적 상태에 많은 근거를 가지고 있다. 하나는 유럽대전 직후의 독일, 오스트리아 사회민주당의 대두와 함께 그 綱領 중에 계획경제라는 말이 처음으로 사용되었다는 것과, 또 다른 한편으로는 러시아에 있어서의 혁명의 성공이라는 두 사태이다. 구소련에 있어서는 1921년의 모든 新經濟政策의 실시에 따라 고스플랜(Gosplan)의 성립을 보았으며, 여기에 건설적인 사회주의 경제계획의 출발을 보게 되었다. 둘째로는 1929년 세계경제공황 이후의 각국 경제가 다소라도 계획화의 방향으로 지향했다는 점이다. 이와 같은 사정을 총칭하여 계획경제라는 용어를 사용할 때에는 그 밑에 사회주의적인 것을 포함하는 것이 오히려 자유주의 경제체제에 대립하는 총칭으로서 이해하지 않으면 안될 것이다. 그러나 계획경제라고 하는 말에 따라 특히 사회주의적 체제와 결합하여 생각하는 용법도 매우 많다.

계획보장청구권(計劃保障請求權) 행정청의 행정계획의 실시를 신뢰하여 개인이 자본이나 노력을 투자한 후, 행정계획이 변경되어 개인이 불이익을 받게 되는 경우, 행정청에 대하여 행정계획의 不變更을 청구하거나, 損失의 補償을 청구할 수 있는 권리를 말한다.

계획제한(計劃制限) 일정한 행정계획의 목적을 달성하기 위하여 하는 負擔制限인바, 주로 생활공간규제의 목적으로 이루어지는 국토이용계획·도시계획 등 토지계획에 따라 개인의 재산권에 가하여지는 公法上의 제한을 말한다. 그 예로는 土地利用計劃制限과 都市計劃制限이 있다.

계후자(繼後子) 양자한 뒤에 다시 친생자가 있는 경우. 명종 8년(1553)에는 양자한 뒤에 친자를 낳았을 때는 친자가 奉嗣하고 양자는 中子, 즉 次子와 같이 대우하여 파양하지 않기로 되어 있었다. 또한 仁祖 때에는 최명길의 소청에 의하여 양가가 이미 있는 때에는 친자를 탄생하여도 차자로 하였으며 憲宗 때 이후에 이르러 친생자를 차자로 한다는 것이 영구적이 되었다.

고가경매(高價競買)**의 신고**(申告) 어떤 물건의 경매에 있어서 경매신고가격 중 가장 고가인 競買價格의 申告(民訴 540, 626).

고객강제(顧客强制) 고객의 거래관계를 계속시키기 위하여 부당하게 이익으로써 거래를 권유하거나 불이익으로써 거래를 강제하는 것. 일본 같은 나라에서도 불공정한 경쟁방법의 하나로 규정하고 獨占禁止法에 의하여 금지하고 있다.

고객지주제(顧客持株制) 일정한 이율의 배당을 붙여주는 우선주를 고객에게 매출하는 제도. 제1차대전 후 미국에서 성행하였다. 공익사업, 특히 전기·가스사업 등에 많이 채용되었다.

고과장(考課狀) 주식회사에 있어서 이사가 작성한 주주총회의 승낙을 받아야 하는 계산서류의 속칭. 영업보고서·재산목록·대차대조표·손익계산서·이익금처분안이 포함되며 결산기마다 주주에게 송부할 목적으로 작성된다.

고 관(考官) 講經科 및 武科에 임시로 임명하던 주임 시험관.

고권적 행정(高權的行政) 공권력을 발동하여 일방적으로 명령을 강제하는 권력행정을 말한다. 권력행정은 공권력주체로서의 작용으로 특수한 공법적 규율을 받는 것이 원칙인데, 이에는 警察規制·公用負擔·財力取得·兵力取得作用이 있다.

고대(古代) **그리스 법**(法) 기원전 3000년으로부터 동 1100년경에 이르기까지의 에게문화시대의 법은 알려져 있지 않지만, 기원전 8세기 이후 호메로스시대에는 법관념, 예컨대 데미스(themis), 디케(dike) 등이 나타나고, 이윽고 大立法者의 시대, 즉 성문법발현의 시기로 되어 드라곤·솔론의 법이 알려지고 있다. 그러나 기원전 4세기 전반의 알렉산데르의 출현은 그 때까지의 그리스고유법 문화를 고대동방법 문화와 융합시켜, 헬레니즘법 문화를 가져왔다. 대체로 그리스법은 哲學的·思辨的으로 풍요한 법으로서 뛰어나며, 自然法思想까지 낳았을 정도이며, 플라톤, 아리스토텔레스는 동시에 우수한 법철학자였다. 이것은 실증적인 로마법과 상이한 점이다.

고대동방법(古代東方法) 고대동방(오리엔트)에서 성립·발달한 법제. 고대동방법으로서 종합적으로 개괄할 수 있는 것은 이집트법·楔形文字法·헤브라이법·페니키아법이다.

고대법(古代法) 〔英〕 ancient law 고대사회에 존립하고 있었던 법. 원시사회에 있어서의 인간의 사회생활은 여러 사회규범의 복합체에 의하여 규율되고 있었으나, 고대국가의 성립과 더불어 法(古代法)이 분화하였다. 그러나 고대법에는 그 이전의 사회규범 특히 慣習의 영향이 현저하며, 일찍부터 制定法도 나타났으나 일반적으로는 관습법이 큰 역할을 담당하였다. 또한 로마 이전의 고대법에는 원시사회에 있어서의 공동적인 私的所有의 제도가 그 흔적을 남기고 있으며, 더욱이 탈리오刑도 유지되고 있다. 고대법의 특징은 노예의 사적소유를 인정하여 노예를 법의 객체로 보고 있는 점에 있다. 그리고 고대법에서는 고대동방법·고대 그리스법·로마법이 있으며, 로마법에 있어서 최고의 발전을 보여 주었다.

고대법사론(古代法史論) 〔獨〕 antike Rechtsgeschichte 법 파피루스학에 의하여 로마법 연구의 시야가 확대되고 헬레니즘법의 모습이 밝혀짐과 아울러, 楔形文字法의 영역이 점차 개척되기 시작한 20세기 초두에, 고대제법의 연구를 유기적으로 포섭할 수 있는 史觀으로서, 웽거(L. Wenger)가 제창한 것. 그의 이른바 고대법사라 함은 로마법을 사적발전의 정점으로 하는 모든 고대제법상호간의 影響交涉史를 말하며, 로마법의 연구도 이러한 종합적 관점에 입각하여 행하여야 한다고 한다. 지금 가령 이러한 주장에 대한 이론적인 비판을 논외로 치더라도, 개개의 고대법의 연구가 충분한 진보를 보지 못하고 있는 학계의 현상에서 볼 때, 이러한 통일적인 고대법사가 현실로 성립할 수 있는 가능성은 적다.

고등검사장(高等檢事長) 검사의 직명의 하나로서 고등검찰청검사장과 대검찰청차장검사의 職名(檢察 13 I, 17 I)을 말한다. 고등검사장은 10년 이상 판사·검사 등 일정한 직에 있던 자 중에서 임명한다(28).

고등검찰관(高等檢察官) 지방검찰청차장검사·부장검사, 합의부 있는 지원에 대응하는 지청장, 지청의 차장검사와 부장검사 그리고 고등검찰청검사의 직명을 말한다. 고등검찰관은 5년 이상 판사·검사 등 일정한 職에 있던 자 중에서 임명한다(檢察 30).

고등검찰청(高等檢察廳) 고등법원에 대응하여 설치된 검찰청. 서울·부산·대구·광주·대전 등 5군데에 있다. 고등검찰청에는 검사장·차장검사·검사를 두고 그 임명자격은 법률로써 정한다(檢察 17, 18, 19, 20). 사무국을 두고 사무국에는 과를 두며, 과의 설치와 분장사무는 대통령령으로 정한다(20) →검찰청

고등경찰(高等警察) 〔獨〕 hohe Polizei 〔佛〕 haute police 원래는 특히 높은 사회적 이익을 보호하기 위한 경찰을 의미하였던 것이나, 오늘날에는 국가조직의 근본을 위태롭게 하는 행위(비밀결사·비밀집회와 같은 정치활동·사상활동)를 방지하기 위한 경찰의 뜻으로 쓰인다. 이 용어는 프랑스법에 기원을 가지고 있으며, 普通警察과 대립적으로 쓰였다. 이러한 경찰의 구별은 경찰기관의 내부에 있어서의 사무분배에 다소의 기준을 줄 뿐이며 학문적인 중요성은 거의 없다. →보통경찰, 정치경찰

고등고시(高等考試) 행정고급공무원 또는

법관·검사·변호사의 자격의 유무를 검정하기 위하여 국가가 실시하였던 자격시험. 행정과와 사법과 및 기술과(1954년에 신설)로 이루어졌었다. 1949년에 제정된 고등고시령에 의하여 창설되었던 것이나, 1961년 4월 15일 공무원고시령으로 대치되면서 기술과는 폐지되었었다. 다음에 1963년 4월 17일 제정·공포된 국가공무원법에 의하여 행정공무원의 자격고시제가 폐지됨에 따라 고등고시행정과는 폐지되고, 司法科만이 사법시험령이 정한 바에 따라 사법시험의 형태로 존속하게 되었다.

고등고시위원회(高等考試委員會) 고등고시를 시행하기 위하여 고시위원회에 두는 합의기관. 고시위원장, 상임고시위원 및 고등고시위원으로 구성한다. 행정 및 사법의 2분과 위원회를 두며 각 분과위원회는 고시위원장, 상임고시위원 및 고등고시위원 중 고시위원장이 지정한 위원으로써 구성한다. 고시위원장은 고등고시위원 및 각 분과위원회의 의장이 되며 고등고시위원장이 사고가 있을 때에는 고시위원장이 지명한 위원이 의장이 된다. 고등고시의 합격자 결정은 각 분과위원회의 조사보고에 의하여 고등고시위원회가 의결하는 바에 의하는 외에 고등고시방법에 관한 사항과 그 밖에 고시위원장이 제의하는 사항을 의결한다. 국가공무원법의 개정에 따라 폐지(→사법시험령 참조).

고등공민학교(高等公民學校) 초등교육을 받지 못하고 학령을 초과한 자 또는 일반성인에게 국민생활에 필요한 普通敎育과 공민적 사회교육·직업교육을 실시함을 목적으로 하는 학교(初·中等敎育法 44Ⅰ). 수업연한은 1년 이상 3년이며, 초등학교 또는 공민학교를 졸업한 자가 입학한다(44Ⅱ·Ⅲ).

고등군사법원(高等軍事法院) 군사법원법상 국방부에 설치하는 2심군사법원을 말한다(軍法法 6Ⅰ). 고등군사법원의 관할관은 국방부장관으로 하며, 고등군사법원의 관할관은 그 군사법원의 행정사무를 관장하며 관하 보통군사법원의 행정사무를 지휘·감독한다. 고등군사법원은 관할 각 부대 보통군사법원의 재판에 대한 抗訴事件·抗告事件 기타 법률에 의하여 고등군사법원의 권한에 속하는 사건에 대하여 심판한다. 다만, 각군본부 고등군사법원의 설치가 보류된 경우에는 그 고등군사법원의 권한은 국방부본부 고등군사법원이 행한다. 재판관은 3인 또는 5인으로 구성하되, 관할관이 지정한 사건의 경우 군판사 3인과 심판관 2인으로 하며, 이 때 관할관은 심판관을 군법무관 중에서 지정할 수 있고, 또 군판사인 재판관 중에서 1인을 주심군판사로 정한다(27). 고등군사법원의 판결에 대하여 ① 판결에 영향을 미친 헌법·법률·명령 또는 규칙의 위반이 있는 때, ② 대법원의 판례에 상반하는 판단을 하여 판결에 영향을 미쳤음이 명백한 때, ③ 대법원의 판례가 없는 경우에 고등군사법원이 종전의 판례에 상반하는 판단을 하여 판결에 영향을 미쳤음이 명백한 때, ④ 판결 후 刑의 폐지나 변경 또는 사면이 있는 때, ⑤ 再審請求의 사유가 있는 때, ⑥ 고등군사법원에 대한 재판권의 인정이 법률에 위반된 때, ⑦ 사형·무기 또는 10년 이상의 징역이나 금고가 선고된 사건에 있어서 중대한 사실의 誤認이 있어 판결에 영향을 미친 때 또는 형의 量定이 심히 부당하다고 인정할 현저한 사유가 있는 때에는 대법원에 上告할 수 있다(憲 110 Ⅱ, 軍法法 442).

고등기술학교(高等技術學校) 국민생활에 직접 필요한 직업의 지식과 기술을 연마함을 목적으로 하는 학교(初·中等敎育法 54Ⅰ). 수업연한은 1년 이상 3년이며(54Ⅱ), 입학자격은 3년제 기술학교·중학교를 졸업한 자 또는 이와 동등 이상의 학력이 있다고 인정되는 자이다(54Ⅲ). 공장 또는 사업장은 고등기술학교를 설립·경영할 수 있다(54Ⅴ).

고등법원(高等法院) 법원조직법에 의하여 설치된 하급법원 가운데서 최상위의 법원(法組 3, 26~28). 서울·부산·대구·광주·대전 등 5군데에 있다. 고등법원에서는 다음의 사건을 심판한다. 즉 ① 지방법원합의부·가정법원합의부 또는 행정법원의 1심판결에 대한 항소사건, ② 지방법원합의부·가정법원합의부 또는 행정법원의 제1심 심판·결정·명령에 대한 항고사건, ③ 다른 법률에 의하여 고등법원의 권한에 속하는 사건 따위이다(28). 사건의 심판은 판사 3인으로써 구성된 합의부에서 행한다(7Ⅲ). 고등법원에는 민사부·형사부 및 특별부 등 部를 둔다(27).

고등법원장(高等法院長) 고등법원에는 고등법원장을 둔다(法組 26Ⅰ). 고등법원장은 판사로써 보한다(26Ⅱ). 고등법원장은 그 법원의 사법행정사무를 관장하며, 소속공무원을 지휘 감독한다(26Ⅲ). 고등법원장이 궐위되거나 有故時에는 수석부장판사·선임부장판사의 순서로 그 권한을 대행한다(26Ⅳ). 고등법원장은 그 관할구역내에 한하여 관하판사에게 직무대리를 시킬 수 있다(6Ⅱ).

고등전형위원회(高等詮衡委員會) 행정 고등전형위원회와 기술전형위원회를 합한 약칭으로서 3급 이상 고등공무원의 전형을 행하기 위하여 고시위원회에 두는 合議體이다. 행정고등전형위원회는 사무계 공무원의 자격을 전형하고 기술계 고등전형위원회는 기술계 공무원의 자격을 전형한다. 필요에 따라 분과위원회(8인 이상 15인 이내)를 둘 수 있으며 고시위원장, 常任고시위원 및 30인 이내의 고등전형위원으로써 구성한다. 국가공무원법의 개정에 따라 폐지되었다.

고등판무관(高等辦務官) 피보호국·종속국·피점령국 등에 파견되어 특별임무를 맡는 公務員. 특히 외국사절의 임무와 동등한 것으로, 예컨대 미국이 1957년에 오키나와 통치에 이를 파견하였다.

고등포획심판소(高等捕獲審判所) 포획심판소의 심판에 대하여 소원인 또는 검찰관이 항의를 제출하는 기관. 법무부에 두는바 소장 1인, 심판관 6인으로써 구성한다. 심판은 首席 및 심판관을 합하여 3인 이상의 列席合意를 요한다(捕獲審判令 9). 포획사건의 관할권은 나포한 함선의 지휘관이 나포한 선박을 인치하거나 送致書·나포된 선박의 선장·선원이 제출한 서류 및 선박내에서 압류한 일체의 서류를 제출한 포획심판소에 속하며(11), 그 심리는 서류심리만으로써 심판을 하고 심판서의 등본을 원심 포획심판소의 검찰관 및 소원인에게 송부하며(24), 확정된 審判要旨는 관보에 게재한다(25). →포획심판소

고등학교(高等學校) 중학교에서 받은 교육의 기초 위에 고등보통교육과 전문교육을 시행함을 목적으로 하는 학교(初·中等教育法 45). 수업연한은 3년. 다만 시간제 및 통신제과정의 수업연한은 4년으로 한다(46).

고려기간(考慮期間) 〔英〕period for reflection 〔獨〕Überlegungsfrist, Bedenkzeit 환어음의 소지인인 지급인에 대하여 인수제시를 하였을 경우, 지급인은 경우에 따라 인수의 여부를 결정하기 위하여 발행인에게 조회하거나 장부를 조사하는 등 약간의 시간을 필요로 할 때가 있다. 어음법은 지급인이 즉일로 인수를 하지 아니하는 한 당연히 인수를 거절한 것으로 인정하여 소지인에게 遡求權을 부여하는 것(이른바 即時引受主義)으로 하지 아니하고 인수의 제시를 받은 지급인은 제1의 제시일의 익일 다시 제2의 제시를 하여 줄 것을 청구할 수 있는 것으로 하고 있다(어음 24Ⅰ). 이 1일의 기간이 곧 引受考慮期間이다. 즉, 인수의 제시를 받은 환어음의 지급인이 인수여부를 고려하기 위하여 인정된 猶豫期間을 말한다. 이 청구가 있는 경우 어음소지인은 다시 그 다음날 제2의 제시를 하여야 하며 이 제2의 제시에 대하여 인수가 거절이 제2의 제시를 청구한 경우에는 어음소지인은 제1의 제시에 대하여 引受拒絶證書를 작성시켜서 지급인으로 하여금 제2의 제시의 청구를 한 것을 기재시켜야 하며(拒絶證書令 3ⅱ), 이해관계인은 이 기재가 거절증서에 있을 때에 한하여 그 청구에 응한 제2의 제시가 없었음을 주장할 수 있다(어음 24Ⅰ). 제2의 제시에 대하여 인수가 거절된 경우에는 다시 인수거절증서를 작성시키지 않으면 아니되나 양 거절증서는 各別의 용지에 의하여 작성될 필요는 없다. 어음소지인은 이 고려기간중 어음을 지급인에게 교부할 필요는 없으며(24Ⅱ), 따라서 지급인은 제2의 제시를 청구하는 경우 어음소지인에 대하여 그 어음의 교부를 청구할 수 없다.

고려율(高麗律) 고려시대의 律. 刑事法規. 高麗史刑法誌에 의하면 고려 一代의 制는 대략 唐制를 모범하였으나 형법을 唐律 그대로 사용치 않고, 상황을 참작하여 除繁去苛하여 총 71개조로 집약한 고려독자의 律을 적용하였다고 하고 있다. 이것이 바로 고려율이다. 그 내용은 獄官 2조, 名例 12조, 衛禁 4조, 職制 14조, 戶婚 4조, 廐庫 4조, 捕亡 8조, 擅興 3조, 盜賊 6조, 鬪訟 7조, 詐僞 2조, 雜律 2조, 斷獄 2조 등 총 71조로 되어 있다. 그 명칭으로 보아 또는 편별방법으로 보아 혹은 고려사 중에서 律文에 해당되는 조항을 찾아보아 당률을 모범으로 하고 계수한 것에 틀림없다.

고려태조십훈요(高麗太祖十訓要) 고려 태조가 지은 10가지 정교상의 훈계(941년). 그 내용은 제1항에 국가의 대사는 불교를 토대로 할 것. 제9항에는 매년 팔관회와 연등회를 열 것 등이다.

고르틴시법(市法) 〔英〕Code of Gortyn 〔獨〕Stadtrecht von Gortyn 〔佛〕Loi de Gortyne 크레타섬 중부의 도시국가 고르틴의 법이며, 石壁에 명각되어 있다. 19세기말에 발굴되었다. 그 전하여지는 것은 대부분 私法法規이다. 동법은 기원전 5세기에 성립한 것으로 추정되는 현존하는 그리스최고의 법전이며, 헬레니즘 이전의 그리스법에 관한 가장 중요한 법원이다.

고 리(高利) 시장이율에 비하여 부당하게 높은 율의 이자. 이에 대한 사회적·경제적 폐단을 없이 하기 위하여 옛날에는 종교적으로 금지하는 법률을 만들었고 근래의 여러 나라에서는 利子制限法·高利貸法·農漁村高利債整理法 등의 법률이 제정되었으며 고리를 제한 또는 금지하고 있다(舊農漁村高利債整理法 3, 舊利子制限法 1 참조).

고리금지법(高利禁止法) 〔英〕 usury law 利子貸借에 관하여는 예부터 신분계급 또는 이율에 제한이 가해지고 있었는데 중세의 寺院法은 철저적으로 이자를 금지하였던 바 많은 국가가 이에 추종하였으나 근세에 이르러 자유주의의 대두에 의하여 이자계약의 자유가 설명되어 각국의 이자금지는 차츰 완화 철폐하게 되었다. 이 결과로서 高利貸를 방지할 필요가 생겨 독일에서는 1880년, 오스트리아에서는 1881년, 프랑스에서는 1886년, 영국에서는 1854년에 각각 고리제한의 법률을 제정하였다. 우리나라에서도 이자제한법에 의하여 이자율을 제한하였지만 1998년에 이자제한법이 폐지되었다.

고리대(高利貸) 〔英〕 usurer 舊利子制限法에 규정된 이자로써 채무자에 대하여 금전을 대부하는 것을 말한다. 고리대는 단순히 금전을 대부하는데 비싼 이자를 받을 뿐 아니라 이 밖에도 여러가지 조직을 설정하여 借主를 괴롭히고 私腹을 채우려는 경향이 짙다.

고리대자본(高利貸資本) 〔獨〕 Wucherkapital 화폐를 타인에게 대부하고 그 이자를 소득하는 資本. 주로 수공업시대에 행해진 초기자본주의 시대의 고리대자본이 발달한 것이 오늘날의 은행자본이다.

고리채(高利債) 舊利子制限法(1992년 法 971호)의 소정의 규정의 이자로서 채무자에 대하여 금전을 대부하는 것. 고리채는 금전을 대부함에 있어서 비싼 이자를 받을 뿐 아니라 여러가지 조건을 붙여서 借主를 착취하는 폐단이 있다. 법상 고리채라 함은 소비대차계약에 의한 금전 또는 現物負債로서 그 이율이 연 2할을 초과하는 일체의 負債原本을 말한다(舊農漁村高利債整理法 3).

고립주의(孤立主義) 〔英〕 isolationism 유럽에서 일어나는 사건에는 간섭하지 않는다는 미국의 外交原則. 이 원칙은 워싱톤이나 제퍼슨의 정책에서 비롯하여 제1차대전 후까지 미국의 대외정책을 지배하고, 전후 다시 채택되었다. 특히 공화당이 이 정책을 지지하고 유럽에 있어서의 히틀러의 모험정책의 확대와 함께 유력하게 되었다. 고립주의자는 1935년의 중립법 제정에 힘쓰고, 제2차대전 초기(1939~41)에는 연합국에 대한 미국의 군사원조를 반대하였다. 그후 국제정세의 변화에 따른 미국의 참전과 함께 청산되었으나 고립주의적 감정은 아직도 뿌리깊이 남아 있다. 공화당의 전 대통령 후버 등의 이러한 주장은 新孤立主義라고 불리운다.

고마법(雇馬法) 역마 이외에 민간의 말을 징발하여 쓰던 법으로 조선 현종 때 京畿監營의 관하에 시행하였다.

고 매(故買) 구형법상의 용어로서 그 사정을 알고 장물을 유상으로 영득하는 것. 매입·질물취득·교환 등. → 장물죄

고 명(顧命) 왕이 생전에 왕세자·종친 또는 신하에게 죽은 뒤의 일을 부탁하는 명령.

고 문(拷問) [1] 〔英〕 torture 〔獨〕 Folter 피고인·피의자에게 자백을 강요하기 위하여 육체적 고통을 주는 것. 糾問主義節次에 있어서는 法定證據主義가 채택되어, 자백이 없으면 유죄로 되지 않는 경우가 많았기 때문에, 일정한 狀況證據가 있는 경우에 한해서 법률상으로 고문이 인정되었다. 그러나 오늘날에 있어서는 고문은 완전히 폐지되었고(憲 12 Ⅱ), 더욱이 공무원에 의한 고문은 공무원의 직무에 관한 죄를 구성하게 되며(刑 125), 이러한 고문금지를 담보하기 위해서 법률은 피고인의 自白이 고문·폭행·협박… 기타의 방법으로 임의(자의)로 진술한 것이 아니라고 의심할 만한 이유가 있는 때에는 이를 有罪의 證據로 하지 못한다(刑訴 309)는 규정을 두었고, 또한, 피고인 또는 피고인 아닌 자의 진술이 임의로 된 것이 아닌 것은 증거로 할 수 없다(刑訴 317)고 규정하였다.

[2] 고문이라는 말은 옛적에는 拷訊·刑訊 또는 拷掠이라고도 불리웠으며, 法史的 측면에서 고찰하면, 범죄에 대한 제재인 刑罰과 拷問을 구별하지 않고 모두 刑이라고 칭하여 왔다. 고려시대는 주로 唐制에 의한 것이며, 斷獄之官은 五聽에 의하여 辭證을 檢驗하여 사실불명하고 實吐自服하지 아니하는 경우에는 拷掠하는 것이다. 拷訊은 3회까지 허용하되 初度拷訊 후 20일이 경과해야 再度할 수 있고 杖 이외의 타물의 사용은 금지되어 있었다. 조선시대는 주로 명률에 의한 것이나 拷訊을 위한 訊杖은 경국대전에는 명률을 약간 수정하여 규정하고 있다. 즉 訊杖 長三尺三寸 上一尺三寸 則圓徑七分, 下二尺則廣八分厚二分 用營造尺이라 한 것과 같이 上圓下方의 형태를 가진 것이다. 용법에 있어서는 以下端打膝下 不至腰 一次無過三十度라고 규정하였다. 영조는 疑獄을 다스리기 위하여 따로 推鞫訊杖을 정하고 下部廣九分厚三分 다시 三省推鞫訊杖으로 廣八分厚三分으로 정하고, 전자를 鞠杖, 후자를 省杖이라 칭하여 訊杖과 구별하였으며, 長은 明律에 따라 訊杖, 鞠杖, 省杖 모두 三尺五寸으로 개정하였다.

고 발(告發) 〔獨〕 Anzeige 〔佛〕 dénonciation 犯人 또는 告訴權者 이외의 제3자가 수사

기관에 대하여 범죄사실을 신고하여 그 搜查와 訴追를 구하는 의사표시. 그러므로 단순한 피해신고나 전말서의 제출 등은 고발이 아니다. 고소가 피해자를 중심으로 한 특정인의 의사를 존중하는 것임에 대하여 고발은 제3자의 의사를 존중한다는 점이 다르지만, 고발도 고소의 경우와 같은 이유로 자기 또는 배우자의 직계존속에 대하여는 하지 못한다(刑訴 235). 고발은 일반적으로 수사의 단서에 불과하나, 소송사건이 되는 경우가 있다. 예컨대 關稅犯·租稅犯에 대한 소관공무원의 고발 같은 것이다. 누구든지 범죄가 있다고 사료하는 때에는 고발할 수 있다(234Ⅰ). 공무원은 그 직무를 행함에 있어서 범죄가 있다고 사료하는 때에는 고발할 의무가 있다(234Ⅱ). 고발과 그 취소의 방식 또는 이에 관한 절차는 고소의 경우와 같다(237, 238, 239). 다만 고소와 달라서 고발의 경우에는 대리를 인정치 않으며 또 기간에 제한이 없다. 또 고발사건에 관하여 검사의 不起訴處分이 있었을 때에는, 그 처분에 불복이 있는 고발인은 고소인과 마찬가지로 裁定申請을 할 수 있다(260). 또한 고발인은 고소인과 마찬가지로 검사의 불기소처분에 대한 抗告도 할 수 있다(檢察 10Ⅰ).

고발의무자(告發義務者) 법률상 고발의 의무를 지는 자. 고발은 임의적인 것이 원칙이다(刑訴 234Ⅰ). 그러나 공무원은 그 직무를 행함에 있어서 범죄가 있다고 사료하는 때에는 고발할 의무가 있다(234Ⅱ). 이 공무원 중에는 수사기관은 포함되지 않는다.

고사감(考査監) 〔英〕 clearing house 수형자의 분류를 위한 특수교도소. 수형자의 사회복귀를 위한 과학적 行刑을 위하여 수형자의 구금분류와 처우분류가 요구되는데, 그 수형자의 분류를 위하여 마련된 특수교도소로 등장한 것이 고사감이다. 고사감은 1937년 미국 미시간주 잭슨시의 남미시간감옥이 그 시초의 것인데, 모든 受刑者를 일단 이곳에 보내서 일정기간 심리학자·생물학자·정신의학자·사회경제학자 등으로 구성된 심사위원회의 고사를 거쳐 수형자의 사회복귀에 적합한 처우감에 배치하도록 하였던 것이다.

고사제(考査制) 〔英〕 probation system 누진제에 있어서의 진급방법. 일정기간을 경과한 때에 교도관회의가 行刑成績을 심사하여 진급을 결정하는 방법. 期間制라고 하는 일도 있다. 교도관들의 자의에 좌우된다고 하는 결점도 있지만 심사가 형식적으로 흐르지 않고 구체적 타당성을 얻을 수 있기 때문에, 현재 이 방법을 취하는 나라가 많다. 點數制 또는 消却制에 대한다. 우리나라 行狀審查規定은 이를 취하고 있다.

고 살(故殺) 故意로 사람을 살해하는 것. 謀殺에 대한다. → 모살

고 소(告訴) 〔獨〕 Strafantrag 〔佛〕 plainte 범죄로 인한 피해자 기타 일정한 고소권자가 수사기관에 대하여 범죄사실을 신고하여, 그 搜查와 訴追를 구하는 의사표시. 실질적으로 소추를 요구하는 적극적인 의사표시가 필요하기 때문에 단순한 피해전말을 신고하는 정도는 고소가 아니다. 고소는 일반적으로는 수사의 단서가 되는데 지나지 않지만, 親告罪의 경우는 訴訟條件이 된다. 고소는 서면 또는 구술로써 검사 또는 사법경찰관에게 하여야 한다(刑訴 237Ⅰ). 또 고소는 대리인으로 하여금 하게 할 수 있다(236). 친고죄의 고소는 범인을 안 날로부터 6개월을 경과한 후에는 할 수 없다(230). 고소는 제1심판결선고전까지 취소할 수 있다(232). 告訴權의 포기는 허용되지 않는다는 것이 통설·판례이지만 고소의 取消와 동일한 절차로 할 수 있다는 유력한 학설도 있다. → 친고죄, 고소인

고소권(告訴權)**의 포기**(抛棄) 고소기간 내에 장래 告訴權을 행사하지 않겠다는 의사표시를 함으로써 공소제기여부에 관한 불확정상태를 안정시키는 것. 판례·통설은 고소권의 포기를 인정하지 않는다. 그것은 친고죄의 고소는 소송조건이며, 고소권은 국가와 피해자간에 존재하는 공법상의 권리관계이므로, 사인의 처분에 의존할 수 없기 때문이라고 한다. 뿐만 아니라 告訴의 取消에 관해서는 명문이 있지만, 포기에 관해서는 아무런 규정이 없는 것도 그 이유의 하나가 된다는 것이다. 그러나 유력한 반대설은 이 점에 관해서 긍정적이다. 그 이유는 법이 고소의 취소를 인정하는 이상, 그 포기를 인정하더라도 불합리할 것이 없고, 오히려 공소제기여부를 공소기간도과전에 확정시킬 수 있는 이익이 있다는 것이다. 이 설들은 공법상의 권리라 하더라도 전혀 그 포기를 허용치 않을 필요는 없는 것이라 한다. 다만 고소권의 포기를 인정하는 견해에 있어서도, 고소권자와 범인간의 私和에 의하여 이를 포기할 수 있다는 설과, 포기는 그 방식에 있어서 고소의 취소와 같은 방식(예컨대 수사기관에 대한 고소권 포기의 의사표시)에 의하여야 한다는 설이 대립되어 있다.

고소권자(告訴權者) 고소권을 가지는 자. 범죄로 인한 피해자(刑訴 223). 피해자의 법정대리인(225Ⅰ), 피해자의 법정대리인이 피의자이거나 법정대리인의 친족이 피의자인 때에는 피해자의 친

족(226), 피해자가 사망한 때에는 그 배우자·직계 친족 또는 형제자매(225 Ⅱ) 등은 고소권자이다. 그러나 자기 또는 배우자의 직계존속은 고소하지 못하고(224), 사자의 명예를 훼손한 범죄에 대하여는 그 친족 또는 자손이 고소할 수 있다(227). 親告罪에 관하여 고소할 자가 없는 경우에 이해관계인의 신청이 있으면 검사는 10일 이내에 고소할 수 있는 자를 지정하여야 한다(228). 또 고소할 수 있는 자가 수인 있는 경우에는, 1인의 기간의 해태는 타인의 고소에 영향을 미치지 않는다(231). 姦通罪의 경우에는 배우자의 고소가 있어야 할 수 있는데, 고소권 있는 배우자라 하더라도 혼인이 해소되거나 이혼소송을 제기한 후가 아니면 고소할 수 없다(229).

고소기간(告訴期間) 親告罪의 고소에 관하여는 고소기간이 정하여져 있지만, 非親告罪에는 고소기간이 없다. 즉, 친고죄의 고소는 범인을 알게 된 날로부터 6월 이내에 하여야 하며, 다만 고소할 수 없는 불가항력의 사유가 있는 때에는 그 사유가 없어진 날로부터 기산한다. 형법 291조(결혼을 위한 略取·誘引)의 죄로 약취·유인된 자가 혼인을 한 경우의 고소는 혼인의 無效 또는 取消의 재판이 확정된 날로부터 6월 이내에 하여야 한다(刑訴 230 Ⅱ). 고소권자가 수인 있는 경우에는 1인의 期間懈怠는 타인의 고소에 영향이 없다(231).

고소불가분(告訴不可分)**의 원칙**(原則) 〔獨〕 Grundsatz der Unteilbarkeit der Strafanträge 친고죄의 고소의 효력이 미치는 범위에 관한 문제이며, 다음의 두 가지를 의미한다. 하나는 1개의 범죄사실의 일부분에 대한 고소 또는 그 취소가 있는 경우에는 그 전부에 대하여 효력이 발생한다는 것이며, 이를 告訴의 客觀的 不可分이라 한다. 그러나 이는 公訴不可分의 原則과는 달라서 절대로 예외가 인정되지 않는 것은 아니다. 즉, 科刑上一罪에 있어서는 각죄가 피해자를 달리 할 때에는 그 일방의 죄에 대한 고소는 타방의 죄에 효력이 미치지 않는다. 따라서 일방의 죄에 관하여 공소가 제기되면 그 효력은 타방의 죄에 미치지만 법원은 타방의 죄에 대하여 심판해서는 안된다. 그러면서도 법원이 고소가 있었던 죄에 관하여 판결을 하였을 때는 그 확정력은 고소가 없었던 죄에도 미친다고 하는 것이 우리나라의 통설이다. 또 하나는 친고죄의 공범 중 그 1인 또는 수인에 대한 고소 또는 그 취소는 다른 공범자에 대하여도 효력이 있다는 것이다(刑訴 233). 이를 告訴의 主觀的 不可分이라고 한다. 이는 고소는 특정한 범인에 대한 것이 아니고 특정한 범죄사실에 대한 것이기 때문이며, 이 점이 또한 公訴不可分의 원칙이 각 범인에 대한 것을 따지는 것과 다른 것이다. 그러나 이도 절대적인 것이 못되며, 상대적 친고죄에 있어서는 이 원칙의 적용이 없는 것이다. 예컨대 친족상도의 경우에 비친족인 공범에게 대한 고소가 있더라도 그 효력은 친족에게는 미치지 않는다. 그러나 친족수인이 공범인 경우에는 이 원칙의 적용이 있다.

고소(告訴)**의 추완**(追完) 친고죄에 대하여 공소제기후에 비로소 告訴가 있을 경우에, 이 고소에 의하여 公訴가 적법으로 되느냐의 문제이다. 親告罪에 있어서 고소는 공소의 유효요건이므로, 公訴提起時에 告訴가 존재하지 않으면 안된다. 따라서 공소제기후에 고소가 추완되더라도, 공소는 역시 무효이고, 반드시 공소를 기각하지 않으면 안된다고 하는 것이 종래의 통설이었다. 그러나, 일단 공소를 기각하고 재차 공소를 제기하게 하는 것은 訴訟經濟에 반하므로, 고소의 추완에 의하여 그 때부터 공소를 유효로 하여야 할 것이라고 하는 설이 유력하다. 또 사건이 과연 친고죄인가 아닌가는 起訴時에 명백히 드러나게 되는 것만이 아니고 심리가 진행됨에 따라서 점차 명백히 되는 경우도 있으니, 이러한 경우에 한하여 고소의 추완을 인정하고, 처음부터 친고죄로서 기소하면서 고소가 없는 경우에는 추완을 인정하여서는 안된다는 절충적 입장도 있다.

고소(告訴)**의 취소**(取消) 고소인이 고소의 효력을 소멸시키기 위해서 하는 의사표시. 고소는 제1심의 판결선고까지 취소할 수 있다(刑訴 232 Ⅰ). 여기서 말하는 告訴는 親告罪의 고소에 한한 것으로 해석하여야 한다. 非親告罪는 시기의 제한, 失權의 효과없이 허용되는 까닭이다. 또 제1심판결선고후에는 취소가 허용되지 않는다. 이는 국가형벌권발동이 장기간 사인의 의사에 좌우되는 것을 방지하는 동시에 범인과 피해자간의 私和의 가능성도 고려한 것이다. 고소취소의 절차는 고소의 절차와 같다(239, 237). 또 대리인으로 하여금 하게 할 수도 있다(236). 한번 고소를 취소한 자는 다시 고소하지 못한다(232 Ⅱ). 검사의 공소제기가 있은 후 친고죄에 관해서 고소취소가 있을 때에는 법원은 公訴棄却의 판결을 하여야 한다(327).

고소인(告訴人) 고소를 한 사람. 고소인은 사건의 起訴·不起訴·公訴의 取消 및 他管送致에 대하여 검사로부터 통지를 받으며(刑訴 258), 公訴不提起理由의 告知請求權을 갖고(259), 검사의 불기소처분에 대하여 그 검사소속의 고등검찰청에 대응하는 고등법원에 그 당부에 관한 裁定申請을

할 수 있다(260). → 준기소절차

고속교통구역(高速交通區域) 교통의 원활과 차량의 능률적인 운행을 위하여 도로관리청이 지정한 도로의 일정한 구간과 당해 도로의 구간에 沿接하는 경계선으로부터 30미터(도로가 타의 효용을 겸하는 구간에 있어서는 50미터)를 초과하지 않는 범위내의 구역(道 54의2 Ⅰ). 고속교통구역내에서는 도로의 이용자나 토지 또는 건축물 기타 공작물의 소유자 또는 점유자가 그 도로를 이용하거나 건축물 기타의 공작물을 설치함에 있어서 일정한 제한을 받게 된다(54의2 Ⅴ).

고속국도(高速國道) 도로법에 의한 도로의 일종(道 2·11, 高速國道法 2)이나, 노선의 지정, 구조·관리 및 보전 등에 관한 사항은 고속국도법에서 따로 정하고 있다. 자동차교통망의 중추부분을 이루는 중요한 도시를 연결하는 자동차전용의 고속교통에 供하는 도로로서 그 노선의 지정은 대통령령으로 정한다(高速國道法 3). 고속국도의 유지·관리는 건설교통부장관이 행하는 것이 원칙이나(5) 한국도로공사로 하여금 대행하게 할 수 있다(6). 고속국도에는 자동차를 사용하는 방법 이외의 방법으로는 통행하거나 출입할 수 없다(9).

고속철도건설심의위원회(高速鐵道建設審議委員會) 고속철도건설사업의 건축기술·건설기술·교통영향 등에 관한 중요사항을 심의하기 위해 건설교통부에 설치한 委員會로써 심의위원회는 위원장을 포함한 100인 이내의 위원으로 구성하며 위원은 건설교통부장관이 임명 또는 위촉한다(高速鐵道建設促進法 9).

고 시(告示) 행정기관이 국민일반에게 널리 알리기 위하여 일정한 사항을 公告하는 일종의 公告形式(예 : 産業資源部告示).

고 시(考試) 〔英〕examination 〔獨〕Examen 특정한 職位·課程 등이 요구하는 학식·기능 기타의 자격의 유무를 검정하는 시험. 방법에 따라 필기고시·구술고시·실기고시로 나눌 수 있고, 내용에 따라 일정한 자격을 부여하기 위한 자격고시와 특정한 직에 충당하기 위한 임용후보자의 선발을 위하여 행하는 採用考試로 나눌 수 있다. 근자에는 제도상 고시라는 용어보다도 시험이라는 용어가 많이 쓰이고 있다.

고시위원회(考試委員會) 건국당초 당분간은 대통령소속하에 공무원자격의 고시와 전형을 행하는 독립기관으로 존립하였다. 그 후 고시·전형사무가 국무원사무국·국무원사무처·내각사무처에 통합됨에 따라, 당해기관내에 고등고시위원회·보통고시위원회·5급공무원고시위원회를 두었다. 현국가공무원법하에서는 폐지되었고, 그 후신으로 사법시험위원회가 행정자치부에 설치되었다(司法試驗令 10).

고시임용(考試任用) 일정한 고시에 합격하는 것을 임용자격의 요건으로 하는 임용제도. 국가공무원법은 공무원의 임용은 고시에 의함을 원칙으로 한다(國公 26).

고 신(告身) 官職除授의 辭令書. 그 양식과 발급절차의 구별에 의하여 官敎(敎旨)·敎牒이 있고 통틀어 職牒이라고도 칭한다. 唐令에 유래하는 것으로 고려시대에는 職牒이라 칭하고 1품에서 9품까지 告身을 발급한 것이며 文武官員의 銓衡은 이조·병조에서 하였고 臺諫의 署經을 필요로 하였다. 署經이라 함은 현재의 신원조사와 같은 취지의 제도로 이조·병조에서 후보자의 성명과 內外四祖 내지 妻四祖의 명단을 기입하고 사헌부와 사간원에 그 가부의견을 구하고 양사의 관원, 즉 대간은 가계나 경력을 조사하여 痕咎의 유무를 밝히고 없을 때는 서명하여 同意를 표시하였고 痕咎가 있으면 署經을 거부한 것이다. 조선시대의 고신법은 엄격히 집행되었으며, 즉 품계에 따라 1품에서 4품까지는 王旨로 제수하므로 官敎라 칭하고, 5품에서 9품까지는 門下府(門下府 폐지 후는 이조·병조)에서 奉敎하여 제수하므로 이를 敎牒이라 칭하였다. 관교발급에는 臺諫의 署經이 필요없고 敎牒發給에는 서경을 필요조건으로 하였다. 그러나 정종 이후에 官敎無署經에 대한 반대론·찬성론으로 혹은 官敎一式을 주장하고 혹은 署經擴張論을 주장하여 일치를 보지 못한 것인데 성종대 경국대전반포와 동시 문무관의 제수에는 4품 이상은 서경의 필요가 없고 5품 이하는 서경을 요하기로 규정하였다. 또 續大典에는 各道都事, 守令의 初除者는 4품일지라도 서경을 요하기로 규정하였다. 경국대전예전에 告身式을 규정하고 ① 문무관4품 이상의 告身式, ② 동 5품 이하의 告身式, ③ 堂上官妻 告身式, ④ 3품 이하妻 告身式의 4종을 예시하고 있으며, ①과 ③은 官敎로, 告身書序頭에 敎旨라고 쓰고 발급연월일에 施命之寶를 날인한 것이다. ②와 ④는 敎牒으로 서두에 某曹年月日奉이라 쓰고 발급연월일에 該曹의 직인을 押捺하였다. 告身이 관리의 任命辭令狀인 동시에 그 지위가 보장된 것이므로 관리가 죄를 범하여 照律된 경우에는 奪告身 收職牒하여 廢爲庶人한 것이다.

고 아(孤兒) 부양의무자 또는 친권자가 없

는 어린이. 고아로서 보호시설에 수용되어 있는 미성년자에 대하여는 특별시장 또는 도지사가 後見人의 직무를 행할 자를 지정하며(공설의 보호시설인 경우에는 보호시설의 장이 후견인의 직무를 행한다), 또 고아가 아닌 자에 대하여도 법원의 허가를 얻어 후견인을 정할 수 있다(保護施設에 있는 孤兒의 後見職務에 관한 法律 2~3).

고 용(雇傭) 〔羅〕locatio conductio operarum 〔獨〕Dienstvertrag 〔佛〕louage de services, contrat de travail 당사자의 일방(근로자)이 상대방(사용자)에 대하여 勞務를 제공할 것을 약정하고, 상대방이 이에 대하여 보수를 지급할 것을 약정함으로써 성립하는 계약(民 655~663). 諾成·有償·雙務契約. 勞務供給契約의 일종인데, 타인의 노력을 이용하는 계약으로서 가장 중요한 것이고, 자본주의사회에서는 큰 작용을 하였었다. 민법은 고용을 대등한 당사자간의 계약으로 규정하고, 이를 계약자유의 원칙의 지배에 맡기고 있으나, 실제로는 사용자와 근로자의 경제적·사회적 실력의 차이때문에 계약내용은 근로자에게 불리하게 된다. 여기에 공정한 계약내용을 실현하기 위하여, 국가의 노동법적인 규제가 가하여지고, 노동법의 대상으로 되는 계약은 근로계약으로 파악하게 되었다. 고용에 관한 특별법으로서 이해되고 있는 많은 노동관계법 특히 근로기준법은 거의 전부의 고용관계에 관하여 민법의 고용에 관한 규정에 수정을 가하고 있다. 근로기준법의 적용으로부터 제외되는 것은 동거의 친족만을 사용하는 사업과 家事使用人 그리고 상시 4인 이하의 근로자를 사용하는 사업 또는 사업장의 경우이다(勤基 10, 勤基施 1). 동법은 勤勞契約·賃金·勤勞時間 등에 관하여 기준을 규정하고, 동법이 정하는 기준에 미달하는 근로조건을 정하는 근로계약의 효력을 그 부분에 관하여 부정하고 있다(22, 船員 28). 또한 개개의 근로계약의 내용은 단체협약 및 취업규칙에 의해서도 규제를 받는다(勞整 33, 勤基 100, 船員 112). 따라서 오늘날에는 대부분의 雇傭契約은 극히 적은 부분에 관하여만 민법의 규정의 보충적 적용을 받음에 그친다고 할 수 있으며, 그만큼 민법의 고용에 관한 규정은 그 중요성을 상실하였다고 할 수 있다. →근로계약

고용보험(雇傭保險) 실업의 예방, 고용의 촉진 및 근로자의 직업능력의 개발·향상을 도모하고, 국가의 직업지도·직업소개기능을 강화하며, 근로자가 실업한 경우에 생활에 필요한 급여를 실시함으로써 근로자의 생활의 안정과 구직활동을 촉진하여 경제·사회발전에 이바지하기 위한 보험이다.

고용원(雇傭員) 이 개념에는 세 가지 경우가 있다. 첫째는 민법상의 개념이고, 둘째는 노동법상의 개념이며, 셋째는 국가공무원법상의 개념이다. ① 민법상의 고용원은 勞務供給契約에 의하여 상대방(사용자)에게 노무를 제공하는 자를 말하고, ② 노동법상의 고용원은 직업의 종류를 막론하고 賃金·給料 기타 이에 준하는 수입에 의하여 생활하는 자를 말한다. ③ 국가공무원법상의 고용원이란 단순한 노무에 종사하는 공무원을 말한다(雇傭職公務員規程 1). 민법상의 고용에 관하여는 민법 655조 내지 663조의 규정이 적용되나, 현재 민법의 고용규정이 적용되는 경우란 대체로 친족을 사용하는 사업과 家事使用人에 한하고, 일반의 근로자에 대하여는 근로기준법이 적용되고 민법의 규정은 보충적인 것에 불과하다. 따라서 현재에 있어서 민법상의 고용규정은 그 중요성을 상실하였다. 한편 국가공무원법상의 고용인은 전2자와는 그 성격이 다른바, 이는 국가공무원법이 정하는(2 Ⅲ iv) 고용직공무원의 신분을 가진다는데 있다.

고유관할(固有管轄) 법률이 고정적·무조건적으로 인정한 본래의 土地管轄 및 事物管轄. 현실의 관할은 관련사건의 관할 및 裁定管轄에 의하여 수정을 받는다. 사건에 관하여 고유관할이 있는 법원은 본래 관할권이 없는 관련사건도 관할할 수 있다. 민사소송법에서는 獨立裁判籍이라 불리우는 경우도 있다.

고유권(固有權) 〔羅〕iura singulorum, iura quaesta 〔獨〕Sonderrecht, Einzelrecht 사원이 사원자격을 기초로 하여 社團에 대하여서 가지는 권리 중에서, 그 사원의 동의없이는 정관의 규정 또는 총회의 결의로써도 빼앗을 수 없는 권리. 非營利法人이라든가 公法人 등에 관하여서도 문제가 되지만, 특히 주식회사의 주주의 고유권이 문제로 된다. 그것은 주식회사가 하나의 사단으로서, 주주로부터 독립한 존재이면서도, 결국은 각 사원이 이기적·개인주의적 이익추구의 수단으로서 존재하는 것이기 때문이다. 주식회사가 개개의 주주로부터 독립한 사단으로서, 그 사단의 의사가 다수결의 원리에 의하여 결정되는 이상, 다수자의 의사가 사단의 의사로서 소수의 주주의 의사에 대립하여 그것을 지배하는 것은 불가피하다. 그러나 주식회사에서는 개개의 주주가 사단의 구성원이 된 목적인 이익까지도 다수결로 부인할 수는 없는 것이다. 따라서 固有權理論은 사원의 본질적 이익을 보호하기 위한 다수결원칙의 한계의 문제이다. 그리고 그와 같은 고유권이란 무엇이냐에 관하여는 학설이 갈려져 있지만, 결국 주식회사의 본질과 법률의 규정에 의하

여 결정하는 수밖에 없다. 일반적으로 共益權 중에서 의결권은 다수결의 논리적 전제로서 법정의 경우 이외에는 빼앗을 수 없으며, 그 밖의 것도, 법이 소수주주를 보호하기 위하여 그것을 보장하고 있는 것으로 인정하여야 할 것이므로, 정관에 의하여 자치적으로 다룰 것을 법정하고 있는 것 이외에는 빼앗을 수 없다. 自益權도 營利法人이라는 회사의 본질상 일반적으로 빼앗을 수 없는 권리라고 하여야 할 것이다. 利益配當請求權과 殘餘財産分配請求權에 관하여는, 그 양자를 모두 빼앗을 수는 없으나, 어느 하나만을 빼앗는 것은 무방하다고 하는 설이 많다. 그러나 일반적으로 미리 이익배당청구권을 배제 또는 정지할 수는 없다고 하여야 할 것이다. 하여튼 무엇이 빼앗을 수 없는 권리인가의 문제의 대부분은 실정법으로 해결되어 있으므로 固有權理論이 가지는 실익은 그다지 크지 않다.

고유금고제도(固有金庫制度) → 금고

고유기간(固有期間) 〔獨〕 eigentliche Frist 행위기간 가운데서 당사자 기타 소송관계인의 소송행위에 관하여 정하여진 것(예 : 民訴 55, 88, 110 Ⅰ, 231, 247 Ⅱ, 256, 358, 366, 395, 397, 398 Ⅱ, 414 Ⅱ, 420 Ⅱ, 426 등). 직무기간에 대립하는 의미로 사용된다. 고유기간은 또 眞正期間이라고도 한다. 직무기간의 준수가 훈시적인 것임에 반하여, 고유기간의 懈怠는 원칙적으로 실권의 효과를 발생한다.

고유법(固有法) 〔獨〕 heimisches Recht 특정의 국가·민족의 오랜 역사적 경과 속에서 風俗·慣習 등에 기하여 자연적으로 발달 준수되어 온 법. 繼受法에 대한 말(→ 법의 계수). 양자는 그 연혁에 있어서 다를 뿐이고 현사회에 있어서의 타당성에는 차이가 없고, 연구 및 해석상에 상위가 있음에 불과하다. 무릇 법은 사회의 진전과 상반하여야 하는 것이므로, 발생에 있어서 고유한 것이 반드시 해석상 중시되어야 한다고는 할 수 없다. 단체주의적인 독일고유법은 계수된 로마법의 개인주의적 색채와 현저한 대조를 이루고 있었는데, 독일인이 고유법에 대하여 품고 있었던 향수는 슈미트(C. Schmitt)의 구체적 질서의 사상 등을 통하여, 나치즘 대두의 하나의 심리적 기반으로 되었다고 할 수 있다.

고유사무(固有事務) 특별시·광역시·도·시·군 등의 지방자치단체가 그의 존립의 목적을 달성하기 위하여 행하는 사무. 헌법 117조에 규정된 주민의 복리에 관한 사무 또는 지방자치법 9조에 규정된 관할구역의 自治事務가 바로 고유사무를 가리키고 있다. 委任事務에 대응한 관념이다. 지방자치단체는 지방에 있어서의 공공의 복리의 증진을 그의 존립목적으로 하는 것인바, 그 목적을 달성하기 위해서 행하는 각종의 사업(상하수도·교통·오물처리)의 경영 또는 시설(병원·학교·시장)의 관리에 관한 사무가 여기서 말하는 固有事務의 本體를 이룬다. 그러나 그 밖에도 그 본래의 목적을 달성하기 위해 필요한 단체의 조직에 관한 사무 및 재무에 관한 사무 등을 포함해서 고유사무라고 부른다. 지방자치단체는 법률상 국가 또는 다른 자치단체의 專權에 속한 것을 제외하고서는 임의로 그의 주민의 복리를 위해 필요한 각종의 사무를 행할 수 있다. 이것을 任意 또는 隨意事務라고 한다. 그러나 때로 지방자치단체는 법률상 어떤 종류의 사무를 행할 것이 의무로 되어 있는 경우도 있다. 예를 들면 초·중등교육법에 의해 의무 지워지고 있는 초등학교·중학교의 설치·관리가 그것이다. 이와 같은 사무를 전자에 대응해서 필요사무라고 한다. 앞서 지방자치단체는 고유사무, 즉 주민의 복리에 관한 사무의 처리를 그의 존립목적으로 하고 있다고 말했는 데도 불구하고, 지금 우리나라의 실정은 대부분의 지방자치단체가 무엇보다 재력의 부족 기타의 이유로 실제에 있어서는 거의 위임사무만을 담당하고 있는 것이 사실이다. 이와 같은 사정은 하급지방자치단체일수록 심하다. 5·16 이후 최하급 지방자치단체인 읍·면을 폐지하고 그것들을 포괄한 군을 자치단체로 만든 근본이유의 하나도 지방자치단체를 명실상부한 주민자치단체로 만들어 보려고 하는 데에 있다. → 위임사무, 공공사무, 수의사무, 필요사무

고유(固有)의 상(商) 商을 발생적으로 고찰하는 경우에, 第一義的인 것으로 생각되는 개념. 경제상의 商이라고도 한다. 생산자와 소비자간의 재화의 매개를 목적으로 하는 영리행위, 즉 소위 投機賣買(商 46 i)가 이것이다.

고유(固有)의 상인(商人) → 당연상인

고유재산(固有財産) 相續·讓渡 등으로 인하여 취득한 재산이 그 청산·보관 기타의 특정목적을 위하여 그 사람이 본래 가지고 있던 재산과는 구별하여 관리되어야 할 경우에, 그 본래의 재산을 고유재산이라 한다. 상속재산에 대한 상속인의 고유재산, 신탁재산에 대한 수탁자의 고유재산 등이 그 예이다. 상속인의 고유재산이 채무초과인 경우에는 상속채권자는 법원에 대하여 상속재산과 상속인의 고유재산과를 분리할 것을 청구할 수 있다(民 1045). → 재산분리

고유재산(固有財產)**에 대하는 것과 동일**(同一)**한 주의**(注意) 자기재산에 대하는 것과 동일한 주의, 자기를 위하여 하는 것과 동일한 주의와 같다. 민법(1022, 1040, 1048 등)이 相續人의 注意義務에 관하여 자기의 재산이라 하지 않고 이 말을 사용하는 것은 이러한 경우 상속재산이 상속인에게 귀속하고 있기 때문이다. → 고유재산

고유필요적 공동소송(固有必要的共同訴訟) 소송물인 법률관계가 성질상 여러 사람에 合一하여서만 확정될 수 있고 또한 그 여러 사람이 공동으로 소송을 제기하고, 또 소를 제기당한 때에, 비로소 당사자적격을 가지는 공동소송. 眞正必要的 共同訴訟이라고도 하며, 유사 또는 不眞正必要的 共同訴訟에 대립한다(→ 필요적 공동소송). 조합재산에 관한 소송, 공동광업권에 관한 소송, 부부를 공동피고로 하는 혼인무효의 심판청구, 公有物分割의 訴 등이 그 예이다.

고유(固有)**한 의미**(意味)**의 헌법**(憲法) 〔獨〕 Verfassung im eigentlichen Sinne 국가의 조직과 작용에 관한 기초법(根本法 또는 基本法). 이 의미에서의 헌법은 국가개념에 필연적으로 수반하는 것이며, 이를 가지지 아니하는 국가는 상상할 수 없다는 의미에서, 이를 고유의 의미의 헌법이라 한다. → 입헌주의적 의미의 헌법

고 음(侤音) 侤는 韓國造字이며 고음은 다짐의 吏讀이다. 고음의 법령상 용어는 민간이 관부에 제출하는 誓約書나 受書이며, 형사법상은 죄인이 범죄사실을 자백한 문서이다. 자백은 규문주의 하에서는 證據의 王이었던 것과 같이 우리나라에서도 단죄의 기초로 삼았고 자백을 받기 위하여 고문이 허락되었던 것이며 자백을 承款·遲晩·自服 또는 承服이라 하고, 자백을 받는 것을 取服이라 한 것이다. 민형사의 구별이 없던 옛날에는 원고의 제소한 所志에 대하여 被告(隻人)가 출정하여 공술한 답변도 이를 고음이라 한 것이고 被告答辯에 대한 원고의 주장도 경우에 따라 고음이라 한 것이다. 政要抄聽公式에 歸農停訟時, 依文, 元隻同封踏印捧侤音, 庫上, 待秋更決이라 한 것을 보면 停訟에 있어 소송기록을 원·피고가 同封踏印하고 고음을 받는다고 하고 있다.

고 의(故意) 〔羅〕 dolus 〔英〕 intention 〔獨〕 Vorsatz 〔佛〕 intention [1] 형법상 과실과 더불어, 행위자에게 책임(→ 형사책임)을 지우기 위한 조건(책임조건)의 하나. 犯意라고도 한다. 형법은 법률에 특별한 규정이 없는 한, 고의의 행위만을 벌한다(13 참조). 고의의 요건으로서는 먼저 범죄사실의 인식이 요구된다. 범죄사실(구성요건에 해당하는 외부적·객관적 사실)의 인식이 있으면 족하므로, 구성요건에 속하지 않는 책임능력이나 객관적 처벌조건의 존재를 인식할 필요는 없다. 사실의 인식에 착오가 있으면, 고의가 조각되는 경우가 있다(→ 사실의 착오). 그리고 사실의 인식에 관하여 범죄사실을 표상(인식)하는 것만으로 족하다는 설(表象說·認識說)과 犯罪事實을 意欲(희망)하는 것이 필요하다는 설(意思說·希望說)이 대립한다. 통설은, 그 중간을 취하여 범죄사실을 表象하고 이를 認容하면 족하며 의욕까지 할 필요는 없다고 한다(認容說, → 미필적 고의). 고의의 요건으로서, 다음으로 위법성의 의식이 필요하냐에 관하여는 학설이 갈라져 있다(→ 위법성의 의식). 고의의 제3의 요건으로서, 期待可能性을 드는 입장도 있다. 고의의 종류로서는 확정적 고의와 불확정적 고의가 있고, 후자는 다시 槪括的 故意·擇一的 故意·未必的 故意로 나누어진다. 그리고 근자에 고의의 심리적 요소(제1요건)만을 고의(사실적 고의)라고 보아, 이를 構成要件(的 行爲)의 주관적 요소 내지 주관적 불법요소라고 하는 견해가 유력해지고 있다(→ 목적적 행위론). 또 고의는 책임요소인 동시에 有責類型으로서의 구성요건의 요소이기도 하다는 입장도 있다.

[2] 私法上도 刑法과 마찬가지로, 자기의 행위가 일정한 결과를 낳을 것을 인식하고 또 이 결과의 발생을 認容하는 것을 말한다. 過失에 대하는 말. 그러나 사법상 고의는 책임을 발생시키는 조건으로서 과실과 동일하게 취급받는 일이 많고(民 390, 750), 법문상에도 과실이란 말이 고의를 포함하는 수가 적지 않다. 따라서 사법상은 고의와 과실의 개념상의 구별에 관하여 형법과 같이 크게 논의할 실익이 적다. 형법에서는 형벌의 목적을 어떻게 해석하는 학설에 있어서도 범인의 주관에 중점을 둠에 반하여, 사법에서는 생긴 결과의 塡補에 중점을 두고 행위자의 주관에 중점을 두지 않기 때문에 생기는 차이이다.

고의설(故意說) 〔獨〕 Vorsatztheorie 위법성의 의식을 고의의 요건이라고 보는 설. 따라서 위법성의 의식을 결하는 경우(즉, 금지(법률)의 착오가 있는 경우)에는, 고의가 조각되고 단지 過失犯(법률의 과실)만이 문제가 된다. 責任說에 대한다. 이 설은 違法意識必要說과 동일하며, 이를 특히 嚴格故意說(strenge Vorsatztheorie)이라고 한다. 이에 대하여, 고의설의 입장이면서, 행위의 위법성에 관한 행위자의 착오가 법과 불법에 관한 건전한 견해와 일치하지 않는 행위자의 태도에 기하

고 이로부터 행위자를 비난할 수 있는 때에는 그 錯誤는 고려되지 않으며 故意行爲者와 동일하게 처벌되어야 한다고 주장하는 메츠거의 法背反性(Rechtsfeindschaft)—처음에는 法盲目性(Rechtsblindheit)이라는 용어를 썼다—의 理論(→행상책임)을, 특히 制限的 故意說(eingeschränkte Vorsatztheorie)이라고 부른다. 그리고 위법성의 意識可能性을 고의의 요건이라고 보는 설(가능성설)을 制限的 故意說이라고 하는 입장이 일본과 우리나라에 있으나, 독일에서는 가능성설을 책임설 속에 넣고 있다. 참고로 故意說·責任說의 용어는 벨첼이 처음으로 사용하였다고 한다. →위법성의 의식, 착오

고의(故意)**있는 도구**(道具) 〔獨〕 doloses Werkzeug →목적없는 고의있는 도구, 신분없는 고의있는 도구

고입계약(雇入契約) 선원이 특정선박에 승선하여 노무에 종사할 것을 정하는 계약. 乘船契約이라고도 하여 선원에 관한 근로계약인바 선박소유자와의 사이에 일반적인 고용계약이 체결되고, 다시 구체적으로 雇入契約이 체결되는 것이 통례이다. 선원법은 이 고입계약을 중심으로 하여 선원의 근로기준을 특별히 정하는 외에 해상근로의 특수성에 의거하여 고입계약의 내용에 관한 행정관청의 공인, 고입계약의 종료에 관한 특별한 취급 및 그 경우에 있어서의 선원의 送還手當 등에 관하여 특별히 규정하고 있다(船員 42 이하).

고 자(庫子) 창고를 지키던 하급관리. 창고직이 중에 곡식을 훔치는 일이 생긴 때에는 그 곡식량에 따라 죄를 받게 되었다. 즉 70석 이상의 횡령을 할 때에는 그 곡식량에 따라 그 관리는 파직되고 고자는 孤島의 종이 되며, 아전은 곤장 100대, 유배 3천리이고, 140석 이상의 경우는 고자에게 대하는 곤장 100대, 유배 3천리이며, 15석 미만인 때에는 관할한 관청에서 처리하였다.

고장부선하증권(故障附船荷證券) 운송의 목적으로 本船에 적재된 하물이 이미 손상하였거나 또는 그 포장이 파손되어 있는 경우, 그 밖에 선주의 책임에 영향을 끼치는 사고가 선적 전에 발생되었을 경우에 선주가 후일의 책임을 면하기 위하여 특히 그 뜻을 부기하여 발행하는 선하증권. 摘要附船荷證券이라고도 한다.

고장(故障)**의 신청**(申請) 〔獨〕 Einspruch 구민사소송법이 인정한 결석판결에 대한 불복신청의 방법(舊民訴 255). 동일심급에서 對席判決을 구하는 신청이란 점에서 상소와 다르다. 이로써 결석판결의 확정은 차단되고(260), 소송은 그 전의 정도로 복귀한다. 현행법은 결석판결을 폐지하였으므로 고장의 신청도 그 존재를 상실하였다.

고 적(古蹟) 貝塚·古墳·寺址·城址·窯址 기타. →사적

고전학파(古典學派) 구파와 같다.

고전학파(古典學派)**와 근대학파**(近代學派)**의 학파논쟁**(學派論爭) 고전학파와 근대학파의 논쟁은 독일에서 전개되어 외국에도 영향을 미쳤다. 독일에 있어서 양 학파의 논쟁은 1882년 리스트가 마르부르크에서 目的思想을 발표함으로써 시작되어 대체로 1930년대 중반까지 계속되었다. 리스트의 새로운 견해는 찬반양론을 불러 일으키면서 리스트를 중심으로 한 近代學派와 빈딩, 비르크마이어 등을 중심으로 한 古典學派 사이의 논쟁을 유발시켰고, 그 중 20세기 초에 있었던 리스트와 비르크마이어의 논쟁은 유명하다. 이 양 학파의 기본입장은 구체적으로 意思自由論과 因果的 決定論, 應報와 豫防, 一般豫防과 特別豫防의 관점으로 대립되지만, 이들 학파논쟁의 핵심문제는 19세기의 개인주의적·자유주의적 법치국가와 20세기의 사회적 법치국가의 미성숙한 이론의 대립 속에서 근대학파의 주장이 결국 19세기에 값비싼 대가를 치르고 쟁취한 자유주의적 법치국가를 희생시키고 警察國家의 재현을 몰고 올 위험성이 있지 않은가 하는 점이었다. 그러나 사회변동과 더불어 累犯·常習犯의 급증과 같은 범죄현상에 대한 심각한 우려가 현실적으로 강조되면서 이 학파논쟁은 서서히 둔화되어 그 절충의 필요성이 양쪽 입장에서 서로 인식되기에 이르렀다. 이 학파논쟁은 19세기 말부터 20세기를 지나 독일에서는 1933년 나치 집권까지 한 세대를 걸쳐 계속된 오랜 논쟁으로서 일본을 거쳐 우리나라의 형법학에도 그 殘影이 인상깊게 전해진 것이 사실이다. 실제로 이 논쟁을 통해 형법개정의 논의에서 풍부한 이론들이 많이 제시되었고, 이를 통해 형법학의 발전에 기여한 바가 전혀 없었던 것은 아니다. 그러나 형벌이론에 대한 結合說과 범죄이론에 있어서 客觀主義와 主觀主義의 절충은 고전학파와 근대학파 사이의 논쟁에 관하여도 어느 학파의 주장이 절대적으로 타당하다는 결론을 내릴 수 없음을 명백하게 하여 주며, 이러한 의미에서 刑法學派의 논쟁은 역사적 의미를 가질 뿐이다.

고정공채(固定公債) 차년도 이후에 걸치는 장기의 공채. →국채, 지방채

고정부채(固定負債) 〔英〕 fixed liabilities 사채·장기차입금과 같이 통상 지급기한이 1년 이상의 장기에 걸치는 부채. 유동부채에 대하는 것으로 재무제표규칙상 이와 구별하여 기재함을 요한다(91~96).

고정성배열법(固定性配列法) 〔英〕 capital arrangement 대차대조표작성의 경우에 있어서 고정성의 사물을 먼저 작성하는 배열법인바 流動性配列法(current arrangement)에 대하여 쓰인다.

고정식당선상수법(固定式當選商數法) 比例代表制에 있어서 當選點算出法의 일종. 헤어(Hare)식·드롭(Drop)식·하겐바하·비쇼프(Hagenbach·Bischoff)식·돈트(d'Hondt)식 등의 여러 방법에 의한 번잡한 계산(각 선거구의 정원수에 얽매임) 방법을 지양하고 미리 정원수를 규정하지 않고 반대로 당선점을 고정하는 방법. 바이마르헌법하의 선거법이 그 일례(각 정당은 6만의 득표에 대해 1개의 의석을 할당). 이 방법에 의하면 有權者數의 변동·棄權數의 다소·端數의 상황 등에 의해서 의원수는 선거 때마다 동일하지 않다. 절차가 간단하고 이론이 명료할 뿐 아니라 전국적으로 일정한 것이어서 각 선거구간에 불공평을 제거할 수 있는 장점이 있다. 일명 自動式固定當選點이라 한다.

고정자산(固定資産) 수익의 원천으로서 기업내에 영속적으로 편입되어 있는 재산. 土地·工場·機械 등. 유동자산에 대한 말로서 평가방법의 차이에 구별의 의의가 있다. 고정자산은 일정기간이 경과한 뒤에는 노후하여 없어질 것이므로 그것의 磨滅의 정도에 따라 그때 그때 상당한 감손액을 償却하여야 한다. 그래서 상법은 영업용의 고정재산에 관하여는 그 취득가액 또는 제작가액으로부터 상당한 감손액을 공제한 가액을 기재하여야 한다고 하였으므로(商 31 ii), 만일 상당한 감가상각을 한 가액이 시가보다 높더라도 이 가액을 붙이는 것은 무방하나 시가보다 낮은 경우에 시가를 기재하는 것은 허용되지 않는다. 주식회사·유한회사에 있어서는 예측하지 못한 감손이 생긴 때에는 그 액을 공제하여야 한다(583).

고정자산과세대장(固定資産課稅臺帳) 고정자산의 상황 및 고정자산세의 과세표준인 고정자산의 가격을 명백히 하기 위하여 시·군에 갖추어 두는 대장(地稅 196). 이 대장에는 건축물과세대장, 항공기과세대장, 선박과세대장 등의 3가지가 있다(180 vii).

고정자산세(固定資産稅) 고정자산(토지·가옥 및 상각자산)에 부과되는 물세. 본세의 실체는 地稅 및 가옥세를 중심으로 하여 이에 상각자산을 과세물건으로 하는 물세를 가한 것.

고정주의(固定主義) 파산선고 당시 채무자의 소유인 재산만으로써 파산재단을 구성시키는 주의. 이를 非膨脹主義라고도 한다. 이에 대하여 膨脹主義는 파산선고 당시의 재산뿐 아니라 파산자가 파산절차중에 취득한 재산도 파산재단에 흡수되는 주의이다. 현행법은 독일법에 따라서 후자의 고정주의를 채택하고 있다. 고정주의를 채택할 때, 재단의 범위는 선고시에 확정되므로 파산절차를 간이·신속히 종료시키고, 新得財產은 신채권자의 변제의 자금이 되고, 파산자는 그 파산절차중에 있어서도 신사업을 개시하여 경제활동을 할 수 있을 뿐 아니라, 그 근로를 장려하여 생활의 자료를 얻을 수 있다. 그리고 고정주의를 채택하면 제2파산을 인정하지 않으면 안된다.

고정처리(苦情處理) → 고충민원

고정협정병용제(固定協定併用制) 관세율에 있어서 고정세율과 협정세율을 병용하는 제도. 일체의 품목에 대하여 국정세율을 우선 정하여 놓고 그 중에서 상대국과의 협정을 필요로 하는 품목에 대하여는 협정에 따라 특별세율을 정한다.

고조선(古朝鮮)**의 팔조법**(八條法) 고조선, 특히 원시 조선사회에 있어서의 사회의 안녕질서를 유지하는 不文條約으로서 재래에는 이것을 箕子의 8조교라 하였으나 학자의 새로운 연구에 의하면 기자와는 전혀 관계가 없는 고조선 고유의 관습이라고 한다. 또 그것이 東夷民族 또는 고대 인류사회에 공통된 이른바 萬民法(ius gentium)的 성질을 가진 것이라고 판명되었다. 이 8조법의 내용은 살인(생명), 상해(신체), 偸盜(재산), 금강(정조) 등에 관한 금약이다.

고 지(告知) [1] 소송법상 告知(Bekanntgabe)라 함은 결정 또는 명령을 알리는 것(民訴 207, 刑訴 38 但). 판결을 알리는 宣告와 구별된다. 결정 또는 명령은 고지에 의하여 성립하고 그 효력을 발생한다. 민사소송법상 고지는 상당한 방법에 의하면 되고, 법원사무관 등은 고지의 방법·장소와 연월일을 재판의 원본에 부기하고 이에 날인하여야 한다(民訴 207 Ⅰ·Ⅱ). 형사소송법상 고지는 재판장이 하고(刑訴 43), 재판서를 작성하지 아니하고 調書에만 기재하여 할 수 있다(38 但).

[2] 소송의 고지에 관하여는 訴訟告知를 보라.

[3] 〔獨〕 Kündigung 〔佛〕 résiliation 구민법하에서 해지의 통고의 의미로 쓰인 말.

고지기간(告知期間) 〔獨〕 Kündigungsfrist 해지고지의 의사표시가 있은 후 그것으로 인하여 繼續的 債權關係의 해소라는 효력이 발생할 때까지 경과함을 요하는 일정한 기간. 예컨대 기간이 정해져 있지 않은 건물의 임대차계약에 있어서의 해지청탁은 6개월전에 하지 않으면 안된다(民 635). 그 6개월간을 豫告期間이라고 하는 경우가 많다. 또한 불가피한 사유가 있는 경우에는 그 기간의 경과를 기다리지 않고 채권관계를 소멸시킬 수 있다.

고지서(告知書) 행정관청 또는 법원으로부터 어떤 사실을 특정인에게 告知하는 서면을 말한다. 예컨대 납세고지서와 같은 것이다.

고지수당(告知手當) 고용계약이 종료하는 특정한 경우에 선박소유자로부터 海員에게 지급되는 수당. 선박소유자가 법정의 고지사유 이외의 부득이한 사유로 해원을 해고하였을 때, 특정한 법정사유를 이유로 해원이 고지를 청구하였을 때, 기간의 약정이 없는 계약을 선박소유자가 해제하였을 때, 선박소유자의 변경이 있는 경우에 있어서 해원이 계약을 해제했을 때 등에 20일분의 봉급과 동액의 고지수당(퇴직수당)이 지급된다(船員 51).

고지의무(告知義務) 〔英〕 duty to disclose material facts 〔獨〕 Anzeigepflicht 〔佛〕 obligation à déclarer 보험계약 당시에 보험계약자 또는 피보험자가 보험자에 대하여 중요한 사항을 고하지 아니하거나 중요한 사항에 대하여 부실한 告知를 하여서는 아니된다는 의무. 고지의무에 위반하여 체결된 계약에 대하여서는 보험자는 일정기간내에 해지할 수 있으며, 이미 지급한 보험금은 반환을 청구할 수 있다(商 651, 655). 보험계약자 등의 다른 의무(통지의무 내지 보험료지급 의무 등)가 계약체결로 인하여 생긴 의무임에 반하여, 고지의무는 계약성립의 전제로서의 요건에 불과하므로 순수한 의무가 아니고 이른바 間接義務에 속하여서, 보험자는 이를 강요할 권리가 있는 것이 아니며 따라서 이에 위반하여도 손해배상을 청구할 수 없고, 다만 계약을 해지할 수 있을 뿐이다. 중요한 사항이라 함은 위험측정에 관하여 보험자가 이를 알았으면 계약을 체결하지 아니하였던가, 적어도 동일한 조건으로는 이를 체결하지 아니하였으리라고 객관적으로 생각되는 사정이다(예 : 생명보험에서 위암·결핵·뇌일혈의 기왕증, 화재보험에서 소방시설이 불비한 지역·화약고·草茸 등). 중요사항의 범위는 보험회사가 발행하는 보험청약서의 질문란(질문표)에 의함이 실제의 관행이다. 이 제도의 사회적 이유는 보험자로 하여금 다수가입자의 위험을 종합평균화하기 위한 위험의 선택을 신중히 함으로써 불량보험의 침입을 방지함에 있으나(위험측정설 또는 기술설) 그 맹점은 保險者와 告知義務者의 이해가 상반함에 있다. 그러나 보험기술의 현황으로는 상대방에게 이같은 선의를 요구하는 수밖에 없을 것이다(善意契約).

고지제도(告知制度) 행정청이 행정처분을 서면으로 하는 경우에는 그 상대방에게 처분에 관하여 行政審判을 제기할 수 있는지의 여부, 제기하는 경우의 裁決廳·경유절차·청구기간을 알려 주도록 하거나(職權告知), 또는 이해관계인으로부터 이러한 사항을 알려줄 것을 요구받은 때에는 서면으로 알려주는(請求告知) 제도를 말한다.

고지참가(告知參加) 소송당사자의 일방의 고지에 기하여 제3자가 그 소송에 참가하는 것. 일본구민사소송법에서는 訴訟告知의 상대방은 보조참가할 수 있는 제3자에 한정하였으므로, 강학상 특히 고지참가라 칭하여 이를 참가의 일종으로 하였으나, 우리 민사소송법에서는 비단 보조참가할 수 있는 제3자뿐만 아니라, 당사자는 참가할 수 있는 제3자에 대해서까지 고지할 수 있으므로(民訴 77), 이 개념을 인정할 필요가 없다. →소송고지

고참권(古參權) 선임권과 같다.

고참제(古參制) →선임권

고 척(考尺) 조선시대에 있어서의 납세에 대한 府의 영수증.

고충민원(苦衷民願) 행정기관의 위법·부당하거나 소극적인 行政行爲(사실행위·부작위 포함) 및 불합리한 행정제도로 인하여 국민의 권리를 침해하거나 국민에게 불편·부담을 주는 사항에 관한 민원을 말한다(民怨事務處理에 관한 法律 2 iii).

고충심사(苦衷審査) 공무원이 근무조건 또는 인사관리 기타 신상문제에 대하여 인사상담이나 고충의 심사를 중앙인사관장기관의 장, 任用權者 또는 任用提請權者에게 청구하는 것을 말한다. 공무원의 지위의 특수성으로 인하여 공무원에 대하여는 勤勞 三權을 인정하지 아니하기 때문에, 그에 갈음하여 고충처리제도로서 고충심사를 인정한 것이라고 할 수 있다.

곡물조례(穀物條例) 〔英〕 corn law 국내농업의 보호와 식량확보 등을 위하여 곡물의 수출·입을 조정하는 모든 법률. 이는 15~19세기 중엽에 제정하여 시행하였다. 특히 나폴레옹 전쟁 후

(1815), 대지주계급인 귀족부호의 요구에 따라 국내생산 穀物의 價格維持를 위하여 제정하였으나 근로자 또는 자본가의 반대운동의 전개에 의하여 폐지되었다(1846).

골데네 불레 〔獨〕 Goldene Bulle →황금문서

골재채취업(骨材採取業) 하천·산림·공유수면 기타 지상·지하 등에 부존되어 있는 암석(碎石用에 한한다)·모래 또는 자갈 등을 채취(選別·洗滌·破碎를 포함한다)하는 사업으로 국가 또는 지방자치단체가 골재를 취급하는 경우와 국가 또는 지방자치단체가 시행하는 공사를 都給받은 자가 당해 공사에 소요되는 골재를 채취하는 경우는 제외한다(骨材採取法 2 ii). 골재채취업을 영위하고자 하는 자는 주된 사무소의 소재지를 관할하는 시·도지사에게 등록하여야 한다(14 I). 골재를 채취하고자 하는 자는 대통령령이 정하는 바에 의하여 관할 시장·군수 또는 구청장의 허가를 받아야 한다(22 I).

공 가(公暇) 공무원이 병역검사·소집·소환·법정투표의 참가·교통차단 또는 公務傷痍 등으로 출근하지 못할 때에 소속 관서의 장이 허가하는 휴가.

공가보험(空家保險) 임대하여야 할 가옥에 세드는 사람이 없기 때문에 家主에게 발생하는 손해를 전보함을 목적으로 하는 보험.

공갈죄(恐喝罪) 〔獨〕 Erpressung 〔佛〕 chantage 사람을 공갈하여 재물의 교부를 받거나 재산상의 이익을 취득하거나 또는 제3자로 하여금 재물의 교부를 받게 하거나 재산상의 이익을 취득하게 하는 죄(刑 350). 본죄는 財物罪인 동시에 利益罪이고 領得罪인 동시에 利益罪이며, 또한 갈취죄이다. 常習恐喝(351)의 경우에는 형이 가중된다. 본죄의 보호법익은 재산권 및 자유이다. 재물은 동산·부동산을 불문하며, 재산상의 이익이란 채무의 면제, 노무의 제공 등을 말한다. 공갈이란 재물 또는 재산상의 이익을 공여하게 하는 수단으로서 행하여지는 脅迫(넓은 의미)을 말한다(→협박). 강도죄의 수단으로서의 협박과는 달리 상대방의 반항을 억압하지 않는 정도의 것을 의미한다. 협박의 내용인 해악의 종류에는 제한이 없으며, 통고된 사실의 진위, 실현가능성의 유무를 불문한다. 또 해악의 통고는 명시적임을 요하지 않으며, 자기의 性行·경력·지위 등의 위세의 이용도 공갈의 수단으로 될 수 있다. 害惡通告의 상대방은 피공갈자 또는 그 친족에 한하지 않으며, 또 제3자에 의한 가해행위를 통고하는 것도 무방하다. 폭행도 공갈의 한 방법이다. 공갈행위에 의하여 상대방이 공포심을 일으킨 결과로 하자있는 의사에 기하여 재물의 교부 기타의 재산적 처분을 하였음을 필요로 하며(따라서 인과관계가 없으면 미수가 된다), 재산상의 피해자와 피공갈자가 반드시 동일인임을 요하지 않는다. 그리고 본죄의 성립에는 피해자에게 재산상의 손해가 발생하였음을 요하지 않는다. 재물의 교부를 받거나 재산상의 이익을 취득할 정당한 권리가 있는 경우에는, 단지 그 수단인 공갈에 관하여 협박죄 또는 폭행죄가 문제가 될 뿐이다. 미수범은 처벌한다(352). 親族相盜例의 준용이 있다(354).

공개매매(公開賣買) 〔英〕 public sale 일정한 장소, 일정한 시일에 최고의 賣價를 붙이는 자에게 판매하는 경매거래가 정기적으로 행해지는 경매시장에 있어서의 매매거래를 말한다.

공개법인(公開法人) 세법상 용어. 주식을 증권거래소에 상장하고 있거나 모집설립 또는 공모증자한 내국법인으로서 특정사업연도개시일로부터 그 사업연도종료일까지 계속하여 주주의 1인과 그와 특수관계에 있는 자의 소유주식이 발행총주식수의 100분의 51 이하, 少額株主(발행총주식수의 1% 미만을 소유한 주주)의 총소유주식수가 정부소유주식수와 외국인소유주식수를 제외한 발행총소유주식수의 100분의 40 이상, 소액주주수가 300인 이상(은행 등 주식인수기구가 인수·보유하는 경우 제외)의 각 요건을 갖춘 것을 말한다(舊法人稅法 22 II). 公開法人에 대하여는 저율의 差等稅率을 준용한다(22 II).

공개시장정책(公開市場政策) 〔英〕 open market operation 일반 시장정책이라고도 하는 바 중앙은행이 적극적으로 금융시장에 진출하여 은행 이외의 일반 상공업자와 거래함으로써 金融統制의 목적을 이룩하려는 수단을 가리킨다. 중앙은행이 금융을 통제하는 수단은 金利政策인 바 공정이자를 올리고 낮추는 것에 의하여 시장의 금리를 좌우한다. 중앙은행은 금리를 낮추려고 할 때에는 공채·어음을 사들여 시장의 자금을 풍부히 하고 한편 올리려고 할 때에는 이것을 다시 팔아버리는 것이 상례이다.

공개외교(公開外交) 〔英〕 open diplomacy 공개적으로 행하는 외교. 秘密外交에 대하는 말. 외교교섭의 성과인 조약은 물론 외교교섭을 공개하고 방청을 허용하며 교섭의 과정을 발표한다. 비밀외교의 폐해에 대하여, 제1차대전중부터 공개

외교의 필요성이 역설되어 國際聯盟規約(18) 및 國際聯合憲章(102)은 조약의 등록규정을 두었다. → 비밀외교, 조약의 등록

공개(公開)**의 청문**(聽聞) →청문

공개재판(公開裁判) 소송관계인 이외의 일반국민이 방청·보도할 수 있는 상태로 행해지는 재판. 헌법은 재판의 심리와 판결은 공개한다(109)라고 규정하고, 특히 27조 3항에서는 刑事被告人은 상당한 이유가 없는 한 지체없이 공개재판을 받을 권리를 가진다라고 하여 형사피고인의 인권존중을 위한 공개재판을 규정하고 있다. 자의적인 비밀재판에 대해 국민의 권리를 수호하고 裁判의 公正을 유지하기 위하여 탄생한 민주주의적 재판원칙의 하나이다.

공개정지(公開停止) 재산의 對審 또는 판결은 공개하는 것이 원칙이나 간혹 이를 정지하는 일이 있다. 그러나 판결의 언도는 언제나 공개함을 요한다.

공개주의(公開主義) 〔英〕public trial 〔獨〕Öffentlichkeitsprinzip 〔佛〕principe de la publicité 소송의 심판(변론 및 재판)을 일반공중이 방청할 수 있는 상태에서 하는 주의. 秘密主義 또는 密行主義에 대한 말이다. 또 일정한 소송관계인에 한하여 심판에 참여하는 것을 허용하는 것을 當事者公開主義라고 한다. 공개주의는 재판의 공정과 사법권에 대한 신뢰를 깊이하는 장점이 있는데, 현대 자유민주주의제국의 법제는 모두 공개주의를 채택하고 있다. 우리 헌법도 재판의 심리와 판결을 공개한다고 명언하고 있고(憲 109), 다만 국가의 안전보장, 안녕질서 또한 선량한 풍속을 해할 우려가 있는 때 법원의 결정으로 공개하지 아니할 수 있다(109 但, 法組 57 I). 공개주의는 口述主義下에서만 실효를 거둘 수 있는 것이고, 서면주의하에서는 곤란하다.

[1] 민사소송법상 변론에 있어서는 공개주의를 취하고 이에 반할 때는 絶對的 上告理由로 된다(民訴 394 v). 그러나 변론이 아닌 합의(法組 57), 결정절차, 수명법관 또는 수탁판사에 의한 변론 이외의 절차는 공개하지 아니한다. 조정절차나 비송사건의 절차는 비공개이다. 가사소송절차도 비공개를 원칙으로 하는데, 소송사건에 해당하는 것까지 비공개로 하는 것은 위헌이 아닐까 의문이 있다.

[2] 형사소송법상도 같은 뜻. 프랑스혁명 이후의 개혁된 형사소송법에서 비로소 이 주의가 확립되어, 그 후 각국의 근대적 형사절차에 채택하게 되었다. 이 규정에 위반하여 재판의 공개를 정지한 때에는 絶對的 抗訴理由로 된다(刑訴 361의5). → 재판의 공개

공개청문(公開聽聞) 행정기관이 국민의 일상생활과 직접 관련되는 규칙의 제정, 行政處分, 爭訟의 재결, 법률의 제정을 할 경우에 그 상대방 기타의 이해관계인 및 제3자의 의견을 듣기 위하여 취하는 절차를 말한다. 원래 미국 행정법상으로 발달한 제도로서, 국민의 입법 참여기회를 확대하여 입법의 민주화를 기하고 법령의 실효성을 높여 국가정책 수행의 효율화를 도모하는데 크게 기여하는 제도이다.

공개투표(公開投票) 〔獨〕offene Abstimmung 〔佛〕vote public 투표인의 투표내용을 제3자가 알 수 있는 투표제도. 秘密投票의 반대어. 이 예로서 口述投票·擧手投票·起立投票·記名投票 등이 있다. 공개투표는 제3자에 의한 심리적 억압의 영향을 받기 쉬우므로, 공정한 표결이 어렵다 하여 비밀투표제가 많이 채택된다. 국회의원의 선거는 비밀투표이다(憲 41 I). →비밀투표, 구술투표

공격방어방법(攻擊防禦方法) 〔獨〕Angriffs- und Verteidigungsmittel 원고가 그 공격적 신청을, 피고가 그 방어적 신청을 지지하고 이유있게 하기 위한 진술을 일괄하여 공격방어방법이라 한다. 여기에는 소송상의 신청(증거신청도 포함된다). 법률상의 진술 및 사실상의 진술도 포함한다. 청구의 취지 및 청구의 원인은 소송상의 청구의 동일성과 그 範圍態容에 관한 사항이기 때문에 공격방어방법이라 할 수 없고, 또 중간확인의 소, 소의 변경이나 반소는 새로운 공격적인 신청(본안의 신청)으로서 이에 속하지 않는다. 공격방어방법의 제출시기에 관하여는, 同時提出主義와 隨時提出主義의 두 가지 입법주의가 있는데, 우리 법은 후자(民訴 136)를 취하고, 다만 이것에 약간의 제한을 가하고 있다(138, 259 등). 방어방법 중, 단순한 부인이 아니고 상대방의 주장을 배척하기 위하여 별개의 사항을 주장하는 것을 특히 항변이라고 한다. →항변, 수시제출주의, 동시제출주의, 독립한 공격방어방법

공격적 직장폐쇄(攻擊的職場閉鎖), **방어적 직장폐쇄**(防禦的職場閉鎖) 〔獨〕Angriffsaussperrung, Abwehraussperrung 일반적으로 직장폐쇄는 사용자측이 먼저 爭議行爲를 개시하였느냐, 아니면 근로자의 쟁의행위에 대항하여 사용자의 쟁의수단이 취하여졌느냐에 따라 공격적 직장폐쇄와 방어적 직장폐쇄로 나뉜다. 그러나 이러한 논의는 의미가 없다. 즉 사용자의 직장폐쇄는 본질

적으로 근로자들에 의한 구체적 쟁의행위에 의하여 노사간의 세력의 균형이 깨어져 사용자측이 현저하게 불리한 압력을 받을 때 사용자측이 이와 같은 압력을 저지하고 노사간의 세력의 균형을 회복하기 위한 대항적 방어수단이므로, 개념 본질상 근로자의 쟁의행위를 전제로 하며 또한 근로자의 쟁의행위에 대한 대항적 방어수단으로서 취하여졌다고 하여 모든 職場閉鎖가 정당한 것이 아니라, 이러한 세력의 균형을 회복하기 위한 수단으로서 정당한가 여부는 정당성 판단기준에 합치하여야 한다. 직장폐쇄는 근로자의 쟁의행위에 대한 대항수단으로서 행사되는 것이 일반적인 모습이며 이러한 직장폐쇄는 정당성 여부에 관한 검증을 거쳐야 한다. 즉 사용자는 노동조합이 쟁의행위를 개시한 이후에만 직장폐쇄를 할 수 있도록 한 노동조합 및 노동관계조정법 46조는 정당성 판단을 위한 원칙의 하나를 규정한 것에 지나지 않으며, 이러한 의미로 制限解釋해야 타당할 것이다. 따라서 공격적 또는 방어적 직장폐쇄를 개시의 시점을 기준으로 하는 것이 아니라, 쟁의당사자에게 가해지는 실질적인 불이익과 경제적 손실의 크기와의 균형을 기준으로 하여 나누는 견해는 타당하지 아니하다. 또한 노동조합이 新交代制 反對罷業을 끝낸 후에도 사용자가 이에 대한 노동조합의 승인을 얻기 위하여 장기간 직장폐쇄를 계속하거나, 노동조합이 쟁의행위를 중단한 후 사용자가 직장폐쇄를 계속하면서 그의 요구를 내세우는 것과 같은 직장폐쇄는 이미 근로자의 쟁의행위에 대하여 노사간의 세력의 균형을 회복하기 위한 대항적 방어수단이라는 직장폐쇄의 개념본질을 상실하므로(특히 근로자는 就勞를 청구하므로 근로자의 쟁의행위에 대한 대항의 의미는 상실된다) 정당한 직장폐쇄가 될 수 없으며, 이를 특히 攻擊的 職場閉鎖라고 할 것은 아니다. 한편 사용자가 자기의 요구를 관철시키기 위한 공격적 직장폐쇄권을 가질 수 없는 이유로 노사의 세력관계에 있어서 사용자는 취업규칙의 작성·변경권을 통하여 근로조건을 신설·변경할 수 있기 때문이라고 설명하는 견해도 있으나, 이는 타당하지 아니하다. 사용자는 취업규칙을 근로자에게 불리하게 변경할 경우 당해 사업장의 근로자의 과반수로 조직된 노동조합이 있는 경우에는 그 노동조합, 근로자의 과반수로 조직된 노동조합이 없는 경우에는 근로자의 과반수의 동의를 얻어야 하며(勤基 97 I), 동의를 얻지 못한 취업규칙은 무효이므로 신규고용 근로자들에게도 적용되지 않는다. 따라서 사용자가 취업규칙을 통하여 근로자들에게 불리한 요구를 관철시키는 것은 불가능하며, 또한 취업규칙은 기본적으로 사용자가 다수의 개별적 근로관계의 처리의 편의를 위하여 근로계약의 내용이 되는 사항과 복무규정 및 직장질서에 관한 사항을 일방적으로 정하는 것이므로 집단적 노사관계와 관련한 단체협약당사자의 권리·의무를 규정하기 어렵다.

공격적 파업·방어적 파업(攻擊的罷業·防禦的罷業)　쟁의행위는 노사간의 공방적 실력행사이므로 파업이 사용자의 직장폐쇄보다 선제적으로 행하여질 때 이를 공격적 파업이라 하고, 선제적(공격적) 직장폐쇄가 있은 후 행하여질 때 방어적 파업이라고 한다.

공경매(公競賣)　민사소송법·파산법 등에 기하여 公共機關에 의하여 경쟁체결의 방법으로 행하는 賣買. → 경매, 입찰

공 고(公告)　어떤 사항을 널리 일반인에게 알리는 일. 公告를 하여야 할 경우는 公法·私法에 걸쳐 극히 많다. 그 목적은 이해관계인이 다수 또는 불특정인 때에, 이들에 대하여 권리주장이나 신고의 기회를 주기 위한 경우가 가장 많으나(民 88·253·1032, 商 535, 民訴 640), 일정한 사항을 사회에 공시하기 위한 경우(商 449 Ⅲ, 民訴 539 등), 또는 소재가 불명한 자에 대한 通知手段으로 하기 위한 경우(商 363 Ⅲ, 不登 167 등)도 있다. 방법은 관보·신문에의 게재가 가장 많으며(商 289 Ⅲ, 民事訴訟規則 153의2, 破 105 등), 법원의 게시판에의 게시(民訴 621, 686), 일정한 公報에의 게재(特許 64 등) 등도 있다. 특히 법률로 정하여져 있지 않으면 일간신문에의 게재 기타 적당한 방법으로 하여도 무방하다. 그 효력은 권리의 除斥·失權 등의 불이익을 입히는 것을 주로 하지만 공시방법의 의미를 가지는 것(商 37 참조)도 있다. 그리고 공고에 의하여 법률효과가 생기는 것은 법률에 규정되어 있는 경우에 한한다.

공 공(公空)　〔英〕 open air, high air　영공을 제외한 기타의 공간. 그러므로 영공의 한계가 문제가 된다. 공해의 상공이 공공이라고 하는 데는 이론이 없으나 영토 및 영해상의 공간은 상공무한으로 영공이 되는 것인지는 실정법의 해석에 좌우된다. 1919년의 파리 국제항공조약과 1949년의 시카고 국제민간항공조약은 다같이 영역상의 공간에 대한 국가의 주권을 인정하였다. 그러나 이 조약들이 말하는 공간이라고 하는 것은 항공기나 氣球를 支持하기에 충분한 밀도의 공기가 있는 대기권의 부분을 의미한다고 보는 학설이 유력하다. 이렇게 본다면 대기권 밖의 宇宙圈은 이른바 공간에 포함되지 않는다. 그러므로 현행법의 범위에는 들어있지 않고 따라서 앞으로의 입법정책문제에 속한다.

宇宙圈은 이것을 公空으로 하고 거기에는 公海自由의 원칙으로부터 유추되는 公空自由의 원칙이 지배해야 하며, 이 새로운 법역의 지위를 확정하기 위하여 시카고조약의 개정이나 또는 다수국간의 조약체결이 필요하다는 설이 대표적이라고 할 수 있다. →영공

공공고용(公共雇用) 공공의 기금으로써 전국적 또는 지방적 정부기관이 사업의 주체가 되어 여러가지 건설사업에 종사시키는 것으로 경기유지의 회복·실업방지의 구제가 그 목적이다.

공공기업체(公共企業體) 국가의 소관에 속하는 특수한 사업을 관리하기 위하여 설립되어 국가로부터 독립한 인격을 가진 단체. 각종의 公社(한국조폐공사·한국토지공사·한국도로공사 등)·특수은행(한국은행·한국산업은행·중소기업은행 등)이 모두 이에 속한다. 이들 공공기업체는 넓은 의미에서 국가행정조직의 일부를 구성한다고 볼 수 있다.

공공단체(公共團體) 국가 밑에 국가로부터 그 존립목적이 부여된 공법상의 법인. 地方自治團體·公共組合·營造物法人 등이 이에 속한다. 공법인 또는 자치단체라고도 한다. →공법인, 자치단체

공공물(公共物) 개정전 국유재산법상의 용어. 현행법의 公共用財産이라고 볼 수 있다. 국가에 있어서 직접 도로·하천·수로·항만 그 밖에 공공의 용에 쓰이는 재산(舊國財 4 Ⅲ). 이것을 보통재산의 일종으로 해석하는 것이 통설인 모양이나 법률은 이들 재산은 사유권의 대상이 되는 재산이 아니라 오히려 공유권의 대상으로 보아야 하므로 국유재산법에서 제외해야 한다는 취지라고 해석해야 할 것이다.

공공복리(公共福利) 〔羅〕 bonum commune 〔英〕 public welfare, common good 〔獨〕 das gomeine Beste 〔佛〕 bien commun 공공복지라고도 한다. 국민 전체의 이익으로서 그 증진이 복리국가적 기능으로 되어 있는 것. 공공의 복리의 이념은 고대 아리스토텔레스나 토마스 아퀴나스, 특히 후자의 有機體的 團體主義의 사상으로 소급한다. 전체는 부분에 선행하고, 우월한다는 것이 그 본래의 근본사상이지만, 반드시 有機體說이나 全體主義와만 결합하고 있다는 것은 아니고, 순수한 이념으로서는 근대개인주의의 속에서도 형태를 달리하여 나타나고 있다. 루소의 公共의 福祉(bien commun)나 벤덤의 最大多數의 最大幸福(the greatest happiness of the greatest number)의 사상도 넓은 의미의 공공의 복리를 가리키는 것이라고 해도 좋다. 오늘날의 사회적 법치국가에 있어서는 국가나 지방자치단체 등은 국민이나 주민의 공공복리를 증진할 의무가 있다. 국가는 공공복리의 증진을 위해서는 법률로써 개인의 자유권을 제한할 수 있다(憲 37 Ⅱ). →공공의 복지, 복리국가

공공복지(公共福祉) →공공복리

공공복지용재산(公共福祉用財産) 국유재산법에서 行政財産의 일종. 국가에서 직접 공공의 필요에 의하여 제공하거나 또는 제공하기로 결정한 공원, 혹은 광장 또는 공공을 위하여 보존하는 기념물 또는 국보.

공공사무(公共事務) 지방자치단체의 목적을 달성하기 위한 사무. 지방자치단체의 주민의 복리에 관한 사무(憲 117 Ⅰ)와 대체로 같은 개념이다. →고유사무

공공사업(公共事業) 보통은 공공의 이익이 되는 사업을 뜻한다. 공익사업이라고 하는 것과 같다. 이 뜻에서의 공공사업을 위하여 필요가 있는 때에는 토지의 수용·사용이 인정된다(土收 2). 때로는 국가 또는 지방자치단체가 공공의 이익을 위하여 경영하는 사업을 가리킨다(地自 137 참조). 또 국가의 예산상 公益事業費라고 하는 경우에 공공사업은 국가가 직할 또는 보조에 의하여 시행하는 하천·도로·사방·항만 등의 공공적 토목공사 및 일정한 보수공사를 뜻한다. →공익사업

공공수역(公共水域) 하천·湖沼·항만·연안해역 기타 公共用에 사용되는 수역과 이에 접속하여 공공용에 사용되는 환경부령으로 정하고 있는 수역을 말한다(水質環境保全法 2 iv).

공공시설(公共施設) 법령상으로는 營造物 또는 公物의 뜻으로 사용된다. 학문상으로는 영조물과 동일한 뜻으로 사용하는 학자도 있다. →영조물

공공요금(公共料金) 법률상 또는 사실상 국가가 독점하는 사업의 專賣價格과 事業料金을 결정할 때에는 주무부장관은 국무회의의 심의를 거쳐 대통령의 승인을 얻어 결정된다(物價安定에 관한 法律 4 Ⅰ).

공공영조물(公共營造物) 영조물과 같다.

공공용물(公共用物) 〔獨〕 Gemeingebrauchssachen 도로·하천·海濱·항·만·운

하 · 제방 · 교량 · 공원 · 천연기념물 등과 같이 일반 공중의 공공사용에 제공되는 공물. 공용물에 대한 관념으로서, 公用物 또는 公衆用物이라고도 한다. 공물 중 가장 공공성이 강한 것으로서 좁은 뜻의 공물은 이 공공용물만을 의미한다. 국유재산법은 공공용물을 公共用財産이라고 하고 있다(4). →공물

공공용영조물(公共用營造物) 〔獨〕 Gemeingebrauchsanstalt 영조물 중에서 一般公衆의 이용에 제공되는 영조물을 말한다. →영조물, 공공용물.

공공용재산(公共用財産) 〔英〕 property for public use 국유재산법상 행정재산의 일종으로 국가가 직접 공공용에 사용 또는 사용하기로 결정한 國有財産을 말한다(國財 4 Ⅱ ii). 지방재정법상 행정재산의 분류에 따른 용어로서 지방자치단체가 직접 공공용으로 사용하거나, 앞으로 1년 이내에 사용하기로 결정한 재산으로 도로, 제방, 하천, 공원, 공유수면, 저수지 등이 이에 해당된다(地財 72 Ⅱ, 地財施 78). 그 사용관계는 자연적인 공공용재산에 있어서는 그 자연상태에서, 기타의 공공용재산에 있어서는 그 사용개시가 있을 때부터 일반공중은 누구나 타인의 사용을 방해하지 않는 범위내에서 자유로이 사용할 수 있다. 다만 예외적으로 통상적인 범위를 벗어나 특별한 목적을 위하여 사용할 경우 또는 관리권이나 경찰권에 의하여 제한을 받고 있을 때에는 허가사용, 특허사용 등의 특별사용이 인정되고 있다.

공공용지(公共用地) 토지수용법 3조의 규정에 의하여 토지 등을 수용 또는 사용할 수 있는 사업(토지구획정리사업 · 재개발사업 · 농지개량사업을 포함)에 필요한 土地를 말한다. 오늘날 공공사업이 대대적으로 행하여짐에 따라, 한편으로는 공공용지의 확보가 문제되고, 다른 한편으로는 공공용지를 제공한 개인에 대한 적정한 補償이 문제된다. 공공용지의 취득방법에는 수용 등 强制取得과 協議 등 任意取得의 방법이 있는데, 강제취득과 그 보상에 관한 일반법으로는 土地收用法이 있고, 임의취득과 그 보상에 관한 일반법으로는 공공용지의 취득 및 손실보상에 관한 특례법이 있다.

공공위험죄(公共危險罪) 〔獨〕 gemeingefährliches Verbrechen 공공의 위험의 발생을 요건으로 하는 범죄. 공공의 위험이란, 불특정 또는 다수인의 생명 · 신체 · 재산을 위태롭게 할 蓋然性 있는 상태를 말한다. 구체적 위험을 필요로 하는 것과 추상적 위험으로 족한 것이 있다(→위태범). 현행형법상 공공위험죄에는 放火와 失火의 죄(刑 各則 13장) · 溢水와 水利에 관한 죄(14장) · 交通妨害의 죄(15장)가 속한다. 이 밖에 公安을 해하는 죄(5장) · 飮用水에 관한 죄(16장) · 阿片에 관한 죄(17장) 등을 이에 포함시키는 학자도 있다.

공공(公共)의 경매(競賣) 〔獨〕 öffentliche Versteigerung 강제집행에 있어서 압류의 목적물을 환가하는 경우 경매신청의 기회를 누구나 부여받아 행하는 경매의 절차. 공공경매는 유체동산을 압류한 경우의 원칙적 환가방법으로서 압류를 실시한 집행관이 이를 행하고 채권자 또는 법원의 특별한 위임을 요하지 않는다. 더욱 강제경매에 있어서의 압류물건의 換價도 공공경매에 의한다.

공공(公共)의 복지(福祉) 우리나라에서는 헌법에서 처음 사용된 이래 널리 쓰이게 되었는데 그 개념은 명백하지 않으나 대체로 서로 모순하는 개개의 이익의 올바른 조화를 뜻한다. 보통 憲法은 기본적 인권을 공공의 복지에 위배되지 않는 한 보장한다고 하나 만일 그렇게 해석한다면 공공의 복지라는 이름밑에서 온갖 기본적 인권의 침해가 시인되게 되므로 부당하다는 반대론도 있다. 그러나 이 사회에 있어서의 각 개인의 이익이 서로 모순되는 이상, 또는 어떤 개인의 기본적 인권을 보장하는 것이 타인(특히 그 다수)의 기본적 인권을 무시함을 시인하는 것이 아닌 이상 이러한 뜻의 공공의 복지의 개념을 모조리 부정함은 허용되지 않는다. 그러나 그 경우도 公共의 福祉라는 뜻은 민주주의의 원리와 기본권의 뜻에 비추어 엄격하게 해석해야 하며, 이것을 유기체적 전체주의의 경향으로 왜곡해서는 안된다. 그리고 이 말은 public welfare라고 해석되고 있으나 그것은 특히 미국에 있어서는 빈민구제 · 위생 등의 사회후생사업을 국가 · 공공단체가 담당하는 경우를 가리키고, 독일어의 Wohlfahtspflege에 해당하는 뜻에 쓰이는 일이 많다. 우리 헌법에서 말하는 공공의 복지는 미국에서 말하는 public policy의 관념에 접근하고 있음을 주의해야 한다. →공공복리

공공재산(公共財産) 헌법상의 용어로서 국가 또는 공공단체가 소유하는 재산. 넓은 뜻으로는 金도 공공재산에 포함된다. 헌법은 그 지출 이용을 제한하고 있다. 國家財産의 종류, 그 관리처분 등에 관하여는 국유재산법, 산림법 등 규정이 있고 지방자치단체의 재산에 관하여는 지방자치법, 지방재정법 등에 각각 규정이 있다.

공공적 단체(公共的團體) 지방자치법상의 용어. 청년단, 교육회, PTA, 부인회, 각종 문화단체, 농업협동조합 등의 협동조합회 그 밖에 사회사

업단체 등 널리 공공의 활동을 목적으로 하는 단체를 총칭한다.

공공조합(公共組合) 公法上의 社團法人. 農地改良組合, 山林組合 등이 이에 속한다. 일정한 사원(조합원)의 결합에 의하여 조직된 점에 있어서는 사법상의 사단법인과 같으나, 그의 목적이 국가로부터 부여되고, 국가적 목적을 위해 존재하고, 국가적 임무를 담당하는 점에 있어서 그것과 구별된다. 그 외에도 공공조합은 다음과 같은 점에서 또한 사법상의 사단법인과 구별된다. 즉, 공공조합은 그 목적의 상위에 따라, 때로 그의 설립이 강제되며, 설립이 강제되지 않는 경우에도 일정한 자가 이것을 설립하였을 때에는 다른 자격자는 당연히 조합원이 되는 점, 공공조합에 대해서는 때로 국가적 권력이 부여됨으로써 조합원의 의사 여하에 불구하고 조합이 정한 바를 강행할 수 있다는 점 및 그 반면에 있어서, 공공조합에 대해서는 국가로부터 특별한 의무가 부과되고 국가의 특별한 감독을 받는 점 등이다. 公共組合은 공공단체(공법인)의 일종이나, 이것이 공공단체라고 해서 공공조합에 관한 법률관계가 전부 공법관계임을 의미하지 않는다. 전에는 각종 산업의 개량·발달, 동업자의 이익증진 또는 산업의 통제를 목적으로 하고 국가적 목적을 추진하기 위해 널리 공공조합의 제도가 이용되었으나, 이들 제도는 점차 임의단체인 협동조합으로 轉化하는 경향에 있다. 農業協同組合·水産業協同組合·中小企業協同組合 등이 그 예이다. 협동조합을 공공조합의 일종으로 보는 자도 없지 않으나 협동조합은 목적이 국가로부터 부여된 것이 아니고, 또한 전혀 강제적 요소를 띠고 있지 않으므로 공공조합으로 보지 않음이 좋다. →공공단체, 협동조합

공공질서(公共秩序)**와 선량**(善良)**한 풍속**(風俗) 〔英〕 public policy 〔獨〕 öffentliche Ordnung und gute Sitten 〔佛〕 ordre public et bonnes mœurs 양자는 어의상 각각 국가 사회의 일반적 이익·일반적 도덕관념을 뜻하나 법률관계의 구체적 타당성을 중시하고 사회 일반의 도덕적 규범에 의한 규율이 강조되는 현대법률학에서는 양자는 전체로서 행위의 사회적 타당성을 평가하는 표준인 바 사법관계에 있어서의 최고원칙이 되었다. 따라서 특히 법령이 공공질서와 선량한 풍속을 명문화한 여러 규정은 이 일반원칙의 부분적인 형상에 지나지 않으며, 신의성실의 원칙과도 본질상 다르지 않다고 해석된다. 보통 생략하여 公序良俗이라고도 한다.

공공차관(公共借款) 대한민국정부 또는 대한민국법인이 외국정부 등으로부터 또는 대한민국정부가 외국법인으로부터 대외지불수단을 借用하거나 자본재, 원자재 등을 장기결제방식으로 도입하는 것을 말한다.

공공차관도입기준(公共借款導入基準) 공공차관 도입의 기준은 다음과 같다. ① 농어촌 자원의 개발이나 농어민 소득증대에 기여하는 사업, ② 경제개발에 필요한 기간산업의 사회간접자본의 확충을 위한 사업, ③ 사회복지 또는 공익사업의 발전에 기여하는 사업.

공공차관협약(公共借款協約) 대한민국정부가 외국정부·경제협력기구 및 외국법인으로부터 또는 대한민국법인이 외국정부나 경제협력기구로부터 對外支給手段을 차용하거나 자본재·원자재 등을 수출신용제도에 의하여 도입하는 협약 또는 계약을 말한다(外資 2 xi).

공과금(公課金) 국가 또는 공공단체에 의하여 국민 또는 공공단체의 구성원에게 강제적으로 부과되는 公的 負擔의 총칭. 課徵金이라고도 한다. 조세(국세 및 지방세)와 조세 이외의 공적 비용부담(예 : 부담금·부역현품·공공조합의 조합비 등)을 포함한다. 공법상의 手數料와 使用料는 국가 또는 공공단체가 제공한 용역·물품·시설에 대한 반대급부·보수로서 공과금은 아니다. 조세는 국세징수법에 의하여 징수되며, 그 밖의 공과금의 징수에도 국세징수법의 규정이 준용된다(道 78, 河 66, 등).

공 관(公館) 〔英〕 diplomatic or consular mission, legation 국가의 재외공관을 말한다. 외교통상부소관의 外交·條約·通商·僑民·國際事情調査·對外宣傳에 관한 사무를 관장하며, 외교통상부장관 소속하에 둔다. 공관에는 대사관·공사관·총영사관·영사관이 있으며, 공관의 소관사무를 분장하기 위하여 필요한 때에는 분관 또는 출장소를 둘 수 있게 되어 있다. 우리나라의 공관설치에 관하여는 대한민국재외공관설치법이 있으며, 재외공관의 직제에 관하여는 대한민국재외공관직제가 있다. 공관은 외교절차의 特權의 일부로서 不可侵權을 가지며 이 때 공관은 사무소 뿐만 아니라 관사도 포함된 의미이다. 그러나 관사에는 犯罪人 庇護權이 없다. →외교사절의 특권, 대한민국재외공관

공군대학(空軍大學) 공군의 고급간부를 양성하기 위하여 1956년에 설립한 교육기관으로서 FOC(지휘관 및 고급참모과정 6개월), SOL(초급장교과정 4개월), AIC(학술교과과정 6개월) 3과정으로 분리한다.

공군형사법임시조치(空軍刑事法臨時措置)**에 관한 잠정규정**(暫定規定) → 국방경비법

공 권(公權) 〔獨〕 subjektive öffentliche Rechte 〔佛〕 droits publics 공법관계에서 인정되는 권리. 공권에는 국가적 공권, 즉 국가·공공단체 또는 국가로부터 授權된 자가 지배권자로서 국민에 대하여 가지는 권리와 個人的 公權, 즉 국민이 지배권자에 대하여 가지는 권리가 있다. 국가적 공권은 그 목적상으로는 組織權·刑罰權·警察權·强制權·財政權·公企業特權 등으로 나누어지고, 내용상으로는 下命權·强制權·形成權 기타 공법상의 支配權으로 나누어진다. 이런 권리는 원칙적으로 권리내용을 국가측에서 일방적으로 정할 수 있으며 자력으로 강제할 수 있는 점이 특색이다. 개인적 공권은 參政權·受益權·自由權으로 나누어지고 사권과 달라서 국가적·공익적 견지에서 인정되는 권리이므로 一身專屬的 성질의 것이며 이전성이 없고 또 그 포기가 제한되는 일이 많지마는 경제적 가치를 내용으로 한 권리에는 예외로 그것이 인정된다. 개인적 공권은 행정소송으로 법원에 出訴함으로써 보호받는다(憲 27, 行訴 1). → 개인적 공권, 국가적 공권, 공법상의 권리·의무

공 권(空券) 運送物 또는 任置物의 수령없이 발행된 貨物相換證·船荷證券·倉庫證券. 위의 증권은 목적물의 수령을 원인으로 하여 발행되는 요인증권이므로 이 요인성에 관련하여 증권의 원인을 흠결하는 것으로서 무효로 보는 설과 요인성을 증권의 문언에 관하여 원인을 요하는 의미로 새겨 증권 자체는 유효이나 운송인 등은 채무불이행의 책임을 부담한다는 설로 대립되고 있다.

공권력(公權力) 〔獨〕 öffentliche Gewalt 〔佛〕 puissance publique 국가 또는 공공단체가 우월한 의사의 주체로서 국민에 대하여 명령·강제하는 권력을 말하며, 그 권력을 행사하는 국가 자체를 의미할 때도 있다. 국가가 국민에 대하여 공권력을 행사하는 경우가 본래의 公法關係이며 원칙적으로 사법의 지배를 받지 아니하고 공법의 규율을 받는다. 공권력의 개념은 대륙법계의 각국(특히 독일·일본·한국)에 있어서 공법 개념을 구성하는 표지로서 중요한 구실을 하였다.

공권적 해석(公權的解釋) 유권해석과 같다.

공 금(公金) 널리 법적 성질을 가진 금전을 가리키는 용어로 사용되는 경우도 있으나, 법률상으로는 국가 또는 공공단체가 그 목적달성을 위하여 所有 또는 使用하는 金錢을 말한다. → 국유재산

공급거부(供給拒否) 경찰법상의 의무에 위반한 자에 대하여 일정한 행정상의 役務나 財貨의 공급을 거부하는 行政措置를 말한다. 예컨대, 건축법에 의하면 동법 또는 동법에 의하여 발하는 명령이나 처분에 위반하여 건축물의 건축 또는 대수선을 하였을 때에는 당해 건축물에 대하여 전화·전기·수도를 설치하거나 공급할 수 없게 하였다. 또 수도사업에 의한 물의 공급, 전기사업에 의한 전기의 공급, 하천이나 도로의 利用提供 등은 모두 공급거부의 대상에 포함될 수 있다. 공급거절은 행정법상의 의무위반자에 대하여 타격을 주기 위하여 취하여지는 조치이므로 행정상의 제재로서의 성질을 가지며, 부담적 행정작용이므로 법률의 근거를 요한다.

공급계약(供給契約) 〔獨〕 Lieferungsvertrag 당사자의 일방이 계약체결후 일정한 시기에 목적물의 소유권을 이전할 의무를 현재에 있어서 부담하는 계약. 先物去來 등이 그것이다.

공급행정(供給行政) 공공의 생활관계에서 일반적으로 수요되는 물건을 유지·관리함으로써 公的인 이용에 제공한다거나, 수도·전기·통신·가스·우편 등의 공익사업 또는 도서관·학교·양로원 등의 공공시설을 설치·관리함으로써 일정한 재화나 역무를 공여하는 내용의 給付行政을 말한다.

공기업(公企業) 〔獨〕 öffentliche Unternehmung 국가·공공단체 또는 그로부터 특허받은 자가 직접 사회공공의 복리를 위하여 인적·물적 시설을 갖추어 경영하는 非權力的 事業. 공기업을 靜的으로 그 시설에 치중해서 말할 때에는 營造物 또는 公共施設이라 한다. 국가·공공단체 또는 그로부터 특허받은 자가 그 주체라는 점에서 사인이 자기고유사업으로서 경영하는 사기업과 구별되고, 직접 사회공공의 복리를 목적으로 하는 점에서 국가의 수입을 목적으로 하는 專賣事業·私經濟的 企業과 구별되며, 역무의 제공과 그 시설의 유지·관리만을 내용으로 하는 비권력적 작용을 수단으로 하는 점에서 警察·統制·租稅·兵役 등의 권력작용과도 구별된다. 학설상은 영리를 수반하는 공익사업(예 : 철도·우편·전신·전화 등)만을 가리키는 의미로 사용하고 비영리적 순공익사업(예 : 학교·도서관·박물관·미술관 등)을 제외하는 수가 있으나, 이 양자는 경제상으로는 차이가 있을지라도 법률적으로는 본질적인 차이가 없으므로 양자를 포함하여 공기업이라 부른다. 공기업은 국가·공공단체 또는 그로부터 특허받은 자가 공공의 복리를

위하여 계속적 시설로써 경영하는 사업이므로, 그의 조직(인적요소는 공무원, 물적요소는 공물)·회계·경리 등에 있어서 사기업과 다른 특색이 인정되고, 또 경제상(기업독점권 기타)·형벌상 기타 특별한 보호가 부여되고, 그의 이용관계에 관하여도 가끔 법률상 또는 사실상의 강제가 가하여지는 등 여러가지 법률상의 특색이 인정된다. →공기업의 특허, 공기업특권

공기업규칙(公企業規則) 〔獨〕 Anstaltssatzung →영조물규칙

공기업벌(公企業罰) 公企業의 확실하고 안전한 관리·경영을 도모하기 위하여 공기업의 경영의 계속성 또는 안정성을 침해한 행위에 대하여는 특별한 制裁를 과하는 경우를 말한다.

공기업(公企業)**의 특허**(特許) 〔獨〕 Konzession der öffentlichen Unternehmung 법률상 국가 또는 공공단체에 留保되어 있는 공기업의 경영권의 전부 또는 일부를 다른 특정인에게 부여하여 그 경영의무를 부담시키는 행위. 포괄적 법률관계의 설정행위로서, 경찰상의 제한을 해제하여 본래의 자유를 회복하는 경찰상의 營業許可와 구별된다. 다만, 양자를 구별하지 않는 견해도 있다. 직접 법규에 의하여 행하는 경우와 법규에 기한 행정행위에 의하여 행하는 경우가 있다. 그리고 뒤의 경우에는 보통 特許命令書를 교부한다. 그 기업의 공공성으로 인하여 특허기업자는 그 기업의 경영에 있어서 국가 또는 공공단체로부터 여러가지의 보호와 특전을 받게 되는 동시에 한편에 있어서는 국가 또는 공공단체에 대하여 특별한 공법상의 의무를 지게 되고 또한 특별한 국가적 감독을 받게 된다. 私立學校設立認可·渡船場設置許可·土地收用事業認定 등이 그 예이다. →특허기업, 사업인정, 공기업특권

공기업이용관계(公企業利用關係) 공기업으로부터 노무·재화의 공급을 받고 시설을 이용하는 자와 그 공기업의 관리경영권자와의 사이의 법률관계. 營造物利用關係라고도 한다. 일시적인 이용관계(예: 극장·병원·도서관·철도 등의 이용관계)와 계속적인 이용관계(예: 감화원에의 입원·학교에의 입학 등의 이용관계)로 구분할 수 있다. 공기업의 이용관계는 원칙적으로 法規 또는 公企業規則의 범위내에서 기업주체와 이용자간의 자유의사에 의한 合意로써 성립되나, 경우에 따라서는 그 이용이 직접간접으로 강제되는 수가 있다(예: 적령아동의 취학·전염병원에의 수용 등). 공기업이용관계가 성립하면, 공기업이용자는 공기업의 이용권과 그에 부수되는 권리(손해배상청구권·행정쟁송권)를 가지고, 공기업주체는 利用條件設定權·手數料徵收權·命令懲戒權을 가지게 된다. 공기업이용관계는 비권력적인 사업경영에서 발생하는 관계인 점에서 私法的 要素를 가지고 있고, 다른 한편으로 행정담당자에 의한 공익을 위한 행정작용에서 발생하는 관계인 점에서 公法的 要素를 가지고 있어서 그 법적 성질에 관하여는 학설이 구구하다. 법규에 공법관계라는 명시적 규정이 있는 경우(行政上의 强制執行·罰則·行政爭訟 등의 규정이 있는 경우), 혹은 그러한 규정이 없더라도 개개의 공기업에 관한 법규나 실정법구조 전체의 취지의 합리적 해석에 의하여 그 이용관계가 윤리적 성질을 가진 때(예: 공립대학교와 학생과의 관계)·공공성이 강한 때(예: 수도사업자와 이용자와의 관계)에는 公法關係라 할 수 있다. →공기업특권, 공물의 사용

공기업특권(公企業特權) 공기업의 목적을 달성하기 위하여 법률이 특히 공기업의 주체에 부여하는 권리 또는 이익. 公企業獨占權(예 : 우편·전신·전화 등)·公用負擔特權·경제상의 수혜(예 : 면세·보조금의 受付·强制徵收特權·損害賠償責任制限 등)·公企業警察權·公企業刑罰權 등이 그 예이다. →공기업

공낙혼(共諾婚) 혼인당사자 본인의 婚姻意思의 합치를 전제로 혼인의 성립을 인정하는 혼인을 말한다. 이 혼인은 과거 혼인성립이 남자의 의사만으로 성립되는 單獨行爲的 婚姻, 여자의 父兄의 의사와 남자 혹은 그의 부모의 의사로 성립되는 代諾婚, 혼인당사자 본인의 혼인의사 합치로 성립하는 쌍방행위적 혼인의 형식 중, 세번째 유형인 쌍방행위적 혼인을 공낙혼이라고 한다. 그 발전단계는 單獨行爲的 婚姻→代諾婚→雙方行爲的 婚姻의 순서로 되었다. 이 공낙혼은 여자도 남자와 같이 인격이 인정되어 남자와 대등한 자격으로 혼인을 체결하는 것이다.

공납금(貢納金)〔國際法上의〕 〔英〕 contribution 〔獨〕 Kontribution 점령자가 군사적 필요상 적지의 개인 또는 시·군으로부터 정규의 課稅規則에 의하지 않고 징수하는 금전. 군의 수요 또는 점령지 행정상 필요한 경우에만 허용되며 될 수 있는 대로 현행의 조세규칙에 따라서 징수하여야 한다(陸戰規則 49~52). 총지휘관의 명령서에 의해서만 제공을 요구할 수 있는 점이 점령지의 지휘관명령에 의할 수 있는 徵發의 경우와 다르다. 海戰에서는 공납금징수를 하지 못한다. 공납금을 지급치 않는다 하여 防守없는 항구·도시·촌락·

주택·건물을 포격하는 것은 허용되지 않는다(戰時에 海軍力을 가지고 하는 砲擊에 관한 條約 4). → 징발

공 단(公團) 공공적 사업경영을 위한 특수한 기업형태의 하나. 營團과 유사하나 그보다도 국가기관으로서의 색채가 뚜렷하다. 우리나라에는 정부관리기업체가 이에 속한다. 그 일반적 특색은 법인임과 동시에 정부의 한 部局인 것, 자본금은 전액 정부출자인 것, 임원(총재·부총재·이사·감사 및 직원)은 공무원 그 밖의 정부직원으로 간주되며, 공무원에 관한 일반법령이 원칙으로 적용된다.

공 도(公道) 私道에 대한 관념. 행정권의 주체가 행정작용으로서 一般交通用에 제공하는 도로. 도로법에 의한 도로·도시계획법에 의한 도로(2)·농촌근대화촉진법에 의한 농업도로(2) 등은 공도에 속하며, 공법적 규정의 규율을 받는 점에서 사도와 구별된다. 또한 공도는 公物로서 사물인 사도와는 그 관리·사용관계에 관하여 다른 취급을 받는다. → 사도, 도로, 공물

공동결정법(共同決定法) 독일의 1976년의 근로자의 共同決定에 관한 법률의 약칭이나 그 외에 1951년의 鑛山企業 및 製鐵企業의 감사역 및 이사역에 있어서 노동자의 공동결정에 관한 법률(광산공동결정법) 및 1956년의 共同決定法補充法이 있다. 이들 공동결정법은 노동자의 대표자에게 기업의 감사역·이사역에의 참가를 인정하는 것이다. 공동결정법은 광산공동결정법 또는 그 보충법이 적용되는 경우를 제외하고 종업원 2,000인 이상의 기업 및 콘체른기업에 적용된다. 이러한 기업은 감사역을 설치하여야 하나, 이것은 자본측 監査役과 노동자측 감사역이 각 동수로 구성되고 전자는 주주총회 등 각 기업의 先任機關에 의해 선임되는 것에 대해 후자는 종업원 가운데 노무자·직원·관리직원의 각층 및 산업별 노동조합으로부터 선출된다. 鑛山共同決定法은 종업원 1,000인 이상의 석탄업·철강업 등의 기업에 적용된다. 광산공동결정법 보충법은 상기의 기업이 콘체른기업인 경우에 적용된다.

공동경작(共同耕作) 〔英〕 joint cultivation 공유지를 경작하는 경우와 개별적인 私有地에 대하여 특정한 작업에 관하여만 공동작업을 하는 경우가 있다. 오늘날 공동경작은 후자를 가리킨다. 사유재산제가 아직 발달하지 않고 民族團體에 의하여 토지가 공동으로 소유되었던 원시공산주의 사회에서는 공유지를 공동으로 경작하여 왔다. 이러한 방법은 토지사유제가 발달한 후에도 관습으로 남아 있다.

공동과실(共同過失) → 과실범의 공동정범

공동광업권자(共同鑛業權者) 광업권을 공유하는 자(鑛 34Ⅰ). 組合契約을 한 것으로 간주된다(19Ⅵ). 공동광업권자의 광업권의 지분을 다른 공동광업권자의 동의없이는 양도하거나 조광권 또는 저당권의 목적으로 할 수 없다(34Ⅱ). 공동광업권설정의 출원에는 그 중 1인을 대표자로 하여 주무부장관에 신고하여야 하며, 대표자를 변경하였을 때에도 또한 같다(19Ⅰ). 주무부장관은 필요한 때에는 대표자의 변경을 명령할 수 있다(19Ⅱ). 대표자는 국가에 대하여 공동광업권자를 대표한다(19Ⅴ). 공동광업권자의 탈퇴는 鑛業原簿에 등록하여야 한다(43Ⅰiii). → 광업권, 공유

공동구(共同溝) 전기·가스·수도 등의 공급시설 및 통신시설·하수도시설 등의 지하매설물을 공동수용함으로써 도시의 미관, 도로구조의 보전과 원활한 교통의 소통을 위하여 이 都市計劃法의 규정에 의하여 지하에 설치하는 시설물을 말한다(2).

공동구조(共同救助) 해난에 조우한 선박 또는 積荷를 각자 통일적인 활동을 취하는 數人, 즉 수개의 선박에 의하여 공동으로 구조를 하는 것. 이 경우에 각 선박공동체간의 구조료 분배의 비례에 관하여는 위험의 정도, 구조의 결과, 구조를 위하여 들은 노력, 비용 및 기타 제반사정을 참작하여 법원이 이를 정한다(商 853, 850). 이렇게 하여 정해진 각 船舶共同體가 가질 구조료는 다시 그 선박공동체내에서, 먼저 구조선에 생긴 손해액과 구조에 요한 비용을 선박소유자에게 지급하고 나머지를 선원에게 분배하도록 하고 있다(854Ⅰ). 또 선박 또는 積荷와 동일한 해난에서 재산구조와 경합하여 인명구조에 종사한 자는 선박 또는 적하의 구조의 주효를 전제로 하여 재산구조자의 구조료와 독립된 구조료의 분배를 받을 수 있다(853Ⅱ).

공동계약(共同契約) 〔英〕 joint contract 공동계약이란 공사, 제조, 기타의 도급계약에 있어서 需給人을 2인 이상으로 하여 계약을 체결하는 것으로서, 경쟁성을 확보하고 정부공사를 효율적으로 집행하기 위해서 마련한 제도이다. 공동도급계약의 운용실태를 보면 물품의 제조계약보다 시설공사계약에 많이 운용되고 있으며, 수급인 구성은 도급한 금액이 부족한 업체간의 공동도급, 복합공정공사의 경우 면허보완수단으로의 공동도급 등에 운용되고 있다. 공동도급이행방식은 공동이행방식과

분담이행방식이 있는데 공사의 성격에 따라 수급인의 합의로 운영되고 있다.

공동담보(共同擔保) 동일의 채권의 담보로서 여러 개의 물건 위에 擔保物權이 존재하는 것. 共同抵當이 그 가장 중요한 형식이다. →공동담보목록

공동담보목록(共同擔保目錄) 공동담보의 설정을 용이하게 할 수 있도록, 共同擔保權의 등기신청서에 첨부되는 담보목적물건을 표시한 목록. 담보부동산이 5개 이상인 경우에는 저당권의 설정등기를 할 때에 이것을 첨부하는 것이 필요하다(不登 146). 각 부동산등기에 관하여 공동담보로 되어 있는 다른 부동산을 표시하는 불편을 피하기 위하여 두어진 제도이다. 이 목록은 등기부의 일부로 보고, 그 기재는 등기로 본다(151).

공동대리(共同代理) 〔獨〕 Gesamtvertretung, Kollektivvertretung [1] 여러 명의 대리인이 공동하여서만 1개의 代理權을 행사할 수 있는 대리. 대리인의 專斷과 권한남용을 방지하기 위하여 대리권을 수인에게 合有로 귀속시켜 권한행사를 제한하는 방법으로 사용하는 것이다. 대리인이 여러 명인 경우에도 法律 또는 授權行爲에 의하여 특히 공동대리로 정하지 않으면 단독대리로 해석된다(民 119). 공동대리에 있어서는 1인에 관한 하자는 대리행위의 하자로 되고, 1인만으로 대리행위를 하면 권한을 넘은 대리행위(126)로 된다. 다만 수동대리는 각자 단독으로 할 수 있다고 해석된다(商 12 Ⅱ 참조).

[2] 민사소송법상 소송대리인에 관하여는 개별대리의 원칙이 강행되므로 공동대리의 약정을 하여도 무효이다(民訴 84). 법인의 대표에 관하여는 실체법상 유효하게 정하여지면(商 389 Ⅱ), 소송법상도 이에 따른다(民訴 47). 다만 송달은 그 1인에 대하여 하면 된다(167).

공동대표(共同代表) 〔獨〕 Gesamtvertretung, Kollektivvertretung 여러 사람이 공동하여서만 법인을 대표하여야 할 경우의 대표. 각자가 회사를 대표하는 권한을 가짐을 원칙으로 하는 합명회사의 사원·합자회사의 무한책임사원·주식회사의 대표이사·유한회사의 이사에 관하여 定款 또는 총사원의 동의·이사회의 결의·사원총회의 결의 등으로써 그들이 공동해서 회사를 대표할 수 있다고 정하는 경우가 그 예이다(商 208 Ⅱ, 269, 389 Ⅱ, 562 Ⅲ). 공동대표의 경우에는 공동하지 아니하면 代表權을 행사할 수 없지만, 제3자의 의사표시를 받을 권한은 각자 이를 가진다(208 Ⅱ, 269, 389 Ⅲ, 562 Ⅳ). 공동대표를 정하였을 때에는 이것은 등기사항이며 또 그것은 대표권의 범위의 제한은 아니므로 등기공고된 이상 제3자에게 대항할 수 있다.

공동면책(共同免責) 채무가 소멸하는 것은 채무자측에서 보아 면책이라 하는데, 동일한 원인으로 인하여 공동채무자, 즉 不可分債務者·連帶債務者·共同保證人의 전원 또는 수인의 채무가 함께 소멸하는 것을 공동면책이라 한다. 변제 기타 재산상의 출재로써 채무를 소멸시키는 것은 유상으로 공동면책한다고 한다. 유상으로 공동면책을 얻게 한 채무자는 원칙으로 求償權을 가진다(民 425, 426, 411, 448 Ⅱ).

공동모의(共同謀議) 〔英〕 conspiracy

[1] 공동계획의 실행에 참가하는 것이며 그 참가자가 이것을 실행하는데 있어 모든 사람에 의하여 행하여진 행위에 대하여 책임을 진다. 공동의 계획·모의의 참가자라 함은 그의 입안자, 실행에 있어서의 指導者, 組織者, 敎唆者 및 共犯者를 포함한다. 제2차대전후 평화에 대한 죄에 있어 공동모의가 처벌되었다.

[2] 영·미법상의 공동모의에 관하여는 콘스피러시를 보라.

공동발행(共同發行) 여러 사람이 공동으로 어음을 발행하는 것을 말한다. 어음의 공동발행에는 여러 사람의 발행인을 중첩적으로 기재하는 것(갑과 을), 선택적으로 기재하는 것(갑 또는 을) 및 순차적으로 기재하는 것(제1발행인 갑, 제2발행인 을) 등이 있을 수 있다. 이 가운데 여러 사람을 중첩적으로 기재하는 것이 유효함에 관하여는 이론이 없으나, 선택적 발행과 순위적 발행의 효력에 관하여는 소지인의 이익을 위하여 선택적 기재의 유효성을 긍정하는 견해와 어음관계의 確定性과 遡求條件의 一定性에 반하므로 허용되지 않는다는 견해가 있다. 약속어음의 공동발행인은 각자가 어음금 전액을 지급할 의무를 부담한다. 따라서 각 발행인은 連帶責任이 아니라 合同責任을 부담한다(어음 77 Ⅰ iv, 47 Ⅰ). 그러므로 1인에 대한 이행의 청구는 다른 자에게 효력을 미치지 아니하나, 1인이 지급을 하면 다른 자도 의무를 면한다. 다만 지급한 자는 다른 자에 대하여 어음 관계상으로는 求償을 할 수 없으며, 어음 외의 실질관계에 따라 구상할 수 있을 뿐이다. 또 환어음의 共同發行人의 1인에 대한 지급제시만으로는 소구를 할 수 없고, 발행인 전원에 대하여 제시기간내에 제시하여 보전절차를 밟아야 한다. 1인에 대한 시효의 완성이나 경개는

다른 발행인에게 영향을 주지 않으며, 시효중단절차도 공동발행인 각자에 대하여 밟아야 한다. 공동발행인의 기명날인은 어음면에 하여야 하고, 補箋이나 謄本에 한 것은 무효이며, 발행인으로 표기된 장소에 열기된 기명날인은 보증인이 아니라 공동발행인으로 보아야 할 경우가 많다.

공동발행인(共同發行人) 어음에 있어서 여러 사람이 중첩적으로 발행인이 되어 있는 것. 방식으로는 각 발행인이 連署하거나 발행인의 한 사람이 자기의 기명날인을 하고 다른 발행인의 대리인으로서 또 기명날인한다. 이와는 달리 여러 사람이 선택적으로 발행인이 되는 것은 어음관계의 單純性 또는 遡求要件의 一定性을 해하므로 용납되지 아니한다는 것이 통설이다. 공동발행인은 각자가 어음금액을 지급할 의무를 부담한다. 이것은 각 발행인이 각기 독립적으로 기본어음을 내용으로 하는 證券的 行爲를 한 것인 까닭이다. 따라서 각 발행인은 連帶責任이 아니라 合同責任을 부담한다(어음 47 Ⅰ, 77 Ⅰ iv). 그러므로 1인에 대한 이행의 청구는 다른 자에게 효력을 미치지 아니하나, 1인이 지급을 하면 다른 자도 의무를 면한다. 다만 지급한 자는 다른 자에 대하여 어음관계상 구상할 수는 없으며 어음 외의 실질관계에 따라 구상할 수 있을 뿐이다.

공동배서(共同背書) 배서인이 여러 사람인 경우를 말한다. 공동배서인은 각자가 배서인으로서 인수와 지급을 담보하며, 따라서 어음금액 전부에 대한 책임을 진다. 이 책임은 공동발행의 경우와 같이 合同責任이며 連帶責任이 아니다(어음 47 Ⅰ·77 Ⅰ).

공동배서인(共同背書人) 〔獨〕 Mitbürgschaft 여러 사람이 중첩적으로 배서인이 된 것인 때에는 전원이 다른 어음(수표)채무자와 합동하여 소지인에 대하여 담보책임을 진다(어음 47 Ⅰ·77 Ⅰ iv, 手票 43 Ⅰ). 그런데 공동배서인 상호간의 책임이 不眞正連帶責任(合同責任)이냐 또는 連帶責任이냐에 관하여는 의문이 있는데 학설은 전자를 지지하고 있고 판례는 후자에 따르고 있다.

공동보증(共同保證) 〔獨〕 Mitbürgschaft 〔佛〕 cautionnement conjoint 동일한 주채무에 관하여 여러 사람이 보증을 하는 것. 1개의 계약으로 하여도, 여러 개의 계약으로 순차로 하여도 좋다. 원칙적으로, 각 보증인은 주채무의 액을 균등한 비율로 분할한 그 일부에 관하여서만 보증채무를 부담한다(분별의 이익(民 439))(〔羅〕 beneficium divisionis). 다만, 주채무가 불가분채무인 경우, 보증인간에 연대관계가 있는 경우(保證連帶), 공동보증인의 각자가 주채무자와 연대하는 경우(連帶保證)에는 보증인은 전액을 지급할 의무가 있다. 어느 경우에도 변제를 한 보증인이 주채무자에 대하여 求償權을 행사할 수 있는 점에 있어서는, 단독의 보증인과 차이가 없으며, 또한 공동보증인은 다른 보증인에 대하여서도 일정한 범위에서 구상권을 행사할 수 있다. 다만, 그 범위는, 분별의 이익이 있는 경우와 없는 경우에 따라서 다르다(民 448).

공동보험(共同保險) 〔英〕 co-insurance 동일한 피보험 이익에 대하여 2인 이상의 보험자가 공동하여 계약을 체결하는 것을 말한다. 그러나 이 경우에 각 보험업자가 담당한 보험금액의 합계가 보험가격을 초과할 때에는 이를 重複保險이라고 하여 그 초과부분을 무효로 한다.

공동불법행위(共同不法行爲) 〔獨〕 Teilnahme an der unerlaubten Handlung 여러 사람이 공동으로 불법행위를 하여 타인에게 손해를 가한 경우를 말한다. 이에는 세 가지의 형태가 있다. ① 좁은 뜻의 공동불법행위(民 760 Ⅰ). 여러 사람이 공동하여 타인의 가옥을 파괴하는 따위로 각자가 저마다 일반불법행위의 요건을 갖추는 경우, ② 가해자가 불명한 공동불법행위(760 Ⅱ). 여러 사람이 한 사람을 구타한 경우에 그 중의 한 사람의 행위로 裂傷을 입혔으나 그것은 누구의 행위인지 알 수 없는 따위, ③ 教唆 또는 幇助(760 Ⅲ). 이러한 자는 직접의 가해자와 그 가해행위 자체를 공동으로 하는 것은 아니지만, 민법은 이것 또한 공동불법행위로 보고 있다. 공동불법행위자는 연대하여 손해배상의 책임을 진다(760 Ⅰ). 피해자가 피해전액의 배상을 받을 수 있게 하여 줌으로써 피해자의 보호를 두텁게 하려는 취지이다.

공동사회(共同社會) 〔英〕 community 〔獨〕 Gemeinschaft ① 코뮤니티의 譯語로서 사용되는 경우에는 기초사회와 같은 뜻을 가지는 말이며 파생사회에 대립하여 지연이나 혈연을 계기로 자연히 성립하는 포괄적인 여러 기능을 가지는 사회를 지칭한다. ② 퇴니스의 게만샤프트의 역어로도 사용된다. 이 경우에는 本質意志에 의하여 결합하는 親和的 結合의 사회를 지칭한다. →게만샤프트, 이익사회

공동상속(共同相續) 여러 사람의 상속인에 의한 상속. 單獨相續에 대한 말. 身分相續은 성질상 단독상속이어야 할 것이나 재산상속은 반드시 그렇게 할 필요는 없고 오히려 근대의 평등사상의 영향을 입어서 여러 나라의 법제는 공동상속을 인정하고 있다. 공동상속 중에도 유산을 상속인에게

분할하는 것과 그렇지 않은 것이 있다. 근대법은 소유권자유의 사상에 의하여 상속인 각자가 단독으로 자유로운 재산권을 취득하는 것으로 하는 분할상속을 인정한다. 우리 민법도 역시 재산상속에 관하여는 共同·分割의 相續을 인정하고 있다(民 1006 이하). 그런데 민법은 상속인이 여러 사람이 있는 경우에는 상속재산을 공유한다고 규정하고 있으나 그 공동소유의 법률적 성질에 관하여는 학자간에 合有說·共有說·對外的 共有·對內的 合有說 등의 견해가 대립되고 있다. → 상속재산, 단독상속

공동상속인(共同相續人) 〔獨〕 Miterbe 〔佛〕 cohéritier 공동상속을 한 상속인. 戶主承繼는 단독승계이기 때문에 共同承繼人이란 있을 수 없고 財産相續에만 있을 수 있다. 공동상속인은 각자 그 상속분에 응하여 피상속인의 권리의무를 승계하는데 상속재산의 분할이 있기까지 그것을 공유한다(民 1006, 1007). → 상속재산분할

공동상속인(共同相續人)**의 담보책임**(擔保責任) 분할된 상속재산에 관하여 공동상속인 사이에 인정되는 담보책임. 상속재산에 관한 분배의 공평을 담보하기 위하여 공동상속인 사이에 일종의 교환 또는 매매가 행해진 경우와 동일하게 상호간에 담보책임을 지게 한다. 즉, 공동상속인은 다른 공동상속인이 분할로 인하여 취득한 재산에 관하여 그 상속분에 응하여 賣渡人과 같은 擔保責任이 있으며(民 1016), 채권에 관하여는 분할 당시의 채무자의 자력을 담보하고, 분할 당시에 아직 변제기에 이르지 않은 채권이나 정지조건부채권에 관하여는 변제를 청구할 수 있는 때의 채무자의 자력을 담보한다(1017). 또한 담보책임있는 공동상속인 중에 상환의 資力이 없는 자가 있는 때에는 그 부담부분은 구상권자와 자력있는 다른 공동상속인이 그 상속분에 응하여 분담하게 되나, 구상권자의 과실로 인하여 상환을 받지 못하게 된 때에는 그 손해는 求償權者 자신이 부담하여야 하고 다른 공동상속인에게 그 분담을 청구할 수 없다(1018).

공동상해죄(共同傷害罪) 2인 이상의 독립행위가 경합하여 상해의 결과를 발생한 경우에 있어서 원인된 행위자가 판명되지 않을 때에는 공동정범으로써 처벌된다(刑 263).

공동소송(共同訴訟) 〔獨〕 Streitgenossenschaft 하나의 민사소송절차에서 여러 사람의 원고 또는 피고가 관여하고 있는 소송형태. 이 경우에 같은 편에 속하는 여러 사람을 共同訴訟人이라 한다. 공동소송은 ① 여러 사람의 원고가 하나의 소를 제기하고, 또는 여러 사람의 피고에 대하여 하나의 소가 제기된 경우(이를 소의 고유적인 主觀的 併合이라 한다), ② 소송중에 1인의 당사자의 지위를 여러 사람의 소송승계인이 승계하는 경우, ③ 공동소송적 당사자참가의 경우와 같이 소송계속중에 제3자가 원고 또는 피고의 지위에 당사자로 참가하는 경우(民訴 76), ④ 법원이 다른 당사자간에 행하여지고 있는 소송의 변론의 병합을 명한 경우(131)에 발생한다. 공동소송의 요건으로서는 공동소송인의 청구 또는 공동소송인에 대한 청구 사이에 법정의 관련 또는 유사의 관계가 있어야 한다(61). 이를 주관적 요건이라 하는데, 이 밖에 請求의 併合을 수반하는 경우에는 소의 객관적 병합의 요건(객관적 요건)을 구비하여야 한다. 그리고 피고가 다수의 경우에는 受訴法院이 각각의 피고에 대하여 관할권을 가져야 한다. 이 문제에 관하여 병합청구의 裁判籍(22)이 적용되느냐 적용되지 않느냐에 관하여는 다툼이 있는데, 판례와 통설은 부정하고 있다. 공동소송의 종류에는 普通(通常)共同訴訟과 必要的(合一的) 共同訴訟이 있다. 전자는 공동소송인의 1인과 상대방과의 사이의 판결의 효력은 다른 공동소송인에는 무관계이므로 개별적 상대적으로 해결되어도 무방하며, 후자는 여러 사람이 일체로서 소송하고 소송을 받아야 하는 것(고유필요적 공동소송)과 적어도 공동소송인의 어떤 자와 상대방과의 사이의 판결은 당연히 다른 공동소송인이나 상대방에도 그 효력을 미치는 관계상 공동소송인의 승패를 일률적으로 확정하지 않으면 안되는 것(유사필요적 공동소송)이 있다. 그러므로 전자에 있어서는 공동소송인은 소송진행상 각자 독립하여 소송행위를 할 수 있음에 반하여(공동소송인독립의 원칙)(62), 후자에 있어서는 공동소송인간에 있어서 연합관계에 있다(63). 共同訴訟의 심판은 동일소송절차에 의하므로 辯論이나 證據調査는 공통으로 정하여진 기일에 행한다. 그 결과 같이 패소당했을 때는 원칙으로 소송비용을 공동으로 부담한다(93).

공동소송인(共同訴訟人) 공동소송에 있어서 원고 또는 피고로서 동일측에 붙은 여러 사람.

공동소송인독립(共同訴訟人獨立)**의 원칙**(原則) 통상의 공동소송에 있어서는 공동소송인 중의 한 사람의 訴訟行爲 또는 이에 대한 상대방의 소송행위 및 한 사람에 관하여 생긴 사항(예 : 중단사유의 발생)은 다른 공동소송인에게 영향을 미치지 않는다(民訴 62). 따라서 소송의 진행·판결이 구구하게 될 경우가 있다. 이것을 공동소송인독립의 원칙이라고 한다. 필요적 공동소송에 있어서는 合一確定의 요청에서 이 원칙은 인정되지 않는다(63 참조).

공동소송적 당사자참가(共同訴訟的當事者參加) 계속중의 소송의 목적이 당사자의 일방과 제3자에 대하여 합일하여 확정되어야 할 경우에는 그 제3자가 공동소송인으로서 소송에 참가하는 것(民訴 76). 예를 들면 주주의 한 사람이 주식회사를 상대로 하여 株主總會決議取消의 訴를 제기한 경우에 다른 주주가 공동원고로서 참가하는 소송과 같은 것이다. 공동소송적 당사자참가의 요건으로는 타인간에 소송이 係屬中일 것, 그 소송의 판결의 旣判力 혹은 形成力이 참가인과 당사자의 일방에도 발생하는 경우일 것 및 참가인이 當事者適格을 가질 것 등이다. 참가절차에 있어서는 보조참가절차가 준용된다(76 Ⅱ). 참가취지로서 본소의 原被告 중 어느 당사자의 공동소송인으로서 참가하는가를 명시하고, 또 참가이유로서 合一確定의 효력을 받을 것을 진술하여야 한다. 이 참가가 있으면 必要的 共同訴訟이 된다.

공동소송적 보조참가(共同訴訟的補助參加) 〔獨〕 streitgenössische od. selbständige Nebenintervention 피참가인과 상대방과의 사이의 판결의 효력이 당연히 보조참가인에게 미치는 경우의 보조참가. 예컨대 파산관재인이 破産財團에 속하는 재산에 관하여 하는 소송에 파산자가 참가한 경우와 같다. 공동소송적 보조참가인의 지위에 관하여는 명문은 없으나 보통의 보조참가인보다 강한 지위를 줄 필요가 있다. 따라서 필요적 공동소송의 규정인 민사소송법 63조를 유추적용하여야 한다. 그러므로 참가인은 피참가인의 행위와 저촉되는 행위도 할 수 있다. 또 참가인에 중단 또는 중지의 원인이 있으면 소송절차는 중단 또는 중지된다.

공동소유(共同所有) 여러 사람이 공동으로 1개의 물건을 소유하는 형태. 이에는 共有·合有 및 總有의 세 가지가 있다. 共有는 1개의 소유권이 여러 사람에게 양적으로 분할되어 계속하는 형태이며 각 공유자는 원칙적으로 언제든지 공유물의 분할을 청구할 수 있고(民 268). 그 지분을 자유로이 처분할 수 있다(263). 合有는 여러 사람이 조합체로서 물건을 소유하는 형태이며(271 Ⅰ), 합유자들은 공동목적에 의하여 구속을 받기 때문에, 각 합유자는 합유물의 분할을 청구할 수 없고(273 Ⅱ) 그 지분을 처분함에는 전원의 동의를 요한다(273 Ⅰ). 總有는 법인 아닌 사단이 集合體로서 물건을 소유하는 형태이며(275 Ⅰ), 총유에 있어서는 소유권의 내용이 질적으로 분할되어 사용·수익의 권능은 각 사원에게 속하여 각 사원이 정관 기타의 규약에 좇아서 행사하게 되고, 관리·처분의 권능은 사원 전체에 속하여 사원총회의 결의에 의한다(276). 원래 공동소유의 형태는 인적결합의 형태에 상응하는 것이며, 공유·합유·총유는 각각 持分的組合·合手的 組合·法人 아닌 社團이 물건을 소유하는 형태이며, 회사 기타의 법인이 물건을 소유하는 형태는 법인은 단일인격자이므로, 법인의 單獨所有로 된다.

공동수취인(共同受取人) 어음이나 수표에 기재된 여러 사람의 受取人. 甲과 乙과 같은 중첩적 기재이거나 갑 또는 을과 같은 선택적 기재이거나 무방하다. 支給人의 선택적 기재는 어음관계를 불명확하게 하므로 중첩적 기재만이 용납된다고 하나, 수취인의 경우에는 선택적 기재가 있더라도 발행인이 그 중 한 사람에게 교부함으로써 어음관계가 발생하고 증권을 취득한 사람만이 어음상의 권리를 취득하게 되어서 어음관계의 불명확이 생길 염려가 없기 때문이다. 중첩적 기재의 경우에는 공동수취인의 어음채권은 不可分債權(民 409)의 성질을 가졌으므로 권리의 행사 또는 배서는 그 전원이 공동하여서만 할 수 있다. 그러나 그 중 한 사람이 현재 어음을 소지하고 있으면 그 외의 사람도 대리하여 전원으로 전액을 청구할 수 있다고 보아야 할 것이다.

공동시설세(共同施設稅) 목적세의 하나. 소방 시설 그 밖에도 이와 다른 유사한 시설에 필요한 비용을 충당하기 위하여 그 시설로 말미암아 특히 이익을 받는 자에게 부과하는 조세(地稅 239 이하).

공동안전주의(共同安全主義) 〔英〕 common safty theory 공동안전을 위하여 발생한 손해비용만을 共同海損으로 하는 입법주의. 영국에서 채용하고 있는 제도.

공동압류(共同押留) 〔獨〕 mehrfache Pfändung 금전집행에 있어서 채무자의 동일재산에 대하여 동시에 다수의 채권자를 위하여 행하는 압류(民訴 556 Ⅱ, 662, 678). 同時押留라고도 한다. 다수채권자가 공동으로 동시에 집행을 신청한다든가 집행기관이 별개의 신청을 병합하여 채무자의 동일재산에 대하여 동시에 압류할 때 생긴다. 二重押留는 원칙으로 금지되어 있기 때문에, 이미 하나의 채권자를 위하여 압류가 된 뒤에는 다른 채권자는 조사절차, 등록첨부 또는 단순한 배당요구를 하여 선행의 집행절차에 가입할 수 있을 뿐이다. →공동집행

공동어업권(共同漁業權) 일정한 수면을 공동으로 이용하여 영위하는 漁業權. 공동어업권은

이를 이전하거나 담보의 목적으로 할 수 없다(水產 18, 19). → 어업권

공동운송(共同運送) 여러 명의 운송인이 상호 운송상의 연락관계를 가지고 있을 때 送荷人이 최초의 운송인에게 운송을 위탁함으로써 다른 운송인을 동시에 이용할 수 있는 順次運送의 일종. 連帶運送人이라고도 한다. → 순차운송

공동유언(共同遺言) 〔獨〕 gemeinschaftliches Testament 〔佛〕 testament conjonctif 2인 이상의 자가 동일한 證書로써 하는 유언. 공동유언은 유언의 효력의 발생시기 또는 철회 등으로 말미암아 극히 복잡한 법률관계가 일어날 염려가 있으므로 이를 금지하는 입법례가 많다. 독일에서는 부부의 공동유언만을 인정하고 있다(獨民 2265~2273). 우리나라에서는 조선시대에 공동유언을 인정한 관습이 있었으나 현행민법에는 규정이 없다. 그러나 법률행위의 자유의 원칙에 비추어 공동유언도 가능하다고 해석할 수밖에는 없을 것이다.

공동유언집행(共同遺言執行) 여러 사람이 공동으로 하는 유언집행을 말한다. 유언집행자가 여러 사람인 경우에는 임무의 집행은 그 과반수의 찬성으로써 결정한다(民 1102 本文). 유언집행자가 임무를 해태하거나 적당하지 아니한 사유가 있는 때 법원은 상속인 또는 이해관계인의 청구에 의해 이를 해임하여 새로 遺言執行者를 선임한다(民 1106, 1096). 그러나 保存行爲는 각자가 이를 할 수 있다(民 1102 但). 여기서 보존행위란 재산의 멸실·훼손을 방지하고 그 현상을 유지하기 위하여 필요한 사실상 및 법률상 행위를 말하며, 건물의 수선, 시효에 의하여 소멸하려고 하는 권리에 관하여 時效中斷을 위한 행위를 하는 것 등이 이에 해당한다. 이러한 행위는 이것을 猶豫하면 구제할 수 없는 손해가 생길 염려가 있으므로 각자 단독으로 할 수 있도록 한 것이다.

공동의사주체설(共同意思主體說) 2인 이상이 일정한 범죄를 실현하려는 공동목적하에 일심동체를 이루면 여기에 공동의사주체가 형성되어 그 중의 일부가 범죄를 실행해도 그 실행행위는 공동의사주체의 행위가 되어 직접 실행행위를 분담하지 아니한 單純共謀者도 실행자에 종속하여 공동정범이 된다는 견해를 말한다. 일본의 草野 판사에 의해 구성된 이론이다. 여기에서 특징적인 것은 의사의 連帶性과 실행의 從屬性인데, 오늘날의 기능적 犯行支配의 관점에서 보면 共同正犯理論으로서는 아직 순화되지 못한 것으로 보인다. 그럼에도 최근의 우리나라 대법원판결 중에는 이 공동의사주체설을 수용한 것이 눈에 뜨인다. 그러나 이에 대해서는 ① 공동의사주체를 행위의 주체로 삼는 것은 단체책임을 인정하는 것이 되어 개별책임원리에 입각한 책임원칙에 반한다는 점, ② 단순한 共謀者에게 실행자의 실행행위에의 종속을 통해 공동정범을 인정하는 것은 정범으로서의 공동정범의 본질에 반한다는 점 등이 지적될 수 있다. → 공모공동정범

공동인명부(共同人名簿) → 부동산등기부

공동인수인(共同引受人) 환어음에 있어서 지급인으로서 여러 사람의 기재가 있는 경우에 그 중에서 인수행위를 한 2인 이상의 자. 공동인수를 하였을 경우 인수인들은 각자 인수인으로서 어음금액 전액에 대하여 책임을 지게 된다. 이는 合同責任으로서(어음 47) 連帶債務가 아니므로, 인수인의 1인에 대한 지급제시는 다른 인수인에 대하여 그 효력이 생기지 않는다. → 공동지급인

공동자원조사수역(共同資源調査水域) 어업자원의 보존·개발을 위한 조사를 한·일양국이 공동으로 하기 위하여 共同規制水域의 외측에 설정되는 수역. 그 수역의 범위 및 동수역 안에서 행하여지는 조사에 대하여는 한일어업공동위원회가 행할 권고에 의거하여 한일양국의 협의에 따라 결정된다(大韓民國과 日本國간의 漁業에 관한 協定 5).

공동저당(共同抵當) 〔獨〕 Gesamthypothek 동일의 채권을 담보하기 위하여 수개의 부동산(예: 數筆의 토지 또는 토지와 그 위의 건물)상에 설정된 抵當權. 우리나라와 같이 토지와 그 토지상의 건물이 별개의 부동산으로 되어 있고, 또 토지가 세분되어 있는 곳에서는 공동저당의 제도가 실제상 많이 이용되고 있다. 공동저당권자는 임의로 여러 개의 저당부동산 전부를 동시에 집행하여 변제를 받을 수 있을 뿐만 아니라, 하나의 저당부동산의 경매대가로부터 채권전액의 우선변제를 받을 수도 있으므로 채권자에게는 극히 유리한 제도라고 할 수 있다. 반면에, 공동저당권자의 자유선택의 여하에 따라서는 각 부동산상의 後順位抵當權者는 큰 영향을 받는다. 그래서 입법례로서는 공동저당권자의 自由選擇權을 제한하거나 또는 이러한 자유를 인정하고서 후순위저당권자간의 이해를 조절하는 규정을 두거나 하는 것이 필요하다. 우리 민법은 원칙으로서 후자의 입장을 취하고 있다. 첫째로, 공동저당의 목적물의 전부가 동시에 경매되는 경우에는 각 저당부동산의 가액에 응하여 공동저당권자의 채권액을 按分하여 공동저당권자는 각 저당부동산으로부터 배분액만큼의 우선변제를 받고, 배분액을 넘

는 부분을 후순위저당권자의 변제에 충당한다(民 368Ⅰ). 다음에, 공동저당의 목적물 중 일부부동산에 관해서만 경매가 있어 그 대가를 배당할 경우에는, 공동저당권자는 그 대가로부터 채권전부에 관해서 변제를 받는다. 그러나 민법은 이 경우에 후순위저당권자를 보호하여 공동저당권자가 저당부동산 전부를 동시에 집행했다면 다른 부동산으로부터 우선변제를 받았을 금액을 한도로 하여, 후순위저당권자가 공동저당권자를 대위하여 저당권을 행사할 수 있다(368Ⅱ)고 한다. 또 공동저당권자가 목적부동산 중의 1개에 관한 저당권을 포기한 경우에는 다른 부동산상의 후순위저당권자의 이익을 해하고 그를 보호할 수 없게 되는데 판례는 이것을 공동저당권자의 불법행위가 아니라고 한다. 다만, 입법론으로서는 후순위저당권자의 보호를 위한 조치가 필요하다.

공동저작물(共同著作物)　합저작물과 같다.

공동절교(共同絶交)　법률상 특히 문제가 되는 것은, 邑·面·部落 등에서 제재를 가하기 위하여, 특정인을 그 사회의 공동생활에서 제외하고(예컨대 행사나 집회에 참가시키지 않음과 같이) 공동으로 절교하는 것이 위법한 행위(민법상 불법행위 또는 형법상 협박죄)가 되느냐 안되느냐에 있다. 사회의 질서를 유지하기 위한 국가의 제도가 완비되어 있지 않았던 시대에는 촌락자치의 제재로서 어느 정도 존재의의가 있었지만, 현대에 있어서는 원칙적으로 위법한 행위가 된다. 다만 공동생활의 부당한 파괴자에 대하여 경미한 自治的 制裁를 가하는 것은 현재에도 허용되지 않는 것은 아니다. 결국 각 경우에 있어서, 절교되는 자의 부당한 행위와 절교를 결정하는 방법, 절교의 내용 등을 잘 검토하여 선량한 풍속 기타 사회질서라는 표준에 비추어 그 위법성의 유무를 결정하지 않으면 안된다. 보이코트 등도 어떤 점에서는 이와 유사하지만, 본래는 특별한 경제적 의의를 가지는 것이다.

공동점유(共同占有)　한 개의 물건 또는 물건의 일부에 대하여 여러 사람이 공동으로 하는 占有. 이에 대하여 점유자가 1인인 것은 單獨占有이다. 한 개의 물건을 공동으로 사용하는 공유자, 한 개의 금고를 개폐하는데 필요한 여러 개의 열쇠를 나누어 점유하는 자, 여러 사람의 遺産相續人 등은 공동점유의 예이다.

공동정범(共同正犯)　〔獨〕 Mittäterschaft 〔佛〕 coauteur　2인 이상이 공동하여 죄를 범하는 것(刑 30). 單獨正犯에 대하는 것으로는 정범의 일종이고, 좁은 뜻의 공범, 즉 敎唆犯·從犯과 더불어는 넓은 뜻의 공범에 포함된다. 공동정범에 관하여는 특정한 범죄의 실행을 공동하는 것으로 이해하는 犯罪共同說과 행위를 공동하여 각자의 범죄를 실행하는 것으로 이해하는 行爲共同說이 대립한다(→과실범의 공동정범). 공동정범의 주관적 요건은 공동실행의 의사(공동가공의 의사, 의사의 연락)이다. 이것이 없으면, 단순한 동시범에 불과하다. 그 의사는 일방적이 아니라, 상호적임을 요한다(→편면적 공동정범). 또 그 의사는 행위시에 있으면 족하고, 반드시 사전에 있음을 요하지 아니한다(→승계적 공동정범). 객관적 요건은 공동실행의 사실(실행행위의 분담)이다. 이 경우에 공동의 실행행위는 타자의 행위가 합하여 전체로서 구성요건에 해당하면 된다. 예컨대, 갑이 피해자에 대하여 폭행·협박을 행하고 을이 재물을 취한다는 형태로 실행행위의 분담이 있으면 갑·을은 모두 强盜罪의 共同正犯이다. 共同正犯에 있어서는, 그 1인의 행위에 의하여 결과가 발생하고 타자의 행위가 결과의 발생과 관계가 없어도, 전원이 그 결과에 대하여 旣遂의 책임을 진다. 法文에 각자를 그 죄의 정범으로 처벌한다는 것은, 이러한 뜻이다. 예컨대, 갑·을이 공모하여 병에게 발포하였는데, 갑의 탄환에 의하여 병이 사망하고 을의 탄환은 병에 명중하지 아니하여도, 을은 역시 살인기수의 책임을 진다. 그리고 판례는 공동실행을 필요로 하지 않는 共謀共同正犯을 인정하고 있다(→공모공동정범).

공동지급인(共同支給人)　갑과 을이 중첩적으로 기재된 여러 명의 지급인. 지급인의 중첩적 기재는 유효하다. 이 경우에 있어서 지급거절로 인한 遡求는 공동지급인 전원의 지급거절이 있어야 하나, 引受拒絶로 인한 소구는 1인의 인수거절이 있으면 된다는 설과 그 전원이 인수거절이 있어야 한다는 설이 대립되고 있다.

공동지배(共同支配)　〔獨〕 Gesamtprokura, Kollektivprokura　상인이 여러 사람의 지배인에게 공동으로 代理權을 행사하게 하는 것(商 12Ⅰ). 대리권의 濫用·誤用을 상호간의 견제·보충에 의하여 방지하기 위한 제도이다. 공동지배인은 공동하여서만 상대방에게 대리행위를 할 수 있으므로 지배인 상호간의 동의 또는 追認으로써는 부족하다. 그러나 수동대리의 경우는 각자에 의사표시의 수령권한이 인정된다(12Ⅱ). 공동지배 및 그 변경은 등기사항이다(13).

공동집행(共同執行)　넓은 의미에서는 동일 債務者에 대하여 여러 사람의 채권자를 위하여 집행이 행하여지는 상태로 집행의 동시착수에 의하여 생기든가, 집행개시후의 배당절차에 의한 집행가입에 의하여 생기든가 불문한다. 좁은 의미에서는 동시에 여러 사람의 채권자를 위하여 동일채무자의 금전 그 밖의 재산을 압류하여 집행하는 것을 말하며, 共同押留와 같은 뜻이다.

공동참가(共同參加) 소송의 목적이 당사자의 일방과 제3자에 대하여 합일적으로만 확정될 경우에는 그 제3자는 공동소송인으로 소송에 참가할 수 있는데(民訴 76), 소송의 참가신청은 그 취지에 이유를 명시하여 피참가소송의 계속법원에 제기하여야 하나, 또한 서면으로 참가신청한 경우는 그 서면을 당사자 쌍방에 송달하여야 하며, 참가인으로서 할 수 있는 소송행위와 동시에 할 수 있다(76Ⅱ, 66). → 소송참가

공동채권관계(共同債權關係) 1개의 채권관계가 단체 또는 공동목적으로 결합한 여러 사람에게 공동적으로 귀속하고 있는 것. 合有債權關係 및 總有債權關係를 말한다(→ 합유채권관계, 총유채권관계). 그리고 동일한 급부를 공동의 목적으로 하는 여러 사람의 채무자(불가분채무자·연대채무자·주채무자와 보증인)를 공동채무자라고 부르는 일도 있다.

공동채무자(共同債務者) → 공동채권관계

공동판매(共同販賣) **카르텔** 〔獨〕 Verkaufskartell 판매량을 배정함과 판매를 집중하여 이익의 전부를 일단 카르텔의 중앙금고에 거두어, 다시 이를 일정한 배정률에 따라 각 기업자에게 분배하는 카르텔. 또 수익분배 카르텔·이윤분배카르텔이라고도 하며, 또 공동판매기관을 신디케이트라고 부르기 때문에 일반으로 신디케이트라고도 한다. → 카르텔

공동피고인(共同被告人) 〔英〕 codefendant 〔獨〕 Mitbeschuldigte 형사소송에 있어서, 피고인을 달리하는 여러 개의 사건의 審理가 병합된 결과, 여러 사람이 1개의 소송절차에서 동시에 피고인으로 되는 경우에 이들을 共同被告人이라 한다. 공동심리는 공범자에 한하지 않고 관련사건의 피고인도 공동으로 심리된다. 따라서 공동피고인에 관하여는 소송관계는 각별로 존재하고, 공범 등의 다른 관계에서 오는 영향은 예외로 하고, 공동피고인의 1인에 관하여 발생한 사유는 원칙적으로 다른 피고인에게 영향을 미치지 않는다. 예외로서 피고인의 이익을 위하여 원심판결을 파기하는 경우에 파기의 이유가 상소한 공동피고인에 공통되는 때에는 그 공동피고인에 대하여도 원판결을 파기하여야 한다(刑訴 364의2, 392). 공동피고인은 피고인인 동시에 다른 피고인과의 관계에서는 제3자이다. 따라서 그 陳述調書는 다른 공동피고인에 대한 관계에서는 피고인 이외의 자의 진술로서 일반의 전문법칙(312～315)을 적용받고, 그 내용이 타인으로부터 傳聞한 진술이면 316조의 적용을 받는다. 공동피고인의 진술은 이상의 표준에서 다른 공동피고인의 자백의 補强證據로 되지만, 그것만으로써 다른 공동피고인의 유죄를 인정할 수 없다(판례는 반대)(→ 공범자의 자백). 공동피고인은 타인에 관한 사실에 대하여는 證人適格을 갖는다.

공동피고인(共同被告人)**의 자백**(自白) → 공범자의 자백

공동해손(共同海損) 〔英〕 general average 〔獨〕 extraordinäre, grosse od, gemeinschaftliche Haverei 〔佛〕 avaries communes ou grosses 선장이 船舶과 積荷를 공동위험으로부터 면하게 하기 위하여 선박 또는 적하에 대하여 한 처분으로 인하여 생긴 손해 또는 비용(商 832). 單獨海損에 대한 對句이며 선박과 적하를 위험으로부터 구하기 위하여 생긴 손해나 비용을 각 이해관계인이 공동하여 부담하기 때문에 공동이라는 문자를 붙인 것이다. 공동해손에 관하여는 세계적으로 공통되는 요크 안트워프 규칙(YAR)이 있다. 공동해손의 요건으로는 다음의 세 가지가 있다. ① 선박과 적하에 공동위험이 있을 것. 위험이라 함은 선박과 적하의 전부멸실의 가능성을 말한다. 위험은 현실적이며 객관적으로 존재하여야 하며, 위험의 종류를 불문하며 선박과 적하에 공동의 위험이어야 한다. ② 선장이 위험을 피하기 위하여 고의적인 처분을 하였을 것. ③ 처분으로 인하여 손해 또는 비용이 생겼을 것. 손해와 비용은 비상적인 것이어야 한다. 어떠한 범위의 손해 또는 비용이 공동해손으로 되는가에 관하여 공동안전을 위하여 생기는 것만으로 하는 共同安全主義와 항해완료라는 공동이익을 위하여 생긴 것 전부를 포함하는 共同利益主義와 이러한 것과 관계없이 공동해손행위와 상당인과관계있는 것으로 하는 犧牲主義의 3立法主義가 있는데, 우리 상법은 가장 합리적인 희생주의를 취한 것이라고 해석한다. ① 분담. 공동해손은 그 위험을 면한 선박 또는 적하의 가격과 운임의 반액과 공동해손의 액과의 비율에 따라 각 이해관계인이 이를 분담한다(833). 그러나 공동해손처분으로 인하여 손해가 발생하여도 분담되지 않는 것이 있다(839). 이해관계인의 분담의무의 발생에 관하여는 선박 또는 적하가 위험을 면하여 잔존하면 된다. 공동해손처분과 잔존 사이에 인과관계가 있어야 하는가에 관하

여는 입법주의 중 因果主義와 殘存主義가 대립한다. 프랑스법계 및 日商法(舊商法)은 인과주의이며(舊商 789). 영미법계·독일법계 및 우리나라의 상법은 잔존주의에 의한다(商 833). 인과주의이든 잔존주의이든 분담의무가 발생하자면 적어도 선박 또는 적하의 전부 또는 일부가 航海完了時에 잔존하여야 함은 입법례가 일치하는 바이며, 잔존물이 없으면 분담주의가 발생하지 않는다. 그러나 잔존물의 범위에 관하여는 다시 입법주의가 갈려, 선박과 적하의 전부 또는 일부의 보존을 필요로 한다는 併存主義(獨商 703), 선박의 보존을 필요로 한다는 船舶單存主義(佛商 423)와 영미법계·日法 및 우리나라의 상법과 같이 선박이나 적하의 어느 쪽이든 보존되면 된다는 保存種類不問主義(商 833) 등이 있으며, 요크 앤트워프 규칙도 이것에 의하고 있다. ② 분담의 비율. 공동해손은 위험을 면한 선박이나 적하의 가액과 운임의 반액과 공동해손의 가액과의 비율에 따라 이해관계인이 이를 분담한다(833). 이해관계인이라 함은 선박 또는 적하의 소유자 및 운임의 귀속자를 말한다. 共同海損의 분담책임있는 자는 선박이 도달하거나 적하를 인도한 때에 현존하는 가액의 한도에서 그 책임을 진다(835). 선박과 적하의 공동위험이 선박 또는 적하의 하자나 기타 과실있는 행위로 인하여 생긴 때에는 공동해손의 분담자는 그 책임있는 자에 대하여 求償權을 행사할 수 있다(837). ③ 공동해손의 계산. 공동해손의 계산에 관하여 상법상 약간의 조문이 있으나(834, 838, 840, 841), 업계에서는 공동해손의 정산이라고 하여 공동해산정산인에게 위촉하는 것이 보통이다. 또 선박소유자는 수하인의 분담금에 관하여 운송물상에 유치권을 가지고 있으므로(800Ⅱ), 이를 피하기 위하여 受荷人과의 사이에 海損契約書를 작성하여 상당한 보증금을 제공시켜 화물을 인도하는 상관습이 있다. 그러나 현재는 적하에 관하여 거의 모두 보험이 붙여지는 형편이므로 수하인의 보증금 대신에 보험회사의 分擔保證狀을 받아두는 일이 많고, 또는 해손계약서에 보험회사가 기명날인하는 일도 있다. → 요크 앤트워프 규칙

공동행위(共同行爲) 일반적으로 공동행위라 함은 사업자가 계약·협정·결의 등 어떠한 방법으로든 다른 사업자와 공동으로 행하는 행위를 말하는 바, 獨禁法에서 문제가 되는 공동행위는 이 중에서도 사업자간의 경쟁에 관계되는 것으로서 ① 가격을 결정·유지 또는 변경하는 행위, ② 상품 또는 용역의 거래조건이나 그 대금 또는 대가의 지급조건을 정하는 행위, ③ 상품의 생산·출고·수송 또는 거래의 제한이나 용역의 거래를 제한하는 행위, ④ 거래지역 또는 거래상대방을 제한하는 행위, ⑤ 생산 또는 용역의 거래를 위한 설비의 신설 또는 증설이나 장비의 도입을 방해하거나 제한하는 행위, ⑥ 상품의 생산 또는 거래시에 그 상품의 종류 또는 규격을 제한하는 행위, ⑦ 영업의 주요부문을 공동으로 수행하거나 관리하기 위한 회사 등을 설립하는 행위, ⑧ 다른 사업자의 사업활동이나 사업내용을 방해하거나 제한하는 행위. 다만, 산업합리화, 연구·기술개발, 불황극복, 산업구조의 조정, 중소기업의 경쟁력향상 또는 거래조건의 합리화를 위한 경우로서 대통령령이 정하는 바에 의하여 公正去來委員會의 인가를 받은 경우에는 그러하지 아니하다(獨禁 19Ⅱ). 위에 규정된 부당한 공동행위를 할 것을 약정하는 계약 등은 사업자간에 있어서는 이를 무효로 한다(19Ⅳ). 이를 위반한 자에게는 벌칙이 과해진다(66Ⅰviii).

공동해손정산(共同海損精算) 공동해손에 있어서의 손해액 및 그 분담액의 계산. 상법의 규정(商 832 이하) 외에 선하증권상의 약관에 의하여 요크 앤트워프 규칙이 채용되는 것이 보통이다.

공동행위(共同行爲)**의 금지**(禁止) 獨占禁止에 있어서 사적독점 또는 부당한 거래제한을 예방하기 위하여 사업자간의 일정한 공동행위(① 대가의 결정 유지·인상, ② 생산, 수량 또는 판매수량의 제한, ③ 기술제품 또는 고객의 제한, ④ 설비의 신설 혹은 확장 또는 새 기술 혹은 새 생산방식의 채용의 제한)를 금지하는 것. 이들 행위는 전형적 카르텔행위이며 사적독점이나 부당한 거래제한이 되는 요건을 갖추면 여기에 해당하는 것으로 금지되지만 그 요건을 갖지 않더라도 그러한 가능성을 예방하기 위하여 금지된다. 또한 같은 내용을 가진 國際的 協定, 貿易協定도 금지되는 것이 상례이다.

공로주(功勞株) 주식회사의 설립 또는 신주발행에 진력한 발기인 또는 이사에 대하여 그 공로에 보답하기 위하여 발행되는 주식. 외국에서는 無償株인 경우(영미에서의 소위 發起人株)도 있으나, 우리나라에서는 자본충실의 원칙상 이러한 무상주는 인정되지 않는다.

공 류(公流) 공공의 이해에 관계있는 流水. 公水의 일종으로서 하천법 기타 행정법규의 대상이 된다. 高地所有者는 필요한 경우에 공류에 이르기까지 타인소유의 저지에 물을 통과시킬 수 있고(民 226), 公有河川의 연안에서 농·공업을 경영하는 자는 필요한 引水를 할 수 있다(231). → 공수, 용수권

공리주의법학(功利主義法學) 〔英〕 utilitarianism 實利主義라고도 한다. 주로 영국에서 발달하였다. 밴덤이 창시자이다. 블랙스톤에 의하여 대표되는 보수주의적 자연법이론에 반대하여, 사회생활의 실익을 증진하는 것에 법의 임무를 발견하고, 最大多數의 最大幸福이라고 하는 척도에 따라서 법에 관한 모든 것을 평가한다. 여기에 대해서는, 저속한 快樂主義로 인격의 존엄성을 모독하는 것이라는 비판이 가하여지고 있다. 이리하여, 밀은 행복의 양만이 아니라 그 사이에 질의 相違가 있다는 것을 인정하여, 얼마만큼 다수의 사람이 얼마만큼의 행복을 얻을 수 있는가에 평가의 안목을 두기로 하였다. 요약해서 말하면, 이러한 입장에서는, 법의 정당성은 사회에 있어서 행복의 증진에 의하여 정하여진다고 주장하는 것이 되고, 인간의 행복의 실현을 역사적 발전의 目的因으로 하는 아리스토텔레스의 형이상학을 경험주의적으로 철저하게 한 것이라고 말할 수가 있다. 법은 가급적 근소한 희생으로 가급적 많은 욕구를 만족시키기 위한 사회제도이어야 한다고 주장하는 파운드도 이 영향을 받고 있다.

공립학교(公立學校) 학교 중에서 지방자치단체가 설립·경영하는 학교(初·中等教育法 3). 시립학교·도립학교·군립학교·자치구립학교라고도 한다. 초등학교·중학교·고등학교·기술학교·고등기술학교·공민학교·고등공민학교·특수학교 및 유치원과 이에 준하는 각종 학교를 설립하고자 하는 자는 시·도교육감의, 공·사립의 대학·교육대학·사범대학·전문대학·방송통신대학·개방대학·기술대학과 이에 준하는 각종 학교를 설립하고자 하는 자는 교육부장관의 인가를 받아야 한다(4 Ⅱ, 高等教育法 4 Ⅱ).

공립화재보험(公立火災保險) 〔英〕 government fire insurance 16세기의 초엽부터 독일의 여러 도시에 火災길드(Guild)의 발생을 보았던바 17세기에 접어들어 함브르크와 같은 상업도시에 있어서는 가옥 그 밖의 건물로서 금융을 구하는 경우에 화재보험의 보호는 채권자에 대하여 큰 이익을 줌과 동시에 빈번한 화재의 발생은 이에 대한 견고한 시설을 필요로 하게 되어 1677년 화재보험금고가 설치되었다. 이 금고는 공적인 성질을 가진 것으로서 간접적으로 保險加入을 강제하는 방법을 채택하였다. 그후 프러시아에 있어서도 1818년부터 1836년에 이르는 동안에 국내에 약 50개의 화재보험소를 설정하게 되었다. 오늘날 화재보험을 公營하는 것은 위와 같은 역사를 지닌 독일에서 가장 현저하며 공립화재보험의 가입을 강제하고 국가의 감독하에 부동산의 화재보험을 경영하고 있다.

공 매(公賣) 법률의 규정에 의하여 공공기관이 금전채권의 강제집행을 함에 있어서 목적물을 換價處分하는 방법의 하나. 민사소송법상의 공매와 국세징수법상의 공매의 2종이 있다. 전자는 민사상의 강제집행으로서 그 목적물을 환가처분하는 방법이며, 그 전형적인 것은 競賣이다. 후자는 국세체납처분절차의 최종단계로서 압류재산을 강제적으로 환가처분하는 것이다. 세무공무원이 압류한 동산·유가증권·부동산·무체재산과 제3자로부터 받은 물건(통화는 제외)은 원칙적으로 入札이나 경매의 방법에 의하여 공매한다(國徵 61, 67). 매각대금 및 압류통화는 국세·가산금·체납처분비 기타 채권에 배분하고 잔여가 있을 때에는 체납자에게 환부한다(81). 체납처분의 목적물의 총견적가격이 가산금과 체납처분비에 충당하고 잔여가 없을 때에는 체납처분을 중지하여야 하며, 이 경우에는 세무서장은 결손처분을 할 수 있는 바, 결손처분을 할 당시 압류한 재산이 따로 있는 경우를 제외하고는 납세의무는 소멸된다(85, 86). →입찰, 경매, 결손처분, 강제집행, 국세체납처분

공매보증금(公賣保證金) 체납자의 재산을 공매할 경우에 있어서 필요하다고 인정할 때에 매수 희망자로부터 받는 보증금. 즉 入札保證金 또는 契約保證金이라 한다. 전자는 각 매수 희망자의 견적가격의 100분의 10 이상이고 후자는 매수가격의 100분의 10 이상으로 하며, 양자는 국채로서 가능할 수 있다(國徵 65 Ⅰ·Ⅱ). 이 경우에 낙찰 또는 경락자가 그 의무를 이행하지 아니하면 보증금은 국고에 귀속한다(65 Ⅳ).

공매중지(公賣中止) 일정한 사유에 의하여 公賣를 중지하는 것. 공매기일 전일까지 체납자 또는 제3자로부터 그 국세와 독촉수수료와 체납처분비를 완납하였을 때에는 세무공무원은 공매를 중지하여야 한다(國徵 71).

공매처분(公賣處分) 세금체납자의 재산을 강제집행하여 공매에 붙이는 처분. 압류한 체납자의 재산은 통화만을 제외하고 매각하여 환가처분하고 이로써 취득한 금액은 체납처분비·독촉수수료·국세 또는 그 밖의 公課와 채권변제에 충당하며, 나머지는 체납자에게 교부한다(國徵 61).

공매통지(公賣通知) 공매하고자 하는 자가 체납자 그 밖의 권리를 가진 자에게 하여야 하는 통지. 세무서장은 公賣公告(國徵 68)를 하였을 경우에 체납자·납세담보물 소유자와 그 재산상의 질권 또는 저당권 그 밖의 권리를 가진 자에 대하여 공고와 동시에 공매기일·공매방법과 공매장소

등을 통지하여야 한다(67, 68).

공 모(公募)　新株 또는 社債를 발행할 때에 불특정 다수인으로부터 주주 또는 사채권자를 모집하는 방법으로서 직접모집과 간접모집이 있다. 전자는 발행회사가 직접하는 것이고 후자는 증권업자가 취급 또는 인수하여 행하는 방법이다.

공모공동정범(共謀共同正犯)　2인 이상의 자가 범죄의 공모를 하고서, 그 가운데의 어떤 자에게 범죄를 실행시킨 때에는 실행을 분담하지 아니한 공모자도 공동정범이 된다는 것을 말한다. 판례의 입장이며, 그 이론적인 기초는 共同意思主體說이다. 이 설에 의하면, 여러 사람의 공모에 의하여 동심일체적인 공동의사주체가 형성되고, 그 가운데의 적어도 1인의 실행이라도 그 공동의사주체의 활동이 되는 것이다. 다만 그 공동의사주체는 범죄를 목적으로 하는 위법적·일시적인 존재에 불과하므로 그에게 책임을 지울 수 없다. 그래서 책임에 관하여는 민법의 組合理論으로부터 유추하고 또 科刑의 객체로서 자연인을 예정하는 현행형법의 기본적 입장에서 보아, 공동의사주체를 구성하는 개인에 있어서 생각해야 한다고 설명한다. → 공동정범

공무강요죄(公務强要罪)　직무강요죄와 같다.

공무담임권(公務擔任權)　넓은 의미의 국가기관원이 되어 공무를 담당할 수 있는 국민의 참정권(정치권)의 하나. 국민은 누구든지 법률이 정하는 바에 따라 國家機關員이 될 수 있다(憲 25). 공직피선거권·공무원피임권을 의미한다. → 참정권, 선거권

공무방해(公務妨害)**에 관한 죄**(罪)　〔獨〕Widerstand gegen die Staatsgewalt 〔佛〕rébellion, résistance　공무원의 직무집행행위 뿐만 아니라 널리 공무 자체를 직접 또는 간접으로 방해하는 범죄의 총칭(刑法各則 8장). 본죄의 보호법익은 국가 또는 공공단체의 기능적 작용이다. 이에는 公務執行妨害罪(136 Ⅰ), 職務强要罪(136 Ⅱ), 僞計公務執行妨害罪(137), 法廷·國會會議場侮辱罪(138), 人權擁護職務妨害罪(139), 公務上秘密標示無效罪(140), 公用書類無效罪(141 Ⅰ), 公用物破壞罪(141 Ⅱ), 公務上保管物無效罪(142), 特殊公務妨害罪(144)가 있다.

공무상병(公務傷病)**에 대한 보상**(補償)　국가공무원의 공무상의 사상·질병 또는 이로 인한 사망에 의하여 본인 또는 직접 부양하는 자가 받는 손해에 대한 보상의 제도. 公務員年金法·공무원연금지급규정·군사원호보상법·군사원호보상급여금법 등의 입법이 있다.

공무상보관물무효죄(公務上保管物無效罪)　공무소로부터 보관명령을 받거나 공무소의 명령으로 타인이 관리하는 자기의 물건을 損傷 또는 隱匿하거나 기타 방법으로 그 효용을 해하는 죄(刑 142). 特殊公務上保管物無效(144)(→특수공무방해죄)의 경우에는 형을 가중한다. 공무소의 명령으로 타인이 관리하는 자기의 물건이란, 공무소의 처분에 의하여 공무소의 사실상의 지배로 옮겨진 것을, 제3자가 공무소의 명령에 의하여 그의 사실상의 지배내에 두게 된 물건을 말한다. 손상·은닉 등에 관하여는 公用書類無效罪를 보라. 미수범은 처벌한다(143).

공무상비밀누설죄(公務上秘密漏泄罪)　공무원 또는 공무원이었던 자가 법령에 의한 직무상비밀을 누설하는 죄(刑 127). 공무원은 재직중이나 퇴직후를 막론하고 직무상 비밀을 엄수하여야 한다(國公 60). 직무상의 비밀이란, 그 지위 내지 자격에서 직무집행중에 알게 된 비밀을 말한다. 누설은 타인에게 告知하는 것이다. 그 방법에는 제한이 없다. 서류를 열람시키는 것, 공표하지 않고 단 한 사람에게만 고지하는 것, 이미 알고 있는 자에게 고지하는 것, 타인에게 전파시키지 않는다는 조건하에 告知하는 것도 누설이다.

공무상비밀표시무효죄(公務上秘密標示無效罪)　공무원이 그 직무에 관하여 실시한 封印 또는 押留 기타 강제처분의 표시를 손상·은닉 기타 방법으로 그 효용을 해하거나 공무원이 그 직무에 관하여 封緘 기타 비밀장치한 문서나 도화를 개봉하거나, 공무원이 그 직무에 관하여 봉함 기타 비밀장치한 문서, 도화 또는 전자기록 등 특수매체기록을 기술적 수단을 이용하여 그 내용을 알아내는 죄(刑 140). 特殊公務上秘密標示無效(144)(→특수공무방해죄)의 경우에는 형을 가중한다. 封印이란 물건에 대한 임의처분을 금지하기 위하여 그 물건에 실시된 금지의사의 상징이라고 인정될 수 있는 封緘 기타의 設備를 말한다. 당해 공무원의 인장이 찍혀 있어야 하는 것은 아니고 물건명·연월일·집행관의 성명 및 소속법원 등을 기입한 紙片을 감아두는 것도 封印을 실시한 것이다. 압류란 공무원이 그 직무상 보관해야 할 물건을 자기의 점유로 옮기는 강제처분을 말한다. 封印·押留 기타의 强制處分의 표시는 적법한 것이라야 하는가에 관해서는 적극·소극의 양설이 있으나 적극설이 통설이다(→비밀침해죄). 미수범은 처벌한다(143).

공무소(公務所) 공무원이 그 직무를 행하는 곳. 有形의 장소 또는 建造物을 지칭하는 것이 아니고, 제도로서의 관청을 의미한다. 각종 범죄의 구성요건의 내용을 이루는 중요한 개념으로서, 공무소에서 사용하는 서류(刑 141), 공무소로부터 보관명령을 받은 물건(142), 공무소의 문서(225, 230), 공무소의 인장(238) 등 여러 곳에서 사용되고 있다.

공무원(公務員) 〔英〕 public official 〔獨〕 öffentlicher Beamte 〔佛〕 fonctionnaire public ① 넓은 뜻으로는 국가 또는 지방자치단체의 사무를 담당하는 일체의 자를 가리키고, 선임방법의 여하를 불문하며, 또한 立法·行政·司法의 각부의 여하를 불문한다. 그러나 좁은 뜻으로는 의원·법관·私的 雇傭者를 제외한다. 이와 같은 의미의 공무원은 國家公務員과 地方公務員으로 나눈다. 국가공무원법은 공무원의 직을 경력직과 특수경력직으로, 경력직은 일반직·특정직·기능직으로, 특수경력직을 정무직·별정직·전문직과 고용직으로 구분한다. ② 지방공무원법도 국가공무원법에 준하고 있다. 국가공무원법과 지방공무원법은 원칙으로 경력직 중 일반직과 기능직공무원의 근무법이 되고 있고 특정직공무원에 관하여는 각 특별법이 있다(예: 교육공무원법·군인사법·군무원인사법 등). 이와 같은 공무원 외에 공법상의 법인의 임·직원 등은 특별법에 의하여 공무원에 준한 법적 취급을 받는 예가 많다(예 : 韓銀 8, 韓國産業銀行法 17, 韓國土地公社法 27 등). 헌법 및 국가공무원법은 공무원이 국민 전체에 대한 봉사자임을 규정하고 있다(憲 7 I, 國公 1). 이와 같은 신분을 가짐으로 말미암아 공무원은 일반국민에게는 허용되는 여러가지 권리가 제한되고 또는 의무가 과해지고 있다. ③ 특히 형법상 공무원이라 함은 국가공무원법·지방공무원법에 의한 국가공무원·지방공무원 및 다른 법령에 의하여 공무원의 자격이 부여된 자 가운데서, 단순한 노무에 종사하는 공무원(자)(國公 2 Ⅲ iv. 地公 2 Ⅲ iv)을 제외한 것을 말한다. 즉, 단지 기계적·육체적 노무에 종사함에 불과한 고용직공무원 등은 제외된다. 그런데 우편집배원은 형법상의 공무원이라고 보는 것이 좋을 것이다. →공무원의 권리, 공무원의 의무, 공무원의 책임

공무원강요죄(公務員强要罪) →공무원권리행사방해죄

공무원공개경쟁승진시험(公務員公開競爭昇進試驗) 특정한 직급의 공무원에 결손이 생겼을 경우에 그 결손보충방법으로서 그 직급의 하위직급에 재직중인 공무원을 昇進任用하기 위하여 행하는 시험의 일종. 공무원특별승진시험에 대조되는 개념. 공무원공개경쟁승진시험은 5급공개경쟁승진시험에 한하는 바(公務員任用試驗令 18), 현재의 소속기관의 구별없이 승진에 필요한 자격요건을 갖춘 모든 6급공무원을 대상으로 실시된다(19). 시험실시기관은 행정자치부이며(國公 34), 시험을 실시할 경우에는 시험기일 20일 전에 시험방법·일시·장소 및 과목 등을 일간신문 또는 방송 기타 효과적인 방법에 의하여 공고한다(公務員任用試驗令 22).

공무원공개경쟁채용시험(公務員公開競爭採用試驗) 일정한 자격요건을 갖춘 자가 평등하게 응시할 수 있는 공무원채용시험. 공무원의 채용은 특정한 예외적인 경우를 제외하고는 원칙적으로 공개경쟁시험에 의한다. 공무원공개경쟁채용시험은 5급·6급·9급 및 기능직공개경쟁채용시험이 있으며, 5급공개경쟁채용시험은 다시 행정고등고시·외무고등고시 및 기술고등고시로 나뉘는 바, 시험방법은 6급 이하의 공무원의 경우에는 제1차·2차·3차시험으로 구분하여 실시하며, 기능직의 경우에는 제1차·2차시험으로 구분하여 실시한다(公務員任用試驗令 12, 13). 응시자격·시험방법·채용인원·일시·장소·시험과목·배점비율 등을 일간신문 또는 방송 기타 효과적인 방법에 의하여 공고한다(22).

공무원권리행사방해죄(公務員權利行使妨害罪) 공무원이 직권을 濫用하여 사람으로 하여금 의무없는 일을 행하게 하거나 사람의 권리행사를 방해하는 죄(刑 123). 직권의 남용이란 형식적으로 일반적 직무권한에 속하는 사항에 대하여 실질적으로 위법한 조치를 하는 것을 말한다. 의무없는 일을 행하게 하는 것이란 법률상 전혀 의무없는 일을 행하게 하는 경우뿐 아니라, 예컨대 부당하게 과중한 세금을 부과하여 납부케 하는 경우도 포함한다. 폭행·협박을 수단으로 사용하는 경우에는 强要罪(324)와의 상상적 경합이 된다.

공무원선거권(公務員選擧權) 공무원선거를 위한 국가기관(선거인단)에 참가할 수 있는 국민의 基本權. 모든 국민은 법률이 정하는 바에 의하여 공무원선거권을 가진다(憲 24). 공무원선거권은 대의(간접)민주정치를 원칙으로 하는 현대민주국가에서는 국민의 참정권 중 가장 중요한 것이며, 우리나라에서도 그렇다. 국회의원의 선거권은 普通·平等·直接·秘密의 原則에 따라 부여되어야 한다(41). →선거권

공무원연금기금(公務員年金基金) 〔英〕 Government Pension Fund 공무원의 퇴직·사

망·공무로 인한 질병·폐질에 관한 적절한 급여실시를 목적으로 공무원연금법 73조에 근거하여 1960년 1월에 설치된 민간관리기금이다. 소관부처는 행정자치부이고 운용주체는 公務員年金管理公團이며 재원은 매회계연도에 있어서 공단의 예산에 계상된 적립금 및 결산상 잉여금과 기금운용수익금으로 조성되는데 동기금은 기금증식과 공무원의 후생복지를 위한 재산취득·대부·주택사업·복지시설사업·여유자금운용 등에 사용되고 있다.

공무원(公務員)의 권리(權利) 공무원이 국가 또는 지방자치단체에 대하여 가지는 일종의 個人的 公權. 공무원은 일반사인과 다른 특별한 의무를 지니는 반면 그것과 다른 여러가지 권리를 가지고 있다. 그 공무원의 권리를 대별하면 신분상의 권리와 재산상 권리의 둘로 나눌 수 있다. ① 신분상의 권리. 경력직공무원은, ㉠ 身分保有權·관직보유권·직무집행권(즉 형의 선고·징계처분 또는 국가공무원법에 정하는 사유에 의하지 아니하고는 그 의사에 반하여 免職·停職·減俸 기타 불이익한 처분을 당하지 아니하는 권리), ㉡ 職名使用權·制服着用權을 가진다. 특수경력직공무원은 원칙적으로 신분보장을 받지 아니한다. ② 재산상의 권리. 봉급·연금·공무상병에 대한 보상(또는 공무재해보상)·실비변상 등을 받을 권리를 가진다. 특수경력직공무원도 경력직공무원과 균형된 보수를 받을 권리를 가진다. 이와 같은 공무원의 신분상 및 재산상의 권리가 침해된 때에는 공무원은 불이익한 처분에 대한 訴請·行政訴訟을 통해 권리의 구제를 받을 수 있다. →신분보장, 생활보장, 공무원의 의무

공무원(公務員)의 근로3권(勤勞三權) 노동법상 근로자는 직업의 종류를 불문하고 임금·급료 기타 이에 준하는 수입에 의하여 생활하는 자(勞整 2ⅰ)를 말하므로 공무원도 근로자임에는 틀림없다. 그러나 공무원인 근로자는 일반근로자와는 달리 공무원이라는 신분을 가지고 있으므로, 이에 따라 법률로 정하는 자에 한하여 근로 3권을 행사할 수가 있다(憲 33Ⅱ). 국가공무원법 66조 및 지방공무원법 58조는 사실상 노무에 종사하는 공무원 이외에는 勞動運動 기타 公務 이외의 일을 위한 집단적 행위를 할 수 없다고 규정하고 있다. 교육공무원에 대해서도 국가공무원법 66조가 적용되기 때문에 근로 3권의 행사가 인정되지 않고 있다. 그리고 현역 군인·군무원·경찰관리와 소방관리인 공무원에게도 근로 3권의 행사는 인정되지 않는다. 공무원에 대하여 근로 3권이 부인되는 근거는 우선 공무원의 근로관계가 이윤추구를 목적으로 하는 사용자와 노무를 제공하는 임금근로자간의 거래관계가 아니라는 것과, 공무원의 임용행위가 公法上의 契約의 성질을 가진다는데 있다. 그러나 이에 대하여 공무원의 근로관계가 經濟的 從屬勤勞關係의 범주를 벗어날 수 없으며, 또 공무원의 임용행위가 공법상의 계약의 성질을 가지지 않는다는 견해가 대립되고 있다. 후자의 입장은 공무원의 근로급부면을 중심으로 고찰할 때 국가 및 지방자치단체와 공무원간에는 대등한 거래관계가 성립할 수 있다는 주장이다. 이외에는 공무원의 근로관계의 특수성으로부터 연유하는 근로 3권제한의 근거로는 ① 국민 전체의 봉사자, ② 공무원 처우개선을 위한 법률상·예산상의 제약, ③ 職務의 公共性 등을 들 수 있다.

공무원(公務員)의 기본권제한(基本權制限) 공무원(특히 경력직공무원)에 대해서는 국민 전체에 대한 奉任者라는 지위를 확보하고, 직무의 공정한 수행과 政治的 中立性을 보장하기 위하여 일반국민에게는 인정되지 아니하는 기본권의 제한이 인정되고 있다. 정당가입의 제한, 정치활동의 제한, 노동 3권의 제한 등이 바로 그것이다. 그러나 공무원도 국민의 일부이고, 또 근로자라는 점을 감안할 때, 공무원의 기본권을 지나치게 제한하는 것은 국민국가에 있어서 기본권 보장의 이념에 반한다. 공무원의 기본권 제한을 살펴보면, ① 정당가입의 제한으로서는 국가공무원법과 지방공무원법에 신분이 보장되고 정치적 중립성이 요구되는 경력직공무원은 정당에 가입할 수 없다(國公 65Ⅰ, 地公 57Ⅰ)고 규정하고 있으며, 이것은 공무원의 국민 전체에 대한 봉사자로서의 지위와 정치적 중립성을 유지하도록 하기 위한 것이다. ② 정치활동의 제한으로서는 역시 같은 법에서 경력직공무원에 대해서는 정치적 중립성이 요구되기 때문에, 정치적 활동을 광범하게 제한하고 있다(國公 65, 地公 57). 공무원의 정치활동 제한의 근거에 관해서는 국민 전체에 대한 奉仕者說·職務性質說·特別權力關係說 등이 대립되고 있으나, 그 모두가 동시에 정치활동 제한의 근거가 된다고 본다. ③ 노동 3권의 제한으로서는 헌법 33조 2항과 국가공무원법 66조에 일정한 범위에 공무원에 대해서만 團結·團體交涉權 및 團體行動權을 허용하고 있다. 이것도 공무원의 국민 전체에 대한 봉사자로서의 지위와 직무의 적정한 수행을 보장하기 위한 것이다. 다만 기술적·노무적 업무에 종사하는 공무원 등에 대해서는 최대한으로 그 노동 3권을 보장하여야 할 것이다. ④ 特別權力關係(공법상의 특수법률관계)에 있으므로, 특별권력관계에 있어서의 질서를 유지하고 특수권력관계를 설정한 목적을 달성하기 위하여 필요하다고 인정될 경우에는 합리적인 범위 내에서 일반국민과는

달리 좀더 기본권의 제한을 받는다. 그러나 이 경우에도 그 기본권의 제한은 반드시 헌법이나 법률에 근거가 있어야 한다.

공무원(公務員)의 변상책임(辨償責任) 공무원이 그 직무를 행함에 당하여 국가 또는 지방자치단체에게 가한 손해에 대한 辨償責任. ① 국가배상법상의 변상책임. 공무원이 그 직무(권력작용, 영조물의 설치·관리 이외의 비권력작용)를 행함에 당하여 故意 또는 重過失로 타인에게 가한 손해를 국가가 배상한 경우(國賠 2), 공무원의 책임있는 원인에 기한 영조물의 설치·관리상의 하자로 인하여 타인에게 가한 손해를 국가가 배상한 경우(5), 공무원이 사경제적 직무행위를 행함에 당하여 고의 또는 과실로 타인에게 가한 손해를 국가가 배상한 경우(8, 民 756Ⅰ)에는 공무원은 국가에 대하여 변상책임을 진다(國賠 8, 民 756Ⅲ)(→국가의 배상책임). ② 회계관계직원의 변상책임. 회계관계직원이 그 직무를 행함에 있어서 임무에 위배하여 고의 또는 重過失로 국가에 손해를 끼쳤을 때에는 국가에 대하여 辨償責任을 진다(物管 39·40, 會計關係職員 등의 責任에 관한 法律 4~7)(→회계관계직원). ③ 일반공무원이 그 보관하는 물품을 亡失·毁損하였을 때에는 선량한 관리자의 주의를 태만히 하지 않았음을 증명하지 못하는 한 국가에 대하여 변상책임을 진다(4Ⅱ). 이상과 같은 공무원의 변상책임의 유무의 판정 및 징계문책처분의 요구는 감사원이 행한다(監院 21, 31~35). 감사원이 변상책임있다고 판정할 때에는 소속장관 또는 감독기관은 감사원이 정한 기간내에 이를 변상케 하고, 그 기간내에 변상하지 않을 때에는 소속장관 또는 감독기관은 관계세무서장에게 위탁하여 국세체납처분의 예에 의하여 징수한다(31Ⅲ·Ⅴ). 이상과 같은 공무원의 국가에 대한 변상책임은 지방자치단체에 대한 변상책임의 경우에도 준용된다. 공무원이 그 직무 외의 행위로 위법하게 국가·지방자치단체 또는 일반사인에게 손해를 가한 때에는 사법상의 불법행위로서 민법에 의한 배상책임을 진다(民 750). →공무원의 책임

공무원(公務員)의 복종의무(服從義務) 공무원은 직무를 수행함에 있어서 소속상관의 직무상의 명령에 복종하여야 한다(國公 57). 소속상관이라 함은 당해 직무에 관하여 指揮監督權을 가진 자로서 보조기관의 상관도 포함된다. 직무상 명령이란 상관의 부하에 대한 명령이며 이것이 유효하기 위하여 직무상의 소속상관이 부하의 직무범위내에서 직무상 독립이 보장되어 있지 않는 사항에 대하여 필요한 법정의 형식절차를 갖춘 실질적 요건이 필요한 바, 직무명령의 형식적 요건은 그 구비여부가 외관상 명백한 것이 보통이므로 부하는 이를 심사할 수 있고 그 요건이 결여된 경우에는 복종을 거부할 수 있으나 실질적 요건에 대하여는 견해가 대립되어 있다. 實質的 審査權 肯定說과 否定說이 그것이나 상하계층제에 의한 행정목적의 통일적 수행을 위하여 직무명령은 일견 적법성의 추정을 받고 受命公務員을 구속하는 힘을 가진다고 볼 것이다. 그러나 그 위반이 중대하고 명백하여 절대무효이거나 범죄를 명하는 것인 경우에는 복종을 거부할 수 있을 뿐만 아니라 거부할 의무가 있다. 또한 그 이상의 상관으로부터 서로 모순되는 직무명령을 받았을 때에는 直近上官의 직무명령에 복종함이 타당하다.

공무원(公務員)의 신분보장(身分保障) 공무원이 政權交替에 영향을 받지 아니하고, 또 동일한 정권하에서도 정당한 이유없이 해임당하지 아니하는 것을 말한다. 이러한 의미의 신분이 보장되지 아니하고, 공직이 집권당의 전리품이 되어 獵官制·情實人事 등에 의하여 좌우되거나 정당한 이유없이 해임된다면, 공무원의 국민 전체에 대한 봉사자로서의 지위도 동요하게 된다. 공무원들이 연명과 입신을 위하여 집권당의 사병이 될 우려가 있기 때문이다. 국가공무원법을 보면, 공무원은 형의 선고·징계처분 또는 이 법에 정하는 사유에 의하지 아니하고는 그 의사에 반하여 休職·降任 또는 免職을 당하지 아니한다라고 규정하여(國公 68), 공무원의 신분보장을 구체화하고 있다.

공무원(公務員)의 의무(義務) 공무원은 국가기관의 담당자로서 국민 전체에 대하여 봉사함을 그 임무로 하기 때문에(憲 7, 國公 1) 이에 대응하는 특별한 의무를 진다. 그 발생근거를 법령에 둔 것이 아니라, 근무관계의 기초가 되는 특별권력에 둔 것이므로, 그 의무는 包括的 義務이고 법령에 규정된 각종의 의무는 다만 그 예시에 불과하다. 국가공무원의 의무는 국가공무원법에서, 지방공무원의 의무는 지방공무원법에서 규정하고 있으며, 특정직국가공무원의 의무에 대하여는 교육공무원법·군인사법·군무원인사법 등 각 특별법에서 특례를 정하는 경우가 있다. 공무원의 의무는 공무원의 종류 또는 직무의 성질에 따라 그 내용이 다르고 각종 법령에서 개별적으로 규정하고 있으나 공무원에 대한 기본적인 국가공무원법에 규정된 주요한 의무는 다음과 같다. ① 誠實의 義務. 공무원은 국민 전체에 대한 봉사자로서 공공이익을 위하여 성실히 직무를 수행하여야 한다(56). ② 법령준수의 義務.

공무원은 법령을 준수하여 성실히 직무를 수행하여야 한다(56 前). ③ 服從의 義務. 공무원은 직무를 수행함에 있어서 소속상관의 직무상 명령에 복종하여야 한다(57). ④ 職務에 專念할 義務. 공무원은 성실히 전력을 다하여 직무에 전념하여야 한다. 따라서 공무원은 소속장관의 허가나 정당한 이유없이 직장을 이탈하지 못할 뿐 아니라(58 Ⅰ), 공무 이외의 영리를 목적으로 하는 의무에 종사하지 못하며(64 Ⅰ 前), 소속기관의 장의 허가없이 다른 직무를 겸하지 못하고(64 Ⅰ 後) 대통령의 허가없이 외국정부로부터 영예 또는 증여를 받지 못하며(62), 정치활동을 할 수 없을 뿐 아니라(65), 대통령령으로 정하는 사실상 노무에 종사하는 공무원을 제외하고는 노동운동 기타 공무 이외의 집단적 행동을 하지 못한다(66). ⑤ 親切·公正의 義務. 공무원은 국민전체의 봉사자로서 친절·공정히 집무하여야 한다(59). ⑥ 秘密嚴守의 義務. 공무원은 재직중은 물론 퇴직후에도 직무상 지득한 비밀을 엄수하여야 한다(60). ⑦ 品位維持의 義務. 공무원은 직무의 내외를 불문하고 품위를 손상하는 행위를 하여서는 아니되며(63), 특히 경제적으로는 淸廉義務를 포함한다. 이 의무는 공직의 체면·위신·신용에 직접적인 영향을 주는 경우를 제외하고는 공무원의 사생활에까지는 미치지 아니한다. 공무원이 이상과 같은 의무에 위반한 때에는 징계법상 또는 형사법상의 일정한 제재를 면치 못한다(78~83의3, 刑 122~135). → 공무원

공무원(公務員)**의 정치적 중립성**(政治的中立性)　공무원은 국민생활에 대한 봉사자이기 때문에 공무원의 政治的 中立性은 법률이 정하는 바에 의하여 보장된다고 헌법은 규정하고 있다(7). 즉, 공무원은 어떤 개인이나 정당에 대한 봉사자가 되어서는 안된다는 것이다. 이러기 위해서는 공무원의 신분도 강력히 보장되어야 하므로, 헌법은 신분보장과 중립성보장을 함께 규정하고 있다(7). 국가공무원법은 공무원의 신분을 보장함과 함께(68~74), 공무원은 정당 기타 정치단체의 결성에 관여하거나 이에 가입할 수 없고, 또 공무원은 선거에 있어서 특정정당 또는 특정인의 지지나 반대를 하기 위한 행위를 할 수 없다고 규정하고 있다(65). 다만, 대통령, 국무총리, 국무위원, 처의 장·각 부처의 차관·기획조정실장·국회의원의 비서는 정당에 가입할 수 있다(國家公務員法 3조 단서의 特殊經歷職公務員의 範圍에 관한 規程). → 국민전체에 대한 봉사자

공무원(公務員)**의 직무**(職務)**에 관한 죄**(罪)　공무원이 직무를 遺棄하거나 또는 그 직무를 濫用하여 사람의 권리행사를 방해하거나, 불법포학한 행위를 하고 그 직무에 관하여 뇌물을 수수·요구하는 등의 죄(刑 122~135). 瀆職의 罪라고도 한다. 본죄의 보호법익은 公務의 公正 및 國家의 權威이다. 본죄는 ① 좁은 뜻의 職務違背罪(職務遺棄罪(122)·被疑事實公表罪(126)·공무상비밀누설죄(127)), ② 직권남용죄(직권남용죄(123)·특별공무원불법체포감금죄(124)·특별공무원폭행가혹행위죄(125)·선거방해죄(128)), ③ 뇌물죄(단순수뢰죄(129 Ⅰ)·사전수뢰죄(129 Ⅱ) 제3자뇌물제공죄(130)·수뢰후부정처사죄(131 Ⅰ)·사후수뢰죄(131 Ⅱ·Ⅲ)·알선수뢰죄(132)·뇌물공여등죄(133))의 세 가지로 대별할 수 있다. 형법은 또한 공무원의 직무상의 범죄에 대한 형의 가중규정(135)을 두고 있다.

공무원(公務員)**의 징계**(懲戒)　→ 징계

공무원(公務員)**의 책임**(責任)　〔獨〕 Beamtenhaftung 공무원이 공무원의 자격에서 행한 非違行爲로 인하여 법률상의 제재를 받게 되는 지위. 공무원이 공무원으로서가 아니라, 일반사인의 자격에서 행한 행위에 대하여 지는 책임(민사책임·형사책임)은 별문제이다. ① 헌법상의 책임. 國民主權의 귀결로서 공무원은 국민에 대하여 책임지는 지위에 있고(憲 7), 공무원의 직무상 불법행위로 인한 가해의 경우에 국가 또는 공공단체의 배상책임 외에 공무원 자체의 책임을 인정한다(29 Ⅰ 但). 대통령과 국회의원은 재직중에 免責特權을 가지나(84, 45), 대통령·국무총리·국무위원·행정각부의 장·법관·헌법재판소 재판관·중앙선거관리위원회위원·감사위원 기타 법률에 정한 공무원의 직무상 불법행위에 대하여는 국회의 탄핵소추의 대상이 될 뿐만 아니라(65), 국무총리·국무위원은 국회의 해임건의의 대상이 된다(63). ② 공무원법상의 책임. 공무원이 공무원의 의무를 위반하였을 때에는 그 특별권력관계에 기하여 징계책임과 국가에 대한 변상책임을 진다(→ 징계, 공무원의 변상책임). ③ 형사상의 책임. 공무원의 행위가 공무원의 의무의 위반에 그치지 않고 나아가서 일반사회법익을 침해하였을 때에는 형벌의 제재를 받는다(憲 29, 國公 84, 刑 122~135·148·227·356). ④ 민사상의 책임. 공무원의 의무위반행위가 위법하게 타인의 권리를 침해하여 손해를 발생케 한 경우에 공무원 자신도 국가 또는 공공단체와 함께 민사상의 배상책임을 진다는 견해도 있다.

공무원(公務員)**의 허위공문서**(虛僞公文書)**등 작성죄**(作成罪)　공무원이 행사할 목적으로

그 직무에 관한 허위의 문서 또는 도화를 작성하거나 變改함으로써 성립하는 죄(刑 227). 문서에 관한 죄의 하나.

공무원인사교류(公務員人事交流) 중앙행정기관의 일반직 국가공무원 및 교육공무원 상호간 및 중앙행정기관의 일반직 국가공무원 및 교육공무원과 지방행정기관의 공무원을 상호 교류케 하여 행정능률의 향상을 기하기 위한 제도. 인사교류는 원칙으로 동일직종 중 동일직급(류)상호간에 교류할 것을 요한다(公務員人事交流規程 1962년 閣令 제900호).

공무원자격사칭죄(公務員資格詐稱罪) 공무원의 자격을 詐稱하여 그 직권을 행사하는 죄(刑 118) 공무원의 자격을 사칭한다 함은 공무원 아닌 자가 공무원의 자격을 사칭하는 경우와, 공무원의 자격을 가진 자가 자기의 자격 이외의 자격을 사칭하는 경우를 모두 포함한다. 본죄가 성립하기 위하여는 단순한 詐稱만으로는 불충분하고, 더 나아가서 그 사칭한 직권을 행사하여야 한다. 단순한 사칭에 그쳤을 경우에는 경범죄처벌법 1조 8호에 해당한다.

공무원전형(公務員銓衡) 특정한 급류의 직위에 공무원을 임용하기 위하여 그 직무수행에 필요한 학식·기술 및 경험의 검정을 목적으로 행하였던 試驗. 高等銓衡·普通銓衡 및 5급공무원전형으로 구분하며, 전형의 방법은 논문고사·면접고사와 근무성적·경력평정에 의하였다. 공무원임용령시행에 따라 1963년 5월 31일로써 폐지되었다.

공무원전형위원회(公務員銓衡委員會) 3급 이상 및 4급 이하 공무원의 전형을 행하기 위하여 내각 사무처에 두는 기관. 전형위원회에는 고등전형위원회와 보통전형위원회가 있는바, 고등전형위원회는 내각사무처장 및 고등전형위원회로써 구성하고 내각사무처 사무처장이 위원장이 되며, 보통전형위원회는 위원장 및 보통전형위원으로써 구성한다. 위원회는 위원장이 부의하는 사항에 관하여 의결한다. 국가공무원법의 개정에 따라 폐지.

공무원제안제도(公務員提案制度) 행정기관이 공무원에 대하여 사무의 개선 등을 위한 창의적인 의견 또는 고안을 제안할 수 있는 길을 마련해 줌으로써 행정상 능률적이고도 민주적인 효율성을 거두기 위한 제도. 우수한 제안자에 대하여는 일반적으로 그에 따른 시상이 마련되어 있다. 개정법은 이 제도를 새로 채용하고 있다(國公 53 I, 地公 78 I). 1680년에 영국의 윌리엄 데니에 의해서 처음으로 채택

공무원충성령(公務員忠誠令) 1947년 3월 트루먼 미국 대통령이 공포한 행정명령. 정부직원은 국가에 대한 충성선서에 의해서만 자격을 인정한다고 규정하였다.

공무원특별승진시험(公務員特別昇進試驗) 특정한 직급의 공무원에 결원이 생길 때 그 결원의 보충방법으로서 그 직급의 하위직급에 있는 공무원을 승진·임용하기 위하여 실시하는 시험. 公務員公開競爭試驗에 대하는 개념.

공무원특별채용시험(公務員特別採用試驗) 공무원의 결원을 보충함에 있어서 그 직위에 임용예정자를 임용하지 않으면 그 직무의 효율적인 수행을 가할 수 없는 특별한 경우에 실시하는 채용시험. 공무원공개경쟁채용시험에 대하는 개념. 시험의 실시에는 엄격한 제한이 있으며, 응시·임용에도 여러 제약이 가해진다(公務員任用令 16~22).

공무원파면청원권(公務員罷免請願權) 불법행위를 한 공무원의 罷免을 그 임면권자에게 청원할 수 있는 국민의 기본권. 受益權의 하나. 직접민주정치에 있어서의 召喚(→리콜)制度와 흡사하나, 공무원의 불법행위를 요건으로 하고, 또 그 방법은 청원에 의하는 점에 특색이 있다. 제5차개정 이전의 헌법에서는 27조 1항 후단에 일반청원권(21)과 별도로 규정하였었으나, 이 권리는 일반청원권에 당연히 포함되는 것이므로 제5차개정 이후의 헌법에서는 이를 특별히 규정하고 있지 않다(25 참조). 여기에 있어서의 공무원은 임명에 의한 공무원에 한하고, 선거에 의한 공무원은 그 파면권자가 없기 때문에 제외된다(선거에 의한 공무원 중 탄핵 기타의 방법에 의한 파면이 인정되는 공무원에 대하여는 그 방법에 의한다). →청원

공무집행방해죄(公務執行妨害罪) 〔獨〕 Widerstand gegen Amtshandlung 〔佛〕 violences à fonctionnaires 공무를 집행하는 공무원에 대하여 폭행 또는 협박하는 죄(刑 136 I). 본죄의 보호법익은 公務 그 자체이고, 특수공무집행방해(144)의 경우에는 형을 가중한다. 주체는 공무원에 의하여 그 직무의 집행을 받고 있는 자에 한하지 않는다. 직무의 집행이란 직무를 행하는 것 일반을 의미하며, 강제력을 수반하는 경우에 한하지 않는다. 집행하는 이란 직무의 집행중인 경우뿐만 아니라 곧 그 집행에 착수하려고 하는 경우를 포함한다. 직무의 집행은 적법한 것임을 요하는가에 관하여 학설이 갈리는데, 適法한 職務行爲, 즉 권한있는 공무원이

법령이 정하는 형식·요건에 따라서 행하는 직무행위에 한하여 본죄의 보호대상이 되는 것으로 보아야 한다는 적극설이 통설이다. 적극설에 있어서도 직무집행의 적법성을 정하는 표준에 관하여는 법원이 법령을 해석하여 객관적으로 정한다는 客觀說, 당해 공무원이 과실없이 적법하다고 믿었는가 어떤가에 따라 결정해야 한다는 主觀說, 일반인의 견해를 표준으로 해야 한다는 折衷說로 갈라져있다. 폭행은 공무원에 대한 유형력의 행사로서 족하고 직접으로 공무원의 신체에 가하여질 필요는 없다(넓은 의미). 그래서 공무원이 탄 말에 폭행을 가하거나 공무원이 압수한 물품을 그 면전에서 트럭 위로부터 밖으로 던져 버리는 것은 여기의 폭행에 해당한다. 협박은 공무원에게 공포심을 일으키게 할 목적으로 해악을 告知하는 것으로 족하다(넓은 의미). 폭행·협박으로 인하여 현실로 직무집행이 방해되었음을 요하지 않는다.

공무재해보상(公務災害補償) 공무원(국가공무원·지방공무원)의 공무로 인한 질병·부상·폐질 또는 사망에 대하여 공무원 및 그 유족이 받는 보상(公年金 1). 종전에는 公務災害補償規程이 따로 있었으나, 1962년 8월 28일 공무원연금법의 개정에 의하여 공무재해보상관계를 공무원연금법에 통합하여 규정하고, 공무재해보상규정을 폐지하였다. 공무원연금법의 규정에 의하면 대체적으로 질병·부상·재해에 대하여는 短期給與를 지급하고, 퇴직·폐질·사망에 대하여는 長期給與를 지급하도록 되었는 바(25), 단기급여에는 공무상요양비·공무상요양일시금·재해부조금·사망조위금이 있고(34), 장기급여에는 退職給與·障害給與·遺族給與·退職手當이 있다(42).

공문서(公文書) 〔獨〕 öffentliche Urkunde 공무소 또는 공무원이 그 직무상 작성한 문서로서, 私文書에 대하는 말이다. 공문서는 그 정의와 진부 등이 특히 문제되는 바, ① 민사소송법은 문서의 방식과 취지에 의하여 공무원이 직무상 작성한 것으로 인정한 때에는 진정한 공문서로 추정한다는 규정을 두었는데(民訴 327), ② 형법상의 공문서에 관하여는 이와 같은 규정은 없으나 일반적으로 공무원 또는 공무소의 문서로서 인정되는 정도이면 작성 권한이 법령에 의하든 내규 또는 훈령에 의하든 불문하고 공문서로 보되, 공무소의 외부에 대한 문서이거나 공법상의 관계를 가진 문서임을 요하지는 않는다는 것이 통설이다. 외국의 공문서는 형법상으로는 타인의 문서, 즉 私文書로 볼 것이다. 公證人이 私署證書를 認證하는 경우와 같이 공문서와 사문서가 병존하는 문서도 있다. 공문서의 위조는 사문서의 위조보다 형이 무겁다(刑 225, 231). → 공문서에 관한 죄

공문서부정행사죄(公文書不正行使罪) 공무원 또는 공무소의 문서 또는 도화를 부정행사하는 죄(刑 230). 객체는 眞正히 성립한 공무원 또는 공무소의 文書 또는 圖畵이다. 부정행사란 공무원 또는 공무소의 문서나 도화를 그 본래의 작성목적 이외에 사용하는 일체의 행위를 말한다. 진정하게 성립한 문서일지라도 다른 물건과 결부시킴으로써 부실의 사실을 증명케 할 수 있으므로, 본죄는 이러한 행위를 처벌하려는 것이다. 미수범은 처벌한다(235).

공문서(公文書)에 관한 죄(罪) 문서에 관한 罪(형법 각칙 제20장) 중에서 公文書에 관한 죄(225~230, 235)를 말하며, 형법상의 刑名은 아니다. 사문서에 관한 죄에 대한다. 일반적으로 공문서에 관한 죄는 사문서에 관한 죄보다 중하게 처벌되고 있다. 공문서인가 아닌가는 문서의 형식(작성명의인)에 의하여 결정된다(→공문서). 범죄의 형태는 공문서위조변조죄(225), 자격모용공문서작성죄(226), 허위공문서작성죄(227), 공정증서원본부실기재죄(228), 위조공문서행사죄(229), 공문서부정행사죄(230) 등이 있다. → 문서에 관한 죄

공문서위조변조죄(公文書僞造變造罪) 행사할 목적으로 공무원 또는 공무소의 문서 또는 도화를 僞造 또는 變造하는 죄(刑 225). 본죄는 목적범이다. 위조·변조된 공문서·공도화를 행사하면 別罪(229)를 구성한다. 본죄인 객체인 공문서에는 외국의 공문서를 포함하지 않는다. 위조·변조에 관하여는 문서위조를 보라. 공무원 또는 공무소의 자격을 모용하여 문서 또는 도화를 작성한 경우에 관하여는, 따로 규정을 두었다(226). 미수범은 처벌한다(235). → 문서에 관한 죄

공 물(公物) 〔羅〕 res publica 〔獨〕 öffentliche Sache 〔佛〕 domaine public 국가·공공단체 등의 행정주체에 의하여 직접 공공목적에 공용되는 개개의 有體物. 供用主體에 착안하여 정립된 관념으로서 소유권의 귀속 여하를 불문한다. 개개의 유체물이므로 營造物 그 자체는 公物이 아니다. 도로·하천 등과 같이 一般公衆의 공동사용에 제공되는 이른바 公共用物과, 청사·교사 등과 같이 행정주체 자신의 사용에 제공되는 이른바 公用物의 양자가 있다. 국유재산은 그 중의 행정재산만이 이 공물에 해당하고, 수익만을 목적으로 하는 보통재산 특히 잡종재산은 공물이 아니다(→국유재산). 공물은 私物에 대한 관념으로서, 공공목적에 공용되는

한도내에서는 私物과 다른 법적 취급을 받고 공법적 규정에 의하여 규율된다. 즉, 공물에는 사권의 목적이 될 수 없는 것이 있고(예 : 하천 · 호소 · 해면 등), 사권의 목적이 될 수 있는 공물에 있어서도 그 공공목적에 방해가 될 사권의 행사는 제한된다(예 : 융통성의 제한 · 강제집행의 제한 · 수용의 제한 · 과세의 제한 등). 공물의 성립은 공공용물에 있어서는 自然公物을 제외하고는 공공용에 제공하는 행정행위(공용개시행위)가 있음으로써 공용물에 있어서는 단순한 사실상의 사용개시가 있음으로써 된다. 아직 공공목적에 공용되지는 않았으나 장차 그 구조의 완성을 기다려서 供用하기로 결정된 이른바 豫定公物(道路豫定地), 또는 현실적인 공용이 목적이 아니고 다만 공공목적을 위하여 그 물건 자체의 보존을 목적으로 하는 이른바 公的保存物(문화재 · 향교재산 등) 등 공공목적에 필요한 한도내에서 공물에 준하여 취급된다. →공용물, 공공용물, 공용개시, 예정공물, 공적보존물

공물경찰(公物警察) 공물의 사용관계에서 발생하는 사회적 장해를 방지 또는 제거하기 위하여 명령 · 강제하는 작용. 道路警察 · 河川警察 등이 그 예. 공물의 목적을 달성하기 위한 작용인 점에서 공물의 관리작용과 같으나, 권력의 성질 · 목적 · 발동범위 · 제재수단 등에서 차이가 있다. →경찰, 행정경찰

공물관리권(公物管理權) 행정주체가 공물의 관리주체라는 지위에서 公物 본래의 목적을 달성하기 위하여 관리작용을 행할 수 있는 공법상의 권능. 예컨대 公用開始 · 公用廢止 · 公物使用權特許 등을 할 수 있는 권능.

공물사용(公物使用)**의 허가**(許可) 경찰권 또는 公物管理權에 의하여, 일반적으로는 금지되어 있는 공물의 사용을, 특정한 경우에 그 금지를 해제하여 적법하게 사용할 수 있게 하는 행정행위. 하천에서의 流木 · 通航의 허가와 같은 것이 그 예. 그 행정행위의 성질은 일반적인 허가와 같다. 許可權은 경찰기관 또는 공물의 관리기관에 각각 있는 때가 보통이나, 이 양 기관에 경합되어 있는 때도 있다. 道路上 作業 · 水道敷設과 같은 것이 그 예이다. 이 경우에도 경찰작용과 공물의 관리작용은 각각 독립하여 효력을 가지는 까닭에, 한쪽의 허가에 의하여 다른쪽의 허가의 전제인 금지가 당연히 해제되는 것은 아니다. →허가

공물(公物)**의 관리**(管理) 공물의 주체가 공물의 목적을 달성하기 위하여 행하는 모든 공법적 작용. 즉, 공물의 유지 · 수선을 도모하고, 혹은 이 목적을 위하여 또는 공물의 작용의 보호 · 조장을 위하여 필요한 경우에 사인에 대하여 命令 · 禁止 · 强制하는 등의 작용을 말한다. 공물의 관리의 하자로 인한 손해는 배상하여야 한다(國賠 1, 3, 4). →국가의 배상책임

공물(公物)**의 불융통성**(不融通性) 공물에 관하여는 그 목적을 해치지 않는 방법으로서만 법률상의 거래를 할 수 있다. 따라서 그 목적을 해치는 방법으로서, ① 그 물건에 대한 사실상의 지배를 행할 것을 목적으로 하는 계약을 체결하거나, ② 그 소유권이양 물건을 목적으로 하는 법률행위를 하거나, ③ 그 물건에 제3자의 制限物權 또는 賃借權 따위를 설정할 수 없는바 이것을 공물의 불융통성이라고 한다.

공물(公物)**의 사용**(使用) 一般公衆이 공물을 사용하는 법률관계. 공물 중 주로 공공용물에서 발생하고, 공용물에서는 그 공용물 본래의 목적을 방해하지 않는 한도내에서만 발생한다. 일반공중에 의한 공물의 사용의 경우에 公物主體와 使用者간에 발생하는 법률관계는 사물의 사용의 경우와는 달라서 공물 본래의 목적에 필요한 한도내에서는 공법관계로서 공법적 규율의 대상이 되는 것이다. 일반공중에 의한 공물의 사용은 그 법률관계를 표준으로 하여 일반사용과 특별사용으로 구분된다. 一般使用이란 공중이 자유로이 그것을 사용할 수 있는 경우를 말하며, 特別使用이란 일반사용의 범위를 넘어서 사용함이 허용되는 경우를 말한다. 후자는 다시 그 사용의 법률상의 성질을 표준으로 許可使用과 特許使用으로 나누어진다. ① 공물의 일반사용의 내용 및 범위는 법률에 특별한 규정이 없는 한 일반사회의 관습에 의하여 정하여진다. 공물의 일반사용은 아무런 권리도 설정하지 않는다. 그것은 다만 공물주체가 공물을 공중의 사용에 제공한 결과로 받게 되는 반사적 이익에 불과하다. 따라서 공물주체가 도로 · 공원 등의 공용폐지를 한 경우에도 그것이 어느 특정인의 권리 · 이익을 침해한 것이 되지 않는다. ② 일반적으로는 자유로운 사용이 금지되어 있는 공물에 대해 특정한 경우에 그 제한을 해제함으로써 그의 사용을 허용하는 것이 허가사용이다. 公物의 허가사용은 公物警察權의 작용으로서 행해지는 경우도 있으며, 公物管理權의 작용으로서 행해지는 경우도 있다. 그 어느 쪽이든 특별사용의 허가는 공물사용의 일반적 금지를 해제하는 행위에 그치며, 권리를 설정하는 것이 아니다. 공물의 허가사용의 예는 도로에 있어서의 작업, 공사 · 광고판설치 허가(경찰허가), 하천에서의 流木 · 通航의 허가(관리허가) 등과 같은 것이다. ③ 공물

의 特許使用은 특정인에게 공물 위에 일반인에게는 허용되지 않는 특별의 사용권을 설치하는 경우를 말하는데, 도로에 전주를 세우고, 수도관·하수관을 묻는 것 등이 그 예이다. ④ 公物의 特別使用權은 또한 관습에 의하여 성립하는 경우가 있다. 河川의 유수사용권·유목권 등이 그 일례이다. ⑤ 공물의 사용권은 사법상의 계약에 의해서도 설정될 수 있다. 공물 위에 사법상의 사용권을 설정할 수 있느냐에 대해 종래 다투어졌으나 공물의 용도 또는 목적을 해치지 않는 한도에서 사인으로 하여금 그것을 사용·수익시키는 것을 방해할 아무런 이유가 없다고 보는 것이 다수설이며 국유재산법도 24조 1항에서 같은 취지를 규정하고 있다.

공물(公物)**의 취득시효**(取得時效)　공법상의 시효에 관하여 가장 문제가 되는 것은 공물(도로, 하천부지 등)의 시효취득이 인정되는가이다. 이에 대하여 학설은 否定說과 肯定說로 갈리고 있다. 즉 부정설은 국가나 공공단체가 공공의 입장에서 공공의 용에 供하는 物로 결정한 이상, 그 物에 대한 私人의 사실상의 지배관계는 아무리 오래 계속되더라도 질적으로 私의 입장에서 정당화 될 수 없다고 보는 것이 온당하다고 주장한다. 한편 긍정설은 공물 중 사법상 소유권의 객체가 될 수 있는 공물은 時效取得의 목적이 될 수 있다고 하거나(制限的 時效取得說), 公物이 공물로서 공적목적에 공용되고 있지 않는 사실이 일정 기간 계속되고 있는 것은 공물의 묵시적 公用廢止가 있다고 보는 것이 온당할 것이므로 공물의 완전한 취득시효가 인정되어야 한다고 한다(完全時效取得說).

공물제한(公物制限)　물적공용부담인 공용제한의 하나. 넓은 뜻으로는 국유공물·공유공물상의 공법상 제한을 지칭할 때가 있으나 보통은 사유재산인 특정한 토지물건 그 자체가 공공목적에 공용되기 때문에 그 목적에 필요한 한도내에서 그 소유권에 대하여 가하여지는 공법상의 제한을 말한다. 私有公物, 特許企業用物件, 公的保存物의 세 가지가 있다. →공용부담

공　민(公民)　〔英〕 citizen 〔獨〕 Staatsbürger 〔佛〕 citoyen　공민은 라틴어의 cives(civis의 복수)에 유래하는 말로서, cives가 로마제국에서의 유일한 參政權者였으며 民會에 관한 선거권과 피선거권을 가졌었다는데서, 근세에 와서 公民 또는 市民이라는 말은 공화국에 있어서의 국가구성원을 의미하게 되었다. 그것은 개개인을 가리킨다는 점에서 臣民과 같으나, 공화국의 公民은 전체로서 주권의 주체가 되는 점에서 군주국의 신민과 다르다. →인민, 신민, 국민

공민권(公民權)　公民이 가지고 있는 권리. →공민

공민권운동(公民權運動)　인종차별의 철폐를 목적으로 하는 운동. 제2차대전후 미국에서는 인종평등의 요구가 고조되었으나 1954년에 연방최고법원은 공립학교에 있어서 인종분리교육에 위헌판결을 내렸으며 이것이 공민권운동을 고양시키는 계기가 되었다. 1960년대에는 흑인의 차별폐지·투표권 획득을 위하여 전투적 비폭력주의를 표방한 적극적인 운동을 전개하여 1964년에 공민권법, 이듬해의 投票權法을 성립시키는 커다란 힘이 되었다.

공민권법(公民權法)　미국에서 흑인 등에 대한 人種差別을 철폐하기 위해 1950~1960년대에 제정된 일련의 법률을 말한다.

공민권행사(公民權行使)**의 보장**(保障)　사용자는 근로자가 근로시간 중에 선거권 그 밖에 공민으로서의 권리를 행사하거나 또는 公共의 職務(예 : 시의원이 의원의 직무)를 집행하기 위하여 필요한 시간을 청구한 경우에는 이를 거부해서는 안된다. 임금의 지급이 강제되는 것이 아님은 물론이다.

공민학교(公民學校)　초등교육을 받지 못하고 학령을 초과한 자 및 일반 성인에게 필요한 공민적 사회교육을 실시함을 목적으로 하는 교육기관. 공민학교와 고등공민학교가 있으며 수업연한은 3년이며, 초등교육을 받지 못하고 학령을 초과한 자가 입학한다(初·中等教育法 40, 44).

공　방(工房)　① 工典에 관한 사무를 맡아보던 承政院 6방의 하나. 동부승지가 맡았었다. ② 공전에 관한 지방사무를 맡아보던 지방관청의 6방의 하나.

공백규정(空白規定)　백지규정과 같다.

공백형벌법규(空白刑罰法規)　백지형법과 같다.

공　범(共犯)　〔獨〕 Teilnahme 〔佛〕 complicité　단독으로 실행할 것을 예정하여 규정되어 있는 構成要件의 실현에 여러 사람이 관여하는 것. 형법은 공범의 형식으로서, 共同正犯(刑 30)·教唆犯(31 Ⅰ)·從犯(32)의 셋을 규정하고 있다. 좁은 뜻으로는 교사범과 종범만을 공범이라고 한다. 가장 넓은 뜻으로는 필요적 공범까지 포함되며, 이에 대하여 전술한 공범(넓은 뜻)을 임의적 공범이라고 한다. →공범의 종속성, 정범

공범경합(共犯競合) 교사자가 공동정범인 행위를 하고 또 방조행위를 겸하는 것과 같은 경우. 그 형태의 경한 행위가 중한 행위에 흡수되며 중한 죄만에 성립한다(刑 38 I i, 예외 40).

공범(共犯)**과 신분**(身分) 신분관계로 인하여 성립될 범죄(身分犯: 진정신분범에 한하는 것으로 해석하는 견해와 부진정신분범도 포함하는 것으로 해석하는 견해가 대립한다. 판례는 후자를 따른다)에 가공한 행위는 신분관계가 없는 자에게도 共同正犯·敎唆犯·從犯의 규정이 적용된다(刑 33 本). 예컨대, 비공무원이 공무원을 교사하여 뇌물을 수수케 한 때에는 그는 수뢰죄의 교사범이 된다. 다만 신분관계로 인하여 형의 경중이 있는 경우(부진정신분범의 경우)에는 신분관계가 없는 자는 보통의 형으로 처벌된다(33 但 참조). 예컨대, 창고업자가 맡은 재물을 횡령한 때에는 업무상 횡령으로서 형이 무거우나(356), 비업무자가 이를 교사한 경우에는 單純橫領罪(355 I)의 형에 의한다.

공범과잉(共犯過剩) 〔獨〕 Exzess bei Teilnahme 공범자 각자의 고의와 실제의 행위와의 사이가 일치하지 않고 어떤 부분이 공통의 범위를 초과하는 것. 共同正犯에 있어서는 相互諒解한 범위를 초과한 부분의 책임은 그 자에게만 귀속한다. 그리고 敎唆犯 및 從犯에 있어서는 교사자 및 방조자의 고의의 범위를 초과해서 행하여진 正犯의 행위의 부분은 그 正犯者에게만 귀속하고 교사자 및 방조자의 책임에 귀속하지 않는다.

공범독립성설(共犯獨立性說) → 공범의 종속성

공범(共犯)**의 종속성**(從屬性) 〔獨〕 akzessorische Natur der Teilnahme 좁은 뜻의 공범, 즉 교사범 및 종범이 성립하기 위하여는 정범의 행위가 현실로 행하여졌음을 요하느냐의 문제가, 공범의 從屬性의 유무의 문제이다. 그런데 이 문제에 관하여, 共犯獨立性說은 정범의 행위의 유무에 관계없이 공범의 성립을 인정해야 한다고 주장하고, 共犯從屬性說은 정범의 행위가 있은 경우에 비로소 공범의 성립을 인정해야 한다고 주장한다. 후설이 총설이다. 그리고 공범종속성설은 그 종속성의 정도에 따라, 정범의 행위가 구성요건에 해당하면 족하다는 最小限從屬形態(minimal akzessorische Form), 구성요건에 해당하고 위법임을 요하나 유책임을 요하지 않는다는 制限從屬形態(limitiert akzessorische Form), 구성요건에 해당하고 위법·유책임을 요한다는 極端從屬形態(extrem akzessorische Form), 또한 정범에 있어서의 일신적인 가중감면사유도 공범의 처벌에 영향이 있다는 誇張從屬形態(hyperakzessorische Form)로 나누어진다(마이어(M.E.Mayer)에 의한 분류).

공범자(公犯者)**의 자백**(自白) 공범자의 자백에 관하여서는 ① 형사소송법 310조의 자백에 공범자의 자백이 포함되는가 아니 되는가에 관하여는 다툼이 있다. 肯定說은 자백편중을 방지하려는 취지에서 보면 당해 피고인의 자백과 공범자의 자백과의 사이에 차이가 없는 것이며, 또 반대의 견해를 취한다면 공범자의 1인이 자백을 하고 다른 1인이 부인할 경우에 그 외에 補强證據가 없는 한 자백한 자는 무죄가 되고 부인한 자는 유죄가 되는 불합리한 결과가 된다는 것을 그 근거로 한다. 부정설은 자백편중의 방지는 그 증명력을 박약시하는 것까지 요구하는 것은 아니고, 공범자의 자백도 임의성이 있는 한 일반증인의 진술과 다름없는 증명력을 갖는 것이며, 또 부인한 공범자가 다른 공범자의 자백에 의하여 유죄로 되어도 이는 반대신문의 음미를 거친 것이기 때문에 긍정설에서 말하는 정도의 불합리한 결과가 되는 것은 아님을 그 근거로 한다. ② 공범자의 자백이 당해피고인의 자백의 보강증거가 될 수 있는가에 관하여는, 이를 긍정하는 것이 통설인데, 자백편중을 방지하려는 취지에서 보아, 공범자의 자백으로 피고인의 자백을 보강할 수 있다고 해하는 것은 불합리하다는 견해도 있다.

공범초과(共犯超過) 〔獨〕 Exzess bei Teilnahme 정범이 공범(좁은 뜻의 공범)의 고의를 초과해서 실행행위를 하는 것을 말한다. 敎唆犯은 正犯의 실행행위가 그의 고의와 일치하는 범위에서만 책임을 져야 하므로 초과부분에 대해서는 원칙적으로 책임을 지지 않는다. 그러나 이 문제는 두가지 경우로 나누어 검토할 필요가 있다. ① 질적 초과의 경우이다. 피교사자가 교사받은 범죄와 전혀 다른 범죄를 실행한 경우, 즉 質的 超過(qualitativer Exzeß)의 경우에는 교사자는 교사범으로서의 책임을 지지 않는다. 예컨대 상해를 교사받은 자가 절도를 한 경우에 교사자는 상해의 교사도 절도의 교사도 되지 않으며, 강도를 교사받은 자가 강간을 한 경우에도 강도의 교사나 강간의 교사가 될 수 없다. 다만 교사한 범죄의 예비·음모를 벌하는 규정이 있는 때에는 교사자는 형법 31조 2항에 의하여 豫備·陰謀에 준하여 처벌받게 된다. 그러나 질적 초과로 인한 교사범의 면책은 그 질적 차이가 본질적인 때에 한한다. 따라서 사기를 교사하였는데 기망을 근거로 공갈을 하였거나, 공갈을 교사하였는데 강도를 행한 때에는 量的 超過의 경우와 같이 교사한 범죄에 대한 교사범이 성립한다고 해야 한다. ② 양적 초과의 경우이다. 교사의 내용과 실행행위가 구성요건을 달리하나 공통적 요소를 포함하고 있는 量的 超過(quantitativer Exzeß)의 경우에는 교사자는 초과부분에 대하여만 책임을 지지 않는다. 예컨대 절도를 교사하였는데 강도를 실행한 때에는 교사범은 절도죄의 교사가 되며, 상해를 교사하였는데 살인을 한 때에도 상해죄의 교사범이 될 수 있을 뿐이다. 다만 사망의 결과에 대하여 과실이 있느냐에 따라 결과적 가중범으로서의 책임을 질 수 있다. 종범의 착오에 관하여는 원칙적으로 교사의 착오에 관한 이론이 그대로 적용된다. 따라서 정범의 양적 초과의 경우에는 정범의 초과부분에 대하여 종범의 책임을 지지 않는다. 다만 결과적 가중범의 경우에는 결과를 예견할 수 있었으면 결과적 가중범의 종범이 성립한다. 그러나 교사의 경우와는 달리 종범에 있어서는 종범의 미수(효과없는 방조와 실패된 방조)를 처벌하지 아니하므로 質的 超過의 경우에는 교사범의 경우와 결론을 달리한다. 즉 정범의 질적 초과에 대하여는 종범은 언제나 처벌받지 아니한다. 공범을 넓은 뜻으로 이해하여 공동정범도 공범에 포함시키기도 하지만, 이는 진정한 의미의 공범이 아니다. 즉 공동정범은 정범으로서 범죄에 참가하는 형태이다. 만약 공동정범자 중에서 어느 한 사람의 공동정범자가 공동의 범행결의를 넘어 범죄행위를 했을 경우, 이 초과부분에 대해 나머지 공동정범자는 책임을 지지 않는다. 또한 결과적 가중범에 있어서는 기본범죄의 각 공동정범자에게 중한 결과에 대한 과실이 있을 때에만, 각자 중한 결과적 가중범으로 처벌될 수 있다(刑 15Ⅱ).

공법관계(公法關係) 공법상의 법률관계. 私法關係에 대한 것. 그것이 하나의 법률관계이며 또한 권리의무관계인 점에 있어서는 사법관계와 본질적인 차이는 없으나, 사법관계에 있어서와 같은 當事者自治(私的自治)가 인정되지 않고 법률관계의 변동이 법의 기속을 받으며 또 당사자가 대등한 지위에 있지 아니하고 행정주체에 법률상 우월한 지위가 인정되는 것(행정주체인 당사자의 의사에 공정력·확정력·집행력 등이 인정된다)이 원칙인 점에 특색이 있다. →공법·사법

공법·사법(公法·私法) 法은 일반적으로 크게 公法(〔英〕 public law 〔獨〕 öffentliches Recht 〔佛〕 droit public)과 私法(〔英〕 private law 〔獨〕 Privatrecht, Zivilrecht 〔佛〕 droit privé)의 두 개의 분야로 나누어지는데, 그 구별의 표준에 관하여는, 혹은 權力關係의 법과 對等關係의 법이라 하고(법률관계설), 혹은 공익에 관한 법과 사익에 관한 법이라 하고(利益說), 혹은 국가에 관한 법과 사인에 관한 법이라 하는(主體說) 등 정설이 없다. 또 일부의 학설(純粹法學派)은 법을 그 본질적 성격에 기하여 공법·사법으로 나누는 것의 이론적 가능성을 부정하고, 혹은 최근에 있어서의 공법·사법의 혼재 내지 융합화의 현상을 중시하여 양자의 구별을 부정하는 자도 있다. 그러나 많은 나라는 실정법상 이 양자를 구별하고, 법의 해석·적용의 원리를 달리하고 있음은 부정할 수 없다. 다만 근대법에 있어서의 이 구별은 일정한 정치적·사회적 배경하에 발생한 역사적·제도적 소산이므로, 국가에 따라 시대에 따라 그 궤를 같이 하지 않음을 주의하지 않으면 안된다. 또한 실정법제도를 운용하는 기술적 필요에서 이 구별이 요청되는 경우가 있다. 특히 行政裁判制度를 채택하고 있는 각국에서는 행정재판소·사법재판소의 관할권의 분배의 필요상 어떤 기준에 의하여 公法·私法의 구별을 하지 않으면 안된다. 이 경우에는 이 구별을 필요로 하는 제도의 취지를 고려하여 구별의 기준을 정하여야 할 것이다. 法體系의 분류로서는, 헌법·행정법·형법·형소법·국제법 등은 대체로 공법에, 민법·상법 등은 대체로 사법에 속하는 것이 보통이다. 또 공법이라는 말은 흔히 헌법과 행정법만을 가리키는데 쓰인다. 그리고 최근에 새로이 발달한 社會法(경제법·노동법 등)은 사법에도 공법에도 속하지 아니하고, 그 중간적 성질을 가지는 것이라고 생각되는데 이러한 새로운 法의 발생을 私法의 公法化 傾向이라고 하는 학자도 있다.

공법상 근무관계(公法上勤務關係) 공법상의 特別權力關係의 종류의 하나로서 당사자의 한 쪽이 다른 한쪽에 대하여 포괄적인 근무의무를 가짐을 내용으로 하는 관계. 사병과 같이 법령에 의한 국가의 일방적인 의사로써 성립되는 경우와, 공무원과 같이 공법상의 계약 또는 쌍방적 행정행위에 의한 당사자의 합의에 의하여 성립되는 경우가 있다. 이는 포괄적인 근무의무를 내용으로 하기 때문에 충실의무와 포괄적인 윤리적 관계에 서는 것이라는 점에서 민사상의 雇傭關係나 공법상의 委任關係와 구별된다. →특별권력관계, 임명, 공무원의 의무

공법상 대리(公法上代理) 타인이 행할 행위를 행정청이 대리하여 행한 경우에, 그 타인이 스스로 행한 것과 동일한 효과를 발생시키는 행위를 말한다. 즉 행정주체가 국민을 대리하는 것이다. 대표적인 예로는 감독청에 의한 公法人의 정관작성, 임원 임명, 행려병자·死者의 遺留品 처분, 체납처분절차에서 행하는 압류재산의 公賣處分 등

을 들 수 있다.

공법상 용태(公法上容態) 정신작용을 요소로 하는 공법상의 法律要件·法律事實을 말한다. 이에는 外部的 容態와 內部的 容態가 있다. 전자는 정신작용의 발현인 사람의 거동으로 법률적 효과를 발생시키는 경우이며, 후자는 외부에 나타나지 아니한 정신상태로 법률적 효과를 발생시키는 경우를 의미한다.

공법상(公法上)**의 계약**(契約) 〔獨〕 öffentlichrechtlicher Vertrag 〔佛〕 contrat administratif →계약

공법상(公法上)**의 권리관계**(權利關係)**에 관한 소송**(訴訟) →공법상의 당사자소송과 같다.

공법상(公法上)**의 권리·의무**(權利·義務) 공법관계에 있어서의 권리·의무. 국가와 국민이 모두 공권의 주체로 되는 것에 대응하여 양자는 또한 공의무의 주체가 되기도 한다. 개인의 공권에 대하여는 국가의 공의무가, 국가의 공권에 대하여는 개인의 공의무가 발생한다. 국가의 공권은 권력으로써 强制執行을 할 수 있다는 점에서 개인의 공권과 그 효과를 달리한다. →공권, 국가적 공권, 개인적 공권, 공의무

공법상(公法上)**의 기간**(期間) →기간

공법상(公法上)**의 당사자소송**(當事者訴訟) 대등하게 대립하는 당사자간에 있어서의 공법상의 권리관계에 관한 소송. 행정소송의 일종으로서, 始審的 爭訟인 점, 대등하게 대립하는 권리주체간의 소송형태인 점에서 抗告訴訟과 구별된다. 공무원의 봉급(세비)청구소송·공법상의 손실보상청구소송·행정행위의 무효를 이유로 하는 부당이득반환청구소송 등이 그 예이나, 행정소송은 覆審的 訴訟이 보통이므로, 그 예는 그리 많지 않다. 성질상 민사소송에 가깝고, 행정소송법 중 약간의 규정의 적용을 받는다. →행정소송, 행정소송법, 민사소송

공법상(公法上)**의 법인**(法人) →공법인, 자치단체

공법상(公法上)**의 부당이득**(不當利得) →부당이득

공법상(公法上)**의 사무관리**(事務管理) →사무관리

공법상(公法上)**의 손실보상**(損失補償) 〔獨〕 öffentlichrechtliche Entschädigung 적법한 공권력의 행사에 의하여 가하여진 경제상의 특별한 犧牲(公用徵收·公用使用 등)에 대하여 전체적인 공평부담의 견지에서 이것을 조절하기 위하여 행정주체가 행하는 재산적 보상을 말하는 이론적 개념. 토지수용에 대한 손실보상, 농지의 강제매수의 대가 지급 등이 그 예이다. 적법행위로 인한 손실(재산권의 침해)의 보상이라는 점에 있어서, 불법행위로 인한 공법상의 손해배상과 구별된다. 사유재산제도에 입각하는 근대법치국가에서는, 공공목적을 위하여 필요한 재산권의 제약·침해를 인정하면서도, 이로 인하여 발생한 특별·우연한 희생(조세부담과 같은 일반적 희생이나 재산권 자체에 내재하는 사회적 제약이 아닌 것)은 이를 전보하여, 공익과 사익의 조절을 도모하는 것이 형평의 요청이다. 여기에 손실보상제도의 합리적 근거가 있다. 이 제도의 실정법적 기초는 헌법상의 재산권보장에 있는 바, 우리나라 헌법은 국민의 재산권을 보장하는 동시에, 공공필요에 의한 재산권의 수용·사용 또는 제한의 경우는 일정한 기준에 따라 법률이 정하는 보상을 받도록 규정하여, 손실보상제도의 일반적 기초를 확립하였다(23Ⅲ). 이 헌법규정 아래서, 손실보상에 관한 일반법은 없고 각 단행법에 규정되어 있는 점도 손해배상과 다르다. →국가의 불법행위책임

공법상(公法上)**의 손해배상**(損害賠償) →국가의 불법행위책임

공법상(公法上)**의 수수료**(手數料) →수수료

공법상(公法上)**의 시효**(時效) →시효

공법상(公法上)**의 영조물이용관계**(營造物利用關係) 公法上 公共施設利用關係라고도 하며, 특정인이 공공시설, 즉 영조물을 이용하는 경우에 영조물의 관리자와의 법률관계를 말한다. 예컨대, 국공립의 학교·도서관·병원의 이용관계와 같이 윤리적인 성격을 가진 것만을 공법상의 영조물이용관계라 할 수 있고, 영조물이 주는 역무나 설비의 제공 또는 재화의 공급이 순전한 경제적 급부를 내용으로 하는 이용관계는 공법관계에 불과하다.

공법상(公法上)**의 의무확인소송**(義務確認訴訟) 넓은 뜻으로는 공법상의 의무의 확인을 구하는 소송이 전부 포함되나 보통으로 문제가 되는 것은 행정청이 어떤 行政行爲를 하여야 할 의무 또는 하지 않아야 할 의무의 확인을 요구하는 소송이다. 행정행위를 하여야 할 의무의 확인을 구하는 경우는 실질적으로는 義務化訴訟과 같은 문제가 되

며, 행정행위를 하지 않아야 할 의무의 확인을 구하는 경우는 豫防的 不作爲請求訴訟이 된다.

공법상(公法上)**의 주소**(住所) →주소

공법상(公法上)**의 합동행위**(合同行爲) →합동행위

공법상(公法上)**의 행위능력**(行爲能力) →행위능력

공법상 특별감독관계(公法上特別監督關係) 국가적 목적을 위하여 설립된 公共團體, 국가사무를 위임받은 行政事務受任者 등과 같이 국가와 특별한 법률관계를 가짐으로써 국가로부터 특별한 감독을 받는 관계를 말한다. 예컨대, 별정우체국의 지정을 받은 자 등과 같다. 종래에는 국가로부터 특허나 보호를 받는 特許企業者 또는 保護社會와 국가와의 관계도 공법상의 특별감독관계의 일종으로 분류해 왔다.

공법(公法)**의 저촉**(抵觸)〔國際私法上〕 國際行政法·國際刑法 등 공법의 저촉에 관한 문제를 國際私法의 범위에 포함시키는 견해(Isay, Foelix)도 있으나, 이론상·편의상 이를 제외시키는 견해(Weiss, Mannel, 跡部)가 일반적이다.

공법인(公法人) 〔英〕 public corporation 〔獨〕 juristische Person des öffentlichen Rechts 〔佛〕 personne morale du droit public 특정한 공공목적을 위하여 특별한 법적 근거에 의하여 설립된 법인. 私法人에 대한 것. 넓은 뜻으로는 국가와 공공단체를 모두 포함한 의미로 사용되고, 좁은 뜻으로는 공공단체와 같은 뜻으로, 가장 좁은 뜻으로는 공공단체 중에서 지방자치단체 이외의 것을 가리키는 뜻으로 사용된다. 공법인에는 그 목적에 부합되는 한도내에서 행정권을 부여할 수 있다. 公共組合·公社團 등이 그 예. 공법인은 국가의 특별한 감독, 公課金의 免除 등과 같이 사법인과는 다른 실정법상의 취급을 받는 경우가 많으나, 그에 관한 모든 법률관계가 공법관계인 것은 아니고, 사업의 실질적인 내용, 實定法上의 규정 등에 의하여 구체적으로 결정된다. →공공단체, 자치단체, 공공조합, 공사단, 사법인

공법인(公法人)**의 상행위**(商行爲) 국가 그 밖의 공공단체가 상업에 관한 법률행위를 하는 것을 말한다. 예컨대 국가 그 기관에 의하여 연초를 매수하고 製造煙草를 전매함과 같은 행위(商 2 참조).

공법적 소권설(公法的訴權說) 〔獨〕 öffentlichrechtliche od. publizistische Klagrechtstheorie →소권

공 보(公報) ① 지방자치단체의 공고사항을 싣기 위하여 지방자치단체의 집행기관에 의하여 발행되는 기관지. 條例와 規則의 공고는 원칙적으로 당해 지방자치단체의 공보에 게재함으로써 한다(地自施 12). ② P. R.(public relations)의 뜻으로도 쓰인다. 연혁적으로는 미국의 뉴딜기에까지 소급하여 볼 수 있으나, 제2차대전 후의 미국에서 급히 발달되기 시작한 것으로서, 모든 보도수단을 통하여 사기업조직의 복리를 대중에게 주지시킴으로써 실업가의 활동을 돕는 수단의 뜻으로 쓰이는 것이 본래의 뜻이다. 오늘에 와서는 사기업뿐만 아니라 국가가 그 업적을 국민에게 주지시킴으로써 국가기능의 수행에 이바지하게 하려는 활동의 뜻으로도 쓰인다. →공고, 관보

공보관(公報館) 국가시책과 국가 발전상 및 민족문화의 公報·宣傳과 계도에 기여함을 목적으로 하는 국가시설. 국내 및 국외에 두며 필요에 따라 分館을 둘 수 있다(公報館設置法 1, 2, 3).

공보험(公保險) 〔英〕 public insurance 〔獨〕 öffentliche Versicherung 국가 기타의 공법인이 공동경제적 목적으로 운영하는 보험. 이에 대하여 사경제적 목적으로 운영하는 보험을 사보험이라고 한다. 공보험은 공법인에 의하여 경영되는 것이 원칙이므로 이를 公營保險이라고도 하며, 사보험은 사인에 의하여 경영되는 것이 원칙이므로 이를 私營保險이라고도 한다. 그러나 엄밀하게 본다면, 성질상 공보험에 속하지만 편의상 사인으로 하여금 경영하게 하고 재보험 등의 방법으로 실질상 국가 기타의 공법인이 궁극의 책임자로 되는 경우가 있다. 공보험은 그 목적하는 정책에 따라서 社會保險과 産業保險으로 나누인다. 전자는 사회정책적 목적으로 근로자·소액소득자 등의 재해·질병·실업·노폐 등에 대하여 본인과 그 가족의 구제를 주기 위한 것이다(예 : 군인보험(군인보험법)·선원보험(선원보험법) 등). 産業保險은 산업정책적 목적으로 하는 보험이다.

공 복(公僕) 민주주의 사회에서 공무원의 지위를 표현하는 말. 국민주권주의하에서의 공무원은 국민의 受任者이므로 국민을 존경하고 전체의 봉사자가 된다(憲 7).

공 사(公社) 〔英〕 public corporation 국가적 사업경영을 위하여 설립한 특수한 형태의 기업. 그 성질은 공법인의 법인이다. 특별법에 의하

여 설립됨이 원칙이며, 大韓鑛業振興公社 · 大韓住宅公社 등이 그 예이다. 정부에서 출자를 하는 경우 등 그 성질 · 내용은 구구하다. 정부의 특별한 감독을 받는다거나 공과금이 면제되는 등 사기업과 다른 실정법상의 취급을 받는다. → 공법인, 공공기업체

공 사(公使) 〔英〕 minister 〔獨〕 Gesandte 〔佛〕 ministre → 특명전권공사

공사관(公使館) 공관, 재외공관과 같다.

공사체기업(公社體企業) 특정한 공기업의 관리 · 경영을 위하여 특별법에 의하여 설립되고 법인격이 부여된 특수한 형태의 法人을 말한다. 즉 특수법인에 의하여 경영되는 公企業을 말하는데, 대한석탄공사 · 한국전기통신공사 · 대한주택공사 등이 그 예이다. 공사체기업에 대하여는 일반 상사회사의 경우와는 달리 기관 · 인사 · 예산 · 회사 및 감독 등에 대한 특례가 보통 인정되고 있다.

공사단(公社團) 일정한 조합원 또는 사원을 구성요소로 하는 공법상의 사단법인. 公共組合과 같다. → 공공조합

공산당선언(共産黨宣言) 〔英〕 communist manifesto 1848년 마르크스 및 엥겔스의 공동기초로 이루어진 共産主義者同盟의 綱領. 공산주의자동맹은 당시의 비밀 국제적 노동조직으로서 1847년의 회의에서 공표하기 위한 이론 및 실천의 상세한 당강령을 두 사람에게 위촉하였다. 이 선언의 근본사상은 계급투쟁과 프롤레타리아는 모든 사회를 해방시키지 않고서는 자기자신을 해방시킬 수 없다는 것이다. 공산당선언은 외국어로 번역되어 전세계에 보급되어 오늘날에 있어서도 아직 공산주의 이론의 최량의 교과서로 지목되고 있다.

공산주의(共産主義) 〔英〕 Communism 〔獨〕 Kommunismus 〔佛〕 communisme 인류의 모든 역사를 움직이는 원동력은 사회적 생산관계와 그 분배의 여하에 좌우된다는 唯物史觀的 立場에서 자본주의사회의 강력한 변혁에 의하여 사유재산제도를 폐지하고 일체의 생산수단과 소비수단의 사회화를 주장하는 주의. 생산재의 社會的 公有化에 그치지 않고 일체의 소비재의 公有化까지도 주장하는 점에 있어서 社會主義 또는 集産主義와 구별된다. 공산주의가 이론적으로 확립된 것은 19세기에 들어가서부터인데 마르크스(Marx)와 엥겔스(Engels)는 그 과학적 사회주의의 입장으로 공산주의를 표방했다. 그 후 1917년의 러시아 혁명을 통하여 이론적으로도 실천적으로도 발전하여 오늘날에 마르크스 · 레닌주의의 별명과 같이 쓰이고 있다. 마르크스는 그 사회에 있어서 경제질서가 정치나 법질서를 좌우한다고 주장한다. 즉, 경제는 법제도의 하부구조이고 법제도는 경제의 상부구조라는 것이다. 그러나 슈타믈러는 이에 대하여 법은 사회생활의 형식이며 경제는 사회생활의 소재이므로 법이 경제에 이론적으로는 선행한다고 반박하였다.

공상적 사회주의 · 과학적 사회주의(空想的社會主義 · 科學的社會主義) 〔英〕 utopian socialism and scientific socialism 자본주의의 克服者로서의 사회주의는 마르크스 및 엥겔스에 의하여 비로소 과학적 기초를 이루었는바 과학적 사회주의라 함은 이 마르크스 및 엥겔스의 사회주의를 말하고, 그 이전의 사회주의를 空想的 社會主義라고 부른다. 공상적 사회주의는 현존의 자본주의적 생산방법과 그 결과에 비판을 가하나 그의 필연성을 충분히 설명하지 못하고 이것을 惡으로만 비난할 뿐 자본주의의 역사적 필연성과 그 극복의 필연성을 과학적으로 파악하지 못하였다. 오웬, 생시몽, 후리에 등이 이 주의의 대표자. 마르크스, 엥겔스는 자본주의의 법칙 가운데서 그 자체를 극복하고 사회주의 실현의 조건이 성숙할 필요성을 인정함으로써 사회주의를 공상으로부터 과학으로 발전시켰다. 마르크스주의는 독일 고전철학과 영국 고전경제학과 프랑스 사회주의의 계승자라고는 하나 프랑스 사회주의가 直觀的으로 자본주의 극복자로서 파악한 노동계급을 다시 과학적 사회주의가 역사적 법칙에 의하여 파악한 것이다.

공 서(公署) 공공단체의 여러 기관 또는 공공단체의 사무소(예: 도 · 시청 및 읍 · 면사무소 · 출장소)를 가리킨다. 관공소라고도 한다.

공서법(公署法) 〔佛〕 lois d'ordre public 유보조관과 같다.

공서양속(公序良俗) 구민법하에서 공공의 질서 및 선량한 풍속을 줄여서 쓰여진 말로서, 민법에서의 선량한 풍속 기타 사회질서에 해당하는 말이다.

공 선(公船) 〔英〕 public vessel [1] 국제법상 일반적으로 국가나 정부의 직접관리하에 있고 국가공무원이 지휘하며 국가역무에 종사하는 선박을 말한다. 소유권의 소재가 반드시 국가에 있지 않아도 상관없다. 소유권이 국가에 있어도 그의 관리와 역무에 복종치 않으면 엄격한 의미의 공선이 아니다. 이와 반대로 소유권이 국가에 있지 않아도 국가의 관리와 국가역무에 종사하면 공선이다. 공선의 주요한 것으로는 警察用 · 稅關用의 선박, 순

시선, 병원선, 보조선, 공급선 등을 들 수 있다. 공선은 상업용무의 공선과 비상업용무의 공선으로 구별할 수 있다. 국가에 의하여 소유 또는 운영되고 비상업용무에 한하여 사용되는 선박은 공해상에서 旗國 이외의 국가의 관할권으로부터 완전히 면제된다(公海에 관한 條約 9, 1958년). 19세기까지는 상업용무의 정부선박에 대해서도 면제를 인정하는 것이 일반관행이었으나 현재에는 그 면제를 제한하는 경향이 있다.

[2] 국내법상 공용에 제공되는 선박이며, 주로 국유선 또는 공유선이 이에 속한다. 그러나 국공유선이 아니라도 공용에 사용되는 경우도 있다. 선박법(29 但)은 國有船이나 公有船에 대하여는 다른 航海船(비영리목적으로 사용되는 것을 포함)과는 달리 海商法을 준용하지 않고 있으며, 이것은 사법의 적용 밖에 두고 자유로운 행동에 의하여 공용의 목적을 달성하게 하려는데 그 취지가 있는 것이다. 더욱이 1926년의 국유선박의 면책에 관한 규정의 통일을 위한 조약에서는 공선에 있어서도 손해배상책임에 관하여는 私船의 경우와 동일한 책임규정에 따르도록 규정하고 있다.

공설시장(公設市場) 〔英〕 public market 자치단체 또는 공공단체에서 경영하는 소매시장 중 하층계급의 消費經濟의 편의를 도모하고, 물가를 조절함을 그 목적으로 하는 시장을 가리킨다.

공 소(公訴) 〔獨〕 öffentliche Klage 〔佛〕 action publique 검사가 특정의 형사사건에 관하여 법원의 재판을 구하는 신청. 민사사건의 訴, 독일법 등에서 인정되는 형사사건에 관한 사인의 소에 대한다. 공소의 제기로 인하여 당해사건은 법원에 係屬하고, 법원·검사 및 피고인간에 소송법률관계가 발생한다. 소송조건을 구비하고 있는 한, 법원은 사건의 실체를 심리하여, 실체적 재판을 부여하지 않으면 안된다. 공소의 제기는 공소장을 제출하여서 하는 要式行爲이다. →공소권

공 소(控訴) 抗訴의 구법상의 용어.

공소권(公訴權) 〔獨〕 öffentliches Klagerecht 〔佛〕 action publique 검사가 법원에 대하여 특정한 刑事事件에 관한 심판을 청구하는 권리. 공소권은 실체법상 국가측에 발생하는 형벌권과는 구별되어야 한다. 공소권은 소송법상의 개념이고, 刑罰權은 실체법상의 개념이므로, 형벌권이 존재하지 않는 경우에도 공소권은 존재할 수 있다. 그러나 형벌권과 공소권은 전혀 무관계하지 않으며, 공소권의 존재는 형벌권의 존재가 객관적으로 예상되는 것에 의하여 제약을 받는다. 그 종류와 구체적 의미내용에 관해서는 여러가지 견해가 나뉘어 있으며, 이들 학설은 민사소송법의 소권이론의 발전과 함께 발전된 것이다. 즉, ① 抽象的 公訴權과 具體的 公訴權으로 구분하는 설. 국가에 전속하여 국가를 대표하는 검사가 그 지위에서 당연히 형사사건에 관하여 공소를 제기할 수 있는 일반적인 권능을 추상적 공소권이라 하고, 특정한 사건에 대하여 공소를 제기하여 이를 수행할 수 있는 구체적인 권능을 구체적 공소권이라 한다. ② 形式的 公訴權(심판청구권)과 實體的 公訴權(형벌청구권)으로 구분하는 설. 구체적 공소권을 세분한 것으로서, 공소제기를 위한 형식적 적법조건을 구비한 경우의 소송법상의 권리를 형식적 공소권이라 하고, 사건이 실체적으로 범죄를 구성하는 혐의가 충분하고 유죄판결을 받을 법률상의 이익이 있는 경우의 실체법상의 권리를 실체적 공소권이라 한다. ③ 公訴權理論無用說. 소송조건이 구비된 경우에 법원이 실체적 심판을 하여야 할 권리의무를 검사의 측면에서 본 것이 공소권이라 하여, 공소권은 소송사건이론의 일면으로 이해하고, 공소권이론을 독립적으로 논할 필요가 없다고 한다. 통설은 공소권의 내용으로서, ① 이것은 국가에 속하며 검사에 한하여 이를 행사할 권한이 부여되어 있고, ② 범죄가 있는 때에 행사할 수 있고, ③ 裁判請求權이므로 刑罰權과 구별되어야 한다고 한다. 검사의 공소권을 인정한다면, 피고인·피의자에게도 자기의 생명·신체·자유 등을 방어할 수 있는 應訴權이 있다고 보아야 할 것이다.

공소기각(公訴棄却) 형사소송법상 형식적 소송조건의 欠缺(관할권이 없는 경우는 제외)을 이유로 공소를 무효로 하여 소송을 종결시키는 형식적 재판. 소송조건의 흠결사유의 발견의 난이에 따라, 결정에 의하는 경우와 판결에 의하는 경우가 있다. 결정에 의하는 경우는 ① 공소가 취소되었을 때, ② 피고인이 사망하거나 피고인인 법인이 존속하지 아니하게 되었을 때, ③ 형사소송법 12조 또는 13조의 규정에 의하여 재판할 수 없는 때, ④ 公訴狀에 기재된 사실이 진실하다 하더라도 범죄가 될 만한 사실이 포함되지 아니하는 때(刑訴 328 I)이고, 판결에 의하는 경우는, ① 피고인에 대하여 裁判權이 없는 때, ② 공소제기의 절차가 법률의 규정에 위반하여 무효인 때, ③ 공소가 제기된 사건에 대하여 다시 공소가 제기되었을 때(→이중기소), ④ 형사소송법 329조의 규정에 위반하여 공소가 제기되었을 때, ⑤ 고소가 있어야 죄를 논할 사건에 대하여 告訴의 取消가 있은 때, ⑥ 피해자의 명시한 의사에 반하여 죄를 논할 수 없는 사건에

대하여 처벌을 희망하지 아니하거나 처벌을 희망하는 의사표시가 철회되었을 때(327)이다. 공소기각의 재판은 형식적 재판이며, 사건의 실체에 관하여 판단하는 것은 아니므로 확정하여도 實體的 確定力을 발생하지 않고, 따라서 검사는 소송조건의 하자를 보정하면 다시 공소를 제기할 수 있다(→소송조건). 그리고 軍事法院法으로도 그 의의 및 성질은 형사소송법상의 그것과 같다. 또 판결에 의하는 경우 및 결정에 의하는 경우가 있는 것도 동일하며 그 사유도 거의 동일하다(372, 373).

공소기간(公訴期間) 공소를 제기할 수 있는 기간. ① 민사소송법에서는 늦어도 판결의 송달이 있는 날로부터 2주일간의 불변기간 내에 제기하지 않으면 안되나 판결선고 후 송달 전의 공소제기도 유효하다(民訴 366但). ② 형사소송법에서도 제1심판결의 선고가 있는 날로부터 7일간(刑訴 358)이다. 공소권을 포기했을 때에는 기간내라 할지라도 공소를 할 수 없게 된다. 다만 상소권 회복의 허가가 있었을 때에는 기간 후의 공소도 유효하다.

공소변경주의(公訴變更主義) →변경주의

공소보류(公訴保留) 국가보안법에 규정된 죄를 범한 자에 대하여 형사사건을 구비하고 범죄의 객관적 혐의가 있음에도 불구하고, 검사가 범인의 연령·性行·지능과 환경, 피해자에 대한 관계, 범행의 동기·수단과 결과, 범행후의 정황을 참작하여, 공소의 제기를 보류하는 것(國家保安法 20). 형사정책적 고려에 기한 제도이다. 공소보류결정은 그 자체로써 確定力을 발생하지 않는다는 점에 있어서는 起訴猶豫와 유사하나(→불기소처분), 보류결정을 받은 자가 2년간 공소의 제기없이 경과한 때에는 공소권이 소멸하고(20Ⅱ), 또 보류결정을 받은 뒤에도 국가의 監視와 保導를 받으며 이 감시와 보도에 관한 규칙에 위반하면 공소보류를 취소할 수 있는(20Ⅲ, 公訴保留者觀察規則) 점에서 이와 다르다. 공소보류가 취소된 경우에는 동일한 범죄사실로 재차 구속할 수 있다(20Ⅵ). →기소유예

공소부대(公訴附帶)**의 사소**(私訴) 刑事의 公訴節次에 부대하여 피고인에게 행하는 민사상의 청구의 소. 附帶私訴는 본래 민사소송에 속하나 한편 형사사건과 관련되며, 형사절차에 부대하는 것이 편의하다는 점에 있다. 그러므로 민사소송법상의 원칙과 형사소송법상의 원칙이 동시에 지배하게 된다. 우리나라의 현행법은 이 제도를 인정하지 않는다.

공소불가분(公訴不可分)**의 원칙**(原則) 〔獨〕 Prinzip der Unteilbarkeit des Prozessgegenstandes 공소제기의 효력은 공소장에서 지정한 피고인과 공소사실에 대하여 사건이 단일하고 동일한 한 그 전부에 불가분적으로 미친다고 하는 원칙. 이를 訴訟客體不可分의 原則이라고도 한다. 이 효력의 한계에 관하여는 다음 몇 가지 점을 주의하여야 한다. ① 공소는 검사가 피고인으로 지정한 이외의 다른 사람에게 그 효력이 미치지 않는다(刑訴 248). 특히 공범 중 1인에 대한 공소는 다른 공범에게 그 효력을 미치지 않는 점에서 告訴不可分의 原則과 다르다. ② 공소의 효력은 공소의 내용인 1개의 범죄사실의 전부에 대하여 미친다. 따라서 1개 범죄의 일부만이 기소되었더라도 공소의 효력은 당연히 그 사실의 전부에 미치기 때문에 동일성을 잃지 않는 범위내에서는 기소되지 않은 다른 부분에 대하여 다시 기소할 수 없으며 또 그럴 필요도 없다(327ⅲ). ③ 공소는 검사가 피고인으로 지정한 이외의 자에게 효력이 미치지 않고, 동시에 검사가 지정한 공소사실과 단일하고 동일한 관계에 서지 않는 다른 사실에 효력을 미치지 않는다. 법원은 공소제기가 없는 사건에 대하여 심판할 수 없다. 이를 不告不理의 原則이라 한다. 審判妨害罪(法組 61)에도 이 원칙의 적용이 있다고 본다(通說). ④ 공소불가분의 원칙은 上訴와의 관계에서 예외가 인정된다. 즉, 제1심에서 甲事實과 乙事實이 競合犯으로 취급되어 갑사실에 대하여는 유죄, 을사실에 대하여는 무죄가 선고된 경우에 피고인이 갑사실에 대하여만 항소하였던 바, 항소심이 심리의 결과 甲乙 양 사실을 원래 1죄인 것으로 인정한 때에는, 항소심은 어떠한 판결을 할 것인가. 공소불가분의 원칙의 취지대로 하면, 을사실에 대한 무죄판결이 확정하였으므로 그 기판력은 갑사실에도 미치고, 따라서 면소의 선고를 할 것으로 하든가, 또는 사건의 일부에 대하여 항소를 제기하였으므로 이것과 불가분의 관계에 있는 을사실에 관하여도 항소가 된 것으로 취급하여야 하는 것으로 된다. 그러나 근래의 유력한 학설은 이 경우에는 소송법적 관찰방법에 의하여 현실로 항소를 제기한 갑사실의 부분만에 관하여 심판할 수 있다고 한다. 결국 公訴不可分의 原則의 일종의 예외가 인정되는 것이다.

공소불변경주의(公訴不變更主義) →불변경주의

공소사실(公訴事實) ① 공소제기의 대상이 된 범죄구성사실. 즉 검사가 공소장에 摘示하여 심판을 구하는 당해 범죄사실이며, 형벌권의 존부를 인정하여 量刑의 범위를 결정함에 필요한 구체적 사실을 말한다. 공소사실의 기재는 범죄의 시

일 · 장소와 방법을 명시하여 사실을 특정할 수 있도록 하여야 한다(刑訴 254). 범죄의 시일 · 장소와 방법은 범죄의 구성요건은 아니나 犯罪構成要件의 기재만으로써는 그 공소사실을 다른 사실로부터 구별할 수 없는 경우가 많기 때문이다. 그러나 時日은 법률의 개정 · 시효 등에 관계가 없는 한 정확한 기재를 필요로 하지 않으며, 장소도 토지관할이 판명될 정도이면 족하다. 累犯의 사실이 범죄구성요건인 경우(예 : 상습도박)에는 그 기재를 필요로 한다. 또 범죄의 旣遂 · 未遂 또는 正犯 · 教唆犯 · 從犯의 구별은 명시하여야 한다. 공소사실의 특정은 절대적 요건이다. 공소사실이 특정되지 않으면 공소의 목적물이 판명되지 않으며 따라서 피고인이 이에 대한 방어방법을 강구할 수 없기 때문이다. 따라서 공소사실이 특정되지 않은 공소는 원칙적으로 무효이고, 다만 공소사실로서 우선 구체적인 범죄구성요건사실이 기재되어 있는 경우에만 검사는 스스로, 또는 법원의 釋明에 의하여 그 불명확한 점을 補正 · 追完할 수 있을 뿐이라고 보아야 할 것이다. ② 형사소송법은 때로는 공소사실이라는 말로써 訴因을 뜻하는 경우가 있다. 형사소송법 298조 1항에서 공소사실의 追加 · 撤回 또는 變更이라고 할 때에는 공소장에 기재한 공소사실을 말하는 것이며, 따라서 이 공소사실은 동조 동항 단서의 공소사실을 일정한 범죄구성요건에 해당시켜 법률적으로 구성한 것이니, 이는 바로 訴因을 뜻하는 것이다. → 공소장의 변경, 소인

공소사실(公訴事實)**의 동일성**(同一性) 소인의 변경을 허용하기 위한 요건. 二重起訴의 禁止나 일사부재리의 효력이 미치는 범위도 공소사실의 동일성을 기준으로 결정된다. 또한 공소사실의 동일성을 좁은 뜻의 공소사실의 동일성과 공소사실의 단일성으로 구별하기도 한다.

공소사실 · 적용법조(公訴事實 · 適用法條)**의 추가 · 철회 · 변경**(追加 · 撤回 · 變更) → 공소장의 변경

공소시효(公訴時效) 〔獨〕 Strafverfolgungsverjährung 〔佛〕 prescription de l'action publique 확정판결 전에 시간의 경과에 의하여 刑罰權이 소멸하는 제도. 확정판결 전에 발생한 실체법상의 형벌권을 소멸시키는 점에서, 확정판결 후의 형벌권을 소멸시키는 형의 시효(刑 77 이하)와 구별된다. 그러나 양자는 시간의 경과에 의하여 실체법상의 형벌권을 소멸시키는 점에 있어서는 공통하다. 이에 대하여 공소시효는 공소권을 소멸시키는 시간의 경과라고 하는 설이 있지만, 시효의 완성이 公訴權을 소멸시키는 것이라고 하면, 시효가 완성한 피고사건에 대하여는, 법원은 공소기각의 재판을 할 것임에도 불구하고, 현행법에 의하면 면소를 선고할 것으로 되어 있어(刑訴 326 iii), 형사소송법의 해석상 불합리하다. 공소시효의 제도적인 존재이유는 시간의 경과에 따라 발생한 사실상의 상태를 존중하자는 것, 소송법상으로 시간의 경과에 의하여 증거판단이 곤란하게 된다는 것, 실체법상으로는 시간의 경과로 인하여 범죄에 대한 사회의 관심이 약화되는 것, 피고인의 생활안정을 보장하자는 것 등이다. 그러므로 공소시효가 완성하면 실체적인 심판을 함이 없이 免訴判決을 하여야 한다. 공소시효는 그 법정형이 ① 사형에 해당하는 범죄에는 15년, ② 무기징역 또는 무기금고에 해당하는 범죄에는 10년, ③ 장기 10년 이상의 징역 또는 금고에 해당하는 범죄에는 7년, ④ 장기 10년 미만의 징역 또는 금고에 해당하는 범죄에는 5년, ⑤ 장기 5년 미만의 징역 또는 금고, 장기 10년 이상의 자격정지 또는 다액 1만원 이상의 벌금에 해당하는 범죄에는 3년, ⑥ 장기 5년 이상의 자격정지에 해당하는 범죄에는 2년, ⑦ 장기 5년 미만의 자격정지, 다액 1만원 미만의 벌금 · 구류 · 과료 또는 몰수에 해당하는 범죄에는 1년의 기간의 경과로 완성한다(249). 2개 이상의 형을 병과하거나 2개 이상의 형에서 그 1개를 과할 범죄에는 중한 형에 의하여, 또 형을 加重 또는 감경할 경우에는 가중 또는 감경하지 아니한 형에 의하여 위의 규정을 적용한다(250, 251). 기산점은 범죄행위가 종료한 때이지만(252Ⅰ), 이 경우의 범죄행위는 결과를 포함한다. 共犯의 경우에는 최종행위가 종료한 때로부터 全共犯에 대한 시효기간을 기산한다(252Ⅱ). 시효는 공소의 제기로 진행이 정지되고 公訴棄却 또는 관할위반의 재판이 확정된 때로부터 진행한다(253). 공범의 1인에 대한 공소제기로 인한 시효정지는 다른 공범자에게도 효력이 미치고 당해사건의 재판이 확정된 때로부터 진행한다(253Ⅱ). 현행법은 시효의 중단을 인정하지 않는다.

공소유권(公所有權) 〔獨〕 öffentliches Eigentum 공물의 법률적 특색을 설명하기 위하여 특히 독일의 마이어(Otto Mayer) 등에 의해 주장된 관념. 公物의 주체가 공물에 대해 가지는 권리를 일종의 支配權인 공소유권이라 하여, 공물에 대한 사법의 적용을 전적으로 배척하고, 공물을 공법의 규정 또는 그 원리만의 적용을 받는 공소유권의 대상으로서만 이해하려 한다(公所有權說). 그러나 최근에는 공물도 본질적으로는 사물과 같이 재산권의 목적인 까닭에, 행정목적을 방해하지 않는

한 일반적으로 사법이 적용되고 사권의 대상이 될 수 있다고 주장되고 있다(公所有權說). → 공물

공소(公訴)**의 제기**(提起) 형사소송법상 검사가 특정의 형사사건에 관하여 법원에 대하여 그 심판을 구하는 의사표시. 起訴 또는 訴追라고 하는 경우도 있다. 공소의 제기는 검사에 의하여 행하여지며(刑訴 246), 공소장을 관할법원에 제출하여 한다(254). 군사법원법상으로는 공소의 제기는 검찰관이 행하며(軍法法 289), 공소장을 관할군사법원에 제출하여 한다(296). → 국가소추주의, 기소

공소(公訴)**의 취소**(取消) 起訴便宜主義를 택하고 있는 현행 형사소송법(247)에서는 공소의 취소도 이를 인정하고 있다. 이를 變更主義라고 한다. 그러나 공소의 취소를 무제한으로 허용한다면 남용될 염려가 있으므로, 법은 이를 시간적으로 제약하여 제1심판결 선고전까지만 공소의 취소를 허용하고 있다(255Ⅰ). 공소가 취소되면 법원은 결정으로 공소기각을 하여야 하며(328Ⅰi). 이것이 확정된 때에는 그 후에 그 범죄사실에 대한 다른 중요한 증거를 발견한 경우에 한하여 다시 공소를 제기할 수 있다(329). 이러한 조건에 반하여 再起訴가 된 때에는 법원은 판결로써 공소를 기각한다(327 iv). 동일사건에 대하여 재기소를 금지하는 것은 판결의 기판력에 인정되는 一事不再理와는 다른 것이고, 다만 법적 안정성을 고려한 것이다. 또 준기소절차에 의하여 소송계속이 발생한 사건은 공소의 취소가 허용되지 않는다. → 변경주의, 불변경주의

공소(公訴)**의 효력**(效力) 유효한 공소의 제기에 의하여 사건은 법원에 계속하고, 사건의 심리를 둘러싸고 법원·검사·피고인의 3주체간에 일정한 법률관계가 생긴다(→ 소송계속). 이것을 공소제기의 내부적 효과라고 부른다. 또 公訴提起는 동일 사건이 동시에 다른 법원에 係屬하는 것을 배제하는 효과를 낳는다. 이것을 공소제기의 외부적 효과라고 한다. 공소제기는 기타 공소시효의 정지(刑訴 253Ⅰ) 등 여러가지 소송법상의 효과를 발생시킨다. 또 公訴不可分의 原則에 의하여 위의 효과는 사건이 단일하고 동일한 한 그 전부에 관하여 발생한다. → 사건의 단일성, 사건의 동일성

공소장(公訴狀) 검사의 공소제기의 의사를 표시하는 문서. 공소제기는 要式行爲이며 공소장을 관할법원에 제출하여야 한다(刑訴 254Ⅰ). 공소장에 기재된 내용에 의하여 법원의 심판의 범위가 특정되고 또 피고인의 방어의 준비가 가능하게 된다. 공소의 제기가 있는 때에 법원이 公訴狀의 副本을 피고인 또는 변호인에게 송달하는 것도 그 때문이다(266). 공소장에는 ① 피고인의 성명 기타 피고인을 특정할 수 있는 사항, ② 죄명, ③ 공소사실, ④ 적용법조 등을 기재하여야 한다(254Ⅲ). 다만 공소사실의 기재는 범죄의 시일·장소와 방법을 명시하여 사실을 특정할 수 있도록 하여야 하고(254Ⅳ), 수개의 범죄사실과 적용법조를 豫備的 또는 擇一的으로 기재할 수 있다(254Ⅴ). 또 일정한 요건하에 검사는 공소장의 변경을 할 수 있다(298).

공소장부본(公訴狀副本)**의 송달**(送達) 법원은 공소제기가 있는 때에는 지체없이 公訴狀의 副本을 피고인 또는 변호인에게 송달하여야 한다. 단 제1회 공판기일 전 5일까지 송달하여야 한다(刑訴 266). 피고인에 대한 충분한 방어기회를 보장하기 위한 것이다. 裁定決定에 의하여 심판에 부하여진 사건에 있어서는 재정결정서의 정본의 송달을 공소장부본의 송달로 보아야 한다. 공소장부본의 송달이 없거나 또는 제1회 공판기일 전 5일의 猶豫期間을 두지 아니한 송달이 있는 때에 피고인은 심리개시에 대하여 異議申請을 할 수 있다. 이 경우에 법원은 다시 공소장부본을 송달하거나 공판기일의 지정을 취소하거나 또는 이를 변경하여야 한다. 그러나 피고인의 이의는 늦어도 피고인의 冒頭陳述 단계에서 하여야 하며, 피고인이 이의하지 않고 사건의 실체에 대하여 진술한 때에는 그 하자는 치유된다고 해야 한다.

공소장(公訴狀)**의 변경**(變更) 사건의 동일성을 害하지 아니하는 한도에서 공소장기재의 공소사실 또는 적용법조의 追加·撤回 또는 變更을 하는 제도. ① 소송의 발전적인 성질상 소송의 수행과정에 따라 공소장기재의 공소사실·적용법조가 부적당한 경우가 일어난다. 이 경우의 공소장의 변경을 인정하지 않으면, 유죄로 될 것이 무죄로 된다든가 또는 피고인의 방어권의 행사를 방해할 가능성이 있어 형사소송법은 공소장의 변경을 인정하고 있다(298). 검사는 법원의 허가를 얻어 공소장에 기재한 공소사실 또는 적용법조의 추가·철회 또는 변경을 할 수 있으며, 이 경우에 법원은 公訴事實의 同一性을 害하지 아니하는 한도에서 허가하여야 한다(298Ⅰ). 또한 법원은 審理의 經過에 비추어 상당하다고 인정할 때에는 公訴事實 또는 適用法條의 추가 또는 변경을 요구하여야 한다(298Ⅱ). 법원은 공소사실 또는 적용법조의 추가, 철회 또는 변경이 있을 때에는 그 사유를 신속히 피고인 또는 변호인에게 고지하여야 하며(298Ⅲ), 공소장변경이 피고인의 불이익을 증가할 염려가 있다고 인정한 때에는 직권 또는 피고인이나 변호인의 청구에 의하여, 피고인으로 하여금 필요한 방어의 준비를 하

게 하기 위하여, 결정으로 필요한 기간 공판절차를 정지할 수 있다(298 Ⅳ). 법원에 공소장변경의 요구권을 인정함으로써 검사가 공소사실 또는 적용법조의 추가 또는 변경을 행하지 않기 때문에 생긴 사실상 곤란한 문제를 해결하였다. ② 법원이 공소장 기재의 공소사실(訴因)과 다른 범죄사실을 인정하려고 하는 경우에, 어떠한 차이가 있을 때에 공소사실·적용법조의 변경을 필요로 하는가. 그 한계에 관하여는 피고인의 방어에 관계있는 사실에 변경이 있는 경우에 공소사실의 변경이 필요하다는 事實記載說과 단순한 사실의 변경은 문제가 되지 않으며 범죄의 법률적 구성에 관계있는 사실에 변경이 있는 경우에 공소사실의 변경이 필요한 것으로 보는 構成要件同一說(同一罰條說)이 대립하고 있다. → 사건의 동일성

공소장(公訴狀)**의 예비적 · 택일적 기재**(豫備的 · 擇一的記載) 범죄사실 · 적용법조의 예비적 · 택일적 기재와 같다.

공소장일본주의(公訴狀一本主義) 검사가 공소를 제기함에 즈음하여 공소장만을 법원에 제출하고, 그 밖에 법관에게 사건에 관하여 豫斷을 일으킬 염려가 있는 서류 및 증거물을 일체 제출하지 못하게 하는 刑事訴訟法制上의 주의. 이 주의의 취지는 소송구조가 당사자주의화함에 따라서 제1회 공판기일전까지는 법원이 사건에 관한 선입감을 가지지 않도록 하여, 공정한 재판을 하도록 하자는 것이다. 따라서 이 주의는 豫斷排除의 원칙의 하나의 표현이라 할 수 있다. 검사가 송부한 기록과 증거물은 유죄의 방향으로 작성 · 수집된 것이 대부분이기 때문에 공판전에 법관이 이를 閱讀하면, 대개의 경우 유죄의 예단이 들어가기 때문에 이를 방지하기 위하여 公訴狀一本主義를 택하게 된다. 따라서 법원은 백지의 상태로 공판에 임하게 되는 것이다. 그러나 이는 피고인에게 중요한 이익이 되는 점도 있지만, 실질적으로는 피고인의 불이익으로 되는 경우도 많다. 즉, 모든 증거서류를 미리 정독함으로써 사건내용을 파악한 후 공판정에 임하면 공판진행이 속히 될 수 있는데 반하여 공소장일본주의를 취함으로써 모든 증거서류를 공판정에서 비로소 조사하게 되고 이로 인한 소송지연을 막기 위하여 피고인이 법정에서 간단히 증거로 하는데 동의하면(318 Ⅰ), 이를 곧 증거로 채택하게 되어 증거조사가 소홀히 될 염려도 있는 것이다(刑訴規 118 Ⅱ). 군사법원법에서는 명문으로 공소장일본주의를 채택하고 있다(軍法法 296 Ⅵ).

공소주의(公訴主義) 법원 이외의 국가기관(검사)이 범죄의 소추를 하고, 또 소송의 당사자로 되는 방식의 형사소송. 國家訴追主義와 같다. 이 방식에 있어서는 검사가 범인을 소추하여야만 형사소송의 절차가 시작된다는 점에서 탄핵주의와 흡사하다. 그러나 탄핵주의(피해자 소추주의)가 사인에 의하여 행해짐에 반하여 이 경우는 국가기관인 검사가 전담한다는 점에서 국기관인 법원이 소송절차를 전담하는 糾問節次(→규문주의)와 유사하다. 이 주의는 범죄의 사회성을 중시하여 그 처리를 사인에게 맡기지 않고, 또 법원과 검사가 제도상 분리됨으로써 규문절차에서 볼 수 있는 비합리성을 회피할 수 있다는 데에 그 특색이 있다. 근대국가가 이 주의를 채용하게 된 이유도 바로 이것이다. 현대법도 공소는 검사가 제기하여 수행한다고 하여(刑訴 246) 공소주의를 채용하고 있다. →국가소추주의, 탄핵주의, 규문주의

공 수(公水) 공공목적에 사용되는 물, 공물(그 중에서도 공공용물)의 일종. 私水에 대한 관념. 하천 · 운하 · 해면 등이 그 예이다. 私水와는 달리 공공의 이익에 관계가 크므로, 국가는 치수의 만전과 수리의 조정을 위하여 이를 공법적 규율의 대상으로 한다. →사수, 수리권, 용수권.

공수동맹(攻守同盟) 동맹과 같다.

공수표(空手票) →공어음 · 공수표

공 술(公述) 형사소송법상 사실을 사실로서 말하는 것. 사실상 · 법률상의 의견을 말하는 진술과 구별되지만, 法典上의 용어는 아니다. 현행법은 公述의 뜻으로 진술이라는 용어를 사용하고 있다(예: 刑訴 289, 310의2 이하). →진술

공술인(公述人) 공청회 등에서 의견을 진술하는 이해관계자 또는 학식경험자 등을 말한다.

공시방법(公示方法) 공시의 원칙을 실현하는 수단이 되는 占有 · 登記 · 登錄 · 申告 · 通知 등과 같은 권리관계의 외형적 표상이 되는 사실. 이것을 구비하지 않으면 권리변동의 효력이 발생하지 않는 경우(효력발생요건으로서의 공시방법)와 다만 권리변동을 제3자에게 주장할 수 없는 경우(대항요건으로서의 공시방법)가 있다. →공시의 원칙

공시송달(公示送達) 〔獨〕 öffentliche Zustellung 민사소송법상 송달의 일종으로 송달할 서류를 어느 때나 교부할 뜻을 법원의 揭示場에 게시하여(소환장은 이를 揭示狀에 첨부하여) 하는 방법(民訴 180). 당사자의 주소 · 거소 그 밖의 송달장소를 알 수 없는 경우나 외국으로 囑託送達을 할

수 없거나, 촉탁을 하여 보아도 목적을 달할 수 없는 것이 예지되는 경우에 한다. 공시송달은 재판장이 직권 또는 당사자의 신청에 의하여 한다(179Ⅰ). 공시송달의 신청에는 사유를 소명하여야 한다(179Ⅱ). 공시송달은 게시한 날부터 2주일(외국에서 할 송달에 있어서는 2월)을 경과함으로써 그 효력이 생긴다. 이 기간은 신장할 수도, 단축할 수도 없다. 동일한 당사자에 대한 그 이후의 공시송달은 게시한 익일부터 그 효력이 생긴다(181). 형사소송법에서의 공시송달의 요건 및 방식은 민사소송법의 그것과 대체로 같다(刑訴 63~65).

공시(公示)**에 의한 의사표시**(意思表示) → 의사표시의 공시송달

공시(公示)**의 원칙**(原則) 〔獨〕 Prinzip der Offenkundigkeit, Publizitätsprinzip 배타적인 권리의 변동은 占有·登記·登錄과 같은 외형상 인식할 수 있는 표상을 갖추지 않으면, 완전한 효력이 생기지 않는다고 하는 법률원칙. 부동산물권변동의 登記(民 186), 동산물권변동의 인도(188), 婚姻의 신고(812), 회사설립의 등기(商 172), 어음상의 권리양도의 背書(어음 11, 13), 특허권 이전의 등록(特許 118), 광업권 이전의 登錄(鑛 43, 44) 등이 그 예이다. 법률관계를 整序하여 거래의 안전을 보호하려고 하는 근대법의 하나의 이상에 준하는 것이지만, 일방에서는 표상(공시방법)이 완전하냐 어떠냐가 문제가 되고, 타방에서는 사회의 실정에 맞느냐 어떠냐가 문제가 된다. 일정한 公簿의 기재(등기·등록), 일정한 형식을 갖춘 증서의 引渡(유가증권의 배서·교부) 등은 공시방법으로서 완전한 것이지만, 占有의 移轉(民 188, 196 참조)이나 특정인에 대한 通知 또는 특정인의 承諾(450 참조) 등은 완전한 것이 못된다. 또한 사회의 습관으로는 일정한 의식으로 혼인이 성립하는 것으로 생각되고 있는데 호적상의 신고를 요구하는 것은 事實婚姻關係를 발생시키는 원인으로 되어 그 당부가 논의되고 있다. 그리고 공시방법을 갖추지 않았을 때에, 그 권리변동은 효력을 발생하지 않는다고 하는 것은 공시의 원칙을 철저화한 것이지만(예: 부동산물권변동의 등기, 동산물권변동의 인도, 혼인의 신고, 특허권이전의 등록, 광업권이전의 등록, 회사설립의 등기, 어음의 배서 교부), 공시방법을 갖추지 않아도 그 권리변동은 일어나고 다만 제3자에 대항할 수 없을 뿐으로 하는 것도 있다(예 : 저작권이전의 등록(著作 43)).

공시주의(公示主義) 거래의 안전을 보호하기 위하여, 제3자의 이해에 영향을 미칠 사항, 특히 權利能力·行爲能力 또는 권리의 발생·변경·소멸 등에 관하여 제3자에게 알 수 있는 기회를 주려고 하는 주의. 등기·등록 기타의 효력발생요건 또는 對抗要件은 이 주의의 표현이다. → 공시의 원칙, 형식주의

공시지가(公示地價) 地價公示 및 土地 등의 評價에 관한 법률의 규정에 의한 절차에 따라 건설교통부장관이 매년 공시기준일 현재의 가격을 조사·평가하여 토지평가위원회의 심의를 거쳐 공시하는 토지 단위면적당의 적정가격을 말한다(2 i). 여기에서 適正價格이라 함은 해당 토지에 대하여 자유로운 거래가 이루어지는 경우 합리적으로 성립한다고 인정되는 가격을 의미한다. 즉, 투기적 요소나 거래당사자의 특수한 사정으로 인하여 형성되는 가격은 배제된다. 이러한 공시지가는 인근유사토지의 거래가격 또는 임료 및 당해 토지와 유사한 사용가치를 지닌다고 인정되는 토지의 조성에 필요한 費用推定額 등을 참작하여 평가된다. 그리고 지가의 공시에는 표준지의 지번, 표준지의 단위면적당 가격, 표준지의 면적 및 형상, 표준지 및 주변토지의 이용상황 기타 대통령령으로 정한 사항이 포함된다(6).

공시최고(公示催告) 〔獨〕 Aufgebot 법원이 당사자의 신청에 의하여 공고의 방법으로써, 未知·不分明한 이해관계인에 대하여, 失權 기타 不利益의 경고를 발하여 청구 또는 권리 기타의 사항의 신고를 최고하였는데, 어느 누구도 그 신고를 하지 아니한 때에 除權判決 또는 失踪宣告를 하여 실권의 효과를 낳게 하는 절차(民訴 446 이하). 법률에 정한 경우에만 허용되는데, 여기에는 ① 주권·어음과 같은 증서를 분실한 경우에 그 증서없이도 권리를 행사할 수 있도록 분실한 증서의 무효를 선고하기 위한 것(民 521·524, 商 360), ② 등기의 말소신청을 함에 있어서 의무자가 행방불명으로 말소할 수 없을 때, 의무자의 협력없이도 등기할 수 있도록 하기 위한 것(不登 167), ③ 실종선고의 전제로서 생존의 신고를 최고하는 것(家訴規 53) 등이 있다. → 공시최고절차, 제권판결

공시최고절차(公示催告節次) 〔英〕 public summons procedure 〔獨〕 Aufgebotsverfahren 〔佛〕 progrès de l'assignation publique 공시최고의 신청으로 개시되어, 청구 또는 권리의 신고가 없을 때에는 除權判決에 의하여 종료하는 절차. 민사소송법에 규정되어 있지만, 그 성질은 非訟事件이다. 공시최고절차는 지방법원 단독판사의 관할로서(民訴 447Ⅰ, 法組 7Ⅳ), 신청에 의하여서만 행

하여진다. 신청이 적법한 것일 때에는, 법원은 지체없이 법원의 게시판에 게시하고 관보에 게재하여야 하며 신문에 2회 이상 게재하여야 한다(民訴 451). 公告에는 公示催告期日 그 밖의 일정한 사항의 기재가 필요하지만, 공시최고의 기일은 공고한 날부터 3월후로 정하여야 한다(450, 452). 공시최고기일까지 청구 또는 권리의 신고가 없을 때에는 신청에 의하여 除權判決을 할 것이나, 신고가 있을 때에는 법원은 재량에 의하여 신고한 권리에 대한 재판(통상의 소송절차에 의한)의 확정까지 공시최고절차를 중지하든지, 또는 그 권리를 보류하고 제권판결을 한다(456). 이러한 절차 이외에 증서의 무효선고를 위한 公示催告節次(463~468)에 관해서는 특별한 규정이 있다. →제권판결

공 신(功臣) 조선시대 국가에 勳功이 있는 자에게 수여한 칭호 또는 그 칭호를 받은 자. 고려시대에도 功臣制度가 있었으나 성행한 것은 조선 太祖 이래 역대공신을 시상한 것이며, 태조원년의 開國功臣, 정종즉위년의 定社功臣, 태조원년의 佐命功臣, 단종원년의 靖難功臣, 세조원년 佐翼功臣, 동 13년의 敵愾功臣, 예종즉위년의 翊戴功臣, 성종 2년의 佐理功臣 이하 영조 4년의 奮武功臣에 이르기까지 28종을 셀 수 있다. 공신에 대하여 왕은 공신일동과 會盟하고 상훈의 교서를 賜하고 입각화상으로 그 명예를 세전하고 田土와 노비를 償賜하고 자손에게 蔭職을 수여하였다. 공신과 그 자손에 관한 사무를 장리하는 忠勳府가 있었다. 28종의 정공신에 대하여 등외공신을 原從功臣이라 하고 공신의 子·壻·弟 기타 隨從者를 논상하였다. 元從功臣이라고도 별칭한다. 그 기원은 태조개국공신 때 潛邸에서 봉사한 공신의 子·壻·弟 1000여명에 대하여 原從功臣의 칭호를 수여하고 노비와 전토를 급여한 데 있다. 공신에게 賜與한 전토·노비를 공신전·功臣奴婢, 공신에게 授與한 상훈문서를 功臣錄券 및 功臣賞勳敎書라 칭한다. 錄券은 功臣軸 또는 鐵券이라 별칭하고 공신도감이 발급하며 同功者 전체의 공적과 상전을 錄한 것이고 교서는 受賜者 개인의 공적과 상훈을 기록한 개별적인 문서이다.

공신력(公信力) →공신의 원칙

공신(公信)**의 원칙**(原則) 〔獨〕 Prinzip des öffentlichen Glaubens 실제로는 권리관계가 존재하지 않는데도 불구하고 권리관계의 존재를 추측할 만한 외형적 표상(등기·점유)이 있는 경우에 이 외형을 신뢰하여 거래한 자를 보호하여 진실로 권리관계가 존재한 것과 같은 법률효과를 인정하려고 하는 법률원칙. 공신의 원칙은 物權의 公示方法으로 인정되는 표상을 신뢰한 자를 보호함으로써 거래의 안전을 도모하는 역할을 하는 동시에 진정한 권리자로 하여금 권리관계와 부합하지 않는 공시방법(특히 등기)을 시정하여 공시방법과 권리관계를 합치시키도록 노력케 하는 역할을 한다. 민법에 있어서 동산의 善意取得의 제도(民 249 이하), 지시채권의 선의취득의 제도(514, 515), 표현대리의 제도(125, 126, 129), 채권의 준점유자에 대한 변제의 보호제도(470, 471), 상법상의 유가증권의 선의취득의 제도(商 65, 어음 16Ⅱ, 手票 21) 등은 이 원칙의 가장 현저한 표현이다. 그러나 공신의 원칙은 거래의 안전을 보호하는 역할을 하지만 그 반면 진실한 권리자에게는 불이익이 된다. 더욱이 등기부의 기재가 대체로 진실한 권리관계를 정확하게 반영하도록 되어 있지 아니한 경우에는 그 폐단은 배가되는 것이다. 우리 민법이 부동산물권의 변동에 관하여 공신의 원칙을 취하지 아니한 것(등기에 공신력이 없는 것)은 이 점이 문제가 되었기 때문이다. 등기에 공신력을 부여하는 독일 및 스위스의 법제가 부동산등기부의 정비에 애쓰고 또 그 등기절차에 신중한 태도를 취하고 있는 것은 이러한 사정에 기한다.

공안(公安)**을 해**(害)**하는 죄**(罪) 공안(공공의 안전), 즉 사회생활이 안전·평온하게 행하여지는 것을 해하는 범죄(刑法 各則 5장). 여기에는 犯罪團體組織罪(114Ⅰ·Ⅱ)·騷擾罪(115)·多衆不解散罪(116)·戰時公需契約不履行·履行妨害罪(117Ⅰ·Ⅱ)·公務員資格詐稱罪(118)가 속한다.

공(空)**어음·공수표**(空手票) 〔獨〕 Leerwechsel 일반상업어음은 현실의 상거래를 기초로 하여 발행한다. 이것을 남용하여 실재하지 않는 假設人 혹은 無資力者를 어음발행인·배서인 등으로 하여 무가치한 어음을 가치있는 것 같이 가장시켜 그 대가를 사취하는 수가 흔히 있다. 예를 들면 舊債를 메꾸기 위해서 또는 사용불분명한 자금을 얻기 위해서 融通어음 같은 것을 발행하는 것은 아무런 지급의 成算이 없으므로 이러한 것을 취득하는 것은 매우 위험하다. 이와 같은 성질을 가진 어음 또는 수표를 空어음 또는 空수표라고 한다. 융통어음이라 할지라도 가령 상품의 현금매입자금을 얻기 위해서 발행하는 것은 지급자금이 확실하므로 위험이 없다. 空어음의 별칭으로서 貸어음, 借어음이라는 것이 있다.

공업동원(工業動員) 戰時에 있어서 일체의 산업·자원·근로자를 군수품의 생산에 동원하는 것. 전시근로동원위원회의 통제 밑에 행하여지

며 자본가의 이윤은 국립은행으로부터 지급되고 근로자는 일체의 권리를 중지당한다(戰時勤勞動員法 2 참조).

공업발전기금(工業發展基金) 産業基盤基金으로 1995년 11월 22일에 改正됨. 공업의 균형발전과 합리화촉진 및 공업기술개발을 통한 생산성 향상과 경쟁강화를 위한 재원확보를 목적으로 공업발전법 17조에 근거하여 기계공업진흥기금, 전자공업진흥기금, 섬유공업근대화기금을 통합하여 1986년 7월에 설치된 政府管理基金이다. 소관부처 및 운영주체는 산업자원부이며, 재원은 정부출연금 또는 융자금, 재정투융자특별회계차입금, 민간출연금, 기금운용수익금으로 조성되며, 동 기금은 업종별합리화계획의 실시를 위한 사업, 공업기반기술향상계획의 실시를 위한 사업에 대한 융자사업에 사용되고 있다.

공업배치정책심의회(工業配置政策審議會) 공업배치 및 산업단지의 管理政策에 관한 중요사항을 심의·의결하기 위해 산업자원부에 둔 기구로 위원회는 위원장 1인과 부위원장 1인을 포함한 13인의 위원으로 구성되고 위원장은 산업자원부차관이 된다. 위원회는 ① 공업배치기본계획의 수립 및 변경에 관한 사항, ② 산업단지관리지침의 수립 및 변경에 관한 사항, ③ 산업단지장기발전계획의 수립 및 변경에 관한 사항, ④ 업종별로 공장설립지원에 관한 사항, ⑤ 기타 공업배치에 관한 사항으로서 심의회의 위원장이 부의하는 사항 등을 심의한다(工業配置 및 工場設立에 관한 法律 5, 同施行令 7의2, 7의3).

공업소유권(工業所有權) 〔英〕 industrial property 〔獨〕 gewerbliches Eigentum 〔佛〕 propriété industrielle 發明權·實用新案權·意匠權·商標權의 총칭. 프랑스法에서 나온 관념으로서, 이 권리는 모두 재산적 가치를 가진 절대권·대세권인 점에서 소유권과 같지만, 반면에 無體物, 즉 무형인 사상의 산물을 배타적 지배대상으로 하는 점에서 소유권과 구별된다. 공업소유권에 관한 법원으로는 특허법·실용신안법·의장법·발명보호법과 상표법이 있으며, 공업소유권에 저작권을 합하여 무채재산권이라 불리어진다. 국제공업소유권보호동맹조약에서는 농업·광업 등에 관한 것까지 포함한 넓은 의미로 해석되고 있다. →무체재산권, 특허권, 실용신안권, 의장권, 발명권, 상표권

공업소유권보호동맹조약(工業所有權保護同盟條約) 국제공업소유권보호동맹조약의 약칭

공업조합(工業組合) 중소기업의 경영자가 그 공업을 개량하거나 발전케 하기 위하여, 또는 공동으로 여러가지 사업을 하기 위하여 설립하는 조합. 그 주요 임무로는 ① 조합원의 제품을 검사하고, ② 조합원의 영업에 필요한 물건을 공급하여 공동설비를 만들고, ③ 조합원의 영업에 관한 조사나 지도 등을 하는 것.

공역주권설(空域主權說) 공역, 즉 空中이 법적으로 어떠한 성질을 지니고 있는가에 대한 학설의 하나. 영미 법률학자의 대부분은 공역은 그 아랫나라의 영토주권이 당연히 미치는 것이라고 주장한다. 空域自由說에 대한다.

공 연(公然) 불특정 또는 다수의 사람이 알 수 있는 상태(통설·판례). 名譽毁損罪·侮辱罪·公然淫亂罪·瑕疵없는 占有(→하자있는 점유) 등이 성립하기 위하여는, 그 행위가 公然히 행하여졌음을 요한다. 공연의 의미에 대하여는, 이 밖에 불특정이고 다수인 사람이 알 수 있는 상태라는 설과 특정·불특정을 불문하고 다수인이 알 수 있는 상태라는 설이 있다.

공연권(公演權) 각본·악보·음반·영화 등의 저작물을 상연·연주·상영 기타의 방법으로 공개연출할 수 있는 배타적인 권리(著 17). 문예·학술·미술에 관하여 존재하는 著作權에 부수하는 하나의 權能. →연주권, 상연권, 상영권

공연성(公然性) 불특정 또는 다수인이 인식할 수 있는 상태(통설·판례)를 말한다. 명예훼손죄·모욕죄·공연음란죄 등은 公然性을 요건으로 하고 있다. 종래 이를 불특정한 다수인이 인식할 수 있는 상태 또는 특정·불특정을 불문하고 다수인이 인식할 수 있는 상태라고 해석하는 견해도 있었으나, 현재 불특정 또는 다수인이 인식할 수 있는 상태를 의미한다는데 의견이 일치하고 있다. 따라서 不特定人인 경우에는 수의 다소를 묻지 아니하고, 다수인인 경우에는 그 다수인이 특정되어 있다고 하더라도 관계없게 된다. 여기서 불특정이란 행위시에 상대방이 구체적으로 특정되어 있지 않다는 의미가 아니라, 상대방이 특수한 관계로 한정된 범위에 속하는 사람이 아니라는 것을 의미하며, 다수도 단순히 복수라는 것만으로도 족하지 않고 상당한 다수임을 요한다고 이해된다. 그러나 공연성은 불특정 또는 다수인이 구체적으로 인식할 것을 요하는 것이 아니라, 不特定 또는 多數人이 인식할 수 있는 상태에 도달하면 족하다고 해야 한다.

공연음란죄(公然淫亂罪) 공연히 음란한 행위를 하는 罪(刑 245). 본죄는 성적인 도덕감정

을 해하는 범죄이며, 건전한 성적 풍속 내지 성도덕을 보호하려는 것이다. 음란한 행위란, 정상한 성적인 羞恥感情(건전한 성도덕감정)을 심히 해하는 일체의 행위를 말한다. 음란성의 판단에는 행위가 행하여지는 주위환경이나 사건이 일어나는 생활권의 풍속·습관 등의 전사정이 고려되어야 한다. 따라서 벌거벗는 행위라도 목용탕에 들어가기 위하거나 미술상의 모델이 되기 위한 경우는 물론 여기에서 제외된다. 음란한 발언이 여기에 포함되느냐에 관하여는 적극설과 소극설이 대립되고 있다.

공연(公然)**의 어음보증**(保證) 〔獨〕 offenes Wechseldürgschaft 보통의 어음보증금을 은닉한 어음보증과 구별하기 위한 용어. 고유의 어음보증이라고도 한다.

공연(公然)**의 입질배서**(入質背書) 〔獨〕 offenes Pfändindossament 보통의 입질배서를 은닉한 入質背書와 구별하기 위한 용어. 고유의 입질배서라고도 한다.

공연자(公演者) 영화·연극·음악·무용 기타 예술적 또는 오락적 관람물을 요금을 받고 공중의 관람 또는 청문에 供하는 행위를 주재함을 업으로 하는 자(公演法 2Ⅱ). 공연자는 등록청(특별시장, 광역시장, 도지사)에 등록하여야 한다. 공연자는 일정한 사항의 준수의무를 지며(21, 22), 시·도지사, 시장·군수 또는 구청장의 감독을 받는다(24).

공연점유(公然占有) 공공연히 남에게 발견되기를 꺼려하지 않고 하는 占有. 공연이라 함은 전혀 소극적인 관념이므로 일부러 남에게 표시할 필요는 없으며, 質物을 광안에 감추는 것처럼 사물을 보통 소유하는 방법으로 점유한다면 공연한 점유가 된다. 점유는 일반적으로 공연한 것으로 추정된다(民 197).

공 영(公營) 공공단체 특히 지방자치단체가 특정기업을 경영하는 것. 공공단체가 공영하는 사업을 公營事業 또는 公營企業이라 한다. →공영사업, 공영기업

공영기업(公營企業) 공공단체가 스스로 관리·경영하는 공기업. 지방자치단체가 경영하는 일정한 공영기업의 합리화와 확충을 제도적으로 뒷받침하기 위하여 지방공기업법이 제정되었다. →공영사업, 지방공기업법

공영보험(公營保險) 國家 기타의 公法人에 의하여 경영되는 보험이다. 공영보험은 공동경제적 견지에서 공적 정책의 수단으로 하는 것이 원칙이므로 이를 公保險이라고도 한다. 그러나 국민생명보험과 같이 정부에 의하여 관리·운영되지만 그 성질은 私保險에 속하는 경우도 있다(國民生命保險法 참조) 사인에 의하여 경영되는 보험을 私營保險이라고 한다. →공보험

공영사업(公營事業) 공공단체가 스스로 관리·경영하는 사업. 公營企業이라고도 한다. 이 경우에 공공단체는 경제주체인 동시에 관리주체이다. 지방자치단체가 경영하는 사업은 공립학교·도서관·박물관·문화관·수로·식당·전기·가스·병원·보건소·탁아소·양로원·시장·극장·직업소개소 등과 같이 널리 당해 지방주민의 복리에 관계되는 사업에 미치고(이들 공영사업 중 일정한 사업은 그 합리화와 확충을 제도적으로 뒷받침하기 위하여 제정된 地方公企業法의 적용을 받는다), 공공조합이 경영하는 사업으로는 농지개량조합의 구획정리사업·농사개량사업 등이 있고, 영조물법인이 경영하는 사업으로는 대한주택공사의 주택건설·집단주택복리시설 기타 부대사업 등이 있다. →자치단체, 공공단체

공영선거(公營選擧) 선거운동의 자유방임으로 말미암아 일어나는 폐단을 방지하기 위하여 선거를 국가 또는 지방자치단체가 관리하는 선거제도. 선거비용의 전부 또는 일부를 국가가 부담하고, 선거운동을 국가 또는 지방자치단체가 관리하여 공정한 선거를 기함과 동시에 선거비용에 제약을 받는 유능하고도 자력없는 자의 당선을 보장하려는 제도이다. 헌법은 선거에 관한 경비는 법률이 정하는 경우를 제외하고는 정당 또는 후보자에게 부담시킬 수 없다고 규정하고 있다(憲 116).

공용개시(公用開始) 〔獨〕 Widmung 특정물을 실제로 공공목적에 供用한다는 행정주체의 의사표시. 公共用物은 원칙적으로 일반공중의 공동사용에 제공될 수 있는 형식적 조건을 구비함과 동시에 이와 같은 의사적 행위가 있음으로써 성립한다. 이 의사적 행위를 공용개시행위라고 한다. 이 공용개시행위에 의하여 그 물건은 공물로서의 성질을 취득하고 일정한 공법상의 제한을 받게 된다. 공용개시행위는 상대방없는 형식적 행정행위로서, 그 의사표시는 명시적인 것이 보통이나 默示的일 수도 있다. 공용개시행위는 공공용물의 성립요건이나 公用物 및 自然公物의 성립에는 필요치 않다. →공물, 공용폐지

공용문서(公用文書) 공무소의 사용에 쓰이는 문서. 公務所에 현재 사용하고 있는 문서 외

에 공무소에서 보관하고 있는 문서도 포함한다. 사문서이건 공문서이건 그 여하를 불문한다. 위조문서라도 공무소에 보관되어 있는 것은 이에 속한다.

공용물(公用物) 〔獨〕 Sachen der öffentlichen Dienstes 청사·교사·兵舍·교도소 등과 같이, 행정주체 자신의 사용에 제공되는 公物. 공공용물에 대한 관념. 국유의 공용물을 공용재산이라 한다(國財 4). →공물, 공공용물

공용물파괴죄(公用物破壞罪) 공무소에서 사용하는 건조물·선박·기차 또는 항공기를 파괴하는 죄(刑 141Ⅱ). 본죄는 실질에 있어서 손괴의 죄에 속하는 것이지만, 刑法은 공무방해에 관한 죄의 하나로 규정하고 있다. 特殊公用物破壞(144)의 경우에는 형을 가중한다. 파괴는 손상과 마찬가지로 물질적 훼손을 뜻하지만, 그 정도가 큰 것(간단히 수리할 수 없을 정도)을 말한다. 따라서 파괴의 정도에 이르지 아니하면, 공용서류(물건)무효죄(141Ⅰ)에 해당한다. 未遂犯은 처벌한다(143). →공익건조물파괴죄

공용부담(公用負擔) 〔獨〕 öffentliche Lasten 특정의 공익사업의 목적을 달성하기 위한 행정수단으로서 법률에 기하여 국민에게 강제적으로 과하는 일체의 人的·物的 負擔. 행정주체가 경영하는 공익사업 자체는 非權力的 作用이지만, 그 보조적 수단으로서 이와 같은 權力的 作用이 필요하다. 공용부담은 특정의 공익사업을 위한 공법상 부담이라는 점에서 기타의 행정목적을 위한 공법상 부담인 警察負擔·財政負擔·軍事負擔 등과 구별되며, 국민에게 과하는 부담인 점에서 공공단체에 과하는 事業負擔·經費負擔 등과 구별된다. 공용부담은 국민에게 새로운 부담을 과하는 것이므로 반드시 법률의 근거를 요한다. 공용부담은 특정인에게 작위·부작위·급부를 명하는 人的公用負擔과, 특정의 재산권에 고착해서 이에 제한·변경을 가하는 物的公用負擔으로 구분되는데, 전자는 다시 負擔金·夫役現品·勞役物品·施設負擔·不作爲負擔 등으로 구분되고, 후자는 公用制限·公用徵收·公用換地 등으로 구분된다. →부담금, 부역·현품, 노역·물품부담, 공용제한, 공용사용, 공용수용, 공용환지

공용사용(公用使用) 특정한 공익사업을 위하여 그 사업주체가 타인의 소유인 토지 기타 재산권을 강제적으로 사용하는 것. 이 권리를 공용사용권이라 한다. 공용제한의 일종이기는 하나 공용사용권의 설정이 주안이고 재산권에 대한 제한은 그 효과에 불과한 점에서 공용제한과는 다른 특성을 가지고 있으며, 또 공용수용이 재산권 자체를 징수하는데 대하여 공용사용은 그 재산권의 사용권만을 징수하는 점에서 公用收用과도 다르다. 공용사용은 법률 또는 법률에 기한 행정행위에 의하여 설정되며, 그 성질은 공법상의 권리이다. 공용사용에는, 공사·측량 등을 위하여 또는 비상·재해의 경우에 설정되는 일시적 사용(道 49, 文化財 38, 土收 9, 水産 83, 鑛 84, 郵 5)과 계속적 사용의 두 가지의 경우가 있다. 전자는 보통 법률의 정하는 간단한 절차 또는 行政處分에 의하여 설정되는데 대하여, 후자는 재산권에 대한 중대한 제한이므로 그 설정은 법률의 근거가 있어야 하며 그 절차도 원칙적으로 토지수용법에 의한 토지수용의 절차에 의한다. 補償의 기준과 방법은 법률로 정한다(憲 23Ⅲ, 122). →공용제한, 공용수용, 정당한 보상

공용서류무효죄(公用書類無效罪) 공무소에서 사용하는 서류 기타 물건 또는 전자기록 등 특수매체기록을 손상 또는 은닉하거나 기타 방법으로 그 효용을 해하는 죄(刑 141Ⅰ). 본죄는 실질상 손괴의 죄에 속하는 것이나, 형법은 공무방해에 관한 죄의 하나로 규정하고 있다. 특수공용서류등무효(144)의 경우에는 형을 가중한다. 公務所에서 사용하는 서류라 함은 공무소에서 사용하거나 그 목적으로 보관하는 일체의 문서를 말하며, 그 작성자가 공무원인가 사인인가 또는 그 작성의 목적이 공무소를 위한 것인가 사인을 위한 것인가를 불문한다. 공무소에서 사용하는 서류인 이상, 그 보존기간이 경과하였다는 것, 僞造文書라는 것 또는 작성방식에 결함이 있다는 것은 본죄의 성립에 영향이 없다. 서류를 물질적으로 훼손한 경우는 손상에 해당하고, 그 문서의 내용의 일부를 말소하는 따위는 기타 방법에 해당한다. 미수범을 처벌한다. →재물·문서손괴죄

공용수용(公用收用) 〔英〕 compulsory acquisition, expropriation 〔獨〕 Enteignung 〔佛〕 expropriation 특정한 공익사업을 위하여 개인의 재산권을 법률에 의하여 강제적으로 취득하는 것. 收用 또는 公用徵收라고도 한다. 物的公用負擔의 일종. 공용수용은 공익사업을 위한 재산권의 징수라는 점에서 재정상의 목적을 위한 租稅徵收, 경찰상의 견지에서 하는 몰수, 국방상의 목적에서 하는 徵發 등과 구별되며, 재산권의 강제적 취득인 점에서 임의적 취득 및 재산권의 제한인 공용제한과도 구별된다. 공용수용은 특정한 공익사업을 위한 것이어야 한다(土收 3). 그 대상인 물건은 비대체적인 특정한 재산권으로서, 토지 기타의 부동산·동산에 관한 소유권 기타 권리이지만, 경우에 따라서는 無體財産權(特許權 등) 또는 鑛業權·漁業權·用水權

일 때도 있다. 그 중 토지소유권에 관한 것이 가장 보통이다. 공용수용의 주체는 국가·공공단체 또는 그로부터 특허받은 私人이다. 공용수용은 사법상의 수단에 의할 수 없을 때에 권리자의 의사여하에 불구하고 그 권리를 강제적으로 취득하는 것이므로 법률의 규정에 의한 物權變動이고, 따라서, 부동산의 경우에도 등기없이 효력이 생기며, 그 권리취득의 성질은 원시적 취득이다. 공용수용은 법률의 근거가 있어야 하고 법률이 정하는 보상을 하여야 한다(憲 23Ⅲ, 122). 공용수용에 관한 일반법으로서는 토지수용법이 있고, 그 외에도 그 근거를 규정한 법률이 많다(都計 29·30, 鑛 84, 特許 106, 道 49, 水難救護法 7 등). →공용부담, 공용사용, 공용제한, 정당한 보상

공용영조물(公用營造物) 〔獨〕 Anstalt des öffentlichen Dienstes 영조물 중에서 행정주체 자신의 사용에 제공되는 것을 말한다. 公共用營造物에 대응하는 말. →공공용영조물, 영조물

공용재산(公用財産) 國有財産法上의 行政財産의 일종. 국가가 직접 사무·사업이나 공무원의 거주용으로 사용하거나 또는 사용하기로 결정한 국유재산이다(4). →국유재산, 행정재산, 공용물

공용제한(公用制限) 〔獨〕 öffentlichrechtliche Eigentumsbeschränkung 특정한 공익사업의 목적을 위하여 특정한 재산권에 과하여지는 공법상의 제한. 物的公用負擔의 일종. 그 재산권의 이전과 함께 그 제한의 효과도 당연히 이전된다. 공용제한의 대상이 되는 재산권의 목적인 재산은 토지 기타 부동산인 때도 있고 동산인 때도 있으며, 또 無體財産權이 대상이 되는 때도 있다. 그 중 토지에 대한 공용제한이 가장 보통의 경우인데, 이것을 公用地役이라고 한다. 공용제한은 특정한 공익사업을 위한 공법상의 제한이라는 점에서 사법상의 제한과는 구별되며, 財政目的·警察目的·軍事目的을 위한 그 밖의 공법상의 제한과도 구별된다. 공용제한은, 반드시 법률의 근거를 요하며, 법률의 정하는 바에 따라 그 손실을 보상하여야 한다(憲 23Ⅲ, 122). 그리고 제한의 형태에 따라 計劃制限·保全制限·事業制限·公物制限·使用制限으로 구별된다. →물적공용부담, 공용지역, 공물제한, 부담제한, 공용사용

공용지역(公用地役) 〔獨〕 öffentlichrechtliche Dienstbarkeit 〔佛〕 servitudes d'utilité publique 특정한 공익사업의 목적을 위하여 특정한 토지 위에 과하지는 공법상의 제한. 공용제한의 일종으로서, 그 제한의 대상이 토지라는 점에서 토지 이외의 부동산·동산·무체재산권 위에 과하여지는 기타의 公用制限과 구별된다. 토지에 고착된 物上負擔인 까닭에 그 토지의 이전과 함께 공용지역의 효과도 당연히 수반하여 이전된다. →공용제한, 공용부담

공용징수(公用徵收) 공용수용과 같다.

공용폐지(公用廢止) 〔獨〕 Entwidmung 공물로서의 성질을 상실시키는 행정주체(공물관리자)의 의사표시. 상대방없는 形成的 行政行爲이다. 명시적임을 원칙으로 하나 묵시적이라도 무방하다. 공용폐지에 의하여 그 물건에 대한 공법상의 제한이 배제되고 사법상의 권리는 완전히 회복되어 사법의 적용대상이 된다. →공용개시

공용환권(公用換權) 토지의 평면적·입체적 이용을 증진하기 위하여 특정한 토지에 관한 소유권 기타의 권리 및 토지의 施設物에 대한 권리를 권리자의 의사에 관계없이 강제적으로 변환하는 것을 말한다. 즉 권리자는 종전의 토지나 시설물에 대한 권리를 상실하는데 갈음하여 그에 상응하는 다른 토지나 시설물에 대한 권리를 취득하는 것이다. 그 예로는 도시재개발법에 의한 재개발사업을 들 수 있는데, 再開發事業이란 재개발구역 안에서 토지의 합리적이고 효율적인 고도이용과 도시기능의 회복을 위하여 하는 건축물과 그 부지의 정비, 대지 및 공공시설의 정비에 관한 사업을 말한다.

공용환지(公用換地) 〔獨〕 Umlegung, Zusammenlegung 토지의 이용가치를 전반적으로 증진하기 위하여 일정한 지역내에 있어서의 토지의 소유권 또는 기타의 권리(예 : 토지권·임차권)를 권리자의 의사여하에 불구하고 강제적으로 交換·分合하는 것. 物的公用負擔의 일종. 換地·土地整理·區劃整理라고도 한다. 공용환지는 되도록 권리의 실질에 변경을 주지 않으면서 목적물을 변경하여 동가치의 토지와 교환케 할 뿐인 점에서 권리의 제한 또는 수용을 목적으로 하는 공용제한·공용수용과 구별된다. 공용환지에 관한 현행법으로는 토지구획정리사업법 등이 있다.

공원시설(公園施設) 도시공원의 효용을 다하기 위하여 설치하는 도로 또는 광장, 화단·분수·조각 등 조경시설, 휴게소·長椅子 등 휴양시설, 그네·미끄럼틀·砂場 등 유희시설, 정구장·수영장·궁도장 등 운동시설, 식물원·동물원·수족관·박물관·야외음악당 등 교양시설, 주차장·매점·변소 등 이용자를 위한 편익시설, 관리사무소·출입문·울타리·담장 등 공원관리시설, 이외에 도

시공원의 효용을 다하기 위한 시설로서 건설교통부령이 정하는 시설을 말한다(都市公園法 2).

공 위(攻圍) 〔英〕 siege 〔獨〕 Belagerung 〔佛〕 siège 糧道를 끊고 항복시키거나 强襲에 의하여 점령할 목적으로 적이 점거하는 일정지역을 병력으로써 포위하는 것. 防守되지 아니한 장소에 대해서는 攻圍를 할 수 없다. 종교·기예·학술·자선의 목적에 사용되는 건물은 군사상의 목적에 사용되지 아니하는 한 가급적 손해를 면하도록 모든 수단을 다하여야 한다(陸戰規則 25, 27).

공 유(公有) 공공단체의 소유. 國有와 함께 사유에 대한 말로 쓰이며, 때로는 國·公有를 合稱하는 말로서 쓰일 때도 있다. 지방재정법에서는 공유를 지방자치단체의 소유로 정의하였고(地財 72 Ⅰ), 공유수면관리법 및 공유수면매립법에서는 공공용으로 사용되는 국가소유로 정의하였다(公有水面管理法 2Ⅰ, 公有水面埋立法 2ⅰ).

공 유(共有) 〔獨〕 Miteigentum 〔佛〕 copropriété 수인이 동일물건의 소유권을 양적으로 分有하는 共同所有의 형태(民 262Ⅰ). 즉, 공유는 공유자 전원이 1개의 소유권을 가지는 형태이므로 각인이 가지는 持分權(부분적 소유권)은 분수적 비율(예 : 3분의 1, 2분의 1 등)에 의하여 소유권의 내용을 분유하는 것이며, 거꾸로 전공유자의 지분권을 모두 합하면, 하나의 所有權이 되는 셈이다. 다시 말하면 공유자의 지분권은 소유권과 동종, 동질이고 다만 그 범위를 달리함에 불과하다. 그러므로 공유자는 자유로이 그 지분권을 처분할 수 있고(263) 또 원칙적으로 언제든지 공유물의 분할을 청구할 수 있다(268Ⅰ). 즉 공유자들은 목적물을 공동소유하는 까닭에 어느 정도 공유자간에 협동관계가 수반되는 것이기는 하지만 그 이외에도 하등의 단체적인 통제 또는 구속을 받지 않으므로 공유는 개인주의적인 공동소유의 형태라 할 수 있다. 그리고 각 공유자가 공유물에 대하여 가지는 분량적인 소유권을 持分權이라 하고 또 이를 共有權이라고도 한다. 그러므로 각 공유자는 그 지분에 따라서 공유물을 사용수익할 수 있는 동시에(263), 공유물의 관리비용 기타의 의무를 부담하고(266), 공유물의 보존행위는 각 공유자가 단독으로 이를 행할 수 있다(265 但). 그러나 공유물의 관리에 관한 사항은 공유자의 지분의 과반수로써 결정하고(265), 목적물을 변경하거나 처분함에는 전원의 동의를 요하고(264), 어느 공유자가 1년 이상 공유물의 관리비용 기타 의무의 이행을 지체한 때에는 다른 공유자는 상당한 가액으로 그 지분을 매수할 수 있다(266 Ⅱ). 단 이 점은 공유자간에 협동정신을 유지하고자 함에 기할 뿐이고, 그 외에는 각 공유자의 지분권은 소유권과 동종·동질이므로 각 공유자는 다른 공유자 또는 제3자로부터 그 지분권 또는 공유물 자체의 침해를 받은 때에는 자기의 지분권을 근거로 하여 持分權(持分)의 確認, 損害賠償, 妨害除去 등을 청구할 수 있다. 즉, 각 공유자는 그 지분권의 범위내에서 소유자가 행사할 수 있는 권능을 모두 행사할 수 있다. 공유자는 언제든지 分割請求를 할 수 있는 것이 원칙이지만, 5년 이내의 기간으로 不分割契約을 할 수 있다(268Ⅰ 但). 분할의 방법에 관하여 협의가 성립되지 않는 때에는 공유물분할의 訴에 의하여 법원에 분할을 청구한다. 이 경우에는 현물분할이 원칙이지만, 그것이 곤란한 때에는 競賣를 명하여 대금분할의 방법을 취한다(269)(→공유물분할). 주식의 공유에 관하여서는 특칙이 있다(商 333). 선박공유에 관하여는 船舶共有者를 보라.

공유공물(公有公物) 공물의 일종. 사권의 목적이 될 수 있는 공물에 있어서 그 소유권의 주체가 공공단체인 때를 말함. 공유공물을 관리하는 주체가 공공단체인가 국가인가에 따라 自有公物이 되기도 하고 他有公物이 되기도 하는 것은 國有公物에 있어서와 마찬가지이다. →공물, 국유공물

공유림(公有林) 公共團體의 소유에 속하는 산림(山林 3ⅱ). 도유림, 시·읍·면유림, 학교림 등이 있는바 기본재산으로서의 原始收入을 얻기 위하여 경영하는 것, 임업에 쓰기 위하여 경영하는 것, 주민의 공용에 쓰기 위하여 경영하는 것 등 한국의 공유림은 전 임야의 85%를 차지하고 있다.

공유물분할(共有物分割) 공유자간에 공유물을 나누는 것. 각 공유자는 원칙적으로 언제든지 공유물의 분할을 청구할 수 있다(民 268Ⅰ 本). 그러나 건물의 구분소유자들의 공유로 추정되는 共用部分(215)과 경계선상에 설치되어 相隣者의 공유로 추정되는 境界標·담·溝渠 등(239)은 분할을 청구할 수 없으며(268Ⅲ), 그 이외의 공유에 있어서는 5년내의 기간으로 분할하지 아니할 것을 약정할 수 있다(268Ⅰ但). 공유물분할의 청구는 다른 공유자들에 대한 일방적 의사표시로써 행하는 것이므로 그 分割請求權은 形成權에 속한다. 즉, 어느 공유자가 그 분할의 청구를 한 때에는 공유자들은 어떠한 방법으로든지 현실적으로 이를 분할하는 방법을 협의하여야 하며, 공유자간의 협의에 의하여 분할하는 때에는 그 분할의 방법에는 제한이 없다. 분할방법에는 現物分割·價値分割(代金分割·價格賠償)의 두 가지가 있다(→현물분할·가치분할).

공유물의 분할이 있은 경우에는, 각 공유자는 다른 공유자가 분할로 인하여 취득한 물건에 관하여 그 지분의 비율로 매도인과 동일한 담보책임을 부담한다(270). 각 공유자는 분할된 때부터 그가 얻은 부분의 단독소유자가 되는 것이며, 또 대금분할 또는 가격배상의 경우에는 본래의 공유물이 누구의 소유로 돌아가든지간에, 지분 위에 존재하였던 擔保物權은 그 지분의 비율에 따라서 그 물건 위에 존속하고, 현물분할에 의하여 본래의 공유물이 수개의 물건으로 나누인 때에도, 공유지분상의 담보물권은 분할된 각개의 물건 위에 그 지분의 비율에 따라서 존속한다. 각 공유자간에 분할의 방법에 관하여 협의가 성립되지 아니한 때에는 법원에 그 분할을 청구할 수 있다(269 I). →공유물분할의 소

공유물분할(共有物分割)**의 소**(訴) 〔羅〕 actio communi dividundo 어느 공유자가 공유물 분할을 청구할 수 있는 경우에, 공유자간에 분할의 방법에 관하여 협의가 성립되지 아니하는 까닭에, 그 분할을 청구한 공유자가 법원에 현실적으로 분할을 실현할 것을 청구하는 訴(民 269 I). 이 소는 다른 공유자 전원을 피고로 하여 제기하여야 하는 것이므로 固有必要的 共同訴訟에 속한다. 이 소는 공유물의 분할을 실현하는 방법을 확정하고자 하는 것이고 또 원고의 청구를 인용하는 판결이 확정됨으로써 공유물의 분할이란 권리관계의 변동이 생기는 것이므로 形成의 訴이다. 그러나 분할의 방법에 관한 원고의 주장은 청구의 요건이 되는 것은 아니므로 법원은 적당하다고 인정하는 방법으로 분할을 선고할 수 있으며, 따라서 이 소는 形式的 形成訴訟에 속한다. 이 소송을 공유자간에, 서로 지분의 확정을 청구하는 점에서는 소송사건이지만, 분할방법을 정한다는 점에서 본다면, 성질상으로는 非訟事件에 해당한다. 이 소에 의하여 법원이 판결로써 공유물의 분할을 선고하는 경우를 裁判上의 分割이라고 한다. 재판상의 분할에 있어서도 現物分割을 원칙으로 하고 다만 그것이 불가능하거나 이로 말미암아 현저히 그 가액이 감손될 염려가 있는 때에는 법원은 대금에 의한 분할을 선고하기 위하여 共有物의 競賣를 명할 수 있다((269 II). 이 소는 공유자간에 분할의 방법에 관한 협의가 성립하였지만 공유자들이 어느 공유자에게 할당된 부분의 인도 또는 지급을 하지 않는 까닭에 그 공유자가 그 인도 또는 지급을 명하는 판결을 구하는 소와 구별하여야 한다. 왜냐하면 후자는 履行의 訴이고 形成의 訴가 아니기 때문이다. →공유물분할

공유부동산(共有不動産)**의 지분**(持分)**에 대한 강제경매**(强制競賣) 부동산의 共有持分에 대하여 强制競賣를 하려면 부동산에 대한 강제경매의 규정에 따라야 하나, 몇 가지 특별한 규정이 있다. 채무자의 지분에 대하여는 강제경매의 신청이 있었다는 것을 등기부에 기입하여야 하며(民訴 649 I 前). 다른 공유자에게 그 사실을 통지하여야 하고(649 I 後), 최저경매가격은 공유물 전부의 평가액을 기본으로 하여 채무자의 지분에 관하여 정한다(649 II). 그리고 共有者는 우선경락권이 있다(650 I·II 참조). 되도록 권리의 복잡화를 피하려는 취지에서 新法이 신설한 제도이다. 수인의 공유자가 優先買受를 신고한 경우에는 공유지분의 비율에 의하여 경락시키는 것이 원칙이다(650 III).

공유수면(公有水面) 일반적으로 바다·하천·湖沼 기타 공공용으로 공용되는 국유의 수면을 말한다. 공유수면관리법에서는 바다·하천·호소 기타 公共用으로 공용되는 국유의 수류 또는 수면과 濱地로서 하천에 관한 법령의 적용 또는 준용을 받지 아니하는 것을 말하고(2 I), 공유수면매립법에서는 河川·바다·湖沼 기타 공공의 용에 사용되는 수류 또는 수면으로서 국가의 소유에 속하는 것을 말한다(2 i).

공유수면관리(公有水面管理) 하천·바다·湖沼 기타 공공의 용에 공하는 국유의 수류 또는 수면과 濱地로서 하천법의 규제를 받지 않는 것을 공공복리의 향상 및 공안의 유지에 기여할 수 있도록 保全·利用·管理하는 행위. 공유수면은 해양수산부장관 또는 특별시장·광역시장·도지사가 관리한다(公有水面管理法 3). 공유수면을 특정한 목적을 위하여 사용 또는 점용하고자 하는 자는 관할 행정관청의 허가를 받아야 하며(4), 공유수면에의 유독물의 방류 등 일정한 행위는 금지된다(9). →공유수면

공유수면매립(公有水面埋立) 공유수면(하천·바다·호소 기타 공공의 用에 공하는 水流 또는 水面으로서 국가의 소유에 속하는 것)을 국가의 면허를 받아 매립 또는 간척하는 것. 공유수면 매립을 하고자 하는 자는 건설교통부의 埋立免許를 받아야 하는 바(公有水面埋立法 4, 5), 면허를 받은 자는 공법상의 권리를 취득한다(11). 매립자는 매립공사의 竣工認可를 얻음으로써 그 매립지의 소유권을 原始取得한다(12, 14). →공유수면

공유수면점용·사용(公有水面占用·使用) 공유수면에 공작물을 新築·改築·增築하기 위하여 또는 鑛物採取 등을 목적으로 비교적 장기간 일정구간의 공유수면을 배타적으로 점유사용하는 행위를 공유수면점용이라 하며, 다량의 土石·塵芥 등

을 공유수면에 내버리는 등 일정구간의 공유수면을 일시적으로 사용하는 행위를 공유수면사용이라 한다. 공유수면을 점용 또는 사용하고자 하는 자는 해양수산부장관 또는 특별시장·광역시장·도지사의 許可를 받아야 하며(公有水面管理法 4), 소정의 점용료·사용료를 납부할 의무를 진다(7). 점용 또는 사용기간이 만료되었거나 점용·사용을 폐지한 경우에는 公有水面을 원상에 회복할 의무가 있다(11). → 공유수면

공유재산(共有財産) 여러 사람의 공유에 속하는 재산. 예컨대, 수인이 공동으로 讓受하였거나, 상속한 재산(民 1006)과 같다. 민법은 수인이 한채의 건물을 구분하여 각각 그 일부분을 소유하는 경우의 그 건물과 부속물의 公用部分은 그 전원의 공유로 추정하고(215Ⅰ), 경계선상에 설치된 境界標·담·溝渠 등은 상린자의 공유로 추정하며(239), 부부의 어느 일방에 속한 것인지 불명한 재산은 부부의 공유로 추정한다(830Ⅱ). 그러나 조합재산은 조합원의 공유가 아니라 合有로 규정하였다(271Ⅰ). → 공유

공유하천용수권(公有河川用水權) 공유하천의 연안에서 농공업을 경영하는 자가 그 공유하천으로부터 引水하는 權利(民 231). 공유하천용수권에 관한 민법의 규정은 종래 판례가 관습법상의 물권으로 인정하여 온 것을 성문화한 것이다. 그 법률적 성질은 일종의 공물사용관계로서 公權이라고도 생각할 수 있는 동시에 일종의 財産權으로서 사법의 규율을 받아야 한다는 것도 부인할 수 없으므로, 공권·사권의 양면의 성질을 가지는 것이라고 할 수 있다. 사권으로서의 법률적 성질은 地役權에 유사한 物權의 일종이며, 방해를 당한 때에는 妨害除去請求權이 생기고, 또 거래의 객체로도 된다. 그 성립요건은 연안에서 농공업을 경영하는 자(반드시 연안토지의 소유자에 한하지 않는다)가 연안토지의 이용을 위하여 引水하는 것이며, 인수로 인하여 타인의 기존의 용수권을 방해하지 않아야 한다(231Ⅰ). 그 내용 및 효력은 연안토지의 이용을 위하여 필요한 인수를 하고 또 인수를 하기 위하여 필요한 工作物(垌·洑 등)을 설치하는 것이며(231Ⅱ), 타인의 인수 또는 인수를 목적으로 하는 공작물로 인하여 방해를 당하는 경우에는 용수권자는 그 방해의 除去와 損害의 배상을 청구할 수 있다(232). 공유하천용수권은 연안토지의 소유권(또는 이용권)에 종된 권리이고, 이에 다시 수로 기타의 공작물의 소유권과 용수권자 상호간의 협정으로부터 생기는 권리의무와 일체로서 하나의 법률적 지위를 형성하며, 따라서 沿岸土地所有權이 이전되는 경우에는 이 법률적 지위가 전체로서 승계된다(233).

공 의(公醫) 舊醫療法上의 제도. 의사의 자격을 가진 자로서, 지방의 醫療施策 또는 無醫地域에 의료보급상의 필요에 따라 보건복지부장관의 명에 의하여 지정개업지에 배치된 자(舊醫 52Ⅰ). 공의는 환자를 진료하는 외에, 전염병의 예방 등의 업무에 종사하였다(53). 현행의료법은 보건복지부장관이 보건의료시책상 필요하다고 인정할 때에는 의사면허는 3년 이내의 기간을 정하여 특정지역 또는 특정업무에 종사할 것을 면허의 조건으로 붙일 수 있게 하고(醫 11), 전국적 조직을 가지는 의사회인 중앙회에 의료 및 국민보건 향상에 관한 보건복지부장관의 협조요청에 응하여야 할 의무를 부과함으로써(28Ⅰ) 종래의 公醫制度에 대신하였다. → 공중보건의사

공의무(公義務) 公權에 대한 관념으로서, 다른 사람의 이익을 위하여 의무자의 의사에 가하여진 公法上의 拘束을 말한다. 주체로 보아 국가적 공의무와 개인적 공의무가 있고, 성질로 보아 作爲·不作爲·受忍·給付의 의무가 있다. 국가적 공의무는 개인적 공권에 대응한 의무이고 개인적 공의무에는 일신전속적 성질을 가진 것이 많으며 抛棄와 移轉性이 제한되고, 그 의무의 불이행에 대한 강제방법으로는 행정상 강제집행과 강제징수의 방법에 의하는 수가 많고, 그 의무의 위반에 대하여는 벌칙이 규정되어 있는 경우가 많다. → 공권, 국가적 공권, 개인적 공권, 공법상의 권리·의무

공익건조물파괴죄(公益建造物破壞罪) 공익에 공하는 건조물을 파괴하는 죄(刑 367). 본죄는 공익건조물의 공익성에 비추어 규정된 財物損壞罪의 특수유형이며, 重損壞(368Ⅰ·Ⅱ). 特殊損壞(369Ⅱ)의 경우에는 형을 가중한다. 공익에 공하는 건조물이란 공공의 이익을 위하여 사용되는 가옥 기타 이와 비슷한 건축물을 말하며, 국유·사유를 불문하지만, 공무소에서 사용하는 건조물은 제외된다(141Ⅱ 참조). 파괴는 물질적으로 그 효용을 손상함을 말하나, 손괴에 비하여 어느 정도 큰 규모의 것(간단히 수리할 수 없을 정도)을 말한다. 미수범은 처벌한다(371).

공익권(共益權) 〔獨〕 gemeinnützige Rechte 사단법인에 있어서 사원이 그 법인의 목적사업에 참여할 것을 내용으로 하는 社員權의 일종. 自益權에 대한 개념. 법인의 목적사업의 경영참여와 경영감독의 양면에서 인정되고 있다. 상법상 경영참여의 수단은 총회에 출석하여 의결권을 행사하는 것인 바 주주총회 또는 사원총회에서의 議決權(商

309, 368, 574)이 있고 경영감독의 수단으로 인정되는 것으로는 減資無效·設立無效·總會決議無效確認의 訴權(328, 380, 445, 578) 등의 單獨株主權과 總會召集請求·會計帳簿閱覽請求權 등(366, 466, 566, 572)의 少數株主權이 있다. 비영리법인의 경우에 있어서는 결의권(民 75)·소수사원권(70 Ⅱ)이 공익권에 해당한다. 그러나 소위 공익권이라는 것은 사원이 기관의 자격에서 가지는 권한이며 사원의 자격에서 가지는 것이 아니라는 이유로 이를 부인하는 설도 있다. →사원권, 자익권

공익근무요원(公益勤務要員) 국가기관 또는 지방자치단체의 공익목적 수행에 필요한 경비·감시·보호 또는 행정업무 등의 지원과 국제협력 또는 예술·체육의 육성을 위하여 소집되어 공익분야에 복무하는 사람(兵役 2 Ⅰ x). 服務期間은 2년 8개월 이내로 하지만 병역법 26조 1항 3호의 규정에 의한 문화창달과 국위선양을 위한 예술·체육분야의 공익근무요원의 복무기간은 3년으로 한다(30 Ⅰ).

공익법무관(公益法務官) 변호사의 자격을 가진 사람으로서 공익법무관에 관한 법률이 정하는 바에 따라 법률구조업무 또는 국가 또는 지방지차단체의 공공목적의 업무수행에 필요한 법률사무에 종사하는 사람을 말한다(兵役 2 Ⅰ xi의 2). 병역법 34조의2에 의하여 공익법무관으로 편입된 자는 해당분야에서 3년간 종사하게 되면 공익근무요원의 복무를 마친 것으로 된다(公益法務官에 관한 法律 8). →공익근무요원

공익법인(公益法人) →비영리법인

공익비(共益費) 한 채무자에 대하여 다수의 채권자가 있는 경우에 그들 채권자의 공동이익을 위하여 사용하는 비용. 채무자의 재산의 멸실 훼손을 방지하기 위한 保存費(시효중단의 비용 등), 재산내용을 명확하게 하기 위한 淸算費(재산목록 작성비 등), 채권자에게 분배하기 위한 비용(강제집행의 비용 등) 따위가 그 예이다. 채권자의 1인이 이 비용을 지출했을 때에는 일반의 우선특권에 의하여 우선적 변제를 받는 일이 있다.

공익사업(公益事業) 〔英〕 public utilities 公共의 利益 내지 福利를 위한 사업. 각 법령에서 그 법령의 목적에 따라서 상이하게 규정하고 있는 바, ① 토지수용법에서는 토지를 수용 또는 사용할 수 있는 사업인 중요산업 등을 공익사업으로 규정하고(2, 3), ② 노동조합 및 노동관계조정법에서는 국민의 일상생활에 필요불가결한 정기노선여객운수, 수도·전기·가스·석유정제 및 석유공급, 공중위생·의료, 은행, 방송·통신사업 등의 사업으로 규정하고(71 Ⅰ), 이러한 사업에 대해서는 冷却期間과 仲裁開始 등에 있어서 일반사업과는 다른 특별취급, 특히 緊急調整을 인정하고 있다(76~80). 이 밖에 국민경제에 중대한 영향을 미치는 대통령령으로 정하는 사업 또는 그 사업체를 준공익사업으로 보아 동일하게 취급한다.

공익신탁·사익신탁(公益信託·私益信託) 학술·종교·제사·자선·技藝 기타 공익을 목적으로 하는 신탁이 公益信託(public trust, charitable trust)이며(信託 65), 개인적 이익, 즉 사익을 목적으로 하는 신탁이 私益信託(private trust)이다. 공익신탁은 신탁법에 의해서 인정되고 있는 제도인데 비영리재단법인 중의 공익을 목적으로 하는 재단법인의 경우와 같은 취지에서 그 인수를 함에 있어서 수탁자는 주무관청의 許可를 얻어야 하는 외에,신탁사무의 처리에 관해서도 그 감독을 받는다(65~72). →신탁

공익위원(公益委員) 노동위원회에 있어서 공익을 대표하는 위원. 勞使를 포함하는 국민공중의 이익, 공공의 복지를 대표하는 위원으로 중립적 기능이 기대된다. 공익위원 중 중앙노동위원회의 공익위원은 대통령이, 지방노동위원회의 공익위원은 중앙노동위원회위원장이 위촉한다(勞委 6Ⅲ). 각 노동위원회의 위원장(1인)은 공익위원 중에서 선출된다(9). 상임이 아닌 공익위원의 임기는 3년이나 연임할 수 있으며(7 Ⅰ), 補闕委員의 임기는 전임자의 잔임기간이다(7 Ⅱ). →특별조정위원, 공익위원회의

공익위원회의(公益委員會議) 노동위원회에서 공익위원만이 참여하는 회의(勞委 15 Ⅳ). 즉, 업무상의 부상, 질병 또는 사망의 인정, 요양의 방법, 보상금액의 결정, 기타 보상실시에 관한 異議에 대한 심사와 중재에 관한 의결(勤基 91 Ⅰ, 92 Ⅱ), 노동조합규약의 取消·變更(勞整 12)과 노동조합의 결의에 대한 취소·변경(21), 그리고 노동조합에 대한 解散命令 등에 관한 의결·부당노동행위에 관한 判定, 救濟命令, 棄却決定(84, 85)에 관한 의결사항, 그리고 직장폐쇄의 신고에 관한 법령해석(勞整 46) 등은 공익위원만이 참여하도록 되어 있다. 그러나 그 의결에 앞서서 행하는 심문에 있어서는 근로자위원과 사용자위원도 관여할 수 있다(勞委 18 Ⅱ).

공익재량(公益裁量) 편의재량과 같다.

공익재판비용(公益裁判費用) 파산채권자

의 공동이익을 위하여 지출한 재판상의 비용(破 38 i). 파산신청에 관한 비용, 파산선고의 공고비용, 파산자 등의 引致 및 監守의 비용, 파산종결에 관한 재판비용 등이다. 그러나 破産申請은 하였으나 却下된 경우의 비용, 채권조사의 특별기일을 연 경우의 비용(207Ⅱ) 등은 共同利益의 재판비용이 아닌 까닭에 이에 속하지 않는다.

공익전당포(公益典當鋪) 〔英〕public pawnshop 국가·자치단체·사회사업단체가 공익을 목적으로 하여 경영하는 전당포로서 이자가 저율인 것과 대부금을 담보물에 비하여 비교적 많이 주는 점에 특색이 있으며, 보통 서민층을 상대로 영업한다.

공익채권(公益債權) 회사정리법에서 관계인의 공동의 이익을 위한 회사정리절차의 비용이나 회사사업의 경영 및 재산관리에 요하는 비용 등의 請求權을 말하며(208), 파산법상의 재단채권에 해당한다. 본래는 整理債權의 성질을 가진 것을 정책상 특히 우대하기 위해서 공익채권으로 하는 경우도 있다. 예컨대 원천징수세 등의 특수한 租稅請求權, 정리절차개시전의 6일간의 회사의 사용인의 급료 따위가 그것이다. 공익채권은 정리절차에 의하지 않고 회사재산으로부터 수시 변제한다(209Ⅰ). 정리절차에 있어서도 공익채권의 변제에 관한 조항을 정하지 않으면 안된다(211Ⅰ, 216).

공익포장(公益褒章) 포장의 하나. 교육사업·자선사업 및 공공시설에 다액의 사재를 기증 또는 경영한 공적이 현저한 자에게 특히 수여한다.

공 인(公認) 공적인 권위로서 법률사실 또는 법률관계의 존부를 인정하는 것. 確認과 같은 의미이다. 공인은 공공기관이 일정한 법률상의 효과를 발생시키려는 의사표시가 아니라 판단의 표시에 불과하나 법률이 특별한 효과를 公認行爲와 결부하고 있는 경우가 많다.

공인노무사(公認勞務士) 노동관계법령의 규정에 의하여 관계기관에 대하여 행하는 신고·신청·보고·진술·청구(이의신청·심사청구 및 심판청구를 포함한다) 및 권리구제 등의 代行 또는 代理, 노동관계법령의 규정에 의한 모든 서류의 작성 및 확인, 노동관계법령 및 노무관리에 관한 상담·지도, 근로기준법의 적용을 받는 사업 또는 사업장에 대한 勞務管理珍斷의 직무를 수행하는 자(公認勞務士法 2). 成年 이상의 국민으로서 노동부장관이 시행하는 공인노무사자격시험에 합격한 자, 노동행정에 종사한 통산경력이 10년 이상이고 그 중 5급 이상 공무원으로 5년 이상 재직한 자로서 대통령령이 정하는 연수를 마친 자 등이 공인노무사의 자격을 가진다(3). 공인노무사의 자격이 있는 자가 직무를 개시하고자 할 때에는 소정의 실무수습을 마친 후 노동부장관에게 등록하여야 한다(5). 開業勞務士는 직무를 효율적으로 수행하고 공신력을 높이기 위하여 공인노무사 3인 이상으로 구성되는 合同事務所를 설치할 수 있다(7Ⅰ). 개업노무사는 그 직무를 조직적·전문적으로 행하기 위하여 法人을 설립할 수 있다(7의2). 勞務法人은 5인 이상의 공인노무사로 구성한다. 등록이 취소된 날로부터 3년이 경과되지 아니하였거나 자격정지처분 또는 직무정지처분을 받고 그 기간 중에 있는 자는 노무법인의 사원이 될 수 없다(7의3). 노무법인을 설립하고자 할 때에는 사원이 될 공인노무사가 정관을 작성하여 대통령령이 정하는 바에 의하여 공인노무사회를 거쳐 노동부장관의 인가를 받아야 한다. 정관을 변경할 때에도 또한 같다(7의4).

공인회계사(公認會計士) 타인의 위촉에 의하여 회계에 관한 監査·鑑定·證明·計算·整理·立案 또는 법인설정에 관한 회계와 세무대리를 함을 직무로 하는 자(公認會計士法 2). 그 자격은 ① 공인회계사 1차시험 및 2차시험에 합격하고 2년 이상 시보로서 실무수습을 종료한 후 3차시험에 합격한 자, ② 대학 전임강사 이상 또는 전문대학 조교수 이상의 직에서 3년 이상 회계학을 교수한 자로서 3차시험에 합격한 자, ③ 5급 이상의 공무원으로 3년 이상 기업회계·회계검사 또는 직접세 세무회계에 관한 사무를 담당한 자로서 3차시험에 합격한 자, ④ 은행법에 의한 금융기관 또는 대통령령이 정하는 기관에서 대통령령이 정하는 직급 이상의 직에 5년 이상 회계에 관한 사무를 담당한 자로서 3차시험에 합격한 자, ⑤ 대위 이상의 現役 또는 豫備役의 경리병과장교로 5년 이상 군의 경리 또는 회계감사에 관한 사무를 담당한 자로서 3차시험에 합격한 자 등이다(5, 6). 공인회계사의 자격이 있는 자가 직무를 행하고자 할 때에는 재정경제부장관에게 등록하여야 한다(7Ⅰ). 등록은 대통령령이 정하는 바에 의하여 이를 갱신하게 할 수 있다. 이 경우 갱신기간은 3년 이상으로 한다(7Ⅲ). 공인회계사가 개업·휴업·폐업하거나 사무소를 설치·이전하였을 때에는 지체없이 재정경제부장관에게 신고하여야 한다(10). 공인회계사는 그 직무를 조직적으로 행하기 위하여 會計法人을 설립할 수 있으며, 공인회계사회를 설립하고 이에 입회하여야 할 의무를 진다(23).

공인위조부정사용죄(公印僞造不正使用罪)

행사할 목적으로 공무원 또는 공무소의 인장·서명·기명 또는 기호를 위조 또는 부정사용하는 죄(刑 238Ⅰ). 본죄는 目的犯이다. 위조·부정사용한 것을 행사한 때에는 별죄(238Ⅱ)를 구성한다. 印章에 관하여는 印影(찍은 자국)만을 뜻하는 것으로 보는 견해와 印顆(인영을 현출시키는 데에 필요한 문자나 부호를 새긴 물건)도 포함하는 것으로 보는 견해가 있으나, 현행형법하에서는 후설이 타당하다고 본다. 署名은 자기를 표시하기 위하여 문자로써 성명 기타의 칭호를 표시한 것을 말하며, 自署에 한한다. 記名은 일정한 자를 표시하는 것으로서 자서 이외의 경우를 말한다. 記號와 印章의 구별에 관하여는 사용의 목적물을 표준으로 하여, 문서에 押捺하는 것이 인장이고 기타의 산물·상품 등에 압날하는 것이 기호라는 견해와, 증명목적을 표준으로 하여 주체의 동일성을 증명하는 것이 인장이고 기타의 사항을 증명하는 것에 불과한 것(예 : 검인)이 기호라는 견해가 있는데, 공무원의 기호도 규정한 현행법에 있어서는 전설이 타당하다고 본다. 다만 인장과 기호의 위조 등에 관한 법정형이 동일하므로 논의의 실익이 없다. 僞造란 권한없이 만들어 내는 것을 말하고, 부정사용이란 진정한 인장 등을 권한없는 자가, 혹은 권한이 있어도 권한을 넘어서 사용하는 것을 말한다. 未遂犯은 처벌한다. →인장에 관한 죄

공작물(工作物)　일반적으로는 인공적 작업에 의하여 제작된 물건을 말하나, 토지에 부착시켜 설치한 토지의 공작물을 지칭하는 경우가 많다. 건물·동상·벽·교량 등 지상물 외에 제방·터널(tunnel)·溝渠도 포함된다. 공작물에는 위험이 많으므로 그 하자에 의한 손해에 관하여는 점유자의 배상책임을 가중하고(필요한 주의를 해태하지 않았다는 입증책임이 있다), 소유자는 무과실책임을 부담한다(民 758). 점유자와 소유자가 동일인인 때에는 처음부터 無過失責任을 부담한다. 공작물의 범위를 공장·광산·철도 등 기업에까지 확장하여야 한다고 주장하는 학자가 많다. 이 밖에 민법에는 공작물에 관한 규정이 적지 않다(223, 279, 284, 285, 300, 619 이하, 671 등).

공작물책임(工作物責任)　공작물의 설치 또는 보존의 하자로 인하여 타인에게 손해를 가한 경우에, 공작물의 점유자·소유자가 지는 책임(民 758). 예컨대 목수의 과실로 건물에 하자가 있고, 그 때문에 지붕이 무너져 통행인에게 상처를 입힌 경우, 1차적으로는 점유자(예 : 借家人)가 책임을 지지만, 이 자가 손해의 방지에 필요한 주의를 해태하지 않았음을 증명한 때에는 책임을 면하고, 2차적으로 소유자가 책임을 지게 된다. 이 하자를 소유자가 용이하게 알 수 없는 것일지라도, 소유자는 책임을 지므로, 일종의 無過失責任이다. 이와 같은 무거운 책임은, 위험한 물건을 점유 또는 소유하는 자는 그 결과인 손해에 대하여 당연히 책임을 져야 할 것이다라고 하는 이른바 危險責任이다. 민법 758조의 공작물이라 함은 건물·교량·철도·전주 등과 같이 토지와 직접의 관계가 있는 토지의 공작물에 한하지 않고 근대적 대기업의 물적 또는 인적 시설의 전체를 포함하는 넓은 관념이다. 예컨대 광산업에 관해서 말하면, 건물·갱도 기타의 토지의 공작물 뿐만 아니라, 鑿岩施設 등 일체의 물적인 기업시설을 공작물이라고 하여야 할 것이다. 공작물의 관념을 이와 같이 해석함으로써, 이러한 물적 시설에 하자가 있고, 그것을 원인으로 하여 손해가 생긴 때에는, 기업자는 그 손해에 관하여 위험책임을 지는 것으로 되고, 위험책임을 정하는 본조의 현대적 의의를 다할 수 있을 것이다. 공작물책임이 인정되려면, 위에 말한 공작물의 설치 또는 보존에 불충분한 점이 있고, 손해가 이 하자로 인하여 발생할 것을 요한다. 또한 하자가 유일의 원인일 것을 요하지 않으며, 폭우나 지진이 가세하여 발생하더라도 무방하다. 또한 점유자에게 면책사유가 있는 것은 전술하였다. 위의 하자에 대하여 직접의 책임자가 있는 때에는(전례에서는 목수), 배상을 지급한 자는 그 자에게 求償權을 행사할 수 있다(758Ⅲ). 이상과 같은 책임은 樹木의 栽植 또는 보존에 하자가 있는 경우에도 인정되고 있다(758Ⅱ).

공장재단(工場財團)　공장저당법에 의하여 저당권의 설정이 인정되는 재단. 1개 또는 수개의 공장을 기초로 하여 설정되고, 공장에 속하는 토지와 공작물, 기계·기구·전주·전선, 地上權 및 傳貰權, 工業所有權 등으로써 구성된다(工抵 15). 1개의 부동산으로 보는데, 所有權 및 抵當權(예외적으로는 임차권) 이외의 권리의 목적으로는 되지 못한다. 공장재단은 재단을 구성하게 될 것을 기재한 공장재단목록을 제출하여 공장재단등기부에 소유권보존등기를 함으로써 설정되나(12), 그 후 일정기간내에 저당권설정등기를 하지 않으면 효력을 잃는다(13). 재단을 구성하는 물건은 분리하여 처분할 수 없고(19) 또 제3자의 개별적 집행도 금지된다. 재단저당권자도 그의 동의없이 재단으로부터 분리된 것에 대해서도 권리를 행할 수 있다. 그러나 공장재단은 타인의 물건을 포함할 수 없다(17). 뿐만 아니라, 재단설정후에 증가한 부동산은 당연히도 재단에 포함되지 않는다. 또 재단 및 그것을 구성하는 것은 공장재단등기부 및 공장재단목록에 의하여 공

시된다.

공장재단목록(工場財團目錄) 공장재단에 관해서 재단을 구성하는 것의 세목을 기재한 書面. 재단등기부에 소유권보존의 등기를 신청할 경우에 제출해야 되는 것이고, 이 등기가 있은 후에도, 재단목록은 등기와 동일한 효력이 있게 되어(工抵 47), 양자가 서로 합하여 財團公示의 작용을 한다. 목록에 게재된 사항에 변경이 생겼을 때에는 지체없이 그 변경등기를 신청하여야 하며(53 I), 이 변경등기없이는 변경의 효력이 발생하지 않는다고 해석하여야 할 것이다(民 187).

공장재해(工場災害) → 재해보상

공장저당(工場抵當) 공장에 속하는 재산 위에 설정되는 특수한 抵當權. 공장저당법에 의하여 설정된다. 공장에 속하는 토지 또는 건물에 설정한 저당권의 효력을, 그 토지 또는 건물에 부가하여 일체를 이루고 있는 물건 외에, 그 토지 또는 건물에 비치된 기계, 기구 기타 공장의 공용물에까지 미치게 하는 제도이다. 이러한 저당권의 효력의 확장은 법의 규정에 의하여 당연히 생기는 것이고, 당사자의 의사는 필요가 없으며, 저당권의 목적이 공장인 이상 전부 이 공장저당으로 되게 된다. 그러나 저당권설정시에 당사자의 특약으로 이 효력을 배척할 수가 있고, 또 민법의 許害行爲取消의 규정은 이에 적용된다. 이 제도는 공장재단설정의 경우의 복잡한 절차를 생략하고, 간이하게 공장시설의 일체적 담보화를 실현할 수 있는 점에서 아주 편리하고, 중소기업금융의 실정에 잘 적합하고, 그 방면에서 크게 활용될 수 있을 것이다.

공장점령(工場占領) 제1차대전후 1920년의 초여름부터 초가을에 걸쳐서 북이탈리아의 밀라노를 중심으로 한 600개 이상의 공장에서는, 근로자가 쟁의수단으로서, 사용자를 공장에서 쫓아 내고 이를 점령하였었으나, 결국은 근로자측의 패배로 돌아갔다. 이것이 공장점령이라고 불리어지는 것으로서, 일반적으로는 근로자가 사용자의 지휘명령을 배제하고, 자기 스스로가 전사업을 장악하는 것으로서 생산관리와 같은 경우이다.

공장진단(工場診斷) 산업합리화, 통제경제 수행을 위하여 각종 전문가에 위탁하여 공장설비·작업조직·인사·회계 등 공장의 實地檢查를 하고 공장경영 일반의 비판지도를 요청하는 것을 말한다.

공장폐쇄(工場閉鎖) 직장폐쇄와 같다.

공재단(公財團) 일정한 공적목적에 제공된 재산을 구성요소로 하는 公法人. 국가는 개인과 달라서 그 자체가 영속적인 단체인 까닭에 원칙적으로 국가로부터 독립한 법인격을 갖는 재단법인을 설립하여 국가적 목적을 수행시킬 필요는 없다. 따라서 학교·철도·우편·전신·전화 등도 법인격이 없는 보통의 행정기관에 의하여 운영되는 것이 일반적인 현상이다. 그러나 근래에는 사업의 독자성을 인정하여 국가의 간섭을 배제하고 예산 기타의 제약으로부터 해방시킴으로써 채산과 책임의 귀속을 명백히 하기 위하여 공재단을 설치하는 경향이 있다. 일반적으로 公財團과 營造物法人을 같은 것으로 생각하나, 엄격한 의미에 있어서는 전자가 일정한 공적목적에 바쳐진 재산에 법인격이 주어진 것인데 대하여, 후자는 人的·物的 結合體인 시설로서 법인격이 주어진 것이므로 서로 다르다. 공재단은 그 자체가 목적을 가지고 법인격이 인정되는 점에서, 그 자체가 목적을 가지지 않고 국가의 목적을 실현함에 불과하며 법인격을 가지지 않는 국가기관과 다르며, 목적이 법률에 의하여 주어지며, 설립이 국가의 의사에 의하고, 일정한 범위의 國家的 公權이 수여되며, 국가의 특별한 감독을 받는 점에서 私財團法人과 구별된다. → 공법인, 영조물법인

공적 경매(公的競賣) 〔獨〕 öffentliche Versteigerung 강제집행에 있어서 압류의 목적물을 환가할 때, 경매신청의 기회를 누구에게나 주어서 행하는 때의 원칙적 환가방법으로서, 압류를 실시한 집행관이 이를 행하고 권리자 또는 법원의 特別委任이 필요하지 않다(民訴 535, 548, 576 I). 이 말은 현재 법전상의 용어가 아니고 講學上 용어임에 그친다. → 경매

공적 보존물(公的保存物) → 공물

공적 부조(公的扶助) 생활이 궁핍한 국민에 대하여 최저한의 인간다운 생활을 보장하고, 그 자립을 조성하기 위하여 公的 負擔으로 수행되는 生活扶助作用을 말한다. 그 중요한 내용을 이루는 것으로는 생활보호·재해구호·아동보호·노인보호·장애인보호·의료보호·범죄피해자보호 및 갱생보호 등을 들 수 있다.

공적 운임(空積運賃) 〔英〕 dead freight 〔獨〕 Fautfracht 〔佛〕 faux fret 해상물품운송계약을 傭船者 또는 送荷人이 임의로 해제 또는 해지한 경우에 해상운송인 선박소유자에게 지급하는 일종의 法定解約金. 용선자 또는 송하인은 해제 또는 해지로 인하여 그 지급의무를 부담할 뿐이고, 그 지급이 해제 또는 해지의 전제요건으로 되는 것은 아

니다. 發航의 전후·운송의뢰의 형태에 따라서 그 금액을 달리한다(商 792, 793, 797). →비율운임

공 전(公田) 收租權이 국가에 있던 논밭. 보통 지방에 있는 軍資田이 이에 속한다. 국가 공유의 논밭도 수조권의 귀속에 따라서 공전과 사전을 구별한다.

공전법규(空戰法規) 空戰(공중에 있어서의 전투와 공중으로부터의 공격을 포함)에 관한 국제법상의 규칙의 총체. 1899년의 제1회 헤이그 평화회의에서 공전의 가능성을 예상하고, 경기구 또는 이에 유사한 방법으로 투사물·폭발물을 투하하는 것을 금지하는 5개년협정을 체결하였으나, 유효기간 4년이 경과함으로써 실효되고, 1907년의 제2회 평화회의에서 다시 이를 부활시키는 동시에 그 유효기간을 제3회 회의의 종료시까지로 정한 바 있었다. 그러나 제3회 회의는 제1차세계대전으로 인하여 개최되지 않았고 따라서 이 협정도 실효성을 상실하였다. 제1차세계대전 이래 항공기의 급속한 발전은 공전법규의 정비를 절실히 요청하였으므로 1923년에 공전법규안이 미국·영국·프랑스·일본·이탈리아·네덜란드의 6개국간에 작성되었으나, 관계국의 비준을 얻지 못하여 정식조약으로 성립되지 아니하였다. 空戰法規는 慣習法이건 條約이건 현재 전무하다. →공전법규안, 공폭금지선언

공전법규안(空戰法規案) 〔英〕 Code of Rules of Aerial Warfare 제1차세계대전 때 처음으로 대규모의 공전이 전개된 이래, 공전법규의 정비가 통감되어, 1922년 워싱턴 군비제한회의에서 전시법규의 개정을 심의하는 법률가위원회에 관한 결의가 채택되었으며 이 결의에 의거하여 동년 헤이그에서 미국·영국·프랑스·일본·이탈리아·네덜란드 6개위원국에 의하여 위원회가 개최되고, 그 결과 1923년 2월에 공전법규안이 작성되었다. 요점은 ① 일체의 항공기에 적용할 것, ② 항공기를 公(군용·비군용)·私로 구분할 것, ③ 모든 국가의 영역 외에 있어서는 일체의 항공기는 空中通過·着水의 자유를 가질 것, ④ 교전권은 군용기에 한할 것, ⑤ 공중폭격은 금지하지 아니할 것, ⑥ 군사적 목표주의를 채용할 것, ⑦ 敵國公航空機는 원칙으로 포획심사절차없이 몰수할 수 있을 것, ⑧ 私航空機는 교전국군용기에 의한 임검·수색·나포에 복종할 것, 다만 그 항공기 및 기상의 화물은 捕獲審檢節次를 거치게 할 것 등이다. 이 공전법규안은 관계국의 비준을 얻지 못하여 정식조약으로 성립하지는 못하였으나, 空戰에 관한 종합적 규칙으로서 그 권위는 각국에 의하여 인정되고 있어 항공기의 행동을 규율하는 지침으로서의 충분한 가치를 가진다. →공전법규

공정가격(公定價格) 정부가 결정하는 가격. 指定價格 또는 統制價格이라고도 한다. 정부는 전매물품 등 국영사업관계의 가격을 결정하며, 또한 경제규제의 필요상 기타 물품의 가격도 결정한다. 좁은 의미에서 공정가격이라고 할 때에는 이 후자만을 말한다. 물가안정에 관한 법률 2조의 규정에 의한 최고가격의 지정이 가장 전형적인 예이다.

공정관습규칙(公正慣習規則) 證券業協會가 거래의 신의규칙을 조장하고 協會員의 사기행위·시세조종·부당한 수수료의 징수 및 그 밖의 부당한 이득행위를 방지하고, 투자를 보호하며 나아가서는 공정관습의 육성을 도모함을 목적으로 하고, 또한 공정거래 관습상의 분쟁을 처리하기 위한 알선 또는 조정을 하기 위하여 정관의 규정에 기준하여 정하는 自律的 規則.

공정거래(公正去來) 공정거래관계법이 규정하고 있는 불공정거래행위에 해당하지 않는 거래. 不公正去來行爲는 ① 부당하게 거래를 거절하거나 거래상대방을 차별적으로 취급하는 행위, ② 부당하게 경쟁자를 배제하기 위하여 거래하는 행위, ③ 부당하게 경쟁자의 고객을 자기와 거래하도록 유인하거나 강제하는 행위, ④ 자기의 거래상의 지위를 부당하게 이용하여 상대방과 거래하는 행위, ⑤ 거래상대방의 사업활동을 부당하게 구속하는 조건으로 거래하거나 다른 사업자의 사업활동을 방해하는 행위, ⑥ 사업자, 상품 또는 용역에 관하여 허위 또는 소비자를 기만하거나 오인시킬 우려가 있는 표시·광고를 하는 행위, ⑦ 부당하게 특수관계인 또는 다른 회사에 대하여 가지급금, 대여금, 인력, 부동산, 유가증권, 무체재산권 등을 제공하거나 현저히 유리한 조건으로 거래하여 특수관계인 또는 다른 회사를 지원하는 행위 등이다(獨禁 23).

공정금리(公正金利) 중앙은행의 貸付利子, 즉 公正割引比率을 가리킨다. 원칙적으로 공정금리는 市場金利보다 약간 높은 것이 보통이나 중앙은행이 의식적으로 시장금리를 저하시키고자 할 때에는 시장금리 이하로 정할 수 있다.

공정경쟁규약(公正競爭規約) 미국에서 NIRA정책을 실행하기 위하여 의회가 1880년 이래의 안티 트러스트법(Anti-trust Act)을 정지하고 산업의 카르텔화를 인정하고 루즈벨트 대통령에게 공정경쟁규약의 권한을 부여하여 대통령으로 하여금 산업통제를 용이하게 할 수 있도록 하였다. 그 요

지는 일종의 또는 그 이상의 상공업조합 또는 단체가 대통령에게 그 조합이 상공업의 진실한 대표임을 시인시키고, 혹은 그 공정경쟁규약이 獨占을 촉진하고 약소기업을 압박하는 것이 아님을 인정한 경우에 이를 재가한다. 재가된 규약은 그 상공업 단체의 공정한 경쟁표준으로서 이에 위반한 것은 부정수단이라고 하여 벌금형에 처하였다. 그러나 1935년 5월 27일 뉴욕주 브룩크린에 거주하는 家禽商 시에스라의 家禽産業法 위반의 소송사건에 관하여 대심원은 무죄를 선고하고, 의회가 대통령에게 NIRA 제3조에 기준하여 광범한 권한을 위임한 것은 違憲이며 한 州내에 있어서 산업부문에 따라 임금과 근로시간을 결정 통제하는 것은 순전히 州政府의 권한에 속하기 때문에 산업법전은 무효이다라는 요지의 판결을 내림에 따라 산업부흥법은 27일 동 규정에 기준하는 산업규약의 강제집행 일체를 정지당했다.

공정력(公定力) 〔獨〕 Selbstbezeugungskraft 행정행위가 유효하게 성립하기 위한 요건을 완전히 갖추지 못하여 하자가 있다고 인정될 때에도 絶對無效인 경우를 제외하고는 권한있는 기관(처분청·감독청·법원)에 의하여 爭訟 또는 職權으로 취소될 때까지는 그 행위는 적법의 추정을 받고 누구도 그 효력을 부인하지 못하게 하는 힘. 無瑕疵推定 또는 適法性推定이라고도 한다. 일단 행정행위가 성립요건과 효력발생요건을 구비하는 한 행정행위의 종류에 따라 상이하나 공정력이 발생하는 것은 보통이다. → 행정행위의 효력

공정비율(公正比率) 〔英〕 official rate 중앙은행이 어음할인이나 대부를 청구해오는 시중의 금융기관에 대하여 수동적 입장에서 응할 경우에 그 할인 혹은 대부에 대하여 요구하는 利子比率을 가리킨 말이다. 보통 대부의 종류별로 최저율을 공표해 둔다. 공정비율에 의하여 조작하는 할인정책은 2차대전 때부터는 공개시장정책과 변행케 되고 단독적으로는 그 의의가 희박하다. 장기간 변동이 없는 영국은행의 공정비율은 유명하다.

공정시세(公定時勢) 일반적으로 어떤 財貨에 관하여 다수인의 자유경쟁에 의하여 결정된 객관적 가격을 말하나 법률상으로는 거래소의 공정시세가 중요하다. 거래소는 공개되고 완전한 자유경쟁이 행해지는 시장이므로 매매거래의 성립가격은 높은 객관성을 가진다. 따라서 그것은 財界의 바로미터가 되며 또 재산평가의 표준이 된다(商 452·30, 民訴 544 등 참조). 그러므로 법은 그 공정을 보장하기 위하여 많은 규정을 두고, 또 그 公告를 강제하고 있다.

공정일변(公定日邊) 한국은행의 금리. 한국은행이 금융기관에 대한 대부·할인에 적용하는 공정금리를 말한다.

공정증서(公正證書) 〔獨〕 notarielle Urkunde 〔佛〕 acte notarié 널리 공무원이 그 권한 내에서 적법하게 작성한 일체의 證書를 의미하나, 일반적으로 공증인이 공증인법 기타 법령의 정하는 바에 따라 법률행위 기타 사건에 관한 사실에 대하여 작성한 증서를 말한다(公證 2). 공증인은 法令違反有無·法律行爲有效無效·囑託人 또는 대리인의 人違有無·그의 능력 및 권한유무 등을 조사하여야 한다(25, 31). 공증인법 기타의 법령이 정하는 요건을 구비하지 아니한 공정증서는 공증의 효력이 없다(3). 공정증서는 그 효력으로서 공문서로서 강력한 證據力을 가지고 있으며(3, 民訴 327), 강제집행에 있어서의 債務名義로서 집행력을 가진다(519 iv). → 공문증서, 공증인

공정증서(公正證書)**에 의한 유언**(遺言) 자기가 遺言證書를 작성하지 않아도 할 수 있는 유언의 방식을 말한다. 이것은 유언의 존재를 명확히 하고 내용을 확보할 수 있는 점이 특징이다. 그 요건은 ① 증인 2인의 참여가 있을 것, ② 유언자가 공증인의 면전에서 유언의 취지를 口授할 것, ③ 공증인이 유언자의 구술을 필기하여, 이것을 유언자와 증인 앞에서 낭독할 것, ④ 유언자와 증인이 필기가 정확함을 승인한 후 각자 서명 또는 기명·날인할 것 등이 필요하다(民 1068). 공증인은 그 사무소에서 하는 것이 원칙이지만 遺言의 경우는 그 적용이 없으며, 출장이 가능하다.

공정증서원본부실기재죄(公正證書原本不實記載罪) 공무원에 대하여 虛僞申告를 하여 공정증서원본 또는 이와 동일한 전자기록 등 특수매체기록, 면허증, 허가증, 등록증 또는 여권에 부실을 기재하게 하는 죄(刑 228 Ⅰ·Ⅱ). 본죄는 공무원이 그 허위인 정을 모르는 것이 그 요건이다. 만일 공무원에게 허위인 情을 알려서 이러한 문서에 부실의 사실을 기재하게 하면 공무원은 虛僞公文書作成罪로 되고, 기재하게 한 자는 그 共犯이 된다. 공정증서원본이란 공무원이 그 직무상 작성하는 문서로서 권리의무에 관한 어떠한 사실을 증명하는 효력을 가지는 것을 말하고(예 : 호적부·부동산등기부), 免許狀이란 특정한 권능을 부여하기 위하여 공무원이 작성하는 증서를 말하고(예 : 의사면허증·수렵면허장), 旅券이란 여행의 허가증을 말한다. 허위신고란 진실에 반하여 일정한 사실의 존부

에 대하여 신고를 하는 것을 말한다. 본죄의 미수범은 처벌한다(235).

공정할인율(公定割引率) 〔英〕 official rate of discount 〔佛〕 taux de l'escompte officiel 각국의 중앙은행(우리나라에서는 한국은행)의 공정의 할인율. 銀行率(bank rate, taux de la banque)이라고도 한다. 어음의 만기전의 遡求의 경우에는 소지인은 본래 만기후에 수령할 금액을 만기전에 수령하는 것이므로 中間利子를 어음금액으로부터 공제하여야 하는데, 그 할인은 이 율에 따라 계산된다(어음 48Ⅱ).

공제보험(控除保險) 〔獨〕 Abschreibeversicherung 보험증권에 기재된 보험계약의 요건의 일부(예 : 해상보험의 경우에 적하의 종류, 적재할 선박 등)를 미확정인대로 체결하는 이른바 豫定保險에 있어서, 보험자가 부담할 보조책임의 최고액을 예정하고, 일정기간내에 개개의 보험목적에 대한 보험금액이 정하여질 때마다 순차로 그 액을 공제하는 방법의 보험. 이는 總括保險 특히 예정보험의 한 형태로서 海上運送人 등의 선박 또는 적하 등의 보험에 관하여 많이 이용된다.

공제지급(控除支給) 〔英〕 check off 근로자에 대하여 사용자는 그 임금을 전액 지급하여야 하며, 일부를 공제하고 지급하는 것은 금지된다. 그러나 법령 또는 단체협약에 특별한 규정이 있는 경우에는 임금의 일부를 공제하고 지급할 수 있다(勤基 42). 법령에 의한 공제지급으로서는 소득세법에 의한 근로소득세의 공제 같은 것이 있으며(所得稅法 61), 단체협약상의 협정에 의한 공제로서는 勞動組合費의 공제 같은 것이 있다.

공 조(共助)〔裁判上의〕 〔獨〕 Rechtshife 〔佛〕 commissions rogatoires 구체적 사건에 있어서 受訴法院이 그 관할구역 외에서 하여야 할 소송행위에 관하여 그 구역을 관할하는 다른 법원이 자기의 재판권을 행사하여 보조협력하는 것. 이는 좁은 뜻의 공조이다. 넓은 뜻의 공조는 내국법원과 외국법원간의 국제적 사법공조 및 검사상호간에 인정되는 검찰사무에 관한 공조도 포함한다. 법원이 하여야 할 소송행위를 다른 법원에 囑託하는 것이 허용되는 것은 다음과 같은 경우이다. ① 형사소송법상 결정·명령의 기초로 되는 사실의 調査(37Ⅲ), 拘束(77), 押收·搜索(136), 檢證(145), 법정외에서의 증인의 訊問(167), 재심에 있어서의 사실의 調査(431) 등이다. 검찰사무의 공조에 관하여는 검찰청법 9조에 규정이 있다. ② 민사소송법상 당해지역을 관할하는 법원에 증거조사, 화해의 권고 등을 촉탁할 수 있도록 규정하였다(民訴 135, 269). 그 외에 파산법(100)과 비송사건절차법(12)에도 공조에 관한 규정이 있다. →수탁판사

공조·공과(公租·公課) 국가 또는 공공단체에 의하여 부과되는 公的負擔의 총칭. 대체로 공조는 국세 및 지방세, 공과는 조세 이외의 공적 금전부담, 이를테면 부담금, 부역현품, 각종의 공공조합의 조합비 등을 가리킨다.

공 중(公衆) 群衆과 같이 통일성이 없고, 군중과 달리 간접적 접촉에 의하여 성립하는 무조건적 집단의 일종. 매스커뮤니케이션이 발달한 현대사회의 산물이다.

공중공개(公衆公開) 소송 기타의 절차과정을 불특정다수인에 공개하는 것. 公開主義의 본체를 이룬다. 當事者公開에 대한다.

공중도덕·사회윤리(公衆道德·社會倫理) 〔英〕 public morality and social ethich 인간의 사회적·협동적 생활에 관한 도덕적 규범의 총칭. 공중도덕과 사회윤리는 구헌법상 영화·연예에 대한 검열기준이 되어 있었고 언론·출판의 자유의 한계도 되어 있었다. 공중도덕과 사회윤리는 엄격히 구별하기 어려운 개념이기는 하지만, 姦通은 공중도덕에 위배하는 것이며 尊屬虐待는 사회윤리에 위배되는 것으로 일단 구별할 수 있다. 민법상의 선량한 풍속 기타 사회질서와 대체로 같은 말이다.

공중보건의사(公衆保健醫師) 의사·치과의사 또는 한의사의 자격을 가진 사람으로서 농어촌 등 보건의료를 위한 특별조치법이 정하는 바에 따라 公衆保健業務에 종사하는 사람(兵役 2Ⅰx). 병역법 34조에 의하여 공중보건의사 또는 국제협력의사로 편입된 사람은 해당분야에 3년간 종사하여야 하며 그 기간을 마친 때에는 공익근무요원의 복무를 마친 것으로 본다.

공중소추주의(公衆訴追主義) 형사사건의 소추권을 一般公衆(피해자도 포함)에 맡기는 주의. 私人訴追主義의 하나로서 被害者訴追主義에 대한 것이다. 고대에는 로마의 인민집회에서 행해진 소송절차에서 찾아 볼 수 있었고, 유럽에서는 범죄의 사회성이 점차 인식되게 된 중세중엽부터 성행된 제도이다. 영국에서는 오늘날까지도 공중소추주의가 원칙적으로 행해지고 있다. 또 영국에서의 기소배심제도도 공중소추주의의 한 형태라고 할 수 있다. 당사자주의의 형사소송구조의 이념에서 본다면 이 제도의 우월성이 없는 바 아니지만, 형사소추가 법률적인 기술에 속하는 것이므로 專門家아닌 公衆에

게 소추를 맡기는 것이 위험하다는 단점도 지니고 있다. →사인소추주의

공중위생(公衆衛生) 질병을 예방하고 건강을 증진시키며, 壽命을 연장시킬 것을 목적으로 하는 의학의 한 부문. 상업의학, 환경위생, 疫學 등을 포함하는 예방의학적 견지의 학문. 개인위생에 대한다.

공중접객업(公衆接客業) 공중의 集來에 적합한 물적·인적 시설에 의하여 거래를 하는 영업으로서 그 주체는 상인이 된다(商 46 ix, 4). 여관·음식점·목욕탕·이발관·극장 기타의 유흥장 등 이른바 接客業·遊興業·서비스업이니 하는 것으로서, 客의 集來를 목적으로 하는 시설을 제공하여 이용시킨다는 점에 공통점이 있을 뿐 각종의 영업활동의 내용은 구구하여, 상법에 공통된 특별규정을 두지는 아니하고, 대개는 去來約款이나 慣習으로 정해진다. 다만 접객시설에는 많은 객이 빈번하게 출입하고 어느 정도의 시간적 체재를 하는 것이 상례이므로, 그 휴대물의 안전을 도모하기 위하여 상법은 공중접객업자의 任置責任에 관하여 엄격한 규정을 두고 있다(152~154). 또한 공중을 상대로 한다는 점에서 공안상·위생상 이를 감독·단속하기 위한 행정법규가 많이 있다. 공중접객업자의 책임을 상술하면 ① 受置한 물건에 대한 책임. 공중접객업자는 객으로부터 任置를 받은 물건의 멸실 또는 훼손에 대하여 불가항력으로 인함을 증명하지 않는 한 손해배상의 책임을 면할 수 없다(152 Ⅰ)(結果責任主義). 이는 로마법의 레첩툼책임을 답습한 것으로서, 불가항력의 의의에 관하여는 主觀說(사업의 성질에 따라 최대의 주의를 하여도 피할 수 없는 위험이라는 설)·客觀說(특정사업의 외부에서 발생한 사건으로서 보통 그 발생을 기대할 수 없는 위해라고 하는 설)·折衷說(특정사업의 외부에서 발생한 사건으로서 보통 필요하다고 인정되는 예방방법을 다하여도 방지할 수 없는 위해라고 하는 설)이 대립되고 있으나, 절충설이 통설이다. 공중접객업자는 고의 또는 중대한 과실로 인한 것이 아닌 한 特約에 의하여 그 책임이 輕減 또는 免除될 수 있지만 영업소내에 영업주가 객의 휴대물에 대하여 책임을 지지 않는다는 면책의 게시를 한 것만으로는 면책의 특약으로서의 효력이 없다(152 Ⅲ). ② 受置하지 않은 물체에 대한 책임. 客이 특히 任置하지 않은 물건이라도 시설내에 휴대한 물건이 공중접객업자 또는 그 사용인의 과실로 말미암아 멸실 또는 훼손된 때에는 공중접객업자는 손해배상의 책임을 진다(152 Ⅱ). 이 경우에도 단순한 면책의 게시로 책임을 면할 수는 없다(152 Ⅲ). ③ 고가물에 대한 책임. 貨幣·有價證券 기타의 高價物에 관하여는 객이 그 종류와 가액을 명시하여 공중접객업자에게 임치한 경우에 한하여, 그 멸실 또는 훼손에 대한 손해배상책임을 진다(153). 공중접객업자의 任置責任은 공중접객업자나 그 사용인에게 악의가 없는 한, 임치물을 반환하거나 객이 휴대물을 가져간 때부터 또는 물건의 전부멸실의 경우에는 객이 그 시설을 퇴거한 날로부터 6월이 경과하면 소멸시효가 완성된다(154).

공중폭격(空中爆擊) 〔英〕 airy bombardment 〔獨〕 Luft-bombardement 〔佛〕 bombardement aérien 항공기가 공중으로부터 지상·해상에 대하여 燒夷性·爆發性의 投射物로써 하는 공격. 이에 관하여는, 陸戰法規가 防守되어 있지 아니한 도시·촌락에 대하여 폭격을 금지한(25) 외에는, 국제법규가 아직 성립하지 아니하였으며, 1923년의 공전법규안이 있을 뿐이다. 이에 의하면 군사적 목표에 대한 폭격만이 일반적으로 적법한 것으로 되며(군사목표주의), 이 경우에도 평화적 인민은 보호되어야 하고 종교·기예·학술·자선에 제공되는 건물, 역사상의 기념건조물, 병원·병원선·상병자 수용소는 보호되지 아니하면 아니된다. 제2차세계대전에서 미국이 일본의 히로시마와 나가사키의 양 도시에 원자폭탄을 투하한 이래, 핵무기 투하의 합법성 여하의 문제에 관하여 심각한 이론상의 대립이 있다.

공 증(公證) 〔獨〕 Beurkundung 특정한 사실 또는 법률관계의 존부를 공적으로 증명하는 행정주체의 법률행위적 행정행위. 각종의 登記·登錄·領收證交付·證明書發給·旅券發給·檢印押捺 등이 그 예이다. 효과의사의 표시가 아니고 인식의 표시이며, 공증의 법률적 효과는 구체적인 법규의 정하는 바에 의하지만, 그 공통적 효력은 反證에 의하지 않는 한 전복되지 아니하는 公的 證據力을 발생하는 점에 있다.

공증권(公證權) 〔獨〕 Notariatsrecht 국가 또는 공공단체의 기관이 권리관계 또는 사실관계에 관하여 증명하는 권능, 즉 公證行爲(→공증)를 하는 권능이지만, 소송법에서 흔히 논의된다. 공증인이 公正證書를 작성하고, 법원의 서기관 또는 서기가 執行文이나 調書 등을 작성하는 것은 공증의 작용이다. 소송절차에서는 공증의 권능은 재판권에 수반되어 이에 포함된다.

공증문서(公證文書) 문서작성의 권한이 있는 공무원(공증인, 시장·구청장·읍면장 등)이 그 권한에 의하여 특정한 사실 또는 법률관계의 존

부를 공적으로 증명하기 위하여 작성한 문서. 公正證書, 戶籍抄本 등이 있다. →공정증서

공증인(公證人) 〔英〕 notary, notary public 〔獨〕 Notar 〔佛〕 notaire 당사자 기타 관계인의 囑託에 의하여 법률행위 기타 사건에 관한 사실에 대하여 공정증서를 작성하고, 또한 私署證書에 認證을 하는 권한을 가지는 실질적 의미에 있어서의 공무원(公證 2). 공증인은 일정한 자격을 가진 자로서 법무부장관에 의하여 임명되며, 법무부장관이 지정한 지방검찰청에 소속하며, 그 지방검찰청이 관할구역을 직무집행구역으로 하여 공정증서작성·사서증서작성의 직무를 행한다(10~13, 16, 17). 그의 임기는 5년이며 재임명에 한해 3년 범위 안에서 연임할 수 있고 일정한 사유가 있으면 면직 또는 당연퇴직된다(13~15). 공증인은 수수료·일당·여비를 囑託人으로부터 받으며(7), 身元保證金納付·囑託拒否禁止·事件漏泄禁止·兼職禁止·서명·직인의 신고 등의 의무를 지고(4~6, 18, 20), 법무부장관으로부터 감독을 받는다(16, 78~87). 그의 업무인 공정증서작성·사서증서작성의 절차·방법에 관하여는 공증인법에 상세한 규정이 있다.

공증행위(公證行爲) 특정 법률사실 또는 법률관계의 존부를 공적으로 증명하는 행위. 준법률행위적 행정행위로서 분류된다. 공증된 것은 공적인 증명력을 발생하나 창설적 효력은 없고 反證에 의하여 번복할 수 있는 것이 원칙이다.

공지(公知)**의 사실**(事實) 〔獨〕 allgemeinkundige, offenkundige od. notorische Tatsache 보통의 지식·경험을 가진 사회의 일반인이 그 존부의 확실여부에 관하여 조금도 의심치 않을 정도로 알려져 있는 사실. 이것이 법원에도 알려졌을 때는 법원에 현저한 사실이 된다. 어느 정도까지 알려져 있으면 公知로 보느냐 하는 것은, 각 경우에 따라서 결정할 수밖에 없다.

[1] 민사소송법상 공지의 사실이 법원에 대해 명백하면 법원에 顯著한 事實로서, 증명할 필요가 없게 되고(261), 자백의 대상으로 되지 않으나, 이에 대하여 반증을 드는 것은 허용된다. 公知냐 아니냐는 사실문제이기 때문에, 상고로 그 판단의 당부를 다툴 수 없다 할 것이다(日本判例).

[2] 형사소송법상 공지의 사실은 법원에 현저한 사실(예 : 법원의 판결)과 구별되며, 후자가 증명을 필요로 하는데 반하여, 이는 증명을 필요로 하지 않는다.

공 직(公職) 공적인 성격을 가진 직의 총칭. 법령상의 말로서는 각 법령에 의하여 각각 독자의 뜻에 쓰인다. 선거법에서 공직이라 함은 국회의원, 지방자치단체의 의회의 의장 및 교육위원회의 위원직 등을 가리킨다.

공직추방(公職追放) 1946년 1월 4일 일본에 있어서의 연합국 최고사령관의 공직추방령에 의하여 그 해당자를 공직에서 추방한 조치. 대상자는 군국주의자 및 그 동조자로서 정계·관계·경제계를 비롯하여 일반 민간인에까지 확대하였다. 그 조치로서 해당자는 恩給權을 상실하고, 공직후보자가 될 능력을 박탈당하며, 퇴직시의 근무처의 출입금지 및 정치활동의 금지 등이다. 이 조치는 강화조약의 성립과 동시에 폐지되었다.

공진소(供進所) 식료품을 진상하던 궁내부에 속하던 관청으로 고종 31년(1894)에 설치하였다.

공 차(公差) 〔英〕 remedy 화폐를 주조함에 있어서 그 鑄貨의 각 片에 엄밀하고도 대등한 법정 純分과 量目을 확보시키는 것은 조폐 기술상 불가능한 일이다. 그러므로 일정한 정도의 오차는 용인하는 이것을 공차라고 한다.

공 창(公娼) 공적으로 인정된 賣淫婦. 우리나라에서는 일정한 단속(1916년 3월 경무총감부령 제4호 遊廓業娼妓取締規則)하에 이를 인정하고 있었으나, 해방후, 공창제도 등 폐지령(1947년 과도정부 법률 제7호)과 윤락행위 등 방지법에 의하여 폐지되었다.

공창제도폐지령(公娼制度廢止令) 1947년 11월 14일 과도정부 법률 제7호는 남녀평등의 민주주의적 견지에서 공창제도를 폐지하고 모든 매춘행위를 금지하여 처벌규정을 두었다. 그 후 윤락행위 등 방지법은 다시 團束規定과 善導規定을 두었다.

공 채(公債) 국가 또는 공공단체의 채무. 국가의 것을 國債, 공공단체의 것을 地方債라 한다. 국채만을 공채라고 할 때도 있다. →강제공채, 국채, 지방채

공채매매손익(公債賣買損益) 公債證書의 매매에 의하여 발생하는 손실 혹은 이익을 말한다. 투기거래의 목적에 의하여 매매를 할 때에는 매입·매각 중 어느 것에 있어서도 그 당시의 변동에 의하여 손실 또는 이익을 발생하나, 보통 現物을 매매함에 있어서는 매각에 수반하여서만 발생한다. 또 결산기에 있어서 소유물의 평가를 할 때 발생하는 일이 있다. 따라서 簿記法上으로는 양자를 구별

하여 후자를 소유물평가손익계정하에 처리하고, 전자는 공채증서계정 또는 공채매매손익계정하에 처리한다.

공채용모력(公債容貌力) 〔英〕 subscription power 起債의 자원이 되는 것이 2종이 있는데 그 하나는 고정적 자원으로서 널리 공채를 보유하는 원천이어야 할 것이며 그 둘은 유동적 자원으로서 해마다 반복됨으로써 공채에 응모하여 취득하는 수익되는 소득이다.

공채(公債)**의 기채**(起債) 공채를 기채함에 있어서 문제가 되는 것은 발행의 방법(공모·인수·매출·교부), 발행액의 결정, 內債 또는 外債에 대한 결정, 공채의 발행가격, 이자의 결정, 보증금, 신청기간, 공채의 형식(증권공채 또는 등록공채), 상환기간, 공채액면의 大小, 이자지급, 공채금액의 本位貨를 결정하는 일, 납입금 지급·납입횟수를 결정하는 일, 공채의 주소, 채용의 결정방법 등이다.

공채(公債)**의 상환**(償還) 공채의 원금을 반환하여 그 전부 또는 일부를 삭제하고 영구히 그 부담을 면하는 것을 말한다. 공채상환의 범위 및 방법은 起債 때의 법령 및 계약에 의하여 정한다. 상환방법에는 강제상환법과 자유상환법이 있다. 전자는 공채의 상환시기 및 상환액·장소·방법 등 그 밖의 상환조건이 법규 및 계약에 의하여 결정되고, 국가가 이를 자유로이 변경할 수 없는 償還法을 가리킨다. 이 상환법에는 두 가지가 있는 바, ① 減債基金制度와 ② 定額償還制度가 그것이다. 또한 자유상환법은 국가가 임의로 額을 적당한 방법에 의하여 상환하는 것을 말한다.

공채(公債)**의 파기**(破棄) 공채의 元利의 지급의무를 거절하는 것. 국가파산이라고 한다. 공채의 상환기간의 연장, 원리지급수단의 변경, 원리에 대한 특별과세, 불환지폐의 남발 등에 의하여 공채부담을 극도로 경감하는 것도 실질적으로는 공채의 파기이다. 공채가 君候의 사채로 해석되던 시대에는 정권교체 때마다 빈번히 행해졌으나 근래에도 전시공채의 누적에 의한 인플레의 격화로 말미암아 실질적으로는 파기되는 경우도 있다.

공채이자(公債利子) 〔英〕 interest of public loan 국가 또는 지방자치단체가 발행한 公債所有者에게 지급하는 이자.

공 천(公薦) 공인된 정당에서 추천하는 것. 특히 각종 선거에 있어서 각 정당이 입후보자의 인품 또는 사회적인 신망 혹은 당선가능률 등을 검토하여 결정한다.

공청회(公聽會) 국가 또는 지방자치단체의 기관이 그 권한에 속하는 일정한 사항을 결정함에 있어서 널리 利害關係人·學識經驗이 있는 자 등의 의견을 들어 참고로 하기 위하여 마련된 제도. 민의를 정치·행정에 반영하기 위한 수단이다. 국회의 위원회에서 총예산안, 중요한 법안 기타 일반적 관심이 짙은 중요한 안건 또는 전문적 지식을 요하는 안건을 심사하기 위하여 공청회를 열고 이해관계인 또는 학식경험이 있는 자 등의 의견을 듣는 것(國會 64)은 그 예이다. 행정기관은 법령의 초안 기타 중요한 사항을 결정함에 있어서 혹은 의무적으로 혹은 임의적으로 공청회를 열어 이해관계를 가진 자의 대표자 또는 공익의 대표자 기타 일반의 의견을 듣는 경우가 있다. 행정부의 각 부처에 설치된 자문기관인 각종의 위원회 중에는 실제상 공청회와 같은 역할을 하고 있는 것이 많다. 청문도 거의 같은 취지를 갖는 제도이다. →청문

공 출(供出) 통제물품을 일정기관에 인도하는 행위. 특히 생산된 주요식량을 정부에 매도하는 행위를 가리킨다. 食糧管理法에 의하여 일제시대에 이 제도가 강요되었으나 해방과 더불어 폐지되었다.

공칭자본(公稱資本) 〔英〕 authorized capital 회사설립에 있어서 인가된 資本總額을 말한다.

공 탁(供託) 〔羅〕 depositio 〔英〕 deposit 〔獨〕 Hinterlegung 〔佛〕 consignation 법령의 규정에 의하여 금전, 유가증권 기타의 물품을 공탁소에 임치하는 것. 공탁을 하는 경우는 公法·私法에 걸쳐서 많이 있는데, 이를 대별하면 다음의 네 가지로 된다. ① 채무소멸을 위한 공탁(辨濟供託). 채무자가 채권자의 협력없이 채무를 면하는 수단으로 가장 중요한 실체법상의 의의를 가진다. 이 경우의 공탁원인은 일반적으로는 채권자의 受領拒絶·受領不能 및 채무자가 과실없이 채권자를 알 수 없는 경우(民 487)인데, 그 밖에도 법률에 규정되는 경우가 있다(商 67, 803). ② 채권담보를 위한 공탁(擔保供託). 상대방에 생긴 손해의 배상을 담보하기 위한 수단. 주로 민사소송법 및 세법에 그 예가 있다(民訴 199·700·715 등, 相續稅 및 贈與稅法施 11). ③ 단순히 보관하는 의미로 하는 것(保管供託). 타인의 물건을 즉시 처분할 수 없는 사정이 있을 때에 일시 공탁으로 보관하는 것(民 353·589, 民訴 709·566). ④ 기타 특수한 목적으로 하는 것(特殊供託). 공탁의 방법·절차는 공탁법과 공탁사무처리규칙이 정한 바에 의하지만 ①의 공탁에 관하여

는 민법·상법에 실체적 규정이 있다(民 487~491, 商 142~145). 공탁의 성질에 관하여는 종래 많이 다투어졌지만, 적어도 현행 공탁법하에서는 공탁공무원의 수탁처분과 신탁물보관자의 供託物 受領으로써 성립하는 하나의 공법상의 법률관계라고 하지 않으면 안된다. 공탁공무원의 受託處分은 일방적인 行政處分이므로, 공탁을 공탁자와 공탁소(공탁공무소)와의 계약으로 해석할 수는 없기 때문이다. 다만 공탁자에 대한 관계에 있어서는 제3자(채권자)를 위한 任置契約과 유사한 관계를 포함하는 것이며, 그 한에 있어서는 임치에 관한 민법의 규정이 원칙적으로 준용된다고 해석하여야 할 것이다.

공탁공무원(供託公務員)　공탁사무를 행하는 자로서 공탁소를 구성하는 국가공무원. 공탁공무원은 지방법원장이 지정하는 법원서기관 또는 법원사무관이 되는 것이며(供託 2), 실제로 供託物을 보관하는 공탁물 보관자와는 구별하여야 한다.

공탁물보관자(供託物保管者)　→공탁소

공탁소(供託所)　공탁사무를 행하는 국가기관. 지방법원장의 감독에 속하며, 각 지방의 지방법원 또는 그 지원의 소재지에 둔다. 실제의 공탁사무는 이 공탁소를 구성하는 공탁공무원이 행하게 된다. 공탁은 債務履行地의 공탁소에 하여야 한다(民 488 I). 실제로 공탁물을 보관하는 供託物保管者(대법원장이 지정하는 은행 또는 창고업자(供託 3 I))는 공탁소의 대행기관에 불과하고, 공탁자에 대하여 보관의무를 부담하고 채권자에 대하여 교부의무를 부담하는 것은 공탁소인 점에서 서로 구별된다(학설 가운데는 공탁소와 공탁물보관자를 동시하는 견해가 있다). 그리고 법원은 공탁소에 관하여 법률에 특별한 규정이 없으면 법원은 변제자의 청구에 의하여 공탁소를 지정하고 공탁물보관자를 선임하여야 한다고 규정하지만(488 II) 이에 관하여는 공탁법에 규정되어 있으므로 이 민법의 규정이 적용될 여지는 거의 없다.

공탁원인(供託原因)　유효하게 공탁을 할 수 있는 요건. 민법상의 辨濟代用으로서의 공탁에 있어서는 채권자가 변제를 받지 아니하거나, 받을 수 없거나, 또는 변제자의 과실없이 채권자가 누구인가를 알 수 없거나, 이상의 세 가지 사정 중의 하나가 존재하지 않으면 공탁을 하지 못한다(民 487). 辨濟供託 이외의 공탁에도 저마다 이유가 있을 것을 요한다. →공탁

공통파기(共通破棄)　→파기판결

공　판(公判)　〔英〕 trial 〔獨〕 Hauptverhandlung 〔佛〕 procédure du jugement　넓은 뜻으로는 사건이 공소법원에 계속되어 그 소송절차가 종결될 때까지의 절차의 단계. 즉, 형사사건에 관하여 법원이 審理·裁判을 행하고, 당사자(또는 기타 소송관계인)가 관여하는 절차단계이다. 좁은 뜻으로는 이러한 절차 중 공판기일에 있어서의 절차만을 가리킨다. 공판은 각 심급마다 존재하고, 사건에 관한 법원의 심리는 모두 公判節次에서 행하여지므로 공판은 형사소송절차의 중심을 이루고 있다. 특히 현행법은 예심제도를 폐지하고, 實體形成은 모두 공판에 집중되어, 사건의 실체에 관한 全心證을 공판절차의 과정에서 형성하여야 한다는 원칙을 채용하여, 公判中心主義가 명실공히 확립되고 있다. 當事者主義·直接主義 및 公開主義 등의 중요한 원칙은 공판절차에 관한 기본원칙이다. →공판절차

공판기일(公判期日)　형사소송법상 법원·검사·피고인 기타 소송관계인이 회합하여 공판절차를 실행하는 기일. 공판기일은 재판장이 정하여야 한다(刑訴 267 I). 재판장은 직권 또는 검사·피고인이나 변호인의 신청에 의하여 공판기일을 변경할 수 있다(270 I). 공판기일은 검사·변호인과 보조인에게 통지하여야 하고(267 III), 공판기일에는 피고인·대표자 또는 대리인을 소환하여야 한다(267 II). 또 제1회 공판기일은 召喚狀의 송달후 5일 이상의 猶豫期間을 두어야 한다. 다만 피고인이 이의 없는 때에는, 이 유예기간을 두지 아니할 수 있다(269).

공판배심(公判陪審)　〔英〕 trial jury　소배심과 같다.

공판법원(公判法院)의 구성(構成)　公判法院(erkennendes Gericht)이라 함은 口述辯論에 의한 심리를 하고, 판결을 하는 법원이며(소송법상의 의미에 있어서의 법원), 判決法院(刑訴 361의 5 iv)이라고도 한다. 공판법원의 구성은 각종의 법원에 따라 다르다. 즉 대법원은 대법관 전원의 3분의 2 이상의 합의체 또는 3인의 대법관으로 구성되는 부에서, 고등법원은 판사 3인으로써 구성된 합의부에서, 지방법원·가정법원 및 그 지원은 판사 3인으로써 구성된 합의부 또는 단독판사가 각각 심판한다(法組 7 I ~ V). 합의부에서 심판하여야 할 사건을 단독판사가 심판하는 것은 불법한 구성으로서 上訴의 이유로 된다(刑訴 361의5 iv). 또 공판정의 구성이라 하는 것은 공판법원의 구성과는 다른 것이다.

공판외(公判外)의 자백(自白)　→재판외의 자백

공판절차(公判節次) 〔英〕 trial 〔獨〕 Hauptverhandlung 〔佛〕 procédure du jugement 공판기일에서의 심리 및 재판의 절차. 공판절차는 공판정에서 행한다(刑訴 275). 공판절차는 주로 양당사자의 공격·방어를 중심으로 하여 전개되는 이른바 當事者公訴의 구조를 가지며, 口述辯論主義·直接審理主義 및 公開主義의 여러 원칙이 지배하고 있다. 그리고 공판절차의 일반적 순서는 冒頭節次(인정신문·검사의 기소요지의 진술)·證據調査·辯論·判決 등의 단계로 나누어진다. →공판

공판절차(公判節次)**의 갱신**(更新) 〔獨〕 Erneuerung der Hauptverhandlung 공판심리에 있어서의 口述主義·直接審理主義의 요청에 의하여, 이미 행하여진 공판절차를 무시하고, 공판절차를 다시 고쳐 하는 것. 辯論의 更新이라고도 한다. 공판개정후 판사의 경질이 있는 때에는 공판절차를 갱신하여야 한다. 다만 판결의 선고만을 하는 경우에는 예외로 한다(刑訴 301). 공판절차의 갱신은 심리를 새로이 고쳐 하는 것이지만 갱신전의 공판절차의 전부가 효력을 잃는 것은 아니고 다만 口述主義·直接審理主義의 요구에 반하는 한도에서만 효력을 잃는다고 본다. 즉, 증인신문이라든가 증거물의 조사라든가 기타 사건의 실체에 관하여 법관의 심증을 형성한 것만이 효력을 잃고, 변호인의 선임이든가 증거조사의 신청이든가 등의 절차적인 소송행위는 효력을 잃지 아니한다. 따라서 이러한 절차적인 것은 다시 고쳐 할 필요는 없고, 법관의 心證形成行爲만을 다시 고쳐하면 된다. 또 공판절차를 다시 고쳐 하더라도 반드시 구체적으로 갱신전과 꼭 같은 절차를 반복할 필요는 없으며, 새로이 심증을 얻는데 필요하고도 충분한 한도 내에서 절차를 다시 행하면 족하다. 예컨대 어떤 증인을 갱신전에 신문하였을 때에도 그 증언을 증거로 할 필요가 없으면, 다시 이를 訊問하지 아니하더라도 무방하다.

공판절차(公判節次)**의 이분**(二分) 〔獨〕 Die Teilung des Stratverfahrens in zwei Abschnitte 소송절차를 범죄사실의 認定節次와 量刑節次로 분리하는 것을 말한다. 공판절차를 2분하는 것을 節次二分論 또는 訴訟節次二分論이라고도 한다. 이 제도는 영미의 형사소송에서 유래한다. 즉 영미의 형사소송은 陪審制度를 배경으로 유죄의 평결이 있은 후에 법관에 의한 양형절차가 개시된다. 이에 반하여 대륙의 형사소송 특히 독일·일본과 우리나라는 현재까지 事實認定과 量刑節次를 구별하지 않고 있다. 節次二分論은 현재 독일에서도 도입의 주장이 활발히 진행되는 제도이다. 절차이분론의 이론적 근거에 관해서는 사실인정절차의 순화와 양형의 합리화를 주장하는 견해와, 피고인의 人格權과 辯護權의 보호 및 소송경제를 근거로 제시하고 있다. 공판절차이분론에 대해서는 소송이 지연된다는 비판과 범죄사실과 양형사실의 구별이 불가능하다는 비판도 있다. 그러나 이러한 비판에도 불구하고 공판절차2분론은 범죄사실인정과 형의 양정이라는 형사재판의 중심적 판단작용의 차이를 고려하여, 공판절차를 2개로 분리하여 별개의 법칙이 적용되도록 함으로써 사실인정절차를 순화하고, 피고인의 인권을 보호할 수 있는 제도라고 본다. 양형의 합리화는 독자적인 근거가 아니라 인권보호의 한 측면일 뿐이다. 영미의 배심제도를 반드시 도입해야 공판절차가 2분되는 것은 아니다. 소송의 주체가 각각 다른 목적으로 작용한다는데, 이 제도의 특징이 있을 뿐이다.

공판절차(公判節次)**의 정지**(停止) 〔獨〕 Stillstand der Hauptverhandlung 공판법원의 소송절차의 진행을 일시 정지하는 것. 이는 소송절차가 법률상 진행할 수 없는 상태이므로, 법률상의 지장이 없는데도 불구하고 사실상 절차의 진행이 停頓하고 있는 상태와는 달라, 정지중에 절차를 진행함은 위법이다. 공판절차의 정지가 있으면, 공판기일의 절차 뿐만 아니라 공판준비에 관한 절차도 행할 수 없다. 이 점에서 公判期日의 延期와 다르다. 공판기일의 연기의 경우에는 공판준비의 시행은 할 수 있다. 형사소송법은 공판절차를 정지하여야 할 경우로서 세 가지를 규정하고 있다. ① 피고인이 사물의 변별 또는 의사의 결정을 할 능력이 없는 상태에 있는 때에는 법원은 검사와 변호인의 의견을 듣고 또한 醫師의 의견을 들어 결정으로 그 상태가 계속하는 기간 공판절차를 정지하여야 한다(刑訴 306Ⅰ·Ⅲ). ② 피고인이 질병으로 인하여 出廷할 수 없는 때에는 법원은 검사와 변호인의 의견을 듣고, 또한 의사의 의견을 들어 결정으로 출정할 수 있을 때까지 공판절차를 정지하여야 한다(306Ⅱ·Ⅲ). ③ 검사가 법원의 허가를 얻어 公訴狀에 기재한 공소사실 또는 적용법조의 追加·撤回·變更을 할 때에, 법원은 이로 인하여 피고인의 불이익을 증가할 염려가 있다고 인정할 때에는 직권 또는 피고인이나 변호인의 청구에 의하여 피고인으로 하여금 필요한 방어의 준비를 하게 하기 위하여 결정으로 필요한 기간 공판절차를 정지할 수 있다(298Ⅳ).

공판정(公判廷) 공판기일에 있어서의 절차를 행하기 위한 기구. 공판기일에는 공판정에서 심리하고(刑訴 275Ⅰ). 이 법정은 원칙적으로 법원에서 개정한다(法組 56Ⅰ). 공판정의 구성으로서는

판사와 서기관 또는 서기가 열석하고, 검사가 출석하여 개정한다(刑訴 275Ⅱ). 그리고 검사의 좌석은 변호인의 좌석과 대등하며 피고인은 재판장의 正前에 좌석한다(275Ⅲ). 피고인과 변호인의 출석은 전자에는 缺席裁判을 할 수 있는 경우, 후자에는 필요적 변호에 해당하지 않는 경우에 한하여 그 출석 없이도 개정할 수 있다.

공판정(公判廷)**의 자백**(自白) → 재판상의 자백

공판조서(公判調書) 〔獨〕 Verhandlungsprotokoll, Sitzungsprotokoll 공판기일의 소송절차를 기재한 조서(刑訴 51Ⅰ). 공판기일의 소송절차에 관하여는 공판조서를 작성하여야 하며, 공판조서는 소송서류 중 가장 중요한 의미를 갖는다. 공판조서는 공판기일의 소송절차에 참여한 서기관 또는 서기가 작성하며(51Ⅰ), 그 기재사항은 법정되어 있다(51Ⅱ). 공판조서에는 재판장과 참여한 서기관이나 서기가 서명·날인하여야 한다(53Ⅰ). 또 공판조서는 각 공판기일후 5일 이내에 신속히 정리하여야 하고(54Ⅰ), 차회의 공판기일에 있어서는 전회의 공판심리에 관한 중요사항의 요지를 조서에 의하여 고지하여야 하고, 검사·피고인 또는 변호인이 그 변경을 청구하거나 이의를 진술한 때에는, 그 취지를 공판조서에 기재하여야 한다(54Ⅱ). 이 경우에는 재판장은 그 청구 또는 이의에 대한 의견을 기재하게 할 수 있다(54Ⅲ). 公判調書의 證明力에 관하여 형사소송법은 공판기일의 소송절차로서 공판조서에 기재된 것은 그 조서만으로써 증명한다고 규정하고 있다(56). 이것은 특히 上訴審에 있어서의 증명의 번거로움을 피하기 위한 것이다. 여기에 그 조서만으로써 증명한다라 함은 공판조서 이외의 자료에 의한 반증이 허용되지 아니한다는 취지이다. 따라서 공판조서에 기재되어 있지 않은 사항은 공판조서 이외의 자료에 의하여 증명할 수 있을 것이다. 공판조서의 錄取方法에 관하여 형사소송법은 새로운 규정을 두고 있다(56의2 참조).

공판준비(公判準備) 〔獨〕 Vorbereitung der Hauptverhandlung 〔佛〕 procédure avant l'audience 공판기일(제1회 공판기일이건 제2회 이후의 공판기일이건 불문한다)에 있어서의 심리를 충분히 능률적으로 행하기 위한 준비로서, 受訴法院(公判法院) 또는 裁判長·受命法官·受託判事가 행하는 공판기일 외의 절차. 이처럼 공판준비라는 것은 전혀 공판기일에 있어서의 심리의 원활·신속을 위한 절차이므로 수소법원과 관계없이 행하여지는 證據保全, 搜査機關의 청구에 의하여 법관이 행하는 强制處分이나 각종의 영장의 발부 등은 공판준비에 포함되지 않는다. 공판준비는 공판중심주의와 관련하여 그 한계가 그어진다. 즉, 실질적인 절차를 공판준비에서 과도히 행하여서는 안될 것이다. 공판준비절차로서 중요한 것을 들면 공소장부본의 송달(刑訴 266), 공판기일의 지정 및 통지(267Ⅰ·Ⅲ), 피고인의 소환(267Ⅱ), 공판기일 전의 증거조회·증거조사(272, 273) 등이다. →공판중심주의

공판중심주의(公判中心主義) 일체의 적법한 소송자료를 공판에 집중하여, 공판에서 형성된 심증만에 의하여 재판하는 주의. 口述主義를 당연히 전제로 한다. 陪審制下에서는 불가결한 원칙이지만, 배심제를 채용하지 않는 경우에도 법원의 공정한 사실인정을 기하기 위하여 필요한 원칙이다. 판결은 법률에 다른 규정이 없으면 口頭辯論에 의거하여야 한다(刑訴 37Ⅰ)는 규정은 이 원칙을 표명한다. 그러나 이 규정이 형식적으로 행하여지는 것만으로는 불충분하다. 예컨대 공판 외에서 작성된 조서가 실질적으로 주요한 심증의 기초로 되게 되면, 참다운 공판중심주의라고는 할 수 없다. 따라서 이 원칙은 직접주의와 결합하지 않으면 안된다. 형사소송법은 직접주의를 강화하여 공판중심주의를 현저히 전진시켰다. 다시 공판기일에 있어서의 법관의 신선한 인상을 판결의 기초로 하기 위하여는 계속적인 심리가 요구된다(→계속심리주의). 공판중심의 실현을 보장하는 또 하나의 제도는 公訴狀一本主義(우리나라에서는 형사소송규칙(118Ⅱ)에서 이 제도를 채용하고 있으며, 군사법원법(296 vi)에서는 이를 법제화하였다)이다. 그것은 법관이 미리 수사기록 등을 조사하여 사건에 관한 지식을 갖고 공판에 임하는 것을 배제하고, 법관이 백지의 상태로 공판에 임하여 직접 공판에서 심증을 형성하도록 하는 주의이다. 그리고 공판준비절차도 공판기일의 심리를 원활하게 하기 위한 것으로, 공판중심주의와 모순하는 것은 아니다. 抗訴審·上告審에 있어서는 그 성격상 공판중심주의의 예외를 이루는 경우가 많다(364Ⅴ, 390 등). 공판중심주의는 주로 제1심의 공판에 관하여 말하여진다.

공평의무(公平義務)〔中立國의〕 〔英〕 duty of impartiality 〔獨〕 Pflicht zur Unparteilichkeit 〔佛〕 devoir d'impartialité 국제법상의 중립국의 세 가지 중요한 의무(묵인의 의무·避止의 의무·방지의 의무) 가운데서 피지의 의무와 방지의 의무를 아울러서 공평의무라고 부르는 수가 있다. 그러나 교전국 쌍방에 대한 공평한 행위이면 중립국은 무엇이든지 할 수 있다는 것은 아니므로 공평의무라는 용어는 원칙적으로 타당한 용어는 아니다. 비

록 같은 수의 군대, 같은 양의 병기나 군수품, 그 밖의 물자가 상이한 상태하에서 제공될 경우에도 그것이 똑같이 공평한 원조가 되지 않을 뿐 아니라, 원칙적으로 중립국은 교전국양방에 대하여 아무런 원조도 하지 않아야 할 의무를 지고 있기 때문이다. 공평의무는 中立國이 전쟁의 사실을 알았을 때부터 발생한다고 해석된다. →중립국의 의무, 피지의 의무, 방지의 의무

공 포(公布) 〔英〕promulgation 〔獨〕Publikation 법령을 일반국민에게 周知시키는 행위. 헌법은 헌법개정안과 법률안의 공포에 관하여 특별한 규정을 두고 있다(憲 130 Ⅲ, 53 Ⅰ). 헌법개정·법률·명령의 공포는 법령 등 공포에 관한 법률에 따른 절차를 밟아야 한다. 법령은 공포하여야 시행할 수 있다. 즉 공포는 법령의 효력발생요건의 하나이다. 그러나, 공포된다고 반드시 곧 시행되는 것은 아니다.

공포문(公布文) 헌법·법률·조약·명령을 공포할 때, 公布法令 앞에 붙이는 전문. 공포문은 법령의 일부가 아니다.

공폭금지선언(空爆禁止宣言) 〔英〕Declaration on projectiles from ballons 1899년의 제1회 헤이그 평화회의에서 전원일치로 채택. 氣球宣言이라고도 한다. 기구 또는 이와 유사한 방법에 의하여 공중으로부터 투사물·폭발물을 투하하는 것을 일반적으로 금지한 것이다. 이 선언은 그 유효기간인 5년이 경과됨으로써 실효되고, 1907년의 제2회 헤이그 평화회의에서 다시 부활시키는 동시에 그 효력을 제3회 평화회의의 종료시까지 연장하였으나, 제3회 회의는 제1차세계대전으로 인하여 개최되지 않았으므로 현재에는 그 실효성이 없다. →공전법규

공 표(公表)〔條約의〕 〔英〕publication (of treaties) 〔獨〕Veröffentlichung(der Verträge) 〔佛〕publication(des traités) 국제연맹에 있어서나 현 국제연합에 있어서 가맹국을 당사자로 하는 모든 조약은 그 사무국에 등록되고, 또한 사무국에 의해서 공표되지 않으면 안되게 되어 있다(聯盟規約 18, 聯合憲章 102 Ⅰ). 공표는 사무국의 사무적인 행위로서 조약의 효력과는 관계가 없다. 아직 공표되어 있지 않더라도 이미 등록된 조약이면, 연합의 경우에는 연합의 모든 관계에 대해서 當該條約을 원용할 수 있다. 공표된 조약은 국제연맹에 동기구가 간행한 조약집에 게재되었다. 이 조약집은 연맹이 폐지될 때까지의 204권에 이르렀고, 거기에 게재된 조약은 4822에 달했다. 이것은 가장 포괄적인 조약집이었으며, 국제연합에서도 이 조약집이 계속 간행되고 연합에 등록된 조약이 게재되고 있다. →조약의 등록

공학적 해석(工學的解釋) 〔英〕engineering interpretation 법을 어떤 목적을 위한 수단으로 보아 그것을 기술적 방법에 환원해서 고찰·해석하는 법학상의 학설. 이것은 파운드 교수에 의하여 제창된 것으로서, 미국의 프래그머티즘 철학을 법학에 응용·전개한 것이다. 보통 社會學的 法學 또는 社會工學이라고도 한다. 여기에서는 법을 절대적 가치체계로서 보지 않고, 개인과 사회의 이익을 충족시켜 주는 하나의 필요한 도구로서 보며, 그의 사명은 개인의 이익과 사회의 이익과의 조화를 최대한으로 실현시켜주는데 있다. 이러한 실용주의적 법률관은 영국의 공리주의법학, 독일의 目的法學 등과 동렬에 놓이는 것이며, 소위 利益法學의 범주에 속한다.

공 해(公害) 인간활동에 의하여 발생하는 유해물질 또는 에너지가 공기·물·토양 등을 매체로 하여 계속적인 상태하에서 공중의 건강 또는 지역적인 환경에 발생시키는 피해. 공해개념의 요건으로서, ① 인간활동의 결과로서 발생한 현상일 것(원인), ② 피해는 공기·물·토양 등의 매체를 통한 간접적인 것일 것(과정), ③ 피해상태가 계속적이거나 계속적인 성격을 가질 것(상태), ④ 피해가 일반공중 또는 지역사회에 미칠 것(범위), ⑤ 사람의 건강이나 지역적 환경에 유해한 영향을 줄 것(결과)이 요구된다.

공 해(公海) 〔英〕open sea, high seas 〔獨〕Hochsee 〔佛〕haute mer 어느 국가의 영역에도 속하지 않고, 따라서 어느 국가도 배타적으로 이를 관리할 수 없는 특수해역을 말한다. 즉, 領海를 제외한 해역을 말한다. →공해사용자유의 원칙

공해사용자유(公海使用自由)**의 원칙**(原則) 항행·어업·상공의 비행 등을 위하여 누구든지 공해를 자유로 사용할 수 있다는 국제법상의 원칙. 이 원칙은 公海自由의 原則과 구별된다. 공해자유의 원칙은 공해가 자유이며 어느 국가의 주권 밑에도 서지 않는다는 것을 말한다. 공해가 이와 같이 어느 국가에도 속하지 않으므로 공해를 자유로 사용할 수 있게 된다. 따라서 공해사용자유의 원칙은 공해자유의 원칙의 결과라고 할 수 있다. 1958년 제네바해양법회의에서 채택된 공해에 관한 조약은 이 두개의 원칙을 명확히 구별하고 있지는 않으나, 대체로 공해사용의 자유로서 항해의 자유, 어업의 자유, 해저전선과 파이프 라인 부설의 자유, 상공비

행의 자유 등을 들고 있다.

공해(公海)**에 관한 조약**(條約) 〔英〕Convention on the High Seas 1958년 국제연합해양법회의에서 채택된 조약. 국제법위원회가 채택한 해양법초안의 일부를 기초로 한 전문 37조. 공해의 자유, 공해에 있어서 선박의 지위, 항행의 안전, 해상경찰권, 공해의 오염, 해저전선 및 파이프 라인 등 公海의 일반제도를 규정하고 있다. 이 조약은 전문에서 그 모든 규정이 국제법의 확립된 원칙에 관한 일반적 선언임을 강조했다.

공해(公海)**의 약간구역**(若干區域)**에 있어서의 연안어업**(沿岸漁業)**에 관한 선언**(宣言) 〔英〕Proclamation with Respect to Coastal Fisheries in Certain Areas of the High Seas →보존수역, 트루먼선언

공해자유(公海自由)**의 원칙**(原則) 국제법상 어느 국가의 領域에도 속하지 않으며, 어느 국가도 배타적으로 지배할 수 없는 해역인 공해는 자유이다라는 원칙. 중세말기에 해양의 일부에 대하여 관할권을 주장하는 국가도 있었으나 17세기초 그로티우스의 海洋自由論이 등장하여 19세기초에는 이 원칙이 확립되었다. 그 후 국제교통의 발달과 더불어 공해는 국제교통의 불가결한 통로이므로 국제교통의 안전을 확보하려면 공해의 자유가 절대로 필요하다. 부차적으로는 공해는 확대하므로 실효적인 점유가 곤란하다는 것. 다른 국가의 사용을 방해하지 않고도 각 국가는 이를 사용할 수 있다는 것 등이다. →공해사용자유의 원칙

공형벌(公刑罰) 〔獨〕öffentliche Strafe 국가가 刑罰權의 주체로 되어 행하는 형벌. 사인이 행하는 私刑罰과 대립한다. 현재에는 국가가 형벌권을 독점하여 사형벌은 인정되지 않는다. 다만 공형벌은 범죄성립을 전제로 하여 미리 성문법으로 규정되어야 하고, 일신적인 개인책임에 그쳐야 하며, 모든 사람에게 평등하게 적용되어야 한다. 또 공형벌을 내용으로 하는 형법을 公刑法이라 한다. →형벌

공휴일(公休日) 관공서의 공휴일에 관한 규정에 의하여, ① 일요일 ② 국경일(3.1절 3월 1일, 제헌절 7월 17일, 광복절 8월 15일, 개천절 10월 3일) ③ 1월 1일·2일, 설날 전날, 설날, 설날 다음날, 4월 5일(식목일), 석가탄신일(음력 4월 8일), 5월 5일(어린이날), 6월 6일(현충일), 추석 전날, 추석, 추석 다음날, 12월 25일(예수탄생일)과 기타 정부에서 수시 지정하는 날이다. → 휴일, 국경일

공화국(共和國) →공화제

공화정체(共和政體) →공화제

공화제(共和制) 〔英〕republic 〔獨〕Republik 〔佛〕république 군주제가 아닌 국가. 여기에는 주권의 원천자는 단일인인 군주가 아니고, 少數門閥者層(貴族)·特殊階級層(無産階級) 혹은 人民全體이며, 또 이들이 주권을 행사한다. 따라서 이는 貴族的 共和制·獨裁的 共和制(집행부 독재적 공화제, 계급독재적 공화제)와 민주적 공화제로 분류된다. 우리 헌법은 民主的 共和制를 채택하는 것을 명백히 하고 있다(1 I).

공 황(恐慌) 〔英〕panic 〔獨〕Krise 자본주의 생산 본래의 모순인 생산수단의 사적 점유와 생산의 사회화에 기인하는 생산과 소비와의 모순을 근본적 원인으로 하여 일어나는 상품의 가격폭락, 거래의 정지, 滯貨의 山積, 현금의 流通界로부터의 소멸, 신용의 파괴, 공장의 폐쇄, 실업자의 홍수, 생산력의 파괴, 파산의 연속 등의 현상을 가리킨다.

과 거(科擧) 과목에 의하여 관리를 채용하는 제도. 즉, 관리등용시험을 말한다. 신라시대에 율령의 계수와 더불어 발생한 것이며, 고려시대에는 과거규모가 완비되어 과목에는 製述·明經과 醫·卜·地理·律·書·數 등이 있었고, 시험종류로서는 大科인 監試(東堂試)와 小科인 國子試, 陞補試 등이 있었다. 조선시대는 고려의 법제를 계승하여 태조원년에 과거제를 정하고 역대 이를 거행하여 盛觀을 이루었다. 과목에는 문무양과인 正科와 生員·進士兩科 외에 譯科·醫科·陰陽科·律科 등의 雜科가 있었으며, 譯科에는 漢學·蒙學·倭學·女眞學 등이 있었고, 陰陽學에는 天文學·地理學·命課學 등의 구분이 있었다. 諸科는 式年試, 즉 三年一試를 正則으로 하고 前秋에 初試, 春初에 覆試와 殿試를 시행하였으며, 문과에 응시하는 자를 幼學, 무과와 잡과에 응하는 자를 閑良이라고 칭하고, 문과·무과는 通訓 이하, 생원·진사과는 通德 이하만 赴擧를 허용하고 그 합격자를 出身이라 불렀다. 文科合格者는 매회 33인, 무과는 28인이 고려 이래의 관례적 정원으로 되어 있었다. 문과1번을 壯元, 2번을 亞元 또는 榜眼, 3번을 探花라 칭하고 우대하였으며, 그 부모도 혜택을 받았다.

과거기간(寡居期間) 재혼금지기간과 같다.

과년도수입(過年度收入) 출납이 완결된 연도에 속하는 수입(豫會 54). 과년도수입은 모두 현년도 수입에 편입하여야 한다. 다만, 지출된 세출의 返納金은 대통령령의 정하는 바에 의하여 각

각 지출한 세출의 당해과목에 반납할 수 있다(54 但)(→반납금여입). 과년도수입은 예산외수입의 하나이다.

과년도지출(過年度支出) 출납이 완결된 연도에 속하는 경비를 현년도의 세출예산에서 지출하는 것. 과년도에 속하는 채무예정액으로서 지출하지 아니한 경비는 현년도 세출예산에서 지출하여야 하되 그 금액은 그 경비소속년도의 每項金額 중 不用으로 된 금액을 초과하지 못한다(豫會 71). 과년도세출은 會計年度獨立의 原則에 대한 하나의 예외이다. →회계연도독립의 원칙

과당투기(過當投機) 일정한 한도를 초과하는 투기. 거래소의 거래는 어느 정도의 투기를 수반함은 당연하나, 그것이 매점 따위의 방법에 의하여 과도하게 행하여지면 건전한 公定時勢의 형성을 방해하므로 이에 대하여 제한이 가해져 있다(證去 91. 1997년 1월 13일 삭제).

과대최고(過大催告) 채권자가 채무자에 대하여 본래 채무의 내용으로서 청구할 수 있는 것보다 많은 청구를 하는 것. 過當催告라고도 한다. 5만원의 채권을 가진 자가 10만원의 청구를 하거나 또는 본래의 이행장소 이외에서 이행할 것을 청구하는 것과 같다. 채권액을 초과하여 지급을 청구할 때에는 그 최고가 무효로 되는 것이 아니고, 본래의 채권의 범위내에서 유효하다고 해석된다.

과도적 규정(過渡的規定) 〔獨〕 überig Ansvorschrift 구법에서 발생한 법률관계가 신법에서 어떻게 취급될 것인가를 정하는 경과적 규정. 時際法이라고도 한다.

과도정부(過渡政府) 정식정부가 구성될 때까지 일시 과도적으로 성립·존속하는 정부. 과도정부는 행정부와 입법부가 모두 과도적으로 성립·존속함을 원칙으로 한다. 단순히 선거관리내각과는 구별되는 바, 선거관리내각은 새 정권수립을 위하여 선거를 공정히 관리하기 위하여 구성되는 행정부만을 의미한다.

과두정치(寡頭政治) 〔英〕 oligarchy 〔獨〕 Oligarchie 주권의 운용을 소수자의 恣意에 맡기는 정치, 예컨대 그리스시대에는 국가직무가 소수자에 독점되고, 관직이 문벌이나 부에 따라서 부여되었다. →공화제

과 료(科料) 형법이 규정하는 형벌의 일종이며(41), 벌금과 더불어 財産刑이다. 그 금액이 적고 또 비교적 경미한 범죄(예컨대, 경범죄처벌법상의 범죄)에 과하여진다는 점에서 벌금과 차이가 있다. 금전적 제재의 일종이지만 형벌이 아닌 과태료(과료)와 구별함을 요한다. 과료는 2천원 이상 5만원 미만이다(47). 과료의 재판은 검사의 명령에 의하여 민사소송법의 집행에 관한 규정을 준용하여 집행된다(刑訴 477). 과료는 판결확정일로부터 30일내에 납입하여야 하며(刑 69Ⅰ本), 과료를 납입하지 아니한 자는 1일 이상 30일 미만의 기간 노역장에 유치하여 작업에 복무하게 한다(69Ⅱ後). →노역장유치

과 료(過料) 과태료의 구명칭.

과 부(寡婦) 夫와 사별한 여자. 이른바 未亡人. 과부는 원칙적으로 夫의 사망일로부터 6개월을 경과하지 않으면 재혼할 수 없지만(→재혼금지기간), 친가에는 언제든지 復籍할 수 있다. 그리고 과부는 상속권이 있다. 즉, 호주승계에 있어서는 제3순위자로 승계인이 되며(民 984), 재산상속에 있어서는 직계비속 또는 직계존속과 공동상속인이 되고, 그러한 자가 없는 경우에는 단독상속인이 된다(1003). 상속분에 있어서는 직계비속과 공동으로 상속하는 때에는 직계비속의 상속분의 5할을 가산하고, 직계존속과 공동으로 상속할 때는 직계존속의 상속분 5할을 가산한다(1009Ⅱ).

과 불(過拂) 수표가 당좌예금 殘高 이상으로 발행된 경우를 가리킨다. 과불은 악용될 우려가 있으므로 은행으로서 가장 경계를 요한다. 과불은 은행이 응하지 않을 때에는 그 수표(어음)는 부도가 된다.

과반수(過半數) 과반수란 반수를 초과하는 수를 말하는데 과반수에 의한 표결방법은 회의체의 의사결정에 있어서 가장 일반적인 원칙이라 할 수 있다. 과반수는 반수를 넘는 수이므로 2분의 1 이상과는 다르다. 즉 출석의원이 19명이라면 그 과반수는 10명이고 20명이면 11명이어야 한다. 국회 및 지방의회에서의 의결은 특별한 규정이 없는 한 재적의원 과반수의 출석에 출석의원 과반수로 결정하게 된다(憲 49, 國會 54·109, 地自 56).

과 세(課稅) →조세의 부과

과세가격(課稅價格) →과세표준

과세권(課稅權) 일반적으로 국가의 통치권에 기하여 조세를 부과·징수하는 권능. 그러므로 이를 가진 자는 국가와 국가로부터 그 통치권의 일부를 위임받은 지방단체에 한한다. 과세는 본인의 동의를 요하지 않으며 강제적으로 납부시킬 수

있다(憲 38). 統治權이 미치는 범위, 즉 그 국민과 그 영토에 있는 사람 및 물건에 과할 수 있으나, 구체적으로 여하한 조세를 부과·징수할 수 있는가 하는 것은 모두 법률의 정하는 바에 의한다.

과세문서(課稅文書) 부동산·선박·항공기의 소유권이전에 관한 증서 또는 영업의 양도에 관한 증서, 소비대차에 관한 증서, 도급에 관한 증서, 항공기를 포함한 용선계약서, 부동산에 대한 전세권 또는 부동산 임대차에 관한 증서, 소유권에 관하여 법률에 의하여 등록을 요하는 동산으로서 대통령령이 정하는 자산의 양도에 관한 증서, 지상권 또는 지역권에 관한 증서, 광업권·무체재산권·어업권·출판권·著作隣接權 또는 商號權의 양도에 관한 증서 등 인지세법에 의하여 인지세를 납부하여야 할 문서(印紙稅法 3)를 말한다.

과세물건(課稅物件) 소득을 비롯하여 납세의무의 담세력을 측정할 수 있는 물건 또는 경제상 및 사회상의 생활사실로서 법규가 과세의 목적물로 규정한 것. 조세의 종류가 다름에 따라 과세물건도 다르다. 예컨대, 소득세에 있어서의 소득, 상속세에 있어서의 相續財産, 通行稅에 있어서의 교통기관 이용행위 등이 그것이다.

과세소득(課稅所得) 소득세의 과세대상이 되는 소득. 소득세는 모든 종류의 소득을 대상으로 과세하는 것이 원칙이다. 상병자 유족이 받는 恩給 및 연금·학자금·법정부양료·우편저금의 이자 등 소득세를 과하지 않는 소득과 주요한 物産의 제조·채굴 등에서 생기는 소득, 납세준비예금의 이자 등 소득세를 면제하는 소득을 제외한 그 밖의 일체의 소득이 이에 해당한다.

과세요건(課稅要件) 조세를 부과할 수 있는 요건을 말한다. 과세요건은 납세의무자·과세물건·과세표준 및 세율로 이루어지는데, 납세의무자를 人的 課稅要件이라 하고, 과세물건·과세표준 및 세율을 物的 課稅要件이라 한다. 조세는 납세의무자와 과세물건이 있으면 과세표준과 세율을 적용하여 부과한다.

과세원칙(課稅原則) 과세 또는 조세정책·조세체계를 결정할 때의 기준이 되는 원칙. ① 스미드의 4원칙, 즉 공평·평등의 원칙, 명확의 원칙, 편의의 원칙, 징세비 최소의 원칙, ② 바그너의 9원칙, 즉 재정정책상의 원칙(충분의 원칙, 탄력성의 원칙), 국민경제상의 원칙(세원의 선택의 원칙·稅種 선택의 원칙), 공정의 원칙(부담보편성의 원칙·부담공평의 원칙), 세무행정상의 원칙(명확의 원칙·편의의 원칙·징세비 최소의 원칙)이 바로 그것이다.

과세이연(課稅移延) 당해 사업에 사용되는 사업용고정자산 등(종전사업용 고정자산 등)을 양도하고 새로운 사업고정자산 등(신사업용고정자산 등)을 취득한 경우에 이들 사업용고정자산의 양도에 따른 소득세법 23조의 규정에 의한 양도소득에 대한 소득세 또는 법인세법 59조의2의 규정에 의한 특별부가세를 과세함에 있어서 종전사업용 고정자산 등의 양도에 대하여는 이를 양도로 보지 아니하고, 그 대신 신사업용고정자산 등의 양도에 따른 과세시에 그 취득시기 및 취득가액을 종전사업용 고정자산 등의 취득시기 및 취득가액으로 하는 것을 말한다(租稅減免規制法 2 vii).

과세제외(課稅除外) 일반적으로 과세의 객체가 되는 과세요소 중 특별한 것을 과세의 대상에서 제외하는 것을 말한다. 납세의무자가 되는 자를 특별한 사유에 의하여 납세의무자에게 제외하는 것을 人的 課稅除外라 하고, 과세대상이 되는 물건을 특별한 사유에 의하여 과세물건에서 제외하는 것을 物的 課稅除外라고 한다.

과세표준(課稅標準) 세액을 결정하는 기준이 되는 주어진 과세물건의 물량·가격 등의 수치. 課稅價格이라고도 한다. 소득세에 있어서의 소득금액, 재산세에 있어서의 財産價額, 물품세에 있어서의 판매가액 등이 그 예. 과세표준은 법률에 명백히 규정되어 있는 경우(법정세)를 제외하고는, 납세의무자의 과세표준의 신고(→신고납세)의 유무를 불문하고 행정관청의 행정행위에 의하여 인정(확정)되는 바, 그 인정의 방법에는 과세물건의 수량에 의한 경우(종량세)와 과세물건의 가격에 의하는 경우(종가세)가 있다. 과세표준의 인정권은 收稅機關에 있는 것이 원칙이나, 예외적으로 다른 기관에 있는 때도 있다(예 : 舊登錄稅法 29).

과 실(果實) 〔羅〕 fructus 〔英〕 fruits 〔獨〕 Früchte 〔佛〕 fruits 물건(원물)에서 생기는 收益物(民 101). 元物에 대한 개념이다. 민법은 天然果實과 法定果實의 2종을 인정하고 있는데, 양자는 물건에서 생기는 경제적 수익이라는 점에서 공통하지만 본질은 상이하므로, 그 취급을 달리하고 있다. ① 天然果實은 물건의 용법에 의하여 수취하는 산출물이다(101 I). 물건의 용법에 의한다고 하는 것은, 원물의 경제적 사명에 따른다는 것이다. 산출물은 果物·우유·가축의 새끼·羊毛 등과 같은 자연적 유기물이든, 광물·석재·토사 등과 같은 무기물이든 불문하며, 원물을 곧 소모하지 않고, 경제상 원물의 수익으로 인정되는 것이면 모두 포함된다. 천연과실은 그 원물로부터 분리하는 때에 그것을 수취할 권리자에게 귀속한다(102 Ⅰ). 과실수취자는 元物所有者(211)·선의의 점유자(201 Ⅰ)·地上權者(279)·傳貰權者(303)·留置權者(323)·質權者(343, 355)·抵當權者(359)·賣渡人(587)·使用借主(609)·賃借人(618)·특유재산의 관리자(831)·親權者(916 이하)·受贈者(1079) 등이다. 미분리의 천연과실은 일반적으로는 독립의 물권의 객체로 될 수 없으나, 경제적 거래상 특히 미분리상태로 독립시켜 거래의 객체로 할 필요가 있는 것에 관해서는 明認方法이라는 공시수단을 강구하여 독립의 물권의 객체로 할 수 있다(→미분리과실). ② 법정과실은 물건의 사용대가로 받는 금전 기타의 물건이다(101 Ⅱ). 예컨대 이자·家賃·地料 등이다. 주식의 배당금이나, 권리의 사용료나, 노임은 과실이 아니다. 법정과실은 수취할 권리의 존속기간일수의 비율로 취득한다(102 Ⅱ). 즉 채권자·소유자 등의 변경이 있을 때에는 수취권의 존속기간에 따라 일수의 비율로 분배한다.

과 실(過失) 〔羅〕 culpa 〔英〕 negligence 〔獨〕 Fahrlässigkeit 〔佛〕 faute [1] 사법상 일정한 사실을 인식할 수 있었음에도 불구하고 부주의로 인식하지 못한 것. 고의(일정한 사실을 알고 있으면서도 감히 하는 것)에 대립하는 말. 민법에서는 위법한 행위의 효과에 관하여 고의에 과실을 구별하지 않는 것이 원칙이므로(예 : 750), 과실이 고의를 포함하는 것으로 해석되는 경우가 적지 않다(385 Ⅱ, 396, 627 등), 과실은 부주의의 정도에 따라 重過失(심한 부주의)과 輕過失(다소라도 주의를 결하는 것)로 나누어지는데 민법·상법 등에서 과실이라 하면 경과실을 말하고, 중과실을 의미하는 경우에는 특히 중대한 과실이라 한다(民 109·518·735, 商 137 Ⅲ·648·651·653, 어음 16 Ⅱ, 手票 21 但). 과실은 또한 그 전제로 되는 주의의무의 표준에 따라, 추상적 과실(그 직업이나 계급에 속하는 사람으로서 보통 요구되는 주의, 즉 선량한 관리자의 주의를 결하는 것)과 具體的 過失(그 사람의 일상의 주의능력의 정도의 주의를 결하는 것)로 나누어지는데, 민법·상법에서 過失이라고 할 때에는 抽象的 過失을 말하고 구체적 과실을 표준으로 할 때에는 특히 자기재산과 동일한 주의(民 695), 자기의 재산에 관한 행위와 동일한 주의(922), 고유재산에 대하는 것과 동일한 주의(1022) 등으로 표시한다. 이론적으로 말하면, 추상적 과실 중에 경과실·중과실의 구별이 있을 수 있을 뿐만 아니라, 구체적 과실 중에도 경과실·중과실의 구별을 할 수 있겠지만, 법률은 후자의 구별을 하고 있지 않다.

[2] 형법상 과실은 責任條件의 하나이며, 고의에 비하여 비난의 정도가 낮은 것이다. 과실에 의한 행위는, 법률에 특별한 규정이 있는 경우에 한하여 처벌된다(刑 14). 과실의 제1요건은 범죄사실(구성요건에 해당하는 사실)의 인식 또는 인용의 결여이며(소극적 징표), 이 점에서 고의와 구별된다(→미필적 고의). 제2요건은 그 인식·인용의 결여가 부주의(주의의무위반)로 인한 것이며(적극적 징표), 이 점에서 주의의무를 다한 不可抗力과 구별된다. 그런데 이 부주의의 유무에 관하여는 행위자를 표준으로 하는 主觀說, 평균인(통상인)을 표준으로 하는 客觀說, 주의능력이 평균 이하이면 본인을 표준으로 하고 평균인 이상이면 평균인을 표준으로 하는 折衷說이 있다. 과실의 종류로는 다음과 같은 것이 있다. ① 인식없는 과실과 인식있는 과실. 전자는 범죄사실의 인식·인용을 전혀 결하는 경우이고, 후자는 그것을 가능한 것으로 인식은 하였으나 인용을 결하는 경우(이 점에서 미필적 고의와 경계를 이룬다)이다. ② 사실의 과실(구성요건에 관한 과실)과 법률의 과실(위법성에 관한 과실). 전자는 범죄사실의 인식 또는 인용을 부주의하게 결하는 경우이고 후자는 위법성의 의식을 부주의하게 결하는 경우이다. ③ 업무상과실·중과실과 일반의 과실. 업무상 과실은 일정한 업무에 종사하는 자가 그 업무상 필요한 주의를 태만한 경우이고, 중과실은 주의의무의 위반의 정도가 현저한 경우이며 기타의 과실이 일반의 과실이다. 업무상과실·중과실의 경우는 형이 가중되며(171, 189 Ⅱ, 268), 과실장물죄는 이 경우에만 처벌된다(364). 그런데 근자에는 객관적인 주의의무위반으로서 과실을 위법성요소로서 또는 구성요건의 문제로서 다루는 입장이 유력해지고 있다. 또 과실을 책임요소로 봄과 동시에 유책유형으로서의 구성요건의 요소로 보는 입장도 있다.

과실교통방해죄(過失交通妨害罪) 과실로 인하여, ① 육로·수로 또는 교량을 손괴 또는 불통하게 하거나 기타 방법으로 교통을 방해하거나, ② 궤도·등대 또는 표지를 손괴하거나, 기타 방법으로 기차·전차·자동차·선박 또는 항공기의 교통을 방해하거나, ③ 사람의 현존하는 기차·전차·자동차·선박 또는 항공기를 전복·매몰·추락 또는 파괴하는 죄(刑 189 Ⅰ).

과실범(過失犯) 과실을 범죄로 하여 처벌하는 경우를 말한다. 예컨대 과실치상죄(刑 266), 과실치사죄(267) 따위. 형법은 故意犯人을 원칙으로 하며, 과실을 처벌하는 것은 법률에 특별한 규

정이 있는 경우에 한한다(14). → 과실

과실범(過失犯)**의 공동정범**(共同正犯) 이것을 인정하느냐의 여부에 관하여는 논쟁이 있다. 행위공동설의 입장에서는, 공동정범은 행위를 공동으로 행하기만 하면 성립하므로, 과실범의 공동정범을 인정한다. 예컨대, 갑과 을이 의사의 연락하에 모두 부주의하게 병이 밑에 있는 것을 모르고서 옥상에서 돌을 공동으로 내려 뜨려서 병을 부상케 한 경우, 이에 대하여 犯罪共同說의 입장에서는, 이러한 범죄적이 아닌 의사의 연락은 공동하여 범죄를 실행하는 의사로서는 불충분하다고 하여, 共同正犯은 고의범에 관해서만 성립할 수 있다고 보는 것이 일반적이다. 판례는 과실범의 공동정범을 인정한다. → 공동정범

과실상계(過失相計) 〔羅〕 compensatio culpae 〔獨〕 Culpakompensation, konkurrierendes Verschulden 〔佛〕 faute commune 채무불이행 또는 불법행위로 인하여 손해배상책임이 발생할 경우에 있어서 배상원인의 성립 또는 손해의 발생에 관하여, 채권자 또는 피해자의 과실이 있은 때에, 법원이 배상책임의 유무 및 배상액을 정함에 있어서, 그 정도 및 범위를 참작하는 것(民 396, 763). 신의성실의 원칙의 요구에 기하는 법리.

과실상해죄(過失傷害罪) 과실로 인하여 사람의 신체를 상해하는 죄(刑 266 Ⅰ). 業務上 過失致傷 또는 重過失致死傷의 경우에는, 형이 가중된다(268). 상해는 물론이요, 폭행에 대하여도 고의가 없어야 한다. 본죄는 피해자의 명시한 의사에 반하여 논할 수 없다(266 Ⅱ). 판례는 과실의 共同正犯을 인정한다.

과실(過失)**의 추정**(推定) 불법행위에 있어 고의·과실의 입증책임은 원칙적으로 피해자가 부담하나, 일정한 경우에는 피해자 쪽에서 가해행위로 손해가 발생하였음을 입증하면 가해자에게 과실이 있는 것으로 일견 추정되는 것을 말하며, 이를 事實上의 轉換이라고도 한다. 이는 공평의 이상에 입각하여 인정되고 있다. 판례에 나타난 대표적인 예로서는 자동차의 전복사고에 있어 운전기사의 과실추정과 의사의 수술상의 과실추정을 들 수 있으며, 그 밖에 권리 없이 가압류 또는 가처분을 집행한 후에 實體上 請求權이 없음이 확정된 때에는 채권자에게 고의·과실이 있는 것으로 추정되어 반증이 없는 한 채권자는 책임을 면하지 못한다는 것이 판례의 입장이다.

과실(果實)**의 취득**(取得) → 과실

과실일수죄(過失溢水罪) 過失로 물을 넘겨, ① 사람의 주거에 사용하거나 사람이 현존하는 또는 공용이나 공익에 供하는 건조물·기차·전차·자동차·선박·항공기 또는 광갱을 침해하거나, ② 그 이외의 건조물·기차·전차·자동차·선박·항공기·광갱 기타 타인의 재산 또는 자기의 소유에 속하거나, 혹은 압류 기타 강제처분을 받거나, 타인의 권리·보험의 목적물이 된 자기의 소유에 속하는 前記 물건을 침해하여 공공의 위험을 발생하게 하는 죄(刑 181). ①의 경우는 抽象的 公共危險罪이고, ②의 경우는 具體的 公共危險罪이다.

과실점유(過失占有) 점유할 수 있는 권리, 즉 本權이 없음에도 불구하고 본권이 있는 것으로 오신하는 善意占有에 있어서, 그 본권이 있다고 오신하는데 과실이 있는 점유. 과실있는 점유·과실이 없는 점유의 구별의 실익은 取得時效(民 245 이하), 善意取得(249) 등에서 나타난다. 점유자의 무과실은 추정되지 않는다(197). 따라서 주장하는 자가 증명하여야 한다.

과실책임주의(過失責任主義) 〔英〕 principle of liability with fault 〔獨〕 Prinzip der Culpahaftung, Vershuldungsprinzip 〔佛〕 théorie de faute 손해의 발생에 관하여 과실(고의를 포함한다)이 있는 경우에 한하여 배상책임을 진다고 하는 원칙. 손해배상책임의 발생에 관해서의 입법상의 주의의 하나. 자기의 과실로 볼 수 없는 한, 다른 주체가 입은 손해에 대하여 책임을 지지 않는다는 의미에서, 自己責任의 原則이라고도 한다. 이 원칙은 근대민법의 3대원칙의 하나로서(民 750, 390 참조) 개인의 활동의 자유를 보장하고, 각인의 책임의식을 높여서 근대적인 산업발달의 촉진에 기여한 바 매우 컸다. 그러나, 예외적으로는 특별한 경우에는 無過失責任을 인정하고 있으며(758), 또한 현대적인 대기업조직에 있어서 기업의 내부조직이나, 다대한 위험과 이익을 수반하는 대기업의 외부관계를 규율하기 위해 무과실책임이 입법상으로나 이론상으로 중요한 문제로 등장하고 있다. → 무과실책임

과실치사죄(過失致死罪) 과실로 인하여 사람을 치사하는 죄(刑 267). 業務上過失致死 또는 重過失致死의 경우에는, 형이 가중된다(268). 살해는 물론이요, 상해·폭행에 대하여도 고의가 없어야 한다. 판례는 과실의 공동정범을 인정한다.

과실폭발물파열죄(無失爆發物破裂罪) 과실로 인하여 火藥·汽罐 기타 폭발성있는 물건을 파열하게 하여 건조물·기차·전차·자동차·선박·항공기·광갱 기타의 물건을 손괴하는 죄(刑 172

Ⅱ). 본죄는 失火의 예에 의한다(170, 171 참조).

과 역(課役) 점령군이 그 需要를 채우기 위하여 점령지의 인민을 강제적으로 부역시키는 것. 특히 본국에 대한 작전·공작에 참가하는 의무를 부담하지 않는 성질의 것인바 점령군의 지휘관의 허가에 의하여 요구되지 않으면 안된다.

과오납(過誤納) 적법한 납세의무없이 납부한 세금. 납세고지금액을 초과하여 납부한 경우, 납세의 고지없이 착오로 납부한 경우 또는 조세부과행위가 재조사·심사·재심사의 청구나 행정소송의 결과 취소되기 전에 납부한 경우 등이 그 예이다. 過誤納金은 다른 미납의 징수금에 충당하거나, 납부자에 환급하여야 한다. 조세의 과오납금에는 금융기관의 예금이자율 등을 참작하여 대통령령이 정하는 이자율에 따라 계산한 금액을 가산하여 환급 또는 충당한다(國稅基 51Ⅰ, 地稅 45·46). 납세자의 과오납금에 관한 권리는 대통령령이 정하는 바에 의하여 이를 제3자에게 양도할 수 있다(國稅基 53, 地稅 45Ⅲ).

과오납환급청구(過誤納還給請求) 납세자가 실체적인 권리로서 정당한 법률상의 원인없이 납부한 세액에 대하여 국가에 그 세액의 환급을 청구할 수 있는 권리를 말한다. 환급청구를 할 수 있는 과오납은 납세자의 착오 등으로 부과처분에 의하여 정하여진 조세액을 초과하여 납부한 경우, 무효인 부과처분에 의하여 납세한 경우, 위법·부당한 부과처분에 따라 납세를 한 때에 그 과세처분이 수세관청의 직권이나 행정쟁송절차에 의하여 취소·변경된 경우 등에 생긴다. 過誤納還給請求權의 소멸시효기간은 일반국세의 경우는 그 권리를 행사할 수 있는 날로부터 5년(國稅基 54Ⅰ), 관세의 경우는 2년이다(關稅 25의3Ⅲ).

과잉금지(過剩禁止)**의 원칙**(原則) 우리 헌법은 모든 국가작용의 한계로서의 과잉금지의 원칙을 채택하고 있다. 공권력의 과잉행사로 인해서 法治主義의 실질적 내용이 침해되는 일이다. 공권력의 과잉행사로 인해서 법치주의의 실질적 내용이 침해되는 일이 없도록 규정. 즉 基本權制限立法의 한계조항(憲 37Ⅱ)에서 기본권제한의 목적, 형식, 방법, 내용상의 한계를 분명히 밝힘으로써 국민의 기본권제한은 법률의 근거가 있고 합당한 사유에 의한 합리적인 목적을 위해서만(목적의 합당성) 목적달성에 가장 효과적이고 적절한 방법으로(방법의 적법성) 국민에게 수인을 기대할 수 있는 필요한 최소한의 제한에 그치도록(수인기대가능성, 최소침해성) 하고 있다. 또 국가비상사태가 생겨서 국가긴급권을 발동하는 경우에도 그 발동요건에 엄격하게 제한함은 물론(76Ⅰ·Ⅱ, 77Ⅰ) 국회의 사후통제를 통해(76Ⅲ·Ⅳ, 77Ⅳ·Ⅴ) 긴급권의 과잉발동을 억제토록 하고 있다.

과잉급부금지원칙(過剩給付禁止原則) 급부행정의 내용과 정도는 구체적인 경우에 있어서의 개인의 생활관계 및 공익추구를 위하여 수요되는 적절한 범위내의 것이어야 한다는 원칙을 말한다. 급부행정은 일반적으로 受益的인 것이기는 하지만, 과잉급부는 개인의 사회·경제활동에 대한 행정주체의 지나친 관여를 가져올 뿐만 아니라, 일반납세자의 부담을 증가시킬 우려도 있기 때문이다.

과잉방위(過剩防衛) 〔獨〕 Notwehrexzess 〔佛〕 excès de la légitime défense [1] 형법상의 정당방위에 있어서 상당한 정도를 초과한 것. 초과방위라고도 한다. 과잉방위는 정당방위로서의 위법성이 조각되지 않으나 책임(→형사책임)이 減輕 또는 免除될 수 있다. 즉 정황에 의하여 그 형을 감경 또는 면제할 수 있다(刑 21Ⅱ). 책임면제의 예로서, 그 행위가 야간 기타 불안스러운 상태하에서 공포·驚愕·흥분 또는 당황으로 인한 때에는 벌하지 아니한다(21Ⅲ). →정당방위

[2] 국제법상의 과잉방위에 관해서는 自衛權을 보라.

과잉자구행위(過剩自救行爲) 자구행위에 있어서, 상당한 정도를 초과한 것. 초과자구행위라고도 한다. 과잉자구행위는 위법성이 조각되지 않으나 책임(→형사책임)이 減輕 또는 阻却될 수 있다. 즉 그 정황에 의하여 형을 감경 또는 면제할 수 있다(刑 23Ⅱ).

과잉피난(過剩避難) 〔獨〕 Notstandsexzess 긴급피난에 있어서, 상당한 정도를 초과한 것. 초과피난이라고도 한다(刑 22Ⅲ). →과잉방어

과전법(科田法) 고려 경종원년에 문무백관의 現職·散職을 불문하고, 일정한 토지를 급여한 田柴科(후에 목종, 현종, 덕종, 문종 등에 의하여 여러번 개정)도 과전의 일종이지만, 특히 科田法이라 할 때에는 고려말기에 이성계일파에 의하여 대규모의 전제개혁이 수행된 바 있는 田制에 관한 기본법을 말한다. 공양왕 3년 5월 공포된 것으로 31개조의 조문으로 정리할 수 있다. 이는 조선의 田制의 출발점이 되는 것이며, 그 목적은 토지사유를 타파하고 새로운 토지지배관계를 확립함에 있었다. 그 내용을 보면, 在京王族과 官人(在內大君 이하 散職에 이르기까지)을 18과에 나누고, 時散을 막론하

고 경기내의 토지를 科給하였고 夫사망하고 子있는 과부가 守信하는 경우에는 그 반을 守信田으로 급여하고, 부모없는 幼弱子孫에게는 恤養田으로 全科田을 급여하고, 외방육도의 전은 軍田으로서 군사에게 급여하고, 동서양계의 전은 軍需用田으로 확보하였고, 公私賤口, 工商, 賣卜, 盲人, 巫覡, 倡伎, 僧尼 및 그 자손에게는 受田을 불허하였다. 과전법은 과전, 군전 외에 종래의 제도인 공신전, 陵寢, 창고, 宮司, 軍資寺·寺院田, 外官職田, 廩給田, 鄕津驛吏, 軍匠, 雜色田을 존치하였다. 왕족과 관인에의 지급토지를 경기로 한한 것은 지방에서의 관인세력의 대두를 예방하고, 권력을 중앙에 집중시킬 목적에서 나온 것 같다. 기술적 면을 보면, 경기육도의 양전을 실시하여 각 등급에 따라 자호를 붙여서 籍簿에 올리고(五結一丁으로 하고, 천자문의 1자를 순서에 따라 따서, 호를 붙여서 명명기재), 인명을 붙여 전지를 칭호하여 祖業之田을 모칭하는 폐단을 막음으로써, 인명과 전지의 칭호와의 관계를 단절시키고 종래의 田籍簿를 전부 소각하여 버린 것이다.

과 점(寡占) 소수기업이 어떤 시장에 존재하고 있는 것. 獨占이란 엄밀히 말하면 시장에 하나의 기업만이 존재하는 상태이나, 과점은 이 의미에서 독점과는 구별되는 것이며 소수기업에 의한 시장지배이다. 어느 정도의 기업의 수가 시장에 존재하는 경우에 과점이 있다고 할 것인가는 곤란한 문제이나, 5개 또는 4개, 3개 정도가 시장을 지배하고 있는 상태를 과점의 전형적인 예이다. 일반적으로 과점이 성립하면 시장의 가격경쟁이 쇠퇴하여 관리가격이 형성되는 경향이 있다. 그러나 실제로는 과점에도 경쟁적 과점이 있으며 또한 협조적 과점도 있다. 전자는 확실히 시장에 있어서 기업수는 적지만 이 소수기업간에서 치열한 경쟁이 전개되고 있는 상태를 말한다. 이에 대해 후자는 당해시장에 있어서 경쟁이 쇠퇴하고 가격은 價格先導者가 우선 결정하고 이에 동조하여 타자가 가격을 결정하게 되는 상태를 말한다.

과제해결(課題解決) 〔英〕 problem solving 새로운 환경에 직면하여 본능적 방법이 아닌 지적 방법으로 적용하는 것. 과제해결이 요구되는 상황을 課題狀況(problem situation)이라고 한다.

과징금(課徵金) 국가가 행정권이나 사법권에 기하여 국민에게 부과·징수하는 金錢負擔. 일본의 재정법 3조는 조세 이외에 국가가 국권에 기하여 수납하는 과징금 등은 모두 법률 또는 국회의 의결을 거쳐 정한다고 규정하고 있다. 조세가 제외된 것은 租稅法律主義에 관하여는 따로 헌법에 특별규정이 있고, 재정법이 조세를 규율의 대상으로 하지 아니하기 때문이다. 과징금 중 행정권에 기하는 것은 手數料·使用料·特許料·納付金 등이 있고, 사법권에 기하는 것은 벌금·과료·재판비용 등이 있다. 또한 일방적으로 과하여지는 것으로 역무의 대가의 성질을 갖고 있는 것이 있다. 사법상의 관계에 기하여 과하여지는 요금 등은 여기에서 말하는 과징금은 아니다. 우리의 경우 獨占規制 및 公正去來에 관한 法律 6조에서 과징금이라는 용어를 사용한 바, 1사업자의 시장점유율이 100분의 50 이상, 3 이하의 사업자의 시장점유율의 합계가 100분의 75 이상, 다만 이 경우에 시장점유율이 100분의 10 미만인 자를 제외한 시장지배적 사업자가 남용행위를 한 경우에는 당해 사업자에 대하여 대통령령이 정하는 매출액에 100분의 3을 곱한 금액을 초과하지 아니하는 범위안에서 과징금을 부과할 수 있다. 다만 매출액이 없거나 매출액의 산정이 곤란한 경우로서 대통령령이 정하는 경우에는 10억원을 초과하지 아니하는 범위안에서 과징금을 부과할 수 있다. 과징금의 징수와 체납처분에 대하여는 국세청장에게 위탁할 수 있다(獨禁 55의5 Ⅲ). 이미 과징금을 납부한 사업자가 피해를 입은 자에게 손해배상을 한 경우에는 신청에 의하여 손해배상액에 상당하는 금액을 환급받을 수 있다(56 참조). → 공과금

과태료(過怠料) 金錢罰의 일종으로서, 형벌인 벌금 및 과료와 구별하여 특히 과태료라는 명칭으로 과하여지는 것. 과료라고 할 때도 있다. 성질·적용법 원리·과벌절차 등에 따라 秩序罰·執行罰 및 懲戒罰的인 것으로 대별할 수 있다. ① 질서벌로서의 過怠料. 법률상의 질서를 유지하기 위하여 법령위반자에 대한 제재로서 과하는 것. 특허법(232)·민법(97)·상법(28, 635, 636)·호적법(130～133)·민사소송법(282, 289, 297) 등 공사법에 널리 인정되어 있고, 지방자치법에는 조례로써도 과태료를 정할 수 있도록 하고 있다(20, 130). ② 집행벌로서의 과태료. 집행상의 의무의 이행을 강제하기 위한 수단으로서 과하는 것(현행법상, 그 예가 거의 없다). ③ 징계벌로서의 과태료. 징계벌의 일종으로서 과태료를 과하는 것(公證 83·87, 辨 72, 法士 48). 과태료는 형벌이 아니므로(刑 41 참조), 이에는 형법총칙이 적용되지 않고, 그 과벌절차도 형사소송법에 의하지 않으며, 각 법률에 특별한 규정이 없는 한, 비송사건절차법의 규정(247～251)에 의한다. 조례에 의한 과태료는 당해 지방자치단체의 장이 과하여 체납처분의 예에 의하여 징

수한다(地自 20, 130).

과태약관(過怠約款) 債務不履行으로 인하여 발생할 수 있는 손해배상의 액을 예정함을 목적으로 하는 채권자, 채무자간의 계약. 구민법상의 용어로서 현행법의 손해배상의 예정액에 해당한다.

과태파산죄(過怠破産罪) 〔獨〕 einfacher Bankerott 파산선고의 전후를 불문하고, 채무자가 射倖行爲를 하거나, 파산선고를 지연시키기 위한 거래를 하거나, 상업장부의 작성이나 기입을 태만히 하면 성립한다(破 367, 368). 그러나 그 행위와 파산선고 사이에는 牽連關係가 있어야 하고, 또 파산선고를 받아 그 결정이 확정될 것이 처벌요건이다. 자기 또는 타인의 이익을 도모할 목적, 혹은 채권자를 해칠 목적, 즉 고의와 같은 것을 필요로 하지 않는 점에서 詐欺破産罪의 경우와 다르다.

과학교육심의회(科學敎育審議會) 교육부장관의 자문에 응하여 과학교육에 관한 사항을 조사·연구케 하기 위해서 교육부에 두는 기관. 위원회는 위원장(위원 중에서 호선) 1인과 부위원장 2인을 포함한 30인 이내로 구성한다(科學敎育振興法 5).

과학기술조성(科學技術造成)〔行政法上〕 과학기술의 진흥을 도모함으로써 국민생활과 경제발전에 기여하기 위하여 과학·기술에 관한 연구활동 및 사업을 조성하는 작용을 말한다. 국가와 지방자치단체는 과학·기술에 관한 연구활동을 보호·조성하며, 과학기술기금을 설치하여 과학·기술에 관한 조사·연구에 종사하는 개인이나 단체에 대하여 보조금을 교부할 수 있다.

과학시대(科學時代) 刑法의 진화에 관한 시대구분의 하나로서 전세기 후반기부터 현대까지를 가리킨다. 자연과학의 발달에 의한 새로운 사회의 출현, 범죄의 생물학적 및 사회학적 연구에 의한 실증적 해명에 따라 형법사상에 큰 전환을 초래했다. 應報刑主義로부터 目的刑主義가 바로 이의 전환으로서 刑事政策은 크게 진보했다.

과학적 사회주의(科學的社會主義) 공상적 사회주의에 대립하는 것. 독일 고전철학, 영국 고전경제학 및 프랑스의 사회주의에 의하여 이루어진 이론을 계승하여 마르크스, 엥겔스가 수립한 사상. 唯物史觀에 바탕을 두고 자연사적 정확성을 가지고 사회적 조건과 그 변화를 구명하고, 사회원칙으로서 계급투쟁의 이념을 확립하여, 특히 자본주의 사회에 있어서의 프롤레타리아트의 역사적 또는 혁명적 역할을 분명히 다한 점에 특색이 있다. 이 명칭은 엥겔스의 저서 공상적 사회주의로부터 과학적 사회주의로에서 유래한 것으로 알려져 있다.

과학적 수사(科學的搜査) 물리학·화학·의학(법의학)·심리학 등의 과학을 이용하여, 범죄의 조사를 유효확실하게 하는 수사방법. 指紋, 血液型, 刑事寫眞, 犯行方法 등을 이용하는 것이 그 중요한 것이다. 근대에 이르러 범죄수단이 한층 복잡·교묘화하였으므로 과학적 조사의 힘을 빌리지 않을 수 없게 되었고, 더욱이 현행형사소송법은 피고인·피의자의 默秘權을 인정하고 자백의 증명력을 제한하고 있으므로, 더 한층 과학적 조사가 요청되고 있다. 그리고 형벌의 일반예방적 효과도 과학적 수사에 의해 달성될 수 있는 것이다.

과학적 자유탐구(科學的自由探究) 〔佛〕 libre recherche scientifique 自由法論의 근본적 사상을 이루는 것. 실정법과 분리하여 實證法을 과학적으로 탐구하는 것을 가리킨다.

과 형(過刑) 옛날 사형에 처한 뒤에 살을 긁어내던 형벌의 하나.

과형상일죄(科刑上一罪) 본래는 數罪이나 과형상 1죄로서 처단되는 것. 處分上一罪라고도 한다. 상상적 경합(刑 40), 구형법상의 견련범·연속범이 이에 해당한다. 과형상일죄는 1죄로서 취급되기 때문에, 가장 중한 죄에 정한 형에 의하여 처벌되며, 공소사실의 단일성의 범위는 그 전체에 미치고, 따라서 旣判力도 전체에 미친다.

관(款) 국가의 세입·세출의 總豫算은 部로 크게 나누고, 각 부 중에서 다시 관·항으로 구분한다. 관과 항은 법의 요구에 따라서 반드시 구별을 요한다. 지방자치단체의 세입·세출의 예산도 관·항으로 구별하여야 한다.

관계인(關係人)**의 이의**(異議) 민사소송에 있어서 辯論調書의 기재에 관하여는 관계인이 이의를 할 수 있다. 관계인의 이의가 있는 때에는 조서에 그 사유를 기재하여야 한다. 관계인이란 當事者·法定代理人·補助參加人들을 말하며, 증인·감정인의 조서에 있어서는 이들도 관계인이다(民訴 146Ⅱ).

관계인집회(關係人集會) 회사의 정리에 있어서 정리채권자·정리담보권자와 주주로 구성되는 정리단체의 議決機關. 정리계획안의 심리결정을 임무로 하며 법원의 지휘하에 열린다. 여기에는 관리인과 회사대표자도 참석할 수 있다(會整 166, 164). 제1회의 집회에서는 관리인이 경과와 필요사항을 알리고, 법원은 출석자로부터 관리인의 선임과 회사의 업무 및 재산의 관리에 관한 의견을 청취한다(187, 188). 제2회의 집회에서는, 관리인이 작성한 정리계획안에 대한 심리를 하며(192, 193), 만일 집회 때에 법원이 계획안의 수정을 명한 때에는 다시 수정안심리의 집회를 연다(198). 최종회의 집회에서는 정리계획안의 결의를 한다(200). 그 결의는 정리담보권자·정리채권자·주주 등의 3組로 나누어 하게 되며, 議決權은 정리담보권자는 담보물의 가액, 정리채권자는 채권액, 주주는 주식수에 따른다(124, 113, 129).

관계적 소유권(關係的所有權) 〔獨〕 relatives Eigentum 〔佛〕 propriété relative 소유권의 귀속이 관계적으로 나누어져 있다고 생각되는 경우. 즉, 갑에 대한 관계에 있어서만 을이 가짐과 동시에, 병에 대한 관계에 있어서는 갑에게 속하고 있는, 말하자면 관계적으로 제약된 소유권이며, 相對的 所有權 또는 所有權의 關係的 歸屬이라고도 한다. 독일에서 양도담보가 가지는 대외적 효력과 대내적 효력의 차를 증명하기 위하여 쓰여진 관념이며, 프랑스에서는 제3자에게 대항할 수 없는 소유권을 가리킨다. 우리나라에서도, 신탁행위·양도담보 등에 관해서 이 관념이 등장할 여지가 있으나, 비유적인 표현으로서 사용되는 것은 모르거니와, 관계적 소유권이라는 특수한 물권이 있는 것이 아님은 물론이다.

관공서(官公署) 널리 국가 또는 지방자치단체의 기관을 가리키는 말. →관서

관광무역(觀光貿易) 외국으로부터 다수의 관광객을 유치함으로써 商品輸出과 동일한 외화획득의 효과를 거두는 것을 말한다. 국제수입상으로 보아 보이지 않는 수출을 구성하는 까닭에 이런 이름이 생겼다. 국산품을 판매하는 輸出貿易에 대하여 이것은 風景을 판매하는 수출무역이라고도 할 수 있다. 유럽의 스위스, 이탈리아, 프랑스 등이 미국 그 밖의 유람객으로부터 해마다 막대한 수입을 올리고 있음은 주지의 사실이다.

관광사업(觀光事業) 관광객을 위하여 운송·숙박·음식·운동·오락·휴양 또는 용역을 제공하거나 기타 관광에 부수되는 시설을 갖추어 이를 이용하게 하는 業(觀光振興法 2 i). 이에는 여행업, 관광숙박업(호텔업·휴양콘도미니엄업), 관광객이용시설업, 국제회의용역업, 카지노업, 관광편의시설업 등이 있다(3).

관광특구(觀光特區) 자유로운 관광사업을 보장하기 위하여 관광사업과 관련된 관계법령의 적용이 배제되거나 완화되는 지역으로서 관광지 등 또는 외국인 관광객이 주로 이용하는 지역 중에서 도지사의 신청에 의하여 문화관광부장관이 지정한다(觀光振興法 2 iv의2, 23의2).

관구사령부(管區司令部) 육군본부 소속기관의 하나. 소관구역내의 육군 여러 부대에 대한 군수·군행정의 지원·구역내의 경비에 관한 사무의 장리를 담당한다.

관권주의(官權主義) 파산절차에 있어서, 법원이 채무자의 재산을 점유 관리하고, 이를 換價하여 배당하는 주의. 즉, 파산절차가 모두 법원의 권력에 맡겨지는 주의이다. 채권자의 자력에 의하여 채무자의 재산을 점유 관리하여 배당하는 입장인 自助主義에 대한다. 이 관권주의는 중세의 스페인법에서 채택된 일이 있을 뿐, 현재 이 입법주의를 따르고 있는 국가는 없다.

관내장치물(棺內藏置物)**에 관한 죄**(罪) →사체영득죄

관념론법학(觀念論法學) 법률관계를 인간정신의 보편적 발전·자유·평등의 법 이념과 함께 추상적인 민주주의에 의하여 새로이 사회의 경제적 구조 이외의 영역에 의하여 이해하려고 하는 법학. 法律史觀도 같다.

관념(觀念)**의 통지**(通知) 〔獨〕 Vorstellungsmitteilung 어떤 사실에 관한 관념(표상)을 타인에게 통지하는 행위. 예컨대, 대리권을 주었다는 뜻의 통지(民 125), 사원총회소집의 통지(71), 채권양도의 통지 또는 承諾(450) 등이 그러한 것이다. 이러한 通知行爲로부터 생기는 법률효과는 통지자의 의욕여부와는 관계없이 법률에 의하여 직접 발생한다. 이 점에서 의사표시와 구별되며, 반면에 의사의 통지 및 감정의 표시와 같이 준법률행위의 일종이다.

관념적 경합(觀念的競合) 〔獨〕 Idealkonkurrenz 〔佛〕 concours idéal 1개의 행위가 수개의 罪名에 저촉되는 것을 말하는 바, 그 가장 무거운 것에 따라 처벌된다(刑 54). 관념적 경합에 관하여는 본래는 1개의 죄도 科刑上 1개의 죄로서 취급된다는 설과 본래 1개의 죄라고 하는 설이 있는데 전자가 통설이다. 그리고 보통 다른 종류의 관념적 경합과 같은 종류의 관념적 경합이 구별되지만 본래의 1개의 죄라고 하는 설은 같은 종류의 관념적 경합을 부정한다.

관념주의(觀念主義) 〔獨〕 Vorstellungstheoirie 고의는 행위의 결과를 인식하는 것만으로 족하다고 해석하는 주의. 미리 결과를 의욕함을 요하지 않는 점에서 意思主義와 대립한다. 의사주의에 의하느냐 관념주의에 의하느냐는 고의와 과실을 구별하는데 있어서 刑法學上 논란이 있다. 민법상으로는 고의도 과실도 그와 같은 가치이므로 양자를 명확히 구별하여도 그 실익은 기대하기 어렵다고 한다.

관련관할(關聯管轄) → 관련재판적

관련발명(關聯發明) 발명상호간에 체계적 관련성이 있으므로 1통의 特許願書에 기재하여 출원하는 것이 허용되는 2 이상의 발명(特許 45). 이 경우도 相互牽聯한 각 발명의 하나 하나에 대하여, 본래의 특허의 요건의 존부가 판단되는 것임은 물론이다.

관련사건(關聯事件) 〔獨〕 zusammenhägende Strafsachen 형사소송법상 2개 이상의 사건의 1개에 관하여 관할이 있을 때, 다른 편에 대해서도 관할을 가지게 되는 관계에 있는 사건. 형사소송법 11조는 다음과 같은 경우를 관련사건으로 하여, 관할의 수정을 인정하고 있다. ① 1인이 범한 數罪, ② 수인이 공동으로 범한 죄, ③ 수인이 동시에 동일장소에서 범한 죄, ④ 犯人隱匿罪, 證據湮滅罪, 僞證罪, 虛僞鑑定通譯罪 또는 贓物에 관한 죄와 그 본범의 죄. 관련사건에 대한 관할의 수정은 심판의 편의상 併合管轄(9, 5), 심리의 병합(10, 6), 심리의 분리(7)가 인정되고 있다.

관련성(關聯性) 〔英〕 relevancy 증거 자체의 성질이 要證事實의 존부를 推論케 할 수 있는 것인가 아닌가를 말하는 것. 관련성이 없는 간접사실을 증명하는 증거(이것을 관련성이 없는 증거라 한다)는 허용되지 않는 것이 영미법상의 證據法의 원칙이다. 우리 형사소송법에서는 이러한 원칙을 명문으로 인정한 것은 없으나, 증거재판의 현대적의의에서 볼 때, 당연히 이러한 원칙이 인정되어 있다고 보아야 할 것이며(刑 299 참조), 군사법원법에는 명문이 있다(359 이하).

관련재판적(關聯裁判籍) 〔獨〕 Gerichtsstand des Sachzusammenhangs 어떤 사건과 관련이 있기 때문에, 그 사건의 관할법원에 관할권을 인정하는 경우의 관할. 牽聯管轄이라고도 한다. 이것은 본래의 사건과 같이 제소되거나 특별한 규정이 있는 경우에 한하는 것이고, 각각 따로 提訴될 때에는 어떤 사건에 관련이 있다 하더라도 그 사건의 관할법원이 관할권을 가지지 못한다. 예컨대, 併合請求의 재판적(民訴 22), 獨立參加의 재판적(72), 反訴의 재판적(242) 등과 같다.

관련질문(關聯質問) 의회의 본회의나 위원회가 질의자의 잘못에 관계되는 질문을 다른 자가 요구하여 의장, 위원장이 허가한 경우의 질문. 議事의 지연전술에 이용되기 때문에 요구자와 허가측 사이에 간혹 분쟁이 일어난다.

관련청구(關聯請求) 행정처분에 대한 抗告訴訟의 청구와 관련되는 原狀回復·損害賠償 기타(예 : 과오납세액의 반환)의 청구. 관련이란 그 청구가 당해행정처분에 원인이 있는 경우 또는 행정처분의 取消·變更이 先決問題가 되어 있는 경우를 말한다(예 : 위법한 행정처분의 취소를 청구하는 동시에 그 처분으로 인하여 발생한 손해의 배상을 청구하는 경우 등). 행정처분에 관련되는 분쟁을 한꺼번에 해결하여 심리의 중복과 재판의 저촉을 피하기 위하여, 관련청구의 소송은 當該抗告訴訟에 併合할 수 있다(行訴 10). → 선결문제

관 례(冠禮) 四禮의 하나인 成年禮. 남자는 상투를 틀어 冠을 쓰고 여자는 쪽을 찐다. 남자는 15~20세에 관례를 치르는 것이 원칙이나 早婚·喪 중인 경우에는 이르고, 늦는 경우도 있다. 字는 관례에 참석한 빈객이 지어주었다.

관 례(慣例) 어떠한 事案에 관하여 전부터 관습이 된 前例를 말한다. 관례로서 행하여지고 있는 사항을 慣行이라고 한다. 결국 관례나 관행은 같은 뜻이지만 관례는 규범의 측면에서 본 것이고, 관행은 행위의 측면에서 본 것이다. 일반적으로 공법이나 사법분야에서는 관행 또는 관습이 국민 일반의 법적 확신을 얻었을 때 慣習法이라 하여 그 법적 효력을 인정하고 있으며, 의회의 운영에 있어서도 모든 사항을 법규에서 규율한다는 것은 불가능하기 때문에 오랫동안 불문율로 정립되어온 관례나 관행이 보충적인 효력으로서 중요시되고 있다.

관 료(官僚) 일반적으로 관리가 단순한 행정사무의 집행자로서가 아니고, 그들이 정치적 결정에까지 영향을 미치게 하는 세력을 가지는 일단으로서의 조직(관리단)을 구성하고 있는 경우, 이를 官僚라고 한다. 때로는 官吏 또는 官吏出身者라는 뜻으로 사용된다. 특히 官僚行政이라고 할 때에는, 合議制에 대한 獨任制의 관청기구에 의한 행정, 명예직에 의한 행정에 대한 직업적 관리단에 의한 행정, 자치행정에 대한 관치행정, 독선적·형식적·반민주적 행정을 의미한다. 또한 관료가 고유의 직무인 행정사무의 집행을 벗어나서 그 세력이 정치에까지 영향을 미칠 때, 이를 官僚政治라고 하는데,

관료정치에 있어서는, 국가의 근본권력이 관청에 귀속되어, 설혹 관리가 위법한 행위로서 국민의 권리를 침해하고 재산상의 손해를 끼쳤더라도, 국민에게는 이에 대한 구제방법도 없을 뿐만 아니라 그 제압을 위한 아무런 정치적 수단도 없다.

관료내각(官僚內閣) 관료로 조직된 내각. 정당원 또는 국회의원으로 조직되는 정당내각에 대한 개념. 과거의 군주국시대에 있었으나, 정당의 발달에 따라 거의 政黨內閣으로 대체되었다.

관료법학(官僚法學) 관료제의 특징이라고 할 수 있는 任用試驗에 합격하기 위한 법학을 말하기도 하고, 관리에 관한 법을 대상으로 하는 법학을 말하기도 한다.

관료자본(官僚資本) 관료의 특권적인 지위를 이용하여 獨占的으로 축적된 자본. 국민당 치하의 중국에서 4대 가족을 중심으로 한 것이 그 전형적인 예이다.

관료조직(官僚組織) 전문적 지식을 가진 공무원이 상관의 지휘하에 그의 권한으로 정하여진 사무를 전문적으로 집행하는 행정조직. 행정조직의 형인 執權型·統合型, 행정기관설정의 형인 專務職型·獨任型·任命型의 총합형이다. 이 조직은 근대국가의 특징을 이루며, 소위 관료적이라고 불리어지는 폐해를 수반하여, 민주적 요청에 의한 시정을 요하는 점이 있으나, 능률적인 점은 이를 무시할 수 없다. → 근대관료제

관료주의(官僚主義) 〔英〕 bureaucracy 〔獨〕 Bürokratie 관료제라고 하는 지배형태에 수반된 관료의 특정의 행동양식과 정신적 태도. 국가권력을 배경으로 하고 있고, 더욱이 국민에 의한 지도를 거부하는 엄격한 특권적 계급질서하에 규율되어 있는 탓으로, 繁文縟禮(red tape)·劃一主義·法規萬能·創意性缺如·秘密主義·權威主義·獨善主義 등의 경향을 낳는다. 이러한 관료주의는 비단 국가관료 뿐만 아니라, 정당·노동조합·기업 등의 대규모의 조직 가운데서도 엿볼 수 있다. 우리나라에 있어서는, 관료주의는 특히 일제시대의 잔재로 인정되고 있으며, 오늘날은 민주주의사상의 보급으로 상당히 완화되어 가는 경향에 있다.

관료행정(官僚行政) → 관료

관 리(管理) [1] 私法上 재산의 소유에 대하여 재산에 관하여 보존·이용·개선을 하는 것을 말한다. 처분과 대립되는 것이 보통이지만, 반드시 그렇지도 않다. 반드시 타인의 재산에 한하는 것도 아니며, 통일적 재산에 한정되는 것도 아니다. → 관리행위, 재산관리인,

[2] 公法上 여러가지 의미로 사용된다. ① 국가가 경제통제를 위하여 일정한 기업 또는 물품을 지배하는 작용, 즉 統制作用의 의미로 사용되기도 하고(예 : 전기사업관리, 외환관리, 외자관리, 양곡관리 등), ② 국가·공공단체가 사회공공의 복리증진을 위하여 공기업 또는 公物을 경영·유지하는 작용, 즉 관리행위의 의미로 사용되기도 하며, ③ 국가·지방자치단체가 그 재산 또는 수입·지출을 보관·계산하는 작용, 즉 會計의 의미로 사용되기도 한다. 이들(①은 제외)은 권력의 행사를 본질로 하지 않고, 그 실질에 있어서 사인의 사업경영 또는 재산관리와 유사한 점에 그 특색이 있다.

[3] 行政學上의 管理(management)는 ① 행정을 그 정책결정으로부터 절단된 순수한 기술적인 수행과정이라고 할 때의 그 기술과정(즉, 행정)을 말하기도 하고(그 궁극목표는 최소의 노력·비용·시간으로 최대의 효과를 얻으려는 데에 있다), ② 사업장작업에 대립되는 營業指導를 말하기도 한다(테일러(F.W. Taylor)의 행정학이 사업장작업의 學인데 비하여, 페이욜(H. Fayol)의 행정학이 경영지도의 學임을 상기하라).

[4] 國際法上 점령정책의 실시를 占領管理라고 하는 때가 있다. 이 경우의 관리란 점령국의 지배권의 발동인 모든 작용을 지적하는 것이다. 그 방법에 의하여 直接管理·間接管理 등으로 나눈다. 무조건항복후의 일본에서 그 예를 볼 수 있다.

관리가능성설(管理可能性說) 재산죄의 객체인 재물에는 관리가능한 한, 有體物 뿐 아니라 전기 기타의 에너지도 포함한다는 견해. 有體性說에 대하는 것이며, 우리나라의 통설이다. 이 입장에서는 人工冷氣·人工熱·水力·공기의 압력 등의 에너지는 재물개념에 포함되지만, 라디오의 방송(전파)·磁氣 등은 관리가능성이 없으므로 재물이 되지 않는다. 그런데, 현행형법은 절도·강도·사기·공갈·횡령·배임·손괴의 죄에 있어서 관리할 수 있는 動力은 財物로 간주한다(346·354·361·372, 民 98)(→관리할 수 있는 자연력)라고 규정하고 있으므로, 有體性說과의 대립은 그 실익이 없게 되었다. 그리고 관리가능성설의 입장에서 물리적 관리의 가능한 것만을 재물이라고 보고 사무적 관리의 가능한 것(예컨대, 채권과 같은 권리)은 포함시키지 않는 것이 통설이다(→권리의 절도).

관리경제(管理經濟) 〔英〕 managerial economy 자유경제를 기반으로 하면서도, 자본주의의 여러 모순의 시정, 사회정의의 실현, 균형있

는 국가경제의 발전을 위하여 필요한 범위 안에서, 국가가 경제에 관한 규제와 조정, 즉 관리를 하는 경제체제. 영·미를 위시한 현대민주국가가 채택하고 있고 우리나라도 이에 따르고 있다(憲 119). 특히 管理貨幣制와 雇傭制度管理를 계기로 뚜렷하게 되었다. → 자유경제

관리공통제(管理共通制) 〔獨〕 Verwaltungsgemeinschaft, Güterverbindung 夫婦 각자의 재산은 혼인후에도 각자 독립하여 존재하는 것으로 하고, 夫가 妻의 재산에 대한 占有權, 收益權, 때로는 處分權까지도 취득하도록 하는 제도. 구법상의 夫婦財産制로서는 관리공통제를 채용하였지만, 이에 의하면 夫의 전권이나 착취를 가능케 하는 것이기 때문에, 현행법은 이를 폐지하고 夫婦別産制를 채용하였다.

관리관계(管理關係) 공법관계, 즉 공법이 규율하는 법률관계의 한 형태. 비록 공법이 규율하는 법률관계이긴 하나, 권력관계와 같이 법률이 국가 또는 공공단체 등의 행정주체에 우월적 지위를 부여하여, 행정객체와의 사이에 支配服從의 관계를 설정하는 것이 아니고, 다만 공공복리의 실현이라고 하는 행정목적을 달성하기 위해, 사법관계와 다른 특수성이 인정되는 법률관계를 말한다. 그 대표적인 예는 公物의 管理라든가 公企業의 經營 등에서 찾아 볼 수 있다. 財物의 管理라든가 기업의 경영은 사인간에서도 행해지는 것인데도 국가 또는 공공단체 등의 행정주체가 공공복리를 위해 그것에 당하고 있고, 공공복리의 실현과 밀접한 관계를 맺고 있음으로써, 사법관계와 다른 특별한 취급을 받는다. 그 특별한 취급이란, 국가가 공공복리를 위해 계약을 자유로이 解除할 수 있다든가, 반대로 행정객체측에서는 그 계약의 해제가 자유롭지 않다든가, 그 밖에 공물의 사용관계에 있어서의 사용자의 권리가 상대성을 가진다든가 하는 것들이다. 이와 같은 관리관계는 법률이 그것을 명문으로 인정하고 있는 경우 및 사법관계와 구별해서 취급할 만한 공익상의 필요의 존재를 증명할 만한 실정법상의 근거가 있을 때에만 인정된다. → 관리행위

관리명령(管理命令) 법원 또는 행정청이 발하는 會社事業·會社財産·不動産 등을 관리인에게 관리시키는 명령. 실정법상 다음 두 가지가 있다. ① 민사소송법상 두 가지 의미로 사용된다. 하나는 부동산에 대한 강제경매에 있어서 경락허가결정후 경락인에게 인도할 때까지의 부동산의 보전방법으로서, 경락인 또는 집행채권자의 신청에 의하여 채무자에 대하여 그 부동산을 법원이 명하는 관리인에게 인도할 것을 명령하고, 이에게 관리시키는 취지를 선언하는 執行法院의 결정(民訴 647Ⅱ)을 말한다. 그리고, 다른 하나는 같은 집행법원의 처분이지만 압류한 채권, 부동산소유권 이외의 재산권의 특별한 환가방법으로서 일종의 강제관리를 명하는 경우의 집행법원의 결정까지도 管理命令이라고 하는 때가 있다(574). ② 보험회사의 업무 또는 재산의 상황으로 보아 그 사업의 계속이 곤란하다고 인정하는 때 또는 그 업무의 상황이 현저하게 불량하여 공익상 그 사업의 계속이 부적정하다고 인정하는 경우, 금융감독위원회가 업무 및 재산의 관리를 명령하는 것(保險 107). 관리는 금융감독위원회가 선임하는 보험관리인이 행하고, 이 명령이 있으면 회사의 사업은 정지되고, 保險契約 기타의 거래 및 재산의 관리처분권은 보험관리인에게 이전된다(108~113).

관리무역(管理貿易) 自由貿易에 대립하는 것으로 국가의 통제와 관리하에 행해지는 무역을 말한다. 우리나라의 대외무역은 산업자원부장관의 관리하에 있다.

관리신탁(管理信託) 수탁자가 신탁행위에 기준하여 부담하는 임무가 오직 수익자를 위하여 신탁재산을 관리하는 신탁. 즉 신탁사무를 처리하는 형태가 신탁재산의 관리에 있는 경우의 신탁을 말한다.

관리인(管理人) [1] 强制管理에 있어서 법원으로부터 임명되어 管理·受益權을 행사하는 자. 그 자격에 관하여는 따로 제한이 없다. 관리인의 지위에 관하여는 파산관재인과 집행관의 경우처럼 사법상의 代理人說과 國家機關說과의 양설이 있다. 후설은 관리인을 강제관리에 의하여 사권의 보호를 하는 국가의 집행사무처리자라고 보는 것이다. 그러나, 집행기관인 법원 자신이 그 권한을 행사하는 것은 아니요, 1개인에게 실체법상의 管理受益權을 수권위탁하는 점으로 보아서는 대리인설이 정당하다 할 것이다. 관리인은 관리와 수익을 하기 위하여 스스로 부동산을 점유할 권리를 가지는 동시에, 저항을 받을 때에는 집행관을 참여하게 할 수 있으며(民訴 672Ⅰ·Ⅱ), 제3자가 점유하고 있을 때에는 관리인은 물론이요, 집행관이라도 그 점유를 적법하게 취득할 수 없다. 관리인은 제3자가 채무자에게 지급할 수익을 추심할 권한이 있다(672 Ⅲ). 관리방법에 관하여는 법원의 지도감독을 받는다(673, 676).

[2] 〔英〕 receiver 회사정리법상의 관리인에 관하여는 정리관리인을 보라.

[3] 민법상의 재산관리인에 관하여는 재산관리인을 보라.

관리인대리(管理人代理)　회사정리절차에 있어서의 정리관리인이 필요한 때에, 법원의 허가를 얻어서 그 직무를 행하게 하기 위하여, 자기책임으로 선임하는 職務代行者(會整 98). 破産管財人의 대리인(破 155)과 비슷하지만, 반드시 관리인의 질병 기타의 고장의 경우에 한정되지 않으며, 또 관리인과 개인적 위임관계에 서는 대리인이 아니고, 그 보수도 관리비용으로서 회사재산으로부터 지급되는 점에서 다르다(會整 284). →정리관리인

관리자주체설(管理者主體說)　법인의 본질이 무엇이냐에 관하여, 법인이 독자적인 社會的實體를 가지는 것을 부인하고, 그 본체는 결국 개인 내지 일정한 재산에 지나지 않는다고 하는 法人否認說 중의 일설인데, 이 관리자주체설에서는, 사실상 법인의 재산을 관리하는 자연인이 법인의 본체라고 본다. 휠더(Hölder) 및 빈더가 주창하였다.

관리점유(管理占有)　수치인의 任置物에 대한 점유와 같이 보관을 목적으로 하는 점유. 自主占有, 用益占有에 대하여서 사용되는 말이다. 관리점유에 있어서 그 보관자는 占有權이 있다.

관리자책임(管理者責任)　타인의 행위를 지휘·감독하거나 물건을 감독하는 지위에 있는 자가 그의 지배권 내에 있는 자의 행위 또는 물건의 상태가 질서위반의 상태를 발생하게 한 때에 지는 경찰책임을 말한다. 被傭人의 행위로 인한 사용자의 책임, 공작물의 하자 또는 동물의 행위로 인한 소유자·점유자 또는 사육주의 책임이 그에 해당한다.

관리처분권(管理處分權)　재산을 관리하고 처분할 수 있는 권능. 즉, 재산의 관리권과 처분권의 총칭이다. 관리처분권을 가지는 자의 전형적인 예는 소유자이며, 소유자 아닌 자는 소유자로부터 위임을 받은 경우, 또 不在者의 財産管理人(처분권 없는 경우)은, 그 재산처분에 관하여 법원의 허가를 받은 경우(民 25)에는 관리처분권이 있다. 그러나, 소유자라 하더라도, 예컨대 破産宣告와 같은 특별한 사유가 있는 때에는, 그 재산의 관리처분권을 가지지 못한다(破 7). →관리행위, 처분행위

관리(管理)할 수 있는 자연력(自然力)　권리의 객체인 물건의 일종. 민법은 본법에서 물건이라 함은 有體物 및 전기 기타 관리할 수 있는 自然力을 말한다라고 규정하여 유체물뿐만 아니라, 전기 기타 관리할 수 있는 자연력(열, 광, 원자력, 풍력 따위의 에너지)도 법률상의 물건으로 인정하고 있다(98). 민법이 물건의 개념을 이와 같이 유체물에 한정하지 않고, 전기 기타 관리할 수 있는 자연력까지도 포함시킨 것은, 이러한 에너지도 인력으로써 능히 관리할 수 있는 한, 거래상 독립한 목적물이 될 수 있어서, 이를 有體物과 구별할 이유가 없고, 오늘날과 같이 고도로 발달한 과학문명하에서 이것을 권리의 객체로 하지 않는 것은 경제사정을 무시하는 결과로 될 것이기 때문이다. 형법상 관리할 수 있는 동력은 재산죄의 객체인 財物로 간주하고 있다. →관리가능성설, 물건, 무체물

관리행위(管理行爲)　[1] 〔佛〕 actes d'administration　처분행위에 대립하는 관념. 재산을 보관하여 그 경제적인 용도에 적합하게 하는 행위. 保存行爲(〔佛〕 actes conservatoires)·利用行爲·改良行爲를 포함한다. 保存行爲는 재산의 멸실·훼손을 방지하고, 그 상태를 유지하기 위한 사실적 행위(예 : 가옥의 수선) 및 법률적 행위(예 : 同上의 수선계약, 채권의 소멸시효를 중단하는 행위). 이용행위는 재산을 그 성질에 좇아서 유리하게 이용하는 사실적 행위(예 : 황무지를 경작하는 일) 및 법률적 행위(예 : 금전의 이자부대여계약). 개량행위는 재산의 성질을 변하지 않는 범위내에서 그 使用價値 또는 交換價値를 증가하는 사실적 행위(예 : 가옥에 장식·설비를 하는 일) 및 법률적 행위(예 : 同上의 도급계약, 예금의 이자가 많이 생기도록 하는 계약)이다. 민법은 능력이나 권한을 정하기 위하여 종종 이 관념을 사용한다(118, 25, 1053 Ⅱ).

[2] 〔佛〕 actes de gestion　행정법상 행정주체가 특정한 행정목적(공공복리)의 달성을 위하여 행하는 公物管理·事業經營 등의 비권력적 행위를 관리행위라고 한다. 이러한 행위는 권력적 행위와는 달리, 본질적으로는 사법행위와 다를 바 없으나, 특정한 행정목적의 달성을 위하여 행하여지는 행위이므로 그 목적달성에 필요한 한도내에서는 공법행위이고, 따라서 공법적 규율을 받게 된다. 관리행위는 당사자의 수에 따라 單獨行爲(공법상의 기권·상계·증여)와 雙方行爲(공법상의 계약·합동행위)로 나눌 수 있다. →공법상의 계약, 공법상의 합동행위

관리행정(管理行政)　행정주체가 공권력주체로서가 아니고 사업 또는 재산의 管理主體로서의 작용을 말한다. 성질상으로는 사인의 사업경영 등과 비슷하지만 그것이 공공복리와 밀접한 관련이 있으므로 실정법상 공공복리를 보호할 필요상 특수한 법적 규율을 받는 작용이다. 이러한 비권력 행정은 한편으로 權力行政으로부터 구별되고, 다른 한편으로 국고적 활동으로부터 구별되는 중간적 영역을 의미한다.

관리회계(管理會計)　회계를 경영·관리하

는데 필요한 조직과 운용의 제도. 제조업자의 원가계산, 단위계산에 특징이 있으며, 원가계산에 있어서는 손익계산은 물론, 생산관리 및 가격결정에도 필요하다.

관 문(關文) 공문서의 일종. 關子라고도 한다. 唐 시대에 시작된 용어. 주로 각 관부상호간에 質疑照會하는 往復文書, 또는 특별사항을 관부상호간에 開通傳達하는 문서를 말한다. 新法書百官志에 의하면 諸司相質 其制有三, 一曰關, 二曰刺, 三曰移라 하였고 法六典에는 尙書省左右司郎中職諸司自相質問 其義有三 曰關刺移라 한 것과 같이 율령정치의 용어인 바, 조선시대에도 상부관청에서 하부관청에 하달되는 공문서를 관문이라 지칭하였다.

관방학(官房學) 〔獨〕 Kameralwissenschaft, Kameralismus 16세기 중엽으로부터 18세기 말에 걸쳐서 독일, 오스트리아에서 발달한 정책학으로서, 內務·財政官吏에 필요한 경제·재정·정치·법률 등의 지식·기술분야에 걸치나, 체계화된 단일의 학문 내지는 사상을 말하는 것은 아니다. 그러나 일관적인 특색은 重商主義를 지향하여 절대주의적 支配權 내지 警察權의 이념적 기초를 공공의 복리에 두며, 그 국가론은 복리국가의 주장이며, 슈타인에 의하여 집대성되었다고 하는데, 19세기의 법치국가사상에 의하여 대체되기에 이르렀다. 1727년 할레(Halle) 대학과 프랑크푸르트 암 오데르(Frankfurt am Oder)대학의 강좌설치를 경계로 하여, 전기관방학과 후기관방학으로 나눈다. 前期官房學은 중세적·신학적 경향이 강하고, 後期官房學은 자연법적 경향에 의하여 특징지워진다. →행정학

관 보(官報) 국가가 국민일반에게 널리 주지시킬 사항을 편찬하여 발행하는 국가의 공고기관지. 憲法改正·法令·條約·辭令 기타 공무에 관한 사항을 게재한다(法令 등 公布에 관한 法律 11 I, 官報規程). 법령의 공포는 반드시 관보에 게재함으로써 하여야 하며, 법령의 공포일은 그 법령을 게재한 관보가 발행된 날이 된다(12). →공보

관상대(觀象臺) →기상대

관 서(官署) 모든 국가 또는 공공단체의 기관을 말한다(請願 2 i). →관공서

관선변호인(官選辯護人) →국선변호인과 같다.

관 세(關稅) 〔英〕 custom duties, tariff 〔獨〕 Zoll 〔佛〕 douane 수입되는 외국물품에 대하여 법률 또는 조약에 의거해서 국가가 부과·징수하는 조세. 내국산업을 보호하기 위한 내국산품에 도전하는 외국산경쟁품에 고율의 관세를 부과하는 보호관세적 성질이 있는 것과, 내국소비세의 경우와 같이 외국물품의 소비에 擔稅力을 인정하고 관세를 부과하는 재정관세적 성질이 있는 것이 있다. 외국에서는 수출 또는 통과하는 물품에도 관세를 부과하는 예가 있다. 관세는 수입물품의 가격 또는 수량을 과세표준으로 하고, 세율은 별표세율표에 의하지만, 잠정세율은 기본세율에 우선하여 적용한다. 납세의무자는 수입신고인 기타의 자로서 수입물품의 소유자이거나 아니거나를 불문한다(關稅 6).

관세경찰(關稅警察) 밀수입의 방지 기타 관세징수의 확보를 위하여 세관장 기타 세무공무원이 행하는 行政警察. 그 기초는 일반경찰관이 아니고 국가의 財政權이다. 운수기관의 출발중지, 물품의 검사, 장치장소의 검사, 총기의 사용, 관세범의 조사와 처분 등(關稅 172~178, 199~235)이 그 예. 이른바 좁은 뜻의 행정경찰에 속한다.

관세동맹(關稅同盟) 〔英〕 customs union 〔獨〕 Zollverein 〔佛〕 association douanière 복수(둘 이상)의 국가가 조약에 의하여 하나의 관세지역을 형성하여 각 가맹국은, 독자의 관세제를 폐지하고, 그 지역내에서는 自由貿易을 행하며, 그 지역외에 대하여는, 동일의 관세법을 적용하는 경우에, 이러한 지역의 관세관계를 지칭. 관세수입은 협정된 방식에 따라서 각 가맹국에 분배된다. 최근에는 관세와 아울러 각종의 통상제한규칙이 가해졌으므로, 국제무역기관헌장에서는 관세 외에 통상제한규칙도 가하여 관세동맹을 규정하고 있다(44). 관세동맹에는 동맹 내부에서 완전히 자유무역을 행하는 경우와 약간의 저율관세를 두는 경우가 있다. 전자를 完全關稅同盟이라 하고, 후자를 不完全關稅同盟이라 한다. 관세동맹은 자유무역의 지역을 확대하므로, 동맹국에 경제적 이익을 준다. 완전관세동맹은 관세 및 통상규칙상으로는 1국을 형성하는 것으로 볼 수 있는 까닭에 이론적으로나 실제적으로도 최혜국(民)대우조항적용의 除外例로서 인정될 수 있으나, 불완전동맹에 관해서는 문제가 있으며, 실제에 있어서 외교상의 분규가 된 예도 있다. 이 점에 관하여, 국제무역기관헌장에서는, 관세동맹이 國際通商의 자유화에 기여하는 면을 중시하여, 불완전관세동맹에 대해서도 최혜국(민)대우조항의 제외예로서 인정하려고 하고 있다. 즉, 관세동맹은 동맹내부에서는 실질적으로 자유무역이 있고, 외부에 대하여는 실질적으로 동일한 통상장벽이 있으면 족하다고 고려되고 있다.

관세무역일반협정(關稅貿易一般協定)

〔英〕 General Agreement on Tariffs and Trade (GATT) 1947년 제네바에서의 국제연합무역고용회의준비위원회 제2차회의에서, 국제무역헌장초안의 심의와 병행해서 토의되고, 동년 12월 30일에 미국·영국 등 23개국에 의하여 調印, 1948년 1월 1일부터 시행되었다. 이 협정은, 국제무역기관헌장의 통상정책에 관한 부분을 조속히 발효케 할 필요에서 나온 잠정적 협정이지만, 헌장의 발효를 보지 못하고 있는 까닭에, 재삼 기간을 연장하여, 최근에는 동협정을 항구화하려는 움직임도 있다. 이 협정의 목적은 관세의 인하, 각종 무역장해의 완화에 의하여, 國際貿易을 확대하고 이로써 고용수준이나 생활수준을 높이는데 있으나, 종래의 호혜협정방식을 바꿔서 세계의 주요무역국을 망라한 다각적 방식을 채용한 데에 특색이 있다. 이 협정은 一般規定과 關稅讓許表로 구성되어, 일반규정은 35개조의 본문과 전문 및 附屬議定書로서 되어 있다. 관세양허표는 각 가맹국이 다각적으로 관세교섭을 한 결과를 각국마다 종합한 것으로서, 여기에 정해진 세율보다 불리한 세율을 타의 가입국에 적용함은 허용되지 않는다. 이 협정은 일반조약으로서, 가입은 일정조건하에 모든 국가에 개방되어 있다. 현재 128개국이 가입되어 있다.

관세영역(關稅領域) 〔英〕 custom area 동일한 관세법에 동일한 관세율이 적용되는 범위를 가리킨다. 보통 국가에서는 정치적인 영역과 일치하는데 또한 국가내에서도 특별한 사정이 있는 島嶼나 小領地 등은 때때로 특수한 관세율을 가지고 있으며, 때로는 오히려 다른 나라의 관세영역에 들 때도 있고, 혹은 작은 나라가 이웃 나라의 관세영역에 들 때도 있다. 이와 같이 다른 나라의 영토를 동일한 관세영역에 포함하는 것을 關稅同盟이라고 한다.

관세자주권(關稅自主權) 국가의 배타적 관할권에 포함된 권리로서 국제법의 규제를 받지 아니하며 국가가 독자적으로 관세를 규제할 수 있는 권리. 그러나 이러한 관세자주권은 조약에 의하여 제한될 수 있는 것은 물론이다. 예컨대 1948년부터 실시된 關稅貿易一般協定(GATT)은 관세의 인하, 각종 무역장해의 완화에 의한 세계무역의 확대와 고용수준과 생활수준의 향상을 목적으로 하고 있다.

관세장벽(關稅障壁) 관세를 과하거나 그 세율을 인상하여 수입의 감소를 꾀하는 일을 말한다.

관세전쟁(關稅戰爭) 수입세의 부과에 있어서 한 나라가 다른 나라에 대하여 보복적인 과세를 하는 것. 예컨대 甲나라가 乙나라로부터 수입하는 화물에 대하여 約定 이외의 重稅를 부과한 까닭에 을나라도 갑나라로부터 수입하는 화물에 대하여 약정 이외의 세를 과하는 것과 같다.

관세정률(關稅定率) 관세는 수출·수입세율로 분류하는데 대개 수입세율이 관세정률을 뜻한다. 우리나라의 관세정률은 관세법의 별표에 상세히 규정되었다.

관세정책(關稅政策) 관세를 부과함으로써 국가의 산업을 부흥시키고 국제경제상에서 우위를 차지하려는 정책. 일반적으로 수입세에 의한 국내산업의 보호와 그 육성을 위한 保護關稅와 정부 재정수입을 위한 財政關稅로 구분된다.

관세제한(關稅制限) 특정한 국가에 대하여 관세 자주권을 인정하지 않고 관세율을 제한하는 것. 그러므로 이와 같은 국가는 조약 당사국의 동의가 없으면 관세율을 인상할 수 없다.

관세조약(關稅條約) 주로 관세율을 협정하고, 동시에 最惠國條款을 포함하는 통상조약을 가리킨다.

관세할당제도(關稅割當制度) 물자수급의 원활을 위하여 특정물품을 수입할 필요가 있을 경우 일정수량까지 기본관세율에서 과세가격의 100분의 40을 감한 율의 범위 안에서, 또는 특정물품의 수입을 억제할 필요가 있을 경우 일정수량을 초과하여 수입하는 분에 대하여 기본관세율에 과세가격의 100분의 40을 가산한 率의 범위 안에서 부과하는 조세제도(關稅 16).

관세협의위원회(關稅協議委員會) 〔英〕 tariff negotiation committee 관세무역일반협정에 가맹하고 있는 나라에서 행하여지는 관세교섭회의. 1956년 관세율의 불공평과 인하로 말미암아 이익에 차별이 있다는 분쟁을 토의 해결하기 위하여 설립되었다.

관 습(慣習) 〔英〕 custom 〔獨〕 Gewohnheit 〔佛〕 coutume 한 사회내부에 역사적으로 발생하여 계속 반복됨으로써, 널리 승인되어 있는 사실적인 행위양식. 그 拘束力의 정도는 각각 다를 수 있지만, 일정한 사회에 속하는 성원의 행위를 규제한다. 법과 도덕과 함께 社會規範을 이룬다. 관습으로서 행하여지고 있는 사항을 규범의 측면으로부터가 아니라, 행위의 측면으로부터 본 것을 관행이라 하고, 또한 관습에까지는 이르지 않았으나, 얼마간 되풀이하여 반복된 사례를 慣例라고 한다. 또한, 관습이 사회의 법적 확신에 의해서 지지되어서 일종의 법적 규범력을 가지기에 이르면 관습법이 되고, 그러한 정도에까지 이르지 못한 것을 사실인 慣習이라고 한다. 사실인 관습은 법률행위의 해석상 의미를 갖게 된다. →사실인 관습

관습국제사법(慣習國際私法) 여러 나라에 의한 묵시의 承認, 즉 여러 나라의 관행에 의하여 성립된 국제사법상의 법칙. 예컨대 장소는 행위를 지배한다(locus regit actum)라든가, 부동산물권은 그 부동산의 所在地法에 의한다는 법칙과 같은 것이다. 이것은 條約國際私法에 대하는 것이지만, 일국의 성문국제사법에 대하는 일국의 慣習國際私法도 성립할 수 있다.

관습규범(慣習規範) 관습으로서 행해지고 있는 사회규범. 도덕규범과 함께 법률발전의 근원적 요소이나 그 자체는 법률적 구속력이 없다.

관습기간(慣習期間)**어음** 관습법으로 정해지는 기간으로서 만기를 정하는 어음. 이런 어음을 인정하는 법제도 있으나 우리나라에서는 무효이다(어음 33 Ⅱ).

관습범죄인(慣習犯罪人) 〔英〕 habitual criminal 〔獨〕 Gewohnheitsverbrecher 〔佛〕 délinquant d'habitude 범죄통계상 累犯犯罪人이라고 불리는 전과가 많은 반복적 상습성의 범죄인. 성격적인 범죄마니아(mania)와 인생의 경쟁에서 낙오한 소극적인 無力犯이 있으며, 그 정점에 조직화된 직업범죄인이 군림한다. 그들은 경제사회의 부산물로서 19세기 중엽에 증대하기 시작하여 刑事新派의 탄생을 자극하였다. 이것은 만성적 또는 상태적이라고 말하여지는 바와 같이, 생활수단을 결여한 하층계급의 법의식의 만성적 저하상태에 원인을 두며, 인격과 능력을 파괴한다. 그들에 대하여 형법은 일반예방력을 상실하였으며, 형사정책의 사회화가 절실히 요구되고 있다. 또한 행형상 機會犯罪人과의 처우방법의 구별이 문제되고 있으며, 예방처분이 고찰되었다. 프랑스의 流刑(relégation), 뉴욕주의 不定期刑(Baumes Law, New York, 1926), 영국의 豫防拘禁制(Prevention of Crime Act, 1908) 등이 근대행형의 소지를 만든 예이다. →상습범, 누범

관습법(慣習法) 〔獨〕 Gewohnheitsrecht 〔佛〕 droit coutumier 입법기관의 법정립행위를 기다리지 않고, 사회생활 속에서 慣行的으로 행하여지고 있는 법. 성문법이 발달하기 전에는 법의 대부분은 관습법이었다. 성문법이 발달함에 따라 관습법의 영역은 그만큼 좁아졌으나, 성문법으로써 모든 사회현상을 빠짐없이 규정하는 것은 불가능하며, 더욱이 사회는 부단히 유동하므로, 성문법이 예상하지 못한 현상이 자꾸 생긴다. 따라서, 아무리 정비된 성문법이 존재하는 나라에서도 成文法과 더불어 慣習法이 존립할 여지는 없어지지 않으며, 관습법이 가지는 중요성도 감퇴하지 않는다. 다만 관습법이 성문법에 대하여, 법으로서의 효력에 있어서 얼마만큼의 비중을 차지하느냐의 문제에 관하여는, 학설이 나누어져 있다. 민법 1조는 민사에 관하여 규율에 규정이 없으면 관습법에 의하고, 관습법이 없으면 條理에 의한다라고 규정한다. 이것에 의하면, 성문법에 규정이 있는 사항에 관하여는, 이와 모순하는 관습법이 있더라도 그 관습법을 성문법규에 우선시킬 수는 없다. 즉, 민법 1조는 관습법에 성문법을 보충하는 효력을 부여하고는 있으나, 성문법을 개폐하는 효력은 인정하고 있지 않다. 그리고, 상법은 商事에 관하여 상법에 규정이 없는 때에는 우선 商慣習法을 적용하고, 商慣習法도 없으면 민법을 적용할 것으로 하고 있다(1). 민법에 우선하는 점에 있어서는 성문법에 우선한다고도 볼 수 있으나, 상법전의 규정에 대하여는 보충적 효력밖에 인정하지 않으므로, 민법 1조의 태도와 다름이 없다. 그러나 실제로는 성문법과 모순하는 관습법이 성문법규를 물리치고 효력을 발휘하는 경우도 있을 수 있다(예: 讓渡擔保·事實婚). 여기에 관습법의 成文法改廢力을 인정하는 학설이 성립하는 근거가 있다. 그리고 민법도 물권에 관하여는 성문법 자체가 정면으로부터 관습법에 대하여 성문법과 대등한 효력을 인정함으로써, 민법 1조에 대하여 중대한 예외를 인정하고 있다(185 참조)

관습법상(慣習法上)**의 물권**(物權) 민법 185조는 물권의 종류와 내용은 특히 法律로 정한 것에 한하여 인정한다는 근대법상의 원칙인 物權法定主義에 수정을 가하여, 법률 이외에 관습법에 의하여서도 물권이 성립할 수 있음을 규정하고 있는데, 그러한 관습법상의 물권으로서 판례에 의해 확인되어 있는 주요한 것으로 墳墓基地權과 慣習法上의 法定地上權이 있다.

관습법상(慣習法上)**의 법정지상권**(法定地上權) 동일인에게 속하였던 토지와 건물 중 어느 일방이 매매 기타 일정원인에 의하여 각각 소유자를 달리하게 된 때에 그 건물을 철거한다는 특약이 없으면 건물소유자가 당연히 취득하게 되는 法定地上權. 이는 현행법이 인정하는 법정지상권(民 305 Ⅰ·366, 立木에 관한 法律 6, 假登記擔保 등에 관한 法律 10)과는 달리 판례에 의하여 인정된 법정지상권이다. 토지 또는 건물 중의 어느 일방에 制限物權(전세권 또는 저당권)의 존재를 전제하지 않

는 점에서 통상의 法定地上權과는 상이하다. 관습법상의 법정지상권이 성립하기 위하여는 ① 토지와 건물이 동일인의 소유에 속할 것, ② 토지 또는 건물 중의 일방이 매매·증여·국세징수법에 의한 공매·강제경매 등의 원인으로 처분되어 토지와 건물의 소유자를 달리하게 될 것, ③ 건물철거의 특약이 없을 것을 그 요건으로 한다. 관습법상 당연히 성립하므로 등기를 요하지 않는다(民 187). 그 효력은 건물이용에 적당한 범위에 미치고, 地料는 당사자간의 협정에 의하여 정하여지며, 존속기간은 기간의 약정이 없는 경우의 예에 의한다(281).

관습법지대(慣習法地帶) 〔佛〕 pays de droit coutumier →성문법지대

관습적 국제법(慣習的國際法) 국제관습으로서 국제법. 국제관습법이라고도 한다. 국제법질서는 그 상당한 부분과 관습적 국제법이 차지하고 있으므로 그 밖의 법률질서에 대하여 현저한 특색을 이룬다.

관습형법(慣習刑法)**의 금지**(禁止) →죄형법정주의

관 업(官業) 공공의 복리를 도모하기 위하여 국가가 직접 경영하는 사업. 國營事業과 같은 뜻. 공기업인 체신사업을 포함하여 사용되는 경우도 있다. →국영, 국영사업

관영공공사업(官營公共事業) 공공기업 중 공공단체의 경제적 부담에 의하여 국가가 관리하고 경영하는 사업. 현행법상의 도로, 하천의 유지·관리 같은 사업을 말한다. 이러한 기업의 관리주체로서의 국가와 경제적 부담자로서의 공공단체간의 권한의 분계에 관하여 의문이 발생하는 일이 허다하다(國賠 3, 4 참조).

관영요금(官營料金) 관영사업 및 정부관리기업체가 부과하는 용역대금. 예컨대 전기·철도·체신·수도요금 등과 같이 국민의 일상생활에 밀접한 연관성이 있으므로 일반물가에 대한 자극이 심하다. 이에 대한 적절한 책정은 정부의 재정수입 및 국민부담에도 큰 영향을 미친다.

관 인(官印) 廳印과 職人을 총칭한 말.

관인요금(官認料金) 일정한 상품이나 서비스에 대하여 업자가 신청해온 요금을 정부에서 인정해 주는 요금. 자유경제체제하에서는 모든 기업이 개인의 창의에 의하여 결정되는 것을 원칙으로 하나 국민의 경제상·보건상의 견지에서 일부기업은 정부의 인가를 요하게 하고, 일정한 상품은 정부의 공정가격에 의하여 매매하도록 하는 일이 있다. 전기·석탄·수입비료 등의 가격과 버스운임·목욕요금·이발요금과 같은 것이다.

관작재주(官作財主) 田地·家舍·奴婢 등의 소유자가 생전에 分財하지 아니하거나, 死因行爲에 의한 처분을 못하거나, 또는 그 처분이 무효로 된 때, 관부에서 그 財主가 되어 공평히 분배하는 경우를 말한다. 분쟁을 유권적으로 해결하여, 遺産分配에 공평을 기하는 제도이다. 태종 4年條에 其暴卒未分奴婢 官作財主 平均分配라 한 것이 보이는데, 급사한 경우에 관이 사망자에 갈음하여 평균분배한다는 記事이며, 문종 원년조에는 依成法 官作財主 分配라 하여, 유산분배의 爭議를 官作財主로 해결할 것을 주장하는 기사가 보인다. 경국대전 형전 聽理條에는 再度官作財主則依再度得伸例 勿許聽理라 하여, 두번 관부가 財主가 되어 유산분배를 한 경우는, 接訟三度에 再度勝訴한 자와 같은 예로 그 가부를 다시 심사할 필요도 없다는 것이다. 재산상속에 있어 조선시대에 官作財主制度가 널리 적용되고 있음을 알 수 있다.

관재위원회(管財委員會) 귀속재산에 관한 중요한 사항을 조사·심의함을 목적으로 하는 자문기관(歸財施 47). 위원회는 귀속재산 매수인의 선정, 귀속기업체 및 귀속주식 또는 持分의 대차인·관리인의 임면, 귀속재산의 매각 또는 가격감정의 기준, 정부 사정가격, 매각할 재산의 매각순서와 매각계약 또는 임차계약의 해제 그 밖의 중앙관재위원회의 장이 부의하는 사항 등을 조사·심사·의결하며, 귀속재산처리에 관한 중요한 사항에 대한 각 사무처의 자문에 응한다.

관재인(管財人) 財産管理人의 약칭.

관 지(關旨) 옛날의 訓示·訓令 등으로서, 관찰사가 발하는 공문서.

관찰사(觀察使) 구시대 각도의 장관. 별칭 監司, 方伯, 道伯, 藩臣, 道臣. 신라시대에는 초기에 軍主·摠管 등의 군직을 거쳐, 통일후에 唐制를 계수하여 都督이라 칭하였고, 고려시대에 접어들어서는 按廉使라 칭하였다. 고려말기 辛昌時代에는 按廉使가 秩卑하여 擧職不堪의 이유로 都觀察黜陟使로 개칭하고, 敎書와 斧鉞을 주어 각 道에 파견한데서 관찰의 명칭이 보인다. 그 후도 조선초기까지는 按廉使, 관찰사, 觀察黜陟使의 명칭이 서로 飜復改稱을 되풀이 한 것이며, 세조 11년에 觀察黜陟使를 觀察使로 개칭하는 관제개혁에서 고정되고, 그것이 경국대전에 규정을 본 것이다. 관찰사의 본무는

觀察風俗, 守令賢否, 民生休戚에 있으며, 도내를 巡行하여 問民疾苦하고, 수령의 행정을 감찰하여, 6월과 12월에 수령의 褒貶을 殿最啓聞하고, 三品堂下官 이하 및 流 이하의 犯罪를 直斷한 관계로 專守一方의 권한으로 科試·稅貢·漕運·備荒·救恤·聽訟·刑獄 등 無不主管한 것이며, 그 官府를 營門이라 칭하고, 監營·巡營의 別名이 있었으며, 밑에 도사 1원, 판관 약간명, 檢律, 審藥 기타 伴人을 두고, 따로 이·호·예·병·형·공의 6방을 두어 지방토착향리로 하여금 사무분담처리케 하였다. 都事는 監司의 최고보좌관으로 亞使의 별명이 있었다.

관 청(官廳) 국가의 의사를 결정하고 외부 국민에게 그 의사를 표시할 수 있는 권한이 있는 국가기관을 총칭하는 개념. 국가기관은 三權分立主義에 의하여 입법·사법·행정의 기관으로 대별할 수 있으므로, 관청은 立法官廳·司法官廳·行政官廳으로 구별될 수 있다. 그리고, 관청은 국가기관만을 의미하므로 지방자치단체의 기관은 여기에 포함하지 않는다. 보조기관이 행정관청으로부터 그 권한의 일부를 위임받은 경우에는 그 범위 안에서 행정관청으로 간주된다.

관청(官廳)**의 감독**(監督) 상급관청이 하급관청의 행위에 간섭함으로써 그의 위법·부당을 방지하는 통제적 작용. 관청은 上命下服의 기관계층체를 이루어, 상급관청이 하급관청의 행위를 감독함으로써, 國家意思의 통일을 기한다. 관청의 감독은 입법기관인 국회에 의한 입법감독, 사법기관인 법원에 의한 사법감독, 행정관청에 의한 행정감독의 구별이 있거니와, 가장 중요시되는 것은 상급행정관청이 하급행정관청에 대해서 행하는 행정감독이다. 행정감독은 행정사무의 처리에 있어서 국가의 이익을 보장하기 위한 수단이며, 그 내용에 따라 사전감독과 사후감독, 또는 적극감독과 소극감독으로 구별될 수 있다. 事前監督이라 함은 하급관청의 위법 또는 부당의 권한행사를 사전에 방지할 목적으로 행하는 감독을 말하며, 사후감독이라 함은 이미 행하여진 위법 또는 부당의 권한행사에 대해서 이를 矯正하는 목적으로 행하는 감독을 말한다. 전자를 豫防的監督이라 하고, 그 감독수단으로서 監視·認可·訓令 등이 있으며, 후자를 矯正的 監督이라 하고, 그 수단으로서 취소 또는 중지의 명령이 있다. 또 積極監督이라 함은 하급관청의 권한불행사로 인하여 발생하는 행정의 불이익을 제거하기 위한 목적으로 행하는 감독을 말하며, 消極監督이라 함은 하급관청의 위법 또는 부당의 권한행사로 인하여 발생하는 행정의 불이익을 제거하기 위한 목적으로 행하는 감독을 말한다. 한편, 관청의 감독은 감독관청과 피감독관청과의 지배의 相違點에 의하여 直系監督과 傍系監督으로 구별될 수 있다. 직계감독이라 함은 일반적인 권한행사에 관해서 직계의 상급관청이 행하는 감독을 말하며, 방계감독이라 함은 특수사항의 권한행사에 관해서 방계의 특별관청이 행하는 감독을 말한다. 방계감독은 어느 방계의 관청이 행하는 감독을 말한다. 방계감독은 어느 방계의 관청이 행하는 자기의 고유사무가 동시에 다른 관청의 행위를 감독하는 결과를 가져 오는 경우에 있을 수 있게 된다. 예를 들면, 감사원의 결정이 다른 관청을 감독하는 결과가 되는 것이 그것이다. →감독관청, 감사기관, 감독행위

관치행정(官治行政) 국가(또는 공공단체)의 기관에 의하여 하향적으로 처리되는 행정. 국민(또는 주민)이 그들 스스로의 손에 의하여, 또는 그들이 선출한 기관에 의하여, 상향적으로 처리하는 영국식 自治行政(정치적 의미의 자치행정 또는 민중정치)에 대응하는 개념. 지방자치단체에 의하여 국가의 간섭으로부터 해방되어 처리되는 독일식 자치행정(법률적 의미의 자치행정 또는 단체자치)에 대립하는 개념인 國家行政과는 다르다. → 자치행정, 국가행정

관치행정형(官治行政型) 국가가 그 스스로의 기관에 의하여 행정을 수행하도록 하는 것을 말한다. 執權型 行政의 획일적인 실시를 위하여 활용된다.

관 한(官限) 한 사람의 質權設定者가 있다고 가정하고 질물을 入質하여 借金을 하고, 기한을 정했는데 그 기간까지 금전을 조달하지 못하여 만일 그대로 방치할 것 같으면 당연히 流質이 될 우려가 있으므로 그 사유를 적어서 관에 청원하고, 특히 관의 힘으로 며칠간의 연기를 명하는 것을 말하는데 조선 光武 이후에 시행되었던 것이다.

관 할(管轄) [1] 소송법상 재판관할을 보라. [2] 행정법상 권한과 같다.

관할관(管轄官) 군사법원의 행정사무를 관할 또는 지휘감독하는 각급부대의 책임지휘관. 고등군사법원에 있어서는 국방부장관이, 보통군사법원에 있어서는 보통군사법원이 설치되는 부대와 지역의 사령관·장 또는 책임지휘관이 각각 관할관이 된다(軍法法 7). 관할관은 군사법원의 심판에 대하여는 전혀 간섭할 수 없으나(21), 심판관·군판사·검찰관의 임명(24, 23, 41), 소속검찰관에 대한 지휘감독(40), 판결의 확인조치(379)(이 때에, 형이 부당하다고 인정할 만한 사유가 있을 때에는, 그

형의 감경 또는 형집행의 면제조치를 할 수 있음) 등을 통하여 군사법원을 주재하는 지위에 있다.

관할구역(管轄區域) 〔獨〕 Gerichtssprengel 각 법원의 재판권 행사를 위하여 할당된 지역. 국내에 일어나는 모든 사건을 전부 하나의 법원에서 심판하는 것은 불가능하기 때문에, 각 법원에 관할구역을 정하게 되었다. 전국의 토지는 동종의 법원간에는 병렬적으로, 이종의 법원간에는 중첩적으로, 관할구역이 법정되어 있다. 이 관할구역은 법원의 土地管轄을 정하는 표준이 된다. 그리고 법원은 원칙적으로 관할구역내에서만 그 직권을 행사하여야 하지만, 예외로 사실발견을 위하여 필요하거나 긴급을 요하는 때에는 관할구역 외에서 직무를 행하거나 사실조사에 필요한 처분을 할 수 있다(刑訴 3). 각 검찰청 및 지청의 관할구역은 각 법원과 지원의 관할구역에 의한다. 검사는 법령에 특별한 규정이 있는 경우를 제외하고는 소속검찰청의 관할구역내에서 그 직무를 행한다. 다만 수사상 필요할 때에는 관할구역 외에서 직무를 행할 수 있다(檢察 5). 사법경찰관리가 관할구역 외에서 수사를 할 때에는, 관할지방검찰청검사장 또는 지청장에게 보고하여야 한다(刑訴 210).

관할권(管轄權) 특정한 사항에 대하여 법원이 처리할 수 있는 권한의 범위. → 관할

관할등기소(管轄登記所) 부동산등기법상 일정한 부동산에 관한 등기사무를 처리할 권한을 가진 등기소. 등기할 권리의 목적인 부동산의 소재지를 관할하는 지방법원·동지원 또는 등기소가 그 부동산에 관한 등기사무의 관할등기소이며(不登 7 Ⅰ), 동법은 관할의 지정(7 Ⅱ), 관할의 위임(8), 관할의 전속(9)에 관한 규정을 두고 있다.

관할법원(管轄法院) 특정한 사건에 대하여 관할권을 가지는 법원. → 관할

관할심사주의(管轄審査主義) 〔獨〕 Prinzip der Kompetenzerorterung 독일의 일부 학자에 의하여 주장되는 국제법상의 하나의 학설. 우연에 의하여 정해지는 법정지의 國際私法에 의하여 준거법을 결정할 것이 아니라 사물의 성질상 국제법적 해결의 관할권을 가져야 할 국가의 저촉규정만이 당해 법률관계의 준거법을 지정할 수 있다는 설.

관할위반(管轄違反) 〔獨〕 Unzuständigkeit 〔佛〕 incompétence 裁判上의 申請을 수리한 법원이 그에 대하여 관할권을 갖지 아니한 상태.

[1] 민사소송법상 관할위반의 訴에 대해서는 법원은 원고의 청구의 當否에 대하여 본안판결을 할 수 없다. 그러나, 임의관할위반의 경우는 피고가 관할위반의 항변을 제출치 않고 응소하면 應訴管轄이 생긴다(27, 28). 법원은 관할위반의 소송을 각하하지 않고, 직권으로 관할법원에 이송하게 되어 있기 때문에(31), 원고는 시효중단·출소기간준수의 효력을 잃지 않고 구제받는다. 관할위반임에도 불구하고, 그 법원이 종국판결을 하였으면, 임의관할의 경우는, 항소심에서 이를 다툴 수 없다(381). 전속관할의 경우는 언제나 상소로 다툴 수 있으며(381 但, 394 Ⅰ iii), 상급심은 원판결을 취소하여 사건을 관할 제1심법원으로 이송하지 않으면 안된다(389). 그러나, 판결확정후에는 재심사유로는 되지 않기 때문에 다툴 수 없다. 소 이외의 신청의 관할위반에 대하여도 이송의 제도가 준용되지만, 지급명령의 신청과 같이 각하되는 경우도 있다(435 Ⅰ).

[2] 형사소송법상 관할위반의 재판은 기소가 관할의 규정에 반한 경우에 행하여지며, 이는 소송법상의 점에 관한 것이므로 形式的 裁判이다. 관할권의 존재는 소송조건의 하나이므로, 법원은 係屬된 사건에 관하여 관할권의 유무를 직권으로 조사하여야 한다(刑訴 1). 피고사건이 법원의 관할에 속하지 아니한 때에는 판결로써 관할위반의 선고를 하여야 한다(319 本). 관할위반의 인정이 법률에 위반한 때에는 抗訴理由로 된다(361의5 iii). 예외로서 법원은 피고인의 신청이 없으면, 토지관할에 관하여 관할위반의 선고를 하지 못한다. 관할위반의 신청은 피고사건에 대한 진술전에 하여야 한다(320). 그리고, 재정신청(262 Ⅰ ii)에 의하여 지방법원의 심판에 부하여진 사건에 대하여는 관할위반의 선고를 할 수 없다(319 但). 법원 또는 수명법관은 事實發見을 위하여 필요하거나 긴급을 요하는 때에는, 관할구역 외에서 직무를 행하거나 사실조사에 필요한 처분을 할 수 있다(3). 訴訟行爲는 관할위반인 경우에도 그 효력에 영향이 없다(2). 이는 소송경제의 입장에서 규정된 것이다.

관할위반(管轄違反)의 항변(抗辯) 관할권이 없는 법원에 제기된 소에 관한 피고의 항변. 本案前抗辯의 일종이다. 소송의 이송을 발생한다.

관할(管轄)의 경합(競合) 하나의 소송사건에 관하여 수개의 관할법원이 병존하는 것.

[1] 민사소송법상 토지관할에 관하여는 그 표준이 여러 종류가 있으므로 보통 문제되는데, 이 경우에 당사자는 제소할 법원을 선택하는 권리를 가진다.

[2] 형사소송법상 동일사건이 事物管轄을 달리하는 여러 개의 법원에 係屬된 경우에는 법원합의부가 심판한다(12). 동일사건이 사물관할을 같이 하는 여러 개의 법원에 계속된 때에는, 먼저 공소를 받은

법원이 심판한다(13). 이를 先着手의 原則이라고 한다. 다만, 각 법원에 공통되는 직근상급법원은 검사 또는 피고인의 신청에 의하여 결정으로 뒤에 공소를 받은 법원으로 하여금 심판하게 할 수 있다(13 但). 이상의 경우에 있어서, 심판을 하지 않게 된 법원은 결정으로 공소를 기각하여야 한다(328 I iii).

관할(管轄)**의 병합**(併合) [1] 민사소송법상 併合訴訟 중의 하나의 청구에 관하여 토지관할권을 가지는 법원이 專屬管轄의 규정이 없는 한, 다른 청구에 관하여서도 토지관할권을 가지는 것(22). →관련재판적

[2] 형사소송법상 관련사건에 관하여는 심판의 편의상 관할의 병합이 인정된다. 즉, 사물관할을 달리하는 여러 개의 사건이 관련된 때에는 법원합의부는 併合管轄한다. 다만, 결정으로 관할권있는 법원 단독판사에게 이송할 수 있다(9). 토지관할을 달리하는 수개의 사건이 관련된 때에는, 1개의 사건에 관하여 관할권있는 법원은 다른 사건까지 관할할 수 있다(5).

관할(管轄)**의 이전**(移轉) 〔獨〕 Übertragung der Zuständigkeit 형사소송법상 관할법원이 법률상의 이유 또는 특별한 사정으로 재판권을 행할 수 없는 때 및 범죄의 성질, 지방의 민심, 소송의 상황 기타 사정으로 재판의 공평을 유지하기 어려운 염려가 있는 때에는, 검사는 직근상급법원에 관할이전의 신청을 하여야 한다. 피고인도 이 신청을 할 수 있다(15). 法定管轄에 대한 裁定管轄의 하나로서, 檢事에게는 의무적이나 피고인은 권리로서의 청구권을 가진다. 관할의 이전을 신청할 때에는 그 사유를 기재한 신청서를 직근상급법원에 제출하여야 한다(16 I). 공소를 제기한 후 관할의 이전을 신청하는 때에는 즉시 공소를 접수한 법원에 그 사유를 통지하여야 한다(16 II).

관할(管轄)**의 지정**(指定) 구체적인 사건에 대하여 그 관할상 관계있는 법원의 직근상급법원이 관할법원을 지정하는 것. 이것에 의하여 생기는 관할을 指定管轄 또는 裁定管轄이라 부른다.

[1] 민사사송법상 관할법원의 재판권행사불능의 경우 또는 관할구역이 불명하기 때문에 관할법원을 정할 수 없는 경우에 인정하는 것으로, 신청에 의해 결정으로 관할법원을 정한다(25). 이에 의하여 생기는 관할을 指定管轄 또는 裁定管轄이라 한다. 관할의 지정결정에 대해서는 불복할 수 없다(25 II).

[2] 형사소송법상 ① 법원의 관할이 명확하지 아니한 때, ② 관할위반을 선고한 재판이 확정된 사건에 관하여 다른 관할법원이 없는 때에는 검사는 관계있는 제1심법원에 공통되는 직근상급법원에 관할지정을 신청하여야 한다(14). 이는 法定管轄에 대한 재정관할 중의 하나이며, 관할의 지정 또는 이전을 신청할 때에는 그 사유를 기재한 신청서를 직근상급법원에 제출하여야 한다(16 I). 공소를 제기한 후 관할의 지정 또는 이전을 신청하는 때에는 즉시 공소를 접수한 법원에 통지하여야 한다(16 II).

관할(管轄)**의 합의**(合意) 〔羅〕 prorogatio 〔獨〕 Vereinbarung über die Zuständigkeit, Prorogation 법정관할과 달리 법원의 관할을 정하는 당사자간의 민사소송법상의 합의. 이에 의하여 생기는 관할을 合意管轄이라고 한다(26). 민사소송법은 법원의 관할을 규정하고 있으나, 고도의 공익적 요구에 기하는 전속관할의 규정이 있는 경우를 제외하고는, 당사자의 편의공평을 고려한 것이므로, 그 범위내에 있어서는 당사자의 합의에 의하여 법정관할과 달리 관할법원을 정하는 것을 허용하여도 무방하며, 도리어 구체적 편의·공평에 합치된다. 합의의 내용은 ① 제1심법원의 관할에 속하고, 전속관할의 정함이 없는 경우일 것(28), ② 특정한 법률관계에 기한 소송에 관한 것일 것. 따라서 갑을간에 장차 제기될 일체의 소송 등과 같은 막연한 합의는 인정되지 않는다. 합의는 서면으로 하지 않으면 안된다(26 II). 합의에 의하여 관할을 정하는 형태로서는 법정관할법원 외에 다시 관할법원을 추가하는 것과 일정한 법원만을 관할법원으로 하고 다른 법원의 관할권을 배제하는 것이 있다(專屬的 合意管轄). 적법한 합의가 성립하면 그 효력으로서 직접 그 내용에 따른 관할의 변경을 일으킨다. 합의는 당사자간에서만 효력이 있고, 원칙적으로 제3자에는 효력을 미치지 않는다.

관할이송(管轄移送) 소송의 이송을 관할의 면에서 고찰한 것. 용어예로서 반드시 타당하다고 하기 곤란하다. →이송

관할쟁의(管轄爭議) 〔英〕 jurisdictional dispute 2 이상의 직업별 노동조합간, 또는 산업별 노동조합간, 혹은 직업별 노동조합과 산업별 노동조합간의 분쟁으로서 어떤 종류의 일, 어떤 종류의 근로자, 어떤 일정한 지역 등을 자기의 세력하에 두려고 하는 데서부터 생기는 것이다.

관할집행법원(管轄執行法院) 강제집행의 시행·감독에 대하여 관할권을 가지는 법원. 이 경우의 관할은 지방법원 단독판사의 직분관할에 속하므로(民訴 503, 法組 7 IV), 집행법원은 항상 지방법원 단독판사이다. 집행법원은 집행기관으로서의 본래의 직무뿐 아니라 집행관의 집행에 협력하고

또 감독하는 것도 그 직분으로 하고 있다.

관 · 항 · 목(款 · 項 · 目) 기재사항의 분류방법의 하나로서 현행 예산회계법에 의하면 예산편성상의 용어인바 예산은 經常 · 臨時의 2부로 대별하고, 각부에 있어서 이를 관 · 항 · 목으로 구분하도록 되어 있다(豫會 20, 豫會施 9 참조).

관 행(慣行) 〔獨〕 übung 관습으로서 행하여지고 있는 사항. 결국 관습과 같은 뜻이지만, 관습은 그것을 규범의 假面으로부터 본 것이고, 관행은 그것이 행하여지고 있는 행위의 가면으로부터 본 것이다.

관행범(慣行犯) 범죄의 분류 중 범죄가 범인의 관습성으로 인하여 반복적으로 행해지는 것을 가리킨다.

관행소작권(慣行小作權) 매매의 관행이 있는 소작권. 법률에는 규정이 없다. 物權인 영소작권과 채권인 임차소작권과의 중간물인바 그 효력에는 강약의 여러가지가 있다. 강한 것은 매매에 지주의 승낙을 요하지 않으며(民 629 참조). 가격도 대략 底土權의 가격에 비등하다. 일반적으로 소작료가 싸므로 轉貸도 행해진다.

관 향(貫鄕) 보통 본 · 본향 · 선향 · 본관이라고 한다. 성에 있어서의 시조가 출생한 땅.

관허요금(官許料金) 정부의 허가를 요하는 요금. 지하철 · 버스 · 이발 · 목욕 · 극장 · 관람 · 다방 등의 요금은 자유정책 또는 임의개정은 불허한다.

광고업(廣告業) 광고, 즉 공중에게 선전 또는 廣報하는 것을 계약의 목적으로 하는 영업(商 46 vii, 4).

광 구(鑛區) 〔獨〕 Bergwerksfeld, Feld 광업권의 지역적 범위로서 등록된 일정한 구역. 그 경계는 직선으로 정하고, 지표경계선의 直下를 한계로 한다(鑛 15 I). 광구는 경도선과 위도선으로 포위된 4변형의 구역(단위구역)으로써 하며, 그 각 偶點의 위치는 경도 1분, 위도 1분의 차가 있는 것으로 함이 원칙이지만(15 II), 특별한 경우에는, 이에 불구하고 광구를 설정할 수 있다(16 I). 광구의 면적에 대하여는 최대한과 최소한의 법률상 제한이 있으니(鑛施 6), 최대한 제한(300 헥타)은 광업의 소수자 독점을 방지하려는 것이고, 최소한제한(석탄광 50헥타 · 석유광 30헥타, 기타는 3헥타)은 소자본가의 濫堀을 방지하려는 것이다. 鑛床의 위치 · 형상에 의하여 인접광구에 굴진하지 아니하고는 광상을 완전히 개발할 수 없는 경우에는 광구의 증가를 산업자원부장관에게 출원할 수 있다(鑛 35). 일정한 경우 또는 일정한 지역에는 광구의 설정이 금지된다(18, 30). → 광구금지구역.

광구금지구역(鑛區禁止區域) 광구의 설정이 금지되어 있는 구역. 광물채굴이 공익을 해하거나 경제적 가치가 없는 때는 광업권의 설정을 허가하지 아니한다. 또 육해공군 관할의 군항 · 경비기지 · 군용지 · 화약제조소 · 화약고 · 비행장 · 탄약고의 주위 600미터 이내의 장소에는 광구설정허가를 아니할 수 있다(鑛 29, 30).

광 무(光武) 조선조 고종 때의 연호(1897~1907). 왕을 황제로, 국호를 대한민국이라고 개칭하였다.

광무국(鑛務局) 農商工府에 속했던 1국. 1895년(고종 32) 農務衙門과 工務衙門을 합한 관청의 1국으로 광산에 관한 사무를 담당하였다.

광 물(鑛物) 〔獨〕 Mineralien 사회통념상 지각 속에 들어 있는 천연의 무기물을 말하나, 법률적으로는 광업법 3조에 열거되어 있는 金鑛 · 銀鑛 · 白金鑛 · 銅鑛 · 鉛鑛 등 64종의 광물과 稀有元素를 함유하는 토석으로서 대통령령이 지정하는 광물을 말한다. 미채굴의 유가광물은 그것이 존재하는 토지의 소유권의 내용을 이루지 않고, 국가의 독점적 지배권에 속하며, 이를 채굴하는 권리(광업권)를 취득한 자만이 채굴할 수 있다. 전기 광물의 폐광 또는 광재로서 토지와 부합되어 있는 것은 광물로 간주한다(3). 광업권 없이 광물을 채굴하는 자에 대해서는 벌칙이 있다(114).

광복군(光復軍) 중국에서 조국의 독립을 목표로 일본군에 저항한 한국군. 1937년 7월 중일전쟁 발발후에 중국 각지에서 독립운동을 전개한 大韓義勇軍과 중국군에 편입된 사람을 통합하여 조직하였는바, 총사령관은 이청천 장군이다. 1941년 일본에 대하여 대한민국의 명의로써 선전포고하고 일본군과 격전중 1945년 8월 15일 일본군의 항복과 함께 조국의 해방을 맞이하여 일부는 귀국하고 조직체는 자연히 해체되었다.

광복군총영(光復軍總營) 대한광복군 총영의 약칭. 항일 독립운동 군사단체의 하나. 1920년 6월 대한청년단연합회 의용대와 대한독립단이 합류하여 단일 軍事組織體를 조직했다. 중국 柳河縣 화사꺼우(花餘溝)에 본거지를 두고 연락처를 서울, 支營은 각 도 · 군에 두었다. 암살대 · 방화대가 이 단체의 선봉으로서 일본관리 및 그 앞잡이의 일소를 기도했다.

광복절(光復節) 1945년 8월 15일 연합군측의 승리에 의하여 일본 식민정책하에서 우리 민족이 해방되던 날. 국경일의 하나. 조국을 도로 찾았다는 뜻에서 이같이 부른다.

광부보험(鑛夫保險) 광산에 있어서의 근로자나 직원에 여러가지 사회보험의 총칭. 광산근로자는 그 작업의 성질상 생명 또는 건강상의 위험이 특히 현저하기 때문에 광부보험이 필요하다. 이 보험의 발달은 14세기에 독일에서 존재했다. 1845년 프러시아 광부조합이 제정하였는데 일종의 强制保險에 속한다.

광산보안관(鑛山保安官) 광산보안에 관한 업무 또는 시설의 상황·장부·서류 그 밖의 물건을 검사하기 위하여 관계인에 대한 질문이나 보안상 필요한 조치를 취하게 하는 자(鑛山保安法 20). 광산보안관은 사법경찰관으로서의 직권을 행사할 수 있다(21).

광 업(鑛業) 광물의 채굴과 이에 부속되는 선광·제련, 기타 사업(鑛 4). → 광물

광업권(鑛業權) 광구에서 등록을 받은 광물과 이와 동일광상 중에 부존하는 다른 광물을 채굴하여 취득하는 권리(鑛 5 I). 광업법에 의해 허가와 등록으로써 성립하는 배타적·독점적 권리이며, 물권으로 간주되고, 광업법이 정하는 외에 부동산에 관한 민법 기타의 법령을 준용하되(12, 17, 33, 43), 상속·양도·조광권·저당·체납처분과 강제집행 이외에는 권리의 목적으로 하지 못한다(13). 그 존속기간은, 25년간을 초과할 수 없으나, 기한연장은 가능하며(매차의 연장기간은 25년 이내)(14), 소멸사유로서는, 존속기간의 만료·폐업·허가취소 등이 있다(14, 38~40). 그 권리의 내용은 광물의 채취에 한하고, 토지를 사용하는 권한은 포함되지 않으나, 필요한 경우에는 土地를 사용·수용할 수 있는 권리가 인정된다(83~89). 광물자원의 합리적 개발과 일반이익 및 다른 산업과의 조절상, 그 권리의 내용 또는 施業方法에 여러가지 제한이 가해진다. 광업권은 대한민국의 국적을 가진 自然人 또는 法人, 정부에서 특히 인허하는 外國人 또는 外國法人으로서 국회의 동의를 얻은 자만이 향유할 수 있다(6).

광업권등록(鑛業權登錄) 광업권 또는 광업권 위의 저당권의 설정·변경·이전·소멸과 처분의 제한, 광업권의 존속기간, 공동광업권자의 탈퇴 등을 鑛業原簿에 등록하는 것(鑛 43). 광업권은 배타적 지배를 내용으로 하는 물권의 일종이므로(12), 부동산물권의 등기에 준하여 등록을 하게 한 것이다. → 광업원부, 광업출원

광업시업권(鑛業施業權) 광업권자가 당연히 그의 광구에서 광업권의 목적인 광물을 채굴·취득하는 등 광업을 영위할 수 있는 권리를 말한다. 광업권자가 채광에 착수하고자 할 때에는 채광계획을 작성하여 산업자원부장관의 인가를 받아야 한다(鑛 47).

광업원부(鑛業原簿) 광업권 또는 그 위의 저당권의 설정·변경·이전·소멸·처분의 제한·광업권의 존속기간·공동광업권자의 탈퇴 등을 등록하는 公簿(鑛 43 I). 광업등록령(1993년 3월 6일 대통령령 제13870호)에 의하면 등록은 산업자원부 광업등록사무소에서 행한다(1). 광업원부에 등록하면, 이는 등기에 갈음한다(鑛 43 II). → 광업권등록

광업재단(鑛業財團) 광업재단저당법에 의하여 저당권의 설정이 인정되는 재단. 동일광업권자에 속하는 광업에 관한 것의 전부 또는 일부로서 구성되고, 鑛業權·土地·工作物·機械·器具·地上權 기타 土地使用權 등을 구성내용으로 한다(4). 재단의 존재는 특수한 등기부에 의하여 공시되고, 또 거기에 속하는 부동산에 관해서는 당해부동산등기부에 재단소속이라는 것이 직권으로 기재된다. 재단은 1개의 부동산으로 보고, 재단에 대한 저당권의 설정을 비롯한 권리의 변동은 재단등기부에의 등기가 없으면 효력을 발생할 수 없다(5, 工抵 12). 또 재단에 포함되는 개개의 물건 또는 권리에 관해서 재단에 포함된다는 것을 제3자에게 공시하기 위하여서도 등기가 필요하다(工抵 46).

광업재단저당(鑛業財團抵當) 財團抵當의 일종인 광업재단저당에 대하여는 광업재단저당법이 규율하고 있다. 동법에 의하면 광업권, 토지와 공작물, 지상권 기타의 토지사용권, 임대인의 동의가 있는 경우에는 물건의 임차권, 기계·기구·차량·선박 기타의 부속물로서 광업에 관하여 동일광업권자에 속하는 것의 전부 또는 일부로써 광업재단을 구성한다(鑛抵 4). 광업재단에 관하여는 공장저당법 중 공장재단에 관한 규정이 적용된다(鑛抵 5). → 공장재단

광업조정위원회(鑛業調整委員會) 산업자원부의 심의기관의 하나. 광업법에 의하여 광업에 관한 이의의 신청을 심의결정한다. 위원장 1인을 비롯한 위원 10인 이내로써 규정한다(鑛施 83 I).

광업출원(鑛業出願) 광업권설정허가를 구하는 신청. 要式行爲이다(鑛 17 II). 광업출원은

매 광구별로 하여야 하며, 동일한 광구에 동종광물의 광업출원이 중복된 경우에는, 선출원자에게 우선적으로 허가하여야 하며, 이종광물의 출원이 중복된 경우에는, 원칙적으로 先出願優先主義가 지배되나, 각별로 광업을 경영함에 지장이 없는 경우에는 중복허가를 할 수 있다(24). 광업출원인은 일종의 期待權을 가진다. → 광업권등록, 선원주의

광정대부(匡靖大夫) 고려시대의 문관의 종 2품의 品階. 1275년(충렬왕 1) 제정. 전의 이름은 金紫光祿大夫. 1298년에 충선왕이 폐지. 1308년에 다시 정2품, 1310년에 다시 종 2품 이상으로 하였다가 1356년에 폐지하였다.

광제원(廣濟院) 질병 치료에 관한 사무를 맡아보던 내부에 속했던 병원. 1899년(광무 3) 설치. 원장 1명, 기사 2명, 의사 15명으로써 구성하였다.

광해배상(鑛害賠償) 광업의 경영으로부터 생기는 현저한 손해(토지의 굴착, 갱수나 폐수의 방류, 폐석이나 광재의 퇴적 또는 광연의 배출로 인하여 타인에게 가하여진 현저한 손해)에 대하여 광업권자가 하는 배상. 민법의 불법행위이론에 의하여서는 타당한 해결이 곤란하므로, 광업법 제7장에 특별규정을 두고, 기업자의 무과실책임을 인정하였다. 그 주요한 것은 ① 광업권자 또는 조광권자가 수인 있는 때는, 연대책임으로 한 것(鑛 91 Ⅱ·Ⅲ·Ⅳ, 92), ② 금전배상을 원칙으로 하지만 광범한 원상회복업무를 인정한 것(93), ③ 손해배상의 책임과 범위를 정하는데 있어서 피해자의 과실과 천재 기타 불가항력의 사유를 참작하도록 한 것(94), ④ 손해배상이 예정되어 있는 경우에도 그 액이 현저하게 부적당한 때에는, 그 증감을 청구할 수 있도록 한 것(95), ⑤ 손해배상청구권의 소멸시효를 불법행위로 인한 손해배상청구권의 그것보다 단축한 것(96), ⑥ 조정의 제도(→ 광해조정)를 특설한 것(97) 등이다.

광해조정(鑛害調停) 鑛害賠償의 분쟁에 관한 조정. 광해배상에 관하여 쟁의가 발생한 때에는 당사자는 손해발생지를 관할하는 지방법원 또는 당사자의 합의에 의하여 정하는 지방법원에 조정의 신청을 할 수 있다(鑛 97). → 광해배상

괘계거래(掛繫去來) 〔獨〕 Gegentransaktion 어떤 상품의 現物去來를 한 자가 그 시가변동에 의한 위험을 피하기 위하여 동시에 같은 상품 또는 공동의 원인에 의하여 시가가 변동하는 그 밖의 상품에 관하여 반대의 先物去來를 하는 것. 현물시장과 선물시장과는 병행하여 등락하기 때문에 이와 같은 반대매매의 방법에 의하여 양 거래의 영향을 면한다. 거래소는 이로써 보험기능을 누리게 되는 것이다.

교과용도서심의회(敎科用圖書審議會) 교과용도서의 편찬·검정 및 인정 등에 관한 사항을 심의하기 위해 교육부에 설치된 심의회(敎科用圖書에 관한 規程 24의2). 각 교과목 또는 도서별 교과용도서심의회는 5인 이상 21인 이하의 위원으로 구성하되 당해 교과목 또는 도서에 관한 학식이 풍부한 자와 교육부 소속 공무원 중에서 교육부장관이 위촉 또는 임명한다(24의3). 각 심의회의 회의는 재적위원 과반수의 출석으로 개의하고 출석위원 과반수의 찬성으로 의결한다. 다만 2종도서의 검정에 관한 회의는 재적의원 3분의 2 이상의 찬성으로 의결한다.

교권제도(敎權制度) 聖子가 만민을 지도하고 지배한다는 권리제도. 로마 가톨릭 교회에서는 교황이 모든 세속적인 권리 위에 있으므로 국가라 할지라도 교회의 승인의 있는 한도내에서만 권리행사를 할 수 있다고 주장한다.

교 규(敎規) 敎派의 자치적 根本規制. 종교단체법하에서는 그 설정 변경에는 교육부장관의 허가를 요했으나 현재는 종교법인으로서의 조직·재산 등의 사항만을 필요기재사항으로 한다.

교 단(敎團) 포괄적 종교단체 또는 종교법인의 모임. 종교단체인 교회를 포괄한다.

교 도(矯導) 교도관리의 직제상의 한 계급으로서, 교도소의 경비·순시 기타 교도사무에 종사하는 자. 9급의 국가공무원.

교도소(矯導所) 〔英〕 correctional institute, prison 〔獨〕 Gefängnis 受刑者(징역형·금고형·노역장유치와 구류형을 받은 자)를 격리하여 교정교화하며, 건전한 국민사상과 근로정신을 함양하고, 기술교육을 실시하여, 사회에 복귀하게 하기 위한 국가의 수용시설(行刑 1). 구법에서는 刑務所·監獄이라 하였다. 그런데, 교도소의 일부에 미결수용실을 두어, 미결수용자(형사피의자·형사피고인으로 구속영장의 집행을 받은 자)를 수용하고 있다(1, 2 참조). 교도소에는 (일반)교도소와 소년교도소의 두 종류가 있는데, 교도소는 만 20세 이상의 수형자를, 소년교도소는 20세 미만의 수형자를 수용한다(2 Ⅱ·Ⅲ). 형무소를 교도소로 개칭(1961년 법률 제858호)한 것은 형무소라는 용어에는 형을 집행한다는 소극적이고 해악적인 어감이 있으므로,

수형자의 교정교화를 목표로 하는 行刑理念을 수용시설의 명칭에 표시하자는 데에 있다.

교도작업(矯導作業) 형법상의 定役으로서, 자유형집행의 수단내용인 작업. 형법상 교도작업은 징역형에만 강제되어 있으나(刑 67, 68), 행형법상 금고형 및 구류형에만 신청에 의한 작업이 인정되고 있으므로(38), 실제에 있어서는 모든 자유형이 교도작업과 밀접한 관계에 있다. 교도작업의 경영방식은 관사업·위탁업 및 도급업으로 구분할 수 있는데, 우리나라에서는 官事業을 원칙으로 하나, 교도소장이 법무부장관의 승인을 얻어 수형자를 도급작업에 취업시킬 수 있다(行刑施 121). 또 교도작업은 교도소 자체의 기능유지를 위한 官傭作業과 수형자의 기술훈련을 위한 일반작업으로 구분된다. 작업수입은 국고수입으로 되며(行刑 39Ⅰ), 교도작업에 의하여 생산되는 물건 및 자재는 국가 또는 지방공공단체의 기관이나, 국영기업체 또는 정부관리기업체에 우선적으로 공급된다(矯導作業官用法 1 참조). 그리고, 교도작업의 합리적인 운영을 기하기 위하여, 교도작업특별회계가 설치되어 있다(矯導作業特別會計法 1 참조).

교부국채(交付國債) 국가가 그의 금전급부의무의 이행에 갈음하여 교부하는 국채. 강제국채의 성질을 갖는다. 不換紙幣도 실질적으로는 交付國債 또는 强制國債이다. → 강제공채

교부송달(交付送達) 송달영수인에게 송달서류를 교부함으로써 하는 송달(民訴 165, 刑訴 65). 송달의 보통의 방식. 송달장소에서 송달상대방에 대하여 하는 것이 보통이다. 일정한 경우에는 出會送達·補充送達·遺置送達이 허용된다.

교부요구(交付要求) → 교부청구

교부주의(交付主義) 〔獨〕 Lieferungstheorie 종류채권의 특정에 관한 학설의 하나. 예링이 제창하였다. 즉, 종류채권에 있어서 채권자가 물건을 급부하는데 필요한 행위를 완료하였을 때, 예컨대, 送付債務의 경우에는 물건을 발송한 때에 특정한다는 것이다. 우리 민법(375Ⅱ) 및 독일(243Ⅱ)은 대체로 이 주의에 따르고 있다.

교부청구(交付請求) 체납자의 재산에 관하여 다른 원인에 의한 강제집행절차가 진행되고 있거나, 그것이 완료되었을 경우, 收稅官吏가 그 강제집행의 결과인 금전을 처리하는 기관에 대하여 행하는 납세액 기타 채권액의 지급의 청구. 국세징수법은 납세자가 다른 국세의 체납으로 체납처분을 받은 때, 지방세 또는 공과금에 대하여 체납처분을 받은 때, 강제집행을 받은 때, 파산의 선고를 받은 때, 경매가 개시된 때, 법인이 해산한 때에는 세무서장은 해당관서·공공단체·집행법원·집행공무원·강제관리인·파산관재인 또는 청산인에 대하여 국세, 가산금과 체납처분비의 교부를 청구하게 하고, 세무서장은 납부·충당·부과취소 기타의 사유로 인하여 납세의무가 소멸한 때에는 그 교부청구를 해제하도록 하였다(國徵 14, 56). → 강제집행, 강제징수

교 사(教唆) 〔獨〕 Anstiftung 〔佛〕 instigation [1] 민법상의 教唆라 함은 불법행위를 할 의사를 가지고 있지 않은 자에게, 불법행위를 할 의사를 일으키게 하여, 그 자로 하여금 불법행위를 하게 하는 것을 말한다. 교사자는 직접의 불법행위자와 공동의 행위자(공동불법행위자)로 간주되어, 연대하여 손해배상책임을 진다(760 Ⅲ).

[2] 형법상의 교사에 관하여는 교사범을 보라.

교 사(絞死) 頸部에 索條를 감아서 絞壓함으로써 질식시키는 것. 이 경우의 索溝는 경부를 수평으로 일주하여 있는 것이 특징이다. 삭조로서 사용되는 것은, 손수건·머플러·細紐·麻繩·코드 등이며, 사체현상으로서는 눈꺼풀·안구결막이 충혈하고, 溢血點 또는 溢血斑이 나타난다. 대체로 타살로 보아 무방하지만, 자살도 없지는 않다. 다만 자살인 때에는 삭조를 여러 번 감고, 매듭을 짓는 일이 많다.

교사범(教唆犯) 〔獨〕 Anstiftung 〔佛〕 instigation 타인을 교사하여 죄를 범하게 하는 것(刑 31Ⅰ). 공범의 한 형식이다. 교사라 함은 타인에게 범죄실행의 결의를 생기게 하는 것을 말한다. 그 방법여하를 불문한다. 교사자의 고의의 내용에 관하여는 자기의 교사행위로 인하여 피교사자가 특정한 범죄를 범할 것을 결의하고, 또한 실행에 나가는 것을 인식하는 것이라는 입장과 그 위에 피교사자의 행위에 의하여 결과가 발생한다는 것까지 표상함을 요한다는 입장이 있다(→ 미수의 교사). 共犯獨立性說에 의하면 교사행위 자체를 범죄의 실행행위라고 보므로, 교사행위가 있은 이상은 비록 피교사자가 실행을 거부하여도 교사범이 성립하고, 교사자는 미수의 책임을 지게 된다. 이에 대하여, 共犯從屬性說에 의하면 교사자의 교사행위에 기하여, 피교사자가 그 범죄의 실행을 결의할 뿐 아니라, 그 범죄를 실행한 때에, 비로소 교사범이 성립한다고 본다. 그런데 현행형법은 절충적으로 피교사자가 범죄의 실행을 승낙하지 아니하거나(실패한 교사), 승낙하고 실행의 착수에 이르지 아니한(효과없는 교

사) 때에는 陰謀·豫備에 준하여 처벌한다(31Ⅱ·Ⅲ)(→교사의 미수). 또 공범종속성설에 의하면, 피교사자의 실행행위가 어느 정도로 범죄성을 갖추어야 하느냐는 각종의 종속형태 중 어느 것을 채용하느냐에 따라, 그 결론이 달라진다(→공범의 종속성). 교사자는 죄를 실행한 자(피교사자)와 동일한 형으로 처벌한다(31Ⅰ). 즉, 정범에게 적용될 법정형에 따라 처벌된다. 단, 자기의 지휘·감독을 받는 자를 교사하여 범죄행위의 결과를 발생케 한 자는, 정범에 정한 형의 장기 또는 다액에 그 2분의 1까지 가중한다(34Ⅱ. 특수교사).

교사범(敎唆犯)**의 성립시기**(成立時期) 통설은 피교사자가 교사에 의한 범죄의 실행에 착수한 때라 해석하고, 또 다른 학설은 교사자가 교사행위를 종료하고 결과가 형성되어 가는 상태에 맡긴 때라고 한다. 즉 형법 31조 1항의 경우는 敎唆行爲가 끝났을 때에 성립한다.

교사(敎唆)**의 교사**(敎唆) 교사자를 교사하는 것을 말하며, 간접교사(넓은 뜻)라고도 한다. 이것은, 예컨대, ① 갑이 을에게 병을 교사해서 범죄를 실행케 하라고 교사하는 경우를 말하지만, 그뿐 아니라 ② 갑이 을에게 범죄의 실행을 교사한 바 을은 스스로 실행하지 않고 병을 교사하여 이를 실행시킨 경우도 포함하는 것으로 본다. 이러한 경우의 간접교사자에 대하여, 구형법에서는 교사범으로서, 즉 정범에 준해서 벌하도록 규정했으나, 형법에서는 이에 관한 규정이 없다. 그래서 이 간접교사자를 처벌할 것인가에 관하여는 적극설·소극설로 나누어진다. 또한 전설의 입장에서도, 교사자를 교사한 자를 또한 교사한 자(재간접교사자) 및 이렇게 순차로 소급된 교사자를 모두 처벌할 것인가에 관하여는 다시 적극설·소극설로 나누어진다. 하여튼 현 형법하에서는, ②의 경우는 31조 2항에 의하여 豫備·陰謀에 준하여 처벌하면 되리라고 본다. →교사범

교사(敎唆)**의 미수**(未遂) 〔獨〕 versuchte Anstiftung 교사를 받은 자가 범죄의 실행을 승낙하지 아니하거나(실패한 교사)(fehlgeschlagene od. misslungene Anstiftung), 승낙하고 실행의 착수에 이르지 아니한(효과없는 교사)(erfolglose Anstifung) 경우. 현행법은 전자의 경우에는 교사자를(31Ⅲ), 후자의 경우에는 교사자와 피교사자를(31Ⅱ) 음모 또는 예비에 준하여 처한다(→교사범). 피교사자가 승낙은 하였어도 예비에 그쳤거나, 실행행위는 있어도 교사와 인과관계가 없는 경우는 후자에 속한다. 그리고 피교사자(정범)가 범죄를 실행하여 미수에 그친 경우를 교사의 미수(Versuch der Anstiftung)라고도 한다. →교사범, 미수의 교사

교 서(敎書) 〔英〕 presidential message 대통령이 국회에 국내외정세를 보고하고, 법률 등 예산안 기타에 관해서 의사를 표시하는 문서(憲 81 참조).

교 섭(交涉) 대등한 지위에 있는 당사자가 상호의 이해관계사항에 관하여 협의하고 결정하기 위하여 절충하는 것. 2개국가간의 외교상의 사항에 관해서도 사용하나, 국내법상으로는 일반적으로 근로조건 기타에 관한 노사간의 사항에 관해 사용되며, 그 절충이 근로협약의 체결을 배경으로 행해지는 경우에는 단체교섭이라는 문언을 사용한다.

교섭권한(交涉權限) 노사간의 단체교섭을 할 수 있는 권한. 교섭권한을 누가 갖는가에 대해서는 사용자측으로는 민상법의 규정에 따라서 대표권한을 가지고 있는 자가 당연히 갖게 되는 것으로서, 별문제가 없는 것이지만, 근로자측에 대해서는 명확하지 못한 경우가 생길 수 있는 것이기 때문에, 노동조합 및 노동관계조정법은 노동조합의 대표자 또는 노동조합으로부터 위임을 받은 자(29)만이 교섭권한을 갖는다고 규정하고 있다(사용자는 교섭권한이 없는 자와의 교섭을 거절한다 하더라도 부당노동행위는 성립하지 않는다). 이에 관해서는 조합원 이외에는 교섭권한을 주지 않는다고 하는 단체협약의 규정에 대해 유효성이 문제되지만, 단체교섭권을 제한하는 것이라고 하여 무효가 된다는 설과 그 정도의 자기제한은 인정된다는 설이 서로 대립되고 있다.

교섭단위(交涉單位) 〔英〕 bargaining unit 단체교섭을 할 수 있는 것으로 인정되는 적당한 단위. 미국의 와그너법이 창시한 제도로서 태프트 하틀리법이 계승하고 있다. 즉, 이 법에서는 한개의 사업장의 근로자를 대표하는 단체교섭권을 어느 조합이 갖는가에 관한 조합간의(예컨대, AFL과 CIO 사이의) 다툼을 평화적으로 해결하기 위해서, 전국노동관계국(NLRB)이 단체교섭을 하기에 적당한 범위를 결정하고, 그 단위내의 근로자의 과반수가 지명·선출한 대표를 그 단위의 전근로자의 배타적 대표로 한다는 제도를 마련하고 있다. 이것이 교섭단위제로서, 이에 따라서 기업내의 직종·공장·부문별의 단위가 대표로 된다. 우리나라는 이 제도를 채택하지 않았다.

교섭단체(交涉團體) 교섭단체란 일반적으

로 동일 정당소속의 의원들로 구성되는 院內政派(Fraction)를 말한다. 교섭단체의 구성목적은 국회에서 일정한 정당에 속하는 의원들의 의사를 종합·통일하여 사전에 상호교류함으로써 국회의 의사를 원활하게 운영하려는데 있다. 20인 이상의 소속의원을 가진 정당은 하나의 교섭단체를 구성하며 정당단위가 아닐지라도 다른 교섭단체에 속하지 아니하는 20인 이상의 의원으로 따로 교섭단체를 구성할 수 있다(國會 33Ⅰ). 후자의 예로는 소속의원 20인 미만인 2개 이상의 정당으로 구성하는 경우, 소속의원 20인 미만인 정당과 무소속의원으로 구성하는 경우, 그리고 무소속의원 20인 이상으로 구성하는 경우의 세 가지 경우가 있을 수 있다. 각 교섭단체에는 대표의원을 두도록 되어 있는데 보통 당의 원내총무가 맡게 된다. 교섭단체대표의원은 소속의원의 명부와 이동사항을 의장에게 제출·보고하며(33Ⅱ) 소속의원의 의견을 종합하여 국회에서의 의사진행과 議案에 대한 태도를 결정한다.

교 수(敎授) 대학 및 전문대학에서 학생을 교수하고 그 연구를 지도할 지위에 있는 교원. 그 임명은 일정한 임기로, 국·공립대학에 있어서는 교수·부교수는 총장·학장(단과대학)의 제청으로 교육부장관을 경유하여 대통령이 행하고 조교수는 총장·학장의 제청으로 교육부장관이 행하며(敎公 25), 사립대학에 있어서는 총장 또는 학장(단과대학)이 정관이 정하는 바에 따라 임면한다(私立學校法 53의2 Ⅱ).

교수자격심사위원회(敎授資格審査委員會) 교수자격인정령에 의하여 설치된 교수자격 기준에 해당하지 않는 자의 자격인정을 임무로 하는 합의체. 교육부장관의 직할에 소속하고, 위원장 1명(교육부장관)·부위원장 1명(교육부차관)·위원 11명 이내로써 구성하며, 위원의 임기는 2년이다. 따라서 위원은 명예직이다(敎授資格認定令 5~10).

교 원(敎員) 敎育公務員의 일종으로서 교육기본법 14조에 규정된 자로서 국립 또는 공립교육기관에 근무하는 자(사립에도 준용). 교원은 일정한 자격이 요구되며 임용에 관하여도 일반공무원과 다른 절차를 밟으며(敎公 10~33), 보수는 우대되어야 하고(34~36), 강력한 신분보장을 받으며(敎 14), 현행범을 제외하고는 소속장의 동의없이 학원내에서 체포되지 않으며(敎公 48) 정년은 62세이다. 다만 고등교육법 14조에 규정된 교육 공무원은 65세이다(47Ⅰ). 이 밖에도 징계에 관하여 특별한 규정을 받는다.

교원자격검정위원회(敎員資格檢定委員會) 교원의 자격검정에 관한 사항, 중등학교·초등학교·특수학교의 교장 또는 유치원원장의 자격인가의 추천, 자격증의 표시과목의 결정, 기타 법령에 의하여 그 권한에 속하는 사항과 교육부장관에 자문하는 위원회(敎員資格檢定令 14). 위원장은 교육부차관이 되고 부위원장은 자격검정에 관한 사무의 주관 국장이 되며 위원은 교육부의 4급 이상의 일반직공무원, 장학관 또는 교육에 관한 학식과 경험이 풍부한 자 중에서 교육부장관이 임명 또는 위촉한다. 위원장·부위원장 각 1인을 포함한 9인 이상 11인 이하의 위원으로 구성된다(12).

교육감(敎育監) 교육감은 특별시·광역시·도의 교육·과학·기술·체육 기타 학예에 관한 사무의 執行機關이다. 시·군·구에는 敎育長을 두어 그 사무를 분담하게 한다. 교육감도 교육위원과 마찬가지로 학교운영위원회 대표들에 의해 직접 선거로 선출한다. 임기는 4년이며 1차에 한하여 중임할 수 있다. 교육감의 자격은 교육경력 또는 교육행정경력이 5년 이상이거나 두 가지 경력을 합하여 5년 이상인 자로서 시의회의원의 피선거권이 있고 政黨員이 아니어야 한다. 교육감은 敎育規則制定權, 소속공무원의 지휘·감독권 및 條例案의 작성권과 豫算案의 편성권 등을 가진다. 교육감후보자는 3,000만원의 기탁금을 납부해야 한다.

교육공무원(敎育公務員) 교육공무원법에서의 교육공무원이라 함은 교육기본법 14조에 규정된 교원, 교육행정기관에 근무하는 장학관·장학사, 교육기관·교육행정기관 또는 교육연구기관에 근무하는 교육연구관·교육연구사를 말한다(敎公 2Ⅰ).

교육공무원인사위원회(敎育公務員人事委員會) 교육공무원의 인사에 관한 중요사항에 관하여 교육부장관의 자문에 응하는 敎育部長官所屬下에 설치된 기관. 위원장(1인)을 포함한 7인의 위원으로 조직하되, 위원장은 교육부차관이 되고 위원은 7년 이상의 교육 또는 교육행정경력이 있고 인사행정에 관한 풍부한 식견이 있는 자 중에서 교육부장관의 제청으로 대통령이 위촉한다(敎公 3, 敎育公務員人事委員會規程 2Ⅰ). 위원의 임기는 1년이며 중임할 수 있다(敎育公務員人事委員會規程 3).

교육교재(敎育敎材) 학생의 학습효과를 증진시키기 위하여 각급학교에서 교육용으로 사용되는 교육영화·슬라이드·줄사진·음반·궤도·표본·지도·지구의 기타 교육부장관이 지정하는 교재. 교육교재는 교육부장관의 인정을 받아야 하는 바, 교육부장관이 교육교재를 인정한 때에는 官報에 게재하여야 하며, 인정의 유효기간은 3년이다(敎

育教材認定規程 7).

교육규칙(教育規則) 교육감의 권한에 속하는 사무에 관하여 법령 또는 조례의 범위안에서 필요한 사항을 규칙으로 제정할 수 있는데 이를 교육규칙이라 한다. 교육규칙은 대통령령이 정하는 바에 따라 공포되어야 하며, 특별한 규정이 없는 한 공포한 날부터 20일이 경과함으로써 효력을 발생하게 된다. 교육감이 교육규칙을 제정 또는 개·폐하는 경우에는 공포예정 15일 전에 교육부장관에게 그 전문을 첨부하여 보고하여야 한다(地方教育自治에 관한 法律 35).

교육대학(教育大學) 초등학교의 교원을 양성함을 목적으로 개정법에 의해서 설치된 학교(高等教育法 41). 종래의 2년제 사범대학과 사범학교를 정비·통합한 것으로, 설립·경영은 국·공립에 한한다(42 Ⅰ). 修業年限은 4년이며(42 Ⅱ), 입학자격은 고등학교를 졸업한 자 또는 동등 이상의 학력이 있다고 인정되는 자이다(33). 교육대학에는 부속 초등학교를 설치할 수 있다(45).

교육보험(教育保險) 교육자금의 수요를 충족하기 위한 보험. 일정한 교육을 받을 연령까지 생존하는 것을 보험사고로 하는 生存保險의 일종이다. 교육보험 보통보험약관의 일례를 들면, 보험금은 피보험자가 보험기간만료시까지 생존한 때에 지급되는 외에, 다음의 구분에 의하여 지급된다. ① 초등학교에 입학한 때(초학보험), ② 초등학교를 졸업한 때(중학보험), ③ 중학을 졸업한 때(고등보험), ④ 고등학교를 졸업한 때(대학보험). 피보험자가 보험금액지급사유발생 전에 사망한 경우에는 소정방식에 의하여 산출한 사망급여금의 계약자에게 지급한다. 또 장학금·졸업축하금 등이 있다. → 생존보험

교육부조(教育扶助) 의무교육에 따른 학용품·통학용품·학교 급식의 비용을 부담하는 경제적 능력이 없는 자에게 대하여 원칙적으로 금전보조를 제공해 주는 제도. 우리나라에서는 아직 법제화되지 않고 있는 실정이다.

교육세(教育稅) 의무교육비의 정상적인 조달을 목적으로 부과되는 租稅. 국세인 교육세는 目的稅이다.

교육위원회(教育委員會) 교육위원회는 교육의 자주성 및 전문성과 지방교육의 특수성을 살리기 위하여 지방교육자치에 관한 법률과 지방자치법 등에 의하여 설치된 지방자치단체의 教育·科學·技術·체육 기타 學藝에 관한 사무의 特別審議·議決機關이다. 교육위원회는 시·도의회에 제출할 조례안이나 예산안 등에 대한 審議·議決權 등을 가지고 있다. 교육위원회는 合議制議決機關으로 4년 임기의 일정수의 教育委員으로 구성되고, 그 의장은 교육위원 중에서 무기명투표로 선출하되, 재적위원 과반수의 득표로서 당선되며 임기는 2년이다. 교육위원은 학교운영위원회대표와 시·도교원단체대표로 구성되는 교육위원선거인단에서 선출된다. 교육위원의 자격은 市議會議員의 피선거권이 있어야 하고 政黨員이어서는 아니된다.

교육(教育)**을 받게 할 의무**(義務) 헌법 31조 2항은 모든 국민은 그 보호하는 子女에게 적어도 초등교육과 법률이 정하는 교육을 받게 할 의무를 진다라고 규정하고 있다. 이 규정에 따라 적어도 초등교육과 법률이 정하는 교육은 의무적이다. 이에 따라 현행 교육법상 모든 국민은 6년의 초등교육과 3년의 중학교육을 받을 권리를 보장받고 있다. 다만 3년의 중등교육에 대한 義務教育은 대통령령이 정하는 바에 의하여 순차적으로 실시한다(教 8). 이 의무교육제를 실시하기 위하여 국가나 지방자치단체는 필요한 학교의 설립과 운용은 물론, 필요한 교재와 경비를 부담할 의무를 지고, 어린이의 보호자는 그 어린이를 취학시킬 의무를 진다. 아무튼 의무교육에서 교육을 받을 권리의 주체는 어린이(6세~15세)인데 비하여 教育을 받게 할 의무의 주체는 학령아동의 親權者 또는 後見人이다.

교육(教育)**을 받을 권리**(權利) 교육할 권리(교육권)에 대응하는 교육을 받을 권리(學習權)라 함은 교육을 받는 것을 국가로부터 방해받지 아니할 뿐 아니라, 교육을 받을 수 있도록 국가가 적극적으로 배려하여 주도록 요구할 수 있는 권리를 말한다(다수설). 이러한 의미의 교육을 받을 권리를 헌법이 특히 보장하는 이유는 다음과 같다. ① 민주국가에서의 국민의 政治參與는 전국민의 정치적·사회적 자각과 식견을 그 전제로 한다. 민주정치의 실현을 위한 그와 같은 자각과 식견을 배양하기 위해서는 국민의 公教育에 대한 국가적 배려가 있어야 한다. ② 현대 자본주의경제질서하에서는 개인이 어느 정도의 교양과 직업적 지식을 구비하는 것이 생존을 위한 필수적 조건이기도 하다. ③ 인간의 能力啓發은 교육을 통하여 가능하게 된다. 따라서 개개인이 인간으로서의 능력을 전면적으로 계발할 수 있도록 국가가 그 조건을 마련하여 주지 않으면 안된다. 헌법 31조 1항이 교육을 받을 권리를 규정하고 있는 것도, 이와 같은 민주정치의 실현과 현대사회에 있어서 인간다운 생활의 확보, 그리고 인간의 능력계발을 위한 기본적 요청을 만족

시키기 위한 것이다.

교육(教育)**의 권리·의무**(權利·義務) 모든 국민은 능력에 따라 균등하게 교육을 받을 권리를 가진다(憲 31 I). 이 권리는 일정한 자격과 학력이 있는 자가 주로 경제적 이유 내지 지역적·시간적 이유로 현실적으로 교육을 받을 수 없을 때에, 국가에 대하여 교육을 시켜 줄 것을 청구할 수 있고, 국가는 이에 대응하는 의무를 지는 적극적인 受益權을 의미한다. 그러므로 이 권리는 교육의 기회균등의 원칙이 사실상 유린되었던 초기민주국가에서는 볼 수 없었던 현대적인 수익권의 하나이다. 그리고, 이 권리를 실효있게 하기 위하여는 광범위한 무상교육제도·학비보조제도·급비제도·장학제도의 채택은 물론, 학교를 지역적·種別的으로 공평하게 배치할 것, 有職者의 수학을 위하여 야간제·시간제 기타 특수한 교육방법을 강구할 것 등 일련의 적극적 수단이 필요하다. 모든 국민은 그 보호하는 자녀에게 적어도 初等教育과 법률이 정하는 교육을 받게 할 의무를 진다(31 Ⅱ). 이 의무는 진보적 사상에 입각하여, 국민의 교육수준을 향상시킴으로써, 국민개인의 지성향상을 기하는 동시에, 국력의 부강을 도모하고, 나아가서는 인류문화의 진화에 이바지한다는 근본적인 목적을 가지고 있다. 끝으로, 의무교육은 무상으로 하는 바(31 Ⅲ), 이는 사리상 당연한 규정이다. → 교육의 기회균등

교육(教育)**의 기회균등**(機會均等) 봉건국가 또는 전제군주국가에서 교육은 법률상으로나 사실상으로나 일부특권계급에 독점되었다. 또 초기민주국가에서는 국가가 교육에 대하여도 자유방임주의를 취하였던 까닭에, 교육의 혜택은 사실상 有產階級의 자제에만 독점되고, 교육의 기회균등의 원칙은 유린되었다. 따라서, 문화를 포함하는 모든 영역에서의 국민의 참다운 평등을 실현하고 교육을 통하여 민주주의의 신장, 국력의 실현 및 문화의 향상을 기하려는 현대민주국가에 있어서는 특권층에 의한 교육혜택의 독점은 마땅히 지양되어야 함은 물론이다. 이리하여, 현대민주국가는, 모든 국민이 그 능력에 따라 균등하게 교육받을 수 있는 교육의 기회균등의 원칙을 채택하고, 이 원칙을 실현시키기 위하여 각종의 수단을 강구하게 되었다.

교육(教育)**의 의무**(義務) → 교육의 권리·의무

교육(教育)**의 자유**(自由) 교육이 국가권력의 개입을 받지 않는 것. 교육을 받을 권리는 社會的 基本權의 하나로서 그것을 실현하기 위해서는 국가의 적극적 행위를 필요로 한다. 그러나 그것은 교육의 모든 면에서의 국가의 개입을 인정하는 것이 아니라, 교육내용의 결정과 같이 본래 자유로운 영역이 있으며 그것을 교육의 자유라는 관념으로 기초된다.

교육(教育)**의 자주성**(自主性)**과 정치적 중립성**(政治的中立性) 교육의 자주성과 정치적 중립성은 보장되어야 한다(憲 31 Ⅳ). 이는 학문의 자유와 더불어, 국가권력의 압박에 의한 학문 및 교육의 기형화·침체화를 방지하려는데 그 목적이 있다. 그리고, 이러한 목적을 달성하기 위하여는 한 발자욱 더 나아가서, 학원내에서의 조직·활동의 自主性과 政治的 中立性이 보장되어야 할 것이며, 교육행정과 그 조직에 있어서도 이 정신이 반영되어야 할 것이다. → 교육행정

교육자금보험(教育資金保險) 교육자금의 수요를 충족시키기 위한 보험. 일정한 교육을 받을 연령까지의 생존을 보험사고로 하는 바 生存保險에 속한다.

교육장(教育長) 시·도의 教育·學藝에 관한 사무를 분장하기 위하여 1개 또는 2개 이상의 시·군 및 자치구를 관할구역으로 하는 하급교육행정기관의 長으로 장학관으로 보한다(地方教育自治에 관한 法律 43, 44).

교육자치(教育自治) 교육자치란 교육의 專門性과 中立性을 보장하고 지역의 특성에 맞게 교육활동을 전개할 수 있도록 일반국가행정과 분리·독립하여 자치적으로 교육·과학·기술·체육 기타 학예에 관한 행정을 수행하는 것을 말한다. 교육자치를 위해 지방분권의 원칙하에 교육에 관한 議決機關으로서 시·도 교육위원회가 있고, 執行機關으로서 교육감을 두고 있다. 우리나라는 1952년~1961년 교육자치제를 실시하여 오다가 지방자치의 중단과 함께 중단되었으나, 1991년 3월 8일 지방교육자치에 관한 법률이 공포되어 다시 교육자치를 본격적으로 실시하게 되었다.

교육제도(教育制度) 넓게는 교육 전반(가정교육·사회교육을 포함)의 제도를 뜻하나, 특히 학교교육의 제도를 뜻하는 경우가 많다. 교육제도를 學制라 칭하는 까닭도 여기에 있다. 우리나라의 교육제도는 법률로 정할 것을 헌법은 요청하고 있으며(31 Ⅵ), 교육기본법에서는 교육제도는 인격을 존중하고, 개성을 중시하며, 교육을 받을 자로 하여금 능력을 최대한으로 발휘할 수 있도록 하였다(教 12 Ⅱ). 교육에 관계되는 여러 법률은 이상과 같은 여러 원칙을 실현하기 위하여, 기본이념을 비롯해서

교육위원회의 설치, 교육세, 교육기관에 종사하는 교원 및 직원에 대하여 일정자격을 요청하며, 교육기관으로 국공사립의 학교를 설립·경영하고, 수업년한은 6·3·3·4제를 원칙으로 취하고 있으며, 수업과 교과내용 등에 대해서 정하고 있다(교육기본법·교육공무원법·교육공무원임용령 등). 우리나라에서 정하고 있는 학제로는, ① 초등학교·중학교·고등학교·대학, ② 교육대학·사범대학, ③ 전문대학, ④ 기술대학·고등기술학교, ⑤ 공민학교·고등공민학교, ⑥ 특수학교, ⑦ 유치원, ⑧ 각종 학교가 있으며, 그 중 초등학교, 중학교는 의무교육으로 하고 있다(8).

교육행정(教育行政) 국가 또는 지방자치단체가 교육의 목적을 달성하기 위하여 행하는 행정. 교육은 본래 국가고유의 사업은 아니었으나, 현대국가에 있어서는 가장 중요한 국가사업의 하나로 되어 있어, 교육행정은 행정에서도 중요한 內務行政의 일부를 점하게 되었다. 헌법은 교육의 自主性·專門性 및 政治的 中立性의 보장을 선언하고(31 Ⅳ), 교육기본법은 국가와 지방자치단체는 교육의 자주성 및 전문성을 보장하여야 하며, 지역의 실정에 맞는 교육의 실시를 위한 시책을 수립 실시하여야 한다고 규정하여(5), 교육행정의 대강을 정하고 있다. 교육행정의 내용은 교육의 목적을 달성하기 위하여 필요한 조건, 즉 교육행정조직·교육시설·교직원에 관한 제도를 확보하는 것이다. 교육행정의 주체는 국가 또는 지방자치단체이며, 교육행정의 민주화·지방분리화의 향상에 따라 국가사무이었던 것이 광범하게 지방자치단체에 이양되고 있다. 교육행정기관으로는 국가의 중앙기관으로서 교육부장관이 있고, 지방자치단체의 기관으로서 특별시·광역시·도와 시·군에 교육위원회 및 교육장이 있다. → 교육의 자주성과 정치적 중립성, 교육제도, 교육감

교육형론(教育刑論) 〔獨〕 Theorie der Erziehungsstrafe 형벌의 목적을 교육이라고 하는 설. 應報刑論에 대하는 目的刑論의 일종이며, 교육형주의라고도 한다. 교육형론은 리스트의 목적형론으로부터 출발하여, 리프만에 의하여 주장되었다. 또 이탈리아의 人道學派의 주창자 란자(Vincenzo Lanza)도 이를 주장하였다. 改善刑論이 공리적임에 비하여, 교육형론은 인도주의를 덧붙여 이를 순화한 것이라고 한다. 교육형론에 있어서의 교육이란, 단지 지식을 주입시키는 지적 교육만을 의미하는 것이 아니라, 知·情·意를 겸비한 사회인을 형성하여 범인을 사회에 복귀시키는 것을 의미한다. 그리고 이 교육목적을 달성하기 위하여, 교육형론에서는 형벌의 개별화가 요청된다.

교전구역(交戰區域) 〔英〕 region of war 〔獨〕 Kriegsschauplatz 〔佛〕 théâtre de la guerre 교전국이 그 병력에 의한 害敵手段을 다할 수 있는 장소. 현재 전투가 행해지고 있는 장소와는 다르다. 交戰區域으로서 일반적으로 인정되고 있는 것은 중립국의 영토·領收 및 그 상공을 제외한 지구상의 모든 지역·수역 및 그 상공이며, 예외적으로 중립국 영역이 교전구역으로 인정되는 경우, 반대로 교전국영역이라 할지라도 무력행사가 금지되는 경우가 있다. 중립국영역이 교전구역으로 되는 경우는 다음과 같은 두 가지가 있다. 첫째, 중립국 자신이 자국영역을 교전국 일방의 군사적 이용에 제공하는 경우, 예를 들면 美·日安全保障條約에 의해 일본이 미국에 군사기지를 제공한 경우(條約 4)가 그것이다. 이 경우에는 타방 교전국도 중립국의 그 지역을 교전구역으로 인정하고 병력에 의한 해적수단을 다할 수 있다. 둘째, 교전국이 중립국의 허가없이 中立國領域을 군사적으로 이용하고, 중립국이 이것을 배제할 만한 능력을 갖지 못할 경우, 반대로 교전국 영역일지라도 이를테면 수에즈운하지대와 같이 그것을 중립화하는 조약이 있고 교전국 전부가 그 조약에 참가하고 있는 경우에는 그 중립국 영역을 교전구역으로 할 수 없다.

교전국(交戰國) 전쟁당사국, 즉 전쟁에 참가하고 있는 국가를 지칭하는 것이다. 交戰者라고도 한다. → 교전자

교전권(交戰權) 〔英〕 right of belligerency 국제법상 교전권에는 두 가지 의미가 있다. 첫째, 무릇 국가는 자신의 존립과 안전을 유지하고, 방위할 수 있는 권리가 있다는 自然法的인 관념에 기해 자국의 영토나 권리가 타국에 의해 불법침해가 되었을 때에는 이를 전쟁에 호소하여 배제할 권리가 있다는 국제법상 일반적으로 승인된 권리를 의미할 때가 있고, 둘째, 교전국이 국제법상 일반적으로 갖는 것으로 인정되고 있는 권리, 예를 들면 포로를 억류하는 권리, 적국에 무기·군수품 등을 수송하고 있는 제3국의 선박을 나포하는 권리 등을 의미할 때가 있다.

교전단체(交戰團體) 〔英〕 belligerent community 〔獨〕 Kriegspartei 〔佛〕 partie belligérante 국제법상의 교전자로서의 자격이 인정된 叛徒團體. 첫째, 교전단체는 반도단체이다. 즉, 국가영역의 일부를 점령하고 사실상의 정부를 조직하여 본국과 병력으로써 투쟁하고, 본국으로부터 분리·독립하여 신국가를 건설하거나, 본국정부를 타도하

고 정권을 획득하려는 단체이다. 둘째, 교전단체는 국제법의 주체로서의 제한적 자격이 인정된 단체이다. 따라서 전쟁 및 중립에 관한 사실에 대하여 국제법상의 능력이 인정된다. 셋째, 교전단체는 일시적(잠정적)인 단체이다. 따라서 본국과 교전단체와의 전쟁이 종결되면 교전단체는 소멸된다. 이 경우에 본국이 승리하면 교전단체가 점령한 지역은 본국 권력에 지배되며, 교전단체가 승리하면 분리된 국가로서의 승인을 받든가 종래 국가의 新政府로서의 승인을 받아야 한다. 어느 경우를 막론하고 교전단체는 법적으로 소멸된다. 이런 의미에서 교전단체는 잠정적인 단체이다. → 교전단체의 승인

교전단체(交戰團體)**의 승인**(承認) 〔英〕 recognition of belligerency 일국에 내란이 발생하여 반란군이 국내의 일정한 지역을 점령하고 사실상의 정부를 조직하여 그 지역에서 실권을 장악하고 있을 때, 본국 또는 제3국에 의하여 국제법상의 전쟁의 주체로서의 승인을 받는 경우가 있는 바, 이것이, 즉 교전단체의 승인이다. 교전단체의 승인은 본국이 승인하는 경우와 제3국이 승인하는 경우가 있다. 본국이 자기에게 반항하는 叛徒團體를 교전단체로서 승인한다는 것은 일반적으로 자국에 불이익이 될 뿐만 아니라 위신에 관계되는 문제이므로 거의 행해지지 않는 것이 보통이나, 다만 다음과 같은 이유에서 승인을 하게 된다. 첫째, 반도단체와의 전쟁에 있어 國際法을 적용함으로써 전쟁의 잔학성을 완화하겠다는 점, 둘째, 자기의 권력이 현실적으로 미치지 않는 반도단체의 행위에 대한 국제법상의 책임을 면하겠다는 점에서 승인을 하게 된다. 제3국에 의한 승인은 반도단체가 점령하고 있는 지역에, 제3국의 국민 또는 재산이 존재하고, 그 권익보호를 본국정부에 기대할 수 없을 때 행하여진다. 본국에 의한 교전단체의 승인에는 특별한 요건이 없으나, 제3국이 승인하려면 반도가 일정한 지역을 현실적으로 지배하고 본국의 실력이 이 지역에 미치지 못하는 것 외에 戰爭法規를 준수할 의사와 능력이 있어야 하며, 특히 반도단체의 점령지내에 보호를 요하는 자국의 권익이 존재하여야 한다. 이와 같은 요건이 불비한 경우에 행한 승인은 본국에 대한 불법간섭이 된다. 본국이 반도단체를 교전단체로 승인하면 국내법상의 반란이 국제법상의 전쟁으로 轉化하며, 양자간에는 전쟁법규가 적용되고 교전국으로서의 국제법상의 의무를 부담하여야 하므로, 반란단체의 병사도 국내법상의 범죄인으로 취급되지 않고 국제법상의 포로로서 취급된다. 본국정부와 일체의 제3국간에는 중립관계가 발생한다. 또한 본국은 다른 제국과의 관계에 있어서 교전단체의 행위에 대한 국제법상의 책임이 면제되고 교전단체 자신이 책임을 부담한다. 다음 제3국이 승인하면, 반도는 자기가 점령한 지역내에 있는 외국의 권익을 보호하고, 그 손해에 대한 책임을 부담하여야 하며, 또한 승인을 한 제3국도 본국과 교전단체에 대하여 국제법상의 中立義務를 부담하여야 한다. 이상의 교전단체승인의 효과는 일시적인 점에서 國家承認, 政府承認과 상이하다. 따라서 본국과 교전단체와의 전쟁이 종결되면, 승인의 효과도 자연히 소멸된다.

교전법규(交戰法規) 전시국제법 중 교전국 상호간의 관계(교전국과 중립국과의 관계를 제외)를 규율하는 국제법규의 총칭. 일반적으로 戰時法規라 함은 넓은 뜻에서는 전시국제법, 좁은 뜻에서는 그 중의 교전법규만을 의미한다. 戰鬪法規라 함은 교전법규 중 직접 전투에 관계되는 법규를 총칭한 것이다.

교전상태(交戰狀態) 〔英〕 belligerency 널리 전쟁을 행하고 있는 상태. 특히 교전단체승인이 이루어진 이후의 투쟁상태를 그 이전의 상태인 叛亂狀態와 구별하여 교전상태라고 부를 때가 있다.

교전자(交戰者) 〔英〕 belligerent 〔獨〕 Kriegführender 〔佛〕 belligérant 세 가지 의미가 있다. 첫째는 전쟁에 참가하고 있는 국가, 즉 교전국과 전시국제법의 주체인 교전단체를 포함한다. 둘째는 교전국의 병력과 교전단체의 병력도 물론 포함된다. 셋째는 병력을 구성하고 있는 개개인. 셋째 의미의 교전자는 전투원과 비전투원을 포함하는 것으로 병력에 속하지 않는 개인을 의미하는 비교전자(〔英〕 non-belligerent 〔獨〕 Nicht-kriegführender 〔佛〕 non-belligérant), 또는 평화적 인민(population pacifique)에 대한 말이다.

교전조리(交戰條理) 〔英〕 necessity of war 〔獨〕 Kriegsraison, Kriegnotwendigkeit 戰數(전쟁의 必數)라고도 한다. 전투법규에 따르면 군이 비상한 위해를 면할 수 없는 경우, 또는 적의 저항을 좌절시킬 수 없는 경우에는 거기에 따르지 않아도 된다는 이론이다. 이는 전쟁의 필연의 數, 당연한 조리로서 전투법규는 처음부터 이러한 대원칙을 전제로 하고 있는 것이라고 설명되고 있다. 그러나, 만일 이러한 원칙을 인정한다면 전투법규의 위반에 대해 알맞는 구실을 주어, 결국 전투법규 전체를 유명무실하게 할 염려가 있다. 특히 적의 저항을 좌절시키기 위해서도 이것을 인정할 수 있다면, 戰鬪法規 위반을 번번이 허용하는 결과가 될 것이다. 제1차세계대전후 주로 독일학자에 의해 이

원칙이 주장되었는데, 다수의 영·미 국제법학자는 당시에도 벌써 이것을 반대하고 나섰다. 그리하여 제1차세계대전 후에는 비록 독일학자일지라도 이를 주장하는 이는 거의 없게 되었다. 오늘날에는 일반적으로 부인되고 있는 이론이다.

교정과학(矯正科學) → 행형학

교정관(矯正官) 교도관리의 직제상의 한 계급으로서, 교도소의 과장 5급인 국가공무원이다. 교도소는 수형자의 사회복귀교육을 위한 도장이며 수형자가 생활하는 小社會이기 때문에, 교도관은 고결한 인격과 온후한 덕망, 그리고 소사회인 교도소를 합리적으로 이끌어갈 수 있는 유능한 재질이 요구된다.

교정국(矯正局) 法務部의 內局. 교정국에 교정과·계획과·관리과를 두고 교도행정의 조사연구와 종합계획, 형의 집행, 재소자의 석방·이송, 교도관의 양성·배치·복무, 지문의 감식, 교도작업특별회계의 예산, 재소자의 교육·순화, 소년의 보호, 소년원생의 수용 등에 관한 사항을 掌理한다. 법무부직제의 개정(1962 閣令 770호)에 의하여 신설되었다.

교정보호(矯正保護) 수형자의 교정 및 석방자의 보호를 말한다. 전후 수형자의 개선이 일층 중시되기에 이르러 行刑의 대신으로 쓰여지며 더욱 종합적인 관념으로서 이 말이 사용되게 되었다.

교정시설(矯正施設) 수용자를 사회생활에 적응시키기 위하여 矯正教育을 행하는 시설. 교도소·소년교도소·소년원 등은 모두 교정시설의 범주에 들어간다.

교정시설경비교도대(矯正施設警備矯導隊) 보호감호소·보안감호소·구치소 및 교도소 등 교정시설에 대한 경비와 무장공비의 침투나 폭도 등에 의한 교정시설의 파괴 또는 재소자의 탈취 및 폭동 등에 효과적으로 대처하기 위하여 법무부장관의 소속하에 교정직공무원과 歸休員으로 구성되는 교정시설경비교도대설치법에 의하여 설치된 기관으로 일정한 요건하에 검문을 행하고 무기를 사용할 수 있으며(4, 5) 대원 중 전사상자 기타 순직자에 대하여는 군인에 준하여 전사상급여금을 지급하는 외에 군사원호보상법에 의한 원호대상으로 하며 근무기피, 초소이탈, 직무태만자에 대한 벌칙이 있다(11, 12).

교정원(矯正院) → 소년원

교정의학(矯正醫學) 〔英〕 correctional medicine 좁은 뜻으로는 범죄자의 심신의 장해를 제거하여 건전한 사회인으로 복귀시키기 위하여 최선의 치료처우를 연구하는 의학을 말하지만, 넓은 뜻으로는 犯罪行動의 의학적·정신의학적 원인을 탐구하여, 예방의 처치를 강구하는 것도 포함된다. 구금에 의하여 일어나는 신체질병, 정신장해, 영양장해를 치료하는 것은 물론, 범죄자에는 원래 심신의 고장이 많이 있기 때문에, 이에 加療하는 것이다.

교정처분(矯正處分) → 보호처분

교 지(嬌旨) 임금의 뜻을 어기는 것. 또는 임금의 뜻이라고 사칭하는 것. 大明律의 大臣專擅選官條에 대신이 마음대로 사람을 선출하거나 임관할 때에는 참형에 처한다고 되어있다.

교차개념(交叉概念) 〔英〕 cross concept 〔獨〕 kreuzbegriff 〔佛〕 concepts entrcroisement 外延의 일부를 공유하는 2개의 개념. 交互概念이라고도 한다. 예컨대 소녀와 미인, 교육자와 학자와 같은 것.

교차신문(交叉訊問) → 교호신문

교차책임(交叉責任) 〔英〕 cross liability 선박이 쌍방의 과실로 인하여 충돌한 경우, 각 선박소유자가 그 분담할 손해의 비율에 응하여 서로 不法行爲로 인한 損害賠償請求權을 가지는 것을 말한다. 이 경우에는 선박의 충돌이라고 하는 불법행위는 1개라고 하고, 이로부터 생기는 손해도 또한 一團으로 고찰하여, 受領計定으로 되는 어느 일방의 선박소유자에게만 상대방에 대한 1개의 손해배상청구권이 발생함에 불과하다고 하는 單一責任(single liability)의 입장에 대하는 것. 해상보험약관에서는 교차책임약관이 채용되고 있다.

교차투표(交叉投票) 〔英〕 cross-voting 의회에서 의원들이 투표를 할 때 소속정당의 黨意에 구애됨이 없이 자의에 따라 투표하게 하는 투표방식. 즉 소속정당의 당의와는 반대되는 투표도 할 수 있다. 미국에서는 다수당일지라도 그 정책의 입법화를 위해 언제나 반대당의원의 찬성에 기대를 걸지 않을 수 없다. 극단적인 경우에는 양 정당 공히 완전히 양분되어 투표하는 일도 있다. 실제로 그때 그때 양 정당의 각 정파간의 이해와 타협과 조정이 이루어져 다수가 형성되기도 한다.

교차청약(交叉請約) 〔獨〕 Kreuzofferte 말을 천만원으로 팔겠다는 갑의 청약이 을에게 도달하기 전에 을은 말을 천만원으로 사겠다는 청약을 하는 것과 같이 두 사람이 서로 객관적 내용이 일치하는 청약을 하는 것. 학설상 일반적으로 이것에 의하여 계약의 성립을 인정하여 온 것을 민법이 명문으로 규정하였다(民 533). 그것은 계약이 성립하기 위하여는 상대방과 계약을 체결하려는 의사의 합치만으로 충분하고, 상대방의 특정의 의사표시와 합치하려는 의사의 합치는 필요하지 않기 때문이다. 계약성립의 시기는 뒤의 請約이 到達한 때이다(111, 531 참조).

교통경찰(交通警察) 〔英〕 traffic police 〔獨〕 Verkehrspolizei 교통상 발생할 수 있는 위해를 방지함으로써 사회공공의 안녕질서를 유지하기 위하여 행하는 좁은 뜻의 行政警察. 그 대상이 되는 교통의 종류에 따라 도로교통에 관한 육상교통경찰, 항해·하천항행·개항질서 등에 관한 水上警察 및 항공비행 등에 관한 航空警察로 나눌 수 있다. → 행정경찰

교통기술연구소(交通技術硏究所) 건설교통부장관 소속하에 두는 기관으로서 철도용 차량, 철도운전용 연료, 油脂, 공사용품, 차량용품 및 전기용품 그 밖에 교통에 관한 기술의 조사와 연구에 관한 사무를 관장한다. 하급조직으로 서무과, 1과, 2과, 3과, 4과와 5과를 둔다(交通技術硏究所職制).

교통방해(交通妨害)**의 죄**(罪) 교통시설의 손괴 기타의 방법으로 교통을 방해하는 죄(刑法各則 제15장). 本罪의 保護法益은 1차적으로는 사회공중의 교통의 안전이지만, 2차적으로는 불특정 또는 다수인의 생명·신체 또는 재산의 안전도 고려되어 있다. ① 육로·수로 또는 교량을 손괴 또는 불통하게 하거나 기타 방법으로 교통을 방해하는 죄(185), ② 궤도·등대 또는 표지를 損壞하거나 기타 방법으로 기차·전차·자동차·선박 또는 항공기의 교통을 방해하는 죄(186), ③ 기차 등의 전복죄(187), ④ 교통방해치사상죄(188), ⑤ 과실·업무상과실 또는 중과실에 의하여 ①~③의 죄를 범한 경우 등이 포함된다. 그리고, ①~③의 未遂犯(190) 및 ②③의 豫備·陰謀(191)를 처벌한다.

교통방해치사상죄(交通妨害致死傷罪) ① 육로·수로 또는 교량을 손괴 또는 불통하게 하거나, 기타 방법으로 교통을 방해하는 죄, ② 궤도·등대 또는 표지를 손괴하거나, 기타 방법으로 기차·전차·자동차·선박 또는 항공기의 교통을 방해하는 죄, 혹은 ③ 사람의 현존하는 기차·전차·자동차·선박 또는 항공기를 전복·매몰·추락 또는 파괴하는 죄를 범하여 사람을 死傷에 이르게 하는 罪(刑 188). 結果的 加重犯이다. → 교통방해의 죄

교통안전시설(交通安全施設) 도로·철도·궤도·항만시설·어항시설·수로·공항·비행장 및 항공보안에 관련되는 시설과 그 시설물에 구축 또는 부착되어 차량·선박 또는 항공기의 안전운행 또는 運航을 보조하는 工作物 등을 말한다(交通安全法 2 xi).

교통안전공단(交通安全公團) 교통안전공단법(1979년 법률 3185호)에 의하여 교통사고의 예방을 위하여 설립된 法人. 공단은 교통안전교육·교통안전기술의 개발 및 보급, 교통안전에 관한 정보·외국기술도입 및 국제협력 등의 업무를 행하며(6), 임원은 이사장을 포함한 5인 이내의 이사와 감사 1인을 두며 임원은 결격사유가 있으면 임면할 수 없으며(7, 9) 공단사업자금에 충당하기 위하여 각종 분담금 및 정부출연금으로 조성되는 交通安全基金을 설치하고 있다(13, 17).

교통영향평가(交通影響評價) 대량의 교통수요를 유발할 우려가 있거나 대량의 교통수요를 처리하기 위한 사업을 시행하거나 시설을 설치하는 경우 미리 당해 사업의 시행 또는 시설의 설치로 인하여 발생할 교통장애 등 교통상의 각종 문제점 또는 그 효과를 검토·분석하고 이에 대한 대책을 강구하는 것을 말한다(都市交通整備促進法 2 vi).

교통정책(交通政策) 국가 또는 지방자치단체가 경제적·문화적·군사적 목적으로 운수·통신에 관한 일체의 사물에 관하여 체택하는 정책을 말한다. 交通政策을 대상(교통기관)에 따라서 나누면 운수정책 및 통신정책으로 되며, 그것은 다시 철도정책·운하정책·항공정책·우편정책·전화정책·전신정책 등으로 나누어진다.

교 포(僑胞) 외국의 영역에 거주하고 있는 국민. 거주국의 입장에서는 외국인(alien)이다. 교포는 屬人主義原則에 따라 본국과의 법적 관계를 가지며, 屬地主義原則에 따라 거주국의 법적 규제를 받는 특별한 지위에 있다. 교포의 권리·의무에 관하여는 외국인을 보라. → 재외국민보호권, 외교적 보호

교호신문(交互訊問) 〔英〕 cross-examination 〔獨〕 Kreuzverhör 증인신문에 있어서 법원이 직접 증인을 신문하지 않고 당사자가 교호로 신문을 하는 방식. 증인은 먼저 이를 신청한 당사자가 신문하고(主訊問·直接訊問), 다음에 상대방 당사자가 신문한다(反對訊問). 그리고, 다시 신청한 당사자가 재신문을 행하며, 이에 대하여 상대방 당사자도 재반대신문을 행하는 순서로, 양 당사자가 상호

로 신문을 한다. 재판장도 필요가 있으면 증인에 대한 신문을 하는 것이지만, 이는 보충적인 것에 불과하고, 신문의 주체는 당사자인 것이다. 이것은 증거조사인 증인신문에 있어서도 當事者主義를 철저하게 채택한 방식으로서, 英美證據法의 특징이다. 우리나라에서도 민사소송법 298조 및 형사소송법 161조의 2에 의해서 이를 채택하였다. 이에 의하면, 원칙적으로 증인신문방식은 교호신문제를 취하였으나, 필요하다고 인정하는 경우에는 재판장이 직접 신문을 할 수도 있고, 또 교호신문 자체의 순서를 변경할 수도 있다. 이것은 아직 우리나라의 현황으로서는, 당사자가 신문기술을 완전히 습득하지 못하였기 때문이다. 교호신문제도가 채용되려면, 첫째로 신문에 임하는 소송당사자의 실력이 대등하여야 하고, 둘째로, 事實認定權을 법관이 아닌 陪審員이 가지고 있을 때에 한하여 그 실효성이 있다고 볼 수 있다. 다만 형사소송법은 간이공판절차에 의하도록 결정한 사건에 관하여는 그 증인신문을 교호신문에 의하지 않고 법원이 상당하다고 인정하는 방법으로 할 수 있다고 규정한다(297의2).

교 환(交換) 〔英〕exchange〔獨〕Tausch〔佛〕échange 당사자가 금전 이외의 財産權을 서로 이전할 것을 약정함으로써 성립하는 契約(民596). 예컨대, 한쪽이 반지의 소유권을, 다른 쪽이 시계의 소유권을 이전할 것을 약정하는 따위. 역사적으로는 賣買에 앞섰고, 화폐경제의 발달 이전에는 중요한 기능을 담당하고 있었으나, 오늘날에 있어서는 그 작용은 크지 않다. 민법도 당사자의 한쪽이 목적물과 함께 금전(보충금 또는 補足金)도 지급할 것을 약정한 때에는 이에 관하여는 매매대금에 관한 규정을 준용한다고 하였을 따름이다(597). 그러나 기타의 점에 관해서도 일종의 有償·雙務契約이며, 일반으로 매매에 관한 규정이 준용된다(567).

교환거래(交換去來) 〔英〕exchange transaction 부기용어로 사용되는 경우가 비교적 많다. 이 뜻에 있어서는 재산을 구성하는 자산·부채간에 相計的으로 변동을 가져오는 것 등이 있다. 예컨대 현금 10만원을 가지고 영업용 집기를 구입하는 경우에 현금인 자산의 감소에 대하여 자본금액에 하등의 변동도 가져오지 않음과 같은 것.

교환교수(交換敎授) 文化交流의 촉진을 위하여 국가 상호간에 교환 파견되는 교수. 현재 한국에서 미국으로 파견되는 교환교수는 관비유학생의 성격을 띠고 있으며 스미트먼트 및 ICA 원조계획에 의한 파견을 예로 들 수 있는데 전자는 미국 國務省 초청으로 해마다 인문·사회과학 부문 및 기초과학 부문의 대학교수·강사 중 각 대학교 총장의 추천으로 소정의 심사에 합격한 자를 도미 연구 시찰로 파견하고, 후자는 서울대학교와 미국 미네소타 대학간에 체결된 협정으로 서울대학교 공과·농과·의과대학 교직자를 미네소타 대학에 파견한다.

교환분합(交換分合) 토지의 이용을 증진하기 위하여 토지상의 소유권 기타의 권리를 교환·분할·합병하는 行政處分. 농어촌정비법은 농지개량사업의 하나로서, 시·군 및 농지개량조합이 농지의 이용을 증진하기 위하여 公權力에 기하여 일단의 농지상의 소유권 기타의 권리, 농업용시설에 관한 권리, 用水에 관한 권리 등의 교환분합을 행할 수 있음을 규정하고 그 요건·절차·효과 등에 관하여 상세히 규정하고 있다(56~60). 그 밖에 農地法(14)과 農業協同組合法(58)에서도 농지 등의 교환분합을 인정하고 있고, 토지구획정리사업법에 의한 換地處分도 택지의 이용을 증진하기 위한 일종의 교환을 인정하고 있다고 할 수 있다. →환지처분

교환설(交換說) 쌍방계약에 있어서 당사자의 일방의 급부가 그 책임으로 귀결할 사유로 인하여 불능이 된 경우에는 상대방은 전부의 손해배상을 청구할 수 있으나 자기도 또한 그 反對給付를 해야 한다는 학설. 이것이 오늘날의 일반적인 통설이다.

교환적 급부(交換的給付) 쌍방계약에 있어서 당사자 쌍방이 동시에 교환적으로 하는 급부. 소송에 있어서 同時履行의 抗辯이 원용되었을 경우에는 교환적 급부의 판결이 된다.

교환적 급부(交換的給付)**의 청구**(請求) 상대방에게 동시이행의 항변권이 있는 경우에 피고는 원고의 債務履行과 교환하여 원고에 대하여 급부해야 한다는 판결을 요구하는 것. →상환급부판결

교환적 소(交換的訴)**의 변경**(變更) 소의 변경의 한 가지 방법. 구청구와 교환하여 신청구에 관하여서만 심판을 신청하는 경우를 가리킨다. 追加的 訴의 變更에 대한 말. 구청구의 소멸을 가져오는 점에서 소의 취하와 같으므로 피고가 本案에 관하여 변론을 하였거나, 또는 준비서면을 제출한 후에는 그의 동의를 필요로 한다(民訴 239 Ⅱ)는 설도 있다.

교환적 이행(交換的履行)**의 청구**(請求) 원고가 이행의 소를 제기하는 경우에, 상대편이 同時履行의 抗辯權이나 留置權을 가지고 있을 때, 피고는 원고의 채무이행과 교환하여 원고에 대하여

이행하여야 한다라는 판결을 구하는 것. → 상환이행판결

교 황(敎皇) → 로마교황

교황사절(敎皇使節) 로마 교황청과 아직 정식 외교관계를 맺지 않은 나라에서 교황청을 대표하는 名義主敎. 장차 그 나라와의 정식 외교관계의 체결을 위한 준비 등을 그 임무로 한다. 한국에서 1947년 8월 빠쁘리끄 재끄 바르메가 부임했었다.

교황청(敎皇廳) 로마의 聖廳. 법왕청, 가톨릭 교회의 총본산으로서 교황을 보좌하는 행정기관. 현재 12개의 聖省, 3개의 재판소, 5개의 비서국으로 되어 있는 바 바티칸市國 안에 있다. → 바티칸 시국가

교 회(敎會) 宗敎團體 또는 宗敎法人의 하나. 종교적 의미의 교회는 모든 종교에 존재한다. 외국에는 그 교회에 관해 규율하는 특별법이 많이 제정되고 있으나, 우리나라에는 아직 그와 같은 법률은 제정되고 있지 않다.

교 회(敎誨) 〔獨〕 Seelsorge 受刑者에 대한 덕망의 함양. 교도소장·소년교도소장은 수형자의 인격도야·개과천선을 촉진시키기 위하여 敎誨를 하여야 한다(行刑 31 Ⅰ. 1980년 삭제). 교회에는 종교교회와 일반교회가 있는데, 宗敎敎誨란 수형자에 대한 종교적 설교를 말하고(31 Ⅱ 참조), 一般敎誨란 덕성을 함양하기 위한 윤리도덕적 정신교화를 말한다. 그런데 종교교회는 헌법상 종교의 자유가 보장되어 있기 때문에 無宗敎受刑者에게는 강제로 실시할 수 없고, 또한 정책적 면에서 보더라도 무종교수형자에게는 윤리도덕적 덕성의 함양을 위한 일반교회만이 요구된다. 또 교회에는 정기교회와 임시교회가 있다. 정기교회는 교도소내의 일정한 교회당에서 행하고, 임시교회는 수시로 어느 곳에서나 행한다.

교회국가주의(敎會國家主義) 국가를 교회에 예속시키고자 하는 주의. 교황 니콜라스 1세에 의하여 시작되었는바 국가권력은 교회를 통하여 신으로부터 군주에게 부여되어야 한다고 주장하였다. 후에 이것이 王權과 敎皇權의 대립을 초래하였으며, 14세기 초의 프랑스 왕권 대 교황권과의 싸움 이후부터 차츰 약화되었다.

교회법(敎會法) 〔羅〕 ius ecclesiasticum 〔英〕 ecclesiastical law 〔獨〕 Kirchenrecht 〔佛〕 droit canonique 그리스도교 信者團體로서의 교회에 관한 법이며, 교회의 조직과 활동을 규율하는 법을 말한다. 교회법에는 교회의 내부에서 자주적으로 정립되어 교회의 조직이나 교회와 신도와의 관계 등을 규율하는 것(내부적 또는 고유의 교회법)과 국가에 의하여 정립되어 국가와 교회와의 관계를 규율하는 것(외부적(또는 국가적) 교회법)이 있으며, 또 이에는 가톨릭교회법과 프로테스탄트교회법의 구별이 있다. 가톨릭 교회에 있어서는 동교회의 입장·본질로부터 교회법에 중요한 의의가 인정되고, 또한 교회법은 普遍法·世界法인 성격을 가지고 있지만, 프로테스탄트 교회에서는 교회법에 제2차적 의의밖에 인정되지 않고, 또한 교회법은 각국·각파에 분열되어 있다. 가톨릭 교회법의 법전으로서는, 과거에 敎會法大全(Corpus Iuris Canonici, 1582년 공포)이 있고, 현재에는 敎會法典(Codex Iuris Canonici, 1917년 公布)이 있다. 가톨릭교회법과 역사상의 이른바 카논법은 같은 뜻으로 쓰이는 일이 많지만, 반드시 동의는 아니다. 카논법이라 함은 교회법대전 이래, 이 법전에 포함되는 법을 말한다. 따라서, 실질적 교회법 이외의 것(예컨대 후대의 국가법에 속하는 사법·형법·소송법 등)을 포함하는 한편, 교회법에 속하는 것(예컨대, 당시의 지방특별법인 교회법이나 트리엔트 公議會 이후의 교회개혁입법 등)을 포함하지 않는 관념이다. 또한 현행의 교회법전에 포함되어 있는 법도 카논법이라고 부를 수도 있는데, 이 경우에도 로마·가톨릭교회의 보통교회법은 포함하지만, 특별법은 제외되는 관념으로 되어 있다.

교회법대전(敎會法大全) 〔羅〕 Corpus Iuris Canonici 로마법에 있어서의 로마法大全(Corpus Iuris Civilis)에 대비할 수 있는, 교회법의 일대법전. 16세기에 교황 그레고리우스 13세의 勅法에 의하여 편찬되었다(1582년 공포). 그 내용은 ① Decretum Gratiani, ② Liber Extra. ① 이후의 교황령을 모아서 1234년에 공포한 그레고리우스 9세 敎皇令集, ③ Liber Sextus. ② 이후의 法令을 모아서 1298년에 公布한 보니파치우스 8세 敎皇令集), ④ Clementiae(빈公會議의 결의 기타를 모아서 1317년에 공포한 클레멘스법전), ⑤ Extravagantes(요아네스 22세 교황령집 〈Extravagantes Iohannis ⅩⅫ〉 및 보통교황령집 〈Extravagantes Communes〉, 양자 모두 교황령집이지만 私撰)의 5개의 법령집을 포함하며, 이것을 법전화한 것. 1918년 현행 敎會法典(Codex Iuris Canonici, 1917년 공포)이 시행될 때까지, 이 대전이 공적인 카논법전이었다.

교회법전(敎會法典) 〔羅〕 Codex Iuris Canonici 1904년 교황 삐우스 10세의 명에 의하여

설치된, 추기경 가스파리(Cardinal Gasparri)를 장으로 하는 교회법전편찬위원회에 의하여 14년을 소비하여 편찬이 완성되고, 1917년에 교황 베네딕투스 15세에 의하여 공포, 1918년부터 시행된 현행의 로마·가톨릭교회법전. 본법전은 5편, 즉 總則(normae generales)·人의 法(de personis)·物의 法(de rebus)·訴訟法(de processibus)·刑法(de delictis et poenis)으로 이루어지고, 다시 部·章·項으로 나누이며, 조문은 通番에 의하면 2414조이다. 이전의 교회법대전이 교황의 법령집으로서 잡다한 작품임을 면하지 못하였던 것임에 대하여, 쉽고 간결한 라틴어로 기술된 훌륭한 통일적 대법전으로, 현재 가장 중요한 교회법 法源이며, 가톨릭세계의 현행법으로서 적용되고 있다. 또한 이 법전은 교회법인 동시에 바티칸시국가의 법전으로 되어 있으며, 이 법전에서 규제하지 아니한 시민생활에 관하여는 이탈리아민법이 보충적으로 적용된다.

교회혼주의(敎會婚主義) 교회법이 정하는 방식에 의하여 혼인의 성립을 인정하고자 하는 것. 사회제도로서의 婚姻成立은 역사적으로 볼 때에, 언제나 공시방법으로서의 의식을 수반하였는데, 중세 가톨릭교회가 이것을 잘 이용하여, 이른바 혼인 새크러먼트(婚姻聖事)의 敎義를 확립하여 드디어 혼인에 관한 입법권과 사법권을 장악하게 되었다. 그리하여 기독교상의 의식에 의하지 않으면 유효한 혼인을 할 수 없다는 교회혼주의가 전유럽을 풍비하게 되었다. 그러나, 근래에 들어오자 이에 대한 반항이 각 방면에서 일어나서 법률혼주의의 단서가 열렸다. 즉 婚姻還俗運動이 일어남으로써 교회혼주의는 쇠퇴하고, 오늘날에 있어서는 거의 전부의 나라가 法律婚主義를 채용하고 있다.

구(區) 넓은 뜻으로 말하면 구 안에는 자치권을 가진 법인인 自治區와 행정구획이라고 할 수 있는 行政區가 있다. 한국에는 서울특별시와 인구 50만 이상의 시에 한하여 행정구로서의 구를 둔다. → 행정구, 자치구

구교도자유법안(舊敎徒自由法案) 審査法에 의하여 정부관리·국회의원이 되지 못하는 영국 구교도에게 신교도와 동일한 권리를 인정한 법률. 1829년에 성립하였으며, 가톨릭교도 解放令이라고도 한다.

구교운동(仇敎運動) 아편전쟁 후 중국에서 일어난 반기독교운동. 아편전쟁을 계기로 하여 중국에 진출한 구미 각국이 교회를 옹호하였으므로 교회의 세력은 급격히 전국적으로 확대되자 구미의 침입세력에 불만을 품은 중국인이 기독교를 배격하는 운동을 일으켰는바, 그 대표적인 것은 1900년의 義和團事件이다.

구국조약(九國條約) 〔英〕 The Nine Power Treaty, Treaty between Nine Powers concerning China 1922년 2월 6일, 미국의 워싱턴회의에서 미국·영국·중국·프랑스·일본·이탈리아·네덜란드·포르투갈·벨기에의 9국이 극동에 있어서의 사태의 안정을 기하고, 중국의 권리·이익을 옹호하며, 機會均等의 기초 위에서 중국과 다른 열강국간의 교통을 증진할 것(前文)을 목적으로 하여 체결된 조약. 즉 ① 중국의 主權·獨立 및 그 領土 및 行政的 保全을 존중하는 것(1Ⅱ). ② 종래 열강의 대중국정책의 원리로서 특히 미국에 의하여 주창된 것이다. 중국에서의 문호개방 혹은 기회균등주의를 조약상의 의무로서 정하여, 그 내용을 상세히 규정한 것이다(1Ⅲ Ⅳ Ⅴ). ③ 본조약규정의 적용에 관하여 문제가 일어났을 때에는 언제든지 관계체약국간에 충분한 교섭을 할 것을 규정하였다. 이것은 제1차세계대전 이후 퍽 진전한 중국의 國權回復運動을 고무시키는 동시에, 門戶開放政策을 유리하게 하는 선진자본주의제국의 이익을 옹호하면서 세력국의 확장을 꾀하는 일본의 대중국진출을 저지하려는 목적이었다. 그 후, 일본의 대륙에의 무력진출로부터 태평양전쟁에 이르는 미·일간의 투쟁은, 법적으로는 항상 이 9개국조약을 하나의 근거로 한다.

구 금(拘禁) 〔獨〕 Verhaftung 피고인 또는 피의자를 교도소·구치소에 감금하는 재판 및 그 집행(刑訴 69 참조). 유죄로 확정되지 않은 자에 대하여 행하여지는 점(따라서, 未決拘禁이라고도 부른다)에서, 刑의 일종인 拘留와 다르다. 구법에서는 勾留라 하였다. → 구속

구두제공(口頭提供) 〔獨〕 wörtliches Angebot 변제의 제공의 모습 중 예외적인 경우로서 변제자가 급부의 준비만을 하여 채권자의 수령을 催告하는 것. 언어상의 제공이라고도 한다. 현실제공에 대하는 관념이다. 채권자가 미리 변제받기를 거절하거나, 채무의 이행에 관하여 채권자의 행위를 요할 때에 한하여, 구두의 제공으로 족한 것으로 규정되어 있다(民 460但). 구두제공을 함에 있어서 채무자가 하여야 할 준비의 정도는 결국은 거래관행과 신의칙에 의하여 정하여진다.

구두동의(口頭動議) 회의에 있어서 그 회의의 구성원이 회의장에서 말로서 그 회의의 의제가 될 수 있는 의사표시를 소정의 절차와 요건을 갖추어 의장에게 하는 것을 動議라 하는바, 이러한

동의에는 그 표시방법에 따라 서면동의와 구두동의가 있다. 의회사를 보면 초기단계에서의 회의의 운영과 진행은 동의만에 의해서 이루어졌었으며 이 경우 동의는 대부분 구두동의이었다. 현행 국회법 89조에서는 일반적 동의에 있어서 동의자의 동의가 있고 1인 이상의 찬성자가 있으면 의제가 되도록 하고 있다. 구두동의 외에 書面動議가 허용되며 서면동의로 하느냐 구두동의로 하느냐는 동의자의 의사에 달려 있으나 일반적으로 내용이 길고 복잡하거나 매우 중대하거나 명확성을 요하는 동의의 경우에는 서면동의로 하는 것이 보통이다. 다만 국회법 95조에서는 수정동의의 경우에 반드시 안을 갖춘 서면으로 할 것을 명시하고 있다. 구두동의는 의사진행을 능률적으로 하며 회의진행의 본래적 취지에 합당하다는 장점이 있다. 일반적으로 동의하면 구두동의를 의미한다. 구두동의의 종류에는 회의에 따라 위원회에서의 구두동의, 본회의에서의 구두동의로 크게 나눌 수 있다.

구두변론주의(口頭辯論主義) 법원이 당사자의 구두에 의한 공격·방어를 근거로 하여 심리·재판하는 주의를 말한다. 구두변론주의는 口頭主義(口述主義)와 辯論主義를 포함한 개념이다.

구두주의(口頭主義) 구술주의와 같다.

구 류(拘留) 〔獨〕 Haft, Haftstrafe 형법이 규정하는 형벌의 일종(41). 懲役·禁錮와 더불어 自由刑에 속한다. 1일 이상 30일 미만의 기간 교도소에 구치한다(46). 같은 자유형이지만 그 기간이 짧다는 점에서 징계·금고와 차이가 있고, 금고와 더불어 정역에 복무하지 않는 점에서 징역과 차이가 있다(67 참조). 그러나, 신청이 있는 경우에는 작업을 과할 수 있다(行刑 38). 또 형벌의 일종인 점에서 재판확정전의 피의자 또는 피고인의 구금과 구별되며(→미결구금), 재산형집행의 방법으로서의 換刑處分인 勞役場留置와도 구별된다.

구류(拘留)**의 집행정지**(執行停止) 구형사소송법상의 용어. →구속의 집행정지

구류장(拘留狀) 구류의 재판을 기재한 재판서. 구형사소송법상의 용어. →구속영장

구매조합(購買組合) 組合員을 위해서 필요한 물자를 매입하고, 이에 가공 또는 가공하지 않은 채로, 조합원에게 공급하는 協同組合. 生產物資를 취급하는 것, 消費物資를 취급하는 것, 양자를 다 같이 취급하는 것 등이 있다. 각종의 協同組合法(중소기업협동조합법, 농업협동조합법)에서 규정하고 있다.

구매혼(購買婚) 남자편이 여자편에게 일정한 금품을 제공함으로써 성립되는 結婚. 고대 여러 나라에 이와 같은 풍습이 있었다고 한다. 물론 금품 이외의 노동력을 제공함으로써 성립하는 결혼도 있었으나 여자는 지급한 금품으로 인하여 이혼의 자유가 구속되는 것이 통례이다.

구문권(求問權) 釋明權은 법원측의 권능이고, 당사자에게는 석명권이 없으나 재판장에 대하여 필요한 석명을 요구할 수 있는 것을 말한다(民訴 126 Ⅲ).

구문기(舊文記) 文記라 함은 권리에 관한 사적증서의 하나이다. 원래 토지에 대한 公證制度가 없어 그 권리의 증명방법이 불비하므로, 그 권리의 성립을 확보공시하기 위하여 문기작성의 필요를 보게 되고, 토지에 관한 權利得喪의 요건으로 하는 관습이 발달한 것이다. 문기는 그 성질에 의하여 2종으로 분류할 수 있다. 그 하나는 토지에 관하여 권리취득의 직접원인이 되는 법률행위의 존재를 증명하는 것이고, 다른 하나는 그 권리의 유래가 정확하고 그 권리를 처분하는 자가 진실한 권리자임을 증명하는 것이다. 전자를 新文記, 후자를 舊文記라 부른다. 권리의 최초의 취득시에는 신문기가 있을 뿐이지만, 그 후 權利移轉이 생길 때마다 신문기를 작성하고, 그 신문기에 구문기를 첨부하므로, 권리이전의 횟수가 많을수록 구문기의 수를 증가하고 신문기가 모두 정당하게 연속되는 것이 소유권의 정당성을 표시하는 결과를 가져오므로, 구문기는 그 권리유래의 진실성과 정당성을 입증하는 증거문서가 되는 것이다.

구민법(舊民法) 우리 민법이 시행되기 전까지(1959년까지), 朝鮮民事令 1조에 의하여 1912년 이래로 우리나라에 의용되었던 일본민법(전)을 우리 민법에 대응시켜서 부르는 말. →민법, 일본민법

구분소유권(區分所有權) 민법 215조는 1동의 건물을 여러 사람이 구분하여 각각 그 일부를 소유하는 경우의, 그들 소유자 상호간의 관계를 규정하고 있다. 이는 건물의 일부가 독립한 건물과 경제적으로 동일한 효용을 가지며 사회관념상 독립한 건물로 취급되는 경우에, 그에 대하여 독립한 소유권을 인정하는 것인데, 이러한 소유권을 區分所有權이라 한다. 이 때 구분은 세로의 구분 뿐 아니라 가로의 구분, 즉 階層區分도 포함한다. 부동산등기법은 구분소유에 있어서의 각 부분의 등기방법에 대한 규정을 두고 있다(不登 104 내지 107). 구분소유자간의 相隣關係에 대하여는 민법 215조가 규

율하고 있으나, 1960년대 이후 아파트와 연립주택의 급속한 증가로 인해 민법의 규정만으로는 그들 구분소유관계를 합리적으로 규율할 수 없게 되자 集合建物의 所有 및 管理에 관한 法律(1984년 법률 제3725호)이 제정된 바 있다.

구분수용(區分收容) →구분주의

구분주의(區分主義) 行刑의 목적은 수형자를 矯正敎化하는데 있으므로, 행형의 목적을 달성하려면, 필연적으로 受刑者의 과학적 구분(분류)을 기초로 하여 개별처우하는 것이 요청된다. 현재 우리나라 行刑法이 인정하고 있는 수형자의 구분을 살펴보면, ① 수형자를 성년과 소년(20세 미만의 자)으로 구분하여, 각각 일반교도소·소년교도소에 수용한다(2 Ⅰ·Ⅱ). ② 미결수용자는 구치소에 수용한다(2 Ⅲ). ③ 남자와 여자를 격리수용한다(4). ④ 수형자의 혼거수용의 경우에는 수형자의 형기·죄질·성격·犯數·연령·경력 등을 참작하여 거실을 구별수용한다(11 Ⅱ). 작업장의 취업에도 이와 같다(11Ⅲ).

구분지상권(區分地上權) 민법 289조의2 1항 전단은 지하 또는 지상의 공간은 상하의 범위를 정하여 건물 기타 공작물을 소유하기 위한 地上權의 목적으로 할 수 있다고 규정하고 있다. 결국 空中權 및 地中權 내지 地下權이라 할 수 있는 권리가 인정된 것이며, 이들을 일컬어 구분지상권이라 한다. 이는 토지이용의 효율화를 위해 인정된 제도이다. 구분지상권은 지상권의 일종으로서 토지의 어떤 구분층만을 대상으로 한다는 점에서 토지의 모든 층을 대상으로 하는 보통의 地上權과 구별된다. 그러나 구분지상권은 보통의 일반지상권에 대하여도 準用된다(民 290Ⅱ). 구분지상권자와 토지소유자간의 토지이용관계에는 상린관계에 관한 규정이 준용된다(民 290Ⅰ·Ⅱ, 216 내지 244). 구분지상권은 건물 기타 공작물을 소유하기 위해서만 설정될 수 있다. 따라서 樹木所有를 위해서는 설정하지 못한다. 1필 토지의 전부에 미치는 일반지상권과 달리 구분지상권은 1필의 토지를 가로로 구획한 특정한 층에만 미친다. 구분지상권을 설정할 때에 이러한 층의 한계, 즉 토지의 상하의 범위를 반드시 정해서 등기하여야 한다. 구분지상권 설정에 있어서 그 토지에 관하여 用益權을 가지는 제3자가 있는 경우에는 그 용익권자 전원의 승낙을 얻어야 한다(民 289의2 Ⅱ 前). 승낙을 얻어 구분지상권이 설정된 경우에는 用益權者는 구분지상권의 행사를 방해할 수 없다(民 289의2 Ⅱ 後). 구분지상권에 기하여 토지에 부속된 공작물은 민법 256조 단서의 적용으로 토지에 附合하지 않는다.

구빈법(救貧法) 〔英〕 poor law 빈곤하여 생활이 곤란한 사람들을 구호하는 법의 총칭. →구빈제도

구빈제도(救貧制度) 자본제생산을 基軸으로 하는 사회기구로부터 탈락된 빈민층에 대한 국가의 救恤制度. 그 형태는 자본제생산의 발전 형태에 따라서 각각 다르지만 그 발전적 단계는 대체로 다음과 같다. 초기자본주의의 진전에 의한 봉건사회의 해체에 따라서 배출된 방대한 부랑빈민층에 대해서는 영국의 그것을 전형으로 하는 救貧法(poor law)이 부랑을 방지하고, 이를 생산기구에 소속시켜 노동을 강제하였으며, 또한 이를 위한 强制的 救貧稅를 정하여 그 책임을 敎區 등의 지방자치체에 전가하였다. 제2의 단계에서는 자본의 유기적 구성의 진전에 따라서 생기는 상대적 과잉인구에 대한 것으로 그 구빈제도는 자선사업적 구제제도와 실업대책적 성격을 특색으로 한다. 그러나, 독점자본주의가 지배적으로 되는 제3의 단계에서는 만성화된 대량실업인구로서의 빈민층에 대하여, 이미 이전의 미봉적 정책에 의하여서는 사회문제로서의 빈궁을 해결할 수 없으므로, 각종의 公的扶助制度가 출현되어, 점차 발전·정비되어, 사회보장제도의 일환으로서의 지위를 갖게 되었다(영국의 국민부조법). 우리나라의 구전몰군경유자녀보호법이 자선적인 구빈제도의 성격을 가지는 것이라면, 生活保護法은 공적부조의 성격을 지닌 제도라고 할 수 있다.

구상권(求償權) 타인을 위하여 변제를 한 자가 그 타인에 대하여 가지는 出財의 返還請求權의 의미로 쓰이는 일이 많다. 연대채무자의 1인 또는 보증인이 변제를 한 경우에 다른 연대채무자 또는 주채무자에 대하여 반환을 청구하는 것이 그 예(民 425 이하, 441 이하 참조). 그러나, 민법은 타인의 행위로 인하여 배상의무를 부담하게 된 자(465, 756, 758), 또는 타인 때문에 손실을 받은 자(1038, 1056)의 반환청구, 그리고 변제에 의하여 타인에게 不當利得을 얻게 한 경우의 返還請求權(745) 등에 관하여도 이 말을 쓴다. 요컨대, 다른 자와의 사이의 법률관계를 일견 확정하고, 이로 인하여 발생한 불공평을 내부적으로 淸算하는 경우에 쓰이는 말이다.

구상무역(求償貿易) 〔英〕 give and take trade 무역상의 바터(barter) 개념을 현재 구상무역이라 한다. 바터무역은 원래 物物交換貿易이고, 화폐개념이 개입하지 않는 교환을 뜻하나, 현재 무역상의 바터 개념에는 화폐개념, 구체적으로는 외

국환이 개입하지 않을 수 없다. 따라서 바터 무역에서 오는 화폐개념이 개입하지 않는 交換이라는 뜻을 피하기 위하여, 같은 개념을 구상무역이라고 하고 있다. 즉, 양국간에 그 수출총액과 수입총액의 균형이 맞도록 협정하고, 결국 다액의 물품매매가 되어도 그에 따른 금액의 지급이 필요하지 않도록 결정한 무역을 말한다. 동액의 수출을 주고(give) 동액의 수입을 받는(take)데서, 일반적으로 기브 앤 테이크 트레이드(give and take trade)라고 한다.

구상법(舊商法) 구상법은 일본이 1899년(明治 32년) 법률 제48호로 제정한 것을 일제하에 朝鮮民事令에 의하여 依用하였고, 1938년(昭和 13년) 법률 제72호로서 개정, 해방후에는 헌법에 의하여 계속 의용된 것으로서 제1편 總則, 제2편 會社, 제3편 商行爲, 제4편 海商으로 되어 있으며, 주요한 단행특별법으로서 有限會社法, 手形法(어음法), 小切手法(수표법) 등이 있었다. 1962년 1월 20일에 상법이 법률 제1000호로서 제정되고, 1963년 1월 1일부터 시행됨과 동시에 폐기되었다.

구상보증(求償保證) 〔獨〕 Rückbürgschaft 보증인이 주채무자에 대하여 가지는 求償權을 擔保하기 위한 보증. 즉, 보증인에 대한 주채무자의 상환의무를 보증하는 것으로, 그 효력은 통상의 보증과 다름이 없다.

구상시세(求償時勢) 〔英〕 compensation rate 2개국간의 지급협정에 있어서 결제를 위하여 특정되는 비율을 말한다. 현재에는 달러(弗)를 표준으로 하는 무역을 많이 하는바 관계국 통화와 달러와의 교환비율을 정해둘 필요가 있으므로, 달러레이트를 求償弗時勢(compensation dollor rate)라고 한다.

구상자(求償者) 求償權을 가지는 자. → 구상권

구성요건(構成要件) 〔獨〕 Tatbestand 형법상 금지되는 행위를 유형화하여 규정한 법률상의 개념. 예컨대, 사람을 살해한(刑 250 Ⅰ), 타인의 재물을 절취한(329) 것과 같은 법률상의 犯罪定型(범죄유형)을 말한다. 이것을 犯罪의 特別構成要件이라고도 한다. 범죄가 성립하기 위하여는 먼저 행위가 이러한 구성요건에 해당함을 요한다. 구성요건과 위법성·책임(→형사책임)과의 관계를 보면 구성요건을 순수히 기술적 성질을 가진 것으로 보아 違法性과 관계가 없다고 하는 설(벨링), 그것을 위법성의 認識根據라고 하는 설(마이어(M.E. Mayer)), 그 존재근거라고 보아 구성요건을 違法類型이라고 하는 설(메츠거)이 있고, 또 구성요건을 위법유형인 동시에 有責類型이라고 보는 설도 있다. 그리고 구성하는 요소에 관하여, 이를 객관적·외부적 요소에 한하는 설과 주관적·내부적 요소도 포함시키는 설이 있다. 후설 가운데는 주관적 요소를 객관적 요소의 인식 이외의 것(예컨대, 目的犯에 있어서의 목적)에 한하는 설도 있으나, 근자에는 故意도 주관적 구성요건요소라고 보는 설이 있다. 그뿐 아니라 過失을 구성요건의 요소라고 보는 설이 있다.

구성요건(構成要件)**의 수정형식**(修正形式) 범죄론체계에 있어서의 未遂犯 및 共犯의 지위를 통일적으로 파악하기 위하여 만들어진 개념. 본래 구성요건은 單獨犯·旣遂의 형태를 취하고 있으며, 미수 및 공범은 이러한 구성요건을 수정하여 만들어진 특수한 범죄유형이라는 의미에서 구성요건의 수정형식이라고 한다(小野淸一郎의 제창).

구성요건(構成要件)**의 흠결**(欠缺) 〔獨〕 Mangel am Tatbestand →사실의 흠결

구성요건적 부합설(構成要件的附合說) 법정적 부합설과 같다.

구성요건적 착오(構成要件的錯誤) 〔獨〕 Tatbelstandsirrtum 구성요건의 객관적 요소—사실적(기술적) 요소이든 규범적(의미적) 요소이든—에 관한 착오. 이러한 의미에서 종래의 사실의 착오와 같다. 다만 예컨대, 위법성을 조각하는 사정이 존재하지 않는데 존재한다고 잘못 생각하는 경우, 즉 위법성의 사실에 관한 착오가 事實의 錯誤이냐 法律의 錯誤이냐는 오랫동안 논쟁되어 온 바인데, 이러한 의미에서도 사실의 착오와 법률의 착오라는 분류명칭은 그 착오가 사실에 관한 것이냐 법률에 관한 것이냐에 따라 분류하는 것 같은 인상을 주므로 부정확하고, 따라서 구상요건적 착오와 금지의 착오(위법성의 착오)로 나누는 것이 타당하다는 주장이 유력해지고 있다. →금지의 착오, 착오

구 속(拘束) [1] 형사소송법상 구인과 구금을 포함한 말(刑訴 69). 구속은 신체의 자유에 대한 중대한 침해이므로, 헌법에서 영장주의(憲 12 Ⅲ)와 긴급구속의 경우(12 Ⅲ) 및 변호인의뢰권(12 Ⅳ) 등에 관한 규정을 두고 있고, 형사소송법은 이 헌법조항에 따라 구속에 관한 자세한 규정을 두고 있다. 구속은 수사·공판·형의 집행확보를 위하여 행하여지므로, 피의자구속·피고인구속·형의 집행을 확보하기 위한 구속으로 나눌 수 있다. 피의자 또는 피고인의 구속은 죄를 범하였다고 의심할 만한 상당한 이유가 있는 경우로서, 주거부정·증거

인멸의 염려 또는 도망이나 도망의 염려가 있는 경우(刑訴 70 I, 201)에, 법원 또는 재판장·판사가 발부한 영장(구속영장)에 의해서 행하여지는 것이 원칙이다(→긴급구속, 현행범인). 구속의 폐해를 방지하는 방법으로서, 대륙법계에서는, 기간을 제한하는 방법을 취하고, 영미법계에서는, 必要的 保釋의 제도를 취하고 있는데, 우리 형사소송법은 양자를 모두 채용하고 있다(92, 95 참조). 피의자의 구속기간은 사법경찰관이 10일(202), 검사가 10일(203)인데, 검사는 부득이한 경우에 10일을 한도로 연장이 허용된다(205). 피고인의 구속기간은 2개월이지만, 필요한 경우에 審級마다 2차에 한해서 갱신할 수 있다(92). 피고인의 구속에는 보석이 허용되지만(94~104), 피의자에게는 허용되지 않는다. 구속일수는 일정한 경우에는 법률상 당연히(482), 기타 경우에도 그 전부 또는 일부가(刑 57) 형기에 산입된다. 형의 집행을 위한 형집행장의 발부는 死刑·懲役·禁錮 또는 拘留의 선고를 받은 자가 구금되지 아니한 경우에 검사의 소환에 불응하거나 또는 도망하거나 도망할 염려가 있거나 현재지를 알 수 없는 때에는 소환함이 없이 할 수 있으며(刑訴 473 Ⅲ), 刑執行狀의 집행에는 피고인구속에 관한 규정이 준용된다(475).

[2] 군사법원법상 그 의의, 절차 등 대개 형사소송법상의 그것과 비슷하다. 다만 구속영장은 군사법원의 재판장 또는 군판사가 서명날인하여 발부한다(114). 또 수사단계에서 검찰관 또는 군사법경찰관리가 피의자를 구속함에는 관할 보통군사법원 군판사의 구속영장을 발부받아야 하며, 군판사가 구속영장을 발부하거나 신청을 기각함에 있어서는 청구서에 그 취지 및 이유를 기재하고 서명날인하여 청구한 검찰관에게 교부한다(238). 또 피고인의 경우에도 다른 군사법원의 囑託에 의하여 拘束令狀을 발부하는 경우가 있다(115).

구속계약(拘束契約) 〔英〕 tying contract 물자 기타 경제상의 이익의 공급계약에 있어서, 상대방에 대하여 타방과의 거래를 하지 못하도록 구속적인 조건을 붙인 계약. 즉, 상대방이 다른 공급자나 고객과 거래하지 않고 자기와만 거래한다는 것을 조건으로 하여 상대방을 구속하여 버린다.

구속력(拘束力) 〔獨〕 Verbindlichkeit

[1] 行政行爲가 그 내용에 따라 행정청이나 그 행정행위의 상대방 기타 관계인을 구속하는 효력. 행정행위의 상대방 및 관계인은 행정행위가 유효하게 존재하는 한, 그것을 존중하고 또 그에 따라야 하며 그 존재를 부정할 수 없음은 당연한 일이나, 행정청 자체도 그에 구속된다. 法令 또는 附款에 의하여 그 효력발생이 불확정한 상태에 있는 경우 외에는 모든 행정행위는 성립과 동시에 구속력이 발생됨이 원칙이다. →행정행위의 효력, 공정력, 확정력, 집행력

[2] 민사소송법상으로는 羈束力을 보라.

구속사유(拘束事由) 구속의 요건이 되는 이유를 말한다. 형사소송법은 ① 일정한 주거가 없을 때, ② 증거를 인멸할 염려가 있을 때, ③ 도망 또는 도망할 염려가 있는 때로 하고 있다. 증거인멸과 도망의 염려는 가장 전형적인 구속사유이다. 구속사유가 문제될 수 있는 것은 그 판단의 주체이다. 구속사유를 넓게 해석하여 적용할 경우 범죄혐의로 구속되는 일이 빈번해져서 인권을 침해할 수 있다. 그러므로 외국의 입법례는 모두 대부분 구속의 요건을 엄격하게 하고 있고, 특별한 경우를 빼놓고는 保釋을 인정하고 있다. 그러한 제도가 거의 사용되지 않고 있는 우리나라의 경우는 구속사유를 지나치게 확대 적용하고 있다는 문제가 발생한다. 구속사유는 구체적 사실을 기초로 인정되어야 하며, 법관이 예시적으로 열거해서 분명히 밝혀주고 보석을 충분히 인정해 주어야 할 것이다.

구속시간제(拘束時間制) 〔英〕 portal-to-portal system 實動時間制에 대응한 것으로서, 근로시간을 산정하는데 있어서, 사업장에 들어간 시각에서부터 나온 시각까지의 시간에 의한 방법. 여러 외국의 입법례에서는 이 제도가 갱내노동에 대해서 강제되고 있다. 즉, 근로자가 갱구에 들어간 시각에서부터 갱구를 나온 시각까지도 포함시켜서 근로시간으로 간주한다. 그러나, 우리나라에서는, 현행법상 이 제도가 인정되지 않는다(勤基施 27 참조). →갱내노동

구속영장(拘束令狀) 〔獨〕 Haftbefehl 구속의 재판을 기재한 裁判書. 영장의 일종이다. 구속영장에는, 피고인 또는 피의자의 성명·주거, 죄명, 公訴事實의 요지, 引致拘禁할 장소, 발부년월일, 그 유효기간과 그 기간을 경과하면 집행에 착수하지 못하며 영장을 반환하여야 한다는 뜻을 기재하고, 재판장 또는 수명법관이 서명날인하여야 한다(刑訴 75 I, 209). 피고인 또는 피의자 성명이 불분명한 경우 인상·체격 기타 피고인 또는 피의자를 특정할 수 있는 사항으로 피고인을 표시할 수 있고, 주거불명인 경우에는, 그 기재를 생략할 수 있다(75 Ⅲ, 209). 형의 집행을 확보하기 위한 구속(473 Ⅱ·Ⅲ)의 경우 형집행장의 방법은 따로 규정되어 있고 그 효력은 구속영장과 동일하다(474).

보호구속을 위한 監護令狀도 실질적으로 구속영장과 같다(社保 13).

구속영장(拘束令狀)**의 집행**(執行) 피고인에 대한 구속영장은 원칙적으로 검사의 지휘에 의하여 사법경찰관리가 집행하나, 급속을 요하는 경우에는, 재판장·수명법관 또는 수탁판사가 그 집행을 지휘하거나 법원의 서기관 또는 서기에게 그 집행을 명할 수 있다(刑訴 81 Ⅱ). 교도소에 있는 피고인에 대하여는 검사의 지휘에 의하여 교도관리가 집행한다(81Ⅲ). 관할구역 외에서도 집행할 수 있고, 또 촉탁할 수도 있다(83). 구속영장을 집행함에는 영장을 피고인에게 제시하여야 하나, 급속을 요하는 경우에는 피고인에게 公訴事實의 要旨와 영장이 발부되어 있음을 고하고 집행한 다음에 구속영장을 제시하여야 한다(85). 검사 또는 사법경찰관이 피의자를 구속하는 경우에도 피고인에 대한 구속영장의 집행에 대한 규정들이 준용되며(209), 형의 집행을 확보하기 위하여 행하여지는 형집행장에 의한 구속(473 Ⅱ·Ⅲ)의 경우에도 그러하다(475).

구속(拘束)**의 부당한 장기화**(長期化)**에 의한 자백**(自白) → 자백의 임의성

구속(拘束)**의 집행정지**(執行停止) 구속된 피고인을 일시 석방하는 것. 법원은 상당한 이유가 있는 때에는 검사의 의견을 물어, 결정으로 피고인을 그 친족·보호단체 기타 적당한 자에게 부탁하거나 피고인의 주거를 제한하여, 구속의 집행을 정지할 수 있다(刑訴 101Ⅰ·Ⅱ). 위의 결정에 대하여 검사는 즉시 抗告를 할 수 있다(101Ⅲ). 이것은 保釋과는 달라서 保釋保證金이 필요없고 또 職權에 의하여서만 행하여지며, 구속의 취소와도 달라서 일시 구속의 집행을 정지하는 것 뿐이고, 장래 그 정지사유가 해소되면, 다시 구속의 집행이 계속되는 것이다(102Ⅰ 참조). 회기 전의 체포·구금에 의하여 구속된 국회의원에 대한 석방요구가 있으면, 당연히 구속영장의 집행이 정지된다(101Ⅳ·Ⅴ).

구속(拘束)**의 취소**(取消) 구속의 사유가 없거나 소멸된 경우에 피고인을 석방하는 것. 법원의 직권 또는 검사, 피고인, 변호인과 피고인의 법정대리인 등의 청구에 의하여 결정으로 한다(刑訴 93). 구속의 취소에 관한 규정은 피의자구금에 준용된다(209, 93).

구속적 계획(拘束的計劃) 行政計劃을 법적 구속력의 유무에 따라 분류할 때 구속적 계획과 비구속적 계획으로 나눌 수 있으며, 구속적 계획은 법규 또는 행정행위의 성격을 띠어 法的 拘束力을 갖는 행정계획을 말한다.

구속적부심사(拘束適否審査) 수사기관의 被疑者에 대한 구속의 적부를 법원이 심사하여 그 拘束이 위법·부당하다고 인정되는 경우 구속된 피의자를 석방하는 제도를 말한다. 被疑者의 釋放制度라는 점에서 피고인의 석방제도인 保釋制度와 다르다. 이 제도의 기원은 불확실하나 1215년의 마그나카르타 이전에 영국의 보통법에서 발생한 것으로 추측된다. 그 후 1679년 영국의 人身保護法에서 수정·확대되고, 이어 각국의 헌법에 확대되었다. 우리나라에서는 1948년 3월 20일 美軍政法令 제176호에 의하여 우리나라에 처음 도입되었으며, 건국 후의 헌법과 제정 당시의 형사소송법에서도 이 제도를 채택하였으나, 이른바 유신헌법에 따른 형사소송법의 제3차 개정시(1973년 1월 25일)에 폐지하였다가 제5공화국의 헌법(11Ⅴ)과 이에 따른 형사소송법의 제5차 개정시(1980년 12월 18일)에 부활되었으며, 형사소송법의 제6차 개정시(1987년 11월 28일)에 강화되었다. 구속적부심사의 청구권자는 구속영장에 의하여 구속된 피의자, 그 피의자의 변호인·법정대리인·배우자·직계친족·형제자매·호주·가족·동거인·고용주이다(刑訴 214의2 Ⅰ). 구속영장에 의하여 구속된 피의자에 한하므로 긴급구속된 자 또는 현행범인으로 체포된 자는 사후영장이 발부되기 전에는 청구할 수 없다. 청구의 사유에는 제한이 없다. 구속 후의 사정변경, 예컨대 피해변제·합의·고소취소 등도 청구의 사유로 된다. 구법(개정 전의 법률)은 구속적부심사청구의 사유를 拘束令狀의 발부가 법률에 위반하거나 拘束 후 중대한 사정변경이 있어 拘束을 계속할 필요가 없는 때로 제한하였으나(舊法 214의2Ⅰ) 현행법은 그러한 제한규정을 삭제하였다. 청구의 대상에는 제한이 없다. 구법은 檢事認知事件·국가보안법 위반사건·사형·무기 또는 단기 5년 이상의 징역이나 금고에 해당하는 범죄사건 등은 청구의 대상, 즉 심사의 대상에서 제외하였으나(舊法 214의2Ⅰ但 ⅰ·ⅱ), 현행법은 그러한 예외규정을 삭제하여 청구의 대상을 확대하였다. 拘束適否審査의 청구는 반드시 서면으로 하여야 하며, 그 서면에는 청구인의 성명, 청구의 이유 등을 기재하여야 한다(刑事訴訟規則 102). 구속적부심사청구사건은 지방법원합의부 또는 단독판사가 심사한다. 청구를 받은 법원은 지체없이 구속된 피의자를 심문하고, 수사관계서류와 증거물을 조사하여야 한다(刑訴 214의2 Ⅲ). 適否審査의 청구를 받은 법원은 청구일로부터 3일 이내에 심문기일을 지정하여야 하며, 수사기관은 심문기일에 수사서류를 법원에 제출하여야 하고, 피

의자를 구금하고 있는 관서의 장은 심문기일에 피의자를 출석시켜야 한다(刑訴規 103, 104). 검사·변호인·청구인은 심문기일에 출석하여 의견을 진술할 수 있다(刑訴 214의2 Ⅷ). 구속적부심사를 청구한 피의자가 형사소송법 33조 각호의 사유에 해당하는 경우에는 법원은 국선변호인을 선정하여야 하며(刑訴 214의2 Ⅸ), 이 경우에는 국선변호인의 출석이 節次開始의 조건이다. 법원의 심사기간은 수사기관의 피의자에 대한 구속기간에 산입되지 아니한다(刑訴 214의2 Ⅻ). 구속영장을 발부한 법관은 구속적부심사청구사건에 대한 심문·조사·결정에 관여하지 못한다(刑訴 214의2 Ⅺ). 그러나 판사가 1인인 地方法院支院의 경우에는 예외가 인정된다(刑訴 214의2 Ⅺ). 법원은 심사의 결과 청구가 이유없다고 인정한 때에는 결정으로 그 청구를 기각하고, 청구가 이유있다고 인정한 때에는 결정으로 피의자의 석방을 명하여야 하며(刑訴 214의2 Ⅲ), 釋放決定이냐 棄却決定이냐를 막론하고 抗告가 금지된다(刑訴 214의2 Ⅶ). 적부심사의 결과 법원의 석방결정에 의하여 석방된 피의자라 할지라도 피의자가 도망하거나 罪證을 인멸하는 경우에는 동일한 범죄사실로 재차 구속할 수 있다(刑訴 214의3). 이 규정은 재구속금지의 원칙(刑訴 208)에 대한 예외 규정이다. 위와 같은 구속적부심사제도는 영국의 人身保護令狀制度(the writ of habeas corpus)라기보다는 구속영장 발부에 대한 재심청구 내지는 항고적 성격을 띠고 있다. 이 점에서 독일의 拘束審査制(Haftprüfung)와 비슷하다(獨逸基本法 104).

구수증서유언(口授證書遺言) 遺言方式의 일종. 질병 기타 급박한 사유로 인하여 다른 방식에 의한 유언을 할 수 없는 경우에 유언자가 2인 이상의 증인의 참여로 그 1인에게 유언의 취지를 구수하고, 그 구수를 받은 자가 이를 필기·낭독하여 유언자와 증인이 그 정확함을 승인한 후, 각자가 서명 또는 기명하고 날인하는 방식이다(民 1070 Ⅰ). 이 방식에 의한 유언은 예컨대, 유언자가 전염병으로 인하여 교통이 차단된 장소에 있는 경우, 종군중의 군인이 유언하고자 하는 경우, 또는 조난된 군함 중에서 유언하고자 하는 경우 등과 같이, 自筆證書·錄音·公正證書 또는 秘密證書 등의 방식으로써는 유언을 할 수 없는 상태에 한해서만 허용된다. 이와 같이 다른 방식에 의해서는 유언을 할 수 없을 정도로 급박한 사정이 있는 경우에 한하여 인정되는 것이므로, 禁治産者도 의사능력을 회복하고 있는 이상 의사의 참여없이 유언을 할 수 있는 것으로 하고 있다(1070 Ⅲ). 또한 이 방식에 의한 유언은 그 증인 또는 이해관계인이 급박한 사유가 종료한 날로부터 7일내에 법원에 검인을 신청하여야 하는데(1070 Ⅱ), 檢認은 유언이 있은 후에 되도록 빨리 그 진부를 일단 심사하여 두고자 하는 취지에 불과하므로, 법원에 의한 확인이 있더라도 이해관계인은 그 유언의 효력에 관하여 이의를 제기할 수 없는 것은 아니다.

구술변론(口述辯論) 〔英〕 oral pleading 〔獨〕 mündliche Verhandlung 〔佛〕 débat oral 변론을 보라

구술변론(口述辯論)**의 결과불가분원칙**(結果不可分原則) 구술변론의 결과는 가령 그 기일이 여러 회에 걸친 경우라 하더라도 불가분의 일체로서 진술함을 요하며 개별적으로 할 수 없다는 원칙. 이 원칙은 準備節次의 결과의 진술에 있어서도 동일하다.

구술변론조서(口述辯論調書) 〔獨〕 Protokoll → 변론조서

구술변론주의(口述辯論主義) 변론주의와 같다.

구술심리(口述審理) 구술주의에 의한 심리의 방식. 書面審理에 대한다. 행정상의 쟁송의 심리에 관하여 사용하는 말.

구술심리주의(口述審理主義) 주로 법원의 訴訟行爲가 구술로써 행하여지는 주의를 말하며, 민사소송에서는 구술주의와 동일한 뜻으로 사용되는 수가 있다. → 구술주의

구술주의(口述主義) 〔獨〕 Mündlichkeitsprinzip 〔佛〕 principe de l'oralité 소송심리의 방식에 관하여 당사자 및 법원이 하는 소송행위(특히 辯論이나 證據調査)를 구술로써 하여야 하는 주의. 좁은 뜻으로는 변론만을 구술로 하여야 하는 주의의 의미로 사용되는 때도 있다. 書面審理主義에 대립한다. 구술주의는 관계인에 신선한 인상을 줄 수 있고 또 진의를 파악하기가 용이하다. 그뿐 아니라, 公開主義나 直接主義 등의 다른 요청이 있을 때에는 구술주의는 이와 쉽게 결합할 수 있다. 반면, 진술내용이 복잡할 때는 탈락하게 되기 쉽고, 상대방 또는 법원을 납득시키기에 족한 정치한 이론구성을 전개함에는 부적합하다. 우리 소송법은 원칙적으로 구술주의를 채용하고, 그 결함을 보충하기 위하여 書面主義를 가미한다.

[1] 민사소송법은 判決節次는 원칙적으로 이 주의에 의하고(예 : 124 Ⅰ·Ⅱ·254, 예외 : 上告審判決 400), 결정·명령에 의하는 절차는, 간이·신속을 요하기 때문에 서면주의를 채택하는 경우가 많다

(예 : 124 I 但 · II, 207). → 변론주의

[2] 형사소송법상으로도 원칙적으로 이 주의에 의하고 있다(37). 다만 구술주의의 원칙은 實體形成行爲에 한하여 행하여지는 것이며, 節次形成行爲(예컨대, 공소의 제기)에 있어서는 반드시 구술주의에 의할 필요는 없고, 서면방식에 의하여도 무방하다. 구술주의는 변론주의와 결합하여 口述辯論主義로 된다.

구술증거(口述證據) → 인적증거, 진술증거 · 비진술증거

구술투표(口述投票) 투표제도의 하나로서 선거인의 구술에 의한 의사표시에 따라 특정한 공직자를 선출하는 방법. 擧手投票 · 書面投票 · 機械投票 등에 대한 것인 바, 선거인의 수가 비교적 적은 선거에서 사용될 수 있음에 불과하며, 오늘날 국가의 선거제도로서는 일반적으로 채택되고 있지 않다. 우리나라의 대통령 · 국회의원선거는 書面投票制에 의하고 있다. → 공개투표

구 인(拘引) 〔獨〕 Vorführung 법원 또는 재판장 · 판사가 피고인 또는 증인을 법원 기타 지정한 장소에 인치하여 억류하는 재판 및 그 집행(刑訴 69, 152, 166 II). 피의자 구인 또는 형을 집행하기 위한 구인에 관하여도 규정이 있다(209, 473 II · III). 구인의 요건은 형사소송법상으로는 구금의 경우와 동일한 것으로 되어 있으나(70 참조), 실제상으로는 피고인 또는 증인이 정당한 이유없이 召喚 또는 同行命令에 응하지 아니한 경우(74, 152, 166 II)이고, 구인은 구속영장에 의하여야 하게 되어 있다(73). 구인한 피고인을 법원 기타 장소에 引致한 후에, 구금할 필요가 없다고 인정되면 그 인치한 때로부터 24시간내에 석방하여야 한다(71). 민사소송법상으로도 정당한 사유없이 출석하지 아니한 증인을 구인할 수 있는데, 이 경우에는 형사소송법 중 구인에 관한 규정을 준용한다(283). → 구속

구장률(九章律) 漢代最初의 刑法典, 한의 蕭何가 李悝의 法經六篇에 戶律 · 興律 · 廐律의 三律을 가하여 편찬한 것이다. 李悝의 法經六篇의 내용이 盜律 · 賊律 · 囚律 · 捕律 · 雜律 · 具律이므로, 蕭何의 九章律은 隋唐에 繼受되어 唐律十二篇 중 九篇을 형성하고 있었다고 볼 수 있다. 형법적 규정에 대하여 律이라고 명칭붙인 것도 九章律에 시작되므로, 이는 中國律의 모체가 된다고 할 수 있다.

구 전(口錢) 口文이라고도 한다. 구시대 상거래에 있어서 널리 인정된 사인간의 보수, 수수료의 일종. 거래화물의 수량에 따라 물건으로 보수를 받는 물건구문, 거래금액에 따라 지급되는 구문의 두 종류가 있었다. 口錢率은 화물의 종류와 지방에 따라 일정치 않으나, 100분의 1 내지 2를 원칙으로 하였다. 화물매매주선 중 객주나 여객의 창고에 화물을 일시보관하는 경우 창고료를 징수하는 관례는 없고 동화물이 매각된 경우 그 口文에 포함시켜 보수를 받는 것이다. 근세상업기능이 순화되지 아니하였기 때문에, 구전이라고 범칭되는 금전 중에는 자연히 중개수수료 외에 운송료 · 창고료 · 노임 · 서기료 · 금리 등이 포함된 복잡한 내용을 가졌던 것이다. 오늘날에 있어서도 통속적으로 매매 기타의 계약을 주선하여 준데 대한 보수의 의미로 이 말이 쓰여진다.

구제권(救濟權) 예를 들면, 所有物返還請求權과 같이, 기존의 권리가 침해당한 경우에 그 구제를 위하여 인정되는 권리. 이것에 대하여 그 기본이 되는 권리를 原權 또는 原始權이라고 한다. 일반적으로 財產權, 人格權이 침해당한데 대한 손해배상의 청구권이나, 의무의 불이행이 있는 경우의 訴權은 이에 속한다.

구제명령(救濟命令) 勞動委員會에서 노동조합 · 근로자 기타의 자의 신청에 따라서, 사용자의 부당노동행위의 사실을 인정하고 이를 구제하기 위해서 발하는 명령(勞整 84). 부당노동행위가 성립된다는 판정과 이를 구제하기 위한 명령은 서면으로 하여야 하며, 이를 당해사용자와 신청자에게 각각 교부하여야 한다. 지방노동위원회의 명령에 대해서는 10일 이내에 중앙노동위원회에 그 재심을 신청할 수 있으며, 중앙노동위원회의 명령에 대해서는 15일 이내에 행정소송을 제기할 수 있다(85 I · II).

구조료(救助料) 〔英〕 salvage 〔獨〕 Hilfslohn, Bergelohn 〔佛〕 rémunération d'assistance 해난구조의 효과로서 구조자가 받을 보수의 액. 항해선 또는 그 積荷 기타의 물건이 어떠한 수면에서 위난에 조우한 경우에 의무없이 이를 구조한 자는 그 결과에 대하여 상당한 보수를 청구할 수 있다(商 849). 航海船과 內水航行船간의 구조도 같다. 구조의 보수에 관한 약정이 없는 경우에, 그 액에 대하여 당사자간에 합의가 성립하지 않은 때에는, 법원은 당사자의 청구에 의하여 위난의 정도, 구조의 노력, 비용과 구조의 효과, 환경손해방지를 위한 노력, 기타의 사정을 참작하여 그 액을 정한다(850). 해난 당시에 구조료에 관한 약정을 한 경우에도 그 액이 현저하게 부당한 때에는 법원은 위의 사정을 참작하여 그 액을 증감할 수 있다(851). 구

조료는 다른 약정이 없으면 구조된 목적물의 가액을 초과하지 못하며, 선순위의 우선특권이 있을 때에는 그 우선권자의 債權額을 공제한 잔액을 초과하지 못한다(852). 공동구조자간, 船舶內部에 있어서의 구조료분배, 曳船의 구조의 경우, 동일소유자의 선박간의 구조의 경우 등에 관하여는 각기 규정이 있으며(853~856), 구조에 종사한 자라도 일정한 자는 구조료청구권이 없다(857). 救助料債權은 구조된 積荷에 대하여 優先特權이 있다(858 I 本). 그러나, 채무자가 그 적하를 제3자에게 처분하여 인도한 경우에는, 이에 追及하지 못한다(858 I 但). 구조료지급에 관하여는, 선장이 채무자에 갈음하여 재판상·재판 외의 모든 행위를 할 수 있으며(859), 구조료채권은 2년의 소멸시효에 걸린다(860).

구 족(九族) 高祖로부터 玄孫까지의 同種親族을 말한다. 자기를 본위로 하는 직계친은 위로 4대인 고조, 아래로 4대인 현손까지이며, 방계친은 고조의 4대손이 되는 형제, 再從兄弟, 三從兄弟이다.

구주결제동맹(歐洲決濟同盟) 〔英〕 European Payment Union 1950년 7월 파리에서 구주경제협력기구 가맹 각국의 동의를 얻어 협정문을 기초하여 조인되었다. 가맹국 중 어느 국가와 무역하여도 그 기구를 통하여 결제되는 바, 결제관계에 있어서의 차별대우는 일체 소멸된다고 한다. 歐洲支給同盟이라고도 한다.

구주경제위원회(歐洲經濟委員會) 〔英〕 Economic Committee of Europe 국제경제사회이사회의 하부조직. 서구 여러 나라가 구주경제협력기구를 중심으로, 또한 동구 여러 나라가 經濟相互援助委員會를 중심으로 하여 각각 다른 방식으로 경제부흥건설을 진행하고 있는 동서 兩歐의 경제협력의 촉진을 목적으로 하는 유일한 기관이다.

구주경제협력기구(歐洲經濟協力機構) 〔英〕 Organization for European Economic Cooperation 1948년 4월 16일 파리에서 서구 16개국에 의하여 체결된 구주의 경제협력에 관한 條約에 따라 모든 가맹국가의 경제적 협력에 의하여 구주의 경제를 완성하고 당면한 사업으로 구주부흥계획의 성공을 확보하기 위하여 설립된 기구. 기능의 중점은 최초 2년간의 미국 원조배당에서 구주경제문제의 공동처리에 이전하는 바 그 주목할 만한 현상으로는 歐洲經濟同盟의 창설이다. 이사회·실시위원회·사무국을 가지고 있으며 본부는 파리에 있다.

구주공동시장(歐洲共同市場) 〔英〕 European Common market 구주경제의 통합을 목적으로 구상된 共同經濟圈. 1957년 3월에 결성되었으며 가맹국은 프랑스, 독일, 이탈리아, 벨기에, 네덜란드, 영국, 룩셈부르크이다. 관세 그 밖에 수출입장벽의 완화·폐지를 지향하는 한편 자본·노동의 자유이동, 사회보장제도, 근로조건의 통일에 의하여 서유럽 전체를 시장으로 하는 강력한 생산단위를 육성함으로써 미국, 구소련의 2대 경제권에 대항하는 제3경제권을 설립하려는데 구체적 목표가 있다고 할 것이다.

구주공동체(歐洲共同體) 〔英〕 European Community 구주의 석탄·철강, 구주의 원자력, 구주경제의 공동체의 共同問題를 처리하기 위하여 설립된 기관인 바 그 기구는 구주의 의회, 사법재판소, 경제사회위원회로 되어 있다.

구주방위공동체(歐洲防衛共同體) 〔英〕 European Defence Community 1952년 5월 27일 독일, 벨기에, 프랑스, 이탈리아, 룩셈부르크, 네덜란드 등 6개국간에 설치된 서구방위를 목적으로 하는 초국가적 國際組織體. 서구라파 5개국 조약에 의한 서구라파 5개국 동맹이 발전한 것으로서 국제연합헌장의 정신에 입각하여 그 지역적 기관으로서의 뜻을 가진다. 북대서양조약기구와 밀접한 관계를 맺고 있는 바(이에 관한 의정서가 부속되어 있다) 독일을 가입시킨 점이 새롭다. 북대서양조약에 가입한 영국은 이 초국가적 조직에 참가하지 않았으나 附屬書에서 공동체 참가국과의 조약의 형식으로 군사적 그 밖에 일체의 원조를 약속하고 있다. 장관이사회·총회·관리국·사법재판소의 기관을 가지며, 구주방위군을 조직한다. 각 기관의 권한, 방위군의 구성에 있어서 다른 국제기관에서는 없는 고도한, 말하자면 초국가적인 성질이 부여되고 공동체로서 완전한 법적 인격을 가진다. 공동체의 예산과 방위군의 장비도 공동으로 작성 실시된다. 기한은 50년.

구주부흥회의(歐洲復興會議) 미국 국무장관 마샬의 성명에 호응하여 미국의 원조에 의한 구라파의 경제부흥에 관하여 논의하고자 각국 대표가 회합하여 개최한 회의. 1947년 9월 제2회 회의에서 서구측에 대한 구체안을 작성하였으며 이것을 기초로 하여 미국에 의한 對歐洲援助計劃이 실현되었다. 그 구체안의 내용은 ① 1948년부터 51년까지 서구와 미국과의 貿易에 관한 미국의 원조, ② 1951년까지의 農業生産을 대전 전의 수준으로 회복하여, 공업생산을 대전 전보다 다소 증가하되 이를 위한 생산설비는 서구 자신이 부담한다. ③ 서구 내의 무역·여행·노동력의 교류를 용이하게 하며, ④ 각국 통화의 안전을 기하는 것 등이다.

구주석탄철강공동체(歐洲石炭鐵鋼共同體) 〔英〕 European Coal and Steel Community 프랑스 수상 슈망 플랜에 의한 經濟共同體. 슈망이 제창한 프랑스, 서독일 양국을 중심으로 하는 석탄·철강의 공동 운영안에 의거하여 51년 1월에 프랑스, 서독일, 이탈리아, 벨기에, 네덜란드 및 룩셈부르크 등 6개국으로 결성하였으며, 가맹국간에 석탄·철강의 單一共同市場을 설정하여, 생산분배·가격·경제·근로조건 등의 각 부문에 걸쳐 공동관리하는 것이 그 목표이다.

구주식(舊株式) 주식의 병합의 경우에 倂合되는 株式. 자본감소의 경우(商 440 이하), 주식회사 합병의 경우(530 Ⅲ)와 액면 500원 미만의 주식을 액면 500원 이상의 주식으로 하는 경우(商施 16 Ⅱ) 등에 교부되는 신주에 대응하는 것이다.

구주연맹(歐洲聯盟) 1930년 5월 프랑스 외상 부리앙이 27개국 정부에 보낸 유럽의 지방적 協約案. 유럽의 평화를 위협하는 정치적·경제적·사회적 위험에 대하여 공동으로 대항하려는 조약이다.

구주원자력공동체(歐洲原子力共同體) 〔英〕 European Atomic Energy Community (EURATOM) 유럽석탄철강공동체 가맹국 6개국간에 초국가적인 유럽공동개발의 계획을 추천하여 1957년 3월에 로마에서 동 조약에 조인. 금후 10년간에 6개국이 공동으로 1천5백만KW의 원자력발전을 완수하려는 획기적 계획을 내용으로 한다.

구주원자핵연구회의(歐洲原子核硏究會議) 〔佛〕 Conseil Europeen pour la Recherche Nucléaire 유럽에 국제적인 원자력연구기관을 설치하고자 1952년 2월 제네바에서 열린 프랑스, 서독일, 이탈리아 등 11개국 대표자회의. 자금·기술을 집결하여 원자력의 공동연구, 특히 원자핵의 基礎硏究에 전념하기 위하여 원자력 발전, 그 밖에 응용분야의 연구의 금지 따위를 내용으로 하는 협정에 조인하였다.

구주자유무역연합체(歐洲自由貿易聯合體) 〔英〕 European Free Trade, Association 구주경제공동체에서 제외된 歐洲經濟協力機構 7개국(영국, 스웨덴, 노르웨이, 덴마크, 오스트리아, 스위스, 포르투갈)이 1959년 11월 20일 스톡홀름에서 구주자유무역연합체조약에 조인하여 1960년 7월 1일에 발족을 보게 된 기구. 그 목적은 가맹국의 경제확대, 완전고용, 생산성의 향상, 域內貿易의 공정한 경쟁, 세계무역과의 조화된 발전 등인 바, 특히 영국의 구주공동시장에의 가입문제로 동요되고 있다.

구주정치공동체(歐洲政治共同體) 〔英〕 European Political Community 슈망플랜과 유럽방위공동체의 기초 위에 입각하여 유럽을 政治的으로 통일하려는 기구. 인구 1억 5천만의 서구는 차츰 통합에의 길을 지향하여 군사·경제·정치적 통합 등의 실현을 기하고 있다. 1953년 동 헌법을 심의하였다.

구주통일군(歐洲統一軍) 북대서양조약방위위원에 의하여 1950년 12월에 창설되었다. 서독일의 재군비를 둘러싸고 미국과 프랑스간에 대립이 있었으나 논의끝에 서독일군을 정식으로 편입하기를 합의하였으며 핵무기, 유도탄 등의 최신무기로써 장비를 갖추고 있다.

구주평화회의(歐洲平和會議) 1946년 7월 독일을 제외한 옛 樞軸國과의 강화문제의 심의를 위하여 파리에서 개최된 연합국 21개국에 의한 講和會議. 초안은 영국, 미국, 구소련, 프랑스 등 4개국 외상회의에서 미리 결정되었으며, 옛 적국의 영토·군비·배상·最惠國條項 외에 트리에스트 규약, 도나우 航行 문제 등을 심의하였다.

구청장(區廳長) 區의 행정사무를 맡은 관청인 구청의 장을 말한다. 구는 기초지방자치단체인 구(自治區)와 자치구가 아닌 구(行政區)로 구분되는 바, 자치구는 특별시와 광역시의 관할구역 안에 두며, 특별시 또는 광역시가 아닌 인구 50만 이상의 시에 자치구가 아닌 구를 둘 수 있다(地自 2, 3). 자치구의 구청장은 주민이 직접 선거하도록 되어 있으며(86 Ⅰ), 그 선거방법에 관하여는 공직선거 및 선거부정방지법(1994년 3월 16일 법률 제4739호)에 규정되어 있다. 자치구가 아닌 구의 구청장은 일반직 지방공무원으로 보하되 시장이 임명하며, 시장의 지휘·감독을 받아 소관 국가사무 및 지방자치단체의 사무를 맡아 처리하고 소속직원을 지휘·감독한다(地自 109, 110).

구체적 경과실(具體的輕過失) 〔羅〕 culpa levis in concreto 구체적 과실과 같다. 현행법은 구체적 과실의 경중을 구별하고 있지 않으므로, 특히 이러한 관념을 사용할 필요는 없다.

구체적 과실(具體的過失) 〔羅〕 culpa in concreto 개개의 행위자의 注意能力을 표준으로 하여 그 사람이 일상 자기의 사무를 처리함에 있어

서 하는 정도의 주의를 결하는 과실. 민법은 특히 주의의무를 경감할 때에, 이것을 표준으로 한다. → 과실

구체적 규범통제(具體的規範統制) 구체적 규범통제라 함은 민사·형사·행정사건 등 구체적 訴訟事件을 심리·판단함에 있어 법령의 위헌·위법여부가 문제되는 경우에 부수적으로 또는 선결문제로서 적용법령의 위헌·위법 여부를 심사하고, 만일에 위헌·위법이라고 판단되면 그 법령을 적용하지 않는 제도를 말한다. 헌법 107조 1항은 법률이 헌법에 위반되는 여부가 재판의 전제가 된 경우에는 법원은 헌법재판소에 제청하여 그 심판에 의하여 재판한다고 하고 있고, 동조 2항은 명령·규칙 또는 처분이 헌법이나 법률에 위반되는 여부가 재판의 전제가 된 경우에는 대법원은 이를 최종적으로 심사할 권한을 가진다고 규정하고 있다. 이것은 현행 헌법에 있어서는 구체적 규범통제만이 인정되고 구체적 사건과 관계없이 법률이나 명령·규칙의 효력 그 자체만을 문제로 삼는 抽象的 規範統制는 인정되지 않는다는 것을 의미한다.

구체적 부합설(具體的符合說) 사실의 착오(→착오)에 관한 학설의 하나. 행위자가 인식한 바와 현실로 발생한 사실이 구체적으로 부합하는 경우에만 故意(旣遂)의 성립을 인정한다. 이 설을 관철하면, 동일한 구성요건의 범위내에서 착오가 있는 경우(구체적 사실의 착오)에도 고의가 阻却될 것이나, 실제의 적용에 있어서는 그 가운데서 타격의 착오의 경우에만 고의의 성립을 조각하고(예컨대, 갑을 겨누어 발포하였던 바 을에게 명중하여 사망케 한 경우에, 갑에 대한 殺人未遂와 을에 대한 過失致死와의 想像的 競合이 된다), 客體의 錯誤·因果關係의 錯誤의 경우에는 고의의 성립을 阻却하지 않는다.

구체적 사실(具體的事實)**의 착오**(錯誤) → 착오

구체적 소권설(具體的訴權說) 〔獨〕 konkrete Klagrechtstheorie → 소권

구체적 위태범(具體的危殆犯) → 위태범

구체적 위험설(具體的危險說) 행위가 구체적 사정하에 있어서 위험한 것에 대하여는 未遂, 그렇지 않는 경우에는 不能犯이라고 생각하는 설. 그러나 구체적인 사정이 있느냐의 여부는 행위 당시의 행위자의 상태에 따라서 판단해야 한다. 즉 나중에 판명된 사정을 제외하고 경험적으로 정한다.

구체적 이혼사유(具體的離婚事由) 구민법은 이혼사유를 한정적으로 예시하고 있었다. 이것을 個別的 離婚事由 또는 絶對的 離婚事由라고도 한다. 그러나 민법은 상대적 이혼원인주의를 채용하여, 혼인을 지속하기 어려운 중대한 사유를 개별적 이혼사유 외에 추가하였다. 이는 구체적 타당성을 높인 것으로 보여진다. 현행 민법 840조 1호에서 5호의 규정은 絶對的 또는 具體的 離婚事由이고, 6호의 규정은 相對的 또는 抽象的 離婚事由이다.

구체적 질서사상(具體的秩序思想) 〔獨〕 konkrete Ordnungsdenken 독일의 슈미트(Carl Schmitt)가 분류한 세 가지 법학적 사고방식의 하나. 힘의 결정보다도 규범이 우위한다는 規範主義, 법을 어디까지나 입법자의 命令 또는 意志의 소산이라고 보는 決定主義에 대하여, 구체적 현실 속에서 생생하게 구현됨으로써, 법은 언제나 새롭게 자신을 나타낸다고 보는 法學的 思考를 말한다. 구체적 질서라는 법학적 사고는 법실증주의를 극복하기 위하여 제2차대전을 전후하여 나타난 새로운 철학적 경향에서 애용되고 있는 것이며, 살아있는 법의 발견이라는 법사회학의 시도라든가 관습법존중이라는 歷史法學의 주장, 그리고 條理思想 같은 것은 이러한 사고에서 도출되는 일이 많다.

구체적 타당성(具體的妥當性) 〔獨〕 konkrete Billigkeit 법률의 해석 또는 적용이 그 당시의 그 사건에 대하여 가장 타당한 해결을 줄 수 있는 것을 의미한다. 이것은 법의 해석에 있어서, 법적 안정성의 요구와 종종 모순·대립된다. 즉, 법의 해석 및 그 적용은 일면에 있어서는 법적 안정성의 고려로 말미암아 당해사건의 구체적 특수성을 무시하고 법규를 형식논리적으로 조작적용시키려고 하는 경향이 있으나, 또한 다른 면에 있어서는 현실의 사건을 사회의 실정에 비추어 合目的的으로 판단하여 구체적 타당성을 부여하도록 힘쓴다. 그러나 양자의 요구가 이와 같이 상반되기는 하지만, 그 어느 것도 법의 세계에서는 무시할 수 없는 것이다. 그러므로 필경 법적 안정성을 해치지 않는 한도에서 구체적 타당성의 요구를 최대한으로 충족시켜 주어야 할 것이다. 이렇게 함으로써 양자의 상반되는 요구는 조화점을 발견할 수 있는 것이다. 법의 구체적 타당성에 관한 주장은 한 때 概念法學에 반대하여 일어난 자유법론에 의하여 높이 제창되었다.

구체적 형평(具體的衡平) 〔獨〕 konkrete Billigkeit 〔佛〕 equité concrète 법의 해석·적용에 있어서 구체적으로 나타난 형평을 말한다. 衡平

은 정의의 구체적 내용이며 그것이 현실적으로 어떤 사건을 공평히 처리하기 위하여 구체적으로 판단·적용되는 것을 가리킨다. → 형평, 구체적 타당성

구츠헤르샤프트 〔獨〕 Gutsherrschaft 봉건영주가 상품경제의 발전에 대응하여, 고율의 勞動地貸를 징수하여, 직영지를 경영하는 봉건적 토지 소유의 한 형태. 독일의 엘베강 以東에서 15·16세기를 시점으로 하는 영주제 반동 속에서 형성되어, 프로이센농민해방까지 존속하였다.

구 치(拘置) 형집행의 목적으로 수형자를 교도소내에 구금하는 것(刑 67, 68).

구치소(拘置所) 형사피의자 또는 형사피고인으로서 구속영장의 집행을 받은 자(미결수용자)를 수용하는 국가의 시설(行刑 2 Ⅲ). 행형의 이념상 수형자와 미결수용자는 각각 별개의 수용시설에 수용되는 것이 이상적인 것이나, 국가의 재정형편으로 현재에는 독립된 구치소는 설치되지 못하고 교도소의 미결수용실로써 대용하고 있다.

구칙법휘찬(舊勅法彙纂) 〔羅〕 Codex vetus 로마의 유스티니아누스제의 立法事業 중 최초로 편찬된 칙법. 528년 편찬을 명하여 529년에 공포시행되었으나, 후에 개정칙법휘찬의 성립과 더불어 폐지하였으므로 구칙법휘찬이라고 불리워졌다. 현재 근래에 발견된 파피루스의 斷片에 의하여 일부가 전하여질 뿐이며 대부분은 전하여지지 않고 있다.

구 파(舊派) 〔獨〕 klassische Schule 〔佛〕 école classique 형법학에 있어서의 一學派. 古典學派라고도 부르며, 新派(近代學派)에 대한다. 18세기말로부터 19세기초에 걸쳐서 시민사회를 기반으로 하는 계몽사상·자유주의에 기하여 베까리아, 포이에르바하 등에 의하여 기초지워지고, 19세기말로부터 20세기초에 걸쳐서 신파와의 사이에 전개된 刑法學派의 抗爭에 있어서 빈딩, 비르크마이어 등에 의하여 주장되고, 또 일본에 있어서는 오오바(大場茂馬), 오노(小野清一郎), 다끼가와(瀧川幸辰) 등이 이에 속한다. 구파의 이론적 특색을 살펴보면, 형벌은 과거에 행하여진 악행에 대하여 응보적으로 가하여지는 해악이고(應報刑論), 이러한 응보적 작용은 일반인으로 하여금 범죄에 빠지는 것을 예방하게 한다(一般豫防說). 범죄행위는 그 자체로서 현실적인 의미를 가지며(犯罪現實說), 과형의 근거로서는 객관적·외부적인 범죄사실(行爲 및 그 結果)에 중점을 두어야 한다(客觀主義). 사람은 누구나 평등하게 자유의사를 가지고 있고(意思自由論), 이러한 자유의사에 의하여 나쁜 행위를 했으므로 그 행위자에게 도의적인 비난이 가하여진다(道義的責任論). 우리나라와 일본에서는 구파를 객관주의로써 대표시키는 예가 많다.

구 형(求刑) 검사·군검찰관의 논고 가운데서 형의 量定에 관한 의견의 진술. 법원을 구속하지 않는다.

구형법(舊刑法) 우리 형법이 시행되기 전까지(1953년 10월 3일 전까지) 朝鮮刑事令 1조에 의하여 1912(명치 45)년 4월 1일 이래로 우리나라에 의용되었던 일본형법(전)을 우리 형법에 대응시켜서 부르는 말. → 형법, 일본형법

구호시설(救護施設) 생활보호법에 의한 보호시설의 하나. 신체상 또는 정신상의 현저한 결함 때문에 자력으로 일상생활을 이어나가지 못하는 극빈자를 수용하여 생활부조를 행한다(生保 25 참조).

구황실재산(舊皇室財產) 이미 폐지된 구황실재산법에 의하면, 구황실재산이라 함은 구한국황실의 소유에 속하였던 재산으로서 구조선왕직에서 관리하던 모든 동산·부동산 기타의 권리와 이러한 재산에 따르는 의무를 말하며(2Ⅱ·Ⅲ), 國有財產이기는 하나(2Ⅰ) 국유재산법의 적용을 받지 아니하고 특별법인 구황실재산법의 적용을 받았었다. 또한 이러한 구황실재산은 永久保存財產과 기타 財產으로, 기타 재산은 다시 甲種財產과 乙種財產으로 구분되어(2), 앞의 두 가지 재산에 대하여는 양도 또는 私權設定이 금지되었었다(3의2). 구황실재산은 구황실재산사무총국이 관리하였었다. 동법은 1963년 2월 9일 법률 1265호 문화재보호법 중 개정법률에 의하여 폐지되었고, 종래의 구황실재산 중 永久保存財產은 국유문화재로서 문화관광부장관(그 소속하에 문화재관리국이 있음)의 관리에 속하게 되고, 기타 재산 중 갑종재산은 국유재산법에 의한 行政財產으로, 을종재산은 동법에 의한 보통재산으로 하되 그 중의 잡종재산에 해당하는 것은 문화관광부장관이 처분하여 그 대금을 문화재관리특별회계에 전입하게 하였다.

구황실재산처리위원회(舊皇室財產處理委員會) 폐지된 구황실재산법 3조 3항의 규정에 의한 기타 재산의 재산구분과 그 관리청의 획정에 관한 사항을 심의하기 위하여 재무부에 두었던 기관(舊皇帝財 6). 위원회는 재무부장관을 장으로 하는 부위원장 2인과 위원 8명으로써 구성하고, 구황실재산법 2조 4항의 규정에 의한 갑종재산의 용도별 구분 및 소관청별 계정에 관한 사항과 동법 3조 4

항의 규정에 의한 을종재산의 소관청별 계정에 관한 사항 및 그 밖에 위원장이 부의하는 사항을 심의 결정한다(舊皇室財産處理委員會規程 참조). 또한 위원회는 3조 4항의 기타 재산 중 을종재산으로서 국가에서 보존할 필요가 없다고 인정되는 재산은 이를 4조의 구황족 및 교육기관이나 3조의2의 2항의 공공단체에 양여하거나 일반에게 공매할 것을 재무부장관과 그 재산관리청에 건의할 수 있다(舊皇財 7 Ⅱ).

구황족(舊皇族) 구황실의 직계존속·비속 및 그 배우자, 즉 樂善齊 尹氏(純宗의 夫人), 三祝堂 金氏(高宗의 夫人), 光華堂 李氏(高宗의 夫人), 寺洞宮 金氏(李綱의 夫人), 李垠과 그 배우자, 李德惠(高宗의 女)이다(舊皇財 4 Ⅱ). 구황족은 구황실재산특별회계예산예산의 범위내에서 매달생계비를 지급받을 수 있었다.

구획어업권(區劃漁業權) 구획어업을 하는 어업권. 구획어업이라 함은 일정한 구역내에서 수산동식물을 양식하고 채포하는 어업을 말한다. 어장을 구획하는 설비 등 여러가지로 분류된다.

국 가(國家) 〔英〕 state, nation 〔獨〕 Staat 〔佛〕 État 일정한 영토에 定住하는 다수인으로 구성된 인간의 집단으로서 통치조직을 가진 것. 統治權(또는 主權)·領土·國民의 3요소에 의하여 성립한다는 것이 통설이지만, 그 외에 무수한 異說이 있다. 그 기원에 관하여는 국가원시존재설·신의설·가족설·재산설·실력설·계급국가설·계약설 등이 있고, 그 권능·목적으로는 자기보존·치안유지·문화조성 등을 들 수 있다(→국가목적). 자유주의적 국가관에 있어서는 국가를 필요악이라고 규정하고(夜警國家), 사회복지적 국가관에 있어서는 각 국민의 생활을 보장하는 것이 국가의 임무라고 한다(文化國家·經濟國家). 국가는 군주의 유무에 따라 君主國과 共和國으로 분류되고 전자는 군주의 권한의 강약에 따라 絶對君主國과 制限君主國으로 나누이며, 후자는 주권의 소재에 따라 貴族共和國·階級共和國·民主共和國으로 나누인다. 국가는 대내적으로 여러가지 활동의 근원이 되고 단위가 될 뿐만 아니라, 대외적으로 국제사회의 구성원으로서 국제법상의 주체로서 예외적인 경우를 제외하고는, 외교능력을 포함한 국제법상의 권리능력을 가지며 국제법상의 의무를 부담한다. →국가의 기원, 국가목적, 국가의 기본적 권리·의무

국가결합(國家結合) 〔英〕 union of states 〔獨〕 Staatenverbindung 국제법규칙에 입각하여 2개 이상의 국가가 결합하는 것. 이러한 국가결합은 어떠한 조약에 의하여서도 성립될 수 있다. 국가결합에는 조직된 비정치적 국가결합, 평등권에 입각한 조직된 정치적 국가결합, 평등권에 입각한 조직되지 않은 국가결합, 초국가적인 국가결합, 불평등에 입각한 국가결합이 있다. 예컨대 ① 조직된 비정치적 국가결합은 관계국가들의 공동과제인 행정적 문제를 해결하기 위하여 국가가 결합하는 경우이며, 이에는 行政聯合이 속한다. ② 평등권에 입각한 정치적 국가결합은 주권국가들이 국제조약에 의하여 결합하는 것이며 國家聯合의 경우이다. ③ 평등권에 입각한 조직되지 않은 정치적 국가결합으로는 同盟을 들 수 있다. ④ 초국가적인 국가결합이란 일정한 사항에 있어서 관계국가에 대하여서 뿐만 아니라 개인에 대하여서도 직접 구속력을 가진 명령을 내릴 수 있는 독립한 초국가적인 기관을 가지는 國際團體를 말한다. 이러한 종류의 국가결합은 1951년 4월 18일 창립된 유럽석탄·철강공동체(소위 몬탄연합(Montan union))이다. ⑤ 불평등에 입각한 국가결합의 예로서는 國際法의 保護關係(protectorate)를 말할 수 있으며 보호국이 피보호국의 외교관계를 맡게 된다.

국가경찰(國家警察) 국가가 그 유지의 권능과 책임을 가지고 있는 경찰. 中央警察이라고도 하며, 지방자치단체가 그 유지의 권능과 책임을 가지고 있는 自治體警察에 대립한다. 경찰유지의 권능과 책임이란 경찰의 조직권·인사권 및 경비부담의 의무 등을 말한다. 우리나라는 중앙집권적인 국가경찰제도를 가지고 있으며, 자치체경찰제도는 없다. 지방자치단체의 장인 서울특별시장·광역시장 및 도지사는 위임사무로서 경찰기능을 가지고 있음에 지나지 않는다. →자치체경찰, 지방경찰

국가계약설(國家契約說) 국가존재의 근거를 국가성원들 사이의 계약에 두려는 주장. 프랑스 학자는 이 계약을 社會契約(contrat social)이라고 부르고, 독일학자는 國家契約(Staatsvertrag)이라고 부른다. 그런데 이 국가계약에는 자유고립적인 개인이 사회생활에 들어가기 위한 社會契約(Gesellschaftsvertrag)과 권력관계의 설정을 위한 支配契約(Herrschaftsvertrag)의 두 요소가 있다고 한다. 프랑스식인 사회계약이라는 말 속에는 독일식인 사회계약과 지배계약의 두 요소 모두 포함된다는 점을 주의하여야 한다. 이 학설은 社會契約說(theory of social contract, Lahre von Gesellschaftsvertrag, théorie de contrat social)과 때때로 동일하게 취급되고 있다. 이유는 사회와 국가를 혼동하여, 사회의 성립을 국가성립의 기초로 설명하고 있기 때문이다. →계약설, 사회계약설

국가공무원(國家公務員) 넓은 의미에 있어서는 국가의 公務를 담당하는 자를 총칭한다. 국가공무원은 국민 전체에 대한 봉사자로서 국가의 공무에 종사하며, 그 취임의 형식 여하를 불문하고 국가에 의하여 임명되며, 그 직무가 법령 기타의 정당한 근거를 가지고, 국가로부터 보수를 받는 등의 특징을 가진다. 국가공무원은 경력직과 특수경력직으로 나누어진다(國公 2). 經歷職國家公務員은 국가공무원법의 적용을 받으나 特殊經歷職公務員은 원칙적으로 동법의 적용을 받지 아니한다(3). →공무원, 지방공무원

국가관리(國家管理) 공권력에 의하여 사적 활동을 규제하고 국가적 목적하에 통일적으로 이를 규율하는 것. 국영에 준하는 것(예 : 船舶管理法)도 있으며 또 사적 활동을 인정하면서 이에 어느 정도의 규제를 가하는 것도 있다.

국가권력(國家權力) 〔獨〕 Staatsgewalt 국가의 統治權. 그 실체는 神의 의사라고도 보고(神權說), 인간의 의사라고도 보며(社會契約說), 또는 일정한 발전단계에 있어서의 단계적 지배의사라고도 본다. 국가권력을 때로는 주권의 의미로 사용하기도 한다. →통치권, 주권

국가기관(國家機關) 〔獨〕 Staatsorgan 국가의사의 결정·표시를 비롯한 모든 국가작용을 담당하는 기관. 국가기관은 헌법 기타의 법령에 의하여 유효하게 활동할 수 있는 범위가 획정되어 있는데, 이를 국가기관의 권한이라고 한다. 권한의 범위내에 있어서의 국가기관의 행위는 국가 자체의 행위이며, 그 효과는 국가에 귀착된다. 국가기관은 삼권분립주의에 의거하여 立法機關·司法機關·行政機關으로 대별되며, 또 조직적 관점에서 獨任制機關과 合議制機關으로 분류되며, 기능에 의하여 의결기관·집행기관·자문기관·감사기관·조사연구기관·보좌기관·보조기관·現業機關·營造物機關·부속기관 등 여러가지로 분류된다. →준입법기관, 준사법기관, 권한

국가기능(國家機能)**의 분립**(分立) 국민의 기본권 보장을 위하여 제창된 權力分立理論에 대하여, 그 이론적 모순을 들어 그것은 국가기능을 분립하여 이의 담당기관을 분리한 것에 불과하다는 주장이 일어나고 있다. 뢰벤슈타인에 의하면, 국가기능은 기본적 정책결정, 기본적 정책의 집행 및 정치적 통제의 셋으로 분류된다고 하고, 基本的 政策決定은 입법부와 행정부가 담당하고, 이의 執行은 주로 행정부와 사법부가 담당하고 政治的 統制는 입법부·행정부·사법부 및 선거인단의 4기관 상호간에 견제와 억제의 수단으로 이루어진다고 한다. →삼권분립

국가기본권(國家基本權) →국가의 기본적 권리의무

국가긴급권(國家緊急權) 〔獨〕 Staatsnotrecht 전시 또는 비상사태에 즈음하여 국가의 어떤 기관이 비상수단으로 이를 극복할 수 있는 권한. 이것은 헌법이 미리 예견하여 헌법 속에 이에 관한 규정을 두고 있다. 우리나라 헌법의 대통령의 緊急處分·命令權(76)과 대통령의 戒嚴宣布權(77) 그리고 과거 바이마르헌법의 非常措置權 등이 이에 속한다. 헌법이 예상하지 않은 기관에 의한 긴급조치는 합법적이 아니며, 이는 이른바 革命이다. 5·16 군사혁명은 후자에 속한다. →비상사태, 국가비상사태

국가면제(國家免除) 〔英〕 State immunity 어느 국가의 영토 안에서 다른 국가 및 그 재산에 대하여 동등한 主權國家라는 근거에서 영토국가의 사법관할권 및 집행권을 면제해 주는 것을 말한다. 과거에는 주로 主權免除 내지 君主의 免除라고 불리웠으며, 정확하게 표현하면 다른 국가 및 그 재산에 대한 管轄權免除이다. 국가면제의 내용을 검토하면 민사·형사 등 재판관할권의 면제, 가압류·가처분·보존조치의 면제, 재판집행의 면제, 조세사법관할권의 면제와 집행권의 면제로 구분할 수 있다. 국가면제가 적용되는 것은 국가의 전통적 기능인 權力的 行爲(acta juris imperii)이다. 원래 국가면제이론이 형성되기 시작한 19세기에는 국가면제의 절대적 이론이 적용되어 모든 국가행위에 대하여 국가면제를 주장할 수 있었다. 그러나 두 번의 세계대전을 겪고 나서는 국가가 개인과 마찬가지의 위치에서 추구하는 행위(acta juris gestionis)에는 적용되지 않는다. 그리하여 제2차대전 후 독일과 다른 나라들은 절대적 면제규칙을 버리고 權力行爲와 管理行爲를 구별하여, 관리행위를 면제의 대상에서 제외하였다. 현재에는 다른 나라의 관리행위는 면제를 누리지 못하고, 주권적 행위에 대해서만 국가면제를 허용하는 것이 국제법의 일반규칙이다. 1986년 UN 國際法委員會에서 채택된 국가들 및 그 재산에 대한 國家免除協約草案에 따르면 통상관계계약, 고용계약, 개인에 대한 상해 및 재산에 대한 손상의 배상 등에는 국가면제가 적용되지 않는다.

국가모독죄(國家冒瀆罪) 1975년 3월 25일 법률 제2745호 刑法 중 개정법률에 의하여 신설된 범죄이다. 이 범죄는 ① 내국인이 국외에서

대한민국 또는 헌법에 의하여 설치된 국가기관을 侮辱 또는 誹謗하거나, ②그에 관한 사실을 歪曲 또는 허위사실을 유포하거나, ③ 기타 방법으로 대한민국의 안전·이익 또는 위신을 해하거나 해할 우려가 생기게 한 때, ④ 내국인이 외국인이나 외국단체 등을 이용하여 국내에서 위와 같은 행위를 함으로써 성립되며, 이에 대하여는 7년 이하의 징역이나 금고에 처하여지고(104의2 I·II), 또한 10년 이하의 자격정지를 병과할 수 있다(104의2 III). 1988년 12월 31일 삭제되었다.

국가목적(國家目的) 국가가 현실적으로 달성하려고 노력하는 목적. 國家에 따라 또는 時代에 따라 일정치 않으나, 현대의 각 국가가 일반적으로 가지고 있는 목적은 대체로 다음과 같다. ① 국가 자체의 존립·활동의 목적으로서 ㉠ 외적 방어의 목적, ㉡ 재력유지의 목적, ㉢ 법질서유지의 목적 등이 있고, ② 사회공공의 이익증진의 목적으로서 ㉠ 치안의 목적, ㉡ 복리증진의 목적 등이 있다. 문화가 발달하고 국내외문제가 복잡하여짐에 따라 국가목적은 확대되어 가는 것이 일반적인 경향이다. → 국가목적적 행정, 사회목적적 행정

국가목적적 행정(國家目的的行政) 국가 자체의 존립과 활동을 위하여 직접적으로 필요한 행정. 행정조직·재무행정·군사행정·외무행정·사법행정은 국가 자체의 존립과 활동을 위하여 필요한 행정이므로 국가목적적 행정에 속한다고 할 수 있고, 內務行政은 사회질서의 유지, 공공복리의 증진 등 사회목적을 가지므로 사회목적적 행정에 속한다고 할 수 있다. 19세기적인 소극국가 내지 야경국가에 있어서는 국가의 행정작용은 국가와 사회의 존립에 필요한 최소한도에 그쳤으므로 外交·國防·課稅 등 국가목적적 행정 이외에는 사회목적적 행정으로서 다만 최소한의 필요악으로서의 질서유지에 그쳤으나, 오늘날의 적극국가 내지 복지국가에 있어서는 국가가 모든 국민에게 생활의 기본적 수요를 충족시키는 사회정의의 실현과 균형있는 국민경제의 발전을 기하여야 하므로 保育的인 사회목적적 행정도 중요한 국가행정으로 되어 있다.

국가배상(國家賠償) → 국가의 불법행위책임, 국가배상법

국가배상책임(國家賠償責任) → 국가의 불법행위책임

국가배상청구권(國家賠償請求權) 국민이 공무원의 職務上 不法行爲로 손해를 입은 경우에 국가에게 그 손해를 배상해주도록 청구할 수 있는 권리를 말한다. 이러한 권리는 정의·공평의 이념에 따라 국가에게도 불법행위의 책임을 지우는 것이며, 공무원 개인의 책임만으로는 충분한 損害賠償을 기대하기 어렵기 때문에 인정되는 것이다. 현행 헌법 29조는 1항에 공무원의 직무상 불법행위로 손해를 받은 국민은 법률이 정하는 바에 의하여 국가 또는 공공단체에 정당한 배상을 청구할 수 있다고 규정하여 국가배상청구권을 인정하고 있다.

국가법(國家法) ① 국제사회에 적용되는 國際法에 대응하여 國內法을 의미하며, ② 지방자치단체, 또는 국가 이외의 집단에만 적용되는 법에 대응하여 국가 전체에 적용되는 법을 의미한다. 그리고 ③ 관습법에 대응하여 制定法을 지칭하는 경우에도 사용된다. 國定法이라고도 한다.

국가법인설(國家法人說) 〔獨〕 Theorie der juristischen Staatsperson 국가를 법학상 법인으로 보는 학설. 19세기 독일 공법학자인 알프레히트(Albrecht)·게르버(Gerber) 등의 國家組織體說에서 출발하여 엘리네크(G. Jellinek)의 國家兩面說(Zweiseiten-theorie des Staates)에서 완성되었다(→ 국가양면설). 역사적으로 볼 때 이 학설은 國民主權說에 대항하여 독일적 입법(제한)군주제를 고수하는데 역할을 하였다. → 국민주권설

국가보상(國家補償) → 공법상의 손실보상, 형사보상

국가보험(國家保險) 〔英〕 state insurance 국가가 保險業을 경영하는 것. 영리적인 것과 비영리적인 것, 강제와 임의 등 여러가지가 있다. 국가가 국민을 상대로 하여 보험과 같은 사업을 영리로 함은 사회정책상 지당한 것은 아니다. 또 사회정책상 타당한 보험으로서는 주로 독일에서 행해지는 강제적 노동보험, 강제 또는 임의화재보험 등이다. 국가보험의 시초는 1864년 영국에서 비롯하였는데 그것은 우체국보험이었다.

국가보훈처(國家報勳處) 국가유공자 및 그 유족에 대한 보훈, 제대군인의 보상·보호 및 군인보험에 관한 사무를 관장하기 위하여 국무총리 소속하에 설치된 기관(政組 25 I), 국가보훈처에 처장 1인과 차장 1인을 두어 처장은 政務職으로 하고, 차장은 別定職國家公務員으로 보한다(25 II).

국가분리(國家分離) 이미 형성된 국가에서 새로운 국가가 분열되어 나오는 것을 말한다. 이것은 외견상으로 식민지해방과 비슷하게 보이지만 국제법상 근본적으로 다른 개념이다. 植民地나 非自治領土는 외견상 통치국의 영토와 일체를 이루

는 것 같아도 처음부터 별개의 영토를 그 지역주민 의사에 반하여 억지로 지배하는 것이지만, 分離의 경우에는 분리 전의 영토가 완전히 일체적 영토이다. 따라서 植民地 내지 非自治領土는 처음부터 통치권의 영토와는 분리된 별도의 지위를 갖는다. 그러므로 식민지해방과 국가분리는 처음부터 분명히 구별되는 현상으로서, 국가분리는 國民自決權에 포함되지 않는다. 국민자결권은 비자치영토의 독립권과 기존국가 국민의 정치체제 선택권이기 때문에 오히려 국가분리는 領土保全原則에 저촉될 수 있다. 현실 국제법에서 영토분리는 법의 규율을 받는 현상이 아니라, 법 밖의 현상, 즉 정치적·사회적 현상이라고 해야 할 것이다. 그러므로 일단 분리에 성공하여 새로운 국가가 유효하게 성립·유지되면 이 국가의 지위는 당연히 國際共同體의 승인을 받게 된다.

국가비상사태(國家非常事態) 〔英〕 emergency 〔獨〕 Staatsnotstand 통상적 방법으로는 공공의 안녕질서의 유지가 불가능한 사태. 우리나라 헌법은 대통령에게 緊急處分·命令權(76)과 戒嚴宣布權(77)을 부여하여 이와 같은 비상사태를 극복할 수 있게 하였다. →국가긴급권, 비상사태

국가사무(國家事務) 국가의 존립목적이 되어 있는 사무. 자치사무에 대한 개념. 국가사무는 국가가 직접 그 기관에 의하여 행하는 것이 원칙이지만, 따로 공공단체나 그 기관 또는 개인에게 위임하여 행하는 때도 있다. →위임사무, 기관위임사무, 단체위임사무

국가사회주의(國家社會主義) 〔英〕 state socialism 〔獨〕 Staatssozialismus 〔佛〕 socialisme d'État 비스마르크(Otto, Fürst von Bismarck)식의 官僚的 社會改良主義, 라살레(Ferdinand Lassalle)파의 社會主義의 별칭. 자본주의사회의 근본적 변혁은 기도하지 않고, 국가의 조직을 통하여 사회주의적 요구의 일부를 실현하려는 것으로서 중요산업의 국가경영, 입헌적 수단에 의하는 勞資關係의 조정 등을 주장한다. 국가의 초계급성이 그 이론적 기초로 되어 있다. →나치즘

국가상속(國家相續) 〔英〕 succession of state 일정한 영토의 종국적 변경에 따라 그 영토에 부착된 권리·의무가 과거 영토국가에서 새로운 영토국가로 계승되는 것을 말한다. 國家承繼라고도 한다. 가령 한 국가가 다른 국가를 倂合(annexation)하는 것, 여러 국가가 合倂(fusion)하여 새로운 국가가 되는 것, 한 국가가 여러 국가로 分離(session)되는 것, 한 국가가 여러 국가에 의해 分割(partage)되는 것 등 매우 다양하다. 이와 같은 영토변경은 일시적 賃借나 점령과 달라서 종국적 성격을 띠기 때문에 그 변경된 영토에 관한 한 주인국가가 바뀌는 것이다. 이 영토의 권리·의무를 잃는 국가를 先任國家(predecessor State; de cujus)라 하고, 대체된 새 국가를 繼承國家(successor State)라 한다. 여기서 주의해야 할 것은 국가상속 내지 國家承繼라는 표현을 사용하고 있지만 그러나 민법상의 상속과는 근본적으로 다르다는 점이다. 민법상의 상속은 계속성을 나타내며 相續者가 被相續者의 권리·의무를 포괄적으로 승계한다. 그러나 국제법상 영토의 변경은 계속이 아닌 단절을 의미하며 계승국가는 선임국가의 계속자도 아니고 상속자도 아니다. 비록 계승국가가 선임국가를 대체하여 변경된 영토상에서 충실히 관할권을 행사하더라도 계승국가는 그 관할권 행사에 있어서 선임국가의 법적 상황이나 결정에 따라 좌우되지 않는 바, 이는 새로운 영토관할권자로서의 배타성이 인정되기 때문이다. 물론 無主地(terra nullius)의 先占과는 달라서 이미 정치·경제·사회·법적 생활기초를 갖춘 국가영토를 계승하는 것이기 때문에 현실과 형평에서 일정한 권리·의무의 계승이 인정된다. 그러나 이것은 包括的인 相續과는 달리 국제법상 일정한 목적에서 계승국가의 관할권을 제한하는 법규칙으로 파악해야 할 것이다. 또 한 가지 주의해야 할 것은 정부가 비정상적인 방법으로 소멸한 경우 새 정부가 과거 정부의 서약을 준수하는 문제는 전혀 차원이 다른 문제라는 것이다. 이것은 國家繼續性의 원칙에 따라 정부가 바뀌어도 그 서약은 계속 준수해야 한다는 것이다. 따라서 일정한 영토상에서 管轄國家 자체의 변동이 있는 것과는 별개의 문제이다. 이 국가상속의 문제는 UN國際法委員會에서 새로이 검토되어 법전화가 진행 중에 있는데, 우선 條約에 대한 국가상속에 관한 비엔나條約이 채택되었다(1978년 8월 22일). 또한 선임국가의 국내법질서에 준거한 경제적 권익의 승계에 관해서도 국가의 재산·문서 및 채무에 대한 국가상속에 관한 조약이 채택되었다(1983년 4월 7일).

국가상속권(國家相續權) 법원에 의한 相續人 搜索의 公告(民 1057)에서 명시된 기간내에 상속권을 주장하는 자가 없을 때에 상속재산이 국가에 귀속되는 것(1058 Ⅰ). 이 경우에 관리인은 지체없이 관할국가기관에 대하여 관리의 계산을 하여야 한다(1058 Ⅱ, 1055 Ⅱ). 상속재산의 국가귀속은 법률에 의한 당연한 原始取得이고 상속으로 인한 피상속인 또는 상속재산관리인으로부터의 承繼取得은 아니며, 또 淸算後의 잔여재산을 국가가 취득할

뿐이고 그에 수반되는 의무는 부담하지 않는다. 상속재산이 국가에 귀속된 후에는 그 상속재산으로 변제를 받지 못한 相續債權者나 受遺者가 있더라도 국가에 대하여 그 변제를 청구하지 못한다(1059). 태만으로 인한 당연한 제재이다. 저작권·특허권 등 無體財産權에 관하여는 상속인이 없을 경우에는 그 권리가 소멸된다는 특례가 있다(著 46, 特許 124, 實用新案法 29, 意匠法 59).

국가소송수행자(國家訴訟遂行者) → 국가지정대리인과 같다.

국가소추주의(國家訴追主義) 〔獨〕 Amtanklage 국가기관의 소추에 의하여 형사절차가 개시되는 法制上의 주의. 職權訴追라고도 한다. 이는 범죄의 사회성의 인식으로부터 일반적으로 형사절차의 개시를 사인에게 맡길 것이 아니라는 견지에 터잡고 있다. 프랑스 형사소송법(1808년) 이후 대륙법계의 소송법에서 채용되었으며, 우리 형사소송법도 이를 채용하였다(246). → 소추, 공소주의

국가승계(國家承繼) 국가영역의 전부 또는 일부의 이동에 수반하여 발생하는 조약 기타의 권리의무의 인계, 또는 그에 관한 國際法의 原則. 國家相續이라고도 한다. 이동의 형태는 2개 이상의 국가의 결합에 의한 신국가의 형성, 일국의 영역으로부터의 국가로서의 분리, 일부영역의 他國領으로서의 이전 등이 있으며 승계되는 권리의무의 내용도 조약·부동산·동산·문화재 등 다양하다. 일반조약으로는 국제연합국제법위원회의 원안을 기초로 1978년에 채택한 條約에 관한 國家承繼에 관한 빈條約(미발효)이 있다.

국가신의설(國家神意說) 국가의 발생이 신의에 의한다는 주장. 중세의 국가사상을 지배한 신학적 학설인바 直接國家神意說과 間接國家神意說로 구분된다. 전자는 신이 국가를 창설하고 그 의사를 법률에 발현한다는 것이고, 후자는 신이 직접 국가를 창설하고 그 의사를 법률에 발현하지 않더라도 국가의 根源은 신이 있다는 설이다.

국가실력설(國家實力說) 〔英〕 force theory of state 〔獨〕 Macht-theorie des Staats 국가의 특성을 그 實力的 支配에 구하는 입장. 특히, 국가의 원시적 기원에 관하여, 강력한 종족(수렵종족)의 타종족(농경종족)에 대한 무력적 정복에 의하여 국가는 성립하였다고 보는 학설. 國家權(暴)力說이라고도 한다. 따라서 정복종족의 실력이 국가권력의 근원이며, 정치적 지배관계는 집단간의 투쟁관계로 본다. 굼블로비츠 등 오스트리아의 사회학파가 그 대표. 그리고 마르크스주의의 階級國家論도 國家實力說에 포함되는 일이 있다.

국가안전기획부(國家安全企劃部) 국가안전보장에 관련되는 情報·保安 및 犯罪搜査에 관한 사무를 관장하기 위하여 국가안전기획부법에 의하여 대통령소속하에 설치된 중앙행정기관이다. 국가정보원으로 改名되었다.

국가안전보장(國家安全保障) 국가의 안전보장은 넓은 뜻으로는 국가의 正統性의 유지, 領土의 보전, 國家機密의 保持, 국가기관의 보호를 포함하는 개념이고, 좁은 뜻으로는 국가의 존립, 헌법의 기본질서 유지만을 의미하는 개념이다. 원래 국가의 안전보장은 제3공화국 헌법에서는 질서유지의 개념 가운데 포함되어 있었던 것이나, 제4공화국 헌법에서 국가의 안전보장의 중요성을 고려하여 특별히 규정하였던 것으로, 제5공화국 헌법과 제6공화국 헌법에 그대로 규정되고 있다. 그러므로 현행 헌법상의 국가의 안전보장이란 이를 질서유지의 개념과 별개로 규정한 것을 고려할 때, 좁은 뜻으로 국가의 존립, 헌법의 기본질서유지 등을 포함하는 개념이다. 국가의 안전보장을 위하여 헌법은 대통령에게 國家緊急權을 부여하여 緊急命令으로써 국민의 기본권을 제한할 수 있게 하고 있다(憲 76). 이 밖에도 재판의 심리는 국가의 안전보장을 위하여 법원의 결정으로써 비공개로 할 수 있고(109). 국가안전보장을 위해서는 국회의 회의도 非公開로 진행할 수 있게 하고 있다(50 I). 국가의 안전보장을 위한 기본권 제한법률로는 內亂罪 등을 규정한 刑法과 國家保安法 등을 들 수 있다.

국가안전보장회의(國家安全保障會議) 국가안전보장에 관련되는 對外政策·軍事政策과 국내정책의 수립에 관하여 국무회의의 심의에 앞서 대통령의 자문에 응하기 위한 기관(憲 91). 대통령이 주재한다.

국가양면설(國家兩面說) 〔獨〕 Zweiseiten-theorie des Staates 국가는 사회학적 측면과 법률적 측면을 지니며, 따라서 國家學에 있어서 國家社會學과 國家法律學이 성립된다는 학설이며, 주로 엘리네크(Georg Jellinek)에 의하여 설명되었다. 이것은 독일 국가학에서 지배적 지위를 차지하였고, 우리나라 학계에도 일본을 통하여 영향을 주었다. 켈젠은 그 方法論的 不備를 지적하여, 국가는 단지 법률적으로만 인식할 수 있다고 주장하였다. → 국가법인설

국가안전보장사항(國家安全保障事項)

헌법은 37조 2항에서 국민의 모든 자유와 권리는 국가안전보장·질서유지 또는 공공복리를 위하여 필요한 경우에 한하여 법률로써 제한할 수 있으며, 제한하는 경우에도 자유와 권리의 본질적인 내용을 침해할 수 없다고 규정하고 있으며, 국회법에서도 ① 本會議는 공개한다. 다만, 국가의 안전보장을 위하여 필요하다고 인정할 때에는 공개하지 아니할 수 있도록(75 I) 규정하고 있고, ② 會議錄의 경우도 국가안전보장을 위하여 필요하다고 인정된 부분에 관하여는 회의록 불게재(118 I)를 규정해 놓고 있다. 국가안전보장을 위한 제한에 있어서는 먼저 국가안전보장이란 무엇을 말하는가가 문제된다. 국가의 안전보장은 넓은 뜻으로는 국가의 正統性의 유지, 영토의 보전, 국가기밀의 보지, 국가기관의 보호 등을 포함하는 개념으로 사용할 수 있을 것이고, 좁은 뜻으로는 국가의 존립, 헌법의 基本秩序維持만을 의미하는 개념으로도 사용할 수 있을 것이다. 원래 국가의 안전보장은 제3공화국 헌법에서는 질서유지의 개념 속에 포함되어 있었던 것이나, 제4공화국 헌법에서 평화통일과정에서의 국가의 안전보장의 중요성에 비추어 이를 특별히 규정하였던 것으로, 제5공화국헌법과 제6공화국헌법에 그대로 규정되고 있다. 그러므로 현행 헌법상에 있어서의 국가의 안전보장을 질서유지의 개념과 별개로 규정한 것을 고려할 때 좁은 뜻의 국가의 존립, 헌법의 기본질서유지 등을 포함하는 개념이라고 보는 것이 타당할 것이다.

국가연합(國家聯合) 〔英〕 confederation of states 〔獨〕 Staatenbund 〔佛〕 confédération 國際條約에 의하여 성립하는 주권국가의 결합이며, 이 결합에 있어서는 적어도 몇 가지 정치적인 문제가 聯合의 기관에 의하여 규율된다. 따라서 국가연합은 조직된 정치적인 國家結合이다. 이 연합은 그 구성국과 같이 그 자체의 國際法主體性을 갖는 것이 보통이다. 국가연합의 국제법 주체성은 연합을 성립시킨 條約과 운명을 같이 하나, 구성국은 일반국제법에 의한 주권국가이며 그의 국제법상의 행위능력은 연합을 성립시킨 조약, 즉 특수국제법규칙에 의하여서만 제한되며 연합이 해소하면 다시 완전한 行爲能力을 가질 수 있다. 국가연합이 존속하는 한, 구성국 상호간의 관계는 연합을 성립시킨 조약에 의하여 규율된 사항에 있어서는 이 조약의 규칙에 따르게 되며 그 밖의 사항에 있어서는 一般國際法에 따른다. 구성국과 제3국과의 관계는 국제법의 보통의 규칙에 따른다.

국가영역(國家領域) 〔英〕 territory 〔獨〕 Staatsgebiet 〔佛〕 territoire 국가가 원칙적으로 排他的 支配를 하고 있는 공간이며, 領土·領海·領空으로 구분된다. 국가영역은 국가의 구성요소로서 또는 국가권력의 발동범위로서 국가존립의 기초가 되는 가장 중요한 것으로서 국내법상으로는 영역의 보전이 중요시되고 또 국제법상으로는 각 국가의 타국가에 대한 領域不可侵의 의무가 확립되어 있다. 國際聯盟規約에서도 연맹국은 각 연맹국의 영역보전 및 현존의 정치적 독립을 보장하고 외부의 침략에 대하여 이를 옹호할 것을 약속한다(10)고 규정하고 또 國際聯合憲章에서도 모든 연합국은 어떠한 국가의 영역보전이나 정치적 독립에 대하여서도 무력으로 위협하거나 또는 무력을 행사함을 삼가야 한다(2 Ⅳ)고 규정하여 국가영역의 불가침성을 보장하고 있다. 국가영역은 어떤 경우에는 증감하나 그것은 결국 영토의 변경에 귀착한다. 그 원인으로는 割讓·合併·併合·征服·先占 등이 있다. →영역

국가영예권(國家榮譽權) 국제법에 의하면 국제법의 주체는 상호 영예를 훼손하지 아니할 의무를 진다. 어떤 국가나 그의 기관은 외국정부나 외국민을 경멸하는 태도를 취하는 것을 허용하여서는 안된다. 또한 외국·외국원수·외국기·외국의 紋章을 훼손하는 것도 허용되지 않는다. 이러한 행위의 책임을 지는 국가는 영예의 침해를 받은 국가에 대하여 회복시킬 의무를 지며 국가의 표지의 모욕에 대하여서는 영예를 위한 正當防禦가 허용될 수 있다. 국가간의 관계에 있어서 영예가 특히 존중되므로, 외국의 대표가 사인에 의하여 공격되었을 때에는 이 공격에 대하여 국가가 아무런 責任을 지지 않을 경우에도 國際禮讓上 陳謝하는 것이 보통이다. 따라서 대부분의 국가는 外國·外國元首·外國使節·外國旗 기타의 상징을 모욕한데 대한 처벌규정을 형법에 두고 있다.

국가원로자문회의(國家元老諮問會議) 直前 대통령을 의장으로 하여 국가원로로 구성되는 국정의 중요사항에 관한 대통령의 諮問機關(憲 90)을 말한다.

국가원수(國家元首) 〔英〕 head of a state 〔獨〕 Staatsoberhaupt 〔佛〕 chef de l'État [1] 국내법상 국가의 統一性과 恒久性을 상징하며, 외국에 대해서는 국가를 대표하고 국내에 있어서는 최고의 統治權을 행사하는 기관. 구체적으로 국가의 원수가 어떠한 권한을 가지느냐 하는 것은 국가에 따라서 동일치 않다. 君主制의 국가에 있어서는 군주가 국가의 원수이고 대통령제의 국가에 있어서는 대통령이 국가의 원수인 동시에 行政權의 首班이며,

內閣責任制에 있어서는 행정의 실권은 수상을 중심으로 한 내각에 있고, 대통령은 국가의 원수로서 다만 統治에 있어서의 형식적 권한만 가지게 된다. 會議制의 국가에 있어서는 국가의 원수를 두지 않는 경우도 있다. 우리나라에 있어서는 국가의 원수인 대통령은 내란 또는 외환의 죄를 범한 경우를 제외하고는 재직중 형사상의 소추를 받지 않도록 하고 있으며(憲 84). 우리나라에 체재하는 외국원수에 대한 暴行·脅迫·侮辱 등의 행위를 한 자에게는 일반의 폭행·협박·모욕의 경우보다 가중한 형벌을 과하고 있다(刑 107).

[2] 국제법상 외국에서의 국가원수의 지위는 外交使節의 경우와 마찬가지로 外交特權인 治外法權과 不可侵權을 접수국에서 향유하며 외교사절보다는 더욱 정중한 대우를 받는다. 국가원수가 제3국을 微行(incognito)하는 경우에도 제3국에서 자연히 알려진 경우에 제3국은 외교특권을 인정하여야 한다. 국가원수는 국제법상 외교사절을 신임·접수하고 외국에 대하여 자국을 대표한다. 국가원수가 국내법상 상징적이고 실제 統治權을 행사하지 않더라도 외국으로부터 국가원수로서 정중한 대우를 받는 것이 관례이다. →미행, 외교사절의 특권

국가(國家)**의 고유권**(固有權) 국가가 국가로서 당연히 가진 국가의 기본적 권리·의무를 말한다.

국가(國家)**의 교통권**(交通權) 넓은 뜻으로는 국가가 다른 국가와 외교관계를 유지하고 그 국민의 거주·통상을 다른 국가에 허용하는 권리를 말하며, 좁은 뜻으로는 단지 外交關係를 유지하는 권리를 가리킨다. 보통 후자를 통설로 하나 교통권을 국가의 기본적 권리로 하여 다른 권리와 구별할 필요가 없다는 반대설도 있다.

국가(國家)**의 권리·의무**(權利·義務)**의 포괄적 승계**(包括的承繼) 국가의 영토가 그 소속을 변경하는 경우에 발생한다. 국가의 권리·의무의 상속이라고도 한다. 이것은 영토소속변경의 형태에 따라서 상이하다. ① 合併·併合의 경우. 정치적 권리의무(同盟·保障·仲裁·裁判 등에 관한 것)는 상속되지 않는다. 순수히 정치적이 아닌 권리의무(通商·犯罪人引渡 등에 관한 것)는 다수설에 의하면 상속되지 아니한다. 행정적 권리의무(河川·道路·鐵道 등의 행정적 사항에 관한 것)는 상속된다. 재산적 권리의무에 관하여는 적극적인 재산과 지방적 부채는 상속된다. 일반적인 負債에 관하여는 논의되는 바 있으나 다수설에 의하면 상속된다도 한다. ② 分裂·分割의 경우. 대체로 ①의 경우와 같다. 다만 재산적 권리·의무 중에서 부채에 관하여는 견해가 나누어지고 있으나 다수설에 의하면 지방적인 것은 그 지방을 얻은 국가가 상속한다고 해석된다. ③ 割讓·分離의 경우. 조약상의 권리의무는 ①과 같다. 재산적 권리·의무 중에서 재산은 상속되지만 부채에 관하여는 정설이 없다.

국가(國家)**의 기본권**(基本權) 自然法理論에 바탕하여, 개인 사이의 법이 인간의 본성 및 이성에 고유한 어떤 內在的 權利에 근거하는 것과 같이, 국가가 갖는 自然的 基本權을 말한다. 이에는 종래 主權·獨立權·自衛權·平等權·國內管轄權·名譽權·交通權을 예시하면서, 국가는 이러한 권리를 준수할 의무가 있다고 생각하였다. 이러한 국가기본권이론은 全美聯合憲章(1948년 4월 29일 보고타에서 서명) 제3장에 국가의 권리 및 의무조항으로 나타났다. 그러나 실정법학자들은 국가기본권이론이 자연법이론에 바탕하고 있다는 이유에서 이를 부정하고 있다.

국가(國家)**의 기본적 권리·의무**(基本的權利·義務) 〔英〕 fundamental rights and duties of states 〔獨〕 völkerrechtliche Grundrechte des Staates 〔佛〕 droits fondamentaux de l'État 종래부터 국가의 기본권으로서 主權·自衛權·獨立權·國內管轄權·平等權·交通權·名譽權을 드는 것이 관습이 되어 왔으며 국가들은 이러한 권리를 준수할 의무를 져 왔다. 그러나 학자들은 이러한 국가기본권의 수·명칭·내용에 있어서 그들의 의견을 달리하고 있다. 국가기본권의 이론은 개인간의 법이 마치 인간의 본성 및 이성의 고유한 어떤 內在的 權利에 근거를 두고 있는 것과 같이 국가들도 자연적 기본법을 가지고 있다는 자연법이론에 기인하고 있다. 실정법학자들은 이와 같이 국가기본권은 자연법이론에 입각하고 있다는 이유에서 이러한 國家基本權理論을 반대하고 있다. 그러나 근래에 와서 국가기본권은 국가들 사이의 모든 交通條件을 표시하는 권리라는 점에서 많은 지지를 받게 되었으며, 특히 1948년 4월 29일 보고타(Bogotá)에서 서명된 全美聯合憲章은 제3장에서 국가의 권리 및 의무를 규정하고 있다.

국가(國家)**의 기원**(起源) 국가의 기원에 관하여는 설이 구구하다. 다음의 7설이 대표적이다. ① 國家原始存在說. 국가란 자연의 창조물로서 인류의 시초부터 존재한다는 것으로 아리스토텔레스가 주장한 것이다. ② 神意說. 국가의 성립이 신의에 의한 것이라 하여 종교적 신앙을 기초로 하고 신화로써 국가를 설명하려는 것이다. ③ 家族說. 국

가는 가족이 확대된 것이라 하여 군주국에서는 군주를 일가의 가장에 비하는 학설이다. ④ 財産說. 국가의 기원을 재산에 두는 것으로서, 토지가 사회경제의 기초였던 시대에는 토지의 영유가 정치상의 권력을 발생시키는 주요원인이었으므로 토지의 領有權이, 즉 國家權이라는 사상이다. ⑤ 實力說. 우세한 人間群이 열세한 인간군을 지배하여 그 위에 부과한 제도가 국가라는 것이다. ⑥ 階級國家說. 인류는 원시시대에는 완전한 자유를 향유하였으나 계급이 발생함에 따라, 지배계급이 피지배계급을 경제적으로 착취하기 위하여 필요한 억압기관으로서의 역할을 담당하고 나타난 것이 국가라는 것이다. ⑦ 契約說. 인류는 원시시대에는 자연상태에서 생존하고 있었으나, 시대의 경과에 따라 인류사회가 복잡화하여지고 생존경쟁이 심하여져서 상호의 보호와 질서의 유지를 위하여 인민이 계약을 체결하여 국가를 수립하였다는 것이다. →국가, 계약설, 국가계약설

국가(國家)**의 독립권**(獨立權) 〔英〕 right of independence of states 국가의 기본권으로부터 나오는 국가의 政治的 獨立權. 일반국제법에 의하면 국가들은 상호간에 정치적 독립과 내부질서를 존중할 의무를 진다. 國際聯盟規約 10조는 회원국은 모든 연맹회원국의 정치적 독립을 존중할 의무를 진다고 규정하였으며, 국제연합헌장 2조 4항은 회원국은 어떤 국가의 영토보전 또는 정치적 독립에 대하여 무력의 위협 또는 행사를 하여서는 아니된다는 것을 규정하고 있다. 따라서 국가의 정치적 독립은 그의 대내 및 대외정치를 포함하며 이에 대하여 타국이 간섭하는 것은 금지된다.

국가(國家)**의 병합**(倂合) 한 국가가 타국가에 의하여 흡수됨으로써 소멸하는 것. 이 경우에 흡수된 국가는 사실상 존재하지 않게 되어 그의 國際法主體性을 상실하게 된다(예 : 1908년에 있어서의 콩고자유국의 벨기에와의 병합).

국가(國家)**의 분리**(分離) 국가의 영토의 일부가 분리되어 신국가를 형성하는 것. 이 경우에 신국가는 분리된 舊國家와 나란히 國際法主體性을 갖게 되며, 신국가는 분리된 영토에 대한 권리·의무를 구국가로부터 상속받으며, 분리된 영토의 국민은 원칙적으로 신국가의 國籍을 취득하게 된다.

국가(國家)**의 분열**(分裂) 1국가가 해체하여 새로이 여러 新國家가 성립되는 것. 이 경우에 분열된 舊國家는 국가로서의 사실상의 존재를 상실하며 國際法主體性을 동시에 상실하게 된다.

국가(國家)**의 분할**(分割) 1국가의 영역이 다수의 국가에 의하여 박탈되어 국가가 소멸하는 것. 이 경우에 소멸된 국가는 사실상의 존재를 상실함으로써 국가로서의 國際法主體性을 상실한다(예 : 1795년의 폴란드의 러시아·오스트리아 및 프로이센에 의한 분할).

국가(國家)**의 불법행위책임**(不法行爲責任) [1] 국내법상 국가가 위법하게 개인의 권리를 침해한 경우의 배상책임. 이에 관하여, 종래에는 일반적 규정이 없었을 뿐더러, 특히 公行政作用에 있어서는 國家無責任의 원칙이 지배하고 있었다. 우리나라 헌법은 공무원의 職務上 不法行爲로 손해를 받은 국민은 국가 또는 공공단체에 배상을 청구할 수 있다는 것을 明定하였고(憲 29), 이에 기하여 국가배상법이 제정되어, 국가의 불법행위책임이 일반적으로 확립됨에 이르렀다. 이 국가배상법에는 국가의 不法行爲責任을 국가작용의 성질에 따라, 다음의 3종으로 나누어 규정하고 있다. ① 權力的 公行政作用 등. 이에는 공무원이 그 직무(영조물관리작용을 제외하고 권력작용 기타 공행정작용)를 행함에 있어서 고의 또는 과실로 위법하게 타인에게 손해를 가한 것을 요건으로 한다(國賠 2Ⅰ). 이 경우에 공무원에게 고의 또는 중대한 과실이 있을 때에는 국가 또는 지방자치단체는 求償權을 가진다(2Ⅱ). ② 營造物設置管理作用, 즉 도로·하천 등 공공영조물의 설치·관리에 관한 瑕庇로 인한 손해의 배상책임에 관하여는 無過失責任을 인정하고 있다(5). ③ 국가 또는 지방자치단체의 사경제적 작용. 이 경우에는 민법의 규정(750~766)이 적용된다(國賠 1). 그리고 前示한 모든 경우에 있어서 다른 특별법의 규정이 있으면 그에 따른다. →국가배상법, 행정구제

[2] 국제법상의 국가의 불법행위책임에 관하여는 국가책임을 보라.

국가사무(國家事務) 국가가 집행하는 사무를 말한다. 지방자치단체의 固有(自治)事務에 대한 개념이다. 국가사무는 법령의 규정에 따라 지방자치단체나 그 장에게 위임할 수 있다. 특히 다음 각호의 국가사무에 대해서는 법률에 규정이 있어야만 지방자치단체가 처리할 수 있다(地自 11). ① 외교·국방·사법·국세 등 국가의 존립에 필요한 사무, ② 물가정책·금융정책·수출입정책 등 전국적으로 통일적 처리를 요하는 사무, ③ 농림·축·수산물 및 양곡의 수급조절과 수출입 등 전국적 규모의 사무, ④ 국가 종합경제개발계획, 직할하천, 국유림, 국토종합개발계획, 지정항만, 고속국도, 일반국도, 국립공원 등 전국적 규모 또는 이와 비슷

한 규모의 사무, ⑤ 근로기준, 측량단위 등 전국적으로 기준의 통일 및 조정을 요하는 사무, ⑥ 우편, 철도 등 전국적 규모 또는 이와 비슷한 규모의 사무, ⑦ 고도의 기술을 요하는 검사·시험·연구, 항공관리, 기상행정, 원자력개발 등 지방자치단체의 기술 및 재정능력으로 감당하기 어려운 사무.

국가의사(國家意思) 국가가 그의 목적을 달성하기 위하여 가지는 團體意思. 그것을 결정하는 최고의 원동력을 主權이라고 하며, 주권은 전근대적 君主國에 있어서는 군주에게 있고, 民主共和國에 있어서는 국민 전체에게 있다. 국가의사는 국가구성원(국민)의 개인의사를 초월한다는 것을 전제로 하여 국가는 그 의사를 수행하기 위하여 권력을 가지는 바, 그 권력이 統治權이다. 국가의사는 국가의 기관을 통하여 표현된다. → 주권, 통치권

국가(國家)**의 생존권**(生存權) 자존권과 같다.

국가(國家)**의 세입·세출**(歲入·歲出) 국가의 1년간 지출 및 수입. 국가의 세출·세입은 매년 豫算을 작성하여 국회의 심의를 받고 의결을 거친다(憲 54).

국가(國家)**의 소멸**(消滅) 국가의 국제법 주체성은 국가로서의 사실상의 존재를 전제로 한다. 따라서 국가가 국가로서의 사실상의 존재를 상실하는 경우로서 자연적 사실·合併·併合·分裂·分割·征服 등이 있으며, 국가로서의 사실상의 존재가 인정될 수 없는 경우에 국제법주체로서의 국가는 소멸하게 된다. 정복에 의한 국가의 소멸의 경우에는 우선 외국이 피정복국가에 대한 實效的이며 確定的인 지배를 확립하는 것이 필요하다. 이외에도 정복국가가 상대국가의 영역을 병합할 의사가 있어야 한다. 외국의 완전지배에 의하여 일단 소멸된 정부 대신에 신정부가 그 국가를 대표하여 講和條約을 체결하는 경우에는 국가는 정복되는 것이 아니며 전과 같이 國際法主體性을 유지하는 것으로 보게 된다.

국가(國家)**의 승인**(承認) 〔英〕 recognition of state 국제사회의 기존국가가 새로 성립된 국가를 국제법상의 주체로서 인정하는 法律行爲. 새로 성립하는 국가, 즉 승인의 대상이 되는 국가는 여러 종류가 있다. 즉, 1국가가 분열하여 여러 국가를 형성할 때도 있고, 여러 국가가 合併하여 1국가를 형성하는 경우도 있으나, 승인이 특히 문제되는 경우는 국가의 일부가 모국과의 항쟁을 거쳐 분리·독립한 경우 분리·독립한 부분의 국가적 독립성이 모국의 반대에 봉착하였을 때이다. 국가의 일부분이 사실상 본국의 지배로부터 脫却하여 일정지역에 실질적인 정치권력을 수립한 경우도 모국은 이를 부인하는 것이 보통이다. 그러나 第三國側에서 볼 때 모국이 승인하지 않는다고 해서 신국가를 국가로서 인정하지 못한다면 제3국은 그 지역에 있는 자국 및 자국민의 權益을 보장하기 위한 정상적 외교관계를 수립할 수 없을 뿐만 아니라, 신국가측의 입장에서 본다 할지라도 사실상 독립국가로서의 실질을 구비하고 있음에도 불구하고 국가로서의 승인을 받지 못한다면 극히 불합리한 결과를 초래하게 된다. 이러한 곤란을 타개하기 위한 국제법상의 일반적인 제도로서 나타난 것이 신국가에 대한 승인문제이다. 종래 국가승인의 성질에 관하여 학자들간에 견해가 구구하나, 대체로 創設的 效果說(the constructive view of recognition)과 宣言的 效果說(the declaratory view of recognition)로 나누어진다. 전자는 승인 이전의 국가에 대한 國際法主體性을 부인하고 타국가의 승인을 받아야만 비로소 국제법주체성이 인정된다는 설이다. 후자는 전설과는 대조적인 설로서 국가는 국내법상으로 성립하게 되면 그 때부터 당연히 국제법의 주체가 되는 것이며 타국가의 승인은 국가가 본래 가지고 있는 국제법적 지위를 다만 확인하고 선언하는데 불과한 것이라고 보는 설이다. 이상 양설을 보건대 서로 일장일단이 있으나, 현단계의 국제사회에 있어서는 창설적 효과설이 실정법적 견지에 입각한 國際慣行에도 합치되는 유력한 설이다. 신국가가 성립하여 다른 국가로부터 승인을 받으려면 승인의 전제조건으로서 일정한 사실적 요소가 요구된다. 첫째, 實效的·永續的·自主的 국가권력이 확립되어야 하고, 둘째, 국제법을 준수할 의사와 능력이 있어야 한다. 이러한 요건만 구비되면 국제사회의 각 국가는 이를 승인할 수 있다. 그러므로 승인의 요건이 구비되기 전에 하는 승인은 소위 尙早의 승인이며 국제법상 위법이다. 특히 국가의 일부가 모국과의 항쟁을 거쳐 分離·獨立하려고 할 때에는 모국에 대한 불법간섭이 된다. 그러나 승인의 여러 조건이 구비되었다고 해서 타국이 반드시 신국가를 승인하여야 한다는 법적 의무는 없다. 요건구비여부는 승인을 할 수 있느냐 없느냐의 문제이며 타국은 승인을 해도 좋고 하지 않아도 무방하나, 신국가가 국가로서의 실질을 완전히 구비하였음에도 불구하고 고의로 승인을 하지 않는 것은 신국가에 대한 비우의적 태도이며 國際禮讓上으로 보아 부당하다고 할 것이다. 승인에는 여러가지의 방법이 있다. 明示的·默示的 承認, 個別的·集團的 承認, 無條件·條件附承認, 事實上의 承認 등의 방법이 있으나, 이 중에

서 어느 방법을 택하여 승인하느냐는 각국의 자유에 속한다. 신국가는 타국가의 승인을 받음으로써 비로소 국제법상의 主體性이 인정되나, 그 효과는 개별적·상대적이다. 즉, 승인의 효과는 승인을 한 국가와의 관계에서만 국제법의 주체가 되며 승인을 하지 않은 국가와의 관계에 있어서는 국제법의 주체가 되지 못한다. 그러나 승인의 효과는 신국가가 사실상으로 성립하였을 때까지 소급하며 일단 승인을 하면 撤回할 수 없다. 그러나 사실상의 승인은 이를 명시하여야 하며, 그 성질은 잠정적이고 제한적이다. 사실상의 승인은 철회할 수 있다.

국가(國家)**의 이해관계**(利害關係)**있는 소송**(訴訟) 국가 또는 행정기관을 당사자 또는 참가인으로 하는 소송. 국가를 당사자 또는 참가인으로 하는 소송에 관하여는 법무부장관이 국가를 대표하여 소속직원 또는 당해사무를 소관하는 행정청의 직원에게 그 소송을 행하게 하고, 行政廳을 당사자 또는 참가인으로 하는 소송에 있어서는 법무부장관이 행정청을 지휘하고 또는 소속직원에게 소송을 대행하게 하거나 변호사를 訴訟代理人으로 선임하거나 소송을 수행시킬 수 있다.

국가(國家)**의 자위권**(自衛權) →자위권

국가(國家)**의 평등권**(平等權) 〔英〕 equality of states 국제법상의 국가의 평등이란 국가의 국제적 인격으로부터 유래되고 있다. 국가의 규모·인구·세력·문화정도·富强度에 차이가 있음에도 불구하고 국가들은 평등하다는 것이 전통적 이론이다. 오늘날 이러한 법적 평등은 다음과 같은 네 가지의 중요한 결과를 나타내고 있다. ① 모든 국가는 1개의 投票權을 가진다. ② 법적으로 강대국과 약소국의 투표권의 비중은 균일하다. ③ 어떠한 국가도 다른 국가에 대하여 관할권을 주장할 수 없다. ④ 일국의 법원은 타국가와 그 국가의 기관의 공적 행위가 그 국가 자체의 管轄權의 범위내에서 행하여졌으며 국제법에 위반되지 않는 한 그러한 다른 국가 및 그 기관의 공적 행위의 효력 또는 합법성을 문제시할 수 없다. 그러나 國際聯盟과 國際聯合과 같은 국제기구에서는 위와는 달리 국가의 불평등의 현상을 볼 수 있다. 국제연맹이사회에서는 주된 동맹국 및 연합국인 5개국 상임이사국의 지위가 인정되어 강대국의 특권이 인정되었던 것이며(이사회의 임기에 관한), 현재의 國際聯合安全保障理事會에서는 5대강국에 상임이사국의 지위가 인정되어 있는 외에도 이러한 상임이사국의 거부권이 인정되어 있으며 절차사항 이외의 사항에 있어서는 상임이사국 전부의 찬성투표가 없는 경우에는 이사회의 결의는 성립되지 않게 되어 있다. →국가의 기본적 권리·의무

국가(國家)**의 합병**(合倂) 국가의 소멸원인의 하나이다. 합병은 복수의 국가가 결합하여 1국가를 형성하는 것이며, 종래의 여러 국가는 소멸하고 신국가가 성립한다. 합병으로 인하여 소멸하는 국가의 영역은 새로 성립하는 국가의 영역이 되고 또 그 국민은 원칙적으로 새로 성립하는 국가의 국적을 취득한다. 그리고 합병으로 인하여 소멸하는 국가의 權利·義務의 繼承에(→국가의 권리의무의 포괄적 승계) 관하여는 국제법상으로 확립된 원칙은 없으나, 순수한 정치적 권리·의무, 예컨대 同盟條約에 의한 권리·의무 같은 것은 계승되지 않고, 行政的 權利·義務 또는 財産的 權利·義務 등은 계승된다고 한다.

국가(國家)**의 행정사무**(行政事務) → 국가사무

국가이유(國家理由) 〔英〕 reason of state 〔獨〕 Staatsräson 〔佛〕 raison d'État 국가를 自己目的的 存在라고 하며, 그 유지·강화를 위하여서는 수단·방법을 가리지 않는다고 하는 자국본위의 타산적 입장을 말한다. 국가의 활동은 도덕이나 법의 구속을 받는 일이 없이, 그 자체의 생존의 편의에 의하여 일체를 결정하여야 한다고 한다. 國家術數論·마키아벨리즘이라고도 한다.

국가재건비상조치법(國家再建非常措置法) 1961년 국가재건최고회의령 제42호. 1961년 5월 16일 軍事革命에 의하여 기존 정부를 폐지하고 신질서를 수립한 군사정권이 공포·실시한 基本的 統治法. 同非常措置法의 공포로 인하여 동비상조치법에 저촉되지 않는 범위내에서만 효력을 가지게 된다(國家再建非常措置法 24). 기존의 대한민국헌법은 사실상 폐지된 것이나 다름 없었다. 전문 24조 및 부칙으로 된 동비상조치법은 기본적 인권에 관한 헌법의 대부분의 규정을 정지하고(3), 국회를 폐지함과 동시에 국가의 권력을 국군장교에 의하여 구성된 국가재건최고회의에 집중시킨 점에서 立憲主義憲法과는 그 종류를 달리한다. 그러나 동비상조치법은 군정의 종결을 의미하는 신정부의 수립과 동시에, 즉 1962년 12월 26일 공포된 제5차개헌에 의한 신헌법이 그 헌법에 의한 국회가 처음으로 집회함으로써 효력을 발생한 날(1963년 12월 17일)로부터 효력을 상실하였다.

국가재건최고회의(國家再建最高會議) 국가재건비상조치법하에서 5·16군사혁명의 이념

에 투철한 현역 또는 예비역국군장교 중에서 선출된 최고위원으로써 조직되었던 最高統治機關. 立法權은 물론 行政權의 일부와 사법·행정의 지시·통제권도 장악하였었다. 국가재건최고회의의 조직과 권한에 관하여는 국가재건비상조치법에서 규정하였고 그 이외의 사항은 일반법인 국가재건최고회의법에서 규정하고 있었다.

국가재건최고회의법(國家再建最高會議法) 1961년 법률 제646호. 국가재건비상조치법상에서 대한민국의 최고통치기관이었던 국가재건최고회의에 관하여 규정한 전문 34조와 부칙으로 된 법률. 그러나 동법에는 다만 국가재건최고회의의 위원회·회의에 관한 것 및 規則制定權 등에 관하여 규정함에 불과하였고 조직과 권한에 관하여는 국가재건비상조치법에서 규정하고 있다. 동법은 제5차개헌(1962년 12월 26일 공포)에 의한 신헌법의 발효(1963년 12월 17일)와 함께 실효되었다.

국가재건최고회의 상임위원회(國家再建最高會議常任委員會) 국가재건최고회의에서 위임받은 사항을 처리하고 이에 관하여 국가재건최고회의의 권한을 대행하였던 국가재건비상조치법상의 기관. 國家再建最高議議長·分科委員長으로써 구성되었었다. 국가재건최고회의상임위원회는 국가재건최고회의가 立法·行政·司法에 걸쳐서 광범한 권한을 장악하였기 때문에 사무처리에 막대한 불편이 따랐으므로 이러한 불편을 제거하여 최고회의의 기능을 유효적절하게 발휘시키기 위하여 설치되었었다. 명문상 또는 성질상 불가능한 경우를 제외하고는 국가재건최고회의는 그 의결에 의하여 어떠한 사항이든지 상임위원회로 하여금 대행케 할 수 있었다. →국가재건최고회의

국가재정(國家財政) 국가가 그의 존립과 활동을 유지하기 위하여 財力을 취득하고, 그의 財産 및 收入·支出을 관리하는 작용을 말한다.

국가적 공권(國家的公權) 국가·공공단체 또는 이로부터 授權을 받은 자가 지배권자로서 국민에 대하여 가지는 권리. 그 목적상으로는 組織權·刑罰權·警察權·强制權·財政權·公企業特權 등으로 나누어지고 내용상으로는 下命權·强制權·形成權 기타 공법상의 支配權으로 나누어진다. 이런 권리는 원칙적으로 권리내용을 국가측에서 일방적으로 정할 수 있으며 自力으로 强制할 수 있는 점이 특색이다. →공권, 개인적 공권, 공법상의 권리·의무

국가적 통제(國家的統制) 특정의 국가목적을 위하여 국가가 행하는 통제. 자치적 통제에 대한 관념이다. 이것에는 자치적 통제를 국가적 목적에서 補强助成하는 것(예 : 카르텔 조성)과 국가 자신이 직접적으로 權力的 統制를 행하는 것(예 : 전시의 각종 통제법)이 있다. 이와 같은 국가목적적인 사항은 국가가 직접 행하는 것이 보통이나, 때로는 민간단체로 하여금 행하게 하는 수도 있다(예 : 戰時中의 統制會社·統制組合 등).

국가적 형벌(國家的刑罰) 형벌권은 국가가 가지며 복수, 사적 제재는 허용되지 않는다. 그러므로 형벌이라고 하면 국가적 형벌을 가리킨다.

국가정복설(國家征服說) 국가의 기원을 강한 종족이 약한 종족에 대한 정복에 구하는 政治學說. 금블로비츠, 라첸호퍼, 오펜하이머 등에 의하여 주장되었다. 정복자는 대토지와 노예를 소유하며 정치적·경제적 특권을 갖고 세습에 의하여 지배적 귀족계급이 되는 반면, 피정복자는 정치적·경제적 피억압계급이 된다. 이 지배관계의 지속화, 합리화를 위하여 법질서가 만들어지고, 국가가 발생하였다고 한다.

국가조직(國家組織) 일정한 지역을 기초로 하여 성립하는 인류의 영속적 사회조직. 그 구성원에 대하여 無條件的 支配權을 가지고, 자기 이외에는 자기를 지배할 여하한 권력도 인정하지 않는 점에 특색이 있다.

국가주권설(國家主權說) 국가의 主權이 군주 또는 국민에게 속하는 것이 아니고, 사회적 단일체이며 법률상의 人格者인 국가 자신에게 최종적으로 귀속한다는 학설. 이 학설은 國家法人說과 밀접한 관계를 가지고 있는 것으로서, 19세기 후반의 독일에 있어서의 절대적 군주정과 극단적 민주정과의 타협인 입헌(제한)군주정의 전위적인 이론이었다. 옐리네크(G. Jellinek)의 이론이 그 대표적인 것이다. →국가법인설

국가주의(國家主義) 〔佛〕 étatisme 국가를 지상의 것으로 하고 개인을 이것에 절대적으로 복종케 하는 국가중심주의. 國家本位思想·國家萬能思想 등의 총칭. 국내정치의 관점에서는 개인주의와 대립하고 국제정치의 관점에서는 국제주의와 대립한다. 문화의 형식·발전의 문제에 관하여는 일면에서 自由主義와 대립하고, 다른 면에서는 民族主義와 대립한다.

국가지정대리인(國家指定代理人) 국가를 당사자 또는 참가인으로 하는 소송에 있어서, 법무부장관에 의하여 지정되어 소송을 수행하는 국가의

訴訟代理人. 통칭 國家訴訟遂行者라고 한다. 이와 같은 종류의 소송에 있어서는, 법무부장관이 국가를 대표하지만, 변호사를 소송대리인으로 하는 대신에 그 부의 직원이나 각급검찰청의 검사 또는 당해사무를 관장 또는 감독하는 행정부의 직원을 소송대리인으로 지정할 수 있다(國家를 當事者로 하는 訴訟에 관한 法律 3). 이러한 대리인은 민사소송에 있어서 법률상의 소송대리인의 일종으로, 대리인의 선임 이외의 일체의 재판상의 행위를 할 권한을 갖지만(7), 그 소송에 대하여 법무부장관의 지휘를 받는다(3 Ⅲ). 또 행정청도, 행정청이 당사자 또는 참가인으로 되는 소송에 대하여 그 직원을 소송대리인으로 지정할 수 있다(5 Ⅰ). 이 경우에도 필요하다면, 법무부장관은 그 부의 직원 또는 각급검찰청의 검사를 소송대리인으로 지정할 수 있는데, 이도 넓은 뜻으로는 國家指定代理人에 포함된다.

국가진화설(國家進化說) 국가의 진화 발전에 관한 학설. 국가의 성립 과정을 역사적으로 관찰하여 그 진화를 東方 여러 나라, 그리스 도시국가, 로마제국, 봉건국가, 독재군주국가 등으로 보는 게델의 학설, 價値를 표준으로 國家制度의 진화를 관찰하는 헤겔의 학설, 무정부상태에서 무력적 정치·도의적 군주정치·폭군정치·과두정치·민주정치·폭민정치의 단계를 거쳐 새로 무력정치로 환원한다는 폴리비우스의 학설 등을 가리킨다.

국가책임(國家責任) 〔英〕 responsibility of states [1] 국제법상 일반 또는 특수국제법을 위반한 국가가 그 위반으로 손해를 받은 국가에 대하여 지는 책임. 국가책임은 단순히 손해를 가하였다는 것 만으로는 성립되지 않으며 국제법에 위반하여 손해를 가하였고 그 행위의 責任歸屬可能性이 국가에 있으며, 직접·간접으로 국가에 대한 손해가 발생한 사실이 존재할 때 비로소 성립된다. 국가의 손해에는 재산상의 손해 뿐만 아니라 명예의 손상도 포함된다. 국가가 책임을 지는데 있어서 國際法違反이란 객관적 조건 외에도 그 기관의 고의 또는 과실이 있어야 한다는 것이 일반적으로 인정되고 있다. 국가는 그의 입법·행정·사법기관의 국제법에 위반된 행위에 대하여 책임을 진다. 또한 사인이 국가의 명령을 받고 행위할 때에는 국가는 그 私人의 행위에 대하여 책임을 지며, 국가는 혁명 또는 쿠데타에 의하여 국가의 전영역을 지배하는 일반적인 사실상의 정부의 행위에 대하여 책임을 지게 된다. 그러나 그 행위는 보통 국가행위를 설정할 수 있는 자의 행위이어야 하며 문제의 행위가 표면상 國家行爲의 형식으로 나타나야 한다. 국가는 다른 국제법 주체에 대하여도 책임을 지는 경우가 있다. 연방은 그 구성국의 행위에 대하여 원칙적으로 국제법상 책임을 지며 제한된 범위내에서 국제법 주체인 구성국은 독자적인 책임을 진다. 또한 국가는 私人에 의한 위법사실에 대하여 원칙적으로 책임을 지지 않으나 국가의 기관이 외국 또는 외국인을 보호하는데 국제법상 필요한 예비 또는 訴追措置를 태만히 하였을 때에는 국가는 이에 대하여 책임을 지게 된다. 국제법상의 위법행위가 귀속되는 국가는 그 행위로 말미암아 성립한 손해를 原狀復舊·損害賠償·名譽回復으로써 배상하여야 한다.

[2] 국내법상의 국가책임에 대해서는 국가의 불법행위책임을 보라.

국가총동원법(國家總動員法) 일본의 1938년 법률 제55호. 동법은 동년 勅令 제316호. 국가총동원법을 朝鮮, 臺灣 및 樺太에 시행하는 건에 의하여 당시의 조선에 시행되었었다. 전쟁수행을 위한 인적·물적 자원을 통제하고 동원함을 목적으로 한 법률이었다.

국가표준제도(國家標準制度) 헌법은 127조 2항에서 국가는 국가표준제도를 확립한다라고 하여, 국가표준제도 조항을 두고 있다. 이 국가표준제도 조항은 도량형·시간 등 각종 계량 및 측정의 표준을 명확히 설정하고, 이를 범국민적으로 준수하도록 함으로써 과학의 진흥과 기술의 혁신, 公正去來의 보장, 國際交易의 확대, 공업의 발전 등을 꾀하려는 것이다. 이에 관한 개별법률로서 지적법, 건축법, 전파관리법, 약품관리법 등이 있다.

국가(國家) **트러스트** 국가가 國營工業統制를 위하여 여러 부문안에 트러스트를 집결하고 각 트러스트에 법률상 독립한 인격을 인정하며, 독립예산을 원칙으로 하여 각자 활동케 하는 제도. 1921년 이래 구소련에서 실시하였었다.

국가파산(國家破産) 國債에 관한 의무의 전부 또는 일부분의 불이행, 즉 국채·원금의 파기, 國債償還期의 연기, 공채상환의 不換紙幣 또는 평가절하 화폐 등에 의한 지급, 强制的 低利代替, 이자의 연기 등을 말한다. 제1차대전후 독일이 불환지폐의 남발로 인하여 지폐가치를 대폭적으로 하락시켜 국채를 무가치하게 만든 것이 그 예이다.

국가학(國家學) 〔獨〕 Staatswissenschaft, Staatslehre 국가를 연구대상으로 하는 학문. 그 내용에 대하여는 학설이 다기하다. 역사적으로 살펴보면, 플라톤의 國家論은 정의의 연구과정에서 국가를 논급한 것이고, 아리스토텔레스의 것은 究極的으로는 善을 목적으로 한 論理學이었다. 아우구스티누스, 토마스 아퀴나스 등의 중세의 國家論은 기독교신학의 일부이었다. 따라서 고대와 중세에 있어서의 국가학은 대체로 형이상학적이었다고 하겠다. 그 후 비교적 實證科學의 외모를 지닌 국가학은 16세기 말엽 이래로 출현한 자연법학파에 의한 것이다. 이들의 대표자격이었던 그로티우스, 홉스, 로크, 루소 등은 학설의 내용은 다소 상이하나, 일률적으로 자연법의 普遍不易性을 전제하고, 이를 기초로 하여 국가의 성립과 개혁을 논급하였었다. 그러나 프랑스대혁명을 계기로 하여 이들의 자연법의 주장의 약점이 폭로되자, 또 다시 歷史法學派와 헤겔의 形而上學에 의한 국가론이 대두되었으나, 이 시기에 가장 주목되는 것은 自然科學的 國家論이었다. 여기에서는 自然法則을 기초로 하여 國家·社會·法律學 등을 설명하려고 기도하였다. 이 외에 자연법학파에 대한 반동은 특히 實證法學에 의한 국가론이다. 어디까지나 국가가 현실의 법률상에 여하한 성질을 지니며, 또 여하한 기능을 행사하는가를 중심으로 하여 국가론을 다루었었다. 그러나 이와 같은 사회의 上部構造의 연구로서는 국가가 인류의 생활관계의 근본이라는 파악에는 하등 그 의의를 가지지 못한다고 지적하여 下部構造인 경제의 입장에서 국가를 다루어 보자는 사회주의학자들이 재등장하였다. 이와 같은 혼돈된 국가학에 관하여 가장 정치한 입체론적 고찰을 확립시킨 자는 역시 엘리네크(G. Jellinek)라 하겠다. 그는 이론적 국가학을 國家社會學(Soziallehre des Staates)과 國法學(Staatsrechtslehre)의 두 가지 부분으로 성립되는 종합과학이라고 하여 학계에 커다란 영향을 주었다. 독일어의 Staatswissenschaften은 公法學·政治學·行政學·財政學·國民經濟學 등의 총칭을 의미하는 것으로 사용된다. 그러나 오늘날의 과학의 진보는 상기와 같이 국가에 관한 여러 연구가 분야별로 독자적인 발전을 보게 되어 현재에는 국가에 관한 여러 분야의 종합학으로서의 국가학 자체의 존재 여부를 논의할 단계에까지 도달된 것 같다. 제2차대전 이후 독일을 중심으로 한 여러 나라에서의 국가학은 그 영역이 극도로 축소되어 공법학과 정치학의 기초이론에 국한되어 가는 경향에 있다. → 국법학, 일반국가학

국가행위이론(國家行爲理論) 〔英〕 Act of state doctrine 어느 국가가 제정한 법령이나 어느 국가가 그 국가영토 안에서 행한 公的 行爲에 관하여 다른 국가의 국내법 안에서 그 유효판단을 자제해야 한다는 이론을 말한다. 國家法令理論이라고도 한다. 이 이론은 주로 미국의 국내법 안에서 미국인 재산에 대한 외국정부의 국유화나 몰수조치와 관련하여 논의되고 형성되어 왔으며, 전통적으로 확립된 판결규칙으로 간주되어 왔다. 그러나 일전 쿠바의 국유화조치의 미국에 있어서의 유효성에 관한 일련의 판결, 특히 사바티노(Banco National de Cuba v. Sabbatino)의 여러 판결과 이것을 둘러싼 학계와 사법계의 반응은 국가행위이론에 중대한 의문을 불러 일으켰다. 결국 미국의회는 1964년 10월 7일의 對外援助法修正(The Sabbatino Amendment)으로써 사실상 이것을 폐지하고 말았다. 일국의 영역 내에서 행해진 국가행위는 타국의 재판소에서 문제되지 않는다는 이론, 극단적으로 그 행위가 國際法에서 문제되지 않는다는 이론, 극단적으로 그 행위가 국제법에 위반된 경우일지라도 타국재판소에서 문제될 수 없다는 이 국가행위이론이 국제법의 규칙인가에 관하여는 국가행위에는 다음과 같은 대단히 다른 두 가지 경우가 있으므로 이것을 구별하여 생각할 필요가 있다. ① 개인이 어느 국가의 재판소에서 타국의 관리 또는 代理人으로서 행한 행위에 대하여 訴追된 경우이다. 이 경우에는 국가 행위이론은 일종의 主權免除原則의 系(corollary)이며 확립된 국제법의 규칙이다. ② 국가가 자국 영역 내에 있는 재산을 收用하여 그것을 사인에게 매각하고, 그 후 원소유자가 그 사인을 타국의 재판소에 소추하는 경우이다. 이 사태에 國家行爲理論을 적용한 판례는 미국에 많다(위 Sabbatino 사건 등). 미국의 지도적 판례는 이 법이론을 국제법의 규칙으로서가 아니라 權力分立의 원칙으로부터 유래하는 하나의 원칙, 즉 재판소는 행정부에 의한 대외관계의 처리에 있어서 외국국가의 행위에 이의를 제기함으로써 행정부를 곤란에 빠뜨려서는 안된다고 하는 미국 헌법상의 규칙으로 본다(Akehurst, 51-52).

국가행정(國家行政) 국가가 직접 그 기관에 의하여 행하는 행정. 自治團體 내지 公共團體가 국가의 간섭으로부터 해방되어 행하는 독일식 自治行政(법률적 의미의 자치행정 또는 단체자치)에 대응한 관념이다. 국민(또는 주민)이 그들 스스로의 손에 의하여 또는 그들이 선출한 기관에 의하여 상향적으로 처리하는 英國式 自治行政(정치적 의미의 자치행정 또는 민중자치)에 대립하는 개념인 官治行政과 다르다. → 관치행정, 자치행정

국가행정조직(國家行政組織) 국가의 행정을 담당하는 행정기관의 조직. 국가의 행정은 국가 자신이 행하는 것을 원칙으로 하거니와, 헌법상 대통령을 최고기관으로 하여 監査院과 같은 독립기관을 제외하고는 중앙과 지방의 행정조직을 설치하여 국가의 行政事務를 분장시키고 있다. 이와 같은 국가행정기관의 설치·폐지·조직·권한 등에 관한

규정을 國家行政組織法이라고 한다. 국가행정조직법의 주요한 법원으로는 독립기관으로서의 감사원법이 있고, 중앙행정기관의 조직에 관한 정부조직법 기타 국가의 특별지방행정기관의 조직에 관한 특별법이 있다.

국가후견이론(國家後見理論) 국가나 법원은 보호를 요하는 아동·소년의 궁극의 부모로서 이를 보호하고 육성하여야 한다는 이론이며, 少年法의 基本理念이다. 이러한 소년을 방임한다면 머지 않아 사회에 위해를 끼칠 범죄자가 될 염려가 있기 때문에 이것을 보호하고 교육하기 위하여 적극적인 방책을 취하여야 한다는 것이다. 이와 같은 생각에서 衡平法法院을 통하여 이른바 국가는 父母(parens patriae)라는 사상을 성장시켰다. 소년법원의 이념과 그 보호적 활동의 이론적 근거는 이 國家後見의 사상에 구할 수 있다.

국 경(國境) 인위적인 것과 자연적인 것이 있다. 전자는 주민의 민족적 관계 혹은 경·위도 등에 의하여 결정되고, 후자는 하천 및 산맥 등에 의하여 결정된다. 자연적 국경은 特別合意 또는 慣習이 있을 때에는 이에 의하고, 없을 때에는 하천국경은 항행할 수 있는 것은 하류로 향하는 항로의 중앙으로 하고, 항행할 수 없는 것은 양안으로부터의 中央線(Talweg)에 의하며, 산맥국경은 分水嶺에 의한다. →탈베크

국경관세(國境關稅) 국경을 통과하는 외국화물에 대한 관세. 종전에는 국내이동의 화물에 대하여 부과하던 國內關稅에 대비시킨 것이나 오늘날 관세라 함은 모두 국경관세이다.

국경무역(國境貿易) 좁은 뜻으로는 국경의 양측의 일정한 지역(대개의 경우 15km)에 있어서의 주민의 필수품의 교환. 주로 관세에 관하여 특권이 부여되며, 最惠國條款의 통용에서 제외되는 경우가 많다. 넓은 뜻으로는 인접하는 국가간의 무역.

국경일(國慶日) 국가의 경사스러운 날을 기념·축하하기 위하여, 국경일에 관한 법률(1949년 법 제53호)에 의하여 정해진 공휴일의 일종. 3·1절(3월 1일), 제헌절(7월 17일), 광복절(8월 15일), 개천절(10월 3일)이다. →공휴일

국 고(國庫) 〔英〕 fisc 〔獨〕 Fiskus 〔佛〕 fisc 財産權의 주체로서의 國家. 경찰국가시대에 있어서는 국가는 공권력의 주체로서의 지위에서는 법의 지배를 받지 아니하나 공권력을 수반하지 아니한 재산관계에 있어서는 국가도 사인과 같이 법의 지배를 받으며 법원의 재판을 받는 것으로 되어 있었는 바, 이 의미에서의 재산거래의 주체가 국고라고 불리고, 공권력의 주체인 본래의 의미에서의 국가와는 별개의 人格인 것으로 보았다. 법치국가에 있어서는 국가도 일반적으로 법의 지배를 받는 것으로 이해됨에 따라 공권력의 주체인 본래의 의미에서의 국가와 별개의 인격인 것으로 본 국고관념은 부정되게 되었다. 그러나, 오늘날에 있어서도 재산법의 주체로서의 국가를 때때로 국고라고 하며(예 : 民 80 Ⅲ), 이 경우에는 民商法 등 사법의 적용을 받는다. 그러나 국고라는 용어는 일정하지 아니하여 재산권의 주체로서의 국가를 그대로 국가라고 할 때도 있다(예 : 民 1058). →국고행위

국고금(國庫金) 국가의 소유인 현금의 총칭. 歲入金·歲出金과 세입세출 외의 현금을 포함한다. 국고금의 취급은 원칙적으로 한국은행이 일괄하여 행한다(豫會 132). 따라서 각 중앙관서의 장은 일정한 경우 이외에는 公有·私有의 현금이나 유가증권을 보유할 수 없고(134), 법률에 특별한 규정이 있는 경우를 제외하고는 그 관장에 속하는 현금을 한국은행에 예탁하여야 하며 직접 사용하지 못한다(131). 한국은행에서 수입한 국고금은 국가의 예금으로 한다(132 Ⅱ). 국가의 지출은 원칙적으로 한국은행을 지급인으로 하는 수표를 발행하거나 정부계정 상호간의 국고금대체를 위한 對替手票를 발행하여서 한다(48).

국고금대체서(國庫金對替書) 국고내의 移換을 위한 간편한 지출방법으로 사용되는 지시서. 각부 각청의 장이 세출예산에 기준하여 지출하려고 할 경우에는 현금의 교부 대신에 수표의 발행에 의하는 것이 통례이다. 지출관이 다른 회계·계정 또는 자금에 資金操入을 위하여 세출을 지출하는 경우와 같이 재정경제부장관이 정할 경우는 수표의 발행을 하지 않고 국고금대체서를 한국은행에 교부하도록 되어있다. 수표법의 적용을 받지않고 내용납부증권의 성질도 가지지 않는다(豫會 48 참조).

국고보조금(國庫補助金) →보조금

국고부담금(國庫負擔金) 국고보조금과 같은 말로 쓰여질 때도 있으나, 일반적으로는 국가와 지방지차단체에 다 같이 관계있는 國家的 事務를 지방자치단체에서 처리하는 경우에 그 사무처리에 필요한 비용의 일부를 국가에서 부담하는 것을 말한다. →국고보조금, 부담금

국고설(國庫說) 國庫理論이라고도 한다. 전통적인 학설에 의하면 원래 국고설이란 경찰국가에서 법의 위에 있는 국가와는 별개의 재산권의 주

체로서의 국고라는 법인을 擬制하는 이론이며, 재산권관계에 司法을 적용하고 사법재판소에로의 出訴를 가능케 하는 기능을 거두는 것으로 설명되었다. 즉 경찰국가시대에는 국고설때문에 인민은 국가권력에 의한 旣得權侵害에 있어서 국고에 그 재산적 보상을 청구하는 것이 가능하게 되었던 것이며, 이 이론은 국민의 이익보호에 이바지하였다. 그러나 근래 이러한 견해에 의문을 제기하는 설이 주장되고 있다. 즉 국고라는 용어는 재산권의 주체로서의 국가의 호칭으로서 과거부터 사용되었으나, 領主나 國家는 신민의 기득권이 침해되는 사법사건이라면 종래도 보통법상 제소되었던 것이며 오늘날 高權的으로 간주되고 있는 활동의 다수는 사법사건으로 이해되고 있으므로 소송의 길을 개척하기 위하여 국고라는 擬制를 사용할 필요는 없게 되었다는 것이다. 사법사건은 19세기에 이르러 점차 제한되어 사실상 국가의 사경제활동에 한정되게 된다. 따라서 새로운 설에 의하면 국고설의 기원에 관한 전통적 학설의 오류는 19세기에 있어서 행정의 司法으로부터의 독립에 수반한 사법사건의 제한을 반성없이 18세기에 投影하여 버린 것에 기인하게 된다.

국고(國庫)**에 대한 강제집행**(强制執行) 국가도 경제적인 주체로서 債務名義上 執行債務者가 될 수 있고 이러한 경우에 집행채권자는 국고금을 압류함으로써 한다(民訴 529). 집행채무자가 된 국가가 국고금의 압류를 당한다는 것은 국가가 債務名義를 존중하지 않는다는 소이가 되는 것이므로 이념적으로는 물론이요, 실제에 있어서도 민사소송법 529조와 같은 규정은 立法體面上 의문이 아닐 수 없다. 주의적인 의미가 있을 것이다.

국고여유금(國庫餘裕金) 〔英〕 treasury surplus 예산실행의 과정에 있어서 수입과 지출의 시기적 상위 또는 지출의 절약·보류·불필요화 또는 수입의 자연증수 등에 의하여 국고에 생기는 여유금. 그러므로 결산상의 잉여금 및 예산편성시에 예상되는 잉여재산과는 달리 구별된다. 국고여유금은 일반회계에서 생기나 資金運用部와 代充資金運用을 주로 하는 특별회계에서도 생긴다. 국고여유금은 금융정책상 시중은행에 예금되거나 또는 정부의 短期證券에 운용되는 경우가 있다.

국고잉여금(國庫剩餘金) → 잉여금

국고지출금(國庫支出金) 법률용어가 아니어서 그 내용이 반드시 확정적인 것은 아니지만, 통상 국가가 지방지차단체에 대하여 그 경비의 전부 또는 일부를 충당하기 위해 지출하는 補助金·負擔金·委託金 등의 총칭을 말한다.

국고자금(國庫資金) 〔英〕 Government Fund 넓은 뜻으로는 국가의 綜合豫算을 총괄하는 자금 또는 여기에 地方財政까지 포함하여 말한다. 그러나 좁은 뜻으로는 재정용어로서 종합예산 중 재정경비와 민간산업자금공급의 대부분을 제외한 잔여부분을 말하며, 정부사업관계 투융자가 그 대부분을 차지한다. 즉, 공공사업비·전화·통신·우정·철도·전력·국유임야 등에의 설비투자, 외국환자금·식량관리회계에의 출자 등이 주요한 것들이다. 따라서 좁은 뜻의 국고자금은 관영 생산사업에의 직접투자와 유통과정의 국가통제를 위한 출자가 대부분이다. 그러므로 넓은 뜻의 것에 비하여 금융시장에서 직접적인 영향력은 비교적 한정되어 있다. 국고자금은 財政資金이라고도 한다.

국고채권(國庫債權) 國債를 표시하는 증권을 가리킨다. 보통은 국채증권이라고 불리우나 특별한 수요를 충당하기 위하여 발행되는 국채증권을 특히 국고채권이라고 부르는 일이 있다.

국고채무부담행위(國庫債務負擔行爲) 실질적 의미에 있어서는 법률에 의한 것과 歲出豫算全額 또는 繼續費의 총액 범위내의 것 이외에 국가가 행하는 金錢給付를 내용으로 하는 행위를 말하며(豫會 24), 형식적 의미에 있어서는 예산총칙·세입세출예산, 계속비 및 명시이월비와 함께 예산의 한 내용을 구성하는 한 명칭(19)으로서 특정사항에 관한 채무부담행위에 대하여 국회의 의결을 거치는 형식을 말한다. 일반적으로는 어떤 會計年度에 행한 支出義務負擔行爲에 따르는 경비는 그 연도에 지출하나, 경비의 종류·내용에 따라서는 어떤 회계연도에 행한 지출의무부담에 수반하는 경비의 지출이 그 연도내에는 필요하지 아니하고 익년도 이후에 필요할 경우가 있다. 이런 경우에는 그 경비를 지출할 연도에 가서 국회의 의결을 얻지 못하면 國家의 債務不履行을 초래할 우려가 있으므로, 미리 채무의 부담에 대하여 국회의 의결을 얻어 두려고 하는 것이 이 제도를 둔 취지이다. 국고채무부담행위에는 예산의 일부로서 사항마다 그 필요한 이유, 그 행위를 할 연도와 채무부담의 금액을 표시하여 국회의 의결을 얻어 행하는 것(24)과, 재해복구 기타 긴급한 필요가 있을 때에 예산총칙에 규정하여 예비비와 같이 국회의 의결을 얻은 금액의 범위내에서 행하는 것이 있는 바, 예산회계법은 후자만을 인정하였다(24).

국고행위(國庫行爲) 行政主體의 私經濟的 行爲. 국가의 물품매매계약·교량건설도급계약·국유재산불하·수표발행 등의 행위와 지방지차단체의 공원건설도급계약·지방채모집·은행으로부터의 一時借入 등의 행위가 그 예. 이러한 행위는 행정주체의 사법상 재산권의 주체로서의 행위요 사인으로서의 행위이며, 따라서 특별한 규정이 없는 한 一般私人과 마찬가지로 민법 기타 사법의 적용을 받는다. 이러한 국고행위는 주로 경제적 활동에 관한 것이기 때문에 국가의 경우보다도 경제단체적 성격이 농후한 공공단체에서 그 예를 많이 발견할 수 있다. 끝으로 국고행위를 이상과 같은 행정주체의 사법상 재산권의 주체로서의 행위 외에 공법상 재산권의 주체로서의 행위(예 : 租稅徵收)까지를 포함시키는 학자도 있다.

국·공유재산(國·公有財産) 國有財産은 국가의 부담이나 기부의 채납 또는 법령이나 조약에 의하여 국가의 소유로 된 재산을, 公有財産은 지방자치단체의 소유에 속하는 재산을 말한다. → 국유재산법

국교단절(國交斷絶) 〔英〕·〔佛〕 rupture 〔獨〕 Bruch 일반적으로 외교관계의 단절. 국제법상으로 평화관계의 사실적 단절을 말한다. 國際聯盟規約에서 처음 사용된 말이다. 연맹국은 국교단절에 이르기 전에 우선 평화적 방법을 시도하여야 하고, 强制的 方法을 사용하여서는 아니된다.

국교(國交)**에 관한 죄**(罪) 대한민국에 체류하는 외국의 원수 또는 대한민국에 파견된 외교사절에 대하여 폭행·협박·모욕 또는 명예훼손의 행위를 하거나, 외국을 모욕할 목적으로 그 나라의 공용에 供하는 國旗 또는 國章을 손상·제거 또는 오욕하거나 외국에 대하여 私戰하거나, 외국간의 교전에 있어서 중립에 관한 명령에 위반하거나, 외교상의 기밀을 누설하는 등의 죄(刑法各則 제4장 107~113). 본죄의 보호법익에 관하여는 國際法秩序에 의하여 보호되어 있는 외국의 이익의 보호를 목적으로 하는 것이라는 국제주의적 견해와 대한민국의 대외적 지위의 안전을 보호하는 것이라는 국가주의적 견해가 대립하고 있다. 본죄의 처벌에 관하여는 相互主義와 單獨主義와의 대립이 있다. 전자는 외국법에 동일한 규정이 있는 경우에 한하여 내국법을 적용하는 것이고, 후자는 외국법에 동일한 규정의 유무를 불문하고 내국법을 적용하는 것인데, 우리 형법은 후자에 속한다.

국군(國軍)**의 정치적 중립성 준수**(政治的中立性遵守) 軍의 기본적 사명이 외침으로부터의 國土防衛이고, 그 기본적 기능이 정치가 아닌 군사적 침략·전술임은 물론, 主權者인 국민이 그 안전을 위하여 그들의 납세로써 軍을 조직하고 유지하고 있다는 점을 감안할 때, 국민의 의사에 반하여 軍은 政治에 개입할 수 없다. 國家的 危機가 외침에 의한 것이 아니고 정치적·경제적·사회적 요인에 의한 것일 경우, 그것은 憲法에 규정된 통상적인 國家緊急權으로 대처함이 마땅하다. 현행 헌법 5조 2항은 국군은 국가의 안전보장과 국토방위의 신성한 의무를 수행함을 사명으로 하며, 그 정치적 중립성은 준수된다고 규정하여, 지난 憲政史의 오류인 군의 정치개입을 명문으로 부정하고 있다. 이와 같은 국군의 정치적 중립성 준수조항이 명문화됨으로써 군이 정치에 개입하거나 정치활동을 할 수 없게 되었음은 물론, 특정정당을 지원하거나 후원할 수 없게 되었으며, 만일에 이를 위반할 경우에는 헌법 5조 2항에 위반함을 이유로 軍刑法·軍事法院法 등의 규정에 따라 刑事處罰을 면할 수 없게 되었다. 또한 쿠데타를 위한 병력동원 등의 명령은 위헌·위법적 명령이므로 이에 복종할 의무가 없음은 물론, 그 명령을 이행하는 자도 위헌·위법행위가 되므로 형사처벌의 대상이 된다.

국 권(國權) 〔獨〕 Staatsgewalt 국가라는 공동사회의 법적 의사력을 포괄하여 국권이라고 한다. 같은 뜻으로 흔히 主權 혹은 統治權이라고 불리기도 한다. 이와 같은 말의 차이점은 국가의 법적 의사력의 인식에 있어서의 착안점의 상이에 있다. 즉, 국권이라고 하면 법주체에 착안한 용어이고, 主權이라고 하면 다른 법주체의 법적 의사력과의 관계에 착안한 말이며, 統治權이라고 하면 법적 의사력의 지향하는 목적에 착안한 용어이다. →국가권력, 주권, 통치권

국권(國權)**의 최고기관**(最高機關) 憲法이 규정하는 여러 국가기관 중에서 최고의 지위를 차지하고 있는 기관. 국회가 이에 해당한다고 할 수 있는 바 그것은 국회가 主權者인 국민을 직접 대표하고 그것에 직결하는 지위를 차지하기 때문이다.

국 기(國旗) 〔英〕 national flag 〔獨〕 Flagge 국가의 상징으로 정하여진 旗. 헌법에 국기에 관한 규정을 두고 있는 나라도 있다(독일헌법 22, 벨기에헌법 125). 그것은 국민을 구속하는 규정은 아니지만, 국가의 개성을 결정하고 국민을 統理하는 중요한 의의를 갖는다. 우리나라의 국기로는 대한제국시대 이래 태극기를 사용하고 있고, 그 제작법과 게양방법에 관하여는 國旗製作法(1949년 문교부고시 제2호)과 國旗揭揚方法에 관한 件(1966년 대통령고시 제2호)이 있다. 외국을 모욕할 목적으로 그 나라의 국기를 손상·제거·오욕한 자는 처벌받는다(刑 109). →국기의 남용, 국교에 관한 죄

국기 · 국장모독죄(國旗 · 國章冒瀆罪) 대한민국을 모욕할 목적으로 국기 또는 국장을 손상 · 제거 또는 오욕하는 죄(刑 105). 본죄의 保護法益은 국가의 權威이다. 국장이란 국가의 권위를 표창하는 휘장으로서 국기 이외의 것을 말한다. 국기 · 국장은 公用에 사용하는 것이든 私用에 사용하는 것이든 불문이다. 손상이란 물질적으로 훼손하는 것이고, 제거란 현재의 게양장소에서 철거하는 것이며, 오욕이란 오물 또는 염료 등으로 불결하게 하는 것이다. →국기에 관한 죄

국기 · 국장비방죄(國旗 · 國章誹謗罪) 대한민국을 모욕할 목적으로 국기 또는 국장을 비방하는 죄(刑 106). 본죄의 보호법익은 대한민국의 權威이다. 본죄는 目的犯이다. 비방이란 언어 · 거동으로써 모욕의 표시를 하는 일체의 행위를 말한다. →국기 · 국장모독죄

국기법(國旗法) 〔英〕 law of flag 〔獨〕 Flaggenrecht 〔佛〕 loi du pavillon 선적국법과 같다.

국기(國旗)**에 관한 죄**(罪) 國旗 또는 國章을 손상 · 제거 · 오욕 또는 誹謗하는 것을 내용으로 하는 범죄를 말한다. 구법에서는 외국의 국기 또는 국장을 손괴 기타 모독하는 행위만을 처벌하고 있었으나, 형법은 독일 형법의 예에 따라 우리나라의 국기와 국장을 모독하는 행위도 처벌하고 있다. 외국의 국기와 국장에 대한 모독은 公用에 供하는 것에 한하여, 우리나라의 국기의 경우보다 가볍게 처벌되고 있다(刑 109). 형법은 국기에 관한 죄로 國旗 · 國章冒瀆罪(105)와 國旗 · 國章誹謗罪(106)를 규정하고 있다. 국기에 관한 罪의 보호법익은 국가의 권위, 국가존립의 체면 또는 국가의 권위와 체면이라고 할 수 있다. 내국인 뿐만 아니라 외국인이 대한민국 영역 외에서 본죄를 범한 때에도 처벌받는다(5). →국기 · 국장모독죄, 국기 · 국장비방죄

국기(國旗)**의 남용**(濫用) 〔英〕 unlawful use of national flag 〔獨〕 Missbrauch der Nationalflagge 국제법상으로는 해적선을 색출하기 위하여 군함이 국기를 심사할 수 있는 권한이 一般國際法에 의하여 인정되어 있다. 국기를 남용한 선박은 해적혐의가 있는 선박으로 취급되어 어느 국가의 군함에 의하여서도 臨檢 · 搜索 · 沒收를 당하는 일이 있다. 예컨대 아시아호사건(The Asia Case)에서 동선은 1946년 2월 27일 공해상에서 영국군함에 발견되었을 때 최초에는 터키 국기를 게양하고 임검시에는 이스라엘기로 변경함으로써(이스라엘공화국의 탄생은 그 후인 1958년 5월) 소속이 불명하게 되어 동선은 몰수되었다.

국기주의(國旗主義) →포획, 자유선박 · 자유화물

국내관할권(國內管轄權) 〔英〕 domestic jurisdiction →국내사항

국내문제(國內問題) 〔英〕 domestic questions or matters 〔佛〕 question intérieure 국내사항과 같다.

국내문제불간섭(國內問題不干涉)**의 의무**(義務) 〔英〕 duty of non-intervention on domestic matters 국가는 國內問題(또는 국내사항)에 관하여 단독 · 임의로 규율할 수 있고, 타국이 이에 대하여 간섭하는 것은 국제법상 허용되지 않는다. 이것을 국내문제불간섭의 의무라고 한다. 조약상 특별히 인정되지 않는 한, 國際組織도 가맹국의 국내문제에 간섭한다는 것은 불법이 된다(國際聯盟規約 15 Ⅷ, 國際聯合憲章 2 Ⅶ, 유네스코憲章 1 Ⅲ). 그러나 국제연합에 있어서는 헌장 제7장에 의거한 강제조치의 적용을 방해하지 않는다. 즉, 가맹국의 국내적 조치가 국제평화에 위협을 주는 경우에는 국제연합이 헌장 제7장에 의거하여 일련의 강제조치를 취할 수 있는 것이다(憲章 2 Ⅶ 但). →국내사항, 간섭

국내범(國內犯) 자국영역내에서 행한 범죄. 현행형법은 屬地主義를 원칙으로 하여 대한민국 영역내에서 행한 범죄에는 범인의 국적의 여하를 불문하고 우리나라 형법을 적용한다(2). 대한민국 영역이란 대한민국의 領土 · 領海 · 領空을 말하고, 대한민국 영역 외에 있는 대한민국의 선박 또는 항공기내에서 행한 범죄도 국내범에 준한다(4). →속지주의

국내법(國內法) 〔英〕 municipal law 〔獨〕 staatliches Recht, staatliche Rechtsordnung 〔佛〕 droit interne 1개의 主權이 행사되는 범위내에서 효력을 가지며 주로 그 나라의 내부관계를 규율하는 것을 목적으로 하는 법의 총칭. 수개국가에 대하여 행사되며 주로 국가간의 관계를 규율하는 국제법에 대조되는 개념으로 國家法이라고도 한다. 국내법과 국제법은 서로 연원 · 주체 · 적용절차를 달리한다. →국제법과 국내법, 국제법

국내법상위설(國內法上位說) →국제법과 국내법

국내법설(國內法說) 국내법주의와 같다.

국내법우위론(國內法優位論) 국내법상위설과 같다.

국내법주의(國內法主義) 〔英〕 nationalism 〔獨〕 Nationalismus 〔佛〕 nationalisme 國際私法上의 본질을 국내법이라고 하는 주의. 국제법주의에 대하는 견해이다. 국제사법을 단순히 국내법이라고 하는 絶對的 國內法主義와, 국제사법의 대부분은 국내법이라고 하거나 또는 각국이 장차 동일한 국제사법원칙을 승인함에 이르기까지는 국내법이라고 하는 相對的 國內法主義가 있다.

국내사항(國內事項) 〔英〕 domestic matters or questions 국내관할권에 속한 사항. 즉, 국제법이 국가에 의한 규율에 일임하고 있는 사항을 말한다. 國內管轄權은 국제법질서의 사적 적용범위가 제한되는 국가의 배타적인 권한을 말하며, 국제연맹규약 15조 8항 및 국제연합헌장 2조 7항에 규정되어 있다. 국내사항에는 국가의 정부형태, 관공서의 조직, 경제체제, 예산편성, 국가 대 국민의 관계 등의 일반적인 것과 이민과 관세 등이 포함된다. 그러나 현실의 국제관계에서 무엇이 국내문제인가를 분별하는 데는 허다한 난점이 있다. → 국내문제불간섭의 의무

국내안전보장법(國內安全保障法) 〔英〕 Internal Security Act 1950년 9월에 성립한 미국의 破壞活動團束法. 맥카란(McCarran, Patrick Anthony) 상원의원제출의 맥카란法案을 중심으로 상하양원에 제출된 다른 법안을 가미하여 작성된 미국최초의 反共法. 미국을 비미국적 파괴활동으로부터 수호하는 것을 목적으로 한다. 미국공산당과 그 외곽단체를 등록해서 그 단원·기구·자금관계를 명백히 하고, 그로써 공산주의활동의 단속을 강화하려고 하는 것이지만, 기타 파괴활동을 행할 우려가 있는 자의 구금, 공산주의 단체 또는 그 외곽단체라고 인정되는 자의 喚問, 파괴활동이냐 아니냐를 결정하는 파괴활동단속위원회, 공산주의자의 여권·고용·입국·귀화의 제한, 공산주의 선전의 제한 등을 정한다. → 먼트·닉슨법안

국내이민(國內移民) 인구가 희박하고 개발이 더딘 국내의 한 지방에 본토의 다른 지방에서 이주하여 개간하는 것을 말한다. 1935년 소비에트 연맹의 전 연방인민위원회가 전 연방에 걸쳐서 인구가 희박하고 비옥한 지방에 移民政策을 실시한 것은 국내이민의 적례라 하겠다.

국내적 구제(國內的救濟) 〔英〕 local remedies 國家機關(입법·사법 및 행정의 각 기관) 또는 사인에 의한 불법행위로 인하여 외국인에게 손해가 발생한 경우, 이로써 곧 국가의 국제법상의 책임이 발생하는 것은 아니고, 국가가 피해를 입은 외국인에게 국내법에 의한 行政上 또는 司法上의 救濟節次(이를 국내적(또는 지방적) 구제라고 한다)를 다하지 않는 경우에 이르러 비로소 국가에게 책임이 귀속된다. 그러므로 피해외국인은 이 국내적 구제의 절차를 다한 후가 아니면 국가의 국제법상의 책임을 추구하지 못한다. 그러나 국내적 구제의 원칙에는 외국인이 국내법에 호소하면 구제를 받을 수 있다는 실질적 가능성이 있어야 한다. 국내법이 國際不法行爲에 대하여 하등의 구제방법도 구비하지 않은 경우, 이를테면 입법부 자체에 의한 不法行爲, 또는 심사의 대상이 되지 않는 어느 기관에 의하여 행하여진 불법행위에 대하여는 이 원칙은 적용되지 않는다. 왜냐하면 이와 같은 경우에 국내재판소에서 구제를 받는다는 것은 당초부터 불가능하기 때문이다. 또한 그 국가의 국내구제조치가 극히 불만족스럽다는 것이 처음부터 명료한 경우에는 그것을 무시하고 바로 國際責任을 추구할 수 있다고 보는 유력한 학설이 있다. → 국가책임

국내적 질서(國內的秩序) 국제사법상 우리 涉外私法 5조는 외국법에 의하여야 할 경우에 있어서 그 규정이 선량한 풍속 기타 사회질서에 위반하는 사항을 내용으로 하는 것인 때에는 이를 적용하지 아니한다고 排斥條項을 규정하는데, 이 중 사회질서의 외국법적용배척의 표준은 내국적 입장에서 보아야 한다. 그러나 그것이 내국의 强行法에 위반되는 외국법의 적용이 모두 배척되는 것은 아니다. 즉 여기서의 선량한 풍속 기타 사회질서는 反社會秩序의 法律行爲에 관한 민법 103조의 선량한 풍속 기타 사회질서와 동일하게 해석하여서는 안된다. 만일 민법상의 强行法規(성년연령·시효기간·물권변동·신분법규 등)와 다른 내용을 가진 외국법의 적용을 모두 배척한다면 결국 國際私法의 존재의의가 유명무실하게 되고 말 것이다. 따라서 내국적 입장에서 본 사회질서를 국내적 질서, 국제적 입장에서 본 사회질서를 국제적 질서로 나누어, 전자는 국제사법상 적용될 외국법에 양보하여야 할 질서이며, 후자는 국제사법상의 원칙으로서 적용될 외국법을 배척해서라도 유지해야 할 질서라고 하는 견해(Despagnet)가 있다. 이를 대입하면 섭외사법 5조의 질서는 國際的 秩序를 의미한다.

국내적 표준주의(國內的標準主義) → 국제적 표준주의

국도준용도(國道準用道) 국도준용도란

기능은 국도와 같은 간선도로지만 건설과 유지관리를 道가 담당하는 국도와 지방도의 중간쯤 되는 새로운 道路概念. 건설비를 건설교통부와 도가 분담하는게 특징이다. 우리나라는 고속국도, 일반국도, 국도준용도, 특별시도, 지방도시도, 군도 등 모두 7개등급의 도로로 나눈다. 건설교통부는 이같은 국도준용도 지정을 위해 도로법을 개정함과 아울러 국도준용도 노선지정령도 새로 지정될 국도준용도는 원래 건설교통부가 國道로 승격시키려던 15개노선 중 일부에 불과한 바, 그 이유는 재정경제부가 중앙정부가 건설·관리하는 國道增設은 항만·국가공단 등 연결도로에 국한하고, 나머지는 모두 지방자치단체에 넘기는 방안을 주장해 왔기 때문이다. 결국 건설교통부가 건설비 일부를 분담하는 대신 계획수립 및 지도·감독권한을 갖는 형태로 양 부처의 의견이 조정된 결과가 바로 국도준용도이다.

국 도(國道) 국가기간도로망의 중추부분을 이루는 도로. 고속국도, 일반국도, 특별시도·광역시도, 지방도, 시도, 군도, 구도의 7가지가 있다(道 11). 일반국도는 중요도시·지정항만·중요한 비행장 또는 관광지 등을 연결하며 고속국도와 함께 국가기간도로망을 이루는 도로로서 대통령령으로 그 노선이 지정되며(13Ⅰ), 고속국도는 자동차교통망의 中軸部分을 이루는 중요한 도시를 연결하는 자동차전용의 고속교통에 사용하는 도로로서 대통령령으로 그 노선이 지정된다(高速國道法 2ⅱ). 고속국도에 관하여는 도로법에 규정한 외에 그 노선의 지정·구조·관리 및 보전 등에 관하여 고속국도법이 적용된다(道 12, 高速國道法 1). 국도는 원칙으로 건설교통부장관이 관리하며(道 22), 그 비용도 원칙으로 국고의 부담으로 한다(道 56).

국 련(國聯) 국제연합의 약칭.

국련기(國聯旗) 유엔기라고도 한다. 1947년에 제정. 1950년 7월 한국전쟁시에 처음으로 국련기 아래서 國際警察軍이 활동을 개시하였다.

국련특별기금(國聯特別基金) 국제연합이 후진국의 경제개발을 원조하기 위하여 적립한 기금. 1957년 12회 국제연합총회에서 기금설치준비위원회를 두어, 58년 13회 총회에서 정식으로 설치의 결정을 보았다. 선진국가에서 갹출한 5천만달러의 특별기금으로써 59년 1월에 발족. 기금의 사용방법과 지역선정을 운영위원회의 협의로 결정하며, 運營委員會는 원조국 및 피원조국에서 선출된 각각 9개국으로써 구성한다.

국련한국위원회(國聯韓國委員會) 〔英〕 United Nations Korea Commission 국제연합 한국위원회와 같다.

국립경찰(國立警察) 국가가 유지하는 경찰. 자치단체가 유지하는 自治警察에 대한 관념. 우리나라에는 국립경찰만이 유일한 경찰기관이다.

국립공원관리공단(國立公園管理公團) 행정자치부장관의 위탁을 받아 국립공원구역 안의 公園資源을 보존하고 이를 위한 자원조사·연구, 공원시설의 설치·유지·관리, 공원구역의 청소, 공원이용에 관한 제도·홍보 기타 대통령령이 정하는 공원관리사업을 효율적으로 추진하게 하기 위하여 설립된 공단이다(自然公園法 49의2). 공단은 法人으로 한다(49의 3). 이사장 1인, 부이사장 1인, 상근이사 2인 및 당연직 이사 4인을 포함한 10인 이내의 이사와 監事 1인이 공단의 임원이다(49의7).

국립과학관(國立科學館) 과학의 연구·조사·보급을 목적으로 하여 교육부장관의 감독하에 설치된 기관.

국립과학수사연구소(國立科學搜査研究所) 범죄수사에 관한 理·化學的·法·醫學的 연구 및 조사를 위하여 행정자치부장관의 감독하에 설치된 기관. 범죄에 관련된 시체검안·혈액형·혈청·침·모발 및 배설물 등의 감정(법학부)과 필적·지폐·증권·섬유제품·음식물·시체내장물·광물·印影·총포·화약류 및 범죄에 공여된 각종 무기의 감정(이화학부)에 관한 사항을 분장한다(國立科學搜査研究所職制).

국립농산물검사소(國立農産物檢査所) 농산물의 품종·품질·乾燥·調劑·顧均·選別·色澤·용적·용량·중량 및 포장 등을 검사하기 위하여 농림부에 두는 기관. 검사소에 소장 1인을 비롯한 일정한 공무원을 두고, 필요에 따라서 지소 또는 출장소를 둘 수 있다(農産物檢査法 4).

국립대부회사(國立貸付會社) 〔英〕 national credit corporation 미국대통령 후버가 不況政策의 하나로서 전국 은행가의 협력하에 1931년 10월에 설립한 자금 5억달러의 금융회사. 이 회사는 10억달러 정도의 채권을 발행하였으며, 전국의 은행은 정기당좌예금의 2분의 1에 상당하는 금액에 대한 채권의 담당의무를 진다. 이로써 運用資金에 충당하며, 출자은행에 대하여는 필요한 경우, 일정한 조건하에 자신을 담보로 하여 자금을 대부하는 것을 목적으로 한다.

국립대학(國立大學) 국립의 대학. 그 위

치·명칭 등은 국립학교설치령에 규정되어 있다.

국립묘지(國立墓地) 군인·군무원으로서 사망한 자와 국가에 유공한 자의 유골 또는 시체를 안장하고, 그 忠義와 偉勳을 길이 推仰하기 위하여 국방부장관 소속하에 둔 묘지. 서울특별시와 대전광역시에 위치한다(國立墓地令 2). 국립묘지의 관리기관으로 국립묘지관리소가 있으며, 묘지의 관리나 의식집행상 필요한 때에는 현역군인을 관리소에 파견근무하게 할 수 있다(10). 국립묘지에는 일정한 자의 유골 또는 시체만을 안장할 수 있다(3, 4).

국립민족박물관(國立民族博物館) 民族文化 및 人類學 영역에 속한 역사·예술·민속·산업·자연과학 등에 관한 자료를 수집·보관·전시하여 공중의 관람이용에 제공하여 이들의 자료에 관한 조사 연구를 행하는 시설. 교육부장관 소속하에 설치된 기관(國立民族博物館職制).

국립(國立)**서울대학교설립**(大學校設立)**에 관한 법령**(法令)〔軍政法令 제102호, 過渡政府法律 제1호〕 1946년 8월 22일 군정법령 102호는 기존의 경성대학·경성법학전문학교·경성공업전문학교·경성의학전문학교·수원농림전문학교·경성경제전문학교·경성치과의학전문학교·경성사범학교·경성여자사범학교·경성광산전문학교를 폐지하고 새로이 종합대학으로서의 국립서울대학교를 설치하였다. 과도정부법률 1호는 상기군정법령 7조(국립서울대학교이사회)의 개정이다. 교육법에 의거한 서울대학교설치령에 의하여 단순히 서울대학교로 호칭되게 되었다.

국립은행(國立銀行) 〔英〕 national banks 미국에서 이른바 商業銀行이라고 불리우는 것은 국립은행과 州立銀行이다. 국립은행은 남북전쟁 직후 금융의 혼란 및 정부재정을 구제하기 위하여 1863년 2월에 제정한 國立銀行條例(Natioanl Bank Act)에 의하여 창립된 것이다. 은행의 일반업무 외에 은행권의 발행권을 가지며, 상업은행의 중심세력으로서 聯邦準備法 제정 이후로는 연방준비은행에 출자하여 연방준비제도 가맹은행이 되도록 강제받았다.

국립중앙관상대(國立中央觀象臺) 觀象에 관한 사항을 파악하기 위하여 문교부장관 소속하에 설치되었던 기관. → 기상청

국립지질조사소(國立地質調査所) 지질 및 지하자원을 과학적으로 조사하여 國土開發 및 鑛業振興의 촉진에 기여하기 위하여 산업자원부장관 소속하에 두는 기관. 국립지질조사소는 지질조사·地質圖幅 작성, 鑛床調査, 광물연구, 물리탐광, 地化學 탐광, 試錐探鑛, 坑道探鑛, 광물분석 및 기술지도에 관한 사항을 관장한다(國立地質調査所職制).

국립학교(國立學校) 국가가 설립 경영하는 학교(初·中等敎育法 3). 국립학교의 설치와 직제에 관하여는 국립학교설치령이 있다.

국무요구권(國務要求權) 국민이 국가에 대하여 일정한 국무를 행할 것을 요구할 수 있는 기본권의 하나. 기본권을 보장하기 위한 기본권의 하나라고 할 수 있다. 裁判請求權이 그 예이다. 보통은 受益權이라고 부른다.

국무원(國務院) 제5차개헌전의 헌법상 기관. 제3차개헌전의 대통령제정부형태하에서는 大統領·國務總理(제2차개헌에 의하여 폐지)·國務委員으로써 구성되어 행정권의 담당자로서의 최고행정관청이었던 대통령의 권한에 속하는 중요국책을 의결하는 의결기관이었고, 제5차개헌전의 內閣責任制政府形態下에서는 국무총리·국무위원으로서 구성되어 직접 행정권을 담당하는 최고행정청이었다. 5·16혁명 이후의 국가재건비상조치법하에서는 內閣으로 개칭되어 국가재건최고회의의 지시와 통제하에 있는 제한된 행정권의 담당자가 되었다. 제5차개헌후의 대통령제정부형태에 있어서는 國務會議로 개칭됨과 동시에 행정권의 담당자로서의 최고행정관청인 대통령의 審議的 諮問機關에 불과하게 되었다. → 국무회의

국무원령(國務院令) 제3차개정헌법에 의한 내각책임제하에서, 국무총리가 국무회의의 의결을 거쳐 발한 명령(舊憲 70 Ⅱ). 법률의 위임에 의한 委任命令과 법률을 실시하기 위한 執行命令 및 법률의 효력을 가지는 緊急財政命令(57 Ⅱ)이 그 주요한 것이었다. 국무원령은 현헌법에 의한 大統領令으로 본다.

국무원총사직(國務院總辭職) 내각책임제정부형태에 있어서 국회의 不信任決議에 의하여 국무총리와 전국무위원이 동시에 사임하거나, 또는 국무총리의 사임으로 전국무위원이 다같이 사임하는 것. 제5차개정전 헌법은 內閣責任制이었기 때문에 국무원총사직이 있었다. → 총사직

국무위원(國務委員) 국무회의의 構成分子. 국무총리의 제청에 의하여 대통령이 임명한다(憲 87 Ⅰ). 대통령이 국법상의 문서에 대하여 관계국무위원은 副署한다(82). 국무위원은 각부장관에 보임되는 것이 대부분이나, 부를 맡지 않는 국무위원도 있었다. 이를 政務長官이라 하였다. 국회는 국

무위원의 해임을 의결할 수 있는 바 대통령은 解任議決이 있으면 당해국무위원을 해임하여야 한다(63).

국무총리(國務總理) 국무총리는 행정부내의 제2인자로서 大統領을 보좌하며 행정에 관하여 대통령의 명을 받아 行政各部를 통할하는 자이다. 현행 헌법 86조 1항은 국무총리는 국회의 동의를 얻어 대통령이 임명한다고 규정하고 있고, 2항에서 국무총리는 대통령을 보좌하며, 행정에 관하여 대통령의 명을 받아 행정각부를 통할한다고 하고 있다. 총리는 議院內閣制의 본질적 구성요소로서 執行에 관한 실질적인 권한을 가지며, 대통령이나 군주는 명목상의 국가원수의 지위에 있으며 집행에 관한 형식적·의례적 권한을 행사할 뿐이다. 그리고 위원내각제하에 있어서는 수상과 각료로서 구성되는 내각의 존립이 의회의 信任 여부에 의존되며, 내각은 의회에 대하여 連帶責任을 진다. 한편, 정부형태가 대통령제일 경우에는 대통령의 有故에 대비하여 부통령을 두고 수상제는 두지 아니하는 것이 보통이다. 반면에 프랑스 제5공화국 헌법에서와 같이 대통령제와 의원내각제를 혼합한 이른바 變形된 大統領制 내지는 半大統領制의 경우에는 평상시에는 국정이 의원내각제의 형태로 운영되기 때문에, 총리 또는 수상의 헌법상의 지위와 권한도 대체로 의원내각제하의 수상과 별로 다를 것이 없으나, 일단 비상시에 처하게 되면 집행에 관한 모든 권한은 대통령에게 이관되고, 수상은 그 執行機關에 지나지 않는 것이 되기 때문에 이 때에는 총리의 지위가 대통령의 보좌기관과 같은 성격을 띠게 된다. 우리나라의 국무총리는 헌법 71조의 규정에 따라 대통령이 궐위되거나 사고로 인하여 직무를 수행할 수 없을 때에는 제1순위로 대통령의 職務代行權을 가지며, 헌법 87조 1항 및 94조 규정에 의하여 국무위원과 행정각부의 장의 임명에 대한 提請權을 가지며, 87조 3항의 규정에 의하여 국무위원의 해임을 대통령에게 건의할 수 있다. 또한 국무총리는 헌법 88조 3항 및 89조의 규정에 의하여 國務會議의 구성원으로서 또 그 부의장으로서 정부의 권한에 속하는 중요정책의 심의에 참가하는 권한을 가지고 있다. 또한 헌법 82조에 의거 대통령의 국법상의 문서에 부서할 권한을 가지며, 헌법 86조 2항에 의해 집행에 관하여 대통령의 명을 받아 행정각부를 통할하는 권한과 감독하는 권한을 가진다. 또 헌법 95조의 규정에 의해 소관사무에 관하여 법률이나 대통령령의 위임이 있는 경우 또는 그 직권으로 법규명령인 總理令을 발할 수 있다. 반면에 국무총리는 집행부의 제2인자로서 국회에 대하여 정치적 책임을 지며, 헌법 62조 2항에 의해 국회나 그 위원회의 출석요구에 따라 국회에 출석하여 위원의 질문에 답변하여야 한다. 국무총리가 직무를 수행함에 있어 헌법 또는 법률에 위반한 경우에는 헌법 65조 1항에 의해 국회는 국무총리의 彈劾訴追를 의결할 수 있다.

국무회의(國務會議) 1960년의 제3차개헌 이전의 헌법하에서는 대통령의 권한에 속하는 중요국책을 의결하는 議決機關으로서의 국무원의 회의를 의미하였고(68), 제3차개정헌법하에서는 내각책임제 정부형태가 채택됨에 따라 행정권의 귀속주체로서의 최고회의제 행정관청인 國務院의 회의를 의미하였으며 民議院에 대하여 연대책임을 지는 국무원의 일체성을 담보하기 위하여 중요한 기능을 가졌다(68, 72). 5·16혁명후 국가재건비상조치법 23조에 의하여 헌법상의 국무원에 관한 규정은 동비상조치법하의 내각에 준용하기로 되었고 내각의 회의를 閣議라고 하였다. 제5차개헌 및 제7차개헌에 있어서는 미국식대통령제가 채택됨에 따라 의결기관으로서의 국무원제도는 폐지되었다. 현행 헌법은 정부의 권한에 속하는 중요한 정책을 심의하는 필요적 審議機關으로서의 국무회의만을 두고 있다(憲 88, 89). 국무회의는 대통령·국무총리와 15인 이상 30인 이하의 국무위원으로 구성되고(88 Ⅱ), 대통령이 議長, 국무총리가 副議長이 된다(88 Ⅲ).

국 민(國民) 〔英〕 nation, people 〔獨〕 Nation 〔佛〕 peuple 국가의 구성·소속원. 국적을 가진 자. 국가의 統治權이 당연히 그리고 개괄적으로 미치는 인적범위(憲 2, 國籍法 참조). →공민, 인민, 신민

국민경제자문회의(國民經濟諮問會議) 국민경제의 발전을 위한 중요정책의 수립에 관한 대통령의 諮問機關(憲 93 Ⅰ)을 말한다. 국민경제자문회의의 조직과 직무범위에 관하여는 법률로 정한다(憲 93 Ⅱ).

국민고충처리위원회(國民苦衷處理委員會) 苦衷民願을 접수·상담하고 이를 신속하게 조사·처리하며 행정기관의 민원사무처리현황을 감시함으로써 국민의 권익을 보호하기 위하여 국무총리소속하에 설치된 위원회로서 위원장 1인을 포함한 10인의 위원으로 구성된다(民怨事務處理에 관한 法律 14, 17). 동 위원회의 주요기능으로는 ① 고충민원에 관한 상담·조사 및 처리, ② 고충민원에 관한 조사의 결과 위법·부당한 처분 등에 대한 시정조치의 권고, ③ 행정제도 및 운영의 개선에 관한 권고 또는 의견표명 등이 있다(15).

국민공회제(國民公會制) 〔英〕 Government by the Convention 〔佛〕 gouvernement d'assemblée 프랑스大革命의 결과로 제정된 1791년의 프랑스헌법에 의한 입헌군주제는 루이 16세의 처형과 더불어 종말을 告하고, 1793년 헌법하의 프랑스에서는 주권적 기관인 國民公會(assemblée nationale)에 모든 권력을 집중하는 독재정치가 행하여졌다. 그리고 이 독재정치에 있어서 9인으로써 조직된 公安委員會가 주도적 역할을 하였다. 그러나 국민공회에 의한 독재정치·공포정치로 로베스삐에르(Robespierre)의 처형과 더불어 종료되고, 1795년부터 5人執政制(Directoire)가 시작되었다.

국민교육권설(國民教育權說) 어버이를 중심으로 한 국가 전체는 어린이를 교육할 의무를 지는 것이라고 하는 견해. 國家教育權說에 대립하는 학설이다.

국민대표(國民代表) 국회의원이 선거인 또는 정당의 대표자가 아니고 국민의 대표자라는 개념. 이것은 국회가 국민의 代表機關이라는 관념과도 상통하는 것임. 중세의 等族會議가 국민의 대표가 아니고 등족의 대표이며 등족회의의 구성원은 그를 선출한 각 등족을 대표하였다. 그러나 그 대표자는 독립적인 의견을 발표할 수 있는 진정한 의미의 대표자가 아니고, 다만 각 등족의 의사를 전달하는 使者에 불과하였다. 이와 같이 각 등급을 대표하는 等族會議와 近代議會의 성격과를 구별하기 위하여 근대의회의 대의원은 국민의 대표자이며, 따라서 의회도 국민의 대표기관이라는 관념이 주장되었다. 그러나 근대의회는 재산과 교양을 가진 일부 국민인 自由市民만이 선거권을 가졌기 때문에 진정한 의미의 국민대표가 아니었다. 또 자유쥬의적·대표적 민주정치가 현대적 정당국가의 형태를 취하게 됨에 따라, 다시 국민과 대의원 또는 의회와의 관계는 대표의 관념보다 自同性의 원리에 의하여 설명되게 되었다. 國會의 國民代表性에 관하여는 그 성질에 대하여 학설이 분분하다.

국민대표제(國民代表制) 國民主權原理의 구체적인 구현형태의 하나. 국민주권주의라고 하더라도 국민 전체가 주권을 직접 행사하기는 현실적으로 어려운 일이므로, 국민은 주권자로서 모든 국가권력의 淵源이 되는 것이며 국가권력의 현실적인 행사는 헌법에 의한 국민의 대표기관에 위탁하는 제도. 우리 헌법상 국민주권의 원리의 구현을 위한 국민대표제의 표현으로 議會制度가 보장되고(제3장), 주권행사기관인 국민이 국민의 대표인 국회의원을 직접 선거하며(41 I), 개인에게는 공무원선거권과 공무담임권이 보장되고(24, 25), 普通·平等·直接·秘密選擧制가 채택되고 있다(41).

국민발안(國民發案) 〔英〕·〔佛〕 initiative 〔獨〕 Volksbegehren 국민, 한 지방의 주민이 立法에 관한 제안을 하는 것. 이니셔티브라고도 한다. 우리나라는 제5차개정헌법하에서 헌법개정에 국회의원선거권자 50만인 이상 찬성으로 헌법개정제안을 할 수 있도록 규정했으나(舊憲 119 I), 제7차 개정헌법은 이를 폐지했다. →이니셔티브

국민방위군사건(國民防衛軍事件) 1951년 1월 국민방위군의 集團後送 및 收容에 있어서 일어난 의혹사건. 物資 및 經費의 不正處分으로 인하여 숱한 희생자를 발생시킨 결과 사회의 물의를 유발시켜 국회에서 조사단을 결성. 그 조사결과에 의하면 국고금 2천4백만원과, 양곡 5만2천석에 달한 부정처분이 탄로되어 당시의 방위군사령관 김윤근 외 4명에 대하여 사형집행을 함으로써 일단락을 지었다.

국민보호권(國民保護權) 외교적 보호와 같다.

국민부(國民府) 항일 독립운동의 軍政府. 1928년 5월 參議府·正義府·新民府의 3부 합작회의의 결렬로 인하여 그 이탈자가 조직한 臨時革新會議. 1928년에 조직한 유일한 군정부로 발전하여 중국 東北地方의 2백만 교포에 대한 농지·경작지 문제의 해결에 전력하는 한편 기관지 烽火를 발간하여 계몽·선전·항일사상을 고취하였다.

국민소득(國民所得) 한 나라의 연 생산물의 가치 중 생산에 종사한 국민의 여러 계층에 분배되는 것, 즉 노임·이윤·이자 등을 소득이라고 하는바, 이것을 國民經濟 전체로 볼 때 국민소득이라고 한다. 보통 화폐액에서 말하며, 그 양의 증감은 명목상의 것에 불과하다.

국민소환(國民召還) 國民主權의 原理를 완벽하게 실현하기 위하여 국민이 직접 통치하는 직접민주제의 한 원리로서 국민의 의사로써 공직자를 임기만료 전에 해직시키는 제도이다. 이 제도는 일정한 절차에 의한 일정수의 유권자의 청구에 따라 직접 파면의 효과가 발생한다. 국민소환제도는 미국의 여러 주에서 상당히 광범위하게 채택되어 있다.

국민역(國民役) →병역

국민연금(國民年金) 국민의 생활안정과 복지증진을 도모하기 위하여 年齡·廢疾 또는 死亡

에 대하여 하는 年金給與를 말하며, 국민연금법이 정하는 바에 의한다.

국민연금관리공단(國民年金管理公團) 국민의 노령·폐질 또는 사망에 대하여 年金給與를 실시함으로써 국민의 생활안정과 복지증진에 기여하기 위해 보건복지부장관의 위탁을 받아 설립(國民年金法 22). 공단은 法人이며, 가입자에 대한 기록의 관리 및 유지, 연금보험료의 징수, 급여의 결정 및 지급, 가입자 및 年金受給權者를 위한 복지시설의 설치·운영 등 복지증진사업,기타 국민연금사업에 관하여 보건복지부장관이 위탁하는 업무를 수행한다(23).

국민은행(國民銀行) 주식회사로서 庶民金融의 원활한 육성을 목적으로 설립된 특수은행. 종전의 국민은행을 흡수합병한 것. 국민은행법(1962 法 제1201호)에 의하여 설립된 은행으로서 1995년 국민은행법이 폐지되고 은행법과 상법의 적용을 받는 일반상업은행으로 전환되었다.

국민(國民)**의 기본적 권리·의무**(基本的權利·義務) 基本的 人權. 다만, 국민의 기본적 권리의무라고 할 때에는 기본적 인권 이외에 기본적 의무도 포함해서 말한다.

국민(國民)**의 수임자**(受任者) 공무원의 本質·地位를 가리키는 말. 국민이라 함은 주권자인 국민이라는 뜻과 다른 한편으로는 국민 전체라는 뜻을 갖고 있다. 국가공무원법에서 국민 전체의 봉사자라 함은 이와 같은 觀念을 뜻한다. 따라서 공무원은 사리사욕의 추구자가 아니라 공공의 이익에 봉사하는 자인 동시에 그 봉사는 일부 국민 또는 일개 정당 정파를 위한 것이 아니라 오로지 국민 전체를 위한 것이라야 한다.

국민자산(國民資產) 〔英〕national wealth 한 국가의 국민 및 국가 또는 그 밖의 공공단체가 지배하는 자산 물건을 총칭하여 국민자산 또는 국민의 富라고 한다.

국민장(國民葬) → 국장

국민전체(國民全體)**에 대한 봉사자**(奉仕者) 헌법 및 국가공무원법은 공무원은 국민전체에 대한 봉사자라고 규정하고 있다(憲 7 I, 國公 1). 이 헌법 및 국가공무원법의 규정은 공무원의 본질과 지위를 나타내는 基本觀念으로서 널리 사용되고 있으며, 공무원의 각종의 복무상의 의무는 바로 이 관념을 전제로 한다. 다만 그 국민 전체에 대한 奉仕者가 무엇을 의미하는가에 대해서는 반드시 의견은 일치되고 있지 않으나, 보통으로는 그것이 공무원은 私的 利益의 추구자가 아니고, 公共의 利益에의 봉사자라는 것 및 一黨·一派의 봉사자가 아니고, 국민 전체에의 봉사자로서 정치적으로 중립을 지키지 않으면 안됨을 의미하는 것으로 해석되고 있다. 이에 따라 헌법은 공무원의 政治的 中立性은 법률이 정하는 바에 의하여 보장된다고 규정하고 있으며(7 Ⅱ), 국가공무원법은 그 공무원의 정치적 중립성을 보장하기 위한 여러가지 구체적인 규정을 두고 있다. 즉, 공무원은 정당 기타 정치단체의 結成에 관여하거나 가입할 수 없게 하고(國公 65 I), 선거에 있어서 특정정당 또는 특정인의 지지나 반대를 하기 위한 투표의 권유·서명운동 등의 행위를 할 수 없게 한 것 등이 그것이다(65 Ⅱ).

국민정당(國民政黨) 〔英〕 national party 국민적 同質性을 사상적 전제로 하여 널리 국민 각층의 지지를 얻고자 하는 정당. 階級政黨에 대한다.

국민주권(國民主權) 〔英〕 popular sovereignty 〔獨〕 Volkssouveränität 〔佛〕 souveraine nationale 주권(국가의 정치를 종국적으로 결정하는 힘)은 군주나 귀족과 같은 특수한 신분을 가진 사람이 아니고, 일반 국민에게 있다는 원리. 君主主權에 대항하여 민주주의의 표현으로서 발표되었다. 근대 여러 나라는 대개 이 원리를 인정한다. 헌법도 이 원리를 채택하여 대한민국의 주권은 국민에게 있고 모든 권력은 국민으로부터 나온다(憲 1 Ⅱ)라고 선포하고 있다.

국민주권설(國民主權說) 국가의 주권이 국민에게 있다는 주장. 主權在民說이라고도 한다. 이는 근대초의 絶對君主政에 대한 近代民主政의 항의적 이데올로기로서 특히 주장되었는데, 대표적 이론으로서는 루소의 그것을 들 수 있고 그 역사적 발현으로서는 영국의 17세기혁명, 미국의 독립 그리고 프랑스 대혁명을 들 수 있으며, 근대민주주의의 성립에 중대한 역할을 하였다. 우리 헌법 1조 2항에도 역시 이 대원칙을 선언하고 있다. 그러나 국민이 다만 選擧權만을 가지고 기타의 통치권행사에 관하여 아무런 法上의 권한을 가지지 아니하는 순수한 間接民主制의 국가에서 엄격한 법상의 의미에서의 主權在民을 인정할 수 있느냐에 관하여는 논의가 많고 이를 부인하는 학자도 많은데, 다이시 교수의 학설은 그 유력한 일례이다.

국민주의운동(國民主義運動) 〔英〕 national movement 국민주의 운동 또는 民族主義運動이라고 하며 그 원동력은 민족주의로서 하나의 민족은 민족의식을 자각함으로써 독립된 국가를 형성해야 한다는 것이다. 근래 특히 19세기 후반에 있어서의 민족주의는 반동적 보수주의 또는 제국주의적 정복주의에 대립하여 국제적 정치변동의 원동력이 되어있으며, 19세기 중엽에는 발칸반도 여러 나라를 비롯하여 유럽의 모든 민족이 독립을 획득하기에 이르렀다. 제1차세계대전 후 윌슨이 제창한 민족자결주의는 講和의 원칙의 하나로서 많은 민족의 自決獨立을 달성시켰다.

국민주택채권(國民住宅債券) 국민주택의 건설을 위한 지원자금을 마련하기 위하여 한국주택은행이 정부의 승인을 얻어 발행하는 債券(住宅建設促進法 15, 住宅銀行法 30). 국민주택채권의 원리금 상환에 관하여는 정부가 보증하며, 건설교통부장관의 요청에 의하여 재정경제부장관이 발행한다(住宅建設促進法 15 Ⅱ). 국가 또는 지방자치단체로부터 면허·허가·인가를 받거나 등기·등록을 신청하는 자와 국가·지방자치단체 또는 政府投資機關과 건설공사의 도급계약을 체결하는 자, 이 법에 의하여 건설·공급하는 주택을 공급받는 자는 일정액의 국민주택채권을 의무적으로 매입하여야 한다(16).

국민투자기금(國民投資基金) 중화학공업 등 중요 산업건설을 위한 投融資의 자금을 조성하여 이를 공급하는 기금(國民投資基金法 1, 3). 동 財源은 ① 국민투자채권의 발행에 의한 자금, ② 국민저축조합의 저축자금, ③ 국민연금법에 의하여 조성된 자금, ④ 우편저금과 국민생명보험법에 의하여 조성된 자금, ⑤ 정부·지방자치단체 기타 공공단체가 관리·보조 또는 출연하는 기금 중 대통령령으로 정하는 자금, ⑥ 금융기관의 저축성예금으로 조성된 자금, ⑦ 신탁회사의 불특정금전신탁에 의하여 조성된 자금, ⑧ 보험회사의 보험에 의하여 조성된 자금, ⑨ 정부의 각 회계로부터의 轉入金 또는 預託金, ⑩ 국민투자기금의 결산상 剩餘金으로 조성된다(4).

국민투표(國民投票) 〔英〕·〔佛〕 referendum 〔獨〕 Volksabstimmung 일명 人民投票·一般投票·直接投票라고도 한다. 일반국민이 특정한 사항에 관하여 투표에 의해서 國家思想의 성립에 참가함으로써 민주정치의 목적을 실현하기 위한 國民參政의 한 형식을 말한다. 그 기원은 고대 그리스에 소급하나, 근대에 있어서는 미국 각주에서 행하여졌고 프랑스·스위스가 이를 채용한 후 제1차세계대전을 전후하여 캐나다·오스트레일리아·덴마크·체코슬로바키아·아이슬란드·에스토니아·오스트리아·스웨덴·독일·라트비아·리투아니아·에이레·그리스·스페인 등 제국이 스위스 및 미국의 국민투표제를 채용하였다. 국민투표의 여러 형식으로서 國民拒否(〔英〕 popular veto 〔獨〕 Referendum als Veto 〔佛〕 referendum veto), 國民表決(〔英〕 referendum 〔獨〕 Volksentscheid 〔佛〕 referendum), 國民發案, 國民意思表示(〔英〕 plebiscite 〔獨〕 plebiszit 〔佛〕 plébiscite) 등이 있다. 특히 國民表決에는 헌법국민표결·법률국민표결, 강제국민표결·임의국민표결 등이 있고, 國民發案에는 동의발안·형성발안, 직접발안·간접발안 등이 있다. 우리나라의 헌법개정의 경우의 국민투표(憲 130)는 위의 국민표결의 한 방식인 헌법국민표결이다(憲 130 Ⅱ). 국민투표가 공무원의 퇴직여부를 결정하는 경우에는 이를 召還이라 한다. 지방자치법 등에서 규정하는 주민투표도 일종의 국민투표라 할 수 있다.

국민파면(國民罷免) 리콜과 같다.

국민표결(國民表決) → 국민투표

국민학교(國民學校) → 초등학교

국민혁명(國民革命) 〔英〕 national revolution 〔獨〕 Volksrevolution 내셔널리즘을 指導理念으로 삼고 민족, 즉 국가의 건설을 목표로 하여 수행되는 혁명. 프랑스 혁명, 미국의 독립도 일면에 있어서는 이러한 뜻을 지니는 바, 특히 그후의 후진민족의 獨立·解放運動이 이에 해당한다. 대표적인 것으로는 중국 국민당을 추진세력으로 하여 실현된 1920년대의 혁명이며 또한 히틀러에 의한 나치스 정권획득을 국민혁명이라고 부르는 것은 민족주의를 고창한 점에 있어서이지, 그 본래의 진보성에 대하여는 이것을 도리어 反動的이라고 할 수 있다.

국민훈장(國民勳章) 훈장의 일종으로서 정치·경제·사회·교육·학술분야에 공을 세워 국민의 복지향상과 국가발전에 기여한 공적이 뚜렷한 자에게 수여된다(賞勳法 12). → 훈장

국방경비대(國防警備隊) 남조선국방경비대의 약칭. 1946년 1월 15일 미군정당국에 의하여 창설되었다. 현 국군의 母體이며, 1946년 9월 남조선과도정부 수립과 함께 統衛府 산하로 이전하여 조선경비대로 개칭하였다.

국방경비법(國防警備法) 1948년 과도정부법률, 동년 8월 4일 효력발생. 육군형사법이며, 實體法과 節次法을 포함한다. 공군에서도 공군형사법임시조치에 관한 잠정규정(1950년 국방부훈령 제

6호)에 의하여 準用하였었다. 본법 중 실체법적 규정은 군형법에 의하여 폐지되고, 절차법적 규정은 舊軍法會議法에 의하여 폐지되었다. → 해안경비법

국방대학원(國防大學院) 국가안전보장에 관한 學術을 教授하여 이에 관한 사항을 분석·연구·발전시키고 각군, 정부 각 기관 및 정부관리 기업체에서 선발된 학생에게 국가안전보장에 관여할 간부로서의 資質을 부여하기 위하여 국방부장관 소속하에 두는 대학원. 입학자격은 각 군대학을 수료한 장교, 정부 각 기관의 학사학위 또는 이와 동등 이상의 자격을 가진 사무관 이상의 일반직 공무원 및 학사학위를 가진 정부관리기업체의 주요간부이며 수업연한은 1년이다. 대학원에 원장, 부원장, 교수부장, 교수 및 그 밖에 필요한 일반 국가공무원과 군인·군무원을 두되 원장, 부원장, 교수부장 및 교수는 국방대학을 수료한 현역장교임을 요한다.

국방동원국(國防動員局) 1950년 12월에 설립된 國防動員事務에 관한 미국 연방정부의 최고 중앙기관. 물자의 생산, 소비규제, 노동력, 수송력의 확보, 물자임금의 안정, 금융의 통제 등에 관한 사무를 취급하는 여러 정부기관의 상부기구로서 요컨대 미국의 軍事經濟體制의 중앙본부에 해당한다.

국방연구원(國防硏究員) 國防計劃, 육·해·공군의 統合戰略, 합동지휘에 필요한 학술 등을 교육하는 국방부관할의 연구기관. 입학자격은 육·해·공군의 영관급 이상의 장교로서 소속군의 최고 정규교육을 필한 자 중에서 소속 참모총장이 추천한 자 및 군인 이외의 공무원으로서 각부장관이 천거하는 자이다. 1962년 국방대학설치법(법 제937호)에 의하여 동대학원에 흡수 폐지되었다. → 국방대학원

국방의무(國防義務) 모든 국민은 법률이 정하는 바에 의하여 국방의 의무를 진다(憲 39). 우리나라는 국제평화의 유지에 노력하고, 침략적인 전쟁을 부인하고 있지만(5), 아직도 우리나라는 침략자를 격퇴하는 自衛의 전쟁과 침략자를 응징하는 制裁의 전쟁을 할 필요가 있기 때문에 모든 국민에게 법률이 정하는 바에 의하여 국방의 의무를 부담시켰다. 현대전은 총력전이기 때문에, 국방의 의무는 단지 병역의 의무에 그치지 않고, 방공·방첩의 의무, 군작전에 협조할 의무, 국가안전보장에 기여할 軍勞務動員에 응할 의무 등을 포함한다. 실제에 있어서도, 병역법에 의하여 병역의 의무 뿐만 아니라, 향토예비군설치법에 의한 예비군복무의무, 민방위기본법에 의한 민방위응소의무, 징발법·전시근로동원법에 의한 徵發·徵用을 당할 의무를 지니고 있다. → 병역의 의무

국방총성(國防總省) 〔英〕 Departmer of National Defence 국방계획을 총괄하는 미국의 행정 각부의 하나. 펜타곤이라고도 한다. 1947년 國家安全保障法에 의하여 창설되었으며, 육·해·공군의 행정을 국방장관 아래에 통할한다. 육·해·공군 장관은 각료에서 제외.

국 법(國法) 〔獨〕 Staatsrecht ① 가장 넓은 뜻으로는 한 나라의 법규 전체를 말하고, ② 좁은 뜻으로는 국가의 구성 및 그 공법적 활동을 규정하는 법규의 전체를 말한다. 즉 國際法·刑法 등을 제외한 보통 公法이라고 부르는 법규(憲法·行政法)가 바로 그것이다. ③ 때로는 주로 헌법(실질적 의미의 헌법)을 의미하는 수도 있다. Deutsches Staatsrecht가 독일헌법인 것이 그 예이다.

국법학(國法學) 〔獨〕 Staatsrechtslehre 국가의 성질·형태·구성요소·권력·기관·작용·정체 등을 순법률학적으로 연구하려는 학문. 같은 국가의 연구라도 순법률학적 연구인 점에서 사회학적인 연구인 국가사회학과 구별되고(→ 국가학, 국가양면설, 순수법학), 또 같은 국법의 연구라도 공법인 점에 있어서 私法學과 구별된다. 一般國法學·特殊國法學·比較國法學의 3종이 있다(→ 일반국가학). 독일의 Staatsrechtslehre는 널리 헌법학(또는 공법학)을 의미하지만, 그 역어인 국법학은 보통으로는 일반헌법학 또는 비교헌법학을 의미한다.

국 보(國寶) 보물 중 人類文化의 견지에서 그 가치가 크고 유례가 드문 것에 대해 문화관광부장관이 文化財委員會의 심의를 거쳐 지정한 것(文化財 7 Ⅱ). → 보물, 문화재

국 보(局報) 전보·우편·우체 등에 관한 업무에 대하여 관계되는 官廳 사이에 주고 받는 전보 또는 氣象報告에 관하여 관계되는 관청 사이에 주고 받는 전보 혹은 방송국 자체의 報道를 가리킨다.

국사범(國事犯) → 정치범죄

국사편찬위원회(國史編纂委員會) 교육부장관에 소속되어 국사의 편찬과 역사의 수집에 관한 사항을 掌理하는 조사·연구기관. 위원장 1인 및 위원 약간인으로 구성되며, 위원장은 별정직으로 보하고 위원은 교육부장관이 위촉한다. 동위원회에는 보조기관으로 事務局이 있다(國史編纂委員會職制 1~10).

국 새(國璽) 대한민국이라는 印章. 국새규

정에 의하면 국새는 政府에 비치하여야 하고(1), 그 자체는 대한민국의 4자를 한글篆書體로서 가로 새기며(2), 규격은 7센티미터의 정방형으로 하고, 행정자치부에서 管守하게 규정되어 있다(3, 5).

국선변호인(國選辯護人) 〔獨〕 Offizial-verteidigung, Bestellte-verteidigung 法院이 職權으로 피고인의 이익을 위하여 선임하는 변호인. 헌법은 형사피고인이 스스로 변호인을 구할 수 없을 때에는 국선변호인을 붙이게 하고 있다(12 Ⅳ 但).

[1] 형사소송법상 이는 피고인에 한하며, 피의자에게는 인정되지 않는다. 피고인이 ① 미성년자인 때, ② 70세 이상의 자인 때, ③ 농아자인 때, ④ 심신장애의 의심있는 자인 때, ⑤ 빈곤 기타 사유로 변호인을 선임할 수 없는 때(다만 이 경우는 피고인의 청구가 있는 때에 한한다)에 변호인이 없는 때에는 법원은 직권으로 변호인을 선정하여야 한다(33). 또한 사형·무기 또는 단기 3년 이상의 징역이나 금고에 해당하는 사건에 관하여는 변호인없이는 開廷치 못하므로(必要的 辯護), 이러한 경우에 변호인이 없는 경우에도 법원은 직권으로 변호인을 선임하여야 한다(282). 이상의 사정이 있는 경우에, 선임된 변호인이 공판정에 출석하지 아니할 때에는 법원은 직권으로 다시 변호인을 선정하여야 한다(283). 국선변호인은 원칙적으로 변호사 중에서 선임하여야 한다. 그 소송법상의 권한은 사선변호인과 다름이 없으며, 법원에 대하여 여비·일당·숙박료 및 보수를 청구할 수 있다(刑訴費 3, 4).

[2] 군사법원법상 軍事法院은 피고인에게 변호인이 없는 때에는 어느 경우에나 직권으로 국선변호인을 선정하여야 한다(62 Ⅰ). 국선변호인은 변호사와 변호사의 자격이 있는 장교 또는 군법무관시보로서 당해사건에 관여하지 아니한 자 중에서 선정하여야 한다(62 Ⅱ 本). 다만 제1심 군사법원은 변호사 또는 변호사의 자격이 있는 장교를 변호인으로 선정하기 어려운 때에는 법률의 소양있는 장교를 변호인으로 선정할 수 있다(62 Ⅱ 但). 일반형사소송법에 비하여 피고인의 변호권을 강화하여 규정하고 있다.

국 세(國稅) 국가가 부과·징수하는 조세를 말한다. 所得稅·法人稅·土地超過利得稅·相續稅와 贈與稅·再評價稅·不當利得稅·附加價値稅·特別消費稅·酒稅·電話稅·印紙稅·證券去來稅·教育稅·交通稅·農漁村特別稅가 이에 속한다.

국세심사위원회(國稅審査委員會) 지방국세청장 또는 국세청장이 國稅에 관한 調査 또는 再審査의 결정을 하는 전제로서 그의 의결을 거쳐야 하는 기관. 국세에 관한 조사 또는 재조사의 결정에 있어서의 지방국세청장 또는 국세청장의 恣意를 방지하기 위하여 설치된 기관이다. 그러나, 그의 의결을 거쳐의 뜻은 그의 의견을 들어의 뜻에 불과하고, 그 결정권은 지방국세청장 또는 국세청장에게 있다. 지방국세청장에 설치된 地方國稅審査委員會와 국세청에 설치된 中央國稅審査委員會가 있다. 동위원회는 국세기본법의 제정과 국세심사청구법의 폐지로 인하여 폐지되고, 국세심판소(國稅基 67)가 그 기능을 이어받았다. 다만, 현행국세기본법에서는 국세청장에게 제기한 심사청구가 있은 경우 국세청장의 심의기구로서 國稅審査委員會를 설치하고 있다(64).

국세심판소(國稅審判所) 재정경제부장관 소속하의 審判請求에 대한 決定機關을 말한다. 심사청구에 대한 결정에 이의가 있을 때 또는 심사청구에 대한 결정기간 내에 決定通知가 없을 때에는 소정의 심판청구를 증빙서류를 붙여 세무서장과 국세청장을 거쳐 국세심판소장에게 심판의 청구를 할 수 있는데, 심판의 청구기간은 심사결정서를 받은 날 또는 심사청구에 대한 결정기간이 경과한 날로부터 60일이다. 심판청구를 받은 날로부터 90일 이내에 決定通知가 없으면 그 청구는 棄却한 것으로 간주된다.

국세심판청구(國稅審判請求) 稅法에 의한 처분으로서 위법 또는 부당한 처분을 받거나 필요한 처분을 받지 못함으로써 권리 또는 이익을 침해당한 자가 행하는 行政爭訟의 일종. 심사청구에 대한 결정에의 불복수단이다. 심사청구에 대한 결정에 이의가 있을 때 또는 심사청구에 대한 결정기간 내에, 결정통지가 없을 때에는 소정의 심판청구서에 증빙서류를 붙여 세무서장과 국세청장을 거쳐 國稅審判所長에게 심판의 청구를 할 수 있다(國稅基 60, 69 Ⅰ). 심판청구에 대한 결정기관으로 재정경제부장관 소속하에 國稅審判所가 있으며, 소장과 국세심판관으로 구성한다(67 Ⅰ·Ⅱ). 국세심판소는 준사법기관의 예이다. 국세심판소장은 심판청구를 받은 때에는 국세심판관회의의 의결에 따라 90일 이내에 결정을 하여야 하되, 심판청구의 대상이 대통령령이 정하는 금액에 소액인 것 또는 경미한 것으로서 法令解釋과 무관한 것인 경우나 심판청구가 청구기간경과 후에 있은 때에는 국세심판관회의의 의결에 갈음하여 主審國稅審判官의 의견을 들어 이를 결정할 수 있으며, 국세심판관회의의 의결이 공정하지 못하다고 인정하는 때에는 국세심판소장은 재적국세심판관 전원으로 구성하는 국세심판관합동회의의 再議에 붙여야 한다(78). 심판청구를 받은 날로부터 90일 이내에 결정통지가 없으면 그 청구는 기각한 것으로 본다(81, 65 Ⅱ). 국세심판소의 결정에는 不告不理의 原則과 不利益變更禁止의 原則이 적용되며(79), 그 결정은 관계행정청을 기속한다(80).

국세조사(國勢調査) 〔英〕 census 국가의 형세를 조사하는 것. 인구·산업·노동·자원·문화·교육·위생 그 밖에 여러가지 사항에 관한 국가 전반의 현황을 조사함을 가리킨다. 보통 국세조사라 할 때에는 특히 人口調査를 주안으로 하는 것이 통례인 바 인구조사에는 인구의 靜態調査와 動態調査의 2종이 있으며, 전자는 일정한 시기에 있어서의 인구의 구성상태를 관찰하고 후자는 일정한 기간에 있어서의 인구의 변동상태를 관찰함을 말한다. 動態의 統計에는 출생·사망·死産으로 인한 인구의 증감과 혼인·이혼으로 인한 구성변화를 조사의 대상으로 한다(人口動態調査令 2, 3 참조).

국세체납처분(國稅滯納處分) 국세채권의 强制執行節次. 국세징수법에 규정되어 있다(24~88). 지방자치단체가 부과하는 租稅 기타 공법상의 債權의 강제집행도 국세체납처분의 예에 의하는 경우가 많으므로(예 : 地稅 28 Ⅱ·65, 土收 78) 국세징수법은 공법상의 금전채권의 강제집행에 관한 일반법이라는 의의를 가진다. 그 절차의 실체는 민사상의 강제집행과 마찬가지로 押留·賣却(換價)·淸算(滿足)의 3단계로 성립되지만, 판결을 執行名義로 하지 않고, 행정처분을 집행명의로 하여 收稅公務員이 집행하는 점 등에서 민사상의 강제집행에 비하여 간이신속하게 처리된다. →국제징수법, 강제집행

국약헌법(國約憲法) 다수의 국가가 聯邦을 조직하는 경우에 각 支分國의 합의로 제정되는 헌법. 1787년의 미합중국헌법, 1841년의 스위스 연방헌법은 그 예이다.

국 영(國營) 국가가 특정기업을 경영하는 것. 국가가 경영하는 사업을 國營事業 또는 國營企業이라 한다. →국영사업, 국영기업

국영공비사업(國營公費事業) 공공단체가 부담하는 경비로써 국가가 경영하는 사업. 공기업의 한 유형. 사업주체는 경제적 측면에서 보면 공공단체이나, 관리적 측면에서 보면 국가이다. 국영공비사업은 원래 國家的 事業으로 그 경비도 국가가 부담하여야 함에도 불구하고 공공단체에 부담을 시키는 것이므로 예외적인 현상이며, 법규의 근거를 요한다. 국도의 관리나 하천의 관리가 그 예이다. →공기업

국영기업(國營企業) 국가가 스스로 관리·경영하는 공기업. →국영사업

국영무역(國營貿易) 〔英〕 state trading 국영무역은 무역관리의 궁극의 형태로서 국가가 對外貿易을 직접 경영함을 말한다. 자본주의 체제의 국가에 있어서는 국영무역은 전시와 같이 비상시에 있어서만 經濟編成計劃을 위하여 실시한다. 세계 공황기에 있어서 페루가 1931년 이래 이 제도를 실시하였었다.

국영보험(國營保險) 〔英〕 state insurance 〔獨〕 Staatsversicherung 〔佛〕 assurance par l'État 국가가 경영하는 보험으로서, 公營保險에 속한다. 국영보험은 그 성질이 공보험에 속하는 것이 원칙이지만, 그 성질은 사보험이면서 국영으로 되는 경우가 있다. →공영보험

국외사업(國營事業) 국가가 스스로 관리·경영하는 사업. 전매사업까지 포함하는 수가 있으나, 대개는 國營公企業(國營企業)만을 의미한다. 우편·전신·전화·국영철도·국립학교·국립도서관·국립극장 등이 그 예. 국영사업에 있어서는 국가가 經濟主體인 동시에 管理主體이다. 국가는 그 경제주체로서 특히 법률상의 제한이 있는 경우를 제외하고는 예산의 범위내에서 자유로이 사업을 개시·경영할 수 있다. 그 예산은 一般會計일 때도 있으나 보통은 特別會計이다(豫會 9). 국가는 그 관리주체로서 그 사업을 직접 경영하는 것이나, 근래에는 특별한 관리주체를 설립하여 또는 사인에게 특허하여 경영케 하는 수가 많아져 가고 있다(特許企業). 그리고 일반사기업을 국영화하는 데는 헌법상 엄격한 제한을 가하고 있다(憲 126 참조).

국외범(國外犯) 대한민국영역 외에서 행한 범죄이면서도 우리나라의 형법이 적용되는 범죄(刑 3, 5, 6), 다만 그 현실의 처벌은 범인이 우리나라 裁判權下에 들어오지 아니하면 불가능하기 때문에 국제사법공조의 하나로서 犯罪人引渡의 制度가 있다. →속인주의, 보호주의

국외이송죄(國外移送罪) 略取·誘引·賣買된 자를 국외로 이송함으로써 성립하는 죄. 처벌은 3년 이상의 유기징역. 미수범은 처벌한다(刑 289 Ⅱ, 294).

국외중립(局外中立) 중립과 같다.

국 유(國有) 국가의 소유. 헌법은 개인의 경제상의 자유와 창의를 존중하는 自由經濟體制를

기본으로 하면서 사회정의의 실현과 균형있는 국민경제의 발전을 위하여 필요한 범위내에서의 국가의 規制와 調整을 허용하여(119), 自然資源은 물론이요 사기업도 국방상·국민생활상 긴절한 필요가 있을 때에만 국유로 이전할 수 있도록 규정하고 있다(120, 126). 국가의 소유에 속하는 일체의 動産·不動産 및 權利를 널리 국유재산이라고 할 수 있는데 국유재산법은 국유의 부동산 및 대통령령으로 정하는 동산과 권리만을 동법상의 국유재산으로 하고, 그것을 行政財産과 保存財産 및 雜種財産으로 구분하고 있다(3, 4). →경제조항, 국유재산

국유공물(國有公物) 공물의 일종. 私權의 목적이 될 수 있는 공물에 있어서 그 소유권의 주체가 국가일 때를 말한다. 公物管理權의 주체와 소유권의 주체는 반드시 일치하는 것은 아니다. 국유공물을 국가가 관리하는 경우에는 自有公物이나 공유단체가 관리하는 경우에는 他有公物이 된다. →공물, 자유공물, 타유공물

국유임야(國有林野) 국가의 소유에 속하는 山林原野로서 국가에서 산림경영의 사용에 공급하거나 공급하기로 결정하고 국유재산법의 기업용재산으로 되어있는 것 및 국가의 소유에 속하는 山林原野로서 국민의 복지를 위한 고려에 입각하여 산림경영의 용도에 공급하지 못하게 되어 국유재산법의 보통재산이 되어있는 것을 가리킨다.

국유재산(國有財産) 넓은 의미에 있어서는 국가가 소유하는 일체의 동산·부동산 및 권리를 말하며 公有財産·私有財産에 대한 개념이다. 그러나 국유재산법은 국가의 부담이나 기부의 採納 또는 법령·조약의 규정에 의하여 국유로 된 부동산과 그 從物, 船舶·浮標·浮棧橋·浮船渠 및 航空機와 그 從物, 정부기업 또는 정부시설에서 그 용도에 사용되는 중요한 기계와 기구, 地上權·地役權·鑛業權 기타 이에 준하는 권리, 주식, 출자로 인한 권리·사채권·특별법에 의하여 설립된 법인이 발행한 채권, 국채증권, 지방채증권과 투자신탁 또는 개발신탁의 수익증권, 특허권·저작권·상표권·실용신안권 기타 이에 준하는 권리, 부동산신탁의 受益權 등을 한정적으로 열거하여(3), 이러한 재산의 관리·처분은 국유재산법에 의하게 되고(2), 기타의 국유재산의 관리·처분은 물품관리법 기타 법령에 의하게 하였다. 따라서 좁은 의미에 있어서의 국유재산은 국유재산법에 열거하고 있는 것을 말한다. 국유재산법은 국유재산을 行政財産(공공용재산·공용재산·기업용재산)과 保存財産 및 雜種財産으로 구분하고 어느 것이냐에 따라 관리청과 처분제한의 정도에 있어서 큰 차이를 인정하고 있다. 즉, 국유재산은 재정경제부장관이 총괄하되, 각 중앙관서의 장이 관리하고(6), 雜種財産은 원칙적으로 총괄청이 관리 또는 처분한다(32 I). 行政財産과 保存財産은 이를 대부·매각·교환·양여 또는 신탁하거나 출자의 목적으로 하지 못하며 私權을 설정하지 못한다(20). 이에 대하여 잡종재산은 대부·매각·교환·양여할 수 있으며 법률로 특히 정한 경우에는 이를 현물로 출자할 수도 있다(31). 현금을 제외한 일체의 국유재산은 법률에 의하지 아니하고는 교환·양여·대부·출자 또는 지급의 수단으로 사용할 수 없다(豫會 13).

국유재산대장(國有財産臺帳) 국유재산의 적정한 관리를 위하여 국유재산의 管理廳(→국유재산)이 작성하는 公簿. 국유재산의 관리청은 국유재산의 구분과 종류에 따라 그 대장을 비치하고 登記簿謄本과 도면을 비치하여야 한다(國財 46 I). 관리청은 국유재산의 취득·관리환·처분 기타의 사유로 인한 증감이동이 있는 때에는 지체없이 그 내용을 대장에 기재하고, 부속도면을 정리하여야 한다(46 II, 國財施 50). 국유재산대장은 일정한 서식에 따라 작성하여야 한다(國財施規 45).

국유화(國有化) 〔英〕 nationalization 〔獨〕 Nationalisierung 국가에 의한 소유권의 收用 내지 沒收. 收用(expropriation)은 正當補償을 수반하는 소유권의 접수이며, 沒收(confiscation)는 정당보상의 요건을 갖추지 않은 접수이다. 국유화는 국제법과 국제사법의 경합적 영역에 속하나 국제법상으로 문제가 되는 것은 한 나라가 정당한 보상을 하지 않고 외국인의 재산을 접수(몰수)하는 경우이다. 이와 같은 무보상의 외국인재산의 국유화는 국제법상 불법으로 인정된다. 외국인재산을 국유화한 경우에는 반드시 보상을 하는 것이 국제법상의 원칙으로 되어 있다. →몰수

국 장(國葬) 國家 또는 社會에 현저한 공훈을 남기고 서거한 자에 대하여 행하는 葬儀. 국장은 대통령의 직에 있었던 자이거나 국가 또는 사회에 현저한 공훈을 남김으로써 국민의 推仰을 받은 자가 서거한 경우에 주무부장관의 제청으로 국무회의의 심의를 거쳐 대통령이 결정한다(國葬·國民葬에 관한 法律 3). 국장은 그때마다 國葬葬儀委員會를 두어 장의를 집행하고(4), 국장에 소요되는 비용은 전액을 국고가 부담한다(5 I).

국 적(國籍) 〔英〕 nationality 〔獨〕 Staatsangehörigkeit 〔佛〕 nationalité 일정한 자가 어떤 국가에 소속하는 관계, 즉 그 국가의 국민되는

資格을 표시하는 말. 근대제국의 입법례를 비교해 볼 때 국적의 得失問題를 민법 중에 규정하는 경우, 헌법 중에 규정하는 경우, 단행법으로 규정하는 경우가 있다. 대한민국의 국민되는 요건은 헌법 2조에 기한 국적법에서 이를 규정하고 있다. 국적의 취득상실의 요건은 각국법이 자유로 정하며, 이 점에 관한 각국의 입법내용이 반드시 동일하지 않기 때문에 國籍의 抵觸이 생기게 된다. 국적의 취득원인에 관한 각국의 입법례는 血統主義(대륙법계국가)와 出生地主義(영미법계국가)로 대립되고 있지만, 우리나라에서는 혈통주의를 원칙으로 하고 예외적으로 출생지주의를 인정한다(國籍 2 참조). 국적의 효과는 그 나라의 對人高權의 객체가 되는 데에 있다.

국적법(國籍法)**의 저촉**(抵觸)**에 관한 조약**(條約) 〔英〕 Convention on certain questions relating to the conflict of nationality law 〔佛〕 Convention concernant certaines questions relatives aux conflits des lois sur la nationalité 1930년의 제1회 국제법전편찬회의에서 성립된 국적법의 저촉에 관한 조약. 헤이그 國籍條約이라고도 약칭한다. 전문 31개조로 되어 있으며, 주로 국적의 저촉을 방지하기 위한 기술적 규정으로 이루어져 있다. 우리나라는 이 조약에 가입한 바 없다.

국적선택권(國籍選擇權) 〔英〕 right of option of nationality 領土割讓의 경우, 할양지주민은 원칙적으로 전 국적을 상실하는 동시에 讓受國의 국적을 취득하게 된다. 그러나 할양지주민의 의사에 반하는 신국적을 강요한다는 것은 가혹한 처사라고 생각되는 관계상 19세기 후반 이후 조약에 의하여 割讓地住民의 국적을 선택하는, 즉 국적선택권을 인정하는 예가 많다. 양수국이 이러한 선택권을 행사한 후에 구국적을 보유하게 된 자는 할양지로부터 퇴거시킬 수 있다.

국적(國籍)**의 변경**(變更) 종래의 국적을 상실(또는 이탈)하고 신국적을 취득하는 것. 국적변경의 원인으로는 婚姻·入養 및 認知 등의 친족법상의 원인으로 인한 경우, 귀화로 인한 경우, 領土割讓, 國家併合 등의 국제법상의 원인으로 인한 경우 등이 있다. → 국적의 취득, 국적의 상실

국적(國籍)**의 상실**(喪失) 종래의 국적을 喪失 또는 離脫하는 것. 국적상실의 원인으로는 ① 친족법상의 원인으로 인한 경우(國籍 12). 즉, ㉠ 외국인과 혼인하여 그 배우자의 국적을 취득한 경우, ㉡ 혼인으로 인하여 대한민국의 국적을 취득한 자가 혼인의 취소 또는 이혼으로 인하여 외국의 국적을 취득한 경우, ㉢ 외국인의 養子로서 그 국적을 취득한 경우, ㉣ 미성년인 대한민국의 국민이 외국인의 認知로 인하여 외국의 국적을 취득했을 경우. ② 본인의 임의에 의한 경우(12), 즉 ㉠ 자진하여 외국의 국적을 취득한 경우, ㉡ 이중국적자로서 법무부장관의 인가를 얻어 국적을 이탈하는 경우(12 이하 참조). ③ 領土割讓·國家併合 등의 국제법상의 원인으로 인한 국적상실의 경우도 없지 않다. 국적상실의 효력으로서는 그 국가의 국민이 아니면 享有할 수 없는 權利(公民權·選擧權·被選擧權) 및 特權(公務員·辯護士가 될 수 있는 자격) 등을 당연히 상실하여 그 국민이 아니고서는 부담하지 않는 의무도 면제되게 된다. 다만, 사법상의 권리는 당연히 상실되는 것이 아니고, 국적상실의 날로부터 1년 이내에는 대한민국의 국민에게 양도하여야 한다(16 Ⅰ). → 국적이탈

국적(國籍)**의 소극적 저촉**(消極的抵觸) 무국적과 같다. → 국적의 저촉

국적(國籍)**의 저촉**(抵觸) 〔英〕 conflict of nationalities 〔獨〕 Kollision der Staatsangehörigkeiten 〔佛〕 conflit des nationalités 1개인이 동시에 여러 개의 국적을 가지거나 또는 어느 국적도 가지지 않는 것. 전자를 국적의 積極的 抵觸, 二重國籍 또는 重國籍이라 하고, 후자는 국적의 消極的 抵觸 또는 無國籍이라 한다. 이것은 각국의 國籍立法의 차이로 말미암아 일어난다. 국제사법에 있어서는 당사자의 본국법을 결정하여야 할 경우에 국적저촉의 해결이 필요하다. 우리나라 섭외사법은 당사자가 둘 이상의 국적을 가지는 경우에, 그 중의 하나가 내국국적인 때에는 한국의 법률로써 당사자의 本國法으로 하고, 모두가 외국국적인 때에는 최후에 취득한 국적에 의하여 본국법을 정하는 것으로 하며, 또 무국적자에 대하여는 그 住所地法을 본국법으로 보고 주소조차 알 수 없는 때에는 居所地法에 의할 것으로 하고 있다(2). 수개의 외국국적을 동시에 취득한 경우에 관하여는 섭외사법은 아무런 규정도 두지 않고 있다. 그러나 통설은 외국국적이 저촉하는 경우에는 당사자가 주소를 가지고 있는 국적을 우선시켜야 하고, 주소를 알 수 없는 때에는 당사자의 주소를 표준으로 하여야 하고, 주소조차 알 수 없을 때에는 血統主義로 인하여 취득한 국가의 국적을 우선시켜야 한다고 한다. 또 내국국적이 저촉하는 경우에도 외국국적이 저촉하는 경우에 있어서와 같이 해결되어야 한다고 하는 것이 것이 통설이다.

국적(國籍)**의 적극적 저촉**(積極的抵觸) 重國籍과 같다. → 국적의 저촉

국적(國籍)의 취득(取得) 특정국가의 국민으로서의 자격, 즉 국적을 얻게 되는 것. 국적의 취득은 출생으로 인한 취득, 즉 生來의 취득과 출생후의 사실(婚姻·歸化 등)로 인한 취득, 즉 傳來의 취득으로 대별된다. ① 生來의 국적취득에 관한 세계각국의 국적법을 비교하여 보면, 血統主義와 出生地主義로 대별할 수 있다. 우리나라의 국적법은 혈통주의를 원칙으로 하되 무국적자의 발생을 예방하기 위하여 예외적으로 출생지주의를 인정하고 있다. ② 傳來의 국적취득에 관하여는 ㉠ 친족법상의 원인(婚姻·入養·認知 등), ㉡ 歸化, ㉢ 국제법상의 원인(영토할양·병합 등)의 3종으로 대별할 수 있다. 대한민국의 국적취득에 관하여는 국적법 2조 내지 11조에 규정이 있다.

국적이탈(國籍離脫) 자진하여 일정국가의 국적을 떠나는 것. 넓은 뜻으로는 國籍의 喪失과 같다. 국적법과 동법시행령에 의하면, 二重國籍者로서 대한민국의 국적을 이탈(또는 상실)하고자 하는 자는 國籍離脫許可申請書를 법무부장관에게 신청하여 허가를 얻어야 하며, 법무부장관이 국적의 이탈을 허가하였을 경우에는 지체없이 관보에 고시하고, 본인에게 국적이탈허가서를 교부하도록 하고 있다. 그러나 대한민국국민이 대한민국의 국적을 이탈하여 無國籍者로 될 수는 없다. → 국적이탈의 자유

국적이탈(國籍離脫)의 자유(自由) 국민이 자기의 志望에 따라 자유로이 국적을 떠날 수 있는 자유. 우리 헌법에는 일본국헌법 22조에 있어서와 같은 국적이탈의 자유에 관한 명문의 규정은 없으나, 대부분의 학설은 14조의 居住移轉의 自由에 국적이탈의 자유가 당연히 포함되는 것으로 해석하고 있다. 국적의 이탈에는 직접으로 현재의 국적을 포기함으로써 국적을 상실하는 경우와 직접으로 국적을 포기하는 것을 목적으로 하지 않고, 자기의 志望에 의하여 외국의 국적을 취득한 효과로서 종래의 국적을 상실하는 경우가 포함된다. 국적이탈의 자유란 國籍變更의 自由를 의미한다. 따라서 국적을 이탈하여 무국적으로 되는 것은 국적이탈의 자유의 내용이 될 수 없다. → 국적이탈

국적자유(國籍自由)의 원칙(原則) 국적선택자유의 원칙, 즉 전쟁 기타의 이유에 의해 영토를 할양하는 경우, 그 주민으로 하여금 割讓國의 國籍과 讓受國의 國籍 중 자유로이 선택할 수 있게 하는 원칙을 말한다. 예전에는 領土割讓의 경우 할양지의 주민은 당연히 할양국의 국적을 상실하고 讓受國의 국적을 취득하는 것이 원칙이었으나, 근래에는 주민의 의사를 존중하여 자유로이 국적을 선택할 수 있게 하는 것을 원칙으로 한다. → 할양

국적재판관(國籍裁判官) 〔英〕 national judge, judge ad hoc 〔獨〕 nationaler Richter 〔佛〕 juge national 臨時裁判官이라고도 한다. 국제사법재판소에 부탁된 사건심리에 있어서 그 재판관 중에 당사국의 국적을 가진 재판관이 있는 경우와 없는 경우가 있다. 있는 경우에는 그 당사국의 국적재판관은 係屬事件에 출석할 권리를 가진다(國際司法裁判所規程 31Ⅰ). 없는 경우에는 그 당사국의 국적을 가진 자를 사건심리를 위하여 선임할 수 있게 하였다(31Ⅱ·Ⅲ·Ⅳ). 이 국적재판관은 당사국이 선임하며 임시재판관 또는 特別裁判官이라고도 한다. 국적재판관은 선정한 당사국의 국적을 가진 자에 한하는 것은 아니다. 정족수에는 산입되지 않으나 판결의 투표에는 산입된다. 이 選任國籍裁判官은 사건종료와 동시에 재판관의 자격을 상실한다. 이러한 제도는 공평한 객관적 판단을 그릇되게 하며, 국적재판관이 당사국의 의견을 존중하게 되는 폐단이 있다. → 국제사법재판소

국적회복(國籍回復) 국적을 상실하였던 자가 다시 국적을 취득하는 것. 國籍法에 의하면 대한민국의 국적을 상실한 자일지라도 그가 대한민국에 주소를 가진 때에는 법무부장관의 허가를 얻어 대한민국의 국적을 회복할 수 있다(14). 국적의 회복에 관한 절차는 대통령령으로 정한다(15). 국적회복자는 회복후 다시 대한민국의 국민으로서의 權利를 享有하고 義務를 負擔하게 된다. 또한 이러한 효력은 본인에 대해서 뿐만 아니라, 그 처와 자에 대해서도 발생한다. → 재귀화

국정감사권(國政監査權) 〔英〕 investigative power of parliament 〔獨〕 Untersuchungsrecht des Parlaments 국회가 국정에 관한 감사를 직접할 수 있는 권한. 이것은 현대의회가 입법기능외에 정부를 감시·비판하는 기능을 가지게 됨에 따라 인정된 권한이다. 7차개헌 이전의 헌법은 國政監査의 수단으로서 감사에 필요한 서류의 제출, 증인의 출석과 증언이나 의견의 진술을 요구할 수 있다고 규정하고(57), 그러나 裁判과 진행 중인 범죄의 搜査·訴追에 대해서는 간섭할 수 없다(57但)고 함으로써 국회의 국정감사권을 명문으로 인정하는 동시에, 국정감사권의 행사로부터 야기될지도 모르는 다른 기관의 헌법상의 권한(특히 司法權의 獨立)을 침해할 수 없게 하였다. 그러나 국정 전반에 대한 일반적인 監査權을 인정하는 것은 타국헌법에서 그 입법례를 찾기 힘들며 權力分立의 原理에서도 타당치 않다. 이에 제7차개정헌법은 국회의 국정감사권

을 인정하지 아니하고 관계법규를 폐지하였으나 제9차개정헌법은 특정사안에 대한 국회의 調査權은 명문으로 인정하였다(憲 61). → 국정조사권

국정교과서(國定教科書)　교과서 편찬을 정부기관에서 행하는 교과서. 教育內容을 일률적으로 정한 것인바 초등학교 및 이에 준하는 각종 학교 교과서는 국정교과서를 사용하며, 중·고등학교도 특정과목의 교과서는 국정교과서를 사용해야 한다. 국정교과서의 著作權은 교육부장관에게 속한다.

국정세율(國定稅率)　→ 협정세율

국정연설(國政演說)　국회에서의 국정연설은 大統領의 국정에 관한 연설과 국정에 관한 交涉團體代表演說 등이 있는데 의원은 물론 국무총리 및 전국무위원이 참석하며 일반적으로 텔레비젼과 라디오로 생중계된다. 대통령의 국정에 관한 연설은 국정전반 또는 특정사안에 관하여 정부의 施政方針을 국민의 대표기관인 국회에서 밝히는 연설이며, 교섭단체 대표연설은 각 교섭단체를 대표하는 의원 1인씩 40분내에 국정전반 또는 특정사안에 관하여 현안사항과 政策方向을 밝히는 연설이다. 대통령의 국정연설은 6대국회와 11대국회중(82년~85년)에 매년초 연두교서 또는 국정연설을 행한 바 있었으나, 현재는 정례적인 연설로 통상 국무총리가 대독하는 예산제출관련 시정연설이 있고, 특별히 국회에 출석하여 특별연설을 행하기도 한다. 교섭단체 대표연설은 定期會에 통상적으로 행하지만 臨時會 때에도 행하기도 한다.

국정통제권(國政統制權)　議會의 국정통제권은 정부형태 또는 권력구조 여하에 따라 반드시 동일하지 아니하다. 의원내각제 국가에서는 의회가 집행부를 조직하고 해산하는 권한을 가질 뿐 아니라 국가의 최고기관을 의미하므로, 광범위하고 강력한 執行府 統制權을 행사할 수 있다. 대통령제 국가에서는 권력의 균형을 위하여 대통령도 의회와 마찬가지로 국민에 의하여 직접 선출될 뿐 아니라, 의회가 집행부의 조직·해산권을 가지고 있지 아니하므로, 의회의 집행부 통제권도 상대적으로 미약한 것이 될 수밖에 없다. 그러나 어떠한 政府形態를 막론하고, 집행부와 사법부의 권력남용을 방지하고 또 그 권력의 합리적 행사를 보장하기 위하여 특히 집행부에 대한 감시·비판·견제가 요구되고 있다. 현행헌법의 경우를 보면, 法治行政의 原則과 行政의 適法節次의 原則 등을 구현하기 위한 구체적인 법률의 제정을 통한 일반적 행정통제 이외에, 고전적 국정통제권을 의미하는 彈劾訴追權(65)을 비롯하여 국정감사·조사권(61), 긴급명령과 긴급재정·경제처분 및 그 명령에 대한 승인권(76 Ⅲ), 계엄해제요구권(77 Ⅴ), 국방·외교정책에 대한 동의권(60), 일반사면에 대한 동의권(79 Ⅱ), 국무총리 또는 국무위원에 대한 해임건의권(63), 국무총리·국무위원 등의 국회출석요구 및 질문권(62 Ⅱ) 등과 같은 실질적인 國政統制權을 국회에 부여하고 있다.

국제감옥회의(國際監獄會議)　〔獨〕 internationaler Gefängniswesen 〔佛〕 Congrès penitentiaire international　1846년에 프랑크푸르트암마인에서, 1847년에 브뤼셀에서, 1856년에 다시 브뤼셀에서, 1858년에 다시 프랑크푸르트에서 개최되었다. 대륙의 國際主義者의 국제적인 감옥개량운동의 기관이었으나 결국 사적회합에 지나지 않았다. 國際刑法 및 刑務會議 전신. → 국제형법형무회의

국제개발처(國際開發處)　〔英〕 Agency of International Development(AID)　미국의 對外援助機關. 외국원조의 사무를 단일화하기 위하여 國際協助處를 해체하고 1961년 11월에 발족하였다.

국제개발협회(國際開發協會)　〔英〕 International Development Association (I.D.A)　저개발국에 대하여 장기·저리의 차관을 제공하여, 경제개발을 도모하려는 UN의 전문기구를 말한다. 국제금융사(IFC)와 함께 國際復興開發銀行(IBRD) 주도 아래 세계은행을 구성하며, IBRD의 자매기구이다. 국제개발협회(IDA)는 1958년 2월 미국 상원의원 Monroney가 IBRD를 이용하지 못하는 저개발국들에게 생산성이 없는 분야에 대해서도 장기·저리의 차관을 제공하고 現代化로 상환할 수 있게 하는 國際金融機構 창설을 제안한데서 비롯되었다. 이 새로운 기구의 設立憲章은 1960년 1월 26일 IBRD의 집행이사회에서 준비되어 회원국 정부의 비준을 거쳐 1960년 9월 정식으로 설립되었다. IDA는 별도의 자본금을 갖고 별도의 법인격을 가진 실체이지만, 실제 그 운영기관은 IBRD에서 겸직하고 있다. 즉 IDA도 역시 대표이사회·집행이사회·총재 등으로 구성되지만, 이들은 모두 IBRD의 동일기관이 겸직하고 있다. IDA의 소재지는 워싱턴이다.

국제견품시장(國際見品市場)　견품을 진열하여 놓았다가 훗날의 實物의 매매를 기하는 市場. 기원은 12세기이며 근래에는 서구 여러 나라에서 정기적으로 설치한다. 이웃 여러 나라와의 매매거래에 이용되며, 다른 나라의 제조업자에게도 개방된다. 라이프치히의 국제견품시장은 가장 유명.

국제결제은행(國際決濟銀行)　〔英〕 Bank for International Settlements　스위스의 바젤에

있는 국제결제를 위한 특수은행. 1930년에 설치, 유럽 支給同盟(EPU)이 실행기관으로서 중요하며, 국제금융문제 조사·연구에도 권위가 있다.

국제경영자기구(國際經營者機構) 〔英〕 International Organization of Employers (I.O.E.) 자본주의 체제의 약체화를 방지하려는 동맹의 하나. 1919년 國際勞動會議에서 결성되었다. 사회주의 체제의 발전에 대비하여 자본주의 국가의 독점, 자본가 상호간의 연락과 협조 및 여러 정보의 교환이 그 목적이며, 國際勞動機構(ILO) 가맹국에 한하여 참가를 허용한다. 가입국은 26개국.

국제경찰(國際警察) 〔英〕 international police 〔獨〕 internationale Polizei 〔佛〕 police internationale 두 가지 의미로 사용된다. ① 개인의 국제법상의 범죄(海賊行爲, 奴隷賣買 등)에 대한 여러 국가의 방지행위. 그 방지행위가 개인이 속하는 국가뿐만 아니고, 다른 국가에 의해서도 행해지는 경우에 국제경찰이라 한다. ② 국가의 侵略行爲(침략적인 전쟁과 병력행위)에 대한 다른 여러 국가의 공동방지행위. 1950년 6·25 한국전쟁 때 국제연합의 권고에 기하여 다수연합가맹국의 병력으로 북한의 침략을 방지한 것은 이 의미의 국제경찰 행위이다.

국제경찰군(國際警察軍) 〔英〕 international police forces 기능면으로 보아 국제경찰군이라고 부르나 초국가적 성격을 가진 군대는 아니다. 國際聯合軍과 같다.

국제공무원(國際公務員) 〔英〕 international official 국제기관의 사무국에 근무하는 직원의 총칭. 국제연합헌장은 국제연합사무총장 및 사무국직원을 국제공무원이라 하여 그 임무를 수행함에 있어서 어떠한 정부로부터도, 또한 기관 외의 어떠한 당국으로부터도 訓令을 받지 아니하고, 국제연합에 대하여서만 책임을 질 것, 가맹국은 그 임무의 국제적 성격을 존중할 것을 규정하고 있다(國際聯合憲章 100). 국제공무원은 그 근무중, 통상의 개인과는 다른 특권이 인정되는 것이 보통이다. → 국제연합의 특권 및 면제에 관한 일반조약, 전문기관의 특권 및 면제에 관한 일반조약

국제공법(國際公法) 〔英〕 public international law 〔獨〕 öffentliches Völkerrecht 〔佛〕 droit international public → 국제법

국제공업소유권보호동맹조약(國際工業所有權保護同盟條約) 〔英〕 Convention for the Protection of Industrial Property 〔佛〕 Convention d'union pour la pretection de la propriété industrielle 각종의 工業所有權의 國際的 保護를 위한 國際機構의 條約. 처음 1883년 파리에서 서명되었으며, 그 후 1900년에 브뤼셀에서, 1931년에는 워싱턴에서, 그리고 1925년에는 헤이그에서 개정되고, 다시 1934년에는 런던에서 개정·추가되었다. 조약은 이 기구를 국제공업소유권보호동맹이라 칭하고 그 목적으로서 發明特許·實用新案·工業的意匠 또는 雛形·制造標 또는 商標·商號 및 원산지의 표시 또는 출처의 칭호 및 부정경쟁의 방지 등을 들고 있다(1Ⅰ·Ⅱ). 그 보호의 범위에 있어서는 이른바 工業所有權으로서 상·공업 외에 농산업 및 채취산업의 범위 및 일체의 製造品 또는 天産物이 포함되고 있다. 발명특허 중에는 동맹국의 법령에 의하여 정해져 있는 각종의 공업적 特許(수입·개량 및 추가 등에 관한)와 證明書 등이 들어 있다. 이 조약은 개방조약으로서 原締約國 이외의 국가는 신청에 의하여 언제든지 가입할 수 있다(16). 조약의 기관으로서 체약국대표자회의와 사무국이 있으며, 대표자회의는 동맹의 제도를 개량·완성을 위하여 필요한 조약의 개정을 適時로 행한다(14Ⅰ). 사무국은 스위스 정부의 감독하에 베른에 설치되어 있다. 직무의 범위는 다음과 같다. ① 외국등록표장의 취급 및 周知標章의 보호, 국가의 紋章, 團體의 標章 및 商號의 보호(6, 7), 標章의 讓渡(6Ⅳ), ② 標章不正使用의 방지, 원산지사칭 및 부정경쟁에 대한 조치, 부정경쟁방지를 위한 국내법규의 제정(9, 10), 박람회출품물의 가보호, 특허국 및 진열관의 설치(11, 12) 등.

국제공항관리공단(國際空港管理公團) 공항시설을 효율적으로 관리·운영하게 함으로써 항공수송의 원활화를 도모하기 위하여 韓國空港公團法에 의하여 설립된 법인. 여객청사·화물청사·활주로항공보안시설 등의 관리·운영 또는 유지보수를 담당하며(7) 이사장 1인, 부이사장 1인, 이사 5인 이내, 감사 1인의 임원을 두고 있다.

국제관습법(國際慣習法) 〔英〕 customary international law 〔獨〕 internationales Gewohnheitsrecht 〔佛〕 droit international coutimier 법적 구속력을 가진 國際慣行. 조약과 함께 국제법을 구성한다. 국제관행이 법적 구속력을 가지는 시기는 여러 國家가 상호 장래에도 실행할 것을 묵시적으로 양해하여 합의가 성립된 때이다. 이 때의 국제관행은 일반적 국제관행과 법적 성격이 갖추어진 국제관습법이 된다. 종전에는 국제관습법이 국제법의 대부분을 형성하고 중요한 지위에 있었으나, 최근에는 점차 조약이 그 위치에 서는 경향에 있다.

→국제법, 국제법의 연원

국제관행(國際慣行) 〔英〕 international usage 〔獨〕 internationale Übung 〔佛〕 usage internationale 여러 국가간의 단순한 관행. 단순히 습관적인 반복실행에 불과하며, 국제관습법과는 달리 법적 구속력을 갖지 않는다. 국제관행은 곧 國際慣習法이 되는 일이 적지 않다. →국제관습법

국제교통권(國際交通權) 〔英〕 right of international intercourse 〔獨〕 Verkehrsrecht 〔佛〕 droit de commerce 국가의 기본권을 주장하는 일부의 학자들은 국가들의 교통권을 그러한 기본권에 포함시키고 있으며 이러한 교통권에는 외교·통상·우편·통신·철도에 의한 교통권과 외국에의 여행 및 외국에서의 거주 등을 포함시키고 있다. 그러나 법적으로는 이러한 기본적인 교통권은 어떠한 권리의 결과가 아니며 그러한 교통권없이 국제법이 존재할 수 없다는 사실에 불과한 것이다. 또한 이러한 교통권은 존재하지 않기 때문에 국가들은 우편·통신 등 상술한 여러 사항에 관한 조약을 체결하는 것이 보통이다. 따라서 交通權을 國家의 基本權이라고 주장하는 것은 자연법의 가설에 불과한 것이며 실정법상의 것은 아니다.

국제교원협회연합(國際教員協會聯合) 〔英〕 International Federations of Teacher's Association 教員의 自由와 教育改善을 목적으로 활동하는 기관. 1926년에 설립. 본부는 스위스의 로잔느에 있으며, 1955년 7월 이스탄불에서 24회 국제회의를 개최한 바 있다.

국제교환국(國際交換局) 국제간의 전화와 국내 통신망과의 교환, 접속을 취급하는 기관. 우리나라에서는 國際電信電話局이 이를 담당했었다.

국제군사의약위원회(國際軍事醫藥委員會) 1921년 傷病者의 보호에 관하여 국제간의 협조를 도모하기 위하여 결성된 기관. 이것은 적십자사와 달라서 정부와 정부간의 協助機關이며, 현재 세계의 52개국이 참가하고 있다.

국제군사재판소(國際軍事裁判所) 〔英〕 International Military Tribunal 제2차대전에 있어서 독일의 중대 전쟁범죄인을 재판하기 위하여 설치된 재판소. 뉘른베르크에 설치되었으므로, 뉘른베르크재판소라고 한다. 미국·영국·프랑스·구소련간에 체결되었던 1945년 8월 8일의 국제군사재판소설립에 관한 협정에 의하여 설치되었다. 부속의 국제군사재판소 條例에 상세히 규정되어 있다. 재판관은 이 4개국에서 선출되며, 괴링·리벤트롭·헤스를 비롯하여 24명의 독일전범자가 起訴되었다. 심리는 1945년 11월 20일에 개시되어, 익년 10월 1일에 판결을 끝냈다. 12명이 絞首刑, 3명이 無期禁固, 4명이 20년부터 10년까지의 禁錮, 3명은 무죄로 되었다. 이 재판소의 관할에 속하는 범죄는 평화에 대한 죄, 통상의 전쟁범죄, 인도에 대한 범죄의 3종이 있다. 이상의 중대전쟁범죄인의 대부분은 이들 범죄의 전부에 대하여, 소수의 자는 그의 일부에 대하여 기소되어, 유죄로 결정된 것이다. →극동국제군사재판소

국제금리(國際金利) 널리 외국의 金利를 뜻한다. 보통 런던이나 뉴욕의 국제금융의 중심지에서 성립되는 대표적 금리. 國內金利에 대한다.

국제금융(國際金融) 국제간에 있어서의 자금의 융통, 국제간의 자금의 이동, 특히 外國換去來에 대한 금융이 중심이며, 최종의 결제수단은 金이다.

국제금융공사(國際金融公社) 〔英〕 International Finance Corporation (I.F.C) IBRD(國際復興開發銀行)의 자매기관으로 주로 개발도상국의 생산성있는 사기업을 지원함으로써 국제경제발전에 이바지하려는 UN專門機構를 말한다. IDA(國際開發協會)와 함께 IBRD의 주도하에 세계은행그룹을 구성한다. 1956년 7월 24일 설립되었으며, 기관·표결 등은 IBRD에 준한다. IBRD가 주로 국가에 대하여 차관을 주고 사기업에 대하여는 정보보증 아래 2차적으로 차관을 줄 뿐인데 반하여, IFC는 생산성있는 私企業에 차관을 주며, 차관을 줄 때도 채산성을 따진다. 원래 IBRD와 IFC는 그 조직이 비슷한 전문기구이지만, 그러나 두 기구는 별개의 실체이며, 財源도 서로 분리하고 있다. 이를 철저히 유지하기 위하여 IFC는 IBRD에 대하여 차관을 주지도 받지도 못하도록 하였으나, 1966년 設立憲章의 개정으로 IFC는 4억달러까지는 IBRD에서 빌릴 수 있도록 융통성을 부여하였다. IFC의 소재지는 워싱턴이다.

국제금융시장(國際金融市場) 국제적 短期資金에 대한 수요·공급이 경합하는 시장을 말한다. 각국의 換銀行이 환자금의 잉여를 운용 또는 부족한 자금을 조달하며, 국제환거래의 결제소 역할과 단기자금의 국제적 수급 및 국제간의 상품·자본의 이동을 용이하게 한다. 런던과 뉴욕이 이 국제금융시장의 주요 중심지이다.

국제기관(國際機關) 〔英〕 international organization 〔獨〕 internationale Organisation

〔佛〕 organisation internatonale 복수의 국가가 집합하여 구성되는 국제법상 독자의 지위를 가지는 조직체. 國際組織·國際機構·國際團體 등의 말을 사용하는 일이 있으나, 국제기관이 가장 많이 사용된다. 19세기부터 國際河川委員會 같은 예가 있었으나, 국제관계가 긴밀하여지고 연대성이 증가하여 국제사회의 조직화 현상이 현저한 오늘날 특히 주목되는 존재가 되었다. 基本條約에 의하여 일정한 임무·권한을 가지고, 국제법상의 권리·의무관계에 서서, 자체의 조직을 통하여 활동한다. 제한된 범위에서 국제법상의 주체로서의 성질을 가진다. 현재에는 각종의 전문기관, 全美聯合(→전미연합헌장) 등의 地域的 機構는 그 대표적인 것이다.

국제기업(國際企業) 〔英〕 transnational corporation 어느 한 나라에 위치하여 거기서 형성된 기업으로서 동시에 다른 나라에서 법률적 의미에서의 企業活動을 하는 것을 말한다. 일반사회에서는 多國籍企業(multinational corporation)이라는 용어를 보다 일반적으로 사용하고 있으나, UN에서는 國際企業이라는 용어로 거의 통일하고 있다. 국제기업을 다른 말로 표현하면 기초를 둔 國家 이외의 장소에서 生産 및 用役設備를 소유하거나 통제하는 기업이라고 할 수 있다. 한편 기업경영의 측면에서 정의를 내린다면 국제기업이란 최대의 이익을 얻기 위하여 외국인과 共同運營을 추구하거나 외국에서 同時運營을 추구하고 여러 국가의 영향하에 있으며 또한 여러 국가에 영향력을 행사하는 기업이다. 즉 국제기업이란 國際利益의 다양성에 착안하여 세계가 주권국가로 세분되어 있는 점을 이용하여 기업의 최대이익을 추구해 나가는 기업이다.

국제난민기관(國際難民機關) 〔英〕 International Refugee Organization(IRO) 국제연합의 전문기관의 하나로서, 제2차세계대전에 의한 難民 및 流民을 구제하고, 각각 본국에 귀환시키거나 혹은 새로운 지역에 정착시키는 것을 목적으로 하여, 국제적인 협력을 도모하는 기관. 1946년 12월 국제연합총회에서 설립이 결정되어, 1948년 8월 16개국의 참가를 얻어 발족하였다. 이 기관은 1952년 1월까지 존속하였다. 그 동안 1,038,000명의 난민의 정착과 73,000명의 본국송환을 행하였다. 1952년 1월부터는, 難民高等辦務官事務所가 제네바에 설립되어, 1958년까지 국제연합 및 관계국정부와 협조하고 있었다.

국제노동규약(國際勞動規約) 〔英〕 The Constitution of the International Labour Organization 〔佛〕 Le Statut de l'Organisation internationale du Travail 베르사이유 강화조약 제13편의 勞動篇을 말한다. 이에 의해서 국제노동기관이 설치되었다. 그러나 이는 1948년에 폐지되고 그 대신에 國際勞動機關憲章이 성립되었다.

국제노동기구(國際勞動機構) 〔英〕 The International Labour Organization 〔獨〕 Die Internationale Organisation der Arbeit 〔佛〕 L'Organisation Internationale du Travail 각국의 노동조건을 개선하고 근로자의 地位를 향상시켜 사회적 불안을 제거함으로써 세계평화에 공헌하자는 목적하에 설립된 國際機關(약칭 ILO). 제1차대전 후 베르사이유 講和條約 제13편에 노동조항을 채용하고 이 규약에 기하여 국제연맹의 자주적인 1기관으로 설립(1919년). 제2차 대전후인 1946년에는 동기관과 국제연합간에 협정을 체결하여 전문기관이 되었다. 동 기관의 법적 기초인 국제노동기관헌장도 수정되어 1946년 10월 9일 제29차 勞動總會에서 채택되었으며, 1948년 4월 20일에 발효, 1953년 6월 25일에 개정된 바 있다. 주요기관으로는 總會(General Conference), 理事會(Governing Body), 國際勞動事務局(International Labour Office)이 있다(3, 7, 10). 동기관에의 가맹은 UN의 비가맹국에도 개방되어 있다(1Ⅲ·Ⅳ). 우리나라는 1991년 12월 8일 151번째 會員國으로 가입. →국제노동회의, 국제노동이사회, 국제노동사무국, 국제노동입법, 국제노동기관헌장

국제노동기관헌장(國際勞動機關憲章) 〔英〕 The Constitution of the International Labour Organization 〔佛〕 Le Statut de l'Organisation Internationale du Travail 국제노동기관을 구성하는 베르사이유講和條約 제13편. 동 노동편은 형식상 平和條約의 일부를 구성하나 사실상 독립적인 것으로 1934년 이후 국제노동기관헌장이라고 부른다. 국제연맹의 해산에 따라 1946년 9월부터 10월에 걸친 몬트리올의 제29회 총회에서 전면적 개정문서가 채택되어 1948년 4월 20일에 발효되었다. →국제노동법, 국제노동기관

국제노동법(國際勞動法) 각국의 노동법, 그 중에서도 근로자 보호에 관한 법규를 통일하기 위해서 주로 國際條約(특히 국제노동조약)에 의거하여 정하여진 법규. 특별히 국제노동법이라는 명칭을 붙일 만한 일반적 이론은 아직 확립되지 않았다. 1890년의 베를린 국제노동회의를 단서로 하며, 1906년 베를린의 국제노동회의에서는 婦人의 深夜業禁止·白燐성냥製造禁止의 2조약이 성립되었다.

제1차대전 후에는 각국의 노동조합의 요구를 인정하고 베르사이유 강화조약 중에 노동편(제13편)을 마련하여, 이 입법사업의 조직·목적을 확립하였다. 즉, 國際聯盟加盟國이 국제노동기관을 조직하고, 국제노동사무국을 설치하여, 매년 1회 국제노동총회를 개최하였다. 제2차대전후에는 베르사이유 강화조약의 노동편 대신에 국제노동기관헌장이 채택되었다. 그러나 기본적인 점에는 다름이 없다.

국제노동사무국(國際勞動事務局) 〔英〕 The International Labour Office 〔獨〕 Das Internationale Arbeitsamt 〔佛〕 Le Bureau internationale du travail 국제노동기관의 사무국으로서, 국제노동기관의 이사회의 하위에 있는 것. 그 장은 事務局總長이라고 하며, 이사회에서 임명한다. 사무국의 일체의 직원은 外交特權을 향유한다. 사무국의 주요한 임무는 근로자의 생활상태와 근로조건의 국제적 조절에 관한 일체의 보도의 수집·배포, 총회의 회의사항의 준비 등이다. →국제노동기관, 국제노동이사회

국제노동이사회(國際勞動理事會) 국제노동기구의 한 기관으로서, 國際勞動總會의 하위에 위치한다. 이 이사회는 32인의 이사회원으로 구성된다. 즉, 정부의 대표자 16인, 사용자의 대표자 8인, 근로자의 대표자 8인으로 구성된다. 주요임무는 노동총회의 회의사항의 결정, 국제노동사무국의 감독, 國際勞動條約의 실시에 대한 감독이다. →국제노동기관

국제노동자보호입법협회(國際勞動者保護立法協會) 근로자보호에 관한 국제회의의 결의에 의하여 결성되었다. 1901년 베를린에 상설적인 國際勞動局을 개설. 사적단체였지만 스위스 연방정부와 제휴하여 제1차세계대전까지의 國際社會政策의 추진기관이었다.

국제노동조약(國際勞動條約) 國際勞動總會가 채택한 노동의 국제적 통제에 관한 조약의 汎稱. 각 가맹국은 입법 또는 다른 조치를 취하기 위하여 총회후 적어도 1년 이내에 권한있는 기관에 附議하지 않으면 안되며, 그 기관의 동의를 얻지 못하였을 때에는 장해가 된 사정을 보고하지 않으면 안된다. 條約不履行에 대해서는 신고·이의신청·노동심리위원회나 국제사법재판소에 부탁·제재절차가 정하여져 있다. 노동의 國際的 統制라 함은 각국에서의 노동 특히 근로자보호를 국제적으로 통제하는 것이다. 이에 관한 통일적 규칙을 조약으로 정하여 각국이 국내법상 이를 채용하여 실행한다.

국제노동조합연합(國際勞動組合聯合) 제2 인터내셔널계의 協助主義的인 각국의 노동조합에 의해서 1919년 7월에 결성되었으며, 일명 黃色組合이라고도 부른다. 국제연맹에 속하는 국제노동기구를 지지하고 그와 긴밀한 제휴관계를 맺고 있었으나 프로인테른과는 날카로운 대립 항쟁을 계속하다가 제2차세계대전이 일어나자 소속 조합은 각기 조국의 전쟁에 협력하여 마침내 연합원으로서의 활동을 중지했다. 전후 조직된 세계노동연합에 일단 흡수되었으나 1949년에 이전에 동조직에 속했던 조합은 대부분 世界勞聯을 탈퇴하고 다시 별도의 조직체인 國際自由勞動組合聯盟을 만들었다.

국제노동총회(國際勞動總會) 〔英〕 The International Labour Conference 〔獨〕 Die Internationale Versammlung der Arbeit 〔佛〕 La Conférence Internationale du Travail 국제노동기관의 최고기관. 國際勞動會議라고도 번역된다. 매년 1회 정기회합을 개최하며, 국제노동기관의 일체의 가맹국의 대표자가 참가한다. 각 가맹국은 2인의 정부대표, 사용자와 근로자의 대표 각 1인, 합계 4인의 대표위원을 참석케 한다. 대표위원은 각각 1표의 투표권을 가지며, 이를 독립해서 행사한다. 총회의 가장 중요한 임무는 國際勞動條約과 勸告의 채택이다. 이는 출석대표위원의 3분의 2로써 채택되며, 각국의 批准 또는 기타의 방법으로 확정된다.

국제노동회의(國際勞動會議) →국제노동총회와 같다.

국제도덕(國際道德) 〔英〕 international morality 국제법에 포함되지 않은 國家行爲의 이상적 표준을 말하기도 하고, 또는 국제법에 포함된 여러 법규의 배경을 형성하는 감정이나 사상을 표시하기도 한다. 예를 들면 移民이나 關稅 등에 있어서 당사국간에 조약규정이 없는 한 차별대우를 해서는 안된다는 일반국제법상의 원칙은 없으나 각국을 동등하게 대우하는 것은 전자의 경우이고, 여러 전쟁 및 중립법규의 배후에 놓여 있는 人道精神은 후자의 경우이다.

국제독점자본(國際獨占資本) 국제적인 규모를 갖춘 독점자본으로 제국주의 단계에서 세계시장 쟁탈에 의한 이윤의 확보를 목적으로 형성되었으며, 그 대표적 형태는 國際카르텔이다.

국제무선전신조약(國際無線電信條約) 〔英〕 International Radiotelegraph Convention 〔佛〕 Convention Radiotélégraphique Internationale 1906년 베를린, 1912년 런던, 1929년 워싱

턴에서 체결. 최후의 것은 선박상호간, 선박과 육상무전국간의 무전교환 뿐만 아니라 육상무전도 포함하여 국제통신용의 모든 無電局에 적용된다. 1932년 마드리드에서 國際電氣通信條約이 체결되어 이에 포괄되었다.

국제무역기관(國際貿易機關) 〔英〕 International Trade Organization(I.T.O) 생활수준의 향상, 완전고용, 경제적·사회적 진보의 달성을 목적으로, 貿易 또는 雇傭의 분야에서 국제협력을 위하여, 제2차대전후 새로이 계획된 국제기관. 제2차대전의 큰 원인의 하나로, 각국의 경제적 대립의 격화를 들 수 있음에 비추어 보아, 관세 이외의 貿易制限을 배제하고, 자유무역을 촉진하여, 경제의 확대적 균형을 도모하고, 완전고용을 실현함에 있어 각국의 경제를 국제적으로 조정하기 위한 것. 國際通貨基金·國際復興開發銀行과 더불어 제2차대전후의 국제경제기구의 지주로 되었다. 1948년의 하바나의 정식회의에서 채택된 國際貿易機關憲章에 의하여 창설되었다. 총회·집행위원회·위원회·사무국으로 구성. 집행위원회는 8주요 경제국을 포함하여 총장선출의 18개국으로 구성하게 되어 있다. 국제연합과 제휴하는 전문기관으로 예정되었으나 아직 동헌장의 효력이 발생하고 있지 않다.

국제무역기관헌장(國際貿易機關憲章) 〔英〕 Havana Charter for an International Trade Organization 제2차대전후, 세계경제의 적정한 발전을 기하기 위하여 정하여진 다수국간의 조약. 그 구상은 제2차대전의 비극에 비추어 국제간의 通商을 될 수 있는 한 자유롭게 하고 국제간의 투자를 왕성하게 하며, 完全雇傭·購買力의 증대를 도모하며 세계경제를 확대적으로 균형있게 하려는 것이다. 1945년 12월 미국의 세계무역 및 고용의 확장에 관한 제안 및 1946년 9월 미국의 國際貿易憲章試案을 기초로 하여 국제연합경제사회이사회의 임명에 의한 준비위원회를 경유하여 1947년부터 1948년에 걸쳐 하바나 회의(國際聯合貿易雇傭會議)에서 성립하였다. 서명국은 46개국.

국제무역회의(國際貿易會議) 국제연합 주최하에 1947년 11월부터 1948년 3월에 이르기까지 하바나에서 개최된 회의. 62개국 대표가 참석. → 국제무역기관헌장, 하바나헌장

국제미곡위원회(國際米穀委員會) 〔英〕 International Rice Commission 국제연합 식량농업기구의 보조기관. 각국의 수출·수입량을 해마다 할당하던 國際割當制를 폐지하고, 미곡의 증산, 수출입국간의 조정을 도모함을 그 목적으로 한다. 1943년 설립.

국제민간항공기관(國際民間航空機關) 〔英〕 International Civil Aviation Organization (I.C.A.O) 1944년의 國際民間航空條約에 의하여 설립되었으며, 총회·이사회·기간위원회 외에 보조기관·지구사무국으로 구성되어, 국제연합과는 전문기관의 관계에 있다. 본기구의 항구적 소재지는 몬트리올이다. → 국제민간항공조약

국제민간항공조약(國際民間航空條約) 〔英〕 Convention on International Civil Aviation 1919년 파리 국제항공조약에 갈음하여 1944년 시카고 연합국국제민간항공회의에서 채택된 조약. 1947년 4월 실시 당시 43개국이 참가. 국제민간항공의 규정을 중심으로 領空에 관한 국가의 排他的主權, 航空機의 종류·자격·소속·지위 등의 규정이 있다. 원칙은 파리조약과 같다. 이 조약과 같이 하여 이 회의에서도 國際航空輸送協定(소위 다섯가지의 自由協定), 國際航空業務, 通過協定(소위 두가지 자유협정)을 맺고, 또 국제민간항공기관을 설치하였다. → 국제민간항공기관

국제민법(國際民法) 〔英〕 international civil law 〔獨〕 internationales Zivilrecht 〔佛〕 droit civil international 민법에 관한 사항의 國際私法. 즉, 민사에 관한 법률의 저촉을 해결하는 법률이다. 국제사법 중에서 商事에 관한 것, 즉 國際商法을 제외한 것이다. 실질법인 민법과 상법이 일반법과 특별법의 관계에 있는 것과 같이, 국제민법과 국제상법도 일반법과 특별법의 관계에 있다. 우리나라 섭외사법상으로는 6조 내지 27조가 국제민법에 해당하는 규정이다. → 국제사법

국제민사소송법(國際民事訴訟法) 〔獨〕 internationales Zivilprozessrecht 어느 나라 국내의 민사소송법에서 涉外的 事實에 대하여 적용될 것을 규정한 法規總體. 따라서 외국인의 당사자능력, 외국에서 성립된 증거의 효력, 외국에서 행하여져야 할 소송행위, 외국판결의 효력 등에 관한 법규(民訴 53, 268 Ⅱ, 203 등)가 그 주요한 것이다. 섭외사법이 涉外事件에 관하여 어느 나라의 사법을 적용할 것이냐를 규정한 것과는 매우 다르다.

국제민주주의(國際民主主義) 민주주의 사상의 원리를 국제사회에 보급시켜 세계 각국이 독립한 主權國家로서 상호 존중하며 협조해야 한다는 주의. 세계평화의 전제로서 인류번영의 기본적 조건이라고 한다.

국제방송(國際放送) 〔英〕 International

Broadcasting Service 국제적으로 자국에 대한 이해를 촉진시키며 해외에 있는 자기 국민에게 모국의 소식을 전해 주는 것을 목적으로 하는 短波 또는 中波放送. 한국의 국제방송은 1955년 12월 1일의 대일방송을 필두로 현재 대북미·대유럽·대하와이·대아시아 및 심리전방송 등 7개방향으로, 한·일·영·중·러시아·불·스페인 등 7개국어를 사용하여 방송되고 있다.

국제범죄(國際犯罪) 〔英〕 international crime 〔獨〕 internationales Verbrechen 〔佛〕 crime ou délit international 국제사회의 일반적 법익을 침해한 國際違法行爲. 범죄자가 주로 개인이라는 점, 처벌기관으로서 國際刑事裁判制度가 확립되어 있지 않다는 점 등의 이유로 국제범죄에 대한 개념은 통일되어 있지 않다. 관습 및 조약상의 규정을 중심으로 고찰하면, ① 해적행위·노예매매·마약거래를 들 수 있다. 이 범죄들은 문명제국의 공통이해에 관한 사항으로 인정되어 공동적인 진압이 약속된 범죄로서, 동범죄에 대한 公海上에서의 捕獲 및 범죄자의 處罰은 국적의 구애없이 발견한 나라의 관할에 속하며 그 처벌은 國內法에 의한다. ② 절도·사기와 같은 보통범죄에 있어서도, 국제간의 교통의 편리 신속의 증대와 함께, 사람 및 행위가 여러 나라에 걸쳐서 행하여지거나 규모가 증대하여, 여러 나라간의 공동의 진압방법이 강구되어야 할 것이라고 하는 범죄(이에 관하여는, 國際刑法學會의 회의, 國際司法警察會議 등에서 때때로 토의되고 있다). ③ 침략전쟁 기타의 병력행위도 중대한 국제범죄로서 제1차대전후 많은 조약에서 규정하고 있다. 1923년의 全美相互援助條約案, 1924년 제네바 의정서(불성립), 1928년 제6회全美會議의 선언 등. 1928년의 不戰條約은 이를 구체화 하였으며 국제연합헌장도 동일하게 해석된다. 그러나 국제연합체제하에서도 동범죄에 대한 처벌기관은 없고 단지 復仇 또는 集團的 制裁가 가능할 뿐이다. ④ 전쟁범죄로서 통상의 전쟁범죄뿐 아니라 平和에 대한 죄·人道에 대한 죄가 포함된다. 동범죄에 관하여는 극동국제군사재판소 및 뉘른베르크 국제재판소에서 일본과 독일의 제2차대전책임자를 개별적으로 처벌한 것이 이와 같은 犯罪處罰의 효시로 되어 있으나, 조약상 확립된 형사재판소에 의한 것은 아니며 전승국에 의한 사후조치적 성격을 띠었다. 그러므로 罪刑法定主義에 대한 위반의 문제가 논의되고 있다. ⑤ 集團殺害가 국제범죄로 인정된다. 1948년의 제노사이드 조약은 동 범죄를 규정하고 그 처벌을 약속하고 있다(1). 또한 규정의 실시를 위한 立法措置 및 國際刑事裁判所의 설치(5, 6)까지 예정하고 있으나 실현을 보지 못하고 있다. 그러므로 현단계로서는 국제범죄가 일반법익에 대한 침해라는 국제적 성격을 인정할 수 있을 뿐 국내법의 테두리를 벗어나지 못하고 있다. → 전쟁범죄, 국제형사재판소, 국제형법, 제노사이드 조약

국제범죄학회의(國際犯罪學會議) 〔獨〕 Internationaler Kongress für Kriminologie 〔佛〕 Congrés international de criminologie 〔伊〕 Congresso internationale di criminologia 범죄인류학회의가 1911년 제7회회의 이후 개최되지 않고 이것과 별도로 이탈리아에서 1937년에 설립된 犯罪人類學協會의 회의. 제2회회의가 1950년 파리에서 열렸다. 이 협회는 각국의 형법학자와 연구기관과를 회원으로 가입시켜, 인류학·심리학·교육학 및 사회학의 견지에서 犯罪原因을 탐구하여, 그 방지책을 수립하는 것을 목적으로 한다.

국제법(國際法) 〔英〕 international law, law of nations 〔獨〕 Völkerrecht 〔佛〕 droit international, droit des gens 국제사회의 법. 實定法으로서의 국제법은 여러 나라의 실행의 집적에서 생긴 관습법과 여러 나라간에 체결된 조약으로써 구성된다. 이것을 가리켜 국제법의 연원은 慣習과 條約이라고 한다. 이 밖에 법의 일반원칙이 제3의 연원이냐 아니냐의 문제가 있는데 학설은 일정하지 않다. 국제법은 주로 국가간의 관계를 규율한다. 그러나 국제조직과 개인의 행동을 규제하는 경우도 있다. 국제법은 拘束的인 規範이며, 위반에 대한 제재를 예정하고 있다(이 점에 있어서 국제사회의 하나의 규범인 國際禮讓과 다르다). 그러나 국제사회의 미조직성으로 인하여 국내법과 비교할 때 다음과 같은 특징을 갖는다. 첫째, 국제사회에는 통일적인 立法機關이 없기 때문에 국제법의 제정은 보통 조약의 형식인 국가간의 합의에 의하여 이루어진다. 둘째, 국제재판소는 强制管轄權을 갖지 않으므로 국제재판은 당사국의 합의가 있어야만 비로소 행할 수 있다. 셋째, 국제법의 침해에 대한 제재도 공권력에 의하여 행해지지 않고 당사국 자신에 의하여 행해지는 것이 보통이므로 공정을 기하기가 어렵다. 이와 같은 특징으로 인하여 국제법의 법적 성격이 의문시되나 오늘날 모든 국가는 그 법적 성격을 수락하고 있는 것으로 생각된다(International law is law, because states regard it as law). 國際私法, 國際刑法은 국제라는 관사가 붙어 있으나 국제법 자체는 아니고 국내법의 일종이다. 國際公法은 국제법과 똑같은 것이며, 국제사법과 명확히 구별하기 위하여 만들어 낸 術語에 지나지 않는다. → 국제예양, 국제법의 연원, 국내법, 국제법과 국내법

국제법(國際法)**과 국내법**(國內法) 〔英〕 international law and municipal law 국제법과 국내법의 관계는 특히 그 타당근거의 관계가 문제되며 세 가지 학설이 있다. ① 二元論(多元論 또는 分立論이라고도 함)은 국제법과 국내법은 각각 그 법적 타당근거를 달리하는 별개의 독립된 法秩序라고 하는 것으로서 19세기말 트리펠(Triepel)에 의해서 처음 이론적으로 전개되었다. ② 國際法上位論은 국제법과 국내법이 전체로서 통일법질서를 이루는 것임을 인정함과 동시에 양자의 관계에 있어 국제법이 우위에 있다는 것으로 이러한 견해는 페어드로스, 켈젠을 중심으로 한 빈學派가 대표하고 있다. ③ 國內法上位論은 국제법이 개별국가의 의사 혹은 헌법 그 자체에 기초하여 타당하여야만 된다는 것. 필립 초론(Philip Zorn), 알베르트 초른(Albert Zorn), 벤첼(M. Wenzel) 등이 대표하고 있다. 국제법과 국내법은 개별의 타당근거를 두고 있는 법이나 전혀 독립된 무관계한 법은 아니며 양자가 접촉하는 면에 관해서는 일정한 한도내에 있어 국제법이 국내법에 대하여 우월한 것으로서 취급받고 있다는 것을 인정하지 않으면 안된다. 가령 한 국가가 국제법과 내용을 달리하는 국내법을 제정한 경우, 이러한 사실로서 국내법은 무효로 되는 것은 아니나 대외적인 효과에 있어 國家責任問題를 발생케 하며 또한 국가는 국제법상의 구속을 국내법을 이유로 하여 면할 수 없는 것이 원칙이다. →국제법, 국내법

국제법규(國際法規)〔憲法 6條의〕 대한민국 헌법 6조 1항은 이 헌법에 의하여 締結·公布된 條約과 일반적으로 승인된 국제법규는 국내법과 같은 효력을 가진다라고 규정하고 있다. 이 규정에 의하여 국제법은 대한민국의 법으로서 일반적으로 수용되었다. 여기서 말하는 일반적으로 승인된 국제법규는 확립된 國際慣習法規를 의미하며, 이러한 법규는 국가의 공포절차를 요하지 않고 당연히 국내적으로 타당한다. 그러나 구체적인 경우에 있어서 어느 것이 일반적으로 승인된 국제법규에 해당하는 것이냐를 결정함에는 제1차적으로 국가의 認容이 필요하며, 만약 그것에 관하여 국제분쟁이 발생한 경우에는 최종적으로 有權的인 國際機關(예 : 국제사법재판소)에 의한 결정이 필요하다(국가는, 조약상의 특별한 규정이 없는 한, 어떠한 문제를 국제기관에 부탁하는 것을 거부할 수 있음은 물론이다). 國際法(慣習 및 條約)과 법률과의 관계에 있어서는 양자가 동등한 효력을 갖는다. 우리 헌법은 국제법규의 국내적 효력을 법률의 하위에 두지도 않았고 또한 상위에 둔다는 적극적 규정도 두지 않았다. 그러나 국제법상으로는 국제법규가 일반적으로 국내법에 우선하는 것이 원칙이다. →국제법, 국제관습법

국제법단체(國際法團體) 〔英〕 international community, family of nations 〔獨〕 Völkergemeinschaft 〔佛〕 communauté internationale 국제법의 적용을 받는 여러 나라의 사회. 이 여러 나라는 법률상 국제법의 적용을 받으며 사실상으로도 어느 정도 국제법에 따라 행동하고 있으므로 여기에 일종의 통일성이 있으며 이 통일성 때문에 하나의 단체를 구성한다고 할 수 있다. 그러므로 국제법단체라고 한다. 단순히 국제단체라고 하는 사람도 있으나 단체의 기초가 되는 統一性이 국제법에 연유한다는 의미에서 엄격히는 국제법단체라고 하는 것이 적당하다. 국제법단체에 속하는 국가는 원래 유럽의 基督教國家에 한정되었으나, 1856년의 파리회의 이후 터키의 가입이 인정되었고, 1905년의 노일전쟁후 일본이 또한 완전한 지위를 인정받게 되었으며 오늘날은 전세계의 국가를 망라하고 있다. 한국이 언제 이 국제법단체에 가입하게 되었는지는 논의의 여지가 있으나 구한국시대까지는 鎖國時代였으므로 일본에서 해방된 제2차대전이후 비로소 가입이 인정됐다고 볼 수 있다.

국제법상(國際法上)**의 관세**(關稅) 관세중에서 특히 關稅率은 국제법상 원칙적으로 국가의 국내사항에 속하며, 한 나라의 일정한 화물에 대하여 일정한 관세율의 적용여부를 단독으로 임의 결정할 수 있다. 관세는 국제경제상 극히 중요한 문제이며 특히 國際條約으로써 규율되는 것이 타당한 바 최근 그 경향이 현저하다(關稅 3 참조).

국제법상(國際法上)**의 대사**(大赦) 〔英〕 amnesty 〔獨〕 Vergebung 〔佛〕 amnistie 전시중 전쟁에 관련하여 행해진 일체의 違法行爲의 책임을 면제하는 것. 강화조약 중에 규정하는 것이 보통이나 규정이 없는 경우에도 특히 반대규정이 없는 한 강화의 당연한 결과로서 인정된다는 것이 종래의 통설이다.

국제법상(國際法上)**의 선점**(先占) 〔英〕 occupation 〔獨〕 Okkupation 국가가 어떠한 국가의 영유에도 속하지 않는 지역을 자기의 소유로 하는 것. 선점이 유효하게 성립하려면 그 토지를 자기의 것으로 할 의사와 統治機關에 의한 실질적 지배가 필요하다.

국제법상위설(國際法上位說) 〔獨〕 Lehre vom Primat des Völkerrechts →국제법과 국내법

국제법설(國際法說) 국제법주의와 같다.

국제법우위론(國際法優位論) 국제법상위설과 같다.

국제법위원회(國際法委員會) 〔英〕 International Law Commission 국제연합총회의 보조기관. 국제연합헌장은 총회의 임무의 하나로 國際法典化의 장려를 들고 있으며, 이에 기하여 1946년 12월 11일 국제법의 점진적 발달과 법전화의 위원회가 설치되어, 이 위원회의 보고에 기하여, 1947년 11월 21일 설립되었다. 위원회는 국제법에 정통하고 또한 세계의 주요한 문명의 형태 및 주요한 법률체계를 대표하는 15인의 위원으로써 구성된다. 1949년 제1회의 회합을 갖고, 법전화의 제목으로서, ① 조약에 관한 法規, ② 仲裁裁判節次, ③ 公海의 制度의 세 문제를 선정하여 연구 및 법전화사업을 수행하고 있다. 동위원회의 초안을 중심으로 ① 海洋法에 관한 4조약(1958), ② 無國籍의 제한에 관한 조약(1961), ③ 外交(1961)·領事關係(1963) 條約, ④ 條約法에 관한 條約(1969)을 법전화하였다.

국제법(國際法)의 연원(淵源) 〔英〕 sources of international law 국제법을 창설하는 法制定의 방법 또는 절차. 국가간의 명시적 합의인 條約과 묵시적 합의인 國際慣習을 포함한다. 이 외에 제3의 淵源으로서 법의 일반원칙을 주장하는 학자도 있으나 현단계로서는 확립된 이론이 아니다. 법의 일반원칙을 재판의 준칙으로(國際司法裁判所規定 38 I) 한 판결이 구속력을 갖는다는 이유만으로는 법원이라는 근거가 될 수 없을 뿐 아니라 法의 일반원칙의 내용 자체가 무엇을 포함하는지에 관하여도 일치한 의견이 없기 때문이다. →국제법, 법의 일반원칙, 재판의 준칙

국제법(國際法)의 주체(主體) 국제법상의 권리·의무가 귀속하는 單一體. 20세기의 初頭까지는, 국가 또는 국가유사의 單一體(교전단체 등)만에 한한다고 하는 것이 통설이었으나, 최근에 이르러 국가 이외에 國際機構나 개인의 國際法主體性을 인정하는 견해가 지배적으로 되었다. 그러나 개인의 국제법주체성을 어떤 범위까지 인정하느냐에 관하여는 설이 나누이며, 국제법이 개인의 권리에 관하여 규정한 경우 일반에 대하여 인정하는 것과 개인이 국제법상 자기의 이름으로 자기의 권리를 주장하는 것이 인정된 경우에 한하는 것이 있다. →개인, 국제조직, 국가

국제법전편찬회의(國際法典編纂會議) 〔英〕 Conference of Codification of International Law 〔獨〕 Kodifikationskonferenz des Völkerrechts 〔佛〕 Conférence de Codification du Droit International 1930년 국제연맹주최로 연맹국뿐만 아니라 비연맹국도 초청하여 헤이그에서 제1회 회의가 개최되었다(47국 참가). 회의는 3部로 구분되어 國籍衝突에 관한 약간의 문제에는 한개의 조약과 세개의 의정서를 작성하는 데에 성공, 領海의 법적 지위에 관해서는 條約案을 작성하였으나 영해의 幅員에 의견일치를 보지 못하여 조약안은 채택되지 못하였고, 외국인에 끼친 손해에 대한 국가책임에 관해서는 아무런 성과도 거두지 못하였다.

국제법주의(國際法主義) 〔英〕 internationalism 〔獨〕 Internatioalismus 〔佛〕 internationalisme 國際私法의 본질을 국제법이라고 보는 주의. 즉, 국제사법은 국가간의 관계를 규율하는 법칙이라고 하는 설이다. 독일의 사비니가 제창한 國際司法學說의 근저를 이루고 있는 國際法的 公同團體說(völkerrechtliche Gemeinschaft)에서 출발한 것이라 한다. 국내법주의에 대립하는 견해이며, 국제사법학자로서 이 설을 지지하는 자가 많다.

국제법학회(國際法學會) 〔佛〕 institut de Droit International 국제법의 점진적 발달을 목적으로 1873년 벨기에의 겐트에 설립. 회원은 120명으로 한정되고 저명한 국제법학자로써 구성. 설립 이래 매년 또는 격년 회합을 열고 또 때때로 國際法典草案을 작성하여 국제법의 발달에 공헌하여 왔다. 1904년에 노벨평화상 수상. 이 학회의 會報인 Annuaire de l'Institut de Droit International은 국제법학계에서 높은 권위를 갖는다.

국제법협회(國際法協會) 〔英〕 International Law Association 1873년의 국제법의 개량 및 법전화를 위한 협회의 후신. 세계의 국제법학자뿐만 아니라 실무가도 회원으로 하는 것이 특징이다. 세계 각국에 지부를 설치하고 있다. 대략 격년으로 회합을 개최하여 국제법에 관한 연구발표와 국제법전안의 작성을 하는데 특히 실제문제의 분야에 업적이 크다. 회합의 성과는 협회에서 발행하는 Report of the International Law Association에 수록된다. 본부는 런던.

국제부인일(國際婦人日) 1904년 3월 8일 뉴욕의 부인근로자들이 회의를 개최하고 부인에게도 參政權을 달라고 주장한 날. 1910년 정식으로 국제부인의 날로 정해졌다.

국제부흥개발은행(國際復興開發銀行)

〔英〕 The International Bank for Reconstruction and Development(약칭 IBRD) 1944년 브리튼우즈협정에 의하여 설립되고 1945년 2월 27일에 업무가 개시된 國際經濟機關. 1945년 국제연합과의 협정에 의하여 전문기관이 되었다. 전쟁으로 인하여 파괴된 가맹국경제의 회복, 생산시설의 平時需要에로의 전환을 직접목적으로 하여 적극적으로 國際投資를 추진하였다. 기능상 단기자금을 일시적으로 공급하는 국제통화기금제도만으로는 동목적을 달성키 어려우므로 국제수지의 균형을 장기자금의 공급을 통하여 달성하려는 것이다. 은행의 기금은 당초의 가맹국인 44개국에 분할되었다. 주식액의 대소가 투표권의 대소에는 작용하나 은행으로부터의 대부·보증에는 관계되지 않는다는 점이 國際通貨基金의 경우와 다르다. 기관은 각국위원회·상임이사·전무이사·총재로 구성되며 총회는 연 1회 정기적으로 개최된다. 한국은 1955년 8월 26일 가입하였다. → 브리튼우즈협정, 국제통화기금

국제분쟁(國際紛爭) 〔英〕 international dispute 〔獨〕 Staatenstreitigkeit 〔佛〕 différend international 국가간의 권리 또는 이익의 분쟁. 국가와 다른 국민간의 분쟁은 準國際紛爭이라고 할 수 있다. 국가간의 분쟁은 실정법상 법률적 분쟁과 비법률적 분쟁(政治的 紛爭)으로 구별되며 그 평화적 해결기능으로서 원칙상 법률적 분쟁은 국제재판(司法裁判 또는 仲裁裁判)에, 비법률적 분쟁은 國際調停에서 처리하게 되어 있다. 국제분쟁의 해결에는 평화적 방법과 강제적 방법이 있다. 평화적 방법으로서는 外交交涉·周旋·居中調停·國際審査·國際調停·仲裁裁判·司法的 解決이 있고, 그 해결담당자는 외교교섭은 분쟁당사국의 직접담판으로, 周旋과 居中調停은 제3국에 의하여, 기타는 임시적 또는 상설적 국제기관에 의한다. 平和的 解決方法에 관한 주요입법조약으로서는 1907년의 헤이그 국제분쟁의 평화적 해결에 관한 조약, 1928년(1945년 개정)의 국제분쟁의 평화적 해결에 관한 一般議定書, 국제연합헌장 제6장, 1945년의 국제사법재판소 규정이다. 국제분쟁의 강제적 해결방법은 그 분쟁이 평화적으로 해결될 수 없는 경우에, 一方當事國에 의하여 합법적으로 처리하든가 또는 국제연합의 안전보장이사회가 처리하게 되는 것을 말한다. 일방당사국의 강제적 해결로서는 復仇와 自衛가 있으며 이것은 自助手段이다. 안전보장이사회에 의한 강제적 해결로서는 국제연합헌장 39조의 결정, 暫定措置(40), 非軍事的 措置(41), 軍事的 措置(42)가 있다. 또한 集團的 自衛(51)와 地域的 協定(53)에 의한 해결도 강제적 방법이다. → 국제분쟁의 평화적 처리

국제분쟁(國際紛爭)**의 평화적 처리**(平和的 處理) 〔英〕 pacific settlement of international disputes 〔獨〕 friedliche Erledigung internationaler Streitigkeiten 〔佛〕 réglement pacifique des différends internationaux 국제분쟁을 강력수단에 의하지 않고 평화적 방법으로 해결하는 것. 국가간의 분쟁에 있어서 무력을 행사하는 것을 금지 또는 방지하여 그것을 평화적으로 해결한다는 것은 국제사회의 평화와 안전을 유지하는데 절대적으로 필요하다. 우선 1919년의 國際聯盟規約, 1928년의 不戰條約, 1945년의 國際聯合憲章에서 국가간의 분쟁을 전쟁 또는 무력행사에 의하여 해결하는 것을 일반적으로 금지하였고, 분쟁의 평화적 처리방법에 관하여는 이미 1907년의 헤이그 평화회의에서 국제분쟁의 평화적 해결에 관한 조약이 채택되어 국제분쟁의 평화적 해결방법으로서 주선, 거중조정, 국제심사위원회, 국제중재재판이 규정되었고, 또 1928년(1949년 국제연합총회에서 개정)의 국제연맹총회에서 국제분쟁의 평화적 해결에 관한 일반의정서가 채택되어 조정을 위한 국제조정위원회의 구성과 그에의 부탁, 사법적 해결로서의 국제사법재판소에의 부탁, 중재재판을 위한 國際仲裁裁判所의 구성과 그에의 부탁, 그리고 그들 기관 상호관계에 관하여 규정하였고 또한 국제연합헌장 제6장에서 紛爭의 平和的 處理(33~38)에 관하여 규정하고 있다. 국제분쟁의 평화적 처리의 기본방법은 제3자 또는 국제기관에 의하여 正義와 國際法을 기초로 하여 분쟁사건을 공정한 입장에서 그의 사실을 심사하고 분쟁당사국의 의견을 조정하여 해결하는데 있다. → 국제분쟁의 평화적 해결에 관한 조약

국제분쟁(國際紛爭)**의 평화적 해결**(平和的 解決)**에 관한 일반의정서**(一般議定書) 〔英〕 General Act for the Pacific Settlement of International Disputes 〔佛〕 Acte Général pour le Réglement Pacifique des Différends Internationaux 국제분쟁의 평화적 해결에 관하여 國際調停과 國際裁判을 포괄하여 상호 유기적 관계를 규정한 一般條約. 1928년 국제연맹총회에서 채택되었고 또 1949년 국제연합총회에서 그의 개정(1950년 발효)(상설국제사법재판소를 국제사법재판소로 한 것뿐이고 내용의 변경이 거의 없음) 일반의정서가 채택된 것인데 국제분쟁의 평화적 처리방법의 일반적 기준으로서 중요한 조약이다. 그 내용은 國際調停(제1장), 司法裁判(제2장), 仲裁裁判(제3장), 一般規定(제4장)으로 되어 있고 각기의 기관구성(사법재판은 별도)과 절차에 관한 것 그리고 각 기관의

상호관계에 관해서 규정하고 있다. 상호관계의 규정을 보면 법률적 분쟁(당사국간의 권리의 분쟁)은 국제사법재판소에 부탁한다. 그러나 당사국간의 합의가 있으면 조정위원회에 부탁할 수 있다. 조정이 성공치 못하면 분쟁사건은 사법재판에 제출된다. 비법률적 분쟁은 반드시 조정위원회에 부탁한다. 그것이 여의치 않는 경우에는 중재재판소에 그 사건을 제출한다. 이상에서 일반의정서는 법률적 분쟁은 國際裁判에, 비법률적 분쟁은 國際調停이라는 원칙과 비법률적 분쟁에 대한 종국적 재판의무를 인정하였다는 점을 유의할 필요가 있다. 이 의정서의 가입형식으로서는 규정의 전부에 대한 가입 이외에 國際調停 및 司法裁判(제1, 2장)과 一般規定(제4장)만의 가입, 國際調停(제1장) 一般規定(제4장)만의 가입 등 3개 종류가 있다(38). 또한 가입시에 가입전의 분쟁, 국내사항에 관한 분쟁, 특정된 분쟁 등에 대해서는 유보할 수 있다.→국제조정위원회, 비법률적 분쟁, 법률적 분쟁

국제분쟁(國際紛爭)**의 평화적 해결**(平和的解決)**에 관한 조약**(條約)　〔英〕Convention for the Pacific Settlement of International Disputes 〔佛〕Convention pour le Règlement Pacifique des Différends Internationaux　국제분쟁의 평화적 처리에 관한 包括的 一般條約. 제1회(1899년)·제2회(1907년) 헤이그 평화회의에서 채택된 것이다. 이 조약의 목적은 국가간의 관계에 있어서 병력에 호소하는 것을 가급적 예방하기 위하여 締約國은 국제분쟁의 평화적 처리를 확보하는데 그의 전력을 다할 것을 약정한다는데 있다(1). 이 조약은 국제분쟁의 평화적 해결방법으로서 周旋·居中調停·國際審査·仲裁裁判이란 4제도에 관하여 규정하였고 國際審査委員會와 常設仲裁裁判所에 관한 구성과 절차에 관해 자세한 규정을 두었다. 특히 본 조약에서 최초로 상설중재재판소를 설립하였다는 것에 큰 의의가 있다. 또한 본 조약에서는 어떠한 분쟁에 어떤 방법을 적용할 것인가를 지시하고 있다. 즉, 중대한 의견의 충돌 또는 분쟁이 생긴 경우에는 주선과 거중조정의 어느 하나에 부탁하고(2, 3) 단지 사실상의 견해의 차이로 생긴 국제분쟁에 대해서는 사정이 허락하는 한 國際審査委員會의 審理에 부탁하고(9) 또 법률문제에서 국제조약의 해결 또는 적용의 문제에 대해서는 중재재판에 부탁하는 것이 가장 적당하다고 하였다. 그런데 이 조약에서는 재판의무에 대해서 규정치 않고 그것은 각 개별국가간의 개별조약에 위임하고 있다. 그리고 1928년의 一般議定書와 1945년의 國際司法裁判所規程 이후에는 법률문제에 관한 국제분쟁은 주로 국제사법재판소에 부탁하도록 되었다. 본 조약은 당시의 50여 체약국에 아직도 그 효력을 가진다. →국제분쟁의 평화적 처리, 중재재판

국제불법행위책임(國際不法行爲責任)
→국가책임과 같다.

국제사법(國際私法)　〔英〕private international law, conflict of laws 〔獨〕internationales Privatrecht 〔佛〕droit international privé　內外私法의 적용범위를 정하는 법률. 현재에 있어서는 각국의 사법이 실질적으로 상이한 결과로서 이른바 법률의 저촉이 생긴다. 이러한 법률의 저촉을 해결하기 위하여 여러가지 涉外的 私法關係에 대하여 각각 準據法을 지정하는 법률이 국제사법이다. 현재의 단계로 보아서는 세계적 보편인류사회가 조직화된 사회에 이르지 못하고 있기 때문에 그 고유의 입법기관이나 사법기관은 아직 존재하지 않지만, 실질적으로는 각국의 국제사법이 세계법적인 기능을 치르게 되므로 그 통일성이 요청되어, 이를 위한 통일운동이 19세기 이래 꾸준히 계속되어 왔다. 즉, 아메리카 대륙에 있어서의 리마회의(1878년), 몬테비데오회의(1888년), 하바나범미회의(1890~1928). 또는 유럽대륙에 있어서의 헤이그국제사법회의(1892~1956), 제네바회의(1923~1931), 스칸디나비아 및 북유럽연합(Union scandinave et nordique)(1931년 이래), 슬라브제국법률가회의(1933), 베네룩스조약(1951) 등이 그것이다. 국제사법의 본질에 관하여는 대체로 국제주의의 思潮를 이어 받은 학자들에 의하여 주장되는 國際法主義와 국가주의·민족주의의 입장에 서는 학자들에 의하여 주장되는 國內法主義가 학설상 대립되고 있으나, 어떤 한정된 사항에 관하여 한정된 국가간의 조약에 의하여 정립되어 있는 이외에는 국제사법의 원칙은 각국의 국내법으로 정해지는 것이 현실이다. 우리나라에 있어서는 섭외사법이 곧 國際私法規定이다. 또한 법률의 저촉문제와 밀접한 관계를 가지는 외국인의 지위·국적의 저촉 등에 관한 법률도 넓은 뜻의 국제사법으로 인정되고 있으며, 법원의 국제적 관할·외국판결의 섭외적 효력문제를 정하는 이른바 국제민사소송법까지도 국제사법에 속하는 것으로 보는 학자도 있다. 국제사법의 명칭에 관하여도 통일된 것이 없으며, 학자와 국가에 따라서 상이하다. 즉, 私的國際法·國際的 私法 이외에도 법규의 장소적 지배·사법관계의 국제적 취급·私間法·限界法·體系間法 등으로 불리기도 한다. 국제사법의 입장체제도 성문법국가와 불문법국가가 있는데, 전자에 있어서는 單行法典을 가지는 국가와 민법전 중에 또는 그 시행법 중에 규정하고 있는 국가 등이 있다.

→국제사법의 통일

국제사법공조(國際司法共助) 〔獨〕 internationales Rechtshilfe 사법사무에 관하여 외국과 사이에 서로 협조하는 것. 보통 조약에 의하여 한다. 우리나라에 있어서는 외국법원의 촉탁에 의한 공조에 관한 법률이 제정되어야 할 것이다. 우리나라 법원이 외국법원에 대하여 送達이나 證據調査등의 共助를 요구하는 것에 관하여는 규정이 있다(民訴 176, 266). 우리나라도 1988년 8월 5일 법률 제4015호로 犯罪人引渡法을 1991년 3월 8일 법률 제4342호로 國際民事司法共助法, 1991년 3월 8일 법률 제4343호로 國際刑事司法共助法을 제정. →공조

국제사법규정(國際私法規定)**의 종류**(種類) 여러 나라가 각각 국제사법의 입법을 관장하고 있으므로 그들이 정립한 국제사법규정이 그 내용과 형식에 있어서 각각 다를 것은 당연하다. 국제사법규정은 크게 다음의 세 가지로 분류된다. 즉 一方的 抵觸規定, 完全雙方的 抵觸規定, 不完全雙方的抵觸規定(경우가 한정된 완전저촉규정)이 그것이다. →일반적 저촉규정, 완전쌍방적 저촉규정, 불완전쌍방적 저촉규정

국제사법규정(國際私法規定)**의 흠결**(欠缺) 어떤 섭외적 사법관계에 관해서 그 준거법을 결정하는 저촉규정이 존재하지 않는 경우를 말한다. 또 그러한 규정이 존재하는 경우라도 그것이 일방적 저촉규정 또는 불완전쌍방적 저촉규정에 불과할 때에는 저촉규정의 一部欠缺 문제가 발생한다. 흠결보충의 방법으로는 類推解釋과 條理가 있다.

국제사법상(國際私法上)**의 당사자자치**(當事者自治) 당사자가 원하는 대로 內國法 또는 外國法을 지정하여 섭외적 법률관계의 준거법으로 될 수 있는 자유. 국제사법상의 自治라고도 한다. 이것은 국제사법이 당사자에게 섭외적 법률행위의 준거법을 정할 수 있는 자유를 인정할 경우에 그 인정된 범위에 있어서 존재한다고 하는 것이며, 현재에 있어서는 涉外的 債權行爲, 특히 계약에 관하여 일반적으로 인정되어 있다. 그러므로 당사자가 섭외적 법률행위에 관하여 이 계약은 영미법에 의한다든가 일정한 국가의 관습에 따른다든가 하는 방법으로써 명시 혹은 묵시적으로 준거법을 지정한 경우를 現實自治라 하고, 당사자가 명시적으로나 묵시적으로나 준거법을 정하지 않는 경우에 당사자의 의사를 추정하여 준거법을 결정하는 것을 推定自治라고 한다. 국제사법상의 자치는 민법상의 자치, 즉 계약상의 자유에 상당하는 것이지만 민법상의 자치가 계약내용 결정의 자유임에 대하여 국제사법의 자치는 준거법 지정의 자유인 점에 있어서 다르다.

국제사법(國際私法)**의 본질**(本質) 국제사법의 본질 여하에 관하여는 개인의 근본적, 세계관적 입장의 차이로 19세기 이래 國際法說과 國內法說이 대립되어 왔다. 전자는 국제주의의 입장에서 국제사법을 국제법의 일종으로 보는 견해로 프랑스·이탈리아·벨기에 등에서 인정되어 왔으며, 후자는 민족주의 내지 국가주의의 입장에서 국제사법을 국내법의 일부로 보는 견해로 영국·미국, 독일의 일파, 일본 등에서 인정되는 지배적 학설이다. 후자는 다시 公法說·私法說·第3種法說로 견해가 갈린다.

국제사법(國際私法)**의 통일**(統一) 오늘날 국제사법은 형식적으로는 國內法規로서 정립·운영되고 있지만, 실질적으로는 세계법적인 기능을 치르고 있다는 점을 강조하여 세계사법의 완전한 통일은 아직 불가능하다 할지라도 국제사법규정의 세계적 통일은 가능하며 또한 필요하다는 이론. 이 이론에 의하면 국제사법은 보편적 인류공통의 안전보장을 임무로 하는 법률이며, 국제사법 존립의 기반이 되는 사회는 국내사회와는 달리, 보다 고차적인 보편인류사회이며, 世界社會이므로 국제사법이 이러한 사회의 입법기관에 의해서 정립되고 이러한 사회의 사법기관에 의하여 적용됨으로써 비로소 그 기능을 충분히 발휘할 수 있기 때문에, 국제사법은 통일됨으로써만 그 목적을 완전히 달성할 수 있고, 또한 장차 반드시 통일되지 않으면 안된다고 주장한다. 오늘날 이론상 國際私法統一의 가능성을 의심하는 학자는 거의 없으며, 또한 실제상으로도 그 통일 운동은 19세기 이래 점진적으로 이루어져왔고, 상당한 정도의 성과를 보이고 있다. 즉, 리마회의, 몬테비데오회의, 하바나범미회의, 헤이그국제사법회의, 제네바회의 등을 통하여 이루어진 國際私法統一이 그것이다.

국제사법재판(國際司法裁判) 〔英〕 international justice 〔獨〕 internationale Gerichtsbarkeit 〔佛〕 justice internationale 상설적인 국제사법재판소에 의하여 국제분쟁을 해결하는 재판. 그 해결을 司法的 解決(〔英〕 judicial settllement 〔獨〕 richterliche Regelung 〔佛〕 règlement judiciaire)이라고 한다. 같은 국제재판이라도 분쟁발생마다 당사국의 합의 또는 조약에 의하여 선임되는 재판관에 의한 재판은 仲裁裁判이라고 한다. 그리고, 사법재판의 판결은 judgement이고, 중재재판의 판결은 award라고 말한다. 국제사법재판제도는 仲裁

裁判制度보다 훨씬 늦게 제1차대전후 상설국제사법재판소가 발족함으로써 생긴 것이다. 이 재판소는 국제연합의 주요기관인 국제사법재판소에 의하여 계승되었다. → 국제중재재판, 국제사법재판소

국제사법자체설(國際私法自體說) 국제사법상 법률관계 성질결정의 해결에 관한 견해 중, 법률관계의 성질결정은 어떠한 실질법에 의해서 이루어질 것이 아니고 국제사법 자체의 입장에서 행해져야 한다는 견해를 말한다. 라벨(Rabel)이 그의 저서 法律關係 性質決定論에서 주장하였으며, 다수설이다. → 법률관계의 성질결정

국제사법재판소(國際司法裁判所) 〔英〕 The International Court of Justice 〔獨〕 Der Internationale Gerichtshof 〔佛〕 La Cour Internationale de Justice 국제연합의 주요기관의 하나로서 그 유일한 사법기관. 동재판소규정은 國際聯合憲章과 불가분의 일체를 이루며, 재판소의 구성·권한·재판절차 등을 규정. 대체로 국제연맹시대의 상설국제사법재판소규정을 거의 그대로 계승한 것. 재판소의 소재지는 네덜란드의 헤이그. 국제재판소로서 가장 완비된 것이며, 충분한 國際性과 常設性을 갖는다. 사건마다 당사국간에 개별적으로 행해지는 仲裁裁判과 다르다. 재판관은 15명, 임기는 9년, 3년마다 총회와 안전보장이사회에서의 선거에 의하여 5명씩 갱신된다. 재판관 중에 事件當事國의 국적을 가진 재판관이 없는 경우에는 그 당사국은 자국의 국적을 가진 자를 재판관으로 선정할 수 있다. 이것은 國籍裁判官(또는 臨時裁判官)이라고 한다. 국제연합가맹국은 당연히 재판소 규정의 당사국이 되며, 기타의 국가도 안전보장이사회의 권고에 의거하여 총회가 각각의 경우에 결정하는 조건에 따라서 당사국이 될 수 있다. 재판소의 관할권은 당사국이 재판소에 부탁하는 모든 사건 및 국제연합헌장과 기타의 조약에 규정된 모든 사항에 미친다. 그러나, 당연히 모든 紛爭에 대한 義務的 管轄權(强制管轄權)을 갖는 것이 아니다. 즉, 재판소는 任意的 管轄權을 가질 뿐이다. 재판의 준칙은 條約·國際慣習·法의 일반원칙 및 法規決定의 보조수단으로서의 판결과 학설이며, 당사자의 합의가 있는 경우에는 衡平과 善을 적용할 수 있다. 판결은 재판관의 다수결에 의하며 당사국을 법적으로 구속한다. 上訴는 인정되지 않으나, 再審制度가 있다. 판결이 이행되지 않는 경우에는 안전보장이사회가 개입할 수 있게 되어 있다. 국제사법재판소는 본래의 재판 이외에 권고적 의견을 부여할 권능을 갖는다. 권고적 의견에는 법적 구속력이 없으나, 그 절차는 裁判節次가 준용되며, 실제에 있어서 권고적 의견은 존중되고 있다. → 국제분쟁, 재판의 준칙, 국적재판관

국제사법재판소규정(國際司法裁判所規程) 〔英〕 Statutes of the International Court of Justice 국제연합의 주요한 사법기관인 국제사법재판소의 節次法(1954년에 서명·효력발생). 국제연합헌장과 불가분의 일체가 되어 있다. 이 규정은 국제연맹시대의 상설국제사법재판소규정의 후신이다. 국제연합의 가맹국은 당연히 이 규정의 當事國이 되고(憲章 93 Ⅰ), 기타의 국가는 안전보장이사회의 권고에 기하여 총회가 각 경우에 결정하는 조건에 따라 당사국이 될 수 있다(93 Ⅱ). 이 규정은 일반적으로 裁判義務를 설정하고 있지 않다. 다만 다른 조약이나 본규정의 선택조항(임의조항)의 수락에 의하여 재판의무를 가지는 것 뿐이다. 본 규정에 의하면 法律的 紛爭에 관해서 관할권을 가진다. 이 규정의 내용은 ① 재판소의 구성 및 관할, ② 재판의 기준, ③ 선택조항, ④ 권고적 의견, ⑤ 판결의 효력 등이다. 기본사항에 관하여는 國際聯合憲章에 규정하고 있다. → 국제사법재판소

국제사법통일불능론(國際私法統一不能論) 여러 나라가 국제사법상 여러가지 법률관계의 準據에 관하여 동일한 원칙을 채용하였다 하더라도 그 법률관계와 자신의 법률상의 관념이 국가에 따라서 반드시 일치하는 것은 아니므로 실질상 국제사법의 통일이 있다고 할 수는 없으며, 또 그 위에 여러 나라의 공공질서의 저촉 및 국제교통상의 이해관계가 다르므로 국제사법의 통일은 불가능하다는 학설. 그러나 이 주장은 일반적으로 誇張論이라고 해석된다.

국제사회(國際社會) 國際團體라고도 하며, 여러 국가로써 구성되는 사회이다. 세계에는 수많은 국가가 존재하여 서로 왕래하고 상호 부조하고 의존하는 관계를 맺게 되는 동안에 그곳에 하나의 社會形態가 구성되는데, 이것이 바로 국제사회이다.

국제사회방위회의(國際社會防衛會議) 〔獨〕 Internationaler Kongress für soziale Verteidigung 〔佛〕 Congrès international de défense sociale 구파의 刑法理論을 비판하고, 사회방위를 주안으로 하여, 主觀主義에 의한 형사정책을 검토하기 위하여, 1946년에 설립된 국제회의. 제4회 회의가 1956년에 밀라노에서, 제5회 회의가 1958년에 스톡홀름에서, 제6회 회의가 1961년에 베오그라드에서 개최되었다.

국제상공회의소(國際商工會議所) 〔英〕 International Chamber of Commerce(ICC) 1920

년에 實業家의 국제적 경제이익을 대표하며, 또 국제적 경제문제의 해결을 도모할 목적으로 창설된 사적인 국제단체. 30개국의 국내위원회로써 구성되며, 본부는 파리에 있다. 중요한 비정치적 단체로서 국제연합에 있어서 協議的 資格을 부여받고 있다(國際聯合憲章 71 참조).

국제상법(國際商法) 〔英〕 international commercial law 〔獨〕 internationales Handelsrecht 〔佛〕 droit commercial international 商事에 관한 國際私法. 즉 상사에 관한 이른바 법률의 저촉을 해결하는 법률이다. 예컨대 國際商行爲法·國際有價證券法·國際海商法 등이 이에 속한다. 원래 상사에 관한 법률관계는 그 성질상 보편적이며, 각 국가·각 민족에 따라서 상이할 것이 못되기 때문에, 실질적으로 통일되는 경향에 있고, 통일법이 실현됨에 따라서 국제상법의 범위가 축소된다. 그러나, 현재로서는 이러한 통일법이 실현된 부분이 극히 적기 때문에, 국제상법에 의하여 많은 문제를 해결하지 않을 수 없다. 그리하여, 입법상 국제법에 관한 규정을 특히 설치하는 경우도 있고, 또한 국제사법의 일반원칙에 의하여 국제민법과 국제상법을 동일하게 취급하는 경우도 있다. 우리나라 섭외사법은 국제상법의 특수성에 비추어 동법 29조 이하에 특별규정을 설정함과 동시에 명문의 규정이 없는 경우에는 商慣習에 의하고, 상관습도 없는 경우에는 국제민법에 관한 준거법을 적용하도록 하고 있다(28). →국제민법

국제소년재판관회의(國際少年裁判官會議) 〔佛〕 Congrès international des juges des enfants 國際少年裁判官協會(Association internationale des juges des enfants)가 개최하는 국제회의. 非行少年에 대한 보호와 개선의 필요를 국제적으로 서로 승인하고, 그 처우의 방법·심판의 절차 등을 검토하는 것을 목적으로 한다.

국제소맥협정(國際小麥協定) 〔英〕 International Wheat Agreement 제2차대전후의 세계적인 소맥수급조정을 위한 국제협정. 國際聯合食糧農業機構의 발기로 1949년 8월 신협정이 성립. 동년 7월 1일부터 발효. 내용의 요점은 매년에 있어서 최고가격·최저가격을 정하고, 수출국은 최고가격을 초과하지 않는 가격으로 수입국에 일정량의 小麥을 매각할 것을 보장하는 동시에, 수입국은 최저가격보다 저가가 아닌 가격으로 수출국으로부터 일정량의 小麥을 구입하는 것을 보장함에 있으며, 국제적인 과소생산과 과잉생산의 양면에 있어서의 需給의 調整을 도모하는 것이다. 한국은 1956년 5월 18일 이에 가입하였다.

국제수로(國際水路) 모든 국가에 自由航行을 인정하는 하천·운하·해협. 국제법에 의한 公海自由의 原則과 유사한 원칙을 적용한다. 1957년 아카바만에 대한 미국의 선언은 그 일례이다.

국제수지(國際收支) 한 나라와 다른 나라와의 국제간의 經濟交流의 결과를 일정기간의 화폐상의 채권·채무로 대조한 것. 收支均衡의 한 원칙이다.

국제수지조정기구(國際收支調整機構) 〔英〕 Adjustment Mechanism of International Payments 국제수지가 무역상의 변동, 그 밖의 사유로 불균형하여질 경우에 조절하기 위하여 마련한 기구. 貿易上의 변동, 船舶喪失 따위에 의한 무역 외의 사정으로 취득의 감소·국제자본의 이동이나 배상금 지급 등의 불균형이 발생하는 경우에 그것을 재균형화 또는 대부액·배상액만큼 수출초과되게 하기 위한 작용을 영위한다.

국제수표법(國際手票法) 〔獨〕 internationales Scheckrecht →국제유가증권법

국제신문발행자협회(國際新聞發行者協會) 국제적 분야에서 新聞이 요구할 수 있는 사항을 연구 실현하고 각국 신문의 이익을 옹호하며, 경우에 따라서 필요한 統計 등을 수집 보관하는 국제적 단체. 1948년 파리에서 성립. 영국, 미국, 프랑스 등 16개국의 협회가 창설하였다. 5년마다 1회씩 총회를 개최한다.

국제신문편집자협회(國際新聞編輯者協會) 〔英〕 International Press Institute(I.P.I.) 1951년 신문의 자유, 뉴스의 自由交流의 촉진, 신문편집의 실무개선을 목적으로 설립된 기관. 해마다 1회씩 회합을 가지는 바 한국은 1961년 12월에 가입하였다. 본부는 스위스의 취리히에 있다.

국제심사위원회(國際審査委員會) 〔英〕 International Commission of Inquiry 〔獨〕 Internationale Untersuchungskommission 〔佛〕 Commission International d'Enquête 1899년의 헤이그 국제분쟁의 평화적 해결에 관한 조약 제3장에 규정된 國際調整機關. 국제심사위원회는 締約國의 명예 또는 중대한 이익에 관계치 않고 다만 사실상의 견해의 차이로 생긴 국제분쟁에 대하여, 분쟁의 사실을 심사하여 명백히 함으로써 분쟁의 해결을 용이하게 하는 것을 목적으로 한다. 대개 國際紛爭의 미해결은 그 분쟁사실에 관한 인식의 부족과 오해

로 인하는 경우가 많다. 분쟁의 발생원인은 多種複雜하며, 사실의 파악이 대단히 곤란하다. 그리하여, 분쟁의 사실심사를 권위있는 제3자에 부탁할 필요에서 이 제도가 탄생되었다. 그리고, 締約國의 명예 또는 중대한 이익에 관계 있는 것을 國際審査에서 제외하였다. 이것은 당사국의 정치적 분쟁을 심사대상에서 제외하고, 법률적 분쟁에 있어서도 그 사실적 기원을 명백히 하자는데 있으며, 이것이 이 제도를 두게 된 또 하나의 이유이다. 위원회는 분쟁사건마다 당사국간의 特別審査條約에 의하여 구성되며, 심사조약은 심사할 사실을 明定하고, 그 위원회의 조직, 심사방법과 기한, 위원의 권한 등을 정한다. 위원회의 조직에 관하여 반대의 약정이 없는 경우에는, 국제분쟁의 평화적 해결에 관한 조약에서 규정하는 상설중재재판소의 仲裁裁判制度에 따른다. 위원회의 임무는 공평·성실한 심리에 의하여 사실문제를 명백히 하여, 분쟁해결을 용이하게 하는 것이다. 심리는 對審·秘密로 행하고, 그 결정은 다수결에 의하며, 그 결과에 관한 보고서를 작성한다. 이 보고서는 사실을 인정하는데 그치고, 중재재판의 판결과 같이 당사국을 구속치 않는다. 따라서, 당사국의 수용여부는 자유이다. → 상설국제위원회, 법률적 분쟁, 정치적 분쟁

국제아편조약(國際阿片條約) 〔美〕 International Opium Convention 〔獨〕 Opium Konvention 아편의 해독을 인정하고 아편거래의 제한을 위하여 체결된 조약. 1912년 헤이그에서 최초로 성립한 바 있으며 그 후 국제연맹에서는 아편 및 기타의 위험약물거래에 관한 자문위원회를 두어 헤이그조약 실시에 노력하였다. 또한 1925년 제네바에서는 헤이그조약을 보충·확대하여 새로운 아편조약을 체결, 1928년에는 常設中央阿片委員會가 설치되어 아편거래의 調整을 행하게 되었다. 1946년 뉴욕에서는 새로이 조약을 체결하였다.

국제(國際)어음법(法) 〔獨〕 internationales Wechselrecht → 국제유가증권법

국제(國際)어음법(法)·수표법(手票法) 〔獨〕 internationales Wechsel- und Scheckrecht 어음법·수표법의 국제적 통일을 목표로 하여 성립한 통일어음법조약 및 통일수표법조약에는 주요상업국인 英美가 참가하지 않고 있으며 또 참가국에 있어서도 留保規定을 이용하여 각기 허용된 범위내에서 통일법의 규정에 변경을 가하고 있으므로, 어음 및 수표에 관한 각국간의 법규가 서로 저촉할 가능성이 있다. 이와 같이 국제어음·수표에 적용될 각국의 어음 및 수표법의 규정에 차이가 있어서 법률의 저촉이 발생하는 경우에 어느 나라의 법률을 준거할 것인가를 결정하는 법규. 涉外私法에 통일적으로 규정되어 있다(34~43).

국제연맹(國際聯盟) 〔英〕 The League of Nations 〔獨〕 Der Völkerbund 〔佛〕 La Société des Nations 國際聯盟規約(제1차대전 강화조약의 제1편)에 기하여 1920년 1월 10일에 성립된 국제조직. ① 연맹의 목적은 국제평화의 확보와 국제협력의 촉진이다. ② 주요기관은 총회, 이사회, 사무국, 자치기관으로서 國際勞動機關과 常設國際司法裁判所가 있다. ③ 연맹의 임무는 군비축소, 분쟁의 평화적 해결, 전쟁방지 및 위임통치, 소수민족의 보호, 경제적·사회적 문제에 관한 국제협력 등이다. 제2차대전후에 국제연합이 성립하고 국제연맹은 폐지되었다(1946년 4월 19일). → 국제연합

국제연맹규약(國際聯盟規約) 〔英〕 The Covenant of the League of Nations 〔獨〕 Die Satzung des Völkerbundes 〔佛〕 Le pacte de la Société des Nations 국제연맹의 기초되는 법규. 연맹의 헌법이라고도 불린다. 독립의 조약은 아니고, 베르사이유 講和條約 그 외에 제1차대전의 강화조약 등으로 제1편을 구성하고, 전문과 26개조로 되어 있다. 1919년 6월 28일에 서명, 1920년 1월 10일에 발효하였다. → 국제연맹

국제연맹이사회(國際聯盟理事會) 국제연맹의 上級의 준비와 집행을 하는 기관. 이사국의 대표자로 조직되며, 연맹의 행동범위에 속하는 세계평화에 영향을 주는 일체의 사항을 처리한다. 이사회의 회합과 결정은 대체로 총회와 동일하다.

국제연맹총회(國際聯盟總會) 국제연맹의 最高指導와 決定을 하는 기관. 모든 연맹국의 대표자로 구성되며, 투표권은 1개에 한한다. 권한은 연맹의 행동범위에 속하고 세계평화에 영향을 주는 일체의 사항을 처리한다. 회합으로는 定期總會와 臨時總會가 개최되며, 의결은 절차문제에 관하여서는 과반수, 기타 문제에 관하여서는 聯盟規約 기타에 특별한 규정이 있을 때를 제외하고는 원칙적으로 전원의 일치를 요한다. 결의의 효력은 연맹규약 기타에 특별한 규정이 있을 때는 이에 의하나, 그렇지 않은 경우에는 연맹의 기관의 행동에 관한 결의만이 법적구속력을 가지며, 연맹국의 행동에 관한 결의는 일반적으로 勸告的 내지 提案的 性質을 가지는데 불과하다.

국제연합(國際聯合) 〔英〕 The United Nations(UN) 〔獨〕 Die Vereinten Nationen 〔佛〕 Les

Nations Unies 제2차대전을 계기로 하여 국제연맹의 뒤를 이어 탄생한 일반적 국제평화기구. 세계대다수 국가를 포함하고, 정비된 조직과 광범한 기능을 구비한, 國際平和維持와 國際協力達成을 목적으로 하는 국제기관이다. 국제연합헌장에 기하여 1945년 10월 24일 정식으로 성립하여, 1946년 1월 10일부터 활동을 개시하였다. 본부는 뉴욕에 있다. 原加盟國은 제2차대전중에 연합국으로 전쟁에 참가한 국가로서 51개국이다. 미·소·영·불·중 등 5대국을 전부 포함하며, 국제연맹을 능가하는 일반성과 실력을 가지고 있다. 國際聯合總會·安全保障理事會·信託統治理事會·經濟社會理事會·國際司法裁判所·事務局의 6기관을 중요기관으로 한다. 국제연합의 제1의 목적과 임무는 國際平和와 安全의 유지인 바, 안전보장이사회(제2차적으로 총회)가 이것을 맡고, 그 밑에 전쟁방지를 위한 集團的 强制措置制度가 강력히 조직되어 있다. 제2의 목적과 임무는 국제협력의 달성이며 경제적·사회적·문화적 문제의 해결, 인권 및 기본적 자유의 존중·확보가 그것이다. 그것을 위하여 총회 밑에서 經濟社會理事會가 활동한다. 이 경우에는 국제연합은 유네스코 기타 각종 전문기관과 연락·협력하는 것을 원칙으로 한다. 그 외의 목적·임무로서는 국제연맹의 委任統治에 대신하는 신탁통치의 감독이 있어, 이것을 위하여 총회 밑에 信託統治委員會가 있다. 이와 같이 목적과 임무에 따라 3개의 이사회가 있음은 국제연맹에 없었던 특색이다. 또 각 기관을 통하여 의사의 의결에는 多數決制度를 채용한 것도 국제기관으로서 획기적인 것이다. 안전보장이사회내의 5대국의 拒否權과 같이, 5대국에 특히 유력한 지위가 부여되어 있는 것도 하나의 특색인 동시에, 국제연합의 활동에 현실적인 길을 트는 것인 바, 한편으로는, 그 활동을 방해하는 결과로 되어 있다. 안전보장이사회는 구속력 있는 결의를 할 수 있다. 평화와 안전의 유지에 대하여 地域主義가 인정되어 있는 것도 하나의 특색이다. 국제연합은 각 가맹국내에서 법률상의 지위를 인정받을 뿐만 아니라 국제연합 자신이 條約締結權 등을 가지고 있으며, 국제법상의 한 주체로서의 지위를 가진다.→국제연합헌장

국제연합가입(國際聯合加入) 原加盟國 이외의 국가는 憲章所定의 조건이 충족되었음을 국제연합이 인정함으로써 가능하다. 加入條件(憲章 4)은 헌장의 의무를 수락하고 또한 그를 준수할 의사와 능력을 가지며 평화애호국일 것이다. 가입조건의 認定節次(4 Ⅱ)는 안전보장이사회의 상임이사국의 동의투표를 포함한 7이사국의 찬성투표(27 Ⅲ)를 통한 권고에 의하여, 총회가 출석하고 투표한 가맹국의 3분의 2(18 Ⅱ)의 찬성을 받음으로써 결정된다. 우리나라는 1991년 제46차 총회에서 남·북한이 동시 가입하였다. →국제연합, 거부권

국제연합교육과학문화기관(國際聯合教育科學文化機關) 유네스코와 같다.

국제연합국제아동긴급기금(國際聯合國際兒童緊急基金) 유니세프와 같다.

국제연합군(國際聯合軍) 〔英〕 Armed Forces of the United Nations 국제연합에 있어서 가맹국의 군대로 구성되어 안전보장이사회의 요구에 의하여 侵略의 防止·鎭壓에 사용되는 군대. 國際警察軍이라고도 한다. 현재 그 구성·배치·활동을 정하는 特別協定(special agreement)이 아직 어느 가맹국과도 체결되지 않고 있기 때문에 진정한 국제연합군은 현실적으로 존재하지 않는다. 1950년 한국전쟁에서는 안전보장이사회의 권고에 의하여 미국을 비롯한 16개국의 加盟國軍隊가 미국군대의 통일지휘하에 한국에 있어서의 침략의 방지와 진압을 위하여 참전하였다. 이 때의 군대도 편의상 국제연합군이라고 부른다. 또 한국전쟁 발발후 1950년 11월 國聯總會에서 채택된 평화를 위한 통합결의에 의거한 군대도 국제연합군이라고 부르나, 위에서 말한 바와 같이 헌장이 당초에 예정한 군대는 아니다.

국제연합범죄예방(國際聯合犯罪豫防) **및 범죄인처우회의**(犯罪人處遇會議) 〔英〕 United Nations' Congress on the Prevention of Crime and the Treatment of Offenders 〔獨〕 Kongress der Vereinten Nationen über Verbrechensverhütung und Behandlung Straffälliger 〔佛〕 Congrès des Nations Unies en matière prévention du crime et de traitement délinquants 國際刑法刑務委員會가 주최하는 국제형법형무회의가 발전적으로 해소되어 국제연합에 인계된 것. 1950년 12월 1일의 총회결의에 따라, 5년마다 개최하기로 되어 있다. 1955년에 제1회회의를 제네바에서 개최하고, 1960년에 제2회회의를 런던에서 개최하였다. 그 동안 아시아 기타 각지에서 여러 회의 세미나를 개최하고 있다.

국제연합사무국(國際聯合事務局) 〔英〕 The Secretariat 〔佛〕 Le Secrétariat 국제연합의 사무국인 기관. 국제연합의 실질적 활동을 위하여 중요하다. 사무총장 이하 다수의 國籍이 다른 수천명의 직원이 국제공무원으로서 일하고 있다. 그들은 직무에 관하여 본국으로부터 독립하여 일하며 外交上의 特權을 가진다. →국제연합사무총장

국제연합사무총장(國際聯合事務總長) 〔英〕 Secretary-General 국제연합사무국의 장이며 국제연합의 首席行政官. 국제공무원. 안전보장이사회의 권고에 기하여 총회가 임명한다. 국제연합의 기관의 모든 회의에서 사무총장의 자격으로 행동하며, 이들 기관으로부터 위탁받은 임무를 수행한다. 또한 국제평화와 안전의 유지를 위협한다고 인정하는 사항에 대하여 안전보장이사회의 주의를 환기할 수 있다. 사무총장 및 그 배우자와 미성년자녀에 대하여는 국제법상 외교사절에 부여되는 特權·免除가 인정된다(國際聯合의 特權 및 免除에 관한 條約 19). 초대사무총장에는 노르웨이 외상 트리그브 리이다. → 국제연합사무국, 외교사절의 특권

국제연합식량농업기구(國際聯合食糧農業機構) 〔英〕 Food and Agriculture Organization of The United Nations(F.A.O.) 1945년 퀘벡에서 서명되고 당일 발효된 國際聯合食糧農業機構憲章에 의하여 설립된 U.N.의 전문기관. ① 각국민의 영양 및 생활수준의 향상, ② 식량 및 농산물의 생산과 분배의 개선, ③ 농민의 생활조건개선을 통하여 세계경제발달에 기여할 것을 목적으로 한다. 본부는 워싱턴에 있으며 總會·理事會·事務局 외 3개 주요기관과 기타 보조기관으로 구성되어 있다. 동 기관은 이상의 목적을 위하여 연구·권고·기술원조 등을 행하고 있다. → 전문기관

국제연합(國際聯合)**의 특권**(特權) **및 면제**(免除)**에 관한 조약**(條約) 〔英〕 Convention on the Privileges and Immunities of the United Nations 국제연합헌장 105조에 기하여 국제연합의 목적달성에 필요한 法律行爲能力, 재산·통신에 관한 免除·特權, 가맹국의 대표자, 국제연합의 직원 및 전문가의 外交特權, 國際聯合通行證 등을 일반적으로 규정한 조약. 1946년 2월 13일 국제연합총회에서 채택, 1947년 3월 7일 발효. 국제연합가맹국은 전부 이에 가입하고 있다. → 외교사절의 특권

국제연합(國際聯合)**이 한국내**(韓國內)**에서 향유**(享有)**하는 특권**(特權)**과 면제**(免除)**에 관한 협정**(協定) 〔英〕 Agreement Relating to Privileges and Immunities to be Enjoyed by the United Nations in Korea 대한민국내에서 여러 기관을 통하여 행동하는 국제연합과 그 가맹국의 대표자 및 국제연합의 직원에 대하여 그 기능의 행사와 목적의 완수에 필요하다고 인정되는 特權과 免除를 부여할 목적으로 대한민국정부와 국제연합과의 간에 체결된 협정. 1951년 9월 21일 각서교환으로 성립, 동일 발효. 이 협정의 내용은 대략 다음과 같다. ① 대한민국영역내에 파견된 각 기관을 대표하는 국제연합은 국제연합의 특권과 면제에 관한 협정 1조 내지 3조(즉, 연합의 法人格, 그 財産, 基金과 資産, 文書, 通信과 通貨去來에 관한 규정)에서 열거한 모든 特權과 免除를 향유한다. ② 대한민국은 국제연합통행증을 유효한 여행증명서로 인정한다. ③ 국제연합은 한국내에서 무선방송을 운영할 수 있다. ④ 국제연합의 직원과 가맹국대표는 외교사절의 대우를 받는다. 외교사절의 특권과 면제를 향유할 대표와 직원의 명단은 수시로 대한민국정부에 통지한다. ⑤ 현지채용의 직원도 공적 자격으로 행한 일체의 행위와 직무에 관하여 管轄權의 면제를 받는다. 특별히 필요하다고 인정된 현지채용직원은 병역이나 强制的 役務로부터도 면제되며, 이러한 직원의 명단은 정기적으로 대한민국정부에 제출된다. 우리나라가 U.N.에 가입함으로써 자동적으로 폐기되었다. → 외교사절의 특권

국제연합제명(國際聯合除名) 국제연합이 정하는 여러 원칙을 부단히 위반하는 연합국은 안전보장이사회의 권고에 따라 總會가 3분의 2의 다수결로 除名할 수 있다(國際聯合憲章 6).

국제연합총회(國際聯合總會) 〔英〕 The General Assembly 〔獨〕 Die Generalversammlung 〔佛〕 L'Assemblée générale 국제연합의 주요기관의 하나로 안전보장이사회와 함께 가장 중요한 것. 전 가맹국으로 구성된다(國際聯合憲章 9 Ⅰ). 헌장의 범위내에 속하는 문제와 사항, 헌장에 규정된 여러 기관의 기능과 임무에 관한 문제와 사항에 관하여 토의하고 권고하는 권한을 가진다. 그러나 平和와 安全의 維持에 관하여는 안전보장이사회에 대하여 제2차적으로 활동하며 그 요청이 없는 한, 討議·勸告할 수 없다. 경제적·사회적 문제·신탁통치문제(戰略的 信託統治는 제외)에 관하여는 각각 경제사회이사회·신탁통치이사회의 상급기관으로서 활동한다. 議事는 출석하여 투표하는 국가의 과반수로써 의결하고(18 Ⅲ), 특히 중요한 사항만을 3분의 2로써 의결한다(18 Ⅱ). 매년 1회, 9월에 정기적으로 회합한다. 特別會合은 필요에 따라 소집할 수 있다. 총회의 강화책으로는 안전보장이사회가 拒否權行使로 말미암아 그 평화유지의 권능을 충분히 발휘하지 못할 우려가 있을 때, 그 권능을 총회가 수행할 수 있다. → 소총회, 평화를 위한 통합결의

국제연합총회강화결의(國際聯合總會强化決議) 평화를 위한 통합결의와 같다.

국제연합탈퇴(國際聯合脫退) 국제연합헌장에는 탈퇴에 관하여 明文規定이 없으나, 샌프란

시스코 회의시에 제1위원회의 제2전문위원회의 보고서 중에 탈퇴에 관한 1항목을 두어, 회의가 그것을 승인하는 형식으로 탈퇴를 인정하였다. 다음과 같은 경우에 탈퇴가 인정된다. ① 국제연합이 평화를 유지하는 능력을 상실하거나, 또는 법과 정의를 희생함으로써만 평화를 유지할 수 있다는 것이 명백하여진 경우, ② 헌장이 수정·변경되었을 때, 구성국이 이를 동의하지 않을 경우, ③ 憲章修正案이 총회를 통과하거나 동 변경안이 국제회의를 통과하였음에도 불구하고 所要의 批准을 얻지 못한 경우 등이다. 그러나 이러한 예외적 사정을 판정할 수 있는 국제연합의 절차가 존재치 않으므로 결국 가맹국은 자기의 판단하에 탈퇴의 자유를 갖는다고 할 수 있다.

국제연합통행증(國際聯合通行證) 〔英〕 United Nations Laissez-passer 국제연합이 그 직원을 위하여 발행하고 가맹국에 의하여 유효성이 인정되는 旅行證明書. 전문기관의 직원에게도 발급할 수 있게 되어 있다. 국제연합의 特權 및 免除에 관한 조약(7)에 의하여 인정되었으며, 전문기관의 특권 및 면제에 관한 조약(8)도 이것을 인정하였다.

국제연합 한국통일부흥위원회(國際聯合韓國統一復興委員會) 〔英〕 The United Nations Commission for the Unification and Rehabilitation of Korea 1950년 10월 7일 제5차 국제연합 총회가 채택한 의결안 제376(Ⅴ)호에 의거하여 설립된 위원회로서, 약칭 언커크(UNCURK)라고도 한다. 오스트레일리아·칠레·네덜란드·파키스탄·필리핀·타일랜드·터키로 구성되었다. 동 위원회는 한국내의 정치·경제·군사 등 중요한 문제에 관하여 조사·보고함으로써 평화의 회복과 경제재건을 이룩하며, 자주적이고 통일된 민주정부를 수립할 것을 목적으로 한다(同決議案 1). 동 목적을 위하여 조직된 委員團은 1950년 11월 20일 동경에서 제1차 회합을 갖고 절차 및 규칙을 채택, 11월 26일에는 서울에 본부를 설치하였다. 위원단에는, ① 제1위원회(1950년 12월 5일)을 두어 經濟問題를 담당케 하고, ② 제2위원회(1951년 1월 5일)는 북한의 행정·정치 및 제반상황에 관한 보고서를 작성케 하고, ③ 조사단(1950년 12월 5일)을 편성하여 한국전쟁에 개입한 중공군에 대한 정보를 수집케 하였다. ④ 監視委員團(1950년 12월 26일)을 조직하여 한국내의 피난민 기타 긴급문제를 조사토록 임무를 나누었다. 동 위원단은 U.N. 군사령부와 긴밀한 연락을 취하면서 필요한 지원을 받고 있으며, 한국정부와도 연락관계를 맺어 임무를 수행하였다. 委員團長은 교대로 하며 분과위원회는 필요에 따라 구성된다. 해체되었다.

국제연합 해양법회의(國際聯合海洋法會議) 1958년 2월~4월 제네바에서 개최된 국제회의. 86국의 대표가 참가, 약간의 전문기관은 옵서버를 파견. 한국에서도 대표를 파견하였다. 국제법위원회가 1956년에 최종적으로 채택한 海洋法草案을 기초로 하여 심의한 결과, 領海와 接續水域에 관한 조약·公海에 관한 조약·漁業 및 公海의 生物資源의 보존에 관한 조약·大陸棚에 관한 조약 등 4조약을 채택하였다. 1976년 뉴욕에서 제3차 유엔 해양법회의 제4기회의가 개최되었으며, 이로써 해양에 관한 새로운 법제확립이 시도되고 있으며, 이것은 국제연합에 의한 國際法典化의 사업으로서 주목할 만한 것이다.

국제연합 행정재판소(國際聯合行政裁判所) 〔英〕 U.N. Administrative Tribunal 국제연합사무총장의 결정에 불복하는 國聯事務局職員의 제소를 裁決하는 일종의 재판소. 총회에서 선출하는 인원으로 구성되며, 그 결정은 당사자와 총회를 다 같이 구속한다. 그러나, 1955년 이후로는 총회를 통하여 국제사법재판소에 상소할 수 있는 권리가 인정되었다. 즉, 동재판소가 관할권을 행사하지 않거나, 헌장에 관한 법적 문제에 오류를 범하거나, 또는 기본적인 절차에 잘못이 있는 경우, 총회는 국제사법재판소에 권고적 의견을 구하고 그 의견이 당사자를 구속하게 되었다.

국제연합헌장(國際聯合憲章) 〔英〕 The Charter of the United Nations 〔獨〕 Die Satzung der Vereinten Nationen 〔佛〕 La Charte des Nations Unies 국제연합의 기초가 되는 條約. 국제연맹의 경우와는 달라서 제2차대전의 평화조약과는 독립하여 그것에 앞서 만들어졌다. 미국·영국·중국·소련의 4주요 연합국에 의한 모스크바선언(1943년 10월 30일), 덤버튼 오크스회의(1944년 8월~10월에 案成立) 및 얄타회의(1945년 2월)를 거쳐 1945년 4월~6월의 전 연합국 50개국에 의한 샌프란시스코회의에서 성립(6월 26일). 동년 10월 24일 효력을 발생하였다. 전문 및 19장, 101조. 국제연합의 根本條約, 국제협력에 의한 세계평화의 유지·확립의 임무를 규정하고 있으며, 국제사회의 헌법이라고도 할 수 있는 지위에 있다. 미·영·불·소·중의 5개국의 責任과 指導權이 강력하게 나타나 있다(→거부권). 헌장의 개정은 가맹국 3분의 2에 의한 批准으로 전 가맹국에 대하여 효력을 발생하게 되어 있으나, 이 경우에도 5개국에는 거부권이 인정된다. →국제연합, 국제연합헌장의 개정

국제연합헌장(國際聯合憲章)**의 개정**(改正) 국제연합헌장은 그 개정에 관하여 두 가지 경우를 예상하고 있다(108). 그 하나는 부분적 수정의 경우, 다른 하나는, 헌장 전체의 재검토의 경우이다. 전자의 경우에는, 改正案이 총회를 구성하는 국가의 3분의 2의 표결에 의하여 채택됨이 필요하고, 후자의 경우에는, 특히 그것을 위하여 국제연합구성국 전체의 국제회의를 개최하여, 이 회의의 3분의 2의 표결로 채택됨이 필요하나, 양자 모두 다시 안전보장이사회의 常任理事國 전체를 포함하는 구성국의 3분의 2에 의하여 비준되지 않는 한 발효하지 못하는 바, 상임이사국은 다시 拒否權을 행사하는 것이 인정되어 있다. → 국제연합헌장

국제예양(國際禮讓) 〔羅〕 comitas gentium 〔英〕 international comity 〔獨〕 Staatengunst 〔佛〕 courtoisie internationale 국제사회에 있어서의 일정한 風習·禮儀·好意 또는 편의상의 규칙. 국제예양의 위반은 불법행위를 구성하지 않으며, 오직 국제사회여론의 악화, 정치적 불이익을 초래하는 계기가 될 수 있을 뿐이다. 형식적인 유형으로서 국가대표에 대한 경칭, 외국군함에 대한 예포, 국제회의에서의 좌석순 등을 들 수 있으며, 실질적인 것으로서는 해당 조약이 없음에도 불구하고 범죄인을 인도한다든가 외국인의 입국 및 거주를 허용하는 경우 등을 생각할 수 있다. 國際慣習法으로 발전하는 예가 허다하다.

국제예양설(國際禮讓說) 국제사법상 외국법적용의 근거를 국제예양에 두는 설. 즉, 국가는 외국법을 적용할 법률상 의무가 없으며, 다만 일정한 경우에 외국에 대한 예양으로서 그것을 적용하는데 지나지 않는다고 하는 설이다. 후베르를 대표자로 하는 이른바 네덜란드학파가 강조한 봉건주의적인 國際私法學說이며, 후에 미국의 스토리에 의하여 계수되어, 오늘날 영미의 국제사법학설이 일반적으로 인정하는 바가 되었다. 그러나, 영미의 학자 중에는 예양의 의의를 네덜란드학파에 있어서의 그것과는 다른 것으로 해석하는 자도 있다.

국제올림픽위원회 〔英〕 International Olympic Committee(I.O.C.) 1894년 6월 쿠베르탱의 제창으로 창설된 국제올림픽대회 실시를 관할하는 최고기관. 이 위원회의 목적은 ① 4년에 한번씩 올림픽대회를 개최하는 것. ② 올림픽 대회의 완전한 개최와 수행을 기할 것. ③ 국제적 여러 경기의 조직화 및 근대 스포츠의 인도를 기할 것 등이다. 본부는 스위스의 로잔느에 있다. 우리나라는 1947년 7월에 가입하였다.

국제우편연합(國際郵便聯合) 〔佛〕 Union Postale Universelle(UPU) 국제연합의 전문기구의 하나. 1874년 스위스의 베른에서 열린 국제회의에서 채택된 우편연합창설에 관한 조약에 기초를 두고 1875년 창설된 국제기구. 우편교환상의 각국의 국경을 없애고 세계를 하나의 우편 境域으로 하여 상호간의 의사소통, 경제·문화의 교류를 용이하게 함을 목적으로 하였다. 1947년 국제연합의 전문기구로 되었다. 우리나라는 1957년에 가입하였다. → 만국우편연합

국제우편환(國際郵便換) 〔英〕 international post money orders 국제조약에 의하여 국제간에 행해지는 우편환을 말한다.

국제운하(國際運河) 〔英〕 international canal 〔獨〕 internationale Kanal 〔佛〕 canal international 운하는 인공적 수로이다. 하천으로 연결되는 것과 바다로 연결되는 것이 있는데, 국제법상 중요한 것은 후자이다. 이 경우에도 당연히 국제법상 일정한 지위에 서는 것이 아니고, 조약으로 특별한 규정을 한 때에 한한다. 국제운하로는 수에즈운하(Suez Canal), 킬운하(Kiel Canal), 파나마운하(Panama Canal)의 3개가 있다. 수에즈운하는 1869년에 개통되었으며, 1888년 콘스탄티노플조약에 의하여 自由航行과 中立化가 규정되었다. 전시·평시를 불문하고 만국의 군함 및 상선의 自由通航을 인정하고 있다. 이 운하는 이집트가 관리하고, 조약당사국인 9개국의 대표단이 감시하기로 되어 있다. 1956년 이집트는 법령으로 운하회사의 국유화를 선언하면서 상기조약의 준수와 보장을 언명하였으므로 동 운하의 국제적 성격에는 하등의 영향이 없다. 파나마운하는 1914년에 개통되었고, 1901년에 영국과 미국간의 헤이·폰스포트條約(Hay-Paunceforte)으로 자유통항과 중립화가 규정되었다. 그 내용은 수에즈운하와 대체적으로 같으나 軍備禁止規定이 없는 점, 미국에서 군사적 경찰력유지의 자유가 있는 점, 또한 국제적 감시제도가 없는 점 등이 상이하다. 킬운하는 1919년 베르사이유강화조약으로 자유항행이 규정되었으나 중립화의 규정은 없다. 관리국인 독일은 1936년 일방적으로 베르사이유조약을 폐기하였다. 그러므로 킬운하의 국제법상의 지위는 장래의 대독일평화조약에서 결정될 문제이다.

국제원자력기구(國際原子力機構) 〔英〕 International Atomic Energy Agency(IAEA) 원자무기의 위험으로부터 國際共同體를 보존하고 원자력을 평화적 목적에 이용하기 위하여 활동하는 국제기구를 말한다. 국제원자력기구의 창설동기는

1953년 12월 8일 미국 아이젠하워 대통령이 UN총회에서 핵무기의 위험을 강조하고 이를 평화적으로 이용하기 위한 국제기구의 창설을 제의한데 있다. 국제원자력기구의 설립헌장은 1956년 10월 26일 UN본부에서 개최된 국제회의에서 채택되었으며, 1957년 7월 29일 효력을 발생하였다. 국제원자력기구는 總會·執行理事會·事務局으로 조직되어 있다. 총회는 모든 회원국으로 구성되는 전체기관이며, 모든 주요정책·규정을 결정하는 최고기관이다. 총회는 1년에 한번 개최한다. 각 회원은 모두 1표를 행사하며, 보통문제는 단순다수결로 결정하고, 財政問題·規約改正問題 및 회원의 懲戒問題는 3분의 2 다수결로 결정한다. 집행이사회는 총회에서 결정한 정책이나 활동계획을 수행하는 집행기관이다. 執行理事會의 회원국수는 39개국인데, 이는 지명국가와 선출국가로 구분된다. 지명국가는 원자력기술이 앞선 국가들이고, 선출국가는 나머지 국가 중에서 지역적 안배에 따라 총회에서 선출한 국가들이다. 사무국은 국제원자력기구의 지원행정을 담당하며, 사무국장의 지휘·감독을 받는다. 사무국장의 임기는 4년이다. 국제원자력기구는 經濟社會理事會에 연차보고서를 내며, 핵물질 사용규정의 위반사례가 있는 경우에는 안전보장이사회에 보고해야 한다. 국제원자력기구의 소재지는 비엔나이다. 우리나라는 1956년 창립총회에 참석, 서명 가입하였다.

국제위생조약(國際衛生條約) 〔英〕 International Health Convention 여러 나라가 상호간에 檢疫傳染病의 침입을 방지할 목적으로 맺은 조약. 가입국에 그 영토 안에서 발생한 전염병에 대한 보고 의무를 부과하고, 陸運·海運 관계에 있어서의 전염병의 대책상 엄수해야 할 검역과 그 밖의 조치를 규정한 1926년의 것과, 이를 항공관계에도 채택한 1933년의 것의 두 가지가 가장 주요하다. 1946년 12월부터 세계보건기구에서 주관하게 되었다.

국제위원회(國際委員會) 국제적 사항을 처리하기 위해 여러 국가의 합의에 의하여 설치된 위원회. 그 위원은 보통 本國을 대표한다. 국제위원회에는 임시위원회도 있으나, 보통으로는 常設의 행정적인 것을 의미.

국제유가증권법(國際有價證券法) 어음 및 수표에 관한 國際私法. 어음법·수표법에 관한 統一條約이 1930년·1931년에 성립되었지만, 당시 비가입국간은 물론 가입국간에서도 조약의 유보사항 및 조약 외의 사항에 관해 법률의 저촉이 생길 것을 고려하여 전기의 統一條約과 法律抵觸의 해결을 위한 통일조약을 성립시킴. 우리나라 섭외사법 34조 내지 43조는 국제유가증권법에 관한 규정이다. → 국제상법

국제유전학회의(國際遺傳學會議) 1958년 9월 일본 도쿄에서 개최된 국제회의. 日本學術院의 주최로 미·구소 양국을 비롯한 21개국 약 100명의 학자가 회합하여 방사능유전의 연구발표 등으로 세계적 주목을 끌었다.

국제인권규약(國際人權規約) → 세계인권선언

국제인권옹호상(國際人權擁護賞) 1950년 6월 12일에 발족한 국제문화기관인 人權아카데미(Academy of Human Right)가 인간의 의무수행에 노력한 사람에게 수여하는 상인 바 상금은 없다. 초대 수상자는 인도의 간디이다.

국제인권장전(國際人權章典) → 세계인권선언

국제입법(國際立法) 〔英〕 international legislation 〔獨〕 internationale Gesetzgebung 〔佛〕 lesislation internationale 넓은 뜻으로는 새로운 국제법상의 법칙을 정립하는 일체의 경우. 制定에 의한 정립과 慣習에 의한 정립을 포함한다. 국제행정·국제사법에 대한다. 보통은 단순히 제정에 의한 경우만을 뜻한다(좁은 뜻의 국제입법). 이것은 국내법상의 입법과 같은 뜻이다. 제정에 의한 국제법상의 새로운 규칙의 정립은 조약에 있어서 행해진다. 국제법 단체의 전체에 걸쳐 유효한 법률적 규칙을 정립하는 것은 일반조약에 한하므로 가끔 일반조약에 의한 경우만을 국제입법이라고 부르고(가장 좁은 뜻의 국제입법), 그 일반조약을 특히 立法條約이라고 부를 때가 있다.

국제의원연맹(國際議員聯盟) 〔英〕 Inter-Parliamentary Union(IPU) 국제의회연맹은 각국 국민들 상호간의 평화와 협력을 증진하고, 확고한 代議制度를 확립하며, UN과 기타 국제기구 및 지역의회기구와의 긴밀한 협력증진을 도모하고자 설립된 국제의회기구이다. 1889년 6월 프랑스 파리에서 미국, 영국, 프랑스, 벨기에, 덴마크, 헝가리, 이탈리아, 리베리아, 스페인 등 9개국 대표들이 참석하여 國際仲裁를 위한 國際議員會議(Inter-Parliamentary Conference for International Arbitration)를 창립한 데서 비롯되었다. 그후 1894년 제5차 총회에서 오늘날의 명칭인 國際議會聯盟(Inter-Parliamentary Union)으로 개칭되었고, 그 본부는 스위스 제네바에 두고 있다. 의회관련 국제회의기구로

서는 가장 오래되고 그 규모가 크며, 그 활동은 UN에 비길만큼 다양하다. 연맹의 기관으로는 연맹총회, 연맹이사회, 집행위원회, 연구위원회(5개) 및 사무국이 있다. 총회는 연 2회(춘·추계) 개최되며 총회기간 동안 이사회와 집행위원회, 연구위원회 등이 개회된다. 1983년 10월 서울총회 때까지는 年例總會 1회(추계), 이사회는 2회(춘·추계) 개최되었다. 한국은 1964년 8월 제53차 총회(덴마크, 코펜하겐) 때 가입하였으며, 1983년 10월에는 제70차 총회를 서울에서 개최하여 68개국 및 13개 옵서버단체(國際機構)에서 총 915명이 참석한 바 있다. 북한은 1973년 제113차 이사회(스위스 제네바) 때 가입하였으며 1991년 5월에는 제85차 총회가 평양에서 개최되었다. →비정부조직

국제자유노련(國際自由勞聯) 國際自由勞動組合聯盟(International Confederation of Free Trade Unions, ICFTU)의 약칭. 世界勞聯에서 탈퇴한 영국의 TUC와 미국의 CIO에 역시 미국의 AFL이 합세하여, 그들이 중심이 되어서 1949년 12월 런던에서 결성한 反共勞動組合의 국제조직. 마셜 플랜·북대서양조약 등 서구측의 反共世界政策에 협력한다.

국제재판(國際裁判) →국제사법재판, 국제중재재판

국제재판공조(國際裁判共助) 범죄인의 인도와 외국법원의 촉탁에 의한 공조를 총칭한다.

국제재판소(國際裁判所) 〔英〕 international court 〔佛〕 cour internationale 국제분쟁을 국제법의 규정에 따라서 재판에 의하여 해결하는 독립한 제3자. 國際司法裁判所, 常設仲裁裁判所, 個別仲裁裁判所, 混合仲裁裁判所가 있다. 모두 분쟁당사국에 한한 재판소로서 세계적인 것은 아니다.

국제재판의무(國際裁判義務) 국제분쟁을 국제재판에 부탁하고 그에 관하여 재판을 받는 의무. 무턱대고 재판에 부탁할 필요는 없으며 처음에는 外交交涉, 調停 및 그 밖의 平和的 節次에 의해도 무방하다. 외교적 교섭에 의하는 것은 오히려 당연하며, 그로써 해결되지 않을 때에 비로소 본래의 분쟁이 있다고 간주된다. 조정에 우선 부탁하는 것을 條約으로 하는 경우도 적지 않다. 정치적 분쟁에 있어서는 특히 그러하다. 다만 이들의 절차로써 분쟁을 해결하지 못했을 경우에는 마땅히 재판에 부탁할 필요가 있으며 이에 부탁하지 않고 강력수단(전쟁 및 그 밖의 군사행위)에 호소해서는 안된다. 재판의무는 義務的 裁判 또는 强制裁判(〔英〕 compulsory arbitration 〔獨〕 obligatorische Schiedsgerichtsbarkeit 〔佛〕 arbitrage obligatoire)의 기초를 이룬다. 이 재판에서는 원래라면 일방의 분쟁당사국만으로서 재판소에 사건을 부탁해야 하는 바, 이것을 일방적 부탁의 권리라고 한다. 그러나 실제에는 쌍방 당사국의 특별한 합의인 仲裁契約에 의하여 부탁함을 요하는 경우도 허다하다. 일방적 부탁의 권리에 대응하는 것은 應訴의 義務로서 일방이 분쟁을 재판에 부탁한 경우에는 타방은 이에 응하여 재판을 받지 않으면 안된다. 재판의무는 국제재판의 확립을 위하여 널리는 국제평화의 확보를 위하여도 극히 중요하다.

국제재판(國際裁判)**의 준칙**(準則) 국제재판은 仲裁裁判 및 司法裁判에 따라 그 준칙이 약간 다르다. 첫째로 중재재판의 준칙은 일반적으로 당사국의 합의에 의하여 결정된다. 분쟁의 발생시, 재판부탁합의에 또는 분쟁발생전 재판조약에 재판준칙을 작정하는 등, 그 형식과 내용이 다양하다. 준칙으로는 일정한 법규, 衡平과 善 또는 法과 衡平 등이 지정된다. 둘째로 司法的 裁判의 準則은 중재재판준칙에 비하여 보다 엄격히 법에 의할 것을 규정함이 보통이다. 국제사법재판소규정 38조는 ① 분쟁국이 명백하게 인정한 규칙을 확립하는 일반적 또는 특별의 國際條約, ② 법으로서 인정된 일반적 관행의 증거로서의 國際慣習, ③ 문명국에 의하여 인정된 법의 一般原則, ④ 법의 규칙을 결정하는 보조수단으로서의 재판상의 결정 및 여러 나라의 최우수공법학자의 학설, ⑤ 특별한 합의가 있는 경우에는 衡平과 善을 준칙으로 作定할 수 있다는 규정을 하고 있다. 그러나, 재판소의 권고적 의견의 준칙에 있어서는, 규정 38조 1항이 적용되는 것은 이론이 없겠으나, 동조 2항(형평과 선)의 적용에는 이론이 있다. →조약, 국제관습, 형평과 선, 법의 일반원칙, 국제사법재판소

국제재판조약(國際裁判條約) 2국 또는 다수국간에 장래의 일체의 분쟁 또는 일정한 분쟁을 국제재판(仲裁裁判 및 司法裁判)에 부탁할 것을 약정한 조약. 이 조약에 의하여 체약국은 당해분쟁에 관하여는 義務的 裁判付託이 있게 된다. 이러한 조약은 일반적 조약에 의하는 경우 또는 개별적 조약에 의하는 경우가 있다. 조약에는 付託節次와 裁判節次를 규정하며 또한 조정에 관한 것도 포함된다. 이러한 일반적·포괄적 조약은 최근에 이르러 현저해졌다. 제1차대전전에는 주로 중재재판조약, 그것도 개별적 조약이 많았으나, 점차 一般的 國際裁判條約이 현저하게 되었다. →중재재판조약, 로

까르노 중재재판조약, 제네바의정서

국제재판조항(國際裁判條項) 국제재판조약 이외의 조약 중의 조목으로서, 締約國간의 분쟁을 국제재판(중재재판 또는 사법재판)에 의하여 해결할 것을 약정하는 조항. 보통 본 조약의 해석 또는 적용에 관한 분쟁의 해결방안으로서 국제재판을 지정하는 것이다. 예외로 그 분쟁을 지정치 않고 일체의 분쟁을 국제재판에 부탁할 것을 약정하는 경우도 있다. 이런 경우에는 그 조항은 국제재판조약과 실질적으로 다름이 없다. 전자는 特別國際裁判條項이라 하고 후자를 一般的 國際裁判條項이라 한다. → 국제재판조약, 중재재판조항, 중재재판조약, 특별합의서

국제적 공무원(國際的公務員) 〔英〕international official 國際聯合을 비롯한 많은 전문기관 및 그 밖의 국제기관에 근무하고 있는 事務職員을 가리킨다. 오늘날의 유력한 이들 국제기관은 모두가 정비된 사무국과 사무총장(또는 국장) 이하 다수의 직원을 가지고 있는 바 그들은 국적에 구애됨이 없이 국제성을 보장받으며 그 임무수행에 관하여 외교관에 준하는 特權과 免除를 부여받고 있다.

국제적 공조(國際的共助) 국가가 訴訟節次에 관하여 외국관청의 협력을 구하는 경우를 말한다. 자국의 대사, 공사 또는 영사로 하여금 외교로써 다른 국가의 협조를 요망할 때가 있다. 보통은 조약 또는 국제관습에 의하여 領事로 하여금 행하게 한다. → 국제재판공조

국제적 단체(國際的團體) 국제사회에 있어서 국제적 활동을 하는 여러 단체 또는 집단. 예컨대 근로자의 國際的 組織體, 國際的 宗敎團體, 여러 文化團體와 같이 단체나 민족, 계급과 같은 집단을 가리킨다.

국제적 사법(國際的私法) 국제사법과 같다.

국제적 재판관할(國際的裁判管轄) → 재판관할

국제적 표준주의(國際的標準主義) 〔英〕the international standard of international law applied to aliens 국가는 그 영역내의 외국인에 대하여 상당한 注意로써 보호해야 하는 국제법상의 의무를 지고 있다. 이 상당한 注意義務의 표준으로서, 보통의 문명국에 기대할 수 있는 정도의 주의라고 하는 것이 文明國標準主義 또는 국제적 표준주의이다. 이에 대하여 외국인을 보호하는 그 국가에 기대할 수 있는 정도의 주의(보통 자국민에 부여하는 정도의 주의)면 족하다고 하는 것이 國內的 標準主義라고 불린다. 후진국은 일반적으로 후자를, 선진문명제국은 일반적으로 전자를 주장하나, 현재 일반국제법상의 원칙으로서 확립된 것은 없다. → 외국인

국제전기통신연합(國際電氣通信聯合) 〔英〕International Telecommunication Union (ITU) 국제적 통신의 개선과 합리적 사용을 위한 국제협력의 확대, 기술적 설비의 발전과 효율적 사용, 이를 위한 각국 활동의 상호조정을 목적으로 설립된 UN의 전문기구를 말한다. 전신분야의 급속한 발전에 따라 1932년 12월 9일 마드리드協約을 체결하여 기존의 국제전보연합과 국제라디오전신연합을 합쳐서 國際電氣通信聯合이 창설되었다. ITU는 1947년 Atlantic 시에서 총회를 열고 그 구조를 상당히 개편하였으며, UN과 特別協定을 체결하여 UN의 전문기구가 되었다. 1952년 12월 22일 부에노스 아이레스 회의에서 1947년 설립헌장을 개정하였으며, 1973년 말라고(Malago)회의에서 다시 개정하였다. ITU는 全權代表會議, 行政會議 및 5개의 常設機關(행정이사회 · 사무국 · 국제주파수등록소 · 국제전신전화자문위원회 · 국제라디오자문위원회)으로 되어 있으며, 그 소재지는 제네바이다. 우리나라는 1952년에 가입하였다.

국제전기통신조약(國際電氣通信條約) 〔英〕International Convention of the Telecommunications 〔佛〕Convention Internationale des Télécommunications 전기통신(전신 · 전화 · 무선통신)에 관한 一般條約. 1932년 마드리드에서 체결. 1947년 개정. 국제적인 전기통신의 모든 것을 포괄적으로 규정하고 있다. 이 조약에 의하여 國際電氣通信聯合이 설치되고, 1947년 국제연합의 전문기관으로 되었다. 그 후 이 조약은 부에노스 아이레스(1953), 제네바(1959) 및 몬트리올(1965)의 전권위원회에서 개정, 1973년 신조약이 채택, 1975년 1월 1일 발효되었다.

국제정치학회(國際政治學會) 〔英〕International Political Science Association 정치학 연구에서의 국제적 협력을 확보 발전시키기 위하여 1950년 9월에 성립된 기관. 가입자격은 각국의 정치학회를 원칙으로 하나 예외로서 개인이나 전국적 규모를 가지지 않은 정치학회도 인정된다. 4년마다 회합하여 政治學의 중요문제에 관한 보고 · 토론을 행한다. 會務는 각국 학회의 대표로서 구성되는 평의회와 그 선출에 의하여 구성되는 집행위원회가

행한다.

국제조세법(國際租稅法) 국제간에 있어서의 2重課稅의 방지 및 그 밖의 목적으로 조세에 관한 2개 이상의 국가간에 체결되는 조약 및 그 밖의 규율. 국제적 2중과세는 2개 이상의 독립국가가 동일 납세의무자에 대하여 동일 물건에 관하여 같은 종류의 과세를 할 경우에 생긴다. 2중과세는 輸入課稅 및 財産課稅에 있어서 가장 일어나기 쉬우며 이를 방지하기 위하여는 예컨대 전자에 관하여는 과세지를 의무자의 주소지로 하고, 후자에 관하여는 이를 재산소재지로 하는 방법을 취하면 된다. 2중과세의 원인이 되는 課稅權의 制限이 각국에 있어서 자발적으로 할 수 없다면 각국은 조약이든가 협정으로써 2중과세를 방지할 수밖에 없다. 이러한 조약의 체결은 각국의 조세조직의 相違와 그 이해타산상 결코 용이하지 않다.

국제조정(國際調停) 〔英〕international conciliation 〔獨〕internationale Vergleichung 〔佛〕conciliation internationale 넓은 뜻으로는 제3자가 분쟁당사국이 주장하는 事實的 調和를 도모하는 일체의 절차, 좁은 뜻으로는 국제조정위원회의 조정을 말한다. 쌍방의 당사자의 주장이 사실에 있어서 조화 일치하게끔 도모하는 것으로서 결코 법에 따라서 어느 편이 정당한가를 결정하는 것은 아니다. 정치적 타협이나 편의적 절충으로서도 상관없다. 또한 마땅히 제3자가 해결안을 작성해야 하는 것도 아니다. 이 해결안을 작성할 경우에도 그것을 단순한 제의 또는 권고로서 구속력은 없다. 이 넓은 뜻의 국제조정에는 가장 초보적인 주선과 居中調停, 약간 진보한 國際審査委員會의 審査, 더욱 진보한 국제연합의 심사, 조정형식으로서 가장 발달한 국제조정위원회의 調停(가끔 단순히 국제조정, 좁은 뜻의 조정이라고도 한다) 등이 있다. 분쟁의 평화적 처리방법으로서 조정은 엄격히 법에 따라서 해결하는 것이 곤란 또는 부적당하다고 사료되는 政治的 紛爭을 위하여 특히 중요시 된다. 그러나 조정은 실제로 분쟁을 해결할 능력은 비교적 희박하다. 다만 국제연맹이나 국제연합에 의지하는 것은 그 높은 정치적 권위 때문에 비교적 만족할 만한 성적을 거두고 있다.

국제조정위원회(國際調停委員會) 〔英〕international conciliation commission 〔獨〕internationale Vergleichskommission 〔佛〕commission de conciliation internationale 중립적인 국제기관이 분쟁사건의 사실을 심사하고, 분쟁당사국의 타협을 위하여 노력하여 분쟁을 평화적으로 해결하는 위원회. 이 위원회의 임무는 사건의 심사 후 적당한 해결안을 당사국에 제시하여 권고하고, 또한 그 분쟁의 해결여부를 불문하고 보고를 작성하여 그의 調停의 顚末을 당사국에 제시 또는 공표한다. 居中調停은 국제기관이 아닌 제3국에 의한 조정이고, 국제재판은 원칙으로 법을 기초로 함으로써 판결의 형식에 의하여 구속력을 가지는 점에서 國際調停과 다르다. 국제조정제도는 1911년의 녹스 조약, 1913년의 브라이언평화조약 등에서 엿볼 수 있고, 제1차대전 후 1924년부터는 개별적 조정조약이 많이 맺어졌고 특히 재판과 조정의 양쪽을 규정한 裁判調停條約이 많이 체결되어 그 수는 200에 달하였다. 국제조정에 관한 대표적 일반조약은 1928년(1949년 개정)의 國際紛爭의 平和的 解決에 관한 一般議定書이다. 이에 의하면 국제분쟁을 조정하기 위하여 언제든지 행동할 수 있는 상설 또는 특별조정위원회의 구성·설치가 가능하게 되어 있다. 常設的 委員會는 체약국상호간에 평상시부터 상설적으로 설립되고, 보통 5명의 위원으로 구성된다. 당사국은 각기 1명씩을, 공동으로 나머지 3명을 선임한다. 특별한 위원회는 전자가 설립되어 있지 않을 경우에 임시로 설치된다. 위원회의 활동은 당사국의 합의 또는 일방적인 부탁으로써 개시된다. 다수의 조약은 일방적 당사국의 부탁으로 조정위원회의 활동이 개시된다는 것을 원칙으로 하고 있다. 현재 조정위원회의 역할은 국제연합의 총회 또는 안전보장이사회와 같은 활동을 하고 있다. 특히 안전보장이사회는 분쟁당사국의 합의에 의한 요청이 있으면 그 해결조건을 권고하며, 또 합의가 없어도 평화와 안전을 위태롭게 하는 분쟁에 대해서는 이사회가 자진 해결조건을 권고할 권한이 있다(國際聯合憲章 37). → 국제분쟁의 평화적 해결에 관한 일반의정서, 거중조정, 상설국제위원회

국제조직(國際組織) 〔英〕international organization 국제기관과 동의로 사용되는 외에, 國際聯合 기타 여러 종류의 國際機關을 통하여 국제사회가 가지는 조직을 지칭하는 수도 있다. 또 국제기관의 경우보다 고도의 조직체가 아니고, 조약상 여러 국가가 단독으로 가지는 條約關係 이상의 여러 가지(예 : 정보교환·자료배포 등 전문적 사무를 위한) 조직(예 : 공업소유권보호국제사무국)을 포함하는 때도 있다. 19세기후반 이래, 국제관계가 긴급화되고, 여러 나라의 협력이 조직화된 현상을 배경으로 한다.

국제주의(國際主義) 국가를 초월한 가치나 원리를 國家利益에 우선시키려는 주의. 국가의 존재를 전제로 하는 점에서 코스모폴리타니즘과 구

별된다. 이 사상은 국제법발달의 사상적 원동력이 되었다. 법학상으로는 국제법의 국내법에 대한 우위의 사상, 국제연합 등의 國際機構强化의 주장, 국제사법재판소의 관할권 확대의 사상 등으로서 나타난다.

국제중재재판(國際仲裁裁判) 〔英〕 international arbitration 〔獨〕 internationale Schiedsgerichtsbarkeit 〔佛〕 arbitrage international 국제분쟁의 平和的 處理의 한 방법이며 개별적 중재재판소 또는 상설적 중재재판소에서 행하는 국제재판. 중재재판의 이용은 19세기 이후부터이며, 19세기에는 개별적 중재재판이 100여건이나 있었다. 1872년에 英美간의 분쟁이 된 앨라배마호 사건에 대한 중재재판의 해결은 유명한 예이다. 당시의 재판관의 선정방법은 분쟁 때마다 당사국의 合意(재판부탁합의)에 의하여 선임하였다. 그런데, 1899년의 국제분쟁의 평화적 해결에 관한 조약에서 상설중재재판소가 설립되어 裁判官의 선정방법은 사전에 일정수를 임명하고, 그 중에서 중재재판이 있을 때마다 直轄의 재판관을 선임하는 것이다. 일정한 분쟁을 국제중재재판에 부탁할 것을 사전에 약정하는 조약 또는 조항(仲裁裁判條約 또는 仲裁裁判條項)은 19세기 말부터 체결하게 되어 의무적 중재재판의 설정형식이 이루어졌는데, 그 조항에는 대개 國家의 獨立·重大利益·名譽 등에 관한 분쟁이 유보되어, 그 의무적 재판의 실질성이 없어졌다고 보게 된다. 중재재판은 본래 분쟁사건을 법적 기초에서 해결하는 것이 목적인데, 1920년 상설국제사법재판소의 설립 이후에는 주로 비법률적 분쟁이 부탁되게 되었다. 1924년의 제네바議定書에 의하면, 비법률적 분쟁에 대해서는 중재재판에 부탁하고, 순전한 법률적 분쟁은 사법재판에 부탁 또는 회부하도록 되어 있고, 또한 1928년의 개정 및 1949년의 국제분쟁의 평화적 해결에 관한 一般議定書에 의하면 당사국간의 권리의 분쟁은 특정사항을 제외하고 국제사법재판소에 부탁하고, 그 외의 일체의 분쟁은 중재재판소에 제기하기로 되어 있다. → 의무적 중재재판, 비법률적 분쟁, 특별합의서

국제중재재판소(國際仲裁裁判所) → 상설중재재판소

국제지역(國際地役) 〔英〕 international servitude 〔獨〕 völkerrechtliche(od. Staats-) Servitut(od. Dienstbarkeit) 〔佛〕 servitude internationale 넓은 뜻으로는 조약에 의하여 일국의 領土主權에 타국의 이익을 위하여 과하여진 제한을 말하며, 좁은 뜻으로는 조약에 의하여 일국의 영토주권에 타국의 이익을 위하여 과하여진 제한을 말하는 것은 동일하나, 租借地와 같은 중대한 영토상의 제한을 말하는 것이 아니고 비교적 경한 제한, 즉 權利國이 義務國에 대하여 하등의 國權을 행사함이 없이, 다만 의무국이 가진 영역이용의 자유에 대한 제한을 課하거나(武裝禁止·領土割讓의 금지 등), 그렇지 않으면 국권을 행사하여도 동일지역에 의무국도 동일한 국권을 행사할 수 있는 것을 말한다. 국제지역은 積極地役과 消極地役으로 구분할 수 있다. 전자는 갑국이 을국의 영토내에서 軍隊通行權과 같이 어떠한 행위를 행할 수 있는 경우를 말하며, 후자는 을국이 갑국의 이익을 위하여 자국의 영토내에 요새를 구축하지 않겠다는 약속과 같은 것을 말한다. 국제지역은 또 군사지역과 경제지역으로 구분할 수도 있다. 전자는 포츠머스 강화조약에 의하여 러·일양국이 樺太島에 상호군사시설을 할 수 없다는 약속을 한 것과 같은 것을 말하며, 후자는 권리국의 경제상의 이익에 주목적을 둔 地役을 말한다(예 : 北大西洋漁業權). 단 1910년 북대서양연안어업사건에서 미국이 그 권리를 국제지역의 관념으로써 주장하였으나 국제중재재판소는 이것을 부인하고, 국제지역은 主觀的 權利의 明示的 讓渡인데 미국시민이 前記水域에서 획득한 권리는 경제적 이권에 불과하므로 그것은 국제지역이 아니고, 따라서 영국은 그 수역에 합리적인 어업규제를 실시할 수 있다고 판결한 바 있다. → 조차지

국제직업별서기국(國際職業別書記局) 〔英〕 International Trade Secretariats(ITS) 직업별노동조합의 국제적 연합조직. 1871년 이래, 연초제조·모자·장갑제조·인쇄·광산·금속·운수 등의 직업에 조직되어, 제1차대전 전에는 32개에 달하였으며 명칭도 國際職業別書記局으로 통일되어 근로자의 생활상태·노동시장·노동입법 등의 정보교환을 위한 조직으로 되었지만, 각 서기국간에는 조직적 연계가 없다. 제1차대전 후에는 産業別組織을 포함하여 전부 25개가 되었으며, 유력한 것은 광산·운수·금속으로 각 150만 내외의 세력을 가지고 있었다. 현재는 國際自由勞聯과 협력관계에 있다.

국제카르텔 〔英〕 international cartell 세계시장의 독점을 목적으로 하여 수개국의 企業者에 의하여 결성된 카르텔. 國際的 獨占의 가장 중요한 형태이다.

국제콘체른 〔英〕 international Konzern 국제적으로 확대되어 大資本 밑에 정리·지배되고 있는 기업의 모임. 외국에 지점을 둘 필요가 있든

가, 외국에 있어서의 保護關稅를 위하여 외국에 회사를 두고 그곳에서 생산과 판매를 할 필요에서 발달하였다. 특히 석유류업·전기공업·화학공업 등의 분야에 많다.

국제통화기금(國際通貨基金) 〔英〕 International Monetary Fund(IMF) 제2차대전후의 국제경제관계의 재건을 도모함에 있어, 종래의 國際金本位制度의 결함을 합리적으로 수정하고 多角貿易의 원칙과 각국정책의 自主性을 동시에 만족시키기 위하여, 1945년 12월 27일에 탄생된 국제경제기관. 1944년의 브리튼 우즈협정에 의하여 國際復興開發銀行과 함께 설치되었다. 하나의 전세계적인 支給協定의 성립을 기도하는 것이며, 종래에는 결여되었던 국제금융의 중앙결제기관이 창설되었다는데 의의가 있다. 기금에 대한 出資割當은 창설시 44개국가에 나누어졌으며, 출자액의 대소에 따라 借越限度額·表決權의 차등에 영향을 준다. 기관으로는 각국위원회·상무이사·전무이사를 두고, 본부는 워싱턴에 있다. 국제연합과의 협정에 의하여 그 전문기관이 되었으며(1949년), 한국은 1955년 8월 26일 정회원국이 되었다.→브리튼 우즈협정, 국제부흥개발은행

국제파산(國際破産) 〔獨〕 internationale Konkurs 破産宣告의 국제적 효력이다. 파산선고의 효력은 그 파산을 선고한 나라에 있는 파산자의 재산에만 미친다는 屬地主義와 타국에 있는 파산자의 재산에도 미친다는 普及主義와 동산과 부동산을 구별하여 취급할 것이라는 折衷主義의 3주의가 대립되어 있다. 우리나라 파산법은 한국에서 선고한 파산은 파산자의 재산 중 한국에 있는 것에 대하여서만 효력을 가지고, 외국에서 선고한 파산은 한국에 있는 재산에 관하여는 효력을 가지지 않는다는 絶對屬地主義를 채용하고 있다(破 3). 특히 우리나라 파산법은 內外人平等主義를 원칙으로 하면서 상호주의을 가미하고 있다(2).

국제판례법(國際判例法) 〔英〕 international case law 국제사법재판소규정 59조는 명백히 판결의 先例拘束性(stare decisis)을 부정하고 있으나, 판결에 표시된 법의 규칙은 장래의 비슷한 사건에 동일하게 적용될 지도력을 보유한다. 실제에 있어서도 世界法廷이 判例를 이용하는 경향은 날로 증대하고 있다. 여기에서 사실상 국제판례법의 성립을 볼 수 있으며, 오늘날은 국제판례에 언급하지 않고, 국제법을 말하기 어려운 현상에 이르렀다. 이와 같은 경향을 대표한 저작으로서 함브로(E. Hambro)의 國際裁判所의 判例法(The Case Law of the International Court, vol. Ⅰ(1958), vol. Ⅱ(1960), Leyden)은 많은 시사를 준다. →국제재판

국제펜클럽 〔英〕 International Association of Poets, playwrights, Editors, Essayists and Novelists(PEN Club) 시인·소설가·극작가·평론가·편집인 등의 國際的 組織體. 영국 작가 스코트의 제창에 의하여 1921년에 발족하였다. 우리나라도 1954년에 이 기관에 가입하였고 1970년에 제37차 대회가 서울에서 개최되었다.

국제(國際)**펜클럽한국본부**(韓國本部) 1955년 10월에 창설. 국내의 훌륭한 작품을 번역하여 펜클럽을 통하여 우방 여러 나라에 소개함과 아울러 한국의 국보·고적·천연기념물을 해외에 소개하여 우리 민족의 독특한 예술성을 과시함으로써 國際的 理解와 親善을 도모함을 그 목적으로 한다.

국제평화기구(國際平和機構) 〔英〕 international peace machinery 국제평화를 확보하기 위한 조직. 그 건설은 현재에 있어서의 國際社會와 國際法의 가장 중요한 문제로 되어 있다. 제1차대전후의 국제연맹, 제2차대전후의 국제연합은 그 가장 중요한 것이다. 이 정도로 일반적이고 조직적인 것이 아니라도 국제평화기구라고 말하여지는 때가 있다(예 : 아메리카제국의 평화확보를 위한 협정, 북대서양조약기구).

국제평화주의(國際平和主義) 대한민국은 국제평화의 유지에 노력하고 침략적 전쟁을 부인한다(憲 5). 이는 헌법전문에서 밖으로는 항구적인 국제평화에 이바지할 것을 선언한 취지에 따라, 우리나라가 국제평화주의를 채택하고 있으며, 따라서 타국을 침략하는 침략적 전쟁을 하지 아니할 것을 규정한 것이다. 그러나, 물론 國土防衛戰爭을 부인하는 것은 아니다.

국제포경단속조약(國際捕鯨團束條約) 〔英〕 The International Convention for the Regulation of Whaling 1946년에 성립, 1948년 11월 10일에 발효하였다. 이 조약의 목적은 고래의 남획을 방지하고, 그 자원보전과 증식에 대비하여, 1937년의 런던국제포경단속협정 및 동의정서에 구체화된 원칙에 기해서, 포경의 국제적 규제제도를 확립하려는 것이며(前文), 그 목적과 운영을 담당하는 기관으로서 國際捕鯨委員會의 설치를 규정하고 있다. 이 조약에는 부속서가 있어 조약과 일체를 이루고 있는데, 거기에는 포획을 금하는 고래의 종류, 포획할 수 있는 고래 종류의 體長制限, 남빙양에 있어서의 總捕獲制限量, 母船式捕鯨禁止區域, 禁漁

期 등에 관하여 규정하고 있다. 국제포경위원회는 수시로 부속서규정을 수정하고, 고래자원의 보존·이용에 관하여 필요한 규제방법을 채용할 수 있다.

국제포획심검소(國際捕獲審檢所) 〔英〕 International Prize Court 〔獨〕 Internationaler Prisenhof 〔佛〕 Cour internationale de Prises 1907년의 헤이그 평화회의에서 체결된 국제포획심검소 설립에 관한 조약에 의해서 설립이 예정되었던 국제적인 포획심검소. 이 조약은 서명되었을 뿐이며, 비준되지 않았으므로 동재판소의 설립은 실현을 보지 못하였다. 그 이유는 해상포획에 관한 國際法規를 정하려고 한 런던선언이 주로 영국의 반대로 성립되지 않았기 때문이다. 국내적인 포획심검소는 각 교전국의 국내적 재판소이며, 국내법에 의하여 설립되고, 원칙적으로 국내법을 적용한다. 이 국내법은 포획에 관한 국제법의 원칙에 따라 정해져야 하므로 실질적으로는 국제법과 동일하게 되나 국제법규와 상이한 國內法規의 적용을 배제하는 것은 아니다. 그러므로, 국내적인 심검소는 그 소속국에 유리하도록 심판하기 쉽고 공평엄정을 기대하기 곤란하다. 따라서, 그것을 기대할 수 있는 국제적인 심검소의 설치가 통감되었던 것이다. 국제포획심검소는 15인의 재판관으로써 구성되고, 포획사건은 먼저 포획국의 포획심검소에서 심리하고, 이에 불복이 있는 경우에는 中立國·中立國人·敵國人으로부터 국제포획심검소에 上訴할 수 있도록 되어 있었다. → 포획심판소

국제하천(國際河川) 〔英〕 international rivers 〔獨〕 internationale Ströme 〔佛〕 fleuves internationaux 조약에 의하여 자유항행이 인정된 하천. 여러 나라의 경계를 구성하거나 여러 나라를 관류하는 하천 중 국제조약에 의하여 자유항행이 인정된 하천을 말한다. 국제하천에 관한 국제조약의 규정은 일반규정과 특별규정으로 구분된다. ① 일반규정으로는 1921년의 국제적 이해관계를 가지는 可航水路에 관한 조약(Barcelona 條約)으로 규정되고 있다. 그 내용은 ㉠ 航行. i) 항행의 自由. 條約當事國의 선박은 자유로 항행할 수 있다. 군함·경찰 기타 公權의 행사를 목적으로 하는 선박은 그렇지 않다. ii) 待遇의 平等. 조약당사국의 국민·재산·선박은 평등한 대우를 받는다. ㉡ 課稅. 요금은 가항상태의 유지와 개선의 비용을 충당하고, 관세는 선박·여객·화물의 통과에는 과할 수 없고, 항구사용료도 평등하게 과한다. ㉢ 行政. 하천의 행정은 특별한 규정이 없는 한 沿岸國이 행한다. 연안국은 항행규칙을 제정하고 이를 실시할 권리와 의무가 있다. ㉣ 改良工事. 연안국은 항행의 장해나 위험을 제거하기 위하여 필요한 개량공사를 하여야 한다. ② 특수규정으로는 빈회의최종결정서(1815년), 베르사이유講和條約(1919년)을 들 수 있다. 그 내용은 항행의 자유, 과세의 평등, 하천의 행정, 개량공사 등에 관한 것이다. 중요한 국제하천에는 다뉴브강·라인강·셀트강·엘베강·오데르강 등이 있다. 이들에 관하여는 조약으로써 航行의 自由, 課稅의 平等이 규정되어 있다.

국제하천위원회(國際河川委員會) 〔英〕 International Rivers Commission 〔獨〕 internationale Ströme Kommission 〔佛〕 fleuves commission internationale 국제하천을 관리하기 위하여 구성된 국제적 위원회. 대표적인 것으로 라인강 및 다뉴브강의 國際委員會를 들 수 있다. 특히 후자는 제1차대전 이후에 새로이 설치되어 다뉴브강을 관리한다. 그 위원회는 연안국(독일 2인, 기타국 1인) 및 비연안국(英·佛·伊의 각 1인)의 위원으로 구성된다. 관할사항은 立法事項으로 항해와 警察規則을 제정할 수 있고, 行政事項으로 항해의 자유, 평등의 대우, 대개량공사의 설계와 연안국의 개량공사에 동의하고 감시하며, 司法事項으로 항해와 경찰의 규칙위반을 연안국에 고지하고, 확정규칙의 해석과 적용에 관한 문제를 결정한다. 이에 대하여 불복이 있을 때에는, 상설국제사법재판소에 上訴할 수 있게 되었다. 1948년 구소련 및 그 위성연안국은 비연안국을 제외한 다뉴브강 위원회를 창설하였다. 그러나, 西歐諸國은 이것을 부인하고 있다. → 국제하천

국제항공(國際航空) 국가간의 항공기에 의한 국제교통. 주로 1944년의 國際民間航空條約에 의하여 규정되었다. 동조약에 의하면, 민간항공기에는 非定期飛行에 관한 권리(無害航空의 自由)가 있고(5), 정기의 국제항공에는 締約國의 특별한 허가가 필요하며(6), 각 체약국은 일정한 航空禁止區域을 설정할 수 있고(9), 무착륙으로 통과하는 때에는 항공소속국이 정하는 항로에 의할 것을 요하며(5, 6) 국제항공에 종사하는 항공기는 일정한 서류를 휴대하여야 한다(29). 항공의 통제·발전에 관하여 國際民間航空機構라는 기관을 설치하고, 조약의 실시에 관하여 일정한 통제를 행한다(2部). → 국제민간항공조약

국제항공(國際航空)**서비스통과**(通過)**에 관한 협정**(協定) 〔英〕 International Air Service Transit Agreement 상업적 운송업무를 하는 민항공기는 無害通行權과 非商業的 着陸의 자유 이외에 商業的 運送에 해당하는 세 가지 자유를 갖는다. 이러한 자유는 1944년에 시카고협정과 함께

체결된 國際航空서비스 通過에 관한 協定과 國際航空運送에 관한 協定에 따라 규제된다. 다시 말해서 추가된 세 가지 상업적 운송에 관한 자유는 이들 부속 協定規定에 따라 관계 당사국들간의 교섭과 합의에 의해 구체적으로 결정된다. 세 가지 상업적 운송에 관한 자유는 다음과 같다. ① 상업적 운송을 수행하는 국가에서 실은 여객·화물·우편물을 다른 領土國家에 운송하여 내릴 자유, ② 상업적 운송을 수행하는 국가가 다른 영토국가에서 여객·화물·우편을 싣고 자기 나라로 운송하여 올 자유, ③ 商業的 運送을 수행하는 국가가 다른 나라에서 여객·화물·우편물을 싣고 또 다른 나라로 운반하여 내릴 자유(이를 항공협정에서는 以遠權이라 한다). 특히 마지막 자유는 영토국가에서 소극적이기 때문에 실제적용에 있어서 어려운 문제가 많으며, 보통 당사자간의 양자조약으로 해결한다. →국제민간항공조약

국제항공운송협회(國際航空運送協會) 〔英〕 International Air Transport Association (IATA) 항공회사의 세계적인 단체. 1919년 헤이그에서 설립하였던 옛 국제항공운수협회를 계승하여 1945년 하바나에서 조직되었다. 업무는 재정·법률·기술·운송·자문 및 의무위원회에서 각각 처리하며, 運賃은 연차운송회의에서 결정한다. 본부는 캐나다의 몬트리올에 있다.

국제항공위원회(國際航空委員會) 공중의 국제교통을 통제하기 위하여 국제항공조약에 의하여 설립된 상설적 국제위원회. ① 組織. 당사국대표(英·佛·伊·日·美는 우선적)로 구성되고, 국제연맹의 지휘에 복종한다. ② 職務 및 權限. ㉠ 技術的 細則의 제정. 당사국이 제정하는 항공관계규칙의 통지의 수취 및 타당사국에의 통첩, 각 당사국에서 제출하는 문제에 관한 의견의 진술. ㉡ 조약 및 條約附屬書의 개정의 제의·심의·채용권고. ㉢ 국제항공에 관한 정보 및 항공에 관한 과학상의 정보의 수집·통첩·항공지도의 출판 등.

국제항공조약(國際航空條約) 〔英〕 International Convention for the Regulation of Aerial Navigation 제1차세계대전으로 급속히 발달한 항공기의 전후 국제상업상의 이용을 촉진하기 위하여 1919년 파리의 평화회의에 모였던 戰勝國家에 의하여 調印된 조약. 국제항공에 관한 다변적 조약으로서는 최초의 것이며, 그 후 체결된 많은 二邊條約 및 多邊條約에 모범을 제공하고 있다. 또 이 조약에서 締約國은 각국이 그 版圖의 상공에 있어서 완전·배타적 주권을 가지는 것을 인정한다라는 규정을 설정하였다(1). 그러므로, 20세기 시초에 대두한 하늘의 自由의 설을 배척하고, 중세 이래의 땅의 소유자는 하늘의 소유자라는 설을 채용하였다. 그 후의 조약 및 각국의 실행은 이 주의를 따르고 있다. 동 조약 7조 및 부속서에 있어서, 비행기의 국적취득절차 및 국적표시방법에 대하여 규정하고, 締約國의 실행의 통일을 꾀했다. 또한 조약은 그 본문 및 부속서의 수정, 항공에 관한 자료의 수집 기타 航空事務에 관한 체약국간의 연락을 관장하기 위하여, 상설적 기관으로써 國際航空委員會를 설치했다. 우리나라는 1960년 6월 22일에 가입하였다. →국제항공위원회

국제항해(國際航海) 〔英〕 international navigation 〔獨〕 internationale Seeschiffahrt 국가간의 항해로서 선박안전법의 적용상 滿載吃水線의 표시, 항해상의 위험방지 등에 대하여 특별히 규정되어 있다(船舶安全法 3, 船舶滿載吃水線規程 등 참조).

국제해법(國際海法) 海事에 관하여 국가간의 관계를 규율하는 특수법규의 총칭. 평시국제해법과 전시국제해법으로 구분한다. 전자는 平時에 있어서의 국가간의 해사에 관한 법규이며 후자는 戰時에 있어서의 사항에 관한 국가간의 법규이다.

국제해사협의기구(國際海事協議機構) 〔英〕 Intergovernmental Maritime Consultative Organization(IMCO) 국제연합에 소속된 자문기관의 하나. 航路·航空規則·施設 등을 국제적으로 협정하고 선박의 안전을 도모하는 기관.

국제해상법(國際海商法) 〔英〕 international maritime law 〔獨〕 internationales Seerecht 〔佛〕 droit maritime international 海商에 관한 國際私法. 즉, 해상에 관한 이른바 법률의 저촉을 해결하는 법률이다. 국제해상법에 있어서도 국제사법의 일반원칙이 적용되지만, 해상은 선박을 중심으로 하여 행하여지기 때문에 그 성질상 국제사법의 일반원칙이 그대로 적용될 수 없는 경우도 적지 않다. 이것이 국제해상법에 특별히 船籍國法이 적용되는 경우가 많은 이유이다. 그러나, 해상법은 그 규정이 점차로 통일되는 경향에 있기 때문에, 통일법이 제정됨에 따라서 국제해상법의 존재의의는 상실될 것이다. 우리나라 섭외사법 44조 내지 47조는 국제해상법에 관한 규정이다. →국제상법

국제해상보험연합(國際海上保險聯合) 海上保險에 관한 국제적 협조를 도모하기 위하여 설치된 기관. 1874년 독일, 오스트리아, 러시아,

스웨덴의 해상보험자에 의하여 결성되었으며, 미국 및 영국은 그 후 이에 참가하였다.

국제행정법(國際行政法) 〔英〕 international administrative law 槪念에 관하여 定說이 없다. 각국의 협력을 기초로 하는 공동적 사무처리에 관한 조약에 기하여 설정되는 연합 또는 동맹의 조직관계 및 그 행정적 활동에 관한 법을 말하는 때도 있고, 각국의 국내행정법의 적용범위의 한계 또는 그 국제적 저촉을 처리하는 법을 지칭할 때도 있다. 또 국제적 행정의 발달연혁에 착안하여 교통·통신·경제 기타 문화적 행정사무에 관한 국가간의 협력에 관한 법적 규율이라고 이해하는 사람도 있다. 어떤 의미로 사용하느냐는 편의문제이지만, 다만 人類共同社會로서의 國際團體의 지반 위에 교통·경제·문화 등 각 부면으로 국제적 협력을 촉진하고, 그 구체화로서 國際統一法의 발달을 보게 된 것은 사실이며, 이것을 국제행정법이라고 한다면 우편·전신·전화·철도·항공·공업소유권·도량형 등 상공업, 저작권보호·아편단속·부인아동매매금지 등 文化的 事業, 또는 노동에 관한 국제조약은 그 주요한 예이다. 그 외에 國際立法·國際司法에 대립한 개념으로서 국제행정법이라고 하는 때도 있다.

국제행정연합(國際行政聯合) 〔佛〕 unions administratives internationales 우편·전신·철도운수·하천교통·저작권보호 등의 행정사무에 관한 국제협력을 목적으로 조약에 의하여 결합된 국제기구. 예컨대, 萬國郵便聯合 등. 제2차대전후 이들 중의 대부분은 국제연합과 협정을 체결하여 專門機關의 지위가 부여되어 있다. → 전문기관

국제협동조합동맹(國際協同組合同盟) 〔英〕 International Cooperation Association(ICA) 1895년에 창설. 로취데일의 원칙에 따라 완전한 독립과 독자의 방법에 의하여 전 사회의 이익을 위하여, 특히 相互扶助를 기초로 하는 協同組織的 團體이다.

국제협력(國際協力) 〔英〕 international cooperation 〔佛〕 coopération internationale 넓은 뜻으로는 일체의 국제적 사항 때문에 행하는 여러 국가의 협력. 국제평화의 확보를 위하여 행하는 협력도 이에 속한다. 좁은 뜻으로는 주로 文化的·人道的·技術的 事項을 위한 여러 국가의 협력(예 : 교통 및 통상의 자유, 근로조건의 개선, 부인·아동의 매매의 단속, 아편·유해약물의 단속, 질병의 방지 등에 관하여 국제적 협력이 행하여진다. 국제연맹이나 국제연합이 국제협력의 촉진과 국제평화의 확보를 2대목적으로 한다고 할 때의 국제협력은 특별한 의의가 있다. 이런 협력은 19세기 후반부터 시작되었으나, 제1차대전 후의 국제연맹, 제2차대전 후의 국제연합의 지도하에 현저한 진보를 보이고 있다. 국제연합내의 총회, 경제사회이사회, 국제연합과 제휴하는 각종 전문기관은 이 분야에서 주목할 만한 國際機關이다(國際聯合憲章 1 iii, 13, 55 참조).

국제형무위원회(國際刑務委員會) → 국제형법형무회의

국제형무회의(國際刑務會議) 〔獨〕 Internationaler Gefängniskongress 〔佛〕 Congrès pénitentiaire international 국제형법형무회의의 전신으로서, 1846년 프랑크푸르트 암 마인에서 처음으로 개최되었다. 대륙의 國際主義者의 국제적인 刑務所改良運動의 기관이었으나, 사적인 회의에 불과하였다. → 국제형법형무회의

국제형법(國際刑法) 〔獨〕 internationales Strafrecht 〔佛〕 droit pénal international 좁은 뜻에 있어서는 형법의 場所的 適用範圍(토지에 관한 형법의 효력)에 관한 국내법을 의미한다. 근래에는 ① 특수한 법익을 보호하기 위하여 여러 나라에 공통된 刑罰法規를 제정할 목적으로 체결되어 있는 國際條約(예 : 부녀 및 아동의 매매금지에 관한 조약), ② 諸國이 서로 형사사법을 공조하기 위하여 가지고 있는 法規(예 : 犯罪人引渡에 관한 조약) 등을 포함하는 의미로 쓰이는 수도 있다. ①·②와 관련하여 제노사이드조약이 주목할 만하다. 또한 전쟁 기타의 병력행위가 不戰條約 등으로 금지되게 됨으로써, 그 위반을 國際犯罪라고 하고, 그 방지와 제재에 관한 법규를 국제형법이라고도 한다.

국제형법학회(國際刑法學會) 〔獨〕 Internationaler Strafrechtskongress 〔佛〕 Association internationale de droit pénal 국제형법협회라고도 한다. 1924년에 프랑스·벨기에의 학자들을 중심으로 설립되었으며, 그 동기는 제1차대전 후에 國際刑事學協會로부터 형법에 관한 국제적 학회로서 분립하고자 하는데 있었다. 그 후 1926년에 제1회 국제회의가 브뤼셀에서 개최되었으며, 근자에는 1957년에 제7회 회의가 아테네에서, 1961년에 제8회 회의가 리스본에서 개최되었고 1964년에 제9회 회의가 헤이그에서 개최되었는데, 오늘날 형법에 관한 국제회의로서 가장 활발하다. 기관지로서는 國際刑法雜誌(Revue internationale de droit pénal)를 발간하고 있다.

국제형법협회(國際刑法協會) 국제형법학

회와 같다.

국제형법형무회의(國際刑法刑務會議) 〔獨〕 Internationaler Strafrecht- und Gefängniskongress 〔佛〕 Congrès pénal et pénitentiaire international 刑法 및 行刑專門家의 국제회의. 유럽 및 미국의 형무소개량운동이 합류하여 성립한 국제형법형무위원회에 의하여, 1872년에 런던에서 제1회회의가 열린 후, 원칙적으로 5년마다 개최되었다. 처음에는 국제형무회의라고 칭하였으나, 1930년의 제10회회의 이후 개칭되었다. 제2차대전 후 1950년에 제12회회의가 헤이그에서 개최된 후, 1951년에 해산하고 그 사업은 국제연합의 犯罪豫防 및 犯罪人處遇會議에 인계되었다. 그러나, 그 재산은 國際刑法刑務財團(Fondation internationale pénale et pénitentiare)으로서 존속하고 있다.

국제형사사법공조(國際刑事司法共助) 대한민국과 외국간에 刑事事件의 수사 또는 재판에 필요한 협조를 제공하거나 제공받는 것을 말하는 바, 공조의 대상은 사람 또는 물건의 소재지 수사, 서류·기록의 제공, 서류 등의 송달, 증거수집·압수·수색·검증, 증거물 등 물건의 인도, 진술청취 기타 要請國에서 증언하게 하거나 수사에 협조하게 하는 조치 등이며, 대한민국의 주권·국가안전보장·안녕질서 또는 미풍양속을 해할 우려가 있는 경우 등은 共助對象에서 배제된다(國際刑事司法共助法 2, 5, 6).

국제형사인류학회의(國際刑事人類學會議) 〔獨〕 Internationaler Kongress für Kriminalanthropologie 〔佛〕 Congrès international d'anthropologie criminelle 형법에 있어서의 이탈리아학파의 기관으로서 개최된 국제회의. 1885년에 제1회회의가 로마에서 열렸고, 그 후 유럽제국의 도시에서 개최되었는데, 1911년 쾰른에서 열린 제7회회의가 마지막이었다(제8회를 1915년에 부다페스트에서 열 예정이었으나 大戰의 발발로 말미암아 중지되었다). 마지막 회의에는 여태까지 출석하기를 꺼렸던 독일의 학자도 많이 참석하였다. 초기의 회의에서는 주로 롬브로조의 영향 아래, 犯罪人類學的 硏究에 중점이 두어졌으나, 1901년의 제5회회의 무렵부터 페리의 영향 아래, 犯罪社會學的 硏究도 중요시되었다. 회의마다 그 보고서(Compte rendu du Congrès d'anthropologie criminelle)가 발표되었다.

국제형사재판소(國際刑事裁判所) 〔英〕 International Criminal Court, International Penal Tribunal 〔佛〕 Cour internationale criminelle 국제범죄를 재판하는 국제재판소. 1925년의 만국의원연합회의, 1937년의 국제형사재판소 설치에 관한 조약에서 국제범죄의 개인적 책임을 물을 수 있는 국제형사재판소 설치의 필요성을 인정하였다. 제2차대전전 국제연맹에서도 동 문제가 논의되었으나, 국제연합에 이르러 구체적인 시도가 있었다. 1948년 제노사이드 조약이 채택되고, 동 조약 6조에서는 國際刑事裁判所의 설립을 예정하였다. 1950년부터 국제법위원회가 동 재판소설치 가능성을 연구하고, 1953년 8월에는 국제형사재판소 규정초안이 작성됨과 동시에 총회에 제출되었다. 동 초안에 의하면 재판소의 常設性, 自然人의 국제범죄에 대한 裁判管轄權, 재판소의 구성 및 절차사항까지 규정하고 있다. 그러나, 아직도(1979년 현재) 동 재판소의 설치는 실현되지 않고 있다. →국제범죄, 제노사이드조약, 개인

국제형사학협회(國際刑事學協會) 〔獨〕 Internationale Kriminalistische Vereinigung(IKV) 〔佛〕 Union internationale de droit pénal 1889년에 리스트, 프린스, 하멜에 의하여 창설된 刑事社會學派에 속하는 학자의 국제적 기관. 범죄 및 그 투쟁수단은 단지 法律學的 見地에서 뿐 아니라 人類學的 및 社會學的 見地에서도 고찰되어야 한다는 견해에 입각하여, 범죄, 그 원인 및 그 투쟁수단에 관한 과학적 연구를 임무로 한다. 제1차대전전까지 유럽 각지에서 12회의 회의를 열고, 25권의 報告書(Mitteilungen der IKV)를 내었다. 대전 후에는 2분되어, 독일에서는 국제형사학협회 독일부회가 되고, 따로 프랑스·벨기에의 학자를 중심으로 하는 國際刑法學會가 설립되었다. 또한 독일부회는 나치스시대에 獨逸刑法學會(Deutsche Strafrechtliche Gesellschaft)에 合體하였는데, 이 학회는 독일에 있어서의 구파형법학의 기관으로서 1925년 이래 독일部會에 대항하여 온 것이다.

국제화의(國際和議) 和議開始의 국제적 효력. 우리 화의법은 絶對屬地主義를 취하는 파산법을 준용하고 있기 때문에, 우리나라에서 개시된 화의는 채무자의 재산으로 우리나라에 있는 것에 대하여서만 그 효력을 가지며 외국에 있어서 開始된 화의는, 우리나라에 있는 재산에 대해서는 그 효력이 없는 것으로 하였다(和 11, 破 3). 또 화의에 대하여서도 파산에 있어서와 같이 內外人平等主義를 원칙으로 하고, 여기에 相互主義를 가미하고 있다(和 11, 破 3).

국제환협정(國際換協定) 국제간의 換時勢에 관한 협정. 제1차대전후 문제화되어 1933년 런던 세계경제회의에 상정되었으나 실패하였다. 그 후

금블록이 무너지자 영국, 미국, 프랑스간에 換의 平衡資金을 위한 金協定에 의하여 성립하였다.

국제회의(國際會議) 일반적으로 다수국가가 국제적 해결을 요하는 중요문제에 관하여 토의하고, 서로의 의견을 조정하여, 공동의 합의 또는 결의를 이루기 위한 會合(2국간에는 보통 外交交涉). 회의의 목적 또는 토의문제에 제한이 없으나, 政治·軍事·經濟·法律에 관한 것이 중요하다. 다수국을 당사자로 하는 회의에서의 합의는 대개 宣言·議定書 또는 決定書 등 실질적으로 조약을 형성하는 경우가 많다. 이러한 조약은 또한 一般條約으로서 당사국간에 동일한 권리·의무를 설정하는 立法條約인 것이 보통이다. 이때 국제회의는 일반적으로 조약체결을 위한 입법회의의 성질을 갖는다. 단순히 공동의 정책수립을 위한 국제회의도 있고, 순전히 법의 정립을 위한 조약체결을 목적으로 하는 것(海洋法會議)도 있다. 국제회의는 회의외교로서의 특징도 가지며, 특히 국제평화문제의 처리방식으로서 중요성이 인정된다. 최초의 국제회의는 웨스트팔리아회의이며, 빈회의 이후 확립되었다.

국제회의(國際會議)를 통한 교섭(交涉) 제3자의 주관 또는 영향 아래 분쟁당사자들이 회의형식으로 교섭하는 것을 말한다. 周旋과 유사한 점이 있으나, 주선은 紛爭當事者들의 접촉을 성립시키는데 중점이 있으나, 국제회의를 통한 교섭은 교섭의 공개라는 점에 중점이 있다. 또한 교섭의 진행이 제3자와 분쟁당사자들간의 회의형식으로 진행된다는 점에서 다른 어느 방식과 다른 특징이 있으며, 특히 제3자가 여럿인 경우에는 더욱 그렇다. 國際社會가 조직화되어 감에 따라 이 방법이 더욱 많이 이용될 것으로 기대된다. 이 방법의 쟁점은 논쟁의 公開的 性格이 상호양보의 요인으로 작용할 수 있다는 점이다. 어느 누구도 불리한 國際輿論의 압력을 받고 싶지 않기 때문이다. 그러나 단점은 교섭자가 국내여론에 부담을 느껴 양보하지 않을 가능성도 있다는 점이다. 국제회의를 통한 교섭의 예로는 1954년·1962년 인도차이나문제에 관한 제네바회의이다.

국지방송(局地放送) 지리적 사정으로 방송청취가 곤란한 일정지방에 수신시설을 설치함으로써 啓蒙效果를 얻을려는 것. 이 방송의 특색은 독자적 프로그램을 한정지역에 커버함으로써 그 지방의 농민이나 유지 등이 좌담회나 오락 등의 취미를 살림으로써 지방인의 교육·교양에 이바지할 수 있는 특수성에 있다. 그 개설에는 정보통신부장관의 허가를 요한다(舊電波管理法 41).

국 채(國債) 〔英〕national debts 〔獨〕Staatschulden 〔佛〕dettes de l'État 예산상의 세입부족을 보충하기 위한 金錢借入으로 인하여 생긴 國家의 債務. 국채에는 短期國債(流動國債)와 長期國債(確定國債)가 있다. 전자는 국고금의 출납상 필요한 경우에 財政證券을 발행하거나 일시차입을 하여 당해연도의 세입으로서 상환하는 것을 말하며(豫會 6), 후자는 국가가 예산상 세입의 확정적인 부족을 보충하기 위하여 당해 연도 이후에 상환하는 借入을 말한다. 일반적으로는 후자만을 國債라고 한다. 국채를 모집하기 위하여는 미리 국회의 의결을 얻어야 한다(憲 58). 財政收支의 건전을 기하기 위하여 국가의 세출은 원칙적으로 국채 또는 차입금 이외의 세입을 그 재원으로 하여야 하고, 부득이한 경우에만 국회의 의결을 얻은 금액의 범위내에서 국채 또는 차입금으로써 충당할 수 있다(豫會5). 국채사무취급기관은 원칙적으로 한국은행이다(國債法 8 Ⅲ). 국채의 형식은 無記名國債證券을 발행하는 것이 보통이나(5 Ⅰ), 채권자의 청구에 의하여 國債登錄簿에 등록할 수 있으며(登錄國債)(5 Ⅱ), 이 등록국채의 경우에는 記名證券을 발행할 수 있다(5 Ⅱ). 등록국채증권의 이전 또는 질권의 설정에 있어서는 등록을 정부 기타 제3자에 대한 對抗要件으로 한다(6 Ⅰ). 국채의 소멸시효는 원금에 있어서는 5년, 이자에 있어서는 2년이다(17). → 공채

국채정리기금(國債整理基金) 국채의 상환을 조직적으로 행하기 위하여 설정된 기금.

국채증권(國債證券) 국채에 대한 권리를 표시하기 위하여 발행하는 증권. 無記名證券을 발행하는 것이 원칙이나(國債法 5 Ⅰ), 권리자의 청구에 의하여 登錄國債로 하거나 記名證券을 발행할 수도 있다(5 Ⅱ).

국책(國策)의 수단(手段)으로서의 전쟁(戰爭) 특정국가의 이익증진을 목적으로 하는 전쟁. 국가의 정책이란 항시 자국의 이익증진을 목적으로 하는 것이어서 기왕에 國家行動의 無制限理論이 허용되었을 때에는, 국가가 그의 존립·발전상 필요한 경우에는 언제든지 전쟁이라고 하는 대규모적이며 조직적인 살인행위와 파괴행위를 國家의 權利로서 자행하여 왔으나, 이러한 전쟁은 국제평화와 안전의 유지, 그리고 인류공통의 목적인 국제적 공동복지의 추구를 위해 각국의 부단한 노력으로 점차 억제되기에 이르렀다. 그리하여, 국가의 정책수단을 위한 전쟁은 戰爭不法化의 系譜에 따라 명백한 법규제하에 놓이게 되었는데, 특히 1928년의 不戰條約은 각국 인민간에 현존하는 평화적인 우호관계를 항구화하기 위해서, 국책수단으로서의 전쟁을 솔직히

抛棄할 시기가 到來했음을 확신할 것(전문)을 성명하는 동시에, 1조에서 …국가의 정책수단으로서의 전쟁을 포기할 것을 그 각자의 인민의 이름으로 엄숙히 선언한다고 하였다. 그러나, 이 不戰條約도 國際聯盟規約(16, 17)·永世中立保障條約·로카르노조약과 같은 안전보장규정의 의무로서 행하여지는 무력행사는 이를 제한치 않았다. 국제연합헌장도 대체로 부전조약에 따라 분쟁이나 사태의 평화적인 처리와 侵略戰爭의 금지, 侵略行爲에 대한 강제조치 등을 상세히 정하고 있다. →전쟁, 부전조약, 전쟁의 포기

국책회사(國策會社) 국가의 정책을 수행하거나 또는 이에 협력하는 회사. 특수회사의 일종. 일반으로 設立强制, 임원의 정부임명, 강력한 정부의 감독에 의하여 특징지워지며, 또한 정부출자로 경영되는 것도 있다(예 : 대한무역진흥공사, 대한석탄공사 등).

국 체(國體) 〔獨〕 Staatsform 국가를 분류함에 있어 主權의 소재를 기준으로 한 헌법학상의 개념으로 政體와 대비되는 개념이다. 주권이 국민에게 있는 국가를 共和國이라 하고, 주권이 군주에게 있는 국가를 君主國이라 한다. 이에 대하여 주권의 소재가 아니고 主權行使의 형식을 기준으로 한 개념이 政體인데 대통령제·의원내각제의 구별, 전제군주제·입헌군주제·의회제적 군주제의 구별 등이다. 주권의 소재라는 측면에서 보면 군주국이지만, 주권의 행사형식이라는 측면에서 보면 立憲政體의 국가가 있는 반면, 공화국이지만 전제정체의 국가도 있다. 우리 헌법은 대한민국의 주권은 국민에게 있음을 규정하여 공화국임을 분명히 하고 있고, 또한 국가형태로서의 공화국을 민주적인 공화국이어야 함을 규정하여 주권의 행사가 民主的 正體이어야 함을 명시하고 있다(憲 1).

국치기념일(國恥記念日) 국치의 일을 잊지 않기 위하여 기념하는 날. 8월 29일, 즉 1910년 대한제국이 일본에게 合倂당하던 날을 말한다.

국토건설단(國土建設團) 국토건설단설치법 6조의 규정에 의한 國土建設事業을 수행하기 위하여 설치된 것. 국토건설단에 단장 1인을 비롯하여 그 직속하에 단장 보좌관 1인 및 15인 이내의 1등 기간요원을 예비역장교 중에서 국토건설국장이 임명한다. 국토건설단에 지단, 분단, 건설대 및 근무대를 두며, 또한 지단의 업무를 분장케 하기 위하여 건설단에 사무국·운영국·보급국을 둔다(國土建設團職制). 1963년 1월 예산상의 사정으로 해체되었다.

국토건설종합계획(國土建設綜合計劃) 국토의 균형적 발전을 도모하기 위하여 국가 또는 지방자치단체가 실시할 사업의 입지와 시설규모에 관한 목표 및 지침이 될 사항에 관한 종합적이며 기본적인 長期計劃으로서 그 주요내용은 다음과 같다. 즉, 토지, 물 기타 천연자원의 이용·개발 및 보전에 관한 사항, 수해·풍해 기타 재해의 防除에 관한 사항, 도시와 농촌의 배치 및 규모와 그 구조의 대강에 관한 사항, 産業立地의 선정과 그 조성에 관한 사항, 産業發展의 기반이 되는 중요 공공시설의 배치 및 규모에 관한 사항, 문화·후생 및 관광에 관한 자원과 기타 자원의 보호·시설의 배치 및 규모에 관한 사항, 기타 전기한 것과 부대되는 사항 등이다(國土建設綜合計劃法 2).

국토방위(國土防衛)**의 의무**(義務) 제5차개헌 이전의 헌법상의 개념. →국방의 의무

국토이용계획심의회(國土利用計劃審議會) 국토이용계획의 결정과 그 변경, 허가구역의 지정과 그 해제 기타 土地政策에 대한 주요사항을 심의하기 위하여 건설교통부에 설치한 심의회로 위원장 및 부위원장을 포함한 20인 이내의 위원으로 구성하고 위원장은 건설교통부장관이 된다(國土利用管理法 22).

국 헌(國憲) 헌법의 기본질서. 內亂罪에 국헌을 문란할 목적이란 용어가 있는데, 형법은 이의 정의를 다음과 같이 하고 있다. 즉 헌법 또는 법률이 정한 절차에 의하지 아니하고 헌법 또는 법률의 기능을 소멸시키는 것, 헌법에 의하여 설치된 국가기관을 강압에 의하여 轉覆 또는 그 機能行使를 불가능하게 하는 것(刑 91)을 말한다.

국헌문란(國憲紊亂) 목적범인 內亂罪를 구성함에 있어서 필요한 목적의 하나. 국헌문란이란, ① 헌법 또는 법률에 정한 절차에 의하지 아니하고 헌법 또는 법률의 기능을 소멸시키거나, ② 헌법에 의하여 설치된 國家機關을 강압에 의하여 전복 또는 그 기능행사를 불가능하게 하는 것을 말한다(刑 91). →내란죄

국 호(國號) 한 나라의 칭호. 우리나라의 국호는 대한민국이다(憲 1).

국 회(國會) 〔英〕 parliament, Congress 〔獨〕 Parlament 〔佛〕 parlement 국민이 公選한 의원으로 구성되는 合議體로서, 입법을 비롯하여 기타 중요한 國家作用에 관한 권한을 가진 헌법상의 기관. 국회의 주요권한은 입법에 관한 것이라는 점에서 이를 입법기관이라 한다. 헌법은 立法權은

국회에 속한다(40)고 규정하고 있다. 국회의 구성에는 單院制와 兩院制가 있는데, 우리나라는 1948년의 制憲 당시에는 단원제를 채택하였으나, 제2차 개헌에서 양원제를 채택한 후 제5차개헌(1962)에서 다시 단원제가 되었다. 국회는 국민의 보통·평등·직접·비밀선거에 의하여 선출된 의원으로 구성되고(41 I), 국회의원의 수는 법률로 정하되, 200인 이상으로 한다(41 II). 국회의 운영에 관하여는, 국회법에 상세히 규정되어 있고, 국회의원의 선거에 관하여는 공직선거 및 선거부정방지법이 있다. 국회의 집회에는 定期會와 臨時會가 있고, 정기회의 회기는 100일을, 임시회의 임기는 30일을 초과할 수 없다(47 III). 국회에는 의장 1인과 부의장 2인을 두고(48), 一般議決定足數는 재적의원 과반수의 출석과 출석의원 과반수의 찬성인데, 가부동수인 때에는 부결된 것으로 본다(49). 국회의 회의는 원칙적으로 공개하나, 출석의원과반수의 찬성 또는 의장이 국가의 安全保障을 위하여 필요하다고 인정할 때에는 공개하지 아니할 수 있다(50 I). → 의회

국회규칙(國會規則) 국회가 제정하는 규칙. 헌법은 국회는 법률에 저촉되지 아니하는 범위안에서 議事와 內部規律에 관한 규칙을 제정할 수 있다(64 I)고 하여 국회에 規則制定權을 부여하고 있다. 이것은 국회의 自律權을 보장하기 위해 인정되는 것이다. 그 제정은 재적의원 과반수의 출석과 출석의원 과반수의 찬성으로 한다(憲 49, 國會 102 참조). 국회규칙이 법률에 위반할 때에는 무효이다. → 의원규칙, 의사규칙

국회방화사건(國會放火事件) 1933년 2월 27일 밤 독일 국회의사당이 방화로 인하여 소실된 사건을 말한다. 나치스는 이 사건을 이용하여 바이마르헌법에 정한 緊急事態의 규정을 처음으로 이용하여 국민의 기본적 인권을 정지하고, 특히 방화책임을 당시의 반대당에 전가시켜 탄압을 감행함으로써 나치스는 授權法을 억지로 통과시켜 파쇼정권을 수립하였다.

국회사무처(國會事務處) 국회의 一般事務를 처리하는 국회의 기관. 사무총장 1인·사무차장 2인과 실·국·과를 두는 바, 실·국·과의 종류와 정원 및 事務分掌 기타 필요한 사항은 규칙으로 정한다(國會事務處法 7 iv).

국회운영위원회(國會運營委員會) 國會運營에 관한 사항, 국회법 기타 국회규칙에 관한 사항, 국회사무처·국회도서관 및 의정연수원 소관에 관한 사항 등을 관장하는 常任委員會를 말한다(國會 37 I i). 또한 국회의장은 안건이 어느 상임위원회의 소관에 속하는지 명백하지 아니할 때에는 국회운영위원회와 협의하여 상임위원회에 회부한다(81 II). 한편 국회운영위원회의 위원은 다른 상임위원회의 위원이 겸할 수 있으며, 각 交涉團體의 代表議員(院內總務)은 국회운영위원회의 위원이 되며, 통상 여당 대표의원(원내총무)이 위원장이 된다.

국회(國會)**의 교섭단체**(交涉團體) → 교섭단체

국회(國會)**의 권한**(權限) 국회의 권한은 형식적 견지에서 議決權·同意權·承認權·通告權 및 統制權으로 분류할 수 있고, 실질적 견지에서 입법에 관한 권한, 재정에 관한 권한, 一般國政에 관한 권한 및 국회내부에 관한 권한으로 분류할 수 있다. 국회의 실질적 권한은 국회의 헌법상 지위에서 나오는 권한으로 국회가 立法機關, 國政監視·批判機關으로서 가지게 되는 권한이다. 국회의 권한은 대통령제를 채택하는 국가와 의원내각제를 채택하는 국가와는 많은 차이가 있고, 특히 이 차이는 행정부 기타 국가기관에 대한 견제·감독에 관한 권한에 있어서 현저하다. 일반적으로 의원내각제하의 국회의 권한이 대통령제하의 국회의 권한보다 강하다고 할 수 있다. 여기서는 실질적 분류기준에 의하여 국회의 권한을 살펴보면 다음과 같다. ① 立法에 관한 권한으로는 ㉠ 법률안 제출(憲 52, 國會 79)·심의권(國會 81, 87, 93, 95, 109, 98 I), ㉡ 헌법개정안제안(憲 128 I)·심의권(憲 130 I, 國會 112 IV), ㉢ 條約締結·批准同意權(憲 60 I), ② 財政에 관한 權限으로는 ㉠ 재정입법권(租稅法律主義), ㉡ 예산의 심의·확정(憲 54 II), ㉢ 起債同意權(憲 58 前), ㉣ 예산 외 국가부담이 될 계약체결에 대한 동의권(憲 58 後), 재정적 부담이 있는 조약체결에 대한 동의권(憲 60 I), 결산심사권(憲 99), 긴급재정·경제처분에 대한 승인권(憲 76 III), ③ 一般國政에 관한 권한으로는 ㉠ 국무총리 임명동의권(憲 86 I), ㉡ 국무총리·국무위원 해임건의권(憲 63), ㉢ 국무총리·국무위원 출석요구권 및 질문권(憲 62), ㉣ 탄핵소추권(憲 65), ㉤ 선전포고 및 국군해외파견, 외국군 駐留에 대한 동의권(憲 60 II), ㉥ 일반사면에 대한 동의권(憲 79 II), ㉦ 대법원장 및 대법관 임명동의권(憲 104 I·II), ㉧ 헌법재판소재판관·중앙선거관리위원회 위원의 선임(111, 114), ㉨ 계엄해제요구권(憲 77 V), ㉩ 긴급명령·긴급재정·경제명령처분승인권(憲 76 III), ㉪ 국정감사권·국정조사권(憲 61), ④ 國會의 自律的 權限으로는 ㉠ 의사 및 내부규율에 관한 규칙제정권, ㉡ 의사진행에 관한 자율권, ㉢ 내부경찰권 및 국회가택권(출입금지 및 퇴장요구권) ㉣ 내부조직권 및

국회의원의 신분에 관한 권한 등이 있다.

국회(國會)**의 내부규율권**(內部規律權)
→ 국회규칙

국회(國會)**의 분과위원회**(分科委員會)
→ 상임위원회

국회(國會)**의 상임위원회**(常任委員會)
→ 상임위원회

국회의원(國會議員) 국민을 대표하여 국정을 심의·의결하는 국회의 構成員이다. 국회의원은 국민의 평등·직접·비밀선거를 통해 선출되는 것이 원칙이고 그 임기는 4년이다. 선출기반인 선거구는 지역구인 것이 일반적이지만 각 정당의 地域區에서 획득한 득표수에 비례하여 의석을 추가·배분하는 全國區制度를 두고 있다. 국회의원은 일반적으로 특정지역을 기반으로 선출되는 것이지만 어디까지나 국민의 대표이며 지역주민의 대표는 아니다. 국민의 대표기관인 국회의 구성원으로서의 국회의원에 대해서는 그 직무의 독립적이고 성실한 수행을 가능케 하기 위하여 一般國民과는 다른 특별한 권리가 부여되고 있는 것이 원칙이며 특별한 의무도 부과되어 있다.

국회의원윤리강령(國會議員倫理綱領) 국회의원은 국민의 대표자인 동시에 국민을 위하여 봉사하는 공직자라는 점을 감안하여 국회의원이 헌법에 의하여 부여된 지위를 유지하고 그 직무를 수행함에 있어 지향하여야 할 倫理的 指標를 밝힘으로써 건전한 민주정치의 발전과 국회의 명예와 권위를 높이는데 기여할 목적으로 제정되었다. 동 강령은 국회의원윤리강령 등 法制基礎委員會(위원장 : 남재희)에서 成案, 國會運營委員會에서 신경식 의원, 이협 의원, 김정길 의원의 서면동의로 발의되어 제13대 국회기간중인 1991년 2월 7일 동강령안을 심사하여 이를 위원회안으로 채택하였고, 1991년 2월 7일 본회의에서 여·야 만장일치로 原案可決하였다. 그 내용은 국회의원은 주권자인 국민으로부터 국정을 위임받은 국민의 대표로서 良心에 따라 그 직무를 성실히 수행하여 국민의 신뢰를 받으며, 나아가 국회의 명예와 권위를 높여 民主政治의 발전과 國利民福의 증진에 이바지할 것을 다짐하면서, 이에 우리는 국회의원이 준수할 윤리강령을 정한다. ① 우리는 국민의 대표자로서 인격과 식견을 함양하고 예절을 지킴으로써 국회의원의 품위를 유지하며, 국민의 의사를 충실히 대변한다. ② 우리는 국민을 위한 봉사자로서 오직 국민의 자유와 복리의 증진을 위하여 公益優先의 精神으로 성실하게 직무를 수행하며, 私益을 추구하지 아니한다. ③ 우리는 공직자로서 직무와 관련하여 부정한 이득을 도모하거나, 부당한 영향력을 행사하지 아니하며, 청렴하고 검소한 생활을 솔선수범한다. ④ 우리는 국회의 구성원으로서 서로간에 정치활동상 공정한 여건과 기회균등을 보장하고 충분한 토론으로 문제를 해결하며, 적법절차를 준수함으로써 건전한 政治風土를 조성하도록 노력한다. ⑤ 우리는 책임있는 정치인으로서 우리의 모든 公私行爲에 관하여 국민에게 언제든지 분명한 책임을 진다로 되어 있다.

국회(國會)**의 입법기능**(立法機能) 국회는 政治體系의 下部構造로서 다양한 정치적 기능을 수행한다. 국민의 다양한 이익을 대변하는 代表機能, 사회내의 여러 갈등을 처리하고 통합하는 기능, 행정부의 법집행과정을 감독하는 기능, 그리고 법률을 제정하는 입법기능을 갖고 있다. 이 중에서 입법기능은 국회만이 갖고 있는 고유한 기능이고 국회는 입법활동을 핵으로 삼는다. 우리나라 헌법 40조는 입법권은 국회에 속한다라고 규정하여 국회만이 법률을 제정할 수 있는 권한을 갖도록 하고 있으나 한편 헌법 52조는 국회의원과 정부는 법률안을 제출할 수 있다라고 규정하여 행정부가 법률제정과정에 참여하도록 함으로써 입법과정에 있어서 입법부와 행정부가 상호 권력을 공유하는 현대정치의 특징을 나타내고 있다. 한편 입법권이 국회의 고유권한이지만, 우리나라 헌법은 대통령의 緊急財政·經濟命令權(76 Ⅰ), 緊急命令權(76 Ⅱ)과 같은 법률의 효과를 가지는 명령을 발할 수 있도록 하고 그 외에도 條約締結權(73), 대통령령 등 行政立法權(75), 自治立法權(117), 대법원의 規則制定權(108), 중앙선거관리위원회의 規則制定權(114)을 인정하고 있어서 국회가 갖고 있는 실질적인 입법권의 내용은 헌법개정안의 발의·의결권, 법률안 심의·의결권, 중요조약의 체결·비준에 대한 동의권, 국회규칙제정권이다. 이 중에서 法律案의 審議·議決權은 국회입법권의 본질이며 이에 관한 의원의 입법활동은 의정활동의 중심이 된다.

국회(國會)**의 자율권**(自律權) 국회의 내부사항에 관하여 국회가 스스로 규율할 수 있는 권한, 국회의 自主性, 특히 국회의 정부에 대한 자주성을 보장하기 위하여 인정된 것이다. 여기에 속하는 권한에는 議事規則制定權(憲 64 Ⅰ), 議事進行에 관한 자율권, 內部警察權 및 國會家宅權, 內部組織權, 의원자격에 관한 심사(64 Ⅱ), 集會·開會·休會·閉會에 관한 권한 등이 주요한 것이다.

국회의장(國會議長) 국회의 질서를 유지하고 議事를 정리하며 사무를 감독하고 국회를 대표하는 國會의 機關(國會 10). 의장은 국회에서 무기명투표로 선거하되, 재적의원 과반수의 득표로 당선되며(15 I), 그 임기는 2년이다(9). 의장이 사고가 있을 때에는 그가 지정하는 부의장이 그 직무를 대행하며(12), 국회의원 총선거후 또는 의장과 부의장의 임기만료후 최초의 임시회의 集會公告에 관하여는 국회사무총장이 그 직무를 代行한다(14). 의장은 상임위원회의 의원이 될 수 없으며(39 Ⅲ), 오직 常任委員會에 출석·발언할 수 있음에 그친다. 대통령이 확정된 법률을 공포하지 아니하는 경우에 法律公布權을 가진다(憲 53 Ⅵ).

국회의장모욕죄(國會議場侮辱罪) 국회의 심의를 방해 또는 위협할 목적으로 국회의장 또는 그 부근에서 모욕 또는 소동하는 죄(刑 138). 본죄는 目的犯이며, 特殊國會議場侮辱(144)의 경우에는 형을 가중한다. 행위는 반드시 審議中에 행하여짐을 요하지 않으며, 또 현실적으로 심의가 방해·위협된 것임을 요하지도 않는다. 그러나 심의가 종료된 후의 행위는 本罪를 구성하지 않는다. 민주사회에 있어서의 입법부의 위신을 확보시키려는 趣意에서 창설된 규정이다.

국회(國會)**의 전문위원**(專門委員) 국회의 위원회에 속하고 있는 전문적 지식을 가진 위원을 말하는데(國會 42, 國會事務處法 8·9), 이는 국회의원이 아니다. 전문위원은 국회의 각 위원회에서 일정한 사항에 관한 문제를 전문적으로 심사·검토하는데 필요한 자료와 의견을 제출한다. 국가의 사회적·경제적 기능이 증가함에 따라 국회의 입법도 아주 기술화되고 복잡해져서 국회의 委員會制와 더불어 專門委員의 역할이 증대해지고 있다. 전문위원은 사무총장의 제청으로 국회의장이 임명한다(國會 42 Ⅱ). 전문위원은 위원회에서 발언할 수 있으며, 국회본회의의 의결 또는 의장의 허가로 本會議에서 발언할 수 있다(42 Ⅴ). 전문위원은 一般職公務員으로서 2급인 경력직국가공무원과 동액의 보수를 받는다(國會事務處法 8 Ⅱ).

국회(國會)**의 직원**(職員) 국회의장의 감독하에 國會事務를 처리하기 위하여 설치된 국회사무처·국회도서관·의정연수원에 두는 직원을 말한다(國會 21, 22, 22의2). 國會事務處에는 국회의장의 지휘를 받아 국회의 사무를 통할하고 소속공무원을 지휘·감독하는 사무총장 1인과 立法·事務의 2명의 차장과 국회의장비서실 및 위원회에 소속된 공무원 등이 있다(國會事務處法 4~9). 국회도서관에는 도서관장 1인과 기타 필요한 공무원을 두고, 議政硏修院에는 원장 1인과 필요한 공무원을 둔다. 사무총장은 의장이 각 교섭단체대표위원과의 협의를 거쳐 본회의의 승인을 얻어 임면하고(國會 21 Ⅲ), 도서관장은 의장이 국회운영위원회의 동의를 얻어 임면하며(22 Ⅲ), 의정연수원장도 의장이 국회운영위원회의 동의를 얻어 임면한다(22의2 Ⅲ).

국회(國會)**의 해산**(解散) → 의회의 해산

국회(國會)**의 회의**(會議) 국회에서 議案의 심의 등을 위하여 행하여지는 議事. 이는 그 집회원인에 따라 定期會와 臨時會로 구분되며, 의사단계에 따라 본회의와 위원회의 회의로 구분할 수 있다. 국회가 특히 비공개로 하기로 의결한 경우 외에는 본회의는 공개하여야 한다(憲 50, 國會 75).

군(郡) 지방자치법상 道 밑에 두는 行政區域. 군의 行政機關으로 군청을 두고 執行機關으로 군청에 군수를 둔다(地自 85).

군(軍) 수개의 軍團 단위로써 형성되는 군의 組織的 集團體. 현재 제1군, 제2군 및 제3군이 있다.

군검찰부(軍檢察部) 군사법원에 附置되는 검찰관의 사무를 統轄하는 기관. 일반의 검찰청에 해당한다. 군검찰부는 고등검찰부와 보통검찰부로 하고, 고등검찰부는 고등군사법원에, 보통검찰부는 보통군사법원에 이를 附置한다. 각 검찰부의 관할은 각 군사법원의 관할에 의한다(軍法法 36). 각 각군참모총장은 소속검찰관을 지휘·감독한다(39).

군공무원(軍公務員) 군인과 군무원, 즉 軍政機關의 구성원으로서 계속하여 군무에 복무하는 공무원을 말하는데, 군공무원은 特定職國家公務員이다. 군공무원 중 군인의 인사에 관한 일반법으로서는 군인사법, 군무원의 인사에 관한 일반법으로서는 군무원인사법이 있다.

군공청(軍功廳) 1592년에 창설한 임시관청. 임진왜란 때 여러 지방에서 義兵이 많이 일어나 軍功을 세웠다는 보고에 의하여 이것을 조사하기 위하여 임시로 설치한 관청. 전란이 진압된 후에 폐지하였다.

군국기무처(軍國機務處) 1834년(고종 31)에 설치한 임시관청의 하나. 각 대신·장관 및 警務使 등으로 조직된 모든 機務를 의논하던 기관.

군국주의(軍國主義) 〔英〕 militarism 전쟁과 그 준비를 위한 정책·제도가 국민생활 가운데서 가장 중요한 지위를 차지하고, 정치·경제·문화 등을 지배하는 思想과 行動様式. 고대의 스파르

타, 로마의 군국주의도 넓은 뜻에 있어서는 이에 속하나 주로 근대 이후에 나타난 것을 가리킨다. 國民皆兵制나 徵集制는 이 경향의 징후이다. 군국주의는 군대만으로는 성립되지 못하며 사회의 매개자를 필요로 한다. 군국주의는 인격이나 국민생활의 밸런스를 파괴하고, 모든 것이 兵力量에 의하여 평가되므로 국민의 내면적 지지가 영속할 가능성이 희박하다. 제2차대전을 패배로 이끈 독일과 일본의 군국주의가 그 예이다.

군권신수설(君權神授說) 왕권신수설과 같다.

군기감(軍器監) 1392년(태조 1)에 설치되었던 관청의 하나. 兵器·旗幟·戎仗 등의 營造를 관할하던 관청.

군 납(軍納) 군납이라 함은 주한국제연합군 또는 외국군기관에 물품을 매각하거나 工事의 受給 또는 用役의 제공 등의 행위를 말한다(軍納에 관한 法律 2 i).

군대(軍隊)**의 지위**(地位)**에 관한 북대서양조약**(北大西洋條約)**의 당사자간**(當事者間)**의 협정**(協定) 〔英〕Agreement between the Parties to the North Atlantic Treaty Regarding the Status of their Forces 나토협정 또는 런던협정이라고도 한다. 1951년 나토 당사국간에 체결되었으며, 외국에 駐留하고 있는 군대의 지위와 특히 裁判管轄權(7)을 규정하고 있다. 파견국과 영토국 쌍방의 관할권에 관한 원칙을 규정하여 파견국의 專屬管轄에 속하는 경우와 관할권이 경합하는 경우를 구별하고 있다. → 주류군, 나토

군 도(郡道) 군내의 도로로서 管轄郡守가 그 路線을 인정한 것(道 11 Ⅵ, 17). 군도의 관리는 원칙적으로 군수가 하고(22 Ⅰ), 그 비용은 다른 법률에 특별규정이 있을 때를 제외하고는 郡이 부담한다(56). → 지방도

군둔전(軍屯田) 軍需費用을 충당하기 위하여 국가에서 중앙정부나 지방관아에 나누어주는 公有地. 주둔지에 주둔하는 군졸로 하여금 경작케 하는 것이 원칙이나 대부분은 주민의 負役으로써 경작케 하는 일도 있었다. 후에 지방관리의 私有地로 전환되었다.

군 량(軍糧) 〔英〕ration 군대에서 군인 1인당 1일분의 식량을 현금 또는 현품으로 환산한 配當量을 말한다.

군 령(軍令) 군에 대한 統帥事務. 軍政에 대한 말. 우리나라 헌법은 국군의 통수는 헌법과 법률의 정하는 바에 의하여 대통령이 행하도록 되어 있다(74 Ⅰ). 대통령이 군의 총사령관으로서 군을 지휘·통솔하는 데는 두 가지 주의가 있다. 하나는 統帥權獨立主義(兵政分離主義)이고, 다른 하나는 軍政·軍令의 一元主義(兵政統合主義)이다. 전자는 통수권을 군정과 일반행정으로부터 독립시켜 정부는 이에 관여할 수 없게 하고, 따라서 군령은 법률로 정하지 않고 대통령직속하에 특수한 명령 또는 군령으로써 규율하기 때문에 군의 정부로부터의 獨立 내지 軍國主義에의 轉化의 우려가 있다. 우리나라 헌법은 統帥權獨立의 原則을 배척하고 군령의 독립을 허용하지 않는다. 따라서 군사에 관한 중요사항도 국무회의의 심의를 거쳐야 하며(89 vi), 대통령의 국군통수권에 관한 행위에는 국무총리와 관계국무위원의 部署가 필요하고(82 後), 군인은 현역을 면한 후가 아니면 국무총리와 국무위원에 임명할 수 없게 되어 있다(86 Ⅲ, 87 Ⅳ). → 군정

군령권(軍令權) 통수권과 같다.

군무사(軍務司) 1882년(고종 19)에 설치되었던 군무에 관한 사항과 이웃나라의 동정을 맡아보던 관청의 하나.

군무아문(軍務衙門) 1894년(고종 31)에 兵曹를 폐지하고 설치한 軍政을 통할하던 관청.

군무원(軍務員) 국군에 근무하는 特定職公務員의 일종이다(國公 2 Ⅱ ii). 군무원과 군인은 그 신분과 직무내용을 달리하고 인사규정을 달리하지만(軍組 16 Ⅱ, 軍務員人事法 참조). 그 밖에는 군무원도 군인과 동일한 군사법규(예 : 軍刑事法規)의 적용을 받는다(軍刑 1).

군무이탈(軍務離脫)**의 죄**(罪) 軍人(또는 準軍人)이 군무를 기피할 목적으로 부대 또는 직무를 이탈하거나, 부대 또는 직무에서 이탈된 군인(또는 준군인)으로서 정당한 사유없이 상당한 기간내에 복귀하지 아니함으로써 성립하는 죄(軍刑 30). 軍務忌避의 목적이 있는 때에는 이탈기간의 장단을 불문하고 이탈한 시간이 상당한 기간에 이르게 되면 군무기피의 목적의 유무를 불문하고 本罪가 성립한다. 敵前인 경우에는, 사형·무기 또는 10년 이상의 징역, 전시·사변 또는 계엄지역인 경우에는 5년 이상의 유기징역, 기타의 경우에는 2년 이상 10년 이하의 징역에 처한다. 미수범은 처벌한다(34). 군무를 이탈하여 적에게 도주한 자는 사형에 처하고(33), 군무이탈자를 庇護한 자도 처벌한다(32).

군무태만(軍務怠慢)**의 죄**(罪) 군인 또는

군무원으로서 근무를 태만히 하는 자, 飛行軍紀를 문란히 하는 자, 僞計로 航行의 위험을 발생케 하는 자, 허위의 명령 · 통보 · 보고를 하는 자, 명령 등 허위전달을 하는 자, 哨令을 위반하는 자, 근무를 기피할 목적으로 詐術을 부리는 자, 유해음식물을 공급하는 자, 出兵을 거부하는 자에 해당하는 죄(軍刑 35~43).

군민봉기(群民蜂起) 〔英〕 levy en masse 〔佛〕 levée en masse 아직 점령되지 않은 지방에서 敵軍의 接近에 당해(민병이나 의용병단을 편성할 여가가 없을 때) 무기를 잡고 침입군에 저항하는 群衆. 不正規兵의 일종. 교전국의 발의에 의한 군민봉기의 경우와 인민의 자발적인 의사에 의한 군민봉기의 경우가 있다. 헤이그陸戰原則에 의하면 무기를 공공연히 휴대하고 그 행동에 있어 전쟁의 法規 · 慣例를 준수해야 함이 요건으로 되어 있다(2). 이미 침입된 지방에 있어서의 군민봉기는 戰時重罪를 구성한다. → 부정규병

군 벌(軍閥) 중국에 있어서 군인의 일단이 傭兵을 거느리고 특정한 지역을 근거로 하여 수립하는 地方的 權力支配地區. 袁世凱, 張作霖 등이 그 대표적 인물이다. 그리고 한 나라 안의 군부를 중심으로 하는 세력을 가리키는 경우도 있다(예 : 일본의 5 · 15 및 2 · 26사건에서의 세력).

군법무관(軍法務官) 육 · 해 · 공군의 法務科將校(軍法務官任用法 2). 임용자격은 ① 사법시험에 합격하여 사법연수원의 소정과정을 필한 자, ② 판사 · 검사 · 변호사자격이 있는 자, ③ 군법무관임용시험에 합격하여 군법무관시보로서 소정과목의 실무수습 후 實務高試에 합격한 자이다(3). 군법무관은 관할관의 임명을 받아 군사법원의 軍判事 · 檢察官이 되며, 군사법원의 직권에 의하여 國選辯護人으로 될 수도 있다.

군보포(軍保布) 良役이라고도 한다. 군대에 뽑히고도 현역에 종사하지 않는 保丁에게 代役稅로 목면 1필을 병조에 바치게 하던 것. 영조 때 軍伍脫漏를 막기 위하여 부유층의 자제들로써 充軍이 되지 않을 때에 군보포를 대납케 한데서 이 제도가 생겼다.

군 부(軍部) ① 1895년(고종 32)에 종전의 兵曹 또는 軍務衙門을 개칭하여 軍人 · 國防 · 軍政에 관한 사무를 장리케 하던 곳 ② 근대국가에 있어서 그 국가의 軍務를 관할하는 기관의 총칭.

군비제한(軍費制限) 〔英〕 limitation of armaments 〔獨〕 Beschränkung der Rüstungen 〔佛〕 limitation des armaments 군비축소와 같다.

군비축소(軍備縮小) 〔英〕 disarmament, reduction of armaments 〔獨〕 Ruduktion der Rüstungen 〔佛〕 réduction des armaments 軍備擴張의 경쟁을 폐지할 목적으로 행하는 특정 또는 일체 군비의 축소 및 삭감. 군비축소의 목적은 전쟁의 기회와 위험을 감소하는데 있다. 국제연맹규약 8조에서는 가맹국은 자국의 군비를 최저한도까지 축소할 필요가 있다고 명시하였다. 그러나, 國際聯合憲章에서는 가맹국에게 군비축소의무를 과하지 않고, 총회와 안전보장이사회에 그 임무를 부과하였다(11 I, 26). 안전보장이사회의 임무는 군사참모위원회가 원조한다. 또한 안전보장이사회에는 原子武器의 규제를 위한 원자력위원회와 통상병기의 규제를 위한 통상군비위원회의 두 보조기관을 두었다가 1952년에는 양 위원회를 통합하여 軍備縮小委員會를 설립하여 임무를 수행케 했다. → 군비축소위원회

군비축소위원회(軍備縮小委員會) 〔英〕 Disarmament Commission Commission on Disarmament 安全保障理事會의 보조기관이었던 原子力委員會와 通常軍備委員會를 폐지하고, 군비축소의 임무를 일괄적으로 수행토록 설립된 위원회. 1952년 1월 11일 제6회총회에서 결의하여 동년 2월 4일에 발족하였다. 그 후 미 · 구소간의 의견대립을 해소하기 위하여, 1954년 4월 19일에는 동위원회의 주요관계국인 미 · 영 · 구소 · 캐나다 · 프랑스를 구성국으로 하는 군비축소위원회를 그 하부기관으로 설치하였다(1953년 11월 28일의 제8회총회 결의에 의거). → 군비축소

군 사(軍使) 〔英〕·〔佛〕 parlementaire 〔獨〕 Parlamentär 一方交戰者의 명에 의해 타방의 교전자와 교섭하는 자. 군사는 白旗를 그 記章으로 한다(陸規 32). 군사는 不可侵이며 기수와 기타 수행원도 같다. 타방 교전자는 군사를 접수할 의무는 없으나(33 I), 일단 접수한 이상 안전귀환을 시키지 않으면 안된다. 단, 군사가 그 사명을 이용하여 정보수집하는 것을 방지하기 위하여 일체의 수단을 다할 수는 있다(33 XI). 군사가 그 사명을 남용하면 일시적으로 이를 억류할 수 있으며(34), 배신행위를 실행 또는 교사하기 위하여 그 특권적 지위를 이용하면 不可侵權은 상실된다.

군사경찰(軍事警察) 군대내부의 기율을 유지하기 위한 권력작용. 軍事行政警察 및 軍事司法警察을 포함하는 뜻으로 사용된다. → 헌병, 군사법경찰관리

군사계엄(軍事戒嚴) → 계엄

군사기밀(軍事機密) 軍事機密保護法에 의하여 보호되는 군사상의 기밀. 그 내용이 누설되는 경우 국가안전보장상 해로운 결과를 초래할 우려가 있는 것으로서 ① 군사정책·군사전략·군사외교 및 군의 작전계획과 이에 따르는 軍事用兵에 관한 사항, ② 군의 編制 및 動員에 관한 사항, ③ 군사정보에 관한 사항, ④ 군의 운수 및 통신에 관한 사항, ⑤ 軍用物의 생산·공급 및 연구에 관한 사항, ⑥ 군의 중요부서의 인사에 관한 사항, ⑦ 향토예비군의 편제·장비 및 동원에 관한 사항과 ⑧ 이들에 관련된 문서·도화 또는 물건으로서 군사상의 기밀이 해제되지 아니한 것을 말한다(2). 군사기밀을 부당하게 探知·蒐集하거나 漏泄하는 행위는 처벌의 대상이 된다.

군사기지(軍事基地) 군대의 駐屯, 軍事施設의 건설·유지·이용 기타 군사적인 편익에 공용되고 있는 토지. 특히 문제되는 것은 일국이 타국의 영역에서 갖는 군사기지인 바, 보통 동맹 기타 協定에 의하여 설정되며, 일정기간 타국의 일정지역에서 군대의 주류, 군사시설의 건설·유지·이용 기타 군사상의 편익이 인정된다. 이러한 편익은 기지 밖에 미치는 일도 있으나, 모두 협정에 의거하게 된다. 기지 안의 관할에 관하여는 당연히 주류군에 수반하는 屬人的 治外法權이 인정되나, 협정에 의하여 물적으로 강화되는 일이 많다. 타국에 있는 군사기지는 國際地役의 일종이라고 볼 수 있지만, 租借地의 성질을 가지는 일도 있고, 그 경우에는 기지를 가지는 국가의 管轄權이 강화된다. → 요새

군사목표주의(軍事目標主義) 〔英〕 doctrine of military objectives 空爆은 군사적 목표에 대하여 행한 경우에만 적법이라고 하는 주의. 헤이그 空戰法規案은 이 주의를 채용한 것. 군사목표는 ① 군대, ② 군사공작물, ③ 군사상의 건설물 또는 저장소, ④ 병기탄약 또는 명료한 군용품의 제조에 종사하는 공장으로서 그 물품의 제조에 관하여 중요하고 또한 公知의 중심을 형성한 것, ⑤ 군사교통선·수송선 등이다. 이와 같이 공전법규안은 陸戰法規 25조에 채용된 바와 같은 防守 또는 非防守의 표준을 버리고, 또한 해군력으로써 하는 포격에 관한 헤이그조약 2조에 표시된 思想(즉, 도시·촌락 그 자체를 폭격목표로 하는 것)을 부정하면서 공격자가 임의로 확장해석하는 것을 방지하기 위하여 군사적 목표의 범위를 이와 같이 엄격히 제한하고 있는 것을 특색으로 한다.

군사법경찰관리(軍司法警察官吏) 군대 내부에서 司法警察의 직무를 수행하는 자. 군사법원법에 의하면 헌병과의 장교·준사관·하사관과 犯罪搜査業務를 관장하는 부대소속 군무원으로서 범죄수사업무에 종사하는 자 및 機務部隊 소속 장교·준사관·하사관 및 군무원으로서 보안업무에 종사하는 자는 군사법경찰관, 헌병인 병과 기무부대에 소속하여 보안업무에 종사하는 병은 군사법경찰관리가 된다(43, 46). 기무부대에 소속하는 군사법경찰관은 군인 또는 이에 준하는 자가 犯하는 군형법상의 叛亂의 罪·利敵의 罪·軍事機密漏泄의 罪·暗號不正使用의 罪, 刑法上의 內亂의 罪·外患의 罪, 국가보안법에 규정된 죄를 수사하고, 憲兵科의 군사법경찰관은 군인 또는 이에 준하는 자가 범하는 기타의 일체의 죄를 수사한다(44). → 군사경찰

군사법원(軍事法院) 군사재판을 관할하기 위하여 둔 特別法院을 말한다(憲 110 Ⅰ). 군사법원의 상고심은 대법원에서 관할하여 3심제를 유지하며(憲 110 Ⅱ), 군사법원의 조직·권한 및 재판관의 자격은 법률로 정하는 바(憲 110 Ⅲ), 이에 관한 법률로는 군사법원법이 있다. 한편 非常戒嚴하의 군사재판은 군인·군무원의 범죄나 군사에 관한 間諜罪의 경우와 초병·초소·유독음식물공급·포로에 관한 죄 중 법률이 정한 경우에 한하여 單審으로 할 수 있다. 다만 사형을 선고하는 경우에는 그러하지 아니한다(憲 110 Ⅳ). 군사법원은 군인·군무원을 포함한 準軍人(軍刑法 1), 국군부대의 간수하에 있는 포로, 군사법원의 판결과 그 상고심의 판결에 의하여 군교도소에 수형중인 자에 대하여 裁判權을 가지며(軍法法 2 Ⅰ), 또 군사법원은 위에 해당하는 자가 그 신분취득 전에 범한 죄에 대하여 재판권을 가지며(2 Ⅱ), 公訴가 제기된 사건에 대하여 군사법원이 裁判權을 가지지 아니하게 되었거나 재판권을 가지지 아니하였음이 판명된 때에는 결정으로 사건을 재판권이 있는 같은 審級의 법원으로 이송하되, 고등군사법원에 계속된 사건 중 단독판사가 심판할 사건에 대한 항소사건은 地方法院抗訴部로 이송한다. 이 경우에 이송 전에 한 소송행위는 이송 후에도 그 효력에 영향이 없다(2 Ⅲ). 또 군사법원은 계엄법에 의한 재판권을 가지며, 군사기밀보호법 8조의 죄와 그 미수범에 대하여 재판권을 가진다(3). 대법원은 군법무관회의의 의결로써 군사법원의 내부규율과 사무처리에 관한 軍事法院規則을 정한다(4 Ⅰ). 군사법원은 高等軍事法院과 普通軍事法院의 2종으로 한다. 군사법원에 관할관을 두며, 고등군사법원의 관할관은 국방부장관으로 하고, 보통군사법원의 관할관은 그 설치되는 부대와 지역의 사령관·장 또는 책임지휘관으로 한다. 다만, 국방부본부보통군사법

원의 관할관은 국방부본부 고등군사법원의 관할관이, 각군본부 보통군사법원의 관할관은 당해 각군본부 고등군사법원의 관할관이 각각 겸임한다(7). 판결은 管轄官이 확인하여야 하며 형법 51조 각호의 사항을 참작하여 그 형이 부당하다고 인정할 만한 사유가 있는 때에는 그 형을 減輕 또는 형의 執行을 면제할 수 있다. 위의 확인조치는 판결이 선고된 날로부터 10일 이내에 하여야 하며 확인조치 후 5일 이내에 피고인과 검찰관에게 송달하여야 한다. 確認措置期間을 경과하면 선고한 판결대로 확인한 것으로 본다. 이 때 관할관은 확인조치와 그 송달에 소요된 기간은 형집행기간에 산입한다(379).

군사부담(軍事負擔) 군정의 목적을 위하여 개인에게 과하는 經濟的 負擔을 말한다. 이는 그 내용에 따라 勤勞動員·徵發 및 軍事制限으로 나눌 수 있다.

군사분계선(軍事分界線) 〔英〕 Military Demarcation Line 1953년 7월 27일에 성립한 韓國軍事停戰에 관한 協定(속칭, 한국휴전협회) 1조(군사분계선과 비무장지대)에서 규정된 정전의 境界線을 말하며 이른바 休戰線이 이것이다. 동조 1항에 의하면, 1개의 군사경계선을 확립하고 쌍방이 이 선으로부터 각각 2킬로미터씩 후퇴함으로써 敵對軍간에 1개의 비무장지대를 설정한다. 1개의 비무장지대를 설정하여 이를 緩衝地帶로 함으로써 적대행위의 재발을 초래할 수 있는 사건의 발생을 방지한다라고 되어 있다. 이 군사분계선의 위치는 동협정에 첨부된 지도(제1도)에 표시되어 있으며(1Ⅱ), 이 선은 軍事停戰委員會의 지시에 따라 이를 명백히 표지하게 되어 있다(1Ⅳ). 어떠한 군인이나 私民도 군사정전위원회의 허가없이는 군사분계선을 통과할 수 없다(1Ⅶ). 그리고 비무장지대내의 군사분계선 이남의 부분에 있어서의 민사행정 및 구제사업은 국제연합군총사령관이 책임지며, 그 이북의 부분에 있어서의 민사행정 및 구제사업은 이른바 조선인민군최고사령관과 중국인민지원군사령관이 공동으로 책임을 진다(1Ⅹ). → 무장해제지대, 휴전

군사원호청(軍事援護廳) 군에서 제대한 傷痍軍人에 대한 치료와 원호, 戰死者 유족의 원호, 원호를 위한 정착대부, 원호대상자에 대한 우선 임용 및 고용명령에 의한 취업 감독, 軍人年金管理와 支給, 상이군인 및 전사자의 유족에 대한 보상금지급 및 전사자의 유족과 상이군경연금법에 의하여 연금을 받는 전직경찰관에 대한 원호 등을 그 업무로 삼는 내각소속의 外局. 1962년 원호청으로 개칭(軍事援護廳職制)되었다가 國家報勳處로 명칭이 바뀌었다. → 국가보훈처

군사위원회(軍事委員會) 〔英〕 Military Commission 전쟁이나 사변에 관계한 특별한 犯罪를 처벌하는 미국내법상의 위원회인 바 실질상으로는 재판소나 다름없다. 제2차대전 후에 요코하마와 마닐라에 설치되어, 대전중의 보통 戰爭犯罪, 특히 포로에게 학대행위를 잔행한 日本人을 재판한 것은 이 위원회이다.

군사응원(軍事應援) 災害·事變 기타 非常事態에 처하여 평상시의 조직과 기능만으로써는 행정목적을 달성할 수 없는 경우에 군의 지원을 요청하여 응원을 받는 行政應援의 일종. 衛戍司令官은 화재 또는 비상사태의 경우에 지방장관으로부터 出兵의 요구를 받았을 때에는 육군참모총장에게 상신하여 그 승인을 얻어서 이에 응할 수 있고, 병력의 청구를 받은 경우에 사태가 긴급하여 육군참모총장의 승인을 기다릴 수 없는 경우에는 즉시 이 요구에 응할 수 있으며, 이 때에는 지체없이 육군참모총장에게 보고하여야 한다(衛戍令 12).

군사적 방조(軍事的幇助) 〔英〕 unneutral service, hostile assistance 〔獨〕 neutralitätswidrige Unterstützung 〔佛〕 assistance hostile 交戰國에 대하여 군사적 이익이 되는 中立人의 행위. 비중립역무·군사적 원조·적대방조 또는 敵對援助라고도 한다. 戰時禁制品이나 封鎖는 적국에 대한 화물의 보급·거래가 문제되는 것인데 대하여, 군사적 방조는 적국군대의 수송, 적국에 대한 정보의 제공과 같은 직접적인 利敵行爲가 문제되는 것이다. 1908년의 런던선언 전에는, 中立船에 의한 적의 군사적 이익이 되는 사람의 수송과 정보의 전달을 의미하였으나, 런던선언에 있어서는 중립선박이 직접 전투에 참가하는 경우(45), 적국정부의 대리인의 명령 또는 감독하에 놓인 경우, 전체로서 적국정부에 고용된 경우도 이에 포함시켰다(46). 중립선에 의한 이러한 행위는 전시금제품의 수송 및 封鎖侵破와 함께 국제법상 금지된 것은 아니고, 다만 타방교전국 군함에 발견되었을 때, 포획되고 일정한 처분을 받는다. 즉, 선박은 몰수되고, 문제의 사람(戰時禁制人이라 한다)은 포로로 되거나 또는 억류되며, 정보는 몰수된다. 런던선언은 방조행위를 輕幇助(45)와 重幇助(46)로 구별하고 있다.

군사적 원조(軍事的援助) 군사적 방조와 같다.

군사점령지(軍事占領地) 자국영역 외의 統治區域으로서, 전시에 어떤 국가가 병력을 가지

고 적국의 영토 또는 적국의 지배하에 있는 지역을 점령하여, 점령군사령관이 점령의 목적을 달성하기 위하여 필요한 한도내에서 자국영토와 같이 통치하는 곳. 군사점령지는 법률상으로는 그 운명이 확정된 것이 아니며, 講和條約에 의해서 결정된다. → 점령

군사정전위원회(軍事停戰委員會) 군사정전위원회는 韓國軍事停戰에 관한 協定(1953년 7월 27일 성립)의 실시를 감독하며, 동협정에 대한 모든 위반사건을 협의하여 처리하는 기구로서 설치된 것이다(同協定 2나 xxiv). 동위원회는 10명의 고급장교로 구성하되 그 중의 5명은 국제연합군총사령관이 임명하며, 다른 5명은 이른바 조선인민군최고사령관과 중국인민지원군사령관이 공동으로 임명한다. 위원 10명 중에서 各方의 3명은 장성급에 속하며, 각방의 나머지 2명은 少將·准將·大領 또는 그와 동급인 자로 할 수 있다(2 나 xx). 군사정전위원회는 필요한 行政人員을 배치하여 비서처를 설치하되 그 임무는 동위원회의 기록·서기·통역 및 동위원회가 지정하는 기타의 職務執行을 협조하는 것이다. 쌍방은 각기 비서처에 비서장 1명, 보조비서장 1명 및 비서처에 필요한 서기 및 專門技術人員을 임명한다. 기록은 영문·한국문·중국문으로 작성하되 세 가지는 모두 동등한 효력을 가진다(同條 xxii). 동위원회는 그 본부를 판문점(북위 37도 57분 29초, 동경 126도 40분 00초) 부근에 설치한다. 동위원회는 쌍방의 수석위원의 합의에 의하여 그 본부를 非武裝地帶內의 다른 1개 지점에 移設할 수 있다. 동위원회의 주요한 직책과 권한은 다음과 같다. ① 수시로 필요하다고 인정하는 節次規定을 채택하는 것. ② 협정 중의 비무장지대와 한강하구에 관한 각 규정의 집행을 감독하는 것. ③ 共同監視小組(Ⅱ xxiii)의 사업을 지도하는 것. ④ 同停戰協定의 어떠한 위반사건이든지 협의·처리하는 것. ⑤ 戰爭捕虜送還委員會와 失鄕私民歸鄕協助委員會의 사업을 전반적으로 감독하며 지도하는 것. ⑥ 적대쌍방사령관간에 통신을 전달하는 중개역할을 담당하는 것. ⑦ 공작인원과 공동감시소조의 증명. 문건 및 휘장 또는 임무집행시에 사용하는 일체의 차량·비행기 및 선박의 識別標識를 발급하는 것. 그리고 동위원회는 적대쌍방사령관에게 정전협정의 수정 또는 증보에 대한 건의를 제출할 수 있는데, 이러한 개정건의는 일반적으로 더 유효한 정전을 보장할 것을 목적으로 하는 것이어야 한다(同條 35). → 군사분계선, 정전, 휴전, 한국전쟁

군사제한(軍事制限) 국방상의 목적을 위하여 개인에게 일정한 作爲·不作爲 또는 受忍의 義務를 명하는 것을 말한다.

군사참모위원회(軍事參謀委員會) 〔英〕 Military Staff Committee 〔佛〕 Comité d'État Major 國際聯合의 안전보장이사회의 보조기관으로서, 군사상의 문제에 있어서 동 이사회를 원조한다. 이사회의 상임이사국인 5대국의 참모총장 또는 그 대리자로써 구성된다. 그 이외의 국가에 대해서도 필요한 경우에는 위원회와 제휴하도록 권고할 수 있다. 1946년 1월 25일 설치되었으나, 미·구소의 대립으로 인하여 개점휴업의 상태에 있다(國際聯合憲章 47 참조).

군산복합체(軍産複合體) 軍隊와 軍需産業이 밀착하여 국가의 군사정책 전체에 강력한 영향을 부여하는 압력단체. 현대의 군사기술의 고도의 발전과 병기생산의 거대화에 수반하여 군대와 군수산업이 병기의 개발·생산·관리의 체계 전체에 걸쳐 현저하게 밀착된 결과 실체는 거대군수산업의 기업체인 獨占體를 군산복합체라고 부른다. 미국의 군수생활과 군대와의 복합의 실태에 유래한다.

군사행정(軍事行政) 좁은 의미로는 국방을 위하여 兵力을 취득하고 관리하는 行政, 즉 軍政을 말하며, 넓은 의미로는 그 이외에 병력을 사용하는 작용, 즉 用役作戰(軍令)을 포함하는 의미로 사용한다. 우리나라와 같이 兵政統合主義를 취하는 국가에서는 넓은 의미의 군사행정 개념을 채택하지만, 실제상 軍令은 통치작용에 속하며 行政作用에 속한다고 보기 어렵다.

군사혁명위원회(軍事革命委員會) ① 5·16군사혁명으로 군부가 입법·사법·행정의 3권을 장악하고 조직한 革命政權. 후에 국가재건최고회의로 개칭하였다. ② 구소련이 10월혁명 당시에 설치하였던 Voeno-Revolyutsionny Komitet의 역어.

군 속(軍屬) 국군에 복무하는 文官으로 실정법상 군무원으로 개칭. → 군무원

군수공업동원(軍需工業動員) 전시에 있어서 군수품의 생산·저장·수송을 위하여 私的 工場 및 그 밖의 재산을 관리·사용·수용하고, 국민에게 부담을 지우는 것.

군수보상(軍需補償) 관련산업, 전쟁수행을 위한 군수기업 및 국민에게 경제적 부담이 수반하는 의무를 부과할 경우에 정부가 약속하는 보상.

군용물(軍用物) 화기·탄약류·함정 및 주정·수중공격 및 항만방어장비·전차류·전기통신기 및 전선 등 特殊電器材·항공기·군용차량·도하

및 축성장치 · 군량 · 군복 및 군화 · 군용유류 · 각종의 병기 등으로 구성품 · 부분품 및 원료로서 군용의 표지가 있는 물건의 총칭(軍用物 등 犯罪에 관한 特別措置法 2Ⅱ). 군용물에 관하여 절도 · 강도 · 장물의 죄를 범한 자는 형이 가중됨과 동시에 벌금이 병과된다(3). 다만, 軍糧 · 軍服 및 軍靴 · 軍用油類에 관하여는 集團的 · 常習的으로 범행하거나 물품가액이 10만원 이상이거나 1,000킬로그램 이상의 물품 또는 10드럼 이상의 유류인 경우에 한한다(3Ⅰ但).

군의회(郡議會) 기초자치단체인 군에 두는 地方議會를 말한다. 지방자치법 26조에 지방자치단체는 의회를 두도록 규정되어 있고, 군은 동법 2조 1항에서 지방자치단체로 규정되어 있으므로 군에 의회를 두어 운영하고 있다. 군의회의 구성을 위한 郡議會議員의 선출은 공직선거 및 선거부정방지법의 규정에 따라 선출되며, 군의원의 임기는 4년으로 명예직이다. 군의회에는 사무를 처리하기 위하여 조례가 정하는 바에 따라 사무국 또는 사무과를 둘 수 있다.

군용물(軍用物)**에 관한 죄**(罪) 군인 또는 군무원으로서 군용시설 등에의 방화, 露積軍用物에의 방화, 爆發物破裂, 군용시설 등 파괴, 노획물 훼손, 함선 · 항공기의 覆沒 · 損壞를 함으로써 성립하는 죄(軍刑 66~71). 미수범 및 과실범은 처벌한다(72, 73).

군용전기통신(軍用電氣通信) 유선 · 무선 · 광선 및 기타의 전자적 방식에 의하여 모든 종류의 부호 · 文言 · 음향 또는 영상을 送信하거나 受信하는 군용통신의 수단을 말한다(軍用電氣通信法 2Ⅰ).

군용항공기(軍用航空機) 〔英〕 military air craft 항공기는 軍用航空機 · 公航空機 및 私航空機로 구별된다. 군용항공기는 공항공기의 일종이나, 타의 公航空機에 비하여 법적 지위가 다르다. 군항공기는 그 지휘명령을 받은 군무복종자가 지휘하는 일체의 항공기를 말한다(國際航空條約 31). 즉, 군인에 의하여 지휘되며 軍務에 사용되는 항공기이다. 군용항공기는 군함의 無害航海權과는 달리 타국의 영공을 비행하거나 그 영토나 영해에 착륙할 수는 없다. 그러나 허가가 있는 경우에는 원칙적으로 군함과 같은 특권을 갖는다(33Ⅰ). 불시착 또는 강제착륙을 당한 군용기는 이러한 特權을 갖지 못한다.

군 인(軍人) 국방에 종사하는 공무원의 총칭. 文官에 대한 무관. 군인은 그 임무의 특수성으로 인하여 문관보다 엄격한 계급으로 구분되어 있고, 또한 그 服務 · 補任 · 進級 · 報酬 · 懲戒에 관해서는 군인사법의 적용을 받으며, 그 犯罪에 대한 재판에 있어서도 군사법원법에 의해 특수한 구성을 가진 군사법원에 의한다.

군인보험(軍人保險) 군인에게 복무 중에 보험에 가입하게 함으로써 死亡 또는 轉役 후에 본인 및 가족의 생활안정 및 복리향상을 도모함과 아울러 군사원호대상자 정착대부기금을 조성하기 위한 社會保障制度를 말한다. 보험가입자는 중사 이상의 군인이 되는 것이 원칙이며, 보험료의 3분의 1은 국고에서 부담한다.

군자감(軍資監) 군수 · 식료품의 출납을 관장하던 관청. 1392년(태조 1)에 설치하였다.

군작미(軍作米) 조선시대에 軍布를 米穀으로 대납하던 것. 납세의 일종이다.

군 정(軍政) 군에 관한 行政事務. 軍令에 대한 말. 헌법은 통수권인 軍令權과 軍政權을 분리하여 統帥權을 정부의 권한 외에 두고 군정권만을 정부에 소속시키는 兵政分權의 原則을 채택하지 않고, 양자를 모두 통합적으로 정부의 권한에 속하게 하고 있다(89ⅵ). 따라서 넓은 뜻의 군정은 이른바 군령과 좁은 뜻의 군정을 포함한 뜻으로 사용된다. →군령

군정권(軍政權) 군사행정에 관한 권한. 좁은 뜻으로는 국방을 위하여 병력을 취득하고 유지하는 것만을 가리키나, 넓은 뜻으로는 用兵作戰 내지 軍統帥의 권한(이른바, 軍令權)까지를 포함한다. 우리나라 헌법 아래에서는 넓은 뜻의 군정개념, 즉 兵政統合主義가 채택되고 있다(74, 82, 89ⅵ 참조).

군정기관(軍政機關) 군정작용을 할 수 있는 권한을 가지는 행정기관을 말한다. 군정기관은 정부의 수반인 대통령을 정점으로 하여, 국무총리 · 국방부장관 · 합동참모회의장 · 각군참모총장과 각군참모총장의 隷下機關이 된다. 국무회의와 국가안전보장회의도 군정기관인 대통령에 대한 자문기관으로서 역시 군정기관의 일종이다.

군정법령(軍政法令) 보통 1945년 이후의 미군정장관이 발한 법령을 가리킨다. 1948년 정부수립후, 헌법에 의거하여 실효 또는 대치되어 가다가, 구법령정리에 관한 特別措置法으로 모두 정리폐기되었다.

군 주(君主) 〔英〕monarch 〔獨〕Monarch 〔佛〕monarque 역사적인 것이므로 일률적으로 말할 수 없으나, 오늘날에 있어서는 일반적으로 국가의 원수로서 대외적으로 국가를 대표하고 국가의 상징으로서의 역할을 하는 세습적인 독립기관을 말한다. 絶對君主制와 制限君主制에 따라 그 지위가 다른데, 오늘날 영국·일본 기타에 있어서는 국가의 상징으로서의 명목적인 존재에 불과하게 되어 있다. 우리나라에 체재하는 외국의 군주에 대한 폭행·협박·모욕행위를 하였을 때에는, 國交에 관한 죄가 성립한다(刑 107).

군주국(君主國) 주권이 국가구성원인 1 自然人에게 최후적으로 귀속하는 국가. 공화국과 대립되는 개념. 이 자연인을 君主라 하고, 기타의 국가구성원을 臣民이라 하였다. 군주국은 국가의 모든 권력이 군주 1인에게 귀속되는 絶對君主國과 그 권력의 일부가 특수신분, 혹은 국민대표회의 등에 의하여 제한되는 制限君主國으로 이분되고, 제한군주국은 다시 等族的 君主國과 立憲的 君主國으로 분류된다(→군주주권설). 오늘날에는 절대군주국은 거의 없어졌으므로, 주권의 귀속에 의한 군주국 개념규정은 무의미하게 되고, 군주가 있는 국가면 군주국이라고 하는 것이 일반화되었다. →군주주권설, 군주정체

군주정체(君主正體) 統治權의 행사에 군주가 참여하는 정체. 같은 군주정체라도 통치권의 운용형식은 반드시 동일하지는 않고, 절대군주국과 제한군주국에 따라 현저히 다르다. 전자에 있어서는 통치권의 운용이 군주의 專斷에 맡겨지는데 반하여 후자에 있어서는 특수신분이나 의회 등에 의하여 그 행사가 제한된다. →군주국

군주제(君主制) 〔英〕monarchy 〔獨〕Monarchie 〔佛〕monarchie 전통적으로 주권이 자연인인 군주 1인에게 속하는 國家形態를 뜻하였던 것이나, 오늘날에는 주권의 소재의 문제를 떠나서 군주라는 국가기관이 있는 국가형태를 뜻하는데 그친다. →군주정체, 군주국

군주주권설(君主主權說) 〔英〕theory of monarchial sovereignty 〔獨〕Fürsten souveränitätstheorie 주권의 담당자 내지 보유자는 군주라는 설. 보댕의 君主主權論이 그 대표적인 것이며, 중앙집권적인 근대국가의 절대군주제의 기초이론이었다. 영국의 스튜어트왕조의 王權神授說이나 프랑스의 루이14세의 朕은 國家다도 그 예이며, 동양전제국가에서도 일반적으로 승인되고 있었던 이론이다. 프로이센왕국이나 일본제국헌법하의 일본과 같은 外見立憲主義國家에서도 표방되었으나, 엄격한 법적 의미에서는 군주주권의 원리는 절대군주제에서만 타당하다. 왜냐하면, 制限君主制는 역사상 군주주권의 원리를 부인 내지 제한하는 모습으로 나타난 것이기 때문이다.

군중범죄(群衆犯罪) 〔獨〕Massenverbrechen 〔佛〕crime de foule [1] 형법상은 多衆에 의하여서만 구성요건이 충족되는 범죄를 말한다. 내란죄·소요죄는 이 의미의 군중범죄이다. 집단적 범죄의 일종이지만, 조직적·계속적이 아닌 점이 범죄단체에 의한 集團犯과 다르다. 이러한 범죄는 그 특수성으로부터 首魁·謀議에 참여한 자, 率先助勢者와 같이 능동적으로 행위한 자를 중하게 벌하고, 附和隨行者와 같이 수동적으로 행위한 자를 경하게 벌하고 있다.

[2] 刑事學上은 군중심리의 영향을 받아 행하여지는 범죄를 의미한다. 이와 같은 범죄에서는 외부적 자극이 범죄의 중요한 원인을 이루고 있기 때문에, 원칙적으로 경한 형이 과하여져야 할 것이다.

군축소위원회(軍縮小委員會) 〔英〕Disarmament Sub-Committee →군비축소위원회

군 표(軍票) 〔英〕Military Personal Certification 넓은 뜻으로는 占領地에서 점령군이 사용하는 통화내용의 지표를 가리키나 좁은 뜻으로는 주한미군이 특정한 시설 및 구역내에 한하여 그 내부의 거래에 사용하게끔 규정된 通貨代用의 紙票를 말한다.

군 함(軍艦) 〔英〕warship 主權國家의 해군에 속하는 선박으로서, 그 국가의 군함이라는 것을 표시하는 외부표지가 있어야 하며, 지휘관이 정부에 의하여 정식으로 임명된 정규해군장교로서 그의 성명이 海軍名簿에 기재되어야 하며, 또 군함의 승무원은 해군규율에 복종하는 자이어야 한다. 이상의 조건을 구비하는 경우에는 국제법상 군함의 성질을 가지게 된다. 특별한 조약 및 국내법의 금지규정이 없는 한, 군함은 원칙적으로 평시에 타국 영해내에서 無害通航權을 갖는다. 군함은 不可侵權을 가지나, 보통범죄에 대하여는 庇護權이 없고, 다만 정치적 망명자에 대하여 위험의 重大性 및 緊急性을 요건으로 비호할 수 있다. 또한 治外法權을 가지므로 연안국의 재판권에서 면제된다. →비호권, 무해통항권

군합국(君合國) 둘 이상의 나라가 국내법과 국제법상으로는 서로 독립되나, 오직 한 임금을 같이 하는 점으로 결합한 나라. 1890년까지의 네덜

란드와 룩셈부르크, 1907년까지의 벨기에와 콩고(Congo)의 관계와 같은 것.

군 항(軍港) → 해군기지

군현제도(郡縣制度) 中央集權制의 일종. 전국에 동일한 政令으로써 행정구획을 정하여 중앙정부에서 선임된 지방관으로 하여금 행정을 취급하게 하는 제도. 중국의 진시황제가 시작하였으며, 우리나라에서는 三國時代부터 채택하였다.

군 혼(群婚) → 집단혼과 같다.

굿 윌 〔英〕goodwill〔獨〕Chancen, Kundschaft〔佛〕clientèle 본래 단골을 의미하지만, 다시 단골·영업상의 명성·영업상의 비결 등, 營業으로 하여금 그것을 구성하는 개개의 물건 및 권리의 단순한 집합 이상의 재산적 가치가 있는 것으로 만드는 사실상의 관계를 총칭하는 의미로 사용된다.

궁내부(宮內部) 1894년(고종 31)에 설치된 왕실에 관한 모든 일을 관찰하던 관청. 종전의 承宣院·掌樂院·通禮院·奎章閣·經筵廳·尙衣院·司饔院·內需司·內侍司·侍講院·內醫院·宗伯府·會計司·殿閣司·太僕寺·宗親府 등을 전폐하고 새로 궁내부를 설치하였다.

궁 녀(宮女) 궁궐 안에서 임금을 모시고 있던 여자 또는 大殿·內殿을 모시던 內命婦의 총칭. 內人이라고도 한다. 우리나라는 중국의 3천 궁녀에 대하여 3백 궁녀를 두었다. 궁녀는 보통 민간의 아름다운 처녀들을 나라에서 강제적 수단으로 뽑아가지고 궁궐내에서 살도록 하였다.

권 고(勸告) 어떤 사항에 관하여 상대방에게 어떤 조치를 권하는 행위. 권고의 권한을 가진 기관의 권고가 있는 경우에는 보통 상대방은 권고의 趣旨를 존중할 의무를 가짐에 지나지 않으며, 법률적으로 구속되지 않는 것을 원칙으로 한다.

권고·지도·조언(勸告·指導·助言) 헌법의 정신에 따라 地方自治를 존중·확보하는 견지에서 국가기관의 지방자치단체에 대한 권력적 간섭을 피하고 지방자치단체의 조직 및 운영의 합리화에 이바지하기 위하여 국가기관은 적절하다고 인정되는 기술적인 권고·지도·조언 등을 할 경우가 많다. 그러나 권력적인 지휘·명령 등의 監督作用과는 어디까지나 구별된다.

권고적 의견(勸告的意見)〔國際司法裁判所의〕 〔英〕advisory opinion〔佛〕avis consultatif 국제사법재판소가 일정한 국제기관의 법률적 자문에 대해 판결과 동일한 절차를 밟아 제출하는 의견. 1919년의 국제연맹규약 14조에 常設國際司法裁判所는 이사회 또는 총회가 자문하는 모든 분쟁 또는 문제에 관하여 의견을 제출할 수 있다고 규정하였다. 이에 기하여 당 재판소는 18년의 활동기간중 주로 聯盟理事會의 자문에 응하여 27회의 의견을 제출하였다. 재판소의 의견의 작성은 訴訟事件에 대한 판결과 동일한 절차를 밟아 이루어졌다. 다수의견에 반대하는 재판관이 그의 소수의견을 발표하는 권리가 부여되어 있다. 재판소의 의견은 그것을 요구한 이사회 또는 총회를 구속하지 않지만 실제상 존중되었다. 1945년의 國際聯合憲章은 국제연맹규약에 따라 비슷한 권한을 국제사법재판소에 부여하였고(96), 또 국제사법재판소규정 중에 권고적 의견에 관한 규정을 두었다(65~68). 이에 의하면 자문할 수 있는 기관은 국제연합총회와 안전보장이사회 외에 국제연합의 다른 기관과 전문기관도 그의 활동분야에 관하여 발생하는 법률자문에 대하여 총회의 허가하에 재판소의 의견을 요구할 수 있게 되어 있다. 여기에 자문사항은 法律問題이고 주로 國際法上의 問題이다. → 국제사법재판소

권 능(權能) 〔獨〕Befugnis 법률상 인정되어 있는 能力. 그러나, 여러가지 의미로 쓰이고 있다. 즉 公法人 또는 私法人의 기관과 관리인, 대리인 등이 행할 수 있는 모든 것을 말하며, 이런 의미로는 權限 또는 職能과 같고, 또 때로는 권리와 비슷한 의미로도 쓰인다. 그러나, 권한·권리라는 용어보다 융통성이 넓으며, 어느 편이냐 하면 능력의 범위 내지 한계보다 그 내용 내지 작용에 중점을 둔 용어이다. 그래서, 권능이란 권리 중에 포함된 개개의 작용을 말한다라고 정의를 내리는 학자도 있다. 所有權者는 使用의 권능, 收益의 권능, 處分의 권능을 가진다고 하는 경우가 그 예이다.

권 력(權力) 〔羅〕potestas〔英〕power〔獨〕Gewalt〔佛〕pouvoir 社會力의 한 형태. 타인을 강제하는 힘을 말한다. 이와 법과의 관계에 대하여 생각해 볼 때, 法은 힘에 의하여 만들어진다고 하고, 또 힘은 법에 의하여 규율된다고 한다. 법을 기초로 하고 법의 범위 안에서 행사되는 힘은 합법적 힘이고, 이것은 폭력과 구별된다. 힘이 합법적 권력으로서 발동되기 위하여는 궁극적으로 헌법에 의하여 조직되고, 인정되어야 한다. 이것을 憲法에 의하여 조직화된 權力(pouvoir constitué)이라 한다. 이에 대하여, 헌법 자체를 만들어 내는 최고의 권력을 憲法制定權力(pouvoir constituant)이라고 한다. 후자에 대하여서는 시에예스는 그 기초를 自

然法에 두어 설명하고 있고, 슈미트(Carl Schmitt)는 實力說의 입장에서 설명하고 있다.

권력관계(權力關係) 〔獨〕 Gewaltverhältnis ① 넓은 의미에서는 국가 또는 공공단체와 개인이 법률상 지배자와 복종자의 지위에 서는 관계. 양자의 지위가 대등하지 않고 전자의 의사가 법률상 후자에 우월한 힘을 가진다. 그 지배권의 성립이 一般統治權에 기초하는 경우가 일반권력관계이며, 특별한 규정 또는 당사자의 합의에 기초하는 경우가 특별권력관계이다. ② 좁은 의미에서는 넓은 의미의 권력관계 중 국가나 공공단체가 公權力의 主體로서의 지위에서 국민에 대하는 관계. 管理關係에 대한 말. 권력관계는 公法關係의 전형적인 것으로서, 私法關係에 있어서와는 다른 법원리의 적용을 받는다. → 일반권력관계, 특별권력관계, 관리관계

권력분립주의(權力分立主義) 〔英〕 seperation of powers 〔獨〕 Gewaltenteilung 〔佛〕 séparation des pouvoirs 국가작용을 立法·司法·行政(또는 執行)의 三權으로 나누어, 그 각각을 담당하는 자를 상호 분리독립시켜 상호를 견제시킴으로써, 국민의 정치적 자유를 보장시키고자 하는 자유주의적인 統治組織原理. 로크, 몽테스키외 등에 의해 唱導되었으며, 근대의 시민적 민주주의 및 국민참정의 요청에 부응하였으므로, 각국의 정치조직에 널리 채용되었다. 제1차대전후의 제국에 있어서의 獨裁制의 대두가 이 원리를 동요시킨 바 있으나, 근대헌법에 거의 공통하고 불가결한 내용으로 되어 있다. 보통 立法權은 국회가, 司法權은 법원이, 行政權은 군주·대통령 등의 행정기관이 행하는데, 역사적으로 발달한 제도인 까닭에 그 구체적인 것은 각국에 따라 다르다. 예를 들면, 미국형의 大統領制는 거의 완전한 삼권의 분립을 인정하나, 영국형의 議院內閣制는 오히려 입법·행정의 융합을 나타내고 있다. 또한, 대륙법계의 국가에서는 行政裁判制度에 의해 행정권의 사법권으로부터의 독립을 강조하는 경향이 있었는데 대하여, 영미법계의 국가는 인정하지 않는다. 우리 헌법도 입법권은 국회에(40), 행정권은 대통령을 수반으로 하는 정부에(66 Ⅳ), 사법권은 법관으로 구성된 법원에(101 Ⅰ) 분속시킴으로써 權力分立主義에 입각하고 있다.

권력분산형(權力分散型) 같은 지위 또는 단계에서 병렬하는 기관 사이에 行政權을 될 수 있는대로 많은 행정기관에 분산시키는 행정조직을 말한다. 이는 행정의 전문화와 권력의 상호견제의 요청에 부합된다.

권력작용(權力作用) 국가가 우월한 지배적 지위, 즉 일방적 명령·강제의 입장에서 행하는 작용. 예를 들면, 組織權·警察權·財政權·軍政權의 作用과 같은 것이다. → 권력관계

권력적 단독행위(權力的單獨行爲) 공권력을 행사하여 명령·강제하는 등의 행정행위를 말한다. 사법행위나 일방성이 없는 공법상의 법률행위, 즉 公法上 契約·公法上 合同行爲 등은 행정행위가 아니다. 그러나 일방적으로 행하여지는 권력적인 행위인 한, 그 행위의 성립에 상대방의 申請·同意 등 협력을 요하는 경우라도 행정행위의 성격을 상실하지는 않는다.

권력적 행정(權力的行政) 〔獨〕 obrigkeitliche Verwaltung 행정의 본래적 활동이며, 사인에 대한 명령·강제의 작용을 말한다. 비권력적 행정에 대한 것. 이 범위에서 국가 또는 공공단체는 항상 私人에 대하여 명령자로서 우위에 서며, 그 관계는 命令·服從의 權力關係이다. 경찰·재정 등의 작용은 그 예. → 권력작용, 비권력적 행정

권력집중제(權力集中制) 權力分立의 원리를 근본적으로 부정하는 국가의 조직원리로서 실제로는 行政權에로의 권력집중이라는 형태를 취하여 나타난다. 현대에 있어서 권력집중제의 하나의 전형은 나치즘이며 국민을 정당성의 원천으로서 원용하면서 지도자의 獨裁를 공연하게 표방한다.

권 리(權利) 〔英〕 right 〔獨〕 (subjektives) Recht 〔佛〕 droit(subjectif) 법규범이 自然法的 規範이냐 實定法的 規範이냐에 따라서 의의가 달라진다. 자연법상의 자연권, 즉 天賦人權說이 말하는 권리는 다분히 이념적인 것을 포함한다. 자연법론의 쇠퇴(제2차대전 이후부터는 부흥의 기세가 농후하다)와 더불어 권리는 실정법상의 것으로 되었으나, 그 근저에 있어서 자연법상의 權利思想이 적지 않게 영향을 미치고 있다. 실정법상의 권리에 관한 학설은 많으나, 그 가운데 대표적인 것은, ① 權利意思說, ② 權利利益說, ③ 權利法力說인데 ③이 통설이다. 그러므로, 권리의 통설적 정의는 일정한 이익을 향수케 하기 위하여 법이 인정하는 힘이다. 法規範은 도덕 등의 行爲規範과는 달라 원칙적으로 개인 또는 단체에 대하여 권리를 인정하고 이에 대응하는 의무를 정한다. 법과 권리와의 관계에 있어서 권리의 본질을 논할 때에는 항상 법이 전제된다. 그러나, 과연 법은 권리에 선행하는 것일까. 이에 대하여 3說이 있다. ① 權利先存說. 18세기의 개인주의적 자연법적 사회계약설에서 유래하는 학설이다. ② 法先存說. 실정법만을 법이라고 보는 법실증주의자들의 학설로서 통설이다. ③ 同時存在說.

Recht, droit 등의 字義와 같이 객관적으로는 법을 의미하고, 주관적으로는 권리를 의미한다는 것이다(→객관적 법). 이러한 사고방식은 독일학자에 현저하며, 기이르케(Otto v. Gierke). 예링 등은 그 대표자라 할 수 있다. 권리사상의 변천을 보면, 중세의 義務本位의 사상으로부터 근세의 權利本位의 사상의 시대를 거쳐, 금세기 초두부터 권리에는 의무가 따른다는 사상에까지 발전을 했다. 그리고, 극단적인 權利否認論(예 : 뒤기)까지 나타났다.

권리공통 · 의무공통(權利共通 · 義務共通) 여러 사람이 1개의 권리 · 의무를 가지고, 또는 여러 사람이 가지는 각 권리 · 의무가 서로 牽連하는 것. 共有는 권리공통의 예이며, 不可分債務, 連帶債務, 주된 債務와 保證債務, 1통의 어음의 발행인 · 인수인 · 배서인 등은 의무공통의 예이다(民訴 61 참조). → 공동소송

권리구속(權利拘束) 〔獨〕 Rechtshängigkeit 訴訟係屬의 뜻으로 구민사소송법의 용어이지만 독일어의 오역에서 생긴 것.

권리금(權利金) 일반적으로 어떤 종류의 權利를 讓渡하는 대가로서 수수되는 금전. 예컨대, 갑으로부터 점포를 임차하고 있는 을이 그 貸借權을 병에게 양도함에 있어서, 그 양도의 對價로서 병이 을에게 지급하는 금전과 같다. 借賃과는 전혀 별도이다(전례에서 차임은 병이 갑에게 지급해야 한다). 권리금이라는 말은 또 국가로부터 特定營業의 허가를 받은 자가 그 영업을 할 수 있는 권리를 타인에게 양도하는 경우, 또는 타인의 물건(예컨대, 國有地)을 불법으로 점유하고 있는 자가 그 사실적 이익을 타인에게 인계하는 경우 등에 그 대가로서 수수되는 금전을 가리켜서도 쓰인다. 이와 같이 권리금이라는 말은 여러가지 경우에 쓰이며, 그 양도되는 권리 또는 이익의 종류가 다양하기 때문에 그 법률적 성질도 일률적으로 논하기 어렵다.

권리남용(權利濫用) 〔英〕 abuse of right 〔獨〕 Rechtsmissbrauch 〔佛〕 abus de droit 형식상은 권리의 행사로서의 외형을 갖추고 있지만, 그 권리의 본래의 사명을 벗어나기 때문에 실질적으로는 권리의 행사로 시인되지 않고 違法으로 되는 행위. 個人主義的 法律觀에 있어서는 자기의 권리를 행사하는 자는 어느 누구도 해하지 아니한다라는 원칙이 인정되고 있었기 때문에, 적어도 권리의 행사로 인정되는 행위는 어떠한 목적으로 행하여지든, 아무리 남에게 폐를 끼치든, 아무런 책임도 발생하지 않는다고 생각되었으나, 그 사상은 그 후 차차 수정되어, 권리는 사회공동생활의 향상 발전을 위하여 인정되는 것이기 때문에, 그 행사는 信義에 좇아 성실히 하여야 하며, 그렇지 않은 경우에는 權利의 濫用으로 되어 위법한 것으로 되게 되었다(民 2Ⅱ). 어떠한 경우에 권리의 남용으로 되느냐는 각 경우에 관하여 판단하여야 하는데, 단지 행위자의 主觀(타인에게 고통을 주기 위한 권리의 행사이냐 어떠냐)뿐만 아니라, 그 권리의 행사로 인하여 발생하는 권리자 개인의 이익과 의무자 또는 사회전체에 미치는 해악과를 비교 형량하여 결정하여야 한다. 권리남용의 효과는 권리의 종류에 따라 다르다. 일반적으로는 권리행사의 효과가 없으며, 남용으로 되는 권리자의 요구에 따르지 않더라도 책임이 발생하지 않고, 오히려 남용자의 행위가 불법행위로 되어 損害賠償義務를 발생시킨다. 또한 특별한 경우에는 남용자는 그 권리를 박탈당한다(924).

권리능력(權利能力) 〔獨〕 Rechtsfähigkeit 〔佛〕 capacité de jouissance des droits 권리 · 의무의 주체가 될 수 있는 法律上의 資格. 法人格이라고도 한다. 잠재적인 지위 내지 자격이며, 권리는 아니다. 민법 3조가 말하는 사람은 生存하는 동안 권리와 의무의 주체가 된다고 함은 이 뜻이다. 또한 현실로 특정의 권리 · 의무를 취득하기 위한 활동을 함에 있어서 필요한 行爲能力과도 다르다. 권리능력을 가지는 자는 自然人과 法人이다(→외국인). 자연인은 一般權利能力을 평등하게 가지며, 또한 원칙적으로 출생으로 인하여 권리능력을 취득하고(→태아), 사망으로 인하여서만 상실한다. 그리고 근대법에 있어서는 모든 자연인에게 평등한 권리능력이 부여되어 있는데, 이것은 오랜 역사적 발전의 소산이며, 옛날에는 권력에 복종하는 家子 · 노예 등에게는 권리능력이 부정 · 제한되었었다.

권리능력(權利能力) **없는 사단**(社團) 〔英〕 unincorporated association 〔獨〕 Verein ohne Rechtsfähigkeit 〔佛〕 association sans personnalité civile 法人格이 없는 社團. 법인이 아닌 사단이라고도 한다. 사단법인의 바탕이 되는 단체를 이루고 있기는 하지만, 그 단체, 즉 사단이 法人格을 취득하려면, 주무관청의 허가라든가 등기 등의 절차적 요건을 구비하여야 하는데, 그와 같은 절차적 요건을 갖추지 않았거나 또는 그것을 이루지 못하는 경우에는 법인격을 가지지 못하는 사단이 생긴다. 이 권리능력없는 사단에 관하여는 어떠한 法規範을 적용할 것인가에 관하여 민법은 물건소유관계 이외에는 아무런 직접적 규정을 두지 않았다. 그런데 권리능력없는 사단은 개개인의 단순한 집합인 조합과는 달라 구성원 개개인을 초월한 독립의 존재를 가지는 단체이므로, 社團法人과 본질을 같이

하는 것이되, 다만 法人格의 유무에 차이가 있을 따름이다. 따라서 근자의 통설은 법인격이 없는 데서 오는 차이를 제외하고는 될수록 사단법인과 같이 다루려고 한다. 그리하여, ① 社團의 內部關係, 즉 총회의 결의·구성원의 변동·사무집행기관 또는 감독기관의 선임 등에는 사단법인의 규정이 적용된다. ② 社團의 外部關係에 관하여는 대표자 또는 관리인이 정해져 있는 한, 소송상의 당사자능력이 있음은 명문으로 규정되어 있다(民訴 48). 기타의 사단의 대외적 교섭에 있어서도 사단의 규칙에 의하여 정해지는 대표기관에 의하여 대표되는 것은 사단법인의 경우와 같이 보아야 할 것이다. ③ 社團의 財産關係에 관하여는 법인이 아닌 사단의 사원이 집합체로서 물건을 소유할 때에는 總有로 하되, 총유에 관하여는 사단의 정관 기타 규약에 의하는 외에(民 275), 그 재산은 사원총회의 결의에 의하여 관리·처분되고, 각 사원은 정관 기타 규약에 좇아 總有物을 사용·수익할 수 있으며(276), 총유물에 관한 사원의 권리의무는 사원의 지위를 취득상실함으로써 취득상실하게 된다(277). 부동산의 登記에 관하여서는 그 사단 자체를 등기권리자 또는 등기의무자로 한다(不登 30). 예금채권에 관하여는 대표자의 성명에 사단대표자라는 표시를 붙여서, 실질적으로는 社團債權이라는 것을 표시하는 방법이 관용되고 있다. 또 채무관계에 관하여는 각 사원은 그 회비 기타의 부담금에 대한 出資義務를 한도로 하여서만 책임을 진다고 보는 것이 통설이다.

권리박탈법(權利剝脫法) 미국헌법 제1절 9항의 3은 권리박탈법 또는 遡及處罰法은 제정될 수 없다라고 하고 있다. 이 헌법은 수정조항이 추가되기까지에는 이 조항과 人身保護令狀의 보장 외에 포괄적인 기본권조항을 두지 않았다. 현재 권리박탈법의 금지는 재판에 의하지 않고 특정인에게 형벌 기타 불이익을 과하는 法律의 禁止라고 이해되고 있다.

권리법력설(權利法力說) 權利意思說이나 權利利益說을 종합 발전시킨 권리학설. 이 설에 의하면 권리란 일정한 이익의 享受를 가능케 하는 법률상의 힘이다. 법률상의 힘이라 함은 법률에 의하여 주어진 가능의 힘을 의미하는 것이며, 體力이나 知力과 같은 사실상의 실력을 의미하는 것은 아니다. 결국 이 설은 권리의 본질을 권리의 목적인 생활이익의 享受 내지 保護를 달성하기 위한 수단으로서 법에 의하여 인정된 힘이라고 보는 것이다. 이 權利學說이 오늘날의 지배적 경향이다. 그러나 법이전의 권리로서 인정되고 있는 자연권의 권리성에 대하여서는 이 학설로서는 아무런 해결도 주지 못한다.

권리변경(權利變更)**의 소**(訴) 〔獨〕 Klage auf Rechtsänderung 형성의 소와 같다.

권리보석(權利保釋) 필요적 보석과 같다. → 보석

권리보호요건(權利保護要件) 〔獨〕 Rechtsschutz voraussetzung 민사소송에 있어서 법원이 당사자의 일방에 그 권리를 보호하는 勝訴判決을 하는데 필요한 요건. 소송의 형식적 성립을 위해서 필요한 요건으로서의 소송(성립)요건에 대립시켜서 權利保護請求權을 설명하는 학설이 사용하는 개념. → 권리보호청구권

권리보호(權利保護)**의 이익**(利益) 〔獨〕 Rechtsschutzinteresse 민사소송법상 청구가 소에 의하여 판결을 받을 가치가 있다고 인정되는데 필요한 요건 중의 하나. 즉, 청구가 판결로써 확정되어야 할 구체적 요구가 구비되었을 때, 이 이익이 있는 것이다. 權利保護의 必要라고도 한다. 당사자적격이 주관적인 것임에 대하여, 이것은 객관적인 訴의 利益이다. 確認訴訟에서는 확인의 이익으로 나타나고, 履行訴訟 가운데 장래의 이행의 소에 관해서는 미리 그 청구할 필요로서 규정되어 있다(民訴 229). 현재의 이행의 소에는 주장된 履行義務가 이미 이행기에 이르렀으면 당연히 소의 이익이 있는 것이라 할 것이지만, 원고가 동일한 청구에 대해서 이미 승소판결을 얻은 경우는 再訴의 利益을 결하는 것이 보통이다. 또 形成訴訟은 법령에 명문의 규정이 있는 경우에 한하여 인정되는 것이기 때문에, 법정의 形成原因이 주장되면 그 이익이 있다 할 것이지만, 예를 들면 청산 중의 회사에 대한 設立無效의 訴는 그 이익이 없는 것으로 解하지 않으면 안된다. 또 이 이익을 결한 소의 취급에 관해서는 다툼이 있지만, 訴訟要件欠缺의 한 가지 경우로서 不適法却下의 소송판결을 하는 것이 옳다.

권리보호(權利保護)**의 자격**(資格) 〔獨〕 Rechtsschutzfähigkeit 審査訴訟法上 청구가 소에 의하여 판결을 받을 가치가 있다고 인정되는데 필요한 요건의 하나이다. 즉, 청구의 내용이 성질상 소로써 주장하는 것이 적당한 경우에 이 자격이 있다 한다. 권리보호의 이익과 더불어 객체에 관한 정당한 이익이 된다. 민사소송은 사인간의 생활관계상의 구체적인 利益紛爭을 국가적인 법률판단에 의하여 해결하는 것이기 때문에 그 원고측의 해결안인 청구는 법률적으로 당부를 판정할 수 있는 구체적인 권리의 주장이 아니면 안된다. 따라서 단순한 事實

의 存否(예외는 證書眞否確認訴訟·事實婚存否確認請求)나 법률문제라도 추상적인 법령의 효력 내지 해석에 관한 의견 등은 이 자격이 없다.

권리보호(權利保護)**의 필요**(必要) 〔獨〕 Rechtsschutzbedürfnis 권리보호의 이익과 같다.

권리보호청구권(權利保護請求權) 〔獨〕 Rechtsschutzanspruch 국민이 국가에 대하여, 그 私權의 보호를 위하여 재판권의 행사를 청구하는 公權. 이 관념은 19세기 후반 라반트 및 와하에 의하여 제창되고, 민사소송의 국법적 기초를 설명하는 것으로서 다수의 학자에 의하여 채용되고 있다. 국가가 사인의 자력에 의한 권리의 실현보호, 즉 自力救濟를 금지하는 대상으로 私權의 보호를 독점적으로 인수하여 스스로 權利保護義務를 지고 있으므로, 이에 대응하는 국민의 청구권이 권리보호청구권이라고 생각되고 있다. 이 권리는 그 청구하는 보호의 형태, 재판권의 작용이 다름에 따라, 訴權(判決請求權)·强制執行請求權·保全請求權·破産請求權 등의 모습으로 나타난다. 이 설에 의한 소권은 판결에 의한 보호, 즉 소에 의하여 자기에 유리한 판결을 청구하는 권리로 되어, 구체적인 내용의 승소판결을 청구할 수 있는 권리를 인정하는 점에서 具體的 訴權이라 불리어진다. 이 권리의 요건을 권리보호요건이라 하고, 소송상 승소의 판결을 받는 요건으로서, 그 자의 주장대로의 사법상의 권리관계가 존재할 것(이를 實體的 權利保護要件이라 한다) 외에, 當事者適格(訴訟遂行權)이 있을 것, 소송물이 일반적으로 재판상 주장할 수 있는 권리관계일 것(권리보호의 자격) 및 구체적으로 보호를 요구하는 법률적 필요가 존재할 것(권리보호의 이익 또는 권리보호의 필요) 등이 포함된다(이를 訴訟的 權利保護要件이라 한다). 따라서 그 어느 것을 결하여도 請求棄却을 免치 못한다. 이 설에 대하여는 국가법인 사법이나 재판에 의한 그 적용을 기다리지 않고 私權이 존재하는 것으로 예정하여 민사소송의 목적을 증명하는 것은 本末顚倒의 느낌이 있고, 뿐만 아니라 소송적 권리보호요건을 실체적 권리보호요건과 동렬에서 당사자의 일방의 勝訴判決의 요건이라 인정함은 잘못으로, 쌍방의 승패에 공통한 소송요건과 동시하여야 할 것이라고 하는 반대가 있다. 그러나 이러한 논쟁을 일으킨 것도 또한 이 설의 공적이라 할 것이다.

권리본위사상(權利本位思想) 법의 이론 및 실제에 있어서 권리의 의의를 중요시하며, 권리의 개념을 중심으로 하여 법제도를 바라보는 法思想. 이 사상은 일찍이 로마법에서도 찾아 볼 수 있으나 특히 근대에 이르러 自由主義的·個人主義的 社會觀과 결부되어 확립된 法律觀이다. 근대법제도는 원칙적으로 권리본위사상을 기반으로 하여 형성된 것이며, 의무는 다만 권리의 반사에 불과하다. 특히 사법의 영역에 있어서는 權利本位的인 法律構造가 지배적이다. 시대적으로 보아 중세의 법사상은 義務本位的이었으며, 여기에서 지배하는 법률구조의 형식은 공법적으로 나타났다. 근세의 법사상은 바로 이에 대립되는 개념인 것이다. 그러나 오늘날에 이르러서는 이러한 권리본위사상은 새로운 각도에서 비판을 받게 되고, 다시 의무화하는 경향을 보여준다. 예컨대 所有權의 義務化現象, 權利濫用禁止의 原則, 信義誠實의 原則 그러한 것이다. 그러나 이 의무화현상은 다시 중세적인 의무본위사상으로 후퇴한다는 것을 의미할 수는 없는 것이며, 그 의무의 본질도 중세의 봉건적 의무와는 전혀 그 성질과 기반을 달리하고 있다. 이 점에서 하나의 새로운 법률관이 요구되고 있는데, 이것을 職分本位的 思想이라고 부르는 학자도 있다. 동시에 여기에서 지배하는 법률구조의 형식은 공법적인 것도 아니며, 사법적인 것도 아니며, 사회법적인 것으로 나타난다. 이것은 공공의 복리라고 하는 현대의 법이념의 具體化 現象이며, 또한 이러한 새로운 유형의 법개념에 의하여서만 오늘날의 법질서는 법이론적으로 해명이 가능한 것이다.

권리부인설(權利否認說) 權利本位思想에 반대하여 법적 권리의 존재의의 또는 존재 그 자체를 부인하는 학설. 義務本位思想의 극단화된 형태이다. 이는 뒤기에 의하여 주장된 것으로서, 권리개념을 形而上學的 槪念이라고 하여 부인하여 버리고, 사회연대에 기인한 의무관념을 법이론의 중심개념으로 삼는다. 따라서 그는 의무를 법의 기본관념이라고 설파하며, 권리를 일종의 사회적 기능이라고 본다. 또한 켈젠도 권리의 독립적 존재를 부인하고, 법의 근본관념을 법적 의무라고 주장하는 한편, 권리를 법적 의무의 반사형태에 지나지 않는다고 보고 있다.

권리불발생(權利不發生)**의 항변**(抗辯) 상대방이 주장하는 권리가 어떤 원인, 예를 들면 법률행위에 있어서의 虛僞表示 등으로 말미암아 무효로 되어 성립하지 않았다는 것을 이유로 하여 그 청구를 거부하는 항변. 權利消滅의 抗辯과 함께 넓은 뜻의 항변에 속한다.

권리선언(權利宣言) 〔英〕 declaration of rights 인간 또는 국민의 자유와 권리를 선언하고 이를 보장하는 헌법적 규정. 權利章典이라고도 한다. 18세기말 미국 각주의 헌법을 비롯하여 현대헌법에는 다 포함되어 있다. 초기에는 自由權과 參政權이 주내용이었으나, 20세기 바이마르헌법부터는 生活權도 그 주요한 내용으로 등장하였다. 때로는 국민의 의무도 포함되는 수가 있다. 世界人權宣言도 이와 같은 내용을 가진 국제적 선언이다.

권리소멸(權利消滅)**의 항변**(抗辯) 상대방이 주장하는 권리는 어떠한 원인, 예컨대 辨濟·免除 등으로 이미 소멸하였으므로, 그 청구는 할 수 없다고 하는 항변. 권리불발생의 항변과 더불어 넓은 뜻의 항변에 속한다. 좁은 뜻의 항변, 즉 항변권은 상대방의 請求權의 존재를 인정하면서 다만 이행을 거부하는 反對權을 주장하는 것이지만, 이것은 상대방의 권리의 부존재를 주장하는 점에서 다르다.

권리실효(權利失效)**의 원칙**(原則) 〔獨〕 Verwirkung 권리자가 信義에 반하여 권리를 오랫동안 행사하지 않고 있으면, 소멸시효나 제척기간을 기다릴 필요없이, 권리의 행사가 저지된다고 하는 원칙. 예컨대 특허권이나 상표권을 오래 행사하지 않고, 비슷한 상품이 유통하는 것을 묵인한 때에는, 權利侵害를 주장할 수 없다고 하는 경우에 적용된다. 독일의 학자가 제1차대전 후에 처음으로 제창한 것인데, 우리나라에서도 信義誠實의 原則의 적용으로서 같은 결과를 인정하여도 좋을 것이다. 영미법에서도 에퀴티상 이 원칙과 비슷한 懈怠의 原則(doctrine of laches)이 인정되어, 권리의 행사가 신의에 반하여 지연·해태되면 에퀴티상의 보호가 거부되게 되어 있다.

권리(權利)**의 객체**(客體) 〔獨〕 Rechtsobjekt 〔佛〕 objet du droit 권리의 목적을 구성하는 대상. 물건에 한하지 않는다. 권리의 객체는 권리의 종류에 따라 각각 다르다. 物權에 있어서는 일정한 物件, 債權에 있어서는 債務者, 친족권에 있어서는 일정한 친족관계에 서는 자, 人格權, 즉 생명·신체·자유·명예와 같이 주체와 뗄 수 없는 이익을 목적으로 하는 권리에 있어서는 권리주체 자신, 無體財産權에 있어서는 저작물·발명·고안 등과 같은 인간의 정신적 산출물이 각각 그 권리의 객체이다. 민법은 권리의 객체 전반에 통하는 일반적 규정은 두지 않고, 다만 물건에 관한 규정을 두고 있을 뿐이다(民法 제1편 제4장).

권리(權利)**의 경합**(競合) 좁은 뜻으로는 1인에게 동일한 목적을 가진 수개의 권리가 동시에 존재하는 상태를 말하고, 넓은 뜻으로는 이 외에 다시 소위 權利衝突의 경우, 즉 권리자의 1인이 다른 권리자의 권리의 전부 또는 일부의 행사를 불가능하게 하지 않으면, 자기의 권리를 완전히 행사할 수 없는 상태로서 수인의 권리가 병존하는 것을 포함한다. 보통 권리의 경합이라 함은 좁은 뜻의 경합을 말한다. 좁은 뜻의 권리의 경합으로는 다시 ① 請求權의 경합, ② 形成權의 경합, ③ 支配權의 경합 등을 생각할 수 있다. → 청구권의 경합

권리(權利)**의 국제적 승인**(國際的承認) 國際私法은 한 나라 안에 있는 다른 나라와 국법을 행사할 것을 규정하는 것이 아니고 다른 나라의 국법에 의하여 취득되는 권리를 승인하여 그 실현을 容認하는 것이라는 입장에서 볼 때 그것은 권리의 국제적 승인이라고 불리운다. 말하자면 저촉규정으로서의 국제사법 외에 국제사법이 가지는 이런 면을 특히 강조한 자는 프랑스 학자 피레이다.

권리의무(權利義務)**에 관한 문서**(文書) 私文書의 일종. 직접 공법상 또는 사법상의 권리의무에 관한 의사표시를 할 목적으로서 또는 이미 성립한 권리의무에 관한 법률행위를 증명할 목적으로서 작성된 것. 사문서위조죄 및 사문서변조죄의 客體가 된다.

권리(權利)**의 변동**(變動) 권리의 발생·변경·소멸의 총칭. 이것을 권리의 주체로부터 말하면 權利의 取得·變更·喪失 등이 된다. 권리의 변동은 사람의 정신적 작용에 기하지 않는 사건이나 사람의 정신적 작용에 기하는 행위 등 여러가지 원인에 의하여 생기는데, 각 권리의 변동을 일으키는 원인을 통일적으로 관념하여 法律要件이라고 한다.

권리의사설(權利意思說) 〔獨〕 Willenstheorie 權利의 본질을 의사에 구하는 학설. 이 설은 빈트샤이트에 의하여 주장된 것으로서, 권리란 법률에 의하여 주어진 의사의 힘 내지 의사의 지배라고 한다. 물론 여기에서 말하는 의사는 단순한 자연적 의욕을 의미하는 것은 아니며, 법에 의하여 승인된 의사를 말한다. 이 설은 권리의 본질을 그 내용인 이익의 보호에 구하지 않는다는 점에서 權利利益說과 다르다. 또한 이 점이 권리의사설의 불충분한 점이라고도 말하여진다.

권리(權利)**의 상실**(喪失) 특정한 권리가 종래의 주체로부터 이탈하거나 혹은 없어지는 것. 권리의 취득과 발생에 대하는 개념이다. 권리상실의 원인은 法律行爲나 準法律行爲에 의할 수도 있고, 법률의 규정에 의할 수도 있다. 권리의 상실을 관점에 따라 相對的 喪失과 絶對的 喪失의 두 가지로 나눌 수 있다. 전자는 권리의 이전을 기존의 권리자편으로부터 바라 본 것인데, 그러나 이 경우에

도 권리 자체는 소멸하지 않고, 다만 그것이 원권리자로부터 이탈하여 다른 주체에로 옮겨갔다는 것뿐이다. 이것을 취득자측에서 보면 承繼取得이고, 권리 그것에서 보면 主體의 變更이다. 그러나 후자는 권리가 그 주체에서 이탈할 뿐만 아니라, 누구를 위하여서도 존재하지 않는 권리 자체의 소멸을 의미한다. 事件의 滅失로 인한 권리의 상실과 같은 것이 그것이다.

권리(權利)**의 설정**(設定) 권리의 주체가 그 권리를 보유하면서, 그 권리에 기하여 내용이 제한된 새 권리를 생기게 하는 것. 예컨대 소유권자가 地上權, 地役權, 傳貰權, 質權, 抵當權과 같은 制限物權을 설정하는 경우가 그것이다. 이러한 권리의 설정은 대부분 設定契約에 의한 합의로써 이루어지고, 일정한 요건을 구비하였을 때에(부동산은 등기, 동산은 인도) 효력이 생긴다. 그러나 설정계약에 의하지 않고, 법률의 규정에 의하여 직접 권리의 성립이 이루어지는 경우도 있다. 예컨대 法定地上權(民 305, 366), 法定抵當權(649), 法定質權(648, 650) 등에 의한 성립이 그러한 것이다.

권리(權利)**의 의무성**(義務性) 근세의 개인주의적 법사상으로는 私權을 국가 이상의 절대불가침의 것이라고 하고, 법 이전의 天賦不可讓의 것으로 생각하였다. 이 사상은 봉건제도를 타파하고 개인의 존엄을 확인하기 위하여는 다대한 공적을 남겼지만 19세기의 말경부터 주로 富의 偏在로 인한 사회사정의 변화 때문에 사권의 절대불가침성을 강조하여서는 벌써 사회 전체의 향상 발전을 기도하는 것이 불가능하게 되어 私權의 義務性 또는 社會性·公共性을 강조하게 되었다. 즉, 권리의 행사는 단순히 개인의 자유에 맡겨지는 것이 아니라, 사회에 대한 의무이기도 하다는 사상이 생겼다. 권리의 의무성은 바이마르헌법이 처음으로 이를 명문으로 규정하였으며(153), 우리 헌법도 재산권의 행사는 공공복리에 적합하도록 하여야 한다(23Ⅱ)고 규정하여 이 원칙을 채택하였다. 그리고 민법은 첫머리에서 信義誠實의 原則과 權利濫用禁止의 法理를 규정하고 있다.

권리(權利)**의 이전**(移轉) 권리가 그 자체로, 즉 동일성을 잃지 않고 갑으로부터 을로 주체를 옮기는 것. 前主인 을로부터 본다면 권리의 취득 및 承繼取得이다. 계약 그 밖의 법률행위로 인하여 또는 법률규정으로 인하여 일어난다.

권리(權利)**의 절도**(竊盜) 권리의 절도를 인정할 것이냐에 관하여는, 긍정설과 부정설이 대립한다. 肯定說은 강도죄·사기죄 등이 재산상의 이익을 그 대상으로 삼고 있는 것을 절도죄에 유추한다는 이유, 또는 권리도(사무적으로) 관리가능한 한 재물이라는 이유(→관리가능성설)에서, 債權과 같은 권리의 절도를 긍정한다. 否定說은 상술한 유추는 罪刑法定主義에 반하고 또 권리에까지 재물의 개념을 넓히는 것은 재물과 재산상의 이익과를 구별해서 규정하는 형법의 태도를 무시하는 것이라고 하여 권리의 절도를 부인한다. 통설은 후자를 취하고 있다.

권리(權利)**의 주장**(主張) 특정인에 대하여 권리의 존재를 인정시키려고 행하는 행위, 즉 자기가 權利者라고 주장하는 것. 예컨대 매매의 목적물에 대하여 제3자가 所有權·地上權을 주장하고(民 588), 賃借物·受置物에 대하여 제3자가 所有權 기타의 권리를 주장하는 것과 같다(634, 696). 대개 권리의 존재 내지 행사가 금지되거나 금지될 우려가 있을 때에 행하여진다. 권리의 행사와 다르지만, 행사에는 주장이 내재한다.

권리(權利)**의 주체**(主體) 〔獨〕 Rechtssubjekt 〔佛〕 sujet du droit 권리가 귀속하는 주체. 권리의 주체가 될 수 있는 지위 또는 자격을 權利能力 또는 人格이라 하고, 이것을 가지는 자를 법률상의 人格者라 한다. 이에는 自然人과 法人이 있다. 권리의 주체는 동시에 의무의 주체이기도 하다.

권리(權利)**의 처분**(處分) 권리자가 그 권리를 이전·변경·소멸 또는 제한하는 행위. 좁은 뜻으로 해석할 때에는 기존의 권리를 상실함에 이르는 경우만을 지칭한다. 권리의 처분은 원칙적으로 權利者의 자유이지만, 제한이 있는 경우도 적지 않다. →권리의 포기

권리(權利)**의 추정**(推定) 특정인이 어떠한 사실에 따라서 특정한 권리를 가진다고 추정되는 것. 예컨대 점유자가 점유물에 대하여 행사하는 권리는 적법하게 보유한 것으로 추정된다(民 200). 따라서 소유자로서 점유하는 자는 정당한 所有者로 추정된다. 이러한 추정을 받는 자는 그 권리를 다투는 자가 있더라도 스스로 권리자라는 것을 증명할 擧證責任을 지지 않는다. 오히려 그 권리를 다투는 자가 상대방이 권리자가 아니라는 것을 입증하여야만 한다. →추정

권리(權利)**의 포기**(抛棄) 자기가 가지고 있는 권리를 없애 버릴 것을 목적으로 하는 행위. 포기한다는 취지의 積極的 意思表示에 의한다는 점에서, 다만 그것을 행사하지 않고 있는 消極的 不行使와는 구별된다. 권리의 포기 여부는 원칙적으로

권리자의 자유이지만, 公權이나 身分權과 같은 것은 그 성질상 포기할 수 없는 것이 원칙이며, 재산권이라도 타인의 이익을 해하는 경우에는 이를 포기할 수 없다. → 채무면제

권리(權利)**의 행사**(行使) 〔獨〕 Ausübung des Rechts 권리의 내용을 실현하는 행위. 그 형태는 권리의 내용에 따라서 다르다. 권리의 행사는 物權과 같은 支配權에 있어서는 주로 事實行爲이고, 債權과 같은 請求權에 있어서는 급부를 청구하고 수령하는 행위이며, 形成權에 있어서는 意思表示를 하는 것이다. 권리의 행사는 보통 권리의 내용을 그 권리의 주체를 위하여 직접 실현하는 것을 말하지만, 넓은 뜻으로는 권리 자체를 처분하는 것(예 : 소유권의 양도)을 포함한다. 또 권리의 행사는 보통 권리의 주체에 의하여 행하여지지만, 타인(예 : 代理人, 管理人)에 의하여 행하여지는 수도 있다. 권리의 행사는 신의성실의 원칙에 좇아야 하며, 권리남용은 금지된다(民 2).

권리이익설(權利利益說) 〔獨〕 Interessentheorie 권리의 본질을 이익에서 구하는 학설. 이 설은 예링에 의하여 주장된 것으로서 권리란 법에 의하여 보호된 이익이라고 한다. 물론 여기에서 말하는 이익은 단순한 主觀的 利益이 아니고, 법에 의하여 보장되어 있는 이익을 말한다. 이 설은 생활이익의 보호라고 하는 권리의 목적에 착안하고 있다는 점에서 權利意思說의 불충분한 면을 보충하여 주기는 하나, 이익 그 자체를 권리라고 보게 되는 난점이 있다.

권리자백(權利自白) 〔獨〕 Rechtsgeständnis 당사자가 소송의 변론 또는 준비절차에서 자기에 불리한 구체적인 權利關係 또는 法律效果의 存否를 인정하는 진술. 민사소송법상 자유(재판상 자백)이 되는 것은 구체적인 사실의 진술에 한하고(民訴 261), 법률상의 陳述 또는 經驗法則에 대한 진술은 자백의 대상이 되지 않는다. 그러므로 권리자백은 본래의 자백이 아니다. 그 진술이 청구 자체에 관한 경우라면 請求의 抛棄·認諾(206)이 되나, 다만 청구에 대한 판단의 전제가 되는 사항인 경우에는 상대방은 자기의 권리주장을 이유있게 할 필요는 없게 되나, 확정적으로 법원의 판단을 배제하는 것은 아니기 때문에, 그 판단의 기초사실이 변론에 나타난 때에는 그 사실의 인정 여하에 따라 법원은 반대의 판단을 할 수도 있는 것이다. 예컨대 所有物의 返還請求에 대하여 피고는 원고가 소유자라는 것을 인정하는 경우와 같다. 그런데 권리자백에 대해서도 자백의 성립을 인정하려는 유력한 견해가 있다. 다만 주의할 것은 법률상의 용어로 진술되었다 하더라도 그것이 구체적인 사실의 표현으로 인정되는 경우에는 자백이 된다. 특히 賣買·賃貸借와 같은 상식적인 법률용어를 사용한 경우에 그 예가 많다. 권리자백에 있어서는 그 자백자가 언제든지 철회·변경할 수 있으며, 裁判上自白과 같은 제약이 없다(261 但 참조).

권리자참가(權利者參加) 민사소송법 72조에 의한 獨立當事者參加를 가리킨다. → 독립당사자참가

권리장전(權利章典) 〔英〕 Bill of Rights ① 1689년 영국왕 윌리암 3세와 왕비 메리 2세에 왕관을 주면서 제정한 법률. 내용은 왕이 국회의 동의없이는 법률의 효력정지, 그 적용의 면제, 상비군의 설치, 조세의 부과 등을 할 수 없게 하고, 국민의 請願權, 국회에 있어서의 言論自由를 인정하고, 과도한 보석금과 벌금 및 참혹하고 이상한 형벌을 금지하는 등이다. 大憲章과 權利請願과 함께 영국 헌법상의 三大聖書라고 불린다. ② 일반적으로 권리장전이라 할 때에는 헌법 중 기본적 인권을 선언한 부분을 말한다. 미국헌법에서 권리장전이라 할 때에는 기본적 인권을 규정한 修正憲法부터 10조까지를 말한다.

권리점유(權利占有) 〔獨〕 Rechtsbesitz 〔佛〕 possession des droits 물건의 점유에 대하여 財産權의 占有를 말한다. 준점유와 같다.

권리조항(權利條項) 〔英〕 declaration of rights, bill of rights 권리선언 또는 권리장전과 같은 말. 국민 또는 인간의 자유권 기타의 권리를 선언하고 보장하는 규정의 一群. 18세기말의 美國諸州의 헌법이래 제국의 헌법에 원칙적으로 포함되어 있다. 우리나라 헌법 제2장도 이에 해당한다. 그 내용은 때와 곳에 따라 상이하나 일반적으로 自由權·受益權·參政權이 규정되는 것이 통례이며, 바이마르헌법 이후는 生存權도 그 중요한 내용으로 등장하고 있다. 그 밖에 국민의 의무에 관한 규정도 포함되고 있다.

권리주(權利株) 회사의 성립(商 172) 또는 新株發行의 효력발생(423 I) 전의 주식, 즉 株式引受에 의한 권리를 말한다. 이 권리주의 양도를 자유롭게 하면 투기의 남용을 조장하고, 회사설립의 공고성을 해칠 우려가 있다. 뿐만 아니라 발기인이 권리주의 賣却에 의하여 부당하게 이익을 얻고 무책임하게 도피하는 따위의 폐단도 생긴다. 이러한 점들을 감안하여 법은 권리주의 양도는 회사에

대하여 효력이 없도록 규정하였고(319), 이를 신주 발행의 경우에도 準用하였으며(425), 또한 실제상 폐해가 많은 발기인의 권리주의 양도에 대하여서는 過怠料의 제재를 과하고 있다(635Ⅱ). 구법에서는 發起人의 권리주의 양도는 금지하고, 기타의 자의 권리주의 양도는 회사에 대하여 효력이 없도록 규정하고 있었는데 대하여(舊商 190), 상법은 일률적으로 權利主讓渡는 회사에 대하여 효력이 없도록 규정한 것이 특색이다. 그러나 권리주의 양도는 당사자간에서는 유효하다. 그러므로 회사성립 후에 있어서 양도인은 주식 名義改書의 절차를 밟을 의무가 있으나(실제상은 양도인은 납입금영수증과 株式名義改書請求의 백지위임장과를 양수인에게 교부하고, 양수인이 회사로부터 양수인 명의의 株券을 받아 자기 또는 제3자에게 명의개서를 할 수 있도록 하는 것이다). 회사에 대하여서는 양도의 효력이 없으며, 회사는 양도인을 최초의 주주로서 취급한다.

권리증(權利證) 일반적으로 권리를 증명하는 문서를 의미하는 말이지만, 특히 부동산에 관한 권리를 증명하는 문서인 登記畢證을 가리켜서 쓰이는 경우가 많다. → 등기필증

권리질(權利質) 〔獨〕 Pfandrecht an Rechten 〔佛〕 gage sur les droits 재산권을 목적으로 하는 質權(民 345). 질권은 원래 유체물인 물건에 관하여 발달하여 왔으므로, 보통의 질권에 관한 이론 및 제도는 권리질에 관해서는 다소의 수정이 필요하다. 따라서 動産質權에 관한 규정은 성질이 許하는 한 권리질에 준용하기로 하고 있다(355). 목적물을 빼앗아서 그 점유를 채권자에게 옮김으로써 심리적 압박을 가하는 작용(留置的 作用)이 적은 점에서 動産質權과는 다르지만, 목적물의 교환가치로부터 우선변제를 받는다는 질권의 本體的 效力에서는 차가 없을 뿐만 아니라, 債權質·株式質 등에 있어서는 換價·優先辨濟의 방법이 더욱 간단하므로 현사회에서는 그 기능이 크다. 債權·株式·無體財産權 등 양도할 수 있는 재산권은 모두 권리질의 목적이 될 수 있는 것이 원칙이지만(331, 345), 부동산의 使用收益을 목적으로 하는 권리(예: 지상권·전세권·부동산임차권 등)는 권리질권의 목적으로 할 수 없다(345 但). 따라서 부동산에 준하여 취급되는 재산권인 광업권·어업권·재단 등도 질권의 목적이 될 수 없고(鑛 13, 工抵 14, 鑛抵 3 등), 또 所有權·地役權·占有權 등은 그 성질상 질권의 목적이 될 수 없다. 特許權·著作權과 같이, 목적물의 인도라는 관념이 없고 또 특별법상 등록이 질권설정의 효력발생요건 또는 대항요건으로 되어 있는 것(特許 118, 著作 52)은 실질상은 저당권과 동일하다(→등록질). 결국 권리질의 목적으로서 주요한 것은 채권과 주식의 두 가지이다. →채권질, 주식의 입질

권리청원(權利請願) 〔英〕 Petition of Right ① 1628년 영국왕 찰스 1세 초기에 국왕의 승인을 받은 국민의 자유에 관한 국회의 선언. 惡政에 대한 국민의 자유를 보장하기 위하여 하원의 유력자들이 왕에 대한 청원서를 작성하고 이를 상원을 통과시켜 왕의 서명을 얻은 문서. 權利章典처럼 엄격한 의미의 國會制定法인 것은 아니지만 대헌장과 권리장전과 합하여 영국헌법상의 三大聖書라고 불린다. 내용의 주요점은 국회의 租稅承認權과 신체의 자유 기타의 자유권의 보장에 있다. 코크가 기초한 것이라고 하는데, 왕은 처음에는 강경히 반대하였으나 후에 할 수 없이 승인하였다고 한다. 왕과 국민과의 협정으로 이루어진 헌법적 문서의 하나이다. ② 국왕으로부터 동산 또는 부동산을 회복하고, 또는 계약위반의 손해배상을 청구하기 위하여 영국 보통법이 인정한 방법. 國王은 惡을 행하지 못한다(The King can do no wrong)의 원칙에 의하여 국왕을 訴訟上의 대상으로 하지 못하기 때문에, 청원의 형식으로 인정되었다. 에드워드 1세 때 시작되었다고 하나 1947년의 國王訴追法(Crown Proceedings Act)에 의하여 국왕도 소추대상으로 할 수 있게 되었으므로, 이 방법은 폐지되었다.

권리침해(權利侵害) 〔英〕 violation of rights 〔獨〕 Rechtsverletzung 〔佛〕 violation du droit ① 현재 또는 장래의 利益享受를 가능하게 하기 위하여 법이 인정하는 권리에 대하여, 권리자 이외의 자가 권리자의 이익향수를 전면적으로 또는 부분적으로 불가능하게 하는 것을 권리침해라고 한다. 그리고 그것은 권리 자체의 존립을 해하는 것과 같은 방법으로 행하여지는 것도 있지만, 권리의 내용을 현실화하는 과정, 즉 권리의 행사를 방해하는 것과 같은 방법으로 행하여지는 것도 있다. 예컨대 所有權의 侵害는 객체인 물건을 毁滅하여 소유권을 소멸시킴으로써 행하여지는 것도 있지만, 물건을 소유자로부터 奪取하거나, 소유자가 물건을 이용하려는 것을 방해함으로써 행하여지는 것도 있다. 그러나 이와 같은 권리침해의 방법이나 형태는 각종의 권리의 내용이 상이함에 따라 달라지는 것은 말할 것도 없다. 권리침해가 사법상 어떠한 결과를 일으키는가는 침해된 권리의 종류와 침해의 형태에 의하여 다르다. 예컨대 占有權의 침해에 대하여는 점유의 妨害와 侵奪을 나누어 占有保護請求權이 인정되

고(民 204 이하), 소유권 기타의 物權이 침해된 경우에는, 물건의 返還請求權이나 妨害排除請求權이 생기고, 無體財産權의 침해에 대하여는 저작권법, 특허법 등에 각각 구제방법이 규정되어 있다. 그리고 일반적으로는 권리침해는 불법행위를 구성하여 피해자를 위하여 損害賠償請求權을 발생시킨다. ② 구민법은 고의 또는 과실로 인한 권리침해를 불법행위로서 배상책임을 지게 하고 있었다(舊民 709). 그러나 사회생활상 침해로부터 보호하여야 할 것에는 物權·債權·無體財産權·人格權 등 성문법상 권리로 되어 있는 것 이외에 영업상의 이익과 같은 여러가지의 생활이익이 있다. 그러므로 권리 이외에 그러한 생활이익까지도 보호하기 위하여 개인의 법익의 보호규정에 위반한다든가 사회질서에 반하는 가해행위의 경우에도 불법행위가 성립한다는 입장에서, 민법은 구민법시대의 학설·판례에 따라서 구민법이 불법행위의 성립요건으로서 권리침해라고 표현하고 있던 것을 違法行爲라고 고쳤다.

권리항변(權利抗辯) 원고가 주장하는 법률효과를 배제하기 위하여 피고가 사법상의 取消權·解除權·相計權 등의 形成權의 행사를 내용으로 하는 항변을 말한다. 辨濟나 免除 등의 事實抗辯에 상대되는 개념이다. 사법상의 형성권이 訴訟係屬 후에 공격방어방법으로서 비로소 행사되는 경우에 있어 그 법적 성질에 관해서는 소송상의 형성권 행사행위는 법률적으로 두 개의 행위(즉 私法行爲와 訴訟行爲)가 존재한다고 보는 竝存說과 순전히 단일의 소송행위라고 하는 訴訟行爲說이 대립하고 있다.

권리행사(權利行使)**를 방해**(妨害)**하는 죄**(罪) 타인의 占有 또는 權利의 목적이 된 자기의 물건에 대한 타인의 재산권의 행사를 방해하거나 또는 강제집행을 면할 목적으로 채권자를 해하는 罪(刑 323~328). 본죄의 보호법익은 制限物權이나 債權이다(물론 325조에 있어서는 신체·자유도). 이러한 의미에서 대체로는 재산에 대한 죄에 포함시키는 것이 타당할 것이다. 여기에는 權利行使妨害罪(323)·占有强取罪(325 Ⅰ)·準占有强取罪(325 Ⅱ)·重權利行使妨害罪(326)·强制執行免脫罪(327)가 속한다. 다만 324조의 강요에 의한 권리행사방해죄 및 326조 전단의 重權利行使妨害罪는 자유에 대한 죄라고 보는 것이 타당할 것이다. →강요죄, 중강요죄

권리행사방해죄(權利行使妨害罪) 타인의 점유 또는 권리의 목적이 된 자기의 물건을 取去·隱匿 또는 損壞하여 타인의 권리행사를 방해하는 죄(刑 323). 여기서의 占有는 權原에 의한 점유, 즉 적법한 原由에 기하여 그 물건을 점유할 권리있는 자의 점유를 의미한다고 보아야 한다. 왜냐하면 본죄는 이러한 점유의 기초가 되어 있는 本權(예컨대, 질권·유치권·임차권 등)을 보호하기 때문이다. 따라서 本權을 갖지 않는 절도범인의 점유는 여기에 해당하지 않는다. 取去·隱匿·損壞行爲에 의하여 타인의 권리행사가 방해될 우려있는 상태가 발생함으로써 족하며, 현실로 권리행사가 방해되었음을 요하지 않는다. 그러나 그 행위에 착수하였을지라도, 이를 이루지 못함으로써 권리행사가 방해될 우려있는 상태가 발생하지 않는 한, 본죄를 구성하지 않는다(未遂犯處罰規定이 없음). 親族相盜例의 적용이 있다(328). →권리행사를 방해하는 죄

권 매(權賣) 환퇴와 같다.

권면액(券面額) 〔英〕 par value 〔獨〕 Nennwert ① 일반적으로 증권면에 기재된 표시금액을 지칭하고, 주식에 있어서는 액면에 기재된 일정한 금액을 말한다. 額面額과 같다. 형식적인 기재액인 점에서 실지의 引受價額·發行價額과는 다르다. 액면액을 가지는 유가증권으로는 어음·수표·채권·상품권·주권 등이 있다. 無額面株式을 인정하지 않는 우리나라에서는 모든 주권은 권면액을 가진다. 주식의 발행에 있어서 권면액 이상의 발행(프리미엄)을 할 수 있고(商 291 ii), 권면액 이하의 발행(주식의 割引發行)은 원칙적으로 금하나 일정한 경우에만 허용된다(330, 417). 1주의 권면액은 균일하여야 하고, 5000원 이상이어야 한다(329 Ⅲ·Ⅳ). 증권상의 권리·의무는 원칙적으로 권면액을 기준으로 하여 결정된다. ② 强制執行法上으로는 압류와 관련하는 金錢債權의 名義價額을 말한다. 현민사소송법은 구법과는 달리 轉付命令의 목적이 될 수 있는 채권은 반드시 권면액이 있어야 한다는 조문을 삭제하였는데 학설상 여전히 권면액을 요한다는 견해와 그렇지 않다는 견해의 대립이 있다.

권 원(權原) 〔英〕 title 〔獨〕 Rechtstitel 〔佛〕 titre 어떤 법률적 또는 사실적 행위를 하는 것을 정당화하는 法律上의 原因. 예컨대 타인의 토지에 물건을 부속시키는 권원은 地上權·賃借權 등이다(民 256). 다만 占有에 관하여는, 점유를 정당케 하느냐 어떠냐를 묻지 않고, 점유를 하기에 이른 모든 원인을 포함한다. 특히 占有取得을 적법하게 하는 取得原因을 正權原이라 한다.

권 위(權威) 〔英〕 auhority 〔獨〕 Autorität 〔佛〕 autorité 넓은 뜻으로는 상하관계에 따르는 사회적 세력일반을 가리키지만, 좁은 뜻으로는 당

해 사회의 價値意識(價値規準)에 의하여 승인되고 정당화된 가치나 능력을 가진 특정개인이 다른 개인에게 주는 비합리적인 대인적 영향력을 말한다.

권위국가(權威國家) 〔英〕 authoritarian state 〔獨〕 Autoritätsstaat 지도자의 권위를 중심으로 하여 조직된 獨裁國家의 일종. 정부와 국민과의 관계가 지도자 대 복종자라는 관계에서 고려되고, 정부는 지도자의 권위에 대한 신뢰를 기초로 하여 구성되기 때문에 立憲國家에서와 같은 정부의 專橫을 방지하기 위하여 설정된 여러 제도가 전부 제거되고, 국가가 국민에 대한 완전한 행동의 자유를 보유하는 점에 그 특징이 있다.

권위주의형법(權威主義刑法) 나치 독일에 있어서의 刑法原理이며 전체주의 국가사상하에서 형법의 임무는 民族共同體로서의 국가의 방위라고 한다. 一般豫防·威脅主義가 강조된다.

권 한(權限) 〔英〕 competence 〔獨〕 Zuständigkeit, Kompetenz 〔佛〕 compétence ① 행정기관이 법률상 유효하게 국가 또는 공공단체의 행위를 할 수 있는 범위. 管轄이라고도 한다. 그 내용과 범위는 헌법·법률 또는 이에 기한 명령에서 결정된다. 보통 지역, 사항, 또 때로는 인적 범위에 따라 일정한 한계가 있다. 그 한계내의 사무를 처리하는 것은 그 기관의 職權인 동시에 職務이다. 권한을 초과하는 행위 또는 무권한의 행위는 瑕疵있는 행위로서 완전한 효력을 발생하지 못한다. ② 사법상으로도 대리인 또는 법인의 기관에 이러한 의미의 권한이라는 말이 쓰여진다. → 권한의 대리, 권한의 위임

권한개시영장(權限開始令狀) → 쿼 워란토

권한남용(權限濫用) 행정기관이 일정한 목적을 위하여 인정된 자기의 권한을 그 이외의 목적을 달성하려는 의도하에 사용하는 것. 公益을 위해서가 아니라 자기 또는 제3자의 사적이익의 실현을 위하여 그 권한을 사용하거나 법이 예정하는 특정목적 이외의 行政目的을 실현하기 위한 수단으로서 사용하는 것이다. 권한의 남용은 行政處分의 取消 또는 國家賠償責任의 원인이 될 수 있다.

권한대행(權限代行) 공법상으로는 어떤 국가기관 또는 국가기관의 構成員의 權限을 다른 국가기관 또는 국가기관의 구성원이 대행하는 것. 대통령이 闕位되거나 事故로 인하여 직무를 수행할 수 없을 때에는 국무총리, 법률에 정한 국무위원의 순위로 그 권한을 대행한다(憲 71). 사법상으로도 대리인의 代理行爲에 관하여 사용될 수 있는 용어. → 서리, 권한의 대리

권한배정(權限配定) 국가기관 상호간의 권한을 헌법과 법령에 의하여 배정하는 것. 행정각 부문간의 권한배정은 정부조직법 기타의 법률에 규정되어 있다. 권한배정의 기본계획은 國務會議의 심의사항이다(憲 89 xi). 관청상호간의 권한배정에 의문이 생겨 쟁의가 일어나면 국무회의에서 결정짓고, 1부내의 기관 상호간의 경우는 그 부의 장관에 의하여 결정된다. → 주관쟁의

권한(權限)의 대리(代理) 관청의 권한의 전부 또는 일부를 그 보조기관이나 다른 관청이 被代理官廳의 대리인으로서 행사하여 그 대리인의 행위가 피대리관청의 행위로서의 효력을 발생하는 것. 관청의 권한 및 그 자체를 다른 기관에 委讓하는 權限의 委任 및 관청의 보조기관이 그 관청의 이름으로 단지 사실상 그 관청의 권한을 대리행사하는 委任專決과 각각 구별된다. 관청의 대리는 그 발생원인에 따라 法定代理와 任意代理로 구분되며, 전자는 다시 補充代理와 指定代理로 나눌 수 있다. → 법정대리, 임의대리, 보충대리, 지정대리

권한(權限)의 위임(委任) 행정관청의 자신의 법령상의 권한의 일부를 다른 관청(보통은 下級官廳)에게 移讓하고 그것을 이양받은 관청의 권한으로서 그의 명의와 책임하에서 행사케 하는 것. 이 권한의 위임은 법령으로 정하여진 權限配定의 변경을 의미하므로 법적 근거를 요하며(예 : 地自 93·95, 國財 19, 舊建設業法 41Ⅲ, 醫 64 등), 또 권한의 전부의 위임은 당해 관청의 실질적 폐지를 의미하므로 그 일부의 위임만 허용된다. 권한이 위임되면 위임관청은 수임관청의 행위에 관하여 책임을 지지 아니한다(다만, 委任行爲 자체에서 발생하는 책임과 수임관청이 하급관청인 경우의 상급관청으로서의 일반적인 감독의 책임은 진다). 권한의 위임은 권한 자체가 이양되는 점, 법적 근거를 요하는 점, 受任者가 하급관청인 것이 보통인 점 등에서, 權限의 代理와 다르다. → 권한의 대리

권한(權限)의 획정(劃定) 主管爭議(또는 權限爭議)를 결정하는 것. 행정관청의 권한에 관하여 분쟁이 있을 때에는 그 상급관청이 이를 결정하고, 상급관청이 동일하지 않을 때는 상급관청간의 협의에 의하며, 상급관청간의 협의가 이루어지지 않을 때는 국무회의의 심의를 거쳐(憲 89), 행정부의 수반으로서의 대통령의 결정에 따를 수밖에 없다. 국가기관 상호간, 국가기관과 지방자치단체 및 지방자치단체 상호간의 權限爭議에 관한 심판은 헌법재

판소가 이를 관장한다(111 I). → 주관쟁의

권한재판(權限裁判) 행정권과 사법권을 분리하는 제도하에서 양자간의 특히 행정권에 속하는 行政裁判所와 司法權간의 권한쟁의를 해결하는 제도. 적극적 권한쟁의의 경우는 行政權을 사법권의 간섭으로부터 보호하려는 견지에서 행정청의 쟁의의 제기에 의해, 또한 소극적 權限爭議의 경우에는 소송당사자를 재판의 거부로부터 보호하기 위하여 당사자의 제기에 의해 권한재판소가 어느 권한에 속하는가를 재판한다.

권한쟁의(權限爭議) 주관쟁의와 같다.

권한쟁의심판(權限爭議審判) 현행 헌법에 의하면 헌법재판소는 국가기관 상호간, 국가기관과 지방자치단체간 및 지방자치단체 상호간의 권한쟁의에 관한 심판을 관장한다(憲 111 I iv)라고 하여, 헌법재판소의 권한으로 權限爭議審判權을 규정하고 있다. 권한쟁의라 함은 국가기관 등간에 權限의 존부 또는 범위에 관하여 적극적 또는 소극적인 분쟁이 발생한 경우에 독립적 지위를 가진 제3의 기관이 그 권한의 존부·범위·내용·한계 등을 명백하게 함으로써 그 분쟁을 해결하는 제도를 말한다. 이 제도는 국가기관 등의 기능수행을 원활하게 하고, 국가기관 등 상호간에 견제와 균형의 원리가 실현되게 하려는데 그 목적이 있다. 권한쟁의심판의 종류에는 국가기관 상호간의 권한쟁의심판, 국가기관과 지방자치단체의 권한쟁의심판, 지방자치단체 상호간의 권한쟁의심판(憲裁 62 i 참조) 등이 있다.

권한초과(權限超過) 권한을 초과하여 행하는 것.

[1] 행정법상 행정기관이 그 권한을 초과해서 한 행위는 하자있는 행정행위로서 取消의 원인이 된다. 權限踰越이라고도 한다. 세무서장이 면세해서는 안될 세금을 면제해 주는 것, 경찰서장이 허가해서는 안될 영업을 허가해 주는 것 등이 그 예이다.

[2] 민법상의 權限踰越에 관하여는 表見代理, 無權代理를 보라.

궐석절차(闕席節次) 〔獨〕 Versäumnisverfahren 민사소송법상 당사자 일방이 口述辯論期日에 결석한 경우에 취하는 절차. ① 출석하여야 할 구술변론기일에 당사자가 출석하지 않고 또는 출석해도 本案의 변론을 하지 않을 때에는 그 자가 제출한 소장·답변서 및 그 밖의 준비서면에 기재한 사항을 진술한 것으로 보고, 상대방에게 변론을 하게 할 수 있다(民訴 137). 이로써 재판을 할 수 있게 되면 변론을 종결하고 판결을 해도 무방하다. ② 續行期日에 당사자가 출석하지 않거나 또는 출석하더라도 본안의 변론을 하지 않을 때에는 이에 결석자의 종전에 변론 또는 擬制的 辯論이 있으므로 출석자에게만 변론시키고 판결을 할 때가 이르면 변론을 종결할 수 있다. 변론개시 후 속행기일 전에 제출된 준비서면이 있더라도 그 내용은 진술의 의제를 받지 않는다(口述主義). 그리고 궐석절차에 있어서도 의제자백의 적용이 있으며(다만 公知送達에 의한 召還을 받은 경우는 제외(139 Ⅲ). 상대방이 주장한 사실을 자백한 것으로 간주한다(139 I).

궐석판결(闕席判決) 〔獨〕 Versäumnisurteil 當事者의 一方이 구술변론 기일에 결석한 경우에 재래의 변론상태 여하를 불구하고 출석당사자의 주장만을 기초로 하여 행하는 결석자에게 불리한 판결. 현행 형사소송법은 원칙으로 궐석판결을 인정하지 않는다.

궤 도(軌道) 일반 교통의 이용에 제공하기 위하여 원칙적으로 지상에 부설한 궤도에 의하여 여객 또는 화물을 운송하게 하는 軌條(索道·軌道法 3 Ⅱ). 철도가 원칙적으로 도로에 부설될 수 없는 것에 대응한다. 주로 시가지의 교통수단에 사용된다. 軌道事業을 영업하고자 하는 자는 건설교통부장관의 면허를 받아야 하며(4), 그 사업운영에 있어서는 시·도지사로부터 각종의 認可(7) 및 기타의 監督을 받아야 한다.

귀속재산(歸屬財産) 1948년 9월 11일 대한민국정부와 미국정부간에 체결된 財政 및 財産에 관한 最初協定 5조의 규정에 의하여 대한민국정부에 移讓된 모든 재산을 말한다(歸財 2 I). 敵産이라고도 한다. 귀속재산은 원칙적으로 귀속재산처리법의 규정에 의하여 처리되나, 歸屬農地는 농지개혁법에 의하여 처리된다(歸財 2 I 但. 舊農地改革法 5 I 가). 귀속재산은 귀속재산처리법과 동법에 의하여 발하는 명령이 정하는 바에 의하여, 國有 또는 公有財産, 國營 또는 公營企業體로 지정된 것을 제외하고는 대한민국의 국민 또는 법인에게 매각한다(歸財 3). 이 지정 또는 매각이 될 때까지는 정부가 관리하는 바(4), 정부가 관리하는 귀속재산은 대한민국의 국민 또는 법인에게 임대할 수 있으며, 임대하기에 적당하지 아니한 귀속재산은 管理人을 선정하여 관리한다(24 I, 25). 귀속재산의 관리기관은 지방세무관서가 관장한다(37). 국세청에 歸屬財産訴請審議會를 둔다(39 I).

귀속재산소청심의회(歸屬財産訴請審議會) 귀속재산처리에 관한 소청을 심의결정하기 위하여 국세청에 두는 기관(歸財 39).

귀족정체(貴族正體) 〔英〕 aristocracy 소수자가 民意의 구속을 받지 않고 그들의 특권으로써 1국의 統治權을 운용할 수 있는 정체. 君主政體 및 民主政體에 대응하는 정체의 일종이며, 전자와 같이 지배자가 1인이 아니며 또 후자와 같이 다수가 아닌 점에 특징이 있다. 지배자인 소수자의 자격은 血統·門閥에 의해서 결정된다. 이들 지배층의 전부가 직접 정치에 관여하는 경우를 直接的 貴族政治, 그 일부만이 선택되어 이에 관여하는 경우를 間接的 貴族政治라고 한다. →정체

귀 책(歸責) 〔羅〕 imputatio 〔獨〕 Zurechnung 형법상 넓은 뜻으로는 결과를 원인에 결부시키는 판단을 가리키고, 그 가운데서 행위와 그 결과와를 결부시키는 판단을 客觀的 歸責, 행위와 그 주체(의 의사)와를 결부시키는 판단을 主觀的 歸責이라고 한다. 보통 전자는 因果關係와 동의로 쓰이고, 후자는 책임(→형사책임)과 동의로 쓰인다. 형법상 단지 귀책이라고 하는 경우에는, 주관적 귀책을 뜻하는 일이 많다. 그런데, 최근에는 비난가능성을 책임의 본질로 삼고서, 주관적 귀책과 책임을 구별하는 설도 있다.

귀책사유(歸責事由) 법률상의 불이익을 과하기 위하여 필요로 하는 주관적 요건. 그 실질은 意思能力 또는 責任能力이 있을 것, 고의 또는 과실이 있을 것이다. 채무자의 책임있는 사유(民 546) 또는 채권자의 책임있는 사유라고 하는 것은 채무자 또는 채권자 자신에 고의·과실이 있는 경우 뿐만 아니라, 代理人·被用者 기타 債務者 또는 債權者가 이용한 자에게 고의·과실이 있었던 경우도 포함한다(391 참조). →이행보조자

귀향여비(歸鄕旅費) 취업을 목적으로 거주를 변경한 근로자가 미리 명시된 근로조건이 사실과 相違하다는 것을 이유로 하여 勤勞契約을 해제한 경우에 근로자에게 귀향여비를 지급하여야 한다(勤基 26). 또한 여자와 18세 미만자가 해고일로부터 14일 이내에 귀향하는 경우도 동일하다(74).

귀 화(歸化) 〔英〕 naturalization 〔獨〕 Einbürgerung 넓은 의미로는 외국인이 내국인으로 되는 모든 경우를 총칭하나, 엄정한 의미로는 외국인이 內國人이 됨을 지망하여 국가가 이에 대하여 國籍을 부여하는 것. 다음의 요건을 갖춘 외국인은 법무부장관의 허가를 얻어 귀화할 수 있다. ① 5년 이상 계속하여 대한민국에 주소가 있고, ② 만 20세 이상으로서 그의 本國法에 의하여 능력이 있고, ③ 품행이 단정해야 하고, ④ 독립의 생계를 유지할 만한 자산 또는 기능이 있어야 하고, ⑤ 국적이 없거나 또는 대한민국의 국적을 취득함으로 인하여 6개월 이내에 외국국적을 상실케 될 것(國籍 5~7 참조). 귀화의 효력발생시기에 관하여는 학설상의 대립이 있으나 官報에 告示한 때라고 보는 것이 타당하다(17 참조).

귀휴제(歸休制) [1] 行刑法上 1년 이상 복역한 受刑者로서 그 형기의 2분의 1을 경과하고 改過의 情狀이 특히 현저하며 행장이 우수한 자는 법무부장관의 허가로써 3주일 이내의 기간 귀가하게 되는 제도(行刑 44 Ⅲ). 법무부장관의 허가권은 교도소장 또는 소년교도소장에게 위임되어 있다(歸休施規 2).

[2] 舊兵役法上 군사상 지장이 없는 때와 定員이 過剩되었거나 兵員調整이 필요한 때(38), 戰鬪警察隊員으로 추천된 때(39), 입영한 날로부터 6월내에 질병 또는 심신의 장애로 복무를 감당할 수 없을 때(40) 등에 현역병을 일시 또는 영구적으로 귀가시키는 제도. 성질에 따라 국방부장관 또는 소속부대장이 행한다.

규문주의(糾問主義) 〔獨〕 Inquisitionsprinzip 〔佛〕 procédure inquisitoire 형사절차의 開始와 審理가 일정한 訴追權者의 소추에 의하지 않고 법원의 직권에 의하여 행해지는 주의. 彈劾主義에 반대되는 개념이다. 규문주의라는 말은 여러가지 뜻을 갖는다. 즉, ① 소송을 일정한 소추권자의 訴에 의하지 않고, 법원이 직권에 의하여 자발적으로 개시하는 주의. ② 소송이 개시된 후 소송의 주체로서 法院·被告人의 二面關係만 있고, 法院·訴追者·被告人의 三面關係가 아닌 소송의 형식. 따라서 피고인은 다만 심리의 대상으로 소송의 객체인데 불과하며, 또 피고인과 다투는 상대방으로서의 원고도 존재하지 않는다. ③ 사실발견의 임무를 법원이 담당하는 주의 등을 의미한다. 그러나 최후의 것은 職權主義라고 불리어지는 일이 일반적이고, 當事者主義에 대하는 개념이다. 이 규문주의는 근세초기의 절대주의국가에서는 전형적으로 형성되었지만 프랑스혁명후 개혁된 형사소송법에 의하여 彈劾主義로 바뀌어졌다. 이 주의는 법원이 訴追權·證據蒐集權·審判權을 갖는 결과 소송활동이 민활한 점에 특징이 있으나, 법원의 專斷을 조장하는 폐단이 있다.

규 범(規範) 〔羅〕 norma 〔英〕 norm 〔獨〕 Norm 〔佛〕 norme 있다(is, Sein)는 事實에 대하여 있어야 한다(ought to, Sollen)는 當爲의 법칙. 또는 당위의 법칙에의 준수가 요구되고 있는 인간

의 생활기준. 因果的 事實은 위반과 예외가 없는데 반하여, 규범은 그 위반에도 불구하고 타당하다. 오히려 위반과 반칙이 필연적으로 예상되는 곳에 규범이 있다 할 수 있다. 규범과 사실과의 거리와 실현의 양태에 따라서 慣習, 法規範, 道德規範 등으로 나누어지며 단순히 當爲만을 요청하느냐 또는 강제의 계기를 갖추느냐에 따라서 行爲規範(社會規範)과 强制規範으로 구분된다. 법은 어떠한 권력적 기구(특히 국가)를 배경으로 한 강제에 의하여 그 실현 가능성이 보장되는 규범이다. 즉, 법규범은 행위규범과 강제규범의 복합체이다.

규범논리주의(規範論理主義) 〔獨〕 Normlogismus 存在와 當爲, 事實과 規範은 엄밀히 구별된다는 方法論的 二元論을 취하고, 나아가서 自然法을 배격하여 實定法과 이에 근거를 갖는 것만이 유일한 법원이라고 주장하는 法實證主義의 脊柱를 이루고 있는 것이 규범논리주의이다. 흔히 여기에 법원이 있다고 할 때, 여기에는 상이한 두 가지 뜻이 있다고 한다. 즉 규범의 발생원으로서의 法源이라는 것과 규범의 能力源(성문법상의 규정)으로서의 法源이 그것이다. 法社會學에서는 주로 전자를 의미하고, 法實證主義에서는 후자를 의미하여 법은 오로지 근본규범·헌법·법률 등과 같은 다른 규범에서만 연역된다고 하였다. 켈젠은 후자를 규범의 타당성 문제라고 하여 규범의 내용에 관한 것으로서의 사실학인 사회학의 문제가 되는 전자로부터 峻別하였다. 그러므로 規範論理主義는 根本規範을 상위규범으로 하여 憲法→法律로라는 서열이 된다는 것, 그리고 하위의 법규범은 상위의 것에 저촉하지 않는 한 효력을 갖는다는 것을 내용으로 하고 있다. 그러나 최대의 난점은 혁명에 의하여 성립하는 (根本)規範을 합리적으로 설명하지 못하는 점이다.

규범적 구성요건요소(規範的構成要件要素) 〔獨〕 normatives Tatbestandselement 구성요건의 내용으로서 規範的 評價·價値判斷에 의하지 아니하면 그 의미를 확정할 수 없는 요소. 예컨대, 음란(刑 245)·명예(307)·신용(313)·타인의 재물(329) 등. 그런데 일반적으로 기술적 요소라고 하는 것(예 : 殺人罪의 객체인 사람도 정도의 차는 있으나 법관의 평가활동을 필요로 한다. 따라서 記述的 要素와 規範的 要素와의 한계는 실은 반드시 명확하다고는 할 수 없다. 규범적 요소를 인식적 요소에 대하여 의미적 요소라고도 한다.

규범적 법규(規範的法規) 〔佛〕 règlement de droit normatif 일정한 作爲 또는 不作爲를 직접 명하는 법규. 프랑스의 뒤기가 쓴 말. 그는 법규를 규범적 법규와 구성적·기술적 법규의 둘로 구분하고, 그리고는 規範的 法規(예 : 죽이지 마라)는 사회가 있는 한 반드시 존재하며, 이러한 규범적 법규의 준수를 강제하기 위하여 構成的·技術的 法規(예 : 사람을 살해한 자는 사형에 처한다)가 국가에 의하여 창설된다고 말하고 있다.

규범적 부분(規範的部分) 團體協約의 규정 중 협약당사자인 노조의 조합원과 사용자 사이의 個別勤勞關係를 강행적이고 직접적으로 규율하는 규범을 설정하는 부분을 말한다. 노동조합 및 노동관계조정법 33조의 근로조건 기타 근로자의 대우에 관한 기준을 정한 부분을 말한다. 예를 들면 賃金(지급액·지급방법·지급시기 등), 勤勞時間, 休日, 休暇, 賞與金, 退職金支給規定, 災害補償規定 등이 있다. 단체협약의 체결은 기본적으로 근로조건의 개선을 목적으로 하기 때문에 규범적 부분이 없는 단체협약은 단체협약이라고 볼 수 없을 것이다.

규범적 책임론(規範的責任論) 〔獨〕 normative Schuldauffassung 책임(→형사책임)의 본질을 비난가능성에 있다고 봄으로써, 책임을 규범적인 측면에서 파악하는 이론. 心理的 側面의 비판에서 나왔으며, 프랑크에 의하여 개척되고 골트슈미트, 프로이덴탈, 슈미트(Eberhard Schmidt) 등에 의하여 발전됨으로써 오늘날 통설적 지위를 차지하게 되었다. 규범적 책임론은 적법행위를 기대할 수 있음에도 불구하고 위법행위를 행한 경우에 비난가능하다고 보므로, 이를 期待可能性의 理論이라고도 부른다(→기대가능성). 그리고 위법성의 의식 내지 그 가능성을 고의의 요건으로 삼는 입장을 규범적 책임론이라고 하는 학자도 있다(히펠).

규범적 헌법(規範的憲法) 〔英〕 normative constitution 헌법규정이 실제의 권력이 행사되는 과정과 일치되어 잘 운용되는 헌법. 실제의 권력과정과 일치되지 않는 헌법을 名目的 憲法(nominal constitution)이라 한다. →명목적 헌법, 뢰벤슈타인

규범적 효력(規範的效力)〔團體協約의〕 〔獨〕 normative Kraft 團體協約에 정하여진 근로조건 기타 근로자의 대우에 관한 기준에 위반한 근로계약은 그 부분에 대해서 무효이며, 그 무효로 된 부분은 협약에 정해진 바의 기준에 따르도록 되어 있다(勞整 33). 예를 들면 協約에서 최저임금을 1만원으로 정하였으면, 개개의 근로자와의 사이의 근로계약에서 7000원으로 정하더라도, 당연히 1만원으로 된다. 이를 협약의 규범적 효력이라고 하며,

협약의 本質的 效力이라고도 말할 수 있는 성질의 것이다. → 채무적 효력

규범주의(規範主義) 〔獨〕 Normativismus 법은 최고주권자의 명령에 지나지 않는다는 決斷主義(Dezisionismus)에 상대되는 개념으로, 칼 슈미트에 주장되었다. 규범주의는 법의 본질을 규범으로 보고, 규범으로부터 규범을 도출시키며, 그 규범의 근원을 어디까지나 규범에서만 구하려고 하는 점에서 모든 권력 위에 법(규범)을 군림시킨다. 여기서는 世界構造를 規範體系로 파악하며 최고의 권력자도 규범의 지배하에 있게 된다.

규범통제(規範統制) 규범의 合憲性·適法性에 관하여 심사하는 것. 구체적인 권리·의무에 관한 소송에서 전제문제로서 사건에 적용되는 법령의 합헌성 또는 합법성에 관하여 심사하는 것을 具體的 規範統制라고 하는데 대해 사건성의 요건없이 법령의 효력에 관하여 심사하는 것을 抽象的 規範統制라고 한다.

규 약(規約) 어떤 단체에 있어서 법령에 규정된 準則을 기본으로 단체원의 전부 또는 대표원의 협의에 의하여 정한 법칙. 예컨대 수산조합규약과 같은 것이다.

규 정(規程) 행정법상 특정목적을 위하여 정하여진 명령의 일련의 조항의 총체. 행정조직 또는 특별권력관계의 내부에서만 효력을 가진다. 公務員報酬規程·관청내부의 事務分掌規程 등이 그 예이다. 국회의 경우 법률이나 규칙에서 구체적으로 위임받은 사항으로서 의장이 정하는 규정이 이에 해당한다. 國會廳舍管理規程, 國會表彰規程 등이 그 예이다. → 행정규정, 행정규칙, 행정명령

규정투쟁(規定鬪爭) 勞動爭議의 하나. 공무원과 같이 파업이 금지되어 있는 직장에서 하루에 작업량만을 일하고 초과근무를 하지 않는 것.

규제영향분석(規制影響分析) 각종 행정규제로 인하여 국민의 일상생활과 사회·경제·행정 등에 미치는 제반영향을 객관적이고 과학적인 방법을 사용하여 미리 豫測·分析을 함으로써 규제의 타당성을 판단하는 기준을 제시하는 것(行政規制基本法 2 I v).

규제인가(規制認可) 도시재개발사업의 규약 및 시행계획서의 인가와 같이, 일정한 規制目的을 위하여 행정객체가 제3자와 하는 법률적 행위를 보충함으로써, 그 법률적 행위의 효력을 완성시켜주는 행정행위를 말한다. 그 효과는 행정객체가 제3자와의 사이에 하는 法律的 行爲의 효력을 완전히 발생시키는 것이다.

규제특허(規制特許) 일정한 지하자원이나 수산자원을 채취·개발할 수 있는 권리를 설정한다거나, 일정한 생활환경의 조성에 필요한 권리를 부여하는 것과 같이 일정한 規制目的 아래 개인에게 새로이 권리나 능력을 설정·변경 또는 박탈하는 行政行爲를 말한다. 그 효과는 상대방에 대하여 일정한 권리·능력 등의 법률상의 힘을 발생시키는데 있다.

규제하명(規制下命) 규제목적을 수행하기 위하여 사인에게 일정한 作爲·不作爲·支給 또는 受忍의 의무를 과하는 행정행위를 말한다. 그 효과는 受命者에 대하여 국가에 대한 관계에서 그 下命의 내용을 이행할 의무를 지게 하는 데에 있다.

규제행정(規制行政) 경제질서나 생활환경의 건전하고 조화된 발전을 도모함으로써 사회공공의 복리를 증진하기 위하여 개인의 사회·경제활동을 규율·조정하는 행정작용을 말한다. 開發整序行政이라고도 한다.

규제허가(規制許可) 規制法令 또는 規制下命에 의한 일반적인 금지 또는 제한을 특정한 경우에 해제하는 행정행위로서, 국민경제의 건전한 발전이나 생활환경의 적절한 保全에 지장을 가져올 우려가 있는 일정한 활동을 일반적으로 금지 또는 제한한 후, 특정한 경우의 구체적인 사정과 사회·경제상의 영향을 고려하여 금지를 해제하여 주는 행위를 말한다. 그 효과는 당해 허가의 전제가 된 일반적인 금지를 해제함으로써 적법하게 그 행위를 할 수 있도록 하는 것이다.

규 칙(規則) ① 넓은 뜻의 命令의 일종. 국가기관이 제정하는 성문법 중 규칙이라고 불리는 것. 헌법에서 특별한 기관에 規則制定權을 인정하는 경우가 있고(예 : 대법원·국회·중앙선거관리위원회) 이 경우에는 당해 규칙은 법규의 성질을 가질 수 있다. ② 공법상의 特別權力에 기하여 특별권력관계내부 또는 행정기관내부의 사항을 규율하기 위한 一般的 規範. 이 경우 법규의 성질을 가지지 아니하며, 법률이나 명령에서 인정되는 경우도 있으나, 그러한 특별한 규정이 없더라도 제정할 수 있다. ③ 自治立法의 일종. 지방자치단체의 장이 법령 또는 조례가 위임한 범위내에서 그 권한에 속하는 사무에 관하여 제정하는 법이다(地自 16). ④ 일반적으로 준거하여야 할 표준(rule)을 가리키는 수도 있다(예 : 경기규칙).

규칙제정권(規則制定權) 규칙이라는 형

식 내지 명칭을 가진 성문법의 제정권. ① 헌법이 인정하는 규칙제정권으로는 국회가 그 의사와 내부 규율에 관한 규칙을 제정하는 것(64 I), 대법원이 소송에 관한 절차, 법원의 내부규율과 사무처리에 관한 규칙을 제정하는 것(108), 중앙선거관리위원회가 법령의 범위 안에서 選擧管理·國民投票管理 또는 政黨事務에 관한 규칙을 제정하는 것(114 VI) 등이 있다. ② 법률이 인정하는 규칙제정권의 예로는 지방자치단체의 장이 법령 또는 지방자치단체의 조례가 위임한 범위 안에서 그 권한에 속하는 사무에 관하여 규칙을 제정하는 것이 있다(憲 117 I, 地自 16). 이상의 규칙은 그 성질로 보아 法規라고 하여야 할 것이다. ③ 特別權力關係에서는 개개의 법률의 규정을 근거로 하지 아니하고 그 포괄적인 支配權의 발동으로서 그 관계 안에서의 질서유지를 위하여 규칙제정권이 인정되는 경우에 있는 바, 營造物規則이 그 예이다. → 규칙, 자율권

균등처우(均等處遇)〔勤勞者의〕 사용자는 근로자에 대하여 남녀의 차별적 대우를 하지 못하며, 國籍·信仰 또는 사회적 신분을 이유로 하여 임금 기타 일체의 근로조건에 대해서 차별대우를 해서는 아니되고 균등하게 처우하여야 된다는 것(勤基 5). 위반하면 5년 이하의 징역 또는 3000만원 이하의 벌금에 처한다(110). 헌법 11조의 취지를 勞使關係에서도 관철시키려고 한 것이다. 남녀의 差別待遇는 여자라고 하는 것을 이유로 하여 행하여지는 경우를 말한다. 따라서 예를 들면 동일직종에 취업하는 중학졸업생의 초임금에 대해서 남녀를 차별하여서는 안된다. 국적에 의한 차별대우가 문제되는 경우는 주로 한국인근로자와 한국국적을 가지고 있지 않은 외국인근로자의 경우이다. 신앙은 종교적인 것에 한하느냐 널리 정치적 신념 또는 사상상의 신념의 자유까지도 포함시키느냐의 여부에 대해서 이론이 있으나, 널리 해석하는 것이 유력하다. 사회적 신분은 시골(촌)출신과 같은 生來의 身分을 가리켜서 말하는 것이 보통이다.

균역법(均役法) 조선시대 영조 때(1756년)에 평민층의 丁年者에게 軍役 대신 징수한 良布·綿布 2필을 1필씩 징수하고 부족액을 어업세·염세·선박세·隱結 등에서 보충하던 납세제도.

균분상속(均分相續) 여러 명의 상속인이 공동으로 분할하여 상속하는 경우에 그 분할의 기준이 되는 상속분이 균등한 상속형태. 長子라든가 末子라든가 하는 바와 같이 상속인 중의 한 사람이 특히 많은 상속분을 받게 되는 상속형태를 의미하는 不均分相續에 대한 용어. 현대각국의 상속법은 평등·공평의 원칙에 따라서 거의 균분상속을 채용하고 있으나 이전에는 不均分相續을 채용한 입법례도 적지 않았다. 민법도 동순위의 상속인이 수인있는 때에 균분상속을 원칙으로 하고 있다(1009 I 本).

균전법(均田法) 後魏의 중기에서부터 唐의 中葉까지 행하여진 토지국유제도. 중국은 전국시대이래 秦, 漢, 三國, 晋 각 시대가 계속하여 토지사유제도였으므로 토지의 兼倂, 인민의 流亡, 爭訟이 속출하여 토지개혁의 필요성이 있던 바, 後魏의 孝文帝가 均田詔를 발하여 토지국유제를 개시하였다. 천하의 토지를 국유로 하고 15세이면 남자에게 露田 三十畝, 여자에게 二十畝를 지급하여 正田이라 부르고, 따로 休耕用으로 동액의 倍田을 받았다. 매년 5월에 인구를 조사하여 授受를 행하고 사망하면 收公하였다. 隋를 거쳐 唐은 균전법을 개혁하여 남 18세이면 口分田 八十畝, 永業田 二十畝를 지급하고 60세가 되면 口分田의 半分을 반납하고 사망과 더불어 殘半分을 반납케 하였고, 受田者는 매년 租粟二石, 絹綾布麻 등의 調若干을 納貢하고 庸으로 20일간의 役事에 종사하였다. 이것이 유명한 租庸調制度이며 균전법이 그 기초가 되어 있는 것이다. 우리나라는 고구려와 신라시대에 律令政治의 계수와 더불어 均田法과 租庸調制가 채택된 것으로 생각된다.

균형성(均衡性)**의 원칙**(原則) 긴급피난은 구하고자 하는 法益의 가치를 초과하지 않고, 법익을 희생하는 경우에만 허용된다고 하는 원칙.

균형예산(均衡豫算) 財政收支가 초과·부족이 없이 균형되고 수입부족을 적자, 즉 차입금으로써 보전하지 않는 예산을 말한다.

그라띠아누스법령집(法令集) 〔羅〕 Decretum Gratiani → 데크레뚬 그라띠아니

그랜드 쥬어리 〔英〕 grand jury 大陪審과 같다.

그로티우스학파(學派) 國際法이 自然法의 형태를 취할 수도 있고 동시에 實定法의 형태로도 성립할 수 있음을 인정하는 학파. 17·8세기경 일부 自然法學派에서는 조약과 관습에 의한 국제법의 성립을 부인하였고, 실정법학파에서는 반대의 의견을 주장한데 대하여 그로티우스의 정통을 이어 받은 학파를 지칭한다. 자연법과 실정법을 동시에 인정하므로 折衷學派라고도 한다. 자연법학파에 속하는 학자로는 독일의 퓌펜도르프, 토마지우스 및 프랑스의 바르베이라끄 등이 있으며, 실정법학자로는 네덜란드의 빙커쇠크(Cornelius von Bynkershoek), 독일

의 모제르 및 마르텐스가 있다. 그리고 그로티우스 학파의 대표자로는 스위스의 바텔, 독일의 볼프(Christian Wolf) 등 학자가 있다.

그룬트헤르샤프트 〔獨〕 Grundherrschaft 중세 독일에 있어서의 봉건적 토지소유의 기본형태. 農民保有地와 領主本領地로 구성되며, 開放地·混在地·共同耕作·共同放牧·耕地强制 등에 의하여 촌락공동체에 통일되어 있다. 농민은 농민보유지에 있어서 자기를 재생산하지만, 잉여노동은 勞動地代·生産物地代·貨幣地代의 형태로 영주에 의하여 착취된다. 영주본령지가 賦役勞動에 의하여 경영되고, 농민이 농노로서 노동지대를 지불하는 단계를 古典莊園이라 하고, 生産物地代·貨幣地代가 지배하는 단계를 純粹莊園이라 한다.

그리스민법(民法) 1940년 3월 15일에 공포되어 1946년 2월 23일부터 시행된 그리스의 민법전. 이탈리아민법과 함께 세계 최신의 민법전. 일찍이 동로마제국의 故土였던 그리스에서는 이 민법전이 시행될 때까지는, 대체로 로마·비잔틴법이 慣習法을 통하여 그때 그때의 정치적·시대적 변천에 酬應한 變容을 받으면서 적용되었다. 1821년 그리스의 독립전쟁이 시작된 직후부터 민법전편찬의 기운이 일어나, 동년의 Salona의 동그리스헌법은 民法典編纂委員會를 설치할 것을 규정하였고, 익년에는 Epidauros의 제1회 국민회의가 같은 결의를 하였다. 그 후 1835년의 명령, 民事法에 관하여는 로마·비잔틴법을 정식으로 그리스의 법으로 선언하는 동시에, 민법전의 편찬이 명하여졌음을 명言하였다. 이 명령이 공포된 후 민법전의 편찬위원회가 여러 차례 임명되었으며, 그 중의 한 위원회는 드디어 1874년 초안으로 알려진 민법전 전체의 초안을 완성하였으나, 法律이 되지는 못하였다. 그러던 중, 1896년에 독일민법전이, 1907년에 스위스민법전이 제정된데 새로운 자극을 받아, 좀더 혁신적인 立法을 하겠다는 열의를 품게 되고, 1930년에는 민법전 및 동시행법 편찬위원회조직법에 기하여 5인의 위원으로 구성된 민법전편찬위원회가 설치되었다. 각 위원은 각 1편씩 기초를 분담하였으며, 이들에 의하여 작성된 초안은 각각 別冊으로 공표되었다(親族法(1933년), 人法(1936년), 總則(1936년), 物權法(1936년), 相續法(1936년)). 이 편별초안은 다시, 일반의 비판 기타 여러가지 사정을 참작한 대폭적인 수정을 거쳤으며, 이리하여 완성된 최종초안은 전기한 바와 같이 공포·시행되었다. 5편 2035조의 대법전이며, 편별은 전적으로 독일민법을 따랐다. 그리고 國際私法에 관한 규정은 총칙편에 두고 있는 점이 특색이다. 그 내용에 있어서 가장 많이 모범으로 삼은 것은 독일민법이지만, 프랑스민법과 스위스민법도 영향을 주었다. 프랑스민법은 18세기의 개인주의적 법사상의 結晶이고, 독일민법은 19세기의 총결산으로서, 個人主義思想의 爛熟을 보여 주는 것이라고 할 수 있고, 이에 대하여 20세기 초두의 스위스민법은 개인주의사상 가운데에 점차로 사회본위의 사상의 萌芽를 보여 주는 것이라고 할 수 있는데, 그리스민법전은 社會本位의 사상이 더욱 발전한 후의 소산으로서, 개인의 자유와 존엄성을 이상으로 삼는 個人主義思想을 기반으로 하면서, 동시에 개인의 이익과 사회의 이익의 조화를 기도하고 있다. 또한 慣習法에 대하여 成文法과 동일한 法源性을 인정하고 있는 것(1)과 權利濫用의 개념규정에 있어서, 주관적 요건을 제거하고, 한 걸음 더 나아가 객관적인 요건을 제시하고 있는 것(281) 등은 주목할 만하다.

그리스형법(刑法) 1950년 8월 17일에 법률 제1492호로써 공포되고 1951년 1월 1일부터 시행된 그리스의 刑法典. 459조(단, 그 중 總則은 133조)로 이루어져 있다. 이 신형법전은 현대의 刑法學 및 刑事政策의 여러가지 요청을 완전히 고려하였고, 또 현실적인 여러 문제를 밝혀 적절한 해결을 부여하였다. 또한 이 형법전의 공적은 행위 그 자체 뿐 아니라 행위자의 전인격이 고려되어야 한다는 근본사상에 입각함으로써 刑罰과 保安處分과의 유기적이고 조화적인 통일이 실현될 수 있었다는 점에 있다. 구형법은 1834년 1월 10일에 공포되고 동년 4월 19일에 시행되었던 것이다.

극단종속형태(極端從屬形態) → 공범의 종속성

극동국제군사재판소(極東國際軍事裁判所) 〔英〕 International Military Tribunal for the Far East 제2차세계대전후 연합국최고사령관 맥아더 원수의 명령에 의하여 설립되었으며 美·英·中·舊蘇 등 11개 국가로부터 1명씩 임명된 재판관으로써 구성되었다. 11개의 국가는 일본과의 전쟁에 관계한 태평양지역의 국가들이다. 일본의 주요한 戰爭犯罪人 28명이 起訴되었고 그 중에서 東條英機(수상·육군대장), 平沼騏一郎(수상·추밀원의장), 廣田弘毅(외상·수상), 木戶幸一(內大臣), 松岡洋右(외상), 荒木貞夫(육군대장·陸相·文相) 등 최고급 군인과 정치가가 포함되었다. 재판소는 1946년 5월에 개정하여 1948년 4월에 종료되었으며, 11월 12일에 판결을 내렸다. 7명이 絞首刑, 16명이 무기금고, 1명이 20년, 1명이 7년 금고형을 받았으며 무죄는 없었다. 또 다수의 피고는 평화에 대한 죄와 통상의 전쟁범죄에 대하여 有罪言渡를 받았다. → 통상의 전쟁범죄, 평화에 대한 죄, 인도에 대한 죄, 개인

극동위원회(極東委員會) → 연합국총사령부

근거과세(根據課稅)**의 원칙**(原則) 課稅標準의 조사·결정은 원칙적으로 납세의무자가 조세관계법령에 의하여 작성·비치한 장부 기타의 증빙자료에 의하여야 하는 제도를 말한다. 이는 認定課稅制에 상대되는 개념이다. 그러나 납세의무자가 작성·비치한 장부의 기장내용이 사실과 다르다고 인정되는 경우에는 課稅權者가 직권으로 조사한 사실에 따라 과세표준을 결정할 수 있다.

근담보(根擔保) 當座貸越契約 기타의 與信契約과 같은 일정의 계속적 계약관계로부터 생기는 다수의 채권의 總和를 일정기간 일정액을 한도로 하여 담보하는 質權(根質)·抵當權(根抵當權) 및 이것과 동일목적을 가진 保證(根保證)을 말한다. 근담보는 단순한 장래의 채권을 위한 담보와는 구별된다. 왜냐하면 후자는 장래의 특정의 채권에 관한 것이기 때문이다. 근담보의 기능은 독일의 最高額抵當(Höchstbetragshypothek)의 그것에 상당한다(獨民 1190). 담보권의 附從性에 관련하여 이론상 근담보의 허용여부가 논쟁되었었으나, 금일에는 판례·학설이 모두 경제적 요청에 응하여 이를 인정하게 되었고 또 민법은 명문으로 근저당을 인정하고 있다(357). 다만 그저 장래에 생길는지도 모르는 債權(특히 損害賠償請求權)을 위한 담보(民 26 Ⅰ, 206) 등을 포함하는 뜻으로 쓰이는 수도 있다.

근대관료제(近代官僚制) 〔英〕 modern bureaucracy 家產官僚制에 대한 개념. 근대국가에 있어서의 관료는 ① 행동의 규범이 法典化되어 있고, ② 국가목적에 따라 관장범위가 결정되며, ③ 직무의 계통은 成文法으로써 엄격히 규정되어 있고, ④ 관장사무는 분업의 원칙에 따라 分科的·專門的이며, ⑤ 시야가 좁고 성문법질서의 勵行만을 생각한다.

근대국가(近代國家) 〔英〕 modern state 중세말기 이후의 신흥시민계급의 경제적 발전을 원동력으로 하고 單一君主에 의하여 중세집권화와 로마법왕적 지배로부터 벗어난 민족적 독립을 계기로 하여 성립한 주권국가로서의 민족적 통일국가. 그 특질은 민족적 통일·중앙집권을 토대로 하여, 개인의 자유·평등(기본적 인권)관념이 승인되고 立憲主義的으로 보장되고 있다는 점이다. 三權分立을 통치구조의 기본원리로 하였으나 자본주의의 발전에 따라 구조적 변화를 밟았다.

근대법(近代法) 資本主義社會 또는 市民社會의 법. 근대법은 봉건사회의 신분적 구속을 타파하고 근대국가에 있어서의 경제생활의 자유를 보장하는 것을 목적으로 한다. 따라서 ① 公法과 私法과의 분화를 명확히 하여 사적자치의 원칙을 강조하고 公權力이 함부로 사인의 자유를 침해하지 못하게 기본적 인권의 보장, 罪刑法定主義 등을 원칙으로 한다. ② 私有財產의 絶對性을 인정하여 所有權絶對의 원칙이 강조되고(→ 소유권의 절대성), ③ 인간은 일체의 단체적 구속으로부터 해방되어 자유롭고 평등한 개인으로 파악되어 契約自由의 原則, 過失責任의 原則(→ 과실책임주의)이 강조된다. ④ 사인의 실력행사를 금지하며 일체의 분쟁을 통일국가의 재판에 맡길 것을 주장하고 또한 그 재판에 있어서는 自由裁量은 嚴禁되고 오직 논리적 방법에 의한 형식적 획일성이 요구된다. 요컨대 근대법의 특징은 抽象的 平等·形式的 合理性에 있다. 이와 같은 근대법의 특징은 법과 사회와의 遊離를 생성시키게 되는 것인데, 이 때 사회의 저항은 근대법의 여러 원칙의 반성과 수정을 요구하게 된다.

근대자연법론(近代自然法論) 신학을 기초로 하는 중세의 자연법에 대해 신학으로부터 독립한 인간주의적인 자연법론의 여러 체계. 17~18세기에 비록 神이 존재하지 않더라도 自然法은 타당하다라는 그로티우스의 자연법론을 출발점으로 하여 理性을 중심으로 하는 獨逸流의 자연법론과 감정이나 욕망 등 경험적 인간성을 중심으로 하는 英佛法思想의 조류로 나누어진다. 전자는 독일의 관념철학과 연결되며, 후자는 功利主義的 法思想의 방향으로 연결된다. 근대자연법론 가운데 중요한 지위를 차지하는 것이 社會契約說이다.

근대학파(近代學派) 신파와 같다.

근로감독관(勤勞監督官) 노동관계법상의 근로조건을 확보하기 위하여, 노동부 및 그 소속기관에 배치된 第一線 監督官(勤基 104)을 말한다. 근로감독관은 서기관·행정사무관·행정주사·보건기사·화공기사·기계기사·행정주사보·보건기사보·화공기사보 또는 기계기사보 중에서, 노동부장관이 보하며(勤勞監督官規程 2), 임검·서류제출의 명령·심문·검진 등의 권한이 있다(勤基 105). 또한 근로기준법 위반의 범죄에 대해서는 형사소송법에 규정된 司法警察官의 직무를 행한다(105 Ⅴ).

근로계약(勤勞契約) 〔英〕 contract of service 〔獨〕 Arbeitsvertrag 〔佛〕 contrat de travail 근로자가 賃金·給料 등의 대가를 사용자로부터 받고, 노무를 제공할 것을 약정하는 계약. 민법의 雇傭契約에 해당되지만 근로자보호를 위하여, 계약자유의 원칙을 제약하는 노동법령이 발달하면서부터 그 자체가 특수한 계약유형으로서, 특수한 법규정의 대상으로 되었다. 특히 근로기준법은 근로조건에 관한 기준을 법정하고, 이에 미달하는 근로조건을 정한 근로계약의 부분을 무효로 함과 동시에, 그 무효로 된 부분은 동법에서 정하는 기준에 의하도록 하였고(勤基 22), 1년 이상의 장기계약의 금지(23), 기타 근로자의 人的拘束 내지 強制勤勞가 될 우려가 있는 諸約定의 금지를 明定하였음은(24~29) 물론, 解雇制限(30~33), 少年勤勞者의 근로계약체결 등에 대한 규정이 있다(62~66, 70). 또한 근로계약의 내용은 단체협약과 취업규칙과의 관계에서 제약을 받는다(勞整 33, 勤基 100).

근로관계(勤勞關係) 노동관계와 같다.

근로권(勤勞權) 〔英〕 right to labour 〔獨〕 Recht auf Arbeit 〔佛〕 droit au travail 노동을 할 능력이 있는 자가 노동을 할 기회를 사회적으로 요구할 수 있는 권리. 실제로는 노동을 할 능력을 가지고 있으면서도 일반기업에 취직할 수 없는 자에 대해서 국가 또는 공공단체가 최소한도 보통의 임금으로 노동의 기회를 제공하고 만약 그것이 불가능한 경우에는 상당한 생활비를 부여할 것을 요구하는 권리라고 할 수 있다. 이 근로권에 관하여는 근본적으로 다른 두 가지의 관념이 있다. ① 개인이 자유롭게 노동의 기회를 얻음을 국가가 침범하지 못한다는 소극적 의미의 自由權的 基本權으로 이해하는 17, 8세기의 개인주의·자유주의를 기반으로 하는 自然法的 基本權의 관념과, ② 국민의 균등한 생활을 보장하고 경제적 약자인 근로자의 인간다운 생활을 보장하는 것을 내용으로 하는 적극적 의미의 生存權的 基本權으로 이해하는 20세기의 福利·厚生主義的 勤勞權의 관념이 그것이다. 이러한 의미의 근로권은 멩거 이래 유력한 사회사상으로서 주로 독일에서 제창되어 바이마르헌법에서 채택되기 시작하였다. 우리 헌법 32조는 근로의 권리·의무에 관해 ① 모든 국민은 근로의 권리를 가진다. 국가는 사회적·경제적 방법으로 근로자의 고용의 증진과 적정임금의 보장에 노력하여야 하며, 법률이 정하는 바에 의하여 最低賃金制를 시행하여야 한다. ② 모든 국민은 근로의 의무를 진다. 국가는 근로의 의무의 내용과 조건을 민주주의원칙에 따라 법률로 정한다. ③ 근로조건의 기준은 인간의 존엄성을 보장하도록 법률로 정한다. ④ 여자의 근로는 특별한 보호를 받으며, 고용·임금 및 근로조건에 있어서 부당한 차별을 받지 아니한다. ⑤ 연소자의 근로는 특별한 보호를 받는다. ⑥ 국가유공자·상이군경 및 전몰군경의 유가족은 법률이 정하는 바에 의하여 우선적으로 근로의 기회를 부여받는다고 규정하고 있다. 근로의 권리가 무엇을 의미하느냐에 대하여는 학설의 대립이 있으며, 특히 자본주의국가와 사회주의 내지 공산주의국가에 있어서 근로권의 개념은 상이하다. 이에 대해서는 ㉠ 勞動의 自由, 따라서 취업의 자유를 의미한다고 보는 自由權說과 ㉡ 국민의 균등한 생활을 보장하고 경제적 약자인 근로자의 인간다운 생활보장을 위한 것이라고 보는 生存權說이 대립되고 있는데, 후자는 다시 立法方針規定說과 直接的 效力規定說로 나누어진다. 근로의 권리의 주체는 근로능력 있는 국민이다. 외국인에게도 보장되는 것이 바람직하나, 社會政策的 權利이므로 외국인은 遡求權을 가지지 않는다. 또 법인은 근로권의 주체가 아니다. 한편 국가는 사회적·경제적 방법으로 근로자의 고용의 증진과 적정임금의 보장에 노력하여야 하며, 법률이 정하는 바에 의하여 最低賃金制를 시행하여야 하는 바(憲 32 I), 이러한 요청에 따라 제정된 법이 직업안정법과 최저임금법 및 국민연금법이다.

근로기본권(勤勞基本權) →노동기본권

근로동원(勤勞動員) 전쟁완수 또는 재해복구 기타 국가보위에 필요한 중요업무에 종사하게 하기 위하여 국민의 근로를 동원하는 것을 말하며, 人的 軍事負擔에 속한다. 근로동원의 대상이 될 수 있는 자는 17세 이상 40세 미만의 대한민국 남자이다.

근로문제(勤勞問題) 노동문제와 같다.

근로보건관리(勤勞保健管理) 일정한 작업장에 종사하는 근로자의 건강을 보호하기 위하여 조치를 필요로 하는 관리. 근로자를 사용하는 사업에 있어서는 사용자는 保健管理者를 두어야 하며(產業安全保健法 16), 일정한 질병에 걸린 자의 취업의 금지(45), 사업주는 사업장의 안전·보건을 유지하기 위하여 安全保健管理規程을 작성하여 각 사업장에 게시 또는 비치하고, 이를 근로자에게 알려야 한다(20).

근로보호(勤勞保護) 근로자의 근로조건을 보장·향상시키고 근로3권의 행사를 보장함으로써 근로자의 사회적 지위의 향상을 도모하고, 미취업자에게 각자의 능력에 따르는 취업기회를 부여함으로써 미취업자의 생활기반을 조성하고 보호하는 작용을 말한다. 근로보호는 勤勞者保護와 就業保護의 내용으로 이루어진다.

근로보호법(勤勞保護法) 노동보호법과 같다.

근로복지공단(勤勞福祉公團) 근로자의 업무상의 재해를 신속하고 공정하게 보상하고, 이에 필요한 보험시설을 설치·운영하며 재해예방 기타 근로자의 복지증진을 위한 사업을 행하여 근로자보호에 이바지하고 그 사업을 효율적으로 수행하기 위하여 설립.

근로삼대권(勤勞三大權) 團結權·團體交涉權·團體行動權 등을 통칭하여 3대권이라 한다(憲 33Ⅰ). 이는 근세 자본주의의 발달과 더불어 근로자간에 야기되는 노동문제에 관하여 약자인 근로자가 가지는 권리이다.

근로소득(勤勞所得) 소득세법상 국내에서 지급을 받는 봉급·급료·임금·연금·상여·퇴직급여 또는 이러한 성질이 있는 급여나 보수 등 근로의 제공으로 인한 소득(所得 2Ⅳ). 근로소득에는 갑종 소득과 을종 소득이 있는 바(20Ⅰ), 그 근로소득금액은 소득의 금액에서 근로소득공제를 한 금액으로 한다. 일용근로자에 대한 공제액은 1일 5만원으로 한다(47 Ⅱ).

근로시간(勤勞時間) 〔英〕 hours of labour 〔獨〕 Arbeitszeit 〔佛〕 heures du travail 근로자가 사용자와의 근로계약에 따라서 休憩의 시간을 제외하고 실지로 노동하는 시간. 근로시간은 근로조건 중 가장 중요한 것의 하나이며 근로자에게 그 노동의 재생산성을 유지시키고 그의 기본적 생활을 보장하기 위하여 그 제한이 필요하게 된다. 근로기준법은 ① 휴게시간을 제외하고 1일 8시간, 1주 44시간을 기준으로 하고, 다만 당사자의 합의에 의하여 주 12시간을 한도로 연장근로할 수 있으며, 특별한 사정이 있는 때에는 노동부장관의 사전 또는 사후의 認可를 얻어 이 기준시간을 연장할 수 있는 바, 勞動部長官이 이 근로시간연장이 부적당하다고 인정할 때에는 그 후 연장시간에 상당한 휴게 또는 휴일을 줄 것을 명할 수 있고(勤基 52), ② 15세 이상 18세 미만자의 노동시간은 1일 7시간 1주일 42시간 이내를 한도로 하고, 다만 당사자간의 합의에 의하여 1일 1시간 1주 6시간 이내의 한도로 연장할 수 있다(67)는 등을 비롯한 여러가지의 근로시간에 관한 규정을 마련하고 있다.

근로안전관리(勤勞安全管理) 일정한 작업장에 종사하는 근로자의 작업상 위험을 방지하기 위하여 적절한 조치를 필요로 하는 관리. 즉 상시 100인 이상의 근로자를 사용하는 사업 또는 원동력의 마력수의 총계 100 이상을 사용하는 사업에 있어서는 안전관리인 1인 이상을 두어야 하며(勤勞安全管理規程 2), 産業安全保健法에 의한 기계 등에 대한 안전장치의 설치, 위험한 가계와 기구의 성능검사, 일정한 업무에 경험이 없거나 기능이 없는 근로자의 취업을 제한하거나 금지하며, 원동기 및 동력 傳導裝置의 설비, 기계장치, 작업장에 있어서의 비상용통로와 계단의 안전조치, 飛階의 점검·보수, 추락방지 붕괴 및 낙하의 예방, 전기설비의 위험방지, 保護具의 비치, 화재 및 폭발의 방지, 乾燥室의 적절한 조치 등의 안전기준을 확보함을 요한다(勤勞安全管理規則 10 이하).

근로의무(勤勞義務) 대한민국 국민은 근로의 의무를 진다(憲 32 Ⅱ). 納稅義務·國防義務가 고전적 의무인데 비하여, 이것은 20세기 헌법이 낳은 生存權的 基本權으로서의 근로권이 인정되는 반면에 부과된 국민의 의무이다. 일하지 않는 자는 먹지 말라는 구소련헌법 12조와 같은 공산국가의 근로의무와는 달리, 개인의 재산권·직업선택의 자유를 보장하고(15, 23Ⅰ) 强制勞役을 금하고 있는(12Ⅰ) 우리 헌법하에서는 불로소득생활자가 생기는 것은 불가피한 일이다. 또 국가는 근로의무의 내용과 조건을 민주주의원칙에 따라 법률로 정한다(32 Ⅱ)고 하여, 근로의무는 민주주의원칙을 전제로 하고 있으므로, 그 내용과 조건이 공산주의국가에 있어서와 같은 강제노동의 의미를 가질 수 없다. 그러므로 우리 헌법의 근로의무는 근로의 능력이 있음에도 불구하고 근로하지 않는 자에 대하여는 근로권의 보호를 주지 않는다는 思想의 표명으로 보는 것이 타당하다.

근로(勤勞)의 종속성(從屬性) → 종속노동

근로자(勤勞者) 〔英〕 labourer 〔獨〕 Arbeiter 〔佛〕 ouvrier 타인에게 사용되어 이에 勞務를 제공하는 자. 근로계약에 의하여 대가, 즉 임금·급료를 취득하고, 타인에게 노동을 제공하는 자가 전형적인 경우이지만, 任命行爲에 의한 자도 포함되고 또한 職務如何를 불문하고 일반적으로 被傭者·從業員이라고 불리는 자는 모두 이에 포함된다. 그러나 근로기준법상의 근로자와 노동조합 및 노동관계조정법상의 근로자의 개념은 각각 다르다. 즉, 근로기준법에서는 직업의 종류를 불문하고 사업 또는 사업장에 임금을 목적으로 근로를 제공하는 자를 가리키지만(勤基 14). 노동조합 및 노동관계조정법에서는 단순히 임금·급료 기타 이에 준하는 수입에 의하여 생활하는 자라고 하여(勞整 2), 실업자까지도 포함시키고 있다. 헌법 33조에서는 근로자에게 단결권과 단체교섭권·단체행동권을 보장하고 있다. 그러나 공무원에 대해서는 制限規定이 있다(勞整 5, 國公 66). →고용자

근로자공급사업(勤勞者供給事業) 공급계약에 의하여 근로자를 타인에게 사용시키는 것. 종래 炭鑛·土建 등에서 볼 수 있었으나 현재는 금지되며(職業安定法 33), 다만 노동조합 및 노동관계조정법에 의한 노동조합이 주무부장관의 허가를 받은 경우에는 무료의 근로자 공급사업을 할 수 있다(33). 외국에서는 클로즈드숍과 결합하여 노동조합이 근로자공급사업을 하는 일이 허다하다.

근로자명부(勤勞者名簿) 사용자는 각 사업장마다 전 근로자의 각인에 대한 명부를 작성하여(勤基 40), 근로자의 성명, 생년월일, 이력, 주소, 성별, 종사하는 업무의 종류, 고용 또는 고용갱신연월일, 해고, 퇴직 또는 사망의 연월일과 그 사유 등을 기재하여야 하며(勤基施 15), 그 명부는 3년간 보존하여야 한다(勤基 41). 그러나 일용근로자로서 사용기간이 30일 미만인 경우에는 예외로 名簿作成의 필요가 없다(勤基施 16).

근로자보호(勤勞者保護) 근로조건의 보장과 향상을 도모함으로써 근로자의 社會的 地位를 향상시키기 위한 일련의 작용을 말한다. 근로자가 사용자에게 노동력을 제공하는 경우에는 契約自由의 原則이 잘 작용하지만, 계약의 자유란 단지 법률적 의미를 가질 뿐 근로자와 사용자 사이의 경제적 지위의 차이로 말미암아 실질적으로는 불대등자간의 계약이 되는 것이 보통이므로, 근로계약의 일정한 내용을 强行法規로 제한하는 등의 公權的 介入을 통하여 근로조건의 최저한도와 근로자의 勤勞3權의 행사를 보장하지 않을 수 없다.

근로자위원(勤勞者委員) 勞動委員會에 있어서 근로자를 대표하는 위원. 노동조합이 추천한 자 중에서 중앙노동위원회의 위원은 대통령이, 특별노동위원회의 위원은 중앙행정기관의 장이, 지방노동위원회의 위원은 중앙노동위원회위원장이 각각 위촉한다(勞委 2, 6). 勤勞者委員과 使用者委員 및 公益委員의 임기는 3년으로 하되 연임할 수 있으며, 보궐위원의 임기는 전임자의 잔임기간이다(7). →특별조정위원

근로자(勤勞者)의 날 →노동절

근로자(勤勞者)의 단결권(團結權) 근로자는 근로조건의 향상을 위하여 自主的인 團結權·團體交涉權 및 團體行動權을 가진다(憲 33Ⅰ). 근로자의 단결권이란, 경제적 약자인 근로자가 경제적 강자인 사용주에 대항하여 그들의 이익과 지위의 향상을 위하여 단결하는 권리를 말한다. 넓은 뜻으로는 이러한 단결권 외에 단체교섭권·단체행동권을 포괄한다. 結社의 自由와는 달리, 국가의 적극적인 관여·보호를 필요로 하는 生存權的 基本權이다. 이 권리는 근로자가 근로조건의 향상을 위하여서만 보장된다. 여기의 근로자에는 법률로써 그 단결권이 인정된 공무원 이외의 공무원은 제외된다(33Ⅱ). 즉, 단순한 노무에 종사하는 공무원 이외의 공무원은 노동운동 기타 공무 이외의 集團的 行爲를 할 수 없다(國公 66, 勞整 5 참조). 근로자의 단결권을 보장하고 있는 법률로는 노동조합 및 노동관계조정법이 있다. →단결권, 노동조합, 근로자의 단체교섭권, 근로자의 단체행동권, 근로기본권

근로자(勤勞者)의 단체교섭권(團體交涉權) 경제적 약자인 근로자가 노동조합 기타 노동단체의 대표를 통하여 경제적 강자인 사용주와 근로조건에 관하여 교섭하는 권리. 우리 헌법도 이 권리의 보장을 규정하고 있다(33Ⅰ). 근로자의 이와 같은 단체교섭에 대하여 사용자 또는 그 사용자단체가 정당한 이유없이 이를 거절 또는 해태할 수 없다(勞整 30). 단체교섭의 결과 노·사간에 체결되는 계약을 團體協約이라 하는 바, 노동조합 및 노동관계조정법은 이에 대한 여러 보호규정을 두고 있다(33 이하). 이 권리의 성질·한계 및 주체는 근로자의 단결권의 경우와 같다. →근로자의 단결권, 근로자의 단체행동권, 근로기본권, 단체교섭권, 노동협약

근로자(勤勞者)의 단체행동권(團體行動權) 경제적 약자인 근로자가 경제적 강자인 사용주에 대항하여 근로조건의 유지·개선을 위하여 罷業·怠業·示威運動 등의 단체적 행동을 할 수 있는 권리. 우리 헌법도 이 권리를 보장하고 있다(33). 넓은 뜻으로는 團體交涉權도 단체행동권에 포함된다. 근로자의 이와 같은 단체행동은 결국 쟁의행위이므로 단체행동권은 일명 爭議權이라고도 한다. 이러한 근로자의 단체행동권은 근로자의 지위향상을 위한 것이므로 최대한으로 보장되어야 하나, 반면에 그 과도한 행위는 사용주에게 부당한 손해를 끼치고, 나아가 국민경제를 위협하므로, 노동조합 및 노동관계조정법은 일정한 행위의 제한·금지를 규정하고 있다(41~46). 이 권리의 성질·주체는 근로자의 團結權의 경우와 같다. →쟁의권, 쟁의행위, 근로자의 단결권, 근로자의 단체교섭권, 단체행동권, 근로기본권

근로자재산형성저축(勤勞者財産形成貯蓄) 월급여액이 대통령령이 정하는 금액 이하인 근로자가 일정기간 저축을 한 후 貯蓄元利金과 貯蓄奬勵金을 지급받는 것을 목적으로 하는 저축(근로자재형저축)과 월급여액이 대통령령이 정하는 금액 이하인 근로자가 일정기간 저축을 한 후 저축원본과 그 수익은 현금·주식 또는 주식형 증권투자신탁수익증권으로 지급받고 저축장려금은 현금으로 지급받는 것을 목적으로 하는 저축(근로자증권투자저축)을 말한다(勤勞者의 住居安定과 목돈마련支援에 관한 法律 2).

근로자주택저축(勤勞者住宅貯蓄) 대통령령이 정하는 근로자가 住宅建設促進法의 규정에 의한 국민주택규모 이하의 주택의 取得(신축이나 구입을 포함)·賃借(전세 포함) 또는 改良(증축 포함)과 주택자금차입금의 상환을 위하여 일정기간 저축을 한 후 저축원리금을 지급받을 목적으로 월급여액의 일정범위내에서 주택금융기관과 체결한 貯蓄契約을 말하며 이 때, 저축의 종류·방법 및 가입한도 등에 관하여는 대통령령으로 정한다. 그리고, 주택금융기관에는 주택건설촉진법의 규정에 의한 국민주택기금, 한국주택은행법의 규정에 의하여 설립된 한국주택은행, 은행법 3조의 규정에 의한 금융기관 중 대통령령이 정하는 기관 기타 대통령령이 정하는 기관 등이 있다(勤勞者의 住居安定과 목돈마련支援에 관한 法律 2).

근로자조례(勤勞者條例) 1349년 영국왕 에드워드 3세가 勅令으로 의회의 승인을 얻어 條例化한 최초의 勞動立法으로서 노동력의 확보·노동임금 및 생산물가격의 통제를 목적으로 한다.

근로자주(勤勞者株) 〔獨〕 Arbeiteraktie 〔佛〕 action ouvrière 종업원 持株制度에 의하여 근로자가 보유하는 주식. 勞動株와의 차이는 일반의 주식과 같이 금전출자에 대하여 발행되는 것이고, 그 취득에 관하여 특별한 편의가 있으며, 그 처분에 있어서도 특별한 제한을 받는 경우가 있을 뿐이다.

근로자해고등(勤勞者解雇等)**의 제한**(制限) 근로기준법상 사용자는 근로자에 대하여 정당한 이유없이 해고·휴직·정직·전직·감봉 그 밖의 징벌을 하지 못하며, 근로자가 업무상 부상 또는 질병의 요양을 위한 휴업기간과 그 후 30일간 또는 출산전후의 여자의 휴업기간은 원칙으로 해고하지 못한다(30). → 해고의 예고

근로전수권(勤勞全收權) 노동전수권과 같다.

근로조건(勤勞條件) 〔英〕 working condition 〔獨〕 Arbeitsbedingung 〔佛〕 condition du travail 근로자가 사용자에 대하여, 근로계약에 의한 그의 노무를 제공하는데 관한 여러 조건. 賃金·勤勞時間·年次有給休暇·安全裝置 등이 이에 해당하며, 헌법은 이 기준을 법정해야 된다는 것을 규정하고 있다(32). 근로기준법은 이에 의거하여 일정한 규모 이상의 사업에 대해서, 필요한 최소한의 근로조건의 기준을, 임금·근로시간 등에 관하여 법정함과 동시에, 이 점에 대한 차별대우를 금지함은 물론, 이 근로기준의 준수에 대한 監督方法을 강구하고 있다. → 근로감독관

근로조건위반(勤勞條件違反) → 근로조건의 명시

근로조건(勤勞條件)**의 명시**(明示) 근로계약을 체결할 때에는 반드시 근로조건을 명시하여야 한다는 것을 사용자의 의무로 한 것. 보통 근로계약은 근로조건이 제시되지 않은 채 체결되는 경우가 많아서 强制勤勞 등의 폐해를 가져오기 쉬운 것이므로 근로기준법 24조와 26조에서는 이를 명시할 것과, 명시된 근로조건이 사실과 달랐을 경우에는(근로조건위반) 손해배상을 청구할 수 있음은 물론, 그 계약을 즉시 解除할 수 있다고 규정하였다. 또한 이 경우에 취업을 목적으로 居住를 변경하였던 경우에는 歸鄕旅費도 지급하여야 한다(26 Ⅱ).

근로협약(勤勞協約) 〔英〕 labour collective agreement, trade agreement 〔獨〕 Arbeitstarifvertrag 〔佛〕 convention collective de travail 노동조합과 사용자 또는 그 단체간의 협약에 의하여 설정되는 자치적인 법규. 이것을 계약적으로 보고 이른바 집합계약의 한 형태로서의 團體協定이라고 보는 입장도 있다. 이와 같은 노사관계를 규정하는 법규설정에 관한 근거는 노동조합운동이 승인됨으로써 勤勞慣習法이 성립된 그 속에 이를 찾아볼 수 있다. → 단체협약

근무규칙(勤務規則) 상급기관이 하급기관의 근무에 관한 사항을 계속적으로 規律하기 위하여 발하는 행정규칙을 말한다. 정부공문서규정시행규칙은 근무규칙을 훈령·지시·예규·일일명령으로 세분하고, 각각 그 서식을 정하고 있다. 즉 ① 訓令은 상급기관이 하급기관에 대하여 상당히 장기간에 걸쳐 그 권한의 행사를 일반적으로 지시하기 위하여 발하는 명령을 말하며, ② 指示는 상급기관이 직권 또는 하급기관의 문의에 의하여 개별적·구체적으로 발하는 명령을 말하고, ③ 例規는 법규문서 이외의 문서로서 반복적 이행사무의 기준을 제

시하는 것을 말하며, ④ 日日命令은 당직·출장·시간외근무·휴가 등 일일근무에 관한 명령을 한다.

근무발명(勤務發明) 피용자발명과 같다.

근무성적평정(勤務成績評定) 공무원의 근무성적을 평정하여 기록을 작성하여 그 결과를 인사행정의 기초로 함으로써 과학적 인사행정에 기여하게 하려는 것. 定期評定과 隨時評定의 2종이 있으며, 특별한 사유가 있는 경우 외에는 評定結果를 공개하여서는 아니된다.

근보증(根保證) →근담보

근본규범(根本規範) 〔獨〕 Grundnorm 켈젠의 純粹法學이 실정법인식의 최후의 妥當根據로서 가설적으로 설정한 最高規範을 말한다. 법규범의 타당성은 일반으로 상위의 법규범에 근거를 두지만, 구체적인 行政處分·判決에서 명령, 법률, 헌법과 같은 상위단계에로 올라갈 때에 헌법을 타당하게 하는 최후의 근거에 도달한다. 그것은 자기의 위에 또 다시 다른 규범을 타당근거로서 가지지 않는 근본규범임에 틀림이 없다. 이 근본규범은 이미 실정법 그 자체는 아니고, 當爲의 논리가 요청하는 가설이며, 따라서 절대적인 실질적 타당성을 가진 것은 아니고 단순히 상대적으로 타당한 假言的 命題에 지나지 않는다. 국내법에서 더 나아가 국제법의 타당근거를 이와 같이 하여 구한다면 거기에는 약속은 준수되어야 한다(Pacta sunt servanda)의 규범이 구하여질 것이다. 이상과 같은 고찰 밑에서 켈젠이 전체적 질서의 통일적 인식의 가능성을 근본규범에서 구한 점에서, 이 가설은 純粹法學의 불가결의 초석이라고 말할 수 있지만, 동시에 여기에 이 설의 난점도 있다는 것은 많은 학자들이 인정하고 있다.

근본법(根本法) 〔羅〕 lex fundamentalis 〔英〕 fundamental law 〔獨〕 Grundgesetz 〔佛〕 lois fondamentales 근래에 와서는 일반적으로는 국가의 근본조직을 규정하는 헌법의 의미로 사용되나 그 본래의 의의는 중세기말에 여러 法 중 특히 강력한 효력이 인정되어 군주도 마음대로 변경할 수 없었던 것(예 : 課稅에 대하여는 等族會議의 승인이 필요하고, 여자는 王位繼受權을 못 갖는다는 것 등)을 지칭하였다. 프랑스에서는 14세기부터 國法(lois du royaume)과 王法(lois du roi)의 구별이 생겼는데, 국법을 근본법이라고 하였다. 이 사상은 17세기의 절대군주제 아래서 부인되었지만, 후에 시민적 자유주의가 발흥함에 따라 국가계약설과 더불어 근대성문헌법의 제정과 이론에 큰 영향을 주었다. 특히 제2차대전 이후 독일연방공화국(서독)이 동서독 통일시까지의 잠정적인 헌법이라는 표면상의 이유는 있었으나 그들의 헌법을 본基本法(Bonner Grundgesetz)이라고 칭하고 있는 것도 근본법의 사상적 영향의 단편이라고 하겠다.

근세자연법(近世自然法) 그로티우스·푸펜도르프 등에 의하여 16·7세기에 확립되어 19세기초까지에 이르기까지 서구사회를 풍미한 自然法思想, 그로티우스의 理性自足論에서 출발한 합리주의를 그 기반으로 하고 있는데, 그 때까지의 자연법이 신의 뜻인 永久法을 전제로 하고 있은데 반하여, 신일지라도 자연법을 변경할 수는 없다고 주장함으로써 人間理性을 神意보다도 위에 두었으며, 그러한 의미에서 그것은 이념적 자연법사상의 하나의 완전한 형태라고 볼 수가 있다. 이러한 합리주의 외에 근세자연법에는 또한 개인주의와 급진주의의 특징도 있다고 말하여지고 있는데, 개인이 가지고 있는 天賦不可讓의 자유와 권리를 국가의 권력이 침범하는 경우에는 혁명을 일으켜서라도 그러한 자유와 권리를 보장할 수 있는 새로운 정부를 국민들은 만들어 내어야 한다고 주장하는 것인데, 이와 같이 급진적·혁명적인 近世自然法은 미국독립전쟁과 프랑스혁명의 唯一無二한 사상적 근거가 되었던 것이다. 그러나 일단 혁명에 성공하자 근세자연법은 점차로 그 급진성을 상실해 갔고, 대신 法實證主義가 법이론법의 세계에 군림하게 되었다.

근인(近因)의 원칙(原則) 〔英〕 doctrine of proximate cause 보험사고와 보험사고에 속하지 않는 사고가 경합하여 손해를 발생시킨 경우에 손해가 보험사고로 발생한 것이라고 하기 위하여는 그 사고가 손해의 가장 가까운 원인이어야 한다는 원칙. 近因인가 遠因인가의 판단은 眞實 또는 主動的 原因(〔英〕 real and operative cause, direct or dominant cause)이 보험사고인가 아닌가를 각 경우에 따라 따져서 하여야 한다.

근저당(根抵當) 〔獨〕 Höchstbetragshypothek, Maximalhypothek 계속적인 거래관계로부터 생기는 다수의 채권에 관하여 미리 일정한도액을 정하고, 그 범위내에서 장래의 결산기에 확정되는 채권을 담보하려고 하는 抵當權(民 357). 근저당은 장래의 채권을 위한 저당권과 더불어 저당권의 附從性을 완화함으로써 인정되게 된 제도이나, 근저당은 장래의 특정의 채권을 담보하는 것이 아니고 증감변동하는 不特定의 債權의 일단을 담보하는 것이므로, 장래의 채권을 위한 저당권과는 구별되어야 한다. 근저당은 은행과 그 거래처와의 계속적 信用關係(當座貸越契約·어음割引契約·相互計算契

約 등)나, 객주·도매상과 소매상간의 계속적 물품 공급관계에서 생기는 무수의 債務를 일괄하여 담보하기 위하여 관행으로서 인정되어 온 것인데, 판례는 일시 근저당이 저당권의 附從性의 원칙에 반하는 것이라 하여 이것을 무효로 했었으나, 거래계의 필요를 억압할 수는 없어서 결국 이의 유효를 선언하였고 학설도 이것을 승인하게 되었으며, 민법은 명문으로써 이를 인정하게 되었다. 현재 채무가 없는데도 抵當權은 성립하고(→부종성), 한번 성립한 채권이 변제되어도 차순위의 저당권의 순위가 상승하지 않은 점 등이 보통의 抵當權과 다르다. 다만 근저당이라는 뜻과 채권의 최고액을 등기해야 한다(不登 140 Ⅱ). 소정의 기간이 만료되거나 계속적 거래관계가 종료하면 채권액이 확정되고 根抵當權者는 우선변제를 받을 수 있게 된다. 그 효력은 보통의 저당권과 다르지 않으나, 비록 채권액이 많더라도 약정된 최고액 이상의 優先辨濟權이 없음은 말할 나위도 없다.

근정훈장(勤政勳章) 훈장의 일종. 공무원(군인과 군무원을 제외한다)으로서 그 직무에 精勵하여 功績이 뚜렷한 자에게 수여된다(賞勳法 14). 청조·황조·홍조·녹조·옥조근정훈장의 5등급으로 한다. →훈장

근 질(根質) →근담보

근친상간(近親相姦) 〔英〕 incest 〔獨〕 Blutschande, Inzest 〔佛〕 inceste 近親者(직계혈족·형제자매·양친과 양자) 사이에 행하여지는 性交. 우리나라에 있어서는 不道德行爲에 불과하지만, 형법에 의하여 금지되어 있는 국가도 있다(예: 독일헌법 173). 불량한 주택사정(다수인의 동거), 실업(기회의 증가), 결혼생활의 불화, 입원 기타에 의한 처의 부재, 딸의 애착, 그 밖에 便宜한 기회가 誘因으로 된다. 남자는 40~50세에 많고, 여자는 18~21세에 많다. 精神病質, 精神薄弱, 알콜중독자에 많다.

근친혼(近親婚) 〔英〕 marriage of relations, incest 〔獨〕 Inzest 〔佛〕 inceste 친족관계가 긴밀한 자간의 혼인. 구민법은 동성동본인 혈족간의 혼인, 남계혈족인 배우자 또는 부의 혈족 및 기타 8촌 이내의 인척이거나 이러한 인척이었던 자간의 혼인을 금지하고 있었다(舊民 809). 近親婚의 금지는 원래 우생학적 이유에 의거하는 것과 동시에 人情의 본질, 윤리의 根源에 기인하는 것이다. 그런데 어떠한 면에서 보더라도 민법이 규정하는 근친혼의 범위는 지나치게 넓어서 부당하기 때문에 학자들간에서는 그 범위를 축소하는 방향으로 입법론이 주장되었으며 1997년 헌법재판소의 憲法不合致判決로 폐지되었다. →동성동본불혼의 원칙

근해구역(近海區域) 航行區域의 하나. 선박안전법시행령 26조가 구체적으로 그 범위를 규정하고 있다. 이 구역을 항행구역으로 하는 선박은 제1급선 및 제2급선에 한정되며, 이 구역을 항행하는 선박은 선박안전법·선원법의 적용상으로는 遠洋區域을 항행하는 배와 대체로 다름이 없으나 선박법에서는 약간 취급을 달리하고 있다(13~15. 別表).

글로사토렌 〔獨〕 Glossatoren →주석학파

금 고(金庫) ① 국가 또는 지방자치단체의 현금출납기관으로서의 금고. 금고제도에는 固有金庫制度(국가 또는 지방자치단체가 직접 현금출납사무를 관장하는 제도)·委託金庫制度(은행 기타의 자에게 출납사무를 위임하는 제도)·預金制度(특정한 은행에 출납사무를 위임하는 제도)가 있다. 현재 우리나라에 있어서는 국고금의 출납사무는 한국은행이 취급하며 한국은행에서 수입한 국고금은 국가의 예금으로 하도록 하여 예금제도를 채택하고 있으며(豫會 75), 지방자치단체의 출납사무는 必要的 委託金庫制度를 채택하고 있다(地財 41). ② 금융기업형태의 하나로서의 금고. 설립의 기반·성격 등은 금고에 따라 다르나, 어느 것이든 영리목적을 가진 주식회사인 은행이나 금융기관과는 달리 사회정책적 내지 국책적 목적의 금융을 행하게 하기 위하여 설치된다. 이 의미의 금고에는 국책기관적 성격의 강약에 응하여 정부가 전액출자하는 것과 정부와 민간인이 공동출자하는 것이 있으나, 어느 것이든 그 설립이 강제되고 정부의 감독을 받는다. 우리나라에는 이런 금고는 그 실례가 그리 많지 않다.

금 고(禁錮) [1] 〔獨〕 Einschliessung 형법이 규정하는 형벌의 일종(41). 懲役·拘留와 더불어 自由刑에 속한다. 교도소에 구치하지만(68), 定役에 의무적으로 복무하지 않는 점에서 징역과 구별된다(67 참조). 그러나 신청이 있는 경우에는 작업을 과할 수 있다(行刑 38). 금고형은 대개 非破廉恥犯 또는 過失犯에 규정되어 있다. 금고는 무기와 유기로 구별되며, 유기는 1월 이상 15년 이하이다(刑 42 本). 다만 유기금고에 대하여 형을 가중하는 때에는 25년까지로 한다(42 但). 그리고 무기금고를 減輕할 때에는 7년 이상의 금고, 유기금고를 감경할 때에는 그 형기의 2분의 1로 한다(55 Ⅰ ii·iii). 그런데 금고형에 定役을 과하지 않는 것에 대하여 형사정책상 반대가 있고, 징역과 금고와의 구별을 폐지하여 自由刑을 단일화해야 한다는

주장이 있다(→자유형의 단일화).

[2] 東洋法制史上 禁止錮閉하여 임관의 길을 막는 형벌. 일종의 名譽刑. 현대형법의 獄中監禁刑과는 별개의 개념이며, 淸代의 永不敍用과 같은 의미의 형이다. 續大典刑典 濫刑條에 永不敍用, 乃終身禁錮之意라 하였다. 左傳成公 2年條의 註記에 禁錮, 勿令仕也가 가장 오랜 기록이다. 漢唐元明이 모두 금고형제도가 있었으며, 조선시대의 금고형의 記事는 太宗朝의 鄭道傳 등에 대한 선고이다. 태종 11년조에 庚子命鄭道傳, 孫興宗, 黃居正, 廢爲庶人子孫禁錮라 하여 그 자손을 영구히 금고하여 官途에의 진출을 막아 謹愼을 시킨 것이다. 금고에는 이와 같이 子孫禁錮와 張本人만의 有期禁錮, 終身禁錮가 있다. 續大典刑典推斷條에 의하면 田結石數를 속여 犯贓한 관리에 대하여 금고형을 과할 것을 규정하고 금고연한은 犯贓石數에 의하여 결정한다고 하고 있는 바, 이는 본인에 대한 유기금고의 일례가 될 것이다. 조선시대 금고의 物議의 하나는 소위 庶孼禁錮와 再嫁女子孫禁錮이다. 서얼금고는 庶腹子孫을 금고하는 뜻인 바, 그 최초의 주장은 태종 15년 6월의 副代言徐選外 6명의 陳言 宗親及各品庶孼子孫不任顯官職事以別嫡庶之分에 기인한다고 한다. 그때부터 이를 庶孼禁錮法, 庶孼防塞法 또는 庶孼枳塞法이라 부르고 서얼을 이유로 才學拔萃하여도 그 진로가 경색되어 있었던 것이다. 그러나 서얼금고의 폐단을 논하는 자도 많아 宣祖朝의 下敎 葵藿向日不擇旁枝人臣願忠豈必正嫡乎하여 庶孼許通法이 생기고 庶孼許通事目, 또는 庶類疏通節目 등이 생겨 진로타개에 노력이 많은 바 있었다. 그러나 그 허통은 嫡庶無差別의 전면적인 것이 아니고, 限品敍用的인 것을 벗어나지 못하였고, 以孼凌嫡은 범죄로 다스린 것이다. 經國大典 吏典의 限品敍用條는 서얼금고의 법적 규제로 볼 수 있을 것이다. 소위 葵史는 宣祖下敎에 典據한 역대 서얼에 관한 사실과 章奏를 採輯한 책으로 2권으로 되어 있다. 再嫁女子孫禁錮는 再嫁女의 소생에 대하여 仕官의 길을 제한 또는 막는 것이다. 과부의 수절을 찬양하고 개가나 재가를 악덕시한 세계관에 기인하는 것인 바, 성종 8년 傳旨 自今再嫁女子孫不齒仕版에 의하여 同傳旨를 채택하여 經國大典(乙巳大典)은 失行婦女子及再嫁女之所生, 勿敍東西班職이라고 규정함으로써 失行婦女와 같이 재가녀의 자손을 禁錮한 것이다.

금고제도(禁錮制度) →금고

금고주(金庫株) 〔英〕 treasury stock 회사가 自己株式을 취득하여 자산으로 보유하는 경우의 주식. 우리나라에서는 일정한 경우 외에는 인정되지 않는다(商 341). 그러나 실제에 있어서는 株式時價의 유지 등을 이유로 子會社 또는 傍系會社를 이용해서 이를 보유하는 일이 있으나 그것은 위법이다. 미국에서는 금고주가 인정되고 이것으로 株式配當 등을 하고 있다.

금 권(金券) 〔獨〕 Geldzeichen 증권 자체가 특정한 금전적 가치를 가지는 증권. 다만 작성자가 특정한 재산권을 表彰함으로써 가치를 갖는 증권이 아니고 그 증권 자체가 금전적 가치를 갖는다. 우표·수입인지·지폐 등이 그것이며 이들은 그 물건 자체가 증권상의 표시와 아무런 관계없이 가치를 갖는데 불과하고, 권리내용을 표창하지 않으므로 유가증권법상 인정하는 법제도인 記名捺印·背書·公示催告 등을 필요로 하지 않는다.

금권정치(金權政治) 〔英〕 plutocracy 정치가 정상적으로 운용되지 않고 金錢과 權力에 의하여 일방적으로 운용되는 政治. 자본주의국가에 있어서 금전에 의하여 좌우되는 현상은 그 양의 다소는 있으나 이를 부인할 수 없으며, 권력에 의한 정치는 후진국에서는 흔히 볼 수 있는 현상이다.

금 납(金納) →물납

금렵구(禁獵區) 산림청장 또는 시·도지사가 일정한 지역내의 수렵조수가 감소된 경우에 그 보호 증식을 위하여 일정한 기간을 정하여 지정하는 守獵禁止區域(鳥獸保護 및 守獵에 관한 法律 16). 이외의 수렵금지구역에는 산림청장·도지사가 설정하는 조수보호구, 도로, 공원 및 유원지, 능묘·사찰 또는 교회의 경내, 문화재보호법 9조에 의하여 지정된 文化財의 구역내 등이 있다(6, 17).

금반언(禁反言) 〔英〕 estoppel 영미법상의 원칙으로서 記錄에 의한(by matter of record) 금반언, 捺印證書에 의한(by deed) 금반언, 行爲에 의한(in pais) 금반언 등 여러가지가 있으나, 가장 중요한 것은 표시에 의한(by representation) 금반언이다. 갑이 을의 표시를 믿고, 이에 기하여 자기의 지위를 변경한 때에는, 을은 후에 이르러 자기의 표시가 진실에 반하였다고 하는 것을 이유로 그것을 뒤집을 수 없다고 하는 원칙이며 去來安全을 위하여 극히 중요한 작용을 한다. 우리 민법과 상법에 있어서도 그 적용이라고 인정할 수 있는 규정이 꽤 있다(民 452, 商 24·39 등).

금본위제도(金本位制度) 〔英〕 gold standard system 〔獨〕 Goldwährung 〔佛〕 étalon d'or 일정량의 금에 의하여 貨幣價値의 單位가 규정되어 있는 제도. 본래는 금의 자유로운 주조나 유통을 허용함이 원칙이나 현재에 있어서는 거의 대부분의 국가가 금수출을 금지하고 금본위제도에서 이탈하고 있다.

금본위정지(金本位停止) 금본위제에 필요한 조건을 일시 버리고 그 기능을 정지하는 것. 이의 구체적인 정책으로는 금 수출의 금지, 금화·주화의 금지, 兌換의 정지 등 여러가지가 있다. 1930년의 세계공황에 즈음하여 세계 각국이 금본위제를 정지하였다.

금본위조령(金本位條令) 〔英〕Gold Standard Act 1926년 金地金本位制度의 전형으로서 영국이 채택한 조령. 금 수출금지의 철회, 은행권 및 정부지폐의 金貨兌換의 정지, 금 자유주조의 제한, 금지금의 불하 및 매수, 금준비의 집중, 換調節資金의 조달 등이 그 주요한 내용을 이룬다.

금알(禁遏)**의 의무**(義務) 방지의 의무와 같다.

금액주(金額株) 액면주와 같다.

금액채권(金額債權) 〔獨〕Geldsummenschuld 일정액의 금전을 급부할 것을 목적으로 하는 채권. 보통의 金錢債權을 金種債權에 대하여 이렇게 부른다. 채무자는 선택에 따라 각종의 통화로써 지급할 수 있다(舊民法 420조 1항은 이 뜻을 明定하고 있다).

금액책임주의(金額責任主義) 〔獨〕Summenhaftungssystem 선박소유자의 책임을 航海標準으로 하지 않고 매사고에 따라 정하고, 채권을 발생시킨 선박의 積量 톤수에 따라 물적손해와 인적손해에 관하여 각기 1톤당 法定額의 비례로 산출된 금액에 그 책임을 제한하는 제도. 영국법, 네덜란드법, 1957년의 船舶所有者責任制限統一條約은 이 주의에 입각하고 있다. 상법은 금액책임주의와 船價責任主義의 併用主義이다. → 선박소유자책임제한

금약관(金約款) 〔英〕gold clause 〔獨〕Goldklausel 〔佛〕clause d'or 金錢債權에 붙여진 약관으로서 채무자는 금화 또는 금으로써 지급할 것, 또는 금화가치로 환산하여 지급할 것을 내용으로 하는 것. 화폐가치의 변동으로 인한 손해를 방지하려고 하는 것이 그 취지이다.

금양임야(禁養林野) 분묘에 속한 伐木을 금하는 임야. 제사를 주재하는 자가 승계한다(民 1008조의3).

금 융(金融) 營利를 위하여 하는 화폐의 수요·공급관계를 말하는 것으로 화폐의 공급자는 貸付資本으로서 화폐를 수요자에게 대여하여 이자를 얻고 대여를 받는 수요자인 기업가는 산업자본자로서 企業經營에 의하여 이윤을 얻는 화폐거래를 말하는 것이다.

금융감독원(金融監督院) → 증권관리위원회

금융감독위원회(金融監督委員會) 국무총리의 산하기관으로 금융감독과 재벌구조조정의 역할을 하는 곳으로 산하에 銀行監督院, 證券監督院, 保險監督院 등의 기관을 거느리면서 부실금융기관관리, 재벌구조조정 등 IMF체제의 난관을 극복할 역할을 맡고 있다.

금융거래(金融去來) 營業的 商行爲의 일종으로서 자기의 명의로써 이 행위를 하는 자는 상법상 상인이 된다(商 46 viii, 4). 금융거래는 구상법상의 은행거래보다 그 범위가 넓어 널리 금전 또는 유가증권의 融通行爲를 말한다. 즉, 은행거래는 금전 또는 유가증권의 전환을 매개하는 행위로 이해되어 금전 또는 유가증권을 수입하는 受信行爲와 수입한 금전 또는 유가증권을 유통하는 與信行爲가 결합·관련한 것이어야 된다. 그러나 상법은 貸金·換金 기타의 金融去來라고 하여 구상법과는 달리 대금을 포함함으로써 대금업자나 전당포영업자의 행위와 같이 수신을 수반하지 않고 여신만 하는 것도 금융거래로 된다.

금융공황(金融恐慌) 금융기구가 파괴되어 한 나라의 貨幣制度가 위기에 직면한 공황현상을 말하는 것으로서 기업은 도산되고, 은행예금의 인출이 쇄도하여 지급불능에 빠지게 되는 상태.

금융기관(金融機關)**의 연체대출금**(延滯貸出金) 금융관계에서 취급한 여신거래에 있어서 약정된 기일에 변제되지 아니한 원금·이자 및 이에 관련된 債務總額을 말한다. 금융기관의 업무수행을 저해하는 연체대출금을 조속히 회수하여 그 운영을 정당화하고 금융자금의 流動性을 확보하기 위하여 금융기관의 연체대출금에 관한 특별조치법에서는 연체대출금에 관한 경매절차·회수방법·회사정리절차 등에 특례를 규정하고 있다.

금융시장(金融市場) 〔英〕money market 화폐가 특수한 상품으로서 거래되는 시장을 말한다. 자금의 수요·공급관계를 개괄한 추상적인 것으로, 지역에 따라 국제·국내금융시장이 구별되며, 장기·단기금융시장 등으로 나눌 수 있다. 은행과 고객과의 資本去來로서 자금의 수요·공급에 의존하는 것으로 단기시장과 화폐시장, 장기시장과 자본

시장은 반드시 일치하지는 않는다.

금융실명거래(金融實名去來) 개인, 법인 등이 금융기관에 예금·적금·부금 등의 거래를 할 때에 자신의 성명과 주민등록번호 또는 법인명과 납세자등록번호 등을 밝히고 거래를 함으로써 금융자산의 명의인이 누구인지를 밝힐 수 있도록 하는 제도. 따라서 소득원이 없는 자의 명의로 된 금융거래로 인한 금융소득의 문제는 稅金問題로 실명제와는 관계가 없으며 가계우대정기적금과 같이 당초 실명개인에 대해 가입자격이 주어지는 금융거래에 있어서는 실명전환과 동시에 그 금융거래의 해지가 불가피하게 된다(金融實名去來 및 秘密保障에 관한 緊急財政經濟命令 참조).

금융(金融)**어음** 어음대부, 무역어음 이외의 국제간의 資金移動을 위하여 就結하는 어음.

금융업(金融業) 자금을 융통하는 영업으로서 보통 은행업·신탁업·보험업을 가리키나, 때로는 증권업도 포함하는 뜻으로 쓰인다. 이러한 영업은 각각 특별법에 의하여 행정적인 감독·단속을 받는다.

금융자본(金融資本) 사회의 모든 자본을 사실상 지배하는 巨大産業資金, 즉 거대은행자본의 合成體이다. 金融獨占資本이라고도 한다. 생산의 고도한 집중과 독점이 기초이고, 자본의 기능과 소유가 사회적 규모로 분리할 시기에 발생하며 기업이 발전·확대·독점되면 금융자본이 완전히 국가권력을 지배하여 金融寡頭支配가 행해진다.

금융제도조사위원회(金融制度調査委員會) 재정경제부 소속 諮問機關의 하나로서 위원은 학계·금융계·실업계의 저명한 인사를 재정경제부장관이 위촉하여 금융제도의 조사·연구·현행 금융관계 법령의 검토 등을 수행하여 건의하도록 한다(金融制度調査委員會規程).

금융조합(金融組合) 금융기관의 하나로서 영업에 필요한 자금을 대여 또는 저금의 편의를 도모할 목적으로 金融組合法에 의하여 설립된 법인조직체로서 영리를 목적으로 하지 아니하고 중류 이하의 소자본가들이 모여 큰 자본을 가진 상인에게 대항하기 위하여 자치적 협동정신밑에 조직된 조합의 하나이다. 양곡의 수집·배급사업 등도 겸영하여 전국적으로는 組合聯合會를 조직하여 외국에서의 신용조합에 해당하는 기관이었으나 농업협동조합의 설립에 따라 해체되었다. → 농업협동조합

금융채(金融債) 채권의 하나로 특수금융기관이 특별법에 의거하여 발행하는 債權業務의 특수성에 비추어 특히 자금조달방법으로서 행하여 진다. 즉 한국산업은행의 금융산업채권과 농업협동조합의 농업금융채권 등으로서 納入出資金 및 積立金의 합계액의 30배, 후자는 20배 한도내에서 발행, 모두 할인방법에 의한다(韓國産業銀行法 25, 農協 156). 償還에 대하여 전액 정부가 보증한다.

금융통화위원회(金融通貨委員會) 한국은행법이 규정한 범위내에서 通貨信用의 운영 관리에 관한 정책의 수립과 한국은행의 업무·운영·관리에 관한 지시 감독을 하는 한국은행에 두는 最高政策機關(韓銀 2장). 위원회는 일정한 결격사유가 없는 한국은행총재를 포함, 7명의 상근위원(대통령의 임명)으로써 구성하는 바 임기는 4년이되 다만 초대위원의 임기는 매년 1명 또는 2명이 교체토록 대통령령이 정하는 바에 의하여 단축할 수 있으며 위원은 국가공무원의 신분을 가진다(17). 한은부총재와 이사 등 기존 임원은 지위가 執行幹部이다. 위원회의 회의의 의장은 한국은행총재가 되고(14), 회의는 5명 이상의 위원의 출석으로 성립, 출석위원의 과반수의 찬성으로 의결한다(21).

금융회사(金融會社) 〔英〕financial company 〔獨〕finanzielle Gesellschaft 企業金融의 목적으로 주로 지방적 기업의 주식·사채를 인수하고, 일시적 또는 항구적으로 보유하는 회사. 證券引受會社(Effektenübernahmegesellschaft)라고 하기도 한다. 넓은 뜻의 특수회사의 하나이나 기업지배의 목적은 없으며, 자기의 주식·사채의 매각에 의하여 조달한 자금으로 다른 기업의 증권을 인수하고 여기에 자금을 융통하는 것을(證券代位) 목적으로 한다. 또한 금융업, 즉 은행업·신탁업·無盡業·증권업을 경영하는 회사를 가리킬 경우가 있다.

금인헌법(金印憲法) 1356년 신생 로마황제 카를 4세가 발표한 제국법. 입법의 주요목적은 황제선거의 모든 원칙을 자세히 규정하였으며, 특히 황제의 2중선거의 폐단을 제거하여 독일제국의 憲法的 基礎를 안정화하였다.

금 전(金錢) 〔英〕money 〔獨〕Geld 〔佛〕espèce 재화의 교환을 매개물로 국가가 정한 물건. 强制通用力을 가지는 화폐뿐만 아니라, 거래상 화폐로서 통용되는 自由通貨도 포함하여 말하는 일이 많다. 금전은 순수히 추상적인 교환가치의 化現者이며 전혀 개성을 가지지 아니하는 특수한 물건이다. 금전에 대하여 善意取得의 규정의 적용이 있느냐에 관하여 구민법은 규정을 두고 있지 않았기 때문에 이에 대하여 학설의 대립이 있었으나, 금전에

는 개성이 없고, 그에 대한 所有權은 占有에 용해되어 있어서 점유의 취득은 동시에 소유권의 취득으로 이해하여야 하므로 善意取得의 規定의 적용이 없다고 하는 것이 통설이었다. 이에 반하여 우리 민법 250조 단서는 그러나 盜品이나 遺失物이 금전인 때에는 그러하지 아니하다라고 하여 금전에 대하여 도품·유실물의 특칙을 인정하지 않는 동시에 善意取得의 규정의 적용이 있음을 정하고 있다. 그러면 금전이 도품이나 유실물이 아닌 경우에, 그 선의취득에 관하여 민법 249조를 적용할 것이냐 또는 514조 또는 수표법 21조를 적용할 것이냐에 관하여 의문이 있을 수 있으나, 화폐도 流通性이 확보되어야 한다는 성질에 있어서는 결코 유가증권보다 못하지 않으므로, 민법 514조 또는 수표법 21조를 적용하는 것이 이론상 타당할 것이다. 그러나 이렇게 이해하면 유가증권의 선의취득에 있어서는(민법 250조 본문, 251조가 정하는 것과 같은) 도품·유실물에 대한 특칙은 당연히 적용되지 않으므로 민법 250조 단서는 무의미하게 될 것이다. 또한 금전을 목적으로 하는 채권은 오늘날의 經濟組織에 있어서 중요한 기능을 영위하고 있다. →선의취득, 금전채권

금전납부(金錢納付)**의 재판**(裁判) 原判決을 정당하다고 인정하고 공소를 기각할 경우에 공소인이 소송의 완결을 지연시킬 목적만으로 公訴를 제기한 것으로 인정할 때에 判決注文에서 공소인에 대하여 공소장에 붙여야할 인지금액의 10배 이하의 금전납부를 명하는 재판. 명백히 이유가 없음을 주지하면서도 공소장을 남용하여 법원 및 상대방에게 폐를 끼치는데 대한 제재로서의 뜻을 가진다.

금전배상(金錢賠償) 〔獨〕 Geldersatz 손해를 금전으로 평가하여 그 금액을 지급시킴으로써 하는 損害賠償. 원상회복에 대응하는 말. 금전배상으로써 손해배상의 원칙적인 방법으로 삼는 입법주의를 금전배상주의라고 하는 바, 우리 민법은 이 주의에 입각하고 있다(民 394, 763).

금전배상주의(金錢賠償主義) →금전배상

금전신탁(金錢信託) 넓은 뜻으로는 널리 금전의 신탁을 가리킨다. 그 관리에 관하여 특별한 규정이 있다(信託 35). 그러나, 신탁업법에서는 이 중에서 信託期間의 종료시에 수익자에게 금전으로써 급부하여야 할 경우만을(즉 금전을 수입하였더라도 신탁종료시에 그 운용에 의하여 얻은 재산을 현상대로 급부할 경우를 제외) 금전신탁이라 한다. 이것을 다시 그 운용방법이 특정되어 있는 것(特定金錢信託)과 특정되어 있지 않은 것(不特定金錢信託)으로 구별하여, 여러가지 특별한 취급을 하고 있다(11(삭제됨), 12 등).

금전집행(金錢執行) 金錢債權에 관한 强制執行(民訴 제7편 제2장)의 별칭. 일정한 금액을 채무자로부터 징수함을 종국적인 목적으로 하는 강제집행이다.

금전증권(金錢證券) 〔獨〕 Geldpapier 일정액의 금전의 지급을 받을 권리 또는 권한을 表彰하는 유가증권. 예컨대 어음·수표·채권 등.

금전채권(金錢債權) 〔獨〕 Geldschuld 금전의 給付를 목적으로 하는 채권. 일정한 금액으로써 표시되는 추상적 화폐가치에 치중하는 채권이다. 따라서 진열하기 위하여 특정한 화폐를 대차하는 경우와 같이 금전이 特定物로서 취급되는 경우는 금전채권이 아니다(特定金錢債權). 또한 금전채권은 種類債權의 일종으로도 볼 수 있으나 10만원의 금전채권은 10만원이란 추상적인 금전가치가 본체이고, 이것을 실현하는 구체적 물건(화폐) 자체는 제2차적인 의의밖에 없는 것이니 순수한 종류채권과도 다른 것이다. 따라서 目的物의 特定이라는 문제가 생기지 않는다. 금전채권에 관하여 민법은 다음과 같이 규정한다. ① 債務者는 각종의 통화로써 지급할 수 있음은 물론, 특약으로써 어느 특정종류의 통화로 지급할 것을 정한 때(金種債權이라고 한다)에는 그 특약에 따라야 하나, 변제기에 있어서 그 통화가 强制通用力을 잃은 때에는, 다른 통화로 변제하여야 한다(376). ② 다른 나라의 통화로써 채권을 지정한 경우에도 채무자는 자기가 선택한 그 나라의 각종의 통화로 변제할 수 있고(377Ⅰ), 다른 나라의 特種通貨로 지급할 경우에도 그 통화가 변제기에 강제통용력을 잃은 때에는 그 나라의 다른 통화로 변제하여야 한다(377Ⅱ). ③ 금전채권에 관하여는 그 債務不履行의 요건 및 효과에 특칙이 있다(397). 즉, 금전채무의 불이행에 있어서는 과실이 없어도 채무자에게 책임이 있고 그 손해배상액은 항상 法定利率(민법상 연 5분, 상법상 연 6분) 또는 約定利率(법정이율보다 고율일 때)에 따라 계산되며(397Ⅰ), 채권자는 그 不履行으로 인하여 입은 손해의 증명을 할 필요가 없다(397Ⅱ). 금전채권에 관하여는 이상과 같은 민법의 규정 이외에 법률로 규정한 것으로서 주목할 만한 것이 많다. ① 교환의 매개·금융·투자의 수단으로서는 어음·사채·주식과 같은 중요한 제도가 존재한다. ② 금전채무의 중압에 신음하는 채무자를 보호하고 금전채권자의 폭리를 단속하기 위하여 利子制限法이 제정되어 있다. ③ 금전은 가치의 척도이므로 그 자신의 가치는 용이하게 변동되지 않는 것이지만, 그러

나 급격한 화폐가치의 변동이 있을 때에는 채권의 내용인 명목상의 금액을 증감할 필요가 생긴다(이것을 事情變更의 原則이라 한다).

금전청산(金錢淸算) 換地處分에 있어서 환지의 過不足을 청산금으로써 청산하는 것. → 환지청산

금전출자(金錢出資) 금전을 목적으로 하는 출자. 財産出資의 일종으로 현물출자에 대한 것. 물적회사의 사원의 출자는 금전출자를 원칙으로 하고, 주식회사의 주주의 경우에 있어서는 그 이행, 즉 주식의 납입에 관하여 資本充實의 견지에서 엄격히 규제되어 있다. → 주금납입

금제물(禁制物) 법령의 규정에 의하여 특별히 거래가 금지되어 있는 물건. 형법상으로는 보통 禁制品이라는 말을 쓴다. 금제물에는 소유 또는 소지까지 금지되어 있는 물건과, 다만 거래만 금지되어 있는 물건이 있다. 전자의 예로는 아편·몰핀 및 그 화합물, 아편흡식기(刑 198 이하), 위조·변조의 통화(207 이하), 음란한 문서·도화 등이 있고, 후자의 예로는 중요문화재, 국보 등이 있다. 그러나 후자는 금제물이라고 할 만큼의 엄격한 제한은 아니다. 민법상 물건을 일반적 거래의 대상으로 할 수 있느냐, 할 수 없거나 또는 그것이 현저히 제한되어 있느냐에 따라, 融通物과 不融通物로 나눌 때, 금제물은 公用物·公共用物과 더불어 不融通性에 들어 간다. 형법상으로는 단지 그 소지가 금지되어 있음에 불과한 물건(예 : 불법소지의 무기)은 재물로서 財産罪의 객체가 될 수 있지만, 그 자체가 소유권의 대상이 될 수 없는 물건(예 : 위조통화)에 대하여는 재산죄의 객체가 될 수 없다는 견해와 있다는 견해로 나누어진다. → 전시금제품, 우편금제품

금제품(禁制品) → 금제물

금종약관(金種約款) 特定種類의 통화로 지급할 것을 정한 약관. 예컨대 500원짜리 지폐로써 1만원을 지급할 것을 정하는 것과 같다. 이 약관이 붙은 금전채권을 金種債權이라 한다. 구민법은 이에 대한 명문을 두었으나 민법은 직접으로 규정하지 않았다. 그러나 계약자유의 원칙상 당연한 것이며, 또 민법 376조도 이것을 전제로 한 규정이라고 할 수 있다. → 금전채권, 금종채권

금종채권(金種債權) 〔獨〕 Geldsortenschuld 特種通貨의 지급을 목적으로 하는 금전채권. 이 때에는 채무자는 그 특종의 통화로써만 변제를 하여야 한다. 특종의 통화로써 지급하기로 특약하는 것은 지급방법에 관한 하나의 附帶約款에 불과하므로 금액의 가치가 의연히 채권의 목적인 것에는 변함이 없다. 그러므로 특종통화가 辨濟期에 있어서 强制通用力을 잃은 때에는 채무자는 다른 통화로 변제하여야 한다(民 376). 그러나 절대적으로 특종의 통화로 지급할 것을 특약한 때에는 오직 이것에 의하여서만 지급하여야 함은 물론이다. 이것을 絶對的 金種債權이라고 한다.

금주법(禁酒法) 〔英〕 Prohibition Law 1919년 미국에서 제정 공포된 것으로 일체의 酒類를 마시는 것을 금지한 법률. 그러나 1933년에 이르러 알콜 함유량 3.2% 이하의 것은 그 음용을 허락하였다.

금 지(禁止) 〔獨〕 Verbot 특정한 不作爲義務를 명하는 행정처분, 즉 不作爲下命. 예컨대 영업의 금지. 이 부작위의무를 위반하는 경우에는, 行政上의 强制執行 또는 處罰의 대상은 되지만, 그 의무위반행위의 법률적 효력은 그대로 유효하다. → 하명

금지규정(禁止規定) 일정한 행위를 금지하는 규정. 團束規定의 일종. → 단속규정

금지법(禁止法) 〔獨〕 Prohibitivgesetz 금지규정과 같다. 국제사법상의 특별한 의미에 관하여는 留保條款을 보라.

금지영장(禁止令狀) 〔英〕 writ of prohibition → 프로히비션

금지(禁止)**의 착오**(錯誤) 〔獨〕 Verbotsirrtum 행위가 법상 허용되지 않는다. 즉 금지된다는 점에 관한 착오. 이러한 의미에서는 종래의 법률의 착오와 같다. 다만 예컨대 타인의 물건을 자기의 것으로 오인하는 경우, 즉 재물의 타인성에 관한 착오를 민법상의 所有權의 귀속에 관한 착오라는 의미에서 법률의 착오라고 부를 수 있고, 또한 실제로 독일의 라이히재판소(우리나라의 대법원에 해당하며, 제2차대전말까지 존속하였다)는 이러한 의미의 법률의 착오를 다시 非刑罰法規의 錯誤(ausserstrafrechtlicher Irrtum)와 刑罰法規의 錯誤(strafrechtlicher Irrtum)로 구별하여 전자는 고의를 조각하나 후자는 고의를 조각하지 않는다는 태도를 취하였다. 그래서 법률의 착오라는 용어는 부정확하므로 금지의 착오 또는 違法性의 錯誤라고 불러야 된다는 주장이 유력해지고 있으며, 전후의 독일연방재판소(최고법원)도 이를 따른다. 또한 이와 대응하여 사실의 착오는 構成要件的 錯誤라고 부른다. → 착오

금치산자(禁治産者) 〔獨〕 Entmündigter

〔佛〕 interdit 心神喪失의 상태에 있기 때문에 일정한 자의 청구에 의하여 가정법원으로부터 禁治産宣告를 받은 자(民 12). 심신상실의 상태에 있다고 하는 것은, 시종 심신상실의 상태에 있음을 필요로 하는 것은 아니며, 때로는 보통의 정신상태로 회복하는 일이 있을지라도 대체로 자기의 행위의 결과에 대하여 합리적인 판단을 할 능력이 없는 것을 말한다. 請求權者는 본인(정신상태의 회복중)·배우자·4촌 이내의 친족·후견인·검사이다. 금치산자에는 보호기관으로서 後見人을 붙인다(929). 금치산자는 無能力者의 일종이지만, 행위능력의 제한은 가장 강하여 후견인에 의하여 대리될 뿐이고, 후견인의 사전의 동의에 의하여 능력을 보충할 길은 없으며, 그 법률행위는 언제나 취소할 수 있다(13). 금치산자에게는 선거권이 없는 등 민법 이외의 법률에 의한 제한도 있다. 금치산의 원인이 소멸하면 일정한 자의 청구에 의하여 법원은 그 선고를 취소한다(14, 11).

금치산자(禁治産者)**의 유언**(遺言) 금치산자는 그 意思能力이 회복된 때에 한하여 유언을 할 수 있다. 이 경우에는 의사가 심신회복의 상태를 遺言書에 부기하고 서명 날인하여야 한다(民 1063). 따라서 유언이 의사표시이므로 의사능력이 없는 사람이 행한 유언은 아무리 형식을 갖추더라도 무효이다. 그러나 유언자가 유언을 작성하는 당시 유언의 능력을 가지고 있는 한, 유언의 효력을 발생하는 때에 그 효력은 잃고 있더라도 유언이 효력에 영향을 미치지 아니한다.

금치산자(禁治産者)**의 이혼**(離婚) 금치산자(民 12, 13)는 後見人의 동의를 얻어 이혼할 수 있는데(835) 이 경우에 부모 또는 후견인이 없거나 동의할 수 없는 때에는 親族會의 동의를 얻어 이혼한다(835). 이혼은 신고에 의하여 성립하며(836 Ⅰ·Ⅱ), 詐欺·强迫에 의한 이혼은 취소할 수 있다(838, 839, 823).

금치산자(禁治産者)**의 입양**(入養) 후견인의 동의를 얻어 금치산선고를 받은 자는 양자를 할 수 있고 또한 양자가 될 수도 있다(民 873)(다만 874조의 경우는 共同入養). 취소권자는 금치산자 또는 후견인이지만(887 後) 금치산선고의 취소가 있는 후 3개월이 경과하면 取消請求權이 소멸한다(893).

금치산자(禁治産者)**의 파양**(罷養) 양친이나 양자가 금치산자인 때에는 후견인의 동의를 얻어 罷養協議를 할 수 있다(民 902). 파양은 신고하여 수리해야 성립한다(903, 戶籍 72~75·30). →파양

금치산자(禁治産者)**의 혼인**(婚姻) 금치산자(民 12, 13)는 부모 또는 後見人의 동의를 얻어 혼인하는데(808 Ⅱ), 이 경우에 부모 또는 후견인이 없는 때에는 친족회의 동의를 얻어 이혼한다(808 Ⅲ). 또한 戶籍法의 정한 바에 의하여 신고와 동의서를 첨부하여야 하며(戶 37, 38) 이에 위반한 신고는 수리하지 않으며(民 813) 일정한 경우에는 혼인을 법원에 취소를 청구할 수 있다(816 Ⅰ, 824, 825).

금형일(禁刑日) ① 경향 각 관청에서 拷訊, 決罰을 하지 않던 날. 즉 대전과 왕비의 탄생일, 왕세자의 생신일, 대제사 및 致齋, 삭망, 上下弦, 停朝市日 등이다. ② 사형을 금하던 날은 위의 모든 날과 24절기의 날, 날이 밝지 아니하거나 비가 개이지 아니한 날은 형을 금하였다.

금환제도(金換制度) 〔英〕 gold exchange standard 金本位制度에 의하지 아니하고 통화와 금과의 等價를 유지하기 위하여 자국통화를 다른 금본위국의 통화와 일정한 비율로 급부시키는 화폐제도. 금본위국의 금환을 매각함으로써 통화와 금과의 等價를 유지한다.

급 박(急迫) 사정이 절박하기 때문에, 정상의 수단을 취할 수 없는 사정이 있을 때에, 법률상 급박한 사정(民 691)·급박한 危難(761 Ⅱ)·급박한 危害(735) 따위의 용어가 사용된다.

급 부(給付) 〔獨〕 Leistung 넓은 뜻으로는 청구권의 목적인 의무자의 행위를 가리키지만, 보통으로는 채권의 목적인 債務者의 行爲를 가리킨다. 구민법이나 구민사소송법 등에 있어서는 법전상의 용어로서도 이 말이 쓰여지고 있었는데, 민법이나 민사소송법은 이 말을 쓰지 않고, 이에 갈음하여 각 경우에 따라서 履行·支給·行爲 또는 給與 등의 말을 쓰고 있다. 본래 이 말은 독일말의 Leistung이라는 말을 일본인들이 그들의 민법이나 민사소송법을 제정함에 즈음하여, 번역한 것이므로 우리의 언어감정에 맞지 않은 점이 있다. 파산법은 이 말을 쓰고 있다(破 70, 83 등).

급부불능(給付不能) 債權의 목적인 行爲, 즉 급부의 실현이 불가능한 것. 불가능하냐 아니냐는 물리적 표준에 따르지 않고 社會的 通念에 따라 정한다. 불능은 구별의 표준에 따라 법률적 불능·자연적 불능·객관적 불능·주관적 불능, 원시적 불능·후발적 불능, 전부불능·일부불능 등으로 나누인다. →이행불능

급부(給付)**의 선택**(選擇) 여러 개의 급부 중에서 한 개의 급부를 선정하는 것. 특히 選擇債

權의 목적인 여러 개의 급부 중에서 한개의 급부를 선정하는 의사표시를 말한다(民 382Ⅰ, 383Ⅰ). 한번 선택한 후에는 마음대로 철회·변경하지 못한다(382 Ⅱ, 383 Ⅱ). 選擇債權에 있어서 선택의 효력은 소급한다(386).

급부판결(給付判決) → 이행판결

급부행정(給付行政) 〔獨〕 Leistungsverwaltung 급부행정의 개념에 관하여는 아직도 학문상 통설이 없지만, 포르스토프(Forsthoff) 교수가 給付主體로서의 행정이라는 저서에서 처음으로 사용한 말로 알려져 있다. 전후 독일을 위시로 하는 사회적 법치국가체제하에서의 급부행정의 개념은 현저히 확대되어 이에 관한 오늘날의 일반적 개념은 供給行政 외에, 자금지원·사권보호를 중심으로 하는 助成行政과 社會保障을 중심으로 하는 社會保障行政을 포함시키는 것이 통설이다.

급시안건(急施案件) 지방의회의 개회 중 임시로 요긴한 안건으로서 미리 그에 관하여 고시함이 없이 附議되는 것이 인정되는 안건(地自 40但).

급 여(給與) [1] 주로 공무원 및 정부관리 기업체의 직원의 봉급·수당·연금 기타의 근무에 대한 대가. 국가공무원법 및 지방공무원법은 공무원의 보수는 직무의 곤란성 및 책임의 정도에 적응하도록 階級別로 정한다. 특수경력직공무원의 보수는 일반직공무원의 보수와 균형을 도모하도록 정하되 그 액은 국가공무원에 있어서는 원칙적으로 법률로써, 지방공무원에 있어서는 대통령령으로써, 정하도록 하고 있다(國公 46, 地公 44). 급여가 일정한 근무에 대한 대가라는 의미에서 고용주가 피용자에게 지급하는 임금까지를 포함하여 사용되기도 한다.

[2] 민법상의 급여에 관하여는 給付를 보라.

기 각(棄却) 〔獨〕 Abweisung [1] 민사소송법상의 용례로서는 신청의 내용(예컨대 원고의 소에 의한 청구, 상소인의 상소에 의한 不服申請 등)을 終局的 裁判에서 이유가 없다 하여 排斥하는 것. 기각의 재판은 本案判決이며, 소송적·형식적 재판인 却下와 구별된다. 예외적으로 각하로 보아야 할 경우가 법률상 기각으로 쓰이는 일이 있다(399).

[2] 형사소송법상 公訴棄却(327, 328), 정식재판청구의 기각(455)은 절차의 무효를 이유로 하여 절차를 종결시키는 형식적 재판인데 대하여, 抗訴棄却(360, 361의4, 362, 364 Ⅳ), 上告棄却(380, 381, 399), 抗告棄却(413, 414), 再審請求棄却(433, 434)은 절차를 무효로 하는 것과 청구 이유없다고 선언하는 것이 있다.

[3] 訴願·異議申請 등의 행정쟁송의 裁決·決定에 관해서도, 이론상은 민사소송이 재판에서와 같은 棄却·却下의 구별이 인정되나, 법령상의 용례는 양자를 모두 却下라고 부르는 수가 있다(舊訴願法 11, 12 Ⅱ 참조).

기각재결(棄却裁決) 행정심판청구사건에 대하여 행정심판위원회가 심리·의결한 내용에 따라 재결청이 판단하는 행위를 재결이라고 하는데, 이에는 그 내용에 따라 却下·棄却·認容이 있다. 却下裁決이라 함은 본안심리의 결과 행정심판청구가 이유없다고 인정하여 원처분을 시인하는 재결을 말한다.

기 간(期間) 〔獨〕 Frist 〔佛〕 délai [1] 일반적으로는 어느 시점으로부터 다른 시점까지 계속되는 시간의 구분. 사법상 시효·연령 등에 있어서와 같이 기간의 경과에 權利의 發生·變更·消滅 기타의 效果가 부여되는 일이 많으므로, 민법은 그 계산방법을 정하고, 법령, 재판상의 처분 또는 법률행위에 다른 정함이 없으면, 이를 일반적으로 적용하도록 하였다(民 155~161). 이에 의하면 時 이하를 단위로 하는 경우에는, 自然的 計算法에 의하고, 日 이상을 단위로 하는 경우에는 원칙적으로 初日을 산입하지 않고(→기산점), 또한 曆法的 計算法에 의한다.

[2] 민사소송법상 당사자 또는 법원이 소송행위를 하기 위하여 법률에 의하여 또는 법원에 의하여 정하여진 기간. 기간의 종류에는 행위기간과 중간기간, 고유기간과 직무기간, 법정기간과 재정기간, 통상기간과 불변기간이 있다. 기간의 계산방법은 원칙으로 민법에 의한다(157Ⅰ). 裁定期間은 그 재판이 고지된 때부터 진행을 시작한다(207). 그러나 기간의 말일이 일요일 기타 일반의 休日에 해당되는 때에는 그 翌日로써 만료된다(157 Ⅱ). 기간의 진행은 소송절차의 중단 또는 중지로 인하여 그 진행을 정지하며, 소송절차의 受繼의 통지 또는 속행시부터 다시 전기간의 진행을 개시한다(225 Ⅱ). 법원은 재량으로 법정기간 또는 재정기간의 신축을 할 수 있으며, 裁判長·受命法官 또는 受託判事도 각기 정한 기간의 신축을 할 수 있다(159Ⅰ·Ⅲ). 그러나 不變期間(159Ⅰ 但)과 소송행위의 追完에 관한 기간(160)은 명문에 의하여 신축할 수 없다. 다만 그에 附加期間의 제도가 있다(159 Ⅱ).

[3] 형사소송법상으로도 기간의 의의나 종류는 민사소송법과 동일하나, 기간의 계산방법에 차이가 있다. 즉, 시효와 구속기간에 관해서는, 형법의 형기의 계산방법과 같이, 초일은 시간을 계산함이 없이 1일로 산정하고, 말일이 공휴일인 경우에도 이를

기간에 산입한다(66). 이것은 피고인의 이익을 위한 것이다.

[4] 행정상 쟁송에 있어서는 항고소송의 출소기간이 있고, 또 判決·裁決·決定을 하여야 할 기간을 정한 경우도 있다. 公法上의 기간의 계산방법은 법률에 특별한 규정이 없는 한 민법의 규정(155~161)에 의하도록 되어 있다.

[5] 형법상에도 刑期 등의 기간이 있다. 그 기간의 계산방법은 연 또는 월로써 정한 기간은 曆數에 따라 계산하며(83), 형기는 판결이 확정된 날로부터 기산한다(84Ⅰ). 懲役·禁錮·拘留·留置에 있어서는 구속되지 아니한 일수는 형기에 산입하지 아니하며(84Ⅱ), 형의 집행과 시효기간의 초일은 시간을 계산함이 없이 1일로 산정하고(85), 釋放은 형기종료일에 하여야 한다(86)는 규정이 그것이다.→형기

기간보험(期間保險)　보험자가 담보하는 기간이 일정되어 있는 보험, 즉 선박보험, 건물보험, 설비보험, 傭船料 보험 등이 이에 해당한다. 航海保險에 대하는 것.

기 감(技監)　2급인 一般職技術係國家公務員의 일반적인 직명. 職群(또는 職列)에 따라 그 직군을 표시하는 용어를 부여함으로써 구체적인 직명이 된다. 工業技監·鑛務技監 등은 그 예. 상사의 명을 받아 기술에 관한 사무를 담당하며, 소속직원을 지휘·감독한다. 행정각부·처·청의 국장급.

기간산업(基幹産業)　한 나라의 산업의 기간이 되는 중요산업. 석탄·철강·전력 등의 여러 공업과 같이 일반산업의 토대가 되는 것. 즉 소비재 생산이 아닌 生産財의 생산을 말한다.

기결수(旣決囚)　確定判決로써 형의 집행으로 인한 자유의 구속을 받고 있는 자. 도주했을 때에는 도주죄가 성립된다(刑 145 이하). →미결수

기간용선계약(期間傭船契約)　〔英〕time charter〔獨〕Zeitcharter〔佛〕affrètement à temps 일정기간을 정하여 하는 용선계약. 용선계약에는 그 계약의 존속이 특정항해에 한정되는 경우와 용선기간이 일정한 기간에 한정된 경우가 있으며, 전자를 航海傭船, 후자를 期間傭船이라 한다. 또 기간용선은 운임이 용선료를 일정기간을 표준으로 하여 정하는 期間支給傭船契約(商 802)과도 다르다. →정기용선계약

기간(期間)**의 계산**(計算)　법령·재판상의 처분 등으로써 특히 기간의 계산방법이 정하여져 있지 않은 경우를 위하여, 민법은 보충적으로 그 계산방법을 정하였다(民 155~161). 또 민법의 규정은 私法關係 뿐만 아니라, 公法關係의 기간계산방법에 관하여도 적용된다. 時 이하를 단위로 하는 경우에는 자연적 계산법을, 日 이상을 단위로 하는 경우에는 曆法的 計算法을 쓰고 있다. 또 민법의 규정은 기산점으로부터 장래로 향하여 계산하는 경우에 관한 것이지만, 기산점으로부터 소급하여 계산되는 기간에도 준용하여야 한다.

기간(期間)**의 진행**(進行)　기간의 경과에 따라서 기간이 始期로부터 終期로 가까워지는 것. 裁定期間의 시기가 정하여 있지 않은 경우에는 그 기간을 정하는 재판의 告知(民訴 207)가 있을 때부터 진행된다(158). 기간의 진행은 소송절차의 중단·중지로 인하여 정지되며, 그 해소와 동시에 새로 전기간이 진행된다(225 Ⅱ).

기간(期間)**의 해태**(懈怠)　민사소송법상 소송관계인이 일정한 訴訟行爲를 하여야 할 기간을 경과하여 기간내에 하여야 할 소송행위를 하지 아니하는 것. 불변기간을 해태하였을 때에만 追完할 수 있는 것이 원칙이지만(民訴 160), 통상기간을 해태한 때에도 기간의 연장으로 구제될 때가 있다(150). →해태

기결수인(旣決囚人)　사형, 징역형, 금고형 및 노역장유치와 구류형의 선고를 받고 그 형이 확정되어 교도소에 수용된 受刑者. 따라서 확정형의 집행중에 있지 아니하는 刑事被疑者나 刑事被告人으로서 구속영장의 집행을 받고 수용된 未決囚人과 다르다. 행형법에서는 기결수인을 수형자라고 하고, 미결수인은 未決受容者라고 하는 용어를 사용하고 있다(行刑 1). 기결수인 가운데서 만 20세 이상의 성년수형자는 교도소에 수용하고, 20세 미만의 소년수형자는 소년교도소에 수용한다. 그러나 旣決死刑囚人의 수용은 그 집행을 받을 때까지 구치소 또는 未決收容室에 수용하기로 되어 있다(13).

기 계(奇計)　〔英〕ruse of war〔獨〕Kriegslist〔佛〕ruse de guerre　진실을 고하고 행동을 할 의무가 없는 경우에 자기의 군사행동의 이익을 위하여 허위로써 적을 誤診에 빠뜨리는 행동. 복병, 假裝의 공격 및 퇴각, 허위신호의 사용, 허위정보의 유포, 적군의 買收 등이 그 예. 기계는 軍略의 일종이므로 적법한 전쟁수단으로 인정된다(헤이그陸戰法規 24). 海戰에 있어서도 단순히 교전국의 군함이 목적물에 접근 또는 이탈하기 위하여 중립국 또는 적국의 旗章을 게양함은 기계로서 허용된다. →배신행위

기계투표(機械投票) 投票機(voting machine)에 의하여 투표하는 방법. 용지투표·거수투표 등에 대한 투표방법으로서, 미국의 많은 주에서 채택되고 있다. 투표의 비밀보장, 計票의 신속·정확 등을 기할 수 있는 많은 장점이 있다.

기 관(機關) 〔獨〕Organ〔佛〕organe 법인 기타의 단체의 의사를 결정하거나 또는 그 실행에 참여하는 지위에 있어, 그 행위가 법인의 행위로 되는 자. 그 조직을 기준으로 하여 合議機關과 獨任機關으로 구분되며 그 직무를 기준으로 하여 의사기관(의결기관)·자문기관·집행기관(이사기관)·감사기관 등으로 구분된다.

기 관(技官) 일반의 행정사무가 아닌 특별한 학술 技藝(교육을 제외)를 掌理하는 관의 명칭. 기정·기좌·기사 등이 그 예이다.

기관설정법정주의(機關設定法定主義) 우리나라 행정법의 기본원리로서 지방분권주의, 민주행정주의, 실질적 법치주의, 복리국가주의 및 사법국가주의를 들 수 있는 바, 민주행정주의가 행정조직의 측면에서 발현된 하나가 行政機關法定主義이다. (행정)기관설정법정주의란 국가 또는 지방자치단체의 행정을 담당하는 기관은 곧 국민의 기관이므로 그 설치와 직무범위는 법률로 정하여야 한다는 것이다. 정부조직법은 중앙행정기관의 設置 및 事務分擔은 법률로 정한 것을 제외하고는 대통령령으로 정한다(2조 1항)하여 중앙행정기관의 설치는 반드시 법률에 의하도록 하였다.

기관소송(機關訴訟) 국가 또는 공공단체의 기관 상호간의 권한의 존부 또는 그 행사에 관한 다툼이 있을 때에는 이를 해결하기 위하여 제기하는 행정소송을 말한다. 기관 상호간의 權限의 存否 또는 그 행사에 관한 분쟁은 行政權 내부의 권한행사의 통일성 확보에 관한 문제로 상급기관의 감독권이나 기관 상호간의 협의에 의하여 내부적으로 처리되는 것이 통례이지만, 이러한 분쟁에 대하여도 법원의 공정한 판단에 의하여 기관 상호간의 권한질서를 유지하기 위하여 법률에서 訴訟節次에 의하여 해결하도록 특별한 규정을 둔 경우가 있다. 그러나 헌법재판소법은 61조에서 국가기관 상호간, 국가기관과 지방자치단체간 및 지방자치단체 상호간에 권한의 존부 또는 범위에 관하여 다툼이 있을 때에는 당해국가기관 또는 지방자치단체는 헌법재판소에 權限爭議審判을 청구할 수 있으며, 이 심판청구는 피청구인의 처분 또는 부작위가 헌법 또는 법률에 의하여 부여받은 請求人의 權限을 침해하였거나 침해할 현저한 위험이 있는 때에 한하여 이를 할 수 있다고 규정하고, 62조에서 권한쟁의심판의 종류를 다음과 같이 규정하고 있다. 즉 ① 국가기관 상호간의 權限爭議審判, 즉 국회·정부·법원 및 중앙선거관리위원회 상호간의 권한쟁의심판, ② 국가기관과 지방자치단체간의 권한쟁의심판에는 ㉠ 정부와 특별시·광역시 또는 도 사이의 권한쟁의심판, ㉡ 정부와 시·군 또는 지방자치단체인 구사이의 권한쟁의심판, ③ 지방자치단체 상호간의 권한쟁의심판에는 ㉠ 특별시·광역시 또는 도 상호간의 권한쟁의심판, ㉡ 시·군 또는 자치구 상호간의 권한쟁의심판, ㉢ 특별시·광역시 또는 도와 시·군 또는 자치구간의 권한쟁의심판 등이다. 한편 權限爭議가 지방교육자치에 관한 법률 2조의 규정에 의한 교육·학예에 관한 지방자치단체의 사무에 관한 것인 때에는 敎育監이 위 ② 및 ③의 당사자가 된다. 권한쟁의의 심판은 그 사유가 있음을 안 날로부터 60일 이내에, 그 사유가 있은 날로부터 180일 이내에 청구하여야 하며, 이 기간은 不變期間이다(憲裁 63). 헌법재판소가 권한쟁의심판의 청구를 받은 때에는 직권 또는 청구인의 신청에 의하여 終局決定의 선고시까지 심판대상이 된 피청구기간의 처분의 효력을 정지하는 결정을 할 수 있다(65). 헌법재판소는 심판의 대상이 된 국가기관 또는 지방자치단체의 권한의 존부 또는 범위에 관하여 판단하며, 이 경우 被請求期間의 處分 또는 不作爲가 이미 청구인의 권한을 침해한 때에는 이를 취소하거나 그 무효를 확인할 수 있다(66). 헌법재판소의 권한쟁의심판의 결정은 모든 국가기관과 지방자치단체를 羈束하나 국가기관 또는 지방자치단체의 처분을 취소하는 결정은 그 처분의 상대방에 대하여 이미 생긴 효력에 영향을 미치지 아니한다(67). 따라서 이같은 헌법재판소의 권한쟁의심판에 해당하는 사항은 당연히 행정소송의 기관소송에서 제외된다.

기관위임(機關委任) 지방자치단체의 장 기타의 기관에 대하여 국가(때로는 상급지방자치단체)의 사무를 위임하는 것. 이러한 사무를 기관위임사무라고 한다. 團體委任에 대한 개념. 기관위임사무의 예로는 도로·하천의 유지·관리, 경찰, 호적에 관한 사무 등이 있다. 지방자치법은 시·도와 시·군 및 자치구에서 시행하는 국가사무는 법령에 다른 규정이 없는 한 시·도지사와 시장·군수 및 자치구의 구청장에게 위임하여 행하게 하고 있다(地自 93). 이와 같이 지방자치단체의 장이 국가의 委任事務를 처리할 때에는 그는 국가의 행정기관으로서의 지위를 가지게 되며, 그 사무처리에 관하여 주무부장관 기타 국가의 행정기관의 감독을 받는다(156).

기관위임사무(機關委任事務) →기관위임

기관의사(機關意思) 기관에 의하여서 결정되는 의사. 기관의 행위가 法人의 행위라고 간주되는 것과 같이 기관의 의사는 법인의 의사로 간주된다.

기관장(機關長) 기관의 장. 보통 국가기관의 장을 말한다. 이 국가기관이 國家意思를 결정하고 이를 외부에 표시할 수 있는 이른바 관청일 경우에는 관청의 장을 의미한다. 이런 의미에서는 보조기관은 이에 포함되지 않는다.

기관쟁송(機關爭訟) 행정기관 상호간의 權限爭議에 관한 쟁송을 말한다. →권한쟁의, 기관소송

기관쟁의(機關爭議) 국가 또는 공공단체의 기관상호간에 분쟁이 있는 경우에 그 분쟁을 해결하는 절차. 機關爭訟이라고도 한다. 지방자치법이 규정한 지방자치단체의 장과 지방의회와의 쟁송이 그 예이다. →주관쟁의

기국법(旗國法) 〔英〕 law of flag 〔獨〕 Flaggenrecht 〔佛〕 loi du pavillon 선적국법과 같다.

기국주의(旗國主義) 선박의 위법행위에 대한 團束 및 裁判管轄權을 船籍國法(旗國法)에 의하게 하는 주의. 대한민국과 일본국의 어업에 관한 협정은 어업에 관한 수역 외측에서, 즉 共同規制水域 안에서 동협정위반행위를 한 어선에 대한 단속(停船 및 臨檢 포함) 및 재판관할권은 어선이 속하는 締約國만이 행하며 또한 행사할 수 있다고 규정하고 있다. →선적국법

기금갹출자(基金醵出者) 〔獨〕 Garanter 相互會社의 설립에 필요한 기금을 제공하는 자. 상호회사는 영리회사가 아니므로 개업당초부터 사원이 지급하는 보험료로 사업비를 支辨하기가 어려우므로 별도로 기금갹출자를 모집한 후에 사원을 모집한다. 기금의 총액은 보험사업에 있어서는 300억원 이상의 자본금 또는 기금을 납입하여야 하며, 기금의 납입은 금전 이외의 재산으로 이를 할 수 없게 함으로써(保險 6, 43), 現物納入 등으로 인한 過當評價의 폐를 미연에 방지하였다. 기금갹출자는 회사와 소비대차 유사의 특수한 계약관계로 되어 있으며, 그 償却·利子支給 등에 있어서도 손실의 전보, 준비금의 공제 등을 한 후가 아니면 할 수 없고(68), 청산에 있어서도 회사재산의 처분의 순위는 일반의 채무, 사원의 보험금액, 사원에 대하여 환급할 금액의 지급, 기금의 상각의 순으로 청산한다(79).

기념물(記念物) 貝塚·古墳·城址·宮址·窯址·遺物包含層 기타 史蹟地와 景勝地·동물·식물·광물·동굴로서 우리나라의 역사상·예술상·학술상 또는 관상상 가치가 큰 것(文化財 2 iii). 기념물 중 중요한 것을 문화관광부장관은 文化財委員會의 심의를 거쳐 사적·명승 또는 천연기념물로 지정할 수 있다(6). →문화재

기능자양성(技能者養成) 장기의 교습을 필요로 하는 특정한 기능자, 즉 시계공, 보석공, 제철공 등의 기능자를 노동의 과정에 있어서 양성할 필요가 있는 경우에는 근로기준법에 특별히 규정이 있다. 즉 교습방법의 계약기간·근로시간·임금 등에 관하여 특례가 인정되는 반면, 사용자의 자격·계약의 형식 등에 관하여는 엄중히 감독이 가해지고 있다(勤基 77, 78).

기능습득자(機能習得者) 養成工, 수습 기타 명칭 여하를 불문하고 기능의 습득을 목적으로 하는 근로자(勤基 77). 이러한 근로자는 연혁상(徒弟制度) 근로자의 혹사, 가사노동의 강제, 나아가서는 노동의 착취와 같은 폐해를 가져오기 쉬운 것이기 때문에, 근로기준법 77조는 이에 대한 특별규정을 마련하였다. 즉, 기능의 습득을 목적으로 하여, 근로자를 혹사하여서는 안되며, 家事를 비롯하여 기능습득과 관계가 없는 업무에 종사시켜서는 안된다고 규정하였다. →기능자양성령, 도제

기능(機能)**의 분리**(分離) →국가기능의 분립

기능적 범행지배(機能的犯行支配) 〔獨〕 Funktionelle Tatherrschaft 타인과 함께 각자의 역할 분담에 따라 공동으로 범행을 저지르는 경우를 말한다. 기능적 범행지배는 共同正犯에 있어서 正犯性의 標識이다. 이처럼 타인과 공동으로 범행을 저지르는 자도 정범인 바, 이것이 또 하나의 정범종류인 공동정범이다. 여기서는 언제나 그런 것은 아니지만 대체로 각자가 그 역할 분담에 따라 전체 犯行計劃의 수행에 필요한 부분을 분업적으로 실행하는 것이 그 특징이다. 따라서 竊盜時 망을 보는 행위는 물론, 범죄계획을 수립하고 조종하는 범죄집단의 首魁도 정범이 될 가능성이 인정된다.

기능학파(機能學派) 〔英〕 functional school 民俗學의 한 類派. 모든 제도, 관습의 기원·발전을 불문하고 이의 모든 문화에 있어서 이루어지는 기능의 역할을 연구하려는 것이 특색. 마

리노우스키가 이의 대표자이다.

기대가능성(期待可能性) 〔獨〕 Zumutbarkeit 행위당시에 행위자가 적법행위를 행할 수 있었으리라고 기대할 가능성. 적법행위의 기대가능성은 規範的 責任論의 중심적 개념이고, 책임의 본질인 非難可能性의 내용을 이루는 규범적 책임요소라고 한다. 즉, 規範的 責任論에 의하면 적법행위를 기대할 수 있음에도 불구하고 위법한 행위를 행한 경우에 책임비난을 가할 수 있게 된다. 기대가능성의 표준에 관하여는 行爲者標準說(도의적 책임론의 입장)·平均人(통상인)標準說(사회적 책임론의 입장)·양자의 折衷說 및 國家標準說로 나누어지고, 그 체계적 위치에 관하여는 기대가능성을 고의·과실과 별개의 제3의 책임요소로 보는 설, 고의·과실의 구성요건요소로 보는 설, 비난가능성의 意的 要素(지적 요소에 대한)로 보는 설, 기대가능성이 없다는 것을 責任阻却事由로 보는 說 등이 있다. → 규범적 책임론

기대권(期待權) 〔獨〕 Anwartschaftsrecht 장래에 일정한 사실이 발생하면 일정한 법률적 이익을 享受할 수가 있다고 하는 기대 내지 희망을 내용으로 하는 권리. 相續權(피상속인이 사망하면 유산의 전부 또는 일부를 승계한다고 하는 기대를 내용으로 하는 권리), 條件附權利(예 : 정지조건부로 증여를 받은 자의 조건이 성취되면 증여의 목적물을 취득한다고 하는 기대를 내용으로 하는 권리) 등이 그 예. 기대권이 권리로서 받는 보호는 기대권의 종류에 따라 다르다. 條件附權利는 비교적 강하고, 상속권은 비교적 약하다. → 물권적 기대권

기동 드 라 멜 〔佛〕 Guidon de la mer 프랑스의 루앙에서 16세기 경에 편찬된 海法典. 해상보험에 관한 관습법을 모은 것으로서 1681년의 海事條例(Ordonnance de la mer)의 기본이 되었다.

기득권(既得權) 〔羅〕 iura quaesita 〔英〕 vested rights 〔獨〕 wohlerworbene Rechte 〔佛〕 droits acquis [1] 사람이 이미 획득한 권리. 국가라 할지라도 이를 침해할 수 없다고 하는 것이 自然法學에 의하여 주로 개인의 재산권에 관하여 주장되었다. 역사적으로는 사유재산에 照應하는 이론이다. 오늘날에 있어서는 기득권의 불가침은 인정되지 않지만, 입법정책상 기득권은 될 수 있는 대로 존중해야 할 것으로 되어 있다. 法의 遡及效를 되도록 피해야 한다고 하는 것은 그 표현이다.

[2] 특히 國際私法에서는 적법하게 취득한 권리는 국제적으로 존중하여야 한다는 원칙은 국제사법의 근본원칙이라고 하는 견해, 또는 이것을 法律抵觸의 문제로부터 독립한 다른 국제사법상의 원칙이라고 보는 견해가 있다. 그러나 일반적으로 권리가 적법하게 취득되었는가의 여부는 저촉규정에 의하여 지정된 準據法에 의하여 비로소 결정될 수 있는 문제이기 때문에, 기득권으로써 國際私法의 근거로 삼을 수는 없다. 그리고 이른바 기득권의 존중이라는 것은 저촉규정에 의하여 해결될 문제이며, 또한 1국에 있어서 적법하게 성립된 것으로 인정되는 법률관계라 하더라도, 타국은 자국의 저촉규정에 위반한 것으로 인정되는 것을 존중할 수는 없다는 이유로, 기득권설에 반대하는 견해가 유력하다.

기득권(既得權)**의 국제적 존중**(國際的尊重)**의 원칙**(原則) 〔佛〕 principe du respect international des droits acquis 1국에서 적법하게 취득된 권리는 국제적으로 존중되어야 한다는 원칙. 일파의 학자에 의하여 國際私法의 대원칙으로 주장되고 있다. 그러나 외국에서 취득된 권리가 승인받기 위하여는 내국의 국제사법이 정하는 준거법에 따르고 있을 것이 요구된다고 한다면, 그것은 국제사법상 당연한 일이며, 특히 그러한 원칙을 주장할 의미가 없다. 또한 만일 그것이 內國國際私法이 정하는 준거법에 따르고 있지 않더라도 승인하지 않으면 안된다고 하는 것이라면, 그것은 내국의 국제사법의 원칙을 혼란케 하는 것으로 된다. 이는 이 원칙이 일반적으로 배척받는 까닭이다.

기록(記錄)**의 송부**(送付) 訴訟의 移送, 證據確保, 囑託에 의한 證據調査, 上訴 등의 경우에, 기록이 있는 법원의 수탁판사, 서기관 또는 서기가 이것을 필요로 하는 다른 법원에 보내는 것(民訴 36 Ⅱ, 270, 353, 369, 395).

기록표결(記錄表決) 〔英〕 record vote 찬성의원과 반대의원의 성명이 회의록에 기록되는 표결을 말한다. 기록표결 방식에는 記名投票와 呼名表決이 있다. 기명투표는 투표용지에 안건에 대한 可否와 의원의 성명을 기재하는 표결방법이다. 실제에 있어서는 투표용지의 기재란을 가부로 구분하여 가 또는 부란에 의원의 성명을 기재한다. 호명표결은 우리 국회나 지방의회에서는 사용되지 않으나 미국의회 등에서는 흔히 볼 수 있다. 각 의원의 이름을 호명하면 찬성 또는 반대의 의사를 구두로 표시하는 제도로서 미국의회의 경우 중요법안을 처리할 때에는 의원 5분의 1 이상의 요구에 의하여 반드시 기록표결을 하도록 되어 있다. 기록표결은 특히 안건에 대한 의원의 가부의 의사표시를 회의록에 기재하여 그 정치적 책임을 명백히 할 필요가 있을 경우에 이용된다. 국회의 경우 憲法改正案에 대해서 기

명투표를 하도록 되어 있고(國會 112 Ⅳ), 지방의회에서는 의장의 제의 또는 의원의 동의로 본 회의의 의결이 있을 때 기명표결을 할 수 있다(각 지방의회 會議規則과 관련 조항).

기록첨부(記錄添附) 민사소송법상 법원의 조사의 편의 그 밖의 필요상 일정한 경우에 일정한 서면, 예컨대 판결서, 대리권을 입증하는 서면 등을 訴訟記錄에 첨부하도록 하는 것(54 Ⅱ, 88, 369, 408 등). 또 강제경매개시결정을 한 부동산에 대해 거듭 강제경매의 신청이 있는 경우, 집행법원은 제2의 신청에 대해 다시 競賣開始決定을 하지 않고, 단지 신청서를 전의 執行記錄에 첨부한다(604). 배당요구의 효력이 생기고, 또 이미 개시된 경매절차가 취소되는 때는 개시결정을 받은 효력을 낳는다. 판례는 强制競賣開始決定이 있은 뒤 任意競賣의 신청이 있은 경우 또는 그 반대의 경우에도 記錄添附의 규정이 준용된다고 한다.

기 류(寄留) 30일 이상 本籍地 이외의 일정한 장소에서 거주할 목적을 가지고 주소 또는 거소를 가지는 사실. 이미 폐지된 寄留法(1962년 법률 제967호)에 의하여 인정되었던 개념. 그러나 기류법이 폐지되고 대신하여, 주민등록법이 제정됨으로써 기류도 주민등록으로 대치되었다. →주민등록

기류적(寄留籍) 현재의 주민등록법이 시행되기 이전에 실행되던 임시의 本籍을 말한다. 호적에 표시된 주소를 그 사람의 본적이라 한다. 그러나 거주와 본적이 차이날 수 있음을 감안하여 본적 이외의 곳에 90일 이상의 거주의 의사로 거소 또는 주소를 정하면 신고에 의하여 그곳을 2차적 본적지라 할 수 있는 寄留地로 하고 그를 기록하는 것을 기류적이라 했다(寄留法). 그러나 寄留申告가 강제력이 없었기 때문에 현실의 거주실태를 반영하지 못하고, 호적과 마찬가지로 현실생활로부터 괴리가 생겼다. 그래서 1963년 5월 10일 주민등록법(法律 제1067호)을 제정하고 기류법을 폐지하였다. 이 법은 기류법의 단점을 보완하여 거주관계를 분명히 하도록 强制措置를 담고 있다.

기말수당(期末手當) 공무원에게 지급하는 賞與手當의 일종. 공무원에게는 예산의 범위 안에서 매년 3월·6월·12월의 報酬支給日에 기말수당을 지급한다. 다만, 기말수당을 지급하는 월의 말일 이전 전기준일 사이에 징계에 의하여 파면 또는 정직된 공무원 및 기타 일정한 사유가 있는 때에는 기말수당을 지급하지 아니하며, 감봉 또는 견책의 처분을 받은 자는 일정한 구분에 따라 감액된다. 기말수당의 액은 당해 지급기일을 모두 근무한 경우 월봉급액과 같다. 기말수당은 실질적으로는 공무원에 대한 봉급을 인상한 것이다. 봉급을 인상하지 아니하고 기말수당을 지급하는 것은 公務員年金法上의 급여액에 영향을 주지 않고 실질적으로는 봉급을 인상하기 위한 것이다.

기 망(欺罔) 사람으로 하여금 錯誤를 일으키게 하는 행위. 그 착오는 사실에 관한 것이거나 가치에 관한 것이거나 또는 법률관계에 관한 것이거나 법률효력에 관한 것이거나를 불문하며, 또 반드시 法律行爲의 내용을 중요부분에 관한 착오일 필요도 없다. 기망은 作爲에 의하거나 不作爲에 의하거나를 가리지 않으므로, 허위의 사실의 진술과 진실의 사실의 은폐가 포함된다. 다만 부작위에 의한 경우에는 信義誠實의 原則에 따라 위법성을 결하는 수가 많다. →사기, 사기죄

기 명(記名) →기명날인

기명날인(記名捺印) 넓은 의미의 서명(〔英〕·〔佛〕 signature 〔獨〕 Unterschrift)의 1방법으로서, 기명은 방법여하를 불문하고(고무인·인쇄·타이프 등) 자기의 성명을 기입하는 것이고 날인은 調印·押印이라고도 하며, 인장을 압날하는 것을 말한다. 기명날인은 행위자로서의 동일성을 표시하는 한 수단이다. 사법상으로는 증권적 행위의 형식적 요건이다. 민법상으로는 증권적 채권의 규정에 署名 또는 記名捺印의 두 가지를 인정하고 있으나(民 510), 상법과 어음법·수표법에서는 일률적으로 기명날인을 요구하고 있다. 기명날인은 본인으로부터 권한을 수여받은 타인이 하여도 무방하다. 외국인의 경우에는 외국인의 서명에 관한 법률이 있다. →서명

기명사채(記名社債) 사채권자의 성명이 채권면에 표시된 사채. 無記名社債에 대한 것. 기명사채를 표창하는 채권을 記名債券이라 한다. 기명사채의 이전과 入質은 지명채권의 양도방식에 의하되(民 449, 346 참조) 그 유가증권성에 비추어 채권의 교부를 필요로 해야 한다고 할 것이고, 移轉과 入質의 對抗要件은 사채원부 및 채권상의 名義改書이다(商 479, 民 346).

기명소지인출급식수표(記名所持人出給式手票) 특정인을 수취인으로서 기재하고(記名式), 기명식수표에 다시 또는 소지인에라는 문자 또는 이와 동일한 의의가 있는 문언을 기재한 수표. 이것은 所持人出給式手票로 본다(手票 5 Ⅱ). 따라서 그 讓渡도 소지인출급식수표와 같이 교부만으로 할 수 있다.

기명식배서(記名式背書) 〔獨〕 Namenindossament Vollindossament 피배서인의 명칭을 기재한 배서. 正式背書 또는 完全背書라고도 하며 白地式背書에 대한 개념이다. 기명식배서에는 피배서인의 기재 외에 배서인의 기명날인이 필요하나 배서일자를 기재할 필요는 없다(어음 13Ⅰ·77Ⅰi, 手票 16Ⅰ, 商 65, 民 510 참조).

기명식(記名式)**어음** 특정인이 권리자로서 기재되어 있는 어음. 어음은 법률상 당연한 指示證券으로 단순한 기명식으로 발행되는 경우라도 배서에 의하여 양도할 수 있다(어음 11Ⅰ). 다만 발행인이 지시금지의 문자 또는 이와 동일한 의의가 있는 문언을 기재한 때에는 배서에 의한 양도를 할 수 없고 指名債權讓渡의 방식에 따라서만 그리고 그 효력으로써만 양도할 수 있을 뿐이다(11Ⅱ·77, 手票 5Ⅰii·14Ⅱ 참조). 따라서 단순한 기명식어음과 배서금지문언이 있는 기명식어음은 구별하지 않으면 안된다. 후자만이 記名證券의 성질을 가지며, 이것은 禁轉어음 또는 背書禁止어음이라고도 불리운다.

기명유가증권(記名有價證券)**의 경매**(競賣) 유가증권의 換價에는 任意賣却, 競賣의 두 가지 방법이 있으나(民訴 544), 어떠한 경우라도 유가증권이 기명인 때에는 名義換書가 필요하다. 집행법원은 집행관에게 채무자에 갈음하여 매수인의 명의를 환서하게 할 수 있다(545).

기명주식(記名株式) 〔獨〕 Namensaktie 주주의 성명이 주권상에 기재되어 있는 주식. 이 기명주식을 표창하는 주권을 記名主權이라고 한다. 기명주식의 양도는 주권의 배서에 의하는 것 외에 주권과 이에 주주로 표시된 자의 기명날인 있는 양도증서의 교부에 의한 양도가 있다(商 336Ⅰ). 후자는 상법이 종래 判例·學說로 대체로 유효하다고 인정하여 온 상관습법을 개선하여 명문화한 것이다. 기명주식은 회사측에서는 그때 그때의 자본적 배경을 알 수 있기 때문에 경영상 편리하고 주주측에서는 회사로부터 여러가지 통지나 최고를 받는데 편리하며, 株主名簿에 기재된 사실만으로 권리행사의 자격이 인정되는 이점 등이 있다.

기명증권(記名證券) 〔獨〕 Namenpapier, Rektapapier 〔佛〕 titre nominatif 증권상 특정인을 권리자로 지정한 유가증권. 指名證券이라고도 한다. 記名株券·記名債券이 그 예이나, 어음·화물상환증 등 법률상 당연한 지시증권은 비록 기명식으로 작성되었다 할지라도 특히 배서금지의 문구를 기재하여야 비로소 기명증권이 된다(어음 11Ⅱ·77Ⅰ, 手票 14Ⅱ, 商 130·157·820). 이 증권상의 권리의 양도에는 증권을 인도하는 외에 對抗要件의 節次를 갖추어야 한다(337·479, 民 450Ⅰ, 어음 11Ⅱ). 증권의 양도에 증권의 인도를 필요로 하는 점이 단순한 증명증권과 다른 바, 이는 기명증권에 유가증권성이 인정되는 까닭이다. 그러나 지시증권이나 무기명증권에 비하면 유통성이 적고, 抗辯權의 制限(民 515, 어음 17, 手票 22), 善意取得(民 514, 어음 16Ⅱ, 手票 21) 등 유통보호의 규정이 적용되지 않는다.

기명투표제(記名投票制) 투표를 함에 있어서 투표용지에 투표인 자신의 성명을 기재하게 하는 투표제도. 公開投票制의 방법의 하나. 이는 투표의 확실성을 도모하기 위하여 선거제도의 초기에 많이 쓰였으나, 선거의 자유 및 공정을 위하여 오늘날의 각국에서는 특별한 예외적인 경우를 제외하고는 일반적으로 無記名投票制를 채용하고 있다. 우리나라의 헌법은 국회의원선거에서 秘密投票主義를 취하고 있기 때문에(41Ⅰ前), 기명투표제란 있을 수 없다.

기밀비(機密費) 그 사용이 주임자의 재량에 맡겨진 금전. 우리 실정법상으로는 인정되어 있지 않으나, 그 사용에 관하여 主任者의 재량이 인정되는 特別辦公費 등의 속칭으로 사용된다. →특별판공비

기복휴가(忌服休暇) 공무원이 직계존속·직계비속·배우자의 사망에 있어서 소속관서의 장에게 忌服申告를 한 후 7일 이내를 한도로 하여 얻는 휴가로 경조사휴가를 말한다(國家公務員服務規程 20).

기본관계(基本關係)**의 준거법주의**(準據法主義) 不當利得의 準據法에 관한 견해 중, 부당이득은 그 원인인 기본관계에 터잡아서 일어난 이득의 보유가 형평의 이념에 반하는 경우에 손실자에게 이득을 반환케 하는 제도라는 입장(Gutzwiller, Raape)으로서 타당한 견해이다.

기본권(基本權) 〔獨〕 Grundrechte 기본적 인권과 같다.

기본법(基本法) 〔獨〕 Grundgesetz →근본법

기본병과(基本兵科) 육군에 있어서는 보병과·기갑과·포병과·정보과·공병과·통신과·항공과·화학과·병기과·병참과·수송과·부관과·헌병과·경리과·정훈과, 해군에 있어서는 항해과·기관과·보병과·기갑과·포병과·공병과·

통신과·해병병기과·수송과·항공과, 공군에서의 조종과·항공통제과·방공포병과 등을 말한다(軍人事 5 I i).

기본선거인명부(基本選擧人名簿) 매년 또는 총선거가 실시되는 해(年) 등의 일정한 일자에 정기적으로 작성되는 선거인명부. 선거인명부의 작성을 定期作成主義에 의하는 경우의 선거인명부의 일종.

기본수표(基本手票) 〔獨〕 Grundscheck →기본어음

기본(基本)**어음** 〔獨〕 Grundwechsel 어음관계를 창조하는 기초가 되는 원형으로서의 어음. 기본어음에는 어음要件(필요적 기재사항)을 기재하여야 하는 바, 이 요건 중의 하나라도 결할 때에는 법이 그 救濟規定을 두고 있지 않는 한, 원칙으로 그 어음은 무효이다(백지어음의 예외가 있음). 그 외의 사항은 법이 인정하는 것 외에는 기재하더라도 어음상의 효력이 생기지 않을 뿐 아니라 때로는 어음 자체를 무효로 하는 경우도 있다. 이는 어음債權의 내용과 그 법률관계를 명료 확실하게 하기 위한 것이다. 수표에 대하여도 같은 뜻에서 基本手票의 관념이 인정된다(手票 1, 2).

기본재산(基本財産) 지방자치단체가 수익을 위하여 유지하는 부동산·유가증권 등의 재산적 가치가 있는 물건 및 권리. 종래 수입으로써 地方自治團體의 財政을 유지하는 것을 이념으로 하던 시대에 있어서는 이를 중시하여 그 설치 및 처분에 엄중한 제한을 가하였으나 현재에는 地方財政이 팽창하여 도저히 이에 의존할 수 없게 되었으므로 그 설치를 자유로이 하는 것이 원칙인 바 이에 따라서 우리 지방자치법도 이를 채택한다(地自 133 I). 그리고 특정한 목적을 위하여 설치된 基金도 마찬가지이다(133 II).

기본적 구성요건(基本的構成要件) 〔獨〕 Grundtatbestand 일정한 不法類型을 갖는 여러 범죄(예: 살인의 죄)에 있어서 가장 본질적이고 공통되는 표지로써 이루어진 不法構成要件(예: 보통살인죄의 구성요건)을 의미한다.

기본적 상행위(基本的商行爲) 〔獨〕 Grundhandelsgeschäft 상인의 관념을 정하는 기초가 되는 商行爲(상인의 개념과 상행위의 개념의 관계에서 분류한 상행위의 구별). 즉 이 행위를 하는 자는 상인이 된다(商 4). 영업적 상행위가 이에 속한다. →영업적 상행위, 보조적 상행위

기본적 소송법률관계(基本的訴訟法律關係) 訴訟係屬에 의하여 생기는 법원·원고(검사)·피고(피고인)의 3주체간의 법률관계. 법원은 심판을 행하고 원고·피고는 소송을 진행시키고 심판을 받을 권리·의무를 가진다. 이 관계는 소송 중 일관된 고정적 관계이나 이 관계를 기본으로 하여 그 위에 파생적인 법률관계(개개의 소송절차를 권리의무로 보는 경우). 소송당사자에 한하지 않고 널리 제3자도 이 주체로 생각할 수 있다. 예컨대 證人訊問은 법원과 증인의 권리의무의 이행을 형성하고 그것이 권리의 행사, 의무의 이행과 함께 소멸되며 또 새로이 발생함으로써 소송을 발전 진행시킨다. 이와 같이 위의 3주체간의 법적 관계는 動的 訴訟의 기본이 되므로 기본적 소송법률관계라고도 한다.

기본적 의무(基本的義務) 국민이 국가에 대하여 가지는 기본적인 의무. 納稅義務(憲 38)와 國防義務(39)는 고전적인 기본적 의무라 할 수 있다. 그 밖에 복리국가에서는 공공복리를 위하여, 교육을 받게 할 의무(31 II), ·근로의무(32 II) 등이 인정된다. 국민의 기본적 의무는 法治主義의 원칙상 그 부과에 국회의 의결을 거친 법률의 근거를 필요로 한다.

기본적 인권(基本的人權) 〔英〕 fundamental human rights 〔獨〕 Grundrechte 인간으로서 가지는 기본적 권리. 自然的 國家契約說에 의하면, 인간은 자연권으로서 天賦不可讓의 權利를 가지고 있으며, 이것은 생명·자유·재산 및 행복을 추구하는 권리이며, 국가도 이 권리를 침범할 수 없다는 이론을 전개하여, 超國家的 權利임을 주장하여 근세 자유주의사상의 根淵을 이루었다. 봉건주의로부터 자유주의로 발전하는 抗議的·革命的 이념의 표현이었다. 자유민주주의가 완성된 오늘에 있어서 이것을 초국가적 권리로 볼 것인가에 대해서는 양론이 있다. 기본적 인권에는 평등권·자유권·생활권·기본권을 보장하기 위한 기본권이 있다. 생활권은 20세기에 들어와서 바이이마르헌법에서 처음으로 선언되었고, 현재는 모든 헌법이 다 규정하고 있다. 헌법에 모든 국민은 인간으로서의 존엄과 가치를 가지며 행복을 추구할 권리를 가진다. 국가는 개인이 가지는 불가침의 기본적 인권을 확인하고 이를 보장할 의무를 가진다(10)라고 되어 있고, 프랑스인권선언, 세계인권선언 등에도 같은 규정이 있다. 기본적 인권의 보장은 국가안전의 보장과 대립되는 면이 있어서, 그 조정이 문제가 된다. 民主的 基本秩序·公共福利·秩序維持 등이 그 기준이 되지만, 그 개념이 모호하기 때문에 역시 문제가 남는다.

기본정관(基本定款) 〔英〕 memorandum of association 〔美〕 articles or certificate of incorporation, charter 영미법상 회사의 정관은 회사의 동일성과 그 조직 및 운영을 규제하는 가장 기본적인 사항을 정하는 기본정관과 그 이외의 세칙을 정하는 附屬定款(〔英〕 articles of association 〔美〕 by-laws)의 2종이 있다. 일반적으로 전자는 그 제정 · 변경절차가 후자보다 엄격하여, 그 설정 · 변경 등에 관하여 주무장관 등에 의한 受理 · 認證을 요하는 경우도 있다.

기본채권(基本債權) 支分債權에 대립하는 말. 예컨대 매기에 이자 · 배당 · 납입 등을 청구하는 현실적인 하나하나의 채권에 대하여, 일정률 내지 일정액을 일정기 내지 일정한 조건하에 청구할 수 있다고 하는 추상적인 기본적인 채권을 구별하여, 전자를 지분채권, 후자를 기본채권이라 한다. 후자는 기본적인 존재로서, 이것을 발생시킨 법률관계(예 : 소비대차 · 임대차 · 주주인 관계 등)와 발생 · 이전 · 소멸을 같이 하는데 반하여, 전자는 후자로부터 파생되지만, 한번 발생하면 독립한 존재를 취득하여 그 이전 · 소멸 등에 관하여 법률상 개별의 취급을 받는다.

기본행위(基本行爲) 財貨의 이동의 목적 · 방법을 구체적으로 확정하는 *法律行爲*. 재화의 이동 그 자체를 실현하기 위하여 행해지는 개개의 특수적 법률행위인 展開行爲에 대하는 것이지만, 그 기본행위와 전개행위의 구별은 일반으로 행해지고 있는 분류는 아니며, 주로 債權行爲와 그 이행으로서 행해지는 物權行爲를 구별함에 있어서 일부의 학자가 이 두 관념의 분류를 시도하는 바이다. 그리고 補助行爲에 대해서 기본행위라고 할 때도 있다.

기 부(寄附) 당연한 의무가 없음에도 불구하고 일정한 목적을 위하여 무상으로 재산을 출연하는 것. 그 성질은 贈與와 같다. → 출연

기부채납(寄附採納) 국가 또는 지방자치단체가 그 재산을 무상으로 취득하는 원인. 國 · 公有財産은 ① 국가 또는 지방자치단체의 부담에 의하거나 ② 기부의 채납 또는 ③ 법령 · 조약 · 조례의 규정에 의하여 취득된다(國財 3 I, 地財 72 I). 기부는 민법상의 贈與로서 채납은 증여의 승낙에 해당된다. 기부채납의 대상은 국 · 공유재산에 편입할 수 있는 물건이어야 하며 加工費나 勞力은 대상이 되지 아니한다.

기부행위(寄附行爲) 구민법상 재단법인을 설립하는 행위를 가리키는 뜻과 재단법인의 定款을 가리키는 뜻으로 쓰인 말.

기 사(技士) 6급인 일반직 기술계국가공무원의 일반적인 직명. 職列에 따라 그 직렬을 표시하는 용어를 부여함으로써 구체적인 직명이 된다. 機械技士 · 採鑛技士 등은 그 예. 상사의 명을 받아 기술에 관한 사무를 담당하며, 소속직원을 지휘 · 감독한다.

기사보(技士補) 7급인 일반직 기술계국가공무원의 일반적인 직명. 직렬에 따라 그 직렬을 표시하는 용어를 부여함으로써 구체적인 職名이 된다. 機械技士補 · 採鑛技士補 등은 그 예. 상사의 명을 받아 기술에 관한 사무를 담당하며 소속직원을 지휘 · 감독한다.

기산점(起算點) 기간의 계산이 시작하는 시점. 滿了點에 대립한다. 민법은 기간이 시 · 분 · 초를 단위로 하는 경우에는, 卽時를 기산점으로 하고(民 156), 日 · 週 · 月 · 年을 단위로 하는 경우에는 기간이 오전 영시로부터 시작하는 때를 제외하고는, 원칙적으로 初日을 산입하지 않고 翌日부터 기산한다(157). 그러나 후자에 관하여는 법령에 의하여 초일을 산입하는 것이 적지 않다(158, 戶 42, 刑 84 · 85, 刑訴 66 I 但).

기상업무(氣象業務) 氣象(대기의 여러 현상) · 地象(지진과 화산현상 및 기상에 밀접한 관련성이 있는 지면과 지중의 여러 현상) · 水象(기상 또는 지상에 밀접한 관련성을 가진 육수 및 해양의 현상)의 관측 및 豫報業務와 기상 등에 관한 통계 · 정보의 교환 · 조사분석 · 연구 및 그 부대업무를 말한다(氣象業務法 2 i). 이의 업무는 기상청이 행하고, 기상청 이외의 공공기관 또는 豫報事業者가 기상 · 지상 · 수상의 관측을 요하는 경우에 있어서는 일정한 기술상의 기준 및 방법을 요한다(4~5).

기상청(氣象廳) 기상의 觀測 · 統計 · 通報 등을 담당하는 공공기관. 과학기술부장관 소속하에 둔다.

기 선(基線) 〔英〕 base-line 領海의 起算點. 通常基線(연안국에 의하여 공인된 대축척해도상에 표시된 해안에 연한 低潮線)과 直線基線(해안선이 깊게 屈曲하고 突入한 지역 또는 바로 인근의 해안에 沿하여 도서가 있는 경우에 해안의 돌출부 등 적당한 지점을 연결한 선)의 2종이 있다(領海 및 接續水域에 관한 協定).

기성조건(旣成條件) 〔羅〕 conditio in praesens vel in praeteritum collata 그 성취여부가

法律行爲의 당시에 이미 확정되어 있는 조건. 그 법률행위의 효과는 그 행위의 당시를 표준으로 하여 확정적으로 결정할 수 있다. 즉, 조건이 이미 성취하여 있는 경우에 그것이 停止條件이면 법률행위는 무조건이며(예 : 사법시험에 합격하면 시계를 사준다는 경우에 이미 합격하여 있는 경우), 解除條件이면 무효이다(예 : 낙제를 하면 學費를 중지한다고 하는 경우에 이미 낙제하여 있는 경우)(民 151Ⅱ). 반대로 조건이 이미 불성취로 확정하여 있는 경우에 그것이 정지조건이면 무효이며, 해제조건이면 무조건이다(151Ⅲ). 조건의 본질은 장래에 도래할 것이 불확실한 사실인데 있으므로, 기성조건은 비록 당사자가 모르고 있는 경우라도 객관적으로는 기정의 사실이므로 진정한 의미의 조건이라고 할 수 없다.

기 소(起訴) 검사가 특정형사사건에 관하여 법원에 대하여 심판을 청구하는 의사표시. 公訴의 提起와 같은 말. 공소는 검사만이 제기할 수 있다(刑訴 246). 이를 검사의 起訴獨占主義라 한다. 그러나 검사는 수사결과 기소함에 충분한 범죄의 객관적 혐의가 있고 또 소송조건을 구비하였다고 하여 반드시 기소하여야 하는 것은 아니다. 즉, 기소·불기소에 대한 裁量權을 검사에게 주고 있으니 이를 起訴便宜主義라 한다(247Ⅰ). 공소를 제기함에는 공소장을 관할법원에 제출하여야 한다(254Ⅰ). 또 이 공소제기로 인하여 법원의 심판범위가 명확히 특정되는 것이며, 공소제기없는 사건은 법원이 심리할 수 없다(不告不理의 原則). 다만 심판방해죄에 관해서는 공소제기없이 심리할 수 있다는 설이 있고(→심판방해죄), 準起訴節次에서 고등법원이 심판에 부하는 결정을 한 때에는 그 사건에 대하여 공소의 제기가 있는 것으로 간주한다(263). 공소제기의 효력은 공소장에서 지정된 피고인과 공소사실에 대하여 사건이 단일한 한 그 전부에 불가분적으로 미친다(公訴不可分의 原則). 역사적으로 형사상 소제기의 근본원칙을 형사소송법의 구조면에서 본다면 2개의 유형으로 대별할 수 있다. 즉, 私人訴追主義와 國家訴追主義로 나눌 수 있는데, 전자는 다시 被害者訴追主義와 公衆訴追主義로 세분되고, 후자는 다시 어떠한 형태로 누구에 의하여 공소가 제소되느냐에 따라서 糾問主義와 公訴主義로 나누어진다. 공소의 제기가 있으면 訴訟係屬이 생기므로, 법원은 그 사건을 심판하여야 할 권리의무를 가지게 되며, 부수적으로는 공소시효의 정지(253Ⅰ), 土地管轄의 恒定 등의 효과를 발생한다.

기소강제(起訴强制) 〔獨〕 Klageerzwingung 裁判上의 準起訴라고도 불리운다. 형법 123~125조에 공무원의 직무에 관한 죄에 대하여 고소 또는 고발이 행해졌으나 검사가 공소를 제기하지 않을 때에는 고소, 고발자의 청구에 의하여 법원은 사건을 심판에 회부할 결정을 할 수 있다(刑訴 262~265). 이 결정이 있으면 공소의 제기가 있은 것으로 본다(263). 검사에게 기소를 강제하는 것이 아니고 즉시 공소제기의 효과가 발생하는 것이므로 기소강제라기보다도 재판상의 준기소라고 부르는 편이 정확하다. →재판상의 준기소절차

기소독점주의(起訴獨占主義) 〔獨〕 Anklagemonopol 공소의 제기의 권한을 검사에게만 부여하는 주의. 우리 형사소송법도 이 주의를 취하고 있다(246). 이 주의는 公訴權의 행사에 있어서 보복적 관념에 지배됨이 없이 편견을 떠나서 기소여부를 결정할 수 있고, 檢事同一體의 원칙에 의하여 공소권행사에 전국적으로 적정통일을 기할 수 있는 점에 그 장점이 있으나, 한편 정치적인 간섭과 독선에 빠질 염려가 있고, 피해감정의 회복을 경시할 우려가 있는 것이 그 단점이다. 이러한 폐단을 시정구조키 위한 법적 공제로서 형사소송법은 다음과 같은 제도를 두었다. 첫째, 기소·불기소 등의 처분을 고소인 또는 고발인에게 통지하게 하여 국민의 비판을 받게 하였고, 또 親告罪에 있어서의 고소·고발도 기소독점주의에 대한 소극적인 공제로 작용하는 것이다. 둘째는, 재판상의 準起訴節次이다. 이는 검사의 부당한 불기소처분에 대하여 법원의 심사를 받게 하는 것이다. 또 검사의 부당한 不起訴處分에 대하여 불복이 있는 고소인·고발인은 검찰청법에 의하여 抗告를 할 수 있다(檢察 10).

기소명령(起訴命令) 제소명령과 같다.

기소배심(起訴陪審) →대배심

기소법정주의(起訴法定主義) 〔獨〕 Legalitätsprinzip 〔佛〕 système de la légalite 형사소송법상 公訴를 제기하는가 아니하는가에 관하여 검사의 재량을 인정하지 않고, 기소하기에 충분한 범죄의 객관적 혐의가 있고 또 소송조건이 구비되었을 때에는, 반드시 기소하여야 하는 의무를 지는 주의. 起訴合法主義라고도 한다. 기소편의주의에 대한다. 기소법정주의하에서는 공소의 취소도 인정되지 않는다(→불변경주의). 기소법정주의는 검사의 자의를 방지하며, 刑事司法이 정치적인 고려에 의하여 좌우되지 않는다는 장점도 있으나, 범죄의 정상을 참작함이 없이 법률적으로 범죄가 성립되는 경우는 반드시 기소하여야 하므로, 구체적 정의에 반하는 동시에 刑事政策 면에서도 上策이 아니다. 이러한 점으로 볼 때에 현행법이 기소법정주의를 택하지 않고 있는 것은 타당하다.

기소유예(起訴猶豫) 〔獨〕 Absehen von Klageerhebung 起訴便宜主義에 기하여 검사가 공소를 제기하지 않는 처분. 검사는 수사의 결과 소송조건을 구비하며 범죄의 객관적 혐의가 있는 경우라도 범인의 연령·性行·지능과 환경, 피해자에 대한 관계, 범행의 동기·수단과 결과, 범죄후의 정황 등 사항을 참작하여 訴追할 필요가 없다고 思料하는 때에는 공소를 제기하지 아니할 수 있다(刑訴 247 Ⅰ). 이 제도는 형사정책면에 있어서 합목적적인 사건처리를 기대할 수 있다는 점에 그 장점이 있으나 반면에 기소독점주의와 결부되어 정치적으로 남용될 염려도 없지 않다. 이러한 폐단을 시정하기 위하여 기소유예처분에 불복이 있으면 고소인 또는 고발인은 抗告(檢 10)·裁定申請(刑訴 260 Ⅰ)을 할 수 있도록 마련하고 있다. 公訴保留와의 이동에 관하여는 그 항을 보라. → 기소편의주의

기소(사실)인부절차(起訴(事實)認否節次) → 어레인먼트

기소장(起訴狀) 검사의 公訴提起의 의사를 표시하는 문서. 공소제기는 요식행위이므로 반드시 書面(公訴狀)을 제출하지 않으면 안된다(刑訴 254). 공소장에는 피고인의 성명 그 밖에 피고인을 특정함을 필요한 사항, 죄명, 공소사실, 적용법조를 기재함을 요한다.

기소장일본주의(起訴狀一本主義) 공소의 제기에 있어서 기소장만을 제출하는 주의. 구형사소송법은 공고제기와 함께 일건 기록이 법원에 송부되면 법원은 이것을 읽고 公判에 임했기 때문에 미리 선입감을 가지고 재판할 우려가 있었다. 이것을 당사자로 하는 경우에는 이와 같은 절차는 부당하다고 하여 어디까지나 법원은 백지의 상태에서 공판에 임해야 한다고 주장한다.

기소전(起訴前)**의 강제처분**(强制處分) [1] 형사소송법상 공소의 제기 이전에 수사기관이 행하는 강제처분. 수사상의 강제처분이라고도 한다. 구속·압수·수색 등이 있고, 형사소송법에 특별한 규정이 없으면 하지 못한다(199 但). 수사상의 강제처분은 원칙적으로 판사의 영장을 얻어서 행하는 것이지만, 영장에 의하지 않고 행하는 경우(예 : 현행범체포·긴급구속)와 판사에게 청구하여 판사가 행하는 것(예 : 증거보전절차) 등이 있다. 강제처분이 직접 사람에 대한 것을 對人的 强制處分, 물건이나 장소에 대한 것을 對物的 强制處分이라 한다. → 강제수사, 강제처분

[2] 군사법원법상 그 의의 및 종류는 형사소송법상의 그것과 같다. 군사법원법상도 동법에 특별한 규정이 없으면 강제처분은 하지 못한다(231 Ⅰ 但). 다만 强制處分에 원칙적으로 필요한 구속영장과 압수·수색영장은 軍事法院 관할관이 발부하며, 관할관은 영장을 발부함에 있어서 군판사의 의견을 물어야 한다(238 Ⅰ·Ⅳ).

기소전(起訴前)**의 화해**(和解) 〔獨〕 Sühnevergleich, Gütevergleich 민사소송의 목적이 될 수 있는 분쟁에 관하여 화해를 원하는 당사자가 기소 전에 상대방의 보통 裁判籍 소재지의 지방법원에 출석하여 하는 和解(民訴 135). 소송방지의 화해, 卽決和解라고도 한다. 우리나라 법은 독일법과는 달라서 지방법원 단독부 사건에 관하여는 和解前置主義를 채용하지 않으므로 이 신청만으로 訴訟係屬은 생기지 않는다. 당사자 쌍방이 출석하여 타협했으나 그 결과가 여의치 않아 쌍방의 신청이 있을 때에 비로소 소송으로 이전한다. 당사자의 불출석으로 인하여 화해가 성립하지 않았을 때나 쌍방의 신청이 없었을 때에는(357) 소송으로 인정하지 않으므로 따로 소를 제기하지 않으면 안된다(民 173). 화해가 성립하면 和解調書를 작성하는 바(民訴 356), 이것은 확정판결과 동일한 효력을 발생한다(206, 520). → 재판상의 화해

기소편의주의(起訴便宜主義) 〔獨〕 Opportunitätsprinzip 〔佛〕 système de l'opportunité 형사소송법상 공소의 제기에 관하여 검사의 재량을 허용하고 起訴猶豫를 인정하는 제도. 起訴法定主義에 대한다. 기소편의주의하에서는 공소제기후 공소의 취소가 가능하며, 우리 형사소송법도 제1심판결 선고전까지는 公訴를 취소할 수 있다고 하였다(255 Ⅰ)(→ 변경주의). 기소편의주의에 있어서는 검사는 제반사정을 합리적으로 판단하여 기소·불기소의 결정을 함으로써 具體的 正義를 실현할 수 있는 반면, 자칫하면 검사의 자의·독선에 흐르거나 정치적인 영향을 받을 염려가 있으므로 엄중한 경계를 요한다. 따라서 기소편의주의는 기소법정주의를 목적론적으로 심화한 起訴合理主義가 아니면 아니된다.

기소합법주의(起訴合法主義) 기소법정주의와 같다.

기속력(羈束力) 〔獨〕 bindende Kraft [1] 소송법상 성립된 재판이 한번 외부에 선고되면 재판 특히 판결의 안정성을 확보하기 위해, 선고한 법원도 스스로 취소·변경할 수 없고 그 내용을 존중하여야 한다는 것을 원칙으로 하는데, 이를 裁判의 羈束力이라 한다. 이 의미에서 재판의 自縛性이라 칭하기도 한다. 현행법상은 판결에 대하여서도 判決의 更正(民訴 197)(日本民訴는 판결의 변경을

인정하고 있음), 판결의 정정(刑訴 400)이 인정되고, 민사소송의 결정·명령에 대하여는 再度의 고안(民訴 416)이, 형사소송의 결정에 대해서는 更正(刑訴 408Ⅰ)이 일반적으로 인정되고, 특히 소송지휘의 결정·명령에 대하여는 전혀 기속력이 인정되지 않으므로(民訴 208), 그 예외는 상당히 넓다. 이 의미의 기속력은 기판력(또는 실체적 확정력)과 비슷하나, 기속력은 그 재판을 한 법원을 구속하는 효력임에 반하여, 旣判力은 그 내용인 판단이 일반적으로 동일문제에 대하여 장래 계속될 소송에 있어서 법원 또는 당사자를 구속하는 효력을 의미하는 점에서 서로 다른 개념인 것이다. 민사소송법은 ① 移送裁判이 이송법원을 기속한다든지(34), ② 上告審이 사실심이 확정한 사실에 기속된다든지(402, 403), ③ 상고심이 하급심판결을 파기한 때에는 상고심은 그 파기이유가 된 사실상·법률상 판단에 기속된다(406Ⅱ)라는 등, 羈束이라는 말을 여러 곳에서 쓰고 있으나, 이것은 다른 법원을 구속한다는 다른 뜻으로 사용한 것이다.

[2] 행정법상으로는 拘束力과 같은 뜻으로 쓰이었다. 그러나, 근래에는 기속력이라고 말하는 것이 일반적이다.

[3] 또 널리 법이 그 受範者인 사람을 구속할 수 있는 힘을 말하는 수도 있다. →법의 효력

기속재량(羈束裁量) 법규재량과 같다.

기속처분(羈束處分) 〔獨〕 gebundene Verfügung 법규의 집행에 있어서 행정청의 재량의 여지가 전혀 허용되지 않는 處分(즉, 기속행위) 및 행정청의 재량의 여지가 허용되는 것 같으면서도 법의 취지·원리가 이미 一義的으로 확정되어 있어서, 실제상은 다만 구체적인 경우의 그 취지·원리의 해석·판단의 여지 밖에 허용되지 않는 처분(즉 기속재량행위). 이와 같은 처분이 그릇되면 違法行爲가 되고, 따라서 行政爭訟의 대상이 된다. →재량처분, 자유재량

기속행위(羈束行爲) →기속처분

기 수(旣遂) 〔英〕 consummation 〔獨〕 Vollendung 〔佛〕 consommatio 범죄의 구성요건이 완전히 실현된 것. 實行의 着手는 있으나 범죄를 완성하지 못한 未遂에 대한다. 형법은 기수를 처벌하는 것을 원칙으로 하고, 미수를 처벌하는 것은 특별한 규정이 있는 경우에 한한다(29). →미수범

기숙사(寄宿舍) 보통 사업(예 : 제사·방적·토건·광산 등)에 부속하는 기숙사는 근로자의 자유를 박탈하고 강제노동·풍기문란 등의 악폐의 온상이 되는 수가 많다. 그러나 事業의 性質에 따라서는 기숙사의 설치가 필요한 것이고, 혹은 기숙사를 설치하는 편이 근로자 자신에게 편리한 점도 있다. 그래서 근로기준법은 종래의 기숙사에서의 봉건성을 제거함과 동시에 기숙사생활의 질서를 유지하고 근로자의 안전·보건을 도모하도록 하였다. 사용자는 근로자의 사생활의 자유를 침해하거나 기숙사의 임원선거에 간섭하면 아니되며(勤基 101), 근로자의 동의를 얻은 寄宿舍規則을 작성하고 노동부장관에게 신고해야 된다(102).

기숙사규칙(寄宿舍規則) 사업의 부속기숙사에 있어서의 공동생활에 관하여, 勤勞者와 使用者가 준수하여야 할 규칙. 기숙사에 기숙하는 근로자의 과반수를 대표하는 자의 동의를 얻고, 사용자가 작성하여 이를 노동부장관에게 신고해야 한다(勤基 102).

기술개발준비금(技術開發準備金) 기술개발을 위한 모든 경비를 충당하기 위해 새로이 설정된 준비금으로서 대통령령으로 정하는 것을 말한다(技術開發促進法 2 ii).

기술담보제도(技術擔保制度) 금융기관에서 기업이 보유하고 있는 기술에 대한 평가를 통하여 가치를 산정하고, 그 기술을 담보로 자금을 대출하는 제도를 말한다(工業 및 에너지技術基盤造成에 관한 法律 2 vi).

기술도입계약(技術導入契約) 대한민국국민 또는 대한민국법인이 외국인으로부터 産業財産權 기타 기술의 讓受 및 그 사용에 관한 권리를 도입하는 계약으로서 대통령령이 정하는 범위에 해당되는 것을 말한다(外資 2).

기술심리관(技術審理官) 특허법원에 배치되어 特許訴訟(特許法 186조 1항, 實用新案法 35조 및 意匠法 75조의 규정에 의한 訴訟)의 심리에 참여할 수 있는 裁判補助機關이다. 기술심리관이 소송의 심리에 참여하는 경우에는 재판장의 허가를 얻어 기술적인 사항에 관하여 訴訟關係人에게 질문을 할 수 있고, 재판의 합의에서 의견을 진술할 수 있다. 대법원장은 특허 등 관련 국가기관에 대하여 그 소속 공무원을 법원의 기술심리관으로 근무하게 하기 위하여 파견근무를 요청할 수 있다. 기술심리관의 자격·직제 및 그 수 기타 필요한 사항은 대법원규칙으로 정한다(法組 54의2).

기술적 구성요건표지(技術的構成要件標識) 〔獨〕 deskriptive Tatbestandmerkmale 구성요건표지 중 물적·대상적으로 기술될 수 있는 표지를

말한다. 예컨대 재물·건조물·사람·살해, 불을 놓아 행사할 목적 등의 표지가 이에 속한다. 이러한 構成要件標識는 육감으로 감지할 수 있는 대상 또는 행위사정이기 때문에 事實確定에 의해 그 의미가 언어적으로 쉽게 파악될 수 있어, 그 언어의 적용이나 이해에 원칙적으로 價値評價를 필요로 하지 않는다. 그러나 사례에 따라서는 사람 또는 재물 등과 같은 기술적 표지도 規範的 評價를 요할 경우가 있다. 따라서 기술적 구성요건표지와 규범적 구성요건표지의 구별은 언제나 명확한 것은 아니다.

기술적 법규(技術的法規) 〔獨〕 technische Norm 〔佛〕 norme technique 法技術上의 요청 기타의 이유로 윤리적 색채보다도 기술적 색채가 강한 법규. 倫理的 法規에 대응한다. ① 법기술상의 요청에 기하여 설정된 法規, 예컨대, 기간의 계산에 관한 규정(民 155 이하, 刑 83 이하)이나, 정의적 규정(民 98, 刑訴 11, 勞整 2). ② 법규 그 자체가 技術로서의 기능을 갖는 것, 예컨대 도로교통법규와 같은 것. 또 이 의미를 널리 해석한다면, 이른바 조직법이나 경제·통제에 관한 여러 법규와 같은 것이 있다. ③ 그 밖에, 과학상의 기술을 내용으로 하는 법규, 예컨대 건축법·항공법·전염병예방법도 技術的 法規이다.

기승(騎乘)**어음** 〔獨〕 Rittwechsel 이른바 어음의 騎乘이 행해진 경우의 어음. → 어음기승

기 아(棄兒) 부모 기타 보호책임이 있는 자로부터 유기된 유아. 기아를 발견한 자 또는 棄兒發見의 通知를 받은 경찰공무원은 24시간 이내에 그 사실을 시·읍·면의 장에 보고하여야 한다(戶 57 Ⅰ). 시·읍·면의 장은 所屬品·발견장소와 일시 등에 관하여 조서를 작성하고 姓과 本을 창설한 후에 본적을 정하여 호적에 기재한다(57 Ⅱ·Ⅲ). 후에 부 또는 모가 기아를 찾은 때에는 1월 이내에 다시 출생신고를 하고 호적의 정정을 신청하여야 한다(58). 기아가 이상과 같은 절차를 밟기 전에 사망하였더라도 死亡申告와 동시에 그러한 절차는 밟아야 한다(59).

기아수출(飢餓輸出) 〔英〕 hunger export 外資獲得을 위한 수출 제일주의를 채용하여 가능한 한 수입을 억제하는 반면에 국민생활의 희생을 무릅쓰고 생활필수물자까지 수출하는 輸出增進의 한 방식을 말한다.

기 업(企業) 〔英〕 enterprise, business 〔獨〕 Unternehmung 〔佛〕 entreprise 넓은 뜻으로는 계속적·계획적 의도를 가지고 동종류의 경제행위를 하는 독립된 經濟單位인 생활체. 그러므로 公企業도 포함되나 좁은 뜻으로는 그 주체를 위한 영리행위를 목적으로 하는 것만을 의미한다. 재화의 유통전환을 매개하는 商的 現象이 자본주의 발전과 함께 진전하여 기업의 개념을 형성하게 하였다. 법학상으로는, ① 영업의 양도·임대차·상속에 있어서 양도의 통일적 대상으로서의 企業槪念과 ② 주식회사와 같은 대기업의 주체에 대한 독자성의 표현으로서의 기업자체의 사상 및 ③ 商法體系의 통일적·일원적 인식을 위한 중심개념으로서의 기업의 세 가지 방향으로 연구되고 있다.

기업결합(企業結合) 〔獨〕 Verbindungen der Unternehmungen 자본주의경제조직의 발달에 따르는 企業集中의 경향에 응하여 발생한 기업의 結合關係·複合的 企業關係(Komplexunternehmungen), 즉 카르텔·트러스트·콘체른 등의 총칭. 넓은 뜻의 企業合同과 동의이며, 결합의 강도에 의하여 좁은 뜻의 企業合同과 企業聯合으로 나누어진다. 기업결합의 궁극의 목적은 이윤율의 증진에 있는데, 시장지배를 직접의 목적으로 하는 것(예 : 카르텔·트러스트)과 기업내부의 합리화를 직접의 목적으로 하는 것(예 : 콘체른)이 있다. 기업결합은 자유로운 거래를 제한하는 폐단을 수반하기 때문에 독점규제 및 공정거래에 관한 법률은 기업결합을 폭넓게 제한하고 있다(7~10). 이 밖에 상법은 주주 및 社會債權保護者를 위하여 합병·영업양도·이익공통계약 등의 기업결합에 대하여 규제를 가하고 있다(174, 374 등).

기업경기실사지수(企業景氣實査指數) 〔英〕 business survey index(BSI) 기업가들로부터 앞으로의 경기동향에 대한 의견을 조사하며 指數化한 것으로 주로 短期的 競技豫測에 사용된다. 이 지표는 기업가들의 경기예측과 대응행동이 6개월 미만의 단기적 경기변동에 큰 영향을 미친다는 경험에 바탕을 두고 있어 단기예측에 많이 활용된다. BSI는 응답자 중 前期에 비해 경기가 호전되었다고 답한 비율과 악화되었다가 답한 비율을 차감한 뒤에 100을 더해 계산한다. 즉 긍정·부정의 응답이 각각 70%와 30%라면 70%에서 30을 뺀 다음 100을 더한 140이 지수가 된다. 따라서 지수가 100 이상이면 景氣好轉, 100 미만이면 景氣沈滯를 예고한다. 조사자의 주관적 판단이 개입될 여지가 큰 것이 단점이다.

기업경영권(企業經營權) 特許企業者가 법률 또는 특허명령서에 의하여 자기의 이름으로 특허된 기업을 경영할 수 있는 권리를 말한다. 이는

국가에 대한 公權이며, 모든 제3자에 대하여 대항할 수 있는 私權은 아니므로, 국가 또는 공공단체가 새로이 타인에게 동종의 公企業特許를 한다거나, 국가가 스스로 그러한 사업을 경영한다고 하더라도 법률에 특별한 규정이 없으면 특허기업자의 권리를 침해하는 것은 아니다.

기업공개(企業公開) 기업에 대한 출자를 증권시장을 통하여 다수인에게 분산시킴으로써, 기업의 資本調達의 원활과 財務構造의 개선을 도모함과 아울러, 국민의 기업참여를 창달하려는 規制作用을 말한다. 기업공개는 한편은 기업의 자금조달의 편익을 도모하고, 다른 한편은 기업의 資本所有를 분산시킴으로써 獨占 형성의 예방을 기하려는 것이다. 기업공개 권고를 이행하지 아니한 기업에 대하여는 일정한 금융기관으로부터의 受信制限 및 證券去來法에 의한 유가증권의 모집이나 매출이 제한된다.

기업권(企業權) 〔獨〕 Recht am Unternehmen 기업이 내포하는 뜻은 다면적이므로 기업권의 뜻도 단일하지 않다. 우선 다수의 권리의무 및 사실관계로써 성립하는 객관적 기업 전체 위에 1개의 권리로 기업권을 인정하는 것이 문제가 된다. 우리나라에서는 財團抵當의 경우 외에는 인정되지 않으나 입법론으로서 논의된다. 다음 불법행위에 의하여 기업활동 또는 기업상의 사실관계가 침해되었을 때 이것을 企業權의 侵害라고 인정하느냐가 문제된다. 우리나라에서도 이 뜻에 있어서의 기업권은 인정된다.

기업공개심의회(企業公開審議會) 기업공개심의회라 함은 ①기업의 공개에 관한 정책을 심의·결정하기 위해 설치된 기관으로 ②심의회는 국무총리를 의장으로 한다.

기업공개(企業公開)**의 요건**(要件) 구기업공개촉진법 중(5조) 기업의 공개를 명할 때에는 ① 공개하여야 할 주식의 수, ② 주주 1인의 주식소유 비율, ③ 공개의 방법과 조건, ④ 공개의 기한, ⑤ 기타 대통령령으로 정하는 사항(주식소유비율은 발행주식총수의 100분의 51을 초과할 수 없다) 등의 사항을 정하여야 했었다.

기업독점권(企業獨占權) 어떤 종류의 사업(주로 공기업)을 法律上 獨占的으로 경영할 수 있는 권리. 이 권리는 누구에게나 대항할 수 있는 對世的 權利로서, 타자에 대한 금지의 효력을 수반한다(法律上 獨占). 사업의 성질상 또는 법상 제한의 결과로서 독점의 이익을 향유하는 事實上 獨占과 구별된다. 그 기업독점권을 향유할 수 있는 자는 국가·공공단체 또는 그로부터 特許받은 자이다. 이와 같은 기업독점권이 인정되는 기업(獨占企業)으로, 우리나라에서는 국가적 독점기업으로서의 郵便·電信·電話, 公共團體의 독점기업으로서의 수도·농수산물도매시장·가축시장·화폐(한국은행권) 발행 등이 있다. 국가적 독점기업은 점점 감축되어가는 경향에 있다.

기업민주화(企業民主化) 經濟民主化를 위한 한 방법으로 기업을 특정한 排他的 獨占으로부터 개방하여 공정한 기업의 경쟁과 경영의 공정성을 보장하려는 것. 증권민주화에 의한 자본소유의 민주화 또는 민주적 노무관리에 의한 經營民主化 등을 들 수 있다.

기업별조합(企業別組合) 동일한 경영에 속하는 근로자의 노동조합을 經營別勞動組合(예컨대, 갑회사노동조합·을공장노동조합과 같은 것. 우리나라의 노동조합의 基本形態로 되어 있는데, 그것은 정부수립후 급속도로 근로자를 조직화하는 데 있어서는 가장 편리하였기 때문이다)이라고 하는 바 同一企業主 밑에 있는 여러 경영에 있어서의 이와 같은 종류의 조합이 모여서 만든 것이 기업별조합이며, 동일종류의 산업에 종사하는 여러가지 경영에 있어서의 이와 같은 종류의 조합이 모여서 産業別勞動組合을 만드는 것이 보통이다. 이 기업별조합은 어용화되기 쉬운 것으로 알려져 있다.

기업연합(企業聯合) 〔英〕 loose combination 企業結合 등에서 결합도가 약하고 법률상 독립한 기업이 독립한 의사를 가지고 契約關係에 의하여 결합하는 것, 즉 카르텔을 가리킨다. 좁은 뜻의 企業合同과 같이 결합한 각 기업이 독립성을 상실하는 것에 대립하지만 양자의 차이는 정도의 문제이며, 실제상 그 어느 것에 속하느냐는 반드시 명백하지는 않다.

기업용재산(企業用財産) 國有財産法上의 行政財産의 일종. 정부기업이 직접 그 사무용·사업용 또는 당해 기업에 종사하는 직원의 거주용으로 사용하거나 또는 사용하기로 결정한 國有財産이다(4 Ⅱ iii). →국유재산, 행정재산, 공공용물

기업(企業)**의 사회적 책임**(社會的責任) 기업이 사회적 요청에 부응하여 행동할 책임을 지는 것이며, 적극적인 면에서는 자선·교육·문화 등 기업이 사회로부터 기대되는 행동을 할 책임을 지며, 소극적인 면에서는 상품의 매점매석, 부당인상, 회사자금의 유용, 공해의 발생 등 기업이 사회

적으로 비난되는 행동을 하지 아니할 責任을 지는 것을 의미한다. 반드시 법적 책임에 한하지 않고 법률의 요구를 넘어선 社會的 要請에 부응할 책임도 포함한다.

기업(企業)의 담보(擔保) 경영은 그 債權契約으로서의 讓渡契約에 있어서는 그 계약의 단일한 목적물이 될 수 있으나, 기업 위에 단일한 물권의 성립은 인정되지 않으므로 質權·抵當權이 기업자체 위에 성립될 수 없다. 그러나 기업의 금융면에서 보면, 기업의 유지·발전을 위해서 기업 그 자체를 담보의 목적물로 할 수 있게 할 필요가 있다. 현재로서는 工場抵當權·鑛業財團抵當權 등이 있어 이 특별법에서 인정하는 범위 내에서 기업담보의 길이 어느 정도 열려있다고 하겠으나, 한 걸음 더 나아가 기업일반에 관하여 기업을 일체로 하여 담보할 수 있도록 立法的 措置를 취할 필요가 있다.

기업(企業)의 소유(所有)와 경영(經營)의 분리(分離) 기업을 소유하는 자가 그 경영을 담당하는 것은 資本主義經濟下의 원칙이나 주식회사에 있어서는 기업소유자인 株主는 그 경영에 관하여 株主總會의 構成員으로서 일정한 사항에 대한 豫決權만을 가지고, 업무집행과 그 감독은 주주총회에서 선임한 이사로서 구성되는 理事會에게 위임한다. 이것을 기업의 소유와 경영의 분리라고 한다. 그 이유는 기업에 관하여 그 소유자가 무한책임을 부담하는 경우(개인·조합·합명회사 등)에는 원칙적으로 그 소유자가 業務執行을 담당하게 되므로 소유와 경영이 합치하나, 주주는 유한책임을 부담하므로 경영으로부터 유리된다고 한다. 그리고 현대의 주주는 대체로 投資株主이므로 적격자에 의한 기업경영이 요청된다고도 하고, 또는 주주총회의 결의를 통하여 기업경영을 결정할 수 있는 대주주의 이기심으로부터 기업을 보호해야 한다는 설명도 있다. 주주가 경영으로부터 유리되는데 대응하여 기업소유자로서의 권익보호가 증가되고 있는데, 상법에 의하면 주주총회에 관한 권한 외에도 이사의 위법행위에 대한 留止請求權(402), 이사의 책임을 추궁하는 代表訴訟提起(403), 이사·감사의 解任請求權(385), 會計帳簿閱覽權(466) 등이 있다.

기업(企業)의 위탁경영(委託經營) 위탁경영은 기업소유의 법적 관계에 변동이 생기는 것이 아니라 기업경영의 법적 관계에 변동을 생기게 하는 것으로, 그 이전방식이 기업의 賃貸借와는 조금 다르다. 즉 위탁경영의 경우에는 經營權歸屬의 권리의무의 주체, 즉 상인의 자격은 여전히 위탁자가 가지고 있고, 수탁자는 經營權行使의 주체로서 이것을 대리행사하는데 불과하다. 수탁자의 지위는 계약의 내용에 따라 결정되지만, 수탁자가 기업이윤의 일차적 귀속자로서의 지위를 갖는 것, 즉 수탁자의 계산으로 경영을 하게 되는 것이 보통인 바, 이를 經營委託契約(Betriebsüberlassungsvertrag)이라 한다. 이 경우에는 위탁자에게 소정의 보수가 지급되거나 일정비율의 配當保證을 하게 되는데, 이렇게 되면 기업의 임대차와 큰 차이가 없게 된다. 순수한 위탁경영은 위탁자가 기업이윤분배의 우선적 귀속자로서의 지위를 확보하고, 위탁자에게 경영권 행사의 주체로서의 지위만을 양도하는 경우이니, 이를 經營管理契約(Betriebsführungsvertrag)이라 한다. 경영위탁계약의 실질이 賃貸借인데 대하여, 경영관리계약은 委任이다.

기업(企業)의 임대차(賃貸借) 기업소유의 법적 관계에 영향을 줌이 없이 기업경영의 법적 관계가 전면적으로 임차인에게 이전하는 것. 기업의 임차인은 기업자로서의 지위, 즉 경영권행사의 주체, 企業活動에 의한 권리의무의 귀속자, 기업이윤의 제1차적 귀속자로서의 지위를 승계하게 된다. 이 경우 임차인이 기업의 법적 주체인 상인의 자격을 갖게 되는 것은 물론이다. 한편 賃貸人은 여전히 기업소유자로서의 지위에 머물러 있게 되지만, 그는 企業利潤의 分配에 있어서의 우선적 지위를 상실하고, 오로지 약정된 임대료를 취득하는데 불과하다. 이렇듯 기업소유자가 가지는 이윤분배가 임료화하는 것은 物權이 債權化하는 한 경향이며, 또 기업의 소유와 경영의 분리를 의미한다. 상법상 영업전부의 임대는 주주총회 또는 사원총회의 특별결의사항이 되어 있다(374 I ii, 576).

기업자국가(企業者國家) 國營企業에 재정을 의존하고 있는 국가를 말하다. 러시아 혁명 이후의 社會主義體制에 현저하게 나타났다.

기업자주주(企業者株主) 〔獨〕 Unternehmeraktionär 주주는 주식소유의 경제적 동기에 의하여 投資株主·投機株主와 企業者株主로 분류된다. 기업자주주는 대체로 소주주인 투자주주·투기주주에 대하여 대주주로서 대립하여 직접 기업 자체에 이해관계를 가지며, 總會를 지배하고 업무집행상에 우월한 세력을 가지고 있는 종류의 株主이다. 이러한 구별은 법률정책적 배려의 중요한 표준이 되나, 상법상 이러한 구별은 없다.

기업자체(企業自體) 〔獨〕 Unternehmen an sich 기업 특히 대기업은 그 자체의 이익을 초월한 國民經濟的 意義를 가지므로, 그러한 사회적·공공적 의의를 가지는 기업을 표현하기 위하여 쓰는 말. 제1차 대전후 독일의 라테나우(Rathenau)가 주식회사에 대하여 이 사상을 제창하였다. 또한 주식회사에 있어서의 株主·理事·債權者 등 다수관계자의 대립하는 이익을 조정하기 위한 중핵적 개념으로 사용되는 일도 있다.

기업조성(企業助成) 국가 또는 지방자치단체가 공공복리의 증진을 위하여 필요하다고 인정되는 일정한 私企業에 대하여 하는 助成行政을 말하는데, 조성을 받는 기업을 保護企業이라 한다. 사기업은 개인적인 사업으로서 직접으로는 당해인의 이해관계에 그치는 것이 원칙이나, 특히 사업의 내용이 公共性이 강하거나 국민경제발전의 基幹이 됨으로써 그 사업의 성패가 공공복리에 미치는 영향이 큰 경우에는, 국가나 지방자치단체는 당해 사업을 육성하기 위하여 특별한 조성을 하는 경우가 적지 아니하다.

기업조합(企業組合) 중소기업 등 협동조합의 하나(中協 2). 이른바 生産組合에 속하고, 그 자체가 하나의 기업체이고 소규모업자가 자본과 노무를 서로 제공하고 협동하여 사업을 행하는 것을 목적으로 하는 점에서 특색이 있다. 상업·공업·광업·운송업·서비스업 등을 행하며, 조합원은 개인에 한하고(12 Ⅱ), 出資義務를 가짐과(14) 동시에 그 3분의 2 이상은 조합의 사업에 종사(노무의 제공)하지 않으면 안되며, 총출자 좌수의 과반수는 조합의 사업에 종사하는 조합원에 의하여 보유되지 않으면 안된다. 이 종류의 조합에 속하는 것에는 따로 수산관계에 관하여 水産業協同組合이 있다.

기업집단(企業集團) 同一人이 회사인 경우 그 동일인과 그 동일인이 지배하는 하나 이상의 회사의 집단이냐, 동일인이 회사가 아닌 경우 그 동일인이 지배하는 그 이상의 회사의 집단이냐에 따라 대통령령이 정하는 기준에 의하여 사실상 그 事業內容을 지배하는 회사의 집단을 말한다(獨禁 2ⅱ). → 재벌

기업집중(企業集中) 기업이 동일한 단위로 집중하는 것. 個人企業에서 組合會社 기업에의 발전, 각 회사상호간의 카르텔·트러스트·회사의 합병 등의 여러 현상은 이것을 표시한다.

기업책임(企業責任) 기업이 그 활동에 의하여 타인에게 가하는 損害를 배상하는 責任. 근대의 대기업은 한편으로 피용자나 제3자에 대하여 큰 위험(鑛害·煙害·교통사고 등)을 포장하고, 다른 한편으로 거액의 이익을 거둔다. 그러므로 이 경영으로부터 발생하는 손해는 항상 기업이 배상하도록 하는 것이 공평하다고 생각된다. 그러나 그 위험은 예방이 불가능하고, 가해행위가 適法·無過失인 경우가 많다. 따라서 종래의 過失責任主義에서는 기업책임을 일반적으로 인정하는 것이 곤란하므로, 無過失責任이 제창되고 있으며, 기업책임론은 그 중요한 일부를 차지하고 있다.

기업합동(企業合同) 〔英〕 close consolidation 〔獨〕 Unternehmenszusammenfassungen 좁은 뜻으로는 企業結合 중에서 결합도가 강하고 결합한 각 기업이 통일적 의사에 의하여 지배되는 것. 즉 법률상 독립된 기업이 결합한 트러스트 및 법률상으로도 結合企業이 독립성을 상실하는 合併을 가리킨다. 企業聯合에 대하는 것. 넓은 뜻으로는 결합의 강도 여하를 불문하고 기업결합을 총칭한다. → 기업결합, 기업연합

기업형태(企業形態) 〔英〕 types of enterprise 〔獨〕 Unternehmungsformen 기업의 경영이 행하여지는 형식·모습. 기업은 자본의 형성, 경영의 기구, 책임의 소재, 손익분배의 방법 등에 관한 차이로 말미암아 그 대내외적 법률관계에 차이가 생기고 여러 형태의 기업유형이 나타난다. 대별하여 公企業形態와 私企業形態로 나눌 수 있고, 사기업형태는 개별기업형태와 복합기업형태로 나누어진다. 個別企業形態는 다시 개인기업·조합기업·회사기업의 3종으로 나뉘는 바, 개인기업은 처음부터 일반목적을 위하여 존재하는 法人格者가 자본의 형성 및 경영을 담당할 것을 전제로 하고 있는 만큼, 상법상 경영담당의 문제를 중심으로 하는 약간의 특칙이 필요할 뿐이고, 組合企業으로서는 匿名組合이 중요하다. 회사기업형태는 자본과 노동력이 결합된 경제적 생활체로 가장 이상적인 기업형태이며, 그 대내외관계에 상법상 특유한 규율을 받는다. 複合企業形態는 기업합동의 문제이다.

기업회계(企業會計)**의 원칙**(原則) 〔英〕 accounting principles 기업회계의 실무에 있어서 관습으로서 발달한 것 중에서, 일반적으로 공정타당하다고 인정되는 것을 요약한 기업회계를 규제하는 근본원칙. 이 원칙은 一般原則·損益計算書原則·貸借對照表原則의 3원칙으로 이루어진다. 우리나라에 있어서는 정부기업에 관하여서는 기업예산회계법이 철도사업·통신사업·양곡관리사업·조달사업에 대하여 기업회계원칙의 일부를 채택하였으며(3), 민간기업에 관하여는 재무제표규칙이 세무관서·금융기관·증권거래소에 제출되는 재무제표는 동규칙에 의하여 작성하게 함으로써 이 원칙을 부분적으로나마 채택하고 있다(3). 기타 商法·稅法 등의 기업

회계에 관한 여러가지 법령의 改廢에 있어서도 이 원칙이 존중된다.

기여금(寄與金) 公務員年金法上의 공무원의 費用負擔의 일종. 즉, 공무원은 공무원으로 임명된 날이 속하는 월로부터 퇴직 또는 사망한 날이 속하는 월까지 기여금을 월별로 月俸에서 납부하여야 한다(66 I). 기여금 납부기간이 33년을 초과한 자는 기여금을 납부하지 아니한다(66 I 但). 過誤納된 기여금은 다음의 기여금 징수시에 加減할 수 있으며 다음의 기여금 징수시에 가감할 수 없을 때에는 급여를 지급할 때에는 가감할 수 있다(71).

기여분(寄與分) 共同相續人 중에서 피상속인의 재산의 유지 또는 증가에 관하여 특별히 기여하였거나 피상속인을 특별히 부양한 자가 있을 경우에는, 이를 相續分의 산정에 관하여 고려하는 제도를 말한다. 즉 피상속인이 상속개시 당시에 가지고 있던 재산의 가액에서 기여상속인의 기여분을 공제한 것을 相續財産으로 보고 상속분을 산정하여, 이 산정된 상속분에다 기여분을 보탠 액을 기여상속인의 상속분으로 하는 것이다(民 1008의2 I). 이것은 공동상속인 사이의 실질적 공평을 꾀하려는 제도이다.

기여분권리자(寄與分權利者)**의 범위**(範圍) 기여분권리자는 공동상속인 중에서 被相續人財産의 유지 또는 증가에 관하여 특별히 기여한 자를 말한다. 이와 같이 기여분권리자는 공동상속인에 한하므로 共同相續人이 아닌 자는 아무리 피상속인의 재산의 유지 또는 증가에 기여하였더라도 기여분의 청구를 할 수 없다. 기여분권리자는 한 사람에 한하지 않으며, 代襲相續人도 기여분권리자가 될 수 있다고 해석된다.

기요띤 〔佛〕 guillotine 死刑執行方法의 하나인 斬首에 사용하는 도구. 현재 프랑스에서 사용하고 있다(프랑스혁명 당시 醫師 기요띤의 고안). 그 형태와 방법은 두 개의 지주 사이에 상부가 凸刃, 하부가 凹刃으로 되어 있고, 수형자의 首部를 하부의 凹刃 위에 두게 하고 상부의 凸刃을 낙하케 하여 참수시키는 것이다. 이 刑具는 특히 프랑스혁명 당시에 많이 사용되었고, 루이16세 및 그 妃 마리 앙트아네트, 그 皇妹 엘리자베스 등이 이 형구에 의하여 이슬로 사라진 것은 유명하다.

기 원(紀元) 歷史, 연대학의 紀年法에 있어서의 기준으로 되는 해, 사회적 · 정치적 · 종교적인 중요사건을 취하는 것이 보통이다. 즉, 크리스트기원(서력)은 크리스트가 탄생한 해, 단군기원은 단군이 즉위한 해이다. 우리나라는 종전의 단군기원을 폐지하고 그 공용 연호를 서력 기원으로 정하고 있다(年號에 관한 法律 1961년 法 제775호).

기 원(技員) 8급 기술공무원의 일종으로 技士補의 다음 자리 사무계통의 서기에 해당한다.

기원보(技員補) 9급인 일반직 기술계국가공무원의 일반적인 직명. 직렬에 따라 그 직렬을 표시하는 용어를 부여함으로써 구체적인 직명이 된다. 機械技員補 · 採鑛技員補 등은 그 예. 상사의 명을 받아 기술에 관한 사무를 담당한다.

기유조약(己酉條約) 1609년 일본과 조선이 맺은 조약으로 전문 11조. 歲遣船은 20척에 한정할 것. 受職人은 1년에 1회 來朝할 것. 小遣船은 쓰시마 도주(對馬島島主)의 증명이 있어야 할 것. 文引(여권)없이 부산에 입항하는 자는 해적으로 취급할 것 등의 규정을 그 중요한 내용으로 하고 있다.

기 일(期日) 〔獨〕 Termin 일반적으로 일정한 시점 또는 시기를 의미하며, 期間과 대립되는 관념이지만 소송법상 특별한 의미가 부여된다.

[1] 민사소송법상으로는 소송에 관하여 법원 · 당사자 기타 관계자가 일정한 장소에 회합하여 訴訟行爲를 하는 시간을 의미한다. 그 목적에 따라 변론기일 · 증거조사기일 · 준비절차기일 · 화해기일 · 재판선고기일 · 경매기일이라고 한다. 기일은 裁判長(또는 수명법관 · 수탁판사)이 정하며, 최초의 기일을 제외하고는 원칙으로 변경은 허용되지 않는다(152). 부득이한 경우를 제외하고는 일요일 기타 휴일은 기일로 지정하지 않는 것이 원칙이다(153). 期日의 召喚은 소환장을 송달하여 행하나, 그 사건에 관하여 출석한 자에 대해서는 기일을 고지하면 되고, 새로 소환장을 송달할 필요가 없다(154). 訴訟關係人이 재판장이 정한 기일에 출석할 것을 기재한 서면(出席應諾書)을 제출했을 때에는, 소환장의 송달과 동일한 효력이 있으므로 따로 소환장의 송달이 불필요하다(155). 기일은 사건과 당사자의 呼名에 의하여 개시한다(156).

[2] 형사소송법상으로도 같은 뜻. 예컨대 公判期日(267 I), 證人訊問期日(163 II) 등이다. 기일의 지정은 日 및 時로써 한다(122). 또 기일은 지정된 시각에 개시되나, 그 終期에는 제한이 없다. 기일을 지정 또는 변경할 수 있는 권한은 그 기일에서의 소송절차를 主宰하는 자(예 : 재판장 · 수명법관 또는 수탁판사)에게 속한다.

기일(期日)**의 개시 · 종료**(開始 · 終了)

[1] 민사소송법상 기일은 事件과 당사자의 呼名

으로써 개시되며(156), 재판장이 명시 또는 묵시적으로(예 : 법관의 退席이나 다음 사건의 호명으로) 그 종결을 선언하였을 때에 종료된다. →사건의 호명

[2] 형사소송법상으로는 기일은 지정된 시각의 도래에 의하여 개시된다. 기일의 종료는 그 기일에 있어서 할 訴訟行爲를 종료한 때이다. 언제까지 소송행위를 종료하여야 한다는 제한은 없으므로, 그 翌日에 걸치더라도 위법이라고는 할 수 없다. →기일

기일(期日)**의 변경**(變更) 〔獨〕 Verlegung eines Termins 기일 개시전에 그 지정을 취소하고 이에 대신하여 新期日을 지정하는 것(民訴 152Ⅳ, 刑訴 270). 기일의 지정은 본래 소송지휘상의 재판이기 때문에 그 기일에서의 訴訟節次를 주재하는 자(예 : 재판장 · 수명법관 · 수탁판사)는 이를 취소 · 변경할 수 있지만(民訴 208), 소송촉진을 꾀하는 의미에서 당사자의 기일변경신청의 허용에는 그 요건이 엄격하다. 즉, 準備節次를 거치지 않은 변론의 최초의 기일 또는 준비절차의 최초의 기일만은 당사자의 합의에 의하여 변경할 수 있으나, 준비절차를 거친 변론기일은 부득이한 사유가 없는 한, 또 상기한 것 이외의 기일은 현저한 사유가 없는 한 당사자의 합의가 있어도 변경하는 것을 허용하지 않는다(152Ⅳ). 여기에 顯著한 事由라 함은 그 기일에 출석이 불가능한 경우에 한하지 않고, 辯論이나 證據提出의 준비를 할 여유가 없다고 할 경우도 포함한다.

기일(期日)**의 지정**(指定) 기일은 裁判長 · 受命法官 · 受託判事 또는 때로는 법원이 신청 또는 직권에 의하여 시일로써 정한다(民訴 152 · 617 · 654, 刑訴 267). 당사자의 기일지정신청을 각하하는 때는 결정에 의하여야 한다. 일요일 기타 일반휴일에 기일을 지정할 수 있는 것은 부득이한 경우에 한한다(民訴 153). 기일을 지정한 때는 그 일시 · 장소를 기재한 召喚狀 또는 通知書를 송달하여 관계인을 소환 또는 통지하는 것을 원칙으로 한다(民訴 154, 刑訴 267Ⅱ · Ⅲ). 특히 형사소송법상으로는 기일을 지정하는 때에는, 일정한 猶豫期間을 두어야 하는 경우가 있다. 예컨대, 제1회공판기일의 유예기간은 5일 이상이다(269). 다만 이러한 특정규정이 없더라도, 원칙적으로 당사자 기타 소송관계인의 출석에 필요한 시간적 여유를 두어야 함은 물론이다. →기일

기일(期日)**의 해태**(懈怠) →해태

기입등기(記入登記) 새로운 등기원인에 기하여 어떤 사항을 등기부에 새로이 기입하는 등기. 所有權保存登記 · 所有權移轉登記 · 抵當權設定登記 등, 보통 등기라고 하면 記入登記를 가리킨다. 本登記(終局登記) 중에서 기존등기와 관련하여 행하여지는 變更登記 · 回復登記 · 抹消登記와 구별된다.

기 장(旗章) 國旗 · 商船旗 · 商標 등과 같이 특정한 단체나 개인을 表彰하는 것. 이러한 것은 각 종류에 따라 특정한 자만이 사용할 권리가 있으며, 경우에 따라서는 그 의무가 인정되고 있다(船舶法 5 · 10 · 11, 商標法 2, 不正競爭防止法 3).

기 장(記章) 일정한 行蹟이 있는 자에게 수여하는 훈장으로 共匪討伐記章, 6 · 25 事變從軍記章, 傷痍記章 및 軍人遺族記章과 警察官遺族記章 등이 있었다.

기 정(技正) 4급인 일반직 기술계국가공무원의 일반적인 직명. 직렬에 따라 그 職列을 표시하는 용어를 부여함으로써 구체적인 직명이 된다. 工業技正 · 採鑛技正 등은 그 예. 상사의 명을 받아 기술에 관한 사무를 담당하며, 소속직원을 지휘 · 감독한다. 행정각부 · 처 · 청의 과장, 도의 국장급.

기 좌(技佐) 5급인 일반직 기술계국가공무원의 일반적인 직명. 직렬에 따라 그 직렬을 표시하는 용어를 부여함으로써 구체적인 職名이 된다. 機械技佐 · 採鑛技佐 등은 그 예. 상사의 명을 받아 기술에 관한 사무를 담당하며, 소속직원을 지휘 · 감독한다. 도의 과장급.

기준근로시간(基準勤勞時間) 모든 근로시간의 표준이 되는 시간을 말하는 바, 현행법은 기준근로시간의 범위를 셋으로 나누어 ① 성인노동자(18세 이상의 근로자)에 대하여는 1일 8시간, 1주 44시간의 기준 근로시간(勤基 49Ⅰ本)을, ② 有害危險作業에 종사하는 근로자에 대하여는 1일 6시간, 1주 34시간의 기준근로시간(産業安全保健法 46)을, ③ 15세 이상 18세 미만의 소년근로자에 대하여는 1일 7시간, 1주 42시간의 기준근로시간(勤基 67 本)을 규정하고 있다. 이와 같은 기준근로시간이 마련된 것은 근로자의 연령과 작업의 성질에 따라 신체와 정신상의 긴장과 근로자의 과도한 소모로부터 근로자들을 보호하고, 그들의 文化生活을 확보해 주기 위한 것이다. 따라서 기준근로시간에 관한 규정을 위반했을 경우에는 벌칙이 적용되며, 또한 기준근로시간을 초과하여 時間外勤勞가 행해졌을 경우에는 시간외근무가 합법적이건 위법한 것이건간에 근로기준법 55조의 규정에 의한 加算賃金이 지급되어야 한다.

기준일(基準日) 〔英〕 fixed date, record date 회사가 일정한 날에 주주명부에 기재된 株

主 또는 質權者들을 그 권리를 행사할 수 있는 주주 또는 질권자들로 보는 그 날(商 354 I). 登錄日이라고도 한다. 權利者確定의 점에서 보면 名簿의 폐쇄보다도 한층 효과적이다. 또 이 제도에 의하면 주주명부는 개방되어 있으므로 주주의 名義改書와 質權의 등록을 청구하는 자에게 유리한 점도 있다. 기준일은 주주 또는 질권자로서 권리를 행사할 날에 앞선 3월내의 날로 정하여야 한다(354 Ⅲ). 2주간의 공고가 필요한 것, 정관에 기준일을 지정한 때에는 공고가 필요치 않음은 주주명부폐쇄의 경우와 같다(354 Ⅳ). → 주주명부의 폐쇄

기준일변(基準日邊) 일변은 증권금융회사의 융자인 합계금액에서 貸株의 합계금액을 差引한 잔액의 다소에 응하여 몇개의 단계를 설치하고 이 단계에 의하여 정하는 일변을 말하는 것.

기 질(氣質) 성격의 기초를 이루는 情動的性向. 기질을 처음으로 분류한 것은 카레누스로서, 인간의 체액의 혼합의 비율에 따라, 多血質·粘液質·膽汁質·重血質로 나누었다. 시고는 理性人·大食漢·운동가로 나누고, 체형적으로 腦型·消化型·筋肉型에 대응시켰다. 셸든(Sheldon)은 內胚葉型·中胚葉型·外胚葉型에 상응하는 것으로서, 內臟型·體組織型·腦型으로 분류한다. 內臟型은 현실적으로 嗜癖에 빠지기 쉽고 곤란에 직면하면 곧 타인의 동정을 구한다. 體組織型은 정력적이며 곤란에도 견디며 실행력이 풍부하다. 腦型은 중추신경으로부터의 억제가 강하고 외계에 대하여 민감하므로 孤獨·憧憬·疲勞가 많다. 크레취머는 비만형·세장형·투사형에 대응하여 循環氣質(回歸性)·分裂氣質(乖離性)·粘着氣質을 나누었는데, 오늘날 가장 우수한 분류로 생각되고 있다. 循環氣質은 조울증을 포함하고 있고 爽快·悲哀의 기분 사이를 동요하며, 일반적으로 사교적이며 온화·친절하다. 범죄와의 친화력은 약하다. 分裂氣質은 감수성이 과민과 둔감 사이를 크게 왕래한다. 비사교적·내향적·무신경 등의 유형이 있으며, 비정상인이라고 불리우는 자들은 이 중에서 나온다. 배신적 범죄나 잔학한 범죄에로의 경향을 가진다. 粘着氣質은 純重·規則的이지만, 때로는 폭발적 발산을 나타낸다. 폭력범죄가 이 때문에 행하여진다.

기차전복죄(汽車顚覆罪) 사람이 현존하는 기차·전차·자동차·선박 또는 항공기를 顚覆·埋沒·墜落 또는 破壞하는 죄(刑 187). 실행에 착수한 때에 사람이 현존하면 족하고, 전복 등이 기수가 된 시기에 현존함을 요하지 않는다. 파괴란 기차·전차·선박 등의 교통기관으로서의 기능의 전부 또는 일부를 잃게 하는 정도의 손괴를 말한다. 따라서 창유리 한 장을 깨뜨린 정도는 여기에 포함되지 않는다. → 교통방해의 죄

기채시장(起債市場) 증권을 발행함에 있어서 증권업자나 금융기관이 구성하는 시장. 구성자의 신용에 따라 起債者는 발행조건을 유리하게 할 수 있다.

기 처(棄妻) 조선시대에 인정된 일종의 이혼제도. 七去之惡 또는 七出三不去라고도 한다. 이 제도는 夫側만이 가지는 처에 대한 일종의 制裁權·離婚權이라 할 수 있다. 즉, 法定原因(칠거지악)이 있으면 당사자의 의사에 불구하고 男家의 主婚者의 일방적 의사로써 기처가 되었다. 칠거지악이란 7개의 기처원인으로서, 즉 無子·姦淫·不孝·饒舌·盜竊·嫉妬·惡疾이다. 그러나, 七出의 경우에도 三不去라고 해서 부의 부모상을 지킨 처, 糟糠之妻, 돌아갈 친가가 없어진 처는 의절의 사유가 있어서 법률이 이혼을 강제하는 경우와 姦淫·惡疾의 경우를 제외하고 기처가 허용되지 않았다. 이 제도는 중국에서 유래하였다.

기초공제(基礎控除) 납세자본인에 대한 조세의 영향을 완화하기 위하여 課稅物件의 일부를 과세 제외로 하는 제도이며, 직접세의 분야에서 문제가 된다. 특히 중요한 것은 所得控除의 일종으로서의 그것이며, 납세의무자의 최저생활비를 유지하기 위하여 필요한 소득은 擔稅力을 가지지 않는다라는 사상의 표현으로서 각국의 소득세에서 널리 인정되고 있으며, 우리나라에서도 이를 인정하고 있다.

기초법학(基礎法學) 法史學, 法史會學, 法哲學, 比較哲學 등 法解釋學의 기초를 이루는 법학의 여러 분야를 말한다. 법사학은 역사학과, 법사회학은 사회학과, 법철학은 철학과의 경합관계이며 비교법학도 比較社會學이나 외국연구와 밀접한 관련이 있다. 法解釋學이 인식과 실천을 통합한 분야인데 대해 기초법학은 오로지 認識을 목적으로 하는 점에서 특색이 있다.

기초적 지방단체(基礎的地方團體) 지방자치단체 중에서 법률상 지방자치의 지위를 인정받고 있는 것. 보통의 도·시나 군·읍·면과의 관계에 있어서 군·읍·면을 기초적 지방단체라 하고, 이에 대하여 도·시를 包括的 地方團體라고 한다.

기타 소득(其他所得) 이자소득·배당소득·부동산소득·사업소득·근로소득에 해당되지 않는 종합소득의 일종인 소득(所得稅法 4 I i). 저술가 이외의 자가 받는 원고료, 저작권의 사용료 또

는 특정의 賞金·報勞金 등이 이에 속한다. 소득세의 과세물건으로서의 소득의 일종으로서, 그 해의 총수입금액에서 필요경비를 공제한 것을 그 소득금액으로 한다(25).

기 탁(寄託) 任置의 구민법상의 용어. 국제법상의 기탁에 관하여는 批准書의 교환·기탁을 보라.

기판력(旣判力) 〔羅〕 res iudicata 〔獨〕 materielle Rechtskraft, Feststellungswirkung 〔佛〕 autorité de la chose jugée [1] 민사소송법상 재판이 확정된 경우에 동일사항이 다시 소송이 되면, 同一法院은 물론이요 다른 법원도 그 내용인 판단에 배치되는 판단을 할 수 없고, 당사자도 또한 이와 반대되는 내용을 주장·답변할 수 없는 효력이 발생한다. 이를 旣判力 또는 實體的 確定力이라 한다. 그 본질을 어떻게 이해할 것인가에 관해서는 實體法說(이에 따라서 실체관계의 변경이 생긴다고 하는 설), 訴訟法說(단지 소송법상의 평면으로 법원을 구속한다는 설), 具體的 法規說(추상적 법규가 구체적 현실적인 규범으로 轉化하는 것이라는 설), 新訴訟法說(一事不再理라고 하는 說) 등이 있는데 소송법설이 다수설이다. 確定終局判決이면 모두 기판력을 가진다. 중간판결은 독립하여 확정되는 것이 아니므로 기판력이 없다. 외국법원의 판결은 민사소송법 203조의 요건을 구비하는 한 기판력이 있다. 소송비용에 관한 결정과 같이 실체관계를 확정적으로 판단한 결정에도 기판력이 있으나, 소송지휘나 집행행위로서의 결정·명령에는 없다. 또한 법률상 확정판결과 동일한 효력을 가지는 請求의 抛棄·認諾·和解를 기재한 調書(民訴 206, 431), 破産債權表(破 259) 등도 기판력이 있다. 기판력의 범위에 관하여는 다음의 3방면에서 고찰하여야 한다. ① 時的 範圍(標準時). 판결은 사실심의 변론종결당시, 지급명령에서는 그 송달시, 기타 재판이나 조서 등에 있어서는 그 성립시이다. 이에 반하여 그 이후에 생긴 사유에 기하여 그 법률효과의 변경·소멸을 주장하는 것은 무효하다. ② 物的 範圍(客觀的 範圍). 판결주문에 표현된 판단에 한하여 생기고(民訴 202 Ⅰ), 판결이유 중에 판단된 사항에는 미치지 않는 것이 원칙이나, 相計의 抗辯에 한하여는 대항한 액에 관하여 기판력이 생긴다(202 Ⅱ). ③ 人的 範圍(主觀的 範圍). 원칙적으로 당사자간에만 생기고 제3자에게는 미치지 않는다. 그러나 법은 특별한 이유에서 제3자에게 확장을 인정한 경우가 있다. 즉, ㉠ 분쟁의 획일적 해결을 꾀하는 人事關係訴訟이나 會社關係訴訟(舊人事訴訟法 32·35·37·46·49·55, 商 190·376·380·381). ㉡ 변론종결후의 승계인(民訴 204 Ⅰ). 당사자가 변론종결시까지 승계를 진술하지 아니한 때에는 변론종결후에 승계가 있은 것으로 추정한다(204 Ⅱ). ㉢ 당사자·승계인을 위하여 청구의 목적물을 소지하는 자(204 Ⅰ). ㉣ 타인의 이익에 관하여 자기명의로 당사자로서의 적격을 가지는 자(예 : 破産管財人·選定當事者)가 소송을 한 경우에 그 타인(破産者·選定者). ㉤ 당사자참가(72) 및 소송인수 후에 소송에서 탈퇴한 탈퇴자(73, 75 Ⅲ). 기판력의 存否는 職權調査事項이며, 이에 저촉되는 판결을 하는 경우에는 上訴·再審(422 Ⅰ x, 427)에서 취소를 요구할 수 있다. 당사자는 기판력 자체를 합의로써 포기할 수는 없으나, 기판력으로 확정된 실체법상의 권리 자체는 포기할 수 있다 할 것이다.

[2] 형사소송법상 유죄·무죄의 實體判決 및 免訴의 판결이 형식적으로 확정되면 그 내부적 효력으로서는 사건의 내용이 확정되고 집행력이 생기며, 외부적 효력으로서는 동일사건에 관하여 공소의 제기를 허용하지 않는 효과가 생긴다. 넓은 뜻의 기판력은 이 두 효력을 의미하며(따라서, 實體的 確定力과 동의), 좁은 뜻으로는 그 중 특히 외부적 효력, 즉 一事不再理의 效果를 가리킨다. 형사소송법에서 기판력이라 할 때에는 이 좁은 뜻의 旣判力을 뜻한다. 기판력은 사건이 단일하며 또 동일한 한(→사건의 단일성, 사건의 동일성), 그 전부에 미친다. 科刑上一罪일지라도 같다. 재심·비상상고의 이유에 해당하는 사유가 있으면 기판력은 깨어지지만, 일사부재리의 원칙은 기본적 인권의 하나로서 헌법 13조 후단이 보장하는 바이므로, 판결을 변경하더라도 피고인에게 불이익하게 변경하는 것은 허용되지 않는다(刑訴 439 참조).

기판력(旣判力)의 객관적 범위(客觀的範圍) 〔獨〕 objektive Grenzen der Rechtskraft 판결 중 기판력이 생기는 사항의 범위. 물적한계라고도 한다.

[1] 민사소송법상 判決注文에 표현된 판단에 한한다(202 Ⅰ). 판결은 당사자가 심판을 신청한 사항에 대한 應答이기 때문이다. 따라서 이유 중의 판단은 기판력을 낳지 않지만, 주문에서 어떠한 사항에 대하여 판단한 것인가는 판결이유를 참작하여야 명백히 되는 경우가 많다. 訴에 대한 本案判決에서는 기판력은 청구의 당부에 대하여 생기고 그 범위는 소송물의 범위와 같기 때문에, 청구의 원인이 다르면 청구의 취지는 동일하여도 기판력은 미치지 아니한다(新訴訟物論에서는 원칙으로 청구의 취지만으로써 소송물이 특정된다고 보기 때문에, 청구의 취지가 같은 때에는 기판력의 효력을 받는다고 한

다). 예외로서 相計하기 위하여 주장한 自動債權의 존부에 대한 판단은 이유 중에 되어 있다 하여도, 상계로 대항한 數額에 한하여 기판력을 낳는다(202 Ⅱ). 청구에 대한 다툼의 實質的 再燃을 막기 위한 것이다.

[2] 형사소송법상 기판력은 단지 현실적인 판단의 대상으로 된 訴訟事實뿐 아니라, 그와 단일·동일한 관계에 있는 공소사실의 전체에 미친다는 것이 통설이다. →사건의 단일성, 사건의 동일성

기판력(既判力)**의 시간적 범위**(時間的 範圍) →기판력의 표준시

기판력(既判力)**의 주관적 범위**(主觀的範圍) 〔獨〕 subjektive Grenzen der Rechtskraft 기판력이 미치는 인적한계. 민사소송의 判決에서 문제된다. →기판력

기판력(既判力)**의 표준시**(標準時) 〔獨〕 zeitliche Grenzen der Rechtskraft [1] 민사소송법상 기판력은 일정한 시점에 있어서 權利關係의 존부의 판단에 대하여 생기는 것인데 표준시라 함은 그 시점을 가리킨다. 당사자는 事實審의 변론종결시까지는 공격방어방법을 제출할 수 있기 때문에 이 시점이 기판력의 표준시로 된다. 표준시 이전에 존재한 사유를 주장하지 않고 敗訴된 뒤에, 다시 그 사유를 주장하여 確定判決과 다른 판단을 구하는 것은 과실의 유무를 불문하고 기판력에 의하여 허용되지 않는다. 그러나, 표준시 이후에 생긴 사유에 기하여, 확정판결의 판단을 다투는 것은 허용된다(民訴 505 Ⅱ). 예컨대, 확정된 履行判決에 대하여 표준시 이후의 債務消滅事由의 주장은 허용되지만, 표준시 이전에 생긴 辨濟·免除·消滅時效 등에 기한 채무소멸을 주장할 수 없다. 표준시 전에 존재한 取消權·相計權을 확정판결후에 행사하여, 이와 다른 판단을 구할 수 있는가에 대해서는 다툼이 있다.

[2] 형사소송법상 繼續犯·常習犯 등의 행위가, 확정판결의 전후에 걸쳐서 행하여졌을 경우에, 어느 시점까지의 부분을 기판력이 미치는 한계로 할 것인가가 문제된다. 이에 관하여는 口頭辯論終結時說·判決宣告時說·判決確定時說 등이 있으나, 현행법 하에서는 법원은 종결한 변론을 언제든지 재개할 수 있고, 또 당사자도 변론의 재개를 신청할 수 있으므로(305), 기판력이 미치는 표준시점은 判決宣告時로 보는 것이 타당하다. →실체적 확정력, 일사부재리

기평가보험·미평가보험(既評價保險·未評價保險) 既評價保險(〔英〕 valued policy 〔獨〕 taxierte Police 〔佛〕 police évaluée ou assurance en valeur agrée)은 보험계약을 체결함에 있어서 미리 당사자간에 보험가액에 대하여 협정이 이루어진 보험이고, 그렇지 않은 것을 未評價保險(〔英〕 unvalued(or open) policy 〔獨〕 offene Police 〔佛〕 police ouverte)이라고 한다. 기평가보험제도는 피보험이익의 평가가 용이하지 않아 분쟁을 일으킬 염려가 있으므로 이것을 제거하고 保險價額의 입증을 쉽게 하기 위하여 인정된다. 기평가보험에 있어서의 보험가액은 보험사고발생시의 가액으로 한 것으로 추정하여 보험사고발생시의 가액을 현저하게 초과하지 않으면 당사자를 구속하고, 현저하게 초과할 때에는 사고발생시의 가액으로 한다(商 670). 입법례에 따라서는 기평가보험에 있어서의 보험가액은 확정적이어서 이를 다툴 수 없고, 다만 사기 등으로 인한 경우에는 계약 자체를 무효화하는 것이 있다(英海保 27). 미평가보험에 있어서는 사고발생시의 가액을 보험가액으로 한다(商 671). 기평가보험에 있어서 보험가액에 대한 합의는 명시적이어야 하고, 이것은 각종 손해보험증권에 기재하여야 한다(商 685, 690, 695). 이러한 협정보험가액을 기재한 보험증권을 既評價保險證券이라 하고, 보험가액의 기재가 없는 보험증권을 無評價保險證券이라 한다.

기 피(忌避) 〔獨〕 Ablehung 〔佛〕 récusation 당사자의 신청에 의해 법관·법원직원 기타의 자를 職務 내지 任務執行으로부터 탈퇴시키는 것.

[1] 민사소송법상 법관의 기피(39), 법원사무관등의 기피(46), 감정인의 기피(309)가 인정되고 있다. 家事訴訟法上 조정장·조정위원·가사조사관에 대해서도 기피할 수 있다(家訴 4). 법관에 대해서는 除斥原因 이외에 재판의 공정을 기대하기 어려운 사정이 있는 경우에는 당사자는 당해 법관을 기피할 수 있다(民訴 38, 39). 기피의 효과는 기피를 이유있다고 하는 재판의 확정에 의하여 발생하며, 따라서 그 재판은 形成的이다. 기피의 신청이 있으면 그 신청에 대한 재판이 확정될 때까지는 訴訟節次가 정지된다. 다만 終局判決의 선고와 긴급을 요하는 행위에 대해서는 예외이다(44). 기피의 재판은 법관의 경우에는 그 소속의 법원합의부가, 법원서기관등에 대하여는 그 소속법원이 결정으로 행하여야 하고(42, 46 Ⅱ), 기피이유없다고 하는 재판에 대해서는 卽時抗告할 수 있다(43 Ⅱ).

[2] 형사소송법상 법관이나 법원서기관 또는 서기에게 除斥原因이 있을 때 또는 불공평한 재판을 할 염려가 있을 때에는 기피를 신청할 수 있다(18, 25). 기피의 신청이 있으면 그 법관이나 법원서기관 또는 서기·통역인이 소속하는 법원(법관인 경우는 合議部)이 결정한다(21, 25). 기피의 신청이 법률의 규정에 위배된 때에는 이를 棄却한다(20).

[3] 국제법상 國際司法裁判所에서 특정사건을 결정함에 있어서 참여해서는 안된다고 인정되는 재판관이 있는 경우에, 이 사실을 인정하는 재판관 자신이 재판소장에게 그 뜻을 통지하든가 또는 이 사실을 인정하는 재판소장이 그 뜻을 당해 재판관에게 통지함으로써 특정재판관을 특정의 재판에서 回避케 하는 제도(國際司法裁判所規程 24Ⅰ·Ⅱ). 만일 재판관의 기피에 관하여 재판소의 재판관 또는 재판소장의 의견이 일치하지 않을 경우에는 재판소의 재판으로 이를 결정한다(24Ⅲ). 국제사법재판소규정이 재판관의 관여를 금하고 있는 사항은 ① 동 재판소 자체의 어느 사건의 대리인·보좌인·변호인이 되는 일(17Ⅰ), ② 과거에 일방당사국의 대리인·변호인·보좌인이었거나, 국내 또는 국제재판관으로서 그 사건에 참여 혹은 조사원으로서 참여한 사실이 있는 경우(17Ⅱ)를 열거하고 있다. 재판관의 忌避가 행하여진 국제재판으로는 영국·이란석유회사사건이 있다.

기 한(期限) [1] 〔羅〕 dies 〔獨〕 Termin, Zeitbestimmung 〔佛〕 terme 민법상 법률행위의 효력의 발생·소멸 또는 채무의 이행을 장래에 도래할 것이 확실한 사실의 발생에 따르게 하는 附款. 도래가 확실한 점이 조건과 다르다. 채무의 이행과 법률행위의 효력의 발생에 관한 것이 시기, 효력의 소멸에 관한 것이 終期이다. 또한 도래하는 시기가 확정되어 있느냐 어떠냐에 따라 確定期限과 不確定期限으로 나눈다. 법률행위에 期限을 붙이는 것은 원칙으로 당사자의 자유이지만, 혼인·입양과 같이 불확정한 법률상태가 발생하는 것을 허용하지 않고 효과가 곧 발생함을 필요로 하는 행위에 관하여는 기한은 붙일 수 없다. 遡及效가 있는 행위에 관하여도 기한(시기)을 붙이는 것은 무의미하다(예: 상계(民 493Ⅰ)). 어음·수표의 기한에 관하여는 만기를 보라.

[2] 〔獨〕 Befristung 행정법상 行政行爲의 附款의 하나. 기한의 관념이나 효과는 사법상의 법률행위에 있어서와 다름이 없다.→부관

기한부권리(期限附權利) 기한이 도래하기 전에 있어서 당사자의 일방이 가지는 기한이 도래하면 일정한 이익을 받을 것이다라고 하는 期待權. 시기의 到來로 인하여 권리를 취득하는 자 및 終期의 도래로 인하여 권리를 회복하는 자의 지위 등이 이것이다. 채무의 이행이 기한부인 때에는 이것은 변제기 전의 채권의 효력이 문제이므로 기한부권리로 고찰할 필요는 없다고 본다. 민법은 이것을 條件附權利와 동일하게 취급하고 있다(154). →조건부권리

기한부법률행위(期限附法律行爲) 기한을 붙인 법률행위. 일정한 법률행위에 대하여는 기한을 붙일 수 없다(→기한). 채무의 이행에 붙여진 시기가 도래하면 이행을 청구할 수 있게 되고, 법률행위의 효력의 발생에 붙여진 시기가 도래하면 효력이 발생하며(民 152Ⅰ), 終期가 도래하면 효력이 소멸한다(152Ⅱ)(期限到來後의 效力). 기한도래전에 있어서는 기한의 도래로 일정한 이익을 받을 당사자의 지위는 기한부권리로서 이에 관하여는 條件附權利의 侵害禁止(148)와 그 處分 등(149)에 관한 규정을 준용한다(154)(기한도래전의 효력).

기한부유언(期限附遺言) 기한이 붙은 유언. 유언은 그 내용이 신분에 관한 행위와 같이 성질상 기한부로 할 수 없는 경우를 제외하고 기한부로 하는 것이 허용된다. 始期附遺言에 있어서는 시기가 도래함으로써 유언의 이행을 청구할 수 있고, 부가된 시기가 유언자의 사망 전에 이미 도래하였을 경우에는 유언자의 사망시로부터 유언의 효력은 발생한다. 終期附遺言에 있어서는 종기가 도래함으로써 효력을 상실하고 부가된 종기가 유언자의 사망전에 이미 도래하였을 경우에는 유언의 효력은 발생하지 않는다.

기한(期限)**의 이익**(利益) 법률행위에 기한이 붙어 있는 것, 즉 始期 또는 終期가 도래하지 아니함으로써 당사자가 받는 이익. 당사자의 어느 편이 기한의 이익을 가지느냐는 경우에 따라 다르다. 즉, ① 채권자만이 이를 가지는 경우(예: 無償任置), ② 채권자·채무자 쌍방이 모두 가지는 경우(예: 利子있는 消費貸借), ③ 채무자만이 가지는 경우. 이 경우가 가장 많으므로 민법은 기한의 이익은 채무자를 위하여 존재하는 것으로 추정하고 있다(民 153Ⅰ). 기한의 이익은 포기할 수 있으나, 利子附의 借金을 기한전에 변제하는 것과 같은 경우에는 貸主의 손해를 배상하여야 한다(153Ⅱ). 채무자의 파산, 담보의 손상·감소·멸실, 담보제공의무의 불이행 등 그 신용을 잃게 하는 사실이 있은 때에는 채무자는 기한의 이익을 잃는다(388, 破 16).

기한(期限)**의 허여**(許與) 채무의 履行期에 관하여 猶豫를 주는 것. 기한을 허여할 수 있는 것은 원칙적으로 채권자이지만(民 442Ⅱ), 일정한 경우에는 법원도 할 수 있다(203Ⅲ, 325Ⅱ但, 594Ⅱ但). 기한이 허여된 경우에는 同時履行의 抗辯權을 상실한다.

기한후배서(期限後背書) 〔獨〕 Nachindossament 支給拒絶證書의 작성자(수표에 있어서는 지급거절증서 또는 이와 동일한 효력이 있는 선

언의 작성후) 또는 그 作成期間(수표에 있어서는 제시기간) 경과후에 한 배서. 後背書라고도 한다(어음 20Ⅰ·77Ⅰi, 手票 24Ⅰ). 기한후배서인가 아닌가는 우선 어음·수표의 배서일자의 기재에 의하여 정하고 反證이 있으면 사실상 배서한 일자를 기준으로 하여 결정하여야 하는데 일자의 기재가 없는 배서는 支給拒絶證書의 작성기간의 경과전에 한 것으로 추정된다(어음 20Ⅱ, 手票 24Ⅱ). 기한후배서도 배서이므로 배서의 효력인 權利移轉的 效力이 있고, 資格授與的 效力이 있다. 그러나 기한후배서에는 보통배서와 같은 유통보호의 필요성이 없으니 기한후배서에 인정되는 권리이전적 효력은 일반지명채권양도의 효력에 지나지 않으므로(어음 20Ⅰ 但, 77Ⅰi, 手票 24Ⅰ) 기한후배서의 경우에는 피배서인은 배서인이 가졌던 권리만을 승계하게 되고 기한후배서의 배서인에게 대항할 수 있는 抗辯은 당연히 피배서인에 대하여도 대항할 수 있게 된다. 따라서 이 배서에는 抗辯의 切斷(어음 17·77Ⅰi, 手票 22)이 인정되지 않음은 물론 擔保的 效力도 없으며 또 善意取得도 인정되지 않는다(단 선의취득을 인정하는 학설도 있다).

기항항(寄航港) 한 항해에 있어서의 도중의 항구. 선박의 압류·가압류는 기항항에서는 원칙적으로 허용되지 않는다(商 744). 기항항의 규정이 있을 때에는 해상보험증권에 기재함을 요한다(695Ⅰ).

기 행(企行) 〔獨〕Unternehmen 일정한 범죄결과를 야기할 만한 행위를 행하는 것. 나치 독일의 意思刑法은 주관적인 의사에 중점을 두어, 종래의 旣遂·未遂란 개념을 이 기행이란 개념으로 대치하려고 했다.

기호투표(記號投票) 투표용지에 후보자의 이름을 인쇄하고 선거인은 그 투표하려는 후보자의 이름에 기호(○ 또는 × 등)를 하는 투표방법. 널리 여러 나라에서 쓰이고 있다.

기회균등주의(機會均等主義) 〔英〕principle of equal opportunity or open door policy 門戶開放主義라고도 한다. 국적에 기인한 차별을 배척하며 일체의 국민이 균등한 기회와 이익을 향유할 것을 주장하는 外交政策上의 주의이다. 어떤 국가의 항구 또는 도시를 외국인의 경제적 활동을 위하여 개방하는 경우에는 이러한 활동에 대하여 제외국에 균등의 기회를 제공하여 평등한 대우를 하여야 한다. 이 주의는 중국·아프리카 등에 관한 國際條約에서 채택되었으며 중국에 관한 것으로서는 1922년에 체결된 중국에 관한 9國條約이 있다. →구국조약

기회범(機會犯) 〔獨〕Gelegenheitsverbrechen 우발범과 같다.

기회범죄인(機會犯罪人) 〔獨〕Gelegenheitsverbrecher 외부적 사정이 동기로 되어 범죄를 범하는 자. 사려의 부족과 유혹에 약한 것 등의 성격특징을 표시하는 경우도 있지만, 단지 기회에 의한 일시적인 경우가 많다. 적극적으로 外界에 대해서 행동하는 積極的 機會犯罪人과 무저항으로 범죄를 범하는 消極的 機會犯罪人으로 나누인다. 전자는 激情犯罪人·確信犯罪人·犯罪少年·飮酒家 등에, 후자는 僞證·영아살해·낙태·과실범을 범하는 자에 많다. 아샤 펜부르크의 범죄인류학의 한 유형.

기훼제서율(棄毁制書律) 한글 使用禁止彈壓法(1504년 公布). 諺文投書事件(왕의 포악 무고한 죄과를 열거한 사건) 연루자를 체포하기 위하여 제정한 것. 制書棄毁律과 制書違反律로 나누며 사대부 집에 있던 언문·구결서적을 압수하여 모조리 소각하였다.

긴급관세(緊急關稅) 외국에서의 價格의 低落 기타 예상하지 못하였던 사정의 변화에 의하여 특정의 화물이 일시에 대량으로 수입되어 이와 동종의 물품이나 용도가 직접 경합되는 물품을 생산하는 국내산업이 타격을 받는 경우 국내산업을 보호하기 위하여 필요한 범위안에서 관세를 추가하여 부가하는 것을 말한다. 긴급관세의 대상물품·세율·적용기간과 수량 등에 관하여는 총리령에 정한다.

긴급구속(緊急拘束) [1] 구속은 원칙적으로 법관의 영장이 있어야 하게 되어 있으나(憲 12Ⅲ 本, 刑訴 201Ⅰ), 피의자가 사형·무기 또는 장기 3년 이상의 징역이나 금고에 해당하는 죄를 범하였다고 의심할 만한 상당한 이유가 있고, 證據湮滅 또는 도망의 염려가 있는 경우에 긴급을 요하여 지방법원판사의 구속영장을 받을 수 없는 때에는 검사 또는 사법경찰관은 그 사유를 고하고 영장없이 피의자를 구속할 수 있다(憲 12Ⅲ 但, 刑訴 206(1995년 삭제)). 이것을 긴급구속이라 하였다. 개정 형사소송법에 의해 폐지되었다. →긴급체포

[2] 군사법원법상 검찰관 또는 군사법경찰관은 피의자가 사형·무기 또는 장기 3년 이상의 징역이나 금고에 해당하는 죄를 범하였다고 의심할 만한 상당한 이유가 있고 피의자가 증거를 인멸할 염려가 있거나, 도망 또는 도망할 염려가 있어 긴급을 요하여 검찰관의 拘束令狀을 받을 수 없는 때에는 그 사유를 고하고 영장없이 피의자를 구속할 수 있다. 군사법경찰관이 위의 사유에 의하여 피의자를 구속하는 경우에는 미리 검찰관의 지휘를 받아야 하나, 특

히 급속을 요하여 미리 지휘를 받을 수 없는 사유가 있을 때에는 사후에 즉시 승인을 받아야 한다. 中隊·艦艇 또는 이에 준하는 부대의 長 이상의 지휘관도 위의 경우 緊急拘束權限을 가진다. 이 경우 구속을 한 자는 피의자를 구속한 때로부터 24시간 내에 관할검찰관 또는 군사법경찰관에게 인도하여야 한다. 다만, 미리 증거를 보존하지 아니하면 그 증거를 사용하기 곤란한 긴급한 사정이 있는 때에는 이 법에 의한 군사법경찰관의 압수·수색 및 검증에 관한 권한을 행사할 수 있다. 함정의 경우에 이의 기간은 항구에 도착한 때로부터 起算한다(軍法法 243). 검찰관 또는 군사법경찰관이 243조의 규정에 의하여 피의자를 구속하거나 인도를 받은 경우에 구속을 계속할 필요가 있다고 인정하는 때에는 관할관 있는 시·군에서는 구속한 때로부터 48시간 이내에, 기타의 시·군에서는 72시간 이내에 拘束令狀을 발부받아야 한다. 구속영장을 발부받지 못한 경우에는 피의자를 즉시 석방하여야 한다. 이 때 석방된 자는 구속영장 없이는 동일한 犯罪事實에 관하여 다시 구속하지 못한다(244).

긴급구조(緊急救助) 재난이 발생할 우려가 현저하거나 재난이 발생한 때에 국민의 생명과 신체를 보호하기 위하여 필요한 인력과 시설·장비를 갖춘 기관 또는 단체가 신속히 수행하여야 할 人命救助·응급조치 기타 필요한 모든 긴급한 조치를 말한다(災難管理法 2 iv).

긴급권(緊急權) →국가긴급권

긴급방위(緊急防衛) 정당방위와 같은 뜻. 독일에서는 緊急防衛(Notwehr), 프랑스에서는 正當防衛(légitime défense)라고 부른다.

긴급사건(緊急事件) 구형사소송법(123)에서 인정되고 있던 개념. 현행범인이 그 장소에 없을 때, 現行犯의 취조에 의하여 그 사건의 공범을 발견했을 때, 旣決의 죄수 또는 형사소송법에 의하여 구금된 자가 도망갔을 때, 시체의 검증에 의하여 범인을 발견했을 때, 피의자가 상습적으로 강도 또는 절도의 죄를 범했을 때 등의 경우에 긴급을 요하는 관계로 검사가 직접 구속영장을 발부할 수 있었다. 현행법은 영장주의를 전용함에 따라 긴급체포를 할 수 있는데 불과하다. →긴급체포

긴급사무관리(緊急事務管理) 〔獨〕 Geschäftsführung (ohne Auftrag) im Notfalle 관리자가 타인의 생명·신체·명예 또는 재산에 대한 긴박한 위해를 면하기 위하여 하는 사무관리. 사무관리자는 일반적으로 선량한 관리자의 주의로써 관리할 의무가 있지만, 이 경우에는 관리자의 注意義務가 경감되어 고의나 중대한 과실이 없으면 이로 인한 손해를 배상할 책임이 없다(民 735).

긴급수급조정조치(緊急需給調整措置) 物價安定에 관한 法律에 의하여 물가의 급격한 앙등과 물품의 공급부족으로 국민생활의 안정 및 국민경제의 원활한 운영이 현저히 저해될 우려가 있을 때 정부가 당해 물품의 사업자나, 수출입 또는 운송이나 보관을 업으로 하는 자에 대하여 5월 이내 기간을 정하여 하는 조치. 그 내용은 ① 生産計劃의 수립·실시 및 변경에 관한 지시, ② 공급 및 출고에 관한 지시, ③ 수출입의 조절에 관한 지시, ④ 운송·보관 또는 양도에 관한 지시, ⑤ 유통조직의 정비, 유통단계의 단순화 및 유통시설의 개선에 관한 지시를 하는 것을 말한다(物價安定에 관한 法律 6 I). 이 조치는 국무회의의 심의를 거쳐 대통령의 승인을 얻어 행하고, 그 조치사유가 없어진 때에는 지체없이 위의 절차를 밟아 이를 解除한다(6 Ⅱ·Ⅲ). 이 조치에 위반한 자는 2년 이하의 징역 또는 5천만원 이하의 벌금에 처하여진다(25 I).

긴급이민권(緊急移民權) 19세기 말에 이르러 이른바 자유의 지역의 소멸과 함께 이민에 관한 立法運動이 일어났다. 이는 가속적으로 팽창하는 인구에 대하여 무제한의 수용은 다른 일반국민으로 하여금 생활의 궁핍과 궁극적으로 국가경제와 사회질서의 문란을 초래한다. 그러므로 국가는 移民에 대하여 필요한 정도에 제한을 가하고 있다. 미국의 입법례를 보면 1875년 연방에 의한 제한입법과 1924년의 制限立法은 1890년 당시의 당해국 출신이민국의 2% 이내가 매년 입국이 허용되고 있다. 1952년 발효한 미카란법은 이민의 엄중한 思想審查를 규정하고 있다.

긴급사태(緊急事態) 人權의 보장과 民主的 統治機構를 원칙으로 하는 입헌주의하에서 전쟁·내란·천재지변 등으로 인하여 통상의 방법으로는 국가 및 헌법의 유지를 도모할 수 없는 경우 國家權力의 행사에 관하여 行政權으로의 권력집중, 基本的 人權의 효력의 일시정지 등의 예외적 조치가 인정되는 상태. 非常事態라고 한다. 예외조치이므로 헌법상 명문의 규정을 두는 것이 보통이다.

긴급재정·경제명령(緊急財政·經濟命令) 국회의 집회를 기다릴 여유가 없을 때에 한하여 대통령이 緊急財政·經濟處分의 실효성을 뒷받침하기 위한 緊急立法措置로서 발하는 법률의 효력을 가진 명령을 말한다(憲 76 I·Ⅱ). 이와 같은 대통령의 긴급재정·경제명령은 긴급재정·경제처분의 실효성

을 뒷받침하기 위하여 필요한 경우에 명령으로써 국민의 경제적 생활에 관련된 자유와 권리를 제한하는 등 立法事項을 규정할 수 있고, 또 국회의 의결사항 내지 승인사항인 財政行爲에 법률적 효력을 부여할 수 있다. 그러므로 긴급재정·경제명령은 國會立法의 原則과 財政議會主義에 대한 중대한 예외를 의미하는 것이다. 따라서 긴급재정·경제명령은 국회의 집회를 기다릴 여유가 없는 경우에 한하여 예외적으로 인정되는 國家緊急權의 일종이다. 이 때 대통령은 지체없이 국회에 보고하여 그 承認을 얻어야 하며, 승인을 얻지 못한 때에는 그 명령은 그 때부터 효력을 상실한다. 이 경우 그 명령에 의하여 개정 또는 폐지되었던 법률은 그 명령의 승인을 얻지 못한 때부터 당연히 효력을 회복하며, 이 경우 대통령은 그 사유를 지체없이 공포하여야 한다(憲 76 Ⅲ·Ⅳ·Ⅴ).

긴급재정·경제처분(緊急財政·經濟處分) 통상적인 재정처분이나 경제처분만으로써는 대처할 수 없는 내우·외환·천재·지변 또는 중대한 재정·경제상의 위기가 발생한 경우에 대통령이 국가의 안전보장이나 공공의 안녕질서를 유지하기 위하여 발동하는 예외적인 緊急處分措置를 말한다(憲 76Ⅰ). 그러나 긴급재정·경제처분도 국회의 집회를 기다릴 여유의 유무를 그 요건으로 하느냐 않느냐에 따라 좁은 의미의 긴급재정·경제처분과, 넓은 의미의 긴급재정·경제처분이라면, 후자는 非常財政·經濟處分이라 할 수 있다. 현행 헌법이 규정하고 있는 처분은 국회의 집회를 기다릴 여유가 없을 때에 한하여 할 수 있는 처분이므로, 본래의 의미의 긴급재정·경제처분에 해당하는 것이다. 이때 대통령은 지체없이 국회에 보고하여 그 승인을 얻어야 하며, 승인을 얻지 못한 때에는 그 처분은 그 때부터 효력을 상실한다. 이 경우 대통령은 그 사유를 지체없이 공포하여야 한다(憲 76 Ⅲ·Ⅳ·Ⅴ).

긴급정지명령(緊急停止命令) 〔英〕injunction 법원이 긴급한 필요가 있다고 인정하는 경우에 일정한 행위의 정지를 명하는 명령. 예컨대 증권거래법 위반의 혐의가 있을 때에는 證券去來所의 신청에 의하여 법원은 이 명령을 내릴 수 있다.

긴급조정(緊急調整) 사건이 공익사업에 관한 것이거나, 또는 대규모 혹은 특별한 성질의 사업에 관한 것이기 때문에, 爭議行爲로 인하여 그 업무가 정지되면, 국민경제의 運行이 현저하게 저해되거나, 국민의 일상생활이 크게 위태롭게 될 염려가 있는 사건에 대해서 그 위험이 현존하는 경우에, 中央勞動委員會가 행하는 노동관계의 조정. 위에서와 같은 사정이 있는 경우에는 노동부장관은 中央勞動委員會의 의견을 들은 다음 긴급조정의 결정을 할 수 있다(勞整 76). 긴급조정은 중앙노동위원회에서 행한다. 조정이 성립될 가망이 없다고 인정된 경우에는, 仲裁에 회부할 여부를 결정하여야 하고 이것이 결정된 때에는 지체없이 중재를 행하여야 한다(78~80). 긴급조정의 결정이 공포된 후 30일간은 爭議行爲를 할 수 없다(77).

긴급조치(緊急措置) 제7차 개정헌법하에서 인정된 천재·지변 또는 중대한 재정경제상의 위기에 처하거나 국가의 안전보장 또는 공공의 안녕질서가 중대한 위협을 받거나 받을 우려가 있어 신속한 조치를 할 필요가 있다고 판단되는 경우에 대통령이 內政·外交·國防·經濟·財政·司法 등 국정전반에 걸쳐서 하는 특별한 措置(舊憲 53). 대통령은 이 긴급조치에 의하여 국민의 자유와 권리를 잠정적으로 정지할 수 있고 정부나 법원의 권한에 관하여 특별한 조치를 할 수 있다. 대통령이 긴급조치권을 행사한 경우에는 지체없이 국회에 通告하여야 하며 국회는 이의 解除建議權을 가진다. 제8차 개정헌법 51조는 非常措置로 대체.

긴급체포(緊急逮捕) 檢事 또는 司法警察官은 피의자가 사형·무기 또는 장기 3년 이상의 징역이나 禁錮에 해당하는 죄를 범하였다고 의심할 만한 상당한 이유가 있고 피고인이 증거를 인멸할 염려가 있는 때, 피고인이 도망하거나 도망할 염려가 있는 때에는 긴급을 요하여 지방법원판사의 拘束令狀을 받을 수 없는 때에는 그 사유를 알리고 영장없이 피의자를 체포할 수 있다. 이 경우 긴급을 요한다 함은 피의자를 우연히 발견한 경우 등과 같이 체포영장을 받을 시간적 여유가 없는 때를 말한다. 피의자를 체포한 경우 즉시 檢事의 承認을 얻어야 하고 검사 또는 사법경찰관은 즉시 긴급체포서를 작성하고 犯罪事實의 要旨 및 理由 등을 기재하여야 한다(刑訴 200의3). 이와 같이 해서 피의자를 구속한 경우 검사는 48시간 이내에 관할 지방법원 판사에게 구속영장을 청구하여야 하며 이때 긴급체포서를 첨부하여야 하며 구속영장을 청구받지 못하거나 발부받지 못한 때에는 피의자를 즉시 석방해야 하고 석방된 자는 영장없이는 동일한 犯罪事實로 체포하지 못한다(200의4).

긴급피난(緊急避難) 〔英〕necessity 〔獨〕Notstand 〔佛〕état de nécessité [1] 형법상 자기 또는 타인의 法益에 대한 현재의 위난을 피하기 위한, 상당한 이유가 있는 행위를 말한다(22Ⅰ). 위난을 일으킨 원인은 자연현상이든 사람의 행위이든 불문이다. 상당한 이유가 있기 위하여는, 그 피난행위 이외에 달리 방법이 없을 것(補充의 原則) 및 그 행위로부터 발생한 害가 피하려는 害의 정도를 초과하지 않을 것(法益權衡의 原則)을 요한다. 그리고 위난을 피하지 못할 책임이 있는 자(예 : 소방관 · 경찰관)에게 대하여는 긴급피난이 허용되지 않는다(22 Ⅱ). 긴급피난의 성질에 관하여는 ① 違法性阻却事由라고 보는 설, ② 責任阻却事由라고 보는 설, ③ 피하려는 해가 희생시킨 해보다 큰 경우에는 위법성이 조각되고 두 法益이 동등한 경우에는 위법하지만 責任이 阻却된다는 설 또는 생명 대 생명 내지 신체 대 신체의 경우에 한하여 책임이 조각되고 기타의 경우는 위법성이 조각된다는 설(二分說) 등이 있는데, 제일설이 통설이다.

[2] 민법상 급박한 위난을 피하기 위하여 부득이 타인에게 손해를 가한 행위를 말한다(761 Ⅱ). 예컨대 갑의 개가 물어 뜯으려고 덤벼 든 때에, 부득이 그 개를 撲殺한다든가 또는 제3자의 정원을 짓밟은 경우 등이다. 正當防衛나 自力救濟와 같이 불법행위의 위법성조각사유의 하나로서 정당방위의 규정이 준용된다. 이 민법상의 긴급피난의 요건도 형법상의 그것과 별로 다른 바가 없다.

긴급현안질문제(緊急懸案質問制) 국회법은 국회의 회기중 對政府質問時에 제기되지 아니한 사안으로서 긴급히 발생한 중요문제 또는 사건에 대하여 의원 20인 이상의 찬성으로 대정부질문을 요청할 수 있도록 하는 긴급현안질문제를 도입함으로써 국회가 국민의 의사를 적시에 수렴 · 반영할 수 있도록 하였다(國會法 122의3).

길 드 〔英〕 gild(guild) 〔獨〕 Gilde 〔佛〕 gilde 11세기 후반 서구도시에 있어서 주로 豪商이 당해 도시에 있어서의 상거래의 독점을 목적으로 하여 자주적으로 조직한 盟約團體인 商人길드(〔英〕 gild merchant 〔獨〕 Kaufmannsgilde)는 도시가 都市領主의 지배를 벗어나서 자치시로 발전하는데 중요한 정치적 역할을 하였고, 그 후 市參事會 내부에서 세력을 떨쳤으나, 한편 12세기 후반 이후, 수공업자나 중소상인이 상인길드를 모방하여 조직한 직종별의 同業길드(〔英〕 craft gild 〔獨〕 Zunft)가 자급자족을 취지로 하는 都市經濟의 사실상의 담당자로서 세력을 얻어, 13 · 14세기에는 어느 정도의 自治權을 획득함과 아울러 豪商을 중심으로 하는 도시귀족에 대항하여 시참사회의 조직을 개혁시키고 동업길드의 구성원은 參政權을 얻게 되었다. 보통 길드라 하면 이 동업길드를 말한다. 同業길드는 법인격없는 사단 또는 법인이며 그 장 · 위원회 · 구성원 전체의 集會를 기관으로 한다. 그리고 이것은 시참사회로부터 營業販賣의 獨占權(Zunftzwang)을 인정받았으며, 시참사회의 감독하에 營業警察權, 성원에 대한 課稅權, 내부사건의 裁判權을 행사하였다. 14세기 이후 동업길드는 차츰 변질하여, 그 후 자본주의적 경영이 발달함에 따라 기득의 특권에 의존하여 겨우 그 명맥을 이어갈 뿐인 존재로 되고, 18세기말 내지 19세기에는 영업자유의 원칙을 내건 여러 나라의 立法은 길드의 특권의 전부를 폐지하기에 이르렀다.

길로띤 기요띤과 같다.

까라깔라의 칙법(勅法) 〔羅〕 Constitutio Antoniniana 로마의 까라깔라(Caracalla)帝가 212년에 공포한 칙법. 로마市民權을 원칙적으로 로마영토내의 전자유인에 대하여 부여하였다. 따라서 이탈리아지방 이외의 주민(종래 外人이라 불리운 자)도 유스끼빌레에 기한 法生活이 가능하게 되었으며, 로마 전국민에 대하여 법앞의 평등이 실현되었다. 이에 따라 시민법과 만민법과의 대립은 그 의의를 상실하고 양자는 융합되어, 로마법은 형식상도 또한 일체로서 자유로운 비형식주의적인 世界法으로 되었다.

까보따쥬 〔佛〕 cabotage → 연안무역

까삐뚤라리아 〔羅〕 capitularia, capitula 〔獨〕 Kapitularien 〔佛〕 capitulaires 카롤링거朝 프랑크왕국의 勅令. 規定이 章(capitulum)으로 나누어져 있었으므로 이 이름(章令)이 생겼다. 내용상 敎會勅令 · 俗事勅令 · 混合勅令(capitularia ecclesiastica, mundana, mixta)으로 나뉘며, 속사칙령에는 部族法典附加勅令 · 獨立勅令 · 巡察使勅令이 있었다. 까삐뚤라리아는 게르만부족법과 달라 개혁적 입법이 많으며, 또 프랑크왕국 전토에 통용되는 屬地的 效力을 가지는 것도 있었다. 이러한 칙령입법은 프랑크시대의 왕법의 주요한 법원으로서 동시대에 있어서의 법의 발전 및 통일과 법의 프랑크법화 · 로마법화에 공헌하였다.

까삐띠스 데미누치오 〔羅〕 capitis deminutio 로마법상 人格(caput), 즉 사람이 가지고 있는 법상의 신분, 詳言하면 자유의 신분, 시민의 신분, 가족의 신분의 셋에 관하여 발생하는 변동. 자유의 신분의 상실을 人格大消滅(c. d. maxima), 시민의 신분의 상실을 人格中消滅(c. d. media)이라 하고 종래에 소속하고 있었던 家로부터의 이탈(入養, 家長權免除 등)을 人格小消滅(c. d. minima)이라 한다.

까우사 〔羅〕 causa 法律行爲의 원인. 물

건의 給付라는 행위가 채권을 원인으로 하여 그 履行으로서 행하여지는 것과 같이 법률행위가 다른 어떤 원인이 있는 경우에 그 원인의 존재·부존재가 그것으로 인한 법률행위에 어떠한 영향을 미치느냐가 문제로 된다. 이 경우의 원인을 특히 까우사라고 부른다. → 유인행위·무인행위

깔보조항(條項) 〔英〕 Calvo clause 어떤 나라와 외국인간의 계약상의 金錢債務(公債 기타)에 관하여 거기에서 생기는 분쟁을 그 국가의 법원에 의하여 해결하는 것으로 하고, 國際的 請求(外交的 保護)의 대상으로 하지 않음을 약정한 조항. 19세기 중엽에 라틴 아메리카제국이 이러한 채무의 지불을 정지한 때, 채권자의 본국인 유럽제국이 지불을 강요하고, 그 때문에 병력을 사용한 일도 있다. 이러한 강요를 예방하기 위하여, 라틴 아메리카제국은 외국인과의 계약 중에 상기와 같은 조항을 삽입하였다. 이 조항은 아르헨티나의 國際法學者 깔보(Carlos Calvo)가 제창하였으므로, 깔보조항이라고 하게 되었다. 단, 자국민에 대한 국가의 외교적 보호권은 개인의 권리가 아니라는 의미에서 外交的 保護權의 포기를 약정한 깔보조항은 무효라고 보는 것이 일반적 견해이다.

껜소르 〔羅〕 censor 戶口總監. 기원전 5세기중엽 이후의 로마에 있어서 5년마다 1년반의 임기로 民會(꼬미띠아)에 의하여 선출된 非常置의 政務官(마기스뜨라뚜스)으로서, 징병·징세의 기초가 되는 호구조사를 행하고, 국민을 그 재산액에 응하여 계급으로 구분하고, 徵稅 내지 國有營造物修築工事의 受給人을 결정하고, 국민의 풍속을 감독하여 필요한 행정처분을 행하였으며, 후에는 元老院(세나뚜스) 의원의 선임도 행하여 큰 권위를 가졌었으나, 帝政時代에 이르러 이 직은 중요성을 잃고, 1세기말에 쇠멸하였다.

꼬그나치오 〔羅〕 cognatio 血族關係. 로마법상 모든 血緣者 및 宗族(agnatus)이면서 혈연자가 아닌 자(他家에서 온 양자·처)를 포함하며, 이 관계에 있는 자를 血族(cognatus)이라고 한다. 따라서 양자는 동일한 家長權에 복종하는 종족이며 동시에 혈족이다. 혈족관계는 고대에는 너무 가까운 혈족간의 혼인이 관습적으로 금지된다는 정도의 의미를 가지는데 지나지 않았으나, 나중에 法務官(쁘라에또르)의 개혁 이래 중요성을 띠게 되어 법률상 차츰 宗族主義를 물리치고, 相續·後見·嫁資(dos) 設定의 義務·扶養義務·服喪義務·尊敬義務·親族會의 구성 등의 기초를 이루게 되었다. 이와 같은 변천은 古來의 파밀리아제가 무너진 일면이다.

꼬덱스 〔羅〕 Codex 勅令彙纂. → 로마법대전

꼬르뿌스 〔羅〕 corpus ① 人體, ② 有體物(res corporalis), ③ 體素, ④ 總體.

꼬르뿌스 유리스 까노니치 〔羅〕 Corpus Iuris Canonici → 교회법대전

꼬르뿌스 유리스 끼뷜리스 〔羅〕 Corpus Iuris Civilis 로마법대전

꼬미따스 겐띠움 〔羅〕 comitas gentium 國際禮讓의 라틴어.

꼬미띠아 〔羅〕 comitia 로마의 民會. 共和政期에 발달하였으나, 帝政期에 들어와서는 실제상 의의를 상실하였으며, 3세기에는 형식적으로도 소멸하였다. ① 꾸리아民會(comitia curiata). 왕정시대부터 존재한 로마최고의 민회이며, 꾸리아라는 단체를 구성단위로 한다. 政務官(마기스뜨라뚜스)의 임명을 認證하고, 시민, 즉 로마국구성원의 신분변동에 관한 사항에 대하여 의결하였으나, 후에는 주로 껜뚜리아민회에 의하여 그의 권능을 빼앗기게 되었다. ② 껜뚜리아民會(comitia centuriata). 기원전 450년 이후에 창설된 것이며, 껜뚜리아라는 단체를 기초로 하며, 金權的인 구성을 가지고 있다. 法律(렉스)의 議決(로마의 민회는 提議·修正權이 없었다), 특정의 상급정무관의 選出, 宣戰·强化, 死刑의 科刑 등을 행하였다. 3세기에 그의 조직에 관하여 다소의 개혁이 행하여졌으나, 富者의 우위는 최후까지 흔들리지 않았다. ③ 뜨리부스民會(comitia tributa). 뜨리부스라는 지역단위로 집회하였다. ㉠ 뜨리부스平民會(concilia (comitia) plebis tributa)는 기원전 287년에 평민회 의결이 법률과 동일한 효력을 가지게 되면서부터 꼬미띠아라고 불리우게 된 것으로서, 護民官에 의하여 통할되며, 평민에 관한 법률의 의결, 평민선출정무관의 선임, 輕罪의 재판을 행하였다. ㉡ 뜨리부스國民會(comitia populi tributa)는 뜨리부스평민회를 모방하여 만들어진(年代不詳) 것으로, 귀족을 포함하고, 執行官(꼰술) 내지 法務官(쁘라에또르)에 의하여 소집되며, 법률의 의결, 특정의 下級政務官의 선출, 輕罪의 재판을 행하였다.

꼬임뻬리움 〔羅〕 coimperium 꼰도미니움과 같다.

꼰도미니움 〔羅〕 condominium 일정한 영역이 2개 이상의 국가에 의하여 공동으로 領有(dominium)되든가 공동으로 統治(imperium)되는

것. 영토주권 유일의 원칙에서 보면 領域權의 制限形式이라 할 수 있다. 그 예로는 1864~6까지 독일과 오스트리아에 의하여 공동통치된 슐레스뷔히·홀슈타인(Schleswig-Holstein) 및 라우엔부르크(Lauenburg), 1899년 이래 이집트와 영국에 의한 수단(Sudan), 영국과 프랑스에 의한 태평양의 헤브리즈島(Hebrides), 1919년까지 벨기에와 독일이 공동관리한 모레네(Moresnet) 등이 있다. 동영역에 대한 지배는 당사국간의 조약에 따라 설립된 공동관계에 의하는 경우와 支配範圍를 획정하는 경우 및 일방당사국에 위임하는 경우가 있다. 꼬임뻬리움이라고도 한다. → 국가영역, 영토주권

꼰뜨라 다데숀 〔佛〕 contrat dádhésion 付合契約. 付從契約이라고도 한다. 일반 수요고객이 독점적 기업이 일반적으로 정한 일반 契約條款을 그대로 받아 들여서 계약의 내용으로 하는 수밖에 없는 때의 계약을 말한다.

꼰뜨락뚜스 〔羅〕 contractus 계약. 로마법상, 법원에서 계약의 정확한 정의를 찾아볼 수 없으며 또 법학자도 계약에 관한 일반론을 전개하지 않았다. 꼰뜨락뚜스라는 용어는 처음에는 合法行爲에 기인하든 또는 不法行爲에 기인하든간에 법률관계설정의 사실을 가리키는 것이었다고 생각되는데, 그것이 당사자의 합의를 요소로 하여 성립하며 債權發生의 원인이 되는 행위를 의미하는 용어로 사용되기 시작한 것은 가이우스의 시대라고 추측된다. 가이우스 이래로 계약에서 발생하는 債務關係는 혹은 급부로 인하여 혹은 언어로 인하여 혹은 문서로 인하여 혹은 합의로 인하여 발생한다라고 하였는데, 이에 따라 계약을 要物契約(contractus re)·言語契約(contractus verbis)·文書契約(contractus litteris)·諾成契約(contractus consensu)으로 분류한다. 그 밖에 로마법상의 계약은 嚴正契約(contractus stricti iuris)과 誠意契約(contractus bonae fidei), 雙務契約과 片務契約, 要式契約과 不要式契約, 市民法(ius civile)상의 계약과 萬民法(ius gentium)상의 계약으로 분류된다.

꼰솔라또 델 마레 〔伊〕 Consolato del mare 〔西〕 Consolat del mar [1] 스페인의 바르셀로나(이탈리아의 삐자, 프랑스의 마르세이유라고 하는 설도 있다)에서 12~14세기에 걸쳐서 편찬된 海法典. 당시의 지중해상인간에 실행된 海商에 관한 관습을 기술·설명한 것으로서, 당시 그 지방 뿐만 아니라 이탈리아, 프랑스 등의 海事裁判所에서 일반적으로 적용되고 있었지만, 정부가 제정한 것은 아니라고 한다.

[2] 국제법상으로는 이 해상법전 중의 戰時海上私有財産의 포획에 관한 규칙이 특히 문제가 된다. 이에 의하면 敵船·敵貨가 포획몰수되며 中立船·中立貨는 여기에서 면제된다. 즉 적선 및 적선내의 적화가 포획몰수되고 적선내의 中立貨는 소유자에게 반환된다. 중립선 및 중립선 중의 중립화는 포획몰수할 수 없으나, 중립선 중의 적화는 포획몰수할 수 있다. 이와 같이 화물의 敵性은 소유자를 표준으로 하는 것이므로 이를 所有權主義(또는 꼰솔라또 델 마레주의)라고 부른다. 영국과 스페인이 14, 15세기에 이 주의를 채용하여 프랑스와 러시아의 自由船·自由貨主義와 대립하였고 17세기에 프랑스도 일시 이 주의를 채용한 바 있었으나 결국 1856년의 파리선언에서 중립선상의 적화도 적선상의 중립화도 戰時禁制品 이외에는 포획몰수하지 못한다는 것이 추정되었다. 꼰솔라또 델 마레는 원래 국가간의 조약이 아니며, 따라서 국제법이 아니었으나, 상인층이 점차 절대주의국가의 권력과 결합하는 과정에서 상인층의 行爲規範이 국제법으로서 형성되어 간 것은 주목을 요하는 현상이다. → 적성감염주의, 자유선박·자유화물, 파리선언

꼰 술 〔羅〕 consul 執政官. 로마공화정시대의 政務官(마기스뜨라뚜스) 중의 최고의 자. 정원 2명, 임기 1년이며, 元老院(세나뚜스)이 추천하는 원로원계급출신의 후보자 중에서 껜뚜리아民會(→ 꼬미띠아)에 의하여 선출되고, 최고의 임뻬리움을 보유하였다. 즉, 왕정시대의 왕이 가졌던 광범한 國家諸權力 중 宗敎大權 이외의 권력을 보유하는 國家最高官이었다. 다른 정무관직이 증설됨에 따라 그 권한은 실질상 제한되어 기원전 1세기 이후는 軍司令權을 잃고 元老院·民會를 소집하여 이에 제의를 하는 것을 주요임무로 하게 되었다. 제정시대에는 집정관은 황제에 의하여 임명되었는데 원로원과 민회가 세력을 잃었기 때문에 실질상 무의미한 것으로 되고, 옛날의 영예만은 간직하였다. 황제 자신이 이것을 겸한 예도 적지 않다. 로마의 年代는 그 해의 집정관의 이름으로 불리었다.

꼰스띠뚜치오 〔羅〕 constitutio(複 constitutiones) 勅法. 제정초기의 로마에서는 황제가 형식적으로 立法權을 취득한 일이 없었으며, 따라서 황제는 元老院議決(세나뚜스·꼰술뚬)의 형식으로 입법활동을 행하였는데 황제의 권력이 강화됨에 따라 원로원의 장으로서의 황제가 제안하는 宣示(oratio principis) 자체가 원로원에서 독립하여 法律(렉스)의 효력을 가지게 되었는데 그와 같은 황제의 宣示로서의 법률을 칙법이라고 한다. 그리고 그와 같은 칙법은 帝政 후기에 황제의 입법권이

무제한으로 강대한 것으로 된 결과, 원로원의결을 압도하고 유일의 法源이 되었다. 칙법에는 제정초기에는 ① 황제가 가지는 告示權에 기하여 발포한 告示(에딕뚬), ② 황제가 법관으로서 내린 裁決(decretum), ③ 황제가 행정상의 문제에 관하여 관리에게 내린 指令(mandatum), ④ 황제가 법률의 해결에 관하여 사인 또는 관리의 질문에 응하여 내린 解答(rescriptum)의 4형식이 있었는데, 제정후기에는 칙법의 형식이 통일되었다. 칙법을 집성한 것에 勅法彙纂(Codex)이 있다. → 로마법대전

꼼멘다 〔伊〕 commenda 중세 이탈리아에서 볼 수 있었던 금전·상품의 소유자인 資本家(commendans)와 항해·무역의 재능이 있는 事業家(commendatarius, tractotor)와의 사이에 체결된 항해마다의 利益分配契約. 이것이 차츰 육상의 거래에도 응용되어 자본가·사업가가 함께 공동사업의 주체로서 외부에 나타나는 accommandita라고 불리우는 형식을 낳았다. 그리고 이것이 合資會社의 기원이 되었다고 한다. 다른 한편 자본가는 외부에 나타나지 않고, 사업가만이 외부에 대하여 권리의무의 주체가 되는 participatio 또는 campagnia secreta라고 불리우는 형식이 있는데 이것이 匿名組合의 기원이라고 한다.

꼼빠니아 〔伊〕 compagnia 중세 이탈리아 등의 도시에 있어서의 共同相續人의 단체. 여러 명의 상속인이 家父의 遺業을 공동적으로 승계하는 경우에 성립하는 것이며, 각 상속인의 無限責任의 원칙이 행하여졌다. 후에 이르러 여러 명이 공동으로 신사업을 시작하는 경우에도 미쳤다. 合名會社의 기원으로 인정되고 있으나, 異論도 많다.

꽁뜨라 다데죵 〔佛〕 contrat d'adhésion 附合契約의 프랑스어.

꽁쁘로미 〔佛〕 compromis 특별합의서와 같다.

꽁세이유 데따 〔佛〕 Conseil d'État 프랑스에 있어서 정부의 諮問機關이며 또한 行政裁判所로서의 권한을 가지는 국가기관. 행정부와 재판부로 구성되어 있는데 행정재판계통의 최고재판소로서의 역할이 특히 중요하다. 革命曆 8년에 창설된 이래 약 150년간 프랑스行政裁判制度의 중심으로서 활동하여 왔다. 프랑스에서는 꽁세이유 데따의 판례를 중심으로 사법에 대하여 특수한 법체계를 구성하는 行政法의 발달이 촉진되었다.

꾸뛰미에 〔佛〕 coutumiers 慣例集·慣習法書. 즉, 중세프랑스의 꾸뜀(지방적 관습법)을 기록한 私撰의 書籍. 13세기 이래 많이 저작되었는데, 그 중에서 유명한 것으로는, Tres ancien coutumier de Normandie, Grand coutumier de Normandie(노르망디지방관습의 기록, 전자는 13세기 후반, 후자는 동세기후반에 성립), Conseil à un ami(Vermandois, Laon Saint-Quentin, Péronne)(지방관습의 기록으로, 13세기 중엽에 성립), Etablissements de Saint Louis(에따블리스망 드 상 루이), Coutumes de Beauvoisis (꾸뜀 드 보봐지) 등이 있다.

꾸 뜀 〔佛〕 coutumes 중세 프랑스의 지방적 관습법. 당시, 법은 지방적으로 구구하여 불통일을 극하였는데, 대체로 북부의 것은 게르만법계통, 남부의 것은 로마법계통의 것이었다(→ 성문법지대, 관습법지대). 13세기 이래 각지의 꾸뜀을 기록한 서적인 꾸뛰미에가 저작되었다. 그 후 왕권의 확립과 함께 上訴制度의 정비를 봄에 따라, 각지의 관습법을 정확히 알 필요가 생겼기 때문에 1453년 국왕 샤를르 7세는 慣習法官撰事業을 일으켰는데, 이 사업의 태반이 성취된 것은 16세기에 이르러서였다. 이 사업은 일면 관습법의 자연적 발전을 고정시키는 폐해를 가져오기도 하였지만, 다른 한편 이른바 普通慣習法(droit commun coutumier)의 성립을 촉진하고, 관습법에 다소 통일을 준 공이 있다.

꾸뜀 드 보봐지 〔佛〕 Coutumes de Beauvoisis 중세 프랑스의 꾸뛰미에의 하나로 그 대표적인 것. 보봐지지방관습법을 기록한 것이며, 1280년경에 성립. 저자는 당시의 유명한 慣習法學者 보마노아르(Philippe Beaumanoir)이다.

꾸리에 〔佛〕 courrier 신서사와 같다.

꿀 빠 〔羅〕 culpa 過失. 로마법상 과실은 契約法上의 개념으로서, 계약상의 의무를 이행함에 있어 자기의 행동의 결과를 예견하여야 할 것임에도 불구하고 그것을 예견하지 못한 채무자의 부주의이다. 과실에 대한 채무자의 책임은 계약의 종류에 따라 차이가 있었다. 즉, 계약의 종류에 따라 채무자의 책임을 묻기 위한 과실의 정도에 차이가 있었는데, 유니띠니아누스帝法에서는 그와 같은 歸責事由로서의 과실을 분류하여 重過失(culpa lata)과 輕過失(culpa levis)로 하고, 輕過失을 다시 抽象的 輕過失(culpa levis in abstracto)과 具體的 輕過失(culpa levis in concreto)로 나누었다. 중과실은 중대한 부주의, 즉 누구나 인식할 수 있는 결과를 인식하지 못한 과실이며 원칙적으로 고의와 동일시되었다. 그 밖의 과실이 輕過失인데, 추상적 경과실은

추상적으로 선량한 사람(bonus vir) 또는 주의깊은 家長(diligens paterfamilias)의 注意(diligentia)를 결하는 과실이다. 구체적 경과실은 구체적으로 채무자가 자기의 물건에 대하여 함을 통상으로 하는 주의(diligentia in suis rebus)를 결하는 과실이다.

끼뷔따스 〔羅〕 civitas [1] 로마법상은 ① 국가, 그 중에서도 로마국, ② 로마와 동맹관계에 있든가 또는 그 지배하에 있는 도시, ③ 로마市民權을 의미한다.

[2] 게르만법상은 게르만인의 소규모적인 國家的結合體(Völkerschaft)를 지칭한다. 이것을 끼뷔따스라고 부른 것은 로마의 史家 따끼뚜스(Tacitus, Cornelius 55년경~115년 이후)이다. 끼뷔따스는 게르만인의 정치생활의 기초적인 단위로, 王(rex) 내지 首長(princeps)에 의하여 통솔되고, 民會(Ding)를 최고의사결정기관으로 하며, 대내적으로는 가우(Gau) 내지 百人組(훈데르트샤프트)라고 하는 하부조직을 가지고 대외적으로는 때로 다른 끼뷔따스와 동맹하여 끼뷔따스聯合을 형성하였지만, 본질적으로는 지페를 기초로 하는 人的인 결합체이며 國家的 機能도 아직 지페의 손에 맡겨져 있는 부분이 적지 않다.

ㄴ

나라다 법전(法典) 〔羅〕 Nardas murti 약 5세기 경에 인도에서 성립된 것. 종교적·윤리적 부문을 포함하지 않고 오직 법전만으로 형성된 體系的 法典이라고 한다.

나시뚜루스 〔羅〕 nasciturus 앞으로 출생할 子. 婚姻繼承的 不動産處分(marriage settlement)의 경우에 사용되는 영미법상의 용어로서, 그 혼인에서 장래에 출생될 子를 가리킨다.

나용선(裸傭船) 船舶賃貸借를 말한다. 정기용선계약에 대하여 선박만의 임대차를 표시하기 위하여 실제상 쓰이는 말. 그 법률관계에 대하여는 선박임차인을 보라.

나치즘 〔英〕 Nazism 〔佛〕 Nazisme 히틀러(A.Hitler)가 통솔하였던 국가사회주의 독일 노동자당이 주장한 政治思想 및 行動方針. 그들은 지도자원리에 의한 계층질서를 구축하여 모든 근로계급에 폭력적 억압을 가하였다. 이것은 독일 金融獨占資本의 暴力的 獨裁로서 제2차세계대전의 결과 민주국가에 의하여 타도되었다. → 파시즘

나 토(NATO) 북대서양조약기구와 같다.

나 포(拿捕)〔船舶의〕 〔英〕 seizure 〔獨〕 Beschlagnahme 〔佛〕 saisie 교전국군함이 정당한 포획이유가 있을 때 적국이나 중립국의 선박을 해상에서 자기의 지배하에 두는 행위를 말한다. 그러나 특히 중립국의 상선은 특별한 이유가 있는 경우에만 나포가 가능하다. 나포는 停船·臨檢·搜索·拿捕·引致·捕獲審檢과 함께 계속되는 절차의 일부이다. 나포시에는 군함에서 선원을 파견하여 그 지휘하에 선박을 복종하게 하거나, 선박의 국기를 내리게 하고 군함에 隨行하게 한다. 또한 군함은 범죄의 혐의가 있는 私用船舶을 검문하거나 방문수색한 결과 해적·노예매매 등 명시된 불법행위를 범하였음이 밝혀진 때는, 그 범죄선박을 나포하여 강제로 인근항구나 적절한 항구로 끌어다가 적절한 처벌 내지 제재를 가하게 된다.

나폴레옹법전(法典) 〔佛〕 Code Napoléon 프랑스민법(전)의 별명. 이 법전은 1804년 Code civil des Français로서 공포되었는데, 1807년 9월 3일 법에 의하여 制定者에게 경의를 표하는 의미에서 Code Napoléon으로 改稱되었다. 이 명칭은 그 후 일단 폐지되었으나 1852년 3월 27일 勅令에 의하여 부활, 오늘에 이르고 있다. 그러나 1870년경부터 Code civil의 명칭이 공용되고 있다. 그 밖에 나폴레옹에 의하여 제정된 訴訟法·商法·治罪法·刑法 등의 법전을 지칭하는 일도 있다.

낙농심의회(酪農審議會) 酪農振興에 관한 중요사항을 심의하기 위하여 농림부장관 소속하에 심의회를 둔다. 위원장과 부위원장 각 1인과 위원 16인 이내로 구성되어 있다.

낙농지구(酪農地區) 낙농하기에 적합한 곳으로서 농림부장관 또는 지방자치단체의 장이 지정한 지역으로 草地法 6조의 규정에 의하여 고시된 초지조성지구를 중심으로 지역여건이 낙농여건에 적합하다고 인정되는 곳을 말한다(酪農振興法 6 Ⅰ). 낙농지구의 개발과 자금지원 및 관리에 필요한 사항은 농림부령으로 정한다(6 Ⅲ).

낙성계약·요물계약(諾成契約·要物契約) 당사자의 合意만으로 성립하는 계약을 諾成契約(〔獨〕 Konsensualvertrag 〔佛〕 contrat consensuel), 합의 이외에 일방의 당사자가 물건의 인도 기타의 給付를 하는 것을 성립요건으로 하는 계약을 要物契約(〔獨〕 Realvertrag 〔佛〕 contrat réel)이라 한다. 역사적으로는 요물계약이 낙성계약에 선행하는 것이지만 계약자유의 원칙을 취하고 있는 현대법에서는 낙성계약이 원칙이다. 민법상의 典型契約 중 懸賞廣告를 제외하고는 모두 낙성계약이다. 구민법에 있어서는 요물계약으로서 消費貸借, 使用貸借, 任置

가 있었으나 그 요물성을 점차로 물적으로 파악하지 않고 경제가치적으로 파악하게 됨에 따라 요물계약의 존재가치가 희박해져서 이러한 요물계약은 민법에서는 모두 낙성계약으로 되었다.

낙약자·요약자(諾約者·要約者) ① 로마법에서는 問答契約(스띠뿔라치오)에 의한 채무자를 諾約者(promissor), 채권자를 要約者(stipulator)라고 한다. ② 오늘날에는 제3자를 위한 계약에 있어서 제3자에 대하여 채무를 부담하는 자를 낙약자, 그 상대방을 요약자라고 말한다. 그러므로 낙약자·요약자는 제3자를 위한 계약의 당사자이다. 양자간에서는 제3자의 권리취득의 점을 제외하고는 보통의 계약과 같으며, 同時履行의 抗辯이나 危險負擔 등의 규정이 적용된다.

낙인이론(烙印理論) 〔英〕 labeling theory 犯罪 내지 逸脫行爲는 일정한 자의 행위의 특성이 아니라 사회가 그렇게 이름붙인 결과이므로 일정한 자를 체포·구금하여 재판을 통하여 범죄자라고 낙인찍는 과정, 즉 체계적 낙인과정이 범죄의 주요한 원인이 된다고 보는 이론을 말한다. 이 이론은 특정한 범죄행위를 취급하는 것이 아니라 逸脫行爲 전반에 관한 槪念的 基礎(frame of reference)로서 逸脫行爲와 社會的 烙印化(social stigmatization)의 動的 關係를 사회적 상호작용의 관점에서 파악하는 것이며, 社會的 反作用理論(societal reaction theory)이라고 불리운다. 1960년대에 들어와서 벡커(Howard Becker), 깁스(Jack P. Gibbs), 고프만(Erwin Goffmann), 에릭슨(Kai T. Erickson), 슈어(Enwin M. Schur), 킷슈스(John I. Kitsuse) 등에 의하여 대표되고 있으며, 그 기본적인 입장에 찬성하는 學者는 계속 늘어나 독일·오스트리아 등 유럽국가에서도 상당수에 이르고 있는 실정이다. 낙인이론의 내용은 학자들에 따라 다르지만, 逸脫者라고 낙인찍힌 자와 이러한 낙인을 찍는 자의 상호작용을 중시하여 일탈행위가 형성되는 메카니즘을 단지 개인의 소질이나 환경에서 구하지 않고 일탈은 사회에 의하여 생겨난다고 하는 전제 위에서, 일탈자 이외의 사회구성원에 의한 사회적 낙인화 내지 사회적 반작용 자체가 비행경력의 매개체로서 역할을 하는 것으로 보고, 낙인이 行爲者의 主觀面에 미치는 영향을 중시하는 견해는 공통된다.

낙 찰(落札) 競賣·都給工事 등에 있어서 여러 희망자 중에서 見積價格을 제시시켜 매출할 때에는 최고가격, 매입 또는 도급공사 때에는 최저가격을 견적한 자에게 그 권한을 인정하는 방법. 낙찰자는 낙찰과 동시에 상대방과 매매계약을 체결하나 낙찰자가 일정한 기일에 대금 또는 물품을 납입하지 않을 경우에는 再競賣를 실시한다. 관공서의 競爭入札에 있어서 주로 사용되는 방법이다.

낙태죄(落胎罪) 〔英〕 abortion 〔獨〕 Abtreibung 〔佛〕 abortement 胎兒를 자연의 분만기에 앞서 인위적으로 모체 밖으로 배출하는(넓은 뜻으로는 태아를 모체안에서 살해하는) 죄. ① 婦女가 약물 기타 방법으로 낙태한 때(刑 269 I), ② 婦女의 촉탁 또는 승인을 받아 낙태하게 한 때(269 II), ③ 의사·한의사·조산사·약제사 또는 약종상이 부녀의 囑託 또는 承諾을 받아 낙태하게 한 때(270 I), ④ 婦女의 촉탁 또는 승낙없이 낙태하게 한 때(270 II) 및 ⑤ ②~④의 죄를 범하여 부녀를 致死傷한 때(269 III, 270 III)로 나누어 처벌한다. 本罪의 보호법익은 胎兒의 생명·신체(의 안전)이지만, 부차적으로는 母親의 생명·신체(의 안전)도 고려된다. 태아는 원칙적으로는 처벌되어야 하겠지만, 의학적 견지(모친의 생명·건강의 보호)·우생학적 견지(유전적 질환의 방지)·사회적·경제적 견지(임신계속 또는 출산에 의한 생활위협의 방지·윤리적 견지(강간 등에 의한 수태)에서 낙태를 시인해야 할 경우(違法性阻却)를 고려해야 할 것이다(母子保健法은 일정한 경우에 낙태를 허용하고 있다). 본죄는 배출함으로써 족하며, 이로 인하여 태아의 생명·신체에 구체적으로 위험이 발생하거나 사망의 결과가 발생함을 요하지 않는다.

낚시어선업(漁船業) 수산동식물을 捕獲·採取하고자 하는 자를 낚시어선에 승선시켜 하천·호소 또는 바다의 낚시장소에 안내하거나 당해 어선의 선상에서 수산동식물을 포획·채취토록 하는 영업을 말하며(낚시漁船業法 2 i), 낚시어선업을 하고자 하는 자는 해양수산부령이 정하는 사항에 관한 신고서를 작성하여 당해 낚시어선의 船籍航을 관할하는 특별시장·광역시장 또는 도지사에게 신고하여야 한다(4).

난 민(難民) 〔英〕 refugee 인종, 종교, 국적 또는 특정의 사회적 집단의 구성원 또는 정치적 의견을 이유로 박해를 받는다는 충분한 이유있는 공포때문에 國籍國의 외에 있는 자이며, 그 국적국의 보호를 받지 않거나 또는 받는 것을 바라지 않는 자 및 그 국가에 귀환할 수 없거나 귀환을 바라지 않는 자. 亡命이라고 한다. 이러한 난민은 국제적 보호의 필요상 1951년에 難民의 地位에 관한 條約, 1967년에 難民의 地位에 관한 議定書가 채택되어 난민의 추방·송환의 금지를 규정하는 등 난민의 법적 보호를 도모하고 있다.

난 혼(亂婚) 〔英〕 promiscuity 원시사회에서 행하여졌다고 하는 무질서한 性的 關係. 이것을 제창한 것은 바호펜이다. 후에 모르간은 바호펜의 영향을 받아서 미개사회에 있어서의 親族呼稱研究의 기초로서 혼인발달의 계열을 구상하여 논리적 선행형태로서 난혼을 措定하였다. 즉, 모르간은 인류가 생각할 수 있는 한의 最低野蠻狀態에 있어서 난혼을 措定하였으며 현실적으로 난혼이 존재하였다고 하는 것은 아니다. 난혼설에 대한 비판은 웨스터마크 이래 활발하여, 많은 민족학자는 어떠한 미개민족에도 존재하지 않았을 뿐만 아니라 모르간의 가설로서의 난혼도 그의 방법의 오류로부터의 결론이라고 해서 부정하고 있다.

날인증서(捺印證書) 〔英〕 deed →디드

남경조약(南京條約) 1842년 8월 아편전쟁을 종결시키기 위하여 淸나라와 영국간에 남경에서 체결한 조약. 홍콩의 할양, 상해·광동 등 5개 항구의 개항, 公行의 폐지, 전비배상금의 지급 등이 그 주요한 내용이다. 1843년 虎門條約에 의하여 治外法權이 추가되었으며 이 조약이 중국으로서는 최초의 開國條約으로서 그 의의가 크다.

남 계(男系) →친계, 남계혈족

남계혈족(男系血族) 친족상호간의 혈통관계가 남자만에 의하여 연락되는 親系. 민법상으로는 父系血族과 같은 뜻으로 사용된다.

남녀공학(男女共學) 남녀를 동일한 학교에 차별없이 입학시켜 동일한 교실에서 교육을 받게 하는 제도. 종래 우리나라에서는 男女別學이 본체로 되어 왔으나 정부수립 후 교육법은 부분적이나마 남녀공학을 인정하고 있다.

남녀동등권(男女同等權) 성별에 의하여 法上 差別待遇를 받지 않을 권리. 헌법에서 보장된 법 앞의 평등(憲 11)으로부터 오는 당연한 歸結이다. 법상 차별대우를 받지 않는다는 것은 다만 법률의 適用 및 執行에 있어서 차별대우를 받지 않을 뿐만 아니라, 立法에 있어서도 차별대우를 받지 않음을 뜻한다. 그러므로 妻의 法律行爲能力을 제한하여 중요한 법률행위를 할 때에는 夫의 동의를 필요로 하게 하든가, 처의 재산에 대하여 부가 원칙적으로 관리권을 가지고 동거에 관해서도 원칙적으로 夫가 주거를 정할 수 있게 하였던 구민법의 여러 규정과, 여자에 대해서만 姦通罪를 인정한 구형법상의 규정은 헌법하에서는 용납될 수 없다. 차별대우를 받지 않음은 불합리한 차별대우를 받지 않음을 말하며 정치적·경제적·사회적·문화적 생활의 모든 영역에 미친다(11 I).

남녀동일임금(男女同一賃金) 종래에는 質量으로 동일한 노동을 하고 있는데도 불구하고 여자라고 하는 이유로 임금이 저렴하였던 것이 통례로 되어 있었으나, 오늘날에는 이것이 허용되지 않는다(勤基 5). 양성의 본질적 평등(憲 11 I)에 위배되는 것이며, 低廉勞動을 직장에 공급함으로써 전체로서의 근로조건을 저하시키기 때문이다. →차별대우, 균등처우

남북(南北)**사이의 화해**(和解)**와 불가침**(不可侵) **및 교류·협력**(交流·協力)**에 관한 합의서**(合意書) 1991년 12월 13일 남과 북은 분단된 조국의 평화적 통일을 염원하는 온 겨레의 뜻에 따라 南北和解, 南北不可侵, 南北交流·協力에 관한 合意書를 채택하였다.

남(南)**아메리카 부전조약**(不戰條約) →라틴 아메리카 부전조약

남 용(濫用) 權利, 職權 등에 관하여 형식적으로는 그 행사인 외형을 가지나 실질적으로는 그 본래의 사명을 逸脫하기 때문에 그 정당한 행사라고 할 수 없는 것을 말한다. 권리의 남용, 직권의 남용 등으로 사용한다.

납 부(納付) 국가 또는 공공단체에 대해 租稅 기타 수입금을 주는 것. 보통 公法上의 금전채무에 관하여 사용되나 私法上의 금전채무에 관해서도 상대방이 국가 또는 공공단체인 경우에는 이 용어가 사용된다.

납 기(納期) 納稅의 期限. 납기는 법률로써 일정되어 있는 경우(法定納期)와 세무공무원이 개개의 사안에 대하여 적절히 지정하는 것(指定納期)의 구별이 있다. 隨時稅에 대하여는 후자에 의하는 수밖에 없다. 年稅에 대하여는 2기 또는 3기로 구분되는 경우도 적지 않다. 또한 납기는 신고납세제도를 채택하는 조세에서 정해진다. 납기를 초과하여도 납부하지 않는 자에 대하여는 독촉, 체납처분, 압류 등을 한다.

납기전징수(納期前徵收) 납기전에 행하여지는 납세의무가 확정된 국세의 징수행위. 납세자가 국세의 체납으로 체납처분을 받은 때, 지방세 또는 공과금의 체납으로 체납처분을 받을 때, 강제집행을 받을 때, 破産의 선고를 받은 때, 경매가 개시된 때, 법인이 해산한 때, 국세를 포탈하고자 하는 행위가 있다고 인정되는 때, 납세관리인을 정하

지 아니하고 국내에 주소 또는 거소를 두지 아니하게 된 때 등의 경우에 해당될 때 납기전징수가 행하여진다(國徵 14).

납 길(納吉) 중국의 전통적인 혼인성립의 형식적 요건 중의 하나로 중국의 혼인성립은 육체의 방식에 따른다. 이것은 定婚(약혼의 체결)과 成婚(혼인식)의 2단계로 되는 六禮로서, 남자가 媒人을 내세워 女家에 혼인신청을 하면서, ① 예물을 보내고(納采), ② 여자의 출생연월일을 묻고(問名), ③ 길조를 얻으면 이것을 女家에 알리고(納吉), ④ 약혼체결의 증명으로서 聘財를 남가로부터 여가에 보내고(納幣), ⑤ 남가에서 혼례식 날을 정하여 여가에 지장의 유무를 묻고(請期), ⑥ 혼례 당일에 남자는 여가에 가서 처를 맞아 남가로 들어가 共牢合卺의 禮를 올리는(親迎) 것이다. 이 제도는 우리나라에 큰 영향을 주어 아직도 우리나라 관습에 남아 있다.

납 본(納本) 출판물의 단속을 위하여 출판사가 간행물을 출판하였을 때에 그 출판물 2부를 문화관광부장관에게 납부하는 것(出版社 및 印刷所의 登錄에 관한 法律 4). 重版의 경우도 동일하다.

납세고지서(納稅告知書) 脫稅의 납부를 명령하는 문서(國徵 9). 납세고지서는 歲入徵收官(세무서장 · 시장 · 군수 등)이 과세년도 · 세목 · 세액 · 납부기한 · 납부장소와 세액산출의 근거를 명시하여 이를 납세의무자에 대하여 발행하는 바(國徵 9, 地稅 25), 이 납세고지서의 발행에 의하여 납세의무가 구체적으로 확정된다. 납세의무자는 이 납세고지서에 의한 부과내용에 이의가 있을 때에는 일정한 기간내에 그 재조사 또는 심사를 청구할 수 있다(國稅基 55~66).

납세관리인(納稅管理人) 납세의무자가 납세지에 주소 또는 거소를 가지지 않는 경우에 그 납세에 관한 사항을 처리하는 代理人. 납세관리인을 두는 경우에는 納稅의 告知 및 書類는 관리인의 주소 또는 거소로 송달된다(國稅基 82). 이 제도는 지방세에 대하여도 채용되고 있다(地稅 37 등). 납세자의 편의를 도모하기 위한 제도이다.

납세완납증명서(納稅完納證明書) 국가 공공단체 및 정부관리기관과 계약을 체결하거나 特許, 許可 또는 認可를 신청 또는 경신하는 자가 소정서류에 첨부하는 조세를 완납하였음을 증명하는 서류. 관할 세무서장이 발급한다(國徵 6).

납세의무(納稅義務) 국가 또는 공공단체를 유지하는데 필요한 경비를 조세로써 지급하는 公義務. 납세의 의무는 거의 모든 국가의 헌법이 이를 규정하고 있고 우리 헌법도 이를 규정하고 있다(38). 모든 국민은 법률이 정하는 바에 의하여 납세의 의무를 진다는 것은 租稅法律主義를 말하는데, 이 조세법률주의는 헌법 59조에서도 조세의 종목과 세율은 법률로 정한다고 하여 이를 별도로 규정하고 있다. 조세법률주의는 영국에서 확립된 대표없이는 과세없다의 원칙으로부터 유래한 것이다. 조세는 금전급부가 보통이지만, 때에 따라서는 夫役 · 現品도 허용될 수 있다. 또 조세는 납부에 대한 반대급부가 아니라 擔稅力에 따라서 균등하게 국민에게 부과되는 점에서 手數料 · 事業料金 · 負擔金 기타의 課徵金과 다르다.

납세의무(納稅義務)**의 미정상태**(未定狀態) 과세원인인 사실이 발생하였으나, 특별한 사정에 의하여 납세의무가 즉시 확정되지 아니하고 일시적으로 그 납세의무의 성립이 불확정한 상태에 있는 것을 말한다. 消費稅, 즉 關稅와 國內消費稅는 국가에서의 소비를 전제로 그 소비행위에 대하여 과하는 것이기 때문에, 어떠한 물건이 국내에서의 소비 여부가 미정인 동안은 납세의무는 불확정한 상태에 두게 되기 때문에, 납세의무의 미정상태는 消費稅에서만 볼 수 있다.

납세의무(納稅義務)**의 승계**(承繼) 납세의무는 金錢負擔을 내용으로 하는 것으로서, 납세의무자의 一身專屬的인 성질의 것이 아니므로, 납세의무가 사망, 법인의 합병 등에 의하여 상속인, 합병 후 존속하는 법인 또는 합병에 의하여 설립된 법인 등에 승계되는 것을 말한다(國稅基 23, 24).

납세의무자(納稅義務者) 조세금액을 납부할 법률상의 의무를 부담하는 자. 租稅債務者라고도 한다. 단독 또는 본래의 납세의무자 이외에, 連帶納稅義務者(國稅基 25). 제2차 납세의무자(38~41)가 있다. ① 납세의무자는 실제상의 擔稅者와 다르다. 양자는 일치되는 경우(直接稅)도 있고, 조세의 부담이 轉嫁되어 양자가 일치하지 않는 경우(間接稅)도 있다. ② 또 납세의무자는 그의 부재시 납세의무에 관한 일체의 사무를 처리하는 納稅管理人(82)과 다르다. ③ 또 납세의무자는 징수의 위임을 받은 징수의무자와도 다르다. 조세의 납부에 있어서는 납세의무자의 代理行爲를 함을 업으로 하는 稅務士制度가 인정되고 있다(→세무사법). 납세의무자의 범위는 자연인, 법인은 물론 권리능력없는 社團도 포함된다. 우리나라에 거주하는 외국인도 원칙적으로 납세의무자가 된다.

납세자소송(納稅者訴訟) 납세의무가 있는 주민이 공금의 용도나 공공재정의 운영을 감시하고 그 불법을 방지·시정하기 위하여 제기하는 소송이며 民衆訴訟의 일종이다. 미국에서는 각주에서 널리 인정되고 있다.

납세채권(納稅債券) 〔英〕 tax debenture 短期公債의 하나로 租稅證券이라고도 불리우는바 납세할 때에 현금납세에 대체할 수 있다.

납 입(納入) 주식회사의 株式 또는 私債를 인수한 자가 그 인수한 금액을 회사에 지급하는 것을 납입이라고 한다. 주식회사 설립시에 발행주식 총수의 인수가 끝나면 發起人은 곧 주식인수인에 대하여 인수가액의 전액을 납입시켜야 하는 바(商 305Ⅰ) 납입은 株式請約書에 지정된 장소에서 해야 한다(305Ⅱ). 이것은 납입금의 소재를 명백히 하여 부정행위를 방지하기 위한 것이며, 따라서 납입금의 보관자나 납입장소를 변경할 때에는 법원의 허가를 얻어야 한다(306). 또 납입의 취급기관은 그 증명한 보관금액에 관하여는 납입의 부실 또는 반환조건이 있거나 없거나 불문하고 무조건 회사에 대하여 지급할 의무를 부담한다(318).

납입가장(納入假裝) 주식회사에 있어서의 주식의 납입 또는 유한회사에 있어서의 출자의 이행에 있어서, 발기인 또는 이사가 납입금 또는 출자금의 납입을 맡은 은행과 通謀하여 納入金相當額을 차입하고 그 차입금을 納入金 또는 出資金條로 이를 회사명의의 예금으로 하는 동시에 상기 차입금을 반환할 때까지 예금을 인출하지 않는다는 뜻을 약정하는 행위. 주식회사에 있어서는 募集設立 또는 新株發行의 경우에는 납입을 맡을 자는 은행 기타의 금융기관에 한하고, 이 납입을 맡을 은행 기타의 금융기관과 납입장소는 주식청약서의 기재사항이며(商 302Ⅱix), 納入金保管者 또는 納入場所의 변경은 법원의 허가를 얻어야 하는 동시에(306), 발기인 또는 이사의 청구가 있으면 그 보관금액에 관하여 증명서를 교부하여야 한다(318Ⅰ). 이 보관증명서의 설립등기 또는 신주발행으로 인한 變更登記申請의 첨부서류이다(非訟 203, 205). 만일 은행 기타의 금융기관이 발기인이나 이사와 통모하여 허위의 납입증명서를 발행하거나 납입가장을 한 경우에는 그 은행에 일정한 책임을 인정하는 동시에(商 318Ⅱ), 벌칙을 두어(628Ⅰ) 이를 방지하려고 하고 있다. 納入假裝行爲 그 자체 뿐 아니라 이를테면 발기인 등이 납입보관자 이외의 자로부터 융자를 받아 일시 이것을 납입금으로서 납입은행에 납입하고 설립등기후 이것을 인출하여 차금을 반환하는 따위도 일종의 납입가장이며 이러한 행위에 응하거나 이를 중개한 자도 같은 벌칙의 적용을 받는다(628Ⅱ). 유한회사에 있어서는 출자의 이행을 은행 기타의 금융기관에서 하여야 한다는 제한은 없으나, 역시 은행을 이용하는 경우가 많다. 따라서 納入假裝罪에 관한 한 주식회사의 경우와 다름이 없고, 다만 납입금 보관증명서에 관한 규정은 유한회사에 준용되지 않는다.

납입금(納入金) 입장세·유흥음식세 등 특별징수의무자가 징수하고 납입해야 할 地方稅(地稅 1Ⅰxi). 절차상 납세의무자가 직접 납세하지 않는다는 이유로서 세금과 구별된다.

납입잉여금(納入剩餘金) 〔英〕 paid-in surplus 無額面株式의 발행가액 가운데서 자본에 計入되지 않는 금액. 우리나라는 무액면주식을 인정하지 아니하므로 납입잉여금이 있을 수 없다. 일본개정상법에서는 이에 대한 규정을 두고 資本準備金으로 적립하도록 하였다(日本改正商法 168의2, 228의2).

납입주금액(納入株金額) 인수한 주식에 대하여 株式請約書에 기재된 장소에서 납입을 끝낸 금액.

낭비자(浪費者) 〔獨〕 Verschwender 〔佛〕 prodigue 전후의 사려없이 재산을 탕진하는 性癖이 있는 자. 낭비벽이 자기나 가족의 생활을 궁박하게 할 염려가 있을 정도이면 限定治産者로 할 수 있다(民 9). 그 정도는 재산상태·사회적 지위 등에 따라 다르나, 반드시 부도덕한 목적에 소비하는 것임을 요하지 않는다(예 : 寄附癖).

내 각(內閣) 〔英〕 cabinet 〔獨〕 Kabinet 〔佛〕 conseil des ministres 首相(總理大臣)과 閣員으로 구성되는 合議體. 의원내각제의 내각은 행정권의 귀속체로서 국회에 대하여 연대책임을 진다. 대통령제의 내각은 대통령을 보좌하는 기관으로서 의결권이 없는 것이 원칙이다.

내각수반(內閣首班) 내각을 대표하며 각의의 의장이 되고 행정각부를 지휘·감독하는 국가재건비상조치법상의 기관(14Ⅰ, 舊憲 70Ⅰ·Ⅱ), 국가재건최고회의가 그 재적최고위원과반수의 찬성으로서 임명한다(14Ⅱ·Ⅲ). 내각수반은 국가재건최고회의의 승인을 얻어 각원을 임명하며, 행정각부 또는 내각이나 내각수반소속기관의 명령 또는 처분이 위법 또는 부당하다고 인정할 때에는 이를 취소 또는 중지하고, 각의를 소집하여 그에 대한 내각의 방침을 결정하게 할 수 있다(舊政組 3). 법률에서 일정한 범위를 정하여 위임받은 사항과 법률을 실시하기 위하여 필요한 사항에 관하여 각의의 의결을 거쳐 각령을 발할 수 있다(舊憲 70Ⅱ). 헌법상 국무총리에 관한 사항은 국가재건비상조치법에 저촉되지 아니하는 범위안에서 내각수반에 관한 것으로 된다. 폐지된 제도이다.

내각책임제(內閣責任制) → 의원내각제

내각총사직(內閣總辭職) 내각책임제에 있어서 일정한 사유가 있을 때에 내각 전체가 동시에 그 직을 물러나는 것. 내각책임제의 헌법에 있어서는 정권의 교체는 내각총사직에 의한다. 내각의 총사직은 다음과 같은 사유에 의함이 보통이다. ① 의회로부터 不信任을 받았을 경우. 이 경우에는 議會解散의 조치를 취하지 않는 한, 내각이 물러나야 한다. ② 豫算案, 중요한 法律案, 條約의 批准 등이 의회로부터 거부되었을 경우. 이 경우에는 대체로 의회의 불신임으로 간주되어 의회를 해산하든가 또는 내각이 물러나야 한다. ③ 내각에 있어서 의견이 통일되지 않을 경우. 내각책임제일 경우에는 그 각의는 만장일치를 요하는 까닭에 각의에 있어서 의견의 조정이 불가능할 때에는 그 내각은 총사직하게 된다. ④ 의원의 任期가 만료되었을 때. 내각책임제에 있어서의 내각은 의회의 신임을 그 존속의 기초로 하는 까닭에 의회의 임기가 끝나면 내각도 동시에 물러나게 되는 것이 원칙이다. ⑤ 임명권자의 解免措置가 있었을 때. 바이마르헌법에 있어서와 같이 내각책임제의 대통령이 수상의 실질적 임명권을 가졌을 때에는 그 대통령은 수상을 마음대로 해임할 수 있고, 따라서 내각총사직이 결과되게 된다. ⑥ 수상이 辭任하였을 경우. 내각책임제에 있어서의 각료는 수상에 의하여 임면되는 까닭에 수상이 사임하면 동시에 내각도 총사직하게 된다.

내공증명(耐空證明) 감항증명이라고 한다.

내국거래보호주의(內國去來保護主義) 〔獨〕 Schutz des Inlandsverkehrs 〔佛〕 théorie de l'intérêt national 외국인이 內國에서 법률행위를 한 경우에, 그 외국인이 본국법에 의하면 無能力者인 경우라 할지라도 내국의 법률에 의하면 능력자인 때에는, 그 사람을 능력자로 봄으로써 內國에 있어서의 거래의 안전을 보호하는 주의. 행위능력에 관하여 本國法主義를 채용하는 국가의 국제사법에 있어서, 상기와 같은 내국거래의 보호를 위하여 본국법의 적용을 제한하는 경우가 적지 않다. 우리 섭외사법도 이 주의를 인정하고 있다(6Ⅱ).

내국민대우(內國民待遇) 〔英〕 national treatment 자국영역내에서 외국인이나 외국산품 등에 대하여 자국민이나 자국산품과 平等·無差別의 대우를 부여하는 것. 自國民待遇라고도 말하며, 조약 특히 友好通商條約 등에서 규정한 조항을 내국민(자국민)대우조항이라 한다. 最惠國(民)待遇가 자국 영역내에 있어서의 제국민간의 무차별대우를 목적으로 하는데 대하여, 내국민대우는 자국영역 또는 이에 준하는 지역내에 있어서의 자국민과 외국인간의 무차별대우를 목적으로 한다. 비교대상이 전자에서는 타의 外國人, 후자에서는 內國人이다. 또 전자는 외국인간의 평등, 후자는 내외인간의 평등이다. 한미우호통상항해조약(1957년 10월 7일)은 無條件主義를 기반으로 하는 최혜국대우 및 내국민대우의 원칙을 들고(前文), 또한 내국민대우에 관하여는 22조 1항에서 내국민대우란 한 締約國의 영역내에서 부여되는 대우로서, 당해체약국의 각 국민·회사·생산품·선박 또는 기타의 대상에게, 사정에 따라 같은 상황하에 그 영역내에서 부여되는 대우보다 불리하지 않은 대우를 말한다고 정의하고 있다. 위에서 보아 알 수 있는 바와 같이, 내국민대우는 주로 거주 및 통상관계에 관해서 부여되는 것이다. → 최혜국민대우, 외국인

내국법보충설(內國法補充說) 외국법규정의 適用排斥은 내국의 사회질서를 유지하기 위한 필요에서 행해지는 것이므로 排斥의 결과 벌어진 틈은 당연히 이 점에 관한 內國實質法上의 규정에 의해서 보충되어야 한다는 견해(江川, 久保)를 말한다. 우리 섭외사법 5조는 우리나라의 국제사법상 사회질서를 옹호하기 위하여 인정된 예외규정이며, 이러한 사회질서는 이에 관한 우리나라 實質法上의 규정을 적용함으로써 적절하게 유지할 수 있을 것이므로 외국법의 적용을 배척한 범위에서 내국법에의 補充的 逐致가 있었던 것으로 해석하여야 할 것이므로 타당하다.

내국법적용설(內國法適用說)〔國際私法上〕 외국법이 불명한 경우에는 내국법을 적용해야 한다는 견해(Bar, 山田)를 말한다. 이는 의심스러운 경우에는 法廷地法을 적용하라는 사상에 근거를 둔 것으로서 입법·판례상 이 설을 인정하는 국가가 많다. 이 설의 근거로는 외국법의 내용과 내국법의 내용은 동일한 것으로 추정해야 한다든가, 내국법을 객관적인 條理로 인정해서 내국법을 적용해야 한다든가, 또는 裁判拒否를 피하기 위한 비상수단으로서 내국법을 적용해야 한다든가 하는 것 등을 들고 있다. 그러나 오늘날 세계 각국의 법률현실로 보아 외국법이 내국법과 동일하다는 추정은 불가능하며 또 내국법을 객관적인 條理로 보아야 한다든가 또는 재판거부를 피하기 위한 비상수단으로서 내국법을 적용한다든가 하는 것도 모두가 외국법에 대해서 내국

법을 우선시키는 사상을 전제로 한 것으로서 부당하다.

내국법인(內國法人) 한국의 국적을 가진 법인인데 어떠한 法人이 한국의 國籍을 가지느냐에 관하여는 ① 한국에 주소를 둔 법인, ② 한국법에 의하여 설립된 법인, ③ 한국에서 설립된 법인, ④ 한국인이 설립한 법인이라는 등의 설이 갈려 있으나, 韓國法에 의하여 설립되어 한국에 주소를 둔 법인을 내국법인이라고 보는 것이 통설이다. 따라서 내국법인이라도 그 설립자의 일부 내지 전부가 외국인일 수도 있다. 다만 외국인이 가지는 것을 금지한 권리를 그 법인이 가질 수 있느냐는 당해 금지규정의 취지를 고려하여 결정하여야 한다. 韓國法人이라고도 한다. 외국법인에 대하는 말. → 외국법인

내국세(內國稅) 국내에 있는 과세물건에 대하여 과하는 조세이며, 국세 중에서 톤세와 관세를 제외한 것의 총칭. 내국세의 賦課徵收事務는 국세청·세무서가, 관세·톤세의 그것은 세관이 각각 관장한다.

내국소비세(內國消費稅) → 소비세, 관세

내국수표(內國手票) 동일국 내에서 발행되고 지급되는 수표를 가리키는 바, 外國手票에 대한다.

내국신용장(內國信用狀) 국내에 있어서 발행되는 신용장. 주로 거래관계가 있는 자간에 충분히 신용상태가 알려져 있지 않는 경우에 발행되는 貨物換信用狀을 말한다.

내국(內國)**어음** 〔英〕 inland bill 관계인이 동일한 국가에서 사용하는 어음.

내국채(內國債) 채권이 내국에 있어서 발행되고, 內國貨幣로 표시되는 것. 외국에서 발행되고 외국화폐로 금액을 표시하는 것은 外國債라고 한다.

내국환(內國換) 〔英〕 domestic exchange 내국환에는 送金換과 逆換이 구별이 있다. 전자에는 보통송금환과 전신송금환이 있는데 普通送金換의 경우는 송금희망자는 은행에서 송금어음 또는 송금수표를 매입하여 이것을 수취인에 우송하면 수취인은 이것을 지정은행에 제시하고 그 금액을 수취한다. 電信送金換은 지급을 필요로 하는 경우에 은행에 송금액과 전보료를 지급하면 은행은 暗號電報로써 목적지의 본점 또는 지점 혹은 거래은행에 지급을 의뢰한다. 이 경우 의뢰자는 수취인에게 수취인의 안내전보를 타전하지 않으면 안된다. 후자의 경우는 채권자가 채무자지급의 환어음을 발행하여 은행에서 할인하면 은행은 이것을 지급인의 거주지의 본점 또는 지점 혹은 거래은행에 송달하여 추심한다. 貨物換이 이의 適例이다. 외국환에 대한다.

내국회사(內國會社) 〔英〕 domestic corporation or company 〔獨〕 inländische Gesellschaft 한국의 국적을 가지는 회사. 외국회사에 대하는 개념. 한국법에 準據하여 설립하고, 그 法人格을 취득하며, 본점이 한국내에 있는 회사이다. 그리고 외국에서 설립된 회사라도 한국내에 그 본점을 설치하거나 한국내에서 영업할 것을 주된 목적으로 하는 외국회사는 내국회사와 동일한 규제를 받는다(商 617). → 외국회사

내 금(內金) 賣買나 都給 등에 있어서 전액의 대금·보수의 지급에 앞서 지급되는 일부의 대금·보수. 본래는 대금의 一部辨濟에 불과하고 체약금은 아니지만, 契約締結에 즈음하여 내금이라고 하여 지급되는 것은 계약성립의 증거로 될 수 있는 외에 解約締約金(→ 체약금)의 성질을 가지는 일도 적지 않다.

내 란(內亂) 〔英〕 civil war 〔獨〕 Bürgerkrieg 〔佛〕 guerre civile 1국내에 있어서 2개의 당파간에 행하여지는 무력에 의한 투쟁. 특히 국가의 일부가 母國으로부터 분리·독립할 목적을 가진 1團體(叛徒團體)가 무력으로 정부군과 투쟁하는 경우를 지칭하는 수도 있다. 내란은 국내에서 일어난 현상이므로 국내법상의 범죄를 구성하며 國內法에 의하여 처벌됨이 원칙이다. 이런 경우에 외국이 정부군에 대하여 군사적 원조를 부여하는 것은 국제법상 합법적이며 반군에 원조를 함은 모국에 대한 內政干涉으로 위법이다. 그러나 내란은 국제법상의 전쟁과는 상이하므로 당연히 국제법상의 交戰法規는 적용되지 않음이 원칙이다. 그러나 최초의 叛亂(內亂)狀態(insurgency)가 발전하여 본국정부가 반군을 진압치 못하고 오히려 반군이 일정한 지역을 점령하고 사실상의 정부를 조직하여 실권을 장악할 정도의 交戰狀態(belligerency)에 도달했을 때 본국정부는 이를 교전단체로 승인하여 叛徒와의 투쟁에 戰時法規를 적용하는 일이 있다. 내란에 대하여 전쟁법규가 적용되는 경우는 이상과 같이 교전단체의 승인을 전제로 하나, 때로는 교전단체로서의 승인 없이 전쟁법규를 적용하는 예도 적지 않다. 1949년 제네바조약에서는 締約國의 영역내에서 발생한 국제적 성질을 띠지 않은 무력분쟁의 경우에도 상호 전쟁법규의 적용을 요구할 때에는 각 분쟁당사국은 적어도 ① 적대행위에 참가하지 않은 자에 대하여

서는 인종·성별·신앙·빈부의 차별없이 人道的으로 대우할 것, ② 傷病者 및 病者는 수용해서 철저한 간호를 할 것 등을 규정하였으니, 이 규정들은 교전단체로서 승인없이 전쟁법규를 적용하는 좋은 일례다. 또한 내란과 국제기구와의 관계에 있어서 국제연맹에서는 연맹의 통제조치로서 聯盟國(일정한 조건하에서 비연맹국)이 타국에 대한 일체의 武力行使만을 대상으로 함에 불과하였으나, 국제연합헌장 39조에서는 행동의 주체를 한정치 않고 平和에 대한 위협이 있다고 인정되었을 경우에 국제연합에 의한 통제조치의 발동을 예정하고 있다. 따라서 일국내에서 일어난 내란이라 할지라도 그것이 국제평화에 대한 위협이 된다고 판정되었을 때에는 국제연합에 의한 强制措置를 취할 수 있다고 함은 주의할 만한 규정이다. →교전단체의 승인

내란목적살인죄(內亂目的殺人罪) 국토를 僭竊하거나 國憲을 문란할 목적으로 사람을 살해하는 罪(刑 88). 본죄는 目的犯이다. 미수범을 처벌한다(89). 또 豫備·陰謀(90 Ⅰ). 煽動·宣傳(90 Ⅱ)도 처벌한다. 다만 전 2자의 경우에, 실행에 이르기 전에 자수한 때에는 그 형을 減輕 또는 免除한다(90 Ⅰ 但). →내란죄, 국헌문란, 살인죄

내란죄(內亂罪) 〔英〕 high treason 〔獨〕 Hochverrat 국토를 僭竊하거나 國憲을 문란할 목적으로 暴動하는 죄(刑 87). 본죄의 보호법익은 국가의 존립이며, 外患의 罪가 국가의 외부로부터 이를 위태롭게 함에 반하여 본죄는 국가의 내부로부터 위태롭게 하는 것이다. 본죄는 集合的 犯罪(衆合犯)이고, 目的犯이다. 국토의 僭竊이란 領土權의 일부 또는 전부를 배제하는 것을 말한다. 국헌문란에 관하여는 그 항목을 보라. 폭동이란 다수인이 결합해서 폭행(最廣義)·협박(廣義)하여 그 지방의 平穩을 해할 정도가 되는 것을 말한다. 群衆犯罪(集團犯罪)의 성질에 비추어, 그 관여자는 자기의 역할에 따라 ① 首魁, ② 謀議에 참여하거나 지휘하거나 기타 중요한 임무에 종사한 자, ③ 附和隨行하거나 단순히 폭동에만 관여한 자로 나누어 주도적인 자에게는 중한 형, 군중심리에 끌렸음에 불과한 자에게는 경한 형이 규정되어 있다. 그리고 殺傷·破壞·掠奪의 행위를 실행한 자는 ②와 동일하게 취급된다. 미수범을 처벌한다(89). 豫備·陰謀(90 Ⅰ 本)·煽動·宣傳(90 Ⅱ)도 처벌한다. 다만 전 2자의 경우에 실행에 이르기 전에 자수한 때에는 그 형을 減輕 또는 免除한다(90 Ⅰ 但) →내란목적살인죄

내무행정(內務行政) 넓은 의미로는 外務行政을 제외한 모든 행정작용을 가리킨다고 할 수 있으나, 일반적으로는 소극적으로 사회공공의 질서를 유지하고, 적극적으로 공공복리를 증진함을 직접적인 목적으로 하는 行政作用을 말한다. 따라서 내무행정은 소극적으로 사회의 공공질서를 유지하기 위한 秩序行政과 적극적으로 사회공공의 복리를 증진함을 직접 목적으로 하는 복리행정을 총칭하는 개념이라 할 수 있다. 내무행정은 국가 자체의 존립과 활동보다도 사회공공의 이익의 증진을 그 직접적인 목적으로 하는 것이라는 점에서 社會目的的 行政이라고 할 수 있다.

내부위임(內部委任) 행정관청이 보조기관에게, 또는 상급관청이 하급관청에게 외부에 표시함이 없이 내부적으로 경미한 事務(소위 專決事項)를 위임하는 것. 이 경우에는 權限 자체의 이양이 아닌 점에서 권한의 위임과 구별됨은 물론, 受任者가 당해 위임관청의 名義로 위임자의 권한행사를 사실상으로 대행하는 것에 불과하다. 따라서 법적으로는 수임자의 행위는 위임관청 자신의 행위로 간주되는 점에서 이른바 任意代理와도 구별된다. →위임전결

내 수(內水) 〔英〕 internal waters 영해의 基線으로부터 육지측에 있는 수역을 내수라고 한다. 이때까지는 보통 川·湖·運河 등과 같이 해안선의 배후에 있는 수역을 의미하였다. 灣의 경우에는 입구에 그은 직선의 배후에 있는 水域이 내수로서의 지위를 갖는 것으로 되어 있었다. 이와 같은 내수 이외에 1958년 제네바海洋法會議에서 채택된 領海 및 接續水域에 관한 條約에 의하면 영해의 기선의 육지측의 수역도 내수로서의 지위를 갖는 것으로 되어 있다(5 Ⅰ). 이것은 直線基線(straight base line)의 경우에 특별히 중요하다. 통상의 기선에서는 이것과 육지와의 사이에 수역이 전혀 없거나 있어도 극히 좁아서(通常基線은 低潮線이므로 高潮時에 육지와 기선간에 약간의 수역이 생긴다) 문제가 되지 않는다. 이에 반하여 직선기선의 경우에는 상당히 넓은 수역이 생기는 것이므로 이 새로운 내수의 지위는 그만큼 중요하다. →영해, 내해

내수면어업(內水面漁業) 하천·댐·호소·저수지 기타 인공적으로 조성된 淡水나 汽水의 水流 또는 수면에서 영위되는 어업(內水面漁業開發促進法 3,7). 내수면어업은 海面漁業과 달리 수산동식물의 採捕보다는 증식을 기본으로 하지 않으면 안되기 때문에 法은 증식에 중점을 두고 있다. 즉, 개발지역을 지정·고시하고 水面管理者에게 개발의무를 지우며(5), 이행하지 않을 때에는 정부 또는 정부가 지정한 자가 代執行을 하는 것 등이 그것이다(6). 내수면어업에는 免許漁業(養殖·定置·共同·藻類

採取漁業)(7), 許可漁業(刺網·投網·種苗採取·주낚·漁箭·貝類採取·낚시業)(8), 申告漁業(9)이 있으며 수산업법이 준용된다(16).

내수선(內水船) 〔獨〕 Binnenschiff 〔佛〕 bâtiment de rivière 항상 湖川·항만만의 항행을 목적으로 하는 선박. 海上航行에 사용되는 항해선에 대한 것. 내수선에 관하여는 원칙으로 海商法이 적용되지 않으나 선박충돌과 해난구조에 관한 규정은 내수선에도 적용된다(商 843, 849). 다만 이 경우에도 어느 한쪽 선박은 航海船이어야 한다. →항해선

내심적 효력의사(內心的效力意思) 表意者가 그 내심에 있어 진실로 바라고 있는 효력의사. 表示行爲에 착오가 없는한 표시상의 효력과 그 내용이 일치하는 것이 보통이다.

내 연(內緣) 사실혼과 같다.

내외법인평등주의(內外法人平等主義)〔國際私法上〕 법인의 공익성과 국제성에 기초하고, 內外國人平等主義에 보조를 맞추어 외국법인에게도 내국법인과 동일한 權利能力을 인정하는 주의를 말한다. 종래 여러 나라의 입법은 어떤 외국의 법률에 의해서 法人格, 즉 권리능력이 인정된 법인이라 할지라도 내국에 있어서 法人으로서의 그 활동이 인정되기 위해서는 다시 내국법상 그 법인격이 승인되고 내국에서 법인으로서 활동할 것을 승인받아야 하는 것이 일반적 경향(우리 舊民 36)이었으니, 이를 外國法人의 認許라고 한다. 그러나 우리 현행민법은 내외법인평등주의를 취하여 이를 인정하지 않고 있다.

내용(內容)**의 중요부분**(重要部分)**의 착오**(錯誤) 意思表示의 내용 중의 중요한 부분에 관하여 認識과 事實이 일치하지 않는 것. 의사표시의 내용이라 함은 당해 의사표시에 의하여 表意者가 달성하고자 하는 事實的 效果, 즉 效果意思를 말하며, 내용의 중요부분이라 함은 그 착오가 없었더라면 본인이 의사표시를 하지 않았을 뿐만 아니라, 보통 일반인도 하지 않았으리라고 생각되는 객관적 중요성을 말한다. 중요부분에 관한 착오냐 아니냐는 각 경우에 당하여 구체적으로 결정될 문제이지만, 보통 다음과 같은 경우에는 중요한 부분에 錯誤가 있다고 한다. ① 당사자인 사람에 관한 착오. 개인에 중점을 두는 法律行爲(증여·신용·매매·대차·혼인·입양 등)에 있어서는 중요부분의 착오가 된다. 사람의 신분·자산에 관한 착오도 그것이 중요한 의의를 갖는 법률행위에 있어서는 중요부분의 착오가 된다. ② 目的物의 同一性에 관한 착오. 예컨대 甲馬를 乙馬로 오신하고 매매를 의사표시를 한 것과 같은 경우. 이것도 일반적으로 중요부분의 착오가 된다. ③ 목적물의 性狀·來歷에 관한 착오. 이것은 일반적으로 動機의 錯誤에 속하나, 그것이 거래상 중요한 의미를 가지고 있고, 明示的·默示的으로 표시되어 있었을 때에는 중요부분의 착오가 된다. ④ 목적물의 數量·價格 등에 관한 착오. 그 정도가 거래상 중요한 의미를 갖는 경우에만 중요부분의 착오가 된다. ⑤ 法律行爲의 性質에 관한 착오. 예컨대 賃貸借를 使用貸借로 오신하고, 贈與를 貸借로 오신하는 것과 같은 경우. 일반적으로 중요부분의 착오가 된다. ⑥ 法律狀態에 관한 착오. 예컨대 제2심의 승소판결을 모르고 和解한 것과 같은 경우. 물건의 性狀에 관한 착오와 같이 중요부분의 착오가 된다. 법률행위의 내용의 중요부분에 착오가 있는 때에는 취소할 수 있다(民 109 Ⅰ本). 그러나 그 착오가 표의자의 중대한 과실로 인한 때에는 취소하지 못한다(109 Ⅰ但).

내용적 확정력(內容的確定力) 재판이 형식적으로 확정하는 경우에(→형식적 확정력) 재판의 판단내용인 일정한 법률관계를 확정시키는 효력. 이 법률관계는 實體法的인 것과 節次法的인 것이 있으나, 실체적 재판·형식적 재판의 양자에 관하여 내용적 확정력이 발생한다. 따라서 公訴棄却·管轄違反 등의 형식적 재판이 확정한 때에도 그 후에 당해재판의 전제가 된 사실에 변경이 없는 한 동일사항에 관하여 다른 재판을 할 수 없게 된다. 실체적 재판의 내용적 확정력을 특히 實體的 確定力이라고 부른다. →실체적 확정력

내용증명(內容證明) 우편물의 특수한 취급제도의 하나. 정보통신부에 있어서 당해 우편물의 내용인 文書의 내용을 謄本에 의하여 증명하는 제도(郵 27). 내용증명은 문서를 내었다는 증거가 되며, 또 문서의 確定日字를 주는 효력이 있다.

내외국민평등주의(內外國民平等主義) →내국민대우

내인성범죄인(內因性犯罪人) →내인적 범죄인

내인적 범죄인(內因的犯罪人) 〔獨〕 endogener Verbrecher 內的特性에 의하여 범죄를 행한 자. 외적사정에 의하여 범죄를 저지른 外因的 犯罪人에 대한다. 인격의 형성은 소질에 의하여 설정된 기초에 환경이 작용하는 것인데, 내인적 범죄인은 압도적으로 소질에 의하여 제약되든가, 또는 인

격특성이 범죄적으로 위험한 자의 범죄이며, 외적사정의 작용은 미약하다. 개선은 곤란하며 保安處分으로써 논의된다.

내적 명예(內的名譽) 〔獨〕 innere Ehre 사람이 가지고 있는 인격의 內部的 價値 그 자체를 말한다. 그러나 이것은 순수한 價値世界의 가치이며, 사람이 출생에 의하여 취득하며 결코 상실할 수 없는 人格價値이다. 적이 많으면 명예도 많다(viel Feind, viel Ehr)는 격언은 바로 이를 의미한다. 이러한 의미에서의 타인의 침해에 의하여 훼손될 성질이 아니므로, 刑法은 이러한 가치를 보호할 수 없다.

내 해(內海) 〔英〕 land-locked seas, inland seas 〔獨〕 Binnenmeer 〔佛〕 mer intérieure 넓은 뜻으로 내해에는 육지에 의하여 완전히 봉쇄된 것(封鎖內海), 일방의 입구에 의하여 공해에 접속된 것 및 2 이상의 입구에 의하여 공해에 접속된 것의 세 가지가 있는데, 뒤의 두 가지를 開放內海라고 한다. 封鎖內海는 호수와 동일하고, 둘째 것은 港灣과 동일하며, 따라서 보통 내해라 하면, 셋째, 즉 좁은 뜻의 內海만으로 사용된다. 이것은 沿岸이 동일국에 속하고 또 입구가 일정거리(현행조약법상 24해리)를 초과하지 않을 경우에는 沿岸國의 내수가 되며 영해는 그 입구에 그은 직선을 기준으로 하여 밖으로 책정된다. 입구의 넓이가 일정거리 이상인 경우에는 내수가 되지 않으며 해안선으로부터 곧 영해가 된다. 소위 歷史的 內海에 있어서는 입구의 넓이에 관계없이 內水로 인정된다. 연안이 여러 나라에 分屬된 경우에는 내해의 수역도 여러 나라에 분속되는데, 영해가 겹치지 않는 경우에는 영해 외는 公海가 되고, 겹치는 경우에는 특별협정이 없는 한 그 중앙선을 경계로 하거나 또는 해협 最深部의 중앙선을 경계로 한다. 내해나 내수에는 그것이 國際水路에 해당되는 경우를 제외하고는 領海와는 달리 외국선박의 無害航海權이 인정되지 않는다. →영수, 해협, 항, 만, 내수

내 혼(內婚) 〔英〕 endogamy 일정한 범위내에서만 혼인을 성립할 수 있는 혼인의 형식. 外婚에 대한 말. 階級的 內婚 · 地域的 內婚 · 宗敎的 內婚 등의 종류가 있다. 인도의 카스트제도는 엄격한 階級內婚의 좋은 예이다. 일반적으로 사회권의 확대와 동시에 내혼권도 스스로 확대되는 경향에 있지만, 이러한 의미에서 혼인제도의 발전은 내혼권의 확대 또는 그 철폐의 역사로 볼 수도 있다. 고대와 봉건사회에 있어서는 계급적 내혼은 엄중하였다. 예컨대 신라 · 고려시대에는 특히 왕가 · 왕족 사이에서는 同姓婚 · 近親婚이 성행하였다. 조선시대에 있어서는 사회적 계급관념이 한층 심각하여 通婚의 범위는 동료계급 사이에 한하였다. 이 계급적 내혼은 일제시대부터 법률상 폐지되었고 또 민법도 내혼을 강조하는 아무런 규정을 두지 않고 있다.

냉각기간(冷却期間) 〔英〕 cooling(-off) time 法令 또는 團體協約이나 기타로써 일정기간을 경과하지 않으면 쟁의행위를 할 수 없다는 뜻을 정하는 경우가 있다. 이는 그 기간 중에 노사쌍방의 흥분을 가라앉히어서 사실상 爭議行爲가 실현되지 않게 하려는 의미와 쟁의행위를 돌발적으로 행하면 상대방과 공중에게 주는 충격이나 타격이 심한 것이기 때문에 그 일정기간 동안에 善後策을 강구케 하려는 뜻이 있다. 냉각기간은 전자에 착안한 것이고, 豫告期間이라는 것은 후자에 착안한 것이다. 구노동쟁의조정법 14조에 냉각기간을 규정했으나 현행법상 노동쟁의가 중재에 회부된 때에는 그날로부터 다시 15일간은 쟁의행위를 할 수 없다(勞整 63). 이밖에 공익사업이나 전국적인 규모의 쟁의행위에 대해서, 緊急調整이 결정된 때에는 즉시 쟁의행위를 중지하여야 하며, 공표일로부터 30일이 경과하지 아니하면 쟁의행위를 할 수 없다(77). 이는 全國非常狀態(national emergency)의 大爭議의 경우에는 합계 80일간의 냉각기간을 둔다는 미국의 태프트 하틀리법에 따른 규정이라고 하겠다.

냉 전(冷戰) 〔英〕 cold war 1945년 제2차대전이 끝난 후의 국제간의 계속적인 緊張狀態. 전후의 세계평화는 大國간의 협조가 불가결의 요소이었음에도 불구하고, 미 · 소양국간의 협조가 전쟁의 종결과 함께 끝나 버렸다. 이리하여 국제간의 긴장상태는 심각해졌으니 이러한 상태를 냉전이라고 한다. 무력에 의하지 않고 東西兩大陣營은 각각 자기측의 세력을 확대하기 위하여 軍事 및 經濟블록을 형성하여 원조를 제공하는 등의 투쟁을 전개하였다. 구소련이 붕괴하고 동 · 서독이 통일됨으로써 어느 정도 냉전은 해소되었다.

네덜란드학파(學派) 17세기 네덜란드 및 벨기에에서 제창된 國際私法의 한 학파로 극히 屬地主義的이며, 따라서 외국법이 적용되는 경우가 적은 것과, 사람의 身分 · 能力에 관하여 속지법이 적용되는 경우에 있어서도 그 근거를 國際禮讓에 두는 것을 특색으로 하는 학파를 말한다. 16세기에 프랑스의 달 장 드레의 학설이 한층 그 봉건주의적 본질을 발휘하였다. 파울 보엣트, 쟌 · 보엣트, 로덴부르그 등이 이에 속하며, 이 학파의 대표자는 네덜란드의 후버이다. 그의 학설은 19세기 미국의 스토리에 의하여 더욱 발전되어 오늘까지 英 · 美國際私法에 많

은 영향을 끼치고 있다.

네오 리얼리즘 법학(法學) 〔英〕 neo-realism 프래그머티즘의 법학을 더욱 발전시키고 철저화한 法理論. 법학연구의 대상을 쓰여진 法規에서 法的 行爲, 즉 裁判에로 옮기고, 법현상의 사실적·현실적인 측면을 탐구하려는 법이론이 될 것을 목표로 한다. 플랑크, 루엘린 등이 그 대표적 이론가이며, 그들의 주장을 요약하면, ① 법은 항상 유동적 상태에 있으며, 법보다도 빨리 유동·변화하는 社會的 目的의 수단이 되어 있고, ② 當爲와 存在의 구분은 법학연구에 한 때 필요하기는 하지만, 그러나 법의 본질은 어디까지나 존재로서의 법에 있는 것이며, ③ 전통적인 法槪念을 불신하고 법원이 하게 될 보편적인 발언을 법으로 보고, 법학의 과제는 법관의 행동을 포함한 모든 인간의 법적 관리의 행동을 그 개별적 설정에 맞추어 선입견없이 관찰하고 이것을 과학적으로 해석하는데 있다고 본다. 이리하여 그들은 주로 법관의 판결에 영향을 주는 생물학적·심리학적 요소의 탐구를 深部心理學을 빌려 시도하기도 하고 있지만, 루엘린은 도리어 플랑크가 시도한 프로이드 心理學解釋의 지나침을 비판하고 법에 있어서의 어느 정도의 範疇性과 拘束性을 인정하기도 한다. 네오 리얼리즘은 미국에 있어서의 法社會學을 확립시켰다는 공적은 있으나, 그 주장은 파운드나 에를리히의 그것과는 부합되지 않으며, 리얼리즘 그 자체에 내포된 懷疑的·偶像破壞的인 특성도 무시할 수가 없다. 그리고 법관에 대한 불신, 법적 안정성의 부인, 법의 실증적·사회학적 파악의 절대화 등은 그 치명적인 결함으로 지적되고 있다.

네오 마캔틸리즘 〔英〕 neo-marchantilism 19세기 이후의 유럽 대륙 및 미국에 있어서 종래의 自由貿易主義에 대한 반동으로서 무역주의가 제창되어 수출업에 대하여 국가보조정책 등이 취해졌는바 이를 네오 마캔틸리즘이라고 한다.

네오 토미즘 〔英〕 neo-Thomism 〔獨〕 Neuthomismus 〔佛〕 neo-thomisme 聖 토마스 아퀴나스의 哲學體系를 현대에 맞추어 재고려·재표현하기 위하여 생겨난 하나의 철학적 경향. 일종의 存在論的 形而上學이다. 현실적 존재와 가능적 존재로써 存在論을 구성하고, 가능에서 현실에로의 이행을 生成이라 하며, 質料와 形相의 관계와 같다고 본다. 존재의 최고단계는 정신이며 인식과 의욕으로써 성립된다. 悟性만이 보편개념에 도달할 수 있다고 봄으로써 主知主義的 理論을 전개하고, 정신적 인식은 체험과 생활에 모순되는 것이 아니라 체험의 形相이며 생의 완성, 즉 精神의 生이라고 주장한다. 신은 본질의 존재를 本質必然的으로 규정하고, 세계사는 신의 자유로운 영구한 계획의 실현이며 世上事의 목표가 된다. 인간의 행동에 입각한 윤리학을 수립하여 행복에 대한 目的倫理學을 전개하였다. 네오 토미즘에서 커다란 역할을 하는 것은 그들의 道德法論, 즉 法論이다. 인간행태는 직접적으로 良心에 의하여 규정되며 이러한 양심은 자연법의 표현, 즉 인간본성 자체에 내재하는 도덕법의 표현이다. 自然法은 실정법에서 그것의 적용을 발견하나 보편적 원리로서만 작용한다는 성 토마스의 견해에 따른다. 자연법은 永久法(lex aeterna)의 표현 그 자체이며, 세계형성의 神的 計劃이다. 자연법은 신의 의지에 근거하지는 않으며 神 자신도 그것을 마음대로 변경할 수 없다고 한다(왜냐하면 신은 그의 의지에서가 아니라 그의 본질적 존재에 의거하기 때문이다). 성 토마스와 마찬가지로 의지에 대한 理性의 우위성을 주장한다. 그들의 社會論도 중요하다. 즉, 개별적 인간이 세상의 최고존재자이며 그 밖의 모든 존재는 그에 이바지하여야 하지만 사회는 결코 의제가 아니라는 것이다. 사회는 인간 이외에도 현실적 관계를 가지고 있으므로 오히려 전체적 인간이라고 설명한다. 인간은 선천적으로 사회적 존재이며 공공복지는 德性의 전체질서 속에 자리잡고 있다고 주장한다. 네오 토미즘에 속하는 법사상가로는 르나르, 마리땅, 페트라셰크, 카트라인(Cathrein), 실링(Shilling), 로멘(H. Rommen) 등이 있으며, 특히 로멘은 普遍槪念의 실재, 存在와 當爲의 합치, 목적의 존재에의 내재, 이성의 우위 등을 부르짖고 전후의 자연법재생에 커다란 영향을 미친 학자이다. 로멘은 자연법을 目的的 存在秩序의 실현을 道德的 義務(當爲)로 하고서 자유의사의 주체인 인간에게 제시되는 命令的 規範이라고 규정함으로써 전후의 네오 토미즘의 제1의 법이론가로서 등장했으며, 이러한 자연법규범이 어떻게 사회생활에 적용되는가에 대해서 이른바 應用自然法論을 전개한 이는 매스너(J. Messner)이다.

넥스트 오브 킨 〔英〕 next of kin 最近親을 가리킨다. 1670년 영국의 遺産分配法에 의하면 유언이 없는 사망자의 유산은 그의 채무자, 그리고 장례비를 공제한 후 일정한 정도를 최근친에 분배한다고 규정하였다.

노도선(櫓櫂船) → 등기선·비등기선

노동계약(勞動契約) 근로계약과 같다.

노동관계(勞動關係) 〔英〕 labor relation

〔獨〕 Arbeitsverhältnis 勤勞關係라고도 한다. 노동에는 반드시 이를 급부하는 자와 이를 받는 자와의 양자가 있다. 이를 급부하는 자를 被傭者(勤勞者)라고 말하며 이를 받는 자를 雇傭主(使用者)라고 말하고, 이 양자간의 勞動需給關係를 노동관계라고 말한다. 노동관계는 종래 순전한 사법상의 채권관계라고 보아 왔지만, 이는 오늘날의 노동법이론상으로 볼 때에는 이미 용납될 수 없는 견해이다. 본래 채권관계라는 것은 혹자가 그가 가지고 있는 경제가치를 타자에게 제공하면 그 他者는 이에 상당하는 경제가치를 공여하며, 서로 이의 融通轉換을 행하는 관계, 즉 경제가치의 융통전환을 내용으로 하는 법률관계이나, 노동관계는 본질상 이러한 법률관계에 속하지 않는다. 물론 형식상으로는 피용자는 고용주로부터 일정한 보수를 받고 이에 대하여 노동이라고 하는 일종의 경제가치를 제공하는 것이라고 볼 수 있기 때문에 단순한 채권관계에 속하는 것 같이도 볼 수 있으나, 피용자가 제공하는 노동력이라고 하는 것은 본래 그들 자체와는 분리할 수 없는 人的給付인 것이어서, 매매·증여·임대차 등의 목적물로 되어 있는 一般經濟財貨와는 본질적으로 다른 것이기 때문에, 노동관계는 민법 채권편에 있어서의 각종의 계약관계와는 판이하게 그 성질을 달리하고 있는 것으로서 일반채권관계에서는 볼 수 없는 특수한 요소를 포함하고 있다. 이 노동관계는 다시 個別勞動關係와 團體勞動關係로 구별된다.

노동권(勞動權) 근로권과 같다.

노동기본권(勞動基本權) 근로자에 대한 生存權 확보를 위하여 헌법이 보장하고 있는 노동권(근로권)(憲 32Ⅰ) 및 團結權·團體交涉權·團體行動權(33Ⅰ)을 일괄하여 노동기본권이라고 한다. 이들 권리는 보장의 방법 여하에 따라서 반드시 동일한 성격을 가지고 있는 것이 아니다. 즉, 노동권은 국민이 근로의 권리를 갖는다고 하는 취지의 선언적 규정에 불과한 것이며 법률적으로는 정치적 강령을 표시한 것에 불과한 것이지만, 다른 3권은 勞動組合 및 勞動關係調整法·勤勞基準法 등의 구체적 입법에 의하여 적극적으로 보장되고 있다. 이에 관하여 헌법은 공공복리에 의한 제약을 明定하지 않았으나, 이러한 권리는 근로자의 생존을 확보하기 위한 수단으로서 보장된 것이라는 점을 생각하면 그 자신 절대적 권리로서 무한정의 행사와 보장을 받는 것이라고는 할 수 없다. 즉 사회 전체의 이익을 위하는 입장으로부터 제약을 받는 일이 있다고 할 수 있으나, 그렇다고 하여서 이를 이유로 한 부당한 제한이 가하여져서는 아니된다. 근로자의 기본권에 대해서 사용자측에는 록 아우트(職場閉鎖)라고 하는 쟁의행위가 인정되고 있는 바이지만(勞整 46), 이는 단지 노사의 균형상 용인되고 있을 뿐 노동기본권이라고는 볼 수 없는 성질의 것이다.

노동문제(勞動問題) 근로자의 사회적·경제적 지위의 개선향상에 관련된 문제. 산업혁명으로 工場制 生産體制(資本制 生産體制)가 확립됨에 따라 모든 상품은 기계와 동력에 의하여 대량으로 생산되었기 때문에 종래 수공업적 생산 내지는 가내공업적 생산에 종사하던 사람은 부득이 몰락하게 되어, 대공장을 중심으로 하여 공장근로자로서 집중하게 되었다. 工場制 生産體制는 다수의 근로자가 동일한 장소에서 동일한 상품을 생산하는 체제이므로 이곳에서 자연히 低賃金問題, 長時間勞動問題 또는 근로자의 災害問題 등이 야기되었다. 이러한 문제를 그대로 방치하기에는 너무나 큰 국가적·사회적 문제였었기 때문에 국가는 이 문제해결에 적극적으로 관여를 하게 되었다. 따라서 이는 勤勞法이 생성되어 가는 계기도 되는 것이다.

노동법(勞動法) 〔美〕 labor law 〔獨〕 Arbeitsrecht 〔佛〕 droit ouvrier 工場制生産(資本制生産)이 확립됨에 따라서 사회의 새로운 계층으로 근로자라는 개념이 생겼고 이러한 근로자와 사용자와의 관계(이른바 노동문제를 중심으로 한 관계)는 종래의 근대법질서로는 규율할 수 없는 새로운 양상으로 발전되어 나갔기 때문에, 이에 대처하여 서서히 생성발전되어 나간 法秩序를 가리켜 일반적으로 노동법이라고 부른다. 즉, 자본제국가에서는 종래의 契約自由의 原則에 입각한 近代民法을 가지고는 노동관계를 규율할 수 없었던 까닭으로 노동문제에 대해서는 새로운 여러 법제를 설정하게 되었다. 개개의 근로자의 근로조건의 최저기준을 국가의 행정감독에 의하여 보호하는 勞動保護法(근로기준법), 근로자의 단결·단체행동의 권리를 용인하는 團結立法 및 쟁의조정의 방법을 정하는 쟁의조정입법(노동조합 및 노동관계조정법) 등의 법률은 사용자의 사회적·경제적 우위와 근로자의 從屬關係를 전제로 하여, 근로자의 권리를 용인·보호하고 그의 지위의 향상과 노사의 실질적 평등을 도모하는 점에서 공통적인 것이어서, 이들을 총칭하여 勞動法이라고 부른다. 노동법은 사회보험이나 생활보호 등의 社會保障立法 및 失業對策立法과 함께 社會法의 중요한 분야이다. 그러나 이는 資本制法秩序를 전제로 하고 그것을 수정하면서도 결국은 자본제법질서에 포섭되는 것이다. 따라서 자본주의를 부정하는 사회에서는 여기서 말하는 노동법은 존재하지 아니한다. → 노동관계

노동법원(勞動法院) 독일, 프랑스, 이탈리아 등의 주요 산업국에서 개별적인 노동사건만을 일반 사법사건과 구별하여 관할하는 特別裁判機關으로 사법관 이외에 이해관계자인 사용자측과 근로자측에서 배심관을 참여시키는 점에 있어서 그 구성상 특이하다.

노동(勞動)**보이코트** →보이코트

노동보호법(勞動保護法) 〔英〕 protective labor legislation 〔佛〕 Arbeiterschutzrecht 넓은 뜻으로는 근로자의 보호를 목적으로 한 법규의 전체. 救貧法, 社會保險 · 失業救濟 등에 관한 법도 포함된다. 그러나 보통은 근로계약관계에 수반하는 폐해의 제거를 목적으로 하는 법을 말한다. 이는 勤勞契約內容에 국가가 직접 간섭하여, 최저한도의 근로조건을 정하는 법인 까닭으로 계약자유의 원칙을 제한하는 것이다. 이러한 의미에 있어서의 노동보호법으로서 근로기준법이 있다.

노동부(勞動部) 노동조합 · 노동관계조정 · 근로조건 · 산업안전보건 · 근로감독 · 女少年勤勞者保護 · 산업재해보상보험 · 직업안정 · 노동력수급조정 · 해외인력진출 및 관리 · 실업대책 · 직업훈련 · 노동통계 · 근로자복지후생 및 노동위원회 기타 노동에 관한 행정사무를 주관하는 行政機關(勞動部職制 I). 종전의 노동청이 1981년 4월 8일 노동부로 승격.

노동(勞動)**브로커** 사용자와 근로자 사이에 서서 취직을 알선해 준 다음 쌍방 또는 일방으로부터 소개료를 받는 자. 종래 여공의 모집이나 土建業 등에서 많은 예를 볼 수 있는 것이나, 그 폐해가 막심하기 때문에 명문으로 이를 금지하고 있다(勤基 8, 職業安定法 11~12) →중간착취

노동시간(勞動時間) 근로시간과 같다.

노동시장(勞動市場) 〔英〕 labor market 일정시기에 일정한 장소의 수요에 대한 모든 노동력의 공급을 가리키는 추상적 뜻으로 쓰인다. 구체적인 것으로 職業紹介所 따위이다.

노동식민(勞動植民) 〔英〕 labor colonization 정부나 자선사업단체가 실업문제의 완화를 목적으로 도시의 실업자를 인구가 희박한 황무지 등에 이민시키는 것을 말한다.

노동위원(勞動委員) 勞動委員會(중앙 · 지방 · 특별)의 위원. 근로자를 대표하는 勤勞者委員, 사용자를 대표하는 使用者委員, 공익을 대표하는 公益委員 등이 있다. 위원의 임기는 근로자위원과 사용자위원 및 공익위원이 3년이며 연임할 수 있다. 補闕委員은 전임자의 잔임기간 재임한다(勞委 7). 이 밖에 중앙근로위원회와 지방근로위원회에는 여기서 행하는 노동쟁의의 조정 · 중재에 참여케 하기 위하여 特別調停委員을 둘 수 있다(勞整 72).

노동위원회(勞動委員會) 노동관계에 개입하여 노동관계의 적절한 조정을 할 것을 임무로 하는 行政委員會. 중앙노동위원회 · 지방노동위원회 및 특별노동위원회로 구분된다. 각 노동위원회는 근로자측을 대표하는 근로자위원, 사용자측을 대표하는 사용자위원, 공익을 대표하는 공익위원 각 7인 이상 20인 이하의 범위에서 구성되나, 근로자위원과 사용자위원은 동수로 한다(勞委 6). 특히 중앙노동위원회와 지방노동위원회가 행하는 노동쟁의의 조정 · 중재의 경우에 한해서는, 중앙노동위원회와 지방노동위원회에 각각 特別調停委員을 두고 이에 참여케 할 수 있다(勞整 72). 근로자위원은 노동조합에서, 使用者委員은 사용자단체에서 추천한 자 중에서 위촉되나, 위촉권자는 중앙노동위원회의 위원은 대통령, 지방노동위원회의 위원은 중앙노동위원회위원장이다(勞委 6Ⅲ). 公益委員으로서 중앙노동위원회의 위원은 대통령이, 지방노동위원회의 위원은 중앙노동위원회위원장이 위촉한다(6Ⅳ). 그 권한으로서는, 調停 · 仲裁의 調整的 權限과 不當勞動行爲의 판정 · 구제, 노동조합의 규약 또는 결의에 대한 취소 · 변경에 관한 의결, 노동조합의 해산에 관한 의결, 단체협약의 지역적 구속력의 선언에 관한 의결 등, 이른바 判定的 權限(준사법적 권능)이 있다. →공익위원회의, 특별조정위원

노동의무(勞動義務) →근로의무

노동자(勞動者) 근로자와 같다.

노동자(勞動者)**의 구속제한**(拘束制限) →정당한 쟁의행위

노동자주(勞動者株) 〔獨〕 Arbeiteraktie 〔佛〕 action ouvrière 從業員持株制度에 의하여 근로자가 보유하는 주식. 노동주와는 다르고 일반 주식과 같이 금전출자에 대하여 발행된다. 勞資간의 협조를 위한 제도로서, 그 취득에 특별한 편의가 부여되고, 또는 그 처분에 관하여 특별한 제한을 받는 수가 있다. →종업원지주제도

노동자참가주식회사(勞動者參加株式會社) 〔佛〕 société anonyme à participation ouvrière 1971년 제1차대전말기의 勞資協調思想이 드높던 시기에 프랑스에서 법제화된 회사. 1924년에는 뉴

질랜드에서도 채용되었다. 이 제도는 종래의 순자본적인 주식회사의 법적 구조에 勞動資本이라는 새로운 개념을 도입하여 근로자의 經營參與를 꾀한 것이라 하겠다. 그러나 실제로 이용되는 수는 적었고 立法史上의 하나의 에피소드에 지나지 않는다.

노동쟁의(勞動爭議) 〔英〕 labor dispute 〔獨〕 Arbeitsstreitigkeit 〔佛〕 conflit du travail 노동쟁의는 일반적으로 노동조합 내지는 근로자의 단체와 사용자 내지는 그 단체와의 사이의 紛爭狀態를 말한다. 노동조합 및 노동관계조정법 2조도 노동관계당사자간의 임금·근로시간·복지·해고 기타 대우 등 근로조건에 관한 주장의 불일치로 인하여 발생한 분쟁상태를 말한다고 규정하였다. 이 경우 주장의 불일치라 함은 당사자간에 合意를 위한 노력을 계속하여도 더 이상 자주적 교섭에 의한 합의의 여지가 없는 경우를 말한다. 노동관계의 당사자라는 것은 근로자측으로는 근로자의 단체(노동조합)만 當事者가 될 수 있는 것이고 개인으로서의 근로자는 이와 같은 자격이 없는 것으로 해석된다. 사용자측으로는 개인으로서의 당사자인 경우가 있고 또 使用者團體가 당사자가 되는 경우도 있다. 또한 노동쟁의는 노동관계의 당사자 사이의 주장이 서로 일치하지 않았기 때문에 발생하는 것이어서, 이 쟁의는 團體交涉이 행하여졌었다는 것을 전제로 하는 것이고, 단체교섭이 행하여지지 않았던 쟁의는 노동조합 및 노동관계조정법에 있어서의 노동쟁의라고는 볼 수 없다. 분쟁상태는 쟁의행위가 발생될 우려가 있는 상태라고 이해하는 것이 온당할 것이다. 원래 노동쟁의는 노사간의 자주적 해결에 맡겨서 勞使關係의 안정과 産業平和를 도모하기 위하여 노동쟁의를 예방하고 조정하는 기구가 노사간에 자주적으로 구성되어야 하는 것이 이상이지만, 노동조합 및 노동관계조정법이 노동쟁의를 문제로 하고 있는 목적은 국가기관 또는 행정기관의 관여로 분쟁을 가급적 신속원활하게 해결하려고 하는 것에 있는 것이다.

노동쟁의알선(勞動爭議斡旋) 노동쟁의조정을 위한 가장 간단하고 편의한 절차. 알선은 노동위원회가 당사자의 청구나 직권에 의하여 이를 행한다. 斡旋員이 당사자의 쌍방의 의견을 확실히 함으로써 노동쟁의의 해결을 媒介誘導한다

노동쟁의조정(勞動爭議調整) 노동쟁의를 예방 해결하고 산업의 평화를 유지하는 것. 노동조합 및 노동관계조정법은 그 방법으로 調停·仲裁·緊急調停의 3종을 인정하고 있다. →노동조합 및 노동관계조정법

노동쟁의중재(勞動爭議仲裁) 중재는 관계 당사자 쌍방의 신청에 의하여 행하여지지만 仲裁裁定은 당사자가 승낙하든 않든 그에 구속되는 점이 조정과 다르다. 중재에는 任意仲裁와 强制仲裁가 있으며, 전자는 당사자의 신청에 의하여, 후자는 당사자의 일방이나 쌍방의 의사에 의하지 않고 행하여진다. 일반적으로 강제중재는 행하여지지 않는다.

노동전수권(勞動全收權) 〔獨〕 Recht auf den vollen Arbeitsertrag 全勞動收益權이라고도 한다. 사회의 成員에게 그 노동의 全收益이 법률질서에 의하여 귀속되는 것을 요구하는 권리. 이것은 토지·자본에 의한 不勞所得 및 그 법률상의 전제인 생산수단의 사유를 부정하는 동시에, 사회의 성원에게 그 생존욕망을 충족시키는데 충분한 일정수의 시간만 매일 노동하는 의무를 부담시키고, 동시에 잔여의 근무시간의 全勞動收益을 일정한 제한을 붙여서 자유처분에 맡기는 것을 내용으로 한다. 멩거가 제창한 것으로서 그는 勞動權과 함께 이것을 경제적 기본권이라고 하였다.

노동절(勞動節) 노동자의 명절. 종래 5월 1일 메이 데이를 기념하고 있다. 근로자의 날 제정에 관한 법률(법률 제1326호 1963년 4월 7일)에 의하여 大韓獨立勞動總聯合創設紀念日을 택해서 3월 10일로 정하여 기념하고 있었지만 지금은 폐지되었다. →메이 데이

노동조건(勞動條件) 근로조건과 같다.

노동조약(勞動條約) →국제노동조약

노동조합(勞動組合) 〔英〕 trade union 〔獨〕 Gewerkschaft, Berufsverein 〔佛〕 syndicat ouvrier, syndicat professionnel 근로자가 사용자에 대해서 그의 근로조건을 유지하고 개선하기 위하여 결합하는 단체. 반드시 법인이 될 것을 요하는 것은 아니지만, 단체로서의 繼續的 統一體(이른바 權利能力없는 社團)일 것을 요한다. 따라서 근로자의 일시적인 결합방식에 불과한 爭議團은 노동조합으로 인정할 수 없다. 노동조합 및 노동관계조정법은 그것의 제규정적용의 규율을 표시하는 뜻으로, 노동조합을 근로자가 주체가 되어 자주적으로 근로조건의 유지 개선 기타 경제적·사회적 지위의 향상을 도모할 것을 주된 목적으로 하는 團體 또는 그 聯合體라고 정하였고, 또한 사용자의 이익을 대표하는 자가 참가하는 조합이나 사용자가 경비원조를 하고 있는 조합(이른바 御用組合)은 이에서 제외하고 있다(勞整 2). 노동조합은 단체로서 組合規約을 가져야 한다(11)는 것은 당연한 일이나, 법은 주로 조합민주화라는 견지에서 이 조합규

약의 내용으로서 정하여야 할 약간의 사항을 법정하고, 상술의 組合要件과 이 組合規約要件을 충족시키지 못하는 노동조합, 이른바 法外組合에 대해서는 노동조합 및 노동관계조정법에 정하여진 절차와 구제, 예컨대 노동위원회에 의한 노동쟁의의 조정, 부당노동행위의 구제를 인정하지 않기로 하였다(7). 이는 노동조합에 대한 국가의 계몽적 입장에서의 조치라고는 하나, 근로자의 권리를 부당하게 제약할 염려가 있어서, 일반적으로 타당치 않다는 견해가 많다. 그러나 노동조합으로서의 단결의 방식은 자유이며, 근로자는 企業別로(企業別組合. 우리나라에서는 이것의 상태이다). 혹은 職種別로(職業別勞動組合, 외국에서는 이것의 상태이다) 조합을 결성할 수 있으며, 또한 組合(單位組合)을 단위로 하는 연합체, 혹은 조합 및 개인근로자로 구성되는 單一組合이라도 무방하다. 조합의 조직·해산 및 조합에의 가입탈퇴도 원칙적으로 자유이다(→클로즈드 숍).

노동조합운동(勞動組合運動) 〔英〕 trade union movement 〔獨〕 Gewerkschaftsbewegung 〔佛〕 mouvement syndical 근로자가 노동조합을 결성하고, 이를 중심으로 하여 그들의 경제적·사회적 지위의 향상을 도모하기 위하여 행하는 운동. 이와 같은 근로자의 集團的 運動은 고용관계가 존재하였던 고대로부터 있었다고도 할 수 있을 것이나, 오늘날 노동조합운동이라고 하면 보통 근대사회 이후의 조합운동, 즉 資本制社會가 성립된 후에 발생전개된 노동조합운동만을 가리키는 것으로 이해된다. 노동운동은 근대자본제도하에서 노동력의 매각을 통해서만 생활할 수밖에 없는 근로자가 그들 자신의 힘에 의해서 자신의 경제적·사회적 지위를 향상시키기 위하여 전개한 자연발생적인 운동이었기 때문에, 그것은 대체로 자본제사회의 발전에 상응하여 발전하여 왔다고 할 수 있다. 따라서 노동조합운동의 양상은 시대와 국가에 따라 많은 차이가 있다. 그러나 대체적으로 본다면 자본주의 초기에는 노동조합운동이 국가에 의해서 혹심한 탄압을 받았기 때문에, 숙련기술자만에 의한 소규모의 秘密組織運動의 양상을 나타내었고, 그 후 資本主義經濟組織의 발전과 근로자의 자기의식의 앙양에 따라, 국가 또는 사용자에 의해서 방임되는 단계를 거쳐 점차적으로 법적으로도 용인 내지 보장되는 운동으로 진전되었다. 그리하여 오늘날에 와서는 법적 규제면에서 국가에 약간의 차이는 있지만, 노동조합운동은 법적으로는 거의 완전히 보장되게 되었다. 노동조합운동의 조국은 영국이며, 1720년경 임금인상을 목표로 내세우고, 裁縫·手織物 등의 직공이 단체교섭을 한 것을 필두로 하여, 18세기 후반에 가서는 각종의 노동조합의 성립을 보았다. 우리나라도 헌법에서 團結權·團體交涉權·團體行動權을 보장함과 동시에, 1953년에는 노동조합법이 제정되게 되었기 때문에, 우리나라의 노동조합운동은 비로소 본격화되게 되었다.

노동조합(勞動組合)**의 규약**(規約) 조합규약과 같다.

노동조합주의(勞動組合主義) 〔英〕 trade-unionism 노동조합운동의 모국인 영국의 노동조합주의를 가리킨다. 그러나 널리 노동조합운동, 즉 근로자가 노동조합의 단결력을 배경으로 하여 경제적·사회적 지위의 향상을 실현하려고 하는 團體運動의 방식을 의미하는 경우도 있다. 영국에서의 노동조합주의는 사상적으로는 약간의 변천을 보이고 있지만, 기본적으로는 마르크시즘을 부정하고 구소련의 共産主義와 구별된다. 영국에서는 근로자를 위한 여하한 시책도 이 노동조합주의와 조화되지 않는 것은 인정되지 않는다.

노동주(勞動株) 〔英〕 labor stock 〔獨〕 Arbeitsaktie 〔佛〕 action de travail 근로자가 근로자로서 회사에 勞務를 제공하고 있는 그 자체를 金錢出資와 대등한 價値出資라고 인정하여, 이에 대하여 발행되는 특수한 주식. 보통의 주식이 금전출자에 대하여 발행되는 주식인데 비하여 특이성을 띠고 있으나 금전출자에 대하여 발행되는 주식, 즉 자본주와 동일하게 企業經營參加權과 利益配當請求權을 가지고 있다. 노동주를 근로자에 대하여 발행하는 형태에는 두 가지 방식이 있다. 그 하나는 회사의 개개의 근로자에 대하여 발행하는 방식으로서, 1924년의 뉴질랜드의 會社授權法이 그 예이고, 또 하나는 회사의 全勤勞者로서 이루어지는 특수한 단체를 인정하고 그 단체에 대해서 일괄하여 발행하는 방식으로서, 1917년의 프랑스의 勤勞者參加株式會社에 관한 법률이 그 예이다. 그러나 노동주제도는 입법자의 기대한 바에 반하여 그다지 보급되어 있지 않다고 한다. 요컨대 노동주제도는 본질적으로는 근로자에게도 회사의 이익을 특약에 의하여 분배하는 利益參加制度의 강화 내지 특수화(社團關係化)에 중점이 두어지고 있는 것이다.

노동헌법(勞動憲法) 〔獨〕 Arbeitsverfassung 현대국가의 헌법들은 경제적 약자인 근로자의 인간다운 생존을 보장하기 위한 일련의 규정을 두고 있다. 이러한 근로자보호를 위한 憲法條項들을 총괄한 것을 말한다. 노동헌법의 핵심이 되는 것은 근로기준법이다.

노동헌장(勞動憲章) 〔英〕 Labor Charter 베르사이유 평화조약 427조가 정하는 노동에 관한 지도원칙. 근로자가 신체상 도덕상 및 지능상의 복지가 가장 중요한 국제사항이라는 사고방식하에서, 國際勞動機關을 설치함과 아울러 노동을 단순히 상품이라고 인정해서는 안된다는 것, 사용자 또는 근로자의 團結權의 승인, 임금이나 근로시간 등에 관한 적정한 규준의 설정, 연소근로자의 보호, 근로자의 평등한 대우 등을 특히 중요하고도 긴급한 필요가 있는 국제법원칙이라는 취지를 선언한다. 그 이후의 勞動立法에 있어서 중요한 지침이 되고 있다.

노동협약(勞動協約) 단체협약과 같다.

노동형법(勞動刑法) 노동관계를 기초로 하는 범죄에 대한 형벌법규의 총칭. 行政刑法에 속하느냐 刑事刑法에 속하느냐의 여부가 문제되고 있으나 현재에 있어서는 양자에 속한다고 보는 것이 타당하다. 노동형법에서 규정하는 범죄에 대하여는 특히 그 違法性의 판단이 문제가 된다.

노동회의(勞動會議) → 국제노동회의

노 둔(魯鈍) 지능지수가 독일에서는 75~85, 미국에서는 50~70의 精神薄弱. 7~12세 정도의 지능으로 학습은 곤란하고 응용능력은 없다. 충분한 훈련을 하면 단순한 직업에 종사할 수 있지만 기술이나 두뇌를 쓰는 일은 불가능하다. 浮浪者·慣習犯罪人·賣春婦에는 노둔이 많다.

노령폐질자(老齡廢疾者)**의 보호**(保護) 헌법은 신체장애자 및 질병·노령 기타의 사유로 생활능력이 없는 국민은 법률의 정하는 바에 의하여 국가의 보호를 받는다(34Ⅴ)고 하여 신체장애자·노령·질병자의 보호를 규정하고 있는데, 국가는 社會保障의 증진에 노력하여야 한다는 것, 생활능력이 없는 국민은 법률이 정하는 바에 의하여 국가의 보호를 받는다는 것을 선언함으로써 社會保障制度確立을 확고히 보장하고 있다(34). → 생존권적 기본권

노르웨이공채사건(公債事件) 〔英〕 Case of Certain Norwegian Loans 1885년부터 1909년 사이에 노르웨이은행이 발행한 공채가 프랑스 기타 외국시장으로 유입, 프랑스가 金約款의 규정에 따라 액면에 해당하는 금의 지급을 요구한데 반하여, 노르웨이는 국내법적 조치에 의거 노르웨이은행권으로 지급 또는 지급의 연기를 주장하였으므로 발생한 紛爭事件. 노르웨이는 동사건을 국내문제라고 주장할 뿐 아니라, 國內的 救濟節次를 다하지 않았으므로 국제재판사항이 될 수 없다고 하였다. 프랑스는 노르웨이의 국내조치가 외국인채권자에게 적용될 수는 없고 국내적 구제의 불가능이 명백하다는 이유로 1955년 7월 6일 국제사법재판소에 제소하였다. 재판소는 任意條項에 대한 양국의 선언을 검토함에 있어 프랑스가 국내적 관할권에 관한 主觀的 留保를 규정하였고 노르웨이는 그를 규정치 않고 있으나, 相互性의 원칙에 입각하여 프랑스의 主觀的 留保를 원용함으로써 管轄權 欠缺에 대한 노르웨이의 先決的 抗辯을 인정하였다. 즉 强制管轄權은 양국선언이 일치하는 범위내에 한정되므로 프랑스가 본질적으로 국내사항이라고 판단하는 분쟁은 관할수락에서 배제된다는 프랑스의 留保에 의거하여 동사건은 노르웨이의 주장과 같이 국제사법재판소의 관할에서 배제된다고 판결하였다(12 대 3, 1957년 7월 6일 판결). → 국내사항, 국내적 구제

노리스·라가디아법(法) 〔英〕 Norris-Lâ Guardia Act, Anti-Injunction Act 평화적 쟁의행위에 대한 禁止命令(인정크션)의 발부나 黃犬契約을 금지한 1932년의 미국연방법. 미국에 있어서 근로자의 團結·爭議行爲를 특히 보호한 최초의 법률이다. 1915년 연방재판소는 황견계약을 금지하는 주법에 대해서 위헌판결을 내렸던 것이지만, 노리스·라가디아법은 3조에서, 황견계약은 연방의 공익에 반하는 까닭으로 연방재판소에서 강행할 수 없는 것이라고 하여, 그에 따르는 금지명령을 내리는 것을 금지한다고 규정하였다. 또한 본법에 대해서는 1937년 연방재판소에서 合憲의 판결을 내렸다.

노모스 〔佛〕 nomos 그리스어로서 퓨시스(physis 自然)에 대한 말이다. 그리스의 법철학은 소피스트적 啓蒙의 시기에 이르자 비로소 法과 自然(nomos와 physis)의 문제에로 관심을 돌렸던 것이다. 노모스는 원래 노모이(nomoi 法律)와는 달리 폴리스(polis)에서 타당하고 정당하며 聖스러운 풍속으로서 또는 萬有를 포괄하는 질서로서 이해되었다. 이리하여 헤라클레이토스는 국민들은 그들의 노모스를 위해서는 마치 그들의 堡壘를 위해서 싸우듯이 해야 한다고 하였으며, 핀다로스는 노모스는 神과 人間事의 위에 있는 王이다라고 찬미하였다. 이와 같이 소피스트 이전의 철학자들에게는 노모스와 퓨시스는 본질적 통일성을 지니게 되었으나, 소피스트의 등장과 함께 노모스가 의거한 신앙이 점점 허물어지고 노모스의 평가는 저하되어 노모이와 동일한 의미를 가지게 되었다. 文化史的으로 볼 때 노모스는 구체적인 도시공동체의 풍속으로서 표현되었으나, 法이 人間本性의 창조적 질서라는 사상이 고창됨에 따라 실정적 법률로 이해되었고, 또 인간본성의 생물학적 不平等性이 발견됨에 따라 실정적 법률로 이해되었고, 또 인간본성

의 生物學的 不平等性이 발견됨에 따라 노모스와 퓨시스는 상호대립하게 되었다. 플라톤에 와서는 노모스는 그의 이데아와 정의의 이념에의 참여로서 보았고, 아리스토텔레스는 노모스를 정의의 일종으로 보았다.

노무공급계약(勞務供給契約) 〔獨〕 Arbeitslieferungsvertrag 타인의 노무 또는 노동력을 이용하는 계약을 말하며, 이에는 雇傭·都給·委任의 세 가지의 유형이 있다. 그 중 ① 고용은 노무 자체의 給付를 목적으로 하고, ② 도급은 일의 완성, 즉 노무에 의하여 이루어진 일정한 급부를 목적으로 하고, ③ 위임은 勞務提供者의 판단에 의한 사무의 처리를 목적으로 하는 점에 각각 특색이 있다.

노무관리(勞務管理) 기업경영에 있어서 생산과정에 작용하는 노동력을 자본에 합리적으로 統御하는 勞動力管理. 넓은 뜻으로는 여기에 생산과정의 기술적·조직적인 문제를 대상으로 하는 생산관리를 포함하며 혹은 관리근로자층의 노동력관리도 포함시켜서 勞務管理라고 하는 경우가 있다. 오늘날의 노무관리는 雇傭管理·勤勞條件管理·給與管理로 나누어지며, 보통 적성검사·직무분석·직무평가·시간 및 동작연구·피로검사·인사고과 등의 방법에 의하여 採用·配置·移動·敎育·訓練·安全衛生·賃金·勤勞時間 등의 관리를 말한다. 이러한 노무관리체계를 보강하는 것으로 근로자 개인의 인간적·감성적 측면을 대상으로 하는 人間關係管理가 보급하기 시작하였다. 즉, 직장에 있어서의 상하의 의사소통이라든지 불평처리를 위한 개인적 접촉제도, 인사상담·생활상담 등 이른바 번민의 해결을 맡는 産業相談制度, 근로자에게 생산기술·근로조건 등에 관한 의견발표의 기회를 부여하는 提案制度, 기업의 실상을 근로자나 가족에게도 주지시키는 종업원 P.R. 제도, 완비된 복리후생시설 등이 여기에 해당된다.

노무자(勞務者) 민법상 雇傭契約의 일방의 당사자. 노무제공의 의무를 부담하고 報酬請求權을 가진다(民 655). → 고용

노무출자(勞務出資) 노무를 제공함으로써 하는 출자. 단체 자체의 財産忠實의 필요가 적고 그 구성원의 개성이 중요시되는 민법상의 조합의 조합원이나, 合名會社의 사원. 合資會社의 무한책임사원에게 인정된다(民 703 II, 商 222·269). 노무의 종류에는 제한이 없고, 정신적이든 육체적이든 계속적이든 일시적이든 상관없다. 기술자가 기술상의 노무를 出資로서 제공하는 것 같은 것이 그 예이겠으나, 단순히 조합이나 회사의 업무를 집행하는데 그치는 경우에도 이것은 본래 조합원이나 무한책임사원의 업무이기는 하지만, 이것이 노무출자로 되기 위하여는, 특별히 組合契約이나 定款에 취지를 기재하여야 한다. 노무를 출자하는 경우에는 손익 및 잔여재산의 분배의 기준을 정하기 위해서, 출자의 價額 또는 評價의 표준을 조합계약 또는 정관으로 규정하여야 한다(商 179 iv).

노벨라에 〔羅〕 Novellae 神勅法. 로마法大全의 일부. → 로마법대전

노 비(奴婢) 주인에게 예속하여 노무에 종사하는 자로서, 公權을 박탈 또는 제한받고 있는 자로 남자를 奴, 여자를 婢라 한다. 노비의 成語는 역사적 문헌과 출발을 같이 하며 고래로 儒者간에는 箕子東來와 동시에 노비제가 확립된 것이라고 믿어지고 있었다. 고구려·신라·백제는 물론 고려와 조선시대를 통하여 노비는 재산의 대상으로 또는 사회적 생활수단으로 사회경제상 큰 비중을 차지하고 있었다. 麗末土地의 兼倂, 壓良爲賤, 訴良贖身 등으로 노비행정이 극도로 문란한 뒤의 조선정부는 田民의 推刷辨正을 혁명목표로 세우고, 노비법의 정비에 힘쓴 바가 많다. 혁명노력에 의하여 입법된 고려말기의 노비법, 조선초의 經濟六典, 刑典, 辨正과 決訟, 奴婢世傳과 良賤交嫁에 관한 合行事宜, 決訟條件, 中分決折條目, 辨正條件, 聽松事宜, 誤決條畫, 決折條畫 등 허다한 법령과 조례가 건의 제정되었고 그 총결론이 經國大典 刑典에 수록된 것이다. 우리나라 노비발생의 원인은 대체로 捕虜·賣買·刑罰·債務·壓良 등을 들 수 있으나, 조선노비를 개관하면 創設的 原因으로서는 刑罰·賣買·壓良에 그치고, 承繼的 原因으로서는 奴婢婚姻과 良賤交嫁로 인한 생산(世傳)이 가장 높은 비중을 점하고 있다. 즉, 노비간의 生子가 노비임은 물론이거니와 良賤交嫁에 있어 良父賤母의 소생은 母役을 따라 노비가 되고 賤父良母所生은 父役을 따라 역시 奴婢가 되는 隨母從父의 원칙이 노비법의 기본원리로 규제되었기 때문에 노비는 증가일로를 걸은 것이다. 법령에 보이는 노비의 종류는 대별하여 公賤·私賤으로 구별할 수 있다. 公賤은 公奴婢 또는 公處奴婢라 부르고 私賤은 私奴婢라 부른다. 그 구별을 高麗史刑法志는 士族之家世傳而使者曰私奴婢, 官衙州郡所使者曰公奴婢라 하고 있으며 公奴婢 중 왕실소속노비, 즉 內需司所屬奴婢를 宮奴婢 또는 內奴婢라 하고 기타 관아소속노비를 관노비라 한다. 麗代에 대량노비소유자였던 寺院所屬奴婢를 寺社奴婢라고 부르는 바, 조선 태종은 革去하여 모두 公奴婢로 沒公하였으며, 寺社奴婢가 공노비의 대부분을 점한 관계로, 革去後는 寺社奴婢가 공노

비의 대명사가 되었다. 공노비를 다시 選上奴婢와 納貢奴婢로 구별한다. 選上奴婢는 각 관아에 소속하여 각종 노역에 종사하는 자로 居京公奴婢는 물론 중앙관부의 選上奴婢가 되고 외거공노비도 分番하여 지방관아에 또는 상경하여 중앙관부에 일정기간 노역에 종사하는 것이며, 非番外居하는 공노비는 司贍 등에 納貢한 것이므로 이를 納貢奴婢라 한 것이다(經國大典戶典, 刑典 참조). 사노비는 양반 또는 지주를 상전으로 하는 것이며, 率居奴婢와 外居奴婢로 구분된다. 率居奴婢(家奴婢)는 상전가에 기거하면서 노역에 종사하고 또는 婢妾으로 배우관계를 맺고 있으며 외거노비는 상전에게 身貢을 납부한 것이다(續大典刑典私賤條). 노비는 田宅과 같이 중요재산을 구성한 관계로 토지가옥과 같이 매매 · 증여 · 상속의 대상이 되었다. 經國大典戶典買賣限條에 田地家舍買賣限十五日勿改 竝於百日內告官受立案, 奴婢同, 牛馬則限五日勿改라 한 것과 같이 매매에 즈음하여 官의 立案을 받는 것은 토지와 같고 무허가 매매를 금지한 점(經國大典刑典私賤條)은 관권의 간섭이 더 엄격하였다고 볼 수 있다. 노비소유자인 상전은 노비범죄에 私刑을 가할 수 있었음은 물론이나 濫殺함은 금지되고 반대로 상전이 처벌을 받았다. 노비가 매매 · 증여 등 자유처분의 대상이 되고 살해에 이르지 아니하는 정도의 私刑도 인정된 것을 보면 노비의 權利能力이 부정되어야 할 것 같으나, 노비가 일반 양민과도 交嫁도 가능하고 因功贖良의 길이 있었고 자기계산으로 土地田地를 소유할 수 있고 奴主에 대리하여 재산의 賣買 · 典當 · 還退 등 처분행위를 하고 또는 그러한 文記의 작성을 할 수 있었다는 점 등은 權利能力의 인정을 전제하는 것이므로 그리스 · 로마시대의 奴隷와 같은 物件이 아니고 制限能力의 소유자이고 노비를 지배하는 奴主의 所有權 역시 불완전한 것이었다고 생각한다. → 노예

노비계약(奴婢契約) 〔獨〕 Gesindevertrag 중세 독일의 忠勤契約에서 전화된 계약사용자와 근로자간에 主從의 예속적 관계와 함께 노무와 보수와의 교환적 채권관계를 만들어내는 계약이다. 오늘날에도 고용계약에 있어서 이와 같은 일면을 보유하고 있는 지방이 있다.

노비안검법(奴婢按檢法) 956년(고려 광종 7년) 노비들의 신분을 조사하여 平民으로 만들던 법.

노비환천법(奴婢還賤法) 奴婢按檢法에 의하여 해방되어 평민이 된 노비들이 주인에게 불순한 까닭에 그 자들을 다시 성종 때 노비로 환원시켰던 법.

노사관계(勞使關係) 〔英〕 industrial relations 원래 영국에서 노동자단체와 사용자단체 사이의 전국적 國體交涉 관행이 확립된 후 산업수준에서 노동조합과 사용자 내지 사용자단체의 관계를 뜻하는 말이었다. 그런데 현대의 노사관계에서 정부의 역할이 강력해지면서 노사관계의 주체는 勞動者—使用者—政府의 3자관계로 확대되고 있다. 노사관계에 대한 정부의 역할은 사용자로서의 정부의 역할도 커졌다. 국 · 공영기업은 이윤극대화를 목적으로 하지 않고 공공부문에 집중되어 있기 때문에 단체교섭이나 단체행동 등에 제한을 가하는 경우가 많다. 나아가서는 立法措置를 통해 勞動3權을 제한 내지 금지시키는 경우도 있다. 그러나 이들 또한 경영의 효율화, 생산성 제고를 외면할 수 없고 노동운동이 발전함에 따라 국 · 공영기업의 노사관계도 사기업의 노사관계와 유사해지고 있다. 한편 主權者로서의 정부는 노사관계에 대한 입법과 행정을 통해 노사관계에 적용되는 틀을 만들고 雇傭問題 · 賃金決定 · 勞動爭議 등의 일상적인 문제에 영향을 미친다. 이처럼 노사관계에서 정부의 비중이 증대하지만, 그 기축이 되는 것은 근로자와 사용자와의 관계, 그 중에서도 노동조합과 사업주 내지는 경영자단체와의 관계인 集團的 勞使關係라 할 수 있다. 전통적으로 노사관계는 근로자 내지 노동조합과 사용자 사이의 대립관계로 규정되어 왔다. 따라서 노동조합은 자주적 통제권의 확대와 단체교섭을 위해 경영권의 영역에 침투하려 하고, 이에 대해 사용자는 잉여가치의 재생산을 위해 일상적으로 노동조합을 무력화시키려고 애쓴다. 武裝平和로 표현되는 이러한 對立關係가 자본축적의 조건을 악화시키면서 사용자는 이러한 대립적 관계를 협력의 관계로 전화시키고 전반적인 사용관계의 안정 속에서 생산성을 향상시키려고 시도한다. 이는 이미 1920년대 미국의 勞使協力制度나 영국의 勞使協議制度에서 찾아볼 수 있으며, 또한 독일의 共同決定法이나 經營組織法에서처럼 협력관계는 단순한 협의방식으로부터 經營參加方式으로 전환되고 있다. 각국 노사관계의 구체적 양상이나 내용은 각국의 자본주의 발전 정도, 국제경제상의 위치, 과거의 역사적 수준이 어떠한가에 따라 현저한 차이를 보이고 있다. 대개 선발 자본주의국가의 경우에는 시민혁명과정을 거침으로써 근로자와 사용자가 법적 측면에서는 대등한 관계를 유지하고 있고, 정부는 강압적 개입보다 調整 · 仲裁役割을 수행한다. 이에 대해 시민혁명을 거치지 못한 대부분의 후발자본주의 국가의 경우 근로자와 사용자 사이에 형식적인 대등성 조차 인정되지 않고 있으며, 정부도 급속한 자본축적과 사회불안에의 대처라는 명분하에 노사관계에 대해 강압적으로 개입하는 경

우가 많다. 우리 사회의 노사관계는 후발 자본주의 국가의 특성에 더하여 역사적 특수성 때문에 얼마 전까지만 해도 前近代的 勞使關係가 잔존해 있었다. →노사쟁의, 노동조합

노사협의회(勞使協議會) 근로자와 사용자가 참여와 협력을 통하여 근로자의 복지증진과 기업의 건전한 발전을 도모함을 목적으로 구성하는 協議機構(勤勞者參與 및 協力增進에 관한 法律 3 ⅰ). 노사협의회는 근로조건의 결정권이 있는 사업 또는 사업장 단위로 설치하여야 한다. 다만 대통령령으로 정하는 사업 또는 사업장은 그러하지 아니하다. 하나의 사업에 지역을 달리하는 사업장이 있을 경우에는 그 사업장에 대하여도 설치할 수 있다(4). 노사협의회는 근로자와 사용자를 대표하는 동수의 위원으로 구성하되 각 3인 이상 10인 이내로 한다(6).

노역·물품부담(勞役·物品負擔) 人的公用負擔의 하나. 특정한 공익사업을 위하여 필요한 노역이나 물품 그 자체를 給付할 公法上 義務. 보통은 비상화재 기타 목전에 긴박할 필요가 있는 경우, 달리 그 수요를 충족할 방법이 없을 때에 이를 충족할 수 있는 지위에 있는 자에 대하여 과하여진다. 같은 인적공용부담인 夫役·現品과 비교하면, 노역 또는 물품의 급부의무라는 점에서는 같으나, 노역·물품부담이 財産的 負擔의 성질을 갖지 않기 때문에 성질상 절대로 금전으로써 대납할 수 없다는 점에서 구별된다. 우리나라 헌법 아래에서는 형의 宣告에 의한 경우에만 허용된다(憲 12Ⅰ). →인적공용부담, 부역·현품

노역장(勞役場) 罰金 또는 科料의 선고를 받고 이것을 완납하지 못하는 자를 유치하여 노역에 복무케 하기 위하여 교도소에 설치된 곳.

노역장유치(勞役場留置) 벌금 또는 과료를 선고하는 때에 이를 납입하지 않을 경우의 유치기간을 정하여 선고하는 換刑處分(刑 70). 罰金을 납입하지 아니한 자는 1일 이상 3년 이하, 科料를 납입하지 아니한 자는 1일 이상 30일 미만의 일정한 기간 노역장에 유치하여 작업에 복무하게 할 것을, 벌금 또는 과료의 선고와 동시에 선고하는 것이다(69Ⅱ, 70). 일부를 납입할 때에는 벌금 또는 과료액과 유치기간의 일수에 비례하여 納入金額에 상당한 日數를 공제한다(71). 少年과 法人에 대하여는 換刑處分이 금지되어 있고(少 62 참조), 노역장유치의 집행에 관하여는 형의 집행에 관한 규정이 준용된다(刑訴 492). 형법은 벌금을 선고할 때에 동시에 그 금액을 완납할 때까지 노역장에 유치할 것을 명할 수 있다고 규정하는데(69Ⅰ但), 이에 관한 해석이 여러 갈래이다. 비록 假納判決(刑訴 334)과 동시에 노역장유치를 명하는 경우(刑 69Ⅰ但)에도, 벌금선고후 즉시 이를 집행할 수 있는 것이 아니라, 판결이 확정됨으로써 비로소 집행할 수 있음에 불과하므로, 판결확정일로부터 30일을 기다릴 필요(69Ⅰ本 참조)가 없는 것이 득일뿐이라고 하는 견해가 유력하다.

노 예(奴隷) 〔羅〕 servus, homo, mancipium 〔英〕 slave 〔獨〕 Sklave 〔佛〕 esclave [1] 완전한 權利能力을 가지지 못하고 타인의 지배에 복종하여 賣買·質 등의 목적으로 되는 사람. 권리능력이 전혀 인정되지 않는 것은 고대에도 비교적 적었지만, 다소라도 권리능력의 제한을 받은 것은 근세에 이르기까지 각지의 法制上에 존재하였다. 그러나 근대법은 모든 사람은 생존하는 동안 권리능력을 가진다는 것을 선언하므로 오늘날의 문명국에는 노예는 존재하지 않는다. 사실상 노예로서 다루어 매매 등의 목적으로 하는 경우가 있다 하더라도, 그 계약은 사회질서에 위반하는 것으로서 무효로 된다.

[2] 한국법제사상의 노예에 관하여는 奴婢를 보라.

[3] 서양법제사상 노예는 동방제국·그리스·로마의 고대사회에도 중세의 게르만사회에도 존재하였으나, 노예제도의 전형적인 극치는 로마에 있었다. 로마법상 노예의 신분은 戰時의 捕虜, 女奴로부터의 출생, 형벌 기타로 인한 自由身分의 상실 등을 원인으로 하여 발생하며, 또 법정의 요건을 구비한 解放(manumissio)을 함으로써 노예는 자유를 얻어 被解放者(libertinus)로 되어 生來의 자유인에 가까운 법적 지위를 취득한다. 노예는 全面的(이 점에서 中世 게르만사회의 農奴(Gehörige)와 다르다)·絶對的(따라서 無主의 노예도 있을 수 있다)인 不自由身分이었으며, 市民法上에서는 물론 萬民法上에서도 권리능력이 없으며, 動産으로서 법률관계의 객체를 이룰 따름이지만 主人(→빠뜨리아 뽀떼스따스)이 있는 노예의 법적 지위에 관하여는 다음과 같이 다루어졌다. 즉, ① 옛부터 그와 같은 노예가 한 取得行爲는 법률상 당연히 주인에 대하여 효과가 생긴다고 하였으며, 그 후 노예를 사용한 상거래가 발달함에 따라 法務官(쁘라에또르)은 노예가 한 債務負擔行爲의 결과가 주인에게 귀속되는 여러가지의 경우를 규정하고 노예는 그와 같은 한도에서 법생활에 관여하고 있었다. ② 로마의 고전시대 이후는 노예는 일정한 범위의 권리능력을 인정받아 노예를 당사자로 하며, 또 그 해방후에는 집행이 가능한 自然債務의 관념이 생겼으며, 노예의 혈연관계

가 그 해방후에 婚姻障害事由 또는 相續權의 기초로 되었으며, 조건성취후에 해방을 이행하지 않는 주인에 대하여는 노예가 소송을 제기하는 것도 인정되게 되었다. ③ 또한 스토아哲學 특히 그 자연법사상과 기독교교리의 영향을 받아 노예의 학대와 살해를 금하는 保護立法이 발달하였으며, 또 될수록 자유신분을 惠與하려는 취지의 입법이 행하여졌다. 그와 같은 변천은 노예의 인간으로서의 일면이 차츰 인정되게 된 과정을 말하여 주는 것이지만, 노예를 물건으로 보는 古來의 원칙은 끝까지 유지되었다. 그리고 위와 같은 노예의 법적 지위의 변천은 사회적 지위의 변천과 반드시 일치하는 것은 아니다.

[4] 국제법상 노예제도의 廢止, 노예매매의 禁止는 특히 아프리카의 흑인매매에 관하여 條約에서 문제가 되었다(1815년의 빈회의의 선언, 1841년의 런던의 5국조약, 1885년의 베를린·콩고회의 일반의정서, 1919년의 상제르망조약, 1926년의 노예조약). 1926년의 조약은 당사국의 관할내에서 노예매매를 금지하며, 일체의 노예제도의 완전폐지를 점진적으로 그리고 조속하게 실현하며, 당사국의 영해나 선박에서의 奴隷輸送禁止를 위한 일체의 수단을 취할 것을 정하고 있다.

노예적 구속(奴隷的拘束) 노예와 같이 人身의 자유가 구속되는 것. 헌법 12조는 이를 금지하며 이 정신을 이어받아 근로기준법은 强制勞動을 금지하고 있다(勤基 6).

노예해방운동(奴隷解放運動) 미국에 있어서의 黑人奴隸制度의 해방을 가리키는 바 역사적으로 그 의의가 자못 크다. 미국의 흑인 노예제도는 문명시대에 있어서 마지막 노예제도로서 흑인노예가 수입되기 전에는 白人奴隸가 존재하였으나 1616년 아프리카의 흑인노예가 수입되기에 이르러 그들의 건강하고도 유순하고, 또는 그 값이 저렴한 여러 이점에서 흑인노예가 성행되어 주로 남부의 쌀·면화·담배 등의 재배에 사역되어 발달하였다. 18세기에 접어들면서 동북지방에 근대적 임금근로자를 고용하는 製造業이 발달한 이래 신흥자본가들은 합중국을 자본주의 체제로 통일하려는 이상에서 남부의 대농원 소유자를 중심으로 하는 봉건적 세력과 대항하여 노예제도의 폐지운동을 일으켰다. 당시의 남부는 대농원 소유자를 대표하여 民主黨이 정권을 잡고 있었으나 1860년 링컨이 공업자본가를 대표하는 共和黨에서 선출되어 대통령에 취임한 이래 노예소유를 에워싸고 남북이 무력충돌을 일으켜 3년간의 남북전쟁으로 번진끝에 1862년 9월 국회가 奴隷制度의 폐지를 선언함으로써 마침내 노예의 해방은 실현을 보게 되었다.

노일협상(露日協商) 〔英〕 Russia-Japanese Entente 노일전쟁 후 일본과 러시아간에 체결된 조약을 말한다. 널리는 동조약을 중심으로 하는 양국의 협력관계를 가리키는 일도 있다. 협약은 1907, 1910, 1912, 1916년의 4회에 걸쳐 체결되었으며, 상호의 領土保全과 條約權利의 존중, 중국의 영토보전과 기회균등을 정하고, 따로 비밀조약으로 만주의 남북에서 양국의 세력 범위를 나누고, 몽고 및 한국에 있어서 각각 러시아 및 일본의 特殊利益을 승인하였다. 이 협정하에서 제1차대전 전 일본과 러시아는 자주 제휴하여 만주에 있어서 타국의 철도투자 그 밖의 계획을 조치하였다.

노임기금설(勞賃基金說) 일정시기에 있어서 勞賃으로 지급될 수 있는 資本의 부분은 일정하다는 설.

노임생산비설(勞賃生産費說) 노임은 자유경쟁하에서 勞動力의 生産費에 의하여 결정된다는 설.

노테봄사건(事件) 〔英〕 Nottebohm Case 1905년 이래 과테말라에 거주하면서 營業行爲를 하여 오던 독일인 노테봄이 제2차대전중 과테말라의 대독일 선전포고를 예기하고 敵人의 지위를 면할 목적으로 당시 중립국이던 리히텐슈타인에 귀화한 사실의 법적 효력에 관한 소송사건. 1949년 과테말라 국내에 있던 노테봄의 재산이 沒收되자 리히텐슈타인은 자국민의 보호를 위하여 1951년 12월 10일 국제사법재판소에 제소하였다. 이에 과테말라국이 裁判管轄에 대한 抗辯을 제출하였으므로 판결은 선결적 항변과 본안판결로 분리되었다. ① 先決的 抗辯. 과테말라는 강제관할권의 기초인 任意條項에 대한 선언의 시효가 리히텐슈타인의 제소일로부터 40일내에 종식된다는 이유로 재판소의 관할권을 부인하였다. 재판소는 1953년 11월 18일 판결에서, 일단 정식으로 재판소에 계속된 사건은 관계선언의 시효에 구애받지 않고 재판소관할하에 있다고 판시하여 선결적 항변을 棄却하였다(전원일치). ② 本案判決. 노테봄의 재산몰수에 대한 보상청구의 근거가 된 귀화의 법적 효력을 고찰함에 있어, 재판소는 국적문제가 국내사항임을 인정하였으나, 이를 기초로 한 외교적 보호는 國際的 平面에서 취급될 사항임을 명확히 하였다. 또한 노테봄이 宣戰 수개월전 리히텐슈타인에 귀화하였다가 얼마 후 다시 전거주지인 과테말라에 돌아온 사실을 중시하여 리히텐슈타인간의 연결을 인정할 적극적 이유가 없다고 판시, 즉 귀화문제에 이른바 連結理論(linking theory)을 도입하여 1955년 4월 6일 리히텐슈타인의 과테말라에 대한 주장을 부인하는 판결을 내렸다(11 대 3).

노 하우 〔英〕 know how 秘訣의 의미로서 상법 또는 영업상의 비결과 기술상의 비결이 있는 바, 보통은 후자의 의미로 쓰인다. 1961년 국제상공회의소가 채택한 노 하우 보호의 기준조항은 단독으로 또는 결합하여 공업목적에 도움이 되는 어떤 종류의 기술을 완성하거나 이를 실제 응용하기 위하여 필요한 비밀로 기술적 지식과 경험 또는 이들의 집합체라고 정의하고 있다. 노 하우에는 유형적인 것(청사진·견본)과 무형적인 것(방식·정보·개인적 숙련)이 있다. 최근에는 가치있는 營業財産으로서 중요시되게 되고, 特許權과 함께 또는 단독으로, 實施契約에 의하여 부여되는 일이 많으며, 現物出資의 대상으로 되는 경우도 있다. 특허권은 그 증명을 공표함에 의하여 독점권으로서 物權的으로 보호됨에 반하여, 노 하우는 공표됨에 의하여 그 가치를 상실하기 때문에 그 보호는 實施權者·被用者 기타의 자에 의한 불법한 사용·양도·공표·도용 등에 대하여 契約法的·不法行爲法的 또는 不正競爭防止法的인 방법에 의하게 된다.

노획품(鹵獲品) 〔英〕 booty 〔獨〕 Beute 〔佛〕 butin 전시에 있어서 적으로부터 압수 또는 억류함과 동시에 소유권취득의 효과가 발생하는 물품. 戰利品이라고도 한다. 포획물이 捕獲審判所의 검정을 기다려 비로소 그 효과를 발생하는 것임에 대하여, 노획품은 검정을 거치지 않고 즉시 몰수의 효과를 발생시킨다는 점에서 양자는 구별된다. 陸戰에 있어서는 직접·간접으로 作戰動作에 필요한 국유재산, 사유재산일지라도 병기, 마필, 군용서류는 노획품으로 된다. 海戰에 있어서는 군함과 그 積荷 및 公船 등이 노획품으로 된다. → 포획

노후불량건축물(老後不良建築物) 1985년 6월 30일 이전에 건축된 建築物로서 건축물의 구조·외형·부대시설 등 물리적 상태가 건전한 주거공간으로서의 기능을 하기에 부적합한 건축물로서 주거용 건축물과 대통령령으로 정하는 근린생활시설용 또는 공동시설용 건축물을 말한다(都市低所得住民의 住居環境改善을 위한 臨時措置法 2).

녹음유언(錄音遺言) 遺言方式의 일종. 유언자가 유언의 취지, 그 성명과 연월일을 구술하고 참여한 증인이 유언의 정확함과 그 성명을 구술하는 방식이다(民 1067). 과학의 발달로 인하여 발명된 녹음은 인간의 생존 당시의 육성을 사후에도 그대로 보존할 수 있을 뿐만 아니라 복잡한 내용의 유언까지도 간편하게 표시할 수 있음에 편익이 있다. 禁治産者가 의사능력이 회복되어 녹음에 의한 유언을 하는 경우에는 참여한 의사는 심신회복의 상태에 있음을 구술하고 이를 錄音하여야 할 것이다(1063).

논 고(論告) 공판절차에 있어서 증거조사가 종료한 후 검사가 행하는 사실과 법률적용에 관한 의견의 진술(刑訴 302 本). 좁은 뜻의 변론의 일종이다. 논고에서 행한 형의 量定에 관한 의견의 진술을 求刑이라고 한다. 다만 검사의 출석없이 개정한 경우에는 검사의 논고없이 공소장의 기재사항에 의하여 검사의 의견진술이 있는 것으로 간주한다(302 但).

논리해석(論理解釋) 〔英〕 logical interpretation 〔獨〕 logische Auslegung 〔佛〕 interprétation logique 법의 해석에 있어서 文理解釋에 대하여 법규의 문자나 문장의 문법적 의미에 구애받지 않고, 또 입법자의 심리적 의사에 관계없이(→입법자의사설), 法文의 논리적 의미에 안목을 두는 방법. 법규의 발생적·심리적·주관적 의의를 초월한 객관성의 보장에 이바지하기는 하지만, 과도한 形式論理偏重은 槪念法學의 폐단에서 보는 바와 같이 실제사회에 적합치 않은 모순을 발생시킨다. 법의 구체적 타당성은 目的論的 解釋을 기다려 비로소 확보될 수 있다.

농 가(農家) 세대주 또는 그 동거가족이 농업에 종사하여 생활하는 家族單位를 말하는 바, 주된 소득을 농업에 의존하는 농가로서 농림부령으로 정하는 규모 이상의 농지와 농업노동력을 보유한 농가를 특히 專業農家라 한다(農漁村振興公社 및 農地管理基金法 2).

농본주의(農本主義) 봉건사회에 있어서 통치자인 영주나 군주들이 직접적 생산자인 농민층의 유지와 增殖을 위하여 士·農·工·商이라는 신분적 순위를 설정하여 통치의 기반으로 삼았는데 이와 같은 통치의 개념을 농본주의라고 한다.

농수산물공판장(農水産物共販場) 농업협동조합·임업협동조합·축산업협동조합 및 수산업협동조합과 그 중앙회 또는 공익상 필요하다고 인정되는 법인으로서 대통령령이 정하는 法人이 농수산물을 판매하기 위하여 개설·운영하는 사업장을 말한다(農水産物流通 및 價格安定에 관한 法律 2).

농수산물도매시장(農水産物都賣市場) 양곡류·청과류·화훼류·鳥獸肉類·어류·貝介類·해조류 및 임산물 등 대통령령이 정하는 품목의 전부 또는 일부를 도매거래하기 위하여 도시지

역에 개설하는 시장으로서, 국고지원으로 개발한 농수산물도매시장 중 특별시, 광역시에 소재한 것과 기타 農林部令으로 정하는 시장 등의 중앙도매시장과 중앙도매시장 이외의 농수산물도매시장인 지방도매시장으로 구분된다(農水産物流通 및 價格安定에 관한 法律 2 ii).

농수산물물류(農水産物物流)**센타** 농수산물의 出荷經路를 다원화하고 물류비용을 절감시키기 위하여 농수산물의 수집·포장·가공·보관·수송·판매 및 그 정보처리 등 농수산물의 物流活動에 필요한 시설과 이와 관련된 업무시설을 갖춘 사업장을 말한다(農水産物流通 및 價格安定에 관한 法律 2 viii).

농수산물유통공사(農水産物流通公社) 농산물·임산물·축산물 및 수산물의 가격안정 및 유통개선사업을 통하여 농수산물수급의 안정을 기함으로써 농어민의 소득증진과 국민경제의 균형있는 발전에 이바지하게 설립된 법인으로 자본금은 800억원으로 전액 정부가 출자한다.

농 아(聾啞) 〔獨〕 Taubstummheit 〔佛〕 surdi-mutité 귀머거리이고 또한 벙어리인 것. 농아자는 聽覺·言語 양 기능의 결함으로 인하여 건전한 정신발육이 저지되어 있다는 점을 고려하여, 형법은 그를 限定責任能力者(一책임능력)로서 형을 감경한다(11).

농아학교(聾啞學校) 농아자에 대하여 유치원, 초등학교 또는 중학교에 준하는 교육을 실시하고 아울러 그 결함을 덜하기 위하여 필요한 지식기능을 수여함을 목적으로 하는 特殊學校의 하나(初·中等敎育法 55). 시 또는 도는 1교 이상 설립할 의무를 진다.

농어촌(農漁村) 일반적으로 농어민의 촌락을 말한다. 농민과 어민의 정의에 관하여 舊農漁村高利債整理法(2)에서는, 농업을 경영하거나 종사하는 家口主 개인을 농민으로, 어업과 수산제조가공업을 경영하거나 종사하는 安着漁民을 어민으로 규정하고, 기타 법의 취지에 따라 요건을 구체적으로 명시하였다. 농어촌의 정의로서는 農漁村電化促進法(2의2)에서 농어촌이라 함은 행정구역에 불구하고 이 법에 의한 전화사업계획 수립 당시 사실상 그 주민의 대부분이 農漁業을 영위하는 촌락을 말한다고 규정하고 있다.

농어촌정비사업(農漁村整備事業) 농수산업생산기반을 조성·확충하기 위한 농업생산기반정비 및 수산업생산기반정비, 생활환경개선을 위한 농어촌생활환경정비와 농어촌휴양자원개발 및 한계농지 등의 정비사업을 말한다.

농어촌진흥공사(農漁村振興公社) 농가의 經營規模適正化를 촉진하고 농업생산기반의 조성·정비와 농어가의 소득향상기반의 확충 및 생활환경의 개선을 추진함으로써 농어촌의 경제·사회적 발전에 이바지하기 위해 설립한 法人(農漁村振興公社 및 農地管理基金法 1). 자본금은 1조원으로서 정부가 전액출자한다(7).

농업금융채권(農業金融債權) 농업협동조합중앙회가 발행하는 채권. 발행한도는 원칙으로 중앙회의 납입출자금 및 적립금의 합계액의 20배이다(農協 156 Ⅱ). 그 원리금상환은 정부가 전액을 보증하며 소멸시효는 원금은 5년, 이자는 2년이다(157, 158).

농업단체(農業團體) 농업협동조합·농지개량조합 기타 대통령령이 정하는 농업에 종사하는 자의 단체. 농업단체는 농업의 발전과 농민의 경제적·사회적 지위향상을 위해 설립·운영된다(農業基本法 27).

농업기계화사업(農業機械化事業) 농림축산물의 생산 및 생산후 처리작업과 생산시설의 환경제어 및 자동화 등에 사용되는 기계·설비 및 그 부속기자재의 연구·조사·개발·생산·보급·이용·기술훈련·사후관리·안전관리를 통하여 農業生産技術의 향상과 농업의 구조 및 經營改善을 도모하는 사업을 말한다.

농업재해(農業災害) 旱害·수해·풍해·냉해·우박·서리·潮害·설해·凍害·병충해 기타 農業災害對策審議委員會가 인정하는 자연현상으로 인하여 발생되는 축사·잠실·원예재배시설 기타 농업생산에 필요한 시설 등의 農業用施設, 農耕地, 식용작물·공예작물·사료작물·綠肥作物·원예작물·균이작물 및 뽕나무 등의 농작물 및 가축의 피해를 말한다(農漁業災害對策法 2).

농업혁명(農業革命) 〔英〕 agricultrual revolution 중세기적 농업경영으로부터 근세기적 농업경영으로 변천할 때에 발생하는 農業基準 및 農業慣習의 변혁을 수반하는 극심한 토지분배의 변화를 말한다. 봉건적 농업에 있어서의 여러 생산관계가 무너지고 토지의 상품화, 대지주의 발생, 농민의 경작지로부터의 이탈, 자본주의 농업경영의 발생 등을 초래하는 과도기의 여러 현상.

농업협동조합(農業協同組合) 농민이 농

업생산력의 증진과 그들의 경제적·사회적 지위의 향상을 도모하기 위하여 농업협동조합법에 의하여 설립하는 법인. 지역농업협동조합, 전문농업협동조합이 있으며, 이들 조합의 공동이익의 증진을 위하여 구성되는 農業協同組合中央會가 있다(2). 그 설립은 認可制(16, 120, 134)이다. 조합원의 가입·탈퇴는 자유이다(30~32, 127, 163). 조합원은 출자를 하여야 하며, 지분의 양도에는 조합의 승인을 얻어야 하며, 持分을 공유할 수 없다(23~25, 127, 163). 농업협동조합은 生産·購買·販賣·信用·利用·共濟·醫療 등의 사업과 團體協約의 체결을 할 수 있고(58, 125), 농업협동조합중앙회는 다른 농업협동조합의 이러한 사업의 지도·조정과 정부를 보조하는 업무를 행하며 정부 또는 한국은행으로부터 자금을 차입할 수 있고, 農業金融債權을 발행할 수 있다(153, 156). 농업협동조합은 구성원을 위한 차별없는 최대의 봉사를 함을 목적으로 하며(5), 이를 위해 공무원의 조합원겸직이나 정치에의 관여가 금지된다(6, 7). 농업협동조합에는 公課金이 면제된다(8).

농작물보험(農作物保險) 농작물이 降雪·폭풍·홍수 등으로 말미암아 입는 손해를 塡補하기 위한 보험.

농 장(農莊) 고려조부터 근세조선에 걸친 內需司·寺院·宗親(宮房)·귀족들의 대토지소유형태이며, 달리 부르는 명칭은 農舍·鄕墅·別業·村庄·山莊·莊園 등이다. 그 성립원인은 국가의 賜田, 無主地開墾, 사찰에 대한 기부, 농민의 投托, 官吏의 贈賄·强占·買得, 墓位土의 확대 등이며, 高利貸에 의한 貨殖도 그 확대의 주원인이 되었다. 농장은 주로 관리인(導掌·舍音 등)을 통해서 관리하며, 奴婢·良民으로 하여금 경작케 하고, 이들 경작자는 復戶의 특전(徭役의 면제)이 있으므로, 농민은 復戶를 위하여 소유지를 投托하는 일이 많았다. 그러나, 內需司田과 寺田을 제외하고는 稅納은 면제되지 않았으며 貢賦도 부담하였다. 成宗 때부터는 사실상 공부도 면제되고 田稅도 경감된 것이 많았다. 그리하여 농장은 唐·宋의 장원과 공통되었으며, 다만 일본과 같이 不輸租特權이 일반적으로 공인되지는 못하였다. 그러나 고려말에는 불교문화, 근세조선초에는 유교문화의 물질적 토대가 되기도 하였으며, 한편 그 관리자 또는 경작자가 농장주의 세력을 배경으로 官權에도 대항할 만큼 鄕民을 위압하기도 하여 사실상 마치 土地支配의 성격을 띤 경우도 많았다.

농 지(農地) 경작의 목적에 供하여진 토지. 土地臺帳地目에 의하지 않고 現狀에 의하여 결정한다. 농지의 범위는 각 법령의 목적에 따라 차이가 있는 바 농어촌진흥공사 및 농지관리기금법에서 농지라 함은 田·畓 또는 果樹園, 地籍法에 의한 地目 여하에 불구하고 사실상 농작물의 경작에 이용되고 있는 토지와 그 개량시설(溜地·揚排水施設·수로·농로·제방·기타 농지의 보전이나 이용에 필요한 시설)의 부지를 말한다. 헌법은 농지의 小作制度를 법률이 정하는 바에 의하여 금지하기로 하는 동시에(121), 농업생산성의 제고와 농지의 합리적인 이용을 위하거나 불가피한 사정으로 발생하는 농지의 임대차와 위탁경영은 법률이 정하는 바에 의하여 인정된다(121).

농지개량사업(農地改良事業) 농업생산성의 향상과 농촌경제의 발전을 위해 하는 사업을 말한다(農地改良組合法 41).

농지개량시설관리권(農地改良施設管理權) 폐지된 농촌근대화촉진법 2조 1호 가목의 규정에 의한 농지개량시설을 유지 또는 관리하고, 당해 시설을 이용하거나 당해 시설에 의하여 用水를 공급받는 자로부터 사용료를 징수하는 권리를 말한다(農漁村 2).

농지개량조합(農地改良組合) 基盤整備事業을 수행하고 그 組合區域 안의 기반시설을 효과적으로 유지·관리함으로써 그 조합원의 농업생산력 향상과 경제적 자립에 이바지함을 목적으로 농림부장관의 허가를 받아 설립한다(農組 8, 9).

농지개량조합연합회(農地改良組合聯合會) 농지개량조합의 공동이익증진을 도모하고 국가 또는 조합이 위탁하는 사업을 시행하게 하기 위하여 설립된 公共組合(農組 71Ⅰ). 연합회는 농지개량조합을 그의 조합원으로 하며(71Ⅲ), 의결기관으로서 총회(74), 임원으로서 회장 1인, 7인 이하의 이사 및 감사 1인(77Ⅰ)을 두고 있다. 사업으로는 회원의 공동이익을 위한 조사·연구 및 지도사업, 회원의 임직원에 대한 교육훈련사업, 基盤整備事業에 수반하는 換地事業, 배수정리사업에 수반하는 조사·설계 및 공사감리, 국가 또는 회원이 위탁하는 사업 기타 연합회의 목적달성을 위하여 필요한 사업으로서 농림부장관의 승인을 얻은 사업 등이 있다(80).

농지개혁(農地改革) 〔英〕 agricultural land reform 8·15해방 후 한국에 있어서의 경제적 민주화의 중대개혁이며 선구적 과업의 하나이고 국민경제 재편성의 획기적인 토대의 하나인 농지개혁사업은 빈틈없는 탐색과정을 거쳐 정부수립을 계기로 정부의 기본정책의 하나로서 구체화하게 되었다. 農本國家로서의 우리나라는 역사상 가장 빈궁에 시달린 농민층에 대한 경제적 민주화의 구현책이며 우리나라의 기본적 기초를 이루고 있는 농업경제기구의 재편성에 있어서 국민경제의 개선 발전을 기도한 것으로 농지개혁사업은 정부수립을 전후하여 오랜 立法過程을 거쳐서 1949년 6월 21일 농지개혁법의 공포에 의하여 실시되었다. 농지개혁법은 폐지되었다.

농지세(農地稅) 토지를 과세물건으로 하는 物稅. 농지세는 오랫 동안 국세에 속했으나 조세체계에 있어서의 중점의 변천에 따라 地方移讓論이 대두되어 1949년 지방세법(법률 제84호)의 제정을 보아 실시중 다시 1961년의 전면적인 개편(법률 제827호)에 의하여 固定資産稅의 일부로서 도·시·군세에 편입되었다. 그 과세표준은 農地所得金額에서 비과세소득 및 감면소득과 기초공제금액을 공제한 금액으로 한다(地稅 206Ⅰ).

농지(農地)**의 임대차**(賃貸借) 농지의 소유자가 영농에 종사하는 상대방에게 그 농지를 사용 또는 수익하게 하고 상대방이 이에 대하여 賃借料를 지급할 것을 약정함으로써 성립하는 계약을 말한다(農漁村 2).

농지(農地)**의 재개발**(再開發) 농지의 효용을 높이기 위하여 농지를 재정비하는 것을 말한다(農漁村 2).

농지(農地)**의 전용**(轉用) 농지를 농작물의 경작 또는 다년생식물의 재배 등 농업생산 또는 농지개량 외의 목적에 사용하는 것(農地法 2 ix).

농지조사위원회(農地調査委員會) 농지세의 賦課를 위한 농지의 조사를 위하여 시·읍·면(시의 구를 포함)에 설치된 위원회(地稅 221). 농지조사위원회는 정원의 과반수가 출석하지 아니하면 개회하지 못하고, 의결은 출석농지조사위원의 과반수로 행하며(地方稅法施行令 170Ⅰ), 開會日數는 매회 7일을 초과할 수 없다(169Ⅲ). 농지조사위원의 임원에는 위원장·간사·서기가 있다(169Ⅳ).

뇌 물(賂物) 직무에 관한 불법한 보수. 유형·무형을 막론하고 사람의 욕망 또는 수요를 충족시킬 수 있는 일체의 이익을 말한다. 반드시 경제적 가치가 있음을 요하지 않으며, 금전이나 물품뿐 아니라 公私職位·酒食의 饗應·情交 등도 뇌물이 된다. 그러나 일반 사교상의 儀禮로 인정되는 정도의 선물은 뇌물이 아니다. 다만 그것이 직무에 관해서 接受된 것이라면 별문제이다. → 뇌물죄

뇌물죄(賂物罪) 〔英〕·〔佛〕 corruption 〔獨〕 Bestechung 賂物罪와 贈賂罪의 총칭. 뇌물죄에 관하여 직무의 정·부정을 불문하고 이에 대한 보수를 처벌하려는 로마법주의(職務行爲의 不可買收性을 기본으로 한다)와 부정한 직무에 대한 보수를 처벌하려는 게르만법주의(직무행위의 순수성 내지 직무의 不可侵性의 사상에서 나온다)가 대립한다. 우리 형법은 대체로 직무의 正·不正을 불문하고 뇌물죄의 성립을 인정하고, 그것이 부정한 경우에 형을 가중하고 있으며, 이러한 의미에서 전자를 기본으로 하면서 후자를 가미하고 있다고 보는 것이 좋을 것이다. 犯人 또는 情을 아는 제3자가 받은 뇌물 또는 뇌물에 供한 금품은 몰수하며 그를 몰수하기 불능한 때에는 그 가액을 추징한다(刑 134). → 뇌물

뇌사설(腦死說) 뇌기능의 종국적인 毁滅, 즉 腦死(Hirntod)에 이른 때에 사람이 사망하였다고 하는 학설을 말한다. 腦死說은 1968년 8월 9일 Sydney에서 개최된 제22차 世界醫師學會에서 채택된 시드니선언에서 사망의 시기결정에 대한 가장 유효하고 유일한 기준으로 추천되어, 현재 독일에서는 통설의 지위를 차지하고 있다. 미국에서도 사람의 사망시기를 법률로 규정하기 위한 노력이 전개되어 1970년 Kansas 州法은 사망의 정의를 법률에 의하여 大搏과 呼吸의 終止 또는 腦死(either the hearbeat and respiration or brain death)라고 규정하였으며, 사망에 대한 새로운 법적 기준으로서 뇌사를 채택해야 한다는 압력이 점증하고 있는 현실이다. 최근 人體의 臟器移植과 관련하여 논란이 일고 있다.

누감세(累減稅) 〔英〕 degressive taxes 일정한 수평적 소득액 이상에 대하여 그 소득액 크기를 가함에 따라서 차츰 세율이 내려가는 것. 우리나라의 소득세와 같은 것. 누진세의 일종으로서 累進的 累減稅라고도 불리운다.

누 범(累犯) 〔英〕 recidivism 〔獨〕 Rückfall 〔佛〕 récidive 금고 이상의 형을 받아 그 집행을 종료하거나 면제를 받은 후 3년 이내에 금고이상에 해당하는 죄를 범한 자(刑 35Ⅰ). 그리고, 누범과 동일한 조건으로 순차적으로 죄를 범할 때를 三犯·四犯·五犯 등이라고 하는데 통상 누범이란 재범 이상을 총칭하는 명칭이다. 현행형법은 累犯加重主義를 택하여, 누범의 형은 그 죄에 정한 형의 장기의 2배까지 가중한다(35Ⅱ). 만약 판결선고후 누범인 것이 발각된 때에는 그 선고한 형을 통산하여

다시 형을 정할 수 있다(36 本). 그러나, 이미 선고한 형의 집행을 종료하거나 그 집행이 면제된 후에는 累犯者인 것이 판명되더라도 형을 가중치 않는다(36 但).

누범가중(累犯加重) 누범이란 이유에 의한 형의 가중. 이 경우에는 그 범죄에 대한 法定刑의 장기의 2배까지 가중할 수 있으나(刑 35) 25년을 초과한 때에는 25년을 장기로 한다(42). 누범이 사형 또는 무기형에 해당하는 때에는 이를 더욱 가중하지 못한다.

누범예측(累犯豫測) 非行豫測(社會的 豫後)의 방법. 일군의 범죄자에 대하여 재범에 빠진 자와 빠지지 않은 자를 구별하는 再犯豫測因子를 발견하고, 그 有意性을 여러가지의 범죄자에 관하여 사후의 follow-up에 의하여 검정한다. 判決豫後·假釋放豫後에 중요한 자료를 제공하게 된다.

노동(勞動)**보이코트** → 보이코트

누적적 우선주·비누적적 우선주(累積的優先株·非累積的優先株) 이익배당에 관한 우선주의 일종으로서 1영업연도의 이익이 약정된 일정률의 배당에 부족한 경우, 다음 영업연도 이후의 이익으로써 부족액이 충당되어지는 것을 累積的 優先株(cumulative preference share, cumulative preferred stock), 그 부족액을 다음 영업연도 이후에 있어서 충당하지 않고 그 1영업연도 이후의 이익만을 표준으로 하는 것을 非累積的 優先株(non-cumulative preference share, non-cumulative preferred stock)라고 한다. 누적적 우선주는 이익이 적은 경우라도 우선배당률 만큼의 배당이 확보되는 것으로서 이는 배당의 利子化現象의 하나이며, 優先株式과 社債와의 접근을 표시하는 것이라고 하겠다. 영미에서는 비누적적인 것보다도 누적적인 것이 많다고 한다.

누적투표(累積投票) 〔英〕 cumulative vote 〔獨〕 Stimmenhäufung 〔佛〕 vote cumulatif

[1] 선거법상 制限連記投票·順席遞減法 등과 같이 소수대표제를 위한 방법의 하나로 들 수 있는 것인 바, 선거인은 그의 선거구에서 선출하는 의원의 정수와 같은 수의 投票權을 가지고, 그 복수의 투표권을 동일한 후보자에게 누적하여 또는 분산시켜 행사할 수 있는 투표제도이다. 누적투표법은 1853년에 J.G.마셜에 의하여 처음으로 제안된 소수의 기술적인 강화방법이나, 그 당시의 카프콜로니(Kapkolonie)에서 채택된 일이 있은 이외에는 현실적으로 제도화된 일이 없다. 이 투표제도는 少數代表制를 위한 확실한 방법이라고 할 수 없는 많은 단점을 가지고 있는 바, 그 예의 하나로 정당은 그를 지지하는 선거인의 수를 오산할 가능성이 많다는 것을 들 수 있다.

[2] 우리나라 상법에서는 累積投票制度가 채택되고 있지 아니하나, 영국·미국·일본 등에서는 인정되고 있다. 주식회사의 이사선임에 있어서 2인 이상의 이사를 동시에 선임할 경우에, 1주에 대하여 선임할 이사의 수와 동수의 의결권을 부여하여 각자의 의사에 따라 그 의결권을 1인에 집중행사케 하거나, 수인에 분산행사케 하여, 그 결과 최대수의 투표를 얻은 자로부터 순차로 이사를 선임하는 방법이다(예 : 日本改正商法 256의3). 통상의 결의방법에 의하면 다수파가 全理事를 선출할 수 있게 되는데 대하여, 이 방법에 의하면 소수파도 자기의 持株數에 따라 이사를 선임할 수 있게 된다. 少數株主를 보호하는 장점도 있으나 남용될 폐단도 있다.

누진세(累進稅) → 세율

누진세율(累進稅率) → 세율

누진제(累進制) 〔英〕 progressive stage(or grade) system 〔獨〕 Strafvollzug in Stufen, Progressivsystem 재판상 선고된 刑期를 수개의 단계로 구분하여 수형자에 대하여 그 개선의 정도에 따라 행형상의 처우를 점차 완화하여 가는 行刑學的 制度. 수형자의 사회복귀를 위한 재적응촉진을 목적으로 한다. 이 제도는 19세기 초부터 독일에서 시도된 바 있으나, 오늘날과 같은 형태의 것은 1840년 영국의 流刑植民地였던 오스트레일리아의 노포크(Nor-falk)섬의 典獄으로 있었던 마코노키(Alexander Machonochie, 1787~1860)가 囚人을 처우하는데 있어서 각 수형자에 대하여 그 형기에 상당하는 책임점수를 정하고, 이를 操行의 양부, 작업의 勉否, 勉學의 성적에 의하여 얻은 득점으로써 消却한 자를 석방하는 일종의 點數制(mark system)를 채용하면서부터 시작된 것이다. 그 후 1854년 아일랜드의 교정국장이었던 크로프턴(Walter Crofton, 1815~1897)이 마코노키의 점수제에 다시 수정을 가하여 실시함으로써 각국에 보급되게 되었다. 그리고 1868년에 브록웨이(Z. Brockway)에 의하여 마코노키의 점수제, 크로프턴의 아일랜드제 및 不定期刑制度를 결합시킨 엘마이라制가 제창되어 1876년 뉴욕州의 엘마이라교도소에서 처음 실시되었다. 이것은 19세기 行刑思想의 결정체를 이루는 것으로 평가되었으며, 累進處遇制度는 이러한 과정을 거쳐 오늘날에 이르고 있다.

누진행형(累進行刑) → 누진제

뉘른베르크재판(裁判) 〔英〕 Nuremberg Trial → 국제군사재판소

뉴딜정책(政策) 〔美〕 New Deal policy 1932년의 대공황에 대처하기 위해서 1933년 이후, 루즈벨트대통령이 취한 恐慌對策. 自由放任主義에 대하여 경제에 관한 국가의 간여를 인정하고, 공업·농업·상업·금융·노동 등의 각 분야에 걸친 광범한 경기회복을 위한 경제정책을 포함하며, 국가농업부흥법(→니라)·농업조정법(Agricultural Adjustment Act)·테네시溪谷局法(Tennessee Valley Authority Act) 기타 다수의 規制的 立法이 이를 수행하기 위해서 제정되었다.

뉴슨스 〔英〕 nuisance 不法妨害. 불법방해에는 公的 不法妨害(public nuisance)와 私的 不法妨害(private nuisance)의 2종이 있다. 公的 不法妨害라 함은 사회인 전반이 향유할 수 있는 건강·안락·편리 등에 관한 권리의 향유를 방해하는 행위로서, 예컨대, 煤煙 또는 臭氣를 발산하는 기업을 경영하는 자는 사회인 일반이 향유할 청정한 공기의 향유를 방해하는 것으로서 공적 불법방해를 범한 자로 간주된다. 騷音·震動을 발하고 공도상의 통행을 방해하고, 또는 비위생적 식료품을 판매하며, 불특정다수의 사회인으로서 향유할 수 있는 권리의 향유를 방해하는 행위도 또한 公的 不法行爲가 된다. 공적 불법행위는 輕罪(미스디미너)이며, 그 행위로 인해서 특별한 손해를 입은 개인에 대해서는 불법행위가 된다. 사적 불법방해라 함은 부동산에 관한 권리의 향유를 계속적으로 방해하는 행위로서, 예컨대 相隣者의 일방이 경계선에 근접해서 건물을 건조하여 빗물이 隣地에 떨어지게 한다든가, 소음 또는 진동을 발하는 영업 또는 업무에 종사한다든가 하는 따위는 모두 이것에 해당한다. 사적 불법방해는 불법행위를 구성한다. 불법방해의 구제방법으로는 공적 불법방해에 있어서는 범죄의 訴追라는 방법이 있으며, 공적 불법방해 및 사적 불법방해를 통한 불법행위에 대해서는 自力除去(abatement), 禁止命令(인정크션) 또는 損害賠償(damages) 등의 구제수단이, 경우에 따라서는 중첩적으로 또 경우에 따라서는 단독으로 부여된다.

능동대리·수동대리(能動代理·受動代理) 의사표시를 하는 대리를 능동대리 또는 積極代理라 하고, 의사표시를 수령하는 대리를 수동대리 또는 消極代理라 한다. 예컨대, 본인에 갈음하여 계약의 청약을 하는 것이 능동대리, 상대방의 승낙을 수령하는 것이 수동대리이다. 그 행위가 본인을 위한 것임을 표시하는 것은 능동대리에서는 대리인임에 대하여 수동대리에서는 상대방인 점이 다른(民 114) 외에, 공동대리나 단독행위의 無權代理(136)의 경우에 차이가 생긴다.

능동적 지위(能動的地位) 엘리네크의 국가에 대한 개인의 4분류 가운데 하나로서, 國家意思의 형성에 능동적으로 참가할 수 있는 지위를 말한다. 현대의 민주제국가에서는 국민은 단순히 국가의 지배에 복종하며 국가권력의 간섭으로부터 자유이며 또한 국가활동을 요구할 뿐 아니라 스스로 공무원이 되거나 대표자를 선거하는 등 능동적 지위에 의거한 각종의 參政權을 가진다.

능 력(能力) 〔英〕 capacity 〔獨〕 Fähigkeit 〔佛〕 capacité 법률상 일정한 일에 관한 사람의 자격. 예컨대, 권리의 주체로 될 수 있는 자격을 權利能力, 유효한 법률행위를 할 수 있는 자격을 行爲能力, 위법한 행위로 인한 책임을 질 수 있는 자격을 責任能力, 특히 불법행위로 인한 손해배상의무를 질 수 있는 자격을 不法行爲能力, 범죄를 하고 형벌을 받을 수 있는 자격을 犯罪能力·刑罰能力이라 한다. 다만 민법에서 그저 능력자·무능력자라고 하면, 그것은 행위능력에 관한 것이다(제1편 2장 1절)(民 140).

능력(能力)**의 실증**(實證) 모든 직원(공무원)의 임용은 그 자의 수험성적, 근무성적 그 밖의 능력의 실증에 입각함을 요한다는 원칙. 그것은 경쟁시험 및 선발시험으로써 판정된다(國公 26).

능력적 규정(能力的規定) 법률상의 능력의 형성에 관한 요건을 정하는 것을 내용으로 하는 규정. 여기에 위반한 행위는 무효가 된다. 명령적인 규정을 내용으로 하는 命令的 規定에 대하는 말이다.

능력적 당사자능력(能力的當事者能力) 〔獨〕 aktive Parteifähigkeit 판결절차의 원고가 되거나 執行節次의 채무자가 될 수 있는 능력.

능력형(能力刑) 名譽刑과 같은 뜻. 자격정지형·자격상실형이 이에 해당한다(刑 41, 43). 공법상의 능력으로서의 公民權, 사법상의 법인의 이사·감사 등이 될 능력이 정지되거나 박탈된다.

능률급(能率給) 固定給(時間給)에 成果給制를 가미한 임금의 지급방법. 즉, 고정급(근로기준법 46조는 保障給이라고 한다)으로 最低額을 보장하고, 다시 그 이상은 능률을 올리는데 따라서 임금을 증감하는 것이 된다. → 보장급

능지처사(凌遲處死) 잔혹한 중국의 옛 사

형법을 말한다. 凌遲를 陵遲라고도 쓴다. 능지처사형은 대체로 조선시대에 계수된 형벌로 생각되는 바, 太祖·大宗朝의 實錄記事에 보이는 支解, 環刑 등이 능지형의 전신이 되는 酷刑으로 생각된다. 태종 7年條를 보면 連山縣의 女 內隱加伊가 奸夫 萬守와 함께 本夫 牛童을 살해한 사건에 있어 태종이 律에 凌遲之法이 있는가 하고 물은 데 대하여 黃喜가 車裂을 가지고 능지에 대신한 전례가 있다고 답하여 결국 環刑에 처하였다는 구절이 있다. 또 태종 15년조에 義禁府가 謀反大逆者 廉致庸에 대하여 凌遲處死할 것을 주장하였으나, 태종은 杖一百流鏡城을 명한 일이 있다. 조선실록상 능지형의 실례는 세종 8년 역시 奸夫奸婦의 殺本夫者에 대한 능지처참에 비롯되어 그 후는 계속하여 奸夫奸婦의 殺本夫事件에 적용하였고 奴殺主事件과 특별한 反逆罪에도 적용한 예가 있다.

니 라(NIRA) 〔英〕 National Industry Recovery Act 미국의 國家産業復興法의 약칭. 뉴딜政策을 실시하기 위한 중추적 법률로서 1933년 6월에 성립. 트러스트 금지를 완화하여 카르텔을 조장하는 일방, 獨占에 의한 중소업자·근로자의 억압을 배제하는 조치(최저임금보장·최고근로시간제설정·근로자의 단결권·단체교섭권·쟁의권보장 등)를 강구한 것. 1935·1936년에 연방최고재판소에서 포괄적인 立法權委任을 규정한 3조가 위헌의 판결을 받음으로써 실효성을 상실하게 되었다. →와그너법

ㄷ

다국적기업(多國籍企業) 다국적기업에 관한 엄밀한 정의를 하는 것은 곤란하나 정의를 시도한다면 어떤 1국에 본거지 또는 본부를 가지고 복수국에 거점을 가지며 그 전체가 본부의 지령에 의해서 통일적으로 행동하는 기업이라고 할 수 있다. 이 경우 本據地 또는 本部는 그 소속국의 法人인 경우가 많으며, 각 거점은 그 각각의 소속국의 법인인 경우가 많다. 그러나 商標 및 商號 등은 공통의 것을 사용하는 경우가 많다. 다국적기업은 통상으로는 어떤 국가의 기업이 해외진출하는 것에서 시작되며 거점이 점차 증가하면 다수의 국가에 거점을 가지는 다국적기업이 등장한다. 다국적기업이 등장하는 요인으로는 안정된 勞動力의 요구, 公害規制 및 環境規制가 엄격하지 않은 국가로의 진출, 보호무역주의의 강화로 인한 通商規制의 완화를 위한 현지진출 등이 그 주된 요인이다.

다뉴브강(江) 〔英〕 the Danube 〔獨〕 die Donau 〔佛〕 le Danube 국제하천 중에서 가장 중요한 것. 그 國際制度는 파리조약(1856) 이래, 항해법(1865)·베를린조약(1877)·베르사이유강화조약(1919)·다뉴브강 확정규정(1921) 등에 의하여 점차 완성되었다. 국제제도의 실행기관으로서 유럽委員會가 있다. 제2차대전후 구소련측이 연안국만에 의한 관리를 주장하여 미국·영국·프랑스와 대립하였으며, 1948년 소련·불가리아·헝가리·루마니아·우크라이나·체코슬로바키아·유고슬라비아만으로 다뉴브강의 航海制度에 관한 條約을 체결하였다. →국제하천

다다넬즈해협(海峽) 〔英〕 Straits of the Dardanells 〔獨〕 Meerengen der Dardanellen 〔佛〕 Detroits des Dardanelles 지중해와 흑해를 연결하는 해협의 하나. 보스포러스해협 및 마르모라해와 서로 연하여 흑해의 입구를 이루고 있고, 그 通過의 自由와 武裝解除는 18세기 후반부터 항상 중요한 문제로 되었다. →콘스탄티노플해협

다단계판매(多段階販賣) 판매업자 또는 용역업자가 특정인에게 ① 업자가 공급하는 상품을 구매하거나 용역을 제공받아 이를 소비자들에게 판매 또는 제공할 것, ② ①과 같은 소비자들의 전부 또는 일부를 당해 특정인의 下位販賣員으로 가입하도록 하여 그 하위판매원이 당해 특정인과 같은 활동을 하게 할 것 등의 활동을 하면 일정한 이익을 얻을 수 있다고 권유하여 판매원의 가입이 순차적·단계적(가입한 판매원의 단계가 3단계 이상인 경우)으로 이루어진 다단계판매조직을 통하여 행하여지는 상품의 판매 또는 용역의 제공을 말한다(訪問販賣 등에 관한 法律 2 viii).

다목적(多目的) **댐** 건설교통부장관이 하천법에 의하여 건설하는 댐으로서, 이에 의한 저수가 발전·수도·공업 또는 농업의 用水·洪水調節 기타의 용도 중 2개 이상의 특정용도로 이용되는 댐. 餘水路·副댐 기타 당해 댐과 일체가 되어 그 효용을 보전하는 시설 또는 공작물(특정한 용도에 전용되는 시설 또는 공작물은 제외)도 다목적댐의 개념 속에 포함된다(特定多目的댐法 2 I). 건설교통부장관이 다목적댐을 건설하고자 할 때에는 기본계획을 수립하여 행하며(5), 건설비용은 댐 사용권의 설정예정자(洪水調節 기타 특별한 필요가 있어서 댐 사용권의 설정예정없이 다목적댐을 건설하는 경우는 제외)·국고·수익지방자치단체 및 기타 수익자의 부담으로 한다(8~10 참조). 다목적댐의 관리청은 원칙으로 건설교통부장관이나(29) 때로는 댐사용권자에게 관리권을 위탁할 수 있다(30). 管理費用은 국고, 댐사용권자 또는 댐수탁관리자가 부담한다(34 I).

다당제(多黨制) 〔英〕 multiple party system, multi-party system 一黨制度(one party system) 및 兩黨制度(double party system)와 대비되는 개념으로서 형식상 한 나라에 경쟁관계에 있는 정당이 3개 이상 존재하고 있는 경우를 말한다.

양당제와 함께 다당제는 複數政黨制(plural party system)의 범주에 들어가며 우리나라는 헌법에서 복수정당제를 보장하고 있다(憲 8 I). 다당제하에서는 1개 정당 또는 몇개 정당의 연립에 의하여 정부가 형성되며, 프랑스·덴마크·이탈리아를 위시한 유럽제국에서 다당제가 성립되고 있다. 다당제는 국민의 다양한 정치의지를 비교적 정확하게 반영할 수 있다는 장점을 지니고 있다. 한편 다당제의 단점으로서는 政黨亂立에 의한 정국불안정의 초래 가능성과 연립정부의 경우 지나친 정치적 타협에서 비롯되는 非能率과 情實人事가 손꼽히고 있다.

다변조약(多邊條約) →일반조약

다수결원리(多數決原理) 〔英〕 principle of majority 〔獨〕 Majoritätsprinzip 단체나 기관의 의사결정 내지 대표자의 선출 등을 그 단체 또는 기관의 다수의견에 의하여 행하는 원칙. 代議民主政治와 더불어 민주정치의 기본원칙을 이루고 있다. 사상적 근거에는 國民平等의 원리와 多數의 決定에 따르는 것이 보다 합리적이라는 경험적 판단과, 독단이나 전제를 배제하는 상대주의적 견해가 포함되고 있다. 다수결방식에는 단순다수에 따르는 單純多數決(simple majority), 과반수의 결정에 따르는 絶對多數決(absolute majority), 3분의 2 또는 4분의 3과 같은 특정다수의 결정에 따르는 制限多數決(qualified majority)이 있다.

다수당(多數黨) 〔英〕 majority party 의석의 다수를 차지한 정당을 말한다. 양당제하에서는 의석의 과반수, 다당제하에서는 다수의석을 차지한 정당이 다수당이 되지만, 보통 다당제하에서는 제1당이라는 용어를 대신 사용한다. 일반적으로 다수당이 집권하게 되지만 양당제하의 大統領制, 다당제하의 聯立內閣制에 있어서는 다수당이 집권하지 못하는 경우도 있다. 선거제도에 있어서는 다수당에게 유리한 제도가 선택되는 것이 보통이지만 민주주의가 성숙할수록 선거구 조정, 비례대표제 및 의석배분 등의 합리성과 정당간의 타협이 한층 중시된다.

다수당사자(多數當事者)**의 채권**(債權) 〔獨〕 Mehrheit von Gläubigern od. Schuldnern 1개의 給付에 관하여 2인 이상의 채권자 또는 채무자가 있는 경우. 민법이 규정하고 있는 것은 分割債權關係, 不可分債權·不可分債務, 連帶債務, 保證의 4종이지만(408 이하), 이 밖에 連帶債權·合有債權關係·總有債權關係 등이 있다. 민법에서는 다수당사자의 채권관계는 分割債務를 원칙으로 한다(408).

다수대표(多數代表) 〔英〕 majority system 〔獨〕 Mehrheitswahl 〔佛〕 système (électoral) majoritaire 다수표를 얻은 자를 당선인으로 하는 선거제도. 小選擧區制와 결합하여 다수당에 유리한 제도이나, 대선거구제에 있어서도 連記投票制를 실시하면 또한 같다. 소수대표제와 비례대표제는 다수당에 절대유리한 다수대표제의 결함을 보충하려는 제도이다.

다원적 국가론(多元的國家論) 〔英〕 pluralistic theory of state 정치와 국가를 동일시하는 종래의 正統的 政治理念을 부정하고, 국가는 다른 사회에 우월하여 정치를 독점하는 초월적 권력주체는 아니고, 단순한 어소시에이션(association 部分社會)의 일종에 불과하다는 이론. 이 이론은 특히 금세기초에 콜(Cole), 라스키 및 매키버(MacIver) 등의 영미학자에 의하여 창도되고 정치학상에 획기적 영향을 끼쳤다. 논자에 따라서 설명하는 바가 다소 다르나, 국가에 특수한 사회적 기능을 인정하여도 이것을 다른 어소시에이션의 상위에 있는 유일한 지배적 전체사회로 하지 않고, 동일하게 정치적 기능을 분담하는 다른 어소시에이션과 질적으로 동렬에 놓고 생각하려고 하는 지반 위에 입각하고 있다. 주로 대륙, 특히 독일에서 발달한 觀念論的 國家絶對主義의 경향에 반하여 다원적 국가론은 영·미의 자유주의와 경험주의의 조류를 인계한 정치학설이라고 할 수 있다.

다원적 정당국가(多元的政黨國家) 2 이상의 정당이 있고, 정당을 기초로 하여 국회와 정부가 구성되는 국가. 一黨獨裁國家에 대응하는 개념.

다중불해산죄(多衆不解散罪) 〔獨〕 Auflauf 〔佛〕 émeute 폭행·협박 또는 損壞의 행위를 할 목적으로 다중이 집합하여 그를 단속할 권한이 있는 공무원으로부터 3회 이상의 해산명령을 받고 해산하지 아니하는 죄(刑 116). 공안을 해하는 죄의 일종으로서, 소요죄에 이르는 전단계를 대상으로 한다. 집합한 다중이 나아가서 폭행·협박·손괴의 행위를 한 경우에는 소요죄가 성립하며, 본죄는 이에 흡수된다. 目的犯이고, 眞正不作爲犯이다.

단결권(團結權) 〔獨〕 Koalitionsrecht 근로자가 그의 근로조건을 유지·개선하기 위해서 단결하는 권리. 단체교섭권·쟁의권과 함께 勞動基本權이라고 불리어지며, 우리의 헌법도 33조에서 이를 보장하였고, 노동조합 및 노동관계조정법 1조는 이를 확인하였다. 헌법은 단결권을 단지 자유권으로서만 보장하는데 그치지 않고, 보다 적극적인 내용을 갖는 것으로 보장한다. 즉, 단지 국가가 근로자의 자유를 부당하게 침해해서는 아니된다는 것만이 아니라, 사용자도 이 단결권을 부당하게 침해해서는 아니된다고 하는 의미로도 이를 보장한다. 이는 결사의 자유와 구별해서 특별히 단결권을 보장하고 있다는 점에서도 명백한 것이며, 그렇기 때문에 단결권은 어느 정도 團結의 强制를 수반한다. 그러나 이 제약을 제외하고는, 근로자는 어떤 모양으로 단결하는가에 대한 자유도 보장되는 것이며, 특정조합에의 가입·탈퇴도 원칙적으로 자유이다. 이러한 근로자의 단결권을 침해하거나 지배개입하는 사용자의 행위는 不當勞動行爲로서 금지된다(勞整 81). →근로자의 단결권

단결금지법(團結禁止法) 〔英〕 Combination of Workmen Act 영국은 18세기에 접어들면서부터 차차로 자본제생산양식이 발전되면서 노사의 대립이 현저하게 되었고, 근로자에 의한 쟁의가 빈발함에 이르러 사용자들은 그 때마다 관계업종의 근로자의 조직을 금지하는 입법의 제정을 의회에 청원하고 노동쟁의에 대처하여 왔으나, 18세기말에는 이러한 업종별의 團結禁止法이 40개에 이르렀다고 한다. 1789년의 프랑스혁명이 영국의 근로자층에게 영향을 주게 되었고, 그 후의 對佛戰爭을 위하여 초래된 근로조건의 악화는 노동운동을 가일층 격화시켰다. 여기서 1799년에는 종래의 각 업종별의 단결금지법을 포괄하여 전산업근로자를 대상으로 한 단결금지법을 제정하였다. 보통 불리어지고 있는 단결금지법은 이것을 가리킨다. 그러나 1824년에는 프란시스 플레이스(Francis Place) 등의 노력으로 이 법은 폐지되었다.

단결(團結)**의 강제**(强制) 〔獨〕 Organisationszwang 노동조합이 비조합원을 조합원이 되도록 하기 위해서 취하는 强制手段. 클로즈드 숍, 유니온 숍 등이 바로 이것이다. 외국에서는 단결의 강제의 적법성에 관해서 많은 다툼이 있으나, 우리나라에서는 헌법 33조의 단결권은 당연히 단결의 강제를 용인하는 것이라고 보는 설이 유력하다. →단결권

단군기원(檀君紀元) 한국의 始祖 檀君의 연호. 2333년(B.C). 우리나라는 정부수립 후 정식으로 단군기원을 公用年號로 사용하여 오던 중 1962년 연호에 관한 법률(法 제775호)에 의하여 폐지하고 西紀를 연호로 채택하였다.

단권주의(單券主義) →창고증권

단기금융업(短期金融業) 어음 및 기타 재정경제부령이 정하는 債務證書의 발행·할인·매매·중개·인수·보증의 업무를 영위하는 업을 말하며, 이 경우에 어음 및 채무증서의 범위는 1년 이내로서 재정경제부장관이 정하는 기간내에 만기가 도래하는 것에 한한다(短期金融業法 2).

단기급여(短期給與) 공무원연금법상의 급여의 일종. 단기급여는 공무상요양비, 공무상요양일시금, 재해부조금, 사망조위금이 있다(公年金 34). ① 公務上 療養費는 공무원이 공무상 질병 또는 부상으로 인하여 일정한 요양을 하는 때에 지급한다(35). ② 公務上 療養一時金은 공무원연금법 35조 규정에 의한 공무상요양비를 받는 실제요양기간이 2년을 경과하여도 그 질병 또는 부상이 완치되지 아니한 때에 대통령령이 정하는 바에 따라 요양에 추가로 소요될 비용으로 지급한다(36). ③ 災害扶助金은 공무원이 수재·화재 기타 재해로 인하여 재산상 손해를 입은 때에는 보수월액의 6배에 상당하는 금액의 범위에서 지급한다(41). ④ 死亡弔慰金은 공무원의 배우자 또는 직계존속이 사망하면 보수월액에 상당하는 금액으로, 공무원이 사망한 때에는 배우자 등에게 보수월액의 3배에 상당하는 금액으로 지급한다(41의2). 단기급여의 請求時效期間은 1년이다(81 I).

단기명투표(單記名投票) 한 선거구에서 선출되는 의원의 정수의 다소에 관계없이 투표용지상의 1인의 후보자에 투표하는 것. 連記名投票에 대한 것. 小選擧區制에 있어서의 다수대표제를 위한 가장 전형적인 투표방법이다. 우리나라 국회의원선거도 단기명투표에 의한다(公選 157).

단기시효(短期時效) 〔獨〕 kurze Verjährung 넓은 뜻에 있어서는 一般債權의 소멸시효기간인 10년보다 기간이 짧은 소멸시효. 이런 의미에서는 시효기간이 5년인 一般商事債權(商 64)도 포함되지만, 보통은 그보다 짧은 3년 이하의 것을 말한다. 민법에는 3년의 단기시효(民 163)와 1년의 단기시효(164)가 규정되어 있으며, 상법(商 121, 146, 147, 154, 166 등)에도 단기시효가 인정되어 있다. 그 취지는 일상 빈번히 생기는 소액의 채권에 관하여는 수령증서의 교부나 보존이 잘 안되는 경우가 허다하므로, 단시일내에 법률관계를 확정하여 분쟁을 일으키지 않으려는데 있다. 그러나, 소액의 채권자에게는 불리한 제도이며, 소액채권자는 현재와 같은 다액의 비용이 드는 訴訟節次를 이용하는 것은 極難하므로 간편·신속하게 채권의 실현을 꾀할 수 있는 少額裁判所 같은 제도를 마련하지 않으면 파행적인 제도로 됨을 면치 못한다. 판결 또는 파산절차

에 의하여 확정되거나, 和解·調停 기타 판결과 동일한 효력이 있는 것에 의하여 확정된 채권은 단기의 소멸시효에 해당하는 것이라도 그 소멸시효기간은 10년으로 된다.

단기신탁(短期信託) 장기신탁에 대하는 말로서 보통 5년 이하의 신탁. 신탁재산의 관리 및 처분에 의하여 얻은 재산의 교부를 받는 수익자의 배당률이 적다.

단기(短期)어음 〔英〕 short bill, short dated bill, short exchange 一覽出給의 어음 또는 10일 이내의 만기일을 가진 어음의 총칭. 단기어음은 장기어음에 비하여 확실성과 안정성에 의하여 銀行投資의 목적물로 할 수 있다. 은행의 단기어음은 할인할 때에는 자금회전의 도수가 많고 자금을 고정하지 않으므로 다른 유리한 사업에 투자하는 기회가 많으며, 할인수수료를 징수할 때에는 수수료가 倍額으로 되는 외에 어음만기일을 적당히 배합하여 準備金 死藏의 손실을 면하게 하는 등 은행에 대하여 이익되는 점이 많다.

단기이양식비례대표(單記移讓式比例代表) 〔英〕 single transferable proportional representation system 대선거구 單記投票制에 있어서 선거인이 지정하는 순위에 따라 1후보자의 득표가 다른 후보자에게 이양되는 비례대표제. 미리 정한 당선기준표를 얻으면 당선되고, 그 이상의 득표는 선거인이 지정해 둔 다른 후보자에게 순차적으로 이양되는 제도이다. 이에 대응하는 제도가 名簿式比例代表制이다. 이는 유럽에서 실시되고 있는 제도로서 정당이 미리 작성한 명부에 의하여 당선인이 결정된다. 이양식은 선거인의 의사를 존중하는 제도이기는 하지만, 다수후보자에 대한 판정을 선거인이 스스로 하여야 하는 단점도 있어서, 후보자 순위를 정당에 일임하는 명부식이 정당정치를 지향하는 입장에서는 타당하다는 견해도 있다.

단기임대차(短期賃貸借) 植木, 採鹽 또는 石造·石灰造·煉瓦造 및 이와 유사한 건축을 목적으로 한 토지에 관하여는 10년, 기타 토지에 관하여는 5년, 건물 기타 공작물에 관하여는 3년, 동산에 관하여는 6월을 넘지 아니하는 賃貸借(民619). 처분의 능력 또는 권한이 없는 자가 임대차를 하는 경우에는 이러한 임대차만을 할 수 있다.

단기자유형(短期自由刑) 〔英〕 short term imprisonment 〔獨〕 kurze od. kurzzeitige Freiheitsstrafe 〔佛〕 courtes peines 일반적으로는 형기가 짧은 자유형을 말하지만, 보통 3월 이하의 자유형을 가리킨다(6월 이하로 하는 견해도 있다). 단기자유형은 威嚇의 효력도 별로 없고, 개선에도 이바지하지 못할 뿐 아니라 오히려 악화시킬 우려가 있고, 일반예방에도 무력하므로 그 폐지가 刑事政策的 要請으로서 일반적으로 인정되어, 그 대신으로 起訴猶豫·宣告猶豫·執行猶豫 및 代替的 罰金刑(단기자유형 대신에 벌금을 선고하는 제도) 등이 채택 또는 주장되고 있다. 그 밖에 不定期刑의 채용과 保安處分의 채택 등이 입법론적으로 고려되고 있다.

단기자유형폐지론(短期自由刑廢止論) → 단기자유형

단기재정증권(短期財政證券) 정부가 국고의 출납상 필요에 의하여 발행하는 단기증권. 대체로 이율이 저렴하고 당해 연도의 세입으로써 상환한다.

단기투표(單記投票) 후보자 1인만을 지정하는 투표. 連記投票에 대하는 개념.

단독강화(單獨講和) 〔英〕 separate peace 동맹국이 적국에 대하여 공동으로 강화할 것을 協定 또는 宣言한 경우에 거기에 의하지 않고 단독으로 일부 국가와 맺는 강화.

단독기업(單獨企業) 개인의 단독으로 자본 전부를 갹출하고 經營主體가 되는 기업. 기업의 소유와 경영이 일치하여 합리적인 경영을 기할 수 있으나 위험의 단독부담, 금융부담 능력의 미약 및 안전성의 희박 등의 단점이 있다.

단독내각(單獨內閣) 한 정당에 의하여 구성되는 내각. 政黨政治(議會政治)하에 있어서는 단독내각이 통례이며 특히 2대 정당의 양립이라는 조건하에 있어서는 단독내각이 원칙이다.

단독법원(單獨法院) 법원 1인(단독법관)이 심판을 행하는 법원. 合議制法院에 대한다. 현행제도상으로는 簡易裁判은 단독제이며, 지방법원 및 가정법원으로서 단독제를 하나, 합의제의 경우도 있다.

단독보험(單獨保險) 〔英〕 single life insurance 〔獨〕 Versicherung auf einzelnes Leben 피보험자를 1인으로 하는 경우의 人保險(生命保險에서는 單生保險이라고 한다). 특정된 수인을 피보험자로 하는 連生保險 또는 불특정한 다수인을 피보험자로 하는 團體保險에 대립되는 관념이다. 본래 단독보험은 인보험의 전형인 생명보험에서 인정된 것이므로 단생보험과 동의로 쓰여 왔으나, 人保

險이 生命保險으로부터 신체에 관한 상해·질병 등의 보험으로 확대됨에 따라서 단독보험도 인보험 전반에 걸친 관념으로 보게 된다. 단독보험은 보험 일반으로 보면, 集合保險에 대립되는 개별보험에 속한다고 할 것이다.

단독상속(單獨相續)　1인의 상속인이 단독으로 상속하는 형태. 연혁적으로 長子相續·末子相續 등이 있다. 공동상속에 대한 용어. 피상속인의 신분상 및 재산상의 지위를 승계하는 신분상속에 있어서는 그 성질상 단독상속으로 하게 되지만, 근세법은 주로 재산상속만을 인정하여 數人의 공동상속으로 하고 있다. 우리 민법에 있어서도 財產相續은 공동상속이다. →공동상속

단독저작물(單獨著作物)　1인이 저작한 저작물. 合著作物에 대한 관념.

단독점유(單獨占有)　한개의 물건을 단독으로 直接占有하거나 동일계층의 간접점유자가 1인인 것이 단독점유이다. 한개의 물건을 일부분씩 數人이 점유하거나 직접점유자와 간접점유자가 중첩하여 점유하는 것은 共同占有가 아니다. 단순공동점유는 공동점유의 보통의 형태이며 예컨대 數人이 공동으로 1建物 또는 1室에 거주하는 경우와 같다. 그 경우에는 벽, 창, 문, 전등 등에 대하여 각자가 단독으로 지배를 미칠 수 있다.

단독정범(單獨正犯)　〔獨〕 Einzeltäterschaft　구성요건에 해당하는 행위를 혼자서 실행하는 것. 共同正犯에 대한다. 형법각칙은 원칙적으로 단독범을 규정하고 있다.

단독제(單獨制)　좁은 의미의 법원은 合議體(合議部)와 單獨判事의 두 가지로 나눌 수 있다. 법관 1인으로써 좁은 의미의 법원이 구성되는 것을 단독제라고 한다. 우리나라에서는 법률에 따로 규정이 없으며, 지방법원과 지방법원지원 및 지방법원소년부지원, 市·郡 법원의 심판권은 원칙적으로 단독판사가 행사하므로, 이러한 법원은 단독제의 법원이라고 말할 수 있다(法組 7Ⅳ). 단독제의 재판은 신속과 訴訟經濟의 이념에는 적합하지만, 공정한 재판을 기하는 데는 소홀한 제도이다.

단독주주권(單獨株主權)　각 주주가 그 보유 주식수에 관계없이 단독으로 행사할 수 있는 주주로서의 권리. 自益權은 모두 단독주주권에 속하고, 共益權 가운데서도 議決權(商 369Ⅰ), 주주총회의 결의취소의 訴權(376Ⅰ), 주주총회의 결의무효확인청구의 소권(380), 회사설립무효청구의 소권(328Ⅰ), 新株發行留止請求權(424), 신주발행무효의 소권(429), 자본감자무효의 소권(445) 등은 이에 속한다.

단독조합(單獨組合)　1개의 기업체나 사업장의 근로자가 조합을 조직하여 조합의 연합체에 가맹하지 않고 단독적 존재를 지키는 조합.

단독해손(單獨海損)　〔英〕 particular average 〔獨〕 einfache, partikuläre od. besondere Haverei 〔佛〕 avaries simples ou particulières　손해를 입은 자만이 단독으로 부담하는 海損. 小海損 및 共同海損을 제외한 일체의 손해 또는 비용이 이에 해당한다. 상법은 선박충돌의 경우에만 손해배상관계에 대하여 특별규정을 두고 있다(843~848).

단독행위(單獨行爲)　〔英〕 unilateral act 〔獨〕 einseitiges Geschäft 〔佛〕 acte unilatéral

[1] 단독의 의사표시에 의하여 성립하는 법률행위. 契約 및 合同行爲에 대립하는 관념. 雙方行爲에 대하여 一方行爲라고도 한다. 법률행위는 그 요구가 되는 의사표시의 결합 형태에 따라서 단독행위·계약·합동행위로 분류된다. 계약은 서로 대립되는 입장에서 행하여지는 수개의 의사표시의 합치에 의하여 성립하고, 그 각 당사자에 대하여 各異한 의미를 갖는 것이며, 또한 合同行爲는 동일방향을 향하고 있는 수개의 의사표시의 합치에 의하여 성립하고, 그 각 당사자에 대하여 동일한 의미를 갖는 것임에 반하여, 단독행위는 일방적으로 행하여지는 1개의 의사표시에 의하여 성립하는 일방적 행위이다. 단독행위에는, 특정한 상대방이 있는 것(상대방 있는 단독행위)과 그렇지 않은 것(상대방 없는 단독행위)이 있다. 전자에는 同意·追認·取消(民 142)·解除·解止(543)·相計(493)·債務免除(506) 등이 있고, 후자에는 財團法人의 設立行爲(43)·遺言(1060) 등이 있다. 단독행위는 계약과 달라서, 표의자의 단독의사만으로써 곧 법률효과가 발생하므로 타인을 해치기 쉽다. 그러므로 단독행위는 원칙적으로 법률이 특히 인정하는 경우에만 허용된다.

[2] 行政主體가 구체적인 사안에 대하여 국민에게 행정권의 발동으로서 행하는 단독의 의사표시를 구성요소로 하는 행위. 行政行爲 또는 行政處分이 그것이다. 행정주체의 단독의 행위이며, 그 성립에 다른 자의 의사를 요하지 아니한다는 점에서, 공법상의 계약 또는 공법상의 합동행위와 구별된다. 이 단독행위(행정행위)는 상대방의 협력을 요하느냐의 여부에 의하여 쌍방적 행정행위와 독립적 행정행위로 구분되며, 그 행위자의 행위를 형성하는 의사표시의 수에 의하여 單純行爲와 合成行爲로 구분된

다. → 행정행위, 쌍방적 행정행위

단독행위적 혼인(單獨行爲的婚姻)　혼인제도의 역사적 단계를 들 때, 그 초기형태로, 남자의 일방적 의사로 성립되는 婚姻方式을 말한다. 후에 이러한 혼인방식은 여자의 父兄과 남자 또는 그 부모의 의사로 성립하는 代諾婚, 결혼당사자들의 의사로 성립하는 雙方行爲的 婚姻의 순서로 발전되었다. 남자의 의사만으로 성립하는 단독행위적 혼인으로는 掠奪婚(marriage by capture)를 들 수 있다. 약탈혼이란 夫인 남성의 의사만에 의하여 혼인이 성립되며, 여성의 의사 내지 그 부모의 의사는 고려되지 않는 것이다. 즉 한 종족이 부근의 타종족과 전투를 개시하여 남자를 참살하고 여자를 약탈하여 처로 삼았던 형태를 취한다. 발해族에 掠奪婚의 풍습이 있었는데, 이것은 亂婚時代에 그 기원을 둔 약탈혼은 아니고 단지, 혼인과정에서 남자가 여자를 훔쳐가는 형식을 취하였던 것이다. 그 뒤 고려에는 妻妾의 약탈이 있었고, 조선시대에는 과부약탈의 습속이 있어서 전국적으로 퍼져 있었다. 오늘날은 이러한 습속은 자취를 감추었고, 이러한 행위는 형법의 처벌을 받는다(刑 291).

단독허위표시(單獨虛僞表示)　심리유보와 같다.

단명(單名)**어음·복명**(複名)**어음**　어음채무자가 단 한명인 어음, 즉 약속어음의 발행인이 있을 뿐 背書人·保證人은 없고 發行人數도 하나인 때와, 換어음의 발행인(일명)이 인수인을 겸병하는 때, 이 어음을 單名어음이라 하고(이는 은행으로부터 융자를 받을 경우를 비롯하여, 금전소비대차에 있어서 借用證 대용으로 사용되는 수가 많다), 이에 대하여 발행인이 2인 이상이거나 또는 발행인 외에 1인 또는 수인의 배서인 내지 보증인들이 있는 것을 복명어음이라 한다. 복명어음은 수인이 연대채무를 부담하거나 기타 특수한 목적을 위하여 이용되는 바, 어음할인 등 거래를 통하여 자금융통의 방법으로 사용된다.

단문친(袒免親)　→ 유복친·무복친

단 서(但書)　법령에서 주문장에 대한 예외적인 것, 또는 예외적인 조건을 규정하기 위하여 혹은 그 설명을 하기 위하여 但이란 자구로 시작하는 문장을 가리킨다.

단선회사(單船會社)　〔英〕 single ship company　1척의 선박마다 설립되는 회사. 법률상의 선박소유자 責任制限을 사실상 실현하는 방법으로서 주식회사 형태가 이용되며, 有限會社의 형태를 취할 수도 있다. 이러한 단선회사의 설립에 의하여 船舶共有에 관한 상법의 규정(753 이하)은 거의 그 실용성이 없어지고 있다.

단세제도(單稅制度)　단일한 세로 필요한 세수입의 전부를 조달하는 제도. 이것이 철저한 단세제도의 뜻이지만 학설상 또는 실제상 단 1개의 조세가 아니라 2, 3개의 조세로 세제를 편성하는 것도 편의상 단세제도라고 한다. 이론적 근거는 16세기의 보댕의 單一所得稅論, 홉스 등 중상주의자의 單一消費稅論, 중농학파 케네의 單一地租論, 죠지의 土地單一稅論 등이다. 경제의 발전이 유치한 시대의 국가는 모두 단세제도를 취했다.

단속규정(團束規定)　행정단속상의 입장에서 일정한 금지·제한을 하거나, 또는 그 행위를 함에는 일정한 조건을 필요로 하는 규정. 交通團束法規·經濟統制法規 등과 같다. 단속규정 중에, 거래를 단속하는 규정은 그에 위반하여 행하여진 행위에 관하여, 단지 행위자를 처벌함에 그치느냐, 또는 그 행위의 사법상의 효력까지도 부정하느냐가 문제로 된다(사법상의 효력까지도 부정하는 것을 效力規定이라고 칭하고, 그렇지 않은 것을 좁은 뜻의 단속규정이라고 칭하는 일도 있다). 이 판정은 곤란하며, 결국 당해행위(위반행위)를 금지 내지 제한하고자 하는 입법의 취지, 그 취지실현을 위한 방법으로서의 適否, 거래일반에 미치는 영향 등을 고려하여 해석할 수밖에 없다. 판례를 분류하면, ① 경찰상의 단속규정에 위반하는 행위는 원칙적으로 무효로 되지 않는다. ② 법률이 특히 엄격한 표준으로 일정한 자격이 있는 자에 한하여 일정한 기업 내지 거래를 할 수 있게 하고 있는 경우에, 그 명의를 대여하는 契約(德大契約)은 일반적으로 무효이다. ③ 經濟統制法規에 관하여는 일반적으로 公定價格을 정하고, 그 밖에 구체적인 거래의 내용을 제한하고 있는 규정에 위반한 경우는 무효로 되어 있다.

단속범(團束犯)　행정상의 필요한 단속을 위하여 국민에게 과해지는 의무의 위반. → 행정범

단순거동범(單純擧動犯)　〔獨〕 schlichtes Tätigkeitsdelikt　구성요건상 결과의 발생을 필요로 하지 않고 단지 일정한 행위(작위 또는 부작위)가 있음으로써 족한 범죄(예 : 住居侵入罪, 多衆不解散罪). 거동범 또는 단순행위범이라고도 하며, 結果犯에 대한다.

단속법(團束法)　안녕질서에 대한 危害를 예방 배제할 목적으로 제정하는 법률. 예컨대 부정

수표단속법, 총포도검화약류등 단속법 따위.

단순다수(單純多數) 〔英〕 simple majority 선거나 의결 등에 있어서, 상대적으로 비교적 다수만 얻으면 어떠한 제한도 없이, 당선 또는 의결된 것으로 하는 것. 대통령선거에 있어서는 중앙선거관리위원회가 유효투표의 다수를 얻은 자를 당선인으로 결정하고, 이를 國會議長에게 통지하여야 한다. 다만, 후보자가 1인 때에는 그 득표수가 선거권자총수의 3분의 1 이상에 달하여야 당선인으로 결정한다. 최고득표자가 2인 이상인 때에는 중앙선거관리위원회의 通知에 의하여 국회는 재적의원 과반수가 출석한 공개회의에서 다수표를 얻은 자를 당선인으로 결정한다. 지역구국회의원선거에 있어서는 선거구선거관리위원회가 당해 국회의원지역구에서 유효투표의 다수를 얻은 자를 당선인으로 결정한다(公選 187·188, 憲 67). → 특별다수, 절대다수, 의결정족수

단순배서(單純背書) 배서의 서명만으로 또는 이것과 피배서인의 표시 이외에 아무런 附記도 없는 배서. 어음의 배서는 무조건으로 함을 요한다(어음 12Ⅰ, 手票 15).

단순병합(單純併合) 請求의 併合의 하나의 형태로서, 각 청구에 대하여 다른 청구의 당부와 무관계하게 심판을 구하는 것. 竝列的(竝立的) 併合이라고도 한다. 대금과 매매대금의 청구를 하는 것과 같이 각 청구가 경제적으로 별개의 목적을 가진 경우는 물론, 그렇지 아니한 경우에도 인정된다. 예를 들면 所有權의 確認請求와 그 물건의 인도청구를 하는 것과 같이, 제일의 청구가 이유없으면 제2의 청구도 당연히 이유없는 경우(重疊的·添加的 併合), 혹은 목적물의 인도와 그 장래의 집행불능의 경우의 代償請求를 병합한 경우도 이에 해당한다. 단순병합의 경우에는 법원은 반드시 각 청구에 대하여 판결을 하여야 한다. → 소의 객관적 병합

단순수뢰죄(單純受賂罪) 공무원 또는 중재인이 그 직무에 관하여 뇌물을 수수, 요구 또는 약속하는 죄를 말한다(刑 129Ⅰ). 이 죄의 주체는 공무원 또는 중재인이다. 공무원은 법령에 의하여 公務에 종사하는 자로서 국가공무원, 지방공무원 및 별정직, 일반직을 불문하나 별정직공무원 중 단순한 노무에 종사하는 자는 공무원에 포함되지 않는다고 해석하여야 할 것이다. 다만 정부관리기업체의 간부직원은 이를 공무원으로 본다. 중재인은 중재법 또는 노동조합 및 노동관계조정법의 규정에 의한 중재인과 같이 법령에 의하여 중재인의 직에 있는 자를 말하며, 사실상 분쟁의 調停, 和解를 하는 調停者는 이에 포함되지 않는다. 직무에 관하여라 함은 職務行爲 또는 직무 외 밀접한 관계를 가진 행위라는 의미로서 일정한 직무에 관한 것이므로 충분하며 개개의 직무행위에 대한 대가적 관계를 가지고 있을 필요는 없다. 직무행위와 밀접한 관계를 가지고 있는 이상 일반적인 職務權限의 범위내에 속하는 사항인가 아닌가도 불문한다. 뇌물의 수수는 뇌물을 실제로 받는 것을 말하며, 뇌물의 요구라 함은 상대방에게 자진하여 뇌물의 제공을 청구하는 것을 말하는 것으로서 현실로 수수가 있음을 요하지 않으며 청구가 있는 때에 旣遂로 된다. 또 약속은 쌍방의 賂物收受의 합의이며 합의하는 뇌물의 목적물이 약속 당시에 현재할 필요는 없다. 이 죄는 직무에 대한 대가인 정을 알고 목적물을 수수, 요구, 약속하면 성립하며 직무행위를 할 의사의 유·무는 불문한다.

단순승인(單純承認) 〔獨〕 Annahme der Erbschaft 〔佛〕 acceptation pure et simple de la succession 피상속인의 권리의무를 무제한으로 승계할 것으로 승인하는 상속인의 의사표시. 限定承認에 대한 용어. 민법은 단순승인을 상속의 본래적 형태로 보고, 상속인이 限定承認도 포기하지 않고 3월의 熟慮期間을 도과하면 모두 단순승인을 한 것으로 본다(1026). 상속인은 단순승인을 하기 전에 상속재산을 조정할 수 있으며(1019Ⅱ), 그 고유재산에 대하는 것과 동일한 주의로써 상속재산을 관리하여야 한다(1022). 그리고 상속인이 상속재산의 전부 또는 일부에 대한 處分行爲를 하거나, 한정승인 또는 포기를 한 후에 상속재산을 隱匿하거나 부정소비하거나 고의로 재산목록에 기입하지 않은 때에는 단순승인을 한 것으로 본다(1026). 이같이 법률의 규정에 의해 단순승인을 한 것으로 의제하는 경우가 法定單純承認이며, 상속채권자와 후순위상속인에게 손해가 없도록 하고자 함에 그 취지가 있다. → 상속의 승인

단순유증(單純遺贈) 유증에 아무런 조건이나 기한 또는 부담도 붙이지 않고 또한 補充遺贈이나 後繼遺贈도 아닌 보통의 유증.

단순인수(單純引受) 환어음의 인수에 있어서 인수인이 어음상의 권리의무에 영향을 미칠 수 있도록 어음기재사항에 변경을 가하거나 조건을 붙이지 않고 인수하는 것. 어음법 26조는 이 원칙을 채택하고 不單純引受의 경우에는 이것을 인수거절이라고 인정하여 소지인은 遡及權을 행사할 수 있으며, 또 인수인은 인수의 文言에 따라 책임을

지게된다.

단순행위(單純行爲)　→단독행위

단위노동조합(單位勞動組合)　어느 노동조합이 그것이 직업별이건 산업별이건 또는 기업별이건 상관없이, 독립된 규약·대표자와 임원, 그리고 재정을 가지고 있으면서, 연합체인 노동조합의 조직적인 1단위에 해당할 때, 그것을 단위노동조합이라고 한다. 단위노동조합이 모여서 구성되는 聯合團體(勞動組合)에 대응하는 것으로서 사용된다(勞整 2, 10).

단위조합(單位組合)　단위노동조합의 약칭.

단일국가(單一國家)　〔英〕unitary state 〔獨〕Einheitsstaat 〔佛〕État unitaire　→복합국가, 연방

단일물(單一物)　〔獨〕einfache Sachen 〔佛〕choses simples　樹木·牛馬 등과 같이 그 구성부분이 개성을 잃고 독립의 일체를 이루고 있는 물건. 合成物·集合物에 대한 개념이다. 단일물은 법률상 1개의 물건으로서 취급되며, 그 구성부분에는 獨立의 權利는 성립할 수 없다. 즉, 각 구성부분이 별개의 소유자에게 속하는 것인 경우일지라도 결합하여 단일물로 된 때에는 각자의 所有權의 존속은 인정되지 아니한다. 따라서 이러한 경우에는 부합의 원리에 의하여 소유권의 변동을 일으킨다(民 256~261).

단일예산주의(單一豫算主義)　국가의 세입·세출을 단일의 會計로 통일하여 經理하는 원칙을 말한다. 豫算單一主義 또는 會計統一原則이라고도 불리운다.

단일형주의(單一刑主義)　→자유형의 단일화

단　정(短艇)　→등기(부)선·비(부)등기(부)선

단　종(斷種)　生殖腺을 제거하지 않고 하는 생식능력의 제거. 미국에서는 일찍부터 정신박약자나 白痴에 대한 保安處分으로서 행하여졌지만, 최초의 법제화는 1907년의 인디애나주에서 이루어졌다. 그후 風俗犯人, 상습범인에 대한 대책으로서 각주에서 채용되었다. 현재 미국 이외에서는, 덴마크·핀란드·멕시코 등에서 행해진다. 보안처분은 아니지만 일정한 질환의 유전 또는 전염을 방지하기 위한 우리 모자보건법에 의한 불임수술도 그 일종이다. →거세

단　주(端舟)　短艇과 같은 말(商 741, 船 26, 船舶登記法 2 참조).

단　주(端株)　〔英〕fractional share 〔獨〕Spitze　新株發行의 경우(商 419), 준비금의 資本轉入에 의한 신주발행의 경우(461), 자본감소 또는 합병으로 인한 株式倂合의 경우(443, 530 Ⅲ)에, 종전의 주주에게 교부할 주식으로서 1주에 미달하는 端數의 부분. 이를테면 倂合의 비율을 3주에 대하여 2주로 정한 경우에 5주의 주주는 5주×2/3=3 1/3주가 되고 1/3의 부분은 병합에 적합하지 않은 부분으로서 1주를 줄 수 없는 단주가 된다. 단주의 처치는 주주평등의 원칙과의 관계상 여러가지로 문제가 되지만, 資本減少나 合倂으로 인한 주식병합의 경우에는 단주에 대하여 발행한 新株를 경매 또는 임의매각하여 얻는 대금을 각 株數에 따라 종전의 주주에게 지급하여야 하는 것으로 정하고 있고(443,530Ⅲ), 일반의 신주발행의 경우 또는 準備金의 자본전입에 의한 신주발행의 경우에는 규정이 없으나 단주를 무시할 수밖에 없다는 설도 있다.

단체교섭권(團體交涉權)　〔英〕right to bargain collectively　근로자가 勤勞條件을 유지·개선하기 위하여 단결에 의해서 사용자와 교섭하는 권리. 헌법은 명문으로 이를 보장하고 있으며(33 Ⅰ), 노동조합 및 노동관계조정법 1조도 이를 확인하고, 사용자가 정당한 이유없이 이를 거절하는 것을 不當勞動行爲라고 하여 금지하고 있다(勞整 81 iii). 단체교섭은 근로자가 단체의 위력을 발휘하여 사용자와 대등한 입장에서 교섭하는 것으로 爭議行爲에 관하여서와 마찬가지로 그것 자체가 위법이 되는 일은 없다. 단체교섭의 결과, 일정기간 그 조건을 확보하는 수단으로서 團體協約이 체결되는 것이 보통이지만, 현재 각국에 있어서는 노사쌍방의 조직이 확대되어 감에 따라서 그 기본적인 단체교섭사항은 근로조건 뿐만 아니라 복리시설 등 광범위하게 걸치고 있으며, 또한 그 교섭방법도 각기의 조직의 중앙부에 있어서 집중적으로 해결되어 나가는 경향에 있다. →근로자의 단체교섭권

단체노동관계(團體勞動關係)　노동조합은 직업상의 공통적 이익을 수호하고 사용자에 대하여 단체에 의한 교섭을 할 목적으로 단결한 노동단체인 까닭으로, 근로자 개인으로는 도저히 이를 수 없는 것이라 할지라도, 단체의 힘에 의하여 사용자와 대등한 지위에서 교섭을 하여 근로자의 共通的 勤勞條件의 유지·개선을 도모할 수가 있다. 단체노동관계라고 하는 것은 근로자의 일단(노동조합)

과 사용자 또는 사용자의 단체와의 관계를 가리키는 것이며, 노사가 단체적으로 거래하는 경우에 생각되는 관계이다. 따라서 보통 노동조합·단체협약 및 노동쟁의에 관한 법(노동조합 및 노동관계조정법)은 단체노동관계를 그 대상으로 하고 있는 법이라고 말한다.

단체법(團體法) 〔獨〕 Genossenschaftsrecht, Gemeinschaftsrecht 개인의 결합을 기반으로 하여 성립하는 단체의 團體的 結合關係에 있어서의 조직·운영을 규율하는 법. 개인이 서로 대립하여 교섭하는 관계를 규율하는 個人法에 대립되는 개념이다. 단체법은 개인법과는 다른 원리의 지배를 받는데, 단체적 결합의 관념에 관하여는 원래 개인중심적 견해와 단체중심적 견해가 대립되어 있다. 역사적으로는, 전자는 로마적 단체관념이고, 후자는 게르만적 단체관념이다. 개인중심적 견해에 의하면, 단체는 결합한 개인의 총화이되, 그 이외에 개인에 대립하는 독자적인 존재인 단체는 존재하지 않는다고 본다. 따라서, 단체가 법상 하나의 주체성을 가진다면, 그것은 법의 擬制에 의한 것이다. 이에 대하여 단체중심적 견해에 의하면, 단체는 결합된 개인의 總和가 아니라, 그것에 대립하는 독자적인 존재라고 본다. 그러나 한편 단체는 구성원인 개인의 결합을 떠나서는 존재하지 않는다. 그리하여 단체는 구성원에 대립하면서도 구성원에 의존하는 관계가 존재한다. 이와 같은 단체의 논리적 구조를 有機體의 형상으로 파악한 자가 기이르케(Otto von Gierke)이다.

단체보험(團體保險) 〔英〕 group insurance 〔獨〕 Gruppenversicherung 〔佛〕 assurance sur la vie in groupe 人에 관한 集合保險 또는 總括保險. 즉, 어느 단체의 소속원이면 당연히 포괄적으로 피보험자로 하여 하나의 死亡保險契約 또는 傷害保險契約을 체결하고 보험료는 사업주가 부담하고 보험금액은 사상자의 유가족에게 지급된다. 종업원이면 당연히 피보험자가 되고 종업원을 그만두면 그 자격을 잃지만 이러한 피보험자의 교체에 불구하고 보험자와 보험계약의 관계가 동일성을 갖는다.

단체소송(團體訴訟) 〔英〕 class action 〔獨〕 Verbandsklage 공통의 이익을 가진 집단의 1인 또는 수인의 구성원을 위하여 제소하거나 피소될 수 있는 訴訟形態. 集團訴訟이라고도 한다. 이 소송은 집단구성원에 의한 개개인의 소송에 비하여 집단 전체를 위한 소송을 유지시키는 것이 필요하고 편리한 경우에 인정된다. 원래 단체소송은 衡平法에서 인정된 것인 바, 보통법상의 소송에서 공통이익으로 결합된 모든 당사자가 소송에 참가하는 것이 실제적으로 곤란할 때 그 집단의 대표에 의한 소송이 그 판결의 효력은 집단의 구성원 전체에 미치게 한 것이다. 단체소송이 가지는 기능은 단체의 전구성원이 개별적으로 소송을 하는 노력과 비용의 낭비를 피할 수 있고 소송물이 개별적인 소송을 제기할 만큼 크지 않은 少額被害者에 대한 재판의 기회를 부여해 줌에 있다. 따라서 최근에 이르러 消費者保護나 環境汚染被害救濟를 위한 소송형태로서 재평가되고 있다. 현행민사소송법상 선정당사자제도·비법인의 당사자능력·소송신탁·필요적 공동소송 등에 관한 규정 및 이론에 비추어 볼 때, 현행법은 당사자적격과 기판력의 주관적 범위의 문제 때문에 단체소송은 인정될 수 없는 것으로 해석된다.

단체위임(團體委任) 자치단체 자체에 대하여 국가 또는 다른 자치단체의 사무를 위임하는 것. 이러한 사무를 團體委任事務라고 한다. 機關委任에 대한 개념. 사무의 위임은 일종의 부담인 까닭에 법적 근거를 요하며, 단체위임사무는 위임된 이상그 자치단체의 사무가 되므로 그 자주적 책임하에 처리되며 지방의회의 의결을 거쳐 집행된다. 따라서 固有事務와 그 취급에 있어서는 다르지 않고, 다만 국가 또는 다른 자치단체가 지방자치단체에 대하여 그 사무를 위임한 경우에는 그 경비는 이를 위임한 국가 또는 자치단체에서 부담하여야 한다. → 기관위임, 위임사무

단체위임사무(團體委任事務) → 단체위임, 위임사무

단체이론(團體理論) 역사적으로 보건대 로마적 단체이론은 개인의 절대성을 근본이념으로 하는 개인의식에서 출발하여 단체를 통솔하고 또 단체조직원에서 초월한 인격을 의제하였으나 게르만적 이론은 개인의 絕對的 存在를 인정하지 않고 단체조직원으로만 개인존재를 인정하고 團體人格은 조직으로 존재한다고 한다.

단체자치(團體自治) 일정한 지역을 기초로 한 지방주민의 단체가 국가 밑에서 독립된 人格과 自治權이 인정되어 자체의 기관을 가지고 자주적으로 단체의 의사를 결정하여 그 사무를 처리하는 것. 단체자치의 제도는 유럽, 특히 독일·프랑스 등에서 강력한 絕對的 官僚國家를 배경으로 성립하였다. 이에 대하여 일찍이 주민자치의 사상이 발달한 영국에서는 중앙정부의 행정이나 지방자치단체의 행정이 모두 국가행정의 일부분인 것으로

생각되었고, 단체의 固有權理論보다는 주민자치의 이론이 발달되었다. → 주민자치

단체저작물(團體著作物) 단체가 저작자인 저작물. 단체가 저작자로서 발행 또는 공연한 저작물의 著作權은 공표 또는 창작한 날로부터 50년간 존속한다(著 38).

단체주의(團體主義) 社會本位主義라고도 하는 바 단체의 존속발전을 제1의로 하는 주의로서 국가에 대하여는 國家主義이다. 단체의 이익을 위하여 개인의 이익을 희생하여도 무방하다고 주장한다. → 단체이론

단체주의적 회사·개인주의적 회사(團體主義的會社·個人主義的會社) 회사에서 자기기관을 가진 것을 個人主義的 會社(individualistische Gesellschaft), 제3자기관을 가진 것을 團體主義的 會社(kollektivistische Gesellschaft)라고 한다. 즉 전자는 기업의 소유와 경영이 일치하는 것이요, 후자는 이것이 분리된 회사이다.

단체책임(團體責任) 〔佛〕 responsabilité collective 민사책임 및 형사책임에 관하여, 個人責任(responsabilité individuelle)에 대하여 쓰여지는 관념.

[1] 민사책임, 즉 불법행위상의 단체책임이라 함은 단체의 기관의 불법행위에 관하여 단체 자체가 배상의 책임을 지는 것을 말한다(예 : 民 35 I). 단체가 가지는 사회적 작용의 중대성에 비추어, 근래의 입법과 학설은 모두 그것을 긍정하고, 또 그 책임의 범위를 더욱 확장하려는 경향에 있다.

[2] 형사책임, 즉 犯罪에 관하여서의 단체책임이라 함은 개인이 자기의 행위와는 관계없이 자기가 일정한 단체의 일원이라는 것을 이유로 하여 그 단체에 속하는 다른 개인의 행위에서 생기는 책임을 부담하는 것을 의미한다. 형법의 원시적 단계에 있어서는 단체책임이 원칙이었는데, 문화의 발달에 따라 차츰 개인책임의 방향으로 진화하였다. 우리나라에서도 緣坐·連坐 등은 단체책임에 해당한다. 공범에 있어서, 다른 개인의 행위의 결과에 대하여 책임을 지는 것도 일종의 단체책임이다. 그러나 이 경우에는 個人責任을 인정하고 나서, 그 공동의 행위에 관하여 책임을 묻는 것이므로, 개인주의 이전의 단체책임과는 다른 것이다.

단체표장(團體標章) 同種業者 및 이와 밀접한 관계가 있는 업자가 설립한 법인이 그 감독아래에 있는 단체원의 영업에 관한 상품 또는 서비스업에 사용하게 하기 위한 표장을 말한다.

단체행동권(團體行動權) 쟁의권과 같다. → 근로자의 단체행동권

단체행동자유권(團體行動自由權) 쟁의권과 같다.

단체협약(團體協約) 〔英〕 labor collective agreement, trade agreement 〔獨〕 Arbeitstarifvertrag 〔佛〕 convention collective de travail 노동조합과 사용자 또는 그 단체와의 사이의 협정으로 설정되는 自治的 法規. 이를 계약으로 보고, 이른바 집합계약의 한 형태로서의 團體協定으로 보는 입장도 있다. 이러한 노사관계를 규정하는 法規設定에 대한 근거는 노동조합운동이 승인됨으로써 성립된 勞動慣習法 속에서 이를 구할 수 있다. 爭議團이나 이른바 御用組合은 단체협약을 체결할 능력(협정능력)이 없다. 노동조합 및 노동관계조정법에 의하면, 단체협약은 반드시 서면으로 작성하여야 되며, 양당사자의 署名捺印을 요한다(31 I). 그것의 유효기간은 2년이다(32 I). 단체협약에서 정한 근로조건 기타 근로자의 대우에 관한 기준(규범적 부분이라고도 한다)에 위반하는 근로계약의 부분은 당연히 무효이며, 협약에서 정한 기준이 그 내용으로 된다(33)(規範的 效力). 단체협약에 규정이 없는 경우도 동일하다(이른바 直律性).

단체혼(團體婚) 집단혼과 같다.

단축노동(短縮勞動) 〔獨〕 Kurzarbeit 불황시 같은 경우, 실업자의 발생을 방지하기 위하여 근로자 1인당의 근로시간을 단축하는 것.

단행법(單行法) 포괄적인 法典에 대하여, 특정한 사항에 관하여 제정된 법률을 말한다. 예컨대, 어음법은 상법으로부터 독립된 단행법이다.

단 혼(單婚) 일부일처혼과 같다.

담담탄(彈) 〔英〕 dumdum bullet 〔獨〕 Dum Dum Geschoss 〔佛〕 balle dum-dum 硬質의 외포가 중심의 전부를 둘러싸지 않고, 또는 그 외포에 截刻을 만듦으로써 인체내에 들어가서 용이하게 전개되거나 扁平되는 탄환. 영국이 인도의 캘커타근교에 있는 담담의 포병공창에서 만들었기 때문에 이러한 명칭으로 불리우게 되었다. 헤이그의 제1차 평화회의최종의정서의 선언 제3(1899년)에 의하여 동탄환의 사용이 금지되었다(陸戰法規 23 V). 담담탄은 불필요하게 참혹한 創傷을 주기 때문이다.

담당관(擔當官) 행정관청 또는 국장급 이상의 보조기관에 소속하여 전문적 지식을 활용하여

계획의 입안·조정·연구·분석·평가와 행정개선 등 여러 문제에 관하여 상사를 보좌하는 기관(政組 2Ⅴ, 行政機關의 組織 및 定員에 관한 通則 10·11). 2급 내지 4급인 일반직 또는 별정직공무원으로 보한다(政組 2Ⅵ). 補助機關과 擔當官을 명확하게 구별하는 것은 어려우나, 전자는 주로 결정·명령·집행 등 업무를 보조하여 행정목적 달성에 직접적으로 공헌하는 기관이고, 후자는 행정관청 또는 보조기관구성자의 人格의 연장으로서 그를 지원하여 행정목적 달성에 간접적으로 공헌하는 기관이라고 하겠다. 이에 따라 담당자는 일상적인 執行業務를 담당할 수 없고(通則 11Ⅱ), 그 밑에 하부조직을 두지 못하며(通則 11Ⅲ), 문서의 기안에 있어서도 담당관은 협조자가 되지 못한다(事務管理規程 참조).

담 보(擔保) 〔英〕 security 〔獨〕 Sicherung, Gewährleistung 〔佛〕 garantie 넓은 뜻으로는 장래 타인에게 주게 될 불이익의 보상으로 되는 것 또는 보상으로 될 것을 붙이는 것을 말한다. 그러나, 보통은 특히 債務不履行에 대비하여 채권자에게 제공되어 채무의 변제를 확보하는 수단으로 되는 것을 가리킨다. 이러한 담보는 물적담보와 인적담보로 대별되고, 물적담보로서는, 低當權·質權·讓渡擔保같은 것을, 인적담보로서는 保證·連帶債務 같은 것을 들 수 있다. 그리고 소송상의 담보에 관해서는 그 항목을 보라.

담보가등기(擔保假登記) 채권담보의 목적으로 經了된 가등기라고 가등기담보 등에 관한 법률에서 규정하고 있다(假登記擔保 등에 관한 法律 2iii). 이 담보가등기에 관해 주의할 점은 다음과 같다. 즉, ① 담보가등기는 가등기담보권을 公示하는 역할을 하나, 抵當權設定登記와는 달리 담보되는 債權에 관하여(채권액·채무자 등)는 일체 기재하지 않는다. 또한 담보가등기와 보통의 가등기는 등기부상의 기재만으로는 구별할 수가 없다. ② 일반적으로 가등기는 順位保全의 효력만 가진 것으로 이해되나, 담보가등기는 그 밖에 실체적 효력이 인정된다. 즉 가등기담보의 목적물이 다른 채권자에 의해 경매에 붙여진 경우, 가등기담보권자는 가등기인 채로 그 가등기의 순위를 가지고 優先辨濟權을 행사할 수 있다(13). 따라서 이 경우 담보가등기는 마치 本登記와 같은 효력을 갖는다. ③ 가등기담보계약을 하고 담보가등기를 갖춘 경우에만 가등기담보 등에 관한 법률이 적용된다.

담보계약(擔保契約) 당사자 일방이(담보자) 어떤 사실에 관하여 상대방(피담보자)에게 손해를 가하지 않을 것을 약정하는 계약. 특정한 사실을 조성하기 위하여 이루어질 때도 있으며, 피담보자가 어떤 사람을 고용하거나 어떤 사람과 신용거래를 함에 있어서 체결되는 경우도 있다. 保證契約과 다른 점은 담보자가 독립하여 배상책임을 지는 점에 있으나 이들은 서로 유사한 계약이므로 실제의 계약의 사실 어느 것에 속하느냐의 구별이 곤란한 때가 적지 않다. 예컨대 신원보증·신용보증 따위. 담보계약의 법률상의 성질은 片務·無償·諾成·不要式契約이다.

담보권(擔保權) 어떤 물건을 채권의 담보로 제공하는 것을 목적으로 하는 권리. 보통은 담보물권을 가리키는 것이지만, 넓은 뜻에서는 讓渡擔保 등까지도 포함시켜서 말한다.

담보대부(擔保貸付) 부동산·동산·유가증권 등을 담보로 하여 행하여지는 대부. 채무자가 채무의 이행을 지연하거나 이행하지 않을 때에는 擔保物을 환산하여 변제받는다.

담보물권(擔保物權) 목적물을 채권의 담보로 제공하는 것을 목적으로 하는 制限物權. 같은 제한물권이지만 물건의 물질적인 이용을 목적으로 하는 用益物權과 달라서, 물건의 교환가치를 파악하여 거기에서 우선하여 채권의 변제를 확보함을 그 사명으로 한다. 債權者平等의 原則의 적용을 피하기 위하여 인정되는 제도이다. 민법이 인정하는 담보물권에는 留置權·質權·抵當權의 3종이 있고, 이 외에 상법상 특별한 것도 있고 또 자본주의발달과 더불어 자금조달의 매개자로 되어 특별법에서 특수한 것(財團抵當·擔保付社債·자동차저당·항공기저당 등)이 인정되어 가고 있다. 담보물권의 通有性으로서, 不可分性·附從性·隨伴性 및 物上代位性(留置權은 제외)이 있다.

담보부공채(擔保附公債) 國債는 보통 담보를 필요로 하지 않으나 신용이 부족한 공공단체가 발행하는 공채에는 담보가 붙게 된다. 이것을 담보부공채라고 한다.

담보부사채(擔保附社債) 〔英〕 mortgage debenture 〔美〕 mortgage bond(debenture) 〔佛〕 obligations hypothécaires 사채담보를 위하여 物上擔保權이 붙여진 사채. 사채발행의 경우에 각 사채권자에 대하여 各別로 담보권을 설정하는 것은 실제상 곤란하므로 集團的 擔保를 가능케 하는 담보부사채신탁법이 제정되었으며, 보통 담보부사채라는 것은 이 법률에 의한 사채를 말한다. 동법에 의하면 사채에 대하여 담보권을 설정하는 경우 사채발행회사를 위탁회사로 하고, 신탁회사를 수탁회사로 하여 그 간의 信託契約에 의하여(3), 수탁회사가 物上擔保權을 취득하는 동시에, 이를 총사채권자를 위해 보존하고 또 실행할 의무를 부담하며, 총사채권자를 수익자로 하여 그 담보의 이익을 채권액에 따라 평등하게 享受시키는 것이다(60,61). 담보부사채에 관한 신탁의 설정을 목적으로 하는 계약은 법정의 방식을 갖춘 信託證書에 의하여 체결되어야 하며(12 이하), 이것에 의한 擔保權은 특히 다음과 같은 특색이 있다. 즉, 종된 담보권이 주된 권리인 사채의 성립 전에 그 효력을 발생하며(62), 주된 권리인 사채의 주체와 종된 권리인 담보권의 주체가 다르며(60 I), 信託契約의 당사자가 아닌 사채권자에 대하여 수탁회사가 善管者의 주의로써 신탁사무를 처리하는 의무를 부담하는 것 등이다(59). 신탁계약에 의하여 설정할 수 있는 物上擔保는 動產質, 증서있는 債權質, 株式質, 不動產抵當 기타 법령이 인정하는 각종의 저당에 한정된다(4). 또 동법은 미국의 오픈 앤드 모게지의 취지를 도입하여, 同一擔保權으로써 담보된 사채의 총액을 수회로 분할발행하는 제도를 인정하고 있다. 즉, 발행한 사채의 총액을 정하고 이에 대하여 미리 담보권을 설정하여 그 총액에 달하기까지 수회에 걸쳐 사채를 발행할 수 있으며, 각회의 사채는 그 담보에 대하여 동일순위에 서게 된다(17 II, 26, 27, 29).

담보부사채신탁(擔保附社債信託) 담보부사채신탁이라 함은 株式會社가 사채를 발행할 때에 元利金의 지급을 담보로 하여 사채를 발행하는 것을 말한다. 그리고 이 담보부사채에 대하여 제공한 담보물에 대한 담보권을 신탁하는 것을 말하며, 이 업무는 신탁회사 또는 은행에서 영위할 수 있다. 즉 사채를 발행하고자 하는 회사는 일정한 재산에 대하여 物上擔保權을 설정하여 이것을 신탁회사에 교부하고, 신탁회사는 총채권자를 대표하여 그 담보권을 보유하는 동시에 만일 채권발행회사가 사채원금의 지급을 태만히 할 때에는 곧 담보권을 실행하여 총채권자 대신으로 담보물권의 强制執行 競賣를 한다. 그러므로 담보부사채신탁계약은 사채발행회사와 수탁회사 사이에 체결되며, 이로써 총채권자는 법률규정에 의하여 당연히 이익을 받게 된다.

담보부(擔保附)**어음** 어음금액의 지급을 확보하기 위하여 物的擔保를 붙인 어음. 어음법상의 특별한 어음이 아니고 보통어음과 다름이 없으나, 다만 어음관계 외의 原因關係 또는 資金關係에서 특별한 고찰을 필요로 한다. 貨換어음 같은 것이 그 예이다.

담보(擔保)**어음** 〔獨〕 Kautionswechsel, Depotwechsel 장차 발생할 수 있는 채무의 이행을 담보하기 위하여, 이를테면 出納係·使用人 따위가 부담할 수 있는 손해배상의무의 이행을 담보하기 위하여 발행되는 어음. 지급받을 자는 현실로 채권이 발생할 때에는 채권액을 한도로 권리를 행사한다. 그러나, 이 당사자간의 人的抗辯은 선의의 제3자에 대항할 수 없으므로 채무자는 배서금지로써 항변을 확보하는 것이 보통이다.

담보적 효력(擔保的效力) → 배서의 효력

담보청구권(擔保請求權) 법률의 규정 또는 特約에 의거하여 擔保의 供與를 청구할 수 있는 권리. 특히 어음의 인수가 거절되거나 인수가 실효없이 되었을 경우에도 현행법은 償還請求權(遡求權)을 인정하나(一權主義) 구법은 지급거절의 경우에 있어서의 상환청구권 확보를 위하여 단순히 담보청구권을 인정했을 뿐이다(二權主義)(商 484 이하).

담보책임(擔保責任) 계약의 당사자가 급부한 목적물에 하자가 있는 경우에 부담하는 손해배상 기타의 책임. 贈與者(民 559)·賣渡人(570~584)·受給人(667~672)·消費貸主(602) 등에 관하여 민법에 규정이 있는데, 특히 매도인과 수급인의 담보책임이 중요하다. 즉, 매매의 목적물에 權利의 瑕疵(목적물의 소유권의 전부 또는 일부가 타인에게 속하거나, 타인의 권리에 의하여 제한되어 있다든가, 또는 지정된 수량이 부족한 경우 등), 또는 物件의 瑕疵(목적물에 물질적인 하자가 있는 경우)가 있는 경우에는, 일정한 요건하에 매수인에게 계약의 解除權·代金減額請求權(계약의 일부해제이다)·損害賠償請求權이 생긴다. 권리의 하자의 경우를 追奪擔保, 물건의 하자의 경우를 瑕疵擔保라고 부른다(각각의 항을 보라). 매도인의 담보책임에 관한 규정은 다른 모든 有償契約에 준용된다(567). 또 都給의 목적물에 하자가 있는 경우에는 도급인에게 하자의 정도, 補修의 難易 등에 따라 계약의 解除權·瑕疵補修請求權·損害賠償請求權의 3권리가 부여된다. 이러한 담보책임을 인정하는 근거는, 대가적 관계에 서는 급부를 하는 계약당사자간의 공평을 꾀하고, 거래에 대한 일반적 신뢰를 확보하는 점에 구하여진다. 따라서 無償契約에 있어서의 담보책임(예 : 증여자·무이자소비대차의 貸主)은 하자를 알고 고지하지 아니한 경우에만 지는데 반하여 有償契約에 있어서의 담보책임(예 : 매도인·수급인)은 하자를 몰랐던 경우에도 지는 일종의 無過失責任이다. 구민법에 있어서는 불특정물의 매매에 있어서 매도인이 하자있는 물건을 급부한 경우에 하자담보의 규정의 적용이 있느냐 어떠냐에 관하여 규정이 없었으므로 논의가 있었으나, 민법은 이를 입법적으로 해결하여 불특정물의 매매에 있어서도, 목적물의 특정 후에 그것에 하자가 있는 경우에는 瑕疵擔保責任을 물을 수 있도록 하였다(581). 담보책임은 特約으로 면제할 수 있으나, 하자를 알면서 고지하지 아니한 때에는 책임을 면하지 못한다(584, 672).

ㄷ

담보취소결정(擔保取消決定) 법원이 앞서 명했던 소송상의 담보를 취소하는 재판(民訴 115, 200, 475Ⅲ). 담보제공자가 供託한 담보를 환수하기 위하여 필요하다. 담보권리자가 취소함에 동의하거나 담보사유가 소멸한 때에 담보제공자의 신청에 의하여 행한다. 이에 대하여는 卽時抗告할 수 있다.

담세자(擔稅者) 조세를 결국에 있어서 담당하는 자. 租稅의 轉嫁가 발생하면 납세자와 담세자는 동일인이 아니다. 예컨대 地稅에 있어서도 지주는 납세자인 동시에 담세자이지만 酒稅에 있어서는 양조자는 납세자이고 담세자는 일반소비자이다.

담 합(談合) 경쟁입찰이나 경매에서 특정인을 경락자로 하거나 매수인으로 하기 위하여 경쟁자간에 일정한 가액 이하 또는 이상으로는 入札 또는 買收申告를 하지 않는다는 취지를 합의하는 것. 談合은 경쟁입찰 등의 제도의 취지를 무의미하게 하고, 공정한 가액의 형성을 방해하여 부당한 이익을 취하는 것이므로 사법상 공서양속위반으로 무효이며, 형법상으로도 처벌된다.

담합행위(談合行爲) → 경매입찰방해죄

답변서(答辯書) [1] 민법소송법상 피고 또는 被上訴人이 원고 또는 상소인의 訴狀·上訴狀(또는 상고이유서)에 대응하여 신청의 排斥을 구하는 취지의 반대신청 혹은 또 그 이유를 기재한 준비서면의 성질을 가진 서면. 일정한 印紙를 첩부할 것을 요한다(民印 12). 그 제출기간은 사실심에서는 法定되어 있지 아니하나, 재판장은 이를 정할 수 있다(民訴 247Ⅱ). 다만 상고심에서는 상고이유서의 송달을 받은 날로부터 10일 이내에 답변서를 제출할 수 있게 하고 있다(398Ⅱ). 답변서에 기재된 사실도 변론에서 진술하여야만 판결의 기초자료가 되는 것이 원칙이지만, 辯論期日에 결석하면 답변서의 기재사실은 진술한 것으로 간주되고(137), 또 상고심에서는 답변서에 기하여 곧 바로 상고심의 終局判決을 할 수 있다(400).

[2] 형사소송법상 抗訴人 또는 上告人이 상소법원(항소법원 또는 상고법원)에 제출하는 抗訴理由書(361의3Ⅰ) 또는 上告理由書(379Ⅰ)에 대응하여 상대방이 상소법원에 제출하는 서면. 항소 또는 상고의 상대방은 항소이유서 또는 상고이유서의 副本 또는 謄本의 송달을 받은 날로부터 10일 이내에 답변서를 항소법원 또는 상고법원에 제출하여야 한다(361의3 Ⅲ, 379Ⅳ). 답변서의 제출을 받은 상소법원은 지체없이 그 부본 또는 등본을 항소인·상고인 또는 변호인에게 송달하여야 한다(361의3 Ⅳ, 379Ⅴ).

당률소의(唐律疏議) 唐律에 대한 官撰의 註釋書. 正名은 故唐律疏議. 당률이 주석서에 의하여 傳存되고 있기 때문에 당률의 대명사로 거의 사용된다. 唐律은 기본은 漢魏의 律의 계통이지만 직접은 隋開皇律을 본받은 것이며, 당률의 편찬도 高祖의 武德7年律을 제1차로 하여, 貞觀11年, 永徽2年, 垂拱元年, 神龍元年, 開元7年, 開元25年 등 여러번 改修되고, 開元25년률을 정점으로 당률의 편찬은 終末된 것이며, 현재 故唐律疏議의 이름으로 잔존된 律이 開元25年律인 것이다. 그 내용은 名例·衛禁·職制·戶婚·廐庫·擅興·賊盜·鬪訟·詐僞·雜律·捕亡·斷獄의 12편 502조로 구성되어 있다.

당내민주주의(黨內民主主義) 당내민주주의란 정당의 의사결정에 있어서 일반당원의 의사가 상향적으로 黨論決定過程에 반영되어야 한다는 것을 기본적 요소로 하여 특히, 정당의 공직선거후보자추천과정에 있어서 지구당의 의사가 최대한 반영되어야 한다. 당내민주주의에 대립되는 개념으로서 寡頭的·權威主義的 政黨運營方式을 들 수 있다. 우리 헌법은 정당은 그 목적·조직과 활동이 민주적이어야 함을 규정하고 있고(憲 8Ⅱ), 정당법에서도 정당의 공직선거후보자추천은 민주적이어야 하며, 그 절차에 관하여는 黨憲으로 이를 정하도록 규정하고 있다(政黨 31).

당사자(當事者) 〔獨〕 Partei 일반적으로 어떤 法律要件에 관해 이에 직접 관여하는 자를 의미한다. 당사자의 一般承繼人도 당사자의 지위를 승계한 자로서 당사자와 동일시된다. 민사소송법에서는 원고 및 피고를 당사자로 부르며 형사소송법에서는 법문상으로는 당사자라는 용어를 사용하고 있지 않으나 검찰관 및 피고인을 당사자로 부른다. 이것은 형사소송을 當事者主義化하려는 고찰방식과 관계있다.

당사자공개(當事者公開) 〔獨〕 Parteiöffentlichkeit 소송당사자에게 訴訟審理에 관여하

고 그 모양도 알 수 있게 하는 기회를 주는 것. 一般公開 또는 公衆公開에 대한 말이다. 예를 들면, 증거조사에 참여케 하고, 소송기록을 열람케 함과 같은 것.

당사자권(當事者權) 訴訟主體로서의 지위에 서있는 當事者에게 소송법이 부여하고 있는 권리 및 권능을 총괄하여 하는 말이다. 이러한 당사자권은 우리 헌법 11조(평등의 원칙)와 27조(법률에 의한 재판을 받을 권리와 신속한 재판을 받을 권리)에 기초하고 있으며, 그 구체적인 내용을 살펴보면, ① 소송의 주체로서 절차상 인정되는 당사자권으로서는 移送申請權(民訴 32), 除斥申請權(38), 忌避申請權(39, 46), 求問權(126Ⅲ), 責問權(140), 訴訟記錄閱覽權(146, 151), 期日指定申請權(152Ⅲ), 기일의 통지에 소환장을 받을 권리(154), 訴狀·判決의 송달을 받을 권리(232, 196) 등을 들 수 있으며, ② 판결의 명의인으로서 인정되는 당사자권으로서는 당사자가 재판을 받을 범위를 지정하고(188), 소송자료를 제공하는 권능, 소의 취하, 抛棄·認諾, 和解를 할 수 있는 권능 및 上訴權을 들 수 있다. 당사자권의 내용과 인정범위는 소송사건 비소송사건화 경향과 밀접한 관련을 가지고 있다.

당사자능력(當事者能力) 〔獨〕 Parteifähigkeit [1] 민사소송법상 당사자가 될 수 있는 소송법상의 능력. 판결절차에 관하여 말하면 원고로서 소송하고 또 피고로서 소송당하는 능력이다. 다시 말하면 소송의 주체가 되어 裁判權行使의 효력을 받는데 필요한 소송법상의 권리능력 또는 인격이다. 민사소송법은 당사자능력을 원칙으로 사법상의 권리능력에 準據시키고 있으므로(47), 自然人과 法人은 모두 당사자능력자이다. 그러나, 민사소송법은 그 밖에 法人 아닌 社團 또는 財團이라도 대표자 또는 관리자가 정하여져 있는 것에 당사자능력을 인정한다(48). 이것은 법인이 아닌 여러 단체가 사회에 현존하여 사회적 활동을 하고 있는 이상 타인과의 사이에 분쟁·이익의 충돌이 생겼을 때, 이에 대하여 판결을 하는 것이 민사소송법의 기능수행상 간편한 까닭이다. 예컨대, 宗中·門中·校友會·感化院·育英會 등을 들 수 있다. 문제는 조합의 당사자능력의 유무이다. 판례는 社團이라 보아 당사자능력이 있다고 보나, 학설은 組合이란 공동사업을 위한 契約的 羈束關係라고 보아 당사자능력이 없다고 한다. 당사자가 당사자능력을 가지는 것은 訴訟要件이고, 이것이 흠결될 때에는 그 소는 부적법한 것으로 각하된다.

[2] 형사소송법상으로도 같은 뜻. 따라서 검사와 피고인의 양 당사자에 관하여 논의되어야 할 것이나, 검사는 法定의 任命資格을 갖추어 채용되는 것이므로 문제될 것이 없고, 따라서 형사소송법상 당사자능력은 피고인이 될 수 있는 능력을 말하게 된다. 自然人은 물론 法人도 당사자능력을 갖는다. 당사자능력은 형사소송법상의 관념으로 형법상의 責任能力과 다르므로, 형법상 책임능력없는 자도 당사자능력을 갖는다(책임무능력자에 당사자능력을 부인하는 소수설도 있다). 法人이 책임을 지는 것은 특별한 규정이 있는 때에 한하지만, 그 이외의 경우에도 항상 당사자능력은 갖는다(반대설은 법인이 형사책임을 지지 않는 경우에는 당사자능력이 없다고 한다). 권리능력없는 社團에 대하여는 犯罪能力이 인정되는 경우에 한하여 당사자능력이 있다. 당사자능력을 갖는 것은 소송조건의 하나이므로 법원은 언제든지 직권으로 이를 조사하고, 그 흠결이 발견된 때는 公訴棄却의 결정을 하여야 한다(328Ⅰii).

당사자대등주의(當事者對等主義) 〔獨〕 Prinzip der Parteigleichheit, Waffengleichheit 소송상 對立當事者의 지위를 평등하게 하고 대등한 공격방어의 수단기회를 주는 주의. 武器平等의 原則이라고도 한다.

[1] 민사소송판결절차에서는 원고·피고의 대등이 확실하나, 强制執行節次에서는 債權者·債務者의 地位가 틀리는 까닭에 그 평등은 바랄 수 없다.

[2] 형사소송법상은 搜査節次는 물론 公判節次에 있어서도 형사소송의 본질상 완전한 당사자대등은 실현하기 어렵다. 그러나 당사자대등주의는 국민의 기본적 인권옹호상 극히 중요한 것이므로 형사소송법은 默秘權을 담보하는 규정을 두고(289), 변호제도를 강화하는 등 가능한 한 당사자대등을 실현하려고 노력하고 있다.

당사자소송(當事者訴訟) 〔獨〕 Parteiprozess 여러가지 의미로 사용된다.

[1] 행정법상으로는 특히 抗告訴訟에 대한 관념으로서 대립당사자간의 공법상의 법률관계에 관한 소송. 행정소송법 1조의 公法上의 권리관계에 관한 소송이 바로 당사자소송을 의미한다. 公法上의 損失補償請求訴訟 및 공무원의 報酬請求訴訟 등이 여기에 속한다. 행정소송법은 이들 당사자소송에는 성질상 그 전부가 적용되지는 않는다고 보는 것이 다수설이다.

[2] 소송법상 근대의 소송은 當事者主義, 當事者對等主義 내지는 當事者平等의 원칙에 입각하고 있다는 의미에서 이것을 특히 당사자소송이라고도 한다. 이와 같은 의미로서는 당사자소송은 비단 행정

소송에서만 찾아 볼 수 있는 것이 아니라 민사소송이나 형사사송에서도 찾아 볼 수 있다. 민사소송에서는 특히 변호상 소송에 대하여 當事者本人訴訟을 뜻한다. 辯護上强制主義를 채택하고 있는 독일법에서는 불가능하나 우리 민사소송에서는 이것이 가능하다.

당사자송달주의(當事者送達主義) 송달을 당사자 자신에 맡기거나(獨民訴 317Ⅰ), 또는 그 신청을 기다려서 하는 주의. 職權送達主義에 대한 말이다. 우리 민사소송법은 원칙으로 당사자송달주의를 취하지 않는다(161). 직권송달이 원칙이고 신청에 의하는 것은 예외이다(179).

당사자신문(當事者訊問) 〔獨〕 Beweis durch Parteivernehmung 〔佛〕 interrogatoire sur faits et articles 소송당사자 본인을 증거방법으로서 그 경험한 사실에 대하여 신문하는 證據調査(民訴 339). 소송관계를 명료하게 하기 위하여 當事者本人·法定代理人에게 출석을 명하고 事實上 法律上의 점에 관하여 釋明시킬 수도 있으나(130Ⅰi, 126), 이것은 변론의 내용을 이루는 것이고, 증거방법으로 신문하는 것은 아니므로 당사자신문이라고 할 수 없다. 당사자는 분쟁의 주체이므로 자기에게 유리한 진술을 하기 쉬울 뿐 아니라, 자기에게 이해관계에 있는 사항에 대하여 진술을 강제하는 것은 가혹한 일이므로, 그 신문은 제1차적인 증거방식으로 취급되지 않고, 다른 증거조사에서 심증을 얻을 수 없는 경우에 보충적으로 할 수 있음에 그친다. 다만 人事訴訟과 같은 職權探知主義下에서는 당사자도 당연히 증거방법의 하나로서 직권으로 신문할 수 있다(家訴 17). 그 절차는 대체로 증인신문의 절차에 준하지만(民訴 345), 宣誓의 여부는 법원의 재량에 달려 있고(339 後) 허위진술에 대하여도 過怠料의 제재를 과할 수 있을 뿐이다. 출석·선서를 거절하여도 제재는 받지 않고 상대방의 주장을 진실한 것으로 인정할 수 있게 됨에 그친다. 형사소송에 있어서는 被告人訊問 이외에 별도로 당사자신문이란 것은 없다.

당사자(當事者)**의 변경**(變更) 〔獨〕 Parteiänderung 민사소송의 계속중에 제3자가 당사자로서 가입하고 종전당사자의 일방이 물러나는 경우를 넓은 의미의 當事者의 交替라고도 한다. 訴訟承繼나 獨立當事者參加로 本訴의 원고 또는 피고가 탈퇴하는 경우에도 생기지만, 보통 그 밖의 경우, 즉 任意的 當事者變更을 가리킨다. 그것은 원고가 종전의 피고에 추가하거나 또는 그에 갈음하여 제3자를 피고로 하고, 혹은 제3자가 종전의 원고와 함께 또는 그에 갈음하여 원고로 되는 경우이다. 특히 규정이 있는 경우(家訴 15, 行訴 14)는 물론 규정이 없어도 제1심의 변론종결전에는 공동소송의 요건이 구비되는 한 허용된다. 破産管財人을 피고로 하여야 할 것을 잘못하여 파산자를 피고로 하거나 婚姻의 取消의 訴에서 잘못하여 부부의 일방만을 피고로 하거나 공동소송인으로 할 공유자의 일부가 탈락한 것과 같은 경우에 이를 인정할 실익이 있다. 이와 같은 당사자의 변경은 訴의 主觀的 追加的 變更과 舊訴와의 복합이라고 보지만, 이른바 소의 변경에는 해당하지 않는다.

당사자의사설(當事者意思說)〔國際私法上〕 住所의 概念決定에 관한 견해 중 주소결정의 표준을 당사자의 명시 또는 묵시의 의사에 두어야 한다는 견해(Coiseau)를 말한다. 또 계약관계에 대해서만 주소결정을 당사자의 의사에 의해서 결정하도록 하자는 견해(Rolin)도 있다.

당사자(當事者)**의 확정**(確定) 〔獨〕 Bestimmung der Partei 어떤 특정소송에서 그 당사자가 되는 것을 정하는 것. 소송당사자가 누구인가에 따라서 裁判籍, 除斥原因, 판결의 효력 및 人的 範圍가 결정되며 또한 그 자에 관한 당사자능력, 소송능력, 당사자적격 등을 조사하여야 하므로 법원의 職權調査事項에 속한다.

당사자자치(當事者自治)**의 원칙**(原則) 〔獨〕 Prinzip der Parteiautonomie 채권법상의 법률행위 특히 契約의 準據法을 당사자의 의사에 의하여 결정하는 국제사법상의 원칙. → 의사자치

당사자적격(當事者適格) 〔獨〕 Sachlegitimation, Prozesslegitimation [1] 민소소송법상 일정한 권리관계에 관하여 당사자로서 소송을 수행하고 판결을 받기 위하여 필요한 자격. 訴訟遂行權이라고도 하고, 이것을 가지는 사람을 그 청구에 관한 정당한 당사자라고 한다. 그 사건을 소송으로 제기하는데 누가 원고로서 訴求할 것이냐, 또 누가 피고로서 소구될 것이냐 하는 문제이므로, 當事者能力이나 訴訟能力과 같이 사건의 내용과 무관계하게 인정되는 일반적 인격적 능력과는 그 성질이 다르다. 일반적인 경우에는 당사자에게 소송물인 권리 내지 법률관계에 관하여 대립되는 利益의 歸屬이 인정되면 된다. 특별한 사유로서 다른 사람이 본래의 적격자에 대신하여, 또는 스스로 그 권리관계에 관하여 고유의 이익을 가지지 않는 사람이 당사자적격을 가지는 경우가 있다. 이 현상을 제3자의 訴訟擔當(訴訟信託)이라고도 한다. 예를 들면 파산재단에 관한 소송을 하는 破産管財人(破

152), 채권에 관하여 推尋命令을 받은 압류채권자(民訴 563Ⅰ, 582), 대표소송을 하는 주주(商 403~406), 특수한 청구에 관하여 직무상 당사자로 되는 사람, 예컨대 人事訴訟에서 본래의 적격자가 사망한 때 검사가 당사자가 되는 경우(家訴 24Ⅲ, 27Ⅳ), 海難救助料의 청구에 관하여 피고가 되는 선장(商 859), 행정소송에서 피고가 되는 행정청(行訴 3) 등이다. 그리고 본래의 적격자가 자기가 당사자가 되는 대신에 타인에게 소송을 하는 권능을 맡기는 경우를 任意的 訴訟擔當(訴訟信託)이라고 한다. 選定當事者(民訴 49, 50)나 어음의 추심위임의 경우의 피배서인(어음 18) 등이 그 예이다. 당사자적격은 소송요건의 일종이므로 그것이 없으면 본안심리에 들어가지 않고 소송판결로써 각하한다(請求棄却判決을 할 것이라는 반대설도 있다). 소송중에 당사자가 적격을 상실하여, 이것을 제3자가 취득할 경우에는 訴訟의 承繼가 생기는 것이 보통이다.

[2] 형사소송법상은 피고인이 법인이 아닌 경우라도 범죄사실이 존재하지 않는 경우와 같이 무죄의 實體的 裁判을 하고 공소기각의 형식적 재판으로 소송을 끝낼 것이 아니기 때문에 당사자적격의 관념은 무의미하다.

당사자주의(當事者主義) 〔獨〕 Parteienprinzip 형사소송절차에 있어서, 원고인 검사와 피고인이 소송의 당사자가 되어 당사자 상호간의 공격과 방어에 의하여 소송을 진행시키는 주의. 職權主義에 대하는 말이다. 역사적으로 보면 근세초기의 형사소송절차는 糾問主義를 기본으로 하였기 때문에 그것은 가장 극단적인 직권주의의 절차였다. 그러나 프랑스대혁명을 전기로 하여 시민계급을 중심으로 하는 자유주의적 법률사상이 이에 항쟁하여, 형사소송절차는 당사자주의적인 소송구조로 전환되기에 이르렀다. 우리 형사소송법도 헌법의 이념적 요청에 응하여, 당사주의적 요소를 대폭 도입하였다. 즉, 公判審理의 範圍에 관하여는 검사가 공소제기에 있어서 지정한 범위내에서 심판하는 것을 원칙으로 하고(刑訴 254, 298), 증거조사에 관하여는 당사자의 신청에 의하는 것을 원칙으로 하고(294, 295), 증인신문의 방식에 있어서는 당사자가 먼저 신문하고, 다음에 재판장이 신문하는 것으로 한(161의2) 외에, 증거서류·증거물은 당사자에게 낭독·제시할 것으로 하였다. 또 소송의 진행에 관하여는 부당한 公判期日의 변경에 대하여 異議申請을 할 수 있고, 재판장의 소송지휘에 대하여 이의신청을 할 수 있다(304). 이와 같이 소송은 현저히 당사자주의화하였지만, 또한 職權主義가 배후에 있어서 보충적인 역할을 하고 있다. 또 당사자주의는 當事者對等主義의 의미로 사용되는 수도 있다.

당사자참가(當事者參加) 제3자가 타인간의 소송에 당사자로서 참가하는 것(民訴 72, 76). 獨立當事者參加와 共同訴訟的 當事者參加를 모두 포함한다. →소송참가

당사자처분권주의(當事者處分權主義) →처분권주의

당사자평등(當事者平等)**의 원칙**(原則) →당사자대등주의

당사자항정(當事者恒定)**의 원칙**(原則) 訴訟物의 양도가 행하여져도, 양도인인 종래의 당사자가 소송물에 관하여 소송을 수행하는 권능을 상실하지 않는 것으로 하며, 그대로 소송을 계속케 하고, 그 결과인 판결의 효력을 양수인에게 미치게 하는 주의. 독일법은 이 주의를 채택하고 있지만(獨民訴 265, 325), 우리 법은 이 경우에 일본법과 같이 訴訟承繼主義에 의한다. →소송의 승계

당선무효(當選無效) 爭訟의 결과 당선의 효력이 상실되는 것.

당선소송(當選訴訟) 당선의 효력에 관한 소송. 관할법원은 대통령선거, 국회의원선거 및 시·도지사선거에 있어서는 大法院이고 지방의원선거 및 자치구·시·군의 장선거에 있어서는 高等法院이다(公選 223).

당선인(當選人) 선거에서 의원(그 밖에 선거될 공무원)이 될 자로 결정된 사람. 有效投票의 최대 다수를 얻은 자(다만 법정의 최저한의 득표가 없으면 안된다)가 당선인이 된다.

당선쟁송(當選爭訟) 당선의 효력에 관한 選擧訴請·訴訟의 총칭. 訴請이나 訴狀을 접수한 선거관리위원회 또는 대법원이나 고등법원은 선거쟁송에 있어 선거에 관한 규정에 위반된 사실이 있는 때라도 선거의 결과에 영향을 미쳤다고 인정하는 때에 한하여 선거의 전부나 일부의 무효 또는 당선의 무효를 결정하거나 판결한다(公選 224). →선고쟁송

당연무효(當然無效)**의 판결**(判決) 〔獨〕 Das nichtige Urteil 판결로 성립했으나 중대한 하자로 인해 상소 기타 불복신청을 하지 않아도 그 본래의 효력이 발생하지 않는 재판을 말한다. 예를 들면 같은 사건에 대해서 二重의 實體判決이 확정된 경우, 死者에 대해 형을 선고한 경우 등을 들

수 있다. 이런 경우도 재판이 존재하기 때문에 形式的 確定力은 있어도 執行力이 발생하지 않는다는 점에는 의견이 같다. 또한 당연무효의 판결에 대하여 一事不再理의 효력을 인정하는 것이 타당할 것이라고 본다.

당연상인(當然商人) 자기명의로 상행위를 하는 자(商 4). 固有의 商人이라고도 하며, 기업의 실질에 따라 정하여진 것이다. 여기에 상행위라고 함은 상법 46조에 열거된 행위로서 영업적으로 행하여지는 것이고, 자기명의로 한다는 것은 영업에서 발생하는 권리·의무의 주체가 되는 것을 말한다. → 상인, 의제상인

당연승계(當然承繼) 承繼原因의 발생과 함께 당연히 생기는 소송승계. 당사자가 사망한 경우에 상속인이 당연히 당사자로 되어 소송상의 지위를 승계하는 것과 같다(民訴 211, 213, 214~218). 소송법은 소송절차의 中斷 및 受繼의 면에서 규정하였지만, 訴訟承繼와 中斷·受繼는 별개의 관념으로 당사자의 교체가 없어도 중단이 생기고(213), 또 승계가 있어도 중단이 생기지 아니하는 경우가 있다(50, 216).

당연이용(當然利用) 일정한 행위를 한 자 또는 일정한 상태에 있는 자가 법령의 규정에 의하여 당연히 특정한 公企業의 이용관계에 놓이게 되는 경우를 말한다. 무능력자가 우편물의 발송·수취 기타 우편이용관계를 한 경우에, 그의 행위는 우편관서에 대하여는 능력자의 행위로 보는 것 등이 그 예이다.

당연(當然)히 증거능력(證據能力)이 있는 서류(書類) 특히 신용성이 높고 그 작성자를 증인으로 신문하는 것이 부적당하거나 실익이 없기 때문에 필요성이 인정되는 서류를 말한다. 여기에 해당되는 것은 원래 진술서를 가리킨다. 이러한 진술서에 해당되는 것은 ① 호적의 謄本 또는 抄本, 公正證書謄本 기타 공무원 또는 외국공무원의 직무상 증명할 수 있는 사항에 관하여 작성한 문서, ② 商業帳簿, 航海日誌 기타 업무상 필요로 작성한 通常文書, ③ 기타 특히 신용할 만한 정황에 의하여 작성된 문서(刑訴 315) 등이 있다.

당일결제거래(當日決濟去來) 유가증권시장에 있어서의 매매거래의 일종이며, 매매계약을 체결한 당일 당사자간에서 직접 受渡決濟를 행하는 것. 當日去來 또는 當日物이라고도 한다. 개정법에서는 유가증권시장에서의 유가증권의 매매거래의 종류 및 방법은 증권거래소의 業務規程으로 정하도록 되어 있다(證券 94).

당 원(黨員) 정당에 가입한 자. 헌법은 정당설립의 자유를 인정하고 있으므로(憲 8Ⅰ). 국회의원선거권이 있는 자는 누구나 당원이 될 수 있다. 그러나 당원이 될 수 없는 자는 정당법 8조에, 入黨(20), 合黨(17), 脫黨(23) 등이 규정되어 있다. → 정당

당원명부(黨員名簿) 정당에 가입한 당원의 명부. 각 지구당에서는 반드시 당원명부를 비치하여야 한다. 정당에의 가입 및 脫黨의 비밀이 요구되는 점에서 당원명부는 법원이 재판상 요구하는 경우와 관계 選擧管理委員會가 당원에 관한 사항을 확인하는 경우 이외는 이의 열람을 강요당하지 않으며(政黨 22), 이에 위반한 때에는 5년 이하의 징역에 처한다(49).

당좌계정계약(當座計定契約) 당좌계정거래계약의 내용이 되는 것으로는 當座預金契約 또는 當座借越契約, 手票契約, 相互計算契約이 있다. ① 당좌예금계약은 거래처가 수표자금을 공급할 목적에서 미리 예금을 하는 계약으로서 그 법적 성질은 消費任置의 예약이다. 當座借越契約은 당좌예금계약의 상대방인 거래처에 대하여 일정한 한도까지 당좌예금의 잔고를 초과하더라도 거래처가 발행한 수표의 지급을 하기로 하고 위의 지급초과금액은 貸付金으로 처리할 것을 부수적으로, 또는 추가적으로 약정하는 계약이다. 이 계약의 법적 성질은 消費貸借의 豫約이라고 봄이 타당할 것이다. ② 수표계약은 은행이 당좌거래계약의 상대방이 발행한 수표에 관하여 當座預金 또는 當座借越의 한도에서 지급을 하게 하는 계약이다. 그 법적 성질은 수표의 지급위탁을 목적으로 하는 위임계약이다. ③ 相互計算契約은 수표자금으로 예입된 금액과, 수표금액으로 지급된 금액을 일괄하여 결제하기 위한 계약이다. 당좌거래계약에는 보통 묵시적으로 상호계산계약이 포함된다고 하는 것이 일반적 견해이나, 은행의 실무에서는 포함되지 않는다고 봄이 타당할 것이다.

당좌대월(當座貸越) 〔英〕 overdraft 當座計定去來에 부수하여 체결되는 계약인데, 특정은행과 당좌계정을 가지는 거래처가 그 은행에 대하여 가지는 당좌예금잔고를 초과하여 수표를 발행한 경우에, 은행은 일정한 한도까지 그 수표의 지급을 약정하는 일종의 信用開始契約이다. 이는 수표의 자금관계에 관한 계약이며, 그 대차결제의 방법으로 보면 상호계산에 속하는 것으로 볼 것이다. → 대부

당좌예금(當座預金) 〔英〕 current account 當座計定去來契約에 기한 예금. 즉, 수표지급자금인 예금이며, 수표만으로 還給받는 要求給預金. 따라서 보관의 의미뿐만 아니라 수표지급의 위탁사무처리를 위한 자금의 성질을 가진다. 당좌예금은 현재 무이자이나, 현금의 보관과 출납에 따르는 수고와 위험을 더는 이점이 있기 때문에 거래가 빈번한 상인에 의하여 크게 이용되고 있다.

당좌예입(當座預入) 송금수령인 을이 특정은행 병과 당좌계정(→당좌예금)을 가지는 경우, 송금위탁자 갑이 병은행의 본·지점 또는 병은행과 환거래계약을 체결한 정은행에 대하여 병은행에 있어서 을의 당좌계정에 일정금액의 예입을 위탁하는 송금방법. 送金換의 일종. 예입인 갑과 거래은행 병 또는 정과의 사이에는 위임관계. 병정 양 은행 사이에는 換去來契約이 있으며, 을이 예금채권을 취득하는 것은 이 당좌거래에서 인정된 入金約款의 효과이다. 당좌예입에는 電信에 의하는 것과 그렇지 않은 것이 있다.

당좌조합(當座組合) 〔羅〕 societas unius negotiationis 〔獨〕 Gelegenheitsgesellschaft 〔佛〕 société momentanée 단 1회에 한한 사업을 목적으로 하는 조합. 수인이 출자하여 1회에 한하여 공동으로 상품을 구입할 것을 약정하는 조합이 그 예. 민법상의 조합의 사업은 계속적인 것이어야 하는 것은 아니므로, 당좌조합도 조합으로 될 수 있다. 타인의 영업에 출자하는 것이 아닌 점에서 匿名組合과 다르다.

당 한(當限) →청산거래

대 가(對價) 〔獨〕 Äquivalent 〔佛〕 equivalent 넓은 뜻으로는 代償, 즉 자기의 재산·노무 등을 타인에게 제공하거나 이용시키거나 한 보수로서 受取하는 재산상의 이익. 물건의 賣渡·貸金·가옥의 임대·勞賃 등이 그 예. 이러한 대가(代償)의 유무에 따라 有償契約·無償契約, 有償行爲·無償行爲로 나눈다. 좁은 뜻으로는 넓은 뜻의 대가 중에서 당사자의 제공의 의무가 성질상 서로 상환하여 이행되어야 할 성질을 가지는 것을 말한다. 예컨대, 이자있는 消費貸借에 있어서는 貸主의 元本貸與義務와 借主의 利子支給債務와의 사이에는 넓은 뜻의 대가적 관계가 있으므로, 유상계약임에는 틀림이 없으나, 이 경우에는 후자는 전자가 선이행되어야 할 것을 전제로 하므로, 양자는 성질상 상환으로 이행되어야 할 것은 아니고, 따라서 이자는 좁은 뜻의 대가에는 속하지 아니한다. 양 당사자가 상호적으로 채무를 부담하는 경우에 쌍방의 채무가 이러한 대가의 의미를 가지느냐 어떠냐에 따라 雙務契約·片務契約으로 나눈다.

대가관계(對價關係) →원인관계

대가문구(對價文句) 〔獨〕 Valutaklausel 발행인이 어음을 발행할 때에 대가의 취득여부 또는 그 형태를 표시하기 위하여 기재하는 문구. 對價現金受領, 對價受領 등이 그 예이다. 어음관계와 원인관계는 일단 끊어지므로, 이러한 기재는 불필요할 뿐 아니라, 기재하더라도 아무런 어음상의 효력이 생기지 않는다(無益的 記載事項).

대가변제(對價辨濟) 저당부동산의 소유권 또는 그 위의 地上權을 매수한 자가 저당권자의 청구에 응하여 매수대금을 그에게 지급하고 자기에 대한 저당권의 부담을 면하는 것(舊民 377). 賣渡人은 이로써 대금채무를 지급한 것이 되어 저당채무는 그만큼 감소된다. 滌除와 함께 저당부동산의 제3자 취득자를 보호하려는 제도이다. 신민법은 이 규정을 폐지하고 제3取得者辨濟(民 364)를 신설하였다.

대가족제도(大家族制度) 家父長權이라는 집권적 통제권력하에 지배되는 여러 세대의 혈족과 그 배우자로 이루어지는 공동생활조직. 그러므로 父權的 家長制家族制度라고 부르기도 한다. 미개시대에 있어서는 집약적인 생산양식을 취하고 또 공동하여 외적에 대한 공방을 취하기 위하여 혈족공동생활단체인 氏族團體를 이루었다. 이 씨족단체가 성행된 시대에는 씨족단체에 포함되어 있는 가족단체는 그 독자성이 인정될 수가 없었으나 경제여건의 변화, 인구증가 등으로 인하여 씨족제도가 붕괴됨에 따라 점차 가족단체는 그 기능을 나타내기 시작하였으며, 따라서 사회적 단위로서 중대한 의의를 지니게 되었다. 이 단계에 있어서의 가족제도, 즉 家長制家族制 또는 대가족제도이다. 이 가족제도의 특징은 다음과 같다. 즉, 家의 永續性, 가를 통할하는 家長權의 絶對性과 世襲化, 祖先崇拜, 家의 영속적인 유지를 위한 家産의 형성, 또 이에 따른 長子獨占相續制, 여자의 지위가 낮은 것 등이다. 이러한 의미에 있어서의 가족제도는 祖先崇拜라는 종교적 신앙의 없어짐과 또 자본주의경제의 발흥으로 인한 1家自給自足經濟의 와해, 국가권력의 강화, 민권사상의 대두 등의 여러가지 요인에 의하여 자연 무너져 왔다. 1990년 1월 13일 법률 제4199호 민법 일부개정으로 대가족제도의 잔재를 일부 청산하였다.

대가택강제(對家宅强制) 소유자나 점유·

관리자의 의사에 관계없이 타인의 건물·선박 등에 실력을 가함으로써 경찰상 필요한 상태를 실현시키는 卽時强制를 말한다. 예컨대, 가택출입·임검·검사 및 수색 등이 있다.

대가택조사(對家宅調査) 개인의 주거나 영업소 등에 출입하여 강제적으로 일정한 상태 등을 조사하는 것을 말하며, 예를 들면 가택출입·임검·가택수색 등을 들 수 있다.

ㄷ

대검찰청(大檢察廳) 大法院에 대응하여 설치된 검찰청. 대검찰청에는 검찰총장·차장검사·검사를 두고(檢察 12～14), 그 임명자격은 법률로 규정되어 있다(27～30). 대검찰청에 부 및 사무국을 두며, 부의 설치와 分掌事務는 대통령령으로 정한다(16Ⅰ).

대 결(代決) 행정관청 내부에서 관청구성원의 一時不在時에 경미한 사항을 보조기관이 대신하여 결재하는 경우가 있는데, 이것을 흔히 사무의 代決이라고 한다. 그러나 대결은 법적으로는 관청 자신의 행위로 간주된다는 점에서 代理와 다르다. 대결도 관청내부에서 미리 정하여 둔 차례에 따라서 행한다. →대리, 위임전결

대공친(大功親) 五服 중 齊衰親 다음가는 9월(만 8월) 喪期의 大功服을 입는 사이의 친족. 媤祖父母·媤伯叔父母·姪婦·衆子婦·衆孫·從兄弟姉妹를 말한다.

대 권(大權) 〔英〕 prerogative 통상적으로는 프로이센왕국, 구헌법하의 일본과 같은 外見立憲主義를 채택한 국가에서 君主가 의회(국회)의 참여없이 행사할 수 있었던 권한을 의미한다. 의회의 소집 및 개폐·독립명령·긴급명령·조약체결·선전·계엄선포·군통수·행정관제·관리임면·영전수여·비상대권 등이 이에 속하였다. 이들 국가에서는 군주(정부)와 의회간에 있어서 중점이 전자에 있었던 결과로, 大權의 範圍는 극히 광범하였으며, 의회의 지위를 약화시키는데 이바지하였다. 이에 대하여, 영국에서의 prerogative는 왕(또는 여왕)의 普通法(common law)상의 특권으로서 의회제정법률이 규정하지 아니하는 한도에서만 왕이 독자적으로 행사할 수 있는 권한을 말한다.

대권명령(大權命令) 外見立憲主義의 국가에서의 군주의 大權에 속하는 명령, 즉 緊急命令·獨立命令 등을 의미하였다. 영국에서는 왕의 prerogative에 의하여 발하여지는 명령. →대권

대금감액청구권(代金減額請求權) 매매의 목적이 되는 권리의 일부가 다른 사람에게 속함으로써 매도인이 이를 매수인에게 이전할 수 없는 경우 및 수량을 지시하여 매매한 물건이 부족하거나 또는 그 일부가 멸실하였을 경우 매도인의 擔保責任의 효력으로서, 매수인은 그 부족한 부분 또는 滅失部分의 率에 따라서 대금의 감액을 청구할 수 있다(民 572～574, 578). 이 권리의 행사로서 선의의 매수인은 별도로 손해배상을 청구할 수 있다(572Ⅱ·Ⅲ). 이 권리의 행사는 1년의 除斥期間이 있다.

대금납소작료(代金納小作料) 소작료를 일정한 양의 現物(예:正租 1石)로 정하여 두고, 그것을 해마다 그 때의 시세를 기준으로 하여 금전으로 환산하여 지급하는 소작료. 처음부터 소작료를 일정한 금전으로 정하여 금전으로 지급하는 金納小作料와 구별된다. 과거 우리나라에 있어서는 代金納과 金納의 제도는 이를 합하여 약 2.5할에 불과하였고 대부분이 現物納의 소작제도이었다.

대금분할지급매매·소유권유보부매매(代金分割支給賣買·所有權留保附賣買) 〔獨〕 Abzahlungsheschäft 매매대금을 일정기간 동안에 분할해서 일정기마다 지급할 특약이 있는 매매로서 일반적으로 月賦販賣라고 한다. 이 매매에 있어 목적물의 인도는 대금의 완제 후 또는 분할지급된 대금이 일정액에 달할 때 행해지는 경우도 있으나, 보통 매매계약의 성립과 동시에 목적물이 매수인에게 인도된다. 그러나 所有權은 대금의 완제가 있을 때 이전되는 것이 보통이다. 즉 대금의 완제가 있을 때까지 목적물의 소유권은 매도인에게 보류된다(소위 所有權留保附賣買). 계약의 성립으로 매도인은 목적물인 동산의 점유를 매수인에게 이전하여야 할 의무와, 매수인으로 하여금 사용·수익하게 할 의무가 있다. 이에 따라 매수인은 점유할 권리와, 使用·收益權을 가지며 점유자로서의 보호를 받는다. 다른 한편 매수인은 목적물보관상의 주의의무를 부담하며, 정기적으로 약정의 할부금을 지체없이 지급해야 할 의무가 있다. 할부금의 지급을 게을리한 경우의 제재를 위해서 실제로 失權約款, 期限利益喪失約款, 違約金約款 등의 특약이 행해지고 있다. 목적물에 관하여 지출되는 公租公課·修繕費用 등은 특약이 없는 한 매수인이 부담한다. 목적물을 매수인이 점유하고 있는 동안에 쌍방 당사자의 책임없는 사유로 멸실한 경우 그 위험은 매수인이 부담하여 매수인의 대금채무는 소멸하지 않는다고 보는 견해와, 민법의 債務者危險負擔主義(民 537)에 따라 매도인에게 위험부담을 시켜 잔금을 청구할 수 없다는 견해로 나누어지고 있다.

매수인의 채권자는 매수인이 점유하고 있는 목적물에 집행할 수 없으며, 매도인의 채권자가 집행하는 경우 매수인은 이의의 소를 제기하지 못한다. 매수인이 파산한 경우에 매도인은 목적물의 還取權을 가지나(破 79 이하), 반대로 매도인이 파산한 경우에는 매수인에게 환취권이 없다.

대기권·외계(大氣圈·外界) **및 수중**(水中)**에서의 핵실험금지**(核實驗禁止)**에 관한 조약**(條約) 〔英〕 Treaty Banning Nuclear Weapons Tests in Atmosphere in Outer Space and Underwater 部分的 核實驗禁止條約(Partial Test-Ban Treaty) 또는 核禁條約이라고도 한다. 1963년 7월 25일 모스크바에서 假調印, 동년 8월 5일 미국·영국·소련의 3국간에 정식조인된 부분적 핵실험금지에 관한 조약. 전문과 4개조의 본문으로 구성되어 있으며, 주요내용은 ① 미·영·소 3개의 핵보유국이 대기권·외계 및 수중에서 일체의 핵실험을 중지하고(1 I), ② 지하핵실험 기타 일체의 핵실험 폭발의 문제를 계속 협의하며(전문 1 I b), ③ 다른 핵보유국도 참가할 수 있도록 개방하며(3 I), ④ 협정의 탈퇴시에는 3개월전에 事前通告를 행하여야 하며(4), ⑤ 조약의 효력은 무기한으로 한다는 것(4) 등이다. 핵금조약에의 가입을 적극적으로 거부한 국가는 프랑스·알바니아·중국의 3개국뿐, 대다수의 국가가 가입하고 있다. 우리나라도, 동년 8월 30일 ① 동조약을 환영하며, ② 대한민국정부만이 유일한 合法政府라는 점, ③ 동조약에의 가입이 정권의 승인문제(예컨대 북한이 가입하는 경우)와는 하등의 관련이 없다는 취지를 명백히 함과 동시에, 워싱턴과 런던에서 서명함으로써 당사국이 되었다. 核禁條約의 성립은 軍備縮小뿐만 아니라 東西冷戰의 전환점이 될 수 있다는 데에 의의가 있다.

대기오염(大氣汚染) 산업·교통 등 인간의 활동에 의하여 만들어지는 有毒物質이 공기를 오염시키는 일. 주요 오염물질은 매연 및 석유산업에 의한 아황산가스와 자동차의 배기가스 속의 일산화탄소 등의 유독가스이다. 대기오염으로 인한 국민건강 및 환경상의 危害를 예방하고 대기환경을 적정하게 관리·보전함으로써 모든 국민이 건강하고 쾌적한 환경에서 생활할 수 있게 제도적 장치가 마련되었는데 이것이 大氣環境保全法이다.

대내주권(對內主權) 국가가 국내사항에 대하여 행위의 자유를 가지는 것. 대내주권은 자기나라 국민에 대한 관계는 法令强制의 권능으로서 나타나나 국제법의 관점에서는 국내사항에는 다른 나라가 간섭할 수 없다. 對外主權에 대한다

대당책임(代當責任) 〔獨〕 Haftung 채무에 대한 담보 또는 충당의 뜻으로서 책임이라 함과 같다.

대도충당금(代倒充當金) 〔英〕 allowance for bad debt 대차대조표상의 채권의 평가방법인 바 명의상의 채권액에 대하여 공제항목으로 자산의 部에 공제형식으로 기재되는 代倒評價額.

대독강화조약(對獨講化條約) 미·영·불 3국과 서독간에 1952년 5월 26일 조인된 서독의 占領上의 終了를 확인한 조약. 평화조약까지 이르지 않은 平和契約이라는 개념은 이것이 처음이다. 이로써 서독은 국제문제에 관하여 완전히 주권을 회복하였으나 외교적으로는 서유럽과 歐洲軍 당국에 대하여 긴급한 사태에 직면할 경우에는 연합국이 개입할 수 있는 권리를 유보하는 조건이 부가되어 있다.

대동법(大同法) 조선 중엽의 貢稅法의 하나로 선조 때의 李珥가 주장하였으며, 후에 李元翼이 그 뜻을 받아 구체안을 제시하여 1608년(선조 41) 처음에 경기도, 강원도, 충청도, 전라도, 경상도의 순서로 실시하여 효종 때 金堉이 이를 적극 추천했다. 그리하여 1708년(숙종 34) 宣惠廳을 둠으로써 전국적인 제도화가 되었으나 세종 때 제정된 貢稅法에 의한 지방특산물의 현물상납을 폐지하고 일률적으로 쌀로 대납하게 하였다. 즉 전답 1結에 쌀(大同米) 12말을 상납케 하였다. 또 布木(大同布), 돈(大同錢)의 대납도 허용하였다. 이 제도로 임진왜란 이후의 궁핍한 국가재정의 충족과 일률적 상납에 따른 일반백성의 부담경감에 공헌한 바 컸다. 고종 31년(1894)에 폐지되었다.

대동보(大同譜) →족보

대등액(對等額) 2개 이상의 물건의 서로 대등한 부분의 量額, 예컨대 갑이 을에 대하여 부담하고 있는 채무가 500만원이 있는 경우 을이 갑에 대하여 300만원에 債務를 부담할 때에는 갑이 부담하고 있는 채무 중 300만원을 갑·을관계에 있어서 대등액이라고 하며 상계할 수 있다(民 492).

대락양자(代諾養子) 입양할 자가 스스로 入養의 의사표시를 하지 않고 일정한 자가 갈음하여 승낙함으로써 입양하는 양자. 민법은 15세 미만자를 양자에 관한 의사능력이 없는 자로 보고 代諾으로써만 입양할 수 있는 것으로 하고 있다(民 869).

대량절차(大量節次) 行政節次法에 규정된

용어는 아니나, 예를 들면 원자력발전소의 설치허가와 같이 많은 사람이 이해관계를 가진 행정행위를 행함에 있어서 취하는 절차를 말한다. 이러한 절차에 대하여는 특별한 규정이 정해져 있다. ① 公告에 관한 것으로 행정청이 300인 이상을 召喚할 필요가 있는 때에는 個別通知에 갈음하여 공고로써 할 수 있게 하고 있으며, ② 共同代理人에 관한 것으로 행정절차의 관계인이 50인이 되는 경우에는 신청 또는 직권에 의하여 공동대리인을 둘 수 있도록 규정하고 있다.

ㄷ

대륙법(大陸法) 독일, 프랑스를 중심으로 하는 유럽대륙 제국의 법을 말한다. 英美法에 대한다. 내용적으로는 로마법의 영향이 강하며, 형식적으로는 不文法을 중심으로 하는 영미법에 대하여 成文法을 중심으로 하는 점에 특색이 있다.

대륙붕(大陸棚) 〔英〕 continental shelf 〔佛〕 plateau continental 본래 海洋地理學上의 용어로서, 육지는 보통 바다로 들어갈 때에 경사가 완만하게 나가다가 갑자기 심도가 깊어져서 급경사로 떨어지는 일종의 棚狀을 이루고 있다. 이것을 대륙붕 또는 陸棚이라고 한다. 그 폭은 지형에 따라서 다르나 영해밖까지 뻗친 陸棚으로서 석유·석탄 등 광물자원이 매장되었다거나, 육붕의 海床이 定着漁業에 이용됨으로써 국제법상 문제가 발생하였다. 국제법학자 봐텔(1714~67년)이 진주양식에 관하여 이미 이 문제에 논급한 바가 있지만 국제법상 실제로 문제가 된 것은 최근의 일이다. 즉, 1942년 영국과 베네주엘라는 파리아만(Gulf of Paria)의 해저석유자원에 관하여 조약을 체결하고 管轄權의 경계선을 설정한 바 있으며, 1945년 9월 28일 미국대통령 트루먼은 대륙붕의 地下 및 海低의 천연자원에 관한 미합중국의 선언을 발포하여 公海下라 할지라도 미국연안에 인접한 대륙붕의 지하 및 해저에 있는 천연자원은 미국에 속하고 그 관할과 통제에 복종하는 것으로 간주한다고 하였다. 그 후 이 선언을 계기로 중남미·중동·극동의 30여개국이 대륙붕선언을 행하였다. 그 내용은 각각 구구하여 대륙붕의 上部水陸(이것을 epicontinental water라고 부른다)에까지 주권을 주장한다든가 수심에는 관계없이 연안으로부터 200해리를 주장한다든가 또는 대륙붕에 대한 領土權을 설정하여 이것을 자국에 편입하는 등이었다. 한국정부도 1952년 1월 18일자 大韓民國隣接海洋의 주권에 대한 대통령의 선언으로써 深度 여하를 불문하고 대륙붕의 상부·표면·지하에 있어서 광물 및 수산자원의 보전과 이용을 위하여 주권을 유보하였다. 이와 같은 연안국의 대륙붕에 대한 주장은 제1차세계대전 이후 연안국의 영해확장 및 인접해양에 대한 權限主張이라는 국제해양법의 새로운 경향과 더불어 국가간에 분규를 자아냈다. 이에 국제연합의 국제법위원회는 포괄적인 國際海洋法典을 작성하여 1958년 제네바에서 개최된 국제해양법전권대표회의에 회부함으로써 동 회의는 해양에 관한 4개의 조약을 채택, 그 가운데 대륙붕에 관한 조약이라는 個別的 條約이 체결되었다. 이 조약에 의하면 대륙붕은 領海水域 밖으로 수심 200미터에 이르거나 또는 이를 초과하더라도 해저수역에 있는 천연자원의 개발이 가능한 수심까지의 해저수역의 海床 및 下層土이다. 연안국은 대륙붕에 대하여 그 천연자원을 개발하기 위하여 주권적 권리를 행사한다. 천연자원이라 함은 지하광물자원은 물론 海床의 定着漁業과 같은 有機生物도 포함된다. 대륙붕에 대한 연안국의 권리는 實效的 또는 觀念的인 占有 또는 明示的인 宣言에 의존하는 것은 아니다. 그러나 대륙붕에 대한 연안국의 권리는 그 上部水域의 공해로서의 법적 지위와 上部空域의 법적 지위에 대하여 영향을 미치지 아니한다. 동일한 대륙붕이 2개의 對向國家 사이에 있거나 인접국가의 영토에 인접하고 있는 경우에는 특별합의가 없는 한 中間線 또는 同一距離原則에 의하여 경계를 정한다. → 접속구역, 트루먼선언

대륙붕(大陸棚)에 관한 조약(條約) 〔英〕 Convention on the Continental Shelf 1958년의 國際聯合海洋法會義에서 국제법위원회의 초안을 기초로 채택한 조약. 전문 15조. 대륙붕의 정의, 이에 대한 국가의 권한, 대륙붕의 경계 등을 규정하고 있다. 이 조약은 종래에 없었던 전적으로 새로운 대륙붕의 제도를 설정한 것인데, 일본·독일 등은 이 조약의 채택에 반대한 대표적 국가이다. → 대륙붕, 접속수역

대 리(代理) 〔英〕 agency, representation 〔獨〕 Stellvertretung, Vertretung 〔佛〕 représentation [1] 어떤 사람(代理人)이 他人(本人)에 갈음하여 제3자(상대방)에게 의사표시를 하고(能動代理), 또는 제3자로부터 의사표시를 수령하여(受動代理), 그 법률효과가 모두 직접 본인에게 귀속되는 제도. 예를 들면 갑이 을에 갈음하여 그 소유의 가옥을 병에게 매도하는 경우에, 갑이 을에 갈음하여 하는 병에 대한 請約도, 갑이 을에 갈음하여 수령하는 병의 承諾도, 모두 본인 을에게 효력이 발생하여 을병간에 賣買契約이 성립하는 경우와 같다. 대리는 근대법에서 완성된 제도로서, 본인의 거래범위를 넓게 확장하고, 또한 의사능력이 없는 자 등에게 대리인에 의한 거래의 길을 열어주어,

私的自治를 확장·보충한다. 대리의 법률적 특색으로서는, 첫째로 대리인이 본인과 대립하는 지위에 서서 대리권을 가지며(이 점이 대표와 다르다), 둘째로 대리인의 행위는 어디까지나 대리인의 의사에 의한 독자적인 행위이고(이 점이 使者와 다르다), 셋째로 그 행위의 효과가 모두 직접 본인에게 귀속된다(이 점이 間接代理와 다르다)는 점 등을 들 수 있다. 대리가 인정되는 범위는 의사표시를 하는 것(能動代理)과 의사표시를 받는 것(受動代理)에 한하며 불법행위 및 사실행위에는 대리는 있을 수 없다. 또 본인 자신의 의사결정을 요하는 婚姻·認知·遺言 등의 身分行爲에는 대리는 허용될 수 없다. 그리고 재산상 행위에도 특별한 이유로 대리가 금지되는 것이 있다(勤基 65Ⅰ 참조). 그리고 대리인은 본인을 위한 것임을 표시하여 행위를 하는 것이 원칙이지만(顯名主義)(民 114), 商行爲의 대리에는 이것이 불필요하다(→상사대리). 대리에는 본인의 위임을 받아서 대리인이 된 것이냐 어떠냐에 따라서 任意代理·法定代理의 구별이 있으며, 그 밖에 共同代理·復代理·雙方代理·無權代理·表見代理는 대리의 특수한 형태이다.

[2] 공법상으로도 행정관청 상호간에 대리관계가 발생하는 수가 있다. 이에 관하여는 권한의 대리를 보라.

[3] 소송법상의 대리에 관해서는 訴訟代理權, 訴訟代理人, 辯護人을 보라.

대리공사(代理公使) 〔英〕·〔佛〕 chargé d'affaires 〔獨〕 Geschäftsträger 외교사절의 제4계급. 명예와 석차에 있어서 辨理公使 다음에 간다. 국가의 외무부장관으로부터 다른 국가의 외무부장관에게 파견된다. 特命全權大使나 特命全權公使의 부재시에 이를 대리하는 자를 보통 대리대사 또는 대리공사라 하나, 실은 대사대리 또는 공사대리를 말하는 것이며 정식의 대리공사와는 전혀 별개의 것이다. 1961년 외교관계에 관한 빈협약에서 변리공사 제도가 폐지되었으므로 대리공사는 외교사절의 제3계급이 되었다. →외교사절

대리교환(代理交換) 〔英〕 clearing for non-member 어음교환소의 組合銀行이 조합은행 이외의 은행 또는 법령에 의하여 은행과 同視되는 자의 위탁을 받고 대리하여 어음교환을 하는 제도. →어음교환

대리권(代理權) 〔英〕 agent's authority 〔獨〕 Vollmacht, Vertretungsmacht 〔佛〕 pouvoir de représenter 대리인이 가지는 대리를 할 수 있는 지위 또는 자격. 대리권이라고는 하지만 순수한 권리는 아니다. 대리권은 法定代理에 있어서는 법률의 규정(예 : 民 911)이나 본인 이외의 사인 또는 법원의 지정 또는 선임(예 : 931, 936)에 의하여 발생하고, 任意代理에 있어서는 授權行爲에 의하여 발생한다. 대리권은 위임 기타 본인·대리인간에 있어서의 내부관계로부터 독립한 지위이고, 授權行爲도 내부관계를 발생시키는 행위로부터 독립한 행위이며, 대리권의 수여를 목적으로 하는 독립의 單獨行爲라고 해석되고 있다(→수권행위). 이 경우에 위임장을 주는 것이 관례이지만, 그것은 수권행위의 요건은 아니다. 대리권의 범위는 법정대리에 있어서는 법률의 규정에 의하여 정하여지고(예 : 920, 949), 임의대리에 있어서는 원칙적으로 수권행위에 의하지만, 法定되어 있는 일도 있다(예 : 지배인·선박관리인·선장). 대리권이 존재하는 것은 분명하지만 그 범위가 불명한 경우에는 保存行爲에 한정된다(118). 그리고 自己契約·雙方代理의 금지(124)도 代理權制限의 한 경우이다. 대리권은 모두 본인의 사망 또는 대리인의 사망·금치산·파산에 의하여 소멸하는데, 임의대리에서는 그 원인된 법률관계의 종료 또는 수권행위의 철회에 의하여서도 소멸한다(128). 다만 商行爲의 위임에 의한 대리권은 본인의 사망으로 인하여는 소멸하지 않는다(商 50).

대리상(代理商) 〔英〕 agent 〔獨〕 Handlungsagent 일정한 상인을 위하여 常時 그 영업부류에 속하는 거래의 대리 또는 중개를 영업으로 하는 독립한 상인(商 87). 일정한 상인을 위하여 그 영업을 보조하는 자이므로 본인이 1인임을 요하지 않으나, 특정하고 있어야 한다. 이 점에서 仲介業 또는 委託賣買業과 다르다. 그리고 본인이 상인인 점에서 그렇지 않는 民事代理商과 구별된다. 대리상은 본인과 계속적 관계를 가지고 그 거래의 대리 또는 중개를 하는 자이므로 이 점에서 周旋業과 구별된다. 거래의 대리를 하는 자를 締約代理商, 중개를 하는 자를 仲介代理商이라고 한다. 대리상은 그 자신 독립한 상인이다. 이 점에서 상업사용인과 구별되며, 상업사용인에게는 봉급적인 급부가 지급되는데 대하여, 대리상에게는 성립시킨 거래에 대한 수수료가 지급된다. 대리상과 본인과의 관계는 대리상계약의 내용에 따라 정하여지나, 위임의 관계이며, 상법은 이에 대하여 약간의 특칙을 두고 있다. 즉, 거래성립시의 통지의무, 본인의 영업에 대한 競業禁止義務(88,89)가 있고, 수수료를 위한 특별한 留置權이 인정되고 있다(91).

대리(代理)**에 원인**(原因)**된 법률관계**(法律關係) **: 대리**(代理)**와 기초적**(基礎的) **내부관계**(內部關係) 과거에는 본인·대리인 사이의

기초적 관계인 內部關係와 대리관계를 혼동하여, 대리관계는 기초적 내부관계의 外部關係라고 생각하였으며, 특히 대리관계가 보통 委任關係를 부수하는 데에서 대리는 위임의 대외관계로 이해·파악되었다(현재 프랑스 민법은 1984조에서 委任은 대리행위를 행하는 권한을 수여하는 契約이라고 하고 있다). 그러나 현행 민법은 위임 기타의 기초적 내부관계는 이를 대리의 원인된 법률관계라고 하고, 위임대리는 그러한 원인된 법률관계와는 따로이 법률행위에 의하여 대리권이 수여되는 것이라 함으로써, 대리가 원인된 법률관계로부터 독립된 별개의 제도임을 명백히 하고 있고(民 128), 학설도 일치하여 위임과 대리 내지 기초적 내부관계와 대리관계를 이론상 명확히 구별하고 있다. 위임관계에는 대리관계가 따르는 것이 보통이긴 하지만, 위임과 대리가 반드시 결합하는 것은 아니다. 예컨대, 仲介業(商 93)·委託賣買業(101) 등에 있어서와 같이 위임이면서도 대리를 수반하지 않는 것이 있는가 하면, 한편 위임이 아닌 雇傭契約(民 655)·都給契約(664)·組合契約(703) 등에 있어서도 대리권이 수여되기도 한다.

ㄷ

대리(代理)**에 있어서의 삼면관계**(三面關係) 대리관계는 본인과 대리인간의 대리권의 관계, 대리인과 상대방간의 대리행위의 관계 및 상대방과 본인간의 대리에 의한 법률효과의 관계의 三面關係로 구성되어 있다.

대리영사(代理領事) →영사

대리위원(代理委員) 회사정리절차에 있어서 整理債權者, 整理擔保權者 또는 주주가 공동으로 또는 각별로 법원의 허가를 얻어서 선임하는 대리인으로서, 이를 선임한 자를 위하여, 정리절차에 속하는 일체의 행위를 할 수 있는 자(會整 160). 그 자격에는 제한이 없다. 대리위원도 정리계획의 입안 등으로 특별히 정리에 공적한 경우에는, 회사재산으로부터 보상금의 지급을 받을 수 있다(286).

대리의사(代理意思) 법률행위의 효력을 직접 본인에게 귀속시키고자 하는 대리인의 의사. 代理行爲는 본인을 위하여 하는 것, 즉 대리의사를 표시하여 행하여짐을 요하는 것이며 갑대리인 을이라고 서명하거나, 갑회사 지배인 을이라고 하는 것과 같이 대리자격을 표시하는 문자를 표시 기재하여 서명하는 것이 대리의사표현의 보통의 형식이다.

대리인(代理人) 〔英〕 agent, representative 〔獨〕 Stellvertreter, Bevollmächtiger 〔佛〕 représentant 대리를 할 수 있는 지위에 있는 자. 法定代理人과 任意代理人의 2종이 있다. 대리인은 스스로 의사를 결정하여 표시하는 자이므로, 단순히 본인의 의사표시를 전달 또는 완성시키는 使者와 다르다. 또한 법인의 기관이 법인을 대표하는 행위는 법인의 행위에 다름 없으므로, 대리인의 행위의 효과가 본인에게 귀속하는 것과 다른 관계라고 말하여진다. 대리인은 의사표시를 하므로 意思能力은 있어야 하지만, 그 행위의 효과는 본인에게 귀속하여 대리인이 불이익을 입는 일은 없으므로 무능력자라도 무방하다(民 117). 민사소송에 있어서의 대리에 관하여는 法定代理人, 訴訟代理人을, 형사소송에 있어서의 대리인에 관하여는 변호인을 보라.

대리점유(代理占有) 間接占有에 해당하는 구민법상의 용어(舊民 181 참조). →직접점유·간접점유

대리출납공무원(代理出納公務員) 출납공무원의 사무의 전부를 대리하는 공무원. →출납공무원, 출납공무원의 변상책임

대리투표(代理投票) 투표관리자가 투표입회원의 의견을 청취하여 정하는 자로 하여금 투표용지에 선거인이 지시하는 후보자의 성명 또는 명부제출정당 등의 명칭 또는 약칭을 기재시키는 투표방법. 신체의 異常이나 文盲으로 인하여 스스로 투표할 수 없는 자에 대해서만 허용된다.

대리행위(代理行爲) 대리인이 본인을 위하여 하는 것을 나타내는 행위. 能動代理와 受動代理가 있다. 대리권의 범위 내에서 직접 본인에게 법률효과를 발생케 하고 대리인이 대리권을 가지지 않는 경우에는 無權代理가 된다.

대리행위(代理行爲)**의 준거법설**(準據法說)〔국제사법상〕 법률행위의 대리권의 발생·범위·소멸에 관한 문제에 있어서 임의대리의 경우에, 대리권이 대리행위의 효력발생에 대한 客觀的 法律要件의 일종이라는 이유에서 주장되는 학설(Zitelmann, 大西)을 말한다.

대립적 범죄(對立的犯罪) 〔獨〕 Begegnungsdelikt 범죄의 성립에 2인 이상의 행위자의 상호 對向된 행위의 존재를 필요로 하는 범죄. 必要的 共犯의 일종이며, 集合的 犯罪에 대한다. 對向犯·對行犯·會合犯이라고도 한다. 예컨대 간통죄·뇌물죄(收賂罪와 贈賂罪). 대립적 범죄에 대하여는 형법총칙의 공범규정이 적용되지 않는다. 예컨대 수뢰죄의 상대방은 특별한 규정(이 경우는 贈賂罪)으로 처벌되지 않는 한, 수뢰행위의 敎唆犯·

從犯으로서 처벌되는 일이 없다.

대면통행(對面通行)　도로의 步行者와 車馬가 통행하는 측을 반대로 정함으로써 보행자와 차마를 서로 대면시켜 통행시키는 방법. 우리나라는 보행자는 좌측통행, 차마는 우측통행으로 정하여 이 방식을 채용하고 있다(道路交通法 8Ⅱ, 12Ⅲ).

대명률(大明律)　明律을 말한다. 명태조는 건국과 동시에 법령편찬에 착수하였고 명률의 편찬도 吳元年, 洪武 7年, 洪武 22年, 洪武 30年의 여러번 개수공포가 있었다. 금일 명률로 잔존하는 것은 洪武 30年律이지만 조선초기에 우리나라에 전래되고, 우리나라에서 用大明律(經國大典)依原典用大明律而原典續典有當律者從二典(續大典)이라 하여 일반법으로 통용한 대명률은 洪武 22年律이며, 이것을 우리 吏讀로 해석한 것이 大明律直解 또는 直解大明律이다. 明律은 名例·吏·戶·禮·兵·刑·工의 7律로 세목되고 30권 460여조이다. 규정내용은 唐律의 繼受이다. 명률의 註釋書로는 우리나라에서 된 大明律直解 외에 중국에서 된 것으로는 大明律講解·律解辨疑·律條疏議·大明律集解附例 등이 있어, 모두 우리나라에 들어와 있었다. 大明律과 律解辨疑는 우리나라 과거의 雜科인 律科의 初試科目으로 되어 있었다.

대명률직해(大明律直解)　조선조의 依用法典인 명의 大明律을 우리나라의 실정에 맞게 수정·보완하여 吏讀로 쉽게 풀어쓴 법전을 말한다. 대명률은 고려 말에 이미 우리나라에 뿌리를 내렸으나 명문화한 의용법전의 지위를 차지하게 된 것은 조선태조원년(1392년) 壬申年 7월의 即位教書 가운데 이제부터 京外의 刑決官은 무릇 公私의 범죄를 처결함에 있어서 반드시 大明律을 적용할 것(自令京外刑決官 凡公私犯罪 必該大明律)이라 선포하면서부터이다. 성종때 완성되어 祖宗成憲으로서 조선조의 국법으로 시행되었던 경국대전에는 刑典用律條에 大明律을 依用한다(用大明律)고 규정되어 있고, 續大典 刑典用律에도 원전에 의거하여 대명률을 의용하되 原典과 續典에 律文이 있을 때는 이것에 의한다(依原典大明律 而原典續典有當律者從二典)고 되어 있다. 그러나 대명률은 그 律文이 대단히 난해하여 일반 사인간에 알려져 있는 吏續를 혼용한 문체로서 대명률의 註解를 시도할 필요가 있게 되어, 개국공신 趙俊이 檢校中樞院 金祗 등에 명하여 吏讀로써 直解할 것을 위촉하고 동인 등이 상세히 거듭 연구하여 直解한 후 鄭道傳·唐誠 등이 윤색한 것이 바로 대명률직해이다. 대명률직해는 우리의 실정에 맞도록 增減取捨하여 改作한 부분이 많다. 즉 태종 2년 9월에 名例律의 贖罪換算率을 3분의 2로 감하고, 세종 7년 3월에 가혹하다는 이유로 다시 3분의 1로 감했다. 그 외에도 명의 官制, 官署名, 職名, 親屬呼稱 등이 조선조의 그것과 상이한 것은 그 입법취지를 살리는 범위 내에서 조선조의 官署名, 職名, 呼稱으로 대치하는 등 우리의 풍습과 습관에 합당한 용어와 내용으로 바뀌었다.

대물경개(對物更改)　새 채권을 성립시킴으로써 옛 채권을 소멸시키는 계약. 이를 본래의 給付와 다른 어떤 대가를 줌으로써 채권을 소멸시키는 점에서 변제와 유사하지만 경개는 그와 같은 대가를 준다는 채무를 부담하는 점에 있어서 다르다(民 500).

대물담보(對物擔保)　물적담보와 같다.

대물대차(代物貸借)　금전을 消費貸借의 목적으로 한 경우에, 借主가 현금에 갈음하여 약속어음·국채·예금통장·인장 등과 같은 유가증권 기타의 물건을 인도받고 금전으로써 반환할 것으로 약정하는 대차. 貸主가 借主의 약한 지위를 이용하여 그 시가가 차용금액보다 훨씬 과소한 유가증권 기타의 물건을 차용금에 갈음하여 교부함으로써 교묘하게 이자제한에 관한 强行規定의 적용을 배제하고 폭리를 얻는 경우가 있을 수 있으므로, 민법은 유가증권 기타의 물건의 인도시의 가액으로써 차용액으로 한다고 정한다(606). 이에 위반한 당사자의 약정으로서 차주에 불리한 것은 무효이다(608).

대물반환(代物返還)**의 예약**(豫約)　대물변제의 예약과 같다.

대물방위(對物防衛)　〔獨〕Notwehr gegen Sachen　正當防衛의 요건의 하나인 현재의 부당한 침해가 직접 사람의 행위가 아니라, 그 이외의 侵害事實(특히 동물의 침해)인 때에, 이에 대하여 방위행위를 하는 경우. 그 침해는 사람의 행위에 한한다는 근거에서 정당방위의 성립을 인정하지 않고 긴급피난만이 허용된다는 설과 법익의 침해는 모두 위법이라고 하여 정당방위의 성립을 인정하는 설이 대립한다. 그런데, 전설의 입장에서는 사람이 동물을 도구로서 침해를 행하는(故意行爲에 한하지 않고, 맹견을 묶어 두는 것을 태만한 경우와 같은 過失行爲라도 좋다) 때에는, 동물이 침해자의 관리에 속하는 한, 그 자의 행위라고 인정되므로 대물방위가 아니라 정당방위가 된다.

대물변제(代物辨濟)　예컨대 5천만원의 금전채무에 갈음하여 가옥을 給付함으로써 채권을 소멸시키는 것과 같이 채무자가 부담하고 있는 본래의 급부에 갈음하여 다른 급부를 함으로써 채권을 소멸시키는 채권자와 변제자간의 계약. 辨濟와 동일한 효력이 있다(民 466). 즉, 채무 및 담보는 소멸한다. 계약인 점에서 변제와 다르다. 현실로 급부를 함을 요하므로, 단지 다른 급부를 할 채무를 지는 것(전 예에서 50만원의 채무를 소멸시키고 그 대신 가옥을 급부할 채무를 부담하는 것)만으로는, 更改로는 되지만 대물변제로는 되지 않는다. 금전채무를 부담하는 자가 어음이나 수표를 교부하는 것은 원칙적으로 변제를 위하여 하는 것이어서, 채무는 소멸하지 않지만 예외적으로 변제에 갈음하여 행하여질 때에는 대물변제로 된다(→변제에 갈음하여·변제를 위하여). 要物·有償契約이므로 대물변제로서 급부된 물건에 하자가 있더라도 소멸한 채권이 당연히 부활하지는 않으며, 또한 하자없는 물건의 급부를 청구하지도 못한다. 오직, 채권자는 賣渡人의 擔保責任에 관한 규정의 준용에 의하여 보호될 뿐이다(567, 580). 대물변제는 소비대차에 부수하여 그 당사자 사이에서 예약이라는 형식으로 행하여지는 일이 많은데, 이 경우 소액의 채무를 위하여 고가한 재산을 이전하게 되는 일이 많으므로, 민법은 質物에 의한 대물변제의 예약, 즉 流質豫約을 금하고(339), 또 消費貸借에 있어서 대물변제의 예약(代物返還의 豫約)을 한 경우에는, 차주가 사용물에 갈음하여 이전할 것을 예약한 다른 재산권의 예약당시의 가액이 그 차용액 및 이에 붙인 이자의 합산액을 넘지 못하도록 하고 있다(607, 608) → 대물변제의 예약

대물변제(代物辨濟)**의 예약**(豫約) 消費貸借의 당사자간에서 예약이라는 형식으로 대물변제가 행하여지는 일이 많다. 예컨대 10만원의 대차를 함에 있어서, 기한에 변제를 하지 않으면 특정의 부동산의 소유권을 이전한다고 하는 것과 같다. 특히 그 소비대차에 관하여 설정된 擔保物權의 目的物(예 : 저당부동산)에 관하여 행하여지는 일도 드물지 않다. 그 성질에 관하여는 경우를 나누어서 생각하여야 한다. ① 만약에 기한에 변제를 하지 않으면 목적물의 소유권이 당연히 채권자에게 이전된다고 하는(또는 채권자 또는 채무자의 별도의 의사표시없이 당연히 채무자는 채권자에게 등기를 이전할 의무가 있다고 하는) 것인 때에는, 停止條件附 代物辨濟契約이다. 따라서 목적물에 관하여 강한 讓渡擔保契約이 행하여진 것과 같은 결과로 된다. 그것이 담보물권의 목적물인 때에는 流質·流抵當과 관련하여 그 효력이 검토되어야 한다. ② 만약에 채권자·채무자의 일방 또는 쌍방의 특정의 물건의 급부로써 대물변제를 할 수 있는 권능을 보류할 뿐인 경우에는 참된 의미의 대물변제의 예약이다. 채권자만이 이 권능을 보류하는 경우에는 채권자의 의사에 의하여 강한 讓渡擔保契約 또는 流擔保契約과 동일한 효력을 가지게 되므로 전자의 경우와 마찬가지로 생각하여야 한다. 그리고 어느 경우에나 그 물건의 예약당시의 가액이 차용액과 이에 붙인 이자의 합산액을 넘어서는 안되며, 이를 넘는 경우에는 그 예약은 효력이 없다(民 607, 608).

대물소권(對物訴權) → 악치오 인 렘

대물적 강제처분(對物的强制處分) → 강제처분

대물적 보안처분(對物的保安處分) 〔獨〕 sachliche sichernde Maßnahmen 犯罪와 法益侵害의 방지를 목적으로 하는 물건에 대한 국가적 예방수단을 말한다. 범죄에 제공되거나 제공하려는 등 범죄와 관련된 물건의 몰수, 범죄에 이용된 영업소의 폐쇄, 범죄와 관련된 법인의 해산 등의 처분이 여기에 해당한다.

대물적 조사(對物的調査) 개인의 薄冊 기타의 물건에 실력을 가함으로써 하는 행정조사를 말하며, 예를 들면 장부의 검사, 물건의 검사·수거 등을 들 수 있다.

대물적 처분(對物的處分) 직접 物的·객관적 사정에 대하여 법률상의 자격을 부여하여 그것에 의하여 새로운 권리·의무·법률관계를 발생시키는 행정처분을 말한다. 토지수용의 裁決(→수용). 公物의 公用開始·도로나 하천구역의 인정·국보나 중요문화재의 지정·造林地의 지정 등이 그것이다.

대물적 허가(對物的許可) 허가란 일반적 금지를 특정한 경우에 해제함으로써 적법하게 일정한 행위를 할 수 있도록 자유의 상태를 회복시켜 주는 행정행위를 말하는데, 그 주된 대상이 사람인지 물적 상태인지에 따라 對人的 許可와 對物的 許可로 나눌 수 있다. 대물적 허가는 위생접객업허가·자동차검사 등과 같이 물건의 내용·상태 등을 객관적 요소를 대상으로 하는 허가를 의미한다.

대물집행(對物執行) 물적집행과 같다.

대박료(待泊料) → 체선료

대배심(大陪審) 〔英〕 grand jury ① 起訴陪審. 正式起訴(indictment)를 위한 배심으로서 보통법에 있어서는 12인 이상 23인 이하의 배심원

으로 구성되며, 12인 이상의 찬성이 있어야 기소가 결정된다. 절차는 비밀히 행하여지며, 검찰관측의 증거만을 심사하여 결정한다. 영국에서는 1933년에 대배심제도를 폐지하였다. 미국에서는, 배심원의 수를 制定法으로 정하고 있는 것이 보통(그 수는 12인 이상 23인 이하가 대부분)인데, 주에 따라서는 그 수를 그 이하의 수로 정하고 있는 곳도 있고, 대배심제를 전폐한 주도 있다. ② 예전의 陪審査問令狀(writ of attaint)에 의한 배심, 즉 小陪審(petit jury, petty jury)의 評決이 잘못되었는가 어떤가를 결정하기 위해서 소집된 陪審(24인의 배심원으로 구성되었다)도 대배심이라고 할 때가 있다. →배심제, 소배심

대법관(大法官) 大法院의 법관을 말한다. 대법관은 대법원장의 제청으로 국회의 동의를 얻어 대통령이 임명하며(憲 104, 法組 41), 대법관의 수는 대법원장을 포함하여 14인으로 한다(法組 4). 대법관의 임기는 6년으로 하며, 법률이 정하는 바에 의하여 연임할 수 있다(憲 105). 대법관은 40세 이상으로 15년 이상 判事·檢事·辯護士 또는 그 자격이 있는 자로서 국가기관·국공영기업체·정부투자기관 기타 법인에서 법률에 관한 사무에 종사한 자나, 변호사의 자격이 있는 자로서 公認된 대학의 법률학 조교수 이상의 직에 있던 자이어야 한다(法組 42). 또 대법관은 大法官會議의 구성원이 된다(16).

대법원(大法院) 〔英〕Supreme court〔獨〕Oberstes Gericht 헌법과 법률의 구체적 해석 및 적용을 담당하고 있는 독립의 부인 사법부의 최고기관을 말한다. 우리나라의 현행 헌법은 憲法裁判所制度를 두면서도 대륙식 위헌법률심사제국가인 독·불과 같은 司法分散制를 채택하지 아니하고, 사법심사제국가인 미·일의 司法集中制를 채택하고 있다. 다만 대법원에 위헌법률심사권을 인정할 것인가에 따라 차이가 있었을 뿐이다. 현행 헌법에서 대법원이 갖는 지위는 ① 主權行使機關의 하나로서의 지위, ② 最高機關의 하나로서의 지위, ③ 국민의 基本權保障機關로서의 지위, ④ 最高最終審法院으로서의 지위, ⑤ 違憲法律審査提請機關으로서의 지위, ⑥ 最高司法行政機關으로서의 지위 등이 있다. 일반적으로 대법원은 대법원장과 대법관으로 구성된다. 대법관의 수는 대법원장을 포함하여 14인으로 한다(法組 4). 대법원의 구성방식에 있어서 우리나라는 일본식을 모방하여 대법원에 여러 부를 두게 하고 있으며(憲 102), 특히 법원조직법은 대법원에 行政·租稅·勞動·軍事·特許 등을 전담하는 부를 둘 수 있게 하고 있어(法組 7), 이러한 부에는 부장판사인 대법관을 두고 대법관 아닌 법관을 陪席判事로 임명할 가능성도 있다. 대법원의 심판권은 대법관 전원의 3분의 2 이상의 合議制에서 이를 행하며 대법원장이 재판장이 된다. 다만, 대법관 3인 이상으로 구성된 부에서 먼저 사건을 심리하여 의견이 일치한 때에 한하여 ① 命令 또는 規則이 헌법에 위반함을 인정하는 경우, ② 명령 또는 규칙이 법률에 위반함을 인정하는 경우, ③ 종전에 대법원에서 판시한 違憲·法律·命令 또는 規則의 解釋適用에 관한 의견을 변경할 필요가 있음을 인정하는 경우, ④ 部에서 재판함이 적당하지 아니함을 인정하는 경우 등을 제외하고 그 부에서 재판할 수 있다(7). 대법원은 ① 上告事件, ② 抗告法院·高等法院 또는 抗訴法院·特許法院의 決定·命令에 대한 再抗告事件, ③ 다른 법률에 의하여 대법원의 권한에 속하는 사건을 終審으로 재판한다(14). 한편 상급법원의 재판에 있어서의 판단은 당해 사건에 관하여 하급심을 기속하므로(8), 최고법원인 대법원의 판결례는 향후 하급심의 유사사건 재판에 있어서 절대적 영향을 끼친다.

대법원규칙(大法院規則) 대법원은 법률에 저촉되지 아니하는 범위 안에서 소송에 관한 절차, 법원의 內部規律과 事務處理에 관하여 제정하는 규칙을 말한다(憲 108). 대법원에 광범위하게 규칙제정권을 준 것은 自律權에 의해 법원의 독립성을 보장하기 위한 것인데, 이는 英·美不文法國家에서 법원의 규칙제정권을 널리 활용하고 있는 예에서 영향받은 것이다. 대법원규칙의 제정과 개정 등에 관한 사항은 大法官會議에서 대법관 전원의 3분의 2 이상의 출석과 출석인원 과반수의 찬성으로 의결하며, 대법원장인 의장도 표결권을 가지는데, 가부동수인 때에는 결정권을 가진다(法組 16Ⅱ·Ⅲ).

대법원부(大法院部) →소법정

대법원장(大法院長) 대법원의 장을 말한다(法組 13). 대법원장은 15년 이상 ① 판사·검사·변호사, ② 판사·검사 또는 변호사의 자격이 있는 자로서 국가기관, 국·공영기업체, 정부투자기관 기타 법인에서 법률에 관한 사무에 종사한 자, ③ 변호사의 자격이 있는 자로서 公認된 대학의 법률학 조교수 이상의 직에 있던 40세 이상의 자 중에서 임명한다(42). 대법원장은 국회의 동의를 얻어 대통령이 임명한다(憲 104, 法組 41). 대법원장의 임기는 6년으로 하며, 重任할 수 없다(憲 105, 法組 45). 대법원장은 대법원의 일반사무를 관장하며, 대법원의 직원과 각급법원 및 그 소속기관의 司法行政事務에 관하여 직원을 지휘·감독하

며(法組 13), 대법관을 대통령에게 提請하고(41), 판사를 大法官會議의 동의를 얻어 임명하며(41), 판사의 보직을 행하고(44), 대법관이 심신상 장애로 퇴직할 때에는 대통령에게 이를 제청하며, 법관의 경우에는 퇴직을 명한다(47). 또 대법원장은 대법관회의의 의장이 되며(16), 대통령이 헌법재판소 재판관 및 중앙선거관리위원회위원을 임명할 때에는 3인을 지명한다(憲 111, 114). 한편 대법원장이 궐위되거나 사고로 인하여 직무를 수행할 수 없을 때에는 先任大法官이 그 권한을 대행한다(法組 13).

대법관(大法官)**의 법률상 의견표시권**(法律上意見表示權) 大法院裁判書에는 관여한 대법관의 의견을 표시하여야 한다(法組 15). 대법관은 최고법원의 법관이므로 책임을 무겁게 하는 취지에서 특히 소수의견을 표시할 수 있게 한 것이다.

대법정(大法廷) 대법원에 있어서 대법관전원의 3분의 2 이상으로 구성하는 合議體(法組 7 I 本). 法典上의 용어는 아님. 대법정에 있어서는 법령 등이 헌법에 위반함을 인정하는 때, 명령 또는 규칙이 헌법에 위반함을 인정하는 때, 명령 또는 규칙이 법률에 위반함을 인정하는 때, 대법원의 종전 판례를 변경할 필요가 있음을 인정하는 때 및 大法院部(小法廷)에서 재판함이 적당하지 아니함을 인정하는 때에 심판을 행한다(7 I).

대변 · 차변(貸邊 · 借邊) 대차대조표의 형식에 관한 부기기술상의 용어. 借邊(〔英〕 debt 〔獨〕 Soll, Sollhaben 〔佛〕 debit)은 자산의 부와 자본의 部로서 보통 계정의 왼쪽란에 대변(〔英〕 credit 〔獨〕 Haben 〔佛〕 credit)은 부채의 부로서 계정의 오른쪽란에 기재한다. 오늘날은 차변 · 대변의 용어를 피하고 적극재산을 資産欄, 소극재산을 負債欄에 기재하는 것이 상례이고, 재무제표규칙에 의하면 資本欄을 독립시키고 있다.

대 부(貸付) 〔英〕 loan 〔獨〕 Darleh(e)n 〔佛〕 prêt 일반으로 당사자의 일방이 금전 기타의 물건 또는 유가증권을 교부하고 후일 동종의 것을 받는 有償契約을 가리키는데, 그 법률효과는 주로 약관 또는 상관습의 지배를 받는다. 각종의 금융법규에서는 대출이라는 용어를 쓰고 있는데(銀 3, 韓國産業銀行法 18, 中小企業銀行法 33), 그 정의규정은 없다. 대부의 종류로는 보통 어음貸付, 證書貸付 및 當座貸越의 셋을 드는데, 임시적 · 부수적으로 하는 콜론이 있고, 또 상업어음 · 화환어음 등의 할인(은행할인)도 대부에 포함시키기도 한다. 가장 넓은 뜻으로는 支給保證까지 포함시켜 與信과 같은 뜻으로 쓰기도 한다. 은행은 대부거래를 함에 있어서 담보를 徵求하여 債權保全策을 강구하는데, 넓은 뜻의 담보에는 물적담보와 인적담보가 있다. 無擔保貸借는 신용대차 또는 신용대출이라고 한다.

대부신탁(貸付信託) 대부신탁법에 의하여 인정되는 제도로서 1개의 信託約款에 의거하여 수탁자가 여러 위탁자간에 체결하는 신탁계약에 의하여 받아들인 금전을 주로 하여 대부 또는 어음할인의 방법에 의하여 합동하여 운영하는 金錢信託인바 그 신탁계약상의 수익권을 受益證券으로써 표시하는 것을 말한다. 즉 금전신탁의 合同運用의 하나이나 수익권의 수익증권으로써 유가증권화되어있는 점에 특색이 있다. 실질적으로 금융방식으로 보면 회사가 직접 사채모집을 하는 대신에 신탁회사가 회사를 위하여 이른바 金融債를 발행하는 것과 별반 다름이 없으며, 또 금융채와 유사하기 때문에 사채보다도 수익증권편이 유통성이 있고 자금조달이 쉽다. 우리나라에는 아직 이 제도가 없다.

대부(貸付)**어음** 金錢消費貸借의 성립시 차주로 하여금 발행시킨 약속어음 또는 인수된 자기앞 환어음, 즉 어음대부의 대상인 어음이며, 은행이 여신하는 경우에 있어서 現實商去來로 인하여 수수되는 어음을 할인할 때의 어음과는 다르다.

대 사(大使) 특명전권대사의 약칭.

대 사(大赦) 구법상의 용어이며, 일반사면과 같다.

대 상(對象) 객체와 같은 것. 사람의 知覺의 목적이 될 수 있는 사물을 가리킨다. 예컨대 돈을 지각할 때에는 그 돈은 의식의 대상이고, 법률학의 연구에 있어서는 법률은 그 연구의 대상이 된다.

대상분할(代償分割) 相續財産의 성질상 분할할 수 없을 때, 상속인 중 1인이 취득하고 나머지 상속인에게 그 지분을 금전으로 지급하는 방식을 말한다. 이 방법은 現物分割이나 換價分割을 피하는 것이 좋은 때에 적당한 방법이므로, 상속재산이 농지 · 공장 · 병원 · 점포와 같은 것으로서 그 후계자인 상속인의 소유로 하는 것을 다른 공동상속인들이 원하는 경우를 대비한 방법이다. 대상분할을 할 경우 가장 문제되는 것은 채무자의 지급능력이다. 제도의 취지에 따라 一括支給이 좋겠지만, 지급능력이 부족한 때는 分割支給도 인정해야 할 것이다. 분할지급의 경우 공동상속인의 일방에게 분할지급의 이익을 주었으므로 다른 일방에게는 이자의 이익을 주어야 하는 것이 당연하다.

대상적 환취권(代償的還取權) → 배상적 환취권

대상재산(代償財産) 相續開始로부터 상속재산분할까지 사이에 상속재산의 賣却·滅失 등에 의하여 받은 금전 기타의 물건을 말한다. 이러한 代償財産이 상속재산에 포함되어 분할의 대상이 되는가 하는 것이 문제이다. 相續財産分割의 본질은 상속재산이 갖는 경제적 가치를 포괄적·종합적으로 파악하여, 이를 공동상속인에게 그 상속분에 따라 공평하고도 합리적으로 배분하려고 하는 것이므로, 代償財産도 상속재산과 동일시하여 분할의 대상으로 하는 것이 타당하며, 그것이 상속인의 공평에 합치한다고 본다.

대상청구권(代償請求權) 〔獨〕 Surrogationsanspruch 履行不能을 일으킨 사유와 동일한 사유로 인하여 채무자가 채무의 목적물의 대상인 이익을 얻은 경우에, 채무자에 대하여 그 이익의 인도를 청구하는 권리. 채권의 목적물이 제3자의 불법행위로 인하여 멸실하고, 그 결과 채무자는 그 채무를 면한 경우에, 채권자가 채무자에 대하여, 채무자가 그 제3자에 대하여 취득한 不法行爲에 기인한 損害賠償請求權의 이전을 청구하는 권리와 같은 것이 그 예. 독일 민법은 명문으로 이 뜻을 규정하고 있으며(獨民 281). 우리 민법에는 규정은 없으나, 공평의 원칙에 따라 해석상 인정되고 있다. 위에 예를 든 바와 같이 이행불능이 채무자의 책임없는 사유에 기인하여 채무자가 그 채무를 면하는 경우에 이 이론의 실익이 있다.

대서사(代書士) 타인의 委囑을 받아 官署에 제출할 서류 및 기타의 서류의 작성을 업무로 하는 자. 행정사와 법무사를 총칭하는 개념이었다. → 행정사, 법무사

대서양헌장(大西洋憲章) 〔英〕 Atlantic Charter 〔佛〕 Charte de l'Atlantique 정식으로는 合衆國大統領 및 英國首相의 공동선언. 1941년 8월 독일과 싸우고 있는 영국의 처칠과 강력한 對英措置를 실시중인 참전 전의 미국의 루즈벨트가 대서양상에서 회담하고 발한 선언인데, 제2차대전 및 전후세계의 지도원칙을 명백히 한 것. 8월 14일에 발표되었다. 8개조로 되어 있으며, 그 내용은 영토의 불확대, 관계국민의 자유의사에 의하지 않는 領土變更의 부인, 국민이 政體를 자유로 선택하는 권리 및 강탈된 주권과 자치의 반환, 필요한 통상 및 원료이용의 평등의 향유, 근로기준의 개선·경제적 향상·사회복리의 확보를 위한 경제적 협력, 공포 및 결핍에서의 자유, 公海航行의 자유, 일반적 안전보장제도 확립까지의 침략국의 무장해제 및 일반적 군비부담의 경감이다. 일본·미국의 참전 직후, 1942년 1월 1일의 연합국 26개국(후에 47개국)의 聯合國共同宣言에는 이 대서양헌장의 원칙이 채용되었다.

대석판결(對席判決) 〔獨〕 kontradiktorisches Urteil 당사자쌍방의 변론에 기한 판결로, 당사자일방의 변론만에 기한 缺席判決에 대하는 講學上의 용어. 다만 현행법에서는 당사자의 일방이 최초의 기일이든 續行期日이든 辯論期日에 출석하지 아니한 때에는, 그 자가 제출한 소장, 답변서 기타 준비서류에 기재한 사항을 진술한 것으로 간주하고(民訴 137), 또 종전의 변론이 있으면, 이를 참작하여 판결할 것으로 하며, 구민사소송법이나 독일법에서와 같은 特別缺席判決의 제도를 채용하지 않았기 때문에, 판결은 모두 성질상 대석판결이다.

대선거구(大選擧區) 단위지역에서 2인 이상의 대표를 선출하는 선거구. 小選擧區에 대한 것. 대선거구제의 장단점은 곧 소선거구제의 장단점의 반대가 된다. 즉, ① 死票가 적어지며 比例代表制의 취지를 관철시킬 수 있고, ② 소선거구제의 경우와 같은 선거간섭·정실·매수 등 부정선거가 비교적 줄어지며, ③ 인물선택의 범위가 넓어진다는 장점이 있는 반면에 ① 群小政黨의 출현을 쉽게 하므로 정국의 불안을 조장할 우려가 있고, ② 선거구역이 광대하므로 선거비용이 많아진다는 단점이 있다. → 중선거구, 소선거구

대선약관(代船約款) 〔英〕 tran(s)shipment clause 〔獨〕 Substitutionsklausel 〔佛〕 clause de replacement 선하증권에서 선적이 예정되어 있는 선박에 갈음하여 다음 船便 또는 다른 선박(代位船)으로써 운송할 수 있게 할 것을 내용으로 하는 약관. 해상물건운송 가운데 個品運送契約에서는 선박의 개성은 중요하지 않으므로, 受領船荷證券上의 약관 또는 특약에 의하여 정하는 일이 많다.

대선장(代船長) 선장이 불가항력으로 인하여 그 직무를 집행하기 불능한 때에는 자기의 책임으로 타인을 선정하여 선장의 직무를 집행하게 할 수 있는데 이 경우에 그 직무를 대행하는 선장을 말한다(商 772). 代船長이 될 수 있는 자는 원칙적으로 당해 선박에 의한 항해를 담당하는데 필요한 船舶職員으로서의 자격을 갖춘 자임을 요한다. 선장이 대선장을 선임하는 것은 선적항에 선박이 있는 경우에 한하며, 선장은 그 선임에 관하여 船舶所有者에 대해 책임을 진다.

대세권(對世權) → 절대권·상대권

대손충당금(貸損充當金) 대차대조표상에서, 外上債權 가운데 기업의 부도 등으로 받아야 할 돈을 받지 못할 때 그 금전채권이 속하는 과목마다 회수불능예상금액을 공제하는 형식으로 기재하게 되는데 받지 못할 채권액 만큼의 금액을 회계연도말까지 확보하도록 하는 제도가 대손충당금이다. 금융기관은 대출금과 회사채발행 등에 지급보증해준 금액 중 일부를 의무적으로 대손충당금으로 확보해야 한다.

대수(大數)**의 법칙**(法則) 〔英〕 law of large numbers 〔獨〕 Gesetz der grossen Zahlen 〔佛〕 loi des grands nombres 대수의 법칙은 통계학상의 법칙으로서 통계학은 실로 이 법칙 위에 의존하고 있다고 할 수 있다. 이것은 원래 수학의 確率論으로부터 온 것인데, 확률론에 의하면 어떤 실험에서 얻을 정상적 결과의 확률은, 1·2회의 실험으로서는 각종의 우연적 사정이 개입하여서 충분한 결과가 나타나지 아니하지만, 횟수를 거듭함에 따라 점점 그 확률에 가까와지므로, 확률의 접근도는 횟수의 빈번도에 비례한다. 가령 통 속에 동질·동형의 백구와 흑구를 넣고 흔든 후 눈을 감고 그 중 한 개를 꺼내서 흑인가 백인가를 검사하고, 다시 이것을 넣은 후에 흔들어서 꺼내는 실험을 1만회를 거듭하면 백구를 꺼낸 횟수는 5,011회, 흑구를 꺼낸 횟수는 4,989회로 되어서 (웨스터 가르드씨의 실험결과), 그 비율은 거의 數學的 蓋然率에 일치함을 알게 된다. 이같이 수학상의 대수법칙이라 함은 관찰수가 극대인 때에는 事象의 頻度(출현율 또는 평균치)가 先天的 確率(또는 先天的 期望值)에 거의 같아지는 것이 확실하다는 것이다. 이 법칙이 경험과학에서 응용되어 통계학의 근본적 법칙이 되었다. 예를 들면 출생아의 남녀의 비율은 소범위의 관찰로는 지극히 서로 같지 않지만, 1국 혹은 전세계의 출생아 전체를 보면 남녀의 비율은 거의 같다. 이같이 통계학상의 대수법칙이라 함은 상당히 큰 관찰수에 기인하여 계산된 統計比例數(또는 평균치)는 그 事象을 지배하는 일반적 조건이 불변하는 한 지극히 안정된다는 사실을 가리킨다. 이 법칙은 이른바 다수계약인 保險契約에 있어서 보험사고 발생의 확률은 안정되어 있으므로 이를 기초로 하여서 보험료를 산출함으로써 보험기업경영의 과학적·합리적인 지반이 확립되는 것이다.

대습상속(代襲相續) 〔獨〕 Repräsentation 〔佛〕 succession par la représentation 推定相續人이 상속의 개시전에 사망 또는 相續缺格으로 인하여 상속권을 상실한 경우에 그 자의 직계비속이 그 자에 갈음하여 상속하는 것. 재산상속에 관하여는 제1순위자인 직계비속, 제3순위자인 형제자매가 상속개시 전에 사망하거나 결격자가 된 경우에 그 직계비속이 있으면 널리 대습상속을 인정하며(民 1001), 또한 상속개시 전에 사망 또는 결격된 자의 妻는 모든 경우에 대습상속인과 동순위로 共同相續人이 되고 그 대습상속인이 없는 때에는 單獨相續人이 될 것으로 하였으므로(1003Ⅱ), 처에게 대하여도 대습상속권을 인정한 셈이다. 대습상속인이 수인있는 경우에는 本位相續에 있어서의 순위에 의하고, 재산대습상속에 있어서의 상속분은 사망 또는 결격된 자의 상속분의 한도에서 본위상속에 있어서의 상속분에 의하여 정해진다(1010Ⅱ).

대승상속(代承相續) 대습상속과 같다.

대승호주상속(代承戶主相續) → 대습상속, 호주승계

대신소추제(大臣訴追制) 대신이나 대통령 등의 범죄·비행에 대한 특별한 裁判的 節次로 제재를 가하는 제도. 14세기 영국에서 성립하여 각국에 채용되었으나 의회주의의 확립에 수반하여 의회에 대한 정치적 책임이나 선거에 의해서 국민의 심판을 받는 제도로 이행하였다.

대 심(對審) 〔英〕 trial 당사자를 대립관여시켜서 행하는 소송의 본격적인 심리의 장면. 민사소송에서는 口述辯論, 형사소송에서는 公判期日의 절차를 뜻한다. 대심은 원칙으로 공개한 법정에서 행해져야 한다. 대심의 공개를 정지한 경우에도 이에 바탕을 둔 판결을 언도하려면 공개한 법정에서 함을 요한다(憲 27Ⅲ).

대 양(大洋) 어떤 국가의 領海에도 속하지 않는 海面. 대양은 어떤 국가의 공유이며 어떤 국가도 다른 국가를 배제하고 자국만의 독점적으로 소유권을 행사할 수 없음을 국제법상 인정하고 있다.

대 여(貸與) 賃貸借, 使用貸借, 消費貸借 등의 계약에 의하여 일정한 시기에 반환할 것을 약속하고 특정한 물건을 타인에게 소비 또는 사용수익하게 하는 것. → 대부

대외관계(對外關係) 법률요건, 특히 법률행위 및 그에 따라서 발생한 법률관계에 대하여 당사자간의 관계를 對內關係라 하고, 당사자 이외의 자에 대한 관계를 대외관계라고 부른다.

대외주권(對外主權) 국가가 對外關係에 있어서 자유로이 행사할 수 있는 독립된 권리. → 주권

대외지급수단(對外支給手段) 外國換管理法上의 용어. 외국통화 및 통화 단위의 여하를 막론하고 외국통화로서 표시되고 또는 외국에서 지급수단으로서 사용할 수 있는 지급수단. 외국통화는 물론 외환어음, 신용장도 포함한다.

대 용(代用) 〔英〕 substitution 대용이라 함은 일정한 결과를 맺음에 있어서 여러가지 방법이 있을 때 最小費用의 방법을 선택하는 것. 마샬은 그 한계에 관하여 어느 생산자가 사용하는 생산의 여러 요소의 供給關係의 합계는 이들 생산의 여러 요소에 대용할 수 있는 그 밖의 어떠한 것의 공급가격의 합계보다 적어야 한다고 한다. 즉 일정한 금액으로 구입할 수 있는 상품 갑, 을이 있을 때 갑이 을보다 효력이 크면 갑은 을을 대용한다. 경제학상의 용어.

대용가격(代用價格) 증권거래소의 회원 또는 거래원은 증권거래소에 대하여 身元保證金 또는 청산거래가 성립되었을 때 賣買證據金을 예치 또는 납부하여야 하는바 매매증거금은 증권거래소가 상장된 증권 중에서 지정하는 증권으로 대납할 수 있다. 이 경우 그 대납되는 代用證券의 가격을 대용가격이라 한다. 일반적으로 대용가격은 그 증권의 시가보다 2~3할 정도 저가인 것이 상례이다.

대용권(代用權) 〔獨〕 Ersetzungsbefugnis 任意債權에 있어서 채권자 또는 채무자가 다른 급부로 갈음케 할 수 있는 권리. 補充權이라고도 한다. 상세한 것은 임의채권을 보라.

대용증권(代用證券) 증권거래소의 거래원이 영업보증금 · 신원보증금 · 매매증거금 등을 증권거래소에 예탁하는 경우에 있어서 현금에 갈음하여 예탁되는 유가증권. 대용증권이 될 수 있는 유가증권의 종류로서는 國債證券, 증권거래소의 出資證券, 유가증권시장에 상장되고 있는 유가증권 등이다. 대용유가증권 또는 充用證券이라고도 한다.

대우혼(對偶婚) 〔英〕 Syndyasmian marriage 〔獨〕 Paarungsehe 사실상의 一夫一妻婚을 말한다. 오늘날의 規範的 一夫一妻婚과는 차이가 있으며, 단지 群婚이나 亂婚에 비해 性交의 대상이 정해진다는 의미에서 모르건 · 엥겔스이론에 따라 붙여진 말이다. 이러한 사회에서는 경제적인 지위에 따라 一夫多妻婚이 가능하였지만, 대다수의 사람들은 이러한 대우혼을 하였다고 한다.

대 위(代位) 〔獨〕 Surrogation 〔佛〕 subrogation 권리의 주체 또는 객체인 지위에 갈음한다는 정도의 뜻으로, 民商法上 여러가지 경우에 쓰여진다. ① 債權者代位權(民 404)은 대위자(채권자)가 피대위자의 지위에 서서 그 권리를 행사하는 것이며, ② 代位辨濟(480, 481 이하), 배상자의 대위(399), 共同抵當權에 있어서의 차순위자의 대위(368), 보험목적에 관한 보험자의 대위(商 681), 委付에 의한 대위(718) 등은 피대위자가 가지는 일정한 물건 또는 권리가 법률상 당연히 대위자에게 이전한다는 것이며, ③ 物上代位(民 342, 370)는 담보물권의 효력이 그 목적물에 갈음하는 것 위에 미친다는 것이다.

대위변제(代位辨濟) 〔獨〕 surrogierte Erfüllung 〔佛〕 paiement avec subrogation 제3자 또는 共同債務者(保證人 · 連帶債務者 등)의 1인이 변제를 하여 채무자에 대하여 求償權을 취득한 경우에 이 구상권의 효력을 확보하기 위하여 채권자가 가지는 채무에 관한 권리가 구상권의 범위에 있어서 변제자에게 이전하는 것을 변제로 인한 대위라고 하고, 이 대위를 수반하는 변제를 대위변제라고 한다. 대위를 하기 위하여는 채권자의 승낙을 얻든가(民 480)(任意代位), 변제를 함에 관하여 정당한 이익을 가짐(481)(法定代位)을 요한다. 保證人 · 物上保證人 · 連帶債務者 · 擔保財産의 第三取得者 등은 정당한 이익을 가지는 자이다. 법정대위를 할 수 있는 자가 수인이 있는 경우의 상호관계에 관하여 상세한 규정이 있다(482~486).

대위상속(代位相續) 대습상속과 같다.

대위선(代位船) → 대선약관

대위소권(代位訴權) 채권자대위권과 같다.

대의제(代議制) 〔英〕 representativegovernment 〔佛〕 régime représentatif 의회를 가지는 政治體制. 議會制라고도 한다. 간접민주정치와 동일시되는 때도 있지만 의회를 가진 정치체제를 널리 지칭한다는 것이 타당할 것이다. 19세기에 이르러 세계의 대세가 되었다.

대의기관(代議機關) 전국민을 대표하는 의원으로 조직되는 의회를 대의기관이라 하며 이는 국가의사의 최고결정기관이다. 대의기관에 의해서 내려지는 여러가지 의사결정이 국민 전체를 기속한다는 이념적인 기초 위에서 마련된 統治機關의 構成原理가 대의제이다. 그런데 대의기관의 의사결정이 국민을 정치적으로 또는 법적으로 기속할 수 있는 것은 대의기관의 意思決定이 국민의 의사와 완전히 일치되기 때문이 아니고, 대의기관의 의사결정과 국민의 의사가 일치될 수 있도록 유도하는 여러가지 投入채널(input channel)이 제도적으로 보장되고 있기 때문이다.

대인고권(對人高權) 〔英〕 personal supremacy 〔獨〕 Personalhoheit 국민에 대한 국가의 최고권력. 국민이 그가 소속하는 국가의 지배를 받는 것은 국민인 身分(국가의 永續的 所屬員으로서의 신분)에 기초를 둔 것이기 때문에, 국민이면 그가 거주하는 장소가 국외라 할지라도 당연히 본국의 國權에 복종된다. 타국에 대한 자국민의 보호권도 대인고권에서 결과한다. 영토고권에 대한 말.

대인권(對人權) →절대권 · 상대권

대인담보(對人擔保) 인적담보와 같다.

대인소권(對人訴權) →악치오 인 뻬르소남

대인적 강제처분(對人的强制處分) →강제처분

대인적 보안처분(對人的保安處分) 〔獨〕 persönliche sichernde Maßnahmen 사람에 의한 장래의 犯罪行爲를 방지하기 위하여 특정인에게 선고되는 보안처분을 말한다. 대인적 보안처분에는 자유를 박탈하는 보안처분과 자유를 제한하는 보안처분이 있다.

대인적 청구권(對人的請求權) 〔獨〕 Persönliche Anspruche 청구권은 대인적 청구권과 대물적 청구권으로 구별하는 바 그 구별의 표준은 相對權에서 발생한 것을 대인적 청구권, 絶對權에서 발생한 것을 대물적 청구권으로 하는 설과 권리의 지배력의 회복을 목적으로 하는 所有物返還請求權 같은 것은 대물적 청구권이고 그 외에는 모두가 대인적 청구권이라고 하는 설이 있다.

대인적 허가(對人的許可) 허가란 一般的 禁止를 특정한 경우에 해제함으로써 적법하게 일정한 행위를 할 수 있도록 자유의 상태를 회복시켜 주는 행정행위를 말하는데, 그 주된 대상이 사람인지 物的狀態인지에 따라 對人的 許可와 對物的 許可로 나눌 수 있다. 대인적 허가는 자동차운전자의 면허, 의사의 면허 등과 같이 주로 사람의 능력 · 지식 등 주관적 요소를 대상으로 하는 허가를 의미한다.

대인주권(對人主權) 〔英〕 personal sovereignty 〔獨〕 persönliche Souveränität 〔佛〕 souveraineté personelle 대인고권과 같다.

대인집행(對人執行) 인적집행과 같다.

대일강화조약(對日講和條約) 연합국과 일본과의 講和條約. 1951년 9월 4일 샌프란시스코 강화회의에서 조인되었다. 중국과는 1952년 4월 28일, 인도와는 1962년 6월 9일 각각 조인하였다. →일본과의 평화조약

대일본제국헌법(大日本帝國憲法) 일본의 구헌법. 明治王에 의한 欽定憲法. 프로이센왕국 헌법과 같이 外見立憲主義를 채택한 반동적 · 보수적 헌법. 天皇主權의 원리를 고집하고, 통치권의 總攬者인 일본 왕에게, 議會(帝國議會)의 제약을 받지 않는 광대한 이른바 大權을 留保하였다. 일본의 패전으로, 1946년에 개정되고, 1947년 5월 3일부터 신헌법, 즉 日本國憲法이 시행되었다.

대일재산청구권(對日財産請求權) 일본의 한국에 대한 確定債務의 辨濟 또는 미군정법령 제33호와 1948년의 韓美간의 財政 및 財産에 관한 協定에 의하여 한국정부의 소유가 된 재산의 반환을 청구하는 권리. 일본이 한국에 대하여 이를 변제 또는 반환하여야 할 법률상의 의무가 있는 것을 말한다. 일본에 의한 식민지통치의 피해는 정신적 · 물질적으로 막대한 것이지만 일본과의 平和條約 4조에 의하여 일본이 한국내의 구일본재산을 포기하였다는 점을 충분히 고려하여 한국은 최초부터 중요한 것만 8개항목을 추려서 제출하였다. 제1항은 일본이 조선은행을 통하여 반출해 간 地金 · 地銀의 반환을 요구한 것, 제2항은 우편저금 등의 주로 체신부관계의 請求權, 제3항은 1945년 8월 9일 이후 일본이 불법적으로 한국에서 일본으로 이송한 金員의 반환을 청구하는 것, 제4항은 1945년 8월 9일 현재 한국에 본사 · 본점 · 주사무소가 있는 한국법인의 在日財産의 반환을 요구하는 것, 제5항은 한국법인 또는 개인의 請求權(예 : 徵兵 · 徵用을 당한 한국인의 급료 · 수당 등), 제6항은 終戰 당시 한국법인 또는 자연인이 소유하고 있던 일본법인의 주식 또는 증권을 앞으로도 계속 유효한 것으로 인정하는 요구, 마지막 제7 · 8항은 支拂方法에 대한 제안이었다. 위와 같은 한국측의 청구에 대하여 일본정부가 일본과의 평화조약 4조의 규정을 무시하고, 在韓舊日人의 재산을 청구하자, 양국은 상호합의하에 평화조약의 기초자인 미국무성에 문의하기로 결정, 國務省은 각서를 통하여 다음과 같이 해석하였다. ① 일본은 對韓請求權을 주장할 수 없다. ② 한국의 對日請求權은 한일양국이 협의하여 결정할 일이다. ③ 미군정법령 제33호의 처분으로서 한국의 일본에 대하여 청구하게 된 요구의 어느 정도가 만족되었나 하는 것도 양국이 협의하여 결정할 일이다. 請求權問題에 관련하여 미군정법령 제33호의

효력일자가 法理論的으로 문제된다. 1945년 12월 6일에 공포된 동법령 2조에 의하면 1945년 8월 9일 이후 일본이 소유한 在韓全日本財産은 1945년 9월 25일자로 미군정청에 귀속한다고 규정되어 있다. 미군정당국은 상기법령으로 在韓日本財産을 미군정청에 귀속시킴에 앞서 1945년 9월 7일자의 태평양미육군사령부포고 제1호 및 제3호, 동년 9월 25일자 미군정법령 제2호 등으로 1945년 8월 9일 현재의 在韓日本財産을 동결시켰던 것이다. 따라서 1945년 8월 9일 이후에 일본이 한국에서 반출해 간 재산은 한국에 반환되어야 하는 것이다. 그럼에도 불구하고 일본측은 동법령의 조문을 동법령이 공포된 1945년 12월 6일 현재 한국에 있던 재산만이 동년 9월 25일자로 미군정청에 귀속된 것이며 8월 9일이라는 일자는 다만 동재산의 日本性을 나타낸 것으로서, 귀속된 재산은 1945년 8월 9일 현재 일본이 소유하였던 재산이라는 뜻이라고 해석하고 1945년 8월 9일 이후에 일본으로 반출해 간 재산의 返還義務를 부인하고 있다.

대 장(臺帳) 〔英〕 register book 법령의 규정에 따라 여러가지 목적을 위하여 만든 기본적인 장부. 법정의 사항을 기재하는 것으로서 예컨대 土地臺帳 따위.

대재결(代裁決) 土地收用委員會가 裁決申請을 받은 경우에는 소정의 기간안에 재결을 하여야 하는 것이나, 토지수용위원회가 그 기간 안에 재결을 하지 아니하거나, 위원장이 2회 이상 소집하여도 회의가 성립되지 아니하는 경우에는 위원장이 起業者의 신청에 따라 토지수용위원회의 議決에 의한 재결에 갈음하여 재결을 할 수 있는 것을 말한다(土收 39(1990년 4월 7일 삭제)).

대적거래금지(對敵去來禁止) 전쟁의 개시에 따르는 적과의 통상·교통의 금지를 말하는데, 금지의 여부나 금지의 범위 등에 관해서는 국제법상의 일반적 원칙이 없고 각국의 국내법이 이를 규정하고 있다. 英美主義에 있어서는 開戰과 동시에 당연히 적과의 거래가 금지되고 금지를 행하기 위해서는 特別許可가 필요한데 반하여, 大陸主義에 있어서는 개전과 동시에 당연히 대적거래가 금지되는 것이 아니라, 개전후 필요에 따라서 대적거래금지의 법령을 제정하는 방식이 취해지고 있다. 영미주의에 있어서 敵性標準은 住所主義이므로 敵領(점령지 포함)내의 적국민은 물론이고 中立國人 또는 自國人이라 할지라도 그곳에 거주하는 자와의 통상은 금지되는 반면에 적국민이라 할지라도 중립국영역내에 거주하는 경우에는 그 적국민과의 거래는 금지되는 것이 않는 것이었다. 대륙주의의 적성표준은 國籍主義이므로 중립국영역내에 거주하는 적국인과의 통상도 금지된다. 그러나 제1차대전때부터는 영미주의에서도 중립국영역내의 적국민과의 거래도 그 적국민의 商社가 적국을 이롭게 하는 활동을 행하는 면이 많아지자 이를 금지하게 되어 결국은 英美主義나 大陸主義가 대차없는 것이 되고 말았다.

대적방조(對敵幇助) 군사적 방조와 같다.

대전속록(大典續錄) 經國大典 頒行後의 新受教와 경국대전 시행상 필요한 규정을 蒐集頒行한 것으로 경국대전에 계속되는 법전. 성종 22년에 편찬을 시작하여 23년에 완료하고 동 24년부터 시행하였다. 1권1책이나, 내용은 吏·戶·禮·兵·刑·工 六典으로 나누어져 있다. 大典續錄 후에 受教를 정리편찬하여 大典後續錄이 頒行됨으로 인하여 大典續錄을 大典前續錄이라고도 부른다.

대전통편(大典通編) 정조는 즉위하자 經國大典, 續大典의 법과 五禮儀, 續五禮儀의 禮를 통합한 大明會典과 같은 會典編纂을 기도하였으나, 복잡하여 법전에 국한한 법전편찬을 진행하기 위하여 纂輯廳을 두고 정조 5년부터 纂輯開始하여 9년에 편찬을 종료하고, 왕의 教旨로써 新法典을 大典通編이라 命名하였다. 經國大典을 原典으로 하여 各條下에 續典條文을 삽입하고 다시 그 아래 그 이후의 受教를 蒐集整理하여 증보한 것이다. 그 내용은 吏·戶·禮·兵·刑·工의 6全6卷으로 되어 있다.

대전협정(大田協定) 재한미국군대의 형사재판관할권에 관한 한미협정과 같다.

대전회통(大典會通) 조선 고종 2년 영의정 趙斗淳의 啓言에 의하여 大典通編 간행후 80년간의 受教·稟奏·定式 등을 수집하여 大典通編을 보완한 것으로 經國大典을 原, 續大典을 續, 大典通編의 신규정을 增, 今般의 신규정을 補로 표시하여 吏·戶·禮·兵·刑·工 各典의 조항에 종합하였으며, 대왕대비가 大典會通이라 命名하여 동년에 반포한 것이다. 六典六卷. 新法典은 조선 일대의 綜合法典으로 기본적 연구자료가 된다.

대전후속록(大典後續錄) 성종 이후 士禍와 政爭이 심하여 각종 教旨도 頻出한 바 있으나 燕山君은 방탕하여 법전편찬에의 여념이 없었고 중종조에 이르러 受教의 정리의 필요가 논의되어, 그 편찬을 위하여 斤正廳을 신설하고 大典續錄 후의 受教科條를 수집하여 중종 38년에 편찬을 완료하고

頒行을 보았다. 이것을 大典後續錄이라고 하며 1권 1책. 그 내용은 吏·戶·禮·兵·刑·工의 六典으로 分說되어 있다.

대 주(貸主) 민법상으로는 使用貸借 및 消費貸借의 당사자의 일방으로서 목적물의 소유자를 뜻한다(民 602, 610, 613 등).

대 주(貸株) 신용거래에서 주권을 가지지 않고 매출하는 사람을 위하여 株權을 대여하는 것.

대중교섭(大衆交涉) 노동조합이 수행하는 단체교섭에 있어서 交涉當事者(교섭권한을 가지는 자)를 한정하지 않고 組合員一般(불특정다수의 조합원)에게 교섭을 담당시키는 교섭방식 또는 교섭당사자인 교섭위원 이외에 조합원일반을 교섭장소에 출석시켜 행하는 교섭방식.

대 질(對質) 〔英〕·〔佛〕 confrontation 〔獨〕 Gegenüberstellung 증인의 증언상호간, 당사자의 진술상호간, 또는 증언과 당사자의 진술이 서로 어긋나서, 어느 것을 신용하여야 할 것이냐를 판단할 필요가 있는 경우 등에, 재판장이 證人相互間, 當事者相互間, 또는 증인과 당사자를 대면시켜서 신문하는 것(民訴 301·340, 刑訴 162). 대질할 때에는 여러 명을 동시에 신문하고, 또 그 모순저촉된 점에 관하여 서로 변명시킨다. 또한 영미계의 소송법에서는 특히 증인을 피고인에게 대면시키는 것을 말한다.

대집행(代執行) 〔獨〕 Ersatzvornahme 행정상의 강제집행의 일종. 행정상의 의무자가 그 의무를 이행하지 않는 경우, 행정청이 스스로 그 의무자에 갈음하여 그 의무내용을 실현하거나 제3자로 하여금 그것을 대행케 하여, 그 비용을 의무자로부터 징수하는 방법. 대집행을 할 수 있는 의무는 그 성질상 대체적인 作爲義務에 한한다. 대집행의 일반적 요건과 절차에 관하여는 行政代執行法에 규정되어 있다. 그 밖에 개개의 법령 속에 특별한 대집행절차가 규정되어 있는 예도 있다. →강제집행

대차가격(貸借價格) 貸借去來를 할 때에 주권의 표준가격으로서 대체로 주식시세를 기준하여 정한다.

대차거래(貸借去來) 고객으로부터 신용거래의 위탁을 받은 증권업자가 이에 기준하는 보통거래를 결제하기 위하여 증권금융회사를 상대로 하여 행하는 금전 또는 유가증권의 貸借. 고객의 買收注文을 집행할 때에는 매수유가증권을 담보로 하여 대금을 빌리고 그 賣渡注文을 집행할 때에는 매도대금을 담보로 하여 유가증권을 빌린다. 대차거래는 신용거래에 기준하는 매매의 결제 이외의 목적으로 행할 수 없다.

대차대조표(貸借對照表) 〔英〕 balance sheet 〔獨〕 Bilanz 〔佛〕 bilan 상인의 재산을 資産의 部(차변)와 負債의 部(대변)의 2부로 나누어 대조할 수 있도록 기재하여 일정시기에 있어서의 기업의 재정상태를 밝히는 재정일람표이다. 상업장부의 하나이다(商 30). 대차대조표는 財産目錄을 기초로 하여 작성하여야 하지만 재산목록에 필요없는 資本關係의 사항, 예컨대 資本金·準備金 등을 기재하여 損益의 결과를 명시하여야 한다. 이것은 일상의 회계장부를 기초로 하여 작성된다. 대차대조표의 작성방법은 재무제표규칙에 의하여 그 형식이 통일화되어 있으며, 기재항목의 분류의 정도는 기업이 사업의 필요에 따라 정한 計定科目에 따라 적당히 세분하여 기재한다(財務諸表規則 34). 대차대조표에는 각종의 부속명세서를 첨가하여야 한다(同規則, 樣式 4호). 대차대조표에는 그것의 작성시기에 따라 通常貸借對照表와 非常貸借對照表가 있고, 전자에는 開業貸借對照表와 年度(期末)貸借對照表가 있으며, 후자는 회사의 합병·청산·자본감소·파산의 경우에 작성된다. 청산·파산의 경우에 작성하는 대차대조표에는 期末貸借對照表의 경우와 같은 재산평가원칙을 따르지 않고 매각가액을 붙여야 한다.

대차대조표계속(貸借對照表繼續)의 원칙 〔英〕 doctrine of consistency 〔獨〕 Grundsatz der Bilanzkontinuität 대차대조표에서 일단 채용된 형식(處理의 原則 및 節次)은 각 영업연도의 성적을 명확히 비교할 수 있도록 每期 이를 사용하여야 하며 이를 함부로 변경할 수 없다는 회계학상의 원칙.

대차대조표진실(貸借對照表眞實)의 원칙(原則) 〔英〕 principle of truthfulness 〔獨〕 Grundsatz der Bilanzwahrheit 대차대조표는 영업의 재산상태 및 경영성적에 관한 진실한 내용을 표시하지 않으면 안된다는 원칙. 종종 부당한 評價益을 산출할 가능성이 많은 주식회사에 관하여 특히 강조된다.

대 체(對替) 〔英〕 transfer 〔獨〕 Giroverkehr 〔佛〕 virement 통화에 의한 지급에 갈음하여 장부상 어떤 계정의 금액을 다른 계정에 移記하여 채권채무를 결제하는 방법. 현재 우리나라에서 행해지는 대체제도에는 은행의 預金對替·한국은행의 當座計定에 의한(어음) 交換差額 및 內國換貸借

의 결제를 위한 對替 · 郵便對替貯金의 셋이 있다.

대체물 · 불대체물(代替物 · 不代替物) 금전이나 쌀과 같이 일반의 거래에 있어서, 그 물건의 個性을 문제삼지 않고 동종류의 다른 물건으로 바꿀 수 있는 물건을 대체물(〔羅〕 res fungibiles 〔獨〕 vertretbare Sachen 〔佛〕 choses fongibles)이라 하고 이에 대하여 토지 · 예술품과 같이 개성에 착안하여 동종의 다른 물건으로 바꿀 수 없는 물건을 불대체물(〔羅〕 res non fungibiles 〔獨〕 unvertretbare Sachen 〔佛〕 choses non fongibles)이라 한다. 特定物 · 不特定物의 구별과 대체로 비슷하지만, 당사자의 의사에 의하지 않고, 물건의 객관적인 성질에 의한 구별인 점에서 다르다. 즉, 대체물도 지정을 하면 特定物로 된다. 구별의 실익은 消費貸借 · 消費任置 등에 관하여 생긴다(民 598, 702).

대체소득(代替所得) 일정한 생산요소(자본 · 토지 따위)를 제공하지 않고 다른 사람의 소득으로써 국민소득 중에 계산되었던 것이 특정인에게 이전되는 수입. 年金 · 公債의 利子 따위가 이에 속한다.

대체예금(代替預金) 사업자가 은행에서 대출한 것을 그대로 예금에 대체하는 것. 보통수표로 찾는다.

대체적 급부(代替的給付) 채무자 이외의 자가 갈음하여 할 수 있는 급부. 가옥을 건설하거나, 도로를 보수하거나, 신문에 사죄광고를 내는 것과 같은 기계적인 행위는 이에 속한다. 이러한 급부를 내용으로 하는 채무에 관하여는 강제이행의 한 방법인 代替執行이 허용된다. → 대체집행

대체제도(代替制度) 동일은행을 거래하는 2인 이상이 당좌예금수표를 이용함으로써 현금지급의 出損을 더는 방법. 은행은 장부상으로 轉記만 할 뿐이다. 어음교환제도와 함께 신용거래의 주요한 방법이다.

대체적 작위의무(代替的作爲義務) 작위의무 가운데 채무자 이외의 제3자가 대신하더라도 채권의 목적을 달성할 수 있는 것. 그 이행을 강제하는 데에는 代替執行의 방법에 의한다.

대체지시(代替指示) 〔獨〕 Giroanweisung 동일은행에 대하여 預金去來關係를 가진 자간에는 한쪽이 다른 한쪽을 위하여 자기의 예금을 다른 쪽의 구좌에 대체를 한다는 뜻을 은행에 지시하는 것. 대체지시는 지시의 일종이라고 해석된다. → 대체제도

대체집행(代替執行) 채무자가 채무를 이행하지 않을 때에 채권자가 법원에 청구하여 그 재판에 따라서 채권자 또는 제3자로 하여금 의무내용을 실현하게 하고, 그 비용을 채무자로부터 금전으로 推尋하는 것(民 389Ⅱ, 民訴 692). 直接强制, 間接强制와 함께 강제집행의 방법의 하나이다. 채무의 내용이 본인 스스로의 이행이 아닐지라도 목적을 달성할 수 있는 경우, 즉 제3자로 하여금 대신시킬 수 있는 성질의 것일 때(代替的 履行)에는 언제나 이 방법을 취할 수 있다. 대체집행에는 作爲債務의 대체집행과 不作爲債務의 대체집행이 있다. 전자는 제3자로 하여금 이행시키고 그 비용을 채무자에게 부담시키는 것이고, 후자는 제3자로 하여금 채무자가 不作爲義務를 위반하여 생긴 결과를 제거시키고 그 비용을 채무자에게 부담시키는 것이다. 그 어느 경우에나 제1심 受訴法院에 신청하여 그 결정을 얻는 것인데, 채권자는 동시에 제3자로 하여금 이행시키는 것으로 생기는 비용을 미리 채무자에게 지급시키는 취지의 결정을 신청할 수 있으며, 법원은 변론없이 결정으로 이것을 명할 수 있다(694).

대충자금(對充資金) 〔英〕 counterpart fund 외국이 대한민국의 경제재건과 재정금융의 안전을 위하여 무상으로 공급하는 원조로써 收得되는 원貨資金(舊對充資金特別會計法 1). 대충자금을 운영하기 위하여 대충자금특별회계를 설치하고(1), 그 관리는 재무부장관이 담당한다(2). 대충자금특별회계법폐지법률(1972 법률 제2360호)이 1973년 1월 1일부터 시행되어 대충자금특별회계의 모든 채권과 채무는 일반회계가 승계하고 다만 이 법 시행 당시 對充資金特別會計徵收金計定에서 預託 및 貸下한 자금의 회수원리금과 회수금계정의 세입잔액은 財政資金運營特別會計가 승계한다(1, 2).

대통령(大統領) 〔英〕 president 〔獨〕 Präsident 〔佛〕 président 공화국의 원수. 議院內閣制下에서는 국정에 초연한 국가원수이나, 대통령중심제하에서는 대통령은 국가의 원수이며, 외국에 대하여 국가를 대표한다. 行政權은 대통령을 首班으로 하는 정부에 속한다(憲 66). 우리 헌법상 대통령은 ① 국가원수의 지위에서 조약체결비준권, 선전포고 · 강화권, 외교사절의 신임접수권, 대법원장 · 대법관 · 헌법재판소재판관 임명권, 榮典授與權, 赦免權을, ② 비상시 國憲守護者의 지위(66Ⅱ, 69)에서 긴급명령 · 긴급재정경제처분 · 긴급재정경제명령권(76), 계엄선포권(77) 등을, ③ 평화통일의 책임자의 지위(66Ⅲ, 69)에서 통일에 관한 중요정책의 國民投票附議權(72)을, ④ 주권행사기관의 지위에서 憲法改正

提案權(128), 國民投票附議權(72)을, ⑤ 행정권의 수반의 지위로는 다시 정부조직자로서의 지위와 행정권의 제1인자로서의 지위(86Ⅱ)를 갖는다. 대통령은 국민의 보통·평등·직접·비밀선거로 선출되며(67Ⅰ), 국회의원의 피선거권이 있고, 선거일 현재 40세에 달하여야 한다(67Ⅳ). 대통령의 임기가 만료되는 때에는 임기만료 70일 내지 40일 전에 후임자를 선거하여야 한다(68Ⅰ). 대통령이 궐위된 때 또는 대통령당선자가 사망하거나 판결 기타의 사유로 그 자격을 상실한 때에는 60일 이내에 후임자를 선거하고(68Ⅱ), 후임자의 임기는 그 때부터 새로이 5년이 시작된다. 대통령의 임기는 5년이며, 중임할 수 없다(70). 또, 대통령의 任期延長 또는 重任變更을 위한 헌법개정은 그 헌법개정안 제안 당시의 대통령에 대하여는 효력이 없다(128Ⅱ). 대통령은 內亂 또는 外患의 죄를 범한 경우를 제외하고는 재직중 刑事上의 訴追를 받지 아니한다(84). 그러나 대통령은 퇴직 후에는 기소될 수 있으며, 재직중이라도 民事上 責任은 면제되지 않는다. 또 대통령은 퇴직 후에도 헌법 85조와 前職大統領禮遇에 관한 법률에 의하여 예우와 신분에 관한 보장을 받는다. 대통령의 권한은 헌법개정발안권(128Ⅰ), 헌법개정안공고권(129), 헌법개정공포권(130Ⅲ), 국민투표부의권(72), 헌법재판소구성권(111Ⅱ·Ⅲ), 대법원장과 대법관임명권(104), 국무총리와 국무위원임명권 및 행정각부의 장임명권(86, 87, 94), 감사원장 및 감사위원임명권(98), 중앙선거관리위원회위원임명권(114), 정부의 행정감독권(政組 11), 외교에 관한 권한(憲 66, 73), 國軍統帥權(74·5Ⅱ·60Ⅱ·77Ⅳ·Ⅴ), 공무원임면권(78), 각종 회의주재권(88Ⅲ·91Ⅱ), 영전수여권(80), 정당해산제소권(8Ⅳ), 긴급명령권(76Ⅱ), 긴급재정·경제처분명령권(76Ⅰ), 계엄선포권(77Ⅰ), 임시국회소집권(47Ⅰ), 국회출석발언권(81), 법률안제출권(52), 법률공포권(53Ⅰ), 법률안거부권(53Ⅱ), 행정입법권(大統領令制定權)(75), 赦免·減刑·復權에 관한 권한(79) 등이 있다.

대통령경호실(大統領警護室) 대통령의 경호를 담당하게 하기 위하여 대통령경호실법에 의하여 설치된 官署. 경호실의 임무는 대통령(전직대통령 포함)·그 가족·대통령으로 당선이 확정된 자·경호실장이 특히 필요하다고 인정하는 국내외요인에 대한 호위와 대통령관저의 경비이며, 구성원은 別定職이며 대통령에 의하여 임명되는 경호실장과 경호원 및 일반국가공무원이 있다.

대통령령(大統領令) 법률에서 구체적으로 범위를 정하여 위임받은 사항과 법률을 집행하기 위하여 필요한 사항에 관하여 대통령이 발할 수 있는 명령(憲 75). 전자인 대통령령을 委任命令이라 하고 후자인 대통령령을 執行命令이라 한다. 이는 國務會議의 심의를 거쳐 대통령이 발한다(89). 일반적으로 법치주의의 원칙상 국민의 권리·의무에 관한 이른바 立法事項은 國會의 立法權에 속한다. 그러나 헌법과 법률은 이것을 모두 입법부에 전속시키지 않고, 경우에 따라서는 예외적으로 행정부에 그 권한을 부여하는 수가 있다. 이를 法規命令이라 하며 이것은 반드시 헌법과 법률에 그 근거가 있어야 한다. 위임명령과 집행명령이 포함되는 대통령령은 바로 이에 해당하는 명령이다.

대통령제(大統領制) 〔英〕 presidential government 〔佛〕 régime présidentiel 엄격한 權力分立主義에 입각하여 행정권의 首長(대통령)이 국민에 의해 선거되고 의회로부터 완전히 독립한 지위를 가지는 政治體制. 미합중국의 정부형태가 그의 전형이다. → 의원내각제

대통령중심제(大統領中心制) 1948년 제헌 당시의 政府形態가 순수한 미국식대통령제가 아니고 의원내각제적 요구를 가미했기 때문에 이러한 명칭으로 부르는 이들이 있었다. → 대통령제

대통령책임제(大統領責任制) → 대통령제

대 표(代表) 〔英〕 representation 〔獨〕 Repräsentation 〔佛〕 représenation 法人 또는 團體의 기관이 어떤 행위를 한 것이 법률상 법인 또는 단체의 행위와 동일한 효과를 발생할 때, 기관은 법인 또는 단체를 대표한다고 한다. 기관이 법률행위를 하면, 이에 의하여 법인이 직접 권리의무를 취득하는 점은 代理와 유사하지만 대리는 서로 대등한 2개의 人格者간의 관계이며, 대리인의 행위가 법률적으로 본인의 행위로는 되지 않는데 반하여, 기관은 법인과 대립되는 지위에 있는 것이 아니고, 기관의 행위 그 자체가 법인의 행위로 생각되는 점에 있어서 대리와 다르다. 따라서 대리는 意思表示에 관해서만 있을 수 있지만, 대표는 不法行爲에 관하여도 있을 수 있다. 법인의 대표에 관하여는 대리에 관한 규정이 준용된다(民 59Ⅱ).

대통령특별기금(大統領特別基金) 〔英〕 emergency fund for the president 국가적 이익과 안전 또는 국방을 위협하는 非常狀態가 국내외에서 발생했을 때 이에 대처하기 위하여 대통령이 임의로 지출할 수 있도록 미리 의회의 승인을 얻어 두고 비치된 기금. 미국에서 인정하는 제도이다.

대표민주제(代表民主制) 〔英〕 representative democracy 〔獨〕 repräsentativ Demokratie

〔佛〕 democratie représentative 국민이 정치에 참가하는 경우는 의원 기타의 공무원의 선거에 한하고 국민이 그 대변자인 의원 기타의 피선기관을 통하여 간접적으로 정치에 참여한다고 생각되는 民主制. 間接民主制 또는 代議民主制라고도 한다. 직접 민주제에 대한 말. 현재의 여러가지 민주제는 대표 민주제를 원칙으로 한다.

대표민주주의(代表民主主義) → 대표민주제

대표사원(代表社員) 합명회사의 각 사원 및 합자회사의 각 無限責任社員 또는 이 양자의 業務執行社員은 원칙적으로 당연히 會社代表權을 가지나, 특히 정관 또는 총사원의 동의로서 그 일부의 자에게만 대표권을 부여할 수 있다(商 207, 269). 이러한 사원을 대표사원이라고 한다. 대표사원의 대표권은 회사의 영업에 관한 재판상 또는 재판 외의 모든 행위에 미치며, 이것을 내부적으로 제한하여도 善意의 제3자에게는 대항하지 못한다(209, 269). 이 대표권은 支配人의 代理權에 유사하나 지배인의 권한보다 훨씬 광범위하고, 원칙적으로 회사의 전영업에 미치는 점에서 이것과 다르다. 대표사원은 각자 회사를 대표하는 것이 원칙이나, 定款 또는 總社員의 동의로써 共同代表로 정할 수 있다(208, 269). 대표사원을 정하였을 때와 공동대표로 정하였을 때에는 이를 登記하여야 한다(180ⅳ·ⅴ, 271). 대표사원에게 회사대표에 관하여 부정행위가 있거나 또는 권한없이 대표를 한 때에는 타사원의 과반수의 결의에 의하여 회사는 그 사원의 除名의 宣告를 法院에 청구할 수 있다(220 Ⅰⅲ, 269). 또한 회사와 사원간의 訴에 관하여 회사를 대표할 사원이 없을 경우에는 타사원의 과반수의 결의로 대표사원을 선정하여야 한다(211, 269).

대표소송(代表訴訟) 〔英〕 representative suit, derivative suit 회사가 이사의 책임을 추궁하는 소를 제기하지 아니할 경우에 少數株主가 회사를 위하여 이사의 책임을 추궁하기 위하여 제기하는 訴. 회사의 권리에 기하는 소송이라는 의미에서 傳來訴訟 또는 派生訴訟이라고도 하고, 代位訴訟이라고 하는 수도 있다. 이 소는 미국법상의 제도인 바, 이를 상법에서도 주주의 지위를 강화하기 위하여 채택한 것이다. 대표소송을 함에는 발행주식의 총수의 100분의 5 이상에 해당하는 주식을 가진 株主(→소수주주권)는 회사에 대하여 서면으로 이사의 책임을 추궁하는 소의 제기를 청구하여야 하며(商 403 Ⅰ·Ⅱ), 회사가 이 청구를 받았음에도 불구하고 그 청구를 받은 날로부터 30일내에 소를 제기하지 않을 때에, 비로소 소수주주는 회사를 위하여 소를 제기할 수 있다(403 Ⅲ). 그러나 회사에 회복할 수 없는 손해가 생길 염려가 있는 경우에 한하여 예외적으로 그 소수주주는 즉시 소를 제기할 수 있다(403 Ⅳ). 그런데 소수주주의 代表訴訟權은 남용될 염려가 있으므로 피고는 주주의 악의임을 소명하고 담보제공의 청구를 하면 법원은 원고인 소수주주에게 상당한 담보를 제공하도록 명할 수 있다(403Ⅴ, 176 Ⅲ·Ⅳ). 대표소송에 있어 원고·피고가 받는 판결의 효력은 당연히 회사에 미치게 된다(民訴 204 Ⅲ). 또 그 반사적 효과로서 다른 주주도 동일한 주장을 하지 못하게 된다. 그러므로 소를 제기한 주주는 소를 제기한 후 지체없이 회사에 대하여 그 訴訟告知를 하여야 하며 회사는 이 소송에 참가할 수 있다(商 404). 또한 대표소송에는 再審의 訴가 인정되어 있다(406). 상법은 주주로 하여금 대표소송의 제기를 용이하게 하기 위하여, 소를 제기한 주주가 승소한 때에는, 그 주주는 회사에 대하여는 소송비용 이외의 소송으로 인한 실비액의 범위내에서 상당한 금액의 지급을 청구할 수 있으며, 패소한 때에는 악의인 경우 외에는 비록 과실이 있다고 하더라도 회사에 대하여 손해배상의 책임을 지지 아니하도록 규정하고 있다(405). 이 대표소송제도는 發起人(324), 監事(415)와 淸算人(542 Ⅱ)에게도 인정되며 유한회사에서도 인정되고 있다(565). 그리고 대표소송에 관한 贈收賄에 관하여도 형벌의 제재가 있다(631 Ⅰ ⅱ).

대표이사(代表理事) 주식회사의 대표기관으로서 대외적으로 회사를 대표하며, 常務를 집행하는 必要常設의 기관. 執行機關으로서 주주총회 또는 이사회의 결의를 그대로 집행하는 외에 이사회가 위임한 상무를 전결·집행하고 또 대외적 사무집행을 행하기 위하여 회사대표권을 가진다. 회사대표는 수인의 대표이사가 있는 경우에는 各自代表를 원칙으로 하나, 이사회의 결의에 의하여 공동대표로 정할 수 있다(商 389Ⅱ). 대표권의 범위는 회사의 영업에 관한 일체의 재판상 또는 재판 외의 행위에 미치고 그 제한은 선의의 제3자에게 대항할 수 없다(209, 389Ⅲ). 더욱이 대표이사가 회사를 대표하는데 대한 예외로서 이사와 회사간의 訴訟(394), 代行理事(386Ⅱ)의 경우가 있다.

대표청산인(代表淸算人) 청산회사에 있어서 청산인이 수인있는 경우에는 그 중의 1인 또는 수인을 대표청산인으로 정할 수 있다(商 253 Ⅰ, 269, 542Ⅰ, 613Ⅰ). 그러나 특히 주식회사에 있어서는 淸算人會의 決議의 집행기관으로 대표청산인은 필수의 존재로 되어 있다(542Ⅱ, 389). 대표청산인이 선정되는 경로로서는 ① 法定淸算人의 경우에는 업무집행사원 또는 이사에 관한 종전의 대표방법의 규정에 따라 회사를 대표하기로 되어 있으므로(255 I, 269, 542 I, 613 I), 종전에 代表業務執行社員 또는 代表理事였던 자가 대표청산인이 되고, ② 법원이 청산인을 선임하는 경우에는 법원이 대표청산인을 정할 수 있으며(255 II, 542), ③ 기타의 경우에는 주식회사에 있어서는 淸算人會 또는 株主總會가 선정하고(542 II, 389 I·II), 다른 회사에 있어서는 청산인을 선임하는 자가 대표청산인도 선정할 수 있다고 해석된다. 대표청산인은 청산사무의 집행에 필요한 일체의 재판상 또는 재판 외의 행위를 할 수 있으며 다른 청산인은 청산사무에 관한 內部的 意思決定에 참여할 수 있을 따름이고 회사대표의 권한은 없다(254 III, 269, 542, 389 III, 613 II, 209 I). 대표청산인의 권한에 대한 제한은 선의의 제3자에게 대항하지 못한다(265, 269, 542 II, 389 III, 613 II, 209 II).

대 학(大學) 인격을 도야하고, 국가와 인류사회 발전에 필요한 學術의 심오한 이론과 그 응용방법을 교수·연구하며, 국가와 인류사회에 공헌하는 것을 목적으로 하는 高等敎育機關(高等敎育法 28). 대학의 명칭은 대학 또는 대학교로 한다. 수업연한은 4년 내지 6년이다(31 I). 대학에는 학생 이외의 자를 대상으로 하는 公開講座를 둘 수 있다(26). 대학에 입학할 수 있는 자로는 고등학교를 졸업하였거나 이와 동등 이상의 학력이 있다고 인정된 자로 하며(33), 4년 이상 수학하고 일정시험에 합격한 자에게는 學士學位를 수여한다(35 I).

대학도서관(大學圖書館) 교육기본법에 의하여 설립된 大學(교육대학, 사범대학, 방송통신대학, 開放大學, 전문대학 및 이에 준하는 각종 학교) 및 다른 법률의 규정에 의하여 설립된 大學敎育課程 이상의 교육기관에서 교수와 학생의 연구 및 교육을 지원함을 주된 목적으로 하는 도서관을 말한다(圖書館 및 讀書振興法 2).

대학법원(大學法院) 〔英〕 university court 大學裁判所라고도 부른다. 영국의 옥스포드와 캠브리지 대학교에는 대학교의 캠퍼스 내에 거주하는 자를 피고로 하는 소송은 대학법원에 제소함을 요한다. 근래에 이르러 캠브리지 대학법원은 폐지되었다.

대학설치기준(大學設置基準) 국·공립 또는 사립대학의 설립이나 學科의 증설 또는 학생 정원의 증가에 있어서 따라야 할 교육 및 시설 등의 기준. 대학이 그 설치기준에 적합한가의 여부를 조사·심의하기 위하여 교육부에 교육부장관을 위원장으로 하는 大學施設調整委員會가 있다(大學設置基準令 14). → 대학설치기준령

대학원(大學院) 學術硏究를 하는 최고학부로서 대학에 설치하는 硏究機關(高等敎育法 29). 주로 석사와 박사의 학위를 따기 위한 과정을 공부하는 바 그 수업연한은 2년 이상이다(31 II).

대학원위원회(大學院委員會) 博士學位에 관한 사항을 심의하기 위하여 대학원에 설치된 기관. 동위원회는 대학의 장이 지정하는 위원 5인 이상으로써 조직하며 위원장은 大學院長이 된다.

대학인사위원회(大學人事委員會) 부총장·대학원장·단과대학장의 보직동의 및 교수·부교수·조교수·전임강사·조교의 임용동의 기타 大學敎員의 인사에 관한 중요사항을 심의하기 위하여 대학에 설치된 기관(敎公 24). 그 구성·기능 및 운영에 관하여는 대통령령으로 정한다.

대학(大學)의 자치(自治) 대학의 자치라 함은 연구와 교육이라는 대학 본연의 임무를 달성하는데 필요한 사항을 가능한 한 대학의 자율에 맡겨야 함을 말한다. 학문의 연구는 기본적으로 인간의 지적 창조력의 발휘라고 하는 個人的 行爲이지만 그것을 보다 조직적·체계적으로 수행하고 연구의 성과를 다음 세대에 교육하고 또 그것을 계승·발전시키기 위해서는 대학이라는 硏究者集團과 學生集團의 場이 필요하다. 이를 위하여 대학에서의 인사나 시설·운영 등에 관하여는 대학이 자주적으로 결정하고 관리하게 하는 대학의 자치가 요청된다. 대학생의 자치활동은 장려·보호된다(高等敎育法 10). → 학문의 자유, 학원의 자유

대한국국제(大韓國國制) 조선말엽 1897년 高宗이 러시아대사관에서 귀환하여 8월에 국호를 大韓이라 하고 皇帝라 칭하며 연호를 光武라고 한 바 있는데, 그 후 신제국인 대한의 建國理念을 표시하는 大韓國國制 9개조를 광무 3년 8월 17일에 공포한 것이다. 동 國制는 헌법적 기본규정을 선포하고 있다고 볼 수 있다. 자유독립의 제국임을 宣明하고 專制政治·自主政體·自定律令·自行治理·自選臣工·自遣使臣·皇帝不可侵權·戒嚴解嚴權 등을 규정하고 있는 바, 동규정 내용은 당시 중국으로부터 새로 도입된 서적인 公法會通 제1권 68장을 다분히 참고로 한 것 같다.

대한민국예술원(大韓民國藝術院) 대한민국예술원법에 의하여 설치된 기관으로서 그 전신은 舊文化保護法에 의한 예술원이다. 예술원은 대한민국 국민으로서 고등교육법에 의한 대학 또는 대

학과 동등 이상의 학교를 졸업하고 예술경력이 20년 이상인 자로서 藝術發展에 공적이 현저하거나 藝術經歷이 30년 이상인 자로서 예술발전에 공적이 현저한 자 중에서(4) 해당분야의 예술단체가 추천한 자 중에서 會員審査委員會가 심사를 거쳐 총회의 의결로 선출된(5) 100인의 회원으로 구성된다(3 Ⅱ).

대한민국 인접해양(大韓民國隣接海洋)**의 주권**(主權)**에 대한 대통령**(大統領)**의 선언**(宣言) →평화선

대한민국임시정부(大韓民國臨時政府) 제1차대전이 끝날 무렵 당시의 미국 대통령 윌슨이 제창한 民族自決主義에 자극받아 3·1독립운동을 계기로 해외로 망명한 애국지사들이 조국의 광복을 위하여 중국 上海에 임시로 세운 정부. 1919년 4월 11일 議政院을 구성, 이어 임시 헌법(前文 8章 56條)을 제정하여 동년 9월 16일 동 헌법에 의하여 李承晩을 臨時大統領으로 선출하였다. 그후 1926년 9월 의정원에서 임시대통령제를 폐지하고 國務領制를 채택, 동년 12월 金九가 국무령에 당선 취임하였다. 1937년 11월 중일전쟁이 차츰 치열해지면서 중국정부가 중경으로 천도하자 임시정부도 따라 이전하고 중국정부와 제휴하여 光復軍을 조직, 대일항쟁에 활약하였다. 1945년 8월 일본의 패전과 함께 환국 해체되었다.

대한민국 재외공관(大韓民國在外公館) 외교통상부소관의 외교 및 영사사무를 외국에서 分掌하는 외교통상부장관소속의 행정관청. 대사관·공사관·대표부·총영사관 및 영사관의 5종이 있으며, 필요에 따라 이들의 分館 또는 出張所를 둘 수 있다(大韓民國在外公館設置法 2, 3). 주재국의 警察權·裁判權 및 課稅權이 배제된다.

대한민국주일대표부(大韓民國駐日代表部) 〔英〕 Korean Mission in Japan 제2차대전의 종료 후 일본점령시대에 설치되어 일본과의 平和條約의 발효 후에도 존속하고 있는 일본에 있어서의 한국대표기관. 연합국총사령부의 요구에 의하여 1949년 동경에 설치되었다. 일본정부는 이것을 영사관에 준하여 대우하였으며 대사관으로는 인정하지 않았다. 1965년 12월 18일 체결된 대한민국과 일본국간의 기본관계에 관한 조약이 비준되고 批准書가 교환됨으로써 효력을 발생하여 비로소 주일본국대한민국대사관을 도쿄에 설치하게 되었다(1·7, 在外公館의 名稱·位置 및 管轄區域에 관한 규정).

대한민국학술원(大韓民國學術院) 대한민국학술원법에 의해 설치된 기관. 고등교육법에 의한 대학 또는 이와 동등 이상의 학교를 졸업하고 學術硏究의 경력이 20년 이상인 자로서 학술발전에 공적이 현저한 자, 학술연구의 경력이 30년 이상인 자로서 학술발전에 공적이 현저한 자 중에서(4) 회원 또는 학술원이 지정하는 해당분야의 學術團體가 추천한 자 중에서 會員審査委員會의 심사를 거쳐 해당 部會에서 의결하고 총회의 승인을 얻은 자(5)로 회원을 선출하고 회원의 定數는 150人(3 Ⅰ)으로 하여 회원의 임기는 4년으로 하되 연임할 수 있다(6 Ⅰ).

대한변호사협회(大韓辯護士協會) 변호사의 품위보전과 법률사무의 개선과 발전 기타 法律文化의 창달을 도모하며, 변호사 및 지방변호사회의 지도 및 감독에 관한 사무를 행하기 위하여 각 지방변호사회를 연합하여 설립한 法人(辯 24, 43).

대한석탄공사(大韓石炭公社) 석탄광산의 개발을 촉진하고 석탄의 생산·가공·판매 및 그 부대사업을 경영함을 목적으로 하는 정부관리 기업체로서 大韓石炭公社法에 의하여 설립된 公法人. 자본금 4,500억원인바 정부 및 한국산업은행이 전액을 출자하고, 산업자원부장관은 공사의 경영목표 달성을 위하여 필요한 범위 안에서 공사의 업무를 지도·감독한다(15). 공사의 조직 및 경영 등에 관한 사항은 政府投資機關管理基本法에 의한다(16).

대한적십자사(大韓赤十字社) 순전한 民法上의 社團法人으로서 적십자에 관한 국제회의 및 국제회의에서 결의된 여러 원칙의 정신을 지키고 적십자의 인도적 임무를 달성할 목적으로 설립되었다. 사원은 사원이 되는 것과 권리·의무에 관하여 人種·國籍·信條 등에 의하여 차별되지 않고 평등한 취급을 받으며, 가입·탈퇴는 임의이고 社費를 낸다. 사원 중에서 선출된 대의원회가 중요사항을 의결하고 임원은 대의원회에서 선출된다. 업무는 적십자에 관한 여러 조약에 의거한 업무, 전시나 비상재난시 또는 전염병 유행시의 피해자의 구호, 평시의 사회봉사 등이고, 적십자요원의 확보·양성 등을 행한다. 또한 국가의 구호에 관한 업무의 위탁을 받으며 보건복지부장관의 감독과 국가, 지방자치단체의 보조를 받는다.

대한제국(大韓帝國) 1897년 조선왕조가 청나라로부터 완전히 독립을 회복한 증거로 국호를 大韓으로 고친 제국. 舊韓國이라고도 한다. 乙未事變후 고종이 內外國人의 권유에 따라 1897년 慶運宮으로 돌아와 2월에 年號를 光武, 국호를 大韓, 종래의 38부를 13道로 개편하고, 그해 10월에 황

제즉위식을 거행하고 왕을 황제, 왕비를 황후, 왕세자를 황태자 등으로 개칭하는 한편 사관양성소를 武官學校로, 그 밖에 새 教育令에 의한 소학교·중학교·사범학교의 설치 등 일대 근대적인 개혁을 단행하여 國政의 쇄신을 기했으나 실제에 있어서는 外勢, 특히 러시아에 의존하는 실정이었다. 이에 반발하여 정부방침을 탄핵하려는 지식계급의 집합체 獨立協會의 시위운동과 정부의 방침을 지지하는 皇國協會의 충돌로 국내정세가 극히 혼란한 틈을 탄 러시아의 南下政策과 일본의 간섭으로 1904년 마침내 러일전쟁이 폭발하였다. 전쟁이 일본의 승리로 돌아가자 일본의 강압으로 이루어진 韓日議政書(1904), 제1차韓日協約(1905), 제2차韓日協約(乙巳保護條約)에 의하여 일본은 우리나라에 統監部를 설치하고 한일합병조약의 체결로써 대한제국은 그 국권을 일본에 빼앗김으로써 멸망하였다.

대한주택공사(大韓住宅公社) 주택을 건설·공급 및 관리하고, 不良住宅을 개량하여 국민생활의 안정과 공공복리의 증진에 이바지하게 함을 목적으로 대한주택공사법에 의하여 설치된 법인. 자본금 8조원인바 그 전액을 정부가 출자한다(5). 공사의 조직 및 경영 등에 관한 사항은 政府投資機關管理基本法에 의한다(20). 大韓住宅營團의 후신.

대한증권거래소(大韓證券去來所) 유가증권의 매매거래를 하기 위하여 필요한 시장을 개설함을 목적으로 하는 우리나라 유일의 증권거래기관. 1963년 公營制를 채택한 개정법에 의하여 韓國證券去來所로 개칭되었다. → 한국증권거래소

댐 사용권(使用權) 다목적댐에 의한 일정량의 貯水를 일정한 지역에 확보하고 이를 특정용도에 사용할 수 있는 권리(特定多目的댐法 2ⅱ). 物權의 일종으로 간주되며, 특정다목적댐법에 특별한 규정이 있는 경우를 제외하고 부동산에 관한 규정을 준용하되(20), 相續·法人의 合併 기타의 一般承繼·讓渡·滯納處分·强制執行 및 抵當權의 목적이 되는 이외에는 다른 권리의 목적으로 할 수 없다(21). 댐사용자의 설정은 저수를 발전·수도·공업용수 등 이른바 특정용도에 공용하고자 하는 자의 신청에 의하여 건설교통부장관이 행하는데, 이 경우에 있어서 건설교통부장관은 신청인이 다목적댐에 의한 저수를 특정용도에 공용함이 하천의 綜合開發目的에 적합하거나 河水와 貯水의 사용과 관계되는 사업의 경영에 관하여 행정기관의 허가·인가를 받은 경우 이외에는 설정하여 주어서는 아니된다(15). 댐사용권 또는 댐사용권을 목적으로 하는 抵當權의 설정·변경·이전·소멸 및 처분의 제한은 건설교통부에 비치된 댐使用者登錄簿에 등록하여야 하며, 등록은 登記의 효력을 갖게 된다(26Ⅰ·Ⅱ). 건설교통부장관의 허가없이는 댐사용권을 一般承繼 이외의 이전의 목적으로 하거나 분할 또는 합병하거나 그 設定目的을 변경할 수 없으며(22), 저당권자의 동의없이는 저당권의 설정이 등록된 댐사용권을 분할·병합·포기하거나 그 설정목적의 변경의 허가를 신청하거나 이를 포기할 수 없다(23).

대항력(對抗力) 이미 성립한 권리관계를 타인에게 주장할 수 있는 힘. 즉, 일단 유효하게 성립한 권리관계를 제3자가 부인하는 경우에 그 부인을 물리칠 수 있는 법률상의 권능이다. 그러므로 대항력을 결한 경우에는 타방으로부터 부인될 수 있는데, 그러나 이것은 타방으로부터 부인할 수 있는 가능성이 있다는 것을 의미하는 것으로서, 현실로 부인하는가 안하는가는 否認者側의 자유라고 해석되고 있다. 예컨대, 通情虛僞表示에 있어서, 선의의 제3자는 이것을 무효로 보든지 유효로 보든지 자유라고 한다(民 108Ⅱ). 주로 당사자 사이에서 생긴 효력을 제3자에 대하여 주장할 때에 쓰이지만(예: 450), 당사자 사이에서 쓰여지는 일도 있다(예: 692). → 대항요건, 대항하지 못한다

대항요건(對抗要件) 이미 성립한 권리관계를 타인에 대하여 주장하기 위한 요건. 주로 당사자 사이에서 효력이 생긴 권리관계를 제3자에게 주장할 때에 쓰여진다(예외: 民 692). 이 요건을 결한 때에는 상대방 또는 제3자는 이미 성립한 법률관계를 부인할 수 있는데, 그러나 법률관계의 성립을 방해하지는 않는다. 이 점에서 成立要件과 다르다. 본래의 작용은 법률관계의 변동을 제3자에게 공시하여 거래의 안전을 기하고자 함에 있다. 그러나 公示의 原則을 실현하기 위한 공시방법 중에서 효력을 발생시키는 요건이 아니라, 다만 대항하기 위한 요건일 따름이다. 종래에는 법률행위에 의한 物權變動에 있어서 意思主義를 채택한 결과, 등기와 인도가 對抗要件으로 되어 있었으나(舊民 177, 178), 形式主義를 채택한 현행 민법에서는 효력발생요건으로 되어 있다(民 186, 188). 대항요건으로서 사용되는 형태에는 登錄(著 52), 채권양도에 있어서와 같은 通知·承諾(民 450, 451Ⅰ) 등 여러가지 있다.

대항(對抗)**하지 못한다** 이미 성립한 권리관계를 타인에 대하여 주장하지 못한다는 것. 주로 당사자 사이에 있어서 이미 효력이 발생한 권리관계를 제3자에 대하여 주장하지 못한다는 뜻으로 쓰

여진다. 이것을 반대방향으로부터 바라본다면, 적극적으로는 제3자가 당사자간에 있어서 효력을 발생한 법률관계를 부인할 수 있다는 의미로 되며, 소극적으로는 제3자가 이것을 인정해도 괜찮다는 의미로 해석될 수도 있다. 결국 법률관계의 당사자가 그들 사이에서 발생한 효력을 제3자에 대하여 대항하지 못한다 함은 제3자의 측면으로부터는 반대로 대항할 수 있다는 것으로 되는데, 대항하지 못한다는 것은 확립된 법률관계를 부인할 수 있는 가능성, 즉 부인권이 있다는 것으로서 실제로 부인할 것인가 안할 것인가는 否認權者의 자유이기 때문이다. 법률에서 대항하지 못한다고 규정하는 것은, 주로 善意의 제3자를 보호하여 거래의 안전을 보장하려는데 그 목적이 있다. 그러나 예외로 상대방에 대하여 대항하지 못하는 경우도 있다(예 : 民 692).

대 행(代行) 대신하여 행한다는 의미이며, 법령상에서는 본래의 직에 있는 자에게 사고가 있거나 缺員이 있는 경우에 그 직무를 대신하여 행할 수 있는 자를 정하는 경우에 사용한다. 이 경우 대행이라는 것은 代理보다도 매우 넓은 개념이며 法律行爲뿐만 아니라 事實行爲를 대신하여 행한다는 의미를 포함한다.

대행이사(代行理事) 理事選任決議의 무효·취소 또는 이사해임의 소가 제기된 경우에, 本案管轄法院이 당사자의 신청에 의하여 가처분으로써 선임하는 이사의 직무대행자. 급박한 사정이 있는 때에는 本案訴訟의 제기 전에도 그 처분을 할 수 있다(商 407). 대행이사는 원칙적으로 회사의 常務에 속하는 행위만을 할 수 있으나 상무에 속하지 않는 행위를 했을 때에도 회사는 선의의 제3자에 대하여 그 책임을 진다(408).

대향범(對向犯) 대립적 범죄와 같다.

대헌장(大憲章) 마그나 카르타와 같다.

대혼기간(待婚期間) 재혼금지기간과 같다.

대화자(對話者) 〔獨〕 Anwesender 격지자에 대하는 개념. → 격지자

더블유 에프 티 유(W.F.T.U) 세계노련과 같다.

덕대계약(德大契約) 광업권자가 광물의 채굴에 관한 자기의 권리를 제3자(이 제3자를 德大라고 한다)에게 수여하고, 제3자는 자기의 자본과 관리하에 광물을 채굴하고 그 代價(일반으로 分鐵料라고 한다)를 지급할 것을 약정하는 계약. 주로 광업권의 임대차의 형식을 취한다. 이것은 광업경영에 대한 국가적 감독을 곤란하게 하고, 그 책임의 소재를 불명하게 하므로, 광업법 13조에서 말하는 鑛業權讓渡의 절차를 무시하는 脫法行爲에 해당하며, 따라서 실지로는 수십년간 성행되어 온 德大契約은 일단 법정에서 문제가 되면 무효라는 판결을 받게 된다. 그러나, 현실적으로는 덕대계약이 성행하고, 광업경영상 일종의 관행이 되다시피 되어 법적으로 이를 존중하여 인정함으로써 오히려 광업경영에 관한 국가적 지도·감독을 용이하게 할 수 있음에 비추어, 광업법은 租鑛權을 인정하게 되었다(5). 조광권은 물권으로 하고(52 Ⅰ), 相續 기타 一般承繼의 목적이 될 수 있다(52 Ⅱ).

덤버튼 오크스제안(提案) 〔英〕 Dumbarton Oaks Proposals 정식의 명칭은 一般國際機構의 설립에 관한 제안. 1944년 8월~10월 워싱턴교외의 덤버튼 오크스(Dumbarton Oaks)에서 열린 회의에서, 미국·영국·소련·중국의 4국간에 결정된 國際平和機構案. 국제연합헌장의 모태로 되었다. → 국제연합, 국제부흥개발은행, 국제통화기금

덤 핑 〔英〕 dumping 不當廉賣·投賣를 가리키는 것. 주로 國內價格 이하(혹은 동시에 製造原價 이하)로 수출하는 것을 말한다. 이는 부정경쟁방법으로 제한 금지된다(예: 미국의 Anti-Dumping Act 1921). 덤핑에는 보통의 덤핑 외에, 외국환어음 시세의 하락 내지는 절하를 이용하는 어음덤핑(exchange dumping), 輸出奬勵金에 의한 국제통상상의 경쟁을 유리하게 하는 奬勵金덤핑(bounty dumping), 근로자의 희생에 의한 소셜 덤핑 등이 있다.

덤핑방지법(防止法) 덤핑을 방지하기 위한 법률. 그 방법은 덤핑에 의한 수입품에 대하여 反덤핑稅(덤핑防止關稅)를 과하는 것이 보통이다(예 : 미국의 Anti-Dumping Act 1921).

데끄레뚬 그라띠아니 〔獨〕 Decretum Gratiani 1140년경에 敎會法 학자인 그라띠아누스修士(Gratianus, 1158歿)가 가톨릭교회법령을 集成하여 편찬한 최고의 敎會法令集. 내용은 당시 현행하던 교회법령을 포괄적으로 集錄調整한 것으로, 편자 자신은 Concordia(Concordantia) discordantium canonum(敎會法矛盾條令義解類聚)이라고 이름 붙였다. 이 법령집은 교회의 공인을 얻지 못하였지만, 중세를 통하여 권위있는 것으로 인정받았으며, 후에 敎會法大全(Corpus Iuris Canonici)이라고 하는 법전의 제1편을 이루게 되었다.

데뗀치오 〔羅〕 detentio 소지. → 뽀세시오

데모크라시 〔英〕 democracy 〔獨〕 Demokratie 〔佛〕 démocratie →민주주의

데퍼메이션 〔英〕 defamation 名譽毁損. 不法으로 타인에 관한 허위이고 비방적인 표시를 그 타인 이외의 제3자에게 발표하는 행위. 비방적 표시란 그 표시에 접한 자가 비방당하고 있는 자에 대해서 憎惡·侮蔑·嘲笑感을 당하고 있는 자의 신용을 방해하는 것과 같은 내용의 표시를 가리킨다. 구두에 의한 名譽毁損(슬랜더)과 문서·도화에 의한 名譽毁損(라이벨)의 2종이 있으며, 각각 불법행위가 된다. 후자는 불법행위임과 동시에 범죄이기도 하다.

덴마크함대인도요구사건(艦隊引渡要求事件) 1807년 프랑스가 덴마크함대를 이용하여 영국에 침입하려고 한데 대하여, 영국이 덴마크에게 그 함대를 영국에 기탁할 것을 요구하고, 거절당하자 이것을 공격·나포한 사건. 緊急避難權의 예로 된다. 영국의 학자는 이것을 自衛權의 발동이라 하지만, 1국이 타국을 위하여 자기를 희생할 의무는 인정되지 않으므로, 덴마크에 책임이 없고, 자위권이라고 인정할 수 없다. 1940년 프랑스가 독일에 항복한 때 영국이 오랑항의 프랑스함대를 공격한 것은 동종의 예이다. →긴급피난, 자위권

도구이론(道具理論) 間接正犯의 正犯性에 관하여, 피이용자의 도구적 성격을 논하는 이론. →생명없는 도구, 고의있는 도구

도 급(都給) 〔羅〕 locatio conductio operis 〔獨〕 Werkvertrag 〔佛〕 louage d'industrie, louage d'ouvrage 당사자의 일방(受給人)이 어느 일을 완성할 것을 약정하고 상대방(都給人)이 그 일의 결과에 대하여 보수를 지급할 것을 약정함으로써 성립하는 契約(民 664~674). 諾成·有償·雙務契約·건설공사의 도급계약에 관하여는 서면을 요구하고 있다(建設産業基本法 22Ⅰ). 勞務供給契約의 일종. 토목·건축공사가 중요하지만, 논문작성이나 운송(商 114~150) 등의 무형적인 것이라도 좋으며, 완성된 일의 결과를 목적으로 하는 점에 특질이 있다. 따라서 반드시 그것이 수급인 자신의 노무에 의하여 행하여질 필요는 없으며, 하도급을 시켜도 좋다. 보수는 後給이 원칙이고, 일의 완성전의 재해는 수급인의 손해로 돌아 간다. 그리고 수급인은 특수한 擔保責任을 부담한다. →제작물공급계약

도급경비(都給經費) 재외공관·우체관서 기타 특수한 경리를 요하는 관서의 경비의 전부 또는 일부에 충당하게 하기 위하여 도급으로 지급하는 경비(豫會 69). 도급경비는 지출관이 지출하는 바, 일단 지급된 도급경비의 구체적인 지출에 있어서는 예산과목의 구애를 받지 아니하며, 또 先金給·槪算給的인 성질을 가진다. 도급경비의 세출과목과 지출방법은 재정경제부장관이 정한다(豫會施 58Ⅱ). →선금급, 개산급, 전도자금

도급공급계약(都給供給契約) 제작물공급계약과 같다.

도급근로자(都給勤勞者)**에 대한 임금보장**(賃金保障) 도급 기타 이에 준하는 제도로 사용되는 근로자의 임금에 대해서는, 근로자가 취업한 이상, 비록 그 성과가 적은 경우라 할지라도 노동한 시간에 따라서 일정액의 임금을 보장하여야 한다(勤基 46). 都給制는 일의 완성 그 자체를 목적으로 하는 것이므로(民 664), 일정량의 일에 대해서 부분적으로 완성되지 못한 경우에는, 그 전부를 미완성으로 하여, 이에 대한 임금을 지급하지 않고 근로자의 생활을 궁지에 빠뜨리게 할 폐단이 생기기 쉬운 것이고, 또한 임금을 근로자가 행한 일의 분량에 따라서 지급하는 경우라 할지라도 일의 單位量에 대한 賃金率을 부당하게 低額으로 정하여, 근로자를 가혹한 중노동으로 이끌 위험성이 있는 것이기 때문에, 일정한 保障給을 정하고 근로자의 최저생활을 보장하려는 취지이다. →능률급

도급모집(都給募集) 수탁회사가 사채의 응모액의 부족분을 스스로 인수할 의무를 지는 방법이다. 즉 수탁회사가 사채모집의 주선을 하고, 나아가 응모잔액을 스스로 인수하는 것이다(商 474Ⅱxiv). 증권거래법은 사채의 인수를 할 수 있는 자를 증권회사로 한정하고 있으므로(證去 28Ⅰ·Ⅱii, 2Ⅷv). 사채모집의 수탁회사(은행·신탁회사)가 응모잔액을 인수하는 방법은 쓰이지 않고 있다. 그리하여 발행회사는 은행 등과 사이에 모집위탁계약을 체결하고, 증권회사와 사이에 인수 및 모집주선계약을 체결한다. 따라서 이 방법을 委託引受募集이라고도 부르며, 현재 널리 이용되고 있다. 수탁회사가 증권회사인 경우에는 절차가 훨씬 간편하여진다.

도급사업(都給事業)**에 있어서의 재해보상**(災害補償) 사업이 수차의 도급으로 행하여진 경우에는 원칙적으로 元受給人을 재해보상의무자로 한다(勤基 93Ⅰ). 즉, 토목건축사업 등에 있어서는 수급인이 그 일거리의 어느 부분을 下受給人에게 맡기는 것이 일반이어서, 이 경우의 고용관계는 하수급인과 근로자 사이에 있는 것이지만, 실질적으

로는 원수급인이 사용자로서의 지휘감독을 행하는 것이 보통이다. 이러한 경우에는 민법상의 都給契約의 관념에 구속당하지 않고 자력이 충분치 못하여 보상능력이 충분치 못한 下受給人을 사용자로 하지 않고, 元受給人을 사용자로 보는 것이 근로자 보호의 견지에서 타당하기 때문이다. 그러나 원수급인이 서면에 의한 계약으로 하수급인에게 보상을 담당하게 한 경우에는 그 하수급인이 사용자가 된다(93Ⅱ). 이 경우에 원수급인이 보상의 청구를 받았을 때에는, 보상을 담당한 하수급인이 破産의 선고를 받았거나, 행방이 알려지지 아니한 경우를 제외하고는, 그 하수급인에 대하여 催告할 것을 청구할 수 있다(93Ⅲ). → 재해보상

도급소작(都給小作) 소작인이 모든 수확물을 地主에게 납입하고 그 대가로 일정한 보수를 받는 소작관계. 耕作小作 등이 이에 해당한다.

도급인(都給人) 〔英〕 contractor 도급계약에서 수급인에게 일의 결과에 대하여 보수를 지급할 것을 약정한 자(民 664).

도급임금제(都給賃金制) 근로시간에 의하지 않고 오직 노동의 능률에 의하여 지급되는 임금제도. 이 제도에 의하면 임금은 극도로 저하되어 근로자의 생활을 위협하게 되므로 사용자는 근로시간에 따른 일정액의 임금의 지급을 보장해야 한다(勤基 46 참조).

도쿄재판(東京裁判) 〔英〕 Tokyo Trial → 극동국제군사재판소

도달주의(到達主義) 〔獨〕 Empfangstheorie 〔佛〕 système de la réception 의사표시가 상대방에 도달한 때에 효력이 생긴다고 하는 주의. 受信主義 또는 受領主義라고도 한다. 도달이라 함은 의사표시가 상대방의 세력범위 안에 들어 가는 것, 즉 社會通念上 일반적으로 그것을 豫知할 수 있는 객관적 상태가 생겼다고 인정되는 것을 말한다. 對話者간이나 상대방없는 의사표시에 있어서는 시간적 간격은 문제되지 않으나, 상대방있는 隔地者간의 의사표시에 있어서는 意思의 表白(예 : 문서의 작성)·發信(예 : 投函)·到達(예 : 배달)·了知(예 : 讀了)의 순서를 거친다. 따라서 의사표시의 효력발생시기에 관하여서는 表白主義·發信主義·到達主義·了知主義의 4유형을 생각할 수 있는데, 최초와 최후는 일방에 치우쳐 타당하지 않다. 發信主義는 민활한 거래에의 수요에 응하는 장점을 가지며, 또한 다수의 상대방을 획일적으로 취급하는 경우에 편리하지만, 상대방에게 불리하고 到達主義가 보통의 경우에 가장 적당하다. 민법은 원칙적으로 도달주의를 취하며(111), 예외적으로 거래의 신속을 필요로 하거나 또는 상대방·제3자·채무자를 보호하여야 할 필요가 있을 때에는 發信主義를 취하였다(15, 131, 455, 531). 도달주의를 취하는 결과 의사표시의 不到着 또는 延着에 의한 불이익은 表意者에게 돌아가고, 발신후 도달 전에는 발신자가 임의로 의사표시를 철회할 수 있고, 표의자가 발신후 사망하거나 행위능력을 상실하여도 의사표시의 효력에 아무런 영향도 미치지 않게 된다(111Ⅱ). 상대방의 행방불명 등으로 그 소재를 알 수 없는 경우에는 公示送達에 의하여 그 의사표시의 효력을 발생시킬 수 있다(113). → 의사표시의 공시송달

도 령(道令) 일제시대에 도지사가 관내의 行政事務에 관하여 직권 또는 위임의 범위 안에서 발한 法規命令(朝鮮總督府地方官官制 6). 대한민국 헌법의 시행후에도 계속 효력을 가진 것이 있었으나, 모두 舊法令整理에 관한 특별조치법이 정한 바에 따라 정리되었다.

도량형(度量衡) 度·量·衡을 총칭하는 용어. 즉 度는 물체의 크기, 量은 물체의 용적, 衡은 물체의 중량을 가리킨다. 도량형기는 계량 및 측정에 관한 법률이 정하는 바에 의하여 제작되고 국가의 公認을 받은 것이 아니면 이를 사용할 수 없다(22).

도 로(道路) 일반의 교통에 공용되는 토지의 설비. 도로법에서 도로라고 하는 것은 일반의 교통에 공용되는 도로로서 行政廳에서 그 노선이 지정 또는 인정된 것을 말한다. 노선의 지정 또는 인정에 의하여 비로소 도로가 도로법의 적용을 받고, 그 종류·등급·관리자·비용부담자 등이 결정된다. 도로법에서 규정한 도로에는 고속국도·일반국도·특별시도·광역시도·지방도·시도·군도·구도가 있다(道 11). 도로의 구역내에서 工作物을 신설·개축·변경·제거하거나 도로를 점용하고자 하는 자는 管理廳의 허가를 받아야 한다(40). 도로에 관한 일정한 행위는 금지된다(47). 도로에 관한 비용은 원칙적으로 관리청이 부담하며 관리청은 도로로부터 이익을 받는 자에게 公用負擔을 과할 수 있다. → 도로관리자

도로대장(道路臺帳) 도로법에 의거하여 도로관리자가 도로상황을 분명히 하기 위하여 작성하는 대장. 도로대장의 작성, 기재사항, 보관 기타 필요한 사항은 건설교통부령으로 정한다(38).

도로부담금(道路負擔金) 도로에 관한 비

용에 충당하기 위하여 도로에 특별한 관계를 가진 자에 부과하는 공법상의 금전부담. 도로법은 原因者負擔金(道 64), 損潰者負擔金(67)을 인정한다. 원인자부담금은 다른 공사 등을 위하여 비용을 부담하는 자에게 부담시키는 것, 손궤자부담금은 특히 도로를 손상하는 원인이 있을 때에 그로 인하여 필요하게 된 도로의 維持修繕費를 부담시키는 것을 말한다.

도로부속물(道路附屬物) 도로법에 있어서 도로의 부속물이라 함은 도로관리상 필요한 시설 또는 공작물로서 道路元標·里程表·수선담당구역표·도로경계표·도로표지·교통표지·안내표지·도로상의 방호울타리, 가로수 또는 가로등으로서 도로관리청이 설치한 것 및 기타 대통령령으로 정한 것을 말한다(道 3). 그 신설 또는 개축 및 그 비용부담에 관하여는 특별한 규정을 두고 있다.

도로표지(道路標識) 도로관리자가 도로법(3) 및 도로교통법(4, 5)에 의거하여 도로의 보전 또는 교통의 안전 혹은 교통의 원활을 도모하기 위하여 설치하는 표지. 안내표지·경계표지·금지표지·지도표지·지시표지의 5종으로 분류된다.

도망범죄인인도(逃亡犯罪人引渡) → 범죄인인도

도매상인(都賣商人) 제조인 또는 수입상으로부터 대량 매수하여 소매상에게 散賣하는 것을 도매라 하고 도매를 업으로 하는 자를 도매상인이라고 한다(商 4). 基本的 商行爲의 주체가 된다(46).

도매배송업(都賣配送業) 集配送施設을 이용하여 자기의 계산으로 매입한 상품을 도매하거나 수수료를 받고 위탁받은 상품을 도매점포 또는 소매점포에 공급하는 사업을 말한다(流通産業發展法 2ⅴ).

도미누스 〔羅〕 dominus 로마법상 ① 소유자. ② 관리자(gestor) 등에 대하여 본인. ③ 노예에 대하여 주인. ④ 夫. ⑤ 특히 元首(쁘린겝스)라고 칭한 로마황제는 그 권력이 絶對專制化됨에 따라 神聖化되어, 기독교가 로마의 국교로 된 이후로는 국토와 국민을 소유자처럼 지배하는 專主(dominus)로 되었다. 그와 같은 專制組織은 디오끌레띠아누스(Diocletianus)帝(재위 284~305) 및 꼰스딴띠누스(Constantinus)帝(재위 324~337)의 개혁에 의하여 법적으로도 확립되었으며, 따라서 이 무렵 이후, 즉 帝政後期의 로마의 조직은 그 이전의 元首政에 대하여 專主政(Dominat)이라고 불리운다.

도미니움 〔羅〕 dominium 로마법상 所有權·所有物·支配를 의미한다.

도박개장죄(賭博開場罪) 영리의 목적으로 도박을 개장하는 죄(刑 247). 도박을 개방한다고 함은 스스로 주재자가 되어서 그 지배하에 도박을 시키는 일정한 장소를 개설·제공하는 것을 말한다. 이로써 족하며, 실제로 거기서 도박이 행하여 졌음을 요하지 아니한다. 또 開場者가 스스로 현장에 나가거나 혹은 자신이 도박을 할 필요도 없다. 만약 자신이 행한 경우에는, 本罪와 賭博罪와의 競合犯이 된다. 영리의 목적이라 함은 그 도박장에서 도박을 하는 자로부터 口錢·手數料 등의 명의로 도박개장의 대가로서 불법한 재산적 이익을 얻으려는 의사를 말한다(본죄는 目的犯이다). 현실로 이익을 얻었음을 요하지 않는다. → 도박죄

도박보험(賭博保險) 〔獨〕 Wettassekuranz, Wettversicherung 보험계약자가 피보험이익이 없음을 알고 체결하는 보험계약이다. 보험계약은 우연한 보험사고의 발생으로 인하여 보험금액의 지급 또는 그 액수가 정하여지므로 射倖契約에 속하며 이 점에서 도박과 공통되는 것이 있으므로, 보험을 도박으로부터 구별하기 위하여 피보험이익이라는 관념을 인정하여 이를 보험계약의 목적으로 삼았다. 利益이 없으면 保險이 없다(Ohne Interesse keine Versicherung)라는 표어는 이 원칙을 표명한 것이다. 그러므로 피보험이익이 없음에도 불구하고 체결된 보험계약은 무효로 된다. 그러나 법은 피보험이익이 객관적으로는 欠缺되었으나 당사자쌍방과 피보험자가 주관적으로 그 흠결을 알지 못한 때에는 公秩序를 해할 염려가 없으므로 유효로 하였다(644). 도박보험으로 인하여 무효인 경우에는 보험계약자는 保險料의 반환을 청구할 수 없다(648). 타인의 사망을 보험사고로 하는 경우에도 이를 무제한으로 허용하는 때에는 도박적 행위로 악용할 염려가 있으므로, 법은 그 타인의 同意를 얻어야 하며, 또 보험계약으로 인하여 생긴 권리를 피보험자가 아닌 자에게 양도하는 경우에도 그 염려가 있으므로 피보험자의 동의를 요하게 하였다(731). 또 15세미만자·심신상실자 또는 심신박약자의 사망을 보험사고로 하는 경우에는 자신이 유효한 동의를 할 능력조차 없는 자이므로 이를 當然無效로 하였다(732).

도박죄(賭博罪) 〔英〕 betting, gaming 〔獨〕 Wette, Glückspiel 〔佛〕 pari, jeu de hasard 재물로써 도박하는 죄(刑 246 Ⅰ 本). 본죄의 보호법익은 건전한 勞動觀念 내지 經濟道德이다. 常習賭

博(246 Ⅱ)의 경우에는 형을 가중한다. 도박은 2인 이상의 자 사이에 행하여지는 것이며, 이러한 의미에서 본죄는 必要的 共犯이다. 재물로써 도박한다고 함은 財物(넓은 뜻이며, 재산상의 이익을 포함함)을 걸고서 우연한 승패에 의하여 그 得喪을 결정하는 것을 말한다. 勝敗의 偶然性은 당사자에게 주관적으로 불확실하면 족하고 또한 당사자상호간에 우연임을 요한다(→사기도박). 또 당사자 전원이 財物得喪의 위험을 부담하는 점에서 福票의 경우와 구별된다(→복표죄). 도박행위의 착수가 있음으로써 본죄는 완성되며, 승패가 결정되거나 현실로 재물의 득상이 있음을 요하지 않는다. 단, 도박행위가 일시 오락 정도에 불과한 때에는 도박죄가 성립하지 아니한다(246 I 但).

도서관자료(圖書館資料) 도서관이 수집·정리·분석·보존·축적하는 도서·기록·소책자·연속간행물·악보·지도·사진·그림 등 각종 인쇄자료, 영화필름·슬라이드·음반·비디오물·마이크로형태물·테이프 등 각종 視聽覺資料, 電算化資料, 공문서 등의 행정자료, 향토자료 기타 도서관봉사 및 문고활동을 위하여 필요한 자료를 말한다(圖書館 및 讀書振興法 2).

도선사(渡船士) 〔英〕 pilot 〔獨〕 Lotse 〔佛〕 pilote 일정한 지역(導船區)에서 도선사무를 할 수 있는 도선사의 면허를 얻은 자(導船法 2 ii). 도선구에서 선박에 탑승하여 당해 선박을 안전한 수로로 안내한다(2 i). 계속적으로 선박에 승무하는 자가 아니므로 선원은 아니다. 도선사가 아닌 자는 도선업무에 종사하지 못하며(19), 도선사가 업무에 종사하기 위하여 선박에 탑승한 때에는 도선기를 게양한다(26). 도선사가 되고자 하는 자는 해양수산부장관의 면허를 받아야 하며(4), 이 때에는 導船士免許原簿에 일정한 사항을 등록한다(4Ⅳ).

도선사업(渡船事業) 도선 및 도선장을 갖추고 하천, 호소 또는 대통령령이 정하는 바다목에서 사람 또는 사람과 물건을 운송하는 것을 영업으로 하는 것으로서 海運法의 적용을 받지 아니하는 것을 말한다(遊船 및 遊船事業法 2).

도 세(道稅) 도가 부과권을 가진 조세. 지방세의 일종에 속한다. 도세는 普通稅와 目的稅로 한다. 보통세는 取得稅, 登錄稅, 免許稅, 競走·馬券稅가 있고 목적세는 共同施設稅, 地域開發稅가 있다(地稅 6 Ⅱ).

도시(都市)**가스사업**(事業) 수요자에게 연료용가스를 공급하는 사업(石油事業法에 의한 石油精製業은 제외)으로서 가스도매사업 및 일반도시가스사업을 말한다(都市가스事業法 2). 이러한 사업을 업으로 하는 자를 도시가스사업자라 하며 여기에는 가스도매사업자와 일반도시가스사업자가 있다.

도시개발예정구역(都市開發豫定區域) 도시에 있어서의 인구 및 산업의 집중현상을 완화하고 그 적정한 배치를 함으로써 도시의 균형있는 발전을 도모하기 위하여 특히 필요하다고 인정될 때에 건설교통부장관이 행정자치부장관과의 협의를 거쳐 당해 도시의 인근지역에 都市計劃으로 결정하여 지정하는 이른바 위성도시의 建設豫定地域이다(都計 22). 이 구역이 지정되면 건설교통부장관은 3년 이내에 그 구역 안에서 실시할 도시계획을 결정하여야 하며, 그 결정이 없으면 동 구역의 지정은 효력을 상실한다. 그 구역의 조성사업의 시행에 관하여는 다른 都市計劃事業의 시행절차에 대한 특칙을 두고 있다(54～61). 그 특칙 중 주요한 것으로는 조성사업의 시행자는 母都市를 관할하는 시장·군수를 원칙으로 하고, 행정청이 아닌 시행자로는 特殊法人만이 될 수 있으며, 공사완료의 공고와 분양처분, 조성대지의 優先譲渡, 造成垈地讓受人의 업무, 국·공유재산의 시행자에의 양도 등을 규정하고 있을 뿐만 아니라 도시재개발사업에 관한 많은 규정을 준용하도록 하고 있다.

도시계획(都市計劃) 都市計劃區域과 그 구역 안에서 도시의 건전한 발전을 도모하고 공공의 안녕질서와 공공복리의 증진을 위한 토지이용·교통·위생·환경·산업·보안·국방·후생 및 문화 등에 관한 도시계획법 2조 1항 1호 각목의 계획. 도시계획은 원칙적으로 시장 또는 군수가 立案하지만, 국가계획과 관련하여 필요하다고 인정할 때에는 건설교통부장관이 할 수 있으며(都計11 I), 그 결정 또는 변경은 건설부장관이 직권 또는 도시계획입안자의 신청에 의하여 관계 지방의회의 의견을 들은 후 中央都市計劃委員會의 의결을 거쳐 행한다(12 I). 도시계획은 현대도시의 건설을 목적으로 하는 것이므로 일정한 都市計劃施設(2 I i 나)의 설치뿐만 아니라, 地域(주거지역·상업지역·공업지역·녹지지역)·地區(풍치지구·미관지구·고도지구·방화지구·보존지구·공항지구·시설보호지구)를 설정하고 그 지역 및 지구안에 있어서 일정한 행위를 제한하는 것, 그 밖에 특정시설제한구역의 지정, 시가화조정구역의 지정, 상세계획구역의 지정, 광역계획구역의 지정, 개발제한구역의 지정 및 도시개발예정구역의 지정 등을 포함한다(17～22). 都市計劃事業은 관할시장 또는 군수, 일정한 경우에는 건설 교통부장관 그리고 행정청이 아닌 자도 시행할 수 있다(23Ⅰ). 시행자는 도시계획구역 안에서 도시계획사업에 필요한 토지·건축물 또는 그 토지에 정착된 물건이나 그 토지·건축물 또는 물건에 관한 所有權 이외의 권리를 수용 또는 사용할 수 있다.

도시계획세(都市計劃稅) 도시계획의 비용에 충당케 하기 위하여 지방자치단체에 그 부과를 인정하는 조세. 目的稅의 하나에 속한다(地稅 5Ⅲ·6Ⅰ).

도시계획위원회(都市計劃委員會) 도시계획의 결정·연구·조사·심의하는 자문기관. 건설교통부에 설치된 중앙도시계획위원회, 도에 설치된 지방도시계획위원회와 시도시계획위원회 및 區都市計劃委員會가 있다(都計 68~77의2). 중앙도시계획위원회는 위원장 1인·부위원장 1인·위원 15인 이상 20인 이내로서 구성되며, 위원장은 건설교통부장관이, 부위원장은 건설교통부차관이 된다(69).

도시계획제한(都市計劃制限) 도시계획을 위하여 하는 私權의 제한. 일종의 公用制限이다. 2종으로 나눌 수 있다. 하나는 도시계획구역 내에 있어서 건축법에 의하여 행하는 지역 또는 지구의 지정이고, 다른 하나로 도시계획 구역내에 있어서 토지의 狀況에 따라 필요있는 경우에 행하는 風致地區 또는 美觀地區의 지정이다(都計 18). 그 밖에 도시계획법은 도시계획상 필요한 경우의 건축물·공사 등에 관한 제한을 정하도록 되어있다.

도시공원(都市公園) 도시계획구역 안에서 자연경관의 보호와 시민의 건강·휴양 및 정서생활의 향상에 기여하기 위하여 시장·군수가 도시계획시설로서 설치·관리하는 공원(都市公園法 2,5,6). 도시공원은 그 기능에 따라 어린이 公園·近隣公園·都市自然公園·體育公園 및 墓地公園으로 세분된다(3).

도시국가(都市國家) 〔羅〕 Polis 古代的 國家形態. 고대 그리스 및 로마에 있어서 전형적이었다. 도시의 주위를 방벽으로 둘러쌓고, 自由民은 성곽내에서, 노예는 그 밖에서 생활하게 하였다. 동방제국에서는 神政政治가 행하여졌으나, 그리스·로마에서는 直接民主政治가 행하여졌다. 도시국가체제는 로마에 있어서는 帝政段階에 들어와 붕괴되었다.

도시법(都市法) 〔獨〕 Stadtrecht, Weichbild, Weichbildrecht 중세 독일 여러 도시에 있어서 그 특수한 경제적·사회적 형태에 준하여 발달한 특별법. 중세도시법 중에서 마그데부르크都市法과 뤼벡都市法이 가장 유명하다. 도시법의 법원으로는 도시의 영주로부터 부여된 特許狀(Privilegien, Handfesten)이나 도시의 자주적 입법인 條例(Willküren) 등이 있다. 도시법은 13세기 이래 여러 도시에서 체계적인 법전이나 私撰의 法律書(Stadtrechtsbücher)에 기록되었다. 도시법은 공법·사법 어느 部面에 있어서도 근세법의 선구자적 역할, 중세법과 근세법을 연결하는 매개자적 역할을 하고 있다.

도시행정(都市行政) 地方自治行政의 하나로서 도시의 행정조직의 내용을 가리킨다. 그 내용은 경찰·소방·교회사업·풍기사업·구호사업·보건위생사업, 묘지경영, 도로, 항만 등의 교통사업과 상수도·하수도, 전기·전화, 도시계획, 시장경영 등의 전반에 미친다.

도약소구(跳躍遡求) 遡求原因이 발생하였을 경우에 소구의무자의 의무부담이 순서에 불구하고 소구권리자의 선택에 따라서 어느 소구의무자에 대하여도 소구를 할 수 있다. 따라서 어음(手票)의 소지인 등의 소구권리자는 소구의무자 중 가까운 전자를 넘어서 먼 전자에 대하여 소구할 수 있다(어음 47Ⅱ·Ⅲ·77, 手票 43Ⅱ·Ⅲ). 이것을 도약소구라 하고 選擇的 遡求·飛躍遡求라고도 한다.

도우즈 안(案) 〔英〕 Dawes Plan 〔獨〕 Dawesplan 〔佛〕 Plan Dawes 제1차세계대전후 독일의 배상문제에 관한 하나의 안. 미국의 도우즈를 위원장으로 하는 經濟·財政專門家委員會가 작성, 1924년 9월 1일에 실시. 이것은 독일의 재정적 기초를 파괴함이 없이 최대한의 배상금을 취할 것을 목적으로 했으나 차츰 그 결함이 드러나자 1930년 영국안이 이에 대체되었다.

도의적 책임론(道義的責任論) 〔獨〕 moralische Verantwortlichkeit 〔佛〕 responsabilité morale 責任(→형사책임)의 전제로서 자유의사를 필요로 하는 이론이며, 자유의사를 가진 자가 그 자유의사에 준하여 適法行爲를 행할 수 있었음에도 불구하고 감히 위법행위를 행하였다는 데에, 도의적인 비난가능성을 인정한다. 행위자는 자유의사의 주체로서 누구나 동등하다는 의미에서, 이는 捨象되고, 책임의 근거로서는 개개의 행위(의사)가 문제가 된다(行爲責任). 도의적 책임론은 구파(古典學派)의 주장이고, 社會的 責任論에 대한다.

도의회(道議會) 지방의회 중 도의 의결기관. 도민이 公選한 도의원으로써 조직한다. 도의회는 도의 의결기관으로서 條例의 제정·개폐, 豫算

의 심의·확정, 決算의 승인 그 밖에 중요 사항에 관한 광범한 의결권을 가지는 외에 자치단체의 행정사무에 대한 監督權을 가진다(地自 26~84).

도의회의원(道議會議員) 지방의회 중 도의회의 구성원. 당해 도·시내에 거주하는 선거인에 의하여 선출된다. 임기는 원칙으로 4년이며(地自 31), 겸직금지(33), 議政活動費 지급(32 I), 상해·사망 등의 補償(32의2)이 있다. 공익을 우선하고 청렴의 의무, 지위를 남용하여 권리·이익 또는 지위를 취득·취득알선이 금지된다(34).

도이첸슈피겔 〔獨〕 Deutschenspiegel, Spiegel der deutschen Leute 중세독일의 法律書의 하나. 13세기 중엽경에 남독일의 아우구스부르크에서 著作되었다. 저자미상. 저작의 의도는 독일 전역에 통용되는 법을 명확히 하는데 있었으나, 내용의 일부분은 작센슈피겔의 수정이며, 나머지 대부분은 그것의 단순한 번역에 불과하다. 본서는 私著로 始終하여 법전으로서 적용되지는 않았다.

도 장(導掌) 조선중기 이후 宮房田의 관리인으로서 宮房에 대해서 일정한 稅米만을 납부하고 궁방전의 收益管理權과 경작자에 대한 감독권을 가진 자. 導掌權은 매매·상속 등의 처분을 할 수 있었다. 그 기원은 확실치 않으나 임진왜란후 광대한 토지와 無主地, 荒蕪地 등의 개간권을 획득한 각 宮房의 경작자의 모집·감독·收稅를 위해 관리인을 임명한 데에 유래한다. 도장에는 본래 궁방의 한 職員으로서 영구적인 導掌權을 취득하여 도장이 된 자(作導掌), 궁방으로부터 개간권을 인수하여 자기자금으로 경작자를 모집하여 개간수익하며 궁방에 일정한 稅米를 납부하는 자(役價導掌), 일정 금액을 먼저 궁방에 납부하여 導掌權을 매수한 자(納價導掌), 과중한 납세의 免脫을 위하여 자기의 토지를 궁방에 假裝賣渡·假裝寄附(소위 投托)함으로써 근소한 稅米만을 궁방에 납부하고 여전히 그 토지를 지배수익하는 자(投托導掌) 등이 있었다. 도장의 임명은 帖文 혹은 完文이라는 문서를 교부하며, 導掌權의 처분시에는 이것을 權原證書로서 인도하였다. 도장은 실질적으로 중간지주적 지위에 있었으며 따라서 宮房田이라는 하나의 토지상에는 처분권을 갖는 최고지주인 宮房, 관리·수익·감독권을 갖는 導掌, 그리고 실제의 경작이용자인 小作人이 존재하였으며 여기의 소작인의 지위는 약한 것이었다. 이 외에도 官屯田 및 개인 농장의 관리인을 도장이라고도 하였다. 특히 導掌은 그 토지에 대한 導掌權 외에 宮房·官司·地主의 세력을 배경으로 하여 토지 주변에 인적 지배권을 행사하는 일도 적지 않았다. 마치 서구중세의 고전적 그룬트헤르샤프트 經營機構하의 마이어(Maier)를 방불하게 한다.

도 제(徒弟) 〔英〕 apprentice 〔獨〕 Lehrling 〔佛〕 apprenti 중세봉건도시의 길드에서는 頭目(master)·職人·徒弟의 身分制度가 있어서 독립된 마스터가 되려면, 근로자는 도제로서 마스터 밑에서 엄격한 기능습득을 위한 노동을 행하지 않으면 안되었고, 一定年數起居를 같이 하면서 家事勞動까지도 하지 않으면 안되었다. 이러한 봉건적 노동관계는 근대자본제사회에서는 소멸되어 가고 있다. 그러나 歐美의 職能別組合은 이러한 도제제도와 같은 것을 채용하여, 엄격한 徒弟規約에 의하여 조합원자격을 제한하고 숙련공의 공급독점을 도모하고 있다. 우리나라는 이러한 종류의 도제는 볼 수 없는 것이지만, 중소기업 또는 도소매점 등에서는 見習工·養成工의 형식으로 도제와 비슷한 것이 잔존한다고 보기 때문에 근로기준법은 특히 1개장을 마련하고(77~80), 이를 보호하고 있다. 혹사와 착취의 대상이 되기 쉽기 때문이다. → 기능습득자

도주원조죄(逃走援助罪) 법률에 의하여 구금된 자를 탈취하거나 도주하게 하는 죄(刑 147). 간수·호송자의 도주원조의 경우에는 형이 가중된다(148). 奪取란 피구금자를 간수자의 실력적 지배로부터 자기 또는 제3자의 실력적 지배하로 옮기는 것이고, 단순히 被拘禁者를 해방하여 달아나게 하는 것은 도주하게 하는 것에 해당한다. 그 수단·방법은 불문하며, 탈취의 결과가 나타나거나 간수자의 지배로부터 이탈한 때에 旣遂가 된다. 본죄는 單純逃走罪의 敎唆犯 또는 從犯에 해당하지만, 피구금자의 도주가 범죄를 구성하지 않는 경우에도 본죄는 성립한다. 미수범을 처벌하고(149), 예비·음모(150)를 처벌한다. → 도주죄

도주죄(逃走罪) 〔英〕 escape and rescue 〔獨〕 Meuterei und Befreiung von Gefangenen 〔佛〕 évasion de détenus 법률에 의하여 체포 또는 구금된 자가 도주하는 죄(刑 145 I). 본죄의 보호법익은 국가의 拘束權이고, 特殊逃走(146)의 경우에는 형을 가중한다. 법률에 의하여 체포·구금된 자란, 형이 확정되어 그에 의하여 구금되어 있는 자, 罰金·科料를 완납할 수 없으므로 勞役場에 유치된 자, 형사피의자 또는 형사피고인으로서 구속영장에 의하여 구속된 자, 소년법에 의하여 保護處分으로서 소년원에 수용되어 있는 자 등이다. 그러나 拘引된 증인, 가석방 중인 자, 구속의 집행정

지 또는 보석중인 자는 이에 포함되지 않는다. 체포·구금은 정당한 권한있는 자의 적법한 행위에 의한 것이어야 한다. 도주란 구금으로부터 이탈하는 것이며, 추적중에는 기수가 되지 않고 간수자의 실력적 지배를 완전히 이탈한 때에 기수가 된다. 일단 기수가 된 때에는 범죄는 즉시 종료한다(卽時犯). 未遂犯을 처벌한다(149).

도 지(賭地) 도지는 耕作權(小作權)에 대한 地料, 즉 토지사용료이다. 賭支·賭只라고 쓰기도 한다. 지료를 租로 지급할 때에는 賭租, 금전으로 지급할 때에는 賭錢이라 하여 도지의 결정을 미리 일정액으로 정하고 豊凶을 불문하고 해마다 동일액을 지급하는 것을 定賭 또는 永賭라 칭하고 당년의 수확을 보아 刈取前에 看坪人을 파견하여 소작인 입회하에 수확고를 조사하여 그 액을 정하는 두 가지가 있다. 도지법에 대립하는 것이 打作法(竝作法·半作法)이다. 이것은 豊凶과 관계없이 수확물을 소작인과 절반하는 것으로 주산물만 절반하는 법과 주산물뿐 아니라 부산물도 같이 모두 절반하는 법이 있다. 도지계약은 口頭契約이 원칙이고 文記契約은 드물다. 그 文記도 일종의 각서형식으로 일정한 소작료인 賭租를 지급할 것을 승인한다는 문서이며, 이것을 賭支票·時作票·移作票 또는 단순히 手票라 칭한다. 수표는 證明書의 일종이다. 소작지가 원거리에 있든가 토지가 광대하고 箇所가 많을 때는 토지가 소작감독자를 사용하는 것이며 이 감독자를 舍音(마름)이라 칭한다. 사음의 보좌인을 下舍音, 舍音이 많은 경우는 都舍音을 임명한다. 도사음은 사음의 대표격이다.

도지사(道知事) 상급보통지방자치단체인 도의 집행기관. 임기는 4년이며 주민이 선출하고 겸임의 제한, 사임, 퇴직 등이 있다(地自 85 이하). 도지사는 지방자치단체의 이사기관이라는 원칙적 지위에 있으면서, 國家事務(때로는 타공공단체의 사무)로 수임처리하는 한도내에서 國家機關(때로는 다른 공공단체의 기관)의 지위도 갖는다.

도축세(屠畜稅) 소·돼지의 도살에 대하여 그 屠殺地 소재의 시·군에서 부과하는 조세. 도축세의 세율은 도살하는 소·돼지의 시가의 1000분의 10을 초과하지 못한다. 징수방법은 特別徵收法에 의한다(地稅 234~234의7).

도 품(盜品) 절도 또는 강도에 의하여 점유를 빼앗긴 물건. 이를 알고 거래하면 贓物罪가 된다(→장물죄). 도품에 관하여도 善意取得은 성립하지만 피해자의 보호를 위한 특칙이 있다. →선의취득

도 화(圖畵) 〔獨〕Abbildung 象形的 方法으로, 즉 그림을 그려서 물체 위에 다소 영속적으로 일정한 사상을 표시한 것. 예컨대, 토지의 경계를 명확히 하기 위하여 제작된 도면, 傷害의 부위를 명백히 하기 위하여 작성된 人體圖 등. 넓은 뜻의 문서에 속하지만, 문자 기타의 發音的 符號를 사용하는 좁은 뜻의 문서에 대한다. →문서

독(毒)가스 〔英〕noxious gas 〔獨〕schädliches Gas 〔佛〕gaz nuisible 有毒性의 가스는 국제법상 사용금지가 문제된다. 제1차대전전에는 독 또는 독을 장치한 무기의 사용을 금지(陸戰規則 23 가)하였으며, 질식성 또는 유독성가스의 살포를 유일한 목적으로 하는 발사물의 사용을 금지(헤이그제1평화회의 最終議定書의 宣言 2)하고 있을 뿐이어서 대전시 독일의 독가스살포가 그 금지에 저촉되는가의 여부가 문제되었다. 그 후 베르사이유條約(171)과 잠수함 및 독가스에 관한 워싱턴條約(5)에 규정을 두었지마는, 1925년 국제연맹이사회가 초청한 회의에서 성립된 독가스 및 박테리아에 관한 의정서는 질식성·독성 기타의 가스, 일체의 비슷한 액체·재료·고안을 전쟁에 사용함을 不法이라고 하였다.

독거구금제(獨居拘禁制) →독방제

독거제도(獨居制度) →독방제

독과점규제(獨寡占規制) 사업자의 시장지배적 지위의 남용과 과도한 경제력의 집중을 방지하고 부당한 共同行爲 및 不公正去來行爲를 규제하여 공정하고 자유로운 경쟁을 촉진함으로써 창의적인 기업활동을 조장하고 소비자를 보호함과 아울러 균형있는 국민경제의 발전을 도모하기 위하여 하는 規制作用을 말한다. 그 내용으로는 시장지배적 지위의 남용금지, 企業結合의 제한 및 경제력집중의 억제, 불공정거래행위의 금지, 부당한 共同行爲의 제한, 再販賣價格 유지행위제한 및 國際契約 체결제한 등을 들 수 있다(獨禁 1~34의2).

독립국(獨立國) 〔英〕sovereign or independent state 〔獨〕souveräner oder unabhängiger Staat 〔佛〕État souverain ou indépendant 대내·대외적으로 타국의 제한을 받지 않고 자유로 행동할 수 있는 국가. 즉, 타국에 대하여 從屬的 地位에 서지 않는 국가이다. 타국의 권력하에 서느냐 서지 않느냐 하는 문제는 사실상의 문제가 아니고 법률상의 문제이다. 즉, 타국의 권력하에 있다는 것은 법률상으로 타국의 命令과 强制에 복종하여야만 하는 것으로서 자유로 행동할 수 없다는 의

무를 의미한다. 따라서 타국의 정치적 세력, 경제적 실력 등으로 사실상의 영향을 받아 실제적으로 자유로 행동할 수 없다는 의미는 아니다. 이와 같은 사실상의 영향은 모든 국가가 어느 정도 받고 있는 것이며, 이러한 영향을 전혀 받지 않고 완전히 자유로 행동할 수 있는 국가는 실제로 존재할 수 없다. 이런 의미로 해석한다면 모든 국가가 獨立國이 아니고 非獨立國이라고 할 수 있다. 그러므로 독립국과 비독립국과의 구별은 사실상의 의미로 해석할 것이 아니라 法律上의 의미로 해석하지 않으면 아니된다. 독립국은 실제적으로 主權國과 동일하다. 법률상으로 타국가로부터 제한을 받지 않고 자유로 행동할 수 있다는 것은 최고의 권력, 즉 주권을 가지기 때문이다. 실제에 있어서도 독립국과 주권국은 동일한 말이다. 다만 주권국이라고 할 때에는 최고의 권력을 가졌다는데 착안한 것이고, 獨立國이라고 할 때에는 타국의 권력하에 서지 않고 자유로 행동할 수 있다는 것에 착안한 것에 불과하다. 이와 마찬가지로 非獨立國도 半主權國과 실질적으로 다른 바 없다. → 국가의 독립권, 주권

독립권(獨立權)〔國家의〕〔國際法上의〕 → 국가의 독립권

독립규제위원회(獨立規制委員會) 〔英〕 independent regulatory commission → 행정위원회

독립기관(獨立機關) 두 가지 의미로 사용된다. 그 하나는 權力分立主義에 의하여 기관은 상호간 독립되어야 한다는 의미로 사용될 때(예 : 立法機關은 司法機關·行政機關에 대한 독립기관이라고 보는 경우)이고, 다른 하나는 직무상의 독립의 지위를 가지는 기관의 의미로 사용될 때이다. 직무상의 독립기관의 대표적인 것은 사법기관이며, 그의 직무상의 독립은 헌법이 보장하고 있는 바이다. 예외로 행정기관에도 독립기관이 있을 수 있다(예 : 감사원). → 독립행정기관

독립당사자참가(獨立當事者參加) 제3자가 현재 계속되어 있는 民事訴訟의 당사자 쌍방에 대하여 그 소송의 목적에 관련되는 자기의 청구를 하기 위하여 그 소송에 당사자로서 참가하는 것(民訴 72). 權利者參加라고도 한다. 참가의 이유에는 ① 소송의 결과에 의하여 참가인의 권리가 침해당하는 경우, ② 소송의 목적이 전부 또는 일부가 자기의 권리임을 주장하는 경우의 두 가지가 있다. 다만 제3자가 訴訟係屬後에 당사자로부터 권리를 양수받은 것을 주장하여 참가하는 경우(74)는 실질은 소송의 承繼의 방법이다(參加承繼). 이 참가소송의 구조를 어떻게 설명하느냐에 관하여 학설이 나누어진다. 혹은 종래의 당사자와 참가인간의 관계를 삼각형으로 보고, 이 삼각형의 각변을 구성하는 세 당사자 사이의 3개의 소송이 병합된 것이라 하고(三個訴訟併合說), 혹은 參加人은 종래의 소송당사자의 일방(보통은 피고)과 共同訴訟人인 地位에 선다 하고(共同訴訟說), 혹은 참가인은 종래의 원고나 피고와 대립되는 제3당사자가 되며 종래의 원고의 청구와 참가인의 청구가 서로 모순배척하는 한도에서 한데 융합되어 제3당사자 사이에 한개의 분쟁이 되므로 이것을 한꺼번에 해결하는 것이 참가소송의 심판의 목적이라 한다(三面訴訟說). 三面訴訟說이 유력하다. 이와 같이 분쟁을 일거에 해결하려면 공통되는 자료에 의하여 심리를 일률적으로 행하여야 하므로, 必要的 共同訴訟에 관한 민사소송법 63조가 준용된다. 따라서 2당사자간의 소송행위는 다른 1인의 불이익으로는 효력이 발생하지 않는다. 예를 들면 피고가 원고에 대하여 認諾이나 自白을 하여도 참가인이 완강한 한 효력을 낳지 않는다. 이 소송의 本案의 終局判決은 3당사자간의 3개의 청구에 대하여 논리적으로 모순없이 1개의 판결을 하지 않으면 안된다. 따라서 辯論의 分離나 一部判決은 인정되지 아니한다. 그리고 이와 같은 참가가 있을 때에 종래의 당사자의 일방은 소송을 할 필요가 없게 되면 상대방의 동의를 얻어 그 소송에서 탈퇴할 수 있다(73). 예를 들면 受置人이 타인으로부터 任置物에 관한 권리를 주장당한 경우에 임치인이 참가하여 자기권리를 주장한다면 수치인은 잔류할 필요가 없으므로 상대방의 동의를 얻어 탈퇴할 수 있다.

독립(獨立)된 공격방어방법(攻擊防禦方法) 〔獨〕 selbständiges Angriffs- und Verteidigungsmittel 공격방어방법 중 다른 주장 또는 항변에서 독립하여 판단할 수 있는, 그 자체가 통일된 실체법상의 법률효과의 발생소멸을 좌우하는 것. 예컨대 損害賠償請求權의 발생요건으로서의 가해자의 고의 또는 과실과 같이, 단순히 법률효과의 개개의 요건인 사실의 존부의 진술과 같은 것은 이에 속하지 않는다. 독립된 공격방법이라 함은 예컨대 所有權侵害에 기한 손해배상청구에 있어서 그 소유권의 취득원인으로서 競落取得을 주장하고, 가정적으로 時效取得을 주장하는 경우에, 競落·取得時效의 주장이 각각 그에 해당한다. 또 독립된 방어방법이라 함은 예컨대 피고가 채무의 성립을 다투다가 가정적으로 변제나 消滅時效의 抗辯을 제출할 경우의 각개의 항변사유가 이에 해당한다. 법원은 변론을 독립된 공격방어방법의 하나로 제한할 수 있으며,

또 이 당부에 관하여는 終局判決을 하지 않는 한 먼저 中間判決로써 판단할 수 있다(民訴 186).

독립등기(獨立登記) 절차상 기존의 등기와 별개로 독립하여 행하여지는 등기. 독립등기에 있어서는 番號欄(表示番號欄·順位番號欄)에 독립의 번호가 붙여지며, 이를 新登記라고도 한다. 등기는 원칙적으로 이 독립등기의 형식으로 행하여진다. 이 독립등기에 附記登記가 행하여지면 그 독립등기는 主登記라 한다.

독립명령(獨立命令) 〔英〕 gesetzesunabhängige Verordnung, selbständige Verordnung 行政立法(→행정상 입법행위)의 한 형식이며, 법률의 위임에 의한 명령(委任命令) 또는 법률을 집행하기 위한 명령(執行命令)과는 달라서 법률을 근거로 하지 않고 법률로부터 독립하여 발하여지는 명령. 外見立憲主義의 국가에서는 행정부가 독립명령으로써 국민의 권리·의무에 관하여 광범위하게 규정할 수 있었다(예 : 日本舊憲法 9). 우리 헌법에서는 인정되지 아니한다.

독립범(獨立犯) 교사범·종범에 대하는 正犯을 말한다. 정범의 행위는 타인의 행위와 관계없이 單獨的 犯罪라는 관찰에 기인한다.

독립상소(獨立上訴) 피고인의 법정대리인·배우자·직계친족·형제자매·호주 또는 원심의 대리인이나 변호인은 피고인이 명시한 의사에 반하지 않는 한 피고인을 위하여 피고인의 上訴權을 독립행사할 수 있다(刑訴 340, 341).

독립선언(獨立宣言)〔美國의〕 〔英〕 Declaration of Independence 영국에 대하여 독립전쟁을 수행하고 있던 美洲의 13개 식민지 대표가 1776년 7월 4일 필라델피아의 大陸會議에서 의결한 선언. 그 내용은 대륙회의가 독립선언을 선포하게 된 이유, 혁명이념의 요지, 영국왕 죠지3세의 惡政에 대한 비난, 독립의 불가피성 등인데, 특히 그 혁명이념이 그 당시의 自由主義思想을 대변하고 있는 것으로서 유명하다. 거기에는 自然法과 自然權의 原理, 國家契約理論, 人民主權理論과 革命權이 고창되어 있다.

독립세(獨立稅) →부가세

독립재산(獨立財産) 특정한 목적을 위하여 집결하며 법률상 一般財産으로부터 독립하여 취급되는 재산. 破産財産과 같은 것. 다수의 주체에 속한 재산이 집합하여 독립재산을 이루는 경우에는 執行財産이라고 한다.

독립적 사실행위(獨立的事實行爲) 행정상의 사실행위가 일정한 법령 또는 행정행위의 집행으로서 행하여지는 것인지의 여부에 의하여 執行的 事實行爲와 獨立的 事實行爲로 나누어지는데, 독립적 사실행위란 行政指導나 관용차의 운전과 같이 그 자체로서 독립적인 의미를 가지는 사실행위를 말한다. 이에 반하여 執行的 事實行爲란 代執行의 실행이나 경찰관의 무기사용과 같이 일정한 행정행위 또는 법령의 執行手段으로서 행하여지는 사실행위를 말한다.

독립적 상업보조인(獨立的商業補助人) 상업보조인 중에서 營業主와 종속적 관계가 없는 獨立的 商人을 말한다. 대리상·중개업·위탁매매업·운송주선업·공중접객업 등이 이에 속한다. 즉 基本的 商行爲(商 46)를 업으로 하는 자 그 밖의 주선업에 관한 영업.

독립적 행정행위(獨立的行政行爲) →쌍방적 행정행위

독립참가(獨立參加金) 독립당사자참가와 같다.

독립채산제(獨立採算制) 공기업의 능률적 경영을 촉진하기 위하여 그에게 經濟的 獨立性과 自主性을 인정하는 제도. 즉, 공기업을 일반행정조직으로부터 분리된 獨立法人 또는 特殊法人으로 하여 일반행정조직의 재정적 통제로부터 독립시키는 제도를 말한다. 이 제도는 ① 收支適合의 原則, ② 자본의 自主的 調達의 原則, ③ 이익금의 自主的 處分의 原則을 그 구체적 내용으로 한다. 그 밖에 독립채산제는 대규모경영의 分權的 管理를 그 내용으로 하기도 한다. 공기업에서 뿐만 아니라 私企業에서도 볼 수 있는 제도이다.

독립행정기관(獨立行政機關) 행정기관은 상하관계에 있어서 지배와 복종을 하나의 특색으로 하고 있는데, 예외로 직무상의 독립을 가진 기관, 즉 직무수행에 있어서 누구의 지휘도 받지 않고 자기의 獨立的 見解에 의하여 事務處理를 할 수 있는 기관이 있다. 이것을 독립행정기관이라 한다. 현행법상 監査院은 독립행정기관의 하나의 예이다.

독물혼입죄(毒物混入罪) 일상음용에 供하는 淨水에 독물 기타 건강을 해할 물건을 혼입함으로써 성립하는 죄(刑 192Ⅱ)와 수도에 의하여 공중에 공하는 淨水 또는 水源에 독물 그 밖의 건강을 해할 물건을 혼입함으로써 성립하는 죄(刑 193Ⅱ)의 2종을 둘 수 있는데 위의 죄는 그 혼입의 결

과 실제로 건강에 장해를 가져온 것을 필요로 하지 않는다. 그러나 그로 말미암아 사람을 사상케 이르면 刑을 加重한다(194).

독방제(獨房制) 〔英〕 solitary confinement system 〔獨〕 Einzelhaftsystem 수형자를 교도소내의 독방에 분리구금하여 상호간의 面識接觸을 방지함을 목적으로 하는 제도. 獨居拘禁制라고도 한다. → 펜실바니아제

독소불가침협약(獨蘇不可侵協約) 1939년 8월 23일 체결한 독일과 소련간의 협정. 뮌헨회담에서의 영국·프랑스가 독일에 접근 대항함에 스탈린이 취한 정책으로 그 직후 독일군의 폴란드 침입으로 말미암아 제2차대전이 발발, 1941년 독일의 소련침입 때 자연히 파기되었다.

독수(毒樹)의 과실이론(果實理論) 〔英〕 fruit of the poisonous tree 위법하게 수집된 증거에 의해 발견된 제2차증거를 말한다. 위법하게 수집된 증거를 배제하면서도 果實의 證據能力이 인정되면 배제법칙을 무의미하게 한다는 이유로 부정하는 견해와, 임의성 없는 自白 가운데도 강제에 의한 자백으로 수집된 증거의 증거능력만을 부정해야 한다는 견해도 있다.

독일경영조직법(獨逸經營組織法) 〔獨〕 Betriebsverfassungsgesetz 1952년 10월 제정. 서독일의 일반산업에 적용되는 근로자의 경영참가법. 골자는 첫째로 상시 5인 이상 선거권있는 피용자가 취업하고 있는 私企業은 經營協議會를 설치한다. 둘째로 경영협의회는 被用者만의 조직이고 사용자와의 간에 經營協定을 체결하며 노동조건, 인사에 관한 기준, 중대한 경영의 변경 등에 관한 협약을 행한다. 셋째로 監事會에 피용자대표를 참가시키나, 다만 독일共同決定法과는 달리 피용자대표는 구성원의 3분의 1로 한다(공동결정법은 半數)는 등이다.

독일고유법(固有法) 로마법의 繼受를 통하여 독일에 통용되게 된 繼受로마법(게마이네스레히트)에 대하여, 종래 독일에서 행하여지고 있던 법을 말한다. 그 내용은 다분히 게르만法的이었다. 계수후는 사법과 학문의 무대에서는 전적으로 후퇴하고 말았으며, 겨우 地方的 特別法(Partikularrecht) 속에서 명맥을 유지하여 오다가, 게르마니스텐에 의하여 그 중요성이 재인식되게 되고, 근대유럽의 여러 법전 속에 많이 도입되기에 이르렀다. → 게르마니스텐, 고유법

독일관념론법철학(獨逸觀念論法哲學) 〔獨〕 Rechtsphilosophie des deutschen Idealismus 독일관념론의 철학자들은 법·국가의 문제에 깊은 관심을 품었었으며, 대부분 이에 관한 중요한 저작을 발표하였다. 그들의 법이론은 啓蒙期自然法學을 先驗的 道德原理의 기초 위에 다시 定礎시켜 완성하고 또한 탈피시킴과 동시에, 나아가서 독자적인 사상을 발전시켜, 대체로 동시대의 歷史法學派와 나란히 하여, 自然法論 퇴조후의 법사상을 지도하였다. 그 방법론은 先驗的·思辨的이었지만, 내용면에서 보면, 사회적·경제적·정치적으로 낙후된 후진국 독일의 배경에 제약받으면서, 근대국가·근대법의 理想像을 그리고 있다. 그들은 처음에 프랑스혁명의 자유의 이념에 감격을 금치 못하였으나, 혁명의 참화에 대한 동정이나, 당시의 독일에 날로 至上命令化한 통일적 강력국가형성의 요청 등의 사정에 의하여, 그 政治的 自由主義는 차차 후퇴하고, 마침내 국가의 神格化(헤겔)에까지 이르렀다. 개별적으로 보면 칸트 및 청년기의 피히테는 실질상 계몽기의 개인주의적 자연법을 내용으로 하는 이성법의 체계를 전개하였고, 후기의 피히테는 일종의 國家社會主義를 주장하였고, 셸링(Schelling)은 법과 민족정신과의 유기적 연관을 주장하여 歷史法學에 영향을 주었고, 헤겔은 단체주의의 法·國家思想을 주장하여, 후의 독일의 국가사상에 강한 각인을 남겼다. 公法·刑法·國際法 등 개개의 法理論에 관하여 법학에 준 그들의 영향도 크다. 19세기 후반 法實證主義가 지배적으로 됨에 따라 그 위세는 일시 쇠퇴하였었으나, 20세기의 신칸트학파·신헤겔학파의 法哲學에 의하여 그 사상은 계승되어, 그 후의 거의 모든 학파에게 영향을 주었으며, 法思想史上 귀중한 유산을 제공하고 있다.

독일민법(獨逸民法) 〔獨〕 Bürgerliches Gesetzbuch für das deutsche Reich(BGB) 1896년 공포, 1900년 1월 1일부터 시행된 독일의 民法典. 중세에 있어서의 독일은 많은 봉건제후간에 분할되고, 법률관계도 정치의 반영으로 불통일이 극에 달하였으므로, 경제생활의 편의와 정치적 결속의 목적을 위하여 독일국 전체에 적용되는 統一的 法典의 제정이 요망되고 있었지만, 유명한 法典論爭때문에 그 기운이 성숙하지 못하던 것이 1871년에 제국이 통일되자, 겨우 민법전 제정사업은 본궤도에 올라서게 되었다. 1874년에 유명한 판덱텐法學者 빈트샤이트를 위원장으로 하는 基礎委員會가 조직되어, 1888년에 제1초안이 그 理由書(Motive, 5 Bde)와 함께 공표되었으나 로마법적 색채가 강하여, 기이르케(Otto von Gierke), 멩거 등으로부터

통렬한 비난을 받았다. 뒤이어 제2위원회에 의하여 1898년에 제2초안이 委員會議事錄(Protokolle)과 함께 발표되었다. 제2초안은 연방참의원에 제출되어 개정을 받고 라이히議會에 제출되었다. 이것을 제3초안이라 한다. 제3초안은 라이히의회의 수정을 받고, 다시 연방참의원의 同意에 의하여 法律로서 성립하고, 황제의 인증을 받아 전기한 바와 같이 공포·시행되었다. 5편 2385조의 大法典으로, 용어가 세련되고, 논리가 정치한 것은 실로 19세기 독일법률학의 집대성으로서, 法律文化史上에 빛나는 존재이다. 20세기초두의 제국의 민법에 큰 영향을 주었으며, 과거의 우리의 依用民法이었던 일본민법이 이 제1초안을 규범으로 한 것은 주지의 사실이다. 그러나 일방 로마법편중의 경향을 면하지 못하였으며, 타방 20세기의 새로운 사상에 응하지 못하는 결함을 내포하고 있는 것도 부정할 수 없다. 나치스는 정권을 획득한 후, 우선 1,2의 주목할 만한 立法(세습농지법은 그 예)을 시도하였으며, 이윽고 전면적인 수정을 기도하였다. 그것은 나치스특유의 法思想에 채색된 것이긴 하지만, 민법전의 결함을 시정하는 보편적 의의도 아주 없지는 않았다. 그러나 그 기도는 실현되지 못하였으며, 제2차대전후도 전의 민법이 그대로 행하여지고 있다.

독일민주공화국헌법(獨逸民主共和國憲法) 제2차대전의 결과 독일의 구소련에 의해 점령된 부분(공산동독)에서 1949년 10월 7일에 공포된 헌법. → 독일헌법, 독일연방공화국기본법

독일보통법(獨逸普通法) → 게마이네스레히트헌법

독일사회화법(獨逸社會化法) 〔獨〕 Sozialisierungsgesetz 제1차대전후의 독일에 있어서의 共同經濟·計劃經濟實現을 위하여 1919년 3월 제정. 연방에 대하여 지하의 매장물의 취득 및 自然力의 이용에 관한 경제적 기업을 공동경제에 이관하고, 더욱이 긴급의 필요가 있는 경우에는 경제적 재화의 생산 및 분배를 공동경제적으로 규정하는 권한을 부여하고, 공동경제의 임무를 담당하는 경제적 자치단체의 설치를 규정하였다. 그 내용은 바이마르헌법 156조에 채택되어, 석탄·칼리·전기·철 등의 분야에 적용되기에 이르렀다.

독일상법(獨逸商法) 독일상법은 실질적으로는 商法典(Handelsgesetzbuch für das deutsche Reich : HGB. 1897년 공포. 1900년 1월 1일부터 시행) 기타 다수의 특별법으로 성립되어 있다. 19세기 중엽에 상법통일의 필요성을 통감하여 먼저 普通어음條例, 그 다음에 보통 독일상법(구상법)이 제정되고, 이것을 전국적으로 채용하게 되어 1871년 제국법으로 되었다. 구상법은 絶對的 商行爲와 營業的 商行爲를 併認하고 우리나라 구상법의 모체가 되었다. 뒤이어 독일민법전과 함께 절대적 商行爲를 폐지하고 오로지 상인의 영업을 대상으로 한 신상법이 제정되었고, 이것이 현행법이다. 4편 905조이었지만 그 후에 海商編 등의 부분적 개정 외에 1937년 독일株式法이 제정되었다. 기타 현행의 특별법에는 有限責任會社法(1893년), 保險契約法(1903년), 제네바統一條約에 기한 어음法, 手票法(1933년) 등이 있다.

독일연방공화국기본법(獨逸聯邦共和國基本法) 〔獨〕 Grundgesetz für die Bundesrepublik Deutschland 제2차대전의 결과 독일의 미국·영국·프랑스에 의해 점령된 부분(서독)에서 1949년 5월 8일에 제정된 헌법. 본(Bonn)의 制定會議에서 제정되었으므로 본憲法이라고도 불리운다. 형식적으로는 基本法(Grundgesetz)이라고 하고, 憲法(Verfassung)이라 하지 않는 것은 점령하에서 제정된 잠정적인 입법의 의미를 갖게 하기 위해서이다. → 기본법, 독일헌법

독일영업조례(獨逸營業條例) 〔獨〕 Gewerbeordnung 그 역사는 오래다. 1869년 북독일연방의 營業條例(Gewerbeordnung für den norddeutschen Bund)는 근로조건을 개선하려고 하는 목적을 위한 合意 또는 團結에 대한 禁止規定 및 刑罰規定을 폐지하고, 결사의 자유를 인정한 외에, 종래의 많은 노동보호입법을 총괄하였다. 가장 중요한 것은 1891년의 영업조례 개정이며, 이것은 勤勞者保護法이라고도 말하여지며 그 후의 독일노동보호법의 근저를 이룬다. 일요일·祭日에 있어서의 노동의 제한, 대기업에 있어서의 就業規則의 강제, 공장에 있어서의 연소근로자 사용제한의 확대, 工場婦人勤勞者의 야업금지·산부보호 등의 규정을 포함하고 있다. 그 후 때때로 개정되어, 1918년 5월에는 1869년의 영업조례 153조의 단결 또는 파업에 참가시키기 위하여 脅迫 또는 誹毁가 따르는 권유는 禁錮刑에 처한다고 하는 규정이 폐지되어, 노동조합활동의 완전한 자유가 확보되었다.

독일제실재판소조례(獨逸帝室裁判所條例) 〔獨〕 Reichskammergerichtsordnung 1495년 이 조례에 의하여, 독일제국의 중앙재판소로서 帝室裁判所가 설립되었다. 이 재판소의 재판관으로는 로마법학을 수학한 전문법률가가 임용되었으며, 재판은 普通法(→ 게마이네스 레히트)인 로마법에 따라 행하여져야 할 것으로 되어 있었다. 이래 제국뿐만

아니라 각 란트의 裁判組織도 뒤이어 이 조례에 따르게 되었다. 이 조례는 근세독일에 있어서의 로마법의 繼受를 결정적으로 한 것으로서 중요한 의의를 가진다. 그리고 이 조례에는 제1(1495), 제2(1521), 제3(1548), 제4(1603)의 4者가 있다.

독일주식법(獨逸株式法) 〔獨〕 Aktiengesetz 독일상법 중의 주식회사 및 주식합자회사의 규정에 대신하여서 1937년에 제정된 株式會社·株式合資會社·合併·財産讓渡·組織變更 등에 관한 법률. 전문 304조로 되어 있으며, 최저자본금액·最低株金額의 인상 등에 관한 주식회사의 존재영역의 제한·조건부자본증가·認可資本·無議決權優先株·轉換社債 등 자본조달의 편의화를 위한 여러 제도의 채용 외에 資格讓渡의 제한, 주주총회의 권한축소, 이사의 권한강화, 監事制度의 개조에 의한 지도자원리의 도입, 국가에 의한 감독의 강화 등 나치스특유의 사상을 채택한 점에 특색이 있다. 그러나 동시에 이러한 개정은 기업의 소유와 경영의 분리의 경향에 따르는 필연적인 개정이라고 볼 수 있다.

독일헌법(獨逸憲法) 독일諸邦은 1806년 신성로마제국 와해 이래 통일을 얻지 못하고, 小國家가 병립하고 있었는데, 1871년에 통일이 되어 Das Deutsche Reich가 성립하였다. 동년 4월 16일의 헌법(이른바 비스마르크헌법)에 의하면 그 Reich는 연방으로서 그 중 프로이센에 주도권이 인정되고 있었다. 각 支分國은 대부분이 君主制에 입각하고 있어 君主主義가 강했고, 의회의 지위는 약했으며, 選擧權은 극도로 제한되어 있었다. 1918년 11월의 혁명에서 諸王朝는 멸망하고 共和制가 되었으며, 다음 해에 바이마르헌법이 제정되었다. 1933년 나치스의 국민혁명에 의하여 獨裁制가 성립하였으나, 제2차대전의 결과 독일은 1945년 연합국에 의하여 분할점령되었으며 각 점령국간의 의견이 합치하지 않음으로써 1949년 서독일의 독일연방공화국기본법과 동독일의 독일민주공화국헌법이 제정되었다. → 독일연방공화국기본법, 독일민주공화국헌법

독일형법(刑法) 이것은 1851년 프로이센 형법을 기초로 하여, 1870년 북독일연방의 法典으로서 제정된 것을 독일제국통일과 함께 그대로 독일제국 刑法典으로 한 것이다. 구파의 영향하에 應報刑論·客觀主義를 기초로 하고 있다. 20세기에 들어와 형법개정이 논의되어 개정초안도 1909년·1919년·1925년·1927년 등에 발표되었다. 제2차 대전후의 1954년 이래 서독일에서는 전면적 개정사업이 진행되어 1956년(총칙만)·1959년(총칙과 각칙)·1960년(총칙과 각칙)에 초안이 발표되었다.

독일학파(獨逸學派) 16·17세기경 독일에서는 法則區別說 특히 三分說이 주창되어 19세기전 반까지 지지되었으나, 19세기중엽 베히테르(Wächter)와 사비니(Savigny)가 등장하여 이를 벗어나 새로운 학설을 주장하였다. 전자는 극히 屬地主義的이라 하여 지지를 받지 못하였다. 후자는 상호 교통하는 여러 민족의 국제법적 공동체를 기초하는 國際私法의 건설을 주장하였으니, ① 내외의 법률은 평등하다. ② 모든 법률관계는 그 성질상 소속하는 법의 지배를 받아야 한다. ③ 법률관계가 외국법이 지배하는 경우에는 그 외국법을 적용할 의무가 있다는 것으로 요약된다.

독자적 범죄(獨自的犯罪) 기본적 구성요건상의 범죄 및 그 변형된 구성요건상의 범죄와, 犯罪學的 聯關性은 있지만 법률체계상 이와 독립된 독자적인 변형으로서의 특성을 갖고 있는 犯罪構成要件을 말한다. 이것을 保護法益과 行爲記述에서는 기본적 구성요건 및 그 변형된 구성요건과 유사한 점이 있지만 基本的 構成要件과의 성격상의 관련성은 전혀 없다. 따라서 독자적인 불법내용을 지닌 독자적인 법규범을 형성하고 있는 범죄구성요건을 독자적 범죄라 부를 수 있다. 예컨대 과실사상의 죄 및 절도죄와 강도죄에 대하여 準强盜罪(刑 335), 절도죄와 폭행·협박죄에 대하여 强盜罪(刑 333)와 같은 것이 독자적 범죄이다. 이 독자적 범죄는 이것을 중심으로 하여 다시 변형된 가중적 구성요건에 대해 기본적 구성요건이 됨은 물론이다. 예컨대 강도죄는 독자적 범죄이지만 特殊强盜罪(刑 334)와 같은 加重的 構成要件에 대한 기본적 구성요건이기도 하다.

독재제(獨裁制) 넓은 뜻으로는 민주주의의 부정을 원리로 하는 政治形態(autocracy). 좁은 뜻으로는 비상상태에 응하기 위한 과도적 형태로서 민주주의를 부정하는 것. 로마의 술라나 케사르의 dictatura는 이것이며, 근년의 각종의 獨裁制(〔英〕 dictatorship 〔獨〕 Diktatur 〔佛〕 dictature)도 이에 속한다. 그러나 그 내용은 가지가지이다. 일반적으로 말해서 어느 1인·1기관·일파·일당이 국가의 권력을 독점하여 타자에 의한 견제를 받지 않으며, 일반국민은 직접이건 간접이건 국가의 意思形成에 참여할 수 없는 정치체제가 독재제라 할 수 있다. 또한 비록 외관상으로는 권력이 분립되어 있고, 국민이 직접·간접으로 국가의 의사형성에 참여한다 할지라도 그것이 執權者에 의한 연극에 지나지 않는 경우는 독재제임을 면할 수 없다.

독 점(獨占) 國家 기타 行政主體가 어떤 사업의 경영을 독차지 함으로써 국가 기타 행정주체 또는 그로부터 특허를 받은 자 이외에는 누구든지 그것을 경영할 수 없는 것. 그와 같은 사업을 독점사업이라고 한다. 독점에는 법률상 독점과 사실상 독점이 있다. 法律上 獨占이라 함은 법률이 타자에 대하여 그 사업의 경영을 금지하고 있으므로 말미암아 국가 또는 행정주체가 그것을 독점하는 絶對的·對世的 權利를 가지고 있고, 따라서 타자가 승낙(특허)없이 동종의 사업을 경영함은 권리침해가 되는 것을 말하며, 事實上 獨占이라 함은 사업의 성질이나 규모가 一般私人에 의한 경영에 부적합함으로 말미암아 국가 또는 행정주체에 그 사업의 경영이 독점되어 있는 경우를 말한다. 그러나 흔히 독점이라 할 때에는 법률상 독점을 의미한다. 현재 우리나라에서 국가의 법률상 독점으로 되어 있는 사업의 예로서는 우편·전기·군용전기통신 등이 있다.

독점영조물(獨占營造物) 같은 종류의 시설을 일반에게 허가하지 않는 영조물. 特許에 따라 사인의 경영을 허가하는 것과 어떤 私人에게도 인정하지 않는 것이 있다.

독직(瀆職)**의 죄**(罪) 구형법각칙 제25장의 章名. 현행형법각칙 제7장 公務員의 職務에 관한 죄에 해당한다.

독 촉(督促) 국세·지방세 등의 공법상의 금전채권에 있어서 체납처분을 위한 전제요건으로서 체납처분을 할 것을 납세의무자에게 예고하는 通知行爲. 督促狀에 의한다. 세무서장·시장·군수는 납부기한을 경과한 날로부터 滯納國稅의 100분의 5에 해당하는 가산금을 징수하고, 납기경과후 15일내에 독촉장을 발부하며, 납부기한은 발부일로부터 10일로 되어 있다(國徵 23, 地稅 27 참조). 독촉은 時效中斷의 효력이 있다. 이와 같은 독촉절차는 세금 이외에 행정상의 强制徵收가 인정되는 금전채권에도 적용된다(예 : 郵 24). → 가산금

독촉절차(督促節次) 〔獨〕 Mahnverfahren 금전 기타 대체물 또는 유가증권의 일정한 수량의 지급을 목적으로 하는 청구에 관하여 채권자의 신청으로 書面審理를 거쳐서 채무자에 대하여 支給命令을 발하고, 채무자가 이에 대하여 일정한 기간내에 이의를 하지 않으면 그 명령에 確定力과 執行力을 부여할 것을 목적으로 하는 특별소송절차이다(民訴 432 이하). 간이한 절차로 사법을 보호하려는 이행의 소의 代用節次인 동시에, 判決節次의 앞의 절차이기도 하다. 독촉절차는 채권자가 하는 지급명령의 신청에 의하여 개시된다. 독촉절차는 채무자의 편의도 고려하여, 채무자의 普通裁判籍所在地의 지방법원이나 그 사무소·영업소소재지의 관할법원의 專屬管轄로 한다(433). 지급명령의 신청이 부적법하든가, 이유가 없는 것이 명백할 때에는 결정으로써 이를 각하한다. 신청이 적법하고 또 그 취지에 의하여 이유가 있을 때에는 청구권의 存否審査를 하지 않고, 또 채무자를 심문하지 않고 支給命令을 발하고(436), 당사자에게 송달한다(438 Ⅰ). 채무자가 이의신청을 한 때에는 지급명령은 이의의 범위 안에서 그 효력을 잃는다(439). 이의가 부적법한 때에는 각하되고 이 결정에 대해서는 卽時抗告를 할 수 있다(443). 지급명령에 대하여 이의신청이 없거나 이의신청을 취하하거나 각하결정이 확정된 때에는 지급명령이 확정된다(445).

독 회(讀會) 〔英〕 reading 〔獨〕 Lesung 〔佛〕 délibération 국회에 있어서의 議案審議의 단계. 의안심의의 신중을 기하기 위한 제도인 바, 종전의 국회법은 법률안의 의결에 있어서 3독회제를 채택하였었으나(舊國會法 103), 현행 국회법은 독회제를 폐지하였다.

돌 격(突擊) 〔英〕 assault 〔獨〕 Sturm 〔佛〕 assaut 적병에 대해 행해지는 병력의 돌진적 공격으로 적법한 害敵手段. 强襲이라고도 한다. 防守되지 않은 도시·촌락·주택·건물에 대해서는 허용되지 않는다. 돌격은 그것을 개시하기 전에 地方官憲에 통고할 필요성까지는 없으나 돌격으로써 攻取한 도시 기타 지역을 약탈에 방치하여서는 안된다. → 군사적 목표주의

돌루스 〔羅〕 dolus → 고의, 악의

동갑계(同甲契) 같은 해에 출생한 자로 구성된 契로서 상호부조를 목적으로 하여 생긴 것. 각출된 金穀은 다른 계와 마찬가지로 利子에 이용된다.

동거의무(同居義務) 혼인의 효과로서 부부가 부담하는 의무의 하나(民 8261 本). 부부가 생활을 공동으로 하는 이상, 동거의무가 있을 것은 당연하다. 그러나 정당한 이유로 일시적으로 동거할 수 없는 경우에는 서로 認容하여야 한다(8261 但). 동거의 장소는 1990년 민법 일부 개정 전에는 夫가 지정하도록 되어있다. 현행민법은 夫婦共同의 의사로 협의에 따라 정하되, 협의가 이루어지지 아니하는 경우에는 당사자의 청구에 의하여 가정법원이 이를 정한다(826Ⅱ). 부부의 일방이 동거의무를 위반하는 경우에는 타방은 동거를 청구할

수 있고 이에 응하지 않는 때에는 惡意의 遺棄로서 이혼원인이 된다고 해석하여야 할 것이다(840 ii).

동구우호상호원조조약(東歐友好相互援助條約) 1955년 5월 폴란드의 수도 바르샤바에서 체결된 東歐 여러 나라의 安全保障條約으로서 국제연합헌장 59조 2항에 의거 서독의 재무장에 대항하려는 군사동맹조약. 그 체약국은 구소련, 폴란드, 동독, 헝가리, 루마니아, 불가리아, 알바니아, 체코슬로바키아 등 8개국과 중국이 옵서버로 참석. 무력공격의 방어와 경제문화의 향상의 講究가 주목적이었는데 소련의 해체와 동구의 몰락으로 폐지됨.

동군연합(同君聯合) 君主國에 있어서만 인정되는 특수한 관계이며, 복수의 국가가 공통된 사람을 군주로 하는 경우, 人的同君聯合과 物的同君聯合이 있다. 전자는 王位繼承法의 규정 등에 의하여 복수의 국가가 동일의 군주를 가지는 경우이며, 이 경우에는 다만 군주를 공통으로 하고 있는 것 외에는 기구적으로 어떠한 연결을 가지지 않으며, 따라서 각 국가가 완전한 독립성을 가진다. 후자는 복수의 국가가 조약에 입각하여 동일한 군주를 가지는 동시에 군주의 동일성에 기하여 統治權能의 일부가 공통기구에 의하여 처리되는 경우이다. →국가결합

동 기(動機) 〔獨〕 Beweggrund, Absicht, Motiv 〔佛〕 motif [1] 민법상 의사표시 또는 법률행위를 함에 있어서 효과의사를 결정하기에 이르는 원인. 緣由라고도 말한다. 동기는 법률행위를 하게 하는 원인이 되지만, 法律行爲의 구성요소는 아니다. 따라서 원칙적으로 동기는 법률행위의 효력과 관계가 없다. 그러나 동기를 특히 참작해야 할 경우가 많다. 민법상 동기는 다음과 같은 점에서 문제가 된다. 즉, 동기가 불법이거나 선량한 풍속 기타 사회질서에 반하는 경우(도박의 밑천으로 하기 위하여 금전을 대차하는 경우)와 動機에 錯誤가 있는 경우(受胎하고 있는 良馬라고 오신하여 나쁜 말을 산 경우)에, 그 법률행위 또는 의사표시가 여하한 영향을 받을 것인가가 특히 문제된다. 동기의 不法이나 동기의 錯誤는 그 어느 것을 막론하고, 내심에 감추어져 있는 심리적인 동기 그 자체는 문제가 되지 않고, 그것이 표시에 나타났을 때에 비로소 법률상 문제가 된다. 즉 표시된 동기만이 法律行爲의 내용으로 된다. 이에 의하여 表意者本人의 보호와 거래의 안전이 조화를 이루게 된다. 따라서 표시된 동기가 불법인 경우에는 그 법률행위는 무효가 되며(民 103), 또한 표시된 동기에 착오가 있는 경우에 그것이 내용의 중요부분에 관한 것인 때에는 취소할 수 있다(109 I).

[2] 형법상 동기란 죄를 범하게 되는 內心的 理由를 말하며, 故意와는 구별된다. 범죄의 동기는 刑의 量定(刑 51Ⅲ)·起訴猶豫(刑訴 247 I)·歸休許可의 심사(歸休施規 4iv)·假釋放審査(假釋放審査등에 관한 規則 3 이하) 등에 있어서 중요한 의미를 가진다.

동 력(動力) 原動力이라는 뜻. 인력·풍력·화력·전력·원자력 등으로 법은 이를 관리할 수 있는 물건이라고 하여 재물로 본다(民 98, 刑 346).

동력학적 범죄관(動力學的犯罪觀) 素質내지 環境이라고 하는 개개의 因素가 범죄의 원인이 아니라 이들이 서로 여러가지의 모습으로 영향하고 있는 복잡한 동력학적인 전체가 원인이라고 하는 설. 메츠거에 의하여 제창되었다. 현대의 刑事學의 최고수준을 보여 주는 것이라고 생각되고 있으며, 우리나라에서도 많이 따르고 있다.

동리장(洞里長) 지방자치단체의 말단 보조기관. 일반직지방공무원으로 보하되, 시장·군수 및 자치구의 구청장이 임명한다(地自 109Ⅱ).

동 맹(同盟) 〔英〕·〔佛〕 alliance 〔獨〕 Bündnis, Allianz 복수의 국가가 일정한 공동목적을 성취하기 위하여 조약으로써 구성하는 결합체. 그러나 보통 동맹이라고 할 때에는 군사적 목적을 위한 결합을 의미한다. 이러한 의미의 동맹에는 攻擊同盟·防禦同盟·攻守同盟(攻擊防禦同盟)이 있다. 동맹은 언제나 그 외부에 있는 제3국을 목표로 하여 이에 대항하기 위하여 결합되는 것이다. 목표로 되는 제3국은 특정의 국가로서 동맹조약 속에 명시되는 경우도 있고 묵시적으로 양해되는 경우도 있다. 동맹국이 다른 동맹국에게 부여하는 援助의 義務(應援義務)는 보통 상호적이지만 강대국과 약소국과의 동맹관계에 있어서는 원조의무가 片務的인 것도 있다. 원조를 부여해야 할 원인을 동맹원조원인이라고 하며, 또는 應援義務發生條件(casus foederis)이라고도 한다. 동맹은 제3국에 대항하는 성질을 지니는 것이므로 제3국에 불안을 주어 국제평화에 유해한 일이 적지 않다. 공격을 위한 동맹은 특히 그러하다. 오늘날의 국제연합헌장체제하에서는 자위를 위한 개별적 또는 집단적 안전보장의 결합만이 그 합법성이 인정된다. 안정보장을 위한 결합과 방위동맹은 그 形式的 槪念에 있어서 반드시 같은 것은 아니나, 실질적으로는 같은 성질의 것이다. →집단적 안전보장, 집단적 자위

동맹조약(同盟條約) 〔英〕treaty of alliance 關稅同盟과 같이 비군사적인 것도 있으나 흔히는 제3국에 대한 공격·방어·공수를 위한 상호간의 원조를 서약하는 조약을 말한다. →동맹

동맹파업(同盟罷業) 〔英〕 strike 〔獨〕 Streik 〔佛〕 grève 노동조합 기타의 근로자의 단체의 통제하에서 그 所屬員(結合員)이 집단적으로 그 노무의 제공을 정지하는 것을 내용으로 하는 爭議行爲. 동맹파업은 각종의 쟁위행위 중에서 가장 널리 행하여지는 전형적 쟁의행위인 것이며, 동시에 그것의 가장 순수한 형태로서, 그 本體를 조성하는 행위는 노동력에 대한 사용자의 지배관계에서부터 이탈하는 곳에 있다. 즉 生産手段과 勞動力과의 결합을 절단하고 노동력의 제공을 집단적으로 거부하는 것이다. 동맹파업에 관해서는 근로자측의 債務不履行·業務妨害 등이 문제되며, 외국에서도 동맹파업이 적법한 것으로 되기까지는 장시일의 노동조합운동이 필요하였다. 우리나라에서는 헌법33조와 노동조합 및 노동관계조정법(2)에 의하여 법률의 범위내에서 그 적법성이 보장되었다(勞整法에서는 동맹파업 대신 파업이라고 함). 그러나 구체적으로 어떠한 동맹파업이 적법한 것인가는 그때그때의 목적·형태·수단에 따라서 결정될 문제이다. 동맹파업은 그 목적·형태에 따라서 여러가지 형으로 분류된다. 예를 들면 政治스트라이크·同情스트라이크와 제너럴스트라이크·일부 스트라이크 등이 있다. →쟁의권, 정당한 쟁의행위, 쟁의행위의 제한금지

동물(動物)**의 침해**(侵害) 형법상 客觀的 違法論의 입장에서 이것을 위법이라 해석하는 자도 있으나 보통 위법판단의 대상은 되지 않는다고 해석되며 이것에 대하여 正當防衛는 허용할 수 없고 緊急避難만이 허용된다고 해석된다. 그러나 그 동물의 관리자(점유·보관)의 고의 또는 과실이 있으면 그 침해는 違法侵害이며 일반의 예에 준한다.

동물점유자(動物占有者)**의 책임**(責任) 동물을 점유하는 자가 그 동물의 침해로 인한 손해에 대하여 부담하여야 할 賠償責任(民 756). 점유하는 동물의 종류 또는 성질에 따라 보관에 상당한 주의를 懈怠하지 않는 때에는 그러하지 않는다(759 Ⅰ但).

동 사(同死) 〔獨〕 Kommorienten 〔佛〕 comourants 2인 이상이 동일한 危難으로 사망하여 어느 쪽이 먼저 사망하였는지 알 수 없는 것. 相續 등에 관하여 문제로 되므로 각국의 법률은 이에 관하여 推定規定을 두고 있다. 프랑스민법(720 이하)은 연령·性 등에 의하여 어느 한 쪽이 生殘한 것으로 추정하고(先後死亡推定主義 또는 生殘推定主義), 독일失踪法(11)·스위스민법(32Ⅱ)은 동시에 사망한 것으로 추정한다(同時死亡推定主義). 구민법은 아무런 규정을 두지 않았으나, 우리 민법은 독일과 스위스법을 본받아 동시에 사망한 것으로 추정한다(30).

동 사(同事) 2인 이상이 공동으로 상거래를 하는 것. 同業이라고도 하며, 조합의 일종으로 볼 수 있다. 出資는 각 同事員平等의 비율로 금전 또는 물자를 醵出함을 통례로 하나, 혹은 일부동사원이 금전 또는 물자를 출자하고 다른 동사원이 勞務에 종사하는 경우도 있다. 이러한 경우 출자자를 錢主 또는 物主라 칭하고 노무담당자를 差人이라 부른다. 同事資本은 동사원 공동에 속하며 손익분배는 출자액을 표준으로 하는 것인 바, 대개 출자액이 균일하므로 同事者頭數에 의하여 평등분배 또는 부담한다. 동사원은 동사에서 임의로 탈회할 수 있으며, 脫會時는 그 지분의 환급을 받을 수 있고, 지분의 양도는 전원의 동의로써만 가능하다. 동사해산의 원인은 관습상 명백하지 아니하나 목적 사업의 완성, 동사원의 一人殘留 등의 경우 당연히 해산될 것이며, 해산후의 재산처분은 전주와 물주에게 우선적으로 그 액에 따라 분배하고 잔여를 頭數에 따라 분배하는 것이며, 손실은 각자 평등부담하고 제3자에 대한 채무는 각자 全部履行의 의무가 있다.

동 산(動産) 〔羅〕 res mobiles 〔英〕 movables, chattels(personal) 〔獨〕 bewegliche Sachen, Fahrnissachen, Mobilien 〔佛〕 meubles [1] 민법상 부동산 이외의 물건(99Ⅱ). 토지에 부착하고 있는 물건이라도 그 定着物이 아닌 물건(예컨대 석탑·假植中의 수목·임시적인 판자집 등)은 동산이다. 선박은 상법에 의하여 부동산에 준한 취급을 받으며, 또 자동차와 항공기도 등록하여 抵當權의 목적으로 할 수 있는 점에 있어서 부동산에 준한 취급을 받는 셈이다(→자동차저당, 항공기저당). 동산은 용이하게 이동할 수 있는 점에서 부동산과 다르고, 양자는 권리의 득실·변경의 효력발생요건(引渡와 登記), 時效取得, 善意取得, 설정되는 他物權의 종류, 거래상의 엄격성(950Ⅰiii) 등에 관하여 상이한 취급을 받는다.

[2] 민사소송법상 强制執行의 목적물로서의 동산이라 함은 有體物에 한하지 않고 널리 부동산·선박 또는 이것에 준하는 권리 이외의 물건 또는 재산권을 말한다(7편 2장 1절 참조). 따라서 민법상의 동산(이를 有體動産이라 한다) 뿐만 아니라 채

권 그 밖의 재산권도 포함한다.

동산물권(動產物權) 동산을 목적으로 하는 물권. 부동산물권의 변동은 등기(民 186)함으로써 효력이 생기고 동산물권의 변동은 의사표시의 합치에 의한 現實引渡와 簡易引渡 또는 占有改定에 의하여 그 효력이 생긴다(188, 189, 523 참조).

동산물권(動產物權)**의 준거법**(準據法) 국제사법상 사비니(Savigny)가 動產을 삼분하여 일정한 장소에 소재하는 동산에 대해서 所在地法을 적용할 것을 주장한 시점을 분기점으로 하여, 그 이전에는 동산은 사람을 따른다, 동산은 인체에 부착한다, 동산은 장소를 가지지 않는다는 법언처럼 소유자의 住所地法에 의하는 것으로 보았다. 그러나 분기점 이후부터는 所在地法主義의 경향이 뚜렷하다.

동산보험(動產保險) 〔獨〕 Mobiliarversicherung 동산이 입게 되는 損害의 塡補를 목적으로 하는 손해보험. 운송보험·적하보험도 이에 속하나 이른바 부동산보험에 대하여 특히 동산에 관한 화재보험을 뜻하는 일이 많다. 그리고 동산보험은 集合保險 또는 總括保險의 형식에 의할 때가 적지 않다.

동산·부동산구별주의(動產·不動產區別主義) 이칙주의와 같다.

동산·부동산통일주의(動產·不動產統一主義) 동칙주의와 같다.

동산(動產)**의 선취특권**(先取特權) 〔佛〕 privilèges sur certains meubles 법률로 규정된 특수한 債權을 가지고 있는 자가 채무자의 총재산이나 특정의 재산으로부터 다른 채권자에 앞서 변제받을 수 있는 物權. 현행민법에서는 인정되지 않는다.

동산저당(動產抵當) 〔英〕 chattel mortgage 〔獨〕 Mobiliarhypothek 〔佛〕 gage sans déplacement, hypothèque mobilière 채무자가 동산의 점유를 계속하면서 그 동산 위에 物的擔保權을 설정하는 것. 근대대륙법 및 그것을 계수한 우리의 법은 約定擔保權으로서 質權·抵當權을 2대지주로 하는 바, 동산저당은 경제적 요건에 따라 이양 제도의 간격을 메우기 위한 새로운 물적담보제도의 하나이다. 즉 신용을 갈망하는 中小農工商의 경영은 대개 그 기업시설 내지 생산용구인 동산 외에는 담보화할 물건이 없는데, 質權은 설정자에게 목적물의 점유·이용의 여지를 주지 않으니까(民 330, 332) 이상의 동산을 담보화한다면, 經營活動 그 자체를 정지하지 않을 수 없어, 이용할 수 없고, 저당권은 부동산만을 목적으로 하므로(356, 371 I), 동산저당을 인정할 여지가 없다. 결국 占有移轉에 대신할 적당한 공시방법이 없다는 法技術的인 결함을, 특수한 證據簿에의 등기, 즉 登錄質制度의 채용으로 메우게 되었으나, 등록에 의하여 공시되는 동산은 부동산에 비하여 가격이 낮고 수도 많고 물건의 性狀이 변하기 쉬워, 복잡한 등록절차에 비하여 公示되는 담보가치의 내용이 빈약하고 불안정을 면할 수 없는 것이었다. 이 登錄質의 기술적 곤란성에서, 동산저당의 대상이 될 수 있는 동산을 비교적 性狀에 변화없고, 또 가액이 큰 것에 한정하고, 따라서 수신자의 기업의 구성요소로서 사용되는 동산(당분간은 상품성을 잃고 수신자의 수중에 고정되어 있는 동산)에 한정하려는 경향을 갖는다. 동일한 경제적 목적에서 생겨난 讓渡擔保는 동산담보라는 경제적 목적과 소유권이전이라는 법률적 수단과의 사이에 차이가 있고, 공시방법이 불충분하고, 또 채무자의 지위를 불이익하게 한다는 데에 난점이 있어, 이 결함을 메우기 위해서는 動產抵當制度가 요망되는 것이다. 그러나 그렇다고 양도담보의 존재의의가 없어지는 것은 아니다. 등록기술의 한계가 그 개선진보에 의하여 부단히 확대되었다 하더라도, 그것은 항상 대상이 되는 동산의 출현의 뒤를 따라가는 것이며, 완전히 따라갈 수 있기 전에는, 양도담보는 언제나 동산담보화의 선구가 되지 않으면 안되는 것이다. 영미법에서 오랜 연혁을 가진 동산저당제도는 대륙법에서는 비교적 근시에 이르러 특별법으로 특수한 종류의 동산에 관하여 예외적으로 승인되었으며(프랑스의 營業質·機械 및 裝備材料의 入質, 독일의 小作財團위의 登錄質 등), 우리나라에서는 자동차저당과 항공기저당 등 극히 근소한 것이 인정되고 있는데 불과하다. 선박은 동산이지만 登記船舶은 부동산과 같이 취급되므로, 선박저당은 보통 동산저당이라고 부르지 않는다.

동산질권(動產質權) 〔獨〕 Faustpfand 〔佛〕 gage 동산을 질권설정의 목적물로 하는 질권을 말한다. 동산질권은 당사자의 質權設定契約에 의해 설정되는 것이 원칙이고, 법률의 규정에 의해 성립하는 예외적인 경우가 있다(法定質權). 질권설정계약의 당사자는 질권을 취득하게 되는 質權者(채권자)와 자기의 동산에 질권을 설정하는 자인 質權設定者(채무자 또는 物上保證人)이다. 질권의 설정은 物權的 合意와 引渡가 있어야 효력이 생긴다(民 330). 목적물의 인도는 현실의 인도뿐 아니라 簡易

引渡와 반환청구권의 양도에 의한 인도를 포함하나, 占有改定에 의한 인도는 허용되지 않는다. 동산질권의 목적물은 양도할 수 있는 동산이어야 한다. 양도할 수 없는 물건은 그 대가로부터 優先辨濟를 받을 수 없기 때문이다. 국가가 정책적으로 권리자 자신에게 사용·수익하도록 되어있는 동산은 질권의 목적이 될 수 없다. 登記船舶(商 743, 873)·자동차(自動車抵當法 7)·항공기(航空機抵當法 8)·건설기계(建設機械抵當法 3) 등이 이에 해당한다. 질권에 의해 담보되는 채권, 즉 被擔保債權에 관하여는 법률상 제한이 없다. 따라서 장래의 불특정의 채권을 담보하는 根質도 유효하다는데 학설은 일치하고 있다. 동산질권의 효력이 미치는 피담보채권의 범위는 원본·이자·위약금·질권실행의 비용, 질물보존의 비용 및 채무불이행 또는 질물의 하자로 인한 손해배상의 채권을 담보하는 것으로 규정되어 있다(民 334). 동산질권의 不可分性이 있어서 질권자는 채권 전부의 변제를 받을 때까지 質物 전부에 대하여 권리를 행사할 수 있다(民 343, 321). 동산질권의 효력이 미치는 목적물의 범위는 設定契約에 의해 인도된 물건의 전부이다. 설정계약에서 다른 약정을 하지 않고, 主物이 인도된 경우에 한하여 질권의 효력은 주물에도 미친다. 질권자는 질물에서 생기는 天然果實을 수취하여 자기 채권의 우선변제에 충당할 수 있다(民 343, 324). 동산질권은 담보물권의 일종으로서 物上代位性이 있다. 代位目的物은 질물의 멸실·훼손 또는 公用徵收로 인하여 질권설정자가 받을 금전 기타의 물건이다. 그리고 질권자가 이러한 대표물 위에 그 권리를 행사하려면 질권설정자가 금전 기타의 물건을 지급 또는 인도받기 전에 압류해야 한다(民 342). 동산질권의 효력으로는 留置的 效力과 優先辨濟的 效力이 있다. 질권자는 그의 채권의 전부를 변제받을 때까지 질물을 유치할 수 있다(民 335 本). 그러나 질권자의 유치적 효력은 자기보다 우선권이 있는 채권자에게 대항하지 못한다(商 872, 861). 회사사용인의 一般優先特權은 質權에 우선하지 못한다(468). 동산질권자는 質物로부터 다른 채권자보다 먼저 자기 채권의 우선변제를 받을 권리가 있다(民 329). 동산질권 상호간의 순위는 설정의 선후에 의한다(民 333). 우선변제권의 행사는 원칙적으로 경매에 의하여야 하나(民 338), 정당한 이유가 있는 때에는 감정인의 평가에 의하여 질물로 직접 변제에 충당할 것을 법원에 청구할 수 있다. 이 경우 질권자는 미리 채무자 및 질권설정자에게 통지해야 한다(民 338). 동산질권자는 그 권리의 범위 내에서 자기의 책임으로 질물을 轉質할 수 있다(民 336). 이를 동산질권자의 轉質權이라 한다. → 책임전질, 승낙전질

동산회계(動産會計) 국가 또는 지방자치단체가 그의 재산 중 동산을 관리하는 작용을 말한다. 동산회계, 즉 물품의 취득·관리·처분은 국가 또는 지방자치단체가 公權力의 주체로서가 아니라, 私經濟의 主體로서 하는 작용에 속하기 때문에 원칙적으로 私法上의 行爲로서 성질을 가진다.

동성동본불혼(同姓同本不婚)**의 원칙**(原則) 동성동본의 혈족간의 혼인을 금지하는 원칙. 중국에서 기원한 것으로서 우리나라에 도입된 것은 조선시대라 한다. 이 원칙은 원래 近親婚 특히 血族近親者간의 혼인을 금지하고자 하는 취지에서 생긴 것이지만, 오늘날에 있어서는 모든 동성동본자간의 혼인을 무조건 제한한다는 것은 전통적인 이유 이외에는 거의 의의가 없다. 현행 민법에서는 폐지되었다.

동시범(同時犯) 〔獨〕 Nebentäterschaft 2인 이상의 자가, 의사의 연결없이 동시에 또는 異時(동시에 가까운 전후관계)에, 構成要件에 해당하는 행위를 하는 것. 동시범의 경우는 원칙적으로 각인에 대하여 독립하여 범죄의 성립을 논한다. 다만 그 결과발생의 원인된 행위가 판명되지 아니한 때에는, 각 행위를 미수범으로 처벌한다(刑 19 : 獨立行爲의 競合). 특히 상해의 결과를 발생하게 한 경우에 있어서 원인된 행위가 판명되지 아니한 때에는 공동정범의 예에 의한다(263)(→상해의 동시범). 그리고 과실범의 共同正犯을 인정하지 않는 입장에서는 共同過失에 의한 행위는 동시범이라고 한다. 형사소송법상 數人이 동시에 동일장소에서 범한 죄는 관련사건으로 취급된다(11 iii).

동시보험·이시보험(同時保險·異時保險) → 중복보험

동시사망(同時死亡) → 동사

동시상해(同時傷害) → 상해의 동시범

동시선장(同時船長) 〔獨〕 Schifferreeder 선박소유자 또는 선박공유자인 선장. 自船船長이라고도 한다. 넓은 의미에서 선장이라고 할 때에는 동시선장도 포함하나, 좁은 의미에서는 동시선장은 제외되며, 보통 선장이라고 하면 후자의 경우를 가리킨다. 선박소유자나 공유자가 선장인 때에는 단순한 항해상의 과실 또는 海員 기타의 선박사용인의 過失의 경우 외에는 선장의 過失에 대하여 그 책임의 제한을 주장하지 못한다(商 750). 또 선장이 공유자인 경우에 그 의사에 반하여 해임된 때에

는 다른 共有者에 대하여 상당한 가액으로 그 지분을 매수할 것을 청구할 수 있다(768Ⅱ).

동시이행(同時履行)**의 항변**(抗辯) 〔羅〕 exceptio non adimpleti contractus 〔獨〕 Einrede des nicht erfüllten Vertrages 〔佛〕 exception tirée de l'inexécution 雙務契約에 있어서 당사자의 일방이 상대방이 채무의 이행을 제공할 때까지 자기의 債務의 履行을 거절할 수 있는 것(民 536). 매매에 있어서 매도인은 매수인이 대금을 제공할 때까지 목적물의 인도를 거절할 수 있고, 또 매수인은 매도인이 목적물을 인도할 때까지 대금의 지급을 거절할 수 있다는 것과 같은 것이다. 쌍무계약에 있어서는 쌍방의 채무가 대가의 관계에 서 있으므로 공평을 기하기 위하여 이것이 인정된 것이며, 이 점에서 留置權과 유사한 성질을 가진다. 다만 일방의 당사자가 먼저 이행하여야 할 특약이 있는 경우에는 동시이행의 항변권이 배제된다. 그러나 이 때에도 상대방의 이행이 곤란한 현저한 사유가 있을 때에는 동시이행의 항변을 할 수 있다(536Ⅰ但·Ⅱ). 만일 자기의 辨濟를 제공하지 않고 상대방의 이행을 訴求했을 때 상대방이 동시이행의 항변을 제출한 경우에는 원고의 패소가 되지 않고 相換履行判決(피고는 원고의 변제와 상환으로 변제하라는 취지의 一部勝訴의 판결)을 하게 된다. 다만 이 抗辯權을 가지고 있으면서도 이를 주장하지 않으면 피고는 패소한다. 동시이행의 항변의 효력으로는 履行期를 徒過하더라도 履行遲滯로 되지 않고, 解除權이 발생하지 않는 것이 중요하다. 繼續的 供給契約에 있어서의 동시이행의 항변에 관해서는 그 항목을 보라.

동시제출주의(同時提出主義) 〔獨〕 Eventualmaxime 민사소송에 있어서 당사자가 소송자료를 모두 동시에 제출할 것을 요구하는 주의. 隨時提出主義는 이에 대한다. 이 주의는 당사자의 책임을 가중시키고 또 소송자료를 쓸데 없이 복잡하게 하며 시기에 늦은 소송자료의 제출을 무제한하게 배제하는 결과, 진실발견에 적합치 않다고 하여 현대의 각국의 법은 원칙으로 이를 채택치 않고 있다. 우리나라에서도 수시제출주의가 원칙이다(民訴 136, 예외 505).

동시존재(同時存在)**의 원칙**(原則) 相續開始 당시, 피상속인의 사망과 동시에 상속인의 존재를 요하는 원칙, 태아에 관하여도 의제된다(民 1000Ⅲ).

동(東)**유럽우호상호원조조약**(友好相互援助條約) 바르샤바조약 또는 동유럽제국의 安全保障條約이라고도 한다. 舊敵國에 관한 국제연합헌장 56조 2항의 규정에 의거, 서독의 재무장에 대항하려는 군사동맹조약. 소련을 중심으로 하여 1955년 5월 폴란드의 수도 바르샤바에서 체결되었다. 締約國은 소련·폴란드·동독·헝가리·루마니아·불가리아·알바니아·체코슬로바키아의 8개국이며, 중국을 업저버로 참석시켰다. 이 조약은 무력공격을 받았을 때의 공동방어의무를 비롯하여 경제·문화관계의 발전조치를 강구하려는 것이다. 條約에의 가입은 국가사회제도에 관계없이 환영하며 효력은 20년. 그러나 효력기간중이라도 소련이 1954년 세계에 대하여 제안한 바있는 유럽安全保障體制가 확립되면 효력을 상실한다고 규정하고 있다. 최고기관인 政治諮問理事會를 두고 통일군사령부를 설치하여 초대사령관으로 구소련의 코네프(Konev)를 임명하였으며, 그 밑에 각국참모본부의 상주대표로서 구성되는 통일참모부를 모스크바에 설치하였다. →지역적 안전보장, 북대서양조약기구

동 의(同意) 〔獨〕 Zustimmung, Einwilligung [1] 다른 사람의 행위에 認許 내지 시인의 의사표시. 즉 行爲者單獨의 행위만으로서는 완전한 효과가 발생할 수 없는 경우는 이것을 보완하는 타인의 의사표시이다. 좁은 뜻으로는 사후에 행하여지는 追認에 대하는 개념으로 쓰여지기도 한다. 일정한 사람의 동의를 요하게 되어 있는 경우는 여러 법률에 있어서 매우 많이 인정되고 있는데(예 : 憲 86, 民 5Ⅰ·10·42Ⅰ·78, 136·801·808·835·871, 商 204·731, 民訴 239·382, 刑訴 351·354 등), 이러한 경우에 同意를 얻지 않고 한 행위는 취소할 수 있든가 혹은 효력이 생기지 않는다. 그러나 이와는 달리, 일정한 자의 동의가 없는 것이 완전한 法律效果를 발생하는 요건으로 되는 경우도 있다. 예컨대, 一方配偶者의 일정한 행위가 이혼원인으로 되기 위하여서는 他方配偶者의 동의가 없음을 요하는 경우와 같은 것이 그것이다(民 841), 동의의 방법, 특히 사후에 동의를 하더라도 좋으냐 어떠냐는 일률적으로 결정할 수 없다. 그리고 승낙·승인·허가 등도 동의와 같은 뜻으로 쓰여지는 때가 있다.

[2] 공법상으로도 승인과 같은 뜻으로 사용될 때도 있고, 또는 雙方的 行政行爲나 공법상의 계약에 있어서의 상대방인 당사자의 합의의 뜻으로 사용되며 일반적으로 行爲의 有效要件 또는 成立要件이 된다.

동 의(動議) 합의체에 있어서 그 구성원으로부터 발의되는 사항을 널리 동의라고 하며, 국회에 있어서의 議案修正의 동의는 동의자 외 1인 이

상의 찬성으로 의제가 되는 바, 본회의나 위원회에서 의제로 채택되기 전에는 언제나 철회할 수 있다(國會 89, 90). 飜案의 動議를 함에는 본회의에 있어서는 의안발의자가 찬성자 3분의 2 이상의 동의로, 위원회에 있어서는 위원의 동의로 하여야 하며 그 의결에는 출석자 3분의 2 이상의 찬성으로 한다(91).

동의살인죄(同意殺人罪) 사람의 촉탁 또는 승낙을 받아 그를 살해하는 죄(刑 252Ⅰ). 피해자의 촉탁·승낙, 즉 동의가 있다는 점에서 보통살인(250Ⅰ)보다 형이 감경된다. 객체인 사람은 타인인데, 죽음이 무엇인가를 이해할 수 있어야 한다. 따라서 이러한 능력이 없는 年少者나 精神病者는 본죄의 객체가 될 수 없다. 촉탁을 받는다는 것은 이미 죽음을 결의한 피해자로부터 그 실행을 위탁받는 것을 말하며, 가해자는 피해자의 촉탁을 받아서 비로소 殺害의 決意를 하였음을 요한다. 촉탁은 明示的일 뿐만 아니라, 일시적 기분이나 酩酊狀態에서 나온 것이 아닌 피해자의 眞意에 합치하는 진지한 것임을 요한다. 승낙을 받는다는 것은 이미 살해의 의사를 가진 자가 피해자의 동의를 얻는 것을 말한다. 승낙은 반드시 명시적임을 요하지 않으나, 피해자의 진의에 합치하는 것이어야 하고 또 행위시에 있음을 요한다. 본죄에 있어서의 촉탁·승낙은 하자없는 자유로운 의사결정에서 나온 것임을 요하며, 僞計·僞力에 의한 것인 경우에는 僞計 등에 의한 囑託殺人罪(253)에 해당한다. →안락사

동일노동·동일임금(同一勞動·同一賃金) 〔英〕 equal pay for equal work 質과 量이 같은 노동의 급부에 대하여는 동일액의 임금을 지급해야 한다는 원칙. 특정의 기업내의 동일노동에 대하여 남녀의 구별, 연령, 勤續年數의 장단 등에 따라 임금액을 달리하는데 대하여 그 표준화를 요구하기 위하여 주장되기도 하지만, 널리 사회적으로 보아 산업간 또는 기업간의 임금격차의 불합리함을 공격하기 위하여 주장되기도 하는 원칙이다. 그러나 法制的인 의미에서는 주로 남녀간의 임금격차를 시정하기 위하여 주장된다. 우리나라에서는 근로기준법 5조에서 이것을 규정하고 있다. →균등처우

동일의제(同一議題) 동일의제라 함은 의장 또는 위원장이 意思日程에 의하여 심의의 대상으로 한 안건이나 질문의 범위를 정한 제목을 말한다. 여러 개의 의안을 일괄하여 심의할 때에는 여러 개의 안이 한 의제가 되는 것이다. 의제라 함은 넓은 뜻으로 의사의 대상이 된 案件의 題目이라는 설과, 좁은 뜻으로 의결의 대상 또는 의결을 요하는 토의대상이라는 두 가지 설이 있으나, 일반적으로 전자의 의미로 해석된다. 따라서 좁은 뜻의 개념으로 볼 때에는 선거, 보고, 질문, 시정연설 등은 그 자체가 의결의 대상이 되지 아니하므로 의제에 포함되지 아니하나, 넓은 뜻의 개념으로 볼 때에는 이들도 의제에 포함되는 것으로 해석된다. 통상 개개의 의제별로 의사를 진행하게 되나 다음과 같은 경우에는 예외적으로 동일의제로 일괄심의하게 된다. ① 동종 또는 관련성이 있는 안건을 일괄의제로 하여 併合審議하는 경우, ② 제출자가 동일인으로서 수개의 안건에 대한 提案理由의 설명을 능률적으로 하기 위한 경우(질문·토론·표결은 각각 따로 한다), ③ 수정안의 경우에는 原案과 동시에 심의하여야 하므로 별개로 다루지 아니한다. 동일의제와 관련한 국회법상의 규정으로는 委員의 發言(60), 발언횟수의 제한(103), 發言原則(104) 등이 있다.

동적 안전·정적 안전(動的安全·靜的安全) 사회의 經濟去來에 있어서는 거래를 하는 사람과 그 거래의 밖에 서는 사람과의 이해가 서로 충돌하는 수가 있게 된다. 예컨대 갑의 소유물을 보관하고 있는 을이 그 물건이 자기의 것이라고 말하면서 병에게 매각하거나, 또는 갑의 대리인 을이 그의 代理權의 범위를 벗어난 거래를 병과의 사이에서 함으로써 갑에게 손해를 준 경우에 갑의 이익을 보호하려면 을·병 사이의 行爲의 效力을 부정하는 수밖에 없고, 반대로 병의 이익을 보호하려면 갑의 이익을 해하게 된다. 이러한 경우에 상당한 주의를 하면서 거래하는 자의 지위가 보호되는 것을 動的 安全(〔佛〕 sécurit dynamique)이라고 말하고, 거래에 참여하지 않은 자가 자기의 의사에 기하지 않고는 손해를 받지 않게 되는 것을 靜的安全(〔佛〕 sécurit statique)이라고 한다. 법률의 이상은 양자를 타협시키는데 있지만 그 타협점은 시대에 따라서, 또는 거래의 종류에 따라서, 저마다 다르다. 근대법은 본래는 정적 안전을 주로 하였으나, 자본주의가 발달하여 오면서 재화의 유통에 있어서 그 신속과 안전이 요구되는 재산법의 영역에서는 동적인 안전이 점점 존중되게 되었다. 表見代理·善意取得·公信의 原則과 같은 것이 인정되는 것도 이러한 경향의 표현이라고 말할 수 있다. →표현대리, 선의취득, 공신의 원칙

동정(同情)**스트라이크** 〔英〕 sympathetic strike 〔獨〕 Sympathiestreik 노동조합 등의 근로자의 단체가 자기의 사용자와의 사이에 하등의 다툼이 존재하지 않는데도 불구하고, 다른 사업장 또는 직업·산업에 있어서 동맹파업 중에 있는 다른 근로자단체를 지원해서 행하는 동맹파업. 이와 같은

파업의 형태는 노동조합과 사용자와의 사이에 직접적이며 구체적 대립관계가 존재하지 않고, 따라서 파업의 대상이 된 사용자가 노동조합의 요구에 응할 수가 없는 것이라고 하는 이유로 정당한 爭議行爲라고는 볼 수 없으며, 각국에서도 위법시되는 경향이 있다. 그러나 지원된 쟁의행위의 성공은 자기가 속하는 기업의 근로조건의 유지향상이 기대되는 한에 있어서는, 법률상 정당한 쟁의행위라고 하는 설도 있다. →정치스트라이크

동족회사(同族會社) 〔英〕 family company or corporation 〔獨〕 Familiengesellschaft 親族·使用人 등 특수한 관계가 있는 사람만으로 그 株式 또는 持分의 대다수를 소유하는 회사. 동족회사라는 명칭도 상법상의 용어는 아니나, 課稅의 기준으로서 稅法上에는 쓰여진다. 동족회사로는 합명회사·합자회사가 많이 이용되나, 위험부담을 제한하기 위하여 주식회사·유한회사도 이용된다.

동지(同地)**어음·이지**(異地)**어음** 지급지와 발행지가 동일한 어음을 同地어음(〔獨〕 Platzwechsel)라 하고, 지급지와 발행지가 동일하지 않은 어음을 異地어음(〔獨〕 Distanzwechsel) 또는 遠距離어음이라 한다. 연혁적으로는 지급지와 발행지와의 사이에 隔地性이 요구되고 있었으나, 어음법은 이것을 요건으로 하지 아니한다.

동지지급(同地支給)**어음·타지지급**(他地支給)**어음** 지급지가 지급인의 주소지와 같은 어음을 동지지급어음, 양자가 다른 어음을 타지지급어음이라고 한다. 타지지급어음에 있어서는 발행인은 인수를 위한 제시를 금지하는 문구를 기재할 수 없다(어음 22Ⅱ但). 同地어음과 동지지급어음, 他地어음과 타지지급어음, 他地支給어음과 他所支給어음(第三者方支給어음)과 혼동해서는 안된다.

동칙주의(同則主義) 국제사법상 동산·부동산의 구별없이 이에 관한 物權關係를 동일한 준거법, 즉 목적물의 所在地法에 의하는 것으로 하자는 주의. 動産·不動産統一主義라고도 한다. 異則主義 또는 動産·不動産區別主義에 대한 용어이다. 우리나라 涉外私法은 12조에서 동칙주의를 채용하고 있다. 동칙주의는 첫째 동산·부동산의 구별은 법률상의 구별이므로 각국의 법률에 따라서 반드시 동일하지 않기 때문에 국제사법상 그것을 구별하여 각각 다른 準據法에 의하게 한다는 것이 용이하지 않다는 점, 둘째 주소를 달리 하는 자가 동산에 관한 권리를 다투는 경우 또는 주소를 달리하는 자가 동산을 공동소유하는 경우 등에는 적용할 住所地法의 결정에 관하여 많은 곤란이 일어난다는 점, 셋째 동산의 종류가 증가하고 그 중요성이 상승한 오늘날의 경제상태하에서는 동산의 소재지와 소유자의 주소가 일치하지 않는 것이 보통이며, 또 소유자의 주소가 반드시 固定性을 가지는 것이라고 할 수 없기 때문에 동산에 관한 物權關係에 소유자의 주소지법을 적용한다면 거래의 안전을 害하고, 일반거래의 원활을 방해할 염려가 있다는 점 등에 비추어, 각국의 입법·학설·판례 등은 거의 다 동칙주의를 지지하고 있다.

동행명령(同行命令) 법원이 필요한 때에 지정한 장소에 피고인 또는 증인의 동행을 명하는 裁判(刑訴 79, 166Ⅰ). 증인이 정당한 사유없이 동행을 거부하는 때에는 拘引할 수 있다(166Ⅱ). →출석명령

동행영장(同行令狀) 少年保護事件에 있어서, 소년부 판사는 사건의 調査·審理에 필요하다고 인정할 때에는 기일을 정하여 본인·보호자 또는 참고인을 소환할 수 있는데, 이들이 정당한 이유없이 이 소환에 응하지 아니하는 경우에 발하는 영장. 동행영장은 판사만이 발행할 수 있다. 동행영장은 형사소송법의 구속영장에 상당하며, 자유를 구속하는 것이므로 그 기재요건은 엄격하게 규정되어 있다. 긴급한 조치가 필요한 경우에는 소환없이 緊急同行令狀을 발할 수 있다. 동행영장을 집행한 때에는 지체없이 보호자 또는 보조인에게 통지하여야 한다(少 13~16).

둠즈데이 북 〔英〕 Domesday Book 윌리암土地調査書. 영국왕 윌리암1세(정복왕)는 국민의 擔稅力을 알기 위하여 전국에 위원을 파견하여 토지조사를 하였는데, 그 보고가 모여져서 1086년 본서의 성립을 보았다. 본서는 일종의 土地調査書·國勢調査書이며, 이에 의해서 王室財政의 기초가 명백히 되었다. 당시의 사회적·경제적 상황의 기술도 있기 때문에 이것은 중세영국사의 귀중한 자료로 되고 있다.

듀 프로세스 어브 로 〔英〕 due process of law →정당한 법의 절차

드라고우주의(主義) 〔英〕 Drago Doctrine 〔佛〕 Doctrine de Drago 계약상의 채무를 회수하기 위하여 국가가 병력을 사용하여서는 안된다는 주의. 이것을 강력히 주장한 아르헨티나의 외상 드라고우(Luis M. Drago)의 이름을 딴 것. 19세기중 라틴아메리카제국의 公共債 기타의 계약상의 債務不支給에 대한 유럽제국이나 미국의 병력사용에 반대한 라틴아메리카제국이 채용한 것. 아르헨티나

의 국제법학자 깔보(Carlos Calvo)가 지지하였으므로 깔보주의라고도 불리워졌다. 이것을 국제법의 규칙으로서 채용한 것은 1907년의 헤이그 제2평화회의에서의 契約上의 債務回收를 위한 兵力使用의 제한에 관한 조약이다. → 깔보조항, 계약상의 채무회수를 위한 병력사용의 제한에 관한 조약

드라고우 · 포터협약(協約) 〔英〕 Drago-Porter Convention 〔獨〕 Drago-Porter Konvention 〔佛〕 Convention de Drago-Porter 계약상의 채무회수를 위한 병력사용의 제한에 관한 조약과 같다.

드라곤법전(法典) 〔英〕 Code of Draco 〔獨〕 Gesetzbuch des Drakon 〔佛〕 Code de Dracon 아테네의 立法者 드라곤이 기원전 7세기 후반에 民衆의 요망에 기하여 제정한 그리스 최초의 成文法. 辯論家 데마데스(Demades)가 드라곤의 법은 피로써 쓰여졌다고 하였을 정도로 가혹한 것이었으며, 플타르코스(Plutarchos)에 의하면, 거의 모든 犯罪에 대하여 사형을 과하였다고 한다. 殺人犯人을 사형에 처하는 규정 이외는 얼마 안되어 솔론의 입법에 의하여 폐지되었다. 오늘날에는 그 내용에 관하여는 후세의 저작을 통하여 立法 · 國家制度 · 刑法에 관한 것을 간접적 · 단편적으로 알 수 있을 뿐이다.

득 상(得喪) 私法關係에 있어서 물건의 取得과 喪失을 말한다(民 186, 188). → 물권변동

등가설(等價說) → 인과관계

등급선거(等級選擧) 〔獨〕 ungleiches Wahlsystem 制限選擧와는 달리 各人에 대하여 그의 選擧權 그 자체를 부인하려는 것이 아니라, 각인의 선거권을 인정하면서 선거인의 투표의 가치에 차등을 두는 것인 바, 平等選擧에 대한 것이다. 그러나 그 실질적인 면에서 본다면 일종의 制限選擧임에는 틀림없다. 등급선거는 그 구체적인 방법에 따라서 複數投票制(Pluralwahlrecht)와 等級別投票制(Klassenwahlrecht)로 구분할 수 있다. 복수투표제는 선거인의 재산 · 교육정도 · 사회적 신분 · 연령 등에 따라 1人1票主義에 의하는 것이 아니라, 1인 2표 또는 3표와 같이 복수의 투표권을 인정하는 것이다. 等級別投票制는 선거인의 재산 · 교육정도 · 사회적 신분 · 연령 등에 따라 계급제로 선거를 하게 하는 것이다. 등급선거는 민주주의의 정신에 반하므로 민주주의의 발달과 더불어 소멸하고 말았다.

등 기(登記) 〔英〕 registration 〔獨〕 Eintragung 〔佛〕 transcription, inscription 등기관이 登記簿라고 불리우는 일종의 公簿에 일정한 사항을 기재하는 것, 또는 그 기재 자체. 去來關係에 서게 되는 제3자에 대하여 그 권리의 내용을 명백히 알도록 하고, 뜻하지 않은 손해를 입지 않도록 하기 위한 제도로서 거래의 안전을 보호하는데 중요한 기능을 가진다. 우리나라의 등기에는 ① 부동산등기 · 선박등기 · 공장재단등기 등 권리의 등기, ② 부부재산계약의 등기와 같은 財産歸屬의 등기, ③ 상업등기 · 법인등기 등 權利主體의 등기가 있다. 등기라고 하면, 그저 부동산등기만을 가리키는 수도 있다. 등기의 효력에 관해서는 등기로써 그저 일정한 사항을 제3자에게 주장할 적에 對抗要件으로 하는 것(對抗要件主義, 구민법과 프랑스민법의 부동산등기가 그 예)과, 일정한 사항의 효력발생요건으로 하는 것(成立要件主義 또는 效力發生要件主義, 우리 민법의 부동산등기나 상법상의 회사설립등기가 그 예)이 있다. 등기가 진실과 다른 경우에도, 그것을 신뢰하고 거래한 제3자가 보호되는 것으로 하는 것(→ 공신의 원칙)이 있는데, 우리나라에서는 그것이 인정되지 않는다.

등기관(登記官) 등기소에서 등기사무를 처리하는 공무원. 등기사무는 法院과 大法院規則으로 설치되는 등기소가 이를 관장하며(法組 2, 3), 법원행정처의 소관이다(19). 등기관은 지방법원 · 동지원과 등기소에 근무하는 법원의 서기관 · 법원사무관 · 법원주사 또는 법원주사보 중에서 地方法院長이 지정한 자가 된다(不登 12). 직무의 성질이 엄정하기를 요하는 만큼 일정한 신분관계가 있는 登記申請事件에는 參與人을 두어야 한다는 특수한 절차를 거쳐야 한다(13). 등기관이 고의 또는 과실로 부당한 처분을 하여 신청인 기타의 私人에게 손해를 가한 경우에 등기관에 관한 特別賠償責任規定은 없고, 국가배상법의 규정에 의한 책임이 생길 뿐이다(國賠 2Ⅰ).

등기권리자 · 등기의무자(登記權利者 · 登記義務者) 등기를 함으로써 등기부상 권리를 취득하거나 또는 그 권리가 증대되는 자를 등기권리자, 등기를 함으로써 등기부상 권리를 상실하거나 또는 그 권리가 감축되는 자를 등기의무자라고 한다. 부동산의 買受人 · 抵當權者 등은 전자의 예이며, 부동산의 賣渡人 · 抵當權設定者 등은 후자의 예이다. 등기는 이 두 사람이 공동신청인으로 하는 것이 원칙이며(不登 28), 등기권리자는 등기의무자에 대하여 登記請求權을 가진다.

등기능력(登記能力)있는 권리(權利) 등기법의 규정에 의하여 등기를 할 수 있는 권리. 부

동산등기에는 所有權·地上權·地役權·傳貰權·抵當權·權利質權·賃借權의 등기가 있고(不登 2), 그 외에 不動産還買權의 등기가 인정되고 있다(43). 占有權·留置權 등의 등기능력이 없는 권리는 부동산 위에 성립하는 경우에도 등기를 할 수 없다. 그것은 이 두 권리는 占有라는 사실이 계속되는 한에서만 인정되고, 점유를 떠나 등기에 의하여 표상될 수 있는 抽象的 權利가 아니기 때문이다. 前記 각 권리 외에, 각 권리의 설정·이전·변경 또는 소멸의 청구권을 보전하려고 할 때 및 이러한 청구권이 始期附 또는 停止條件附 기타 장래에 있어서 확정될 것인 때에는 가등기를 할 수 있다(3). 특별법의 규정에 의하여 등기능력이 있는 권리로 공장재단저당권(工抵 3)·광업재단저당권(鑛抵 5) 등이 있다.

등기부(登記簿) 등기를 하는 公的 帳簿. 등기소에 비치한다. 여러가지 있는데, 특히 중요한 것은 부동산등기부로서, 이에는 土地登記簿와 建物登記簿와의 두 가지가 있고(不登 14Ⅰ), 一筆의 토지 또는 一棟의 건물마다 등기용지를 하나씩 사용한다(15Ⅰ)(一不動産一登記用紙主義의 또는 物的編成主義). 각 등기용지는 表題部(부동산의 표시), 甲區欄(所有權), 乙區欄(所有權 이외의 권리)의 3부로 이루어진다(16). 등기부는 접수한 순으로 편철하게 되어 있다(5Ⅱ참조). 그러나 이것은 실제에는 불편하므로 地番 또는 家屋番號의 순으로 편철할 수 있도록 바인더식으로 개편하여야 한다고 주장하는 이도 있다.

등기부취득시효(登記簿取得時效) → 취득시효기간

등기선·비등기선(登記船·非登記船) 등기한 선박이 등기선. 선박은 등기하여야 한다(船舶法 8). 그러나 선박을 등기할 수 있기 위하여는 총톤수 20톤 이상이어야 한다(商 745, 船舶登記法 2). 선박에 관한 權利移轉의 대항요건으로서 船舶國籍證書에의 기재와 더불어 등기가 필요하며(商 743), 船舶賃貸借도 등기를 함으로써 제3자에 대한 대항력이 생기고(765Ⅱ), 등기선은 저당권의 목적으로도 할 수 있다(871Ⅰ). 다만 등기한 선박은 質權의 목적으로는 하지 못한다(873). 또 등기선박에 대한 强制執行은 부동산의 강제경매에 관한 규정에 의하여야 한다(民訴 678). 이와 같이 등기한 선박은 부동산의 경우와 유사한 법률상의 취급을 받고 있다. 이에 대하여 총톤수 20톤 미만의 선박들을 비등기선이라 한다. → 선박등기

등기소(登記所) 등기사무를 담당하는 국가기관. 등기할 권리의 목적인 부동산의 소재지를 관할하는 지방법원, 동지원 또는 등기소가 管轄登記所이며(不登 7Ⅰ), 그 관할구역은 행정구획을 기준으로 하여 정해져 있고, 원칙적으로 그 구역내에 존재하는 부동산에 관해서만 등기사무를 행할 권한이 있지만, 부동산이 여러 등기소의 관할구역에 걸쳐 있을 때에는, 그 각 등기소를 관할하는 상급법원의 장의 지정을 기다려서 관할등기소를 정한다(7Ⅱ).

등기신청권(登記申請權) 등기관에 대하여 등기를 신청할 수 있는 권리. 登記權利者와 登記義務者는 모두 등기신청권이 있으나, 이 관념이 특히 의미를 가지는 것은 등기권리자가 단독으로 등기신청을 할 수 있는 경우인 점에서 등기신청권과 구별되고 또 등기관이라는 국가기관에 대한 일종의 公法上의 權利인 점에서도 私法上의 權利인 등기청구권과 다르다. → 등기청구권

등기신청주의(登記申請主義) 등기는 법률에 다른 규정이 있는 경우를 제외하고 당사자의 신청 또는 관공서의 촉탁이 없으면 이를 하지 못한다는 주의. 囑託에 의한 登記의 節次에 대하여는 법률에 다른 규정이 있는 경우를 제외하고는 신청으로 인한 등기에 관한 규정을 준용한다(不登 27).

등기우편(登記郵便) 郵便特殊取扱制度의 하나로서, 그 인수로부터 배달에 이르기까지의 경로를 명백히 하기 위하여 필요한 기록을 하는 제도(郵 18). 小包郵便物의 취급은 등기로 하며, 통상우편도 등기로 할 수 있다(郵便規則 19Ⅱ, 129).

등기원인(登記原因) 등기를 할 원인이 되는 사실. 매매·증여·시효취득·전세권 또는 저당권의 설정계약(創設的 登記의 경우), 등기의 誤記·계약의 무효·상속·토지의 멸실(訂正的 登記의 경우) 등이 그 예이다. 등기를 신청할 때에는 등기원인을 증명하는 서면(예 : 檢印契約書, 抵當權設定契約書)을 첨부함을 요하고(不登 40), 등기부에도 등기원인을 기재한다(57).

등기(登記)의 공신력(公信力) 어떤 부동산등기를 신뢰하여 거래한 자가 있는 경우에, 비록 그 등기가 진실한 권리관계에 합치하지 않는 것이더라도 그 자의 신뢰가 보호되는 등기의 효력을 말하는 것이다. 公信의 原則을 인정하면 物權去來의 안전은 보호되는 반면, 진정한 권리자는 旣得의 권리를 박탈당하게 된다. 따라서 공신의 원칙은 動的安全·靜的 安全 중, 어느 쪽을 보호하여야 할 것인가를 검토하여 전자가 중요시되는 경우에 한해 인정될 수 있다. 공신의 원칙을 채용함에 있어서는

권리를 잃게 되는 진정한 권리자의 보호를 고려해야 한다. 특히 부동산등기에 공신력을 주는 경우에는 不當利得返還請求權(民 741 이하)이나 不法行爲에 기한 損害賠償請求權(民 750 이하)에 의한 보호 이외에 다음과 같은 것이 고려될 수 있다. 즉 ① 되도록 無權利者의 등기가 행해지지 않도록 예방적 조치를 하는 것이다. 이를 위하여서는 등기부를 정비하고, 등기절차를 신중히 하며, 또한 등기관에게 당사자 사이의 실질적 관계까지도 심사하는 권한을 주는 것(實質的 審査主義)이 검토될 수 있겠다. ② 권리를 잃은 진정한 권리자에게 보상을 해주는 사후적 조치를 강구하는 것이다. 補償基金을 마련하여 보상하는 방법이 생각될 수 있다. 독일민법의 경우에는 명문으로 등기의 공신력이 인정되어 있으나(獨逸民法 1138), 우리 민법은 이를 인정하지 않고 있다. 다수의 학자들이 등기의 공신력 인정을 입법론으로 제시하고 있는데, 이를 받아들이기 위해서는 앞에서 말한 보호조치가 선행되어야 할 것이다. 우리 민법상 등기의 공신력은 인정되지 않기 때문에, 예컨대, A가 B소유의 부동산을 자기의 소유명의로 등기한 후, 이를 C에게 매도하고 登記移轉을 한 경우에, C가 비록 A명의로 되어 있던 등기를 신뢰하였더라도 그(C)는 권리를 취득하지 못한다.

등기의무자(登記義務者) → 등기권리자 · 등기의무자

등기저당(登記抵當) → 보전저당 · 유통저당

등기청구권(登記請求權) 등기권리자가 등기의무자에 대하여 등기의 신청에 협력할 것을 청구하는 권리. 등기는 양 당사자의 공동신청으로 하는 것이 원칙이므로 등기청구권이 없다면, 등기제도는 실효를 거둘 수 없다. 등기청구권은 등기권리자와 등기의무자가 공동으로 등기신청을 하여야 할 경우에 필요한 것인 점에서, 登記權利者가 단독으로 신청할 수 있는 경우에 특히 의미를 가지는 登記申請權과 구별된다. 그 발생원인과 성질에 관하여는 학설이 나뉘어 있다. 즉, 訂正的 登記에 있어서의 등기청구권은 물권의 효력으로서 발생하는 일종의 物權的 請求權이라고 설명하는 것이 다수설이나, 創設的 登記의 경우에는 원인행위인 債權行爲의 효력으로 생기는 것으로서 채권적 성질을 가진 권리라는 견해와 物權的 期待權의 효력으로서 생기는 물권적 성질을 가진 권리라는 견해가 대립되고 있다. 그리고 民法 621조는 부동산임차인은 당사자간에 반대약정이 없으면 임대인에 대하여 그 賃貸借登記節次에 협력할 것을 청구할 수 있다고 규정하고 있다.

등기필증(登記畢證) 등기소에서 교부하는 登記完了의 증명서(不登 67). 등기를 신청할 때에 제출한 등기원인을 증명하는 서면 또는 신청서의 부본에 등기필의 취지 기타 일정한 사항을 기재하고 登記所印을 押捺하여 등기권리자에게 교부하는 것이다. 이것을 가지고 있는 자는 권리자라는 추측을 받게 되는 만큼 權利證이라고도 하며, 이 권리에 관하여 다음에 등기를 할 경우에는, 이 등기필증을 제출하여야 한다(40)(→보증서). 단순한 증명서에 지나지 않지만, 실제로는 이것에 등기의 委任狀을 붙여서 부동산의 매매 · 담보가 행하여지는 것이 보통이다.

등 대(燈臺) → 항로표지

등대료(燈臺料) 선박이 등대가 세워져 있는 海上을 통과할 경우에 그 건축비 및 수선비를 분담하기 위하여 납부하는 요금(商 706iii).

등 록(登錄) 〔英〕 registration 〔獨〕 Registrierung 〔佛〕 enregistrement [1] 일정한 사실 또는 법률관계를 행정청 등에 비치되어 있는 公簿에 기재하는 것. 넓은 뜻으로는 등기를 포함하나(登錄稅法), 등록은 다음과 같은 점에서 등기와 다르다. 첫째로, 등기는 등기소에 비치되어 있는 등기부에 등기하여 행하는데 비하여, 등록은 행정청 등에 비치되어 있는 공부에 등록하여 행한다. 둘째로, 등기는 권리의 效力發生要件인데 비하여, 등록은 ① 특허권 · 의장권 · 실용신안권 등의 공업소유권 등록 · 상표권의 이전 및 승계의 등록(特許 87, 意匠法 39, 實用新案法 21 I, 商標法 41), 자동차저당 · 항공기저당의 등록(自抵 4, 航抵 5)과 같이 권리의 효력발생요건인 것, ② 저작권의 讓渡 · 入質 등의 등록(著作 52), 어업권 · 상표의 通常使用權移轉의 등록과 같이 제3자에의 대항요건인 것(水産 16, 商標 58), ③ 의사 · 수의사 · 변리사의 등록(醫 11 I, 獸醫師法 6, 辨理士法 5)과 같이 면허의 방법인 것, ④ 자동차 · 선박 · 항공기의 등록(自動車管理法 5, 船舶法 8, 航空法 3)과 같이 일정한 행위(예 : 운행 등)를 하기 위한 요건인 것 등 여러가지 기능을 가진다.

[2] 국제법상 조약의 등록은 國際聯盟規約, 이어서, 국제연합헌장에 의하여 설정된 제도로서, 헌장이 효력을 발생한 후에 국제연합가맹국이 체결한 모든 조약 또는 국제협정은 될 수 있으면 속히 사무국에 등록하고, 또 사무국에 의하여 공표되지 않으면 안된다. 등록되지 아니한 전기의 조약 또는 국제협정의 당사국은 국제연합의 어떠한 기관에 있

어서도 그것을 원용할 수 없다(國際聯合憲章 102)라고 하고 있는 것. 등록의 제도는 秘密外交·秘密條約을 배척하려는 취지에서 생겼다. 가맹국은 장래 체결되는 일체의 조약을 가맹국간의 것뿐만 아니라 가맹국과 비가맹국간의 것을 포함시켜 등록하지 않으면 안된다. 조약의 변경·갱신·폐지·가입도 그러하다. 국가간의 새로운 합의가 아닌 것(국가나 정부의 승인, 기간만료에 의한 조약의 소멸)은 등록할 필요가 없다. 등록의 효과는 국제연맹규약의 경우는 조약의 效力發生要件으로 되었으나, 국제연합헌장에서는 등록하지 않으면 그 조약을 국제연합의 기관(국제연합 이외에서는 그렇지 않다)에서 援用할 수 없다.

등록기관(登錄機關) 〔英〕 registrar [1] 회사가 발행하는 株券에 관한 기록을 작성·보존하는 기관. 주권의 초과발행 또는 동일주식에 대한 주권의 二重發行을 방지하여 주권의 信用을 보전하고 주식의 유통을 보장하기 위한 것이다. 이 제도는 名義改書代理人(transfer agent)에 의한 株券發行에 대응하여 미국법상 인정되는 것으로서 우리 상법에는 채택되지 아니하였으나, 일본에서는 1950년 상법개정시에 이 제도를 채택하였다.

[2] 登錄社債의 등록을 취급하는 기관.

등록상표(登錄商標) 〔英〕 registered trade mark 〔獨〕 eingetragene Schutzmarke 등록된 상표. 국내에서 상표를 시용하는 자 또는 사용하고자 하는 자는 일정한 사유가 있는 때 외에는 자기의 상표를 등록할 수 있다(商標法 3). 상표의 등록에 의하여 商標權이 발생한다(41). 상표권의 移轉 및 承繼는 등록에 의하여 효력을 발생한다(56). →상표, 상표권

등록세(登錄稅) 등록세는 재산권 기타 권리의 변동에 관한 사항을 公簿에 등기 또는 등록하는 자에게 부과하는 조세. 납세의무자는 등기 또는 등록을 신청을 하는 자이며, 納稅地는 지방세법 125조의 각호의 구분에 의하여 등기 또는 등록일 현재 등기 또는 등록할 재산의 소재지나 등기 또는 등록자의 소재지·해당 사무소 또는 영업소 등의 소재지를 관할하는 도에서 부과한다. 課稅標準(地稅 130), 稅率(131~149), 申告納付(150의2), 부족세액의 추징 및 加算稅(151), 등기자료의 통보(151의2)가 규정되어 있다.

등록의장(登錄意匠) 의장법에 의하여 등록을 받은 의장(意匠法 2ⅱ). 등록의장은 의장 登錄主가 이를 10년간 전용하는 권리를 가지며 이를 침해하는 자는 의장법에 의하여 처벌되고, 또 손해배상의 책임을 진다(82, 62 이하).

등록주식(登錄株式) 〔英〕 registered stocks 주식을 발행하지 않고 회사가 비치한 讓渡狀에 讓受人이 중개인의 증명으로 서명함으로써 주식의 소유가 성립하는 주식을 말한다.

등록질(登錄質) 〔獨〕 Registerpfand [1] 일반적으로 목적물을 인도하지 않고 특수의 장부(登錄簿)에 등록함으로써 설정되는 질권. 그 법률적 성질은 抵當權과 다름없다. 저작권·특허권 등의 無體財産權上의 질권은 이에 속하고, 記名社債, 記名株式上의 질권도 동일한 성질을 가진다. 그러나, 목적물을 인도하고 질권을 설정할 수 있는 것(특히 動産)에 관해서 인도하지 않고 이것을 담보화하는 경우에, 이 제도는 특수한 의미를 가진다. 이른바 動産抵當이라는 것이 그것이다. 이것을 抵當權이라고 하지 않고 등록질이라고 하는 것은 저당권이 주로 부동산에 한하여 사용되는 명칭이라는 데에 있다.

[2] 특히 記名株式의 등록질은 질권자를 株主名簿 및 株券에 표시한 入質이다. 略式質에 있어서는 物上代位의 보호가 불충분하고, 이익배당을 받을 수 없어, 질권자의 지위가 불리하므로 그 지위를 강화하기 위하여 인정한 것. 질권설정자의 청구에 의하여 질권자의 성명이 주주명부·주권에 기재되는데, 이러한 표시가 있으면 질권자는 회사로부터 利益配當, 殘餘財産의 분배, 物上代位에 의한 금전의 지급을 받아 우선적으로 변제에 충당할 수 있다(商 340Ⅰ). 질권의 목적인 채권의 변제기가 질권자의 채권의 변제기보다 먼저 도래한 때에는 質權者는 회사로 하여금 그 변제금액을 공탁하게 할 수 있으며, 질권은 그 공탁금 위에 존재한다(340Ⅱ, 民 353Ⅲ). 또 등록질권자는 주식의 消却·倂合·轉換·準備金의 資本轉入에 의하여, 종전의 주주가 받게 되는 주식에 대한 주권의 교부를 회사에 대하여 청구할 수 있다(340Ⅲ). 등록질의 취소는 질권설정자와 질권자와의 連記名으로 청구하여야 한다.

등 본(謄本) 〔英〕 copy 〔獨〕 Abschrift 〔佛〕 copie 문서의 원본의 내용을 동일한 문자·부호로써 전부 완전하게 轉寫한 서면으로, 원본의 내용을 증명하기 위하여 작성된다. 戶籍謄本(戶 12), 登記簿謄本(不登 21), 公正證書謄本(公證 50), 어음謄本(어음 67, 68), 訴訟記錄의 등본(民訴 151), 文書의 등본(326) 등과 같다. 공무원이 직무상 작성하고, 원본과 相違없다고 하는 뜻의 증명을 붙인 認證謄本과 그렇지 않은 것이 있다.

등부선·부등부선(登簿船·不登簿船)

등부선은 선박등기와 선박등록을 할 수 있고, 또 하여야 할 선박. 총톤수 20톤 이상의 선박으로서 端舟 또는 주로 櫓櫂로 운전하는 선박을 제외한 것. 등부선의 소유자는 등기를 한 다음 선적항을 관할하는 해운관청에 비치한 船舶原簿에 등록을 하여야 하며, 이 등록이 있을 때에는 해운관청으로부터 船舶國籍證書의 교부를 받는다(商 743·745, 船舶法 8). 부등부선은 선박등기와 선박등록을 할 수 없는 선박. 20톤 미만의 선박과 端舟 또는 주로 櫓櫂로 운전하는 선박이 이에 해당하며(商 745·743·741, 船舶法 26), 등부선은 선박국적증서에 의하여 선박의 국적이 증명되는데 대하여 이 부등부선은 선적증서에 의하여 국적이 증명된다(船籍證書令 1, 2).

등족국가(等族國家) 〔獨〕 Ständestaat 두 가지 뜻이 있다. 하나는 等族統制下에 있는 국가로서 중세기의 길드 국가가 그 전형이다. 또 하나는 등족을 통제하는 국가로서 파시즘의 組織國家나 나치스의 職業身分國家와 같은 것.

등족적 군주정(等族的君主政) 〔獨〕 ständische Monarchie 制限君主制의 하나. 군주가 정치, 특히 조세의 부과에 있어서 신분대표자로서의 等族會議의 제재를 받는 정치제도. 17세기 독일에서 행해졌다.

등족회의(等族會議) →삼부회

디게스따 〔羅〕 Digesta 學說彙纂. 會典이라고도 부른다. 로마法大全의 일부. →로마법대전

디 드 〔英〕 deed 捺印證書. 영미법상 署名(미국에서는 엄격하게 요구하지 않는다)·捺印되고, 또 인도된 증서. 引渡(delivery)라 함은 그 증서의 효력을 발생시키는 뜻의 의사표시. 다른 문서와는 방식뿐만 아니라 효력에 있어서도 相違하다. 어떤 종류의 법률행위, 특히 거의 모든 부동산의 讓渡·賃貸借에 있어서는 불가결한 것이다. 債務證書(bond), 대리권수여에 있어서도 항상 捺印證書가 작성된다. 계약이 날인증서에 기재된 경우에는 約因(콘시더레이션)을 요하지 않고 유효로 하는 것이 원칙이다. 따라서, 날인계약상의 권리를 주장하는 자는 그 계약에 관하여 約因의 존재를 입증함을 요하지 않는다. 미국의 약 반수의 州는 制定法으로써 날인의 위와 같은 효력을 폐지하고 약간의 주는 그 효력에 변경을 가하였다.

디스트레스 〔英〕 distress 영미법상 인정하는 自救的인 動産의 押留. 법률상의 절차에 의하지 않고 賃料支給의 채무이행, 손해배상의 만족을 강제하기 위하여 가해지며, 의무자가 점유한 동산을 압류하는 것을 말한다.

딕다또르 〔羅〕 dictator 都統(獨裁官). 로마共和政期에 전쟁·내란 또는 특정의 의식에 즈음하여 元老院(세나뚜스)의 지명에 기하여 執政官(꼰술)에 의하여 임명되는 非常置의 政務官(마기스뜨라뚜스)이며, 최고의 임뻬리움을 보유하였으나, 이 임뻬리움의 내용은 점차 제한되고, 제2차포에니전쟁 이후에는 사실상 都統은 설치되지 않았다. 후에 술라(Sulla), 케사르(Caesar)의 대에 무기한의 독재관인 都統이 출현하였으나 케사르의 사후 都統의 制는 법률상 엄금되었다.

딘스트레히트 〔獨〕 Dienstrecht 家人勤務法. 중세 독일에 있어서 국가 또는 귀족에 종속하는 非自由人인 家人(Dienstmannen, Ministrialen)과 그 主君과의 사이의 주종관계를 규율한 법. 11세기 이래 이 법을 기록한 것이 나타났다. 이것은 특히 教會領主의 경우에 많았으며, 예컨대 밤베르크교회의 家人勤務法(Bamberger Dienstrecht), 퀼른교회의 家人勤務法(Kölner Dienstrecht) 등이 이것이다.

딜리버리 오더 〔英〕 delivery order 하도지시서와 같다.

떼오도시우스법전(法典) 〔羅〕 Codex Theodosianus 동로마의 떼오도시우스 2세(408~450)에 의한 欽定勅法의 彙纂. 帝는 435년에 立法委員會(위원의 수는 16명)를 설치하여, 꼰스딴띠누스帝로부터 떼오도시우스帝 자신에 이르기까지, 연대적으로는 313년에서 437년에 이르기까지의, 일반법인 칙법 중 실용가치있는 것(총수 약 3000)을 편찬케 하였다. 438년 Codex Theodosianus의 명칭으로 공포되고, 서로마의 왈렌띠니아누스帝에 의해서도 공포되어, 439년초부터 동서 양 로마에서 시행되었다. 16권으로 이루어져 있으며, 장으로 구분되어, 각장에는 發布의 연대순으로 同種事項을 정하는 勅法을 배치하였다. 이 법전은 대부분은 사본으로 직접 전하여지며, 일부(반쯤)는 서고트의 로마人法典에 採錄되어 알려지고 있다. 公法的 規定이 많고, 私法的 規定은 비교적 적다.

또바르주의(主義) 〔英〕 Tobar Doctrine 혁명, 쿠데타 등 헌법에 위반하여 중앙정부를 倒壞시키고 성립한 사실상의 정부는 승인하지 않으며 合憲的 節次에 의하여 국가원수가 선출될 때까지 승인을 부여해서는 안된다는 주의. 1907년 에콰도르의 외무장관인 또바르(Tobar)가 政府承認의 요

건으로 憲法上의 正統性을 주장한 데서 비롯하였다. 당시 라틴아메리카에 빈발하였던 내란을 방지하자는데 목적이 있었으며 1907년 중미 5개국간의 조약에서 채택. 미국의 윌슨대통령은 自國權益의 안정화를 위하여 이 不承認政策을 채용한 바 있다. 1923년 중미제국의 修好條約은 승인의 요건을 한층 엄격하게 하였으나 내란은 여전히 빈발하고 국교의 정상화만 곤란케 될 뿐이었으므로 1930년 멕시코의 외무장관인 에스뜨라다(Estrada)는 實效主義에로의 복귀를 주창하기에 이르렀다. 1931년 미국의 국무장관 스팀슨(Stimson)도 헌법상의 正統性主義 抛棄를 선언하였다. → 정부의 승인, 에스뜨라다주의, 혁명, 쿠데타

뜨리에스뜨자유지역(自由地域) 〔英〕 the Free Territory of Trieste 〔佛〕 territoire libre de Trieste 뜨리에스뜨는 아드리아해 북부연안에 있고, 이탈리아와 유고슬라비아의 중간에 위치하는 지역으로, 제2차대전까지는 이탈리아령이었는데, 1919년의 이탈리아平和條約에 의하여, 이탈리아의 主權을 떠나는 동시에 어느 국가에도 合併되지 않고, 특히 자유지역으로 된 곳이다. 領土·獨立을 안전보장이사회가 보장하는 비무장·중립지역으로, 스스로 헌법 이하의 여러 제도·통치기관을 갖춘 대단히 특수한 國際的 統治地域이다. 그러나, 미·소의 대립에 의하여, 그 특수한 통치는 행하여 짐에 이르지 못하였다. 1954년에 이탈리아와 유고슬라비아 사이에 분할되고 말았다.

ㄹ

라 가 〔羅〕 laga 法(law)의 古語

라버인정션 〔英〕 labor injunction 영미법상 勞動爭議에 있어서 발생되는 인정션. 기업권의 일종을 財産權이라고 보는 입장에서 이를 옹호하기 위하여 쟁의행위를 금지함을 명하는 법원의 명령. 이 명령에 위반하면 법정모독으로 즉시 처벌된다.

라이벨 〔英〕 libel 文書名譽毁損. 書面·像·繪畵 등 영구적인 방법에 의한 데퍼메이션. 實害의 증명없이 불법행위로 된다. 또한 범죄로도 될 수 있다.

라이프니츠식 계산법(計算法) 〔獨〕 Leibnitzsche Methode 無利子期限附債權의 기한이 아직 도래하지 않는 시기에 있어서 그 현재가액을 산정하는 방법의 일종. 소요의 現在價額에 대하여 현재 이후 변제기에 이르기까지의 法定利子를 가한 액이 名義額과 같도록 하여 산정한다. 이 이자의 계산에 複利法을 사용하는 점에서, 單利法에 의한 호프만식계산법과 다르다. 채권의 名義額을 S, 변제기한까지의 연수를 n, 법정이율을 i라고 하면, 현재의 채권의 가액 P는 $P=s/(1+i)^n$의 식에 의한다. 호프만식보다는 정확하지만 계산이 복잡하기 때문에 일반적으로는 사용되지 않는다.

라인강(江) 〔英〕 the Rhine 〔獨〕 der Rhein 〔佛〕 de Rhin 중요한 국제하천의 하나. 그 국제제도는 빈會議最終議政書(1815)에 의하여 개시되어 마인츠조약(1831), 만하임조약(1898), 베르사이유강화조약(1919) 등에 의해 점차적으로 완성되었다. 국제제도의 실행기관에는 라인중앙위원회가 있다. → 국제하천

라테라노조약(條約) 바티칸교황청과 이탈리아 사이에 체결되어 다른 나라의 인정으로 바티칸市國家가 사실상 永世中立國이 된 조약을 말한다. → 바티칸시국

라틴아메리카부전조약(不戰條約) 불침략 및 조정에 관한 부전조약과 같다.

란트법(法) 〔獨〕 Landrecht 獨逸法制史上 란트법이라고 하는 것은 프랑크시대의 屬人的인 部族法이 중세 屬地的인 地方法으로 전환한 것으로서 이것은 독일 전국에 통용하는 帝國法(Reichsrecht)에 대하여는 지방법인 동시에 都市法이나 封建法·莊園法(→ 호프레히트) 등의 특별한 지역이나 법률관계에 관하여 통용되는 특별법에 대하여는 일반법·보통법인 성질을 가진다. 원래 慣習法으로서 발전되었는데 작센슈피겔 등의 중세法律書에 기록되어 있다.

란트샤프트 〔獨〕 Landschaft 독일법상, 일정지역의 토지소유자를 구성원으로 하는 조합(→ 게노센샤프트)으로서 公法人. 보통 土地金融組合이라 번역된다. 조합원은 抵當債權의 발행을 받아, 이것을 매각하여 자금을 입수한다. 18세기말의 舊란트샤프트는 귀족의 옹호를 목적으로 하였으나, 전세기중엽 이래의 新란트샤프트는 도시의 抵當銀行(Hypothekenbank)과 함께 농촌의 부동산금융에 큰 역할을 한다.

러시아민법(民法) → 소련민법

러시아헌법(憲法) → 소련헌법

러시아형법(刑法) → 소련형법

런던선언(宣言) 〔英〕 Declaration of London 〔獨〕 Londoner Deklaration 〔佛〕 Déclaration de Londre 海戰法規에 관한 선언으로 1908년~1909년에 걸친 런던海戰法規會議에서 채택된 條約(1909년 2월 26일). 참가국은 당시의 중요 해군국인 영국·미국·프랑스·독일·이탈리아·러시아·오스트리아·헝가리·일본·스위스·네덜란드 등

10개국이며, 서명뿐 비준을 얻지 못하여 발효하지 못하였으나 내용의 대부분은 종래의 慣習法規를 성문화시킨 것으로 제1차대전 및 그 후의 전쟁에서도 실제로 이에 준한 바 많다. 내용은 중립관계의 해전법규가 많고 封鎖·戰時禁制品·軍事的 幇助·被捕獲中立船의 파괴·國旗移轉·敵性·護送 등을 포함하였다. → 봉쇄, 몰수, 적성, 포획

런던약관(約款) 〔英〕 London clause 해상보험에서 이용되는 特擔分損不擔保의 약관에 보통 부과되는 약관. 이로써 보험자는 선박의 침몰·화재·좌초·충돌로 말미암은 손해에 대하여 單獨海損이라 하더라도 전보의 책임을 진다.

런던해군제한회의(海軍制限會議) 런던해군회의, 런던海軍軍縮會議라고도 한다. 해군의 제한에 관한 국제회의로서, 런던에서 누차 열렸지만, 가장 유명한 것은 1930년에 열린 것이다. 참가국은 영국·미국·일본·프랑스·이탈리아의 5국. 워싱턴海軍制限會議의 계속으로서, 거기에서 미성공에 그친 보조함(순양함·구축함·잠수함) 등의 제한을 목적으로 하였다. 프랑스와 이탈리아는 중도에서 탈퇴하고 결국 영국·미국·일본의 삼국간에 보조함의 제한조약이 체결되었다. 워싱턴해군제한조약의 보충적인 것으로, 1936년말까지 유효하였는데, 일본의 워싱턴해군제한조약 폐기로 효력을 상실하였다.

레갈리엔 〔獨〕 Regalien 〔羅〕 regalia, iura regalia [1] 유럽중세의 국왕이 가지고 있었던 여러 권리, 즉 특정한 領域(無主의 土地·河川·森林·道路·鑛山·市場·狩獵·漁獲·鑄貨·關稅·商人이나 外國人 등의 保護·募兵·裁判 등)에 관하여 배타적인 特權(통상 수익을 올리는 것을 내용으로 한다)을 주장한다는 의미에서 각종의 高權(nutzbare Hoheitsrechte)이 12세기 이래 레갈리엔이라고 총칭되었다. 이 레갈리엔의 성질은 공법상의 統治權的 要素와 사법상의 財産權的 要素를 포장하고 있는 국왕의 家産的 權利이다. 이러한 성질의 권리는 근세의 絶對主義國家에 있어서도 왕권의 중요한 기초를 이루었으나, 근대제국에 있어서는 혹은 폐지되고 혹은 변질되어 소멸하였다. 이하 레갈리엔이 특별한 발전을 이룬 독일에 관하여 논술하려 한다. 독일에서는 중세 이래 敎俗諸候나 도시가, 혹은 국왕의 明示的 委讓에 의하여 혹은 사실상의 행사에 의하여 이미 레갈리엔을 획득하였으나, 그 후 領邦主權의 발전에 따라 領邦君主는 레갈리엔을 오로지 자기의 수중에 집중시켜, 이것을 스스로 행사하거나 또는 私人에 양도하여 행사시켰다. 18세기 독일의 法律家·官房財政學者는 레갈리엔에 관한 이론을 발전시켰는데, 그 때 그들은 한편으로 황제와 다른 한편으로 等族會議에 대항하여 領邦君主의 領邦支配權을 확립하고 또한 領邦의 재원을 강화하기 위하여, 레갈리엔의 성립영역을 학설상 될 수 있는 대로 확대하려고 하였다. 다른 한편, 중세말이래 주권의 관념이 발전한 결과, 벌써 16세기의 법률가는 레갈리엔을 개념상 高級레갈리엔(regalia maiora, regalia essentialia)(통치권의 본질적 구성요소를 이루는 讓渡不能의 레갈리엔, 예컨대 裁判레갈)과, 低級레갈리엔(regalia minora, regalia accidentialia)(보통은 주권자에 귀속하는 것으로서, 그것을 私人에게 양도하는 것이 가능한 財産權的 性格이 강한 레갈리엔, 예컨대 鑛業레갈)의 2종으로 나누었었는데, 이 이론은 18세기에 이르러는 지배적 학설로 되어, 프로이센보통국법도 레갈리엔을 우선 이 두 가지로 나누는 원칙을 채용하였다. 그러나 그 후 公權力의 작용과 私法的인 여러 권능과의 구별이 명확하게 의식되게 되어, 레갈리엔이라는 개념은 국가의 高權과는 분리되어, 레갈리엔이라는 말은 오로지 특정의 재물을 배타적으로 취득하거나 또는 특정의 기업을 배타적으로 영위하는 것을 내용으로 하는 국가의 권리만을 지칭하게 되었다. 이러한 의미의 레갈리엔 중의 어떤 것은 독일民法典에 있어서도 존치되었는데(獨民施行法 73), 바이마르헌법은 이러한 권리로서 사인의 수중에 있는 것은 곧 국가에 이양할 것을 규정하였다. 현대의 독일민법학상 말하여지는 레갈리엔이라 함은 공법의 규정에 의하여 국가에 歸屬된, 私法的 내용을 가지는 여러 權利(鑛業·鹽採取·埋藏物·渡船 등에 관한 레갈리엔, 후술하는 체신·조폐 등에 관한 권리는 포함되지 않는다)를 지칭한다. 현대의 公法學내지 財政學에서는 일반적으로 레갈리엔이라는 개념은 어떤 의미에서든 사용되지 않고 있는데, 특히 국가의 재정상의 필요에서 행하여지는 전매에 대하여, 공익의 필요에서 행하여지는 公企業을 국가의 레갈리엔(遞信레갈·造幣레갈)이라고 주장하는 학자도 있다.

[2] 중세에 있어서의 특별한 用例로서, 레갈리엔이라는 말은 ① 교회의 聖職(spiritualia)에 대하여 국왕으로부터 교회에 부여된 世俗的인 權利(regalia)를 의미하며, 혹은 ② 司敎空位의 경우에 국왕이 교회재산을 수익하는 權利(Regalienrecht)를 지칭하는 경우가 있다.

레게스 로마노룸 〔羅〕 leges Romanorum → 로마인 법전

레게스 바르바로움 〔羅〕 leges barbarorum → 게르만부족법, 부족법전

레귤러 웨이 〔英〕 regular way 보통거래와 같다.

레기스 악치오 〔羅〕 legis actio 법률소송

레닌헌법(憲法) 1918년의 소련 헌법. 레닌이 基礎委員의 직에 있었던 관계로 이 명칭이 생겼다.

레스 뿌블리까 〔羅〕 res publica 로마법상 ① 국가 또는 공공단체의 소유에 속하는 물건, ② 국가 · 도시 · 공공단체를 의미한다.

ㄹ

레이시오 데시덴디 〔羅〕·〔英〕 ratio decidendi 判決理由. 영미법상 재판관이 사건의 판단에 즈음하여 說述한 의견 중에서, 그 사건의 판결의 기초로 된 부분을 말한다. 판례 중에서 先決例로서 구속력을 갖는 것은 판결에 도달함에 필요불가결한 기초로 된 이 부분에 한한다. 즉 재판소가 중요한 사실이라고 인정한 사실에 기한 결론이 레이시오 데시덴디이며, 법원이 중요한 사실로 인정하지 않은 사실에 기한 재판소의 결론은 모두 오비터 딕텀으로서 취급되지 않으면 안된다. → 선례구속력의 원칙

레이 빈디까치오 〔羅〕 rei vindicatio 所有物回收訴權. 고전시대의 로마법에서는 이 對物訴權(악치오 인 렘)에 의하여 현재 占有하지 않는 市民法(유스 끼빌레)상의 所有者(후대에는 일반적으로 소유자)가 權原없이 현재 점유하는 非所有者(후대에는 현재 점유하지 않더라도 악의로 점유를 그만 두거나 또는 악의로 應訴한 자를 포함한다)에 대하여 所有權의 확인과, 목적물의 반환 또는 그 대가의 지급, 반환에 관한 담보의 제공(후대에는 집행관에 의한 목적물 자체의 강제반환이 인정되었다), 원고가 점유하고 있었더라면 취득하였을 이익의 반환, 피고가 입힌 손해의 배상을 청구할 수 있었다. → 소유물반환청구권

레쳅툼 〔羅〕 receptum 레쳅툼의 責任(receptumhaftung)을 말한다. 海陸의 운송인 · 여관의 주인 등이 받은 운송물 또는 손님의 휴대품의 멸실 · 훼손에 관하여 受領(receptum)이 있었다는 사실에 기하여 법률상 당연히 부담하는 결과책임. 로마법 이래 인정된 것인데 후에 손상이 불가항력, 임치물 자체의 하자, 자연의 소모, 여객 혹은 送荷人 자신의 과실로 인한 경우에만 그 책임의 예외를 인정했는바 그 내용은 근대법에 계승되었다. 우리나라 상법상으로는 공중접객업의 거래에 있어서만 공중접객업자의 책임(152), 고가물에 대한 책임(153), 공중접객업자의 책임의 시효(154)를 규정하고 있다.

레테르 상품(商品) 商標商品을 말하는 것으로 레테르 상품의 특징은 ① 특정한 마크와 독자의 용기와 포장을 가지고 있다. ② 언제나 품질이 일정하다는 것. ③ 광고에 의하여 소비자에게 그 효능, 그 용도가 알려지고 있는 것 따위. 우리나라의 경우는 상표법에 의하여 여러가지 법적 규제가 구성되고 있다. 흔히 의약품, 화장품, 식료품의 분야에 있어서 흔히 볼 수 있다. 남의 상표의 盜用은 엄금한다(商標法 93 참조).

레퍼렌덤 〔英〕·〔佛〕 referendum 〔獨〕 Referendum, Volksabstimmung 헌법상 제도화되어 있는 憲法規範的인 것으로 국민이 일정한 중요사항을 직접 투표로써 최종적으로 확정하는 國民表決制이다. 이에는 여러 유형이 있다. ① 憲法案에 대한 레퍼렌덤(Verfassungsreferendum)과 法律案에 대한 레퍼렌덤(Gesetzesreferendum)이 있다. 전자는 헌법안을 국민투표에 회부하여 최종적으로 확정하는 것을 말하고, 후자는 법률안에 대하여 국민의 의사를 직접 묻는 것을 말한다. 레퍼렌덤에는 ② 반드시 국민표결에 붙여야 하는 必須的 레퍼렌덤과 국민투표에 붙이는 것이 강제되지 아니하는 任意的 레퍼렌덤 등이 있다. → 헌법개정, 국민투표, 리콜, 플레비지트

레히츠샤인 〔獨〕 Rechtsschein → 외관주의

렉 스 〔羅〕 lex(舊 leges) 로마법상 보통법률, 즉 전국민에 대하여 영속적인 구속력을 가지는 法規範(lex publica)을 의미한다. 이 의미의 렉스는 본래 ① 管轄政務官(마기스뜨라뚜스)의 제안에 기한 民會(꼬미띠아) 또는 平民會(concilia plebis)의 의결, 즉 議決法(lex rogata), ② 또는 그와 같은 의결로써 입법을 위임받은 政務官 내지 元老院(세나뚜스)이 발포하는 명령, 즉 委任法(lex data)의 양자를 의미하였는데, 帝政期에는 ③ 元老院議決(세나뚜스 꼰술뚬), ④ 황제의 입법권이 확립된 다음에는 황제가 발포하는 勅法(꼰스띠뚜치오)을 의미하게 되었으며, 제정후기에는 ⑤ 레게스(leges, lex의 복수)라는 말이 學說法(→ 유스)에 대하는 의미에서 특히 칙법을 가리키는 말로 사용되었다. 그 밖에 렉스는 市民法(유스 끼빌레)의 규정 더욱이 成文法, 法典, 教義 또는 宗規의 뜻으로도 사용되었다.

렉스 두오데낌 따불라룸 〔羅〕 lex duodecim tabularum →십이표법

렉스 리부아리아 〔羅〕 lex Ribuaria 게르만部族法 내지 部族法典의 하나. 프랑크부족에 속하는 리부아리아인의 법 또는 동법의 법전. 이 법전의 성립연대는 불명확(학자의 견해는 630년 내지 750년 사이를 갈팡질팡하고 있다). 법전의 일부분은 렉스 살리까의 개정판이다.

렉스 미누스 꾸암 뻬르펙따 〔羅〕 lex minus quam perfecta 未完全法律 →렉스 뻬르펙따

렉스 바유와리오룸 〔羅〕 lex Baiuwariorum 게르만部族法 내지 部族法典의 하나. 바이에른人의 법 또는 동법의 법전. 이 법전의 성립은 太公 Odilo의 시대(741~744)이다. 알라만人의 部族法典(lex Alamannorum, 710~720)과 자매법의 관계에 있다.

렉스 뻬르펙따 〔羅〕 lex perfecta 完全法律. 로마고전시대의 법학자의 이론에 의하면, 법률(렉스)은 違反行爲에 대한 제재여하에 따라, ① 完全法律, ② 未完全法律(lex minus quam perfecta), ③ 不完全法律(lex imperfecta)의 3종으로 나누어진다. ①에서는 위반행위는 무효이고, ②에서는 위반행위는 무효는 아니지만, 벌금 기타의 제재가 가하여지고, ③에서는 위반행위는 유효하고 제재도 가하여지지 않는다.

렉스 살리까 〔羅〕 lex Salica 게르만部族法 내지 部族法典의 하나. 부족법전 중 最古의 것이고 가장 유명한 대표적인 것이다. 프랑크부족에 속하는 살리人의 법 또는 동법의 법전. 이 법전의 기본 텍스트가 성립한 것은 프랑크왕 클로트비히(클로비스)의 말년(508~511)으로 추정된다. 부족법 중에서 게르만固有法의 요소를 가장 많이 보유하고, 로마법의 영향을 가장 적게 받았으며, 다른 부족법에 많은 영향을 주었다.

렉스 임뻬르펙따 〔羅〕 lex imperfecta 不完全法律. →렉스 뻬르펙따

로까르노조약(條約) 〔英〕 Locarno Treaties 〔獨〕 Vertäge von Locarno 〔佛〕 Traités de Locarno 1925년 10월 16일 스위스의 로까르노에서 체결된 조약으로서, 하나의 相互保障條約과 네개의 裁判調停條約으로 구성된다. 전자는 독일·프랑스·벨기에·영국·이탈리아의 5국간에 체결되어 베르사이유講和條約에 기한 영토의 현상유지와 라인 沿岸의 무장해제의 존중, 독일과 프랑스, 독일과 벨기에간의 상호공격·침입·전쟁의 避止, 이들 제국간의 모든 분쟁의 國際裁判, 또는 國際調整에의 부탁, 타국에 의하여 이상의 규정의 위반행위를 받은 국가에 대한 타조약당사국의 원조 등을 약속하였다. 후자는 어떤 것이나 법률적 분쟁을 국제재판에, 기타의 분쟁을 국제조정에 붙일 것을 정하였다. 로까르노조약은 敵對的인 독·불관계를 합리적으로 해결하여 유럽평화에 중요한 의미를 가졌다. 그 후 독일에 나치스정권이 성립하여 차차 평화와 협조에 반하는 정책을 채택함에 이르러, 1936년 3월에는 로까르노조약 중 相互保障條約을 파기했다.

로까르노중재재판조약(仲裁裁判條約) →로까르노조약

로드해법(海法) 로드海法이라는 명칭을 가진 것으로 2종이 있다. ① 學說彙纂 중의 投荷에 관한 로드海法(lex Rhodia de iactu). 고대에 있어서 상거래의 중심이었던 그리스식민지 로드도의 海法이 共和政末의 로마에 繼受된 것. ② 로드人의 海法, 이른바 僞로드海法(pseudorhodisches Seerecht). 8세기에 비잔틴제국의 해법을 이름 높은 로드도의 해법에 假託하여 편찬한 것. 후자, 즉 위로드해법은 중세의 組合式小規模海上企業을 규율한 것으로서 수많은 중세법에 영향을 주었고, 남부 이탈리아에서는 비잔틴제국 몰락 후에도 효력을 유지하였다.

로투스호(號)**사건**(事件) 〔英〕 Lotus Case 〔獨〕 Lotusfall 〔佛〕 affaire du Lotus 1926년 8월 2일 프랑스의 우편선 로투스호와 터키의 석탄선 보즈 쿠르트호가 공해상에서 충돌. 보즈 쿠르트호가 침몰되고 선원 8명이 익사. 그 후에 로투스호가 터키항에 입항하자 선원을 체포하고 재판하여 유죄를 언도하므로 프랑스가 裁判管轄의 移讓을 주장하면서 常設國際司法裁判所에 제소한 사건. 1926년 10월 12일에는 양국간의 재판부탁에 관한 특별협정이 체결되어 소송이 개시되었다. 재판관할권은 국제법원칙에 따라 결정될 것임을 명시한 로잔느협정 15조에 관하여, 프랑스는 터키에게 관할권을 가질 수 있는 國際法原則을 제시하라고 주장하는 반면에, 터키는 국제법원칙에 저촉되지 않으므로 관할권을 가질 수 있다고 주장하였다. 또한 프랑스는 주장하기를 公海上에서 발생한 모든 사건은 선박의 旗國에 專屬管轄權이 있으며 선박충돌사건의 관할권은 가해선의 기국에 있다고 하였다. 그러나 프랑스는 專屬管轄權을 주장하면서 擧證責任을 다하지 못하였고 선례의 태도도 통일된 바 없으므로 판사의 의견은 처음 可否同數가 되었다. 재판장의 決定投票

(casting vote)에 의하여 터키가 승소하였다(1927년 9월 7일 판결). 동 판결문에서 재판소는 국외에서 발생한 사건을 自國裁判所가 관할함을 금지한 국제법규가 없고 공해상에서의 선박충돌사건은 양 선적국에 재판관할권이 있다는 이유로 터키의 행위를 인정했다. 로투스호 사건 이후의 경향을 보면 선박충돌에 있어 피해국의 관할권은 부인되고 加害國에만 관할권을 인정하고 있다. 이는 로투스호사건의 원칙을 부인하는 것이다.

로마교황(敎皇) 〔羅〕 Pontifex maximus 〔英〕 pope 〔獨〕 Papst 〔佛〕 pape, papa 로마가톨릭교회의 최고의 首長. 지상에 있어서의 그리스도의 대리자로서 성베드로의 후계자라고 하며, 속칭 法王이라고도 부른다. 바티칸市國의 元首. 樞機卿(cardinal) 72명 중에서 선출되며 終身職이다. 지상에 있는 모든 가톨릭교회에 대한 최고 敎政權과 裁判權을 가지고 있으며, 국제법상의 주권을 가진다. 교황의 주권은 종교상의 권력을 본질로 하므로, 영토의 유무는 묻지 않는다(예 : 1870년 이탈리아군에 의한 점령중에도, 국제법상의 취급에는 변화가 없었다). 1929년 라테라노조약에 의하여, 바티칸市國이 성립하였다. 그것은 영토·국민·국가권력을 가지지만 政治的 目的을 가지지 않는 점에서, 일반의 국가와 다르다. 국제법상의 주체로서는 外交使節의 파견과 접수 및 콘코르다트의 締結權이 인정되고 있다. 또한 교황은 초국가적인 입장에서 국제적인 정치문제 및 사상문제에 대한 精神的·道德的 指導力을 가지고 세계평화에 공헌하는 바가 크다.

로마니스텐 〔獨〕 Romanisten → 로마니스트

로마니스트 〔獨〕 Romanist ① 비잔티니스트에 대립하여, 비잔틴기의 로마법을 古典時代의 로마법의 自然的 發展으로 보는 학자. 리꼬보노(Riccobono)가 그 대표적인 인물이다(→ 비잔티니스트, 로마법). ② 게르마니스텐에 대립하여, 오로지 로마법연구에 몰두하거나 내지는 이것을 중시한 19세기의 法學硏究의 학파를 로마니스텐이라 한다. 사비니, 푸흐타, 전기의 예링 등이 이에 속한다(→ 역사법학파, 게르마니스텐).

로마법(法) 〔羅〕 ius Romanum 〔英〕 Roman law 〔獨〕 römisches Recht 〔佛〕 droit romain 로마의 建國 이래 6세기 중엽에 황제의 지위에 있던 유스티니아누스의 法典編纂에 이르기까지의 사이에 로마에서 생성·발전한 법을 보통 로마법이라고 한다. 또한 로마법이라는 말은 유스티니아누스제의 법전편찬사업에 의하여 만들어진 법을 지칭하기도 하며, 또 이러한 의미에 있어서의 로마법의 규정의 어떤 것은 그 후 중세 서구제국에 있어서 학자의 解釋硏究의 대상으로 되고, 또 실제로 적용되었으며, 따라서 또한 그 시대의 사회의 요구에 응하여 많든 적든 그 의미를 변화하면서, 특히 독일 및 프랑스의 여러 지방에 있어서 각지 고유의 법을 보충하는 普通法(게마이네스레히트)으로 사용되었는데, 이와 같이 그 의미의 變容을 받은 유스티니아누스제의 법도 역시 로마법이라는 말로써 표현된다.

[1] 제1기. 기원전 3세기 후반에 이르기까지의 로마법은 그 인근민족 기타 일반민족의 법에 비하여, 특히 자랑할 만한 특색을 가지고 있었던 것은 아니며, 농업적 1소도시국가의 家族中心主義·形式嚴格主義의 법으로서 古代諸法의 通例의 모습을 보여 주고 있으며, 이 시대의 대표적인 법원은 十二表法이다. 이것은 귀족·평민의 계급투쟁의 결실로서 영국의 마그나 카르타에 비할 수 있으며, 로마法發展史上에 있어서는, 全公法·私法의 源泉(fons omnis publici privatique iuris), 全로마法體系(corpus omnis romani iuris)로서, 후대의 법률의 기초를 쌓은 법전이다.

[2] 제2기. 로마가 기원전 201년에 포에니전쟁에서 결정적으로 승리한 것을 전기로 하여 농업사회적 도시국가에서 상업사회적 세계국가로 비약하자, 전통적인 市民法 외에, 세계적 상거래의 자유원활한 운행을 취지로 하여 外人(peregrinus)에게도 적용되는 無方式主義的인 去來法인 萬民法이 발달하였는데, 이것은 시대의 진운을 통찰하고 학설의 지침을 존중한 法務官(쁘라에또르) 기타의 政務官(마기스뜨라뚜스)의 법활동에 힘입은 것이며, 이 法務官法·名譽法은 엄격편협한 시민법을 추진·보충·개폐하여 마치 영국법사상에 있어서의 에퀴티와 같은 역할을 하였다. 이러한 발전의 배후에서 법생활의 실제에 지대한 영향을 준 법학자의 활동은 법무관법, 명예법의 형성이 차츰 부진하게 된 帝政時代에 이르러 융성을 極하였고, 새로 일어난 元老院(세나뚜스)과 황제의 입법활동(→ 세나뚜스꼰술뚬, 꼰스띠뚜치오)도 도왔으며, 이른바 法學隆盛時代·古典時代를 現出하여 로마의 세계적 법률문화의 형성에 위대한 족적을 남겼다(→ 유리스·쁘루덴치아).

[3] 제3기. 3세기 중엽에 비롯한 제국의 동서분열과 專主政의 성립후는 법학은 극도로 衰微해지고 勅法(꼰스띠뚜치오)이 유일한 法源으로 되었다. 이 이른바 비잔틴기에 있어서는, 한편으로 市民法과 名譽法의 융합과 같이 재래의 로마법이 자연적 발

전을 함과 아울러, 다른 한편에는 이것이 東部法·게르만법과 충돌 조화하고, 다시 또 기독교리·그리스사상·동부의 地勢的 條件·악화한 사회경제적 상태의 영향도 가해져서 법발전은 매우 복잡한 양상을 보여 주었다. 그 주조가 自力的·내부적·동질적·자연적 발전, 환언하면 로마고유적 요소의 우월에 있느냐, 他方的·외래적·異質的 發展, 환언하면, 그리스적·東方的·비잔틴적 요소의 우월에 있느냐는 현대학계의 하나의 큰 논쟁점이다(→비잔티니스트, 로마니스트). 유스티니아누스帝의 로마法大全은 이러한 변천까지도 포함하여 고전시대의 로마법의 전모를 잘 우리에게 전하고 있다. 로마의 법률문화는 고전시대의 법학이 형성한 法曹法을 중심으로 하는 것이며, 그 주된 영역은 민법과 이에 관련하는 민사소송법에 있다. 이러한 로마법은 한편으로 동로마에 침입하고, 다른 한편으로는 서구에 전파되었다. 서구에서는 그것은 註釋學派·後期註釋學派·復古學派·네덜란드의 實用學派·歷史法學派에 의하여 연속적으로 연구되었고, 현대에는 法文批判的 硏究(→인떼르뽈라치오)에 의한 역사적·발전적 연구와 함께 비교법적 연구가 진행되고 있다(→고대법사론). 다른 한편으로 로마법은 로마법의 繼受를 통하여 유럽제국법의 발전에 지대한 영향을 주었으며, 프랑스민법전, 독일民法第1草案과 일본민법전을 통하여 우리 민법전에도 간접적인 영향을 주고 있다.

로마법대전(法大全) 〔羅〕Corpus Iuris Civilis 유스티니아누스帝가 編纂·發布한 모든 法令을 일괄하여 총칭하는 명칭. 6세기 전반에 유스티니아누스제는 한편 그 당시 學說法이라든가 여러 勅法이 混在亂立하던 것을 통일정비하여 현실적인 요구에 응하고, 나아가서는 법이 융성을 極하였던 고전시대의 문화를 되살려 문화적 명성을 높이고자 하는 야심에서 大立法事業을 일으켰는데, 이것에는 당시의 모든 게르만의 부족국가에서 로마인법전을 편찬하였던 사실로부터의 자극도 있었다. 이 大立法事業의 성공은 당시의 꼰스딴띠노폴리스와 베뤼또스에 있었던 兩法學校에서의 법학연구의 성과를 기초로 한 것이지만, 또한 법전편찬위원 특히 뜨리보니아누스의 지대한 공헌에 힘입은 바가 크다. 로마법대전은 다음의 4부로 이루어져 있다.

[1] 學說彙纂(Digesta). 會典(Pandectae)이라고도 한다. 이것은 學說法을 집성하여 그것에 필요한 수정을 가하여 현행법으로 만들려는 목적으로 편찬된 것인데, 533년 12월 16일에 공포하여 동 30일부터 시행하였다. 주로 울삐아누스, 빠울루스, 빠삐니아누스를 비롯한, 로마에서 법학이 가장 발달하였던 古典時代(→유리스 쁘루덴치아)의 법학자의 저서에서의 발췌를 그 근간으로 하고 있다. 참조저서 2000권 300만행에서 15만행을 採錄하여 전 50권에 수록하였으며, 각 권은 30권 내지 32권을 제외하고는, 장으로 나뉘고, 各章은 다시 동일사항에 관한 규정을 모아 놓은 절로 구분되어 절 중에 법학자의 저서에서 발췌한 法文이 배열되어 있는데, 법문마다 앞머리에 원저자명·저서의 제목·권수 등을 기재하고 있다. 오늘날 고전시대의 로마법을 아는데 가장 중요한 法源을 이루고 있다.

[2] 法學提要(Institutiones). 이것은 초학자를 위한 교과서용으로 저술된 것이지만, 동시에 법률로서의 효력도 부여되어, 學說彙纂과 동일에 시행되었다. 4권으로 된 이 법전은 가이우스의 法學提要와 日用法書(res cottidianae)를 주요자료로 하였으며, 그것을 본따서 1권에서 사람에 관한 법을, 2권과 3권에서 物件에 관한 法을, 4권에서 不法行爲와 訴訟에 관한 법을 각각 여러 장에 걸쳐 조직적으로 설명하였다. 이 서술체계는 이른바 法學提要式體系 또는 로마式體系로서 후대의 私法法典編別의 본보기가 되었다.

[3] 勅法彙纂(Codex). 이것은 舊勅法彙纂(Codex vetus 529)이 그 후의 칙법의 발포, 學說彙纂·法學提要의 편찬 등으로 수정되어야 하게 되었으므로, 그것을 改訂編纂한 것인데 534년 12월 29일에 시행되었다. 하드리아누스帝의 代에서 534년까지의 勅法을 정리하여 12권에 수록하였는데, 각 권은 다시 장으로 나뉘어 章 중의 칙법은 같은 사항에 관한 것은 발포의 때를 기준으로 하여 배열하였으며 발포한 황제명과 발포년들이 부기되어 있다. 대체로 1권은 敎會에 관한 규정, 法源 및 官制, 2권 내지 8권은 私法, 9권은 刑法, 10권 내지 12권은 行政法이다.

[4] 新勅法(Novellae). 이것은 勅法彙纂을 편찬한 뒤부터 565년의 유스티니아누스의 사망에 이르기까지에 발포된 158개의 勅法을 集成한 것인데, 帝의 생전에는 일괄하여 편찬되지 않고, 私撰의 책으로 후세에 전하여지고 있었다. 그 다수는 당시의 동로마제국의 일상어였던 그리스어로 기록되어 있으며, 특히 상속에 관하여는 대단히 중요한 개혁을 하였다. 勅法彙纂後의 勅法이라는 의미에서 신칙법이라고 부른다. 이상의 네개의 법전은 고전시대 이래로 많은 변천을 겪은 로마법의 발전을 총결산한 것이며, 그 후의 로마법의 세계적 발전의 출발점을 이루었다(→로마법, 인떼르뽈라치오). 17세기에 고또프레두스(Dionysius Gothofredus)는 이 네개의 법전을 일괄하여 간행하면서, 로마法大全(Corpus Iuris Civilis)이라는 이름을 붙여, 敎會法大全(Cor-

pus Iuris Canonici)에 대립시켰다. 현대의 인용방법으로는, 學說彙纂은 D., 法學提要는 I., 勅法彙纂은 C., 新勅法은 Nov.라는 약자를 쓰고, 그 다음에 卷·章·節·法文의 번호 내지 칙법의 순서를 표시하는 숫자를 열기하는 것이 通例이다.

로마법식친등제(法式親等制) 친족의 遠近을 정립하는 제도의 일종. 直系親族 사이에 있어서는 세대수를 계산하여 촌수를 산정하고, 傍系親族 사이에 있어서는 共同始祖에서 각자에 이르는 세대수를 각각 계산하여 그 합계를 친족상호간의 촌수로 하는 방법이다. 근대법은 대개 이 주의를 채용하고 있으며, 우리나라도 고래로부터 이 방법을 채용해 왔다(民 770~772). → 촌

로마법(法)**의 계수**(繼受) 〔獨〕 Rezeption des römischen Rechts 로마법이 유럽제국의 法制로서 계수된 것. 계수의 시기 및 형태는 물론 제국이 동일하지는 않지만, 시기는 대체로 중세말로부터 근세초에 걸쳐서이며, 형태는 예컨대 독일에 있어서 로마법이 유스티니아누스帝의 로마法大全의 각 법규 내지 원칙으로서가 아니라 總體(in complexu)로서 계수된 것과 같은 것은 법의 계수의 사례로서 가장 대규모적인 것(包括的 繼受)이다. 계수된 로마법은 중세의 로마법학 특히 註釋學派를 거쳐 後期註釋學派에 의하여 실용화된 註釋附로마法이다. 계수는 예컨대 독일에서 계수된 로마법이 普通法(게마이네스 레히트)으로서 통용된 것과 같이, 제국에 있어서의 법의 통일에 이바지하였다. 계수는 중앙집권적 근세국가나 자본주의적 경제의 생성발전에 상반하는 것, 또 문예부흥이나 종교개혁과 더불어 중세말기의 精神史的 世界觀의 일환을 이루는 것, 그리고 또한 로마는 세번 세계를 통일하였다. 첫번째는 국가에 의하여, 두번째는 교회에 의하여 세번째는 로마법의 계수에 의하여(예링의 말)라고 말하여지는 것으로서, 실로 세계사적 의의를 가지는 대사건이다. 그리고 계수를 통하여 로마법적인 概念·術語·思考方法이 수용되어, 근세 및 근대의 법뿐만 아니라 법학의 위에 커다란 영향을 미쳤다. 로마법은 우리나라에도 금세기에 들어와서부터, 일본, 독일, 프랑스의 법을 통하여 간접적으로 계수되었다고 할 수 있다.

로마인법전(人法典) 〔羅〕 leges Romanorum, leges Romanae 게르만민족의 대이동후, 게르만의 각 부족은 제각기 自部族의 部族法典을 편찬하였는데, 이 부족법전은 엄격한 屬人法主義를 취하고 있어, 自部族民 이외의 사람에게는 적용되지 않았다. 따라서 로마의 遺民이 많이 남아 있는 지중해연안에 자리잡은 게르만의 부족국가에서는 자기영토내에 거주하는 로마人의 屬人法으로서 로마인에게 적용되는 로마법을 명확히 하기 위하여 로마人法典을 편찬하였다. 예컨대 서고트의 로마인법전(lex Romana Visigothorum, 일명 Breviarium Alaricianum), 부르군트의 로마인법전(lex Romana Burgundionum) 등이 그것인데, 모두 6세기 초기에 성립되었다.

로 머천트 〔英〕 Law merchant 〔羅〕 lex mercatoria 商慣習法, 商事法. 올레롱海法 기타의 유럽에 유통되고 있던 商事의 관습법체계. 영국에서는 원래 海事裁判所(Court of Admiralty)가 이것을 운영하고 있었다. 그 결과, 상사사건에 관해서는 보통법과는 다른 로마법적 색채가 강한 법이 영국에서 시행되게 되었던 것이지만, 후에 맨스필드 등의 힘에 의하여, 그 중의 많은 부분이 보통법속에 흡수·동화되게 되었다. 그 결과, 英法에서는 民商二法의 분화가 없다고 말하여지고 있다.

로비활동 압력단체의 이익에 유리한 법안의 통과와 예산의 획득, 불리한 법안이나 정책의 개폐 또는 제지를 위해 주로 立法過程에서 영향력을 행사하는 로비스트(lobbyist)의 활동을 말한다. 압력단체는 로비스트를 통해 권력 또는 의사결정에 접근하게 되는 것이며 권력있는 곳에 압력이 있게 되는 것이다. 미국에 있어서의 압력단체의 활동은 1910년경부터 의회를 중심으로 한 종래의 방법에서 탈피하여 이른바 뉴 로비의 방법을 취하게 되었다. 즉 立法府에 대한 활동과 더불어 대중에게 접근하여 유리한 여론을 형성·조작하는 한편 행정부에 대해서도 적극적인 압력작용을 행사, 그 활동대상을 확대했다. 로비스트는 하나의 직업인으로서 워싱톤 또는 주정부 소재지에 상주하여 임기의 제한을 받고 있는 의원들보다 오히려 意思規則과 法案審議過程에 대해 더 상세히 알고 있으며, 따라서 政策形成의 실질적인 추진자가 되고 있다. 로비스트는 입법에 관한 전문적인 지식과 기민한 활동력이 그 자격기준이 되고 있으므로 의원, 신문기자, 변호사, 고급공무원 출신이 대부분이다. 미국과 같이 다원화된 사회에 있어서 로비활동은 政治的 投入機能의 중요한 수단이 되고 있는 것이지만 그 활동으로서 매수, 향응, 심지어는 폭력 등의 불법행위를 병행함으로써 정치적 부패 또는 스캔들의 온상이 되고 있는 것도 사실이다. 이와 같은 부작용을 제거하기 위하여 1890년의 매사추세츠주, 1899년의 위스콘신주 등을 비롯하여 각주에서 로비스트에 대한 규제법규가 제정되었으며, 1946년에는 루즈벨트 대통령의 요망과 議會調査委員會의 권고에 따라

로비活動聯邦規制法(Federal Regulation Act)이 제정되었다. 동법률은 법안의 가결 또는 부결을 위해 어떠한 방법으로 활동하거나 영향을 미치고 그 대가로서 금전을 받는 사람 또는 집단은 모두 上·下兩院 事務局에 등록하도록 규정하고 있다. 미국에서 이 법률이 제정되었다는 것은 로비활동에 의한 정치적 부패가 법률로 규제하지 않을 수 없을 정도로 심각했다는 사실을 반영하는 것이지만, 한편 동법은 政治過程에 있어서 이익집단의 로비활동을 공인하는 효과도 지니고 있는 것이다. 우리나라에서는 아직 로비스트란 말은 널리 사용되지 않고 있으며, 일반적으로 브로커로 통용되고 있다. 로비활동이 활성화되고 정상화되기 위해서는 政策決定 또는 法律制定의 과정이 공개화·합리화되어야 하며 또한 政治的 投入이 강화되고 압력단체의 재력이 확대되어야 할 것이다.

로빙단체(團體) 프레셔 그룹과 같다.

로잔느강화조약(講和條約) 제1차대전에 있어서 연합국과 터키의 강화조약. 1923년 7월 24일 로잔느에서 영국·프랑스·이탈리아·일본·그리스·루마니아·유고슬라비아와 터키간에 서명, 1924년 8월 28일 효력발생. 政治條項·財政條項·經濟條項·交通手段 및 衛生事項·雜則의 5편 134조로 되었다.

록 아우트 〔英〕 lock-out 직장폐쇄와 같다.

록코 안(案) 〔伊〕 Progetto Rocco 이탈리아에서는 刑法改正에 있어서 1921년에 페리안이 성립하였으나 1922년의 파시스트 政變에 의하여 동 안은 폐기되고, 대신 1927년에 록코 안이 성립하였다. 同案은 록코의 직접 지휘하에 기안되었는바 페리 안의 不正한 責任 및 刑罰을 부활한 점에 특색이 있다. 1930년에 이탈리아 형법으로서 공포되었다.

론 폼 〔英〕 loan form 再保險에 있어서 재보험자가 보험금의 지급에 의하여 保險代位로서 제3자에 대하여 취득하는 권리를 元受保險者가 자기의 이름으로, 그러나 재보험자의 受託者的 地位에서 행사하는 것. 재보험자의 편의를 위하여, 권리의 귀속과 권리의 행사를 분리하는 취급을 商慣習法으로 인정한 것이다.

롬브로조의 범죄인분류(犯罪人分類) 롬브로조는 그의 犯罪人類學的 立場에서 범죄인을 生來的 犯罪人·정신병적 범죄인·類犯罪人·激情犯罪人·사이비범죄인·潛在犯罪人으로 분류하였다. 롬브로조는 이상의 범죄인유형 중 생래적 범죄인과 정신병적 범죄인은 전형적인 진짜의 범죄인이고 잠재범죄인은 犯罪人特性(예컨대 간질·발작)이 분노·알콜 등과 같은 특별한 사정하에서 뒤에 나타난 것이라고 한다. 또 類犯罪人은 生來的 犯罪人과 구별되면서 간질과 隔世遺傳에 유사점을 가진다고 한다. 그리고 激情犯罪人과 사이비범죄인은 이른바 機會犯罪人이라고 설명하고 있다.

루미놀검사(檢査) 血痕이냐 아니냐의 예비시험의 한 방법. 루미놀의 알칼리성 용액에 과산화수소를 가한 것을, 어두운 곳에서 噴霧狀으로 하여 뿌리면 청백색의 형광을 발한다. 물로 한번 씻었더라도 발광한다. 銳敏度는 1~2만배이다. 血痕 중의 헤민에 유래하지만, 혈흔이 아닌 것도 발광하는 일이 있으므로 본시험에 의한 확인이 반드시 행하여진다.

리(里) 里는 기초지방자치단체의 행정업무를 보좌하는 하급행정보조계층으로서 일반적으로 자연의 村落을 기준으로 하여 나누어져 있는데 읍·면에 둔다. 里의 명칭과 구역을 변경하거나 廢置·分合할 때에는 당해지방자치단체의 條例로 정한다(地自 4Ⅳ). 里에는 행정능률과 주민편의를 위하여 당해 지방자치단체의 조례가 정하는 바에 의하여 하나의 洞·里를 2개 이상의 동·리로 운영하거나 2개 이상의 동·리를 하나의 동·리로 운영하는 등 행정운영상 동·리를 따로 둘 수 있다(4Ⅴ). 行政里에는 당해지방자치단체의 조례가 정하는 바에 따라 그 하부조직(예：班 등)을 둘 수 있으며(4Ⅵ) 里에는 이장을 둔다.

리마조약(條約) 〔英〕 Lima Convention 〔羅〕 Abkommen von Lima 〔佛〕 Convention de Lima →리마회의

리마회의(會議) 〔英〕 Conference of Lima 〔羅〕 Konferenz von Lima 〔佛〕 Conférence de Lima 國際私法의 통일을 위하여 1878년 페루정부의 발의로 그 수도 리마에서 남미 여러 나라의 대표자가 모여 개최한 列國會議. 國際私法統一運動의 선구이다. 이 회의에서는 8장 60개조로 이루어진 조약안을 의결하고 각국의 조인을 얻었지만 결국 실시하지는 못하였다.

리베이트 〔英〕 rebate 外國換去來에는 推尋外國換 어음이 지급기일 전에 미리 지급한 경우, 기일전 지급일에서 그 기일까지의 이자를 반환하는 수가 있다. 이 返還利子를 리베이트라 일컫는다. 수출지에 있어서는 外貨어음이므로, 기일까지는 이자는 外換時勢에 맞추어 할인하고 있는 이상

先給이 생긴 경우에는 支給期日에서 기일까지의 이자를 반환할 수 있는 셈이 된다.

리부아리아법전(法典) 〔羅〕 lex Ribuaria → 렉스 리부아리아

리브리 페우도룸 〔羅〕 Libri Feudorum 롬바르트에서 작성된 封建法書로, 현재 전하여지고 있는 것은, 신성로마황제 콘라트 2세가 11세기 이탈리아에서 발포한 封建法令을 기초로 하여 이에 보수를 가하여, 13세기 중엽에 성립한 것이다. 이탈리아에서 프랑스, 독일에 繼受되어, 유럽대륙제국에 있어서의 봉건법의 공통의 중요한 法源으로 되었다.

ㄹ

리스계약(契約) 〔英〕 Leasing, Lease 〔獨〕 Leasingvertrag 動産賃貸借의 특수한 것으로 미국에서 발달하였으나, 제2차대전 후에는 유럽의 각국에서 활발하게 이용되어 급속히 발전하였으며, 오늘날 그 중요성이 현저하게 증대하고 있다. 리스契約의 객체가 되는 중요한 것으로서는 산업공작기계·사무기기·컴퓨터·의료기기 등을 들 수 있다. 리스는 비교적 기간이 긴 賃借이므로, 시간·일·주 단위의 短期의 賃借인 렌트(rent)와 구별된다. 리스의 종류에는 financial leasing(주로 금융을 그 기능으로 하는 것으로서, 리스물건의 수리·유지의 서비스가 따르지 않는다)·maintenance leasing (리스물건의 수리·유지가 따르는 것)·operating leasing(設備를 이용케 하는데 초점을 맞춰, 契約期間 중의 解止가 인정되는 것) 등이 있다. 리스는 임대차의 일종이나, 보통의 賃貸借契約에 비하여 여러 특징을 가지고 있어, 보통의 임대차에 관한 규정이 모두 적용되는 것은 아니다.

리스테이트먼트 〔美〕 restatement 미국은 영국의 보통법을 繼受는 하였으나, 각주가 獨立的 法域을 이루고 법률의 내용도 복잡하여졌으므로 美國法律協會(American Law Institute)가 그 주사업으로서 미국법의 각 부문을 條文形式으로 간단히 하여 理論的인 한 체계로 바꿔쓰려(restate)한 것으로서, 주로 현행법 중의 유력 타당한 것을 채용하여 여기에 약간의 學說的 見地에서 조정을 가하였다. 契約·不法行爲·信託·代理 등 十數部門은 이미 완성 간행되었다. 물론 법적 효력은 가지지 못하나 실제상 상당한 권위를 가지는 것이며, 새로운 미국법의 성격을 보여주는 사업이기도 하다.

리스홀드 〔英〕 leasehold 不動産의 有期利用權. 地料·家賃을 지급하고 일정기간 양수할 부동산권. 부동산의 임차권과 실질적으로 동일하다.

리얼리즘법학(法學) 〔英〕 legal realism

[1] 1930년대 미국에서 프랑크 루엘린 등에 의해 정립된 법사상으로, 사법제도의 합리화를 위해 소위 프라그마티즘법학이 法解釋의 객관성을 의심하는 規範에의 懷疑(rule skepticism)에 머문데 대하여, 사실인정의 객관성 또는 법관이나 배심원의 判決行爲(judicial behavior)에도 懷疑의 눈을 돌려, 법적 안정성을 신화에 불과하다고 주장하였다. 네오리얼리즘(neorealism)이라고도 한다.

[2] 스웨덴의 누프사라대학을 중심으로 헤게르스트림의 영향을 받은 로스 룬트슈데트, 놀리베클로나 등에 의해 정립된 법사상으로, 法規範을 사실로서 파악하고 전통적 법학의 教義學的 性格을 비판하였다. 스칸디나비안 리얼리즘법학이라고도 한다.

리얼 액션 〔英〕 real action 物的訴訟. 물건 자체의 회복을 허용하는 소송형식. 이에 반하여 人的訴訟(Personal action)에 있어서는 물건 자체의 회복은 할 수 없으며 단지 침해를 행한 사람에 대한 소송으로 손해배상을 받을 수 있음에 불과하였다. 財産法上 物的訴訟의 구제를 받을 수 있는 것이 物的財産(real property)이다. 물적소송은 보통법상 가장 옛날부터 존재한 소송으로(중세에 있어서 토지 기타의 물적재산이 중요한 재산이었던 점에서 보아 당연하다), 매우 봉건적 색채가 강하고 또한 그 審理方式도 古風이었으며, 후에 人的財産(personal property)의 일종인 定期不動産權(estate for years)에 관한 물적구제로서, ejectment(不動産回復訴訟. 동시에 불법점유에 대한 손해배상도 청구할 수 있었으므로, 이른바 混合訴訟(mixed action)의 일종)의 소송이 인정되게 되자, 물적재산도 많이 擬制的 方法을 사용하여, 이 소송에 의하여 보호하게 되어, 舊來의 물적소송은 쇠퇴하였다. 1833년에는 약간의 예외를 남기고, 물적소송은 폐지되었다.

리얼 프로퍼티·퍼스날 프로퍼티 〔英〕 real property, personal property 물적재산, 인적재산. 대체로 부동산, 동산에 해당하지만, 완전히 일치하지는 않는다. 物的財産이라 함은 권리자가 無遺言으로 사망한 경우에 그 法定相續人(heir)이 승계하는 재산이고, 人的財産이라 함은 권리자 사망의 경우에 그 유언집행자 또는 유산관리인이 일단 승계하고, 다음에 상속법의 규정에 따라 最近親(next of kin)에 분배되는 재산이다. 물적재산에서는 침탈을 받은 권리자는 物的訴訟(real action)에 의하여 항상 物件(res) 그 자체를 회복할 수 있음에 반하여, 인적재산에서는 人的訴訟(personal action)에 의하여 침해한 자(person)를 제소할 수

있음에 그쳤다고 하는 것이 물적·인적의 구별의 유래이지만, 현재에는 그 구별은 대체로 소멸하였다.

리오가니제이션 〔英〕 reorganization 곤경에 빠진 會社企業의 해체로 인한 사회적 손실을 방지하며, 나아가서는 채권자의 불이익을 최소한도로 그치게 하기 위하여 법원의 감독하에 회사를 정리하고 재조직하는 제도. 미국의 聯邦破産法이 1934년 개정(77조 B)에서 처음으로 연방법상 인정되고, 1938년의 개정(10장)에서 확립된 절차이다. 채권자에 대하여 다수결로써 양보를 강제하는 점에서 和議의 制度와 공통한 점을 가지며 회사의 정리와 다르나 회사의 유지 정리를 기도하는 점은 회사의 정리와 공통한 목적을 가진다. 會社整理法은 이 제도를 채택한다.

리우환경협약(環境協約) 1992년 6월 2일부터 14일까지 브라질의 리우데자네이로에서 175개국의 정상들이 참석한 가운데 개최된 유엔環境開發會議(UNCED)는 27개항의 리우선언과 이의 실행을 위한 구체적 지침을 담은 議題 21·氣候變化協約·生物多樣性協約·森林原則 등 5개협약에 대한 조인이 이루어졌으며, 이 중 氣候變化協約과 生物多樣性協約은 法定拘束力을 갖는 바, 우리나라도 각각 152번째·154번째로 양 협약에 서명하였다.

리 콜 〔英〕 recall 〔獨〕 Abberufung 소환과 같다.

린 치 〔英〕 lynch →사형

링 〔英〕 ring 投機業者가 상호의 경쟁을 배제하고 시장에 존재하는 일정한 상품 또는 유가증권을 買占하여 가격을 앙등시킴으로써 이익을 획득하기 위한 결합을 말한다. 대개는 민법상의 組合形態를 갖춘다. 카르텔에 유사하나 일시적인 점에 있어서 다르다.

ㅁ

마그나 카르타 〔羅〕 Magna Carta, Magna Charta 〔英〕 Great Charter 大憲章. 1215년 6월 15일, 영국 존(John)왕이 라니미드(Runnymead)에서 封建遺族들의 요구에 따라서 조인한 헌법적 문서인 勅許狀(charter). 이것은 헨리 3세(Henry Ⅲ) 9년(1225년) 및 1297년의 에드워드 1세(Edward Ⅰ) 25년에 확인된 것이다. 실질적으로는 색슨의 보통법에 기초를 둔 것이며, 전문과 63조로 구성되어 있고 교회의 자유, 租稅賦課의 제한, 通行의 자유, 재판 또는 국법에 의하지 아니하고는 身體의 자유를 침해받지 않는 권리, 抵抗權 등을 규정하여 왕으로 하여금 봉건귀족들의 諸權益을 확인하고, 이를 침해하지 않을 것을 약속하게 한 것이며, 이에 立憲制原理의 萌芽라고 할 수 있는 국민의 자유의 보장에 관한 원리를 선명하였다. 이 점에서, 마그나 카르타는 영국헌법의 원천이라 하며, 또 權利請願·權利章典과 함께 영국헌법의 聖書라 칭하기도 한다. 오늘날에 있어서는 많은 조항이 폐지되어 있으나, 아직도 현행법의 일부를 이루고 있다. 罪刑法定主義의 기원을 보통 여기에 구한다.

마기스뜨라뚜스 〔羅〕 magistratus 政務官. 꼰술, 딕따또르, 쁘라에또르, 아에딜레스·꾸룰레스, 껜소르, 護民官 등, 국민의 이름으로 임뻬리움을 행사하는 로마共和政期의 명예직인 관직인데, 그의 임뻬리움의 내용은 일찍부터 여러가지의 제한을 받고 있었다. 각종의 政務官職에 관하여 任期制(1년이 원칙)·同僚制(동일한 관직에 복수자가 선임되고 各人은 직무의 전반에 걸치는 권한을 인정받으며, 서로 동등한 직권을 가지고 독립하여 자기의 명령권을 행사할 수 있으나, 다른 한편 各人에게 동료정무관의 職權行使를 중지시키는 권리가 부여되므로, 서로 마음대로 못하게 하는 결과로 된다)가 채용된 것은 獨裁制의 부활을 방지하려는 목적에서 나온 것이다. 帝政期에 이르러, 정무관은 황제에 의하여 임명되는 황제의 대리인인 성격을 띠게 되었으며, 4세기 이후에는 독립적 지위와 정치상의 의의를 전부 상실하였다.

마녀재판(魔女裁判) 〔獨〕 Hexenprozess 16·17세기의 유럽에서 수만의 부녀자가 마녀라고 하는 명목으로 焚刑에 처하여진 역사적 사실. 그 중심은 독일이었으나, 프랑스, 스위스, 오스트리아, 스페인, 영국, 스웨덴, 덴마크에 파급하였다. 당시 몰락위기에 처한 기독교회가 자신의 권위를 수호하기 위하여 발한 교황 이노껜띠우스 8세의 敎書(1484년)와 魔女訴追指針(Malleus Maleficarum)(1487년)이 도화선이 되어, 당시의 미신과 무지가 糾問節次의 拷問과 自白尊重과 결합하여 이 비참한 결과를 낳았다. 啓蒙思想의 지배에 의하여 겨우 그 종말을 고하였는데, 특히 자연법학자 토마지우스의 공적을 잊을 수 없다.

마누법전(法典) 〔英〕 Code(Laws, Ordinances) of Manu 〔獨〕 Gesetzbuch des Manu 〔佛〕 Code (Lois) de Manu 法律·宗教律·道德律·儀禮律을 포함하는 인도고대의 戒律集으로, 힌두교의 성전으로서 미안마, 태국에도 행하여졌다. 神이 法典을 마누에 수여하고, 그가 다시 이것을 사람들에게 전한 뜻이 본법전에 기록되어 있다고 하므로, 이 법전도 神授法思想의 산물이다. 법의 傳授者 마누는 인도신화에 의하면 최초의 인간이며, 인류의 조상이라고 한다. 따라서 本法典成立의 시기에 관하여, 세계창조의 시기로부터 존재한 가장 오래된 법전이라고 신봉되어 왔으나, 근래의 연구에 의하면 장기간에 걸쳐서 성립한 규범이 대략 기원전 200년으로부터 기원후 200년 사이에 수집된 것이라고 한다. 詩歌體로써 쓰여졌으며, 전 12장 중 8장, 9장에 법적인 규정을 수록하고 있는데, 그 내용은 강한 종교적 색채와 비교법상 다른 것에 유례를 볼 수 없는 준엄한 카스트적 차별에 의하여 일관되고 있다.

마누스 〔羅〕 manus 본래의 의미는 손(手). 로마법상 다음과 같은 두 가지의 의미를 가진다. ① 家長權(→ 빠뜨리아 · 뽀떼스따스). 家長(빠떼르 파밀리아스)이 가지는 가족에 대한 夫權 · 父權(빠뜨리아 · 뽀떼스따스). 노예에 대한 主人權(dominica potestas), 물건에 대한 소유권 등이 분화되지 않고 통일되어 있던 시대의 家長權을 가리킨다. ② 夫權. 시민법상 처는 특정의 방식을 이행하는 儀式(confarreatio)(共祭式), 또는 특정의 방식에 의한 처의 自己賣却(coemptio)(共買), 또는 1년간의 공동생활의 계속(usus)(사용)의 세 가지의 방법 중 그 하나에 의하여, 夫 또는 夫의 家長의 권력에 복종하게 되며(conventio in manum) (夫權歸入), 그 결과, 처는 종전의 家와 宗族關係(아그나치오)를 끊고 완전히 夫의 家에 들어간다(matrimonium cum manu)(夫權을 수반하는 혼인), 부권에 복종하는 처는 부의 가에서 부의 딸과 동일한 지위를 취득한다. 처음에는 妻가 夫權에 복종하는 것이 상태였으나, 고전시대에는 오히려 그것이 예외가 되고 유스티니아누스의 시대에는 夫權은 소멸하였다.

마르크게노센샤프트 〔獨〕 Markgenossenschaft → 마르크단체

마르크단체(團體) 〔獨〕 Markgenossenschaft 게르만고대로부터 중세에 걸쳐 존재한 일종의 農業共同體. ① 게르만고대에 있어서는 토지 중에서 宅地에 관하여는 단독소유가 성립하였으나, 그 밖의 토지는 마르크단체의 總有에 속하였으며, 특히 삼림 · 황무지 · 목장 · 하천 · 채석장 · 채탄장 등 이른바 알멘데(共用地 Allmende)에 관하여는 마르크단체원의 공동이용이, 농지에 관하여는 각 단체원의 개별적 이용이 인정되었다. 마르크단체는 마르크集會 · 마르크任員을 각각 의사기관 · 집행기관으로 하며, 농지의 할당 내지 경작통제나 알멘데의 공동이용에 관한 사항을 정하며, 또한 이상의 사항에 관한 裁判權과 일정한 警察權을 행사하였다. 게르만고대의 토지제도에는 이러한 단체의 존재를 추정시키기에 족한 것이 있으나, 그 기원 · 보급정도에 관하여는 학설상 다툼이 있다. ② 프랑크시대에는 농지에 관하여도 개인의 단독소유가 확립하였으나, 마르크단체에 의한 耕作統制는 의연히 행하여졌다. 그러나, 한편으로는 알멘데의 일부가 개간되어 특정구성원의 손에 귀속되는 등, 구성원의 권리에 불평등이 심하게 되었을 뿐만 아니라, 또한 莊園領主가 마르크단체에 지배를 미치고, 국왕이 개간, 레갈리엔의 주장, 마르크내로의 新移住民의 강제에 의하여 알멘데에 간섭한 결과, 마르크단체가 自律的 · 게노센샤프트적 성격을 잃은 경우가 나타났다. ③ 중세에 있어서는 일반적으로 개간 · 簒奪의 결과, 알멘데는 협소하여지고, 또한 마르크단체는 여러가지로 변질하였다. 즉, 그 중의 어떤 것은 구성원을 舊家出身의 자나 일정한 토지소유자에 한정하고, 어떤 것은 莊園領主의 지배에 속하게 되었으며, 또한 어떤 것은 알멘데의 공동이용으로부터 변하여 별개의 경제적 · 정치적 목적을 추구하여 구성원과는 분리된 독립한 인격을 취득하기에 이르렀다. ④ 근세에 土地所有權의 해방을 보게 됨에 이르러, 알멘데는 소멸하고 마르크단체의 최후의 흔적마저 없어졌다.

마르크스주의법이론(主義法理論) 〔英〕 Legal theory of Marxism 〔獨〕 marxistische Rechtstheorie 〔佛〕 Théorie du droit du marxisme 마르크스 · 엥겔스의 이론을 기초로 하여 전개된 法理論. 인간사회의 발전에 관한 마르크스 · 엥겔스의 唯物史觀的 파악은 經濟關係를 社會的 事象의 獨立變數로 보았으며, 일체의 인간공동사회의 외형의 궁극적 근원을 경제적 관계에서 찾으려고 하였다. 기술적인 생산관계는 영적 · 정신적 표상은 물론 문화적 업적 등 모든 인간관계의 기반이 되어 있으며, 이러한 因果連鎖는 예술 · 종교 · 법의 영역에까지 작용한다. 헤겔은 모든 발전의 근원을 理念의 自己發展에 看取하였으나, 마르크스는 나에 있어서는 반대로 그러한 이념이란 인간두뇌 속에서 전환되고 변화된 物質에 불과하다라고 하였다. 엥겔스도 마르크스의 견해를 따라서 직접적인 물질적 생활수단의 생산과 민족이나 일정한 시대의 경제적 발전단계는 國家制度, 法律觀, 藝術 및 宗教的 表象까지를 전개하는 기반을 형성한다라고 주장하였다. 그들에 있어서 인간정신은 생명보존을 형성하는 물질적 실재 위에 세워진 상부구조이었다. 이러한 이론적 기반 위에서 그들의 법이론은 전개되었다. 법과 법규는 단지 경제적 질서의 상부구조에 불과하며, 사회가 법에 의거하고 더욱이 그것은 항상 물질적 생산방법에서 야기된 이해와 필요의 표현에 불과하므로, 생산수단을 장악한 지배계급에 속하여, 이들 계급의 搾取手段으로서 봉사한다고 내세웠다. 그러나, 이러한 법은 생산과 공동생활의 집단화로 인하여, 따라서 프롤레타리아의 생산수단의 占有에 의하여 법과 국가는 고사해 버린다는 法 · 國家枯死論을 부르짖게 되었다. 이러한 마르크스주의法理論을 맹렬히 비판하고 있는 학자는 켈젠이다. 켈젠은 이데올로기를 法學으로부터 추방해야 할 것을 주장하고, 마르크스주의의 共産社會라는 이상사회는 하나의 當爲의 내용인데도 불구하고, 그것의 도래를

因果法則的으로 설명하려는 방법의 혼동에 빠져 있으며, 支配階級·搾取手段은 국가의 본질은 될 수 없으며, 국가와 사회는 구별되기는 하지만 대립시킬 수는 없다고 비판하여, 결코 법과 국가는 고사하지 않는다고 주장한다. 마르크스주의의 법이론은 오스트리아파의 마르크스주의자 레너에 의하여 개개적으로 심화되고, 다시 구소련의 법학자 파슈카니스, 스투치카, 뒤이어 위신스키 등에 의하여 계승·발전되어, 오늘날의 이른바 마르크스·레닌주의법이론에로 나아갔다.

마리아 · 루스호사건 1875년 苦力解放에 관하여 일본과 페루 사이에 발생한 사건. 러시아 황제 알렉산더 2세를 중재자로 하는 仲裁裁判에 회부하여 일본이 승소의 판결을 얻었다.

마브로마티스사건(事件) 〔英〕 The Mavrommatis Palestine Concessions Case 그리스국적의 마브로마티스가 터키와의 협정으로 취득한 팔레스타인내에서의 公共事業建設에 관한 特許權을 기초로, 팔레스타인위임통치 당시 동종의 特許를 루텐베르그(Rutenberg)에게 부여한 영국정부에 대하여, 그리스정부가 234,339파운드의 손해배상 및 이자를 청구하면서 상설국제사법재판소에 提訴한 사건. 마브로마티스는 1914년 제1차대전 발발직전에 오토만(Ottoman)당국으로부터 特許權을 취득, 1921년 이래 특허권의 회복을 위하여 英國植民廳과 타협을 계속하였으나 무위로 돌아가게 되자, 그리스정부가 직접 개입하여 1924년 5월 23일 동사건을 상설국제사법재판소에 제소하였다. 이에 영국은 재판관할권에 관한 先決的 抗辯을 제기, 재판소는 관할권의 인정을 선언하면서 선결적 항변의 쟈파(Jaffa)에 관한 주장은 지지하나 예루살렘(Jerusalem)에 관하여는 이를 기각하고 本案의 판결로 유보한다고 하였다. 동 판결에서 5재판관이 少數意見을 발표(1924년 8월 30일). 1925년 3월 26일 본안의 판결에서 재판소는 ① 1914년 1월 27일 마브로마티스와 예루살렘시간에 맺은 조약에 의거 부여된 特許는 유효하며, 영국이 위임통치시 루텐베르그에게 부여한 동종의 특허는 팔레스타인의 委任統治를 위한 국제업무에 합치하지 않는다고 판시하고, 마브로마티스에게 직접손해는 없으므로 그리스정부의 간접손해에 대한 배상청구는 인과관계가 없다는 이유로 기각하였으며, ② 오토만제국하에서 부여된 特許에 관한 조약인 1923년 7월 23일자 로잔느협정 4조는 마브로마티스特許權에 적용된다고 판시하였다.

마셜 플랜 〔英〕 Marshal Plan 1947년 6월 5일, 미국의 국무장관 마셜이 하바드대학에서 행한 연설에서 명백히 한 미국의 유럽戰後經濟復興의 원조에 관한 계획. 유럽復興計劃이라고도 불린다. 처음 유럽제국은 구소련도 포함하여, 경제의 自立互助를 검토한 후에 얼마나 미국의 원조를 필요로 하는가를 연구하여야 할 것으로 되었으나, 결국 구소련 및 동구제국은 이에 참가하지 않고, 영국·프랑스 등 서구 16개국만이 동년 7월 유럽부흥회의를 개최하고 유럽經濟協力委員會를 설치하였다. 이 위원회의 유럽경제부흥계획은 미국에 제출되어, 미국의회는 이것을 심의하여 1948년 經濟協調法(Economic Cooperation Act)을 제정, 동년 4월 1일부터 이 계획은 실시되기 시작하였다. 이 계획에 의한 미국의 재정원조는 1952년말까지 예정되어 그 때까지 서구경제의 부흥을 목표로 하고 있었다. 이 플랜의 미국측의 기관으로서 經濟協助處(ECA)가 있는 한편, 서구측의 受援機關으로서 유럽經濟協助機關(OEEC)이 있다. 플랜과 牽連되어 1949년의 북대서양조약에 의한 미국의 서구군사원조에로 진전하였다. 제2차대전후의 미·소의 대립을 배경으로 하고 있다. 또한, 미국의 1951년의 상호안전보장법에 의하여 相互安全保障局(MSA)이 설치되어, 經濟協助處가 폐지되었다.

마 약(痲藥) 〔英〕 narcotic 〔獨〕 Narkotikum 아편·모르핀·헤로인·코데인·코카인·마리화나 등의 痲醉藥. 마약은 치료상 필요한 것이지만 그 기호적 남용은 인류의 보건위생상 큰 해독을 끼치는 것이기 때문에 국제적으로나 국내적으로 단속의 대상이 되어 있다. 국제적으로는 1909년 상해회의의 國際阿片會議決議를 위시하여, 1924년 내지 26년의 제네바회의의 제1아편회의의 협정 및 의정서·제2아편회의의 협정 및 의정서가 있고, 1931년의 마약의 製造制限 및 分配團束에 관한 條約 등이 있다. 국내적으로는 조선아편取締令(1919년 制令 제15호)·조선마약取締令(1935년 制令 제6호)에 의하여 아편의 정부전매제·제조업의 감독을 하여 왔었는대, 해방후 마약取締令(1946년 군정법령 제119호)에 제정되었고, 마약법이 제정되어 현재에 이르고 있다. 한편 형법에는 아편에 관한 죄를 규정하고 있다(각칙 제17장).

마약분석(痲藥分析) 〔獨〕 Narkoanalyse 마약을 써서 인간의 기억 또는 잠재의식에 남아 있는 흔적을 발견하는 방법. 인간의 마음 속에 억압되어 표면에 나타나지 않는 潛在意識을 밝히는 것이 精神分析인데, 마약분석은 마약을 써서 이를 행하는 것이다. 마약분석에 의하여 획득한 自白을 증거로 채용할 수 있는가, 수사기관 또는 법원은 자백을 얻기 위하여 마약을 주사할 수 있는가가 문제된다. 미국의 현재판례는 상대방이 동의하지 않는 한, 마약분석의 결과는 증거로 할 수 없다고 한다. 오늘날 학설은 일반으로 부정적으로 이해하는데, 증거로서 신용할 수 없다는 점에서 그 근거를 구한다. 프랑스에서는, 아직 일반적으로 해결되어 있지 않다. 독일에서는, 칼스루에사건을 계기로 논쟁되어 왔다. 독일연방공화국의 형사소송법전은 1950년 9월 12일의 법률로 새로운 규정(136)을 부가하여, 被告人의 의사결정 및 의사활동의 자유는 虐待·疲勞·신체에 대한 가해·投藥·고통·欺罔 또는 催眠術에 의하여 침해되어서는 안된다. 强制는 형사소송법이 허용하는 경우에만 인정된다. 형사소송법의 규정에 비추어 허용되지 않는 수단에 의한 脅迫, 법이 인정하지 않는 이익의 약속은 금지된다. 피고인의 기억능력 또는 사고능력을 해하는 수단은 금지된다. 1항 및 2항의 금지는 피고인의 동의에 관계없이 타당하다고 규정한다. 우리나라에서는, 아직까지 별로 논란되고 있지 않다. → 자백의 임의성

마약중독자(痲藥中毒者) 마약의 중독으로 인하여 自制心을 상실하거나 사회질서를 문란케 하는 행위를 하는 자. 마약중독자는 그 증상이 근절된 일정한 기간 당국에 의하여 治療保護된다(痲藥法 50).

마약취급자(痲藥取扱者) 마약법상 마약의 수입·제조·製劑·판매 등을 업으로 하는 자 및 의사와 같이 마약을 사용하는 자의 일체를 말하며, 마약취급자가 되려면 일정한 가격을 갖춘 자로서 보건복지부장관의 면허를 받아야 한다. 보건복지부에 비치한 마약취급자 名簿에 등록함으로써 마약취급자 면허증을 교부받는다(痲藥法 3~8).

마 킹 〔英〕 marking 手票의 지급은행이 수표에 good 또는 approved라는 記號(marking)를 붙여 서명하는 영국의 제도. 특별한 관습이 없는 한 어음引受와 같은 효력은 가지지 않으며, 다만 지급은행이 자기은행에 수표의 자금이 있다고 하는 것을 표명하는 것에 불과하다. 그러나 그 한도에서 수표의 지급이 확실하여지므로 支給保證과 유사한 작용을 한다(涉私 43 iii 참조).

만(灣) 〔英〕 bays 1958년 제네바에서 채택된 領海의 接續水域에 관한 協約에 의하면(7), 만이란 뚜렷한 屈入으로서 그 입구의 폭에 비하여 內陸海를 포함할 정도로 굴입하고 해안의 단순한 굴곡 이상인 것을 말한다. 단, 굴입으로 그 구역이 屈入入口를 연결한 선을 직경으로 한 반원의 면적과 동일하거나 또는 크지 아니하면 灣으로 간주되지 아니한다. 해안의 전부가 일국에 속하고 입구가 일정거리(제네바협약에는 24해리)를 초과하지 않는 경우에는 만은 2국가의 內水를 구성한다. 만의 입구가 광대한 것, 또는 여하히 입구가 협소하여도 연안국이 복수인 경우에는 그 만은 내수가 되지 않으며 만내의 영해를 제외한 부분은 公海가 된다. 그러나 연안국이 장기간 어느 만을 그 영역의 일부로 취급하고 타국의 항의를 받지 않았을 때에 인정되는 소위 歷史的 灣(historic bays)에 있어서는 입구가 일정거리를 초과하여도 그것은 내수를 구성한다. 뉴펀들랜드의 콘셉숀만내의 電線敷設權에 관한 사건(1877년)이나 영국·노르웨이漁業紛爭事件(1951년)은 이러한 역사적 만의 이론에 입각한 것이다. 內水로 인정된 만에서는 만의 입구에 그은 직선을 기선으로 하여 그 外方으로 영해가 측정된다. 만에 대한 연안국의 권능은 港에 대한 것과 동일하다. → 내해, 영해, 내수

만국우편조약(萬國郵便條約) 〔英〕 Universal Postal Convention 〔獨〕 Weltpostvertrag 〔佛〕 Convention postale universelle 萬國郵便聯合(Universal Postal Union)의 법적 기초가 되는 일반조약. 1874년의 베른조약에 의하여 一般郵便聯合이 창설되고 1878년의 파리조약에서 현재의 명칭으로 개명되었다. 동조약은 수차 개정되었으며, 현행조약은 1951년 브뤼셀에서 서명, 1953년에 발효한 것이다. → 국제우편연합

만국의원연합(萬國議員聯合) 〔獨〕 Inter-Parliamentary Union → 국제의원연맹, 비정부조직

만국저작권보호동맹조약(萬國著作權保護同盟條約) 정식명칭은 文學的 및 美術的 著作物保護條約 〔英〕 Convention for the Protection of Works of Art and Literature 〔佛〕 Convention pour la protection des oeuvres littéraires et artistiques)이다. 이 조약의 기구는 1886년에 창설되었으며, 각종의 저작권을 국제적으로 보호할 것을 목적으로 하는 행정적인 국제조직이다. 가입을 원하는 국가는 언제든지 청구에 의하여 가맹할 수 있다. 동맹의 기관으로서 同盟國委員會와 國際事務局이 있다. 동맹국위원회는 동맹의 제도의 완성에 필요한 개량을 가하기 위하여 조약의 개정을 행한다(24 I). 이 규정에 의하여 제5차의 조약수정이 있었다. 國際事務局은 베른에 설치되고 스위스국정부의 감독하에 동맹에 관한 각종의 사무를 담당한다. 이 조약의 특징으로서는 첫째로 文學的 및 美術的 著作物의 의의가 대단히 광범하다는 것을 지적하지

ㅁ

않을 수 없다. 거기에는 그 표현의 방법 또는 형식 여하를 불문하고, 문예·학술 및 미술의 범위에 속하는 일체의 著作物이 포함된다(2). 둘째로 保護의 내용에 관한 것인데, 거기에는 저작물의 본국 이외의 국가에 있어서의 內國民待遇, 저작물이 공간된 국가에 있어서의 내국민대우 및 비동맹국의 저작물의 보호 등을 들 수 있다.

만국해법회(萬國海法會) 〔英〕 International Maritime Committee 〔佛〕 Comité Maritime Internationale 萬國海法會議를 열고 海法을 심의하며, 그 통일적인 입법을 목적으로 하는 회. 1896년에 브뤼셀에서 성립하였으며, 그 후 각국에 海法會를 성립하게 하여 그 사이의 연락을 하여 왔고, 이미 선박충돌에 관한 규정의 통일을 위한 조약·海難救助에 관한 규정의 통일을 위한 조약·船舶所有者責任制限에 관한 규정의 통일을 위한 조약·선박우선특권 및 선박저당권에 관한 규정의 통일을 위한 조약·船荷證券의 규정의 통일을 위한 조약을 성립시키고 있다.

만 기(滿期) 〔英〕 maturity 〔獨〕 Verfall(tag), Verfall(s)zeit 〔佛〕 échéance 어음金額이 지급될 날로 어음상에 기재된 일자이며, 滿期日이라고도 한다. 어음은 일정한 금액을 일정한 시기에 지급하는 증권이므로 만기의 표시는 어음요건의 하나이다(어음 1ⅳ, 75ⅲ). 만기는 지급을 할 날(38Ⅰ, 44Ⅲ), 또는 지급의 날(41Ⅰ)과는 다르다. 지급의 날이란 현실로 지급을 하는 날이고, 지급을 할 날이란 만기가 法定休日인 때에는 이에 이은 제1의 거래일이 지급을 할 날이 된다(72, 77Ⅰⅱ). 또한 만기는 지급을 청구하는 유일의 날도 아니므로 어음소지인은 지급을 할 날, 또는 이에 이은 2거래일내에 지급을 위한 제시를 하면 족하다(38Ⅰ, 77Ⅰⅱ). 만기는 지급이 가능한 날이어야 하고, 일정하여야 하므로, 複數的 記載나 不確定한 滿期의 기재는 있을 수 없다. 어음금액의 일부에 대한 부분적인 만기를 기재한 分割出給어음은 무효이다(33Ⅱ, 77Ⅰⅱ). 만기는 一覽出給, 確定日出給, 一覽後定期出給, 發行日字後定期出給에 한하며 이와 다른 만기를 기재한 어음은 무효이다(33Ⅱ, 77Ⅰⅱ). 만기의 기재가 없는 어음은 一覽出給의 환어음으로 보게 되어 있다(2Ⅱ, 76Ⅱ). 어음은 만기를 당하여 지급을 목적으로 하는 증권이므로, 만기 전에는 지급을 청구할 수 없고, 支給人(약속어음에는 발행인)도 어음소지인의 의사에 반하여 지급할 수 없음이 원칙이다(40, 43, 77Ⅰⅲ·ⅳ) 만기전의 어음은 완전한 유통성을 가지며 어음의 거래는 그 外觀을 신뢰하여 행하여지므로(16Ⅱ, 17, 77Ⅰⅰ), 어음에 배서를 하여 그 擔保力을 증대한다(15, 77Ⅰⅰ). 배서는 만기후에도 인정되나 이러한 배서는 指名債權讓渡의 효력을 가지는데 불과하다(20, 77Ⅰⅰ). 수표는 그 지급증권인 성질상 당연히 一覽出給으로 하며, 이에 위반하는 기재는 모두 인정하지 않는다(手票 28Ⅰ). 그러므로 수표에는 滿期가 없다.

만기변경인수(滿期變更引受) 인수인이 만기일을 변경하여 행하는 인수. 不單純引受로서 인수인은 그 인수의 文言에 따라 책임을 진다(어음 26Ⅱ). 그러나 이로 어음의 만기가 변경되는 일이 없이 소지인의 어음문언에 대한 遡求, 그 밖에 만기가 표준으로 되는 경우에는 당초의 만기가 표준으로 된다.

만기요람(萬機要覽) 국정의 중심이 국방과 경제에 있으므로 財政과 軍費에 관한 법규를 精査輯錄하여 施政에 참고할 수 있는 要覽. 순조가 戶曹判書 徐榮輔, 備局堂上 沈象奎에게 순조 8년 5월에 撰進을 명하였다. 편찬을 종료한 것이 동년말이나 9년초로 추정되는 바, 본서는 간행을 보지 못하고 草稿대로 왕의 便覽에 供한 것이며 그 측근자가 寫本으로 傳寫한 것이다. 財用編 6권, 軍政編 5권 합 11권으로 구성되었다. 사본에 따라서 10권 또는 5권으로 편집된 것도 있다.

만기전(滿期前)**의 소구**(遡求) 어음의 소지인은 만기 전에도 法定事由가 있으면 전자에 대하여 소구할 수 있다(어음 43). 수표에서는 인정하지 않는다(手票 39).

만기후(滿期後)**의 배서**(背書) 어음·수표는 만기 후라도 拒絶證書作成期間 내에는 만기전과 동일한 효력을 가지고 背書를 할 수 있다. 그러나 거절증서작성 후 또는 거절증서작성 경과후의 배서는 指名債權讓渡의 효력만을 가진다(어음 20Ⅰ, 手票 24Ⅰ).

만기후(滿期後)**의 소구**(遡求) 어음·수표의 소지인은 만기에 이르러도 지급을 하지 않거나 거절하는 때에는 法定事由가 있는 자에게 소구할 수 있다(어음 43·77, 手票 39).

만다마스 프로시딩 〔英〕 mandamus proceeding 국가기관으로서의 지방자치단체의 장 등에 대하여 감독기관이 職務執行의 명령을 함에 있어서 취할 職務執行命令의 訴訟節次를 말한다. 지방자치법 155조 내지 159조에서 이를 인정한다.
→직무집행명령

만료점(滿了點) 기간의 계산이 끝나는 시점. 기간이 時·分·抄를 단위로 하는 경우에는 정하여진 시·분·초의 종료를, 日·週·月·年을 단위로 하는 경우에는 末日의 종료를 滿了點으로 한다(民 159, 160). 말일의 종료라 함은 말일의 오후 12시가 경과하는 것을 말한다. 말일이 公休日에 해당하는 때에는 그 익일로 된다(161).

만민법(萬民法) 〔羅〕 ius gentium [1] 로마의 市民法에 대하여 로마시민만이 아니고 外人에 대하여도 적용된 법. 로마가 지중해에 군림하는 大商業帝國으로 발전한 시대, 즉 로마법사의 제2기에 로마시민 뿐만 아니라 外人(peregrinus)(로마의 영토내에 거주하면서도 로마시민권이 없는 자)에게도 적용되는 법으로서 발전한 것인데, 법의 적용범위를 기준으로 하여 시민법에 대립한다. 만민법은 信義의 思想을 기초로 하고 있으며, 그 내용은 주로 去來法인데, 자유로운 비형식주의적인 경향을 띤 법이라는 점에서 嚴格形式主義에 입각한 시민법상의 제도와 대조적인 성격을 가지는 것이며, 세계적인 의의를 가지는 로마債權法의 중심체를 형성하였다. 만민법이라는 개념을 매개로 하여 그리스철학에서 온 自然法(ius naturale)의 개념과 결합하였으나, 古典時代(→유리스 쁘루덴치아)의 법학자가 그와 같이 생각하였다고 속단하기는 어렵다. 그리고 法形成의 방법을 기준으로 하여 보면, 만민법의 대부분은 名譽法이지만 명예법과 대립하는 의미에서의 시민법인 만민법도 없지는 않다.

[2] 國際法을 지칭하는 경우도 있다. 그러나 만민법은 주로 개인간의 법이고, 국제법은 주로 국가간의 법이므로 양자는 서로 다르다.

만성적 범인(慢性的犯人) 〔獨〕 Zuntandsverbreches 急性的 犯人에 대하는 말. 生理的 또는 環境的으로 범죄를 행하고 형벌의 개선적 효력이 없는 범죄인을 뜻한다. 素質的 犯罪人이라고도 한다.

만성적 실업(慢性的失業) 제1차대전 후에 慢性的 不況에 수반하는 높은 실업률이 지속되었는데 이 상태가 호황이 되어도 회복되지 못하고 항상 존재하는 多量의 失業을 만성적 실업이라고 한다.

만재흘수선(滿載吃水線) 〔英〕 deck-line, load-line 〔獨〕 Tiefladelinie 선박의 兩舷측에 표시되어 있는 선이며, 화물 등의 적재를 위하여 선체가 海中에 들어 갈 수 있는 한도를 나타낸다. 船舶安全法(3)은 國際航海에 취항하는 선박과 길이 24미터 이상의 선박, 길이 12미터 이상 24미터 미만의 선박 중 13인 이상의 여객을 운송하는 여객선, 위험물을 산적하여 운송하는 선박에는 해양수산부장관이 정하여 告示하는 기준에 따라 만재흘수선의 표시를 강제한다. 다만, 잠수함 기타 해양수산부령으로 정하는 선박은 제외된다. 滿載吃水線은 기선의 경우와 범선의 경우에 따라 여러가지가 있으며, 기선의 만재흘수선은 계절과 구역에 따라 하기만재흘수선·동계만재흘수선·동기북대서양만재흘수선·열대만재흘수선 및 上記各種에 대응하는 각 淡水滿載吃水線이 있다. 범선의 만재흘수선도 계절과 구역에 따라 해수만재흘수선·동기북대서양만재흘수선 및 이상 양자에 대응하는 각 淡水滿載吃水線 등이 있다.

만효(萬效)어음 어음이 그 요건의 欠缺로 인하여 무효로 되거나 또는 어음상의 권리가 保全節次의 흠결 혹은 시효로 인하여 소멸되더라도, 이것과 동일한 내용의 다른 증권으로서 효력을 가진다는 特約을 기재한 어음. 통설은 이러한 기재의 효력을 부정하나, 어음요건의 흠결의 경우에는 효력의 전환을 인정하려는 설도 있다.

말라 피데 〔羅〕 mala fide 惡意로라는 뜻의 라틴어. →악의

말소등기(抹消登記) 기존의 登記의 抹消를 목적으로 하는 登記(不登 166 이하). 終局登記의 하나이다. 말소의 원인이 처음부터 존재하는 경우도 있고, 등기가 유효하게 성립한 후에 등기사항 전부에 관하여 부적당하게 된 경우도 있다. 무효를 이유로 하는 말소, 변제로 인한 抵當權의 소멸시의 말소가 각가 그 예이다. 당사자의 신청에 기하여 행하여지는 것이 원칙이다.

말소회복등기(抹消回復登記) →회복등기

말 일(末日) →만료점

말자상속(末子相續) 〔英〕 ultimogeniture 長子相續에 대한 말. 末子 특히 末男子가 單獨相續을 하는 상속형태로서 단독상속의 最古의 형태이다. 子가 성장하면 순서대로 부모의 家로부터 독립해 나가고, 末子 특히 末男이 잔류하여 자연히 단독상속을 하게 된다는 것이다.

망각범(忘却犯) 〔獨〕 Vergesslichkeitsdelikt 기대된 行爲時에 그 행위를 망각했기 때문에 결과를 야기한 경우의 범죄. 過失에 의한 不作爲犯이다. 예컨대 신호수가 신호를 하지 않았기 때문에 기차가 전복한 경우가 이에 해당한다(刑189 Ⅱ 참조). 그런데 보통은 행위란 의사에 기한 신체적 동작 또는 태도이다라고 파악하므로(→인과적 행위

론), 이러한 行爲槪念 속에 망각범을 포함시킬 수 있느냐가 문제가 된다. 즉 망각범의 경우에는 의사에 기한 것으로 볼 수 없기 때문이다. 그래서 행위개념에서 의사에 기한이라는 요소를 제거하는 설, 행위가 아닌 범죄는 없다라는 命題를 부정하여 행위가 아닌 태도가 처벌되는 예라고 하는 설이 나온다. 또한 행위란 인격의 주체적 현실화라고 인정되는 신체의 動靜이라는 입장에서는 망각범도 본인의 주체적 인격태도와 결부된 不作爲이므로 역시 행위라고 주장한다.

망명권(亡命權) 망명자가 타국의 庇護를 요구하는 권리. 世界人權宣言 14조는 누구라도 박해로부터 보호를 타국에 요구하고 향유할 권리를 가진다라고 규정되어 있으나, 이것은 정치·도덕적인 원칙의 선언에 불과하다. 조약에서 일정한 난민이나 정치적 박해를 받고 있는 자에 대해 비호를 부여할 것을 締約國에 의무화한 것은 있다(難民의 地位에 관한 條約, 領土的 庇護에 관한 條約). 제2차세계대전후의 유럽에서는 정치적 망명자에 대해 비호를 받을 권리를 헌법에 보장하는 국가가 다수 등장하였으며(독일, 프랑스, 이탈리아), 여기에서 비로소 개인의 권리로서의 망명권이 성립하였다.

망(望)**보기** 타인의 범죄를 망본 것이 正犯이냐 從犯이냐는 다툼이 있다. 판례의 입장에서는, 공모하고서 하는 망보기는 당연히 正犯이 된다(→공모공동정범). 그런데 共謀共同正犯을 인정하지 않는 통설 사이에서도, 망보기는 모두 從犯이라고 하는 설과 범죄의 완성에 중대한 영향을 미치는 것 혹은 전체적으로 보아 犯罪實行의 일부라고 인정되는 것은 정범이고 그렇지 않는 것은 종범이라는 설이 있다.

매 각(賣却) [1] 넓은 의미로는 賣渡와 같은 뜻으로 재산을 有償으로 양도하는 것.

[2] 좁은 의미로는 ① 국가가 국유재산 중 雜種財産 또는 歸屬財産을 매도하는 것(國財 39 이하, 歸財 8 이하). 국유재산 중 잡종재산은 매각할 수 있으며(國財 31), 이 경우에는 원칙적으로 競爭入札의 방법에 의한다(33). 귀속재산은 일정한 연고권자에게 우선적으로 매각하여야 하며(歸財 15), 그것이 불능 또는 부적당할 때에는 일반 또는 指名公賣에 附하여 최고입찰자에게 매각한다(16). 국유재산이나 귀속재산매각의 법률적 성질은 私法上의 매매이므로 법령에 특별한 규정이 있는 경우를 제외하고는 원칙적으로 민법의 적용을 받으며 그에 대한 분쟁은 민사소송절차에 의하여 해결된다. ② 國稅滯納處分節次의 최종단계로서 압류한 재산을 公賣 또는 隨意契約에 의하여 換價處分하는 것(國徵 61 이하). 압류한 체납자의 재산은 통화를 제외하고 공매하는 것이 원칙이다(61). 그러나 일정한 사유가 있을 때에는 隨意契約에 의하여 매각할 수 있다(62).

매각대금(賣却代金) 부동산의 강제경매에 있어서 目的物의 代金을 매각대금이라 하며, 매각대금의 배당이 불충분한 때에는 민법, 상법 또는 특별법에 의하여 배당해야 한다(民訴 652, 655).

매각조건(賣却條件) 〔獨〕Versteigerungsbedingung 强制競賣에 있어서 법원이 집행의 목적인 부동산의 소유권을 競落者에게 취득케 하는 조건. 경매는 보통의 매매와 달라 국가가 압류에 의하여 취득한 채무자의 處分權을 행사하여 목적물을 매각하는 일종의 매매이므로, 그 효력과 요건을 미리 定型化할 필요가 있다. 따라서 법률의 규정에 의하여 정하여지는 매각조건을 법정매각조건이라고 하고, 이해관계인의 합의에 의하여 변경된 법정매각조건을 특별매각조건이라고 한다. 법정매각조건에는 ① 최저경매가격의 확정(民訴 615), ② 경락인이 경락을 허가하는 결정이 확정된 뒤, 競落代金을 완납후가 아니면 부동산의 인도를 청구할 수 없는 것(647Ⅰ), ③ 우선권자에게 변제하고도 잉여가 있을 가망성이 있을 것(608Ⅰ), ④ 경매인의 擔保金(625), 경매신청의 구속력(626, 627, 645), 천재 기타의 사변 때문에 부동산이 현저히 감손되었을 때의 競落不許可申請(639), 부동산상의 부담의 소멸 또는 인수(608 Ⅱ 이하), 대금·이자의 지급(655), 대금지급의 시기(654) 등이 있다. 法定賣却條件 중 최저경매가격 및 소유권이전에 관한 조건은 공익에 관한 것이므로 변경을 하지 못하나 기타의 조건, 즉 이해관계인의 이익보호에 관한 것은 이해관계인의 합의가 있으면 경매기일에 이르기까지는 변경할 수 있고(622), 법원이 필요하다고 인정할 때에는 직권으로도 변경할 수 있다(623).

매건옥·매건옥(賣建玉·買建玉) →건옥

매도담보(賣渡擔保) 〔獨〕Sicherungskauf 매매의 형식에 의한 物的擔保. 융자를 받는 자가 목적물을 융자자에게 매도하고, 대금으로써 융자를 받고 일정한 기간내에 元利에 상당하는 금액으로 이것을 다시 산다는 방법을 취하는 담보형태이다. 다시 사지 않으면 목적물은 확정적으로 융자자에게 귀속하고, 융자관계는 종료한다. 매도담보는 讓渡擔保와 비슷한 제도이나, 그것과 다른 가장 중요한 점은 매도담보에서는 융자를 받는 자는 융자에 관한 채무를 부담하지 않으니까 융자자는 변제를 청구할 권리를 가지지 않고, 또 목적물이 滅失하면 융자자의 손실로 돌아간다는 것이다. 민법의 還買(590~595)는 이에 해당하는 것인데, 還買代金·還買期間 등의 점에서 제한이 있으므로, 보통은 再賣買의 예약의 방법으로 환매를 실행한다. 이상은 양도담보와 구별한 매도담보의 성질인데, 일반적으로는 매도담보 또는 매도저당이라는 말을 양도담보의 의미로도 사용하는 일이 많을 뿐만 아니라 담보제도로서는 양도담보가 더 한층 합리적이니까, 실제로 어느 계약인가를 판정하는 데에는, 그 내용을 신중히 검토하여야 할 것이다. →양도담보

매도도급(賣渡都給) 賣渡請負라는 말로도 쓰인다. 도급인이 자기의 재료로써 제작한 물건을 공급하는 계약이다.

매도인(賣渡人) 민법상 매매계약의 당사자의 일방을 매도인 또는 賣主라고 한다. 상대방 매수인에 대하여 대금지급을 청구하며 스스로는 財産權移轉의 의무가 있다(民 563)(→동시이행의 항변권). 상법상으로는 매매에 있어서 매수인이 목적물의 수령을 거부하거나 이를 수령할 수 없는 경우에 그 목적물을 供託·競賣할 수 있는 권리를 가지며 이 경우에는 매수인에 대하여 통지의 의무를 진다(商 67).

매도인(賣渡人)**의 담보책임**(擔保責任) 매매에 의해 매수인이 취득하는 권리나, 권리의 객체인 물건에 瑕疵 내지 불완전한 점이 있는 때에 매도인이 매수인에 대하여 부담하는 책임을 말한다. 매도인에게 이러한 담보책임을 인정하는 것은 매매계약의 有償性에 비추어 매수인을 보호하고 일반거래의 動的 安全을 보장하기 위해서이다. 매도인의 담보책임은 매도인의 고의나 과실 등의 歸責事由를 그 요건으로 하지 않으므로 일종의 무과실책임으로서, 특정물의 매매에 있어서 뿐만 아니라 不特定物賣買에서도 인정된다. 민법상 규정된 담보책임의 발생원인을 살펴보면, ① 권리에 하자가 있는 경우로는 ㉠ 재산권의 전부 또는 일부가 타인에게 속하는 경우(民 569~573. 그러나 민법 571조는 매도인보호를 위한 특별규정이며 담보책임에 관한 것은 아니다), ㉡ 재산권의 일부가 전혀 존재하지 않는 경우(574), ㉢ 재산권이 타인의 권리에 의하여 제한을 받는 경우(575~577)이고, ② 물건에 하자가 있는 경우로는 ㉠ 특정물매매에 있어서 목적물에 하자가 있는 경우(580), ㉡ 種類賣買(불특정물매매)에 있어서 목적물에 하자가 있는 경우(581, 582)이다. 또 경매에 있어서의 담보책임(581, 580 Ⅱ)으로서 매도인이 부담하여야 할 책임의 내용은 각 경우에 따라서 다소 다르지만, 대체로 매수인은 일정한 요건하에서 契約解除權·代金減額請求權·損害賠償請求權·完全物給付請求權을 갖는다. 손해배상의 범위에 대해서는 信賴利益의 賠償이라는 견해와 履行利益의 賠償이라는 견해가 나누어져 있다. 권리의 전부가 타인에게 속하여 매도인이 매수인에게 그 권리를 이전할 수 없는 경우 매도인은 담보책임을 진다. 이 경우 매수인은 그 밖에도 손해배상을 청구할 수 있다(570). 그러나 매도인이 계약 당시에 매매의 목적이 된 권리가 자기에게 속하지 않음을 알지 못하여, 그 권리를 취득하여 매수인에게 이전할 수 없는 때에는 매도인은 손해를 배상하고 계약을 해제할 수 있으며(571Ⅰ), 특히 매수인이 惡意인 때에는 매도인은 손해배상을 하지 않고서, 다만 權利移轉이 불능임을 통지하고 해제할 수 있다(571Ⅱ). 매매의 목적인 권리의 일부가 타인에게 속하기 때문에 매도인이 그 부분의 권리를 매수인에게 이전할 수 없는 경우, 매수인은 그 권리를 타인에게 속하는 부분의 비율로 代金의 減額을 청구할 수 있다(572Ⅰ). 선의의 매수인은 이전된 부분만이면 이를 매수하지 않았으리라는 사정이 있는 경우에 契約의 전부를 해제할 수 있으며(572Ⅱ), 그 밖에 선의의 매수인은 대금을 감액 또는 契約解除와 아울러 손해배상도 청구할 수 있다(572Ⅲ). 이러한 매수인의 권리는 매수인이 선의이면 사실을 안 날로부터 1년 내에, 악의이면 계약한 날로부터 1년 내에 행사되어야 한다(573). 이 목적물의 數量不足·一部滅失의 경우에는 권리의 일부가 타인에게 속하여 이전불능인 경우와 같은 담보책임이 인정된다(574). 이 때 매수인의 권리는 수량부족 또는 일부멸실의 사실을 안 때로부터 1년의 除斥期間에 걸린다(573). 특히 매매의 목적물의 일부가 멸실된 경우에 담보책임이 생기는 것은 계약 당시에 이미 멸실된 경우에 한한다. 또 ① 地上權·地役權·傳貰權·質權·留置權 또는 주택임대차보호법의 적용을 받는 賃借權이나 債權的 傳貰의 목적이 되어 있는 경우, ② 목적부동산을 위하여 있어야 할 地役權이 존재하지 않는 경우, ③ 목적부동산 위에 등기된 賃借權 또는 주택임대차보호법에 의하여 對抗力을 가지는 임차권이나 채권적 전세가 있는 경우에는, 매도인의 담보책임이 생기는데(575, 住賃 3Ⅲ), 이 때의 담보책임은 매수인이 善意인 경우에 한하여 인정된다(民 575Ⅰ·Ⅱ). 선의의 매수인은 契約解除權과 損害賠償請求權을 가지는데(575Ⅰ·Ⅱ), 계약을 해제할 수 있는 것은 用益的 權利가 있기 때문에 매수인이 매매계약을 한 목적을 달성할 수 없는 경우에 한하여 인정되며(575Ⅰ前), 손해배상은 언제나 청구할 수

있다. 이러한 매수인의 권리는 用益權의 존재 또는 地役權의 부존재를 안 날로부터 1년 내에 행사하여야 한다(575Ⅲ). 매매의 목적인 부동산 위에 설정된 저당권이나 전세권의 행사로 매수인이 소유권을 취득할 수 없거나 또는 잃은 때와, 매수인이 그의 出財로 그 소유권을 보존한 때에는 매도인의 일정한 담보책임이 생긴다(576). 이 경우 매수인은 그의 선의·악의에 관계없이, ① 소유권을 취득할 수 없거나 또는 소유권을 잃을 때에는, 언제나 계약을 解除하고(576Ⅰ), 이와 함께 손해의 배상을 청구할 수 있으며(576Ⅲ), ② 그의 출재로 소유권을 보존할 때에는 그 출재의 상환을 청구하고(576Ⅱ) 또 損害賠償도 청구할 수 있다(576Ⅲ). 抵當權의 목적으로 되어 있는 地上權이나 傳貰權이 매매의 목적인 때에도 민법 576조가 준용된다(577). 매매의 목적물에 하자가 있는 때에 매도인은 담보책임(소위 瑕疵擔保責任)을 지고, 이에 따라 매수인은 일정한 요건하에 계약을 해제하고 손해배상을 청구할 수 있고, 경우에 따라서는 흠이 없는 완전물의 給付를 청구할 수 있다. 이 때 매수인은 善意이고 또한 선의인데 과실이 없어야 하며(580Ⅰ但·581Ⅰ), 매수인의 惡意는 매도인이 입증하여야 한다. 목적물의 하자가 계약의 목적을 달성할 수 없을 정도로 중대한 것이 아닌 때에는, 매수인은 손해배상을 청구할 수 있을 뿐이고 계약을 해제하지는 못한다(580Ⅰ本, 575Ⅰ但). 매수인의 契約解除 및 損害賠償의 청구는 모두 매수인이 목적물의 하자를 발견한 때로부터 6개월 내에 하여야 한다(582). 不特定物賣買 내지 種類賣買에 있어서, 후에 특정된 목적물에 하자가 있는 때에는 580조가 준용된다(581Ⅰ). 그러나 매수인은 계약의 해제 또는 손해배상을 청구하지 않고, 그에 갈음하여 하자없는 完全物의 給付를 청구할 수도 있다(581Ⅱ). 채권의 매매에 있어서 그 채권에 권리의 하자가 있는 때에는 570조 내지 576조의 규정에 의하여 매도인은 담보책임을 진다. 채권의 매매에 있어서 매도인이 매수인에 대하여 채무자가 충분한 재산을 가지고 있음을 보증해서 채무자의 資力을 담보하는 特約을 하는 때에 매도인은 담보책임을 지는데, 그 시기에 대해서는 민법 579조의 推定規定에 따른다. 즉 채권의 매도인이 채무자의 자력을 담보하는 특약을 한 경우에는 매매계약 당시의 채무자의 자력을 담보한 것으로 추정되며(579Ⅰ), 아직 辨濟期가 到來하지 않은 채권의 매도인이 채무자의 장래의 자력을 담보하는 특약을 한 때에는 변제기에 있어서의 채무자의 자력을 담보한 것으로 추정된다(579Ⅱ). 변제기가 이미 도래하고 있는 채권에 관하여 채무자의 자력을 담보한 경우에는 실제로 변제될 때까지 擔保責任은 존속한다고 본다. 담보책임의 내용은 채무자가 辨濟資力이 없는 경우에 매도인이 그 손해를 배상하는 것이므로 매수인은 먼저 채무자에게 청구하고, 자력부족으로 받지 못한 때에 매도인에게 손해배상을 청구한다. 競賣에 있어서의 담보책임은 경매의 성질상 권리의 하자에 대한 책임만을 인정하여, 瑕疵擔保責任은 인정되지 않는다(580Ⅱ). 즉 경매된 권리의 전부 또는 일부가 타인에게 속하거나, 그 권리가 부족하거나 또는 제한을 받고 있는 경우에 1차적으로는 채무자가, 그리고 2차적으로는 대금의 배당을 받은 채권자가 競落人에 대하여 담보책임을 진다(578, 570~577). 경락인은 채무자에 대하여 賣買契約을 해제하거나 또는 대금감액을 청구할 수 있고(578Ⅰ), 제1차로 책임을 지는 채무자가 무자력인 때, 경락인은 대금의 배당을 받은 채권자에 대하여 대금의 전부나 일부의 반환을 청구할 수 있다(578Ⅱ). 경매의 목적물에 권리의 하자가 있더라도 손해배상은 청구할 수 없는 것이 원칙이나, ① 채무자가 물건 또는 권리의 欠缺을 알고 告知하지 아니한 때에는 채무자에 대하여, ② 채권자가 그러한 흠결을 알고 있으면서 경매를 청구한 때에는 그 채권자에 대하여, 각각 손해배상을 청구할 수 있다(578Ⅲ). 이러한 경락인의 解除權·代金減額請求權·損害賠償請求權은 모두 1년의 排斥期間에 걸린다(이 때는 573, 574, 575가 모두 준용되므로). 경락인의 담보책임을 전적으로 배제하거나 또는 경감하는 내용의 특약은 원칙적으로 유효하다. 그러나 담보책임발생의 요건이 되는 어떤 사실을 매도인이 스스로 알고 있었음에도 불구하고, 이를 買受人에게 고지하지 않을 경우에, 그러한 사실로 말미암아 발생하는 擔保責任을 면한다는 특약은 무효이며, 그 밖에 免責特約이 信義則에 반하거나 특약이 대등한 입장에 서는 당사자 사이에서 맺어진 것이라고 할 수 없는 때, 그리고 담보책임발생의 요건이 되는 권리를 매도인이 제3자에게 설정해 주거나 또는 양도한 때에도 면책특약은 무효이다(584). 매매의 목적물에 하자가 있어 담보책임의 요건 뿐만 아니라 錯誤의 要件도 충족되는 경우 다수설에 따르면 매도인의 담보책임이 성립하는 범위에서 착오에 관한 규정은 적용되지 않는다고 한다.

매도인(賣渡人)**의 환취권**(還取權) 〔英〕 right of stoppage in transit 〔獨〕 Verfolgungsrecht 〔佛〕 droit de revendication en cours de route 격지자 사이에 물건이 매매되어, 매도인이 매매의 목적인 물건을 발송한 때에, 매수인이 아직 대금을 전부 변제하지 않고, 또한 도달지에서 그 물건을

현실적으로 수령하지 않는 동안에 매수인이 破産宣告를 받았을 때, 매도인이 목적물의 반환을 요구할 수 있는 破産法上의 權利(破 81). 이 제도는 원래 영법(英法上의 運送中의 留止權)에서 발달된 제도로 그 뒤 유럽의 대륙법에 수입되고, 우리 파산법에서 채용하게 되었다. 그 취지는 매수인이 목적물을 수령하여 이행을 완료하였는데, 代金請求權은 破産債權으로 될 수밖에 없게 되어 손해를 받는 것을 보호코자 하는데 있다. 이 매도인의 환취권은 履行行爲로서 물건에 대한 소유권이나 점유권을 매수인에 이전하는 의사표시의 撤回權에 불과하다. 즉, 매도인은 매수인측의 수중에 들어가지 않은 사이에 管財人에 대하여 還取의 의사표시를 함으로써 이 권리를 행사하는 것이다. 그 뒤에 관재인이 이를 수령하여도 매도인을 위하여 보관하는데 그치고 이행이 있은 것으로 되지 않는다. 이에 반하여 관재인이 대금을 지급하고 수령하면 환취의 효과가 없어지는 것으로 이행이 완료된 것으로 된다. 이러한 환취는 매도인의 이행을 저지하는데 그치고, 원인행위인 매매계약의 효력에는 아무 영향이 없다. 이 제도는 會社整理 및 和議에 있어서도 인정된다(會整 64, 和 4). → 환취권

매도저당(賣渡抵當) 매도담보 중에서 목적물을 買受人(融資者)에게 인도하지 않는 것을, 이것을 인도하는 것(賣渡質)에 대해서 매도저당이라고 한다면, 보다 더 정확한 표현이 될 것이지만, 실제로는 매도담보, 또는 오히려 양도담보와 같은 의미로 사용되고 있다. → 매도담보, 양도담보

매도증서(賣渡證書) 賣買契約의 履行으로서 소유권을 이전하는 경우에, 이전등기의 신청시에 등기소에 제출되는 등기원인을 증명하는 서면(不登 40 I ii). 매도인이 매수인 앞으로 써 주는 것이며, 그 내용은 대금을 정히 수령하였음이 확실하다는 것인 바, 그것은 동시에 대금을 수령하였으니까 소유권을 이전해 준다고 하는 의사표시를 포함한다고 해석하여야 할 것이다. 따라서 이것은 賣買契約의 證書는 아니고 物權的 意思表示의 증서라고 해석하여야 할 것이다.

매도질(賣渡質) 양도질과 같다.

매득금(賣得金) 널리 매매에 의하여 얻은 대금을 말하나 특히 동산의 强制執行 또는 假押留節次에 있어서 목적물을 경매하여 얻은 금전을 가리킨다(民訴 526, 541, 542, 709).

매 려(買戾) 還買의 구민법상의 용어.

매 매(賣買) 〔羅〕 emptio venditio 〔英〕 (contract of) sale 〔獨〕 Kauf 〔佛〕 vente 당사자의 一方(賣渡人)이 일정한 재산권을 상대방(買受人)에게 이전할 것을 약정하고 상대방이 이에 대하여 그 대금을 지급할 것을 약정함으로써, 성립하는 契約(民 563 이하). 有償·雙務契約의 전형이며 諾成契約이다. 금전인 대금을 대가로 하는 점이 교환과 다르다. 민법은 매매에 관하여 상세한 규정을 두고, 이것을 有償契約 일반에 준용한다(567). 매도인은 목적인 재산권을 이전하고, 또 매수인으로 하여금 이것을 완전히 享受시키기 위하여 필요한 일체의 행위를 하여야 하는 의무 외에, 담보책임을 진다. 이에 대응하여 매수인은 代金支給義務를 진다. 매매에는 계약과 동시에 목적물과 대금을 그 자리에서 바꾸어 버리는 현실매매 외에 대금을 정하는 방법에 따라 自由賣買·競爭賣買·(競賣·入札), 契約締結의 방법에 따라 見本賣買·試味賣買(試驗賣買), 특수한 것으로서 繼續的 供給契約·分割支給約款附賣買 등의 종류가 있다. 매매계약에 관한 비용(목적물의 평가나 증서의 작성 등의 비용)은 특약이 없으면 당사자 쌍방이 균분하여 부담한다(566). 매매는 자본주의사회의 상품거래에 있어서 중요한 역할을 하는 제도이며, 종래에는 계약자유의 원칙이 가장 순수하게 인정되었던 분야이지만, 독점이나 통제에 의하여 그 자유의 제한이 차츰 현저하게 되어 간다.

매매거래(賣買去來)〔證券去來上의〕 모든 상품의 매매거래를 가리키는 것이 일반적이지만, 여기서는 특히 증권거래법상의 유가증권시장에 있어서의 매매거래를 설명한다(證去 85 이하). 이것은 매매거래자·영업소 등에 관해서 제한이 있을 뿐만 아니라(85, 86), 일정한 시간내에 일정한 방식에 좇아서 행하여지며, 증권거래소는 그 시세와 매매상황을 재정경제부장관에게 보고하여야 한다(102). 그 목적물은 상장된 유가증권에 한하며, 매매거래의 종류 및 방법은 증권거래소의 業務規程으로 정하도록 되어 있다(94). 구법상으로는 當日決濟去來·普通去來·特約日決濟去來·發行日決濟去來의 4종이 있었다. 재정경제부장관은 일정한 사유가 있을 때에는 매매거래를 休場시킬수 있다(91).

매매거래(賣買去來)의 수탁(受託) 증권거래법상 증권거래소가 개설하는 유가증권시장에 있어서의 매매거래의 수탁을 받는 것. 거래원인 증권회사에 한해서 수탁자로 될 수 있다. 수탁계약은 委託契約이며, 거래원은 수탁자를 위해서 자기의 이름으로써 매매거래를 하는 자이므로, 委託賣買人이다. 매매거래의 수탁은 성질상 신속을 요하고, 유가증권시장에서의 거래가 정형화되어 있으며, 또한

위탁자보호의 필요도 있으므로 증권거래소가 정하는 受託契約準則에 좇아서 행하여지지 않으면 안된다(證去 110). 증권거래법은 수탁자보호를 위하여 수탁의 취급장소를 제한하고(109), 매매거래가 성립된 때에는 매매보고서를 작성하여 위탁자에게 교부 또는 발송하여야 하며, 價格逆指定注文의 금지 등에 관해서 규정하고 있다(111).

매매계약(賣買契約)**의 보증**(保證) 매매계약을 체결하려고 하는 상인의 쌍방의 신용이 명백하지 않은 경우에 은행 또는 신탁회사의 보증을 받고 계약을 성립시키는 경우를 말하며, 은행에 대하여 보증의뢰서를 제출하면 銀行信託은 대개 담보차입을 요구한다. 이에 대하여 借入書를 제출하면 보증계약서가 작성된다.

매매보고서(賣買報告書) 증권거래소의 去來員(證券會社)이 고객으로부터 受託한 유가증권의 유가증권시장에서의 매매거래가 성립한 때에 위원회가 정하는 바에 의하여 작성하고, 그 매매거래성립후 지체없이 고객에게 통지하는 거래에 관한 보고서(證去 46 참조). 고객의 위탁이 어떻게 집행되고 거래의 결과 그 계산이 어떻게 되었느냐를 나타내는 문서. 고객보호를 위하여 거래원에게 그 作成·交付·發送義務가 과하여진다.

매매(賣買)**의 예약**(豫約) 장차 本契約인 매매계약을 체결할 것을 약속하는 계약을 말한다. 즉 민법은 예약으로 본계약을 체결할 권리를 갖는 자가 상대방에 대하여 본계약을 성립시킨다는 意思表示(完結의 의사표시)를 하면, 상대방의 승낙을 기다리지 않고서 본계약인 매매는 성립하는 것으로 규정하고 있다(民 564). 예약의 종류에는 ① 당사자 일방만이 본계약의 체결을 원하는 청약을 행할 권리를 갖고 상대방은 承諾義務를 부담하는 片務豫約과, 당사자 쌍방은 모두 이러한 권리를 갖고 서로 의무를 부담하는 雙務豫約이 있고, ② 당사자의 일방만이 매매완결의 의사표시를 할 수 있는 권리를 가지는 一方豫約과, 쌍방이 모두 이 권리를 가지는 雙方豫約이 있다. 민법이 564조 1항에서 매매의 일방예약에 관해서만 규정하고 있으므로 매매의 예약은 원칙적으로 일방예약이라고 추정된다. 본계약이 要式行爲인 경우에 방식을 요구하는 이유가 당사자로 하여금 신중하게 하려는 데에 있으면 예약도 본계약과 같은 방식에 좇아야 하며, 방식을 요구하는 것이 증거의 방법으로 삼으려는 데에 그 이유가 있다면, 예약 자체는 그 방식에 따르지 않아도 유효하다. 매매의 一方豫約(雙方豫約도 같다)의 법률적 성질에 대해서는 예약권리자의 완결의 의사표시를 조건으로 하는 停止條件附賣買라고 하는 것이 통설이다. 매매의 일방예약 또는 쌍방예약에 의하여 일방 또는 쌍방 당사자(즉 豫約權利者)는 상대방에 대하여 매매완결의 의사표시를 할 수 있는 豫約完結權을 갖게 된다. 부동산물권을 이전하여야 할 본계약의 예약완결권은 가등기의 이전등기(즉 假登記移轉의 附記登記)만으로써 대항할 수 있다는 학설의 입장에 대해, 판례는 가등기의 이전등기는 할 수 없다고 한다. 예약완결권은 완결권자가 예약의무자에 대하여 행사하여야 하며, 예약완결권이 양도된 때에는 그 讓受人이 완결의 의사표시를 하여야 한다. 여러 사람이 공동으로 매수하는 경우에는 豫約完結權의 準共有가 있게 되어 공동으로 행사하여야 한다. 예약의무자는 보통은 예약을 한 상대방이지만, 완결권이 가등기에 의하여 제3자에의 對抗力을 갖는 경우에 목적부동산이 제3자에게 양도된 때에는 이 때의 완결권 행사는 그 제3자에 대하여 하여야 한다. 완결의 의사표시를 하면 그 때에 本契約인 매매는 성립하나, 완결의 의사표시를 할 때에 대금을 제공할 필요는 없다. 예약완결권의 존속기간은 당사자의 계약에 의하며, 당사자가 기간을 정하지 않은 때에는 예약의무자는 상당한 기간을 정하여 매매완결 여부의 확답을 상대방(豫約完結權者)에게 催告할 수 있다(民 564Ⅱ). 만일에 예약의무자가 그 기간 내에 확답을 받지 못한 때에는 예약은 그 효력을 잃는다(民 564Ⅲ). 그 밖에 예약완결권은 形成權이므로 10년의 기간 내에 행사하지 않으면 소멸한다.

매매일임계정(賣買一任計定) 〔英〕 discretionary account 고객으로부터 유가증권의 매매거래에 관해서, 賣買種類·有價證券의 種目·數量·價格의 결정을 일임받아서 그 자의 계산에 있어서 매매거래를 하는 것. 고객이 유가증권에 관해서 경험이 없을 때라든가 증권업자를 신용한 때에 행하여지지만 이에 대하여는 유가증권시장의 질서유지, 공정한 시세의 형성, 과도한 투기의 방지 또는 투자자(고객)의 보호를 위해서 적당한 규제가 요청된다.

매매(賣買)**의 일방예약**(一方豫約) 매도인 또는 매수인의 일방만이 本契約을 성립시키는 權利(豫約完結權)를 가지고, 상대방의 승낙없이 곧 本契約을 성립시킬 수 있는 매매의 예약(民 564). 예약에는 4종이 있지만(→예약), 민법은 이러한 일방예약을 원칙으로 하고 있는 것으로 생각된다.

매매증거금(賣買證據金) 증권거래소가 매매거래의 이행을 확보하기 위하여 거래원인 거래당사자의 일방 또는 쌍방으로터 징수하는 일종의 保證金. 증권거래법 94조의 규정에 의하여 證券去來所業務規程은 이에 관해서 상세한 규정을 하고 있는 바, 이를 징수하는 매매거래의 종류는 보통거래와 발행일결제거래 및 특약일결제거래로 되어 있고, 그것은 징수하는 목적으로 보아서 本證據金·增證據金·豫納證據金의 3종으로 구분된다.

매매참가인(賣買參加人)　농수산물유통 및 가격안정에 관한 법률 24조·39조의3 또는 39조의5의 규정에 의하여 開設者에게 등록하고 농수산물도매시장 또는 농수산물공판장에 상장된 농수산물을 직접 매수하는 가공업자, 농수산물소매업자, 농수산물소매업자협동조합, 수출업자, 소비자단체 등 수요자를 말한다(農水産物流通 및 價格安定에 관한 法律 2Ⅶ).

매매혼(賣買婚)　남자가 금전 기타의 有價物을 대가로서 여자의 집에 지급하고 여자를 아내로 맞는 혼인의 형태. 혼인의 역사적인 형태의 하나.

매 붕(賣崩)　〔英〕 bear raid　증권거래소의 용어로서 證券時勢를 인위적으로 폭락시키기 위하여 일시에 매출하는 것. 수인이 공동하여 행하는 경우에는 賣聯合이라고 한다. 이것은 시세를 조종하여 이를 인하시키기 위한 목적으로 하는 것이므로 이와 같은 매매거래 또는 그 수탁은 금지된다(證去 110, 188의4).

매사츄세츠헌법(憲法)　〔英〕 Constitution of Massachusetts　미국의 매사츄세츠주는 1777년 憲法會議가 헌법안을 작성하여 州民投票에 붙였으나, 권리조항이 없었던 이유로 부결되었다. 1779년 새로이 헌법안을 작성하여 州民投票에 붙여 그 찬성을 얻어 1780년 그 헌법이 성립·제정되었다. 제1편 權利條項, 제2편 政治組織으로 구성되어 있다. 이 헌법은 버지니아헌법과 더불어, 초기 미국각주헌법의 쌍벽을 이룬다. 그뿐 아니라, 이 헌법은 그 제정절차에 있어 특별히 선출된 憲法制定會議·州民投票라는 형식을 취함으로써, 이른바 헌법제정권력의 소재를 절차적으로 명백히 한 점이 주목되고 있다.

매수이해유도죄(買收利害誘導罪)　상대방을 매수하여 자기에게 이롭게 하였을 때 성립되는 것으로 국민투표법 99조에서는 벌칙으로 다음 각호의 1에 해당하는 자는 징역이나 금고 또는 벌금에 처한다. ① 찬성하게 하거나 하지 못하게 할 목적으로 투표권자에게 金錢·物品·車馬·饗應 기타 재산상의 이익이나 公私의 직을 제공하거나 그 제공의 의사를 표시 또는 약속한 자, ② 투표를 하거나 하지 아니하거나 운동을 하거나, 하지 아니하거나 또는 그 알선·勸誘에 대한 보수를 목적으로 투표권자에게 제1호에 규정된 행위를 한 자, ③ 투표를 하였거나 아니하였다는 보수로서 투표권자에게 ①에 규정된 행위를 한 자, ④ 국민투표의 결과에 영향을 미치게 할 목적으로 학교 기타 공공기관·단체에게 금전·물품 기타 재산상의 이익을 제공하거나 그 제공의 의사를 표시한 자, ⑤ ① 내지 ④에 규정된 행위에 관하여 알선 또는 권유를 한 자, ⑥ ① 내지 ④에 규정된 이익 또는 직의 제공을 받거나 요구하거나 그 제공의 의사표시를 승낙한 자. 또한 선거관리위원회의 위원이나 직원, 국민투표에 관계있는 공무원 또는 경찰공무원이 1항 각호의 규정된 행위를 한 때에는 가중처벌된다.

매수인(買受人)　민법상 매매계약의 당사자의 일방을 매수인 또는 賣主라 한다. 상대방 매도인에 대하여 재산권 移轉請求權을 가지며 스스로는 代金支給義務를 진다(民 563 참조)(→동시이행의 항변권). 상법상으로 상인간의 매매에 있어서는 매수인은 목적물을 수령할 때에는 하자나 수량의 부족을 검사하여 매도인에게 통지할 의무가 있으며, 만약 통지하지 아니한 경우에는 損害賠償·代金減額請求權이 소멸하고(商 69), 매매계약을 매수인이 해제한 경우에는 매도인의 비용으로 매매의 목적물을 보관 또는 공탁하여야 한다(70).

매수청구권(買受請求權)　一人이 타인의 부동산을 이용하는 경우에 그 이용관계가 종료함에 즈음하여 이용자가 그 부동산에 부속시킨 물건에 관하여, 이용자 또는 소유자가 그의 일방적 의사표시로써 매매계약이 체결된 것과 동일한 법률관계를 성립시키는 권리. 청구권이라고 하지만 그 권리를 행사하면 상대방의 승낙을 필요로 함이 없이 그것만으로 매매가 성립하는 것이므로, 그 성질은 매매의 豫約完結權과 같은 것이며, 따라서 일종의 形成權이다. 매수청구권은 부동산에 부속된 물건의 경제적 효용을 다하게 하는 작용을 하는 것이며, 특히 이 권리를 이용자가 행사하는 경우에는 이용자의 投下資本을 회수하는 작용을 한다. 민법이 인정하는 매수청구권은 다음과 같다. ① 지상권설정자 및 지상권자의 地上物買受請求權(民 285Ⅱ, 283Ⅱ). ② 전세권설정자 및 전세권자의 附屬物買受請求權(316). ③ 土地賃借人 및 轉借人의 建物 기타 工作物의 매수청구권(643, 644).

매수합병(買收合倂)　회사가 해산하는 동시에 기존의 다른 회사 또는 새로 설립된 회사에게 그 영업 전부를 양도하는 경우에는 합병과 비슷한 경제상의 효과가 생기므로, 이것을 통속적으로는 매수합병이라고 부른다. 그러나 이 경우에는 해산회사는 清算節次를 밟아야 하며, 흡수하는 회사는 해산회사의 영업만 讓受하고, 그 사원을 수용하지 아니하므로 상법상의 합병이 아니고, 營業讓渡의 한 형태에 지나지 않는다.

매스 커뮤니케이션 〔英〕 mass communication 大衆傳達, 大量傳達 등 譯語가 있으나 보통 원어대로 쓰여지고 있다. 일반적으로 일정한 매체를 통하여 행하여지는 대중에의 대량적 전달 내지 통보라는 社會事象을 말한다. 그 대상은 광범위한 불특정의 대중이며, 그 내용은 보도·정보·사상·정서 등 다원적이며 그 방법은 신문·라디오 등 조직화되고 기계화된 매체를 통하여 간접적으로 행하여진다. 매스 미디어(mass media)를 통하여 누가, 무엇을, 어떻게, 전달하여 그것이 어떻게 받아 들여지는가, 그리고 어떠한 효과를 발생시키고 있는가는 오늘날의 사회를 고찰함에 있어서 소홀히 할 수 없는 문제이다. 건설적으로도 파괴적으로도 작용하는 매스 커뮤니케이션의 힘은 原子力에 비교되고 있다. 유네스코憲章은 매스 커뮤니케이션의 모든 수단에 의하여 각국간의 상호이해를 증진하는 사업에 협력한다고 규정하고 있다.

ㅁ

매 음(賣淫) 〔英〕 prostitution 불특정인으로부터 금전 기타 재산상의 이익을 받거나 받을 것을 약속하고 性行爲를 하는 것(淪落行爲 등 防止法 2). 형법은 영리의 목적으로 미성년자 또는 음행의 상습없는 부녀를 매개하여 간음하게 한 자를 처벌하며(242), 윤락행위 등 방지법은 매음행위 자체 뿐만 아니라 그 상대자도 처벌한다(4). 또 동법은 매음의 誘引·勸誘·强要·處所提供도 처벌하며, 매음자 또는 그 상대자로부터 보수를 받을 것을 목적으로 영업으로 매개행위를 하는 것 및 이러한 행위를 폭력·위협·詐僞의 방법으로 또는 남을 곤경에 빠뜨리거나, 업무 고용 기타의 관계로 인하여 자기의 보호 또는 감독을 받는 관계를 이용하여 행할 때에는 형이 가중된다(24, 25). → 윤락행위 등 방지법

매입상환(買入償還) 회사가 자기의 社債를 매입하여 이것을 소멸시킴으로써 상환과 동일한 효력을 발생시키는 것. 그 법률상의 성질은 본래의 상환과 다르나 회사의 사채를 감소하는 점은 마찬가지이다. 사채의 특가가 액면금액 이하로 하락된 경우에는 매입상환에 따라 유리하게 상환의 목적을 달성할 수가 있다.

매입소각(買入消却) → 주식소각

매장문화재(埋藏文化財) 토지 또는 물건에 포장된 매장물인 有形文化財. 그 발견자 또는 그 토지나 물건의 소유자·관리자 또는 점유자는 그 現狀을 변경함이 없이 대통령령이 정하는 바에 의하여 문화관광부장관에게 신고하여야 한다(文化財 43). 발굴을 하고자 하는 자는 문화관광부장관의 허가를 얻어야 하며, 문화관광부장관은 필요한 때에는 스스로 발굴할 수도 있다(44, 45). 매장문화재로서 그 소유자가 판명되지 않은 것은 國庫에 귀속한다(48 I, 民 255). 그 처리방법·귀속·보상금 등에 관한 특별규정(文化財 46~48)이 있는 경우 외에는 매장물과 같이 취급된다(49). → 문화재

매장물(埋藏物) 〔羅〕 tresaurus 〔英〕 treasuretrove 〔獨〕 Schatz 〔佛〕 trésor 토지 기타의 물건(포장물) 속에 파묻혀 있어서 그 소유자가 누구인지를 용이하게 알 수 없는 물건. 매장물과 包藏物은 어느 것이나 부동산·동산을 가리지 않는다. 즉, 매장물은 동산인 경우가 보통이지만 예컨대, 매몰된 가옥과 같은 것은 부동산이면서 매장물일 수도 있고, 포장물은 토지인 경우가 보통이지만, 예컨대 지폐가 옷 속에 끼어 있는 것과 같이 동산일 수도 있다. 매장물은 그 소유자가 누구인지를 쉽사리 알 수 없는 물건이어야 하므로, 化石과 같이 그 소유자가 없다는 것이 분명한 물건은 매장물이 아니다(→ 무주물선점). 매장물을 발견한 경우에는 遺失物에 있어서와 같은 절차에 따라서(流失物法 13). 공고한 후 1년내에 그 소유자가 권리를 주장하지 아니하면 발견자가 그 소유권을 취득한다. 다만, 타인의 물건 속에서 매장물을 발견한 때에는 발견자와 포장물의 소유자가 절반하여 그 소유권을 취득한다(民 254). 매장물이 學術, 技藝 또는 考古의 중요한 자료가 되는 물건인 때에는 이를 國有로 하는 동시에, 발견자 및 포장물의 소유자는 국가에 대하여 적당한 보상을 청구할 수 있다(255). 매장문화재에 관하여는 문화재보호법에 상세한 규정(43~49)이 있다. 매장물발견의 법률적 성질은 법률행위가 아니라 準法律行爲 중의 非表現行爲에 해당한다(→ 무주물선점).

매장물횡령죄(埋藏物橫領罪) → 점유이탈물횡령죄

매장·화장(埋葬·火葬) 屍體(임신 4개월 이상의 死胎를 포함한다) 또는 유골을 땅에 묻거나 땅에 納骨하여 장사함을 매장이라 하고, 시체를 불에 태워 장사함을 火葬이라 한다(埋葬 및 墓地 등에 관한 法律 2 I·II). 埋·火葬은 타법령에

특별한 규정이 없는 한 사망 또는 死産時로부터 24시간을 경과한 후가 아니면 할 수 없다(3). 埋·火葬을 하고자 하는 자는 매장지·화장지의 구청장·시장 또는 군수에게 신고하여 신고증을 교부받아야 하며, 토지·화장장의 관리인은 申告證을 수리한 후가 아니면 매장이나 화장을 하게 하지 못한다(5, 12). 검시를 받지 아니하고 變死者를 埋·火葬하는 행위 등은 처벌된다(18~21, 刑 158~163). →묘지·화장지

매점매석(賣占買惜) 물가의 상승을 예측하고 이를 기화로 이득을 보기 위하여 상품을 매석매점하는 행위. 양곡관리법(15) 및 물가안정에 관한 법률(7)은 이들 행위를 하는 자를 엄중히 처벌한다(糧穀管理法 32Ⅱ, 物價安定에 관한 法律 26).

매출발행(賣出發行) ① 일정한 賣出期間을 정하여 그 기간내에 공중에 대하여 개별적, 점차적으로 채권을 매각하는 방법에 의하여 社債를 모집하는 것. 이 경우에는 발행조건을 공고하면 족하고 社債請約書에 의하지 아니한다. 사채의 총액을 인수한 자가 公衆에게 매출하는 것은 매출발행이 아니다. ② 신주발행에 관하여 종래의 자본증가에 있어서 資本確定의 原則이 완화되어 발행결의에서 정한 발행주식총수의 인수가 없어도 인수가 있었던 부분 만큼의 발행의 효력이 인정되어 주식총수의 일체성이 완화되었기 때문에, 사채의 매출발행에 있어서 사채총액의 一體性의 완화에 대비하여, 신주발행은 매출방법에 준하는 방식이라고 설명되는 수도 있다.

매칭 펀드 〔英〕 matching fund 수익자의 出資에 따라 정부·단체·개인 등이 내는 보조금을 뜻한다. 즉 중앙정부가 지방자치단체나 민간에 예산을 지원할 때 자구노력의 정도를 보고 이에 따라 지원자금을 배정하는 방식으로 우리나라는 1993년 지방 中小企業支援에 이 방식을 처음 도입했다. 이 밖에 컨소시엄 형태로 여러 기업이 공동출자하는 자금이나 금융에서 混合基金을 의미할 때 매칭 펀드라는 말을 쓰기도 한다.

매크래오드문제(問題) 〔英〕 A case of Alexander Mcleod 매크래오드는 영국 군인으로서 1837년 12월 29일 본국정부의 명령을 받고 미국선 카로라인호(카나다의 반도에 무기를 공급한 美國船)를 격침하여 1명의 사망자를 내었는데 1840년 매크래오드가 미국에 용무로 왔다가 체포되어 뉴욕주의 대법원이 유죄판결을 내렸는데 이에 대하여 군대·군함 및 군용항공기 이외의 국가기관도 그가 本國政府의 명령을 받았다고 해도 그 행위에 관하여는 외국의 재판이 면제된다는 견해가 보급되었다. →카로라인호 사건

매 판(買辦) 〔英〕 comprador 중국 영토 내에 있는 외국인과 중국인의 중간에 개재하여 전자에 종속하면서 넓은 뜻의 商行爲를 중개하는 중국상인을 말한다. 그들은 중국에 주재한 외국 상업자본의 보조적 기관으로서 매매·금융·보험 등의 매매적 업무를 행한다. 상사매판·은행매판·기선매판·보험매판으로 나누어진다.

매환(賣換)**어음** 외국 송금어음 등 수입상이 대금지급의 목적으로 은행으로부터 매입하는 어음으로서 輸入換어음과 같다.

매환(買換)**어음** 수출상품 代金推尋을 목적으로 하여 발행하는 외국환으로서 은행에 매각하는 것으로 수출환어음과 같다.

맥아더 라인 〔英〕 MacArthur Line 점령하의 일본인이 漁業活動을 할 수 있는 범위를 정한 선. 종전직후 1945년 9월 2일 연합군총사령부지령 제1호로써 어선을 포함한 모든 일본선박의 이동이 금지되었으나, 1945년 10월 3일 정식으로 맥아더 라인이 지정되었다. 1945년 12월 30일 제1차확장, 1946년 6월 21일 제2차확장, 1949년 9월 19일 제3차확장. 1952년 4월 28일 일본과의 평화조약의 발효와 동시에 철폐. 한국의 平和線은 이 맥아더 라인에 대치할 목적으로 설정된 것. →평화선, 일본과의 평화조약

맨데머스 〔英〕 mandamus 職務執行令狀이라고 번역된다. 상급재판소가 발하는 영국의 大權令狀(prerogative writ)의 하나로서, 널리 개인·법인·행정청·공무원 또는 하급재판소에 대하여 그 의무에 속하는 특정한 사항의 이행을 명하는 보통법의 절차. 주로 공공의 목적을 위하여 국가기관의 직무집행을 명하기 위하여 사용되는 것이나, 私權의 보호를 위하여도 이용된다. 보통의 소송방식으로서는 적절한 구제를 받을 수 없을 경우에 한하는 것이 원칙이며, 이를 발할 것인가의 여부는 전혀 재판소의 재량에 속한다. 미국에서도 널리 이용되고 있다. 행정청의 위법한 不作爲에 대한 사법심사의 방식으로 활용된다. 어떠한 행위를 하든가 그렇지 않으면 그 행위를 하지 아니하는 이유를 제시할 것을 명하는 選擇的 執行令狀(alternative mandamus)과 어떠한 행위를 할 것을 강제하는 絶對的 執行令狀(peremptory mandamus)으로 구분된다. →프로히비션, 서시오레어라이, 인정크션, 퀴워란토

먼로주의(主義) 〔英〕 Monroe Doctrine 〔獨〕 Monroedoktrin 〔佛〕 Doctrine de Monroe 1823년에 미국대통령 먼로가 성명함으로써 미국의 전통적 정책으로 된 것. 첫째, 유럽제국이 미대륙을 장래의 植民對象으로 하는 것에 반대하는 것. 둘째, 유럽제국이 그 政治制度를 미대륙에 연장하는 것, 특히 이미 독립한 정부를 억압하기 위해 간섭하는 것을 평화와 안전에 위험한 것이라고 하여 반대하는 것(단, 현재의 植民地나 屬地에 간섭하지 않는다). 셋째, 유럽제국의 내정에 대한 미국의 불간섭, 특히 사실상의 정부를 정당한 정부로 인정할 것 등을 내용으로 한다. 이 성명의 동기는 당시, 한쪽에서 북미의 서북단에 있어서 러시아와 미국의 국경 다툼이 있었으며, 다른 쪽에서는 중남미의 식민지의 독립에 대하여 神聖同盟이 간섭하려 하기 때문에, 그것들을 견제하고 배격하기 위한 하기 위한 것이었다. 먼로주의는 성명된 때부터, 이미 100년 이상을 경과하였으며, 그 사이에 많은 기회에 원용되어 여러가지 의미로 해석되어 왔기 때문에, 그것들의 종합적 결정으로서 현재에는 어떠한 의미를 가지는가는 명백하지 않다. 제2차대전 전부터, 미국이 孤立主義를 포기하고, 國際協力主義를 채용하는데 이르러, 먼로주의는 점차 존재가치를 상실하였다. → 고립주의

먼트 · 닉슨법안(法案) 〔英〕 Munt-Nixon Act 1948년 미국의 하원의원 칼 먼트, 리차드 닉슨이 공동제출한 법안으로서, 정식으로는 破壞活動團束法(Subversive Activities Control Act)이라고 불린다. 공산주의 · 나치즘 · 파시즘 등 미국의 안전에 대하여 위협을 줄 우려가 있는 정치활동을 단속하는 것을 목적으로 하는 것. 현실적으로는 공산주의활동의 방어에 그 목적이 있다. 즉, 공산주의활동을 뚜렷하게 표면에 나타내게 하기 위한 것으로서, 공산당 · 공산주의단체의 등록, 당원 및 단체원 명부의 제출, 정기적 회계보고, 여권발급제한, 관직취임금지 등을 내용으로 한다. 본법안은 동년 연방의회에서 하원은 통과하였으나, 상원에서 그의 위헌성이 문제되어 심의되지 않고 그 성립을 보지 못하였다. 그러나 본법안의 主旨는 1950년에 성립한 1950년의 國內安全保障法(Internal Security Act of 1950)에 의하여 계승되었다. → 국내안전보장법

메리트 시스템 〔英〕 merit system → 성적주의

메모랜덤 〔英〕 memorandum 각서와 같다.

메모의 이론(理論) 證據法上 기억할 사실을 기재한 서면의 증거능력에 관한 이론. 영미법에서는 메모(memorandum)의 사용에 관하여 두 개의 경우를 구별하고 있다. 첫째로 진술자가 완전히 기억을 상실한 때에는 과거에 작성한 메모를 증거로서 제출하는 것이 허용된다. 그러나 신선한 기억의 기록이고, 또 진술자가 공판정에서 기억의 정확한 기록인 것을 증언하여 反對訊問을 받는 것이 필요하다. 둘째로 기억을 상기하는 것이 가능한 때에는, 그 수단으로서 이것을 이용하는 것이 허용된다. 이 경우에는 메모가 陳述內容을 이루는 것이 아니라 메모에 의하여 상기된 기억이 진술의 내용을 이룬다. 다만 이 경우에 상대방의 요구가 있으면 메모를 보여주어야 한다. 우리 형사소송법은 이 이론을 일부채용하여, 수사기관의 檢證調書, 감정인의 監定書에 대하여 증거능력을 인정하고 있다(312 I 後, 313). 다만 우리나라에서는 메모를 현재의 진술의 일부로서 제출하고 더욱이 메모 그 자체를 증거로서 제출하는 것을 인정하고 있음을 주의하여야 한다. 일반의 證人의 경우에는, 본인이 완전히 기억을 상실하고 있고(必要性의 原則), 또 특히 信憑할 수 있는 상태하에서 작성된 경우에 비로소 증거로 될 수 있다(314 참조)고 해석된다.

메이 데이 〔英〕 May Day 매년 5월 1일을 기하여 근로자가 휴업과 시위운동으로 그의 단결과 친목을 도모하는 國際勞動日. 1884년 미국의 각 노동단체가 매년 5월 1일을 기하여 8시간노동제 요구의 제네스트와 데모를 행할 것을 정하고, 1886년에 그 제1회를 결행하고 부분적으로 요구를 관철한 데서부터 비롯한다. 1889년 제2인터내셔널의 파리대회는 이 미국근로자의 위대한 투쟁을 세계적으로 확대할 것을 결정하고, 이후 세계 각지에서는 이 날을 근로자의 단결과 투쟁의 결의를 표시하는 날로 지키기로 하였다. 그러나 제2차세계대전후 구소련을 비롯한 공산진영에서는 이를 정치에 이용하기 시작하였으므로, 메이 데이의 진원지인 미국에서는 오늘날 5월 1일 대신 9월중 제1월요일을 레이버 데이라고 하여 순수한 勤勞者의 명절로 기념하고 있다. 우리나라에서도 해방 이후 1958년까지 5월 1일을 메이 데이로 기념하고 있었던 것이나, 1959년부터는 우리나라의 정치적 감정이나 실정에 적합하도록 3월 10일로 변경하여 근로자의 날을 기념하기도 했다. 그러나 1994년 3월 9일 근로자의 날 제정에 관한 법률을 개정, 5월 1일은 근로자의 날로 하고, 이 날을 근로기준법에 의한 유급휴일로 하였다.

메이츠 리시트 〔英〕 mates receipt 〔獨〕 vorläufiger Empfangsschein 〔佛〕 billet de bord ou d'embarquement, reçu provisoire 船積指示書에

의한 船積에 즈음하여 선장이 送荷人에게 교부하는 증서. 운송물의 종류·수량 등이 기재되며(證據證券), 선박소유자는 이것과 상환하여 선하증권을 교부하면 된다(免責證券). 積荷受領書 또는 本船受領證이라고도 한다.

메인터넌스 오브 멤버십(maintenance of membership)**조항**(條項)　노동조합으로부터 조직근로자는 탈퇴할 수 없도록 하고, 만약 근로자가 조합을 탈퇴하는 경우에는 사용자로 하여금 그 근로자를 해고하도록 한 단체협약의 조항을 말한다. 말할 것도 없이 이와 같은 조직강제는 對使用者的 관계에서 노동조합으로 하여금 보다 견고한 위치를 확보하여 노동력의 거래에 있어서 독점적 지위를 보유하게 하려는 것이다.

면 관(免官)　관리관계를 해제하는 행위. 관과 직을 분리하지 않는 職階制를 새로 채용한 국가공무원법은 면관에 대신하여 일반적으로 면직이란 개념을 사용한다.

면려포장(勉勵褒章)　공무원으로서 그 직무에 精勵하여 공적이 현저한 자에 수여하는 포장의 하나.

면 세(免稅)　법률·명령의 규정에 의하여 특정한 원인이 있는 경우에 특정한 사람 또는 법인에 대하여 조세납부의 의무를 면제하는 행위를 말한다. 이에 대해서는 租稅減免規制法이 규정하고 있다.

면 소(免訴)　公訴가 제기된 사건에 관하여 이미 確定判決이 있은 때, 사면이 있은 때, 공소의 시효가 완성되었을 때, 범죄후의 법령개폐로 형이 폐지되었을 때에 선고되는 判決(刑訴 326). 면소의 판결의 본질, 즉 면소의 법적 성질에 관하여는 다음과 같은 학설이 대립되어 있다. ① 實體裁判說. 면소는 일견 가능적으로 존재하였던 형벌권이 특수한 刑罰權消滅事由로 인하여 소멸한 것을 이유로 형벌권의 소멸을 확인하는 실체재판이라고 하는 설. 이 설에 의하면, 확정판결이 있은 것을 이유로 하는 면소의 판결의 설명에 있어서 무리가 있고, 특히 무죄의 확정판결이 있는 요건에 대하여도 면소의 판결이 선고되는 것을 설명하기 곤란할 뿐만 아니라, 無罪判決과 구별할 실질적 근거를 설명할 수 없다. ② 形式裁判說. 이 설은 소송조건의 흠이 공소권을 소멸케 하는 경우에, 공소권이 없다고 하는 純形式裁判이라고 한다. 이 설은 실체 그 자체를 판단하는 것이 아니라는 점에서는 타당하지만, 이 설에 의하면 왜 면소의 판결에 旣判力이 발생하는가의 설명이 곤란하다. ③ 形式裁判·實體裁判區別說. 이 설은 확정판결이 있는 것을 이유로 하는 면소의 판결은 형식재판이고, 기타의 경우는 실체재판이라고 한다. 이 설은 면소의 판결의 통일적 이해를 단념하고 있다는 비난을 받고, 전술한 實體裁判說·形式裁判說에 있어서와 같은 비판이 가하여진다. ④ 實體關係的 形式裁判說. 이 설은 실체관계에 관한 訴訟條件(실체적 소송조건)의 흠을 이유로 선고되는 실체관계적 형식재판이라고 한다. 즉, 면소의 판결은 실체관계의 심리를 유죄·무죄의 실체적 재판과 같이 극한까지 진행시키지 아니하고, 중간에서 종결시키는 점에서는 형식재판이나, 그 심리를 중간에서 종결시키는 이유, 즉 소송조건의 흠 이유가 실체면을 근거로 하기 때문에 당연히 그 심리에는 어느 정도 실체에 들어가야 하므로 형식재판이면서도 실체에 관계시켜 재판한다는 의미에서 旣判力이 발생한다고 한다. 요컨대 면소의 판결의 본질은 면소의 판결을 하는 전제로서 사건의 실체에 관하여 심리를 행할 필요가 있겠는가 및 면소의 판결이 기판력을 발생하는 이론적 근거는 어디에 있는가의 두 개의 문제에 귀착한다고 하겠다. 이 점으로 미루어 보면, 實體關係的 形式裁判說이 가장 정당하다고 하겠고 또 오늘날의 유력한 학설로 되어 있다. →실체적 소송조건

면소판결(免訴判決)　형사피고사건에 대하여 실체적 소송조건이 결여된 경우에 선고하는 판결을 말한다. 면소의 판결은 具體的 刑罰權의 존부를 판단을 대상으로 하지 아니한다는 점에서 유죄·무죄의 실체판결과 다르며, 실체적 소송조건의 흠결을 이유로 소송을 종결한다는 점에서 형식적 소송조건의 흠결을 이유로 소송을 종결하는 純節次的 形式裁判(管轄違反·訴訟棄却)과 구별된다. 면소판결의 본질(법적 성질)에 관해서는 면소 참조. 피고사건에 대하여 면소의 판결을 할 것이 명백한 경우에는 피고인의 공판정출석 없이 심판할 수 있다(刑訴 277). 이 경우에는 대리인의 출석이 허용된다(277但). 피고사건에 대하여 면소판결을 할 것이 명백한 경우에는 피고인이 심신상실의 상태에 있거나 질병으로 인하여 출정할 수 없는 경우에도 公判節次를 정지하지 않고 피고인의 출석없이 재판할 수 있다(306Ⅳ). 면소의 판결이 선고되면 구속력이 발생하고 소송은 당해 심급에서 종결되며 上訴權이 발생한다(343). 면소판결의 선고와 동시에 구속영장은 그 효력을 상실한다(331).

면 역(免役)　현역·예비역·보충역·제2국민역에서 일정한 기간 복무하고 병역에서 면제되는 것(兵役 72). 戰時特例(83)를 제외하고는 면역

의 연령은 원칙적으로 40세를 한도로 한다(72). → 병역

면 제(免除) → 채무변제

면 직(免職) 공무원의 擔任하는 직을 면하는 행위. 官과 職이 분리되지 아니한 職階制하에서는 공무원관계가 소멸한다. 당해 공무원의 出願에 의하는 경우(依願免職)와 일방적인 면직이 있는바 후자에는 징계처분에 의하는 경우와 그렇지 않은 경우가 있다. 본인의 의사에 반하는 면직에 관하여서는 일반적으로 그 사유가 한정되고, 또 직권에 의한 면직이 있다(國公 70). →휴직, 복직, 이직

면 책(免責) 〔英〕 discharge 파산법상 파산자에 대하여 破産財團으로부터 변제받지 못한 殘債務의 책임을 면제하는 것. 면책주의는 원래 영미법에 있어서 채택되고 있었는데, 新破産法이 파산자의 재생을 용이하게 하려는 취지에서 이를 따르게 되었다. 파산자는 破産節次解止에 이르기까지 파산법원에 대하여 면책의 신청을 할 수 있고(破 339), 신청이 있으면, 법원은 기일을 정하여 파산자를 심문할 것을 요하는데(341), 법원은 破産管財人으로 하여금 면책불허가의 사유의 유무에 대하여 조사하게 하고, 그 결과를 심문기일에 보고시킬 수 있다(342). 법원은 異議申請이 있은 때에는, 파산자 및 이의신청인의 의견을 들어야 한다(345). 법정의 免責不許可事由(346)가 존재하지 않는 한, 면책결정을 하지 않으면 안된다. 면책의 許否에 관한 재판에 대해서는 즉시항고를 할 수 있고(357), 면책의 결정은 확정에 의하여 그 효력이 발생한다. 면책절차는 確定節次에 부수하는 별개독립의 절차이다.

면책배서(免責背書) →무담보배서

면책약관(免責約款) 〔獨〕 Freizeichnungsklausel, Befreiungsklausel, Entschuldigungsklausel 〔佛〕 clause de nonresponsabilité 채무자가 법률상 부담할 책임을 특히 면제 또는 경감하는 약관을 말하며, 선하증권이나 보험증권 등의 배면에 기재되는 普通契約約款 가운데 삽입되는 것이 보통이다. 이러한 면책약관은 해상운송인인 선박소유자 등의 堪航能力注意義務(商 787)·損害賠償責任(788, 789)을 경감하는 경우(790)나 보험계약에 있어서 상법상의 通則規定(638 이하)에 반하여 보험계약자 또는 피보험자나 보험수익자의 불이익으로 보험자의 책임을 면제 또는 경감하는 경우(663)를 제외하고는 채무자의 고의로 인한 것 외에는 일반적으로 유효하다.

면책위부(免責委付) 〔英〕 abandonment 〔獨〕 Abandon 〔佛〕 abandon 선박소유자책임제한방법의 일종. 선박소유자는 그가 부담하는 일정한 채무에 대하여 선박·운임 등의 海産을 채권자에게 위부하고, 그 해산의 한도에서 책임을 면하는 것(舊商 690). 保險委付(商 710 이하, 舊商 833 이하)와 구별하여 면책위부라 하나, 상법은 후자는 구상법에서와 동일하게 인정하고 있으면서 전자는 이를 폐지하고 그 대신 船價責任主義와 金額責任主義를 취하고 있다(商 746 이하).

면책률(免責率) 보험가격에 대하여 보험자가 손해 또는 비용전보의 책임을 면제당하는 최고한도의 가격이 차지하는 100분율을 말한다. 즉 海商保險에 있어서 일정한도 이하의 손해비용에 대하여는 보험자에게 면책이 인정되고 있는데 이 가격을 보험가격으로 공제한 것을 말한다. 면책률에는 법정의 것과 보험계약에 의하는 것이 있으며, 이율을 초과한 때에는 상례로 보험자는 그 금액을 전보하지 않으면 안된다.

면책적 채무인수(免責的債務引受) 채무의 인수와 같다.

면책적 효력(免責的效力) →배서의 효력

면책주의(免責主義) 破産終結後, 파산자에 종전의 파산채권의 부담을 면하게 하는 입법주의. 이 제도는 영국에서 처음으로 실시되고 미국에서 다시 발전하여, 大陸法系破産法에 대한 영미법계파산법의 일대특질을 이루고 있다. 면책주의는 파산은 채무자의 책임이라기보다 오히려 경제사정변동의 희생이라는 인식에 기하여, 파산자가 파산종결후라도 종래의 파산채권의 未濟分의 부담을 지고, 재기의 기회를 박탈하는 것보다는 그 부담을 면제하여 재기를 용이케 하여야 한다는 생각에 입각하며 舊來의 징계주의적 견해의 脫却을 의미한다. 이러한 생각은 파산법을 징계의 법으로부터 구제의 법으로 전환케 하는 것이며, 미국에서 발달한, 미국파산법에 규정된 리오가니제이션도, 이와 같은 이념의 산물이라 평가할 수 있다. 우리 신파산법은 이러한 영미법의 입장과 개정일본파산법에 따라 이 주의를 채택하게 되었다(339 이하). 그런데 그 방식은 파산자의 신청에 의하여 법원이 免責許可의 결정으로 하지만, 배당률을 불문하는 점에서 대체로 미국법에 가깝다. 물론 면책장애사유가 있으면 면책은 허용되지 아니하며, 또 면책이 된다 하여도 특히 제외되는 채무가 존재한다. 또 면책을 얻으면 當然復權을 얻게 되고 파산자의 刻印이 없어진다. →면책

면책증권(免責證券) 〔獨〕 Legitimations-papier 채무자가 증권의 소지인에게 변제를 하면 소지인이 비록 정당한 권리자가 아닌 경우에도, 악의 또는 중대한 과실이 없는 한, 채무를 면하는 효력을 가진 증권. 資格證券이라고도 한다. 예컨대 옷표·신표·鐵道手荷物相換證·携帶物預置證·銀行預金證書·積荷受取證(本船受取證) 등. 면책증권은 동일내용의 계약이 집단적으로 체결됨으로 인하여, 채무자가 채권자를 식별하기 곤란한 경우, 채무자의 이익보호를 위하여, 특정인간의 채권채무관계에 관한 證據證券에 면책적 효력을 인정한 것이다. 즉, 권리의 유통확보 또는 그 행사를 위하여 작성된 것이 아니고, 전혀 채무자의 辨濟整理의 목적을 가지는 것이다. 또 이것은 권리를 表彰하는 것이 아니므로 유가증권이 아니며, 권리의 양도는 指名債權讓渡의 일반원칙에 따른다. 또 권리자는 면책증권을 소지하지 않더라도 다른 방법으로 권리자임을 증명하면 권리를 행사할 수 있으나, 분실·도난 등의 경우 公示催告에 의한 除權判決의 대상이 되지 않는다. 이와 같이 면책증권은 유가증권이 아니지만, 대부분의 유가증권은 동시에 면책증권이다. 그러나 양자의 구별은 실제상 곤란한 점이 적지 않다.

면책특권(免責特權) 〔英〕 immunities 〔獨〕 Immunität der Verantwortungsfreiheit 국회의원이 국회에서 직무상 행한 발언과 표결에 관하여 국회밖에서 책임을 지지 않는 것(憲 45). 의원의 發言·表決의 면책특권이라고도 한다. 중세 等族會議代表가 등족의 의사의 전달기관에 불과하였던 것에 대비하여 근대국회의 의원이 자유롭게 발언·표결하는 것을 보장하여 의원의 國民代表性을 확보하려는 제도이었으나, 오늘날의 정당국가적 의회제도에 있어서는 의원은 정당의 대표성이 더 농후하게 나타나게 되어 발언·표결의 자유가 제한되며, 따라서 이 면책특권의 의의가 다소 변질되었다. 이 면책특권은 1689년의 權利章典에 의하여 처음으로 인정되었다.

면 허(免許) 법령상의 용어로서 각종의 의미로 사용되고 있다. 즉 警察許可·財政許可 등과 같이 단순한 금지의 해제를 의미하는 경우도 있고, 公企業의 特許·鑛業許可 등과 같이 권리 또는 법률관계 등의 형성을 의미하는 경우도 있다. →허가, 특허

면허세(免許稅) 면허·허가 그 밖에 명칭의 여하를 불문하고 특정한 영업설비 또는 행위에 대하여 권리의 설정 또는 금지의 해제를 하는 행정처분과 신고의 수리·등록·지정·검사·검열 등의 행정행위를 할 때에 부과하는 조세(地稅 160). 그 세율은 지역과 그 종별에 따라 다르다(164).

면허어업(免許漁業) 허가어업에 대한 것으로서 시장·군수·자치구청장에 의한 일정한 종류에 해당하는 어업에 대한 어업권의 設定行爲(즉, 特許)에 기하여 행하는 어업. 면허어업에는 제1종 양식어업·제2종 양식어업·정치망어업·수산업법에 의한 共同漁業과 내수면어업개발촉진법에 의한 養殖漁業·定置漁業·共同漁業·藻類採取漁業이 있다(水産 8, 內水面 7). 시장·군수·자치구의 구청장은 어업의 면허를 하는 경우에는 어업조정, 수산자원의 번식, 보호 기타 공익상 필요하다고 인정할 때에는 그 어업의 면허에 제한 또는 조건을 붙일 수 있다(水産 12). →어업권

면허영업(免許營業) 면허를 받지 않으면 할 수 없는 영업. 법령상 면허라는 용어는 각종의 성질을 가진 행위에 사용되고 있으나, 이와 같은 면허를 요하는 영업을 총칭하여 면허영업이라 한다. →면허

면허주의(免許主義) 허가주의와 같다.

멸 실(滅失) 물건의 경제적인 효용을 전부 상실할 정도로 파괴된 상태로서, 예컨대 민법에 있어서 占有物의 멸실의 경우는 善意占有者는 이익이 현존하는 한도에서 회복책임이 있고, 악의점유자는 그 손해의 전부를 배상할 책임이 있다(民 202). 毁損과 멸실은 구별된다.

멸실(滅失)**의 위험**(危險) 〔獨〕 Versnichtungsgefahr 로마법상 경매에 있어서의 위험부담에 관하여 그것을 훼손의 위험과 구별하여 멸실의 위험은 보통 買受人이 부담하는 것으로 한다.

멸실회복등기(滅失回復登記) →회복등기

명 도(明渡) 토지, 건물 또는 선박을 점유하고 있는 자가 그 점유를 타인의 지배하에 옮기는 것(民訴 690 참조).

명 령(命令) 〔英〕 order 〔獨〕 Verordnung 〔佛〕 règlement, ordonnance [1] 공법상으로는 여러가지 뜻으로 사용된다. ① 국가의 법령으로서 국회의 의결을 거치지 않고 행정기관에 의하여 제정되는 것(憲 75, 95). 국회의 의결로 제정되는 법률에 대응하는 개념. 우리나라의 명령에는 委任命令·執行命令 등이 있다. 그 형태로는 대통령령·총리령· 부령 등이 있다. 명령은 법률보다 하위의

법이며, 법률에 위배되는 명령, 상위명령에 위배되는 명령은 무효이다. ② 特別權力關係에서 발하여지는 추상적 명령으로서의 행정규칙은 특별한 상위법령의 授權이 없이도 발할 수 있되, 법규의 성질을 가지지 아니한다. ③ 공법상 의무를 부과하여 국민의 사실상의 자유를 제한하는 처분. 形成的 處分에 대한 개념.

[2] 소송법상 법원을 구성하는 법관인 재판장·수명법관이 그 자격으로서 하는 재판. 판결 이외의 재판인 점에서 決定과 같은 성질이 있으나, 법원의 재판이 아닌 점에서 상이하다. 민사소송법은 支給命令·轉付命令·押留命令·假處分命令 등이 결정 또는 판결의 성질을 가진 것인 데도 불구하고 명령이라는 문구를 사용하는데, 이러한 경우의 명령은 재판의 형식을 표시한 명령이 아니다.

ㅁ

명령권(命令權) 공기업주체가 法令이나 條例·規則 또는 公企業規則 등에 따라 이용자에 대하여 일정한 행위·不作爲·지급 또는 受忍의 의무를 명할 수 있는 권한을 말한다. 명령은 공기업의 내부질서를 유지하고 공기업 목적을 달성하기 위하여 발하여지고, 명령권은 공기업이용관계 그 자체를 근거로 하는 것이므로 특별한 법적 근거를 필요로 하지 아니한다.

명령적 규정(命令的規定) 어떤 것을 해라라든가 하지 말아라라고 명령하는 것을 내용으로 하는 규정이다. 법률상 효력요건을 정하는 것을 내용으로 하는 能力的 規定과 상대하여 이 말을 쓸 때가 있다.

명령적 재판(命令的裁判) 특정인에게 어떠한 의무를 과하거나 또는 어떠한 행위를 요구하는 내용의 재판. 예컨대 履行判決·文書提出命令·押留命令 등이 이에 속한다.

명령적 행정행위(命令的行政行爲) 행정행위는 그 구성요소와 법률효과의 발생원인을 표준으로 法律行爲的 行政行爲와 準法律行爲的 行政行爲로 나누고, 전자는 다시 법률효과가 국민의 권리의무와 어떠한 관계가 있는가에 따라 명령적 행정행위와 形成的 行政行爲로 분류된다. 명령적 행정행위는 개인에게 특정한 의무를 부과하거나 부과된 의무를 해제하는 행위로서, 의무를 명하는 下命과 의무를 해제하는 許可·免除가 있다.

명례율(名例律) 律의 총칙적 규정. 名은 五刑의 罪名. 例는 五刑을 적용하는 法例. 명례율은 오늘날의 형법총칙에 해당하는 규정의 일부라고 할 수 있을 것이다. 원래 총칙은 刑罰法規適用에 관하여 생기는 문제를 미리 해명하여 두는 일반적 규정이고, 分則(또는 各則)은 각죄의 구성요건과 형벌을 규정한 것이다. 따라서 총칙과 분칙의 규정을 구별할 줄 안 중국고대형법은 입법기술의 우월을 입증하고 남음이 있다고 볼 수 있다.

명목노임(名目勞賃) →명목임금

명목소득(名目所得) 물가에 비하여 소득이 실질적으로 저하되었을 경우의 소득. 즉 물가의 소득과의 관계에 있어서 물가가 올라가는 반면에 소득이 전과 같거나 소득이 증가되었더라도 물가의 騰貴率이 심한 경우를 말한다.

명목임금(名目賃金) 〔英〕 nominal wage 화폐액으로 표시된 實質賃金에 대하는 용어이다. 어느 정도의 생활자료를 구입할 수 있는가의 여부는 관계가 없다. 그러므로 근로자가 문제로 하는 것은 명목임금의 인상이 아니고 실질임금의 인상이다.

명목적 헌법(名目的憲法) 〔英〕 nominative constitution 헌법규정과 실제의 권력과정이 부합되지 않는 헌법. 規範的 憲法에 대응하는 개념. →규범적 헌법

명 문(明文) 증서를 말한다. 成文이라고 쓰기도 한다. 부동산의 賣買文記·典當文記·還退文記 등을 작성함에 있어, 서두에 연월일을 쓰고 다음에 계속하여 상대방의 성명을 쓰거나 혹은 쓰지 아니하고 前明文이라고 명기하여 동문서가 증서인 旨를 표시하고, 본문에 右明文事段하고 매매·전당·還退 등 사유를 기술한다. 일종의 사문서작성의 서식으로 볼 수 있다.

명백성(明白性)**의 원칙**(原則) 법원이 법률을 違憲無效로 선언하기 위해서는 그 법률이 합리적인 의문의 여지를 남기지 않을 정도로 명백하여야 한다는 원칙. 미국판례에서 1940년 이후 合法性推定의 原則과 결부하여 주로 경제적 자유권에 대한 規制立法의 합헌성판단에 적용되는 원칙으로서 발전하였다. 합리성의 기준의 다른 표현이라고도 할 수 있다.

명백(明白)**하고 현존**(現存)**하는 위험**(危險)**의 원칙**(原則) 〔英〕 clear and present danger rule 미국에서, 언론·출판·집회·결사·종교 등의 자유를 제한하는 표준으로 채택된 원칙. 1918년 홈즈판사에 의하여 宣明된 것. 이 원칙은 미국 大審院에 의하여 전원일치의 의견으로써 선명된 일이 있었지만, 그 후 동원의 다수의견은 이 원칙을 버리고 위험한 경향의 원칙(dangerous tendency rule)을

채용하였기 때문에, 홈즈판사 및 브랜다이스판사는 소수의견으로서 이 원칙을 강조하였다. 그러나, 1937년 이후 대심원은 다시 이 원칙을 적용하게 되었다. 이 원칙은 요컨대, 言論 등은 법이 방지하고자 한 해악이 발생할 明白하고 現存하는 위험이 있을 때에 한하여 제한할 수 있는 것이지, 단순히 장래에 그러한 해악을 발생시킬 염려가 있다는 것만으로는 제한할 수 없다는 것이다. 그러나, 이 원칙은 1951년의 데니스(Dennis)사건의 판결에서 많은 수정을 보게 되었다. 즉 스미드法(Smith Act) 위반행위와 같은 사안에 있어서는 위험의 명백·현존을 기다릴 것 없이 구체적인 사건이 지니고 있는 실질적인 危險度를 참작·판단하여야 한다는 것이다.

명부식비례대표(名簿式比例代表) 〔英〕 list proportional representation system 대선거구제에서 선거인으로 하여금 미리 제시된 각 정당의 후보자명부에 투표하게 하여 그 명부 안에서 투표의 移讓을 인정하는 비례대표제의 일종. 1개의 후보자명부에 구속되어 그 순위의 변경이 인정되지 않는 拘束名簿制와 동일정당 안에서는 후보자의 선택을 자유로이 할 수 있는 自由名簿制가 있다. 명부식비례대표제는 유럽에서 시행되고 있다. → 단기이양식비례대표제

명사관(明査官) 조선시대 때 사건을 조사할 때 임시로 보내던 관리. 어떤 지방에 큰 사건이 발생하였을 때 그 지방의 監司가 관원 중에서 뽑아 보내었다.

명 승(名勝) 우리나라의 역사상·학술상 또는 관상상 가치가 큰 景勝地 중에서 문화관광부장관이 文化財委員會의 심의를 거쳐 지정한 것(文化財 6). → 기념물, 문화재

명시(明示)**의 의사표시**(意思表示) → 묵시의 의사표시

명시이월비(明示移越費) 세출예산 중 경비의 성질상 연도내에 그 지출을 끝내지 못할 것이 예측될 때, 특히 그 취지를 歲入歲出豫算에 명시하여 미리 국회의 승인을 얻어 다음 연도에 이월하여 사용하게 되는 세출예산(豫會 38). → 예산의 이월

명예감정(名譽感情) 〔獨〕 Ehrgefühl 자기의 인격적 가치에 대한 자기 자신의 주관적인 평가 내지 감정을 말한다. 명예감정은 名譽毀損罪의 보호법익이 될 수는 없다. 그러나 그것이 侮辱罪(刑 311)의 보호법익이 되는가에 대하여는 견해가 대립되고 있다.

명예교수(名譽教授) 명예교수라 함은 국립·사립의 대학에서 교원으로 봉직하던 교수로서 교육공무원법상 停年이나 신체상의 장해로 退職한 자 중에서 명예교수규정이 정하는 바에 따라 당해 대학교 또는 대학에서 추대한다. 명예직으로 그 전공분야에 관하여 特講을 교수하며, 세비 또는 수당을 지급받는다.

명예박사(名譽博士) 학위의 일종으로 우리나라 학술과 문화에 특수한 공헌을 하였거나 또는 인류문화 향상에 특수한 공적을 발휘한 자에 대하여 대학원장의 추천으로 大學院委員會의 의결을 거쳐 수여하는 박사학위(舊教施 138). → 학위

명예법(名譽法) 〔羅〕 ius honorarium 고루한 市民法이 사회정세의 변동에 도저히 따라갈 수 없게된 로마법사의 제2기(→ 로마법)에, 法務官(쁘라에또르) 기타의 소송을 맡아 처리하는 政務官(마기스뜨라뚜스)(→ 유덱스)의 활동에 의하여 발달한 法의 一體系. ① 法務官法(ius praetorium)은 명예법의 중핵을 이룬다. 법무관은 단순한 소송지휘자에 불과하고 시민법에 실체적 변경을 가할 수는 없지만, 한편 소송지휘방침에 관한 告示(에딕뚬)를 발포하여, 方式書(→ 방식서소송)의 서식을 공시하고, 혹은 시민법상의 권리자가 현실로 권리를 행사하기 위한 방식을 지시하고, 혹은 또 시민법상의 권리자로부터 실제상 그 권리를 박탈하는 것과 같은 결과로 되는 새로운 소송을 승인하여, 시민법을 실질상 개폐할 수 있었다. 法務官은 이러한 告示權을 항상 時勢의 요구를 熟視하고 학설의 지침을 존중하여 행사하였는데, 이러한 고시는 원래 발포자의 임기에 한하여 효력이 있음에 그치고, 후임자는 전임자의 고시에 구속되지는 않았지만, 유용한 고시는 점차 답습되게 되고, 후임자는 다만 필요가 생긴 경우에 追加新告示(novum edictum, nova clausula)를 부가함에 그치고, 踏襲的 告示(edictum tralaticium)가 점차 증가집적된 결과, 여기에 항상 시세에 즉응한 산 소리(viva vox)로서의 법규의 일체계인 法務官法이라고 하는 새로운 法源이 성립하였다. ② 그 밖에, 按擦官(아에딜레스 꾸룰레스)이 시장에 있어서의 노예·가축의 거래에 관하여 발포한 告示, 縣知事가 縣(provincia)에서 법무관의 고시를 채용하여 발포한 告示, 會計官(quaestor)이 안찰관의 고시를 채용하여 발포한 告示에 의하여서도 법무관법과 같은 성격의 法源이 성립하였다. 이렇게 하여 새로 성립한 여러 법원은 어느 것도 명예있는 정무관의 활동에 의한 것인 점에서 명예법이라고 총칭되며, 시민법을 추진·보충·개폐하여, 로마법의 발전사상 마치 英法에 있어서의 에퀴티와

같은 역할을 하였다. 제정기에 이르러 名譽法의 내용은 대체로 고정되고, 그것이 하드리아누스제의 명을 받은 율리아누스에 의하여 永久告示錄(Edictum Perpetuum)으로서 集成된 이래, 로마법의 발전은 고시에 의존하지 않게 되었지만, 명예법·시민법의 대립 자체는 그 후에 이르기까지 존속하였다. → 시민법, 만민법

명예시민(名譽市民) 칭호의 하나로서 학술·기예 그 밖에 문화발전에 기여하여 그 업적이 현저하여 世人의 존경을 받는 자에게 부여한다.

명예영사(名譽領事) 〔英〕 honorary consul → 명예영사관

명예영사관(名譽領事館) 〔英〕 honorary consulate 〔佛〕 honoraire consulat 파견국의 영사업무를 접수국에서 수행하기 위하여 설치된 公館으로서 영사업무는 屬地主義法制度의 발전과 함께 領事裁判制度가 없어지고 자국민의 보호감독과 통상관계만을 그 업무로 함에 따라 접수국의 국민중에서 임명하여 자국민에 관한 업무를 수행케 하는 데서 명예영사제도가 발생하였으며, 이를 행하는 공관을 명예영사관이라고 한다. 영사는 외교사절이 아니므로 外交特權을 향유할 수 없으며 다만 제한된 범위내에서 면제권을 갖는데 지나지 않는다. 더욱이 명예영사는 자국민 중에서 영사관설치국이 선정한 자를 임명하므로 전임영사가 향유하는 免除權을 향유하지 못하며, 단순히 자국에서 외국의 영사업무를 수행하는 내국인에 지나지 않는다. 따라서 명예영사관도 不可侵權이나 治外法權 등의 외교특권을 향유하지 못한다. → 영사, 외교사절

명예직(名譽職) 專務職에 대한 관념으로서 그 정의에 대하여는 설이 갈린다. 일설은 봉급 또는 급료를 받지 않는, 또는 겸직이 허용되는 공직이라고 하고, 다른 일설은 자격의 제한없는, 또는 일시적으로 공무를 담당하는 공직이라고 한다. 현대의 복리국가·직능국가에 있어서는 전무직이 원칙이고 명예직은 예외이다.

명예혁명(名譽革命) 〔英〕 Glorious Revolution 1688~1689년에 일어난 영국의 시민혁명으로 제임스 2세는 神權君主說에 의하여 舊教를 이용하여 영국정치의 근대화를 막으려고 하였다. 이에 대하여 의회에서는 토리와 휘그의 양당이 규합하여 국왕과 대립하자 국왕은 결국 퇴위하고, 오랜지공(윌리암)이 즉위하여 權利宣言을 승인하고 권리장전을 발표하였다. 청교도혁명과 명예혁명을 통하여 영국의 의회정치는 확립되었다.

명예형(名譽刑) 〔獨〕 Ehrenstrafe 〔佛〕 peine privative de droit 일정한 자격을 박탈 내지 정지케 하는 형벌. 형법은 資格喪失과 資格停止의 두 종류를 인정하고 있다(41ⅳ·ⅴ). 일정한 資格이라 함은 ① 공무원이 되는 자격, ② 공법상의 선거권과 피선거권, ③ 법률로 요건을 정한 공법상의 업무에 관한 자격, ④ 법인의 이사·감사·지배인 기타 법인의 업무에 관한 檢査役이나 財産管理人이 되는 자격을 말한다(43 Ⅰ 참조). 명예형은 중세에서 19세기까지 유럽각국에서 사용되던 원시적인 형벌로서 발전하였고, 동양에도 동일한 제도가 존재하였다. 형법은 명예형을 主刑의 일종으로 규정하였으나 附加刑的 性質도 가지고 있다.

명예회복(名譽回復) 국제법상 비물질적인 손해가 문제될 때에는 가해국은 피해국의 손상된 法的 感情에 만족을 줄 의무를 진다. 그 방식은 책임있는 기관의 처벌·파면, 책임있는 私人의 처벌·사죄, 피해국의 국기 또는 그 밖의 표지에 대한 경례, 일정한 금액의 지급, 장래에 대한 보장 등이 있다.

명예훼손(名譽毁損) 〔英〕 libel and slander 〔獨〕 Ehrverletzung 〔佛〕 infamation et injure, attainte à l'honneur 사람의 品格·行狀·信用 등에 관한 사회적 평가를 위법하게 저하시키는 행위. 추행의 소문을 유포하거나, 허위의 고소를 하거나, 신문이 단순한 범죄용의자를 眞犯人으로 보도하는 따위가 그 예. 형법상 명예훼손죄로 되는 일이 있으며, 또한 민법상 人格權의 침해로서 불법행위로 되고 손해배상책임을 발생시킨다. 명예훼손의 피해자는 특정되어 있어야 하지만, 법인이라도 좋다. 일반적으로 진실을 말하였다고 해서 違法性을 阻却하는 것은 아니지만, 공익목적을 위하여 진실을 말하는 것은 위법성을 조각한다고 해석되고 있다(刑 310). 손해배상의 방법은 金錢賠償主義가 취하여지는(위자료의 형식을 취하는 일이 많다) 외에 금전배상과 함께 또는 이에 갈음하여 명예회복에 적당한 처분(가해자에게 사죄광고나 취소광고를 신문에 게재시킨다)을 명하는 것이 인정되고 있다(民 764). → 명예훼손죄

명예훼손죄(名譽毁損罪) 〔英〕 libel and slander 〔獨〕 Ehrverletzung 〔佛〕 diffamation et injure 공연히 사실을 摘示하여 사람의 명예를 훼손하는 罪(刑 307 Ⅰ). 본죄의 보호법익은 명예이다. 여기서의 명예는 外部的 名譽(인격적 가치에 대한 사회적 평가)를 말하며, 內部的 名譽(자기 또는 타인의 평가와는 독립하여 객관적으로 인격에 내재하는 진가)나 名譽感情(자기의 인격적 가치에

대한 자지자신의 주관적인 평가)을 가리키지 않는다. 경제적 가치에 대한 사회적 평가도 명예의 일종이지만, 信用毁損罪에서 따로 보호한다. 허위의 사실을 摘示하는 경우(307 Ⅱ)에는 형을 가중한다. 또한 死者의 名譽毁損(308), 출판물 등에 의한 명예훼손(309 Ⅰ·Ⅱ)에 대한 특별규정이 있다. 적시되는 사실은 惡事醜行은 물론 그 밖에도 사람의 사회적 평가를 해할 만한 것이면 족하고 또 진실한 것을 말한다. 적시의 방법에는 제한이 없으며, 특정인의 명예가 해하여질 수 있는 정도로 구체적이면 족하다. 명예의 주체인 사람은 自然人·法人은 물론이요, 法人格없는 단체라도 사회생활상 독립된 존재를 인정받아 활동하고 있는 단체를 포함하며, 특정한 것임을 요한다(판례는 서울특별시민·경기도민과 같은 막연한 표시에 의해서는 本罪는 성립하지 않는다고 판시한다). 명예를 훼손한다고 함은 반드시 명예가 현실로 침해됨을 요하지 않고 단지 명예를 해할 우려있는 행위를 함으로써 족하다. 이러한 의미에서 본죄는 抽象的 危殆犯이다. 적시된 것이 진실한 사실이고 또한 그 행위가 오로지 공공의 이익에 관한 때에는, 違法性이 阻却되어 처벌되지 않는다(310). 본죄는 피해자의 명시한 의사에 反하여 논할 수 없다(312 Ⅱ). → 반의사불론죄

명 의(名義) 어떤 行爲에 있어서 그 행위주체로서 나타나는 성명·명칭을 가리키는 경우와 단지 그 행위의 名目이라는 정도의 뜻으로 쓰이는 경우가 있다.

명의개서(名義改書) 권리자가 변경되었을 경우에 그것에 대응하여 증권상, 또는 장부상의 명의인의 표시를 고쳐 쓰는 것. 名義書換이라고도 한다. 예를 들면 記名株式移轉의 경우의 주주명부의 명의개서(商 337), 記名社債移轉의 경우의 社債原簿와 채권의 명의개서(479) 등이다. 이 경우에는 명의개서가 회사 기타 제3자에 대한 권리이전의 對抗要件이 된다. 단순히 명의개서라고 할 때는 가장 대표적인 주식의 명의개서를 말하는 때가 많다. 주식의 名義改書請求權은 주권소지인이 주주권을 회사에 대하여 행사하기 위한 전제로서 존재하는 권리이다. 따라서 주권소지인은 단독으로 이를 행사할 수 있으며, 양도인인 등록주주의 협력을 필요로 하지 않는다. 회사는 背書가 연속된 株券所持人에게 명의개서를 하면 책임을 면하며, 만일 명의개서를 거절하려면 소지인의 無權利를 입증하여야 한다. 일단 명의개서를 하면 회사로서는 주주명부상의 명의인을 획일적으로 주주로 취급하여야 한다. 명예개서청구권은 주식양도의 자유와 대응하는 것이지만, 주식회사의 사무처리상 설립되는 주주명부의 폐쇄기간 중에는 그 행사가 제한된다(354). 명의개서의 편의를 도모하기 위하여 이를 전문으로 대행하는 名義改書代理人 또는 登錄期間 등의 제도가 있다.

명의개서대리인(名義改書代理人) 〔英〕 transfer agent 회사를 위하여 주식의 명의개서를 담당하는 기관. 보통 은행·신탁회사 등의 제3자가 이를 하나, 회사의 지점이라도 좋다. 株式의 分散에 대응하여 각지에서 신속하게 명의개서를 가능하게 하려는 것으로 미국법상의 제도이다.

명의대여계약(名義貸與契約) 타인에게 자기의 성명 또는 상호를 사용하여 영업을 할 것을 허락하는 계약. 看板貸與(名板貸)契約이라고도 부른다. 다시 신용이 있는 자가 타인에게 自己名義를 사용케 하는 경우와 영업면허를 가진 자가 무면허자에게 명의를 대여해 주는 경우로 나눌 수 있다. 전자의 경우에는 영업의 주체를 오인하여 거래관계를 맺는 제3자를 보호하고자 상법은 명의인과 영업주에게 연대책임을 지우고 있다(24). 영미법상의 禁反言의 法理와 같은 사상의 표현이다. 후자의 경우는 영업면허를 潛脫하는 것이므로 명문으로 이를 금지하는 경우가 있다(典當 6). 이 경우 법률의 규정이 엄격한 기준으로 일정한 자격이 있는 자에 한하여 기업활동을 할 수 있다는 취지라면 이를 潛脫한 貸與契約은 强行法規(民 105) 위반으로 무효라고 해석되고 있다. 또 명의사용자의 불법행위로 인하여 명의인이 使用者責任(756)을 지는가에 관하여는 다투어지고 있다.

명의신탁(名義信託) 受託者에게 재산의 소유명의가 이전되지만 수탁자는 외관상 소유자로 표시될 뿐이고, 적극적으로 그 재산을 관리·처분할 권리의무를 가지지 아니하는 信託. 명의신탁의 대상이 되는 재산은 登記·登錄 등 公簿에 의하여 소유관계를 표시할 수 있는 것에 한하며, 명의신탁의 명의는 所有名義만을 의미하므로 소유권에 관하여서만 명의신탁이 인정된다. 명의신탁은 판례에 의하여 확립된 제도인 바, 이를 虛僞表示로서 무효라고 하는 주장이 있다.

명의신탁약정(名義信託約定) 부동산에 관한 소유권 기타 물권을 보유한 자 또는 사실상 취득하거나 취득하려고 하는 자가 타인과의 사이에서 대내적으로는 實權利者가 부동산에 관한 物權을 보유하거나 보유하기로 하고 그에 관한 登記(가등기를 포함한다)는 그 타인의 명의로 하기로 하는 약정(위임·위탁매매의 형식에 의하거나 추인에 의한 경우를 포함)으로서 채무의 변제를 담보하기 위

ㅁ

하여 채권자가 부동산에 관한 물건을 이전하거나 가등기하는 경우 또는 부동산의 위치와 면적을 특정하여 2인 이상이 구분소유하기로 하는 약정을 하고 그 구분소유자의 공유로 등기하는 경우 그 밖에, 신탁법 또는 신탁업법에 의한 신탁재산인 사실을 등기한 경우를 제외한 것을 말한다(不動産實權利者名義登記에 관한 法律 2 i). ① 명의신탁약정은 무효로 하며, ② 이에 따라 행하여진 등기에 의한 物權變動은 무효이다. ①②의 무효는 제3자에게 대항하지 못하며(4), 이 약정을 한 자와 教唆者는 처벌된다(7).

명인방법(明認方法) 樹木의 집단 또는 미분리의 과실 등에 관한 物權變動에 있어서 관습법 또는 판례법에 의하여 인정되어 있는 公示方法(→ 입목, 미분리의 과실, 공시방법). 立木에 관한 法律이 제정될 때까지는 토지의 정착물 중 특히 토지로부터 독립한 부동산으로 취급하는 것은 건물뿐이었으므로(舊民 86 I, 民 99 I), 수목의 집단을 그 지반과 분리하여 거래하거나, 미분리의 과실을 원물로부터 분리하기 전에 거래의 객체로 삼지 못하는 것을 불편하게 여긴 일반거래계에서는 오래 전부터 특수한 慣行이 발달하여 왔다. 즉, 樹皮를 깎아서 거기에 소유자의 성명을 墨書한다든가, 또는 논·밭의 주위에 새끼를 둘러치고 소유자의 성명을 墨書한 木札을 세우는 등의 방법으로 수목의 집단이나 미분리의 과실을 그 지반과 독립해서 또는 元物로부터 분리하기 전에 거래의 객체로 삼는 관행이 있었으며, 판례는 그의 유효성을 확인하였었다. 민법은 물권변동에 관하여 形式主義를 취하지만, 구민법에서와 같은 이러한 명인방법에 의한 입목 기타의 등기능력없는 토지의 정착물의 거래라는 慣行을 막지는 못할 것이므로 명인방법에 의한 물권변동은 현행민법하에서도 계속 그 유효성이 인정된다고 할 것이다(→ 물권법정주의). 그러나 형식주의의 현행민법에서는 意思主義를 따른 구민법에서와는 달라서 명인방법은 이른바 對抗要件이 아니라 效力發生要件이라고 하여야 한다는 것이 통설이다(→ 물권행위). 다만 입목에 관한 법률은 입목을 독립의 부동산으로 보고(3) 이에 대한 소유권보존등기, 저당권설정등기에 필요한 사항을 규정함으로써 立木의 登記를 가능하게 하고 있다.

명칭변경(名稱變更) 군정법령 제15호. 1945년 10월 京城帝國大學의 명칭을 京城大學으로, 孔子廟經學院을 成均館大學으로 각각 개칭하는 내용의 군정법령. 경성대학은 국립서울대학교설립에 관한 법령에 의하여 국립서울대학교로 개편되었다. 전문 3조로 되어있다.

명확성(明確性)의 이론(理論) 表現의 自由를 제한하는 입법은 명확한 기준에 의한 것이지 않으면 憲法違反으로 하는 이론이며, 표현의 자유 제약의 합헌성에 관한 판단기준의 하나이다. 국민은 법이 무엇을 요구하며 무엇을 금지하고 있는가를 명확히 알 수 있지 않으면 안되는 것은 본래 法治主義의 요청이다. 종래부터의 罪刑法定主義도 구성요건의 명확성을 당연한 내용을 한다. 다만 표현의 자유의 경우는 그 중요성으로부터 그 규제에 관하여 특히 강한 명확성이 요구되고 있는 것이다. 미국에서는 명확성의 원칙에 반하는 입법에 관해서는 문언상 무효라는 판결수법을 사용하고 있다. 명확성의 원칙은 사후처벌에 관해서 뿐 아니라 사전억제에 관해서도 적용되는 것으로 이해된다.

모게지 〔英〕 mortgage 讓渡抵當. 債務辨濟를 위한 不動産讓渡. 보통법상의 것과 에퀴티상의 것의 2종이 있다. 전자는 부동산물권이 완전히 양도되며 오직 일정한 기일에 元利의 지급이 있으면 채권자는 채무자에게 재양도하여야 할 취지의 償還約款(proviso for redemption)이 있는 것으로, 이전에는 기일에 지급이 없으면 채무자는 부동산을 還取할 수 없게 되어 있었지만, 이윽고 에퀴티가 개입하여 償還權喪失(foreclosure) 또는 매각의 절차가 취하여질 때까지 채무자에게 에퀴티상의 償還權(equity of redemption)을 인정하였다. 영국에서는 1926년 이후로는, 單純封土權(estate in fee simple)의 양도저당은 상환약관을 붙인 期間權(term of years)의 양도 또는 보통법상의 讓渡抵當이라는 뜻을 명기한 捺印證書에 의한 負擔(charge)의 설정에 의해서만 가능하다. 그리고 단일 또는 제1순위의 저당권자는 설정시로부터 3000년의 期間權을, 제2순위의 저당권자는 그것보다 1일 더 긴 기간권을 얻을 수 있다. 기간권의 양도저당은 그 기간보다 1일 더 짧은 기간권의 양도 또는 전기한 것과 같은 증서에 의한 부담의 설정에 의해서 행하여진다. 다음에 에퀴티상의 것은 채무자가 에퀴티상의 권리에 보통법상의 양도저당을 설정하는 뜻을 서면으로 약속하는 경우 또는 담보라는 뜻의 서면을 첨부 또는 첨부하지 않은 權原書(title deed)를 인도하는 경우 등에 설정되는 에퀴티상의 부담이다. 양도저당은 동산에 대해서도 있을 수 있다. 또 미국의 많은 주에서는 모게지는 권리의 양도가 아니라 단순한 저당으로 되어 있다.

모 계(母系) → 친계, 모계혈족

모계친(母系親) → 모계혈족과 같다.

모계혈족(母系血族) 모를 중심으로 하는

친계. 예컨대 모·외조부모·외종형제자매 등이다. 모계친과 같은 뜻이며 父系血族 또는 父系親에 대하는 말.

모 권(母權) 모가 가족을 통제하기 위하여 가지는 권력을 말하는 것이며, 모가 가족에 대한 지배권을 가지는 가족의 형태를 母權制度라고 말한다. → 모권설

모권설(母權說) 〔英〕 theory of matriarchy 〔獨〕 Mutterrechtstheorie 〔佛〕 théorie de matriarchie 고대사회에 있어서 母가 가족의 중추가 되어 子에 대한 지배권이 父에게 있지 않고 母에게 있은 시대가 있었다고 주장하는 설. 이에 의하면 이 시대는 母系制, 즉 血統 및 相續關係는 모두 모를 기준으로 한 제도에 따른 것이며, 부자관계가 불명확한 사회정세의 산물이라 하고, 또한 原始雜媾로부터 君婚의 시대를 거쳐 부권적 사회로 추이하는 과정에 있어서 이러한 사회가 존재하였다고 한다. 이 설은 1861년에 바흐펜이 역사적·종교적 傳承에 관한 정밀한 자료의 수집에 의하여 제창한 것이며, 후에 모르간이 현존 미개종족의 가족제도에 있어서 모계 및 모권의 사실을 보고한 데서부터 크게 학계의 주의를 일깨웠다. 그러나 이에 대하여는 여러가지 견지에서 부정하는 설이 유력하다.

모두스 비벤디 〔羅〕·〔英〕 modus vivendi 넓은 의미의 조약의 일종으로서 暫定協約이라고 한다. 일반적으로 합의의 내용이 未確定 또는 暫定的인 것이다. → 조약

모두절차(冒頭節次) 공판기일의 최초에 행하는 절차로 재판장의 피고인에 대한 人定訊問으로부터 피고인신문에 들어가기 전까지의 절차. 人定訊問(刑訴 284), 검사의 기소요지의 陳述(285), 피고인의 진술(286) 등이 행하여진다. 관할위반의 신청(320 Ⅱ), 관할이전의 신청(15), 公訴狀副本送達에 대한 異議申請(266 但), 제1회공판기일의 유예기간에 대한 異議申請(269) 등은 늦어도 이 단계에서 행하여져야 한다고 본다.

모두진술(冒頭陳述) 〔英〕 opening statement 형사소송법상 冒頭節次에서 재판장의 人定訊問에 이어, 검사가 공소장에 의하여 起訴의 요지를 진술하는 것(刑訴 285). 검사가 공판기일의 통지를 2회 이상 받고 출석하지 아니한 때에는 검사의 출석없이 개정할 수 있으므로(278), 이 경우에는 공소장에 기재된 바에 의하여 검사의 기소요지의 진술이 있는 것으로 간주한다(285). 관할위반의 신청(320 Ⅱ), 관할이전의 신청(15), 공소장부본의 송달에 대한 이의신청(266 但), 또는 제1회공판기일의 유예기간에 대한 이의신청(269) 등은 늦어도 이 단계까지에는 하여야 한다. 公訴狀一本主義를 취할 때에는 모두진술은 개개의 증거조사에 들어가기 전에 사건의 개요 및 입증의 방침을 명백히 함으로써, 한편으로는 白地의 상태로 공판에 임하는 법원으로 하여금 그 후의 소송지휘를 적절히 할 수 있도록 하며 다른 한편으로는 검사의 의도를 모르는 피고인측으로 하여금 적절하고 충분한 방어의 태세를 갖추도록 함을 목적으로 하는 것이다.

모라토리움 〔羅〕·〔英〕 moratorium 支給猶豫. 공황이나 통화개혁 등의 긴급시에 비상법령에 의하여 일반적으로 채무자를 위하여 일정기간 金錢債務의 이행기를 연장하는 것. 1962년 6월에 있었던 통화개혁에 즈음하여 행한 것이 비록 짧기는 하지만, 그 일례라고 할 수 있다. 유예기간내에는 채무자는 履行遲滯의 책임을 지지 않는다. 지급유예법령시행전에 이미 지체에 빠져 있었던 채무자에 관하여는 유예기간내에는 원칙적으로 지연이자의 발생은 정지되지만 약정이율에 의하고 있는 지연이자의 발생은 정지되지 않는다고 하는 외국의 판례가 있다. 어음의 소구권·보전절차의 法定期間도 支給猶豫에 의하여 伸長된다(어음 54).

모르 시빌 〔佛〕 mort civile → 민사사

모범의회(模範議會) 〔英〕 Model parliament 에드워드 1세가 1295년에 소집한 의회로서 大主教 등의 僧職, 대귀족 그 밖에 각국의 騎士 및 각 도시의 시민대표, 승려대표가 참가하여 역사상 처음으로 민주적인 의회를 구성하였다.

모 법(母法) 〔英〕 mother-law 〔獨〕 Mutterrecht 법의 계수의 경우에 있어서 그 모범이며 근원인 타국 또는 타민족의 법. 즉 繼受法인 子法에 대하여, 계수의 모범으로 된 법을 말한다.

모병이적죄(募兵利敵罪) 적국을 위하여 모병하거나, 이 모병에 응하는 죄(刑 94). 적국이란 대한민국 또는 그 동맹국과 전투상태에 있는 상대국을 말한다(104 참조). 그러나 대한민국 또는 그 동맹국에 적대하는 외국 또는 외국인의 단체도 적국으로 간주한다(102). 모병이란 전투에 종사할 사람을 모집하는 것이다. 모병의 대상은 내국인이건 외국인이건 이를 가리지 아니한다. 본죄에는 적국을 위한다는 목적이 있음을 요한다(目的犯). 未遂犯(100), 豫備·陰謀(101 Ⅰ 本), 煽動·宣傳(101 Ⅱ)을 처벌한다. 단 예비·음모의 경우에, 실행에 이르기 전에 자수한 때에는 그 형을 減輕 또

는 免除한다(101 I 但). ➝외환의 죄

모 살(謀殺) 豫謀하여 사람을 살해하는 것. 故殺에 대한다. 우리 형법은 이 구별을 인정하지 아니한다. 독일의 Mord(獨刑 211), Totschlag(212)는 원래 Überlegung(熟慮)의 유무에 따라 구별하였으나, 1941년의 개정에 의하여 이제는 행위자의 악성, 행위의 위험성 등의 유죄에 따라 양자를 구별한다. 이러한 의미에서 이제는 重殺人, 單純殺人이라고 불러야 할 것이다. 프랑스의 assassinat(佛刑 296), meurtre(295)는 préméditation(豫謀) 또는 guet-apens(待伏)의 유무에 따라 구별한다. 영미의 murder, manslaughter는 malice aforethought(事前惡意)의 유무에 따라 구별하는데, 후자는 (상해·폭행·과실)치사의 경우까지 포함한다.

ㅁ

모성(母性) **등의 의무**(義務) 모성은 임신, 분만, 授乳 등에 있어서 자신의 건강에 대한 올바른 이해와 관심을 가지고 그 건강관리에 노력할 것과 영유아의 親權者·後見人 기타 영유아를 보호하고 있는 자는 육아에 대한 올바른 이해를 가지고 영유아의 건강의 유지·증진에 적극적으로 노력해야 한다는 것이다(母子保健法 4).

모세·탈무드법(法) 〔英〕Mosaic-Talmudic Law 〔獨〕mosaisch-talmudisches Recht 〔佛〕Droit mosaique-talmudique 유대민족의 법은 긴 역사를 가진다. ① 우선 모세시대(1230~300 B.C. 모세의 출애급의 무렵부터 바빌로니아 捕囚에서 해방된 헤브라이인이 다시 팔레스티나에 귀환하여, 네체미아 및 에즈라의 개혁의 무렵까지 약 900년에 걸친 시기)에 이스라엘인 고래의 慣習法·判例가 모세 五書, 즉 구약성서의 최초의 五書 중의 法的인 규정으로서 결정되었다. ② 이에 이은 고전시대(300 B.C.~200A.D. 유대인들 사이에서 법이 재판소에 있어서의 실제재판에 의한 전개를 보게 된 시대)에는 法學者(Rabbi)에 의하여 모세五書를 중심으로 하는 註釋·學說이 발달하였으나, 기원 70년의 로마의 침입과 함께 이러한 헤브라이법의 지배는 종언을 고하고 이후는 겨우 地方的 慣習法으로 효력을 가짐에 불과한 것으로 그치게 되었다. ③ 탈무드시대(200~ 500)에는 前代에 성립한 주석·학설을 수록한 탈무드(그 내용은 법률만에 한정되어 있지않은 百科辭典)가 예루살렘과 바빌론에서 각각 3세기말경과 5세기말경에 성립하였다. 전자를 예루살렘의 탈무드, 후자를 바빌론의 탈무드라 한다. 탈무드는 모세 5서와 함께 헤브라이 법의 중심적인 법원이며, 그 후 많은 주석서를 낳고, 점차 이질적인 요소가 가하여졌으나, 유대민족 사이에 항상 慣習法으로서 행하여져 왔다.

모스크바협정(協定) 1945년 12월 27일 모스크바에서 개최된 미국, 영국, 소련 3개국 外相이 회합하여 종전후의 세계 여러 문제에 관하여 협정한 것. 그 중 특히 한국문제에 관하여는 미국, 영국, 중국, 소련 4개국에 의한 최고 5개년간의 信託統治, 미소공동위원회의 개최, 미국·소련군의 점령경계선 등을 결정하였다.

모역법(募役法) 고대 중국 송나라 때 王安石이 채택한 법으로 1072년에 부역대신 免役稅를 징수하기 위하여 家戶를 6등으로 나누어 징수, 그 돈으로 빈민을 싼 임금으로 土木事業에 종사시키고 그 차액을 수입으로 하던 법.

모욕죄(侮辱罪) 〔獨〕Beleidigung 〔佛〕injure 공연히 사람을 모욕하는 죄(刑 311). 본죄의 보호법익에 관하여는 이를 외부적 명예로 보고, 따라서 명예훼손죄와의 차이는 事實摘示의 유무에 있을 뿐이라고 하는 견해가 통설·판례이나, 모욕죄는 名譽感情을 해하는 것이라는 견해도 유력하다. 모욕이라 함은 사실을 적시하지 아니하고 罵言·嘲弄·侮言 기타 언어·동작으로 사람의 명예를 훼손할 만한 추상적인 판단을 표시하는 것이다. 親告罪이다(312 I).

모 의(謀議) 여러 사람이 의사를 같이하여 음모하고 범죄의 계획·실행수단 등을 의논하는 것. 陰謀·通謀와 같다. 음모는 예비실행의 단계에 이르지 않고 발견된 경우이며, 통모는 적극을 상대방으로 하는 경우이다. 이 점에서 교사와 다르며, 發議者가 누구이든 불문하나 相互犯意의 구체화에 영향을 미치는 것을 특색으로 한다.

모 인(拇印) 무인과 같다.

모인죄(冒認罪) 구형법에서 인정하던 죄(舊刑 393). 즉 타인의 동산·부동산을 모인하여 판매·교환하거나 또는 저당·전물한 자는 詐欺取材罪로서 논의되었다. 현행법의 橫領罪에 해당한다.

모자복지시설(母子福祉施設) 母子家庭이 건강하고 문화적인 생활을 영위할 수 있게 국가 또는 지방자치단체가 설치한 시설로 모자보호시설, 모자자립시설, 미혼모시설, 일시보호시설, 婦女福祉館, 婦女相談所 등이 있다(母子福祉法 19).

모 조(模造) 화폐, 은행권, 유가증권 등의 原物에 유사한 외관을 가지는 허위물을 만드는 것. 위조가 원물과 그릇되어 유통할 것을 기대하여 만드는 것을 말하는 것과 달리 原物로서 유통시킬 의도의 유무를 불문한다.

모집설립(募集設立) 〔獨〕 Zeichnungsgründung, Stufengründung, Sukzessivgründung 발기인이 회사의 설립시에 발행하는 주식총수의 일부를 인수하고 나머지 주식에 관하여 주주를 모집하여 주식회사를 설립하는 것. 複雜設立, 漸次設立이라고도 한다. 發起設立에 대한 것이다. 이 설립방법의 절차를 차례대로 보면, ① 7인 이상의 발기인이 定款을 작성하여 공증인의 인증을 받고 주식발행사항을 결정한 뒤 회사의 설립시에 발행하는 주식총수의 일부를 인수한다(商 288～293). ② 발기인이 인수하지 않은 잔여주식에 관하여 주주를 모집하는 바(301), 이 모집은 株式請約書에 의한 청약을 받아 이 청약에 대한 배정을 함으로써 청약자의 주식인수가 확정한다(303). ③ 설립시에 발행하는 주식총수의 인수가 끝나면 각 주식에 관하여 發行價額全額의 납입을 하고 현물출자가 있을 때에는 그 전부를 이행하여야 한다(305). ④ 株金納入의 장소는 은행 기타의 금융기관에 한하며, 또 다수의 인수인으로부터의 株金推尋을 용이하게 하기 위하여 失權節次가 인정된다(307). ⑤ 출자가 완전히 이행되면 발기인의 소집에 의하여 창립총회가 열린다(308～316). 創立總會에는 발기인이 회사설립에 관한 보고를 하고 이사·감사가 선임된다. 이사와 감사는 설립경과를 조사하여 그 결과를 창립총회에 보고하여야 한다(313). 變態設立事項이 있을 때에는 발기인이 검사인의 선임을 법원에 청구하여야 한다(310). ⑥ 창립총회가 설립폐지의 결의를 하지 않고 종결되면 종결된 날로부터 2주간내에 설립등기를 함으로써 주식회사가 성립한다(317).

모해위증죄(謀害僞證罪) 형사사건 또는 징계사건에 관하여 피고인·피의자 또는 징계혐의자를 모해할 목적으로 법률에 의하여 선서한 증인이 허위의 진술을 하는 죄(刑 152Ⅱ). 본죄는 目的犯이다. 본죄를 범한 자가 그 공술한 사건의 재판 또는 징계처분이 확정되기 전에 자백 또는 자수한 때에는, 그 형을 감경 또는 면제한다(153). →위증죄

모해증거인멸죄(謀害證據湮滅罪) 피고인·피의자 또는 징계혐의자를 모해할 목적으로 證據湮滅罪를 犯하는 것(刑 155). 증거인멸죄보다 형이 가중되며, (不眞正)目的犯이다. 친족·호주 또는 동거의 가족이 본인을 위하여 본죄를 범한 때에는 처벌하지 아니한다(155Ⅳ). →증거인멸죄, 모해증인은닉도피죄

모해증인은닉도피죄(謀害證人隱匿逃避罪) 피고인·피의자 또는 징계혐의자를 모해할 목적으로 증인은닉도피죄를 범하는 것(刑 155Ⅲ). 증인은닉도피죄보다 형이 가중되며, (不眞正)目的犯이다. 친족·호주 또는 동거의 가족이 본인을 위하여 본죄를 범한 때에는 처벌하지 아니한다(155Ⅳ). →증인은닉도피죄

모해허위감정통역번역죄(謀害虛僞鑑定通譯飜譯罪) 법률에 의하여 선서한 鑑定人·通譯人 또는 飜譯人이 형사사건 또는 징계사건에 관하여 피고인·피의자 또는 징계혐의자를 모해할 목적으로 허위의 감정·통역 또는 번역을 하는 죄(刑 154). 본죄를 범한 자가 그 감정·통역 또는 번역한 사건의 재판 또는 징계처분이 확정되기 전에 自白 또는 自首한 때에는 그 형을 減輕 또는 免除한다. →허위감정통역번역죄

모험대차(冒險貸借) 〔羅〕 pecunia traiecticia 〔英〕 bottomry 〔獨〕 Bodemerei 〔佛〕 prêt à la grosse 중세 지중해연안의 상업도시에서 성행하였고 19세기까지 계속하였던 것으로서, 선박 또는 積荷를 담보로 하는 일종의 금전의 消費貸借. 계약의 내용은 선박이 침몰하거나 기타 사고로서 목적지에 도달하지 않으면 채무변제의 책임이 면제되나, 무사히 항해를 종료하면 원본 및 고율의 이자의 지급을 받게 된다. 海上保險의 起源이라고 한다.

목민관(牧民官) 백성을 직접 다스리는 자, 즉 목민관이라 함은 오늘날의 地方官과 같다.

목민심서(牧民心書) 純祖時에 丁茶山이 강진에 謫居하면서 저술한 일련의 저서의 하나로, 古來 수령의 牧民에 관한 治政의 지침을 편술한 것. 48권 16책이 정형. 내용은 赴任, 律己, 奉公, 愛民, 吏典, 戶典, 禮典, 兵典, 刑典, 工典, 賑荒, 解官의 12目이며, 각목에 6條를 부하고 간명히 설명하고 있다. 牧民理論을 六典으로 歸納한 것은 洪良浩의 牧民大方을 본받은 것이며 내용의 중요부분은 숙종말의 저서로 추정되는 治郡要訣 중에서 많이 채택하고 있다. 본서는 牧民關係書籍을 집대성한 대표작이다.

목 적(目的) 특정한 소망을 가지고 어떤 수단을 써서 획득하려고 하는 직접적인 결과로서 통속으로 말하는 目標. 동일사항에 대하여도 사람의 입장에 따라 그 목적하는 바도 다르다. 예컨대 雇傭契約을 체결하는 목적은 고용주측에서 보면 고용인으로 하여금 일정한 노무에 종사시키려는데 있고, 피용인측에서 보면 일정한 보수를 취득하려는데 있음과 같다.

목적물(目的物) 권리·의무 또는 법률행위의 직접 또는 간접적 대상으로 되어 있는 것을 말한다. 物權의 목적물은 그것을 지배하는 직접적인 대상인 물건이지만 債權의 직접적 대상은 목적인 給付이며, 목적물은 간접적인 대상에 지나지 않는다. 법전상 양자는 혼용되고 있다.

목적물반환청구권(目的物返還請求權)**의 양도**(讓渡) 의사표시만에 의한 占有移轉方法의 하나로 양도인이 점유매개자를 통하여 間接占有를 하고 있는 경우에, 그 양도인이 점유매개자에 대해 가지는 반환청구권을 양수인에게 양도함에 의해 양수인은 인도를 받은 것으로 되는 것(民 190)을 말한다. 예컨대, A가 C에게 보관시키고 있는 물건을 그 상태에서(보관시키고 있는 상태에서) B에게 매도한 경우에는, 양도인 A가 점유자 C에 대해 가지는 반환청구권을 청구인 B에게 양도하면, B는 인도를 받은 것이 되는 것이다. 반환청구권의 성질에 관하여는 債權的 請求權說과 物權的 請求權說이 대립하고 있는데, 채권적 청구권설이 다수설이다.

목적범(目的犯) 〔獨〕 Absichtsdelikt 범죄의 성립에 있어서, 故意 이외에 객관적 요소를 초과하는 일정한 주관적 목적을 필요로 하는 犯罪. 예컨대 通貨僞造罪가 여기에 해당하는데, 외부적 행위인 통화의 위조가 이를 초과하는 행사의 목적으로써 행하여짐을 필요로 한다. 목적범에 있어서의 목적, 예컨대 내란죄(刑 87)에 있어서의 國土僭竊·國憲紊亂의 目的, 通貨僞造罪(207)·公文書僞造罪(225) 등에 있어서의 행사의 목적, 淫行媒介罪(242)·營利引取罪(288 I)에 있어서의 영리의 목적 등을 주관적 위법요소라고 한다(→주관적 위법요소). 그리고 그 목적의 달성 여부는 목적범의 성립에 영향이 없다. 목적범죄에는 그 목적이 없으면 범죄가 성립되지 않는 것(眞正目的犯)(156, 207 I 등)과 그 목적이 형의 가중사유가 되는 것(不眞正目的犯)(152 Ⅱ, 155 Ⅲ 등)이 있다.

목적법학(目的法學) 〔獨〕 Zweckjurisprudenz 법을 목적의 소산으로 보고 目的槪念을 법학 및 법해석의 지도이념으로 하는 입장에 선 법학. 법의 생성변화를 사회의 현실, 특히 社會心理現象에 있어서 실증적으로 고찰할 필요를 설명하는 점에서, 자연법을 상정하는 形而上學的 思想을 배척한다. 법이 목적에 의해서 창조되는 것을 인식하고, 법의 해석도 목적이념에 인도되지 않으면 아니된다고 하는 사상은 일면에서는 법의 의식적 창조의 측면을 경시하는 歷史法學에 대립하고, 타면에서는 일체의 가치목적을 배제하여 법의 순수구조를 고찰하는 純粹法學과 대조적 지위를 차지하고 있다. 법의 목적개념을 처음으로 자각적으로 주장하고, 목적법학의 수립자로 된 자는 예링이지만, 널리 해석하면 리스트의 目的刑論은 물론, 벤덤의 實利主義(→공리주의법학), 헤크 등의 利益法學과 동일한 사상계열에 포함된다. 법을 통해서 도덕·정치·경제 등의 객관적인 목적이념이 실현되는 관계를 명확히 하고, 槪念法學의 論理主義의 고정화를 타파하는 목적론적 방법을 확립한 점에 그 공적이 있다고 하겠다.

목적세(目的稅) 과세권자의 특정한 경비의 支辨을 위하여 부과하는 조세. 普通稅에 대한 개념. 지방자치단체가 부과하는 都市計劃稅·共同施設稅·事業所稅·地域開發稅가 그 예이다(地稅 5, 6, 235~260). 목적세의 부과징수에 관하여는 지방자치단체의 條例로써 정하도록 되어 있다(238, 241).

목적(目的)**없는 고의**(故意)**있는 도구**(道具) 〔獨〕 absichtsloses doluses Werkzeug 目的犯에 있어서 고의는 있으나 일정한 목적이 없이 그 범죄의 실현에 이용되는 자. 예컨대 목적범인 通貨僞造罪(刑 207 I)에 있어서, 행사의 목적을 감춘 의뢰인에 의하여 그것이 기념품으로 쓰이는 것으로 오신한 細工師가 고의로 통용하는 화폐를 위조하는 경우에, 그 세공사는 목적없는 고의있는 도구이다. →간접정범

목적(目的)**의 소멸**(消滅)**에 의한 부당이득**(不當利得) 〔羅〕 condictio causa finita 出捐의 목적이 일단 달성되었으나 후에 그 목적이 소멸하였을 때, 예컨대 계약내용이 이행된 후에 그 계약이 취소되었을 때에는 당초의 출연은 법률상의 원인을 결여하고 있으므로 부당이득이 된다는 것.

목적(目的)**의 착오**(錯誤) →객체의 착오

목적재산(目的財産) 〔獨〕 zweckvermögen 특별재산과 같다.

목적적 정범개념(目的的正犯槪念) →행위지배

목적적 행위지배설(目的的行爲支配說) →행위지배

목적적 행위론(目的的行爲論) 〔獨〕 finale Handlungslehre 行爲의 存在構造의 分析으로부터 인간의 행위를 목적활동으로서 파악하는 목적적 행위개념을 바탕으로 삼는 이론. 因果的 行爲論에 대한다. 오늘날의 독일에 있어서 벨첼, H.베버, 마우라하, 니제 등의 학자에 의하여 주장되고 있는 이

론이며, 기성의 소위 인과적 행위개념을 바탕으로 삼는 犯罪論을 재편성하려는 의도를 가지고 있다. 이 이론의 중요한 귀결은 여태껏 責任條件이라고 보아온 고의(事實的 故意)를 행위의 본질적 요소로서 구성요건의 주관적 요소 내지 주관적 불법요소(主觀的 違法要素)라고 본다. 목적적 행위론의 책임론에 있어서의 특색은 위법성의 의식의 가능성을 고의와 독립된 책임요소로서 파악하게 되는 점이다(責任說)(→위법성의 의식).

목적해석(目的解釋) 〔獨〕 teleologische Auslegung 법의 목적에 따라 행하는 解釋의 한 방법. 개개의 법규의 목적뿐만 아니라, 널리 법의 목적이 고려되지 않으면 안되며, 또한 법의 성립당시의 목적뿐만 아니라 법의 적용시에 요청되는 법의 목적도 고려되지 않으면 안된다.

목적형론(目的刑論) 〔獨〕 Theorie der Zweckstrafe 형벌은 범죄가 행하여졌기 때문에(quia peccatum est) 과하여지는 것이 아니라, 범죄가 행하여지지 않도록(ne peccetur) 과하여지는 것이라는 설. 목적형주의라고도 하며, 應報刑論에 대한다. 또한 絶對主義에 대하여 相對主義라고도 한다. 리스트는 형법에 있어서의 목적사상을 강조하여 本能的 應報로부터 목적에로의 진화를 주장하였다. 그 이래로 목적형론은 신파의 주장의 핵심이 되었다. 다만 신파의 목적형론의 목적은 특별예방의 목적이고, 일반예방의 목적은 오히려 구파의 응보형론과 결부하였다. 신파의 목적형론은 리프만에 의하여 教育刑論의 주장으로 되었다.

목적형주의(目的刑主義) →목적형론

몬테비데오조약(條約) 〔英〕 Montevideo Convention 〔獨〕 Abkommen von Montevideo 〔佛〕 Convention de Montevideo →몬테비데오회의

몬테비데오회의(會議) 〔英〕 Conference of Montevideo 〔獨〕 Konferenz von Montevideo 〔佛〕 Conférence de Montevideo 國際私法의 통일을 위하여 남미 수개국의 대표자가 모여 개최한 列國會議. 이 회의는 1889년 아르헨티나·우루과이 양국의 발의에 의하여 우루과이의 수도 몬테비데오에서 아르헨티나·우루과이·볼리비아·브라질·칠레·파라과이·페루의 대표자가 회합한 것이며, 여기서 國際民法·國際商法·國際刑法·國際訴訟法·國際著作權·國際特許權·國際商標權에 관한 조약 등을 의정하였다. 브라질·칠레의 양국이 국제민법과 국제형법에 관한 조약에 조인하지 않았던 것을 제외하고는 모든 국가가 이에 조인하였고, 아르헨티나·우루과이·볼리비아·파라과이·페루는 그것을 비준하였다. 이것이 몬테비데오條約이다.

몰 수(沒收) 〔英〕 confiscation of property 〔獨〕 Einziehung [1] 형법상 범죄반복의 방지 및 범죄에 의한 이득의 금지를 목적으로 하는 財産刑의 일종(刑 41 ix). 몰수는 他刑(主刑)에 부가하여 과하여지는 것이 원칙이지만(附加刑)(49 本), 일정한 경우에 몰수만을 선고할 수도 있다(49 但). 몰수의 대상물은 ① 범죄행위에 제공하였거나 제공하려고 한 물건(提供物, 예컨대 살인에 사용된 흉기), ② 범죄행위로 인하여 생겼거나 이로 인하여 취득한 물건(生得物, 예컨대 위조된 문서, 도박에 의하여 얻은 재물), 또는 ③ 이상의 대가로 취득한 물건(代價物 예컨대 그것을 팔아서 얻은 대금)이다. 이와 같은 물건이 범인 외의 자의 소유에 속하지 아니하거나, 범죄후 범인 이외의 자가 情을 알면서 취득한 경우에는 전부 또는 일부를 몰수할 수 있다(48 Ⅰ). 그러한 물건을 몰수하기 불능한 때에는 그 가액을 追徵한다(48 Ⅱ). 文書, 圖畵 또는 有價證券의 일부가 몰수에 해당하는 때에는 그 부분을 폐기한다(48 Ⅲ). 몰수는 임의적인 경우(예 : 48 Ⅰ)와 필요적인 경우(예 : 134, 關稅 179~186 등)가 있다. 몰수는 형식적으로는 형벌의 일종이지만, 실질적으로는 특히 ①의 경우, 保安處分의 색채가 농후한 점도 있다. 행정처분으로도 몰수를 인정하고 있다(예:未成年者保護法 5).

[2] 국제법상 적국재산의 소유권을 정당한 보상없이 박탈하는 것. 육상의 사유재산은 비몰수를 원칙으로 하며 해상의 敵私有財産은 중립선에 적재된 경우를 제하고는 몰수할 수 있다는 國際慣行이 있다(→사유재산비몰수의 원칙). 그러나 공유재산에 관하여는 부동산은 몰수할 수 없고 사용·수익할 수 있을 뿐이며 동산은 전쟁용도에 사용될 수 있는 것은 몰수할 수 있음을 원칙으로 한다. →적산, 사유재산비몰수의 원칙, 비상징용권

몰수물(沒收物) 몰수의 재판이 확정되어 몰수된 물건. 몰수물은 몰수에 의하여 國庫에 歸屬한다. 또 몰수물은 검사가 公賣에 의하여 처분한다(刑訴 483). 몰수를 집행한 후 3월 이내에 그 몰수물에 대하여 정당한 권리있는 자가 몰수물의 교부를 청구한 때에는, 검사는 파괴 또는 폐기할 것이 아니면, 이를 교부하여야 한다. 만약 몰수물을 처분한 후이면, 검사는 공매에 의하여 취득한 대가를 교부하여야 한다(484).

몰 취(沒取) 일정한 물건의 소유권을 박탈하여 이것을 국가에 귀속시키는 법원의 결정. 刑의

일종인 沒收와 구별하여야 한다. 保釋保證金의 몰취(刑訴 102, 103), 물건의 몰취(128, 132), 疎明에 갈음하는 保證金의 몰취(民訴 272) 등이 있었으나 沒收로 바뀜.

묘지 · 화장장(墓地 · 火葬場) 묘지라 함은 특별시장 · 광역시장 또는 도지사의 허가를 받은 분묘설치구역을 말하며, 화장장이라 함은 시체를 화장하기 위한 화장장으로서 특별시장 · 광역시장 또는 도지사의 허가를 받은 시체화장시설을 말한다(埋葬 및 墓地 등에 관한 법률 2Ⅴ · Ⅶ). 시체 또는 유골은 묘지 이외의 구역에 이장 · 개장할 수 없으며, 화장장 이외의 시설에서 화장할 수 없다(4Ⅰ · Ⅱ). 서울특별시 · 광역시 또는 시 · 군은 시체의 처리를 위하여 공설묘지 또는 공설화장장을 설치하여야 하며(7Ⅰ), 이의 설치기준은 대통령령으로써 정한다(7Ⅲ). 사설묘지 또는 사설화장장 · 사설납골당을 설치하고자 하는 자는 특별시장 · 광역시장 또는 도지사의 허가를 받아야 한다(8). 특별시장 · 광역시장 또는 도지사는 국민보건상 위해를 끼칠 우려가 있거나 국방상 또는 도시계획상 지장이 있거나 기타 국토개발계획에 지장이 있다고 인정할 때에는, 묘지 · 화장장의 이전을 명하거나, 그 시설의 개수 또는 그 전부나 일부의 사용금지를 명하거나, 그 허가를 取消할 수 있다(15). 묘지 · 화장장 또는 납골당의 관리인은 보건복지부령의 정하는 바에 의하여 圖面 · 臺帳 기타 필요한 서류를 비치하여야 한다(13). → 매장화장

무 개(務開) → 무정 · 무개

무고죄(誣告罪) 〔英〕 false charge 〔獨〕 falsche Anschuldigung 〔佛〕 dénonciation calomnieuse 타인으로 하여금 刑事處分 또는 懲戒處分을 받게 할 목적으로 公務所 또는 공무원에 대하여 허위의 사실을 신고하는 죄(刑 156). 국가의 심판작용을 해하는 죄이고, 동시에 개인의 법적 안전을 해하는 죄로서의 성격도 가지고 있다. 따라서 被誣告者의 승낙이 있어도 本罪의 성립에 영향이 없다. 타인에 대한 것이므로 자기자신에 대한 무고죄는 성립하지 않는다. 본죄는 目的犯이다. 虛僞란 객관적 진실에 반하는 것을 말한다. 따라서 주관적으로 허위인 것을 믿고 신고를 하더라도 그것이 객관적 진실에 합치하는 경우에는 본죄를 구성하지 않는다. 신고는 공무소 또는 공무원에게 자발적으로 사실을 告知하는 것을 말한다. 따라서 官憲의 推問에 대하여 허위의 답신을 하는 것은 본죄가 되지 않는다. 그 방식에는 아무런 제한이 없으며 반드시 고소 · 고발의 방식에 의할 필요가 없다. 본죄를 범한 자가 그 신고한 사건의 재판 또는 징계처분이 확정되기 전에 자백 또는 자수한 때에는 그 형을 감경 또는 면제한다(157).

무공훈장(武功勳章) 전시 또는 이에 준하는 비상사태하에서 전투에 참가하여 뚜렷한 武功을 세운 자에게 수여하는 훈장(賞勳法 13). 태극 · 을지 · 충무 · 화랑 · 인헌무공훈장의 5종이 있다.

무과실배상책임(無過失賠償責任) 무과실책임과 같다.

무과실책임(無過失責任) 〔英〕 liability without fault, absolute liability 〔獨〕 Schadenersatzpflicht ohne Verschulden 〔佛〕 responsabilité sans faute, responsabilité objective 손해의 발생에 관하여 고의 · 과실이 없더라도 그 배상책임을 지는 것. 무과실책임은 過失責任에 대립하는 民事責任의 일종으로서, 계약책임에도 인정되는 경우가 있으나, 일반적으로는 불법행위책임에 관하여 논의되고 있다. 불법행위에 있어서의 무과실책임은 가해자가 고의 또는 과실로 인하여 타인의 法益을 침해한 점에 책임귀속의 근거를 두는 것이 아니고, 타인의 法益侵害라고 하는 결과의 발생에 원인을 주었다는 점에 그 근거를 둔다는 의미에서 原因責任主義라고도 하며, 법의 비난이 과실에 향하지 않고 결과에 향하여지고 있다는 의미에서 結果責任主義라고도 한다. 과실이 없으면 책임이 없다고 하는 과실책임주의는 자본주의적 자유주의를 그 이념으로 하는 근대시민법의 대원칙의 하나이기도 하다. 그러나 오늘날의 대기업은 한쪽에 있어서는 거액의 이익을 얻음과 동시에, 다른 한쪽에 있어서는 기업내의 근로자 및 일반인에 대하여 많은 위험을 내포하고 있으며, 아울러 사회생활의 복잡화와 더불어 종래의 과실책임주의로써는 피해자의 보호를 충분히 하지 못하고 불공평한 결과를 초래한다. 이러한 터전에 손해의 공평한 부담을 꾀하기 위하여 이 무과실책임의 이론이 진전을 보게 된 것이다. 무과실책임을 인정하는 이론적 근거를 설명하는 데는 原因主義 · 利益主義 · 公平主義 · 危殆主義 등이 있으나, 그 어느 것에 의하든 아직 모든 경우를 통일적으로는 설명할 수 없으며, 각 경우에 관하여 저마다 생각할 수밖에 없다. 우리 민법은 과실책임주의를 아직도 그 기조로 삼고 있으므로, 무과실책임에 관한 규정은 극히 예외적으로 존재할 뿐이다. 즉 민법상 불법행위에 관한 무과실책임은 工作物의 所有者의 責任(758) 뿐이라고 할 수 있다. 책임무능력자를 감독하는 자의 책임(755), 사용자의 책임(756), 공작물의 점유자의 책임(758), 동물의 점

유자의 책임(759)은 相對的 無過失責任이라고 하지만 이런 것들은 순전한 무과실책임이라고는 할 수 없다. 상법에서도 선박소유자의 책임(746), 公衆接客業者의 책임(152) 등을 무과실책임으로 하고 있으나, 역시 예외적인 규정이라고 하지 않을 수 없다. 그러나 특별법은 근대적 대기업의 危殆性이나 報償性을 고려하여 근로기준법상의 사용자의 재해보상책임(81 이하)이나, 광업법상의 鑛害賠償責任(91 이하), 국가배상법상의 국가 또는 지방자치단체의 배상책임(2 이하) 등은 모두 무과실책임으로 되어 있다.

무국적(無國籍) 사람이 국적을 가지지 않는 경우. 국적의 消極的 抵觸이라고도 한다. → 국적의 저촉

무궁화대훈장(無窮花大勳章) 무궁화대훈장은 우리나라의 最高勳章으로서 대통령에게 수여하며 대통령의 배우자·우방원수 및 그 배우자 또는 우리나라의 발전과 안정보장에 기여한 공적이 뚜렷한 전직우방원수 및 그 배우자에게도 수여할 수 있다(賞勳法 10).

무국적자(無國籍者) → 국적의 소극적 저촉

무권대리(無權代理) 〔獨〕 Vertretung ohne Vertretungsmacht 〔佛〕 représentation non-fondée 대리권이 없는 자(無權代理人)가 대리인이라 칭하고 행위를 하는 것. 대리권이 전혀 없는 경우와 대리권의 범위를 넘는 경우와를 포함한다. 본래 무권대리행위는 본인에게 대하여나 대리인 자신에게 대하여나 아무런 법률효과를 발생시키는 일이 없고, 다만 무권대리인이 상대방에 대하여 불법행위상의 책임을 지는데 불과하고, 그렇게 되면 대리인과 거래하는 상대방은 의외의 손해를 받을 염려가 생기며, 근대법에 있어서의 去來의 安全保護라는 이상에 반하게 된다. 그래서 민법은 무권대리를 두 가지로 나누어 무권대리인과 본인과의 사이에 특별히 긴밀한 관계가 있는 경우를 表見代理라 하여 정당한 대리인의 행위와 마찬가지의 효과를 일으키게 하고, 그렇지 아니한 경우에는 좁은 뜻의 무권대리라고 하여 무권대리인에게 특별한 책임을 과하여, 본인의 追認이 없는 경우에는 상대방의 선택에 좇아 계약의 이행 또는 손해배상의 책임이 있다(民 135 Ⅰ)고 규정하고 있다. 좁은 뜻의 무권대리의 효력에 관하여는 契約과 單獨行爲를 구별하여 규정하고 있다(130～ 136).

무권해석(無權解釋) 학리해석과 같다.

무기금고(無期禁錮) 금고의 일종으로 期間의 정함이 없는 것(刑 42). 自由刑 單一化의 이론에서 문제가 된다. → 금고

무기대여제(武器貸與制) 제2차대전 중 1941년 3월에 성립한 國防促進法에 의하여 미국이 무기 등의 군수자재를 연합군에 대여한 제도. 전후 일단 폐지되었으나 1949년 북대서양조약의 성립과 함께 가맹국에 대한 미국의 군사원조에 있어서 실질상 부활되었다.

무기명배서(無記名背書) 〔英〕 endorsement in blank 白地背書 또는 略式背書라고도 하며, 배서인이 어음에 피배서인의 이름을 기재하지 않는 배서방식.

무기명사채(無記名社債) 사채권자의 성명이 채권면에 표시되지 않는 사채. 記名社債에 대응하는 말. 無記名社債權으로 表彰하는 채권을 無記名債券이라고 한다. 무기명채권의 讓渡·入質은 그 증서를 교부함으로써 효력이 발생하고(商 65, 民 523·351) 선의취득의 대상이 된다(民 514, 524). 무기명사채권에는 利券이 첨부되는 것이 보통이며, 이 경우에는 이자의 지급은 이 이권과 상환으로 하게 된다. 사채권자집회에서 사채권자로서의 권리행사를 하기 위하여는 채권을 供託하여야 한다(商 491 Ⅳ, 492 Ⅱ).

무기명식(無記名式)**의 주권**(株券) 무기명주식을 표창하는 株券. 무기명식의 주권은 정관에 정한 경우에 한하여 발행할 수 있으며, 또 주주는 언제든지 기명식으로 할 것을 회사에 청구할 수 있고(商 357 Ⅰ·Ⅱ), 무기명주권을 가진 자가 주주의 권리를 행사하려면은 그 주권을 회사에 공탁하여야 한다(商 358). → 무기명주식

무기명주식(無記名株式) 〔英〕 bearer share 〔獨〕 Inhaberaktie 주주의 성명이 주권상에 기재되어 있지 아니한 주식. 무기명주식을 표창하는 주권을 無記名株券이라고 한다. 무기명주식은 주식의 유통을 신속원활하게 하는 장점을 가지고 있다. 무기명주식의 양도는 讓渡의 合意와 株券의 交付로 하게 된다. 교부는 단순히 第三者對抗要件이 아니라 주식양도의 효력요건이다(民 523).

무기명증권(無記名證券) 〔獨〕 Inhaberpapier 〔佛〕 titre au porteur 증권상 특정한 권리자를 표시하지 않고 그 證券所持人을 권리자로 인정하는 유가증권. 所持人出給式證券이라고도 한다. 무기명사채·무기명식수표·상품권 등이 그 예이며, 그 방식으로는 소지인출급문구(예 : 右金額을 이 수표지참인에게 지급하시오)를 기재하는 것과,

승차권과 같이 아무 기재도 하지 않는 것이 있다. 무기명증권의 讓渡·入質은 증권을 인도함으로써 하고, 그 소지인은 정당한 권리자로 법상 추정되며(民 513, 어음 16 I), 또 소지인은 당연히 권리를 행사할 수 있어 의무자측에서도 善意로 변제한 이상 비록 소지인이 진정한 권리자가 아닌 경우에도 면책된다(民 524, 518). 이와 같이 무기명증권은 이전·행사가 간단하며 유통에 가장 적합하다. 抗辯의 제한(515, 手票 22)·善意取得(民 514, 手票 21) 등 유통보호의 규정이 적용된다. →무기명채권

무기명채권(無記名債權) 〔獨〕 Forderung auf den Inhaber 〔佛〕 créance au porteur 예컨대 철도의 승차권·극장관람권·버스회수권·무기명국채 등과 같이 그 성립·존속·행사에 반드시 증권을 필요로 하며 채무자는 증권면에 기재되어 있으나 채권자를 특정하지 않은 증권적 채권의 일종. 유통성이 강하다는 점에 유의하여 指示債權에 관한 민법의 여러 규정을 준용하였다(514~522).

무기명투표(無記名投票) 記名投票에 대응한 것으로서 투표를 함에 있어서 투표지에 투표인의 성명을 기재함이 없이 행하는 投票. 이는 투표인의 자유로운 선거권의 행사를 보장하고 선거의 공정을 도모하기 위한 秘密選擧의 방법으로 쓰인다. 19세기 중엽 이래 국가기관의 선거에 있어서는 비밀선거제를 취함이 일반화되었으며, 무기명투표제는 비밀선거제와 더불어 보편화되었다. 우리나라의 국민투표법 50조 3항, 공직선거 및 선거부정방지법 146조 3항에서 무기명투표제를 채택하고 있다.

무기사용(武器使用) 경찰관이 그 職務遂行을 위하여 무기를 사용하는 것. 경찰관의 무기사용은 엄격히 제한되어 있는 바, 범인의 체포, 도주의 방지, 자기 또는 타인의 생명·신체에 대한 防護, 공무집행에 대한 항거를 억제하기 위하여 필요하다고 인정되는 상당한 이유가 있을 때에는 그 사태를 합리적으로 판단하여 필요한 한도내에서만 사용할 수 있고, 그 경우에도 특히 제한된 경우 외에는 사람에게 危害를 미쳐서는 아니된다(警職 11).

무기평등(武器平等)**의 원칙**(原則) 당사자대등주의와 같다.

무기형(無期刑) 교도소에 終身拘置하는 것을 내용으로 하는 자유형. 終身刑이라고도 한다. 형법은 징역과 금고에 무기형을 인정하고 있다(42本). 무기징역·금고를 감경할 때에는 7년 이상으로 한다(55 I ii). 무기형의 집행중에 있는 자에 대하여도 그 行狀이 양호하여 개전의 정이 현저한 때에는 10년을 경과하면 가석방을 할 수 있다(72 I). 또한 사면법에 의하여 사면·감형의 길이 열려 있다.

무능력자(無能力者) 〔獨〕 Geschäftsunfähiger 〔佛〕 personne incapable 행위능력이 없는 자, 즉 단독으로 완전한 법률행위를 할 수 없는 자. 行爲無能力者라고도 한다. 민법이 정하는 무능력자는 未成年者·限定治産者·禁治産者의 三者이다. 무능력자의 제도는 판단능력이 불충분한 자가 불이익한 행위로 인하여 손실을 입지 않도록 보호하는 것을 목적으로 하는데, 이를 위하여 판단능력이 불충분한 자를 위의 3자에 定型化하여 무능력자측에서는 능력의 불완전을 개개적으로 증명하지 않고, 그 행위를 취소할 수 있는 것으로 하는 한편, 상대방에게 주의를 시켜 거래의 안전을 해하지 않도록 한 것이다. 무능력자에게는 보호기관으로서 그 행위를 대리하고 또는 보충하기 위하여 각각 法定代理人(親權者·後見人)을 붙인다. 무능력자가 단독으로 한 법률행위는 원칙적으로 취소할 수 있지만, 의사능력이 없는 경우(예 : 幼兒)에는 무효로 된다. 주로 재산상의 활동능력을 표준으로 한 무능력자에 관한 민법총칙의 규정은 신분행위에는 그대로 적용될 수는 없다. 소송무능력자에 관하여는 소송능력을 보라.

무담보문구(無擔保文句) 어음 또는 수표상의 책임을 부담하지 않는다는 뜻의 문언. 환어음의 발행인은 인수를(어음 9 II), 그 배서인은 인수 및 지급을(15 I) 약속어음·수표의 배서인은 지급을(77 I·15 I, 手票 18 I) 각각 담보하지 아니한다는 뜻을 어음·수표에 기재하여 원칙적으로 부담하여야 될 擔保責任을 면하고, 遡求義務를 부담하지 않을 수가 있다. 그러나 환어음·수표의 발행인이 지급무담보문구를 기재한 경우에는 기재하지 아니한 것으로 본다(어음 9 II 後, 手票 12). 약속어음의 발행인이 支給無擔保文句를 기재한 경우에는 어음이 무효로 된다고 해석한다.

무담보배서(無擔保背書) 〔獨〕 Indossament ohne Obligo 어음 또는 수표의 배서인이 어음(수표)상의 책임을 지지 않는다는 뜻(無擔保文言)을 기재한 배서를 말한다(어음 15 I·77 I i, 手票 18 I). 배서인은 발행인의 경우와는 달라서(어음 9 II, 手票 12 참조), 引受無擔保뿐만 아니라 支給無擔保文言도 기재할 수 있으며, 또 어음(수표) 금액의 일부에 대한 무담보기재도 할 수 있다. 원래 환어음의 배서인은 인수와 지급을 담보하고 약속어음 및 수표의 배서인은 지급을 담보하며, 어음

(手票)금의 지급이 거절되면 遡求義務를 지게 되는데, 무담보배서를 하면 그 자는 직접의 피배서인에 대하여서 뿐만 아니라 그 후자 전원에 대하여 담보책임을 지지 아니한다(어음 15Ⅰ·77Ⅰⅰ, 手票 18Ⅰ). 무담보배서인이 직접의 피배서인에 대하여도 담보책임을 지지 않는 점이 배서금지배서(어음 15Ⅱ·77Ⅰⅰ, 手票 18Ⅱ)의 경우와 다르다. 그러나 담보배서의 효력은 무담보배서인 이외의 다른 배서인의 담보책임에 영향을 미치지 아니한다.

무담보대부(無擔保貸付) 은행이 담보물을 징수하지 않고 하는 대부. 그 중 借主의 신용에만 기인하는 경우를 신용대부, 차주 이외에 보증인을 내세우고 그 신용에 기인하는 경우를 保證貸付라고 한다.

무력행사(武力行使) 넓은 뜻으로는 국가목적을 달성하기 위한 군사력의 사용을 전부 포함하며, 실질적으로는 전쟁이나 형식적으로는 宣戰이 행해지지 않은 대외적 군사행동을 의미하는 것으로 사용한다. 國際聯合憲章에는 타국의 영토보전 또는 정치적 독립을 위협하는 무력의 행사를 금지하는 취지의 규정을 두고 있다.

무료직업소개사업(無料職業紹介事業) 수수료·회비 기타 일체의 금품을 받지 아니하고 행하는 직업소개사업을 말한다(職業安定法 4ⅳ). 무료직업소개사업을 하고자 하는 자는 서울특별시장·광역시장 또는 도지사의 허가를 받아야 한다(18).

무명계약(無名契約) 〔獨〕nichtbenannter Vertrag, Innominatkontrakt 有名契約에 대하는 말. 법률이 일정한 명칭을 붙여서 규정을 하고 있는 계약(典型契約 또는 有名契約)의 어느 것에도 속하지 않는 계약. 非典型契約과 같다. → 전형계약

무명저작물(無名著作物) 저작자의 성명을 기재하지 아니한 저작물. 저작자의 성명을 기재하지 아니한 저작물은 그 저작물의 發行者 또는 公演者를 그의 저작자로 추정한다(著 8Ⅱ). 무명저작물의 저작권은 공표된 때부터 50년간 존속하며, 다만 이 기간내에 저작자가 사망한지 50년이 경과하였다고 인정할 만한 정당한 사유가 발생한 경우에는 그 著作財産權은 저작자 사망후 50년이 경과하였다고 인정되는 때에 소멸한 것으로 본다(37Ⅰ). → 저작권

무명항고소송(無名抗告訴訟) 행정소송법이 명문으로 규정하고 있는 항고소송(取消訴訟·無效 등 確認訴訟·不作爲違法確認訴訟의 3종류가 있다. 法定抗告訴訟이라고 한다. 이외의 소송을 무명항고소송이라고 할 수 있다). 그 예로는 행정청에 대하여 특정한 행정처분을 행할 것을 요구하는 이른바 義務履行訴訟과 급박한 행정권에 의한 침해를 배제하기 위하여 공권력발동의 저지를 목적으로 하는 이른바 豫防訴訟을 들 수 있다.

무방비도시(無防備都市) 국제법상 전시에 있어서 공격이 금지된 무방비의 도시. 防守되지 않은 도시·촌락·주택 또는 건물에 대해서는 일반적으로 공격(砲·爆擊)이 금지되어 있다. 다만 군사목표물이 거기에 있을 때에는 그에 대한 공격은 허용된다. 防守된 구역에 대해서는 일정한 건조물의 보호 및 원칙적으로 豫告를 조건으로 하여 공격이 허용된다(다만 공군에 의한 무차별폭격은 허용되지 않는 것으로 해석된다). 방수의 개념에 대해서는 공격하는 육·해 또는 공군에 대한 상대적 의미에 있어서의 防守인가 그렇지 않으면 지상군대의 점령에 대항하는 의미에 있어서의 防守인가로 설이 갈려져 있는데, 최근에는 군사목표물을 공격의 규준으로 한다는 설이 지지를 얻게 되고 있다. 적의 공격을 피하기 위하여 無防備都市宣言을 하는 경우가 있는데(예: 제2차세계대전시에 있어서의 파리·마닐라 등), 이 때에는 상대국에 통고함과 동시에 병력의 철퇴, 방비의 철거가 따르지 않으면 안된다. → 군사목표주의, 돌격

무방수도시(無防守都市) 무방비도시와 같다.

무복친(無服親) → 유복친·무복친

무비용상환(無費用償還) → 거절증서작성면제

무비용상환문언(無費用償還文言) 拒絶證書作成을 면제한다는 취지의 문언. 무비용상환 거절증서 불요 등의 문언이 그것으로서 증서에 기재하고 면제자가 기명날인함을 요한다(어음 46Ⅰ·77Ⅰⅳ, 手票 42Ⅰ).

무상계약(無償契約) → 유상계약·무상계약

무상교부(無償交付) 再評價積立金을 자본에 전입하고, 그 금액에 상당한 신주를 발행하여 그 신주를 무상으로 주주에게 교부하는 것. → 무상주

무상교육(無償敎育) 교육을 국가에서 무상으로 실시하는 것을 말한다. 무상교육의 실효를 거두기 위하여 의무교육은 무상으로 한다(憲 31Ⅲ). 무상의 범위에 관해서는 ① 법률이 정하는 바

에 따른다는 無償範圍法定說, ② 수업료만이 면제된다는 授業料無償說, ③ 그 외에 교재·학용품의 지급을 비롯한 급식의 무상까지 포함된다는 就學必須費無償說 등 견해가 대립되나, 취학필수무상설이 다수설이다. 이에 따라 국가는 재정이 허락하는 한 교과서와 기타의 교재 그리고 급식까지도 무상으로 하여야 할 것이다. 다만 공립학교에 수용능력이 있음에도 불구하고 자진하여 사립학교를 선택한 경우에는 무상의 혜택을 포기하는 것이 되므로, 사립학교에서의 수업료징수는 의무교육의 무상조항에 위반되지 아니한다.

무상소각(無償消却) → 주식소각

무상수거(無償收去) 행정상 即時强制 중 對物强制의 한 수단. 식품이나 마약 등 약품을 검사하기 위해 필요한 소량을 보상없이 가져감을 그 내용으로 한다. 물론 이와 같은 무상수거도 법적 근거를 요하는 바, 식품위생법·약사법·마약법·농약관리법 등에 각각 규정이 있다.

무상임치(無償任置) 報酬의 特約이 없는 임치. 민법상의 임치의 원칙이며 수치인은 자기의 재산에 있어서와 동일한 주의로써 임치물을 보관할 의무를 진다(民 695, 701).

무상자금(無償資金) 대한민국과 일본국간의 財産 및 請求權에 관한 問題의 解決과 經濟協力에 관한 協定 1조 1항(a)에 의하여 도입되는 자금. 請求權資金의 일종. 이는 대한민국정부와 국민이외에는 사용할 수 없으며, 농업·임업 및 수산업의 진흥, 원재료 및 용역의 도입 기타 이에 준하는 것으로서 경제발전에 이바지하는 사업을 위하여 사용한다(請求權資金의 運用 및 管理에 관한 法律 4 Ⅰ). 이의 운용·관리는 청구권자금관리특별회계에 의하며, 그 운용·관리에 관한 중요사항을 심의·해결하기 위한 기관으로 국무총리소속하에 請求權資金管理委員會가 있었다가 폐지되었다.

무상주(無償株) 〔獨〕Gratisaktie, Freienaktie 〔佛〕action gratuite 주주에게 납입의무없이 무상으로 발행하는 주식. 영미에서 발행되는 發起人株가 그 예이다. 우리나라에서는 資本充實의 原則에 의하여 주주의 납입의무는 면제할 수 없으므로, 이런 의미의 무상주는 인정되지 않는다. 독일에서는 주주가 새로이 출자하는 일이 없이 주주에게 배당할 이익으로써 주식의 납입에 충당하여 신주를 발행하는 일이 있어 이를 무상주라고도 한다. 일본의 株式配當은 후자의 경우에 해당된다(日改商 293의2). 우리나라에서도 준비금의 자본전입에 따라서 발행하는 주식을 일반으로 무상주라고 부르고 있다.

무상행위(無償行爲) → 유상행위·무상행위

무선국(無線局) 無線設備(무선전신, 무선전화 그 밖에 전파를 보내거나 받기 위한 전기적 설비) 및 무선설비의 조작을 행하는 자의 총체(그러나 방송청취를 위하여 수신만을 목적으로 하는 것은 포함하지 않는다)(電波 2ⅴ). 개설에는 정보통신부장관의 허가를 요하며, 또 외국인 등 일정한 자에는 면허를 허가하지 않는다(5).

무선전신(無線電信) 전파를 이용하여 부호를 보내거나 받기 위한 通信方法(電波 2ⅱ). 종래는 무선전신법, 현재는 전파법이 규제한다.

무소권(無訴權) 〔羅〕ex lex 訴權이 없는 것. 평시 또는 특히 전시에 외국인에 대하여 소권을 제한하거나 또는 전혀 이를 인정하지 않는 나라가 있다.

무소속의원(無所屬議員) 〔英〕independent member 政治學에서의 무소속의원이란 정당에 가입되어 있지 않은 의원을 지칭하나, 우리나라 국회에서의 무소속의원이란 어느 交涉團體에도 속하지 아니하는 의원을 말한다. 즉, 우리나라에서는 국회에 20인 이상의 소속의원을 가진 정당은 하나의 교섭단체가 된다. 그러나 다른 교섭단체에 속하지 아니하는 20인 이상의 의원으로 따로 교섭단체를 구성할 수 있다(國會 33Ⅰ). 따라서 정당에 가입하고 있지 않은 의원이라 하더라도 교섭단체를 구성하여 그 구성원이 될 수 있기 때문에 국회에서 무소속의원이라 함은 政黨加入 여부에 관계없이 어느 교섭단체도 속하지 아니하는 의원을 의미하게 된다.

무신고가산세(無申告加算稅) 신고납세제를 채택하는 조세에 있어서 납세의무자가 확정 신고서 또는 손실신고서 등을 제출기한까지 제출하지 않는 경우 과해지는 附帶債務인 세금액을 말한다(所稅 81).

무액면주식(無額面株式) 〔英〕no-par stock, non par value share, share without par value 〔獨〕nennwertlose Aktie, Quotenaktie 〔佛〕action sans mention de valeur 주식금액의 최소한이 법정되지 않고 원칙으로 회사사업의 경제적 가치를 반영하는 그때 그때의 시가에 의하여 임의로 발행되며, 회사의 자본이 그 發行價額을 기준으

로 하여 정하여지는 주식. 따라서 주권에는 券面額이 없으며, 株式數만의 기재가 있다. 액면주식에 대한 것으로 比例株 또는 部分株라고도 한다. 무액면주는 시세에 따라 발행할 수 있으므로 주식의 시가가 액면 이하로 하락한 회사에서도 주식발행에 의한 자금조달이 비교적 용이하다는 장점이 있으나, 한편 그 발행가액의 결정과 자본에 대한 계상에 있어서 공정을 기하기 어렵다는 단점이 있다. 이 제도는 미국에서 창설·보급되어 캐나다, 일본, 멕시코 등에서 채용하였으나, 우리나라에서는 인정하지 아니하고 주식의 割引發行(액면미달발행)制度를 채용하고 있다. 무액면주식에는 記載式無額面株(準無額面株)와 眞正無額面株(純粹無額面株)의 2종이 있다. 전자는 주권에는 권면액의 기재는 없으나 정관에 그 주식의 최저발행가액의 정함이 있고 그 가액 미만으로는 주식의 발행을 구성하는 것이며, 후자는 주권에도 정관에도 券面額 또는 동일작용을 하는 금액을 기재하지 아니하는 것으로서 이것은 무액면주의 순수한 것이며 그 장점과 단점을 가장 잘 발휘하고 있는 것이다.

무 역(貿易) 외국무역과 같다.

무역대리업(貿易代理業) 외국의 수입업자 또는 수출업자의 위탁을 받은 자(지사 또는 대리점 포함)가 국내에서 수출물품을 구매하거나 수입물품을 수입함에 있어서 그 계약의 체결과 이에 부대되는 행위를 업으로 영위하는 것을 말한다(對外貿易法 2ⅴ).

무역(貿易)**어음** 무역에 관한 필요자금의 조달을 위하여 업자가 발행하는 어음. 수출 및 수입에 관한 종류가 있다.

무역오차(貿易誤差) 세계의 무역액은 원칙으로 그것의 수출입이 동일한 숫자를 표시함에도 불구하고 실제에 있어서는 수출총액이 수입총액보다 적은 것이 보통인 바 이와 같은 相違를 무역오차라고 한다.

무역협정(貿易協定) → 관세무역일반협정

무원록(無冤錄) 元朝의 王與가 宋代의 洗冤錄과 平冤錄 2冊과 結案程式을 損益하여 元武宗 원년(1308년)에 저술한 法醫學書. 여말에 원의 至正條格이나 議刑易覽 등의 刑書와 같이 전래한 것으로 생각된다. 세종원년 2월에 刑曹啓, 無冤錄元凡告事, 必註年月日云云한 기사로 보아 조선초에 무원록을 檢驗에 사용한 것이 추측되며, 세종 12년 3월에 律科試取에 大明律 唐律疏議와 함께 無冤錄을 과목에 넣기로 결정을 보았다. 세종 20년 11월에 崔致雲, 李世衡, 卞孝文, 金滉 등에게 명하여 무원록에 註釋을 가하게 하고 이를 新註無冤錄이라 명명하여 동 22년에 간행하였다. 그 후 영조 24년 9월에 具宅奎에 명하여 新註無冤錄의 불비한 점을 대폭 改修한 增修無冤錄上下卷을 반포하였고, 정조 14년에 徐有隣에게 명하여 增修無冤錄을 諺解케 하고 구택규의 子 具允明에게 다시 증수케 한 增修無冤錄大全(無冤錄一卷諺解二卷)을 정조 16년에 반포하였다. 구택규의 增修無冤錄(一稱補修無冤錄, 舊本)과 구윤명의 增修無冤錄(新本)의 내용이 대동소이하나, 구본은 全文懸吐하고 欄外見出이 있고, 신본은 모두 없으며, 주를 많이 늘이고, 항목의 배열을 약간 변동하고 있다. 그 내용을 增修無冤錄에 의하여 보면 상편은 총론적 부분으로 檢覆總說·檢式·屍帳式·閱文式 등 항목이 있고, 下篇은 胎傷死·溺水死·毆打死·火燒死·中毒死 기타 각종 殺獄의 예를 들고 설명하고 있다.

무원조(無援助)**의 의무**(義務) → 공평의 의무, 중립국의 의무

무유보선하증권(無留保船荷證券) 〔英〕 clean bill 〔獨〕 reines Konnossement 送荷人의 청구에 의하여 不知約款의 기재에 의한 유보없이 발행되는 선하증권. 무유보선하증권의 발행을 받기 위해서는 보통 송하인이 운송물의 수량부족 등에서 운송인이 입을 손해를 보상하기 위한 보증장을 제출한다. 不知約款이 기재된 선하증권으로써는 貨換어음의 할인이 용이하지 않기 때문에, 이 무유보선하증권이 이용되며, 송하인이 운송물의 내용에 대하여 확신이 있을 때 사용된다.

무유언주의(無遺言主義) 家産을 공유하는 사상을 기초로 하는 相續法制에 있어서는 상속인은 반드시 피상속인의 가족 또는 친족이라야 하며, 유언 그 밖의 사후처분에 따라 타인을 상속인으로 지정하는 것을 불허하는데 유언이 없는 경우에는 원칙적으로 法定相續을 인정하고 이를 그 피상속인의 의사를 추정하는 뜻으로 간주한다.

무의결권주(無議決權株) 〔英〕 non-voting share or stock 〔獨〕 Aktie ohne Stimmrecht, stimmrechtslose Aktie 의결권이 없는 주식. 회사는 정관으로 이익배당에 관한 우선적 내용이 있는 종류의 주식에 대하여 주주에게 의결권없는 것으로 할 수 있다(商 370 Ⅰ 本). 이는 회사경영에 참가할 의사는 없고 투자의욕만 있는 주주에게는 의결권의 유무가 문제되지 아니하고 配當의 多寡만이 관심사이므로 이러한 주주로부터 의결권을 없애고 재산적 내용인 이익배당에 우선적 지위를 인정하여

회사의 자금조달을 용이하게 하기 위한 것이다. 상법상 무의결권주는 정관에서 配當優先權을 부여하는 대가로서만 의결권이 없는 것으로 하고 있으므로, 소정의 배당우선권이 실현되지 아니할 때에는 의결권의 부활을 인정하고 있다(370 I 但). 그리고 무의결권주가 과다하면 의결권있는 일부주주에 의하여 총회가 지배될 폐해가 있으므로 의결권없는 주식의 총수는 발행주식의 총수의 4분의 1을 초과하지 못한다(370 II). 무의결권주는 총회의 정족수 계산에 있어서 발행주총수에 산입하지 아니한다(371 I). 그러나 定款變更·合併 등에 의하여 의결권없는 주식에 대하여 손해를 미치게 될 때에는 주주총회의 결의 외에 그 종류의 주주의 총회의 결의가 있어야 한다(435, 436).

무이자채권(無利子債權) 約定利子를 수반하지 않는 채권. 기한내에 변제하면 채권자는 기한까지의 중간이자를 이득한 것으로 되지만 채무자는 변제의 경우 이를 반환하거나 공제할 수 없다(民 153).

무익(無益)**한 압류**(押留) 압류하고자 하는 재산을 換價하여도 집행절차에 요하는 비용을 변상하고 剩餘를 얻을 수 없는 압류. 동산에 대한 강제집행에서는 초과압류와 같이 금지된다(民訴 525 III). 부동산에 대한 강제집행은 잉여의 가능성이 없을 경우에 경매가 취소된다(616).

무 인(拇印) 拇指(보통은 오른손)의 지문을 印章 대신에 押捺하는 것. 법률상 또는 관습상 날인이 요구되는 때가 많으나 인장이 없을 때에는 무인으로 대신하는 수가 있다.

무인증권(無因證券) 〔獨〕abstraktes Papier 증권상의 권리의 존재가 證券授受의 원인인 법률관계의 존부 또는 효력의 유무에 의하여 영향을 받지 않는 유가증권. 不要因證券·抽象的 證券이라고도 한다. 어음·수표가 대표적인 무인증권인데 대하여 貨物相換證·倉庫證券·船荷證券은 要因證券이다(통설). 이 무인증권이 표창하는 권리는 증권교부의 원인인 법률관계에서 독립·분리된 권리이다. 예컨대 매매대금의 지급을 위하여 증권이 교부된 경우일지라도, 증권상의 권리는 증권의 발행 등 그 증권적 행위 자체에서 발생하는 것이지, 그 증권교부의 원인인 賣買關係에 관련하여 생기는 것은 아니다. 따라서 그 권리의 행사에는 原因關係의 증명을 요하지 않으며, 그 권리는 원인관계의 무효 또는 취소로 인하여 영향을 받지 않는다. 이와 같이 증권을 무인증권으로 하는 주된 목적은 증권의 기재만을 신뢰하여 증권을 양수한 제3자를 보호함으로써 증권의 유통을 촉진코자 함에 있다. 그러나 이것은 증권의 유통성을 높이고 선의의 양수인을 보호하고자 하는 것이므로, 직접당사자 및 악의의 취득자에 대하여는 抗辯事由가 된다. 예컨대 원인관계의 당사자인 수취인이, 어음을 양도함이 없이 스스로 발행인에 대하여 어음의 지급을 청구하는 경우에는, 원인관계가 무효라는 항변을 가지고, 또는 악의의 어음양수인이 발행인에 대하여 어음의 지급을 청구한 때에는 惡意의 抗辯(어음 17 但)에 의하여 발행인은 어음의 지급을 거부할 수 있다.

무인채무(無因債務) 〔獨〕abstrakte Schuld 그 채무를 성립시킨 원인(예 : 매매·대차)이 유효이냐 아니냐에 관계없이 항상 독립한 효력이 인정되는 채무. 不要因債務라고도 하며, 효력이 원인에 좌우되는 原因債務에 대한다. 이에 대응하는 채권을 무인채권(〔獨〕 abstrakte Forderung)이라 한다. 독립의 재화로서 유통되는 채권에 관하여 인정되는 제도. 무인채권은 증권에 化現되는 경우가 많고(어음이 그 適例), 이 때에는 무인증권의 일종으로 된다. 그러나 증권에 化現되지 않고 단순한 서면의 기재로 인정되는 일도 있다. 독일민법의 채무의 승인 및 채무약속에 의하여 발생한 채권은 그 예이다. 그리고 무인채무를 발생시키는 행위는 일종의 無因行爲이다.

무인행위(無因行爲) → 유인행위·무인행위

무임소국무위원(無任所國務委員) 〔英〕minister without portfolio 각부장관은 국무위원 중에서 보임되는데, 장관으로 보임되지 않은 국무위원을 말한다. 無任所長官이라고도 한다. 우리나라에서는 폐지되었다.

무자력(無資力) 특정인이 부담하는 채무의 총액이 그 자가 현재 소유하는 積極財産의 총액을 초과하는 것. 채무초과와 같은 뜻이다. 이와는 달리 파산원인인 支給不能(破 116)은 그 자의 모든 辨濟力을 다하여도 채무를 완제할 가망이 없는 상태를 말한다.

무장상선(武裝商船) 〔英〕armed merchant ship 〔獨〕bewaffnetes Handelsschiff 〔佛〕navire marchand armé 교전국의 상선은 自衛를 위한 무장을 할 수 있다. 그러나 무장상선은 법률상 군함으로 인정되지 않으며, 무장상선으로부터 선공해 오지 않는 한 이것을 공격할 수 없다. 상선이 단순히 자위를 위하여 무장하였다는 이유를 가지고 공격해서는 안된다(1934년 佛海軍訓令 1). 交戰國의 상선은 단순히 방위만의 목적으로써 병기 및 탄약을 적재할 수 있다. 이 경우 상선은 군함으로 되는 것은 아니다(1914년 美國武裝商船團東規則).

무장중립(武裝中立) 〔英〕 armed neutrality 〔獨〕 bewaffnete Neutralität 〔佛〕 neutralité armée 중립국이 무장을 배경으로 중립국의 권리나 이익을 방위하는 것. 역사상의 사건으로서는 전후 2회에 걸친 무장중립이 있었는데 보통 이것을 가리킨다. 제1회 무장중립(1780~83)은 미국의 독립전쟁 때에 당시 중립국이었던 러시아가 덴마크·스웨덴과 연합하여 중립국의 해상통상보호를 위하여 군함으로 상선을 호위한 것이다. 이때 中立商船의 자유를 확보하기 위하여 내건 몇 가지 구체적인 원칙은 중립선의 교전국연안의 自由航行, 중립선내의 敵貨 중 전시금제품 아닌 것의 포획 금지, 전시금제품의 種目制限(직접적인 군수품에 한정), 봉쇄의 요건의 엄격화(연쇄적으로 정박하는 봉쇄함대에 의해서 봉쇄되는 항구만이 封鎖港일 것) 등이었다. 이러한 여러 원칙은 당시에는 충분히 실행되지 않았으나 그 후에 1856년 파리선언의 기초가 되었다는 의미에서 역사적 의의를 가진다. 제1회 무장중립은 그 후에 네덜란드·프로이센 등의 주요중립국의 가입으로 큰 성과를 얻었던 것이다. 제2회 武裝中立(1800~1801년)은 나폴레옹전쟁 때에 영국이 덴마크군함에 호송되는 상선을 포획한 것이 계기가 되어, 러시아가 다시 스웨덴·덴마크·프로이센과 연합하여 무장중립을 부활시킨 것이다. 제2회 무장중립도 대체로 제1회 무장중립과 같은 원칙을 채용하고 있지만, 그 밖에 호송상선의 臨檢 등에 관하여 새로운 규정을 부가하고 있다(본국군함에 의하여 호송되는 중립선은 교전국이 임검·수색할 수 없음을 요구). 그러나 제2회 무장중립은 영국의 강경한 태도로 말미암아 성공을 거두지 못하고 얼마 안가서 러시아도 정책을 변경하여 무장중립의 원칙을 포기하고 말았다.

무장해제지대(武裝解除地帶) 〔英〕 demilitarized zone 〔獨〕 entmilitarisierte Zone 〔佛〕 zone démilitarisée 조약으로써 군사적 시설과 행동이 금지된 지역. 그러한 지역은 동시에 중립화되는 경우가 많다. 다만 무장해제지대는 중립지대와는 구별되는 별개의 개념이다. 무장해제지대는 國際平和(예 : 국경부근지역에 상호 설치하는 경우 등)나 國際交通(국제운하·국제하천·해협 등에 대해)의 확보를 위해 설치되는 때도 있고, 패전국에 대한 講和條件으로서 설정되는 때도 있다(예 : 제1차대전의 베르사이유강화조약에서 독일의 라인강 좌안과 50 킬로미터 이내의 우안에 설치된 것). → 휴전

무저항주의(無抵抗主義) 권력·폭력에 대하여 평화적인 방법으로 반항하고 개혁운동으로 종교적 요소를 포함한다. 예컨대 성경 마태복음(6장 38~41)에서 나온 惡을 악으로써 갚지 않을 것 또는 간디가 인도 독립운동의 전개에 있어서 취한 指導原理 같은 것이다.

무적자(無籍者) 본적을 가지지 않은 자. 즉, 호적에 기재되어 있지 않은 자이다. 무적자 중에는 入籍할 호적이 있는데도 불구하고 入籍申告 또는 출생신고를 하지 않음으로써 무적자가 된 경우에는 그 신고에 의하여 호적에 기재되게 된다. 그러나 입적할 호적이 불분명하거나 분명하더라도 입적신고를 할 수 없는 경우에는 법원의 허가를 얻어 就籍節次를 밟아야 한다(戶 116).

무정·무개(務停·務開) 조선시대에는 國初 이래로 농번기인 春分日부터 秋分日까지는 중대하고 速決을 요하는 소송을 제외하고 모든 잡송은 수리 내지 심리하지 않았다. 그리하여 春分日부터 秋分日까지의 訴訟停止期間을 務停이라 하고 농한기인 추분일부터 춘분일까지의 訴訟審理期間을 務開라고 하였다(經國大典刑典停訟條). 이 停訟法은 한성부를 제외한 外方에만 적용하였으며 한성부내의 소송에 있어서도 원·피고의 일방이 외방에 거주하는 자인 때에는 소송진행중에 農時를 이유로 停訟을 청구하는 것이 허용되었다. 이 停訟의 적용을 받지 않는 사건은 十惡·奸盜·殺人·田地奴婢의 盜賣·橫奪 등에 한하였으며, 續大典에서는 停訟法에 불구하고 흉년에는 推奴·徵債에 관한 소송을 일체 심리하지 않기로 규정하였다.

무정부주의(無政府主義) 〔英〕 anarchism 強權이 없는 사회생활을 인류사회의 본연적 모습이라고 하는 개념. 이 명칭을 처음 사용한 것은 푸루동(P.J. Proudhon)이며 그 후계자로는 구로뽀토킨과 바쿠닌이 가장 유명하다. 무정부주의는 폭력혁명을 부정하고 개인적 행동만을 긍정하며 또 소유권을 부정이나 중앙집권제를 배척한다. 무정부주의가 革命運動에 유력한 역할을 발휘한 것은 제1인터내셔날에 있어서 바쿠닌이 마르크스주의와 논쟁을 벌린 시기와 제2인터내셔날의 초기이다. 후자는 1871년이 파리 코뮌의 패배로 인하여 혁명의 물결이 사위워졌을 때 이에 초조감을 느낀 근로자가 대량으로 무정부주의로 기울어졌다. 그러나 제2인터내셔날 제1회 대회에서의 토론과 그 후의 전국에 있어서의 노동운동이 옆으로 확대됨에 따라 무정부주의는 차츰 쇠퇴하여, 마침내 프랑스의 일부

의 사이카리즘으로만 그 餘命을 남기었다.

무조건항복(無條件降伏) 〔英〕 unconditional surrender 兵員·武器 그 외의 일체를 무조건으로 적국에 맡기는 것. 이는 일반적 휴전과 마찬가지로 전투중지의 효과를 가져오는 동시에 전쟁의 사실상의 종료를 의미하는 것이므로 항복문서는 휴전협정에 비교할 수 있으나 정식적 종료는 평화조약의 체결 또는 전쟁상태종결선언에 의한다. 이러한 의미에서의 무조건항복은 제2차대전시 연합국의 樞軸諸國에 대한 정책이 되어 있었으나, 독일의 경우와 일본·이탈리아의 경우와는 다소 다른 점이 있다. 독일의 경우는 대체로 무조건항복이라고 할 수 있으나, 일본이나 이탈리아에서는 일정한 항복조건을 전제로 하여 항복했던 것이다(포츠담선언이 일본의 항복조건임). 그러나 연합국측에서 항복조건을 일방적으로 결정하고 또한 이에 따라 항복국의 戰後處理를 일방적으로 한다는 의미에서는 軌를 같이 한다. 특히 항복문서가 條約的 性質을 가진 것인가 아닌가에 이론이 많으나 무조건항복은 戰勝國이 명령하고 패전국이 복종하는 관계에 서는 것이며 대등한 합의가 아니므로 조약의 성질을 갖지 않는다. 또한 항복문서는 전승국의 일방적인 의사표시이며 그 정책을 규정한 것에 불과하고 패전국은 단순히 이를 승인한 것에 지나지 않는다고 주장하는 학자가 있으나, 항복문서는 포츠담선언을 받아들인 일종의 국제적 협정이니 강제된 조약도 조약인 이상 패전국의 수락에 의하여 戰勝國과 敗戰國간에 맺어진 하나의 合意라고 보아야 한다. → 전쟁의 종료

무 죄(無罪) 〔英〕 acqittal 〔獨〕 Freisprechung 〔佛〕 acquittement 公判審理의 결과 피고사건이 범죄로 되지 않았거나 범죄사실의 증명이 없는 때에 선고하는 실체적 재판. 판결로써 선고한다(刑訴 325). 죄가 되지 않는다 함은 訴因으로 열거된 사실이 범죄를 구성하지 않는 경우이나 공소장에 기재된 사실이 진실이라 하더라도 아무런 죄가 되는 사실을 포함하지 않을 경우는 公訴棄却이 된다.

무죄(無罪)**의 추정**(推定) 〔英〕 presumption of innocence 영미법상 피고인은 유죄판결을 받을 때까지는 무죄인으로서 취급을 받는다든가 또는 합리적인 의심이 없는 정도의 증명이 없으면 무죄를 선고하여야 한다는 사상. 대륙법에서의 의심스러운 때에는 被告人의 利益으로(In dubio pro reo)라는 법언에 해당한다. 형사소송법상 擧證責任은 검사측에 있다고 하고 必要的 保釋(權利保釋)을 인정하는 것 등은 이 사상의 표현이라고 설명되고 있다.

무죄판결(無罪判決) 〔英〕 acquittal 〔獨〕 Freisprechung 〔佛〕 acquittement 피고사건이 범죄로 되지 아니하거나 범죄사실의 증명이 없는 때에 선고하는 實體的 裁判(刑訴 325). 有罪判決에 대한다. 피고사건이 범죄로 되지 아니하는 때라 함은 公訴狀에 공소사실로서 기재된 사실이 범죄를 구성하지 아니하는 경우를 말한다. 예컨대 범죄의 구성요건에 해당하지 아니하는 경우, 또는 구성요건에는 해당하지만, 違法阻却事由 또는 責任阻却事由가 존재하는 경우이다. 공소사실과 적용법조의 齟齬가 현저하여 그대로 유죄를 선고하면 피고인에게 실질적인 불이익을 생기게 할 우려가 있는 경우에 관하여는 범죄로 되지 아니하는 것으로 하여 무죄를 선고할 것이라는 설과 공소장에 기재된 사실이 진실하다 하더라도 범죄가 될 만한 사실이 포함되지 아니하는 때(328 I iv)에 해당한다고 하여 公訴를 棄却할 것이라는 설이 있다. 다음으로 범죄사실의 증명이 없는 때라 함은 심리의 결과 공소사실로서 명시된 사실의 부존재가 적극적으로 증명된 경우와 법관이 사실의 존부 또는 범죄사실과 피고인의 결부에 관하여 충분한 심증을 얻지 못하였을 경우(이른바 證據不充分)와의 두 경우를 포함한다. 후자의 경우는 이른바 疑心스러운 때에는 被告人의 利益으로(In dubio pro reo)라는 원칙에 따라 무죄가 선고되는 것이다. 무죄판결을 받은 자가 未決拘禁을 당하였을 때에는 그 구금에 대한 형사보상을 청구할 수 있다(刑補 1).

무죄판결(無罪判決)**의 공시**(公示) 피고사건에 대하여 無罪(또는 免訴)의 판결을 선고할 때에는 판결공시의 취지를 선고할 수 있다(刑 58 II). 무죄판결의 공시로써 피고인은 죄없는 성실한 인간이었다는 것이 입증되고, 동시에 전과자라는 추측도 일소될 것이므로 刑事政策上으로 중요한 의의를 갖는다. 이상은 판결공시가 임의적인 것이나 그것이 필요적인 경우가 있다. 즉, 재심에서 무죄의 선고를 한 때에는 그 판결을 관보와 그 법원소재지의 신문지에 기재하여야 한다(刑訴 440). →판결의 공시

무주물선점(無主物先占) 〔羅〕 occupatio 〔英〕 occupancy 〔獨〕 Aneignung, Okkupation 〔佛〕 occupation 아직 소유자가 없는 물건(무주물)을 소유의 의사로써 다른 사람보다 먼저 그 점유를 취득하는 것. 소유자 없는 동산을 선점한 자는 원시적으로 그 소유권을 취득한다(民 252 I). 예컨대

狩獵·漁撈 등과 같다. 민법상 야생하는 동물은 무주물이며, 飼養하는 야생동물은 다시 야생상태로 돌아가면 無主物이 된다(252Ⅲ). 무주의 부동산은 국유에 속하므로(252Ⅱ) 先占의 대상이 되지 못하고, 또 무주의 동산이라 하더라도 법률상 선점이 금지된 물건인 때에는 선점에 의하여 그 소유권을 취득하지 못한다(예: 未採掘의 鑛物, 保護鳥, 不融通物 등). 先占은 선점자 자신이 직접 행함을 요하지 아니하고 占有補助者 또는 占有媒介者에 의하여서도 행할 수 있다. 예컨대 어로업자가 어부를 고용하여 어로작업을 행한 경우에는 어로업자가 그 어획물의 소유권을 취득하는 것과 같다. 무주의 동산이라도 學術, 技藝 또는 考古의 중요한 자료가 되는 물건은 선점의 목적물이 되지 않고 國有에 속하는 바(255Ⅰ), 이 경우에 선점자는 국가에 대하여 적당한 보상을 청구할 수 있다고 解한다(255Ⅱ 類推). 조수보호 및 수렵에 관한 법률·수산업법 등에 위반하여 포획·어획한 조수·어류에 대하여도 일단 선점은 성립하며 소유권을 취득한다. 선점으로 인한 무주물에 대한 所有權取得에는 선점자의 소유의 의사를 요하지만, 선점은 사법적 자치를 달성하기 위한 제도가 아니라 법률이 일정한 意思行爲에 대하여 소유권취득의 효과를 인정한 제도이므로 그 법률적 성질은 법률행위가 아니라 準法律行爲 중의 非表現行爲에 해당한다.

무주소(無住所) 사람이 주소를 가지지 않는 경우. 국제사법상 주소의 消極的 抵觸이라고도 한다. →주소의 저촉

무주재산설(無主財産說) 法人否認說 중의 分說의 하나. 법인의 권리는 실제상 누구에게도 속하지 않고 다만 일정한 목적에 의하여 결합된 재산이 있을 뿐이며 따라서 법인의 본체는 일정한 목적에 의하여 결합된 財産 자체이고, 그 재산의 권리의무의 주체를 인정할 수 없다고 하는 학설.

무 진(無盡) →상호부금

무진계(無盡契) 영업무진 이외의 營業的 色彩를 띠지 않는 무진. 속칭 契라고도 한다. 원래는 협동적인 색채가 강한 것이었으나 금융기관으로서의 성격이 차츰 강해졌다. 성질은 민법상의 조합에 준하나 반드시 그것만으로 해결될 수 없는 복잡한 성격을 가진다. 보통 발기인이 계의 규약을 정하고 계원을 모아 모든 座數의 人數가 있으면 성립한다. 계주가 구제를 받기 위하여 첫번의 掛金을 취득하는 것을 親無盡이라고 한다. 계의 업무는 정기에 契會를 열고 계금을 모아 추첨 또는 입찰로 계금 수령자를 정하는 것 등인바 규약 또는 계회에 의하여 선정되는 사회자가 이를 담당한다. 계금 수령자도 그후 계속하여 계금을 지급하게 되지만 계금을 미리 수령한 자와 미수령자와는 이해가 대립하는 일이 적지 않은바 이 점에서는 공동목적을 가진 민법상의 조합에 준한다 함은 타당하지 않다. 그러나 이와 같은 경우에는 아직 이익을 받지 않은 미수령자의 입장을 존중하여야 하므로 계획의 결의로 그 일치가 필요하다고 해석된다. 이리하여 차례로 계원 전부가 계금을 수령하면 무진계는 滿會가 되어 종료한다.

무차별폭격(無差別爆擊) 병력과 평화적 인민을 구별하지 않는 空中爆擊을 말하며 국제법상 일반적으로 금지되어 있다. 병력 기타 군사목표물에 대한 폭격은 적법이고, 이 경우에 고의에 의하지 않고 평화적 인민과 재산에 손해를 가하는 것도 적법으로 되지만 군사목적물 이외에 반드시 파괴가 미치는 폭격방법, 군사목표가 명백하지 아니한 경우의 일반적 방법에 의한 폭격은 금지된다. 이것은 무방비도시에 관한 한 육·해군의 포격에 관하여도 또한 같다. 空戰法規案은 더 엄격하게 군사목표물의 폭격도 일반인민에 대한 중대한 손해를 수반할 때에는 피해야 할 것으로 되어 있다 →군사목표주의

무체물(無體物) 〔佛〕 meubles incorporels 有體物 이외의 물건. 민법은 본법에서 물건이라 함은 유체물 및 전기 기타 관리할 수 있는 自然力을 말한다(民 98)라고 하여, 유체물뿐만 아니라, 전기 기타 관리할 수 있는 자연력, 즉 熱·光·原子力·風力 따위의 에너지와 같은 일정한 요건을 갖춘 무체물도 법률상의 물건으로 인정한다. 원래 무체물을 법률상의 물건으로 인정할 것이냐는, 로마법 이래로 立法例가 나누어져 있다. 프랑스민법(526, 529, 530)은 이것을 인정하였으나, 독일민법(90)은 이것을 배척하였고, 구민법은 이를 본받아 이것을 물건으로 인정하지 않았다. 그러나 스위스민법은 다시 이것을 인정하여 법률상의 지배를 할 수 있는 自然力도 동산으로 하였고(713, 655 참조), 민법은 이에 따른 것이다(刑 346 참조).

무체재산권(無體財産權) 〔獨〕 Immaterialgüterrecht, geistiges Eigentum 유체물에 대한 배타적 지배권인 物權에 대하여 비유체적 이익에 대한 배타적 지배권의 총칭. 저작권을 포함하는 점에 있어서 工業所有權(特許權·實用新案權·商標權·意匠權)보다 넓다. 무체재산권에 관하여는 국제적인 분쟁이 일어나기 쉬우므로 여러가지의 국제조약이 체결되어 있다. →국제공업소유권보호동맹조약, 만국저작권보호동맹조약

무투표당선(無投票當選) 선거에 있어서 투표를 하지 않고 당선인을 결정하는 것. 無競爭當選이라고도 한다. 정원을 초과하는 후보자의 등록이 없을 때, (즉 경쟁이 없을 때)에는 투표를 하지 않고 그 후보자로써 당선인으로 한다(公選 188Ⅱ·Ⅲ).

무평가보험증권(無評價保險證券) 保險價格에 관하여 협정이 없는 때의 보험증권. 평가를 마친 보험증권에 대하는 개념.

무하자재량청구권(無瑕疵裁量請求權) 행정청에 재량이 인정된 경우에도 거기에는 일정한 한계가 있으며, 이를 위반한 경우에 위법이 된다는 것이 오늘날 통설이며, 이러한 裁量限界論의 발전에 따라 재량권을 일탈·남용하면 행정처분은 위법하게 되는 바, 행정처분이 객관적으로 위법하게 된다는데 대응하여 재량행위의 상대방 기타 이해관계인에게는 행정청에 대하여 재량권을 흠없이 행사하여 줄 것을 청구하는 주관적 권리가 성립한다고 보는 것이 바로 無瑕疵裁量請求權이다. 이 청구권은 재량권을 흠없이 적정하게 행사하여 줄 것을 청구하는 것이며, 재량권의 일탈·남용, 즉 재량의 흠을 발생시키지 말 것을 청구하는 것을 내용으로 한다. 따라서 이 청구권은 허가의 발급이나 개입의 중지와 같은 실체법에 의하여 보장된 실체적 권리의 구제를 청구하는 것이 아니고, 그것과는 별도로 재량의 흠을 발생시키지 말 것을 청구하는 形式的權利 내지 節次的 權利이다.

무한책임(無限責任) → 유한책임·무한책임

무한책임사원(無限責任社員) 〔英〕 partner with unlimited liability 〔獨〕 persönlich (unbeschränkt) haftender Gesellschafter 〔佛〕 associé indéfiniment responsable 회사의 채무에 대하여 일정조건하에 회사채권자에게 직접 連帶無限의 책임을 부담하는 사원. 유한책임사원에 대하는 개념. 합명회사는 이 종류의 사원만으로 조직되고, 합자회사는 이 종류의 사원과 유한책임사원으로 조직된다. 이 사원의 책임은 보충적·2차적 책임으로서 회사재산으로 회사의 채무를 완제할 수 없을 것, 또는 회사재산에 대한 强制執行이 주효하지 못한 것을 조건으로 한다(商 212Ⅰ·Ⅱ). 회사채권자는 이 조건을 입증하고 직접 어느 사원에게 대하여도 그 채권의 전액을 청구할 수 있으나, 사원은 이에 대하여 검색의 항변 또는 회사가 주장할 수 있는 항변으로 채권자에게 대항할 수 있다(212Ⅲ, 214Ⅰ). 또한 회사가 채권자에 대하여 相計權·取消權 또는 解除權을 가지고 있는 경우에도 채무의 이행을 거부할 수 있다(214Ⅱ). 책임을 이행한 사원은 회사에 대하여는 제3자의 변제에 의한 求償權(民 481)을, 타사원에 대하여는 連帶債務上의 求償權(425)을 갖게 된다. 이와 같이 무한책임사원이 회사에 대하여 중한 책임을 부담하는 결과는 무한책임사원으로 하여금 원칙적으로 業務執行權 및 代表權을 갖고(商 200Ⅰ, 207, 273) 회사기업의 경영에 참가하게 하며, 출자도 금전 기타의 재산출자 외에 노무·신용출자도 허용한다. 그러나 반면 회사의 인적신용의 중요성에 비추어 持分의 讓渡는 제한되어 있으며(197), 회사의 이익을 위하여 競業禁止義務도 부과되어 있다(198). 또한 위에서 말한 바와 같이 이 사원은 개성이 중시되므로 사원으로 될 수 있는 자는 自然人에 한한다(173). 그리고 일단 부담한 사원의 책임은 회사채무가 존속하는 한 존재한다고 하여야 할 것이나, 퇴사 또는 해산등기후 법정의 시간이 경과하면 소멸한다(225, 267Ⅰ).

무해통항(無害通航) 〔英〕 innocent passage 〔獨〕 inoffensive Durchfahrt 〔佛〕 passage inoffensif 일반국제법상 외국선박은 연안국의 안전·公序·재정적 이익·위생에 해가 되지 않는 한 領海를 자유로이 항행할 권리가 인정되어 있다. 이것을 무해통항권이라고 한다. 이러한 항행권은 수면에만 허용되고 잠수항행이나 영해상공의 비행은 허용되지 않는다. 외국군함도 통항권이 있느냐에 관하여는 통설이 없고, 1958년 제네바에서 채택된 領海에 관한 條約도 이에 관한 규정을 결하고 있다. 그리고 이 권리는 통과권리이며 해난 기타 부득이한 경우 외에는 영해에 있어서의 정선의 권리는 인정되지 않는다. 어업이나 연안운수 같은 것은 이 권리 속에 포함되지 않는다. 無害通航이냐 有害通航이냐의 결정기준에 관해서는 학설이 구구하다. 통항방법, 즉 객관론과 통항목적, 즉 주관론 양설이 있는데, 강대해운국들은 전자를 주장하고 있다. 그러나 통항방법과 목적의 양자가 무해여부의 결정규준이 된다고 할 것이다. 무해통항권은 또한 국제교통에 필요한 국제해협에도 적용된다. → 영해, 국제해협, 군함

무해항공(無害航空) 〔英〕 innocent aerial passage 〔獨〕 inoffensive Luftfahrt 〔佛〕 passage aérien inoffensif 항공기가 타국의 영공을 그 국가의 질서와 안전을 해하는 일 없이 통과하는 것. 이와 같은 항공은 조약상 일정한 범위내에서 국제적인 자유가 인정되고 있다. 현재의 대표적인 국제항공조약인 國際民間航空條約(1944)에 의하면, 비정기항공에 종사하는 締約國의 민간항공기

및 체약국의 특별허가를 받고 정기항공에 종사하는 민간항공기에는 이 무해항공의 권리가 인정되고 있다(56). 軍·警察·稅關用의 국가항공기는 관계국과의 특별한 협정 또는 허가를 필요로 한다. →국제민간항공조약, 공공

무해항행(無害航行) 무해통항과 같다.

무허가방송(無許可放送) 공해상의 선박이나 설비로부터 행해지는 방송으로서 一般公衆의 受信을 의도한 것을 말한다. 무허가방송의 종사자는 선박의 旗國, 설비의 등록국, 실행행위자의 國籍國 그리고 당해 방송을 수신할 수 있는 국가, 무선방송으로 방해를 받는 국가의 어느 재판소에도 訴追할 수 있으며, 이러한 국가들은 공해에서 그들을 逮捕·拿捕·押收(放送機器押收)할 수가 있다(UN海洋協約 109조).

무형무역(無形貿易) 자기 나라 상인에 의하여 취급되는 무역품이 자기 나라 국경을 통과하지 않은 까닭으로 자기 나라 稅關의 관할 밖에 있게 되므로 세관에 의한 무역통계에 나타나지 않는 무역을 말한다.

무형문화재(無形文化財) 演劇·音樂·舞踊·工藝技術 기타의 無形의 문화적 소산으로서 역사상 또는 예술상 가치가 큰 것(文化財 2ii). 무형문화재 중 중요한 것에 대해서는 문화관광부장관은 문화재위원회의 심의를 거쳐 그것을 중요무형문화재로 지정할 수 있다(5 I). →문화재

무형위조(無形僞造) 〔佛〕 faux moral, faux intellectuel 문서 또는 유가증권의 내용이 허위인 경우, 환언하면 권한있는 자가 내용적으로 진실에 반하는 문서 또는 유가증권을 작성하는 것. 有形僞造에 대한다. 무형위조는 그 작성명의에 있어서는 진정한 것이므로 특히 중요한 경우에 한하여 처벌하며, 형법은 이를 作成·變作 또는 不實記載란 말로 표현하고 있다(刑 227, 228, 233, 216). 형법은 공문서에 관하여서는 일반적으로 무형위조죄의 성립을 인정하지만(227), 私文書에 관하여서는 다만 허위진단서 등의 작성만을 처벌하고 있다(233). 타인의 자격을 冒用하여 문서를 작성한 경우에 관하여 구법하에서는 유형위조냐 무형위조냐의 논의가 있었으나, 현행형법은 이를 처벌하는 규정을 따로 둠으로써 입법적으로 해결하였다(226, 232).

무형자산(無形資産) 〔英〕 immaterial assets 구체적인 존재의 형태를 가지고 있지 않은 무형자산은 보통 다음의 2종으로 분류된다. 첫째는 법률상의 권리 또는 이에 준하는 것으로 특허권·실용신안권·의장권 그 밖에 상표권의 4대 공업소유권 외에 광업권·어업권 등이 이에 속하며, 둘째로 법률상의 권리는 아니나 장래의 受益을 예상할 수 있는 경영상의 유리한 관계 또는 사회적 사실관계로 실제상 어떠한 경제적 가치가 있는 것을 가리키는바 營業 또는 그 聲價가 그 대표적인 것이다.

무형적 손해(無形的損害) 精神的 損害라고도 하며, 고통·슬픔 등과 같이 정신상 받는 손해로서, 재산적 손해에 대하는 말이다. 재산상의 손해를 有形的 損害라고 하는 것에 대응하여, 정신상의 손해를 무형적 손해라고 한다. 신체 등의 人格的 法益의 침해의 경우에 많이 발생하나, 재산의 침해의 경우에도 발생할 수 있다. 예컨대 대대로 물려 받은 유물, 애견 등을 파손·박살당한 경우에 받는 정신적 공격이 그것이다. 무형적 손해의 배상에 관하여는 위자료를 보라.

무환수입(無換輸入) 화물환을 수반하지 않은 물품의 수입을 말한다. 救恤品의 수입, 원조물자와 任置加工契約에 의한 물자의 수입은 무환으로 행하여진다. 見品과 같은 판매할 목적이 아닌 경우에는 일정금액까지는 자유로이 수입된다. 판매할 목적으로 수입될 경우에는 허가와 승낙을 요한다.

무환수출(無換輸出) 물품을 수출할 때에 화물환을 구성하지 않고 출하하는 것을 말한다. 이것을 수출대금이 상대방으로부터 송금되는 경우, 은행에 대금이 상대방으로부터 송금되는 경우, 은행에 代金推尋을 의뢰하는 경우, 수입국에서 自家의 용도에 충당하는 경우 등에 의하는 것이지만 자본도피의 염려가 있으므로 外國換管理法에 의하여 원칙으로 무환의 수출은 금지된다. 그러므로 무상의 견품의 수출 외에는 특별한 허가를 요한다.

무 효(無效) 〔英〕 invalidity, nullity 〔獨〕 Ungültigkeit, Nichtigkeit, Unwirksamkeit 〔佛〕 invalidité, nullité, inefficacité [1] 사법상 법률행위의 무효라 함은 법률행위가 어떤 이유로 당사자가 의도한 효과를 발생하지 않는 것. 매매가 의사무능력을 이유로 무효로 되거나 遺言이 방식에 따르지 않았기 때문에 무효로 되는 것(民 1060)이 그 예. 이러한 경우에는 당사자간에는 그 법률행위에 기한 權利義務는 발생하지 않으므로 아직 이행하기 전이면 이행하는 의무를 면하고, 이행한 후면 이행한 물건을 不當利得으로서 반환받을 수 있다. 무효는 取消와 달라 누구의 주장도 기다리지 않고 당연히 효력이 발생하지 않으며, 또한 追認(139 참조)이나

시일의 경과에 의하여도 유효로는 되지 않는다(→ 취소). 무효의 원인에는 법률행위일반에 공통한 것(의사능력의 欠缺·心裡留保의 예외의 경우·허위표시·목적의 불능·목적의 위법·목적의 반사회성 등)과 특수한 법률행위에 한정되는 것(입양에 있어서 양자가 양친보다 연장자인 것(883ⅱ), 유언에 있어서의 방식의 欠缺(1060) 등이 있다. 또한 모든 사람에게 대하여 무효인 것(絶對的 無效)이 원칙이지만, 주로 거래의 안전을 도모하기 위하여 무효의 효과를 특정인에 대하여 주장할 수 없는 것(107Ⅱ, 108Ⅱ)(相對的 無效)이 있을 뿐만 아니라, 관계당사자가 다수인 경우에는 특히 그 효과가 일반적으로 제한되는 일도 있다(商 320, 236~240, 529, 530 등 참조).

[2] 행정법상 行政行爲의 무효에 관하여는 무효인 행정행위·무효선언을 보라.

[3] 判決의 무효에 관하여는 判決의 무효를 보라.

무효등기(無效登記)**의 유용**(流用) 어떤 등기가 행하여져 있으나 그것이 실체적 권리체계에 부합하지 않는 것이어서 무효로 된 후에 그 등기에 부합하는 실체적 권리관계가 있게 된 때에, 이 등기는 유효한가 하는 것이 이른바 無效登記流用의 문제이다. 이 문제는 다시 두 경우로 나누어진다. 즉 ① 예컨대 假裝賣買를 원인으로 한 소유권이전등기는 그 매매가 무효이므로(虛僞表示이므로, 民 108) 무효가 되나, 후에 적법한 매매 등으로 다시 이전등기를 하게 되었다면, 처음의 무효등기를 말소함이 없이 그 등기를 가지고 후의 적법한 원인에 의한 등기로 유용할 수 있느냐가 문제된다. 이를 인정하여도 부당한 결과가 초래되지는 않으므로 유효하는 것이 다수설이다. ② 처음에는 物權行爲에 부합하는 유효한 등기였던 것이 후에 실체관계를 잃게 되어 무효로 되었으나, 다시 그 후에 내용에 있어서 처음의 등기와 비슷한 별개의 실체관계가 생긴 경우에, 그 유효하다가 무효로 된 등기를 후에 생긴 별개의 비슷한 실체관계의 公示方法으로서 이용할 수 있느냐 하는 문제가 제기된다. 판례는 이러한 유용도 유효하다고 한다. 流用하기 전에 새로운 이해관계를 가지게 된 제3자가 없는 한 有效性을 인정하여도 상관없을 것이다. 이러한 무효등기의 유용은 특히 抵當權에 관하여 문제가 된다. 즉 被擔保債權의 소멸로 인하여 이미 그 효력을 상실한 저당권등기가 아직 말소되지 않고 그대로 남아 있는 경우에, 당사자 사이의 계약으로서 그 무효로 된 등기를 다른 저당권을 위한 등기로 이용하여도 이를 유효한 것으로 볼 수 있느냐 하는 문제이다. 이에 대하여는 앞에서 말한 것과 같은 학설과 판례의 입장이 나타나고 있다. 즉 학설은 긍정설과 부정설이 대립되고 있으며, 무효등기 유용의 유효성을 인정하는 肯定說이 다수설이다. 판례 역시 등기가 무효로 된 후 당사자가 그 무효등기를 유용하기로 합의할 때까지의 사이에 등기부상 이해관계 있는 제3자가 나타나 있지 않는 한 무효등기의 유용은 유효하다고 한다.

무효(無效) **등 확인소송**(確認訴訟) 행정청의 처분 등의 효력유무 또는 존재 여부의 확인을 청구하는 訴訟을 말한다. 무효 등 확인소송에는 처분이나 재결의 無效確認訴訟·有效確認訴訟·存在確認訴訟·不存在確認訴訟·失效確認訴訟 등이 있다. 구법하에서는 명문규정이 없었기 때문에 그 성질에 관하여 논란이 많았으나, 새 행정소송법은 항고소송의 일종으로 규정하여 입법적으로 해결하였다.

무효(無效) **등 확인심판**(確認審判) 행정청의 처분의 효력유무 또는 존재 여부에 대한 확인을 구하는 심판을 말한다. 무효 등 확인심판도 항고쟁송의 하나이므로 取消審判과 거의 동일한 특수성을 가진다. 그러나 당연무효 등을 전제로 하기 때문에 審判提起期間의 제한을 받지 아니하며, 또한 事情裁決에 관한 규정이 적용되지 아니한다.

무효선언(無效宣言) 〔獨〕 Nichtigkeitserklärung 무효인 행정행위의 그 무효를 공적으로 확인하고 선언하는 독립한 行政行爲. 무효인 행정행위는 별도의 절차를 기다릴 필요도 없이 처음부터 당연히 무효이나, 그 행정행위는 외관상 존재하고 있는 까닭에 拘束力이 있는 것 같은 오해를 받을 염려가 있으므로 이와 같은 節次가 필요한 경우가 있다. 실제로는 取消의 이름으로 불리고 그 절차도 우리나라에서는 취소의 절차에 의하나, 무효선언은 처음부터 무효인 행정행위의 그 무효를 선언하는 確認行爲인 점에서 일단 유효하였던 행정행위를 무효화시키는 形成行爲인 取消와는 다르다. → 취소

무효(無效)**인 행정행위**(行政行爲) 행정행위로서의 효력을 발생하지 않는 行政行爲. 즉, 외견상 행정행위로서 존재함에도 불구하고 그 성립에 중대하고 명백한 잘못이 있음으로써 권한있는 기관의 취소를 기다리지 않고 처음부터 當該行政行爲의 내용에 적합하는 법률효과를 발생하지 않는 행정행위이다. 따라서 그 성립에 잘못이 있음에도 불구하고 公定力의 결과 일정한 取消節次가 있을 때까지는 유효한 행정행위로서 효력을 지속하는 취소할 수 있는 행정행위와는 달라 아무도 이것에 구

속되는 일 없이 상대방이나 기타 국가기관도 독자의 판단으로서 그 무효를 인정할 수 있다. 어떠한 瑕疵가 있는 行政行爲가 무효인 행정행위인가에 관하여는 견해가 일치하지는 않으나, 대체로 근래의 다수의 학설 및 판례는 중대하고도 명백한 잘못이 있는 행정행위는 무효인 행정행위이고, 이 정도에 이르지 않는 잘못이 있는 행정행위는 취소할 수 있는 행정행위라는 태도를 취하고 있다. 그러나 실제상 어느 것이 중대하고도 명백한 잘못인지 명확하지 않고, 따라서 무효인 행정행위가 취소할 수 있는 행정행위, 즉 유효인 행정행위로 오해될 가능성도 있으므로 그 무효임을 명백히 하기 위하여 取消(실질적으로는 무효선언)의 절차를 밟을 때가 많다.

무효행위(無效行爲)**의 전환**(轉換) 〔獨〕 Konversion, Umwandlung 법률행위가 어떤 이유로 당사자가 기도한 대로의 법률효과를 발생하지 않는 경우(무효)에, 그 행위가 다른 법률효과를 발생시킬 요건을 갖추고 있고, 당사자가 무효를 알았더라면 그 다른 법률행위를 하는 것을 의욕하였으리라고 인정된 때에 후자의 효과를 발생시키는 것(民 138). 秘密證書遺言으로서 무효인 것을 自筆證書遺言으로 인정하는 것(1071)(법률이 인정하고 있는 전환의 예), 地上權設定契約으로는 무효인 것을 賃貸借契約으로는 유효로 하는 것, 어음으로는 무효한 것에 차용증서로서의 효력을 인정하는(→만효어음) 따위가 그 예. 전환을 하는 것이 결국 당사자의 의사에 적합한 경우에는 이것을 인정해도 좋으나, 要式行爲에로의 전환은 입법의 취지에 따라 신중히 하지 않으면 안된다. 예컨대 첩과의 사이에서 본 자를 본처와의 사이의 嫡出子로서 신고하는 것은 認知로서의 효력이 있으나(859 참조), 일단 그 자를 타인의 적출자로서 신고한 후 이를 입양하여도 인지로서의 효력은 없다고 한다.

무후가(無後家) 호주를 잃은 家에 戶主承繼人이 없기 때문에 그 家가 소멸하는 것. 그 소멸한 家를 가리키는 경우도 있다. 구관습법상에서는 絶家라고 하였다. 가의 소멸이 당사자의 의사에 의거하지 않는 점에서 당사자의 의사에 의거하는 廢家와 상이하다. 무후가는 入養의 取消 또는 罷養으로 인하여 생가에 복적하고자 하는 자(民 786Ⅱ), 부의 사망후나 혼인의 취소 또는 이혼으로 인하여 친가에 複籍하고자 하는 자(787Ⅱ)에 의하여 부흥될 수 있다. →폐가

무후가(無後家)**의 부흥**(復興) 이미 무후가 되어 제적된 호적을 기준삼아 家系를 부흥하는 創設的 身分行爲이므로 要式行爲이다(戶 104의2). 무후가의 부흥이 인정되는 경우는 ① 入養의 取消 또는 罷養으로 인하여 그 생가에 복적하고자 하는 경우에, 그 생가가 폐가 또는 무후된 때에는 一家創立을 할 수도 있으나, 생가를 부흥할 수도 있다(民 786Ⅱ). ② 혼인의 取消, 離婚 또는 夫(入夫婚姻의 경우는 처)의 사망으로 인하여 친가에 복적하고자 할 경우에, 그 친가가 廢家 또는 無後된 때에는 일가창립을 할 수도 있으나, 친가를 부흥할 수도 있다(787Ⅲ). ③ 廢家·無後家의 復興의 效果. 폐가·무후가를 부흥한 자는 부흥한 가의 호주가 되며, 그 가족은 그 가에 입적한다. 그리고 폐가·무후가의 부흥으로써 그 가계를 계승하게 되나, 호주승계가 아니므로 폐가·무후가의 최후호주의 지위를 계승하는 것은 아니다. 그러나 부흥호주가 제사를 주재할 경우에는 폐가·무후가의 분묘에 속한 1정보 이내의 禁養林野와 600평 이내의 묘토인 농지, 族譜와 祭具의 소유권을 계승할 수 있다고 해석하여야 할 것이다.

묵비권(默秘權) 〔英〕 right of silence 넓은 뜻으로는 형사책임에 관하여 자기에게 불리한 진술을 강요당하지 않는 권리(憲 12Ⅱ). 통설은 형사피고인 또는 피의자가 수사기관의 조사나 공판에 있어서 각개의 신문에 대하여 진술을 거부하는 권리(刑訴 200Ⅱ, 289)를 默秘權이라 한다. 묵비권이 인정되는 것은 被告人에 있어서는 소송주체로서 검사와 대등한 입장에서 법정투쟁을 하게 하려는 것이며, 被疑者에 있어서는 피고인과는 달리, 검사와 대등한 소송주체는 아니라 할지라도, 언제나 自己負罪의 위험을 지니고 있으므로 당연히 이를 인정하여야 한다는 것이다. 그 내용으로서 피고인·피의자는 利益·不利益을 불문하고 묵비할 수 있다(진술당시에는 유리·불리가 반드시 판정되는 것은 아니므로). 성명·주소 등의 認定訊問 사항에 관하여 묵비가 인정되는가에 관하여는 다툼이 있다(→인정신문). 묵비권은 진술을 강요당하지 않는 효과를 가지며, 강요된 진술은 이를 유죄의 증거로 하지 못한다(309).

묵비의무(默秘義務) 직무상 지득한 사실에 관하여 비밀을 지켜야 할 의무. 秘密遵守의 義務라고도 한다. 직무의 성질에 따라서는 이 의무를 明定한 것도 있다(國公 60, 辯 22, 辨理士法 21, 公證 5, 公認會計士法 20, 法務士法 27, 醫 19). 묵비의무가 인정된 사항에 관해서는 증언을 거부할 수 있다(刑訴 149 本, 民訴 286Ⅰ). 다만 공무원의 경우에는 당해관청 또는 감독관청의 승인이 있으면 그 의무는 해소되는 것이므로 증언을 거부할 수 없게 되며(民訴 276, 刑訴 147), 또한 개인적

신뢰관계에 기한 경우(변호사·종교의 직에 있는 자 또는 있던 자), 본인의 승낙이 있을 때에도 마찬가지이다(民訴 286Ⅱ, 刑訴 149 但). 묵비의무는 형법상의 제재에 의하여 담보되는 경우가 있다(刑 127). 이 경우에 증언을 거부하지 아니하고 진술하였을 때는 처벌되느냐 여부에 대하여 찬부양론이 갈라지는데 처벌되지 않는다는 것이 통설이다. →비밀준수의무

묵시(默示)**의 갱신**(更新) 賃貸借 또는 雇傭 등에 있어서 그 存續期間이 만료한 후, 임차인이 임차물의 사용·수익을 계속하든가, 또는 노무자가 노무의 제공을 계속하는 경우, 임대인 또는 사용자가 이것을 알면서 이의를 말하지 아니한 때에 전의 계약과 동일한 조건으로 계약을 갱신한 것으로 보는 것(民 639Ⅰ, 662Ⅰ). 이 경우에는 기간의 약정이 없는 임대차 또는 고용으로 된다. 전의 임대차 또는 고용에 관하여 제3자가 제공한 담보는 인계되지 아니한다(639Ⅱ, 662Ⅱ). 당사자의 의사의 여하를 불문하고 일정한 사실이 있으면 법률상 당연히 계약의 갱신이 있었던 것으로 보는 것이므로 일종의 法定更新이다.

묵시(默示)**의 의사표시**(意思表示) 〔獨〕 stillschweigende Willenserklärung 적극적인 표시행위에 의하지 않은 의사표시. 즉, 언어나 문자 등에 의하여 效果意思가 직접적으로 명백하게 표시되어 있지는 않으나, 제반사정을 해석하여 간접적으로 효과의사가 추단될 수 있는 의사표시. 따라서 間接的 意思表示라고도 한다. 이에 대하여 언어나 문자 등에 의하여 직접적으로 명백하게 효과의사가 표시되는 것이 明示의 意思表示이다. 양자의 구별은 학설에 의한 의사표시의 분류방법인데, 결코 일의적인 표준이 정하여져 있는 것은 아니다. 즉, 언어에 의한 것만을 명시의 의사표시라 하고 다른 것은 묵시의 의사표시라고 하는 설, 혹은 상대방에 곧 了解될 수 있는 방법에 의한 것을 명시의 의사표시라 하고 주위의 사정을 해석하여서 비로소 了解될 수 있는 방법에 의한 것을 묵시의 의사표시라고 하는 설, 혹은 침묵에 의한 의사표시만을 묵시의 의사표시라고 하는 설 등이 있다. 그러나 의사표시의 해석은 그것이 행하여진 당시의 객관적 여러 사정을 종합하여서 판단하여야 할 문제이므로 양자의 구별은 사실상 거의 실익이 없다. 그러나 묵시의 의사표시도 그 의사표시로서의 효과는 원칙으로 명시의 의사표시와 다를 바 없다. 다만 要式行爲는 일정한 방식을 갖추어서 한 명시의 의사표시에 의하지 않으면, 그 효력을 발생할 수 없다(예 : 民 812, 878, 1060 등).

묵인(默認)**의 의무**(義務)〔國際法上의〕 〔英〕 duty of acquiescence, duty of toleration 〔獨〕 Duldungspflicht 〔佛〕 acquiescement 容認의 義務 혹은 寬容의 義務라고도 한다. 교전국의 전쟁수행을 위한 행위에 의하여 중립국의 국민이 불이익을 받은 경우에 그 교전국의 행위가 戰爭法에 의하여 인정되는 것인 한에 있어서는(이를테면 戰時禁制品輸送이나 封鎖侵破 또는 군사적 원조를 행하는 중립국의 국민에 대한 교전국의 방지적·제재적 수단 및 교전국의 非常徵用權 발동) 중립국이 교전국의 이러한 권리행사를 묵인해야 할 의무이다. 이것을 避止의 義務, 防止의 義務와 더불어 중립의 기본적 의무의 하나로서 열거하는 학자도 있으나, 이러한 여러 의무는 모두 특정한 구체적 행위를 내용으로 하는 하나의 의무는 아니고 다수의 동종의 의무를 포괄적으로 총칭하는 관념으로 보아야 한다. →중립국의 의무

문공가례(文公家禮) →육례

문답계약(問答契約) 〔羅〕 stipulatio 로마법상 문답의 형식으로 체결된 要式契約. 채무발생의 방법으로서 중요한 것. 용어의 형식, 서면의 要否 등은 시대에 따라서 다르다. →스띠쁠라치오

문리해석(文理解釋) 〔英〕 grammatical interpretation 〔獨〕 grammatische Auslegung 〔獨〕 interprétation grammaticale 법규의 문자나 문장에 중점을 두는 解釋方法. 論理解釋에 대한 말. 법의 해석에 있어서 불가결한 전단계적 방법이지만, 字義만에 구애되어 目的論的 解釋을 잃으면, 법해석으로서는 의미를 가질 수 없다. 문리해석은 목적해석의 절차적 방법으로서만 중요하다.

문명국표준주의(文明國標準主義) 국제표준주의와 같다.

문 민(文民) 평화적 인민과 같다.

문 벌(門閥) 누구의 자녀로 태어났는가에 따라서 당연히 생기는 地位 또는 條件. 문벌에 따라서 법적으로 차별하는 것은 法 앞의 평등의 원칙에 위반된다(憲 11 참조).

문 서(文書) 〔羅〕 documentum 〔英〕 document 〔獨〕 Urkunde 〔佛〕 pièce [1] 민사소송법상 넓은 뜻의 문서는 各人이 알아 볼 수 있는 기호에 의하여 사상을 표시하는 모든 것을 말하나, 좁은 뜻으로는 문자 기타의 기호로써 사상적 의미를 표현하는 有形物을 말한다. 기호는 暗號·電信符號·速記符號·點字 등 문자의 대용으로 이용되는

것을 말하며, 사상적 의미라 함은 사람의 의사·판단·감상·감정 등을 말한다. 유형물은 紙片 외에 木·石·金屬 등을 포함한다. 그러므로 경계표·사진 따위는 기호에 의하지 않는 점에서, 악보는 사상의 표현이 아닌 점에서 문서가 아니다. 다만 민사소송법상 現徵을 위하여 작성된 物件(準文書)은 편의상 書證節次에 의하여 조사하도록 한다(335). 문서는 서증의 대상이 되는데 중요성이 있는데, 문서의 증거력은 形式的 證據力과 實質的 證據力으로 구별된다. 문서의 종류는 다음과 같이 분류할 수 있다. ① 작성자를 표준으로 하여 公文書와 私文書, ② 내용을 표준으로 하여 處分文書와 報告文書, ③ 문서상호간의 관계를 표준으로 하여 原本·正本·謄本·抄本 등.

[2] 형사소송법상으로도 민사소송에 있어서와 대체로 동일하지만, 증거방법으로서의 문서는 특히 證據書類와 증거물인 書面으로 구별되고 증거조사의 절차를 달리한다.

[3] 형법상 문서에는 광협 두 가지의 의의가 있는데, 넓은 뜻으로는 문자 기타의 기호로써 물체위에 다소 영속적으로 일정한 의사 또는 관념을 표시한 것이며, 그 기호가 문자 기타의 발음적 부호(예컨대, 盲人用點字·速記用符號·電信符號 등)인 경우가 좁은 뜻의 문서이고, 이에 대하여 상형적 기호인 경우가 圖畵이다. 특히 문서에 관한 죄의 객체로서의 문서는 일정한 명의인이 일정한 사상을 표시한 것을 말하며, 그 위조 등에 의하여 사회일반인의 신용이 해하여질 것이어야 하므로 법률상 내지 사회생활상 중요한 문서, 즉 공무원 또는 공무소의 문서(→공문서)·權利義務 또는 事實證明에 관한 문서(→사문서)에 한한다. 그리고 명의인이 있어야 하는데, 虛無人名義의 문서도 일반인에게 그것이 허무인이라는 것이 일견하여 看取될 수 있는 경우가 아닌 한, 사회일반인의 신용을 해하는 데에 다를 바 없으므로, 동죄의 객체가 된다고 본다.

문서손괴죄(文書損壞罪) → 재물문서손괴죄

문서(文書)에 관한 죄(罪) 名義가 진정하지 않은 문서(도화), 내용이 진실하지 않은 문서(도화)를 만들거나 행사하거나, 진정·진실한 문서(도화)를 不正行使하는 죄(刑法 各則 20장, 225~237의2). 본죄의 보호법익은 문서(도화)에 대한 公共의 信用이다. 다만, 형법이 보호하려는 것이 문서의 형식에 대한 것이냐 그 내용에 대한 것이냐에 따라 形式主義와 實質主義가 대립한다. 그런데 현대사회생활에 있어서의 문서의 특수한 기능에 비추어, 내용의 진실에 앞서 작성명의의 진정이 보다 중요하므로, 현행형법은 전자를 택한 것으로 보인다. 문서위조(넓은 뜻)에 있어서는 행사의 목적을 필요로 한다. → 공문서에 관한 죄, 사문서에 관한 죄

문서위조(文書僞造) 〔英〕 forgery 〔獨〕 Urkundenfälschung 〔佛〕 faux en écriture 名義가 진정하지 않은 문서 또는 내용이 진실하지 않은 문서를 만드는 것. 넓은 뜻의 문서위조는 좁은 뜻의 文書僞造(有形僞造)와 허위문서의 作成(無形僞造)으로 나누어진다. 전자는 권한없이 타인명의의 문서를 작성하는 것이고, 후자는 권한있는 자가 진실이 아닌 내용의 문서를 작성하는 것이다. 우리 형법은 거래의 안전을 위하여는 책임의 소재에 허위가 없다는 것이 가장 중요하다는 관점에서, 有形僞造를 주로 처벌하고 無形僞造는 특히 중요한 경우(刑 227~228, 233)에 한하여 처벌한다. 그리고 有形僞造·無形僞造와 동렬로 취급되는 것으로 變造·變作이 있다. 전자는 진정하게 작성된 타인명의의 문서에 권한없이 변경을 가하는 것이고, 후자는 작성권한있는 자가 진정하게 성립한 문서의 내용에 변경을 가하는 것이다. → 문서에 관한 죄, 공문서, 사문서

문서위조(文書僞造)의 죄(罪) 구형법 각칙 17장의 이름. 文書에 관한 罪에 해당한다.

문서은닉죄(文書隱匿罪) → 재물문서손괴죄

문서제출의무(文書提出義務) 〔獨〕 Urkundenvorlegungspflicht 문서소지자가 법정의 경우에 입증자의 신청으로 문서를 법원에 제출하여야 할 의무(民訴 315). 이 의무는 證人義務와 같이 일반적인 것이 아니라 법이 특히 규정한 경우에 한한다(316). 즉, ① 당사자가 소송에서 인용한 문서를 스스로 소지할 때, ② 신청자가 문서소지자에 대하여 그 引渡(예: 民 475, 484 I 등)나 閱覽(예: 商 277, 396 등)을 청구할 수 있는 경우, ③ 문서가 신청자의 이익을 위하여 작성되었거나(예: 領收證, 承諾書) 또는 신청자와 문서소지자간의 법률관계에 관하여 작성된 것일 때(예: 契約書, 通帳 등). 그리고 상인에게는 일반적으로 상업장부의 제출의무가 있다(商 32). 이같은 의무있는 소지자에게 법원은 거증자의 신청에 의하여 제출을 명한다(民訴 317, 318). 당사자가 이 명령에 응하지 않을 때 또는 제출의무있는 문서를 훼손하였을 경우에는 당사자는 문서에 관한 상대방의 주장을 진실인 것으로 인정할 수 있는 불이익을 받으며(320, 321), 제3자인 경우에는 過怠料의 제재를 받는다(322). 문서제출명령이 민사소송법 519조 1호에 의하여

채무명의로 되는가는 문제이나 소극적으로 해석하는 설이 유력하다.

문어배당(文魚配當) 이익이 없는데도 불구하고 資本充實의 원칙을 관철하기 위한 법상의 여러 원칙에 반하여 배당하는 것으로서 違法配當이라고도 한다. 문어배당이란 용어는 문어가 공복시에 제발을 끊어 먹듯이 회사가 자기의 자본을 먹어버린다는 뜻의 배당이라는 점에 착안하여 붙여진 이름이다. 이는 보통 대차대조표상의 자산의 過大評價 또는 부채의 過少評價로 행한다. 이러한 배당이 있을 때에는 ① 회사채권자는 자신들의 채권담보를 위하여 違法配當金額을 회사로 반환시킬 것을 청구할 수 있고(462 Ⅱ), ② 이 배당에 관여한 이사는 회사 또는 제3자에 대하여 연대하여 손해배상의 책임을 지며(399, 401 Ⅰ), 또한 그 이사는 벌칙의 적용을 받는다(625ⅲ). 일본상법은 이 경우 주주가 악의인 때에는 이에 대하여 변제한 이사로부터 회사가 求償權을 행사할 수 있게 하고 있다(日本商法 266의3). 利益配當은 대표적인 영리법인인 주식회사의 본질적인 제도이며, 따라서 이익배당청구권도 株主權 중 主要權 및 固有權에 속하는 것으로 재산적 권리의 가장 큰 것으로, 이는 原始定款을 제외하고는 그 뒤의 정관이나 총회의 결의로써 부당히 제한할 수 없다.

문음출신법(門蔭出身法) 높은 벼슬을 한 자제를 특별히 채용하던 법. 1425년(세종 7) 京官 2품을 실지로 지낸 자와 外官 3품 이상의 수령자의 자손을 取才한 후 門蔭으로 채용케 하였다.

문언증권(文言證券) 〔獨〕 skripturrechtliches Papier, schriftrechtliches Papier 증권상의 권리내용이 증권의 기재만에 의하여 정하여지며, 증권상의 채무자가 증권의 선의취득자에 대하여 증권에 기재없는 사항을 가지고 대항할 수 없는 유가증권. 문언증권의 제도는 선의의 제3자를 보호하기 위하여 인정되어 공신을 보호하고자 하는 것이므로, 문언증권의 효력은 선의의 제3취득자에 대한 관계에서만 생기고, 직접의 당사자 및 악의의 제3취득자에 대하여는 존재하지 않는다. 따라서 문언증권의 취득자는 악의가 없는 한 그 記載文言에 따라 증권상의 권리를 취득하며, 의무자는 이에 대하여 증권 이외의 입증방법으로써 그 문언의 뜻을 변경하거나 보충할 수 없다. 현행법은 貨物相換證·倉庫證券·船荷證券의 문언증권성을 상법 131조·157조·820조에 규정하고 있고, 어음·수표에 관하여는 이와 같은 규정이 없으나 문언증권이라는 점에 이론이 없다. 이 문언증권은 形式權的 有價證券·公信的 有價證券이라고도 하는데, 증권상의 권리내용이 증권에 기재되어 있지 않은 사항에 의하여 영향을 받는 유가증권인 實質權的 有價證券의 개념에 대립한다.

문자해석(文字解釋) 국어의 해석과 같이 法文의 개개의 문자의 뜻을 밝혀나가는 해석방법. 文理解釋의 일종이다. 법의 해석의 출발점으로 필요하지만 그것만으로는 올바른 해석이라고 할 수 없다.

문 중(門中) 宗中과 門中을 구별하여 문중은 일족의 一支波로 繼高祖의 종족단체를 말하며 원칙적으로 有服親의 범위에 한정된다고 하지만, 百世不遷의 大宗의 宗中도 門中이라 하는 경우가 있고 小宗의 종중도 문중이라 하여 엄격히 구별할 수는 없으나, 문중은 소종의 종중단체에 원칙적으로 사용된다고 볼 수 있다. 즉, 通祭四代의 관습에 따라 일반서민의 제사최고한인 高祖를 공동시조로 하는 有服親間의 단체이다. 관습법상 유복친이 친족의 범위로 인정되고, 유복친의 종족으로 문중이 구성된 관계로 日帝 중엽까지는 민법상 문중이 親族會와 같은 임무를 담당하여 온 바가 있다. 1921년 朝鮮民事令의 개정으로 민법상의 친족회가 설정됨에 따라 그 후는 문중은 일반종중과 같은 종족단체로 된 것이다. 門中은 宗中과 같이 權利能力없는 社團이라 할 것이다.

문 트 〔獨〕 Munt 〔羅〕 mundium 게르만법에서 家長이 가족에 대하여 가지는 권리, 즉, 家長權 또는 家父權을 문트라고 하며, 그것을 라틴어화하여 문디움이라고 한다. 본래 문트는 妻에 대한 夫權, 子에 대한 父權, 노예에 대한 主人權을 통일적으로 포함하는 支配權이었는데, 有史 이후에는 그것이 분화하여 각각 독립된 권리로 되었다. 로마법상의 家長權(→마누스, 빠뜨리아 뽀떼스따스)이 절대적 지배권임에 대하여, 게르만법상의 문트는 保護的 支配權(Schutzherrschaft)의 성질을 가지는 것이었다. 가장은 문트에 의하여 家의 재산을 관리하고 수익할 수 있으나, 그것을 처분하려면 가장의 동의를 필요로 하며, 자기의 재산의 경우라 하더라도 상속인의 동의를 얻어야만 처분할 수 있었다. 문트라는 용어는 가족법의 관계를 떠나서 각종의 權力服從者에 대한 지배자의 권력 내지 권리를 가리키기도 한다.

문호개방주의(門戶開放主義) 〔英〕 open door policy 〔獨〕 Klausel der offenen Tür 〔佛〕 doctrine de la porte ouverte 어떤 국가의 海港 또는 도시를 주로 여러 외국의 경제적인 활동에 대

하여 개방하는 것. 이 때에 여러 외국에 대하여 평등한 대우를 확보하는 것이 특히 요구된다. 그것은 이 종류의 활동에 대하여 균등한 기회를 제공함을 뜻하는 바 그 뜻에서 機會均等(opportunity)이라고도 불리운다. 문호개방과 기회균등을 함께 하여 불리울 때도 있다. 문호개방이 문제가 되는 것은 후진국가 또는 약소국가에 있어서이다. 그러한 점으로 가장 현저하고도 중요한 국가는 중국이다. 어느 정도까지 門戶開放이라고 할 경우는 중국의 그것을 뜻한다. 1891년에 미국의 국무장관 헤이(John Hay)로부터 영국, 프랑스, 일본 등에 대하여 각자의 세력범위내에 있어서의 문호개방이 제창되었든 바 이들 여러 나라는 대체로 이를 승인하였다. 다음해(1900) 헤이는 다시 위의 여러 나라에 대하여 문호개방과 중국의 領土保全에 관한 성명을 행하였다. 그 후 많은 2개국간의 조약으로써 문호개방과 영토보전이 언급되었거나 혹은 약속되었다. 이것을 상세하고도 명확하게 규정한 것은 제1차대전 후의 1922년에 체결된 중국에 관한 9국조약이다. →구국조약

문화규범(文化規範) 〔獨〕 Kulturnormen 종교적 · 도덕적 또는 습속적 요구로서 개인에 향하여진 命令 또는 禁止의 총체를 가리키고, 일정한 사회적 · 문화적 조건하에서 정상적인 사회인에 의하여 그 타당성이 승인되어 있는 규범. 넓은 폭을 가진 人間行爲의 準則이라는 의미에서는 行爲規範 · 社會規範에 통한다. 문화규범은 마이어(M. E. Mayer)에 의하여 정식화되어, 법규범에 대비하여 사용되었다. 法規範은 국가기관, 특히 법관에 향하여지고, 그 권력행사의 준칙을 정한 것이다. 그런데 그 실질 · 내용은 원칙적으로 문화규범과 일치하며 이러한 근본적인 일치 가운데서 그는 법의 구속력의 근거가 있다고 보았다.

문화국가(文化國家) 〔獨〕 Kulturstaat 적극적으로 사회 · 문화의 발전을 조장하는 것을 목적으로 하는 국가. 개인의 자유의 소극적 보장을 주안으로 하는 法治國家보다는 그 태도에 있어서 적극적이다.

문화재(文化財) 우리나라의 역사 · 예술 · 학문 · 관상상 가치가 큰 일정한 물건으로서 유형문화재 · 무형문화재 · 기념물 · 민속자료를 총칭하는 관념(文化財 2). 문화재는 문화관광부장관의 지정에 의하여 寶物 · 國寶 · 重要無形文化財 · 史蹟 · 名勝 · 天然紀念物 · 重要民俗資料 등으로 되어(4~13), 그 관리 · 보호에 명령 · 통제가 가해지며(14~32), 문화재를 손괴 · 은닉한 자에 대하여는 엄중한 벌이 과하여진다(80~94).

문화재관리국(文化財管理局) 문화재관리국은 문화관광부장관의 감독을 받아 문화재에 관한 사무를 관장하는 바 문화재관리국에 국장을 두어 업무를 맡아 보게 하고 소속공무원을 지휘 감독케 한다. 하부조직으로 서무과 · 문화재관리과 · 창경궁사무소 · 창덕궁 사무소 · 덕수궁 사무소 및 종묘 사무소를 둔다(文化財管理局職制 3).

문화재위원회(文化財委員會) 문화관광부장관의 자문에 응하여 문화재의 보존 · 관리 및 활용에 관한 사항을 조사 · 심의하기 위하여 문화관광부에 설치된 諮問機關(文化財 3). 문화재위원회에는 문화재의 종별에 따라 사무를 분장하기 위해 분과위원회가 있다(3Ⅱ).

문화적 환경(文化的環境) 어떤 국민의 문화 예컨대 도덕관념 · 종교 · 교육상태 · 관습 · 기술의 발달정도 등은 국민의 문화적 환경으로서 그 犯罪性에 영향을 미치고 있다. 일반적으로 보면 역사적인 문화의 발전단계 혹은 지리적인 문화의 차이가 각각의 범죄성을 특징지우고 있다. 또한 개개의 요소, 예컨대 영화 · 텔레비젼 · 서적 등이 청소년의 범죄성에 심각한 영향을 준다든가, 자동차의 발달이 교통사건 혹은 범죄의 수단이나 범죄의 대상을 제공하는 등, 刑事學上 문제되는 점이 많다.

문화협정(文化協定) 당사국간에 文化交流를 목적으로 하는 협약으로서 예컨대 1933년 10월 10일 아르헨티나와 브라질 사이에 체결된 역사 및 지리교과서의 개편에 관한 조약. 1935년 4월 16일 오스트리아와 이탈리아 사이에 체결된 19개조의 조약. 1936년 4월 2일 오스트리아와 프랑스 사이에 체결된 조약 등을 가리킨다. 그 내용은 교수초빙제, 교수 및 학생의 교환, 당사국 언어의 사용, 圖書의 교환, 영화 · 연극 · 방송 등에 미치고 있다.

문 회(門會) 一門의 會合. 구관습상 친족회의 일종이라 볼 수 있다. 有服親에 속하는 자를 그 구성범위로 하나 남자만이 이에 列席하였으며 남자라 하더라도 未冠者는 列席하지 못하였다. 문회에서 의결한 사항은 一門에 관한 사항으로서는 일문의 祭祀, 墳墓, 門中財産, 養子, 幼者 또는 신체정신에 이상이 있는 자의 보호따위가 그 주요한 것이다. 그리고 문회의 소집은 門長이 하고 문장은 일문 중 行列과 연령이 가장 높은 남자가 되었다.

문화훈장(文化勳章) 문화예술발전에 공을 세워 국민문화향상과 국가발전에 기여한 공적이 뚜렷한 자에게 수여하며(賞勳法 17조의3), 5등급(금

관·은관·보관·옥관·화관)으로 한다.

물가안정위원회(物價安定委員會) 물가안정위원회는 물가안정에 관한 법률에 목적을 달성하기 위해 필요한 사항을 심의·의결하기 위한 기관으로서 본 위원회는 재정경제부에 설치한다(物價安定에 관한 法律 10). 위원회는 위원장(재정경제부장관) 1인을 포함한 17인 이내로 구성되며, 同 12조의 사항을 심의·의결함에는 이해관계인의 의견을 들을 수 있다(13). 본위원회의 조직과 운영에 관한 필요사항은 대통령령으로 정한다.

물가평형관세(物價平衡關稅) ① 일정한 가격의 유지를 요하는 특정물품에 있어서 그 물품의 需給調節上 중대한 차질이 발생하여 이를 수입할 때, ② 특정물품의 국제가격이 급격히 騰貴함으로써 이와 관련되는 물품의 국내가격의 안정이 저해될 우려가 있는 경우 그 특정물품을 수입할 때, ③ 계절에 따라 현저한 차이가 있는 특정물품을 수입할 경우 계절의 구분에 따라 부과하는 關稅. ①의 경우에는 기준가격에서 그 물품의 과세가격을 공제한 금액 이하의 금액을, ②의 경우에는 기본관세율 이하의 세율에 의하거나 기본관세율에 의한 관세액 이하의 금액을 關稅額으로 하며, ③의 경우에는 계절구분에 따라 과세가격의 100분의 40에 상당한 율의 범위 안에서 基本關稅率을 인상하거나 인하한다(關稅 15의2).

물 건(物件) 〔羅〕res 〔英〕thing 〔獨〕Sache 〔佛〕chose 권리의 객체로 되는 외계의 일부로서 권리의 주체인 사람에 대한다. 민법은 유체물 뿐만 아니라 전기 기타 관리할 수 있는 자연력까지도 물건으로 인정한다(98). 따라서 전기·열·광·원자력·풍력 등의 에너지를 포함한다. 집합물은 1개의 물건으로 되지 않는다. 사람 또는 인체의 일부는 물건이 아니지만 인격이 없는 시체는 물건이다. 물건의 분류로서 민법은 동산·부동산·主物·從物, 元物·果實의 3종을 인정하고 있으며, 그 밖에 학자들은 單一物·合成物·集合物, 融通物·不融通物, 可分物·不可分物, 消費物·非消費物, 代替物·不代替物, 特定物·不特定物 등의 분류를 하고 있다. → 재물

물건운송계약(物件運送契約) 〔獨〕Gütertransportvertrag, Seefrachtvertrag 물건(동산 및 유가증권)을 운송인의 보관하에 두고 이를 장소적으로 이동할 것을 목적으로 하는 운송인과 위탁자인 送荷人간의 계약. 물건운송계약은 계약의 유형으로서는 일의 완성을 목적으로 하는 都給契約에 속한다고 할 수 있으나, 상법에는 물건운송에 관한 상세한 규정을 두고 있기 때문에 민법의 도급에 관한 규정이 보충적으로 적용되는 일은 드물다. 물건운송계약의 당사자는 運送人과 送荷人이다. 운송물이 도착지에 도착한 후에는 受荷人이 일종의 권리자가 되나 수하인은 계약의 당사자는 아니다. 물건운송계약은 諾成·不要式의 계약이다. 물건운송계약에 있어서는 송하인은 운송장을, 운송인은 화물상환증을 발행하는 경우가 있으나, 전자는 단순한 證據證券이고 후자는 運送債權을 표창하는 유가증권이다. 양자는 계약의 성립에 필요한 문서는 아니다.

물건제공이적죄(物件提供利敵罪) 군용에 공하지 아니하는 병기·탄약 또는 전투용에 공할 수 있는 물건을 적국에 제공하는 죄(刑 97). 군용에 공하는 시설·물건을 적국에 제공하면 따로 施設提供利敵罪(95)를 구성한다. 敵國이라 함은 대한민국 또는 그 동맹국과 전투상태에 있는 상대국을 말한다(104 참조). 그러나 대한민국 또는 그 동맹국에 적대하는 외국 또는 외국인의 단체도 적국으로 간주한다(102). 미수범(100), 예비·음모(101 Ⅰ本), 선동·선전을 처벌한다. 그러나 예비·음모의 경우에 실행에 이르기 전에 자수한 때에는, 그 형을 감경 또는 면제한다(101 Ⅰ但).

물 권(物權) 〔羅〕ius in re 〔英〕real rights 〔獨〕Sachenrechte 〔佛〕droits réels 특정의 물건을 직접 지배하는 배타적 권리. 債權과 더불어 재산권의 주요부분을 이룬다. 물권의 본질을 분설하면 다음과 같다. ① 물권은 그 목적물을 직접 지배하는 권리이다. 直接支配라 함은 권리의 실현을 위하여 타인의 행위를 요하지 않는다는 뜻이며, 이 점에서 그 권리의 실현을 위하여 채무자의 행위를 요하는 채권과 근본적으로 다르다. 채권에 의하여서는 채권자와 채무자라는 사람과 사람간의 관계가 있게 되는데 지나지 않으나, 물권은 그 객체인 物件과 權利者와의 사이에 직접적인 관계가 존재한다. ② 물권은 排他的인 權利이다. 즉, 동일물에 관하여 동일내용의 두개 이상의 물권이 동시에 존재할 수 없다. 이것을 물권의 배타성이라고 한다. 예컨대 동일물 위에 두개의 所有權 또는 두 개의 地上權이 존재할 수 없다(一物一權主義). 共有나 合有는 소유권의 내용이 여러 사람에게 양적으로 分屬하는 것이지 1物 위에 여러 개의 소유권이 성립하는 것은 아니다. 동일한 부동산 위에 두개 이상의 저당권이 성립할 수 있느나, 그 저당권들 사이에는 순위가 있다. 이와 같이 동일내용의 물권은 동일물 위에 동시에 병존하지 못하나, 채권은 이것과 다르다. 즉, 채권에는 배타성이 없으므로 二重賣買에 있어서와 같이 같은 내용의 채권이 동시에

다수 성립할 수 있다. 또한 그들 채권간에는 우열의 차가 없다. 그러나 등기한 賃借權과 같이 채권도 등기함으로써 배타성을 가지는 수가 있다. ③ 물권에 있어서의 직접지배의 대상은 원칙적으로 특정의 독립한 물건이다. 민법은 債權 기타의 權利 위에 물권이 성립하는 경우를 인정함으로써 스스로 위의 원칙에 대한 예외를 규정하고 있으나(民 345, 371), 이는 어디까지나 예외에 속하며, 물권의 객체는 물건임을 원칙으로 한다(→물건). 각종의 물권에는 각각 특유한 효력이 있다. 그러나 전술한 물권의 본질로부터 모든 물권에 공통하는 효력이 있으며, 이러한 물권의 일반적 효력으로서 優先的 效力과 物權的 請求權을 들 수 있다. 우선적 효력으로서 다시 두 가지를 생각할 수 있다. 첫째로, 물권상호간에 있어서는 먼저 성립한 것이 내용이 충돌하는 뒤에 성립한 물권에 우선한다. 둘째로, 동일물 위에 채권과 물권이 병존하는 경우에는 그 성립의 선후와는 관계없이 언제나 물권이 우선한다. 한편 물권적 청구권은 물권의 내용의 실현이 방해되거나, 또는 방해될 염려가 있는 경우에 그 방해자에 대하여 방해의 배제를 청구하는 권리이다. 전술한 바와 같이 물권은 排他性을 가지므로 제3자를 해하지 않도록 하기 위해서는 물권을 公示한다는 것이 필요하다(→공시의 원칙). 물권의 배타성은 제3자에게 미치는 영향이 크므로 민법은 물권은 법률 또는 관습법에 의하는 외에는 임의로 창설하지 못하는 것으로 하고 있다(185)(物權法定主義). 민법이 정하는 물권은 所有權·用益物權·擔保物權·占有權의 네 가지로 크게 나눌 수 있다.

물권계약(物權契約) 직접 물권의 변동을 목적으로 하는 계약. 物權行爲의 대부분을 차지한다. →물권행위

물권법(物權法) 〔獨〕 Sachenrecht 〔佛〕 droit des biens 재산법의 한 영역으로 물권에 관한 법의 전체. 여기에서는 物權法定主義가 행하여지며(民 185), 强行規定이 많고 이 점에서 債權法과 대조를 이룬다. 주요한 법원은 민법 제2편이다. 부동산등기법·각종의 재단저당법·자동차저당법·항공기저당법 등의 특별법이 있다. 그리고 이 법의 영역에 대하여서는 국가권력이 개입·관여하는 일이 많다.

물권법정주의(物權法定主義) 물권은 민법 기타의 법률이나 또는 관습법으로 정하는 것에 한하며, 당사자가 자유로이 創設하는 것을 금지하는 주의(民 185). 그 결과 물권법에 있어서는 채권법에 있어서와 같이 契約自由의 原則이 인정되지 않는다. 근대법이 이 원칙을 채용하는 이유는, 첫째로는 근대법의 이상에 따라 자유로운 個人所有權을 확립하기 위하여 토지에 관한 복잡한 봉건적인 여러 권리를 정리해서 소유권을 중심으로 하는 간단한 物權關係를 만들려고 한데 있다. 또 하나의 이유는 公示의 原則을 관철하려는데 있다. 전자는 연혁적인 이유에 불과하며, 현재에 있어서는 후자가 훨씬 중요하다. 즉, 물권은 排他的인 支配權이므로 거래의 안전과 신속을 위하여 이를 공시한다는 것이 필요하게 되는데, 占有 또는 登記라는 공시방법을 당사자가 임의로 창설하는 모든 물권의 공시방법으로 삼는 것은 불가능하거나 또는 기술상 대단히 곤란하다. 공시의 원칙을 관철하는 데는 물권의 종류를 한정하여 당사자에게 선택의 자유만을 인정하는 것이 가장 적절하다는 데에 물권법정주의를 취하는 주요한 이유가 있는 것이다. 민법 185조에 의하면 물권은 법률 또는 관습법에 의하는 외에는 任意로 創設하지 못한다. 임의로 창설하지 못한다는 것은 법률 또는 관습법이 인정하지 않는 새로운 종류를 만들지 못한다는 것과, 또한 법률이 인정하는 물권에 법률이 정하는 것과 다른 내용을 부여하지 못한다는 것을 의미한다. 민법 185조는 强行規定이므로 이에 위반하는 행위는 무효가 된다. 한편 민법이 관습법에 의한 물권의 성립을 인정하고 있음은 적절한 입법이지만, 주의할 것은 관습법에 의한 물권의 성립을 인정한다고 하더라도 그러한 물권도 特定의 公示方法을 갖추어야 한다는 점이다.

물권변동(物權變動) 물권의 발생·변경·소멸의 총칭. 이것을 주체면에서 보면 물권의 得失變更이다(民 186).

물권의 상실(物權喪失) 물권이 주체로부터 이탈하는 것을 말한다. 이것은 절대적 상실과 상대적 상실로 나누어진다. 전자는 권리가 누구를 위하여도 존재하지 않고 소멸하는 것이고, 후자는 어떠한 권리가 다른 주체에 이전하기 위하여 소멸하는 경우와 그렇지 않은 경우가 있다. 특히 의사에 의하여 물권이 발생하는 경우를 物權의 讓渡라고 한다(民 188 참조).

물권(物權)의 추급효(追及效) 물권의 일반적 효력으로서 보통 優先的 效力과 物權的 請求權을 든다. 그런데 학자에 따라서는 그 외에 추급효(追及的 效力)를 드는 경우도 있다. 추급효 또는 추급적 효력이란 물권의 객체인 물건이 누구의 수중에 들어가더라도 그 所在에 追及하여 권리를 주장할 수 있는 효력을 말한다. 예를 들면 도난당한

시계의 소유자는 그 시계를 지금 누가 가지고 있던 간에 그 현재의 점유자에게 所有權을 주장할 수 있다. 물권자는 물권변동에 의하지 않는 한 물권에 대한 직접적 지배를 빼앗기지 않으므로 이를 물권의 효력에 포함시킬 수는 있다. 그러나 소급효는 결국 우선적 효력이나 물권적 청구권의 행사에 의해 실현되는 것에 불과하므로, 통설은 추급효를 독립적인 물권의 일반적 효력으로서 다루지 않고 優先的 效力이나 物權的 請求權 중 어느 하나에 포함되는 것으로 보고 있다.

물권(物權)**의 취득**(取得)　물권의 취득에는 原始取得과 承繼取得의 두 가지가 있다. 전자는 前主가 없거나 있더라도 이와는 관계가 없이 취득되는 時效取得·善意取得 같은 것이고, 후자는 전주가 있으나 이와 어떠한 관계에 기인하여 물권을 취득하는 경우인데 이것은 다시 상속 또는 양도에 의하여 물권을 승계하는, 즉 전주가 보유하고 있는 권리를 그대로 취득하는 移轉的 取得과 소유자가 소유권에 의거하여 지상권·전세권을 타인에게 설정할 때에는 타인의 지상권·전세권을 승계하는, 즉 전주의 물권에 의거하여 이와 다른 물권을 승계하는 設定的 承繼로 나누어진다. 이와 같은 물권행위가 있으면 물권변동이 일어난다.

물권적 기대권(物權的期待權)　〔獨〕 dingliche Anwartschaft, dingliches Anwartschaftsrecht　물권을 취득하기 위한 실질적인 요건은 이미 갖추어졌지만 形式的 要件(즉, 登記 또는 引渡)이 갖추어지지 않아서, 아직 완전한 물권을 취득하지 못하고, 말하자면 그 예비단계의 상태에 있는 자의 권리. 부동산거래에 있어서 所有權移轉에 관한 물권적 합의가 있었거나, 취득시효에 있어서 占有繼續의 요건은 갖추어졌는데 아직 등기를 필하지 않은 경우가 그 예이다. 물권적 기대권은 채권과 물권과의 중간적 권리라는 점에서는 가등기된 청구권과 같지만, ① 아직 가등기도 없는 점, ② 그러나 물권의 취득을 위한 실질적인 요건은 이미 갖추어진 점에 있어서 가등기된 청구권과 다르며, 가등기된 청구권은 채권에 보다 가까운 권리임에 반하여, 물권적 기대권은 물권에 보다 가까운 권리이다. 물권적 기대권의 효력은 물권에 준하며 處分(讓渡·入質 등) 또는 押留의 목적이 될 수 있다. →기대권, 물권적 취득권

물권적 반환청구권(物權的返還請求權)　〔羅〕 rei vindicatio 〔獨〕 dinglicher Herausgabeanspruch 〔佛〕 action en revendication　타인이 목적물을 점유함으로써 물권의 내용의 완전한 실현을 방해당하고 있는 자가 그 물권에 기하여 그 물건의 반환을 청구하는 권리. 이 권리는 물권적 청구권의 한 형태로서, 물권에서 파생되는 하나의 독립한 효력이다. 그 전형적인 것은 소유권에 기한 所有物返還請求權과 점유권에 기한 占有物返還請求權이다. →물권적 청구권, 소유물반환청구권, 점유물반환청구권

물권적 방해예방청구권(物權的妨害豫防請求權)　물권적 청구권의 일종으로서 물권의 침해가 현실적으로 발생하지는 않았지만 장래 발생할 우려가 있는 경우에 그 발생을 방지하기 위해 필요한 作爲 또는 不作爲를 청구할 수 있는 권리를 말한다. 예컨대 B가 건축공사로 토지를 深掘하여 인근 A의 주택이 붕괴될 우려가 있는 경우, A는 B에 대하여 지반공사를 철저하게 할 것을 청구하거나(作爲), 공사를 하지 않을 것을 청구할 수 있다(不作爲). 방해의 원인이나 유형은 묻지 않으며, 방해자의 故意·過失을 요하지 않는다. 청구권자는 현재의 物權者이며, 청구의 상대방은 방해의 위험을 현실적으로 야기한 자에 한하지 않고 현재 위험을 자기지배 내에 가지고 있는 자를 포함한다. 방해의 위험은 이미 발생하고 있는 방해가 장래에도 계속될 가능성이 있는 경우에 한하지 않는다. 민법은 소유권에 관하여 所有物妨害豫防請求權(民 214), 점유권에 관하여는 占有의 保全(206) 등을 규정하고 있다. →물권적 청구권

물권적 방해제거청구권(物權的妨害除去請求權)　물권적 청구권의 일종으로서 목적물에 대한 점유의 侵奪 및 返還拒否 이외의 방법으로 물권의 행사가 방해되는 경우에 물권자가 방해자에 대하여 방해의 제거를 청구하는 권리를 말한다. 예컨대 B가 A의 토지에 권한없이 건물을 건축하는 경우 A는 B에 대하여 그 건물의 철거를 청구할 수 있는데, 이 때 그 철거청구가 바로 所有物妨害除去請求權을 행사하는 것이다. 방해의 원인이나 유형은 묻지 않으며 방해자의 고의·과실을 요하지 않는다. 청구권자는 현재의 物權者이며, 상대방은 방해의 사실을 현재 자기의 지배 내에 두고 있는 자이다. 민법은 소유권에 관하여 所有物妨害除去請求權(214)을, 점유권에 관하여는 占有의 保有(205)라고 규정하고 있다. →물권적 청구권

물권적 유가증권(物權的有價證券)　일반적으로는 貨物相換證·倉庫證券 및 船荷證券에 있어서와 같이 증권에 의하여 권리를 행사할 수 있는 자에게 한 증권의 인도가 물건의 인도와 동일한 효력(物權的 效力)을 발생시키는 증권. 인도증권이라

고도 한다. 때로 물권을 표창하는 유가증권, 즉 물권증권의 의미로 사용되는 일이 있으나, 물권적 유가증권이란 채권증권의 일종으로서 물권적 효력만이 인정되는데 불과하므로 물권 자체를 表彰하는 물권증권과는 구별되어야 한다.

물권적 의사표시(物權的意思表示) 物權行爲의 구성요소. 물권변동을 발생시킬 것을 내용으로 하는 의사표시. 물권변동은 登記를 함으로써 그 효력이 발생한다(民 186, 예외 187 참조). 등기 또는 인도는 물권행위의 효력을 제3자에게 공시하기 위한 것이며 효력발생의 요건이 된다.

물권적 청구권(物權的請求權) 〔英〕 real action 〔獨〕 dinglicher Anspruch 〔佛〕 action réelle 物權의 내용의 완전한 실현이 방해되거나, 혹은 방해될 염려가 있는 경우에 그 물권을 가지는 자가 그 방해사실 또는 방해를 일으킬 염려있는 사실을 그 지배내에 가지고 있는 자에 대하여, 방해를 제거하거나 예방하여 물권내용의 완전한 실현을 가능케 하는 행위를 청구하는 권리. 物上請求權이라고도 한다. 구민법은 물권적 청구권으로서 占有訴權을 규정함에 그치고 물권일반에 적용될 물권적 청구권을 규정한 바 없었다. 그러나 학설과 판례는 물권의 지배적 권능과 점유권에 기한 물권적 청구권인 점유소권이 규정된 것과를 근거로 하여 소유권을 비롯하여 모든 물권으로부터도 물권적 청구권이 발생함을 인정하였었다. 그리고 민법은 구민법에서와 같이 점유권에 기한 물권적 청구권으로서 占有物返還請求權, 占有物妨害除去請求權 및 占有物妨害豫防請求權을 규정하였고(203~206), 그 이외에 소유권에 기한 물권적 청구권으로서 所有物返還請求權, 所有物妨害除去請求權 및 所有物妨害豫防請求權을 규정하고(213, 214), 이 규정들을 地上權과 傳貰權에 준용하고(290, 319), 또 소유물방해제거청구권 및 방해예방청구권에 관한 규정을 地役權과 抵當權에 준용한다(301, 370). 물권의 내용을 실현하는 것이 타인의 지배에 속하는 사정으로 말미암아 방해되고 있는 때에는 물권을 가진 자라 할지라도 그 타인을 물리치고 물권내용을 실현하는 것은 허용되지 않으므로(自力救濟의 禁止), 이 경우에 물권적 청구권을 인정하지 않으면 안될 필요가 있는 것이며, 물권적 청구권은 상대방에게 고의·과실이 있음을 필요로 하지 않고 또 물권내용 자체의 실현만을 그 본지로 하는 점에서 금전으로써 하는 손해배상을 내용으로 하는 불법행위에 기한 손해배상청구권과 구별된다. 물권적 청구권은 本權에 기한 것과 점유권에 기한 것(占有保護請求權)으로 나눌 수 있고, 또 그 내용에 따라서 返還請求權·妨害除去請求權·妨害豫防請求權으로 나누인다. 즉, 물권을 점유함으로써 타인의 물권의 내용의 완전한 실현을 방해한 경우에 그 물권자가 목적물의 반환을 청구하는 경우가 반환청구권이고, 그 이외의 방법으로 방해하는 경우에 물권자가 그 방해제거를 청구하는 경우가 방해제거청구권, 또 장래 방해될 염려가 있는 경우에 그 예방을 청구하는 경우가 방해예방청구권이다. 물권적 청구권은 절대권에 관해서만 인정되는 것이고, 따라서 물권이외에도 無體財産權과 人格權에 관해서도 인정된다. 이와 반대로 채권과 같은 相對權에 있어서는 인정되지 않는다. → 점유보호청구권

물권적 취득권(物權的取得權) 〔獨〕 dingliches Erwerbsrecht 독일에서 인정되는 制限物權의 일종으로서 객체인 토지에 대하여 장래 소유권을 취득할 수 있음을 내용으로 하는 권리. 독일에서는 제한물권은 用益物權·物權的 取得權·擔保物權의 셋으로 분류되는데, 독일민법이 규정하는 물권적 취득권으로는 先買權(Vorkaufsrecht)이 있다. 우리나라에서는 이러한 의미의 물권적 취득권은 인정되지 않는데, 다만 장래 일정한 조건하에 부동산물권을 취득할 수 있는 청구권으로서 가등기된 것을 물권적 취득권이라고 부르는 일이 있다. 예컨대 不動産賣買의 豫約完結權(民 564)·還買權(590)·條件附不動産物權(148, 149)으로서 假登記된 것이 이것이다. 이러한 가등기된 청구권은 목적물이 특정되어 있고 또 등기됨으로써 배타성이 부여되어 있다는 점에서 물권으로서의 성격의 일면을 갖추고 있으나, 청구권 자체는 채권적 성질을 가진 것이고, 따라서 채권과 물권과의 중간적 권리이다. 이 점에 있어서 독일의 물권적 취득권이 완전한 물권인 것과 구별된다. → 물권적 기대권

물권적 합의(物權的合意) → 물권행위

물권적 효력 · 채권적 효력(物權的效力·債權的效力) 일정한 법률요건 또는 법률사실에서 생기는 권리의 발생·변경·소멸의 효력이 누구에게 대하여서든지 주장할 수 있는 것이면 物權的 效力(〔獨〕 dingliche Wirkung)이고, 당사자간에서만 주장할 수 있는데 지나지 않는다면 債權的 效力(〔獨〕 schuldrechtliche od. obligatorische Wirkung)이다. 여기서 물권적·채권적이라고 말하는 것은 對世的·對人的이라는 것과 같은 뜻이므로, 물권적 효력은 물권의 변동을 생기게 하는 경우에 한하는 것은 아니다. 타인에게 양도하지 않는다는 특약으로 시계를 증여한 경우에 그 讓渡禁止의 특약의 효력이 물권적인가 또는 채권적인가 하는 것

은 그 특약에 위반하는 행위가 무효이냐(타인에게 양도하더라도 所有權移轉의 效果가 생기지 않느냐), 또는 수증자의 채무불이행의 책임이 생기는데 그치느냐 하는 뜻을 가질 뿐이다. 화물상환증의 물권적 효력·채권적 효력에 관하여서는 貨物相換證을 보라.

물권증권(物權證券) 〔獨〕 sachenrechtliches Wertpapier 물권을 표창하는 유가증권으로서 채권증권에 대한 것. 독일법의 抵當證券(Hypothekenbrief)이 이에 해당. 우리나라에 있어서는 구상법의 質入證券이 채권 외에 질권까지도 化體하고 있는 점에서 물권증권으로서의 일면이 있었다.

물권행위(物權行爲) 〔獨〕 dingliches Rechtsgeschäft ① 직접 물권의 변동을 생기게 하는 意思表示(物權的 意思表示)를 요소로 하여 성립하는 法律行爲(所有權移轉行爲, 抵當權設定行爲 등). 물권변동을 생기게 할 채무를 발생시키는 법률행위(매매, 증여 등)인 채권행위와는 구별된다 (→ 물권변동, 채권행위). 물권행위는 유언, 물권의 포기 등과 같은 단독행위로서 행하여지는 것도 있으나, 대부분은 당사자간의 계약, 즉 物權契約(〔獨〕 dinglicher Vertrag)으로서 행하여진다. 물권계약은 물권적 의사표시의 합치로써 이루어지기 때문에 보통 物權的 合意(〔獨〕 Einigung)라고 한다. 그러므로 물권행위 일반에 관한 이론이나 고찰은 물권계약, 즉 물권적 합의를 중심으로 하여 전개되는 것이 보통이다. ② 物權行爲에 관하여는 입법상 意思主義와 形式主義의 두 주의의 대립이 있다. 의사주의는 물권주의가 효력을 발생하기 위하여서는(즉, 물권변동이 일어나려면) 당사자의 의사표시만으로써 충분하며 그 외에 아무런 형식을 필요로 하지 않는 입장이다. 프랑스민법이 그 전형이라는데서 佛法主義라고도 한다. 의사주의를 취하는 입법례라고 하더라도 排他的 支配權인 물권의 소재나 유통을 위한 公示라는 사회적 요청을 무시하지 못하므로 물권변동은 의사표시만으로 생긴다고 하면서 한편 그것을 제3자에게 대항하기 위하여 등기·인도를 필요로 한다고 하는 것이 보통이다. 여기서 對抗要件主義라는 명칭도 있다. 구민법은 의사주의에 따랐었다. 위와 같은 의사주의에 대하여 형식주의에 의하면 물권변동은 그것을 목적으로 하는 의사표시 외에 일정한 형식을 필요로 한다. 독일민법이 그 전형적인 것이므로 獨法主義라고도 한다. 형식주의에서는 물권행위는 당연히 公示方法과 결합되어 있기 때문에 의사주의에 있어서와 같이 물권변동의 효과가 當事者間과 對第三者關係에 있어서 다르게 된다는 일은 생기지 않는다. 민법은 부동산에 관한 법률행위로 인한 물권의 得失變更은 등기하여야 그 효력이 생긴다(186), 동산에 관한 물권의 양도는 그 동산을 인도하여야 효력이 생긴다(188 I)고 규정함으로써 形式主義에 따르고 있다. ③ 채권행위를 전제로 하지 않고서 직접 물권변동을 생기게 하는 물권행위도 존재하지만, 대부분의 물권행위에 있어서는 그 原因(causa)인 채권행위가 있고, 이것을 전제로 하여 그 이행으로서 물권행위가 행하여진다(예 : 매매에 기한 소유권의 양도). 이와 같이 물권행위는 그 원인인 債權行爲와는 이론상 별개의 것이지만, 문제는 이러한 물권행위는 언제나(적어도 원칙적으로) 원인인 채권행위와는 현실적으로도 별개의 행위로서 행하여 지느냐 어떠냐에 있다. 이것을 긍정하는 것이 물권행위의 독자성을 인정하는 견해이며, 부정하는 것은 독자성을 인정하지 않는 견해라고 한다. 독일민법과 같이 물권행위에 관하여 형식주의를 취하는 立法例에 있어서는 물권행위는 현실적으로도 채권행위와는 단계를 달리하는 별개의 독립한 행위로서 파악되게 된다. 그러나 의사주의의 입법례 중 프랑스민법과 같이 명문의 규정으로써 물권행위의 독자성을 부인하는 곳에서는 물권행위는 원칙적으로 原因行爲인 채권행위와 합체되어서 행하여진다. 우리 민법은 물권행위에 관하여 형식주의를 명언하고는 있지만 물권행위와 원인행위인 채권행위와의 관계에 관하여는 침묵을 하고 있으므로 이른바 물권행위의 독자성을 인정하느냐 않느냐의 논쟁이 있다. 통설은 물권행위의 독자성을 인정한다. ④ 물권행위의 효력은 원인행위인 채권행위의 효력을 언제나 전제로 하고, 그 영향을 받느냐 받지 않느냐, 환언하면 債權行爲에 無效·取消 등의 실효의 원인이 있는 때 물권행위의 효력도 당연히 이것과 운명을 같이 하느냐 않느냐가 다투어지고 있다. 긍정하는 견해를 가리켜 물권행위의 無因性을 인정한다고 하고, 부정하는 견해를 가리켜 물권행위의 有因性을 인정한다고 한다. 민법의 해석상 거래의 안전을 위하여 無因性을 인정하는 견해가 많다(판례 반대)(→ 유인행위·무인행위). 물권행위의 무인성을 인정하려면 그 전제로서 물권행위의 독자성을 인정하게 된다. 그런데 물권행위의 무인성을 인정하는 견해도 절대적 무인을 주장하지는 않으며, 당사자가 원인관계의 유효를 조건으로 하는 때에는 有因이 된다고 한다. 즉, 相對的 無因性을 주장한다. ⑤ 물권행위도 법률행위이므로 법률행위에 관한 일반규정이 적용된다. 그리고 물권행위 중에서 가장 주요한 物權的 合意(物權契約)는 하나의 계약이므로 채권계약에 관한 규정이 원칙적으로 적용된다. 그리고 물권행위는 處分行爲이므로 처분자에게는 처분의 권한이 있어야만 그 물권행위가 유효한 것이 된다(→처분행위).

물권행위(物權行爲)**의 독자성·무인성**(獨自性·無人性) →물권행위

물 납(物納) 현물 또는 재산 자체로써 조세를 납부하는 것. 金納에 대립되는 조세용어. 일반적으로 조세는 화폐경제시대 이전에는 물건으로 납부하였던 것이나, 화폐경제가 발달된 시대 이후로는 화폐, 즉 금전으로 납부하게 되었다. 그러나 현재에도 금전으로 납부하지 않고 예외적으로 物納을 하는 경우가 있다(相續稅 및 贈與稅法 73).

물론해석(勿論解釋) 類推解釋의 일종. 類推내지 擴張解釋 등이 상식상 자명하고 당연한 것으로 생각되는 경우를 말한다. 자전거의 통행을 금지하는 正札이 있는 경우, 물론 자동차도 통행해서는 안된다고 하는 것과 같다.

물류관리사(物流管理士) 물류관리에 관한 전문지식을 갖춘 자로서 건설교통부장관이 실시하는 시험에 합격해야 하고 물류사업과 관련하여 전문지식이 필요한 사항에 대하여 계획·조사·연구·진단 및 평가 또는 이에 관한 상담·자문 기타 물류관리에 필요한 직무를 행한다(貨物流通促進法 48의13·14).

물 법(物法) 〔羅〕 statuta realia →법칙구별설

물보험(物保險) 〔獨〕 Sachversicherung 〔佛〕 assurance des choses 보험사고의 객체가 물건인 보험으로서 人保險에 대한 것. 火災保險·運送保險·盜難保險 등의 損害保險은 이에 속한다. 따라서 위험물은 물건에 대하여 생긴 손해를 보상하는 것이므로 손해보험이고, 피보험자의 재산에 대하여 직접 발생한 物的 損害만을 보상하는 것을 목적으로 하므로 재산보험의 일종이기도 하다.

물상담보(物上擔保) 물적담보와 같다.

물상대위(物上代位) 〔獨〕 Surrogation 〔佛〕 subrogation 담보물권의 목적물의 滅失·毁損·公用徵收에 의하여 그 물건의 소유자가 금전 기타의 물건을 받을 請求權(보험금·손해배상·보상금 등의 청구권)을 취득한 경우에, 그 담보물권이 이 청구권 위에 효력을 미치는 것. 質權 및 抵當權은 이런 효력을 가진다(民 342, 370). 이 2종의 담보물권은 목적물의 交換價値支配에 의한 우선변제를 그 목적으로 하기 때문에 목적물이 어떠한 형식으로 그 교환가치를 현실화하여 금전 기타의 것으로 변형한 경우에, 담보물권이 이들의 위에 그 효력을 미친다는 것은 가치를 지배하는 담보권으로서의 본질상 당연한 것이라고 하여야 할 것이다. 그러나 물상대위를 담보물권자의 보호를 위하여 특히 인정된 예외적 제도라고 해석하는 견해도 있다. 이에 의하면 담보물권도 물권인 이상 목적물의 멸실에 의하여 소멸하고, 특별한 규정이 없는 한 그들의 변형물 위에 효력을 미치지 않는다고 해석한다. 어떻든 물상대위는 교환가치가 현실화되었다는 이유로 인정되므로, 優先辨濟權이 없는 留置權에는 물상대위의 규정의 적용이 없다. 민법은 質權에 관해서 물상대위의 규정을 두고 이것을 저당권에 준용하고 있다. 물상대위는 滅失·毁損 기타에 의하여 채무자 또는 물상보증인이 취득하는 청구권 위에 그 효력을 미치는 것이고, 지급된 금전 등의 위에 효력을 미치는 것은 아니다. 채무자, 물상보증인의 재산에 混入한 후에까지 이것을 인정한다는 것은 일반재산에 대한 優先權을 승인하는 것으로 되어 제도의 취지에 반하는 까닭이다. 따라서 지급 또는 인도전에 압류를 하는 것이 필요하다. 그러나 압류는 擔保物權者 자신이 하여야 하느냐에 대해서 판례는 그렇다고 해석하고 있지만, 압류를 필요로 하는 까닭이 목적물의 特定性을 保持하기 위한 것이라고 해석한다면 반드시 담보물권자가 할 필요는 없다고 하는 것이 타당할 것이다.

물상보증(物上保證) →물상보증인

물상보증인(物上保證人) 〔獨〕 Drittverpfänder 〔佛〕 caution réelle 타인의 채무를 위하여 자기소유의 재산을 제공하는 것을 물상보증이라 하고, 그 재산을 제공한 자를 물상보증인이라 한다. 타인의 채무를 위하여 抵當權 또는 質權의 목적물을 제공하는 것이 그 예이다. 물상보증인도 채권자와의 계약으로 저당권 또는 질권을 설정한다. 그러나 물상보증인은 보증인과는 달라서 채무를 부담하지 않기 때문에 채권자는 이에 대하여 청구를 하거나 또는 그의 일반재산에 대하여 집행할 수 없다. 그러나 담보권이 실행되거나 또는 물상보증인이 변제를 한 때에는 물상보증인은 채무자에 대하여 보증인과 같이 求償權을 취득한다(民 341, 370). 물상보증인은 변제를 하는데 이해관계를 가진 제3자로서 채무자의 의사에 반하여 辨濟를 할 수 없으며(469 Ⅱ), 변제에 의하여 당연히 채무자를 代位한다(481). →대위변제

물상부담(物上負擔) 〔獨〕 Reallast 독일민법상 일정한 권리자에 대하여 토지소유자가 回歸的 給付(예 : 곡물·금전의 급부, 집의 수선)를

하는 채무를 부담하고(이 점에 있어서 土地債務와 다르다), 그 변제가 그 토지에 의하여 부담되는 제도(1105 이하). 物的負擔이라고도 한다. 권리자는 토지의 換價에 의하여 변제를 받을 수 있다. 채권담보를 위하여 또는 농민의 공동상속인을 위하여 설정되는 일이 많으나, 봉건적 기원을 가지는 것이 적지 않으므로, 그 정리를 위한 노력이 행하여졌다.

물상질(物上質) 權利質에 대하여 動產質·不動產質을 가리킨다. 유체물을 객체로 하기 때문에 물상질이라고 부른다

물상청구권(物上請求權) 물권적 청구권과 같다.

물 세(物稅) →인세·물세·행위세

물자규제(物資規制) 국민생활 또는 경제상 긴절한 관계에 있는 物資의 심한 過·不足 또는 임의적인 유통을 조절 또는 제한함으로써 국민생활의 안정과 국민경제의 발전을 도모하는 작용을 말한다. 物資規制는 국가적인 비상시에 그 예를 많이 볼 수 있으나, 평상시에도 국내산업의 보호 또는 계절적 생산품의 수급조절 등을 위하여 행하여진다.

물적공용부담(物的公用負擔) 〔獨〕 dingliche Lasten 공용부담의 일종. 人的公用負擔에 대한 개념으로서, 단순히 국민에 대하여 재산상의 의무를 명하는데 그치지 아니하고, 직접적으로 재산권 그 자체에 고착하여 이에 관한 물권적 변동을 야기케 하는 것을 말한다. 따라서 인적공용부담에 있어서와 같이 一身에 專屬치 않고 재산과 함께 제3자에게 이전될 수 있다. 公用制限·公用收用·公用換地의 3종이 있다. →공용부담, 인적공용부담

물적담보(物的擔保) 특정의 재산에 의한 채권의 담보로서 人的擔保에 대하는 것이다. 즉 채무자 또는 제3자의 물건 또는 권리로써 하는 債權擔保이고 對物擔保라고도 한다. 저당권·질권이 가장 중요한 것인데, 이들만으로써는 금융거래시장의 요청에 완전히 응할 수 없기 때문에 판례·통설에 의하여 讓渡擔保의 제도가 인정되어 왔다. 인적 담보는 담보하는 사람이 무자력으로 되면 무가치하게 됨에 반하여, 물적담보는 그 물건의 객관적 가치가 유지되는 한, 이것에 따라 목적을 달할 수 있기 때문에 금일의 경제조직에서는 인적담보보다 훨씬 중요한 작용을 한다.

물적상호(物的商號) 상인의 성 또는 성명 이외의 명칭으로 특히 營業의 종류·목적 등을 내용으로 하는 상호. →상호

물적신용(物的信用) 그 기초가 직접 물적인 것에 존재하는 신용. 質權(民 329 이하), 抵當權(356) 등은 이 종류의 기초가 된다. 따라서 대부를 함에는 담보물권을 설정하는 擔保附貸付와 같은 것은 물적신용에 의한다.

물적유한책임(物的有限責任) →유한책임·무한책임

물적증거(物的證據) 〔英〕 real evidence 감각적 실험에 의하여 증거가 되는 물리적 존재 또는 상태(예컨대, 살인에 사용한 흉기, 절도의 장물, 범행현장에 남긴 지문, 문서, 검증물 등). 증거물 또는 물증이라고도 한다. 형사소송법상으로는 人的證據 및 證據書類에 대한 말이다. 사람도 그 신체의 물리적 존재가 증거가 되는 한, 물적증거이다. 서면의 의의가 증거로 되는 경우에도 그 서면의 존재가 동시에 증거로 되는 때에는 물적증거이다(예 : 위조문서, 誣告의 서면). 물적증거를 직접 실험하는 방법이 검증이다. 물적증거의 증거조사방법은 제시이며(刑訴 292), 물적증거를 취득하는 强制處分은 押收이다. 증거물인 서면과 증거서류와의 구별에 관하여는 증거서류를 보라. 人的證據 이외의 증거방법을 모두(증거서류도 포함하여) 물적증거라고 하는 수도 있다. 민사소송법상으로는 인적증거에 대한 말이다. 그리고 문서의 증거조사를 書證, 검증물의 증거조사를 검증이라고 한다.

물적집행(物的執行) 〔獨〕 Realexekution 채무자의 재산만을 집행의 대상으로 하는 강제집행. 이것은 채무자의 재산 뿐만 아니라 노동력·육체 등도 債權滿足의 자료로 할 수 있었던 인적집행에 대한 말이다. 그런데, 현대의 法制에 있어서는 원칙적으로 사법상 의무를 위한 집행의 대상은 채무자의 신체나 자유를 제외한 재산(물건)에 한정하였다. 독일에서는 채무자의 자유를 구속하는 Haft라는 제도를 인정한다. →인적집행

물적집행주의(物的執行主義) 〔獨〕 Schuldhaftungssystem 선박소유자책임제한의 한 형태. 채무는 전액에 대하여 부담하지만, 강제집행은 海產에 대하여서만 할 수 있게 되어 있는 주의로 독일법계의 海商法이 채용하는 바이다.

물적책임(物的責任) 物的有限責任과 같다. →유한책임·무한책임

물적편성주의(物的編成主義) 〔獨〕 System des Realfoliums 등기의 대상인 부동산을 표준으로 하여 등기부를 편성하는 주의. 권리자를 기준으로 하여 등기부를 편철하는 人的編成主義에

대립하는 것이다. 독일·스위스는 전자를, 프랑스는 후자를 취한다. 전자는 목적부동산 위의 권리관계를 1등기용지에 기재하고 있으므로 公示方法으로서 간명하다는 점에 있어 우수하지만, 어떤 사람이 가지고 있는 부동산상의 권리의 총괄조사에 관하여는 후자가 편리하다. 또 부동산상의 권리의 변동을 기재한 것을 순차편철하여 등기부를 편성하는 年代的 編成主義도 있다. 예컨대, 미국의 여러 州가 채용하고 있는 Recording System은 이것에 속하는데, 이것에 의하면 부동산상의 권리의 변동에 응하여 그 title의 증서의 사본을 편철하여 登記簿에 해당시키고 있기 때문에, 등기의 불완전과 열람에 의한 완전조사의 곤란을 수반하고 있다. 우리 부동산등기법은 物的編成主義를 취하고 있다(15). 1필의 토지 또는 1동의 건물에 대하여 1용지를 사용한다(→일부동산일등기용지주의). 이 주의를 관철하면 여러 개의 부동산이 동일권리의 목적으로 된 경우에는, 각개의 부동산에 관하여 각각의 등기를 요하는 불편이 있으므로 개개의 부동산의 등기에 즈음하여 그러한 부동산 등을 목록에 기재제출케 하여, 이것을 1개의 부동산으로 보고 1용지를 비치하는 동시에, 목록기재에 등기의 효력을 주는 경우가 있다. 共同擔保目錄(146), 財團目錄(工抵 39, 鑛抵 5) 등이 그것이다. 物的編成主義의 채용을 위하여서는 土地臺帳·家屋臺帳의 완비가 필요하다.

물적항변(物的抗辯) 〔羅〕 exceptio in rem 〔獨〕 objektive, absolute, dingliche Einrede 피청구자로부터 모든 어음소지인에 대하여 대항할 수 있는 항변. 絶對的 抗辯·客觀的 抗辯이라고도 하며 人的抗辯에 대한 말이다. 어음의 유통보호를 위하여 어음의 기재로부터 발생하는 명료한 것(어음요건의 흠의 항변, 만기미도래 또는 시효로 인한 소멸의 항변 등)과 피청구자의 특히 중대한 이익에 관한 것(無能力, 無權代理, 僞造·變造, 除權判決 등)만을 물적항변으로 하고 다른 것은 인적항변으로 한다. →어음항변

물적회사(物的會社) 〔獨〕 Realgesellschaft, Kapitalgesellschaft 사원의 개성이 희박하고 완전한 資本的 結合으로서 사원은 오로지 출자관계에 있어서만 회사와 관계하는 학설상의 분류에 의한 회사. 인적회사에 대한 개념이다. 주식회사는 그 전형적인 것으로서 보통 주주의 수가 다수이고, 주주는 각자의 株式引受價額을 한도로 하여 회사에 대하여서만 출자의무를 부담한다. 주식의 이전은 자유이고 회사의 업무집행 및 대표를 담당하는 별도의 기관을 가지며, 사원은 이러한 권한을 人的會社처럼 당연히 가지는 것이 아니며, 주주총회를 통하여 일정한 사항에 관하여서만 회사의 의사결정에 참여할 수 있을 뿐이다. 즉 기업의 소유와 경영의 분리가 행하여지고 있다. 유한회사는 물적회사에 가까운 중간형태의 회사이다.

물 증(物證) →물적증거

물질권(物質權) →가치권·물질권

물탄 주(株) 〔英〕 watered stock 주식회사의 설립, 신주의 발행, 合併 등의 경우에 現物出資를 함에 있어서 출자재산의 가치를 과대평가하여 실제의 가치 이상으로 발행된 주식을 말한다. 실제의 가치 이상에 해당하는 주식을 발행하는 것은 株式 물타기(stock watering)라고 말한다. 이 용어는 19세기 중엽 미국 농촌에서 가축을 賣渡할 때에 중량을 늘리기 위하여 소금을 먹인 다음 물을 먹인 데서 유래하였다고 한다. 즉, 물탄 株는 그 액면가의 일부가 실제의 재산에 의하여 뒷받침되지 않고 맹물로 채워져 있는 셈이다. 이와 같이 물탄 주는 실질적으로는 發行價額에 상당하는 출자가 없는 것이므로 資本充實의 原則에 반하고 회사채권자에게도 손해를 끼치며, 또한 금전출자를 한 다른 주주의 이익을 해하므로 상법은 이를 엄격하게 규제하고 있다.

물 품(物品) 물품관리법에 의한 관리대상인 물품이란 국가가 소유하거나 사용하기 위하여 보관하는 동산 중 현금과 한국은행에 기탁하여야 할 유가증권 및 國有財産法의 적용을 받는 동산, 즉 부동산의 從物, 船舶, 浮漂 등 및 국영사업 또는 시설에서 그 用에 사용하는 중요기계와 기구를 제외한 것을 말한다(2). 이러한 물품 중에서 국방부와 그 직할기관 및 육·해·공군에서 관리하는 것은 軍需品管理法의 적용대상에 속하며, 다른 법령에 특별한 규정이 있는 것은 그에 따른다(4).

물품관리(物品管理) 국가 또는 지방자치단체가 소유하는 비품·소모품·동물 기타의 모든 동산(현금과 한국은행에 任置할 유가증권을 제외) 및 국가나 지방자치단체의 관리에 속하는 동산의 관리. 물품관리는 각 중앙행정관서 또는 지방자치단체의 장이 이를 하는 것이나, 물품관리관을 임명하여 위임할 수 있다(物管 9, 地財 91). 물품의 출납보관은 물품출납공무원이 이를 한다(物管 10, 地財 97). 물품은 매각의 목적으로 한 것이거나 不用決定을 한 것이 아니면 매각할 수 없다(物管 36, 地財 100). 군수품의 관리에 관하여는 군수품관리법에 규정이 있다. →물품관리관, 물품운용관, 물품출납공무원, 물품회계

물품관리관(物品管理官) 중앙관서 또는 지방자치단체의 장의 위임을 받아 국가나 지방자치단체의 물품의 관리사무를 집행하는 公務員(物管 9, 地財 91). 물품관리관·대리물품관리관·분임물품관리관이 있다(物管 12). 물품수급관리계획수립·물품취득·물품출납명령을 행하며(15Ⅱ, 28, 31), 선량한 管理者의 注意로써 사무에 종사하여야 한다(26).

물품운송(物品運送) 육상운송물 중에서 동산이나 유가증권의 운송으로 여객운송에 대하는 말이다. 운송인이 송하인에 대하여 이를 인수하는 계약을 物品運送契約이라고 한다. → 물품운송계약

물품운송계약(物品運送契約) 〔獨〕 Seefrachtvertrag, Gütertransportvertrag 물품의 운송을 행할 것을 인수하는 계약. 육상의 것은 운송영업에 속하고, 해상의 것은 海上運送이 된다. 어느 경우에 있어서도 물품이 운송을 인수하는 자의 보관하에 있음을 요한다. 따라서 曳船契約은 물품운송이 아닌 경우가 많다. 그 법률상의 성질은 都給의 일종이며, 그 내용은 상법 및 운송약관으로써 대개 자족적으로 규정되어 있다.

물품운용관(物品運用官) 물품관리관의 위임을 받아 국가의 물품의 사용에 관한 사무를 집행하는 공무원(物管 11). 物品運用官·代理物品運用官이 있다(12Ⅱ). 그 취급하는 물품을 국가로부터 讓受할 수 없으며(27), 선량한 관리자의 주의로써 사무에 종사하여야 한다(26).

물품증권(物品證券) 물품의 引渡請求權을 表彰하는 유가증권, 금전증권에 대하는 관념. 화물상환증·선하증권·창고증권·상품권 등이 그 예. 물권적 효력을 갖는 물권적 증권, 물권을 표창하는 物權證券과 다르다.

물품출납공무원(物品出納公務員) 국가의 물품의 출납·보관사무를 집행하는 공무원. 물품관리법과 예산회계법에 의거한다. ① 물품관리법에 있어서는 물품관리법의 위임을 받아 물품을 출납·보관하는 공무원이다(10Ⅱ). 물품출납공무원·대리물품출납공무원·분임물품출납공무원이 있다(12). 이들은 그 취급하는 물품을 국가로부터 讓受할 수 없고(27), 선량한 관리자의 주의로써 복무하여야 하며(26), 그의 보관에 속하는 물품의 亡失·毁損에 대하여 변제의 책임을 진다(46, 會計關係職員 등의 責任에 관한 法律 4). ② 물품 외에 현금도 출납·보관하며, 이를 출납공무원이라고 한다. 다만, 지방재정법은 물품출납공무원을 物品管理官으로, 지방공무원을 物品出納員으로 부른다(97). → 출납공무원

물품회계(物品會計) 국가 또는 지방자치단체가 소유하는 비품·소모품·동물 기타 모든 동산 및 정부나 지방자치단체가 보관하고 있는 물품의 회계. 動産會計라고도 한다. 물품회계에 관한 일반법에는 물품관리법·지방재정법·군수품관리법이 있다.

미결구금(未決拘禁) 〔獨〕 Untersuchungshaft → 구금

미결구금일수(未決拘禁日數)**의 산입**(算入) 구금한 날로부터 판결확정일까지 실제로 구금된 일수를 전체 구금일수에 산입하는 것을 말한다. 미결구금일수 산입에는 법정통산과 재량통산이 있다. 法定通算이란 미결구금일수가 집행시 당연히 本刑에 산입되는 것을 말한다. 검사가 상소한 때와 피고인 또는 피의자 아닌 자가 上訴를 제기한 경우에 원판결이 파기된 때는 상소제기 후의 판결선고전 구금일수는 전부 본형에 산입한다(刑訴 482Ⅰ). 상소법원이 원심판결을 파기한 후의 판결선고 전 구금일수도 상소 중의 구금일수에 통산한다(刑訴 482Ⅲ). 이에 대하여 법원의 재량에 따라 判決注文에 형의 선고와 동시에 미결구금일수의 전부 또는 일부를 본형에 산입하는 것을 裁量通算이라 한다(刑 57). 피고인 또는 피고인 아닌 자의 상소를 기각할 경우에 상당한 이유없이 상소를 제기한 것으로 인정되는 때는 상소제기 후의 판결선고전 구금일수 중 상소제기기간 만료일로부터 上訴理由書 제출기간 만료일까지의 일수는 산입하지 못한다(訴訟促進 등에 관한 特例法 24).

미결수(未決囚) 구속영장에 의하여 구금되어 있는 刑事被告人. 구속영장에 의하여 수사기관에 일시구금되어 있거나 현행범으로 체포된 자는 포함하지 않는다. 보통 공판이 계속중인 囚人을 말한다.

미결수용실(未決收容室) 형사피의자 또는 형사피고인으로서 구속영장의 집행을 받은 자를 수용하기 위하여 구치소·교도소·소년교도소내에 설치된 시설(行刑 2Ⅲ, 3Ⅰ).

미경과보험료(未經過保險料) 〔英〕 unearned premium 〔獨〕 Prämienübertrag 보험회사가 당해사업연도에 수납한 보험료 가운데서 당해연도 이후에 걸쳐 있는 보험기간에 대한 보험료. 후년도에 있어서의 보험자의 책임에 대비하여 적립하여 하는 責任準備金의 일종이다. 보험사고발생전

에 보험계약을 해지한 때에는 당사자간에 다른 약정이 없으면 미경과보험료의 반환을 청구할 수 있다(商 649Ⅲ).

미공표저작물(未公表著作物) 아직 발표, 즉 출판이나 공연하지 않은 著作物. 미공표저작물의 저작자는 이의 공표여부를 자유로이 결정할 권리를 가진다(著 11Ⅰ). → 저작권

미관지구(美觀地區) 도시의 미관을 유지하기 위하여 도시계획의 시설로서 건설교통부장관이 지정하는 구역(都計 18Ⅱ). 이 지구 내에서의 건축물의 일정한 제한을 받는다.

미국노동총동맹(美國勞動總同盟) → 에이에프 엘

미국(美國)·**캐나다·일본어업조약**(日本漁業條約) 정식으로는 北太平洋의 公海漁業에 관한 國際條約이라고 부른다. 1951년 12월 일본 도쿄에서 가조인, 익년 5월 정식조인, 6월 12일에 효력을 발생. 북태평양에 있어서의 漁業資源의 최대지속적 생산성을 확보하기 위하여 체결되었으며, 10년의 기간을 두고 있다. 締約國에 의한 북태평양어업국제위원회는 자원의 조사와 그 어업의 규제에 관한 勸告를 한다. 조약부속서는 구체적인 어종에 관하여 어획의 억제를 규정하고 있다. 넙치·청어·연어에 대해서는 일본이, 장소에 따라서는 캐나다가 漁獲抑制의 의무를 지며, 필요한 보존조치는 미국과 캐나다가 하기로 되었다. 이 의무의 구체적 내용은 자원의 조사에 의하여 변경되는데, 일본은 이러한 자발적 억제를 폐지하려고 노력하였다.

미국파산법(美國破産法) 미국에서는 聯邦憲法(1Ⅷ iv)에 의하여, 파산에 관한 사항의 규율은 연방의 권한으로 되어 있으며, 일찍부터 연방법이 있었으나 현행법은 1898년에 제정된 것이다. 그 후 수차의 개정을 거쳤으나, 특히 1938년의 개정법(제안자의 이름을 따서 찬들러법(The Chandler Act)이라고 불리운다)에 의해서 면목을 일신하였다. 찬들러법은 파산법 전반에 大改正을 가함과 더불어, 특히 1929년에 시작된 공황에 즈음하여 債務者救濟法(8장)으로서 부가된 부분을 확충하고 영구화하는 점에 주안이 두어졌다. 이 결과 파산법은 15장으로 나누어지는 大法典으로 되었으나, 그 중 최초의 8장이 협의의 파산절차에 관한 것이고, 영국법의 전통을 이어서 광범하게 免責主義를 채용하고 있는 것, 파산개시에 관해서 일정한 행위를 파산행위로서 열거하고 있는 것, 재판관 이외에 특별한 자격을 가지는 破産審理人(referee)에게 절차를 주재할 여지를 광범하게 인정하고 있는 것 등에 특색이 있다. 이에 대하여 10장 내지 15장에는, 오히려 파산을 회피하고 채무자를 갱생시키기 위한 여러 제도를 그 대상(예컨대 법인, 자연인, 規模의 大小)에 응해서 완비한 것이며 清算의 法에서 更生의 法으로(from liquidation to rehabilitation)라고 하는 파산이념의 진화를 단적으로 표현하는 것이라고 말하여진다. 특히 그 10장은 리오가니제이션(reorganization)에 관해서 126개조나 되는 상세한 규정을 두고 있는 바, 그것이 우리나라의 회사정리법이나 일본의 會社更生法의 母法이 되었다고 할 수 있다.

미국헌법(美國憲法) → 미합중국헌법

미국회사법(美國會社法) 미국각주의 법령 중 會社에 관한 법령. 즉, 단일한 회사법은 없고, 주마다 고유한 회사법을 가지고 있다. 다만 각 회사법의 차이에서 생기는 商去來上의 불편을 제거하기 위해 회사법통일을 위한 노력이 계속되고 있다. 즉, 1909년의 統一株式讓渡法(Uniform Stock Transfer Act)을 비롯하여 統一事業會社法(Uniform Business Corporation Act, 1928), 證券去來法(Securities and Exchange Act, 1934), 模範事業會社法(Model Business Corporation Act, 1950) 등이 그 현저한 예이지만 아직도 統一的 單一會社法의 실현은 멀다. 이 모범사업회사법은 각주의 현행 회사법 중의 최상규정을 추려 입법한 것으로 事實上의 會社(de facto corporation), 權限踰越의 法理(→ 얼트러·바이(어)리즈)에 관한 낡은 규정의 폐지, 주주의 지위의 강화, 합리적 기업회계관행의 도입, 운영의 강력성을 기하기 위한 제도의 신설(정관기재사항의 간략화, 서면결의의 인정 등) 등이 그 특색이 되어 있다.

미군정령(美軍政令)**제33호** 1945년 9월 8일 샌프란시스코에서 체결된 對日平和條約의 제4조 B항의 규정에 따라 在韓 일본국 및 일본인의 전재산과 소유권은 1945년 9월 25일부로 미군정청이 취득하고 그 재산 전부를 소유한다고 규정한 미군정법령 제33호를 가리킨다. 이 규정을 둘러 싸고 한·일정치회담에서 일대 논쟁이 벌어졌다. 즉 일본은 財産請求權의 법적 근거를 재검토하자고 요청하면서 미군정령 제33호의 발효일자는 1945년 12월 6일이므로 일본이 연합국에 항복한 1945년 8월 9일부터 동 법령이 공포된 12월 6일 사이에 한국으로부터 반출한 재산에 대하여는 상환할 의무가 없다고 주장했다. 그러나 샌프란시스코에서 체결된 대일평화조약의 제4조 B항에서 일본은 제2 및 제3

조에 규정된 지역(한국 포함)의 미합중국 軍政과 또는 지령에 의하여 행해진 일본국과 일본인 재산의 처리와 효력을 승인한다고 규정하고 있다. 그러므로 한국측은 미군정법령 제33호가 1945년 12월 6일에 공포되었으나 동 법령은 일본재산이 연합국에 항복한 1945년 8월 9일자로 그 소유권이 미국에 양도되었음을 규정하고 있다고 반박한 것이다. 그런데 문제의 초점으로 되어 있는 對日財産請求權은 샌프란시스코에서의 대일평화조약에 그 법적 근거를 두고, 이 조약의 제4조 B항의 규정에 따라 미군정법령 제33호로써 우리나라에 있는 일본의 전 재산을 미군정청에 귀속시켰다. 그리고 미국은 韓美財政協定(1948년 9월 11일)에 의하여 그 소유권을 한국정부에 이양하였으므로 결국 재한 일본재산은 합법적으로 한국이 가지게 된 것이다.

미등기소유권보존등기(未登記所有權保存登記) 아직 등기를 하지 않는 不動産所有權의 保護登記. 이를 신청하려면 토지대장의 등본, 임야대장등본, 가옥대장등본 기타의 서면을 첨부하여 그 소유권을 증명하지 않으면 안된다(不登 132). 이 경우 등기용지 중 등기번호란에 번호를 기재함을 요한다(133).

미란다원칙(原則) 〔英〕 Miranda rule 피의자의 인권보호적인 면에서 지켜질 원칙. ① 檢事와 辯護人은 審問期日에 출석하여 의견을 진술할 수 있다. 地方法院判事는 이 경우에 피의자를 심문한 후 피의자를 구속할 사유가 있다고 인정하는 때에는 형사소송법 201조의2 3항의 拘束令狀請求에 기하여 拘引을 위한 구속영장을 발부하여야 한다(刑訴 201의2). 이러한 구속의 경우 피고인에 대하여 犯罪事實의 요지, 구속의 이유와 변호인을 선임할 수 있음을 말하고 변명할 기회를 준 후가 아니면 구속할 수 없다(200의5)는 경우와, ② 피의자가 죄를 범하였다고 의심할 만한 상당한 이유가 있고, 정당한 이유없이 검사 또는 사법경찰관의 수사상 필요에 의한 出席要求에 응하지 아니하거나 응하지 아니할 우려가 있는 때에는 검사는 관할 지방법원판사에게 청구하여 체포영장을 발부받아 피의자를 체포할 수 있고, 사법경찰관은 검사에게 신청하여 검사의 청구로 관할 지방법원판사의 체포영장을 발부받아 피의자를 체포할 수 있다. 다만 多額 50만원 이하의 罰金, 拘留 또는 科料에 해당하는 사건에 관하여는 피의자가 일정한 주거가 없는 경우 또는 정당한 이유없이 검사나 사법경찰관의 수사상 필요에 의한 출석요구에 응하지 아니한 경우에 한한다. 이러한 경우 피의자에 대하여 犯罪事實의 요지, 체포의 이유와 변호인을 선임할 수 있음을 알리고 변명할 기회를 준 후가 아니면 체포할 수 없다(200의5)는 경우 등이 있다. →위법수집증거배제법칙

미발행수권주식(未發行授權株式) →수권주식

미분리과실(未分離果實) 〔羅〕 fructus stantes et pendentes 〔獨〕 stehende und hängende Früchte 元物로부터 아직 분리되지 않은 天然果實. 나무에 달려 있는 과일·桑葉·立稻 등이 그 예. 미분리과실은 본래 원물의 일부로서 물권적 거래의 대상으로 될 수 없으나, 실제로는 그 거래가 행하여지고 있으므로 판례도 성숙한 것에 관하여는 독립의 물건으로서의 거래를 인정하였다. 다만, 거래의 안전을 도모하기 위하여 明認方法이라고 하는 특수한 공시방법을 가지고 권리변동의 효력발생요건으로 하고 있다. 그리고 민사소송법은 强制執行節次로서 미분리과실의 압류·경매를 인정하고 있다(530, 547).

미성년·심신미약자간음추행죄(未成年·心身微弱者姦淫醜行罪) 미성년자 또는 심신미약자에 대하여 僞計 또는 威力으로써 간음 또는 추행을 하는 죄(刑 302). 親告罪이다. →강간죄, 강제추행죄

미성년자(未成年者) 〔英〕 infant, minor 〔獨〕 Minderjähriger 〔佛〕 mineur 成年이 되지 않은 자, 즉 만 20세에 달하지 아니한 자(民 4). 미성년자는 판단능력이 불완전하므로 무능력자로 되어 행위능력을 제한받는다. 미성년의 규정을 완화하여 개개의 미성년자에게 행위능력을 부여하는 제도로서는 成年宣告, 自治産(解放)(l'émancipation), 혼인은 성년을 이룬다(Heirat macht mündig) 등의 제도가 있으나, 우리 민법은 그 중 최후의 것만 채용하였다(民 826의2). 미성년자의 보호를 담당하는 것은 제1차로 親權者, 제2차로 後見人이다. 양자는 모두 법정대리인으로서 미성년자에 갈음하여 행위하게 하는 代理權과 미성년자의 행위를 완전히 유효하게 하는 동의를 주는 同意權을 가진다. 미성년자가 법정대리인의 동의를 얻지 않고 한 법률행위는 취소할 수 있으나, 권리만을 얻거나 의무만을 면하는 행위는 동의없이도 할 수 있다(5). 法定代理人이 일정한 범위를 정하여 처분을 허락한 재산은 임의로 처분할 수 있고(6), 특정한 영업의 허락이 있으면 그 영업에 관하여 성년자와 동일한 행위능력을 가지게 된다(8). 그리고 타인에게 가해한 경우에도 책임능력이 없으면 배상책임을 지지 않는다(753). 이 밖에 미성년자를 보호·육성·선도하

기 위한 것으로 미성년자보호법이 있다. 또한 만 20세를 한계로 하는 것은 아니지만, 소년은 노동법·사회법상 특별한 보호를 받고 行刑法上 특별한 취급을 받는다.

미성년자약취유인죄(未成年者略取誘引罪) → 약취유인죄

미성년자(未成年者)**의 근로계약**(勤勞契約) 親權者 또는 後見人은 미성년자에 대신하여 근로계약을 체결할 수 없다(勤基 65 I). 민법상의 원칙으로는 친권자 또는 후견인은 미성년자의 동의를 얻으면 미성년자를 대신하여 근로계약을 체결할 수 있지만, 근로기준법은 미성년자의 보호를 위하여 이를 수정하고, 설령 미성년자의 동의가 있다하더라도 친권자 또는 후견인이 미성년자에 대신하여 근로계약을 체결할 수 없다고 한 것이다. 또 이와 관련하여 의사능력이 없는 유아를 영화·연극 등에서 아역으로 채용하는 계약은 어떤 계약인지 문제가 되는데, 이를 보통 사용자와 친권자 사이의 특별한 無名契約으로 해석할 수밖에 없을 것이다. 미성년자가 근로계약을 체결하는 데는 법정대리인의 동의를 요건으로 한다(民 5). 그리고 이 동의를 얻어 미성년자 자신이 체결한 근로계약에 대해서는 친권자·후견인 또는 노동부장관은 근로계약이 미성년자에게 불리하다고 인정하는 경우에는 장래에 대해서 이 계약을 解止할 수 있다(勤基 65 II). 미성년자가 법정대리인의 동의를 얻어 근로계약을 체결하는 경우에는 미성년자는 營業許諾에 대한 규정을 준용하여(民 8), 근로계약상의 여러 행위에 대해 성년자와 동일한 능력을 가진다고 해석해야 할 것이다. 따라서 미성년자는 근로계약상의 권리를 독립하여 행사할 수 있고, 또한 그를 위한 소송에 대해 訴訟能力을 가진다고 해석된다. 또한 미성년자가 법정대리인의 동의를 받지않고 근로계약을 체결한 경우에도 미성년자 및 법정대리인은 이 계약을 취소할 수 있다. 그러나 取消가 되더라도 근로관계가 실제로 전개되고 있다면 이는 근로기준법의 적용을 받는 勤勞契約關係이다.

미수범(未遂犯) 〔英〕 attemp 〔獨〕 Versuch 〔佛〕 tentative 범죄의 실행에 착수하여(→ 실행의 착수) 행위를 종료하지 못하였거나(着手未遂), 결과가 발생하지 아니한(實行未遂) 것(刑 25 I). 미수범은 범죄의 실행의 착수가 있다는 점에서 豫備와 구별되고 또 범죄의 완성에 이르지 못했다는 점에서 旣遂와 구별된다. 미수범의 처벌은 각 본조에 특히 정한 경우에 한한다(29). 미수범의 형은 旣遂犯보다 감경할 수 있다(25 II). 다만 범인이 자의로 실행에 착수한 행위를 중지하거나 그 행위로 인한 결과의 발생을 방지한 때(中止未遂)에는 必要的 減免이고(26), 실행의 수단 또는 대상의 착오로 인하여 결과의 발생이 불가능하더라도 위험성이 있는 때(不能未遂)에는 任意的 減免이다(27). 그래서 미수범 가운데서 필요적 감면이나 임의적 감경이 됨에 그치는 미수범을 中止未遂·不能未遂에 대하여, 障碍未遂(좁은 의미)라고 한다(→ 장애미수).

미수(未遂)**의 교사**(敎唆) 〔獨〕 Anstiftung zum Versuch 교사자가 피교사자의 實行行爲를 처음부터 미수에 그치게 할 의사로써 교사하는 것. 예컨대, 갑이 을의 호주머니 속에 아무 것도 없다는 것을 알면서 을에게 소매치기행위를 시키거나 혹은 그 착수와 동시에 경관으로 하여금 체포케 할 의도로 타인에게 소매치기행위를 시키는 경우(후자는 소위 아장 쁘로보까뙤르의 경우이다). 미수의 교사에 관하여, 교사범의 고의로 피교사자의 실행행위의 인식까지만 필요로 하는 입장에서는 미수의 교사도 교사범을 구성하지만, 이에 반하여 피교사자의 실행행위로 인한 결과발생의 인식까지 필요로 하는 입장에서는 미수의 교사는 敎唆犯의 故意를 결하므로 그러한 한에 있어서 不可罰이 된다(단, 다른 범죄에 대한 교사범 또는 과실에 의한 교사범의 성립이 논하여질 여지는 있을 것이다). → 교사범

미술관(美術館) 박물관으로서 서화·조각·공예·건축·사진 등 미술에 관한 자료를 수집·보존·전시하고 이들을 조사·연구하여 문화·예술의 발전과 一般公衆의 문화교육에 이바지함을 목적으로 하는 것을 말한다(博物館 및 美術館振興法 2 ii).

미스디미너 〔英〕 misdemeanour 輕罪. 트리즌·펠로니에 이르지 않는 범죄로서, 위증·폭행·문서에 의한 명예훼손(라이벨)·共同謀議 등이 그 예. 보통법에서는 보통 벌금·금고의 양자 또는 그 중의 하나가 과하여졌지만, 현재는 勞役을 수반하는 일이 있다. 그러나 대부분의 경우에 법률에서 특별한 형이 정하여져 있다.

미승인국가(未承認國家) 국가로서의 승인을 아직 받지 못한 국가. 국제법상의 주체로 취급되지 않는 국가를 말한다.

미신범(迷信犯) 犯罪를 미신적 수단으로 실현하려고 하는 것. 예컨대, 사람을 죽이기 위하여 굿을 하는 경우이다. 과학지식이 없던 시대에는

미신범도 처벌의 대상이 된 일이 있었다. 그러나 현재는 위험성에 관한 純正主觀說에 의하여도 고의가 없다든가 放任行爲라는 따위의 이유로 범죄라고 보지 아니하며(→불능미수), 不能犯의 전형적인 예가 되어 있다.

미완성(未完成)**어음** →백지어음

미일안전보장조약(美日安全保障條約) 〔英〕 Security Treaty between the United States of America and Japan 일본과의 平和條約의 결과 일본은 自衛權을 행사할 유효수단을 갖지 못하므로 그 방위를 위한 잠정조치로서 체결된 것. 평화조약과 같은 날에 서명되어 양 조약이 다같이 1952년 4월 28일에 효력을 발생. 미국은 이 조약에 의하여 ① 자국군대를 일본국내에 駐留시킬 권리를 가지며, ② 미군은 극동에 있어서의 國際平和와 안전의 유지, ③ 외부로부터 무력공격(직접침략)에 대한 일본의 안전보장, ④ 외부의 국가에 의한 교사 또는 간섭에 의하여 일본국내에 야기된 대규모의 內亂 및 騷擾(間接侵略)를 진압하기 위하여 사용될 수 있다고 규정되었다. 일본이 미국에 제공하는 시설·구역 등의 세목적 조건에 관하여는 안전보장조약의 규정(3)에 의하여 따로이 行政協定이 체결되었다. 이 안전보장조약은 일본지역의 안전을 유지하는 국제연합의 특정 또는 기타의 충분한 안전보장조치가 취해졌다고 양국정부가 인정할 때까지 효력을 갖는다. 조약은 직접 일본의 再軍備를 규정하고 있지 않으나, 그 전문에는 일본의 자위력이 점차 증가될 것을 기대하는 취지의 문구가 있고, 장래의 日本再軍費, 反蘇集團軍事同盟體制에의 편입이라는 방향을 암시하고 있다. 이와 같이 이 조약은 집단적 안전체제하에 있어서의 동맹조약의 성격을 갖는다. 1958년~1959년 상호방위의무의 명시, 내란조항의 폐지, 유효기간의 10년 한정을 주로 한 조약개정의 교섭이 진행되어 1960년 1월 20일 워싱턴에서 개정서명을 보았다. →미일행정협정

미일중재위원회(美日仲裁委員會) 미·일간의 貿易去來에서 생기는 분쟁을 중재·조정에 의하여 해결하기 위하여 설립된 기관. 이는 미국중재협회와 일본상공회의소로 구성된 민간의 중재기관이다.

미일합동위원회(美日合同委員會) 〔英〕 The Joint Committee between the U.S.A. and Japan 미·일행정협정의 실시상 필요한 사항에 관하여 협의하는 기관. 이 기관은 行政協定이 안전보장조약과 동시에 발효하는 규정인 관계상 행정협정의 서명과 동시에 행하여진 교환공문으로, 미·일쌍방의 대표자 각 1명으로 조직하며, 각 대표자는 1명 또는 2명 이상의 대리 및 직원을 갖는 동시에, 몇 개의 보조기관인 分科委員會가 설치되었다(26 Ⅱ). 위원회는 미·일대표의 한쪽에서 요청하면 언제나 會合하게 된다. 실제로는 몇개의 전문분과위원회 또는 특수한 부속기관으로 하여금 맡아 처리하게 하고 있다. 그러나, 이 분과위원회 등은 고정적인 것이라기보다 필요에 따라 수시 증감할 수 있는 것이다. 위원회에서 문제를 해결할 수 없을 경우에는 미·일양국정부로 이관하게 되어 있다. →미일행정협정

미일행정협정(美日行政協定) 〔英〕 Administrative Agreement under Article Ⅲ of the Security Treaty between the United States of America and Japan 1951년 9월 8일 샌프란시스코에서 서명된 미·일안전보장조약에서 일본의 국내 및 그 부근에 있는 미군을 배치시키는 세부조건은 양 정부의 행정협정으로써 결정함을 규정하였으므로(3), 이에 따라 1952년 2월 28일 서명, 동년 4월 28일 발효하게 된 협정. 이 목적은 안전보장조약의 규정에 의하여 일본국 및 그 부근에 주둔하는 미군 및 그 구성원·군무원·가족의 지위에 관하여 정한 것이다. 이에 대해 필요한 飛行場·港灣施設·射擊場·訓練場·駐屯地의 施設 및 區域 등의 제조건·방법에 대하여 규정하고, 미군·군무원 및 그 가족에 의한 범죄에 대하여는 협정은 일본의 裁判管轄權을 제외하고 그의 범죄가 시설 및 구역의 내외 어느 곳에서 행하여짐을 불구하고, 미국이 專屬管轄權을 행사하는 철저한 屬人主義에 의한 것이었으나(17Ⅲ·Ⅳ), 1953년 9월 29일 이를 개정하는 議定書가 서명되었다. 즉, 미군법에 복종하는 자에 대하여는 미·일쌍방 모두 재판권을 갖는다는 원칙규정과 일방의 법령에 의하여 벌할 수 있으나 타방의 법령에 의하여 벌할 수 없는 범죄에 대하여는 그 일방이 專屬裁判權을 갖는 것으로 하였다. 재판권이 競合하는 경우에는 미국의 재산 혹은 안전만에 대한 죄, 또는 미군의 다른 구성원·군무원·가족의 신체 및 재산만에 대한 죄, 혹은 공무집행중의 作爲 혹은 不作爲에서 일어나는 죄에 대하여는 미국이 재판권을 행사하는 제1차적 권리를 갖고, 그 외의 경우에는 일본이 제1차적 권리를 갖도록 하였다. 이 협정은 합의되어 개정된 것은 안전보장조약이 유효한 동안에는 유효토록 규정하였다. 이 협정은 전문과 29조로 되어 있다. →미일안전보장조약

미조직근로자(未組織勤勞者) 노동조합에 가입하지 않은 근로자. 團體協約의 확장적용을 받

을 수 있다(勞整 35, 36). 미조직근로자도 爭議團을 구성하고 사용자와 단체교섭을 하며, 쟁의행위를 할 수 있는가에 대해서는 異論이 있다. →일반적 구속력(단체협약의), 지역적 구속력(단체협약의)

미종료미수(未終了未遂) 착수미수와 같다.

미죄불기소(微罪不起訴) 범죄가 輕微하기 때문에 公訴를 제기하지 않는 것. 형사정책적인 견지에서 불기소처분하는 起訴猶豫와 구별하기 위하여 微罪不起訴處分이라 부른다(刑訴 247 I 참조).

미죄처분(微罪處分) →미죄불기소

미터법(法) 길이의 기본단위는 미터, 질량의 기본단위는 킬로그램, 시간의 기본단위는 초를 기본단위로 하는 度量衡法. 1790년 페리고르의 건의로 프랑스에서 사용하기 시작하여 현재에는 세계 많은 국가가 이 미터법을 사용하고 있다. 우리나라는 지금까지는 尺貫法·야드법·파운드법 등을 혼용하고 있으나 구계량법의 제정에 따라 1964년 1월 1일부터 계량단위를 미터법으로 통일하게 되어 있다(6). 다만, 토지·건물·무기·항공에 관한 계량 기타 대통령령으로 정하는 계량에 관하여는 1967년 1월 1일 이후에 있어서 대통령령으로 정하는 날까지 尺貫法 및 야드·파운드법을 法定計量單位로 보게 하였다(49 但). 현재 계량 및 측정에 관한 법률이 시행되고 있다.

미평가보험(未評價保險) →기평가보험·미평가보험

미필적 고의(未必的故意) 〔羅〕 dolus eventualis 불확정적 고의의 하나이며, 條件附故意라고도 한다. 범죄사실 특히 결과의 발생을 확정적인 것으로 인식(표상)하지 않고 단지 가능한 것으로 인식하고 있음에 불과하지만, 그 결과의 발생의 認容이 있는 경우를 말한다. 이것과 인식있는 과실과의 구별은 認容의 유무에 의하여 결정된다. 즉, 행위자가 결과가 발생하여도 부득이하다고 생각하고서 이에 개의치 않고 행위한 경우가 전자이고, 그렇지 않는 경우가 후자이다. 예컨대, 자동차의 운전수가 자기의 진로상에 아이가 놀고 있는 것을 보았으나 그대로 운행시킴으로써 그를 轢死케 한 경우에 있어서, 아이 옆을 무사히 지나가면 다행이고, 만약 轢死케 하여도 부득이하다라고 생각하였다면 結果發生의 認容이 있으므로 미필적 고의가 인정되고, 이에 반하여 轢死케 하여서는 큰 일이다. 그러나 운전에 자신이 있으니 그런 일이 없을 것이다라고 생각하였다면 認容이 없으므로 인식있는 과실이 됨에 불과하다. 이러한 認容說(Einwilligungstheorie)에 의한 구별(→고의)에 대하여, 蓋然說(Wahrscheinlichkeitstheorie)에 의하면 결과발생이 일반으로 가능하고 자기의 경우도 그 일반의 예에 빠지지 않는다고 생각한 때가 미필적 고의라고 한다.

미합중국헌법(美合衆國憲法) 〔英〕 Constitution of the U.S.A. 1787년 9월 17일 필라델피아헌법회의에서 憲法案을 작성하고 각주의 비준을 얻어 1788년 7월 2일에 효력을 발생하게 되었다. 原憲法은 7조로 되어 있었으나, 그 후 23개조의 추가수정을 가하였다. 현재 시행되고 있는 헌법중 世界最古의 成文憲法이다. 그 특색은 聯邦制·三權分立과 司法權의 優越(慣習憲法으로) 등이다. 제정당시 13주이던 것이 현재는 50주가 되었다. 권력구조는 세계에서 가장 엄격한 권력분립제를 채택하고 있다. 立法府는 Congress라고 하며, Senate(上院)와 House of Representatives(下院)의 2원으로 구성되어 있다. 상원은 각주에서 2명씩 선출되어 100명으로 조직되고, 임기는 6년으로 매 2년마다 3분의 1씩 개선된다. 하원은 인구비례로써 각주에서 선출하되 총원 435명으로 제한되어 있고, 임기는 2년이다. 행정부는 대통령(President)이 수반이며, 4년의 임기를 갖고 間接選擧에 의하여 선출된다(실제는 정당이 제시한 중간선거인명부에 의하여 中間選擧人이 선출되고, 중간선거인은 소속정당이 추천한 대통령후보자에게 투표하게 마련이므로 실질적으로는 直接選擧와 같다). 입법부와 행정부는 엄격히 분립되어 있고, 상호겸직은 금지되며 행정부는 法律案提出權과 國會出席發言權이 없다. 대통령은 法律案拒否權이 있으나, 국회는 특별정족수로 再可決權이 있다. 사법부는 聯邦大法院·聯邦控訴巡廻法院 및 聯邦地方法院의 3급심으로 구성되고 慣習憲法으로서 각급법원에 법령의 실질적 심사권이 확립되어 있다.

미 행(微行)〔國際法上의〕 〔羅〕·〔英〕·〔佛〕 incognito 〔獨〕 Inkognito 국제법상 외교사절이나 국가원수가 제3국에 알리지 않고 여행하는 것을 말한다. 외교사절이 外交使節의 자격을 가지고 타방국에 가기 위하여 제3국을 통과할 경우에 제3국에서 외교사절이 享有하는 외교특권을 인정받을 수 있는가가 문제된다. 미행은 외교사절이 제3국에 알리지 않고 행하는 여행이므로 제3국에서는 외교사절로서의 대우를 부여할 수 없다. 그러나, 자연히 알리게 된 경우에는 제3국이 호의적으로 외교사절의 대우를 부여하는 것은 무방하나, 外交特權의 향유를 요구할 수 없다. 국가원수가 제3국에 알리지 않고 제3국을 여행 또는 통과하는 경우라도 제3국이 자연히 알게 되면 국가원수로서 정중히 대우하여야 한다. 전연 알리지 않고 행한 여행에 대하여는 私人의 지위를 벗어나지 않는다. 실제 국제법상의 미행은 外交使節이나 國家元首가 사적 용무로 제3국을 통과하거나 在留하는 경우가 많다. →국가원수, 외교사절의 특권

민간인(民間人) 공무원이나 군인에 대한 일반국민을 민간인이라 하는 바 이에 대하여 전시법규상 보호를 받는다(陸戰規則 46, 13～27). 1949년 제네바조약 제4호는 교전국의 영역에 있는 군사점령지 주민의 취급에 관한 종래의 국제법의 規則과 慣行을 편찬하고, 점령지주민에 대한 종래의 규칙은 1907년의 陸戰規則이 포함하고 있다(3款). 이 조약은 3부로 나누어 설명된다. →제네바조약

민간항공기(民間航空機) 〔英〕 civil aircraft 私人의 관리하에 있는 항공기. 所有權에는 관계없다. 민간항공기는 하나의 國籍을 갖는다. 자국상공과 공해상공에 있는 경우에는 자국의 관할권하에 선다. 당연히 외국상공을 비행하거나 외국영토에 착륙하는 권리는 인정되지 않는다. 그러나 1944년의 國際民間航空條約은 締約國 상호간에 이 권리를 인정하고 있다. 다만 이 경우 영토국의 규제를 받아야 한다. →국제민간항공조약, 비행관제구역

민권주의(民權主義) 孫文이 제창한 三民主義의 하나. 이른바 데모크라시로서 특수계급의 독점을 부정하고 입법·선거·사법·행정 등 일체의 권리를 평등히 일반민중의 공유로 하는 주의로서 군주전제를 막고 民主共和制를 목적으로 한다.

민방위대(民防衛隊) 민방위사태에 대처하여 정부의 지도하에 항공·응급적인 방재·구조·복구 및 군작전상 필요한 노력지원 등 주민의 일체의 自衛的 活動을 위한 조직체. 이러한 민방위대는 20세 이상 50세가 되는 해의 12월 31일까지의 남자와 기타 지원자로 조직되며, 읍·면·동 및 통·리단위의 地域民防衛隊와 職場民防衛隊로 구성된다(民防衛基本法 16～18). 읍·면·동장 또는 직장민방위대장은 대원에 대하여 대통령령이 정하는 바에 따라 직권으로 민방위대를 편성하며, 연간 일정기간 이상의 민방위교육훈련을 받아야 하며 동원명령에 복종할 의무를 지는 반면(19, 21, 22), 보상 또는 가료를 받는다(24).

민방위사태(民防衛事態) 적의 침공이나 전국 또는 일부지방의 안녕질서를 위태롭게 할 재난이 발생된 사태(民防衛基本法 2 i). 민방위사태에 대비하기 위하여 각 중앙관서의 장과 도·시·군 등은 방공·응급적인 방재·구조·복구 등을 위한 민방위계획을 수립하고 그에 따라 주민에게 필요한 시설의 설치나 장비·물자의 비축·정비를 명한다(10～14). 민방위사태가 발생되면 행정자치부장관이나 읍·면·동장은 민방위대를 동원할 수 있게 되며(22), 주민의 피난, 교통의 통제나 타인의 토지 등을 일시사용하는 등 應急措置權이 발동된다(27).

민 법(民法) 〔英〕 civil law 〔獨〕 bürgerliches Recht 〔佛〕 droit civil 실질적인 의미에서는(實質的 民法) 사법의 일반법(상법 등의 특별사법에 대한 것), 형식적인 의미에서는(形式的 民法) 民法典(〔英〕 civil code 〔獨〕 bürgerliches Gesetzbuch 〔佛〕 code civil), 즉 전자를 체계세워 편찬한 法典을 의미한다. 유럽대륙에서는 18세기말로부터 19세기의 초에 걸쳐서 국가의 중앙권력의 강대와 자연법론의 융성으로 말미암아 민법전 편찬의 기운이 크게 일어나 여러 나라에서 大民法典이 뒤를 이어 편찬되었다. 그 중, 1804년의 프랑스민법전(나폴레옹법전), 1896년의 독일민법전, 1907년의 스위스민법전(채권법에 관하여는 1911년의 스위스채무법)의 3자가 최근에 이르기까지 대표적인 대민법전으로 일컬어져 왔었다. 그러나 1940년에는 그리스민법전이 1942년에는 이탈이아 개정 민법전이 나타나서 세계 최신의 민법전의 위치를 차지하고 있다. 成文法主義를 취하고 있는 우리나라도 민법이라고 불리우는 대법전을 가지고 있는데, 이것은 1958년 2월 22일에 법률 제471호로서 공포되고 1960년 1월 1일부터 시행된 것으로, 전문 1111개조와 부칙 28개조를 포함하며 總則·物權·債權·親族·相續의 5편으로 구성되어 있는, 우리나라에서 조문수가 가장 많은 대법전이다. 이 속에는 실질적 민법의 대부분이 포함되어 있지만, 그 밖에도 민법의 特別法(이자제한법·호적법·부동산등기법·각종의 재단저당법 및 동산저당법 등) 및 慣習民法은 실질적 민법의 일부를 이룬다. 또한 민법전 속에는 실질적 민법이 아닌 것(법인의 罰則(97), 强制履行의 방법(389) 등)도 약간 있다. 우리 민법의 역사를 보면, 1910년 일본에 합병당할 때만 하더라도 근대적인 의미에서의 민법전을 가지고 있지 않았으며 다만 각 지방의 관습 또는 민사에 관한 條例로 법률생활이 규율되어 왔다. 그 후 일본에 합병되자 뒤이어 법률상에서는 朝鮮民事令에 의하여 일본민법전(1898년)이 依用되게 되었다(朝鮮民事令 1). 이 일본법은 근대적 민법전인 프랑스민법과 독일민법을 본받은 것이므로, 근세의

시민적·개인주의적 법사상이 전면적으로 지배하고 있다고 할 수 있다. 이로써 타율적이나마 우리 사회는 근대적인 사법제도의 세례를 받게 되었고 경제적으로 이에 대응하여 자본주의가 발전할 기초를 세우게 되었다. 이 일본민법전은 해방후에도 軍政法令 제21호와 개정전의 헌법 100조에 의하여 민법전이 시행될 때까지 효력을 지속하였다. 그러나 일본민법전은 그 전부가 의용된 것은 아니며, 재산관계에 관하여도 몇 개 조문의 적용이 배척되었고 특히 신분관계에 관하여는 오히려 대부분의 규정이 적용되지 않고 우리나라의 관습에 의하여 규율되어 왔다(朝鮮民事令 1, 10~15 등 참조). 1948년 우리나라 정부가 수립되자 정부는 법전편찬위원회를 설치하고, 1948년 12월 민법전의 기초에 착수하여 1953년 7월 그 기초를 완료하였다. 작성된 초안은 1954년 10월 13일 국회에 제출된 후, 1957년 그 의결을 거쳐 전기한 바와 같이 공포·시행되었다. 그 후 우리나라 민법은 7차에 걸쳐 개정되었는 바, 현행 민법은 1990년 1월 13일 개정된 것이다.

민법전(民法典)**의 편별**(編別) 민법전의 편별방법은 로마식 인스띠뚜네스와 독일식 판덱텐의 두 주의가 있다. 로마식 編別法에는 프랑스민법이 대표적이고 人의 法(인사편), 物의 法(재산편), 訴의 法(소송편)이 있으며, 독일식 편별법에는 작센식과 바이에른식이 있는 바 독일민법은 바이에른식이며, 한국민법은 총칙·물권·채권·친족·상속 등의 5편으로 구성되었다.

민법(民法)**의 상화**(商化) 〔獨〕 Kommerzialisierung des bürgerlichen Rechts 원래는 상법상의 규정 내지 제도이었던 것이 민법에 채용됨과 아울러, 원래는 민법에 속하고 있었던 제도 내지 *法律關係*가 상법에 속하게 되는 현상. 예를 들면 契約自由의 原則·方式自由의 原則은 먼저 상법의 영역에서 인정되고, 후에 *私法一般*의 원칙으로 된 것이고, 상업 이외의 영리행위를 목적으로 하는 社團法人은 종래에는 이른바 民事會社로서 민법에 속하여 있던 것이, 오늘날에는 상법상의 제도로 되어 있다. 민법의 상화에 의하여 민상법의 차이는 소멸하지만 여기에는 事物當然의 한계가 있을 뿐만 아니라, 경제의 진전에 따라 끊임없이 새로운 기업관계가 생겨나고, 이것을 규정하는 특별법이 성립하기 때문에 民商法은 그 경계를 이동하면서도 竝存을 계속하여야 할 것이다. →민상법통일론

민 병(民兵) 〔英〕 militia 〔獨〕 Miliz 〔佛〕 milice 전쟁에 임하여 국민을 소집하여 조직한 단체로서 육상의 不正規兵의 일종. 종래에는 교전국의 특별한 허가를 받은 것만이 부정규병으로 인정되었다. 헤이그陸戰規則에 의하면 부하를 위해 책임을 질 자에 인솔되고, 遠方에서도 인식할 수 있는 고정된 特殊徽章을 휴대하며, 병기를 공공연히 지니고 그 행동에 있어 전쟁의 법규·관례를 준수할 경우에 한해서만 不正規兵으로 인정되게 되어 있다. 그 敵對行爲는 전쟁범죄를 구성하지 않는다. 1949년의 헤이그조약의 요건을 구비하면 점령지의 내외를 불문하고, 交戰資格을 인정하기로 되어 있다. →의용병, 부정규병

민사관계불간섭(民事關係不干涉)**의 원칙**(原則) →경찰공공의 원칙

민사구류(民事拘留) →인적집행

민사대리상(民事代理商) 〔獨〕 Zivilagent 商人 이외의 자(예 : 상호회사, 회사 이외의 농업·어업자 등의 일반원시산업자)를 위하여 계속적으로 그 업무행위의 代理 또는 仲介를 하는 商人(商 4, 46 x·xi). 상인을 위한 것이 아닌 점에서 상법상의 대리상과 다르지만, 그 규정이 유추적용된다. →대리상

민사법(民事法) 보통의 용례로는 *私法*의 *實體法*(실질적 의의의 민법과 상법)과 그 *節次法*(민사소송법·가사소송법·비송사건절차법 등)을 포함한 것을 말하며, 刑事法에 대응하는 말이다. *法院*의 民事部, 民事訴訟法의 民事 등은 모두 그 예. 그러나, 가끔 상사를 배척한 의의로 쓰인다. 民事留置權·商事留置權의 구별은 그 예.

민사비송사건(民事非訟事件) *非訟事件節次法* 제2편에 규정된 사건으로서, 민법과 신탁법 중 법원의 관여를 규정한 각개사항을 처리하기 위한 사건. →비송사건

민사사(民事死) 〔英〕 civil death 〔獨〕 bürgerlicher Tod 〔佛〕 mort civile ① 재판상 종신적으로 자유를 박탈당한 자는 민사상 사망한 것으로 되어 그의 재산에 관하여는 相續이 개시되고 혼인은 解消될 것으로 되는 제도. 이 제도는 게르만고법의 平和喪失(Friedlosigkeit)이라는 제도에 유래하는 것으로서, 프랑스에서는 중세로부터 근세에 이르기까지 존속하였고, 독일에서도 근세에 일시적·지방적으로 존재하였다. 영국에서도 이러한 제도는 현재 거의 廢絶하였다(형벌에 의한 민사사). 우리나라에는 없다. ② 독일과 프랑스의 중세법상 수도사·수녀로서 수도원에 들어간 자는 이 세상에서 사망한 자로 취급되어 재산법상의 권리능력을 상실할 것으로 한 제도. 입원과 동시에 상속이 개

시되어 그 재산은 상속인에게 상속되었다(종교상의 民事死, 修道院入院死(Klostertod)).

민사사건(民事事件) 〔獨〕 bürgerliche Rechtsstreitigkeit 〔佛〕 affaire civile 私法에 의하여 규제되는 법률상 평등한 私人間에 있어서 경제적 또는 신분적인 생활관계에 관한 사건. 刑事事件이나 行政事件에 대한 것으로, 商事事件도 이에 포함된다. 민사사건과 행정사건의 구별은 원고의 소에 의한 청구의 내용이 사법상의 권리의 주장인가, 또는 행정처분의 취소·변경 기타 공법상의 법률관계에 관한 주장인가에 의하여 정해진다. 예를 들면, 農地買收處分을 위법이라 하여 그 취소를 구하는 것은 행정사건이나 그 처분이 무효이므로 농지의 소유권은 당연히 자기에게 귀속하고 있다는 주장을 하면 민사사건인 것이다. 민사사건은 民事訴訟, 家事審判, 非訟事件, 調停 등의 민사상의 여러 가지의 절차의 대상이 되고 있다.

민사소송(民事訴訟) 〔英〕 civil procedure 〔獨〕 Zivilprozess 〔佛〕 procédure civile 사인간의 생활관계에 관한 분쟁·이해의 충돌을 국가의 재판권에 의하여 법률상 또는 강제적으로 해결조정하기 위한 절차. 민사소송은 사인간의 생활관계에 관한 사건(民事事件)을 대상으로 하는 점에서 刑事訴訟, 行政訴訟과 구별된다. 그러나 현행법에서는 행정소송도 민사소송의 절차로 처리되는 것을 원칙으로 한다(行訴 8 Ⅱ 참조). 또 본래의 민사소송으로부터 파생하는 附隨訴訟이나, 법률관계에 영향을 미치는 사실의 존부의 확정을 목적으로 하는 證書眞否確認의 訴(또는 事實上 婚姻關係存否確認請求) 등도 민사소송에 포함된다. 민사소송은 법규를 구체적으로 적용실현하여 분쟁을 강제적으로 해결하는 것으로, 그 법규적용의 요소나 강제의 요소를 缺한 다른 민사절차, 즉 非訟事件節次, 調停節次와 구별된다. 민사소송은 판결절차와 강제집행절차로 대별되는데, 좁은 뜻의 민사소송이라 하면 판결절차를 가리킨다. 그리고 민사소송에는 통상의 절차 이외에 家事訴訟·督促節次·假押留·假處分節次·公示催告節次·破産節次 등의 특별절차가 있다.

민사소송법(民事訴訟法) 〔英〕 law of civil procedure 〔獨〕 Zivilprozessrecht, Zivilprozessordnung 〔佛〕 droit de procédure civile, code de procédure civile 형식적 의의에 있어서는 이 명칭을 가진 법전, 즉 1960년 법률 제547호를 가리키나, 실질적 의의에 있어서는 민사소송제도 전체를 규율하는 법규의 총체를 의미한다. 실질적 의의의 민사소송법은 國家裁判權의 조직적 작용을 규정하는 점에 착안하면 公法이라고 할 수 있으나, 기능적으로 民商法과 같은 사법과 밀접한 관계에 서며 서로 의존하여 사인간의 생활관계의 법적 규제를 목적으로 한다. 양자는 實體法과 形式法의 관계에 선다. 다만 형식적 의의의 민상법 중에도 사인간의 관계를 규율하지 않고 오로지 소송상의 재판이나 집행방법, 추정규정 등의 소송법적 규정을 포함하며, 형식적 민사소송법 중에도 소송비용의 부담(民訴 89 이하), 假執行에 기한 손해배상(201) 등의 사법규정이 존재한다. 현행 민사소송법은 朝鮮民事令 1조 13호에 의하여 의용되던 일본민사소송법을 토대로 하여 이에 약간의 수정을 가하여 기초한 것인데, 1960년 공포, 동년부터 시행한 것이다. 첫째번 개정에는 영미식의 交互訊問制度를 도입하고 口述主義를 상대적으로 후퇴시키고(1961년 법률 제706호), 둘째번 개정에는 控訴를 抗訴로 고치고, 單獨判事事件이나 合議部事件이나를 막론하고 대법원을 終審으로 복구시켰다. 또한 1990년 1월 13일 개정민사소송법은 다음과 같은 획기적인 규정을 담고 있다. 민사소송의 이상과 신의칙의 명문화(1), 訴訟當事者의 편익도모(5의2, 7, 63의2, 234의2, 126Ⅳ, 241, 99의2 등), 訴訟의 신속·공정도모(41, 43Ⅲ, 171의2, 242Ⅰ, 368의2, 395, 245, 354의2 등), 督促節次 및 公示催告節次의 개선(519iii, 451 但, 460 但 등), 기타 비현실적·불합리규정의 정비(212Ⅱ 삭제, 273, 282, 163Ⅲ, 314의2Ⅱ, 226 등).

민사소송법상(民事訴訟法上)**의 대리**(代理) 당사자의 이름으로 그에 갈음하여 자기의 의사결정에 따라 訴訟行爲를 하거나 상대방 또는 법원의 소송행위를 받는 것을 말하며, 이러한 방법으로 소송행위를 하고 또는 수령하는 자를 소송상의 대리인이라고 한다.

민사(民事)**어음법**(法) 〔獨〕 Wechselzivilrecht 民商法의 일반규정으로서 어음관계에 적용되는 것. 어음에 관한 법률관계에 있어서 어음법에 규정이 없을 때에는 상법의 一般規定·商慣習法·民法의 순서로 적용된다. 예컨대 어음能力(民 5~8, 10, 13)·意思表示(107~109)·表見代理(125, 126, 129)·어음豫約·資金關係·原因關係·權利의 消滅事由(466, 492, 500, 506 등)·債務履行의 장소와 시기(516, 517) 등에 관한 여러 규정인데, 이에 관하여서는 어음법에 특별규정이 없으므로 민법이 적용된다. 그러나 어음행위의 특수성에 비추어 사항에 따라서는 적용상 상당한 수정을 요하는 것이 있다. 이와 같이 어음거래에 적용되는 여러 규정을 총칭하여 민사어음법이라 한다.

민사유치권(民事留置權) 민법상의 유치권을 商事留置權에 대해서, 특히 민사유치권이라고 할 때가 있다. → 유치권

민사재판(民事裁判) 〔獨〕 Zivilgerichtsbarkeit 〔佛〕 juridiction civile 민사사건에 관하여 법원 기타 사법기관이 행하는 재판. 刑事裁判, 行政裁判 등에 대한 관념. 예컨대 민사사건에 있어서의 판결과 강제집행, 파산, 비송사건의 재판, 가사소송과 같다.

민사재판권(民事裁判權) 민사소송을 처리함에 필요한 국가의 권력. 재판권의 일종이다. 재판에 의하여 당사자를 羈束하고, 집행에 의하여 채무자를 강제하고, 그 부수적 수단으로서 送達을 시행하고, 당사자·제3자를 召喚·訊問하며, 이에 응하지 않는 경우에는 제재를 가하는 등의 모든 권력을 의미한다. 민사재판권은 통치권의 한 작용으로서 모든 국내민사소송에 관하여 인적·물적지배를 미치는 것이 원칙이지만, 외국의 원수·외교사절 등 治外法權을 가지고 있는 자에 대해서는 그러한 지배가 미치지 못하고, 외국의 국가 자체에도 미치지 않는다. 또 외국의 법원이 專屬的으로 管轄權을 가진 사건도 같다. 민사재판권의 존재는 소송요건에 해당하는 것이므로, 법원은 직권으로 조사하여야 하고, 이를 缺하는 때에는 소는 부적법한 것으로서 却下하여야 하고, 법원이 이를 간과하거나 오인하고 행한 재판은 上訴로써 다툴 수 있다. 그러나 재판권의 부존재는 再審事由에 해당하지 아니하므로 그 판결이 확정된 후에는 이를 다툴 수 없게 된다. 다만 그 내용상의 효력(예컨대 판결의 旣判力·執行力·形成力)을 발생하지 못함은 물론이다.

민사조정(民事調停) 민사조정법이 정하는 바에 따라 민사에 관한 분쟁을 당사자 사이의 상호양해를 통하여 조리를 바탕으로 실정에 맞게 해결하는 조정. 조정은 조정담당판사 또는 지방법원판사인 調停長 1人과 調停委員 2人 이상으로 조직되는 調整委員會가 행한다(7, 8). 조정절차는 비공개로 할 수 있으며(20), 조정은 당사자 사이에 합의된 사항을 조서에 기재하거나(28), 裁判上의 和解와 동일한 효력이 있다(29).

민사중개인(民事仲介人) 타인간에 상행위가 아닌 행위의 중개를 영업으로 하는 자. 예컨대 婚姻仲介業者, 상행위가 아닌 통상의 부동산매매의 중개업자, 직업소개업자 등. 상행위의 중개를 하지 않으므로 상법상의 중개인은 아니지만, 중개를 업으로 하는 자로서 商人이다(商 46 xi). 민사중개인의 활동은 일반국민생활에 끼치는 영향이 크므로 부동산중개업법, 직업안정법 등을 제정하여 규율하고 있다.

민사중재(民事仲裁) 민법상의 법률관계의 분쟁에 관한 중재. 商行爲로 인하여 발생하는 법률관계에 관한 중재인 商事仲裁와 구별된다. 중재인의 선임이나 중재절차에 관하여 당사자간의 합의나 그 의사가 불명한 때에 상사중재에 있어서와 같은 특칙(仲裁法 4Ⅲ, 7Ⅲ)을 두지 않고 중재법에 의하게 하고 있다(4Ⅱ, 7Ⅱ).

민사지방법원(民事地方法院) 지방법원의 審判權에 속하는 민사사건만을 관할하는 지방법원. 법원조직법의 개정으로 폐지되었다.

민사책임(民事責任) 〔英〕 civil liability 〔獨〕 zivilrechtliche Verantwortlichkeit 〔佛〕 responsabilité civile 넓은 뜻으로는 不法行爲로 인한 책임과 債務不履行으로 인한 책임의 쌍방을 포함하지만, 좁은 뜻으로는 전자만을 가리킨다. 즉, 타인에게 위법행위로 손해를 가한 자가 부담하는 損害賠償責任(民 750)을 말한다. 불법한 행위를 행한 자에 대한 법의 반응으로는 민사책임 외에 刑事責任(刑罰)이 있는데, 양자의 분화는 근대적인 현상이며, 옛날에는 복수나 눈에는 눈이라고 하는 것과 같은 同害報復(탈리오의 法則)의 제도에서 볼 수 있는 바와 같이, 양자는 미분화의 상태에 있었다. 근대법에서는 민사책임은 행위자에게 제재를 가한다고 하는 의미는 없고, 피해자가 현실로 입은 손해를 塡補하려고 하는 것이며, 또한 사회에 대한 책임이 아니라 피해자에 대한 책임이며, 이러한 점에서 刑事責任과 구별된다. 가해자의 고의와 과실을 구별하지 않고, 나아가서는 無過失責任까지 인정하려고 하는 것은 이 특색의 표현이다.

민사책임(民事責任)**의 면제**(免除)〔勞動法上의〕 → 정당한 쟁의행위

민사혼주의(民事婚主義) 법률혼주의와 같다.

민사회사(民事會社) 商行爲 이외의 營利行爲(농업·어업)를 목적으로 하는 사단법인. 商事會社에 대한 개념이다. 민사회사는 본래 민법상의 법인으로서 상사회사에 관한 규정을 준용하고 있으나(民 39), 구상법과 달라서 상법은 민사회사와 상사회사를 구별하지 아니하고, 상행위 기타 영리를 목적으로 하여 설립한 사단을 상법상의 회사로 하고 있다(169). 그 뿐만 아니라 민사회사는 擬制商人이며(5), 민사회사의 행위에 상행위에 관한 규정을 준용하고 있다(66). 따라서 오늘날 민사회사와

商事會社를 구별할 실익이 전연 없다.

민상법통일론(民商法統一論)　民法典과 商法典을 併置하지 말고 合一하여야 된다는 설. 민법과 상법과의 관계에서 상법의 자주성에 대하여 의문이 던져지자 1847년 이탈리아의 몬타넬리(Montanelli)가 이 설을 주장하였고, 그 후 1888년에 이르러 同國의 비반떼(Vivante)의 역설을 얻어 한때 유력한 지지를 얻은 이론이다. 그 주된 이유로서 민상법의 한계가 애매하므로 어느 것을 적용하여야 하는가에 관하여 안전성이 없고, 상사로 인정되는가 아니되는가에 의하여 결과의 차이가 심하여 불공평하고, 상법전은 연혁의 유물로서 법률평등사상에 위반된다는 것이며, 그의 通例로서 스위스債務法을 든다. 그러나 상법은 기업관계의 특별수요에 응하는 것으로서 연혁의 유물도 아니며, 또 그 실질적 존재가 승인되는 이상 이것을 민법전 속에 편입하게 되면 그의 체계를 해치게 되고 또 상법의 개정을 곤란케 한다는 등의 이유로써 반대설이 유력하다.

민속자료(民俗資料)　衣食住·生業·信仰·年中行事 등에 관한 風俗習性과 이에 사용되는 의복·기구·가옥 기타의 물건으로서 국민생활의 推移를 이해함에 불가결한 것(文化財 2 iv). 문화관광부장관은 문화재위원회의 심의를 거쳐 민속자료 중 중요한 것을 중요민속자료로 지정할 수 있다(7). →문화재

민약설(民約說)　〔佛〕 théorie de contrat social　사회는 인류의 계약에 의해서 형성되었다는 설. 이 설은 이미 고대그리스에서도 기원을 찾아볼 수 있으나, 이를 학설적으로 완성한 것은 近代自然法理論이다. 모든 社會契約論은 사회로부터 자연상태를 구별하고, 또 이를 이론적 출발점으로 하고 있다. 그로티우스가 모나르코마헨(Monarchomachen)의 君民統治契約說을 확립하여, 홉스, 로크, 퓌펜도르프도 이 설을 따랐고, 루소에 와서 대성되었다. 홉스는 國家主權이 계약 후에는 개인으로부터 독립된다고 주장하였는데, 이에 반하여 로크와 루소는 이를 부정하고 인민의 주권성을 주장하였다. 루소의 경우를 특히 민약설이라고 한다. 현재는 이 설은 이론적으로 부정되어 社會合意說로서 잔존하고 있을 뿐이다.

민약헌법(民約憲法)　→민정헌법

민원사무(民願事務)　넓은 뜻으로는 개인이 國家機關에 대하여 일정한 행위를 구하기 위하여 제출하는 사무를 총칭하는 것이나, 좁은 뜻으로는 허가·인가 등의 신청, 각종 증명의 청구, 각종 신고 및 등록, 진정·건의·이의신청 기타 행정기관의 특정행위를 요구하는 의사표시를 말한다. 민원사무의 처리에 관하여는 그에 신속·친절·공정한 처리에 관하여 규정한 民願事務處理에 관한 법률이 있다. 민원사무는 그 종류에 따라 각기 다르게 정하여진 일정한 처리기간내에 처리해야 한다(民願事務處理에 관한 法律 9).

민 의(民意)　국민의 의사. 민주국가는 국민의 지배에 의한 국가인 까닭에 민의는 언제나 그 지배의 기초가 된다. 민의는 제도적으로 표현될 때도 있고, 비제도적으로 표현될 때도 있다. 비제도적으로 표현되는 경우가 바로 輿論이다. 여론은 그때 그때의 유동적인 국민의 의사의 표현이라는 점에서 그것은 현실의 정치에 대한 강력한 통제의 기능을 발휘하게 된다. 그러나 민주국가에 있어서의 민의의 결정적 기능은 그것이 제도적으로 표현되는 경우이다. 選擧와 國民投票가 바로 그것이다. 따라서 민의가 統治의 기초로 작용하는 것은 바로 이 경우이다. 의회주의의 국가에 있어서는 의회가 제정한 법률이 국민의 의사로 간주되고 있다. 법률이 국민의 의사로 간주될 때에만 그 법률은 正當性과 合法性을 가질 수 있다.

민의원(民議院)　양원제 국회에 있어서의 하원에 해당하며, 參議院과 함께 국회를 구성하는 1원. 우리나라의 제2공화국에 있어서의 국회는 민의원과 참의원의 양원으로 구성되었다(舊憲 31Ⅱ참조). 예산 기타 법률안의 심의나 정부의 조직·감독 등에 있어서 참의원에 우월하는 것이 보통이다(37Ⅰ·Ⅱ, 53, 68, 69, 71 참조).

민자유치사업(民資誘致事業)　지역균형개발 및 지방중소기업육성에 관한 법률 27조의 규정에 의한 민자유치계획에 따라 民間開發者가 그의 자본과 기술 등을 제공하여 시행하는 지역개발사업을 말한다.

민적법(民籍法)　조선말엽의 戶口調査規則(1896년 9월 1일 勅令 제61호)에 의하면 分戶에 의한 分籍, 호주의 교체, 출생, 사망에 의한 改籍은 20일 내에 하기로 하였으나, 기타의 신분상 변동은 연 1회 개적하므로 1년간 호적에 반영되지 못하는 폐단이 있었는데 이를 제거시정하기 위하여 1909년 3월 4일 법률 제8호로 공포실시한 전문 8조 및 부칙으로 된 호적관계법. 호주를 신고의무자로 하여 출생·사망·호주변경·혼인·이혼·양자·파양·분가·일가창립·入家·廢家·廢絶家再興·附籍·移居·改名에 관하여 그 사실발생일부터 10일 이내에 本籍地所轄 면장에게 신고하게 하고

신고를 해태한 자에게는 50 이하의 태형 또는 5원 이하의 벌금에 처하고, 詐僞申告者는 6월 이하의 징역, 태형 또는 100원 이하의 벌금에 처했다. 이 법에 의하여 비로소 가와 신분의 발생·변경·소멸을 공시·증명하게 되었다.

민정헌법(民定憲法) 〔獨〕 demokratische Verfassung 국민의 의사에 의하여 제정된 헌법. 民約憲法이라고도 한다. 구체적으로는 국민이 직접 제정하거나, 그 대표기관(制憲國會)이 제정하거나, 또는 대표기관이 제정한 것을 국민투표로 국민이 확인하여 결정한다. 이것은 國民主權主義에 사상적 근거를 두고 있다. 오늘날의 민주국가의 헌법은 대개 이에 속한다. 君主主權의 사상 밑에서 군주 한 사람의 의사로 제정하는 欽定憲法에 대응하는 개념이다.

민족자결(民族自決) 〔英〕 national self-determination 민족은 그 민족자신의 의사에 기하여 자유로이 정치적 운명을 결정할 권리를 가지며 타민족의 억압간섭을 허용하지 않는다는 주장. 19세기 이후 民族主義의 기초원리로 작용하였으며, 19세기말에는 後進諸民族의 自決 및 統一을 위한 사상적 기초였다. 제1차세계대전후에는 ① 미국대통령 윌슨의 자유주의적 정열, ② 제국주의 전쟁합리화의 필요성, ③ 사회주의세력의 반제국주의적 주장에 대항할 필요성 등의 요인으로 다시 국제정치상의 원리로 등장하였다. 정치적 독립단위로서 民族國家의 의의가 떨어진 오늘날에 있어서는 민족자결주의와 국제주의의 조화가 요청되고 있다. 국제연합체제하에서는 인간의 권리 및 소수민족보호문제와 관련하여 民族自決權(right of peoples to self-determination)을 중시하고 있다. 이 점에 관하여 국제연합총회는 9인위원회의 설립을 결의, 동위원회는 1959년 이래 기능을 발휘하고 있다. →소수민족

민족정신(民族精神) 〔獨〕 Volksgeist 歷史法學派에 의하면 법은 민족정신의 특성과 유기적으로 연관하여, 언어 기타의 문화와 마찬가지로, 민족생활의 오랜 동안에 걸치는 조용한 발전의 소산이며, 민족정신의 유기적 표현이므로 입법자의 의사에 의하여 자유로 제정 개폐하여서는 안되며, 또한 법은 本質上 生成하는(되는)(werden) 것이고, 만들어지는(machen) 것은 아니라고 주장하였다. 이와는 별도로, 나치즘에 의하여 강한 인종적 색채가 부여되면서 民族精神·民族意思가 강조되었다.

민주공화국(民主共和國) 〔英〕 democratic republic 〔獨〕 demokratische Republik 〔佛〕 république démocratique 공화국 중 주권이 국민 전체에 있는 국가. 공화국 중 주권이 귀족에 있는 貴族共和國, 주권이 한 계급에 있는 階級共和國과 다르다. 우리나라 헌법도 대한민국을 민주공화국으로 규정하고 있다(1Ⅰ).

민주군정주의(民主軍政主義) 軍政作用은 국민의 생활과 밀접한 관계에 있는 것이기 때문에, 그에는 국민의 의사가 반영되도록 하여 민주적 방식에 따라 운영·관리되어야 하는 것을 말한다. 국군의 조직과 편성은 국민의 대표기관인 국회에서 제정된 법률로 정하도록 하고, 宣戰布告와 국군의 해외파견 등은 국회의 동의를 얻어서 하도록 함으로써, 군정작용을 국민의 대표기관인 국회의 의사에 결부시키고, 국회의 國政監査權의 행사를 통하여 군정작용을 감시할 수 있도록 한 것이다.

민주적 기본질서(民主的基本秩序) 〔獨〕 demokratische Grundordnung 자유민주주의국가의 憲法의 기본질서. 우리 헌법에는 정당조항에 나타나 있으며 정당의 목적이나 활동이 이에 위배될 때에는 정부는 헌법재판소에 그 해산을 제소할 수 있고, 정당은 헌법재판소의 심판에 의하여 해산된다(8Ⅳ). 그러나 민주적 기본질서는 정당조항에만 적용되는 규정이 아니고, 헌법 전체를 규제하는 根本理念의 척도를 의미하며, 그 내용은 國民主權·法治主義·社會的 民主主義·國際平和主義 등을 구현하는 여러 조항을 지배하고 있고, 헌법개정의 한계, 政黨의 강제적 해산, 형법, 국가보안법에 의한 보호의 대상 등이 되고 있다.

민주제(民主制) 〔英〕 democracy 〔獨〕 Demokratie 〔佛〕 démocratie 민주주의에 입각한 政治形態. →민주주의

민주주의(民主主義) 〔英〕 democracy 〔獨〕 Demokratie 〔佛〕 démocratie 個人主義·人間主義·合理主義的 世界觀. 政治原理로서는 국민이 정치의 주도권을 가지는 것이라 하며, 국민의 참정권을 될 수 있는 한 널리 인정하려는 원리. 따라서 민주주의는 統治意思(Regierungswille)와 국민의사의 일치를 그 이념으로 한다. 자유주의가 소극적으로 개인의 자유를 국가권력의 침해로부터 보호하려고 하는데 대하여, 민주주의는 적극적으로 개인의 국가권력에의 참가를 확보하려는 것이라고 설명되나, 민주주의는 자유주의를 전제로 하여서만 가능하며, 양자는 본래 일체이어야 하는 것이다. 따라서 민주주의를 自由民主主義라고도 한다. 그러나 이 양자의 일체성은 시대적·국가사회적 특히 경제적 여건의 변천과 더불어 그 비중이 각각 상이하

다. 즉, 자유주의를 가장 요청한 18세기의 민주주의를 市民的 民主主義라 하고, 社會的 平等(실질적 평등)을 도모하기 위한 20세기 복지국가적 민주주의를 사회적 민주주의라고 한다. 현대국가는 예외없이 代議制를 채택한 간접민주주의이므로, 통치의사와 국민의사의 일치는 실질적으로 있을 수 없다. 그러므로 민주주의의 기준은 국민의사가 절대적으로가 아니라 상대적으로 통치의사를 지배하는 것을 말한다. 여기에는 반드시 소수자보호가 따라야 한다. 國民主權·議會制度·國民投票 등의 여러 제도는 모두 민주주의에 입각한다.

민주평화통일자문회의(民主平和統一諮問會議) 평화통일정책의 수립에 관한 대통령의 자문에 응하기 위하여 두는 기관을 말한다(憲 92 Ⅰ). 이 조직은 종래의 平和統一政策諮問會議를 수정한 것이다. 이 기관의 조직·직무범위 기타 필요한 사항은 법률로 정하도록(憲 92Ⅱ) 되어 있는 바, 이 법률이 민주평화통일정책자문회의법이다.

민중재판(民衆裁判) 〔獨〕 Volksgericht 고대법사상 민중재판에는 2종이 있는데, 民會出席의 적격자가 전원집회하여 개최되는 민회(國民總會)에서 재판하는 경우, 예컨대 로마의 껜뚜리아民會·뜨리부스民會(→꼬미띠아)와, 국민 중의 특정다수자가 법정을 구성하여 재판하는 경우, 예컨대 아테네의 501명으로 구성되는 法廷(소크라테스의 재판은 이러한 종류의 법정이었다)이 그것이다. 관리가 재판의 지휘를 하는 일도 있으나, 법률전문가가 아닌 一般民衆이 재판하는 점이 특색이다.

민중쟁송(民衆爭訟) 〔獨〕 Populärklage 〔佛〕 action populaire 자기의 구체적인 권리·이익의 피해없이 行政法規의 위법한 적용을 시정하기 위하여, 일반선거인 또는 일반주민이 제기하는 소송. 선거인이 제기하는 選擧訴訟, 지방주민이 제기하는 訴請 등이 그 예이다. 행정상의 쟁송제도는 일면 행정구제를 위한 제도이나, 타면 행정법규의 정당한 적용의 보장을 목적으로 하는 까닭에 이와 같은 쟁송이 인정된다. 다만 法律的 爭訟이 아닌 까닭에 특별한 규정이 있을 때에만 그 제기가 가능하다.

민중적 관습법(民衆的慣習法) 민중의 다년간의 관행에 의하여 성립되는 것을 말하며, 주로 公物·公水 등의 사용관계 등에 관하여 존재하는 바, 그 예로는 入漁權·慣習上의 流水使用權을 들 수 있다.

민 회(民會) 고대 도시국가에 있어서 국민 중 일정한 有資格者 전원이 참석하는 直接民主政 성격의 집회. 그리스 또는 로마시대의 꼬미띠아나 에끌레시아民會, 게르만민족의 부족국가에 있어서의 民會(Ding)(→끼뷔따스) 등이 이에 해당하며 國民總會 내지는 部族民總會의 성격을 가진 것이었는 바, 고대에는 間接(代議)民主政을 알지 못하였다고 할 수 있다. 또한 로마의 꼬미띠아와 같이 민회의 提案權·討論修正權이 없는 것처럼 민회의 권위가 대수롭지 않은 것도 있었다.

밀레니엄 라운드 〔英〕 Millennium Round 유럽연합(EU)이 비농산품에 대한 관세철폐, 비관세장벽 제거, 투자관계법 재정비, 무역과 환경의 조화, 지적재산권의 강화, 재정·금융서비스 개방 등을 주내용으로 하고 있는 새로운 世界通商라운드이다. 21세기를 앞두고 보다 폭넓은 세계무역자유화 체제구축을 겨냥하여 추진하고 있다.

밀무역(密貿易) 관세법에 규정된 소정의 절차를 밟지 않고 다른 비밀통로를 통하여 무허가품 또는 금제품을 수입하거나 면허없이 외국으로 반출하는 것을 총칭한다. 외국과의 통상은 반드시 국경의 어떤 지점(開港)에 설치된 세관을 통하여 하게 되어 있으며, 외국으로부터의 수입품은 원칙으로 관세가 과해지고, 국법으로써 금지되어 있는 물품의 수입 또는 수출은 엄중히 법규의 제재를 받는다(關稅 172 이하). →특정외래품

밀수입(密輸入) 세관의 면허를 받지 않고 물품을 외국에서 수입하는 것을 밀수입이라고 한다. 특히 관세를 무시하는 밀수입과 금제품을 밀수입하는 경우가 많다(關稅 2, 137 참조).

밀수출(密輸出) 세관의 면허를 받지 않고 물품을 외국에 수출하는 것을 말한다.

밀 항(密航) 관계당국에서 발행한 여권·선원수첩 그 밖에 출국에 필요한 유효한 증명없이 대한민국 외의 지역으로 渡航 또는 越境하는 것(密航團束法 2 i). 밀항을 하였거나 밀항을 교사 또는 방조한 자는 처벌되며(3, 4), 위의 행위를 2회 이상 범하였을 때에는 형이 가중하고, 밀항에 필요한 도구를 제공 또는 운송한 선박 또는 도구는 이를 몰수한다(5).

ㅂ

바르셀로나조약(條約)　→국제하천

바빌로니아법(法)　〔英〕Babylonian Laws 〔獨〕Babylonisches Recht 〔佛〕Droit Babylonien 楔形文字法 중 가장 중요한 법체계로서 현대의 학계에서 古바빌로니아법·中바빌로니아법·新바빌로니아법으로 구분되며, 그 중에서도 고바빌로니아법과 신바빌로니아법이 주목되고 있다. ① 고바빌로니아법은 기원전 29세기로부터 18세기 중엽에 걸치고 있으나 史料는 함무라비법전 외에 다수의 실증기록이 현존하고 있는데 함무라비 왕조(2049~1750 B.C.)에 관하여 특히 풍부하며, 그 연구는 현재 설형문자 여러 법의 연구 중에서 가장 진보한 분야를 이루고 있다. ② 신바빌로니아법은 기원전 7세기 말엽으로부터 1세기초에 걸치고 있으며, 설형문자법으로서는 최후의 것이다. 그 사료는 기원전 6세기 중엽 이후 5세기초에 이르는 기간에 가장 풍부하고, 법전으로서는 6세기 후반의 것으로 추측되는 新바빌로니아草案이 전하여지고 있다. 5세기 이후부터 史料는 차츰 감소의 일로를 거듭하고 있었으나, 한편 그 무렵부터 그리스, 이집트, 로마의 고전고대법이 점점 사료의 수를 증가하고 있으므로 설형문자법이 신바빌로니아법을 통하여 이들 고전고대법과 어떠한 교섭 영향관계를 가졌는가가 학계의 관심사가 되어 있다.

바실리까　〔希〕Basilica　9세기말의 동로마제국에 있어서, 로마법대전의 要約書·註解書를 자료로 하여 勅法彙纂의 체재를 모방하여 편찬된 60권에 달하는 그리스어의 법전. 기독교주의를 대담하게 채용한 8세기 중엽의 에끌로가법전(Ecloga)에 대하여, 다시 로마법의 전통을 부활시키려고 한 것으로서 비잔틴제국에 있어서는 12세기 이후 유스티니아누스법을 완전히 구축하고, 후대에 이르기까지 東方諸國의 법에 영향을 주었다. 현존하는 寫本은 正文 외에 註解를 포함하고 있는데, 특히 註解는 유스티니아누스帝時代 이래의 註釋을 수록한 것으로서 로마법의 연구에도 귀중한 자료이다.

바 아소시에이션　〔英〕bar association 法曹協會. 미국의 법률가의 단체. 辯護士를 중심으로 하여 조직된 단체로서 우리나라의 변호사회와는 달리 변호사가 그의 업무를 수행함에 있어서 이에 가입함을 요하지 않는다. 그리고 넓은 뜻의 변호사뿐만 아니라 재판관 및 법률학교수도 회원이 될 수 있다. 各州에는 州法曹協會(state bar association)가 있고, 미국 전체의 주요한 법조를 회원으로 하는 것으로는 美國法曹協會(American Bar Association)가 있다.

바이마르헌법(憲法)　〔獨〕Die Verfassung des Deutschen Reichs, Weimarer Verfassung 1919년 8월 11일 공포된 독일 헌법을 말한다. 制憲議會가 열린 지명을 따라 바이마르헌법이라 불린다. 이 헌법은 독일 최초로 大統領制의 채택, 국가와 국민의 관계규정, 제국의회의 기능, 정부의 기능과 지위, 입법과정 등에 대해 규정하고 있었고, 基本權부분에서는 국민 개개인의 권리와 공동생활의 기초, 교육과 종교, 경제적 질서에 대해서 규정하고 있다. 이 바이마르헌법은 1933년 2월 28일 나치스 정권에 의해 폐지되었으나, 현대 헌법에 많은 영향을 끼쳤고, 오늘날까지 近代的 憲法의 典型으로 유지되고 있다.

바이스튜머　〔獨〕Weistumer　중세 독일의 莊園法의 하나이다. →호프레히트

바이 아메리칸법(法)　〔英〕Buy America Law　美國物資優先購買法을 가리킨다. 미국정부가 외국에서 물자를 구입할 경우 자기나라의 제품가격이 외국의 제품가격보다 일정한 한도에 있어서 비싼 경우 이외에는 이를 승인하지 않을 것을 규정하고 있다.

바이에른부족법전(部族法典)　〔獨〕lex

Baiuwariorum → 렉스 바유와리오룸

바터제(制) 〔英〕 barter system → 구상무역

바티칸시국가(市國家) 〔英〕 Vatican City State 라테라노조약에 의해 사실상 水世獨立國이 된 로마교황을 원수로 한 종교국가를 말한다. 바티칸시국가 내의 형사관할권은 이탈리아 정부에 있으나, 바티칸시국가는 기능을 행사하는 바, 외교사절의 교환 및 주권적 和親條約을 체결한다.

박물관(博物館) 인류·역사·고고·민속·예술·동물·식물·광물·과학·기술·산업 등에 관한 자료를 수집·보존·전시하고 이들을 조사·연구하여 문화·예술 및 학문의 발전과 一般公衆의 문화교육에 이바지 하는 것을 목적으로 하는 시설을 말한다(博物館 및 美術館振興法 2 i).

박탈공권(剝奪公權) 구형법상 附加刑으로 인정하던 名譽刑의 하나(舊刑 102). 일정한 공권을 박탈함을 내용으로 한다. 현행 형법은 이를 인정하지 않는다. 일종의 資格停止에 해당한다.

ㅂ

반 〔獨〕 Bann 罰令 또는 罰令權이라 번역된다. 일반적으로는 형벌을 수반하는 명령·금지권이라고 하는 모습으로 표현되는 정치권력을 의미하는데, 특히 프랑크시대의 국왕이 가지고 있었던 이러한 종류의 權力(國王罰令)(Königsbann)은 국왕의 통치수단으로서 중대한 의의를 가지고 있었으며, 또한 왕권확장의 기초를 이루었다. 국왕의 이러한 권력은 성질상 이를 平和罰令·立法罰令·行政罰令의 3종으로 나눌 수 있다. 즉 국왕은 ① 그 평화벌령에 의하여 과부·승려·상인·교회·도로·삼림·하천 등 특정한 사람이나 물건을 자기의 특별한 보호하에 두어 이에 대한 침해를 금지하였으나, 그 결과, 한편에 있어서는 수렵·어로 등에 관한 레갈리엔(國王特權)이 발생함과 아울러, 다른 한편에 있어서는 치안유지를 국왕의 소관사항이라고 하는 관념이 발전하였으며, 다시 ② 立法罰令에 의하여, 勅令(까삐뚤라리아)를 발하여 部族法을 강화·보충·개혁하였으며, ③ 行政罰令에 의하여, 집행권 특히 警察權을 가졌으며, 이를 스스로 행사하거나 또는 하급관리에 위양하여 행사시켰다. 또한 반(罰令)은 프랑크의 국법상, ① 이상의 권력에 기하여 발하여진 명령·금령, ② 명령·금령에 의하여 성립한 상태(예:반 영역(禁制區) (Bannmeile), 禁制品(Bannware)), ③ 명령·금령에 위반한 경우의 벌금형을 지칭한다.

반국가단체구성죄(反國家團體構成罪) 정부를 僭稱하거나 국가를 變亂할 목적으로 結社 또는 集團(반국가단체)을 구성하는 죄(保安 3). 결사의 자유는 국민의 기본적 인권으로서 헌법이 보장하는 바이나(憲 21), 反國家團體의 구성은 정부를 참칭하거나 국가를 변란할 목적으로 하는 것이기 때문에 국가보안법에 의하여 제한받는 것이다. ① 수괴, ② 간부 또는 지도적 임무에 종사한 자, ③ 그 이외의 자로 나누어 그 형을 달리하고 있다. 未遂犯(3Ⅲ) 및 豫備·陰謀(3Ⅳ·Ⅴ)를 처벌한다.

반금지명령법(反禁止命令法) 〔英〕 Anti-Injunction Act, Norris=LâGuardia Act 노리스라가디아법과 같다.

반대계약(反對契約) → 해제계약

반대급부(反對給付) 〔獨〕 Gegenleistung 雙務契約에 있어서 일방이 하는 급부에 대하여 타방이 하는 급부를 서로 반대급부라고 한다. 매매에 있어서의 매도인의 목적물의 급부와 매수인의 대금급부와의 관계와 같다. 급부와 반대급부와의 관계에 관하여는 雙務契約, 對價, 同時履行의 抗辯, 危險負擔을 보라.

반대동기(反對動機) 〔獨〕 Gegenmotive 범죄결과를 예견함으로써 행위자(책임능력있는 통상인)가 본래 가지고 있는 規範意識의 평가에서 나오는 이 행위는 해서는 안된다라는 道義的 意欲. 道義的 責任論은 반대동기가 강한 때에는 책임이 무겁고, 반대동기가 약한 때에는 책임이 가볍다고 한다.

반대매매(反對賣買) 유가증권시장에서의 매매거래에 있어서 受渡決濟前에 賣建玉 또는 買建玉(→건옥)과 동일한 유가증권을 同數量·同期日에 역으로 매수 또는 매각하는 것. 轉賣還買라고도 한다. → 전매환매

반대신문(反對訊問) 交互訊問에 있어서 主訊問이 끝난 뒤에, 증인을 신청한 당사자의 상대방이 하는 신문(民訴 298 Ⅰ, 刑訴 161의2 Ⅰ). 주신문에서 행하여진 증언의 불명료한 점을 밝혀 증언의 證據力을 동요시키고, 그 밖에 그 증인으로부터 자기에 유리한 심증을 법관으로 하여금 얻게 하기 위해 행하는 것이다. 영미법에서는 신문의 범위는 主訊問의 범위에 한정할 것인가에 관해 다투어지고 있고, 또 주신문과 달리, 誘導訊問이 허용되고 있지만, 우리 형사소송법에서는 직권에 의한 증거조사를 할 수도 있고, 당사자의 청구에 의한 경우에도 證據決定을 하여 법원이 소환하는 결과, 주신문과 반대신문이 명확치 않고, 따라서 상당치 않은 신문(刑訴 299)이라 하여 제한할 수도 있다.

반대의견(反對意見) 〔英〕 dissenting opinion 소수의견과 같다.

반대해석(反對解釋) 〔羅〕 argumentum a contrario 법의 해석에 있어서 法文에 명시되지 않은 경우에는 그와 반대로 된다고 해석하는 방법. 類推解釋에 대립한다. 부부의 일방이 일상의 가사에 관하여 부담한 채무에 대하여 다른 일방은 연대책임을 진다고 하는 규정(民 832)으로부터, 딸이 일상의 가사에 관하여 부담한 채무에 대하여는, 父는 책임을 지지 않는다고 함과 같다. 반대해석은 형식적으로는 당연한 것처럼 보이지만, 반드시 절대적인 것은 아니며, 반대해석의 당부의 판단은 일반적 목적에 기한 目的論的 解釋에 맡기지 않으면 안된다.

반덴버그 결의(決議) 〔英〕 Vandenberg Resolution 국제연합의 集團的 安全保障體制를 적극적으로 추진하려는 미국의 태도를 밝힌 1948년 6월 11일의 미국 상원의 결의. 당시의 상원 외교위원장 반덴버그(Arthur Vandenberg)의 이름을 따서 이같이 부른다. 미국이 헌법상의 절차를 밟아 미국의 국가적 안전에 영향을 끼치는 지역적 및 집단적 협정에 참가할 것을 규정하고 또 그 협정은 어디까지나 계속적이고도 효과적인 自助 및 相互援助(continuous and effective self-help and mutual aid)를 조건으로 한다. 국제연합 뿐 아니라 1949년의 북대서양조약을 체결한 기초가 되었으며, 한미상호방위조약도 이 계열에 속한다.

반도단체(叛徒團體)**의 승인**(承認) 〔英〕 recognition of insurgency 叛徒가 交戰團體로 승인받을 만한 요건이 구비되지 못한 상태에 있어서 외국이 반도단체를 승인하는 것. 즉, 반도가 아직 충분한 지방적 사실상의 정부로서의 실질을 구비치 못한 경우에도 외국측에서 볼 때 通商 또는 船舶寄港上의 필요에서 사실상의 교섭을 할 필요가 있다든가 또는 이런 경우에 叛徒의 행위를 단순한 범죄자의 행위로 취급하는 것이 부적당하다고 인정되는 경우, 반도단체로 승인하여 자국국민 및 이익을 보호하고자 하는 데서 타국의 승인이 행하여진다. 반도단체의 승인은 交戰團體의 승인과 구별된다. 즉 교전단체의 승인은 국제법상의 일반적인 제도로서 확립되고 있음에 반하여, 반도단체의 승인은 그렇지 않다. 따라서 반도단체를 승인하여도 교전단체 승인의 경우와 같이 반도가 일정한 국제법상의 주체성이 인정되는 것이 아니라, 다만 외국의 실제상의 필요에 의하여 행하여짐에 불과하다. 그런고로 반도단체의 승인은 본국의 중앙정부와의 관계에 있어서는 아무런 법적 효과도 발생하지 않는다. →교전단체의 승인

반도체집적회로(半導體集積回路) 반도체재료 또는 絶緣材料의 표면이나 반도체재료의 내부에 한개 이상의 能動素子를 포함한 回路素子들과 그들을 연결하는 導線이 분리될 수 없는 상태로 동시에 형성되어 전자회로의 기능을 가지도록 제조된 중간 및 최종단계의 제품을 말한다(半導體集積回路의 配置設計에 관한 法律 2 i).

반독립국(半獨立國) 비독립국과 같다.

반 동(反動) 〔英〕 reaction 역사의 전진을 따르지 않고 그것을 역행시키는 사상 또는 주장하는 자의 총칭. 이러한 의도를 가진 사상을 반동주의라고 한다. 현상유지에서 탈락하여 구세대의 지배계급의 부활을 기도하는 점에서 變革에 대하여 현상유지를 취하는 保守主義와는 구별된다.

반란(叛亂)**의 죄**(罪) 군인(또는 준군인)이 작당하여 병기를 휴대하고 반란을 함으로써 성립하는 죄(軍刑 5). 수괴는 사형, 모의에 참여하거나 지휘하거나 기타 중요한 임무에 종사하거나 살상·파괴 또는 약탈의 행위를 한 자는 사형·무기 또는 7년 이상의 징역이나 금고, 부화뇌동하거나 단순히 폭동에만 관여한 자는 7년 이하의 懲役이나 禁固에 처한다. 미수범과 예비·음모·선동·선전한 자도 처벌하며(7, 8), 同盟國에 대한 반란행위도 처벌한다(10). 반란의 죄의 성질에 관하여 이를 형법상의 내란의 죄의 特別罪로 보는 견해가 있으나, 판례는 반란의 죄란 군인(또는 준군인)이 병기를 들고 관헌에 반항해서 다중적 폭동을 하는 죄로서, 내란죄와 같이 국헌을 문란하게 할 목적에 한하지 않는다는 것을 이유로, 반란의 죄를 행위자의 신분 및 목적에 있어서 내란의 죄와는 다른 범죄로 봄이 타당하다고 하고, 군인(또는 준군인)이 아닌 자가 군인(또는 준군인)의 반란행위에 加功한 때에는 반란의 죄의 從犯으로 처벌하여야 한다고 한다.

반론권(反論權) 〔英〕 right of replay 정기간행물이나 방송 등에서 공표된 事實的 主張에 의하여 피해를 입은 자가 발행인이나 편집자에 대하여 피해를 입었다는 주장을 게재하여 줄 것을 요구할 수 있는 권리를 말한다. 反論報道請求權이라고 한다. 반론권의 헌법상 근거로는 헌법 21조 4항의 언론·출판은 타인의 명예나 권리…를 침해하여서는 아니된다. 언론·출판이 타인의 명예나 권리를 침해한 때에는 피해자는 이에 대한 피해의 배상을 청구할 수 있다라는 규정을 들 수 있다. 이에 따라

ㅂ

방송법(41 I)과 정기간행물의 등록 등에 관한 법률(16 I)도 반론게재청구권으로서의 反論報道請求權을 규정하고 있다. 그러나 반론권은 이와 같은 정정보도의 게재 또는 정정보도의 방송만을 내용으로 하는 권리가 아니고, 기사에 언급된 자가 기사와는 다른 내용을 게재 또는 방송하는 권리까지 포함하는 것이다.

반론보도청구권(反論報道請求權) →반론권

반민족행위특별조사위원회(反民族行爲特別調査委員會) 일제치하에서 일본인과 협조하여 악질적으로 반민족행위를 한 자를 조사하기 위하여 制憲國會에서 설치한 특별위원회. 그 권능은 실효되었다.

반 보(返報) →보복

반복금지효(反復禁止效) 取消判決 등 청구를 인용하는 판결이 확정되면 행정청이 동일한 사실관계 아래에서 동일당사자에 대하여서 동일한 내용의 처분 등을 반복하여서는 안되는 것을 말한다. 이러한 반복금지효는 판결의 효력 중의 하나인 구속력의 내용으로서 취소판결은 물론 無效 중 確認訴訟·不作爲違法確認訴訟 및 當事者訴訟의 판결에도 인정된다.

반사적 독점(反射的獨占) 통설에 의하면 사실상 독점의 한 형태로서 법이 금지·제한함으로써 생기는 독점을 일컫는다. 반사적 독점은 權利의 對象이 아니다. →사실상 독점, 자연독점

반사적 이익(反射的利益) 〔英〕 reflective interests 〔獨〕 objektives Reflexrecht 國法이 특정한 단체·기관 또는 개인에게 어떤 약속을 가한 결과 반사적으로 국민이 받는 이익. 이러한 약속은 공공복리를 직접적 목적으로 하는 것이지 국민 개개인의 이익을 직접적 목적으로 하는 것은 아니기 때문에 그것으로 말미암아 생기는 이익은 국민개개인의 權利(subjektives öffentliches Recht des Individuums)로 인정되지 아니한다. →권리, 자유권, 허가

반사회성소년(反社會性少年) 반사회성이 있는 소년(少 1). 비행소년과 같다.

반 소(反訴) 〔獨〕 Widerklage 소송의 계속중에 그 소송에 병합하여 피고로부터 원고에 대하여 새로이 제기되는 소. 반소에 대하여 처음부터 행하여진 소송을 本訴라고 한다. 반소는 본소의 事實審의 辯論終結時까지 제기할 수 있으나, 抗訴審에서는 원고의 동의를 얻어야 한다(民訴 382). 반소로서 제기할 수 있는 청구는 본소와 전연 무관계한 청구여서는 안되며, 本訴請求 또는 이에 대한 防禦方法(→공격방어방법)과 관련되는 경우에 한한다(242). 예를 들면 충돌사건에 의한 손해배상을 청구당한 피고가, 그 사고는 원고의 과실에 기인한다고 주장하여 반대로 손해배상을 청구하거나, 혹은 피고가 반대채권으로서 相計의 抗辯을 하고 본소의 기각을 요구하고 다시 그 잔액에 대한 지급을 요구함과 같다. 反訴請求는 동종의 소송절차에 의할 수 있으며(230), 또한 다른 법원의 專屬管轄에 속하지 않는 경우라야 한다. 반소의 취하에 대해서는 소의 취하에 대한 예외가 인정된다(244). 반소에 대한 반소(再反訴)도 허용된다고 볼 것이다.

반의사불론죄(反意思不論罪) 피해자가 처벌을 희망하지 않는다는 의사를 표시하면 처벌할 수 없는 범죄. 예컨대, 單純(尊屬)暴行罪(刑 260 Ⅲ)·過失致傷罪(266 Ⅱ)·單純(尊屬)脅迫罪(283 Ⅲ)·名譽毁損罪(312 Ⅱ) 등. 反意思不罰罪 또는 解除條件附犯罪라고도 한다. 本罪에 있어서는 처벌을 희망하는 피해자의 의사표시가 없더라도 소추를 할 수 있으나(이 점에서 親告罪와 다르다), 피해자가 처벌을 희망하지 아니한다는 의사표시를 하거나, 처벌을 희망하는 의사표시를 철회한 때에는 공소를 제기할 수 없거나 기소후인 경우에는 公訴棄却의 판결을 선고하여야 한다(刑訴 327 vi, 232 Ⅲ 참조).

반의사불벌죄(反意思不罰罪) 반의사불론죄와 같다.

반 정(反定) 〔英〕 renvoi, remittal 〔獨〕 Renvoi, Rückverweisung 〔佛〕 renvoi 訴訟地의 국제사법에 의하면, 문제된 涉外的 私法關係에 관하여 외국법을 적용할 경우에, 그 외국법소속국의 국제사법에 의하면 동일한 법률관계에 관하여 오히려 소송지의 법률 또는 제3국의 법률을 적용하도록 되어 있는 때에, 소송지의 법률 또는 제3국의 법률을 적용하는 國際私法上의 原則. 소송지의 법률을 적용하는 경우를 좁은 의미의 반정이라 하고, 제3국의 법률을 적용하는 경우를 특히 轉定이라고 한다. 넓은 의미의 반정은 전정을 포함한다. 입법론상 반정을 인정할 것인가의 여부에 관하여는 학설이 나누어지고 있으나, 19세기 후반부터는 반정을 인정하는 여러 나라의 판례가 적지 않고, 입법상으로도 일정한 범위내에서 이것을 인정하는 것이 많다. 우리나라 섭외사법에 있어서도 본국법이 적용되는 경우에 관하여 일반적으로 좁은 의미의 反定을 인정하고 있을 뿐만 아니라(4), 어음·수표에

관한 行政能力에 있어서는 轉定까지 인정되고 있다(34). 그러나 이탈리아·브라질·그리스의 경우와 같이 명문으로 반정을 인정하지 않는 입법례도 있다. 또한 반정은 보통 소송지의 국제사법에 의하여 정해지는 문제된 섭외적 사법관계의 準據法所屬國의 국제사법의 일반원칙에 의하여 종국적으로 적용할 법률을 정하는 것이며, 그 외국국제사법이 인정하는 반정의 규정을 고려하지 않는 것이나, 나아가서 그 외국국제사법의 반정의 규정까지도 고려하여 종국적으로 적용할 법률을 정하는 것을 특히 二重反定(double renvoi)이라 한다. 외국의 판례 중에는 이것을 인정한 것이 있다. 우리나라 섭외사법의 해석으로서는 二重反定은 인정할 수 없을 것이다. 이중반정을 인정하는 경우에는 원래 반정의 원칙에 의하여 달성하고자 하는 결과와는 반대의 결과가 발생하기 때문이다.

반정조항(反定條項) 〔獨〕 Rückverweisungsklausel 반정을 인정하는 國際私法上의 규정. 예컨대, 섭외사법 4조·34조 등이 이에 속한다.

반정주의(反定主義) 반정을 인정하는 立法主義.

반정특칙(反定特則) 국제사법상 우리 섭외사법은 제3장 商事規定 중 반정에 관한 4조의 일반원칙규정에 대하여 특별규정을 두고 있다. 즉 동법 34조 본문은 어음·수표 行爲能力에 관하여 本國法主義를 원칙으로 하나, 동조 단서는 그 국가의 법이 다른 국가의 법에 의하여야 할 것을 정한 때에는 그 다른 국가의 법을 적용한다고 하여 반정을 인정하였다. 그러나 본조는 해석상 좁은 뜻의 반정 뿐만 아니라 轉定까지도 인정하는 점이 4조와 다르다.

반 좌(反坐) 唐律鬪訟律에 諸誣告人者各反坐라 한 것 같이 誣告罪에 한한 것으로, 무고한 자는 무고 당한 자가 받았을 처벌과 동일한 형에 처하는 제도. 이는 大明律에도 그대로 계승되었고, 吏學指南獄訟部에도 反坐를 註하여 謂告人罪而涉虛以其罪而罪之者라고 명확히 해석하고 있는 것이다. 조정이 모략과 무고로 충만하였던 조선시대의 歷代實錄에서 거의 매권 誣告反坐의 사건실례를 찾을 수 있다. 反坐律은 현대법에도 가끔 원용되고 있다. 폐기된 反共法에 규정된 誣告反坐가 그 대표적인 예였다.

반주권국(反主權國) 〔英〕 half-sovereign state 〔獨〕 halb-souveräner Staat 〔佛〕 État mi-souverain 비독립국과 같다.

반 증(反證) 〔獨〕 Gegenbeweis 소송법상 입증책임이 없는 당사자가 상대방이 立證責任을 지는 사실을 부정할 목적으로, 그와 양립할 수 없는 사실을 증명하기 위하여 제출하는 증거. 本證에 대한다. 예컨대, 원고가 청구원인인 사실을 증명하고자 證據方法(本證)을 제출함에 대하여, 이에 대한 법원이 진실하다는 확신을 품는 것을 방해하거나, 또는 이미 얻은 확신을 동요시킬 목적으로 반증이 제출된다. 확정사실의 적용을 배제하기 위하여 추정과 반대되는 사실을 증명하는 것도 반증이라고 하는 수가 있다. 이 경우에는 본증에 대하는 의미에서의 反證이 아니라, 차라리 그 자체가 본증이다.

반 치(反致) 반정과 같다. 舊法例上의 術語이다.

반(反)트러스트법(法) 〔英〕 anti-trust acts 독점, 즉 시장을 지배하는 독점행위 또는 거래의 제한을 하는 모든 企業結合形態를 금지 또는 제한하는 법의 총칭. 미국·영국·캐나다·오스트레일리아 등에도 있으나, 주로 미국의 것을 가리킨다. 미국에서는 1880년대의 소위 트러스트 형성의 진전에 의해서 일반소비자·중소기업자·노동자·농민·일반투자자에 대한 해악이 통감되어, 먼저 각주에서 반트러스트법이 제정되었으며, 1890년에는 연방법으로 셔만法(Sherman Act)이 제정되었다. 뒤이어, 이를 보충하는 것으로서 1914년에 클레이톤法(Clayton Act)과 聯邦去來委員會法(Federal Trade Commission Act)이 제정되었다. 그 밖에 1918년의 웨브·포메렌법과 같은 특별법, 클레이톤법에 대한 1936년의 로빈슨·패트맨 수정(Robinson-Patman Amendment), 셔만법에 대한 1937년의 밀러·타이딩스 수정(Miller-Tydigns Amendment), 聯邦去來委員會法에 대한 1938년의 휠러·리 수정(Wheeler-Lea Amendment) 및 1950년의 셀러 反合併修正(Celler Anti-merger Amendment) 등 여러 수정법이 있다. 우리나라의 독점규제 및 공정거래에 관한 법률도 이 법에 속한다.

반항권(反抗權) → 저항권

반혁명(反革命) 〔英〕 counter-revolution 혁명에 적대하는 운동 및 옛 체제의 부활운동을 말한다. 역사상 성공한 반혁명은 청교도혁명에 대한 찰스 2세의 왕위 재복귀, 프랑스혁명 후에 부르봉왕조의 부활, 독일 3월혁명에 있어서의 부란덴브르크議會 탄압 등을 들 수 있다.

반환청구권(反抗請求權)**의 양도**(讓渡)**에 의한 인도**(引渡) 제3자가 점유하고 있는 물건을 인도하는 경우에, 양도인이 그 제3자에 대하여 가지고 있는 返還請求權을 讓受人에게 양도함으로써 인도를 한 것으로 되는 간편한 引渡方法(民 196 Ⅱ, 190). 이것은 즉 間接占有의 讓渡이다(→ 간접점유). 간접점유자인 양도인이 그의 간접점유를 양수인에게 이전하는 것이다. 예컨대, 갑이 을에게 물건을 任置하고 있는 경우에 병이 그 물건을 양수하여 계속 을에게 임치하려고 한다면, 갑은 그의 을에 대한 返還請求權을 병에게 양도하면 된다. 따라서 갑이 일단 을로부터 물건을 찾은 뒤에 병에게 인도하고, 병은 다시 을에게 맡기는 불필요한 절차를 생략할 수 있다. → 인도

발기설립(發起設立) 〔獨〕 Übernahmegründung, Einheitsgründung, Simultangründung 발기인이 설립시에 발행하는 주식의 총수를 인수하여 주식회사를 설립하는 것. 募集設立에 대한 것으로서 同時設立 또는 單純設立이라고도 한다. 발기인이 정관을 작성하고(商 289), 주식발행사항을 결정한 후(291), 회사의 실체구성절차를 밟아서 設立登記를 함으로써(317) 회사가 성립한다. 회사의 실체구성에 있어서 발기인이 설립시에 발행하는 주식의 총수를 인수하면, 지체없이 각 주식에 대하여 그 인수가액의 전액을 납입하여야 한다(295Ⅰ). 그리고 現物出資를 하는 발기인은 納入期日에 지체없이 출자의 목적인 재산을 인도하고, 등기·등록 기타 권리의 설정 또는 이전을 요할 경우에는 이에 관한 서류를 완비하여 교부하여야 한다(295Ⅱ). 각 주식에 대한 납입과 現物出資의 이행이 완료하면, 발기인은 곧 理事와 監事를 선임하고(296Ⅰ), 이어서 설립경과의 조사를 하게 된다. 즉, 理事는 취임 후 지체없이 變態設立에 관한 사항, 주식에 대한 납입과 현물출자의 이행, 기타 설립에 관한 사항의 정관위반의 여부를 조사하게 하기 위하여 檢査人의 선임을 법원에 청구하여야 하고(298), 검사인의 조사보고서에 기하여 법원이 변태설립사항에 대한 변경처분을 하는 경우에는(300Ⅰ), 그 變更處分에 불복하는 발기인은 그 株式引受의 取消를 하든가 정관을 변경하여 설립절차를 속행할 수 있다(300Ⅱ). 그리고 법원의 處分通告가 있은 후, 2주간내에 주식의 인수를 취소한 발기인이 없는 때에는 정관은 통고에 따라 변경된 것으로 보아(300Ⅲ), 실체의 구성절차는 종료되므로, 그 날로부터 2주간내에 본점소재지에서 법정한 사항을 등기하여야 한다(317). 설립등기를 함으로써 회사는 법인으로서 존재하게 되고(172), 발기인이 설립중에 취득하거나 부담한 권리의무는 당연히 회사에 귀속하게 되며, 기타 여러가지 法定效果가 발생하게 된다.

발 견(發見) 유형·무형의 장해를 제거하여 아직 사람이 認知하지 못한 사실을 간파하는 것을 말한다. 이러한 전인 未知의 사실을 지각한 사람을 發見者라고 한다.

발 굴(發掘) 땅속에 묻힌 매장물을 파는 것을 말한다. 묘지의 발굴 또는 광물발굴이라고 함이 그 用例이다. 전자의 경우 시체·유골·유발 또는 관내에 장치한 물건을 손괴·유기·은닉 또는 領得한 자는 처벌을 받는다(刑 160, 161). 후자의 경우는 허가사항이다(鑛 2, 5).

발권은행(發券銀行) 銀行券의 발행권이 부여된 은행. 한국은행이 이에 해당한다.

발기인(發起人) 〔英〕 subscriber, promoter 〔美〕 incorporator, promoter 〔獨〕 Gründer 〔佛〕 fondateur 주식회사의 설립을 발기하고, 定款에 記名捺印한 자. 정관에 발기인으로서 기명날인한 한, 실질적으로 회사설립의 기획에 참가했느냐의 여부는 묻지 아니한다. 발기인의 자격에는 제한이 없으나, 그 인원수는 3인 이상이어야 하며(商 288), 서면에 의하여 주식을 인수하여야 한다(293). 발기인간에는 정관의 작성에 앞서서 회사설립을 목적으로 하는 계약이 체결되는 것이 보통인데, 이것을 發起人組合(Gründergesellschaft)이라고 한다. 그 법률상의 성질은 민법상의 組合이며, 이 組合契約의 이행으로서 정관작성 기타 회사설립에 필요한 행위가 행하여진다. 발기인은 회사의 전신인 설립중의 회사의 事務執行機關이므로 설립에 필요한 일체의 행위를 하는 권한이 있으며, 여기서 발기인이 취득하거나 부담한 권리의무는 형식적으로는 발기인에 속하나, 실질적으로는 설립중의 회사에 속한다. 따라서 회사가 성립하여 法人格을 취득하면 동시에 이러한 권리의무가 당연히 형식적으로도 회사에 귀속하며, 會社不成立의 경우는 발기인에 그냥 귀속된다. 발기인은 회사에 대한 勞務에의 보수 또는 기획자로서의 공로에 대한 보수로서, 特別利益(예: 利益配當에 관한 우선권, 新株引受의 우선권, 회사의 시설이용권)을 받을 수 있지만, 발기인만에 허용되는 現物出資와 더불어, 부정이 생길 우려가 있으므로, 變態設立事項으로 하여 엄격한 법적 규제를 하고 있다(290, 299, 300, 302, 310, 313, 314Ⅰ). 상법은 이러한 발기인의 회사설립에 관한 권한, 직책, 특권 등에 대응하여 특별한 책임을 지우고 있다. 첫째, 회사가 성립하지 아니한 경우에는, 발기인은 회사의 설립에 관한 행위에 대하여 연대하여 책임을 지고, 지급한 비용도 발기인이 부담한다(326). 그리고 취득한 권리는 발기인에 귀속한다. 이러한 책임은 회사불성립의 경우에 생기는 것

이므로 設立登記를 한 후, 판결로써 설립무효가 되는 경우는 회사성립의 경우의 책임을 지게 된다. 둘째, 회사가 성립한 경우에는, 발기인에게 회사에 대하여 자본충실의 책임을 부담케 하여, 未引受株式을 공동으로 引受한 것으로 보고, 未納入株式에 관하여 연대납입의무를 과하고 있다(321 Ⅰ·Ⅱ). 그리고, 설립에 관한 임무를 懈怠한 때에는 회사에 대하여 연대하여 손해배상의 책임을 지고, 악의 또는 중대한 과실이 있을 때에는 제3자에 대하여도 책임을 진다(322). 이 회사에 대한 책임의 면제는 總株主의 동의로써만 할 수 있고, 代表訴訟에 의한 少數株主에게 인정된다(324, 400, 403~406).

발기인(發起人)**의 특별이익**(特別利益) → 발기인, 변태설립

발기인조합(發起人組合) → 발기인

발기인주(發起人株) 〔英〕 founders' shares 주식회사설립의 기획자로서의 공로에 대한 보수로서 발기인에게 무상으로 부여되는 주식. 無償株의 일종이며, 우리나라에서는 인정되지 않는다. 영국에 있어서는 보통 劣後株가 사용되고, 미국에 있어서는 일반적으로 다른 보통주(A종, class A)보다도 다수의 배당·잔여재산 분배가 주어지며, 의결권이 많은 보통주(B종, class B)가 사용된다.

발기인지분(發起人持分) 〔佛〕 part des fondateurs 독일·프랑스에서 인정되는 발기인의 특별이익을 표창하는 증권. 이 증권상의 권리는, 회사의 純益의 特定率에 대한 것으로서, 그 외에 신주 또는 사채의 인수권 등을 포함하는 것이 있다. 독일에서는 享益證券(Genusschein)이라고 한다. 보통은 발기인의 공로에 대하여 무상으로 발행하는 것이나, 유상으로 매출하고 자금조달의 목적에 사용되는 때도 있다. 주식과 흡사하나, 그 발행가액이 자본을 구성치 않고, 또 의결권이 없는 것이 상이한 점이다.

발 명(發明) 〔英〕·〔佛〕 invention 〔獨〕 Erfindung 특허법·실용신안법 또는 의장법의 규정에 의하여 보호대상이 되는 發明·考案 및 創作을 말한다(發明振興法 2 i). 발명을 한 자(또는 그 승계인)는 特許法에 의하여 국가에 대해 특허를 청구할 수 있으나, 특허법상의 발명은 이러한 의미의 발명 중 특히 산업에 이용될 수 있는 것에 한한다(特許 2). 발명에는 물건의 발명과 방법의 발명, 물건을 생산하는 발명의 발명이 있다. 특허가 등록되면 독점·배타적인 專用權인 특허권이 발생한다(87 이하).

발명권(發明權) 〔獨〕 Erfinderrecht 발명자가 그 발명에 대하여 特許를 받을 수 있는 권리. 발명권의 성질에 대하여는 特許請求權說·發明支配權說 및 이들 양설의 結合說의 대립이 있는데, 마지막의 설이 유력하다. 그러므로, 발명권은 특허를 받을 수 있는 권리와 그 발명을 지배할 수 있는 권리가 결합된 것이다.

발명자주의(發明者主義) → 선발명주의

발문권(發問權) → 석명권

발생주의(發生主義) 자산·부채·자본의 증감이나 수익과 비용의 기록을 발생사실에 의하여 처리하는 회계의 방식.

발송인(發送人) 우편 또는 전신에 의하여 서류의 송달을 위탁하는 자. 발송인은 우편법 또는 전신법에 위반하지 아니하거나 대통령령이 정한 규정에 위반하지 아니한 때에는 信書의 自由를 향유할 권리를 가진다. 따라서 우편법 또는 그 밖의 법에 위반하면 그에 대한 책임을 져야한다(郵 46 이하).

발신주의(發信主義) 〔獨〕 Emissionstheorie 〔佛〕 système de l'expédition 의사표시가 表意者의 지배범위로부터 벗어나서 발신되었을 때(예: 신서의 투함)를 의사표시의 效力發生時期로 보는 주의. 이 주의는 到達主義에 비하여 양 당사자간의 이해를 조화시키는데 적당치 못하다고 하는 단점이 있으나, 거래를 민활하게 그리고 획일적으로 취급할 수 있다는 장점이 있다. 민법은 원칙적으로 도달주의를 취한다(111). 예외적으로 거래의 신속을 필요로 하거나 또는 상대방·제3자·채무자를 보호하여야 할 필요가 있을 때에는 발신주의에 의한다(15, 131, 455, 531). → 도달주의

발안권(發案權) 의안을 제출하는 권리. 국회에서 의결하여야 할 의안의 발안권은 유권자와 국회의원에게 인정되어 있던 예도 있으나(예: 舊憲 119 Ⅰ), 법률의 발안권은 국회의원과 정부가 가지며(憲 52), 정부에게만 발안권이 유보되어 있는 경우도 있다(예 : 예산). → 국민발안

발의권(發議權) 議案을 제출하는 권리를 말한다. 한때(舊憲法 119 Ⅰ)에는 국회에서 의결하여야 할 의안의 발의권이 유권자와 국회의원에게 인정되어 있었으나, 현행 헌법·법률의 발의권은 국회의원과 정부에게 있으며(憲 52), 豫算案·條約案처럼 정부에게만 발의권이 유보되어 있는 경우도 있다. 국회의원은 20인 이상의 의원의 찬성으로 의안을 발의할 수 있다. 다만, 예산상의 조치가 수반

되는 법률안 기타 의안의 경우에는 예산명세서를 제출하여야 한다(國會 79). 국회의원은 법률안 제출권(憲 52), 헌법개정안 제출권(128Ⅰ), 彈劾訴追發議權(65Ⅱ), 議案發議權(國會 79) 등을 가지나, 豫算案·條約案의 발의권은 없다.

발전소주변지역(發電所周邊地域) 한국전력공사법에 의한 한국전력공사가 가동중인 發電所(特定多目的댐法에 의한 다목적댐발전소는 제외)의 발전기가 설치된 지점 또는 건설중인 발전소의 발전기가 설치될 지점으로부터 반경 5킬로미터 이내의 육지 및 도서지역을 말한다. 다만, 수력발전소의 경우에는 발전과 관련이 있는 水界 및 저수지와 접하고 있는 인근지역을 말한다(發電所周邊地域支援에 관한 法律 2).

발 행(發行)〔어음·手票의〕 〔英〕 issue, drawing 〔獨〕 Ausstellung, Emission 〔佛〕 création 발행인이 法定要件을 갖춘 어음(手票)을 작성하여 교부하는 행위. 어음행위의 일종이며 어음을 창조한다는 의미에서 기본적 어음행위라고 한다. 발행인이 어음을 작성하여 지급을 받을 자(受取人)에게 교부함으로써 성립한다. 환어음과 수표의 발행행위는 無因의 單獨的 金錢支給委託行爲, 약속어음 발행행위는 환어음의 인수와 같이 어음채무의 부담을 목적으로 하는 單獨行爲이다(→어음이론). 환어음과 수표에 있어서는 발행은 지급을 받을 자에 대한 어음금액의 지급을 제3자인 지급인에게 위탁하는 것으로, 발행인은 그 의사표시의 효과로 지급을 받을 자에게 지급인으로부터 어음금액을 수령할 수 있는 권한을 수여하고, 한편 지급인에 대하여서는 자기계산하에 지급을 하는 자금관계상의 권한을 수여하는 二重授權의 효과가 있으며, 또한 법률상의 효과로는 受取人에 대하여 만일 지급인이 인수 또는 지급을 거절한 경우에는 지급 및 인수를 담보하는 책임을 부담한다(어음 9Ⅰ, 手票 12). 이에 대하여 약속어음에 있어서는 발행인 스스로 어음금액의 지급을 약속하는 것으로서, 그 의사표시의 효과로 애당초부터 수취인에 대하여 어음금지급의 絶對的 債務를 부담하므로(어음 78Ⅰ). 발행인의 지급의무는 약속어음발행의 본질적 효력이며, 발행인이 지급에 관한 책임을 면하는 뜻의 기재는 환어음과 수표에 있어서는 그 기재가 없는 것으로 보게 되나(어음 9Ⅱ, 手票 12), 약속어음은 그 자체가 무효로 된다. →어음·수표요건

발행인(發行人)〔어음·手票의〕 〔英〕 drawer 〔獨〕 Aussteller, Trassant 〔佛〕 tireur 어음·수표를 발행하는 자. 換어음에 있어서는 법률의 규정에 의하여 발행인은 遡求義務者로서 인수와 지급을 담보하는 책임을 지는데 불과하고, 그 중 引受擔保責任만은 이를 면할 수 있다(어음 9Ⅱ). 수표에 있어서는 인수제도가 없어 발행인은 支給擔保의 책임만 있다(手票 12). 이에 대하여 약속어음에 있어서는 발행인은 당초부터 主債務者로서 어음금지급의 절대적 책임을 지게 된다(어음 78Ⅰ). 환어음과 수표에 있어서는 어음 외의 관계로 자금관계가 존재하는 것이 보통이다. 발행인의 복수적 기재에 있어서 여러 사람이 중첩적으로 발행인이 되는 것은 문제가 없으나(共同發行), 그 방식에 있어 각 발행인이 連書하든지, 발행인의 하나가 자기의 기명날인 외에 다른 발행인의 대리인으로 기명날인하는 것이 상례이며, 수인의 選擇的 記載는 어음관계의 단순성과 遡求要件의 일정성을 해치므로 인정되지 아니한다는 것이 통설이다. 법률은 환어음과 수표에서 동일인이 발행인과 수취인을 겸하는 것 및 동일인이 발행인과 지급인을 겸하는 것(當事者 資格의 겸병)을 인정한다(어음 3Ⅰ·Ⅱ, 手票 6Ⅰ·Ⅲ). 전자를 自己指示어음·自己指示手票, 후자를 자기앞어음·자기앞수표라 한다. 어음법은 약속어음에는 어음법 3조를 준용치 않고 있으므로 약속어음에는 당사자자격의 겸병이 허용되지 않는다는 견해도 있으나 일반적으로 당사자의 지위겸병을 인정하는 어음법의 취지에 비추어 이를 인정하는 것이 옳으며 통설이다.

발행일(發行日) 어음·수표가 발행된 날로 증권에 기재된 일자. 어음(수표)요건의 하나이다(어음 1vii·75vi, 手票 1v). 發行日字後定期出給어음의 滿期(어음 36Ⅰ·Ⅱ), 一覽出給어음·一覽後定期出給어음 및 手票의 指示期間(어음 34Ⅰ·23Ⅰ, 手票 29Ⅳ), 어음의 約定利子發生時期(어음 5Ⅲ)를 정하는 기준이 된다. 발행인의 능력이나 대리권의 유무 등의 문제에 있어서는 실제로 발행된 일자가 기준이 되지만, 우선은 證券에 기재된 일자가 실제의 발행일자라는 추정을 받게 된다. 발행일의 표시는 어음행위 자체의 내용이 되는 것이지, 실제의 발행일자와 일치하지 않아도 어음·수표의 효력에는 영향이 없다(先日字든지 後日字든지 무관). 발행일의 기재는 가능한 일자일 것, 확정한 일자일 것, 단일한 일자일 것을 요구하고 있다.

발행일결제거래(發行日決濟去來) 유가증권시장에 있어서의 매매거래의 일종이며, 신주(出資證券을 포함) 발행의 경우에 당해 주식에 대한 株金의 納入期日(資本轉入으로 신주를 발행하는 경우에는 그 배정기준일) 이후의 날로서 증권거래소가 정하는 날에 受渡決濟하는 매매거래. 다만, 증권

거래소는 發行日決濟去來에 있어서 당해 주권이 결제기일까지 발행되지 아니하거나 발행될 수 없다고 인정할 때에는 그 결제기일을 변경할 수 있다. 去來員은 발행일결제거래를 결제하여야 할 날에 그의 賣買分을 치감한 수량의 유가증권 또는 대금을 증권거래소에 납부하여야 한다. 발행일거래라고도 한다.

발행일자후정기출급(發行日字後定期出給)**어음** 발행일자로부터 어음에 기재한 일정의 기간을 경과한 날을 滿期로 하는 어음(어음 33Ⅰiii). 기간의 계산에 있어서는 초일을 산입하지 아니한다(73, 77Ⅰiv). 따라서 翌日을 기산일로 하여 말일을 산정하고, 이 말일을 만기로 한다. 주를 기간으로 정한 경우에는 기산일로부터 7일씩 계산하여 그 末日을 산정한다. 月로써 기간을 정하였을 경우에는 지급을 하여야 할 월의 應當日로써 만기로 하고, 응당일이 없을 경우에는 그 月의 末日로써 만기로 한다(36Ⅰ, 77Ⅰii). 日字後 1月半·數月半出給의 어음에 관하여서는 먼저 全月을 계산한다(36Ⅱ). 半月이란 만 15일의 기간을 말한다(36Ⅴ). 8일 또는 15일이란, 1주일 또는 2주일이 아니고, 만 8일 또는 15일을 말한다(36Ⅳ). 曆을 달리하는 二地間에 발행된 어음이 日字後定期出給인 때에는 원칙으로 발행일을 지급지의 曆의 應當日로 계산하고 이에 의하여 만기를 정한다(37Ⅱ·Ⅳ). 기간중의 휴일은 이를 기간에 산입한다(72Ⅱ後, 77Ⅰiv). 기타 어음법에 규정이 없는 것은 민법 156조 이하의 규정에 의한다.

발행지(發行地) 〔獨〕 Ausstellungsort 〔佛〕 lieu de la création 어음(手票)이 발행된 地로서 證券面에 기재된 것. 어음·수표요건의 하나이나, 그 기재가 없는 경우에도 발행인의 명칭에 附記한 地가 있으면 그것을 발행지로 본다(어음 2Ⅳ·76Ⅳ, 手票 2Ⅳ). 국제어음법·수표법에 있어서의 準據法의 결정에 의미가 있는 외에(涉私 34 이하), 만기결정의 표준이 되는 歲曆(어음 37, 手票 30), 지급할 화폐(어음 41Ⅳ, 手票 36Ⅳ), 수표의 지급제시기간(手票 29)들에 관하여서도 의미가 있을 뿐 아니라, 약속어음이나 수표에 지급지의 기재가 없으면 발행지를 지급지로 보는 보충적 기능이 있다(어음 76Ⅲ, 手票 2Ⅲ). 다만 準據法決定의 표준이 되는 것은 사실상 발행행위가 이루어진 地로서, 어음에 기재된 발행지는 일응의 추정을 받을 뿐이고, 또 만기결정의 표준이 되는 歲曆이나 지급될 화폐에 관하여서도 결국 지급지를 표준으로 하면 충분한 것이지 반드시 발행지를 문제삼아야 하는 것은 아니다. 발행지가 이와 같은 뜻을 가지는 것이므로 그 기재는 지급지의 경우와 달라서 표시방법을 특히 엄격하게 한정할 것은 없고, 독립된 최소의 행정구획보다 넓은 지역을 기재해도 무방하나, 단일지를 표시해야 한다는 것이 통설이다(동일 국내인 한 複數地의 기재도 유효하다는 반대설이 있다). 그 발행지로 기재된 지가 실제로 발행된 지와 일치하지 않아도 어음의 효력에 영향이 없다.

발행지법(發行地法) 유가증권이 발행된 장소의 법률. 國際私法上 準據法의 하나이다. 우리나라 섭외사법에 있어서는 환어음·약속어음과 수표상의 遡求權을 행사하는 期間(37Ⅱ但)과, 환어음의 소지인이 그 발행의 원인이 되는 채권을 취득하는 여부(38)에 관하여 준거법이 되는 것으로 하고 있다.

발행지법주의(發行地法主義) 국제사법상 증권상 행위의 효력의 준거법에 관한 견해 중, 증권의 발행행위가 모든 증권상 행위의 기틀이 된다는 이유에서 行爲地法의 법률에 의하여야 한다는 견해를 말한다.

발행필주식(發行畢株式) 〔英〕 issued shares 定款所定의 회사가 발행할 주식의 총수(授權株式)(商 289Ⅰiii) 중에서, 이미 발행되어 있는 주식. 未發行授權株式에 대한 용어이다. 설립시에 발행된 주식(289Ⅰv)과 신주발행에 의하여 발행된 주식으로 이루어지고, 株式消却·株式倂合 등에 의하여 감소한다. 발행필주식의 총수, 그 종류와 각종 주식의 내용과 수 등은 설립등기사항으로 되어 있다(317Ⅱ i·iii). →수권자본

방 계(傍系) →친계, 방계친

방계비속(傍系卑屬) 傍系親 가운데서 共同始祖로부터의 세대수가 본인보다도 먼 친족의 명칭. 방계존속에 대한 관념. 예컨대, 甥姪·從孫 등이다. 민법상 특별한 의의는 없다. →직계비속

방계존속(傍系尊屬) 傍系親 가운데서 共同始祖로부터의 세대수가 본인보다도 가까운 친족의 명칭. 방계비속에 대한 관념. 예컨대 伯叔父母·從祖父母 등이다. 傍系에 尊卑의 구별을 두는 立法例는 적지만 우리나라 민법상으로도 877조 1항이 존속이라면 직계·방계를 묻지 않고 양자로 할 수 없을 것으로 규정한 것이 방계존속이기 때문에 인정되는 유일한 효과이다. →직계존속

방계친(傍系親) 혈통이 兄弟姉妹·從兄弟姉妹와 그 子와 같이 공동의 시조에 의하여 연락된 친족의 총칭. 直系親에 대한 관념. 직계친만큼 긴밀한 친족관계는 아니기 때문에, 8寸 이내의 방계

혈족간의 혼인만을 무효로 하고(民 815 ii), 형제자매도 생계를 같이 하지 않는 한 부양의무가 없는 것으로 하고 있다(974 iii).

방공계획(防空計劃) 전시 또는 사변에 즈음하여 항공기의 내습으로 인한 危害를 방지하고, 이로 인한 피해를 경감하기 위하여 육·해·공군이 행하는 防衛에 應하여 육·해·공군 이외의 자가 행하는 등화관제·소방·방독·피난·구호와 이에 관하여 필요한 감시·통신 또는 警報 등의 실시에 관하여 필요한 설비와 資材의 정비에 관한 계획을 말한다.

방공식별권(防空識別圈) 〔英〕 Air Defence Identification Zone 沿岸國이 국내법상으로 영공에 접속한 일정 범위의 公海上空에 자국의 안전보장을 위하여 관할권을 행사하는 공역을 말한다. 接續空域(contiguous airspace)이라고도 한다. 이것은 속력이 빠른 항공기의 스파이행위나 기습공격에 대하여 자국의 안전을 수호하기 위해서는 영공에 있어서의 관할권 행사만으로는 불충분하며, 그 管轄權을 영해 외의 어느 범위의 공해상공에 까지 확대할 필요가 있다는 이유에서 설정된 것이다. 1950년 미국은 국내법으로 이와 같은 공해상공에의 管轄權을 주장하여 이 공역에 들어오는 비행기에게 비행계획의 제출과 위치보고를 요구하였다(1951년 캐나다·프랑스 등 10개국). 한편 방공식별권의 범위는 국가에 따라 일정하지 않으나 미국의 경우 연안으로부터 1내지 2시간의 비행거리 내의 공해상공으로 하고 있다. 그리고 규제대상도 영공에 진입하려고 하는 항공기만으로 하는 국가와 방공식별권을 통과하는 모든 항공기로 하는 국가가 있으며, 그 위반에 대한 처벌도 오직 벌금을 받는데 그치는 국가와 강력한 군사조치까지 하는 국가가 있는 등 다양하다. 그러나 적어도 强制措置를 수반하는 관할권의 확대는 공해의 항공비행의 자유를 침해하는 것으로서 국제법에 위반된다. 그것은 또한 自衛權 행사의 요건을 충족하지도 못한 것이며, 국제관습법규로서도 성립되지 않은 것이라 한다.

방 면(放免) 〔獨〕 Enthaftung 구형사소송법상의 용어. 피의자의 구속에 해제되어 석방되는 것을 말한다. 無罪·免訴 등의 재판이 선고되었을 때에는 피고인에 대하여 방면의 언도가 있는 것으로 본다(舊刑訴 318 I, 371 I). 현행법은 이와 같은 경우 구속영장은 그 효력을 잃는다고 규정하고 방면이란 말을 쓰지 않는다.

방문판매(訪問販賣) 상품의 販賣業者 또는 用役(일정한 시설을 이용하거나 용역의 제공을 받을 권리를 포함)을 유상으로 제공하는 것을 업으로 하는 자가 방문 등의 방법으로 그의 영업소·대리점 기타 산업자원부령이 정하는 장소 외의 장소에서 계약의 請約을 받거나 계약을 締結(영업소 등 외의 장소에서 권유 등 산업자원부령이 정하는 방법에 의하여 상대방을 유인하여 영업소 등에서 계약의 청약을 받거나 계약을 체결하는 경우를 포함)하여 상품을 판매하거나 용역을 제공하는 것을 말한다(訪問販賣 등에 관한 法律 2 i).

방법(方法)**의 착오**(錯誤) 타격의 착오와 같다.

방사선구역(放射線區域) 외부방사선의 방사선 양이나 공기중 또는 수중의 방사성물질의 농도나 방사성물질에 의하여 오염된 물질의 표면의 오염도가 총리령이 정하는 許容線量·許容濃度 또는 許容汚染度를 초과할 우려가 있는 구역을 말한다(原子 2).

방사성물질(方射性物質) 핵연료물질, 사용후핵연료, 方射性同位原素 및 原子核分裂性 생성물을 말한다(原子 2).

방사성폐기물(放射性廢棄物) 방사성물질 또는 그에 의하여 오염된 물질로서 폐기의 대상이 되는 물질(사용후 핵연료를 포함한다)을 말한다(原子 2).

방서지(傍書地) 어음 또는 수표의 당사자의 명칭에 附記된 곳. 발행인 또는 지급인의 방서지(구상법에서는 見書地)는 발행지 또는 지급지의 기재가 없는 때에는 각각 발행지 또는 지급지 및 지급인의 주소지로 간주된다(어음 2Ⅲ·Ⅳ·76Ⅳ, 手票 2Ⅱ·Ⅳ).

방소항변(妨訴抗辯) 〔獨〕 prozesshindernde Einrede 두 가지 의미가 있다. 첫째로는 원고의 소가 부적법하다고 주장하여 應訴, 즉 本案의 변론을 거부할 수 있는 소송상의 권리를 말한다. 현행법에서는 訴訟費用의 담보신청을 한 피고가 원고의 담보제공시까지 應訴를 거부할 수 있는 경우가 있음에 그친다(民訴 109). 둘째로는 직권조사사항이 아니고 피고의 주장을 기다려 비로소 참작할 訴訟要件의 欠缺(소송장애의 존재)을 주장하여 하는 소의 부적법의 주장을 말한다(예를 들면, 管轄에 관한 抗辯 등이다). 흔히 피고가 소송요건의 欠缺 또는 소송장애의 존재를 주장하여 소의 却下를 신청하는 것은 방소항변이라 부르는 예도 있으나, 항변이라는 말은 부적합하다. 왜냐하면 이와 같은 사유는 상대방의 주장이 없더라도 법원이 직권으로 고려하여야 할 사항이기 때문이다.

방송위원회(放送委員會) 방송의 公的 責任 및 공정성과 공공성을 유지하고 방송내용 전반의 질적 향상을 도모하기 위하여 설치된 방송관계 전문가 및 학식·경험과 덕망이 있는 자 중에서 대통령이 임명한 9인의 위원으로 구성된다. 위원 중 3인은 국회의장이 추천한 자를, 3인은 대법원장이 추천한 자를 임명한다(放送法 11,12). 위원회는 방송의 운용·편성의 基本政策과 廣告放送에 관한 사항, 특별법에 설립된 放送法人의 이사임명의 추천, 방송내용의 향상을 위한 조사·연구 및 연수에 관한 사항, 방송국 및 방송종류의 상호간의 관계·공동사업 및 협조에 관한 사항 등을 심의·결정한다(17).

방송·통신대학(放送·通信大學) 고등학교를 졸업한 자 또는 이와 동등 이상의 學力이 있다고 인정된 자에게 정보·통신매체를 통한 원격교육으로 고등교육을 받을 기회를 부여하여 국가와 사회가 필요로 하는 인재를 양성함과 동시에 열린 學習社會를 구현함으로써 평생교육의 발전에 이바지함을 목적으로 설립된 대학(高等教育法 52). 방송·통신대학은 專門大學課程의 수업연한은 2년으로 하고 學士課程의 수업연한은 4년으로 한다(53).

방수방해죄(防水妨害罪) 水災에 있어서 防水用의 시설 또는 물건을 손괴 또는 은닉하거나 기타 방법으로 방수를 방해하는 罪(刑 180). 公共危險罪이다. 수재에 있어서란 침해의 위험있는 상태가 발생되었을 경우를 말하며, 그 원인이 자연적 현상이거나 溢水 또는 過失溢水이거나를 불문한다. →진화방해죄

방식서소송(方式書訴訟) 법률소송에 대치된 로마의 民事通常 訴訟節次. 당사자가 法務官(쁘라에또르) 기타의 소송을 掌理하는 政務官(마기스뜨라뚜스)과 협력하여 方式書(formula), 즉 쟁송의 요점을 명확히 하고 審判人(→유덱스)이 어떠한 점에 관하여 어떻게 재판할 것인가를 표시한 서면을 작성하고, 이에 기하여 재판이 행하여지는 것을 특징으로 한다. 이 소송절차에 있어서는 일방당사자는 방식서에 의하여 그 권리를 주장하므로, 법률소송에 있어서와는 달라서, 그 언동이 엄격한 방식에 위배하였다고 하여 보호의 길을 빼앗길 염려는 없고, 한편 또 관할정무관이 시민법상 인정되지 않는 법률관계에 관한 방식서의 사용을 승인하면, 市民法이 규정하는 이외의 악치오가 성립하여, 사회정세의 變轉에 卽應한 권리보호가 가능하게 된다. 로마법사의 제2기에 名譽法이 발전하여, 古來의 시민법이 改裝됨에 따라서 새로 萬民法이 형성되게 된 것은, 이 방식서소송의 보급에 기인한다(→명예법). 방식서소송은 디오끌레띠아누스帝의 시대에 소멸하였다.

방식자유(方式自由)**의 원칙**(原則) 〔獨〕 Prinzip der Formenfreiheit 사법상의 契約의 방식에는 법률상 아무런 제한이 없고 자유로 정할 수 있다고 하는 원칙. 봉건제도하에 존재하였던 여러가지 공법적 제한을 타파하고 확립된 것으로 契約自由의 原則의 한 내용이 된다. 그러나, 근래에 와서는 이 원칙에 대하여 다시 많은 제한이 존재한다. 즉 거래의 획일화(어음 등), 법률관계의 명확화(유언 등), 공시의 원칙 적용(등기 등), 약자의 보호(노동단체의 團體協約 등) 등의 이상에서 특수한 방식을 필요로 하는 법률행위가 증가하고 있는 것은 주목할 만한 일이다.

방어방법(防禦方法) →공격방어방법

방어전쟁(防禦戰爭) 攻擊戰爭에 대하여 쓰이는 말. 종래 중립국의 의무 또는 동맹조약에 관하여 사용된 말이다. 구체적인 경우에 교전국이 어떤 것을 공격인가를 식별 판단하는 것은 곤란할 경우가 있다.

방어해면(防禦海面) 전시 또는 내란에 즈음하여 특히 필요할 때에 방어를 목적으로 대통령이 임시로 지정하는 구역. 방어해면을 출입·항해하고자 하는 선박은 해군작전사령관 또는 함대사령관의 허가를 받아야 하고, 漁撈 등의 작업도 원칙으로 제한 또는 금지된다(防禦海面法 4, 6).

방위세(防衛稅) 국방력을 증강하는데 소요되는 재원을 확보하기 위하여 수인·소득·상속·증여·등록·주류 및 재산의 소유와 전화의 사용 등에 대하여 수입물품의 가액 또는 세액을 과세표준으로 하여 부과하는 세(防衛稅法). 直接稅와 間接稅를 포함한다. 1985년 12월 31일까지 시행되었던 한시적인 稅目이다.

방위수역(防衛水域) 〔英〕 sea defense zone ① 1939년의 파나마선언에 의하여 美洲諸國이 설정한 安全水域과 같은 의미. ② 1952년 9월 24일 한국전쟁 중 당시의 국제연합군총사령관 클라크(Mark W. Clark)장군이 한국연안에 선포한 이른바 클라크 라인(Clark Line)을 가리킨다. 그 범위는 대략 1952년 4월 28일 일본과의 평화조약의 발효와 더불어 철폐된 맥아더 라인의 그것과 같다. 1953년 7월 27일 휴전협정이 성립된 후, 8월 26일에 클라크 라인의 停止에 관한 성명이 발표되었다. →안전수역, 평화선

방위주(防衛株) 〔獨〕 Schutzaktien, Schutzstammaktien, Schutzvorzugsaktien 외국자본 또는 불온한 내국자본에 의한 회사의 지배를 방위하기 위하여 발행하는 것으로서, 의결권의 행사·주식의 양도 등이 제한 또는 금지된 주식. 독일에서 발행된 것으로서 의결권의 행사 등을 회사의 지시에 따르게 하는 것으로, 이에 의하여 이사의 회사지배를 유지한다. 소위 貯臟株(→금고주)의 하나로서 법률상은 타인명의이나, 경제상은 회사의 자기주식이다. 동일한 목적으로 이용되는 것에 議決權株가 있으나 방위주는 다수의 의결권을 그 전제로 하는 것이 아닌 점에서 이와 다르다.

방임행위(放任行爲) 적법도 위법도 아닌 행위. 즉 법이 행위자의 임의에 맡기고 감히 관여하지 않는 행위. 예컨대 사람이 임의로 하는 산보·음식·독서 등의 행위를 가리킨다고 한다. 형법상 緊急避難行爲를 放任行爲라고 보는 견해가 있는데, 그것이 형법적 평가의 대상이 되는 행위인 이상 적법이냐 위법이냐의 택일관계에 있는 것이며, 적법도 위법도 아닌 중간행위를 인정하는 것은 스스로 이론구성을 포기하는 결과밖에 되지 않는다. →적법행위

방조범(幇助犯) 종범과 같다.

방지(防止)**의 의무**(義務)〔國際法上의〕〔英〕 prevention 〔獨〕 Verhinderung 〔佛〕 prévention 沮止의 義務라고도 말한다. 중립영역의 불가침으로 말미암아 교전국이 중립영역을 전쟁목적에 이용할 수 없는 의무를 지는 반면에, 또한 중립국 자신도 교전국이 자국영역을 전쟁목적에 이용하는 것을 방지해야 할 의무를 지게 되는 것이다. 이를테면 교전국의 군대나 군함이 중립영역내에서 적대행위를 하는 것을 방지해야 한다든지 혹은 전투상의 이익을 얻기 위한 교전국군대·군함의 중립국영역사용을 방지해야 하는 것 등이다. 이 의무를 默認의 義務·避止의 義務와 더불어 중립의 기본적 의무의 하나로 열거하는 학자도 있으나, 이러한 여러 의무는 모두 특정한 구체적 행위를 내용으로 하는 하나의 의무는 아니고 다수의 동종의 의무를 포괄적으로 총칭하는 관념으로 보아야 한다. →중립영역의 불가침, 묵인의 의무, 피지의 의무

방 해(妨害) 타인의 권리를 행사하지 못하게 하거나 또는 행사하기 곤란하도록 하는 것. 방해의 제거·예방을 하기 위하여 物權的 請求權이 인정된다(民 205, 206).

방해예방청구권(妨害豫防請求權) 物權의 내용의 완전한 실현이 방해를 받을 염려가 있는 경우(예: 담장이 무너져 이웃집을 파손시킬 염려가 있는 때)에, 그 물권에 기하여 방해를 일으킬 염려 있는 사실을 그 지배내에 가지고 있는 자에 대하여, 방해의 예방 또는 손해배상의 담보를 청구하는 권리. 이 권리는 物權的 請求權의 한 형태로서, 물권에서 파생되는 하나의 독립한 효력이다. 그 전형적인 것은, 所有權에 기한 방해예방청구권(→소유물방해예방청구권)과 占有權에 기한 방해예방청구권(→점유물방해예방청구권)이다. 방해가 일단 일어났었을 것은 요건이 아니다. 이미 방해가 일어나 있는 경우에는 그 제거와 함께 장래의 예방을 청구할 수도 있다. →물권적 청구권

방해제거청구권(妨害除去請求權) 〔羅〕 actio negatoria 〔獨〕 negatorischer Anspruch 〔佛〕 action négatoire 物權의 내용의 완전한 실현이 占有의 喪失 이외의 방법으로 방해되고 있는 경우(예: 이웃집 나무가 내집 마당에 쓰러져 있는 경우)에, 그 물권에 기하여 방해를 일으키고 있는 사실을 그 지배내에 가지고 있는 자에 대하여 방해의 제거를 청구하는 권리. 이 권리는 物權的 請求權의 한 형태로서, 물권에서 파생되는 하나의 독립한 효력이며, 妨害排除請求權이라고도 한다. 그 전형적인 것은 소유권에 기한 방해제거청구권(→소유물방해제거청구권)과 점유권에 기한 방해제거청구권(점유물방해제거청구권)이다. 청구권의 상대방은 현재 방해사실을 그 지배내에 가지고 있는 자이며, 과거에는 방해사실이 있었더라도 현재 방해사실이 없는 경우에는 과거의 방해를 이유로 하여 不法行爲로 인한 손해배상을 청구함은 별문제로 하고 방해제거청구권을 행사할 수는 없다. →물권적 청구권

방해죄(妨害罪) 권리자의 일정한 행위 또는 수익을 방해함으로써 성립되는 죄의 총칭. 업무방해죄(刑 314), 공무집행방해죄(136), 防水妨害罪(180), 水利妨害罪(184), 鎭火妨害罪(169), 人權擁護職務妨害罪(139), 葬禮式 등의 방해죄(158), 競賣·入札의 방해죄(315), 選擧妨害罪(128) 따위.

방화죄(放火罪) 〔英〕 arson 〔獨〕 Brandstiftung 〔佛〕 incendie volontaire 불을 놓아 목적물을 燒毁하는 죄(刑 164~168, 174~176). 본죄의 보호법익은 공공의 평온이며(목적물의 소유권도 고려되는 경우가 있다), 公共危險罪의 하나이다. 목적물에 따라 여러가지의 형태가 있다. ① 불을 놓아 사람의 주거에 사용하거나 사람의 현존하는 건조물·기차·전차·자동차·선박·항공기 또는 鑛坑을 燒毁하는 罪(164Ⅰ). 이로 인하여 사람

을 死傷에 이르게 한 때에는 형을 가중한다(164 Ⅱ). 여기서의 사람이란 犯人 이외의 자를 말하며, 妻子도 여기에 포함한다. 건조물 등의 소유권이 범인에 속하느냐는 불문이다. 燒毁의 개념에 관하여는 ㉠ 방화의 매개물을 떠나서 목적물이 독립하여 燃燒를 계속하는 상태에 이르는 것으로 족하다는 견해(獨立燃燒說. 판례의 입장), ㉡ 목적물의 중요한 부분이 소실하여 그 효력을 잃었음을 요한다는 견해(效用喪失說. 通說의 입장), ㉢ 목적물의 중요한 부분의 연소개시 또는 損壞罪에 있어서 필요한 정도의 손괴라고 보는 견해(折衷說) 등이 있다. ② 불을 놓아 公用 또는 共益에 供하는 건조물·기차·전차·자동차·선박·항공기 또는 광갱을 燒毁하는 죄(165). ③ 불을 놓아 ①②에 기재한 이외의 건조물·기차·전차·자동차·선박·항공기 또는 광갱을 燒毁하는 죄(166). ④ 불을 놓아 자기소유에 속하는 ③의 물건을 燒毁하여 공공의 위험을 발생하게 하는 죄(166 Ⅱ, 176 참조). 具體的 危殆犯이며, ③보다 형이 가볍다. ⑤ 불을 놓아 ①②③④에 기재한 이외의 물건을 소훼하여 공공의 위험을 발생하게 하는 죄(167 Ⅰ). ⑥ 그 물건이 자기의 소유인 때는 형이 가볍다(167 Ⅱ, 176 참조). 그리고 ①②③의 미수범(174), 예비·음모(175本)를 처벌한다. 단, 후자의 경우, 실행에 이르기 전에 자수한 때에는 형을 감경 또는 면제한다(175但). 그리고 ④ 또는 ⑥의 죄를 범하여 ①②③에 기재한 물건에 연소하거나 ⑥의 죄를 범하여 ⑤에 기재한 물건에 연소한 때에는 延燒罪(168 Ⅰ·Ⅱ)로써 처벌한다. 이는 結果的 加重犯이며, 후자의 경우가 형이 가볍다.

배 당(配當) 〔英〕 dividend 〔獨〕 Verteilung 〔佛〕 contribution [1] 强制執行 또는 破産節次에서 압류재산 또는 파산재단으로써 다수채권자의 채권에 대하여 割當辨濟를 하는 것. ① 민사소송법상에서는 금전채권에 관한 집행에 있어서 共同押留 또는 配當要求의 결과 다수의 채권자가 경합하는 경우에 그 필요가 생긴다. 우리 법은 平等配當主義를 채용하므로 우선권이 없는 각 채권자는 그 채권액에 따라서 배당을 받는다. 동산에 대한 집행에 있어서는 배당절차에 관하여는 민사소송법 585조 내지 598조에 규정되어 있고, 부동산(또는 선박)에 관한 배당절차에 관하여는 652조 내지 661조에 규정되어 있다. ② 파산법상의 배당은 破産管財人이 파산재단으로써 파산채권자에게 평등하게 변제함을 말하는데, 파산종결원인 중 가장 일반적인 것이다. 배당은 일반채권의 조사종료후 배당함에 적당한 금전이 있다고 인정하는 때에 할 수 있으며(破 228), 强制和議의 제공이 있었을 때에는 중지되는 수가 있다(239). 中間配當, 最後의 配當 및 追加配當의 3종이 있다. 각각 그 항목을 보라.

[2] 회사의 배당은 利益配當, 建設利子를 보라.

배당기(配當期) 이익배당 또는 건설이자의 배당을 하는 시기. 決算期와 같다. 재산목록·대차대조표의 작성, 주주총회나 사원총회의 정기총회의 소집을 하는 시기로서 의의가 있다.

배당기일(配當期日) 〔獨〕 Verteilungstermin 强制執行節次에서 배당절차를 행하는 경우에 配當表에 관한 陳述(채권자의 이의 및 이에 대한 다른 채권자의 진술)을 하게 하고 아울러 배당을 실시하기 위하여 지정되는 기일(民訴 588, 654 이하, 675, 678). 부동산 또는 선박의 강제경매에서는 이 기일은 동시에 競落代金의 지급기일이기도 하다(654, 678).

배당담보계약(配當擔保契約) → 배당보충

배당법원(配當法院) 〔獨〕 Verteilungsgericht 강제집행에 있어서 배당절차가 행하여지는 경우에 그 절차를 행하는 법원. 有體動産執行에 있어서는 금전의 압류지 또는 압류물의 경매지의 執行法院이며(民訴 556 Ⅲ). 채권과 다른 재산권에 대한 집행에 있어서는 최초에 押留命令을 발한 집행법원이다(581 Ⅲ). 부동산에 대한 집행에 있어서는 강제경매 또는 강제관리의 일환을 이루는 것이므로 배당절차를 주재하는 것은 집행법원이다.

배당변제 (配當辨濟) 채무의 변제에 충당할 재산의 총액이 채무의 총액에 달하지 못하는 경우에 채권액에 따라서 按分比例로 변제하는 것. 이 변제방법이 가장 정확하게 실시되는 것은 파산에 있어서이다.

배당보증(配當保證) 〔獨〕 Dividendengarantie 특정한 주식회사에 대하여 일정률의 배당을 가능하게 하기 위하여 보조금의 급여를 목적으로 하는 계약을 체결하여 그 배당을 보증하는 것. 이 계약을 配當擔保契約이라고 한다. 국가 또는 공공단체가 약속하는 경우가 많으나, 콘체른 관계에서 母會社가 子會社에 대하여 배당을 약속하는 일도 있다.

배당소득(配當所得) 內國法人으로부터 받는 이익이나 잉여금의 배당 또는 분배와 건설이자의 배당, 법인격 없는 사단·재단 기타 단체로부터 받는 배당 또는 분배, 擬制配當, 紙上配當, 공사채투자신탁 이외의 증권투자신탁 수익의 배당 등에 관한 소득(所得 17Ⅰ). 소득세의 과세물건인 종합소득의 일종으로서, 그 금액은 당해연도의 총수입금액으로 한다(所得 17 Ⅲ).

배당요구(配當要求) 강제집행에 있어서 압류채권자 이외의 채권자가 집행에 참가하여 변제를 받는 방법. 우리 민사소송법은 독일법과 같이 押留로 인하여 우선권을 취득하는 優先配當主義를 버리고 平等配當主義를 채용하는 까닭에 압류채권자 이외의 채권자도 배당요구에 의하여 평등한 배당을 받을 수 있다. 배당요구의 절차는 押留目的物의 종류에 따라서 다르다. ① 有體動産에 대한 집행에 있어서의 배당요구는 집행력있는 正本을 가진 채권자는 照査節次(執行委任에 의한 배당요구)(民訴 549)에 의하고, 집행력있는 정본을 가지지 아니한 자의 배당요구는 민사소송법 552조 내지 554조의 규정에 따라 행한다. 그 어느 것이나 모두 競賣期日까지 할 수 있다(555). ② 채권과 다른 재산권에 대한 집행에 있어서의 배당요구는 원칙적으로 집행법원에 신청하여야 하며 집행력있는 정본의 유무에 상관이 없다. 집행력있는 정본에 의하지 아니한 배당요구는 민사소송법 553조, 554조 1·2항에 의하여 처리된다(580 Ⅲ 後). 배당요구는 금전채권에 있어서는 압류채권자가 推尋命令에 의하여 추심을 완료하였다고 집행법원에 신고할 때까지 할 수 있으며(569, 580 Ⅰ), 유체동산의 인도를 목적으로 하는 채권의 압류에 있어서는 執行官이 그 물건의 인도를 받아서 이를 換價하여 그 賣得金을 영수할 때까지 배당요구를 할 수 있다(555, 580Ⅰ). 다음에 부동산인도청구권에 대한 압류에 있어서는 그 목적인 부동산이 인도되어 이것을 강제경매 또는 강제관리에 붙였을 때 이 절차로서 배당요구를 할 수 있을 시기까지 할 수 있다(605, 671). 轉付命令이 있은 후(580 Ⅱ) 또는 推尋命令(563 Ⅱ)에서 그 액을 제한한 때에는(565 Ⅱ) 다른 채권자는 배당요구를 할 수 없다. ③ 부동산의 강제경매 및 강제관리에 있어서는 경매개시의 신청을 집행기록에 첨부함으로써 배당요구의 효력이 생기는 경우(기록첨부)(640)와 일반의 배당요구(605)와의 2종이 있다. 강제관리의 경우에는 후자도 執行力있는 정본에 기하여서만 할 수 있다(671).

배당이의(配當異議)**의 소**(訴) 强制執行의 배당절차에 있어서 異議가 완결하지 아니한 때, 이의를 신청한 채권자가 이의에 관하여 이해관계를 가지고 있고 또 이의를 정당하다고 인정하지 않는 다른 채권자를 상대로 이의를 주장하기 위하여 제기하는 소(民訴 592). 本訴의 성질에 관하여는 여러가지 학설이 있으나 통설은 본소송에 의하여 비로소 그 배당액을 형성하게 된다하여 形成의 訴라고 본다. 그러나 배당액의 확정을 구하는 確認의 訴라고 보는 학설이 유력하다. 異議訴訟의 관할은 배당법원이다(594 前). 그러나 소송물이 합의법원에 係屬할 사건이라면, 그 배당법원의 소재지를 관할하는 지방법원합의부이다. 일반의 訴의 取下의 예외로서, 이의를 신청한 채권자가 이의소송의 최초의 변론기일에 출석하지 아니한 때는 소를 취하한 것으로 간주한다(596). 배당기일에 있어서 이의가 완결되지 않으면 이의를 신청한 채권자는 다른 채권자를 상대로 配當異議의 訴를 제기한 사실을 법원에 증명하여야 하며(592Ⅰ前), 이 증명이 없으면 법원은 이의에도 불구하고 배당실시를 명한다(592Ⅰ後). 그러나 이와 같은 경우라도 나중에 종전 配當表에 따라서 배당을 받은 채권자를 상대로 하여 배당이의의 소로서 우선권 기타를 주장하는 권리는 영향을 받지 않는다(593). 부동산·선박의 강제경매 및 강제관리의 경우도 이에 준한다(658, 675Ⅱ, 678).

배당재단(配當財團) 〔獨〕 Verteilungsmasse 파산재단을 환가하여 別除權者·재단채권자에게 변제를 한 후에 파산관리인의 수중에 잔존하는 금전(破 228, 230 참조). 이것이 破産債權者에게 배당된다.

배당조서(配當調書) 배당실시에 관하여 法院書記가 그 상태를 명확하게 하기 위하여 작성하는 조서(民訴 598 참조).

배당표(配當表) 〔獨〕 Teilungsplan, Verteilungsliste [1] 민사소송법상은 배당을 함에 즈음하여 집행관의 압류금액, 賣得金, 추심권자가 추심한 금액, 부동산의 매각대금 또는 강제관리의 수익 등이 배당대상이 된다. 이때에 執行法院(예외: 657Ⅱ)이 작성하여야 할 배당에 관하여 일정한 사항(657Ⅰ 참조)을 기재한 문서. 특별한 이의가 없으면 이에 따라서 배당이 행하여진다. 이의가 낙착되면 배당표를 경정하여 배당을 실시한다.

[2] 파산법상에서는 각 배당(中間配當, 最後의 配當, 예외: 追加配當)마다 파산관재인이 배당에 참가시킬 채권자, 채권액, 우선권의 유무, 그 순위 등을 기재하여 작성하는 문서(破 230). 일정한 경우에는 파산관재인은 배당표를 更正하여 배당을 실시한다(235, 236, 251).

배덕광(背德狂) 〔英〕 moral insanity 선악의 판단을 할 수 없는 정신병. 반드시 책임능력이 모자란 것은 아니다. 프리챠드는 犯罪人은 背德狂이라고 하는 설을 주장하였는데, 그 후 롬브로조도 生來的 犯罪人은 유전생물학적으로 보면 隔世遺

傳에 의하는 것이며 병리적으로는 癲癎(지랄병)이지만, 심리학으로는 바로 背德狂이라 하였다. 현재에는 인정되지 않는다.

배리스터 〔英〕 barrister 영국의 *法廷辯護士*. 영국의 변호사는 배리스터와 솔리시터(事務辯護士)의 두 종류로 나누어지며, 파산사건을 제외하고, 上位法院(superior courts), 즉 일반적 관할권을 가지는 법원에서 당사자를 위하여 변론을 할 수 있는 것은 배리스터에 한한다. 배리스터는 솔리시터를 통하여 변론의 의뢰를 받으며, 배리스터가 의뢰인과 직접 절충하는 것은 辯護士道德에 반한다. 배리스터에 대한 보수는 任意的 謝禮(honorarium)이며, 소송에 의하여 청구할 수 없다. 그 대신 그 직무상의 과실에 대하여 손해배상책임을 지지 않는다. 배리스터가 되려면 *法曹學院*(Inns of Court)의 어느 하나에서 교육을 받은 후, *法廷辯護士試驗*(Bar Examination)에 합격하고, 여기서 실무자격을 받아야 한다.

배분적 정의(配分的正義) 〔羅〕 iustitia distributiva 〔英〕 distributive justice 〔獨〕 verteilende Gerechtigkeit 〔佛〕 justice distributive →정의

배 상(賠償) 사법상으로는 損害賠償의 뜻으로 사용된다. 강화조약에서는 전쟁에 소요된 비용과 전쟁에 직접적인 과료로서 생긴 손해의 일부 또는 전부를 물리기 위하여 보통 패전국가가 승전국가에 대하여 행하는 손해배상을 말한다. →배상금

배상금(賠償金) 〔英〕 indemnity 〔獨〕 Kriegsentschädigung 〔佛〕 indemnités [1] 違法行爲(債務不履行·不法行爲)로 인하여 발생한 손해를 전보하기 위한 금전. 적법행위로 인하여 생긴 손실을 전보하는 보상금과 구별된다. 민법상 손해는 금전으로 배상함을 원칙으로 한다(民 394, 763).

[2] 國際法規의 위반으로부터 발생한 손해를 전보하기 위한 금전. 때로는 강화조약에서 戰勝國이 敗戰國에 課하는 戰費의 보상을 위한 금전의 뜻으로 쓰이는 수도 있다. 陸戰의 *法規慣例*에 관한 條約(1907년) 3조에서는 陸戰法規를 위반한 교전국은 손해가 있을 때는 이에 대한 배상의 책임을 져야 하며 또한 그의 군대를 구성하는 모든 인원의 일체의 행위에 대해 손해배상의 책임을 진다고 규정하고 있다. 그러나 이 문제는 전후에 특히 전승국에 의하여 구체화되는 것이므로 반드시 공정한 것은 아니다. 제1차대전전의 관행은 交戰法規의 침해에 관한 일체의 책임을 전쟁종료후에는 묻지 않게 되었으나 1914년 이후 금전배상과 아울러 개인의 처벌까지 하는 관행으로 발전하고 있다.

배상명령(賠償命令) 범죄의 피해자로 하여금 民事訴訟節次를 거치지 아니하고 배상을 받을 수 있도록 하기 위하여, 일정한 사건의 경우 형사사건을 심리하는 법원에서 형사사건의 판결과 동시에 범죄로 인하여 발생한 손해의 배상을 명함으로써 피해자를 신속히 구제하려는 제도. 제1심 또는 제2심의 刑事公判節次에서 傷害·暴行·窃盜·詐欺등 일정한 죄에 관하여 유죄판결을 선고할 경우에 법원은 직권 또는 피해자나 그 상속인의 신청에 의하여 피고사건의 범죄행위로 인하여 발생한 직접적인 물적피해 및 치료비 손해의 배상을 명할 수 있다(訴訟促進 25). 배상명령은 유죄판결의 선고와 동시에 유죄판결의 主文에 표시하여 하여야 하며 假執行宣告를 붙일 수 있다(31).

배상명령제도(賠償命令制度) 일정한 加罰的 犯罪行爲, 즉 單純傷害(刑 257Ⅰ)·重傷害(258Ⅰ·Ⅱ) 및 傷害致死(259Ⅰ)·暴行致死傷罪(262. 단 尊屬暴行致死傷罪는 제외)·過失致死傷의 罪(제26장)·窃盜와 强盜의 罪(제38장)·詐欺와 恐喝의 罪(제39장)·橫領과 背任의 罪(제40장)·損壞의 罪(제42장)를 심판하는 형사소송절차의 사실심에서 유죄판결을 선고할 경우에 법원이 직권 또는 피해자나 상속인의 신청에 의하여 그 범죄행위로 인해 발생한 직접적인 재산적 손해 및 치료비 손해나 피해자와 피고인간에 합의한 배상액을 피고인에게 지급하도록 명하는 刑事訴訟의 附帶訴訟(Adhäsionsprozeß)을 말한다. 피해자는 제1심 또는 제2심 공판의 辯論終結時까지 신청서에 일정사항을 기재하고 신청인 또는 대리인이 서명·날인하여 이를 피고인의 수에 따른 신청서부본과 함께 법원에 제출하여야 함으로써(訴訟促進 26Ⅱ·Ⅲ) 신청하는데, 배상신청은 민사소송에 있어서의 소의 제기와 동일한 효력이 있다. 배상명령은 유죄판결의 선고와 동시에 하되, 배상의 대상과 금액을 유죄판결의 主文에 표시하여 일정금액의 지급을 명함으로써 한다. 확정된 배상명령 또는 假執行宣告있는 배상명령이 기재된 유죄판결서의 정본은 민사소송법에 의한 강제집행에 관하여는 집행력있는 민사판결 정본과 동일한 효력이 있으며(34Ⅰ), 배상명령이 확정된 때에는 그 認容金額 범위 안에서 피해자는 다른 절차에 의한 손해배상을 청구할 수 없다(34Ⅱ). 지방법원이 민사지방법원과 형사지방법원으로 분리 설치된 경우 배상명령에 대한 請求異議의 訴는 형사지방법원의 소재지를 관할하는 민사지방법원을 제1심판결법원으로 한다(34Ⅲ). 유죄판결에 대한 상소의 제기가 있는 때에는 배상명령은 피고사

건과 함께 上訴審에 移審된다(33 I). 배상명령의 절차비용은 특히 그 부담할 자를 정한 경우를 제외하고는 국고의 부담으로 한다(35). 배상명령제도의 문제점으로 지적되고 있는 것은 형사소송절차가 복잡하게 되어 심리의 신속한 追行에 방해가 된다는 점과 배상명령절차는 당사자의 충분한 공격방어가 보장되고 있지 않다는 점 등이다.

배상보증(賠償保證) 〔獨〕 Schadlosbürgschaft 債務不履行으로 채권자가 채무자로부터 이행을 받지 못한 부분에 관해서만 특히 보증을 하는 것. 채권자는 主債務者로부터 이행을 받지 못하였음을 증명하여 그 부분에 한하여 보증인에게 청구할 수 있다.

배상시설(賠償施設) 交戰國의 일방이 패전으로부터 발생하는 배상의무에 사용하는 시설. 제2차대전전에는 주로 금전으로써 손해를 배상했으나, 제1차대전후의 실례에서 금전배상은 실익이 적다는 것이 밝혀지고 또한 시설배상이 경제의 비군사화를 달성케 한다는 이유로서 제2차대전후의 배상은 포츠담 선언 11항에서 규정한 공정한 實物賠償과 軍需産業의 폐지 등을 목적으로 금전에 의한 배상보다 오히려 시설에 의한 배상이 요구되었다. → 배상금

배상심의회(賠償審議會) 공법상의 손해배상에 관하여 심의·결정하고, 그 결정된 것을 배상금청구인에게 통지하는 권한을 가진 合議制行政官廳. 국가배상법의 개정(1967년 3월 3일 법률 제1899호)으로 배상금청구인이 賠償金請求訴訟을 제기함에는 먼저 賠償審議會의 배상금지급결정을 거치도록 하게 되었다(9). 배상심의회에는 상급심의회인 本部審議會·特別審議會와 하급심의회인 地區審議會가 있다. 특별심의회와 특별심의회소속 지구심의회는 군인 또는 군무원이 타인에게 가한 배상결정을 심의하게 위하여 설치된 것이다(10 I). 本部審議會는 법무부에 두고, 特別審議會는 국방부에 두며, 본부심의회소속 지구심의회는 전국 각 지방검찰청에 두고, 특별심의회소속 지구심의회는 각군본부, 육군군사령부와 군단사령부 등에 둔다(국방부소속군인·군무원의 가해행위로 말미암아 배상금지급신청사건은 특별심의회가 직접 관할한다). 배상심의회는 법무부장관의 지휘를 받는다(10 III).

배상액(賠償額)**의 예정**(豫定) 〔英〕 previously fixed amount of damages 〔獨〕 Vertragsstrafe, Konventional strafe 〔佛〕 clause pénale 미리 債務不履行에 의하여 손해가 발생할 경우를 예상하여, 계약으로 배상액을 정하는 것. 채무의 이행이 불능으로 되면 10만원, 채무의 이행이 1일 늦을 때마다 1,000원이라고 정하는 것이 그 예이며, 違約金·約定損害金이라고도 한다. 이러한 계약이 있으면, 채권자는 채무불이행의 사실만 증명하면 손해의 발생 또는 그 액을 증명하지 않고서도, 豫定額을 청구할 수 있다. 다만 법원은 예정액이 부당하게 과다한 때에는 적당히 減額할 수 있다(民 398 II). 賠償으로서 일정액의 금액을 예정하는 일이 많겠지만 원상회복 기타의 방법을 예정하는 경우도 있으며, 민법은 이 두 경우에 관하여 규정하고 있으나, 효과에 있어서 양자간에는 차이가 없다(398). 그리고 위약금은 배상액의 예정으로 추정된다(398 IV)(→ 위약금). 배상액의 예정과 관련해서 간단히 말할 것은 근로계약에 관해서이다. 즉, 근로계약에 있어서는 근로자를 부당하게 隷屬시키는 일이 없도록 하기 위하여 배상액의 예정이 금지·제한된다(勤基 27, 船員 31).

배상의무(賠償義務) 손해를 배상하여야 할 법률상의 의무. 발생한 손해를 전보하여 될 수 있는 한 손해가 없었던 것과 동일한 상태로 회복시키는 의무를 가리킨다. 그 방법에 있어서는 原狀回復主義와 金錢賠償主義가 있는바 민법은 실제상의 편의에서 금전배상을 원칙으로 한다(民 394, 763). 債務不履行과 不法行爲로 인하여 생긴 손해에 대한 배상의무자는 전자에 있어서는 이행되지 않았던 본래의 채권이 손해배상의 청구를 내용으로 하는 채권으로 변경된 것으로 본래의 채권자의 연장이라는 성질을 가진다. 후자는 불법행위의 성립과 함께 새로 발생하는 채권이다.

배상자(賠償者)**의 대위**(代位) 〔羅〕 subrogatio 〔英〕·〔佛〕 subrogation 〔獨〕 Surrogation 債務者 또는 不法行爲者가 손해배상으로서 채권 또는 불법행위의 목적인 물건 또는 권리의 가액의 전부를 지급한 경우에, 채권자 또는 피해자에 갈음하여, 그 물건 또는 권리 및 이에 갈음하는 것을 법률상 당연히 취득하는 것(民 399, 763). 예를 들면, 시계의 受置人이 시계를 도난당하여 그 시계의 가액의 전액을 任置人에게 배상한 때, 또는 타인의 시계를 毁損한 자가 그 대금의 전액을 배상한 때에는, 도난 또는 훼손된 시계의 소유권은 배상자에게 歸屬한다. 그것은 그 물건 또는 권리를 여전히 채권자 또는 피해자에게 귀속시킬 때에는 채권자는 부당이득을 하고, 실제의 손해를 배상시키려는 손해배상제도의 목적에 반하기 때문이다.

배상적 환취권(賠償的還取權) 〔獨〕 Ersatzaussonderungsrecht 환취권의 목적인 재산을

破産者가 파산선고전에, 또는 破産管財人이 파산선고후에 제3자에게 有償讓渡를 한 경우에 있어서, 본래 환취권을 가져야 하였을 자가, 反對給付의 請求權 또는 파산관재인이 반대급부로서 받은 재산을 자기에 이전할 것을, 파산관재인에게 대하여 요구하는 권리를 말한다(破 83). 代償的 還取權이라고도 한다. 원래 환취권의 목적인 재산은 파산채권에 대한 변제에 사용할 수 없는 것으로서, 만일 이 재산의 처분으로 얻은 재산이 破産財團에 있다면, 還取權者이어야 할 자를 희생해서 재단이 부당이득을 얻은 것이 되므로, 대상물인 재산은 환취권을 가져야 하였을 자에 대한 배상에 충당하는 것이 정의·공평의 요구에 합치되는 까닭에 인정되는 것이다. 이것은 목적물의 재산가치의 귀속자로서의 환취권자인 경우에 한한다. 따라서 轉貸人의 파산의 경우는 元貸主인 소유자에 한하여 이 賠償的 還取權을 가진다. 이 제도는 회사정리 및 화의에 있어서도 인정된다(會整 66, 和 4). → 환취권

배 서(背書) 〔英〕 endorsement 〔獨〕 Indossament 〔佛〕 endossement 유가증권에 특유한 간편한 양도방법인데, 유가증권 중에서도 증권의 교부만으로써 양도될 수 있는 無記名證券에서는 배서문제가 생기지 않으므로, 보통 배서라고 함은 주요한 유가증권인 指示證券의 양도를 목적으로 하는 증권적 행위를 의미한다. 이러한 의미의 배서를 普通背書 또는 讓渡背書라고 하며, 어음·수표·貸物相換證 등의 상법상의 指示證券은 배서가 양도의 성립요건으로 되어 있다(어음 11·77Ⅰi, 手票 14, 商 65, 民 508). 그 외에 추심위임을 위한 推尋委任背書(어음 18·77Ⅰi, 手票 23)나 입질의 목적을 위하여 이용되는 入質背書(어음 19, 77Ⅰi) 등이 있다. 배서의 법률적 성질에 관하여는 債權讓渡說·所有權取得說·債務負擔說 등 여러 학설이 있으나, 배서는 증권상의 권리를 양도하는데 있고, 어음항변의 제한이나 담보적 효력은 법이 특히 부여한 효과에 지나지 않는 것으로서, 그 본질을 債權讓渡行爲로 보는 것이 옳으며(어음 14·77Ⅰi, 手票 17 참조), 또 채권양도설이 다수설로 되어 있다. 배서의 방식은 어음에 관하여는 원본·등본 또는 補箋(어음 13, 67Ⅲ, 77Ⅰi·vi)에, 수표에 관하여는 원본 또는 補箋(手票 16)에 법정사항을 기재하여 배서인이 기명날인하고 證券被背書人에게 교부함으로써 성립한다. 배서를 함에는 배서인의 기명날인이 절대적으로 필요하나, 피배서인을 지정할 필요는 없다. 피배서인을 지정하는 것이 記名式(완전 또는 정식)背書이고, 피배서인을 지정하지 않는 것이 白紙式(무기명식 또는 약식)背書이며, 그 밖에 피배서인의 지정이 없을 뿐만 아니라 적극적으로 所持人에게 지급할 것을 기재한 所持人出給式背書가 있다(어음 13·12Ⅲ·77Ⅰi, 手票 15Ⅳ·16). 그런데 배서는 무조건으로 하여야 하고(어음 12Ⅰ前·77Ⅰi, 手票 15Ⅰ前), 배서에 조건을 붙이면 그로 인하여 배서 자체가 무효가 되는 것은 아니나, 조건의 기재의 효력이 부정되어 무조건의 배서가 되며(어음 12Ⅰ後·77Ⅰi, 手票 15Ⅰ後), 금액의 일부에 관하여서 하는 일부배서는 무효이다(어음 12Ⅱ·77Ⅰi, 手票 15Ⅱ). 양도배서의 효력으로서는 첫째로 증권에 표창된 권리가 배서인으로부터 피배서인에게 이전한다(어음 14Ⅰ·77Ⅰi, 手票 17Ⅰ). 이 이전적 효력은 배서의 본질적인 효력이며 일반의 指名債權讓渡(民 450)보다 강력한 것으로서 채무자에 항변권이 인정되기는 하나 선의의 피배서인에게 대항할 수 없다(抗辯權의 切斷(어음 17, 手票 22)). 둘째로 증권상에 배서의 연속이 있으면 증권의 소지인은 권리자로 推定된다. 그러므로 이러한 소지인은 자기가 실질적인 권리자임을 증명할 필요없이 당연히 권리를 행사할 자격이 인정되고 의무자도 이러한 소지인에게 의무를 이행하면 책임을 면한다. 이 資格授與的 效力은 모든 증권의 배서에 인정되는 효력이다(어음 16·77Ⅰi, 手票 19). 셋째로 배서인은 증권상의 채무가 이행되지 않을 때에는 그를 代償할 담보책임을 진다. 이 담보적 효력은 어음·수표(단, 無擔保背書·期限後背書·背書禁止背書·推尋委任背書 등은 제외)에 관하여 인정된다(어음 15·77Ⅰi, 手票 18). 무기명증권에 관하여는 배서가 문제되지 않으나, 다만 담보책임을 지기 위하여 배서를 하는 수가 있다(手票 20).

배서금지배서(背書禁止背書) 어음·수표의 배서인이 그 후의 배서를 금지하는 뜻(배서금지문구)을 부기한 배서를 말하며, 禁轉背書라고도 한다(어음 15Ⅱ·77Ⅰi, 手票 18Ⅱ). 이러한 배서인도 직접의 피배서인에 대하여는 담보책임을 지나 피배서인이 다시 배서를 하더라도 그 후자(직접의 피배서인의 후자)에 대하여는 아무런 擔保責任을 지지 않는다(어음 15Ⅱ後·77Ⅰi, 手票 18Ⅱ後). 직접의 피배서인에 대하여 담보책임을 지는 점이 무담보배서와 다른데 배서금지배서는 다른 배서인의 담보책임에는 영향을 미치지 않는다. 또 배서금지배서는 背書禁止어음(手票)과도 다르다. 배서금지어음(手票)은 발행인이 배서금지의 문언을 기재한 어음(手票)으로서 이는 어음(手票)의 지시성을 박탈하여 배서의 방법에 의하여는 양도될 수 없으니 배서를 하더라도 무효이며 오로지 민법상의 指

名債權讓渡의 방법에 의해서만 양도될 수 있는데 반해(어음 11Ⅱ · 77Ⅰi, 手票 14Ⅱ), 배서금지배서는 이로써 어음의 배서성을 박탈하는 것이 아니니, 그 후 被背書人은 어음(手票)을 배서양도할 수 있으며, 다만 피배서인이 그를 배서양도하였을 경우 배서금지배서를 한 배서인은 직접의 피배서인에 대한 抗辯權을 담보할 수 있으므로 배서금지배서를 한 배서인에 관한 한, 배서가 금지되어 있는 것과 같은 효과가 생긴다.

배서금지(背書禁止)**어음 · 수표**(手票) 발행인이 배서금지의 뜻(배서금지문언)을 기재한 어음(수표). 指示禁止어음(수표)이라고도 한다. 擔保어음(수표)의 경우에 많이 이용된다. 이러한 어음(수표)은 배서에 의하여 양도할 수 없고, 오로지 민법상의 地名債權讓渡에 관한 방식 및 효력으로써만 양도할 수 있다(어음 11Ⅱ · 77Ⅰi, 手票 5Ⅰii, 14Ⅱ). 이 점이 배서성을 박탈하지 않는 背書禁止背書와 상이하다.

ㅂ

배서금지인수(背書禁止引受) 환어음의 引受人이 배서를 금지하고서 하는 인수. 이는 不單純引受(어음 26Ⅰ)의 하나로서, 引受人은 문언에 따라 책임을 진다. 배서금지인수는 어음의 배서성을 剝奪하는 것이 아니라, 다만 인수인이 소지인의 후자에 대하여 소지인에게 가지고 있던 抗辯과 동일한 항변으로써 대항할 수 있음에 지나지 않는 것이다.

배서(背書)**의 말소**(抹消) 배서의 기재를 塗抹 · 削除 등에 의하여 외관상 제거하는 것. 배서의 말소는 순전히 객관적으로 판단되어야 하고, 말소가 고의 또는 과실로 인한 것인가의 여부, 어떠한 방법으로 누구에 의하여 된 것인가의 여부와 말소된 결과 증권의 소지인을 위하여 이익이 되는가의 여부는 묻지 않는다. 기명식배서의 피배서인의 기재만이 抹消된 경우에는 背書全部의 抹消로 보는 설이 많으나 白紙式背書라고 하는 설도 있다. 말소된 배서는 背書의 連續에 관하여는 기재가 없는 것으로 보고 나머지 배서만으로써 연속의 유무를 결정하게 되므로(어음 16Ⅰ · 77Ⅰi, 手票 19, 商 65, 民 513 Ⅲ), 말소된 결과 배서의 연속이 없게 되는 경우와 도리어 배서의 연속이 있게 되는 경우가 생긴다. 배서의 말소는 그로 인하여 실질적인 권리관계와 형식적 자격이 부합되게 되는 경우와 실질적인 권리자가 형식적 자격을 상실하게 되는 경우가 있다.

배서(背書)**의 연속**(連續) 〔獨〕 ununterbrochene Reihe von Indossamenten 受取人이 제1의 배서인이 되고, 제1의 背書의 被背書人이 다음 배서의 배서인, 즉 제2의 배서의 배서인이 되어, 현재의 所持人에 이르기까지 증권의 기재상 간단없이 계속되고 있는 것. 배서의 연속이 있으면 그에 따른 실질적인 權利移轉이 있는 것으로 추정되어, 소지인은 당연히 권리를 행사할 수 있는 자격이 인정된다(어음 16Ⅰ · 77Ⅰi, 手票 19, 商 65, 民 513Ⅰ). 그러나 배서의 연속이 중단된 경우에도 그 중단된 부분에 대한 실질적 권리의 이전이 있음을 증명하면 權利行使를 할 수 있을 것이다. 배서의 연속은 실질적으로 판단되는 것이 아니라, 오로지 형식적으로 증권의 기재에 의하여 판단되어야 하므로 앞의 배서의 被背書人과 다음 배서의 배서인이 동일인인 경우에도 相異한 명칭으로서 표시되면 연속이 없는 것으로 되고, 그와 반대로 僞造背書 또는 취소된 배서가 있더라도 배서의 연속은 존재할 수 있다. 백지식배서의 다음에 다른 배서가 있는 때에는, 다음 배서의 배서인은 그 백지식배서에 의하여 어음(手票)을 취득한 것으로 보고, 최후의 배서가 白地式背書인 때에는 그 이후의 단순한 소지인에게도 배서의 연속이 있는 것으로 된다(어음 16Ⅰ · 77Ⅰi, 手票 19, 商 65, 民 513Ⅱ). → 배서의 말소

배서(背書)**의 효력**(效力) 배서에는 첫째로 증권에 表彰된 권리가 배서인으로부터 피배서인에게 이전하는 移轉的 效力이 있고(어음 14Ⅰ · 77Ⅰi, 手票 17Ⅰ), 둘째로 증권상에 배서의 연속이 있으면 증권의 소지인은 권리자로 추정되는 資格授與的 效力이 있으며(어음 16Ⅰ · 77Ⅰi, 手票 19), 따라서 배서가 연속된 유가증권의 소지인(그 자가 실질적인 권리자가 아니라도)에게 채무를 이행하면 채무자에 사기 또는 중대한 과실이 없는 한 책임을 면하는 免責效力이 인정되고(어음 40 Ⅲ · 77Ⅰiii, 手票 35 참조), 셋째로 배서인은 증권상의 채무가 이행되지 않을 경우에 그를 代償할 책임을 지게 되는 담보적 효력이 있다(어음 15 · 77Ⅰi, 手票 18). 權利移轉的 效力과 擔保的 效力은 실질적 효력이고, 資格授與的 效力은 형식적 효력이며, 또 이전적 효력은 의사표시에 따른 효력인데 대하여, 담보적 효력과 자격수여적 효력은 법적 효력이다. 권리이전적 효력은 배서의 본질적인 효력이나, 入質背書 · 推尋委任背書에는 이전적 효력이 인정되지 않는다(다만 숨은 추심위임배서에는 이전적 효력을 인정하는 것이 통설이다). 담보적 효력은 배서의 본질적이 효력이 아니므로 배서인의 의사에 의하여 그 전부 또는 일부를 배제할 수 있다. 無擔保背書 · 期限後背書 · 推尋委任背書에는 담보적 효력이 없다.

資格授與的 效力은 모든 배서에 인정되나, 자격수여의 내용은 배서의 성질에 따라 상이하다.

배석판사(陪席判事)　합의부가 판사로써 구성되었을 경우에, 재판장을 제외한 나머지의 판사를 陪席判事라고 한다. 合議部員이라고도 한다. 배석판사는 소송지휘권이 없으나, 재판장에게 고하고 당사자·증인·감정인들에게 물어 볼 수 있다(民訴 126Ⅱ·298Ⅴ·305, 刑訴 161의2Ⅴ, 177, 183, 287Ⅲ). 배석판사가 합의부를 대표하여 그 권한을 행사하는 수도 있다(刑訴 37Ⅳ, 80, 167, 175). → 합의부원

배신행위(背信行爲)　〔英〕 perfidy 〔佛〕 perfidie　전쟁에 있어서 진실을 알릴 의무가 있는데도 불구하고 작전행동의 이익때문에 적을 오류에 빠지게 하는 虛僞의 行爲(휴전기·군사기·적십자기의 부당한 사용, 적의 국기·軍用記章·제복의 부당한 사용, 항복의 위장 등). 해전의 경우에는 국기의 사용에 관해 특별한 규칙이 있다. 배신행위는 위법이며, 戰時重罪를 구성한다. → 통상의 전쟁범죄

배심보험(陪審保險)　陪審員에 당선된 자에게 법원 소재지까지의 여비 등을 지급함을 목적으로 하는 보험.

배심제(陪審制)　〔英〕·〔佛〕 jury 〔獨〕 Schwurgericht　국민 가운데서 선출된 일정수의 법률전문가가 아닌 陪審員(juror)으로써 구성되는 배심이 심판 또는 기소를 하는 제도. 심판을 행하는 것을 審理陪審(公判陪審·審判陪審) 또는 小陪審이라 하고, 기소를 행하는 것을 起訴陪審 또는 大陪審이라고 한다. 배심의 기원에 관하여는 자연발생적인 것이라고 하는 설, 프랑크 시대의 糾問節次에 그 연원이 있다는 설(통설) 등 다툼이 있으나, 여하튼 영국에서 12·13세기경으로부터 발달하였다. 처음에는 증인 또는 범죄사실의 보고자였었으나, 訴를 제기하게 되고, 神判의 소멸과 더불어 스스로 심판을 행하게 되었다. 審理陪審은 프랑스혁명 당시에 프랑스에 수입되고, 다시 1848년에 독일에 수입되었으나, 그 후 독일에서는 이를 폐지하고, 參審判만을 채용하고 있다. 起訴陪審은 프랑스에서도 혁명 당시 일시 채용된데 그치고, 영국에서도 1933년 폐지되었으나, 미국에서는 헌법에서 重罪에 관하여서는 배심의 기소를 필요로 하고 있다. 우리나라에서는 심리배심이나 기소배심 모두 채용하지 아니하였다.

배우자(配偶者)　〔英〕 spouse 〔獨〕 Ehegatte, Ehegattin 〔佛〕 époux, épouse　夫로서 또는 妻로서의 신분을 가지는 자를 그 상대방으로부터 부르는 말. 민법상 배우자는 친족이기는 하지만 (777 iii) 촌수는 없다.

배임수증죄(背任收贈罪)　타인의 사무를 처리하는 자가 그 임무에 관하여 부정한 청탁을 받고 재물 또는 재산상의 이익을 취득하거나, 타인의 사무를 처리하는 자에게 부정한 請託을 하고 재물 또는 재산상의 이익을 공여하는 죄(刑 357Ⅰ·Ⅱ). 본죄의 보호법익은 거래상의 청렴성이며, 본죄는 危殆犯이다. 背任收財罪와 背任贈財罪로 나누어진다. 背任收財罪의 主體는 타인의 사무를 처리하는 자이다(→배임죄). 그 임무에 관하여란 위탁된 사무에 한하지 않으며 그 사무처리와 밀접한 관계를 가지는 행위를 포함한다. 부정한 청탁이란 임무에 관하여 신의성실의 원칙에 위반되는 행위의 의뢰를 의미한다. 재물 또는 재산상의 이익의 취득이나 공여는 부정한 청탁과 관련성이 있어야 한다. 현실의 취득 또는 공여가 있으면 旣遂가 되며(요구·약속만으로는 未遂이다), 배신행위 또는 상대방의 취득이 있음을 요하지 않는다. 부정한 청탁을 요건으로 하는 점에서 공무원의 收賂罪·贈賂罪와 다르다. 범인이 취득한 재물은 몰수하고, 몰수가 불가능하거나 재산상의 이익을 취득한 때에는 그 가액을 추징한다(357Ⅲ). 미수범은 처벌한다(359). 親族相盜例의 준용이 있다(361).

배임죄(背任罪)　〔獨〕 Untreue　타인의 사무를 처리하는 자가 그 임무에 위배하는 행위로써 재산상의 이익을 취득하거나 제3자로 하여금 이를 취득하게 하여 본인에게 손해를 가하는 죄(刑 355Ⅱ). 利益罪이고 利得罪이다. 본죄의 보호법익은 전체로서의 재산(財産狀態)이며, 業務上 背任(356)의 경우에는 형을 가중하고, 背任收財(357Ⅰ) 및 背任贈財(357Ⅱ)의 경우에도 처벌한다(→배임수증재죄). 타인의 신뢰에 위배하여 재산상의 손해를 가하는 점에서 횡령죄와 공통성을 가지나, 배임죄는 전재산에 대한 것인 점에서 개개의 재물에 대한 것인 횡령죄와 구별된다. 배임죄의 본질에 관하여는 타인의 신뢰를 배반하는 점에 배임죄의 본질이 있다고 보는 背信說과 법적 대리권을 남용하는 점에 그 본질이 있다고 보는 權限濫用說이 대립되고 있는데, 배신설이 통설이다. 본죄의 주체는 타인의 사무를 처리하는 자(身分犯)이다. 사무를 처리하게 된 원인의 여하는 불문하며 사무의 성질에 관하여는 ① 재산상의 사무에 국한하는 견해, ② 재산적 이해관계가 있음으로써 족하다는 견해, ③ 재산적인 것임을 요하지 않는다는 견해가 대립한다. 그 임무에 위배하는 행위란 그 사무의 本旨에 따라

서 성실히 처리하여야 할 의무에 위배하는 행위를 말한다. 재산상의 이익을 취득하지 못하면 未遂가 된다. 그 이익은 적극적 이익(예: 소유권의 이전을 받는 것)이든 소극적 이익(예: 채무의 면제)이든 불문한다. 損害란 재산상의 손해이며, 널리 재산상의 가치의 감소를 말한다. 적극적 손해(즉, 기존재산의 감소)이든 소극적 손해(즉, 재산의 증가의 방해)이든 불문한다. 그 감소의 유무는 법률적 판단에 의한 것이 아니라 경제적 평가에 의하여야 한다. 따라서 비록 법률상의 권리로서 존재하고 있어도, 그 실행이 불능인 경우에는 경제적 가치는 전무이고 그 실행이 곤란한 사정이 있으면 경제적 가치는 감소하는 것이다(예: 변제가망이 없는 자에의 대부). 未遂犯을 처벌한다(359). 親族相盜例의 준용이 있다(361).

배척조항(排斥條項) 유보조관과 같다.

배출규제(排出規制) 배출기준을 넘는 오염물질의 배출을 억제하는 規制作用을 말한다. 배출기준을 초과하는 오염물질을 배출하는 자동차의 통행을 통제하는 것이 그 예이다.

배출기준(排出基準) 배출시설에서 배출되는 환경오염물질의 최대허용치를 말한다. 환경기준의 설정방법으로는 보통 濃度規制와 總量規制가 있는데, 배출기준 이상의 오염물질의 배출을 억제함으로써 環境保全의 목적을 달성하려는 것이다.

배출시설(排出施設) 〔英〕 effluent facilities 대기 · 수질 · 토양을 오염시키거나 소음 · 진동 · 악취 등으로 건강과 생활환경에 피해를 주거나 줄 우려가 있는 오염물질 등을 배출하는 시설물 · 기계 · 기구 기타의 물체.

배치전환(配置轉換) 행정정리를 위하거나 사무능률의 향상을 위하여 공무원의 배치의 전환을 행하는 것. 1963년도의 개정 국가공무원법은 이 제도를 채용하였다. → 공무원인사교류

배타성(排他性) 하나의 권리가 있을 때에 그것과 동일한 내용의 권리는 동시에 성립할 수 없는 것. 物權은 배타성을 가지며, 같은 물건 위에는 동일한 내용의 물권은 동시에 성립할 수 없다. 채권에는 배타성이 없고, 같은 내용의 債權이 여러 개가 동시에 성립할 수 있으며, 배타성은 물권과 채권을 구별하는 주요한 차이점이다(→ 물권). 그러나 배타성을 제3자에 대하여 주장하기 위하여서는 제3자를 해하지 않도록 하기 위하여 公示方法을 갖추어야 하며, 이것을 缺하는 물권은 실제에 있어서 배타성을 가지지 못한다. 또한 물권 이외에도 不動産賃借權 · 船舶賃借權 · 無體財産權과 같이 배타성을 가지는 것이 있으므로, 배타성은 물권 뿐만 아니라 널리 支配權이 가지는 특질이라고 할 수 있다.

배타적 경제수역(排他的經濟水域) 해양법에 관한 국제연합협약의 규정에 맞추어 연해 및 접속수역법 2조에 규정된 基線으로부터 그 외측 200해리의 선까지에 이르는 수역 중 대한민국의 영해를 제외한 수역을 말하는 바 대한민국과 對向하거나 인접하고 있는 국가간의 배타적 경제수역의 경계는 국제법을 기초로 관련국간의 합의에 따라 확정한다.

배틀법(法) 〔英〕 Battle Act 켐조항에 대신하는 對共産圈戰略物資禁輸에 관한 미국의 법률(1950년 10월 6일 연방의회가결). 정식으로는 1951년 相互防衛援助統制法(Mutual Defense Assistance Control Act of 1951)이라 한다. 제안자인 하원의원 Battle의 이름을 따서 이와 같이 부른다. 본법은 다음과 같은 점에 있어서 켐조항과 상이하다. ① 禁輸物資를 일층 상세히 규정하고 있다는 것. ② 미국의 경제원조의 정지뿐만 아니라, 군사원조 및 재정원조의 停止까지도 포함하고 있다는 것. ③ 적용기간을 미국이 국제연합하에서 현실적으로 敵對行爲에 참가하고 있는 기간만에 한정하고 있지 않다는 것 등.

배해처분(排害處分) 〔獨〕 Unschädlichmachung 〔佛〕 élimination 반사회적인 위험성이 있는 자를 사회로부터 격리하여 사회에 대한 침해를 예방하는 처분. 넓은 뜻으로는 형벌도 포함하나, 좁은 뜻으로는 보안처분에 한하여 사용된다. 형벌에서는 自由刑 · 流刑 · 死刑, 보안처분에서는 豫防拘禁(또는 保安監護處分)이 이 작용을 한다.

배후지(背後地) 〔英〕 hinterland 〔獨〕 Hinterland 타국가의 영역이 아니고 無主의 지역 또는 토인의 추장 등에 의하여 지배되었기에 無主의 지역과 동일하게 취급되는 지역에 대하여 현실적으로 先占된 지역의 배후에 있으므로 선점의 효력이 미친다고 하는 지역. 현실적인 선점은 배후지에 행하여지지 않고 소위 상징적 선점으로서 장래의 先占 또는 保護關係가 설정됨에 불과하다. 1880년 이후 아프리카대륙에 식민지를 갖는 여러 국가가 특정의 식민지의 보호 · 안전 · 방호 등 필요를 느껴, 이와 근접하는 지역에 배타적 범위를 설정하고 다른 식민국과의 충돌을 피하기 위하여 다른 나라와의 합의하에 조약상의 기초를 獲得하였던 법률상 제도였다. 그러나 배후지는 국제법상 고유의 영역을 구성하는 것이 아니고 또 다른 국가영역에 대하여 정

치상의 세력범위를 주장하여 설정하는 것과도 다르며, 無主 또는 이와 동일시되는 지역에 대하여 배타적인 정치적·경제적 활동의 권리를 유보하며 보장하는 합의에 의하여 설정된, 엄격히는 假裝的 先占의 권리가 주장될 뿐인 前世紀의 한 제도였었다. 이를 넓은 뜻의 세력범위의 하나에 속한다고 하는 설도 있다. → 선점

백골양자(白骨養子) 손자와 동일한 行列에 속하는 양자. 神主養子 또는 神主出後라고도 한다. 종래 우리나라에서는 養子를 함에 있어서 昭穆之序를 존중하는 것이 원칙이었지만 실제에 있어서는 養親과 동일한 항렬에 속하는 자의 孫을 입양하여 祭祀者로 하는 경우가 있었다. 즉 亡父를 繼後者로 간주하고 孫으로 하여금 망부를 승계시키는 것으로 擬制한 것이다. 이것은 물론 變例로서 양자로 될 수 있는 자가 없는 경우에 부득이 한 것이었다. 구법에서는 白骨養子를 인정하지 않았지만 현행민법은 이를 금지하지 않는다.

백 서(白書) 〔英〕 white paper 정부가 국민에 대하여 사회정세를 인식시키기 위한 정치·외교 등의 문제에 관한 사실을 수집하여 발표하는 보고서. 예컨대 經濟白書·議會白書 따위.

백 주(白株) 〔英〕 blank stock 여러 종류의 주식이 있는 경우에 定款으로써 수시로 그 여러 종류의 주식을 발행하기 전에 이를 series로 나누고, 또 그 각 series의 주식의 優先權의 내용·轉換權·議決權·償還條項 등의 내용을 결정하는 권한을 이사회에 위임한 주식. 우리나라에서는 인정되지 않으나(商 344 참조) 미국의 여러 주에서 인정되는바 정관변경의 번거로움을 생략하고 주식발행에 있어서의 시장의 상황에 따른 내용의 주식발행을 가능케 하는 점에서 자본조달에 기동성을 주는 효과가 있다. 우선주가 채권자적 주식이라고 할 수 있다는데서 사채의 경우와 동일하게 그 내용의 결정을 理事會에 위임하는 것이 시인된다.

백지규정(白地規定) 법이 다만 일정한 권한에 관한 규정을 두고 있을 뿐이고 그 處分의 명백한 準則, 즉 처분을 할 것인가 하지 않을 것인가 및 그 시기·장소·상대방·목적물 등에 관한 準則을 정하지 않고 있는 경우를 말한다. 空白規定이라고도 한다. 백지규정에 기한 처분이 羈束裁量에 속하느냐 公益裁量에 속하느냐에 관하여는 특히 문제가 된다. 공익재량으로 보는 견해가 없는 것은 아니나, 통설은 2분하여 처분의 성질상, 국민을 위하여 권리·이익을 부여하는 행위일 때에는 公益裁量行爲이지만 국민의 권리·자유를 침해하는 행위일 때에는 羈束裁量行爲라고 한다.

백지발행(白地發行) 발행인의 記名捺印을 제외한 어음요건의 전부 또는 일부를 후일 보충케 할 의사로써 백지인 채로 어음·수표를 발행하는 것. → 백지어음

백지법규(白地法規) 백지규정과 같다.

백지보증(白地保證) 어음·수표요건의 전부 또는 일부를 공백으로 한 백지어음(수표)에 보증하는 것. 旣存하는 백지어음(수표)에 보증인으로서 기명날인하는 경우와 백지어음(수표)을 작성하고 보증인으로서 기명날인하는 경우가 있다.

백지보충권(白地補充權) 백지어음의 欠缺된 요건을 보충하여 이것을 완전한 어음으로 할 수 있는 권리. 보충권은 백지어음의 어음행위자와 그 상대방과의 사이에 어음관계 이외의 일반사법상의 契約에 의하여 주어지는 권리이다. 그것은 미완성어음을 완성어음으로 하고, 그 위에 한 어음행위의 효력을 발생시키는 권리이므로 形成權이다. 보충권의 시효기간은 만기가 백지인 경우에는 민법 162조 2항에 따라서 20년이라고 할 것이고, 만기가 기재되어 있는 경우에는 주채무자에 대한 권리를 주장하기 위하여는 3년 이내, 遡求權을 행사하기 위하여는 어음법 44조의 일정기간내에 보충권을 행사하여야 한다. 보충권의 내용에 관하여 다른 약정이 없는 때에는 어음수수의 원인관계·거래의 관습 등을 고려하여 신의성실의 요구에 따라서 보충하여야 한다. 補充이 보충계약에 위반하였을 경우, 즉 보충권의 남용이 있을 경우에는 선의 또는 중과실이 없이 어음을 취득한 자에 대하여 백지어음행위자는 그 不當補充의 抗辯으로써 대항하지 못한다(어음 10). 보충권은 白地어음行爲者가 계약에 의하여 상대방에 수여하는 것이나, 상대방은 반드시 자기자신이 이것을 행사할 필요가 없고 백지어음과 같이 타인에게 양도할 수 있다. 보충권자에 의하여 欠缺된 어음요건이 보충된 때에는 백지어음은 완전한 어음으로 되어서 백지어음에 있는 發行·背書·保證 등의 어음행위는 소급적으로 보충된 문언에 따라서 그 효력을 발생한다.

백지보충권(白地補充權)**의 남용**(濫用) 백지어음의 소지인이 백지어음에 부당한 보충을 행한 경우라 하여도 백지어음을 서명한 자는 그 보충된 文言에 따라 어음상의 책임을 져야 한다. 그러나 부당한 보충을 한 자 및 이러한 보충권이 남용이 있는 것을 알았거나 악의 또는 중대한 과실에 대하여 알지 못하고 취득한 자에 대하여는 不當補充의 抗

ㅂ

辯을 제출할 수 있다(어음 10 但, 手票 13 但). 또한 보충권의 남용자에 대하여 백지어음의 서명자는 손해배상의 청구권을 행사할 수 있다. → 백지어음

백지식배서(白地式背書) 〔英〕 blank endorsement 〔獨〕 Blanko-indossament 〔佛〕 endossement en blanc 피배서인을 기재하지 아니한 배서. 無記名背書 또는 略式背書라고도 하며, 記名式背書에 대한 개념이다. 백지식배서에도 두 종류가 있는 바, 하나는 피배서인의 기재는 없으나 背書文言이 있는 경우이고, 다른 하나는 피배서인의 기재와 배서문언의 기재가 없고 다만 배서인의 기명날인만이 있는 경우이다. 전자의 경우에는 어음·수표의 表面·裏面을 가리지 아니하나, 후자의 경우에는 어음·수표의 裏面 또는 補箋에 이를 하지 않으면 배서로서의 효력이 없다(어음 13Ⅱ·77Ⅰi, 手票 16Ⅱ). 백지식배서에 의하여 어음·수표를 취득한 자가 스스로 권리를 행사하려면 被背書人으로서 자기의 명칭을 보충하든 아니하든 상관이 없으며, 또 타인에게 권리를 양도하려면 직접 타인의 명칭을 보충하고 그 자에게 증권을 교부하여도 좋고, 자기의 명칭을 보충하거나 보충하지 아니하고 記名式背書를 하거나 백지식배서를 하여도 좋으며, 또 자기의 명칭과 타인의 명칭을 보충하지 아니하고 또 배서도 아니하고 다만 증권만을 교부하여도 좋은 것이다(어음 14Ⅱ·77Ⅰi, 手票 17Ⅱ). 백지식배서에도 資格授與的 效力(어음 16Ⅰ·77Ⅰi, 手票 19)과 담보적 효력(어음 15·77Ⅰi, 手票 18)이 있으나, 다만 백지 그대로 증권을 교부한 자는 담보책임을 지지 아니한다. 백지식배서는 所持人出給式背書, 즉 피배서인을 특정하지 아니하고, 어음·수표의 소지인을 권리자로 하는 배서와 상이하나, 소지인출급식배서도 백지식배서와 동일한 효력이 있는 것으로 하고 있다(어음 12Ⅲ·77Ⅰi, 手票 15Ⅳ).

백지식양도증서(白地式讓渡證書) 記名株式의 양도에 쓰이며 주권에 주주로서 표시된 양도인의 서명만 있고, 양수인이 지정되어 있지 않은 양도증서. 종래의 백지위임이 붙는 주식양도의 상관습법에 있어서의 백지위임장에 해당하는 것이지만 주권의 선의취득의 관계에서는 양수인의 보호는 그것보다 강화되어 있다.

백지(白地)**어음·수표**(手票) 〔英〕 inchoate instrument 〔獨〕 Blankowechsel, Wechselblankett 어음行爲者(발행인·인수인·배서인·보증인 등)가 소지인으로 하여금 후일 보충시킬 의사로, 어음요건의 전부 또는 일부를 백지로 하고 기명날인한 어음. 수표의 경우에는 白地手票라고 한다. 어음요건의 보충이 유보되어 있는 점에서 미완성어음이며, 불완전어음과 다르다. 어음거래의 실제에 적합하므로 관습법상 널리 인정되어 있으며, 우리 어음법(수표법)도 백지어음(수표)의 유효를 전제로 하는 규정을 두고 있다(어음 10, 手票 13). 백지어음이 되기 위해서는 최소한 어음행위자의 기명날인을 필요로 하는 이외에, 어음요건의 전부(인수인의 기명날인만 있는 소위 白地引受의 경우) 또는 일부(어음금액·만기·발행일 등)가 결여되어 있을 것과, 그 요건의 보충이 어음取得者에게 위탁되어 있음을 요한다. 백지어음은 언제든지 소지인이 그 백지를 보충하여 어음상의 권리를 행사할 수 있고, 또 백지를 보충하지 아니하고 완전한 어음과 동일한 방법으로 이전할 수 있는 것이 관습법상 인정되어 있으며, 이 경우에 白地補充權도 당연히 백지어음에 부착하여 이전한다. 따라서 善意取得의 規定(어음 16Ⅱ)도 적용되며, 상실의 경우에는 公示催告節次에 의한 除權判決을 구할 수도 있다. 백지어음의 보충권은 어음행위자와 그 상대방인 어음취득자간의 보충권수여계약에 의하여 발생한다. 形成權의 일종이며 일단 수여한 이상, 어음의 회수없이 철회할 수 없다. 보충권행사의 시기에 관하여 특약이 없으면 만기의 기재가 있는 때에는 主債務者(인수인 또는 약속어음의 발행인)에 대한 관계에 있어서는 만기로부터 3년의 시효기간내(어음 70Ⅰ)에 보충하여야 하고, 償還義務者에 대한 관계에 있어서는 支給拒絶證書作成期間內(어음 44Ⅲ)에 보충하여야 하며, 만기가 백지인 경우에는 보충권이 시효소멸하기 전에 행사되어야 하므로, 백지어음 교부시부터 20년내에 보충하면 된다. 백지가 보충권자에 의하여 보충되면 어음은 완성하고 어음행위자는 보충된 문언에 따라서 책임이 발생하나, 어음행위는 행위당시에 소급하여 성립한 것이므로 어음능력·대리권의 유무 등의 결정은 기명날인 당시를 표준으로 한다. 보충권의 행사가 補充權授與契約에 위반한 때에는 백지어음행위자는 위반자에게는 대항할 수 있으나, 부당보충어음을 악의 또는 중대한 과실없이 취득한 자에 대하여는, 그 위반으로써 대항하지 못한다(어음 10, 手票 13).

백지위임장(白地委任狀) 일부를 기재하지 않고 남겨놓고 일정한 사람에게 그것을 보충시키고자 하는 형식으로 된 위임장. 여러가지의 종류가 있다. ① 委任事項을 기재하지 않는 것. 어떤 사람에게 公正證書의 작성을 위임하는 경우에, 위임사항을 쓰지 않고 두어 公證人의 지시에 따라 기입할 것을 그 사람에게 위임하는 것이 그 예. 이 경우

에 만일 受任者가 위임받은 이외의 사항을 기입하는 때에는 대리권의 범위를 넘게 되지만, 公正證書에 의한 거래의 상대방에 대하여는 권한을 넘은 表見代理(民 126 참조)가 되는 경우가 많다. 다만 그 사람이 위임자에 대하여, 계약위반의 책임을 져야 함은 물론이다. ② 受任者를 기재하지 않는 것. 주요한 경우가 세 가지 있다. ㉠ 주주총회에 출석하지 않는 주주가 議決權을 행사할 대리인을 백지로 하여 회사에 보내는 것(→의결권의 대리행사), ㉡ 記名株式을 양도할 때에 첨부되는 名義改書의 백지위임장(→백지위임장부주식양도), ㉢ 계약의 당사자의 일방이 후일에 그 계약에 관해서 분쟁이 생긴 경우의 해결을 위하여 자기를 대리할 자는 백지로 하여 그 결정을 상대방에게 위임하는 것. 家屋賃借契約에 있어서 賃貸人이 賃借人으로부터 미리 이와 같은 백지위임장을 받아 두었다가 이것을 이용하여 자기가 임차인의 대리인을 정하여 借賃支給·家屋明渡 등의 卽決和解를 하는 것이 그 예인 바, 이것은 雙方代理를 금지하고 있는데 비추어 당사자의 窮迫·輕率 또는 無經驗으로 인한 불공정한 법률행위로서 무효로 보아야 할 경우가 많을 것이다(104 참조).

백지위임장부주식양도(白紙委任狀附株式讓渡) 記名株券에 주식의 名義改書의 백지위임장과 처분승낙서와를 첨부하여 讓受人에게 인도함으로써 이루어지는 기명주식의 양도방법. 舊商法하에서 주식의 양도는 명의개서를 하지 아니하면 회사 기타의 제3자에 대항할 수 없는 불편이 있었기 때문에(舊商 206Ⅱ), 이는 商慣習法으로서 인정되었고 讓受人은 이의 인도만으로 자유로이 전전유통시켜, 회사에 대하여 株主로서 대항하고자 하는 자가 백지위임장의 백지를 보충하여 명의개서를 청구하면 되었으므로, 실제상 無記名株式과 같은 유통성이 있었다. 상법은 그 후 양도증서에 의한 주식양도의 단계를 거쳐 현행상법은 기명주식도 단순한 주권의 교부만으로 양도할 수 있도록 규정하였다(336Ⅰ).

백지인수(白地引受) 〔英〕 Blankoakzept 환어음의 지급인이 未完成어음에 대하여 하는 引受. 기존의 백지어음에 인수를 하는 경우와, 인수인 자신이 작성한 어음, 즉 발행인의 기명날인이 없는 백지어음에 인수를 하는 경우가 있으며, 후자의 경우에는 요건의 전부를 缺한 어음에 단순히 인수인의 기명날인만이 존재하는 극단의 것도 있을 수 있다(純粹白紙引受). 이 백지인수어음은 위와 같이 백지어음에 인수한 것이므로 그 유통에 관한 한 백지어음과 같다.

백지형벌법규(白地刑罰法規) 백지형법과 같다.

백지형법(白地刑法) 〔獨〕 Blankettstrafgesetz 일정한 형벌만을 법률로써 명확히 규정하고, 이에 대하는 犯罪構成要件의 전부 또는 일부에 관한 규정은 다른 법률 또는 명령에 위임하고 있는 형벌법규. 白地刑罰法規 또는 空白刑罰法規라고도 부르며 完全刑法(完全刑罰法規)에 대하는 개념이다. 형법 112조와 같이 외국간의 교전에 있어서 중립에 관한 명령에 위반한 자에 대한 형벌을 규정하면서 범죄를 구성할 위반행위에 관하여는 중립명령에 위임하고 있는 법규가 그 일례이다. 행정적인 벌칙에 그 예가 많다.

백 치(白痴) 정신박약의 한 형태. 지능지수가 가장 낮다. 지능지수에 의하여 痴愚·魯鈍과 구별되지만 비교적인 개념이며, 나라에 따라 다르다. 독일에서는 지수 35 이하, 미국에서는 25 이하라고 한다. 50 이하라고 하는 자도 있다. 우리나라에서는 최근 미국식을 취하는 자가 많다. 이에 의하면, 2세 정도의 지능으로, 개념형성·수·시간·공간의 이해가 없고, 운동은 굼뜨고 미련하고 지속성이 없다. 失火·暴行 등의 犯罪行爲로 나올 위험이 있다.

백헌총요(百憲摠要) 吏·戶·禮·兵·刑·工 各司의 受敎 중 牧民行政에 필요한 규정만 발췌하여 편찬한 것. 규정 중 그 紀年, 王代陵墓, 墓地 등이 正祖로 그치고 있는 점으로 보아 정조말엽의 편찬으로 생각된다. 편자미상. 寫本으로 상·하 2권 2책이 현존.

버마·일본평화조약(日本平和條約) 일본과의 平和條約締結을 위한 샌프란시스코 회의에 대표를 보내지 않은 버마(현 미얀마)는 1952년 4월 30일 일본과의 전쟁상태의 종결을 선언하고, 1954년 11월 5일 일본과 평화조약을 체결. 1955년 4월에 발효하였다.

버지니아권리장전(權利章典) 近代立憲主義憲法의 始源으로 불리우는 미국버지니아주헌법(1776년 제정) 중 기본적 인권을 규정한 부분을 말한다. 버지니아헌법은 그 당시의 공통된 헌법형태로서 크게 ① 통치기구, 즉 3權分立을 원칙으로 한 통치기구에 관한 규정들과 ② 權利章典, 즉 기본적 인권(자유와 평화)에 관한 규정들로 구성되어 있다.

번 역(飜譯) 국어아닌 문자 또는 부호는 번역하게 하여야 한다(刑訴 182). 通譯과 마찬가지로, 鑑定의 규정이 준용된다(183). 법원으로부터 번역의 명을 받은 자를 번역인이라 하며, 선서한 번역인이 허위의 번역을 하면 虛僞飜譯罪(刑 154)가 성립한다.

번역권(飜譯權) 어떤 저작물을 외국어로 번역할 수 있는 권리. 번역권은 당연히 저작자에게 속하고(著 21 참조), 저작자 이외의 자는 저작권자의 (채권적)허락이나 번역권의 物權的 讓渡를 받은 경우에 한하여 적법하게 번역할 수가 있다. 타인의 저작물을 번역한 자는 원저작자의 권리를 해치지 않는 범위내에서 저작권법상의 저작자로 간주된다(5 참조).

번역인(飜譯人) →번역

벌과금(罰科金) 범칙금 · 과태료 · 벌금 및 과료 등을 통칭하는 말. 범칙금은 도로교통법과 경범죄처벌법상의 규정을 위반했으나 그 정도가 가벼울 경우에는 굳이 법원의 판결을 받아야 되는 번거로움을 피하기 위해 경찰서장의 通告處分만으로 일정액을 납부하는 것을, 과태료는 행정법상의 의무를 위반한 경우 가해지는 行政的 制裁措置를 말하며, 벌금은 財産刑 刑罰로서 범죄에 대해 법원의 판결로 부과하게 되는 것을 그리고 과료는 벌금과 같되 액수가 5천원 이상 3만원 미만에 해당하는 것을 말한다.

벌 금(罰金) 〔獨〕 Geldstrafe 형법이 규정하는 刑罰의 일종이며(41 vi), 科料와 더불어 財産刑이다. 그 금액이 많다는 점에서 과료와 구별된다. 罰金은 5만원 이상이다(45). 罰金의 재판은 검사의 명령에 의하여, 민사소송법의 집행에 관한 규정을 준용하여 집행된다(刑訴 477). 벌금은 판결확정일로부터 30일내에 납입하여야 하며(刑 69 I 本) 벌금을 선고할 때에는 동시에 그 금액을 완납할 때까지 勞役場留置를 명할 수 있다(69 I 但). 벌금을 납입하지 아니한 자는 1일 이상 3년 이하의 기간 노역장에 유치하여 작업을 복무하게 한다(69 II).

벌금형(罰金刑) 형법에 규정하는 主刑의 하나로(刑 41) 財産刑 중 가장 중요한 것. 그 액은 5만원 이상이며(45), 판결확정일로부터 30일내에 납입함을 요한다. 소정의 벌금을 완납하지 않는 자는 1일 이상 3년 이하의 기간 勞役場에 유치하여 작업에 복무케 한다(69). 벌금의 기원은 오래되며, 오늘날에 있어서도 경미한 범죄에 대한 제재로서 또는 短期自由刑의 결함을 보충하는 뜻으로 존속하고 있으며, 그 범위는 차츰 확대되어 가는 경향에 있다(輕犯罪處罰法 참조).

벌책성론(罰責性論) 〔獨〕 Verantwortlichkeitstheorie 종래의 책임 범주에 刑罰目的論의 관점을 끌어들여 책임과 예방적 처벌의 필요성이란 두 가지 요소를 결합하여 종래의 책임 범주 대신에 벌책성 범주를 범죄성립의 마지막 단계로 구성하려는 이론을 말한다. 이 벌책성론은 Roxin이 창안한 것으로서 책임을 意思責任論에서처럼 타행위가능성으로 이해하지 않고 극히 실용적인 의미에서 規範的 感應可能性으로 이해한다. 그러나 책임, 즉 행위자의 規範的 適應可能性(Normative Ansprechbarkeit des Täters)만으로는 아직 처벌의 전제되는 벌책성이 인정되지 않는다. 책임 외에 특별예방적 · 일반예방적 처벌필요성이 구비될 때 비로소 행위의 가벌성은 확정된다는 것이다. 이 豫防的 處罰必要性과 관련하여서 행위자의 인격이나 생활영역 등이 특히 인식없는 過失이나 禁止錯誤, 量刑 등에서 고려될 수 있다고 한다.

벌처 캐피탈 〔英〕 vulture capital 파산한 기업이나 경영이 부실한 회사를 저가에 인수해 경영을 정상화시킨 뒤 매각해 단기간에 고수익을 올리는 자금을 말한다. 다시말해 썩은 고기를 먹는 독수리의 습성을 비유, 부실한 자산을 인수해 차익을 내는 자금이라는 의미이다. 이것은 資金管理者의 능력에 따라 큰 차익을 낼 수 있어 투기성이 강하다.

벌 칙(罰則) 어떤 행위를 명하거나 제한하거나 금지하는 규정에의 위반에 대하여, 벌을 과할 것을 정하는 규정. 법률로써 정하여지는 것이 원칙이며(憲 12 I), 大統領令 기타의 命令은 법률이 구체적으로 범위를 정하여서 하는 위임이 없는 한 벌칙을 둘 수 없다. 서울특별시 · 광역시 · 도의 條例는 조례위반행위에 대하여 1천만원 이하의 과태료를 정할 수 있다(地自 20). →양벌규정

범미연합(汎美聯合) →전미기구

범 선(帆船) 〔英〕 sailing ship, sailer 〔獨〕 Segelschiff 주로 돛(帆)으로 운항하는 선박. 汽船에 대하는 것이며, 구상법상으로는 海難救助의 경우의 1선박내의 구조료의 분배에 있어서 기선과 달리 취급하였으나(舊商 805 I), 현행 상법은 기선과 범선의 구별을 없애고 있다(854 I 참조).

범(汎)**셈족주의**(族主義) 유럽 여러 나라의 유태인의 배척운동. 민족주의, 國粹主義의 영향으로 19세기부터 존재하였다. 특히 나치스가 대규모로 박해하여 유태인을 국외로 추방하였다.

범(汎)**슬라브주의**(主義) 〔英〕 Pan-Slavism 범러시아주의. 모든 슬라브 민족의 문화적 · 정치적 통합을 도모하는 주의. 18세기 말에 기원하

여 1848년 전슬라브회의를 프라하에서 개최하였다. 19세기 중엽 이후 제정 러시아가 外交政策으로 이용하여 발칸 침략의 구실로 삼았다. 제1차세계대전과 러시아혁명으로 인하여 단절되었다.

범(汎)**아랍주의**(主義) 〔英〕 Pan- Arabism 범이슬람주의. 回教를 신봉하는 중·근동의 아랍 각국의 민족적인 통일세력 결성의 사상과 운동. 19세기초 터키 지배하에서 해방되려던 아랍 民族主義에서 시작되었으며, 제1차대전 후는 중·근동의 영국의 分割支配方式의 영향으로 다시 대두되었다. 현재 아랍연합을 중심세력으로 하여 이스라엘과 대립하고 있음.

범아세아주의(汎亞細亞主義) 〔英〕 Pan-Asianism 유럽의 세력을 몰아내고 아시아 사람만으로 아시아를 건설하자는 주의. 즉 아시아의 모든 민족은 유럽의 여러 민족과는 근본적으로 다른 思想·宗敎 및 利害關係를 가졌기 때문에 아시아의 모든 민족은 단결하여야 한다는 것이다.

범 의(犯意) 故意와 같다. 다만 고의는 범죄사실의 인식에 한하고, 범의는 위법성의 의식 또는 그 가능성을 포함하는 의미로 쓰이기도 한다.

범의(犯意)**의 표시**(表示) 자기에게 일정한 범죄를 범할 決意가 있는 것을 구술·서면·태도 등으로 표시하는 것. 범의를 실현할 목적으로 한 것이 아닌한 豫備와 구별되어 처벌되지 않는다. 예외로서 협박죄가 되며(刑 283), 2인 이상의 상호적 표시가 음모가 되는 경우도 있다(90, 101, 120, 290). →음모, 예비

범인은닉죄(犯人隱匿罪) 〔英〕 harbouring 〔獨〕 persönliche Begünstigung 〔佛〕 recel de criminel 罰金 이상의 형에 해당하는 죄를 범한 자를 隱匿 또는 逃避하게 하는 죄(刑 151 I). 본죄의 보호법익은 형사사법에 관한 국권의 작용이다. 죄를 범한 자라 함은 실제로 벌금 이상의 형에 해당하는 죄를 범한 자 뿐만 아니라, 그 혐의를 받고 수사 또는 소추중에 있는 자도 포함된다고 본다(판례도 같다). 그러나 告訴權의 소멸, 時效의 완성, 赦免 등에 의하여 공소권이 소멸된 자는 죄를 범한 자에서 제외된다. 親告罪에 있어서 고소의 제기가 없더라도 본죄는 성립한다. 은닉은 관헌의 발견·체포를 면할 수 있는 장소를 제공하는 것. 도피는 은닉 이외의 방법으로 관헌의 발견·체포를 면하게 하는 일체의 행위를 말한다. 범인 또는 도피자 자신의 도피행위는 죄가 되지 않으며, 타인을 교사하여 자기를 은닉·도피하게 한 경우에도 敎唆犯이 성립되지 않는다고 본다(판례반대). 친족·호주 또는 동거의 가족이 본인을 위하여 은닉·도피시켜준 때에는 처벌하지 아니한다(151 II).

범 죄(犯罪) 〔英〕 crime 〔獨〕 Verbrechen 〔佛〕 infraction 범죄의 개념에는 두개의 의의가 있다. 하나는 實質的 意義로서, 이러한 의미의 범죄는 일반사회의 생활질서를 침해하는 반사회적·반문화적·반규범적 행위로서, 형벌을 과할 가치가 있고 필요가 있고 가능성이 있는 행위이다. 또 하나는 형식적 의의로서, 범죄의 刑法的 槪念이다. 이러한 의미의 범죄는 실정법에 의하여 형벌이 과하여지는 행위, 즉 형벌법규에 제정된 構成要件에 해당하고, 객관적 법질서에 위반하고 또 그 행위에 대하여 행위자를 비난할 수 있는 행위이다. 환언하면 형식적 의의의 범죄라 함은 구성요건에 해당하고 違法·有責한 行爲이다.

범죄가족(犯罪家族) →범죄인가계

범죄공동설(犯罪共同說) 여러 사람이 공동하여 특정한 범죄를 행하는 것이 共同正犯이라는 說. 行爲共同說에 대한다. 범죄공동설에 의하면, 공동정범의 주관적 요건으로서의 共同實行의 의사는 특정의 범죄에 있어서 故意를 공동으로 하는 것으로 이해되고, 過失犯의 共同正犯·故意犯과 과실범과의 공동정범은 부정된다. 또 객관적 요건으로서의 공동실행의 사실에 관하여는 각 공동자의 실행행위는 특정한 1개의 犯罪構成要件에 해당함을 요한다고 하고, 상이한 여러 개의 범죄구성요건간의 공동정범은 부정된다.

범죄공용물(犯罪共用物) 沒收의 目的物의 하나. 범죄행위에 제공하거나 또는 제공하려고 한 물건. 살해의 사용에 제공한 흉기·주거침입에 사용한 사닥다리 따위(刑 48 I i).

범죄구성사실(犯罪構成事實) 법률상의 구성요건에 해당하는 구체적인 사실. 구성요건은 사실이 抽象된 觀念이고, 범죄구성사실은 여기에 해당하는 구체적 사실이다. 그런데 구성요건의 의미로서 쓰여지는 경우도 있으나 타당하지 않다. 형법에 있어서의 죄의 성립요소인 사실(13, 14), 형사소송법에 있어서의 범죄될 사실(323 I)은 犯罪構成事實을 말하는 것으로 해석된다.

범죄구성요건(犯罪構成要件) 〔獨〕 Deliktestatbestand 형법 각칙의 刑罰規範 중에서 可罰性을 이루는 모든 전제조건들의 총화를 말한다. 刑法各則에서 살인죄·절도죄·상해죄 등 범죄유형의 형상을 부여하는 불법표지들처럼 형법적으로 의

미있는 불법을 근거지우거나 가중시키거나 감경시키는 刑罰規範의 모든 표지가 불법구성요건으로서 이 범죄구성요건에 속한다. 또한 형법 각칙의 여러 형벌규범 중에 들어 있는 특별한 責任標識도 이 범죄구성요건에 속한다. 여기서 특별한 책임표지란 우선 행위자의 일정한 책임관련적 동기를 말한다. 그것은 행위자의 심정을 특징지어 주는 것이기 때문에 흔히 행위자의 心情標識 또는 心情反價値라고 부른다. 예컨대 영아살해죄(刑 251)에 있어서 특히 참작할 만한 동기가 그것이다. 이 심정표지 이외도 얼핏 객관적 구성요건의 외적 표지로 보이지만 그 실제적인 내용은 不法과 관련되지 아니하고 책임에 유관한 동기와 직접 관련되는 소위 客觀的 責任標識도 특별한 책임표지를 구성한다. 위의 영아살해죄에서 치욕은폐, 양육 불능의 예상 따위가 그 예에 해당한다. 이처럼 특별히 책임을 형성하는 표지가 법률로 기술되어 있을 때, 이것을 불법구성요건과 구별하여 責任構成要件이라 부른다. 그 밖에도 객관적 처벌조건이 이 범죄구성요건에 속한다. 예컨대 事前收賂罪(129Ⅱ)에서 실제 공무원 또는 중재인이 된 때, 權利行使妨害罪(323)에서 타인의 권리행사를 방해한 때 및 强制執行免脫罪(327)에서 채권자를 해한 때 등의 객관적 처벌조건도 형법각칙의 형벌규범 속에 포함되어 범죄구성요건의 일부를 이룬다. 이 범죄구성요건은 不法構成要件과 責任構成要件 및 客觀的 處罰條件을 포괄하는 것으로서 좁은 뜻의 구성요건인 불법구성요건보다는 그 범위가 넓기 때문에 이를 넓은 뜻의 구성요건이라고 지칭한다.

범죄능력(犯罪能力) 형법 각 본조에 소정의 위법 침해를 발생케 할 수 있는 사실상의 능력. 책임능력보다 범죄능력은 더 광범위하나 일반적인 범죄능력에 대한 특별 범죄능력은 모든 *身分犯*에서 요구되는 특수한 신분 또는 관계를 조건부로 한다(刑 123, 151, 344). 구체적으로 말하면 미성년자(9), 농아자(11), 또는 심신장애자(지적 장애·정신병·치자), 정신이상자는 사회생활에 있어서 평균인도 못되므로 법을 준수할 능력의 유무 또는 많고 적음에 의하여 범죄인인 사람의 범위를 한정하고 있다.

범죄단체(犯罪團體) 범죄를 목적으로 하는 단체. 이와 같은 목적으로 단체를 조직하거나 이에 가입한 자는 그 목적한 죄에 규정한 형으로써 처벌된다(刑 114).

범죄단체조직죄(犯罪團體組織罪) 범죄를 목적으로 하는 단체를 조직하거나 이에 가입하든가, 兵役 또는 納稅의 의무를 거부할 목적으로 단체를 조직하거나 이에 가입하는 죄(刑 114Ⅰ·Ⅱ). 집단적 범죄의 경향 및 그 위험성에 비추어 형법이 새로이 규정한 것이다. 형법 이외에 범죄단체의 조직·가입을 처벌하는 것으로서는 국가보안법(3)·폭력행위 등 처벌에 관한 법률(4) 등이 있다.

범죄(犯罪)**될 사실**(事實) 犯罪構成事實, 즉 특정의 구성요건에 해당하고, 違法하고 有責한 구체적 사실. 유죄판결의 이유에 명시하여야 할 사항 중의 하나이다(→판결이유). 이를 표시함에 있어서는 당해 구성요건에 해당함을 인식함에 충분하도록 구체적으로 명시하여 刑法(기타 處罰法) 각 본조를 적용하는 사실상의 근거를 확인할 수 있는 정도가 아니면 안된다. 어느 구성요건에 해당하는가 명백하지 아니한 때에는 이유불비의 위법이 있어 抗訴理由가 된다(刑訴 361의5 xi). 그러나 그 사실의 違法性·責任性은 이를 표시할 필요는 없다. 旣遂·未遂(中止犯)·正犯·共犯 또는 累犯加重의 원인인 前科 등은 표시하여야 하며, 처벌조건을 필요로 할 경우에는 처벌조건도 표시하여야 한다. 刑의 量定, 형의 선고유예, 執行猶豫, 任意的 減刑 등의 사유는 범죄될 사실에 속하지 않으며, 또 親告罪의 고소는 소송조건인 사실이고 범죄될 사실이 아니므로 이를 표시할 필요는 없다. 또 情狀에 의하여 자격정지·벌금을 과할 수 있는 경우(예: 刑 295, 345)의 정상도 표시할 필요가 없다. 그러나 사실은 구체적임을 요하며 장소적·시간적으로 특정된 것이 아니면 안되므로, 일시·장소는 범죄될 사실의 요소라 보아야 할 것이다(판례). 엄격한 증명을 요하는 사실(刑訴 307)과는 목적론적인 차이가 있다. → 요증사실

범죄모방설(犯罪模倣說) 범죄는 그 동기, 범죄기술, 범죄를 합리화하는 태도 등을 모방함으로써 전파된다고 보는 것을 말한다. 예컨대 타르드(J.G. Tarde)는 社會心理學的 硏究를 기초로 개인적 특성과 사회와의 접촉과정을 분석하여 模倣의 法則이라는 가설 아래 범죄현상을 해명하려고 하였다. 모방의 법칙은 크게 세 가지 원리에 의하여 움직이는데, ① 距離의 法則으로서 모방은 사람간의 거리와 반비례하는 심적 遠隔作用을 가진다는 것으로서, 이것을 통하여 사회집단 상호간의 범죄적 경향의 상이·강약 등에 차이가 있는 이유가 설명된다. ② 方向의 法則으로서, 모방은 사회적 지위가 우월한 자를 중심으로 이루어진다는 것으로서, 이에 따르면 범죄는 귀족에서 민중에로, 도시에서 농촌에로 구체화해 나가게 된다. ③ 挿入의 法則으로서, 모방은 模倣—流行—慣習의 형태로 변화·발

전되어 나간다는 것으로서, 교육·노동조건·빈곤 등이 범죄의 원인으로 전화되고 범죄의 동기·성질 등으로 진화하는 과정이 이것을 통하여 해명된다. 그러나 이러한 범죄모방설은 경제의 영향과 같은 특별한 사회적 동기를 무시한 것이며, 생물학의 업적인 遺傳法則, 社會的 淘汰理論 등이 소홀히 되었다는 점, 새로운 사회현상에 대해서는 모방에 의해서 설명하기 곤란하다는 점 등의 이유로 뒤르께임(Durkheim), 봉거(Bonger) 등 많은 학자에 의하여 비판을 받았다. 그러나 그 후 모방이 적어도 범죄현상의 해명을 위한 중요한 방법론의 하나로서 인정되었으며, 후에 미국의 범죄사회학적 가설의 하나인 學習理論(learning theory)에 결정적인 기초를 제공했다는 점에 이론적 가치를 인정하지 않을 수 없는 것이다.

범죄사실(犯罪事實)**의 단일성**(單一性) 訴訟節次에 있어서 공소된 범죄사실의 수가 1개인 것. 이것은 사건의 단일성의 요건을 이룬다. 併合罪의 경우에 범죄사실은 여러 개이다.

범죄사실(犯罪事實)**의 동일성**(同一性) 訴訟節次의 전후를 통하여 공소범죄사실이 동일한 것. 동일성의 표준에 있어서는 구체적 사실로서 말단까지 동일함을 요구하는 것이 아니고 기본적 사실관계가 동일하면 된다는 기본적 사실의 동일성과 罪質, 즉 사실에 대한 형법적 평가의 기본적 동일성을 필요로 하는 罪質同一性이 있다. 판례·통설은 전자를 따른다.

범죄사실인부절차(犯罪事實認否節次) →어레인먼트

범죄사실·적용법조(犯罪事實·適用法條)**의 예비적·택일적 기재**(豫備的·擇一的記載) 公訴狀에 수개의 범죄사실과 적용법조를 예비적 또는 택일적으로 기재하는 것(刑訴 254Ⅴ). 예비적 기재란 제1차적으로 갑사실을 심판할 것을 요구하고, 이것이 부정될 것을 고려하여 제2차적으로 을사실의 재판을 요구하는 기재방법(갑사실이 아니면 을사실)이다. 擇一的 記載란 수개의 사실 중 그 심판에 관한 선후의 순서를 구하지 않고 어느 것을 심판하여도 좋다는 취지의 기재방법(갑사실 또는 을사실)이다. 이와 같이 범죄사실과 적용법조의 예비적·택일적 기재가 허용되는 것은 公訴事實의 법률적·사실적 특정성을 요구하는 것으로부터 생기는 부당한 결과를 피하기 위함에 있다. 왜냐하면 공소사실의 구성에 관하여 검사의 확신이 불충분한 경우(예컨대 殺人罪인가 傷害致死罪인가) 또는 미묘한 점의 인정에 있어서 법률적 구성을 달리하는 경우(예컨대 竊盜罪인가 橫領罪인가) 등이 있을 수 있기 때문이다. 수개의 범죄사실과 적용법조를 예비적 또는 택일적으로 기재할 수 있는 경우는 공소사실의 동일성의 범위내에서 구성요건에 해당하는 사실이 2개 이상 택일적 또는 예비적으로 존재할 가능성있는 경우에 한한다. 여러 개의 犯罪事實(또는 適用法條)이 예비적 또는 택일적으로 기재되어 있는 경우에, 법원이 그 어느 하나를 인정한 때에는 다른 것은 당연히 부정되는 것으로 되므로, 별도로 主文에 그것을 표시할 필요는 없다. 다만 판결이유에서 다른 범죄사실에 대하여 판단을 명시해야 하는가에 관하여는 說이 나누어진다. →공소장

범죄사회학(犯罪社會學) 〔英〕 criminal sociology 〔獨〕 Kriminalsoziologie 〔佛〕 sociologie criminelle 犯罪現象의 사회법칙을 연구하는 학문. 刑事社會學이라고도 한다. 본래는 범죄사실 및 범죄인을 대상으로 하는 사회학이지만, 특히 犯罪人類學派가 범죄의 원인을 범죄인의 소질에 구한데 대하여, 범죄의 원인 혹은 적어도 그 주된 원인을 사회적 환경에 구하는 학설을 가리키는 일이 많다. 프랑스의 께뜰레, 뒤르께임, 타르드의 학설, 미국의 서덜랜드, 태프트의 刑事學, 페리, 리스트의 주장을 말한다(→형사사회학파).

범죄사회학적 범죄인유형(犯罪社會學的犯罪人類型) 〔獨〕 kriminalsoziologische Verbrechertypen 범죄인의 경력의 外的 現象形態를 기준으로 한 분류. 예컨대 행하여진 범죄의 성질이나 범죄의 攻擊方向을 기준으로 하여 범죄인을 분류하는 경우, 객관적인 행위의 유형은 범죄인의 인격과 내적 관련을 보여 주며, 이에 따라, 犯罪人分類가 행하여지는 경우가 있다. 어떤 기회를 주어도 竊盜犯人으로는 될 수 없는 노년의 詐欺師라든가, 절도 따위는 생각조차도 하지 아니하는 살인범이 있는데, 이러한 경우에는 행위의 유형이 행위자의 인격을 표현한다. 그리고 早發性犯罪와 遲發性犯罪도 범죄사회학적 유형이다. →범죄인의 분류

범죄생득물(犯罪生得物) 몰수목적물의 하나. 犯罪行爲에 의하여 생기거나 또는 이로써 획득하는 물건(刑 48Ⅰⅱ). 예컨대 贓物(362~365)이 이에 해당한다. 몰수는 범인에 대하여 이득시키지 않는 취지이기 때문에 加工·附合 등에 의하여 가치를 증가하는 것도 몰수된다.

범죄생물학(犯罪生物學) 〔英〕 criminal biology 〔獨〕 Kriminalbiologie 〔佛〕 biologie criminelle 범죄인의 생물학적 연구를 하는 학문. 범죄인의 인격의 본성 및 그 형성에 관한 연구가 주제

이다. 體質生物學的 立場과 遺傳生物學的 立場을 종합하여 처음으로 통일된 범죄생물학을 수립한 렌츠(Lenz)는 범죄생물학이란 행위자의 인격 및 그 개인적 체험으로서의 범죄에 관한 학문이라고 정의하고 있다. 이러한 범죄생물학은 올바른 의미에서 犯罪人類學의 부활임과 동시에, 종래에 犯罪心理學·犯罪精神病理學·犯罪人類學으로서 연구되고 있던 것을 포함하고 있다. → 체형

범죄생물학협회(犯罪生物學協會) 〔獨〕 Kriminalbiologische Gesellschaft 1927년에 렌츠(Lenz), 피르슈타인(Vierstein) 등이 설립한 學會. 그라츠에 그 본부를 두고 있으며, 범죄의 생물학적 연구를 과학적으로 촉진함과 동시에 刑事司法에 이것을 응용할 것을 목적으로 하고 있다. 1927년 빈에서 회의를 처음 개최한 이래 수회의 회의를 가졌으며, 회의를 할 때에는 유익한 보고서를 公刊한 바 있다.

범죄소년(犯罪少年) 죄를 범한 14세 이상 20세 미만의 소년(少 4Ⅰⅰ). 소년법에서는 20세 미만자를 소년(2)이라고 규정하고, 형법에서는 14세미만자는 벌하지 않는다(刑 9)라고 규정하고 있다. 검사나 법관은 범죄소년 중에서 벌금 이하의 형에 해당하거나 보호처분에 해당하는 사유가 있다고 인정할 때에는 管轄少年部에 송치하여야 한다(少 49, 50). 범죄소년에게 懲役刑을 선고할 때에는 不定期刑을 선고하는 것이 원칙이다. 즉 소년이 법정형 장기 2년 이상의 有期刑에 해당하는 죄를 범한 때에는 그 法定刑期의 범위내에서 장기와 단기를 정하여 선고한다. 그러나 장기 10년 단기 5년을 초과하지 못한다(60Ⅰ). 또 죄를 범할 때에 18세 미만인 소년에 대하여는 死刑 또는 無期刑으로 처할 것인 때에는 15년의 有期懲役에 처해야 한다(59). 이는 형법의 責任能力理論의 수정이다.

범죄심리학(犯罪心理學) 〔英〕 criminal psychology 〔獨〕 Kriminalpsychologie 〔佛〕 psychologie criminelle 범죄자의 心理的 事象을 연구하는 학문. 이로써 犯罪原因을 추구한다. 범죄자에 대한 케이스 스터디·통계적 연구·심리적 실험 등에 의하여, 개인적인 소질·정신병리적 흠결·자연 및 사회의 범죄에 대한 심리적 영향을 해명하려고 한다. 少年犯罪·累犯의 연구에 중요한 지위를 차지한다.

범죄예방법(犯罪豫防法) 〔英〕 the Prevention of Crime Act 범죄는 소년시절의 생활환경에 기인한다고 하는 견지에서 영국은 1908년에 本法을 제정하고, 사랑과 자유와 자치를 기본으로 한 敎化施設을 설치하였다. 이의 대표적인 것이 보스탈式 感化院이다.

범죄예측(犯罪豫測) → 사회적 예후

범죄원인론(犯罪原因論) 범죄의 원인을 해명하는 학문의 분야. 넓은 뜻의 刑事學을 구성한다. 무엇이 범죄의 원인이냐에 관하여는 많은 견해가 주장되고 있는데, 크게 나누면 범죄인의 내부적 존재, 즉 素質에 원인을 구하는 것과 외부적 사실, 즉 환경에 원인을 구하는 것 등이 있다. 전자는 犯罪人類學·犯罪生物學·犯罪心理學 등을 형성하며, 후자는 犯罪社會學을 형성한다. 최근에는 양자의 다이내믹한 交錯이 원인이라고 하는 動力學的 犯罪觀이 유력하다.

범죄유형(犯罪類型) 〔獨〕 Delikttypus 刑法各則 기타 형벌법규에 규정된 범죄의 유형. 특히 構成要件과 구별할 때에는 구성요건은 客觀的 要素·主觀的 要素 혹은 違法要素·責任要素를 통합하는 指導形象(Leitbild)을 말하며, 범죄유형은 이와 같이 해서 이루어진 개개의 범죄를 말한다. 그러나 구성요건을 違法·有責한 行爲定型이라고 보는 견해에 의하면, 구성요건에 있어서는 違法性·有責性이 추측되어짐에 그치는데 반해서, 범죄유형에 있어서는 현실로 존재한다고 하는 차이에 불과하므로, 엄격히 이 양자는 구별되지 않는다.

범죄(犯罪)의 모방(模倣) 범죄는 그 동기, 범죄기술, 범죄를 합리화하는 태도 등을 모방함으로써 전파한다고 보는 것. 犯罪社會學的 立場은 대개 이러한 설명방법을 취하고 있다. 예컨대, 서덜랜드의 범죄행동의 發生的 說明, 타르드의 모방의 법칙 등.

범죄(犯罪)의 본질(本質) 범죄의 본질에 관하여서는 權利侵害說·法益侵害說 그리고 義務侵害說이 거론된다. 포이에르바하(Feuerbach)는 좁은 뜻의 범죄를 형벌법규에 의하여 위하되는 타인의 권리에 반하는 행위라고 정의하여 權利侵害說을 주장하였다. 권리침해설에 이어 범죄의 본질은 법적으로 보호되는 이익, 즉 법익에 대한 침해로 보는 法益侵害說이 리스트(Liszt)를 비롯한 많은 학자들의 지지를 받았다. 1930년 대에 이르러 샤프슈타인(Schaffstein)을 비롯 키일학파(Kieler Schule)는 범죄의 중점을 法益侵害에서 義務의 침해(Pflichtverletzung)로 옮겼으며, 이를 계기로 하여 범죄의 본질을 법익의 침해와 동시에 의무의 침해로 보는 견해가 나타나게 되었다. 本罪의 본질을 법익침해 및 의무침해로 보는 학설의 주장에 따르면 범죄는

법익침해만으로 충분히 표현될 수 없고, 법익이 어떻게 손상되느냐가 중요하며 규범을 무시하는 행태 속에 놓여 있는 의무침해를 간과해서는 안된다고 한다.

범죄(犯罪)**의 시**(時) 犯罪의 構成要件에 해당하는 사실이 발생한 때. 법률의 변경에 의한 신구법의 적용·책임연령·누범가중의 요건·공소시효의 기산점 등에 있어서 의미를 가진다. 반드시 일률적으로 취급할 필요는 없고, 그 제도의 목적에 따라 구성요건에 해당하는 사실의 전부 또는 일부를 표준으로 하여야 한다. 보통은 行爲의 時가 표준이 되지만, 公訴時效에 있어서는 결과발생의 시가 표준이 된다.

범죄(犯罪)**의 정상**(情狀) 동일한 절도죄라 하더라도 그 貧寒에 핍박되어 부모를 봉양하기 위하여 범한 경우와 豪奢遊興을 하기 위하여 범한 경우와는 범죄의 정상에 차이가 생긴다. 전자의 경우에 형벌을 과함에 있어서 법원은 酌量하여 減輕한다(刑 53, 59, 62).

범죄(犯罪)**의 주체**(主體) 범죄의 本體인 自然人을 가리킨다. 주체라 함은 어떤 사항의 본체인 인격자를 가리키며 객체에 대립하는 용어. 예컨대 살인죄의 주체는 사람인 살인자, 폭행죄에 있어서는 가해자인 폭행자를 말한다.

범죄(犯罪)**의 혐의**(嫌疑) 범죄를 저질렀다는 사실과 그 사실을 야기했을 것이라고 추정받는 일을 말한다. 拘束은 범죄의 혐의를 전제로 한다. 그러므로 범죄수사의 전제조건은 수사기관의 주관적인 구체적 혐의에 의하여 개시된다. 범죄의 혐의를 어떤 정도에서 인정하느냐의 문제는 자칫 人權을 침해할 수도 있는 구속의 개시를 한정하는 문제와 맞물려 중대한 결과를 야기할 수 있다. 부당한 구속이나 구속의 남용을 방지하기 위해서는 구속의 요건이 되는 범죄의 혐의가 無罪의 추정을 깨뜨릴 정도로 有罪判決에 대한 고도의 蓋然性이 인정되는 경우에 제한되어야 하기 때문이다. 외국의 입법례는 대부분 구속의 요건으로 顯著한 嫌疑(dringender Tatverdacht) 또는 충분한 혐의를 요구하고 있고(독일·스위스·이탈리아·스웨덴), 미국條正憲法 4조도 영장은 상당한 이유(probable cause)가 있을 때에 발부된다고 한다. 혐의의 대상은 構成要件該當과 違法·有責이 인정되는 범죄이다. 違法性阻却事由나 免責事由 등도 이를 고려할 때 참작해야 하며, 압수·수색 또는 검증을 할 때도 범죄의 혐의가 요건이 된다. 단 압수 등이 强制執行에는 구속의 경우처럼 엄격한 것이 아니라 최초의 혐의나 단순한 혐의(einfacher Verdacht)로 족하다.

범죄(犯罪)**의 지리적 분포**(地理的分布) 동일대륙 또는 1국내에 있어서, 緯度 등이 다름에 따라, 犯罪性이 현저하게 다른 현상. 예컨대 남부·중부·북부 프랑스에 있어서의 차이라든가, 북부·중부·남부·島部 이탈리아 등에 있어서의 차이. 이러한 현상의 설명에는 기후의 相違에 기한다고 하는 說. 주민의 성격에 기한다고 하는 說 등이 있으나, 지방관습·산업사회구조 등 여러가지의 요소를 고려하지 않으면 안된다.

범죄인(犯罪人) 違法·有責·加罰的 行爲를 한 자. 범인이라고 함과 같은 말이다. 공소에 제기되어 재판을 받은 후에 비로소 범죄인이라고 부른다. 그러므로 공소제기 전에는 범죄피의자, 공소가 제기되면 피고인이라고 부른다.

범죄인가계(犯罪人家系) 〔獨〕 Verbrecherstammbäume 1가계 특히 그 자손 중에 이상하게 많은 犯罪者와 放浪者가 인정되는 가계. 범죄가족이라고도 한다. 예컨대 듀크가족은 飮酒癖있는 부친밑의 709인의 가족 중, 77인 이상이 범죄인, 202인이 娼婦와 娼家의 주인, 142인이 流浪者이다. 그 밖에, 빅토리아가족, 카리카크가족, 체로가족 등. 범죄인가계의 연구는 犯罪性에 대한 유전적 영향의 문제를 제기하였으나, 한편으로는 자손중의 배우자의 유전적 영향을 무시하였으며, 또한 약간의 개별적 사례를 일반화 하는데 급하여, 犯罪性과 遺傳의 관계를 설명하는데 실패하였다. →쌍생아, 유전

범죄인류학(犯罪人類學) 〔英〕 criminal anthropology 〔獨〕 Kriminalanthropologie 〔佛〕 anthropologie criminelle 범죄인을 인류학적으로 연구하는 학문. 롬브로조에 의하여 그 기초가 이루어졌다. 롬브로조의 生來犯罪人說은 오늘날 부인되고 있지만(→생래적 범죄인), 이것은 범죄의 生物學的 硏究의 선구로서 중요한 의미를 가지고 있다.

범죄인명부(犯罪人名簿) 수형인명부와 같다.

범죄인(犯罪人)**의 분류**(分類) 〔獨〕 Einteilung der Verbrecher 범죄인의 인격의 분류는 형사학적 인식을 刑事政策에 매개하는 역할을 가지며, 刑事政策의 출발점을 이루는 것이다. 國際刑事學協會(I.K.V)와 아샤펜부르크, 리스트, 메츠거, 롬브로조 등의 연구자가 이것을 기도하였는데, 포괄적인 분류는 매우 곤란하다. 형사학적으로 중요

한 분류방법은 性格學的 分類·犯罪社會學的 分類·犯罪心理學的 分類·遺傳生物學的 分類·刑事政策的 分類 등 각각의 출발점에 응하여 파악되는 측면이 다르며, 상이한 犯罪人類型의 체계가 형성된다. →성격학적 범죄인유형, 범죄사회학적 범죄인유형, 형사정책적 범죄인유형

범죄인(犯罪人)**의 지능**(知能) 지능의 장해, 즉 精神薄弱(幼少期의 뇌의 손상에 의하여 일어난 지능의 발달정지)과 치매(보통으로 발달한 것이 뇌의 질환·중독 등으로 장애를 가져온 것), 또는 지능의 고저 등이, 犯罪性에 관계가 있느냐 어떠냐는 종래 문제로 되어 왔다. 犯罪人·通常人에 대한 대규모의 지능검사가 각국에서 행하여진 결과, 범죄인의 지능이 통상인과 대차없음이 입증되어, 知的 缺陷보다도 정서적 결함이 범죄에 관하여 더 중요하다고 한다.

범죄인인도(犯罪人引渡) 〔英〕·〔佛〕 extradition 〔獨〕 Auslieferung 逃亡犯罪人引渡라고도 한다. 어떤 국가에서 범죄를 행한 자가 다른 국가에 도망하였을 때, 그 타국가로부터 범죄행위지 국가로 외교상의 절차를 통하여 범죄인을 인도하는 것. 범죄행위지의 국가가 아니고 범죄인의 본국에 인도할 수도 있다. 인도되는 범죄인은 인도국에서 볼 때 외국인이다. 그러므로 범죄인의 인도는 외국인의 强制的 追放의 일종이다. 범죄인의 인도는 문명제국의 공동이익을 위하여 필요한 것이나 국제법상 일반적 원칙으로서는 국가는 범죄인을 인도할 의무는 없다. 범죄인 인도여부는 국가의 자유이다. 그러나 범죄인인도조약이 체결되면 상호 인도의 의무를 진다. 인도의 객체는 보통범죄를 행한 외국인이며 政治犯(罪人)에 대해서는 인도를 하지 않는 것이 원칙이다. 이것을 政治犯不引渡의 原則이라고 한다. 범죄인이 자국민인 경우에도 인도치 않는다. 이것을 自國民不引渡의 原則이라고 한다. →정치범불인도의 원칙, 자국민불인도의 원칙, 가해조항

범죄인주의(犯罪人主義) 형법에 형벌을 과하는 이유를 주로 범죄에 의하여 표시된 범죄인의 위험성에 구한다는 주의. 이를 性格主義라고도 부른다. 이 주의는 徵表說에 의하여 형벌이 범죄인의 성격에 작용함으로써 장래의 범죄를 방지한다. 리스트의 처벌되는 것은 행위가 아니라 行爲者이다라는 주장 이래로 유래한 견해로서 범죄주의에 대립하는 범죄론이다. →범죄주의

범죄적 위험성(犯罪的危險性) →사회적 위험성

범죄정신병리학(犯罪精神病理學) 〔英〕 criminal psychopathology 〔獨〕 kriminalpsychopathologie 〔佛〕 psychopathologie criminelle 精神病理現象으로서의 범죄를 연구하는 학문. 범죄생물학의 한 분과. 精神病·精神薄弱·精神病質·異常精神反應과 범죄와의 상관관계를 해명하려고 한다.

범죄조각사유(犯罪阻却事由) 〔獨〕 Deliktsausschliessungsgründe 범죄의 성립을 조각하는 사유. 즉 범죄의 성립요건인 構成要件該當性, 위법성 또는 책임성을 조각하는 원인이 되는 사실. 범죄의 성립을 인정하면서, 형벌만을 조각하는 刑罰阻却事由와 구별함을 요한다.

범죄조성물(犯罪助成物) 몰수의 목적물이 되는 것의 하나. 犯罪行爲를 조성하는 물건, 즉 구성요건상 그것이 제조 또는 소지를 금지 당하는 물건. 위조죄에 있어서의 위조물·변조물 및 아편에 관한 죄의 아편 등 이른바 罪體를 이루는 물건이다. 구형법상의 용어.

범죄주의(犯罪主義) 형법의 형벌을 과하는 목적·이유를 주로 범죄에서 발생한 사실에서 구하는 주의. 事實主義라고도 한다. 형벌은 원칙적으로 범죄사실의 대소·경중에 의하여 과해야 한다는 주장. 예컨대 살인죄는 절도죄보다 중형에 처하고, 數罪는 一罪보다 중형에 처한다는 것. 犯罪人主義에 대립하는 범죄론이다.

범죄지(犯罪地) 범죄의 구성요건에 해당하는 사실의 전부 또는 일부가 발생한 토지. 범죄행위가 행하여진 장소뿐 아니라 構成要件的 結果가 발생한 장소 및 그 중간현상이 발생한 소위 中間地도 모두 犯罪地이지만, 구성요건과 무관계한 행위나 결과가 있은 장소는 포함하지 아니한다. 범죄지는 형법의 場所的 效力(刑 2~6), 법원의 土地管轄(刑訴 4)을 정하는 표준으로서의 의미를 가진다.

범죄지(犯罪地)**의 재판적**(裁判籍) 〔羅〕 forum delicti commissi 〔獨〕 Gerichtsstand [1] 형사소송법상 법원은 그 管轄區域內에서 행하여진 범죄에 관하여 土地管轄을 갖는다(刑訴 4). 이것을 범죄쪽으로부터 보아서, 그 범죄가 어느 법원의 관할에 속하느냐 하는 때에 범죄지의 재판적이라 한다. 범죄지의 재판적이 그 범죄지를 관할하는 법원에 속하게 된 이유는 대개의 경우 범죄에 관한 證據가 범죄지에 존재하고, 따라서 그곳을 관할하는 법원으로 하여금 사건을 심판하게 하는 것이 편리하기 때문이다.

[2] 군사법원법상 보통군사법원은 그 군사법원이 설치되는 부대의 작전지역, 관할지역 또는 경비지역내에서 죄를 범한 軍刑法被適用者(軍刑 1)에 대한 피고사건을 관할한다. 그러나 피고인 소속부대의 군사법원이 그 지역내에 있거나 그 피고사건이 타군 군사법원관할에 속하는 경우에는 예외로 한다(軍法法 11 I iii). 다시 將官級將校에 대한 피고사건은 국방부 또는 각군본부 보통군사법원이 심판할 수 있다(11 II).

범죄징표설(犯罪徵表說) 〔獨〕 symptomatische Verbrechensauffassung 범죄행위를 범인의 反社會的 性格(社會的 危險性)의 징표라고 하는 설. 범죄행위에 현실적인 의미를 인정하는 犯罪現實說에 대한다. 범죄징표설은 리스트의 제자인 테자르(Täsar)나 콜만(Kollman)에 의하여 주장되었고, 신파의 主觀主義와 결부하였다. 客觀主義의 立場에서는 범죄징표설이 징표로서의 행위가 있는 때에 형벌을 가한다는 것은, 반사회적 성격을 중심으로 하는 주관주의의 객관주의에의 타협이라고 한다.

범죄통계(犯罪統計) 〔獨〕 Kriminalstatistik 국가기관의 범죄현상에 대한 통계. 경찰통계·검찰통계·재판통계·行刑統計로 나누인다. 과학적인 범죄통계는 벨기에의 께뜰레에 의하여 창설되었으며, 범죄의 原因論에 시사를 주고, 입법자의 지침으로 되고, 형사사법의 운용에 표준을 제공하고, 경찰·검찰의 범죄대책의 자료로 되는 등 현대의 형사의 실무에 불가결한 것이다.

범죄특정(犯罪特定)**의 원칙**(原則) 〔英〕 principle of speciality 특정한 행위를 이유로 犯人 또는 被疑者의 引渡(extradition)를 요청하여, 상대국으로부터 인도를 받은 국가는 인도요청의 대상이었던 특정된 범행에 대하여서만 기소·처벌이 허용된다는 犯罪人引渡와 관련된 원칙이다. 다만 당해 범인이 문제된 범행에 대한 재판 또는 처벌을 받은 후 그 나라를 떠날 수 있는 상당한 기회가 있었음에도 불구하고 떠나지 아니한 경우에는 인도요청의 대상이 아니었던 범행을 문제 삼는 것은 허용된다.

범죄포화(犯罪飽和)**의 법칙**(法則) 〔佛〕 loi de saturation criminelle 〔伊〕 legge di saturazione criminosa 마치 주어진 온도에 있어서의 주어진 容積의 물속에서는 일정량의 화학적 물질이 용해하며 단 한 개의 원자도 더 많이, 또한 단 한 개의 원자도 더 적게 포용될 수 없는 바와 마찬가지로, 주어진 個人的·物質的 條件이 따르는, 주어진 사회환경하에서는 일정수의 범죄가 행하여지며 그 이상 한개도 더 많이 범죄가 행하여지지 않으며 또한 그 이하 한개도 더 적게 범죄가 행하여지지 않는다는 것. 이는 페리가 그 저서 犯罪社會學에서 주장하였으며, 형벌이 범죄투쟁을 위하여서는 무능력한 것임을 입증하고자 한 것이다.

범죄피해(犯罪被害) 대한민국의 영역안 또는 영역 밖에 있는 대한민국 선박 또는 항공기 안에서 행하여진 사람의 생명 또는 신체를 해하는 죄에 해당하는 행위로 인한 死亡 또는 重障害를 말한다(犯罪被害者救助法 2 i).

범죄피해자구호(犯罪被害者救護) 사람의 생명 또는 신체를 해하는 犯罪行爲로 인하여 사망한 자의 유족이나 중장해를 당한 자를 구조하여 건강하고 문화적인 최저생활을 유지할 수 있도록 하기 위하여 犯罪被害者救助法에 의하여 하는 구호작용을 말한다. → 범죄피해자구조법

범죄피해자보상제도(犯罪被害者補償制度) 타인의 범죄행위로 인하여 피해를 입은 국민에게 국가가 그 피해를 보상하는 제도를 말한다. 이에 대해 우리나라는 헌법 30조에 근거하여 犯罪被害者救助法이 지난 1988년 7월 1일부터 시행되고 있다. 범죄피해자구조법에 의하면 국가는 사람의 생명·신체를 해하는 犯罪行爲로 인하여 사망하거나 중장애를 당한 피해자가 가해자의 불명 또는 무자력의 사유로 인하여 피해의 전부 또는 일부를 배상받지 못하고 그 생계유지가 곤란한 사정이 있는 때에는 피해자 또는 유족에게 범죄피해구조금을 지급하도록 하고 있다(犯罪被害者救助法 1, 3). 피해자구조의 범위를 생명과 신체에 대한 범죄에 제한한 것은 이를 財産犯罪에까지 확대할 때에는 남용과 詐欺의 위험을 제거할 수 없다는 것을 고려한 것이다. 다만 이 경우에도 피해자와 가해자간에 친족관계가 있거나, 피해자가 범죄행위를 유발하였거나 피해발생에 관하여 피해자에게 歸責事由가 있는 경우, 기타 사회통념상 救助金을 지급하지 아니함이 상당하다고 인정되는 때에는 구조금의 전부 또는 일부를 지급하지 아니할 수 있다(6). 구조금의 지급에 관한 사무를 심의·결정하기 위하여 지방검찰청에 犯罪被害構造審議會를 두며(11 I), 구조금을 지급받고자 하는 자는 범죄피해의 발생을 안 날로부터 1년 또는 피해가 발생한 날로부터 5년 이내에 주소지·거소지 또는 범죄발생지를 관할하는 審議會에 신청하여야 한다(12). 구조금은 심의회의 결정에 의하여 지급하며(13), 심의회는 구조금의 지급에 관한 사항을 심의하기 위하여 필요한 사항을 조사할 수 있다(15).

범죄학(犯罪學) 犯罪現象論과 犯罪原因論, 즉 좁은 뜻의 刑事學을 가리킨다. 독일어의 Kriminologie는 이 범죄학에 해당한다. 그러나 영어의 criminology와 같이 범죄자의 처우도 포함시켜서 말하는 수도 있다.

범죄현상론(犯罪現象論) 범죄가 어느 정도 존재하느냐, 어떻게 증감하느냐를 객관적으로 인식하려고 하는 학문.

범죄현실설(犯罪現實說) → 범죄징표설

법(法) 〔羅〕 ius 〔英〕 law 〔獨〕 Recht 〔佛〕 droit 사회생활의 질서를 유지하고, 다수의 사람들간의 배분 및 협력의 관계를 규율하기 위하여 발달한 規範의 體系로서, 그 효력을 확보하기 위하여 조직적인 강제의 뒷받침을 받는 것을 말한다. 법은 강제의 뒷받침을 받는 점에서, 도덕과 상이하지만, 법 가운데는 道德的 意味를 가지는 규범이 많이 포함되어 있다. 법 중에서 사회 속에서 생활하고 있는 사람들의 권리의무의 관계를 정하고, 일반의 법주체에 대하여 행위의 준칙을 지시하고 있는 것은 社會規範이다. 사회규범이 정하고 있는 권리의무의 관계에 관하여 분쟁이 발생한 경우, 또는 사회규범에 대한 침범행위가 행하여진 경우에, 이 분쟁을 어떻게 裁斷하고, 이 침범행위에 어떠한 제재를 가할 것이냐의 규준을 정하고 있는 것은 裁判規範이다. 이러한 사회규범이나 재판규범은 무엇이 법이냐를 결정하는 권위를 가진 자가, 이것을 법으로 인정하고, 혹은 이것을 법으로서 정립함으로써 비로소 법으로서의 효력을 발휘한다. 그러므로 통일된 사회에는 반드시 무엇이 法이냐를 정하는 權威와 그 권위에 기하여 법을 정립하기 위한 조직이 갖추어져 있다. 이러한 법정립의 조직을 정하고 있는 것은 예를 들면 헌법·국회법·선거법 등과 같은 組織規範으로서의 법이다. 상술한 바는 근대국가와 같은 조직적인 정치사회의 법의 概觀이며, 미개사회의 법 등에 이 설명을 그대로 해당시키는 것은 어느 정도의 곤란이 따른다. 그러나 법으로서는 미발달인 국제법과 같은 것도 오늘날에는 차츰 社會規範·裁判規範·組織規範의 분화를 보여주고 있다.

법 가(法家) 管子, 申子, 韓非子 등을 대표자로 하는 중국 전국시대의 사상가들. 일반적으로 법치국의 또는 覇道를 주장하는 점에서 儒家의 自然法主義와 대조적인 지위를 차지한다. 표준입법과 법적 안정성을 존중할 것을 주장하고 人格主義나 無爲思想을 배척하였다. 즉 그들은 유가의 五倫에 바탕을 둔 기술적 운용에 의한 질서유지의 필요를 강조하였다. 그러므로 법가는 중국에 있어서의 法實證主義를 대표한다고 할 수 있다.

법감정(法感情) 〔獨〕 Rechtsgefühl 법에 대하여 가지고 있는 인간의 직관적인 價値感情. 이것은 주로 법내용의 타당성여부에 관한 價値判斷感情으로서 일체의 인간은 비록 그 형태와 강도에 있어서 완전히 동일하지는 않지만 이러한 根源感情을 가지고 있다고 한다. 따라서 법감정에 반하는 법은 그의 타당성을 결여하게 된다. 이것은 법의식과 함께 法心理學의 기초를 이루게 되는데, 좀더 엄밀하게 분석한다면 法意識에 앞서는 제1차적인 心理的 要素이다. 즉, 법감정은 일정한 思惟를 거쳐서 의식된 역사적·경험적 심리작용(법의식)이 아니라, 先驗的인 감각작용으로서 직관적인 價値判斷作用이다. 따라서 법감정은 시간과 공간에 의한 제약을 받지 않는 인간의 原感情인 것이며, 普遍性과 抽象性을 갖는다. 그러나 법의식은 時空에 의한 제약을 받는 경험적·역사적 의식이며, 특수성과 구체성을 갖는다. 그러나 양자의 관계는 극히 밀접하여 상호의존적인 관계에 있다. 즉, 법감정은 자기의 추상적 내용을 法意識의 힘을 통하여 구체화하나, 법의식은 자기의 의존기초를 법감정에 의존시키고 있다. 법의식의 형성과정에는 순간순간마다 법감정의 작용이 침투하여 들어간다. 법감정에서 특히 현저한 것은 正義感情이다. 이 이외에는 平等感情·名譽感情·權利感情·義務感情 등의 여러 측면으로 나타난다. 이 法心理學的 基礎는 오늘날 法哲學에서 중요시되며, 특히 법의 효력을 인정하는데 무시할 수 없는 요소로 되어 있다.

법경육편(法經六篇) 魏 文候가 李悝로 하여금 여러 나라의 刑典을 수집하여 편찬케 한 법전. 중국최초의 종합적인 형법전이다. 盜法·賊法·囚法·捕法·雜法·具法의 6편이므로 이를 法經六篇이라 칭하였다. 법경6편이 漢의 九章律이 되고 다시 隋唐의 律로 발전한 것이다. 盜法·賊法은 唐의 賊盜律 詐僞律에, 囚法은 斷獄律에 捕法은 捕亡律에, 雜法은 雜律에, 具法은 名例律에 각각 해당하는 것이다.

법 계(法系) 여러 나라 또는 여러 민족의 법이, 법의 繼受 등에 의하여 동일한 계통에 속하는 경우에 이것을 하나의 법계라 한다. 예컨대 영미법계·대륙법계, 독일법계·프랑스법계와 같다.

법공동체(法共同體) 〔獨〕 Rechtsgemeinschaft 〔佛〕 communauté juridique 동일한 법질서하에 성립되어 있는 사회집단을 말한다. 국가나 국제법단체가 이에 해당한다. 동일한 社會規範하에 성립되어 있는 사회집단은 規範共同體라고 불리운다. 사비니가 국제사법의 기초로 제창한 국제법공동체는 그 흥미있는 일례다.

법 관(法官) 〔英〕 judge 〔獨〕 Richter 〔佛〕 juge 넓은 뜻으로는 분쟁 또는 이해의 대립을 법률적으로 해결조정하는 판단을 내리는 권한을 가진 자. 좁은 뜻으로는 우리 국법상 법관의 명칭을 가지는 공무원으로 헌법 또는 법률에 정한 바에 의하여 임명되고, 大法院 기타 各級法院에 소속되어 재판사무를 담당하는 자. 法官은 그 職權行使에 있어서 누구로부터도 지휘·명령을 받지 아니하고, 오직 그 양심에 좇아 헌법 및 법률을 해석적용하여야 한다. 법관은 彈劾 또는 禁錮 이상의 형의 선고에 의하지 아니하고는 파면되지 아니하며, 懲戒에 의하지 아니하고는 停職·減俸 또는 불리한 처분을 받지 아니한다(憲 106, 法組 46). 법관에는 大法院長·大法官·判事 등 3종류가 있는데, 대법원장과 대법관 임기는 6년이고, 그 외의 법관의 임기는 10년으로서 대법관과 일반법관은 연임할 수 있다(憲 105).

법관(法官)**의 기피**(忌避) 〔獨〕 Ablehnung 재판의 공정을 방해할 만한 사정이 있을 때 당사자의 신청에 의하여 재판으로써 그 법관을 법원의 구성에서 배제하는 것을 말한다. 법관의 기피는 忌避原因의 존재에 의하여 당연히 효력을 발생하는 것이 아니고 忌避裁判의 확정으로 비로소 그 법관은 職務執行에서 제외된다. 당사자가 기피의 원인이 있음을 알고 本案에 관하여 辯論하거나 준비절차에서 변론한 때는 기피신청을 하지 못한다(民訴 39 Ⅱ). →법관의 제척

법관(法官)**의 독립**(獨立) →사법권의 독립

법관(法官)**의 보수**(報酬) 法官의 보수는 직무와 품위에 상응하도록 법률로써 정한다(法組 46 Ⅱ). 법관의 보수를 특히 법률로 정하게 하는 까닭은 예산편성권을 가지고 있는 행정부가 함부로 법관의 보수를 減額함으로써 司法權의 獨立을 위협하지 못하게 하려는 것이다. 이 법률로서는 법관 등의 보수에 관한 법률이 있다. →봉급

법관(法官)**의 제척**(除斥) 〔獨〕 Ausschließung 법관이 그 사건과 특수한 관계에 있는 경우에 그 법관을 職務執行으로부터 제외시키는 것을 말한다. 법관의 제척원인은 ① 法官 또는 그 配偶者나 배우자이었던 자가 사건의 당사자가 되거나, 사건에 관하여 당사자와 공동권이자, 공동의무자 혹은 상환의무자의 관계가 있는 때, ② 법관이 당사자와 친족·호주·가족의 관계가 있거나 이러한 관계가 있었던 때, ③ 법관이 사건에 관하여 證言이나 鑑定을 하였을 때, ④ 법관이 이 사건에 관하여 당사자의 대리인이 되거나 되었던 때, ⑤ 법관이 이 사건에 관하여 不服申請이 된 前審裁判에 관여하였던 때(民訴 37) 등이다. 제척원인이 있는 법관은 모두 재판의무의 집행으로부터 제외되나, 受託判事로서의 직무수행은 할 수 있다(民訴 37 但). 제척원인이 객관적으로 명백하지 않는 경우에는 그대로 소송절차를 개시한 후에 당사자의 신청이나 직권으로 제척에 대한 재판을 한다. 재판은 除斥·忌避申請을 당한 법관의 소속법원 합의부가 결정으로 하는데(民訴 42 Ⅰ, 法組 32 Ⅰ ⅴ), 제척·기피당한 법관자신은 이 결정에 관여하지 못하고 의견만 진술할 수 있다(民訴 42 Ⅱ). 또 제척·기피가 이유없다고 한 재판에 대하여는 卽時抗告할 수 있으나(民訴 43 Ⅱ), 除斥 또는 忌避申請이 이유있다고 하는 결정에 대하여는 불복신청을 하지 못한다(民訴 43 Ⅰ). 재판에 의해 제척원인이 있는 것이 확정되면 그때까지 행하여진 소송절차는 전부 무효가 되며, 이를 보아 넘긴 終局判決은 上告理由(民訴 394 Ⅰ ⅱ)와 再審事由가 된다(民訴 422 Ⅰ ⅱ). 제척·기피의 신청이 합의부의 법관에 대한 경우에는 그 법관의 소속법원에, 受命法官·受託判事·單獨判事에 대한 경우에는 그 법관에게 그 원인을 명시해서 신청해야 하며(民訴 40 Ⅰ), 이 때 그 원인은 疎明으로 밝히는데 신청일로부터 3일내에 서면으로 하여야 한다(民訴 40 Ⅱ). 제척이나 기피신청이 있는 때에는 그 재판이 확정될 때까지 訴訟節次를 정지하여야 한다(民訴 44). 그러나 除斥·忌避申請이 각하될 경우에는 소송절차가 정지되지 않는다(44 但). 그리고 예외적으로 假押留·假處分命令과 같이 긴급을 요하는 행위와 終局判決의 선고에 관하여서도 소송절차는 정지하지 않는다(民訴 44 但). 소송지연을 목적으로 함이 명백한 제척·기피신청은 除斥·忌避申請權의 남용으로서 신청을 받은 법원 또는 법관은 결정으로 이를 却下하는 재판을 해야 한다(41 Ⅰ).

법관징계위원회(法官懲戒委員會) 법관으로서 직무상의 의무에 위배하거나 직무를 태만히 하거나 법원 또는 법관으로서의 위신을 실추하게 하는 所行이 있는 경우에 이를 징계함을 목적으로 大法院에 두는 기관. 법관징계법상의 명칭이다. 대법원장을 위원장으로 하고 위원 6인으로써 구성하고 예비위원 4인을 두며, 임기는 3년(法官懲戒法 4, 5). 위원회의 징계심의는 대법원장, 대법관, 고등법원장, 사법연수원장, 법원공무원교육원장, 지방

법원장 또는 가정법원장의 청구에 의하여 개시되고(7), 징계의 量定에 있어서는 당사자의 직무성적을 참작으로 輕重에 의하여 징계의 여부 또는 징계의 종류와 양정을 정한다(19). 징계의 종류는 견책·감봉·정직의 3종인 바 징계는 징계사유가 있는 날로부터 2년을 경과하면 이를 청구하지 못한다(26).

법 규(法規) 〔獨〕 Rechtssatz 여러가지 의미로 사용된다. 가장 넓은 의미로는 법규범일반을, 넓은 의미로는 成文의 법령을 의미하나, 좁은 의미로는 특수한 성질을 가진 法規範을 가리킨다. 즉, ① 抽象的 意味를 가지는 법규범을 법규라 불러, 구체적 의미를 가지는 행정행위나 판결에 대립시킨다. 행정이나 재판은 법규에 기해서 행해진다는 경우의 법규가 그것이다. ② 일반국민의 권리·의무에 관계있는 법규범을 특히 법규라 부르며, 特別權力關係에 있어서의 법규범 또는 일반국민의 권리·의무에 관계되지 않는 法規範에 대립시킨다. 法規命令이라고 하는 경우의 법규가 그것에 해당한다. 이와 같은 법규개념은 近代立憲主義 및 法治主義의 소산이다. 즉 국민의 권리·자유 및 재산에 대해 침해를 가하는 국가의 작용은 반드시 국민의 대표기관인 국회의 동의를 얻어 제정한 법률에 근거해야 한다는 사상이 바로 법규개념의 연원이라 할 수 있다. 따라서 이와 같은 의미의 法律은 바로 法規와 동의어라 할 수 있다. 또한 법규와 동의어의 법률을, 그와 같은 성질을 가지지 않은 법률과 구별하기 위하여 특히 전자를 실질적 의미의 법률이라 하고, 후자를 형식적 의미의 법률이라고도 한다. 우리 헌법은 立法權은 국회에 속한다라고 규정하고 있는바(40), 이 때에 있어서의 立法은 實質說에 의하면 바로 법규의 제정을 의미한다. 이와 같이 헌법은 입법, 즉 법규의 제정을 국회에 독점시킨 까닭에, 다른 국가기관 특히 행정부는 법률의 위임이 있는 경우와(75), 헌법이 특히 인정한 예외적인 경우(76)에만 法規命令을 제정할 수 있다. →입법, 입법권

법규명령(法規命令) 〔獨〕 Rechtsverordnung 行政權이 정립하는 명령으로서 법규의 성질을 가진 것. 즉, 국민에게 의무를 과하고, 국민의 권리를 제한하는 것을 내용으로 하는 명령. 行政命令에 대응하는 개념. 대통령의 緊急財政·經濟命令(憲 76Ⅰ)·委任命令(75)·執行命令(75) 등이 이에 속한다. 19세기의 立憲君主政하에서는 이와 같은 국민의 권리·의무에 관한 사항은 국민의 대표기관인 의회에 의한 입법사항으로 함을 철칙으로 하였던 것이나, 20세기의 복리국가에 이르러서는 국가기능의 적극화에 따라, 행정의 내용이 복잡·다기하게 되어 이에 관한 법도 전문적·기술적 성격을 띠게 되었고, 또 그것이 사정변경에 따른 改廢가 필요하게 된다는 여건하에서, 행정권에 의한 명령의 형식에 의한 입법이 중요시되게 되었다. 그러나 行政權에 의한 법규정립은 동시에 행정권의 남용의 우려가 있으므로 그에 관하여는 일정한 제한을 두고 있는 것이 보통이다(75, 76 참조). →법률에 의한 행정

법규명령(法規命令)**의 형식**(形式)**에 의한 행정규칙**(行政規則) 행정명령은 보통 訓令·指示·例規·日日命令·告示 등의 형식에 의하는 것이 보통이나, 법규명령의 형식에 의하는 경우도 있다.

법규분류학설(法規分類學說) 법칙구별설과 같다.

법규(法規)**의 장소적 지배**(場所的支配) 〔獨〕 räumliche Herrschaft der Gesetze 사비니에 의하여 주장된 국제사법의 별칭.

법규재량(法規裁量) 〔獨〕 Ermessen der Gesetzmässigkeit 구체적인 경우에 무엇이 법인가의 문제에 관한 행정청의 재량. 羈束裁量이라고도 하며, 便宜裁量에 대한 관념. 법규재량은 일견 行政廳의 裁量을 허용하는 것 같이 보이나, 不文法的 制限이 있고, 그 재량을 잘못하는 것은 결국 법규의 해석을 잘못하는 것으로 귀착하여 위법의 문제로 되고, 행정소송의 대상이 된다. 이러한 의미에서는 법규재량행위도 羈束行爲와 같다. →자유재량

법규적 성질(法規的性質)**을 갖는 행정규칙**(行政規則) 行政規則(行政命令)의 형식을 취하고 있으나 내용적으로는 법규적 성질의 것을 규정하고 있는 경우를 법규적 성질을 갖는 행정규칙이라고 한다. 이러한 행정규칙의 법규성 인정 여부에 대하여 견해가 갈리고 있으나, 긍정하는 것이 다수설이다.

법규적 통제(法規的統制) 裁量行爲에 대한 통제방법의 하나로서 의회의 입법활동을 통하여 통제하는 것을 말한다. 즉 의회는 법률을 정립함으로써 裁量權의 근거를 부여함과 동시에, 그 범위를 획정하고 재량권의 행사를 규제하는 것을 말한다.

법규특허(法規特許) 법령에 의하여 직접 공기업의 특허가 행하여지는 경우를 말한다. 대한주택공사법에 의한 大韓住宅公社, 한국산업은행법에 의한 韓國産業銀行 등의 설립과 그에 대한 일정한 公企業經營權의 부여가 그 예이다.

법규하명(法規下命) → 하명

법기술(法技術) 〔獨〕 Rechtskunst 법을 정립·해석·적용함에 있어서 사용되는 기술. 입법에 있어서의 기술을 立法技術이라 부르며, 법의 해석에 있어서 그 정밀한 개념구성을 행하는 기술을 解釋技術이라 부른다. 法廷에 있어서의 증거제출·신문·변론 등에서 필요로 하는 기술은 法廷技術이라 불린다.

법내재적 정의(法內在的定義) 모든 實定法은 적어도 그 제정 당시에 있어서, 정의라고 인정되는 정치·도덕·경제·사회·문화의 여러 이념을 내포하고 있거나, 그러한 이념에 위배되지 아니한다는 正當性과 價値性을 지니고 있다. 그러므로 실정법을 가치화하는 것은 그 실정법 안에 내재하는 정당성에 근거한다고 보아야 할 것이다. 이 정당성을 법내재적 정의라고 한다. 그러나 부단히 변천하는 사회사정은 그 실정법을 제정할 당시의 정치질서를 기반으로 한 여러 이념, 또는 그 구현을 위하여 규제한 법규가 새로운 사회사정에 부적응하게 된다. 이 경우에 그 기존 실정법질서가 부적당하다고 비판하는 기준, 즉 고차원적인 법의 이념을 法超越的 正義 또는 超法的 正義라고 한다. → 법초월적 정의

법내조합(法內組合) 노정법 2조의 요건을 구비한 조합이, 동법 10조의 申告事項을 기재한 신고서를, 동법 11조에 의한 規約을 첨부하여, 노동부장관 등에게 제출한 다음 申告證(12)을 받은 조합을 가리켜서 法內組合이라고 한다. 法外組合에 대하는 것으로서 적격조합, 노동조합 및 노동관계조정법상의 勞動組合이라고도 한다. → 법외조합

법단계설(法段階說) 〔獨〕 Stufentheorie des Rechts 법질서 특히 국법질서를 단계구조로 보는 설. 켈젠, 메르클을 비롯한 純粹法學派의 학자들에 의하여 주장되었다. 이에 의하면, 국법은 무수한 법규범의 단순한 병렬적 집합은 아니고, 복수의 단계에 整序된 체계이다. 그 정점에 이른바 근본규범이 있고, 헌법·법률·명령의 從位立法의 각 단계를 거쳐, 구체적인 裁判 또는 行政處分에 이른다. 이 관계를 정적으로 보면 그것은 하위에 있는 개별적인 규범이 상위에 있는 보다 일반적인 규범에 의하여 타당성을 부여받는 관계이고, 이것을 동적으로 보면, 그것은 보다 추상적인 상위규범이 보다 구체적인 하위규범에 의하여 실현되어 가는 과정이다.

법단체의사설(法團體意思說) 법의 본질 및 효력의 기초를, 超個人的인 단체의사 또는 공동체의사에 구하는 학설. 실질상 이것과 비슷한 사상은 많으나 근래에는 특히 라렌츠에 의하여 주장된 것을 말한다. 그에 의하면, 법은 민족공동체의 의사의 표현이며, 법의 효력의 기초는 民族共同體의 단체의사에 있다. 나치스의 시대에는, 그 독재를 정당화하는 이론으로 되었다. → 법공동체, 전체주의적 법철학

법 령(法令) 법률과 명령을 말한다. 또 일반적으로 成文法 전체를 말하는 경우도 있다. 이 경우에는 헌법·법률·조약·명령·조례·규칙 등을 총칭한다.

법령심사권(法令審査權) 〔獨〕 richterliches Prüfungsrecht 법원이 재판을 행함에 있어 적용하여야 할 법령의 효력을 심사하고, 하자있는 법령의 적용을 거부하는 권한. 形式的 瑕疵의 심사권은 일반적으로 법원이 가지고 있으나, 實質的 瑕疵(법령의 내용이 상위의 법형식에 위반하는 것)의 심사권에 관하여는 국가에 따라 그 취급방법이 다르다. 우리나라의 舊憲法(7次改憲前)은 법원에게 法令審査權을 부여하고 있었으나, 현행 헌법재판소에 부여하고(111 I), 命令·規則·處分이 헌법이나 법률에 위반되는 여부가 재판의 전제가 된 때에는 대법원은 이를 최종적으로 심사할 권한을 가진다(107 II)라고 하여 법원의 행정입법에 대한 具體的·實質的 審査權만을 인정하고 있다. → 사법권의 우월

법령(法令)**에 의한 행위**(行爲) → 정당행위

법령위반(法令違反) [1] 소송법상 法院이 재판함에 있어서, 적용하여야 할 법률·명령 또는 규칙을 적용하지 아니하거나 부당하게 적용하는 것. 법령위반을 일으키는 것은 法令의 解釋을 그르치거나, 구체적 사실에 대하여 법령의 적용을 그르치거나에 의한다. 事實認定에 있어서도 증거법칙을 그르치면, 법령위반이 생긴다. 법령적용의 착오와 소송절차의 법령위반을 포함하고, 넓은 의미로는 理由不備나 審理不盡도 이에 해당한다. 민사소송법상 판결에 영향을 미친 법령(법률·명령 또는 규칙) 위반이 있을 때에는 上告理由로 된다(393). 형사소송법상 판결에 영향을 미친 법령위반은 抗訴理由 및 上告理由가 된다(361의5 i, 383 i).

[2] 행정법상의 법령위반에 관하여는 위법을 보라.

법령(法令)**의 정오**(正誤) 공포된 법령이 誤記·誤植때문에 原本과 상위할 경우에는 正誤를

필요로 하며, 이것은 官報에 게재된다. 정오는 그 성질상 원본 그 자체의 수정은 할 수 없으며 만약 원본에 잘못이 있으면 법령의 개정절차에 의하지 않으면 안된다.

법령적용(法令適用)**의 착오**(錯誤) 〔羅〕 error in hypothesi 인정된 사실에 대하여 실체법을 잘못 적용하거나 또는 적용하지 아니한 경우.

[1] 민사소송법상 擬律上의 錯誤라고도 하며, 상고이유가 된다.

[2] 형사소송법상 抗訴理由 및 上告理由가 된다(361의5 i, 383 i).

법령전집(法令全集) 우리나라의 여러가지 법령을 수록한 것. 法令의 종류에는 헌법·법률·대통령령·총리령·조약·부령·각령·훈령·규칙 등이 있다.

법령정리위원회(法令整理委員會) 舊法令整理에 관한 特別措置法에 의하여 설치된 기관(4). 구법령(1948년 7월 16일 이전에 시행된 법령으로서 구헌법 100조의 규정에 의하여 그 효력이 존속되고 있던 것)의 정리 및 종전의 법전편찬위원회의 소관사무를 인계한다.

법 례(法例) 현행섭외사법이 시행되기까지 조선민사령에 의하여 우리나라에 의용된 舊國際私法典.

법 률(法律) ① 실질적 의미에 있어서는 法一般을 말한다. law, Recht, droit는 이에 해당한다. 법률지식·법률가·법률철학·법률해석 등의 법률이 이것이다. 그러나 이 때에는 법률이라기보다 法이라고 사용하는 것이 타당하다. 법지식·法家·법철학·法解釋 등이다. 이는 다음에 설명하는 형식적 의미의 법률과 구별하기 위해서이다. ② 형식적 의미에 있어서는 국회의 의결을 거쳐 대통령이 서명·공포함으로써 성립하는 국법의 하나인 법률을 의미한다. statute, Gesetz, loi 등이 이에 해당한다. 이것은 행정부의 명령이나 입법부·사법부의 규칙 등과 구별된다. 법률은 헌법에 다음가는 국법이며, 命令·規則 등이 법률에 위반되면 법원에서 그 적용이 거부되며, 또 법률이 헌법에 위반되어도 법원은 이의 적용을 거부한다. →명령

법률가치(法律價値) 〔獨〕 Rechtswert 법률이 가진 특수한 가치. 법률생활에 있어서 또는 法律秩序에 의하여 실현되거나 실현되는 가치를 말한다. 정의·형평 등은 그 내용에 착안하여 부여된 명칭이다. 그 타당성이 객관적이냐 아니냐에 관하여는 여러 학파의 이론이 있다.

법률감정(法律感情) 〔獨〕 Rechtgefähl 정의·부정 또는 합법·불법에 관한 감정. 무엇이 법이 될 수 있느냐 또는 法의 要求는 어떤 방법에 의하여 만족시킬 것이냐 따위의 여러가지 형태가 발견된다. 개인심리적으로나 사회심리적으로 사용된다.

법률고문(法律顧問) 일반적으로는 행정청·회사 기타의 각종의 법인·개인의 법률적 상의자 내지는 조력자를 가리키지만, 여기에서는 會社整理法上의 법률고문을 설명한다. 회사정리법에 있어서 整理管理人이 그 직무집행에 관해서의 법률적 상의자로서, 법원의 허가를 얻어서 선임할 수 있는 자(186). 정리관리인이 회사의 경영이나 경리방면의 전문가이고 법률적 지식이 불충분한 경우를 고려하여 인정되는 것이다. 법률고문은 그 직무와 책임에 상응한 보수를 받을 수 있다(284). →정리관리인

법률관계(法律關係) 〔獨〕 Rechtsverhältnis 〔佛〕 rapport juridique 사회생활관계 중에서 법률에 의하여 규율되는 것. 즉, 인류의 사회생활관계를 규율하는 社會規範 중에는 종교규범·도덕규범 외에 그 규범의 실현이 국가권력에 의하여 보장되는 法律規範이 있는데, 이 법률규범의 규율을 받는 사회관계를 법률관계라고 한다. 결국, 인간의 사회생활관계가 법의 입장으로부터 평가되어서 법률관계로 되는 것인데, 그것은 보통 權利·義務關係로서 나타난다. 가장 단순한 법률관계의 유형으로서는 갑이 을에 대하여 1개의 권리를 가지고, 을이 이에 대응하는 의무를 진다고 하는 관계를 생각할 수 있다. 그러나 대부분의 경우, 복수의 권리의무관계가 동시 또는 시간적으로 전후하여, 복합된 전체로서 1개의 법률관계를 이루게 된다. 예컨대, 賣渡人과 買受人의 권리의무의 관계와 같다. 또한 인간은 동일인과의 사이에 여러개의 법률관계를 가질 수도 있다. 예컨대, 친자의 법률관계에 있는 갑과 을 사이에 消費貸借나 賃貸借의 법률관계가 성립하는 경우가 그 예이다. 또한 수개의 법률관계 사이의 상호관계가 문제로 될 때도 있다. 예컨대, 多數當事者의 債權關係와 같은 것이다. 법률관계는 권리자와 의무자의 관계이지만 일반적으로 재산관계에 있어서는 그것은 권리를 중심으로 한 개념이다. 이것은 근세의 개인주의적 자본제사회의 법적 표현을 이루는 개념이다. 이러한 권리중심의 법률관계는 오늘날 상당한 修正을 받음에 이르고 있다. 법률관계는 그에 적용되는 법의 성질에 따라 公法關係와 私法關係로 대별되기도 한다. 즉 공법관계는 公法이 지배하는 법률관계를 말하고, 사법관계는 民法·商法 등

私法이 지배하는 법률관계를 말한다. →공법, 사법, 공법관계

법률관계(法律關係)**의 성질결정**(性質決定) 〔英〕 qualification 〔獨〕 Qualifikation 〔佛〕 théorie de qualification 국제사법상의 법률개념을 어느 법률에 의하여 결정할 것인가에 관한 문제. 국제사법은 涉外的 私法關係의 準據法을 정하는 법칙이지만, 일정한 법률관계의 준거법을 정함에 있어서는 우선 그 법률관계가 어떠한 성질을 가지는가를 결정할 필요가 있다. 이것이 곧 법률관계의 성질결정의 문제이다. 1891년에 독일의 국제사법학자 칸이 潛在的 法規抵觸論으로서 이 문제를 논하고, 이어서 1897년에 프랑스의 국제사법학자 바르땅이 法律抵觸의 決定的 除去到達의 불가능성에 관하여라는 논문을 공표한 때로부터, 이 문제는 국제사법상 하나의 근본적 문제로서 많은 학자들에 의하여 논의의 대상이 되어 왔다. 그리하여, 어떠한 방법으로 법률관계의 성질을 결정할 것인가에 관하여는, 法廷地法에 의하여야 한다는 설과 법률관계 자체가 의거하여야 할 법률에 의하여야 한다는 설이 대립되어 왔다. 그러나 근래의 유력한 설에 의하면, 이 문제는 필경 국제사법규정의 解釋問題이기 때문에, 어떠한 실정법에 의하여 결정될 문제가 아니고, 準據國際私法 자체의 입장으로서만 해결될 수 있는 것이라고 주장한다.

법률구조(法律救助) 경제적으로 어렵거나 법을 모르기 때문에 법의 보호를 충분히 받지 못하는 자에게 법률상담, 변호사 또는 공익법무관에 관한 법률이 정한 公益法務官에 의한 소송대리, 기타 법률사무에 관한 모든 지원을 하여 주는 것을 말하며 법률구조를 하여 줌으로써 기본적 인권을 옹호하고 나아가 法律福祉의 증진에 이바지하게 된다. 법률구조를 효율적으로 추진하기 위해 大韓法律救助公團이 설립되어 있다. 형사사건에 있어서 국선변호인제도도 무자력자에 대한 법률구조제도의 하나라고 하겠다.

법률만능사상(法律萬能思想) 사회생활에 있어서의 법의 가치를 극도로 중요시하여 법률에 관한 지식 및 기술을 과대하게 평가하는 사상. 사회의 중요지위에는 법률가를 두어야 한다고 주장하는 法律家萬能主義와는 일응 구별되지만, 양자는 항상 밀접한 관계에 있다. 법률만능사상은 따라서 또 官僚主義와도 결합한다.

법률문제(法律問題) 〔英〕 question of law 〔獨〕 Rechtsfrage 〔佛〕 question de droit [1] 넓은 의미로는 정치문제·경제문제 등에 관하여 社會現象을 오로지 법률적으로 논의할 경우에도 사용되는 것이나, 소송법상의 술어로는 事實問題에 대하는 말이다. 법원이 재판을 하려면 추상적인 법규를 대전제로 하고, 구체적인 사실을 소전제로 하여 논리적 조작을 행하여 법률효과로 판단·선언하는 것인데, 이 작용 중 事實關係의 確定의 면을 사실문제라 칭함에 대하여 법률적 평가의 면을 법률문제라고 칭한다. 그것에는 선량한 풍속 기타 사회질서, 중대한 과실, 상당한 기간 등의 추상적 관념에 적응한 것인가 아닌가와 같은 법률의 해석과 법규의 적용이 포함된다. ① 사실문제와 법률문제의 구별은 민사소송법상 중요한 것으로 사실문제이면 당사자가 제출한 주장·증거에 기하여 판단하는 것이 원칙이며, 또 事實審의 專權으로서 上告審(法律審)에 가서는 다툴 수 없는데 대하여(民訴 402), 법률문제는 항상 법원의 職權調査事項이며, 판결 중 이 점에 관하여 부당한 점이 있으면 上告理由가 된다(393). 특히 사실문제일지라도 사실인정의 방법·절차의 위법이 있으면, 법령위반으로서 상고이유가 되므로(節次上의 錯誤), 이 한도내에서는 상고심의 통제를 받는다. ② 형사소송법은 사실문제도 법률문제와 더불어 직권으로 조사하지 않으면 안되고, 事實의 誤認은 법령의 위반과 더불어 항소이유가 되므로(刑訴 361의5 xiv), 이 구별은 민사소송법에 있어서보다는 중요치 않다. 그러나 이 논리적 구별이 존재함은 물론 사실문제에 있어서는 職權主義는 보충적이며, 또 上告理由에 제한이 있으므로(383 iv) 역시 결과에 있어서는 차이가 있다.

[2] 행정법상 어떤 행정작용의 當·不當의 문제(즉 행정적 평가의 문제)를 裁量問題(→자유재량)라고 함에 대하여, 그것의 適法·違法의 문제(즉 법적 평가의 문제)로서 법원의 통제를 받는 것을 법률문제라고 하는 때가 있다. 따라서 이러한 의미에 있어서는 사실의 인정도 行政廳의 裁量에 의하여 좌우되는 것이 아니므로서 법률문제로서 법원의 통제를 받게 된다.

법률불소급(法律不遡及)**의 원칙**(原則) 〔獨〕 Prinzip der Nichtrückwirkung 〔佛〕 Principe de non-rétroactivité 새로 제정된 법률은 그 이전에 발생한 사실에 소급하여 적용되지 아니한다는 원칙. 형사에 관하여는 법률의 遡及效는 엄격하게 금지되어 있다(憲 13, 刑 1)(→사후법의 금지). 그 밖의 경우에도 旣得權尊重 내지 法的 安定性의 입장에서 일반적으로 이 원칙이 인정되고 있지만, 이것은 반드시 절대적인 것은 아니며, 신법이 관계자에게 유리한 경우, 또는 기득권을 어느 정도 침해해서라도 신법을 소급시킬 도덕적 내지 정책적 필

요가 있는 경우에는, 예외로서 소급효가 인정된다. 革命은 그 현저한 경우이지만, 새로운 이념에 기한 제도의 개혁의 경우 등에도 이러한 예가 있다.

법률사기(法律詐欺) 〔佛〕 fraude à la loi 법률회피와 같다.

법률사상(法律思想) 법에 대하여 反省의 결과로서 일어난 사상. 특히 법률철학적 사색의 결과인 사상을 법률사상이라고 부르는 경우도 있으며, 또 특정한 국민이나 민족 또는 특정시대의 法律意識 그 자체를 말하는 수도 있다.

법률사실(法律事實) 〔獨〕 juristische Tatsache 法律要件을 구성하는 개개의 사실. 법률관계에 있어서, 法律效果가 발생하자면, 반드시 그 요건이 되는 일정한 사실이 있지 않으면 안되는데, 이 일정한 사실이 법률사실이고, 법률효과의 발생에 필요한 이 일정한 사실의 총체가 법률요건이다. 그러므로 법률사실은 법률요건을 조성하는 素因을 말하는 것이다. 예컨대, 契約은 법률요건이고, 계약을 구성하는 請約과 承諾의 의사표시는 법률사실이다. 또한 1개의 소인이 그대로 법률요건을 이루는 경우도 있다(예: 遺言). 법률사실에는 사람의 정신작용을 요건으로 하는 것(容態)과 그렇지 않은 것(事件. 예: 時의 경과·사람의 생사)이 있고, 전자는 다시 外部的 容態(行爲)와 內部的 容態로 2분된다. 행위에는, 適法行爲(의사표시·준법률행위)와 違法行爲(채무불이행·불법행위)가 있고, 내부적 용태에는, 觀念的 容態(선의·악의)와 意思的 容態(의욕하느냐 아니하느냐)가 있다. →법률요건

법률사항(法律事項) 입법사항과 같다.

법률상 독점(法律上獨占) →독점

법률상(法律上)**의 감경**(減輕) →형의 감경, 가감례

법률상(法律上)**의 복권**(復權) 〔佛〕 réhabilitation de droit 법률의 규정에 의하면, 형의 집행을 종료하거나 집행이 면제된 자가 일정한 기간을 무사히 경과함으로써 당연히 자격을 회복시키는 것. 裁判上의 回復에 대한다. 사면법상의 복권과도 구별된다. 현행형법은 이러한 제도를 두고 있지 않다. →재판상의 복권, 복권

법률상(法律上)**의 승인**(承認) 〔英〕 de jure recognition 〔獨〕 de jure Anerkennung 〔佛〕 reconnaissance de jure 국가 또는 정부의 승인은 보통 법률상의 승인을 의미한다. 즉 법률상의 승인은 통상 행하여지는 正式承認이다. 그러나 경우에 따라서는 법률상의 승인을 하기 전에 승인의 일반적 요건이 구비되지 못하였다든가, 기타 정책적 고려에서 사실상의 승인을 하는 예도 적지 않다. 그러나 법률상의 승인은 승인의 일반적 요건이 완전히 구비되었을 때 영속적으로 新國家의 국제법상의 주체성을 인정하고, 또한 신정부를 대외적 대표기관으로 인정하려는 것이다. 이 점에서 잠정적이요 사태 여하에 따라 撤回할 수 있는 사실상의 승인과 근본적으로 구별된다. →국가의 승인, 정부의 승인, 사실상의 승인

법률상(法律上)**의 쟁송**(爭訟) 〔獨〕 Rechtsstreitigkeit 당사자간의 구체적인 이해의 대립분쟁으로, 법률적으로 그 주장의 當否를 재판함으로써 해결할 수 있는 사건. 법률상이라 함은 어떤 사항의 適法·違法 혹은 權利關係의 存否에 관한 분쟁을 말하며, 단순히 정책적 當否나 학술상의 논쟁과 같은 것은 이에 속하지 않는다. 또한 爭訟이라 함은 당사자간의 구체적인 이해에 관한 것이어야 하며, 法律問題일지라도 추상적인 법령 등의 위헌성이나 해석에 관한 논쟁은 그것만으로서는 사건성이 없으므로 이에 해당하지 않는다. 법률상의 쟁송만이 원칙으로 司法權의 대상이 된다(法組 2Ⅰ).

법률상(法律上)**의 전쟁**(戰爭) →전의

법률상(法律上)**의 정부**(政府) →사실상의 정부

법률상(法律上)**의 진술**(陳述) 당해 사건에 있어서 法律效力의 眞否에 관한 당사자의 진술로서 사실상의 진술에 대립하는 것. 소송물의 법률효력의 존부에 관한 것과 그 전제가 되는 실체법상의 법률효력의 存否에 관한 것이 있다(民訴 150, 273, 457 참조).

법률상 이익(法律上利益) 행정법상 행정심판법 9조 1항과 행정소송법 12조는 법률상 이익이 있는 자가 取消審判이나 取消訴訟을 제기할 수 있다고 규정하고 있다. 즉 이러한 자만이 請求人適格·原告適格을 가진다는 것이다. 법률상 이익이 무엇을 의미하는가에 관하여는 견해가 갈리고 있으나, 處分의 근거가 된 실정법규에 의해 당해 청구인·원고의 이익이 보호되는 것으로 인정되는 경우라고 보는 것이 종래의 통설과 판례의 입장이다. 이 견해에 의하면 법률상 이익이란 법률상 보호된 이익을 의미한다고 하겠다. 그런데 최근에는 行政作用의 다양화와 行政機能의 확대·강화에 따라 실체적으로 보호된 이익이 아니더라도 실질적으로 보호할 가치있는 이익인 경우는 법률상 이익에 포함하

려는 견해가 나오고 있다.

법률소송(法律訴訟) 〔羅〕 legis actio 고대로마의 民事通常訴訟節次. 十二表法 기타의 법률(렉스) 및 법률과 동등한 효력을 가지는 고래의 慣習에 의하여 인정된 로마시민의 권리, 즉 시민법상의 권리를 구제하기 위한 소송절차로서, 當事者가 권리를 주장함에는 법정의 엄격한 방식에 좇은 形式的인 意思表示와 象徵的인 動作으로써 할 것이 필요하였다. 이러한 법률소송은 일방당사자의 언동이 조금이라도 방식에 위배하면 그것만으로 패소한다고 하는 위험한 것이었을 뿐만 아니라, 한편으로 市民法이 새로운 사회정세에 대처할 수 없게 된 포에니전쟁후(특히 제2차전이 끝난 201 B.C. 이후)에 이르러 이 소송절차로는 보호를 받을 수 없는 법률관계가 격증하였기 때문에, 차츰 사용되지 않게 되고, 이에 대신하여 方式書訴訟이 대두하였다.

법률심(法律審) 〔羅〕 revisio in iure 〔獨〕 Rechtsinstanz 訴訟事件에 관하여 사실심을 거친 재판에 대하여 그 법령위반의 유무만을 심사하여 재판하는 上訴審級.

[1] 민사소송에 있어서는 제1심 및 항소심이 事實審임에 대하여 상고심은 법률심이다. 따라서 상고는 원판결의 법령의 불준수·적용의 위반을 이유로 할 때에 한하여 할 수 있고(民訴 393, 394), 사실문제, 즉 사실인정의 잘못을 주장하거나, 새로운 사실이나 증거의 제출은 허용되지 않는다(402).

[2] 형사소송법상 上告審은 法令解釋을 통일하는 중요한 기능을 가지므로, 극히 예외적으로 사실심적 성격을 지니고 있기는 하지만(刑訴 383 iv), 원칙적으로 법률심이고(383 i ~iii), 항소심도 사실오인과 양형부당이 항소이유로 된 때 이외에는 법률심이다. 따라서 법률심·사실심의 구별은 審級의 구별과 일치하지 않는다.

법률심사(法律審査) →위헌법률심사, 법령심사권

법률심사권(法律審査權) 법원이 재판을 함에 당하여 적용하여야 할 법률이 憲法에 적합한 것인가 아닌가를 심사하는 권한. →법령심사권, 위헌법률심사

법률안(法律案) 헌법상으로 법률안이라 함은 국회에 제출된 法律의 草案을 말하며, 국회에 제출되기 전에는 설사 그것이 법률의 초안으로 구비되어 있더라도 법률안은 아니다. 법률안은 국회의원과 정부가 다같이 국회에 제출할 수 있다(憲 52). 이것을 법률안의 提出權이라고 한다.

법률안거부권(法律案拒否權) 〔英〕·〔佛〕 veto 〔獨〕 Veto 국회(의회)가 의결한 법률안을 행정부의 기관(군주나 대통령)이 그에 대한 裁可 또는 承認을 거부함으로써, 그의 법률로서의 성립을 결정적 또는 잠정적으로 저지하는 권한. 거부의 효력이 절대적이고 회의의 이의를 인정하지 아니할 때에는, 이를 絶對的 拒否權(absolute veto)이라고 하는 바, 대일본제국헌법하의 일본이 그 좋은 예이다. 이에 대하여, 거부의 효력이 잠정적이어서 의회의 재의결로써 부인되는 경우에는, 이를 停止的 拒否權(suspensive veto)이라고 하는 바, 미국대통령의 거부권이 그 예이다. 우리 헌법에 의하면, 국회로부터 이송된 법률안에 異議가 있을 때에는, 대통령은 이송된 후 15일 이내에 異議書를 붙여 이를 국회에 환부하고 그 再議를 요구할 수 있다(53 Ⅱ 前)(還付拒否). 재의의 요구가 있을 때에는 국회는 재의에 붙이고, 재적의원 과반수의 출석과 출석의원 3분의 2 이상의 찬성으로 전과 같은 의결을 하면, 그 법률안은 법률로서 확정된다(53 Ⅳ). 그러므로, 우리나라 대통령의 법률안거부권은 停止的 拒否權이다. 대통령은 거부권을 행사하는데 있어서, 법률안의 일부에 대하여 또는 법률안을 수정하여 再議를 요구할 수 없고(53 Ⅲ), 따라서 一部拒否(item veto) 또는 修正拒否는 인정되지 아니한다. 끝으로 대통령은 법률안에 이의가 있을 때에는 국회의 폐회 중일지라도 그 이송을 받은 날로부터 15일 이내에 국회에 재의의 요구를 하여야 하며(53 Ⅱ 後), 再議要求를 하지 아니할 때에는 그 법률안은 법률로서 확정되므로(53 Ⅴ), 우리나라 헌법상으로는 미국헌법에서와 같은 保留拒否(pocket veto)는 인정되지 아니하며, 오직 還付拒否만 인정된다. 다만, 국회의원의 임기가 만료된 때에는 會期不繼續의 原則이 적용되므로(51 但), 이 경우에는 예외적으로 保留拒否가 인정된다고 해석된다. 왜냐하면, 이 경우에는 법률안을 의결한 국회와 재의할 국회는 다른 국회이어서 엄격한 의미에서의 재의라고 할 수 없기 때문이다. →포켓 비토, 법률안의 환부

법률안(法律案)**의 환부**(還付) 의회에서 의결되어 이송되어온 법률안을 대통령이 공포하지 않고 그 재의를 위하여 의회로 되돌리는 것. 우리 헌법상 국회에서 의결된 법률안은 정부에 이송되어 15일 이내에 대통령이 공포하도록 되어 있는데(53 Ⅰ), 동법률안에 이의가 있을 때에는 대통령은 이송된 후 15일 이내에 異議書를 붙여 국회에 환부하여 그 재의를 구할 수 있게 하고 있다(53 Ⅱ 前). →법률안거부권

법률(法律)**에 의한 재판**(裁判) 법률에

의거하여 행해지는 재판. 법률에 의한에는 여러가지 의의가 있다. 첫째, 법률을 형식적 의미의 법률로 보고, 命令으로써는 재판을 규율하지 못한다는, 즉 그 節次에 있어서 행정부의 간섭을 받지 않는 재판을 의미하기도 하고, 둘째 법률을 실질적 의미의 법률, 즉 일반적·추상적 법률 또는 법규의 의미로 해석하고, 재판은 이러한 의미의 법률만에 따르게 하고, 타의 간섭을 받지 않는, 즉 司法權의 獨立을 의미하기도 하고, 셋째 권력분립주의적 통치기구에 있어서의 立法權의 優位의 표현으로서 입법권에 의하여 정립된 법률에 따라서만 재판을 하는 것을 의미하기도 한다. 이 법률에 의한 재판의 원칙은 근대법치국가에서 인정되는 바로서 우리나라 헌법도 法官은 이 헌법과 법률에 의하여 그 양심에 따라 독립하여 심판한다(103), 모든 국민은 헌법과 법률에 정한 법관에 의하여 법률에 의한 재판을 받을 권리를 가진다(27 I)고 규정하여 법률에 의한 재판의 원칙을 선언하고 있다.

법률(法律)**에 의한 행정**(行政) 〔獨〕 Gesetzmässigkeit der Verwaltung 행정은 법률에 의하여 행하여야 한다는 것으로서, 法治主義의 한 내용. 이 때의 법률이란 국회가 제정한 법률을 의미한다. 이것은 국민의 자유·권리를 보장하기 위하여 국민의 권리의 제한과 의무의 부과는 법률에 의거하여야 한다는 법치주의 내지 법의 지배의 요청에 의한 것이다. 그러나, 국가기능의 적극화를 요구하는 복지국가에 있어서는 법률은 그 구체적 세부사항을 行政權에 위임하는 경향이 나타나서, 고전적 의미의 법률에 의한 행정은 엄격히 준수될 수 없고, 그 내용에 어느 정도의 변질을 가져오고 있다. 그러나, 委任立法은 포괄적이어서는 안되고, 구체적 위임이어야 한다. →법률의 지배, 법률의 의의, 법의 지배, 법규명령

법률요건(法律要件) 〔獨〕 juristischer Tatbestand 일정한 법률효과를 발생시키기 위하여 필요한 사실의 총체. 즉 결과로서의 법률효과를 발생시키기 위하여 필요한 원인된 사실의 전체이다. 그러므로 법률요건은 법률효과에 대하여 원인이고, 법률효과는 법률요건에 대하여 결과이다. 法規는 법률관계를 규정함에 있어서 대개 다음과 같은 假言判斷의 형식을 취하는데, 즉 만일 어떠 어떠한 사실이 있으며, 어떠 어떠한 효과가 생긴다고 하는 논리적 구조인데, 이 전반부의 條件命題에서 요구되고 있는 것이 법률요건이다. 법률요건을 조성하는 개개의 사실을 法律事實이라 한다(→법률사실). 매매계약에 있어서, 산다고 하는 의사표시와 판다고 하는 의사표시는 각각 법률사실이고, 이 2개의 의사표시의 결합에 의하여 이루어진 계약은 법률요건이다. 그리고 이 계약으로부터 나오는 청구권의 발생은 법률효과가 된다. 법률요건은 권리·의무의 득실·변경을 일으키는 것이 주요한 것이지만, 그것만에 한하는 것은 아니다. 예컨대 法定代理人의 동의같은 것도 일정한 법률효과를 발생한다는 점에서 법률요건이다. 법률행위가 법률요건의 주요한 것이기는 하나, 그 이외의 것, 즉 準法律行爲·不當利得·事務管理 등도 법률요건이 된다.

법률(法律)**의 과실**(過失) →과실, 고의설

법률(法律)**의 규정**(規定)**에 의한 물권변동**(物權變動) 이는 법률행위에 의하지 않은 물권변동을 총칭하는 것으로, 準法律行爲 또는 事件에 의한 물권변동을 말한다. 즉 당사자의 의사와는 관계없이 일정한 목적하에 일정한 요건이 갖추어지면 당연히 물권변동의 효과가 발생하도록 법률이 규정하고 있는 경우이다. 따라서 이 경우에는 등기 또는 인도가 없어도 물권변동은 효력을 발생한다(民 187). 법률의 규정에 의한 물권변동은 여러 곳에 산재하고 있다. 즉 민법상으로는 취득시효(245 이하), 소멸시효(162 이하), 혼동(191), 無主物先占(252), 遺失物拾得(253), 埋臧物發見(254), 添附(256 이하), 承繼·相續(995, 1005) 등이 있고, 특별법상으로는 公用徵收(土收 67), 몰수(刑 48) 등이 있다.

법률(法律)**의 법규창조력**(法規創造力) 法治主義의 주된 내용 중의 하나로서, 의회가 정립한 법률만이 그에 고유하게 내재하는 힘인 법규로서의 구속력을 가진다는 것을 말한다. 이 원칙은 현대국가에 있어서도 緊急命令과 같이 헌법이 예외적으로 인정한 경우 외는 법률 이외의 行政意思가 법규창조력을 가지지 않는다는 것으로서, 그대로 유지되고 있다고 하겠다. 그런데 최근에는 법치주의의 내용으로서 법규창조력을 인정하지 않는 견해도 등장하고 있다.

법률(法律)**의 우위**(優位) 〔獨〕 Vorrang des Gesetzes 法治主義의 내용의 하나. 법률이 국가의사 중에서 법적으로 가장 강력하여 우월적·상위적 지위에 있다는 것. 즉, 다른 모든 國家意思(행정권의 의사 및 사법권의 의사)가 법률의 형식으로 표시된 국가의사에 저촉할 수 없다는 것. 법률의 형식적 효력에서 설명되는 것이 보통이다. 이 용어는 마이어(Otto Mayer)가 처음으로 사용하였다.

법률(法律)**의 위임**(委任) 법률이 규정하여야 할 사항(法律事項)을 다른 법형식(命令·規則

등)으로 규정할 수 있음을 정한 것. 입법의 위임이라고도 한다. 위임의 범위에 관하여는 각국의 헌법상·헌법해석상 논의가 있으나 우리나라 헌법에는 具體的 委任이어야 함을 명문으로 규정하고 있다(75, 95 참조).

법률(法律)**의 유보**(留保) 〔獨〕 Vorbehalt des Gesetzes 국회의 의결을 거친 법률로써만 규정할 수 있는 사항, 즉 立法事項에 관한 규정은 이를 반드시 법률을 근거로 하여서만 규정할 수 있게 하는 것. 원래 이는 법률의 근거가 없이는 행정권을 발동할 수 없음을 의미하였다. 즉, 마이어(Otto Mayer)가, 行政의 作用은 行政權에 고유한 권력에 기하는 것이기 때문에 본래로는 일일이 법률의 근거를 필요로 하지 아니하지만, 일정한 사항(法人의 基本權)에 관하여는 이 자유가 배제되는 것을 법률의 유보라고 지칭한 이래 이 개념은 널리 사용되어 왔다. 법률의 유보의 원리는 개인의 자유·권리를 행정권의 恣意的 侵害로부터 보장하려는데 그 주안이 있었지만, 또 반대로, 법률에 기하는 한, 개인의 자유·권리에 대하여 제한·침해를 할 수 있다고 해석되는 일도 있었다. 유럽대륙제국의 헌법에 있어서의 권리조항은, 개인의 자유·권리의 보장을 법률의 유보의 형식에 구하는 것도 많고, 舊日本憲法도 이와 같다. 이에 대하여 미국계의 헌법은 법률로써도 침해할 수 없는 基本的 人權을 승인하는 일이 많다.이에 관하여, 우리나라에서는 원칙적으로 법률의 유보의 형식을 취하고 있으나, 국민의 권리와 자유를 제한하는 법률의 제정은 國家安全保障·秩序維持 또는 公共福利를 위하여 필요한 경우에 한하며, 제한하는 경우에도 자유와 권리의 본질적인 내용을 침해할 수 없게 하였다(憲 37Ⅱ). 헌법에 열거되어 있는 국민의 자유와 권리는 예시적인 것에 그치는 것이다(37Ⅰ). 끝으로, 법률의 유보는 원래는 行政權發動의 제한을 의미하였고 또 그에 주안이 있지만, 반드시 그에 국한되는 것은 아니다. 예를 들면, 법원의 조직과 법관의 자격에 관한 규정을 법률에 유보한 것이 이것이다(101Ⅲ, 102Ⅲ).

법률(法律)**의 저촉**(抵觸) 〔英〕 conflict of laws 〔獨〕 Kollision der Gesetze 〔佛〕 conflit des lois 형식상 또는 실질상 다른 수개의 법률이 동시에 동일한 법률관계를 지배하는 것과 같은 外觀을 나타내는 것. 시간적인 저촉과 장소적인 저촉이 있다. 전자를 해결하는 법칙이 이른바 時際法이며, 후자를 해결하는 법칙 중 가장 주요한 것이 國際私法이다. 국제사법은 보통 사법의 場所的 抵觸을 해결하는 법칙이라고 설명되고 있다. 법률의 저촉이라는 말은 주로 국제사법에서 사용되며, 특히 國際私法의 별명으로 사용되는 경우가 적지 않다. 영미에 있어서는 국제사법을 법률의 저촉이라고 부르는 것이 일반적이다.

법률(法律)**의 정지**(停止) 일정한 기간 내에 어떤 법률이 그 자체의 집행을 정지하는 것을 말하는바 헌법 또는 법률의 규정에 의하지 않으면 이를 행할 수 없다. 예컨대 戒嚴을 시행할 때에는 警察法規의 실시는 정지된다.

법률(法律)**의 지배**(支配) 〔獨〕 Herrschaft des Gesetzes 法治主義의 내용을 표시하는 말. 법치주의하에 있어서는 행정은 법률의 규정이 있는 경우에 그 법률에 따라서 행하여야 한다. → 법의 지배, 법률에 의한 행정, 법률의 우위

법률(法律)**의 착오**(錯誤) 〔羅〕 error iuris 〔英〕 ignorance or mistake of law 〔獨〕 Rechtsirrtum 〔佛〕 erreur de droit → 착오

법률(法律)**의 충돌**(衝突) 법률의 저촉과 같다.

법률(法律)**의 타당성**(妥當性) 〔獨〕 Gültigkeit des Rechts 법철학적으로는 法律理念에 비추어 법의 그 존립의 근거를 가지는 것을 말하고, 법률학적으로는 실정법상의 개개의 法律規定이 효력을 가지는 것을 뜻하며, 법사회학적으로는 법의 복종하는 지위에 있는 인간생활에 있어서 법의 요구하는 사태가 실현되어 있음을 가리킨다.

법률이념(法律理念) 〔英〕 idea of law 〔獨〕 Rechtsidee 법과 법률생활이 어떤 것인가를 표시하는 객관적·보편타당적 기준으로서의 思想 또는 觀念. 법률의 제정·해석·적용 등을 지도하는 최고목표이며, 그 작용의 가치를 제정하는 기본적 표준이기도 하다. 그 성질과 내용에 관하여는 法律哲學上의 입장에 따라서 그 견해가 달라진다.

법률적 분쟁(法律的紛爭) 〔英〕 legal dispute, legal conflict 〔獨〕 rechtliche Streitigkeit 〔佛〕 différend juridique [1] 법률상의 분쟁을 보라.

[2] 1925년의 로까르노(4개)仲裁裁判條約에 의하면 법률적 분쟁은 당사국간의 권리의 분쟁이라고 하고, 이것은 중재재판 또는 사법재판에 부탁한다고 하였다. 1928년의 一般議定書에서도 동일한 규정을 하고 있다. 이 양 조약에서 당사국의 합의에 의하는 법률적 분쟁과 비법률적 분쟁을 조정위원회에 부탁할 수 있게 하였다. 이와 같이 법률적 분쟁만이 국제재판에 의하여 해결할 수 있다는 입법적 경

향이 일반화되었는데, 그 법률적 분쟁이 어떤 것이냐에 대해서 상술한 조약에서는 다만 권리의 분쟁이라고 하고 있기 때문에 석연치 않다. 여기에는 國際司法裁判所規程 36조 2항의 규정이 참고된다. 동규정에 의하면 법률적 분쟁으로서 ① 條約의 해석, ② 國際法上의 문제, ③ 인정되면 국제의무의 위반이 되는 事實의 존재, ④ 국제의무의 위반에 대한 배상의 성질 또는 범위를 지칭하고 있다. 그런데 국제분쟁은 전부가 법률적 분쟁이고 非法律的 紛爭의 개념은 부정해야 한다는 학파도 있다. 또한 정치적 분쟁을 利益의 紛爭이라고 하고 또는 일국의 명예·독립·중대이익이라고 지적한다. 여하튼 문제는 어떤 분쟁사건을 해결하는데 있어서 그것을 국제재판에 부탁하는 것이 타당하냐 혹은 調停委員會에 부탁하는 것이 타당하냐에 있다. →정치적 분쟁

법률적 사유(法律的思惟) 〔獨〕 juristisches Denken 법률적 실천 및 법률학에 특유한 思惟作用. 입법작용에 내재하여 法律規範의 내용구성을 위하여 도움이 되고, 법률의 해석과 적용에 있어서 이들의 작용의 중요한 핵심을 이룬다. 더욱이 이론적·과학적 방향으로 발전하여 법률학의 체계를 구성하는 기능을 영위한다.

법률적용(法律適用) 〔英〕 application of law 추상적인 法律規範에 의하여 구체적인 생활현상을 판단하는 것. 즉 현실에 발생한 사건에 대하여 법의 사회적 기능을 발현시키는 사건에 대하여 법의 사회적 기능을 발현시키는 것을 말한다. 이것을 가장 의식적·조직적으로 하는 것이 재판이다. 법률적용에 있어서는 구체적인 사실관계를 명확하게 함을 요하며, 또 이것에 적용되는 법규의 색출·검사·해석이 있어야 한다.

법률적 책임(法律的責任) →책임

법률적 행위(法律的行爲) 준법률행위와 같다.

법률정책학(法律政策學) 일정하게 예정된 法律理想 또는 目的, 즉 正法을 실현하는 수단·방법을 발견함을 목적으로 하는 법률학. 立法政策學이라고도 부른다. 가장 중요한 것은 比較立法學이다. 또 刑事政策學도 이의 한 분과이다.

법률·제명령(法律·諸命令)**의 존속**(存續) 〔1945년 11월. 軍政法令 제21호〕 1945년 8월 9일 현재 조선에서 시행중인 모든 法律·命令·規則·告示 및 公告 등은 朝鮮軍政廳에 의하여 특히 폐지된 것을 제외하고는 계속하여 효력을 유지한다는 것을 주된 내용으로 하는 군정법령. 북위 38도선 이남의 조선에 위치한 모든 裁判所는 陸軍占領裁判所로서의 기능을 수행할 것을 아울러 규정하고 있다(2). 전문 3조.

법률진화론(法律進化論) 법의 발생·변화가 진화론적 원리의 지배를 받는다고 보고, 그 진화의 형태·법칙을 고찰함을 목적으로 한다. 다른 社會規範으로부터의 독립성, 規範內容의 분화·합리화, 法의 成文化 등은 진화를 측정하는 유력한 기준으로 된다. 이것을 처음으로 주장한 사람은 메인이다. 일본에서는 호즈미(穗積陳重)가 그 영향하에 법률진화론을 주장하였다. 比較法制史·人類學的 法學의 방법은 그 유력한 수단이다.

법률철학(法律哲學) 법철학과 같다.

법률체계(法律體系) 〔英〕 legal system 〔獨〕 Rechtssystem 〔佛〕 système juridique 일정한 법원리에 따라서 개개의 法規範 또는 법규가 조직화된 통일적 전체. 여기서는 개개의 법규범 또는 법규가 서로 모순되거나 충돌됨이 없이 조화를 이루게 된다. 이와 같은 법체계의 통일적 인식을 가능하게 하여 주는 法理論으로서는 특히 켈젠에 의하여 주장된 法段階說이 있다. 이에 의하면, 근본규범을 최정점으로 하여 헌법, 법률, 명령, 재판 및 행정처분의 순서로 전 법질서는 하나의 통일된 체계로서 파악된다. 일반적으로 법체계는 國際法體系와 國內法體系로 대별되며, 국내법체계는 다시 公法體系와 私法體系, 社會法體系 등으로 구분할 수 있고, 이러한 것은 각법의 명칭에 따라서 憲法體系·民法體系·刑法體系 등 기타의 부분적 법체계로 나누일 수 있다.

법률충돌론(法律衝突論) 국제사법과 같다. →법률의 저촉

법률해석학(法律解釋學) 법해석학과 같다.

법률행위(法律行爲) 〔獨〕 Rechtsgeschäft 〔佛〕 acte juridique 의사표시를 요소로 하는 사법상의 법률요건. 법에 의하여 행위자가 의욕한 대로의 법률효과가 인정되는 행위. 사법상의 법률행위는 원칙적으로 당사자의 意思에 의하여 규율되는데(私的自治의 原則), 이것은 결국 법률행위에 의하여 규율된다는 것을 의미하는데 지나지 않는다. 사법상의 행위는 크게 適法行爲와 違法行爲로 나눌 수 있는데, 전자는 그 대부분이 법률행위이며, 다만 그 중에는 엄밀한 의미에서 법률행위가 아니라고 말하여지는 準法律行爲도 포함된다. 契約自由의 원칙이라는 것도 실은 法律行爲自由의 原則과 같은 의미

인 것이며, 다만 그것이 법률행위 중에서도 가장 대표적인 계약에 관하여 말하여졌다는 것뿐이다. 결국 법률행위는 사적자치의 법률적 수단이며, 이에 의하여 자유로운 법률관계를 그 본질로 하는 시민사회의 형성이 가능하게 된다. 법률행위가 성립하기 위하여서는 當事者·內容·意思表示의 3개의 요건을 필요로 하며, 이 성립요건이 불비되면 법률행위는 성립하지 않는다. 그러나 일단 성립한 법률행위가 그 효력을 현실적으로 발생하려면, 다시 당사자에게는 行爲能力이 있어야 하고, 그 내용은 確定·可能·適法·正當(社會的 妥當性)하여야 하고, 의사표시는 내심의 효과의사의 결정에 하자가 없어야 하고, 또 내심의 의사와 외부의 표시가 일치하여야 한다. 이러한 效力發生要件이 불비되면 불완전한 법률행위가 되어 무효가 되거나 취소할 수 있게 된다. 결국 법률행위는 성립요건을 구비함으로써 성립하고, 효력발생요건을 구비함으로써 효력이 발생하며, 또 나아가서 對抗要件을 구비하여야 대항력이 생기고, 소송요건을 구비하여야 訴權이 생긴다. 그러므로 완전한 법률행위는 성립요건·효력발생요건·대항요건·소송요건의 4요건이 전부 구비되어야만 한다. 법률행위의 종류는 여러 표준에 따라서, ① 單獨行爲·契約·合同行爲, ② 要式行爲·不要式行爲, ③ 生前行爲·死因行爲, ④ 獨立行爲·補助行爲, ⑤ 主된 行爲·從된 行爲, ⑥ 債權行爲·物權行爲, ⑦ 有因行爲·無因行爲, ⑧ 有償行爲·無償行爲 등으로 분류될 수 있다.

법률행위(法律行爲)**에 의한 물권변동**(物權變動) 물권변동은 법률요건에 따라 法律行爲·準法律行爲·事件에 의해 발생하는데 그 중 가장 흔히 발생하고 중요한 것이 법률행위에 의한 물권변동이다. 이는 당사자의 의사에 의하여 일어나는 것이므로 私的自治의 原則을 기본으로 하는 근대적 민법하에서 법률행위에 의한 물권변동이 중요한 의미를 가지는 것은 당연하다. 법률행위에 의한 부동산물권변동은 등기, 동산물권변동은 인도가 있어야 효력이 발생한다. 법률행위에 의한 不動産物權變動은 민법 186조, 動産物權變動은 민법 188조 내지 190조에 의해 규율된다. 그러나 占有權 및 留置權은 성질상 이에 의해 규율되지 않는다.

법률행위(法律行爲)**의 부관**(附款) 넓은 의미에서의 법률행위의 부관이라 함은 법률행위에 부수하는 독립된 약관으로서 利子約款·擔保約款·還買約款·免責 등을 말하며, 좁은 의미에서는 법률행위의 내용으로서 부가되어 당해 법률행위의 효과의 발생 또는 소멸을 제한하는 약관을 말하는데, 이에는 條件·期限 및 負擔이 있다. 민법은 조건과 기한에 관해서만 일반적 규정을 두고 있고, 부담에 대해서는 負擔附贈與와 負擔附遺贈의 特別規定(民 561, 1088)을 두고 있을 뿐이다.

법률행위(法律行爲)**의 불능**(不能) 법률행위가 그 효력을 발생하기 위해서는 법률행위의 목적이 실현가능해야 하며, 불능인 경우에는 법률행위가 무효로 된다. 법률행위의 목적의 불가능 여부는 社會概念에 의해 정해지므로, 예를 들어 한강에 가라앉은 보석 한 알을 찾는 계약과 같이 물리적으로 가능하다 하더라도 사회개념상 불가능한 경우에 그 법률행위는 無效이다. 법률행위의 불능은 ① 법률행위의 성립 당시 이미 그 목적의 실현이 불가능하게 된 原始的 不能과, 법률행위의 성립 당시에는 가능하였으나 履行 전에 불가능하게 된 後發的 不能, ② 법률행위의 목적 전부가 불능인 全部不能과, 일부만 불능인 法律的 不能과, 자연적·물리적 이유에 의한 불능인 事實的 不能 등으로 나누어진다.

법률행위자유(法律行爲自由)**의 원칙**(原則) 各人은 法律行爲에 의하여 그들이 의욕하는 대로의 법률관계를 형성할 자유가 있다는 원칙. 이 원칙은 그 내용면으로부터 보아서, 私的自治의 原則이라고도 부르며, 또한 그것이 계약의 영역에서 가장 현저하다는 점에서 契約自由의 原則이라고도 부른다. 또한 이것은 시민생활을 규율하는 사법의 원리라는 점에서 私法自治의 原則이라고도 하며, 또한 개인의 자유의사에 기하며 자유로이 법률관계를 형성한다는 점에서 個人意思自治의 原則이라고도 한다. 이 원칙은 근대자본주의사회의 경제활동의 자유로부터 연유한 것이며, 개인의 거래상의 자유경쟁을 법적으로 보장하여 준 것이었다. 그러나 이 원칙은 자본주의사회의 고도한 발전에 따르는 사회관계의 불균형성 내지 불투명성으로 말미암아 경제정책적 또는 사회정책적 방면으로부터 여러가지의 제한을 받기에 이르렀으며, 이와 보조를 같이 하여 그 법률상의 원칙도 수정을 받지 않을 수 없게 되었다. 信義誠實의 原則, 權利濫用禁止의 原則, 無過失責任의 原則, 契約公正의 原則 등은 이러한 것에 대한 일련의 제한으로 등장한 원칙들이며, 따라서 법률행위의 자유성도 오늘날에 이르러서는 그 공정성과 협동성을 강조하는 방향으로 推移되어 가고 있다.

법률행위적 행정행위(法律行爲的行政行爲) 〔獨〕 rechtsgeschäftlicher Verwaltungsakt 행정행위 중, 效果意思의 표시를 구성요소로 하고, 그 효과의사의 내용에 따라 법률적 효과를 발생하는 행위. 효과의사 이외의 精神作用의 표시를 구성요소로 하고, 그 법률적 효과는 직접 법규의 정하는 바에 의하여 발생하는 準法律行爲的 行政行爲와 대립된다. 법률행위적 행정행위에는 부관을 붙일 수 있다. 법률행위적 행정행위는 그 법률적 효과의 내용에 따라 命令的 行爲와 形成的 行爲로 나눌 수 있다.

법률행위지법설(法律行爲地法說)〔國際私法上〕 법률행위의 대리권의 발생·범위·소멸에 관한 문제에 있어서 法定代理의 경우에는 그 발생 원인인 법률관계의 準據法에 의하나, 任意代理의 경우에는 견해가 나뉜다. 이 중 代理權의 行使地, 즉 대리행위의 효과를 일으킬 나라의 법률에 의한다는 견해(Wolff, Raape)를 말하는 바, 이 說이 타당하다.

법률현상(法律現象) 법률의 규정에 의하여 발생하는 현상을 말한다. 예컨대 민법상에 나타나게 되는 契約違反의 사실과 같은 것이다.

법률혼주의(法律婚主義) 법률상의 절차에 의하여 혼인의 의사를 표시하여야 한다는 주의. 일정한 형식을 요건으로 하는 점에서 事實婚主義와 다르고 또 宗敎上의 節次를 필요로 하지 않는 점에서 宗敎婚主義와 다르다. 오늘날의 문명국에 있어서는 거의 법률혼주의를 원칙으로 하고 소수의 국가에서는 종교혼주의를 병용한다. 우리 민법은 혼인은 신고에 의하여 효력이 생긴다고 하고 있으므로(812, 戶 76) 엄격한 법률혼주의이다. → 형식혼주의, 사실혼주의

법률회피(法律回避) 〔獨〕 Gesetzesumgehung 國際私法上 당사자가 고의로 일정한 연결점을 일으킴으로써, 원래 적용되어야 할 强行規定·禁止規定의 적용을 회피하는 것. 예컨대 내국에 있어서의 法律禁止를 潛脫하기 위하여 외국으로 귀화하고, 또는 엄격한 본국법의 적용을 면하기 위하여 타국으로 가서 혼인하는 경우와 같다. 종래 행위의 방식에 관한 行爲地法의 原則과 관련하여 종종 문제되었다. 이러한 법률회피행위의 결과를 유효로 할 것인가 또는 무효로 할 것인가에 관하여는 학설이 대립한다. 현행 涉外私法에는 이에 관한 아무런 규정도 없다. 그러나 법률회피가 성립하기 위하여는 당사자에게 탈법에 대한 악의가 있을 것이 필요하므로, 선의의 경우에 다른 법률의 적용이 허용되는 이상, 악의에 의한 법률회피의 경우에도 큰 불합리는 없을 것이라는 점과 법률회피가 성립하는가의 여부는 당사자의 선의 또는 악의에 달려 있는 것이라 하더라도 그것을 판단하기가 곤란할 뿐만 아니라, 원래 國際私法은 그 기능상 특별한 규정이 없는 한 準據法의 적용을 객관적으로 결정하여야 할 것이며, 당사자의 내심의 의사는 문제삼을 것이 못된다는 점 등 여러가지 이유에서 有效說이 우세하다. 대체로 영국·미국·독일에 있어서는 유효설이 지배적이고, 프랑스에 있어서는 無效說이 지지받고 있다.

법률효과(法律效果) 〔獨〕 Rechtserfolg 일정한 法律要件을 구비하였을 때에 그 결과로서 생기는 법률관계의 변동. 즉, 법규가 취하는 假言命題의 형식. 만일 어떠어떠한 사실이 있으면, 어떠어떠한 효과가 생긴다고 하는 論理的 構造에 있어서, 전반부에서 요구되고 있는 條件命題의 충족이 법률요건이고, 그것을 원인으로 하여 후반부의 歸結命題로서 주어지는 결과가 법률효과이다. 예컨대, 매매에 있어서 賣渡人과 買受人의 意思表示(法律事實)의 합치로써 이루어지는 매매계약은 법률요건이고, 이 요건에 기하여 代金請求權이나 目的物引渡請求權과 같은 청구권이 발생하는 것은 법률효과이다. 법률효과인 법률관계의 변동은 주로 권리·의무의 득실·변경의 형태로 나타나나 반드시 이에 한하는 것은 아니며, 예컨대 成年을 요건으로 하여 行爲能力이라고 하는 효과를 발생하는 能力의 得失과 같은 것도 있다.

법률효과(法律效果)**의 일부배제**(一部排除) 〔獨〕 Ausschluss von gesetzlichen Rechtswirkung 行政行爲의 附款의 하나. 행정행위의 주된 의사표시에 부가하여 법령에서 일반적으로 그 행위에 부여하고 있는 법률효과의 일부의 발생을 배제하는 行政權의 의사표시. 예컨대 택시영업허가에 있어서 隔日制運行을 부관으로 하는 것. 이 부관은 원칙적으로 법령에 특별한 규정이 있는 경우에 한하여 가능하다. → 부관

법리학(法理學) 法哲學과 같다. 일본에서는 호즈미(穗積陳重)가 이 말을 쓴 이래로 대학의 강좌명이나 강의명으로 법리학이라는 명칭이 常用되고 있다. 그러나 역시 일본의 오다까(尾高朝雄)가 독일의 Rechtsphilosophie를 직역하여 法哲學이라 부르는 것이 옳다고 주장한 이래로 일본학계에서는 法哲學이라는 말이 사용되고 있으며, 그리고 우리나라에서는 講座名, 學界用語가 모두 법철학으로 통일되어 있다.

법맹목성(法盲目性)**의 이론**(理論) → 고의설

법명령설(法命令說) 〔英〕 command theory of law 法의 本質을 주권자 또는 지배자의 명령에 구하는 학설(法實力說의 일종). 이 학설을 전

형적으로 표현한 오스틴에 의하면, 법은 주권자가 창설한 것이며, 주권자의 명령에 지나지 않는다고 한다.

법무관(法務官) ① 상사의 명을 받아 법령과 법규의 기초 또는 審査·訴願의 심사 그 밖에 法務에 관한 사무를 담당하는 공무원. ② 로마법상의 법무관에 관하여는 쁘라에또르를 보라.

법무관법(法務官法) 〔羅〕 jus praetorium →명예법

법무국(法務局) 법무부의 내국. 法務行政의 종합계획, 법령안의 기초, 국적의 이탈·회복·귀화, 변호사·수습변호사·공증인에 관한 사항, 법무부 소관의 법인에 대한 인가, 법률편찬에 관한 자료모집, 법률학설과 판례의 수집·조사·연구, 대통령 및 국무총리와 행정 각 부문의 법령에 관한 자문 및 법령의 해석·적용에 관한 사항, 국가를 당사자로 하는 訟務, 국가에 대하여 배상을 요구하는 訴請, 행정소송의 지휘·감독 등에 관한 사항, 국민의 출입국에 관한 사항 및 외국인의 출입국 및 등록에 관한 사항과 출입국관리제도의 조사·연구에 관한 사항을 장리한다(法務部職制 5).

법무부(法務部) 검찰·行刑·소년의 보호와 교정, 사법보호, 사상범의 보호와 교도, 사면, 인권의 옹호, 公證, 訟務訴請, 국적의 이탈과 회복·귀화, 법무에 관한 자료의 조사, 출입국관리 그 밖의 일반 法務行政에 관한 사무를 관장하는 정부 각부의 하나. 하부조직으로 법무부에 총무과·법무국·검찰국·교정국을 둔다(政組 30, 法務部職制).

법무부장관(法務部長官) 국무위원인 법무부의 장. 주임장관으로 법무부 소관의 행정사무를 관리하는 한편 대통령·국무총리와 행정 각 부문의 법령에 관한 자문에 응하여 법령의 해석 적용에 관한 사항을 관장한다(法務部職制 1).

법무사(法務士) 타인의 委囑에 의하여 보수를 받고 법원·검찰청에 제출할 서류, 등기·등록신청에 필요한 서류 등의 작성을 업무로 하는 자(法務士法 2Ⅰ). 法務士의 자격은 法院·憲法裁判所·檢察廳에서 사무관 이상의 직에 5년 이상, 주사보 이상의 직에 7년 이상 있던 자 중에서 대법원장이 인정한 자나 법무사시험에 합격한 자에게 주어진다(4). 법무사는 당사자 일방의 위촉을 받은 사건에 관하여 상대방을 위하여 서류를 작성하지 못하는 것이 원칙이고(18Ⅱ前), 그 업무의 범위를 초과하여 타인의 訴訟 기타 爭議事件에 관여하지 못한다(19Ⅰ). 법무사는 그 사무소의 소재지를 관할하는 지방법원의 관할구역마다 하나의 地方法務士會를 설립하여야 하고(33Ⅰ), 각 지방법무사회는 연합하여 大韓法務士協會를 설립하여야 한다(41Ⅰ).

법무아문(法務衙門) 관청의 하나로 사법행정·경찰·赦宥 등의 사무를 관장하고, 고등재판소 이하의 하급 각 재판소를 감독하던 기관. 1894년 (고종 31)에 실시해 내려오다가 1896년에 法部로 개칭하였다.

법무행정(法務行政) 國家行政의 일종. 검찰·行刑·소년의 보호와 矯正·갱생보호·赦免·인권의 擁護·公證·訟務·國籍의 離脫과 回復·歸化·법령의 해석·출입국관리 등에 관한 행정이다(政組 30, 法務部職制 1). 법무행정을 관장하는 기관으로는 법무부가 있다. 우리나라에서는 이와 같이 행정부가 행하는 법무행정을 법원이 행하는 사법행정 내지 법원행정으로부터 구별하여 사용하는 경향이 있다.

법물신성(法物神性)) 〔獨〕 Rechtsfetischismus 자연이나 사회의 현상을 지배하는 불가사의한 超人間的·超自然的인 위력을 가지고 있다고 믿어지는 그 무엇에 대하여 맹목적인 信仰·威服이 바쳐지는 경우에 이것을 일반적으로 페티시즘(物神崇拜·呪術崇拜)이라고 하는데, 몇몇 학자들은 법생활·법사상의 영역에서도 이에 유사한 현상을 볼 수 있다고 하여, 이것을 法物神性이라고 부른다. 대별하여 둘이 있다. 그 하나는 法實證主義에 특유한 思惟傾向을 풍자하는 말로서 사용되고 있는데(→법실증주의), 국가의 制定法規를 유일한, 또는 적어도 압도적으로 중요한 法源으로 생각하고 그리고는 이러한 법규의 논리적 조작을 통하여 일체의 법적 해석이 행하여져야 한다고 주장하는 法思想, 국가만능의 맹목적 신앙을 가리킨다. 제니가 프랑스註釋學派의 法典狂信(fetichisme légal, fetichisme de la loi écrite et codifiée)의 태도를 비난한 것은 이런 의미로 쓰여진 것이다. 다음에 그 또 하나는, 주로 마르크스主義法學者 특히 구소련의 파슈카니스 일파가 사회에 질서를 가져옴에 있어서 법은 반드시 있어야 한다는 사고방식을 부르는 명칭으로 사용되고 있다. 마르크스主義法理論에 의하면 법 특히 근대법은 부르죠아계급이 프롤레타리아계급을 계급적으로 착취하기 위한 수단으로서 제정된 것이며, 계급없는 공산사회에서는 국가와 함께 법도 또한 사라져 없어지고 만다고 보는 것인데, 이러한 입장에서 볼 때에, 부르죠아法學者가 법과 국가는 인간사회에 있어서 언제나 필수적이라고 주장하는 것이 法物神性을 인정한 것처럼 느껴진다는

것이다.

법배반성(法背反性)**의 이론**(理論) →고의설

법무법인(法務法人) 변호사가 그 직무를 조직적·전문적으로 행하기 위하여 설립한 法人을 말한다. 법무법인은 변호사법과 다른 법률에 의한 辯護士 및 公證人의 직무에 속하는 업무를 행하는데, 공증인의 업무는 主事務所에서만 행할 수 있다. 법무법인은 또 다른 법률에서 변호사에게 그 법률에 정한 자격을 인정하는 경우 그 구성원 또는 구성원 아닌 소속 변호사가 그 자격에 의한 직무를 행할 수 있는 때에는 그 직무를 법인의 업무로 행할 수 있다(辯 39). 법무법인을 설립하고자 할 때에는 구성원이 될 변호사가 定款을 작성하여 주사무소 소재지의 지방변호사회 및 대한변호사협회를 거쳐 법무부장관의 認可를 받아야 하며, 定款을 변경할 때에도 또한 같다(30, 31). 法務法人은 5인 이상의 변호사로 구성하며, 그 중 2인 이상이 각각 통산하여 15년 이상 법원조직법 42조 1항 각호의 1에 해당하는 직에 있던 자이어야 한다(35). 法務법인의 정관에는 ① 목적·명칭·주사무소 및 分事務所의 소재지, ② 구성원의 성명 및 주소, ③ 出資의 종류와 그 가액 또는 평가의 기준, ④ 구성원 회의에 관한 사항, ⑤ 법인의 대표에 관한 사항, ⑥ 자산 및 회계에 관한 사항, ⑦ 존립시기 또는 해산사유를 정한 때에는 그 시기 또는 사유를 기재하여야 한다(32). 法務法人은 법인명의로 업무를 행하며 그 업무를 담당할 변호사를 지정하여야 하는데 이 경우 구성원 아닌 소속 변호사에 대하여는 구성원과 공동으로 지정하여야 한다(40Ⅰ). 한편 법무법인에 관하여 변호사법에 정한 것을 제외하고는 상법 중 合名會社에 관한 규정을 준용하며, 법무법인 및 그 구성원의 公證에 관한 업무 및 그 감독과 징계에 관하여는 공증인법을 준용한다(48).

법 부(法部) 관청의 하나로 1895년(고종 32)에 法務衙門을 개칭한 것. 사법행정·恩赦·復權·法院 등을 관할한다.

법사학(法史學) 법사학(法制史)이라 함은 인간의 법생활의 역사를 구명하는 것을 목적으로 하는 독립한 학문분야이다. ① 법사학은 법학과 역사학의 2 영역에 걸치는 이중의 성격을 가진다. 첫째로, 법사학은 法現象을 대상으로 하는 학문인 점에서 법학의 한 분야를 이루지만, 그것은 법학제부문 중에서, 특히 법적 사실을 대상으로 하는 것인 점에서 法哲學·法解釋學과 구별되며, 다시 그 법적 사실을 특히 역사적인 견지에서 구명하려고 하는 것인 점에서 法社會學과 구별된다. 즉 법사학은 법적 사실을 역사적으로 고찰하고, 그것으로써 과거의 사회에 있어서의 법생활의 실태를, 詳言하면 당해 사회의 법질서를 버티고 있는 개개의 기본적 요소, 그 여러 요소로써 이루어지는 법체계 전체의 구조, 당해사회에 있어서의 법의 존재양식·법의 기능·법의 관념 등을 역사적인 발전의 모습에 있어서 파악하고 다시 그 발전의 원동력까지도 구명하려고 하는 학문이다. 법사학의 연구를 진행시키는 데에 필요한 概念·體系는 연구대상인 법현상의 성격에 卽하여 이것을 발견하여야 할 것이며, 이 경우에 법사학은 법학의 다른 부문으로부터 시사를 받지만, 한편으로 법사학의 연구성과는 법학의 다른 부문에 중요한 시사와 소재를 제공한다. 둘째로, 法史學은 법현상을 특히 역사적으로 구명하려고 하는 학문인 점에서 역사학의 일부문을 이룬다. 역사학의 일부문으로서의 법사학과 기타의 부문, 즉 사회사·경제사·정치사·사상사·미술사 등과의 사이에는, 法史學이 역사현상을 특히 법적인 관점에서 고찰한다고 하는 시각의 相違가 존재하는데 불과하다. 법사학이 과거의 특정사회에 있어서의 법생활의 실태 그 중에서도 법의 존재양식이나 그 기능을 구명함에 있어서는 당해사회에 있어서의 여러 文化現象의 종합적·유기적인 고찰이 필요하며, 법사학은 이 점에 있어서 역사학의 다른 부문으로부터 기여를 받지만, 한편으로 법사학의 연구는 역사학의 다른 부문의 연구에 기여하며, 이들 전부문의 연구가 서로 도와, 역사를 종합적으로 해명하는 것이 가능하게 된다. 그리고, 법사학이 法解釋學의 시녀나 回顧的인 實定法學의 테두리를 벗어나서, 그 연구가 완전한 의미에 있어서 역사적으로 진행되는 경우에만 과거의 사회에 있어서의 법생활의 참된 모습이 밝혀지고, 법사학의 법학의 다른 부문에의 기여가 確實 또 多大해진다. ② 법사학의 연구는 대개 國別·法系別의 방법에 의하여 행하여지는데, 이 경우, 一國·一法系의 법을 타국·타법계의 법과의 비교 속에서 구명한다고 하는 수단이 채용되는 일이 적지 않다. 특히, 상호 역사적 교섭을 가지든가 또는 같은 문화상태에 있는 여러 민족의 법에 관하여는, 비교법적인 방법을 사용하여 一法의 법원의 흠을 他法의 法源에 의하여 보충하는 것이 가능하다. 이와 같이, 법사학의 연구에 있어서 비교법적 방법의 사용은 그것으로서 의의가 있지만, 보통으로 比較法制史라고 불리는 것은 이와 달라, 주로 원시 내지 古代諸法의 비교를 통하여 법의 진화발전에 관한 보편적 법칙을 도출하거나 또는 그것을 더욱 추진하여 인류의 普遍法史(Universalrechtsgeschichte)를 수립하려고 하는 시도이며, 이러한 시도는

법사학의 연구로서는 존립할 수 없다. ③ 법사학은 법생활에 직접간접의 관계를 가지는 일체의 유물·사료를 연구의 소재로 하는데, 유물·사료의 수집·취급에 관하여는 특별한 지식과 기술을 필요로 한다. 이 의미에 있어서 考古學·民族學·言語學·古文書學 등은 法史學의 보조학인 것이다.

법사회학(法社會學) 〔英〕 sociology of law 〔獨〕 Rechtssoziologie 〔佛〕 sociologie juridique 법현상을 사회학적 방법에 의해서 역사적인 사회현상의 하나로서 파악하고, 隣接社會現象(종교·도덕·정치·경제 등) 내지 隣接社會形態(가족, 사회, 국가 등)와의 관계에 있어서 그 성립·발전·변화·소멸의 법칙을 찾아내려고 하는 학문으로서, 법학 및 사회학의 일부문으로 되어 있다. 일반적으로는 19세기 이전의 성문법만능의 法解釋學에 대한 반발로서 성립되었고 따라서 自由法論과 밀접히 결부되어 발전하였다. 대표자는 에를리히, 칸토로뷔츠, 웨버, 크라프트, 귀르뷔취, 티마셰프, 파운드 등이다. 그 밖에 엘리네크(G. Jellinek)의 國家社會學, 페리, 롬브르조에 의한 刑事社會學·刑事人類學, 메인, 바호펜 등에 의한 법의 원시형태의 연구, 분트 등에 의한 법의 민족학적 고찰 등도 특수한 법사회학이라고 할 수 있다. 또 社會法學도 법사회학과 밀접한 관계를 가지지만, 법사회학과 동시할 수는 없다.

법삼장(法三章) 漢나라의 고조가 秦나라의 가혹한 벌칙을 폐지하고 법은 3장 뿐인바 사람을 죽이는 자는 죽이며, 사람을 상해하거나 도둑질하는 자는 처벌한다고 선포하고, 殺·傷·盜만을 처벌하였는데 나중에 이것이 변하여 法治萬能主義에 대한 비판이 된 것으로 유명하다.

법 서(法書) 〔英〕 law book 〔獨〕 Rechtsbuch 西洋法制史上 법학자 등 법에 정통한 자가 判例·法律·註釋 등을 자료로 하여 지은 私撰의 법률서를 말한다. 법전이 아니므로 법의 효력은 없으나, 세월이 경과하는 동안에 법전과 같은 권위를 갖추게 되어 재판상 적용되기에 이른 사례도 적지 않다. 고래로 그 수는 많았으며, 특히 게르만중세에는 작센슈피겔을 중심으로 하여 法書時代라고 불리는 시기가 있었다.

법 쇄(法鎖) 채권을 말한다. 유스티니아누스의 法學提要는 채권을 국가의 여러 법규에 좇아 어떤 물건을 변제할 필요에 구속되는 法鎖(iuris vinculum)라고 정의하고 있다.

법승인설(法承認說) 〔獨〕 Rechtsanerkennungstheorie 법이 효력을 가지는 것은 그 법의 지배를 받는 사람들의 승인에 근거를 둔다고 보는 학설. 慣習法에 관하여는 로마시대부터 있은 견해이지만, 實定法 일반에 관하여는 독일의 비얼링이 주장하였다. 승인을 하기 위하여는 먼저 그것이 무엇인지를 인식하고 있지 않으면 아니되는데, 국가의 법의 내용을 인식하고 있는 국민의 수는 극히 적은데 반하여 국가의 법은 그 전국민에 대하여 효력을 가지는 것이므로, 이 학설은 사실에 맞지 않는다고 보지 않으면 아니된다.

법실력설(法實力說) 〔英〕 force theory of law 〔獨〕 Machttheorie des Rechts 법을 만들고, 법을 움직이고, 법에 효력을 부여하는 것은 강자의 실력이라고 하는 학설. 그 역사는 소피스트에 비롯한다. 극단적인 실력설은 법은 실력 자체라고 하며, 실력이 법이다(Might is right)라고 주장한다. 法命令說은 법실력설의 일종. →국가실력설

법실증주의(法實證主義) 〔英〕 legal positivism 〔獨〕 Rechtspositivismus 〔佛〕 positivisme juridique 법학의 대상을 전적으로 실정법에 국한하고, 법을 형식논리적으로 포착하려고 하는 입장. 일면에 있어서 自然法論에 대하여 자연법을 부인하려고 하는 동시에, 타면에 있어서 법의 사회학적인 고찰을 배제한다. 一般法學·分析法學·純粹法學 등이 모두 여기에 속한다.

법(法)**앞의 평등**(平等) 〔英〕 equality before the law 〔獨〕 Gleichheit vor dem Gesetz 〔佛〕 égalité devant la loi 근대헌법은 개인의 자유와 함께 그 평등을 보장하기 위하여 평등의 원칙을 규정하고 있다. 즉, 모든 사람은 法 앞에 평등하다는 것이 그 내용이다(憲 11 참조). 自由權에 대하여 이것을 평등권이라고도 한다. 여기에서 평등이란 恣意의 禁止를 말한다. 자의의 금지란 정의의 관념에 따라서 평등한 것은 평등하게, 불평등한 것은 불평등하게 취급하는 것을 말한다. 따라서 결국 평등의 원칙에 있어서의 평등이란 平等=恣意의 禁止=正義를 말한다. 법앞의 평등의 내용은 시대에 따라서 각각 다르기는 하지만, 오늘에 있어서는 대체로 입법·행정·사법의 모든 분야에 있어서 차별대우를 받지 않는 것을 말한다. 따라서 立法에 있어서의 不平等은 違憲法律審査의 대상이 되며, 행정에 있어서의 불평등한 處分은 행정소송의 대상이 되며, 사법에 있어서의 불평등한 재판은 上訴와 再審의 理由가 된다.

법 언(法諺) 〔英〕 legal maxim 〔獨〕 Rechtssprichwort 〔佛〕 maxime de droit 法格言, 즉

법에 관한 格言 내지 俚諺을 말한다. 예컨대 賣買는 賃貸借를 깨뜨린다(kauf bricht Miete)와 같다. 로마법 이래 각국에는 많은 법언이 있으며, 각각 법의 특색을 보여주고 있다.

법 역(法域) 〔獨〕 Rechtsgebiet 일정한 법률이 시행되고 있는 구역. 법역과 국가의 영토는 일치하는 것이 보통이지만, 예컨대 미국에 있어서와 같이 地方(州)에 따라서 각각 다른 법이 시행되고 있는 경우도 있다. 이러한 국가내에 있어서도 법률의 저촉이 발생하고, 따라서 國際私法과 같은 기능을 가지는 법의 존재가 필요하게 된다. →준국제사법, 일국수법

법 왕(法王) →로마교황

법외조합(法外組合) 노동조합 및 노동쟁의조정법에서 규정하고 있는 바의 노동조합으로서의 자격요건을 구비하지 않은 노동자의 단체. 이른바 御用團體 · 조합규약요건을 채우지 못한 노동조합 등을 말한다(勞整 2,10~12). 法內組合에 대한다. 헌법이 근로자에게 단결권 · 단체교섭권 · 단체행동권을 보장하고 있는 이상(憲 33Ⅰ), 이들 조합이라 할지라도 정당한 爭議行爲에 대해서는 민사상 · 형사상의 면책을 받는 것이지만(勞整 2, 37), 단체협약의 체결능력이 없음은 물론 노동위원회에 의한 勞動爭議의 조정이나 不當勞動行爲의 구제신청 등도 할 수 없다(7Ⅰ). 또한 노동조합 및 노동쟁의조정법에 의한 노동조합이 아니면 노동조합이라는 명칭을 사용할 수 없다(7Ⅲ).

법 원(法院) 〔英〕 court 〔獨〕 Gericht 〔佛〕 tribunal 좁은 뜻으로는 법관으로 구성된 사법관청을 가리키며 헌법상 사법권을 행사하는 기관이다(憲 101Ⅰ). 법원의 大綱에 관하여는 헌법 101조 내지 106조에 규정되어 있으나 그 자세한 것에 관하여는 법원조직법에 규정되어 있다. 이러한 의미의 법원에 合議部와 單獨判事의 두 가지가 있다. 법원이라는 말은 이러한 뜻 이외에 법원의 사무직원과 執行官까지 넣은 複合的 官署의 뜻으로 쓸 수 있다. 이런 법원을 넓은 뜻의 법원이라 한다.

법 원(法源) 〔英〕 source of law 〔獨〕 Rechtsquelle 〔佛〕 source du droit 法의 淵源, 즉 무엇이 법이냐를 정하는 경우에 그 근거로서 드는 것을 법원이라 한다. 제일로는 법의 타당근거로서의 神의 의사 · 이성 · 국가 등을 의미하고, 국민주권주의하에서는 국민의 의사가 法源으로 된다. 그러나 제2로 보통은 법을 구체적으로 알려고 하는 경우의 認識手段, 즉 객관적으로 말하면 법의 存在形式을 의미한다. 이 의미에서의 법원은 그 표현형식에 따라, 成文法과 不文法으로 대별되지만, 보통은 成文形式에 따라, 法律 · 命令 · 慣習法 · 判例法 등으로 나누어지고, 그 밖의 條理 · 學說法이 법원으로 되느냐 어떠냐가 논의되고 있다. 이들 법원간에는 그 효력상 일정한 질서가 있어, 예컨대 법률은 명령에 우선하고, 制定法은 관습법에 우선한다(憲 107Ⅱ, 民 1, 商 1 등 참조).

법원모욕죄(法院侮辱罪) 법정모욕죄와 같다.

법원서기(法院書記) 단독제의 관청으로서 조서의 작성, 송달, 기일에의 소환, 재판 기타 소송기록의 正 · 謄本의 작성, 認證, 判決確定證明, 執行文付與 등의 재판권 행사에 있어서의 부수적 사무를 담당하는 법원공무원을 말한다.

법원서기관(法院書記官) 〔英〕 court clerk 〔獨〕 Gerichtschreiber, Urkundsbeamten der Geschäftsstelle 법원에 있어서 심판에 立會하고 조서의 작성 · 소송기록의 보관 · 송달 · 공증 등의 사무를 소관하는 직원 또는 그 직원으로써 구성되는 기관(法組 10 참조). 각 지방법원에 배치되는 4급공무원의 신분을 가진다.

법원서기보(法院書記補) 법원서기관 또는 서기의 사무를 보조하는 법원의 직원. 9급공무원이다.

법원(法院)**에 현저**(顯著)**한 사실**(事實) 〔獨〕 offenkundige Tatsache 법원이 私知에 의하지 않고 알고 있는 사실. 公知의 사실과 법원이 그 직무를 행함에 당하여 알 수 있게 된 사실(예 : 訴訟係屬 · 判決의 存在 · 破産宣告 등)을 포함한다. 좁은 의미에서는 후자, 즉 법원이 직무상 알고 있는 사실만을 말한다.

[1] 민사소송법상 公知의 사실을 포함하여 쓰이며, 이와 같은 종류의 사실은 證據에 의하지 않고, 인정할 수 있고(261), 이에 반하는 자백은 법원을 구속하지 않지만, 反證을 들 수가 있다. 辯論主義의 입장에서는, 현저한 사실이라도 당사자의 주장이 없으면 판결의 기초가 되지 않는다.

[2] 형사소송법상 좁은 의미의 현저한 사실을 말한다. 이에 대한 증명을 필요로 하는가에 관하여는 논의가 있다. 통설은 公知의 事實과 달라서 일반인에게는 잘 알려져 있지 않으므로, 일반인의 재판에 대한 신뢰를 확보하고 당사자에게 의외의 불이익을 주지 않도록 하기 위하여 증명이 필요하다고 한다.

법원(法院)**의 직원**(職員) 법원에 속하여

裁判에 관한 事務를 처리하는 자로서 법원조직법이 인정한 것. 법관을 중핵으로 하는 것은 말할 나위도 없지만, 법관 이외에 처장·차장·이사관·부이사관·비서관·서기관·校正·조사관·사무관·주사(보)·서기(보)·執行官과 法廷警衛가 있다. 법원의 직원에 대하여는 재판의 공정을 보장하기 위하여 다른 관청의 직원에서 볼 수 없는 특수한 제도가 인정되어 있다. 즉, 법관의 身分保障(憲 106), 법관·서기관·서기에 대한 除斥·忌避·回避(民訴 37~46, 刑訴 17~25), 집행관에 대한 除斥(執行官法 13) 등의 제도가 그것이다.

법원행정(法院行政) 〔英〕 administration of justice 〔獨〕 Rechtsverwaltung 〔佛〕 juridiction 司法權에 관련되는 행정을 이른다. 즉, 입법권이나 행정권과 독립되어 있는 사법권은 주로 訴訟을 통하여 법원이 독립된 판단을 내리는 것을 의미하는 것이지만, 법원행정이라 함은 이러한 독립된 사법권의 행사를 제대로 하게 하기 위한 부수적인 행정사무를 이른다. 주로 人事·豫算·立法(準備) 따위를 가리킨다. 사법권의 독립을 제대로 보장하려면 이러한 法院行政權도 법원이 가지고 있을 필요가 있음은 물론이다. 그러나 여러가지 사정으로 인해 大法院長은 대통령이 국회의 동의를 얻어 임명하고 大法官은 대법원장의 제청에 의하여 대통령이 임명하고 기타의 법관은 대법원장이 임명한다(憲 104). 법원에 주어진 사법행정사무를 처리하게 하기 위하여 대법원에 法院行政處를 둔다(法組 19). 사법행정에 관한 중요한 사무의 처리는 大法官會議에서 의결하는 것을 원칙으로 한다(17). → 법원행정처

법원행정처(法院行政處) 사법행정사무를 관장하게 하기 위하여 대법원에 법원행정처를 둔다. 법원행정처는 법원에 관한 人事, 豫算, 會計, 登記, 戶籍, 執行官, 供託, 法務士, 법령조사, 통계 및 사법제도연구에 관한 사무를 맡아 처리한다. 법원행정처에 실·국 및 과를 두며, 그 설치 및 分掌事務는 대법원규칙으로 정한다(法組 71). 법원행정처에 처장 1인과 차장 1인을 둔다. 처장은 대법관으로 보하고 대법원장의 지휘를 받아 사무를 맡아 처리한다. 次長은 판사로 보하고, 처장을 보좌하여 處務를 처리하고 처장이 궐위되거나 유고시에는 그 권한을 대행한다(67Ⅲ).

법원행정처장(法院行政處長) 법원행정처에 처장 1인을 둔다. 법원행정처장은 大法官으로 보하고, 대법원장의 지휘를 받아 사무를 관장한다(法組 67Ⅱ). 법원행정처장은 대법관 중에서 대법원장이 이를 임명하고(68), 법원행정에 관하여 국회 또는 국무회의에 출석하여 발언할 수 있다(69).

법(法)으로부터 자유(自由)로운 영역(領域) 〔獨〕 rechtsfreier Raum 법이 적법인가 위법인가의 평가를 하지 아니하고, 개인의 양심에 따라 무엇을 할 것인가를 판단하도록 방임한 분야를 말한다. 카우프만(Arth. Kaufmann)은 행위가 여기에 해당하는 경우에는 금지된 것이 아니지만, 그렇다고 하여 허용된 것도 아닌 것이 된다고 한다. 自殺이나 適應規定에 의한 落胎의 경우 뿐만 아니라, 同價値 또는 평가할 수 없는 이익이 충돌하거나 의무의 충돌의 경우가 바로 법으로부터 자유로운 영역에 속한다는 것이다. 그러나 이에 대하여 다음과 같은 반론이 제기된다. 즉 법으로부터 자유로운 영역은 構成要件에 앞서 있는 문제에 지나지 않으며, 어떤 행위가 구성요건에 해당하는 것으로 인정되는 때에는 法的 評價를 피할 수 없게 된다. 따라서 妊婦의 생명을 구하기 위한 낙태는 법으로부터 자유로운 것이 아니라 허용되는 것이라고 해야 한다. 의무의 충돌의 경우에도 의무를 이행하지 않는 것이 구성요건에 해당하는 이상 법으로부터 자유로운 영역이라고 할 수는 없게 된다고 한다.

법(法)을 통한 세계평화회의(世界平和會議) 〔英〕 The World Conference on World Peace through the Rule of Law 1958년 美國法曹協會에 의하여 창시된 기구로서 전세계의 法學者 및 法律實務家들로 구성되어 있다. 회원상호간의 통신·조사·출판물의 간행 및 地區會議를 통하여 국경을 초월한 法實現에 공헌하며, 법의 지배를 통하여 세계평화를 이룩하자는데 목적이 있다. 1963년 6월 30일에는 세계 105개국 대표가 참가한 가운데 아테네에서 제1차회의를 갖고, 동년 7월 6일에는 一般原則의 宣言(Declaration of General Principle)을 통하여 법앞에 平等의 원칙, 개인의 인권보호, 분쟁의 평화적 해결, 국제평화기관인 UN의 육성 등 10개항에 걸친 원칙을 선포하였다. 동회의는 이러한 이상이 현실화됨으로써 점증하는 武力競爭과 전쟁의 위협이 영원히 종식되도록 노력하고 있다. 우리나라의 대표도 이 회의에 참가하였다.

법(法)의 계수(繼受) 〔英〕 reception of law 〔獨〕 Rezeption des Rechts 〔佛〕 réception du droit 타국가·민족의 법률제도를 수입하여 자국의 것으로 하는 것. 이렇게 수입하여 이루어진 법을 자국본래의 固有法에 대하여 繼受法이라 하며, 그 근원인 타국의 법을 母法이라 한다. 계수는 자연적으로 관습에 의하여 행하여지는 일도 있고, 인위적으로 입법, 즉 법령의 제정에 의하여 행하여지는 일

도 있다. 법의 계수는 때때로 행하여지는데, 그 가장 유명한 것은 독일에 있어서의 로마法의 계수이다. 보통 법의 계수라 하면 이것을 의미할 정도이다. 우리나라에서도 금세기에 들어와서 일본법·프랑스법·독일법이 널리 계수되었고, 해방후에는 영미법 특히 미국법이 상당히 널리 계수되고 있다. 繼受가 널리 행하여지면 그들 사이에 法系의 관계가 생기게 된다. 계수는 사회적·경제적 사정이 유사한 국가간에서 행하여지는 경우에 가장 효과적이고, 사정이 다른 국가간에서 행하여지는 경우에는 실패할 위험이 많아지므로, 계수를 함에 즈음하여서는 이 점에 관한 배려가 필요하다.

법(法)의 기능(機能) 실질적으로 보면 법의 기능은 법의 目的에 따라 다종다양이나, 그 기능의 방식의 논리적 형태는 다음과 같다. ① 評價的 機能. 어떤 生活事象, 특히 인간의 행위에 관하여, 사회적으로 희망되는 것, 또는 희망되지 않는 것이라는 등의 평가를 가하여, 이에 기하여 적법·위법의 평가작용을 한다. ② 命令的 機能. 전술한 기능에 기하여, 법이 사람들에 대하여 일정한 作爲·不作爲를 명하는 작용. ③ 形成的 機能. 여러 사회제도를 정립하는 작용. ④ 强制的 機能. 강제를 통하여 위법행위를 제지하는 작용.

법(法)의 날 법의 지배를 기본원리로 하고 있는 민주주의국가에서는 법의 尊貴性을 강조하고 준법정신을 앙양하는 뜻에서 이를 기념하고 있는 바, 우리나라에서도 이러한 자유세계의 관례에 따라 5월 1일을 법의 날로 제정한 것이다(各種記念日 등에 관한 規程 別表).

법(法)의 목적(目的) 〔獨〕 Zweck des Rechts ① 법에 의하여 달성되는 目的. 일반적으로 질서의 유지, 정의의 실현, 문화의 증진 등을 들고 있다. 예링은 사회의 生活諸條件의 확보가 목적이라 한다. ② 각각의 법제도 또는 부분적 법질서의 목적. 예컨대 相續制度의 목적, 死刑制度의 목적, 민법의 목적, 형법의 목적. ③ 法理念과 같은 뜻으로 쓰이는 일도 많다.

법(法)의 범주(範疇) 〔獨〕 Kategorie des Rechts 法的 思考에 있어서 필연적으로 사용하지 않으면 안되는 기본적인 法的 諸槪念. 즉, 어떤 현상 또는 제도를 법학적으로 구성함에 있어서 논리상 필연의 제약을 이루는 基本的 諸槪念. 法律要件·法律效果, 適法·違法·法律關係, 權利·義務, 권리의 주체, 권리의 객체 등. 다만 이것은 선험적인 범주표로서 일거에 완성된 모습으로 존재하는 것이 아니라, 법현상의 경험적 전개에 응하여, 그 논리적·제약적 요소로서 새로 발견되어 가는 것이라고 생각되고 있다.

법(法)의 사회화(社會化) 〔英〕 socialization of law 〔獨〕 Sozialisierung des Rechts 〔佛〕 socialisation du droit 법을 전문가의 손에서 민중에게 널리 개방하여 法知識의 보급·일반화를 꾀하는 것을 법의 사회화라고 부르고 있지만, 학문상으로는 도리어 개인주의적 법을 사회본위적인 법으로 진화시키는 것을 말하는 경우가 많다. 이 요구는 오늘날 개인주의를 원칙으로 하는 법체제의 밑에서도 널리 인정되고 있다고 할 수 있다. 입법의 분야에 있어서의 社會立法은 종래의 公法, 私法의 구분을 타파한 새로운 영역을 형성하고 있고, 법의 해석의 분야에 있어서도 權利濫用禁止의 思想이나 無過失責任의 法理가 개인적 소유권의 절대성 등을 제약하고, 공공복리의 이념이 개인본위의 법체계를 제한함에 이르고 있는데, 이것들은 모두 법의 사회화의 일련의 경향을 나타내고 있는 것으로 볼 수가 있다.

법의식(法意識) 〔獨〕 Rechtsbewusstsein 〔佛〕 conscience juridique 법에 대하여 인간이 가지고 있는 규범의 의식 또는 社會意識. 이것은 法感情과 함께 法心理學의 기초를 이룬다. 법의식은 사회에서 실현되는 법에 대한 주관적 반영인데, 여기에는 법내용의 타당성여부에 관한 판단과 그것을 법으로서 승인하는 法的 確信이 포함되어 있다. 즉, 아무리 국가법이라 할지라도 민중의 법의식에 의하여 지지되어 있지 않으면 그 법은 실효성을 갖지 못하며 따라서 지켜지지 않는다. 이러한 점에 착안하여 민중의 법의식에 의하여 지지되어 있는 살아 있는 법을 특히 문제로 한 것이 法社會學이다. 그러나 심리적으로 엄격히 분석한다면, 이러한 법의식이 의식화되기까지에는 법감정이라는 전단계를 거친다. 법감정은 법에 대한 직관적인 價値感情인데, 여기에서는 법내용의 타당성 여부에 관한 직관적인 가치판단이 이루어지고, 그것이 規範意識을 야기시키는 제일차적 근원계기가 된다. 다음에 이러한 법감정이 의식화되어 사유의 명료성을 얻었을 때, 그것은 법의식이 된다. 즉, 법감정에 기인하여 의식화된 구체적인 法價値意識이 법의식이다. 이것은 이미 법감정의 단계를 넘어서서 생활화되고 역사화된 경험적인 구체적 가치의식이며 시간과 공간에 따르는 제약을 벗어날 수 없다. 그러므로 법의식은 일정한 시대의 일정한 장소에서 형성되는 법적 가치의식이며, 그것은 경제적·사회적·문화적 여러 상태의 상이에 따라 각각 다르게 형성될 수 있다.

법(法)의 실효성(實效性) 〔獨〕 Wirksamkeit des Rechts 법이 受範者에 의하여 현실로 준수되어 실현된다는 것을 의미한다. 이것은 법의 효력의 사실적 측면이며, 법의 효력의 當爲的 側面인 妥當性과는 의미를 달리한다. 즉, 법이 현재 여기에서 적용된다는 의미, 말하자면 법의 규범적 요구가 현실적으로 실현되고 실제로 준수되고 또 보장된다는 의미에 있어서의 효력이다. 법이 아무리 타당성을 가지고 있다고 할지라도 그 實效性을 결여하게 되면, 완전히 효력있는 법은 될 수 없다. 사실상 효력없는 법은 있으나마나한 것이므로 법의 실효성의 문제는 법의 存在性의 문제와 직결된다. 법이 어떠한 근거에 의하여 실효성을 갖기에 이르는가에 대하여서는 여러 학설이 있다(→법의 효력). 또한 법의 실효성이란 말은 법의 시간적·장소적 효력에 관하여 쓰여지는 경우도 있다. 예컨대 일제시대의 某法律은 오늘날 실효성이 없다든가 중국의 헌법은 우리나라에서는 실효성을 가질 수 없다든가 하는 경우 등이다. 그러나 이러한 경우에 타당성이 없다는 말도 쓰기는 하나, 적어도 학문적으로는 양자는 구별될 것이 요구된다. →법의 타당성

법(法)의 외면성·내면성(外面性·內面性) 법은 社會規範으로서 사람에 대하여 의무로부터 일정한 행위를 명령한다. 이 명령은 자유로운 주체자의 의식에 있어서 내면화되고 이 주체가 자신이 정립하여, 자발적으로 지키는 규범으로서 내부로부터 명령으로 나타난다. 전자를 법의 외면성 또는 非合理性이라 하고, 후자를 법의 內面性 또는 合理性이라고 한다.

법(法)의 우위(優位) →법의 지배, 다이시

법(法)의 일반원칙(一般原則) 〔英〕 general principles of law 〔獨〕 allgemeine Rechtsgrundsätze 〔佛〕 principe générale de droit ① 모든 法體系一般에 적용되는 기본원리. 법의 이념인 정의와 형평의 원리에서 파생되는 기본규칙으로서 그 구체적 내용에 대하여는 학자들의 의견이 일치되지 않고 있으나 일반적으로 信義誠實의 원칙·事情變更의 원칙·權利濫用禁止의 원칙·比例의 원칙 등을 들 수 있다. ② 國際裁判의 準則으로서 많은 조약에서 채용되고 있는 원칙. 국제사법재판소 규정 38조를 보면 재판소에 부탁되는 분쟁의 해결을 위한 재판의 적용규범으로서 係爭國이 明認하는 條約法과 一般國際慣習法 외에 문명국이 인정한 법의 일반원칙을 들고 있다. 이 규정에 관하여 소수학자는 재판관이 부탁된 사건에 적용할 규범을 조약법 또는 일반국제관습법 중에서 발견치 못할 때에 주관적 판단에 의하여 재판하는 권한을 부여한 것이라고 해석한다. 그러나 38조 2항에서 재판관은 당사자의 합의가 있는 한 衡平과 善에 기하여 재판할 권한이 있다고 규정한 것으로 보아 그의 해석은 옳지 않다. 多數說은 법의 일반원칙을, 재판관이 조약법과 일반국제관습법이 없는 경우에 부탁된 사건을 해결하기 위한 객관적 기준으로서 문명국의 다수에 공통된 입법례에 있는 일반적 규칙을 채택하는 것으로 보고 있다. 그런데 법의 일반원칙을 국제법의 일부 또는 국제법의 연원이 된다고 주장하는 소수의 학설이 있다. 그러나 재판소규정이 법의 일반원칙을 국제재판의 기준으로 들고 있고 또 締約國이 직접 그것에 구속되고 있지 않으므로 그것을 국제법규의 일부 또는 구성부분으로 볼 수 없다. 그런데 국제법규의 一般的 欠缺狀態에 있어서 법의 일반원칙이 보충적 의의를 가진다는 것은 승인할 수 있다. →국제재판의 준칙, 국제법의 연원

법(法)의 적용(適用) 〔英〕 application of law 〔獨〕 Rechtsanwendung 法規를 개별적인 사회현상에 맞추어 법규의 내용을 구체적으로 실현하는 작용. 법의 적용은 구체적으로는 법적 가치판단을 받는 社會現象을 정확하게 확정하는 것 및 그 판단의 기준으로 될 법의 의미내용을 명확하게 확정하는 것을 기초로 하여 행하여진다. 전자는 사실확정의 문제이며 후자는 법의 해석의 문제이다. 법의 적용에 있어서는 法的 安定性과 具體的 妥當性의 조화가 강력하게 요구된다.

법(法)의 주체(主體) 〔英〕 subject of law 〔獨〕 Rechtssubjekt 법률관계의 주체를 의미하는 경우와 法秩序의 주체를 의미하는 경우가 있다. ① 법률관계의 주체는 법에 있어서 주체라고도 불리며, 權利의 主體, 따라서 법적 인격자를 의미한다. 이에는 自然人과 法人이 있다. 근대법에 있어서는 모든 인간은 출생과 동시에 법적 인격자이며, 이 의미에서 법의 주체이다. ② 法秩序의 주체라 함은 법질서를 유지하는 임무를 가지는 법적 단체를 의미하며, 특히 법질서유지를 위하여 獨占的 强制權力을 가지는 국가를 의미한다.

법(法)의 중층구조(重層構造) 법은 行爲規範과 强制(裁判)規範의 2종의 규범으로써 성립되어 있다. 그리고 이 양자는 서로 성질·기능을 달리하면서도 항상 의존·결합의 관계에 있다. 법의 중층구조라 함은 이와 같이 법이 行爲規範과 强制規範과의 복합체로서 구성되어 있는 것을 말한다. 그러나 이 밖에 組織規範의 존재를 주장하여, 법을 이

들 3종의 규범의 복합체로 보는 설도 있다(法의 3重構造).

법(法)**의 지배**(支配) 〔英〕 rule of law 누구든지 일반법원이 적용하는 법 이외에는 지배받지 않는다는 法至上主義의 原則. 권력자의 恣意的인 지배에 복종하는 사람의 지배에 대응하는 개념. 영국에 있어서 코크가 제임스 1세와 항쟁할 때, 國王이라 할지라도 神과 法밑에 있다라는 브랙톤의 말을 인용한 때부터 영국헌정상의 원칙이 되었다. 이것은 王權에 대한 法의 우위를 의미하며, 또 一般法院의 우위를 의미한다. 이 원칙이 영국에서는 법률을 제정하는 국회의 우위를 결과하여 國會主權主義의 토대가 되었는데, 미국에서는 사법권의 우월의 원리가 되었다. 법의 지배는 흔히 法治主義와 동일어로 사용되기도 한다. 왜냐하면 법의 지배라고 할 경우의 법은 국회제정법을 의미하기 때문이다. 그러므로, 법치주의가 위임입법의 확대로 변질된 것과 같이, 법의 지배도 변질되었다. →법치주의, 법률의 지배

법(法)**의 타당근거**(妥當根據) 〔獨〕 Geltungsgrund des Rechts →법의 효력

법(法)**의 타당성**(妥當性) 〔獨〕 Gültigkeit des Rechts 법이 그의 受範者를 구속할 수 있는 정당한 자격 내지 권능을 갖는다는 것을 의미한다. 이것은 법의 효력의 사실적 측면인 실효성과는 의미를 달리한다. 즉, 법의 규범적 요구가 사실상 실현되고 있는가 없는가의 여부와는 관계없이 마땅히 실현되어야만 할 것이라는 규범 자체의 규범성의 요구이다. 결국, 規範의 當爲的인 拘束性의 요구이며 규범의미내용의 正當性의 요구인 것이다. 법은 그것이 규범이라는 명칭으로 불리는 한 자신을 정당화하는 규범성의 근거를 결여할 수 없는 것이며, 만일 그것을 결여한다면, 그것은 이미 法이 될 수 없는 것이다. 그러므로 이것은 法이 법일 수 있는 資格과 權能을 의미하는 것이다. 동시에 법의 본질을 타당성에서 구하는 한, 惡法도 法이다(→Dura lex, sed lex)라는 法實證主義의 표어는 당연히 배척된다. 법의 타당성의 문제는 주로 自然法論에서 제일명제로서 논의의 대상에 오른다. 일반적으로 법의 이념인 正義가 그 타당성의 근거로서 제시되지만, 무엇이 정의이냐 하는 문제는 그리 단순치 않다. 법철학상에서 크게 논의되는 문제이다.

법의학(法醫學) 〔英〕 forensic medicine, medical jurisprudence 〔獨〕 gerichtliche Medizin 〔佛〕 médecine légale 법의 적용, 특히 재판에 필요한 의학을 연구하는 應用醫學의 일부문. 生體檢査·死體檢査·現場檢査에 의해서, 형사에 있어서는 死因 등의 증거를 수집분석하여, 수사·재판의 자료를 제공하고, 민사에 있어서는 혈액형에 의한 親子鑑定에 의해서, 분쟁의 해결에 자료가 된다. 단 정신의학의 적용에 속하는 정신감정은 보통 법의학에서 제외된다.

법(法)**의 해석**(解釋) 〔英〕 interpretation of law 〔獨〕 Auslegung des Rechts 〔佛〕 interprétation du droit 법의 의미내용을 밝혀 내는 것. 즉, 법의 구체적 적용을 위하여 법규의 의미를 체계적으로 이해하고, 법의 목적에 따라서 규범의 의미를 명확히 하는 理論的·技術的 操作을 말한다. 그러므로 해석에 의하여 구명되어야 할 법규의 의미내용은 입법자의 의사(立法者意思說)에만 국한될 것도 아니고, 법규의 文理的 意味(文理解釋)나 論理的 意味(論理解釋)에만 한할 것도 아니다. 물론 법해석의 대상이 언어로써 표현된 입법자의 의사인 한 그 대상에 대한 인식에는 입법자의 의사, 文理解釋, 論理解釋 등의 검토가 전단계적으로 행하여질 것이지만, 이러한 것은 어디까지나 법의 객관적 의미를 밝혀내는데 필요한 준비단계로서의 자료 내지 조건이 될 수 있을 따름인 것이다. 법의 해석은 법에 내재되어 있는 이념과 정신을 객관화시키는 데 있는 것이며, 그것은 단순한 形式論的 方法을 넘어서 目的論的으로 해석될 것이 요구된다. 그러므로 각 법규가 가지고 있는 객관적 목적과 그 시대에 있어서의 사회적 여러 실정 등을 고려하여서 목적적·가치관계적으로 그 의미내용을 밝혀내지 않으면 안된다. 그리고 일반적으로, 법의 해석은 有權解釋과 學理解釋으로 나누이는데, 후자는 다시 그 근본경향으로부터 목적론적 경향을 가지는 것(目的法學)과 형식논리적 경향을 가지는 것(概念法學)으로 나누인다. 또한 해석의 기술 내지 방법으로서는 일반적으로 逐條解釋·擴張解釋·縮小解釋·文理解釋·沿革解釋 등이 있다.

법(法)**의 효력**(效力) 〔英〕 validity of law 〔獨〕 Geltung des Rechts 〔佛〕 validité du droit 법이 그 規範意味內容대로 실현될 수 있는 상태에 있는 것. 법의 효력은 보통 二面에서 고찰된다. 법은 規範이므로 사실여하에 불구하고 그 규범의미내용대로 실현되어야 한다는 요구를 가지는 것인데, 법이 이러한 요구를 가질 수 있을 때, 그 법은 효력이 있는 것이며, 법의 효력의 이러한 규범적인 면을 妥當性(→법의 타당성)이라고 한다. 그런데 법이 이와 같이 규범의 세계에서 타당하기만 할 뿐 실제로는 그 규범의미내용이 도무지 사실로서 실현되지 않는다면, 그러한 법이 효력이 있다고는 말할 수가

없다. 그러므로 법이 효력을 가지기 위하여는 그 규범의미내용대로 사실을 움직일 수 있는 힘이 있지 않으면 아니되는데, 법의 효력의 이러한 사실적인 면을 실효성(→법의 실효성)이라고 한다. 법의 효력에는 공간적·시간적 및 인적인 한계가 있다. 법의 효력은 무엇을 근거로 생겨나는가라는 문제(법의 효력근거 또는 타당근거의 문제)는 법철학상 至難의 문제로 되어 있다. 自然法論者들은 법의 효력의 근거를 自然·神意(또는 人間理性)에 두고 있고, 법실증주의자들은 지배자의 실력(法實力說), 피지배자의 승인(法承認說), 또는 상위규범의 위임(純粹法學)에서 법의 효력의 근거를 찾으려고 하지만, 이 밖에 여론이 법의 효력의 참된 근거라고 주장하는 견해(輿論說)도 있다.

법(法)의 흠결(欠缺) 〔獨〕 Lücken im Recht 〔佛〕 lacune du droit 法이 결여되어 있는 것. 成文法은 아무리 완비되어 있더라도 복잡한 사회생활을 완전히 규율하는 것은 불가능하므로, 여기에 法의 흠이 생긴다. 흠이 생기는 원인으로, ① 자명한 것으로서 해석자에 일임되고, 특별히 규정되어 있지 않은 경우, ② 입법당시 예상할 수 없었던 사실이 발생한 경우, ③ 입법기술의 졸렬 등이 있다. 또한 흠에는 적용할 법이 전연 존재하지 않는 경우와 부분적으로 존재하지 않는 경우가 있다. 극단적인 概念法學者는 실정법질서의 완전성 혹은 실정법의 자기충족성을 당연한 것으로서 가정한다. 그러나 사회생활의 변동은 일응 완벽하다고 보일 정도까지 정비된 법체계에 있어서도, 이윽고 흠이 생기는 것을 불가피하게 한다. 여기에 法의 흠이 있는 경우에는 우선 사실인 慣習이나 慣習法에 의하여 이것을 보충하고 그것도 없는 경우에는 條理에 기하여 타당한 재판의 기준을 발견할 필요가 널리 인정되기에 이르렀다. 스위스민법 1조와 우리 민법 1조는 성문법 자체가 法에 흠이 있는 것을 인정하고, 그 경우의 보충의 방법 및 순서를 명백히 하고 있다.

법이념(法理念) 〔英〕 idea of the law 〔獨〕 Rechtsidee 법이 추구해야 할 이념. 법이념으로서는 보통 正義·合目的性 및 法的 安定性의 셋을 들고 있다. 정의는 각자에 그의 것(suum cuique)을 부여하는 것을 기본으로 하고, 여기에 衡平(equity, Billigkeit)을 보충원리로 삼는 것이지만, 정의는 어디까지나 형식적인 이념으로서 그치는 것이기 때문에, 이러한 형식에다가 내용을 담아 주는 것으로서 合目的性이 필요하게 된다. 가령 민주국가에서는 이러한 목적으로서 국민의 기본적 인권인 자유를 드는 것과 같다. 그런데 법은 인간사회에 있어서 客觀的 行爲規準이 되는 것이므로 법의 안정성도 위의 양자에 못지 않게 중요한 법이념의 하나가 된다.

법 익(法益) 〔獨〕 Rechtsgut 법에 의하여 보호되는 이익 또는 가치. 保護法益 또는 保護의 客體라고도 한다. 이것은 行爲의 客體와는 구별되어야 한다. 즉, 전자는 가치적 관점에서 파악된 개념으로서 觀念的 對象이며, 후자는 생리적·물리적 관점에서 파악된 개념으로서 感覺的 對象이다. 예컨대, 살인죄에 있어서의 보호법익은 사람의 생명이고, 행위의 객체는 사람의 身體(肉體)이며, 공무집행방해죄에 있어서의 보호법익은 公務 그 자체이고, 행위의 객체는 공무원이다. 법익은 범죄유형의 체계화를 가능케 하는 직능을 가지며 또 형법의 목적론적 해석을 지도하는 이념의 하나로서 형법의 해석에 대하여 방법론적 기능을 가진다. 또한 법익은 위법성의 유무를 결정함에 있어서 중요한 기능을 가지고 있다.

법 인(法人) 〔英〕 artificial person, juridical person, corporation 〔獨〕 juristische Person 〔佛〕 personne morale ou juridque 自然人 이외에, 법률상 권리의무의 주체가 되는 자. 무엇을 법인의 본질로 보느냐에 관하여는 法人擬制說·法人否認說·法人實在說 등의 法人理論(法人學說)이 있으나, 요컨대 법인은 사회적 활동을 하는 단체를 거래의 필요상 독립의 법적 주체로 다루는 법률적 기술이라고 말할 수 있다. 법인은 법률의 규정에 의하여서만 성립한다(民 31). 법인의 설립에 관하여는 特許主義·許可主義·準則主義·自由設立主義 등의 입법주의가 있어, 전자에서 후자에로 그것을 완화하는 방향으로 흘러왔으나, 아직도 법인의 종류에 따라 여러가지 주의가 병존한다. 우리나라에서는 회사에 관하여는 準則主義, 非營利法人에 관하여는 許可主義를 취하고 있다. 법인의 활동은 그 대표기관(이사 등)의 행위를 통하여서 행하여지는데, 대표기관이 법인의 목적의 범위내에서 한 행위의 효력은 법인에 歸屬한다(34). 또 법인의 대표기관이 그 직무수행상의 행위로 타인에게 손해를 가한 때에는 법인이 배상의 의무를 진다(35 I). 전자는 법인의 行爲能力, 후자는 법인의 不法行爲能力이라고 부른다. 법인은 公法人과 私法人, 非營利法人과 營利法人, 社團法人과 財團法人, 內國法人과 外國法人 등으로 분류된다.

법인납세적립금(法人納稅積立金) 법인이 법인세 등의 조세의 납부에 충당하기 위하여 적립하는 적립금. 각 사업년도의 이익금 또는 잉여금 중에서 일정부분을 적립함을 요한다(法人稅法 16

참조).

법인등기(法人登記) 민법상의 非營利法人에 관한 登記. 같은 법인이라도 상법상의 회사에 관한 등기는 商業登記라고 한다. 그 밖에 특별법에 의한 법인에는 저마다 따로 등기에 관한 규정이 있다. 법인은 자연인과는 달라 물리적인 존재를 가지지 않으므로 그 구성·재산상태 등을 사회에 公示하는 것은 법인과 거래하는 제3자를 보호하는데 필요하므로, 민법은 법인에 관하여 그 조직의 대강과 그 변경을 등기하는 제도를 두고 또 理事 등의 기관에게 등기의무를 부담시켜, 그것을 게을리하는 경우에는 과태료의 制裁를 과하고 있다(民 97ⅰ). 법인등기에는 設立登記·變更登記·分事務所設置登記·事務所移轉登記·解散登記의 5종이 있는데, 그 중에서 설립등기는 법인의 成立要件이고, 그 밖의 등기는 對抗要件이다(民 54Ⅰ). 법인등기의 등기사항 및 등기를 하여야 하는 기간은 민법에 의하여 정해져 있으며 등기절차에 관하여는 非訟事件節次法(147 이하)에 자세한 규정이 있다. 법인에 관하여 등기한 사항은 법원이 지체없이 공고하여야 한다(民 54Ⅱ).

법인부인설(法人否認說) 〔英〕 negative theory 〔獨〕 Negationstheorie 〔佛〕 théorie négatoire 법인의 본질을 논함에 있어서, 법인이 독자의 사회적 실체를 가짐을 부정하고, 그 본체는 결국 개인 내지는 일정한 재산에 지나지 않는다고 하는 法人理論. 이 설에 속하는 것에도 여러가지가 있어, ① 브린츠는 법인의 본체를 일정한 목적에 바친 재산, 즉 목적재산이라고 하고(目的財産說), ② 예링은 법인의 본체는 법인이라는 법기술을 통하여 이익을 享受하는 다수의 개인 그 자체라고 하고(受益者主體說), ③ 횔더(Hölder)와 빈더는 법인의 본체는 그 재산을 관리하는 것이라고 한다(管理者主體說). 법인부인설은 法人擬制說의 입장을 裏面에서 말한 것이라고 볼 수 있는데, 그 관념적인 베일을 벗기고 실증적으로 법인 그 자체의 존재를 부인한 것이다. 그러나 오늘날 사회에 實在하는 단체가 비록 법에 의한 인격의 승인이 없다고 하더라도, 권리능력없는 사단으로서 활동하고 있는 사실을 부정할 수 없다고 한다면, 그 실체를 기초로 하여 법인을 성립시키는 경우에는 법인을 본체가 없는 觀念的인 存在에 지나지 않는다고 생각하는 것은 타당치 않다. 하여튼 법인의 현실적 실체를 추구하고, 법인의 기술적 성격을 명백히 한 점에 법인부인설의 특색이 있으나, 法人擬制說·法人實在說에 대항할 수 있는 유력한 학설로 되지는 못하였다.

법인세(法人稅) 법인의 소득 등에 대하여 과해지는 국세. 개인에 대한 소득세와 함께 우리나라의 直接稅의 중추를 이룬다. 그 납세의무자는 한국 국내에 본점 또는 주사무소를 둔 법인(內國法人)이거나 외국에 본점 또는 주사무소를 가진 법인(外國法人)이 있으며(法人稅法 1), 국가, 지방자치단체(지방자치단체조합을 포함한다) 법인은 전면적으로 과세를 제외한다(5). 법인세의 과세물건은 내국법인에 있어서는 각 사업년도의 소득 및 적립금, 외국법인에 있어서는 자산 또는 사업의 소득이며(2), 세율은 소득금액 또는 청산소득금액의 100분의 16~28이다(22).

법인실재설(法人實在說) 〔英〕 realism 〔獨〕 Realismus 〔佛〕 réalisme 법인의 본질을 논함에 있어서, 自然人 이외에 법적 주체인 실체를 구비한 단체가 있다고 하고 법인은 법이 의제한 것이 아니라, 그와 같은 사회적 실재라고 하는 法人理論. 法人擬制說에 대하여 제창되었으며, 현재에는 그것에 갈음하여 지배적 지위를 차지하고 있다. 법인의 실체를 무엇이라고 보느냐에 관하여는 학설이 갈라져 있어, ① 기에르케(Otto v. Gierke)는 법인의 본체를 인류사회 속에서 생겨나는 사회적 유기체로서 團體意思를 가지는 것이라고 주장하였다(有機體說). ② 이에 대하여 미슈(Michoud)와 살레이유 등은 법률상의 조직체로서 법률적으로 구성되는 의사를 가지는 것이라고 주장하였다(組織體說). ③ 그 밖에 법인도 자연인과 마찬가지로 사회적 작용을 담당하여 권리능력의 주체가 될 수 있는 社會的 價値를 가지고 있는 것이 법인으로 하여금 권리능력의 주체가 되게 하는 이유이므로, 이 社會的 作用에 법인의 본체를 구하면 되는 것이되, 그 본체의 실질이 社會的 有機體이냐 法律的 有機體이냐는 법률적으로서의 法人本質論으로서는 관계할 바 아니라고 주장하는 학설이 있다(社會的 作用說). 법인실재설은 법적 주체인 실체를 구비한 것을 널리 법인으로 인정하려는 것이므로 準則主義의 이론적 근거가 되는 것이며, 또 법인의 이사의 활동은 법인을 대표하는 것이며 법인 자체의 행위라고 하므로, 법인의 활동의 범위를 넓게 잡고, 법인의 불법행위능력을 인정하는 것이 된다.

법인(法人)**아닌 사단**(社團) → 권리능력없는 사단

법인유기체설(法人有機體說) 法人實在說 중의 分說의 하나. 현대의 사회생활상 허다한 결합체가 그 자신 생명을 가지고 한개의 통일적 전체를 이루는 것이며 그것은 마치 자연인이 自然的 有機

體로서 그 자신의 의사를 가지는 것처럼 법인이란 통일적 전체는 사회적 유기체로서의 한개의 단체의사를 가지는 것이므로 법률상으로도 이러한 사회적 존재를 시인하고 권리능력을 부여한다고 설명되는 학설. →법인실재설

법인의 권리능력(法人權利能力) 법인은 自然人과 유사한 권리능력, 즉 신체나 친족관계에 기인한 권리의무를 향유할 수는 없으나 법률이나 정관으로써 규정한 목적의 범위내에서는 권리와 의무의 주체가 된다(民 34).

법인(法人)**의 국적**(國籍) 〔英〕 nationality of legal persons 〔獨〕 Staatsangehörigkeit juristischer Personen 〔佛〕 nationalité des personnes morales 內外法人을 구별하는 표준. 자연인이 그 국적에 의하여 내국인·외국인으로 구별되는 바와 같이, 법인도 역시 국적을 가지는 것으로 하고, 그 국적의 소속에 따라서 내외법인을 구별하는 것이 종래 일반적으로 행해져 왔다. 그런데 법인국적의 결정표준에 관한 종래의 학설은 住所地主義·設立準據法主義·定款作成地主義·設立地主義·社員의 國籍主義·株式引受地主義 등 극히 多岐하나, 그 중 가장 유력한 것은 設立準據法主義와 住所地主義이다. 전자는 법인을 설립함에 있어서 준거한 법이 내외의 어느 법인가에 따라서 내외법인을 구별하고자 하는 주의이며, 영미법계제국과 남미의 소수국에서 채용되고 있다. 후자는 법인의 주소가 내외의 어느 곳에 있는가에 따라서 이것을 판정하고자 하는 것이며, 다시 業務中心地說과 주된 事務所所在地說로 세분된다. 일반적으로 대륙법계제국과 남미의 다수국에서는 住所地主義가 채용되고 있고, 특히 주된 사무소소재지설이 다수설로 되어 있다. 요컨대 어떠한 표준에 의하여 법인의 국적을 정하여, 일률적으로 내외법인을 구별함으로써, 법인에 관한 모든 문제를 해결하기 위한 출발점으로 삼고자 하는 것이 종래의 태도이었지만, 근래에 이르러서는 國籍이라는 관념의 원용은 有害無益한 우회적인 결과를 가져오는 것이라 하고, 또는 일률적인 기준에 의하여 문제의 해결을 꾀한다는 것은 타당치 못한 것이라고 비판하고, 법인의 국적이란 관념을 부인코자 하는 학설이 유력하게 주장되고 있다. 특히 법인의 권리향유의 문제에 관하여는 그 설립시의 준거법 여하 또는 주소지 여하에 불구하고 法人의 實質, 즉 법인을 구성하는 社員의 국적, 資本의 소속, 管理權의 귀속 등을 기준으로 하여야 한다는 것이다. →법인의 속인법

법인(法人)**의 범죄능력**(犯罪能力) 법인도 범죄의 주체로 될 수 있는가, 즉 법인의 범죄능력에 관하여는 법인의 범죄능력을 부정하고 범죄의 주체는 자연인에 한한다는 것이 通說이다. 이것은 형법의 본질 특히 그 倫理的 性格 및 自由刑을 중심으로 하는 현행형법의 형벌체계를 그 근거로 한다. 그러나 행정형법에 있어서 法人處罰規定의 증대라는 현상에 상응하여 법인의 범죄능력을 긍정하는 견해도 유력하다. 또 法人의 범죄능력을 고유의 형법분야에 있어서는 부정하고 行政刑法의 분야에 한하여 긍정하는 견해도 있다. 법인의 범죄능력을 부정하는 통설은 행정형법에 있어서의 법인의 처벌규정을 행정목적이라는 정책적 견지에서 타인의 범죄에 대하여 법인을 처벌하는 制裁라고 이해한다.

법인(法人)**의 속인법**(屬人法) 〔獨〕 Personalstatut juristischer Personen 법인은 일정한 국가의 법률에 의하여 一般的 權利能力이 인정되므로, 법인에 관해서 일반적 권리능력의 존부가 문제되는 경우에는 어떠한 장소에서도 일정한 국가의 법률이 적용되어야 할 것이다. 이와 같이 법인의 일반적 권리능력의 準據法을, 법인에 대한 고유의 법률체계라는 뜻에서, 법인의 속인법이라고 한다. 그것이 어떠한 법률인가에 관하여는 사원의 國籍主義·設立地主義·定款作成地主義·株式引受主義 등 여러 학설이 주장되고 있는데, 그 중 가장 유력한 것은 設立準據法說과 住所地說이다. 그런데 법인의 실재란 그 社會學的 實在를 떠나서는 생각할 수 없겠지만, 법인의 본질은 어디까지나 법기술적 수단으로서 인정되는 것이며, 법인에 대하여 인격을 부여하는 것도 역시 일정한 국가의 법률이기 때문에 법인의 속인법은 그 설립시에 준거한 법률이 되지 않을 수 없다는 것이 다수의 견해이다. 또한 設立準據法說의 입장에 선다면, 속인법이 住所移轉의 사실을 법인소멸의 원인으로서 규정하고 있지 않는 한, 법인이 그 주소를 외국으로 이전한다 하더라도, 속인법은 이로 인하여 영향을 받지 않는데 반하여, 住所地說의 입장에 선다면, 주소의 이전은 속인법의 변경을 일으키게 된다. 우리 국제사법은 법인의 속인법에 관한 규정을 둔 바 없다. 영국·미국에서는 設立準據法說이, 독일·프랑스에서는 住所地說이 각각 지지받고 있다. →법인의 국적

법인(法人)**의 적성**(敵性) 〔英〕 enemy character of corporation 法人의 敵性 및 中立性은 전시의 對敵通商禁止措置 및 海上捕獲에 관계되는 문제이다. 대적통상금지에 관하여는 각 교전국이 국내법에 따라 각각의 경우 법인의 적성여부를 정한다. 그러나 해상포획의 경우에는 확립된 규칙이 없다. 법인의 설립지, 사실상의 회사지배자 또는 주

주를 표준으로 하는 등 다양하다. 대체로는 법인의 설립지와 사실상의 지배자를 함께 표준으로 하는 예가 많다. → 적성, 인의 적성

법인의제설(法人擬制說) 〔英〕 fictional theory 〔獨〕 Fiktionstheorie 〔佛〕 théorie fictionnaire 법인의 본질을 논함에 있어서, 자연인만이 본래의 권리의무주체이며, 법인은 자연인에 의제하여서 인정된 인격자에 지나지 않는다고 하는 法人理論. 주로 사비니가 제창한 설이다. 법인의제설에서는 법인은 법률이 특히 인정한 경우에만 성립할 수 있다고 하므로, 법인설립에 관한 特許主義 내지 許可主義의 이론적 기초가 되는 것이다. 또 법인 자체의 활동을 부정하고, 법인은 대리인인 이사의 행위의 歸屬點이 되는데 지나지 않는다고 하므로, 법인의 활동의 범위를 좁게 한정하고 법인의 不法行爲能力을 부정하게 된다. 이 법인의제설은 국가와 개인의 중간에 단체가 개재하는 것을 극력 피하려고 하였던 근대초두의 법률사상과 잘 조화하였으므로, 일시 이 이론은 유력한 것이 되었었다. 그런데 실제로 활동하는 人的團體에는 여러가지가 있어, 그 중 어떤 것은 이 설로 설명하기에 적합한 것이 있지만 단체가 대내적으로나 대외적으로나 하나의 의사의 주체, 행동의 주체로서 활동하는 경우도 있으므로, 모든 법인에 관하여 의제설을 가지고 그 본질을 설명하기는 어렵다. 따라서 나중에는 法人實在說이 그것에 갈음하게 되었다.

법인(法人)**의 해산**(解散) 법인의 실체가 소실되어 법인의 권리능력이 소멸되는 원인을 말한다. 일반적으로 해산의 사유는 첫째 定款·出捐行爲에서 정한 해산사유의 발생, 둘째 목적사업의 성공 또는 그것의 성공의 불가피, 셋째 파산, 넷째 설립허가의 취소 등이다. 또한 사단법인은 사원이 없게 되거나 총회의 결의에 의하여 해산한다(民 77).

법적 안전(法的安全) 법적 안정성과 같다.

법적 안정성(法的安定性) 〔英〕 legal stability 〔獨〕 Rechtssicherheit 〔佛〕 sécurité juridique 법에 의하여 보호 또는 보장되는 사회생활의 안전 혹은 안정성을 말한다. 현행 법질서가 동요됨이 없이 어느 행위가 옳은 것이며, 어떠한 권리가 보호되며, 어떤 책임은 어떻게 추궁되느냐가 일반에게 확실히 알려져 있어서, 사람들이 법의 권위를 믿고 안심하고 행동할 수 있는 상태이다. 法的 確實性이라고도 한다. 법적 안정성을 간직하려면, 법이 함부로 변동하는 것을 방지해야 한다. 그러기 위해서는 법의 의미를 成文의 法規에 의해서 확정하는 일 및 성문법을 정확하고 조리있는 논리에 따라서 해석해가는 일이 필요하다. 그러므로 법적 안정성의 요구는 성문법의 발달을 가져오는 동시에 法解釋學에 있어서의 概念法學의 우위를 확립한다. 그러나 사회생활은 끊임없이 유동 변화하므로 법을 너무 고정시켜버리면, 법은 실생활로부터 유리되어 인간관계를 구체적으로 올바르게 규율할 수가 없게 된다. 그 결과 법을 무시해서라도 사회정의를 실현하려고 하는 움직임이 나타나 오히려 법적 안정성을 파괴해 버리는 위험도 있다. 그러므로 사회의 실정에 순응하고 정의의 요구에 따라서 변화할 수 있는 정도의 탄력성을 법에 부여하여 두는 것이 오히려 법적 안정성을 간직할 수 있는 관건이 된다고 볼 수 있다. 正義와 법적 안정성의 조화만큼 어렵고도 중요한 과제는 없다고 하겠다.

법인조직체설(法人組織體說) 法人實在說 중의 分說의 하나. 법인의 본질을 사회적 유기체로 보지 않고 법인이 실재하는 까닭은 법인은 법률상 권리의무의 주체로 인정될 만한 조직을 갖추었기 때문이라고 설명하는 학설.

법인체기업(法人體企業) 그 자체로서 독립된 법인격을 가지는 조직체에 의하여 관리·경영되는 公企業을 말한다. 이는 대한석탄공사·한국전기통신공사 및 대한주택공사 등과 같이 특정한 공기업의 관리·경영을 위하여 特別法에 의하여 설립되고 法人格이 부여된 특수한 형태의 법인에 의하여 경영되는 公社體企業과 한국도로공사 및 한국증권거래소 등과 같이 국가나 공공단체가 자본금의 전부 또는 일부를 출자한 商事會社의 조직형태를 가지는 법인에 의하여 관리·경영되는 會社體企業으로 나눌 수 있다.

법적 정의(法的正義) 〔羅〕 justitia legalis 〔獨〕 legale Gerechtigkeit 〔佛〕 justice légale 법적 정의라는 개념은 일찍이 그리스의 전통사상에서 시작되었다. 소크라테스는 아테네의 국법이 神法인 정의를 구현하는 것이라고 하면서도 국법화되지 아니한 자연적 정의가 있음을 인정하고, 이에 대하여 국법으로 제정된 법률사항을 법적 정의라고 불렀다. 그 후 아리스토텔레스는 법적 정의와 자연적 정의(실질적 정의)를 구별하고 형식화된 法律的 正義는 그보다 고차원적인 自然的 正義에 의하여 제한되어야 한다고 하였으며, 그러한 제한 또는 矯正은 부단하게 衡平法이 개입함으로써 이루어진다고 하였다. 法內在的 正義라는 말을 쓰는 자도 있다.

법적 책임(法的 責任) 〔獨〕 rechtliche Schuld 〔佛〕 responsabilité légale 법(률)적 책임은 神에 대한 종교적 책임, 개인의 양심에 대한

윤리적 책임에 대하여, 법이 정한 사회질서에 대한 책임을 말한다. 일반적으로, 그것은 법적인 비난가능성이라고 할 수 있지만, 널리 법적 책임이라고 불리는 것 중에는, 윤리적 비난의 요소를 조금도 포함하지 않는 특수한 경우도 포함되고 있다. 즉, 민법에 있어서의 無過失責任이나 형법이론에 있어서의 社會的 責任論의 경우와 같이, 통상의 책임개념을 넘어서, 고의·과실이 없더라도 일정한 배상의 책임을 지게 하거나, 책임무능력자에게도 일정한 법적 처리를 하거나 하는 경우도, 널리 법적 책임 중에 포함되는 일이 많다.

법적합성(法適合性) 행정행위의 특성 중의 하나로서, 행정행위는 法治主義의 요구에 따라 법률의 근거가 있어야 할 뿐만 아니라 실체적으로나 절차적으로 법에 적합한 것이어야 한다는 것을 말한다. 行政廳의 裁量行爲도 역시 법이 인정하는 범위내에서만 허용되는 것이라는 점에서 재량에 의한 행정행위도 행정행위의 법적합성의 범위 내에서 행하여지는 것이라 하겠다.

법적합성(法適合性)의 원리(原理) 給付行政은 법치행정의 요구에 따라서 수행되어야 하며, 개인의 權益에 대한 侵害行政이 아니라고 하여 법으로부터 자유로울 수는 없다는 것이다.

법적 해결성(法的解決性) 司法權의 대상이 되는 法律上의 爭訟은 법규의 해석·적용으로 해결할 수 있는 당사자간의 구체적인 분쟁을 말하는 것이므로, 설혹 당사자간의 구체적 사건 또는 분쟁이 있다고 하더라도 法規를 해석·적용하여 해결할 수 있는 것이 아니면 사법권의 대상이 되지 않는 것을 말한다.

법적 확신(法的確信) 〔獨〕 Rechtsüberzeugung 원래는 어떤 사항이 法의 요구에 합치하거나 혹은 합치하지 않는다는 확신을 가리키는 말이다. 그러나 소위 歷史法學派는 이 말을 특수한 의미로 사용한다. 19세기초두의 독일에 있어서의 로만티스즘의 시대사상을 배경으로 하여, 사비니는 合理主義·自然法思想에 반대하여, 법은 입법자의 의사 등으로써는 움직일 수 없는 民族精神(Volksgeist)의 발로라고 보았다. 즉, 법은 민족의 법적 확신의 표현이고 민족정신의 발전단계에 부합되지 않는 成文法을 강제해도, 그것은 법으로서의 기능을 다할 수 없다고 한다. 이 생각은 민족의 법적 확신과 일치되지 않는 법의 존재를 부정하는 것이 되나, 반면에 외국법의 繼受와 같은 사실은 그것의 反證이 될 수도 있다. 또 법적 확신을 法意識의 의미로 쓸 때도 있다.

법적 확실성(法的確實性) 법적 안정성과 같다.

법 전(法典) 〔羅〕 codex 〔英〕·〔佛〕 code 〔獨〕 Gesetzbuch 체계적으로 編 章 節과 같이 編別로 조직된 成文法規의 전체를 법전이라 한다. 포괄적인 점에 있어서, 특정된 사항에 관해서만 제정된 單行法과 구별된다. 법전의 대표적인 것은 이른바 六法이라 할 수 있으나, 그 밖에도 많은 중소법전이 있다. 그것들은 전체로서 국법질서의 체계를 이루고 있다. 근대에 들어와 국법질서의 확립을 위하여 각국에서 법전편찬사업이 성행하였는데, 그것은 概念法學이 이루어진 원인이 된다. 법전은 법규의 정리 통일, 법적 안정성의 확보, 새로운 법사상의 도입에는 도움이 되지만, 法의 欠缺을 免할 수 없으므로, 法의 硬化의 폐를 피할 수 없다. 그러나 법전국이 아닌 영미에 있어서도 근래에는 制定法이 점점 불어가는 경향에 있다.

법전논쟁(法典論爭) 19세기초 독일에 있어서, 전국통일법전의 입법이 옳으냐 그르냐에 관하여 티보와 사비니간에 전개된 논쟁. 1814년 나폴레옹의 세력이 독일로부터 驅逐되었을 때, 티보는 독일 一般民法典의 필요에 관하여(Über die Notwendigkeit eines allgemeinen bürgerlichen Gesetzbuches für Deutschland)라고 하는 소책자에서, 독일地方法(→ 란트법)의 亂立不統一로부터 발생하는 法生活의 불안정을 없애기 위하여 통일민법전의 필요를 역설하였다. 이에 대하여 사비니는 立法 및 法律學에 대한 現時의 使命에 관하여(Vom Beruf unserer Zeit für Gesetzgebung und Rechtswissenschaft)를 저술하여, 법은 언어·풍속과 마찬가지로 자연적 유기적으로 발달 변천하는 것이며, 입법은 이러한 것을 成文化하여야 할 것이므로, 법률학의 발달이 불충분한 때에 정책적 이유에서 강력한 統一法을 만들 것은 아니다라고 논하였다. 독일민법전편찬사업은 일시 연기되어 나중에 완성되었는데(→ 독일민법), 이 논쟁은 법률 및 입법의 본질과 관련되는 학문적 가치가 있는 것이었다.

법전편찬위원회(法典編纂委員會) 민사·형사·상사·소송·행형 등 사법법전의 편찬에 필요한 자료를 수집·조사하며 그 초안을 기초·심의하기 위하여 설치한 기관. 1961년 구법령정리에 관한 특별조치법에 의하여 法令整理委員會에 흡수되었다.

법 정(法政) 국가가 사법적 질서의 유지를 위해 一般統治權에 기해 사법관계형성에 관여하거나 사법적 질서를 보호·감독하는 작용. 民事行政

이라고도 한다.

법정감독의무자(法定監督義務者) 책임능력이 없는 자를 감독할 법정의무를 지는 자. 예컨대 유아의 親權者나 금치산자의 後見人 등. 責任無能力者가 제3자에게 가한 불법행위에 관하여 손해배상의무를 진다. 그리고 감독의무자에 갈음하여 책임무능력자를 감독하는 자는 여기에 말하는 법정감독의무자는 아니지만, 그와 마찬가지의 손해배상의무를 진다. 그리고 감독의무자가 감독의무를 懈怠하지 아니한 때에는 책임을 면한다(民 755).

법정갱신(法定更新) →묵시의 갱신

법정경위(法廷警衛) 법정에 있어서 법관이 명하는 사무 기타 대법원장이 정하는 사무를 집행하는 자로서 대법원 및 각급 법원에 둔다. 법원은 執行官을 사용하기 어려운 사정이 있다고 인정되는 때에는 법정경위로 하여금 訴訟書類를 송달하게 할 수 있다(法組 64).

법정경찰(法廷警察) 〔獨〕 Sitzungspolizei 〔佛〕 police de l'audience 법원 또는 법관이 직무를 집행하는 경우에 그 장소 특히 공판정의 질서를 유지하는 재판권의 한 작용(法組 58 I). 법정에서는 재판장 또는 開廷한 1인의 법관이 행하며, 受命法官·受託判事의 조사에 있어서는 이들이 직접 행한다. 사건의 심리내용에 관계하지 않고 법정의 질서를 유지하는 것이며, 방청인 등에도 미치는 점에서 訴訟指揮와 다르다. 그 내용으로서 법정의 존엄과 질서를 해할 우려가 있는 자의 入廷을 금지 또는 退廷을 명하며 기타 법정의 질서유지에 필요한 명령을 발할 수 있다(58 II). 이 명령에 위반한 자에 대하여는 직권으로 결정에 의하여 20일 이내의 監置 또는 100만원 이하의 過怠料에 처하거나 이를 倂科한다(61 I). 법관이 법정 외에서 개정한 경우에도 법정경찰권을 행사할 수 있다(63).

법정공익사업(法定公益事業) →공익사업

법정과실(法定果實) 〔羅〕 fructus civiles 〔獨〕 juristische Früchte 〔佛〕 fruits civils →과실, 원물

법정관할(法定管轄) 법률의 규정에 의하여 당연히 정하여진 관할. 관할은 일반적으로 법정관할이며 指定管轄·合意管轄은 그 예외이다.

법정기간(法定期間) 〔獨〕 gesetzliche First 법률에 의하여 구체적으로 특정되어 있는 기간. 不變期間과 通常期間의 두 가지로 나누어진다. 통상기간은 법원이 재량으로 기간을 신장·단축할 수 있음이 원칙인데 반하여(民訴 159 I 本), 불변기간은 법원이 함부로 기간의 신축을 할 수 없다는 점(159 I 但)과 당사자가 책임을 질 수 없는 사유로 준수하지 못한 경우에는 懈怠한 訴訟行爲를 추완할 수 있다는 점(160)이 통상의 법정기간(通常期間)과 상이한 점이다.

법정담보물권(法定擔保物權) 〔獨〕 gesetzliches Pfandrecht 〔佛〕 sûreté légale 일정한 경우에 법률상 당연히 생기는 담보물권이며, 당사자의 계약으로 생기는 約定擔保物權과 구별된다. 우리나라에서 인정되고 있는 법정담보물권으로서는 민법상의 留置權 및 法定質權 및 法定抵當權이 그 주된 것이며, 이에 상법상의 商事留置權, 해난구조자의 優先特權(商 858) 및 船舶優先特權과 특별법상의 優先辨濟權(先取特權이라는 용어가 잔존하고 있는 예가 있음)이 가해진다. 약정담보물권인 質權과 抵當權이 당사자간의 투자의 매개로서 자본주의경제 아래에서 큰 역할을 하고 있음에 대하여, 법정담보물권은 債權者平等의 原則의 예외로서 일정한 채권의 효력을 강화한 것이며 주로 공평의 원칙이나 사회정책적 고려에 기하여 인정된 제도이다.

법정당원수(法定黨員數) 政黨의 地區黨이 성립되는데 필요한 최소한의 당원수. 지구당은 30인 이상의 당원을 가져야 하며(政黨 27), 법정당원수에 해당하는 당원은 그 지구당의 지역 안에 거주하여야 한다(21).

법정대리(法定代理) [1] 민법상 代理權이 본인의 의사에 기하지 아니하고 직접 법률의 규정에 의하여 발생하는 대리를 말하며, 任意代理에 대하는 개념이다. →법정대리인

[2] 공법상으로는 법정사실의 발생에 따라 被代理行政官廳의 권한의 전부를 그의 보조기관이나 다른 행정관청이 대리하여 행사하는 것. 대리인의 결정방법에 따라 補充代理와 指定代理로 구분되나, 좁은 뜻으로는 보충대리를 뜻한다. 대리권은 직접 법령의 규정에 의하여 발생되며, 대리권이 피대리행정관청의 권한의 전부에 미친다. 법정대리권은 대리자의 명의와 책임하에 행사되며, 피대리행정관청은 대리인을 지휘감독할 수 없다. →대리, 권한의 대리

법정대리인(法定代理人) 〔獨〕 gesetzlicher Vertreter 〔佛〕 représentant légal [1] 민법상 법정대리권을 가지는 자, 즉 본인의 의사에 기하지 아니하고 직접 법률의 규정에 의하여 대리권이 부여되는 자. 본인의 신임에 기하여 대리권이 부여되는 자인 任意代理人에 대한다. 민법이 양자를 구

별하는 실익은 復任權에 관하여 생기므로(民 120~122), 통설은 구별의 표준을 본인의 신임의 유무에 두고 있다(異說 있음). 법정대리인의 주요한 것은 親權者(民 909, 911, 920)와 後見人(931~936, 938)이지만, 법원이 선임한 不在者의 財産管理人(23, 24), 相續財産管理人(1023, 1053)도 이에 속한다. 법정대리인이 선정되는 방법으로서는, ① 일정한 지위에 있는 자가 법률상 당연히 법정대리인으로 되는 경우, ② 본인 이외의 사인의 지정에 기하는 경우, ③ 법원이 선임하는 경우의 세 가지가 있다.

[2] 민사소송법상 미성년자·한정치산자 또는 금치산자는 법정대리인에 의하여 소송행위를 하여야 한다(47). 법정대리인이 없는 경우 또는 대리권을 행사할 수 없는 경우에는 지연으로 인하여 손해를 받을 염려가 있음을 疎明하여 特別代理人의 선임을 구한다(58). 법정대리권의 소멸원인은 민법의 규정에 의하지만, 그 소멸을 상대방에 통지하지 않으면 효력이 발생하지 않는다(59). 법정대리권자의 증명, 그 흠의 효과 등은 訴訟代理權의 경우와 같다(→소송대리권).

[3] 형사소송법상 ① 법관이 피고인 또는 피해자의 법정대리인인 때에는 除斥의 사유가 되며(17iii), ② 피고인 또는 피의자의 법정대리인은 독립하여 변호인을 선임할 수 있으며(30), 구속의 통지를 받으며(87), 관할법원에 保釋을 청구할 수 있으며(94), 피고인을 위하여 上訴할 수 있으며(340), 독립하여 告訴權(225, 226)을 가진다. ③ 그러나 법정대리인으로서 보다 중요한 것은 責任能力(刑 9~11)의 규정의 적용을 받지 아니하는 범죄사건에 관하여, 피고인 또는 피의자가 의사능력이 없는 때에 그 소송행위를 대리하는 것이다(刑訴 26).

법정대위(法定代位) 代位辨濟의 한 경우로서 변제를 함에 관하여 정당한 이익을 가진 자가 변제로 당연히 채권자를 대위하는 것(民 481). 정당한 이익을 가지지 않는 제3자가 변제를 하고 채권자의 승낙을 얻어서 채권자를 대위하는 任意代位에 대하여 쓰인다(480Ⅰ). 변제를 함에 관하여 정당한 이익을 가지는 자라 함은 예컨대 保證人·物上保證人·擔保目的物의 第三取得者·連帶債務者·後順位擔保權者·一般債權者 등과 같이 만약 변제를 하지 않는다면 그 채권자로부터 집행을 받게 된다든가, 채무자에 대한 자기의 권리가 가치를 잃게 되는 지위에 있기 때문에 변제를 함으로써 당연히 대위의 보호를 받을 만한 법률상의 지위에 있는 자를 말한다. →대위변제

법정면책사유(法定免責事由) 계약상의 채무자가 법률상 당연히 면책되는 사유. 不可抗力이나 채무자의 歸責事由가 아닌 것 등이 이에 속한다. 노동조합 및 노동관계조정법에 있어서는 정당한 쟁의행위도 민사상·형사상의 책임에 있어서 면책사유가 된다. 특히 이 사유가 법정되어 있는 것은 保險과 海上運送에 관한 것이다. 즉, 보험자가 법률상 당연히 보험사고에 대하여 보상책임이 없는 경우(商 659, 660, 678, 706), 또는 선박소유자가 운송물에 관한 손해배상책임을 지지 않는 경우(789Ⅱ)가 있다.

법정모욕죄(法廷侮辱罪) 〔英〕 contempt of court 법원의 재판을 방해 또는 위협할 목적으로 법정 또는 그 부근에서 모욕 또는 소동하는 죄(刑 138). 본죄는 目的犯이며, 特殊法廷侮辱(144)의 경우에는 형을 가중한다. 행위는 반드시 재판중에 행하여짐을 요하지 않으며 또 현실적으로 재판이 방해·위협된 것임을 요하지도 않는다. 그러나 재판이 종료된 후에는 本罪의 성립을 인정할 수 없다. 그 부근은 재판에 영향을 미칠 수 있는 지역을 말하며, 법원의 構內外를 막론하고 구체적 사정을 고려하여 결정해야 할 것이다.

법정배심사건(法定陪審事件) 법률상 陪審評議에 회부하기로 정한 사건. 請求權陪審事件에 대한다. 사형 또는 무기의 징역 또는 금고에 해당하는 사건이다.

법정범(法定犯) 〔羅〕 mala prohibita 〔佛〕 délit de droit positif, délit légal 그 자체는 윤리적으로 무색이고, 법률에 정하여짐으로써 범죄가 된 것. 自然犯에 대하며, 行政犯이 여기에 속한다. →자연범

법정분가(法定分家) 가족이 혼인 등 그 밖의 여러가지 이유로 당사자의 의사에 의하지 않고 법률규정에 의하여 당연히 분가되는 것을 말한다(民 789, 戶 19의2). 그 요건은 婚姻·入養·罷養·離婚·혼인의 取消·直系卑屬長男子의 혼인 후 호주승계 포기신고 등의 경우에 법정분가가 인정된다. 방식은 호적법에 정한 대로 해야 하고, 분가를 함으로써 분가한 자는 一家를 설립하여 그 호주가 된다. 그러나 미성년자는 분가하더라도 본가의 부모의 친권에 복종한다(民 909).

법정상속분(法定相續分) 법률에서 정해진 상속분. 指定相續分에 대한 용어. →상속분

법정상속주의(法定相續主義) 상속인이 되는 자를 법률에서 정하고 그 자유로운 변경을 인정하지 않는 입법주의. 自由相續主義에 대한 용어.

상속을 오직 가족제도상의 신분상 · 재산상의 지위의 承繼라고 보는 법제에 있어서는 누가 상속인이 되는가는 사회생활 전체의 이익에 관한 것이기 때문에, 이 주의가 행해지는 것이 보통이다. 그러나 상속이 재산의 승계만에 관한 제도가 되고 유언의 자유가 널리 인정되면 법정상속은 유언이 없는 경우의 보충적인 것에 지나지 않게 된다. 이러한 제도하에서는 피상속인과 일정한 관계를 가지는 자를 보호하기 위하여 遺留分制度를 설정함으로써 그 범위에서 유언의 자유를 제한하는 것이 보통으로 되어 있다. 身分相續으로서의 戶主承繼와 財產相續을 양립시키고 있는 우리나라의 민법은 전자에 관하여는 철저한 법정상속주의를 채용하는 한편, 후자에 관하여는 遺留分制度의 제한을 받는 自由相續主義를 선행시켰으므로 법정상속주의는 보충적인 지위에 놓이고 있다.

법정서열주의(法定序列主義) 〔獨〕 Prinzip der gesetzlichen Reihenfolge 민사소송에 있어서 당사자가 제출하는 소송자료에 법정의 순서 또는 시기의 제한을 두는 주의. 同時提出主義 및 隨時提出主義(自由序列主義)에 대한 말이다. 널리 법정서열주의는 順次提出主義와 동시제출주의를 포함시켜서 수시제출주의에 대립시키는 수도 있다. 법정서열주의는 산만한 攻擊防禦方法의 제출에 의해 소송이 지연되는 것을 막고자 하는데 있지만, 이는 失機된 공격방어방법에 관하여 무제한의 失權의 효과를 발생시키는 결과 지나치게 당사자의 책임을 가중하게 할 뿐만 아니라, 당사자는 실권을 염려하여 소용없이 假定的 抗辯이나 假定的 主張을 제출하는 경향이 있어 그 때문에 법원의 부담을 증가시키고, 오히려 소송지연을 결과하는 원인이 된다. 그러므로 현행민사소송법은 隨時提出主義를 채택하고 있다. → 수시제출주의

법정세(法定稅) → 과세표준

법정신탁(法定信託) 당사자 사이에는 하등의 信託設定의 의사표시가 없음에도 불구하고 법률의 규정에 의하여 당연히 신탁의 성립을 인정하는 경우를 말한다.

법정실시권(法定實施權) 법률의 규정에 의하여 타인의 特許發明 · 意匠 · 實用新案을 실시할 수 있는 권리. 사용자 · 법인 또는 직무를 집행하게 한 자의 실시권, 先使用者의 실시권, 原特許權者의 실시권, 원실용신안의 실시권, 原實用新案權者의 실시권, 原實用新案의 실시권자의 실시권, 再審에 의하여 회복한 특허권에 대한 선사용자의 실시권, 재심에 의해 실시권을 상실한 원실시권자의 실시권 등이 그 예이다. → 특허실시권

법정외항고소송(法定外抗告訴訟) 행정소송법 4조에 명시된 취소소송 · 무효 등 확인소송 · 부작위위법확인소송 등을 제외한 항고소송을 말한다. 無名抗告訴訟이라고도 하는데, 이를 인정할 것인가에 견해의 대립이 있다. 법정외항고소송으로 특히 문제되는 것으로서 義務履行訴訟과 禁止訴訟이 있다.

법정유언집행자(法定遺言執行者) 유언자 또는 유언자의 위탁을 받은 제3자의 지정에 의한 유언집행자가 없는 경우에 相續人으로서 유언집행을 담당하는 자. 유언자가 유언집행자를 지정하지 않은 경우는 물론 지정의 위탁을 받은 제3자가 그 지정에 관하여 아무런 의사도 표시하지 않은 경우에, 유언자에 의한 被指定者가 이에 불응하는 경우 또는 指定受託者에 의한 피지정자가 이에 불응하는 경우에는 법률상 상속인이 당연히 유언집행자로 취임하게 된다(民 1095).

법정의무(法定義務) 법률 · 명령의 규정에 의하여 당연히 부담하는 의무. 예컨대 친권자가 자기 집에 있는 미성년자인 자녀를 보호 · 감독하는 의무를 부담하는 것과 같다. 이 경우에 미성년자가 제3자에 대하여 끼친 손해에 관하여는 賠償責任을 진다(民 755).

법정이율(法定利率) 〔獨〕 gesetzlicher Zinsfuss 법률로써 정하여진 이율. 約定利率에 대립하는 말. 민법상은 연 5分(379), 상법상은 연 6分(54)이다. 이율의 약정이 없는 경우 및 法定利子에 관하여 적용된다. 그리고 金錢債務不履行의 경우에 있어서의 이른바 遲延利子(損害賠償)에 대하여는 소송촉진 등에 관한 특례법에서 따로 정한다(3).

법정이자(法定利子) 〔獨〕 gesetzlicher Zins 〔佛〕 intérêt légal 법률의 규정에 의하여 당연히 발생하는 이자. 約定利子에 대립하는 말. 법률상 이자를 발생케 하는 이유에는 不當利得返還의 취지인 경우(民 548Ⅱ, 748Ⅱ)와 出資에 대한 대가의 취지인 경우(425, 688, 701) 등 여러가지가 있으나 어떠한 경우를 막론하고 그 이율은 법정이율에 따른다.

법정재단(法定財團) 〔獨〕 Sollmasse 파산법이 破產財團에 속하는 것이라고 규정한 총재산으로서, 現實財團(實在財團)에 대한 말이다. 법정재단의 범위는 파산법 6조 및 3조에 규정되어 있는데, 파산선고시에 파산자에 속하고 또 압류가능한 국내에 있는 일체의 재산을 말한다. 여기에 재산이

란 積極財産, 즉 자산의 의미로 채무를 포함하지 아니한다. 적극재산의 의미는 널리 금전적 가치있는 물건(소유권)이나 권리뿐 아니라, 무형의 재산적 가치를 낳는 이른바 영업상의 거래처나 제조상의 秘傳 등이 포함된다고 본다. 파산법 6조 내지 9조에서 말하는 破産財團은 법정재단을 뜻한다. → 파산재단

법정재산제(法定財産制) 〔獨〕 gesetzliches Güterrecht 부부의 재산의 歸屬, 그 관리방법, 부부공동생활의 비용부담 등에 관하여 법률에 규정하는 바에 따르도록 하고 있는 제도. → 부부재산제

법정저당권(法定抵當權) 〔獨〕 gesetzliche Hypothek, gesetzliches Grundpfandrecht 법률의 규정에 의하여 성립하는 저당권(民 649). 당사자간의 契約과 登記에 의하여 성립하는 보통의 저당권과는 그 성립의 원인을 달리한다. 土地賃貸人의 借賃債權을 보호하기 위하여 인정된다. 법정저당권은 토지임대인이 辨濟期를 경과한 최후 2년의 차임채권에 의하여 그 지상에 있는 임차인소유의 건물을 압류한 때에 법률의 규정에 의하여 당연히 성립한다. 법률의 규정에 의한 不動産物權의 變動이므로 등기없이도 효력이 생기는 점에 특색이 있다(187 참조). 법정저당권과 그 건물 위에 존재하는 다른 저당권과의 사이의 순위는 일반원칙에 따라서 성립의 時에 의하여 정하여진다. 성립의 점을 제외하고는 내용이나 효력에 있어서 보통의 저당권과 다름이 없다.

법정적 부합설(法定的符合說) 事實의 錯誤(→ 착오)에 관한 학설의 하나이며, 構成要件的符合說이라고도 한다. 법정의 구성요건을 표준으로 하여, 행위자가 인식한 바와 현실로 발생한 사실과가 구성요건의 범위내에서 부합하고 있으면 故意(旣遂)의 성립을 인정하고, 기타의 점의 착오는 고려하지 않는다고 한다. 이 설에 의하면, 동일한 구성요건의 범위내에서 착오가 있는 경우(구체적 사실의 착오)에는 그것이 客體의 착오이든 打擊의 착오이든 因果關係의 착오이든, 故意의 성립은 阻却되지 않는다. 예컨대 갑이라는 사람을 살해할 의사로써 을이라는 사람을 살해한 경우에, 형법 250조 1항의 구성요건인 사람을 살해한다는 것에 관하여 인식과 사실이 부합하므로, 살인죄의 故意(旣遂)가 성립되고, 그 사람이 갑이냐, 을이냐에 관한 착오는 고려되지 않는다. 이에 반하여, 인식과 사실이 구성요건을 달리하는 경우(抽象的 事實의 錯誤)에는 발생한 사실에 대한 고의는 인정되지 않는다. 예컨대, 財物損壞의 의사로써 투석하였던 바 그 옆에 있던 사람에게 맞아 부상케 한 경우에는, 재물손괴의 미수범과 과실상해죄와의 想像的 競合이 된다. 다만, 두 개의 구성요건이 重合하는 때(예 : 보통살인죄와 존속살해죄)에는 그 중합하는 한도로 輕한 罪의 故意(旣遂)의 성립을 인정하도록 한다. 또한 형법 15조 1항 특별히 重한 죄가 되는 사실을 인식하지 못한 행위는 중한 죄로 벌하지 아니한다라는 규정은 이 취지를 밝힌 것으로 본다.

법정전염병(法定傳染病) → 전염병

법정조건(法定條件) 〔羅〕 condicio iuris 〔獨〕 Rechtsbedingung 〔佛〕 condition de droit 법률행위가 효력을 발생하기 위하여 당연히 필요한 것으로서 법률이 규정하고 있는 조건. 조건은 원래 行爲者가 스스로 붙이는 것이다. 그런데 법정조건은 행위자의 뜻과는 관계없이 법률상 당연히 붙여지는 것이므로 원래의 의미의 조건과는 다르다. 따라서 이러한 조건은 행위자가 法律行爲의 내용으로 되풀이 할지라도 아무런 의미가 없다. 예컨대 민법상의 법인을 설립하려면 主務官廳의 許可가 필요한데, 행위자가 이 허가를 조건으로 삼는다고 할지라도 무의미하다.

법정준비금(法定準備金) 〔英〕 legal reserve 〔獨〕 gesetzlicher Reservefonds 〔佛〕 réserve légale 자본의 缺損을 보충하기 위하여 상법의 규정에 의해서 그 적립이 강제되어 있는 준비금. 적립의 재원의 종류에 따라 利益準備金과 資本準備金으로 나눈다(商 458, 459). 법정준비금은 자본의 缺損塡補에 충당하는 경우 외에는 이를 처분하지 못하나(460), 예외적으로 이를 자본으로 전입할 수는 있다(461). 자본의 결손전보를 위하여 법정준비금을 사용하는 데에는 그 준비금의 종류에 따라 사용의 선후가 정해 있다. 즉, 任意準備金이 있으면 이것을 먼저 사용하고, 그래도 결손이 있을 때에는 이익준비금을 먼저 헐어쓰고, 마지막으로 자본준비금에 손을 대게 된다(460Ⅱ). 자본의 결손을 전보한다는 것은 장부상의 조작을 뜻하며, 準備金計定額을 필요한 만큼 감소하고 그만큼 자산의 손실액을 감소하면 된다. → 이익준비금, 자본준비금

법정중단(法定中斷) 청구, 압류·가압류·가처분, 승인 등의 사유로 인한 時效의 中斷(民 168 이하). 自然中斷에 대립하는 관념. → 시효의 중단

법정중리(法定重利) → 중리

법정증거주의(法定證據主義) 〔獨〕 Prinzip der gesetzlichen Beweisregeln 〔佛〕 principe des preuves légales 법관이 증거에 의하여 사실을 인정하는데 있어서 법률상의 구속을 설정하고, 증거판단 관하여 법관의 평가의 자유를 인정하지 않는 주의. 自由心證主義에 대한다. 예를 들면 어떤 종류의 사실은 반드시 일정한 증거방법을 사용하여 인정하지 않으면 안된다든지(證據方法의 法定), 혹은 일정한 증거자료가 있으면 반드시 일정한 사실을 인정하지 않으면 안된다는 규정(證據力의 法定)을 두고 있는 주의. 법관의 恣意를 방지할 수 있지만, 약간의 법칙만으로써는 도저히 복잡한 사실관계를 파악하기에 무리하고, 따라서 실체적 진실발견으로부터 멀어질 위험이 있으므로, 근대의 소송법에서는 법관의 식견을 신뢰하여, 이와 같은 제도를 원칙적으로 두지 않고(自由心證主義), 다만 약간의 예외를 규정했을 뿐이다(民訴 54·81·147·271 Ⅰ, 刑訴 56 등).

법정지법(法廷地法) 〔羅〕 lex fori 訴訟地의 법률. 訴訟地法이라고도 한다. 그러나 반드시 현실적으로 소송이 행해지는 장소의 법률만을 의미하는 것은 아니다. 涉外的 私法關係가 문제된 장소의 법률을 일컫는 것이므로, 국내법이라 하는 것과 동일한 의미를 가진다. 예컨대 한국의 국제사법의 입장에서 말한다면, 법정지법은 한국법이다. 섭외적 사법관계에 대하여도 원칙으로 內國法을 적용하고자 하는 이른바 屬地法主義는 곧 법정지법주의이며, 17세기의 네덜란드학파에 의하여 주장된 바 있다. 법정지법주의는 私法的 國際交通의 안전을 보장할 것을 목적으로 하는 국제사법의 본질에 적합하지 않는 태도이기 때문에, 오늘날의 국제사법에 있어서는 법정지법의 적용이 인정되는 범위가 넓지는 않지만, 이른바 公序法으로서 법정지법이 적용되는 경우가 인정되고 있다. 우리나라 섭외사법상으로도 외국법의 규정을 적용함으로써 우리나라의 선량한 풍속 기타 사회질서에 위반되는 경우(5) 이외에 限定治産·禁治產宣告의 原因(7 Ⅱ 但), 불법행위의 원인과 손해배상의 방법(13 Ⅱ·Ⅲ), 離婚原因(18 但), 後見의 원인(25 Ⅱ), 환어음·약속어음·수표상의 행위(36 Ⅲ) 등에 관하여는 법정지법인 한국의 법률에 의하기로 함으로써 외국법의 적용이 제한된다.

법정지상권(法定地上權) 토지와 지상건물이 同一所有者에 속하는 경우에, 토지 또는 건물의 일방에만 制限物權(傳貰權 또는 抵當權)을 설정하였는데, 그 후에 어떠한 사정으로 토지와 건물이 소유자를 달리하게 된 때에, 건물소유자를 위하여 법률상 지상권이 설정된 것으로 보는 것. 이러한 경우에 법정지상권을 인정하지 않으면, 건물소유자는 아무 권리없이 타인의 토지를 사용하는 것으로 되어, 건물을 철거하지 않으면 안될 터이므로, 법률은 그 건물을 위하여 당연히 地上權이 설정된 것으로 본다. 민법은 다음 두 경우에 법정지상권의 성립을 인정한다. ① 토지와 건물이 동일소유자에 속하는 경우에 건물에 대하여서만 傳貰權을 설정한 후, 토지소유자가 변경된 때(民 305). 垈地所有權에는 변동이 없으나 건물이 경매됨으로써 건물소유자와 대지소유자가 다르게 된 때에도 마찬가지로 해석해야 할 것이다. ② 토지와 건물이 동일소유자에게 속하는 경우에, 그 한편에 대해서만 抵當權을 설정한 후 그것이 경매됨으로써 토지와 건물의 소유자가 다르게 된 때(366). 법정지상권의 성립에는 등기를 요하지 않는다(187). 그 효력은 건물이용에 적당한 범위에 미치고, 地料는 당사자의 청구에 의하여 법원이 정하며, 존속기간은 기간의 약정이 없는 경우의 예에 의한다(281).

법정지역권(法定地役權) 〔獨〕 servitude légale 프랑스법계에서 相隣關係와 같은 뜻으로 쓰이는 말. 상린관계가 地役權과 같은 작용을 하기 때문에 이와 같은 말을 쓰는데, 독일법계(우리 민법을 포함하여)에서와 같이 소유권의 한계로 보는 것이 정당하다(民 216~244. 다만 231~236은 제외).

법정질권(法定質權) 〔獨〕 gesetzliches Pfandrecht 법률의 규정에 의하여 성립하는 質權(民 648, 650). 당사자간의 계약에 의하여 설정되는 보통의 질권과는 그 성립의 원인을 달리할 뿐이고, 일단 성립한 후는 그 질권의 성질이나 효력은 보통의 질권과 다르지 않다. 법정질권은 賃貸人의 임대차에 관한 債權(借賃 기타 賃貸借關係로부터 생기는 임대인의 채권)을 보호하기 위하여 인정된다. 법정질권은 土地賃貸人이 임대차에 관한 채권에 의하여 賃借地에 附屬 또는 그 사용의 편익에 供用한 賃借人의 소유동산 및 그 토지의 과실을 압류한 때(648), 또는 건물 기타 공작물의 임대인이 임대차에 관한 채권에 의하여 그 건물 기타 공작물에 부속한 임차인소유의 동산을 압류한 때(650)에 법률의 규정에 의하여 당연히 성립한다.

법정책학(法政策學) 〔獨〕 Rechtspolitik 立法政策을 주요대상으로 하는 학문. 일정한 법이상 또는 법의 목적을 실정법화하려는 것을 임무로 하는 실천적 학문으로, 刑事政策이나 比較立法學 등을 포함한다. 오늘날 경제입법이나 사회입법 등의 필요성의 증대에 따라 新立法이나 법의 개정의 과학적 연구의 중요성이 현저하게 주목되어 왔지만, 그 발달은 아직 충분하지는 않다. 단순한 政策學을 초월하여, 입법기술이나 나아가서는 사회이익의 較量 등을 과학적으로 연구하는 立法學은 오늘날 아직 試論의 영역을 벗어나지 못하고 있다. → 입법정책

법정청산(法定淸算) 청산인에 의하여 법정의 절차에 따라서 하는 청산절차. 인적회사에서는 법정청산 외에 任意淸算이 있으나, 물적회사에는 법정청산만이 있다.

법정청산인(法定淸算人) 社員總會나 定款에 의하여 청산인을 정하지 않은 때에, 법률의 규정에 의하여 되는 청산인. 합명회사·합자회사에서는 業務執行社員(商 251 Ⅱ, 287), 주식회사·유한회사에서는 理事가 청산인이 된다(531 Ⅰ, 613 Ⅰ).

법정추인(法定追認) 取消할 수 있는 行爲에 관하여 사회의 사람들이 일반적으로 追認이라고 인정할 만한 일정한 사실이 있는 경우에, 取消權者의 실제의 의사의 여하를 불문하고, 추인과 마찬가지의 효과를 일으키는 것. 민법 145조에 그 경우가 규정되어 있다.

법정충당(法定充當) 채무자가 동일한 채권자에 대하여 수개의 동종의 채무를 부담하고 있는 경우에 辨濟者가 변제에 충당할 채무를 지정하지 아니하거나(民 477) 또는 受領者의 일방적 충당에 대하여 변제자가 바로 이의를 주장하였을 때(476 Ⅱ 但)에는 法定順序에 따라 충당되는 것. 그 순서는 다음과 같다. ① 총채무 또는 총급여 중 이행기가 도래한 것과 도래하지 않는 것이 있으면 이행기가 도래한 채무의 변제에 충당한다(477 i). 履行期에 관하여 정한 바 없는 채무는 채권자가 언제든지 변제를 청구할 수 있으므로 本條를 적용함에는 채권발생과 동시에 변제기는 도래한 것으로 본다. ② 총채무 또는 총급여의 이행기가 도래하였거나 또는 도래하지 않은 때에는 채무자에게 辨濟利益이 많은 채무에 충당한다(477 ii). 어느 것이 채무자에게 변제이익이 많은 것인가는 법관의 재량에 의할 것이지만 無利子債務보다 利子債務를, 저이율보다 고이율의 채무를, 무담보의 것보다는 擔保附債務를 먼저 충당하여야 한다. ③ 채무자에게 변제이익이 같은 것끼리는 履行期가 먼저 도래한 것 또는 먼저 도래할 채무의 변제에 충당한다(477 iii). ④ 위의 ②와 ③의 사항이 같은 때에는 그 채무액에 비례하여 각 채무의 변제에 충당한다(477 iv). 법정충당의 경우에도 민법 479조의 적용이 있다. 그러므로 채무자가 법정충당을 함에 있어서 그 한개 또는 수개의 채무에 관하여 원본 외에 이자, 비용을 지급해야 할 때에는 변제는 비용, 이자, 원본의 순서로 충당할 것이며, 이 경우의 費用相互, 利子相互, 元本相互間의 순서는 민법 477조 법정충당의 순서에 의한다. → 변제의 충당

법정해제권(法定解除權) 〔獨〕 gesetzliches Rücktrittsrecht 법률의 규정에 의해서 발생하는 解除權(民 544~546). 約定解除權에 대하는 말. 법정해제권의 발생원인에는 계약일반에 공통한 것과 賣買(570~578), 都給(668, 670) 등 각종의 계약에 특유한 것이 있으나, 전자의 경우가 중요하다. 계약일반에 공통한 원인은 債務不履行이다. ① 履行遲滯에 의한 해제권은 계약이 정기행위이냐 아니냐에 따라서 다르다. 즉, 정기행위가 아닌 경우에는 채무자의 이행지체로 인하여 당연히 해제권이 발생하는 것이 아니라, 채권자가 채무자에 대하여 상당한 기간을 정하여 이행을 催告했음에도 불구하고 그 기간내에 이행하지 아니할 때에 비로소 계약을 해제할 수 있다(544). 定期行爲인 경우에는 당사자의 일방이 그 시기에 이행하지 아니한 때에는, 상대방은 催告를 하지 아니하고 곧 계약을 해제할 수 있다(545). ② 履行不能에 의한 해제권은 이행의 전부 또는 일부가 채무자의 책임있는 사유로 불능하게 된 때에 발생한다(546). 이 경우에도 催告는 필요없고 이행불능이 되는 즉시로 채권자는 곧 계약을 해제할 수 있다. 一部不能의 경우에는 그것에 의하여 계약의 목적달성에 방해됨이 없는 때에는 해제권이 발생하지 않고, 또 分割履行을 할 수 있는 때에는 불능인 부분에 대해서만 해제할 수 있다. ③ 不完全履行에 관해서는 민법상 아무런 규정이 없으나 다수설은 해제권의 발생을 인정하고 있다. 즉 불완전이행의 追完을 허용하는 경우에는 이행지체에 준하고 추완을 불허하는 경우에는 이행불능에 준하는 것으로 한다.

법정해지권(法定解止權) → 해지권

법정혈족(法定血族) 법률상 혈연이 있는 것으로 의제된 자. 自然血族에 대한 개념. 準血族 또는 人爲血族이라고도 한다. 구민법은 養親子關係·繼母子關係·嫡母庶子關係의 3종의 법정혈족을 두고 있었으나, 1990년 후에 개정된 현행민법은 양친자관계만 인정하고 나머지 법정혈족관계는 소멸시켰다(附則 4). 법정혈족은 원칙적으로 자연혈족과 동일하게 다루어지지만, 그 관계의 발생과 소멸은 인위적인 경우가 많다.

법정형(法定刑) 형법의 各本條에서 구성요건에 대응하는 것으로서 규정되어 있는 형. 현대형법은 相對的 法定刑을 취하는 것이 보통이다. 상대적 법정형이란 형의 종류·분량에 관하여 상대적으로 법정하고, 그 정하여진 범위내에서 형의 선고

를 법원의 裁量에 일임하는 것을 말한다. 상대적 법정형은 일방에서는 형의 종류·분량을 법정하지 않고 재량에 일임하는 專斷刑에, 타방으로는 재량의 여지없이 형을 법정하는 絶對的 法定刑에 대하는 것이다. 우리 형법도 절대적인 법정형의 예가 없지는 않으나(93), 원칙적으로 상대적 법정형을 취하고 있을 뿐 아니라, 법정형의 폭(따라서 量刑의 범위)을 넓게 인정하고 있다(예 : 250 Ⅰ).

법정환지(法定換地) 公用換地는 구체적인 행정행위, 즉 換地處分에 의하여 행하여지는 것이 원칙이나, 일정한 경우에는 특별한 환지처분을 기다릴 것 없이 농지개량사업의 공사의 결과 당연히 농지소유권이 변경되는 것을 말한다. 농지개량사업을 시행하기 위하여 道路·灌漑用水路·排水路·堤坊 등의 전부 또는 일부를 폐지한 경우에 그 국유지를 농지개량사업시행자에게 양여하며, 농지개량사업의 시행에 의하여 개설한 도로·관개용수로·배수로·제방 등으로서 위와 같이 국유를 폐한 것에 갈음할 수 있는 것을 國有로 하는 것이 그 예이다.

법정후견인(法定後見人) 법률에 규정한 바에 의하여 당연히 취임하는 후견인. 미성년자의 경우에는 指定後見人이 없는 경우에 법정후견인이 취임하게 되고, 禁治産者 또는 限定治産者의 경우에는 처음부터 법정후견인이 취임하게 된다. 법정후견인은 배우자, 직계혈족, 삼촌 이내의 傍系血族의 순위로 되고 피후견인이 既婚者라면 배우자, 직계혈족, 삼촌 이내의 傍系血族의 순위로 된다(예 : 932~934). 이상의 모든 경우에 직계혈족 또는 방계혈족이 수인인 때에는 最近親을 선순위로 하며 동순위의 근친이 수인인 때에는 연장자가 선순위로 된다. 또한 親生父母와 養父母가 俱存하는 때에는 양부모를 선순위로 하고 기타 生家血族과 養家血族의 촌수가 동순위인 때에는 양가혈족이 선순위로 된다(935).

법제도(法制度) 〔英〕 legal institution 〔獨〕 Rechtsinstitution 법에 의하여 정립·유지되고 있는 사회제도. 예컨대, 소유·혼인·상속·형벌·소송·납세·경찰·군사 등의 여러 제도를 말한다. 法制라고도 한다.

법제사(法制史) 〔英〕 legal history 〔獨〕 Rechtsgeschichte 〔佛〕 l'histoire du droit 법의 역사 또는 이것을 구명하는 學問(法史學)을 말한다. → 법사학

법제조사위원회(法制調査委員會) 국내외의 法制와 그 運用에 관한 조사·연구를 하기 위하여 法制處에 두는 기관. 법제처장을 위원장으로 하는 위원 4인으로써 구성하는 바 그 직무는 국내외 법제의 자료수집에 관한 계획의 수립, 법제자료 편찬계획의 수립, 법제개선에 관한 자문에 대한 申答과 필요한 건의에 관한 사항. 그 밖에 위원회의 목적을 달성하기 위하여 필요한 사항 등이다(法制調査委員會規程).

법제처(法制處) 국무회의에 상정될 법령안·조약안·총리령안과 부령안의 심사와 기타 法制에 관한 사무를 전문적으로 관장하는 국무총리소속하에 소속된 기관. 법제처에 하부조직으로 총무과·제1국·제2국 및 조사과를 둔다(政組 24, 法制處職制 3).

법조경합(法條競合) 〔獨〕 Gesetzeskonkurrenz 〔佛〕 concours des lois 1개의 행위가 수개의 형벌법규에 해당하는 것 같이 보이나, 이들 형벌법규 상호의 관계상, 그 하나만이 적용되고 나머지는 排除되는 경우를 말한다. 이 경우에는 결국 하나의 구성요건에만 해당하게 되므로, 단순한 1죄이고, 想像的 競合이 아니다. 법조경합에는 다음의 네 경우가 있다. ① 特別關係. 특별규정은 일반규정에 우선한다(예 : 刑 250 Ⅱ(尊屬殺害)는 250 Ⅰ(普通殺人)에 우선한다). ② 吸收關係. 전부규정은 부분규정에 우선한다(예 : 250 Ⅰ(普通殺人)은 366(財物損壞)를 흡수한다). ③ 補充關係. 기본적 규정은 보충적 규정에 우선한다(예 : 살인죄의 기수와 그 예비와의 관계). ④ 擇一關係. 양립하지 않는 두 개의 刑罰法規는 그 어느 하나가 적용된다(예 : 355의 Ⅰ(橫領)과 Ⅱ(背任)의 관계).

법조법(法曹法) 〔獨〕 Juristenrecht 法의 形成에 있어서 法曹(법률문제에 관하여 전문적 지식을 가지고 있는 자, 법률실무가나 법학자 등)가 주체적인 역할을 한 법. 로마의 學說法, 영국의 판례법을 비롯하여 널리 법을 운영하는 자가 法曹인 경우를 포함하지만, 법조의 사회적 지위의 相違에 따라, 혹은 민중의 생활체험으로부터 나오는 民衆法(Volksrecht)과 대립하고(예 : 로마법의 繼受 이후의 독일의 경우), 혹은 민중법을 구체적으로 파악하는 자는 法曹이다라고 하는 입장에서 制定法(官僚制定法)과 대립하는 의미를 가진다(예 : 영국의 경우).

법조사회주의(法曹社會主義) 〔獨〕 Juristen-Sozialismus 사회주의의 근본사상을 법적 형식에서 포착하여 현존질서의 변혁을 立法政策이라는 평화적 개량의 방법에 의해서 달성하려고 하는 입장을 말한다. 사회주의적 개혁의 달성에 있어서 법적 수단을 특히 중요시하는 입장까지도 포함시킨

다면 푸리에(Fourier), 프루동(Proudhon), 라살레(Lassalle) 등도 넓은 의미로는 法曹社會主義의 계열에 두게 되지만, 소위 법조사회주의의 대표자로 지목되는 멩거에 이르러 비로소 가장 전형적으로 이론체계가 전개되었다고 말할 수가 있다. 무산계급을 위한 법학의 수립을 지향한 멩거는 生存權·勞動權·勞動全收權 등의 기본권을 내세워 사회주의적 법질서의 건설을 창조하였지만, 그 기조는 사회주의의 이론과 실제의 양 측면에 있어서 경제보다도 법적 계기를 보다 근본적 요소로 보는 점에 있다고 할 수 있다. 이와 같은 사상이 唯物史觀에 선 마르크스주의법이론과 대립하는 것은 명백하다.

법주권설(法主權說) 〔獨〕 Lehre von der Rechtssouveränität 주권은 법 자체에 있다고 하는 학설. 權力主義的 主權觀念을 부정한다. 정치에 대한 법의 우월을 주장하는 입장과 관련되며, 法治國家思想과도 깊은 관련성을 갖는다. 이것을 제창한 사람은 크라베이며, 켈젠에 이르러 大成되었다.

법질서(法秩序) 〔英〕 legal order 〔獨〕 Rechtsordnung 〔佛〕 ordre légal 일반적 의미에서 법질서라고 하면, 개개의 法規範 그 자체를 의미하는 것이 아니라, 개개의 법규범이 통일적으로 하나의 질서체제를 이루고 있는 상태, 즉 통일적인 법규범의 체계를 말하는 것이 보통이다. 법질서의 구조를 법이론적으로 훌륭히 설명한 학자는 켈젠으로서 법질서를 規範秩序·强制秩序로 보고 根本規範을 최상위의 효력근거로 하고 憲法→法律→命令(일반적 법규범)→개별적 법규범(재판·행정처분)으로서 이루어진, 同位的·相互竝存的 法規範의 체계가 아니라, 상이한 계층의 여러 법규범의 단계구조로서 파악하였다. 그러나 현대법철학에서는 법질서를 법질서에 내재하는 의미의 통일성으로써 파악하려는 경향이 存在論을 근거로 수립되어 가고 있다. 즉, 일정한 구조적 성질을 가지고 있는 법질서는 다른 정신적 존재질서와 함께 이루고 있는 더 광범위한 질서의 부분질서가 되는 것이며, 이것들은 또한 無機·有機·心·精神의 코스모스의 객관성 속에 자리잡게 된다. 인간과 세계, 사회질서와 코스모스를 존재계층의 구조 속에 집어 넣음으로써, 그것들 상호간의 의존 및 독립의 관계를 파악함으로써 법질서의 의미내용과 人間恣意에서 벗어난 객관성을 띤 部分秩序로서의 그것을 구명하고 있다.

법철학(法哲學) 〔英〕 philosophy of law, legal philosophy 〔獨〕 Rechtsphilosophie 〔佛〕 philosophie du droit 법의 철학, 法理學 또는 法律哲學이라고도 말한다. 법의 본질을 추궁하고 법의 이상 또는 이념을 명확히 하고, 더 나아가 法學의 方法論을 확립하는 것을 임무로 한다. 고래로 통상적인 법학이 實定法의 해석에만 전념하고 있었던 것과는 반대로, 실정법을 초월한 自然法만이 법의 근원이고, 법의 理想形態를 표시하는 것이라고 하는 사상이 있었는데, 이것이 法哲學의 주류를 이루게 되었다. 여기에 대하여 자연법을 부정하고 實定法 이외의 법은 없다고 생각하여 법철학의 임무를 실정법의 기본원리의 탐구에 한정하려고 하는 것은 經驗主義 또는 法實證主義의 입장이다. 그러나 아무리 숭고한 자연법의 이념을 내세워도, 그것이 실정법의 위에 아무런 영향도 미칠 수가 없다고 한다면, 자연법을 설명한다는 그 자체가 무의미하게 되어 버릴 것이다. 따라서 실정법의 동향을 계속해서 고찰하면서 그 속에서 그 법이 존재해야 할 모양을 보려고 시도한다면, 自然法論은 그만큼 경험주의와 결부되게 된다. 마찬가지로 法實證主義라고 해도 단순히 현실의 불합리한 법질서를 있는 그대로 받아 들이는 것에 그치지 않고, 여기에 비판을 가하여 실정법의 움직임에 대하여 어느 정도의 지도적 역할이라도 취하려고 한다면, 그것은 그만큼 자연법의 이상에 접근하는 것이 된다. 더욱 도덕·정치·국가·경제에서 분리되어서는 법이 있을 수가 없다고 하는 것과 마찬가지로, 법철학도 또한 道德哲學·政治哲學·國家哲學으로부터 분리하여서는 법의 생긴 모양과 이상을 추궁해 나갈 수는 없을 것이다.

법체계(法體系) 〔英〕 legal sytstem 〔獨〕 Rechtssystem 〔佛〕 système juridique 일정한 法原理에 의하여 통일되어 개개의 法規範 또는 法規에 의하여 조직된 전체. 여기에서는 개개의 법규범 또는 법규는 상호 모순하는 일이 없이 조화를 유지한다고 한다. 법체계는 國際法體系와 國內法體系로 대별되며, 후자는 다시 憲法體系·民法體系·刑法體系 기타의 部分的 法體系로 나누인다.

법초월적 정의(法超越的正義) → 초법적 정의와 같다.

법치국가(法治國家) 〔獨〕 Rechtsstaat ① 법치주의에 의한 국가, 즉 權力分立主義에 입각하고 자유주의적 원리에 의하여 지배되는 국가. 의회에 의하여 또는 의회의 참여에 의하여 제정된 法律(Gesetz)에 의한 규율, 즉 합법적 지배가 행하여지는 것이 그 특징이다. 絶對主義에 입각하였던 警察國家를 부정하고 등장한 근대국가는 모두 법치국가적 형태를 취하였다. 그러나 법치국가는 공화국 또는 민주국가와는 그 의미가 다르다. 그것은 군주가 존재한다는 의미의 君主國家도 법치주의에 입각하는 한 법치국가일 수 있기 때문이다. 오히려 법치국가는 군주국가에 있어서 군주의 권력을 약화시키고 종전처럼 군주가 恣意에 의해 통치하는 것을 막고, 국민대표기관인 국회의 동의를 얻어 제정된 법률에 의해서만 통치케 하려는 데에 그 의의가 있다. 국가를 하나의 法秩序로 간주하여 그 법규범의 창설방법이 전제적이든 민주적이든 그것은 불문하고 모든 국가작용을 一般的 規範으로부터 個別的 規範으로 구체화하는 경우의 국가를 법치국가라 하는 수도 있다. 법치국가를 이렇게 이해할 때에는 時·所를 막론하고 모든 국가, 따라서 경찰국가도 법치국가라 할 수 있다.

법치주의(法治主義) 국가가 국민의 자유·권리를 제한하든가, 국민에게 새로운 의무를 부과하려 할 때에는, 국회가 제정한 법률에 의하거나 근거가 있어야 하며, 또 법률은 국민만이 아니고 국가권력의 담당자도 준수하여야 하는 주의. 이것은 國家權力에 대하여 국민의 자유·권리를 보장하려는 것을 이념으로 한다. 고전적 법치주의는 法律에 의한 지배만을 의미하지만, 秩序維持라는 소극적 기능을 가졌던 국가가 이제는 福利國家로서 적극적인 기능을 담당하게 되어 법률로써만 그 기능을 다할 수 없고, 行政權에 위임하는 委任立法이 확대되어 가는 경향에 있다. 그러나 법치국가는 국민의 자유·권리의 보장을 그 근본이념으로 하고 있기 때문에 이 이념으로부터 헌법에 기본권을 선언하고 이의 제한은 법률로써만 할 수 있다는 원칙, 權力分立의 原則, 包括的 委任立法의 禁止, 법원에 의한 行政行爲의 審査 등이 요청된다.

법치행정(法治行政)**의 원리**(原理) 법치주의의 행정면에서의 표현으로서 行政權도 법의 羈束을 받고 법을 준수해야 하며, 만일에 법을 위반하여 국민에게 피해를 주는 경우에는 재판을 통해 救濟制度가 마련되어야 한다는 것을 말한다.

법칙구별설(法則區別說) 〔英〕 theory of statutes 〔獨〕 Statutentheorie 〔佛〕 théorie des statuts 11세기에 북부 이탈리아의 後期註釋學派에 속한 학자들에 의하여 처음으로 주장되었던 國際私法學에 관한 학설. 대표적 학자는 바르똘루스이다. 이들 학자들은 법규의 적용관계를 결정함에 있어서, 법규를 人法과 物法으로 구별하여, 전자에 관하여는 屬人的인 효력을 인정하고, 후자에 관하여는 屬地的인 효력을 인정하였다. 이 학설은 法則學說 또는 法規分類學說이라고도 불리며, 19세기의 전반에 이르기까지 국제사법학을 지배하였다.

법칙학설(法則學說) 법칙구별설과 같다.

법파괴(法破壞) 旣存法秩序의 本質的 價値를 근본적으로 부정하여 버리는 것. 예컨대 혁명에 의한 기존법질서의 완전한 부정이 그 적례이다. 법의 改廢와 법의 파괴는 구별된다. 전자의 경우는 기존법질서의 自同性을 유지하면서 그 일부의 폐지 또는 수정이 이루어지지만, 후자의 경우는 기존법질서의 자동성은 완전히 상실되며, 이에 대치되는 새로운 法秩序가 확립된다. 법의 파괴는 法的 安定性의 요구와 정면으로 충돌한다. 그러나 정의의 요구에는 합치되는 경우가 많다. 부정의한 법은 파괴되어 마땅할 것이지만, 질서의 안전을 항상 고려하지 않으면 안된다. 결국 법은 이러한 이율배반적인 양자의 요구를 동시에 충족시켜 주어야 할 사명을 지니고 있는 것이다. 그러므로 법은 언제나 파괴의 위험에 빠지지 않고, 정의의 요구를 충족시켜 주는 것을 그 理想으로 삼는다.

법(法)**파피루스학**(學) 〔獨〕 juristische Papyruskunde 19세기말에 勃興한 法史學의 보조학이며, 파피루스상에 기재된 문서를 연구대상으로 한다. 파피루스文書는 주로 이집트에서 발견되었는데, 그 대부분은 그리스어로 기록되어 있다. 이 문서의 연구는 프톨레마이오스시대의 헬레니즘화된 이집트固有法과 그리스法과의 대립융합(→헬레니즘법) 및 로마시대의 이집트에 있어서의 그리스＝이집트법과 로마법과의 대립항쟁을 밝혀서, 이집트법·그리스법·로마법의 연구에 新生面을 열었다. 특히 로마법학상에 있어서는, 法파피루스學의 발달에 의하여 로마의 一縣으로서의 이집트의 法制, 이집트존재의 로마인에게 屬人法主義에 따라 적용된 로마법, 그 로마법과 고유의 그리스＝이집트법과의 교섭, 帝政後期 이후 이집트에 전면적으로 시행된 로마제국법과 그리스＝이집트법과의 전면적 갈등 등등이 새로이 문제되게 되었고, 다시 나아가 비잔틴期 로마법의 성격을 둘러싼 一大論爭이 야기되기에 이르렀다. →로마법, 비잔티니스트, 고대법사론

법 학(法學) 〔英〕 science of law 〔獨〕 Rechtswissenschaft 〔佛〕 science juridique 法律學이라고도 한다. 법현상을 고찰의 대상으로 하는 학문. 文化科學·社會科學 및 精神科學의 일종으로서 다루어진다. 법학은 법현상 또는 법생활을 고찰의 대상으로 하며, 좁은 뜻에 있어서의 법학(법해석학)과 넓은 뜻에 있어서의 法學(법해석학을 포함하여 法史學·比較法學·法社會學·法心理學 등)으로 나누어진다. ① 法解釋學은 체계적 법학으로서 실정법의 객관적 의미에 관한 과학이다. 실정법의 법학적 연구는 첫째로 주관적 의미가 아니라, 실정법의 객관적 의미, 즉 법규 속에 구체화된 의미로 밝

히는 解釋, 둘째로 개개의 법제도의 법규를 모순없이 완전하게 이룩하려는 構成, 셋째로 전 法秩序의 모든 법규를 하나의 이념에서 전개하려는 體系의 세 가지 단계로서 완성된다. ② 法史學은 법의 내재적 생성·발전을 시대적·정신적으로 고찰하며, 比較法學은 동시대의 상이한 각국의 법질서를 입법정책적으로 비교설명하며, 法社會學은 사회내에 있어서의 법과 법생활의 보편적인 법칙 및 특수한 발전을 탐구하며, 法心理學은 법의 인간심리적 기초를 고찰한다. 이 이외에 법의 근본원리 및 가치를 탐구하려는 法哲學이 있다.

법학개론(法學槪論) 〔英〕 outline of science of law 〔獨〕 Einführung in die Rechtswissenschaft 〔佛〕 traité de la science juridique 일반적으로 법학 전반에 걸쳐 법의 존재이유와 기본개념을 설명하고 각 법분야의 특성에 대한 예비적 지식을 계통적으로 기술하는 것을 말함. 憲法·民法·刑法·訴訟法 등 각 法域에 관한 개별적이고 상세한 연구는 아니며, 이러한 각 법역에 공통되는 보편적 개념 및 원리를 탐구한 법학일반의 총론적 연구 내지 설명을 가리킨다. 法學入門書로서 쓰이는 것이 보통이다. 여기에는 법학의 고찰방법과 이론을 비록 기초적이기는 하지만 사상적으로 깊이 파고드는 유형이 있고, 주로 법학의 여러 과학의 분야를 중심으로 실정법을 공부하는데 도움이 되도록 배열하는 百科全書的인 유형이 있다.

법학교육(法學敎育) 〔英〕 legal education 〔獨〕 juristische Ausbildung 〔佛〕 enseignement du droit 법에 관한 전문지식을 敎授하는 것을 목적으로 하는 전문교육의 1분야. 大陸諸國에서는 옛날부터 대학이 법학교육의 중심으로 되어 왔으나, 영국에서는 인스 오브 코트(Inns of Court)가 법학교육의 기관이었다. 한국과 일본에서는 대륙형의 제도를 채용하고 있다. 미국에서도 법학교육은 대학에서 행하여지지만, 그 내용은 극도로 實務本位인 점 및 케이스 메소드가 채용되고 있는 점에서 대륙형과 다르다.

법학제요(法學提要) 〔羅〕 Institutiones 가이우스의 저서인 법학제요와, 로마法大全의 일부인 법학제요가 있다. →가이우스, 로마법대전

법학통론(法學通論) 법학개론과 같다.

법해석학(法解釋學) 〔獨〕 Rechtsdogmatik 현행 實定法秩序의 규범내용을 체계적으로 인식하는 것을 임무로 하고, 재판에 의한 법의 구체적 실현을 위해서 통일적·조직적인 해석을 부여하는 실용적인 법학을 말한다. 解釋法學(dogmatische Rechtswissenschaft), 實用法學(praktische Jurisprudenz), 體系的 法學(systematische Rechtswissenschaft) 등이라고 불리어진다. 법의 해석이 일반적 법규를 目的論的으로 고찰하고, 구체적인 規範意味를 발견해서 창조하는 이론적·기술적 조작이라는 점에 있어서, 법해석학의 성격도 일면으로는 實用的 技術이고, 타면으로는 理論的 認識이기도 하다는 특색을 가진다. 이 점에서, 그것은 사회에 있어서 사실적인 법현상을 과학적으로 탐구하는 法社會學이나 법규범의 순수한 이론적 인식에 전념하는 純粹法學과 다르다. 법의 형식논리적 해석에 始終하는 槪念法學, 법의 목적적 고찰을 중요시하는 目的法學 및 利益法學, 法源의 자유로운 탐구를 제창하는 自由法論, 법을 정치의 수단으로서 이해하는 政治的 法學 등, 법해석학에도 시대의 변천에 따라 여러가지 경우가 나타나게 된다. 또한 그것은 실정법의 영역에 따라 公法學과 私法學으로 나누어지고, 그 각 분야에 따라 헌법학·행정법학·형법학·민법학·상법학·소송법학 등으로 나누어져 있다.

법현상학(法現象學) 법의 본질현상의 해석에 후설(Husserl)의 현상학을 적용하는 법철학적 입장과 방법을 말한다. 事物 그것 자체에로라고 하는 현상학의 근본적 태도에 따라, 본질직관에 의해서 법의 본질구조를 파악하려고 하는 방법을 취하며, 라이나하, 슈라이어(Schreier), 카우프만(Kaufmann), 이자이(Isay) 등에 의해서 주목할 만한 법이론의 전개를 보았다. 일본의 오다까(尾高朝雄)도 이 방면의 노력으로 일생을 보낸 학자이었다.

법 화(法貨) 〔英〕 legal tender money, legal tender 〔獨〕 gesetzliches Zahlungsmittel 〔佛〕 cours légal, cours forcé 법률상 强制通用力을 갖는 넓은 뜻의 화폐. 鑄造貨幣·紙幣·銀行券의 어느 것임을 불문한다. 유통력의 면으로부터 보아 通貨라고도 한다. 우리나라에서는 한국은행권이 유일한 법화로 되어 있다(韓銀 48). 다만 한국은행은 정부의 승인을 얻어 대한민국내에서 鑄貨를 발행할 수 있다(54). 법화의 위조·변조 등은 형법상 처벌을 받는다(207 이하).

베네룩스국제사법통일조약(國際私法統一條約) 1951년에 벨기에·네덜란드·룩셈부르크의 3개국에 의하여 작성·서명된 國際私法의 統一條約. 전문 38개조로 되어 있다. 베네룩스(Benelux)라 함은, 벨기에(Belgium)·네덜란드(Netherland)·룩셈부르크(Luxemburg)의 총칭이다.

베네룩스동맹(同盟) 벨기에·네덜란드·

룩셈부르크 3개국의 經濟金融同盟. 이 3국은 지역적인 점 뿐만 아니라, 경제·사회·문화의 여러 점에서 공통점을 가지는데, 1947년에는 關稅同盟을 결성하고, 내부에 있어서의 물자의 자유이동, 關稅撤廢를 행하여, 각국법규의 통일을 도모하여 경제 제휴를 강화하고, 일층 강화된 경제동맹을 목표로 삼고 있다. 프리탈룩스同盟은 이것이 발전한 것이다.

베딕트 〔英〕 verdict 영미법상 評決 또는 小陪審의 평결을 말한다. ① 一般評決은 원고승소 또는 被告勝訴, 무죄 또는 유죄 등 배심이 인정한 사실에 법률을 적용하여 결론을 내린 배심의 판결을 말한다. ② 特別評決은 배심이 인정한 사실을 인정은 하였지만 그에 적용할 法律問題에 의문이 있는 경우, 법률의 적용, 즉 승소·패소나 무죄·유죄의 결정을 재판소에 일임하는 것을 말한다.

베르사유강화조약(講和條約) 〔英〕 Peace Treaty of Versailles 〔獨〕 Friedenvertrag Verailles 〔佛〕 Traité de Paix de Versailles 1919년 6월 28일 제1차세계대전의 戰後處理를 위하여 베르사유궁전에서 연합국과 독일 사이에 조인된 조약을 말한다. 이는 1920년 1월 10일 발효되어 1936년 독일이 일방적으로 폐기하였는데, 미국은 처음부터 이의 비준을 거절하여 독일과 별도로 1921년 8월 25일 友好關係回復을 위한 條約을 체결하였다. 그 주요 내용은 전쟁책임이 패전국인 독일에 있으며, 독일의 영토 축소·군비제한·배상의무·해외식민지 포기 등과 함께 國際聯盟에 관하여도 규정하였다.

베른조약(條約) 만국저작권보호동맹조약과 같다.

벤처기업(企業) 〔英〕 venture enterprise 신기술과 아이디어를 기초로 창업한 소규모의 創造的인 企業을 말한다. 고속성장의 가능성이 있는 반면에 실패할 위험도 크다는 점에서 冒險企業이라는 이름이 붙었다. 실제 성공가능성은 10% 이하다. 벤처기업은 기업가정신과 기술의 독창성, 아이디어의 참신성이 중요한 요소로 작용한다. 미국은 벤처기업의 특징을 企業家精神과 아이디어의 참신성, 사업성에서 찾는 반면, 우리나라는 기술의 첨단성을 중시한다. 벤처기업육성에 관한 특별조치법에 따르면 ① 硏究開發投資費 비중이 총매출액의 5% 이상, ② 特許權과 實用新案權 등을 이용, 생산한 제품의 매출이 총매출액의 50% 이상, ③ 創業投資會社, 新技術事業金融社 등 벤처기업의 총투자액이 기업자본금의 20% 이상인 기업 또는 벤처캐피털이 인수한 주식총액이 자본금의 10% 이상인 기업을 벤처기업으로 인정하고 있다.

벨기에조항(條項) 가해조항과 같다.

벨기에헌법(憲法) 벨기에는 1830년 8월의 혁명으로 네덜란드왕국으로부터 독립하였다. 독립의 다음 해인 1831년에 제정된 헌법이 현재에도 효력을 가지고 있다. 國民主權을 원리로 하는 전형적인 自由主義的 憲法으로서, 다른 유럽諸國에 큰 영향을 끼쳤다. 입법권은 국왕과 양원제국회, 집행권은 국왕(大臣輔弼制에 의함), 사법권은 법원에 각기 부여되고 내각책임제를 인정하고 있다. 權利條項은 자유권을 상세히 규정하고 있다.

벽면선(壁面線) 시가지 내의 건축물의 위치를 정비하거나 그 환경을 정리하기 위하여 도로와 접한 부분에 있어서 설정하는 건축물의 외벽 또는 이에 준하는 기둥(柱)의 制限線. 建築線이라고 한다. 시장·군수·구청장이 지정한다(建築 36).

변경등기(變更登記) 기존의 등기의 일부를 변경함을 목적으로 하는 등기. 終局登記의 하나이다. 넓은 뜻으로는 등기가 완료된 후에 후발적으로 등기와 실체관계와의 불일치가 생긴 경우(예: 地上權의 존속기간의 변경, 抵當權의 이율변경의 합의 등)에, 이 불일치를 해소하기 위하여 행하여지는 登記(不登 63~65, 非訟 166·167·193·222·223·227·230)와, 등기절차에 錯誤 또는 遺漏가 있어서 원시적으로 등기와 실체관계와의 사이에 불일치가 있는 경우에 이를 시정하기 위하여 하는 登記(更正登記)와의 두 가지를 포함하며, 좁은 뜻으로는 전자만을 가리킨다. 원칙적으로는 附記登記의 형식으로 행하여진다.

변경주의(變更主義) 일단 제기한 公訴의 取消를 인정하는 주의. →공소의 취소

변경판결(變更判決) 판결을 한 법원이 스스로 판결의 실질적 내용을 변경하는 것. 전후 일본에서 미국법제도를 도입하여 인정한 것인데, 우리 法에서는 이를 인정하지 않고 있다.

변경소득(變更所得) 수입의 발생·금액이 당해 연도마다 변동이 있는 소득. 어획으로부터 생기는 소득, 원고 및 작곡의 보수, 저작권의 사용료에 의한 소득, 退職所得, 山林所得 등이 이에 속한다. 固定所得에 대한다.

변 론(辯論) 〔英〕 pleading 〔獨〕 Verhandlung 〔佛〕 débat [1] 민사소송법상 좁은 의미에 있어서는 受訴法院의 변론기일에 있어서 당사자가 구술로써 신청 및 攻擊防禦方法에 관하여 진술하는 것을 가리키고, 넓은 의미에 있어서는 이와 결합된

법원의 訴訟指揮·證據調査 및 裁判의 宣告도 포함하는 절차를 의미한다. 구민사소송법에서는 口述(頭)辯論이라 하였다. 上告審判決節次를 제외한 판결절차는 원칙적으로 변론을 거쳐야 하지만(必要的 辯論), 결정절차에 있어서는 법원이 이를 거칠 것인가 아닌가를 임의로 정하여야 한다(任意的 辯論)(民訴 124). 변론은 미리 지정된 기일(辯論期日)에 당사자 쌍방 또는 일방이 출석하여 재판장의 지휘에 의하여 공개된 법정에서 하는 것을 원칙으로 한다(公開主義). → 변론의 재개, 변론의 분리, 변론의 병합, 변론의 일체성

[2] 형사소송법상 변론에는 세개의 의의가 있다. 첫째는 訴訟節次의 의미이며, 변론의 分離·併合(300)·再開(305)라고 할 때에는 이 의미로 쓰인다. 둘째는 당사자의 訊問 및 陳述을 말한다. 口頭辯論(37)이라 할 때에는 이 의미이다. 판결은 일정한 예외의 경우(예컨대, 364Ⅴ, 390)를 제외하고는, 이런 의미의 변론에 의거하여야 한다(37Ⅰ). 셋째는 소송의 최후단계에 있어서의 소송관계인의 의견진술을 의미한다. 예컨대, 증거조사후의 검사의 의견진술(논고)(302), 피고인측(피고인 또는 변호인)의 最後陳述 등은 이에 해당한다. 변론은 각 피고인, 각 사건(公訴事實)마다 1개이다. 예컨대, 1개의 공소장에 수개의 공소사실이 기재되고 또는 수인의 피고인이 기재되었더라도, 변론은 수개로 된다. 또 변론은 판결에 이를 때까지 일체로서 생각되므로, 한번 종결된 변론이 재개되는 경우에도 公判節次의 경신이 없는 한, 변론의 續行이고 종래의 변론이 무효로 되는 것이 아니다.

변론결과불가분(辯論結果不可分)**의 원칙**(原則) → 변론의 일체성

변론능력(辯論能力) 〔獨〕 Postulationsfähigkeit [1] 민사소송법상 법원의 訴訟節次에 관여하여 현실적으로 소송행위를 하기 위하여 요구되는 능력. 演述能力이라고도 한다. 소송절차의 원활·신속을 도모하여 사법제도의 건전한 운영을 기하는 견지에서 법원에 대한 訴訟行爲, 특히 변론을 하는 자의 능력을 한정하는 것에 기한 관념이다. 주로 당사자보호의 관점에서 인정되는 訴訟能力과 구별된다. 辯護士强制主義를 채용하는 법제에 있어서는 변호사만이 이 능력을 가지며, 당사자는 소송능력자라도 변호사에 의뢰하지 않으면 현실적으로 소송에 관여할 수 없다. 우리 현행법에서는 本人訴訟이 허용되므로, 변론능력이 문제되는 경우는 극히 희소하다. 다만 소송능력을 가진 당사자도 소송관계를 밝히는데 필요한 진술을 하지 못한다 하여 법원으로부터 진술을 금지당하면 변호능력을 결한 것으로 된다(134Ⅰ). → 변호사강제

[2] 형사소송법상 訴訟能力이 있는 피고인은 동시에 변론능력을 가지는 것이 원칙이지만, 상고심에서는 변호인만이 변론능력을 가지고, 피고인은 이를 가지지 아니한다(387).

변론(辯論)**의 병합**(併合) 〔獨〕 Prozessverbindung Verbindung der Verhandlung [1] 민사소송법상 동일법원에 係屬되는 수개의 소송을 1개의 절차로 심판하기 위하여 결합하는 것(131). 병합되는 소송은 동종 또는 동일심급의 소송절차에 의해 심리될 수 있어야 하고(230), 당사자 또는 청구의 점에서 어떠한 관련성이 있을 것이 필요하다(61). 변론의 병합은 법원의 訴訟指揮權의 행사로서 직권에 의하여 결정으로 행하여지며, 이것에 의하여 처음부터 1개의 併合訴訟으로서 제기된 경우와 같은 관계가 생긴다. 병합된 각 소송에 관하여는 辯論·證據調査를 병합하여야 함은 물론, 동시에 全部判決을 하여야 하나, 다만 그 중 하나가 먼저 판결을 하게 되었을 때에는 일부판결을 할 수 있다(185). 변론병합의 결정은 언제나 취소할 수 있는 것이 원칙이나(131), 법이 병합을 요구하고 있는 경우(商 188, 240 등)에는 예외로 한다.

[2] 형사소송법상으로도 같은 뜻. 법원은 필요하다고 인정한 때에는, 職權 또는 검사·피고인이나 변호인의 신청에 의하여 決定으로 변론을 병합할 수 있다(300). 수개의 사건이 동일법원에 係屬되어 있는 경우는 물론이고, 다른 법원에 각각 계속되어 있는 사건이라도 관련사건이면 일정한 조건하에 併合審理할 수 있다(9, 10). 특히 1인의 피고인의 競合犯에 관하여는 競合犯規定(刑 37 이하)의 정신에 비추어 원칙적으로 병합심리를 하여야 한다. → 변론

변론(辯論)**의 분리**(分離) 〔獨〕 Prozesstrennung, Trennung der Verhandlung [1] 민사소송법상 1개의 절차에 병합된 수개의 청구를 별개의 절차로 심판하기 위하여 분할하는 것(131). 併合된 수개의 청구에 관한 변론은 원칙으로 분리할 수 있으나, 必要的 共同訴訟이나 獨立當事者參加訴訟과 같은 것은 성질상 분리할 수 없다. 변론의 분리는 법원의 公訴指揮權의 행사로서 직권에 의하여 결정으로 행하여지며, 이 결정에 각 청구는 각 별개의 절차로 심판하게 되고, 판결은 별개로 한다. 그러나, 분리전 일단 정하여진 관할에 관하여는 아무런 영향이 없다. 변론분리의 결정은 언제든지 취소할 수 있으며(131). 이것에 의하여 분리전의 상태에 복귀된다.

[2] 형사소송법상으로도 같은 뜻. 법원은 필요하다고 인정한 때에는, 직권 또는 검사·피고인이나

변호인의 신청에 의하여 결정으로 변론을 분리할 수 있다(300). 예컨대 살인죄의 피고인이 공동피고인으로서 동일절차에서 共同審理를 받고 있는 경우에, 그 1인이 공판기일에 출석하지 아니한 경우에, 법원은 심리를 분리하여 출석한 피고인의 관계에서만 公判審理를 진행시킬 수 있다. → 변론

변론(辯論)의 일체성(一體性) 〔獨〕 Einheit der mündlichen Verhandlung 변론이 수회에 걸쳐 행해져도, 일체를 이룬 것으로 되는 원칙. 이를 辯論不可分의 原則이라고도 한다. 이에 의하여 각 기일에 있어서 종전의 변론을 更新하거나, 그 결과를 진술할 필요가 없게 된다(예외 : 民訴 189 Ⅱ). 또 이 원칙에 의하면 변론에 제출된 소송자료는 어떠한 기일에 제출되어도 변론의 종결시에 있어서 동시에 제출된 것으로 간주되기 때문에 변론의 일체성은 소송자료를 제출하는 당사자측에서 보면, 변론이 종결되기까지는 어느 때나 攻擊防禦方法을 제출할 수 있다고 하는 隨時提出主義를 의미하는 것으로 된다. → 수시제출주의

변론(辯論)의 재개(再開) 〔獨〕 Wiedereröffnung der Verhandlung [1] 민사소송법상 법원이 일단 변론을 종결한 뒤(結審), 다시 심리를 개시하고 변론의 재개를 명하는 것(132). 법원은 일단 결심한 뒤라도 심리가 불완전하여 釋明할 필요가 있거나, 기본된 변론에 참여한 법관이 합의 전에 사망하였거나 또는 退職·轉職·轉任 등으로 인하여 재판을 할 수 없는 경우에 변론의 재개를 명할 수 있다. 법원은 필요하다면 訴訟指揮權에 기하여 결정으로써 변론의 재개를 명한다. 변론재개의 결과 소송은 변론종결 전의 상태로 돌아간다. 즉 민사소송에 있어서는 당사자는 모든 공격방어방법을 제출할 수 있게 되어 있다.

[2] 형사소송법상으로도 같은 뜻. 법원은 필요하다고 인정할 때에는 직권 또는 검사·피고인이나 변호인의 신청에 의하여 결정으로 종결된 변론을 재개할 수 있다(305). 변론재개의 원인으로서는 예컨대, 審理不盡인 경우, 結審 후 새로운 증거가 발견되었거나, 새로운 사정이 발생한 경우 등이다. 변론이 재개되면, 변론은 결심전의 상태에로 돌아가는 것을 원칙으로 하지만, 재개후 證人訊問 등의 증거조사가 행하여졌을 때에는, 그 이후의 節次(302, 303 등)가 행하여져야 한다. → 변론

변론(辯論)의 전취지(全趣旨) 변론의 과정에 나타난 일체의 자료·모양·상황 등으로 증거조사의 결과와 더불어 證據原因이 된다(民訴 187). 당사자 또는 대리인의 진술내용(예를 들면, 전후 모순된 陳述)은 물론, 그 진술의 태도(예를 들면, 모호한 태도, 진술의 정정), 그 시기, 진술 이외의 행위(예를 들면, 釋明을 명하였는데 응하지 않는다든가, 특히 본인출석을 명하였는데 응하지 않는 때)도 그에 들어가며, 법원이 釋明處分으로서 한 檢證·鑑定이나 調査의 囑託(130 Ⅰ iv·v)의 결과도 이에 들어간다. 係爭事實에 대하여 증거조사를 하지 않고, 변론의 전취지만으로 사실인정을 할 수 있는가에 대하여 의문이 있으나, 판례는 소극적이다. 변론의 전취지라는 말은 변론의 전체를 가리키는 경우도 있다(139 Ⅰ). → 증거원인, 자유심증주의

변론(辯論)의 지휘(指揮) 訴訟指揮權의 일부로서 법원이 변론을 주재하는 것. 합의체의 법원에서는 재판장이(民訴 125 Ⅰ, 刑訴 299), 단독법원의 경우는 그 단독판사가 행한다. 넓은 뜻으로는 준비절차를 주재하는 것도 포함한다. 이 경우에는 準備節次를 담당하는 법관이 행한다. 변론의 지휘의 내용은 변론의 개시를 명하고, 변론 중에는 그것이 질서있고 신속·완전하게 행할 수 있도록 그 정리를 하고, 소송이 재판을 하기에 성숙하면 이를 종결하는 것이다. 그 수단으로서 당사자 또는 대리인의 발언을 허용하거나, 혹은 쓸데 없고 부당한 발언에 의하여 변론을 혼란시키고 지연시키는 경우에 이에 주의를 주어, 이에 따르지 않는 자의 발언을 금지할 수 있다. 만일 이러한 금지에 좇지 않고, 그 태도가 심리를 방해하는 정도에 이르면, 재판장은 法廷警察權의 발동에 의하여 그 퇴정을 명할 수도 있다(法組 58). → 소송지휘

변론조서(辯論調書) 법원서기관 또는 서기가 辯論期日마다 변론의 경과를 명확히 하기 위하여 작성한 조서. 조서에는 언제나 민사소송법 142조의 형식적 기재사항을 갖추어 작성자인 서기관 또는 서기 및 변론의 지휘자인 재판장이 署名捺印하여야 한다. 이것이 빠질 때에는 조서는 무효로 되고 法定의 증명력을 가질 수 없다. 실질적 기재사항으로서는 당사자의 중요한 訴訟行爲, 證據調査의 결과 및 재판의 선고가 있은 것 같은 것이지만, 변론의 내용을 빠짐없이 기재할 필요는 없고, 그 진행모양에 대한 요령을 기재하면 된다(民訴 143). 조서는 관계인의 신청이 있는 때에는 그에게 낭독하여 주거나 또는 열람시키지 않으면 안되고, 관계인의 이의가 있으면 그 취지를 기재하지 않으면 안된다(146). 조서가 존재하는 한, 변론의 방식에 관한 사항은 조서의 기재에 의해서만 증명할 수 있고, 그에 대해 다른 증거방법으로 보충하거나 또는 反證을 들어 다툴 수 없다(147). 여기에서 辯論의 方式이라 함은 변론의 시간 및 장소, 공개의 유무, 관여법관,

당사자의 出缺, 재판의 선고, 변론결과의 진술 등과 같은 변론의 외부적 형식을 말한다. 이에 반해 당사자의 변론의 내용, 증인의 진술 등은 여기에 들어가지 않기 때문에 이에 대해서는 조서의 기재도 한번의 증거로 됨에 그친다.

변론주의(辯論主義) 〔獨〕 Verhandlungsmaxime 〔佛〕 contradiction, principe des débats oraux [1] 민사소송법상 재판의 기초가 되는 소송자료의 수집을 당사자의 책임으로 하는 주의를 말한다. 법원이 자진해서 적극적으로 取材活動을 하여 소송자료를 수집하는 職權探知主義(Untersuchungsgrundsatz)와 대립된다. 이 원칙은 민사소송법상 明文으로 규정되어 있지는 않으나, 민사소송규칙 22조에서 그 근거를 찾을 수 있다. 변론주의에 따라 법원은 法律效果의 판단에 직접 필요한 사실(主要事實)이 당사자의 변론에 나타나지 않는 한 판결의 기초로 할 수 없으며, 당사자간에 다툼이 있는 주요사실을 인정하는데 쓰이는 증거자료는 원칙적으로 당사자가 신청한 것에 한정되며, 법원은 당사자간에 다툼이 없는 사실을 그대로 판결의 기초로 하여야 한다.

[2] 형사소송법상 당사자 쌍방의 변론, 즉 주장과 입장에 의하여 판결하는 주의를 말한다. 이것은 소송자료의 수집·제출을 법원의 의무로 하는 職權探知主義(職權主義)와 대립되며, 當事者主義의 중요한 내용이 된다고 할 수 있다. 변론주의를 철저화할 때에는 당사자의 주장과 입증만에 의하여 재판을 하고 당사자가 주장한 범위에서 재판을 하는 當事者處分權主義를 인정하는 결과가 된다. 그러나 당사자처분권주의는 國家刑罰權의 실현을 목적으로 하는 형사소송의 본질과 일치할 수 없다. 따라서 형사소송법은 청구의 認諾에 해당하는 arraignment를 인정하지 아니할 뿐만 아니라, 직권에 의한 證據調査(刑訴 295), 법관에 의한 證人訊問(161의2), 법원의 公訴狀變更要求權(298Ⅱ)을 인정하고 있다는 점에서 철저한 변론주의를 채택하고 있는 것은 아니라고 할 수 있다. 현행 형사소송법은 구형사소송법에 비하여 당사자주의를 강화하였으므로 이에 따라 변론주의도 강화되었다. 그 내용도 공판정에 당사자의 출석을 요구하는 이외에(275Ⅱ, 276), 검사의 冒頭陳述(285), 당사자의 證據申請權(294), 증거조사에 대한 異議申請權(296), 증인신문에서의 相互訊問制度(161의2), 公訴狀變更(298), 사실과 법률적용에 대한 意見陳述權(302, 303) 및 피고인이 심신상실상태인 경우의 公判節次停止(306)에 관한 규정은 변론주의의 표현이며, 국선변호와 필요적 변호의 확충도 변론주의를 강화하는 규정이다.

변리공사(辨理公使) 〔英〕 minister resident 〔獨〕 Ministerresident 〔佛〕 ministre résident 외교사절의 제3의 계급. 명예와 席次에 있어서 特命全權公使 다음에 가며, 代理公使에 우선한다. 현재 거의 그 실례를 볼 수 없으며, 우리나라 국내법에서도 직제상 이것을 인정하고 있지 않다. 1961년 외교관계에 관한 빈협약에서 이 제도를 폐지하였다. → 외교사절

변리사(辨理士) 〔英〕 patent agent 〔獨〕 patentanwalt 〔佛〕 avoué 特許·實用新案·意匠 또는 商標에 관하여 특허청 또는 법원에 대하여 하여야 할 사항의 대리 및 그 사항에 관한 鑑定 기타의 사무를 행함을 業으로 하는 者(辨理士法 2). 변리사가 되기 위하여는 만 20세 이상의 국민으로서, 변리사시험에 합격하여 1년 이상 실무수습을 마치고 전형에 합격한 자, 변호사의 자격을 가진 자 또는 특허청에서 5급 이상의 공무원으로서 5년 이상 근속하며, 심판 및 심사사무에 종사한 자로서(3), 辨理士登錄簿에 등록을 한 자이어야 한다(5Ⅰ). 변리사가 개업·휴업 또는 폐업하거나 사무소에 변동이 있으면 특허청장에게 신고하여야 한다(6의2Ⅱ). 변리사 외의 자가 변리사의 업무를 하거나 변리사의 명칭을 사용할 때에는 일정한 처벌을 받는다(22~24).

변리사회(辨理士會) 工業所有權制度의 발전, 特許事務의 개선, 회원의 품위향상 및 변리사 상호간의 단결과 친목을 도모함을 목적으로 특허청 소재지에 설립되는 組合(辨理士法 9~11). 이 회는 공업소유권에 관한 내외국제도의 조사·연구·발전에 관한 사항, 공업소유권 法規의 개선·해석 및 시행의 시정에 관한 건의 또는 자문사항, 공업소유권 硏修에 관한 사항 등을 그 업무로 하고, 변리사를 강제가입키며, 산업자원부장관의 감독을 받는다(12, 13). 임원·회의·변리사의 품위향상·보수 등에 관하여 회칙을 정한다(14).

변명저작물(變名著作物) 저작물에 저작자의 진실한 성명 이외의 칭호를 표시하여 발생 또는 흥행하는 저작물(著 8Ⅱ 참조). 匿名著作物 또는 藝名著作物이라고도 한다.

변사자검시방해죄(變死者檢視妨害罪) 檢視를 받지 아니한 변사자의 사체에 변경을 가하는 죄(刑 163). 경찰목적 내지 범죄수사목적에 의한 일종의 行政的 刑罰法規이다(→신앙에 관한 죄). 변사자란 부자연한 사망을 하여 그 사인이 불명한 자 또는 범죄로 인한 것이 명백한 자를 말하며, 急死者, 즉 의사의 진단을 받을 여유없이 질병 기타

원인에 의하여 급사한 자는 포함되지 않는다(通說). 檢視란 관할 지방검찰청 검사 또는 사법경찰관의 검사를 받는 것을 말한다. 변경을 가하는 것에는 土葬·水葬·火葬을 불문한다. →신앙에 관한 죄, 검시

변사자(變死者)**의 검시**(檢視) 사람의 사망이 범죄로 인한 것인가를 판단하기 위하여 수사기관이 변사자의 상황을 조사하는 것을 말한다. 변사자 또는 변사의 의심있는 死體가 있는 때에는 그 소재지를 관할하는 지방검찰청 검사가 검시하여야 한다. 檢事는 사법경찰관에게 검시를 명할 수 있다(刑訴 222 Ⅰ·Ⅲ). 검시의 결과 범죄의 혐의가 인정될 때에는 수사가 개시된다. 따라서 변사자의 검시는 수사가 아니라 수사 전의 처분, 즉 수사의 단서에 지나지 않는다. 이러한 의미에서 검시는 범죄의 혐의가 인정되어 수사가 개시된 경우에 하는 수사상의 처분인 檢證과 구별된다. 검시는 수사의 단서에 불과하므로 법관의 영장을 요하지 않는다. 검시에 의하여 범죄의 혐의를 인정하고 긴급을 요할 때에는 영장없이 검증할 수 있다(刑訴 222).

변상명령(辨償命令) 出納公務員 또는 豫算執行의 공무원이 국가에 손해를 끼침으로써 국가에 대하여 변상책임을 지는 경우에 그 변제를 명하는 처분. 보통은 監査院의 변제책임의 판정이 있는 경우에 그 판정에 따라 감독자 또는 임명권자가 이를 명하나(會計關係職員 등의 責任에 관한 法律 4). 감사원의 판정 전일지라도 소속장관 또는 감독기관의 장은 변상명령을 내릴 수 있다(5 Ⅰ).

변상책임(辨償責任) 공무원이 국가에 대하여 재산상의 손해를 발생하게 한 경우의 공무원의 국가에 대한 책임을 말한다. 이에는 국가배상법과 회계관계직원 등의 책임에 관한 법률에 의한 변상책임이 있다.

변상판정(辨償判定) →공무원의 변상책임

변 작(變作) 작성권한 있는 자가 기존문서를 허위로 고치는 것을 말한다. 基本文書를 전제로 한다는 점에서는 變造와 유사하나, 작성권한 있는 자의 행위임을 필요로 한다는 점에서 양자는 구별된다.

변 제(辨濟) 〔羅〕 solutio 〔英〕 performance, payment 〔獨〕 Erfüllung, Zahlung 〔佛〕 paiement 채무자 기타의 자가 채무의 내용에 따라서 給與를 하여, 채권을 소멸시키는 것(民 460 이하). 履行과 결국 같은 뜻으로 되지만, 이행은 채권의 효력의 면에서 본 말(예 : 이행의 청구)임에 대하여, 변제는 채무의 소멸의 면에서 본 말(예: 변제에 갈음하여)이다. 변제로 되는 給與는 事實行爲(예컨대, 노무의 제공, 競業避上의 不作爲債務의 이행 따위)일 수도 있고, 法律行爲(예컨대, 제3자에 대한 채무를 면제하는 單獨行爲 또는 채권자와 채무자의 계약으로 채권을 소멸시키는 代物辨濟·更改 따위)일 수도 있다. 채무의 변제는 변제자의 행위만으로 완성되는 경우(부작위채무의 이행 등)도 있지만, 辨濟受領者의 협력을 요하는 경우(금전채무의 변제 등)가 많다(→변제의 제공, 수령지체). 변제의 법률적 성질에 관해서는 학설이 나누어져 있다. 法律行爲說은 변제에는 변제의사, 즉 채무의 소멸을 원하는 효과의사의 표시가 필요하다고 하고, 非法律行爲說은 채무의 변제는 객관적으로 채무의 내용에 적합한 급여가 있으면 충분하므로 변제의사는 필요치 않다고 하며, 절충설은 급여행위가 법률행위이냐 사실행위이냐에 따라서 변제도 法律行爲가 될 수 있고 事實行爲가 될 수도 있다고 한다. 법률행위가 아니라 準法律行爲라고 이해하는 현재의 통설이 정당하다(→변제의사). 변제를 하여야 할 자는 채무자이지만, 제3자도 변제를 할 수 있는 것이 원칙이다(→제3자의 변제). 또 변제를 수령할 수 있는 자는 채권자인 것이 원칙이지만, 몇 가지 예외가 있다(→변제수령자).

변제공탁(辨濟供託) 변제의 代用이 되는 공탁. 채권자가 변제를 받지 않거나 변제를 받을 수 없는 때에는 채권자를 위하여 辨濟의 목적물을 공탁하고 공탁의 방법을 法定한다(民 487, 488). 공탁은 이것 이외에 여러가지 목적으로 사용되는 바 예컨대 商事賣買·목적물의 공탁·해상운송품의 공탁 등을 들 수 있다(商 803).

변제기(辨濟期) →이행기

변제(辨濟)**로 인**(因)**한 대위**(代位) →대위변제

변제수령자(辨濟受領者) 〔英〕 person accepting performance 〔獨〕 Empfänger der Erfüllung 채권의 변제를 수령할 수 있는 권한을 가지고 있는 자. 즉, 그 자에게 변제하면 변제가 유효하게 되어서, 채무가 소멸하게 되는 자. 보통은 채권자 및 그 대리인만이 변제수령권이 있으나, 경우에 따라서는 그 예외가 인정된다. 다음과 같은 경우에는 채권자에게 수령권한이 없다. ① 채권이 押留된 때(民訴 561 Ⅰ, 696, 709 Ⅲ), ② 채권이 質權이 설정된 때(民 349, 352), ③ 채권자가 파산선고를 받은 때(破 7, 47). 또 다음과 같은 경우에는 채권자 이외의 자에게도 수령권한이 있다. 즉, ① 채권

의 準占有者에 대한 변제는 변제자가 선의이며 과실이 없는 때에 한하여 유효하다(民 470). ② 영수증을 소지한 자에 대한 변제는 변제자가 선의·무과실인 한 유효하다(471). ③ 無記名債權·指示債權 또는 指名所持引出給債權의 증서의 소지인에 대한 변제는 채무자가 악의 또는 중대한 과실이 없는 한 유효이다(518, 524, 525).

변제(辨濟)에 갈음하여, 변제(辨濟)를 위하여 債務의 내용과 다른 給付를 한 경우에, 그것으로 인하여 채무가 소멸하는 경우를 변제에 갈음하여(Erfüllungsstatt) 급부되었다고 하며, 채무가 소멸하지 않고 그 급부가 채무내용을 실현하기 위한 수단으로서 부가되었을 경우를 변제를 위하여(Erfüllungshalber) 급부되었다고 한다. 金錢債務에 관하여 手票·어음이 교부된 때, 전자의 경우에는 채권자는 어음상의 권리를 행사할 수밖에 없음에 반하여, 후자의 경우에는 먼저 어음상의 권리를 행사할 의무를 부담하고, 그것으로 만족되면 채권이 소멸하지만, 어음이 不渡가 된 때에는 본래의 채권을 행사할 수 있다. 양자 중의 어느 것인지는 당사자의 의사에 따르지만 원칙적으로 후자로 추정된다.

변제원인(辨濟原因) 〔獨〕 causa solvendi 出捐行爲原因의 하나로서 이미 있는 채무를 소멸시키는 목적. 이를테면 借金을 반환하기 위하여 금전을 지급하는 것은 변제원인에 기인하는 出捐이다.

변제의사(辨濟意思) 〔獨〕 Erfüllungswille 변제를 함에 있어서 특히 그 채무를 소멸케 하려는 의사. 변제의 법률적 성질을 法律行爲라고 보는 입장에서는 변제가 유효하기 위하여는 이 변제의사가 반드시 필요하다고 주장한다. 그러나, 통설은 변제를 법률행위라고 보지 않고 準法律行爲라고 본다. 이 입장에서는 변제에는 변제의사가 필요없다고 한다. 왜냐하면, 변제는 법률행위일 수도 있으나, 이 밖에 채무자의 변제의사를 요하지 않는 不作爲 기타 사실행위만을 給與의 내용으로 하는 경우도 있을 뿐만 아니라, 변제에 의하여 채무가 소멸하는 것은 채권자가 변제로 인하여 목적을 달성하였기 때문이지, 채권을 소멸케 하려는 辨濟者의 效果意思가 있었기 때문인 것은 아니며, 또 급여가 어느 채무를 위하여 행하여졌느냐는 급여자의 의사, 급여수령자의 의사, 법률의 규정, 급여 자체의 성질, 주위의 사정 따위의 객관적 표준에 의하여 정하여지는 것이지, 변제자의 변제의사에 의하여서만 정하여지는 것은 아니기 때문이다.

변제(辨濟)의 이익(利益) 변제로 인하여 받은 이익을 말한다. 예컨대 이자가 붙은 借金을 변제하고 이후 이자의 지급을 면함은 채무자에 있어서의 변제상의 이익인 것이다(民 477, 479).

변제(辨濟)의 제공(提供) 〔獨〕 Angebot der Leistung 〔佛〕 offre de paiement 채무자가 변제하기 위하여 할 수 있는 행위를 다하고 채권자의 수령(협력)을 구하는 것. 원칙적으로 현실제공을 하여야 하며, 일정한 예외적인 경우에만 구두제공을 할 수 있는 것으로 되어 있으나(民 460), 이 구별은 결국은 정도의 문제이며, 去來慣行과 信義誠實의 原則에 의하여 정하여야 한다. 변제의 제공을 하면 이후에는 債務不履行으로 인하여 생기는 모든 책임을 면하며(461), 상대편은 同時履行의 抗辯權을 상실한다(536). 또한 일정한 요건밑에 受領遲滯가 된다.

변제(辨濟)의 충당(充當) 〔獨〕 Anrechnung der Zahlung, Imputation der Zahlung 채무자가 동일한 채권자에 대하여 동종의 목적을 가진 수개의 채무를 부담하든가(民 476), 또는 한 개의 채무의 변제로서 수개의 급여를 해야 하는 경우(478)에 변제로서 제공한 급여가 총채무를 소멸케 하지 못하는 때에, 그 변제를 어느 채무에 충당할 것인가를 결정하는 것. 변제충당의 방법은 첫째, 계약에 의한 충당이 있는데, 이것은 辨濟者와 辨濟受領者와의 합의에 의하여 제공된 급여를 어느채무에 충당할 것인가를 特約하여 하는 것을 말하며, 이것은 契約自由의 원칙상 당연하다. 둘째는 일방행위에 의한 충당으로서, 계약에 의한 충당을 하지 않는 경우에는 제1로 辨濟者는 변제의 제공시에 受領者에 대한 의사표시로써 어느 채무의 변제에 충당할 것을 지정할 수 있다(476 Ⅰ·Ⅲ). 변제자가 충당을 하지 않을 때에는, 제2로 辨濟受領者가 그 수령의 당시에 이를 할 수 있다. 그러나 이에 대하여 변제자가 즉시로 異議를 한 때에는 이 충당은 그 효력을 잃는다. 이 경우에 변제자가 고쳐 충당할 수 있느냐, 혹은 法定充當에 의하여야 하느냐에 관하여는 다툼이 있으나 후설이 통설이다. 일방행위에 의한 충당의 경우는 민법 479조의 제한이 있다. 셋째는 法定充當인데, 이것은 당사자가 변제의 충당을 하지 않는 경우에 하는 것으로서 민법 477조에 의하여 한다. 법정충당의 경우에도 민법 479조를 적용한다. 이 경우의 費用相互·利子相互·元本相互間의 순서는 민법 477조의 규정에 의한다.

변제자(辨濟者) 채무를 변제하는 자를 말한다. 본래의 변제자는 채무자이나, 제3자도 원칙적으로 채무의 辨濟를 행할 수 있다(民 469 Ⅰ 本). 다만 제3자에 의한 변제는 채무의 성질에 의해(예 :

一身專屬的 給付), 또는 당사자가 반대의 의사표시를 함으로써 제한되며(民 469 I 但), 또한 이해관계 없는 제3자는 채무자의 의사에 반하여 변제하지 못한다(民 469 Ⅱ). 제3자는 원래 의미의 변제 뿐만 아니라 代物辨濟·供託 등도 할 수 있으나, 채권자에 대하여 가지는 채권으로써 채무자의 채무와 相計하지는 못한다. 제3자는 자기의 이름으로 변제하는 것이므로 제3자의 변제는 그 성질상 일종의 事務管理이다. 변제의 증거를 위해 변제자는 辨濟受領者에 대하여 영수증의 교부를 청구할 수 있으며(民 474: 영수증청구권), 債權證書가 있는 경우 변제자는 채무 전부를 변제한 때에 채권증서의 반환을 청구할 수 있다(民 475 前, 債權證書返還請求書). 그러나 일부의 변제자에게는 채권증서반환청구권이 없으며, 채권자가 채권증서를 분실한 경우에는 변제자는 채권증서 분실의 뜻을 기재한 문서를 청구할 수 있다. 채권자 이외의 제3자가 채권증서를 점유하는 때에, 변제자는 475조에 의하여 직접 그 제3자에게 반환을 청구할 수 있다고 해석한다. 債權證書返還의 비용은 반환채권자인 채무자의 부담이 된다(民 473). 영수증의 교부와 채권증서의 반환은 변제에 대해 각각 同時履行의 관계에 서 있다.

변제자(辨濟者)**의 대위**(代位) → 대위변제

변 조(變造) 형법상 通貨僞造罪·有價證券僞造罪·文書僞造罪 등에서 인정되는 개념. 기존의 물건의 형상 또는 내용에 변경을 가하는 것이다. 가령 문서의 변조라는 것은 권한없이 진정한 문서의 내용을 변경하는 것을 말한다. 그러나, 기존의 진정한 문서를 이용하여 새로운 문서를 조작하는 것은 위조이며, 변조는 아니다. 즉, 위조나 변조의 구별은 새로 작성된 문서의 내용이 원문서의 내용과 비교하여 그 性狀이 동일성을 갖느냐의 여부에 있으나, 위조와 변조는 같이 취급되므로 구별은 중요하지 않다. 변경을 가한 결과 효용의 전부 또는 일부를 상실시켜 버리면, 변조가 아니라 損壞이다.

변조(變造)**어음** 어음에 기재된 文言이 권한없는 자에 의하여 변경된 어음. 변조라 함은 권한없이 어음상의 기재를 변경하여 그 법률관계의 내용을 변경하는 것이다. 어음의 위조가 記名捺印, 즉 어음행위자에 관한 것인데 대하여, 어음의 변조는 어음상의 법률관계의 내용에 관한 것이다. 그러므로 변조는 어음상의 효력을 가진 모든 기재에 있을 수 있으며, 어음요건에 한하지 않는다. 그러나, 어음상의 효력에 관계없는 사항, 이를테면 어음번호에 변경을 가하여도 어음의 변조는 아니다. 引受人이 제3자방에서 지급할 뜻을 기입하는 것(어음 27)과 같이 정당한 권한에 기하여 하는 경우, 記名捺印者 전원의 동의를 얻어서 하는 변경도 변조가 아니다. 白地어음의 不當補充도 변경하게 될 내용이 아직 기재되어 있지 아니하므로 변조라 할 수 없다. 기재변경의 방법은 現存文言의 變改, 그 제거, 새로운 문구의 삽입 등과 같이 이를 묻지 아니한다. 그러나 변경을 가한 결과 어음요건에 흠이 있게 되면 변조가 아니라 어음의 毁滅의 문제가 된다. 기명날인의 변경은 변조된 진정한 기명날인에 관하여 보면 변조가 되고 새로 기재된 기명날인에 관하여는 위조가 된다고 하겠다. 어음행위자는 행위 당시의 문언에 따라 책임을 지므로 변조전에 기명날인한 자는 변조전의 原文에 따라서, 또 變造後의 기명날인한 자는 변조후의 문언에 따라서 책임을 진다(69, 手票 50). 변조자 자신은 어음에 기명날인하지 않는 이상 刑事上의 책임, 不法行爲로 인한 책임은 물론 면할 수 없으나, 어음상의 책임을 지지 아니한다는 통설에 대하여 變造者도 僞造者와 같이 어음법 8조에 의한 어음상의 책임을 면치 못한다는 설도 있다. 변조자가 동시에 기명날인자로서 어음행위를 할 때에는 변경된 문언에 따라 책임을 진다. 변조어음의 지급으로 인한 손실의 부담에 관해서는 위조어음의 경우와 같은 문제가 생긴다.

변조죄(變造罪) 일정한 客體內容에 권한없이 변경을 가함으로써 성립하는 죄. 예컨대 공무원의 문서변조죄(刑 227), 또는 공문서변조죄(225), 사문서변조죄(231), 유가증권변조죄(214), 증거변조죄(155), 통화변조죄(207) 등이다.

변태설립(變態設立) 〔獨〕 qualifizierte Gründung 物的會社의 설립에 있어서 기존의 기업을 회사로 변경하였을 때와 같이, 회사의 재산의 전부 또는 일부가 금전 이외의 재산으로써 설립되는 경우, 그 재산의 조달이 출자에 의하는 때(現物出資)와 제3자와의 계약에 의하는 때(財産引受)가 있는데, 그것의 과대평가로 인하여 資本充實의 原則에 위반되며, 다른 사원·채권자를 해할 우려가 있다. 동일한 위험은 발기인이 받을 특별이익·보수(주식회사에서만), 회사가 부담할 설립비용에 관해서도 존재하며, 이것을 통틀어 變態設立事項(위험한 약속)이라고 한다. 상법은 주식회사에 있어서 이러한 사항을 정관의 相對的 記載事項으로 하고(290), 설립경과중에 법인이 선임하는 檢査人으로 하여금 조사케 하여(298, 299 I, 310 I), 發起設立의 경우는 法院(299 I), 募集設立의 경우는 創立總會(310 Ⅱ)에 보고서를 제출케 하며, 부당하다고 인정된 때에는 각각 변경할 수 있게 하자는 등 엄격한 법적 규제를 가하고 있다. 유한회사에서는 회

사설립시의 現物出資·財産引受 및 회사가 부담할 설립비용에 관한 사항을 정관의 상대적 기재사항으로 하고(544), 주식회사와 같은 특별한 검사는 없으나, 그 대신에 회사에 제공된 재산의 실가가 정관에 정해진 가액에 현저하게 부족한 때에는 회사설립 당시의 사원에게 연대하여 그 부족액을 지급할 책임을 지우고 있다(550).

변호권(辯護權) 형사소송법상 被告人·被疑者의 이익을 방위하는 권리. 피고인·피의자 자신은 물론, 法院·檢事 등도 또한 피고인·피의자의 정당한 이익을 보호하지 않으면 아니된다. 이를 실질적 변호라고 한다. 이에 대하여 변호인에 의한 변호를 형식적 변호라고 한다. 형사소송법의 역사는 辯護權擴大의 歷史라고 함은 인권사상의 보급과 소송의 당사자주의화에 따라서, 이러한 의미의 변호권이 확대일로를 걸어 왔다는 역사적 사실을 말하는 것이다. 변호권의 내용은 피고인의 정당한 이익을 보호하는데 있으며, 허위의 사실을 진술하는 것은 辯護權의 範圍에 속하지 않는다. 그러나, 적극적으로 불이익한 증거를 제출할 의무를 지는 것은 아니며, 소송에 나타난 증거가 유죄로 하기에는 부족할 때에는 유죄인 것을 알면서도 무죄의 변론을 할 수가 있다. 변호인의 권한에는 피고인·피의자를 대리하는 권한(代理權)과 법률상 인정되어 있는 특수한 권한(固有權)이 있다. 대리권 중에는 본인의 명시한 의사에 반하여서도 행사할 수 있는 것(刑訴 93, 94, 184, 270 I, 296 I)과 본인의 명시의 의사에는 반할 수 없으나 묵시의 의사에는 반할 수 있는 것(18 II, 341)이 있다. →변호인의 고유권

변호사(辯護士) 〔英〕 barrister, solicitor, counsel 〔美〕 attorney at law 〔獨〕 Advokat, Rechtsanwalt, Anwalt 〔佛〕 advocat, avoué 당사자·관계인의 위임 또는 공무소의 위촉에 의하여 소송에 관한 행위 및 행정처분의 청구에 관한 代理行爲와 일반법률사무를 행하는 사람(辯 3). 변호사는 司法試驗(종전에는 고등고시사법과)에 합격하여 사법연수원의 소정과정을 필한 자이거나, 판사 또는 검사의 자격이 있는 자라야 한다(4). 변호사로서 업무를 개시하려면 법무부에 비치된 辯護士名簿에 등록되어야 한다(7). 변호사는 성실히 그 직무를 수행하고 그 품위를 유지하며 소속 변호사회의 회칙을 준수하여야 한다(20～22). 변호사의 懲戒를 위하여 징계위원회가 설치된다(73～89). 변호사가 소속을 변경하고자 할 때에는 새로 입회하고자 하는 지방변호사회를 거쳐 대한변호사협회에 소속변경등록을 신청하여야 한다. 소속이 변경된 변호사는 지체없이 종전 소속 지방변호사회에 이를 신고하여야 한다(9).

변호사강제(辯護士强制) 〔獨〕 Anwaltszwang 민사소송에 있어서 訴訟制度의 능률을 올리고 법관의 부담을 경감하기 위하여 法定의 자격을 가진 변호사가 아니면 법원의 소송절차에 관여할 수 없는 것으로 하고, 당사자는 반드시 변호사에 의뢰할 것을 강제하는 것. 당사자가 訴訟技術이 졸렬하여 敗訴당하는 것을 막을 수 있는 장점이 있다. 독일·오스트리아의 法制는 이 주의를 채택하고 있다(辯護士訴訟). 우리 현행법은 이를 채용하지 않으며, 일반적으로 本人訴訟을 허용하고 있으나, 법원은 소송관계를 명료하게 하기 위하여 필요한 진술을 금하고 변호사의 선임을 명할 수 있다(民訴 134). 따라서 이 경우를 제외하고는 변호사의 보수는 訴訟費用으로 하지 않는다.

변호사소송(辯護士訴訟) 〔獨〕 Anwaltsprozess →변호사강제

변호사업무광고(辯護士業務廣告) ① 변호사사무소간판 등을 설치하는 행위, ② 신문·잡지를 媒體物에 의하여 변호사의 업무내용 기타 사항을 선전하는 행위, ③ 명함·인사장·연하장 기타 유인물 등을 배포하는 행위, ④ 기타의 방법으로 변호사의 경력 및 업무내용 등을 선전하는 행위를 말한다(辯護士業務廣告에 관한 規程 2).

변호사회(辯護士會) 변호사의 품위안전과 변호사사무의 개량·진보를 도모하기 위하여, 각 지방법원의 관할구역마다 설립하는 법인(辯 49). 변호사회의 설립에 관하여는 법무부장관의 認可를 얻어야 한다. 변호사회는 특별한 규정이 없는 한 관청에서 자문을 받은 사항에 관하여 회답을 한다. 그리고 法律事務 또는 그 이해에 관한 사항에 대하여 공무소에 건의를 할 수 있다(58). 그 밖에 변호사회는 변호사와 위임자 사이에 생긴 분쟁에 관하여 당사자의 청구가 있으면 그 調停을 할 수 있다(59). 변호사회에 회장·부회장·상임이사·이사·감사 등을 둔다(54). 각 지방변호사회는 연합하여 규약을 정하고 법무부장관의 인가를 얻어 大韓辯護士協會를 조직하여야 한다(62).

변호인(辯護人) 〔英〕 counsel 〔獨〕 Verteidiger 〔佛〕 conseil 형사소송법상 피고인 또는 피의자의 防禦力을 보충함을 직무로 하는 피고인 또는 피의자의 보조자. 방어능력이 약한 피고인이나 피의자를 보조하여 檢事와 대등한 힘을 발휘하며, 當事者主義의 실효를 거두는데 있어 중요한 역할을 담당한다. 우리 헌법은 逮捕拘束을 당한 자의 변호

인의 조력을 받을 권리를 기본권의 하나로 보장하고 있다(憲 12 Ⅳ). 변호인은 원칙으로 변호사 중에서 선임하지만, 대법원 이외의 법원은 특별한 사정이 있으면 변호사 아닌 자를 변호인으로 선임함을 허가할 수 있다(特別辯護人)(刑訴 31). 변호인의 선임은 審級마다 선임권자가 변호인과 連名捺印한 서면으로 제출하는데, 다만 공소제기전의 선임은 제1심에도 그 효력이 있다(32). 변호인에는 國選辯護人(33, 283)과 私選辯護人(30)이 있으나, 양자의 소송법상의 권한에는 차이가 없다. 그리고 일정한 重罪事件에 있어서는 변호인 없이는 개정하지 못하게 되어 있다(판결만을 선고할 때는 예외)(282). 이것을 必要的 辯護라 한다. → 변호권

변호인(辯護人)**의 고유권**(固有權) 변호인의 권리로서 특별한 규정이 있는 경우 중에서 그 성질상 대리가 허용될 수 없는 訴訟行爲에 관한 것. 변호인의 고유권 중에서 변호인이 피고인·피의자와 중복하여 가지고 있는 것과 변호인만이 가지고 있는 것이 있다. 후자를 좁은 의미의 고유권이라 한다. 전자의 예로는 押收·搜索令狀의 執行에의 참여(刑訴 121), 검증에의 참여(145, 121), 鑑定에의 참여(176), 證人訊問에의 참여, 증인의 訊問(163), 證據의 제출·신청(294), 최종의견진술(303) 등의 권한이 있고, 후자의 예로는 피고인·피의자와의 接見·交通·受診(34), 당사자의 直接訊問, 訴訟係屬 중의 관계서류·증거물의 閱覽謄寫(35), 상고심에 있어서의 변호(387) 등의 권한이 있다.

변호인(辯護人)**의 대리권**(代理權) → 변호권

변호인의뢰권(辯護人依賴權) 헌법 12조 4항은 누구든지 체포 또는 구속을 당한 때에는 즉시 변호인의 조력을 받을 권리를 가진다라고 하고 있다. 이것이 변호인의뢰권 또는 변호인의 조력을 받을 권리이다. 이 권리가 피의자 등의 人身의 自由를 최대한으로 존중하고, 그들과 수사기관과의 대등한 지위를 보장하여 주는 것임을 생각할 때, 변호인의뢰권은 단지 형식적인 의뢰권에 그칠 것이 아니라, 그 권리를 실질적으로 행사할 수 있도록 기회와 방법이 보장되어야 한다. 특히 현행 헌법은 체포 또는 구속을 할 경우에 변호인의 조력을 받을 권리가 있음을 告知하도록 함으로써(憲 12 Ⅴ) 변호인의뢰권이 실효성을 발휘하도록 하고 있다.

변호인(辯護人)**의 선임**(選任) 일정한 자로 하여금 피고인 또는 피의자의 변호인인 지위를 가지게 하는 것을 내용으로 하는 소송행위.

변호인(辯護人)**의 접견교통권**(接見交通權) 〔獨〕 Verkehrsrecht des verteidigers 변호인 또는 변호인이 되려는 자가 신체구속을 당한 피고인 또는 피의자와 接見·書類 또는 물건의 授受를 할 수 있고, 의사의 진료를 받을 수 있게 하는 권리를 말한다. 변호인이 피고인의 이익을 보호하고 방어활동을 협의하기 위해서는 변호인과 구속된 피의자 또는 피고인의 접견교통권이 불가결한 요소가 된다. 이러한 의미에서 접견교통권은 구속된 피고인 또는 피의자가 변호인의 조력을 받을 수 있도록 하는 刑事節次上 가장 중요한 권리에 속한다. 변호인의 접견교통권은 감시받지 않는 자유로운 접견교통을 내용으로 한다. 그러므로 변호인과 구속된 피고인 또는 피의자와의 접견은 비밀보장이 되어야 한다. 이 접견을 入會하거나 監視하는 것은 절대 허용되지 않으며, 수수한 서류나 물건을 압수하는 것도 허용되지 않는다. 접견교통권이 침해되어 얻은 증거의 증거능력도 부정된다. 이 접견교통권은 법원의 決定이나 수사기관의 處分에 의해서 제한되지 못한다. 그러나 구속장소의 질서유지를 위한 접견시간의 제한이나 무기 또는 위험한 물건의 수수를 금지하는 것은 변호인의 접견교통권을 침해한 것이라 할 수 없다. 다만 이 경우도 수수한 서류의 내용을 조사하거나 접견내용에 관여하는 것은 허용되지 않는다. 형사소송법의 변호인의 접견교통권에는 비밀성을 보장하는 制度的 裝置가 없으므로 접견의 비밀보장을 위한 입법을 주장하는 견해도 있다. 이에 대해 접견교통권의 보장은 비밀보장을 당연한 내용으로 하며 형사소송법에 세부규정을 삽입할 필요가 없다는 이유를 들어 반대하는 입장이 대립한다.

별거제도(別居制度) 〔英〕 judicial separation 〔獨〕 Ehetrennung 〔佛〕 séparation de corps 혼인을 존속시키면서 그 본질적 의무인 夫婦同居義務를 소멸시키는 제도. 별거에는 ① 재판상의 별거, ② 협의상의 별거 또는 別居契約, ③ 사실상의 별거가 있다. 보통 별거제도라고 하면 제3자를 가리키며, 卓床離婚(divorce a mensa et thoro, separation from bed and board, Trennung von Tisch und Bett)·限定離婚이라고 한다. 이혼에 있어서는 혼인에 의한 법률적 유대관계가 전혀 절단되지만, 별거에서는 동거의무와 이로부터 파생되는 상호협조의무 이외의 혼인상의 권리의무는 모두 존속한다. 따라서 별거하고 있어도 相互扶養義務·貞操義務를 지며 재혼할 수 없다. 별거제도는 기독교의 婚姻非解消主義에 기원하며 우리나라에는 이러한 제도가 없다.

별건구속(別件拘束) 수사기관이 본래 수

사하고자 하는 事件(本件)에 대하여는 구속의 요건이 구비되지 않았기 때문에 본건의 수사에 이용할 목적으로 구속요건이 구비된 別件으로 구속하는 것을 말한다. 형사소송법상 별건구속의 적법 여부가 문제된다. 適法說은 구속의 적법 여부는 별건을 기준으로 판단하여야 한다는 점을 논거로 삼고, 違法說은 별건구속은 본건을 기준으로 할 때 令狀主義에 대한 脫法行爲라는 점을 그 논거로 든다.

별 급(別給) 別給은 贈與의 뜻이다. 그 원인이 사망의 경우가 아닐지라도 財主가 특별히 급여하는 것은 별급이라 하고, 그 문서를 別給文記라 한다. 별급문기에는 연월일과 별급하는 사유가 기재되며, 별급문기는 작성과 동시에 不動產所有權을 설명하는 舊文記를 첨부하여 교부하는 수가 많다.

별도적립금(別途積立金) 〔英〕 general reserve 특정한 목적을 정하지 아니하고, 따라서 어떠한 목적으로도 사용할 수 있는 任意準備金. 적립은 정관 또는 주주총회의 결의로써 한다.

별소금지주의(別訴禁止主義) 한번 소송이 제기되면 이를 기회로 장래 동일생활관계에 관한 모든 분쟁을 없이 하기 위하여, 그 생활관계에 기인한 모든 청구를 그 소송에 아울러 제기하도록 하고 그 소송후에는 이를 제기할 수 없도록 하는 주의. 訴訟一回主義라고도 한다. 舊法은 혼인사건·입양사건에서 인정하였으나(舊民訴 9, 26), 현행법은 請求異議의 訴에서 수개의 이의를 동시에 주장하도록 요구함으로써(民訴 505Ⅱ後), 이것을 이면으로 인정하고 있음에 그친다. 이 금지는 그 청구와 법률상 별개의 청구에 대하여 효력이 미치는 점에서, 二重提訴의 禁止나 既判力의 문제와는 다르다.

별적이재(別籍異財) 別籍은 戶籍을 分異한다는 것, 즉 分家·分籍을 말하고, 異財는 재산을 分異한다는 것으로 分財를 말한다. 唐律戶婚律에 諸祖父母父母在 而子孫別籍異財者徒三年이라 하여 조부모·부모가 생존시에 別籍異財하는 것을 처벌하였다. 宋刑統은 唐律을 그대로 계승하였고, 元은 別籍만 처벌하고 異財는 벌하지 아니하였고,明律·淸律은 別籍異財 모두 조부모·부모의 親告로만 論罪하여 상당히 완화된 것이었다. 高麗史刑法志에는 祖父母父母在 子孫別籍異財 供養有闕徒二年 服內別籍徒一年이라 하여 唐·宋의 別籍異財律이 계승된 것이나, 조선시대는 明律의 규정에 의하여 親告罪로 하여 단속하였다.

별정우체국(別定郵遞局) → 우체국

별정직공무원(別定職公務員) 국가공무원 및 지방공무원 중 特殊經歷職公務員의 하나(國公 2Ⅲii, 地公 2Ⅲii). 종래에는 政務職이든가 일반직공무원과는 다른 법적 취급을 요하는 법관 등 특수직, 고용원, 비서 등을 별정직공무원으로 포괄하였었으나 현행 공무원법은 특수경력직공무원은 ① 政務職公務員, ② 別定職公務員, ③ 專門職公務員, ④ 雇傭職公務員으로 분류되고 별정직공무원은 국회수석전문위원, 감사원사무차장 및 서울특별시·광역시·도선거관리위원회의 상임위원, 국가안전기획부 기획조정실장, 각급 노동위원회 상임위원, 海難審判院의 원장 및 심판관, 비서관·비서 기타 다른 법령이 별정직으로 지정하는 공무원을 말한다. 별정직공무원에 대하여는 보수 및 복무에 관한 규정을 제외하고는 법률에 특칙이 없는 한 국가공무원법 및 지방공무원법이 적용되지 않는다(國公 3, 地公 3). 국가별정직공무원의 인사에 관한 일반법으로는 별정직공무원인사규정(大統領令 등)이 있다.

별제권(別除權) 〔英〕 Absonderungsrecht 파산재단에 속하는 특정의 재산에 대해서 破產債權者에 우선하여 채권의 변제를 받을 권리. 이것은 대체로 擔保物權을 존중하여 파산이 되어도 그 효력은 目的物上에 미치게 하려는 취지에 기한 것이다. 별제권은 파산재단에 속하는 재산에 대하여 행하는 권리라는 점에서, 파산재단에 속하지 아니하는 재산에 대하여 행하는 권리인 還取權과 구별되고, 별제권과 財團債權은 양자 모두 파산채권에 우선하여 파산재단으로부터 변제받는 권리라는 점에서는 같으나, 별제권이 특정의 재산에 대한 권리라는 점에서 파산재단의 전체로부터 우선적으로 변제를 받는 권리인 財團債權과 다르다. 이와 같은 별제권을 가지는 자는 파산법에 의하면, ① 파산재단에 속하는 재산상에 존재하는 留置權(商事留置權이건, 民事留置權이건 가리지 않음), 質權·抵當權 또는 傳貰權을 가지는 자(84). ② 파산자에 대하여 공유에 관한 채권을 가지는 다른 共有者(85) 등이다. 이에 대하여 상법상의 優先特權(구법상의 先取特權)(商 861 이하)을 가지는 자에는 별제권을 인정치 않고 있다. 별제권은 파산재단에 속하는 특정의 재산상에 존재하는 권리이나 그 행사는 破產節次에 의하지 않고 행사하는 것이다(破 86). 즉 각 별제권의 종류에 따라 그 본래의 권리 자체의 효력에 기하여 이를 행사하는 것이다. 그 행사방법은 상행위에 기한 質權이면, 소위 流質의 방법에 의할 수도 있고(194, 商 59, 民 339), 혹은 推尋에 의하거나, 또 민사소송법에 의한 執行方法에 의할 수도 있다(民 353, 354). 또 혹은 파산관재인이 별제권의 목적물을 환수하는 방법으로써도 한다(破 187xiv). 다만 파산관재인이 민사소송법의 규정에 따라서 목적물을 換價할 때에는 거절할 수 없다(破 193). 별제권자가 별제권의 행사로 변제를 받지 못할 때에는 그 채권액에 대하여 파산채권으로서 파산절차에 참가할 수 있다(87 本). 또 별제권을 포기한 경우에는 그 全額으로써 파산채권자로서의 권리를 행사할 수 있다(87 但).

병 과(兵科) 육해공군에서 軍務의 종류를 분류한 種別. 基本兵科와 特殊兵科의 2종이 있는바 국방부장관은 전시·사변 등의 국가비상시에 있어서 필요한 때는 기본병과의 일부의 신설·폐지 또는 병합을 할 수 있다(軍人事 5Ⅱ). →기본병과, 특수병과

병무청(兵務廳) 징집과 소집 기타 병무행정을 관장하는 국방부의 外局. 특별시와 각 도에 두는바 병무청에 청장을 비롯한 기타 필요한 직원을 두며, 청장은 국방부장관의 명을 받아 관할구역내의 兵務行政에 관한 사무를 장리하며, 소속직원을 지휘 감독한다(兵役 77 참조). 병무청장의 권한은 대통령령이 정하는 바에 따라 지방병무청장에게 위임할 수 있고(78Ⅰ), 지방병무청장의 권한은 지방행정관서의 장에 위임할 수 있다(78Ⅱ). 兵役義務의 補充役服務 등에 관련된 사항을 심의하기 위해 병무청에 兵務審議委員會를 둔다(80).

병 력(兵力)〔國際法上의〕 〔英〕 armed forces 〔佛〕 force armée 국제법상 전투에 종사할 수 있는 사람들의 집단. 定規兵力과 不定規兵力으로 구별할 수 있다. 전자는 정규의 육군·해군·공군, 후자는 육상의 것으로는 民兵·義勇兵團·郡民兵(郡民蜂起를 말함). 해상의 것으로는 적해군의 공격·포획에 저항하는 선박 등이 있다. 이상의 것은 교전국의 병력을 구성하고 전투에 참가하며 직접 적에 加害行爲를 할 자격이 있다. 일단 적의 권내에 들어가면 포로로서의 대우를 받는다. 병력에 속하지 않는 자를 平和的 人民이라고 칭한다.

병 역(兵役) 국민의 의무로써 兵籍에 편입되어 군무에 복무하는 일. 대한민국국민인 남자는 헌법과 병역법이 정하는 바에 의하여 병역에 복무할 의무를 진다(憲 39, 兵役 3). 대한민국국민인 여자는 지원에 의하여 병역에 복무할 수 있다(兵役 3 後). 병역은 現役·豫備役·補充役·第1國民役 및 第2國民役으로 나누며(5Ⅰ), 병적을 가진 자로서 6년 이상의 징역이나 금고의 형을 받은 자는 현역 또는 실역에 복무할 수 없고 병적에서 제외된다(3Ⅲ). ① 현역은 징집 또는 지원에 의하여 입영한 병과 현역으로 임용된 장교·준사관·하사관 및 무관후보생을 말하며(5Ⅰi), ② 예비역은 현역을 마친 자와 기타 예비역에 편입된 자를 말하고(5Ⅰii), ③ 보충역은 징병검사를 받아 현역복무를 할 수 있다고 판정된 사람 중에서 공익근무요원·공중보건의사·국제협력의사·법무관·전문연구요원·산업연구요원으로 복무 또는 의무종사하고 있거나 그 복무 또는 의무종사를 마친 사람 기타 병역법에 의하여 보충역에 편입된 사람(5Ⅰiii). ④ 제1국민역은 병역의무자로서 현역·예비역·보충역 또는 제2국민역 이외의 자를 말하며(5Ⅰiv), ⑤ 제2국민역은 징병검사 또는 신체검사결과 현역 또는 보충역복무는 할 수 없으나 전시근로소집에 의한 군사지원업무는 감당할 수 있다고 결정된 사람 기타 병역법에 의하여 제2국민역에 편입된 자를 말한다(5Ⅰv). 거주지 지방병무청장 또는 병무지청장은 병역의무자로서 징병검사를 받은 자에게 병역증을 교부하고 소속부대장은 전역하는 사람에게 전역증을 교부한다(7Ⅰ). 병역의 복무연한 및 그 정년에 관하여는 병역법과 군인사법에 상세히 규정되어 있다. 병역을 기피한 자는 처벌한다(86~90).

병역의무(兵役義務) →국방의무

병 원(病院) 의사·치과의사 또는 한의사가 각각 그 의료를 행하는 곳으로서 입원환자 30인 이상을 수용할 수 있는 시설을 갖춘 의료기관을 말한다. 다만 치과병원의 경우에는 그 입원시설의 제한을 받지 아니한다(醫 3Ⅳ). 병원 중 입원환자 100인 이상을 수용할 수 있는 시설을 갖추고 적어도 내과·일반외과·소아과·산부인과·診斷放射線科·痲醉科·臨床病理科 또는 解剖病理科·정신과 및 치과가 설치되어 있고 각 과마다 필요한 專門醫를 갖춘 의료기관을 종합병원이라고 한다. 병원을 개설하고자 할 때에는 보건복지부령이 정하는 바에 따라 도지사의 許可를 받아야 한다(30Ⅳ).

병원선(病院船) 〔英〕 hospital ship 〔佛〕 navire hôpital 해전에 있어서의 주요위생기관으로 傷病者·難船者에 대한 원조·치료 및 수송에 제공된 선박. 軍用病院船·私病院船·中立病院船으로 구별되며, 일반적으로는 사용전에 선박명 기타 細目을 교전국에 통지하는 조건하에 공격 및 나포에서 면제되고 존중과 보호를 받는다. 소속국 국기 및 백지적십자기를 게양하여야 한다. 國籍에 차별없이 구조에 임하여야 하는 바 교전국은 병원선의 권리남용을 방지하기 위한 감독·臨檢·수색의 권리를 享有한다. 1904년의 병원선에 관한 조약, 1949년의 해상에 있는 병력 중의 傷者·病者 및 難航者의 상태개선에 관한 제네바조약은 병원선에 관한 권리·의무를 규정하고 있다. →포획, 제네바조약

병정분리주의(兵政分離主義) → 병정통합주의

병정통합주의(兵政統合主義) 군에 대한 統帥事務를 뜻하는 軍令과 군에 대한 行政事務를 뜻하는 軍政을 별개기관의 권한사항으로 하지 않고 동일기관의 권한사항으로 하는 주의. 우리나라 헌법은 통수권인 軍令權과 軍政權을 분리해 統帥權을 정부의 권한 외에 두고 군정권만을 정부에 소속시키는 이른바 兵政分離의 原則은 채택하지 않고, 양자를 모두 정부의 권한에 속하게 하는 제도로서 병정분리주의에 대한 것이다. 우리나라 헌법은 병정통합주의를 채택하고 있다(74). 이와 같이 軍政과 軍令을 분리하지 않고 통합한 것은 군의 정부로부터의 독립 내지 군국주의화하는 것을 미연에 방지하려는데 목적이 있다. → 군정, 군령

병존적 채무인수(併存的債務引受) 〔獨〕 Kumulative Schuldübernahme → 채무의 인수

병 합(併合)〔國際法上의〕 〔英〕 annexation 〔獨〕 annexion 〔佛〕 annexion 국가의 병합과 같다.

병합죄(併合罪) 〔獨〕 Zusammentreffen mehrerer Verbrechen 〔佛〕 concours d'infraction 競合犯을 말한다. 구형법상의 용어이다.

병합청구(併合請求)**의 재판적**(裁判籍) 본래 그 법원의 관할에 속하지 않는 청구와 그 법원의 관할에 속하는 청구가 하나의 訴로써 병합되기 때문에 생기는 管轄(民訴 22). 牽聯管轄의 일종이다. 이 때에 그 청구가 피고를 달리하는 共同訴訟에도 적용되느냐에 관하여는 다툼이 있다. 판례·통설은 타인과 공동피고가 됨으로써 자기에 대한 청구와는 무관계한 법원에 應訴하여야 한다는 것은 관할의 규정의 취지를 沒却하는 것이 되기 때문에, 공동소송에 대해서는 이를 인정할 수 없다고 한다. → 관련재판적

병행심리주의(併行審理主義) 동일한 법관이 몇개의 사건을 併行的으로 심리하는 방식. 繼續審理主義에 대한다. 이 방식에 의하면 하나의 사건에 관하여 보건대 몇회의 기일에 걸쳐 심리가 행해져 기일과 기일 사이에 상당한 기간이 생겨 사건이 많아지면 수개월을 끄는 경우가 있다. 이렇게 되면 直接主義·口述主義의 취지에서 멀어지게 되므로 당사자로서도 사건 종료시기를 예상하기 어렵게 된다. 종래는 이 주의가 채용되었으나 사건의 증가에 의한 訴訟遲延의 일반화에 수반하여 소송의 합리화·능률화 및 그 촉진의 견지에서 계속심리주의의 채용이 요청되어 오던 바 마침내 개정법에 의하여 그 실현을 보았다. → 계속심리주의

보(洑) 公有河川用水權者가 沿岸土地의 이용을 위하여 하천을 막아 流水를 일정의 수로로 끌어 들이는 설비. 洑의 소유권은 1개인에 속하는 수도 있고, 다수인이 공동으로 水利稧를 조직하여 그 수리계가 보를 설치하고, 따라서 보의 소유권은 수리계의 계원 전체의 總有에 속하는 수도 있다. 보가 개인소유인 경우에는, 보의 소유자는 蒙利者들에게 洑水를 공급할 의무를 부담하고, 이에 대하여 給水料를 징수하는 것이 보통이다. 이 경우에 公有河川用水權은 각개의 蒙利者에게 속한다고 해석하여야 한다. 그 경우에는 用水權과 급수료지급의무와 합하여 하나의 법률적 지위를 형성하며, 따라서 蒙利地의 소유자가 변경되는 경우에는 용수권과 급수료지급의무도 함께 승계된다. 또 보의 소유권과 洑水供給義務 및 給水料徵收權도 합하여 하나의 법률적 지위를 형성하며, 이것도 일체로서 승계된다.

보(寶) 공동목적을 위한 상호부조단체로서 계와 동일한 성질을 가지나, 契가 社團的(내지 조합적) 성질을 띤데 대하여, 寶는 재단적 성질을 띤 점에 특색이 있다. 高麗史節要太祖記를 보면 태조가 西京(평양)에 幸하여 학교를 창설하고 倉穀百石을 賜하여 學寶를 설립하였으며, 그 기사의 설명으로서 寶者方言也 以錢穀施納, 存本取息利於久遠 故謂之寶라 하였으니, 寶는 학교·사원 기타 사회사업기관에 기부·희사·賜與한 토지·금전·곡물 등을 기본재산으로 한 재단이며, 그 이익으로 공익사업이나 자선사업을 경영하는 것을 말한 것이다. 신라시대의 占擦寶·功德寶, 고려시대의 濟危寶·學寶·金鐘寶·般若經寶·八關寶 등이 古史料에 나타난 실례이다. 조선시대에도 초기에는 寶制度가 계승되었다. 太宗實錄에 보이는 常平寶가 그것이며 전라도관찰사가 備荒儲蓄의 목적으로 설립한 것이 있다. 조선 태조시대의 江華府使로서 寶를 설립하여 防禦軍人의 양식을 보조하였다는 기록이 鄭摠의 復齋集에 보인다. 그러나 조선중엽 이후는 寶는 쇠퇴하고 契의 성행과 더불어 계가 보의 역할까지 담당한 것으로 보인다.

보강증거(補强證據) 동일한 사실에 관한 성질을 달리하는 다른 증거. 우리 헌법·형사소송법상 자백에 관해서는 반드시 보강증거를 필요로 한다(刑訴 310). 보강증거로 될 수 있는 것은 피고인의 자백 이외의 증거이며, 보강증거도 증거능력의 제한에 따른다. 또, 보강증거는 범죄의 객관적 측면(罪體)에 관한 것이라야 하고, 또 그것으로써 족

하나, 판례는 자백의 진실성을 담보함에 족할 정도의 것이라야 하며 또 그것으로써 족하다고 한다. 共犯者의 自白이 補强證據가 될 수 있는가에 관하여서는 견해가 대립되고 있다(→공범자의 자백). →자백의 증명력

보건관리자(保健管理者) 근로자의 건강진단 등 건강관리에 관한 사항 등 보건에 관한 기술적인 사항에 대하여 사업주 또는 관리책임자를 보좌하고 管理監督者 및 安全擔當者에 대하여 이에 관한 지도·조언을 그 주된 직무로 하는 자(産業安全保健法 16).

보 고(保辜) 中國法制思想. 結果的 加重罪인 傷害致死에 해당하는 것으로서, 唐律鬪訟律에 의하면 사람을 상해한 때는 가해자를 먼저 감금하고, 피해자가 특정기한내에 그 상해로 인해서 사망한 때에는 그 加害를 살인으로 논하는 규정이 있으며, 그 기한은 手足에 의한 毆傷은 10일, 기타의 물건에 의한 때는 20일, 칼날이나 湯火에 의한 傷害는 30일, 手足을 折傷하거나 기타 折骨한 때에는 50일로 되어 있다. 이 기한을 辜限이라고 한다. 물론 상해와 사망간에는 因果的 連絡이 있음을 필요로 하므로 이것이 없을 때에는 단지 상해죄로 처벌함에 그쳤다. 이와 반대로 가해자가 가한 상해가 특정기한내에 회복된 때에는 그 죄를 경감하는 규정도 있다. 이 保辜制度는 漢代에 비롯하여 元代法·明·淸律에도 계승되었고, 우리나라·일본·베트남법에도 계수되었으며, 우리나라에서는, 高麗律에 唐律과 거의 같은 규정이 있고, 조선시대에는 大明律을 의용하였으나 續大典刑典殺獄條에는 고의에 의한 살인에도 辜限을 적용할 것이라는 규정이 있다.

보고타규약(規約) 〔英〕 Pact of Bogotá →전미연합헌장

보고타헌장(憲章) 〔英〕 The Charter of Bogotá →전미연합헌장과 같다.

보고적 신고(報告的申告) →신고

보고증서(報告證書) 〔獨〕 Zeugnisurkunde, bezeugende od. berichtende Urkunde 處分證書(법률적 행위를 서면으로써 한 경우) 이외의 사람의 경험·견문·의견을 기재한 문서. 즉, 領收證·商業帳簿·日記帳·診斷書와 같은 것이다. 소송법상 보고증서의 신빙성에 관하여는 작성자의 신분·직업·성격, 작성의 목적·상황·시기, 기재사항의 성질, 기재의 방법 등의 사정을 고려하여야 한다.

보 관(保管) 〔獨〕 Gewahrsam 순수히 공간적 관계에 있어서 물건을 자기의 사실상의 지배범위내에 두어 타인을 위하여 그 물건을 보존·관리함을 말한다(民 693·695·700 등, 商 60·115·155 등, 刑 355, 民訴 527). 보관하는 물건은 타인의 물건인 것이 보통이겠지만, 반드시 타인의 물건에 한하는 것은 아니다(예 : 民訴 527Ⅰ). 순수히 공간적 관계를 의미하는 점에 있어서 占有와 다르고 所持와 같다. 순수히 공간적 관계를 의미하기 때문에, 間接占有와 같은 관념화는 있을 수 없고, 법인은 보관의 주체가 될 수 없으며, 또 보관은 讓渡되거나 相續될 수 없다. 占有補助者가 물건을 보존관리하는 것도 보관이다. 그러나 타인을 위하여 하는 점에 있어서 所持와도 다르다. →점유, 소지

보관료(保管料) 〔英〕 storage 〔獨〕 Lagergeld 〔佛〕 frais de magasinage 창고업자가 임치물의 보관에 대하여 任置人 또는 倉庫證券所持人으로부터 받는 보수. 그 액은 任置契約에 의하여 정하여지는 것이나, 보통 保管料金表에 의하여 일정되어 있고, 행정적 감독을 받는다. 보관료를 청구할 수 있는 시기는 임치물을 출고할 때이나, 보관기간경과 후에는 출고전이라도 청구할 수 있다(商 162Ⅰ). 또 보관기간경과 전이라도 임치물의 一部出庫의 경우에는 그 비율에 따른 보관료를 청구할 수 있다(162Ⅱ).

보국훈장(保國勳章) 勳章의 일종. 국가안전보장에 뚜렷한 功을 세운 자에게 수여된다(賞勳法 15). →훈장

보궐선거(補闕選擧) 대통령이 궐위된 때, 국회의원이나 지방자치단체의 장 및 지방의회의원에 궐원이 생긴 때에 실시되는 선거를 말한다. ① 대통령이 궐위된 때 또는 대통령당선자가 사망하거나 결정 기타의 사유로 그 자격을 상실한 때에는 60일 이내에 후임자를 선거한다(憲 68Ⅱ). 후임자의 임기는 전임자의 잔여임기가 아니고 새로이 5년의 임기가 개시된다. ② 국회의원의 경우 지역구에서 선출된 의원에 궐원이 생긴 때에는 보궐선거를 실시한다. 전국구에서 선출된 의원에 궐원이 생긴 때에는 중앙선거관리위원회는 闕員通知를 받은 후 10일 이내에 그 궐원된 의원이 그 선거 당시에 소속한 정당의 전국구후보자명부에 기재된 순위에 따라 궐원된 의석을 승계할 자를 결정하여야 한다. 다만, 公職選擧 및 選擧不正防止法 264조(당선인의 선거범죄로 인한 당선무효)의 규정에 의하여 당선이 무효로 되거나 그 정당이 해산된 때에는 그러하지 아니한다(公選 200Ⅱ). 국회의장은 국회의원에

궐원이 생긴 때에는 대통령 및 중앙선거관리위원회에 이를 통보하여야 한다(200 I). ③ 地方自治團體의 長이 궐위된 때에는 보궐선거를 실시한다. ④ 地方議會議員의 경우 지역구에서 선출된 의원에 궐원이 생긴 때에는 보궐선거를 실시한다. 다만 구·시·군의회의원선거의 경우 당해 선거구에서 선출된 의원의 4분의 1 이상이 闕員되지 아니한 경우에는 보궐선거를 실시하지 아니할 수 있다(201 I). 地方議會議長은 의원에 궐원이 생긴 때에는 당해 지방자치단체의 장과 관할선거구선거관리위원회에 이를 통지하여야 한다.

보급주의(普及主義)〔破産의〕 〔獨〕 Universalitätsprinzip → 국제파산

보나 피데 〔羅〕 bona fide 善意로써의 뜻의 라틴어. → 선의

보너스 〔英〕 bonus 상여와 같다.

보류거부(保留拒否) 〔英〕 pocket veto → 포켓 비토

보류지(保留地) 토지구획정리사업의 시행자가 規約·定款·施行規程 또는 사업계획으로 정한 일정한 목적에 供用하기 위하여 환지로 정하지 아니한 토지를 말한다. 시행자는 換地計劃을 정함에 있어서 일정한 토지를 환지로 정하지 아니하고 보류하여 둠으로써 그 토지를 매각하여 당해 사업비용의 일부를 충당하거나, 그 토지를 일정한 목적에 공용하기 위한 保留地로 정할 수 있다.

보 모(保姆) 유치원 또는 보육원 등의 兒童福祉施設에서 아동보육의 직무를 맡는 자.

보 물(寶物) 建造物·典籍·古文書·회화·조각·공예품 기타의 유형의 문화적 소산으로서 우리나라의 역사상 또는 예술상 가치가 큰 것과, 이에 준하는 考古資料 중 중요한 것을 문화관광부장관이 文化財委員會의 자문을 거쳐 지정한 것(文化財 2 I i, 4 I). → 문화재

보 복(報復) 〔英〕 retortion 〔獨〕 Retorsion, Vergeltung 〔佛〕 rétorsion 국가간에서 1국의 부당한 행위(예 : 선박·국민·관세품에 관한 불이익한 차별적인 대우)에 대하여 타국이 똑같이 부당한 행위를 행하는 것. 返報라고도 한다. 復讐와 유사하나, 보복의 원인이 되는 상대국의 행위도, 보복으로 행하는 자국의 행위도 함께 부당한 행위에 그치고, 불법한 행위는 아니다. 그러므로 보복은 다만 국제도덕상 또는 국제정치상의 문제로서 엄격히 말하면 국제법상의 문제 또는 제도라고 할 수 없다. → 복구

보복관세(報復關稅) 다른 국가의 關稅政策에 의하여 자국의 수출품이 압박을 받을 경우, 이에 보복하기 위하여 설정하는 관세. 자국의 수출품이 다른 국가의 그것에 비하여 불이익한 취급을 받을 경우에 설정되는 관세. 외국에 있어서 수출장려금을 받는 물품에 대한 相計關稅, 외국의 부당한 廉賣品에 대한 부당한 廉賣防止關稅가 이에 속한다.

보복적 차별대우(報復的差別待遇) 근로자가 정당한 爭議行爲를 하거나, 노동위원회에 대하여 사용자의 不當勞動行爲를 신고, 또는 그에 관한 증언을 하거나, 기타 행정관청에 증거를 제출한 것을 이유로 하여, 사용자가 그 근로자를 解雇하거나 기타 그 근로자에게 불이익을 주는 행위(勞整 81 v). 이는 사용자의 부당노동행위로서 금지되었으며, 이와 같은 사용자의 행위로 인하여, 권리의 침해를 받은 근로자 또는 노동조합에 대해서는 구제제도가 마련되어 있다(82~86). → 차별대우의 금지, 불이익처우

보부상(褓負商) 褓商과 負商을 병합한 것으로 褓商(봇짐장사)은 금·은 및 각종 세공품·화장품·잡화 등을 보자기에 싸가지고 다니는 자를 말하며, 負商은 토기·건어·소금·누룩·담배·미역 등을 지게에 짊어지고 다니는 등짐장사를 가리킨다. 일정한 점포를 가지고 장사를 하는 것이 아니라 국내 경향 각 시장을 무대로 삼고 돌아다니는 행상을 보부상이라고 하였다. 조선조 太祖는 보부상의 조직체인 褓負商團을 공인하였는데 이와 같은 半官半民의 상단은 차츰 市場管理權에다 商品賣買權까지 획득하였을 뿐 아니라 두령의 허가없는 자는 전국 시장에서 상품매매를 할 수 없었으며, 두령은 이에 대한 奉公으로서 정찰·치안·소방의 임무와 군사상으로는 통신 또는 의용군의 직무와 상품의 반입·반출에 있어서의 雜稅 등의 징수사무를 인수하여 勤王의 성의를 다했다. 따라서 당시의 보부상은 조선의 상사·경찰·군사·세무 등을 겸한 하나의 別動隊였으며, 국가와 왕실을 위한 특무기관인 동시에 대내적으로는 冠婚喪祭의 契를 창설하여 상호부조의 정신을 살렸으니 공사생활에 큰 도움을 끼쳤음을 알 수 있다.

보 상(補償) 〔英〕 compensation [1] 공법상 원칙적으로 국가의 합법적인 권력행사로 인하여 받은 손실을 국가가 補塡하여 줌을 말한다. 공공필요에 의한 財産權의 수용·사용 또는 제한과 補償의 기준과 방법은 법률로 정한다(憲 23 Ⅲ)(→ 재산권). 형사피고인으로서 구금되었던 자가 무죄

판결을 받은 때에는 법률이 정하는 바에 의하여 국가에 보상을 청구할 수 있다(→형사보상법). →정당한 보상, 상당한 보상

[2] 私法上으로도 적법행위에 의하여 가해진 재산상의 손실을 보충하고자 제공되는 代償(民 216 Ⅱ, 218 Ⅰ 但, 219 Ⅱ, 226 Ⅱ, 230 Ⅰ 但 등).

보상계약(報償契約) 전기사업·가스사업 기타 성질상 독점적 경향을 가진 기업의 경영자와 시 또는 이에 준하는 공공단체와의 사이에 체결되는 계약으로서, 시 등은 기업의 경영자를 위하여 그 구역내에 있어서의 獨占的 經營權을 보장하고, 그가 관리하는 도로·교량·공원 기타 토지·공작물의 사용권을 부여하고, 또한 그 사용료·점유료 등을 징수하지 않는 대신, 기업의 경영자는 시 등에 대하여 일정한 보상금을 납부하며 요금 기타 사업의 경영에 관하여 시 등의 특별한 감독에 복종하고, 필요에 따라 시 등의 買收에 응하는 의무를 부담하는 것을 내용으로 하는 계약. 법률상의 용어가 아니고, 또한 법률상 공인된 契約도 아니다. 이와 같은 계약은 실제상 市 등과 企業者와의 법률관계를 조정하는데 많은 도움이 된다. 다만, 이와 같은 계약에 대하여 명확한 법률적 근거가 없기 때문에, 그 법률적 성질에 대하여는 公法契約說과 私法契約說이 대립되고 또한 그 효력에 관하여도 無效說과 有效說이 대립되어 있어 학설상 異論이 많다.

보상관계(補償關係) 〔獨〕 Revalierungsverhältnis →자금관계

보상책임(報償責任) 〔獨〕 Equivalenzprinzip 무과실책임을 인정하는 근거로서, 사회생활에 있어서 큰 이익을 얻는 자는 그 수익활동에서 생기는 손해에 대하여 항상 책임을 져야 한다고 하는 사상을 말한다. 이익있는 곳에 손실을 돌려야 한다는 공평의 관념에서 나오는 생각이다. 이러한 사상이 민법상 顯現된 것으로서는 使用者責任(民 756)을 들 수 있는 바, 그것을 적당히 확장하여, 큰 이익을 얻는 기업자에게는 그 책임도 넓게 인정해야 한다고 주장하는 사람이 많다. 危險責任과 함께 無過失責任論의 중심을 이루고 있다.

보 석(保釋) 〔英〕 release on bail 〔獨〕 Freilassung gegen Sicherheit 〔佛〕 liberté provisoire 구속된 피고인에 대해서 일정한 보증금을 납입시키고, 도망하거나 기타 일정한 사유가 있는 때에는, 이를 沒收하는 제재조건으로 피고인을 석방하는 제도. 피고인·변호인 등의 청구에 의하는 경우(請求保釋)(刑訴 94, 95, 96 後)와 직권으로 행하는 경우(職權保釋)(96 前)가 있다. 그리고 반드시 청구를 허가하여야 하는 경우(必要的 保釋)(95)와 법원의 裁量에 맡겨져 있는 경우(任意的 保釋)(96)가 있다. 保釋保證金은 범죄의 성질·죄상, 증거의 증명력, 피고인의 전과·성격·환경과 자산 등을 고려하여, 피고인의 출석을 보증할 만한 금액을 법원이 결정한다(98). 이 보증금을 납입하여야 석방된다(100 Ⅰ). 법원이 허가하면 보증금을 납입하는 자는 保釋請求者 이외의 자라도 무방하고(100 Ⅱ), 또 保證書로써 보증금에 갈음할 수도 있다(100 Ⅲ). 보석을 허가하는 경우에는 피고인의 주거를 제한하고 기타 적당한 조건을 부가할 수 있다(條件附保釋)(99). 다만 부가조건 중에는 범죄를 범하지 않을 것이라는 조건을 붙일 수가 있는가에 관해서 논의가 있으나, 피고인의 구속은 保安處分이 아니라는 이유로써 부정하는 것이 통설이다. 피고인이 도망한 때, 도망 또는 罪證을 湮滅할 염려가 있다고 믿을 만한 충분한 이유가 있는 때, 소환을 받고 정당한 이유없이 출석하지 아니한 때, 또는 주거의 제한 기타 법원이 정한 조건을 위반한 때에는 법원은 결정으로 보석을 취소하고 보증금의 전부 또는 일부를 몰수한다(102, 103). 피의자의 구속에는 보석이 허용되지 않는다.

보석보증금(保釋保證金) 보석을 허가하는 경우에 납입하게 하는 보증금(刑訴 98). 피고인이 도망하거나 기타 일정한 사유가 있는 때, 또는 보석의 조건을 준수하지 아니하는 때에는 그 전부 또는 일부를 沒收할 수 있다(102). 따라서 보석보증금은 금전상의 이익의 손실로 威嚇함으로써, 피고인의 보석중의 출석 또는 보석조건의 준수를 담보하는 것이다. 보증금의 액은 법원이 결정하는데, 범죄의 성질·罪狀·증거의 證明力, 피고인의 전과·성격·환경과 자산 등을 고려하여, 피고인의 출석을 보증할 만한 금액이어야 한다(98 Ⅰ). 다만 피고인의 자산 정도로는 납입하기 불능한 保證金額을 정할 수 없다(98 Ⅱ). →보석

보석청구권자(保釋請求權者) 구속된 피고인을 위하여 보석의 청구를 할 수 있는 자. 보석청구권자는 피고인·변호인 또는 피의자의 법정대리인·배우자·직계친족·형제자매 등이다(刑訴 94).

보 세(保稅) 보세라 함은 일정기간 관세의 부과를 유예하는 뜻으로서 일정자격의 소유자에 대하여 관세를 보류하는 것을 말한다. 예컨대 수입품에 대한 관세유예의 이익을 계승한 후 폐해없이 하려고 하는 것으로서 保護關稅制度에 대한 일종의 완화제도이다.

보세공장(保稅工場) →〔英〕 bonded factory → 보세구역

보세구역(保稅區域) 〔英〕 bonded area 외국물건 또는 일정한 내국물건에 대하여 關稅를 부과하지 아니하고 藏置할 수 있는 지역으로 외국물건 또는 일정한 내국물품은 보세구역이 아닌 장소에는 장치할 수 없다(66). 보세구역에는 지정보세구역과 특허보세구역이 있다(65). ① 指定保稅區域은 통관절차를 하려 하는 물건을 장치하기 위하여 세관장이 지정한 보세구역으로서, 이에는 지정장치장 및 세관검사장이 그 예이다(73~77의5). ② 特許保稅區域은 통관절차를 하려 하는 물건을 장치하기 위하여 자연인 또는 법인이 특히 세관장의 특허를 받아 경영하는 보세구역으로서, 이에는 보세장치장·보세창고·보세공장·보세전시장·보세건설장 및 보세판매장이 있다(78~116의2). 보세장치장은 통관을 하려는 물품을 장치하기 위한 구역으로서(88 I), 그 설영기간은 10년 이내이고 物品藏置期間은 6월이다(89, 91). 보세창고는 외국물품을 장치하기 위한 구역으로서(93), 그 設營期間은 10년 이내이고, 물품장치기간은 2년(外國物品) 또는 6월(內國物品)이다(95). 保稅工場은 외국물품 또는 외국물품과 내국물품을 원료나 재료로 하여 제조·가공 기타 유사한 작업을 하려는 구역으로서(98 I), 물품장치기간은 1년이다(99). 保稅展示場은 박람회·전람회·見品市 등을 위하여 외국물품의 장치·전시 또는 사용하는 구역을 말하며(105), 保稅建設場은 산업시설의 건설에 소요될 외국물품인 기계류설비품 또는 공사용장비 등을 장치하는 구역이다(110).

보세장치장(保稅裝置場) → 보세구역

보세창고(保稅倉庫) 〔英〕 bonded warehouse → 보세구역

보 수(報酬) 勞務, 일의 완성, 사무의 처리 등의 대가로서 지급되는 금전·물건. 공무원의 보수는 일반의 標準生計費·民間의 賃金 기타 사정을 고려하여 직무의 곤란성 및 책임의 정도에 적응하도록 계급별로 정한다. 다만 직무의 곤란성과 책임도가 현저히 특수하거나 결원보충이 곤란한 직무에 종사하는 공무원 및 연구 또는 特殊技術職列公務員의 보수는 따로 정할 수 있다(國公 46). → 임금, 봉급

보스탈 시스템 〔英〕 Borstal System 靑少年犯罪人(juvenile-adult offender)을 위한 行刑敎育과 戒護를 겸한 矯正制度. 이 제도는 1908년 영국의 犯罪防止法(Prevention of Crime Act)에 의하여 처음으로 영국 보스탈시에서 청소년범죄인의 再犯防止를 위하여 시도되었기 때문에 보스탈制라고 부르게 되었다. 보스탈제는 현재 수용기간을 2년으로부터 4년으로 하고, 16세로부터 21세 사이의 청소년범죄인만을 처우하는 感化制度로서 운영되고 있는데, 이는 두 제도로 갈라진다. 하나는 보스탈感化院制度(Borstal Institution)로서 16세 이상 21세까지의 청소년범죄인에 대하여 직업교육과 계호를 실시하는 제도요, 또 하나는 보스탈協會制度(Borstal Association)로서 보스탈感化院에서 석방된 청소년에 대한 死後保護觀察制度이다. 현재 영국에는 청소년을 위한 보스탈제 감화원과 소녀를 위한 보스탈제 감화원 등이 있다.

보스포러스해협(海峽) 〔英〕 Straits of Bosphorus 〔獨〕 Meerengen des Bosporus 〔佛〕 Detroits du Bosphore 지중해와 흑해를 연결하는 해협의 하나. 다다넬즈 해협 및 마르마라와 서로 연결되어 黑海의 입구를 이루고, 그 통과의 자유와 무장의 해제는 18세기의 후반으로부터 항상 중요한 국제문제를 이루어 왔다. → 콘스탄티노플해협

보안경찰(保安警察) 〔獨〕 Sicherheitspolizei 사회일반의 안녕질서를 유지하기 위하여 다른 종류의 行政作用에 수반되지 아니하고 그 자체로서 독립하여 행하여지는 경찰작용. 좁은 의미의 行政警察, 즉 다른 행정작용에 수반하여 그 다른 행정작용에 관련하여 일어나는 장애를 제거하기 위하여 행하여지는 경찰작용에 대립되는 獨立警察이며, 고유의 의미의 경찰이다. → 행정경찰

보안림(保安林) 공익상 보존의 필요에 의하여 특히 지정된 삼림. 보안림을 지정하는 목적은 土砂의 유출·붕괴 및 飛砂의 방비, 생활환경의 보호·유지 및 증진, 水源의 함양, 명소 또는 古蹟 기타 風致의 보존·落石의 방비, 公衆의 보건 등으로 보안림의 지정은 시·도지사 또는 지방산림청장이 職權으로 한다(山 56). 보안림의 구역 안에서는 시·도지사 또는 지방산림청장의 허가없이는 立木·竹의 벌채, 가축의 방목 기타 토지의 形質을 변경하는 행위를 하지 못한다(59).

보안처분(保安處分) 〔獨〕 sichernde Massnahmen 〔佛〕 mesures de sûreté 사회적으로 위험한 행위를 할 우려있는 자에 대하여, 이를 사회로부터 격리하여, 그 위험성을 矯正하는 것을 목적으로 하는 처분. 新派의 입장에서는 형벌도 본질적으로 보안처분이라고 하여, 保安處分一元主義가 주장된다. 舊派의 입장에서는 형벌은 범죄를 필연적인 전제로 삼으나, 보안처분은 단적으로 위험한 성

격에 착안하므로, 양자는 본질적으로 다르다고 한다. 그러나 舊派의 입장에서도, 보안처분을 불필요하다고 보는 것이 아니라, 刑事責任은 인정할 수 없다 할지라도 사회적으로 위험한 자는 방치할 수 없고, 또 處罰이 가능한 자이라도 오히려 형벌대신에 (어떤 경우에는 刑罰과 더불어) 보안처분에 의하는 것이 적당한 경우가 있다고 본다. 이와 같이 형벌과 보안처분과를 이질적인 것이라고 인정하면서, 보안처분도 필요하다고 보는 이상, 형벌과 보안처분을 나란히 규정할 수밖에 없다(二元主義). 우리나라에서는, 보안처분은 법률에 의하여서만 과할 수 있으며(憲 12 I), 현재 인정되고 있는 보안처분으로서는 사회보호법에 의한 보호처분(보호감호·치료감호·보호관찰)(5 이하), 少年法에 의한 보호처분(보호관찰·소년원송치·사회봉사명령·受講命令 등)(32), 보안관찰법에 의한 보안관찰처분(4, 5), 보호관찰 등에 관한 법률에 의한 보호관찰(29 이하) 등이 있다.

보육시설(保育施設) 보호자가 노동 또는 질병 기타 사정으로 영유아를 보호하기 어려운 경우에 保護者의 위탁을 받아 嬰幼兒를 보육하는 시설로 국가와 지방자치단체가 설치·운영하는 시설인 국·공립보육시설, 법인·단체 또는 개인이 설치·운영하는 시설로서 職場保育施設 또는 家庭保育施設이 아닌 민간보육시설, 사업주가 사업장의 근로자를 위하여 설치·운영하는 시설인 직장보육시설이 있고 그 밖에 개인이 가정 또는 그에 관하는 곳에서 설치·운영하는 시설인 가정보육시설 등이 있다(嬰幼兒保育法 2 ii, 6).

보육행정(保育行政) 국가 또는 공공단체가 직접적으로 사회공공의 복리의 증진을 목적으로 하는 행정. 사회공공의 복리를 증진하기 위하여 公企業을 경영하며, 공기업의 경영을 타인에게 특허하고, 사인의 사업을 보호·조성하며, 公物을 유지·관리하는 작용 등이 이것이다. 保育이라는 관념이 秩序國家段階에서 국가가 국민의 사회·경제활동에 대한 방관자적인 입장에서 한 施惠的 作用에서 우러난 것이라고 하여, 오늘날에는 給付行政이라는 관념이 유력하게 되었다.

보이콧 〔英〕 boycott 〔獨〕 Boykott 〔佛〕 boycottage 스코틀란드의 한 영토의 한 관리인 보이콧 大尉(Captain Boycott)의 惡政에 반항한 領民이 동 대위와의 접촉을 일체 단절한데서 나온 말. 일반적으로는 거래를 沮害하는 행위.

[1] 노동조합 및 노동관계조정법상 爭議行爲의 일종으로서 행하여지는 보이콧(不買同盟)이라고 하는 것은 사용자 또는 이 사용자와 거래관계가 있는 제3자의 상품의 購買 또는 그의 시설의 이용을 단결해서 거절하는 것을 말한다. 직접 쟁의중의 사용자에 대해서 행하는 것을 일차적 보이콧이라고 하며, 쟁의와 직접관계가 없는 제3자에게까지 번지는 것을 2차적 보이콧이라고 한다. 미국의 태프트·하틀리법에서는 근로자의 不當勞動行爲로서 금지되어 있지만, 영국에서는 합법이라고 판시된 바 있다. 노동조합이 그 결의에 따라서 어느 사용자에 대하여 그 상품의 不買를 실행하는 것은 조합으로서의 행동의 자유의 범위내에 속하는 것이기 때문에 적법한 것으로 보나, 2차적 보이콧의 경우는 그 同盟罷業이 직접 사용자와의 사이의 분쟁에서 일어난 것이 아니고, 따라서 사용자측으로는 대응책이 없는 쟁의행위이기 때문에 정당시될 수 없다고 보는 것이 보통이다.

[2] 국제법상은 일국의 국민이 공동하여 특정한 외국의 상품을 不買하는 것. 이와 같은 국민의 本國에 국가책임을 지울 수 있느냐의 여부가 문제로 된다. 국민의 自發的 不買가 자연히 共同不買로 되는 경우에는 책임이 발생하지 않는다. 국민의 일부가 타국민을 暴行·强迫으로써 강제하여 不買를 행하는 경우에 대하여서는, 항상 국가의 책임이 발생한다는 설과 이와 같은 폭행·강박을 국가가 故意 또는 過失로 방지하지 않을 때에만 책임이 발생한다는 설이 있다. 국가책임 일반의 문제로서는 후설이 타당하다. 전설은 폭행·강박의 방지는 일반 문명국가에 보통으로 기대할 수 있는 것이므로, 그를 방지하지 못한 것은 이미 국가의 과실이라고 한다(客觀主義). 그 국가에게 보통으로 기대할 수 있는 것을 표준으로 하는 主觀主義와 客觀主義간에는 국가책임의 유무, 특히 보이콧의 경우의 것에 관하여 중대한 차이가 생긴다. 보이콧은 강대국의 병력행위에 대하여 약소국이 행하는 일이 많으며, 상대방의 병력행위가 위법한 경우에는, 보이콧은 復仇의 뜻을 가지며, 국가는 이를 방지할 의무가 없을 뿐 아니라, 스스로 지도하여 원조할 수도 있다.

보장구성요건(保障構成要件) 〔獨〕 Grantietatbestand 행위의 可罰性에 관한 형법총칙 및 각칙상의 모든 법률상의 전제조건들을 총괄하는 최광의의 구성요건개념을 말한다. 여기에는 광의의 구성요건인 犯罪構成要件 외에 형법총칙에 규정된 가벌성의 필수조건인 위법성·책임 및 그 밖에 모든 處罰阻却 및 減免事由에 해당하는 형벌필요성의 요건들이 포함된다. 이 형벌필요성의 요건으로는 특히 中止未遂의 必要的 감면조건, 自首의 감면조건은 물론 국회의원의 처벌면제, 외교사절 또는 외교관의 免責特權, 대통령의 재직중 訴追制限 등을 들 수 있다. 이 보장구성요건은 이처럼 법률로 규율된 가벌성의 모든 전제들을 포괄할 뿐만 아니라, 더 나아가 행위자에게 불리한 慣習法 적용이나 類推適用 또는 遡及立法이나 불확정한 법률에 의해 가벌성의 전제가 근거지워지거나 확장될 수 없도록 하기 때문에 罪刑法定主義를 통한 형법의 보장적 권능을 위한 중요한 의미가 지니고 있다. 최광의의 구성요건은 바로 이러한 형법의 보장기능과 관련되어 있기 때문에 이를 보장구성요건이라 부르는 것이다.

보장급(保障給) 都給制 기타 이에 준하는 제도로 노동을 하는 근로자에 대해서 노동의 성과여하를 묻지 않고, 근로시간에 따라서 지급되는 임금. 어떠한 이유로 해서 성과가 오르지 않는 경우에 대비한 것이다(勤基 46). → 도급근로자에 대한 임금보장, 능률급

보장점령(保障占領) 상대국에 의한 일정 조건의 이행을 간접적으로 강제하고 확보하기 위해 상대국 영역의 일부 또는 전부에 대하여 행하는 점령. 전시에 있어 休戰條件 · 降伏條件 또는 平和條約의 확보를 위해 행하여지는 경우가 많다. 양 국가간에 보장점령에 관한 합의가 있는 것이 보통으로 이 점에서 戰時占領과 구별된다. 다만 그 내용에 있어서는, 합의에 의해 인정된 규정을 제외하고는 전시점령에 관한 규정이 준용될 때가 많다. → 점령

보장조약(保障條約) 국가의 안전을 보장하는 조약. 전형적인 것은 條約當事國이 상호간에 영토보전과 정치적 독립을 존중하여 옹호해야 할 것을 약속하는 것. 擔保條約이라고도 한다.

보 전(補箋) 〔英〕 allonge 〔獨〕 Anhang 어음(수표) 또는 어음의 謄本에 결합된 紙片(어음 13 Ⅰ · 77 Ⅰ i, 手票 16 Ⅰ). 補充紙(民 510) 또는 附箋이라고도 한다(拒絶證書令 4). 보전은 어음(수표)면 또는 어음의 등본에 수많은 背書와 保證이 있어 증권면상에 여백이 없는 경우에 이들에 결합되어 어음 · 수표 또는 어음등본의 연장으로 취급되는 것이다. 그런데 거절증서령에 의하면 公證人 또는 執行官이 거절증서를 작성할 경우에 증권과 보전을 이은 곳에 그 자들의 間印이 필요하게 되어 있다(4 Ⅱ).

보전림지(保全林地) 산림청장은 지속적인 산림경영과 종합적이고 효율적인 산림관리를 도모하기 위하여 전국의 산림을 그 이용목적에 따라 保全林地와 準保全林地로 구분하는데 보전림지는 生産林地와 公益林地로 나뉜다(山 16 Ⅰ i). 산림보호를 위해 산림안에서 立木의 벌채, 산림의 形質變更 또는 임산물의 掘取 · 採取를 하고자 하는 자는 농림부령이 정하는 바에 따라 시장 · 군수 또는 지방산림관리청장의 허가를 받아야 한다. 다만 농림부령이 정하는 경우에는 시장 · 군수 또는 지방산림관리청장에게 신고하여야 한다(90).

보전소송(保全訴訟) 假押留 및 假處分의 총칭. 강제집행의 보전을 목적으로 하는 특별민사소송절차로서 執行保全節次라고도 한다. 집행보전절차는 전체로서 강제집행의 부수절차인 성격을 가지고 있지만, 그 절차의 내부에는 다시 신청의 당부를 심리하여 保全命令을 발할 것인가 아닌가를 판단하는 裁判節次와 발하여진 보전명령을 채무명의로 하여 그 내용을 강제실현하기 위한 執行節次로 나누어진다. 전자만이 여기의 보전소송에 속하고, 후자는 이를 保全執行이라 한다. 보전소송에는 강제집행편의 총칙규정은 원칙적으로 적용되지 않고 오히려 좁은 뜻의 소송절차의 일환으로서 특별한 규정이 없는 경우는 그 성질에 반하지 않는 한 소의 審判節次(民訴 1편 내지 4편)에 관한 규정이 적용 또는 준용된다. 예를 들면 訴의 客觀的 또는 主觀的 併合(民訴 61, 230), 辯論(124 이하), 재판의 형식 및 효력(특히 執行力), 소송절차의 중단 및 중지(211), 證據(261 이하), 上訴 및 再審 등의 규정과 같다. 그러나 보전소송절차는 통상소송절차와는 종류를 달리하기 때문에 양자를 병합할 수 없음이 원칙이다.

보전저당 · 유통저당(保全抵當 · 流通抵當) 독일민법상 抵當權과 被擔保債權의 양자에 모두 등기의 公信力 · 推定力이 미치는 것을 流通抵當(〔獨〕 Verkehrshypothek)이라 하고(1138, 891~893), 저당권에 관하여는 일반원칙(892)에 따라서 등기의 공신력 · 추정력에 의한 보호가 있으나 피담보채권에는 그것이 미치지 않는 것을 保全抵當(〔獨〕 Sicherungshypothek)이라 한다(1184 이하). 독일민법상의 저당권은 원칙적으로 流通抵當이며, 보전저당은 예외적으로 특히 그 뜻을 등기한 경우에만 인정된다. 그것은 유통저당이 유통에 적합하기 때문이며, 이는 주로 장기의 투자의 목적에 이용된다(投資抵當). 양 저당의 차이를 들어 보면, 유통저당은 원칙적으로 저당증권이 작성되는 證券抵當(Briefhypothek)이고, 예외적으로 당사자간의 합의와 그 등기가 있는 경우에 한하여 저당증권이 발행되지 않는 登記抵當(Buchhypothek)임에 반하여, 보전저당은 언제나 등기저당이다. 다음에 유통저당은 보전저당과는 달리 피담보채권에 관해서도 등기부의 공신력과 추정력이 인정되므로 채권불성립시에도 등

기를 신뢰하여 저당권을 양도받은 자는 보호된다. 그러나 채권은 저당권과의 관계에 있어서만 공신력과 추정력을 가지는데 불과하므로, 채권불성립시에 抵當債權과 抵當權을 양도받은 선의자는 채권은 취득하지 않고, 채권없는 저당권, 즉 土地債務만을 취득한다. 다만 보전저당을 유통저당으로 또는 그 반대로 변경하는 것은 소유자와 저당권자간의 合意와 登記에 의하여 자유로 할 수 있다(1185).

보전집행(保全執行) 가압류·가처분의 집행절차의 총칭. 執行保全節次에 속하는데, 원래 이 절차는 전체로서의 강제집행의 부수절차인 성격을 가지고 있지만, 그 절차의 내부에는 다시 신청의 당부를 심리하여 保全命令을 발할 것인가 아닌가를 판단하는 재판절차와 발하여진 보전명령을 채무명의로 하여 그 내용을 강제실현하기 위한 집행절차로 나누어진다. 전자가 保全訴訟이고, 후자가 여기에서 말하는 보전집행이다. 그런데 보전집행은 보전명령 없이는 행할 수 없을 뿐만 아니라, 보전명령은 곧 집행하지 않으면 목적을 달할 수 없기 때문에 보전소송과 보전집행과의 관계는 통상의 소송과 집행의 경우보다는 더 밀접하다. 그러나 보전집행에서는 특별한 규정이 없는 한, 본래의 强制執行에 관한 규정이 준용된다(民訴 707, 715). 예로 집행방법에 관한 異議(504), 卽時抗告(517), 第三者異議의 訴(509), 執行의 停止(510), 執行費用(513)과 같다.

보전처분(保全處分) 넓은 의미로는 권리를 보전하기 위하여 그 확정 또는 실현까지의 사이에 법원이 명하는 잠정적인 처분을 전부 포괄한다. 이 의미에서는 假押留·假處分도 보전처분이라고 할 수 있다. 좁은 의미로는 破産·和議·회사의 정리 등의 목적을 달성하기 위하여 인정되는 각종의 처분을 말한다. 파산법상의 파산자의 拘引·監守 등(破 138~140)은 身分的인 保全處分이며, 파산법 145조의 선고전의 재단의 보전처분은 재산적인 보전처분이라고 할 수 있다. 후자는 和議(和 20)·會社整理(會整 39) 등에 관하여서도 인정되고 있다.

보전청구권(保全請求權) 〔獨〕Sicherengsanspruch 개인이 국가·사법기관에 대하여 보전처분에 의한 보호행위를 요구하는 권리. 즉 민사소송법상의 假押留·假處分은 물론 넓은 뜻으로는 파산법·화의법상의 보전처분과 같은 權利保護請求權의 일종이다. → 보전소송

보 정(補正) 訴狀·抗訴狀·上告狀 등의 형식적 요건이나 소송능력·법정대리권·소송대리권·選定當事者의 자격 등에 흠이 있는 경우에, 당사자가 자발적 또는 법원·재판장의 명령(補正命令)에 의하여 이를 補充訂正하는 것(民訴 55, 57, 88, 231, 232, 371, 395). 보정명령에서 정한 기간을 준수하지 않은 당사자는 여러가지 불이익이 있다(91, 231 Ⅱ).

보정명령권(補正命令權) 行政審判의 請求가 그 청구요건에 하자가 있어 부적법한 경우에 그 하자가 보정할 수 있는 내용의 것인 때에는 일정한 기간을 정하여 보정을 명하는 行政審判委員會의 권한을 말한다. 청구인이 명령한 기간 내에 보정을 하면 당해 심판청구가 접수된 처음부터 적법한 심판청구가 있는 것으로 보게 된다.

보정예산(補正豫算) 本豫算이 성립된 후에 본예산에 대하여 추가 또는 보정할 필요가 생겨 본예산을 보정하는 예산을 말한다. 보정예산이 성립되면 본예산과 合體되어 집행된다.

보조금(補助金) 〔英〕 grants, subsidies grants-in-aid 〔獨〕 Subvention 〔佛〕 subvention 정부 또는 지방자치단체가 公共團體나 私人에 대하여 산업의 조성이나 사회공공사업의 조성 등 행정상의 목적을 위하여 교부하는 현금. 奬勵金·交付金이라고도 한다. 보조금의 교부는 법령에 의한 경우와 예산의 범위내에서 행정청의 재량에 의한 경우 등이 있다. 피보조자에게는 일정한 공법상의 의무를 과하고, 특별히 국가적 감독을 가하는 것이 통례이다. 政府補助金管理의 일반법으로 보조금의 예산 및 관리에 관한 법이 있다. → 국고보조금

보조기관(補助機關) 자신이 독자적으로 國家意思를 결정할 수는 없고, 다만 의사를 결정하는 행정관청의 보조수단으로서 그 명에 의하여 모든 사무에 종사하는 기관. 관청의 權限委任에 의하여 또는 관청의 지정이나 법령상의 규정에 의하여 관청을 갈음하여, 그 권한을 행사하는 때가 있다. 권한의 위임이 된 범위내에서 보조기관은 관청의 지위에 있게 된다(政組 7 Ⅱ). 행정관청인 각부장관에 대하여 차관 이하의 기관이 보조기관으로서의 지위를 담당하는 것이고, 행정청인 도지사에 대하여 부지사 및 각 국장 이하의 기관이 보조기관으로서의 지위를 담당하는 것이다. 행정기관이 보조기관인가, 意思機關인가는 행정기관의 권한에 관한 法令 또는 職制에 의해서 결정된다. 예를 들면, 상사의 명을 받아 사무를 담당한다라고 규정한 것은 일반적으로 보조기관으로서의 지위를 표시한 것이다. → 행정관청

보조상(補助商) 固有의 商에 대한 보조적 기능을 하는 영업. 商은 원래 財貨轉換의 매개행위

를 의미하였으나(固有의 商), 경제의 진전에 따라서 그 성립·실행을 보조하며 또는 그의 안전을 도모하는 중개, 물건운송, 창고, 은행, 손해보험 등의 영업이 발달하여 차츰 商에 포섭되게 되었다. 현대상법은 固有의 商, 보조상 외에도 여러가지 제3의 商을 인정하는 동시에 모두 동렬에서 다루고 있으므로 보조상의 개념은 商의 역사적인 발전과정을 나타내는데 불과하다.

보조인(輔助人) 〔獨〕 Beistand 〔佛〕 conseil des parties 형사소송법상 피고인 또는 피의자의 補助者의 하나. 피고인 또는 피의자의 법정대리인·배우자·직계친족·형제자매와 호주는 언제나 서면으로 신고하고 보조인이 될 수 있다(29). 辯護人은 원칙적으로 법률전문가로서 주로 법률적인 면에서 피고인의 보조를 하는데 반하여, 보조인이 될 수 있는 자는 피고인과 일정한 신분상의 관계가 긴밀한 자에 한함으로써 情誼的인 면에서 피고인의 보조자가 될 수 있게 한 제도이다. 보조인은 법률에 다른 규정이 없으면 독립하여 피고인 또는 피의자의 명시한 의사에 反하지 아니하는 訴訟行爲를 할 수 있다. 구민사소송법에는 輔佐人制度가 있었으나, 현행 민사소송법은 실효성이 없다고 이를 폐지하였다.

보조적 상행위(補助的商行爲) 〔獨〕 Hilfshandelsgeschäft, Nebenhandelsgeschäft 상인개념을 전제로 하여 그 상인의 영업을 보조하기 위하여 행하여짐으로써 상행위로 되는 행위. 基本的 商行爲에 대하여, 附屬的 商行爲라고도 한다. → 부속적 상행위

보조적 압류(補助的押留) 〔獨〕 Hilfspfändung 압류된 채권에 관한 증서를 채무자가 소지하고 있을 경우에, 押留債權者가 압류명령에 의하여 그 증서를 채무자로부터 强制執行의 방법으로 인도시키는 것(民訴 567).

보조준거법(補助準據法) 〔獨〕 Nebenstatut 涉外的 司法關係에 있어서 지정된 준거법이 허용하는 범위내에서 그 법률관계에 속하는 일정한 사항에 대하여 특히 적용되는 準據法所屬國 이외의 법률. 예컨대 契約의 준거법소속국과 이행지가 상이한 경우에도 이행의 방법에 관하여는 보통 履行地法이 적용된다. 이와 같이 일정한 사항에 관하여 특히 적용되는 법률(상례에 있어서의 이행지법)을 보조준거법이라 한다.

보조집행(補助執行) 어떤 행정기관의 權限事務를 다른 행정기관의 소속공무원이 보조하여 집행하는 것. 도지사가 그 권한에 속하는 사무의 일부를 시·읍·면의 공무원으로 하여금 보조집행케 하는 것과 같다(地自 95 참조).

보조참가(補助參加) 〔獨〕 Nebenintervention, Streitgehilfe 제3자가 係屬中의 민사소송의 당사자의 일방을 보조하기 위하여 소송에 참가하는 것. 從參加라고도 한다. 이 제3자를 보조참가인, 보조받는 당사자를 被參加人 또는 主當事者라고 한다. 보조참가인은 그 소송에 있어서의 피참가인의 승소를 희망하여 자기의 권리 또는 법률상의 지위를 옹호하기 위하여 이를 조력하는 지위에 있고, 자기의 소송을 행하는 자는 아니므로 진정한 당사자가 아닌 점에서, 當事者參加와 다르다. 그러나 일방 자기의 명의와 계산에서 자기의 이익을 옹호하기 위하여 피참가인의 소송을 수행하는 점에서 그 대리인과 다르므로, 도리어 보조참가인의 소송행위에 관하여 그 法定代理人 또는 訴訟代理人이 인정된다. 그러므로 從當事者 또는 準當事者라고 부른다. 보조참가인은 소송의 결과에 관하여 법률상의 이해관계를 갖는 제3자이어야 한다(民訴 65). 이것은 참가인의 권리 또는 법률적 지위가 당사자간의 소송의 목적인 권리관계의 존부에 의거하고 있는 까닭에, 그 판결여하에 의하여 자기가 불리한 영향을 받게 되는 경우인 것을 의미한다. 다만 판결의 효력이 직접 참가인에게 미치는 경우에 한하지 않는다(이 경우는 共同訴訟的 보조참가로 된다). 그러나 당사자의 일방의 敗訴에 대하여 단지 사실상의 이해를 느끼는 것에 그쳐서는 안된다. 예컨대 당사자의 일방과 親友나 近親이기 때문에, 지면 기분이 나쁘다는 감정적인 이유라든가, 당사자가 패소되어 재산이 감소되어 이익배당이 적어 진다는 것은 참가이유로 되지 않는다. 參加申請은 訴訟係屬中 어느 때도 할 수 있으며, 참가직후에 행하여야 할 訴訟行爲(예컨대 상소의 제기)와 더불어 할 수도 있다. 참가에 대하여 당사자에게 이의가 있으면 참가인에 참가이유를 疎明시키고, 법원은 참가의 許否를 결정으로 재판한다(67). 참가인은 원칙으로 피참가인을 위하여 할 수 있는 모든 소송행위를 할 수 있다. 다만 참가하는 때의 소송정도에 따라 할 수 없는 행위 및 피참가인의 행위와 저촉되는 행위는 할 수 없다(70Ⅱ). 예를 들면 피참가인이 자백한 사실은 다툴 수 없으며 그 上訴權의 포기후에는 적법하게 상소를 제기할 수 없다. 참가인은 피참가인이 敗訴한 경우에는 그 판결의 참가적 효력을 받아, 패소의 이유로 된 사실인정이나 법률판단이 부당하다는 것을 피참가인에 대해서만은(피참가인의 상대방에 대해서는 가능) 주장할 수 없게 된다(71). 다만 판결의 본래의 효력인 旣判力이나 執行力은 당연히 참가인에게 미치지 않는다

(470 I 但).

보조행위(補助行爲) 〔獨〕 Hilfsgeschäft 독립의 실질적인 의미를 가지지 않는 법률행위. 예컨대 同意·許可와 같은 것. 보통으로는 獨立行爲에 대하는 말이지만, 기본행위에 대하는 말로도 쓰여지는 수가 있다.

보존공물(保存公物) 현실적으로 公共用이나 公用에 제공되는 것이 아니고, 오직 공공의 목적을 위하여 그 물건 자체를 보존하는 것을 말한다. 보존공물은 國有 또는 公有인 것도 있으나 私有物인 경우가 많으며, 사유의 보존공물은 공물로서 여러가지의 公物制限을 받는데, 국보 기타의 중요문화재 등이 그 예이다.

보존등기(保存登記) 엄격히 말하면 物權取得者가 자기의 권리를 보존하기 위하여 하는 登記(不登 2)를 말하지만, 보통은 未登記不動産의 所有權登記(112~135)를 말한다. 이것은 처음으로 그 부동산에 관하여 登記用紙를 설치하여 현상을 공시하고, 그 후의 등기의 기초로 하는 것으로서, 소유자가 단독으로 신청하는 것이 원칙이다.

보존비(保存費) 물건 또는 재산의 滅失·毁損을 방지하기 위한 비용. 예를 들면 가옥의 수리나 채권의 消滅時效中斷을 위한 비용과 같은 것. 점유자는 占有回復者로부터 必要費로서 상환을 청구할 수 있다(民 203).

보존수역(保存水域) 〔英〕 conservation zone 沿岸國이 公海에 있어서 수산자원의 보존·확보를 위하여 管轄權을 설정하는 지역. 보존수역의 설정은 보통 조약에 의한다. 제2차대전전에도 그런 예가 있었으나, 특히 1945년 9월 28일 트루먼미국대통령에 의하여 제출된 公海의 일정수역에 의한 沿岸漁業에 관한 美合衆國政策宣言이 있다. 이 선언에 의하면, 미국은 과거 또는 미래에 있어서 단독으로 어업을 행한 근접의 公海水域에 있어서는 단독으로 보존수역을 설정하여 그의 통제·관할하에 두고 다수의 나라가 어업에 종사하는 수역에 있어서는, 그들 나라와의 合意로써 보존수역을 설정할 것을 선언하였다. 국제연합의 국제법위원회가 1951년에 작성한 대륙붕과 관계 여러 사항에 관한 條約案도 보존수역에 관하여, 대체적으로 트루먼선언을 인정하였으나, 1953년의 초안에서는 보존조치에 따르지 않는 나라에 대하여는 국제연합내에 설치되는 국제기관의 감독을 인정하였다. 한국의 平和線은 일종의 보존수역의 설정이라고 할 수 있다. →평화선, 접속수역, 대륙붕

보존재산(保存財産) 國有財産 중의 普通財産의 일종. 법령의 규정에 의하여 또는 필요에 의하여 국가가 보유하는 재산이다(國財 4). →국유재산, 보통재산

보존행위(保存行爲) 管理行爲의 일종. →관리행위

보좌인(補佐人) 〔獨〕 Beistand 〔佛〕 conseil des parties ① 구민사소송법(88)상의 용어. 개정법은 이를 사용하지 않는다. 형사소송법상으로는 補助人이란 용어를 쓰며, 피고인의 보조자의 1인이다. 피고인의 법정대리인·배우자·직계의 친족 및 형제자매는 언제라도 신고로써 보조인이 될 수 있다. ② 海難審判法上의 보좌인에 관하여는 해사보좌인을 보라. →보조인

보 증(保證) 〔獨〕 Bürgschaft 〔佛〕 cautionnement 통속적으로는 擔保와 동의로 쓰여지나 민법에서는 債務者(主債務者)가 채무를 이행하지 않는 경우에, 이에 갈음하여 이행을 하기 위하여, 채무자 이외의 자(保證人)가 종된 채무(保證債務)를 부담하는 것을 말한다(民 428~448). 人的 擔保의 작용을 한다. 채권자와 보증인간의 계약에 의하여 성립한다. 보증인과 주채무자간의 내부관계는 영향을 미치지 않으며, 주채무자의 부탁을 받을 필요가 없을 뿐만 아니라, 그 의사에 반하여서도 할 수 있다. 보증채무는 主債務에 부종하므로(附從性), 후자의 무효·취소는 전자의 무효·취소를 가져올 뿐만 아니라, 후자에 관하여 생긴 사유는 모두 전자에도 영향을 미친다(429, 430, 433~436, 440 참조). 또한 보증채무는 원칙적으로 補充性을 가지며, 주채무자가 변제하지 않는 경우에 비로소 변제하여야 하는 것이므로, 채권자로부터 履行의 請求를 받은 때에는 보증인은 먼저 주채무자에게 청구하라고 하는 催告의 抗辯權과 먼저 주채무자의 재산에 집행하라고 하는 檢索의 抗辯權을 가진다. 다만 연대보증인은 이러한 항변권이 없다(437). 보증인이 변제를 한 때에는, 주채무자에 대하여 求償할 수 있는데, 그 액은 보증인과 주채무자와의 내부관계에 따라 다르다(441~448). →연대보증, 공동보증, 장래채무의 보증

[2] 舊民事訴訟法에서는 각종의 경우에 보증을 세울 것을 요구하고 있었는데, 이 보증이라는 용어는 널리 擔保를 가리키는 뜻으로 사용되었다. 그러나 민사소송법에서는 이 보증이라는 용어에 갈음하여 통일적으로 담보라는 용어를 쓰고 있다. →소송상의 담보

보증계약(保證契約) 갑과 을의 채무에 관

하여 그 채무자에 대하여 만약 을이 완전히 채무를 이행하지 않을 때에는 자기가 代理로 계약에 의하여 채무를 이행하겠다는 約定을 하는 것을 말하는 바 이 계약에 의하여 보증인이 부담하는 채무를 保證債務라고 한다(民 436).

보증금(保證金) 임대차 특히 건물의 임대차를 체결할 때에 賃借人이 借賃 기타의 임대차계약상의 채무를 담보하기 위하여 임대인에게 교부하는 금전. 敷金 또는 先貰라고도 한다. 保證金交付의 법률적 성질, 賃貸借終了時에 임차인에게 채무불이행이 없으면 전액을, 채무불이행이 있으면 그 금액 중에서 당연히 변제에 충당되는 것으로 하고 잔액을 반환한다고 하는 停止條件附返還債務를 수반하는 금전소유권의 이전이라고 해하는 것이 판례·통설이다. 임대차가 존속하는 동안은 보증금이 당연히 延滯借賃에 충당되는 일은 없으며, 보증금으로써 연체차임에 충당하느냐, 또는 그러지 않고 임차인에게 借賃의 지급을 청구하느냐는 임대인의 자유이다. 보증금계약은 임대차에 종된 계약이므로 임대차관계에 수반하여 이전한다. 그러나 延滯借賃이 있으면 당연히 충당되고 그 잔액만이 新賃貸人에게 승계된다. 그리고 임대차종료후의 건물의 明渡와 보증금의 반환간에는 동시이행의 관계가 있다.

보증대부(保證貸付) 보증대부라 함은 임대차계약을 함에 있어서 채권자가 채무자 이외의 제3자로 하여금 채무의 보증을 하게 하는 것을 말한다. 그러므로 기한내에 채무자가 債務履行을 하지 않는 경우에는 보증인은 채무자에 대신하여 당해 채무를 지급하지 않으면 안된다(民 428 참조).

보증보험(保證保險) 〔英〕 fidelity insurance 〔獨〕 Kautionsversicherung, Unterschlagungsversicherung 〔佛〕 assurance contre les malversations des employés 사용자가 피용자의 橫領·背任·竊取 등의 부정행위로 인하여 받을 손해의 보상을 목적으로 하는 보험. 신원보증과 같은 효용이 있으므로 身元保證保險이라고도 한다. 혹은 넓은 의미의 信用保險(〔英〕 credit insurance 〔獨〕 Kreditversicherung 〔佛〕 assurance de credit)에 포함시키는 경우가 있으나, 신용보험은 원래 채무자의 債務不履行으로 인하여 생기는 채권자의 손해를 보상하는 것을 목적으로 함에 대하여, 보증보험은 불법행위로 인한 손해를 보험사고로 하는 점이 다르다. 종래는 피용자를 개별적으로 다루는 個別保證(individual bond)의 형식을 취하였으나, 근래는 다음과 같은 團體保證의 형식을 취하는 경향이 있다. ① 一覽表保證(schedule bond), 즉 일람표에 피보험자인 피용인의 성명·人數·보험금액 등을 기입하고 인사이동의 경우에는 이를 수정한다. ② 包括保證(blanket bond), 즉 은행을 비롯한 직장에서 이용되는 것으로서, 일람표를 사용하지 아니하고 신규채용되는 피용인은 자동적으로 보증의 대상이 되므로 피용인의 변경에 대하여는 보증회사로 통지함을 요하지 아니한다. 특히 銀行(bankers' blanket bond)의 경우에는 身元保證 외에 은행구내와 수송도중의 도난위험, 건물·금고 등의 파괴, 위조·변조 등으로 인한 손해의 담보도 포함한다. 보증보험은 성질상 손해보험 중 責任保險에 속하므로, 이에 관하여는 책임보험에 관한 상법의 규정이 적용될 것이다(商 719 이하). 그러나 보증보험에 관한 普通保險約款 내지 特別保險約款이 우선적용됨은 물론이다.

보증서(保證書) [1] 형사소송법상 구속중의 피고인이 보석될 때, 보증금에 갈음하여 피고인 이외의 자가 제출하는 서면(100Ⅲ). 保釋許可가 되었으나 保釋保證金의 납입이 곤란한 경우에, 가급적이면 피고인에게 불필요한 拘禁을 해제하려는 취지에서 인정한 것이다. 보증서에는 보증금액을 언제든지 납입할 것을 기재하여야 한다(100Ⅳ).

[2] 부동산등기를 신청하는 경우에 있어서, 登記畢證이 滅失되었을 때에 제출하는 등기의무자가 본인임을 보증하는 서면(不登 40Ⅰiii, 49)의 속칭. 그 등기소에서 소유권등기를 한 성년자 2인 이상의 보증을 요한다. 실제로는 法務士가 이 보증을 할 때가 많다.

보증수표(保證手票) 자기앞수표의 속칭. 때로 支給保證手票의 약칭으로 쓰이는 일이 있으나 자기앞수표와 지급보증수표는 소지인의 권리행사방법에 차이가 있고, 은행이 지급보증을 하는 대신에 자기앞수표를 발행하는 일이 많으므로 자기앞수표를 보증수표라고 부르게 된 것이다. → 자기앞어음·수표

보증신용(保證信用) 〔英〕 bail credit 保證貸付라고도 하며 對人信用으로서 담보물을 제공하지 않는 보증. 보통 금전대부를 할 때에 채무자 이외에 보증인을 세우는 바 보증인의 책임은 채무자가 債務不履行의 경우에 비로소 발생한다.

보증업무(保證業務) 은행이 신용이 충분한 고객에 대하여 조력을 제공하고 고객과 제3자간의 신용거래의 성립을 조성하는 與信行爲. 보통 은행의 부수업무·어음인수·신용장발행과 같은 행위가 이에 속한다.

보증연대(保證連帶) 공동보증인이 연대하여 保證債務를 부담하는 것. 보증인간의 연대라고도 한다. 다른 입법례에 있어서는 共同保證은 원칙적으로 보증연대로 된다고 하는 것(獨民 769)도 있으나, 우리 민법에 있어서는 공동보증인과 채권자간의 그 뜻의 특약이 없는 한, 공동보증은 당연히는 보증연대로 되지는 않는다. 그러나 상행위로 인하여 생긴 공동보증은 법률상 당연히 보증연대로 된다(商 57). 연대보증과 달라서 보충성이 있으며, 각 보증인은 催告의 抗辯權과 檢索의 抗辯權은 가지지만, 分別의 利益은 없으며 각자 전부 급부의 의무를 진다.

보증인(保證人) 〔獨〕 Bürge 保證債務를 부담하는 채무자(民 428). 통속적으로는 널리 일정한 일을 담보하는 자를 가리키는데도 쓰인다. 物上保證人이라고 할 때는 이 뜻이다. → 보증

보증인도(保證引渡) 운송업자, 또는 창고업자가 상당한 담보를 받고, 본래 償還證券인 화물상환증·선하증권 또는 창고증권과 상환하지 않고, 運送物 또는 任置物을 인도하는 것. 육상운송·창고영업에서도 이용되고 있으나, 특히 해상운송에서는 선하증권의 도착이 선박보다 늦는 경우가 많기 때문에 그에 따른 여러가지 불이익(운송물의 변질·보관비용의 空費·商機의 逸失 등)을 피하기 위하여 그 이용도가 높은 것이다. 이 경우의 보증장은 대개 운송인이 인정하는 은행의 連帶保證에 의하는 일이 많다. 선하증권이 발행된 경우에는 운송물의 인도는 원칙적으로 증권소지인에 대하여 그 증권과 상환으로 하여야 하므로(商 816 이하), 보증인도는 법률외의 예외적인 경우가 된다. 그 효력에 대하여 논쟁되었으나, 현재는 商慣習으로 인정된다. → 가도

보증인설(保證人說) 〔獨〕 Garantenlehre 不眞正不作爲犯에 있어서 결과발생의 방지라는 작위의무가 존재한다는 것, 환언하면 부작위로 나아간 자의 결과불발생에 대한 保證人的 地位(Garantenstellung)는 구성요건의 요소이며, 따라서 作爲義務違反은 구성요건해당성의 문제라고 보는 설. 이 설에 의하면 不眞正不作爲犯에 있어서의 不作爲가 구성요건적으로 作爲와 동일시되는 것은 부작위로 나아간 자가 작위의무에 의하여 결과의 불발생에 대하여 보증인으로서의 지위에 있음에도 불구하고 그 결과의 발생을 방지하지 아니한 데에 있다고 한다. → 부진정부작위범

보증장(保證狀) 〔英〕 letter of guarantee 보증인도를 받는 자가 운송인에게 교부하는 계약서 또는 無留保船荷證券의 교부를 해상운송인에게 청구하는 자가 그것으로 인한 모든 손해를 塡補할 것을 약정하는 계약서. 더욱 信用指示書(어음 買受指示書)의 발행을 청구하는 경우에, 매도인이 매수인 앞으로 발행하는 어음에 대하여, 매수인이 은행에 대해서 지급을 담보하는 계약서를 말하는 경우도 있다.

보증채무(保證債務) → 보증

보 직(補職) 官과 職이 분리되어 있는 경우에 어떤 관에 임명된 자에 대하여 구체적인 직의 담당을 명하는 행위. 관의 임명은 상대방의 同意를 요하는 行政行爲이나 보직은 상대방의 동의를 요하지 아니하는 一方的 行政行爲이다. 판사를 모지방법원장에 補하는 것과 같은 것이 그 예이다. 경력직공무원(관과 직이 분리되어 있는 특수경력직공무원도 같다)에 있어서는 任命行爲와 補職行爲가 合體되어 있는 경우가 많으나, 관념적으로는 이 양자는 구별되고 있다. 어떤 자를 이사관으로 임명하는 동시에 某局長에 補하는 것과 같은 것이 그 예이다. 국가공무원법은 경력직국가공무원의 보직관리의 원칙을 정하고 있는 바 임명권자 또는 임명제청권자는 모든 소속공무원에게 그 직급에 상응한 직위를 부여하여야 하며, 소속공무원을 보직함에 있어서는 그 공무원의 전공분야·훈련 또는 근무경력 및 적성 등을 고려하여 適格한 직위에 임용하여야 한다(32의5). → 임명, 임용

보충권(補充權) ① 任意債權에 있어서의 代用權과 같다(→ 임의채권). ② 白地어음의 공백으로 되어 있는 요건을 보충하여 완전한 어음으로 하여, 기명날인자의 의무를 발생케 하는 권리(→ 백지어음).

보충규정·해석규정(補充規定·解釋規定) 任意規定을 그 작용면에서 보아, 당사자의 의사표시의 내용에 빠진 점이 있는 경우에 이를 보충하는 것을 補充規定(〔獨〕 ergänzende Vorschrift), 당사자의 의사표시가 있는 경우에, 그 불명료한 부분을 일정한 의미로 해석하는 것을 解釋規定(〔獨〕 Auslegungsregel)이라 한다. 민법은 전자를 다른 규정이 있는 때, 다른 약정이 있으면 또는 다른 의사표시가 없으면이라고 하는 문자를 써서 이를 표시하는 일이 많고(42, 358, 394, 829 등), 후자는 추정한다라고 하는 문자를 써서 이를 표시하는 일이 많으나(398 Ⅳ 등), 반드시 그렇지는 않다. 결국 당해 任意規定의 취지를 고찰하여 정하지 않으면 안된다. 다만 임의규정으로서의 효력에는 차이가 없다고 보는 것이 보통이다.

보충대리(補充代理)　法定事實의 발생으로 당연히 피대리행정관청과 법령상 규정된 대리인과의 사이에 생기는 대리관계. 좁은 의미의 法定代理. 법령이 행정관청의 구성원의 사고를 예상하여 그 대리인을 미리 규정하여 둔 경우에 그 법령이 예상한 사고의 발생으로 당연히 대리관계가 성립된다. → 법정대리

보충성(補充性)**의 원리**(原理)　私人의 생활수단의 확보나 이익의 추구는 원칙적으로 사인 또는 관계되는 單位生活共同體에 맡겨져야 하고, 행정주체가 일반납세자의 부담으로 하는 給付活動은 사인 또는 단위생활공동체의 힘만으로는 생활수단의 효과적인 확보가 어렵거나, 그와 같이 맡기는 것이 성질상 적당하지 아니한 경우에 한하여야 한다는 法原理를 말한다.

보충송달(補充送達)　〔獨〕 Ersatzzustellung　송달할 장소에서 송달을 받을 자를 만나지 못한 때에 그 사무원·고용원 또는 동거자로서 사리를 변식할 지능이 있는 자에게 서류를 교부하는 방법에 의한 送達(民訴 172Ⅰ). 이 경우의 수령자는 송달받을 자의 使者에 해당한다. 따라서 이를 代人送達이라고도 한다. 만일 代人資格이 없는 자에 교부한 송달은 무효로 되지만, 그 자가 본인에게 서류를 手交한 경우에는, 일반적으로는 그 때에 송달이 완성된 것으로 인정하여도 무방하다.

보충수역(補充水域)　→ 접속수역

보충신문(補充訊問)　證人訊問의 방식으로서는 交互訊問이 원칙이며, 재판장은 당사자의 신문이 끝난 뒤에 신문할 수 있다(刑訴 161의2Ⅱ, 民訴 298Ⅱ). 뒤의 신문을 보충신문이라 한다. 다만 재판장이 필요하다고 인정하면 어느 때나 신문할 수 있으며, 또 그 신문순서를 변경할 수도 있다(刑訴 161의2Ⅲ, 民訴 298Ⅲ). → 교호신문

보충역(補充役)　→ 병역

보충유증(補充遺贈)　受遺者가 유증의 효력발생전에 사망하거나 또는 효력발생후에 유증을 포기하는 경우에는 그 수유자가 받을 이익을 다른 자에게 유증할 것을 정한 내용의 유증.

보충판결(補充判決)　→ 추가판결

보통거래(普通去來)　유가증권시장에 있어서의 매매거래의 일종이며(證去 6장 2절, 證去施 66의2), 매매거래를 체결한 翌日에 결제함을 원칙으로 하되, 상대측의 동의에 의하여 1일에 한하여 移延하거나 反對賣買로서 결제할 수 있는 것. 미국에서는 레귤러 웨이(regular way)라고 불리우는 것이 이에 해당하지만, 우리나라의 보통거래와 미국의 레귤러 웨이간에는 약간의 차이가 있다. 보통거래에 있어서는 去來員은 그것이 위탁에 의하여 한 것인 때에는 위탁자의 지시에 의하지 아니하고는 轉賣 또는 還買를 하지 못하되, 다만 위탁자가 위탁계약에 의하여 거래원에게 제공하여야 할 受渡證券 또는 受渡代金, 委託證據金 기타 금전을 거래원에게 제공하지 아니한 때에는 예외로 한다.

보통결의(普通決議)　일반적으로 法定된 정족수의 사원(주주)이 출석하여 그 議決權의 과반수로써 성립시키는 결의. 주식회사에 있어서는 발행주식총수의 과반수에 해당하는 주식을 가진 주주의 출석으로 그 의결권의 과반수로써 하고(商 368Ⅰ), 定款에 이 정족수를 완화하는 규정을 둘 수 있다. 유한회사에서는 총사원의 의결권의 과반수를 가지는 사원이 출석하고 그 의결권의 과반수로써 하되, 정관에 달리 정할 수 있다(574). → 특별결의

보통경찰(普通警察)　국가조직의 근본적인 사항과는 관계가 없는 일반적인 사회질서를 유지함을 임무로 하는 경찰. 高等警察에 대한 말. 고등경찰과 보통경찰의 구별은 프랑스법에서 유래한 것으로서, 고등경찰이라 함은 처음에는 사회적으로 특히 고도의 가치있는 法益을 보호함을 목적으로 하는 경찰을 의미하였으나, 후에는 비밀결사 등 국가조직의 근본을 위태롭게 하는 행위를 방지함을 목적으로 하는 경찰을 의미하게 되었고, 그 밖의 경찰을 보통경찰이라 하였다. 이 구별은 경찰기관의 內部的 事務分配에 관한 것으로서 학문상의 가치는 별로 없다. → 고등경찰, 정치경찰

보통계약약관(普通契約約款)　〔英〕 general conditions 〔獨〕 allgemeine Geschäftsbedingungen 〔佛〕 conditions généraux　집단적 거래를 신속·안전하게 하기 위하여 특정종류의 거래에 대하여 미리 정해 놓은 정형적인 계약약관. 보통 不動文字로 인쇄되어 있으며, 단순한 계약의 견본인 標準書式과는 다르다. 19세기 이후의 대규모기업의 발달에 따라 생겼고, 현재는 은행업·신탁업·보험업·창고업·운송업 등의 거래에 널리 이용되고 있다. 普通契約約款은 기업자 또는 기업자의 단체가 일방적으로 작성하는 것이 보통이나, 기업자의 단체와 거래의 상대방의 단체와 공동으로 작성하는 수도 있고, 또는 어느 쪽에도 속하지 않는 제3자에 의하여 작성되는 수도 있다(예 : 國際法學會가 제정한 共同海損에 관한 요크·안트워프 규칙, CIF賣買에 관한 와르소·옥스퍼드 規則). 이러한 약관은 기

업자의 경제적인 힘에 의하여 사실상 이용되고 있으므로, 사회학적으로 그 거래계를 지배하는 自治法規로 볼 수가 있으나, 법률적으로는 약관 자체가 관습법으로서의 효력을 가지거나, 또는 附合契約으로서의 구속력을 당연히 갖는다고 해석할 것이 아니고, 오히려 당해 거래계에서의 거래는 일반적으로 普通契約約款에 의거한다는 관습법이 성립하고, 이에 따라서 약관이 적용된다고 보아야 할 것이다. 그리고 약관의 내용인 각개의 규정은 기업자나 그 단체가 상대방에 부당하게 가혹한 계약조건을 강제할 폐해가 있을 수 있으므로, 국가법의 입장에서의 평가가 있어야 하고, 따라서 선량한 풍속 기타 사회질서나 신의성실의 원칙에 반하는 약관은 무효가 될 뿐 아니라, 입법에 의한 특정조항의 효력의 부정(商 790에 의한 免責約款의 제한), 특정사업에 있어서의 普通契約約款에 대한 행정적 감독 등이 있게 된다. 약관의 해석에 있어서는 個別契約과 같이 개개의 계약당사자의 구체적 의사의 탐구가 아니고, 당해 거래계에 있어서의 합리적·객관적인 의미의 탐구가 필요하다. 이 점에서 法律解釋에 접근하나 免責約款의 類推·擴張解釋을 금하는 점에서 그와 차이가 있다.

보통계약조관(普通契約條款) 보통계약약관과 같다.

보통고시(普通考試) 일반직사무계 4급乙類 공무원의 임용자격에 관한 고시. 公務員任用令에 의하여 公務員告示令(1961년 國務院令 제241호)이 폐지됨에 따라, 고등고시제도와 함께 폐지되었다. 현행법령하에서는 이에 準하는 것으로 7급공개경쟁채용시험이 있다.

보통공동소송(普通共同訴訟) 〔獨〕 gewöhnliche Streitgenossenschaft 각 共同訴訟人과 상대방과의 사이에 각각 별개의 청구가 존재하므로, 그것이 개별적·상대적으로 해결되면 되기 때문에, 상대방과의 사이의 소송의 승패를 일률적으로 해결할 필요성이 없는 공동소송이다. 必要的 共同訴訟에 대한 말이다. 원래 다른 것과 무관계하게 별개의 소송으로 해결되어도 좋은 사건이 우연히 동일한 소송절차에서 심판된다는 이상의 관계가 없는 것이다. 공동소송의 대다수는 여기에 속한다. 예를 들면 수인의 매수인에 대하여 각자의 代金支給을 청구하거나, 수인으로부터 동일가해자에 대하여 損害賠償請求를 하는 것과 같다. 가령 소송의 목적인 권리의무가 공동적이고, 동일의 사실상의 원인에 기한 것이라도 상대적으로 해결할 수 있는 청구라면 모두 보통공동소송이다. 예컨대, 채권자가 여러 사람의 連帶債務者에 대해 청구하는 경우나, 여러 사람에 대하여 자기의 소유권의 확인을 구할 필요가 있는 경우 등이 이것이다. 이러한 공동소송에 있어서는 共同訴訟人獨立의 原則이 지배되고, 각자 상대방과의 사이에 소송을 진행하는데 그치며, 횡적연락이 없고, 타자로부터 보조받거나 간섭되는 일이 없다.

보통관청(普通官廳) 행정관청의 일종. 일정한 행정사무를 비교적 일반적·보편적으로 주관하는 행정관청. 特別官廳에 대한 말. 국무총리는 그 예이다.

보통군사법원(普通軍事法院) 국방부본부 및 국방부직할통합부대와 各軍本部 및 예하부대 중 편제상 장관급장교가 지휘하는 부대(수사기관을 제외한다)에 설치하는 군사법원을 말한다(軍法法 6 Ⅱ). 보통군사법원은 재판관 3인 또는 5인으로 구성되는데(22), 다음의 사건을 제1심으로 심판한다. 즉 ① 군사법원이 설치되는 부대의 장의 직속부하와 직접 감독을 받는 자에 대한 被告事件(다만, 그 隷下部隊에 군사법원이 설치된 경우에는 그러하지 아니하다), ② 군사법원이 설치되는 부대의 작전지역·관할지역 또는 경비지역 안에 있는 自軍部隊에 속하는 자와 그 부대의 長의 감독을 받는 자에 대한 피고사건(다만, 그 부대에 군사법원이 설치되는 경우에는 그러하지 아니하다. ③ 군사법원이 설치되는 부대의 작전지역·관할지역 또는 경비지역안에 現存하는 자와 그 지역 안에서 罪를 범한 軍刑法 1조에 해당하는 자에 대한 피고사건(다만, 피고인의 소속부대의 군사법원이 그 지역 안에 있거나 그 피고사건이 타군 군사법원의 관할에 속하는 경우에는 그러하지 아니하다(11 Ⅰ).

보통방식(普通方式)**에 의한 유언**(遺言) 口授證書遺言 이외의 방식에 의한 유언. → 자필증서유언, 녹음유언, 공정증서유언, 특별방식에 의한 유언

보통배서(普通背書) → 배서

보통법(普通法) 〔羅〕 ius commune, lex generalis 〔獨〕 allgemeines Recht 일반법과 같다. 법규 중에서도 보다 보편적·추상적인 것. 特別法에 대한 말. 독일 보통법에 관하여서는 게마이네스 레히트를, 영·미의 보통법에 관하여서는 코먼로를 보라.

보통법재판소(普通法裁判所) 〔英〕 common law courts 보통법을 적용하여 형성·발전시킨 영국의 재판소. 민사·형사의 일반적 제1심관할권을 가진 王座裁判所(Court of King's Bench),

민사제일심을 관할하는 民事裁判所(Court of Common Pleas), 본래 세무사건을 취급하였으며 후에는 민사소송의 일반적 제1심관할권을 가진 財務裁判所(Court of Exchequer)가 이에 속한다. 그 어느 것도 다 영국의 裁判所構成法(쥬디커쳐 액츠)에 의하여 폐지되고, 그 관할사건은 高等法院王座部(→하이코트 오브 저스티스)의 관할에 속하게 되었다. →코먼 로

보통보험약관(普通保險約款) →보험약관

보통생명보험(普通生命保險) 生命保險의 계약에 있어서 피보험자에 대하여 회사가 엄중한 신체검사를 행하는 것을 보통생명보험이라고 부르며, 그렇지 않은 것을 簡易生命保險이라고 한다.

보통선거(普通選擧) 〔英〕 universal suffrage 〔獨〕 allgemeines Wahlrecht 〔佛〕 suffrage universal 재산·납세·교육 또는 신앙 등에 의하여 선거권에 차등을 두지 않는 선거. 制限選擧에 대응하는 개념. 근대 선거제도가 발달한 초기에 있어서는 대개 制限選擧制度였으나, 민주주의의 발달에 따라 현대에 와서는 보통선거제도가 거의 예외없이 인정되었다. 우리 헌법에서도 국회의원의 선거에 있어서 명문으로 보통선거에 의할 것을 규정하고 있다(41 I).

보통세(普通稅) 과세단체가 조세수입의 용도를 특정하지 아니하고 국가 또는 지방자치단체의 일반경비에 충당하기 위하여 부과하는 조세. 조세는 보통세가 원칙이며 일반세라고도 한다. 目的稅에 대한 개념이다. 지방세법에 의하면 각 지방자치단체별로 부과징수할 수 있는 보통세가 규정되어 있다.

보통수용(普通收用) 법률이 정하는 바에 따르는 일련의 行政節次를 거쳐서 하는 公用收用을 말한다. 이는 소정의 일반적인 행정절차를 거치지 아니하고 직접 법률에 의하여 행하여지는 공용수용인 略式收用과 구별된다.

보통송금환(普通送金換) 은행이 送金委託者로부터 자금을 수령하고 이에 대하여 송금 목적지의 자기 은행의 본·지점 또는 거래은행을 지급인으로 하는 환어음 또는 수표(送金手票)를 발행하고, 위탁자는 이를 수취인에게 송부하면 수취인이 지급은행에 이를 제시하고 지급을 받는 거래. 환거래 중의 송금환의 하나. 위탁자와 발행은행간의 관계는 위임관계, 지급은행과 발행은행간에는 換去來關係가 있으며 수취인과 지급은행은 보통의 어음관계에 있을 따름이다.

보통재산(普通財産) 종전의 국유재산법상의 용어로서 國有의 公産인 行政財産에 대하여, 행정재산을 제외한 일체의 재산을 말한다. 國有의 私産이라는 성질을 갖는다. 보통재산에는 保存財産과 雜種財産의 2종이 있다(4). 그러나, 1976년 12월 31일의 개정국유재산법은 보통재산이라는 용어를 폐하고 保存財産과 雜種財産으로 양분하여 규정하였으나(4 I·Ⅲ·Ⅳ), 내용적으로는 종전의 경우와 크게 다르지 않다. →국유재산, 행정재산

보통재판적(普通裁判籍) 〔獨〕 allgemeiner Gerichtsstand 어느 사람을 피고로 하는 민사소송에 있어서 일반적 또는 원칙적으로 정하여져 있는 재판적(民訴 1의2). 특별한 사건에 대해서만 정하여진 特別裁判籍에 대한 말. 민사소송은 일반적으로 피고의 普通裁判籍所在地의 관할에 속한다. 自然人의 보통재판적은 주소에 의하되 우리나라에 주소가 없거나 주소를 알 수 없는 때에는 거소에 의하고, 居所가 없거나 거소를 알 수 없는 때에는 최후의 주소에 의한다(2). 법인 기타 사단 또는 재단의 보통재판적은 그 주된 사무소 또는 영업소에 의하되, 그 사무소와 영업소가 없는 때에는 그 주된 업무담당자의 주소에 의하고(4 I), 국가의 보통재판적은 소송에 관하여 국가를 대표하는 관청 또는 대법원의 소재지에 의한다(5). 普通裁判籍과 特別裁判籍이 경합하는 때에는 원고가 그 중 어느 법원이든지 선택하여 소를 제기할 수 있다. 보통재판적에 의한 관할은 특히 다른 법원의 專屬管轄에 속하는 사건에 관하여는 배제된다(28).

보통주(普通株) 〔英〕 common share, common stock 〔獨〕 Stammaktie 어느 종류의 주식이 이익배당, 建設利子의 배당, 잔여재산의 분배에 관하여 다른 종류의 주식에 대해서 특히 優先的 또는 後配的 地位가 인정되는 경우에 있어서, 즉 數種의 株式이 있는 경우에 있어서(商 344), 표준이 되는 주식을 말한다. 優先株·後配株·混合株 등에 대한 것이다.

보통지방자치단체(普通地方自治團體) 구성·조직·기능·사무 등으로 보아 일반적 성격을 가진 지방자치단체. 特別地方自治團體에 대한 말. 도·서울특별시·광역시(이상 상급지방자치단체)와 시·군(이상 하급지방자치단체)을 말한다. →특별지방자치단체

보통지방행정기관(普通地方行政機關) 특별지방행정기관처럼 특정한 중앙관청에 소속되지 아니하고, 중앙관청의 直轄로 되어 있는 사무나 특별지방행정기관의 권한에 속하는 사무를 제외하고,

널리 당해관할구역내에 시행되는 일반적인 國家行政事務를 관장하는 국가의 지방행정기관. 국가사무를 위임받아 처리하는 경우의 지방자치단체의 장이 이에 해당한다.

보통징계위원회(普通懲戒委員會) 4급 및 5급 공무원의 징계를 의결하기 위하여 각 부·처·청·위원회·서울특별시 또는 도 그 밖에 4급 공무원의 임명권을 가진 기관에 두는 기관. 당해 설치기관장이 위촉하는 위원장 1인과 위원 약간 인으로써 구성하는 바 위원회는 懲戒決議를 하였을 때에는 지체없이 징계의 議決記錄과 懲戒決議書에 주문과 이유를 명기하여 임명권자와 소속관서의 장에게 각각 통고하여야 한다(公務員에 관한 件 11 I). 그리고 징계처분을 받은 공무원은 그 처분에 대하여 불복이 있을 때는 당연히 처분의 사유를 기재한 결정서를 받는 날로부터 일정기간 내에 訴請審査委員會에 소청할 수 있다(國公 9 I, 81, 82 참조).

보통징수(普通徵收) 세무공무원이 납세통지서를 당해 납세의무자에 교부(우편으로써 하는 송부를 포함한다)함으로써 지방세를 징수하는 것. 特別徵收와 상대하는 관념이다. 고정자산세·자동차세 등의 징수는 이 방법에 의한다. 보통징수에 의해야 할 租稅는 지방세법에서 개별적으로 명기하고 있다. 이 징수에 의할 경우에는 통지서는 늦어도 10일까지 납세의무자에게 교부하지 않으면 안된다(地稅 19).

보통항고(普通抗告) 〔獨〕 einfache Beschwerde 법률상 즉시항고라 명시되지 아니한 抗告 및 再抗告(민사소송 뿐)로서 卽時抗告의 성질을 갖지 않은 것. 특히 그 제기에 관한 不變期間의 정함이 없고, 原裁判의 취소를 구할 이익이 있는 한은 어느 때도 제기할 수 있고, 또 그 제기를 하여도 執行停止의 효력이 없다는데서 즉시항고와 구별된다.

보통항고심사위원회(普通抗告審査委員會) 보통 懲戒委員會의 징계처분을 받은 4급 및 5급공무원으로부터 그 처분에 대한 불복이 있음을 抗告받았을 때 이를 조사·처리하기 위하여 임명권을 가진 자를 장으로 하는 기관에 두는 기관. 소속기관의 장을 위원장으로 하는 위원 약간인으로 구성하는바 委員會에서 항고가 이유있다고 인정하여 징계처분의 취소 또는 변경을 의결하였을 때에는 징계권자는 지체없이 이를 결정하여야 한다. 국가공무원법은 이를 訴請審査委員會라고 한다(國公 9 참조).

보통형법(普通刑法) 일반의 경우에 있어서의 犯罪와 刑罰의 관계를 규정하는 법규를 특히 보통형법이라고 한다. 예컨대 보통 말하는 형법.

보통환(普通換) → 송금환

보편적 국제법(普遍的國際法) 〔英〕 universal international law 〔佛〕 droit international universel 모든 국가에 대하여 구속력이 있는 國際法規(예 : 해적, 외교사절의 특권에 관한 규칙). 이것에 대조되는 것은 一般的 國際法과 特殊的 國際法이다. → 일반적 국제법, 특수적 국제법

보편주의(普遍主義)〔國際法上〕 〔英〕 universality principle 世界主義라고도 하며, 여러 국가에 공통된 이익을 해하는 범죄에 대하여 범죄인의 身柄을 억류하거나 체포한 모든 국가에게 기소 및 처벌의 관할권을 부여하는 주의를 말한다. 그러나 영미법계 국가들은 국제법에 의해 普遍的 管轄權이 허용된 것을 예외로 하고, 보편주의의 적용이 屬地主義의 원칙을 침해하는 국제법 위반이라는 입장을 취한다.

보 험(保險) 〔英〕 insurance 〔獨〕 Versicherung 〔佛〕 assurance 같은 종류의 경제상의 위험에 놓여 있는 다수인이 社會的 危險團體를 이루어, 일정률의 금액(보험료)을 분담하고, 특정인에게 발생한 우연한 사고(보험사고)에 대하여 일정한 금액(보험금액)을 지급하여 경제생활의 불안을 제거 또는 경감함으로써 위험을 분산시키는 제도. 보험은 會社·匿名組合·共同海損 등과 아울러 사회적인 위험단체에 의한 위험분산의 제도이므로, 이 점에서 저축과 구별된다. 보험상 위험단체에는 직접적인 것과 간접적인 것으로 나누며, 相互保險은 전자에 속하고, 營利保險, 즉 상법상의 보험은 후자에 속한다. 보험의 목적은 소극적으로 경제생활의 불안정을 제거·경감함에 있으므로, 적극적으로 不勞의 이득을 얻고자 하는 도박과 그 목적을 달리한다. 보험은 이른바 大數法則에 의한 통계학의 기초 위에서 위험의 확률을 계산하여 보험료와 보험금액의 대가관계를 산출하는 과학적 방법에 의하므로, 도박과는 그 방법을 달리하며, 또 保險·共濟 또는 相互賦金 등과도 구별된다. 보험제도는 위험이 많은 海上保險에서 시작하여 一般損害保險·火災保險·運送保險에 보급되고, 근래에는 각종 기업에 수반되는 책임보험이 성행한다. 뒤늦게 발달한 생명보험은 많은 유형의 人保險으로 확대되고 있다. 보험은 이같이 국민의 일반 내지 기업의 생활의 경제상의 안전을 도모할 뿐 아니라, 납입된 보험료는 거액의 자본을 형성하여 국민경제발전의 큰 원동력이 된다. 상법상의 보험(私保險)이 국가에 의하여 사회정책 내지 산업정책의 목적으로 영위되는 것을 公保險이라고 하여, 사회보장제도의 중대한 임무를

담당하게 된다. 보험제도의 이같은 중대한 사회적 사명에 비추어 상법은 제4편을 보험편으로 신설하고 그 내용을 새롭게 하였다.

보험가액(保險價額) 〔英〕 insurable value 〔獨〕 Versicherungswert 〔佛〕 valeur d'assurance 被保險利益의 가액으로서 손해보험에 있어서 보험자의 보상책임의 최대한의 표준. 이는 손해보험에 있어서 피보험자는 보험금액을 받음으로 말미암아 이득을 하여서는 안된다는 원칙에 의한 것이다. 따라서 보험금액은 보험가액의 한도내에서만 인정되는 것이므로, 양자의 관계에서 一部保險・全部保險・超過保險・重複保險 등의 문제가 일어난다. 보험가액의 평가에 관하여 당사자간에 합의가 있는 경우(旣評價保險)에는 그 協定價額이 사고발생시의 가액을 현저하게 초과하지 아니하는 한, 그 구속력을 인정하였다(商 670). 당사자간에 보험가액을 정하지 아니한 경우(未評價保險)에는 사고발생시의 가액에 의하게 하고(671), 運送保險・海上保險의 경우에는 평가가 용이한 발송의 때와 곳의 가액에 의하도록 법정하였다(保險價額不變更主義)(689, 697). 피보험이익, 따라서 그 가액인 보험가액은 손해보험에서만 인정되고 人保險에는 이에 관한 관념이 없으나, 영미법상은 인보험에도 피보험이익을 인정하고자 하는 경향이 있다. 그러나 영미판례는 인보험에 있어서의 피보험이익은 契約의 성립시에 있으면 되고 그 계약의 존속요건이 아니라는 방향으로 나가고 있다. → 피보험이익

보험감독원(保險監督院) 보험사업을 감독하고 보험계약자의 보호와 공정한 保險去來秩序를 확립하기 위하여 설립된 無資本特殊法人(保險 161). 주된 사무소는 서울특별시에 두고 정관이 정하는 바에 따라 필요한 곳에 支院 또는 出張所를 둘 수 있다(162). 保險監督院은 보험사업자에 대한 검사, 보험보증기금 및 보험예탁금의 운용 및 관리, 보험모집인의 등록과 관리, 보험계리인・보험계리업・손해사정인 및 손해사정업의 등록과 이에 대한 감독 기타 정부대행업무와 정부로 위탁받은 업무 등을 행한다(179).

보험계약(保險契約) 〔英〕 contract of insurance 〔獨〕 Versicherungsvertrag 〔佛〕 contrat d'assurance 보험을 목적으로 하는 계약. 보험계약의 본질에 관하여는 학설이 구구하여, 종래는 損害保險과 人保險을 통일적으로 설명하기를 단념하였으나(分離論), 근래는 이를 통일적으로 설명하기에 이르렀고(統一論), 그 근거로서 需要充足說과 經濟生活確保說이 유력하다. 상법은 통일론에 입각하여, 보험계약은 당사자의 일방이 약정한 보험료를 지급하고, 상대방이 피보험자의 재산 또는 생명이나 신체에 관하여 불확정한 사고가 생길 경우에 일정한 보험금액 기타의 급여를 할 것을 약정하는 것이라고 정의하였다(商 638). 따라서 보험계약은 보험료의 지급에 대하여, 사고가 발생하면 보험금액을 지급한다는 위험부담의 급여를 대가로 삼으므로, 有償・雙務의 契約이라고 할 수 있다. 그러나 실제로는 상법과 약관의 이에 관한 특칙이 우선적용되는 결과, 有償・雙務에 관한 일반원칙이 적용될 여지가 거의 없다. 보험계약은 특히 최대의 선의를 요구하며(善意契約), 장기에 걸치는 경우가 많으며(繼續契約), 다수의 계약자를 전제로 하여 이루어지는 계약이다(多數契約). 보험금액의 급여는 불확정한 사고가 생기는 경우에 한하여 인정되므로, 이른바 射倖行爲에 속하지만, 보험의 목적은 경제생활의 불안정을 제거・경감함에 있으며, 그 방법은 大數法則에 따른 과학에 근거하고 있으므로, 不勞利得의 목적과 비과학적 방법에 의하는 도박 등의 반사회적인 사행행위와 구별된다. 또 보험은 보험자의 급여가 사고의 발생을 조건으로 하므로, 條件附行爲와 유사하지만, 후자는 조건이 성취되기 전에는 그 효력이 발생하지 아니함에 반하여, 보험은 계약과 동시에 효력이 이미 발생하여 危險負擔이라는 給與를 하고 있으므로 양자가 구별된다. 보험계약은 보험약관에 따라서 체결되는 것이 보통이므로, 이른바 附合契約性이 강하며, 계약의 성립은 양 당사자의 합의로 되지만(諾成契約), 실제로는 약관에 의하여 보험료를 지급하여야 보험자의 책임이 개시되므로, 이른바 要物契約과 같은 결과로 된다. 보험계약은 영업으로 하는 경우에만 商行爲가 된다(46 xvii).

보험계약(保險契約)의 목적(目的) 손해보험계약의 被保險利益을 가리킨다. 손해보험에 있어서는 이익(피보험이익)이 없으면 보험이 있을 수 없다는 것이 철칙으로 되어 있다. 따라서 피보험이익을 손해보험계약의 요소 내지 목적으로 인정하게 되었다(商 668). → 피보험이익

보험계약자(保險契約者) 〔英〕 insured, assured 〔獨〕 Versicherungsnehmer 〔佛〕 preneur d'assurance, contractant 보험계약의 당사자로서, 보험자의 상대방이 되어 자기의 이름으로 보험계약을 체결하고, 보험자에 대하여 보험료지급의 의무를 진 자. 보험계약자는 이 의무를 주요한 의무로 하는 외에, 告知義務(商 651), 보험사고발생의 通知義務(657), 危險變更增加의 통지의무(652), 손해방지의무(680), 설명의무(普通保險約款) 등을 부담하고, 보험증권의 交付・再交付請求權(640, 642),

특별위험의 소멸 또는 초과보험 등의 경우의 보험료의 감액청구권(647), 보험계약의 무효로 인한 保險料返還請求權(648), 임의해지권(649), 保險積立金返還請求權(736) 등이 있다. 보험계약자로서는 이상의 권리가 있을 뿐, 보험금액의 지급을 직접 청구할 권리는 없다. 그러나 보험자에 대하여 손해보험의 피보험자 또는 人保險의 보험수익자에게 보험금액을 지급할 것을 청구할 수는 있다.

보험공법(保險公法) 〔獨〕öffentliches Versicherungsrecht 保險事業에 관한 公法. 상법 제4편에 규정함과 같이 보험사업의 감독법규로서의 보험법이다. 사회보장에 관한 健康保險法, 國民生命保險法 등이 이에 속한다.

보험관계(保險關係) 保險契約은 이른바 繼續的 契約으로서, 보험계약의 체결로 인하여 생긴 법률관계는 상당한 기간 계속하므로 이 법률관계를 보험관계라고 한다. 이 관계가 존속하는 기간 보험계약의 당사자 기타의 관계자를 구속하므로, 그 동안에 사정이 변경하여서 여러가지 문제가 일어난다. 상법은 이에 관하여 많은 특칙을 두었다. 보험관계의 변경 중 주요한 것은 다음과 같다. 危險의 變更(예 : 특별한 위험의 소멸, 위험의 현저한 변화·증가 등)(商 647, 652, 653), 當事者의 破産(보험자의 파산, 피보험자의 파산)(639Ⅱ, 654), 保險關係의 移轉(679) 또는 보험가액의 변동으로 인하여 보험료 내지 보험금액에 미치는 영향 등이다. 보험회사가 보험계약을 포괄적으로 다른 보험회사에 이전하는 제도가 있는데, 이 경우에는 종래의 보험관계는 보험계약을 받는 회사가 이를 승계하고 그 내용은 계약의 조건을 변경하지 아니하는 한 동일하다(保險 122, 123, 127 등).

보험관리인(保險管理人) 보험회사가 재정경제부장관에 의하여 업무 및 재산의 관리·명령을 담당하는 자. 재정경제부장관이 이를 선임·해임하는 바 이 자는 회사를 대신하여 保險契約 그 밖의 거래 및 재산의 관리와 처분을 하는 권한을 가진다(保險 111).

보험금(保險金) 보험사고가 발생한 때에 보험자가 현실로 保險의 受益者(손해보험의 피보험자, 인보험의 보험수익자)에게 지급하는 금전. 생명보험의 경우와 같은 定額保險에 있어서는 계약에서 협정된 보험금액대로 지급되므로 보험금이 보험금액과 일치하지만, 일반손해보험과 같은 不定額保險에 있어서는 보험금액의 범위내에서 실제로 생긴 손해액을 지급하므로 양자가 일치하지 아니한다. 즉, 分損인 때에는 全部保險의 경우라도 그 實損額에 의하여 보험금이 지급되며, 一部保險의 경우에는 全損인 때에도 보험금액의 보험가액에 대한 비율에 따라서 보험금이 지급된다(商 674).

보험금액(保險金額) 〔英〕sum insured 〔獨〕Versicherungssumme 〔佛〕somme assuré 보험사고가 발생한 경우에 보험자가 지급하여야 하는 금액의 최대한도로서, 보험계약자의 급여인 보험료의 지급에 대한 보험자의 反對給與. 그 금액의 결정은 계약당사자의 협정에 의하며, 손해보험에 있어서는 보험가액의 범위내에서 정하여야 한다. 왜냐하면, 손해보험은 현실로 생긴 손해의 보상을 목적으로 하기 때문이다. 급여의 종류는 금전급여가 원칙이므로 이를 보험금액이라고 부르지만, 現物·役務 등으로 하는 경우도 있다. 이와 구별할 것은 보험금, 즉 사고발생시에 보험자가 현실로 급여하는 금전이니, 定額保險(예 : 생명보험)의 경우에는 양자가 일치하지만, 不定額保險(예 : 손해보험)의 경우에는 보험금액의 한도내에서 현실로 생긴 손해액이 보험금으로 된다.

보험금액(保險金額)**의 삭감**(削減) 保險經理의 필요성에서 보험금액을 장래에 향하여 삭감하는 것. 상호보험에서는 보험료와 보험급여와의 균형이 현저히 파괴되는 경우에 대비하여 정관으로써 이에 관한 사항을 규정하는 것이 필요하다. 생명보험에서는 보험계약의 包括移轉의 경우에도 이를 정할 수 있다(保險 120, 121).

보험급부(保險給付) 보험사고에 있어서 보험자가 보험금 수령인에 대하여 하는 급부. 保險人에 있어서는 미리 약정한 금액인 것을 상례로 하지만 손해보험에 있어서는 피보험이익의 사실상의 缺損을 전보할 수 있게끔 평가 결정된 보험금이다. 보험계약자의 보험료의 급부에 있어서 쌍무적으로 상대하는 보험자의 의무이다. 또한 사회보장에 있어서 치료급부, 매장료, 분만비 등을 가리키는 경우도 많다.

보험기간(保險期間) 〔英〕time of insurance, duration of risk 〔獨〕Versicherungszeit, Versicherungsdauer 〔佛〕durée de risque 보험자의 위험부담의 책임이 계속되는 기간. 危險期間 또는 責任期間이라고도 한다. 법의 규정(예 : 운송보험·해상보험)(商 688, 699), 또는 당사자의 특약이 없는 때에는 관습에 의하여 이를 정한다(보통 1년간). 보험기간은 당사자간에 다른 약정이 없으면 최초의 보험료의 지급을 받은 때로부터 개시한다(656). 그러므로 保險契約期間, 즉 보험계약의 유효기간과 다르다. 특별한 경우에는 그 계약전에 어느 시기를 보험기간으로 할 수도 있다(遡及保險)(643). 또 責任期間(危險期間)을 좁은 뜻으로서는 보험기간과 구별하는 경우가 있다. 가령 보험기간중 일정한 사정(예 : 기업 · 경기 · 여행 등)이 발생한 기간(責任期間)에 한하여 책임을 지는 경우이다. 또 보험료기간, 즉 보험료를 산출하는데 단위로 되는 기간과 구별된다. 양자가 일치하는 경우도 있으나(예 : 損害保險), 보험기간이 수개의 보험료기간으로 구성되는 경우가 있다(예 : 생명보험).

보험단체(保險團體) 보험에는 많은 보험가입자로부터 갹출되는 보험료의 전체 중에서 현실로 사고를 당한 보험가입자에게 보험금이 지급되는 것으로, 각 보험가입자간에 相互保險의 기능을 가지는 단체가 성립하게 되는 바 이것이 보험단체이다. 이와 같은 보험의 단체적 성질은 보험가입자로써 구성되는 社團法人이 보험자로 되는 상호보험에서는 법률상으로도 명료하나 營利保險에서는 보험관계는 법률적으로는 단순히 보험자와 보험가입자 사이에 계약관계로 구성되어서 보험단체는 경제적으로 존재하는데 지나지 않게 된다.

보험대리상(保險代理商) 〔英〕 insurance agent 〔獨〕 Versicherungsagent 보험자를 보조하는 대리자, 즉 계속적으로 保險者(보험회사)를 중개 또는 대리하는 것을 업으로 하는 상인이다(商 87). 보험의 多數契約性에 비추어 다수의 가입자를 광범한 지역에서 모집하여 위험을 분산하기 위하여 보험대리상이 크게 이용된다. 그 중에는 締約代理商도 있지만 실제로는 仲介代理商의 경우가 많아서, 公衆은 대리권한이 있는 줄로 오신하기 쉬우므로, 이에 관한 규정을 명문화하여 공중을 보호할 필요가 있다. 보험대리상은 보험모집에 관하여 保險募集團束法에 의한 단속을 받는다.

보험대위(保險代位) 손해보험에 있어서 보험자가 손해의 전보를 했을 경우 피보험자가 보험의 목적에 관하여 가진 권리 및 피보험자가 제3자에 대하여 가진 권리를 법률상 당연히 취득하는 것(商 681, 682). 損害保險은 피보험이익의 결손의 전보를 목적으로 하는 것이므로 피보험자의 이중이득을 방지하기 위하여 인정되며, 民法의 代位와 같은 정신에 입각하고 있다. 제3자에 대하여 가진 권리에는 불법행위에 의한 것 외에 債務不履行에 의한 것을 포함하고, 또 그 제3자의 행위에 의하여 그 제3자에 대하여 취득한 권리에 한하지 않으며, 따라서 共同海損의 分擔額請求權도 포함된다.

보험료(保險料) 〔英〕 premium 〔獨〕 Prämie 〔佛〕 prime 보험자의 위험부담에 대하여 보험계약자가 지급하는 보수로서, 보험자의 보험금액의 급여에 대한 반대급여이다(商 638). 이것을 營業保險料라고도 하며, 보험사고발생의 확률에 따라서 순리적으로 산출되는 이른바 純保險料(또는 총보험료) 위에 附加保險料(이익 · 保險事業經營費 또는 保險契約締結費用 등)를 가산한 것이다. 보험료의 산출은 보험금액을 기준으로 하고, 위험률에 따라서 보험료기간을 단위로 하여 정하여진다. 보험료지급방법으로서는 全納하는 경우와(예 : 손해보험), 각 보험료기간으로 分納하는 경우(예 : 생명보험)가 있다. 분납하는 경우에는 매년 평균한 일정액, 즉 평균보험료를 납입함이 원칙이다. 만일 死亡生殘表에 따라 후년일수록 늘어가는 사망률에 의하여 산출된 이른바 自然保險料로 정한다면 실제의 수요에 맞지 아니하므로, 그 전체를 평균하여 後年部分의 고액의 보험료 중 일부를 미리 적립하여 둔다(保險料積立金). 특정한 경우에는(예 : 특별위험의 소멸 또는 초과보험의 경우 등) 보험료의 감액을 청구할 수 있고(647, 669 I), 계약이 무효인 일정한 경우에는 보험료의 반환을 청구할 수 있고(648), 또 人保險에 있어서는 保險積立金의 반환을 청구할 수 있는 경우가 있다(736, 739).

보험료기간(保險料期間) 〔獨〕 Versicherungsperiode 보험료를 산출하는데 단위로 되는 기간. 즉, 이 기간이 위험측정의 단위이므로 보험료는 이를 분할할 수 없다(保險料不可分의 原則). 보험료기간은 보험기간, 즉 보험자가 위험을 부담하는 기간과 일치하는 경우도 있으나(예 : 손해보험), 보험기간이 수개의 보험료기간으로 나누이는 경우가 있다(예 : 생명보험).

보험료불가분(保險料不可分)**의 원칙**(原則) 〔獨〕 Unteilbarkeit der Prämie 〔佛〕 indivisibilité de la prime 보험료기간의 보험료는 분할할 수 없다는 원칙. 보험료의 산출의 기초는 保險料期間을 단위로 하여서 위험을 측정하고 있으므로, 이 기간내의 보험료도 불가분으로 되어 있다. 따라서 이 기간의 도중에 보험계약이 종료되어도 특약이 없는 한 그 기간의 보험료는 이를 지급하여야 한다. 그러므로 만일 사고발생전에 보험계약자가 계약을 해지한 경우에 이미 보험료가 지급된 때에는 특약이 없는 한 經過中의 보험기간의 보험료는 그 반환을 청구할 수 없고, 다만 未經過保險料의 반환만을 청구할 수 있다(商 649 참조).

보험료적립금(保險料積立金) 〔英〕 premium reserve 〔獨〕 Prämienreserve 보험회사의 責任準備金의 일종. 보험회사는 매 결산기에 보험

계약의 종류에 따라 책임준비금을 계상하여야 하는데(保險 98), 이 책임준비금은 未經過保險料와 保險料積立金으로 나눈다. 보험료적립금은 생명보험에 특유한 것으로서, 해마다 특정한 피보험자의 사망률은 증가하고, 그에 따라서 遞增保險料를 필요로 하는데 대하여, 매년 일정한 보험료(平準保險料)를 징수하기 때문에, 위험률이 낮은 시기에 위험률이 높은 후년도의 보험료로서 먼저 징수한 부분을 적립하는 것을 말한다. 그 계산방법은 칠메르식 계산법과 純保險料式이 있다.

보험법(保險法) 〔英〕 law of insurance 〔獨〕 Versicherungsrecht 〔佛〕 droit d'assurance 넓은 의미로는 보험에 관한 모든 법규를 포함한다. 따라서 營利保險의 계약에 관한 법 외에 보험기업의 감독에 관한 법(예 : 보험업법 등), 私保險企業者의 조직에 관한 법(예 : 주식회사법, 보험업법 중 상호회사의 조직에 관한 법규) 및 사회보험 등 公保險에 관한 법규(예 : 군인보험법, 선원보험법)을 포함한다. 이에 대하여 좁은 의미로서는 영리보험의 계약에 관한 법규를 가리킨다. 그 법원은 상법 4편 保險編이 중심이 된다. 舊商法에 있어서는 보험을 陸上保險과 海上保險으로 나누어서 전자는 同 3편 10장 보험에, 후자는 同 4편 해상 6장 보험에 각각 분산하고 있었으나, 보험의 특이성에 비추어 이를 일반상행위와 구별할 필요가 있으므로, 상법은 보험편을 신설하여 同 제4편으로 하는 동시에, 종래의 海商編의 일부에 속하였던 해상보험을 이에 통합하였다. 또 舊商法은 손해보험과 생명보험을 분리하여 규정하였음에 대하여 상법은 새 경향에 따라서 양자를 통일하여 이에 관한 通則規定을 두는 동시에, 손해보험에는 책임보험의 절을 신설추가하고, 생명보험은 이를 人保險으로 확충하여 생명보험 외에 신체에 관한 전형적인 보험으로서 傷害保險을 두었다. 또 내용에 있어서는 종래의 비교적 업자 본위라고 할 수 있었던 것에 대하여, 상법은 계약자의 권익을 보호함에 힘썼다. 또 상법전 외에 普通保險約款이 있어서 상법전의 규정보다도 우선적용되므로, 실제로는 보험관계는 약관에 의하여 정하여지고 또 처리되어서 일종의 自治法規의 성질을 가진 특별법의 지위를 차지한다.

보험보증기금(保險保證基金) 保險事業의 안정적 발전과 보험계약자 또는 보험금액을 취득할 자에 대한 보험금 및 諸支給金의 지급 등을 보장하기 위하여 보험감독원에 설치된 기금(保險 197의9 I). 보험보증기금은 보험사업자의 출연금, 정부의 출연금, 기타 보험보증기금의 수입금으로 한다(197의10 I). 기금의 운용·관리에 관한 기본방침을 심의·의결하기 위하여 보험감독원에 保險保證基金管理委員會를 둔다(197의11 I).

보험사고(保險事故) 〔英〕 risk 〔獨〕 Gefahr, Versicherungsfall, Risiko 〔佛〕 risque 보험자의 보상의무를 구체화시키는 사고, 즉 이에 대하여 보험이 붙여진 우연한 사고. 舊商法에서는 이를 위험이라고도 하였지만, 위험이란 용어는 이 외에 사고발생의 가능성 또는 가능성을 생기게 하는 사실 등 여러가지 의미로 사용되므로, 상법에서는 이와의 혼동을 피하기 위하여 보험사고라고 밝혔다(商 644, 655, 657, 666 ii 등). 보험은 보험사고의 발생으로 인하여 생긴 경제생활의 불안정을 제거 또는 경감하기 위한 제도로서, 危險(보험사고)이 없으면 위험이 없다(Ohne Gefahr keine Versicherung)는 표어는 보험사고가 보험계약에 불가결한 요소인 것을 표시한다. 보험사고의 종류는 보험계약의 유형에 따라서 무한히 증대되고 있으나, 그 요건으로서는 우연성, 즉 불확정인 것이어야 한다. 우연성은 계약 당시에 객관적으로 존재함을 요하지만, 당사자 등에 있어서 주관적으로 불확정인 때에는 이를 유효로 하였다(644). 그 외의 요건으로서 가입자편의 고의·중과실로 인한 것(事故招致)이 아닌 것, 비상적·불법적·자연적이 아닌 것이라야 한다(659, 660, 678)(免責事由). 이는 보험사고의 우연의 정도는 보험료 산정의 기초로서 보통 기대할 만한 것이어야 하기 때문이다.

보험수익자(保險受益者) 〔英〕 beneficiary 〔獨〕 Bezugsberechtigter, Begünstigter 〔佛〕 bénéficiaire 人保險契約에서 보험금액의 지급을 받을 자로 지정된 자. 보험계약의 수익자라는 의미에서 손해보험계약의 피보험자에 해당하며, 舊商法에서는 保險金受取人이라고 하였다. 손해보험계약에서는 피보험자가 보험의 수익자를 겸하지만, 人保險契約에서는 피보험자 외에 보험의 수익자인 이른바 보험수익자의 지위가 따로 있어서 양자가 동일인이 아닌 경우가 있다. 이는 손해보험에서는 피보험자가 동시에 보험의 수익자가 됨이 상태임에 반하여, 人保險의 전형인 死亡保險에서는 피보험자의 유족인 제3자가 보험의 수익자로 되어 온 전통에 기인한 것이라고 할 수 있다. 보험수익자가 보험계약자를 겸하지 아니한 경우를 타인을 위한 보험(商 639), 이를 겸한 경우를 자기를 위한 보험이라고 한다. 타인을 위한 人保險契約에서는 보험계약자가 보험수익자를 임의로 지정 또는 변경할 권리가 부여되어 있다(733). 보험수익자는 보험계약의 당사자는 아니지만, 보험금액의 지급을 받을 권리가 중요한 보험관계자이므로, 보험의 善意契約性에 비추어 通知義務

(657), 說明義務(보통보험약관)가 있다.

보험약관(保險約款) 〔英〕 policy conditions 〔獨〕 Versicherungsbedingungen 〔佛〕 conditions d'assurance 보험계약의 約定條款. 넓은 뜻으로는 普通保險約款과 特別保險約款을 포함하지만, 좁은 뜻으로는 전자를 가리킨다. 왜냐하면 다수의 계약의 체결을 위하여는 전자의 형식을 취하는 것이 편리하기 때문이다. 보통보험약관은 普通契約約款의 일종으로서 보험자가 일방적으로 미리 작성한 보험계약의 내용이 될 약관이다. 이는 회사의 정관과 아울러 商事自治法規에 속하며, 특약이 없는 한 이것을 내용으로 하여 계약이 체결되어서, 보험계약자는 사실상 이에 좇지 않을 수 없으므로, 이른바 附合契約에 속하며 대기업의 集團去來(예 : 운송·창고·은행 등의 거래)의 형식으로 되어 있다. 보험약관은 보험증권의 이면에 기재됨이 보통이며, 따라서 계약이 성립된 후에 교부되는 보험증권을 통하여 계약자는 비로소 이를 알게 되는 경우가 통례이지만, 계약자의 知·不知에 불구하고 商慣習上 그 구속력이 인정될 뿐 아니라, 상법전에 우선하여 적용되므로 보험법상 가장 중요한 法源으로 되어 있으며, 따라서 이에 관해서는 재정경제부장관의 許可를 얻게 되어 있다(保險 5 Ⅲ iii).

보험영업(保險營業) 〔獨〕 Versicherungsgewerbe 영리의 목적으로 영위되는 보험사업. 이 경우의 보험을 營利保險이라고 하는바, 이런 보험의 인수는 基本的 商行爲이다(商 46 xvii). 보험사업은 300억원 이상의 자본금 또는 기금을 납입하지 아니하고는 이는 개시하지 못하고 재정경제부장관의 인가를 요한다(保險 5~7). 보험업법은 상호회사를 포함하는 보험회사에 대한 일반적인 행정적 감독과 함께 특히 보험영업을 하는 주식회사에 대하여 상법의 주식회사에 관한 많은 특칙을 정하고 있다.

보험위부(保險委付) 〔英〕 abandonment 〔獨〕 Abandon 〔佛〕 abandonnement 海上保險에서 보험의 목적이 전부 멸실한 것과 동일시할 일정한 경우에 피보험자가 보험의 목적에 관한 모든 권리를 보험자에게 위부하여 보험금액의 전부를 청구하는 권리를 취득하는 것(商 710). 일방적인 의사표시로써 권리를 이전시키는 점(委付)에서 선박소유자의 免責委付와 같으나, 이와 구별하기 위하여 특히 보험위부라 한다. 위부를 할 수 있는 경우는 ① 피보험자가 보험사고로 인하여 자기의 선박 또는 積荷의 占有를 상실하여 이를 회복할 가능성이 없거나 회복하기 위한 비용이 회복하였을 때의 價額을 초과하리라고 예상된 경우, ② 선박이 保險事故로 인하여 심하게 훼손되어 이를 수선하기 위한 비용이 수선하였을 때의 가액을 초과하리라고 예상될 경우, ③ 積荷가 보험사고로 인하여 심하게 훼손하여서 이를 수선하기 위한 비용과 그 적하를 목적지까지 운송하기 위한 비용과의 합계액이 도착하는 때의 積荷의 價額을 초과하리라고 예상된 경우(710 i~iii). 委付原因에 대한 입증책임은 피보험자에 있고, 보험자가 위부를 승인하면 그러하지 아니하다. 위부를 하게 되면 피보험자는 보험금액의 전부의 지급을 청구할 수 있고(710 本), 반면에 보험자는 피보험자가 보험의 목적에 관하여 가지고 있는 모든 권리를 취득하게 된다(718 Ⅰ). 그러나, 一部保險에 있어서는 보험자는 보험금액의 保險價額에 대한 비율에 따라 그 권리를 취득한다. 위부의 절차에 관하여는 상법에 규정이 있다(713~715).

보험(保險)의 목적(目的) 보험이 붙여진 경제상의 財貨 또는 自然人(商 666, 675, 678, 721 등). 화재보험의 건물, 운송보험의 운송물, 해상보험의 선박·積荷, 책임보험의 전재산 등이다. 人保險에서는 피보험자가 이에 해당한다. 보험의 목적은 單一物(예 : 1동의 건물)인 경우도 있고, 集合物(예 : 특정상점내의 상품 전부)인 경우도 있다. 集合物에 대한 火災保險에 관하여는 그 목적의 범위를 명문화하였다(686, 687). 보험의 목적과 구별할 것은 보험계약의 목적, 즉 피보험이익이다. 보험의 목적이 동일한 경우에도 보험계약의 목적을 달리할 수 있다. 예를 들면, 동일한 상점에 대하여 소유권자로서, 저당권자로서, 賃借權者로서 또는 소실로 인한 營業休止로 생긴 영업자로서의 손해 등을 계약의 목적으로 하여 각각 독립된 보험계약을 체결할 수 있다.

보험자(保險者) 〔英〕 insurer, underwriter 〔獨〕 Versicherer 〔佛〕 assureur 보험계약의 당사자로서, 보험사고가 발생한 경우에 보험금액의 지급을 할 의무를 진 자. 보험을 영업의 관점에서 보면 보험자는 保險業의 주체이다. 그 자격은 일정액 이상의 자금을 가진 주식회사에 한하고, 그 영업은 허가를 요하며(保險 5, 7), 그 상호 중에 주로 영위하는 보험사업의 종류를 표시하여야 하며, 보험회사 아닌 자는 그 상호 중에 保險事業者임을 표시하는 문자를 사용할 수 없다. 만일 이에 위반한 때에는 벌칙의 적용을 받으며, 기타 엄중한 감독을 받는다. 이는 보험영업이 공익에 깊은 관계가 있기 때문이다. 상호보험의 보험자는 일정액 이상의 기금을 가진 상호회사로서 면허를 요하며 보험업법에 의하여 감독을 받는다. 사회보험에서도 보험을 인수하는 자를 보험자라고 한다. 보험자는 주요한 의무자로서 상기한 보험금액지급의무가 있는 외에 保險證券交付義務(商 640), 保險證券再交付義務(642), 일정한 경우의 保險料返還義務(648), 생명보험의 경우의 積立金返還義務(736, 649) 등이 있는 동시에, 보험계약자 또는 피보험자 등은 보험자에 대하여 保險料支給義務(638)를 비롯하여 각종의 통지의무·손해방지의무 내지 고지의무 등이 있다.

보험자대위(保險者代位) 〔英〕 subrogation 〔獨〕 Abtretung des Schadenersatzanspruchs des Versicherten 〔佛〕 recour de l'assureur contre le tiers responsable du sinistre 보험자가 보험사고로 인한 손실을 피보험자에게 보상하여 주고, 그 被保險者(또는 더러는 保險契約者)가 보험의 목적 또는 제3자에 대하여 가지는 권리를 법률상 당연히 취득하는 것(商 681, 682). 이 보험자대위의 원칙은 본래 衡平의 관념에서 유래한 것이며, 보험사고로 인하여 피보험자에게 이중의 이득을 주지 않으려는 데에 근거를 두고 있다. 이것은 또 損害保險에만 인정되는 원칙이며, 人保險에는 허용되지 않는다(729). 일부보험의 경우의 보험의 목적에 대한 권리는 보험금액의 保險價額에 대한 비율에 따라 취득한다(681). 그리고 제3자에 대하여 가지는 권리에는 불법행위 또는 채무불이행에 의한 손해배상청구권이 있다.

보험증권(保險證券) 〔英〕 policy 〔獨〕 Versicherungsschein, Police 〔佛〕 police 보험계약이 성립된 후에, 계약의 성립과 그 내용을 증명하기 위하여, 보험계약자의 청구에 의하여, 보험자가 발행하는 증권. 보험계약자를 위하여는 보험계약에 관한 證據證券이 되는 동시에, 보험자를 위하여는 보험증권의 소지인에게 보험금을 지급하면 그 책임을 면하게 되므로 免責證券이라고 할 수 있다. 기재사항은 법정되어 있으나(商 666, 685, 690, 695, 728, 738), 그 중 어느 것이 빠져도 당연히 무효로 되는 것은 아니다(相對的 要式證券). 보험증권의 기재내용이 계약의 내용과 다를 때에는 보험계약의 당사자는 그 正否에 관한 이의를 할 수 있으나, 보험관계의 안정을 위하여 일정한 기간내(1月 이상)에 한하여 이의를 할 수 있음을 약정하는, 이른바 異議約款을 할 수 있는 규정을 두었다(641). 人保險은 물론, 손해보험에도 보험증권은 記名式으로 발행되는 경우가 많다. 그러나, 근래 해상보험·운송보험에 있어서는 指示式·無記名式으로 발행되어서 배서·교부되는 보험증권의 성질에 관하여, 종래의 통설은 그 無因性·文言性을 부인하는 나머지, 또는 피보험물의 소유자의 변경으로 인하여 위험이 현저하게 변경·증가될 염려가 있다는 이유로, 그 유가증권성을 부인하고 있으나, 이미 有價證券(운송증권·창고증권 등)에 의하여 유통중에 있는 피보험물은 전문적인 企業者(운송업자·창고업자 등)의 책임있는 보관하에 있기 때문에, 피보험자의 교체로 인한 영향을 받지 아니하므로, 실제 경제사회의 수요에 응하여 유가증권성을 인정할 것이라는 설이 유력하다.

보험증권대부(保險證券貸付) 〔英〕 policy, loan on policy 〔獨〕 Policendarlehn, Beleihung der Police 보험자가 解約返還金의 범위내에서 보험계약자에 대하여 행하는 대부. 이것은 消費貸付가 아니라 해약반환금의 일부 前拂이며, 보험자는 보험금의 지급에 있어서 이것을 공제하면 된다.

보험회사(保險會社) 보험사업을 영위하는 회사. 보험영업을 영위하는 주식회사 이외에 相互會社가 있다(保險 2장 3절). 상호 또는 명칭 중에 그 영위하는 주된 보험사업의 종류를 표시하여야 하며(8), 원칙적으로 타사업의 兼營 및 生命保險과 損害保險의 겸영은 인정되지 아니한다(9, 10).

보 호(保護) [1] 정신착란 또는 酒醉로 인하여 자기 또는 타인에게 위해를 미칠 우려가 있는 자 또는 迷兒·환자·부상자 등으로 응급한 구호를 요하는 자를 경찰관이 경찰서·병원 등 적당한 장소에 일시 보호하는 것. 종전에도 여러가지 보호검사제도가 있었으나 그 남용에 비추어 경찰관직무집행법은 엄중한 요건을 정하고, 신속하게 가족 또는 친지에게 인수 통지 또는 수배하거나 혹은 적당한 다른 기관에 인계해야 한다. 경찰의 보호는 24시간을, 假領置의 경우는 10일을 초과하지 못한다(警職 4 Ⅶ).

[2] 생활보호법상의 보호의 종류는 생계보호, 의료보호, 自活保護, 교육보호, 解産保護, 葬祭保護 등이 있다(7).

보호관세(保護關稅) 〔獨〕 Schutzzoll 국내산업을 보호·장려할 목적으로 과하는 관세. 보호관세는 財政關稅와 구별되며, 경제적으로 조세적 성질이 희박하지만 법률상으로는 재정관세와 같이 租稅라고 부른다. →관세, 소비세

보호관찰(保護觀察) 〔英〕 probation 〔獨〕 Schutzaufsicht 범인을 특정인에게 위탁하여 그 行狀을 관찰시키고 재범에 빠지지 않도록 노력하는 일종의 보안처분으로서, 국가와 민간인과의 협력에 의한 累犯防止와 刑餘者의 보호를 목적으로 하는 제도. 보호관찰은 그 전제적인 절차로 반드시 형의 宣告猶豫 또는 執行猶豫가 행하여진다. 이러한 의

미에서 가석방이 행해진 후에 보호관찰에 붙여지는 指導制度(parole supervision)와는 구별된다. 보호관찰은 단순히 형의 선고 또는 집행을 유예하고 그대로 放免만 하는 것이 아니고, 그 범인의 재범을 예방하고 또한 적법하고 질서있는 생활을 하도록 하는 항구적인 更生復歸(rehabilitation)를 적극적으로 돕기 위하여 특수한 교양과 기교를 가진 케이스 워커인 保護觀察司의 관찰과 케이스 워크 處遇에 붙이는 것이다. 이러한 제도는 현재 우리나라에서 비행소년들의 矯正을 위하여 少年法院에서만 적용하고 있으며(少 32), 일반법원에서는 실시하지 않고 있다.

보호·교양권(保護·教養權) 親權者는 子를 보호하고 교양할 권리와 의무가 있다(民 913). 친권의 내용 중에서 가장 기본적인 권리·의무이다. 보호는 신체의 보호를 꾀하는 행위이고, 교양은 정신의 발달을 꾀하는 행위라고도 해석되지만, 이 두 개를 엄격히 구별할 필요는 없다. 子를 心身 공히 건전한 인간으로 육성하는 것이 보호·교양이다. 懲戒權·居所指定權 기타의 신상에 관한 권리의무도, 이 보호·교양의 목적을 달성하기 위한 수단으로서 인정된 것에 지나지 않는다.

보호구속(保護拘束) 자기 또는 타인에게 상해를 끼칠 염려가 있는 정신장애자를 정신병원 이외의 장소에 구금하는 것. 장애자의 신체에 대한 강제이므로 이의 실시·그 장소·방법의 변경 등에 있어서는 엄격한 요건이 요구된다. 精神衛生法이 정하는 것인데 우리나라에는 아직 이에 대한 입법이 없다.

보호국(保護國) 〔英〕 protecting state 〔獨〕 Protektorstaat 〔佛〕 État protecteur 보호조약에 의하여 타국을 보호하는 국가. 보호를 받는 국가는 被保護國이다. 그리고 양자의 관계를 保護關係라고 한다. 따라서 보호국은 보호조약에 규정된 범위내에서 피보호국에 대한 외교관계의 일부를 처리할 수 있고, 피보호국 역시 조약에 의해서 제한되지 않는 한도내에서 스스로 외교관계를 처리할 수 있다. 이 점에 있어서 宗主國의 국내법에 의하여 從屬國의 외교능력이 제약을 받는 附庸關係와 다르다. 이러한 의미에서 피보호국은 주권 특히 외교능력에 관해서 타국의 제약을 받기 때문에 불완전한 국제법상의 주체, 즉 半主權國家(not-full sovereign state, half sovereign state, part sovereign state)이다. 원래 보호관계는 독립국이 보호국에 합병되는 과정에 있어서, 과도적인 형태로서 존재하는 것이 보통이므로, 강대국이 식민지 획득의 한 방식으로 이용해 온 제도로서 우선 제1단계조치로서 보호관계를 설정하고 기회있는 대로 합병을 기도하는 과도적 현상이다. → 보호조약

보호법익(保護法益) → 법익

보호사건(保護事件) → 소년보호사건

보호수면(保護水面) 해양수산부장관은 시·도지사의 신청에 의하여 수산동물의 산란·수산동식물의 種苗發生이나 稚魚의 성장을 위하여 적합하다고 인정하는 수면에 대하여 보호수면으로 지정할 수 있다. 다만 內水面의 경우에는 시장·군수 또는 자치구의 구청장의 신청 또는 직권에 의하여 시·도지사가 이를 보호수면으로 지정할 수 있다(水產 67).

보호시설(保護施設) 생계가 어려운 자를 보호하기 위하여 生活保護法에 의하여 설치된 시설. 양로시설·양육시설·보호시설·재활시설·의료시설의 5종류가 있다(25~26).

보호예수(保護預受) 〔英〕 safe deposit 〔獨〕 Aufbewahrungsgeschäft 〔佛〕 dépôt en sûreté 금융기관이 거래처로부터 유가증권·귀금속 기타 부피가 작은 물품의 보관을 인수하는 계약. 有償인 것이 보통이다. 중소기업은행과 농업협동조합의 경우는 그 업무로 법에 명시되어 있는데(中小企業銀行法 33ⅲ, 農協 153Ⅰv 마), 기타 금융기관에서는 부대업무로 하고 있다. 각 금융기관이 취급하고 있는 보호예수에는 開封保護預受와 封緘保護預受의 2종이 있다. 전자는 보관을 인수함에 있어서 목적물의 내용, 즉 그 종류·품질 및 수량을 밝히는 것인데, 유가증권에 관하여 많이 이용된다. 금융기관은 그 내용의 동일성에 대하여 책임을 진다. 후자는 任置人이 목적물의 外包, 즉 포장 또는 용기에 봉함을 하고 따라서 금융기관은 그 내용을 알지 못한 채 보관을 引受하는 것이다. 이 경우 금융기관은 봉함에 이상이 없이 반환하기만 하면 되고, 그 내용의 相違나 부족에 대하여 책임을 지지 않는다. 외국에서는 貸渡保護函 내지 貸金庫의 제도도 있다. 보호예수의 법률적 성질은 有償의 任置契約인 바, 보관의 설비가 창고가 아니고 금융기관의 영업소내의 설비라는 점에서 창고업자의 행위와 다르다. 그러나, 貸渡保護函의 법률적 성질은 임대차로 볼 것이다.

보호(保護)의 객체(客體) → 법익

보호조약(保護條約) 〔英〕 treaty of protectorate 〔佛〕 traité de protectorat 한 국가가

타국가를 자기의 보호하에 두고 主權 특히 外交能力의 일부를 행사할 것을 규정한 복수국가간의 합의. 이 때에 보호를 부여하는 국가를 保護國이라 하고 보호를 받는 국가를 被保護國이라고 하며, 양자의 관계를 보호관계라 한다. 보호관계는 원칙적으로 조약적 합의에 의하여 설정되므로 보호와 피보호의 한계는 조약에 의하여 규정된다. 따라서 합의에 의해서 제한되지 않는 한도내에서는 피보호국도 스스로 외교관계를 처리할 수 있는 것으로 보아야 한다. 보호관계의 구체적인 내용은 각 조약에 따라 규정되므로, 이를 일반적으로 설명할 수 없으나 합의가 從屬關係의 기초로 되어 있기 때문에 특히 합의되지 않는 한, 보호국과 타국간에 체결된 조약은 당연히는 피보호국에 적용되지 않으며, 또한 보호국이 전쟁을 개시하여도 피보호제국은 자동적으로 전쟁에 참가하지 않는다. → 피보호국, 보호국

보호조치(保護措置)　경찰관이 특수한 거동 기타 주위의 사정을 합리적으로 판단하여, 정신착란 또는 酒醉로 인하여 자기나 타인의 생명·신체·재산에 위해를 끼칠 우려가 있거나, 자살을 기도하는 자라고 명백히 인정되거나, 迷兒·病者로 인정되는 자로서 應急의 救護를 요한다고 믿을 만한 상당한 이유가 있는 자를 경찰관서·병원 기타의 구호기관에서 보호하도록 하는 행위. 보호조치를 한 경우에는 지체없이 피보호자의 가족 기타의 연고자에게 통지하여야 하며, 보호조치는 24시간 이내이어야 한다(警職 4). → 불심검문

보호주의(保護主義)　〔獨〕 Schutzprinzip 법령 특히 형법의 場所的 適用範圍에 관한 1주의. 범인·범죄지의 여하를 불문하고, 자국 또는 자국민의 법익을 침해하는 범죄에 대해 자국의 형법을 적용하는 원칙. 현행형법은 屬地主義의 1補則으로 채용하고 있다(5, 6 참조).

보호처분(保護處分)　保安處分의 일종.

[1] 사회보호법상 재범의 위험성이 있고 특수한 교육·개선 및 치료가 필요한 자에 대하여 사회복귀를 촉진하고 사회를 보호할 목적으로 하는 처분(1). 동법상의 보호처분에는 ① 일정한 시설에 수용하여 監護·敎化하고 사회복귀에 필요한 직업훈련과 근로를 과하는 保護監護(7 Ⅰ), ② 일정한 시설에 수용하여 치료를 위한 조치를 하는 治療監護(9 Ⅰ), ③ 피보호감호자가 가출소 또는 가석방된 후 가석방이 취소되거나 실효됨이 없이 잔형기를 경과하거나 치료감호가 가종료된 때 또는 치료감호자가 시설 외에서의 치료를 위하여 친족에게 위탁된 때 개시되는 保護觀察(10 Ⅰ) 세 종류가 있다. 보호감호와 치료감호처분은 검사의 청구에 의한(14) 법원의 재판에 의하고(20) 보호관찰은 일정한 사유가 있으면 당연히 개시된다(10).

[2] 가정법원소년부 또는 지방법원소년부가 심리한 결과, 소년에 대하여 내리는 處分으로서(少 32), 保安處分의 일종이다. 그 종류로는 ① 보호자 또는 보호자를 대신하여 소년을 보호할 수 있는 자에게 감호를 위탁하는 것, ② 아동복지시설 기타 소년보호시설의 감호에 위탁하는 것, ③ 병원 기타 요양소에 위탁하는 것, ④ 少年院에 송치하는 것, ⑤ 保護觀察에 붙이는 것 등이 있다. 보호처분은 형벌이 아니므로 前科가 되지 않으며, 이 처분으로 인하여 장래의 신상에 여하한 영향도 미쳐서는 안된다(32 Ⅴ).

보호형주의(保護刑主義)　형벌의 목적은 범인에 科刑하는 것에 의하여 장래의 범죄를 예방하고 범죄로부터 사회를 보호함에 있다는 주의. 범죄를 개선가능과 불가능으로 나누어 개선가능자는 개선의 방향으로, 불가능한 자는 배제하는 방향으로, 즉 確信犯人은 生命刑을 구한다는 리스트의 이론이다.

보훈기금(報勳基金)　국가유공자예우 등에 관한 법률의 적용대상자인 순국선열, 애국지사, 전몰군경, 戰傷軍警, 순직군경, 公傷軍警, 무공·보국수훈자, 6.25참전재일학도의용군, 4.19의거 사망자, 4.19의거상이자, 순직공무원, 公傷公務員, 국가사회발전특별공로순직자 및 국가사회발전특별공로자 등의 福祉增進事業과 군인보험업무·대간첩작전보상대책지원사업 및 대한민국재향군인회사업 등을 효율적으로 운영하기 위하여 보훈기금법에 따라서 설치된 기금, 종래의 援護基金을 말한다.

복고학파(復古學派)　〔獨〕 Humanisten 〔佛〕 humanistes　휴머니즘의 一般思潮의 영향을 받아, 16세기의 프랑스를 중심으로 발흥한 로마법 연구학파. 註釋學派·後期註釋學派와 달라, 로마法大全을 고전고대정신의 발로로 보고, 그 내적인 가치때문에 그것을 연구하려고 하였다. 즉, 이 학파는 로마법대전 중의 여러 법문을 古典言語學·歷史學의 힘을 빌려 비판적으로 검토하여, 로마법의 본래의 모습, 고전시대에 있어서 순수한 모습을 발견하려고 노력하였다. Alciatus, Budaeus, Zasius, Cujacius, Donellus, A.Faber, D.Gothofredus, J.Gothofredus 등은 그 대표자로서, 근대에 있어서 로마법의 純歷史的·批判的인 硏究(→인떼르뽈라치오)의 선구를 이루었는데, 이 시대 독일, 이탈리아에 있어서는 後期註釋學派流의 실제적인 학풍을 驅逐할

정도는 못되었으며, 중심지인 프랑스에 있어서조차 17세기에는 벌써 세력을 잃었다.

복관세제(複關稅制) 〔英〕 double tariff 1개의 품목에 대하여 2종 또는 3종의 세율을 과하는 관세제도. 전형적인 것은 最高·最低稅率制이다. 이것은 稅目의 전부 또는 일부에 대하여 최고율 또는 최저율의 2종을 규정하고 원칙적으로 통상조약이 없는 국가 또는 自國品에 차별대우를 하는 국가에는 고율을 적용하고, 자기 나라에 대하여 세율의 협정을 승낙하고 또는 互惠的 待遇를 허용하는 국가에는 저율을 적용한다.

복 구(復仇) 〔英〕 reprisals 〔獨〕 Repressalien 〔佛〕 représailles 國際不法行爲의 중지와 救正을 위한 强力行爲. 이 강력행위는 상대국이나, 그 국민의 권리를 사실에 있어서 침해하는 것이나, 이 경우에는 특히 違法性이 阻却된다. 복구의 요건은 ① 상대국의 국제불법행위가 있을 것, ② 그 중지 또는 救正을 위하여 행하여져야 할 것, ③ 강력행위는 불법행위와 대등할 것 등이다. 이상의 요건을 구비하는 한, 강력행위의 수단을 불문하지만, 상대국과의 조약의 실시의 정지, 상대국의 국민이나 화물의 억류, 그 영토의 일부의 점령, 선박억류, 평시봉쇄 등이 비교적 많이 사용된다. 復仇는 남용되기 쉽고, 특히 병력을 사용할 때 그 요건이 엄격히 충족되지 않는 경향도 있어 폐해가 적지 않다. 최근에는 不戰條約·국제연합헌장 등에 의하여 전쟁 기타 병력의 사용이 금지되며, 복구를 위한 병력의 사용까지 금지되어 있다. → 전시복구, 평시점령

복 권(復權) [1] 赦免法에 있어서의 복권은 대통령의 명에 의하여(憲 79) 형의 선고의 효력으로 인하여 상실 또는 정지된 자격을 회복시키는 것(赦 5 I v)을 말한다. 이러한 복권은 형의 선고로 인하여 법령의 정한 바에 의한 자격이 상실 또는 정지되고(3 iii) 또한 형의 집행을 종료하거나 집행의 면제를 받은 자에 한해서만(6) 행하여진다. 일반으로 행하는 復權(一般復權)은 대통령령으로 행하고(8 I), 특정한 자에 대한 복권(特別復權)은 대통령이 행하되(9), 모두 국무회의의 심의를 거쳐야 한다(憲 89 ix). 후자(특별복권)의 경우에는 형의 집행종료일 또는 집행이 면제된 날로부터 3년이 경과된 자에 대하여(赦 15 II), 검찰총장의 신청으로(15 I), 법무부장관이 대통령에게 上申한다(10). 이 경우에 특정한 자격만에 대한 복권도 인정된다(17 참조). 형의 선고에 의한 旣成의 效果는 복권으로 인하여 변경되지 않는다(5 II). 赦免에 의한 복권은 자격을 회복할 뿐이요 형의 선고의 효력을 잃게 하는 것이 아니므로, 복권이 되어도 형의 선고를 받은 일이 있는 자로서 취급된다. → 재판상의 복권, 법률상의 복권

[2] 파산법상 파산선고에 의하여 박탈된 公私權의 제한을 해제하고 그 권리능력을 회복하는 것. 일반적으로 파산선고에 의하여 파산자의 신상에 효과를 미치어 그 公私權上에 제한을 가하고, 심지어는 파산자를 공권이 박탈된 자와 동일한 지위에 두는 것이 懲戒主義임에 대하여, 그렇지 아니한 것이 非懲戒主義이다. 그런데, 현행파산법은 징계주의가 아니고 비징계주의를 취하여 파산의 효과로서 破産終結 뒤에 신상의 효과를 미치는 주의를 채택치 않고 있으나, 파산법 이외의 다른 법령에 있어서는 파산자에 公私權의 제한을 가하여 파산자는 거의 모든 공직에 취임할 수 없는 상태에 있게 하여, 마치 공권박탈과 동일한 지위에 놓고 있다(民 937 iii, 信託 10, 公證 13 ii, 辨理士法 4 iii 등). 이 경우에 복권에 의하여 이와 같은 신분상의 효과를 소멸시키는 것이다. 따라서 복권절차는 징계주의하에서는 필요하나 비징계주의하에서는 필요치 않다. 파산법은 당연복권과 신청에 의한 복권의 두 가지를 인정하고 있는데, 當然復權(358)이라 함은 법원의 복권결정을 필요로 함이 없이 법률상 당연히 복권되는 것으로, 免責決定의 확정, 强制和議認可決定의 확정, 同意廢止決定의 확정, 파산자가 선고 뒤에 詐欺破産에 관하여 유죄의 확정판결을 받음이 없이 10년을 경과한 때와 같은 경우이다. 신청에 의한 복권(359)은 파산자가 파산채권자에 대한 채무전부에 관하여 辨濟·免除 기타의 방법에 의하여 그 책임을 면한 때, 파산자의 신청이 있으면 파산법원의 복권결정으로써 한다.

복 권(福券) 복표와 같다.

복권주의(複券主義) → 창고증권

복대리(復代理) 〔英〕 sub-agency, substitution 〔獨〕 Substitution → 복대리인

복대리인(復代理人) 〔獨〕 Unterbevollmächtigter, Substitut 〔佛〕 sous-représentant 대리인이 자기의 명의로 자기가 가진 권한내의 행위의 전부 또는 일부를 행하게 할 자를 선임하여, 그 자를 직접 본인의 대리인으로 하는 제도를 復代理라 하고, 그 선임된 자를 복대리인이라고 하며, 복대리인을 선임할 수 있는 권한을 復任權이라고 한다. 본인의 신임을 받은 任意代理人은 원칙으로 復任權이 없고, 다만 본인의 승낙이 있거나 부득이한 사유가 있는 때에만 復任權이 있는데 반하여, 법정대리인은 언제든지 복임권이 있다. 그대신 복임권의 광협에

따라 복대리인의 過誤에 대한 대리인의 책임도 다르다. 즉, 任意代理人은 복대리인의 선임·감독에 과실이 있은 경우, 본인이 지명하는 자가 복대리인으로서 부적임 또는 불성실한 인물임을 알고 있으면서 이를 본인에게 고하지 않은 경우에만 책임을 짐에 반하여(民 121 참조), 法定代理人은 복대리인의 행동에 관하여 항상 전책임을 지는 것이 원칙이다(122 참조). 또 復代理人은 본인을 직접 대리하며, 대리인의 대리인이 되는 것이 아니다. 그리고 본인이나 제3자에 대하여 대리인과 동일한 권리의무가 있다(123). 復代理權은 대리권소멸의 일반적 사유(127) 외에 대리인이 가지는 대리권이 소멸하는 경우에도 소멸한다.

복 리(複利) 중리와 같다.

복리국가(福利國家) 〔英〕 welfare state 〔獨〕 Wohlfahrtsstaat 일반적으로 夜警國家에 대한 말. 극단적인 個人主義·自由放任主義를 지양하고 국민의 공동복리를 주요한 기능으로 하는 국가. 복리국가·社會福祉國家라고도 하나, 사회복지국가라는 용어는 광범한 社會保障制度를 실시하고 있는 국가 특히 영국·스웨덴 등의 사회민주주의정권하에 있었던 자본주의국가를 의미할 때가 많고, 복리국가라고 할 때에는 사회복리를 기능으로 삼고 있는 20세기 국가일반을 의미할 때가 많다(헌법의 기본권 중 경제적·사회적·문화적 기본권에 관한 규정과 119조 이하의 經濟條項 참조). →야경국가

복리행정(福利行政) 보육행정·급부행정과 같다.

복명(複名)**어음** →단명어음·복명어음

복 무(服務) 공무원, 공공기업체의 직원등이 그 근무에 종사함에 있어서의 규준. 공무원은 헌법상 전체의 奉仕者(國民의 公僕)로서 공공의 이익을 위하여 근무하며(憲 7Ⅰ), 근무의 수행에 전력을 기울여 전념함을 그 根本規準으로 하고, 공무원으로서의 지위에 의거하여 여러가지 복무상의 의무를 가진다.

복 본(複本) 〔英〕 bill in a set, part of a set 〔獨〕 Ausfertigung, Duplikat 〔佛〕 exemplaire, duplicata 동일한 어음관계를 表彰하는 數通의 어음의 各通. 권리가 곧 證券이고 증권이 곧 권리라는 유가증권의 이론에서 보면 複本制度는 하나의 변칙이나, 어음소지인이 1통을 상실하거나 혹은 인수를 위하여 송부중이라도 다른 1통으로 유통 또는 권리의 행사를 가능케 하기 위한 제도이다. 복본의 각통은 내용이 동일해야 되고, 복본인 것을 표시하기 위하여 번호의 기재를 해야 된다(어음 64). 각 통은 단독으로 어음으로서의 효력이 있으므로 1통만으로써 권리를 행사할 수 있으나 각 통이 표창하는 권리는 1개이기 때문에 1통의 지급이 있으면 특별한 경우를 제외하고는 다른 각 통도 효력을 잃게 된다(65). 인수 때문에 송부한 1통(送付複本)이 있을 때, 다른 각 통(流通復本)에는 그 送付處를 기재해야 되며, 이런 경우에 流通復本의 정당한 소지인은 送付復本을 保持하는 자에게 그 인도를 청구할 수 있다(66). 이 제도는 약속어음에는 없고 수표에는 제한적으로 인정되고 있다(手票 48, 49). ① 일국에서 발행하여 타국이나 발행국의 해외영토에서 지급할 수표, ② 일국의 해외영토에서 발행하여 본토에서 지급할 수표, ③ 일국의 동일해외영토에서 발행하고 지급할 수표, ④ 일국의 해외영토에서 발행하여 그 나라의 다른 해외영토에서 지급할 수표로서 所持人出給式手票가 아닌 것이어야 한다(48). 복본은 수표유통상의 편의를 위하여 인정되는 것이 아니므로 환어음의 경우와 달라, 수표소지인에게는 複本請求權이 인정되지 않는다. 복본은 발행인이 발행하는 것으로 換어음에 있어서와 같이 각 복본에는 그 증권의 문언 중에 번호를 붙여야 하며, 번호가 없을 때에는 각 복본은 독립한 수표로 본다(48). 복본의 1통에 대하여 지급이 있을 때에는 이른바 破毁交句의 기재가 없을 때라도 다른 복본을 무효로 하여 책임을 면하게 된다(49Ⅰ). 複本의 수통을 各別로 수인에게 양도한 背書人과 그 후의 배서인은 그 기명날인 있는 각 통 중 반환을 받지 아니한 것에 관하여 책임을 부담한다(49Ⅱ).

복 수(復讐) 타인의 침해에 대한 보복은 인류의 본능적 요소이다. 미개사회에 있어서는 血族復讐나 部落復讐가 의무로서 공공연히 인정되었던 것이다. 그와 같은 의무로서 공공연히 인정되었던 복수는 점차로 진전하여, 가해와 복수와의 균형을 요구하는 對等報復律(눈(眼)에는 눈을, 이(齒)에는 이를 가지고 보상해야 한다는 탈리오법칙)로 되었다. 그러나, 드디어 그러한 私人에 의한 대등보복은 금지되고 정치사회의 중앙권력에 의해서 사회적 제재가 실행되게 되었다. 형벌이 그것이다. 복수에 나타나는 응보의 正義觀이 형법사상의 기원인 것이고, 형벌이 형벌로서 행해지는 한, 그 근저에 應報思想이 존재한다는 것은 부정할 수 없을 것이다. 칸트는 대등보복을 정의의 실현이라고 하였고, 헤겔은 형벌을 법의 否定인 범죄의 再否定이라고 보았던 것이다.

복수정당제(複數政黨制) 〔獨〕 System der Pluralparteien 單一政黨制를 부인하는 정당

제도. 복수정당제는 兩大政黨制를 의미하기도 하나, 정당의 결성의 자유는 민주주의국가에서는 정치적 기본질서의 하나에 속하기 때문에 2개정당만을 인정할 수도 없다. 그러므로 복수정당제는 2개정당만을 인정하는 제도라기보다 單一政黨制를 부인하는 제도라는데 그 의의가 있다. 우리 헌법은 복수정당제를 보장하고 있다(8Ⅰ).

복수투표(複數投票) 〔英〕 plural ballot, plural voting 〔獨〕 Pluralwahlrecht 〔佛〕 vote plural 1선거인이 2 이상의 투표권을 행사하는 모든 경우를 총칭하는 때도 있으나, 일반적으로는 等級選擧의 한 방법으로 쓰이는 경우를 말한다. 즉, 선거인의 재산·사회적 신분·교육·연령 및 門閥 등에 따라 각 선거인이 가지는 투표권의 수에 차등을 두는 경우이다. 그러므로 소수대표제를 위한 累積投票法·制限連記名投票法 또는 順席遞減法을 채택한 경우에 있어서의 복수투표는 보통 복수투표제라고 하지 아니한다. → 등급선거

복 심(覆審) 〔羅〕 novum iudicium 〔獨〕 Neuverhandlung 抗訴法院이 제1심과는 전혀 독립 무관계로 새로이 심리·판결하는 것 및 그 審級. 마치 제1심판결이 없었던 것과 같이 최초부터 심리를 다시 고쳐하는 것을 말한다. 따라서 명칭은 제2심이나, 그 심리의 방법은 제1심과 거의 동일하므로, 제2의 제1심이라고까지 말하고 있다. 복심에서는 증거방법이 장소적·시간적으로 격리되기 때문에 진실발견에 적합한 것인가의 여부가 논의되고 있다. 개정전의 형사소송법에서의 抗訴審構造는 복심이었었으나, 현행법은 事後審構造를 채택하고 있다.

복심적 쟁송(覆審的爭訟) 이미 행하여진 行政作用의 瑕疵를 이유로 그 재심사에 의한 시정을 구하는 쟁송을 말한다. 복심적 쟁송에 속하는 대표적인 경우가 抗告訴訟이다.

복심주의(覆審主義) 제1심의 심리와는 관계없이 抗訴審의 심리를 완전히 다시 하는 주의를 말한다. 이에 따르면 請求의 當否를 신자료에 의거하여 새로이 심리하는 것이므로 항소심은 제2의 제1심이 되는 것이다. 복심주의는 제1심의 심리·재판이 없었던 것과 같이 새로이 최초부터 심리를 행하는 것이므로, 소송경제상 불리하기 때문에 민사소송법에서는 채용된 일이 없었으나, 구형사소송법 및 형사소송법개정(1961년 9월 1일) 전의 抗訴審構造는 이 주의에 의하였다.

복임권(復任權) 〔獨〕 Substitutionsmacht → 복대리인

복 적(復籍) 이혼·파양 또는 혼인·입양의 취소로 인하여 종전의 친가 또는 생가로 복귀하는 것. 이것은 물론 戶籍上의 復歸이다. 혼인의 경우에는 夫가 사망한 경우에도 妻는 그 친가에 복적할 수 있다(民 787Ⅱ). 친가나 생가로 복적하려 할 때에 그 家가 廢家 또는 無後된 때에는 친가 또는 생가를 부흥하거나, 一家를 創立할 수 있다(786Ⅱ, 787Ⅲ).

복제주의(複制主義) 〔獨〕 Prinzip der zwiespaltigen Konkurse 상인과 비상인을 불문하고 파산을 인정하지만(이 점에서 一般破産主義와 같음), 상인의 파산절차와 비상인의 파산절차 사이에 개개의 점에서 相異한 절차를 규정하는(이 점에서는 商人破産主義에 가깝다) 입법주의를 말한다. 折衷主義라고도 한다. 1855년 프로이센파산법, 오스트리아구파산법, 노르웨이·덴마크·스페인 등의 파산법은 이에 속한다.

복종의무(服從義務) 공무원이 직무를 수행함에 있어서 소속상사의 직무상 명령에 복종하여야 하는 것을 말한다. 所屬上司란 그 기관이 관청 또는 보충기관인지의 여부에 관계없이, 당해 공무원의 직무에 관하여 指揮·監督權을 가진 자를 총칭한다. 직무상의 명령이란 상사가 그 부하에 대하여 발하는 명령인데, 특별한 규정이 있는 경우 외에는 口述이나 文書의 어느 형식에 의하여도 무방하다. 직무명령에 대한 위배는 위법은 아니나, 공무원 관계에서의 의무위반으로 懲戒事由가 된다. 직무명령은 일정한 요건을 갖추어야 하는데, 정당한 권한을 가지지 아니하는 자가 발하였거나, 직무에 관한 명령이 아니거나, 그 내용이 법령에 위배되는 것이 아니어야 한다.

복지국가(福祉國家) 복리국가와 같다.

복 직(復職) 休職 또는 職位解除 중인 공무원을 職位에 복귀시키는 것을 말한다. 休職期間 중 그 사유가 소멸되면 30일 이내에 이를 任用權者에게 신고하여야 하고 임용권자는 지체없이 복직을 명하여야 하며, 휴직기간이 만료된 공무원은 30일 이내에 복직신고를 함으로써 당연히 복직된다. 직위해제 중인 공무원의 職位解除事由가 소멸된 때에는 곧 복직시켜야 한다.

복표발행업(福票發行業) 복표발행업이라 함은 특정한 標札을 발매하여 다수인으로부터 금품을 모아 추첨 등의 방법에 의하여 당첨자에게 재산상의 이익을 제공하고 다른 참가자에게 손실을 가져오게 하는 행위를 말한다. 복표발행을 하고자 하는

자는 영업의 종류별로 행정자치부령이 정하는 시설 및 射行機具를 갖추고 지방경찰청장의 허가를 받아야 한다. 다만 그 영업의 대상범위가 2 이상의 서울특별시·광역시 또는 도에 걸치는 경우에는 경찰청장의 허가를 받아야 한다(射倖行爲 등 規制 및 處罰特例法 2 i, 4).

복표죄(福票罪) 〔英〕 lottery 〔獨〕 Lotterie und Ausspielung 〔佛〕 loterie 법령에 의하지 아니한 복표를 발매한 자는 3년 이하의 징역 또는 2000만원 이하의 罰金에 처하는 罪(刑 248). 복표란 일정한 發賣者가 購買者로부터 금전 기타의 재물을 받고 미리 발매하는 (번호)표로서, 그 후 제비 기타의 우연적 방법으로 당선자만이 큰 배당을 받게 되는(따라서 구매자 사이에 利益分配가 불평등하게 되는) 것을 말한다. 도박과의 차이는 도박에 있어서는 당사자의 전원이 재물득상의 위험을 부담함에 반하여, 福票에 있어서는 구매자가 위험을 부담할 뿐이고, 발매자는 이를 부담하지 않는 점에 있다. 법령에 의한 복표의 발매의 예로서는 한국마사회법 6조에 의한 승마투표권을 들 수 있다.

복합국가(複合國家) 〔英〕 compound state 〔獨〕 Staatenverbindung 〔佛〕 État composé 복수국가의 결합에 의하여 구성되는 국가. 單一國家에 대한 말이다. 統治組織의 구조에서 보면, 단일국가는 통치권을 단일주체에 집중하는 결과, 조직이 단순·공고하고, 그 운용이 유연한데 반하여, 복합국가는 통치권이 복수국가에 분할되어 있는 결과, 그 조직이 복잡·취약하고, 그 운용도 매끄럽지 못하다. 이 결함을 보충하기 위하여 중앙정부의 권력강화의 경향이 발생하게 된다.

복합단지(複合團地) 주거단지, 공업단지, 교육·연구단지, 문화단지, 관광단지, 유통시설, 기반시설 등을 종합적으로 계획·개발하는 일단의 단지를 말한다.

복효적 행정행위(復效的行政行爲) 二重效的 行政行爲라고 부르기도 하는데, 행정행위의 상대방에게 授益的 效果와 負擔的 效果를 아울러 주거나, 그 행정행위의 상대방에 대하여는 수익적 효과가 발생하고 일정한 제3자에 대하여는 부담적 효과를 수반하는 경우를 말한다. 특히 후자의 경우를 第3者效 行政行爲라고도 한다.

본(本) 개인의 所屬始祖의 발상지명을 표시하는 것. 本貫·貫籍·籍貫·族本·籍·貫鄕이라고도 한다. 본은 血族系統을 나타냄에 있어서 姓과 불가분의 관계가 있는데, 本과 더불어 姓을 倂稱하여야 비로소 동족의 표지가 된다. 그러나 姓과 本이 동일하다고 하여 반드시 동족인 것도 아니고, 동족이라고 하여 반드시 동본인 것은 아니다. 즉, 異族에는 同姓異本(예컨대, 延安李氏와 韓山李氏와 光山李氏)·異姓同本(예컨대, 慶州崔氏와 慶州李氏와 慶州金氏)·同姓同本(예컨대, 土洪인 南陽洪氏와 唐洪인 南陽洪氏)이 있고, 同族에는 異姓同本(예컨대, 安東金氏와 安東權氏)·同姓異本(예컨대 江陵金氏와 光山金氏)·同姓同本이 있다. 민법상으로는 子는 父의 本을 따르고, 父를 알 수 없는 子는 母의 本을 따르며, 부모를 알 수 없는 子는 법원의 허가를 얻어 本을 창설하는데, 후에 父 또는 母를 알게 된 때에는 父 또는 母의 本을 따른다(781, 戶 57). 그러나, 入夫婚姻의 경우에는 출생자는 母의 本을 따른다(民 826Ⅲ 但·Ⅳ). →성

본 가(本家) 분가자가 종전에 속하였던 家를 가리켜서 하는 말. 분가자(분가의 戶主)는 他家로 입양하거나 또 入夫하기 위하여 그가 창립한 분가를 廢家할 수 있으나, 본가는 父祖로부터 전래하여 온 家이기 때문에 본가의 戶主는 他家로 입양하거나 또는 入夫가 되어 갈 수 없으므로 廢家할 수 없다. 본가는 호주승계인이 없어서 호주를 절대적으로 상실할 때에 한하여 無後家로 소멸할 따름이다.

본가호주승계(本家戶主承繼) 차남이 혼인으로 분가하였으나 장남이 사망하고 다시 戶主인 父가 사망한 경우 차남이 본가의 호주승계인이 되는 것처럼, 분가의 호주가 본가의 호주승계인이 되는 것을 말한다.

본계약(本契約) →예약

본 관(本貫) →본

본국법(本國法) 〔羅〕 lex patriae 〔英〕 law of nationality 〔獨〕 Heimatrecht 〔佛〕 loi nationale 당사자의 國籍所屬國의 법률. 국제사법상 하나의 準據法으로서 인정되고 있다. 프랑스민법이 신분·능력에 관하여 본국법을 적용할 것으로 규정한 이래, 유럽대륙의 다수국의 국제사법은 본국법으로써 신분·능력에 관한 사항의 준거법으로 하고 있다. 우리나라 섭외사법도 이 주의를 채용하여, 人事·親族·相續 등에 관한 사항은 본국법을 적용하도록 하고 있다(6 I, 7 I, 15～27, 34 I 本). 그리고 우리나라 涉外私法은 본국법의 反定을 인정하고 있다(4, 34 I 但). →국적의 저촉, 일국수법

본국법주의(本國法主義) 〔英〕 doctrine of nationality 〔獨〕 System der Heimatrechte 〔佛〕 système de la loi nationale 국제사법상 本國法

을 적용하는 주의. 다음과 같이 경우에 따라서 다른 의미를 가진다. ① 국제사법상 屬人法으로서 본국법을 채용하는 주의를 의미하는 경우가 있다. 즉, 국제사법상 사람의 신분 및 능력에 관한 문제는 속인법에 의하여야 한다는 것이 일반적으로 인정되고 있는데, 무엇을 속인법으로 삼는가에 관하여는 諸國의 입법·판례상 본국법에 의한다는 입장과 住所地法에 의한다고 하는 입장이 대립하고 있다. 그 중 전자는 本國法主義라 하고, 후자를 住所地法主義라 한다. 이와 같은 의미에 있어서의 본국법주의를 國籍主義라고도 한다. 속인법으로서의 본국법주의는 독일·프랑스를 비롯한 대륙제국의 국제사법상 널리 채용되고 있으며, 우리 섭외사법도 이 주의를 채용하고 있다(6 이하). ② 신분 및 능력의 문제일반에 관한 것이 아니고 특정의 법률관계에 본국법을 적용하는 주의를 의미하는 경우가 있다. 예컨대, 상속에 관하여는 본국법주의에 의한다는 경우 등과 같다. ③ 국제사법상 모든 경우에 원칙적으로 本國法을 적용하는 일파의 학자가 주장하는 주의를 의미하는 경우가 있다.

본 권(本權) 점유권에 대하여 점유를 正常하게 하는 실질적인 권리. 점유할 수 있는 권리, 또는 점유할 권리라고도 한다. 예컨대, 所有權·地上權·傳貰權·質權·賃借權 등은 본권이 된다(→점유권). 본권에 기한 소를 본권의 소라 하고, 占有의 訴와는 달리 취급된다. →점유의 소

본권(本權)**의 소**(訴) 점유의 소에 대하여 所有權·質權 등의 실질적 권리(본권·점유할 수 있는 권리)에 기한 소를 말한다. →점유의 소

본 다 법규에 의한 擬制를 말한다. 즉, 갑과는 본질을 달리하는 을을 일정한 법률적 취급에 있어서 갑과 동일하게 취급하는 법률상의 기술이다. 간주한다라는 용어를 쓸 때도 있다. 이것은 추정과 달라서 反證을 허용하지 않는다. 즉, 양자의 구별은 추정은 법률상 일단 가정하는 것으로서, 만일 反證을 들면 그 가정된 효과는 顚覆되지만, 본다고 할 때에는 반증을 들어도 법규가 의제한 효과를 뒤집을 수 없다는 점에 있다. 예컨대 失踪宣告를 받은 자는 사망한 것으로 본다(民 28)고 할 때의 그 본다가 그러한 것이다. 즉, 실종선고는 사망한 것으로 추정하는 것이 아니라, 사망한 것으로 보아 버리므로, 후일에 그 실종선고가 사실과 다르다는 것이 입증되더라도 그 실종선고를 취소(29)하지 않는 이상, 사망이라는 법률적 효과를 소멸시키지는 못한다. 그러므로, 실종선고로 인한 婚姻의 解消, 相續의 開始 등의 효과는 취소가 없는 이상, 反證與否와는 관계없이 존속한다. 그러므로 법규가 본다고 할 때와 추정한다고 할 때(예 : 30)와는 그 효과상에 큰 차이를 가져 온다. →추정, 의제

본등기(本登記) 등기의 본래의 효력을 완전히 발생케 하는 등기. 終局登記라고 하는 것과 같다. 또한 假登記에 대하여, 그 가등기에 의하여 순위를 보전받은 등기를 말할 때도 있다(不登 6Ⅱ).

본무영사(本務領事) 직무영사와 같다.

본 범(本犯) 재물에 贓物性을 부여하는 기본적인 재산범죄 내지 이 범죄를 범한 자(이러한 의미로는 특히 本犯者)를 말한다. →장물죄

본선수령증(本船受領證) 〔英〕 mates receipt 〔獨〕 vorläufiger Empfangsschein 〔佛〕 reçu provisoire, billet de bord ou d'embarquement 船積指示書에 의한 선적에 있어서 선장이 送荷人에게 교부하는 증서. 운송물의 종류·수량 등이 기재되며, 선박소유자는 이것과 상환으로 선하증권을 교부한다(免責證券). 積荷受領書라고도 한다.

본 세(本稅) →부가세

본 소(本訴) 〔獨〕 Hauptklage, Hauptprozess 反訴나 獨立參加의 소송에 대하여, 처음부터 係屬中인 소송을 말한다.

본 안(本案) 〔獨〕 Hauptsache 민사소송법상 부수적 내지 파생적인 사항에 대하여, 주요 또는 중심적인 사항을 표시하는 개념. 따라서 그 의미는 각 경우에 따라서 상대적으로 해석된다. 일반적인 용법으로는 원고의 청구의 실체에 관한 辯論·裁判을 그 요건·절차에 대하여 본안이라고 한다(소송판결에 대한 本案判決). 그러나, 그 이외에도 상급심에 있어서는 상소의 적부에 대하여 원판결의 당부에 관한 심리·재판을 본안이라고 칭하며(民訴 422Ⅲ), 소송비용의 재판이나 假執行宣告에 대하여 본안의 재판이라 함은 사건에 대한 판결(따라서 여기에서는 소위 소송판결도 포함한다)을 의미하며(199, 201), 소송상의 신청에 대하여 본안이라 함은 訴 자체에 관한 신청(따라서 訴却下의 신청도 포함한다)을 지칭하며, 再審節次에서는 재심의 신청에 대하여 재심판되어야 할 사건을 뜻하고(429), 證據保全節次나 假押留·假處分에 대하여 그 청구에 관한 판결절차를 本案이라고 칭할 때도 있다(698, 705, 721, 722).

본안판결(本案判決) 〔獨〕 Sachurteil, Urteil zur Hauptsache 訴訟判決(訴却下判決)에 대하여, 訴에 의한 원고의 주장(청구)의 당부에 관

한 판결을 의미하는 것이 보통이다(물론 이 밖에 다른 의미로도 쓰인다. → 본안). 본안판결은 원고승소의 판결과 원고패소의 판결로 나누인다. 원고의 제기한 소가 履行의 訴인가, 確認의 訴인가, 形成의 訴인가에 의하여 전자는 다시 履行判決·確認判決·形成判決로 갈리는데, 각각 다른 효력과 기능을 갖고 있다. 이에 대해 원고패소의 판결은 여하한 종류의 소이든 請求棄却의 판결이다. 청구기각의 판결은 원고가 주장하는 권리는 인정되지 않는다고 하는 판단을 내포하였다는 점에 공통하고, 어느 것이나 확인적 재판으로 旣判力만을 갖는다.

본안판결청구권설(本案判決請求權說) → 소권

본압류(本押留) 금전채권에 기인하는 강제집행. 假押留에 대한다. 가압류채권자가 본안에 있어서 승소의 확정판결을 얻으면 가압류가 본압류로 이전한다.

본(本)**어음** 逆어음에 대하여 그 기본이 되는 어음을 가리킨다. → 기본어음

본예산(本豫算) 補正豫算에 대하여 연간 예산으로서 당초 제출된 기본예산을 본예산이라고 한다.

본위상속(本位相續) 상속인과 피상속인간에 아무런 介在者를 둠이 없이 자기의 본래의 순위로써 하는 상속. 代襲相續이나 再轉相續에 대한 용어.

본위화폐(本位貨幣) 일반적 支給手段으로 무제한의 강제통용력을 가지며 각 화폐의 규준이 되는 화폐. 화폐제도의 안정을 위하여 본위화폐는 본래는 그 가치가 일정량의 금속과 관계되어 금본위제·은본위제·금은의 複本位制 혹은 본위금화를 주조하지 않는 金核本位制·금환본위제·금지금본위제 등이 있다. 이에 대하여 유통하는 화폐(넓은 뜻)가 은행권의 兌換의 정지 등에 의하여 금속의 일정량과 관계하게 되지 않는 경우를 紙幣本位 또는 自由本位라고 할 경우가 있는데 이 경우에는 이미 본위라는 관념 밖에 있다고 할 수 있다. 우리나라의 화폐법은 금본위제를 전제로 하나 전형적인 금본위제에서는 금화와 그 소재인 金地金간에 유통성이 존재하며, 이른바 自由鑄造의 제도가 인정되어 금화 및 금지금의 자유로운 수출입이 가능하고, 또 태환은행권의 태환이 보증되어 그것 때문에 正貨準備 등이 행해지나 우리나라에서는 이미 이와 같은 금본위제에서 이탈하여 자유주조의 제조는 정지되고, 금지금·금화의 수출입은 제한되며, 한국은행권이 무제한의 강제통용력을 가지나(韓銀 48) 그 태환의 제도는 없으며, 이른바 管理通貨制度를 채용하고 있다. 따라서 국내유통의 은행권과 금과의 직접관계는 단절되어 있는 한편, 화폐제도의 안정은 달러에 대한 換時勢를 공정하고, 換管理에 의하여 그 유지를 도모함으로써 행해지고 있다. 우리나라의 화폐제도는 금과의 관련을 가진다고 할 수 있다.

본인소송(本人訴訟) 〔獨〕 Parteiprozess 민사소송에 있어서, 당사자가 변호사를 訴訟代理人으로 의뢰하지 않고, 자기가 소송행위를 하는 것. 변호사소송에 대한 말이다. 독일법에서는 辯護士强制主義를 취하고 있으나, 우리 법에서는 변호사강제주의를 취하지 않으므로 일반적으로 본인소송이 허용되나, 당사자가 소송관계를 명료히 하기 위해 필요한 진술을 하지 못할 때, 말하자면 변호능력을 결했을 때에는 법원이 변호사를 선임할 것을 명할 수 있다(民訴 134).

본 적(本籍) 호적의 존재장소(戶 8, 15 i). 호적은 본적지의 시·읍·면장이 編製하여, 시·읍·면사무소에 비치한다. 동일호적에 속하는 자는 본적을 달리할 수 없다. 현실의 주소와는 전혀 관계가 없고, 戶籍을 표시하는 부호로 됨에 그친다. 본적은 어디에 정하여도 자유이며, 또한 자유로 轉籍할 수 있다. 棄兒의 본적은 시·읍·면장이 이를 정한다(57 Ⅲ).

본 점(本店) 〔英〕 principal office 〔獨〕 Hauptniederlassung 〔佛〕 établissément principal 상인이 1개의 영업에 관하여 수개의 營業所를 가질 때 기업활동 전체의 지휘명령의 중심지가 되는 영업소를 말한다. 본점의 지휘를 받으면서도 부분적으로는 독립한 기능을 가진 從屬的 營業所를 지점이라고 한다. → 영업소

본점소재지법주의(本店所在地法主義)〔國際私法上〕 회사의 국적결정에 관한 학설 중 회사 본점의 소재를 기준삼는 견해를 말한다. 그러나 이 견해는 유명무실한 본점을 갑국에 두고 사실상 영업은 을국에서 행함으로써 을국의 법률을 면탈하는 경우를 방지할 수 없다는 비판이 있다.

본주소(本住所) 생활의 근본이 되는 주소. 假住所·居所에 대하여 일반적으로 본주소 또는 주소라 부른다(民 18~21 참조). 민법이 주소를 동시에 1개소 이상 둘 수 있다고 규정한 것으로 보아(18 Ⅱ) 生活의 근거로 하는 주소가 본주소라고 생각된다.

본 증(本證) 〔獨〕 Hauptbeweis 立證責

任을 지는 당사자가 그 사실을 증명하기 위하여 제출하는 증거방법. 反證에 대한다. 원고가 청구원인인 사실을, 피고가 抗辯事實을 입증하기 위하여 제출하는 증거방법은 보통 본증이다.

본질적 평등(本質的平等)　사회의 계급차별에 대하여 주장되는 민주주의의 근본원칙. 모든 사람은 출생과 동시에 평등이라는 이념에 입각한다.

본 칙(本則)　본칙이라 함은 本源의 법칙과 동일한 뜻인바 항상 보통의 경우에 사용되는 어떤 규칙을 뜻하는 것으로 사용된다.

본헌법(憲法)　→독일연방공화국기본법

본 형(本刑)　집행될 징역·금고·구류의 자유형을 未決拘留에 대하여 본형이다. 미결구류의 日數는 그 전부 또는 일부를 본형에 산입할 수 있다(刑 57).

볼롱떼 드 뚜　〔佛〕 volonté de tous　全體意思로 번역된다. 個人意思의 總和. 볼롱떼 제네랄(一般意思)에 대립되는 개념으로 사용되고 있다. 일반의사는 항상 정당하여 오류가 있을 수 없다는 이념적 성격이 부여되어 있으나 전체의사는 오류가 있을 수 있다고 한다. →볼롱떼 제네랄

볼롱떼 제네랄　〔佛〕 volonté générale　一般意思·一般意志 또는 總意라고 번역된다. 루소의 社會契約論의 중심사상. 자연상태에서 자유롭고 평등한 인간이 사회상태에서 그것을 좀더 확실하게 누리기 위하여 사회계약을 맺을 경우에 모든 사람은 사회생활을 위하여 자기가 가지고 있는 자유를 무조건으로 버리지 않으면 안된다. 이 경우에 있어서 모든 개인의 자유가 그 어떠한 초점에 결집된 것을 루소는 volonté générale이라고 한다. 그러나 volonté générale은 개인의 의사의 총화인 volonté de tous(全體意思)와도 구별된다. 그에 의하면 volonté de tous에는 오류가 있을 수 있지만, volonté générale에는 오류가 있을 수 없으며, volonté générale은 다수자에 의하여 대표된다는 것이다. 뿐만 아니라 루소의 경우에 있어서는 volonté générale은 바로 人民主權으로 표현되고 있다. 이 루소의 volonté générale은 헤겔에 영향하여 個人主義와 全體主義의 양 이론의 기초로 발전하였다. →볼롱떼 드 뚜

봉건법(封建法)　〔獨〕 Lehnrecht 〔佛〕 droit féodal　서양중세에 있어서, 封建主君과 그의 家士(Vasallen)간 또는 家士相互간의 封的 關係를 규율한 법. 封建裁判所(Lehngericht)에서 적용되었다. 봉건법의 法源으로서 가장 중요한 것은 리브리 페우도룸이다. 또한, 작센슈피겔 등 독일 중세의 법률서는 란트법과 함께 봉건법도 기술하고 있다.

봉건제도(封建制度)　〔英〕 feudalism, 〔獨〕 Lehnswesen, Feudalismus 〔佛〕 féodalité　法制史的인 개념규정에 의하면 封主·封臣(家士)간의 인적 지배관계(家士制 Vasallität) — 즉, commendatio(授手託身行爲, 封臣의 臣從奉仕의 의사표시, 封主의 보호의 의사표시, 封臣의 충성선서를 내용으로 한다)에 의하여 설정되는 封主·封臣간의 주종적 신뢰관계로서, 봉신의 봉주에 대한 근무의무와 봉주의 봉신에 대한 보호의무 및 양자상호간의 성실의무의 관계—와 封主의 封臣에 대한 封祿(fief, Lehn)의 수여라고 하는 物權的 關係(恩給制(Benefizialwesen))가 서로 결합함으로써 성립한 특정의 통일적 제도를 말한다. 이러한 의미에서의 봉건제도는 보편사적인 제도는 아니며, 8세기 내지 9세기의 프랑크제국에서 성립하고, 프랑크제국이 해체된 후 그 舊土에 성립한 西歐諸國 및 프랑크의 법제를 섭취한 여러 지방(예컨대 영국·스페인의 基督教諸國, 近東의 十字軍諸國 등)에 각각 뉘앙스를 달리하는 봉건제도로 되어 개화·완성하였으며, 대체로 13세기 이후의 等族國家(Ständestaat) 내지 議會制의 싹이 틈과 동시에 점차 해체되었다. →봉건법, 호프레히트

봉 급(俸給)　넓은 의미에 있어서는 계속적인 勞務에 대하여 지급되는 보수를 말하나, 좁은 의미에 있어서는 전문직 직원에게 매월 계급별로 지급하는 기본적 급여를 말한다. 本俸이라고도 한다. 職務遂行이라는 노무에 대한 반대급부인 동시에 그 지위에 상당한 최저생활을 유지하게 하기 위한 생활자료의 급부의 의미를 가진다. 공무원의 봉급은 그 담당직무의 책임도와 곤란성에 따라 본봉 및 職責給을, 근속기간에 따라 勤續給을 지급한다. 국가공무원의 봉급에 관한 사항은 국가공무원법에 규정되어 있으나, 특정직공무원의 봉급에 관하여는 다른 법령에서 규정하고 있는 경우가 많으며, 이러한 경우에는 특별법령이 우선적으로 적용된다.

봉급권(俸給權)　주로 국가공무원·지방공무원 및 정부관계직원의 봉급을 받을 수 있는 권리. 공무원의 봉급이 반사적 이익이냐, 권리로서 청구할 수 있는 것이냐에 대해 종전에는 논의가 있었으나, 오늘날 그것이 권리라는 것에 대해 이의를 제기하는 자는 없다. 다만 공무원의 봉급권은 公法上의 권리인 점에서 私法上의 채권과는 다른 특색을 가지고 있다. 즉, 봉급권의 消滅時效는 민법의 규정(163)

에 의하지 않고, 예산회계법의 규정(96)이 적용된다. 따라서 소멸시효기간은 5년이다. 봉급권에 관한 쟁송은 민사소송에 의하지 아니하고 行政爭訟의 수단에 의한다. 공무원의 봉급은 단순한 노무에 대한 반대급부의 의의를 넘어서 생활부조의 의의를 가지는 점에서 抛棄나 移轉이 제한된다고 보는 것이 통설이다. 한편으로 봉급권은 재산적 가치의 급부를 내용으로 하는 까닭에 사법상 채권에 가까운 성질도 가지고 있다. 따라서 어느 정도의 移轉性도 인정되지 않으면 안된다. 민사소송법은 공무원의 수입의 2분의 1까지의 압류를 인정하고 있는 까닭에 (579), 그 한도에서 봉급의 이전성이 인정된다고 보지 않을 수 없다.

봉 리(棒利) 원금을 한번에 전액 변제하지 않고, 分割辨濟하는 경우에 이자만은 완제시까지 원금금액에 대한 일정률을 계속지급하는 경우를 말한다. 고리대금업자의 상투수단이며, 예컨대 10만원을 월 1할의 棒利로써 10월간 월부변제한다는 경우에는 매년 2만원씩 10월간 지급하여야 한다. 舊利子制限法은 그 3조에 있어서 봉리라는 명칭을 사용하지 않고 있으나, 당연히 동조의 看做利子의 개념안에 포함되는 것으로 보아야 할 것이며 따라서 봉리의 경우도 구이자제한법이 금하는 이율을 초과할 수 없는 것으로 해석해야 한다.

봉 쇄(封鎖) 〔英〕 blockade 〔獨〕 Blockade 〔佛〕 blocus 平時封鎖와 戰時封鎖로 구별하나, 보통 봉쇄라고 할 때는 전시봉쇄를 말한다. 적국해안의 교통을 방지하기 위하여 교전국의 일방의 해군력에 의하여 적국의 해안에 封鎖線을 치고, 이 선을 넘어서 적지와 교통하는 선박이나 화물을 포획하여 처분하는 것이다. 봉쇄가 중립통상에 미치는 영향은 막대한 바 있으나, 봉쇄는 戰時禁制品과는 달라 전쟁중에 일반해상에서 행사할 수 있는 교전권과는 차이가 있는 것이며, 봉쇄의 성립에는 엄중한 요건이 필요하다. 1856년의 파리선언 및 1909년의 런던선언에 의하여 봉쇄제도는 국제적으로 성문화되었다. 봉쇄의 성립요건으로서는 실효성과 고지가 있어야 하며 또 공평하여야 한다. ① 實效性. 봉쇄가 유효하기 위하여는 실효적이라야 한다. 이것이 중심적인 요건이다. 즉, 적국의 해안에 도달하지 못하도록 실제로 이를 방지할 만한 충분한 병력의 유지가 필요하고, 성명이나 선언으로 봉쇄를 주장하는 것은 紙上封鎖 혹은 擬制封鎖라 칭하여 유효한 봉쇄가 아니다. ② 告知. 봉쇄는 선언되고 고지되어야 한다. 외교절차에 의하여 일체의 중립국에 대하여 하는 一般的 告知와 封鎖地域의 관리에 대하여 하는 地方的 告知의 2종이 있다. ③ 敵國海岸. 봉쇄는 단지 적국 혹은 적국점령지의 해안에 대하여서만 행해져야 한다. 중립국해안에 대하여는 행해지지 않는다. ④ 公平. 봉쇄는 모든 국가의 선박에 대하여 공평하게 적용되어야 한다. → 평시봉쇄, 봉쇄침파

봉쇄예금(封鎖預金) 緊急通貨措置法에 의하여 동법의 시행시(1962년 6월 9일)에 있어서 금융기관의 예금으로 지급이 금지된 것. → 긴급통화조치법

봉쇄침파(封鎖侵破) 〔英〕 breach of blockade 〔獨〕 Blockadebruch 〔佛〕 violation du blocus 선박이 유효하게 성립된 봉쇄선을 통과하여 봉쇄지역과 교통하는 것. 封鎖國은 이를 포획하여 처벌할 수 있다. 봉쇄지역을 교통하는 모든 선박을 포획하여 처벌하는 것이 아니고, 개개의 선박이 처벌되기 위하여는 다음과 같은 요건이 구비되어야 한다. 봉쇄침파로서 중립선박을 포획하기 위하여는, 첫째, 이 선박이 현실상 또는 추정상 봉쇄의 사실을 인식하고 있어야 한다. 봉쇄의 인식이 어떠한 경우에 존재하는 것인가에 관하여는 종래 英·美主義와 프랑스主義가 대립되고 있다. 전자는 封鎖設定과 동시에 여러 중립국정부에 이를 통고하고, 상당기간이 경과된 후에는, 그 중립국을 출항한 선박은 봉쇄를 인식하고 있다는 것으로 추정한다는, 소위 一般的 告知主義를 취하며, 후자는 봉쇄지역에 접근하는 개개의 중립선박에 대하여 封鎖艦隊의 사관이 봉쇄의 존재를 고지시키는 것이 필요하다는 個別告知主義를 취하고 있다. 그러나 개별고지주의는 통신기관이 고도로 발달된 현대에 있어서는 그 존재이유가 희박하다고 보아야 할 것이며, 실제로 대륙제국도 제1차대전에서 개별고지주의를 포기하여 왔다. 둘째, 선박이 봉쇄선의 통과를 시도할 것을 요건으로 한다. 통과의 시도를 인정하는 기준에도 영·미주의와 프랑스주의는 의견을 달리한다. 런던선언에서는 連續航海主義를 부인한다. 셋째, 봉쇄의 침파는 現行中일 때에만 성립한다. 그러나 이 개념 역시 영·미주의는 연속항해주의를 인정하는 입장에 있으며, 프랑스주의는 실제로 돌파하는 경우를 현행중으로 파악한다. 런던선언은 대체로 프랑스주의를 따르고 있다. 이와 같은 여건하에 봉쇄침파를 행한 선박은 화물과 함께 몰수된다(런던宣言 21). → 봉쇄, 연속항해주의, 연속수송주의

봉쇄해양론(封鎖海洋論) 自由海洋論에 대립하는 것. 閉鎖海洋論이라고도 부른다. 영국의 셀덴이 네덜란드의 그로티우스의 자유해양론에 반대하여 영국해상에 있어서의 우월적인 지위를 옹호한 학설.

봉 인(封印) 공무원이 有體動産에 대하여 現狀의 변경을 금지하는 처분으로서 그의 직인을 押捺한 표지를 하는 것 또는 그 표지. 공무원이 그 직무에 관하여 실시한 封印을 손상 또는 隱匿하거나 기타의 방법으로 그 효용을 해한 자는 형법상 처벌된다(刑 140). ① 민사소송법상의 封印(民訴 527 Ⅰ). 채무자의 점유하에 있는 유체동산의 압류는 執行官이 그 물건을 점유하여서 하거나(채권자의 승낙이나 그 운반에 중대한 곤란이 있는 때에는) 채무자로 하여금 보관시키는 수도 있다. 이 경우에는 외관상 압류의 사실을 제3자에게 공시하기 위하여 특히 봉인 기타의 방법으로 이를 명확히 하여야 한다. 압류의 효력은 이 공시방법에 의하여 발생한다. ② 파산법상의 封印. 破産管財人이 파산재단에 속하는 재산의 점유·관리에 착수할 때에 그 재량하에 개개의 재산에 대하여 법원서기관·서기·執行官 또는 公證人으로 하여금 하게 하는 봉인(破 176). 파산자의 영업계속에 필요한 물건(182)·신속히 換價할 필요가 있는 물건(186Ⅱ)·부패할 염려가 있는 물건은 봉인에 적합하지 않다. 이 봉인 및 봉인의 제거는 조서의 작성에 의하여 명확히 한다(176, 179Ⅱ·Ⅲ).

봉인손괴죄(封印損壞罪) → 공무상비밀표시무효죄

봉함개봉죄(封緘開封罪) 공무원이 그 職務에 관하여 봉함 그 밖에 비밀장치한 문서나 도화를 개봉함으로써 성립하는 죄(刑 140Ⅱ).

부(部) 정부조직법상의 국가의 行政機關의 하나. 정부는 17개의 부로써 조직되며, 각부에 장관을 두는바 장관은 소관사무를 통할하고 소속공무원을 지휘·감독하며, 소관사무에 관하여 地方行政의 장을 지휘·감독한다(政組 26).

부(夫) 혼인관계에 있는 남자. 혼인으로 인하여 夫의 신분을 얻는다. 그리고 혼인의 무효·취소 또는 婚姻의 解消(이혼 또는 妻의 사망)로 그 신분을 잃는다. 보통 사실혼상의 夫는 특별한 경우를 제외하고는 夫가 아니다. 현행민법에서는 夫婦平等의 原則에 의하여 夫의 우월성이 많이 제거되었다.

부가가치세(附加價値稅) 국세의 일종으로 거래단계별로 상품·용역에 새로 부가되는 가치, 곧 이익에 대해서만 부과되는 一般消費稅를 말한다.

부가기간(附加期間) 〔獨〕 Zusatzfrist 민사소송법상 기간의 신축이 적용되지 않는 不變期間에 관하여, 공평을 기하기 위해 법원이 주소 또는 거소가 원격지에 있는 자를 위하여 특히 부가하는 기간(民訴 159Ⅱ). 부가기간은 직권으로 불변기간이 붙은 재판과 더불어 또는 그 뒤에 결정으로 정한다. 그러나 당사자에게 신청권이 없으므로 不服申請은 할 수 없다. 부가기간은 본래의 불변기간과 일체가 되어, 이에 관하여는 민사소송법 160조가 적용된다.

부가물(附加物) → 부합물

부가세(附加稅) 다른 과세주체가 부과하는 租稅(本稅)에 부가하여 일정한 세율로써 그 본세의 납세의무자에게 부과하는 조세. 本稅와는 독립하여 부과하는 獨立稅에 대한 개념. 지방자치단체가 國稅에 부가하여 부과하는 조세가 그 예. 그러나 우리나라에서는 종래 서울특별시·직할시·도와 시·군이 부과하던 국세부가세로서의 소득세부가세·법인세부가세·영업세부가세(舊地方稅法 5, 6)는 폐지되었다.

부가이익공동제(附加利益共同制) 독일이 1957년에 채택한 夫婦財産制를 말한다. 혼인 중에는 부부의 共同財産은 존재하지 않으며, 각 배우자는 원칙적으로 각각 단독으로 자기의 전재산을 관리·사용·수익·처분할 수 있다. 다만, 이혼, 혼인의 취소·무효로 혼인이 解消되었을 때에는 각 배우자는 각자의 재산의 증가액에 참여할 권리를 가진다. 혼인해소시의 각 배우자의 재산액에서 혼인 체결시의 재산액을 공제한 차액(附加利益)을 산출하여, 부가이익이 적은 배우자는 부가이익이 많은 배우자에 대하여 부가이익의 차액의 2분의 1을 청구할 권리를 갖는다. 배우자의 사망에 의한 혼인해소의 경우에는 생존배우자에게는 法定相續分에 遺産의 4분의 1의 부가이익을 더해 준다.

부가형(附加刑) 〔獨〕 Nebenstrafe 〔佛〕 peine accessoire et complémentaire 主刑에 부가하여서만 과하여지는 형벌. 주형에 대하는 것. 구형법은 형벌을 주형과 부가형으로 구별하였으나 현행형법은 이러한 구별을 지양하고 사형·징역·금고·자격상실·자격정지·벌금·구류·과료 및 몰수의 9종을 모두 주형으로서 규정하였으나, 다만 몰수는 원칙적으로 부가형인 것으로 하였다. 또 자격상실과 자격정지도 부가형적 성질을 갖추고 있다.

부 계(父系) → 친계, 부계혈족

부계친(父系親) 부계혈족과 같다.

부계혈족(父系血族) 父를 중심으로 하는

親系. 예컨대, 父·祖父母·兄弟姉妹 등이다. 父系親과 같은 뜻이며 母系血族 또는 母系親에 대하는 말.

부과과세(賦課課税) →신고납세

부 관(附款) 〔獨〕 Nebenbestimmung [1] 법률행위로부터 보통 발생하는 효과를 제한하기 위하여 表意者가 특별히 붙인 제한. 條件(民 147 이하) 및 期限(152 이하)이 그 주요한 것이지만, 그 밖에도 贈與나 遺贈에 부가되는 부담(561, 1088 I) 도 이에 해당한다. 부관은 법률행위의 내용의 일부를 구성하며 전체에 대하여 부속적 지위에 서지만, 별개의 부속적인 행위를 의미하는 것은 아니다.

[2] 행정행위에도 부관이 붙여지는 수가 있다. 그 부관에는 條件·期限·負擔·取消權의 留保·法律效果의 一部排除 등이 있다. 행정행위의 부관은 그 행정행위가 법률행위적 행정행위인 경우 또는 법령에 특별한 규정이 없는 한 裁量行爲인 경우에 한하여 붙일 수 있고, 그 부관은 그 행정행위의 목적에 필요한 한도내에서 붙일 때에만 적법하다. 무효인 부관이 붙은 행정행위는 원칙적으로 부관없는 단순한 행정행위로서 효력을 발생하나, 그 부관이 중대하여 그것이 없었더라면 그 행정행위를 행하지 않았을 것이 명백히 인정될 때에는 그 행정행위 자체도 무효가 된다.

부 권(夫權) 夫가 배우자로서 妻에 대해서 가지는 권리. 강력한 家父長制하에서는 부권보다 가부장권이 세어서 부권은 가부장권에 의하여 몰수되고 있었다. 그러나 가부장권이 점차로 약해지면서부터 부권이 표면화하여 妻에 대한 夫의 권리가 인정되게 되었다. 종래 우리 관습법에서는 처에 대한 부권은 상당한 것이었다. 즉, 처의 재산상 행위에 대한 同意權, 처의 재산에 대한 使用管理受益權·居所指定權, 妻에 대한 일방적인 정조의무의 강요, 이혼후의 子女監護權에 있어서의 夫의 우선권을 들 수 있다. 그러나 현행민법은 이러한 夫婦不平等을 대부분 시정하고 있다.

부 권(父權) 여러가지의 의미로 쓰인다. ① 父, 즉 남자인 가장이 가족을 통제하기 위하여 가지는 家長權, 家父權(빠뜨리아 뽀떼스따스). ② 母權에 대하여, 夫가 가족에 대하여 가지는 지배권. 父가 지배권을 가지는 가족제도를 父權制라고 한다. ③ 父가 가지는 친권.

부권적 사회(父權的社會) 〔英〕 patriarchal society 〔獨〕 väterrechtliche (patriarchalische) Gesellschaft 〔佛〕 société patriarcale 가족내에서 가장인 남자가 절대적인 권력을 가지고 일가를 통솔하며, 다른 가족은 가장에 대하여 夫婦·親子·伯叔 등 어떠한 관계에 있거나 불문하고 이 권리에 복종하는 것과 동시에 가장은 家를 대표하여 씨족사회를 구성하는 사회. 가족이 하나의 생산단체를 이루고 특히 그 협동에 의하는 노동이 농경을 위하여 요구된 원시적 생산조직아래서는 오랫동안 그리고 널리 행해졌다. 가족에 대하여 生殺與奪의 권리를 가졌던 로마의 가부장제는 그 적례이며, 우리나라에 있어서도 고대사회에서 볼 수 있다. 그런데 씨족제도가 붕괴하고 국가가 흥기하며 또 생산조직이 발달하여 가족적 협동이 불필요·불충분하게 됨에 이르러서는 점차로 가족원의 지위가 인정되었으며, 한편 가장의 권력은 衰微하였다. 우리나라 가족제도에 있어서는 근대적인 개인주의사회의 색채와 더불어 부권적 사회의 전통이 戶主權에 관한 규정에 있어서 錯綜되고 있다.

부 금(敷金) 保證金의 구민법상의 용어(舊民 619 II 但 참조).

부급(賦給)어음 〔獨〕 Ratenwechsel 어음금액을 여러 額으로 나누어 각 금액마다 다른 만기일이 정해진 어음. 分割給어음이라고도 한다. 어음법상 만기는 어음금액의 전액에 관하여 단일하여야 하므로(어음 33 II, 77 I ii) 이런 어음은 무효가 된다.

부기등기(附記登記) 그 자신으로는 獨立의 번호가 없고, 기존의 특정의 등기(主登記)의 번호를 그대로 취하여, 다만 이 번호의 附記 및 號라는 번호기재를 붙여서 행하여지는 登記(不登 6 I, 60). 등기의 형식에 의한 분류로서, 主登記에 대한 것이다. 주등기와 같은 순위를 보유하게 할 필요에서 행하여진다. 變更登記(63~65), 更正登記(72~74)와 같이, 附記에 의하여라고 법률에 특별히 규정되어 있는 예외적인 경우에만 행하여진다.

부기지(附記地) 어음·수표에 있어서 지급인 또는 발행인의 명칭에 부기한 지. 肩書地라고도 한다. 지급지의 기재가 없는 환어음이나 수표에서는 지급지의 명칭에 부기한 지를 지급지이며 지급인의 주소지로 보고(어음 2 III, 手票 2 II), 발행지의 기재가 없는 환어음이나 수표는 발행인의 명칭에 부기한 地에서 발행한 것으로 본다(어음 2 IV, 手票 2 IV). 발행지의 기재가 없는 약속어음은 발행인의 명칭에 附記한 地에서 발생한 것으로 본다(어음 76 IV).

부녀매매죄(婦女賣買罪) 醜業에 사용할

목적으로 부녀를 매매하는 죄(刑 288Ⅱ). 常習犯은 형을 가중한다(288Ⅲ). 본죄는 부녀의 자유뿐 아니라 인도적·풍속적 견지에서 社會風敎의 보호도 고려되고 있다. 本罪는 目的犯이다. 醜業이란 매춘부·작부 등의 업무를 말한다. 매매란 대가를 얻거나 주고서 인신을 授受하는 것이며, 현실의 수수가 있을 때에 旣遂가 된다. 미수범은 처벌한다(294).

부다페스트결의(決議) 부다페스트解釋條項이라고도 하며, 1934년 국제법협회의 헝가리의 부다페스트회의에서 不戰條約의 해석에 관하여 행한 결의. 10항목으로 되어 있으며, 다수국간의 立法條約으로서의 체약국상호간 및 다른 全締約國에 대한 구속력(同決議 1), 법적 수단으로서의 전쟁의 폐지에 의한 국제법의 기본적 변화(2), 폐기 또는 불준수에 의한 의무해제의 부인(3), 국제분쟁해결을 위한 武力行使의 위협의 본조약위반(4), 위반원조의 본조약위반(5), 전쟁 또는 무력행사에 의한 본조약 침범시에 있어서의 제3체약국의 중립주의해제(6), 본조약위반에 의하여 취득한 영토적 및 기타의 이익의 承認拒否의 의무(7), 위반국의 체약국 및 동국민에 대한 배상의무(8), 自衛權의 승인(9), 포로·傷病兵 등에 관한 인도적인 조약의무에 대한 무영향(10) 등을 규정한다. 不戰條約의 해석으로서 문제가 되는 점도 있으며, 특히 中立法規의 폐지를 다룬 해석(6 참조) 등에는 유력한 학자의 반대가 없지 않다. 그러나 不戰條約의 유력한 進步的 解釋으로서 또한 그 대부분이 국제연합헌장 기타 국제법의 발달 가운데에 확인되고 실현된 것으로서 주목할 만하다.

부단순배서(不單純背書) 배서에 조건을 부기한 條件附背書. 배서는 무조건이어야 하고(어음 12Ⅰ前, 77Ⅰi, 手票 15Ⅰ前), 조건부배서는 배서의 효력을 불안정하게 하여 거래의 안전을 해하기 때문에 법이 허용하지 않는다. 배서에 조건을 부기하면 이로 인하여 배서 자체의 효력이 무효가 되는 것이 아니라, 조건의 기재의 효력만이 부정되어 무조건의 배서가 된다(어음 12Ⅰ後·77Ⅰi, 手票 15Ⅰ後). 無益的 記載事項이다.

부단순인수(不單純引受) 〔獨〕 eingeschränktes Akzept 단순히 어음의 기재내용에 따라서 인수하지 아니하고, 條件 또는 制限을 붙이는 등 이에 변경을 가하여 하는 인수. 본래 인수는 무조건이어야 하나(어음 26Ⅰ), 법은 어음거래의 필요에 따라 부단순인수에 대하여 다음과 같은 특칙을 정하고 있다. 즉, ① 지급인은 그 인수를 어음금액의 일부에 제한할 수 있다(26Ⅰ但)고 하며, 이 경우에는 소지인은 잔액에 대하여서만 遡求權을 가진다. 이는 一部引受를 유효로 하는 것이다. ② 위의 일부인수의 경우 이외에, 법은 인수에 의하여 어음의 기재사항에 변경을 가한 때에는 일반적으로 다음과 같은 효과를 부여하고 있다. 즉, 첫째, 전자에 대한 관계에 있어서는 인수를 거절한 것으로 보아(26Ⅱ), 소지인에게 소구권을 행사할 수 있도록 하고, 둘째, 인수인에 대한 관계에 있어서는 인수인은 그 인수문언에 따라 책임을 지도록 한다(26Ⅱ 但). 따라서 어음소지인은 그의 선택에 따라 滿期의 도래를 기다리지 아니하고 즉시 소구권을 행사하거나, 만기를 기다려서 인수인에게 그 引受文言에 따른 책임을 묻거나 한다. ③ 더욱 인수를 함에 있어서 붙인 制限 또는 條件이 어음의 본질에 반하는 경우에는 對引受人의 관계에서도 인수로서의 효력이 없으면 완전한 引受拒絶이 된다.

부 담(負擔) 법률행위의 附款의 일종. 주된 의사표시에 부수하여 그 상대방에게 이에 따르는 특별한 의무를 지우는 의사표시이며, 法律行爲의 내용을 이룬다.

[1] 민법상은 贈與 또는 遺贈에 붙여진다(561, 1088). → 부담부증여, 부담부유증

[2] 행정법상 행정행위에 負擔이 붙여지는 일은 더욱 많으며, 도로·하천의 사용을 허가함에 있어서, 점용료·사용료의 납부를 命하고 또는 그 사용방법에 대해 특별한 제한을 가한다든가, 지방철도·자동차운수사업 등의 公企業의 特許를 함에 있어서 그에 수반된 기업의 경영 기타에 관해 각종의 특별한 의무를 명하는 것 등이 그 예이다. 行政行爲의 附款 중 그 실례가 가장 많다.

부담금(負擔金) 〔英〕 special assessment 〔獨〕 Beitrag 〔佛〕 contribution spéciale ① 특정한 公益事業으로부터 특별한 이익을 받는 자에 대하여 그 사업에 소요되는 경비의 전부 또는 일부를 부담시키기 위하여 과하는 공법상의 金錢給付義務. 人的公用負擔의 일종. 경비의 일부를 부담시키는 경우에는 分擔金이라고도 한다(地自 129). 사업의 종류에 따라서 도로부담금·하천부담금·도시계획부담금·사방부담금 등으로 구별된다. 부담금은 특정사업의 경비에 충당함을 목적으로 이해관계가 있는 자에게 과하는 것인 점에서 국가나 공공단체의 일반적 수입을 목적으로 일반국민에게 균등하게 과하는 租稅와 구별되며, 사업 자체의 경영에 소요되는 경비의 분담이라는 점에서 사업의 개개의 이용행위에 대한 反對給付로서 이용자에 대하여서만 부과하는 수수료·사용료와 구별된다. 현행법에 나타난 부담금의 종류에는 다음 세 가지가 있다. 즉, 당해사업

으로부터 특별한 이익을 받는 자에 대하여, 그 수익의 한도내에서 사업경비의 일부를 부담케 하는 受益者負擔金(河 58, 砂防事業法 18 이하)과 특히 당해공익사업에 손상을 주는 사업을 경영하는 자에 대하여 그로 인한 그 사업의 유지·수선에 필요한 경비의 전부 또는 일부를 부담케 하는 損潰者負擔金(道 67)과 특정한 공사의 원인을 일으킨 자에 대하여 그 공사비용의 전부 또는 일부를 부담케 하는 原因者負擔金(道 64, 河 56, 砂防事業法 19)이 그것이다(→공용부담). ② 국가와 지방자치단체 상호간에도 사업비의 일부를 부담하기 위하여 부담금의 지출을 하는 경우가 있다(都計 63).

부담부분(負擔部分) 수인이 동일한 給付義務를 지는 경우에 있어서의 그 내부의 채무분담의 비율. 여러 명의 連帶債務者간, 여러 명의 보증인간의 내부에 있어서의 채무분담의 비율 등이 주요한 경우이다. 이것은 求償權의 기초로 된다. →연대채무, 보증, 공동보증

부담부유증(負擔附遺贈) 受遺者에게 일정한 급여를 하여야 할 의무를 부과한 유증. 예컨대 산림의 수익의 일부를 지정한 자선사업에 사용하게 하고 산림을 유증하는 경우와 같다. 包括遺贈과 特定遺贈에 구별없이 인정된다. 부담부유증을 받았기 때문에 유증을 받지 않은 것보다도 불이익을 입게 된다는 것은 부당하므로 受遺者는 유증의 목적물의 가액을 초과하지 않는 한도에서만 부담한 의무를 이행할 책임이 있고, 유증의 목적의 가액이 限定承認 또는 財産分離로 인하여 감소된 때에는 수유자는 그 감소된 한도에서 부담할 의무를 면하게 된다(民 1088Ⅱ). 부담의 이행을 청구할 수 있는 권리를 가진 자는 상속인 또는 유언집행자이며, 이들은 受遺者가 그 부담의무를 이행하지 않을 때에는 상당한 기간을 정하여 이행할 것을 催告하고, 그 기간에 이행하지 않을 경우에는 법원에 유언의 취소를 청구할 수 있다(1111).

부담부증여(負擔附贈與) 〔羅〕 donatio sub modo 〔獨〕 Schenkung unter einer Auflage 〔佛〕 donation avec charges 受贈者에게 일정한 급부를 할 의무를 부담시키는 증여계약. 민법은 상대부담있는 증여라고 한다. 상호의 급부는 대가관계에 서는 것이 아니므로 역시 증여이지만, 부담의 한도에서는 有償契約에 준하여 증여자는 담보책임을 지고, 또한 雙務契約에 관한 규정(동시이행의 항변·위험부담)이 적용된다(民 559Ⅱ, 561).

부담소멸주의(負擔消滅主義) 競落에 의하여 목적부동산상의 모든 부담을 소멸시키는 주의. 이는 독일 各州의 경매법에서 채용하였던 제도로서 引受主義에 대한다.

부담제한(負擔制限) 物的公用負擔인 公用制限의 하나. 특정한 공익사업을 위하여 그 사업과 관계없는 타인의 재산에 대하여 가하여지는 공법상 제한. 公物制限이 토지물건 그 자체가 공공목적에 공용되거나 공적보존이 필요한 까닭에 가하여지는 공법상 제한인데 대하여, 부담제한은 토지물건 그 자체는 공공목적에 공용되는 것도 아니고 특정공익사업을 위하여 공용되는 것도 아닌 局外의 물건이지만, 특정공익사업의 목적을 위하여 이에 대하여 가하는데 특색이 있다. 부담제한은 그 내용에 따라 不作爲負擔·作爲負擔·受忍負擔으로 나뉜다.

부 당(不當) 법의 이념에 비추어서 적당하지 않은 것. 법에 위반하는 것, 즉, 위법에 대한 관념으로서 사용되는 수도 있다. 예를 들면 어떠한 行政處分 또는 주주총회의 결의가 위법은 아니지만 부당하다고 하는 경우와 같이 법규위반까지는 안되지만 제도의 목적으로부터 보아 타당하지 않다는 의미이다(→부당처분). 민법상의 不當利得의 경우의 부당은 타인의 손실하에 이익을 얻은 것이 법률상 원인이 없는 것을 말한다(民 741). →위법

부당노동행위(不當勞動行爲) 〔英〕 unfair labor practice 사용자의 부당노동행위와 같다.

부당이득(不當利得) 〔羅〕 condictio 〔英〕 unjust enrichment 〔獨〕 ungerechtfertigte Bereicherung 〔佛〕 enrichissement sans cause, enrichissement injuste ou illégitime [1] 법률상의 원인없이 타인의 재산 또는 노력으로 말미암아 이익을 얻고 그 까닭으로 타인에게 손실을 입히는 것. 無效인 賣買契約에 기하여 목적물의 인도를 받았다든가, 이미 변제하여 채권이 존재하지 않음에도 불구하고 이중으로 변제했다든가, 약혼예물을 받았으나 결국 혼인이 성립되지 않은 경우 등이 그 예. 누구라 할지라도 정당한 이유없이 타인의 손실에 있어서 이득해서는 안된다는 公平(衡平)의 原則에 기해서, 이득자에게 利得返還義務를 과하는 것이다. 말하자면, 부당이득은 모든 원인에 기한 이득의 변동에 관하여, 그 변동이 공평의 원칙에 반하는 경우에, 그 均齊를 보유시키려는 제도인 것이다. 그 성립요건은 다음의 세 가지이다. ① 타인의 재산 또는 노무로 인하여 이익을 얻은 자가 있을 것. 이득은 적극적인 것이든 소극적인 것—손실을 면하는 것—이든 상관없다. ② 위의 이득으로 인하여 타인에게 손해를 가할 것. 즉, 일방의 이득과 타방의 손

실과의 사이에 인과관계가 있어야 한다. ③ 이득이 법률상의 원인없이 이루어졌을 것. 요건 중에서 가장 중요한 것이며, 추상적으로 말하면, 법률상의 원인없이라고 함은 법률의 이상인 公平의 관념에 비추어 수익자가 그 이득을 보유할 실질적인 이유가 없다고 인정될 것을 말한다. 효과로서 손실자는 利得返還請求權을 취득하는 것은 위에서 본 바이지만, 반환의 범위는 利得者(受益者)가 선의, 즉 법률상의 원인이 없는 것을 알지 못하는 경우에는 現在利益의 한도에서 반환하면 좋으나, 악의인 경우에는 이득에 이자를 붙여서 반환하고, 손해가 있으면 그것까지도 반환하지 않으면 안된다(民 748). 원칙으로서 현물로써 반환해야 하지만, 그것이 불가능한 때에는 금전에 의한 價額返還을 해야 한다(747). 위에서 말한 일반적 부당이득 이외에 非債辨濟, 不法原因給與에 의한 특수한 부당이득에 관해서는 특칙이 있다(742~746).

[2] 공법상에 있어서도 부당이득의 문제가 발생한다. 예컨대, 租稅滯納處分에 의하여 제3자의 재산을 公賣한 결과 이 행위가 당연무효가 되는 경우 또는 이미 납세한 자가 그 租稅賦課處分의 위법을 이유로 행정소송을 제기하여 승소한 결과 당해처분이 취소된 경우에는 이미 公賣·納付(過誤納)된 금액은 국가·공공단체가 법률상 원인없이 취득한 이익이므로 납부자는 그 반환을 청구할 권리가 있다. 이 返還請求權의 성질에 관하여, 부당이득의 제도는 순전한 경제적 견지에서 이해조정을 위한 제도라는 이유로 私權으로 보는 견해도 없지 않으나, 통설은 공법상의 원인에 의하여 발생한 결과를 조정하기 위한 제도는 公法上 原因의 유무의 탐구와 밀접한 관계가 있으므로, 역시 공법상의 제도라는 견지에서 공권의 성질을 가진다고 한다. 따라서 공법상 부당이득반환청구권은 公法上 金錢債權의 예에 의하여야 하고, 그에 관한 소송은 공법상의 권리관계에 관한 소송으로서 행정소송에 의하게 되며, 다만 반환청구권의 요건·범위 등에 관하여 특별한 규정이 없는 한 민법의 규정을 준용한다.

부당이득죄(不當利得罪) 사람의 궁박한 상태를 이용하여 현저하게 부당한 이익을 취득하거나, 또는 제3자로 하여금 부당한 이익을 취득하게 하는 죄(刑 349). 소위 暴利罪이며, 상습범은 형이 가중된다(351). 窮迫한 狀態는 경제적인 궁박상태뿐 아니라, 예컨대 생명·신체·명예 등에 대한 위난도 포함하는 것으로 본다. 그리고 궁박상태는 반드시 객관적으로 존재함을 요하지 않고 단지 想像上의 궁박상태를 이용하는 것으로 족하다. 현저히 부당하냐의 여부는 구체적 사정에 비추어 객관적으로 평가되어야 한다. 이익은 재산상의 이익을 말한다. 親族相盜例의 準用이 있다(354).

부당이득지법주의(不當利得地法主義)〔國際法上〕 정당한 이유없이 이득을 차지함으로써 타인에게 손해를 끼친 사람에 대해서 그 이득을 반환케 하는 제도(民 741)인 부당이득의 準據法에 관한 견해 중 有力說(Batiffol, Beale)로, 우리 섭외사법 13조 1항이 부당이득 그 자체의 준거법을 정하고 있지는 않으나, 事務管理 및 不法行爲의 경우와 같은 취지에 기초하여 부당이득지법을 채용하고 있다고 해석된다. 이외에 法廷地法主義(Valery), 채무자의 本國法主義(Zitelmann, Frankenstein), 채무자의 住所地法主義(Nussbaum, Walker), 기본관계의 準據法主義(Gutzwiller, Raape) 등이 있다.

부당인정판결(不當認定判決) 진실과 부합되지 않는 판결. 주로 民事判決에 있어서 사용된다. 부당인정의 판결이라고 하여 무효는 아니다. 확정되면 재심의 사유가 있는 경우 외에 진실에 부합하지 않는다는 이유로써 취소되지 않는다. 이와 같은 판결이 실체법상의 權利關係를 變更(形成)시키느냐의 그 여부는 판단력의 본질에 관련하여 논의된다.

부당집행(不當執行) 〔獨〕 materiell ungerechtfertigte Vollstreckung 민사소송법(집행법)상은 반드시 위법한 것은 아니나, 실체법상은 위법한 강제집행. 예를 들면 執行債權이 존재하지 않는데 행한 집행이나, 제3자의 재산에 대하여 행한 집행. 집행이 종료되기 전에는 請求異議의 訴나 第三者異議의 訴 등에 의하여 집행을 저지할 수 있다. 부당집행의 경우에는 국가는 손해배상의 책임을 지지는 않지만, 채권자는 민법의 원칙에 따라 불법행위에 의한 손해배상책임이나 부당이득의 반환의무를 진다. 특히 법률은 假執行宣告있는 판결이 상소심에서 패소되는 경우에는 가집행을 한 채권자에 無過失損害賠償責任을 인정하고 있다(民訴 201Ⅱ·Ⅲ). 또 가압류나 가처분의 집행에 대하여서도 같이 해석하여야 할 것이다.

부당처분(不當處分) 〔獨〕 ungerechtfertigte Verfügung 공익·행정목적에 반하거나 自由裁量(公益裁量)을 그르친 행정처분. 裁量權逸脫이나 裁量權濫用과 같이 자유재량을 현저하게 그르친 경우에는 위법이 된다고 한다. 이러한 통설에 대하여 자유재량을 그르친 행정처분도 違法處分으로 보는 소수설이 있다. 우리나라 행정소송법은 행정청의 위법처분으로 인한 권리침해를 행정소송제기의 요건으로 하고 있으므로 부당처분은 행정소송

사항에서 제외된다. → 자유재량, 기속재량

부당판결(不當判決) 내용이 부당한 판결. 예를 들면 잘못된 事實認定에 기해 행한 판결이라든가 적용할 법령을 그르친 판결 등이다. 주로 민사소송법에서 문제된다. 상소에 의하여 취소되지 않는 한 무효는 아니며, 확정되면 再審事由가 있는 경우 이외에는 진실에 합치되지 않는다는 이유로 취소될 수 없다. 이와 같은 판결이 실체법상의 권리관계를 그 판결의 내용에 따라서 변경(형성)하는가에 대해서는 旣判力의 본질에 관련하여 논의된다.

부당(不當)한 공동행위(共同行爲) 부당한 공동행위란 사업자는 계약·협정·결의 기타 어떠한 방법으로도 다른 사업자와 공동으로 일정한 거래분야에서 경쟁을 실질적으로 제한하는 ① 가격을 결정·유지 또는 변경하는 행위, ② 상품 또는 용역의 去來條件이나, 그 대금 또는 대가의 支給條件을 정하는 행위, ③ 상품의 생산·출고·수송 또는 거래의 제한이나 용역의 거래를 제한하는 행위, ④ 거래지역 또는 거래상대방을 제한하는 행위, ⑤ 생산 또는 용역의 거래를 위한 설비의 신설 또는 증설이나 장비의 도입을 방해하거나 제한하는 행위, ⑥ 상품의 생산 또는 거래시에 그 상품의 종류 또는 규격을 제한하는 행위, ⑦ 영업의 주요부문을 공동으로 수행하거나 관리하기 위한 회사 등을 설립하는 행위, ⑧ 기타 다른 사업자의 사업활동 또는 사업내용을 방해하거나 제한함으로써 일정한 거래분야에서 경쟁을 실질적으로 제한하는 행위를 하여서는 아니된다(獨公 19). 公正去來委員會는 부당한 공동행위의 금지규정에 위반하는 부당한 공동행위가 있을 때에는 당해 사업자에 대하여 당해 행위의 중지, 법위반사실의 공표 기타 시정을 위한 필요한 조치를 命할 수 있다(21). 공정거래위원회는 부당한 공동행위의 금지규정에 위반하여 부당한 공동행위를 행한 사업자에 대하여 대통령령이 정하는 매출액에 100분의 5를 곱한 금액을 초과하지 아니하는 범위안에서 課徵金을 부과할 수 있다. 다만 매출액이 없는 경우 등에는 10억원을 초과하지 아니하는 범위안에서 과징금을 부과할 수 있다(22).

부대범(附帶犯) 구형사소송법상의 개념으로 不告不理의 原則의 예외가 되는 것. 즉 동일한 장소에서 동시에 한사람 또는 여럿이 數罪를 범했을 때, 여럿이 공모하여 일시 또는 장소를 달리하여 數罪를 범했을 때, 자기 또는 타인의 범죄를 용이하게 하기 위하거나 그 죄를 면하기 위하여 다른 죄를 범했을 때에는 부대범이며, 또 변론에 의하여 부대범이 우연히 발견되었을 때에는 訴가 없더라도 이를 심리할 수 있었다. 현행법은 不告不理의 原則을 철저화시켜 이 개념을 인정하지 않는다.

부대사소(附帶私訴) 公訴에 부대하여 행해지는 그 범죄에 의한 손해배상의 소(舊刑訴 567). 현행법은 인정하지 않는다.

부대상고(附帶上告) 〔獨〕 Anschlussrevision 민사소송법상 상고에 의하여 개시된 소송절차내에서 피상고인이 원심판결 또는 제1심판결 가운데서 자기에게 불이익한 부분의 변경을 구하는 申請. 원칙적으로 上告에 관한 규정이 준용되는데(374, 395), 상고이유는 부대상고와 동시에 제출하여야 한다. 부대상고는 상고심의 판결시까지 할 수 있으나, 변론이 열린 때에는 그 종결시까지 할 수 있다. 민사소송법 400조에 의하여 변론을 거치지 않고 上告審이 끝나는 경우에는 부대상고의 기회를 잃을 우려가 있다. 또 방식·요건·절차 등에 관하여는 附帶抗訴를 보라. 현행형사소송법에서는 이를 인정치 않는다.

부대상소(附帶上訴) 민사소송법상 피상소인이 상소인의 상소에 부대하여, 원심재판을 자기에게도 유리하게 변경시킬 것을 신청하는 상소. 상소의 종류에 따르는 附帶抗訴·附帶上告·附帶抗告 등이 있다(372, 395, 413). 피상소인이 상소권의 포기를 하거나 상실한 후에도, 상소심의 변론의 종결까지 할 수 있다. 독립의 상소가 아니기 때문에, 상소의 取下·不適法却下에 의하여 그 효력을 잃지만, 부대상소인이 독립하여 상소할 수 있는 기간에 한 것(獨立附帶上訴라 한다)이면, 독립의 상소로서 취급된다(373). 형사소송법에서는 이 제도는 폐지되었다.

부대소송(附帶訴訟) 〔獨〕 Adhäsionsprozeß 법원이 직권 또는 피해자의 신청에 의하여 피고인에게 피고사건의 범죄행위로 인해 발생한 손해의 배상을 명하는 절차를 말한다. 附帶私訴 또는 賠償命令節次라고도 한다. 부대소송의 주된 취지는 피해자의 신속한 구제를 위한 것이다. 부대소송은 독일에서 1943년의 형사소송법 개정시 형사소송의 대중화라는 이념에서 독일 형사소송법 403조 이하에 도입된 것이며, 우리나라에서도 1981년 소송촉진 등에 관한 특례법에 의하여 신설된 제도이다. 형사소송에 의한 피해자의 신속한 구제와 형사소송의 대중화는 우선 찬성할 만하지만, 형사소송의 본질이 피해자를 구제하기 위한 것이 아니고, 刑事訴訟과 民事訴訟은 근본적으로 다르며, 형사소송에서 손해의 배상을 명하도록 하는 것은 법관에게 지나친 부담이 될 수 있다는 점을 들어 반대하는 견해도 있다. 부대소송이 허용되는 피고사건은 상해죄·존속상해죄·重傷害罪·尊屬重傷害罪·상해치사와 폭행치사상(尊屬暴行致死傷의 罪를 제외한다) 및 過失致死傷의 죄, 절도와 강도의 죄, 횡령과 배임의 죄, 損壞의 罪에 한한다(訴訟促進 25Ⅰ). 또 피고인과 피해자 사이에 손해배상액의 합의가 이루어진 때는 그 이외의 범죄에 대해서도 배상명령을 할 수 있다(25Ⅱ). 또한 배상명령은 위의 범죄에 有罪判決을 선고할 때만 할 수 있다. 배상명령의 채권은 金錢債權에 제한된다. 법원은 ① 피해자의 성명·주소가 분명하지 아니한 때, ② 피해금액이 특정되지 아니한 때, ③ 피고인의 배상책임의 유무 또는 그 범위가 명백하지 아니한 때, ④ 賠償命令으로 인하여 재판이 현저하게 지연될 우려가 있거나 刑事訴訟節次에서 부대소송을 함이 상당하지 아니하다고 인정한 때는 부대소송은 제한된다. 부대소송은 법원의 직권 또는 피해자의 신청에 의한다. 이것은 當事者處分主義에 대한 중대한 예외라 볼 수 있다. 부대소송의 신청은 피해자 또는 그 상속인이 할 수 있고(26Ⅰ), 피해자는 법원의 허가를 받아 그 배우자·직계혈족·형제자매 또는 호주에게 소송을 대리하게 할 수 있다(27Ⅰ). 신청인은 확정 전까지 언제든지 배상신청을 取下할 수 있고, 확정된 賠償命令 또는 假執行宣告 있는 배상명령이 기재된 유죄판결서의 正本은 민사소송법에 의한 강제집행에 관하여는 집행력있는 민사판결의 정본과 동일한 효력이 있다(34Ⅰ).

부대청구(附帶請求) 민사소송에서 주된 청구에 부대하여 청구되는 果實·損害賠償·違約金·권리행사의 비용(예 : 催告罪·拒絶證書作成費 등)의 청구. 이 경우에 부대청구의 가액은 訴訟價額에 산입되지 않는다(民訴 24Ⅱ).

부대체물(不代替物) → 대체물·부대체물

부대체적 급부(不代替的給付) 특정의 채무자만이 할 수 있는 급부. 專屬的 給付라고도 한다. 예컨대 그림을 그린다든가, 강연을 한다든가와 같다. 이러한 급부를 목적으로 하는 채무(위탁이나 고용 등에 의한 채무)는 상속의 목적으로 될 수 없고(民 995 但, 1005 但), 또 제3자의 변제를 허용하지 않으며(469 Ⅰ但), 强制履行도 할 수 없다.

부대항고(附帶抗告) 〔獨〕 Anschlussbeschwerde 항고절차에서 명백히 항고인과 이해가 상반되는 상대방이 있는 경우에, 그 상대방이 동일한 절차내에 있어서 항고에 의하여 불복을 받은 재판 중 자기에게 불이익한 부분의 변경을 구하는 신청. 부대항고는 附帶抗訴에 준하고 附帶再抗告는 附帶上告에 준한다(民訴 413).

부대항소(附帶抗訴) 〔獨〕 Anschlussberufung [1] 민사소송법상 피항소인이 항소에 부대하여 원재판에 대한 불복의 주장을 하고, 抗訴節次에서의 심판의 범위를 자기에게 유리하게 확장하는 신청. 당사자쌍방이 같이 抗訴權을 가질 때에는 각자 독립하여 항소를 제기할 수 있지만, 단지 상대방의 抗訴를 기회로 하여 항소심절차에서 심판의 범위를 자기에게 유리하게 확대하는 것으로서, 不利益變更禁止의 原則의 적용을 배제하기 위한 것이다. 부대항소는 피상소인이 항소권을 포기하거나 혹은 상실한 뒤에도 할 수 있으며, 항소심의 辯論終結 전이면 무효하다(372). 그러나 부대항소권까지도 포기하면 그렇지 않다. 부대항소의 방식은 항소에 관한 규정에 의한다(374). 부대항소는 상대방의 항소에 편승하는 것이므로 抗訴의 取下 또는 却下에 의하여 효력을 상실한다. 다만 부대항소인이 항소기간내에 제기한 부대항소는 獨立抗訴로 간주한다(373).

[2] 형사소송법상 抗訴權者의 일방이 항소하였을 때에, 상대방이 이에 부대종속하여 그 범위내에서 항소하는 것. 구형사소송법은 검사에 한하여 부대항소를 허용하였다(舊刑訴 399). 그리고 구법하에서의 부대항소는 주로 검사가 不利益變更禁止의 原則의 적용을 배제하기 위한 무기로서 이용하는 실정이었다. 현행형사소송법은 이러한 점을 고려하여 附帶上訴(抗訴·上告)는 일체 인정하지 않고 있다. 그러므로 不利益變更禁止를 피하기 위하여는 검사는 별도로 독립하여 상소를 제기할 수밖에 없게 되었다.

부도(不渡)**어음·수표**(手票) 부도어음이라 함은 어음의 支給人·引受人 또는 발행인이 지급을 거절한 어음이며, 부도수표라 함은 지급인으로 지정된 은행이 지급을 거절한 수표이다(手票 3 但 참조).

부동담보(浮動擔保) 〔英〕 floating charge 사채의 담보로서 사업계속중의 기업의 현재 및 장래의 총재산을 객체로 하며 목적물의 지정을 요하지 아니한다고 하는 영국의 에퀴티상의 담보제도. 擔保權의 실행 또는 회사의 解散 등에 의한 목적물의 특정에 이르기까지는 담보권은 말하자면 잠자고 있으며, 회사는 目的財産을 자유로 사용·수익·처분할 수 있으며, 또한 굿 윌 등 무형의 이익도 담보할 수 있는 점에 있어서 財團抵當에 비하여 유리하다고 한다.

부동산(不動産) 〔羅〕 res immobiles 〔英〕 immovables 〔獨〕 unbewegliche Sachen, Immobilien 〔佛〕 immeubles 土地 및 그 定着物을 부동산이라 하며(民 99Ⅰ), 立木은 독립한 부동산으로 본다(立木에 관한 法律 3). 動産과 대립된다. 연혁상으로나 현행법상으로나 부동산과 동산은 별개의 취급을 받고 있다. 구별을 하는 이유는 부동산은 첫째로 경제적 가치에 있어서 동산보다 크다는 것, 둘째로 그 소재가 일정하여 용이하게 그 소재를 변경할 수 없는 것, 셋째로 그 권리의 公示方法을 달리하고 있다는 데에 있다. 그러나 이 중에서 제1의 이유는 유가증권이라는 부동산이 아니면서 중요한 재산상의 지위를 차지하는 것이 출현한 것, 또 제2의 이유로서의 소재의 불변은 거래상 특히 문제로 될 수 없으므로 부동산만을 특히 보호할 이유로 인정하기 어렵게 되었다. 따라서 현재로는 다만 제3의 이유에 중점이 두어지고 있다고 할 것이다. 즉, 부동산에 관하여는 등기가 物權變動의 效力發生要件으로 되어 있는(186) 외에, 時效取得·善意取得·他物權의 설정 등에 관하여 동산과 다른 취급을 받으며, 또한 거래상 신중한 취급을 받는 일이 있다(950Ⅰiii). 강제집행에 있어서도 執行官이 아니라, 집행법원이 집행기관으로 되고, 그 절차도 신중·복잡하다(民訴 7편 2장 2절).

부동산등기(不動産登記) 등기의 일종으로서 부동산에 관한 권리관계를 公示하는 것. 부동산거래의 안전을 보호하기 위하여 중요한 제도로서 거래의 진전에 따라 18세기 이후로 크게 발달하였다. 우리나라에는 不動産登記法이 있다. 등기제도에는 프랑스법주의·독일법주의·토렌스식등기법의 3종이 있다. 프랑스법주의에서는 등기부는 人的編成主義에 의하고, 등기공무원은 형식적 심사권밖에 없으며(→형식적 심사주의·실질적 심사주의), 등기는 물권변동의 對抗要件임에 그치고, 公信力도 갖지 않는다. 독일법주의에서는 등기부는 物的編成主義에 의하고, 등기공무원은 실질적 심사권을 갖고, 등기는 물권변동의 효력요건으로 됨과 함께, 공신력이 인정된다. 토렌스식은 독일법주의와 대체로 같은데, 등기와 동일내용의 증서를 발행하여 권리자에게 간직시킨다. 우리나라는 대체로 독일법주의에 의하고 있는데, 다만 등기공무원에게 실질적 심사권이 없고 등기가 公信力을 갖지 않는 것은 결점으로 되어 있다. 등기의 목적물은 부동산등기법에 의한 토지·건물, 특별법에 의한 財團 및 立木에 관한 법률에 의한 입목이 있다.

부동산등기부(不動産登記簿) 부동산의 표시 또는 부동산에 관한 권리관계를 기재하기 위하여 등기소에 비치되는 公的 帳簿. 부동산의 표시는 이 장부의 기재에 의하여 명확해지고, 부동산에 관한 권리관계는 이 장부에 기재됨으로써 비로소 효력을 발생하기 때문에 登記制度의 中核을 이루는 장부이다. 우리나라에서 부동산등기는 좁은 뜻으로는 부동산등기법이 규정하는 土地登記簿와 建物登記簿의 2종을 의미하지만(14), 넓은 뜻으로는 특별법에 정한 각종 財團登記簿와 立木에 관한 법률에 의한 立木登記簿를 포함한다. 토지등기부에는 토지에 관한, 건물등기부에는 건물에 관한, 각각의 표시 또는 권리관계를 기재한다. 이들 부동산등기부는 어느 것도 일정의 表紙·目錄 및 登記用紙를 편철조제하여 접수한 순서로 철입하는데, 바인더(binder)식 장부로 개편할 것이 요망된다. 登記簿索出帳은 그 등기부에 어떤 부동산의 등기용지가 편철되어 있는가를 쉽사리 알게 하기 위하여 두는 것이다. 등기부에는 1筆의 토지, 1개의 건물마다 1등기용지만을 편철한다(不登 15)(→1부동산1등기용지주의). 1등기용지는 登記番號欄, 表題部와 甲·乙의 2區로 나누어져 있다. 등기번호란에는 각 토지 또는 각 건물에 대하여 등기부에 처음으로 등기한 순서를 기재하고, 표제부에는 토지 또는 건물을 특정하기 위하여 그 표시에 관한 사항을 기재한다(→토지대장, 가옥대장). 甲乙 각 구는 다시 事項欄·順位番號欄으로 나누어진다. 甲區사항란에는 소유권에 관한 사항을 기재하고, 乙區사항란에는 소유권 이외의 권리에 관한 사항을 기재하며, 순위번호란에는 사항란에 등기한 순서를 기재한다(16). 또한 동일한 등기에 관하여 신청인이 다수 있는 경우, 예컨대 1개의 부동산에 관하여 다수의 공유자가 소유권보존의 등기를 하는 경우에는 共同人名簿를 그 등기용지에 추가편철할 수 있다. 공동인명부는 표제부 各區事項欄에 기재를 간명히 하기 위한 것인데, 등기용지의 표제부 사항란에는 신청서에 첫번째 기재된 사람의 성명 또는 명칭·주소 또는 사무소와 그 밖의 인원만 기재하고 신청인 전부의 성명 또는 명칭·주소 또는 사무소 등은 共同人名簿에 기재한다(58Ⅰ). 각 부동산등기부에는 각각 다수의 토지·건물 등의 등기용지가 편철되어 있는데, 각 등기용지는 토지등기부에 있어서는 地番區域마다 지번의 순서에 따라, 건물등기부에 있어서는 지번 구역마다 建物敷地의 지번의 순서에 따라 이를 편철한다(→물적편성주의). 또 1등기용지는 표제부·갑구·을구·共同人名簿의 순서에 따라 등기부에 편철한다. 부동산등기는 부동산의 표시 또는 부동산에 관한 권리관계의 公示를 목적으로 하는 것이기 때문에, 누구든지 수수료를 납부하고 등기부의 謄本 또는 抄本의 교부와 등기부의 열람을 청구할 수 있다(21).

부동산물권(不動産物權) 물권의 객체가

부동산인 물권을 말한다. 게르만법에서는 不動産物權法과 動産物權法이 각각 다른 원리를 가지고 발달하였으나 로마법은 양자를 같은 원칙에 따라 통일적으로 규율하였으며, 근대민법도 양자를 통일적으로 규율하고 있다. 그러나 각국의 민법에 있어서 物權은 그 객체가 동산이냐 부동산이냐에 따라 실제로 상당한 대립을 보이고 있으며 우리 민법상 부동산물권을 규율하는 원리는 대체로 다음과 같다. ① 법률행위에 의한 부동산의 물권변동에 관하여는 등기라고 하는 엄격한 공시방법을 요구함으로써 거래의 안전을 도모하고, ② 부동산거래에 관하여는 善意取得制度를 채택하지 않음으로써 진정한 권리자를 보호하며, ③ 부동산에 관하여는 법률에 의한 所有權制度의 정도를 강화하고 있다. 이와 같은 부동산물권으로서 우리 민법상 규정되어 있는 것으로는 점유권·소유권·지상권·地役權·전세권·留置權·저당권 등이 있다.

부동산보험(不動産保險) 〔獨〕 Immobiliarversicherung 부동산에 관하여 발생하는 損害의 塡補를 목적으로 하는 손해보험. 動産保險에 대하는 관념으로서 일반적으로 부동산의 화재보험을 뜻하는바 建物保險이 그 대표적인 것이다.

부동산소득(不動産所得) 부동산 또는 부동산상의 권리의 대여, 등기 또는 등록된 선박·항공기 등의 대여, 工場財團 또는 鑛業財團의 대여, 鑛業權者·租鑛權者 또는 德大가 채굴에 관한 권리를 대여함으로 인하여 발생하는 소득(所得 19Ⅰ). 소득세의 과세물건인 종합소득의 일종으로서, 그 금액은 당해년도의 총수입금액에서 이에 소요된 필요경비를 공제한 전액으로 한다(19Ⅱ).

부동산신탁(不動産信託) 신탁회사가 信託財團으로 토지 또는 정착물을 인수한 경우에 업무상 일괄하여 부동산신탁이라고 한다.

부동산(不動産)**에 대한 강제집행**(强制執行) 금전채권의 변제를 하기 위하여 채무자가 소유하는 부동산에 대하여 행하는 강제집행에는 强制競賣와 强制管理가 있다. 채권자는 그 중 하나를 선택하거나 또는 양자를 병용할 수도 있다(民訴 599). 또 강제관리 중인 부동산에 대하여 다른 채권자로부터 강제경매의 신청을 할 수 있으나 다시 강제관리의 결정을 하는 것은 허용되지 않는다. 이의 집행기관은 집행관이 아니라 執行法院이다(600Ⅰ).

부동산(不動産)**의 경매**(競賣) 强制競買 이외에 경매법에 의한 부동산의 경매가 있다. 경매의 집행기관은 부동산 소재지의 지방법원이며, 경매절차는 경매청구자의 신청에 의하여 개시된다. 이 절차에 있어서는 당사자가 될 자를 인정하지 않고 예외적으로 이해관계인이 될 자를 인정한다.

부동산(不動産)**의 선취특권**(先取特權) 〔佛〕 privilégié sur certains immeubles 채무자의 특정한 부동산 위의 선취특권. 구민법상 보존·공사·매매의 3종류의 채권에 대하여 법률상 당연히 생겼으나(舊民 325~328) 현행법은 인정하지 않는다.

부동산(不動産)**의 압류**(押留) 부동산의 强制競賣開始節次의 개시결정을 함에 있어서 부동산을 압류할 취지를 선언하는 바 이 결정은 직권으로써 채무자에게 송달되어야 하며, 그 송달에 의하여 효력이 발생한다(民訴 603). 경매에 의한 부동산경매의 개시결정에는 압류를 선언하지 못하나 압류의 효력을 발생한다.

부동산절도(不動産竊盜) → 절도죄

부동산질(不動産質) 〔獨〕 Nutzpfand 〔佛〕 antichrèse 부동산을 목적으로 하는 質權. 이 제도는 구민법에는 있었으나, 민법에서는 폐지된 것이다. 부동산질은 목적물의 사용·수익을 할 수 있는 것이므로(舊民 356), 이른바 受益質에 속한다. 이것을 수익질로 한 것은 부동산을 質權者의 점유하에 두고, 動産質權에서와 같이, 사용·수익을 금한다면, 그 이용을 저해하여 사회경제상의 불이익을 가져온다는 公益的 見地에서이다. 그러나 소유자가 아닌 제3자의 이용권의 행사는 종종 부동산이 가지는 永續性으로 보아 좋지 않은 결과를 초래할 염려가 있을 뿐만 아니라, 현대의 경제생활의 진전에 따르는 금융업의 독립에 이르러서는, 질권자의 사용·수익도 사실상 불가능하게 되고, 목적물을 설정자의 사용·수익에 맡겨두고 그 객관적인 交換價値만을 파악하고 그것에 의하여 우선변제를 받으려는 抵當權에 대치되어서, 부동산을 목적으로 하는 質權은 거의 이용되지 않게 되고, 그 규정은 결국 死文化하게 되었다. 민법이 이 제도를 폐지한 이유도 여기에 있다.

부동산취득세(不動産取得稅) 매매·증여 등 각종의 원인에 의한 부동산의 이전에 있어서 부과되는 조세. 納稅義務者는 부동산의 취득자이며, 과세권자는 부동산 소재지의 관청이다. 과세표준은 취득 당시의 價額으로 하며, 그 세율은 지역에 따라 다르다. 보통 취득물건의 가액 또는 年賦金額의 100분의 20이다(地稅 111, 112).

부동산투기억제(不動産投機抑制)**에 관한**

특별조치세(特別措置稅) 과세대상지역에 소재하는 토지를 양도한 자에게 토지의 양도로 인하여 생기는 차익(土地讓渡差益)을 과세표준으로 하여 징수하는 국세. 보통 부동산투기억제세로 불리운다. 國公有土地, 주한외국공관이 소유하는 토지(다만 당해 국가가 대한민국재외공관이 소유하는 토지에 대하여 과세하는 경우에는 그러하지 아니하다)는 과세대상에서 제외된다(不動產投機抑制에 관한 特別措置稅法 6). 또한 양도자의 1세대 1주택에 부수되는 토지로서 건물이 정착된 면적의 10배를 넘지 아니하는 부지, 사립학교법에 의하여 설립된 학교법인의 교육목적에 이용되는 토지, 2년 이상 가동한 공장을 이전할 목적으로 양도한 토지 등은 납세가 면제된다(7). 세율은 100분의 50이며(10), 세액 50,000원 미만은 징수되지 아니한다(14). 이 稅種은 1975년의 소득세법의 개정으로 폐지되고, 소득세법상의 讓渡所得稅로 흡수규정되었다. → 양도소득

부동산회계(不動產會計) 국가 또는 지방자치단체가 그의 부동산을 관리하는 작용을 말한다. 이는 국가 또는 지방자치단체가 私經濟의 주체로서 하는 작용으로서 私法上의 행위에 속하는 것이 원칙이다.

부등부선(不登簿船) → 등부선 · 부등부선

부 락(部落) 통속적으로 시 · 읍 · 면의 일부를 부락이라고 부르는 일이 있다. 이것이 財產을 가지거나 營造物을 두고 있는 경우에는 財產區라고 하겠으나 그렇지 않은 경우가 많다. 보통 일종의 문자에 지나지 않는다. 또 부락민이 관습상 入會權을 가질 때에는 그 부락은 組合人으로서의 성질을 가진다. 부락에는 部落會(동회 · 동사) 그 밖의 기관이 있으며, 또 부락은 간혹 실질적인 지방의회의원의 選擧母體로서의 성격을 가진다.

부 령(府令) 조선총독부령과 같다.

부 령(部令) 행정각부장관이 발하는 命令(憲 95). 이에는 법률이나 상급의 명령의 위임에 의하는 경우와 법령의 집행을 위하여, 즉 직무집행상 직권으로 발하는 경우가 있는데, 전자를 委任命令이라 하고, 후자를 執行命令이라 부른다. 부령은 총리령과의 관계에서 형식적 효력의 우열이 문제되나, 양자는 동일한 형식적 효력을 가지는 것으로 보는 것이 통설이다. → 법규명령

부 로(俘虜) 포로와 같다.

부(父)를 결정(決定)하는 소(訴) 재혼금지기간을 위반하여 재혼한 여자가 解產한 子에 대하여 그 父를 확정할 것을 내용으로 하는 訴. 가사소송의 대상이 된다. 再婚禁止期間을 무시한 혼인신고가 잘못 수리되어 前婚의 해소후 300일 이내에, 그리고 後婚成立後 200일 이상이 경과한 시기에 子가 출생한 경우에는 親生者推定이 중복되어 민법 844조의 추정에 의하여도 父를 결정할 수 없으므로, 법원은 子 · 母 · 母의 배우자 또는 그 전배우자의 청구에 의하여 父를 정하는 재판을 하게 된다(民 845). 피고는 子가 제기하는 때에는 母, 母의 배우자 및 그 전배우자가 되고, 母가 제기하는 때에는 그 배우자 및 전배우자가 된다. 그리고 母의 배우자가 제기하는 때에는 母 및 그 전배우자가 상대방이 되고, 전배우자가 제기하는 때에는 母 및 그 배우자가 상대방이 된다. 이와 같은 경우에 상대방이 될 자 중에서 사망한 자가 있는 때에는 生存者를 상대방으로 하고, 생존자가 없는 때에는 그 사망을 안 날로부터 1년내에 檢事를 상대방으로 하여 訴를 제기할 수 있다. 부인도 親生子否認訴訟을 낼 수 있다.

부 부(夫婦) 적법한 혼인을 한 남녀를 夫婦라고 한다. → 배우자

부부간(夫婦間)의 계약취소권(契約取消權) 부부간에 계약을 체결한 때에는 언제든지 부부의 일방으로부터 그것을 취소할 수 있다(民 828 本). 계약의 이행전이거나 후이거나를 묻지 않는다. 그러나 제3자의 권리를 해할 수는 없다(828 但). 부부간의 계약의 이행은 오직 道義와 愛情에 맡겨야 하는 것이며 그것을 재판에서 다룬다는 것은 오히려 달갑지 않다는 이유에서 마련된 것이다.

부부간(夫婦間)의 부양 · 협조의무(扶養 · 協助義務) 부부공동생활에서 동고동락하고 정신적 · 경제적인 각 방면에서 협조하여 원만한 공동생활을 영위하는 의무를 말한다. 여기서 말하는 부양은 未成熟의 자녀를 포함하는 부부일체로서의 공동생활에 필요한 것을 부부가 서로 供與하는 것으로서, 상대방의 생활을 자기의 생활과 같은 정도로 보장하는 것이다. 그러므로 친족 사이의 부양과는 성질을 달리한다. 그런데 민법은 이것과 별도로 夫婦의 재산상의 효력으로써 부부의 공동생활에 필요한 비용의 부담은 당사자간에 특별한 약정이 없으면 부부가 공동으로 부담한다(民 833)고 규정하고 있다. 이것은 부양의무를 이행하는데 있어서의 기준을 밝힌 것에 불과하다. 부부의 협조의무는 분업에 기초한 협조를 법으로 규정한 것이다. 당사자 일방이 정당한 이유없이 이 의무를 이행하지 않을 때는 다른 일방이 조정 또는 심판에 의하여 그 이행을 청구할 수 있는 것과, 그것이 법적 강제를 할 수 없는

성질의 것이라는 것에서 同居義務와 같다. 분업을 어떻게 할 것인가는 당사자의 합의에 의해서 정해진다.

부부공동입양(夫婦共同入養) 배우자 있는 자가 養子를 할 때에는 배우자와 공동으로 하여야 하는 것(民 874Ⅰ). 구민법에서는 妻가 있는 자는 공동으로 함이 아니면, 양자를 할 수 없고 양자가 되지 못한다고 규정하여 夫中心主義를 벗어나지 못한 立法이라고 비판되던 것을 민법개정으로 시정하였다. 한편 현행민법은 배우자 있는 자가 양자가 될 때에는 다른 일방의 동의를 얻어야 한다고 규정하여(874Ⅱ) 妻도 독립하여 양자가 될 수 있는 것으로 하였다. 罷養의 경우에는 부부공동주의에 관한 규정이 없지만, 入養의 경우와 마찬가지로 해석하여야 할 것이다.

부부별산제(夫婦別産制) 〔英〕separation of goods 〔獨〕allgemeine Gütertrennung 〔佛〕régime de separation des biens 부부가 각각 혼인전부터 가졌었던 固有財産과 혼인생활중에 자기의 명의로 취득한 재산을 그 特有財産으로 하고 또한 그것을 각자 관리·사용·수익하게 하는 제도. 구법상에서는 부부재산제에 관하여 管理共通制를 채용하였지만 현행민법은 부부별산제를 채용하고 있다(830Ⅰ, 831).

부부재산계약(夫婦財産契約) 〔英〕marriage settlement 〔獨〕Ehevertrag 〔佛〕contrat de mariage 부부의 재산의 귀속, 그 관리방법, 부부공동생활의 비용부담 등 혼인계속중에 있어서의 夫婦의 재산관계를 정하는 부부간의 계약. 각국의 법률은 여러 종류의 형을 정하여 그 하나를 선택하게 한다든가 또는 여러 종류의 型을 혼용 또는 다소의 변경을 허용한다든가 하는 입법을 하고 있지만, 우리 민법은 당사자가 그 내용을 자유로이 정할 수 있는 것으로 하고 있다. 그러나 이 계약은 혼인신고전에 체결되어야 하고 일단 성립된 계약은 婚姻繼續中에 변경하지 못한다(829Ⅱ本). 만약 변경을 허용한다면 부부의 일방이 타방의 위압에 눌리거나 애정에 휩쓸려 자기의 이익을 희생시킬 염려가 있을 것이고 또한 夫婦와 거래한 제3자를 해칠 염려가 있다는 점을 고려한 것이다. 그러나 정당한 사유가 있는 때에는 법원의 허가를 얻어서 변경할 수 있다(829Ⅱ但). 이 밖에도 변경을 인정하는 경우가 두 가지 있다. 즉, 첫째는, 夫婦의 일방이 다른 일방의 재산을 관리하는 경우에 부적당한 관리로 인하여 그 재산을 위태롭게 한 때에 다른 일방의 청구에 의하여 법원이 관리권을 일방에서 다른 일방으로 옮기라는 판결이 있은 경우이다(829Ⅲ前). 이 경우에 共有財産에 관하여는 그 분할을 함께 청구할 수 있다(829Ⅲ後). 둘째는, 약정에 의하여 관리자를 변경하거나 공유재산을 분할하였을 때이다(829Ⅴ). 부부가 부부재산계약의 존재를 夫婦의 승계인 또는 제3자에게 대항하기 위하여는 혼인신고를 할 때까지 또는 계약변경이 있었을 경우에 그 등기를 하여야 한다(829Ⅳ·Ⅴ). 夫婦財産契約의 내용은 자유이나 혼인의 본질적 요소나 남녀평등 내지 사회질서에 반하는 내용은 인정되지 않는다고 보아야 할 것이다.

부부재산제(夫婦財産制) 〔獨〕eheliches Güterrecht 〔佛〕régime matrimonial 부부공동생활의 비용의 부담, 재산의 귀속, 관리·수익의 권능 등 혼인으로 인하여 생기는 부부간의 특수한 재산관계를 규정하는 제도. 부부재산제는 夫婦財産契約과 法定財産制로 대별할 수 있다. 전자는 남녀가 계약으로 자유로이 정할 수 있는 것이며, 후자는 부부재산계약이 없는 경우에 적용되는 것이다. 법정재산제의 표준적인 형식으로서는 共産制·管理共通制·別産制(夫婦別産制)가 있다. 우리 민법도 夫婦財産契約과 法定財産制를 규정하고 있다. 즉, 부부는 혼인신고전에 계약으로써 등기에 의하여 부부간의 재산관계를 임의로 정할 수 있지만, 이것이 없는 경우에는 법원의 財産制에 따른다. 민법이 규정하는 법정재산제의 내용은 다음과 같다. 부부의 공동생활비용은 당사자간에 특별한 약정이 없는 한 부부가 공동으로 부담한다(833). 부부는 일상가사에 관하여 서로 대리권이 있다(827Ⅰ)(→일상가사대리권). 그리고 일상가사에 관한 채무에 대해서는 부부가 連帶責任을 진다(832).

부분(部分)**스트라이크** 조합이 전체로서 爭議態勢에 들어가 있는 경우에, 전술상 지부별 내지는 직장별로 同盟罷業에 돌입하는 것. 이는 쟁의지시에 따라서 행동한다고 하는 점에서, 산고양이 스트라이크가 되지 않는다. 이 경우에 동맹파업참가에 의하여 임금을 상실하는 것은 조합원의 일부에 불과한 것이고, 또한 탄광과 같은 경우, 운반부문만의 파업으로 전원 동맹파업과 동일한 타격을 경영자에게 주는데 반하여 경영자측은 이에 대처하기가 극히 곤란한 것이어서 노동조합의 유력한 전술로서 채용되는 경우가 있다.

부분운송(部分運送) 順次運送의 한 형태로서, 동일운송물에 대하여 여러 명의 운송인이 각자 독립하여 특정된 부분구간의 운송을 인수하는 것. 이 경우 운송물이 제1의 운송인으로부터 다음의 운송인에게 인계되는데 있어서는 送荷人 자신이 다음의 운송인과 각 구간의 운송에 대하여 각각 독립된 운송계약을 체결하거나 또는 송하인이 제1의 운송인과 운송계약을 체결하는 동시에 제1의 운송인 기타의 자가 송하인의 代理人 또는 運送周旋人이 되어 제2 이하의 운송인과 운송계약을 체결하여야 한다. 이 부분운송에 있어서는 각 운송구간마다 1개의 운송계약이 성립하는 것이므로 각 운송계약은 독립된 계약이며 따라서 각 운송인간에 連帶責任은 인정되지 않는다.

부분운송주선(部分運送周旋) 운송중개를 요하는 送荷人이 각 구간의 운송에 관하여 각지의 운송주선인을 사용하는 것. 이 경우에는 송하인과 각 운송주선인간에는 독립별개의 운송주선계약이 성립되나, 각 운송주선인 상호간에는 아무런 관계도 생기지 아니한다. 부분운송주선은 順次運送周旋의 下受運送周旋과는 다르다.

부 서(副署) 〔英〕 countersignature 〔獨〕 Gegenzeichnung 〔佛〕 contreseing 국가원수의 署名에 부가하여 閣員 또는 長官이 서명하는 것. 국무총리가 있는 나라에서는 그도 부서한다. 관계각부 장관의 책임의 소재를 밝히는 동시에 국가원수의 독단을 방지하는 효과가 있다. 우리 헌법에는 대통령의 國法上 行爲는 문서로써 하며, 이 문서에는 국무총리와 관계국무위원이 부서하게 되어 있다(82).

부성추정(父性推定) 친생자추정과 같다.

부속기관(附屬機關) 행정기관 등에 附置된 기관. 審議會·協議會·試驗所 등. 각부 각처의 부속기관(보조적인)은 設置法으로 규정하고 있다.

부속명세서(附屬明細書) → 계산서류부속명세서

부속물매수청구권(附屬物買受請求權) 傳貰權者 또는 건물 기타 공작물의 賃借人(또는 轉借人)이, 목적물의 사용의 편익을 위하여 전세권설정자 또는 임대인의 동의를 얻어 부속시킨 물건 또는 그들로부터 매수한 부속물을, 계약의 종료시에 즈음하여 전세권설정자 또는 임대인에 대하여 매수할 것을 청구하는 권리(民 316Ⅱ, 646, 647). 전세권자 또는 임차인(또는 轉借人)에 대하여 投下資本을 회수하는 편리를 주는 동시에 건물 등의 객관적 이용가치를 증가시키고 있는 부속물을 철거함으로써 생기는 사회경제적 손해를 방지하려는 취지에서 인정된 것이다. 地上物買受請求權과 대응하는 권리이며, 그것과 마찬가지로 일종의 形成權이다. 즉 이 청구권은 행사하면 상대방의 승낙을 필요로 함이 없이 매매가 성립한 것과 동일한 법률관계가 생긴다.

부속물수거권(附屬物收去權)〔傳貰權者의〕 전세권이 소멸한 때에 전세권자가 傳貰目的物에 부속시킨 물건을 수거하는 권리. 전세권이 소멸한 때에는 전세권자는 그 목적물을 원상에 회복하여야 하며 부속물을 수거할 수 있다. 그러나 전세권설정자가 買受請求權을 행사한 때에는 收去權이 없어진다(民 316Ⅰ). 수거는 전세권 소멸후 지체없이 하여야 하며, 수거와 원상회복은 권리인 동시에 의무라고 해석된다.

부속법(附屬法) 기본적인 법령에 부속하여 제정되어 그 취지를 명확히 함과 아울러, 그 細目·附帶事項·施行 등에 관하여 규정한 법령을 말한다. 基本法에 대하는 말. 예컨대, 상법에 대하여 상법시행법은 부속법이다.

부속적 상행위(附屬的商行爲) 〔獨〕 Nebenhandelsgeschäft akzessorisches(abgeleitetes) Handelsgeschäft 〔佛〕 actes commerciaux par accession 상인이 그 영업을 위하여 함으로써 상행위로 되는 행위(商 47Ⅰ). 商人概念을 전제로 하여 인정되는 점에서 상인개념의 기초가 되는 기본적 상행위인 營業的 商行爲와는 달리, 상인의 영업을 위한 보조적 행위로서 상행위로 되므로, 補助的 商行爲라고도 한다(→ 보조적 상행위). 그런데 상인의 어떤 행위가 영업을 위한 것인가 아닌가는 반드시 명백하지 못한 경우가 가끔 있으므로, 상법은 상인이 하는 행위는 그 영업을 위한 것으로 추정하고 있다(47Ⅱ). 이를 推定的 商行爲라고 한다. 따라서 이 추정을 다투는 자는 反證을 들어야 한다. 그러나 회사에는 영업 이외의 일반사생활이 없으므로, 그 행위는 모두 영업을 위한 것으로 된다. 또 身分法上의 행위와 같이 그 성질상 영업과 무관한 행위는 상행위로 추정되지 않는다.

부속적(附屬的) **어음행위**(行爲) 발행 이외의 어음행위, 즉 背書·保證·引受·參加引受·支給保證을 말한다. 기본적 어음행위의 발행에 의하여 창조되는 기본어음의 성립을 전제로 하나 기본어음은 단순히 형식상 성립하면 족하다.

부속정관(附屬定款) 〔英〕 articles of association 〔獨〕 by-laws 영미법상 회사의 정관에는 기본적인 조직운영을 정하는 基本定款과, 그 외에 회사가 업무의 운영에 관하여 회사·기관·주주·임원의 행동을 규정하는 부속정관의 2종이 있다. 후자는 普通定款 또는 業務規定이라고 하고 회사내부의 自治規範이다. 전자에 비하여 그 설정·변경이 용이하며, 州法에 따라서는 주주총회의 결의를 거치지 않고 이사회의 결의만으로써도 할 수 있다.

부수사정(附隨事情) 〔獨〕 begleitende Umstände 行爲時의 구체적 사정. 이 개념은 프랑크에 의하여 처음으로 사용되었다. 그는 책임능력·고의 또는 과실과 함께, 부수사정의 正當性을 책임요소라고 봄으로써, 規範的 責任論에의 길을 열었다. 즉, 행위자는 정상적인 부수사정하에서 행위한 때에 비로소 비난될 수 있고, 비정상적인 부수사정하에서는 행위자에게 다른 적법행위를 기대할 수 없으므로, 그에게 책임비난을 가할 수 없다고 한다. 이것은 바로 期待可能性의 이론이다. 프랑크자신은 후에 부수사정은 그 객관성에 있어서가 아니라 행위자의 주관에 반영한 限에 있어서만 책임요소가 된다고 보게 되었다. 그런데, 현재는 부수사정을 客觀的 責任要件라고 보는 학설도 있다.

부수소송(附隨訴訟) 〔獨〕 Anhangsprozess 어떠한 소송이나 강제집행에 부수하여 생긴 소송으로, 그 판결이나 집행의 적부를 심판하기 위한 것. 소송상의 사항을 심판의 목적으로 하기 때문에 訴訟訴訟이라고도 한다. 再審의 訴, 執行判決을 구하는 訴, 請求異議의 訴와 같은 것이 그 예이다. →민사소송

부수적 신분행위(附隨的身分行爲) 신분관계에 부수하는 법률행위. 신분행위의 일종. 신분을 위한 행위라고도 한다. 예컨대 부부가 혼인신고전에 하는 夫婦財産契約(民 829)과 같이 신분행위에 부수하고 있는 것과, 상속의 限定承認·抛棄와 같은 단순한 신분법적 사실에 부수하는 것으로 나눌 수 있다.

부스따만떼법전(法典) 〔西〕 Código Bustamante 라틴아메리카諸國의 조약에 의하여 채택된 국제민법·국제상법·국제형법 및 국제소송법에 관한 統一法典. 쿠바의 학자 부스따만떼(Bustamante)의 기초에 의한 것이며, 1928년 하바나에서 개최된 제6회 범미회의에서 가결되어, 南美의 다수국가에 의하여 채택되었다. 汎美會議(Pan-American Conference)는 미국의 제의에 의하여 1890년에 워싱턴에서 제1회회의가 개최되어 그 후 회를 거듭하였고, 부스따만떼에 의한 國際私法案과 그 실시에 관한 조약은 참가국 21개국 중 18개국의 찬성투표를 얻은 바 있다. 미국은 제1회회의 이래 미대륙의 국제사법통일운동에 참가하고 또한 부스따만떼법전의 성립을 위하여 진력하였으나, 그 성립에 있어서는 가입하지 않았다. 동법전은 전술의 國際民法 이하 4장 이외에도 前加編으로 총칙적 규정이 있으며, 전문 437개조로 된 극히 상세한 법전이다. 이 실시에 관한 조약은 아르헨티나·볼리비아 등 10개국에 의하여 비준된 바 있다.

부실금융기관(不實金融機關) 債務가 財産을 초과하고 정상적인 경영이 어렵다고 판단되는 금융기관으로서 재정경제부장관 또는 預金保護機構의 설립근거가 되는 법률에서 보험금 등의 지급을 결정할 권한이 있는 자가 결정한 금융기관이나 예금자의 예금채권에 대한 지급이 정지상태에 있는 금융기관을 말한다. 이 경우 채무와 재산의 평가 및 산정은 재정경제부장관 등이 미리 정하는 기준에 의한다(金融機關의 構造改善에 관한 法律 2iii).

부실채권정리기금(不實債權整理基金) 금융기관이 보유하고 있는 부실채권 등의 효율적인 정리를 위하여 성업공사에 둔 基金을 말한다(金融機關의 不實資産 등의 효율적 처리 및 成業公社의 設立에 관한 法律 38). 기금은 금융기관의 출연금, 공사로부터의 轉入金, 부실채권정리기금채권의 발행으로 조성한 자금, 한국은행으로부터의 차입금, 기술운용수익 및 그 밖의 수입금으로 조성한다(39).

부양권리자(扶養權利者) 부양의무의 관계가 있는 자로부터 扶養받을 권리가 있는 자. 자기의 자력 또는 근로에 의하여 생활하고 또는 교육을 받을 수 없는 경우의 부양을 받을 권리를 가진 자를 가리킨다(民 975).

부양당사자(扶養當事者) 부양의무·부양받을 권리있는 자를 부양당사자라고 한다. 扶養義務는 원칙적으로 친족인 직계혈족 및 그 배우자간 기타 생계를 같이 하는 친족간에 생긴다(民 974). 어떤 사람에 대하여 부양할 사람이 있는 경우 부양의무자의 순위에 관하여는 當事者의 협정에 의하고, 협정에 의하지 않으면 법원이 당사자의 청구에 의하여 그 순위를 정한다(民 976 I 前). 부양받을 자가 여럿이 있어 전원을 부양할 능력이 없는 경우에도 법원이 정한다(976 I 後). 이 경우에 법원은 수명의 부양의무자 또는 권리자를 선정할 수 있다(976 II).

부양료(扶養料) 〔英〕 alimony 친족관계에 의거하는 부양의무자가 부양의 방법으로서 행하는 생활자료의 급여. 扶助料와는 구별된다. 근대법에서는 부양료를 금전으로 지급하는 것이 원칙이나 우리나라 실제의 관행으로는 오히려 부양료를 지급하지 않고 피부양자를 데려가서 동거하면서 부양하는 것이 상례이다.

부양의무(扶養義務) 〔獨〕 Unterhaltspflicht, Unterstützungspflicht 〔佛〕 obligation alimentaire 법률상 일정한 친족간에 인정하는 생활보장의 의무. 부양의무는 성질상 生活維持의 의무와 生活扶助의 의무로 나누어진다. 전자는 夫婦關係·親子關係에서와 같이 현실적 공동생활 자체에 입각하여 당연히 요청되는 것으로서 말하자면 한 조각의 빵이라도 나누어 먹는 관계이며, 이에 반하여 후자는 일반친족간에 있어서 자기의 생활에 여유가 있는 경우에 최소한도의 生存을 보장하는 의무이다. 보통 후자만이 친족간의 부양의무라고 일컬어지고 있으며 민법의 규정에도 그러한 취지가 제법 나타나고 있다(826Ⅰ, 913, 974~979). 민법은 일반적인 의미에 있어서의 부양의무는 直系血族과 그 配偶者간, 기타 생활을 같이 하는 친족간에 생기는 것으로 하고(974), 어떤 사람에 관하여 부양을 할 의무가 있는 사람이 여러 명인 경우에는 부양의무자의 순위에 관하여는 첫째로 당사자 사이에서 협정으로 정하도록 하고 만약 당사자 사이의 협정으로 정하지 않는 때에는 법원이 당사자의 청구에 의하여 그 순위를 정하도록 하고 있다(976Ⅰ). 부양을 받을 권리자가 수인인 경우에는 扶養義務者의 자력이 그 전원을 부양할 수 없는 때에도 부양을 받을 권리자의 순위에 관하여는 앞의 경우와 마찬가지로 당사자 사이의 협정을 제일로 하고, 협정이 없는 때에는 法院이 정한다(976Ⅰ). 이 경우에 법원은 수인의 부양의무자 또는 권리자를 선정할 수 있다(976Ⅱ). 부양의 정도는 주로 부양료의 액의 문제인데 이것에 관하여도 첫째 당사자 사이의 협정에 의하고, 협정이 없는 때에 법원이 당사자의 청구에 의하여 부양을 받을 자의 생활정도와 부양의무자의 資力 기타 제반사정을 참작하여 정한다(977). 부양의 정도·방법에 관해서는 구체적인 사정으로 인한 변경이나 취소가 인정된다(978).

부양제도(扶養制度) 자기의 노동, 자기의 재산에 의하여 독립적으로 생활할 수 없는 사람들을 도와주고 生存權을 보장해 주는 사회의 여러 제도를 말한다. 이것은 헌법 34조에 의해 선언된 기본권의 일종이다. 이에 따라 민법에 그 규정을 두고 있다. 민법상 인정되는 扶養義務는 이론적으로 두 가지가 있다. 하나는 부모와 자 사이와 부부 사이의 부양이고, 다른 하나는 친족 사이의 一般的 扶養이다. 전자는 1차적 부양의무로, 부부관계·친자관계의 현실적 공동생활 그 자체에 입각하여 당연히 요청된다. 이에 대해 후자는 2차적 부양의무로, 사회보장의 代替物로서 누구도 자기의 생활을 희생해서까지 부양의무를 지지는 않는 것이다. 구민법은 이것을 구별하지 않았으나, 민법이 부부 사이의 부양에 관하여서는 이를 一般親族扶養과 구별하여 扶養·協助義務를 따로 규정한 것(民 826Ⅰ)은 이러한 사상의 표현이라고 볼 수 있다.

부양청구권(扶養請求權) 〔獨〕 Unterhaltsanspruch 부양을 받을 권리. 이 권리는 扶養可能狀態(부양의무자가 존재하고 또한 그 자에게 부양능력이 있는 경우)와 扶養必要狀態(자기의 資力이나 노력으로써는 생활할 수 없는 자의 존재)가 병존하면 당연히 발생한다. 부양청구권에 관하여는 여러가지 학설이 있지만, 현실의 이행을 하여야 할 시기는 扶養權利者가 부양의 청구를 한 때로서 문제를 처리하는 것이 타당할 것이다. 민법은 부양청구권의 처분을 금지하고 있다(979). 身分權으로서는 비교적 재산적 색채가 강한 것이기는 하지만 부양이란 이것을 받을 자가 현실적으로 스스로 이를 받아야 할 것이기 때문이다. 따라서 相計에 적합하지 않고(497), 채권자가 이를 압류할 수도 없다. 그리고 상속의 대상으로도 될 수 없다(1005 但).

부역·현품(夫役·現品) 특정한 공익사업을 위하여 과하는 부역(勞務) 또는 현품(物品)의 급부와 금전급부와의 公法上의 選擇債務. 公用負擔의 일종. 의무불이행의 경우에는 부과한 금액을 국세 또는 지방세 징수의 예에 의하여 강제징수할 수 있다는 점에 특색이 있다. 선택적이라는 점에서 단순한 勞役·物品負擔과 구별된다. 부역·현품에 있어서 부역은 특별한 기술을 요하지 아니하고 누구든지 부담할 수 있는 단순한 노무이어야 하고, 現品이란 재산적 가치를 가지는 물품을 의미한다. 擔稅力에 따라 균등하게 부과하는 것(一般負擔)과, 그 사업과 특별한 이해관계가 있는 자에 대하여 그 관계의 정도에 따라 불평등하게 부과하는 것(特別負擔)의 두 가지가 있다.

부영사(副領事) → 영사

부용국(附庸國) 종속국과 같다.

부(父)의 수색(搜索) 〔佛〕 recherche de la paternité 私生子의 父가 임의로 認知를 하지 않는 때에 母가 사생자의 부양료를 받기 위하여 강제로 인지시키려는 것. 프랑스민법은 명문으로써 부의 수색을 금지하였지만(340), 1912년 법에 의하여 많은 경우에 부의 수색을 인정하게 되었다. → 강제인지

부(夫)의 혈족(血族) 인척인 배우자의 혈족 중 妻의 혈족을 제외한 인척을 말한다. 이것은 여자는 前夫의 血族(父系·母系)인 남자와 촌수의

제한없이 혼인을 금지한다는 것으로 해석된다. 그러나 구민법에서는 夫의 부계혈족과의 10촌인 四從兄弟까지와 夫의 모계혈족과는 4촌인 外從兄弟까지와의 혼인이 금지되었다는 점에서 볼 때, 위와 같은 文理解釋으로 夫의 혈족인 인척 사이의 혼인을 寸數 제한없이 금지하는 것은 불합리하다. 그러므로 夫의 혈족은 夫의 4촌 이내의 血族(父系·母系 포함)으로 해석해야 할 것이다.

부이사관(副理事官) 3급인 일반직사무계 국가공무원의 일반적인 직위. 상사의 명을 받아 소관 일반사무를 담당하며, 소속직원을 지휘·감독한다. 행정각부·처·청의 課長級·局長級.

부인권(否認權) 〔獨〕 Anfechtungsrecht [1] 파산자의 재산에 관하여 파산선고전에 한 破産債權者를 해치는 행위의 효력을 잃게 하고, 그 행위에 의하여 逸出된 재산을 파산재단을 위하여 회복함을 목적으로 하는 파산법상의 권리. 파산선고의 효력은 지급정지시에 소급되지 않기 때문에(不遡及主義) 파산재단은 파산선고 당시에 파산자에 속하는 재산으로 구성됨이 원칙이다. 그러나 파산자가 處分權을 가질 당시에 있어서 한 처분은 전혀 움직일 수 없는 것으로 하면, 파산자가 그 재산을 廉賣·浪費하게 되고 혹은 어느 특정채권자만이 독점적인 만족을 얻게 되어, 일반의 파산채권자가 충분한 만족을 얻을 수 없게 된다. 그러므로 일정한 요건하에 이와 같은 처분의 효력을 부인할 필요가 있게 된다. 따라서 부인권은 일종의 形成權으로서 민법상 詐害行爲取消權과 그 취지를 같이 한다. 부인의 종류로는 故意否認(破 64 i), 危殆否認(64 ii～iv), 無償否認(64 v), 登記의 否認(66)의 각 경우가 있는데, 부인의 요건도 각각 약간 다르다. 轉得者에 대하여서도 일정한 요건하에 부인권을 행사하여 목적재산을 직접 파산재단으로 회복시킬 수 있다(75). 부인권은 파산재단소속의 권리이므로 그 기관인 破産管財人이 행사한다. 그 행사는 소 또는 항변에 의할 것이 요구되고 있다(68). 그 취지는 상대방의 지위의 불안을 피하고 거래의 안전을 위하여 그 행사를 확실하게 하고, 또 일정기간내에 그 결과를 재판상 확정시키려는데 있다. 부인권행사의 결과 부인된 행위는 파산재단과의 관계에서 그 효력을 잃고, 재단은 그 행위가 있기 이전의 상태로 복귀한다(69). 예를 들면 파산자가 양도한 財産(물건 또는 권리)은 다시 재단의 소유로 돌아오고 負擔債務나 設定質權 또는 抵當權 등은 소멸한다. 부인권은 일정한 시기에 행사하지 아니하면 소멸된다(76, 77). 원인인 행위 또는 등기의 부인을 할 때에는 파산관재인은 否認의 登記를 하여야 한다(113).

[2] 법전상의 용어는 아니나, 화의절차에 있어서 채무자가 和議申請後 開始決定 사이에 통상의 범위에 속하지 않는 행위를 한 때(和 31) 및 회의개시후 화의관재인의 동의없이 한 통상의 범위에 속하지 않는 행위 또는 관재인의 이의있음에도 불구하고 행한 행위(32)는 화의채권자가 부인하는 것이 인정되어 있다. 이 권리를 講學上 和議에 있어서의 부인권이라고 한다(33).

부인(否認)**의 등기**(登記) 파산관재인이 부인권을 행사한 결과, 등기원인인 행위(예컨대 所有權移轉登記의 원인인 매매) 또는 등기 그 자체가 부인된 때(破 64, 66 참조)에 행하여지는 특수한 등기(113). 이 때에 보통의 抹消登記를 하여도 같은 목적은 달성되나 말소등기를 하면 파산의 취소가 있을 때에는 부인권은 소급하여 소멸되므로 다시 회복등기를 할 필요가 생기지만, 부인의 등기를 인정하고 파산취소의 등기에 의하여 자연히 그 효력이 상실되는 것으로 하면 다시 回復登記를 할 필요가 없는 이익이 있다. 부인의 등기후에 破産取消, 破産廢止 또는 强制和議取消가 있은 때에도 그 취지의 囑託登記가 행하여지지만(破 113, 111), 그 중 파산취소의 등기가 있을 때에는 否認의 登記는 당연히 그 효력을 상실한다. 그러나 그 외의 경우에는 소급하여 파산의 효과를 소멸시키는 것이 아니므로 부인의 등기는 효력을 상실치 않는다. 부인의 등기의 성질에 관해서는 다툼이 있다. 판례는 부인의 등기는 일종의 豫告登記에 불과하고, 다만 파산관재인은 공직적인 기관인 지위를 가지기 때문에 보통의 예고등기와 같이 법원의 직권촉탁으로 하는 것이 아니라, 부인권을 행사하는 管財人 자신의 신청으로 하는 것이라 한다. 그러나 다수설은 이에 반대하여 관재인측의 勝訴判決로써 비로소 이에 기하여 부인등기를 할 수 있다고 解함이 옳고, 예고등기는 부인등기와는 별도로 부인의 소가 제기되었을 때 법원의 囑託에 의하여 할 것이라고 한다. 부인의 등기에는 登錄稅가 부과되지 않는다.

부인(否認)**의 청구**(請求) 회사정리법이 인정하는 부인권의 행사방법의 일종으로서 관리인이 직접 소에 의하는 대신에 정리법원의 결정을 구하는 청구(會整 82～86). 이 청구가 있으면 법원은 相對方 또는 轉得者를 심문하고 결정으로써 재판한다. 청구를 이용하는 결정에 불복이 있는 자는 그 송달을 받은 날로부터 1월내에 異議의 訴를 제기할 수 있는 바 이를 제기하지 않으면 그 결정은 確定判決과 동일한 효력을 가진다. → 부인권

부인참정권(婦人參政權) 〔英〕 woman

suffrage 〔獨〕 Frauenstimmrecht 〔佛〕 vote des femmes 각국 헌법은 普通選擧制를 채택한 후에도, 여자에 대하여는 선거권을 주지 아니하였다. 그러나 性의 구별이 公民인 자격에 영향을 미치는 것은 현대의 法理念上 도저히 승인할 수 없으며, 실제에 있어서도 無産大衆解放運動은 항상 여성해방운동을 수반하였다. 그리하여, 19세기말엽에 미국의 여러 주에서 부인참정권을 인정한 후 각국이 점차 이를 인정하게 되었고 제2차세계대전에 의하여 세계적으로 부인참정권이 인정되게 되었다. 우리나라는 제헌이래 이를 인정하고 있다.

부작위(不作爲) →작위 · 부작위

부작위범(不作爲犯) 〔獨〕 Unterlassungsdelikt 〔佛〕 délit d'omission 不作爲(소극적 동작)에 의해서 구성요건의 내용을 실현하는 범죄. 형법상 부작위라는 것은 아무 것도 하지 않는 것이 아니라, 規範的으로 기대된 일정한 作爲를 하지 않는 것을 말한다. 구성요건이 처음부터 부작위를 예상하고 있는 경우(예 : 多衆不解散罪(刑 116), 退去不應罪(319Ⅱ))를 眞正不作爲犯이라고 하며, 작위에 의해서 실현될 것을 예상한 범죄(작위범)가 현실적으로 부작위에 의해서 실현되는 경우(예 : 授乳를 하지 않음으로써 유아를 餓死케 하는 母(250Ⅰ) 또는 선로상의 위험상태를 제거하지 않음으로써 기차를 전복하게 하는 轉轍手(187))를 不眞正不作爲犯(부작위에 의한 作爲犯)이라고 말한다. →진정부작위범, 부진정부작위범

부작위부담(不作爲負擔) 특정한 공익사업을 위하여 일정한 부작위의 의무를 지우는 것을 내용으로 하는 人的 公用負擔을 말한다. 이는 특정한 행위를 적극적으로 하는 것이 당해 공익사업에 지장을 가져올 우려가 있는 경우에, 그와 같은 행위를 하지 못하도록 함으로써 그 사업을 원활히 시행하려는 것이며, 一般負擔에 속하는 것이 보통이다.

부작위(不作爲)**에 의한 작위범**(作爲犯) 부진정부작위범과 같다.

부작위(不作爲)**의 소**(訴) 〔獨〕 Unterlassungsklage 피고가 일정한 행위를 하지 않는 의무(不作爲債權) 혹은 원고의 행위를 受忍할 의무에 바탕을 둔 給付의 訴.

부작위(不作爲)**의 인과관계**(因果關係) 〔獨〕 Kausalität der Unterlassung 結果犯은 작위에 의해서 뿐 아니라 부작위에 의해서도 실현될 수 있으므로, 여기서 부작위의 인과관계가 문제가 된다(주로 不眞正不作爲犯의 경우). 종래에는 無로부터 有가 될 수 없다고 하여 不作爲의 原因力을 부인하는 설이 주장되어 왔는데, 이는 부작위를 無와 혼동한 것이었다. 또한 이러한 입장을 유지하면서, 부작위의 인과관계를 설명하려고 하여 다음의 학설들이 주장되었다. 즉 ① 부작위에 선행하는 행위가 원인이라고 하는 先行行爲說, ② 부작위 때에 현실로 행하여지고 있던 다른 행위가 원인이라고 하는 他行行爲說, ③ 작위를 하려는 충동을 억압하는 간섭현상이 원인이라고 하는 干涉說, ④ 부작위 그 자체에는 원인력이 없으나 作爲義務 있는 자가 그 의무를 이행하지 않는 경우에는 결과에 대하여 원인을 준 자와 법상 동일시해야 한다고 하는 義務違反說 내지 法的 因果關係說, ⑤ 결과의 발생을 방지할 수 있었을 자의 부작위에 한하여 그 원인력을 인정하는 防止可能性說 등이다. 그런데 부작위는 단지 아무것도 하지 않는 것이 아니라, 규범적으로 기대된 일정한 작위를 하지 아니하는 것을 말한다. 그러므로 不作爲에 관하여 그 기대된 작위를 하였더라면 그 결과가 발생하지 아니하였으리라는 관계가 인정될 때에, 그 부작위와 결과발생과의 사이의 인과관계를 논하면 된다. 따라서 作爲의 경우와 마찬가지로 인과관계를 논하게 된다. →인과관계

부작위채무(不作爲債務) 〔獨〕 Forderung auf Unterlassen 〔佛〕 obligation de ne pas faire 채무자의 부작위(→작위 · 부작위), 즉 어떤 일정한 일을 하지 않을 것(消極的 給付)을 목적으로 하는 채무. 상업상의 경쟁을 하지 않을 채무, 眺望을 방해하는 건축을 하지 않을 채무 등이 그 예. 作爲債務에 대립하는 관념. 강제이행의 방법에 관하여 민법에 특별한 규정(民 389Ⅲ)이 있는 외에, 그 消滅時效의 起算點 등에 관하여, 특별한 취급을 필요로 한다.

부장검사(部長檢事) 檢事의 직명의 하나. 지방검찰청 및 지청에 두며, 소속장의 명을 받아 그 부의 사무를 처리한다(檢察 24). 部는 지방검찰청 및 지청의 사무분장을 위해 두는 것이다. 부장검사는 고등검찰관으로 補하며, 그 임명자격은 法定되어 있다(29, 30).

부장판사(部長判事) 〔獨〕 Direktor 법관의 직명의 하나. 대법원을 제외한 각급법원(고등법원 · 특허법원 · 지방법원 · 가정법원 · 행정법원)의 부에 부장판사를 둔다(法組 27Ⅱ, 28의3, 30Ⅱ, 38Ⅱ, 40의3). 부장판사는 고등법원장 또는 지방법원장 및 가정법원장 등의 지휘에 의하여 그 부의 사무를 감독한다(27Ⅲ, 28의3 Ⅱ, 30Ⅱ, 38Ⅱ, 40의3 Ⅱ). 특허법원부장, 고등법원부장은 10년 이상 판

사·검사·변호사의 직에 있던 자 중에서 임명한다(44Ⅱ). 부장판사가 지휘하는 合議部의 법정에서는 裁判長으로 불리운다.

부재선고(不在宣告) 미수복지구에서 그 이남의 지역에 옮겨 새로이 就籍한 자 중 未收復地區殘留者임이 분명한 경우에 호주 또는 가족이나 검사의 청구에 의하여 법원이 하는 선고(不在宣告 등에 관한 特別措置法 3). 청구서에 호적등본과 원본적지관할도지사가 발행하는 *殘留者確認書*를 붙여 잔류자의 본적지의 가정법원에 청구하여야 한다(6, 7). 법원이 부재선고를 함에는 1월 이상의 기간 동안 公示催告를 하여야 하며 부재선고를 받은 자는 호적에서 除籍된다(이 경우에 民法 980조 및 997조의 적용 및 혼인에 관하여는 失踪宣告를 받은 것으로 본다(4, 8). 부재선고를 받은 자가 사망한 사실 또는 미수복지구 이외의 지역에 거주하고 있는 사실의 증명이 있거나 *殘留者*가 거주하는 미수복지구가 수복된 경우에는 본인, 가족 또는 검사의 청구에 의하여 법원은 부재선고를 취소하게 된다. 이 경우에는 선의로 한 행위에는 그 효력에 영향이 없고, 선고를 직접원인으로 하여 재산을 취득한 자는 그 받은 이익이 현존하는 한도에서 반환하면 된다. 그러나 재산을 취득한 자가 악의인 경우에는 그 받은 이익에 이자를 붙여서 반환하고 손해가 있으면 이를 배상하여야 한다(5). 부재선고 또는 그 취소의 審判節次에 관하여는 부재선고 등에 관한 특별조치법의 규정이 적용된다(9).

부재자(不在者) 〔英〕 absentee 〔獨〕 Abwesender 〔佛〕 absent 종래의 주소 또는 거소를 떠나서 용이하게 歸來할 가망이 없는 자. 부재자가 미리 財産管理人을 두었거나, 法定代理人과 같은 법률상의 재산관리인이 있는 때에는, 이들이 부재자에 갈음하여 재산을 관리한다. 그러나 그렇지 않은 경우에는 *殘留財産*의 散逸·朽廢를 방지하기 위하여 적절히 그 재산을 관리할 필요가 있으므로, 민법은 다음과 같은 규정을 두고 있다(22~29). 우선 부재자가 재산관리인을 두지 않은 경우에는 법원은 利害關係人이나 檢事의 청구에 의하여, 재산관리인의 선임 기타 재산의 관리에 필요한 처분을 명할 수 있다(22). 다음에 부재자가 관리인을 둔 경우에도, 부재자의 생사가 분명하지 않은 때에는 법원은 재산관리인을 改任할 수 있다(23). 이렇게 선임된 재산관리인은 일종의 法定代理人으로서 관리행위를 자유로 할 수 있고, 또한 법원의 허가를 얻어 그 이상의 행위도 할 수 있다(25). 다음에 부재자의 생사불명이 일정기간 계속하면, 失踪宣告를 할 수 있게 된다. 부재선고 등에 관한 특별조치법상으로는 1945년 8월 15일부터 1953년 7월 28일 사이에 미수복지구 이남의 지역에서 그 소재나 거소를 떠난 후 생사가 분명하지 아니한 자. 부재선고 등에 관한 특별조치법은 이러한 부재자에 대한 민법상의 실종선고제도의 특례를 인정하고 있다(11, 12).

부재자투표(不在者投票) 〔英〕 absent voting 일정한 사유로 인하여 그의 주소를 떠난 선거인이 선거일에 스스로 그 주소지의 투표소에 가지 아니하고 행하는 투표. 투표방법에 우편투표법·대리투표법 및 選擧證에 의한 투표법 등이 있다. 투표소투표에 대한 것. 우리나라의 대통령·국회의원·지방자치단체장·지방의회의원선거에서는 부재자투표가 인정되고 있는 바, 부재자투표를 하기 위하여는 일정한 사유에 해당함으로써 부재자선고를 하여 不在者申告人名簿에 등재되어야 한다(公選 38Ⅰ). 투표방법은 郵便投票法에 의한다(154).

부전조약(不戰條約) 〔英〕 Treaty for the Renunciation of War 〔獨〕 Tratié pour la renonciation à la guerre 전쟁포기에 관한 조약의 속칭. 1928년 8월 27일 파리에서 서명되었으며, 1929년 7월 24일에 발효하였다. 전문과 3개조로 구성된 간단한 조약으로서 ① 국가정책의 수단으로서의 전쟁을 포기할 뿐 아니라 분쟁해결을 위한 전쟁이 불법임을 선언하고(同條約 1), ② 締約國간의 일체의 분쟁 및 사태의 해결은 평화적 수단에만 의할 것을 규정하고 있다(2). 구체적으로는 미비한 점이 많으나, 전쟁의 불법화를 시도하였다는데 획기적인 의미가 있다. 不戰條約은 체결당시 프랑스의 외상 브리앙과 미국의 국무장관 켈록이 주도하였으므로 켈록·브리앙條約이라고도 한다.

부전형계약(不典型契約) 비전형계약과 같다. →무명계약

부정경쟁(不正競爭) 〔英〕 unfair competition 〔獨〕 unlauterer Wettbewerb 〔佛〕 concurrence déloyale 부정한 수단으로 동업자의 이익을 해치는 營業上의 경쟁.

부정경쟁방지(不正競爭防止) 건전한 商去來의 질서를 확립하기 위하여 부정한 수단에 의한 상업상의 경쟁을 규제하는 것을 말한다. 이에 관한 법률로는 부정경쟁방지법이 있는데, 不正競爭行爲로 영업상 이익의 침해될 우려가 있는 때에는 그 중지를 법원에 청구하고, 손해가 있는 때에는 그 손해배상을 구할 수 있으며, 부정경쟁행위자에 대하여는 行政罰이 과하여진다.

부정경쟁행위(不正競爭行爲) 그 목적의

여하를 불문하고 국내에 널리 인식된 타인의 성명·상호·상표·상품의 용기·포장 기타 타인의 상품임을 표시한 표지와 동일 또는 유사한 것을 사용하거나 이러한 것을 사용한 상품을 판매·반포 또는 수입·수출하여 타인의 상품과 혼동을 일으키게 하는 행위, 국내에 널리 인식된 타인의 성명·상호·포장 기타 타인의 영업임을 표시하는 표지와 동일 또는 유사한 것을 사용하여 타인의 영업상의 시설 또는 활동과 혼동을 일으키게 하는 行爲 상품이나 그 광고에 의하여 또는 公衆이 알 수 있는 방법으로 거래상의 서류 또는 통신에 허위의 原産地의 표지를 하거나 또는 이러한 표지를 한 상품을 판매·반포 또는 수입·수출하여 원산지의 오인을 일으키게 하는 행위, 상품이나 그 광고에 의하여 또는 공중이 알 수 있는 방법으로 거래상의 서류 또는 통신에 그 상품이 생산·제조 또는 가공된 지역 이외의 곳에서 생산 또는 가공된 듯이 오인을 일으키게 하는 수입·수출하는 행위 또는 타인의 상품을 사칭하거나 商品 또는 그 廣告를 상품의 품질·내용·제조방법·용도 또는 수량의 오인을 일으키게 하는 선전 또는 표지를 하거나 이러한 방법이나 표지로써 상품을 판매·반포 또는 수입·수출하는 행위 등에 해당하는 것을 말한다(不正競爭防止法 2 i).

부정규병(不正規兵) 〔英〕 irregular force 〔獨〕 Irreguläre 〔佛〕 force irrégulière 정규편성이 되지 않았으나 交戰者의 특권을 갖는 병력. 육상의 병력으로서는 民兵·義勇兵團·群民蜂起가 이에 속한다. 海上의 부정규병으로서는 적의 강력행위에 저항하는 선박이 있다. 다만 여하한 경우에 있어서도 그 행동에 있어 전쟁의 법규·관례를 준수함이 필요하다. 과거에는 捕獲私船도 부정규병의 일종으로 인정되었었으나 파리선언(1856년)에 의해 정식으로 폐지되었다. →민병, 군민봉기, 의용병단, 병력

부정기간(不定期間) 기간이 정하여 있지 않은 것. 당사자가 부정기간의 장애로 訴訟節次를 속행할 수 없는 때에는 법원은 결정으로 中止를 명할 수 있고 취소할 수 있다.

부정기형(不定期刑) 〔英〕 indeterminate sentence 〔獨〕 unbestimmte Verurteilung 〔佛〕 sentence indéterminée 자유형에 대한 선고형의 기간을 재판에 있어 확정하지 않고, 行刑의 경과에 따라 사후적으로 결정하는 형(정확히는 不定期宣告刑). 定期刑에 대한다. 부정기형에는 전연 刑期를 정하지 않는 絶對的 不定期刑과 장기와 단기만을 정하는 相對的 不定期刑이 있다. 부정기형은 형벌의 특별예방과 사회방위의 목적을 강조하는 입장에서 강력히 주장되며, 절대적 부정기형은 형벌의 개별화의 견지로 보아 당연한 결론이라고 한다. 그러나 罪刑法定主義의 요청으로 절대적 부정기형은 부정된다. 우리나라는 정기형을 원칙으로 하며, 다만 소년법 60조가 상대적 부정기형을 규정하고 있을 뿐이다.

부정수표(不正手票) 假設人의 명의로 발행한 수표. 은행과의 당좌예금계정의 約定이 없이 발행하거나 은행으로부터 거래정지처분을 받은 후에 발행한 수표 또는 은행에 등록된 것과 相違한 서명 또는 기명날인으로 발행한 수표 혹은 예금부족으로 제시기일에 지급이 되지 않는 수표 등을 가리키는 바 이의 발행인은 당연히 刑事責任을 진다(不正手票團束法 4, 5).

부정(不貞)의 항변(抗辯) 婚姻外의 出生子가 生父에 대하여 認知請求의 소를 제기하였을 때에 피고측에서 母가 자기 이외의 남자와 관계가 있은 것을 주장하는 것. 多數同棲者의 抗辯이라고도 한다. 이와 같이 피고측이 부정의 항변을 하면 원고인 子側에서는 母가 피고 이외의 남자와 관계가 없었음을 입증하지 않으면 안된다. 그러나 이것은 성질상 매우 곤란하며 또한 女子의 인권을 무시하는 흠이 있다. 판례가 이와 같이 민법에 명문이 없음에도 불구하고 私生子虐待라고도 볼 수 있는 이러한 견해를 고집함은 옳지 않다. 따라서 擧證責任을 전환하여야 한다는 견해가 유력하게 주장되고 있다. →강제인지

부정행위(不貞行爲) 부부간의 性的 信義誠實을 지켜야 할 의무에 위반되는 행위의 총칭. 재판상의 이혼의 원인의 일종. 일반적으로 姦通보다 넓은 개념이라고 해석되고 있다. 민법 840조 1호는 이에 관한 규정을 두고 있으며, 특히 구법상의 夫婦不平等을 배제한 점에 의의가 있다. 不貞한 행위가 있다 하더라도 다른 일방이 사전에 동의하거나 사후에 容恕한 때, 또는 이를 안 날로부터 6월, 그 사유가 있은 날로부터 2년을 경과한 때에는 離婚請求權이 소멸한다(841). →이혼원인

부 족(夫族) 妻편에서 보아 夫편의 친족을 가리키는 말. 인척의 일종이며 妻族에 대한다. 법률상 다른 규정이 없는 한, 친족으로서 효력이 미치는 친족은 夫의 8촌 이내의 父系血族과 夫의 4촌 이내의 母系血族이다(民 777iii·iv).

부족법전(部族法典) 〔羅〕 leges barbarorum 〔獨〕 Stammesrechte, Volksrechte 〔佛〕 lois barbares 게르만민족의 대이동 후 로마법과 기

독교의 고전문화에 접한 게르만 여러 부족이 5세기로부터 9세기에 걸쳐서 당해 부족법을 卑俗한 라틴어를 사용하여 성문화한 것으로서 서양법제사상 프랑크시대에 관한 중요한 成文法源을 갖추고 있다. 대부분은 국왕의 이니셔티브에 의거하여 部族民의 협조를 거쳐 이루어졌다. 그 내용은 폐데를 금압하고 치안을 확보하려는 취지에서 부세(贖罪金)와 그 액에 관한 상세한 규정 또는 소송절차에 관한 규정이 많이 수록되어 있고, 또 왕권과 기독교회와의 밀접한 관계를 유지한 점에서 교회보호에 관한 규정도 적지 않게 수록되어 있다. 私法法規는 아주 드물다. 이들 규정의 대부분은 法의 判告(Rechtsweisung)에 의하여 명백해진 옛부터의 관습법을 성문화한 것인데 그 관습법은 원래 같은 계통의 게르만법에서 분화한 것이고, 또한편, 여러 부족간에서 다른 部族法(특히 Codex Euricianus)의 규정을 차용·모방하는 경향이 농후한 까닭에 여러 부족법은 비교적 공통분자를 보유하고 있다. 그러나 일반적으로 西고트, 부르군트와 같은 로마에 근접한 여러 부족의 법은 다른 부족법에 비하여 古典文化의 영향을 보다 강하게 받고 있다. 이러한 부족법은 당해 부족에 한하여 적용된다는 屬人的 效力을 가지는데 그치고, 각 부족민에게는 그 본래의 部族法(lex originis)이 적용되며, 다른 한편으로 로마인에게는 로마인法(leges romanorum)이 적용되었다. 국왕은 통일적인 帝國法을 만들어 내어 여러 부족법을 통일하려고 했으나 결국 성공하지 못했다.

부족유복친(夫族有服親) 과거 夫系血族 또는 夫系의 친족의 일정한 범위를 말한다. 우리나라는 옛날부터 유복친이라는 것이 있었는데, 오늘날의 친족과 유사하다. 여기에는 8촌 이내의 부계혈족을 말하는 本宗有服親, 7촌 이내의 부계혈족을 말하는 부족유복친, 4촌 이내의 모계혈족을 말하는 母族有服親, 처의 부모인 妻族有服親이 있다. 지금은 이러한 명칭을 쓰지 않고 친족이란 용어를 사용한다.

부종계약(附從契約) 부합계약과 같다.

부종성(附從性) 〔獨〕 Akzessorität 어떤 권리가 다른 권리(주된 權利)의 경제적 목적을 달성하는 수단인 경우에, 법률적으로도 그 성립·존속·형태·소멸 등에 있어서 주된 권리와 운명을 같이하는 것. 예컨대 保證債務나 擔保物權은 주채무 또는 피담보채권이 성립하지 않으면 성립하지 않고, 그것이 이전하면 이에 따르고(隨伴性), 그것이 소멸하면 따라서 소멸한다는 성질을 保證債務 또는 擔保物權의 부종성이라고 한다. 부종성은 요컨대 그 권리의 존재목적으로부터 생기는 성질이므로 근대적 抵當權과 같이 그 수단적 성격을 벗어나는 것에 있어서는 이 부종성도 그 한에서 필요에 응하여 입법 또는 해석으로써 완화 내지 부정되게 된다. 왜냐하면 경제적 발전에 따라서 그러한 수단적 성격을 벗어나는 경향이 생길 때에도 이 부종성을 엄격하게 해석한다면 경제거래의 실제에 부적합하게 되기 때문이다. 부종성이 완화되는 주요한 예는 장래의 채권을 위한 質權 또는 抵當權, 根擔保, 所有者抵當 등이다.

부 지(不知) 민법에서는 不知를 善意로 해석한다. 형법에서는 일정한 사실의 존재·행위에서 발생되는 결과 일정한 법의 금지 등을 의식하지 않는 것, 즉 부지가 행위의 사회침해성 또는 사회 불허용성의 인식을 방해할 때에는 범위를 阻却한다. 민사소송에서는 당사자가 상대방의 주장 사실을 알지 못하는 취지를 진술하는 모든 不知의 陳述에 관하여는 자기의 행위 또는 경험에 속하지 않는 사실에 관한 것에 한하여만 이것을 행할 것이 허용되며 그 사실을 다루었다는 추정을 받을 수 있다(民訴 139Ⅱ).

부지사(副知事) 도지사를 보좌하며 도지사가 사고가 있을 때에는 그 직무를 행사하는 政務職 또는 一般職公務員으로 보하며, 道의 사무를 총괄하고 소속직원을 지휘·감독한다(地自 101).

부총리(副總理) 국무총리가 특별히 위임하는 사무를 처리하게 하기 위하여 구정부조직법에 의하여 설치되었던 국가기관. 부총리는 國務委員으로 補한다. 財政經濟院長官과 統一院長官이 兼任한다(舊政組 17). → 국무총리, 국무위원

부지약관(不知約款) 〔英〕 unknown clause 화물의 내용·품질·수량·기호 등에 관하여 不知 또는 이와 같은 의미의 문언이 표시되어 있는 免責約款의 일종. 부지약관은 과실을 면책하는 것은 아니고 당해기재사항에 대하여 文言責任(禁反言)을 지지 않는다는 표시에 지나지 않기 때문에 선하증권 소지인이 船積時의 화물의 수량 등에 관한 사실을 입증하면 운송인은 책임을 면하지 못한다. 또 약관의 不知事項의 船積時의 사실에 관한 입증책임은 선하증권 소지인에게 있다.

부진정목적범(不眞正目的犯) → 목적범

부진정부작위범(不眞正不作爲犯) 〔獨〕 unechtes Unterlassungsdelikt 作爲의 형식으로 규정되어 있는 구성요건을 현실적으로 不作爲에 의하여 실현하는 경우. 不純正不作爲犯 또는 부작위에

의한 作爲犯이라고도 한다. 예컨대, 어머니가 갓난 아기에게 젖을 먹이지 아니함으로써 餓死케 하는 경우이다. 부진정부작위범이 성립하기 위하여는 특히 결과발생을 방지할 법상의 작위의무가 있을 것이 필요하다. 이 의무의 발생근거는 법령에 의하든 계약 등의 법률행위에 의하든 慣習上 또는 條理上 인정되는 것이든 불문한다. 조리상의 것으로 緊急救助義務를 인정할 것이냐에 관하여는 설이 나누어져 있으나, 소극설이 타당하다고 본다. 종래에는 작위의무위반을 위법성의 문제로 다루었으나, 근자에는 구성요건의 문제로서 다루는 설도 있다(→보증인설). 현행형법은 18조에서 위험의 발생을 방지할 의무가 있거나 자기의 행위로 인하여 위험발생의 원인을 야기한 자가 그 위험발생을 방지하지 아니한 때에는 그 발생된 결과에 의하여 처벌한다라고 규정하고 있다. →부작위의 인과관계

부진정신분범(不眞正身分犯) →신분범

부진정연대채무(不眞正連帶責務) 〔獨〕 unechte Solidarität 〔佛〕 solidarité imparfaite 여러 사람이 각각 별개의 입장에서 동일한 채권자에 대하여 어떤 給付를 하는 채무를 부담하는 경우에, 각자의 급부의 내용이 우연히 동일한 목적을 가지기 때문에 1인의 履行이 있으면, 다른 자의 채무는 소멸하는 관계. 不完全連帶債務라고도 한다. 수치인이 부주의로 그 受置物을 제3자에 의하여 파괴당한 경우에, 수치인은 任置契約으로 인하여, 제3자는 不法行爲로 인하여, 다 같이 任置人(所有者)에 대하여 손해배상의무를 지는 것은 그 예. 일방이 변제하면, 채권자는 만족을 얻으므로, 타방의 채무도 소멸하는 점에서는 連帶債務와 동일하나, 연대채무처럼 처음부터 공동의 목적을 가지고 발생한 것이 아니고(주관적 관련이 없다), 우연히 발생한 것이기 때문에, 채무자간에 負擔部分이라는 것이 없다. 또한 모든 채무는 전연 독립이어서, 1인의 채무자에 생긴 사유가 다른 사람에게 영향을 미치지 않는 점에서도 연대채무와 다르다(民 416~423 참조). →연대채무

부진정준비금(不眞正準備金) 〔獨〕 unechte Reserven 형식상으로는 적립금 또는 준비금의 명목으로서 대차대조표상의 부채란에 기재되나, 실질적으로는 준비금의 성질을 띠지 않는 것. 擬似準備金이라고도 한다. 부진정준비금에는 ① 평가의 적정을 기하기 위한 價格匡正項目으로 減價償却積立金, 滯貸積立金 등이 있고, ② 장래에 발생할 미확정채무의 충당을 위한 納稅充當金, 修繕充當金 등이 있다. 재무제표규칙에서는 준비금이란 용어 대신에 充當金을 쓰고 있다.

부채성충당금(負債性充當金) 〔英〕 liability reserve 장래에 예상되는 특정한 지출 또는 손실에 대비하기 위하여 미리 대차대조표의 부채의 부에 계상하는 것이 인정되는 충당금으로서 부채로서의 성질을 가진다. 부채성충당금을 함부로 인정하면 부채의 총액이 증가하여 배당가능이익이 감소하므로 주주의 이익을 해하게 된다. 이연자산이 이미 지출한 비용의 移延計上임에 반하여, 부채성충당금은 그 지출이 확실히 예측되는 장래의 비용의 事前計上이다.

부 칙(附則) 法令에 있어서 그 법령이 정하는 주된 사항(이 부분을 本則이라 함)에 부수하는 필요사항을 정하는 부분. 보통 법령의 시행기일·경과규정·관계법령의 개폐 등에 관한 규정을 그 내용으로 한다.

부 합(附合) 〔羅〕 incorporatio 〔獨〕 Verbindung 〔佛〕 adjonction 소유자를 달리하는 2개 이상의 물건이 接合하여 毁損하지 아니하면 분리할 수 없거나, 이를 분리함에 과다한 비용을 요할 정도로 부착되는 것. 민법은 사회경제상의 이유에 의하여 부합된 물건(合成物)을 원상으로 복구시키지 아니하고, 이를 1개의 물건으로 취급하여 그 소유권의 歸屬關係를 규정하였다. 즉, 부동산에 부합된 물건의 소유권은 그 부동산의 소유자에게 귀속하되(256 本), 타인의 權原에 의하여 부속시킨 물건은 그 부속시킨 자에 속한다(256 但). 동산과 동산이 부합한 때에는 그 합성물의 소유권은 주된 동산의 소유자에게 귀속하며, 부합된 동산의 주종을 구별할 수 없는 때에는 각 동산의 소유자가 부합 당시의 가액의 비율로 合成物을 共有한다(257). 이와 같이 부합의 효과로서 그 일방이 소유권을 취득하고, 타방이 소유권을 상실하는 것이면, 그것은 일방이 타방의 재산상의 손실로 인하여 이득을 보는 것(不當利得)에 해당하므로, 그 손실자는 利得者에 대하여 부당이득에 관한 규정에 의하여 求償을 할 수 있다(261). 그리고 그 附合된 동산을 목적으로 하는 다른 권리도 부합으로 인하여 소멸하는 동시에, 그 소유자가 합성물의 單獨所有者가 된 때에는 그 권리는 합성물에 존속하고, 그 자가 합성물의 공유자가 된 때에는 그 持分에 존속한다(260 Ⅱ).

부합계약(附合契約) 〔佛〕 contrat d'adhésion 계약당사자의 일방이 결정한 定型的 約款에 대하여 사실상 상대방이 포괄적으로 승인할 수밖에 없는 계약. 附從契約이라고도 한다. 오늘날 일반인이 대기업과 체결하는 운송, 보험, 전기·가스·

수도의 공급, 근로자고용 등의 계약은 부합계약으로 대량적으로 행하여지고 있다. 프랑스의 살레이유가 포괄적 승인을 附合한다(adhérer)는 의미에서 contrat d'adhésion이라고 처음으로 이름붙인 것이다. 이러한 현상은 자본주의가 고도화하여 기업의 독점화와 대규모거래가 진전됨에 따라 점점 확대되고 있는데, 일반인은 契約內容의 절충은 물론 계약체결여부의 자유도 충분히는 가지지 못하게 되고, 契約自由의 原則은 실질적으로 타당범위가 좁혀진다. 그리하여 附合契約의 본질이 계약이냐 제도이냐가 문제되고 있다. 그러나 그 어느 것이든 그 내용의 합리성을 확보하기 위하여는 국가적인 감독이 필요한데 현재 어느 정도까지 감독이 행하여지고 있다. → 보통계약약관, 취업규칙

부합물(附合物) 抵當不動産에 부합하여 부동산소유권의 내용을 구성하는 것(民 358). 抵當權은 그 실행에 이르기까지 부단히 그때 그때의 상태로 목적부동산의 교환가치를 지배하는 권리이므로 그 목적부동산에 부합되어 경제적 일체를 이루는 것은 그 부합된 시기를 막론하고 저당권에 포섭된다. 부합된 물건이란 목적부동산에 접합하여 거래상의 독립성을 잃은 물건을 뜻한다. 예컨대 지상의 수목, 가옥의 부속물 등이 그것이다. 從物은 독립성이 있으므로 부합물에 포함되지 않는다. 獨立性을 잃었느냐의 여부는 거래관념에 의하여 결정하여야 할 것이다. 부합물은 抵當權設定의 전후를 묻지 않고 저당권에 복종하나, 몇개의 예외가 있다. 즉, 법률에 특별한 규정이 있거나 설정행위에 다른 약정이 있는 경우에는, 부합물은 저당권의 目的物에 포섭되지 아니한다.

부흥부(復興部) 産業經濟에 관한 종합적 계획의 실시와 관리·조정에 관한 사무를 정하던 행정 각부의 하나. 1961년 새 정부조직법(法 제734호)에 의하여 폐지되고, 그 사무는 부분적으로 舊經濟企劃院에 흡수되었다.

북대서양조약(北大西洋條約) 〔英〕 North Atlantic Treaty 미국이 주동이 되어, 캐나다 및 서구제국간에 체결된 集團的 安全保障條約. 이 조약은 1949년 4월 4일 워싱턴에서 12개국간에 調印된 군사동맹조약으로, 동년 8월 전조인국의 批准을 끝마쳤다. 민주주의, 개인의 자유, 법의 지배의 원칙에 입각한 국민의 자유, 공동의 유산 및 문명을 옹호한다고 표현하고 있으며, 반공적인 성격을 지니고 있다. 조약의 목적은 무력공격에 대한 共同防衛와 共同防衛體制의 유지 및 강화로서, 締約國은 유럽 또는 미국에 있어서의 체약국의 1 또는 2 이상에 대한 무력공격은 전체약국에 대한 공격으로 보고, 그와 같은 무력공격이 행하여 졌을 때는 각 체약국은 유엔헌장 51조가 인정하는 개별적 또는 집단적 자위권을 행사하고, 피침략국을 원조하도록 되어 있다. 그러한 경우에는 헌장 51조에 규정하는 요건에 따르지 않으면 안된다(5). 가입은 전원일치의 합의를 조건으로 문호가 개방되어 있으며, 그리스·터키 및 독일의 가입이 인정되었다. 북대서양조약은 이사회 밑에 방위위원회, 그 밖의 보조기관 및 북대서양 군사령관을 설치하고, 기구의 면에서 흔히 北大西洋條約機構라고 불리고 있다. 이 조약당사국에 주둔하는 다른 체약국의 군대에 관하여는 군대의 지위에 관한 북대서양조약당사국간의 협정이 1951년 6월 19일 런던에서 체결되었다. 본부는 프랑스의 파리에 소재하고, 사무국에는 사무총장 밑에 군사·국방생산·재정금융의 3과가 나누어져 있다. 이 조약기구에 대항하기 위해 공산측에서는 1954년 11월 모스크바에서 개최된 소련·동유럽 제국간에 공동방위조치를 취하는 8개국공동선언에 따라 1955년 5월 바르샤바에서 이 목적을 위한 조약이 조인된 바 있다. → 동유럽우호상호원조조약, 집단적 자위

북대서양조약기구(北大西洋條約機構) → 북대서양조약

북대서양조약이사회(北大西洋條約理事會) 北大西洋條約機構(NATO)의 최고결정기관을 말한다. 가맹국의 외상이나 각료급 의원으로 구성되며, 그 밑에 군사위원회·재정경제위원회·방위계획위원회·핵방위문제위원회 등의 전문기구를 두고 있다.

북방외교추진협의회규정(北方外交推進協議會規程) 1989년 3월 31일 대통령령 제12671호로 제정된 이 영은 北方社會主義諸國과의 관계개선 및 교류·협력에 관한 주요정책을 심의·조정하기 위하여 외무부에 두는 북방외교추진협의회의 설치와 운영에 관하여 필요한 사항을 규정하고 있다. 전문 10조와 부칙으로 되어있다.

북태평양공해어업(北太平洋公海漁業)에 관한 국제조약(國際條約) 미국·캐나다·일본어업조약과 같다.

북한이탈주민(北韓離脫住民) 북한에 주소·직계가족·배우자·직장 등을 두고 있는 자로서 북한을 벗어난 후 外國의 國籍을 취득하지 아니한 자를 말한다.

북한이탈주민(北韓離脫住民)의 보호(保護) 및 정착지원(定着支援)에 관한 법률(法律) 군사분계선 이북지역에서 벗어나 대한민국의 보호

를 받고자 하는 北韓住民이 정치·경제·사회·문화 등 모든 생활영역에서 신속히 적응·정착하는데 필요한 보호 및 지원에 관한 사항을 규정했다.

분 가(分家) 가족이 종전에 속하고 있었던 家로부터 분리하여 새로이 一家를 창설하는 법률행위. 또는 새로이 설립된 家를 분가라고 하는 경우도 있다. 민법상 분가에는 任意分家(788)·法定分家(789 I)·强制分家(789 II)의 3종이 있다.

분가강제(分家强制) →강제분가

분과위원회(分科委員會) →상임위원회

분권주의(分權主義) 〔英〕 principle of decentralization 〔獨〕 Prinzip der Dezentralisation 되도록이면 권력을 지방에 분산하는 주의. 中央集權主義와 반대되는 개념. 이 분권주의에는 두 가지 의미가 있다. 하나는 국가의 권력을 되도록이면 지방자치단체에 分與한다는 것이고, 다른 하나는 국가의 행정권을 국가의 출장기관인 지방관청에 分與한다는 것이다. 地方分權主義라 하는 것이 보통의 용어예이다.

분권형(分權型) 行政權力을 지방에 분산시키는 원칙에 입각한 행정조직을 말한다. 이는 국가 밑에 국가로부터 독립한 지방자치단체를 설치하여, 그에 대하여 통치권의 일부로서의 자치권을 부여하는 自治分權과 국가의 지방행정기관에 대하여 행정권한을 부여하는 權限分權으로 나누어진다.

분담금(分擔金) →부담금

분류제(分類制) 雜居制의 폐해를 제거하고, 오히려 그의 장점을 활용하는 것을 목적으로 하여, 受刑者를 각종의 관점에서 분류하여 구금하는 제도. 잡거에 의한 상호의 惡風感染을 방지함과 아울러, 유사한 수형자에게 일정한 적당한 교정교육을 실시함으로써 적극적인 개선의 목적에도 봉사한다.

분만개시설(分娩開始說) 진통설과 같다.

분묘기지권(墳墓基地權) 타인의 토지 위에 분묘의 기지를 설정한 자에게 관습법상 인정되는 地上權에 유사한 물권. 이것은 일제시대 조선고등법원의 판례(朝高判 昭 2. 3. 8. 錄 14 卷 62 面 참조)에 의하여 우리나라 고유의 관습법상의 物權의 일종으로 인정된 것인데, 민법 185조는 물권에 관하여는 관습법에 대하여 성문의 법률과 대등한 法源性을 인정하고 있으므로(→물권법정주의), 성문의 법률에 의하여 인정되고 있는 물권과 아울러 물권의 일종으로 중요한 것이다.

분묘발굴죄(墳墓發掘罪) 분묘를 발굴하는 罪(刑 160). 본죄의 보호법익은 死者에 대한 사람의 종교적 감정이다. 분묘란 사람의 유해·유골·유품 등을 매장하여 死者를 奉安하는 장소를 말한다. 그러나 여기의 분묘는 제사·예배의 대상이 되는 것에 한하는 것이므로, 古墳과 같이 이미 종교적 의미를 상실한 것은 분묘라고 할 수 없다. 생전에 미리 墓石같은 것을 설치함에 그치고 아직 死體 등이 매장되어 있지 아니한 것은 분묘가 아니다. 발굴이란 분묘를 손괴하는 행위로서, 棺槨 또는 屍體·遺體 등이 외부로부터 인지할 수 있는 정도로 現出됨을 요한다. 미수범은 처벌한다(162).

분별(分別)**의 이익**(利益) 〔獨〕 beneficium divisionis 〔佛〕 bénéfice de division 共同保證에 있어서, 각 보증인이 원칙적으로 균등한 비율로 분할된 주채무의 액수에 관해서만 보증의 의무를 지는 것. →공동보증

분석법학(分析法學) 〔英〕 analytical jurisprudence 영미법학상의 1학파. 實定法의 구성과 내용을 분석하여 법의 근본원리 및 일반개념을 명확하게 하려고 하는 理論法學이다. 독일의 概念法學과 유사하다. 영국의 오스틴에 의해서 확립되었고, 독일의 일반법학의 영향 밑에서 법의 일반개념을 분석하고 발달시켰다. 영국에 있어서는 기이하게도 오스틴 이후 잠시 중단되었다가, 메인이 그 진가를 인식하게 되어 세상에 알려져 널리 행하여지게 되었다(폴록, 젱크스 등). 分析法學은 원래 歷史法學과 병행하여 블랙스톤의 自然法論에 대하여 일어난 것이고, 純理論的 概念分析을 임무로 하고 있다는 점에서 순수법학과 공통된다. 또한 法을 주권자의 명령이라고 해석하는 점에서도, 영국법학계에 있어서 法實證主義를 대표한다. 네오·오스틴학파(Neo-Austinians)는 다시 이것을 진전시킨 것이다. 호펠드(W.N.Hofeld) 등이 이에 속한다.

분익소작(分益小作) 〔獨〕 Teilpacht 소작지의 총수익 중 일정한 비율을 소작인이 지주에게 소작료로 지급하는 소작관계. 定額小作에 대하여 이른바 定率小作이라고 할 수 있는 것. 남유럽, 동유럽, 미국 등에 많다.

분임물품관리관(分任物品管理官) 中央官署의 長은 소속공무원에게 그의 물품관리에 관한 사무를 위임할 수 있는데, 중앙관서의 장으로부터 물품관리에 관한 사무를 위임받은 자를 物品管理官이라 하며, 각 중앙관서의 장으로부터 물품관리관의 사무의 일부를 分掌받은 공무원을 분임물품관리관이라 한다. 현재는 물품출납공무원, 물품운용관이

라고 한다(物品管理法 9~11).

분임지출관(分任支出官) 지출관의 사무 일부를 分掌하는 공무원(豫會 113, 豫會施 156). →지출관

분임출납공무원(分任出納公務員) 출납공무원의 사무 일부를 分掌하는 공무원(豫會 113, 豫會施 156). →출납공무원, 출납공무원의 변상책임

분 쟁(紛爭) 〔英〕 disputes 당사자간에 존재하는 의견의 불일치로서 요구와 반대요구가 충분히 형성된 단계에 도달한 것. 이에 대하여 事態라고 하는 것은 아직 충돌의 성질을 갖지 않으나, 필연적으로 충돌의 성질을 갖게 될 수 있는 사건의 상태로서 분쟁의 특징인 요구와 반대요구의 형성을 취하는 일이 없이 중대한 평화위협으로 발전할 수도 있는 것이다. 분쟁과 사태와의 구별은 국제연합 헌장의 여러 곳에서(1 I, 12 I, 34, 35 I, 36 I) 발견된다. 그러나 그 구별의 절차는 확립되어 있지 않고 便宜主義의 고려에 지배되어 있다. 실제에 있어서도 안전보장이사회는 분쟁과 사태를 명료히 또는 일관적으로 구별하고 있지 않다. →국제분쟁의 평화적 처리

분 적(分籍) 신분상의 변동없이 어떤 자를 종전의 호적으로부터 제적하고 새 호적을 編制하는 것. 개정법에 의하여 성년자는 戶籍筆頭者와 그 배우자를 빼고 분적의 신고에 의하여 자유로이 분적을 할 수 있게 되었다(戶 19의2 참조). 민법상의 분가와 유사하나 家가 없어지고 신분관계에 영향이 없는 점에서 실질적으로는 다르다.

분철료(分鐵料) →덕대계약

분 필(分筆) 등기부 위에서 甲이라고 하는 一筆의 土地를 분할하여 甲, 乙 등의 수필의 토지로 하는 것(不登 93). 合筆에 대한 말이다. 토지소유자는 소관시장·군수(서울특별시와 광역시에 있어서는 구청장)에게 30일내에 분할신청을 할 수 있다(地籍 17 II). 분할하였을 때에는 지체없이 그 등기를 신청하여야 할 것으로 되어 있는데, 그 경우에는 甲地에 관하여는 표시란을 변경하며, 乙地 등에 관하여는 새로운 용지를 설치하여 甲地의 여러 기재를 轉寫한다(不登 90~95).

분할보상(分割補償) 障害補償 또는 遺族補償의 금액은 다액으로 상승하는 일이 있으므로 사용자가 일시에 이를 지급하는데 곤란을 느끼며, 또한 보상을 받는 편에서도 일시에 다액의 금액을 받으면 낭비하게 될 우려가 생긴다. 그러므로 사용자가 지급능력이 있음을 증명하고 보상을 받는 자의 동의를 얻었을 때에는 위에 적은 보상의 금액을 1년에 걸쳐 分割補償할 수 있다(勤基 88). 제대군인·상이군경 및 유족에 대하여 지급하는 연금 또는 보상금도 이 제도에 의한다(軍人年金法 17).

분할상속(分割相續) 共同相續에 있어서 상속재산을 공동상속인간에 그 상속분에 따라서 분할하는 것. 근대법은 자유로운 財産權, 즉 되도록 구속없는 재산권을 하나의 이념으로 하였으므로, 공동상속의 경우에도 相續財産의 공동소유관계를 피하고 상속인이 각자 자유·독립된 재산권을 취득하여야 하는 것으로 하여, 각국은 이 주의를 채용하고 있는데 우리 민법도 동일하다. →상속재산의 분할

분할소유권(分割所有權) 〔獨〕 geteiltes Eigentum 토지 위에 地代·小作料 등을 징수하는 권리와 耕作權 기타의 利用權이 병존하고, 양자간에 主從의 관계없이 다 같이 자유로 양도·상속을 할 수 있는 경우에 전자를 上級所有權(Obereigentum), 후자를 下級所有權(Untereigentum)이라 하며, 이와 같이 1개의 소유권이 질적으로 분할되어 있는 형태를 분할소유권이라 한다. 독일중세에 전형적인 것을 볼 수 있는데, 근대적 소유권의 성립 이전에는 여러 나라에서 그 예를 볼 수 있다. 그러나 근대적 소유권은 목적물을 전면적·일반적으로 지배하는 권리이므로, 그 중에서 어느 쪽이든, 한편만이 완전한 所有權으로 되고, 다른 편은 완전한 소유권을 제한하는 일시적인 종된 권리에 불과한 것으로 된다. 이것에는 地代 등의 징수권자가 소유권자로 되는 경우(우리나라의 예)와 거꾸로 이용권자가 소유권자로 되고 지대 등의 징수권자가 일시적인 권리를 가지게 되는 경우와가 있다. 우리나라에 있어서의 분할소유권에 관하여는 一田兩主를 보라.

분할지급매매(分割支給賣買) 분할지급약관부매매와 같다.

분할지급약관부매매(分割支給約款附賣買) 〔英〕 installment selling 〔獨〕 Abzahlungsgeschäft 〔佛〕 vente à tempérament 대금을 일정주기마다 분할하여 계속적으로 지급한다는 특약이 붙은 매매. 대금지급의 주기는 연·월·주·일 등이 있으나, 月賦賣買가 많다. 이 매매에 있어서는 代金完濟後에 목적물을 인도하는 것도 있으나, 제1회분의 割賦金支給前 또는 지급과 동시에 목적물을 인도하는 것이 보통이다. 매수인은 비교적 고가물에 대하여 대금을 지급하기 용이하고, 매도인은 매상고를 올리기 위하여 행하여지는 것이지만, 매도인은 목적물을 대금완제전에 인도하고 장기간에 걸쳐 그 대금을

회수하여야 하는 것이므로, 代金完濟를 확보하기 위하여 여러가지 권리를 유보하는 약관을 붙인다. 매도인은 대금완제시까지 목적물의 소유권을 유보하고, 대금완제와 동시에 매수인에게 소유권이 이전한다는 소위 소유권유보약관, 할부금의 일회분의 支給遲滯가 있으면 민법 544조의 催告없이 당연히 매매계약의 효력을 상실하고 목적물의 반환을 청구할 수 있다는 失權約款, 그리고 매수인은 기한의 이익을 잃고 매도인은 대금잔액을 일시에 청구할 수 있다는 期限喪失約款 등 자기에게 유리한 약관을 정하는 일이 많다. 이러한 약관은 반사회질서의 법률행위 또는 권리남용의 문제를 야기하기 쉽다. 즉, ① 목적물의 반환에 있어, 매수인의 부재나 거절에도 불구하고 가택이나 목적물의 소재장소에 들어가서 탈환하여도 매수인은 이의를 하지 않는다는 뜻의 약관은 선량한 풍속 기타 사회질서위반으로 무효이다(民 103). ② 期限喪失約款에서도, 할부금액에 대한 비율이나 기지급액에 따라서는 매도인의 권리행사가 권리의 남용으로 되는 수가 있다(2Ⅱ). 그리고 ③ 손해배상액을 매도인이 일방적으로 결정한다는 약관이 무효임은 물론이다.

분할채권관계(分割債權關係) 〔獨〕 teilbares Schuldverhältnis 〔佛〕 obligation divisible 1개의 可分給付에 관하여 여러 명의 채권자 또는 채무자가 있는 경우에, 그 급부가 채권자간 또는 채무자간에서 분할되는 채권관계. 분할채권(可分債權)과 분할채무(可分債務)가 있다. 급부가 가분인 때에는 원칙으로 이 관계가 생긴다(民 408). 예컨대, 여러 명이 공동으로 물건을 구입하면, 대금채무는 원칙으로 균등하게 분할된다. 다만 급부가 불가분인 경우(→불가분채권·불가분채무) 및 連帶債務의 특약이 있는 경우는 물론, 이른바 合有債權關係를 발생시키는 경우도 이 예외로 된다.

분할청구권(分割請求權) 共有物의 분할을 청구할 수 있는 권리. 각 공유자는 민법상 당연히 분할청구권을 가지며 원칙으로 수시라도 행사할 수 있다(民 268). 그러나 건물의 구분소유(215), 경계표 등의 共有推定(239) 등의 경우에는 분할이 제한된다.

분할통치(分割統治) 〔英〕 divide and rule 分割支配라고도 부른다. 지배층이 피지배층 사이의 민족·종족·종교·사회적 계층·경제적 이해 등을 서로 대립, 항쟁시킴으로써 통일적 반대세력을 결성하는 것을 방해하는 정책을 뜻한다.

분할합병(分割合倂) 어느 회사가 분할된 다음에 그 분할된 부분이 다른 회사 또는 다른 회사의 분할된 부분과 합체하여 하나의 회사로 되는 형태가 있다. 이 경우에는 분할부분의 합병이 발생한다. 이 형태를 분할합병이라고 부른다. 분할합병은 다시 두 가지 유형으로 나눌 수 있다. 그 하나는 갑회사가 그 일부를 분할하고 을회사가 이를 흡수하여 존속하는 경우이고, 다른 하나는 갑회사가 그 일부를 분할하여 다른 회사 또는 다른 회사의 일부와 함께 신회사를 설립하는 경우이다. 전자를 吸收分割合倂(분할+흡수합병), 후자를 新設分割合倂(분할+신설합병)이라고 말할 수 있을 것이다.

불가벌적 사후행위(不可罰的事後行爲) 〔獨〕 straflose Nachtat 狀態犯에 있어서는 범죄가 완성·종료한 후에도 위법상태가 계속할 것이 처음부터 예상되어 있다. 이와 같이 당해 구성요건에 의하여 예상되어 있는 違法狀態에 포함되는 것인 한 사후의 행위가 다른 구성요건에 해당하는 것일지라도 別罪를 구성하지 않는다. 예컨대, 절도범인이 盜品을 손괴하여도 따로 財物損壞罪는 성립하지 않는다. 이러한 사후의 행위를 불가벌적 사후행위라고 한다. 불가벌적 사후행위도 구성요건에 해당하고 위법성을 가지는 한 이에 대한 共犯은 인정할 수 있다고 한다(→공범의 종속성). →상태범

불가벌적 수반행위(不可罰的隨伴行爲) 〔獨〕 mitbestrafte Begleittat 행위자가 특정한 죄를 범하면서 그 죄와 논리적으로 필연적인 것은 아니지만 일반적·전형적으로 결합되어 있는 다른 구성요건을 충족하고, 그 구성요건의 불법내용이 주된 범죄에 대하여 경미하기 때문에 처벌이 별도로 고려되지 않는 경우를 말하는 바, 이를 典型的 隨伴行爲라고도 한다. 예컨대 살인에 수반된 재물손괴행위, 落胎罪와 부녀의 신체에 대한 상해행위, 자동차의 절도와 그 속의 휘발유 절도, 逃走罪에 수반된 囚衣의 절도, 상해를 가하면서 행한 협박행위, 사문서위조와 印章僞造行爲 및 폭행·협박죄 등은 모두 전형적 수반행위로서 吸收關係에 속한다.

불가변력(不可變力) 어떤 행정행위에 대하여 행정청 또는 그 상급감독청이 직권으로 당해 행정행위를 취소·변경하는 것을 불허하는 힘을 말한다. 행정행위의 불가변력은 법률에 특별히 규정된 경우만이 아니라, 準司法的 行政行爲나 授益的 行政行爲와 같이 조리상 불가변력이 인정되는 행정행위도 있다.

불가분급부(不可分給付) 〔獨〕 unteilbare Leistung 그 性質 또는 價格을 해하지 않고서는 분할할 수 없는 급부. 급부의 목적물을 분할하여 급부하는 것이 성질상 불가능한 것. 즉 성질상의 불

가분급부와 성질상 可分이지만, 당사자가 특히 분할하여 급부하는 것을 허용하지 않는 뜻의 의사표시를 한 것, 즉 의사표시에 의한 불가분급부의 2종이 있다. 예컨대 말 한 마리의 급부는 전자이고, 쌀이나 금전의 일정액을 한꺼번에 급부한다고 하는 특약이 있는 경우는 후자이다. 可分給付에 대립하는 말. 불가분급부에 관하여 여러 사람의 채권자 또는 채무자가 있는 경우에 특히 문제로 된다. → 불가분채권 · 불가분채무

불가분물(不可分物) → 가분물 · 불가분물

불가분성(不可分性) 〔獨〕 Unteilbarkeit ① 擔保物權의 경우. 담보물권자는 被擔保債權의 전부의 변제를 받을 때까지 목적물의 전부의 위에 그 권리를 행사할 수 있다는 것. 즉, 피담보채권의 일부가 辨濟 · 相計 · 混同 · 更改 · 免除 등으로 소멸하더라도 목적물의 일부가 담보물권의 구속을 벗어나는 것은 아니다. 민법은 留置權에 관하여 규정을 두고(321), 이것을 다른 담보물권에 준용하고 있다(343, 370). 담보물권의 효력을 강대하게 함을 목적으로 한다. ② 기타의 경우, 담보물권 외에 地役權과 계약의 解除權 또는 解止權도 불가분성을 갖는다(293, 295, 547). 이 경우의 불가분성은 여러 명의 당사자가 관련되어 있을 때에는 위의 권리가 그들 전원에게 획일적으로 歸屬 또는 행사되어야 한다는 것을 의미한다.

불가분채권 · 불가분채무(不可分債權 · 不可分債務) 〔獨〕 unteilbares Schuldverhältnis 〔佛〕 obligation indivisible 1개의 不可分給付를 목적으로 하는 다수당사자의 채권관계에 있어서, 채권자가 여러 사람인 경우가 불가분채권, 채무자가 여러 사람인 경우가 불가분채무. 한 대의 자동차의 인도에 관하여 말한다면, 甲乙이 공동으로 丙으로부터 매수한 때에는 전자, 갑을의 公有에 속하는 것을 병에게 賣渡한 때에는 후자가 생긴다. 이러한 관계는 給付가 그 성질상 불가분인 경우 및 당사자의 의사표시에 의하여 불가분으로 된 경우 뿐만 아니라, 여러 사람이 불가분적으로 이익을 받은 것에 대한 對價(예 : 여러 사람이 공동하여 借家를 한 경우의 家賃)에 관하여도 발생한다고 解하여지고 있다. 불가분채권에 있어서는 각 채권자는 단독으로 전부의 급부를 청구할 수 있는데, 채무자가 1인의 채권자에게 이행하면 다른 채권자의 채권도 소멸한다(民 409). 불가분채무에 있어서는 각 채무자가 각자 全部給付의 의무를 지고, 1인의 채무자의 이행에 의하여 다른 채무자의 채무도 소멸한다(411). 그 밖의 점에 있어서는 각 채권 및 각 채무는 독립한 것으로 취급된다(410 Ⅰ, 411, 412 참조).

불가쟁력(不可爭力) 爭訟期間의 경과와 같은 일정한 법률사실의 존재로 행정행위의 상대방 기타의 이해관계인이 법률상의 爭訟手段에 의하여 그 효력을 다툴 수 없게 되는 힘을 말한다. 행정행위가 불가쟁력을 가지게 되는 것은 행정행위의 효력을 신속하게 형식적으로 확정시킴으로써 행정법관계의 안정성을 확보하기 위해 인정된 것이다.

불가쟁조관(不可爭條款) 〔英〕 incontestability clause 보험약관에 있어서 보험계약자 또는 피보험자가 告知義務에 위반하는 일이 있더라도 계약후 일정한 기간이 경과하면 그것을 이유로 하여 보험자가 계약의 해제를 하지 아니할 취지를 정하는 조항(商 651).

불가침권(不可侵權)〔國際法上의〕 〔英〕 inviolability 〔獨〕 Unverletzlichkeit 〔佛〕 inviolabilité 외교사절이 국가의 대표로서 그 직무를 유효하게 수행하도록 接受國에서 허락하는 외교특권의 일종으로서 일반적으로 외교사절의 身體 · 名譽 · 公館 및 文書의 불가침으로 구분된다. 외교사절의 신체 및 명예는 불가침이며, 접수국은 이를 침해하지 않도록 특별한 주의를 하여야 한다. 만약 침해된 경우에는 구제를 위한 적절한 조치를 취하여야 한다. 외교사절의 신체의 불가침의 예외로서, 접수국이 외교사절의 不法行爲에 대하여 정당방위 행위를 취할 수 있으며, 또한 접수국의 질서와 안전을 위하여 자국의 국내법에 의하여 외교사절을 임시로 구속할 수 있다. 그러나 이러한 구속은 임시적인 것이며 긴급한 필요가 없을 경우에는 곧 解除하여야 한다. 외교사절의 公館은 불가침이며 외교사절의 요구 또는 동의가 없이는 공관에 들어 갈 수 없다. 그러나 公安上 긴급한 필요가 있을 경우에는 예외로 한다. 공관내에 있어서의 범죄인의 庇護權은 일반적으로 인정되지 않는다. 문서는 公文書 · 信書 및 電報 등을 포함하며 접수국은 이를 검열하거나 방해하지 못한다. 그리고 통신에 있어서는 암호를 사용할 수 있으며, 접수국은 이를 解讀하지 못한다. 외교사절 외에 국가원수도 외국을 방문하거나 여행하는 경우에 불가침권을 향유하며 외국의 군함 및 군용항공기도 조약의 범위내에서 불가침권을 향유한다. 외국의 군함이나 군용항공기가 가지는 불가침권은 艦長 또는 機長의 동의없이 함정이나 항공기내에 들어갈 수 없는 정도의 불가침권을 향유하는 것이 보통이다. → 외교사절의 특권, 국가원수

불가항력(不可抗力) 〔羅〕 vis maior 〔英〕

act of God 〔獨〕 höhere Gewalt 〔佛〕 force majeure 외부로부터 오는 사실로서, 거래상 보통 요구되는 정도의 주의나 예방방법을 강구하더라도 손해를 방지할 수 없는 것. 주로 사법상의 책임 또는 채무 그 밖의 불이익을 면하게 하는 표준으로 쓰여지는 관념이다. 보통의 無過失보다 엄격한 관념이며 예컨대, 당사자의 罹病, 기업시설의 瑕疵 등은 비록 과실에 기한 것이 아니더라도 불가항력은 아니다. 원래는 특수한 기업자가 고의·과실의 유무를 불문하고 絶對責任을 지는 경우에, 이것을 제한하는 표준(불가항력에 기인한 손해에 관하여는 책임을 지지 않는다)으로서, 로마법 이래 인정되어 온 것인데, 현행법상도 이 사상을 승계한 것이 있다(商 152, 郵 39 등)(→레쳅툼). 그러나 현행법은 형평의 이상에 입각하여, 다시 널리 의무의 경감 또는 면제를 받을 수 있는 요건으로 하거나(商 709), 권리행사의 조건인 不變期間을 연장하는 요건으로 하거나(어음 54, 手票 47), 또한 때로는 불가항력으로써도 책임을 면할 수 없는 것으로 정하거나(民 308, 336 등) 하기도 한다.

불간섭주의(不干涉主義) [1] 민사소송법상 소송자료의 수집에 관하여 법원이 간섭하거나, 협력하지 않는 주의. 辯論主義와 같은 뜻. →변론주의, 석명권

[2] 국제법상 국내문제불간섭의 의무를 보라.

불개항(不開港) 〔英〕 non-open port 外國通商을 허용하지 않는 항. 開港에 대한 관념. 한국선박이 아니면 원칙적으로 불개항장에 기항할 수 없고(船舶法 6), 또 외국무역선은 불개항장에 출입하려면 대통령령의 정하는 바에 의하여 허가를 받아야 한다(關稅 44).

불고불리(不告不理)**의 원칙**(原則) 〔羅〕 Nemo iudex sine actore, iudex ne procedat ex officio 형사소송법상 법원은 公訴의 제기가 없는 사건에 관하여 심판할 수 없다고 하는 원칙. 彈劾主義의 실질적인 내용을 이루는 원리이며, 糾問主義에 대한 것이다. 그리고 이 원칙은 공소제기가 없으면 소송이 개시되지 않는다는 것과 공소장에 기재된 公訴事實과 동일성을 갖는 사실만이 소송의 대상으로 된다는 두 개의 의미를 가진다. 먼저 현행법상 공소는 檢事가 제기하여 수행하므로(刑訴 246, 檢察 4 i), 검사의 公訴提起가 없는 한, 원칙적으로 사건은 법원에 係屬되지 아니하고, 법원은 그 사건에 관하여 심판할 수 없다. 다음, 법원은 검사가 적시한 범죄사실 이외의 사실을 심판할 수 없고(刑訴 298), 또 검사가 지정한 피고인 이외의 자에 대하여 심판할 수 없다(248). 즉, 不告不理의 원칙에 의하여 법원의 심판의 범위는 人的·物的으로 한정된다. 그러므로 불고불리의 원칙은 사건의 심리가 무제한으로 확대하는 것을 방지한다는 피고인의 이익의 보장을 의미한다. 불고불리의 원칙의 위반은 抗訴理由로 된다(361의5 i).

불공소합의(不控訴合意) 일정한 법률관계에 기인한 소에 관하여 당사자 쌍방에서 공소를 하지 않는다는 요지의 소송법상의 합의. 서면으로써 함을 요한다(民訴 360, 26 Ⅱ). 소송계속의 유무, 제1심 판결의 전후를 불문하고 할 수 있으며, 이로써 공소권는 소멸하고, 제1심판결은 확정된다. 그러나 상고를 할 권리를 保留할 수 있으므로 이 경우는 확정되지 않는다(→비약상고). 합의 유무는 직권조사사항이 아니므로 抗辯을 제출하지 않는 이상 합의를 무시하고 공소를 할지라도 공소법원은 심리재판을 할 수 있다. 공소를 하지 않는다는 합의. 公訴權拋棄의 合意라고도 한다.

불공정거래방지(不公正去來防止) 공정하고 자유로운 유통·거래질서를 확립하여 소비자의 권익을 보호하기 위하여 不公正去來行爲를 규제하는 것을 말한다. 불공정거래를 하는 사업자가 있는 때에는 정부는 規制下命으로 그 시정이나 중지를 명함과 동시에 行政罰의 대상이 되며, 사업자가 그 거래상의 지위를 남용하여 불공정한 약관을 작성·통용하는 경우에는 그러한 約款條件이 무효로 된다.

불공정거래행위(不公正去來行爲) 自由競爭經濟는 경쟁방법의 자유도 포함하지만, 그것이 독점을 조장하는 경우에는 물가안정에 관한 법률의 취지에서 보면 불공정한 것으로서 억압되어야 할 필요가 있게 된다. 그리하여 방법은 사업자는 폭리를 목적으로 물품을 매점하거나 판매를 기피하는 행위로서 재정경제부장관이 물가의 안정을 저해할 우려가 있다고 인정하여 買占賣惜行爲로 지정한 행위를 하여서는 아니된다고 규정하고 있다(物價安定에 관한 法律 7).

불규칙도급(不規則都給) 주문자가 재료를 제공하여 건축물을 제작하는 경우에 제작자가 그 재료에 대신하여 다른 재료를 사용할 수 있는 特約이 있는 도급을 말한다. 작업의 완성을 내용으로 하는 한 보통의 도급이라고 해석해도 무방하다.

불규칙임치(不規則任置) 소비임치와 같다.

불규칙질(不規則質) 〔羅〕 pignus irregulare 〔獨〕 irreguläres Pfandrecht 債權의 擔保로

서 금전 기타의 대체물을 제공하고, 채무불이행이 있을 때에는 그것으로써 손해배상에 충당하고, 채무불이행이 없을 때에는 同種同量의 대체물을 반환할 것을 약정하는 擔保契約. 質이라고 하지만 엄격한 의미에서의 質權이 아니고, 보증금·신원보증금 등을 총괄해서 부르는 명칭으로 이해하면 된다. 그 법률적 성질은 停止條件附返還債務(채무불이행없이 계약관계가 종료하면 반환하는)에 따르는 소유권의 이전이고, 채무불이행이 있으면 반환채무는 당연히 그것만큼 감소되어 발생한다.

불균일과세(不均一課稅) 지방자치단체가 그 주민의 일부에 대하여 불평등한 稅率로써 하는 과세. 不均一課稅는 조세평등의 원칙에 반하는 것이므로 이것이 적용될 경우를 한정하지 않으면 안된다. 지방세법은 공익상 기타의 사유로 필요한 때 또는 일부에 대하여 특별히 이익이 있다고 인정하는 때에 한하여 주민의 일부에 대하여 불평등한 세율로써 과세하는 경우를 인정하고 있다(7, 8). 國稅에는 그 예가 없다.

불기소처분(不起訴處分) 검사가 公訴를 제기하기 않는 처분. 被疑事件이 범죄로 되지 아니하거나, 공소를 제기함에 충분한 혐의가 없는 경우 기타 소송조건을 구비하지 아니하는 때(좁은 뜻의 不起訴處分) 외에 訴追를 필요로 하지 않는 경우, 즉 起訴猶豫處分을 포함한다. 불기소처분은 확정력을 발생하지 아니하므로 한번 불기소처분을 한 사건이라 하더라도 언제든지 수사를 재개할 수도 있고, 공소를 제기할 수도 있다. 告訴 또는 告發있는 사건에 대하여 불기소처분을 한 때에는 검사는 처분을 한 날로부터 7일 이내에 그 취지를 고소인 또는 고발인에게 통지하여야 한다(刑訴 258 Ⅱ). 또 검사는 고소인 또는 고발인의 청구가 있는 때에는 7일 이내에 그 이유를 설명하여야 한다(259). 고소인 또는 고발인이 이 처분에 불복이 있을 때에는 抗告나 裁定申請을 할 수 있다. → 불기소처분에 대한 항고, 준기소절차, 공소보류

불기소처분(不起訴處分)**에 대한 항고**(抗告) 검사의 불기소처분에 대하여 불복이 있는 고소인 또는 고발인이 그 검사가 속하는 검찰청을 경유하여 서면으로써 직근상급검찰청의 장에게 항고하는 것(檢察 10 Ⅰ). 다만 地方檢察廳支廳檢事의 불기소처분에 대한 항고는 地方檢察廳檢事長에게 한다. 抗告라고는 하나 上訴의 일종으로서의 항고는 아니다. 항고를 기각하는 처분에 대하여는 그 직근상급검찰청의 長에게 再抗告할 수 있다. 이상의 항고 또는 재항고는 검사로부터의 불기소처분의 通知(刑訴 258) 또는 항고기각결정통지를 받은 날로부터 30일 내에 하여야 한다. 起訴中止事由가 해소되었거나 또는 새로운 증거가 발견된 때에는 그 사유를 疎明하면 이 기간에 불구하고 항고 또는 재항고할 수 있다. 고소인 또는 고발인이 검사의 불기소처분에 대하여 고등법원에 그 당부에 관한 재정을 신청한 때에는 항고하지 못한다. 또 항고한 자가 裁定申請을 한 때에는 그 항고는 취소된 것으로 간주한다(檢察 10 Ⅵ). → 준기소절차

불능미수(不能未遂) 未遂犯, 특히 넓은 뜻의 障碍未遂 가운데서, 실행의 수단 또는 대상의 착오로 인하여 결과의 발생이 불가능하더라도 위험성이 있는 경우(刑 27 本). 좁은 뜻의 장애미수에 대한다. 불능미수의 제1요건은 실행의 수단 또는 대상의 착오로 인하여, 예컨대 설탕을 致死量의 독인줄 잘못 알고 먹이거나 사체를 생명있는 사람인줄 잘못 알고 발포함으로써 결과의 발생이 불가능하여야 한다(위험성에 관한 事實判斷). 이 점에서 그러한 착오없이, 따라서 사실상 결과발생이 가능함에도(즉 사실상의 위험성이 있음에도) 불구하고 결과가 발생하지 아니한 좁은 뜻의 장애미수와 구별된다. 제2요건은 위험성(결과발생가능성)이 있어야 한다(위험성에 관한 刑法的 價値判斷). 이 점에서 그러한 위험성이 없는 소위 不能犯과 구별된다. 그런데 그러한 危險性의 유무에 관한 평가의 기준에 대하여는 학설이 갈라진다. 즉, ① 객관적 위험설(舊客觀說). 행위가 결과발생의 가능성을 가지느냐의 여부를 일체의 구체적 사정을 捨象하고서 추상적으로 판단하여 결과에 대한 추상적 위험이 객관적으로 존재하면 未遂犯, 없으면 不能犯이라고 한다. 객관성의 기초를 절대적 불능·상대적 불능에 구하므로 絶對不能·相對的 不能說이라고도 한다. 예컨대, 死者를 생명있는 사람이라고 생각하고 발포한 경우는 절대적 불능이므로 不能犯이고, 살인의 목적으로 발포하였으나 상대방이 방탄조끼를 입고 있는 경우는 상대적 불능이므로 미수범이 된다. ② 具體的 危險說(新客觀說). 위험개념을 단순히 객관적으로만 판단할 것이 아니라 행위 당시에 행위자가 특히 인식한 사정 및 일반인에게 인식가능한 사정을 기초로 삼아서 객관적으로 평가하여 결과발생에 대한 구체적 위험이 있으면 미수범, 없으면 불능범이라고 한다. ③ 主觀的 危險說. 행위자의 인식사정을 기초로 삼아서 일반적인 견지서 객관적 위험의 유무를 판단하여 그 위험이 있으면 미수범, 없으면 불능범이라고 한다. 특히 사실의 흠에 한하여는 이와 별개의 불가벌의 경우라고 하는 설을 抽象的 危險說이라고 한다. ④ 純正主觀說. 행위자가 인식한 사

정을 행위자 자신이 판단하여 결과발생의 가능성이 있으면 미수범이라고 한다. 따라서 未遂犯과 不能犯과는 그 한계를 잃게 된다. 즉 치사량에 부족한 毒을 먹여도 행위자의 인식에 있어서는 역시 결과발생의 가능성이 있는 것이다. 다만 迷信犯만은 고의가 없다든가 放任行爲라는 따위의 이유로 불가벌이라고 한다. 불능미수는 형을 감경 또는 면제할 수 있다(27 但). → 미수범, 장애미수, 불능범

불능범(不能犯) 〔獨〕 untauglicher Versuch 〔佛〕 infraction impossible 構成要件에 해당하는 결과를 발생시킬 가능성(위험성)이 없는 것으로 평가되는 행위(예 : 迷信犯). 불능범은 실행의 수단 또는 對象의 착오로 인하여 결과의 발생이 불가능하더라도 위험성이 있다고 평가되는 不能未遂(刑 27)(미수범의 일종. → 장애미수)와 구별되며, 범죄가 아니고, 따라서 처벌되지 않는다. → 불능미수

불능조건(不能條件) 〔羅〕 condicio impossibilis 〔獨〕 unmögliche Bedingung 〔佛〕 condition impossible 성취하기가 객관적으로 불능한 조건. 불능의 停止條件을 붙인 법률행위는 무효로 되며, 불능의 解除條件을 붙인 법률행위는 무조건으로 된다(民 151 Ⅲ).

불량만화등(不良漫畵等)**의 판매금지**(販賣禁止) 未成年者에게 음란성 또는 잔인성을 조장할 우려가 있거나, 기타 미성년자로 하여금 범죄의 충동을 일으킬 수 있게 하는 불량만화를 미성년자에게 반포, 판매, 증여, 대여하거나 관람시키는 행위와 이러한 행위를 알선하거나 또는 이에 제공할 목적으로 불량만화를 소지 · 제작 · 수입하거나 수출하는 행위는 금지되며 그 밖에 미성년자에게 음란한 문서, 도화, 음반 또는 비디오물 기타 물건을 반포, 판매, 증여, 대여하거나 관람시키는 행위와 이러한 행위를 알선하거나 또는 이에 제공할 목적으로 이들을 소지 · 제작 · 수입 · 수출하는 행위 등은 금지된다(未成年者保護法 2의2).

불문법(不文法) 〔羅〕 ius non scriptum 〔英〕 unwritten law 〔獨〕 ungeschriebenes Recht 〔佛〕 droit nonécrit 성문법 이외의 법. 즉 문자로 표현되고 권력자에 의해 일정한 절차에 따라서 제정된 법 이외의 모든 법을 말한다. 그 가운데서도 判例法과 慣習法이 가장 중요하다. 條理를 이에 포함시키는 경우도 있다. 불문법에서 成文法으로라는 표어는 인류의 법의 발달과정을 의미하는 것이라고도 한다. 판례법주의에 입각하는 英美法系에 있어서는 보통법인 불문법이 주요한 골자를 이루고 있는데, 이를 不文法主義라고도 한다.

불문헌법(不文憲法) 〔英〕 unwritten constitution 〔獨〕 ungeschriebene Verfassung 성문화된 形式的 憲法을 가지지 않은 국가의 헌법. 영국과 같이 고유한 제도가 자연적으로 발달하여 관습법 또는 일반법률의 형태로 존재하는 헌법을 말한다. 불문헌법은 전부 軟性憲法이다.

불 법(不法) → 위법

불법고의(不法故意) 〔獨〕 Unrechtsvorsatz 행위자가 적극으로 客觀的 構成要件 실현에 대한 인식 · 의사를 가지고 있을 뿐만 아니라, 소극적으로 자신의 행위가 어느 하나의 違法性阻却事由에도 해당하지 않음을 알고 있는 경우의 고의를 말한다. 이같은 불법고의는 소위 消極的 構成要件理論이나 總體的 不法構成要件理論에서 말하는 고의개념이다. 이것은 착오구성요건의 기능과도 밀접한 연관을 갖고 있다. 즉 구성요건적 사실의 위법성조각사유의 전제되는 사실을 대상으로 삼는 의식형태이다. 그러므로 불법고의의 대상은 위에서 본 구성요건적 고의의 대상범위를 넘어 위법성조각사유의 부존재 사실에도 미친다. 만약 위법성조각사유의 전제되는 사실에 관한 착오가 있을 때에도 바로 불법고의로 성립 여부가 문제된다.

불법구성요건(不法構成要件) 범행의 고유한 불법내용을 기술하고 동시에 불법유형을 구성하는 모든 標識를 말한다. 여기에서 不法類型이라 함은 상벌적 불법의 특별한 형태를 말한다. 예컨대 절도 · 강도 · 사기 · 공갈 · 상해 · 살인 등이 불법유형에 속한다. 이같은 불법구성요건은 불법의 전체 영역에서 可罰性이 있는 불법만을 지칭하는 것이므로 이를 좁은 뜻의 구성요건이라 칭한다. 이러한 불법구성요건에는 세 가지 기능이 주어진다. 즉 ① 불법의 전체 영역에서 當罰的 不法만을 구획하는 소위 選別機能(Auslesefunktion), ② 일반시민들에게 어떠한 행태가 사회적으로 유해하여 當罰性에 관한 定向機能(Orientierungsfunktion), ③ 불법구성요건이 실현될 때 정당화사유가 존재하지 않는 한 원칙적으로 그 행위가 위법하다는 점을 추단시켜 주는 소위 徵表機能(Indizfunktion)이 그것이다. 이 마지막 징표기능으로 인하여 불법구성요건, 즉 좁은 뜻의 구성요건은 범죄체계하에서 위법성과 구별된 별개의 범죄구성요소가 된다. 이와 같이 구성요건과 위법성을 범죄체계 내에서 구별하는 입장을 소위 三段階犯罪體系라고 부른다.

불법영득(不法領得)**의 목적**(目的) → 불법영득의 의사

불법영득(不法領得)**의 의사**(意思) 〔獨〕 Zueignungsabsicht, Zueignungswille 領得罪(절도죄·강도죄·사기죄·공갈죄·횡령죄)에 있어서 故意 이외에 필요로 한다는 주관적 요소. 불법영득의 목적 내지 영득의 의사라고도 한다. 불법영득의 의사는 특히 절도죄와 사용절도 내지 손괴죄와를 구별하는 요소라고 한다. 不法領得의 의사의 내용에 관하여는 ① 권리자를 배제하여 다른 사람의 물건을 자기의 소유물과 같이 이용·처분하는 의사라고 하는 견해, ② 권리자를 배제하여 다른 사람의 물건을 자기의 물건과 같이 그 경제적 용법에 따라 이용·처분하는 의사라고 하는 견해(판례), ③ 경제적 이익을 취득하는 의사라고 하는 견해로 나누어진다. 그러나 일부의 학설은 財産罪의 保護法益을 재물에 대한 占有에 중점을 둠으로써, 이들의 범죄에 대하여도 불법영득의 의사가 필요없다고 한다. →사용절도

불법원인급부(不法原因給付) 〔羅〕 condictio ob iniustam causam, condictio ob turpem causam 〔獨〕 Kondiktio wegen verwerflichen Emprfanges 〔佛〕 refus d'action pour cause d'indignité 불법의 원인에 기하여 행하여진 給付. 불법원인급여라고도 한다. 예컨대 賭博이나 人身賣買를 위하여 한 금전·노무 기타의 급부와 같은 것. 이러한 급부는 사회질서에 위반하는 무효인 契約(民 103)에 기한 급부이므로 법률상의 원인을 缺하고 부당이득으로 되어서 반환하여야 하는 셈이다. 그러나 이것을 인정하면 불법한 급부에 국가가 조력하는 셈으로 되어, 법의 목적에 반하므로 원칙으로서 그 반환을 청구하지 못하는 것으로 하였다(746 本). 그러나 不法의 原因이 오로지 수익자(이득자)에게만 있는 경우에는 不當利得返還請求權을 인정한다(746 但). 이 경우의 不法의 의의에 관하여는 넓은 뜻으로 이해하는 설과 좁은 뜻으로 이해하는 兩說이 대립되어 있다. 넓은 뜻으로 이해하는 자는 선량한 풍속 기타 사회질서에 반하는 경우 이외에 널리 强行法規에 위반하는 경우도 포함한다고 하는데 반하여, 좁은 뜻으로 이해하는 자는 사회질서에 반하는 경우만을 가리킨다고 보는데 이 견해가 타당하다고 본다(종래의 다수설 및 판례).

불법원인급여(不法原因給與) 불법원인급부와 같다.

불법이득죄(不法利得罪) 사기죄는 타인을 欺罔하여 재물을 騙取함으로써 성립하나 재물을 편취하지 않고 재산상 이득을 취득하는 경우에도 사기죄와 동일하게 처벌된다. 이를 불법이득죄라고 한다. →사기죄

불법점유(不法占有) 所有權·地上權·賃借權과 같이 정당하게 점유할 수 있는 권리가 없는데도 불구하고 점유하는 것. 역시 점유권은 성립한다. 그러나 정당한 권리자가 本權의 訴에 의하여 인도를 청구한 경우에는 이에 응하지 않으면 안된다. 불법행위를 구성한 때에는 손해배상의무가 발생하며, 또한 留置權의 발생을 저지한다(民 320Ⅱ).

불법조건(不法條件) 〔羅〕 condicio turpis 〔獨〕 unerlaubte od. unsittliche Bedingung 〔佛〕 condition immorale ou illicite 그 조건을 붙임으로 말미암아 법률행위에 불법성을 띠게 하는 조건. 某氏를 때리면 1만원을 주겠다는 것과 같다. 불법조건을 붙인 법률행위는 불법성을 띠므로 무효로 된다(民 151Ⅰ).

불법체포감금죄(不法逮捕監禁罪) →특별공무원불법체포감금죄

불법행위(不法行爲) 〔羅〕 delictum 〔英〕 tort 〔獨〕 unerlaubte Handlung 〔佛〕 acte illicite, delit(civil) 행위자의 고의 또는 과실로 인한 위법행위로 타인에게 손해를 가하는 행위. 불법행위로 인하여 생긴 손해는 가해자가 배상하게 되어 있다(民 750). 계약과 더불어 債權發生原因의 2대지주를 이루고 있다. 일반의 불법행위와 특수의 불법행위로 나누인다. 일반의 불법행위의 요건은 다음과 같다. ① 主觀的 要件. ㉠ 가해자에 고의 또는 과실이 있을 것. 이것은 근대민법에 있어서의 고의 또는 과실이 없으면 손해배상책임이 발생하지 않는다는 이른바 過失責任의 原則을 나타내는 것이지만, 오늘날에 있어서는 고속도교통기관이나 위험성있는 대기업의 발달에 따라, 무과실책임이 인정되는 경우가 증가하여 가고 있다. ㉡ 가해자(행위자)에게 책임능력이 있을 것. 자기행위의 책임을 辨識할 능력을 갖추지 않은 미성년자와 심신상실자는 불법행위책임을 부담하지 않는다(753, 754). ② 客觀的 要件. ㉠ 가해행위가 위법성이 있을 것. 舊民法은 이에 해당하는 요건을 權利侵害라고 하였던 것을, 민법은 위법행위라는 말을 씀으로써, 가해행위가 객관적으로 보아서 권리침해 여하를 묻지 않고 위법성이 있으면 불법행위가 성립한다는 것을 明言하였다. 위법성을 결정함에는 침해된 이익(被侵害利益)과 침해하는 행위(침해행위)의 형태와의 양면을 대비하여 생각하지 않으면 안되는바, 이 요건은 불법행위의 요건으로서 실제상 가장 중요한 것이다. 그리고 일반적으로는 위법성이 있는 경우라도, 별도로 正當防衛·緊急避難·自力救濟·事務管理·權利의 정당한 행사 등의 사유가 있

을 때에는 위법성은 阻却되며, 피해자의 동의도 일정한 한도내에서 위법성을 조각한다. ㉡ 손해가 발생할 것. 재산적 손해에 한하지 않고, 정신적 손해도 포함한다. ㉢ 가해자의 행위와 손해와의 사이에 인과관계가 존재할 것. 인과관계의 범위는 채무불이행의 경우와 마찬가지로 相當因果關係說에 의하는 것이 不法行爲制度의 목적에 비추어 가장 타당하다. 특수의 불법행위에 관해서는 민법은 타인의 행위에 대한 책임을 인정하고, 또 고의·과실의 據證責任을 전환한다든가 무과실책임을 인정한다든가 한다. 특수한 불법행위에는 민법상 다음의 다섯 가지가 있다. ① 책임무능력자를 감독하는 자의 책임(755). ② 被用者의 행위에 대한 사용자의 책임(756). ③ 工作物을 점유 또는 소유하는 자의 책임(758). ④ 동물의 점유자의 책임(759). ⑤ 공동불법행위(760). 그리고 민법 이외의 특별법에 의한 특수한 불법행위로서는 근로기준법상의 재해보상, 광업법상의 鑛害賠償 등이 있는 바, 이들에 대하여는 무과실책임이 인정되고 있다. 不法行爲의 效果로서 손해배상의 채무를 부담하며 그 내용은 채무불이행으로 인한 손해배상의 내용과 유사하다. 배상의 방법은 금전배상이 원칙이지만(763,394), 그렇지 않은 때도 있다(746, 鑛 93 I 但). 배상하여야 할 손해의 범위는 가해행위와 상당인과관계에서는 모든 손해이다(763,393). 다만 배상의무자는 그 손해가 고의 또는 중과실에 의한 것이 아니고 그 배상으로 인하여 배상자의 생계에 중대한 영향을 미치게 될 경우에는 법원에 배상액의 경감을 청구할 수 있다(765). 그리고 불법행위로 인한 손해배상이 청구권은 3년의 短期消滅時效에 걸리며(766), 또 이 청구권에 관해서는 태아는 이미 출생한 것으로 취급된다(762).

불법행위능력(不法行爲能力) 〔獨〕 Deliktsfähigkeit 불법행위로 인한 손해배상의 책임을 지는 능력. 自然人에 관하여는 責任能力이란 말이 사용되며, 불법행위능력이란 말은 주로 法人에 대하여 사용된다. 민법은 법인은 이사 기타 대표자가 그 직무에 관하여 타인에 가한 손해를 배상할 책임이 있다(35)고 규정하고 있으나, 同條를 여하한 의미로 해석할 것이냐, 즉 법인 자체의 불법행위능력의 무효에 관하여 견해가 대립된다. 法人擬制說에 의하면 법인은 스스로 행위를 할 수 없는(행위능력이 없는) 것이므로, 불법행위능력도 없는 것이 당연하며, 이 규정은 특히 법인의 대표자인 개인의 행위에 대하여 법인이 책임을 질 것을 정책적으로 인정한 것이라고 하며, 法人實在說에 의하면 대표자의 행위는 법인 자체의 행위이며 법인도 당연히 불법행위능력을 가지고 있으므로, 이 규정은 이와 같은 당연한 것을 규정한 것에 불과하다고 한다. 오늘날의 통설은 후자와 같이 생각하고 있다.

불법행위지법(不法行爲地法) 〔羅〕 lex loci delicti commissi 불법행위가 행해진 장소의 법률. 국제사법상 불법행위의 성립 및 효력의 準據法으로서 일반적으로 인정되고 있다. 우리나라 섭외사법에 있어서도, 불법행위로 인하여 생긴 債權의 成立 및 效力은 그 원인된 사실이 발생한 곳의 법에 의하여야 하기 때문에(13 I), 불법행위지법이 불법행위의 성립 및 효력에 관하여 적용된다. 그런데 무엇으로써 불법행위지로 볼 것인가에 관하여는 行動地說·結果發生地說·權利所在地說·行動地 및 結果發生地의 어느 것도 불법행위지로 보는 설 등이 나뉘어 있다. 또한 불법행위지법은 다음과 같은 경우에는 法廷地法에 의하여 그 적용이 제한된다. 즉, 첫째, 외국에서 발생한 사실이 한국의 법률에 의하면 불법이 아닌 경우에는 불법행위가 성립하지 않는다(13 Ⅱ). 다음에, 외국에서 발생한 사실이 한국의 법률에 의하여 불법인 경우라도, 피해자는 한국의 법률이 인정한 손해배상 기타의 처분 이외에는 이를 청구할 수 없다(13 Ⅲ).

불변경주의(不變更主義) 〔獨〕 Immutabilitätsprinzip 한번 공소의 제기를 한 이상 取消를 허용하지 않는 주의. 起訴法定主義를 채택하면 필연적인 결론인 것이다. 起訴便宜主義下에서도 채용할 수 없는 것은 아니지만, 채용하지 않는 편이 그 취지를 일관시키는 것으로 된다. 우리 형사소송법은 이 주의를 채택하지 않고, 公訴의 取消를 인정한다(255). 넓은 뜻으로는 親告罪에 대해서 고소의 취소를 인정하지 않는 주의, 上訴의 취하를 허용하지 않는 주의까지도 포함한다. 역시 우리 현행형소법상으로 고소는 제1심판결선고전까지 취소할 수 있고(232 I), 상소의 취하도 인정되고 있다(349). →공소의 취소

불변기간(不變期間) 〔獨〕 Notfrist 法定期間의 일종이며 특히 법률이 불변기간이라고 명시한 기간. 이 불변기간은 소송절차의 질서있는 진행을 기하고자 소송관계인으로 하여금 법정된 기간내에 소송행위를 행하게 하는 것이며, 만약 이 불변기간을 徒過하였을 때에는 이 후 당해 소송행위를 하지 못하게 하는 失權의 효과를 낳게 한다. 현행소송법 중에 규정된 불변기간에는 抗訴期間(民訴 366 Ⅱ), 即時抗告期間(414 Ⅱ), 再審期間(426 Ⅱ), 지급명령에 대한 異議申請期間(442 Ⅱ. 1990년 삭제) 등 절차의 종결에 대한 불복신청에 관한 것이 많으나, 除權判決에 대한 불복의 訴의 出訴期間(462),

행정소송법의 出訴期間(行訴 5) 등 출소기간에 관한 것도 있다. 불변기간의 특색은 첫째, 법원이 재량에 의하여 신축할 수 없다는 점(民訴 159 I 但), 둘째, 법원은 재판으로써 附加期間을 정할 수 있다는 점(159 II), 셋째, 일정한 조건하에 소송행위의 追完이 허용되고 있다는 점(160)이다.

불복신청(不服申請) [1] 행정법상 행정처분을 위법 또는 부당하다고 하여 권한있는 행정기관에 그 취소 또는 변경을 위한 재심사를 청구하는 행위의 총칭. 실정법상 異議申請·訴願·裁決申請·訴請·審査請求 등의 명칭이 사용되고 있다. 당해 처분청 또는 그 상급행정청의 약식의 쟁송절차에 의하여 이것을 裁決 또는 決定하는 것이 보통이다. 행정처분의 취소 또는 변경을 청구하는 소송(즉, 抗告訴訟)의 제기는 법률의 규정에 의하여 불복의 신청을 할 수 있는 경우에는 원칙적으로 그 재결·결정을 경유하여서 하여야 한다(行訴 18).

[2] 민사소송법상 原裁判 또는 事實行爲(예를 들면 집행행위, 법원서기관 또는 서기의 처분)로 인하여 불이익을 받는 자가 동일·상급 기타의 법원에 그 취소·변경의 재판을 요구하는 신청 또는 원재판의 효력을 상실시키는 신청. 예를 들면 판결에 대한 抗訴·上告·再審의 소, 결정에 대한 抗告·再抗告·特別抗告, 각종의 이의(受命法官·受託判事의 재판, 支給命令·假押留·假處分命令에 대한 이의, 집행방법에 관한 이의, 법원서기관 또 서기의 처분에 대한 이의 등)와 같은 것이다. 그 방식은 訴 내지 上訴 또는 異議申請에 의한다. 재판을 하여야 할 경우와 재판을 하지 않고 목적을 달하는 경우(民訴 439)가 있다.

[3] 형사소송법상도 민사소송법과 같은 뜻. 抗訴·上告·抗告·特別抗告·準抗告·異議申請·再審請求·非常上告 등이 있다.

불분할계약(不分割契約) 共有者는 언제든지 행사할 수 있는 分割請求權을 가지는 것이 원칙이지만 5년 이내의 기간 분할을 하지 아니한다는 취지의 약정을 할 수 있다. 만일 약정을 경신한 경우에는 그 기간은 경신한 날로부터 5년 이내이다(民 268 I·II).

불소급(不遡及)**의 원칙**(原則) 〔獨〕 Prinzip der Nichtrückwirkung 〔佛〕 pricipe de non-rétroactivité 새로 제정된 법률은 그것이 전에 발생한 사실에 대하여 적용되지 않는다고 하는 원칙. 사실이 발생한 당시의 법률에 대한 신뢰를 중요시하는 견지에서 일반적으로 인정되어 있다. 그러나 도덕적·정책적 고려에서 예외가 시인된다. 이 원칙이 특히 중요한 뜻을 가지는 것은 형법에 있어서이다. 즉 신법이 구법보다 더 무거운 형이 규정되어 있더라도 犯罪 당시의 규정에 의하여만 처벌된다(刑 1), 헌법은 이 원칙을 취한다(憲 13).

불순정부작위범(不純正不作爲犯) 부진정부작위범과 같다.

불신임결의(不信任決議) 〔英〕 vote(resolution) of non-confidence 〔獨〕 Misstrauensbeschluss 〔佛〕 vote de non-confiance 議院內閣制에 있어서 내각을 총사직시키기 위한 국회의 결의. 내각은 불신임결의를 받으면 스스로 총사직하거나, 국회를 해산하거나 양자 택일하여야 한다. 우리나라에서도 제3차개헌에 의하여 인정된 바 있었다.

불심검문(不審檢問) 경찰관이 수상한 거동 기타 주위의 사정을 합리적으로 판단하여 어떠한 죄를 범하였거나 범하려 하고 있다고 의심할 만한 상당한 이유가 있는 자 또는 이미 행하여진 범죄 또는 행하여지려는 범죄에 관한 사실을 안다고 인정되는 자를 정지시켜 질문하는 행위. 被檢問者는 검문에 대한 답변을 거부할 수 있다(警職 3). 경찰상의 卽時强制手段의 일종. → 보호조치, 경찰관직무집행법

불완전쌍무계약(不完全雙務契約) 〔獨〕 unvollkommen-zweiseitiger Vertrag 〔佛〕 contrat synallagmatique imparfait → 편무계약

불완전쌍방적 저촉규정(不完全雙方的抵觸規定) 〔獨〕 unvollständig-zweiseitige Kollisionsnorm 저촉규정의 한 형식. 내국법과 외국법의 적용관계를 규정하나, 외국법의 적용에 관하여는 내국과 어떠한 관계를 가지고 있는 경우에 한하는 것으로 규정하는 형식이다. 예컨대 독일민법시행법 13조 1항이 婚姻의 締結은 당사자의 일방이 독일인인 때에도 각 당사자에 대하여 그 속하는 국가의 법률에 의한다고 규정하여, 내국법이 적용될 경우 뿐만 아니라 외국법이 적용될 경우까지도 정하고 있으나, 그 모든 경우를 규정하지 않아서, 외국인이 외국에서 행하는 혼인은 어떠한 법률에 의할 것인가에 관하여는 규정이 없는 경우와 같다. 섭외사법에는 不完全抵觸規定이 없다. 경우가 한정된 完全抵觸規定이라고도 한다.

불완전(不完全)**어음** 〔獨〕 mangelhafter Wechsel 기본어음으로서 法定要件을 갖추지 않은 어음. 이것은 어음으로서의 효력이 없으며 엄격한 의미에서 어음이 아니다. 법정요건 전부가 기재되어 있어도 그 중의 하나가 부적법할 경우 또는 그 중의 일부의 요건의 기재를 缺하여 그 보충이 전연

예정되어 있지 않는 경우와 같이 어음의 외관을 갖추고는 있으나 적법한 어음이 아니고 또 적법한 어음이 될 수 없는 것이 확정적으로 되어 버린 것을 不完全어음이라 한다. 이와 유사하면서 그렇지 않은 것이 未完成어음(白地어음)이다.

불완전연대채무(不完全連帶債務) 부진정연대채무와 같다.

불완전유가증권(不完全有價證券) 완전유가증권에 상대되는 개념으로, 상대적 유가증권이라고도 하며, 貨物相換證·倉庫證券·株券 등 권리의 발생·행사·이전 중 일부에만 증권의 소지를 필요로 하는 유가증권을 말한다. → 완전유가증권

불완전이행(不完全履行) 〔獨〕 unvollkommene od. mangelhafte Erfüllung 채무의 이행으로서 급부가 행하여졌으나 그 급부가 채무의 내용에 적합하지 않고, 불완전한 것. 광산의 조사를 위탁받고 불완전한 조사보고를 하거나, 서적의 주문을 받고 落丁本을 급부하는 것 등이 그 예. 履行遲滯 및 履行不能과 더불어 債務不履行의 일종으로서 채무자의 책임이 발생한다. 즉, 채권자는 불완전한 급부의 수령을 거절할 수 있을 뿐만 아니라, 이로 인하여 입은 손해의 배상을 청구하고 또는 계약을 解除할 수 있다. 다만, ① 불완전이행이 追完이 불능한 경우(다시 완전한 이행을 하여도 채권의 목적을 달성할 수 없을 때, 예를 들면, 전례에서 불완전한 광산조사보고에 기하여 채권자가 고가로 광산을 매수하였을 때)에는 이행불능에 준하여, 곧 塡補賠償을 청구하거나, 해제를 할 수 있으나, ② 追完이 가능한 경우(전례의 落丁이 있는 책의 급부)에는 잘못없는 완전한 급부를 청구할 수도 있고, 瑕疵擔保責任에 관한 규정에 따라 계약의 해제 또는 손해배상의 청구를 할 수도 있는데, 어느 편이나 하자를 안 날로부터 6월 이내에 하여야 한다(民 581, 582). 채무자가 추완한 경우에도, 그것이 기한보다 늦은 때에는, 遲行遲滯에 준하여 遲延賠償을 청구할 수 있음은 물론이다. 그리고 불완전이행으로 인하여, 이행이 없었던 경우보다도 더많은 손해를 발생시키는 일이 있다(병든 가축을 급부하였기 때문에 다른 가축이 감염된 경우). 이것을 특히 적극적 채권침해라고 하는 일도 있으나, 구별할 실익은 없다. 어느 경우에나, 불완전이행과 상당인과관계에서는 全損害의 배상의무가 생긴다.

불완전(不完全)**한 법률행위**(法律行爲) 법률행위의 효력발생요건이 구비되지 못하였거나 혹은 효력발생요건은 구비되었으나 당사자들이 그 효력발생을 保留함으로써 완전한 효력을 발생하지 못하는 법률행위. 법률행위의 효력발생요건으로서는 당사자가 행위능력이 있어야 하고, 내용이 確定·可能·適法·妥當하여야 하고, 또 내심의 효과의사와 외부의 표시가 일치하여야 한다. 이러한 요건을 구비하지 못한 법률행위는 불완전한 법률행위이다. 무능력자의 법률행위, 내용상에 결함있는 법률행위(내용이 불확정·불가능·불법·부당한 행위), 의사표시에 정당성이 없는 법률행위(欠缺있는 의사표시, 瑕疵있는 의사표시)는 여기에 속한다. 또한 법률행위의 효력발생요건은 구비되었으나, 당사자들이 완전한 효력발생을 保留하는 경우도 있다. 이것도 효력이 직접 완전하게 발생하지 않으므로 불완전한 법률행위이다. 의사표시에 제한있는 법률행위, 즉 부관있는 의사표시인 條件과 期限과 負擔이 여기에 속한다. 불완전한 법률행위의 효과는 완전한 권리를 발생시키지 못하고 다만 불완전한 권리를 발생시킬 뿐이다. 불완전의 정도가 심한 것은 처음부터 무효로 하여 버리고 그 정도가 그다지 심하지 않은 것은 일단 유효로 하여 두기는 하나, 필요에 따라서 그 효력을 상실시킬 수 있게 하는데, 이것이 取消이다. 무효로 하느냐 취소로 하느냐는 주로 법률행위의 불완전성의 정도에 의하겠지만 입법정책상으로 사회적인 영향을 고려하여 결정짓는 수도 있다.

불완전(不完全)**한 이행위범**(二行爲犯) 〔獨〕 Unvollkommen zweiaktige Delikte 본래의 구성요건적 결과를 초과하는 목적실현이라는 부가적 결과가 행위자의 구성요건적 행위만으로는 야기될 수 없고 행위자의 별개의 행위를 통해서만 야기될 수 있는 목적범을 말한다. 예컨대 誣告罪(刑 156)에서 타인으로 하여금 형사처분 또는 징계처분을 받게 할 목적, 淫行媒介罪(242)·營利目的略取誘引賣買罪(288)에서 영리의 목적, 각종 僞造罪(207 이하)에서 행사의 목적, 竊盜罪(329)·재물에 대한 强盜罪(333)에서 違法領得의 의사 등이 그것이다. 단절된 결과범은 목적의 실현이 그 구성요건적 행위만으로 완성되기 때문에 확정적 인식을 필요로 하나, 불완전한 二行爲犯은 별개의 행위의 추가를 필요로 하므로 未必的 認識만으로 족하다.

불요식행위(不要式行爲) 〔獨〕 formfreies Geschäft 일정한 방식을 필요로 하지 않는 법률행위. 要式行爲에 대하는 개념. 계약자유의 원칙하에서는 법률행위는 원칙적으로 불요식이다(方式自由의 原則). 그러나 유언·혼인·정관작성·어음발행 등에는 특히 일정한 방식을 필요로 한다. → 요식행위

불요증사실(不要證事實) 증명의 대상인

사실의 성질에 비추어 증명이 필요없는 사실을 말한다. 증명력을 이미 확보하였거나, 그럴 필요가 없는 사실들은 일정한 조사없이 증거로 사용할 수 있게 한 것이다. 여기에는 公知의 사실과 추정된 사실, 그리고 擧證禁止事實이 있다. 공지의 사실이란 일반적으로 알려져 있어서 보통의 지식·경험있는 사람이면 의심하지 않는 사실을 말한다. 예컨대 역사상 명백한 사실이나 자연계의 현저한 사실, 천재지변, 생리현상 등이 여기에 해당한다. 여기서 공지의 사실은 法院에 현저한 사실과 구분된다. 법원에 현저한 사실이란 재판을 하는 법관의 전원 또는 다수가 그 職務活動에서 경험하여 확신을 갖고 있는 사실로서, 예를 들면 법관이 다른 사실에 관여하여 행한 민사·형사의 재판이나 그 법원에서 공고한 破産宣告나 禁治産宣告 등이 그것이다. 법관이 私的으로 알고 있는 사실은 법원에 현저한 사실이라고 할 수 없다. 법원에 현저한 사실이라 하더라도 당사자는 이와 양립할 수 없는 사실을 주장·입증함으로써 진실이 아님을 증명할 수 있다. 법원에 현저한 사실을 公知의 事實에 포함시켜 이해하는 견해가 있으나, 증명을 필요로 한다고 보는 견해가 유력하다. 공지의 사실은 反證이 없는 한 증명을 요하지 않는다. 그 다음으로 추정된 사실이란 전제사실로부터 다른 사실을 추인하는 것을 말한다. 여기에는 法律上의 推定과 事實上의 推定이 있다. 전자는 전제사실이 증명되면 다른 사실을 인정하도록 법률에 규정되어 있는 것을 말한다. 후자는 전제사실로부터 다른 사실을 추정하는 것이 논리적으로 합리적인 것을 말한다. 또 擧證禁止事實이란 소송법적 이익보다 큰 超訴訟法的 利益때문에 증명이 금지된 사실이다. 예를 들어 공무원 또는 공무원이었던 자의 직무상의 비밀에 속하는 사실이 여기에 속한다(刑訴 147).

불융통물(不融通物) → 융통물·불융통물

불응위율(不應爲律) 범죄사실에 대하여 법률의 正條에 그 규정이 없는 것을 다스리는 규정 즉, 唐律雜律篇의 諸不應得爲而爲之者笞四十, 事理重者杖八十의 규정을 말한다. 이는 五代時代의 刑律에 淵源한 규정이며, 明律도 역시 雜犯篇에 이 규정을 수록하고 있다. 大明律直解의 해석을 빌면 謂律令無條, 理不可爲者라고 하고 있어, 律에 규정은 없을지라도 양식, 즉 정의감에 위배되는 행위는 처벌한다는 취지이다. 罪刑法定主義의 이론에는 배치된다고 할 것이나, 금일의 私法理論이 선량한 풍속 기타 사회질서나 또 조리를 인정함으로써 법의 欠缺을 보완하고 있는 것과 같이 不應爲律을 설치함으로써 律文上의 결함을 구제한 것이다. 조선말기의 刑法大全도 678조에 不應爲律을 규정하고 있다.

불이익변경금지(不利益變更禁止)**의 원칙**(原則) 〔獨〕 Verbot der reformatio in peius

[1] 민사소송법상 상소심이 原審判決을 상소인에게 불이익하게 변경하지 않는 원칙. 상소심은 당사자의 불복신청의 범위 내에 한정되므로(377 I, 385, 395, 401), 不服申請을 인용하지 아니하면, 상소를 기각하고 원판결을 그대로 유지하는데 그치고, 不服이 없는 부분에 관하여 원판결을 상소인에게 불이익하게 변경할 수 없다. 다만 상대방의 독립 또는 附帶上訴가 있어 불복의 범위가 확장된 경우 또는 직권조사사항에 관하여는 이 원칙의 예외가 인정된다. → 부대상소

[2] 형사소송법상 상소사건을 심판하는데 있어서, 抗訴·上告가 피고인에 의하여 또는 피고인을 위하여 제기된 사건에 관하여는 원심판결보다 중한 형을 선고하지 못한다는 원칙(刑訴 368, 396 Ⅱ). 再審에도 같은 규정을 두고 있다(439). 다만 이 원칙은 원심판결보다 불이익으로 될 일체의 변경을 금지하는 것이 아니고, 단지 원심판결의 형보다 중한 刑으로의 변경을 금지하는데 불과하므로, 重刑變更禁止의 原則이라고도 한다. 이 원칙의 존재근거에 관하여는 종래 여러가지 견해가 있으나, 피고인측의 정당한 上訴權의 행사를 보장하다는 정책적 이유에 기한다고 이해하는 것이 타당하다. 한편 이 원칙은 피고인측의 상소권의 남용을 장려하는 결과로 된다는 이유로, 이 원칙의 폐지를 주장하는 학자도 있으나, 피고인의 정당한 上訴權行使를 보장할 다른 적당한 방법이 없는 한, 이 원칙은 존치되어야 한다. 불이익변경금지의 원칙은 피고인이 상소한 사건과 피고인을 위하여 상소한 사건과 피고인을 위하여 상소한 사건에 한하여 적용되므로 검사만이 상소한 경우 또는 검사와 피고인측의 쌍방이 上訴한 경우에는 이 원칙은 적용되지 아니한다. 不利益變更禁止의 원칙의 내용으로서, 중하게 변경하는 것은 刑에만 관한 것이므로, 형에 있어서 중하게 변경하지 않는 한, 원심판결보다 중한 사실의 인정 또는 법령을 적용하더라도 무방하다. 또 소송비용은 형이 아니므로, 原審判決보다 중하게 부담시키더라도 무방하다. 선고형의 경중을 정하는 표준에 관하여는 法定刑의 경중에 관한 형법 50조를 우선 기준으로 할 수밖에 없다. 그러나 이 규정은 원래 법정형 상호간의 형의 경중에 관한 것이므로, 宣告刑의 경중을 판정하는 데에 그대로 準據할 수 없는 경우(예컨대 執行猶豫)가 있다. 따라서 우선 형법 50조를 기준으로 하면서 실질적으로 피고인에 대하여 과하여지는 法益剝奪의 대소를 비교교량하여 결정하여야 할 것이다.

불이익처우(不利益處遇) 사용자가 근로

자의 단결을 방해할 목적으로 취하는 조치. 그 조치로는 ① 解雇, ② 轉勤. 이전의 근무지에 비해서 근로조건이나 社宅 등의 경제조건이 불리한 경우, ③ 配置轉換. 기능상 적당치 않다던가 과중한 노동을 요하는 일 또는 불량한 기계를 주는 경우, ④ 상여금의 지급이나 定期昇給을 하지 않든가 또는 減給하는 경우, ⑤ 出勤停止. 優先的 休職·復職을 지체시키는 경우 등이 있으나, 이러한 조치를 근로자가 조합활동 등을 한 것을 이유로 하여 다른 근로자와 차별해서 취급한다면, 사용자의 不當勞動行爲가 된다(勞整 81). 즉 근로자가, ① 노동조합에 가입 또는 가입하려고 한 것, ② 조합을 조직하려고 한 것, ③ 조합의 정당한 행위를 한 것, ④ 勞動委員會에 신고 또는 증언을 한 것 등을 실질적 사유로 한 경우이다. 이러한 사유가 있는 자에 대해서, 사유가 없는 자만을 유리하게 취급하더라도, 상대적으로 전자와 차별적으로 불이익한 처우를 한 것이 된다. → 차별대우

불처분결정(不處分決定) 少年保護事件을 심리한 결과, 보호처분의 형식을 취하지 않고 사건을 종결하는 것. 조사단계에서의 심리불개시의 결정에 상응하는 심판단계에서의 조치이다. 불처분의 결정이 있는 때는 監護措置는 취소된 것으로 간주한다(少 29).

불체포특권(不逮捕特權) 〔英〕 privileges 〔獨〕 Privileg ① 헌법상 國會議員이 회기중 국회의 동의없이 체포 또는 구금되지 아니하며, 會期前에 체포 또는 구금된 때에는 국회의 요구가 있으면 회기중 석방되는 특권(憲 44). 우리 헌법은 現行犯人인 경우에는 국회의 동의없이 체포 또는 구금할 수 있도록 하였으며, 또 현행범인을 會期前에 체포 또는 구금한 경우에는 국회의 요구가 있어도 이에 영향을 받지 아니한다(44). 행정부의 불법한 억압으로부터 국회의 자주적인 활동을 보장하기 위한 제도이다. 이 불체포특권은 영국의 제임스1세(James Ⅰ, 1566~1625) 때에 처음 인정되었다. ② 선거관리위원회법상 각급 선거관리위원회위원은 선거 또는 국민투표의 투표일 공고일로부터 개표종료시까지 일정한 범죄를 제외하고는 현행범이 아니면 구속되지 아니한다(13). ③ 교육공무원법상 교원은 現行犯을 제한 외에는 소속 학교장의 동의없이는 학원내에서 체포되지 아니한다(48). → 의원의 특권

불침략(不侵略) **및 조정**(調停)**에 관한 조약**(條約) 〔英〕 Anti-war Treaty on Non-agression and Conciliation 라틴아메리카 不戰約條이라고도 한다. 1933년 10월 리오데자네이로에서 체결. 아르헨티나·브라질 등, 라틴아메리카 諸國間에 체결되었으며, 주제는 부전조약과 비슷하다. 전문과 17개조로 이루어진 이 조약은 ① 締約國은 그들 상호간의 관계나 타국과의 관계에 있어 침략적 전쟁을 불법인 것으로 하고, ② 상호간의 분쟁은 국제법이 시인하는 평화적인 수단으로만 이를 해결키로 하고, ③ 무력으로 획득한 영토상의 변화를 승인치 아니하고, ④ 締約國으로서 이 조약규정을 위반하는 분쟁국이 있을 때에는 제3국은 공동일치의 태도를 취하고, ⑤ 외교기관에 의해 상당한 기간내에 해결되지 아니하는 분쟁은 조정절차에 부탁할 것 등을 규정함으로써, ① 부전조약의 원칙의 적용범위를 라틴아메리카 지역에까지 확대하여 부전조약불참국(아르헨티나·볼리비아·엘살바도르·우루과이 등)도 전쟁제한의 규제하에 두었을 뿐 아니라, ② 부전조약의 결속과 의무에 상반되는 방법에 의해서 야기되는 여하한 사태나 조약 또는 협정도 이를 승인치 않는다는 스팀슨주의의 내용을 조약상 처음으로 확인하였다. 또한 이 조약은 모든 국가의 가입을 위해 개방되며, 유효기간은 무기한으로 한다고 규정하였으나, 1년의 豫告로써 하는 폐기도 인정하고 있다. 1948년 4월의 보고타規約 당사국간에 있어서는 그간 美洲諸國間의 단합정책의 기초가 되어 외교적·경제적 투쟁에 있어 효과적이었던 본조약은 보고타규약으로 대체되었다.

불침략조약(不侵略條約) 〔英〕 treaty of non-aggression 〔獨〕 Nichtangriffsvertrag 〔佛〕 traité de non-agression 상호불침략을 약속한 조약. 일반조약으로서 성립된 것은 아직까지 없고 개별조약으로서 2국간에만 체결되어 있다. 주로 소련이 인접국가와 체결하였다. 즉, 1925년의 터키와의 조약을 최초로 1933년까지에는 隣接諸國 및 독일·프랑스·이탈리아의 歐州大國과 체결하여 그 수는 10에 달하고 있다. 불침략조약은 1933년 소련이 다수의 隣接諸國과 체결한 侵略定義條約과 밀접한 관계가 있다. → 침략, 침략정의조약

불통일법국(不統一法國) 동일한 주권하에 복수의 법률체계를 가진 국가를 말한다. 전형적 예로는 각주마다 私法體系를 가진 미합중국의 경우이다. 그러한 국법이 준거법으로서 지정된 경우, 구체적으로 어느 지역의 법률을 적용해야 하는가가 국제사법상 문제된다. 그러나 불통일법국에 대한 지정이라도, 예컨대 물건의 소재지라든가 不法行爲地라고 하는 것과 같이, 국제사법에 의하여 사용된 연결점이 그 자체에 있어서 地的 限定의 요소를 가지고 있는 경우는 별 문제가 없으나, 그 자체가 아무런 地的 要素를 포함하지 않는 國籍이 연결점으로 되어

있는 경우가 문제이다. 즉 불통일법국에 속하는 자의 본국법을 어떻게 결정하는가의 문제이다. 이에 관하여는 法廷地의 입장에 있어서 직접 어느 지역의 법률로서 준거법으로 하는가를 결정하려는 입장이 直接指定說이며, 이에 대하여 우리 국제사법에 의하여 지정된 본국의 그 점에 관한 내부입법에 의하여 그것을 정하려고 하는 입장이 間接指定說이다. 섭외사법 2조 3항의 입장이 반드시 명백한 것은 아니다. 이론적으로는 양자가 모두 성립하나, 간접지정설이 보다 타당하다고 하겠다. →법역

불특정물(不特定物) →특정물·불특정물

불평등선거(不平等選擧) 차등선거 또는 등급선거와 같다.

불표현지역권(不表現地役權) →표현지역권·불표현지역권

불 하(拂下) 국·공유재산 또는 歸屬財産을 매각하는 행위의 하나. 국유재산 중 행정재산은 이를 매각할 수 없으며, 보존재산도 마찬가지이다(國財 20Ⅰ). 그 밖의 재산은 이를 매각할 수 있는 바 이를 매각할 경우에는 일반경쟁입찰에 의하되 정당한 연고자가 있는 때에는 隨意契約에 의하여 매각할 수 있다(33).

불합치선언(不合致宣言) 〔獨〕 unvereinbar Erklärung 違憲確認(Festestellung der Verfassungswidrigkeit)宣言의 主文이라고도 한다. 이와 같은 판결을 함에 있어서는 두 가지 관점이 표준이 된다. 하나는 立法者의 形成自由의 존중을 하려는 것이고, 또 하나는 법의 공백에 대비하여 법적 안정성을 유지하기 위한 것이다. 구체적으로 말하면 이는 헌법에 합치하지 아니한다는 違憲宣言에 그치고 無效宣言에까지 이르지 않는 경우이다. 위헌법률에 대한 대체입법없이 위헌선언하면 法律空白(Rechtsvaku-um)이 생기고 따라서 법적 안정성을 해칠 우려가 있으므로 이를 피하기 위해 독일연방헌법재판소는 1970년 법개정에 의하여 명문화하기 전부터 판례로 불합치선언의 판결주문을 냈다. 무효선언을 하여 법규의 대안없는 제거의 상태를 만드는 것이, 違憲法規라도 잠정적인 繼續效를 인정하는 것보다는 더 위헌적임을 이유로 한다. 위헌적 상태를 제거하기 위한 新立法을 하는데 입법자에게 형성의 여지를 차단치 않기 위한 것이다. 즉 입법권자에게 法形成의 자유를 존중하여 신법에 의한 폐기·보완·변경의 여지를 차단치 않기 위한 것이다. 이러한 變形主文은 50% 정도에 이르고 있다. 법적 효력은 다음과 같다. ① 헌법재판소는 입법권자에게 위헌상태를 제거할 것을 의무적으로 촉구한다(立法促求裁判). 이 경우에 입법기간을 정하는 경우가 많은데, 헌법에 합치하는 내용의 규정으로 어떠한 법개정안이 좋은가를 시사할 수 있다. 만일 입법자가 그 입법기간을 지키지 않으면 재판소에 제기되면 무조건의 違憲無效宣言을 각오해야 한다. ② 이 경우에 이와 같은 판결선고가 있는 후에는 문제의 법률을 원칙적으로 더 이상 적용해서는 안된다. 따라서 법원은 당해사건이나 유사사건에 대해 새로운 법률의 제정시까지 裁判節次를 정지시키는 것이 원칙이지만(BVerfGE 52, 369. 적용정지, Anwendungssperre), 예외적으로 법적 안정을 위하여 適用停止(Anwendungssperre)시킬 수 없는 경우가 있다. 즉 헌법재판소가 違憲無效宣言을 하지 않은 것이 법의 공백을 피하려고 하는 경우라면 비록 위법인 법률이라도 부득이 繼續效(Weitergeltung)를 인정하여야 한다는 것이다. ③ 이 경우에 위헌이지만 아직 무효선언까지 이르지 아니한 독일의 판결례를 보면 兩親의 일방이 독일국적을 가진 경우라도 그 사이의 出生子에 대하여는 출생지주의에 의하여 독일국적의 취득을 인정하되, 쌍방 모두 외국국적을 가진 자의 경우는 이를 배척한 國籍法規程에 대한 판결에서 헌법에 저촉된다고 하면서 新立法時까지 계속적인 有效性(Weitergeltung)을 인정하였다. 만일 그 규정을 單純無效宣言을 하면 법률폐기의 法規效 때문에, 양친 중 일방이 독일국적을 가진 자 사이의 출생자까지 독일국적을 취득할 수 없는 결과가 되기 때문이다. 오스트리아 헌법재판소 1978. 6. 30 判決(SLg. 8354/1978)에서는 公證人의 懲罰에 관하여 秩序罰은 행정관청이, 懲役罰은 고등법원이 저마다 하게 되어있는 공증인의 법의 규정을 두고 그 한계가 모호하다는 이유로 위헌선언을 하면서, 위헌법규의 실효시기를 1년 뒤로 미루는 未來效의 판결을 냈다. 우리 헌법재판소의 대표적인 不合致宣言의 판례로는 구국회의원선거법상의 기탁금에 관한 1989년 9월 8일 선고, 88 헌가 6 전원합의부결정이 있다. 그 주문을 소개하면, ① 구국회의원선거법 3조 및 34조는 헌법에 합치되지 아니한다. ② 위 법률조항은 1991년 5월말을 시한으로 입법자가 개정할 때까지 그 효력을 지속한다이다.

불항소합의(不抗訴合意) 민사소송에 있어서 당사자쌍방이 항소하지 않을 것을 약정하는 소송법상의 합의. 관할의 합의와 같이 일정한 법률관계에 기한 소송에 대한 합의일 것과 서면으로 할 것을 요한다(26, 360Ⅰ但). 訴訟係屬의 유무, 제1심 판결의 전후에 관계없이 할 수 있다. 합의가 적법하게 성립되면 항소권은 발생치 않으며, 飛躍的 上告

의 합의가 있는 경우를 제외하고 제1심판결은 선고와 동시에 확정된다. 합의의 무효는 職權調査事項이 아니므로 항변을 제출하지 않는 이상, 합의를 무시하고 항소하여도 법원은 심리재판할 수 있다.

불해산죄(不解散罪) 폭행 또는 협박·손괴를 하기 위하여 多衆이 모여 권한을 가진 공무원으로부터 해산명령을 3회 이상이나 받고도 해산하지 않는 죄. 형법 116조. 소요죄의 하나로서 이른바 眞正不作爲犯의 하나이다. → 다중불해산죄

불확정개념(不確定槪念) 〔獨〕 Unbestimmter Begriff 법률이 행정청의 선택의 여지가 있는 抽象的·多義的·不確定的인 개념을 행정처분의 요건으로 하고 있는 경우를 말한다. 예컨대, 치안상 위해를 미칠 염려가 있다고 인정할 때(舊臨時郵便團束法 2), 적당한 장소에 일정한 기간(傳染病豫防法 37 ii) 등, 불확정개념을 사용한 법률은 행정청으로 하여금 공익재량을 허용하는 것인가의 여부에 관하여 문제가 된다. 통설은 법률이 一義的으로 지정하고 있는 경우를 제외하고는 원칙적으로 처분의 성질을 표준으로 하여 권리·자유를 침해하는 처분은 羈束裁量行爲이고 권리이익을 부여하는 처분은 公益裁量行爲라고 한다. → 공백규정, 자유재량

불확정기한(不確定期限) 〔羅〕 dies incertus 〔獨〕 ungewisse Zeitbestimmung 〔佛〕 terme incertain 도래하는 기일이 확정되어 있지 않은 기한. 確定期限에 대립하는 용어. 자기가 죽은 때라고 함과 같다. 도래할 것이 확실한 점에서 조건과 다르지만, 그 어느 것이냐가 명확하지 않는 것(예 : 出世給)도 적지 않다.

불확정범의(不確定犯意) 사실에 대한 인식 또는 예견이 불확실한 범의. 결과의 발생은 확실하나 객체가 불확정한 경우와 결과의 발생 자체가 불확실한 경우가 있다. 후자를 未必的 故意라고 하며, 전자는 擇一的 故意와 槪括的 故意를 포함한다. 불확정범의도 일반인에게 반대의 동기를 성립시키는 한 범위로서 평가된다. 不確定故意와 같은 말.

불확정적 고의(不確定的故意) 〔羅〕 dolus indeterminatus 고의의 일종으로서. 불확정적인 결과를 인식하는 것. 確定的 故意에 대한다. 불확정적 고의는 다시 槪括的 故意·擇一的 故意·未必的 故意의 셋으로 나누어진다.

불환지폐(不換紙幣) 〔英〕 inconvertible paper money 〔獨〕 uneinlösliches Papiergeld 〔佛〕 papier-monnaie inconvertible 兌換의 보증이 없는 정부지폐 또는 은행권. 불환지폐는 그 소재의 가치와는 전혀 관계없는 강제통용력이 주어져 유통하는 것이므로, 獨立本位紙幣 또는 본래의 지폐라고도 불린다.

붜딕트 〔英〕 verdict 評決. 小陪審의 평결. 평결은 전원일치의 결의임을 요한다. 평결에는 一般評決(general verdict)과 特別評決(special verdict)의 2종이 있다. 일반평결은 原告勝訴 혹은 被告勝訴, 또는 유죄 혹은 무죄라고 자기네가 인정한 사실에 법률을 적용하여 결론을 내린 배심의 평결. 평결의 보통형식은 일반평결이며 배심은 어떠한 사건에 있어서도 일반평결을 행할 권리를 가지고 있다. 特別評決은 배심이 쟁점사실의 인정만을 하고, 이것에 법률을 적용하여 事件의 勝敗(또는 유죄·무죄)를 결정하는 것을 재판소에 맡기는 경우의 배심의 평결. 이것은 일정한 사실을 자기네(陪審)가 인정은 하였지만 그것에 적용할 법률문제에 관해서 의문이 있을 경우에 행하여진다.

브라이안평화조약(平和條約) 〔英〕 Bryan Peace Treaty 미국의 국무장관 브라이언의 노력으로 1914년에 미국과 다수의 국가간에 개별적으로 체결된 평화의 촉진을 위한 條約(Treaty for the Advancement of Peace)을 말함. 서명된 조약의 수는 30, 비준을 교환하여 효력이 발생한 것이 20. 일체의 분쟁의 심사와 보고를 위하여는 常設國際委員會에 부탁하여야 할 것으로 하였다.

브레튼 우즈협정(協定) 〔英〕 Bretton-Woods Agreements 제2차대전중 1944년에 미국의 뉴햄프셔주의 브레튼 우즈(Bretton-Woods)에서 열린 聯合國通貨金融會議에서 결실된 협정으로서, 통화금융의 면으로부터 국제경제의 재건을 도모할 것을 목적으로 하고, 그를 위하여 국제기구를 설치한 것이다. 國際通貨基金과 國際復興開發銀行은 그에 의하여 설치된 것으로서, 양자의 기초로 된 두 협정을 합쳐서, 보통 브레튼 우즈협정이라고 부른다. 대단히 대규모의 협정으로서, 상세한 조직적 규정과 전문적인 경제적 규정을 포함하고 있다. 1945년말에 효력을 발생하였다. 금본위제에서 변동환율제로 변경. → 국제통화기금, 국제부흥개발은행

브로커 〔英〕 broker 중개인을 말한다. 보통은 여기에 民事仲介人도 포함시켜 브로커라 한다.

브뤼셀조약(條約) → 서유럽5국조약

브리앙·켈록조약(條約) 〔英〕 Briand-Kellog Pact 부전조약과 같다.

블랙리스트 〔英〕 black list 〔獨〕 schwarze

Liste 勞動組合員 또는 勞動組合運動을 활발히 행한 자의 명부로서, 사용자들 사이에 비밀리에 배포되는 것. 사용자는 신규로 근로자를 채용하려고 할 때에 이 명부에 기재되어 있는 자는 채용하지 않는다. 조합운동을 억제하는 유력한 수단으로서 와그너법이 제정될 때까지, 미국에서 많이 사용되었었다. 우리나라에서는 근로기준법 39조에서, 사용자가 근로자의 취업을 고의로 방해할 목적으로, 비밀기호를 사용하거나, 명부를 작성·사용하거나 통신을 하여서는 아니된다는 것을 명시하고, 퇴직후의 새로운 취직을 보장하고 있다. 그러나, 그것이 사용자의 不當勞動行爲가 되느냐의 여부는 불분명하다(勞整 81). →사용증명서

블루 스카이 로 〔英〕 blue sky law →청공법

비공개청문(非公開聽聞) 公開聽聞이 청문의 과정을 당해 청문관계자 이외의 자에게 공개한 가운데 진행하는데 반하여, 오직 당해 관계자만의 참여아래 진행되는 청문을 말한다. 비공개청문은 간이·신속한 장점은 있으나, 객관성의 보장이 어려운 단점이 있다.

비공개회의(非公開會議) 국회는 공개회의가 원칙이나, 출석의원 과반수의 찬성이 있거나 의장이 국가의 안전보장을 위하여 필요하다고 인정하여 공개하지 아니하는 회의를 말한다(憲 50 I 但). 공개하지 아니한 회의내용의 공표에 관하여는 법률이 정하는 바에 의한다(憲 50 II). 국회법 75조도 의장의 제의 또는 의원 10인 이상의 連署에 의한 動議로 본회의의 의결이 있거나, 의장이 각 교섭단체 대표의원과 협의하여 국가의 안전보장을 위하여 필요하다고 인정할 때에는 공개하지 아니할 수 있으며, 이 提議나 動議에 대하여는 토론을 하지 아니하고 표결한다고 규정하고 있다.

비과세문서(非課稅文書) 국가 또는 지방자치단체가 작성한 증서 또는 통장, 國庫金의 취급에 관하여 작성하는 증서 또는 통장, 공공사업을 위한 기부를 위하여 국가 또는 지방자치단체에 제출하는 증서, 자선 또는 救善을 목적으로 하는 단체가 그 사업에 관하여 작성하는 증서, 수출입대행계약서 기타 도급에 관한 증서로써 대통령령이 정하는 것, 주택의 전세권 및 임대차에 관한 증서, 상품권 중 대통령령이 정하는 券面金額 이하의 것, 어음의 인수 또는 보증, 유가증권의 복본 또는 등본, 전당포 또는 전당물통장 등 印紙稅法에 의하여 인지세를 납부하지 아니하여도 되는 문서(6)를 말한다.

비교법제사(比較法制史) 〔英〕 comparative legal history 〔獨〕 vergleichence Rechtsgeschichte 두 나라 이상의 법률제도를 역사적으로 비교·연구하여 법의 발전법칙을 통관하고자 하는 法史學 내의 비교적 새로운 한 경향, 민족학적 견지에 입각하여 원시적 및 역사적 여러 민족의 법을 연구하려고 하는 입장이 강하나 이런 입장에서 역사시대의 법의 발전성이 부정 또는 경시된 것은 경계를 요한다. 헤겔의 世界史의 관념을 다분히 도입하였다.

비교법학(比較法學) 〔英〕 comparative jurisprudence 〔獨〕 vergleichende Rechtswissenschaft 〔佛〕 science de droit comparé 두개 이상의 사회·국가의 法制度를 비교하는 학문. ① 법제도의 발전상황과 발전법칙을 발견할 것을 목적으로 하는 比較法制史, 人種的 法學(콜러, 웨스터마크), ② 해석 또는 입법을 위하여 실정법 자체를 비교연구하는 좁은 뜻의 비교법학(랑베르, 살레이유), ③ 현대의 文明諸國家에서 공통적으로 인정되는 법의 일반원칙을 발견하는 것을 목적으로 하는 비교법학(르 퓌르(Le Fur), 델 벡키오) 등이 있다. 보통은 ②의 의미로 비교법학이라는 말이 쓰여지고 있지만, 그것도 法系別·國家別·法域別 등 여러가지 목적에 의하여 비교의 방법을 달리한다. 비교법학은 전세기말부터의 法의 社會化(→법의 사회화), 세계화의 사상에서 유래하는 것이지만, 1900년에 살레이유가 제창하여 조직된 파리比較法大會를 계기로 해서 본격적으로 성장하기에 이르렀다. 살레이유는 해석 및 입법의 지침, 나아가서는 법의 진보를 위한 이상법·공통법의 발견에 중점을 두었으나, 랑베르는 공통성의 발견에 한정하여, 法系列에 의한 비교를 구하였다. 양자 모두 政策學으로서의 비교법학이다. 그러나 전자는 구자연법에 갈음하여 세계법·통일법에 기초를 부여하였으며, 후자는 방법의 세련에 의하여 經驗的 文化科學으로서의 비교법학에로 나아가는 길을 개척하였다.

비교전상태(非交戰狀態) 〔英〕 non-belligerency 〔獨〕 non-belligérance 제1차대전 이전의 傳統的 國際法의 체계하에서는 전쟁에 참가하지 않은 국가는 모두 중립국으로 취급되었으나, 제2차대전 초기에 이르러서는 약간의 전쟁불참가국의 지위를 중립국이라고 부르지 않고 非交戰國(non-belligerent)이라고 불러 이러한 국가가 공공연히 일방의 交戰國을 원조하는 현상이 일어났다. 이러한 상태를 비교전상태라고 말한다. 원조를 제공하는 것은 종래의 中立法規上으로는 위법이기 때문에 그 위법을 피하기 위하여 중립국이 아닌 비교전국이라고 말

한 것이다. 이러한 의미에서 非交戰國이라는 말을 처음으로 사용한 것은 이탈리아이며(참전 직전에 독일에 원조제공), 그 다음은 미국이었다(참전 이전인 1940년에는 영국에 구축함을 양도하였고, 1941년에는 국방촉진법, 속칭 武器貸與法(Lend-Lease Act)을 제정하여 연합국에게 대대적인 원조를 제공). 이러한 의미와는 다소 다르게 비교전국이라는 용어를 사용한 예도 있다. 즉, 라틴아메리카諸國의 경우와 같이 참전한 美洲諸國을 원조하기 위하여 전쟁불참가국이 참전한 미주제국과 같은 교전중인 국가를 비교전국이라고 부르는 경우이다. 그러나, 용어로서는 이 후자의 경우보다도 전자의 경우가 훨씬 합리적이다. 그러나, 그 어느 경우에서나 非交戰狀態라는 것은 단순히 교전상태에 들어서지 않았다는 의미뿐만 아니라, 벌써 전통적 국제법하의 中立과는 다른 특수한 내용을 의미하고 있는 것이다. 이러한 지위에서는 국가는 그것으로 불리한 입장에 놓이는 교전국 측으로부터 때로는 공격을 받아 전쟁 자체에 끌려 들어갈 위험을 갖는 것이지만, 적어도 그 시각까지는 전쟁에 직접 참가하지는 않으며 다만 교전국의 일방을 원조하는 지위, 즉 교전국과 중립국의 거의 중간적인 지위에 선다. 비교전상태의 適法的 成立의 法理에 관해서는 구구한 의견이 있으나, 중립국의 지위에서 오는 권리와 이익을 자진해서 포기하는 국가가 소위 비교전국으로서 중립의무를 이행하지 않는 것은 허용되지 않으면 안된다고 보는 것에는 대체로 일치되고 있다. 여하간 비교전상태라는 새로운 지위가 생겨난 것은 결코 제2차대전 당시의 우연적인 현상은 아니다. 그것은 전쟁위법화와 집단안전보장의 체제에 대응하는 중립제도의 동요 내지 止揚에서 오는 필연적인 현상이다. 전통적 중립제도와 현실적 요청과의 背理 속에 새로운 원리에 입각하는 國際法規의 진화가 이룩된다는 산 증거이기도 하다. →중립

비권력적 사실행위(非權力的 事實行爲) 행정상의 사실행위란 직접적으로 사실상의 결과를 조성시키는 행정주체의 행위를 의미하는데, 이러한 사실행위가 公權力의 행사와 무관하게 이루어 질 때 이를 비권력적 사실행위라고 한다. 금전출납·쓰레기수거 등이 이에 속한다.

비권력적 행정(非權力的行政) 〔獨〕nicht-obrigkeitliche Verwaltung 명령·강제의 행정작용이 아니라, 사업의 관리·경영의 행정작용을 말한다. 管理作用이라고도 한다. 權力的 行政에 대한 것. 이 범위에서 국가 또는 공공단체는 사인에 우위하여 명령복종의 관계에 서지 않고, 동등의 관계에 서는 일이 많다. 도로·하천 등의 公物의 관리, 학교·병원·도서관·우편 등의 영조물의 경영 등의 작용이 그 예이다. →권력적 행정

비금전집행(非金錢執行) 금전채권 이외의 채권, 즉 금전의 지급을 목적으로 하지 않는 채권에 관한 强制執行(民訴 7편 3장)의 별칭. 金錢執行에 대한 말. 이 집행은 有體物의 인도를 청구하는 채권의 집행, 作爲를 목적으로 하는 채권의 집행, 의사표시를 할 것을 목적으로 하는 채권의 집행 등으로 나누어진다.

비누적적 우선주(非累積的優先株) →누적적 우선주·비누적적 우선주

비독립국(非獨立國) 타국에 종속되어 그 국가의 명령·강제를 받으며 자유로 행동할 수 없는 국가, 즉 主權이 제한된 국가를 비독립국 또는 反主權國이라 한다. 주권의 제한을 받는 국가이기 때문에 불완전한 국제법상의 주체이며 대외관계의 처리도 본국의 국내법 또는 조약에 의하여 제한을 받는다. 이러한 국가로서 從屬國과 被保護國을 들 수 있는데, 전자는 종주국과의 從屬關係 또는 附庸關係에 의하여, 후자는 보호국과의 보호관계에 의하여 국제법상의 능력을 제한받는 것이다. 종속국은 宗主國의 국내법에 의하여, 피보호국은 보호국과의 보호조약에 의하여 국제법상의 외교능력을 제한받고 있는 점에서 양자는 다르다. →독립국, 종속국, 피보호국

비독립적 기업(非獨立的企業) 공기업체 자체가 고유한 法人格을 가지고 있는 것이 아니라, 일반행정기관에 의하여 관리·경영되는 공기업을 말한다. 비독립적 기업인 경우에는 그 경영을 담당하는 인적요소는 공무원인 것이 원칙이고, 그 경영을 위하여 供用되는 물적시설은 公物인 것이 보통이므로, 일반행정조직 및 예산·회계상의 많은 제약이 따른다.

비등기선(非登記船) →등기선·비등기선

비례대표(比例代表) 〔英〕 proportional representation 〔獨〕 Verhältniswahl, Proporzwahl 〔佛〕 représentation proportionelle 정당의 존재를 전제로 하고 정당의 득표수에 비례하여 의원을 선출하는 선거제도. 多數代表制와 少數代表制의 결함을 보완하기 위하여 고안되었다. 자유주의적 대의제로부터 정당국가적 민주정으로 발달해 감에 따라 비례대표제가 많이 채택되었다. 死票를 활용하는 데에 장점이 있다. 비례대표제에는 그 형태가 170여종이나 있으나, 그 대표적인 것은 單記移讓式과 名簿式의 둘을 들 수 있다. →단기이양식비례대표, 명부식

비례성(比例性)**의 원칙**(原則) 〔獨〕 Der Verhältnismäßigkeitsgrundsatz 보안처분에 대한 법치국가적 한계의 원칙을 말한다. 보안처분도 刑罰과 마찬가지로 그 대상자에게 일정한 부담을 지우거나 자유를 제약하는 國家的 制裁手段이다. 형벌이 책임원칙에 의해 한계지워지는 것처럼 보안처분도 무제한으로 부과될 수 없고 법치국가적인 한계안에서 행하여져야 한다. 비례성의 원칙이 우리 보안처분 관련법에 명문으로 규정되어 있지 않지만, 인간의 존엄과 가치를 최고의 法價値로 인정하고 있는 법치국가의 헌법에서는 개인의 자유를 위해 보안처분을 제한하는 법치국가원리로서 당연히 고려되어야 할 원칙이라고 생각된다. 비례성의 원칙은 適合性의 원칙, 必要性의 원칙 그리고 좁은 뜻의 비례성의 원칙으로 세분된다. 적합성의 원칙이란 보안처분에 의해 설정되는 개인의 자유박탈 내지 自由制限의 수단은 이 조치에 의해 성취하려는 社會保護 및 피처분자의 社會復歸라는 목적과의 관계에서 볼 때 그 목적의 실현에 적합 내지 유용한 것이어야 한다는 원칙이다. 適合性의 原則(Grundsatz der Geeignetheit)의 과제는 수단이 지나치게 그릇된 경우를 배제하는데 있다. 수단과 개인의 자유권은 서로 較量되어야 한다. 또한 목적을 달성하는데 같은 정도로 유용한 많은 수단이 있는 경우 그 중의 선택은 관계인의 자유영역을 가장 적게 침해하는 것이라야 한다. 즉 필요불가결한 수단이어야 한다. 이를 必要性의 原則(Grundsatz der Erforderlichkeit)이라고 한다. 좁은 뜻의 비례성의 원칙이란 목적·수단, 개인의 자유권을 전체적으로 교량하여 비록 적합하고 필요하더라도 침해의 중대성과 얻을 수 있는 결과사이에 불균형을 초래할 만큼 개인의 자유영역을 침범하는 국가적 조치는 허용되지 않는다는 원칙이다. 均衡性의 原則(Grundsatz der proportionalität)이라고도 한다. 여기에서는 계획된 保安處分에 의해 초래되는 개인적 자유의 희생이 도달되는 목적과 비례관계에 놓이는가를 검토하게 된다.

비례세(比例稅) → 세율

비례세율(比例稅率) → 세율

비례주(比例株) 〔獨〕 Quotenaktie 券面額의 기재없이 회사의 총자산에 대한 比例的 地位를 표시하는 주식. 部分株라고도 한다. 회사자본의 조달을 용이하게 하는 장점이 있어, 미국·캐나다·일본 등에서 채택하고 있으나, 우리나라에서는 인정하지 않는다. 額面株式도 결국 비례적 지위를 표시하는 것이므로, 권면액이 없는 주식을 비례주·부분주라고 하는 것보다는 無額面株式이라고 하는 것이 적당하다. → 무액면주식

비면책채권(非免責債權) 破産에 의한 면책이 결정되어도 면책에서 제외되는 채권(破 349). 租稅, 파산자가 악의로 가한 不法行爲에 의한 손해배상, 일반의 우선특권이 있는 고용인의 급료, 고용인의 일치금 또는 신원보증금, 파산자가 알고 있으면서 채권자명부에 기재하지 않은 채권·벌금·과료·추징금 등의 財産刑으로서의 청구권으로서 국가재정상 확보를 필요로 하는 것, 파산자에게 특히 도의적 책임이 있는 것 따위의 이유에 의하거나, 또는 상대방을 보호하는 사회정책적 요구에서 제외되는 것이다. → 면책

비목전용(費目轉用) → 예산의 전용

비무장지대(非武裝地帶) 〔英〕 demilitarized zone 무장해제지대와 같다.

비밀결사(秘密結社) 結社의 規約으로 결사의 존재를 비밀로 하는 것이 구성원의 의무로 되어 있는 결사. 비밀결사를 금지하는 일반법은 없다. 그러나 정치적 활동을 목적으로 하는 결사인 政黨은 中央黨이 중앙선거관리위원회에 등록함으로써 성립하며(政黨 4), 그 외의 결사에 있어서도 그 목적이 헌법의 민주적 기본질서에 반하거나 헌법질서를 파괴함을 목적으로 할 때에는 형법·국가보안법 등에 의하여 규제될 것이다. → 결사, 결사의 자유

비밀누설죄(秘密漏泄罪) 舊刑法上의 죄명. → 업무상비밀누설죄

비밀당원(秘密黨員) 黨員名簿에 등재되지 않은 정당가입자. 정당에 가입한 사실의 공개를 싫어하는 자나, 정당가입이 법으로 금지되어 있는 자를 포섭하는 방안으로 비밀당원제가 있다. 합법적이 아니다(政黨 19 Ⅲ). 정당의 당원명부 외에 비밀당원명부란 인정되지 않는다.

비밀선거(秘密選擧) 비밀선거는 公開選擧에 상대되는 개념으로, 선거인이 누구에게 투표하였는가를 알 수 없는 상태로 투표하는 것을 말한다. 공개투표제에는 記名投票制 또는 口頭投票制가 있다. 공개투표제는 선거인에게 책임을 지울 수 있는 점에서 좋으나 선거간섭, 賣票 등의 우려가 있기 때문에 공개투표를 금하고 비밀투표를 채택하게 되었다. 비밀투표를 보장하기 위하여는 ① 無記名投票, ② 투표의 秘密保持와 그 침해에 대한 벌칙, ③ 投票用紙官給主義, ④ 투표에 관한 증언의 거부 등 여러 제도를 들 수 있다.

비밀외교(秘密外交) 〔英〕 secret diplomacy 〔獨〕 Geheimdiplomatie 〔佛〕 diplomatie secrète 비밀히 행하는 외교. 公開外交에 대한다. 비밀외교는 국민의 의사를 무시할 뿐 아니라 타국에 의혹 및 불안을 주며 전쟁을 유발시키는 등 폐해가 심하다. 국제연맹 및 국제연합체제하에서는 공개외교가 인정될 뿐이다. →공개외교, 조약의 등록

비밀유지의무(秘密維持義務) 공무원이 재직중은 물론 퇴직 후에도 그 직무상 知得한 비밀을 엄수하여야 할 의무를 말한다. 직무상 지득한 비밀이란 그 자신이 처리한 사무에 관한 것 뿐만 아니라, 직무상 傳聞한 비밀도 포함된다. 비밀누설은 행정상의 징계사유가 될 뿐만 아니라, 형사상의 被疑事實公表罪 또는 公務上 秘密漏泄罪를 구성한다. →업무상 비밀누설죄

비밀의장(秘密意匠) 登錄出願者의 청구에 의하여 등록일로부터 3년 이내의 기간 비밀로 하는 의장(意匠法 13). 취미적 고안인 의장은 대개 장식품으로 사용되므로, 登錄意匠을 가진 물건의 제작은 절대로 타인에게 비밀로 할 필요가 있으며, 그 판매에 있어서도 유행에 선행하도록 하는 것이 경영상 유리, 또 필요한 경우가 많다. 의장법은 意匠權者를 보호하기 위하여, 이 제도를 채용하고, 이와 같은 의장은 意匠公報에 싣지 않기로 하였다. →의장공보

비밀준비금(秘密準備金) 〔英〕 secret reserve 〔獨〕 stille Reserven, stille Reservefonds 〔佛〕 réserve occulte 資産項目을 과소평가하거나, 負債項目을 과대표시하여 대차대조표상의 준비금으로 나타나지 않은 은닉된 회사재산. 이에 대하여 대차대조표에 나타난 준비금을 公然한 準備金이라고 한다. 비밀준비금의 적법성에 관하여는 찬부양론이 있으나, 실제로 착실한 회사는 이것을 하는 것이 상례이고 회사경영의 견지에서는 오히려 회사의 재정적 기초를 튼튼히 하는 것이므로, 그것이 기업경영을 합리화하는데 필요한 정도의 것이라면 구태여 위법이라고 할 필요가 없다는 것이 定論이다.

비밀준수(秘密遵守)**의 의무**(義務) ① 공무원의 의무의 하나로서, 공무원이 직무상 知得한 비밀을 재직중 및 퇴직 후를 막론하고 엄수하여야 하는 의무(國公 60, 地公 52)(→공무원의 의무). 공무원 또는 공무원이었던 자가 證人 또는 鑑定人이 된 경우에는 권한있는 기관의 승낙을 얻은 경우에 한하여 그의 직무상 지득한 비밀을 발표할 수 있다(民訴 276~278, 刑訴 147). ② 타인의 의뢰업무에 종사하는 자(예 : 변호사 · 변리사 · 공증인 · 공인회계사 · 공인감정사 · 법무사 · 행정사 · 세무사 · 의료업자 등) 또는 이에 종사하였던 자는 그 업무상 지득한 비밀을 누설하여서는 안된다(刑 317, 醫 19, 辯 22, 辨理士法 21, 公證 5, 公認會計士法 20, 法務士法 27, 行政士法 18, 稅務士法 11). 이들은 그 비밀에 관하여 증인으로서의 증언을 거부할 수 있다(民訴 286, 刑訴 149). →묵비의무

비밀증서유언(秘密證書遺言) 유언방식의 일종. 유언자가 필자의 성명을 기입한 증서를 嚴封하여 날인하고 이를 2인 이상의 증인의 면전에 제출하여 자기의 遺言書임을 표시한 후에, 그 封書表面에 제출년월일을 기재하고 유언자와 증인이 각자 署名 또는 기명날인하는 방식이다(民 1069 Ⅰ). 유언증서는 유언자 자신이 작성함이 원칙이나, 타인으로 하여금 유언내용을 필기시켜도 무효하다. 유언증서에는 반드시 필자의 성명을 기입하여야 하고, 封緘 및 捺印은 유언자 자신이 하여야 한다. 의사능력을 회복한 禁治産者가 이 방식에 의한 유언을 하는 경우에는 성질상 의사는 心神回復의 상태를 그 封紙에 부기하고 서명 · 날인하여야 할 것이다. 작성된 遺言封書는 그 裏面에 기재된 날로부터 5일내에 公證人 또는 법원서기에게 제출하여 그 封印上에 確定日字印을 받아야 한다(1069 Ⅱ). 이 방식에 의한 유언은 자기의 성명을 自書할 수 있는 자면 누구나 가능할 뿐만 아니라 自筆證書에 의하는 유언과 公正證書에 의하는 유언을 절충한 방식이기 때문에 유언내용의 비밀을 유지할 수 있고, 또한 유언의 존재와 내용을 확실하게 할 수 있는 장점이 있다. 그리고 방식상 흠이 있는 경우라 할지라도 그 증서가 自筆證書遺言의 방식에 적합한 때에는 자필증서에 의한 유언으로서의 효력을 인정한다(1071).

비밀침해죄(秘密侵害罪) 봉함 기타 비밀장치한 타인의 信書 · 文書 또는 圖畵를 開披하는 罪(刑 316). 본죄의 보호법익은 개인의 비밀인 점에서 公務上 秘密漏泄罪(127)와 구별된다. 봉함 기타 비밀장치란 그 내용을 외부로부터 인식할 수 없게 만든 일정한 장치이다. 信書란 특정인으로부터 특정인에게 의사를 전달하는 문서이다. 이미 開披된 것은 본죄의 객체가 되지 않는다. 개피란 비밀장치를 제거하여 그 내용을 了知할 수 있는 상태에 두는 것이다. 親告罪이다(318).

비밀투표(秘密投票) 〔獨〕 geheime Abstimmung 〔佛〕 vote secrète 투표가 어느 투표인에 의하여 어떻게 투표되었나를 모르게 하는 투표제도. 公開投票에 대응하는 개념. 투표인의 투표내용이 공개됨으로써 오는 압력과 영향력을 없앤 공정한 투표가 그 목적이다. 비밀투표는 반드시 無記名投票

이다. 헌법은 명문으로 국회의원의 선거에 비밀투표를 요구하고 있다(41Ⅰ).

비밀특허(秘密特許) 국방상 비밀을 요하는 특허. 국방상 비밀을 요하는 出願에 대하여는 출원서류나 그 부속물건은 비밀로 취급하여야 하며, 심사를 할 때에 있어서도 出願公告를 하지 아니하고 사정을 할 수 있고, 심사절차는 대통령령으로 정한다(特許 41).

비밀회의(秘密會議)〔國會의〕 비공개로 행하여지는 국회의 회의. 국회의 회의는 공개하는 것이 원칙이나 의장이 국가의 안전보장을 위하여 필요하다고 인정할 때와 의장의 提議 또는 의원 10인 이상의 動議에 의한 출석의원 과반수의 찬성이 있는 때에는 비밀로 할 수 있다. 비밀회의의 내용의 공표에 관하여는 법률이 정하는 바에 의한다(憲 50, 國會 75Ⅰ).

비 방(誹謗) 사실의 유무를 불문하고 타인의 惡事·醜行을 적발하여 그 사람의 명예를 훼손하는 것. 비방의 수단은 단지 언어·문서·도화 등을 사용할 경우도 있고, 또는 공공연히 연설로서 하거나 혹은 문서·회화를 반포하거나 偶像을 작성하기도 한다. 명예에 관한 죄를 구성한다(刑 309 참조).

비법률적 분쟁(非法律的紛爭) →정치적 분쟁

비변사(備邊司) 비변사는 籌司 또는 備局이라고도 칭한다. 中外軍國機務를 掌理한 것이다. 續大典에 의하면 總領軍機務라 하고 增補文獻備考도 명종 10년 創置라고 하고 있으므로 비변사의 官制가 정형화한 것은 명종 10년 전후로 보는 것이 타당할 것이다. 그러나 그 유래는 좀더 오랜 것 같다. 세종은 野人·吾良哈·倭寇들의 침입에 대하여 의정부 각 宰相과 兵曹判書가 合坐하여 邊防策을 강구하는 회의를 여러번 가진 일이 있고, 성종도 賓廳에 회의를 가지고 그들 재상은 知邊事宰相이라 한 바 있다. 드디어 중종 때에 臨時權設로 변방사건이 발생하였을 때마다 出兵軍團編成과 동시에 비변사를 둔 일이 있다. 명종 10년에는 昌德宮敦化門 외에 비변사의 청사가 자리잡게 됨으로써 비변사가 상설기관이 된 것이다. 備邊司都提調는 現任·原任의 議政府宰臣이 겸임하고 吏·戶·禮·兵·刑의 5曹判書는 提調를 例兼하고 기타 邊事專門家인 堂上官이 提調에 임명되어 合坐에 참여한 것이었다. 선조 이후는 軍國重事 전부를 비변사에 맡겨서 처리한 것이며, 임진왜란을 비변사를 통하여 겪은 관계로 국정의 중점이 의정부에서 비변사로 옮아가게 된 것이다. 영조 19년의 新補受敎輯錄에 비로소 官制規定이 되고 續大典과 大典通編도 비변사의 규정을 존치한 것이다. 즉, 비변사는 三議政이 都提調로 되고, 五曹判書, 訓練御營의 兩局大將, 開城江華兩都留守, 大提學이 提調를 例兼하고, 그 외에 2품 이상의 有力堂上官이 제조로 임명되었다. 제조 중 4명을 有司堂上에 任하고 文武郎廳 12명, 書吏 16명, 使令 16명, 庫直 1명, 文書直 1명, 守直軍 3명, 撥軍 5명을 附置하였다.

비부원인(比附援引) 比附引律과 같은 뜻. 明律 名例律篇의 斷罪無正條에 斷罪而無正條者 引律比附應加應減定擬罪名에 그 규정이 있는 것과 같이, 범죄를 판단함에 있어 正條가 없을 때는 他律을 援引하여 比附하고 가감하여 죄명을 정한다는 뜻이다. 현대의 형법이론에서 말하는 類推解釋의 한 범주에 속한다고 할 것이다. 唐律에도 斷罪에 있어 比附, 以類斷之의 용어가 보이지만, 明律에서 비로소 斷罪無正條의 조항에 정식규정하여 유추해석을 法條文化한 것이며 유추할 조문도 없는 경우에는 不應爲律에 의하여 條理로 처리한 것이다. 조선말의 刑法大全 2조는 범죄한 자가 본법률에 正條가 無한 경우에는 引律比附하여 처단하되 사형에는 比附함을 得치 못함이라고 比附引律을 채택하고 있으며, 일본의 新律綱領도 名例律에 援引比附의 규정을 두고 있다. 高麗史刑法志에 보이는 比附前例는 이미 처단한 다른 전례에 따라 죄명을 정한다는 뜻으로 역시 비부원인의 범주에 속하는 유추해석의 방법이 될 것이다.

비상경찰(非常警察) 전국 또는 1지방에 비상사태가 발생하여 평시의 경찰력과 경찰작용으로써는 공공의 안녕질서를 유지할 수 없는 경우에 있어서 군대에 의한 경찰작용. 공안유지를 위한 警備戒嚴이 이에 해당한다(憲 77Ⅰ, 戒 2Ⅲ). 비상경찰은 일반 행정관청의 권한에 속하는 것이 아니라, 軍의 권한에 속한다. 비상경찰의 실체는 공안유지를 위하여 명령·강제하는 권력작용이라는 데에 있으므로 實質的 意味의 경찰에 속한다.

비상경찰조직(非常警察組織) 비상경찰기능의 수행에 당하는 경찰조직. 戒嚴司令官과 衛戍司令官이 非常警察官廳이다. 전자는 계엄이 선포된 경우에 그 계엄지역 안에서의 공안유지에 당하는 경찰관청이며 후자는 재해 또는 비상사태에 있어서 그 위수지구 안의 공안유지를 위하여 出兵하는 경우의 경찰관청이다.

비상계엄(非常戒嚴) 전시·사변 또는 이

에 준할 비상사태에 있어서 적과 交戰狀態에 있거나 질서가 극도로 교란되어 행정·사법기능의 수행이 현저히 곤란한 경우에 군사상의 필요나 공안을 유지하기 위하여 선포하는 계엄(憲 77 Ⅰ·Ⅱ). 非常戒嚴이 선포되면 당해 지역내의 모든 행정사무와 사법사무가 군의 管掌에 속하게 되며 영장제도·언론·출판·집회·결사의 자유에 관하여 특별조치를 할 수 있게 되며, 徵發·徵用을 할 수 있고, 일정한 죄를 범한 자는 軍事法院의 재판을 받게 되고, 뿐만 아니라 일정한 경우에는 모든 형사사건에 대한 재판은 군사법원에 의하여 행하여지게 된다(憲 77 Ⅲ, 戒嚴 9~10). 또한 비상계엄하의 군사재판에 있어서는 일정한 罪에 관하여는 單審으로 할 수 있다(憲 110 Ⅳ). → 계엄, 경비계엄

비상구제절차(非常救濟節次) 판결이 확정된 후에 현저한 법률상·사실상의 흠을 이유로 그 破棄를 구하는 절차. 판결확정후의 것인 점에서 미확정의 재판에 대한 통상의 上訴와 다르다. 형사소송법에서 講學上 사용되는 명칭이며, 再審·非常上告가 이에 해당한다. 민사소송법에서는 강학상도 이 용어는 그렇게 사용되지 않지만, 재심이 이에 해당한다.

비상권(非常權) → 국가비상권

비상대차대조표(非常貸借對照表) → 대차대조표

비상사태(非常事態) 〔英〕 state of emergency 〔獨〕 Notstand 전시·사변 또는 천재·지변의 경우와 이에 준하는 사태를 말한다. 현행법상 戒嚴法에 의한 국가비상사태(2), 徵發法에 의한 비상사태(1), 國家保衛에 관한 特別措置法에 의한 국가비상사태(2) 등이 있다. 이 중에서 국가보위에 관한 특별조치법에 의한 국가비상사태는 대통령이 국가안전보장회의의 자문과 국무회의의 심의를 거쳐 선포한다(2). 이 비상사태하에서는 대통령은 국무회의의 심의를 거쳐 일정기간 동안 물가·임금·임대료 등에 대한 통제 및 제한을 가할 수 있다. 대통령이 비상사태를 선포한 경우에는 지체없이 국회에 통고하여야 하며, 국회는 解除建議權이 있다.

비상상고(非常上告) 〔佛〕 pourvoi dans l'intérêt de la loi 형사소송법상 판결이 확정한 후, 그 사건의 심판이 법령에 위반한 것을 이유로 하여 신청하는 非常救濟節次. 법령의 해석의 통일을 주안으로 하는 것으로 사건의 구체적 구제는 그 부수적 효과에 불과하다. 신청권자는 검찰총장에 한하며, 피고인은 신청할 수 없다. 관할법원은 大法院이다(刑訴 441, 442). 대법원은 신청서에 포함된 이유에 한하여, 조사하여야 한다. 그러나 법원의 管轄, 공소의 受理와 訴訟節次에 관하여는 사실조사를 할 수 있다(444). 原判決의 인정에는 구속되지 아니한다. 원판결이 법령에 위반한 때에는 그 위반된 부분을 파기한다. 만약 원판결이 피고인에 불이익한 때에는 원판결을 파기하고 피고사건에 대해 다시 판결한다(446 i). 原審訴訟節次가 법령에 위반한 때에는 그 위반된 절차를 파기한다(446 ii). 판결의 법령위반과 소송절차의 법령위반과의 구별은 법령적용의 錯誤와 訴訟節次의 법령위반과의 구별에 대응하지만, 소송조건이 부족되었음에도 불구하고 실체판결을 한 경우가 그 어느 것에 해당하는가에 관하여 다툼이 있다. 통설은 實體的 訴訟條件이 빠진 경우는 판결의 법령위반에 포함되고, 形式的 訴訟條件이 빠진 경우는 소송절차의 법령위반에 해당한다고 이해하고 있다. 따라서 免訴判決을 하여야 할 경우에 유죄판결을 하였으면 판결의 법령위반이 되고, 공소기각의 재판을 해야 할 경우에 實體判決을 한 경우 소송절차의 법령위반이 된다.

비상시지불(非常時支拂) 임금은 매월 1회 이상의 일정한 기일에 지급되는 것이 원칙이지만(勤基 42) 출산·질병·재해·혼인·사망 등으로 근로자가 청구한 경우에는 사용자는 지급기일전이라도 기왕의 노동에 대한 임금을 지급해야 한다(44, 勤基施 20 또는 民 656 참조).

비상임이사국(非常任理事國) 〔英〕 non-permanent member 〔佛〕 membre non-permanent 국제연합의 안전보장이사회에서 상임이사국인 5대국에 대하여, 2년의 임기로 가맹국으로부터 총회에서 선거되는 10개의 이사국. 5개국씩 매년 선거되며, 再選은 허용되지 않는다(단 1년이 지난 후에는 재선될 수 있다). 재선이 인정되고 상임이사국에 拒否權이 인정되지 않았던 국제연맹이사회의 경우와 비교한다면, 상임·비상임이사국의 지위의 차는 상당히 크다. 선거시에는 평화유지 기타의 국제연합의 목적에 대한 공헌, 衡平한 지리적 분배를 특히 고려하기로 되어 있다. → 안정보장이사회

비상재해(非常災害) 지진·화재·홍수 등의 비상의 재해. 비상재해가 발생하면 국가 또는 지방자치단체, 적십자사 그 밖의 단체 및 국민의 협력하에 응급적으로 필요한 구조를 행하고, 재해를 입은 자의 보호와 社會秩序의 보전을 도모하여야 한다.

비상조치권(非常措置權) 구헌법(1980년 10월 27일 全文改正 憲法)상 대통령이 천재·지변, 중대한 재정·경제상의 위기에 처하거나 국가의 안

전을 위협하는 교전상태나 그에 준하는 중대한 非常事態에 처하여 국가를 보위하기 위하여 급속한 조치를 할 필요가 있다고 판단할 때 內政·外交·國防·經濟·財政·司法 등 국정전반에 걸쳐 필요한 비상조치를 할 수 있던 권한을 말한다. 大統領은 필요하다고 인정할 때에는 헌법에 규정되어 있는 국민의 자유와 권리를 잠정적으로 정지할 수 있고, 정부나 법원의 권한에 관하여 특별한 조치를 할 수 있는데, 이러한 조치를 한 때에는 대통령은 지체없이 국회에 통고하여 승인을 얻어야 하며, 승인을 얻지 못한 때에는 그때부터 그 措置는 효력을 상실하였다. 또 이 조치는 그 목적을 달성할 수 있는 최단기간내에 한정되어야 하고, 그 원인이 소멸한 때에는 대통령은 지체없이 이를 해제하여야 하며, 국회가 재적위원 과반수의 찬성으로 非常措置의 해제를 요구한 때에는 대통령은 이를 해제하도록 되어있었다(당시 憲 51). 현재는 헌법 76조에 긴급처분·명령권의 조항이 있다.

비상징용권(非常徵用權) 〔羅〕 ius angariae 〔英〕 rights of angary 〔獨〕 Angarienrecht 〔佛〕 droit d'angarie 交戰國이 自國領域 또는 점령지내에 있는 중립국소유의 철도·차량·선박 기타의 수송재료를 긴급의 필요가 있는 한 징용할 수 있는 권리. 이는 국제관습법상 옛부터 인정되어 온 것이며, 陸戰의 경우에 있어서의 중립국 및 중립인의 권리·의무에 관한 조약(1907년) 19조에서는 철도재료에 대하여 이를 인정하고 있다. 비상징용에는 소유자의 동의가 필요없으나 완전한 賠償을 해야 하며 또한 징용된 것은 사용후에 조속히 반환할 것을 조건으로 하므로 중립국은 자국민에 가해진 비상징용으로부터 발생하는 손해를 묵인할 의무가 있는 것이다. 과거에는 징용한 선박의 선원까지 비상징용의 대상이 되었으나 오늘날에는 그 대상을 교통·재료에 한정하고 그것을 이용함에 있어서 선원을 使役할 수 없게 되었다. 특히 주의할 사실은 제1차대전의 발발과 동시에 영국은 당시 중립국 칠레와 터키로 향할 건조중의 군함 4척을 징발했는데 이에 대한 터키의 항의에 영국은 安全賠償을 조건으로 비상징용의 권리를 주장했다는 것이고 또한 스웨덴선 자모라호 사건과 같이 공해상에서 중립선박을 나포할 수 있는가에는 異論이 있으나, 通說은 이를 인정하지 않는다. 더욱이 제1차대전중에는 당시 중립국이었던 이탈리아가 1915년 자국항내에 있던 독일선박을 나포했고, 제2차대전중에도 중립국이었던 미국이 자국항내에 있던 독일·이탈리아상선을 징용하였고 이에 따라 美洲의 여러 나라도 이에 따랐으나 중립국에 의한 비상징용은 국제법상 인정될 수 없다고 보는 것이 통설이다. →징용권

비서관(秘書官) 〔英〕 secretary 국무총리(내각수반), 각부장관, 부처장, 대법원장, 고등법원장, 감사원장 등 중요한 관직하에 부속되어 그 명을 받아 機密에 관한 사무를 分掌하는 직. 또는 임시로 명을 받고 관계부서의 사무를 돌보아줄 때도 있다. 別定職公務員이다(國公 2 Ⅲ ii 라).

비소비물(非消費物) →소비물·비소비물

비 속(卑屬) →친계, 비속친

비속친(卑屬親) 子나 자와 동등 이상의 항렬에 속하는 친족의 총칭. 尊屬親에 대한 관념. 자·손·증손 등은 직계비속이며, 생질·종손 등은 방계비속.

비송대리인(非訟代理人) 비송사건의 당사자에 대신하여 비송행위를 행하는 자. 訴訟代理人과 다르며 특별한 절차상의 기술을 필요로 하지 않으므로 소송능력자라면 변호사가 아니라도 무방하다. 당사자는 법원에서 자진출석을 명령받기 전에는 대리인으로서 비송행위를 할 수 있으나 본인이 출석을 명령받으면 그리하지 않는다(非訟 6). 법률에 의하여 재판상의 행위를 할 수 없는 자나 변호사가 아닌 자를 대리인으로 정할 때에는 법원의 허가를 요하되 법원은 언제든지 그 허가를 취소할 수 있었으나 개정법은 이를 삭제했다.

비송사건(非訟事件) 〔羅〕 iurisdictio voluntaria 〔獨〕 freiwillige Gerichtsbarkeit 형식적 또는 성문법상의 의의로서는 비송사건절차법에 규정되어 있는 사건과 동법총칙의 규정이 적용 또는 준용되는 사건(非訟 1, 不登 38 Ⅲ, 家訴 34 등), 실질적 의의로서는 특히 民事訴訟事件과의 구별에 관해서 견해가 갈린다. 비송사건과 민사소송사건은 다같이 통상의 민사법원이 처리하는 사건이지만 민사소송사건에 있어서는 추상적인 民事法規를 재판 또는 집행에 의하여 구체적으로 실현함으로써 민사상의 분쟁을 해결함을 목적으로 함에 대하여 비송사건은 민사상의 생활관계를 조장하거나 감독하기 위하여 국가가 직접 後見的 作用을 영위하는 것이 주목적이며 또 소송사건은 명실공히 사법작용에 속하지만 비송사건은 본래 행정작용에 속한다고 보는 것이 정당하다. 그러나 실질적으로 비송사건에 속하면서도 소송절차에 의하여 처리케 하고 있는 경우도 있다(예컨대 公有物分割의 訴(民 269), 境界確定의 訴). 국가의 문화적 기능이 증대함에 따라서 비송사건의 범위도 점차 증가되고 있다. 비송사건을 처리하는 절차는 일반적으로 비송사건절차법 제1편 총

칙의 규정에 의한다(非訟 1 참조). 그 사무를 취급하는 기관은 법원(원칙적으로 지방법원단독판사)과 법원서기이며, 소송절차와 달라서 당사자란 관념이 명백하지 못하고, 또 반드시 그 대립적 관여를 요하는 바 아니다. 非訟事件節次는 신청에 의하여 또는 직권으로 개시되나, 직권주의적 색채가 강하다. 예를 들면 職權探知를 채용하며(11), 심문은 공개하지 않고(13), 검사도 사건에 관하여 의견을 진술할 수 있고, 또 관계자를 심문할 경우에 참여할 수 있다(15). 비송사건의 재판은 결정에 의하고(17), 당사자에게 告知함으로써 효력을 발생한다(18). 그 재판은 권리관계의 확정을 목적으로 하지 않고, 오히려 裁量處分을 주목적으로 하는 것이므로, 원칙적으로 羈束力이 없고, 그 후 법원이 위법 또는 부당하다고 인정하는 때에는 언제든지 취소·변경할 수 있다(19). 재판의 내용은 보통 형성적이며, 일단 재판이 고지되면 當事者뿐 아니라 일반 제3자와 다른 국가기관도 이에 기한 實質的 效果를 승인하지 않으면 안된다.

비스마르크헌법(憲法) 普佛戰爭에서의 프로이센의 승리의 결과, 1871년 독일의 통일이 이루어지고, 독일帝國(Das Deutsche Reich)이 성립하였다. 동년 4월 16일 독일제국헌법, 즉 이른바 비스마르크헌법이 제정되었다. 그에 의하면, 독일제국은 聯邦制國家이며, 프로이센의 주도권이 인정되고 있었다. 각 支邦(Land)은 대부분이 君主制였으며, 聯邦·支邦 함께 군주주의가 강하였고, 의회의 지위는 약하였으며, 선거권은 극도로 제한되어 있었다. 이것은 外見立憲主義를 채택하는 헌법이었다. 1918년의 독일혁명으로 폐기되었다. → 바이마르헌법

비스비해법(海法) 발틱해 고틀란드섬의 비스비(Wisby)항에서 15세기경 만들어진 海法. 한자동맹을 맺은 여러 도시에서 시행된 商慣習法을 집성 편찬한 것으로 오레론해법의 繼受도 찾아 볼 수 있다. 유럽 중세에 있어서 중요한 法源을 이루고 있다.

비승인주의(非承認主義) 〔英〕 Stimson doctrine 不戰條約의 약속 및 의무에 반하는 방법으로 발생한 일체의 사태와 條約 및 協定을 승인할 의무가 없다는 입장을 말하는 바, 이는 1932년 1월 7일 미국무장관 스팀슨(Stimson)이 일본과 중국에 보낸 通牒에서 유래된 것이다. 또 국제연맹총회도 1932년 3월 11일 聯盟規約 또는 不戰條約에 반하는 방법으로 야기된 일체의 사태와 조약 및 협정을 승인하지 않는다는 것을 결의하였다. 양자는 실질적으로 같은 내용으로 최초의 통첩을 보낸 사람의 이름을 따서 비승인주의를 스팀슨주의라고도 한다. 스팀슨주의가 국제법에서 문제되는 것은 국가나 정부의 승인에 관해서이다. 신국가 또는 신정부가 일본의 不戰條約에 위반한 침략의 방법으로 야기된 만주국과 같은 것인 경우에 이것을 승인하는 것은 승인의 요건을 缺하는 것으로서 무효라는 이유로 스팀슨주의는 이와 같은 사태를 인정하지 않는 근거를 제공하는 것이다. 오늘날에 있어서도 UN헌장에 위반된 方法(UN憲章 2 Ⅳ, 무력의 행사 또는 무력에 의한 위협)으로 수립된 국가나 기타의 사태에 대해서는 일반적으로 非承認主義의 적용이 있다고 해석된다(1970년의 友好關係原則宣言 Ⅰ 원칙 i·x). 그러나 국제법위반에 대한 제재로서의 비승인주의는 그 실효성이 의문시된다.

비약적 상고(飛躍的上告) 〔羅〕 revisio per salutum 〔獨〕 Sprungrevision [1] 민사소송법상 제1심법원의 終局判決後 당사자쌍방이 상고할 권리를 보류하고 항소를 제기하지 아니하기로 합의하고서 하는 상고(392 Ⅱ, 360 Ⅰ 但). 跳躍上告 또는 飛越上告라고도 한다. 이를 인정하는 이유는 제1심법원이 인정한 사실에 대하여는 당사자쌍방이 불복하지 아니하나, 다만 그 법률적인 면에 있어서 불복할 때에는, 事實審인 抗訴審을 거칠 필요없이 직접 상고법원에 상고할 수 있게 함이 소송경제상 좋기 때문이다. 이와 같은 상고에 대해서는 상고법원은 原審判決의 사실확정이 법률에 위배됨을 이유로 그 판결을 파기하지 못한다(403).

[2] 형사소송법상 제1심판결에 대하여 항소를 하지 아니하고 抗訴審을 뛰어 넘어서 직접 상고법원에 상고하는 것(372). 비약적 상고를 할 수 있는 경우로서는 ① 原審判決이 인정한 사실에 대하여 법령을 적용하지 아니하였거나 법령의 적용에 착오가 있는 때, ② 原審判決이 있은 후 형의 폐지나 변경 또는 赦免이 있는 때이다. 이와 같이 비약적 상고를 인정하는 이익은 판결의 확정을 신속하게 하고, 특히 법령 등의 유효·무효의 판단을 포함하는 판결은 법령 등이 사회생활을 규율하는 관계상, 신속히 그 어느 편으로 확정하여 사회생활의 불안을 제거한다는 데에 있다고 하겠다. 그러나 한편 비약적 상고는 1회만 심리를 받게 되어 상대방(특히 피고인)의 審級利益을 박탈하는 결과로 된다. 그리하여 형사소송법은 제1심판결에 대한 상고는 그 사건에 대한 항소가 제기된 때에는 그 효력을 잃는다고 규정하고 있다(373 本). 다만 이 경우에 항소의 取下 또는 抗訴棄却의 결정이 있는 때에는 비약적 상고는 그 효력을 잃지 아니한다(373 但).

[3] 군사법원법상으로도 그 의의, 제도의 존재이

유 및 절차는 형사소송법상의 그것과 같다(軍法法 443). 다만 비약적 상고를 할 수 있는 경우로서는 형사소송법상의 사유 이외에도 재판권의 인정이 법률에 위반된 경우로 포함한다(443 I).

비영리법인(非營利法人) 〔獨〕 nichtwirtschaftlicher Verein, idealer Verein(nichtwirtschaftliche Stiftung, ideale Stiftung) 학술·종교·자선·기예·사교 기타 영리 아닌 사업(경제적 이익을 도모하는 것이 아닌 사업)을 목적으로 하는 법인. 사단법인과 재단법인의 2종류가 있다. 營利法人에 대립되는 말. 비영리법인에는 공익, 즉 사회전반의 이익을 목적으로 하되 영리를 목적으로 하지 않는 이른바 公益法人과 공익을 목적으로 하는 것도 아니고 영리를 목적으로 하는 것도 아닌 非公益非營利法人(이른바 中間法人)의 두 가지가 있는 바, 공익법인에 出捐 또는 기부한 재산에 대하여는 각종 세제상 혜택을 주는 외에 공익상 견지에서 감독을 강화하고 있다(公益法人의 設立·運營에 관한 法律). 비영리법인은 설립에 許可主義를 취한다(民 32). →공익법인

비영리비공익법인(非營利非公益法人) →비영리법인, 중간법인

비용변상(費用辨償) 실비변상과 같다.

비율운임(比率運賃) 送荷人 또는 貨物相換證이 발행된 때에는 그 소지인의 지시에 따라 운송인이 운송물의 처분을 한 경우에 이미 운송한 비율에 따라 지급청구할 수 있는 운임(商 139 I). 해상운송에 있어서는 항해 또는 운송이 법령에 위반하게 되거나 기타 불가항력으로 인하여 계약의 목적을 달성할 수 없게 된 때에는 각 당사자는 계약을 해제할 수 있는데(808 I), 이상의 사유가 항해 도중에 생긴 경우에 계약을 해지한 때에는 傭船者 또는 送荷人은 운송의 비율에 따른 운임을 지급하여야 한다(808 II). 운송의 도중에 當事者雙方의 책임없는 사유로 인하여 운송을 할 수 없게 된 때에도 형평의 관념상 비율운임을 청구할 수 있다고 할 것이다.

비자기집행적 조약(非自己執行的條約) 미국에 있어서 條約의 國內的 效力은 영국과 같이 행정부와 입법국의 타협에 좌우되는 것이 아니고, 실제로 미국재판소가 결정하는 自己執行的 條約(self-executing treaty)과 非自己執行的 條約(non-self-executing treaty)의 구별에 의존하게 되어있다. 전자는 미국재판소가 어느 조약의 국내적 실시에 있어서 國內法에 의한 구체화가 없더라도 내용상 그 형태 그대로 국내법으로서 직접 적용할 수 있다고 판단한 조약이다(조약 그대로의 형태로 국내적 효력을 갖는 조약). 이에 비해 非自己執行的 條約은 조약의 국내적 실시를 위하여 국내법의 제정을 요하는 것인데, 주로 政治的 條約(중립조약, 방위조약, 領土割讓條約) 내지는 人權에 관한 조약(UN헌장의 인권적 조항)이 이에 해당된다. 이러한 조약은 필요한 입법을 완성할 때까지는 미국재판소를 구속하지 못한다.

비자치지역(非自治地域) 〔英〕 non-self-governing territories 주민이 자치를 행하기에 이르지 못한 영토를 말함. 국제연합헌장은 일정한 非자치지역에서 信託統治를 행하는 동시에 일반적으로 모든 비자치지역에 관해서 통치의 기본원칙을 정하였다. 그 중요한 점은 비자치지역의 통치는 주민의 이익을 최고의 목적으로 하여 그 복리를 최고도로 증진하는 것, 자치를 발달케 하고 인민의 자유로운 政治制度의 발전을 원조하는 것, 국제간의 평화와 안전을 증진하는 것 등이다. →신탁통치, 위임통치

비잔티니스트 〔英〕 Byzantinist 고전시대의 로마법과 비잔틴기의 그것과의 사이에서 볼 수 있는 相違·變遷을 헬레니즘·동부법의 영향으로 돌리고, 로마帝國東遷後의 로마法史를 로마=그리스=東部法形成時代로 보는 학자. 그 대표적인 인물로는 본판떼(Bonfante), 슐츠(F. Schulz), 꼴리네(Collinet), 프링스하임(Pringsheim) 등을 들 수 있다. 이러한 견해가 주장되게 된 동기로서는, 19세기말 이래 헬레니즘法·楔形文字法의 영역이 개척되기 시작한 것이 준 영향을 들 수 있다.

비재산권상(非財産權上)**의 소**(訴) 소송물이 경제적 이익을 내용으로 하는 권리관계에 관한 것이 아닌 소. 婚姻·親子關係 그 밖의 신분상의 법률관계, 氏名權, 肖像權 따위의 人格權이나 유아나 遺骨引渡請求에 관한 소송이 그 예이다. 이는 소송물의 가격을 산정할 수 없지만 민사소송인지법 2조는 그 가격을 1천만 100원으로 간주하고 있으므로, 원칙적으로 지방법원합의부의 事物管轄에 속하나(民訴 23 II, 法組 32 I ii), 비재산권상의 소 가운데 신분상의 법률관계에 관한 것은 가정법원이 관할한다(家訴 2 I, 法組 40 I).

비재산적 손해(非財産的損害) 재산 이외의 法益. 이를테면 생명·신체·자유·명예 등의 침해에 의하여 발생하는 손해. 精神的 損害라고도 한다. 불법행위에 의한 비재산적 손해의 배상도 금전배상에 의하는 것이 원칙이나 이의 산정이 쉽지 않는 때가 많다.

비재산적 청구권(非財産的請求權) 금전적 가치가 없는 행위를 목적으로 하는 청구권. 예컨대 遺骨引渡請求權과 같은 것이다. 이런 청구권도 그 내용이 법률상 보호함에 가치가 있는 이상 마땅히 법률상의 권리로서 유효하게 존재할 수 있다(民 373).

비저작물(非著作物) 저작권법상 저작물이 아닌 것으로 보호받지 못한 저작물. 法令, 국가 또는 지방공공단체의 고시·공고·훈령 그 밖의 이와 유사한 것, 법원의 판결·결정·명령 및 심판이나 行政審判節次 그 밖의 이와 유사한 절차에 의한 의결·결정 등, 국가 또는 지방공공단체가 작성한 것으로서 법령·법원의 판결·결정·명령 및 심판이나 행정심판절차 그 밖의 이와 유사한 절차에 의한 의결·결정된 것의 편집물 또는 번역물, 사실의 전달에 불과한 時事報道, 공개한 법정·국가 또는 지방의회에서의 연설 등을 가리킨다(著 7).

비적출자(非嫡出子) 혼인외의 출생자와 같다.

비전투원(非戰鬪員) 〔英〕 non-combatant 〔獨〕 Nichtkombattant 〔佛〕 non-combattant 正規의 兵力을 구성하는 요소로서 전투원에 대응하는 말. 평화적 인민을 칭하는 경우도 있으나, 비전투원은 전쟁에 참가하는 자이므로 혼동을 피해야 한다. 陸戰規則에 의하면 비전투원이란 병력에 속하여 회계·서무·위생·통신·종교 등에 종사하는 자를 말함. 비전투원은 적군에 체포되었을 경우 포로의 대우를 받을 권리가 있다. → 전투원

비전형계약(非典型契約) 무명계약과 같다.

비전형담보(非典型擔保) 민법은 담보물권으로서 留置權·質權·抵當權을 규정하고 있으며, 그 밖에 傳貰權도 일종의 담보물권으로 하고 있다. 그러나 오늘날의 담보물권제도에 있어서의 실질적·중심적 기능인 적극적 信用授受의 역할을 하는 物的擔保制度로서 민법이 예정된 제도는 질권과 저당권뿐이라고 할 수 있다. 그런데 실제 거래계에서는 이러한 민법상의 담보물권제도를 불만스럽게 여기고 새로운 형태의 담보제도를 개발하여 이용하게 되었다. 즉 본래는 담보수단으로서 구성되어 있지 않은 민법상의 제도를 담보수단으로 전용하는 방법을 취해 오고 있다. 여기서 유치권·질권·저당권 등의 민법이 예정한 본래의 담보방법을 전형담보라고 하는 반면, 민법이 예정하지 않았던 새로운 담보방법을 비전형담보 또는 變則擔保라고 부르는 것이다.

비점유질(非占有質) 質權의 성립에 質物의 점유를 요하지 않는 질권. 현행법상 인정되지 않으나 저당권과 분화하지 않았던 시대에 있어서는 이와 같은 질권도 질권으로서 존재하였다. 예컨대 로마법에 있어서의 actio serviana에 의하여 보호되는 사업용기구의 질권, 게르만법의 jungere Satzung. 저당권의 원시형태라고 할 수 있다.

비정부조직(非政府組織) 〔英〕 Non-Governmental Organizations, NGO'S 정부간의 협정에 의하지 않고 私的契約에 기하여 설립된 국제조직. 民間團體라고 부를 때도 있다. 국제연합체제하에서 비정부조직은 관계사항에 관하여 경제사회이사회의 자문에 응한다. 그 종류로는 ① A類의 組織(Orgainzations Category in A). 경제사회이사회의 기능과는 기본적인 이해관계에 있으며 또한 그 조직이 대표하는 지역의 경제·사회생활에 밀접한 관련성을 갖는다. 國際商工會議所·自由世界勞聯 등이 그 예. ② B類의 組織(Organizations Category in B). 특별권한을 가지며 경제사회이사회의 기능 중 제한된 분야와 특수한 관련성을 갖는다. 국제변호사협회·CARE 등. ③ 등록된 非政府組織(Organizations on Register). 수시 자문에 응할 것을 등록한 기타의 조직.

비조합원(非組合員) 특히 노동조합에 있어서 일정한 勞動組合에 가입하고 있지 않은 근로자를 가리킨다. 그 노동조합의 조합원이 아니면 관계없으며, 다른 노동조합의 조합원이라도 무방하다. 클로즈드 숍 노동조합의 일반적 구속력, 일정한 교섭단체 등의 관계에서 문제가 된다.

비주식법인(非株式法人) 공익을 목적으로 하는 법인조직. 이를테면 병원, 클럽 따위는 株式資本을 가지지 않으므로 비주식법인이라고 한다.

비 준(批准) 〔英〕·〔佛〕 ratification 〔獨〕 Ratifikation 全權委員의 署名(記名, 조인)한 조약을 헌법상의 條約締結權者(대개 元首)가 최종적으로 확인하는 행위. 서명은 조약체결의 권한이 부여된 전권위원이 조약의 내용에 관한 합의의 성립을 증명하기 위한 행위이며 署名에 의하여 조약의 내용은 확정된다. 보통의 조약은 서명만으로써는 성립되지 않고 다시 비준을 요하는 것이며, 비준에 의하여 조약은 확정적으로 성립한다. 그러나 비준만으로써는 조약은 아직 효력을 발생치 않으며, 그 효력이 발생하려면 다시 批准書의 交換·寄託의 절차가 취해지지 않으면 안된다. 조약에 따라서는 서명만으로써 그 성립이 인정되는 것도 있고 또 비준시를 시행의 시기로 하는 것도 있다.

비준기탁(批准寄託) → 비준서의 교환·기탁

비준서(批准書)**의 교환·기탁**(交換·寄託) 〔英〕 exchange or deposit of ratification 조약체결 당사국은 조약의 비준을 증명하기 위하여 일정 형식의 批准書(instruments of ratification)를 작성하며, 이로써 국내법상의 비준은 완성되나, 조약의 국제법상의 성립은 비준서의 교환 또는 기탁의 때에 완성되는 것을 원칙으로 한다(조약의 성립과 효력의 발생은 반드시 동일의 일시가 아님). 원칙적으로 2國간의 조약에서는 비준서를 서로 교환하며, 다수국간의 조약에서는 비준서를 일정한 處所(보통 조약체결지국의 외무부 또는 국제기관의 사무국)에 기탁한다. 비준서교환의 정식절차에 의하면 이를 위한 全權委員을 임명하여 위원이 서로 비준서를 교환하는 것이다. 이 때에 批准書交換證書를 작성하여 서명한 후 각자 이것을 보관한다. 略式節次에 의하면 국내법상의 비준의 완성을 서로 통고 또는 공표한다. 다수국간의 조약에서 비준서를 일정한 처소에 기탁하는 까닭은 비준서교환의 복잡을 피하기 위함이다. 조약에 다른 규정이 없는 한, 조약은 그 비준서의 교환 또는 기탁의 일시에 완성하며, 동시에 조약의 효력도 발생하는 것이 원칙이다. 그러나 특히 遡及效를 규정한 경우(미국의 관행은 서명일자에 소급한 효력발생을 인정한다), 또는 실시일을 후일로 규정한 경우에는 효력발생과 교환 또는 기탁의 일자가 일치하지 않는다. 국제연합가맹국을 당사자로 하는 조약은 聯合事務局에 등록되고 동사무국에 의하여 공표되지 않으면 안된다(憲章 102Ⅰ). 등록되지 않은 조약은 연합의 어떠한 기관에 대해서도 원용될 수 없다(102Ⅱ). 그러나 이 등록은 조약의 효력발생의 요건은 아니다. → 조약의 등록, 공표, 비준, 조약체결

비준유보(批准留保) 후일 비준을 거칠 것을 조건으로 하여 條約에 調印하는 것. 정치적 의의를 가지는 조약에 대하여 일컬어지는 것이 통례이다.

비준임치(批准任置) 〔英〕 deposit of ratification 〔獨〕 Hinterlegung de Ratifikationsurkunden 〔佛〕 dépôt des ratificatins 비준한 조약문서를 조약당사국이 일정한 장소(보통조약의 서명이 행해진 국가의 외무부)에 임치하는 것. 국제연합주체하에 체결된 조약은 국제연합사무국에 임치된다. 비준임치는 一般條約에 대하여 행해진다. 비준임치의 효과는 批准交換과 동일하다.

비중립역무(非中立役務) → 군사적 방조

비진의표시(非眞意表示) 심리유보와 같다.

비참가적 우선주(非參加的優先株) → 참가적 우선주·비참가적 우선주

비채변제(非債辨濟) 〔羅〕 condictio indebiti 〔獨〕 Zahlung einer Nichtschuld 〔佛〕 paiement de l'indu 채무가 존재하지 않음에도 불구하고 변제로서 給與(給付)하는 것. 이런 때에는 제대로 말하면 언제나 不當利得으로 되어야 하겠으나, 민법은 특히 채무의 부존재를 알지 못하였을 것을 요건으로 덧붙여 그것을 안 때에는 반환을 청구하지 못할 것으로 하였다(742). 이것이 좁은 뜻의 비채변제이다. 그런데 좁은 뜻의 비채변제는 채무가 없음에도 불구하고 이것이 있다고 오신하여 환언하면 착오로 인하여 변제한 경우에만 返還請求權이 생기는데 그와 같은 착오로 인한 변제도 그것이 道義觀念에 적합한 것인 때에는 그 반환을 청구하지 못한다(744). 좁은 뜻의 비채변제 이외에 타인의 채무를 변제한 경우(745) 및 기한전에 변제한 경우(743)에도 반환청구권을 제한하는 특칙이 있는 바, 이런 것들도 넓은 뜻의 비채변제에 포함된다고 하는 것이 通說이다.

비친고죄(非親告罪) 親告罪가 아닌 일반의 범죄. 친고죄는 공소 제기함에 있어서 피해자 그 밖의 법률이 정한 자의 고소·청구·고발을 필요로 하는 범죄인데 반하여 비친고죄는 고소 등을 公訴提起의 요건으로 하지 않는다(刑訴 223·234, 刑 110).

비판결(非判決) 〔獨〕 Nichturteil 외형상 判決과 같은 형식을 갖추고 있더라도 판결로서의 기본적인 요건에 흠이 있는 경우를 말한다. 예를 들어 判決原本이 작성되어 있더라도 아직 선고되지 않은 판결이나 書記官이나 執行官이 작성한 判決(書) 또는 법관이 작성하더라도 사법연수용으로 작성한 判決(書) 등이 이에 해당한다. 비판결은 판결로서의 효력을 전혀 발생하지 않으므로 上訴의 대상도 되지 않는다.

비축물자(備蓄物資) 장·단기 물자수급 원활과 물가안정을 위하여 정부가 직접 구매하여 비축·공급하는 생활필수품·원자재 및 시설자재로서 대통령령이 정하는 물자(調達事業에 관한 法律 2 iii). 비축물자의 안정적 확보 및 효율적 관리를 위하여 조달청장이 필요하다고 인정할 때에는 先物去來를 할 수 있다(施行令 6).

비축양곡(備蓄糧穀) 농림부장관은 천재·지변 기타 급격한 경제변동에 대비하기 위하여 양곡

을 비축하여야 하며(糧穀管理法 10). 그와 같이 비축하는 양곡을 비축양곡이라 한다(備蓄糧穀管理規程 1). 비축양곡은 糧穀管理特別會計에서 다른 양곡과 구분하여 관리하여야 하며(2), 농림부장관은 흉작·천재·지변·전란 기타 이에 준하는 사정으로 穀價가 폭등하거나 폭등할 우려가 있어서 비축양곡의 방출이 필요하다고 인정될 때에는 국무회의의 심의를 거쳐 대통령의 승인을 얻어 이를 방출하여야 한다(3). 비축양곡은 양곡수급조절상의 필요에 의하여 교환 또는 대여도 할 수 있다.

비판주의적 법철학(批判主義的法哲學) 〔獨〕 kritishe Rechtsphilosophie des Neukantianismus 新칸트學派의 한 주류를 이루고 있는 마르부르크학파의 슈타믈러에 의하여 체계화된 법철학. 19세기의 자연과학의 영향을 받아 법학에도 科學的 實證主義가 크게 대두되어, 법의 현실적 일면에 이러한 주의가 치중되는데 반대하여, 본질적인 것으로서 보편적으로 타당하는 어떤 절대적인 것을 긍정하려 드는 바로 이 점에 新칸트학파의 일반적 특색을 볼 수 있다. 實證主義의 영향을 받으면서 신칸트학파는 칸트의 法哲學, 道德哲學보다는 認識理論—純粹理性批判에 관한 비판철학만을 계승하고 있지만, 슈타믈러는 실천이성까지도 받아들여, 인간의 경험을 감각적인 것과 意志的인 것으로 양분하고 법은 명백히 의지라고 정의하였다. 그러므로 법은 外部的·形而下學的 世界의 감각과 관계하는 것이 아니라 실천이상이 인정하는 하나의 목적과 그 목적에 대한 수단의 상호관계에 관여한다고 말하고 있다. 법에 있어서의 이러한 수단과 목적을 공통적으로 규정하는 특성을 實踐理性과의 연관하에서 발견하려는 것이 법철학의 임무가 되는 것이다. 그래서 법의 내용은 모든 法現象에 공통적인 보편적으로 타당하게 되는 요소가 된다고 하고 법학이 참된 과학이 되기 위하여서는 이러한 요소가 오로지 법적 인식의 형식으로서만 존재하여야 하며, 이러한 인식의 형식으로서의 요소는 논리적으로 보편타당한 것이며, 아울러 法素材의 다양성을 정리하는 한 방법이라고 하였다. 여기서 슈타믈러의 이른바 內容可變한 自然法도 음미가 될 것이다.

비해제신탁(非解除信託) 비해제신탁은 生前信託으로서 위탁자가 해제권을 유보하지 않으며, 제3자의 권리에 관계가 있는 신탁을 말한다.

비행관제구역(飛行管制區域) 항공정보구역과 같다.

비행소년(非行少年) 〔英〕 delinquent juvenile 비행있는 소년. 우리 소년법은 反社會性있는 소년이란 말을 쓰고 있다(1). 非行(delinquency)이란 범죄보다 넓은 개념이며, 이는 소년에만 사용하는 용어이다. 범죄를 하지 않았다 할지라도 장래 범행을 할 우려가 있는 소년을 조기에 발견하여 치료를 하자는 것이 少年犯罪에 대한 각국의 입법경향이다. 비행소년의 정의는 나라에 따라 다르다. ① 죄를 범한 18세 이상 20세 미만의 소년(犯罪少年). ② 형벌법령에 저촉되는 행위를 한 12세 이상 14세 미만의 소년(觸法少年). ③ 가정의 환경 또는 본인의 性癖을 참작하여 죄를 범할 염려 있는 12세 이상의 소년(虞犯少年) 등을 말한다(4 I).

비행예측(飛行豫測) → 사회적 예후

비행정행위(非行政行爲) 행정청의 행위라도 권고·주의 등과 같이 행정행위의 概念要素를 갖추지 아니한 경우나 비행정청, 즉 私人의 행위를 가리켜 비행정행위라고 부르는 견해가 있다. 그러나 견해에 따라서는 이러한 개념을 구별할 실익이 없다는 비판을 하기도 한다.

비행지역(非行地域) 〔英〕 delinquency areas 犯罪者·非行靑少年이 밀집하는 지구. 도시의 중심부를 이루는 번화가와 郊外의 주택지의 중간에 위치하는 無産者의 주택지구가 미국의 학자의 시카고에 있어서의 연구에서 비행지역이라고 인정되었다. 이 지구는, 상공업의 발전의 그늘에 敗殘된 지역으로 주민의 질이 저급한 것, 無産의 移民이나 니그로가 많은 것 등이 범죄를 많게 하고 있는 원인으로 생각되는데, 또한 주민의 이동이 심하고 近隣關係에 있어서의 사회해체가 중요하다고 하는 자도 있다. 이 설은 隣保關係의 조직화에 의하여 범죄를 예방할 수 있다고 하는 형사정책상 有意義한 提言을 하는 것이라고 말하여지고 있다.

비형벌법규(非刑罰法規)**의 착오**(錯誤) → 금지의 착오

비호권(庇護權)〔國際法上의〕 〔英〕 right to asylum 〔獨〕 Asylrecht 〔佛〕 droit d'asile 국제법상 일정한 지역에 들어온 범죄인 및 피난자를 인도로부터 보호하는 권리. ① 領土的 庇護權(territorial asylum). 비호를 구한 자가 일국의 영토내에 피난한 경우로서, 비호국은 원칙적으로 비호권을 가지나 의무는 없다. 통상의 범죄에 대하여는 犯罪人引渡에 관한 條約에 규정하는 것이 일반적이며, 政治犯에 관하여는 불인도를 원칙으로 함이 國際慣行이다. 전시에 중립국영역으로 들어온 군대·군함·군항공기에 대하여서도 중립국은 이들을 일정한 장소에 억류하여 비호할 권리를 가지나 반드시 억류할

의무가 있는 것은 아니다. ② 外交的 庇護權(diplomatic asylum). 외교사절의 공관에 들어온 범죄인 또는 피난자에 대한 비호를 말한다. 통상의 범죄인을 비호할 권리는 인정되지 않으며 따라서 접수국의 요구가 있으면 인도 또는 공관 외로 추방하여야 한다. 정치적 피난자에 대하여는 사태의 긴급성에 비추어 일시 비호할 수 있다. ③ 軍艦의 庇護權. 외국에 駐留하고 있는 군대·군함·군항공기는 일반적으로 비호권을 갖지 않는다. 정치적 피난자에 한하여 위험의 중대성과 긴급성을 요건으로 일시 비호할 수 있으나 정치적 범죄 및 政爭의 근거지가 됨을 방지할 의무가 있다. 특히 정치범에 관하여는 1933년 全美會議에서 채택된 정치적 비호에 관한 조약 3조 및 세계인권선언 14조에 외국에 庇護處를 구하며 또한 보호받을 인간의 권리를 규정하고 있다. →비호사건, 범죄인인도, 정치범불인도의 원칙

비호사건(庇護事件) 〔英〕The Columbian-Peruvian Asylum Case 1948년 10월 3일 페루에서 군부반란에 실패한 아야 데 라 또레(Haya de la Torre)가 페루의 수도 리마 주재 콜롬비아 대사관에 외교적 비호를 요구하여 동 대사가 또레를 政治亡命人이라고 일컬으면서 1949년 1월 3일부터 비호를 개시하는 동시에 페루 출국을 위한 安導券(safe conduct)을 요청함으로써 발단한 사건. 콜롬비아가 비호에 관한 하바나協定 2조 2항을 원용하면서 또레를 정치범으로 인정하고 외교적 비호를 허가할 수 있다고 一方的 權利를 주장함에 반하여 페루는 비호가 하바나 협정에 합당치 않을 뿐 아니라 콜롬비아의 권리를 인정할 수 없으므로 범인을 인도해야 한다고 주장하였다. 國際司法裁判所에 회부된 동 사건은 1950년 11월 20일 판결에서 領土的 庇護(territorial asylum)와 外交的 庇護(diplomatic asylum)는 법적 효과가 다르다는 점, 콜롬비아가 擧證한 라틴아메리카 여러 나라간의 地域的 慣行은 일반국제법으로 인정될 수 없으며 또한 페루는 역사적으로 外交的 庇護를 부인하여 왔음이 증명된 점, 하바나 협정이 요구하는 바 피난자의 안전을 위하여 불가피한 긴급한 상태가 증명될 수 없다는 점, 인도적인 이유에서도 보호의 긴급성을 인정할 수 없다는 점 등의 이유로 콜롬비아는 또레의 위법적인 비호를 終止해야 한다고 판시하였다. 이에 콜롬비아가 판결의 해석을 요청하면서 또레의 引渡義務 存否를 문의하였다. 이는 비호사건의 범위를 벗어난 새로운 사건이 되나 콜롬비아의 일방적 제소에 페루가 答訴 및 재판소의 명령에 복종하였으므로 擴大管轄權(forum prorogatum)이 인정되어 아야 데 라 또레事件(Haya de la Torre Case)으로 발전하였다. 재판소는 불법한 비호라고 해서 피난자를 인도해야 하는 의무가 발생하는 것은 아닐 뿐 아니라 인도만이 유일한 비호의 종식방법은 아니란 이유에서 ① 비호는 종식되어야 하나, ② 콜롬비아가 피난자를 페루에 인도할 의무는 없다고 판시하였다(1950년 11월 27일). →비호권

비호죄(庇護罪) 범인의 발견·체포·처벌을 면하기 위하여 행하는 犯人의 은닉·증거인멸 등의 행위. 예컨대 범인은닉죄(刑 151), 증거인멸죄(155)가 이에 해당한다.

빅 딜 〔英〕big deal 상인들이나 금융권 큰 손들 사이에서 흔히 사용되는 덩치가 큰 거래를 말한다. 우리나라에서는 국민정부 출범 이후 기업간 대규모 事業交換을 의미하는 business swap라는 개념으로 일반적으로 사용되고 있다. 빅딜은 국내산업경쟁력을 높이기 위한 기업구조조정의 수단으로 추진되고 있는데 특정분야에서 경쟁력 있는 그룹에 사업을 몰아 줌으로써 자원의 낭비를 막고 國家競爭力을 높이기 위한 취지인데 대그룹간의 첨예한 이해대립으로 본래 의미가 퇴색되고 있다.

빈곤가정(貧困家庭) 빈곤가정도 여러가지 의미에서 소년에 대한 訓育的 機能을 방해하며, 소년의 비행과 밀접한 관계가 인정된다. 버트(C. Burt)의 보고에 의하면, 비행소년 중 56%가 빈곤가정의 출신이고, 이에 대하여 일반주민 중에 있어서의 빈곤가정은 30%이다. 빈곤가정이 초래하는 악영향은 복잡하다. 예컨대, 가정의 훈육적 기능의 상실, 인근관계로부터의 영향, 주택난, 不就學, 기타 兩親의 장기의 실업에 의한 生存競爭에 대한 용기의 상실 등, 行爲形成뿐 아니라 人格形成的 環境으로서 중요하다.

빈법학파(法學派) 〔獨〕Wiener Rechtsschule 1920년대 및 30년대에 오스트리아의 빈대학을 중심으로 하여 일어난 법학파, 그 중심은 켈젠을 비롯한 純粹法學者들이며, 이에 現象學的 法學의 경향에 속하는 학자들이 가담하였다. 켈젠 외에 메르클, 페어드로스, 카우프만(Felix Kaufmann) 등이 저명하다. →순수법학, 현상학적 법학

빌 브로커 〔英〕bill broker 콜 론의 仲介를 업으로 하는 자. 상법상은 중개인의 성질을 갖는다. 다만 영국에 있어서는 어음매매의 중개인, 콜 머니에 의하여 어음매매를 행하는 割引商, 자기자금과 수입한 예금을 가지고 매입어음을 만기까지 보유하는 割引業者의 3종을 총칭한다.

빌 오브 라이츠 〔英〕Bill of Rights →

권리장전

빌 오브 세일 〔英〕 bill of sale 動產賣渡證. 절대적 매도의 경우에도 사용되지만 보통 동산의 점유를 계속 담보하기 위하여 매매하는 경우에 사용된다.

빌 오브 인다이트먼트 〔英〕 bill of indictment 起訴狀案. 기소장안은 보통 治安判事(justice of the peace)가 犯罪의 申告(information)에 기하여 豫審을 한 후 작성하여 大陪審(起訴陪審)(grand jury)에게 제출한다. 배심이 범죄가 있다고 인정하고 기소판정을 한 경우에는 기소장안은 起訴狀(indictment)이 된다. 기소장안을 기소장으로 결정하려면 대배심원 12명 이상의 찬성투표를 요한다.

빌 오브 컬렉션 〔英〕 bill of collection 은행이 거래처 또는 거래은행의 의뢰를 받고 추심하는 推尋어음을 말한다.

빠떼르 파밀리아스 〔英〕 pater familias 로마의 家長. 남자의 로마시민으로서 家(파밀리아)에서 어떠한 다른 사람의 權力에도 복종하지 않는 自主權(sui iuris)者를 말한다. 가장은 자손을 가져야 하는 것이 아니며, 夫가 되어야 하는 것도 아니고, 成熟者(pubes)일 필요도 없다. 가장이 가져야 하는 권력, 즉 家長權(빠뜨리아 뽀떼스따스)은 처음에는 家를 구성하는 모든 사람과 물건에 대한 통일적·획일적·배타적인 지배권이었으며, 가족의 인격을 완전히 흡수하되 관습과 사회적 전통에 의한 제한은 받았으나, 법률상은 아무런 의무도 부담하지 않는 절대적·일방적인 권력이었다. 그러나 나중에는 가장권은 차츰 그 통일성·획일성을 상실하고 家子, 즉 자손에 대한 父權(빠뜨리아 뽀떼스따스)·妻에 대한 父權(마누스)·가장권에 복종하는 기타의 자유인에 대한 手權(mancipium)·노예에 대한 主人權(dominica potestas)·물건에 대한 所有權(도미니움)으로 분화하고, 절대성·일방성도 차츰 완화되어, 가장은 古來의 지위를 잃어버리고, 파밀리아의 제도는 무너졌다. → 파밀리아

빠뜨리아 뽀떼스따스 〔羅〕 patria potestas 로마의 家長權. 家長(빠떼르 파밀리아스)이 가지는 권력, 즉 가장권은 처음에는 家(파밀리아)를 구성하는 모든 사람과 물건을 통일적·획일적·배타적으로 지배하는 권력으로서, 가족에 대한 生殺의 權·賣却權까지도 포함하는 것이었으며 가족의 인격을 흡수하여 그것을 재산법상 및 소송법상 無能力者로 만들고, 외부에 대한 교섭을 전부 독담하는 권력이었다. 이 가장권은 所有物回收權(레이 윈디까치오)와 동일한 방식으로 행사되는 家子回收權으로 보호되었으며, 법률상은 아무런 의무도 수반하지 않는 절대적·일방적인 權能이었다. 나중에, 가장권은 통일성·획일성을 잃어 버리고 家子, 즉 자손에 대한 父權(patria potestas)·처에 대한 夫權(mancipium)·노예에 대한 主人權(dominica potestas)·물건에 대한 所有權(도미니움)으로 분화하였으며, 동시에 가장권의 절대성·일방성도 차츰 완화되었으나, 제도로서는 가장에 대한 生殺의 權은 꼰스딴띠누스帝의 시대에도 남아 있었다. 그리고 가장권은 家子가 成年이 되어도 소멸하지 않는 것이었다. → 빠떼르 파밀리아스

빠를르망 〔佛〕 Parlement 중세프랑스의 高等法院. 파리 외의 지방에도 12개 설치되었다. 최고재판소로서 사법상의 권한뿐만 아니라, 약간의 정치상의 권력, 특히 立法上 勅令의 審査登錄權을 가지고 있었다. 왕권의 신장·絶對主義化에 대항하여 봉건귀족 내지 국민의 이익을 옹호하는 역할을 하였다.

빡 뚬 〔羅〕 pactum 무방식의 約束·合意. 본래 로마법상 계약당사자의 의사의 합치는 모든 계약의 성립요건이었지만, 市民法(유스 끼빌레)上의 원칙은 엄격한 형식주의를 취하여 단순한 합의, 즉 무방식의 합의는 訴權(악치오)에 의하여 보호되지 않았으며, 다만 소송에 있어서 抗辯權(엑스켑치오)이 부여되었을 따름이었다. 즉, 단순한 합의로부터는 소권이 발생하지 않는다(ex nudo pacto actio non nascitur), 단순한 약속은 債務關係를 발생시키지 않는다(nuda pactio obligationem non parit)라고 하여, 市民法에서는 무방식의 합의는 특히 諾成契約(contractus consensu)으로 인정된 일정한 契約類型(賣買·賃約(locatio conductio)·委任·組合)만이 계약으로 성립하여 訴權에 의한 보호를 받았다. 그 이외의 합의는 엄밀한 의미에서 계약이 아니었다. 다만 무방식의 합의라도 ① 誠意行爲(→악치오 보나에 피데이)와 동시에 부가하여 행해진 경우에는 그와 같은 附約(附加的 無方式合意(pactum adiectum))을 主約의 일부로 보아 주약의 訴權으로 보호하였으며, ② 法務官(쁘라에또르)이 구제함으로써(법무관법상의 約束(pactum praetorium), 예 : 引受契約(레첩툼), 또는 ③ 비잔틴期의 勅法에 의하여(칙법상의 約束(pactum legitimum), 예 : 贈與의 約束(donationis pactum)) 訴權에 의한 보호를 받는 경우가 생겼다. 보통, 빡뚬이라고 하면, 상기의 三者, 즉 市民法上은 訴權을 발생하지 않지만 그래도 소권의 보호를 받는 무방식의 합의를 가리킨다.

빤덱따에 〔羅〕 Pandectae 會典. 學說彙纂을 이렇게 부르기도 한다. 로마法大全의 일부. →로마법대전

빼르소나 그라따 〔羅〕 persona grata →아그레망

빼르소나 논 그라따 〔羅〕 persona non grata →아그레망

뽀세시오 〔羅〕 possessio 로마법상의 占有. 占有意思(animus possidendi)를 가지고 객체를 사실상 지배함으로써 성립하였다. 로마법상의 점유는 本權과는 분리독립된 존재로서, 그 자체로서 法務官(쁘라에또르)의 特示命令(인떼르딕뚬)으로 독자적인 보호를 받았다. 배타적인 것이며 二重占有의 관념이 인정되지 않는다. 물건의 사실상의 지배자 중 法務官의 특시명령으로 보호를 받는 자는 所有者·선의 또는 악의의 占有者·占有質權者·許容占有(precarium)者·당사자간에서 싸움이 된 물건을 쟁송이 해결될 때까지 任置받은 자(sequester)·永借人·地上權者만이었고, 그 이외의 자는 물건을 사실상 지배하여도 보호를 받지 못하였다. 법무관의 特示命令으로 보호를 받는 물건에 대한 사실상의 지배를 고전시대에는 占有(possessio), 유스티니아누스帝法에서는 法的 占有(possessio civilis), 근대의 법학자는 特示命令의 보호를 받는 占有(possessio ad interdictum)라고 하며, 보호를 받지 못하는 물건에 대한 사실상의 지배를 自然的 占有(possessio naturalis)·所持(데뗀치오) 또는 占有中에 있다(in possessione esse)라고 하였다. 다만 고전시대의 법학자가 말하는 법적 점유라 함은 법무관의 특시명령으로 보호를 받는 점유 중에서, 특히 市民法(ius civile)上의 효과를 가지는 점유, 즉 곧 또는 시효기간이 경과함으로써 소유권을 취득하게 될 점유만을 지칭하였다.

뽄띠펙스 〔羅〕 pontifex 로마의 神官. 神官團의 주된 구성원이며, 제사에 관한 법과 국가적 제사의 집행을 맡아 처리하였다. 건국후 수세기간은 俗法의 지식까지도 독점하여 이것을 해석하고 法定開廷日을 기입한 曆을 작성하고, 법률행위의 체결이나 소송에 필요한 방식을 敎示하여, 초기의 법발전에 지대한 영향을 주었다(→유리스 쁘루덴치아). 大神官(pontifex maximus)은 이들 神官의 장이다.

쁘라에또르 〔羅〕 praetor 로마의 法務官. 귀족과 평민의 항쟁·전쟁 등으로 인하여 國務가 복잡화하고 있었던 기원전 367년에, 執政官(꼰술)의 권한의 일부를 이양하여 民事訴訟을 맡아 처리시키기 위하여 신설된 政務官(마기스뜨라뚜스). 기원전 242년에 로마의 대외발전에 따라 정원은 2명으로 늘어, 1명은 로마시민간의 소송을, 다른 1명은 로마시민과 外人間 또는 外人相互間의 소송을 맡아 처리하게 되었다. 전자는 市民係法務官(praetor urbanus), 후자를 外人係法務官(praetor peregrinus)이라 한다. 법무관은 이른바 法務官法을 형성하여 로마법의 발전사상에 절대적 역할을 하였다. →유덱스

쁘로꿀리아니 〔羅〕 Proculiani 로마法學史上 이른바 古典時代(→유리스 쁘루덴치아)의 초기(아우구스뚜스)로부터 하드리아누스까지 약 1세기 동안에 사비니아니라고 불리는 일파와 대립하고 있었던 法學派. 양 파는 그 중심인물이었던 쁘로꿀루스와 사비누스의 이름에 따라 이렇게 이름지어졌다. 이 兩派는 前代의 大法學者 라베오(Labeo)와 까삐또(Capito)를 각각 그 學祖로 하며, 일정한 주의원칙에 의하여 대립하였던 것이 아니라 개별적 법률문제에 관하여 각각 해석을 달리하여 정치한 法的 理論鬪爭을 전개함으로써 법학의 진보를 촉진하였다. 양 파의 대립은 탁월한 법학자 율리아누스의 學的 權威에 의하여 마침내 해소되었다.

쁘린켑스 〔羅〕 princeps ① 로마의 元首. 기원전 1세기말의 로마에 있어서, 共和政의 형식을 유지하면서 帝政의 實을 거두는데 부심한 아우구스뚜스는 스스로 君王이라 칭하지 않고 princeps(第一等의 者, 元首)라 칭하였는데, 그 후 이 말은 황제의 칭호로 되었다. 아우구스뚜스는 元老院(세나뚜스)·民會(꼬미띠아)로부터 승인을 받는다고 하는 적법한(그러나 예외적인) 형식을 밟아서 共和政時代의 가장 중요한 여러 관직의 生命權 또는 職權을 순차로 一身에 집중함으로써 在來의 共和政治下의 여러 제도를 존중하면서 실권을 장악하여, 개인적 지배를 확립하여, 사실상은 통치권자와 같은 지위인 쁘린켑스가 되었다. 아우구스뚜스 후 3세기간에 걸친 帝政前期의 정치체제는 이 말로부터 元首政(Prinzipat)이라고 불리며, 후대의 專主政(Dominat)과 대립된다. ② 게르만의 首長(→끼뷔따스).

人

사간법(私間法) 〔英〕 interprivate law 〔獨〕 Zwischenprivatrecht 〔佛〕 droit interprivé 치텔만에 의하여 주장된 國際私法의 별칭.

사건(事件)**의 단일성**(單一性) 〔獨〕 Einheit des Prozessgegenstandes 형사소송법상 사건이 訴訟上 불가분의 1개의 객체로서 취급되는 것. 이것은 소송의 발전면을 捨象하고 횡단적·정적으로 관찰하여, 그 사건이 1개로 보이는 것을 의미한다. 사건이 단일하기 위하여는 피고인의 單一과 公訴事實의 單一을 필요로 한다. 공소사실은 실체법상 1개의 범죄인 경우에 1개인 것이나, 科刑上 一罪도 사건은 1개인 것이다. 사건이 단일한 한, 공소제기의 효력, 旣判力은 그 전체에 미치게 된다. →공소불가분의 원칙

사건(事件)**의 동일성**(同一性) 〔獨〕 Identität des Prozessgegenstandes 형사소송법상 발전하는 소송절차상의 두 개의 시점, 즉 公訴提起의 시점과 그 후의 발전단계의 어느 시점과를 비교하였을 때에 사건이 전후 동일한 것. 이것은 소송절차의 발전면에 착안하여 종단적·동적으로 관찰한 경우에, 사건이 전후 동일하다는 것을 의미한다. 사건이 동일하기 위하여는 피고인의 동일과 訴訟事實의 동일을 필요로 한다. 소송사실은 각 사실(구성요건에 해당된 사실)의 중요한 부분이 중첩되었을 경우에 동일하다. 基本的 事實同一說과 같이 구성요건 이외의 사실이 중첩된 것만으로는 부족하고, 또한 罪質同一說과 같이 죄질이 동일할 필요는 없는 것이다. 법원은 사건의 동일성을 넘어서 심판할 수 없고, 공소사실의 추가·철회·변경도 그 심판내에서만 허용된다. →공소장의 변경

사건(事件)**의 호명**(呼名) 〔獨〕 Aufruf der Sache 민사소송에서 당해 소송사건에 대하여 期日을 개시한다는 뜻의 告知(民訴 156). 지정일에 지정한 장소에서 當事者·件名·번호를 호명함으로써 한다.

사건이송영장(事件移送令狀) 〔英〕 certiorari, writ of review →서시오레어라이

사경제자유(私經濟自由)**의 원칙**(原則) →경찰공공의 원칙

사 권(私權) 〔英〕 private rights 〔獨〕 subjektive private Rechte 〔佛〕 droits privés ou civils 私法關係, 즉 재산과 신분에 관한 법률관계에 있어서 인정되는 권리. 公權에 대립하는 관념. 個人主義的 法律觀에 있어서는 사권 특히 재산권은 신성불가침의 권리로 생각되기 쉬웠으나, 근자에 있어서는 법률이 사권을 인정하는 것은 그렇게 하는 것이 결국에 있어서는 사회의 향상·발달을 위하여 필요하기 때문이라고 생각되게 되었고, 따라서 사권의 내용도 행사도 공공복리에 의하여 제한되고, 이에 위반하는 것은 權利濫用으로 되게 되었다(民 2 참조). 사권의 내용을 실현하거나 또는 그 침해에 대하여 구제를 구하는 일은 民事法院에 의하여 행하여지지 않으면 안된다(→자력구제). 사권의 주체로 될 수 있는 자는 自然人과 法人인데 전자는 출생에 의하여 당연히 사권의 주체로 될 수 있는 능력(권리능력)을 취득한다(3). 사권은 그 효력의 범위에서 보아, 絶對權·相對權, 그 내용인 이익에서 보아, 財産權·親族權(身分權)·人格權·社員權·相續權, 그 작용에서 보아, 支配權·請求權·形成權·抗辯權 등으로 분류된다.

사권(私權)**의 향유**(享有) 〔佛〕 jouissance des droits civils 私權의 주체가 될 수 있는 자격 또는 지위. 즉 權利能力을 뜻하며, 구체적으로 개개의 사권을 취득함을 뜻하는 것은 아니다.

사권형성(私權形成)**의 행정처분**(行政處分) 〔獨〕 privatrechtsgestaltende Verfügung 사법상의 법률관계·권리·의무 등을 발생·소멸시키는 행

정처분. 사법 또는 경제통제법 등에 의한 許可·免除·特許·認可 등이 그 예이다. 이것은 법률의 안정성을 중요시하는 것으로부터 일반행정처분과 다르며, 그 취소·철회 등에 독자의 법원리가 있지 않으면 안된다고 주장되고 있다.

사급삼심제(四級三審制) 級은 각급 법원들 사이의 상하를 이룩하는 법원의 계급을 가리는 것이요, 審은 사건을 중심으로 생각할 때에 그것이 몇회나 되풀이하여 심판을 받을 수 있는가를 가리킨다. 사급삼심제라 함은 상하의 계층을 이루는 법원이 네 계급이 있다는 취지요, 그러나 한 사건에 관하여는 세번 밖에 심판을 하지 않는다는 취지이다. 우리나라에는 현재 법원의 계급이 지방법원·지방법원본원합의부(抗訴部)·고등법원·대법원의 네 계층이 있으나, 재판은 사건단위로는 세번 밖에 審理하지 않는다. 민·형사사건에 있어서는 경미한 사건은 지방법원단독부·지방법원본원합의부(항소부)·대법원을 거치고, 중대한 사건은 지방법원합의부·고등법원·대법원을 거친다. →심급

사 기(詐欺) 〔羅〕dolus〔英〕fraud, deceit, misrepresentation 〔獨〕Betrug, arglistige Täuschung〔佛〕dol 타인을 欺罔하여 착오에 빠지게 하는 위법한 행위. 타인을 기망하여 錯誤에 빠지게 하려는 고의가 있고, 이로 인하여 타인이 착오에 빠졌을 때에 사기가 성립한다. 사기는 착오를 일으키지만 그 착오는 內心의 效果意思決定의 동기에 있을 뿐이고, 표시의 내용에 나타나지 않는 점에서 의사표시의 내용의 錯誤(民 109)와 다르다. 이러한 사기에 의한 의사표시는 강박에 의한 의사표시와 함께 瑕疵있는 의사표시로서 완전한 효력이 인정되지 않으며, 취소할 수 있게 된다(110Ⅰ). 사기의 피해자에게는 민법상 2개의 구제방법이 주어져 있다. ① 사기에 의하여 입은 손해를 不法行爲를 이유로 하여 배상시킬 수 있고(750), ② 사기에 관하여 한 의사표시는 瑕疵있는 의사표시로서 취소할 수 있다(110Ⅰ, 140, 141). 그러나 이 취소에는 일정한 제한이 있다. 즉, 상대방 이외의 제3자가 사기를 행한 경우에는 상대방이 그 사실을 알았거나 또는 알 수 있었을 경우에 한하여 取消할 수 있고(110Ⅱ), 사기에 의한 의사표시의 취소는 그것으로써 선의의 제3자에게 대항할 수 없다(110Ⅲ). 또한 財産行爲중에서 외형을 신뢰하여 대량적으로 신속히 이루어지는 상법상의 거래행위에는 적용되지 않는 것도 있다. 예컨대, 株式引受의 取消制限(商 320). 身分行爲에 관하여는 따로 특칙이 있다(民 816, 823, 884). 그리고 사기자의 형법상의 책임에 관하여는 사기죄를 보라.

사기도박(詐欺賭博) 賭博當事者의 일방이 사기의 수단으로써 승패가 우연성에 좌우되는 것 같이 가장하여 실은 그 승패를 지배하는 것. 이 경우에는 도박에 있어서의 偶然性이 결여되므로, 도박죄를 구성하지 아니한다. 즉, 기망한 측은 사기죄가 되고, 그 상대방은 아무런 범죄도 구성하지 아니한다(판례·다수설). 이 경우에 상대방에게 片面的 賭博罪의 성립을 인정하는 소수설도 있다. →도박죄

사기정리죄(詐欺整理罪) 회사의 이사나 이에 준할 자 또는 지배인이 整理節次開始의 결정을 받을 목적으로 회사의 재산을 損壞 또는 隱匿하거나 채권자, 담보권자 또는 주주에 불이익하게 처분하는 것, 회사의 부담을 허위로 증가하는 것, 법률의 규정에 의하여 작성하여야 할 商業帳簿를 작성하지 아니하거나 부정의 기재를 하거나 이를 손괴 또는 은닉하는 것 등의 행위를 하였을 때 성립하는 범죄로써 10년 이하의 징역 또는 2,000만원 이하의 벌금에 처한다(會整 289). 본죄의 처벌에는 정리절차개시의 결정이 필요하다. 그리고 제3자가 같은 행위를 하거나, 整理債權者·整理擔保權者 또는 주주로서 허위의 권리를 행사하는 것도 동일하게 처벌된다(290).

사기죄(詐欺罪) 〔英〕false pretence, cheat 〔獨〕Betrug〔佛〕escroquerie 사람을 기망하여 재물의 교부를 받거나 재산상의 이익을 취득하거나 또는 제3자로 하여금 재물의 교부를 받게하거나 재산상의 이익을 취득하게 하는 죄(刑 347Ⅰ·Ⅱ). 재물죄인 동시에 이익죄이고 領得罪이며, 騙取罪이다. 常習詐欺(351)의 경우에는 형이 가중되고 또 準詐欺(348) 및 不當利得(349)의 경우가 규정되어 있다. 본죄의 보호법익은 재산권 및 경제거래에 있어서의 信義誠實이다. 재물은 동산·부동산을 불문하며(부동산에 대한 사기는 所有權移轉의 등기를 함으로써 旣遂), 재산상의 이익이란 채무의 면제, 노무의 제공, 무임승차 등을 말한다. 欺罔이란 사람으로 하여금 착오에 빠지게 하는 것을 말하며, 그 수단·방법에는 아무런 제한이 없다. 기망행위자와 재물취득자는 동일인일 필요는 없으며, 또 기망행위와 재물교부와의 사이에 인과관계가 있는 한 재산상의 손해를 보는 자와 기망된 자와는 동일인임을 요치 않는다. 그리고 상대방의 착오에 의한 처분행위로 말미암아 재물을 교부받거나 또는 재산상의 이익을 취득하였음을 요한다. 미수범을 처벌하며(352), 親族相盜例의 준용이 있다(354).

사기파산죄(詐欺破産罪) 〔獨〕betrüglicher Bankerott 파산자가 破産宣告의 전후에 자기 또는 타인의 이익을 도모하거나 채권자를 해할 목적으로, 재산의 은닉, 불이익처분, 파산재단의 부담의 증가, 상업장부의 變更·隱匿·毁棄 등의 행위를 함으로써 범한 죄(破 366). 본죄는 目的罪로서 자기 또는 타인의 이익을 도모할 목적으로 하든가 또는 채권자를 해할 목적으로 하는 것이 필요하다. 이 점이 過怠破産罪와 구별되는 요점이다. 그런데 여기의 채권자를 해할 목적이란 일반 破産債權者를 해할 목적을 가리킨다. 또 그 목적은 단지 행위의 효과의 발생을 아는 것으로 족하지 않고, 행위자의 의사가 그 결과의 발생에 향해 있을 것을 요한다. 본죄의 주체는 파산자이다. 파산자의 법정대리인·이사 및 이에 준할 자, 相續財産의 파산에 있어서 상속인 및 지배인이 위와 같은 행위를 한 때에도 같다(368). 본죄의 처벌요건으로서 파산선고가 확정될 것을 요한다. 따라서 사실상에 있어서는 詐欺破産의 罪에 해당하는 죄를 범하여도 채무자가 파산선고를 받지 아니했을 때에는 처벌되지 않는다. 사기파산의 公訴의 係屬 또는 그것에 관한 유죄판결의 확정은 强制和議의 신청의 기각 및 强制和議不認可의 사유이며(267), 또 사기파산에 관한 유죄판결의 확정은 강제화의의 취소의 사유이다(305). 그리고 화의절차에 있어서 사기파산의 죄에 해당한 행위가 있은 때에는, 和議取消의 사유가 된다(和 67). → 사기정리죄

사기판결(詐欺判決) 증거를 위조하거나 위증을 이용하여 勝訴判決을 받는 것처럼, 당사자가 상대방이나 법원을 기망하여 確定判決을 취득한 경우를 말한다. 판결의 不當取得이라고도 한다. 사기판결의 경우 사기당한 상대방이 판결의 당연무효를 주장하여 再審의 訴에 의해 판결을 취소를 구하지 않고, 손해배상이나 부당이득의 반환을 청구할 수 있느냐에 대해서는 긍정설과 부정설로 견해가 갈린다.

사 단(社團) 〔英〕 society, association 〔獨〕 Verein 〔佛〕 association 사람의 집합체인 단체인데, 개개의 成員(社員)을 초월한 獨立의 單一體로서 존재하고 활동하는 것. 따라서 사단은 사원의 변경에 불구하고 존속한다. 사람의 집합체라도 민법상의 조합은 개개의 조합원을 초월한 독자적인 존재를 가지지 못하는 점에서 사단과는 다른 結合形態이다. 사단은 단체 자체가 권리의무의 주체인 성격을 가지므로 法人이 되는데 적합한 것이어서, 그 법인이 된 것을 社團法人이라 하는데, 법인이 되지 않는 것도 있어, 그것을 권리능력없는 사단 또는 법인 아닌 사단이라고 한다.

사단권력(社團權力) 특별권력관계는 그 내용에 따라 공법상의 영조물이용관계, 공법상의 특별감독관계, 공법상의 사단관계 등으로 나눌 수 있는데, 공법상의 社團關係에 인정되는 특별권력을 사단권력이라고 한다.

사단법인(社團法人) 〔英〕 incorporated association 〔獨〕 (rechtsfähiger) Verein 〔佛〕 association personnifiée 사단, 즉 사람의 집합체인 단체이며, 법인으로서 법률상 권리의무의 주체임을 인정받은 것. 사람의 집단이 本體인 점에서 재산이 실질상의 본체인 財團法人과 다르다. 사단법인은 그 인적요소로서 사원의 존재를 필요로 하며, 최고의 의사기관으로서의 社員總會의 결의를 중심으로 하여 자율적 활동을 한다. 사단법인에는 민법의 규정에 의한 비영리법인인 사단법인(民 32)과 상법의 규정에 의한 영리법인인 사단법인(39, 商 169)이 있다. 그러나 보통 사단법인이라고 할 때에는 非營利社團法人을 가리킨다. 비영리사단법인을 설립하려면 영리아닌 사업을 목적으로 하여,사단법인의 근본규칙인 定款을 작성하고, 주무관청의 허가를 얻어야 하며, 주된 사무소의 소재지에서 設立登記를 하여야 한다(民 32, 33, 40). 그 운영에 관하여는 최고의결기관으로서 社員總會가 있고, 그 밑에서 理事가 사무를 집행하며, 監事가 그것을 감사한다(57~76). 비영리사단법인의 解散 및 淸算에 관하여는 민법이 자세한 규정을 두고 있다(77 이하). → 공사단

사단법인관계(社團法人關係)**에서의 지분**(持分) 〔英〕 share 〔獨〕 Anfeil Teilhaberschaft 〔佛〕 part social 사단법인의 구성원인 社員이 그 지위에서 법인의 재산에 대하여 갖는 권리를 말한다. 상법상 회사에서는 합명회사·합자회사·유한회사의 사원에 대하여 사용되고 있는데(商 197, 222 내지 224, 249, 276, 555 내지 558), 이 경우의 지분은 그 대상이 법인인 회사의 재산이며, 그 구성원인 사원의 共有나 合有에 속하는 것이 아니므로, 共有財産이나 合有財産上의 지분과는 그 의미가 다르다. 사단법인의 구성원이 갖는 지분은 사원이 그 자격에서 회사에 대하여 권리의무를 갖는 지위, 즉 사원 또는 조합원으로서의 지위를 의미하는 社員權인 경우(예컨대 지분의 양도, 지분의 상속, 지분의 入質, 지분의 押留에 있어서의 경우가 여기에 해당한다)와 회사가 解散하였거나 사원이 退社하였을 경우에 있어서 사원이 그 자격에서 회사에 청구하거나 또는 회사가 지급하여야 할 계산상의 數額을 의미할 경우(예컨대 지분의 還給과 지분의 계산 등) 그리고 협동조합의 경우는 회사사원의 지

분과 동일한 조합원의 지분의 관념이 있으며, 탈퇴의 경우에 지분의 還給은 청구할 수 있으나(農協 34·127·163, 中協 22·69, 水協 39·106·139), 조합원의 지분의 共有는 금지되고 있다(農協 25·127·163, 中協 19·69, 水協 28·106·139).

사 도(私道) 일반의 교통에 公用되는 도로로, 고속도로·일반국도·특별시도·지방도·시도 및 군도와 도로법의 準用을 받는 도로가 아닌 것. 사도를 設置·改築·增築 또는 變更하고자 하는 자는 시장·군수의 허가를 받아야 한다(私道法 4). 사도의 관리자는 사도의 설치자이다(5). 私道設置者는 일반의 통행을 금지 또는 제한하지 못함이 원칙이며(6), 사도의 통행을 제한 또는 금지하거나 사용료를 징수하고자 할 때에는 관할시장 또는 군수의 허가를 받아야 한다(7).

사 람(人) 〔英〕 person 〔獨〕 Person 〔佛〕 personne 일반적으로 널리 自然人과 法人을 포함하는 법률상의 人格者를 말한다. 민법상 본인(114)·타인(741)·상대방(313), 형법상 사람의 비밀(317)·사람의 신용(313) 등은 이 뜻이다. 좁은 뜻으로는 법인에 대하여 자연인을 말한다. 민법 1편 2장의 사람, 민사소송법 2조, 형법상의 殺人의 罪(250) 등의 사람은 이 뜻이다.

사력구제(私力救濟) 권리의 보호는 원칙적으로 국가에 의해 행해져야 하나, 국가에 의한 보호가 불가능하거나 현저히 곤란한 경우 예외적으로 私人에 의한 권리의 실현을 인정하는 것을 말한다. 독일이나 스위스 민법에서는 이에 대한 자세한 규정을 두고 있는데 반해, 우리 민법은 正當防衛와 緊急避難이 不法行爲를 구성하지 않는다고만 규정하고 있다. 사력구제에는 정당방위·긴급피난·自力救濟 등이 있다.

사립초등학교(私立初等學校) 국가나 지방자치단체가 아닌 법인 또는 私人이 설치·경영하는 초등학교(教 11Ⅱ). 國·公立學校에 대한 말. 사립초등학교는 학교법인이 아니면 설치·경영할 수 없다(私立學校法 3). 사립초등학교를 설치하고자 하는 자는 대통령령으로 정하는 設立·編制 기타 설립기준을 갖추어 당해 시·도교육감의 認可를 받아야 한다(初·中等教育法 4Ⅱ). 초등교육은 의무교육이므로(憲 31), 초등학교는 국가가 설치·경영하여야 하나, 개인이 국가가 정하는 기준에 따라서 사립초등학교를 설치·경영하는 것을 막을 이유는 없는 것이므로 監督官廳의 인가를 받아 설치·경영하게 한 것이다. 이때의 인가는 公企業의 特許의 일종이다. 사립초등학교는 특별시·광역시 도교육감의 지도·감독을 받는다(初·中等教育法 8). 사립초등학교의 教科와 教員의 자격 및 학년·학기·수업일수·휴업일 등은 國·公立初等學校의 그것과 같다(私立學校法 52).

사립학교(私立學校) 法人 또는 私人이 설립·경영하는 학교(初·中等教育法 3). 국립학교나 공립학교와 기능상 동일하다. 그 설립·인사·운영 등에 관하여 私立學校法이 있다. → 학교법인

사립학교교원연금관리공단(私立學校教員年金管理公團) 負擔金의 징수, 諸給與의 결정과 지급, 資産의 운용, 교직원 복지사업의 수행, 기타 연금에 관한 업무를 관장하기 위해 설립(私立學校教員年金法 4). 관리공단은 법인으로 주된 사무소의 소재지에서 설립의 등기를 함으로써 성립한다(5). 정관이 정하는 바에 따라 주된 사무소와 필요한 곳에 지부를 둘 수 있다(6).

사 망(死亡) 사람의 생활기능의 絶對的 終止를 말한다. 自然人의 일반적 권리능력의 유일한 消滅原因. 사망으로 인하여 자연인의 권리능력은 소멸하고, 상속이 개시된다(民 980, 997). 그러나 代理(127), 委任(690) 등의 개별적인 법률관계 기타 一身에 專屬하는 권리의무는 승계되지 않고 사망으로 인하여 소멸한다(995, 1005). 사람이 사망하면, 호주 등의 신고의무자는 1월 이내에 死亡診斷書 또는 檢案書 등을 첨부하여 사망지 또는 본적지의 시읍면장에게 사망신고서를 내지 않으면 안된다(戶 87~94). 그리고 생사불명자를 사망한 것으로 보는 제도에 失踪宣告가 있고, 시체를 발견할 수 없는 경우에 관하여 認定死亡의 제도가 있다. 그리고 2인 이상의 사망의 전후를 결정하기가 곤란한 경우에는 同時死亡의 문제가 생긴다.

사망보험(死亡保險) 〔英〕 assurance on death, insurance against death 〔獨〕 Versicherung auf den Todesfall 〔佛〕 assurance contre le décès 피보험자의 사망을 보험사고로 하는 生命保險. 보험기간의 결정방법에 따라 終身保險과 定期保險으로 구별할 수 있고 뒤의 경우에는 보험기간내에 사망이 생기지 않는 때에도 보험금액을 지급하도록 약정할 수 있는 바(商 735), 이것을 養老保險이라 한다. 상법은 타인의 사망을 보험사고로 한 경우에는 피보험자의 同意를 얻도록 하고(731Ⅰ), 15세 미만자, 심신상실자 또는 심신박약자의 사망을 보험사고로 한 보험계약은 무효로 한다(732). 또 사망이 보험계약자, 피보험자나 보험수익자의 중대한 과실로 인하여 생긴 때에도 보험자의 보험금액지급책임을 인정하고 있다(659Ⅱ).

사망생잔표(死亡生殘表) 〔英〕 table of mortality 〔獨〕 Sterbetafeln 〔佛〕 table of mortalité 생명보험에서 보험료산정의 기초로 이용되는 사람의 生死統計表. 각 연령에 있어서의 사망생잔의 경과 및 率을 표시하는 것인데 국민 일반을 자료로 하는 것(國民表)과 특정회사의 피보험자만을 자료로 하는 것(經驗表)이 있다.

사망수당금(死亡手當金) 선원보험법상의 보험급여의 일종. 즉, 피보험자가 사망한 때, 피보험자이었던 자가 그 자격상실 후 3월 이내에 사망한 때, 또는 피보험자로서 療養措處를 받는 자가 사망한 때에, 피보험자 또는 피보험자이었던 자가 3년 이상 피보험자이었던 때에는, 정부가 그 遺族에 대하여 지급하는 피보험자이었던 전 기간의 平均報酬月額의 3월분에 상당하는 금액의 급여(船員保險法 49).

사망진단서(死亡診斷書) 어떤 사람이 사망하였음을 의학적으로 증명하는 의사작성의 문서. 호적법에 정한 바에 의하여 死亡申告를 낼 때에는 진단서를 첨부하여야 한다(戶 87, 91).

ㅅ

사 면(赦免) 〔英〕 pardon, mercy 〔獨〕 Begnadigung 〔佛〕 pardon, grâce 사면이라 함은 형사소송법이나 그 밖의 형사법규에 의하지 아니하고 형의 선고의 효과 또는 公訴權을 소멸시키거나 刑執行을 면제시키는 국가원수의 특권을 말한다. 사면에는 一般赦免과 特別赦免의 두 종류가 있다. 일반사면(大赦)이라 함은 범죄의 종류를 지정하여 이에 해당하는 모든 범죄인에 대하여 그 형의 선고의 효과를 전부 또는 일부 소멸시키거나, 형의 선고를 받지 아니한 자에 대해서는 공소권을 소멸시키는 것을 말한다(赦 5 Ⅰ i 참조). 이에 대하여 특별사면(特赦)은 이미 형의 선고를 받은 특정인에 대하여 형의 집행을 면제하여 주는 것을 말한다(5 Ⅰ ii 참조). 형의 선고에 의한 旣成의 효과는 사면으로 인하여 변경되지 아니한다. 일반사면을 하려면 국무회의의 심의를 거쳐 국회의 동의를 얻어야 한다(憲 89 ix, 79 Ⅱ). → 일반사면, 특별사면

사무감사(事務監査) 특정사무에 관한 傍系官廳의 감독. 즉, 어느 방계의 관청이 행하는 자기의 고유사무가 동시에 다른 관청의 행위를 감독하는 결과가 되는 경우에 있을 수 있다. 예를 들면 감사원의 固有事務가 다른 관청을 감독하는 결과가 되는 것이 그것이다. → 행정감사

사무관(事務官) 5급인 一般職事務系國家公務員의 일반적인 직명. 職列에 따라 그 직렬을 표시하는 용어를 부여함으로써 구체적인 직명이 된다. 行政事務官·外務事務官 등이 그 예. 상사의 명을 받아 소관의 일반사무를 담당하며, 소속직원을 지휘·감독한다. 道의 과장급.

사무관리(事務管理) 〔羅〕 negotiorum gestio 〔獨〕 Geschäftsführung ohne Auftrag 〔佛〕 gestion d'affaire [1] 법률상 의무가 없는 자가 타인를 위하여 그 사무를 관리하는 행위(民 734~740). 예컨대 이웃사람이 어린이들만 두고 집을 비워 둔 채 여행을 떠나서 부재중인 동안에 폭풍우로 파손된 그의 집의 지붕을 수선해 준다든가, 타인의 逸走한 개나 소를 飼養해 주는 따위. 이러한 사례는 한편으로 타인에의 간섭이기도 하지만 本人(타인)을 생각해서 그 이익이 되는 행위이므로 사회생활에 있어서는 社會連帶的인 사상에서 시인되어야 할 터이다. 그래서 민법은 그것이 本人의 의사에 반하지 않는 한, 본인과 관리자 사이에 위임에 유사한 채권관계가 생기는 것으로 하고 있다. 즉, 일면에서는 본인에의 通知義務·管理繼續義務 등을 관리자에게 과함과 더불어, 다른 면에서는 사무관리자가 지출한 비용의 상환의무, 관리자의 과실없이 받는 손해의 보상의무를 본인에 과함으로써, 양자의 조절을 꾀하고 있다. 이러한 법률효과는 관리자의 효과의사에 기하는 것은 아니므로, 사무관리는 法律行爲가 아니며, 準法律行爲 중의 非表現行爲이다. 관리자는 원칙으로 보수청구권이 없으나 유실물의 습득이나 水難救護의 경우에는 특별법(遺失物法·水難救護法)에 의하여 報酬請求權이 인정된다. 그리고 수난구호의 경우에는 구호가 어느 정도 의무적인 것으로 되어 있다. → 준계약, 준사무관리

[2] 公法上에 있어서도 事務管理의 문제를 생각할 수 있다. 즉, 국가의 특별감독하에 있는 사업에 대한 감독권의 작용으로서 강제적으로 이를 관리한다든가(强制管理), 水難救護·行旅病者取扱과 같이 보호를 위하여 관리하는 경우(保護管理)와 같은 것이다. 이러한 관리행위는 公法上의 의무가 있기 때문이고 사무관리는 아니라는 견해도 있으나, 국가에 대한 관계에서는 행할 의무가 있기 때문이라고 할 수 있지만, 피관리자에 대한 관계에서는 그러한 의무가 없는 것이므로, 공법상의 사무관리라 할 수 있고, 특별한 규정이 없는 한 민법의 규정을 준용한다.

사무관리지(事務管理地)〔國際私法上〕 사무관리가 현실로 행해지고 있는 장소. 즉 관리의 객체의 소재지를 말한다. 따라서 재산의 관리에 관해서는 재산의 소재지가 사무관리지가 되며, 재산이 여러 개의 장소에 걸쳐서 존재하는 경우에는 여

러 개의 사무관리지가 존재하게 된다. 또 영업의 관리에 관해서는 영업소소재지가 사무관리지가 된다. 만일 財産所在地·營業所所在地 등이 관리를 계속하는 중에 변경된 경우에는 처음에 관리를 시작한 당시의 소재지를 기준삼아야 할 것이다.

사무관리지법주의(事務管理地法主義)〔國際私法上〕 법률상의 의무없이 타인을 위해서 그 사무를 관리하는 행위(民 734)인 사무관리의 준거법에 관한 견해 중 有力說(Ficker, Wolff)로, 우리 섭외사법 13조 1항도 사무관리 그 자체의 準據法을 규정하지 않고 사무관리로 말미암아 발생한 채권의 성립과 효력은 그 원인인 사실이 발생한 장소의 법률에 의하는 것으로 하고 있어 이 주의를 취하고 있다. 이외에 본국법주의, 채무자의 소재지법주의 등이 있다.

사무차관(事務次官) 〔英〕 permanent secretary or permanent under-secretary 內閣責任制의 국가에서 政務次官에 대조된 말. 일반직공무원 중에서 등용, 임명되는 것이 원칙이며, 政務官이 아니고, 내각 또는 장관과 반드시 진퇴를 같이 하는 것은 아니다. 제3차개정헌법하의 우리나라에서도 인정되었다. →정무차관, 차관

사무취급(事務取扱) →서리

사문서(私文書) 〔獨〕 Privaturkunde 公務員·公務所 이외의, 즉 私人의 명의로 작성한 문서. 公文書에 대한다. 사문서에 관한 죄의 객체가 되는 사문서는 권리의무 또는 사실증명에 관한 문서(刑 231, 232, 236 등 참조)에 한한다. 권리의무에 관한 문서란 권리의무의 발생·변경 또는 소멸에 관한 사항을 기재한 문서(예: 賣買의 신청서 또는 承諾書·遺言書·賣渡證書·借用證書 등)를 말한다. 事實證明에 관한 문서란 권리의무에 관한 문서 이외의 문서로서 사람의 사회생활상의 이해에 관계있는 사실을 증명함에 족한 것을 기재한 일체의 문서(예: 이력서·안내장·광고의뢰서 등)를 말한다. 私文書의 僞造라고 하기 위하여는 그 문서에 표시된 名義人이 실재함을 요한다는 견해가 있으나, 일반인으로 하여금 실재인인 것처럼 誤信케 할 정도이면 족하다(通說). →사문서에 관한 죄

사문서부정행사죄(私文書不正行使罪) 권리의무 또는 사실증명에 관한 타인의 文書 또는 圖畵를 부정행사하는 죄(刑 236). 객체에 관하여는 사문서를, 행위에 관하여는 公文書不正行使罪를 보라. 그리고 공문서부정행사죄와는 달리, 본죄의 미수에 관한 처벌규정이 없다.

사문서(私文書)**에 관한 죄**(罪) 문서에 관한 죄(刑法各則 20장) 중에서 사문서에 관한 죄(231~236)를 말하며, 형법상의 죄명은 아니다. 公文書에 관한 罪에 대한다. 형법은 사문서에 관한 죄로서 私文書僞造變造罪(231), 資格冒用私文書作成罪(232), 虛僞診斷書作成罪(233), 僞造私文書行使罪(234), 私文書不正行使罪(236)를 규정하고 있다. 본죄의 객체인 私文書·私圖畵는 그 범위가 제한되어, 권리의무 또는 사실증명에 관한 문서 또는 도화에 한정되고 있다. →문서에 관한 죄

사문서위조변조죄(私文書僞造變造罪) 행사할 목적으로 권리의무 또는 사실증명에 관한 타인의 문서 또는 도화를 위조 또는 변조하는 죄(刑 231). 本罪는 目的犯이다. 본죄의 객체는 사문서 가운데서 권리의무 또는 사실증명에 관한 문서에 한한다(→사문서). 위조·변조에 관하여는 文書僞造를 보라. 위조·변조된 것을 행사하면 別罪(234)를 구성한다. 타인의 자격을 冒用하여 작성한 경우에 관하여는 새로 규정을 두었다. 미수범은 처벌한다(235). →문서에 관한 죄

사문헌법(死文憲法) 헌법이라는 것이 있기는 하지만 그 헌법의 내용을 구현하는데 필요한 전제조건의 결여로 말미암아 현실적으로 規範으로서의 효력을 발휘하지 못하는 헌법을 말한다. 아시아·아프리카 후진국가의 여러 헌법 및 멕시코 등 남미제국가의 헌법이 이에 해당된다. 이는 개인의 자유와 권리의 보장을 그 최고이념으로 할 뿐 아니라 현실적으로 규범으로서의 실효성을 발휘하고 있는 헌법을 의미하는 生文憲法에 대응하는 개념이다.

사물관할(事物管轄) 〔羅〕 rationae materiae 〔獨〕 sachliche Zuständigkeit 〔佛〕 compétence materiae 관할구역을 공통으로 하는 異種의 제1심법원 중 어느 법원을 관할법원으로 할 것이냐 하는 점에서 본 관할. 일본이나 독일에서는 이와 같은 사물관할이 인정되나 우리나라에 있어서는 지방법원이 원칙적으로 제1심법원으로서 모든 소송사건을 관할하기 때문에 이러한 의미의 사물관할이 성립될 수 없다. 우리나라에서는 다만 동일한 지방법원내에서 單獨(判事)部와 合議部로 구분해 놓았는데, 이 가운데 어느 곳에서 관할하느냐 하는 의미에서 사물관할이 성립할 수 있다 할 것이다. 따라서 準事物管轄이라고 하는 것이 옳다고 하는 학자가 있다. 법원조직법에 의하면 지방법원 및 지방법원지원의 합의부는 제1심으로서 ① 합의부에서 심판할 것으로 합의부가 스스로 결정한 사건, ② 民事事件에 관하여는 대법원규칙으로 정하는 사건,

③ 사형 · 무기 또는 단기 1년 이상의 징역 또는 금고에 해당하는 사건, ④ ③항의 사항과 동시에 심판할 共犯事件, ⑤ 지방법원판사에 대한 除斥 · 忌避事件, ⑥ 기타 법률의 규정에 의하여 지방법원합의부의 권한에 속하는 사건 등(法組 32)을 관할하고, 이를 제외한 일체의 지방법원관할사건은 지방법원단독판사의 관할에 속한다(32Ⅰ). 민사소송에 있어서는 사물관할은 당사자의 합의가 있는 경우(民訴 26)나 피고가 管轄違反의 抗辯을 제출할지 않고 應訴하는 경우(27)에 변경될 수 있다. 또 지방법원합의부는 소송이 單獨判事의 관할에 속하는 경우에도 상당하다고 인정할 때는 스스로 사건을 심판할 수 있고(31Ⅱ), 단독판사는 자기의 관할에 속하는 것이라도 편의상 지방법원합의부로 移送할 수 있다(31Ⅱ). 人事訴訟事件을 심판하는 가정법원과 일반지방법원, 행정소송사건을 제1심으로 관할하는 행정법원 및 機關訴訟 · 選擧訴訟을 제1심으로 관할하는 대법원과 사이에 있어서는 외국에 있어서와 같은 의미의 사물관할이 성립할 수 있다고 본다.

사물논리적 구조(事物論理的構造) 〔獨〕 sachlogishe Struktur 實定法을 제약하는 사물 그 자체에 내재해 있는 事物法則性을 말한다. 벨첼에 의해 주장된 것으로 그에 의하면 입법자는 물리적으로 불가능한 것에 의해 이미 구속되며, 따라서 그는 이러한 존재사태에 의해 內在的인 限界를 지니고 있으며, 또한 그가 규율하고자 하는 대상의 일정한 사물논리적 구조에도 제약받게 된다. 왜냐하면 이러한 사물논리적 구조는 모든 법의 자료를 정확하게 꿰뚫고 있으면서, 立法者에게 특정한 규율방식을 미리 예시하기 때문이다. 실정법에 대한 내재적인 한계로 전제된 사물논리적 구조는 행위규율을 목적으로 하는 실정법에서는 행위의 사물논리적인 범주적 구조로 선재한다. 벨첼은 행위의 사물논리적인 구조를 行爲目的性의 범주적 구성으로 보아, 그것은 행위자에 의한 目的設定, 그것에 도달하기 위해 필요한 手段選擇, 그 선택된 수단을 사용할 때 생길 수 있는 부수적 효과를 고려하면서 실행행위로 옮기는 것의 세 가지로 구성된다고 했다. 그러나 이에 대해서는 그것은 行爲構造의 自然法則性인 심리적 사실일 뿐이지 행위의 규범적인 의미내용이 아닐 뿐더러, 그것은 논리적인 면에서만 입법자를 구속하는 것이지 價値評價에서까지 구속하는 것은 아니라는 비판이 가해지기도 한다. → 사물의 본성

사물(事物)**의 본성**(本性) 〔獨〕 Natur der Sache 條理라고도 한다. 사물 자체에 내재해 있는 구체적 질서로 보는 경우와 형식적인 논리구조에 지나지 않는다고 보는 경우가 있다. 사물 자체에 내재해 있는 구체적 질서가 무엇인가에 관하여, 옛날에는 이것을 자연의 빛, 자연의 理性 또는 法感情과 같은 것에 의하여 얻어진다고 하였고, 근대에는 先驗的인 것으로 파악된다고 하였는데, 제2차 세계대전을 전후하여 再生된 新自然法論에서는 인간의 존재까지를 포함한 세계의 일관된 질서 속에서 이러한 구체적 질서는 파악된다고 보고 있다. 형식적인 논리구조로서의 사물의 본성은 법의 흠을 메꾸어 주는 보충적 원리로서 인정되며, 법규의 의미가 그 한계에 도달하였을 때에 여기에 올바른 價値規準을 제시해 주는 事物論理構造로서 생각되고 있다.

사물적 관련(事物的關聯) 行政審判前置主義에 있어서 전심절차로서의 行政審判과 行政訴訟과의 사이에 어느 정도의 관련이 있어야 하는데, 사물적 관련이란 행정심판의 청구원인과 행정소송의 청구원인과의 부합 정도에 관한 문제를 말한다. 일반적으로 양자의 사물적 관련은 각 청구원인이 그 기본적인 점에서 동일성을 유지하고 있으면 족하다고 한다.

사방사업(砂防事業) 황무지를 복구하거나 산지 기타 토지의 붕괴, 토사의 유출 또는 모래의 날림 등을 방지 또는 예방하기 위하여 공작물을 설치하거나 식물을 播種 · 植栽하는 사업 또는 이에 부수되는 景觀의 조성이나 水源의 함양을 위한 사업을 말한다(砂防事業法 2ⅱ).

사 범(私犯) 영국법에 있어서의 tort의 譯語. 사범이란 함은 손해배상상 訴權을 발생케 하는 사법상의 違法行爲(civil wrong)이고, 단순한 계약위반 또는 신탁 그 밖의 衡平法의 의무의 위반이 아닌 행위를 말한다. 현행법의 불법행위에 해당한다.

사 법(司法) 〔英〕 administration of justice 〔獨〕 Justiz 〔佛〕 justice 실질적 의의로는 입법 및 행정에 대하여 法規를 적용하여 권리관계를 확정하고 또는 어떤 사항의 적법 · 위법을 판단함으로써 具體的 爭訟을 해결하는 국가작용. 형식적 의의로는 사법기관인 법원의 권한으로 되어 있는 사항. 대륙법계 국가에서는 일반적으로 실질적 사법은 민사 및 형사재판권 행사에 한정되어 왔으나, 우리나라는 영미법적인 統一管轄主義 아래서 행정사건의 재판도 이에 포함시키고 있다(憲 101, 107Ⅱ).

사 법(私法) → 공법 · 사법

사법경찰(司法警察) 〔獨〕 gerichtliche

Polizei, Justizpolizei 〔佛〕 police judiciaire 경찰작용 중 범죄의 수사, 범인의 체포, 구속영장의 執行 기타 법원·법관 또는 검사의 명령에 의하여 행하여지는 작용. 行政警察에 대한 말. 사법경찰과 행정경찰의 구별은 유럽에서 유래한 것이나, 영·미에서는 제도상으로나 관념상으로나, 이 구별을 인정하지 않는다. 행정경찰이 사회질서의 유지, 즉 사전에 국민의 생명·신체·재산을 보호하려는 것인데 대하여, 사법경찰은 그 법익이 침해된 때에 범죄를 수사하는 활동으로서 檢事와 司法警察官吏가 그 임무에 당하며 형사소송법이 정하는 절차에 따라서 행한다. → 행정경찰

사법경찰관리(司法警察官吏) 형사소송법상의 개념. 司法警察官과 司法警察吏를 말하며, 이들은 범죄수사에 있어서 檢事의 보조기관이다. 사법경찰관은 수사관·경무관·총경·경정·경감·경위이며, 사법경찰리는 경사·경장·순경이고, 그 이외에 법률로써 사법경찰관리를 정할 수 있게 되어 있다(刑訴 196). 또 森林·海事·專賣·稅務·軍搜査機關 기타의 特別司法警察官吏도 법률로써 정한다(197. 司法警察官吏의 職務를 행할 자와 그 職務範圍에 관한 法律 참조).이들은 수사의 主宰者인 검사의 지휘를 받아 수사를 하며, 범죄수사에 있어서 검사의 직무상 발한 명령에 복종하여야 한다(檢察 46). 그리하여 사법경찰관리(단 서장아닌 警正 이하)로서 직무집행에 관하여 부당한 행위가 있을 때에는, 地方檢察廳檢事長은 당해 사건의 수사중지를 명하고 또는 임면권자에게 그 替任을 요구할 수 있으며, 이 경우에 임면권자는 정당한 이유를 제시치 않는 한, 替任의 요구에 응하여야 한다. 입법례에 따라서는 수사에 관한 권한은 이를 사법경찰관리에게 일임하고, 검사는 公訴維持에만 전력하는 곳도 있다. →사법경찰관리의 직무를 행할 자와 그 직무범위에 관한 법률

사법공무원(司法公務員) 넓은 뜻으로는 국가의 사법사무를 담당하는 공무원을 총칭한다. 검사는 물론 司法行政을 담당하는 공무원이 포함된다. 좁은 뜻으로는 사법부의 공무원, 즉 법관 및 일반직원만을 의미한다.

사법공조(司法共助) 재판상 서류의 송달 또는 증거조사에 관한 국내절차의 외국에서의 수행 또는 외국절차의 국내에서의 수행을 위하여 행하는 法院 기타 公務所 등의 협조를 말하는 바, 이러한 협조에는 대한민국 법원이 외국법원 기타 공무소 또는 외국에 주재하는 대한민국의 대사·공사 또는 영사에 대하여 하는 사법공조촉탁인 외국으로의 촉탁과 외국법원이 대한민국의 법원에 대하여 하는 사법공조촉탁인 외국으로부터의 촉탁 등이 있다(國際民事司法共助法 2).

사법관계(私法關係)**의 국제적 취급**(國際的取扱) 〔獨〕 internationale Rechtsbehandlung der privatrechtlichen Verhältnisse 바르에 의하여 주장된 國際私法의 별칭.

사법관시보(司法官試補) 法院組織法 및 檢察廳法이 1962년 4월 3일 법률 제1043호 및 1962년 8월 20일 법률 제1130호로써 개정되기 전에 판사 또는 검사가 될 수 있는 자격취득방법의 하나로서 인정된 제도이다. 즉, 고등고시사법과에 합격한 자로서 사법관시보로서 1년간 실무를 수습하여 고시에 합격하면 判·檢事로서의 자격을 가졌다. 지금은 사법관시보제도는 폐지되고, 사법시험에 합격한 자는 司法硏修院의 소정과정을 마치게 되어 있다(法組 72).

사법관청(司法官廳) 사법권의 행사를 담당하는 국가기관을 行政官廳에 대하여 사법관청이라 할 때가 있다. 법원이 이것이다.

사법국가(司法國家) 〔獨〕 Justizstatt ① 정부형태에 있어서 사법권의 우월이 인정되고 있는 국가. 立法國家·行政國家에 대한 말. ② 행정법상으로 行政制度(regime administratif)를 가지고 있지 않는 국가. → 행정제도, 행정국가

사법국가주의(司法國家主義) 司法國家的 형태를 취하는 주의. → 행정제도, 행정국가

사법권(司法權) 〔英〕 judicial power 〔獨〕 richterliche Gewalt 〔佛〕 pouvoir judiciaire 사법작용을 행하는 통치권의 권능. 立法權 및 行政權에 대립되는 개념. 현대문명국가는 모두 사법권을 독립의 법원으로 하여금 행하게 하고 있다. → 사법

사법권(司法權)**의 독립**(獨立) 〔獨〕 richterliche Unabhängigkeit 사법권을 행사하는 법관이 구체적 사건의 재판에 있어서는 절대적으로 독립하여 누구의 지휘·명령에도 구속되지 않는 것. 법률적으로 다른 국가기관의 지휘·감독을 받지 않는 것을 의미하나, 사실적으로도 다른 어떤 것에 의해서도 제약되어서는 안된다는 것을 의미한다. 司法權行使에 착안할 때, 사법권의 독립이라 하고, 법관의 지위에 착안할 때는 法官의 獨立이라고도 한다. 우리나라 헌법은 이 취지를 법관은 헌법과 법률에 의하여 그 양심에 따라 독립하여 심판한다고 규정하고 있다(103). 사법권의 독립을 보장하기 위하

여 법관에게는 특히 人事自主權과 강한 신분보장이 인정되고 있다(106).

사법권(司法權)**의 우월**(優越) 〔英〕 judicial supremacy 司法法院에 法令審査權을 인정하여 위헌법령의 적용을 거부하는 권능을 인정하는 제도. 司法權의 優位라고도 한다. 미국에서 판례에 의하여 확립되고, 그 영향하에 英聯合의 諸國(단, 英本國에서는 이를 인정치 않음)이나 라틴아메리카의 일부에서는 헌법상 명문으로 이것을 인정하고 있는 것이 많다. 이에 반하여 유럽에 있어서는 오히려 司法法院의 법령심사권이 전통적으로 부정되고 있다. 그런데 우리나라 헌법은 법원에 命令·規則審査만을 부여하고 違憲法律審査權은 헌법재판소에 부여하고 있다(107 Ⅰ·Ⅱ). →사법국가

사법기관(司法機關) 사법권의 행사를 담당하는 국가기관. 行政機關 및 立法機關에 대한 것. 좁은 뜻으로는 순수히 사법기능을 행하는 국가기관인 법원만을 뜻하나, 넓은 뜻으로는 사법행정사무를 담당하는 기관까지를 포함한다. →사법관청

사법률안(私法律案) 〔英〕 Private Bill 公法律案(Public Bill)에 대하는 개념으로서 영·미에서는 사법률안을 인정하고 있다. 영국의회의 경우 이는 특정개인이나 단체 또는 지방기관의 이익이나 권한 등을 규정하는 법안이며, 구체적으로는 個人·會社·法人(company and corporation) 및 地方(locals)에 관한 법안이다. 개인에 관한 법안이라 함은 재산·성명·귀화·이혼·귀족 등에 관한 입법이며, 이것이 성립되면 個人法(Personal Act)이라 한다. 회사·법인에 관한 법안이라 함은 가스·수도·전기·철도·선거 등의 회사, 또는 그 밖의 법인에 대하여 特權이나 獨占權을 부여하는 법안이다. 지방에 관한 법안이라 함은 특정지방의 상업·공업·어업·항만·수로·교량 등에 관한 법안이며, 수로 및 교량에 관한 법안이 통과되면 地方法(Local Act)이라 한다. 私法律案은 公法律案과 전연 다른 방법으로 취급되고 있다. 사법률안은 의원에 의해서가 아니라, 院外의 당사자에 의해서 제안된다. 사법률안은 이들 당사자들로부터 의회에 대한 請願의 형식을 취하며, 대부분의 경우 당사자 이외의 의원에 의해 반대청원을 받는다. 의회에 있어서 사법률안성립의 최대난관인 委員會審査段階에서는 법안에 대한 찬반의견을 청취하여 그 법안을 부결 또는 필요한 수정을 가하여 통과시킨다. 사법률안의 다른 각 단계는 일반적으로 형식적이다. 그러나 양의원은 본회의 토론 후에도 언제든지 이를 부결할 수 있는 권한을 가지고 있다. 이 사법률안에 관해서는 비용이 과다하다는 점과 審議時間이 제한되어 있다는 점에서 비난을 받고 있다. 公法律案과 私法律案의 경계선은 좁은 것으로 시대가 바뀜에 따라 변화하여 왔다. 어떤 사법률안이 공법률안으로 제출되어야 할 것이 명백한 경우 의장은 의원에 그 이유를 권고하고 이 경우 그 법률안은 철회되는 것이 관례로 되어 왔다. 하원은 또 어떤 사법률안이 공법률안으로 제출되어야 한다는 이유로 그 사법률안의 第2讀會를 거부한 일도 있었다. 사법률안의 의사절차는 주로 사적 의사에 관한 의사규칙에 의하여 규제되고 있고 그 의사절차는 意思節次便覽 17장에 규정하고 있다. 미국의회에서는 정부에 대하여 개인적인 요구를 내용으로 하는 법안을 의미한다. 그 수는 1946년의 議會再組織法(Legislative Reorganization Act)에 의거하여 많이 억제되었으나 아직도 적지 않은 수가 제출되고 있다. 주요한 내용은 ① 특정인에게 적용할 移民 및 歸化法案, ② 국가에 대한 請求法案, ③ 개인의 소유권을 인정하는 土地法案 등이 그것이다. 사법률안은 정부의 위법행위에 대한 또는 일반성문법에 규정이 없는 사항에 대한 선거구민의 청원에 의해서 의원이 제출한다. 이 법안이 제정되면 그것은 동법에서 지명된 특정인에 대해서만 적용되는 개인적인 법률이 된다.

사법법(司法法) 〔獨〕 Justizrecht 사법제도 및 사법권의 행사를 규율하는 법규의 총칭. 보통 법원조직법을 중심으로 하는 司法組織法 및 民事·刑事·行政의 소송법 등을 말하고 民法·刑法과 같은 실체법도 직접 사법권에 의하여 적용되는 것이라는 점에서, 행정권에 의해 집행되는 행정법규에 대하여 사법법규에 속한다고 할 수 있다. 또한 골트슈미트(James Goldschmidt) 일파의 학자는 민법이나 형법 그 자체는 국민의 생활규범이므로 사법법은 아니라 하고, 내용상은 이에 대응하는 재판규범으로서의 實體司法法을 상정한다.

사법법원(司法法院) 사법권의 행사에 당하는 법원. 단순히 법원이라 할 때는 보통 사법법원을 말한다. 行政法院에 대하여 사용된다.

사법보좌관(司法補佐官) 〔獨〕 Rechtspfleger 大法院과 各級法院에 배치되어 ① 판사의 재판 이외의 사무 중 법령에 의하여 위임받은 사무(예컨대 調停·和解 등), ② 심판에 필요한 자료의 수집, 기타 사건의 처리에 필요한 調査業務, ③ 가사소송법 및 소년법에 따른 조사업무를 행하는 재판보조 및 재판 이외의 사무처리기관이다(法組 54). 종래의 法院調査官·家事調査官 및 少年調査

官制度는 사법보좌관제도에 흡수되었다(法組 附則 5Ⅱ). 사법보좌관의 자격·직제 및 그 수는 대법원 규칙으로 정한다. 이것은 독일의 사법보좌관제도를 본딴 것이나, 그 권한이 훨씬 제한되어 있다.

사법보호(司法保護) 사법처분에 처한 자를 보호·지도하는 保安處分. 起訴猶豫者, 형의 宣告猶豫者·執行猶豫者, 형의 집행이 면제·정지된 자, 가석방된 자, 少年犯罪者 및 非行虞犯者 기타 보호를 요하는 자 등을 대상으로 한다. 이것은 재범 방지에 필요한 제도이고 보호관찰적인 간접보호, 不收容保護 특히 민간보호사업이 요망된다.

사법상(司法上)**의 공조**(共助) 공조(재판상의)와 같다.

사법실체법(司法實體法) 司法에 적용되는 실체법을 말한다. 민법·상법·형법이 그 대표적인 것이다. 司法節次法에 대한 개념이다. →실체법

사법심사(司法審査) 〔英〕 judicial review 법치주의의 관념아래 모든 국가기관의 행위, 특히 행정기관의 행위에 대하여 司法法院이 그 적법성의 심사를 하는 것. 종래에는 유럽대륙제국에 있어서의 行政裁判制度에 대하여 주로 영미에 있어서의 行政爭訟制度를 가리키는 뜻으로 쓰였다. 이는 法의 支配, 權力分立 및 국민의 權益保障 등을 위하여 한편에서는 국가기관의 모든 행위에 대하여 그 적법성을 심사할 기회를 유보하고, 다른 한편에서는 그러한 심판은 사법법원이 담당해야 한다는 요구에 입각한 것이다. 사법심사에는 권력분립의 원칙에서 나오는 당연한 한계가 존재한다. 또한 사법심사는 입법기관이 제정한 법률에 대하여 행하여질 때가 있는 바 이는 국가에 따라 다르다.

사법(私法)**의 저촉**(抵觸)〔國際私法上〕 국제사법의 목적이 사법적 국제생활의 안정을 보장하는데 있고, 또 그것 때문에 이른바 법률의 저촉을 해결하는 것인 이상, 國際民法과 國際商法이 국제사법의 범위에 속하는 것은 명백하다.

사법인(私法人) 〔英〕 juridical person of private law 〔獨〕 juristische Person des Privatrechts 〔佛〕 personne morale civile 사법상의 법인이라는 의미인데, 會社·非營利私團法人·非營利財團法人과 같이 그 내부의 법률관계에 국가 또는 공공단체의 强制的 權力作用이 가하여지지 않는 법인으로 公法人에 대한 개념이다. 법인을 公私의 2종으로 분류하는 것은 그 쟁송을 행정소송으로 볼 것인지 아니면 민사소송으로 볼 것인지, 또 공법을 적용할 것인지 아니면 사법을 적용할 것인지 등을 판별하는 표준으로서, 종래 다수의 학자가 인정하여 왔다. 그러나 근래에 국가활동이 사회의 모든 관계에서 統制的·强制的으로 작용하게 되어, 많은 법인이 다소간에 국가의 통제를 받고 있으므로, 이 양자의 한계는 더욱 복잡하고 불명하게 되고 있다. 그에 따라 현재에는 양자의 중간에 단계를 달리하는 많은 중간적 법인이 출현되고 있다. 그리고 사법인은 그 내부조직의 차이에 따라 사단법인과 재단법인으로 구별되고, 또 그 목적의 차이에 따라 非營利法人과 營利法人으로 구별된다.

사법자치(私法自治)**의 원칙**(原則) 사적자치의 원칙과 같다.

사법재판(司法裁判) 〔佛〕 juridiction judiciaire 行政裁判에 대하여 司法法院이 행하는 재판을 말한다. 행정재판과 사법재판을 분리하는 大陸法系의 제도하에서는 사법재판은 民事·刑事裁判을 의미하지마는, 영·미나 오늘날의 일본 등에 있어서는 行政法院을 인정치 않고 사법법원이 일체의 법률상의 쟁송을 재판하므로 행정사건의 재판도 사법재판의 관념 중에 포함된다. 우리나라에서 행정소송은 행정법원(제1심은 행정법원, 제2심은 대법원)에서 하게 되어 있으므로 사법재판의 개념에 포함된다고 할 수 있다.

사법재판소(司法裁判所) 〔佛〕 tribunal judiciaire 우리나라에서는 司法法院이라고 함이 보통이다.

사법적 사실행위(私法的事實行爲) 직접적으로 사실상의 결과를 조성하는 행정주체의 사실행위가 私法의 규율대상이 되는 경우를 말한다. 반대로 公法의 규율대상이 되는 사실행위는 公法的事實行爲라고 한다.

사법적 소권설(私法的訴權說) 〔獨〕 privatrechtliche Klagerechtstheorie →소권

사법적 통제(私法的統制) 〔英〕 Judicial control 국가기능의 합법적인 행사를 보장하기 위한 사법법원에 의한 통제. 입법적 통제·행정적 통제가 예방적 및 사후적인 통제인데 대해 사법적 통제는 오직 事後的 統制에 그침이 그 특색. 司法審査를 통하여 행하여진다.

사법적 해결(司法的解決) 〔英〕 judicial settlement →국제사법재판

사법적 행위(司法的行爲) 行政行爲를 성질에 따라서 분류하는 경우, 행정청이 일정한 사실을 인정하고 법규를 해석·적용하여 일정한 결정을

내리는 행위를 사법적 행위 또는 準司法行爲라고 한다. 이는 보통 분쟁 또는 청구에 대한 결정의 형태를 가진다는 점에서 특히 執行作用과 구별된다.

사법절차법(司法節次法) 司法, 즉 재판을 함에 있어서 적용되는 절차법. 예컨대 민사소송법·형사소송법·행정소송법 등이다. 司法實體法에 대한 말이다.

사법처분(司法處分) 사법관청이 司法權에 기하여 행하는 처분. 行政處分에 대한 말. 예컨대 공무원이 뇌물을 收受한 경우에 있어서 국가공무원법상의 징계처분을 받는 것은 행정처분이고 법원에서 유죄판결을 받는 것은 사법처분이다.

사법해석(司法解釋) 구체적인 소송사건에 법을 적용함에 즈음하여 사법기관, 즉 법원에 의하여 행하여지는 법의 해석. 裁判解釋이라고도 한다. 有權解釋의 한 형태. 사법해석은 최종적인 구속력을 가진다.

사법행정(司法行政) 〔英〕 judicial administration 〔獨〕 Justizverwaltung 사법을 운영해 가는데 있어서 필요한 行政作用. 법원의 회계·경리, 직원의 임면 및 감독을 포함한다. 이와 같은 사법행정권의 대부분은 사법권의 자주·독립을 확보하기 위해 대법원 및 각 법원에 속하게 하고 있다(法組 13Ⅱ, 26Ⅲ, 29Ⅲ). 사법행정의 최고기관은 大法院의 大法院長이다. 즉 법원조직법에 의하면 대법원장은 대법원의 일반사무를 관장할 뿐만 아니라, 管下法院의 법원행정사무를 지휘·감독할 수 있게 하고 있다(13Ⅱ). 고등법원장, 지방법원장(가정법원장)도 각기 管下法院의 사법행정사무를 지휘·감독하게 되어 있다(26Ⅲ, 29Ⅲ).이러한 法院行政에 대한 지휘감독권이 본래의 司法作用, 즉 재판권의 행사에까지는 미치지 않음은 말할 것도 없다.

사보타지 〔英〕·〔佛〕 sabotage 〔獨〕 Sabotage 태업과 같다.

사비니아니 〔羅〕 Sabiniani → 쁘로꿀리아니

사사오입개헌(四捨五入改憲) 1954년 11월 27일 대한민국헌법 제2차개헌을 두고 일컫는 말이다. 당시 제3대 民議院議員選擧에서 압도적인 다수를 차지한 여당인 자유당이 제출한 개헌안에 대해 국회에서 표결한 결과 재적의원 203명 중 찬성 135표, 반대 60표, 기권 7표로 나타나 헌법개정에 필요한 議決定足數 136명에 1표 부족이라 하여 부결된 것으로 선언하였다. 그러나 여당측은 이른바 사사오입이라는 수학상의 원칙을 적용하여 203의 3분의 2는 135라 주장하면서 이를 후 앞의 선언을 취소함과 동시에 통과를 표결로써 결정하고 정부가 그것을 공포하였다.

사상발표(思想發表)**의 자유**(自由) 어떤 사항에 관하여 內心에서 생각하는 바를 외부에 발표할 수 있는 자유. 사상 및 그의 발표의 자유는 그에 의하여서만 민주적 국가조직이 이루어질 수 있다는 점에서, 민주국가의 조직원리와 결합하고 있다고 할 수 있고, 민주국가일수록 그의 보장이 요구된다. 그러므로 權利條項에서 인정되는 전통적인 자유권이다. 좁은 뜻에서의 사상발표의 자유는 言論·出版의 자유를 의미하지만, 넓은 뜻에서의 사상발표의 자유는 언론·출판의 자유 외에 集會·結社의 자유 및 통신의 자유도 포함한다.

사상(思想)**의 자유**(自由) 內心의 自由. 다만, 헌법은 따로 양심의 자유를 규정하고 있으므로(19), 우리나라에서의 사상의 자유는 그 내용이 倫理的인 성격을 가지는 이외의 내심의 자유. 양심의 자유, 언론·출판의 자유, 학문의 자유, 종교의 자유 등과 같이 기본적으로 정신적 자유, 즉 국민이 어떤 사상을 가질 것을 강제당하지 않고 또 그가 가지는 사상을 발표할 것을 강제당하지 아니하는 자유.

사생아문제(私生兒問題) 私生兒(非嫡出子女)를 법률상 어떻게 취급할 것인가라는 문제는 여러 나라의 민법에 있어서 미해결의 과제이다. 一夫一妻制 및 法律婚을 존중하는 입장에서는 사생아는 냉대받으나, 모든 개인을 인간으로서 존중하고자 하는 입장에서는 신분적으로도 재산적으로도 嫡出子와 평등하게 취급하려고 한다. 정당한 혼인에 의한 妻 및 嫡出子의 보호와 私生兒保護라고 하는 2요구의 모순을 어떻게 조화시키느냐가 이 문제의 중심일 것이다. → 비적출자

사생자(私生子) 〔英〕 child born out of wedlock, bastard 〔獨〕 uneheliches Kind 〔佛〕 enfant naturel 혼인외의 출생자와 같다.

사생자준정(私生者準正) 사생자가 그 어머니와 혼인한 아버지의 認知에 의하여 親生子인 신분을 취득하는 것(民 855Ⅱ). 법률은 사생자란 말을 폐지하였으므로 오늘날에는 단순히 인지에 의한 준정이라고 한다.

사생활불가침(私生活不可侵)**의 원칙**(原則) → 경찰공공의 원칙

사생활(私生活)의 자유(自由) 사생활의 비밀과 자유를 침해받지 않을 권리(憲 17). 사회생활의 복잡화에 수반하여 타인으로부터 격리되어 방임되는 것이 중요한 생활상의 이익으로 이해됨에 따라 人格權의 하나로서 새 헌법상 기본적 인권으로 규정되었다. 사회적 평가를 불문하며, 私事에의 侵害에 의하여 생기는 정신적 고통을 구제한다는 점 및 진실이라 하더라도 비밀로 하고 싶은 것을 보호한다는 점에서 사생활자유의 침해는 名譽毁損과 구별된다. 새로운 권리인 까닭에 그 구체적 내용은 명확하지 않으나, 사생활이 타인에 의하여 살펴지지 않는 것, 私事가 타인의 表現行爲에 의하여 공개되지 않는 것, 사람에 의하여 오인을 일으킬 수 있는 사항을 공개당하지 않는 것, 또는 私事를 영리적으로 이용당하지 않는 것 등이 그 권리의 내용을 이룬다.

사서증서(私署證書) 〔獨〕 Privaturkunde 私文書의 별칭. 公文書를 公正證書라고 부를 때에 이에 대조되는 말이다. 공무원이 직무상 작성한 공정증서 이외의 문서는 전부 사서증서이다. 당사자가 작성한 것과 제3자가 작성한 것, 작성자의 署名(또는 記名)捺印이 있는 것과 없는 것이 있다. 사서증서의 성립에 다툼이 있을 때에는 擧證者側에서 이것을 증명할 것을 요하지만(民訴 328), 본인 또는 대리인의 진정한 서명 또는 날인이 있으면 일응 진정한 것으로 추정된다(329). → 공문서, 사문서

사 선(私船) 〔英〕 private vessels 私人의 관리하에 있는 선박. 선박의 소유권에는 관계가 없다. 그러나 국가가 소유하는 선박을 사인이 상업을 목적으로 사용하는 경우에는 제한된 범위 안에서 公船에 準한 취급을 받는다. 사선은 국적을 가져야 한다. 사선은 旗國의 주권하에 선다. 사선이 국적을 가지는 것은 일면에서 사선을 보호하기 위한 것이며, 타면에서 이의 단속을 하기 위한 것이다. 사선의 국적은 1개에 한하며 二重國籍을 가질 수 없다. 사선의 국적은 국기에 의하여 표시된다. 선박은 일정한 선박서류를 구비할 필요가 있다. 선박서류의 주요한 것으로는 船舶國籍證書·선원명부·항해일지·화물을 수송하는 경우에 있어서 貨物目錄과 船荷證券의 사본, 여객을 수송하는 경우에는 여객명부, 용선의 경우에는 傭船契約書 등을 들 수 있다. 사선이 공해상에 있는 경우에는 旗國의 주권하에 선다. 그러나 公海에 있어 국제적 단속에 의하여 제한된 범위 안에서 旗國 이외의 국가의 주권하에 서는 경우도 있다.

사선변호인(私選辯護人) 〔羅〕 Wahlverteidigung 私人이 선임한 변호인. 國選辯護人에 대한다. 피고인 또는 피의자는 언제든지 변호인을 선임할 수 있다(刑訴 30Ⅰ). 구속된 피고인·피의자에 대하여는 변호인의 선임권을 告知하여야 하며(87, 88, 209), 변호인선임의 依賴權이 보장되어 있다(90, 209). 피고인 또는 피의자의 법정대리인·배우자·직계친족·형제자매와 호주는 독립하여 변호인을 선임할 수 있다(30Ⅱ). → 변호인

사 송(詞訟) 사송은 소송과 같다. 官衙에 호소하여 판결을 구하는 것. 예전에는 민사와 형사의 구별이 없었기 때문에 소송사건을 모두 사송이라 한 것이다. 詞訟衙門(經國大典 刑典 決獄日限)이라 하면, 守令·觀察使·漢城府·刑曹·司憲府 등 사송을 관할하는 京外官衙를 지칭하는 것이며, 外方詞訟(經國大典 刑典 停訟)이라면 수령이나 관찰사가 취급하는 소송을 말한다.

사송유취(詞訟類聚) 詞訟(決訟)에 필요한 규정을 모은 소송상의 要覽. 전라도관찰사 金泰廷의 父 金伯幹이 國家典章이 篇秩浩大하고 節目繁縟하여 考詳이 불편하므로 經國大典·大明律·前後大典續錄 각종 受敎 중에서 사송에 필요한 규정만을 抄出整理하여 편집한 재판의 지침서. 일명 決訟類聚. 聽訟指南. 私撰의 法規集이지만 선조 18년에 김태정이 출판하였다.

사 수(私水) 공공목적에 供用되지 아니하는 水. 公水에 대한 관념. 지하수·自家用井水·源泉水 등과 같이 특정한 장소에 정체하여 다른 곳에 유출하지 않는 것. 그 지방의 관습에 의하는 외에 민법의 원칙에 의하여 규율된다. → 공수, 용수권

사 술(詐術) 사람을 속여 넘기는 술책을 말하는데, 민법은 무능력자가 사술로써 능력자로 믿게 하거나, 法定代理人의 동의를 얻은 것으로 믿게 한 때에는 그 행위를 취소할 수 없다고 규정한다(民 17). 이러한 無能力者는 보호할 가치가 없고, 오히려 상대방을 보호하여 거래의 안전을 꾀하는 것이 타당하기 때문이다. 그러므로 판례는 이 사술을 詐欺보다 훨씬 넓게 해석하여 보통인을 속일 만한 정도의 다소의 머리를 쓴 방법을 강구하면 사술로 된다고 한다. 그리고 본조는 실제상 禁治産者에 관하여는 적용의 여지가 없다고 해석된다.

사실문제(事實問題) 〔英〕 question of fact 〔獨〕 Tatfrage 〔佛〕 question de fait 소송사건의 심판에 있어서 사안의 법률적 판단의 方面(法律問題)에 대하여 그 전제가 되는 사실관계의 확정의 방면을 말한다. ① 민사소송에서는 사실의 인정은 제2심까지의 법원의 專權이므로(民訴 402), 사실

문제는 上告審에서는 다툴 수 없다. ② 형사소송에서는 抗訴審은 법률문제뿐 아니라 사실문제를 심사하고, 상고심은 법률문제만을 원칙적으로 심사하게 되어 있다(刑訴 383). → 법률문제

사실발생지법(事實發生地法) 국제사법상 準據法의 하나. 일정한 사실이 발생한 장소에 시행되고 있는 법을 가리킨다. 사실발생지법은 섭외사법상 사무관리·부당이득·불법행위로 인한 法定債權의 준거법이 되는데(13), 그것은 事務管理地法·不當利得地法·不法行爲地法 등을 포괄하는 개념에 지나지 않는다.

사실상 독점(事實上獨占) → 독점

사실상(事實上)**의 봉쇄**(封鎖) 〔英〕 de facto blockade 〔佛〕 blocus de fait 封鎖를 행하는 국가의 정부가 외교수단에 의하여 중립국일반에게 告知節次를 다하지 아니한 봉쇄. 런던선언은 일반적 고지 및 지방적 고지를 성립요건으로 규정하고 있으므로 사실상의 봉쇄는 인정되지 않는다. → 봉쇄, 봉쇄침파, 지상봉쇄

사실상(事實上)**의 상속포기**(相續抛棄) 상속인 중 한 사람에게 상속재산을 집중시킬 경우에, 포기의 절차를 밟지 않고 하는 경우가 있다. 즉 형식적으로는 共同相續을 하고 있지만, 실제로는 상속인 중 한 사람이 상속재산을 독점하고, 나머지 공동상속인은 相續財産分割請求를 하지 않는 방법이다. 이러한 방법으로는 特別受益證明書(相續分皆無證明書)에 의하는 것과, 相續財産分割協議書에 의하는 방법이 있다. 이 방법들은 부동산 등의 名義變更을 위해 이용된다. 상속재산분할협의서 또는 특별수익증명서의 내용이 사실에 반한 것이더라도 현실적으로 상속재산의 귀속에 관하여 공동상속인 사이에 의견의 일치가 있었을 경우에는, 그것에 의한 등기는 위법이거나 무효가 아니라고 해야 하므로, 積極財産의 귀속 자체는 문제가 없다. 그러나 사실상의 포기는 법률상으로는 취득한 상속분의 포기 내지 양도이므로 상속채무에 대해서는 채권자의 승인없이는 책임을 면할 수 없으며, 따라서 상속채권자와의 사이에는 債務引受 또는 更改가 행하여질 필요가 없다.

사실상(事實上)**의 승인**(承認) 〔英〕 de facto recognition 〔獨〕 de facto Anerkennung 〔佛〕 reconnaisance de facto 國家 및 政府의 承認에 있어서, 신국가 및 신정부가 일단 국가로서 또는 정부로서의 일반적인 승인요건을 구비하지 못하였거나 기타의 정치적 이유로 인하여 영속적인 외교관계의 설정을 목적으로 하지 않고 일시적인 이해관계를 조정하기 위하여 正式承認, 즉 법률상의 승인을 앞두고 과도적으로 하는 승인. 원래 승인은 법률상의 승인을 하는 것이 보통이나 이상과 같은 사정하에서 행해지는 잠정적인 사실상의 승인도 그것이 계속하는 동안 국가로서의 국제법 주체성, 정부로서의 대외적 대표라는 지위가 인정되는 점은 法律上의 承認과 다를 바 없으나, 다만 법률상의 승인과 구별되는 점은 승인이 일시적·잠정적이라는 점, 승인후의 사태 여하에 따라 언제든지 撤回할 수 있다는 점이 근본적으로 다르며, 또한 외교관계라든가 조약관계가 일반적으로 비공식·잠정적이라는 점이 특징이다. 그런데 사실상의 승인은 승인을 하는 국가로서는 尙早의 承認을 피할 수 있는 동시에 일정기간 사태의 歸趨를 靜觀하면서 정식태도를 결정할 수 있다는 장점도 있으나, 그 반면에 언제든지 철회 가능성을 유보하고 있는 점에서 승인을 하는 국가가 정치적으로 이용할 가능성이 다분히 포함되어 있다. → 국가의 승인, 정부의 승인, 상조의 승인, 법률상의 승인

사실상(事實上)**의 이혼**(離婚) 혼인신고를 한 부부가 이혼의 합의를 하고 별거하여 양자 사이에 부부공동생활의 실체가 전연 존재하지 않으면서 이혼신고를 하지 않고 있는 상태를 말한다. 따라서 장차 이혼을 위한 別居의 경우는 사실상의 이혼에 포함되지만, 遺棄에 의한 부부관계의 단절이나 부부간의 분쟁을 냉각시키기 위해 별거는 이에 포함되지 않는다. 민법은 協議離婚을 하나의 要式行爲로 하고 있기 때문에 협의이혼의 신고가 없다면, 협의이혼의 법률적 효과는 생기지 않는다.

사실상(事實上)**의 양자**(養子) 신고가 없는 入養을 말한다. 현행법상으로는 無效가 아니라 不成立으로 본다. 이 사실상의 양자는 事實婚과 같이 다루어진다. 따라서 사실혼의 경우와 같이 입양의 실질적 요건을 결여하더라도, 사실상의 입양으로서 유효로 보아야 한다. 즉 不適齡의 양자, 존속의 양자, 부모 등의 동의를 얻지 않은 양자 등도 상관없으며, 15세미만이라도 의사능력이 있으면 자기가 입양할 수 있고, 부모의 代諾에 의해도 상관없다. 성립요건으로서는 당사자의 입양의사의 합치이고, 효과로서는 사실혼과 같다. 사실상의 양친자관계가 아무리 오래 지속되어도 입양신고가 없는 한, 법률상의 養親子關係는 되지 않는다. 그러므로 법률상의 제반사정들은 발생할 여지가 없다.

사실상(事實上)**의 정부**(政府) 〔英〕 de facto government 〔獨〕 de facto Regierung 〔佛〕

gouvernement de fait 政府의 變更이 革命이나 쿠데타와 같은 비합법적 방법으로 성립한 정부. 이에 대해서 헌법상의 규정에 의하여 합법적으로 성립한 정부를 法律上의 政府라고 한다. 전자의 경우는 그 권력이 당해 국가의 영역일반에 미치느냐 그렇치 않으면 지방의 일부에만 미치느냐에 따라 一般的 事實上의 政府(general de facto government)와 地方的 事實上의 政府(local de facto government)로 구분되는데, 政府承認은 일반적 사실상의 정부에 대해서 행하여진다. 당해 영역일반에 현실적 정치권력을 확립하고 대다수 국민의 복종을 확보하였을 경우에 實效的 政權이 확립되었다고 할 수 있으며, 일반적 사실상의 정부가 수립되었다고 할 수 있다. 그러므로 실효적 정권이 확립되고 일반적 사실상의 정부가 수립되었을 때에 承認의 一般的 要件이 구비되었다고 할 수 있으므로 이런 경우에만 여러 나라는 신정부를 승인할 수 있다. 이와 같은 승인에 있어서의 사실주의는 현재 여러 나라에 의하여 일반적으로 인정되고 있으므로, 실효적 요건이 구비되기 전에 하는 승인은 尙早의 承認으로서 국제법 위법이며 그의 本國에 대한 불법간섭이 된다. → 정부의 승인

사실상(事實上)**의 추정**(推定) 간접사실에서 직접사실을 추인하는 것. 추인의 여부는 自由心證의 문제이므로 반드시 추인하여야만 된다는 것은 아니다. 이 점 法律上의 推定과는 다르다. 그러나 自由心證主義도 經驗法則에 따르는 관계상 추인하지 않으면 경험법칙에 반하는 경우가 있을 수 있다. 추인의 결과 직접사실에 있어서의 擧證의 負擔은 전환되지 않는다. 이러한 의미에서 있어서도 법률상의 추정과는 다르다. → 법률상의 추정

사실상(事實上)**의 회사**(會社) 〔英〕 de facto company or corporation 〔獨〕 de facto Gesellschaft 〔佛〕 société de fait 設立登記로 인하여 회사가 일단 성립하더라도 설립행위 내지 설립절차에 瑕疵가 있어서 設立의 무효 또는 취소의 판결이 있는 경우 회사성립일부터 그 판결이 확정되는 날까지 존재한 無效會社 또는 取消된 會社를 사실상의 회사라 한다. 일반이론상에서는 이러한 회사는 처음부터 법률상 존재하지 아니한 것으로 되어서 회사를 상대로 한 제3자는 회사에 대하여 권리를 가지지 아니하고 다만 회사를 대표한 개인에게 無權代理人으로서 책임을 지울 수 있을 뿐이다. 그러나 일단 設立登記에 의하여 외견상 유효하게 회사가 성립한 이상, 그것을 기초로 사실상 활동이 행하여지고 제3자간에 많은 거래관계가 생기게 되므로, 법률상으로도 이러한 사실을 무시하는 것이 타당하지 아니하다. 따라서 상법은 設立의 無效·取消의 효과와 遡及效를 인정하지 아니한다(190). 그러므로 사실상의 회사가 법적으로도 승인되어서 설립이 무효로 되거나 취소되어도 그 전의 관계에서는 제3자에 대한 회사의 계약상 및 불법행위상의 채무, 회사채무에 관한 사원의 책임, 회사에 대한 사원의 의무, 주식회사의 發起人의 회사와 제3자에 대한 책임 등은 모두 유효하게 성립한 경우와 다름이 없다. 미국법상에서의 사실상의 회사는 州에 의한 직접공격을 받는 외에는 법률상의 회사와 전혀 동일하게 취급되는 것이다. 우리 상법상에서는 설립의 무효·취소의 경우에 위에 설명한 범위내에서만 인정된다.

사실상 이사제(事實上理事制) 계열사 경영에 관여하고 있는 재벌총수들도 해당계열사 不實經營에 대해 재산상의 책임을 지도록 하는 제도. 대다수 재벌총수들이 主力企業이 갖고 있는 持分 등을 통해 계열사 경영을 좌지우지하면서도 법적인 이사직책을 갖고 있지 않아 경영 잘못에 대한 책임을 지지 않았으나 경영에 관여한 사실이 입증될 경우 주주와 채권단 등이 손해배상청구 등의 방식으로 재산상 책임을 물을 수 있어 재벌총수들의 책임경영을 강화할 수 있는 제도이다. 개정상법에 새로 도입된 제도이다.

사실상혼인관계존부확인청구(事實上婚姻關係存否確認請求) 혼인신고없이 사실상 혼인생활을 하는 관계(內緣關係)가 존재하는가 않는가의 확정을 구하는 청구. 사실상 혼인생활을 계속하는 남녀간에 있어서 배우자가 혼인신고에 협력하지 아니할 때 이를 法律婚으로 끌어 올려 상대방에 생길 불이익을 구제하기 위한 가사소송법 2조 1항 나류사건에 있는 제도이다.

사실심(事實審) 〔獨〕 Tatsacheninstanz 소송사건의 법률문제뿐만 아니라, 사실문제까지도 심리판단하는 審級. 法律審에 대한 말이다. 또 영미법에서는 陪審制와의 관계상 제일심과 동의로 사용된다.

[1] 민사소송에서는 제1심과 항소심이 사실심이고, 상고심은 法律審이다. 그 결과 사실의 인정은 사실심법원의 專權에 속하고, 그가 적법히 확정한 사실은 상고심을 羈束한다(民訴 402). 또 판결의 旣判力도 그 소송의 사실심의 辯論終結 당시를 표준으로 하여 미친다(193 I 참조).

[2] 형사소송법상으로는 일반적으로 上告審은 法律審이고, 제1심·항소심은 사실심이라고 한다. 다만 상고심이 법률심이라고 하는 것은 주로 사실문제가 상고이유로 되어 있지 않는 점을 말하는 것이

고, 상고심에서는 사실문제를 일체 심리할 수 없다는 의미는 아니다(刑訴 383 iv 참조). 또 항소심이 사실심이라고 하는 것은 일반적 · 추상적으로 본 경우이며 事實誤認이 항소이유로 되어 있지 아니할 때에는 구체적으로는 법률심이다.

사실심리(事實審理) 구형사소송법상 상소심이 사실의 확정에 영향을 미칠 법령의 위반, 형의 量定의 현저한 부당, 再審事由 또는 현저한 사실의 오인이 있을 때 사실심리개시의 결정을 하고, 스스로 피고사건에 관하여 심리를 하였다(舊刑訴 440, 443). 현행법은 이 제도를 인정하지 않는다.

사실심형청문(事實審型聽聞) 각 당사자가 주장과 증거를 제출하고, 그 상대방은 그에 대한 반박과 반증을 제출할 수 있으며, 당해 행정청은 그 聽聞記錄에 따라 결정하게 하는 청문을 말한다. 이에 반하여 이해관계인의 의견진술이나 증거 기타의 참고자료를 제출할 수 있는 기회가 주어지는데 그치는 청문을 陳述型聽聞이라고 한다.

사실오인(事實誤認) 法院이 證據의 採否 또는 그 평가를 그르쳐서 사실인정의 내용에 잘못이 있는 것. 사실인정이란 일정한 범죄사실의 존재를 증거에 기하여 확립하는 판단작용을 의미하는 것인데, 사실오인은 그러한 판단작용에 잘못이 있는 경우이다. 사실오인은 어떠한 증거의 가치판단을 그르치거나 또는 경험칙을 그르치는 것 또는 증거의 선택을 그르치는 것, 증거의 불충분 등 여러가지 원인에 의하여 생긴다. 사실의 오인이 있어 판결에 영향을 미친 때에는 抗訴理由로 된다(刑訴 361의5 xiv). 또 사형 · 무기 또는 10년 이상의 징역이나 금고가 선고된 사건에 있어서 중대한 사실의 오인이 있어 판결에 영향을 미친 때에는 上告理由로 된다(383 iv).

사실(事實)**의 과실**(過失) → 과실

사실(事實)**의 규범력**(規範力) 〔獨〕 normative Kraft des Faktischen 사실적인 것이 가지는 규범력. 사실 속에 규범으로 化할 힘이 내재하고 있다고 하는 사상에 근거한다. 事實의 規範力說을 강조한 것은 옐리네크(Georg Jellinek)이다. 그는 慣行이라는 사실로부터 관습, 더나아가서 慣習法이라고 하는 규범이 생기는 것, 또한 혁명이라는 사실에 의하여 종래의 규범체계가 부정되고, 새로이 창설된 규범체계가 효력을 가지게 되는 것 등을 사실의 규범력으로 설명한다. 법과 사실의 관련성의 문제에 관하여 시사하여 주는 바 많지만, 그것이 法存立의 기초를 오직 사실의 힘에서만 구하는 것을 의미한다면, 法實力說과 직접 결합하게 된다.

사실(事實)**의 착오**(錯誤) 〔羅〕 error facti 〔英〕 ignorance or mistake of fact 〔獨〕 Tatirrtum, Tatsachenirrtum 〔佛〕 erreur de fait → 착오

사실(事實)**의 흠결**(欠缺) 〔獨〕 Mangel am Tatbestand 構成要件의 欠缺이라고도 하며, 구성요건의 요소 가운데서 因果關係에 속하는 부분을 제외한 부수적 요소, 즉 행위의 주체 · 객체 · 수단 · 상황 등의 요소가 결여되어 있는데도 불구하고 행위자는 이것을 존재하는 것으로 오신하여 행위하는 경우를 말한다(→ 환각범). 사실의 흠결에 관하여 종래에는 未遂犯이 될 여지가 없다든가 不能犯과도 별개의 不可罰의 경우라고 생각되었다. 그런데, 構成要件的 身分을 缺하는 경우(예컨대, 非公務員이 뇌물을 수수한 때) 또는 행위의 상황을 缺하는 경우(예컨대, 화재시가 아닌데 진화용의 시설을 파괴한 때)에는 일리가 있지만, 행위의 객체 · 수단에 착오가 있는 경우에는 위험성이 있는 한, 현행형법(27)상은 不能未遂(미수범의 일종)가 된다(→ 불능미수).

사실(事實)**인 관습**(慣習) 〔獨〕 Verkehrssitten 〔佛〕 usages admis dans les affaires 사회의 法的 確信에 의하여 지지되기에까지 이르지 않는 관습. 즉, 단순히 사회에서 행하여지는 習俗에 지나지 않는 것이며, 法的 規範力을 가지지 않은 관습. 따라서 민사상의 法源으로 인정되어 있는 慣習法(民 1)은 아니며, 다만 법률행위의 내용을 결정하는데 있어서 표준이 될 수 있을 따름이다. 즉, 법률행위의 해석에 있어서 법령 중의 선량한 풍속 기타 사회질서에 관계없는 규정(任意規定)과 다른 관습이 있는 경우에, 법률행위의 당사자의 의사가 명확하지 않은 때에는, 그 법률행위의 내용은 그 관습에 따라서 결정된다고 하는 것과 같은 것(106)이 그것이다. 그러므로 당사자가 그러한 관습의 존재를 알지 못했을 때에는, 당사자가 특히 이를 배척하지 않는 한 이를 적용할 것으로 해석되고 있으므로 결과적으로 임의규정에 우선한다. → 관습법

사실인정(事實認定) 〔英〕 fact-finding 재판의 기초가 되는 사실의 존부에 관한 법원의 판단. 법관의 가장 중요하고도 곤란한 임무의 하나로서, 오랜 법정경험과 풍부한 見識을 요한다. 그 본질은 적용되어야 할 법규를 指導形象으로 하여, 구체적 사실을 추상화하는 것이다. 순수한 辯論主義가 행하여지는 범위에서는 당사자간에 다툼이 있는 사실에 한하여 법원의 사실인정에 따른다. 사실인정은 證據의 價値判斷에 의하지만, 증거방법의 범

위와 증거가치를 결정하여 법관의 판단을 제한하는 것을 法定證據主義, 법률상 아무런 제약을 설정하지 않고 法官의 구체적 경우에 있어서의 자유로운 판단에 맡기는 것을 自由心證主義라고 한다.

사실행위(事實行爲) 〔獨〕 Realakt 표시된 의식내용을 문제로 하지 아니하고 단지 행위가 행하여지고 있다는 사실 또는 그 행위에 의하여 생긴 결과만에 대하여 법률효과가 부여된 행위. 외부적 결과의 발생만으로써 법률효과를 인정해 주는 純粹事實行爲(예컨대 果實의 분리행위, 물건의 파괴행위)와 어떤 의식과정이 내포되고 있어야 하는 混合事實行爲(예컨대 先占·拾得·埋藏物發見·添附·事務管理 등)가 있다. 전자는 결과의 발생만을 문제로 한다는 의미에서 사건과 같으며, 따라서 전자를 사건에 포함시키고 후자는 사실행위로부터 구별해서 법률적 행위 중의 非表現行爲로 하는 분류방법도 있다. →법률요건, 법률사실, 법률행위, 준법률행위, 법률적 행위

사실혼(事實婚) 사실상 부부이면서도 혼인신고를 하지 않았기 때문에 법률상의 부부로서는 인정할 수 없는 상태. 內緣이라고도 한다. 처음에는 법률상 아무런 효과도 인정하지 않았지만 판례는 이른바 婚姻豫約으로서 어느 정도의 효과를 인정하게 되었다. 그러나 오늘날 판례·학설은 나아가서 사실혼을 사회의 풍속·도덕과 법률과의 불일치로 말미암아 생긴 하나의 婚姻에 準하는 관계(準婚)로 다루고자 하는 것이 일반적이다. 이러한 판례·학설에 따라서 민법 이외의 특별법령 특히 구체적으로 타당한 구제를 지도이념으로 하는 사회보장제도에 있어서는 사실상의 妻에 대하여 법률상의 혼인에 준하는 효과를 인정하였다(예컨대 勤基施 44, 公年金 3 I ii). 그러나 그렇다고 하여 사실혼을 전면적으로 法律上의 婚姻과 동일시할 수는 없기 때문에 법률은 더욱 적극적으로 사실상 혼인관계에 있는 당사자의 일방은 법원의 심판을 받음으로써 혼인신고를 할 수 있는 길을 열어 놓았다(戶 76의2, 家訴 2 I 가.(2).1)(→사실상혼인관계존부확인청구). 사실혼은 당사자의 합의에 의거하여 事實上 夫婦로서의 공동생활이 존재하게 되면 성립한다. 儀式 기타의 형식을 필요로 하지 않는다. 사실혼의 효과로서 가장 중요한 것은 전술한 심판청구 이외에 부당파기자의 책임을 비롯하여 혼인의 신분적 효과는 일반적으로 인정하여도 좋을 것이다. 즉, 同居·扶養·協助·貞操의 의무 등은 인정하여야 한다. 재산관계에 관하여는 일상가사에 관한 連帶責任·婚姻費用의 부담문제 등은 부부와 동일하게 다루어도 좋을 것이다. 그러나 기타의 법률관계에 관하여는 동일하게 다룰 수 없다. 즉 親族關係의 발생, 出生子의 嫡出性 등은 인정할 수 없다. 사실혼은 당사자일방의 사망, 또는 사실상 이혼의 합의에 의하여 해소될 수 있는 것은 물론이지만, 당사자일방이 이것을 파기하고 사실상 공동생활을 행하지 않게 되면 그 원인의 여하를 묻지 않고 해소된다고 보아야 할 것이다.

사실혼부부간(事實婚夫婦間)**의 자**(子)**의 법적 지위**(法的地位) 사실혼부부 사이에서 출생한 子, 즉 사실혼 중에 胞胎되어 사실혼 중에 출생한 자는 혼인외의 子가 된다. 이 때는 법률적으로 母와의 관계는 해산이라는 사실에서 母임을 확인할 수 있지만, 부자간의 친자관계는 확정되지 않은 채 남는다. 여기에는 認知가 다시 필요하다. 따라서 父의 인지가 없는 한, 사실혼부부 사이에 子는 母의 姓과 本을 따르고 母家에 入籍하게 되며(民 781 Ⅱ), 母의 親權에 복종하게 된다(909 Ⅳ). 또한 母와 그 혈족 사이에는 서로 부양관계가 발생하여 의무를 진다(974 이하). 父가 인지하면 부자간에 법적 친자관계가 발생하므로(855), 父의 姓과 本을 따르고 원칙적으로 父家에 입적한다(781 I, 782 I).

사실혼주의(事實婚主義) 사회의 관습상 혼인으로 인정할 만한 사실관계를 곧 법률상의 혼인으로 보는 입법주의. 形式婚主義에 대하는 말. →사실혼

사실확정(事實確定) 법원이 재판에 관하여 참작할 것으로서 일정한 사실의 존재 또는 부존재를 결정하는 것. 판결의 내용은 사실의 확정과 법령의 적용으로 이루어진다. 민사소송에서는 사실의 확정은 辯論主義·自由心證主義 및 證據法規에 따를 수 있고 不要證事實은 그대로, 要證事實은 법관의 事實認定 또는 擧證責任分配의 原則의 적용에 의하여야 한다. 사실심의 판결에 있어서 적법하게 확정된 사실은 상고법원을 기속한다(民訴 402). →사실인정

사업설명서(事業說明書) 증권거래법상 유가증권의 모집·매출을 위해서 일반에게 제공하는 그 유가증권발행회사의 사업에 관한 설명을 기재한 문서. 그 작성과 사용이 강제되고(證去 12,13), 그 허위기재 등의 경우에는 엄중한 손해배상책임이 지워지며(14~16), 有價證券申告書의 첨부서류의 하나로 되어 있다(證去施 6).

사업소득(事業所得) 농업·임업·수렵업·수산업·광업·전기가스 및 수도사업·제조업·가사서비스업·금융 및 보험업·건설업 기타의 사업(그 범위는 대통령령으로 정한다)으로부터 생기

는 소득(所得 19 I). 소득세의 과세물건인 종합소득의 일종으로서 그 금액은 당해년도의 총수입금액에서 이에 소요된 필요경비를 공제한 금액으로 한다(19 II).

사업소세(事業所稅) 〔英〕 workshop tax 사업소 소재지의 환경개선 및 정비에 필요한 비용에 충당하기 위하여 부과하는 시·군의 目的稅이다(地稅 243~251). 사업소세는 1976년 12월 31일 지방세법 개정시 신설되어 과세대상지역을 시지역에 한정하였었으나, 1979년 3월 21일 지방세법시행규칙 개정시 정부가 지정한 공업단지가 있거나 공장·광산·관광시설 등이 있는 읍·면지역까지 확대되었다. 사업소세는 應益課稅原則과 原因者負擔原則을 실현하기 위한 특수목적의 조세이다. 즉, 사업소경영자는 지방행정에 따른 수혜도가 일반주민보다 높은 반면에 사업소를 경영함으로써 지방자치단체의 재정수요를 더 많이 유발시키기 때문에 수혜자부담원칙과 원인자부담원칙에 따라 설치된 稅目이다. 사업소세의 종류는 사업소 연면적을 기준으로 연 1회 과세하는 財産割과 종업원의 급여총액을 기준으로 월 1회 과세하는 從業員割로 나누어진다.

사업예견서(事業豫見書) 〔英〕 prospectus 〔獨〕 Prospekt 〔日〕 目論見書 주식·사채 등의 유가증권의 모집·매출을 위하여 일반에게 제공하는 그 유가증권발행회사의 사업에 관한 설명을 기재한 문서. 상법상 募集設立·新株發行時의 주식인수는 회사의 相互·資本·利益配當 등의 사업에 관한 중요한 사항을 기재(302)한 株式請約書에 의하도록 되어 있고(420), 사채모집에 있어서도 社債引受는 사채청약서에 의하도록 되어 있으므로(474), 사업예견서의 작성·사용은 강제되고 있지 않다. 다만 일반공중을 보호하기 위해서 그 허위의 기재에 대하여는 5년 이하의 징역 또는 1,500만원 이하의 벌금에 처하는 제재가 있다(627). 증권거래법의 적용을 받는 대규모의 모집에 있어서는 소정의 사업설명서를 작성·사용하여야 한다(證去 12,13). → 사업설명서

사업인정(事業認定) 특정한 사업이 토지의 公用收用을 할 수 있는 공익사업에 해당함을 인정하여(土收 3,4 IV), 사업자를 위하여 차후의 일정한 절차를 거칠 것을 조건으로 하여 內容確定의 收用權을 설정하는 행정처분. 그 법적 성질은 確認行爲가 아니라, 設權的 形成行爲이며, 다만 그 權利(收用權)는 조건부권리라는 것 뿐이다. 건설교통부장관이 사업인정을 하는 때에는 지체없이 그 뜻을 起業者·土地所有者·관계인 및 관계도지사에게 통지하고, 관보에 고시하여야 한다(16 I). → 토지수용, 토지세목공고

사업자단체(事業者團體) 사업자로서의 공통한 이익을 증진함을 그 목적에 포함하는 2개 이상의 사업자의 결정체임을 기본적인 요건으로 하는 단체. 그 形態(회사·사단법인 그 밖의 사단·재단법인 그 밖의 재단·조합계약에 의한 結合體 등), 법적 근거, 등기, 법인격, 영리목적, 사업규모의 여하를 불문하고 극히 광범하다.

사업장단위(事業場單位)**의 효력확장제도**(效力擴張制度) 하나의 사업 또는 사업장에 常時 사용되는 동종의 근로자의 반수 이상이 하나의 團體協約의 적용을 받게된 때에 당해사업 또는 사업장에 사용되는 다른 동종의 근로자에 대하여 협약의 효력을 확장하는 제도이다(勞整 35). 이 제도는 당해 사업장에서의 同一勤勞·同一勤勞條件을 실현하고 미조직근로자를 보호하기 위한 공익적 배려에서 설정된 것이다.

사업제한(事業制限) 일정한 공익사업의 효율적인 수행을 도모하기 위하여 하는 負擔制限을 말한다. 일정한 공익사업의 효과적이고 원활한 수행을 확보함과 동시에 공익사업에 대한 장애를 예방하기 위하여 당해 公益事業用地, 그 인접지 또는 예정지의 재산권에 대하여 가하여지는 공법상의 제한이다.

사업협동조합(事業協同組合) 중소기업 등의 협동조합의 하나(中協 3 ii). 共同施設을 중심으로 하는 가장 보편적인 협동조합. 공동시설, 사업자금의 조합원에 대부 및 조합원을 위한 차입, 복리후생시설, 교육정보관계시설, 단체협약체결 등의 전부 또는 일부를 그 사업으로 한다.

사영보험(私營保險) 〔英〕 private insurance 〔獨〕 Privatversicherung 〔佛〕 assurance privé 私人이 경영하는 보험. 사영보험은 사경제적 목적으로 경영되는 것이 원칙이므로 私保險이라고도 한다. 그러나 엄밀하게 본다면, 그 성질은 公保險에 속하지만 편의상 사인으로 하여금 경영하게 하고, 재보험 등의 방법으로 실질상 국가 기타의 공법인이 궁극의 책임을 지는 경우가 있다. 국가 기타의 공법인이 경영하는 보험을 公營保險이라고 한다.

사외이사(社外理事) 대주주의 영향을 받지 않는 대학교수, 변호사, 공인회계사, 언론인, 퇴직관료 등 기업 외부사람이 그 회사의 이사를 맡는 제도. 經營監視를 통해 투명한 회사운영을 꾀하고

기업 이미지를 쇄신하는 것은 물론 전문가를 경영에 참여시켜 그 지식을 기업에 활용하자는 것이 목적이다. 미국의 경우 상장기업 이사 가운데 평균 45.4%가 외부이사로 구성되어 있다. 국내 기업들은 오랫동안 소액주주나 전문경영인의 의견을 무시하고 사실상 개인기업처럼 운영하는 것이 관행처럼 돼 왔지만 국제통화기금(IMF)지원 이후 株總부터 기업의 투명성을 높이기 위해 사외이사를 도입하는 회사가 늘고 있다. 하지만 아직 초기라 名目上 社外理事를 임명하는 경우가 적지 않고, 한 사람이 여러 기업 사외이사로 중복 선임되는 경우마저 보이고 있다.

사용대차(使用貸借) 〔羅〕 commodatum 〔獨〕 Leihe 〔佛〕 prêt à usage, commodat 당사자의 일방(貸主)이 상대방(借主)에게 무상으로 사용·수익하게 하기 위하여 목적물을 인도할 것을 약정하고, 상대방은 이를 사용·수익한 후 그 물건을 반환할 것을 약정함으로써 성립하는 契約(民 609~617). 친구로부터 대가를 지급하지 아니하고 서적을 빌려서 읽은 후에 반환하기로 하는 하는 계약 등과 같다. 無償·片務·諾成契約·使用貸借는 借用物 그 자체를 반환하는 점에 있어서 消費貸借와 서로 다르다. 또 사용대차는 무상인 점에 있어서 임대차와 서로 다르나, 목적물 자체를 반환하는 점에 있어서는 임대차와 동일하다. 貸主는 借賃을 받지 아니하므로, 借主로 하여금 물건을 사용·수익할 수 있도록 협력할 의무(목적물의 修繕義務 등)를 지지 아니하고, 또한 원칙으로 담보책임을 지지 않는 점에서 有償契約인 임대차와 다르다(612, 623 참조). 借主의 사용·수익은 그 목적물의 성질에 의하여 정하여진 용법에 좇아서 하여야 하며, 貸主의 승낙이 없으면 제3자에게 그 借用物을 사용·수익시킬 수 없다(610). 또 借主가 사망한 때에는 계약을 해지할 수 있다는 규정을 두고 있다(614).

사용료(使用料) 물건 또는 권리의 사용의 대가로서 지급되는 금전. 公物의 관리자가 공물의 사용에 대하여 사용료를 징수하는 것과 같은 것이 그 예. 보통은 공법상의 사용관계에 있어서의 사용의 대가를 사용료라 하고 强制徵收 등 공법상의 특별취급이 인정되고 있다.

사용수익권(使用受益權) 물건을 그 용도에 따라서 사용하거나 또는 그로부터 생기는 天然果實을 수취하거나 혹은 타인에게 사용시켜 地料·小作料 따위의 法定果實을 수취하는 권리 또는 기능의 권리를 가진 자는 원칙적으로 所有權者이다(民 211).

사용임대차(使用賃貸借) 〔獨〕 Miete 독일민법상 물건의 사용만을 목적으로 하고 그 수익을 포함하지 아니하는 賃貸借(獨民 535 이하). 用益賃貸借에 대한다. 대지가옥의 임대차는 그 전형적인 것. 우리 민법은 이 구별을 두지 않고, 임대차의 경우에는 모두 물건의 사용 및 수익을 할 수 있는 것으로 한다.

사용자(使用者) 〔英〕 employer 〔獨〕 Arbeitgeber 雇傭契約(勤勞契約)에 있어서 노무를 제공할 것을 약정한 상대방(근로자)에 대하여, 보수(임금)를 지급할 것을 약정하는 자(民 655, 756). 그러나 근로기준법과 노동조합 및 노동관계조정법에서는 사업주 또는 사업경영담당자 기타 근로자에 관한 사항에 대하여 사업주를 위하여 행위하는 자를 말한다(勤基 15, 勞整 2ⅱ).

사용자단체(使用者團體) 근로자가 노동조합을 결성하고, 團體交涉을 하는 것에 대응해서 사용자간에 결성되는 단체. 이는 職業別·産業別의 노동조합에 대응하여 결성하고, 勞使의 대등교섭을 확보함과 동시에, 근로관계의 통일적 처리를 실현하려고 한다. 소속 사용자와 상대방조합 및 조합원간의 노동관계를 규정하는 團體協約을 체결할 능력(협약능력)을 가지고 있다. → 노동조합, 단체협약, 단체교섭권

사용자위원(使用者委員) 勞動委員會에 있어서 사용자를 대표하는 위원. 사용자단체에서 추천한 자 중에서 중앙노동위원회의 위원은 대통령이, 특별노동위원회의 위원은 당해 주무부장관이, 지방노동위원회의 위원은 노동부장관이 각각 위촉한다(勞委 6Ⅱ). 임기는 3년이나, 연임할 수 있으며, 補闕委員의 임기는 전임자의 잔임기간이다(7). → 특별조정위원

사용자(使用者)의 부당노동행위(不當勞動行爲) 〔英〕 unfair labor practice 노동조합운동에 대한 사용자의 방해행위. 조합이 자주적으로 이를 방위할 수 있을 정도로 강력하지 못한 경우에는 국가기관이 이를 배제함으로써 건전한 勞使關係를 육성할 것이 요청된다. 이는 원래 미국에서 노동조합운동에 대한 사용자의 방해행위를 배제하고, 조합의 御用化를 방지함은 물론, 아울러서 노동조합의 조직화를 촉진하기 위해서 1935년 와그너法이 최초로 채택한 제도이다. 우리 헌법에서도 근로자에게 團結權·團體交涉權·團體行動權을 보장하고 있는 이상(33), 이러한 방해행위는 그 자체 위법이 되는 것이지만, 조합의 조직력이 충분히 강력하지 못한 관계로, 노동조합의 건전한 발달을 조성하기 위해서 노동조합 및 노동관계조정법에서도 不當勞動

行爲制度의 규정을 채택하게 된 것이다. 1963년 개정 이전의 노동조합법에서는 그 違反에 대한 처벌을 하였을 따름이었던 것을, 새 노동조합 및 노동관계조정법은 부당노동행위를 배제하는 原狀回復主義를 취하고 있다(81~86). 부당노동행위로서 금지되는 행위는 사용자가 ① 직접 개개의 근로자에 대해서, ㉠ 근로자가 노동조합에 가입 또는 가입하려고 한 것, 또는 조합을 조직하려고 한 것, 기타 조합의 업무를 위한 정당한 행위를 한 것, 혹은 정당한 단체행동에 참가한 것, 기타 不當勞動行爲의 신고를 한 것, 또는 그에 관한 증거를 제출하고 증언을 한 것 등을 이유로 하여, 그 근로자를 해고하거나 불이익처우를 하는 것, ㉡ 이른바 黃犬契約을 맺는 것(단 클로즈드 숍 協定에 의한 해고는 그러하지 않다). ② 노동조합을 대상으로 하여 ㉠ 정당한 이유없이 단체교섭을 거부하거나 해태하는 것, ㉡ 조합의 조직·운영에 지배·개입하거나 경리상의 원조를 하는 것 등이다. 이러한 행위가 있었을 경우에는 근로자 또는 조합은 관할 勞動委員會(일반적으로는 지방노동위원회, 경우에 따라서는 특별노동위원회)에 3월 이내에 不當勞動行爲救濟의 신청을 할 수 있다. 노동위원회는 이를 조사·심문하여 부당노동행위가 성립한다고 인정한 경우에는 復職 기타 原狀回復命令, 단체교섭에 응하여야 한다는 명령, 또는 經費援助의 中止命令 등을 내린다. 결정에 불복이 있는 관계당사자는 중앙노동위원회에 再審을 신청할 수 있으며, 이에 불복이 있는 관계당사자는 다시 행정소송을 제기할 수 있도록 明定되어 있다. 救濟命令에 위반하거나, 확정된 棄却決定 또는 再審判定에 따르지 않은 자는 2년 이하의 징역 또는 2,000만원 이하의 벌금에 처한다(勞整 90). 또한 태프트하틀리법과는 달리, 근로자의 부당노동행위(예: 부당한 단체교섭거부)는 인정되지 않는다.

사용자책임(使用者責任) 〔英〕 vicarious liability of master 〔獨〕 Haftung des Geschäftsherrn für einen Verrichtungsgehilfen 〔佛〕 responsabilité des maîtres ou commettants 어떤 사업을 위하여 타인을 사용하는 사용자는 被用者가 그 사업의 집행에 관하여 제3자에게 가한 不法行爲로 인한 손해를 배상하지 않으면 안된다고 하는 책임(民 756 Ⅰ 本). 사용자의 賠償責任이라고도 한다. 사용자는 피용자의 선임 및 그 사무감독에 상당한 주의를 한 때 또는 상당한 주의를 하여도 손해가 있을 경우에는 책임을 면한다(756 Ⅰ 但). 그리고 사용자에 갈음하여 그 사무를 감독하는 자도 사용자와 같은 책임을 진다(756 Ⅱ). 사용자 또는 감독자가 책임을 진 때에는 피용자에 대하여 求償權을 행사할 수 있다(756 Ⅲ). 사용자책임은 민법이 규정하는 特殊的 不法行爲의 일종이다. 근대법은 자기의 과실에 대해서만 책임을 진다고 하는 自己責任·過失責任의 原則을 취하는데 사용자책임은 타인의 불법행위에 관해서 책임을 지고 자기의 직접적인 과실없이 책임을 진다고 하는 점에서 책임무능력자의 감독자의 책임(755), 工作物占有者 등의 책임(758), 動物占有者의 책임(759)과 함께 예외를 이루고 있다.

사용절도(使用竊盜) 〔羅〕 furtum usus 〔獨〕 Gebrauchsdiebstahl 타인의 재물을 일시사용한 후 곧 반환할 의사로써 자기의 점유에 옮기는 것. 예컨대 잠시 타고 돌아 올 작정으로 타인의 자동차를 무단으로 사용하는 행위이다. 사용절도가 竊盜罪가 되느냐에 관하여, 통설·판례는 不法領得의 意思가 없다는 것을 이유로 절도죄가 되지 않는다고 한다. 즉, 領得의 意思에 있어서, 반드시 소유권의 내용의 행사에 관한 영속성을 요구하는 것은 아니므로 단지 일시사용의 의사가 있다는 것만으로는 영득의 의사를 부인할 수 없느나, 권리자의 배제에 관한 완전성은 필요하다고 보므로 일시사용후 곧 반환하려는 의사가 있는 때에는 그 排除性이 불완전하다고 보아야 할 것이며, 이 점에서 사용절도가 인정될 여지가 있다. 다만 영득의 대상이 물체 그 자체가 아니라 그 가치인 때에는 가치를 소비할 의사가 있으면 영득의 의사가 있다고 보아야 할 것이다. 한편 절도죄의 주관적 요건으로서 不法領得의 意思는 필요없다고 하는 설에 의하면, 사용절도의 경우도 절도죄가 성립하게 된다.

사용점유보험(使用占有保險) 〔英〕 use and occupancy insurance 점포 등의 화재의 경우에 건물의 상실 이외에 영업중지로 인하여 생기는 손해의 塡補를 목적으로 하는 화재보험.

사용제한(使用制限) 특정한 공익사업 기타의 복리행정을 위해서나 일정한 물건의 효용을 확보하기 위하여 그 공익사업의 시행자 등의 타인의 재산을 강제적으로 사용하고, 반대로 그 재산권자는 사업자 등의 사용을 受忍할 公法上의 의무를 지는 것을 말한다. 公用使用이라고도 한다.

사용증명서(使用證明書) 근로자가 퇴직하는 경우에, 그의 청구에 따라서, 사용기간·업무의 종류·지위·임금에 대해서 사용자가 교부하는 증명서. 근로자가 한 직장을 퇴직하고 다른 직장에 취직하려고 할 때에는, 전직장에 있어서의 임금·技能·지위 등의 증명이 유력한 자료로 되는 경우가 많은 까닭에, 근로자가 이를 청구한 경우에는 이를 교부하여야 한다는 것을 사용자의 의무로 하였다. 따라서 근로자가 청구하지 않은 사항이나, 근로자의 취업을 고의로 방해할 목적을 가지고 비밀기호를 기입하거나 虛僞行爲를 하여서는 아니된다(勤基 38, 39). →블랙 리스트

사용후핵연료처리(使用後核燃料處理) 원자로의 연료로서 사용된 핵연료물질 또는 기타의 방법으로 原子核分烈을 시킨 핵연료물질을 연구 또는 시험을 목적으로 취급하거나, 물리적·화학적 방법으로 처리하여 핵연료물질과 기타의 물질로 분리하는 것을 말한다(原子力法 2).

사 원(社員) 〔英〕member 〔獨〕Mitglied 社團의 구성원. 주식회사에서는 株主라고 한다. 사단은 복수인의 결합체이므로 사원은 2인 이상임을 요하는 것이 원칙이지만, 주식회사에서는 주주로 될 자가 3인 이상임을 요하며(商 288), 有限會社에서는 특별한 경우를 제외하고 사원이 50인을 초과하지 못한다(545). 사원은 사원으로서의 지위에 기인해서 社團에 대하여 여러가지의 권리를 가지며 의무를 부담한다. 권리로서는 利益配當請求權·殘餘財産分配請求權 등의 自益權과 의결권·각종의 감독권 등의 共益權이 있으며, 의무로서는 出資의 의무가 있다. 이러한 권리·의무를 포괄하는 1개의 권리 내지 법적 지위로서 사원권이란 개념이 보통 사용된다. 사원권의 내용을 이루는 이 권리·의무에 관하여는 個人法上의 권리의무와는 달리 단체법에 특유한 여러가지의 法理가 인정된다. 사원권의 구체적 내용은 사단의 종류에 따라 다르다. →사원권

사원권(社員權) 〔獨〕Mitgliedschaftsrecht 社團法人을 구성하는 사원이 사원으로서의 지위에 기하여 그 法人에 대하여 가지는 포괄적인 권리. 주식회사에서는 株主權이라 불리고 있다. 사원권에 포함되는 구체적인 권리는 그 성질에 따라 다음의 두 가지로 대별된다. ① 自益權. 사원 자신의 경제적 이익을 위하여 존재하는 권리로서 영리법인에 있어서의 利益配當請求權·殘餘財産分配請求權, 비영리 법인에 있어서의 施設利用權이 그 예이다. ② 共益權. 법인 자체 또는 사원공동의 목적을 위하여 존재하는 권리로서 의결권·소수사원권(少數株主權)·각종의 감독권·업무집행권(人的會社의 경우) 등이 그 예이다. 사원의 법인에 대한 이러한 각종의 권리를 일원적으로 概念構成을 할 수 있다는 입장에 대하여 부정하는 입장도 있으며, 인정하는 입장에 있어서도 사원권의 본질에 관하여 논의가 대립되고 있으나, 근래의 통설은 사원의 권리에다 사원으로서의 의무를 합하여 사원의 法人에 대한 법률상의 지위로 이해하고 있다.

사원권증권(社員權證券) 사원으로서의 지위를 표창하는 유가증권. 株券, 持分證券 등이 그것이다. 背書에 의하여 양도할 수 있는 것이 원칙이나, 유한회사의 지분증권은 指示式 또는 無記名式으로 발행하지 못한다(商 555).

사원국적주의(社員國籍主義)〔國際私法上〕 회사의 國籍決定에 관한 학설 중, 사원의 국적에 따라서 회사의 국적을 결정해야 한다는 견해를 말한다. 그러나 이 견해는 회사의 국적을 정하는데 있어서 사원의 국적으로써 표준삼는 이유를 설명할 수 없으며, 또 내외국인을 사원으로 하는 경우에 국적을 결정하지 못하는 문제점이 있다.

사원명부(社員名簿) 社團法人의 사원에 관한 사항을 명백히 하기 위한 장부. 주식회사의 경우에는 株主名簿라고 한다. 합명회사·합자회사에서는 특히 이것에 관한 규정을 두고 있지 않으며, 有限會社에서는 이사가 이를 본사에 비치하고(商 566 Ⅰ), 사원명부에는 사원의 성명, 주소와 그 出資座數를 기재하여야 한다(566 Ⅱ). →주주명부

사원법(寺院法) 〔羅〕ius canonicum 〔英〕canon law 〔獨〕Kirchenrecht 〔佛〕droit canonique 敎會法과 같다. 다만 로마·가톨릭교회의 교회법에 대하여, 英國國敎會의 법규를 사원법이라고 부르는 자도 있다.

사원총회(社員總會) 〔英〕general meeting 〔獨〕Mitgliederversammlung 〔佛〕assemblée générale 사단의 구성원인 사원 전원으로써 구성하는 총회. 즉, 그 사단의 최고의결기관. 그러나 주식회사에서는 사원총회를 특히 株主總會라고 부른다. 따라서 보통은 주로 非營利社團法人 또는 유한회사의 총회를 가리킨다. ① 비영리사단법인의 사원총회에는 매년 1회 이상 소집되는 通常總會와 이사 또는 감사가 필요하다고 인정한 경우 또는 총사원의 5분의 1 이상이 청구한 경우에 소집되는 臨時總會가 있다(民 67 ⅳ, 69, 70). 소집자는 이사이지만 감사도 필요있는 때에는 소집할 수 있다(67 ⅳ). 총회의 소집은 1주간 전에 그 회의의 목적사항을 기재한 통지를 발하여서 하여야 한다(71). 각 사원의 결의권은 평등이며, 書面이나 代理人에 의한 결의권의 행사도 가능하다(73). 총회의 결의는 보통은 사원 과반수의 출석과 출석사원의 결의권의 과반수로써 하지만, 定款變更에는 총사원의 3분의 2 이상의 동의가 있어야 하며, 解散決議에는 총사

원의 4분의 3 이상의 동의가 있어야 한다(42, 75, 78). 사원총회의 권한은 定款으로 이사 또는 기타 임원에게 위임한 사항 이외의 모든 사항에 미친다(68). ② 有限會社의 사원총회에는 주주총회에 관한 규정이 준용된다(商 578). 사원총회는 법령이나 정관에 위반하지 않는 한 회사영업에 관한 모든 사항을 결정할 수 있으며, 총회의 소집은 보통 이사가 하되, 少數出資權者도 일정한 요건하에 소집청구를 하거나 또는 직접 소집할 수 있다(571 Ⅰ, 572). 총회의 소집절차에는 특별한 규정이 있으나(571 Ⅱ·Ⅲ), 총사원의 동의가 있으면 소집절차를 밟지 않고 총회를 열 수 있다(573). 각 사원은 出資 1座마다 1개의 議決權을 갖지만, 정관에 다른 규정을 둘 수도 있다(575). 普通決議에는 總社員의 의결권의 과반수를 가지는 사원이 출석하고 그 의결권의 과반수로써 하여야 하지만(574), 特別決議에는 총사원의 반수 이상이며 총사원의 의결권의 4분의 3 이상을 가지는 자의 동의가 있어야 한다(585 Ⅰ, 587, 609 Ⅱ 등). 또, 총사원의 동의가 있거나 결의의 목적사항에 대하여 총사원이 서면으로 동의한 때에는 총회를 소집하지 않고 서면으로 결의할 수도 있는데, 그 결의는 총회의 결의와 동일한 효력을 가진다(577)(→서면결의). →주주총회

사유공물(私有公物) 私人이 소유권를 가지는 공물. →공물

사유재산비몰수(私有財産非沒收)**의 원칙**(原則) 開戰時 交戰國領域內에 있는 적의 사유재산 및 점령지내의 적의 사유재산은 몰수하지 못한다는 원칙. 일반적으로 육지에 있는 적의 사유재산은 비몰수를 원칙으로 하나, 해상에서의 경우에는 몰수를 원칙으로 한다. 陸戰規則 46조는 점령지에서의 적의 사유재산비몰수를 규정하였고, 53조 2항에는 단지 평화회복시에 반환 또는 손해배상을 조건으로 하여 교통통신기관·貯藏兵器 기타의 군수품을 압수·사용할 수 있다고 하였다. 開戰時 敵港內에 있는 私有商船에 상당한 은혜기간을 부여할 것이 희망되며(戰時 敵의 商船의 取扱에 관한 條約 1Ⅰ), 몰수의 면제는 의무적이다(3 Ⅰ). 船積의 사유재산에 관하여는 꼰솔라또 델 마레主義·敵性感染主義·國旗主義 등 국제관행은 일치하지 않으나 중립선내의 적의 사유재산은 戰時禁制品을 제외하고는 포획할 수 없다(파리宣言 2)고 한다. 그러나 전시금제품의 범위가 점차 확대되는 경향에 있으므로 사실상 해상에서의 적의 사유재산비몰수는 보장이 없는 것이라고 생각된다. →점령, 적산, 포획, 파리선언, 전시금제품

사유재산제도(私有財産制度) 〔英〕 private property 〔獨〕 Privateigentum 〔佛〕 propriété privée 넓은 뜻으로는 原始共産制에 대하여, 재산의 私有를 인정하는 그 후의 제도를 말한다(사유재산의 起源 등이라고 할 때). 그러나, 근대의 사회제도의 1특색으로서 말할 때에는, 모든 재산 특히 토지 기타 천연자원, 공장 등의 생산시설을 사인의 소유로 하고, 국법으로써 이것을 보호하고, 원칙으로 소유자의 자유로운 管理處分에 맡기는 제도를 의미한다. 이 의미에서는 이것은 근세초기의 個人主義思想에 의하여 확립되고, 契約自由의 原則과 더불어 자본주의문명의 원동력으로 되었다. 그러나 자본주의가 고도의 발달을 함에 따라, 재산의 집중이 생기고, 이 원칙을 형식적으로 관철하는 것은 無産階級의 생존을 위협할 뿐만 아니라, 재화를 사회 전부의 이익을 위하여 효율적으로 이용하고자 하는 이상에도 반할 염려가 있으므로, 20세기에 들어오면서, 차츰 생산수단, 특히 천연자원이나 독점적인 기업시설에 대한 사유재산권을 적당하게 제한하는 경향이 생기게 되었다. 다만 이 경향은 나라에 따라 다르다. 사회주의국가에서는 消費財를 제외한 모든 재화에 대하여 원칙적으로 사유를 인정하지 않으나, 그 밖의 문명국에서는 모두 이 제도를 인정하고, 특수한 것에 관하여 국유 내지 국가관리의 제도를 채택하거나 또는 적당한 제한을 가하는 태도를 취하고 있다. 우리 헌법(23)의 財産權에 관한 태도도 이에 속한다. →재산권의 불가침

사 음(舍音) →도지

사익신탁(私益信託) →공익신탁·사익신탁

사인소추주의(私人訴追主義) 형사상의 공소의 제기를 국가기관이 아닌 일반사인이 행하는 법제상의 주의. 個人訴追主義라고도 한다. 그 사인이 피해자에 한정될 때에는 被害者訴追主義라고 불리며, 피해자에 한하지 않고 공중의 누구라도 소추를 할 수 있는 때에는 公衆訴追主義라고 불리운다. 영국에서는 현재도 공중소추를 원칙으로 하며, 독일에서는 보충적으로 피해자소추를 인정하고 있다. 우리나라는 國家訴追主義를 취하고 있다. →소추

사인(私人)**에 의한 신체**(身體)**의 자유**(自由)**의 불법**(不法)**한 침해**(侵害) →신체의 자유

사인위조부정사용죄(私印僞造不正使用罪) 행사할 목적으로 타인의 印章·署名·記名 또는 記號를 위조 또는 부정사용하는 罪(刑 239 Ⅰ). 본죄

는 目的犯이다. 위조·부정사용한 것을 행사한 때에는 別罪(239Ⅱ)를 구성한다. 객체에 대한 제한규정이 없지만, 본죄가 그것의 진정에 대한 공공의 신용을 보호하려는 것이므로, 私文書僞造變造罪에 있어서와 같이 권리의무 또는 사실증명에 관한(→사문서) 것임을 요한다고 본다. 미수범은 처벌한다. →공인위조부정사용죄, 인장에 관한 죄

사인(私人)**의 공법적 행위**(公法的行爲)
사인이 행정주체와의 공법적 관계에서 행하는 행위로서 공법적 효과를 발생하는 것. 사인이 행정주체의 기관으로서의 지위에서 하는 행위와 行政權의 상대방으로서의 지위에서 하는 행위가 있다. 선거는 전자의 예이고, 爭訟提起·申告·申請·報告·意見提出 등은 후자의 예이다. 그 행위에 관하여는 공법에는 일반적인 규정이 없고 민법의 규정이 準用될 것이나, 그 행위의 공법적 특수성으로 말미암아 특별규정을 둘 때가 많다(예: 무능력자의 능력추정·수험 등에서의 대리불허용·투표에 의한 의사표시의 취소불허용 등).

사인증여(死因贈與) 증여자의 사망으로 인하여 효력이 생길 일종의 停止條件附贈與. 遺贈과 마찬가지로 死因處分이므로 유증의 규정이 준용된다(民 562). 그러나 단독행위인 유증과 달라 계약이므로, 유언의 능력(1061~1063)·방식(1065 이하)·承認·抛棄(1074~1077) 등에 관한 규정은 준용이 없고, 유언의 효력(1074 이하, 그러나 1074~1077 제외)·유언의 執行(1093 이하, 그러나 1091, 1092 제외)에 관한 규정이 원칙적으로 준용된다.

사인처분(死因處分) 〔羅〕 disponendi morit causa 〔獨〕 Verfügung von Todes wegen 〔佛〕 disposition à cause de mort 사인행위와 같다.

사인행위(死因行爲) 〔獨〕 Rechtsgeschäft von Todes wegen 〔佛〕 acte à cause de mort 행위자의 사망으로 인하여 효력을 발생하는 법률행위. 生前行爲에 대하는 개념이며, 死後行爲, 死因處分, 死後處分이라고도 한다. 遺言(民 1060 이하), 死因贈與(562)와 같은 것이 그것이다. 사인행위는 상속과 밀접한 관계가 있으므로 특별한 취급을 받을 때가 많다.

사 자(使者) 〔羅〕 nuntius 〔英〕 assiatant 〔獨〕 Bote 타인의 완성한 의사표시를 전달하는 자(傳達使者, 예: 편지를 전달하는 자)와 타인이 결정한 의사를 상대방에게 표시하여 그 의사표시를 완성시키는 자(表示使者, 예: 말을 전하는 자)와의 2종이 있다. 후자는 대리인과 유사하여, 대리의 규정이 유추적용될 수 있으나, 대리인이 스스로 독립의 의사표시를 하는 자임에 대하여 사자는 본인의 기관임에 불과하다. 따라서 使者의 경우에는 본인은 行爲能力을 가져야 하며, 착오 등에 관하여는 본인은 의사와 使者의 표시와를 비교하여야 할 것이다(民 116 참조). 또 身分行爲와 같은 대리를 허용하지 않는 행위에도 사자는 허용되는 경우가 많다.

사자명예훼손죄(死者名譽毁損罪) 공연히 허위의 사실을 적시하여 사자의 명예를 훼손하는 죄(刑 308). 본죄의 보호법익에 관하여는 ① 遺族의 명예라는 설, ② 유족이 死者에 대하여 품고 있는 敬虔感情이라는 설 및 ③ 사자 자신의 명예라는 설로 갈라진다. 그런데 ①의 경우에는 虛僞事實名譽毁損罪(307Ⅱ)에 의해야 할 것이고, ②에 의하면 유족이 존재하지 않으면 본죄가 성립하지 않게 되므로 타당하지 않으며, 사자는 역사적 존재자로서 그의 인격적 가치에 대한 사회적 평가는 그대로 보호하여야 할 것이므로 ③이 타당하다고 본다. 본죄는 적시되는 사실이 허위인 경우에 한하여 성립한다. 본죄는 親告罪이며(312Ⅰ), 그 고소권자는 사자의 친족 또는 자손이고(刑訴 227), 이러한 告訴權者가 없는 경우에는 이해관계인의 신청에 의하여 검사가 10일 이내에 고소권자를 지정하여야 한다(228). →명예훼손죄

사자(死者)**의 명예**(名譽) 형법은 허위의 사실을 적시하여 死者의 명예를 훼손한 자를 처벌한다(刑 308, 312). 이 사자 자신의 명예를 보호하기 위한 것인지 고소권자인 사자의 親族子孫(刑訴 227)의 명예를 보호하기 위한 것인지에 관하여는 異論이 있으나 전설을 통설로 한다. 여기서 친족이라 함은 민법 767조에 규정된 자를 말한다.

사자조합(獅子組合) 〔羅〕 societus leonina 〔獨〕 leoninische Gesellschaft 여러 명의 공동사업이면서 조합원의 일부만이 이익의 배당을 받는 계약. 로마법은 이것을 조합의 일종으로 보나 민법상의 조합의 요소인 共同事業(民 703)이라는 것은 전원이 이익의 분배를 받아야 한다는 뜻인 만큼 현행법상으로는 사자조합은 민법상의 조합이 아닌 특수한 계약이라고 할 것이다.

사 장(社長) 〔英〕 president 회사의 통일된 業務執行을 사실상 가능하게 하기 위하여 사무를 통할하는 회사의 수석이사를 이와 같이 부르는 경우가 많다. 총재도 같음. 代表理事인 것이 보통. 이와 같은 명칭을 붙인 이사가 한 행위에 관하여는 회사는 그 자가 代表權을 가지고 있지 아니할

때에도 선의의 제3자에 대하여 表見代表理事의 행위로서 책임을 진다(商 395).

사적국제법(私的國際法)　국제사법과 같다.

사적독점(私的獨占)　사업자가 단독적으로 또는 타인과 結合 혹은 通謀하여 다른 사업자의 사업활동을 배제하거나 지배함으로써 공공의 이익에 위반하여 일정한 거래분야에 있어서의 경쟁을 실질적으로 제한하는 것. 보통 1인 또는 수인의 사업자가 중심이 되어 다른 사업자를 배제하고 시장의 지배를 획득하는 경우로서 이른바 트러스트에 상당한다. 부당한 去來制限과 아울러 不正去來團束法에 의한 禁壓의 주된 대상으로 되어있다. 부당한 거래제한과 상이한 점은 공공의 이익에 반하여 경쟁을 실질적으로 제한함에 있어서 다른 사업자를 넘어뜨리고 합병·매수 등 그 사업활동을 배제 또는 지배하는 것을 요건으로 하는데 있다.

사적·명승·천연기념물(史蹟·名勝·天然記念物)　역사상 저명한 사건에 관계있는 토지·지상물건 혹은 미적 가치를 가진 인위적 혹은 자연적 물건 또는 현상으로 문화재보호법의 규정에 따라 文化財委員會가 지정한 것(文化財 6). 문화관광부장관은 그 관리·환경보전·현상변경·복구 등에 관하여 일정한 행정적인 감독을 행한다(41).

사적자치(私的自治)　〔獨〕 Privatautonomie 〔佛〕 autonnomie de la volonté privée　개인의 사법관계, 즉 身分과 財産에 관한 법률관계를 각인의 의사에 따라 그의 원하는대로 규율하는 것. 근대법은 사법관계를 각인의 창의에 따라 자유로 규율할 수 있는 것으로 하고 될 수 있는 대로 국가의 간섭을 피하려는 것을 그 이상으로 한다. 이와 같이 사적자치를 근대사법의 一理想으로 하는 것을 사적자치의 원칙이라 한다. →사적자치의 원칙

사적자치(私的自治)**의 원칙**(原則)　〔英〕 principle of private autonomy 〔獨〕 Prinzip der Privatautonomie　사법상의 법률관계는 개인의 자유로운 의사에 따라 자기책임하에서 규율하는 것이 이상적이라고 하는 近代私法의 原則. 즉, 사적생활의 영역, 특히 사적거래관계에 있어서는 국가의 공적인 권력작용이 개입하거나 간섭할 것이 아니라는 원칙. 이것은 所有權絶對의 原則과 함께 근대사법의 지주를 이루며, 私法自治의 原則, 個人意思自治의 原則, 意思自治의 原則이라고도 한다. 법률행위 중에서 가장 중요한 것은 계약이므로, 사적자치의 원칙도 보통 契約自由의 原則으로 나타나기는 하나, 여기에는 遺言自由의 原則, 社團(團體)設立自由의 原則 등도 포함된다. 그러나, 계약은 법률행위 중에서 가장 중요한 것이고, 사적자치도 대부분은 계약에 의하여 실현되므로, 계약자유의 원칙은 사적자치의 원칙과 동의로 사용되는 일이 많다. 이러한 사적자치의 원칙에 따라서 개인의 의사활동의 자유는 보장되지만, 한편 자기의 고의·과실로 인한 행위에 대해서는 스스로 책임을 지지 않으면 안된다고 하는 自己責任의 原則이기 따라 나온다. 이러한 모든 것은 근세자본주의의 발전의 기반인 경제상의 자유경쟁을 법적으로 보장한 것인데, 오늘날에 이르러서는 많은 제약이 가해진다. 즉, 신의성실의 원칙, 권리남용금지의 원칙, 무과실책임주의, 계약공정의 원칙 등에 의한 제한이 그러한 것들이다.

사적통제단체(私的統制團體)　→통제단체

사전고의(事前故意)　고의의 내용이 되는 사실의 발생이 그 고의에 의한 직접적인 행위로 말미암아 발생되지 않고 그 후의 범죄인의 다른 행위로 말미암아 발생되었을 때 그 고의를 사전고의라 한다. 예컨대 사람을 교살하기 위하여 목을 매어놓고 그 후에 피해자가 의식불명상태에 이르자 완전히 사망하였다고 誤信하고 犯跡을 은폐하기 위하여 또는 다른 목적으로 피해자를 강물에 던져버렸으나 피해자가 사망한 것은 絞首가 아니고 익사라는 판명되었을 때와 같은 경우에 최초의 살인에 대한 고의를 사전고의라 한다.

사전수뢰죄(事前收賂罪)　공무원 또는 중재인이 될 자가 그 담당할 직무에 관하여 請託을 받고 뇌물을 收受·要求 또는 약속한 후 공무원 또는 중재인이 됨으로써 성립하는 죄(刑 129Ⅱ). 공무원이 될 자란 공무원으로서 채용원서를 제출하였으나 아직 채용되지 아니한 자 또는 법령에 의하여 公務에 종사하는 의원이 되고자 선거에 입후보한 자 등을 말한다. 청탁이란 장래의 일정한 직무행위를 내용으로 하는 의뢰이며, 정당한 직무행위의 의뢰도 포함된다. 공무원 또는 중재인이 되는 것이 客觀的處罰條件이다. →수뢰죄

사전적 행정구제(事前的行政救濟)　행정구제는 그 구제의 시점에 따라 事前的 行政救濟와 事後的 行政救濟로 나누어지는데, 사전적 행정구제란 위법·부당한 행정작용 등으로 인한 구체적인 권익의 침해가 발생하기에 앞서 위법·부당한 행정작용을 예방하는 제도적 장치를 말한다. 오늘날 특히 행정절차와 관련하여 사전적 구제제도의 중요성이 부각되고 있다.

사전조사제(事前調査制) 非行少年의 조사는 법원에 사건이 수리된 뒤에 행하여지는 것이 원칙이나, 調査官의 직책으로서 직무수행과정중에 비행소년을 발견한 때에는 사건의 수리전이라도 이에 대하여 조사하는 것. 사건을 조사중 소년의 교우관계 또는 비행관계로부터 탐지된 소년 혹은 조사중인 소년에 대하여 납득이 갈 만한 적절한 처우를 위하여 아직 문제되지 않은 소년을 조사심판의 대상으로 하는 것으로서, 아직 係屬되지 않은 소년에 대하여 심판 및 보호의 대상으로 할 것인가를 보고에 앞서 조사하는 것이므로, 깊은 정도가 되어서는 안된다. 사전조사제는 不告不理의 原則의 부적용을 의미하는 것인데, 이 제도는 우리나라에 아직 도입되어 있지 않다.

사전죄(私戰罪) 외국에 대하여 사적으로 전투행위를 하는 죄(刑 111). 실행에 이르기 전에 자수한 때에는 형을 감형 또는 면제한다. 예비·음모를 처벌한다(111Ⅲ).

사전통지(事前通知) 행정절차의 내용의 하나로서, 일정한 행정작용을 하기에 앞서 이해관계인에게 당해 행정작용의 내용 및 청문이나 의견 또는 자료제출의 일시·장소 등을 알리는 準法律行爲的 行政行爲를 말한다. 사전통지는 이해관계인에게 앞으로 있을 行政行爲나 聽聞 등의 내용을 알림으로써 그에 대한 의견이나 자료 등을 준비하게 하려는데 목적이 있다.

사 정(査定) ① 어떤 물건의 품질·수량 또는 금액을 조사 또는 심사하여 결정하는 것(예: 손해배상청구권의 사정). 또한, 각 부처의 요구에 의한 예산액을 예산당국이 조정하는 것을 예산의 사정, 세무관청이 소득액·세금액을 인정하는 것을 세금의 사정이라 한다. ② 特許 또는 實用新案·意匠·商標의 登錄의 出願을 심사하고 특허 등을 부여할 것인가의 여부를 결정하는 準法律行爲的 行政行爲. →특허사정

사정변경(事情變更)**의 원칙**(原則) 〔羅〕 clausula rebus sic stantibus 이 라틴어는 문자대로 하면, 만일 사정이 이대로 존속한다면이라고 하는 약관의 의미. 이론적으로는 모든 계약은 암묵리에 이러한 약관을 포함하고 있으므로, 계약체결 당시의 사회적 사정이 변경하면, 契約은 그 구속력을 잃는다고 하는 것을 의미한다. 법률상은 이와 정반대의 계약은 지키지 않으면 안된다(Pacta sunt servanda)라는 원칙도 있다. 따라서 양자의 조화가 필요하다. 사법상 및 국제법상에서 주로 문제가 된다.

[1] 사법상은 契約締結 당시의 사정이 현저히 변경된 결과, 당초에 정하여진 계약의 효과를 그대로 유지·강제하는 것이 信義公平에 반하는 부당한 결과를 발생시킬 경우에는 이 원칙이 적용되어 계약의 법률효과를 새로운 사정에 적합하도록 변경하거나 또는 부정하여야 한다고 한다. 이 원칙의 顯現으로 인정되는 규정은 민법 중에도 散在하며(286, 599, 628, 661, 698, 716, 720 등), 身元保證法(5)도 이 원칙을 명문화하고 있다. 다만 스스로 약속한 것을 사정의 변경을 이유로 함부로 파기하는 것을 인정하면, 契約的 正義에 어긋난다. 따라서 이 원칙의 적용요건으로서는 사정의 변경이 당사자의 책임있는 사유로 인한 것이 아니어야 함은 물론, 그 변경을 당사자가 예견하지 못하였고, 또 예견할 수 없었던 비상적인 것임을 요한다. 더욱이 이것도 구체적인 사정에 의하는 것으로, 노동법 등에서는(예: 임금계약) 그 요건은 너그러이 해석하여야 할 것이다. 이 원칙의 내용으로서는 일반적으로 당사자는 계약의 내용을 장래에 향하여 수정할 것을 요구하든가 또는 解除(解止)를 하는 것이다.

[2] 국제법상은 조약의 당사자가 조약체결 당시에 만약 예견할 수 있었더라면 당해 조약을 체결하지 아니하였으리라는 중대한 사정의 변화가 생긴 경우에 당사국이 일방적으로 그 조약을 폐기할 수 있다는 원칙. 일반적으로 조약은 체결 당시의 사정이 그대로 존속하는 한(즉, 사정이 불변인 한) 구속력을 갖는다는 默示的 條項(事情不變條項)을 포함하는 까닭에, 이러한 전제조건이 없어지면 당사국은 일방적으로 조약을 폐기할 수 있다고 하는 것이다. 이 원칙은 원래 國內私法學에서 국제법학에 도입된 것이다. 이 원칙 자체는 합리적이며 충분히 존재이유를 지니고 있다. 중대한 사정의 변화가 발생하였음에도 불구하고 조약의 구속력을 그대로 인정한다는 것은 확실히 불합리한 일이다. 특히 국제사회에서는 조약의 개정은 용이한 일이 아니므로 더욱 그러하다. 그러나 타면에 있어서 이 원칙은 남용될 우려가 있다. 이러한 장단점이 반영되어 학설의 분립이 있으나 다수의 학자는 이론상으로는 이 원칙을 인정하고 있다. 실제에 있어서 이 원칙이 채용된 예는 그다지 많지 않으며, 또한 여러가지 난점으로 인하여 이 원칙이 국제법상 확립되어 있음을 실증하기는 곤란하다. 1932년에 상설국제사법재판소는 젝스 및 上部사보이自由地帶(The free Zones of Gex and Upper Savoy)事件에 있어서, 이론상 事情變更의 原則이 국제법상 인정되는 합리적인 원칙임을 부정하지는 않았으나, 同事件에 있어서 조약의 일방적 廢棄를 시인할 만한 중대한 사정의 변경이 없다고 판결하였다. →평화적 변경, 조약의 소멸, 조약의 효력

사정불변조항(事情不變條項) → 사정변경의 원칙

사정재결(事情裁決) 公益과 私益의 합리적인 조정을 도모하기 위하여 예외적으로 인정되는 재판으로서 심판청구에 대한 심리의 결과 그 청구가 이유있다고 인정되는 경우에도 그 처분을 취소·변경하는 것이 현저히 공공복리에 어긋난다고 인정되는 때에 그 審判請求를 기각하는 재결을 말한다.

사정판결(事情判決) 事情裁決과 같은 취지에서 인정되는 것으로서, 원고의 청구가 이유있는 경우라도 당해처분 등을 取消變更함이 현저하게 공공복리에 적합하지 아니하다고 인정하여 이유있는 원고의 청구를 기각하는 판결을 말한다. →사정재판

사죄광고(謝罪廣告) 名譽毁損의 경우 법원은 피해자의 청구에 의하여 손해배상을 하게 하거나 또는 손해배상과 함께 사죄광고와 같은 명예를 회복함에 정당한 처분을 가해자에게 명할 수 있다(民 764).

ㅅ

사주소불가침(私住所不可侵)**의 원칙**(原則) →경찰공공의 원칙

사 증(査證) 〔英〕visa〔佛〕visé 외국인이 어떤 국가에 입국코자 할 때 가져야 할 당해 국가의 出入國管理機關이 발하는 증서. 외국인이 대한민국에 입국하고자 할 때에는, 법무부장관이 발급한 사증을 소지해야 한다(出入國管理法 7Ⅰ). 법무부장관은 사증발급을 위해 출입국관리공무원을 재외공관에 주재시키거나(7Ⅴ), 발급권을 재외공관의 장에게 위임할 수 있다(8Ⅱ).

사증권(私證券) 유가증권 중에서 보통의 어음·화물상환증·창고증권 따위와 같은 證券發行人이 사인인 것을 가리키는바, 국채와 같이 증권발행인이 공공단체인 공공단체의 증권과 구별된다.

사진저작권(寫眞著作權) 저작권이란 無體財産權의 일종으로서 저작물을 독점적으로 저작자가 이용하는 재산상 및 인격상의 권리인 바, 사진저작이란 사진 및 이와 유사한 제작방법으로 작성된 것을 포함하는 사진저작물을 말하며, 이는 저작권법에 의하여 보호된다(著 4Ⅰvi). 저작자는 著作人格權으로서 그 저작품에 관하여 公表權·姓名表示權·同一性維持權(11~13) 등을 가지는 동시에 또 무체재산권으로서 複製權·公演權·放送權·展示權·配布權·2차적 저작물 등의 作成權(16~21) 등을 가지게 된다. 이러한 저작재산권은 저작자의 생존하는 동안과 사망 후 50년간 존속한다. 다만 저작자가 사망 후 40년이 경과하고 50년이 되기 전에 공표된 저작물의 저작재산권은 공표된 때로부터 10년간 존속한다. 또 공동저작물의 저작재산권은 맨 마지막으로 사망한 저작자의 사망후 50년간 존속한다(36Ⅰ·Ⅱ).

사 채(社債) 〔英〕debentures, debenture stock 〔美〕bonds 〔獨〕öffentliche Anleihen, Schuldverschreibungen 〔佛〕obligation 公衆에 대한 起債로 생긴 주식회사의 채무로서 균일한 금액으로 분할된 채권이 발행되는 것. 합명회사·합자회사도 사채를 발행하지 못하는 것은 아니나, 그 예가 드물고 유한회사는 사채발행이 금지되고 있다. 따라서 사채는 보통 주식회사의 그것을 가리킨다. 사채제도는 주식제도와 더불어 주식회사의 자금조달의 중요한 방법이며, 다만 주식제도는 자기자본을 조달하는 것인데 대하여 사채제도는 타인자본을 구성하는 長期的 借入金으로서, 주식은 株金의 還給이 없는 것이 원칙인데 대하여 사채는 일정기간후의 상환이 예상되어 있는 점이 다르다. 또 사채권자는 다음과 같은 점에서 株主와 그 지위가 다르다. 즉, 주주는 회사의 구성원으로서 여러가지 권리의무를 가지며, 그 권리의무도 단체법적 성질을 갖는데 대하여, 社債權者는 회사의 단순한 채권자로서 개인법적인 성격이 있는 채권을 갖는데 불과하다. 주주는 이익배당을 받으나 사채권자는 이자지급을 받으며, 주주는 회사경영에 참여하는 권리가 있으나 사채권자는 그것이 없다. 이렇듯 양자의 법률상의 성질·지위 등이 다르지만 한편 주식회사의 자금조달의 용이화라는 실제적 필요는 양자의 구별을 점점 없애가고 있으니 즉 轉換社債, 償還株式, 所得社債 등등의 제도는 주식과 사채의 접근을 꾀한 것이며, 주식의 社債化, 사채의 株式化라는 경향이 뚜렷해지고 있다.

사채권자집회(社債券者集會) 〔英〕meeting of debentureholders 〔獨〕Gläubigerversammlung 〔佛〕assemblée d'obligataires 사채권자의 이해에 중대한 관계가 있는 사항에 관하여 다수결로써 사채권자의 總意를 결정하는 총사채권자로 구성되는 임시적인 회의체. 한편에서는 사채권의 행사·보전에 관하여 장기에 걸쳐 공통의 이해관계에 있는 같은 종류의 사채권자에 대하여 단체적으로 공동의 이익을 옹호할 수 있게 하고 다른 한편 起債會社에 대하여 개개의 사채권자와 접촉을 하는 불편을 제거하기 위하여 인정되는 제도이다(商 490~512). 주주총회와 같이 회사의 기관은 아니나, 다음 몇가지 점을 제외하고는 대체로 같이 취급되고 있다. ① 法定事項 외에 사채권자의 이해에 중대한 관계를

가지는 사항으로서 법원의 허가를 얻은 사항(490), 또는 擔保附社債의 경우는 신탁계약에 정한 사항에 한하여 결의할 수 있다(擔保社 51). ② 起債會社, 受託會社, 少數社債權者, 擔保附社債의 경우는 그 수탁회사 및 總額引受者도 소집권자가 된다(商 491, 供託法 4). ③ 사채권자는 社債의 최저액마다 한개의 의결권을 가지며(商 492), 의결방법은 원칙으로 주주총회의 特別決議(495)에 해당하는 방법, 擔保附社債의 경우는 행사된 의결권의 과반수에 의한다(擔保社 45). 무담보사채의 경우는 결의의 총사채권자에 대한 구속력은 법원의 인가를 얻음으로써 비로소 그 효력이 생긴다(商 498). 결의는 원칙으로 受託會社가 집행한다(501). 사채권자집회는 대표자를 선임하여 그 결의해야 할 사항을 위임하는 편법이 인정된다(500).

사채모집(社債募集) 社債를 발행하여 그 引受人을 구하는 것을 말한다. 사채모집은 일반공중으로부터 집단적·대량적으로 자금을 모집하므로 주식나 사채권자의 보호를 위하여 이를 제한할 필요가 있다. 즉 ① 社債總額의 제한으로 사채총액은 자본과 준비금의 총액의 4배를 초과하지 못한다(商 470 I). 그러나 이 규정에서 社債發行의 限度라는 것이 사채발행시의 제한일 뿐 그 제한이 사채발행 후까지 미치지 않으며, 또 본조 소정의 발행한도 내에서 사채를 발행한 회사가 그 후에 個別的 借入의 방법으로 얼마든지 다액의 채무를 부담할 수 있으므로 그 실효성이 의문시된다. ② 재모집의 제한으로 회사는 전에 모집한 사채총액의 납입을 시킨 후가 아니면 다시 사채를 모집하지 못한다(471). ③ 사채금액의 제한으로 각 사채의 금액은 1만원을 내릴 수 없는 동시에 동일종류의 사채의 금액은 균일하든가 또는 최저가로써 整除할 수 있는 것이어야 한다(472). 이것에 위반하면 사채발행이 무효가 된다. ④ 프리미엄의 제한으로 사채권자에게 상환할 금액이 券面額을 초과할 것을 정하였을 때 그 초과액은 각 사채에 대하여 同率이어야 한다(473). 이것에 위반한 경우에는 社債權者平等의 原則에 위반하는 것으로서 사채발행은 무효가 된다. 사채발행의 방법은 ① 公募發行으로 이는 일반공중으로부터 공모하는 방법이며, 다시 다음의 방법으로 나뉜다. 즉 ㉠ 直接募集으로 회사 자신이 직접 公衆으로부터 모집하는 방법이다. 상법은 이 방법을 중심으로 규정하고 있으나, 사채모집이 전문화된 현재에는 거의 이용되지 않는다. ㉡ 受託募集으로 회사가 특정회사에 사채의 발행을 위탁하는 방법이며, 이 경우에는 수탁회사는 자기의 명의로 起債會社를 위하여 社債請約書의 작성이나 사채의 납입 등의 모든 절차를 한다(476). ㉢ 都給募集·委託引受募集으로 都給者인 인수모집자가 적어도 사채총액에 상당한 응모액을 얻어야 하며, 만일 응모액이 사채총액에 달하지 않은 때에는 都給募集者가 그 부족액을 스스로 인수하는 방법을 도급모집이라 한다. 그러나 증권거래법은 사채의 인수를 하는 자도 증권회사에 한정하고 있으므로(證去 28 I·II), 사채모집의 受託會社가 응모총액을 인수하는 방법은 쓰지 않으며, 증권회사가 발행회사와의 계약에서 응모잔액을 인수하는 방법을 쓴다. 즉 발행회사는 募集委託契約에 의하여 은행에 사채의 모집을 위탁하는 동시에, 인수 및 모집주선계약에 의하여 증권회사에 응모잔액의 인수와 사채모집의 주선을 시킨다. 이 방법을 委託引受募集이라 하여 가장 많이 이용하고 있다. 이 경우 수탁회사인 은행이 사채상환을 담보하면 그 사채를 保證社債라고 한다. ㉣ 賣出發行으로 이것은 사채의 총액을 확정하지 않고 일정한 매출기간을 정하여 이미 완성된 사채권을 일반공중에 대하여 개별적으로 매출하는 방법이다. 일반회사에서는 거의 이용되지 않으며, 한국산업은행이 발행하는 산업금융채권 및 한국외환은행이 발행하는 외국환금융채권에는 이 방법이 인정되고 있다. ② 總額引受의 방법으로 이는 특정인으로 하여금 사채총액을 일괄하여 인수시키는 방법이며(商 475), 起債會社는 사채총액을 인수시키고 인수인은 그 인수한 사채를 매출하여 그 차액을 이득하는 것이다. 증권거래법은 사채인수를 하는 자를 증권회사에 한정하고 있다(證去 28 I·II, 2 VIII v). 인수인은 후일 때를 기다려 그 사채를 공중에게 매출하여 그 차액을 얻는다. ③ 受託會社가 위탁을 받은 경우에 대하여는 擔保附社債信託法에 규정이 있다. 위의 방법 중 ①의 ㉠·㉣은 회사가 직접 공중에 대하여 사채를 발행하는 경우이며(直接發行), ①의 ㉡·㉢과 ②·③은 다른 자를 개입시켜 간접으로 공중에 대하여 사채를 발행하는 경우이다(間接發行). 사채를 모집하자면 이사회의 결의가 있어야 한다(商 469). 이 결의에서는 사채총액, 각 사채의 금액, 사채의 이율, 社債償還의 방법 및 기한, 사채발행의 가액 등을 정하여야 한다. 사채의 모집에 대한 청약은 社債請約書 2통에 인수할 사채의 수와 주소를 기재하고 기명날인 또는 서명하여야 한다(474 I). 사채청약서는 발행회사의 이사가 작성하는 것이 원칙이지만(474 II). 예외로 수탁회사가 작성하기도 한다(476). 청약에 대하여 起債會社 또는 受託會社가 배정을 함으로써 사채계약이 성립한다. 이리하여 모집총액에 대한 인수가 있으면 사채모집이 완료한다. 사채모집이 완료하면 이사 또는 수탁회사는 지체없이 각 사채에 대하여 그 전액 또는 제1회의 납입을 시켜야 한다(476). 납입지체에 대하여는 회사설립에 있어서의 주식모집과 같은 失權節次는 인정되지 않는다. 사채발행을 하고자 하는 회사는 上場法人이든 非上場法人이든 증권관리위원회에 등록하여야 하며(證去 3), 사채모집을 하고자 하는 상장법인은 사채권에 관한 신고서를 증권관리위원회에 제출하고, 15일(擔保附社債의 경우에는 5일)이 경과한 날에 그 신고의 효력이 발생하고, 또 監査人에 의한 외부감사를 받아야 한다. 그러므로 이 절차가 끝나지 않으면 사채발행을 하지 못한다(證去 8·9). 또 발행회사는 모집 또는 매출전에 사업설명서를 작성 사용하여야 한다(證去 12, 13).

사채발행차액(社債發行差額) →사채차액

사채원부(社債原簿) 사채와 사채권자에 관한 사항을 명백하게 하기 위한 회사의 장부. 이사는 법정사항을 기재하여(商 488), 본점에 비치하여 주주·채권자에게 공시하여야 한다(396). 이것은 직접적으로는 주주와 회사채권자의 이익을 보호하기 위한 것인 동시에 간접적으로는 회사의 기관을 감시하여 회사의 이익을 보호할 뿐만 아니라 記名社債의 名義改書와 사채권자에 대한 通知와 催告(489)를 하는 데에도 필요하다.

사채(社債)**의 상환**(償還) 〔獨〕Tilgung der Anleiheschuld 起債會社가 사채권자에 대한 채무를 변제하는 것. 상환액은 券面額을 원칙으로 하나 加增償還의 경우에는 加增金은 각 사채에 대하여 동률이어야 한다(商 473). 상환기한과 그 방법은 사채발행조건에 정하여지나(474Ⅱviii), 실제상 발행후 일정기간 預置한 후에 수시상환하거나 또는 정기적으로 일정액이나 그 이상을 추첨에 의하여 상환하고 일정기일까지 전부를 상환한다는 취지를 정하는 수가 많다. 회사가 정기적으로 일부상환을 해야 하는 경우에, 그것을 懈怠하면 사채권자집회의 결의에 의하여 일정한 절차에 좇아서 사채총액에 대하여 기한의 이익을 박탈할 수 있다(505, 506). 기채회사는 언제라도 자기의 사채를 취득하여 사채를 소멸하는 소위 買入消却을 할 수 있다. 또 受託會社는 사채상환에 관한 광범한 권한을 갖는다(484, 495). 사채상환청구권은 10년의 시효에 걸린다(487).

사채질(社債質) 사채를 목적으로 하는 質權. 일종의 權利質이다. 기명사채의 入質은 지명채권의 양도방식에 의하되(民 449, 346 참조) 質權設定의 합의 이외에 그 유가증권성에 비추어 채권의 교부를 필요로 한다고 할 것이고, 그 대항요건은 사채원부 및 채권상의 명의개서이다. 無記名債權의 입질은 질권자에게 그 채권을 교부함으로써 설정의 효력이 있다(351).

사채차액(社債差額) 사채발행차액이라고도 한다. 사채권자에게 상환하여야 할 금액이 사채모집에 의하여 얻은 實收額을 초과하는 차액. 할인발행시의 社債割引料, 加增償還時의 割增金(加增金)이 이것에 해당하고, 移延計定으로서 대차대조표의 資産의 部에 계상할 수가 있으며 이 경우에는 사채의 상환기한내의 매결산기에 균등액 이상을 상각해야 한다(商 456Ⅰ·Ⅱ). 사채발행비용, 즉 사채발행의 수수료, 채권발행비용 기타 사채발행을 위하여 직접 지급한 비용도 실수액을 계산함에 있어 이를 공제할 수 있다고 해석된다.

사채청약서(社債請約書) 사채모집에 있어서 공중이 신청을 할 때에 신청방식으로서 요구되는 일정한 사항을 기재한 증서. 신청인에게 起債會社의 내용 및 사채모집의 조건을 알려 집단적 계약처리의 편의를 도모하기 위하여 요구되는 것. 기채회사의 이사 또는 受託會社가 법정사항을 기입하여 작성하고(商 474Ⅱ, 476Ⅱ), 사채청약자는 이 사채청약서 2통에 그 인수할 사채의 수와 주소를 기재하고 기명날인 또는 서명하여 청약하여야 한다(474Ⅰ). 그러나 總額引受의 경우 및 引受募集에 있어서 수탁회사가 스스로 인수하는 경우에는 사채청약서에 의할 필요가 없다(475). 賣出發行 및 擔保附社債의 경우에는 사채청약서주의를 채택하지 아니하고 일정사항을 공고하는 주의를 취하고 있다(擔保社 17).

사체영득죄(死體領得罪) 사체·유골·遺髮 또는 관내에 장치한 물건을 損壞·遺棄·隱匿 또는 領得하는 罪(刑 161Ⅰ). 본죄의 보호법익은 死者에 대한 종교적 감정이며, 분묘를 발굴하여 본죄를 범한 경우(161Ⅱ)에는 형이 가중된다. 본죄는 일반적인 損壞罪 및 竊盜罪의 특별할 경우이며, 그 객체가 특수한 종교적 감정의 대상인 점에 비추어 특별한 범죄형태로 인정된 것이므로, 본죄의 객체에 대한 손괴·은닉·영득은 따로 재산죄를 구성하지 않는다. 사체 등에 관하여 처분권을 가지고 있는 자일지라도 본죄의 주체가 될 수 있다. 관내에 장치한 물건이란 직접적으로 제사, 예배의 대상으로서 영구히 안치하기 위하여 死體·遺骨 또는 遺髮과 함께 관내에 부장된 물건을 말한다. 損壞는 물질적 훼손을 말하며, 屍姦은 損壞가 아니다. 遺棄는 종교적 또는 사회적 관례에 의하여 매장으로 인정되는 방법에 의하지 아니하고 放棄하는 것이며, 사체를 현재의 장소로부터 다른 장소로 옮겨서 버리는 것은 물론이요, 법령·관습·계약 등에 의한 매장의무자가 함부로 그것을 방치하는 부작위를 포함한다. 隱匿은 死體의 발견을 불가능 또는 심히 곤란하게 하는 것이다. 領得은 점유의 취득을 의미하며 사체를 영득한 자로부터 그것을 매수하는 행위는 贓物取得罪가 아니라 死體領得罪를 구성한다. 분묘를 발굴하여에 관하여는 분묘발굴죄를 보라. 미수범을 처벌한다(162). →사체오욕죄

사체오욕죄(死體汚辱罪) 사체·유골 또는 遺髮을 오욕하는 죄(刑 159). 본죄의 보호법익은 死者에 대한 종교적 감정이다. 사체란 사자의 신체의 전부 또는 일부(머리·팔다리·장기 등)를 말하며, 인체의 형태를 구비한 死胎도 이에 포함된다. 遺骨·遺髮은 死者의 祭祀·紀念을 위한 보존대상이 되어 있는 것에 한하며, 학술연구상의 표본으로 된 것은 본죄의 객체가 되지 않는다. 오욕이란 死體領得罪에 있어서의 損壞와 구별되는 개념으로서, 물질적 훼손의 방법에 의하지 아니하고 사체·유골 또는 유발을 汚損·侮辱하는 일체의 행위(예: 屍姦, 放尿)를 의미한다.

사체유기죄(死體遺棄罪) →사체영득죄

사치비(奢侈費) 상법상 必要費·有益費에 대응하는 관념. →필요비

사 태(事態) 〔英〕 situations →분쟁

사 태(死胎) 이미 인체를 갖춘 태아로서 출생 전에 태내에서 사망한 것. 사태는 형법상 死體의 취급을 받는다.

사 택(社宅) 〔獨〕 Werkwohnung 사용자가 종업원의 거주를 위하여, 종업원에 대여하는 주택인 건물(또는 그 一室). 給與住宅이라고도 한다. 노동관계를 기초로 하여 대여되는 건물이라는 점이 사택의 특징이다. 노동관계를 기초로 하여 대여된다는 것은 私宅使用契約과 勞動契約간에는 후자가 있음으로써 전자가 체결되는 관계를 말한다. 양자의 연관관계는 사택의 형에 따라 다르나, 대여의 목적에 따라 대략 2개의 형이 있다. 즉, 기업조직의 필요적 구성부분으로서, 직접적으로 기업운영의 목적에 공헌하는 業務住宅과 종업원을 위한 복리시설로서 종업원의 임의의 이용에 제공되는 동시에 간접적으로 작업능률 및 통솔의 증진 또는 근로자 모집의 원활화를 기하는 福利住宅이 있다. 전자의 경우에는 노동관계와 사택관계는 후자의 경우보다 더욱 밀접한 관계가 있다.

사항규정(事項規定) 〔獨〕 Sachnorm 事項規則이라고도 하며, 實質法과 동일한 의미로 사용된다. 국제사법규정, 즉 抵觸規定에 대한 용어.

사해설립(詐害設立) 사원이 채권자를 해치는 것을 알면서 회사를 설립하는 것. 합자·유한·합명회사에 있어서는 채권자는 이를 이유로 하여 사원 및 회사에 대한 소송으로 회사의 設立의 取消를 청구할 수 있다(商 185).

사해신탁(詐害信託) 채무자가 채권자를 해함을 알고 설정한 신탁(信託 8). 채권자는 민법상의 일반적인 사해행위의 경우와 마찬가지로 債權者取消權을 행사하여, 사해신탁을 취소할 수 있음과 아울러 원상회복의 청구도 할 수 있다. 그러나 사해신탁의 경우에는 受託者가 선의일지라도 취소할 수 있다는 것과 受益者가 辨濟期가 도래하지 아니한 채권을 받은 경우 또는 이익을 받을 당시에 악의였거나 중과실이 있는 경우를 제외하고는 이미 받은 이익을 반환하지 아니해도 좋다는 따위의 특칙이 있다.

사해행위(詐害行爲) 債權者取消權의 목적으로 되는 채무자의 악의의 財産減少行爲. →채권자취소권

사해행위취소권(詐害行爲取消權) 채권자취소권과 같다.

사행계약(射倖契約) 〔獨〕 aleatorischer Vertrag, Glücksvertrag 〔佛〕 contrat aléatoire 우연한 이득을 얻으려는 것을 목적으로 하는 계약. 즉, 계약당사자가 이행하여야 할 급여의무 또는 급여내용이 계약성립 당초부터 우연한 사정에 의존하여 있는 계약이다. 사행계약에 속하는 것으로서는 福票·馬券·保險契約 등이 있다. 또한 사행계약은 그 당사자가 현실로 급여를 받을 수 있을 것인가 없을 것인가는 불확정하지만, 급여를 받을 수 있는 기회가 있다는 것을 기대하고 상호간에 채무를 부담할 것을 약속하는 것이므로, 有償契約에 속한다. 사행계약도 계약자유의 원칙이라는 관점하에서 본다면 원칙적으로 유효할 것이지만, 그 사행성의 정도가 너무 심하여 일정한 한도를 초과할 때에는 사회적 타당성을 결여한 것으로 되어 무효가 되며(民 103 참조), 또한 형법상으로는 범죄가 된다. 예컨대 賭博契約과 같은 것(→도박죄, 복표에 관한 죄). 계약의 자유성보다는 그 정당성과 공정성이 문제되기 때문이다. 그러나 그 자체 불법한 행위목적이나 동기가 없는 사행계약은 완전히 유효하며(예:보험계약 같은 것), 오늘날에 이르러서는 국가사회의 전체적 입장으로부터 법률로써 허용되는 경우가 차츰

많아지고 있다.

사행행위(射倖行爲) 종류·방법 또는 명목의 여하에 관계없이 타인으로부터 금품을 모아 우연의 결과에 의하여 특정인에게 재산상의 이익을 제공하고, 다른 참가자에게 손해를 미치게 하는 모든 행위. 사행행위를 하고자 하는 자는 영업의 종류별로 행정자치부령이 정하는 시설 및 射倖機構를 갖추고 地方警察廳長의 허가를 받아야 한다. 다만 그 영업의 영업범위가 2 이상의 특별시·광역시 또는 도에 걸치는 경우에는 경찰청장의 허가를 받아야 한다(射倖行爲 등 規制 및 處罰特例法 3~4) → 복표

사헌부(司憲府) 조선시대의 官府. 그 유래는 중국의 御史大夫 御史臺에 기원이 있는 것으로 신라시대에는 司正府라 하였고 고려시대에는 御史臺, 金吾臺, 司憲臺 등의 명칭으로 불리우고, 判事·大夫·中丞·雜端·侍御史·殿中侍御史·監察御史 등의 관직을 두었다. 고려 충선왕이 사헌부라고 개칭하고 大司憲·掌令·持平·糾正 등의 관직을 둔 이래, 사헌부의 명칭이 시작된 것이며, 조선시대에 접어들어서는 태조가 麗制에 의하여 사헌부를 설치하고 大司 1, 中丞 1, 兼中丞 1, 侍史 1, 雜端 2, 監察 20을 두었고, 태종은 개혁하여 大司憲 1, 執義 1, 掌令 2, 持平 2, 監察 25로 하였고, 경국대전은 監察 1員을 減한 채로 太宗制를 답습 수록하였다. 그 후 연산군이 持平을 폐지하고 掌令 2員을 增置하였다가 중종이 즉위하면서 복구하여 持平을 두고 선조는 監察만 11員을 감원하고 그 후 조선말까지 변동이 없었다. 사헌부의 직권은 경국대전에 掌論執時政 糾察百官, 正風俗, 伸寃抑 禁濫僞等事라고 규정한 바와 같이 時政을 論執하고 百官을 규찰하고 탄핵하는 임무와 기강을 세우고 寃抑을 풀어 주고 濫僞를 금하는 직책이 있었던 것이다. 사헌부는 監察을 各司에 파견하고(請臺, 分臺) 혹은 지방에 分遣하여(行臺) 摘奸安集하고 刑推斷獄하였으므로 刑曹·漢城府와 더불어 三法司 또는 出禁三衙門이라 불리웠다. 사헌부와 사간원은 병칭하여 그 관원을 모두 臺諫이라 하였고, 인사행정의 署經機關인 동시에 司憲府는 사법과 감찰행정을 담당하고, 사간원은 왕의 과실을 諫諍論駁한 것이다.

사 형(死刑) 〔英〕 capital punishment, penalty of death 〔獨〕 Todesstrafe 〔佛〕 peine de mort 受刑者의 생명을 단절하는 형벌(刑 41 i). 生命刑이라고도 한다. 사형만을 과하는 경우는, 형법상은 與敵罪뿐이고, 군형법상은 叛亂罪(5 i) 외에 14개 죄이며, 나머지 경우에는 다른 형벌과 선택적으로 사형을 과하고 있다(刑 87, 88, 92~96, 98, 119, 164, 250, 253, 338, 340 등). 사형은 형무소 내에서 絞首하여 집행한다(66). 집행의 시기는 법무부장관의 집행명령일부터 5일 이내이며(刑訴 466), 心神喪失者 및 姙婦에 대해서는 법무부장관의 명령에 의해서 사형의 집행을 정지하고 회복 또는 출산후 법무부장관의 명령을 기다려 집행한다(469 Ⅰ·Ⅱ). 그리고 죄를 범할 때 18세 미만이었던 자에 대해서는 사형을 과하지 아니한다(少 59). 사형제도에 대하여는 많은 비판과 반성이 가하여져 왔다. 베까리아, 몽테스키외, 리프만 등은 인도주의적 견지, 오판의 경우의 회복불가능, 사형의 위하력의 결여, 피해자의 구제에 무력한 점 등을 이유로 사형폐지론을 강력히 주창하고 있으며, 독일 등 약 30개국 이상이 사형제도를 폐지하고 있다. 그러나 사형의 존폐는 기계적·일률적으로 논할 것이 아니라, 그 나라의 정치적·사회적 조건을 통찰하여 구체적으로 결정하여야 할 것이다.

사 형(私刑) 〔英〕 lynch 국가 기타 법에 의하여 인정된 자 이외의 자가 범죄인에 대하여 행하는 刑事制裁. 刑罰權은 국가만이 그 주체가 될 수 있으며 私人은 正當防衛와 같은 법률이 인정하는 경우 이외에는 자력으로써 침해자에게 반격을 가할 수 없다. 다만 古法에 있어서는 범죄인에 대한 사형이 일반적으로 형벌의 수단방법으로 승인되고 있었다. 우리나라도 조선시대까지는 일정한 경우에 私刑이 용인된 사실이 있다. 그러나 국가관의 확립과 아울러 국가에서 형벌제도를 독점하게 된 오늘날에 와서는 사형은 정당화사유가 없는 한, 법률상 위법이며 범죄가 되므로 형법각본조의 적용을 받아 처벌된다.

사형폐지론(死刑廢止論)**과 사형존치론**(死刑存置論) 이탈리아의 베카리아(Beccaria)가 그의 저서 犯罪와 刑罰(1746년)에서 社會契約說에 근거하여 사형폐지론을 이론적으로 전개한 이래 화드(J.Howard)·리프만(M.Liepmann)·서덜랜드(E.H.Sutherland) 등 많은 동조자를 얻었다. 실제로 사형을 폐지한 국가로는 포르투갈(1976년)·필리핀(1987년)·독일(1949년)·오스트리아(1950년)·콜롬비아(1910년)·스웨덴(1972년)·프랑스(1981년) 등 35개국이 있다. 사형폐지론의 논지는 ① 사형은 인간의 존엄과 가치의 근원인 생명권을 박탈하는 것이므로 헌법에 반하며, 또한 야만적이고 잔혹하여 인도적 입장에서도 허용될 수 없다. ② 사형은 應報思想에 입각하여 범죄에 대해 분노를 표시할 뿐 범죄인의 개선과 피해자의 구제에는 아무런 도움도 주지 못한다. ③ 국가는 인간의 생명에 대한

審判權能을 갖고 있지 못함에도 불구하고 사형제도를 통하여 살인행위를 정당화하고 있다. ④ 사형은 誤判을 한 경우 도저히 회복할 수 없다. ⑤ 사형은 통상 일반인이 생각하듯이 그렇게 위하력이 대단한 것이 아니다. 이는 死刑廢止國家에서 폐지전보다 범죄의 발생건수가 현저히 증가하는 추세에 있지 않다고 하는 점에서 검증된다. 특히 범죄인은 범행시 사형의 위협을 의식하면서 범행을 저지르지는 않는다. ⑥ 犯罪原因은 범인의 악성 내지 반사회성도 있지만, 사회환경의 원인도 무시할 수 없는데, 사형은 모든 범죄원인을 오직 범죄인에게만 돌리려는 불합리한 형벌이라는 점 등이다. 인간의 기본권을 주장한 啓蒙主義에서 사형폐지론이 비롯되기는 했으나, 대부분의 啓蒙主義 思想家들은 여전히 사형의 필요성을 역설하였다. Locke, Kant, Birkmeyer 등이 대표적이며, 오늘날에도 死刑이 존치되어야 한다는 주장이 없지 않고, 심지어 사형을 폐지한 국가에서 조차 중범죄의 효과적인 방지책으로 사형은 부활되어야 한다는 주장이 간혹 다시 일고 있다. 이러한 死刑存置論의 논거는 ① 인간은 본능적으로 자기 생명에 애착을 가지기 때문에 사형은 흉악범에 대해 위하력을 갖는다. ② 형벌의 본질이 應報인 이상 반사회적 범죄에 대해 가해지는 사회의 도덕적 반응의 표현으로서의 사형은 사회안정에 기여할 수 있고, 이에 따라 인간의 존엄과 가치를 보호하는 효과도 거둘 수 있다. ③ 사형제도는 일반인의 정의관념에도 부합된다는 것 등이다. →사형

사 화(私和) 재판 외에서 당사자쌍방이 하는 和解契約. 示談이라고도 한다. →시담

사 회(社會) 〔英〕 society 〔獨〕 Gesellschaft 〔佛〕 société 일률적으로 규정할 수는 없으나 대체로 상호의존으로 협력하여 유기적으로 결합되어 있는 사람의 공동생활을 통일체로서 관찰하는 경우에 사회가 있다고 할 수 있다. 사회에는 여러가지 종류와 단계가 있으나 오늘날 政治的 權力團體로서 가장 뚜렷한 존재를 가진 것은 국가이다. 국가와 사회와의 관계를 어떻게 이해하느냐에 대하여는 여러가지 학설이 있는데, 이른바 市民社會라든가 國際社會라고 함과 같이 대립하는 경우와 국가를 내포하여 뜻하는 경우 등이 있다.

사회간접자본시설(社會間接資本施設) 각종 생산활동의 기반이 되는 시설 및 당해시설의 효용을 증진시키거나 이용자의 편의를 도모하는 시설과 국민생활의 편익을 증진시키는 시설을 말하며, 이러한 시설은 제1종 시설과 제2종시설로 구분한다. 第1種施設이라 함은 社會間接資本施設 중 도로법 2조 및 3조의 규정에 의한 도로와 도로부속물, 철도법 2조 1항의 규정에 의한 철도, 도시철도법 3조 1호의 규정에 의한 도시철도, 항만법 2조 6호의 규정에 의한 항만시설, 항공법 2조 6호의 규정에 의한 공항시설, 특정다목적댐법 2조의 규정에 의한 다목적댐, 수도법 3조 5호의 규정에 의한 수도, 하수도법 2조 2호의 규정에 의한 하수도 및 동법 2조 5호의 규정에 의한 하수종말처리시설, 하천법 2조 3호의 규정에 의한 하천부속물, 어항법 2조 3호의 규정에 의한 어항시설, 폐기물관리법 2조 7호의 규정에 의한 폐기물처리시설 및 전기통신기본법 2조 2호의 규정에 의한 전기통신설비 등의 시설을 말하며 第2種施設이라 함은 사회간접자본시설 중 전원개발에 관한 특례법 2조 1호의 규정에 의한 전원설비, 도시가스사업법 2조 5호의 규정에 의한 가스공급시설, 집단에너지사업법 2조 5호의 규정에 의한 집단에너지시설, 전산망보급확장과 이용촉진에 관한 법률 2조 1호의 규정에 의한 전산망, 유통단지개발촉진법 2조 1호의 규정에 의한 유통단지, 화물유통촉진법 2조 5호의 규정에 의한 물류시설 중 화물터미널 및 창고, 여객자동차터미널법 2조 3호의 규정에 의한 여객자동차터미널, 항만법 2조 7호의 규정에 의한 종합여객시설, 관광진흥법 2조 3호 및 4호의 규정에 의한 관광지 및 관광단지, 주차장법 2조 1호 나목의 규정에 의한 路外駐車場, 도시공원법 2조 1호의 규정에 의한 도시공원, 수질환경보전법 25조 1항의 규정에 의한 폐수종말처리시설, 오수·분뇨 및 축산폐수의 처리에 관한 법률 2조 9호의 규정에 의한 분뇨처리시설 및 동조 10호의 규정에 의한 축산폐수공공처리시설, 자원의 절약과 재활용촉진에 관한 법률 2조 7호의 규정에 의한 재활용시설, 체육시설의 설치·이용에 관한 법률 6조의 규정에 의한 생활체육시설, 청소년기본법 3조 5호의 규정에 의한 청소년수련시설, 도서관 및 독서진흥법 2조 1호의 규정에 의한 도서관, 박물관 및 미술관진흥법 2조 1호 및 2호의 규정에 의한 박물관 및 미술관, 국제회의산업육성에 관한 법률 2조 3호의 규정에 의한 국제회의시설 등의 시설을 말한다(社會間接資本施設에 대한 民間資本誘致促進法 2).

사회계약론(社會契約論) →계약설

사회공학적 법학(社會工學的法學) 〔英〕 law as social engineering 법을 어떤 목적을 위한 수단, 즉 社會過程이라 보고 그것을 기술적 방법에 환원하여 고찰하는 법학. 프래그머티즘의 철학을 법학에 적용하여 전개한 미국의 社會學的 法律學說로서 파운드에 의하여 제창되었다. 파운드의

基本的 法律觀은 법을 절대적 가치체계로 보지 않고 각종의 사회목적달성의 순응과정으로 보아 그 과정을 능률적으로 촉진하는 것을 기술자로서의 법률가의 임무라고 한다.

사회과학(社會科學) 〔英〕 social sciences 〔獨〕 Sozialwissenschaften 〔佛〕 sciences sociaux 자연현상을 탐구하는 자연과학에 대하여, 사회현상을 연구하는 여러 사회과학의 총체. 대상인 社會現象과 그것을 파악하는 방법에 따라 정치학·경제학·법학·사회학 등으로 나누어지며, 이들 각 대상의 역사적 연구·정책적 연구에 따라 각각 史學과 政策學이 성립한다. 사회과학이라는 말 대신에 도덕과학·문화과학·인문과학·역사과학·정신과학 등등의 명칭이 사용되는데, 이들 명칭의 相違는 자연과학에 대립되는 사회과학의 특질을 어디에 두느냐에 따라 생기는 것이며, 또한 사회과학 중 어떤 종류의 것에 중점을 두느냐 또는 과학의 성격을 어떤 것으로 생각하느냐에 의하여서도 생긴다고 할 수 있다. 그러나 이러한 별칭이 각각 특수한 附帶的 意義를 가지고 있는데 반하여 사회과학은 그 연구대상을 가장 훌륭하게 一義的으로 나타내는 특질을 가지고 있다고 생각된다.

사회관계(社會關係) 인간이 서로 맺는 관계의 總體. 인간의 주체적 활동과 사회관계와의 관계를 보는 견해에는 ① 인간의 주체적 활동으로부터 사회관계를 분리하여 그 객관성을 인정하는 견해, ② 사회관계 속에 들어가 있는 주체적 개인으로부터 사회관계를 설명하려는 견해, ③ 인간의 심적 활동과 사회관계 사이의 유동적인 상호작용을 인정하는 견해 등이 있다.

사회국가(社會國家) 국민의 경제적 생활보장을 중대한 사명으로 하는 국가. 18세기 자유주의국가는 국민의 自由權保障이 주사명이기 때문에 국가권력의 약화만을 기도한 夜警國家였으나, 현대국가는 국민의 생활권보장을 그 중대한 사명의 하나로 삼게 되었다. 사회국가적 성격은 1919년의 바이마르헌법에 그 始源을 찾을 수 있으며, 현대국가는 모두 어느 정도의 사회국가적 성격을 띠고 있다.

사회권(社會權) 〔佛〕 droits sociaux 국민이 인간다운 생활을 영위하는데 필요한 조건의 형성을 국가에 대해서 요구할 수 있는 권리. 개인이 인간다운 생활을 영위하는 것을 보장할 책임은 국가·사회에 있다는 관념에서 발생한 권리이고 대체로 生存權的 基本權과 동일한 관념. → 수익권

사회규범(社會規範) 인간의 사회생활을 규율하고 있는 각종의 규범. 따라서 그 가운데는 道德的 規範·宗教的 規範·經濟的 規範 등이 포함된다. 그러나 이러한 법 이외의 사회규범도 그것을 지키지 않았을 경우의 책임이 裁判에 의해서 추구되고 그것에 대한 위반행위에 국가적 강제가 가해지게 되면, 법의 내용을 형성하게 된다. 예를 들면, 契約을 지키라고 하는 것은 도덕적 사회규범인 것이나, 계약에 의해서 발생하는 권리의무의 관계를 규율하기 위해서 裁判規範이 확립하게 되면, 이 도덕적인 사회규범이 동시에 법규범으로서의 의미를 가지게 된다. 그러한 의미에 있어서는 법은 사회규범과 재판규범이 결부한 것이라고 할 수 있다. 사회규범은 한편 行爲規範 또는 文化規範이라고 불리우는 수가 있다.

사회력(社會力) 〔英〕 social force 미국의 심리학적 사회학의 기본개념. 넓은 뜻으로는 사회의 형성을 지배하는 物質的·精神的 素因. 좁은 뜻으로는 사회의 형성에 참가하는 心理的·基本的 動力.

사회목적적 행정(社會目的的行政) 사회질서의 유지·공공복리의 증진 등 사회목적을 위하여 행하는 행정. 내무행정이 이에 속한다. 행정조직·재무행정·군사행정·외무행정·사법행정 등이 국가 자체의 존립과 활동을 위하여 필요한 國家目的的 行政임에 대응한다. → 국가목적적 행정

사회문제(社會問題) 〔英〕 social problem 〔獨〕 soziale Frage 〔佛〕 question sociale 사회구성의 상태와 사회생활의 상황에 관한 비판이나 개혁의 요구가 사회일반의 관심사로 되었을 때, 그 문제를 사회문제라고 말하며 그것을 위한 운동을 社會運動이라고 말한다. 인간 및 사회는 말하자면 영원한 미완성품이기 때문에 사회문제는 많든 적든 불가피하게 일어난다. 실제로는 부인문제·아동문제·중소기업문제·노동문제 등이 있지만 특히 기계생산의 발달에 관련한 노동문제가 중요한 사회문제로 되었기 때문에 사회문제, 즉 勞動問題라고 해석하는 자도 있다. 사회문제로는 순전한 경제적 문제일 때도 있고 또한 정치문제로서의 색채가 농후한 것도 있다.

사회민주주의(社會民主主義) 제2인터내셔날의 지도원리. 근로자계급의 해방을 위하여 사회주의의 실현을 목적으로 하는 것인바, 그 방법에 있어서 프롤레타리아 독재를 배척하고, 끝까지 議會主義에 의하려고 하는 점에 있어서 공산주의와 다르다. 제1차대전 전까지는 공산주의와 사회민주주의간에는 이러한 구별은 없었으며 사회민주주의

라고 하는 語義를 양자를 총괄적 명칭으로 사용했으나 공산주의를 신봉하는 제3인터내셔날의 성립과 함께 양자간에는 엄격한 구별이 생기게 되었다.

사회방위이론(社會防衛理論) 사회방위는 語義上 범죄로부터 사회 그 자체를 방어하자는 의미였으나, 오늘날은 범죄를 저질렀거나 저지를 수 있는 자에 대한 사회의 조치를 通稱하는 의미를 갖고 있다. Gramatiaca는 1961년에 출간된 社會防衛의 基礎라는 저서를 통하여 책임을 反社會性으로, 범죄행위를 반사회성의 主觀的 徵表로, 행위를 기초로 한 형벌을 개별적인 행위자에 적합한 사회방위의 보안처분에 의하여 대체할 것을 요구하는 급진적인 사회방위이론을 주장하였다. 이에 반하여 Ancel의 新社會防衛理論은 책임개념과 책임에 근거를 둔 刑罰을 인정하면서도, 사회방위는 자유와 책임에 대한 교육 또는 치료를 의미하며, 형벌도 범죄인에 대한 예방적 조치가 되어야 한다고 하여 刑事司法의 과제가 피고인의 사회복귀에 있음을 강조한 점에 특색이 있다.

사회법(社會法) 〔英〕 social law 〔獨〕 Sozialrecht 〔佛〕 droit social 契約自由의 原則 등의 개인본위의 법률원리를 수정하는 의미를 가지는 법을 보통 사회법이라고 하나, 그 의의에 대해서는 학자간에 異論이 많다. 일반적으로 사회법은 개인주의문명에서 사회적 문명으로의 변천하는 과정에 있어서 법률적 장면에 나타난 현상이라고 인정되어 있다. 즉, 사회학이 종합적 학문으로서 철학에 대신하는 지위를 요구하고 사회문제가 논의되고 社會化 經濟가 현실화되는 등등의 시대사조와 대응하는 것이다. 사회적 사상이 가지고 있는 의의는 ① 사회법은 추상적·평균적 인격개념의 배후에 존재하는 구체적 개인의 특질, 즉 사회적 강자 혹은 약자인 지위를 명백히 하고, ② 개인주의적 법의 기초인 平等思想에 대비하여 사회법의 기초는 均衡思想이며, ③ 사회법에 있어서는 당사자인 私人의 배후에 제3자 및 주된 당사자로서 사회·국가가 감시하며 때로는 간섭하고, ④ 사회법은 새로운 평면에 있어서 법형태와 법현실과의 조화를 기도한다고 말할 수 있다. 이와 같이 사회적·경제적으로 힘(力)있는 자와 없는 자와를 구별하여, 실질적인 配分的 正義의 실현을 목적으로 하는 법률제도의 일반적 정신에서 고찰하여 본다면, 노동법과 기타의 사회정책적 입법과의 사이에는 공통적인 것이 있다고 볼 수 있기 때문에, 노동법도 경제법 등과 함께 사회법 속에 포용되는 것이라고 할 수 있다. 따라서 사회법을 勞動法과 관련시켜서 논하고 혹은 노동법을 사회법의 주된 내용으로서 취급하는 것은 오늘날 학자간에 異論이 없다. 그 밖에 현재는 年老者 또는 아동의 생활보호 내지는 질병자·실업자를 위한 社會保障制度 등 널리 사회적 후생복리의 증진을 목적으로 하는 사회법 속에 포함시키고 있다.

사회법학(社會法學) 〔獨〕 soziale Rechtswissenschaft 사회전체의 복지를 가져오기 위해 법에 대한 사회본위의 입장을 확립하려고 하는 법학의 경향. 종래의 法解釋學이 법규범의 논리적 해석에 始終하고 그 성격에 있어서, 개인주의적·형식주의적이었던 것에 대하여 사회법학은 법을 社會理想實現의 수단으로 보기 때문에 도리어 반개인주의적·사회적인 것을 특색으로 하고, 그 점에서 사회주의와 관련한다. 대표자는 멩거, 라드브루흐 등이다. 또한 이와 같은 사회이상에 대해서 合目的的 解釋을 내리려고 하기 때문에 目的論的 方法을 중심으로 하고, 그 점에서 自由法運動(→자유법론)과 밀접히 連繫한다. 다음에 사회법학은 사회이상을 산출하는 전제로서 법의 사실적 측면을 주시하기 때문에 이 점에서 법사회학과 가끔 혼동된다. 그러나 후자가 법의 발생·변경·소멸의 과정을 주요대상으로 하는데 반하여 사회법학은 이와 같은 사실을 사회이상에 비추어서 비판하고, 합목적적 해석을 내리는 점에 있어서 法社會學과 다르다.

사회보장(社會保障) 〔英〕 social security 〔獨〕 soziale Sicherung 〔佛〕 sécurité sociale 국민의 생활보장을 목적으로 하는 국가의 總合的 施策. 국민 특히 소액소득층 또는 근로자층에 대한 생활안정을 위한 정책이나 제도는 오래동안 분산적으로 행하여지고 있었다. 그것들은 社會保險·失業對策事業·社會福祉事業 등으로 구분될 수 있는 것이지만, 이것들은 각각 그 연혁이나 조직 등을 달리하고 있다. 사회보험은 산업근로자를 주된 대상으로 하며 업무상 및 업무 외의 각종의 사고에 대하여, 보험조직을 이용하여 그의 生活保險을 행하려고 하는 것이다. 즉, 재해·질병·폐질·노령·사망 등의 사고의 발생에 수반하는 생활불안에서부터 근로자를 보호하려고 한다. 실업대책사업도 본래는 노동시장에 있어서의 수급조정을 목적으로 하여 출발한 것이지만, 제1차대전후 실업자가 대량화하여 만성화됨과 함께 차차로 구제적 색채를 갖게 되었다. 한편 社會福祉事業은 연혁상 가장 오래된 것으로 자선구제사업으로 발전된 것이지만, 이것도 차차로 私的인 救濟觀念으로는 해결할 수 없는 대상과 대결하지 않으면 안되게 되었다. 사회보장제도의 제안은 1942년 비버리지卿(Sir William Henry Beveridge)의 보고서로 日程에 올랐으며, 영국에서는 1948년 이후 완전실시로 들어갔으나, 미국에서는 이에 앞서 1935년 聯邦社會保障法에 의하여 불완전한 형태로 실시되었다. 우리나라에서도 근래 헌법(34)에 의거하여, 社會保險·公共扶助 외에, 公衆衛生·醫療 등의 면에서 종합적인 조치가 강구되어 가고 있다.

사회보장기여금(社會保障寄與金) 사회보장기여금이란 社會保障制度 중 가장 중요한 것으로 취급되고 있는 사회보험제도를 운영함에 있어 일정한 사회구성원으로부터 社會保險料를 갹출할 필요가 있고 이 때 갹출되는 사회보험료를 지칭하는 것으로서 社會保障分擔金 또는 社會保障稅라고 하기도 한다. 국민연금제·의료보험제·사업재해보상보험제 등 우리나라의 각종 사회보험제도를 운영함에 있어서는 기본적으로 국가·사업주·근로자 등 사회구성원으로부터 일정수준의 사회보장기여금, 즉 사회보험료를 징수하고 있는데 이러한 사회보장기여금의 갹출수준은 정치·사회적인 상황에 따라 결정되기도 하고 국가의 부, 所得分布의 폭이나 소득분포상태, 생활수준에 의해서 큰 영향을 받기도 한다. 소득분포의 폭이 넓은 경우나 생활수준이 비교적 낮은 국가에서는 국가의 부담비율이 비교적 크고 생활수준이 높고 소득분포가 비교적 평등에 가까운 나라에서는 국가의 負擔比率은 낮은 편이다. 캐나다, 스웨덴 등은 국가의 부담비율이 높은 편이고 이탈리아·미국·프랑스 등은 사업주의 부담비율이 높다.

사회보장심의위원회(社會保障審議委員會) 사회보장의 증진을 위한 사회보장장기발전방향, 사회보장제도의 개선, 사회보장제도의 도입 또는 확대에 따른 우선순위의 조정, 2 이상의 부처에 관련되는 주요 사회보장정책, 사회보장급여 및 비용부담의 조정, 국가 및 지방자치단체의 역할 및 비용분담 등 사회보장의 주요시책을 심의하기 위한 기관(社會保障基本法 16, 18). 국무총리를 위원장으로 하고 재정경제부장관과 보건복지부장관이 부위원장이 되며, 심의위원회는 위원장, 부위원장을 포함하여 20인 이내로 구성한다. 위원의 임기는 2년이다(17).

사회보장행정(社會保障行政) 개인의 최저한도의 인간적인 생활을 보장함으로써 사회정의를 실현하고 공공의 복리를 증진하기 위하여 개인의 생활관계에 적극적으로 관여하여 일정한 보호를 공여하는 행정작용을 말한다. 이는 公的扶助·社會保險·勤勞保護·特別保護 및 福利事業 등에 관한 작용으로 이루어진다.

사회보험(社會保險) 〔英〕 social insurance 〔獨〕 Sozialversicherung 〔佛〕 assurance sociale 근로자나 소액소득자 등의 질병·폐질·실업·노령 등으로 인한 경제상의 곤란에 대하여 사회적 사고율을 고려하여 일정기준의 소득을 보장할 목적으로 행하는 社會政策的인 보험. 사회보험은 人保險이므로 근로자 내지 이에 준하는 자의 빈곤에의 轉落의 계기에 대하여 이를 사전에 보장하려는 제도이므로 보험사고는 ① 피보험자의 노동능력의 喪失의 원인, 즉, 질병·상해·노령·사망 등 신체에 관한 사고, ② 失業, ③ 피보험자에게 불시의 出費를 강제하는 사고, 즉 피보험자의 妻子의 사망·상병·혼인·출산 등의 세 가지로 나누어진다. 또 이러한 보험사고의 종류와 이에 대한 급여의 別을 표준으로 분류하면, ① 疾病保險·分娩保險·傷害保險, ② 老齡保險·廢疾保險, ③ 失業保險, ④ 埋葬保險·遺族保險 등으로 구분된다. 사회보험에 요하는 비용은 국가 또는 공공단체, 사업주 등 고액소득자가 각각 일부를 부담하고 피보험자의 보험료의 부담을 경감시키는 조치가 취해지고 있다. 이와 같이 사회보험이 그 목적을 달성하기 위하여는 반드시 피보험자 이외의 자로부터 보조를 필요로 하므로 피보험자의 범위를 미리 확정시켜 두고, 일정한 조건에 해당하는 자에 대하여는 그 가입을 강제하는 것이 通例이다. 그러나 오늘날은 생활상의 위험이 증대하여 피보험자의 보험료부담이 곤란하게 되어 보험료의 전액을 사업주 또는 국고가 부담할 필요가 나타나고 동시에 社會保障制度의 확립이 강하게 요청되고 있다. 사회보장은 단일제도로 이것을 실시할 수 있으나 전통적 또는 기술적 이유로 인해 여러 종류로 나누는 것이 보통이다. 우리나라에서는 의료보험법·공무원 및 사립학교교직원의료보험법·군인보험법 등의 법률이 제정되어 부분적으로 사회보험제도가 확대되어 가고 있다.

사회보호위원회(社會保護委員會) 사회보호법상 保護處分의 管理와 執行에 관한 사항을 심사·결정하기 위한 위원회를 말한다. 법무차관을 위원장으로 하고 판사·검사 또는 변호사의 자격이 있는 7인 이내의 위원과 의사의 자격이 있는 2인 이내의 위원으로 구성된다(社會保護法 32).

사회복리사업(社會福利事業) 사회공공의 복리를 증진시키는 것을 직접목적으로 하는 복리시설의 관리·운영하는 작용을 말한다. 이는 각종 복리시설의 관리 및 이용관계를 그 주된 내용으로 하며, 국가 또는 지방지치단체와 같은 행정주체가 스스로의 부담에 의하여 직접 시행하는 것이 원칙이나, 社會福祉法人이 시행할 수도 있다.

사회복지국가(社會福祉國家) 〔英〕 social

welfare state → 복리국가

사회분화(社會分化) 〔獨〕 soziale Differenzierung 社會集成과 정반대인 진화의 경향. 사회가 동질성으로부터 이질성으로, 단순성으로부터 복합성으로 발전하는 것을 뜻한다. 그 결과 社會權이 교차하고 개성이 증대한다.

사회사(私會社) 〔英〕 exempt private company 영국회사법상 定款으로 주식의 이전을 제한하며 株式·社債의 公募를 금지하고 주주의 수를 50명 이하로 한정한 주식회사의 일종. 일반주식회사(公會社)에 비하여 그 설립, 개업의 절차 및 기관의 구성이 간이화되어 있고, 또 대차대조표의 공시의 불필요, 優先株主·社債權者 등의 회사업무에 대한 검사를 면할 수 있다는 등의 특칙이 규정되어 있다. 우리 상법상 유한회사나 獨·佛法界에 있어서의 有限責任會社와 같이, 중소기업을 목적으로 하는 소규모·少人數의 회사형태에 이용되고 있으며, 영국은 주식회사의 대부분이 사회사이다.

사회사업(社會事業) 〔英〕 social work 주로 노동문제를 자본주의 사회의 범위내에서 해결하려고 하는 公私의 노력 또는 시설의 전체. 따라서 社會政策과 서로 보충관계에 있다. 구호사업, 아동보호, 공중위생·양로보호·사회교육 따위가 이에 속한다. 이와 대행하여 社會福祉事業이라고 불리우는 일도 있다.

사회상규(社會常規) 사회생활에 있어서 일반적으로 승인된 正當的 行爲規則을 말한다. 학자에 따라서는 사회상규에 위배되지 아니하는 행위를 ① 인류의 사회공동생활에 있어서 준수해야 할 準則規範, ② 행위 당시의 文化規範, ③ 법질서나 그 기저를 이루고 있는 사회논리를 모두 포괄하는 의미의 社會相當性, ④ 법 전체의 정신에 비추어 초법규적으로 보아 실질적으로 위법이 아닌 정당한 행위, ⑤ 條理 또는 公序良俗에 위배되지 않는 행위, ⑥ 사회통념상 정당시되는 행위 등 다양하게 표현하고 있다. 형법 20조 후단은 기타 사회상규에 위배되지 아니하는 행위를 벌하지 아니한다라고 규정하여, 正當行爲의 세번째 구성요소를 제시하고 있다. 여기서 기타 사회상규에 위배되지 아니하는 행위란 법질서 전체의 정신이나 그 배후의 지배적인 사회논리에 비추어 원칙적으로 용인될 수 있는 행위, 즉 사회적으로 유용성이 인정되거나 적어도 사회적 유해성을 야기하지 않는 행위를 말한다. 이를 법 전체의 정신에 비추어 超法規的으로 보아 실질적으로 위법이 아닌 정당한 행위, 조리 또는 공서양속에 위배되지 않는 행위 또는 사회통념상 정당시되는 행위 등으로 표현하기도 한다. 사회상규는 이에 반하지 않는 행위를 실질적 위법성이 없다고 하여 위법성을 배제하는 법적 성질을 갖고 있는데 반해, 사회적 상당성은 역사적으로 형성된 사회논리적 공동생활의 질서 내에 속한 행위의 판단기준으로서 構成要件排除事由로서의 법적 성질을 갖는다는 점에서 구별된다.

사회실재론(社會實在論) 사회는 단순한 개인의 집합체가 아니라 개인을 초월한 실질을 가지고 있다는 입장. 個人實在論에 대한다. 생물학적 유기체설·심적유기체설·集團表象說이 그 예이다.

사회연대(社會連帶) 〔英〕 social solidarity 〔獨〕 soziale Solidaritet 〔佛〕 solidarité sociale 사회의 成員 사이에 이루어지는 밀접한 상호의존의 親和關係를 말한다. 각 성원은 자기의 행위에 대해서와 마찬가지로 타인의 행위에 대해서도 책임을 지며, 동시에 이 행위에 따르는 이익을 지닐 자격을 갖고 있다. 베버는 이것을 受動的 連帶와 能動的 連帶로 나누었고, 뒤르케임은 성원의 동질적 유사성에 기초를 둔 관계를 機械的 連帶라 부르고, 그 구속적 성격이 성원 사이의 이질성을 인정하면서 분업의 相補性의 自覺 위에 세워진 유기적 연대의 방향으로 지양할 것이라 말하고 있다. 법학자 뒤기는 사회연대의 관계에서 법의 성립을 설명하면서 권리를 이 관계에 기초한 의무로 봄으로써 권리개념의 부정을 시도하였다.

사회연대설(社會連帶說) 〔佛〕 théorie de la solidarité sociale 사회연대의 개념을 사회현상 고찰의 지도원리로 하고, 또 사회적 행위의 規準을 확립하려고 하는 이론. 이러한 개념에 처음으로 사회학적 의의를 부여한 자는 꽁트이다. 그 후 19세기말부터 20세기초기에 걸쳐 특히 프랑스에서 제창되었다. 法學의 분야에서는 레옹 부르죠아(L. Bourgeois), 뒤르케임, 뒤기 등이 대표자이다. 예를 들면 뒤기는 이 사회연대의 관계에서 법의 성립을 설명하는 동시에 권리를 이 관계에 기초한 의무로 봄으로써 權利概念의 부정을 시도하였다.

사회의식(社會意識) 〔英〕 social consciousness 〔獨〕 Sozialbewusstsein 각 개인은 각 개인으로서의 특유한 의식을 가지고 있음에도 불구하고, 사회의 일원으로서는 다른 成員과 공통된 일정한 방향으로 그 사고나 행동이 규제된다. 이 경우에 그 개인에 대하여 작용하고 있는 의식을 사회의식이라 한다. 慣習·風習·習俗은 사회의식이 아직 형식화되지 않은 것이고, 명확히 확정된 것은 제도이며, 법은 이 제도의 일종이다. 사회의식은 개인의 의식내의 현상이지만, 단순한 개인의식은 아니고, 拘束力·外部性·普遍性 등의 특징을 갖는다.

사회입법(社會立法) 〔英〕 social legislation 〔獨〕 soziale Gesetzgebung 〔佛〕 législation sociale 사회문제해결을 위한 하나의 방법으로 사회정책적 견지에 입각하여 행하는 國家的 諸立法의 총칭. 社會政策的 立法이라고도 한다. 국가의 입법기관에 의하여 제정되는 법규만을 지칭하고 국가법 이외의 소위 社會的 法規範을 포함하지 않는 점에서 노동법과 다르다. 다만 반드시 근로자만을 대상으로 하지 않고 입법에 의하여 농촌문제·어업문제·중소상공업문제 등의 해결도 다루는 점에서 노동법보다 범위가 광범하다.

사회적 개인(社會的個人) 사회관계나 단체의 궁극적 단위로서 생각되는 社會諸關係 속에 있어서의 개인. 이러한 사고방법은 일면에 있어서 社會的 實在論이 법·정치·종교 등을 설명하는 기초로서 개인을 초월한 단체를 설정하는데 대하여, 社會諸現象의 분석은 단체에 그치지 않고 개인에까지 환원하여야 한다고 주장하며, 또한 다른 면에 있어서 일체의 사회현상을 개인으로부터 설명하는 個人的 實在論에 대하여서는 사회관계나 단체를 하나하나 흩어진 고립적 개인으로 해체하는 것이라고 비판하면서, 이 양자의 견해를 조화시키는 것으로서 제창되고 있다.

사회적 기본권(社會的基本權) 생존권적 기본권과 같다.

사회적 민주주의(社會的民主主義) →민주주의

사회적 법치국가(社會的法治國家) 〔獨〕 sozialer Rechtsstaat 자유민주주의에 입각하고 있는 근대국가는 또한 법률에 의하여 지배되는 법치국가이다. 법치국가는 자유권적 기본권을 보장하기 위한 것을 그 역사적 사명으로 한다. 따라서 자유권적 기본권의 보장만을 목적으로 하는 법치국가를 市民的 法治國家라고도 한다. 그러나 이러한 법치국가에 있어서는 개인의 자유만을 보장했지 개인의 생존은 보장할 수 없다. 개인의 자유의 보장은 기성질서에 있어서 이미 이익을 받고 있는 자의 이익보장만을 의미한다. 따라서 旣成秩序에 있어서 이익을 받지 못한 자, 즉 재력이 없는 자에게는 자유보다는 오히려 生存에 대한 배려가 필요하다. 이러한 필요에서 제1차대전후의 근대국가의 헌법은 自由權的 基本權 이외에 사회적 기본권을 헌법에 규정하고 자유의 보장 이외에 개인의 생존에 관한 배려까지를 하게 되었다. 따라서 시민적 법치국가가 사회적 기본권 또는 그 밖의 경제조항 등에 의하여 개인의 생존에 대한 배려를 하게 되는 경우를 사회적 법치국가라고 한다.

사회적 상당성론(社會的相當性論) 〔獨〕 Die Lehre von der sozialen Adäquana 역사적으로 형성된 사회논리적 공동생활의 질서 내에 속한 행위는 사회적으로 상당하며, 따라서 構成要件該當性이 없다고 하는 이론을 말한다. 이 이론은 Welzel에 의해 창안·발전되어 온 이론이다. 그러나 Welzel은 그의 형법교과서 4판(1954년)에서부터 8판(1963년)까지는 이 사회적 상당성을 일종의 慣習法的 正當化事由로 간주하고 있다. 그 후 Welzel은 다시 사회적 상당성론을 구성요건제한의 일반적 해석원리로 파악하기에 이르렀다. 사회적 상당성은 일부 학자에 의하여 違法性阻却事由로도 이해되지만, 다수의 학자들은 이를 구성요건 해석에 도움을 주는 하나의 해석원칙으로 보고 있다. 사회적 상당성이 있는 행위란 반드시 사회적으로 모범적인 행위만을 의미하는 것이 아니라 社會的 行爲自由(soziale Handlungsfreiheit)의 테두리 내의 행위를 의미한다고 하는데, 이러한 행위의 예로서는 대체로 다음과 같은 것들이 지적되고 있다. 경미한 傷害나 경미한 자유의 제한, 사소한 돈을 내건 도박, 航空·軌道·道路交通에의 참여와 법규에 따른 운행에 발생된 상해, 원자력이나 가스를 사용하는 공장처럼 위험스러운 시설물의 운영, 의학적 실험, 건축·광산 등에 있어서의 폭발물 사용, 의료상의 극약 사용, 자동차운전자에게 주류를 판매하는 행위, 우편집배원에게 통상의 새해 선물을 주는 일, 부인의 자살을 야기시킬 위험성이 있는데도 불구하고 남편이 집을 떠나는 일 등이다.

사회적 신분(社會的身分) 貴族制度·奴隷制度와 같이 제도적으로 일부의 인간을 특수하게 취급하는 경우에 있어서의 그 일부의 인간의 사회적 지위. 근대 이전의 사회에는 그 사회질서의 형성은 이러한 사회적 신분을 중심으로 하여 이루어졌다. 중세의 봉건사회에 있어서의 主從關係가 그 대표적인 것이었다. 그러나 평등의 원칙이 지배하는 오늘의 민주사회에서는 모든 사회질서의 형성은 평등한 개인과 개인끼리의 契約에 의하여 이루어진다. 근대국가의 모든 헌법은 평등의 원칙의 입장에서 이러한 사회적 신분관계를 원칙적으로 인정하지 않고 있으며, 우리 헌법에 있어서도 사회적 특수계급의 제도를 일체 인정하지 않고 있다(11).

사회적 예후(社會的豫後) 〔英〕 probation

and parole prediction 〔獨〕 soziale Prognose 犯罪者 또는 非行少年을 조사하여, 그 장래의 범죄 또는 비행을 예측하는 것. 犯罪豫測이라고도 한다. 범죄자의 豫後의 판정에는 판결시 또는 그 직후인 형의 집행에 앞서 행하는 경우(判決時=始期豫後)와 수형자의 석방에 즈음하여 행하는 경우(釋放時=終期豫後)가 있다. 양자의 예측은 같지 않으며, 釋放時豫後는 교도소내의 行狀이나 석방후의 환경·보호관계를 통하여 알 수가 있으며, 또한 受刑中에 개선될 가능성도 고려되므로 判決時豫後보다 용이하고 확실성이 강하다. 결정에 즈음하여 再犯의 유무, 범죄의 종류, 초범의 시기, 정신상태, 지능, 유전관계, 음주, 직업, 家庭情況, 就學經歷 등을 조사한다.

사회적 위험성(社會的危險性) 〔獨〕 soziale Gefährlichkeit 〔佛〕 état dangereux 〔伊〕 pericolosità sociale 범죄를 행할 가능성있는 반사회적 성격을 말하며, 악성·(책임에 대하는)위험성이라고 말하는 경우도 같은 뜻이다. 좁은 뜻으로는 이미 범죄를 행한 자가 다시 범죄를 행할 위험성인 범죄적 위험성과 구별된다. 사회적 위험성은 主觀主義刑法理論의 중심개념이며, 책임의 근거이고 형의 量定의 標準이라고 한다.

사회적 책임론(社會的責任論) 〔獨〕 soziale Verantwortlichkeit 〔佛〕 responsabilité sociale 責任(→형사책임)은 自由意思와는 관계가 없고, 사람이 사회생활을 영위하기 때문에 인정된다고 한다. 즉, 책임의 근거는 행위자의 反社會的 性格(社會的危險性)에 있고(性格責任), 반사회적 성격을 가지고 있는 자에 대하여는 사회는 자기를 방위하기 위하여 일정한 조치(刑罰 내지 保安處分)를 취하지 않으면 안되는데, 이러한 조치를 받을 지위가 책임이라고 한다. 사회적 책임론은 신파(근대학파)의 주장이고 자유의사를 부정하며, 이를 인정하여 책임의 전제로 삼는 道義的 責任論에 대한다. 그리고 사회적 책임론은 책임능력을 사회방위의 수단으로서의 형벌을 과함에 알맞는 能力(刑罰能力)이라고 이해하며, 또 사회적 방위처분으로서의 형벌과 보안처분 사이에는 질적 차이는 없고 단지 양적 차이가 있을 뿐이요 그 어느 것을 과하느냐는 행위자의 위험성과 사회에 적응할 능력에 의하여 결정된다고 주장한다.

사회적 행위개념(社會的行爲槪念) 〔獨〕 sozialer Handlungsbegriff 형법학에서의 行爲論上 因果的 行爲槪念, 目的的 行爲槪念에 대비되는 행위개념. 사회적 행위론은 행위를 사회적 현상으로 보고 그 社會的 意味性(soziale Sinnhaftigkeit)을 存在論的으로 해석하게 되는 것인데, 이때 인간행위의 사회적 의미는 행위자 자신의 개인적 입장으로부터가 아니고 타인의 사회적 입장으로부터 결정되어진다. 형법상에서 행위라고 부르는 것도 그것이 객관적·사회적으로(objektiv-sozial) 타인에 대하여 어떤 의미를 가지고 있느냐에 따라서 그 본질이 밝혀질 수밖에 없다. 이러한 관점에서 바라볼 때에는 行爲全般은 사회적 공동체에 대하여 하나의 기능적·사회적 의미통일체로서 나타난다는 것이 社會的行爲論의 입장이다. E. Schmidt에 의하여 주창된 이러한 사회적 행위론은 Karl Engisch에 의하여 발전되고 W. Maihofer에 이르러 개념적으로 더욱 순화된 형태로 발전되어 완성단계에 이르게 되었다.

사회적 행위론(社會的行爲論) 슈미트에 의하여 사회적 행위론의 그 기초가 마련되고 독일에서는 엥기시(Engisch)가 그것을 발전시킨 이론. 사회적 행위론이 의사의 恣意性을 인정하는 설과 불인정하는 설이 있는데 독일형법학에 있어서 행위이론은 베링 이후에 와서 意思의 恣意性을 말소한 것과 같다. 사회적 견지에서 방법론적으로 의식되어 정신적으로 인식할 수 있는 社會的 意味를 사회적 행위론의 발단이라고 한다. 그 행위론은 그 행위의 목적론적 의미를 사회적 현상으로서 사회적 의미는 인간의 동작은 원래 행위자의 개인적 입장에서가 아니라, 다른 것의 사회적 입장에서 결정되어야 한다는 논거에서 사회적 이해 및 구체적인 행위자의 기능적 목적에 관련된다고 슈미트에 의하여 기초가 마련된 이 학설은 엥기시에 의하여 構成要件的 不法內容의 주관적 가치를 적당한 접촉점을 모색하기 위하여 행위자의 인격이 주관적 경계에서 행위개념을 해결하고자 한 것의 시도에서 결정적으로 조장되었다. 또한 그의 사회적으로 중대한 결과에 대하여 예측할 수 있는 恣意의 실현으로서의 행위의 정의에 도달하였다.

사회정의(社會正義) 〔英〕 social justice 〔獨〕 Sozialgerechtigkeit 모든 국민에게 생활의 기본적 수요를 충족시키는 것. 즉, 無產大衆·생활무능력자 등을 포함하는 모든 국민에게 인간다운 생활, 환언하면 단순한 최저생활이 아니라 건강하고 문화적인 최저한도의 생활을 보장함으로써, 弱肉強食·落伍者敗滅의 폐해를 일소하고, 모든 국민이 최소한 같은 국민 내지 인간이라는 점에 착안하여 그들에게 가능한 한 풍부한 물질적 생활을 향락시키려는 것. →정의

사회정책(社會政策) 〔獨〕 Sozialpolitik 자본주의사회제도가 가져온 결함, 특히 勞資兩階級對立에 의한 투쟁 및 그 표현인 사회질환적 현상을

緩和 또는 救治하기 위하여 국가 또는 공공단체가 하는 시설 또는 노력. 자본주의체제를 전제로 하여 이것으로부터 발생하는 결함이나 폐해를 완화·제거하여 이른바 사회문제를 해결하려고 하는 데에 특색이 있다.

사회제도(社會制度) 〔英〕 social institution 뚜렷하게 승인되고 확정된 사회의 行爲的 形象. 제도는 관습으로 법률적인 관습과 구별된다.

사회조사(社會調査) 〔英〕 social survey 實態調査와 같다. 널리 사회사상을 현실에 입각하여 조사하는 의미로 해석되고 있는데 그 목적은 조사결과를 가지고 시책의 방침결정의 자료로 하는 것, 즉 實踐的 社會調査와 이론구성의 절차 내지 자료에 제공하는 것, 즉 과학적 사회조사로 나누인다. 방법은 동일조사사항에 대하여 행하여지는 全體調査法, 부분에 대하여 행하여지는 部分調査法, 개개의 사례에 대하여 면밀한 관찰을 하는 個別調査法이 있다. 法社會學은 사실관계로서의 법에 착안하고 있으므로 실태조사를 유력한 영역으로 한다.

사회주의국가(社會主義國家) 사회주의 혁명에 의하여 근로자, 농민을 중심으로 하는 모든 인민세력이 國家權力을 장악하고, 자본주의적 잔존세력을 억압하고 국외의 자본주의국가에 대하여 자기를 방위하여 사회주의의 여러 제도·시설을 실현해나가는 프롤레타리아트 獨裁國家. 러시아의 10월 혁명에 의하여 처음으로 역사적으로 출현했다. 자본주의사회에서 공산주의사회로의 과도기에 있는 국가체제. 인민민주주의나 신민주주의의 국가는 사회주의 국가에의 과도기적 국가형태라고 한다.

사회주의헌법(社會主義憲法) 資本主義憲法에 상대되는 개념으로 사회주의경제를 기반으로 하는 헌법을 말한다. 사회주의헌법은 프롤레타리아의 階級獨裁, 全人民의 프롤레타리아화를 규정하고 있는데, 그 과도적 헌법으로서 인민민주주의 헌법이 있다. 사회주의헌법으로는 구소련헌법·동구의 헌법들이 있으나, 최근 소련의 붕괴와 자유화 물결로 퇴색되어 가고 있다.

사회진화(社會進化) 〔英〕 social revolution 사회변화의 하나의 양식으로서 단순한 변동은 아니고, 일정한 방향을 가지는 변동을 뜻한다. 이 개념은 스펜서에 의하여 비롯한 것인데 일반화한 것은 다윈의 進化論이 나온 이후이다. 기계주의와 결합하지만 법이 진화한 방식도 이와 관련된다.

사회질서(社會秩序) →선량한 풍속 기타 사회질서

사회질서위반(社會秩序違反)**의 행위**(行爲) 법률행위가 유효하기 위해서는 그 목적이 사회적 타당성을 가져야 하며 법률행위의 목적이 强行法規를 위반하지 않더라도 선량한 풍속 기타 사회질서에 반할 때에는 사회적 타당성을 잃은 행위로서 무효가 된다(民 103). 여기서 사회질서라 함은 사회생활의 평화와 질서를 유지하기 위해 일반국민이 반드시 지켜야 할 一般規範으로서 선량한 풍속도 이러한 사회질서의 일종이다. 사회질서는 때와 장소, 사회나 민족에 따라 다르고 항상 변화하고 있기 때문에 사회질서에 위반하는 법률행위의 종류를 구체적으로 들 수 없고, 따라서 민법 103조는 一般條項(Generalklausel)으로서, 그 구체적 내용은 개별사례에 대한 재판을 통하여 확립된다. 종래 판례에 나타난 사회질서위반의 행위로서는 ① 正義의 觀念에 반하는 행위. 범죄 기타의 부정행위를 권하거나 또는 이에 가담하는 계약, 경매나 入札에 있어서의 談合行爲, 사회관념상 당연한 일이 어떤 대가와 결합함으로써 정의의 개념에 반하게 되는 경우(예컨대, 名譽毁損의 범행을 하지 않는다는 것을 조건으로 금전을 주는 계약), ② 論理的 秩序에 반하는 행위. 子가 父母에 대하여 불법행위에 의한 손해배상을 청구하는 행위, 자가 부모와 同居하지 않겠다고 하는 계약, 婚姻秩序에 반하는 행위로 妾契約 등이 그것이다. 그러나 첩에 대한 생활비의 제공, 출생한 자녀의 양육비와 같이 妾의 生存을 유지하고 자녀의 성장을 보장하는 범위에서는 특약의 효력은 유효하다고 보고 있다. ③ 개인의 자유를 매우 심하게 제한하는 행위. 人身賣買, 賣春行爲, 어떠한 일이 있더라도 이혼하지 않겠다는 각서를 배우자의 한 쪽이 다른 쪽에 교부하는 행위, 競業을 하지 않는다는 계약, 해고 후 일정한 영업을 하여서는 안된다는 雇傭主와 被傭者 사이의 계약, 양도한 자가 일정기간 동안 같은 종류의 영업을 하지 않기로 하는 계약 등 영업의 자유나 기타의 거래활동을 현저히 제한하는 경우, ④ 生存의 기초가 되는 財産의 處分行爲. 사찰이 그 존립에 필요불가결한 재산인 林野를 증여하는 행위, 자기가 장차 취득하게 될 전재산을 양도한다는 계약 등, ⑤ 지나치게 射倖的인 행위. 도박계약, 즉 도박과 관련된 자금을 대여하는 행위, 도박으로 부담한 채무의 변제로서 토지를 양도하는 계약, 도박에 敗한 빚을 토대로 하여 그 노름빚을 변제하기로 한 계약 등은 모두 반사회적인 행위로서 무효이다. ⑥ 타인의 無思慮·窮迫을 이용하여 부당한 이득을 얻으려고 하는 폭리행위 등이 그것이다. 한편 사회질서에 위반한 법률행위는 무효이고(103), 법률행위의 일부만이 사회질서에 반하는 경우에는 一部無效의 法理가 적용된다. 사회질서

에 반한 법률행위가 특히 채권행위인 경우에 이행전에는 채권의 효력이 생기지 않으므로 이행할 필요가 없으며, 이미 履行된 給付에 대해서는 민법 746조에 의해 반환청구가 인정되지 않는다.

사회집단(社會集團) 넓은 뜻으로는 사회와 같은 뜻으로 사용되며, 좁은 뜻으로는 集團意識을 수반한 복수적인 사회관계의 총체를 뜻하는데 쓰인다.

사회통념(社會通念) 사회의 일반적인 건전한 상식. 條理 내지 社會的 衡平에 가까운 관념이지만 이것보다도 자연스러운 사회의 일상생활에 있어서의 양식을 가리킨다. 이것은 법률 또는 계약의 해석·재판·조정 등에 있어서 종종 판단의 기준이 된다. 이러한 社會觀念은 결코 고정적인 관념은 아니며 사회의 일상생활 가운데서 형성변화하여 나가는 살아 있는 法意識으로서, 법과 생활과의 어긋남을 방지하며 양자 사이에 다리를 놓는 역할을 하여 준다.

사회학(社會學) 〔英〕 sociology 〔獨〕 Soziologie 〔佛〕 sociologie 原語는 同類(socius)의 學(logos). 꽁트의 命名에 의한다. 經驗科學으로서 철학적인 사회철학 또는 철학적 사회학과 대립한다. 그 대상인 사회의 개념의 광협에 따라 종합사회학과 특수과학적 사회학의 2계통으로 구별된다. 綜合社會學은 넓은 뜻의 사회·사회현상의 전체를 대상으로 한다. 꽁트, 스펜서 등은 사회학을 사실상 여러 社會科學의 포괄과 동의로 보았으나, 웨버, 퇴니스 등은 단순한 포괄이 아니라, 특수사회과학의 입장에서는 문제로 할 수 없는 전체적 인식의 획득을 목적으로 하고 있다. 이에 대하여 特殊科學的 社會學의 입장에 속하는 자로는 짐멜(Simmel), 기딩스(Gid-dings)가 있다. 이 입장은 사회학의 대상을 좁은 뜻으로 한정하여, 내용에 대한 형식관계, 결합 등을 특수과학적으로 연구하는 데에 비로소 사회학의 학문적 성립이 의의를 갖게 된다고 보고 있다. 방법에 관하여는 보통은 보편화적 방법을 사회학에 특유한 것으로 보는 견해가 유력하나, 개별화적 방법의 병용을 주장하는 견해도 있다.

사회학적 법학(社會學的法學) 〔獨〕 soziologische Rechtswissenschaft 보통은 법사회학과 같은 뜻으로 사용되며, 법현상을 사회학적으로 분석·고찰하는 법학부문이라고 할 수 있다. 널리 해석하면, 종래의 解釋法學에 대립하여 오로지 법의 사회학적 연구를 추진하고자 하는 이른바 사회학파의 이론까지도 포함하겠지만, 용어로서의 구분은 반드시 명백한 것은 아니다.

사회학파(社會學派) 〔英〕 sociological school 〔獨〕 soziologische Schule 〔佛〕 école sociologique 법을 社會現象의 하나로 보고, 이것을 사회학적으로 연구하려 하는 학파. →사회학적 법학, 법사회학

사회화입법(社會化立法) 〔獨〕 Sozialisierungsgesetz 社會法과 대체로 동일한 개념인데 사회법은 법의 성격에 중점을 두고 말한 것이고 사회화입법은 그 입법의 목적에 중점을 두고 말한 것. 자본주의경제가 고도로 발전함에 따라서 빈부의 차가 심해져서 자본의 대부분은 일부소수의 자본가에 독점되었고 국민의 대다수는 노동 이외에 生産手段을 전연 소유하지 못하는 無産者로 化한 현대에 있어서는 국가공동체의 존립과 번영을 위해서는 일면에 있어서는 독점자본의 경제적 위력을 일정한 도 억제하는 동시에 다른 면에 있어서는 국민대다수를 점하고 있는 無産大衆을 보호해 주는 입법이 필요하게 되었는데, 전자를 위한 것이 소위 經濟(統制)法이고, 후자를 위한 것이 노동법과 여러 사회보장법이다. 이러한 경제통제법규와 노동법 기타 여러 사회보장법을 총칭하여 사회법 또는 사회화입법이라고 한다.

사후강도죄(事後强盜罪) 準强盜罪(刑 335)의 다른 말. 다만 절도가 도중에 강도로 변할 경우는 사후강도가 아니고 보통의 강도죄로 된다. →준강도죄

사후경과시간(死後經過時間) 直腸內의 온도·死斑·경직·각막·혈액의 상태 등의 死體現象, 위장의 내용물의 종류·膨滿狀況·소화정도·부패나 곤충의 발생상태, 의복·소지품의 붕괴현상의 法醫學的 檢證을 총합하여 추정된다. 그러나 死體는 그것이 놓여진 환경·기상·온도 등에 의하여 현저하게 영향받으므로, 일률적으로 단정하는 것은 매우 곤란하다.

사후방조(事後幇助) 타인이 범죄를 저지른 후에 있어서 범죄결과를 확보하기 위하여 또는 증거인멸, 범인은닉 등의 목적으로 행해지는 幇助行爲. 前犯의 종범으로 되지 않는다. 그 형태에 의하여 장물죄(刑 362), 범인은닉죄(151), 증거인멸죄(155)를 구성한다.

사후법(事後法) 〔英〕 expost facto law 법률없으면 형벌없다라는 법언. 罪刑法定主義에 상당하는 영미법의 원칙으로 미국의 연방헌법에서는 이를 금지하는 것을 기본적 인권의 내용으로 하고 있다.

사후법(事後法)**의 금지**(禁止) 〔英〕 prohibition of ex post facto law 행위 당시 適法인 행위에 대하여, 사후에 형사책임을 지우는 立法의 禁止(憲 13 I 참조). 적법한 행위에 대하여 사후에 이를 처벌하는 소급법을 제정하지 못한다는 것을 의미하는 동시에 또 그러한 방법으로 형을 가중하는 것도 금지된다. 미국에서는 有罪評決을 쉽게 하는 證據法의 사후개정도 이에 포함된다고 한다. → 형벌불소급의 원칙, 죄형법정주의, 소급입법

사후변경(事後變更)**의 유보**(留保) 행정행위를 변경 또는 보완한다거나 사후에 새로운 附款을 붙일 수 있는 권리를 유보하는 내용의 부관을 말한다. 그러나 사후변경의 유보를 부관이 아니라고 하는 견해도 있다.

사후부관(事後附款) 행정행위를 한 뒤에 새로이 부관을 붙이는 것을 말하는데, 이를 허용할 수 있는지에 관하여는 견해의 대립이 있다. 일반적으로 사후에 부관을 붙이는 것은 부관의 성질에 어긋나는 것으로서 허용할 수 없으나, 負擔에 한하여는 그 자체가 하나의 행정행위를 이루는 것이므로 붙일 수 있다고 본다.

사후설립(事後設立) 〔獨〕 Nachgründung 회사의 영업용으로 예정하여 둔 재산을 會社成立後 회사에 양도하는 계약을 하는 것. 後設立이라고도 한다. 이것은 現物出資나 財産引受에 관한 엄격한 규정의 탈법수단으로서 이용될 염려가 있으므로, 상법은 物的會社의 사후설립에 관하여 특별규정을 두고 있다. 즉, 주식회사 또는 유한회사가 그 성립후 2년내에, 그 성립전부터 존재하는 재산으로서 영업을 위하여 계속하여 사용하여야 할 것을, 자본의 20분의 1 이상에 해당하는 대가로 취급하는 계약을 체결할 때에는 株主總會 또는 社員總會의 특별결의를 거쳐야만 한다(375, 576 II). 그 재산은 계속해서 영업용으로 사용되어야 하므로 流動資産은 그 대가여하를 불문하고 제한을 받지 않는다.

사후수뢰죄(事後收賂罪) 공무원 또는 중재인이 그 職務上 不正한 행위를 한 후 뇌물을 수수·요구·약속하거나 제3자에게 이를 供與하게 하거나 공여를 요구 또는 약속하는 죄(刑 131 II). 공무원 또는 중재인이었던 자가 그 재직중에 청탁을 받고 직무상 부정한 행위를 한 후 뇌물을 수수·요구 또는 약속하는 경우는 형이 가볍다(131 III). → 수뢰죄, 수뢰후부정처사죄

사후심(事後審) 原審判決의 정당성을 비판·음미하는 기능을 가지는 審級. 事後審査審 또는 審査審이라고도 한다. 법령위반의 유무의 심사가 보통이지만, 事實認定·刑의 量定의 심사를 포함하는 경우도 있다. 여러가지의 점에서 覆審·續審과 다른 특질을 가진다. ① 심리의 객체가 원심판결에 한정되고 피고사건의 새로운 審理 및 繼續審理를 내용으로 하지 않는다. ② 間接審理가 원칙이고 새로운 자료에 대한 直接審理는 극히 예외적으로만 허용된다. ③ 심리의 내용이 원심판결의 정당성의 비판이라고 하는 것에 제약된다. 재판은 원칙적으로 원심판결의 破棄 및 上訴棄却(원심판결의 정당성의 시인)에 한정되고, 自判은 예외적으로만 허용된다(원심판결의 비판에 의하여 사건을 심판할 수 있는 경우). 민·형사소송법의 상고심 및 형사소송법의 항소심은 사후심구조를 취하고 있다. 다만 형사소송법의 항소심은 사후심구조이지만, 사실문제의 심리도 행할 수 있는 점에 있어서 그 심리의 범위가 비교적 넓다. → 항소심, 상고심

사후심사(事後審査) 原審判決의 正當性을 심사하는 것. → 사후심

사후심사심(事後審査審) → 사후심

사후심사주의(事後審査主義) 항소심은 제1심판결의 내용의 當否의 심리를 목적으로 하고, 소송자료도 원칙적으로 제1심에 제출되었던 것으로 한정된다는 주의로서, 制限抗訴主義라고도 한다. 이에 따르면 항소법원은 제1심의 소송기록을 精査하여, 판결에 있어서 사실의 인정과 이유에 오류가 없다고 인정하면 항소를 기각하고, 의심이 생기면 原判決을 취소하고 원칙적으로 사건을 제1심법원에 환송하여야 한다. 오스트리아 민사소송법, 일본 형사소송법 및 현행 형사소송법이 원칙적으로 채용하는 항소심의 구조이다. 사후심리는 제1심에서 소송자료의 집중을 도모할 수 있으나, 제2심에서의 失權을 면하기 위하여 당사자가 제1심에서 가능한 한 모든 주장을 제출함으로써 소송기록이 비대해진다는 단점과 이로 인하여 제1심법원으로서도 항소심에 있어서의 破棄를 두려워하여 당사자가 제출한 주장이나 증거를 불필요하다고 생각하면서도 조사하게 되므로 제1심의 부담이 증대된다는 단점이 있다. 그밖에 서면작성의 부담이 증대된다거나 原審判決取消의 경우에는 還送이 어렵기 때문에 1심사건이 많아진다거나, 주로 서면심리에 의해 제1심의 사실문제를 심사하는 것은 적정을 기하기 어렵다는 단점이 있다.

사후양자제도(死後養子制度) [1] 구민법상. 호주가 직계비속없이 상속한 경우 또는 이미 廢家나 無後家가 된 家를 부흥하기 위하여 선정되

는 양자를 말한다. 사후양자의 선정권자는 경우에 따라서 달랐다. ① 호주가 직계비속없이 사망한 경우에는 배우자·직계존속·친족회의 순위로 선정할 수 있고, 배우자가 사후양자를 선정하지 않겠다는 의사표시를 한 때에도 같았다. 그러나 직계존속 또는 친족회가 선정하는 경우에는 법원의 허가가 필요하였다(舊民 867·868, 舊家事審判規則 78). ② 폐가 또는 무후가를 부흥하기 위한 경우에는 前戶主의 직계존속·친족회의 순위로 선정할 수 있었다(舊民 867). 이상의 모든 경우에 직계존속이 여러 명 있으면 남자를 선순위로 하고, 남자 또는 여자가 여러 명 있으면 最近尊屬을 선순위로 하지만 生家의 직계존속은 出繼子의 사후양자를 선정하지 못하였다(舊民 867). 1990년 민법 일부개정으로 死後養子制度는 폐지되었다.

[2] 우리 法制史上 嫡長子가 無後早失한 경우 그 亡長子의 繼後者(양자), 사후양자를 가리키는 말이다. 이러한 제도는 조선세종 때 立後에 관한 受敎 立後之家雖無父, 若其母願之, 則許告於國而立之에 기원하는 것으로 家婦에게 立後의 권한을 인정한 것이다. 경국대전도 이 취지를 받아 父沒則母告官이라고 규정하고 있다. 그러나 그 후의 기록은 가부의 立後權은 擅斷的 권한이 아니고 성종 23年條의 해석을 보면 大典立後條云, 父沒卽母告官者, 指其父生時議 定未及告者而言也라 하여 父 생존시 立後者가 내정되었던 경우로 제약하고 있다.

사후적 행정구제(事後的行政救濟) 행정구제는 그 구제의 시점에 따라 事前的·事後的 行政救濟로 나뉘어지는데, 사후적 행정구제란 위법·부당한 행정작용 등으로 권익의 침해가 있는 경우에 그 위법·부당한 행정작용을 시정하거나 손해를 塡補하는 것을 말한다.

사후종범(事後從犯) 〔英〕 accessary after the fact 〔獨〕 nachfolgende Teilnahme 正犯의 實行行爲가 종료한 후에 이를 幇助하는 것. 사후종범은 종범이 아니며, 특별규정에 의하여 독립된 범죄가 된다. 예컨대, 범죄후에 범인을 은닉하거나, 증거를 인멸하거나, 또는 장물의 처분에 관여하는 경우에는, 범인은닉죄·증거인멸죄·장물죄가 된다.

사후처분(事後處分) 사인행위와 같다.

사후행위(死後行爲) 사인행위와 같다.

삭도사업(索道事業) 지방자치단체 또는 사인이 타인의 수요에 응하여 索道(공중에 설치한 밧줄을 드리워서 운반하는 설비)에 의하여 여객 또는 물품을 운송하는 사업. 여객 또는 여객 및 물품의 운송을 하는 것을 제1종의 삭도사업, 물품의 운송만을 하는 것을 제2종의 삭도사업이라고 하는 바 어느 것이나 건설교통부장관의 免許를 요하고, 일정한 행정상의 감독 및 엄중한 단속을 받는다.

산고양이(山猫)**스트라이크** 〔英〕 Wild-cat strike 노동조합의 승인이 없는 데도 불구하고, 일부의 조합원이 행하는 同盟罷業. 우리나라에서는 원칙적으로 이러한 쟁의행위는 행할 수 없는 것으로 명문의 규정이 있으나(勞整 41), 해석론상 많은 문제점이 있다. 많은 외국의 노동조합에 있어서도 이를 非公認스트라이크(unofficial strike)라고 하여, 對使用者·對第三者의 관계에 있어서 누가 어떠한 책임을 지는가에 관한 문제, 또는 조합의 統制紊亂에 관한 문제 등 많은 어려운 문제가 논의되고 있다.

산 림(山林) 산림은 집단적으로 生育하고 있는 立木·竹과 그 토지, 집단적으로 생육한 입목·죽이 일시 상실된 토지, 입목·죽의 집단적 생육에 사용하게 된 토지, 林道, 토지 안에 있는 岩石地·沼渾地 등을 말한다. 다만 農地(草地를 포함한다)·주택지·도로 기타 대통령령이 정하는 토지와 입목·죽은 제외한다(山 2). 산림은 소유자에 따라 국가가 소유하는 國有林, 지방자치단체 기타 공공단체가 소유하는 公有林, 그 외의 私有林으로 구분한다(3).

산림경영자(山林經營者) 산림을 경영하거나 이에 종사하는 자와 林産物을 생산·가공(1차 가공을 말한다)하거나 산림용 種·苗·菌類(버섯 종균을 포함한다) 또는 造景林(가로수·관상수를 포함한다)을 생산하여 판매하는 자를 말한다(林業協同組合法 2 ii).

산림방화죄(山林放火罪) 타인소유의 산림 또는 保安林·採種林·天然保護林·試驗林·秀型木이나 保護樹에 방화하거나 主産物을 훼손하였을 때, 자기소유 산림에 방화하거나 타인소유의 산림에 延燒할 때에 처벌하는 罪(山 119).

산림소득(山林所得) 조림한 기간이 5년 이상인 林地의 벌채 또는 양도로 인하여 발생하는 소득(所得 4 I iv, 23). 산림소득금액은 당해년도의 총수입금액에서 이에 소요된 필요경비를 공제한 금액으로 한다(23 II).

산림실화죄(山林失火罪) 과실로 인하여 타인소유의 산림 또는 保安林·採種林·天然保護林·試驗林·秀型木이나 保護樹를 훼손하거나 과실로 인하여 자기소유의 산림을 훼손하여 공공의 위험을 발생하게 한 죄(山 120).

산림절도죄(山林竊盜罪) 산림에서 그 産物(조림된 菌木을 포함한다)을 절취하는 행위(山 116). 산림절도죄는 형법상의 절도죄를 가중한 특별죄이다.

산별노동조합(産別勞動組合) 산업별노동조합의 약칭.

산업교육(産業敎育) 高等技術學校, 實業系 高等學校, 實業系 學科 또는 課程을 설치한 일반계 고등학교, 전문대학, 개방대학 또는 대학이 학생에 대하여 농업·수산업·해운업·공업·상업 기타의 산업에 종사하는데 필요한 지식·기술 및 태도를 습득시키기 위한 교육을 말한다(産業敎育振興法 2 i).

산업교육심의회(産業敎育審議會) 산업교육의 진흥을 위한 국가계획의 수립에 관한 사항, 산업교육의 내용과 방법의 개선에 관한 사항, 산업교육에 관한 시설·설비의 정비 및 확충에 관한 사항, 産業敎員의 양성 및 현직교육에 관한 사항, 산업교육에 따르는 안전과 보건에 관한 사항, 산업계와의 협조에 관한 사항, 기타 산업교육의 진흥을 위한 중요정책에 관한 사항 등을 심의하게 하기 위하여 교육부에 설치된 기관(産業敎育振興法 14).

산업기반기금(産業基盤基金) →공업발전기금

산업(産業)**디자인** 제품 등의 미적·기능적·경제적 가치를 最適化함으로써 생산자 및 소비자의 물질적·심리적 욕구를 충족시키기 위한 創作 및 개선행위를 말하고 제품디자인·포장디자인·환경디자인·시각디자인 등을 포함한다(産業디자인振興法 2).

산업법(産業法) 沿革的으로는 영국의 industrial law, 프랑스의 législation industrielle의 譯語로서 사용되며, 따라서 노동법·공업소유권법 등을 가리키는 경우도 있으나, 오늘날에 있어서는 産業行政에 관한 행정법, 산업에 관한 민·상법에 대한 特別私法 등을 포괄하여, 농업·임업·축산업·수산업·광업 기타 산업에 관한 여러 법규의 총칭으로 사용된다.

산업별노동조합(産業別勞動組合) 〔英〕 industrial union 노동자의 職種·性別·熟練의 차이를 불문하고, 어느 1산업에 종사하는 모든 근로자를 하나의 노동조합으로 조직한 조합. 纖維(産業)勞動組合·化學(産業)勞動組合·鐵道(産業)勞動組合 등이 그 예이다. 노동조합의 최초의 형태인 職業別勞動組合은 주로 숙련공만의 조합이었던 것이지만, 기계의 채용은 숙련공과 미숙련공의 차이를 말소시켰으며, 후자도 한 사람의 완전한 근로자로 등장케 하였다. 한편 직업별노동조합은 보수적으로 흐르기 쉬웠기 때문에, 산업별노동조합이 생기게 되었던 것이다. 많은 외국 특히 미국에서는 職業別勞動組合主義와 産業別勞動組合主義와의 다툼이 치열하다. 전자가 발달되지 못한 우리나라에서는 이러한 예를 볼 수 없다. →기업별조합

산업별노동조합조직회의(産業別勞動組合組織會議) →시 아이 오(C. I. O)

산업재해보상보험(産業災害補償保險) 노동자의 업무상의 재해에 대하여는 근로기준법이 정하는 바에 따라 사용자가 보상을 하는 것이나, 사용자의 자력 또는 태도 등에 따라 반드시 만족할 만한 보상을 기대할 수 없는 경우에 일정한 사업주를 당연히 보험가입자로 하여 신속하고 공정하게 근로자의 업무상의 災害補償을 하여 근로자를 보호하려는 보험제도를 말한다.

산업표준화(産業標準化) 鑛工業品의 종류·形狀·치수·구조·장비·품질·등급·성분·기능·내구도·안전도, 광공업품의 생산방법·설계방법·製圖方法·사용방법·운용방법, 原單位 生産에 관한 작업방법·안전조건, 광공업품의 포장의 종류·형상·치수·구조·성능·등급·포장방법, 광공업품 또는 광공업품의 활용과 관련되는 시험·분석·감정·검사·검정·측정방법, 광공업의 기술과 관련되는 용어·약어·기호·부호·標準數 또는 단위, 구축물 기타 공작물의 설계·시공방법 또는 안전조건 등의 사항을 통일하고 단순화하는 것을 말한다(産業標準化法 2).

산업혁명(産業革命) 〔英〕 industrial revolution 새로운 기계의 발명으로 종래의 농업중심의 경제가 공업으로 옮아간 산업발달에 있어서의 一大革命. 18세기 영국에서 시작하여 19세기 전반기까지 각국에서 이루어졌다.

산업훈장(産業勳章) 국가산업발전에 기여한 공로가 현저한 자에게 수여하는 훈장. 金塔·銀塔·銅塔의 3등급이 있다(産業勳章令 2).

살리까법전(法典) 〔羅〕 Lex Salica →렉스 살리까

살아 있는 법(法) 〔英〕 living law 〔獨〕 lebendes Recht 단지 조문으로 쓰여져 있는 성

문규정이 아니라, 사회의 현실 속에 구체적으로 살아서 작용하고 있는 법을 말한다. 慣習法이나 法的慣習을 가리키는 일이 많지만, 일반적으로 사회의 사람들의 법의식에 지지되어 당해사회의 법적 질서로서 유효하게 작용하고 있는 한, 그것이 성문으로 표현되어 있든 않든을 불문하고, 살아 있는 법이라고 불러도 좋을 것이다. 이러한 살아 있는 법의 사상은 사비니를 비롯한 歷史法學派에서 일어나, 근래에는 특히 에를리히에 의하여 주장되고 있으며, 成文法偏重主義에 대한 비판이나 반성이 높아짐에 따라 중요도가 높아가고 있다. 法解釋에 있어서의 구체적 타당성의 요구가 살아있는 법의 발견에 중점을 두는 경향을 보여 주고 있을 뿐만 아니라, 법사회학의 중요한 과제도 또한 이 살아 있는 법의 탐구에 있는 것이다. → 관습법, 에를리히

살인죄(殺人罪) 〔英〕·〔佛〕 homicide 〔獨〕 Tötung 사람을 살해하는 죄(刑 250 Ⅰ). 본죄의 보호법익은 사람의 생명이며, 우리 형법은 많은 입법례와 같이 謀殺·故殺의 구별을 인정하지 아니하고, 尊屬殺害(250 Ⅱ)·嬰兒殺害(251)·同意殺人(252 Ⅰ)의 경우에는 형을 가중 또는 감경한다. 객체인 사람은 타인에 한하고 自殺은 범죄가 아니다. 사람의 始期에 관하여는 신설된 영아살해죄의 해석상, 陣痛說(分娩開始說)이 통설이고(一部露出說을 주장하는 자도 있음), 사람의 생존능력의 유무에 관계없이 행위시에 생명이 있음으로써 족하고 또 그 終期에 관하여는 脈搏終止說이 통설이다. 살해란 생명을 끊는 것을 말하고, 그 수단·방법은 불문이다. 安樂死로서 違法性이 阻却되는 경우가 있다(多數說).

삼가금지법(三嫁禁止法) 조선 제3대 태종시대에 일부 유교학자의 주장으로 여자의 再嫁를 금지하기 위하여 제정된 법률. 제재의 하나로 재가한 여자의 자손의 官職登用의 길을 막았다.

삼국동맹(三國同盟) 외교사상 유명한 것이 2개 있다. ① 제1차대전에 앞선 1882년에 독일, 이탈리아, 오스트리아간에 맺은 동맹. 이것은 러시아 혹은 프랑스에 대하여 防衛와 相互援助를 약속하였다. 이 동맹은 다른 한편에 있어서 露佛同盟에 다시 영국을 가한 3국협상의 성립을 촉진시켜 제1차대전을 촉발한 요인이 되었다. ② 제2차대전 초기인 1940년에 일본, 독일, 이탈리아간에 체결한 三國同盟. 1940년 9월 27일 성립. 독일, 이탈리아의 유럽에 있어서의 지도적 지위, 일본의 동아시아에 있어서의 지도적 지위를 인정하고 이에 대한 공격에 대하여 상호원조를 약속하였다. 주요한 목표는 당시 아직 참전하지 않았던 미국이었다. 이 동맹은 일본으로 하여금 樞軸國으로 참전시킨 큰 원인이 되었다.

삼국협상(三國協商) 〔英〕·〔佛〕 Triple Entente 〔獨〕 Dreiverband 1894년 露佛同盟, 1904년의 英佛協商, 1907년의 英露協商에 의하여 제1차대전전 프랑스, 러시아, 영국의 3개국간에 성립한 동맹에 유사한 政治的 結合. 正規同盟까지는 이르지 않았으나 이 협상은 3국동맹에 대항하여 생긴 것으로 이 대항은 제1차대전을 촉발시킨 원인을 이루었다.

삼권분립(三權分立) → 권력분립주의

삼도득신(三度得伸) 伸은 屈에 대한 字. 바로 잡는 것을 말한다. 득신은 바로 잡힌 것이며, 寃抑을 풀었다는 것으로 소송에 이긴 것, 즉 得訟을 의미한다. 삼도득신은 초심, 재심, 삼심을 계속해서 이겼다는 것이 字意이나 삼도득신의 법률적 의미는 接訴三度에 세번까지 승소할 필요는 없다. 경국대전 刑典 聽理條에 三度得伸云者 接訴之內 一隻再伸之謂也 再度見屈之後 更爲起訴者 以非理好訟律論이라 하여, 接訟三度에 원고나 피고가 再度得伸, 즉 再伸한 것을 삼도득신이라고 부른다고 규정하고 있으므로 두번 승소로 판결이 나는 것이며, 그 후 다시 제소하는 자는 非理好訟律로 처벌한다는 규정이다.

삼독회제(三讀會制) 독회는 法案의 朗讀으로부터 비롯된 용어이다. 독회에는 제1·제2·제3독회가 있다. 英美 공히 讀會制를 채택하고 있으나 그 중요성에 있어서는 차이가 있으며, 특히 미국의 독회제는 매우 형식적이다. 미국에서는 위원회가 예비심사기관일 뿐만 아니라 제1차적 심사기관이며, 常任委員會가 법안심의의 중심이 되어 있다. 따라서, 의회의 권한은 실질적으로 상임위원회에 있고 본회의는 단지 위원회의 결의를 형식적으로 통과시키는 경우가 허다하다. 영국의 경우는 의회에 제출된 법안은 먼저 1讀會에서 법안이 정식제출·인쇄되어 의원에게 배부되고, 第2讀會에서는 개괄적인 원칙문제를 검토하여 이것이 통과되면 상임위원회에 회부된다. 위원회는 제2독회에서 결정된 일반원칙에 따라 법안을 심사하고 그 결과를 本會議에 보고한다. 제3독회에서는 자구수정을 하고 최종적인 찬성토론을 벌인 다음 의결을 하게 된다. 우리 국회도 제헌부터 제5대국회초까지 3독회제로 운영되어 왔다. 제1독회는 위원회에 회부된 법률안을 낭독하고 質疑應答과 代替討論을 하고, 제2독회에 부의할 여부를 결정한다. 위원장은 필요시 의안

낭독을 생략할 수 있고 본회의 의결로 대체토론을 생략할 수 있다. 제2독회에 부의하지 아니하기로 의결한 때에는 그 법률안은 폐기된다. 제2독회는 의안을 축조낭독하며 심의를 하게 되는데 의장은 의안의 낭독을 생략할 수 있다. 의원 20인 이상의 연서로 수정동의를 제출할 수 있는 때가 제2독회시이다. 따라서 실질적인 法案審議가 이때에 이뤄진다. 제3독회는 의안 전체에 대하여 가부를 결정하는 것으로 의안 중 서로 저촉되거나 또는 다른 법률과 저촉되는 것이 발견되어 필요한 수정을 할 때를 제외하고 문자를 정정하는 외에는 修正의 動議를 할 수 없다. 제3독회를 마친 후 체계자구의 정리는 法制司法委員會나 의장에게 위임할 수 있다.

삼면계약(三面契約) 각각 독립한 주체적 입장에 서는 3인의 당사자간에 성립하는 계약. 2인의 당사자간에 성립하는 보통의 계약에 대하여 쓰여진다. 채권자·채무자·인수인간에 행하여지는 債務引受契約, 근저당권자·양수인·채무자간에 행하여지는 根抵當關係의 讓渡契約 등이 이에 속한다. 제3자를 위한 계약은 계약의 효력이 제3자에 미침에 불과하므로, 3면계약은 아니다.

삼면소송(三面訴訟) 〔獨〕 Dreiparteienprozess 3당사자 이상이 서로 鼎立하는 지위에 있는 구조의 소송. 民事訴訟은 분쟁의 상대적 해결을 목적으로 하기 위하여 2당사자주의에 의하여 原告·被告를 대립시켜서, 그 사이에 판결을 하는 것을 원칙으로 하나, 3당사자가 서로 입장을 달리하여 三巴爭을 할 경우에 이 분쟁을 한꺼번에 해결할 수 있는 소송구조를 인정하는 것도 이론상 불가능한 것은 아니다. 제3자가 부부를 공동피고로 하여 제기하는 婚姻無效 또는 取消의 審判請求나, 민사소송법 72조에 의한 獨立當事者參加訴訟은 이러한 종류에 속한다. 학설에 따라서는 민사소송의 二當事者主義를 고집하여 3면소송형태를 무시하려 한다.

삼민주의(三民主義) 孫文에 의해서 중화민국의 정치적 지도이념으로서 주창된 民族主義·民權主義 및 民生主義. 민족주의는 대외적으로는 列强帝國主義로부터의 해방, 대내적으로는 國內諸民族의 평등의 확보를 의미한다. 민권주의는 국민의 參政을 의미하고, 민생주의는 地權의 평균 및 資本의 節制에 입각하는 일종의 사회주의 또는 사회민주주의를 의미한다. 3민주의는 손문의 창작이라기보다 중국의 민족적 염원의 集中的 發現이라 할 수 있는 것인데, 손문의 사후 그 3민주의의 해석을 둘러싸고 많은 당파간의 대립을 가져 왔었다.

삼법사(三法司) 조선시대의 刑曹, 司憲府, 漢城府를 3법사라 하는바 중앙에 있어서 보통 治罪와 爭訟을 심리·재판하고, 사헌부는 是正論集·百官糾察·紀綱振作·風俗匡正을 맡아보고, 형조는 法律 등에 관한 사무를 맡아보았다.

삼부회(三部會) 〔獨〕 États généraux 中世 프랑스議會. 전국의 귀족·승려·시민의 3신분의 대표자로 조직된 전국적 의회이므로 地方議會(États provinciaux)에 대하여 États généraux라 칭하여지고, 議事는 각 신분마다의 部會에서 행하여졌으므로 3부회라고 불린다. 1302년 이래 국왕이 필요에 응하여 소집하고, 國策·課稅 등에 관하여 조언·동의를 구했으나, 1614년 이래 왕권강성시대에는 소집이 없었다. 대혁명 직전의 재정위기 극복을 위하여 1789년 5월에 소집되었을 때에는 곧 분열되어 國民議會(Assemblée nationale)가 되고, 대혁명의 전주가 되었다.

삼심제도(三審制度) 〔獨〕 Dreiinstanzensystem 한 사건에 대하여 세번 심판을 받을 수 있는 審級制度를 말한다. 우리나라의 경우 재판은 원칙적으로 3심제도를 채택하고 있다. 민사사건이나 형사사건은 지방법원 합의부—고등법원—대법원의 3심제임이 원칙이나, 少額事件·輕微事件에 있어서는 지방법원(지원)단독부—지방법원(본원)합의(항소)부—대법원의 3심제도를 채택하고 있다. 軍事法院도 보통 군사법원—고등군사법원—대법원의 3심제도를 채택하고 있다. 3심제도는 외국에서도 원칙적으로 인정되고 있으나, 헌법상 반드시 요청되고 있는 것은 아니다. 헌법 101조는 법원은 최고법원인 대법원과 각급법원으로 조직된다고 하고 있으므로, 대법원의 재판을 받을 권리만 인정되고 3심제도를 반드시 유지할 필요는 없다. 行政訴訟은 그 제1심이 행정법원이 되고, 그 제2심은 대법원이 되어 2심제도를 채택하고 있다. 이는 행정소송의 제기를 위해서는 먼저 행정청에 의한 행정심판을 거쳐야 한다는 行政審判前置主義를 채택하고 있으므로(行訴 18), 지방법원에서의 1심을 생략하기 위한 것으로 보인다. 행정심판에 대해서는 헌법이 그 근거규정을 두고, 그 절차에는 司法節次를 준용하도록 하였다(憲 107). 대통령선거소송과 국회의원선거소송은 대법원의 전속관할로 하고 있어 單審制로 하고 있다. 선거소송은 다른 소송에 우선하여 빨리 확정하여야 할 필요가 있기 때문이다. 선거법은 선거소송의 처리기간을 180일 내로 못박고 있다(公選 225). 軍事裁判도 원칙적으로 3심제이나 非常戒嚴下의 군사재판은 군인·군무원의 범죄나 군사에 관한 間諜罪의 경우와 초병·초소·유독음식물 공급·포로에 관한 죄 중 법률이 정한 경우에 한하여

單審으로 할 수 있다. 다만 死刑을 선고한 경우에는 그러하지 아니하다(憲 110).

삼해리설(三海里說) 領海의 범위획정에 관한 학설의 하나. 沿岸海의 범위를 最低潮時의 水線에서 3해리를 영해라고 하는 설. 17·18세기의 대포의 着彈距離說을 기원으로 하여 발달한 것인데, 현재는 이와는 독립적으로 널리 국제관행에 의하여 인정되고 있다. 그러나 일반적 국제법이라고 할 수 있을지는 의문이다. 최근에는 선박항행속력의 증가를 이유로 또 이와는 달리 연안국의 이익을 위하여 영해의 범위를 3해리 이상으로 널리 인정하려는 설도 있어 그 범위는 일정치 않으나, 12해리까지는 주장하는 국가가 현저히 증가하고 있다. →영해

상(商) 〔英〕·〔佛〕 commerce 〔獨〕 Handel 본래는 경제상의 개념으로서 財貨轉換의 매개를 목적으로 하는 영리행위를 말하고, 投機賣買가 이에 해당된다. 그러나 固有의 商을 보조하는 영업(補助商), 또는 형식에 있어서 상인적인 설비와 방식을 갖춘 영업(形式商) 등이 생겨서 상법상 상으로 인정되고, 나아가서 採鑛·採石·採土業과 같은 원시산업도 포함되어 경제상의 商과 법률상의 商은 그 범위를 달리하게 된다. 상법의 이론적인 인식대상으로서의 상을 일원적으로 설명하기 위하여 商法學上 기업이라는 개념을 사용하는 자가 많아졌고, 상법을 企業法이라 하는 것은 이 입장에서 하는 말이다.

상각자산(償却資産) 고정자산세의 과세물건의 하나. 토지 및 가옥 이외의 사업에 제공할 수 있는 자산으로 그 減價償却額 또는 감가상각비가 법인세 또는 소득세법상의 소득의 계산상 損金 또는 필요경비에 산입되는 것(법인세·소득세를 과할 수 없는 자가 소유하는 동일한 자산도 포함된다). 그러나 광업권·어업권·특허권 등의 無形減價償却資産은 제외된다. 그리고 자동차는 자동차세의 과세 객체가 되어있기 때문에 제외되어 있다.

상간자혼인금지(相姦者婚姻禁止) 구민법에서는 간통으로 인하여 이혼당하였을 때나 또는 刑에 처하였을 때에는 그 자의 相姦者와는 혼인이 금지되었으나, 민법에서는 이것을 규정하지 않았다. 이러한 구민법규정은 여자로부터 재혼의 기회를 박탈하는 등 특히 여자에게 가혹한 결과를 가져온 일이 많았고, 또 법률상의 혼인만을 인정하지 않았을 뿐 事實婚關係까지 금지할 수는 없었으므로 혼인 외의 出生子를 증가시키는 원인도 되어 왔기 때문에 현행 민법의 태도가 옳다. 다만 형법상 간통죄를 처벌하기 때문에 민법과 형법 사이에 균형을 잃는다는 흠이 있다.

상간혼(相姦婚) 姦通으로 인하여 이혼하였거나 또는 형의 선고를 받은 자와 간통의 상대방과의 혼인. 상간혼은 금지하는 입법이 많고 구민법도 금지하였었지만 현행 민법에서는 금지하지 않는다.

상 계(相計) 〔羅〕 compensatio 〔英〕 set-off 〔獨〕 Aufrechnung, Kompensation 〔佛〕 compensation 債務者가 그 債權者에 대하여 자기도 같은 종류의 채권을 가지는 경우에, 그 채권과 채무와를 대등액에 있어서 소멸케 하는 것을 목적으로 하는 一方的 意思表示(民 492). 상계제도는 채권자와 채무자가 같은 종류의 채권을 가지는 경우에 서로 현실적 급여를 하지 않음으로써 피차가 급여를 위한 시간·노력·비용을 절약할 수 있고, 또 후일에 만약 채권자가 무자력으로 되면 그 위험을 채무자만이 부담하게 되는 불공평을 제거하는데 그 특색이 있다. 쌍방이 채권을 가지는 경우에 쌍방 당사자의 합의에 의하여 쌍방의 채권을 소멸케 하는 특약, 즉 相計契約에 의하여서도 같은 목적을 달할 수 있지만, 이 상계계약은 여기서 말하는 상계와는 다르다. 그리고 민법 396조 및 763조에 규정되어 있는 過失相計는 채무불이행 또는 불법행위에 관하여 배상청구권자에게도 과실이 있는 때에 신의와 공평의 입장에서 이 과실을 고려하여 손해배상책임의 유무 및 배상액의 범위를 정함에 있어서 법원이 이를 참작하도록 되어 있는 것이어서, 여기서 말하는 債權消滅原因으로서의 상계와는 다르다. 상계를 하기 위하여는 相計適狀에 있는 경우, 즉 같은 종류의 채권이 대립하고 양 채권이 辨濟期에 있는 경우에는 단독의 의사표시로 상계할 수 있음을 원칙으로 하나(492～495), 相計禁止의 특약이 있을 때(492Ⅱ), 채무의 성질이 상계를 허용하지 않는 것일 때(예: 쌍방이 노무를 제공하는 채무)(492Ⅰ但), 受動債權이 현실로 이행되어야 할 필요가 있는 것일 때(496·497, 商 334·596 등), 또는 自動債權의 처분이 금지되어 있을 때(民 498 참조) 등에는 상계는 허용되지 않는다. 상계하면 相計適狀을 발생한 시간에 소급하여 양 채권은 대등액으로 소멸한 것으로 된다(相計의 遡及效)(493Ⅱ). 그러므로 그 때 이후의 이자는 계산되지 않으며, 遲滯의 효과도 발생하지 않는다.

상계계약(相計契約) 〔獨〕 Aufrechnungsvertrag, Kompensationsvertrag 여러 사람이 서로 채권을 가지는 경우에 서로의 채권을 대등액만큼 소멸시키는 계약. 일종의 有償契約. 상호계산은 그 특수한 것이다. 좁은 뜻의 상계는 單獨行爲이므

로, 그것을 할 수 있는 범위에 제한이 있으나, 이것은 계약이기 때문에 제한이 없다. 다수의 사람이 循環的으로(갑이 을에게, 을이 병에게, 병이 정에게, 정이 갑에게) 대립하는 채권을 가지고 있는 경우에도, 이 다수의 사람의 전부의 계약으로써 상계할 수 있으므로, 다수의 거래자간의 결제방법으로서도 극히 편리한 제도이다. 어음交換所에 있어서의 결제도 일종의 복잡한 상계계약이다.

상계관세(相計關稅) 외국에서 製造·生産 또는 수출에 관여하는 장려금 또는 보조금을 받은 물품의 수입으로 국내산업이 실질적인 피해를 받거나 받을 우려가 있거나 또는 국내산업개발이 실질적으로 지연되었음이 조사를 통하여 확인되고 당해 국내산업을 보호할 필요가 있을 때에 基本關稅率에 의한 관세 이외에 부과하는 고율의 관세. 세액은 당해 장려금 또는 보조금과 동액 이하로 한다(關稅 13). 일종의 報復關係이다.

상계권(相計權) 〔英〕 right of set-off 〔獨〕 Aufrechnungsrecht 파산자에 대하여 채무를 부담하는 채권자가 破産債權과 그 채무를 破産節次에 의하지 않고, 상계하는 권리. 상계권의 행사는 파산절차에 의하지 아니하고 破産管財人에 대하여 행한다(破 89). 원래 상계는 채무자가 채권자에 맡겨져 있는 자금을 辨濟에 충당하는 것과 같은 것으로 가장 간편한 채무의 면탈방법이므로, 그것만으로 당사자는 언제나 상계할 수 있다고 안심할 수 있다. 이와 같은 안도감이 당사자의 일방이 돌연 파산당하였기 때문에 빼앗기지 않을 수 없게 되고, 파산자의 채무자는 파산재단에 완전히 변제하여야 함에 대하여, 자기의 채권은 파산절차에 의한 比例配當으로 만족받게 되지 않으면 안된다는 것은 심히 불균형을 낳는다. 이러한 견지에서 보면 파산의 경우에 있어서도 일층 相計를 許할 요구가 강하다고 할 수 있다. 그러나 상계를 파산채권의 만족이라는 면에서 보면, 본래 변제하지 않으면 안될 자기의 채무로 완전한 변제를 받는 것으로 파산절차에 의한 平等比例配當의 원칙에 대한 커다란 예외를 인정하는 것으로 된다. 여기에서 무조건 이를 허용하면 파산자의 채권자가 破産後 또는 파산에 빠질 염려있는 시기에 實價가 하락된 파산채권을 취득하여 안전하게 破産財團에 대한 채무를 면할 기회를 주고, 더욱 더 파산재단을 감소시키는 결과를 낳게 되므로, 이의 남용을 제한할 필요가 있다. 이와 같이 파산법상 상계에 있어서는 兩面의 특별한 사정이 있기 때문에, 민법상의 상계에 대하여 일방에 있어서는 상계의 요건을 완화하고 한편으로는 이를 엄격화하고 있다. 완화규정으로 배당재단의 확립을 용이케 하고, 期限附·條件附 債權·債務에 대해서도 일정한 요건하에 상계를 허용하는 것은 그 표현이다(90~93). 이에 반하여 제한규정은 상계권의 행사에 의하는 파산재단의 부당한 감소를 방지하는 것을 그 취지로 한다. 파산선고를 할 때에 채권의 대립이 있음을 요한 것이나(89), 借賃·地料 등의 상계의 범위를 제한하는 것(94)도 그 표현이나, 파산법 95조의 相計禁止規定에 이 고려가 가장 잘 표현되고 있다. 이 규정은 파산자가 위태로운 상태에 빠져서 이에 대한 채권의 가치가 低落하였을 때, 廉價로 이를 취득하여 명목액으로 상계하고 부당히 파산재단에 대한 채무를 면하는 것을 방지하려는 것이다. 또한 和議法에서도 파산법에 준하며 상계권이 인정되고 있다(5).

상계(相計)**의 항변**(抗辯) 〔獨〕 Aufrechnungseinrede 소송에서 상계의 의사표시를 하고, 그것을 법원에 表白하는 법률상·사실상의 진술. 민법상의 상계의 의사표시에는 條件을 붙일 수 없으나(493 Ⅰ), 소송상의 항변으로서는 가정적으로도 할 수 있고, 假定的 抗辯으로 행하여지는 것이 도리어 보통이다. 상계의 항변에 관하여 反對債權의 존부에 대하여 판결이유 중에 판단되었을 때에는, 主文에 포함된 것에 한하여 旣判力이 생긴다는 원칙의 예외로서, 相計로써 대항한 액에 관하여 기판력이 생긴다(民訴 202 Ⅱ).

상계적상(相計適狀) 〔獨〕 Aufrechnenbarkeit, Kompensabilität 쌍방이 서로 대립하는 같은 종류를 목적으로 하는 채권을 가지고, 또한 상계하려고 하는 자(相計權者)의 債權(自動債權)이 이행기가 到來하여서 상계를 할 수 있는 상태에 있는 것. →상계

상 고(上告) 〔獨〕 Revision 〔佛〕 pourvoi en cassation [1] 민사소송법상 終局判決에 대한 법률심에의 상소로서 원판결의 당부를 오로지 법령의 준수적용의 면으로부터서만 심사할 것을 구하는 不服申請. 상고는 抗訴審의 종국판결(환송 또는 이송판결도 포함되느냐에 관하여는 다툼이 있다)에 대하여 하는 것이 원칙이나, 飛躍的 上告의 합의가 있는 경우(392 Ⅱ, 360 Ⅰ 但)나 고등법원이 제1심법원인 경우(行訴 4)는 예외로서 제1심판결에 대하여 직접 상고할 수 있다. 사실인정을 하지 않고 원심법원이 한 사실인정을 전제로 하여 심리한다. 따라서 당사자도 사실관계에 대하여 새로운 주장이나 증거를 제출할 수 없다. 그러나 再審과 같이 사건을 떠나 원판결의 시정을 구하는 것과 달라, 사건에 대한 심판을 주안으로 하는 것이기 때문에, 上告

에 의하여 移審의 효력, 遮斷的 效力이 발생한다. 上告法院은 대법원이다(法組 14).

[2] 형사소송법상 제2심판결에 대한 상소이고, 최종심(제3심)으로서 인정되는 것이 보통이나(371), 제1심판결에 대한 飛躍的 上告(372)도 포함된다. 제2심판결에 대하여 불복이 있으면, 대법원에 상고할 수 있다(371). 상고도 上訴의 일종이므로 당사자의 구제를 목적으로 하지만, 하급법원의 法令解釋·적용의 오류를 시정함으로써 법령의 해석을 통일하는 기능을 다하는 것이 상고심의 중요한 사명이다. 상고는 최종심이므로 상고심의 재판에 대하여는 다시 상소의 방법이 없기 때문에 현행법은 신중을 기하는 의미에서 判決의 訂正의 제도를 인정하고 있다(400).

[3] 군사법원법상 고등군사법원판결에 대하여 불복이 있는 경우에 인정되는 上訴이나(442), 보통군사법원판결에 대한 飛躍的 上告(443)도 포함된다. 군사법원은 특별법원이기는 하지만(憲 110Ⅰ), 최고법원은 대법원이므로(101Ⅱ), 그 상고심을 대법원으로 하였다.

[4] 특허법상 특허청의 抗告審判의 審決에 대한 불복신청. 심결을 받은 자가 그 심결이 법령에 위반된 것을 이유로 하는 경우 審決送達 받은 날로부터 30일 이내에 대법원에 상고할 수 있다. 상고를 제기하는 경우에는 특허청장을 피고로 하여야 한다(187).

상고기각(上告棄却) 〔獨〕 Verwerfung der Revision [1] 민사소송법상 상고이유서 제출기간내에 상고이유서를 제출하지 아니하였다든가 또는 적법한 상고이지만 本案審理를 하여 본 결과 상고이유가 없는 때에 하는 상고심의 終局判決(399, 400). 上告認容判決을 하는 경우와 달라서 변론을 거치지 않고 書面審理만에 의하여 판결할 수 있다(400). →상고심의 재판

[2] 형사소송법상 상고가 부적법 내지 이유없다고 하여 각하하는 재판. 이에는 다시 원심법원에서의 상고기각(376)과 上告法院에서의 상고기각(381, 399, 363)의 구별이 있고, 決定에 의한 상고기각(376, 381)과 判決에 의한 상고기각(399, 364Ⅳ)의 구별, 부적법에 의한 상고기각(380, 381, 376)과 이유없음에 의한 상고기각(399, 364Ⅴ)과의 구별이 있다.

상고심(上告審) 상고를 심리·판단하는 審級.

상고심(上告審)**의 재판**(裁判) [1] 민사소송법상 상고심이 하는 終局的 裁判. 상고심의 종국판결에는 다음과 같은 종류가 있다. ① 상고가 부적법한 경우에는 上告却下(383, 395). ② 상고이유서 제출기간내에 그를 제출하지 않거나, 상고이유가 없을 때에는 上告棄却(399, 400). ③ 상고이유가 있는 경우에는 원심판결을 파기한다(破棄判決). 어느 경우나 변론을 거치지 않고 書面審理만으로 판결을 할 수 있다. 原判決을 파기하는 경우에는 상고심은 法律審이기 때문에, 사건을 원심법원 또는 그와 동등한 다른 법원에 還送 또는 移送함을 원칙으로 한다(406). 다만 원심판결이 확정된 사실에 기하여 원심판결(提訴判決)에 갈음한 재판을 할 수 있는 경우에는, 스스로 사건에 대하여 재판을 할 것을 요한다 (407)(破棄自判).

[2] 형사소송법상 상고심은 事後審이므로 상고기각의 재판과 원심판결의 破棄判決을 원칙으로 한다. 전자에는 결정(381)과 판결(399, 364)이 있고, 후자(391)에는 다시 파기후의 조치로서 破棄還送(393, 395), 破棄移送(394), 破棄自判(396)의 구별이 있다. 이 외에 상고심의 재판으로서는 公訴棄却의 결정(382), 訂正의 판결(판결의 정정)이 있다(400 이하 참조). →상고기각

상고심절차(上告審節次) 〔獨〕 Revisionsverfahren 上告의 제기에 의하여 개시되는 절차.

[1] 민사소송법상 상고심의 절차에는 抗訴에 관한 규정을 준용한다(395). 다만 상고심은 法律審이기 때문에 다음과 같은 특질이 있다. ① 上告를 지지하기 위해서는 원심판결에 영향을 미친 헌법·법률·명령·규칙위반이 있음을 이유로 하여야 한다(393). ② 사실문제에 있어서는 원심판결이 적법하게 확정한 사실에 羈束된다(402, 예외 404). ③ 법률문제에 한하는 결과, 口述主義의 요청이 후퇴되고, 書面審理主義를 원칙으로 한다. 즉, 상고이유서를 제출하지 않을 때에는 변론없이 上告棄却判決을 하여야 함은 물론(399), 본안에 관하여 상고를 이유없다고 기각하는 경우나 이유있다 하여 認容하는 경우에 있어서도 上告狀·上告理由書答辯書 기타의 소송기록에 의하여 변론없이 판결할 수 있다(400). 그리고 상고를 이유있다고 하는 인용판결에는 破棄還送·破棄移送·破棄自判의 세 가지가 있다. 상고법원은 상고이유에 의하여 불복신청의 한도내에서만 조사한다(401).

[2] 형사소송법상은 抗訴審과 事後審으로서의 성질을 같이 하기 때문에 상고심의 절차에 관하여는 특별한 규정이 없으며, 항소심의 절차에 관한 규정이 준용된다(399). 다만 상고심은 원칙적으로 法律審이므로 다음과 같은 특칙이 있다. ① 변호인의 자격. 변호사 아닌 자를 변호인으로 선임할 수 없고(386), 따라서 상고심에서는 特別辯護人은 허용되

지 아니한다. ② 辯論能力. 변호인 아니면 피고인을 위하여 변론할 수 없으므로(386), 상고심에서는 공판기일에 피고인을 소환할 필요가 없다. ③ 변론의 방식. 검사와 변호인은 上告理由書에 의하여 변론한다(388). ④ 변호인의 불출석의 경우, 변호인의 선임이 없거나 변호인이 공판기일에 출정하지 아니한 때에는—必要的 辯護事件(283)을 제외하고는—검사의 진술을 듣고 판결할 수 있다(389). ⑤ 書面審理. 상고법원은 上告狀·上告理由書 기타의 소송기록에 의하여 변론없이 판결할 수 있다(390). 상고법원은 상고이유에 포함된 사유에 관하여 심판하여야 한다(384).

상고심판결(上告審判決)**의 정정**(訂正)
→관결의 정정

상고이유(上告理由) 〔獨〕 Revisionsgründe
[1] 민사소송법상 당사자가 상고를 신청하는 이유로서, 그것이 인정되면 原審判決破棄의 이유로 되는 것. 상고심은 法律審이기 때문에 상고이유는 원심판결에 헌법·법률·명령·규칙위반이 있는 때에 한한다(393). 이러한 위반이 있어도 判決主文에 영향을 미칠 가능성이 없으면 상고이유로 인정되지 않는다(相對方上告理由). 이에 대하여, 소송절차에 관한 중요한 것에 관하여는 絶對的 上告理由로서 판결에의 영향과 무관계하게 법령위반이 당연히 상고이유로 되는데, 다음과 같은 경우이다. 즉 ① 법률에 의하여 판결법원을 구성하지 아니한 때, ② 법률에 의하여 판결에 관여할 수 없는 판사가 관여한 때, ③ 專屬管轄에 관한 규정에 위배한 때, ④ 法定代理權, 訴訟代理權 또는 대리인이 소송행위에 特別授權의 흠결이 있는 때, ⑤ 변론공개의 규정에 위배한 때, ⑥ 판결에 이유를 명시하지 아니하거나 이유에 모순이 있는 때 등이다. 상고장에 상고이유를 기재하지 않거나 상고이유서를 제출하지 않을 경우, 판결로 상고를 기각하여야 한다(399).

[2] 형사소송법상 상고이유로 되는 것은 다음 네 가지이다(383). ① 판결에 영향을 미친 헌법·법률·명령·규칙위반이 있는 때, ② 판결후 刑의 폐지나 변경 또는 赦免이 있을 때, ③ 再審請求의 사유가 있는 때, ④ 사형·무기 또는 10년 이상의 징역이나 금고가 선고된 사건에 있어서, 중대한 사실의 오인이 있어 판결에 영향을 미칠 때, 또는 형의 양정이 심히 부당하다고 인정할 현저한 사유가 있는 때, ①②③의 사유는 모두 抗訴理由의 사유와 그대로 중복되고, 事實誤認·量刑不當도 그와 중복되지만 엄격한 제한하에서 상고이유로 하고 있는데, 그것은 특히 중대한 사건에 있어서 당사자의 구체적 구제를 꾀하려는데 그 취지가 있다고 하겠다.

[3] 군사법원법상의 상고이유로 되는 것은 다음 경우이다(442). 고등군사법원 판결에 대하여 대법원에 上告할 수 있는 사유로는 ① 판결에 영향을 미친 헌법·법률·명령 또는 규칙의 위반이 있는 때, ② 대법원의 판례에 상반하는 판단을 하여 判決에 영향을 미침이 명백한 때, ③ 대법원의 판례가 없는 경우 고등군사법원이 종전의 판례에 상반한 판단을 하여 판결에 경향을 미침이 명백한 때, ④ 판결후 刑의 폐지나 변경, 赦免이 있는 때, ⑤ 再審請求의 사유가 있는 때, ⑥ 재판권의 인정이 법률에 위반되었을 때. ⑦ 사형·무기 또는 10년 이상의 징역이나 금고가 선고된 사건에 있어서 중대한 사실의 誤認이 있어 판결에 영향을 미친 때 또는 형의 量定이 심히 부당하다고 인정할 현저한 사유가 있는 때. 보통군사법원의 판결에 대하여 항소를 거치지 않고 대법원에 上告할 수 있는 경우로는 ① 보통군사법원이 인정한 사실에 대하여 법령을 적용하지 아니하였거나 법령의 적용에 착오가 있는 때,② 보통군사법원의 판결후 형의 폐지나 변경 또는 赦免이 있는 때, ③ 보통군사법원에 대한 재판권의 인정이 법률에 위반한 때 등에 가능하다. 上告提起의 기간은 7일이다(442, 443, 444).

상고이유서(上告理由書) 〔獨〕 Begründungsschrift [1] 민사소송법상 오로지 상고이유를 기재한 서면(397, 398). 상고이유는 상고장에 기재하지 않더라도 무방하나(367Ⅱ, 368), 그러한 경우에는 상고이유서를 제출하여야 한다. 우리 민사소송법은 上告審의 부담경감을 위하여 제출을 강제하는 上告理由書提出强制主義를 채택하고 있다. 상고이유서는 법원서기관 또는 서기로부터 소송기록을 보내왔다는 통지를 받은 날로부터 起算하여 20일내에 상고법원에 제출하여야 한다(396, 397). 이 기간내에 제출하지 않으면 상고법원은 변론을 거치지 않고 판결로써 상고를 기각하여야 한다(399). 상고이유서에 기재하지 않은 절차상의 과오는 비록 뒤에 변론이 열린다 하더라도 고려되지 않는다. 그러나 擬律의 錯誤와 職權調査事項에 대하여는 이같은 失權의 제재가 없다. 상고이유서는 상고법원의 조사를 이에 표시한 불복신청의 한도로 제한함과 동시에(401), 한편으로, 상고장·답변서 및 다른 서류와 더불어 상고법원의 심리의 자료가 된다. 상고법원은 이러한 서류에 의하여 변론을 거치지 않고, 上告認容·棄却判決을 할 수 있다(400).

[2] 형사소송법상으로도 같은 뜻(379). 上告審節次에 있어서 검사와 변호인의 변론의 기본이 되고, 상고심의 심판범위를 한정하는 기능을 갖는다(384, 388). 상고심은 事後審이므로 상고인은 원심

판결에 대한 불복의 사유, 즉 上告理由(383)를 지적하여야 한다. 따라서 상고이유서는 단순히 상고를 제기한다는 의사표시적 문서인 上告狀(375)과는 구별하여야 한다. 상고인 또는 변호인은 대법원으로부터 소송기록도달에 관한 통지를 받은 날로부터 20일 이내에, 상고이유서를 상고법원에 제출하여야 하며(379 I), 상고이유서에는 소송기록과 원심법원의 證據調査에 표현된 사실을 認容하여 그 이유를 명시하여야 한다(379 II). → 상고이유

상고이유서제출강제주의(上告理由書提出强制主義) 상고장에 상고이유를 기재하지 않거나 상고이유서를 제출하지 아니하는 경우, 상고를 기각함으로써 상고이유서의 제출을 강제하는 입장. 우리 소송법은 이와 같은 입장을 채택하고 있다. 민사소송법에 있어서는 직권으로 조사할 사유가 있는 경우 외에는 이때에 上告法院은 변론없이 판결로 상고를 기각하여야 한다(民訴 399). 형사소송법에 있어서도 이 때에 상고법원은 결정으로 상고를 기각하여야 한다(刑訴 380).

상고장(上告狀) 〔獨〕 Revisionsschrift
[1] 민사소송법상 上告를 제기하기 위하여 원심법원에 제출할 것을 요하는 서면(395, 367). 여기에는 抗訴狀의 경우와 같이 當事者와 法定代理人, 상고의 대상이 된 결정의 표시와 그 판결에 대한 상고의 취지를 반드시 기재하지 않으면 안된다. 또 상고장에는 이러한 필요적 기재사항 이외에 상고이유를 기재할 수도 있는데, 그 기재는 準備書面으로서의 의미를 가지고 있다(395, 368). 상고이유를 이에 기재하지 않은 때는 상고법원으로부터 소송기록접수의 통지를 받은 날로부터 20일 이내에 상고이유서를 상고법원에 제출하지 않으면 안된다(397). 상고장에는 訴狀의 2배액의 인지를 貼付를 하여야 한다(民印 3).
[2] 형사소송법상 상고를 제기하는 의미를 명시한 意思表示的 文書. 상고를 함에는 상고기간(7일, 374)내에 원심법원인 제2심법원에 상고장을 제출하여야 한다(375). 따라서 상고장은 상고이유서(379)와는 구별하여야 하며, 상고장에는 상고이유라든가 원심판결에 대한 불복의 점을 적시할 필요는 없다. 다만 상고장에 상고이유의 기재가 예외적으로 인정되는 경우가 있다(380 但 참조).

상관습법(商慣習法) 〔英〕 customary commercial law 〔獨〕 Handelsgewohnheitsrecht 〔佛〕 droit commercial coutumier 관행의 형식으로 존재하는 商社에 관한 법규범. 의사표시의 해석자료에 지나지 않는 사실인 商慣習(民 106)과는 다르다. 상법은 원래 관습법의 형식으로 발달하여 그것이 성문화된 것이므로 복잡하고 진보적인 商事現象은 성문법만으로는 규율할 수가 없고 새로운 관습법이 발생하여 성문법의 결함을 보충한다. 그러므로 상관습법은 상법의 중요한 法源으로서 상사에 관하여 商法典 및 商事特別法令보다는 劣位에 서나, 민법보다는 우선적으로 적용된다(商 1). 전자는 제정법의 관습법에 대한 우선의 원칙의 적용이지만 후자는 이 원칙의 예외이다.

상급관청(上級官廳) 同一系統內에 있어서 하급관청에 대하여 일반적 지휘감독권을 가진 관청. 세무서장에 대한 지방국세청장이 그 예이다. 상급관청은 하급관청에 대하여 監視權·訓令權(지휘권)·認可權(승인권)·主管爭議決定權·取消停止權 등의 감독수단을 가지고 있는 것이 보통이다.

상급소유권(上級所有權) 〔獨〕 Obereigentum → 분할소유권

상당성(相當性) 昭和 50년 4월 25일 丸島水門 製作所事件을 통하여 일본최고재판소가 제시한 직장폐쇄의 正當性判斷基準을 말한다. 이러한 최고재판소의 판결이 내려지기 전까지는 職場閉鎖는 市民法的 입장에서 파악하는 견해, 勞動法的 입장에서 파악하는 견해 및 직장폐쇄의 法的 正當性을 부인하는 견해 등 여러 견해들이 대립하고 있었다. 또한 직장폐쇄의 법적 근거에 대해서도 원칙적으로 개별노동자가 완전한 노무의 제공을 하고 있는 이상 사용자는 임금지출의무를 면할 수 없지만, 예외적으로 사용자의 受領拒否(직장폐쇄)가 긴급피난 등의 違法性阻却事由에 해당하는 경우나 또는 불가항력의 경우와 같이 사용자의 책임으로 귀속될 수 없는 경우에는 受領遲滯는 성립하지 않는다고 하여 민법규정을 제시하는 견해, 헌법상 근로 3권보장의 의의 등 헌법질서 속에서 직장폐쇄의 법적 근거를 구하는 견해 및 사용자의 소유권에서 그 근거를 찾는 견해 등 그 견해가 일치하지 않았다. 그 밖에 직장폐쇄의 正當性 判斷基準에 대해서도 필요성이 제시되는가 하면 긴급성이 제시되기도 하고, 일부는 양자를 함께 그 기준으로 제시하기도 하였다. 昭和 50년 4월 25일의 판결을 통하여 최고재판소는 이러한 여러 견해의 대립을 지양하고 직장폐쇄를 勞動法的 考察의 입장에서 파악하여 근로자가 제공하는 노무의 제공을 집단적으로 거부하는 이른바 직장폐쇄는 사용자의 쟁의행위의 한 형태로서 행하여지는 것이기 때문에, 그것이 정당한 쟁의행위로서 시인되는가의 여부는 衡平의 견지에서 보아 근로자측의 쟁의행위에 관한 對抗手段으로서 상당하다고 인정되는 가

의 여부에 의하여 판단할 것이며 그 상당성 여부는 구체적 쟁의행위에 있어서 노사간의 교섭태도, 경과, 조합측의 쟁의행위의 형태, 그 쟁의행위에 의하여 사용자가 받는 타격의 정도 등 구체적 사정을 참작하여 결정할 것이라고 하였다. 이러한 최고재판소의 재판에 대하여 많은 학자들이 문제점을 제기하였다. 그러나 최고재판소는 노스웨스트항공사건(昭和 50.7.17), 제1소형택시사건(昭和 52. 2. 28), 山口放送事件(昭和 55.4.11)에서 丸島水門製作所事件에서 제시한 입장을 그대로 유지하였다. 다만 전술한 제1소형택시사건에서 최고재판소는 이와 같은 직장폐쇄의 상당성의 요건은 그 개시시에 필요할 뿐만 아니라 이것을 계속하기 위해서도 필요하다고 해석하여야 함은 당연하다고 하지 않으면 안된다하여 職場閉鎖의 계속을 위해서도 相當性을 요구하였다.

상당인과관계설(相當因果關係說) 〔獨〕 Theorie der adäquaten Verursachung 인과관계에 관한 학설의 하나. 법률상 인과관계가 문제가 되는 경우에, 어떤 사실과 어떤 결과와의 사이에 條件的인 因果關係가 있는 경우에도 우리의 경험적 지식에 비추어 그러한 사실이 있으면 그러한 결과가 발생하는 것이 일반적이라고 생각되는 범위내에서만 법률이 요구하는 인과관계를 인정하는 설. 이 설에서도, 그러한 사실이라는 기초가 될 사실의 범위를 어떻게 정하느냐에 관하여 다시 설이 나누어진다. 즉 ① 主觀說. 행위 당시에 행위자가 인식하거나 인식할 수 있는 사정을 기초로 하자는 설. ② 客觀說. 裁判時(법관의 입장)에 있어서 행위 당시에 객관적으로 존재한 모든 사정 및 행위후의 사정이라도 예견가능한 것을 모두 기초로 하자는 설(客觀的 事後豫測). ③ 折衷說. 행위 당시에 일반인이 인식할 수 있는 사정 및 행위자가 특히 인식하거나 인식할 수 있는 사정을 기초로 하자는 설. →인과관계

상당(相當)**한 보상**(補償) 〔英〕 reasonable compensation 制憲憲法은 공공필요에 의하여 국민의 재산권을 收用, 使用 또는 制限함에는 상당한 보상을 지급한다고 하였으나(15Ⅳ 참조), 제3공화국헌법은 상당한이라는 용어를 正當한이라는 용어로 대치하였다. 통설은 정당한 보상을 완전보상으로 이해하고 있었다. 현행 헌법은 보상의 내용은 법률로 정하되 정당한 보상을 지급하도록 하였다(23Ⅲ). →정당한 보상

상대권(相對權) →절대권 · 상대권

상대매매(相對賣買) 유가증권시장 용어이며, 賣渡側 1인 대 買收側 1인의 경우에, 매매당사자가 서로 상대방을 선택하여, 그 좁은 뜻으로 계약을 체결하고, 각 당사자가 受渡의 책임을 지는 매매방법. 매매거래의 체결방법의 일종.

상대방대리(相對方代理) 자기계약과 같다.

상대적 금제품(相對的禁制品) 〔英〕 conditional contraband 〔獨〕 relative Konterbande 〔佛〕 contrabande conditionelle ou relative →전시금제품

상대적 기본권(相對的基本權) 기본권의 성질을 기준으로 한 분류의 하나로서 絶對的 基本權에 대응하는 개념이다. 상대적 기본권은 국가적 질서나 국가적 목적을 위하여 제한이 가능한 기본권이다. 內心의 작용을 내용으로 하지 아니하는 모든 자유와 권리가 이에 해당한다. 종교의 자유에 있어서도 선교와 종교적 결사 및 집회, 양심의 자유에 있어서도 양심상의 결정을 외부에 표현하거나 실천하려는 행위, 학문과 예술의 자유에 있어서도 연구나 창작의 내용을 외부에 표현하는 행위는 내심의 작용 그 자체가 아니기 때문에, 憲法留保나 法律留保로써 제한될 수 있다. 그러나 민주주의국가에서는 그 본질적 내용까지 침해할 수는 없다.

상대적 무인행위(相對的無因行爲) 〔獨〕 relatives abstraktes Geschäft →유인행위 · 무인행위

상대적 무효(相對的無效) 法律行爲의 無效는 누구에 대하여도 이를 주장할 수 있는 것을 원칙적으로 하나(絶對的 無效) 어떤 사람에 대하여 또는 어떤 사람에게 그 무효를 주장하지 못하는 일이 있다(상대적 무효). 이를테면 허위표시의 무효는 선의의 제3자에 대하여 주장할 수 없으며(民 108), 또 表意者에 중대한 과실이 있을 때에는 표의자는 스스로 그 무효를 주장할 수 없다(109).

상대적 법정형(相對的法定刑) 〔獨〕 relative bestimmte Strafdrohung →법정형

상대적 부정기형(相對的不定期刑) →부정기형

상대적 상행위(相對的商行爲) 〔獨〕 relatives Handelsgeschäft 영업상, 즉 영업으로서 하거나(商 46), 또는 영업을 위하여 함으로써(47), 상행위로 되는 행위. 營業的 商行爲와 附屬的 商行爲가 이에 속한다. 主觀的 商行爲라고도 하며, 絶對的 商行爲 또는 客觀的 商行爲에 대립되는 개념

이다. →절대적 상행위

상대적 유치권(相對的留置權) 유치권이 다만 채무자로부터 반환요구를 거절할 수 있는 권리에 지나지 않는 경우(예 : 民 463, 475 참조). 본래 일종의 抗辯權으로 物權인 유치권(絶對的 留置權)은 아니다.

상대적 의미(相對的意味)**의 헌법**(憲法) 〔獨〕 Verfassung im relativen Sinne 絶對的 意味의 憲法에 대응하는 개념. 절대적 및 상대적 헌법 개념을 구별하는 데는 여러가지 의미가 있으나, 특히 강조되는 점은 헌법의 改正限界에 있어서 문제된다. 헌법 중에도 憲法의 憲法에 해당되는 근본적 조항이 있어서, 이 근본조항이 다른 헌법조항의 기본이 된다고 하며, 이 근본조항을 절대적 의미의 헌법이라 하여, 이것은 헌법개정의 한계밖에 존재한다고 한다. 그 외의 헌법조항을 상대적 의미의 헌법이라 하며, 이는 개정할 수 있다고 한다.

상대적 이혼원인(相對的離婚原因) 어떠한 사유를 들어 이혼의 소송을 제기한 경우에 그것이 이혼의 이유가 될 것인가의 여부를 구체적 사실에 따라서 법관이 판단하여야 하는 것으로 규정하는 것. 絶對的 離婚原因에 대하는 말. →이혼원인

상대적 정기행위(相對的定期行爲) 〔獨〕 relatives Fixgeschäft →정기행위

상대적 증거능력(相對的證據能力) →증거능력

상대적 책임연령(相對的責任年齡) →책임연령

상대적 친고죄(相對的親告罪) 親族相盜(刑 344, 328)의 경우와 같이 범인과 피해자 사이에 일정한 관계가 있을 때 비로소 친고죄로 되는 것. 絶對的 親告罪에 대한 말이다. 고소는 범인을 지정하여서 하지 않으면 안되며, 다른 공범자를 고소하더라도 그 효과는 친족에게 미치지 아니한다(告訴不可分의 原則은 상대적 친고죄의 경우는 그 적용이 없다). →친고죄

상대적 파양원인(相對的罷養原因) 재판상의 파양원인을 구체적으로 예시하는데 한하지 않고, 추상적으로 기술해 놓은 것을 말한다. 相對的 離婚原因과 마찬가지로 파양의 이유가 될 사항을 구체적 사실에 따라 법관이 판단하는 것으로 규정한 것이다.

상대적 항소이유(相對的抗訴理由) →항소이유

상대주의적 법철학(相對主義的法哲學) 〔英〕 legal philosophy of the relativism 〔獨〕 rechtsphilosophischer Relativismus 方法論的 二元論과 價値相對主義에 근거를 두고 있는 법철학의 한 경향이다. 라드브루흐에 의하여 체계화된 것이다. 方法論的 二元論이라 함은 사실과 가치, 존재와 당위를 엄격히 구별하여, 존재하는 것에서 가치있는 것 올바른 것 등 當爲的인 것을 演繹해 낼 수 없다는 견해를 말한다. 그러므로 존재하는 것에서 있어야 할 當爲를 추출해 내는 實證主義, 그리고 존재하였던 것에서 있어야 할 것을 추출해내는 歷史主義 등에 반대하는 것이다. 그는 법에 있어서는 科學과 評價는 서로 대상을 달리한다고 하고, 과학인 법학은 문화적 가치의 사실상의 정립 그대로의 법을 분석하는 것을 그 임무로 하고, 평가에 관한 법철학은 법을 특별한 가치적 입장에서 분석하는 것을 임무로 한다고 하여, 그 相違點을 지적하였다. 그러나 라드브루흐는 이 가치적 입장에 관하여 이것은 人間의 世界觀에 직결되는 것이라고 보아 궁극적으로는 그 가치서열을 결정할 수 없는 근본적인 세 가지 입장을 제시하였다. 즉, 個人主義的·超個人主義的·超人格的 立場이 있다는 것이 그것이다. 이러한 전제에서 개인(인격)가치, 단체가치, 작품가치가 중심개념으로 등장한다. 개인주의적 입장은 작품가치와 단체가치가 인격가치에 봉사하고, 작품으로서의 문화는 개인적 교양의 수단이며 국가나 법은 개인의 향상보장을 위한 제도에 지나지 않는다고 본다. 그러나 초개인주의적 입장은 인격가치와 작품가치가 단체가치에 봉사하고 도덕과 문화는 국가와 법에 봉사한다고 한다. 초인격적 입장은 인격가치와 단체가치가 작품가치에 봉사하고 道德·法·國家는 문화를 위하여 봉사한다고 본다. 이 세 가지 입장은 어디까지나 一義的으로 어느 것이 더 가치에 있어서 높은 것이라고 증명할 수는 없으므로, 결국은 人生觀·國家觀에 결부된 믿음, 곧 신앙의 문제라고 결론지우는데 그 특색이 있다.

상디깔리즘 〔佛〕 syndicalisme 〔英〕 syndicalism 19세기말서부터 20세기초에 걸쳐서, 프랑스에서 생긴 急進的 勞動組合主義. 정치적 활동을 배척하고 오로지 經濟活動(스트라이크, 특히 제네스트)에 의해서 정권을 획득하고 자본주의를 타도하려고 하였다. 프랑스의 勞動總同盟(→세 제떼)에는 상디깔리즘의 영향이 강하였지만, 현재는 共産主義의 힘이 강하다. 또한 미국의 I.W.W. (Industrial Workers of the World)의 지도이념도 상디깔리즘이었다고 한다.

상륙금지(上陸禁止) 선원이 선내규율에 위반하는 경우에 선장이 취하는 징계처분의 하나(船員 24 Ⅱ). 또 일반적으로 檢疫의 필요에서 선객·선원의 상륙이 금지되는 일이 있다(檢疫法 13 참조).

상린관계(相隣關係) 〔獨〕 Nachbarschaft, Nachbarverhältnis 〔佛〕 servitudes légales 인접한 각 부동산의 이용관계를 조절하기 위하여 그 소유자 또는 이용자들이 서로 그 권능을 일정한 한도까지 양보·협력할 것으로 규정된 法律關係. 즉 인접한 양 부동산의 소유자 또는 이용자간의 이용관계를 조절하기 위하여서는 서로 그 권능을 양보하여야 할 것이고, 민법이 그 양보하여야 할 기준으로서 규정한 법률관계를 상린관계라 한다(216~244). 그 작용은 地役權과 유사하므로 이를 法定地役權으로 규정한 입법예도 있지만(프랑스 민법), 대다수의 국가에서는 이를 所有權의 限界로 규정하고 있다. 그리고 이 제도는 그 입법취지로 보아서 소유자간에서 뿐 아니라 널리 토지의 일반이용권자간에도 미쳐야 할 것이므로, 민법은 이를 우선 소유권의 한계로서 규정하고, 이것을 지상권자간·地上權者와 隣地所有者간·전세권자간·전세권자와 隣地所有者 또는 地上權者간에 준용한다(290, 319). 임차인의 이용관계에 관하여는 따로 규정한 바 없지만, 임차인은 임대인이 가지는 권능을 代位行使할 수 있는 동시에 임대인이 상린관계에 관한 규정에 의하여 부담하는 의무를 부담한다고 해석하여야 한다. 그러나 실제상 민법의 규정으로써 相隣地所有者나 利用者간의 모든 분규를 해결할 수는 없을 것이며, 이러한 경우에는 신의성실의 원칙이라든가 권리남용의 법리라든가의 일반법리에 의하여 해결할 수밖에 없을 것이다. 다음으로 민법이 규정한 상린관계의 내용으로서는 隣地使用權(216), 매연 등에 의한 隣地에 대한 방해금지(217), 上水와 下水의 利用·疏通關係(218, 221~230), 境界標·담·溝渠 등의 설치문제(237~239), 樹枝·木根의 제거문제(240), 토지의 深掘制限(241), 遮面施設義務(243), 지하시설 등의 제한(244) 등을 들 수 있다.

상무이사·전무이사(常務理事·專務理事) 실제사회에서 회사가 定款, 理事會의 규칙 또는 그 결의로 이사 중에 사장, 전무이사, 상무이사 등을 두어 저마다 그 권한을 정하여, 常務를 專決케 하는 예가 많으나, 이러한 자가 代表理事인 경우에는 법률상은 업무집행의 근본에 관하지 아니하는 사항에 관하여, 이사회의 결의를 거치지 아니하고 의사결정을 하고 집행행위 자체도 할 수 있는 범위를 정한 것으로 해석된다. 이러한 자가 대표이사가 아닌 경우에는 대표권한도 없으나 법은 이것을 表見代表理事로서 그 행위에 대하여, 회사의 책임을 인정하여 선의의 거래상대방의 보호를 꾀하고 있다(商 395).

상 법(商法) 〔英〕 commercial law, mercantile law, business law 〔獨〕 Handelsrecht 〔佛〕 droit commercial 실질적으로는 商企業에 특유한 特別私法(다만 상법의 대상을 상기업에 한하지 않고 널리 기업적 생활관계로 보는 설도 있다). 경제생활 일반을 규율하는 一般私法인 민법에 대하여 상법은 商企業을 중심으로 전개되는 생활관계를 규율하는 특별사법이며, 기업을 유지강화하고 영리활동을 왕성하게 하여 그 거래의 안전을 보호함으로써 자본의 순조로운 再生産活動을 발전시키고, 나아가서 국민경제에 이바지하도록 함을 이념으로 하고 있다. 실질적 의미의 상법을 이러한 특별사법으로 정의하는 것이 보통이나, 기업주체간의 이익조정에 필요한 訴訟法規·罰則 등의 공법적 규정도 부수적으로 상법에 소속한다고 보는 설이 있다. 형식적으로는 實定成文法인 商法典(1962년 법률 제1000호)을 말한다. 대륙법계의 나라에서는 이러한 상법전을 가지고 있으나, 영미법계의 나라에서는 통일적인 상법전을 가지고 있지 아니하다. 상법전의 규정은 주로 私法規定이긴 하지만, 그 이외에도 형벌법규·소송법규·섭외사법규정 등 많은 公法的 規定도 포함하고 있다. 상법은 구상법에 비하여 여러가지로 진보적인 입법을 하고 있는 바, 이를테면 絶對的 商行爲를 없애고 영리행위 중심으로 옮기고, 회사법에서 授權資本制度를 도입함으로써 영미법에 가까운 입법을 하였으며, 보험편을 독립시켜 해상·육상보험을 아울러 규정하고, 責任保險·再保險·傷害保險 등에 관한 새로운 규정을 두었으며, 海商編에서 국제적 통일조약의 규정을 많이 도입한 것 따위이다. 실질적 의의의 상법은 이 상법전 이 외에도 조약·특별법령·상법전·상관습법 등의 형태로 존재하며 商事에 있어서는 자치법규·조약·특별법령·상법전·상관습법·민법전의 순서로 적용된다.

상봉송달(相逢送達) 송달을 받을 자를 만날 장소에서 행하는 송달. 송달을 받을 자가 국내에 주소·거소·영업소 또는 사무소를 가지고 있는지 불명할 때에는 그를 만나는 장소에서 송달할 수 있으며, 또 주소·거소·영업소 또는 사무소가 있는 자도 송달받기를 거부하지 않으면 만나는 장소에서 송달할 수 있다(民訴 170 Ⅱ·Ⅲ). 法院事務官이 당해 사건에 관하여 법원에 출두한 자에게 몸소 행하는 송달(164)도 일종의 상봉송달이다.

상병보상(傷病補償) 선원법상의 災害補償의 일종. 선박소유자는 선원이 직무상 부상하거나 질병에 걸린 때에는 그 부상이나 질병이 치유될 때까지 선박소유자의 비용으로 療養을 시키거나 요양에 필요한 비용을 지급하여야 하는데(85), 요양중에 있는 선원에게 4월의 범위안에서 그 부상 또는 질병이 치유될 때까지 매월 1회 通常賃金에 상당하는 금액의 상병보상을 행하여야 하며, 4월이 지나도 치유되지 아니하는 경우에는 치유될 때까지 매월 1회 통상임금의 70%에 상당하는 금액의 상병보상을 행하여야 한다(87).

상병수당금(傷病手當金) 선원보험법상의 保險給與의 일종. 즉, 피보험자이었던 자가 요양을 위하여 노무에 就役할 수 없을 경우에 그 기간중의 상병수당금으로서 1일에 대하여 피보험자의 자격상실 당시의 평균보수일액의 100분의 60에 상당하는 금액을 정부가 지급하는 급여(31). 그 지급기간은 6개월이다(33Ⅰ). 병원 또는 진료소에 수용되었던 피보험자에 대하여는 그 금액을 감축하여 지급할 수 있다(32). → 상병수당

상 사(商事) 〔獨〕 Handelssache 〔佛〕 matière de commerce 상법 또는 특별법에 의하여 상법의 적용대상으로 되어 있는 生活事實(商 1). 民事에 대한 개념이나, 상사도 포함하여 민사라고 할 때도 있다(예 : 민사소송).

상사계약(商事契約) 商行爲인 契約. 승낙기간의 정함이 없는 請約에 관하여는 청약의 효력을 장기간 불안정한 채로 두는 것을 피하기 위하여 상사계약의 청약에 관하여 민법의 일반원칙에 대한 특칙을 두고 있다. 먼저 對話者간에 있어서 承諾期間의 정함이 없는 상행위인 계약의 청약을 받은 자가 즉시 승낙하지 않으면 청약은 그 효력을 잃는다(商 51). 민법에서도 같이 해석되나, 明文이 없다. 또 隔地者간에 있어서 承諾期間의 정함이 없는 상행위인 계약의 청약을 받은 자가 상당한 기간내에 승낙의 통지를 발송하지 않으면 청약은 그 효력을 잃는다(52Ⅰ). 즉, 민법에서는 승낙의 통지를 받지 못한 때에 효력을 잃는데(529), 發信主義를 채택함으로써 민법에 대한 예외를 인정한 것이다. 청약이 효력을 잃은 뒤에 승낙의 통지를 발송하더라도 이는 승낙으로서의 효력이 없으나, 최초의 請約者는 이를 새로운 청약으로 볼 수 있고, 따라서 이에 대하여 승낙을 함으로써 계약을 성립시킬 수가 있다(商 52Ⅱ, 民 530). 다음에 민법상의 일반원칙에 따르면, 계약의 청약을 받은 자는 이에 대하여 반드시 諾否의 의사표시를 할 의무가 없다. 그러나 상법은 특칙을 두어, 상인이 常時 거래관계가 있는 자로부터 그 영업부류에 속하는 계약의 청약을 받은 때에는 지체없이 諾否의 통지를 발송하여야 하며, 이 통지의 발송을 懈怠하면 그 청약을 승낙한 것으로 보아(商 53), 이에 의하여 계약이 성립하도록 하고 있다. 또 민법상 일반적으로 契約의 請約을 받은 경우에 청약과 함께 送付받은 물건이 있더라도 청약을 받은 자는 당연히 그 물건을 보관할 의무를 지지 않으나, 상법은 상거래의 민활과 안전을 위하여 상인이 그 營業部類에 속한 契約의 請約을 받은 경우에 관하여 특칙을 두어, 상인에게 수령한 見品 기타의 물건을 보관할 의무를 지우고 있다(60 本). 그러나 그 물건의 價額이 보관의 비용을 상환하기에 부족하거나 보관으로 인하여 손해를 받을 염려가 있는 때에는 이 보관의무가 없다(60但).

상사대리(商事代理) 〔英〕 mercantile agency 〔獨〕 Handelsvollmacht 〔佛〕 représentation commerciale 商行爲의 代理. 민법상의 대리와 구별된다. 대리에 관한 민법의 규정에 의하면 대리인의 행위가 본인에 대하여 그 효력이 생기려면 대리인이 본인을 위하여 함을 표시하여야 하는데(114, 115)(顯名主義), 상행위의 대리에 관하여는 대리인이 본인을 위하여 함을 상대방에게 표시하지 않더라도 그 행위는 본인에 대하여 그 효력이 생긴다(商 48 本)(非顯名主義). 즉, 商行爲의 대리에 관하여는 대리인이 代理權을 가지는 한, 그 대리행위를 함에 있어서 일일이 본인을 위하여 함을 표시하지 않더라도 따라서 상대방이 본인을 위하여 함을 알지 못하는 경우라도 그 행위는 본인에 대하여 효력이 생기는 것이다. 이는 商去來의 간편·신속과 안전을 고려한 것이다. 그러나 代理人이 상대방에게 본인을 위하여 함을 표시하지 않고 거래한 경우에 상대방은 그 행위가 대리인 자신을 위한 것이라고 오신함으로써 불측의 손해를 입을 염려가 있다. 따라서 商法은 상대방이 대리인의 행위가 본인을 위한 것임을 알지 못한 때에는 대리인에 대하여도 이행의 청구를 할 수 있도록 하였다(48 但). 이 경우에는 본인과 대리인은 그 행위로 인하여 생긴 채무에 관하여 不眞正連帶關係에 선다. 그 不知가 상대방의 과실에 기한 경우라도 상대방보호의 취지에 비추어 이 단서의 규정이 적용된다고 볼 것이다. 또 어음행위·수표행위에 관하여는 어음과 수표의 외관존중의 성질상 대리인이 반드시 본인을 위한 것임을 표시하여야 한다(어음 8, 手票 11 참조). 다음에 代理權의 존속 또는 소멸과 관련하여 민법의 규정에 의하면 대리권은 본인의 사망에 의하여 소멸하는 것이 원칙이다(127ⅰ). 그러나 상법은 商行爲의

위임에 의한 대리권은 본인의 사망으로 인하여 소멸하지 않는다고 규정하여(商 50) 민법에 대한 예외규정을 두고 있다. 그 이유는 기업활동의 계속의 편의를 고려함과 동시에 거래의 상대방은 기업 자체를 목표로 거래를 하는 실정이므로, 그 거래의 안전을 확보하려는 것이다. 그런데 여기서 상행위의 위임에 의한 代理權이라 함은 상행위를 대리할 권한이 아니라 상행위인 授權行爲에 의하여 생긴 대리권이란 뜻이다. 예컨대, 상인에 의한 支配人의 선임의 경우와 같다. 또 상법 49조의 규정을 商業代理에 관한 특별규정이라고 보는 설이 있다(→상사위임]). 그리고 상사대리에 관한 특수한 제도로서, 상인의 영업상의 행위에 관하여 포괄적·정형적인 내용의 대리권을 가지는 대리인의 제도가 인정되고 있음은 주의를 요한다(→지배인의 대리권, 상업사용인의 대리권, 선장의 대리권).

상사매매(商事賣買) 〔獨〕 Handelskauf 〔佛〕 vente commerciale 당사자의 쌍방 또는 일방에게 商行爲가 되는 매매. 상법은 投機行爲를 중심으로 하여 발전하는 법률관계를 규정하는 것이므로, 상사매매는 상법의 중핵의 지위에 있다. 그러나 상법은 매매에 관한 민법의 상세한 규정을 전제로 하여 다만 상거래의 신속·안전과 賣渡人保護에 필요한 5개조항의 특칙을 두었는데 상인간의 매매와 確定期賣買에 대해서만 규정하였다. 그러므로, 실제에 있어서 普通契約條款, 商慣習法에 의존하는 영역이 넓어진다. 상인간의 매매에 있어서는 ① 매수인의 목적물의 受領拒絶·受領不能時의 매도인의 供託 및 自助賣却의 권리를 인정하고(67), ② 목적물을 수령하였을 때는 매수인에게 검사 및 하자·수량의 부족의 통지의무를 인정하는 동시에 이를 懈怠하면 매수인은 契約解除·代金減額·損害賠償의 청구권을 상실하는 것으로 하고 있다(商 69, 民 573·574·580·582에 대한 특칙). 그리고 계약을 해제한 경우 또는 수령품이 주문품과 相違하거나 주문수량을 초과한 경우에는 매수인이 매도인의 비용으로 목적물 또는 초과부분을 보관·공탁·경매할 의무가 과하여져 있다(商 70, 71). 確定期賣買에 있어서는 매수인이 기한경과후 즉시 이행을 청구하지 않는 한 당연히 계약을 해제한 것으로 간주되어(68), 契約解除가 의제되고 있다(民 544, 545에 대한 특칙).

상사법정이율(商事法定利率) 商行爲로 인한 채무의 법정이율. 상거래에서는 민사거래에서보다 금전의 수요가 많을 뿐만 아니라 元本의 이용에 의한 수익도 많은 것이 보통이므로, 民事法定利率은 年 5分인데(民 379), 상사법정이율은 年 6分으로 높인 것이다(商 54). 상사법정이율은 당사자간에 이율에 관한 약정이 없는 경우에 적용되는데, 상행위로 인한 채무이면 반드시 雙方的 商行爲로 인한 채무일 필요가 없고, 또 채무자를 위한 상행위로 인한 것이든 채권자를 위한 상행위로 인한 것이든 상관없다. 또 상행위로 인하여 직접 생긴 채무가 아니라도 이와 실질적으로 동일한 불이행으로 인한 손해배상채무나 해제로 인한 원상회복의무 등을 포함한다고 볼 것이다.

상사법주의(商事法主義) →상행위법주의

상사보증(商事保證) 〔獨〕 Handelsbürgschaft 〔佛〕 cautionnement commercial 商行爲에 의하여 생긴 채무의 보증 또는 보증행위가 상행위인 경우의 보증. 이 경우에는 상법 57조 2항에 의하여 그 보증은 연대보증이 된다. 민법에서는 특약이 없는 한 주된 債務者와 保證人은 연대하지 않는데(437), 상법은 상인활동의 신용을 높이기 위하여 多數債務者의 연대를 擬制함(57 I)과 함께 상사보증에서의 보증인의 연대도 정한 것이다. 상법 57조 2항은 보증이 위의 連帶保證이 되는 경우로 두 가지를 들고 있다. 첫째, 보증이 상행위인 경우이다. 이 경우는 다시 예컨대, 은행이 고객을 위하여 하는 支給保證과 같이 상인이 그 영업을 위하여 보증을 하는 경우와, 예컨대 은행이 융자를 함에 있어서 보증을 세우게 하는 경우와 같이 상인이 그 영업을 위하여 보증을 하게 하는 경우가 있다. 둘째는 채무가 주된 채무자의 商行爲에 의하여 생긴 경우이다. 따라서 채무가 채권자를 위하여서만 상행위인 행위에 의하여 생긴 것이면, 직접 상행위에 의하여 생긴 것이 아니라도 이와 동일성을 가지는 것, 예컨대 해제 또는 지체로 인한 原狀回復義務 또는 損害賠償義務도 포함된다. 그런데 여러 명의 보증인이 각각 별개의 행위에 의하여 보증을 한 경우에 각 보증인간에도 連帶關係가 생기는가에 관하여는 규정이 명백하지 않으나, 채권자를 보호하려는 상법 57조의 정신에 비추어 보아 긍정적으로 해석할 것이다. 이와 같이 연대보증이 되면 단순한 보증과는 달리 催告의 抗辯權·檢索의 抗辯權(民 437)과 分別의 利益(439)을 갖지 않는 것은 민법상의 보증과 같다.

상사비송사건(商事非訟事件) 상법 중에 법원의 관여를 규정한 각 사항을 처리하기 위한 것으로서 비송사건절차법 3편에 규정된 사건. 동법 3편에 규정된 것은 會社 및 競賣에 관한 사건, 社債에 관한 사건, 회사의 淸算에 관한 사건 및 商業登記 등이다. →비송사건

상사시효(商事時效) 商社債權의 소멸시효. 商行爲로 인하여 생긴 채권은 5년간 행사하지 않으면 소멸시효가 완성한다(商 64). 민법상의 채권의 소멸시효기간은 원칙으로 10년인데(162), 商去來上의 법률관계를 빨리 결말짓기 위하여 이런 특칙이 인정된 것이다. 상사시효의 적용을 받는 채권은 당사자의 어느 일방을 위하여 상행위인 행위로 인하여 생겨야 하며, 또 이로써 족하다. 또 상행위로 인한 채권은 직접 상행위로 인하여 생긴 것 외에, 예컨대 상행위로 인하여 생긴 채무의 불이행에 기한 損害賠償請求權이나 상행위인 계약의 해제로 인한 원상회복의무 등을 포함한다고 볼 것이다.

상사위임(商事委任) 〔英〕 mercantile attorney 〔獨〕 Handelsauftrag 〔佛〕 mandat commercial 商行爲에 관한 위임. 상법은 상행위의 위임을 받은 자는 위임의 본지에 반하지 아니한 범위내에서 위임을 받지 아니한 행위를 할 수 있다고 규정하고 있다(49). 위임에 관한 민법의 일반규정에 의하면 受任者는 위임의 본지에 따라 선량한 관리자의 주의로 위임사무를 처리할 의무를 지고 있다(681). 따라서 수임자는 사정이 변경된 경우에 임기응변의 조치, 예컨대, 물건의 매수를 위임받은 자가 그 매수한 물건의 가격이 폭락할 염려가 있는 경우에 이를 賣渡하는 것과 같은 조치를 할 수 있음을 밝힌데 불과하며, 민법에 대한 특칙이라고 볼 것이 아니다. 그런데, 위의 규정을 오히려 商行爲의 代理를 위임받은 자의 대외적인 대리권의 범위에 관한 규정이라고 보고, 상거래의 필요에 酬應하기 위하여 특별히 그 대리권의 범위를 넓힌 것이라는 설이 있다.

상사유치권(商事留置權) 〔英〕 mercantile lien 〔獨〕 kaufmännisches (handelsrechtliches) Zurückbehaltungsrecht 〔佛〕 droit de rétention en commerce 민법상의 留置權(民事留置權)에 대하여 상인간의 留置權(商 58)과 代理商(91), 委託賣買人(111), 運送周旋人(120), 육상과 해상의 運送人(147, 800)을 위하여 상법이 인정한 유치권을 총칭한다. 그러나 좁은 뜻으로는 상인간의 유치권만을 가리킨다. 상사유치권도 유치권으로서의 의의·성질·효력 및 소멸에 관하여는 民事留置權과 다를 바가 없고, 다만 성립요건만이 완화 또는 변경되었을 뿐이다. 상인간의 유치권의 성립요건은 被擔保債權에 관하여는 당사자 쌍방이 상인일 것, 상행위로 인하여 발생한 것일 것 및 변제기에 있을 것의 셋이다. 그런데 채권의 발생원인에 관하여 당사자의 쌍방을 위한 상행위로 발생한 것이어야 한다는 설이 있다. 留置物에 관하여는 물건 또는 유가증권일 것, 채무자의 소유에 속할 것 및 채권자의 채무자에 대한 商行爲로 인하여 채권자의 점유에 귀속한 것일 것의 세 요건이 필요하다. 民事留置權과의 주된 차이점은 被擔保債權과 留置物과의 관련이 필요하지 않은 점이다. 상인간의 유치권은 당사자간의 특약에 의하여 그 성립을 배제할 수 있는 점(商 58 但)을 차이로 들기도 하나 이에 관한 明文이 없는 민사유치권에 관하여도 통설은 이를 인정하고 있다.

상사임치(商事任置) 〔英〕 commercial deposit 상인이 그 영업범위내에서 물건의 任置를 받는 것으로서, 창고업에 있어서와 같이 영업으로 하는 경우와 영업을 위하여 하는 경우(예컨대, 공중접객업자의 任置物의 보관, 위탁매매인의 販賣委託物의 보관)가 있다. 전자의 행위는 基本的 商行爲이고(商 46 xiv), 후자의 행위는 補助的 商行爲(47)이다. 특약이 없는 한 상인이 그 영업범위내에서 물건의 임치를 받은 경우에는 보수를 받지 아니하는 때라도 선량한 관리자의 주의를 다하도록 그 注意義務를 가중하고 있고(62, 民 695 참조), 창고업자와 공중접객업자에게는 각각 엄격한 책임을 지우고 있다(商 152~154, 160).

상사조정(商事調停) 상사에 관한 분쟁이 발생하였을 때 행해지는 조정. 조정위원회에 실질상의 중재적 권한이 인정되는 점에서 鑛害調停을 제외한 다른 民事調停에 대하여 특색을 가진다. 즉 당사자간에 합의가 성립될 가망이 없는 경우이거나 성립한 합의가 상당하지 않다고 인정하는 경우에도 당사자간에 조정위원회의 조정사항에 복종한다는 요지의 서면에 의한 合意가 있을 때에는 신청에 의하여 사건의 해결을 위한 적당한 조항을 정한다. 상사분쟁이 합리적 타산 위에 입각하고, 전문업자의 중개적 해결에 따르는 성질을 가진 점에 바탕을 두는 것이다.

상사중개인(商事仲介人) 상법상의 중개인을 가리킨다(商 93). 상행위 이외의 행위의 매개를 업으로 하는 民事仲介人과 구별하기 위하여 이 명칭이 사용되는 일이 있다.

상사중재(商事仲裁) 상행위로 인하여 발생되는 법률관계에 관한 중재. 상사중재에 있어서 중재인의 선정이나 仲裁節次에 관한 당사자의 합의가 없거나 그 의사가 불명할 때에는 중재법에 의하지 아니하고 대한상사중재원의 商事仲裁規則에 의한 것으로 추정하게 되어 있는 특칙이 있다(仲裁法 4Ⅲ, 7Ⅲ).

상사중재규칙(商事仲裁規則) 상사중재에

관하여 대한상사중재원이 정한 準則. 대한상사중재원이 이를 제정하거나 변경함에 있어서는 대법원의 승인을 얻어야 한다(仲裁法 18). 상사중재에 있어서 중재인의 선정이나 仲裁節次에 관하여 당사자의 합의나 당사자의 의사가 불명하면 중재법에 의하지 아니하고 이에 의하는 것으로 추정한다(4Ⅲ, 7Ⅲ).

상사채권(商事債權) 〔獨〕 Handelsschuldforderung 상행위로 인하여 생긴 채권. 반면 채무자편에서는 商事債務라고 할 수 있다. 상법은 상거래의 안전성·확실성, 간편·신속성, 영리성 등을 고려하는 입장에서 일반의 민사채권과는 다른 특칙을 두고 있다. 상사채권의 人的擔保에 관한 多數債務者의 연대(57Ⅰ), 보증인의 연대(57Ⅱ)(→상사보증), 物的擔保에 관한 流質契約의 허용(59), 상인간의 留置權(58)(→상사유치권) 등은 안전성·확실성을 위한 특칙이고, 商事債權의 이행장소(56), 행사와 이행의 시기(63)(→거래시간), 단기소멸시효(64)(→상사시효) 등은 간편·신속성을 위한 특칙이고, 法定利子請求權(55), 보수청구권(61), 商事法定利率(54) 등은 영리성을 위한 특칙이다.

상사특별법(商事特別法) 상사에 관한 특별법령. 상법전에 부속 또는 독립하여 우선적으로 적용된다. 부속법령으로서 상법시행법, 小商人의 범위에 관한 건, 湖川港灣의 범위에 관한 건, 외국인의 署名捺印에 관한 법률 등이 있으며, 獨立法令으로는 상표법·은행법·보험업법·신탁업법 등 그 수가 대단히 많다.

상사회사(商事會社) 상행위를 업으로 함을 목적으로 설립한 社團法人(商 169), 즉 회사. 상행위를 업으로 하지 않는 民事會社에 대하여 특히 이와 같이 불리운다. →회사

상상적 경합(想像的競合) 〔獨〕 Idealkonkurrenz 〔佛〕 concours idéal 1개의 행위가 여러 개의 죄에 해당하는 경우. 가장 중한 죄에 정한 형으로 처벌한다(刑 40). 觀念的 競合이라고도 한다. 예컨대, 고의로 돌을 던져서 물건을 깨뜨리고 동시에 사람을 부상케 한 때에는 財物損壞罪와 傷害罪와의 상상적 경합이 되어, 중한 죄인 상해죄의 형으로 처벌하게 된다. 상상적 경합이 실질적으로 一罪냐 數罪냐에 대하여는 異說이 있으나 法條競合과는 달리 實質的 數罪이나 科刑上一罪로 취급한다는 것이 통설이다. 상상적 경합에는 1개의 행위가 수개의 범죄구성요건에 해당하는 경우의 異種類의 상상적 경합과 1개의 행위가 동일한 범죄구성요건을 수회충족하는 동종류의 상상적 경합이 있다.

상상적 역(想像的逆)**어음주의**(主義) 〔獨〕 System des fingierten Rückwechsels 어음의 遡求義務者의 주소지와 지급지(또는 재상환을 구하는 償還權利者의 주소지)가 異地이고 兩地간의 화폐가치가 다를 때 이로 인하여 부당한 이익 또는 불이익을 받게 될 것을 방지하기 위하여 逆어음이 발행된 것으로 가정하여 소구금액을 계산하는 제도. 어음법 52조는 현실적으로 역어음이 발행된 경우만을 규정하고 있으나 다수설은 해석상 이 제도를 인정하고 있다. →역어음

상 선(商船) 〔英〕 commercial ship 〔獨〕 Kauffahrteischiff 〔佛〕 navir commerciale 商行爲 기타 영리의 목적으로 항해에 사용되는 선박. 상법은 상행위에 한하지 아니하고 그 범위를 넓혀서 상행위 기타 영리를 목적으로 항해에 사용하는 선박은 短艇 또는 주로 櫓櫂로 운전하는 선박을 제외하고는 모두 해상법의 적용을 받게 하였다(740, 741). 그러나 선박법(29)은 그 범위를 다시 확장하여 상선이 아니라도 항해용으로 사용되는 선박이기만 하면 國有船과 公有船을 제외하고 모두 다 해상법규정이 준용되는 것으로 하였으므로, 商船·非商船의 구별은 그 실익이 없어진 셈이다.

상선(商船)**을 군함**(軍艦)**으로 변경**(變更)**하는데 관한 조약**(條約) 〔英〕 Convention of Merchant Ships into Warships 1907년 제2회 헤이그 평화회의에서 채택된 여러 조약 중의 제7조약으로서, 海戰에 관한 조약. 1907년 10월 18일에 署名, 1910년 1월 26일에 발효. 헤이그 평화회의에 참석한 모든 列强이 서명하였으나 미국만이 동조하지 않았다. 全 12개조로 구성되어 있으며 總加入條項을 두고 있다(17). 상선이 군함으로 변경되는데 필요한 약간의 요건 및 의무를 규정하고 있으나, 변경의 장소문제 및 상선으로의 再變更에 관하여는 규정한 바 없다. →군함, 총가입조항, 헤이그 평화회의

상설국제사법재판소(常設國際司法裁判所) 〔英〕 The Permanent Court of International Justice 〔獨〕 Der ständige internationale Gerichtshof 〔佛〕 La Cour Permanente Justice Internationale 국제연합의 국제사법재판소의 전신이며, 1920년 12월에 국제연맹총회에서 常設國際司法裁判所規程이 승인됨에 따라 설치된 재판소. 이 재판소는 1946년에 국제사법재판소의 발족에 따라 해산되었다. 상설국제사법재판소규정은 국제사법재판소규정과 대체로 동일하다. 그러므로 본재판소에 관한 것은 국제사법재판소의 사항에서 설명된 것으로서 생략한

다. 본 재판소에서 판결된 사건은 1923년의 윔블던 호사건에서 1939년의 벨기에 商社會社事務까지 30건이고, 권고적 의견이 제출된 것이 27건이었다. →국제사법재판소

상설국제위원회(常設國際委員會) 〔英〕 Permanent International Commission 1931년 미국이 30여국과 개별적으로 체결한 소위 브라이언 平和計劃條約(Bryan Peace Plan Treaties)에 의하여 해결될 수 없는 경우에 본 위원회의 심사와 보고에 회부하고, 그 심사와 보고 전에는 전쟁을 선언하거나 또는 敵對行爲를 금지하였다. 위원회는 분쟁시에 조직되는 것이 아니고 사전에 조직되며 締約國이 속히 그 분쟁을 위원회에 부탁치 않을 때에는 위원회가 자기의 발의에 의하여 부탁을 촉구할 수 있다. 위원회의 심사는 국제심사위원회와 같이 사실의 인정에 한하는 것이 아니고 사실상 및 법률상의 일체의 견지에서 분쟁사건을 심사하고 그 결과를 보고하게 되어 있다. 이 위원회는 사건마다 심사조약에 의하여 구성되지 않고 常設的 機關이라는 점, 또 일방당사국의 부탁만으로 위원회의 활동이 개시된다는 점, 중재재판에 부탁된 분쟁 이외의 모든 분쟁을 위원회에 부탁하게 되어 있다는 점 등에서 진보적인 제도이다. →국제심판위원회, 혼합심사위원회

상설중재재판소(常設仲裁裁判所) 〔英〕 The Permanent Court of Arbitration 〔獨〕 Der ständige Schiedshof 〔佛〕 La Cour Permanente d'Arbitrage 국제분쟁을 평화적 방법에 의하여 해결하기 위하여 1901년 헤이그에 설립된 국제재판소. 국제재판을 가지게 된 것은 19세기 이래부터 이었지만 당시에는 상설적 재판소는 없었고 개별적 재판조약에 의하여 재판할 때마다 재판소가 설치되었다. 그리하여 1899년의 제1회 헤이그 平和會議에서 비로소 常設的 國際裁判所를 설치하게 되었으며, 그 때 서명된 국제분쟁의 평화적 해결에 관한 조약에 상설중재재판소에 관한 규정을 두었고, 실제로는 1901년에 헤이그에 설립하였다. 그 조약은 1907년의 제2회 헤이그 평화회의에서 다소 수정되어 오늘에 이르고 있다. 이 재판소는 덕망높은 유능한 국제법의 법률가 중에서 가입국이 각기 4명 이하의 재판관을 임명하고, 그 모든 재판관으로 구성된다. 실제로는 재판소에 사건이 부탁되면 특별한 합의가 없는 한 普通裁判部는 5명, 簡易裁判部는 3명의 재판관으로 성립한다. 이 재판관의 선정은 분쟁당사국의 합의에 의한다. 재판소는 부탁된 모든 분쟁을 관할하며 국가간에 합의된 어떠한 분쟁도 부탁할 수 있다. 재판은 법의 존중을 기초로 하여 衡平과 善을 적용한다. 판결은 그 사건에 관하여 당사국에 대해서만 구속력을 가진다. 재판소에는 사무국이 설치되어 있고, 그 지휘·감독은 常設評議會가 한다. 이 평의회는 네덜란드의 외무장관을 의장으로 하여 네덜란드 주재의 가입국의 외교사절로써 구성된다. 1920년 상설국제사법재판소가 설치된 후로는 그 기능이 거의 상실되어 가서, 여기에 부탁된 사건은 31건인데, 1932년 이후에는 전연 부탁된 예가 없다. →국제사법재판소

상설친족회(常設親族會) 친족회의 구성이 계속적으로 존속되는 것을 말한다. 未成年者·禁治産者 또는 限定治産者를 사건 본인으로 하여 조직된 친족회는 그 무능력의 사유가 끝날 때까지 계속한다. 여기서 미성년자는 後見에 복종하는 자를 말한다. 따라서 후견에 복종하게 되면, 친족회는 당연히 해산한다. 다만 후견에 복종하는 미성년자·금치산자 또는 한정치산자를 위한 친족회는 이들이 능력자가 되더라도 바로 소멸하지 않으며, 後見人이 관리의 계산을 완료할 때까지(民 957) 계속하는 것으로 보아야 한다. 친족회가 계속한다는 것은 의결을 할 친족회의 소집에 의한 집합을 계속한다는 뜻은 아니다. 이것은 일단 親族會員이 된 자가 개개의 결의를 함으로써 그 자격을 잃지 않고, 친족회의 결의를 필요로 하는 사정이 생길 때마다 집합하여 친족회로서의 행동을 할 수 있는 지위를 보유한다는 뜻이다. 즉 무능력자를 위한 친족회는 상시 성립하고 있는 기관이 아니고, 회원의 소집에 의하여 비로소 성립하는 것이다. 이것의 소집은 가정법원이 한다(民 966).

상 소(上訴) 〔英〕 appeal 〔獨〕 Rechtsmittel 〔佛〕 recours, pourvoi 재판에 대한 불복신청 가운데 재판의 확정 전에(즉 上訴節次의 종료전) 상급법원의 재심사를 구하는 것. 상소의 제기에 의해 原裁判의 확정이 방해되고(遮斷的 效力), 상급법원의 심사를 받을 수 있도록 사건은 상급법원에 係屬되게 된다(移審의 效力). 따라서 소송종료후에 확정재판에 대하여 제기하는 再審의 訴나, 형사소송에 있어서의 非常上告 등은 상소라 할 수 없고, 또 除權判決에 대한 不服의 訴와 같이 재판의 취소만을 구하고 사건에 대한 심사를 구하지 아니하는 것도 상소라 할 수 없다. 현행법상, 終局判決에 대한 상소로서는 항소·상고가 인정되고, 판결 이외의 재판(결정 및 명령)에 대해서는 항고·재항고·특별항고가 인정되고 있다. →항소, 상고, 항고

상 소(上素) →요소

상소권(上訴權) 상소를 할 수 있는 소송

법상의 권리. 상소의 종류에 의하여 抗訴權·上告權·抗告權으로 나누인다.

[1] 민사소송법상 상소권은 상소의 대상으로 되는 재판의 선고와 동시에 발생하지만, 당사자간에 상소를 하지 않는다는 뜻의 合意(不上訴合意)가 있으면 발생하지 않으며 또 상소권의 포기가 있는 경우, 혹은 上訴期間의 徒過에 의하여, 일단 발생한 상소권은 소멸한다.

[2] 형사소송법상 상소권은 재판의 선고 또는 고지에 의하여 발생하며, 上訴期間의 徒過, 상소권의 포기, 상소의 취하에 의하여 소멸한다(349, 350).

상소권(上訴權)**의 포기**(拋棄)　이미 발생한 상소권을 상소권자가 일방적으로 소멸시키는 訴訟行爲.

[1] 민사소송법상 당사자 스스로 상소할 이익을 포기하는 것(364, 365, 395, 413). 포기는 상소제기전에는 원심법원에, 상소제기후에는 상소법원에 서면으로 하여야 한다(365Ⅰ). 다만 上訴提起후의 상소권의 포기는 上訴取下의 효력도 있다(365Ⅲ). 上告權 및 抗告權(再抗告權)의 포기에 대하여서는 모두 抗訴權의 拋棄에 관한 규정을 준용한다.

[2] 형사소송법상으로도 고유의 상소권자는 상소의 포기를 할 수 있다(349 本). 다만 피고인 또는 상소권의 代理行使權者는 사형 또는 무기징역이나 무기금고가 선고된 사건에 대하여는 상소의 포기를 할 수 없다(349 但). 법정대리인이 있는 피고인이 상소권을 포기함에는 法定代理人의 동의를 얻어야 한다(350). 상소의 포기를 한 자 또는 포기에 동의한 자는 그 사건에 대하여 다시 상소하지 못한다(354). 상소의 포기는 서면으로 하여야 하지만, 공판정에서는 구술로 할 수 있다(352). 상소의 포기는 원심법원에 한다(353).

상소권자(上訴權者)　上訴를 신청할 수 있는 자.

[1] 민사소송법상 상소권자는 그 재판에 의하여 불이익을 받은 당사자 또는 보조참가인.

[2] 형사소송법상 고유의 상소권자는 檢査·被告人. 이 이외의 자로서 결정을 받은 자이나(338, 339), 이 밖에 피고인의 법정대리인은 피고인을 위하여 상소권을 대리행사할 수 있고(340), 피고인의 배우자·직계친족·형제자매·호주 또는 原審의 대리인이나 변호인은 피고인의 명시적인 의사에 반하지 않는 한 피고인을 위하여 상소권을 대리행사할 수 있다(341).

상소권회복(上訴權回復)　형사소송법상 上訴權者가 자기 또는 대리인이 책임질 수 없는 사유로 인하여, 上訴提起의 기간내에 상소를 하지 못한 때에, 그 청구에 의하여 원심법원의 결정으로 상소권이 존재하는 원상태로 회복하여 상소를 허용하는 제도(345～348). 여기에 책임질 수 없는 사유란 上訴不能의 사유가 上訴權者 또는 그 代理人의 고의 또는 과실에 기하지 아니한 것을 뜻한다. 상소권회복의 청구는 사유가 종지한 날로부터 상소의 제기의 기간에 상당한 기간내에 서면으로 원심법원에 제출하여야 한다(346Ⅰ). 상소권회복의 청구를 할 때에는 원인된 사유를 疎明하여야 하고(346Ⅱ), 상소권의 회복을 청구한 자는 그 청구와 동시에 상소를 제기하여야 한다(346Ⅲ). 상소권회복의 청구를 받은 법원은 청구의 許否에 관하여 결정을 하여야 한다(347Ⅰ). 이 청구가 인정되면 그 상소의 제기는 유효로 된다. 상소권회복의 許否에 관한 결정에 대하여는 卽時抗告를 할 수 있다(347Ⅱ). 상소권회복의 청구가 있는 때에는 법원은 청구의 許否에 관한 결정을 할 때까지 재판의 집행을 정지하는 결정을 하여야 하고(348Ⅰ), 이 執行停止의 결정을 한 경우에 피고인의 구금을 요하는 때에는 형사소송법 70조의 구속요건이 구비된 때에 한하여 구속영장을 발부하여야 한다(348Ⅱ). 또 상소권회복의 청구가 있는 때에는 법원은 지체없이 상대방에게 그 사유를 통지하여야 한다(356 참조).

상소기간(上訴期間)　上訴權者가 유효하게 상소를 제기할 수 있는 기간.

[1] 민사소송법상 항소기간·상고기간은 판결이 송달된 날로부터 2주일의 不變期間(366, 395)이고, 普通抗告에는 기간이 정함이 없지만, 卽時抗告의 기간은 민사소송법(414)·비송사건절차법(23)에서는 1주일, 파산법(103)·화의법(7)·회사정리법(11) 등에서는 14일의 불변기간이다.

[2] 형사소송법상 항소·상고의 기간은 7일이고(358, 374). 항고 가운데, 보통항고에는 기간의 정함이 없지만, 즉시항고의 기간은 3일이며(404, 405), 準抗告의 기간도 3일이다(416Ⅲ). 상소기간을 어떻게 규정하느냐는 당사자의 권리보호와 법적안전의 보장에 중요한 영향이 있다. 상소기간을 너무 짧게 하면 당사자의 권리를 해하고, 너무 길게 하면 소송을 헛되이 지연시켜 소송의 목적이 저해된다. 상소기간의 徒過에 관하여는 上訴權消滅의 효과가 부여된다(→상소권회복).

상소법원(上訴法院)　상소사건을 심리하는 법원. 상소의 제기를 하여야 할 법원이기도 하지만, 上訴狀을 제출하여야 할 법원(民訴 367Ⅰ·395·415, 刑訴 359·375·406)과는 다름을 주의하여야 한다. 제1심법원 또는 원심법원에 대하여

쓰여지며, 상소의 종류에 따라 抗訴法院·上告法院·抗告法院의 3종으로 나누어진다. →상소, 심급관할

상소심(上訴審) 상소가 있는 경우에 개시되는 상소법원의 소송절차. 상소는 계층적인 審級制를 취하고 있으므로, 上級審이라고도 불려진다. 상소방법의 종류에 따라 抗訴審·上告審·抗告審 등의 구별이 있다. →심급관할, 심급

상소(上訴)**의 불가분**(不可分) [1] 민사소송법상 上訴의 효력이 上訴人의 불복주장의 범위에 한하지 않고, 불복을 신청한 원재판의 전부에 대하여 발생하는 것. 예컨대, 抗訴人이 원판결의 일부만에 대하여 불복을 신청한 경우, 抗訴審의 심판은 그 불복부분에 한하지만(377Ⅰ, 385), 抗訴의 不可分에 의하여 항소의 효력은 원판결의 전부에 대하여 발생하기 때문에, 불복신청이 없는 부분도 함께 항소심으로 移審되며 또 확정되지 아니한다. 다만 형식상은 1개라도 실질상은 수개의 재판이 있는 경우에는(→일부판결), 그 일부에 대한 上訴는 可分的이다.

[2] 형사소송법상 상소불가분은 대체로 민사소송법상의 경우와 같다. →일부상소

상소(上訴)**의 취하**(取下) 〔獨〕 Zurücknahme des Rechtsmittels 이미 제기한 상소를 철회하는 訴訟行爲.

[1] 민사소송법상 抗訴의 취하, 上告의 취하, 抗告의 취하에 대하여는 소의 취하의 규정이 준용되지만(363, 395, 413), 그와 다른 점은 언제나 상대방의 동의를 요하지 아니하며, 그 상소심의 終局的 裁判이 있을 때까지 한하고, 상소의 불가분 때문에 一部取下는 안되며, 原審裁判失效의 효과가 생기지 않는 것과 같은 것이다. 이에 의하여 상소의 효과는 처음부터 소멸하여 上訴節次도 종료된다. 상소기간경과후에 하면 그 기간만료시로써 원심재판이 확정된다.

[2] 형사소송법상 고유의 上訴權者는 상소의 취하를 할 수 있다(349). 피고인의 上訴權의 대리행사권자는 피고인의 동의를 얻어 상소를 취하할 수 있다(351). 상소를 취하한 자 또는 상소의 취하에 동의한 자는 상소기간이 경과하기 전이라도 그 사건에 대하여 다시 상소를 하지 못한다(354). 상소의 취하는 서면으로 하여야 하지만, 공판정에서는 구술로 할 수 있다(352). 상소의 취하는 그 포기와는 달리 上訴法院에 하여야 한다(353).

상소(上訴)**의 효과**(效果) →정지의 효력, 이심의 효력

상 속(相續) 〔英〕 inheritance, succession 〔獨〕 Erbgang, Erbfolge 〔佛〕 hérédité, succession 재산만의 상속. 재산상속은 사망으로 인하여서만 개시된다(民 997). 失踪宣告의 경우에도 사망이 擬制되므로(28) 相續開始原因이 된다. 구관습법에서는 양자인 호주가 친가 또는 타가에 入籍하게 된 때, 여호주가 사후양자를 하거나 기타 호주승계할 남자가 입적한 경우 등에는 재산의 귀속에 특례를 인정하여 이러한 사유를 이례적인 상속의 원인으로 취급하고 있었지만 민법은 이를 부인하므로 사망 이외의 戶主變更이 상속의 개시원인이 될 수 없다. 상속은 재산상의 권리 또는 의무의 승계이므로, 상속될 만한 아무런 재산도 가지지 않은 자가 사망하면 상속개시의 여지가 없으나, 다만 채무만이 있는 경우에도 상속은 개시된다.

상속결격(相續缺格) 〔羅〕 indignitas (successionis) 〔獨〕 Erbunwürdigkeit 〔佛〕 indignité 어떤 자의 재산을 상속할 자격이 없는 것. 가족생활의 평화를 파괴하거나 또는 하려고 한 자와, 상속에 관하여 부정하거나 이익을 취득할 목적으로써 불법한 행위를 하거나 또는 하려고 한 자에게 상속시킨다는 것은 법률감정이 허용하지 않으므로, 이러한 자로부터 相續權을 박탈하는 제재를 가하고 있다. 즉, 고의로 直系尊屬·被相續人 그 配偶者 또는 상속의 先順位者나 同順位에 있는 자를 살해하거나 살해하려 한 자, 고의로 직계존속·피상속인과 그 배우자에게 상해를 가하여 사망에 이르게 한 자, 사기 또는 강박으로 피상속인의 양자 기타 상속에 관한 유언 또는 유언의 철회를 방해한 자, 사기 또는 강박으로 피상속인의 양자 기타 상속에 관한 유언을 하게 한 자, 피상속인의 양자 기타 상속에 관한 유언서를 僞造·變造·破棄 또는 은닉한 자(民 1004)는 당연히 그 상속권을 상실한다. 결격의 효과는 상대적이며 갑의 상속에 관한 결격자가 을의 상속인으로 됨은 무방하다. 또 결격의 효과는 확정적이며 피상속인은 결격자를 용서할 수 없는 것으로 해석되고 있다. →호주승계결격

상속계약(相續契約) 〔獨〕 Erbvertrag 피상속인과 상속인간의 상속으로 하는 계약. 상속의 개시 이전에 이미 상속이 결정되는 것이 보통이다. 독일 민법은 이의 가능성을 明規하고 있으나(獨民 194, 2274 이하) 우리 민법은 이를 인정하지 않는다.

상속권(相續權) 민법상 두 가지 의미로 사용된다. ① 상속개시전에 있어서 推定相續人의 법률상의 지위, 즉 상속이 개시된 경우에 상속권을

취득할 수 있는 期待權으로서 가지는 상속권이다. 희망 또는 기대에 불과하며, 확정적인 支配權이나 請求權·既得權은 아니다. 그러나, 그 희망을 가지는 지위는 일정한 원인, 즉 결격사유(1004)가 없으면 상실되지 않기 때문에 단순한 희망은 아니고 역시 권리라 해도 무방하다. ② 相續開始後에 있어서 상속인이 상속적 효과를 받을 수 있는 권리이며 그 지위를 말한다. 상속인의 지위는 기대권 이상의 것으로서 확정한 것이고, 이 침해를 받은 자에게는 相續回復請求權(999)이 인정된다.

상속권주의(相續權主義)〔國際私法上〕 상속인의 부존재의 경우 財産歸屬의 성질에 관한 입법례 중 국고 또는 그 밖의 공공단체가 최후의 法定相續人으로서 유산을 취득하는 것으로 보는 법률(독일·스위스·이탈리아 등)을 말한다.

상속능력(相續能力) 〔獨〕 Erbfähigkeit 〔佛〕 capacité successorale 상속인이 될 수 있는 자격. 권리능력있는 모든 사람이 가지며, 胎兒도 상속에 관하여는 이미 출생한 것으로 본다. 그러나 流産 또는 死産한 경우에는 처음부터 존재하지 않았던 것이 된다(民 1000 Ⅲ).

상속법(相續法) 〔英〕 law of inheritance or succesion 〔獨〕 Erbrecht 〔佛〕 droit de succession 상속에 관한 법률관계를 규율하는 법규의 총체. 親族法과 함께 身分法을 이룬다. 우리 현행상속법의 주된 규정은 민법 제4·5편에 두어져 있다. 가사소송법·파산법·호적법·섭외사법 기타의 법령 중에도 상속에 관한 규정이 많이 있다. 민법 제4·5편 규정 속에는 相續(戶主承繼·相續)에 관한 규정 외에 遺言에 관한 것이 포함되어 있다. 유언은 상속이라고는 할 수 없지만 양자는 밀접한 관계에 있기 때문에 편의상 遺言法을 상속법 속에 넣은 것이다.

상속분(相續分) 〔獨〕 Erbteil 동순위의 재산상속인 여러 사람이 공동으로 재산을 상속하는 경우에 상속재산에 대한 공동상속인 상호간의 배당률. 共同相續財産上의 지분이라 할 수 있다. 보통 상속개시 당시의 전상속재산에 대한 숫자적 비율에 의하여 표시되며, 구체적인 재산이 아니고 추상적인 재산에 범위를 나타낸다. 상속분은 피상속인이 유언에 의하여 遺贈의 형식으로 정할 수 있으나, 그러한 유언이 없는 경우에는 민법에 규정하는 바에 따른다. 전자를 指定相續分, 후자를 法定相續分이라 하는데, 전자는 遺留分의 제한이 있다(1012). 法定相續分에 관하여 우리 민법은 均分相續主義를 취하여 동순위의 상속인이 수인인 경우에는 그 상속분은 균분으로 한다고 규정하고 있다(1009 Ⅰ). 1990년 민법개정 전에는 호주상속인인 상속인의 상속분은 그 고유의 상속분에 5할을 가산하고(舊民 1009 Ⅰ 但), 同一家籍內에 없는 여자의 상속분은 남자의 상속분의 4분의 1로 하여(舊 1009 Ⅱ) 상속분에 차별을 두었지만 민법의 개정으로 이러한 차별을 없앴다. 다만 피상속인의 배우자의 상속분은 직계비속과 공동으로 상속하는 때에는 직계비속의 상속분의 5할을 가산하고, 직계존속과 공동으로 상속하는 때에는 직계존속의 상속분의 5할을 가산한다(1009 Ⅱ). 또한 공동상속인 중에 贈與 또는 遺贈을 받은 자가 있는 경우에는 그것을 상속분의 계산에 산입한다(1008). 이와 같은 증여 또는 유증을 받은 자를 特別收益者라 한다. 법이 개정되어 孝道相續制度를 신설하여 상당기간 동거하면서 부모를 부양한 자나 부양료를 5할 이상 부담한 상속인에게 법정상속분의 5할을 더 주도록 하였다.

상속분(相續分)**의 양수**(讓受) 共同相續人 중에 그 상속분을 제3자에게 양도한 자가 있는 경우에 다른 공동상속인이 그 價額과 讓渡費用을 상환하고 그 상속분을 양수하는 것(民 1011 Ⅰ). 이 제도의 취지는 공동상속인이 분할전에 각자의 상속분을 타인에게 양도하는 것은 자유이지만, 그 경우에는 제3자가 상속재산의 분할에 참가하게 되어 다른 공동상속인에게 중대한 영향을 미치게 될 염려가 있기 때문에 그러한 사태를 되도록 피하고자 함에 있다. 따라서 다른 공동상속인 또는 包括的 受遺者에게 상속분을 양도한 경우에는 讓受權의 행사는 인정되지 않는다. 양수권을 행사함에 있어서는 공동상속인은 상속분의 양수인 또는 그 轉得者에 대하여 일방적으로 양수의 의사표시를 하면 되고 상대방의 承諾 또는 同意는 필요없다. 또 공동상속인 전원이 공동행사할 필요는 없고 각자가 단독으로 할 수 있다. 만약 양도 당시에 공동상속인 전원이 그 양도를 승낙하였다면 讓渡相續分에 대한 양수권을 포기한 것으로 보아야 할 것이다. 양수권의 행사에 의하여 양수한 상속분은 양도인 이외의 공동상속인 전원에게 그 상속분에 따라서 歸屬되고 공동상속인 중의 1인이 단독으로 행사하였더라도 그 자에게만 귀속되는 것은 아니며, 양수권의 행사에 소요된 상속분의 가액과 비용도 상속분에 따라서 공동상속인이 부담한다. 그리고 양수권은 상속인이 상속분의 양도를 안 날로부터 3개월, 그 사유가 있은 날로부터 1년이 경과하면 소멸한다(1011 Ⅱ).

상속분할주의(相續分割主義) 國際私法上 상속의 準據法에 관한 견해 중, 부동산상속과 동산상속을 구별하여 전자에 대해서는 所在地法을 적용하고, 후자에 대해서는 피상속인의 소재지법 또는 本國法을 적용하는 주의(d'Argentre, Dumoulin Batiffol, Meijers)를 말한다.

상속비용(相續費用) 재산상속을 하는데 소요되는 비용. 상속재산 중에서 지급된다(民 998조의2). 이에 관한 규정은 限定承認 또는 상속의 포기가 있은 경우에는 필요하지만 單純承認을 한 경우에는 결국 상속인이 그 비용을 부담하게 될 것으로 의의가 적다.

상속세(相續稅) 〔英〕 inheritance taxes, death duties 〔獨〕 Erbschaftsteuer 〔佛〕 impôt sur les successions 피상속인이 국내에 주소를 두거나 1년 이상 居所를 둔 자가 사망한 경우 相續·遺贈한 재산 및 贈與財産에 부과되는 조세를 말한다. 상속세의 납부의무는 ① 相續人 또는 遺贈을 받는 자(사망으로 인하여 효력이 발생하는 증여에 의하여 재산을 취득하는 자를 포함하며)는 이 법에 의하여 부과된 상속세에 대하여 상속재산 중 각자가 받았거나 받을 재산의 점유비율에 따라 상속세를 납부할 의무가 있다. 다만, 受遺者가 營利法人인 경우에는 당해 영리법인이 납부할 상속세를 면제한다. ② 相續人 또는 受遺者가 상속개시일 현재 비거주자인 경우에는 국내에 있는 상속재산에 대하여만 상속세를 납부할 의무를 진다. ③ ①의 규정에 의한 상속재산에는 相續稅課稅價額의 규정에 의하여 상속재산에 가산하는 증여재산 중 상속인 또는 受遺者가 받은 증여재산을 포함한다. ④ ①의 규정에 의한 상속세는 상속인 또는 수유자 각자가 받았거나 받을 재산을 한도로 연대하여 납부할 의무를 진다(相續稅 및 贈與稅法 3). 재산의 소재에 관하여는 ① 부동산 또는 부동산에 관한 권리에 대하여는 그 부동산의 소재지, ② 鑛業權 또는 租鑛權에 대하여는 鑛區의 소재지에 의하고, ③ 漁業權 또는 入漁權에 대하여는 어장에 가장 가까운 연안, ④ 선박에 대하여는 船籍의 소재지, ⑤ 항공기에 대하여는 항공기의 定置場의 소재지, ⑥ 주식·出資持分 또는 社債에 대하여는 그 주식·출자지분 또는 사채를 발행한 법인 또는 그 출자가 되어 있는 법인의 본점 또는 주된 사무소의 소재지. 다만, 외국법인이 국내법에 의하여 국내에서 발행한 주식·출자지분 또는 사채에 대하여는 그 거래를 취급하는 금융기관 영업장의 소재지. ⑦ 信託業法 및 證券投資信託業法의 적용을 받는 신탁업을 영위하는 자가 취급하는 금전신탁에 대하여는 당해 신탁재산을 인수한 영업장의 소재지. 다만, 금전신탁 외의 신탁재산에 대하여는 신탁한 재산의 소재지. ⑧ ⑦ 외의 대통령령이 정하는 금융재산에 대하여는 당해 재산을 취급하는 금융기관 영업장의 소재지. ⑨ 貸付金債權에 대하여는 채무자의 소재지. ⑩ ② 내지 ⑨ 외의 기타 有形財産 또는 動産에 대하여는 그 유형재산의 소재지 또는 동산이 현존하는 장소. ⑪ 특허권·상표권 등 등록을 요하는 권리에 대하여는 그 권리를 등록한 기관의 소재지. ⑫ 著作權(出版權·著作隣接權을 포함한다)에 대하여는 저작권의 목적물인 저작물이 발행되었을 경우 그 발행장소. ⑬ ① 내지 ⑫에 규정하는 재산을 제외하고 영업장을 가진 자의 그 營業에 관한 권리에 대하여는 그 영업장의 소재지. 국내에 주소를 둔 자의 사망으로 인하여 상속이 개시된 경우에 상속개시 당시 피상속인에게 다음 각호에 해당하는 자가 있는 경우에는 다음의 구분에 따른 금액을 課稅價額에서 공제한다. 이 경우 ②에 해당하는 자가 ③에도 해당하는 경우 또는 ⑤에 해당하는 자가 ② 내지 ④ 또는 배우자 상속공제에도 해당하는 경우에는 각각 그 금액을 합산하여 공제한다. 즉 ① 配偶者 : 상속재산의 價額에 배우자의 법정상속분을 곱하여 계산한 금액(그 금액이 30억원을 초과할 경우는 30억원을 한도로 한다)에서 상속재산에 가산한 증여재산 중 배우자에게 증여한 재산의 가액을 차감한 가액으로 한다(19 I). ② 子女 : 1인에 대하여 3천만원, ③ 相續人 및 동거가족 중 미성년자 : 500만원에 20세에 달하기까지의 연수를 곱하여 계산한 금액, ④ 상속인 및 同居家族 중 60세(여자인 경우에는 55세) 이상의 자 : 3천만원, ⑤ 상속인 및 동거가족 중 장애자 : 500만원에 75세에 달하기까지의 연수를 곱하여 계산한 금액이다.

상속순위(相續順位) 〔獨〕 Erbfolgeordnung 상속인이 됨에 관하여 법률상 정해져 있는 순서로 戶主承繼와 相續에 따라서 법정되어 있다(民 984~989, 1000~1003). → 호주승계인, 상속인

상속(相續)**의 개시**(開始) 〔獨〕 Erbfall 〔佛〕 ouverture de la succession 피상속인이 상속의 목적인 법률관계의 주체로서의 지위를 상실하였음으로써 새로운 주체를 필요로 하는 상태의 발생. 戶主承繼에 있어서는 호주가 사망하거나 국적을 상실한 때, 양자인 호주가 입양의 무효 또는 취소로 인하여 離籍된 때, 女戶主가 친가에 復籍하거나 혼인으로 인하여 他家에 입적한 때, 그 개시원인이 되고(民 980), 상속에 있어서는 사망만이 그 원인으로 된다(997). 被承繼人 및 被相續人의 주소지가 개시장소이다(981, 998). 상속효과의 발생, 상속능력 및 순위의 확정, 상속재산의 산정, 상속에 관한 소권 및 청구권의 행사기간 등의 기준이

된다.

상속(相續)**의 승인**(承認) 〔獨〕 Annahme der Erbschaft 〔佛〕 acceptation de la succession 상속이 개시된 후에 상속인이 행하는 相續受諾의 의사표시. 민법에서는 호주상속을 강제상속으로 하여 개정전의 호주상속권을 포기할 수 없도록 하고(舊 991). 財産相續의 경우에만 포기할 수 있도록 하였으나, 1990년 개정된 민법에서는 戶主承繼權도 포기할 수 있다고 규정하고 있다(991). 따라서 현행민법에서는 호주승계·상속의 양자의 경우에 상속의 승인이 문제가 된다. 호주승계의 승인은 戶主承繼人이 된 사실을 안 날로부터 3월이내에 호주승계신고를 함으로써 한다(戶 96의2). 상속의 경우에는 채무의 승계까지도 상속에 포함되는 것이므로 그 승인여부가 특히 중요하다. 민법은 相續人은 일단 상속을 한 후에 그 상속의 효과를 그대로 보유할 것인가 어떤가에 관하여 선택을 할 수 있는 길을 열어 놓았다. 그 보유하는 것이 상속의 承認, 보유하기를 거절하는 것이 상속의 抛棄이다. 상속의 승인에는 단순승인과 한정승인의 2종류가 있다. 單純承認을 한 경우에는 상속인은 피상속인의 채무에 대하여 무한책임, 즉 상속에 의하여 얻은 재산뿐만 아니라 상속인 자신의 재산으로써도 변제하여야 할 책임을 부담하게 되고, 限定承認을 한 경우에는 상속에 의하여 얻은 재산만으로써 피상속인의 채무를 변제하여야 하는 有限責任을 부담함에 그친다. 상속의 승인은 그 포기의 경우와 같이 상속인이 자기에게 상속되는 채무가 상속재산을 초과하는 사실을 안 날로부터 3개월 이내에 법원에 신고함으로써 하여야 한다(1019).

상속(相續)**의 포기**(抛棄) 〔獨〕 Ausschlagung der Erbschaft, Erbverzicht 〔佛〕 renonciation à la succession 상속이 개시된 후에 상속인이 하는 相續拒否의 의사표시. 개정전의 민법에서는 재산상속에 관하여서만 인정하였으나 1991년의 개정민법에서는 호주승계에 관하여서도 이를 인정하고 있다(民 991). 戶主承繼를 포기하려면 호주승계인이 된 사실을 안 날로부터 3월 이내에 호주승계포기신청를 하여야 한다(戶 96의2). 이미 호주승계신고를 한 때와 호주승계 개시일로부터 6월이 경과한 때에는 포기신고를 하지 못한다(戶 96의2). 相續의 경우에는 채무의 승계를 수반하는 것이므로 상속재산이 채무초과인 경우의 상속인보호를 위하여 상속의 포기는 특히 필요하다. 상속의 포기를 함에는 상속인이 자기를 위하여 상속개시가 있음을 안날로부터 3개월 이내에 법원에 신고함으로써 하여야 한다(1041, 家訴規 75·76). 3개월의 熱慮期間을 경과하면 단순승인을 한 것으로 보게 되어 포기를 할 수 없다. 법원은 포기가 진의에 의한 것임을 확인하여 신고를 수리한다. 수리되면 포기자는 이 상속이 개시된 때에 소급하여 상속인이 아니었던 것과 같은 효력을 발생하며(1042), 포기자의 상속분은 다른 공동상속인에게 그 상속분의 비율에 따라서 歸屬한다(1043). 이러한 포기를 하기 전이라도 법률은 의사결정을 신중히 하게 하기 위하여 또는 상속재산을 보호하기 위하여 여러가지 조처를 규정하고 있다. 즉, 상속인은 상속재산을 조사할 수 있으며(1019Ⅱ), 그 고유재산에 대한 것과 동일한 주의로써 상속재산을 관리하여야 하고(1022), 또한 催告期間 중에 상속채권자에 대한 변제를 거절할 수 있다(1033). 한편 재산상속인의 관리의무와는 별도로 법원은 이해관계인 또는 검사의 청구에 의하여 상속재산의 보존을 위하여 필요한 處分을 명할 수 있다(1023). 일단 유효하게 행해진 포기는 熱慮期間內라 할지라도 취소할 수 없으나, 미성년자나 금치산자가 法定代理人의 동의없이 한 경우, 詐欺 또는 强迫에 의하여 한 경우, 또는 後見人이 親族會의 동의없이 피후견인에 갈음하여 한 경우 등에는 취소할 수 있게 하였다(1024).

상속인(相續人) 〔英〕 heir 〔獨〕 Erbe 〔佛〕 successeur, héritier 상속을 하는 자. 상속인의 범위에 관하여는 血緣이 있으면 상속인이 될 수 있다는 無限相續主義가 있으나, 이것은 우는 상속인이 되는 반면 웃는 상속인이 있게 되므로 적당하지 못하다. 우리 민법은 일정한 범위에 한정하고 있으나 그 범위는 상당히 넓다. 즉, 제1순위는 직계비속, 제2순위는 직계존속, 제3순위는 형제자매, 제4순위는 4촌 이내의 방계혈족으로 하며, 동순위의 상속인이 수인 있는 때에는 最近親을 선순위로 하고 同親 등의 상속인이 수인 있는 때에는 공동상속인이 된다(1000Ⅰ·Ⅱ). 피상속인의 배우자는 피상속인의 직계비속과 동순위로, 직계비속이 없는 경우에는 피상속인의 직계존속과 동순위로 공동상속을 하며 그 상속인이 없는 경우에는 單獨相續하게 된다(1003). 또한 태아는 상속순위에 관하여는 이미 출생한 것으로 본다(1000Ⅲ). 그리고 상속인이 될 직계비속 또는 형제자매가 상속개시 전에 사망하거나 결격자가 된 경우에, 그 직계비속이 있는 때에는 그 직계비속이 代襲相續을 하고(1001), 이러한 대습상속권은 상속개시전에 사망하거나 결격된 자의 배우자에게도 인정된다(1003Ⅱ). 상속인이 되기 위하여는 상속결격의 사유가 없어야 하며(1004), 상속인이 없는 경우에는 상속인의 부존재의 문제가 발생하게 되고 결국 상속재산은 국가에

귀속하게 될 것이다(1053~1059). → 호주승계인

상속인(相續人)**의 부존재**(不存在) 〔佛〕 succession vacante 상속인의 존부가 분명하지 않은 상태. 즉, 相續人 또는 相續上 이와 동일시되는 包括的 遺贈받은 자 등이 존재하는가의 여부가 명백하지 않은 상태를 의미한다. 따라서 상속인이 존재하는 것은 명백하나 행방불명으로 생사 또는 소재가 분명하지 않은 경우 등은 이에 해당되지 않고 오히려 부재자의 재산관리의 문제가 생긴다(民 22~26). 상속인의 존부가 불분명할 때에는 법원은 민법 777조에 의하여 상속재산관리인을 선임하고 곧 이를 공고하여야 한다(1053 I). 상속재산관리인은 부재자를 위한 財産管理人과 동일한 권리의무를 가진다(1053 II, 24~26). 그리고 재산관리인은 相續債權者나 遺贈받은 자의 청구가 있는 때에는 언제든지 상속재산의 목록을 제시하고 그 상태를 보고하여야 한다(1054). 재산관리인의 임무는 상속인의 존재가 명확히 된 경우에 소멸하지만 그 임무는 상속인이 상속의 승인을 할 때까지는 계속된다(1055 I). 그리고 상속인이 그 상속을 승인한 경우에는 재산관리인은 지체없이 그 상속인에 대하여 관리의 계산을 하여야 한다(1055 II). 법원이 相續財産管理人의 選任을 공고한 날로부터 3개월 내에 상속인의 존부를 알 수 없는 때에는 限定承認의 경우와 같은 청산절차를 취하게 되고(1056), 그 후 다시 2년 이상의 기간을 정하여 상속인수색의 공고를 하게 된다(1057). → 국가상속권

상속회복청구권(相續回復請求權) 〔獨〕 erbschaftsanspruch, Erbschaftsklage 〔佛〕 pétition d' hérédité 相續權이 僭稱相續者(재산상속을 할 권리가 없음에도 불구하고 사실상 재산상속의 효과를 보유하는 자)로 인하여 침해된 때에는 상속권자 또는 그 법정대리인은 相續回復의 訴를 제기할 수 있는데 이를 상속회복청구권이라 하며, 이 청구권은 침해를 안 날로부터 3년, 상속이 개시된 날로부터 10년이 경과하면 소멸한다(民 999). 이 제도를 인정하는 취지는 첫째, 상속에 의하여 취득한 재산은 여러가지 종류를 포함하여 복잡한 내용을 이루어서 僭稱相續人이 이것을 점유하고 있는 경우에는 그것을 조사하기가 곤란하기 때문에 일괄하여 회복을 청구할 수 있는 편의를 주고, 둘째, 참칭상속인이 상속재산을 관리·처분하는 것은 無權利者의 행위로서 무효이나 장시일이 경과한 후에 진정한 상속인의 주장을 認容한다는 것은 거래의 안전을 해치기 때문에, 이러한 청구권을 인정함과 동시에 단기의 소멸기간을 설정하여 거래의 안전을 도모하고자 함에 있다. 그러므로, 상속재산 중의 특정의 재산의 회복만을 요구하는 경우이더라도 상속권을 근거로 하는 한, 상속회복청구권의 행사로서 短期消滅期間이 적용되는 것이다.

상속장소(相續場所) 상속이 개시되는 장소. 호주승계 또는 상속은 피상속인의 주소지에서 개시된다(民 981, 998).

상속재산(相續財産) 〔獨〕 Erbschaft, Nachlass 〔佛〕 succession 상속으로 인하여 상속인에게 승계되는 재산을 포괄적으로 부르는 용어. 피상속인이 가졌던 소유권·채권 등의 積極財産과 더불어 피상속인이 지고 있었던 채무, 遺贈으로 인한 채무 등의 消極財産도 포함한다. 그러나 피상속인의 一身에 專屬하였던 것은 상속재산이 될 수 없다. 예컨대, 위임자 또는 수임자로서의 지위, 현실화되지 않은 扶養料請求權 등이다. 또 제사재산도 상속재산에서 제외된다. 상속재산은 보통 상속인의 固有財産과 혼동하여 버리는 것이지만, 재산상속의 限定承認·財産分離·相續財産의 破産 등으로 인하여 그 淸算을 행하는 경우에는 상속인의 고유재산에서 분리된 일종의 特別財産으로서 다루어져야 하기 때문이다. 상속인이 수인있는 경우의 분할전의 상속재산은 共有로 하고 있다(民 1006). 그러나 그 공동소유는 상속재산의 분할이 있기 까지의 경과적인 관계이며, 그 분할을 적정·타당하게 행하도록 하고자 하는 목적에 의하여 통합된 형태이다. 따라서 그것은 본래 상속분의 讓渡를 허용하지 않는 合有로 보아야 한다는 학설이 유력하다. 그러나 相續財産分割의 소급효는 제3자의 권리를 해하지 못하게 하고 있으므로(1015 但), 상속분의 양도를 간접적으로 인정하는 결과가 될 뿐만 아니라, 遺言에 의한 분할금지가 없는 한, 언제든지 분할을 할 수 있고, 그 분할금지도 5년을 넘지 못하며, 또 현대의 사회경제사정하에서는 共同相續人이 그 상속재산을 중심으로 결속하여 공동목적을 가지고 활동하는 것이 원칙이라고는 생각할 수 없다는 이유로, 오히려 조문의 문자대로 보통의 共有로 해석하는 견해도 있다.

상속재산공유(相續財産共有) 상속인이 여러 사람 있는 경우 또는 상속인과 包括的 受遺者가 있는 경우에 상속재산을 공동으로 소유하는 상태. 상속개시, 즉 피상속인이 사망한 때로부터 상속재산이 각 공동상속인에게 분할되기 까지는 상당한 시간이 필요할 것이므로 그간에 많은 부동산·동산·채권·채무 등으로써 복잡하게 구성되어 있는 상속재산을 공동으로 소유하는 상태가 발생한다. 이 공동소유의 형태가 共有이냐 合有이냐에 관

하여는 견해의 대립이 있다.

상속재산법인(相續財産法人) 상속인이 존재하지 않는 경우에 상속재산의 관리·청산을 행하기 위하여 설립되는 擬制된 법인. 우리나라에서는 이러한 제도를 명문으로 채용한 바는 없지만, 그 절차에 있어서는 이와 비슷한 규정을 둔 것이 많다(民 1053~1057 참조). → 상속인의 부존재

상속재산분할(相續財産分割) 共同相續의 경우에 상속인간에서 그 상속분의 비율에 따라서 누가 어느 재산을 가지느냐를 정하는 것. 이론적으로 말하면 일단 상속인들의 공동소유로 되었던 상속재산을 분할하여 각 상속인의 단독재산으로 하는 것이다. 민법은 相續財産을 분할함을 원칙으로 하기 때문에 공동상속인은 누구든지 상속재산의 분할을 청구할 수 있다. 그러나 피상속인은 5년 이내의 기간을 정해 분할의 금지를 遺言할 수 있다(1012). 분할의 방법에는 3종이 있다. 被相續人은 유언으로써 분할의 방법을 정하거나 또는 이를 정할 것을 제3자에게 委託할 수 있다. 그러한 유언이 없으면 공동상속인의 협의에 의하여 분할하는 것이지만 협의가 성립되지 않는 경우에는 법원에 그 분할을 청구할 수 있다(1013). 분할의 효력은 상속개시시에 소급한다(1015). 즉, 예컨대, 협의의 결과 장남이 垈地와 建物, 차남이 農地를 취득하기로 결정하면, 장남과 차남은 상속개시일로부터 각각 그것을 소유한 것으로 보게 된다. 그러나 민법 1015조 단서에 의하여 이 遡及效는 제3자의 권리를 침해할 수 없게 하고 있다. 예컨대, 전례에 있어서, 분할전에 장남이 農地上의 2분의 1의 지분을 제3자에게 양도하였다면 본래 그 행위는 무효이어야 할 것이나, 이 단서에 의하여 상기의 양도도 제3자에 대한 관계에 있어서는 유효하게 된다.

상속재산(相續財産)**의 경매**(競賣) 상속재산으로써 변제를 하는 경우에 이것을 換價할 필요가 생기는 일이 있는 바, 이러한 경우 상속재산의 일부나 전부를 민사소송법에 의하여 경매하는 것을 말한다(民 1037). 만약 경매에 의하지 않고 상속재산을 매각한 경우, 이 매매의 효력은 어떻게 될까가 문제된다. 민법은 限定承認者의 위반행위에 대하여 한정승인의 이익을 박탈하든가, 그렇지 않으면 損害賠償의 책임을 지우든가(民 1038) 하는 것으로써 만족하고 있다고 보아야 할 것이고, 또 그 매매의 효력을 무효로 한다면 그 사실을 알지 못하는 상대방을 해하게 되어 거래의 안전을 무시하게 되므로, 賣買當事者간에서는 유효한 것으로 보아야 한다. 다만 이 규정의 취지로 보아, 그 換價가 타당하지 않다고 생각되는 경우에는, 한정승인자는 경매에 붙였다면 얻을 수 있었을 價額과 任意賣却에 의하여 얻을 수 있었을 차액에 대하여 불법행위에 의한 손해배상책임을 지는 것으로 보는 것이 좋을 것이다.

상속재산(相續財産)**의 파산**(破産) 〔獨〕 Nachlasskonkurs 상속재산으로써 상속채권자나 遺贈을 받을 자에 대한 채무의 변제가 불가능한 때 상속재산에 선고되는 파산(破 119). 상속재산 자체에 파산능력이 있는가에 대해서는 그 재산의 주체가 상속인이고, 상속재산은 法人이 아니므로 파산능력이 없다는 소극설도 있지만, 그에 파산능력이 있으며 그 상속인이 파산자가 아니라고 이해하는 것이 통설이다. 상속재산에 대해서는 지급불능이 아니고, 오로지 채무초과만이 유일한 파산원인이라는데 특색이 있고, 破産財團(12, 13), 否認權(72~74), 破産債權(28, 29, 34), 破産申請時期(121), 强制和議(264, 286, 317)에 관하여 특별규정이 있다. 상속인파산후의 상속재산의 파산을 인정하지 않으며 (25, 35, 199 참조), 상속재산의 파산후, 상속인의 고유재산에 관한 상속인의 파산은 있을 수 있다(26, 27, 36 참조).

상속재산채무(相續財産債務) 상속재산에서 상속인이 부담하여야 할 채무. 채무도 소극적 재산으로서 상속재산의 일부를 이루어 상속의 대상이 된다. 상속인은 상속의 포기를 하지 않는 한, 피상속인의 채무를 전부 승계할 뿐만 아니라 그 채무에 대하여 限定承認을 하지 않는 한, 무한책임을 부담한다. 채무는 사법상의 것이냐 공법상의 것이냐, 또 그것이 作爲債務이냐 不作爲債務이냐를 묻지 않는다(資産再評價法 10Ⅱ·Ⅲ). 그러나 채무 중에서도 피상속인의 一身에 專屬된 것은 상속에서 제외된다(民 1005).

상속채권자(相續債權者) 〔英〕 creditor of the estate 〔獨〕 Nachlassgläubiger 〔佛〕 créancier de la succession 상속재산에 속하는 채무의 채권자, 즉 피상속인의 채권자로서 상속으로 인하여 상속인을 채무자로 함에 이른 자. 따라서 피상속인의 사망으로 인하여 비로소 상속인에 대하여 채권을 취득하는 受遺者는 이에 포함되지 않는다. 상속채권자는 분할전에 상속재산으로써 변제를 받을 수 있고 또 공동상속인 전원을 상대로 하여 상속재산을 집행할 수도 있다. 뿐만 아니라, 限定承認이 없는 한, 각 공동상속인에 대하여 상속분에 따라서 분할된 數額에 관하여 그 고유재산을 집행할 수도 있다. 또한 상속채권자는 상속의 限定承認·財産分離

등에 의하여 상속재산을 청산하는 경우에는 상속개시 전부터의 상속인의 채권자와 구별된다.

상속통일주의(相續統一主義) 국제사법상 상속의 준거법에 관한 견해 중 不動産相續·動産相續을 불문하고 상속을 피상속인의 屬人法에 의해서 통일적으로 규율하고자 하는 주의(Bar, Lewald, Wolff, Savigny)를 말한다. 이는 다시 속인법으로서 本國法主義를 채용하는 나라와 住所地法主義를 채용하는 나라로 구별된다. 우리 섭외사법은 26조에서 상속은 피상속인의 본국법에 의한다고 규정하여, 상속통일주의를 취하고 부동산상속·동산상속을 불문하고 상속문제는 모두 피상속인의 본국법에 의해서 결정하도록 하였다. 물론 여기서의 상속은 身分相續을 포함한다. 이를 相續單一主義의 原則이라고도 한다.

상속포기(相續拋棄)**의 소급효**(遡及效) 상속을 포기하는 일련의 조치를 취해 상속포기가 확정되면 그 효과는 相續開始時까지 소급되는 것을 말한다. 즉 포기자는 처음부터 상속인이 아니었던 것으로 된다(民 1042). 이러한 규정이 인정되는 것은 포기한 때부터 효력이 생기게 된다면 상속개시로부터 그 때까지의 사이에 상속인으로서 추정되던 것이어서 포기의 의의가 감소되기 때문이라고 한다. 그러나 민법에서는 상속포기 이전의 상속자도 相續財産에 대해 특별한 주의의무를 부여하고 있으므로(1022), 그와 형평을 맞추기 위해 포기시부터라고 하는 것이 옳다고 본다. 더욱이 그 동안의 법률적으로 재고되어야 한다고 본다. 더욱이 그 동안의 法律的 行爲의 효력도 소급효에 따라 전부 무효로 되어 버린다면 더욱 문제가 커질 수 있기 때문이다. 입법적으로 재고되어야 한다고 본다. 相續人이 數人인 경우에 어느 상속인이 상속을 포기한 때는 그 상속분은 다른 상속인의 상속분의 비율로 그 상속인에게 歸屬한다(1043). 상속을 포기한 자는 그 포기로 인하여 상속인이 된 자가 상속재산을 관리할 수 있을 때까지 그 재산의 관리를 계속해야 한다(1044 I). 이 조항 역시 상속포기의 소급효를 인정해서 둔 것이다. 관리계속의 목적이 상속인이 된 자가 관리를 시작할 때까지 상속재산의 멸실·훼손을 방지하자는데 있는 것이므로, 자기의 固有財産에 대하는 것과 동일한 주의를 요한 것이다. 이와 별도로 형식상으로는 공동상속을 하고, 실제로는 상속인 중 한 사람이 상속재산을 독점하고, 나머지 공동상속인은 상속재산분할청구를 하지 않는 사실상의 상속포기도 있다. 이러한 사실상의 상속포기는 법률상으로는 취득한 상속분의 拋棄 내지 讓渡이므로 상속채무에 대해서는 채권자의 승인 없이는 책임을 면할 수 없으며, 따라서 상속채권자와의 사이에는 債務引受 또는 更改가 행해질 필요가 있다.

상속회복청구권(相續回復請求權) 〔羅〕 hereditatis petitio 〔獨〕 Erbschaftsanspruch, Erbschaftsklage 〔佛〕 pétition d'hérédité 상속을 할 권리가 없음에도 불구하고 사실상 상속의 효과를 보유하는 자에 대하여 진정한 상속인이 相續權의 확인을 요구하고 아울러 戶籍의 訂正, 재산의 반환 등과 같은 상속의 효과를 회복할 것을 청구하는 권리. 戶主承繼에도 相續에도 인정되고 있다(民 982, 999). 신분상 및 재산상에 걸치는 상속의 全效果의 회복을 포괄적으로 청구하는 경우는 물론, 어떤 특정의 재산권의 회복을 청구하는 경우에도 이 권리는 행사된다. → 호주승계회복청구권

상 쇄(相殺) 相計의 구상법상의 용어.

상습범(常習犯) 〔獨〕 gewohnheitsmässiges Verbrechen, Gewohnheitsverbrechen 〔佛〕 délit d'habitude, infraction d'habitude 일정한 행위를 상습으로 함으로써 성립하는 범죄. 형법총칙에는 상습범에 관한 별단의 규정은 없지만, 특정한 범죄에 관하여는 刑罰加重의 원인으로 되어 있다. 예컨대, 상습상해·상습폭행·상습체포감금·상습협박·상습절도·상습강도·상습사기·상습공갈·상습도박 등. 상습성이란 일정한 행위를 함으로써 나타내는 장래에 있어서의 동종행위 반복에의 習癖을 말한다. 상습성을 인정하는 자료에는 제한이 없다. 상습범은 累犯과 구별하여야 한다. 누범은 상습범인 경우도 있지만, 반드시 그러한 것은 아니다. 요컨대, 누범은 전과를 기초로 하는 형법학상의 개념임에 반하여, 상습범은 常習的 性癖을 기초로 하는 犯罪學(刑事學)上의 개념이다. 상습범에 대하여는 不定期刑 또는 不定期的 保安處分을 과해야 한다고 주장되고 있으나, 우리 형법은 다만 형을 가중하고 있을 뿐이다.

상 승(上乘) 〔英〕 supercarge 〔獨〕 Kargadeur, Superkargo 매매상인의 사용인으로서 선박에 승선하여 상품의 管理·賣却 또는 歸路에 상품의 구입을 하는 것. 상인이 몸소 선박에 승선하고 13·14세기경의 慣行에 대신하여 이용되었으나 18·19세기경 대리점·지점의 발달과 함께 폐지되었다. 오늘날에는 항해중의 상품의 관리는 선장의 역할이 되었다.

상시조사(常時調査) 環境汚染源을 조사·탐색하여 환경오염을 방지하기 위하여 정부가 환경

오염상황을 상시 조사하는 것을 말한다. 정부는 환경오염상황의 조사를 적정하게 실행하기 위하여 환경오염의 監視·測定體制를 유지하여야 한다(環基15 Ⅰ·Ⅱ).

상 언(上言) 상언은 일반용어예로서는 국왕에 上申하는 것을 말한다. 續大典吏典의 士供百歲人加資許子孫上言은 상신의 의미로 사용된 것이다. 上言의 법률적 용어는 上訴를 말한다. 經國大典 刑典 訴冤條에 있는 鼓(申聞鼓)在義禁府當直廳凡上言 當直員却司憲府退狀 受啓, 凡上言者 使之三日內 持戶口現身 등은 擊鼓上言, 즉 국왕에게 상소하는 것을 말한다. 秋官志의 上言規式을 보면 소재와 성명을 밝히고 右謹啓臣矣段臣矣身云云하고, 陳情事項을 기입하고, 謹啓를 다시 말미에 붙이고 연월일을 쓰게 되어 있다.

상업등기(商業登記) 〔英〕 commercial registration 〔獨〕 Handelsregister, 〔佛〕 enregistrement de commerce 상법의 규정에 의하여, 법정사항을 공시할 목적으로 商業登記簿에 하는 등기(34). 기업에 관하여 생긴 일정한 사항은 이 등기에 의한 公示方法을 통하여 제3자에게 알리는 기회를 주는 동시에, 이 방법을 취한 이상 원칙으로 제3자에게 不知의 주장을 허용하지 않게 하는 제도이다. 등기할 사항은 상법이 구체적으로 정하고 있으나, 회사 이외의 일반상인에 있어서는 登記義務가 있는 것이 아니므로 등기를 하지 않으면 등기제도의 혜택을 입지 못할 뿐이다. 회사에서는 등기의무가 있으며, 그 위반에 대하여는 일정한 制裁가 있다(635 Ⅰ i). 한편 등기사항이 아닌 것을 잘못 등기하더라도 상업등기로서의 효력이 생기지 않는다. 상업등기는 상업등기부에의 기재뿐 아니라 법원에 의한 公告에 의하여 완전한 효력이 생긴다. 즉, 등기사항은 등기 및 공고전에는 선의의 제3자에게 대항하지 못하나, 등기·공고후에는 제3자에게 不知에 대한 정당한 사유가 있는 경우를 제외하고 선의의 제3자에게도 대항할 수 있게 된다(37). 그러나 고의 또는 과실에 의하여 사실과 相違한 사항을 등기한 자는 그 상위를 선의의 제3자에게 대항하지 못한다(39). 이상의 원칙에 대하여 경우에 따라 공고를 하지 않아도 되고, 또 제3자의 善意를 묻지 않고 등기만으로 일정한 효과를 제3자에게 대항할 수 있는 것이 있다(25 Ⅱ, 172, 234, 269, 530 Ⅰ, 603, 616). 상업등기의 절차에 관하여는 非訟事件節次法과 商業登記處理規則에 규정이 있다.

상업등기부(商業登記簿) 〔英〕 commercial register 〔獨〕 Handelsregister 〔佛〕 registre du commerce 비송사건절차법 136조에 규정하는 商號登記簿·無能力者登記簿·法定代理人登記簿·支配人登記簿·合名會社登記簿·合資會社登記簿·株式會社登記簿·有限會社登記簿·外國會社登記簿의 9종의 등기부를 말한다. 상업등기부는 각 등기소에 비치되며, 법정의 상업등기사항이 이것에 기재된다. 상업등기부는 누구든지 수수료를 납부하여 열람할 수 있으며, 또 등기상의 이해관계를 疎明하여 신청하면은 그 관계있는 부분에 한하여 등기부의 부속서류의 열람을 허가받을 수 있으며, 수수료를 납부하여 謄本이나 抄本을 교부받을 수도 있으며, 등기사항의 不變更 또는 不存在에 관한 증명을 얻을 수도 있다(142).

상업사용인(商業使用人) 〔獨〕 kaufmännisches Personal 특정한 商人(영업주)의 기업에 종속하여 계속적으로 경영상의 노무에 종사하는 자. 특정한 상인과 종속관계가 있어야 하는 점에서 독립된 상인인 代理商, 회사의 기관인 이사 또는 法定代理人은 상업사용인이 아니며, 경영상의 노무(대외적인 영업활동)에 종사하는 자인 점에서, 技師·職工·人夫 등과 구별된다. 상업사용인과 영업주간에 고용관계가 반드시 있어야 할 필요는 없고, 영업활동상의 대리권이 있으면 된다. 상법에서는 이러한 상업사용인을 경영보조를 위한 영업대리권관계를 중심으로 하여 규정하였으며, 代理權의 광협에 따라 세 가지의 유형을 정하였다. ① 포괄적 대리권을 가진 지배인(10~14), ② 특정한 종류·사항에 대한 포괄적 대리권을 가진 사용인(예 : 부장, 과장 등)(15), ③ 물건판매점포의 사용인(16)이 그것이다. 그리고 상업사용인은 영업에 직접적으로 관여하는 그 지위때문에 일정한 競業禁止의 의무(17)와 特定地位就任禁止의 의무(17 Ⅰ 後)가 과해져 있다. →지배인, 개입권

상업상(商業上)**의 과실**(過失) 〔英〕 carrier's risk 〔獨〕 kommerziales Verschulden 〔佛〕 fautes commerciales 운송물의 수령·積入·積付·운송·보관·揚陸·인도에 관한 해상운송인의 과실. 商事過失 또는 運送人의 過失이라고도 한다. 상법은 1924년의 船荷證券統一條約에 따라서 해상운송인의 책임을 상업상의 과실과 항해상의 과실로 인한 경우로 이분하여, 전자의 경우에는 육상운송인의 경우와 동일한 책임을 인정하고(788 Ⅰ), 후자의 경우와 선박화재로 인한 경우에는 운송인은 면책되는 것으로 하였으며(788 Ⅱ), 더욱 일정한 경우에는 그 立證責任을 경감하여(789 Ⅱ), 사실상 책임면제와 동일한 결과를 가져오게 하고 있다. →항해상의 과실

상업신용장(商業信用狀) 〔英〕 commercial letter of credit, L/C 甲은행이 수입상 A의 의뢰에 응하여 수출지의 乙은행에 대하여 수출상 B에게 금전을 지급할 것을 위탁하는 서면. B에 대한 乙은행의 금전지급은 B가 甲은행을(때로 A) 지급인으로 하여 발행하는 환어음을 매수하는 형식에 의하는 것이 보통이다(A앞으로 발행시키는 것을 信用保證狀이라고 한다). 그리고 이 환어음은 船荷證券 기타 일정한 서류를 첨부하여야 할 것으로 하는 것, 즉 貨換어음으로 할 것을 조건으로 한 경우가 많다(貨換信用狀)(documentary credit), 그렇지 않은 것을 單純信用狀(clean credit)이라고 한다. 또 이 신용장에는 수출상 앞으로 하는 것과 수출지은행(乙은행) 앞으로 하는 것이 있다. 전자는 信用狀發行人(甲은행)이 B에 대하여 자기를 지급인으로 하는 貨換어음발행의 권한을 수여하는 동시에 발행인·어음買收銀行 등에 대하여 그 어음의 인수와 그 지급을 약속하는 것이다. 후자는 신용장 발행인이 수출지은행(乙은행)에 대하여 B가 발행한 자기를 지급인으로 하는 환어음의 買收權限을 수여하는 동시에 그 어음의 인수와 지급을 약속하는 것이다. 이것을 경제적으로 보면 수출상은 수입상의 신용이 수출지의 은행에 알려져 있지 않은 경우에도 신용장을 발행한 은행의 신용을 이용하여 換去來의 수단에 의하여 손쉽게 대금을 회수할 수 있게 되는 것이다. 이것을 규율하는 국내적인 특별한 법규는 없으며 國際商業會議所(International Chamber of Commerce)에서 채택된 상업신용장에 관한 통일규칙과 관례(1933, 1951. 리스본 회의에서 개정)가 국내에서 관행적으로 이용되고 있다.

상업(商業)**어음** 실제 상거래를 원인으로 발행된 어음. 실제 상거래에 기인하지 아니하는 好意어음(融通어음)에 대한 것인데, 이 어음의 발행의 배후에는 상품의 현실적 수수가 행하여지므로 商品어음이라고도 한다.

상업장부(商業帳簿) 〔英〕 trade books 〔獨〕 Handelsbücher 〔佛〕 livres de commerce 기업이 그 영업회계에 관하여 상법상의 의무로서 작성하여야 하는 장부. 이것에 일기장, 재산목록, 대차대조표가 있으며, 널리 계산서류라고 할 때에 주식회사에서는 이 밖에 營業報告書, 損益計算書, 準備金과 이익 또는 이자의 배당에 관한 議案을 포함한다. 주식회사와 유한회사에 있어서 전계산서류의 작성이 의무로 되어 있으나(商 447, 579). 기타의 회사와 일반기업에 있어서는 회계장부, 대차대조표의 작성의무를 부담한다(29 I, 30). 회계장부는 그 작성의 形式·裝幀 또는 簿記의 기술에 관하여는 아무 규정이 없으므로, 다만 부기관습에 따라 명료하게 기재하면 된다. 각 기업은 商業帳簿閉鎖日 이후 10년간 그 상업장부와 영업에 관한 중요한 서류를 보존하여야 한다(33). 법원은 신청에 의하거나 직권으로 소송당사자에게 상업장부 또는 그 일부분의 제출을 명할 수 있다(32). 일반인이 상업장부의 열람을 요구하자면 契約 또는 법률의 특별규정이 있어야 하며, 상법 32조를 援用할 수 없다. 상업장부의 작성, 보존의 懈怠 또는 부실한 기재가 있을 때의 일반적 제재규정은 없으나, 회사기업에 있어서는 그 부작성 또는 부실기재에 대하여는 업무집행사원, 이사, 감사, 검사인, 청산인, 지배인 등이 500만원 이하의 과태료의 제재를 받는다(635 I xxi). 또 주식회사나 유한회사에 있어서는 정기총회의 4주간전에 이사가 財務諸表를 작성하여 감사에게 제출하고 감사는 그의 조사의견을 총회에 보고한다(413, 447, 570, 579 II). 또 계산서류와 감사의 보고서는 주주와 회사채권자에게 열람시켜야 하며(448, 583), 또 定期總會의 승인을 얻어야 하고 주식회사의 경우에는 대차대조표의 공고를 하여야 한다(449, 583).

상업증권(商業證券) 〔英〕 commercial paper 〔獨〕 Handelspapier 〔佛〕 effets de commerce 상거래의 목적물이 될 수 있는 有價證券. 즉, 유가증권을 거래면에서 파악한 개념이다. 상법 73조의 어음 기타의 상업증권이라는 것이 그것이다.

상 여(賞與) 〔英〕 bonus 〔獨〕 Tantieme, Gewinnbeteiligung [1] 상법상 支配人·理事 등에게 주는 年度利益의 배당. 상여는 이러한 자들이 기업수뇌자 또는 기관으로서 중임을 부담하고 있는데 대한 사례금으로서 委任事務處理의 대가로서의 보수(商 388)와는 달리, 후자는 회사의 경비에서 지급되는데 대하여 전자는 이익금에서 지급된다. 따라서 상여의 지급은 정관 또는 주주총회의 결의에 의하여 결정된다.

[2] 노동법상 노무에 대한 附加的인 보수. 통상의 임금 외에, 사업성적이 양호한 때에, 특별히 지급된다. 평균임금을 계산하는 경우에는 이 상여는 산입되지 않는다(勤基 19). 또한 대금지급에 관한 定期給의 규정도 상여에는 적용되지 아니한다(42 II).

상연권(上演權) 각본을 배타적으로 상연할 수 있는 권리(著 10, 20). 각본이라는 저작물상에 존재하는 저작권에 포함되는 1 權能. 연주권·상영권과 더불어 公演權의 일종이다. → 공연권

상영권(上映權) 영화를 배타적으로 상영

할 수 있는 권리(著 10, 20). 문예·학술·미술의 범위에 속하는 저작물의 저작권은 이것을 영화화할 수 있는 권능을 포함할 뿐만 아니라 그것을 상영할 수 있는 권능도 포함한다. 연주권·상연권과 더불어 公演權의 일종이다. → 공연권

상 원(上院) 〔英〕 upper house 〔獨〕 Oberhaus 〔佛〕 chambre haute 양원제의 국회에 있어서 하원이 아닌 의원. 의회제도의 모국인 영국의 예에 의하면, 상원은 하원과 그 구성을 달리하며 민선의원이 아니고 世襲貴族으로 성립하고 있고, 또 任命制 또는 官選議員으로 성립되는 수도 있다. 그러나, 민주주의의 발달에 따라 상원도 민선의원으로 구성하는 방향으로 발전하고 있다. 그러므로 상원은 하원보다 권한이 약한 것이 원칙이다. 연방국가의 상원은 州代表로 구성하는 예도 있다(미국). →양원제

상 인(商人) 〔英〕 merchant 〔獨〕 Kaufmann 〔佛〕 commerçant 기업의 법률상의 주체. 실정법상 상인의 개념에 관하여 영미계와 같이 민법에 대하여 특히 상법을 인정하지 않는 결과, 法律上 商人이라는 법적 개념을 인정하지 않는 주의와, 대륙법계와 같이 상법이라는 특별법적인 체계를 인정하여 상법의 규율대상으로서의 상인개념을 규정하는 주의가 있다. 후자의 경우에서도, ① 실질적으로 일정한 행위(商行爲)를 하는 자를 상인으로 보는 實質主義(예 : 프랑스 상법), ② 기업의 내용과 종류에 관계없이 형식적으로 商人的 方法에 의하여 영업을 하는 자를 상인으로 보는 形式主義(예 : 스위스 채무법)와 ③ 商行爲를 영업으로 하는 실질에 의한 상인과 경영형식 또는 기업형태에 의한 상인의 양자를 인정하는 折衷主義(예 : 독일 상법, 일본 상법)의 세 가지 입법주의가 있다. 이 입장에서 보면 상법은 절충주의를 택하여 자기명의로 商行爲(46)를 하는 자(→당연상인)와 점포 기타 유사한 설비에 의하여 상인적 방법으로 영업을 하는 자(→의제상인)를 상인으로 규정하였다(4, 5). 그러나 관점을 달리하여 실정상법은 商行爲槪念과 관련하여 상인개념을 정함에 있어서, 행위의 주체가 누구임을 불문하고 행위의 객관적 성질 자체에서 상행위라는 개념을 정하고 여기에서 상인개념을 끌어내는 客觀主義(1885년의 스페인 상법), 먼저 상인의 개념을 형식적으로 정하고 그 상인의 영업상의 행위를 상행위라고 하는 主觀主義(독일 新商法, 1914년 中國商人通例)와, 특정종류의 행위는 그 행위의 성질 자체에서 상행위로 하고(絶對的 商行爲), 다른 행위는 영업상의 것만을 상행위라고 인정하여(營業的 商行爲) 이러한 상행위를 업으로 하는 자를 상인이라고 하는 折衷主義(프랑스 상법, 일본 상법)의 세 입법례가 있는데, 이 입장에서는 우리 상법은 영업의 형식만에 의한 擬制商人(5)을 인정할 뿐만 아니라, 當然商人을 규정함에 있어서 (4) 그 기초가 되는 행위를 영업으로 하는 행위(영업적 상행위)에 한정하여(46) 그 행위는 영업과 영업의 주체인 상인과의 관련에서만 상행위성을 취득하게 되므로 主觀主義(독일 신상법과 같이 새 商人法主義)의 입법이라고 할 수 있다. 역사적으로 당연상인은 고유의 상인에 속하고 이것의 고정성의 폐단을 의제상인제에 의하여 시정하게끔 한 것이다. 전술한 요건을 구비하면 상인이 되며, 自然人(무능력자도 可)·法人을 불문하며, 회사는 당연히 상인이고(5 Ⅱ), 公益法人과 公法人도 비영리적인 특정사업만을 목적으로 하는 경우(농업협동조합, 중소기업협동조합 등) 외는 상인이 될 수 있다(철도기업을 하는 국가, 산업은행 등). → 소상인

상인법주의(商人法主義) 상법상의 商事의 개념을 정함에 있어 상인개념을 중심으로 하여 규정하는 것으로서 일정한 영업자를 상인이라 정하고 그 상인의 영업상의 행위를 商行爲라고 정하는 입법주의. 먼저 행위 자체의 성질에서 상행위를 정하여 그 상행위를 영업으로 하는 자를 상인이라 정하는 商行爲法主義에 대한 것. 상행위법주의가 상행위를 고정적으로 한정하여 경제사정에 적응하지 못하는 결점이 있는데 대하여, 상인이라는 행위주체를 형식적으로 정립하고, 그 상인이 하는 영업행위를 상법의 적용대상으로 삼는다. 스위스 채무법, 상법상의 擬制商人의 규제방식 같은 것이 그것이다. 독일 신상법이나 우리 상법도 絶對的 商行爲를 폐지하고 상인의 영업상의 행위만을 상행위라고 하고 있으므로 실질적으로 상인법주의를 취하고 있다고 할 수 있다.

상인자격(商人資格) 〔獨〕 Kaufmannseigenschaft 권리능력자가 商行爲를 업으로 함으로써 가지게 되는 자격. 상인자격은 自然人의 경우와 法人의 경우에 따라 취득시기·방법에 차이가 있다. ① 자연인의 商人資格. 자연인의 권리능력에는 원칙적으로 제한이 없으므로 연령·성별·행위능력 등의 여하를 불문하고 상법 4조 또는 5조의 요건을 구비한 때에는 상인이 된다. 그러나 상인이 되어도 그것은 영업상의 관계에 한하며, 따로 일반적인 생활이 존재할 수 있음은 물론이다. 이 상인의 자격은 상인으로서의 適格性을 말하는 것이므로 영업능력과는 관계가 없으며 상인 자신이 영업적 활동을 할 수 없는 경우에도 있을 수 있는 것이다. 상인의 자격은 영업의 개시로써 취득되고 영업의 종료로써

상실된다. ② 法人의 商人資格. 법인은 자연인과는 달리 일정한 목적을 중심으로 하여 권리능력이 인정되어 있으므로, 그 목적에 의하여 제약을 받지 않을 수 없게 된다. 법인에는 여러가지가 있으며(예: 영리법인, 공익법인, 私法人 중의 중간법인, 一般的 公法人, 特殊的 公法人) 이 제약에 따라 상인이 될 수 있는 것과 그렇지 않은 것이 있다.

상인파산주의(商人破産主義) 상인에 대해서만 파산을 선고하는 주의로 비상인에게는 보통의 강제집행으로 인하여 채무를 변제할 수 없을 때는 신청으로써 家資分散의 선고를 하는 주의. 이 주의에 있어서는 파산법을 상법 중의 1편으로 하는 것이 보통이다. 佛法系는 이에 속하며, 구일본파산법도 역시 이 주의였다. 상인, 비상인을 가리지 않고 파산을 선고하는 一般破産主義에 대한다. 보통의 강제집행에 있어 압류로 인한 우선주의를 채택하는 국가에 있어서는 일반파산주의가 적합할 것이지만 강제집행에 있어서 平等配分主義를 채택하는 국가에 있어서는 오히려 상인파산주의가 합당하다. 왜냐하면 보통의 강제집행에 있어서 배당가입으로 인하여 파산과 대체로 동일한 목적을 달할 수 있기 때문이다.

상임위원회(常任委員會) 〔英〕 standing committee 소관사항에 관한 立法 기타의 議案을 예비적으로 심의하기 위하여 상설적으로 설치된 위원회를 말한다. 위원회는 본회의 의결이 있거나 의장 또는 위원장이 필요하다고 인정할 때, 재적위원 4분의 1 이상의 요구가 있을 때 開會하고(國會 52), 國會閉會 중 최소한 월 2회 정례적으로 개회한다. 다만 정보위원회는 최소한 월 1회로 한다(53 Ⅰ). 定例會議의 開會日을 위원회의 의결로 정하되, 1회는 미리 그 개회 주 · 요일을 지정하여 자동 개회하고 정례회의는 당해 상임위원회에 계류중인 法律案 및 請願 기타 안건과 주요 현안 등을 심사하고(53 Ⅱ · Ⅲ), 당일의 의사일정을 마치지 못한 경우 위원장이 간사와 협의하거나 위원회의 의결로 회의를 연장할 수 있다(53Ⅳ). 국회에는 國會運營 · 法制司法 · 政務 · 財政經濟 · 統一外交通商 · 行政自治 · 國防 · 敎育 · 文化觀光 · 農林海洋水産 · 産業資源 · 科學技術情報通信 · 環境勞動 · 保健福祉 · 建設交通 · 情報의 16개 상임위원회가 있는 바, 의원은 2 이상의 상임위원회의 위원이 된다(39 Ⅰ). 다만 국회운영위원회 또는 정보위원회의 위원은 겸할 수 있다(48). 상임위원회의 위원은 임기초에 각 교섭단체의 소속의원수의 비율에 따라 국회의장이 선임하고 2년간 재임한다(40 Ⅰ). 다만 정보위원회의 위원은 임기동안 재임한다. 상임위원회는 그 소관에 속하는 議案과 請願 등의 심사 기타 법률에서 정하는 직무를 행한다(36). 상임위원회는 그 소관사항에 관하여 법률안 기타의 의안을 제출할 수 있다(51). 위원회에는 전문위원과 공무원을 둔다(42).

상임이사국(常任理事國) 〔英〕 permanent members 〔佛〕 membres permanents 이사국의 지위를 항구적으로 가지는 나라. 특히 국제연합의 안전보장이사회의 상임이사국은 미 · 영 · 러 · 불 · 중의 5대국. 안전보장이사회의 다른 이사국, 경제사회이사회의 전 이사국은 모두 총회의 선거에 의하는데 반하여 특별한 지위이다. 상임이사국에게는 拒否權이 인정되고 있다. 국제연맹의 이사국에도 상임이사국의 제도는 있었으나, 이와 같은 거부권의 제도는 없었다. → 안전보장이사회, 거부권

상 장(上場) 증권거래법상 증권을 유가증권시장에서의 매매거래의 목적물로 하는 것. 증권거래소에서의 매매되는 증권을 上場證券이라 하고, 유가증권을 증권시장에 상장한 회사를 上場會社라 한다.

상장등록(上場登錄) 상장의 요건으로서 증권거래소가 대통령령의 정하는 바에 의하여 하는 유가증권의 등록. 특정의 유가증권을 제외하고는 이 상장등록을 필하고 재정경제부장관의 인가를 얻은 것이 아니면 상장할 수 없고, 따라서 증권시장에 있어서의 매매거래의 대상으로 하지 못한다.

상장보호(喪葬保護) 헌법정신에 따라 생활보호의 규정에 의하여 생활능력이 없는 사람에 대한 보호의 일종을 말한다. 즉 헌법 34조 5항은 신체장애자 및 질병 · 노령 기타의 사유로 생활능력이 없는 국민은 법률이 정하는 바에 의하여 국가의 보호를 받는다라고 규정한 헌법적 근거에 준하여 제정된 생활보호법 14조에 의하면 葬祭保護는 보호대상자가 사망한 경우에 死體의 檢案 · 운반 · 화장 또는 매장 기타의 葬祭措置를 하는 것으로 한다. 장제보호는 실제로 장제를 행하는 자에게 장제에 필요한 비용을 지급함으로써 행하고, 다만 이에 의할 수 없거나, 이에 의하는 것이 적당하지 않다고 인정하는 경우에는 물품을 지급함으로써 행할 수 있도록 하고 있다.

상정혼(想定婚) 〔獨〕 Putativehe 〔佛〕 mariage putatif 혼인이 하자로 인하여 무효이던가 취소된 경우에 선의의 제3자 또는 그 혼인으로부터 태어난 자녀를 구제하기 위해서 필요한 한도에 있어서, 취소 내지 무효선언의 날까지 유효한

것으로 간주하는 제도. 프랑스 민법 등이 채택하는 제도이다(佛民 201, 202). 우리 민법은 婚姻取消의 遡及效를 인정하지 않는 당연의 결과로서 이 제도를 인정하지 않는다.

상적 색채(商的色彩) 상법이 규정하는 것은 私法的인 去來關係로서 법률사실에서 말한다면 민법과 다르지 않고, 단지 그것이 상적 색채를 지니고 있음에 지나지 않는다는 학설이 있다. 이 상적 색채라 함은 전문화된 영리활동의 전형인 投機賣買로부터 연역되는 특성으로서 영리성, 집단성, 반복성, 개성상실성, 정형성을 주요한 것으로 한다. 이 설에 의하면 상법은 상적 색채를 띤 去來法이다.

상·제르망강화조약(講和條約) 〔英〕 Peace Treaty of Saint-Germain 〔獨〕 Friedensvertrag von Saint-Germain 〔佛〕 Traite de paix de Saint-Germain 제1차대전시의 연합국과 오스트리아와의 講和條約. 1919년 9월 10일에 상·제르망에서 서명. 1920년 7월 16일 효력발생. 14편 381조로 되어 있다.

상조(尙早)**의 승인**(承認) 〔英〕 premature recognition 국가승인에 필요한 요건을 구비하지 못한 국가에 대하여 부여하는 승인을 말한다. → 국가의 승인, 정부의 승인

상주외교사절(常住外交使節) → 외교사절

상태범(狀態犯) 〔獨〕 Zustandsverbrechen 〔獨〕 délit permanent 일정한 法益의 침해 또는 그 위험이 발생함으로써 범죄사실이 완성하고(旣遂) 동시에 종료하며, 그 이후 法益侵害(危殆)의 상태가 계속하지만, 이는 이제는 범죄사실이라고 인정되지 않는 것. 예컨대 窃盜罪. 상태범에 있어서는 사후의 위법상태도 당연히 그 구성요건에 의하여 다 평가되어 있다. 따라서 그 범위에 있어서는 별개의 범죄를 구성하지 않는다. 예컨대, 절도범인이 盜品을 소비하거나 손괴하여도 그것은 절도죄의 구성요건에 의하여 다 평가되어 있으므로, 따로 횡령죄나 재물손괴재를 구성하지 않는다. 이를 不可罰的 事後行爲라고 한다. 그리고 상태범과 繼續犯과의 구별은 從犯의 성립, 토지관할의 표준으로서의 범죄지, 공소시효의 起算點 등의 관계에서 실익이 있다. → 즉시범, 계속범

상태범죄인(狀態犯罪人) 〔英〕 persistent offender 〔獨〕 Zustandsverbrecher 법적 안정성의 危殆化와 반사회적 정조가 만성화한 상태를 지니는 범죄인. 非行의 계속과 반복을 결정하는 주관적 경향이 지속적으로 형성적인 인격에까지 높아진 累犯犯罪人에 있어서 많이 인정할 수 있다. 機會犯罪人의 반대개념이며, 慣習犯罪人의 일종이다. 개선곤란한 유형이다.

상태채권(狀態債權) 〔獨〕 Zustandsobligation 債權關係의 당사자가 특정한 상태에 있음으로써 결정되는 채권. 예컨대 무기명채권의 채권자는 증권의 소지라는 상태에서 결정된다. 물건의 소유 또는 점유에 따라서 주체가 정해지므로 物的債權이라고도 한다.

상태책임(狀態責任) 물건 또는 동물의 소유자나 점유자 기타의 관리자가 당해 물건 또는 동물의 일정한 상태로 인하여 질서위반의 상태가 발생된 경우에 지는 警察責任을 말한다. 토지·공작물의 소유자·점유자나 관리자 또는 동물의 사육자가 지는 경찰책임이 그 예이다.

상토권(上土權) 타인의 토지를 개간한 자가 토지의 소유권으로부터 독립하여 가지는 下級所有權的인 경작권. 보통의 小作權의 하나. 이에 대한 소유권을 底土權이라고 하는 바 소작료징수권에 가깝다. 상토권에 물권으로서의 효력을 인정하느냐의 여부는 物權法定主義 및 소유권의 원만성이란 견지에서 문제가 되며, 판례 및 다수설은 이를 부정한다.

상트 피터스부르그선언(宣言) 〔英〕 Declaration of St. Petersburg 〔獨〕 Petersburger Dekläration 〔英〕 Déclaration de St. Petersburg 1868년에 帝政 러시아의 수도 상트 피터스부르그에서 채용된 400그램 이하의 爆發性 또는 燃燒性을 충전한 폭발물을 전쟁에 사용하는 것을 금지한 선언. 실질적으로는 조약이다. 처음에는 17개국이 서명, 후에 브라질이 가입하였다. 불필요한 전쟁의 잔혹성을 방지하려는 것이었다. 단 단순한 소총탄으로는 효과없는 空戰에 관한 空中法規案은 그것을 사용하는 것을 협정하고 있다.

상 표(商標) 〔英〕 trade mark 〔獨〕 Warenzeichen, Handelsmark 〔佛〕 marques de fabrique 상품을 業으로 생산·제조·가공·증명 또는 판매하는 것을 업으로 하는 자가 자기의 업무에 관련된 상품을 타인의 상품과 식별시키기 위하여 사용하는 기호·문자·도형 또는 그 결합의 特別顯著한 것(商標法 2Ⅰ). 商標原簿에 설정의 등록을 함으로써 상표권이 발생한다(41). 상표는 그 등록여부를 불문하고 그 지정상품의 영업과 같이 하지 아니하면 이를 이전할 수 없다(54Ⅰ). 상표법은 특수한 상표로 서비스표·團體標章·業務標章(이상 2Ⅰ) 등을

인정하고 있다.

상표권(商標權) 〔英〕 trade mark right 〔獨〕 Warenzeichenrecht, Handelsmarkenrecht 〔佛〕 droit à la marque de fabrique(et commerce) 상표를 등록한 자가 상표법에 의하여 지정상품에 등록상표를 독점적·배타적으로 사용하는 권리(商標法 50). 工業所有權의 하나로서 無體財産權의 성질을 가진 私權이다. 상표권은 설정의 등록에 의하여 발생한다(41). 재산권인 만큼 이전이 가능하나 그 지정상품의 영업과 같이 해야하며, 聯合商標權은 분리하여 이전하지 못하며, 共有인 상표는 공유자 전원의 승낙이 없으면 그 持分을 양도할 수 없고, 상표권을 이전한 경우에는 일정기간 공고후 등록하여야 효력을 발생한다(54). 상표권의 존속기간은 등록일부터 10년이나 갱신등록으로 10년씩 연장할 수 있다(42). 상표권은 상표권자가 사망한 날로부터 3년 이내에 상속인이 그 상표의 이전등록을 하지 않을 때에는 상표권자가 사망한 날로부터 3년이 되는 날의 다음날에 소멸한다(64).

상표등록출원서(商標登錄出願書) 상표권의 설정·이전·변경·소멸 등을 등록하는 특허청에 비치하는 공부. 상표권은 등록에 의하여 발생하고(商標法 41), 또 승계는 登錄에 의하여 제3자에 대항할 수 있다(12).

상표원부(商標原簿) 상표권의 설정·이전·변경·소멸 등을 등록하는 특허청에 비치된 公簿를 말한다. 상표원부에는 商標登錄原簿·상표관계 拒絶審決再審請求原簿 및 商標信託原簿로 분류되고, 등록을 받은 상표를 표시하는 서류는 상표등록원부의 일부로 본다. 審決의 원본에 의하여 在外者의 상표에 관한 대리인으로서 국내에 주소 또는 영업소를 가지는 자의 선임·변경 또는 그 대리권의 수여·소멸, 상표등록의 無效審判請求, 상표권의 存續期間更新登錄의 무효심판청구, 상표등록의 取消審判請求, 專用使用權 또는 通常使用權登錄의 취소심판청구, 권리범위 確認審判請求 등에 의한 심판의 確定審決, 抗告審判의 청구에 의한 항고심판의 확정심결에 관하여 상표등록원부 또는 상표관계 거절심결재심청구원부에 그 심결의 요지를 등록한 경우에는 그 원본은 상표등록원부 또는 상표관계 거절심결재심청구원부의 일부로 본다(商標登錄令 3, 1 i·ii·iii).

상품거래소(商品去來所) 상품의 先物去來를 행하는 시장(市場商品)을 위한 시설을 개설함을 그 주요한 목적으로 하고 설립되는 法人. 아직 우리나라에는 이 제도가 실시되지 않고 있다.

상품권(商品券) 그 명칭 또는 형태에 관계없이 발행자가 일정한 금액이나 물품 또는 用役의 수량이 기재(전자 또는 자기적 방법에 의한 기록 포함)된 無記名證標를 발행·매출하고 그 소지자가 발행자 또는 발행자가 지정하는 자(상품권발행자 등)에게 이를 제시 또는 교부하거나 기타의 방법으로 사용함으로써 그 證標에 기재된 내용에 따라 상품권발행자 등으로부터 물품 또는 용역을 제공받을 수 있는 유가증권을 말한다(商品券法 2 i). 이러한 상품권에는 상품권발행자로부터 물품 또는 용역을 제공받을 수 있는 自己發行型 商品券과 당해 상품권발행자가 지정한 자로부터 물품 또는 용역을 제공받을 수 있는 第3者發行型 商品券(발행자와 발행자가 지정한 자로부터 물품 또는 용역을 제공받을 수 있는 것을 포함) 등이 있다. 이러한 상품권에 있어서 券面金額이라 함은 상품권면에 기재된 금액으로서 상품권소지자가 상품권발행자 등에 대하여 청구할 수 있는 물품 또는 용역의 價額(物品商品券 또는 用役商品券의 경우에는 청구할 수 있는 물품 또는 용역을 발행일 현재의 가액으로 환산한 금액)을 말한다(2 ii·iii·iv). 상품권의 종류는 상품권에 기재된 금액에 상당하는 물품 또는 용역을 제공받을 수 있는 全額商品券, 상품권에 기재된 용역을 제공받을 수 있는 用役商品券이 있다(4).

상품신용보험(商品信用保險) 〔獨〕 Warenkre ditversicherung 상품의 賣掛代金債權에 관한 신용보험.

상 피(相避) 官吏關係에 있어 친족관계 또는 恩顧關係에 있는 자가 서로 同一官府 또는 지정된 관부간에 上下官의 위치에 임명되었을 때, 그 한쪽이 在職을 기피하고 또는 辭職, 또는 轉職하여야 할 법적 의무를 말한다. 상피법은 친족관계의 면과 官府關係의 면과 어느 일방이 아니라, 下官이 사직하여야 할 경우와 상피관계가 있을지라도 그 통용을 배제하고 勿遞 또 勿避하는 경우의 四面에서 규정되고 있다. 經國大典에 의하면, 大功 이상의 친족간, 媤麻 이상의 외가친족간 및 妻親父, 祖父, 兄弟姉妹간에 한하여 상피의 원칙을 적용하고 있다. 그러나 그 후 점점 相避制를 확대하여 續大典의 규정을 보면 養子와 實家族간, 婚姻家相互間, 과거의 擧子(수험생)와 試官(시험관)간, 司憲府·司諫院의 兩司官員相互間, 觀察使, 節度使, 守令, 僉使 및 萬戶相互간, 京畿觀察使와 兩都留守간, 未赴任都事와 守令간, 宣惠廳提調와 郎廳간에 상피의 원칙을 적용하였고, 각 事例兼提調와 內三廳, 五衛將, 兵曹判書, 外堂上간에는 상피의 적용이 배제되고 있는 것이다.

상 항(商港) 〔英〕 commercial harbour 商業目的, 즉 여객의 승하선이나 화물의 선적·양륙 등에 이용되는 항구. 항구는 원칙적으로 상항이며, 이것에는 開港과 不開港이 있고, 개항은 내외국적의 선박이 상시 출입할 수 있는 항구이다(開港秩序法 2).

상해보험(傷害保險) 〔英〕 accident insurance 〔獨〕 Unfallversicherung 〔佛〕 assurance contre les accidents 외부적인 원인에 의한 우발적인 사고에 의하여 피보험자가 입게 된 신체상의 상해에 대하여, 보험금액 기타의 급여를 하는 人保險(商 737). 상해보험에 있어서는 상해의 모습에 따라 일정한 보험금액을 지급하는 定額保險의 경우와 의료비 기타의 비용을 부담하기로 하는 不定額保險의 경우가 있다. 후자의 경우에는 손해보험의 성격을 가지는 것이나, 손해보험에서와 같은 保險價額·超過保險·一部保險 등의 문제는 일어나지 않는다. 상해보험계약의 보험자는 피보험자의 신체의 상해에 대하여 보험금액 기타의 급여의 책임을 지고(737), 특히 보험자는 일반보험의 免責事由 중 보험계약자 또는 피보험자나 보험수익자의 중대한 과실로 인하여 보험사고가 발생한 경우에도 책임을 진다. 상해보험은 人保險에 속하므로 15세 미만자 등의 사망보험에 관한 규정을 제외하고는 生命保險에 관한 규정을 준용한다(739).

상해(傷害)**의 동시범**(同時犯) 동시상해의 경우에는 동시범의 특례가 있다. 즉, 獨立行爲가 경합하여 상해의 결과를 발생하게 한 경우에 있어서 원인된 행위가 판명되지 아니한 때에는, 共同正犯의 예에 의한다(刑 263). 이것은 입증의 곤란을 구제하기 위한 정책적인 특례요, 형법 19조(獨立行爲의 경합)에 대한 유일한 예외이다. 이 규정은 절차법상으로는 상해의 결과발생에 대한 입증책임을 피고인에게 전환시키는 것이요, 실체법상으로는 공동정범의 범위를 확장시키는 일종의 擬制를 정한 것이다. → 동시범

상해죄(傷害罪) 〔獨〕 Körperverletzung, vorsätzliche Körperverletzung 〔佛〕 blessures et coups volontaires 사람의 신체를 상해하는 죄(刑 257 Ⅰ). 본죄의 보호법익은 신체의 건강이며, 尊屬傷害(257 Ⅱ)·(尊屬)重傷害(258)·傷害致死(259)·常習傷害(264)의 경우에는 刑을 가중한다. 객체는 타인의 신체이며, 자기의 신체에 대한 상해행위(自傷行爲)는 특별규정으로 처벌될 뿐이다(兵役 86, 軍刑 41 Ⅰ). 상해란 신체의 생리적 기능에 장해를 일으키는 것, 즉 건강상태를 불량하게 하는 것을 말한다. 따라서 瘡傷·疾病을 일으키는 경우뿐 아니라, 병세를 악화시키는 경우도 상해이지만, 毛髮·눈썹 등을 깎는 경우에는 정신적 고민으로 건강을 해할 정도가 아닌 한 상해가 되지 않는다. 한편 신체의 완전성을 해하는 것이라고 보는 견해가 있지만, 이 입장에서도 보통은 신체의 외모에 중요한 변경을 일으킨 경우까지를 상해라고 보므로, 큰 차이가 없을 것이다. 상해의 수단·방법은 불문한다. 미수범을 처벌한다(刑 257 Ⅲ). → 치료행위

상해치사죄(傷害致死罪) 사람의 신체를 상해하여 사망에 이르게 하는 죄(刑 259 Ⅰ). 상해죄에 대한 結果的 加重犯이며, 객체가 자기 또는 배우자의 直系尊屬인 경우에는 형을 가중한다(259 Ⅱ). 상해에 대한 고의는 있어야 하지만, 사망의 결과에 대한 고의는 없어야 한다. 傷害와 致死와의 사이에 인과관계가 있어야 할뿐 아니라, 사망의 결과에 대한 예견가능성, 즉 과실이 있음을 요한다(15 Ⅱ)(通說).

상행위(商行爲) 〔獨〕 Handelsgeschäft 〔佛〕 acte de commerce 형식적으로는 상법(46, 47) 또는 특별법에서 상행위로 규정되어 있는 행위를 말하며, 실질적으로는 상인의 영리행위, 즉 기업활동을 뜻한다. 상법의 대상의 중심적 사항을 규정함에 있어 소위 商人法主義와 商行爲法主義가 대립하고 있는데, 어느 것에 의하든 상행위와 상인은 모두 상법의 기본개념이 된다. 그런데 상행위개념을 정함에 있어서는 어떤 행위를 그 행위 자체의 객관적 성질에 의하여 상행위로 하는 客觀主義, 어떤 행위가 영업상 행하여지는 경우, 즉 영업으로서 또는 영업을 위하여 행하여지는 경우에만 상행위로 하는 主觀主義 및 양 주의를 병용한 折衷主義의 셋이 있는데, 상법은 절대적 상행위를 폐지함으로써 주관주의에 따르고 있다. 또 상행위는 재산상의 행위에 한하고, 신분상의 행위는 포함하지 않는다. → 절대적 상행위, 상대적 상행위, 영업적 상행위, 부속적 상행위, 기본적 상행위, 보조적 상행위, 일방적 상행위, 쌍방적 상행위, 준상행위

상행위법주의(商行爲法主義) 商人法主義에 대립되는 입법주의로서, 상법의 적용범위를 정함에 있어서 상인개념에서 출발하지 않고 상행위개념에서 출발하는 주의. 이 주의는 행위 자체의 성질에 기하여 一群의 營利行爲를 상행위로 하고, 그런 상행위를 영업으로 하는 자를 상인으로 인정한다. 따라서 이 입장에서는 상행위는 통상인이 단 한번만 하는 것도 포함하므로 상법의 대상을 사항적으로 정하는 것으로 되어 商事法主義라고도 한다.

상 호(商號) 〔英〕 trade name 〔獨〕 Handelsfirma 〔佛〕 raison de commerce, nom commercial 상인이 영업에 관하여 사용하는 명칭. 기업 자체의 명칭이라고 하는 論도 있다. 상호는 명칭이고 상표와 같은 圖形·記號가 아니므로 文字로 표시되어야 하고 또 호칭할 수 있는 것이어야 한다. 그 선정은 자유(商 18)이나 회사의 상호에는 그 회사의 종류를 명시하는 문자를 사용해야 하고, 이 외에도 예외적인 제한이 있다(→상호자유주의). 상호의 수는 회사에 있어서는 1개라야 하고, 개인상인은 1개의 영업에 1개의 상호(商號單一의 原則)를 원칙으로 한다(21 I). 동일영업에 수개의 영업소가 있을 경우, 그 지점에는 본점과의 종속관계를 표시해야 한다(21 II). 상호를 선정·사용하면 타인이 不正한 목적으로 자기의 영업으로 오인할 수 있는 상호의 사용을 배척할 권리가 생긴다(→상호권). 이 권리는 상호의 등기를 하면 보다 강하게 보장되나 (22, 23 IV), 등기를 하지 않아도 인정된다(23 I·II). →상호의 양도

상호경제원조회의(相互經濟援助會議) 〔英〕 Council for Mutual Economic Assistance (COMECON) GATT의 비가맹국 상호간의 地域的 協力組織으로서 구소련을 비롯 東歐諸國이 결성한 東유럽상호경제원조회의를 말한다. COMECON의 가맹국은 상호간 각국의 경제발전에 필요한 원료·기계 기타의 상품이나, 경제상 경험을 제공하며 생산품의 판매를 보증하는 등 사회주의적인 국제분업에 의하여 經濟計劃을 각국이 동시에 실현하려 한다. 즉 COMECON은 가맹국 사이의 경제통합을 목표로 하는 점에서 다른 조직과 유사하나, 關稅障壁이나 수량적 제한의 제거를 주목적으로 하지 않고, 사회주의 경제기획의 원칙에 따라 독특한 기준으로 국제무역계획의 실시에 대한 장해를 제거하려 한다.

상호계산(相互計算) 〔英〕 current account 〔獨〕 laufende Rechnung 〔佛〕 compte courant 〔伊〕 conto corrento 상인간 또는 상인·비상인간에 상시 거래관계가 있는 경우에 일정한 기간의 거래로 인한 채권채무의 총액에 관하여 相計하고, 그 잔액을 지급할 것을 약정하는 계약(商 72). 상법상 독특한 諾成契約이라고 이해하는 것이 통설이다. 상호계산 자체는 영리를 목적으로 기본적 상행위는 아니고, 영업상의 편의를 위하여 이용되는 계약으로 補助的 商行爲이다. 상호계산은 일괄결제의 제도이므로, 기간중의 채권채무는 모두 계산에 산입되어 그 독립성을 잃으므로, 각개의 채권을 행사한다든가, 讓渡·入質·押留 등의 처분을 할 수 없고, 또 기간중은 시효의 진행과 債務者遲帶도 생기지 아니한다. 이것을 相互計算不可分의 原則이라고도 한다(상호계산의 消極的 效力). 상호계산기간은 당사자의 약정에 의하여 정하여지는 것이다. 특약이 없는 한 6월로 한다(74). 또 그 채권은 당사자간에 거래로 인하여 발생하여야 하므로, 특약이 없는 한 거래와 관계없이 발생한 채권 또는 당사자가 그 발생을 예상할 수 없는 채권같은 것은 이 계산에 포함되지 아니한다. 어음 기타의 상업증권이 援受되었을 때에는 상법상 특칙이 있다(73). 계약기간이 종료하면 각 당사자는 채권채무의 각 항목을 기재하여 잔액을 산출한 계산서를 승인함으로써 그 잔액이 확정되고(75), 당사자의 일방이 그 잔액채권을 지급할 의무를 부담하게 된다(상호계산의 積極的 效力). 각 당사자는 계산서의 승인후는 錯誤 또는 脫漏가 있었던 경우를 제외하고는 각 항목에 대하여 異議를 하지 못한다(75). 계산서의 승인은 목적변경으로 인한 更改로서의 효력을 가지며, 計入된 종전의 개별채권에 부수한 보증채무 그 밖의 담보는 원칙으로 소멸한다(民 505 참조). 상호계산은 약정한 계약존속기간의 만료에 의하여 종료하는 것이지만, 당사자는 언제든지 임의로 계약을 해지할 수 있고(商 77 前), 또 일방당사자가 파산의 선고를 받았을 때에는 계약은 당연히 종료한다(破 57 I 前).

상호권(商號權) 〔獨〕 Firmenrecht 상호의 정당한 선정·사용에서 생기는 권리. 타인의 방해를 받지 아니하고 자기의 상호를 사용하는 권리(商號使用權)와 그 상호의 사용에 대한 방해를 배제할 수 있는 권리(商號專用權)가 포함된다. 상호권은 등기의 전후를 불문하고 재산권적 성질과 인격권적 성질을 겸하여 가진다. 그리고 상속·양도의 목적이 된다(→상호의 양도). 정당한 상호의 사용자는 타인이 부정한 목적으로 동일 또는 類似商號를 사용하여 자기의 영업활동을 방해하는 경우에 이에 대하여 그 사용의 폐지 또는 손해배상의 청구를 할 수 있는 권리를 갖는다(商 23). 이것을 商號專用權이라고 한다. 이 권리는 등기의 유무를 불문하고 인정되나, 등기한 상호를 동일한 특별시·광역시·시·군에서 同種營業으로 사용하는 자는 부정한 목적으로 사용하는 것으로 추정을 받는다(23 IV).

상호방위원조계획(相互防衛援助計劃) 〔英〕 Mutal Defence Assistance Program 1949년 창립된 북대서양조약기구에 의하여 뒷받침 된 武器援助計劃. 이것은 1947년 3월 트루먼선언이라고 불리는, 공산주의의 직접·간접의 침략에 대항하기 위하여 自由國民에의 원조, 즉 군사원조를 제

공하여 자유진영의 군비를 충실하게 하려는 계획. 상호방위원조계획에 관한 법률에 의하면, 諸國이 미국의 원조를 희망하였을 때에는, 미군의 주둔·군사기지의 설정 및 기타 사항을 쌍무협정으로 체결한 경우에 그 원조는 비로소 제공되는 것이다. 이 법률은 트루먼 대통령이 北大西洋條約에 서명한 1949년 7월 25일 의회에 요청하여, 1949년 9월 26일 의회를 통과하였다. 그 후 2년이 지난 1951년 10월에 相互安全保障法(M.S.A.)이 성립할 때까지 미국의 對外援助의 중심적인 기준이었다.

상호보험(相互保險) 〔英〕 mutual insurance 〔獨〕 Versicherung auf Gegenseitigkeit 〔佛〕 assurance mutuelle 보험을 하고자 하는 다수인이 직접으로 團體(相互會社)를 구성하여 사원에 의하여 상호적으로 행하여지는 보험. 營利保險의 경우에는 보험자를 중심으로 보험계약자와의 계약관계가 있을 뿐, 보험계약자 상호간의 횡적·직접적인 관계가 없음에 반하여, 상호보험의 경우에는 보험자가 없고 따라서 보험계약도 없으며, 다만 보험단체의 구성원인 사원이 서로 보험자와 피보험자를 겸하는 지위에 있다. 상호보험은 300억원 이상의 자본금이나 기금을 가진 상호회사로서 재정경제부장관의 허가를 얻은 자가 아니면 이를 영위할 수 없다(保險 5, 6). 상호보험은 보험계약관계가 없으므로, 상법의 보험계약에 관한 규정은 적용되지 아니하지만, 보험사업의 운영에 있어서는 영리보험과 공통한 점이 많으므로, 상법은 성질이 허용하는 한 영리보험에 관한 규정을 상호보험에 준용하고 있다(商 664).

상호부금(相互賦金) 일정한 기간을 정하여 그 중도 또는 만료시에 일방당사자가 상대방에게 일정한 금액을 급부할 것을 약정하고 상대방은 그 기간내에 있어서 일정기마다 일정액의 부금을 급부할 것을 약정하는 계약. 상호부금의 제도는 組合契約關係가 아니냐는 의문이 있겠으나, 그 법률적 성격은 계약의 일방당사자인 국민은행이 자기의 업무로서 상대방(加入者)을 모집하고, 자기의 책임으로 운영하는 것이므로 가입자 상호간에는 아무런 법률관계가 생기지 않으며, 국민은행과 각 가입자간에 계약관계가 생김에 그치므로 消費貸借에 유리한 계약관계라고 볼 수 있다. 상호부금업무는 선의의 피해자가 생길 염려가 있으므로 당초에는 국민은행만이 영위할 수 있게 하였으나(舊國民銀行法 23Ⅰ), 현재는 서민의 금융의 편의와 저축 증대를 위하여 상호신용금고에도 이와 유사한 信用賦金業務를 허용하고 있다(相互信用金庫法 2, 11).

상호신문(相互訊問) 교호신문과 같다.

상호신용금고(相互信用金庫) 서민과 소규모기업의 금융편의를 도모하고 저축을 증대하기 위한 목적으로 설립된 것으로서, 영리를 목적으로 조직적·계속적으로 相互信用稧業務, 信用賦金業務, 보통예금·정기예금 및 적금의 수입업무, 少額信用貸出, 어음의 할인업무, 내국환업무, 국가공공단체 또는 금융기관의 대리업무 및 기타 부대업무로서 재정경제부장관의 승인을 얻어 업무를 행하는 회사(相互信用金庫法 1, 11Ⅰ). 상호신용금고는 株式會社로 한다(3). 상호신용금고의 자본금은 그 설치구역의 구분에 따라 일정액 이상이어야 한다(5Ⅰ). 특별시 50억원, 광역시 40억원, 도는 20억원 이상이다. 상호신용금고업무는 다른 법률에 특별한 규정이 있는 경우를 제외하고는 재정경제부장관의 認可를 받지 아니하고는 이를 영위할 수 없고, 지점·지사 등의 설치가 제한되며(다만 서울특별시·광역시·도는 예외), 재정경제부장관의 감독을 받는다(6Ⅰ, 22). 이외에도 상호신용금고법은 상호신용금고의 相互信用稧·信用賦金契約의 한도 및 給付金·貸出金의 한도에 관한 규정을 두고 있다(13). 상호신용금고의 업무의 개선·발전, 임·직원, 거래자의 보호를 위하여 相互信用金庫聯合會를 설립할 수 있다(25Ⅰ).

상호안전보장법(相互安全保障法) 〔英〕 Mutual Security Act(M.S.A.) 엠 에스 에이와 같다.

상호(商號)**의 등기**(登記) 회사는 설립등기할 때에 반드시 상호를 등기하여야 하나(商 179 ii, 180Ⅰi, 271Ⅰ, 289Ⅰii, 317Ⅱi, 549Ⅱi), 개인상인은 상호의 등기여부에 대하여는 자유이다. 상호를 등기하면 등기전의 商號權에 비하여 더 강력한 보호를 받는다(→상호권). 등기한 상호의 양도는 제3자에 대한 對抗要件으로서 등기를 필요로 한다(25Ⅱ).

상호(商號)**의 양도**(讓渡) 〔獨〕 Veräusserung der Handelsfirma 상호권을 양도하는 것. 상호양도는 영업과 더불어 하는 경우 또는 영업을 폐지한 때에 한하여 할 수 있다(商 25Ⅰ). 상호양도는 당사자간의 의사표시만으로 행하여지며 또 그것만으로 효력이 생긴다. 그러나 登記商號의 경우에는 그 양도를 제3자에게 대항하기 위하여는 양도의 등기를 필요로 한다(25Ⅱ). 이 경우에는 상업등기일반과 달라(37), 제3자의 선의·악의를 불문한다. 그 이유는 一般商業登記는 객관적 사실의 공시와 이에 대한 확보적 효력의 부여를 목적으로 하는 것인데 대하여, 상호양도는 지배권적 기능을 가진 相互變動의 公示와 그 권리주장의 對抗力의 부여, 즉 물권적 관계의 규제를 목적으로 한 것인 까닭이다.

상호원조조약안(相互援助條約案) 〔英〕 Draft Treaty of Mutual Assistance 국제연맹이 軍費縮小와 安全保障을 위해 마련한 여러 고안 중의 하나. 1923년의 이 안은 ① 각 調印國은 군비축소를 단행하고, ② 각 조인국이 침략을 받을 경우에는 연맹이사회가 결정하는 방법으로 상호원조를 행할 일반적 의무를 부과했을 뿐 아니라, ③ 地方的 協定에 의한 상호군사원조까지도 약정케 하려는 것으로 연맹규약 16조의 제재규정을 강제화하고 침략전쟁을 國際犯罪(international crime)로 규탄하려는 구상이었으나, 이것이 동맹제도의 부활이 될 것을 염려했던 영국노동당내각의 반대로 이 안에 대한 18개국의 찬동은 수포로 돌아갔고 아무런 결실도 보지 못하였다. 그러나, 이 안은 군비축소 및 안전보장에 관한 조약초안(1924년), 제네바의정서(1924년), 침략전쟁에 관한 국제연맹총회의 선언(1927년), 제6회 범미회의의 결의(1928년) 등과 같이 침략전쟁이 국제범죄임을 선언한 것이고, 또한 비록 이들이 정식으로 條約化되지 못하여 법적 구속력을 갖지는 못했을지라도 不戰條約(1928년)의 해석에 적용되어 그 조약이 침략전쟁을 不法化하기에 이른 것이다.

상호자유주의(商號自由主義) 〔獨〕 System der Firmenfreiheit 상인이 어떠한 명칭이든 자유로이 자기의 상호로 선정할 수 있게 하는 立法主義. 상법은 이 주의에 의하고 있으나 公衆의 오인을 방지하기 위하여 몇 가지 제한을 두고 있다. 즉, ① 회사의 상호 중에 그 종류를 명기하여야 하고(19), ② 회사가 아니면서 상호 중에 회사임을 나타내는 문자를 사용하지 못하게 하고(20), ③ 공공적 성질이 짙은 회사기업은 그 업종을 명시하여야 하며(銀 8, 信託業法 7, 保險 8), ④ 부정한 목적으로 타인의 영업으로 오인할 수 있는 상호를 사용하여서는 아니된다(商 23). → 상호권

상호주의(相互主義) 〔英〕 principle of reciprocity 〔獨〕 Prinzip der Gegenseitigkeit 〔佛〕 principe de la reciprocité 외국인에게 권리를 인정함에 있어서 그 외국인의 본국이 자국민에게 권리를 인정하는 것과 동일한 정도로 외국인에게 권리를 인정하는 주의. 상호주의는 오늘날의 국제적 관계에 적합하지 않으므로 일반적으로는 內外國人平等主義가 행하여지고, 특수한 경우에만 상호주의가 채택된다. 조약상의 상호주의와 법률상의 상호주의가 있다. 우리나라에서는 국가 또는 공공단체의 賠償責任(國賠 7), 破産(破 2), 外國判決의 효력(民訴 203)에 관하여 상호주의를 취한다.

상호지급보증(相互支給保證) 금융기관이 기업에 대출을 해 줄 때에는 담보를 잡거나 신용을 평가해 대출 여부를 결정하게 된다. 일반적으로 신용평가항목으로는 기업의 事業性이나 財務構造, 去來關係 등이 포함된다. 국내 금융기관들은 담보가 부족하거나, 신용평가를 통해 대출여부를 결정하기가 힘든 경우 자금사정이 상대적으로 좋은 모기업 또는 계열사의 지급보증을 요구하는 것이 관례였다. 이 때문에 企業集團들은 금융기관에서 돈을 빌어쓰기 위해 서로 빚보증을 서 왔는데 이를 상호지급보증이라고 부른다. 독점규제 및 공정거래에 관한 법률 10조의2에서는 계열사간 債務保證이다. 상호지급보증 관행으로 인해 기업들은 상환능력 이상으로 과다하게 돈을 빌어다 쓰고 대기업편중 여신은 심화된 형편이다.

상호회사(相互會社) 〔英〕 mutual society 〔獨〕 Versicherungsverein auf Gegenseitigkeit 〔佛〕 société d'assurance 상호보험을 목적으로 하는 社團法人으로서 상법상의 회사에 속하지 아니하는 것. 상호회사는 반드시 그 명칭 중에 보험의 종류와 상호회사의 문자를 표시하여야 한다(保險 8, 42). 상호회사의 설립에는 100인 이상의 사원이 있어야 하며(44), 자본금이나 기금의 총액은 300억원 이상이어야 한다(6 I). 또 보험사업은 재정경제부의 허가를 얻어야 한다(5). 상호보험은 영리를 목적으로 하는 것이 아니고 사원의 보험을 목적으로 하는 것이므로, 이른바 非營利法人(民 32)에 속하고, 상법인의 회사가 아니며, 그 보험사업은 영리보험이 아니고 相互保險이지만, 보험이라는 점에서 영리보험주식회사의 보험사업과 공통되므로 성질이 허용하는 한 영리보험에 관한 규정을 준용한다(商 664). 기금은 基金醵出者가 납입하고 사업자금은 사원이 지급하는 보험료에 의하며, 회사의 채무에 관한 사원의 책임은 보험료를 한도로 한다(保險 54).

상환권(償還權) 〔獨〕 Einlösungsrecht 어음(手票)의 상환의무자가 자기의 후자로부터 상환청구를 기다리지 아니하고, 자진하여 어음이나 수표를 환수할 수 있는 권리(어음 50 I · 77 I iv, 手票 46 I). 遡求를 거듭하는데 따라서 그 비용도 증대하여 가므로 비용과 이자의 증대를 방지함과 동시에 자기의 전자에 대한 권리행사를 서두르는 것이 遡求義務者側으로 보아 유리하므로 법은 이를 권리로 규정하고 있다.

상환이행판결(償還履行判決) 雙務契約의 당사자의 일방인 원고의 청구에 대하여 피고로부터 同時履行의 抗辯이 나왔을 경우에 원고의 이행과 상환으로 피고에게 이행할 것을 명하는 판결. 원고의 청구를 전면적으로 허용 또는 배척하지 않고, 원고에 대하여 그 채무의 이행을 명하고, 이것과 상환으로 피고의 이행을 명하는 점에서 原告一部敗訴의 실질을 갖는다. 留置權의 抗辯이 제출된 경우에도 동시이행의 항변의 경우와 같이 해석하여야 한다. 상환이행판결에 執行文을 받았을 때, 채권자가 자기에게 명하여진 이행을 먼저 하여야 하는가에 관하여는 논쟁이 있으나, 동시이행의 항변은 원래 일방의 이행을 먼저 강제하는 취지는 아니므로, 집행이 조건에 걸린 것으로 보아서 재판장의 명령이 있어야 한다고 해석할 것은 아니고(民訴 480, 482 참조), 법원서기관 또는 서기의 권한으로 집행문을 부여할 수 있다고 보아야 할 것이다. 채권자의 반대이행의 제공 또는 채무자가 受領遲滯에 있는 것의 증명은 집행시에 있어서의 집행기관의 조사에 일임하여야 하며, 그것을 다투려면 執行方法에 관한 異議(504)에 의하여야 한다. → 교환적 이행의 청구

상환적 급부(相換的給付) 쌍무계약에 있어서 당사자쌍방이 동시에 상환적으로 하는 급부. 소송에 있어서 同時履行의 抗辯이 원용된 때에는 피고에게 상환적 급부를 명하는 制限附原告勝訴(일부승소)의 판결(Verurteilung Zug um Zug)을 하게 된다(獨民 274 참조). → 동시이행의 항변

상환적립금(償還積立金) 〔獨〕 redemption fund 상환주식의 償却 또는 사채의 상환에 충당하기 위하여 적립되는 任意準備金의 일종. 정관 또는 주주총회의 결의에 의하여 그 적립률, 적립한도가 정해진다.

상환주식(償還株式) 〔英〕 redeemable share or stock, callable stock 발행시부터 회사이익으로써 일정기간 후에 상각하도록 예정되어 있는 주식. 회사는 일시 주주모집을 용이하게 하기 위하여 일단 優先株를 발행하나 일정년한후에는 필요에 따라서 이 주식을 소멸시키는 것이 편리한 경우가 있다. 이런 경우에 이용되는 것이 상환주식이다. 그 消却에 관한 정함을 償還條項(redemption clause)이라고 한다. 이것은 미국회사법의 제도를 繼受한 것으로서, 경제적으로는 사채와 유사하다. 출자자는 사채와 같이, 일정기간 경과후에는 券面額 또는 그 이상의 상환을 받게 되므로 출자자로서 매우 유리하고, 회사로서는 일시적인 자금이 필요한 때에 이것을 발행할 실익이 있다. 원래 회사는 일반적으로 정관의 규정에 의하여 주주에게 배당할 이익으로써 주식을 소각할 수 있으나(商 343 I 但), 이 경우에는 株主平等의 原則에 따라서 모든 주식에 평등한 취급을 하여야 한다. 이에 대하여 상환주식은 그 주식만에 대하여 이익에 의한 消却이 가능한 점에 특색이 있다. 이것은 자금조달의 편의를 위한 제도로서 普通株를 상환주식으로 할 필요는 없는 것이므로, 상법은 이익배당에 관하여 우선적 내용이 있는 종류의 주식, 즉 배당우선주에 한하여 상환주식으로 할 수 있도록 하였다(345 I). 따라서 상환주식은 주주의 본래적인 권리의 내용에 관한 것이 아니고 優先株式에 부여된 외부적인 속성에 불과한 것이라고 본다. 상환주식을 발행하는 경우에는 이익으로써 소각할 수 있다는 뜻과 償還價額·償還期間과 償還方法 등의 내용과 수를 정관에 기재하여야 한다(345 II). 소각은 이익만으로 소각할 수 있으나 任意準備金으로써 충당하여도 상관없다. 소각의 방법으로는 任意消却과 强制消却의 어느 것에도 의할 수 있으나, 상환주주간에서는 주주평등의 원칙에 따라야 한다. 상환주식의 소각에 의하여 그 주식은 소멸하여, 그 수만큼 발행주주의 총수가 감소하나 資本減少의 절차에 따른 것이 아니므로 자본은 감소하지 아니한다. 즉 發行株式總數의 주금총액이 자본이라는 원칙의 예외현상이 일어나게 된다.

상환증권(償還證券) 〔獨〕 Einlösungspapier 증권과 상환으로 하는 것이 아니면, 채무자가 증권상의 채무를 이행할 필요가 없는 유가증권. 還受證券이라고도 한다. 유통성이 강한 증권에 있어서는 채무를 이행함에 있어, 증권을 還受하여 둠으로써 후일 선의의 제3자가 증권을 취득하여 재차 청구하는 위험을 방지하여, 채무자가 二重辨濟를 강요당하는 일이 없도록 할 필요가 있다. 또 채권자는 권리의 전부를 행사한 이상 증권을 가지고 있을 필요가 없고, 증권과 채권과는 불가분리의 관계에 있어, 원칙적으로 그 운명을 같이 하여야 할 성질의 것이므로 이 상환증권성이 인정된다. 어음(어음 39, 50, 77 I iii)·手票(34, 46)·貨物相換證(商 129)·倉庫證券(129, 157)·船荷證券(129, 820)·기타 無記名債權(商 65, 民 523) 등이 이에 속하며, 통상 이 증권에는 상환문구가 기재된다. 이 상환증권에도 일부지급의 경우가 있는데, 이 때에는 증권의 還受에 갈음하여 증권소지인에 대하여 증권상에 일부지급의 뜻을 기재하게 하고 영수증의 교부를 청구할 수 있다(어음 39 III, 手票 34 III). 그러나 화물상환증·선하증권에 있어서는 受荷人인 운송물의 매수인이 증권입수전에 운송물의 수령을 필요로 하는 경우가 실제상 많은 것이므로, 수하인의 편의를

위하여 운송인은 수하인으로부터 은행과 연대한 보증서를 받아, 후일 재차청구할 위험에 대비한 후 증권의 還受없이 운송물을 인도하는 관행이 있다. → 보증도

상환청구권(償還請求權) → 소구권

새로운 전쟁범죄(戰爭犯罪) 통상의 전쟁범죄에 대응하는 개념. 제2차대전에 이르러 전쟁범죄는 침략전쟁의 불법화 및 범죄화와 관련하여 平和에 대한 罪와 人道에 대한 罪라는 새로운 전쟁범죄를 포함하게 되었다. 제2차대전의 종전후 뉘른베르크 국제군사재판소와 극동국제군사재판소가 설치되어 중대한 전쟁범죄인을 개별적으로 처벌하였으며 상기 양 裁判所條例는 새로운 전쟁범죄에 관하여 규정하고 있다. 전쟁이라는 국가행위에 대하여 個人責任을 추구한 것은 事後立法(ex post facto legislation)이라는 점에 논쟁이 있었다. 不戰條約·國際聯合憲章·제노사이드條約 등과 관련하여 고찰할 때 새로운 전쟁범죄야말로 전쟁범죄의 핵심임을 부인할 수 없다. → 전쟁범죄, 인도에 대한 죄, 평화에 대한 죄

색출장(索出帳) 등기부에 어떤 부동산의 등기용지가 편철되어 있는가를 쉽사리 알 수 있도록 하기 위하여 등기소에 비치하는 장부(不登 18. 1991년 삭제). 土地登記索出帳, 林野登記索出帳, 土地·林野分合登記索出帳 및 建物登記索出帳 등이 있다. 前三者는 토지임야의 번호 및 부호, 등기부의 冊數와 張數, 등기번호, 계속용지의 책수 등을 기입하여 작성하고, 뒤의 건물등기색출장은 택지의 번호 및 부호, 건물의 번호, 등기부의 책수와 장수, 등기번호, 계속용지의 책수 등을 기입하여 이를 작성한다.

샌프란시스코회의(會議) 〔英〕 San Francisco Conferences ① 1945년 4월 25일부터 연합국 50국에 의한 샌프란시스코회의가 열려, 6월 26일 國際聯合憲章이 전참가국에 의하여 조인되어 성립(10월 24일 발효) 했다. ② 제2차대전에 있어서 일본의 항복후 6년째, 즉 1951년 9월 4일에 51개국 및 일본간에 샌프란시스코 講和會議가 열려(중국은 초청안되고, 인도·미얀마·유고슬라비아는 거절), 동 8일에 48개의 연합국(구소련·네덜란드·체코슬로바키아는 조인치 않음)과 일본간에 일본국과의 평화조약이 조인되었다. 동시 美·日安全保障條約도 조인되었다.

생가복적(生家復籍) 養親子關係의 해소로 인하여 양자가 생가에 복적하는 것. 배우자나 직계비속이 따르는 경우에는 생가복적을 할 수 없고, 新戶籍을 편제하게 된다(民 786, 戶 19의2).

생계보호(生計保護) 생활보호법에 의한 보호의 일종. 요보호자에 대하여, 의복·음식 기타 일상생활의 수요를 위하여 필요한 금품을 급부하고, 그 생계를 유지케 하는 것인데, 이는 원칙적으로 金錢給付로 행한다(6~8).

생래적 범죄인(生來的犯罪人) 〔英〕 born criminal 〔獨〕 geborener Verbrecher 〔佛〕 criminel né 〔伊〕 delinquente nato 롬브로조가 사용한 말로서, 롬브로조 및 犯罪人類學派의 주장이다. 생래적 범죄인이라 함은 일정한 신체적·인류학적 또는 정신적 특징에 의해서 식별되는 하나의 특별한 인종이며, 그 발생원인으로서 隔世遺傳(atavismo), 간질 등을 들 수 있다고 한다. 이는 환경의 여하를 불문하고 필연적으로 범죄를 행하는 운명을 지는 것으로 개선할 수도 없으므로, 사회적으로 격리하는 방법 밖에 없다고 한다. 또한 이들은 形態學的 또는 精神的 特徵이 異常型에 속하고, 전범죄자의 65~70%(후에는 35~40%)를 점한다고 한다. 그러나 오늘날의 학설에서는 생래적 범죄인의 존재를 부정하고 있다. → 롬브로조의 범죄인분류

생리휴가(生理休暇) 사용자가 생리일(月經日)에 작업이 곤란한 여자근로자에 대하여 주는 월 1일의 有給休暇(勤基 71, 115)를 말한다. 사용자는 그 여자근로자가 실제로 취업이 곤란한가 또는 생리에 유해한 업무에 종사하고 있는가를 따질 수는 없으므로 생리휴가제도는 일종의 就業禁止制度로 이해된다.

생명권(生命權) 사람이 법률의 보호에 의하여 안전한 生存할 수 있는 권리. 즉 타인으로부터 불법하게 생명을 탈취당하지 않는 권리를 생명권이라고 한다.

생명보험(生命保險) 〔英〕 life insurance 〔獨〕 Lebensversicherung 〔佛〕 assurance sur la vie 보험자가 피보험자의 생사에 대하여 일정한 금액, 즉 보험금액을 지급할 것을 약정하고 보험계약자가 보험자에 대하여 그 보수, 즉 보험료를 지급할 것을 약정하는 보험. 이 계약을 生命保險契約이라 한다(商 730). 생명보험의 발전은 그 나라 국민경제의 안전도를 측정할 수 있는 바로미터가 된다고 할 만큼 널리 행해지는 보험형태이다. 따라서 이 생명보험은 개개인의 우연한 사고로 인한 경제적 불안을 경감시키는 작용뿐만 아니라, 국민경제저축의 기능도 하게 된다. 즉 생명보험은 사람의 생존

또는 사망을 보험사고로 하는 것으로서 노후의 생활 또는 遺族의 곤궁 등에 대비하는 중대한 경제적 충족을 도모하려는 것이다. 생명보험은 인간의 생사를 보험사고로 하므로 인간의 사망률의 조사 등 統計技術의 발달에 따른 과학적 기초가 다른 종류의 보험보다 완비되어 있어 이 보험에 관한 법률관계도 뚜렷한 진보를 보이고 있다. 보험의 기술과 경험의 부단한 진보는 가장 복잡하고 개성이 짙은 사람의 생명의 위험을 합리화하여, 그 법률관계를 단순·정형화하고 있다(질문표제도의 채용에 의한 告知義務制度의 단순화·免責約款의 관대화·普通保險約款의 완화 등). 또 생명보험은 손해의 유무와 다소에 전혀 관계없이 보험사고가 발생하면 일정금액을 지급하는 定額保險이고, 손해보험과는 달리 피보험이익의 개념이 일반적으로 인정되지 않으므로 保險價額·超過保險·重複保險·一部保險의 문제가 없다. 생명보험계약에 있어서의 보험사고는 피보험자의 생존 또는 사망으로서 피보험자의 생존 또는 사망은 계약성립 당시에 불확정하여야 하나, 보험사고의 발생 자체가 불확정한 경우와 사고발생시기만이 불확정한 경우를 포함한다. 생명보험의 종류는 피보험자의 생사를 보험사고로 하는 관계로 손해보험과는 전혀 다른 표준에 의하여 구분된다. ① 보험사고에 의한 분류로서는 死亡保險·生存保險·混合保險(養老保險), ② 보험금의 지급방법에 의한 분류로서는 資金保險·年金保險, ③ 피보험자의 수를 표준으로 한 분류로서는 單獨保險·連生保險·團體保險이 있다. ④ 피보험자의 연령에 의한 분류로서는 成人保險·小兒保險, 그 건강정도의 분류로서는 健康體保險·弱體保險, ⑤ 또 보험계약자와 피보험자가 다르면 타인의 생명의 보험이고, 피보험자와 보험수익자가 다르면 타인을 위한 생명보험이 되는데, 타인의 생명의 보험에는 일정한 제한이 있다(731). 생명보험계약의 효과로는 생명보험계약에 있어서 일반보험계약의 효과 이외에 특유한 것으로서, 보험자는 ① 보험계약의 해지 또는 보험금액의 지급책임이 면제된 때의 保險料積立金의 반환의무(736 本), ② 利益配當附保險에 있어서의 이익배당의무(約款)를 지며, 보험계약자는 보험수익자의 지정·변경권을 가지는 동시에(商 733 I), 보험계약체결후에 보험수익자를 지정 또는 변경하였을 때에는 보험자에 대하여 그 통지의무를 진다(734 I).

생명(生命)**없는 도구**(道具) 물리적인 힘이 가하여짐으로써 범죄의 실현에 도구로서 이용되는 자. 죽은 道具라고도 한다. 예컨대 甲을 떠밀어서 乙에 부딪치게 하여 을을 부상케 하는 경우의 갑을 생명없는 도구라고 한다. → 간접정범

생명침해(生命侵害) 타인의 생명을 해하는 것. 형법상 殺人罪를 구성하는 한편, 민법상 人格權의 침해로서 불법행위로 된다. 不法行爲에 기한 손해배상청구권을 누가 어떠한 범위에서 취득하느냐에 관하여는 문제가 많다. 우선 사망한 본인이 취득하여 상속인에게 승계되는 것으로는 적극적 손해(예 : 입원비)의 배상·소극적 손해(얻을 수 있었을 이익으로부터 생활비를 뺀 것)의 배상이 있는데, 이 밖에 慰藉料請求權도 승계된다고 볼 것이냐가 다투어지고 있다. 다수설은 당연히 상속한다고 한다. 전연 본인의 위자료를 인정하지 않는 소수설도 있다. 다음에, 피해자의 상속인 등 근친자가 원시적으로 취득하는 것으로서는, 적극적 손해(입원비·사체운반비·장례식비용 등)의 배상 외에, 살해된 자의 직계존속·직계비속·배우자의 慰藉料請求權(民 752)이 있는데, 근친자가 扶養請求權의 침해를 이유로 하여 배상을 청구할 수 있느냐, 752조 소정의 자 이외의 자(예 : 內緣의 妻)는 위자료를 청구할 수 없느냐 등의 문제가 있다.

생명형(生命刑) 〔獨〕 Todesstrafe 〔佛〕 peine de mort 생명의 박탈을 내용으로 하는 형벌, 즉 死刑을 말한다. → 사형

생산공채(生産公債) 〔英〕 productive debt 정부의 영리사업을 위하여 起債되는 공채를 말하는 경우도 있으나 공채에 의한 사업의 직접수입에 따르는 공채의 元利拂을 할 수 있는 공채를 말하는바 엄밀한 뜻에서는 이것이 생산공채이다.

생산관리(生産管理) 노동조합이 사용자의 지휘명령을 배제하고, 자기의 손으로 企業經營을 담당하는 것을 말한다. 즉, 근로자의 단체가 쟁의의 목적을 달성하기 위하여 사용자의 의사에 반하여 사용자의 공장·사업장 또는 설비자재 등 일체를 자기의 수중으로 접수하여, 그의 점유(지배)하에 놓고 사용자의 지휘명령을 배제하고 자기의 손으로 기업경영을 행하는 爭議行爲이다. 이는 정당한 同盟罷業으로는 임금을 받지 못할 뿐만 아니라, 자칫 잘못하면, 그 결속에 龜裂이 생기기 쉬운 것이기 때문에 임금을 받아가면서 결속을 굳게 하고 쟁의의 목적을 달성하려고 하는 것이다. 그러나 이것은 노동의 거부라고 하는 소극적 성질에 그 合法性의 기초를 가지고 있는 본래의 의미에 있어서의 爭議權을 轉用하여, 기업자의 소유권을 침해하고 경영권을 탈취하려고 하는 행위이므로 위법이 아니냐는 문제로 많은 논쟁이 있다. 각국의 경우를 보면 학설·판례가 갈라져 있는 형편이다. 원래 이 생산관리는 제2차대전후의 혼란기를 틈타서 일본에서 널

리 행하여졌었으며 그보다 앞서 제1차대전후에는 독일·이탈리아 등에서 이와 같은 것이 행하여졌었다.

생산명령(生産命令) 정부가 일정물품의 생산을 업자에게 강제하는 명령. 전시나 비상시에 정부가 强權을 발동하여 강제한다. 위반에 대한 벌칙을 두는 반면에 이로 인한 손실에 대하여 보상을 행하는 것이 보통이다.

생산(生産)**의 사회화**(社會化) 〔英〕 socialization of production 生産力의 발전에 따라 자본주의적 생산은 점점 대규모화하여 다수의 근로자가 집중되고, 각 생산부분은 일층 서로 의존하게 된다. 이것을 생산의 사회화라 한다. 자본주의하에서는 생산은 生産手段의 私有에 기하여 행하여지고 있기 때문에, 사회화가 진행하면 할수록, 생산의 사회적 성격과 소유의 사적 성격과의 모순을 격화시킨다. 자본주의하의 企業國有化를 사회화라고 하는 경우도 있다.

생산(生産)**카르텔** 生産制限에 관한 카르텔. 조업단축·생산수량제한·생산설비제한 등을 사업자가 협정함으로써 행하여진다. 제1차대전후의 불황에 즈음하여서는 법이 이것을 조성하거나 또는 강제하는 일이 있었다. → 강제카르텔

생잔보험(生殘保險) 〔英〕 contingent survivorship insurance 〔獨〕 Überlebensversicherung 〔佛〕 assurance de survie → 연생보험

생전양자(生前養子) 양친의 생전에 입양하는 양자. 구민법상의 事後養子에 대하는 말. 1990년의 민법개정으로 사후양자와 遺言養子制度는 폐지되었다.

생전처분(生前處分) 생전행위와 같다.

생전행위(生前行爲) 〔獨〕 Rechtsgeschäft unter Lebenden 〔佛〕 acte entre vifs 행위자의 생전에 효력을 발생하는 법률행위. 즉, 그 효력이 발생이 행위자의 사망과는 관계없는 법률행위. 이에 대하여 행위자의 사망으로 인하여 효력이 발생하는 것을 死後行爲 또는 死因行爲라고 한다. 遺言(民 1060 이하)·死因贈與(民 562) 등은 후자에 속하고, 기타의 일반법률행위는 전자에 속한다.

생존가치(生存價値)**없는 생명**(生命)**의 훼멸**(毁滅) → 안락사

생존권(生存權) 〔英〕 right to life 〔獨〕 Recht auf Existenz 인간다운 생활을 위한 여러 조건의 확보를 요구할 수 있는 권리(憲 34Ⅰ). 생존권은 본래 국가의 간섭을 받음이 없이 자기의 생활을 유지할 수 있는 自然權, 즉 자유권적 기본권으로 17·18세기에 주장되었지만, 20세기에 들어와서 빈부의 차가 격심해져서 無産大衆의 생활이 위협을 받자 지금까지의 소극적 성격을 지양하고 적극적으로 개인이 그 생존의 유지 또는 발전을 위해 국가에 대해서 金錢的 給付 또는 시설의 이용을 요구할 수 있는 受益權으로 화하게 되었다. 완전고용이 절대로 불가능한 것은 아니지만 매우 곤란하기 때문에, 자본주의국가에서 모든 국민에게 생존권을 실질적으로 보장하기 위해서는, 완전고용을 위해 노력하는 동시에, 失業保險·疾病保險·傷害保險·廢疾保險·養老保險·退職年金 등과 같은 사회보험제도를 완비해야 한다. 그러므로 우리 헌법도 국가는 사회보장·사회복지의 증진에 노력할 의무를 진다고 규정하고 있다(34Ⅱ). 이러한 이유로 말미암아 生存權은 국민의 구체적이고 주관적인 권리라고는 볼 수 없고 따라서 생존권을 규정하고 있는 전기 헌법규정은 국가의 정책의 지침을 宣明했음에 불과하다(다수설). → 사회권

생존권적 기본권(生存權的基本權) 〔英〕 fundamental right to life 〔獨〕 Grundrecht auf Existenz 자유권적 기본권에 대립되는 개념으로서 인간다운 생활을 보장하기 위해서 인정된 기본권(→생존권, 사회권). 생존권적 기본권이 인정된 법치국가를 社會的 法治國家라 한다(→사회적 법치국가).

생존배우자(生存配偶者) 〔獨〕 überlebender Ehegatte 부부의 한쪽이 사망한 경우의 다른 한쪽. 생존배우자가 처라면 再婚禁止期間(舊民 811)에 위반되지 않는 한 재혼을 할 수 있고(이 규정은 아이의 친아버지를 가리기 위해 여성은 이혼후 6개월 동안 재혼을 금지했으나 개정되어 아무런 제한없이 재혼할 수 있도록 했다), 또 親家에 復籍할 수도 있다. 인척관계는 혼인의 취소 또는 이혼으로 인하여 소멸한다(775). 그리고 생존배우자는 사망한 배우자의 신분 및 재산에 관하여 戶主承繼權 또는 相續權을 가진다.

생존보험(生存保險) 〔英〕 pure endowment insurance 〔獨〕 Versicherung auf Erlebensfall 〔佛〕 assurance en cas de vie 일정연령에 달하기까지 생존하는 것을 조건으로 하여 보험금액을 지급하는 보험. 이것에는 피보험자가 노년에 이르는 것을 조건으로 하는 老年保險과 성년에 이르는 것을 조건으로 하는 成年保險이 있다. 후자는 그 이용되는 목적에 따라서 敎育保險·婚資保險 등으로 불린다.

생지주의(生地主義) 〔羅〕 ius soli 출생으로 인한 國籍取得에 관한 1주의로서, 출생시의 부모의 국적 여하에 구애됨이 없이 출생지에 따라 국적을 결정하는 것. 血統主義에 대한 말. 出生地主義 또는 屬地主義라고도 한다. 라틴아메리카와 앵글로색슨의 여러 나라는 이 주의를 원칙으로 하고 있다. 우리나라의 국적법은 혈통주의를 기본으로 하고, 다만 예외적으로 생지주의를 가미하고 있다(2). → 혈통주의

생활결정책임(生活決定責任) 〔獨〕 Lebensentscheidungsschuld 책임을 잘못된 생활결정, 즉 행위자가 선행의 자질과 악한 습성의 기로에 섰을 때 잘못된 길을 선택한 것으로 이해되는(Bockelmann) 槪念을 말한다. 생활결정책임이란 용어를 똑같이 쓰면서도 책임을 不法構成要件實現의 토대가 된 인격에 대한 부담으로 파악하는 입장도 있다(Dias). 후자의 출발점은 인간은 스스로 결정하면서 자신의 본질을 형성해가는 기초선택을 통해 그의 인격을 실현한다는 점이다. 따라서 만약 행위자의 위법한 행위가 그의 잘못된 生活決定의 표현이라면 그에 대한 책임비난을 면하지 못한다는 것이다.

생활권(生活權) 〔獨〕 Lebensrecht 기본적 인권 중 생존권을 생활권이라 주장하는 학자가 있다. 生存權은 死냐 生이냐 하는 생사의 경지에서 목숨을 이어야겠다는 생존의 권리를 의미하는 느낌이 있어 인간다운 생활을 내용으로 하는 생활의 권리의 개념에 부적당하다는 것이다. 헌법에 모든 국민은 인간다운 생활을 할 권리를 가진다라고 明文으로 규정하고(34 I), 아울러 국가는 국민의 생활권보장을 위하여 사회보장의 증진과 생활능력상실자에 대한 국가보호를 규정하고 있다. → 생존권

생활공간규제행정(生活空間規制行政) 사회공공의 복리를 증진시키기 위하여 국토이용의 효율화와 공간적 생활공간을 정비·개선함으로써 전체적인 생활공간을 합리적으로 개발·정비·보전하기 위한 규제적 행정작용을 말한다. 그 내용과 방법은 주로 토지계획·토지제한 및 토지개발로 나눌 수 있고, 그에 대한 구제는 行政爭訟과 損害補償이 있다.

생활반응(生活反應) 생존 중에 받은 외부적 자극·손상에 대하여 나타나는 生體反應. 생전에 받은 상처냐 어떠냐를 조사하는 法醫學上의 중요한 검사방법. 局所反應과 全身反應이 있다. 국소반응은 조직내의 출혈로 凝血로서 나타나지만, 심장 또는 大血管을 손상하여 갑자기 혈압이 내려가는 따위의 이유로 출혈을 결여하는 경우도 있으므로, 전신반응을 보는 편이 확실하다. 전신반응에는 동맥절단에 의한 乏血, 조직으로부터 수분이 보충되기 위한 혈액의 희박화, 정맥절단에 의한 空氣栓塞, 생전골절에 의한 脂肪栓塞, 익사에 즈음하여서의 肺臟內에로의 물 기타 異物의 침입, 燒死의 경우의 매연 및 일산화탄소의 흡입 등이 현저한 예로 된다.

생활보장(生活保障) 공무원이 그 자신과 가족의 생활을 영위하고 부양할 수 있도록 국가 또는 공공단체가 財産的 給與를 주는 것. 그것이 곧 봉급 및 각종의 보수이다. 공무원에 대한 보수가 공무원의 생활을 보장할 수 있는 정도일 것을 요구하는 의미에서 국가공무원법은 공무원의 보수는 일반의 표준생계비, 민간의 임금 기타 사정을 고려하여야 한다고 규정하고 있다(46 I).

생활보호(生活保護) 노령·질병 기타 근무능력의 상실로 인하여 생활유지의 능력이 없는 자에 대하여 건강하고 문화적인 最低生活을 유지하기 위하여 생활보호법에 의하여 하는 작용이다. 헌법 34조 5항은 신체장애자 및 질병·노령 기타의 사유로 생활능력이 없는 국민은 법률이 정하는 바에 의하여 국가의 보호를 받는다라고 하여 생활보호에 관하여 明示하고 있다.

생활영위책임(生活營爲責任) 〔獨〕 Lebensfuhrungsschuld 책임을 행위자가 선천적으로 타고난 것은 아니지만, 그의 후천적인 실책에 의해 犯罪行爲에 이르게 된 잘못된 생활영위라고 규정하는 것을 말한다. Mezger가 주장한 것이다. 이에 따르면 행위자의 위법한 범행은 그것이 행위자의 잘못된 生活營爲의 결과로 볼 수 있는 한 비난될 수 있다는 것이다. 行狀責任이라고도 한다.

서구연합(西歐聯合) 〔英〕 Western Union 1948년 서유럽 5개국 조약(브뤼셀 조약)에 의한 일종의 地域的 集團體. 본조약은 군사뿐 아니라 정치·경제·사회·문화분야에 걸친 협력을 목적으로 하고 있으나 전자가 북대서양조약에서 발전한데 대하여 후자도 또한 1949년 5월 5개국(영국, 프랑스, 벨기에, 네덜란드, 룩셈부르크)을 중심으로 이탈리아, 덴마크, 아일랜드, 노르웨이, 스웨덴이 가입해서 유럽 10개국으로 형성된 歐洲會議(혹은 구주심사의회)를 설립하고(후에 다시 터키, 그리스, 아이슬랜드가 가입), 마샬플랜에 의한 미국의 경제원조와 손을 잡고서 유럽의 경제상의 부흥과 통일을 목표로 지향하였다.

서 경(署經) 관리의 임명에 臺諫의 심사·동의를 거치는 제도로, 文官은 吏曹에서, 武官은 兵曹에서 추천한 후보자들에 대한 대간들의 同意署名을 말한다. 고려시대에는 1품 이하 전관리의 임명에 서경이 필수요건이었으나, 조선시대에는 5품 이하의 관리에만 필수적 요건으로 하고 있다. 經國大典 吏典 告身條에는 5품 이하의 관리는 司憲府·司諫院의 署經을 詳考하여 辭令狀을 수여하는데, 심사범위는 임용대상자의 친가와 외가의 4대조까지의 父祖와 본인의 신상에 있는 결함의 유무를 詳考하는 것으로 되어있다. 이와 같은 서경에 통과되어야 사령장을 교부한다. 일차심사에서 통과되지 못하면 再署·三署를 구할 수 있고, 三署에서도 見越(不通過)되면 遞任된다. 司憲府·司諫院이 有故로 15일 이상 서경을 지체하면 직접 上奏한다.

서 기(書記) 8급인 一般職事務系國家公務員의 일반적인 직명. 직렬에 따라 그 직렬을 표시하는 용어를 부여함으로써 구체적인 職名이 된다. 행정서기·감사서기 등이 그 예. 상사의 명을 받아 소관 一般行政事務를 담당한다.

서기관(書記官) 4급인 一般職事務系國家公務員의 일반적인 직명. 상사의 명을 받아 일반사무를 담당하며 소속직원을 지휘·감독한다. 행정각부·처·청의 과장, 도의 국장급.

서기보(書記補) 9급 一般職事務系國家公務員의 일반적인 직명. 직렬에 따라 그 직렬을 표시하는 용어를 부여함으로써 구체적인 직명이 된다. 행정서기보·감사서기보 등이 그 예. 상사의 명을 받아 소관 일반행정사무를 담당한다.

서 리(署理) 행정기관이 그 구성자인 공무원의 死亡·辭任 등에 의하여 궐위된 경우에, 타인이 그 권한을 행사함으로써 당해기관의 행위로서의 효과를 발생케 하는 것. 그 성질에 관하여는 대리 특히 指定代理의 일종으로 보는 것이 통설이지만, 대리와 구별하는 견해도 있다. 事務取扱·職務取扱·職務代理라 불릴 때도 있다.

서면결의(書面決議) 會議體에서 구성원의 會合을 열지 않고 각 구성원의 서면에 의한 의사표시에 의하여서 행하여지는 결의. 구성원의 회합을 전연 열지 않는 점에서, 그 회합을 열면서 결석자에 대하여 서면에 의한 결의권의 행사를 인정하는 좁은 뜻의 書面決議(예: 民73Ⅱ)와는 다르다. 주식회사의 주주총회와 이사회의 결의에는 서면결의가 인정되지 않지만, 소규모 기업의 형태인 有限會社에서는 그 簡易性의 요구에서 사원총회의 결의에 갈음하는 會社意思의 결정방법으로서 서면결의의 제도가 인정되어 있다(商 577). 즉 사원총회의 결의사항은 어떠한 종류의 것이든 서면결의의 방법을 쓸 수 있는데, 그 결의는 총회의 결의와 동일한 효력이 있다(577Ⅲ). 그리고 총회에 관한 규정이 서면에 의한 결의에 준용된다(577Ⅳ). 그 방법으로서는 첫째로 總社員이 일정한 사항에 관하여 서면결의의 방법에 의할 것에 동의한 경우인데(577Ⅰ), 이 경우에는, 그와 같은 동의가 있은 뒤에, 각 사원이 서면으로 결의사항의 贊否에 관하여 의사표시를 하고, 결의가 각각 通常決議·特別決議의 요건을 충족시킨 때에 성립한다. 전원이 출석한 것으로 인정되며, 의사표시가 없는 경우에는 반대한 것으로 인정하여야 할 것이므로, 정족수의 문제는 생기지 않는다. 둘째로 결의의 目的事項에 대하여 총사원이 서면으로 동의를 한 때인데(577Ⅱ), 이 경우에는 서면결의의 방법에 관하여 동의는 없지만, 내용에 관하여 전원의 同意가 있으므로, 서면결의가 있었던 것으로 본다.

서면심리(書面審理) 소송의 심리에 있어서, 辯論 및 證據調査를 서면에 의하여 행하는 당사자 및 법원의 소송행위. → 서면심리주의

서면심리주의(書面審理主義) 〔獨〕 Schriftlichkeitsprinzip 소송심리의 방식에 관하여 당사자 및 법원의 소송행위, 특히 변론 및 증거조사가 서면으로 행하여져야 하는 주의. 서면주의라고도 하며, 口述主義에 대한 말이다. 이 주의는 소송자료의 제출·보존이 확실한 장점이 있으나, 소송서류의 방대를 초래하고, 그 閱讀에 많은 시간과 노력을 요하며, 따라서 변론을 집중하기 곤란하고, 사건의 진상을 명백히 하기 불편하며, 또한 合議制 및 公開主義에 부적합하다.

[1] 우리 민사소송법은 口述主義를 원칙으로 하며(124Ⅰ, 143ⅱ, 254, 303), 서면주의를 보충적으로 병용하는데 그친다(303 但, 312, 245~252). 다만 근자에 이르러 구술주의원칙이 점차로 형식화하는 경향에 비추어 신민사소송법은 구민사소송법에 비하여 서면주의를 크게 진출시켰다(137, 400).

[2] 형사소송법상도 같은 뜻. 糾問主義訴訟下에서는, 서면심리주의가 원칙이었으나, 彈劾主義訴訟의 채용에 따라 그 기능의 발휘에 부적하여 폐지되고 구술주의가 이에 대체되었다. 우리 형사소송법도 판결은 구두변론에 의거하도록 하고 있다(37Ⅰ). 이 주의가 배제되는 것은 증거조사·변론 등 이른바 實體形式行爲에 있어서이며 그 밖의 소송행위 특히 이른바 節次形成行爲에 있어서는 확실을 기하기 위하여 서면을 필요로 하는 일이 많다(公

訴·判決 등).

[3] 행정상의 쟁송은 書面審理主義를 주로 하는 수가 많다. 행정심판법에 의하면 심리는 서면심리를 원칙으로 하고, 다만 당사자의 신청이 있거나 행정심판위원회가 필요하다고 인정할 때 한하여 口述審理를 할 수 있도록 되어 있다(26Ⅱ). 그러나 행정소송의 심리는 변론을 기본으로 하는 일반민사소송원칙에 의한다(行訴 8Ⅱ).

서면진부확인(書面眞否確認)**의 소**(訴) 증서진부확인의 소와 같다.

서 명(署名) 〔英〕·〔佛〕 signature 〔獨〕 Unterschrift [1] 문서의 서명. 문서에 자기의 성명을 쓰는 것. 본래는 自署를 의미하나(民訴 193, 刑訴 157Ⅲ 本), 때로는 代署가 허용되는 경우(刑訴 157Ⅲ 但) 또는 記名捺印으로써 대신할 수 있는 경우(民 510)도 있다. 법률이 요구하는 서명이 없는 문서는 원칙적으로 무효로 해석된다. → 요식행위

[2] 헌법개정·법률·명령의 서명. 헌법개정·법률 및 대통령령에는 대통령이 서명한 후 국무총리 및 관계국무위원이 副署한다(法令 등 公布에 관한 法律 4, 5Ⅰ). 공고를 위한 헌법개정안도 마찬가지이다(3). 總理令 또는 部令에는 국무총리 또는 관계장관이 각각 서명한다.

[3] 條約의 서명. 조약의 성립을 위한 1요건으로서, 調印 또는 記名이라고도 한다. 조약의 내용이 확정될 때 조약문서에 그 작성당사국의 대표자가 서명하는 것. 국제기관이 채택하는 조약에 있어서는 가맹국의 대표자가 서명하지 않고, 곧 가맹국의 채택에 회부하거나, 그 국제기관의 대표자만이 서명하는 경우(국제노동조약의 예)가 있다. 서명에 의하여 조약의 내용은 확정되고 이후 변경할 수 있다. 다만 조약의 성립에는 원칙적으로 그 외에 비준을 요한다. → 조인, 조약의 체결, 비준

서명대리(署名代理) 대리인이 그 代理權에 기하여 직접으로 본인의 서명을 하는 것. 일본의 판례는 이것을 대리인이 본인을 위한 것임을 표시하는 방법으로서 유효하다고 하며, 이러한 형식을 쓰기 위하여는 특히 그렇게 하는 것까지의 권한을 부여받았을 것을 필요로 한다고 한다(→ 현명주의). 다만 다수설은 어음의 서명에 관하여는 이것을 무효라고 하나, 여기에 본인의 印章을 찍으면 記名捺印으로서 유효하게 되므로, 실제에 있어서는 큰 차이는 없다.

서명운동(署名運動) 통속적으로는 어떤 주장 또는 의견에 대한 찬성의 서명을 얻기 위한 운동을 총칭한다. 법률적으로는 법령에 어떤 행위의 요건으로 된 경우에 그 서명을 받기 위한 운동을 말한다.

서명지법(署名地法) 유가증권에 서명을 한 장소의 법률. 국제사법상 準據法의 하나이다. 우리나라 섭외사법에 있어서는 환어음·약속어음 및 수표상의 행위의 방식이나, 그 당사자의 권리의무에 관한 準據法으로 인정되고 있다(36Ⅰ本, 37).

서민원(庶民院) 영국 의회의 제1원. 서민원은 단일지역의 선거구에서 선출된 의원으로 구성(1943년 人民代表法案)되는데 성년의 경우엔 확정된 무자격자를 제외하고는 참정권 또는 투표할 수 있는 권리를 가진다. 1832년 이전에는 선거구의 參政權은 해마다 40실링에 달하는 부동산 자유보유자의 재산을 소유하고 있는 남성만이 선거권의 행사, 人民投票法(1832) 등에 의하여 카운티 참정권, 버러 참정권. 1914년의 인민대표법안은 위의 두 선거구를 하나로 통일하였다. 그리하여 1928년 개정법에 의하여 비로소 근대적 참정권을 가지게 되었다. 국왕의 공포에 의한 의회의 소집이 있은 뒤에 개별적인 소환장이 貴族院 議員에게 발부되고, 그 소환장은 또한 당선인을 庶民院 議員의 당선인으로서 간직시킬 수 있게끔 지휘하는 선거위원장에게도 발부된다. 선거위원장은 입후보자 추천이 신청된 장소와 시일을 고지하고, 논의가 있을 때에는 투표일을 고지한다. 또한 서민원에는 의장을 두는데 국민의 임명제의나 분과위원회의 회기 중만을 제외하고는 의장이 되고, 정상적인 토론행위에 관하여 책임을 진다. 또한 서민원 분과위원회별로 회의할 때에는 사회는 예산위원회의 위원장(부위원장)에 의한다. 서민원 원장은 집단적 또는 개인적으로 그 임무수행에 방해를 제거하기 위하여 일정한 特權과 治外法權이 院 자체나 의원들에게 부여된다. 즉, 체포로부터의 자유발언의 자유, 토론의 비밀보장, 토론과 발언의 공표 간행, 내부적인 의사진행을 통제할 수 있는 권한, 모욕을 범한 자의 拘禁權, 수당을 받을 권리 등을 가진다.

서브피너 〔英〕 subpoena 罰金附召喚令狀. 소송에 관하여 특정인에 대하여 일정한 목적을 위하여 지정한 일시 및 장소에 출두할 것을, 불복종의 경우에는 100파운드의 벌금을 징수하겠다는 罰金附로(subpoena=under a penality), 命한 令狀(writ), 현재는 증인을 소환하는데 일반적으로 사용되고 있으나, 옛날의 衡平法訴訟節次에 있어서는 소송은 피고에 대한 subpoena에 의해서 개시되었던 것이다. 다음과 같은 종류가 있다. ① subpoena ad testificandum. 증서를 위하여 증인의 出頭를 명하는 罰金附召喚令狀. ② subpoena duces tecum. 영장에 지정된(그가 소지하고 있는) 문서를 지참하고 증인으로서 출두할 것을 명하는 罰金附令狀. 증거로 이용하려는 문서가 제3자의 수중에 있을 경우에 그 문서를 제출시키기 위하여 사용된다. ③ subpoena to show cause. 성년에 달한 자에 대해서 출두하여 그가 미성년중에 유보한 신청을 행할 것을 명하는 罰金附召喚令狀. ④ subpoena to name a solicitor. 사망 그 밖의 이유로 인하여 당사자 일방의 事務辯護士(솔리시터)가 결여한 경우에 그에 갈음할 변호사의 선임을 구하는 것.

서시오레어라이 〔羅〕·〔英〕 (writ of) certiorari (事件) 移送命令. 보다 잘 알려진다(To be more fully informed)라고 하는 것이 원래의 뜻. 고등법원(High Court of Justice) 王座部(King's Bench Division)가 下位裁判所(inferior courts)의 판사 또는 직원에게 대해서, 그곳에 係屬되어 있는 사건의 기록의 이송을 국왕명의로 명하는 令狀(writ). 신속하고도 的確한 재판을 하고자 하는 것으로, 그 목적은 ① 기록상 명확한 관할권의 결여, 詐欺 또는 錯誤의 이유에 의해서 판결을 취소하기 위하여, ② 판결에 대한 上訴를 용이하게 하기 위하여, ③ 보다 공정한 심리를 확보할 목적으로 刑事事件을 어떤 재판소로부터 다른 재판소로 옮기기 위해서 등이다. 상소는 制定法에 의해서 특히 인정된 경우에 한해서 가능한데 반하여, 移送命令은 특히 금지되고 있는 경우를 제외하고는 청구할 수 있다. 영국에서는 1938년 Administration of Justice(Miscellaneous Provisions) Act에 의해서 영장이 아니라 命令(즉 order of certiorari)으로 되었다. 미국에서는 일반적으로 上位裁判所가 下位裁判所에 향해서 기록의 이송을 명하는 영장인데, writ of review라고 하는 곳도 있다. 행정청의 準司法的 行爲에 대한 사법심사의 방법으로서 미국의 주에서 많이 이용된다. →프로히비션, 맨데이머스, 인정크션

서 압(署押) 서압은 일명 花押. 署名의 1방법으로 자기성명일자를 독특한 형태로 草書하는 것이다. 간혹 두 자를 초서하는 경우도 있다. 법률문서뿐 아니라 일반관청문서 또 私文書에도 서압하는 일이 많다. 그 문서가 법률상 권리문서인 경우에 眞僞判斷의 표준으로 가치가 있었다. 唐時代부터 보편적으로 유행한 것이며, 신라시대 이후 우리나라에도 사용되었다고 추정된다.

서양자(壻養子) 구민법상 女壻로 할 목적으로 입양시키는 양자. 1990년 민법개정으로 폐지되었다.

서울특별시(特別市) 1949년 지방자치법이 시행된 이래 서울시의 구역을 서울특별시라 부르고, 서울특별시장이 관할하는 구역임과 동시에 어느 정도의 자치권을 가진 지방자치단체가 되었다. 1962년 서울특별시가 내포하는 특수한 성격에 비추어 서울특별시의 법적 지위의 향상을 목적으로 하는 서울특별시 행정에 관한 특별조치법에 의하여 종전에 내무부장관의 지휘하에 있던 것을 내각수반 직속하로 승격시켰다. 보통 지방단체의 일종이며, 그 의결기관으로서 의회, 집행기관으로서는 구청장 그 밖의 기관을 둔다.

서(西)유럽연합(聯合) 〔英〕 Western European Union 서유럽 5國條約에 의한 연합. 1948년 3월 17일 브뤼셀에서 조인되었다. 이것은 1947년 3월 4일 단계르크에서 조인을 본 영국·프랑스 상호원조조약과, 1948년 1월 1일 벨기에·룩셈부르크·네덜란드의 3국에 의하여 결성된 베네룩스 경제동맹이 결합된 것으로 서유럽에 대한 구소련의 위협에 대항함을 목적으로 한, 기간 50년의 相互防衛條約이다. 이에 의하여 성립한 것이 서유럽연합으로, 그 후 북대서양조약으로 발전하고, 처칠 영국수상의 제창에 의하여 생긴 유럽통일을 위한 유럽 회의의 모체로 되었었다. 그 후 1949년 4월에 북대서양조약이 발효하고, 동년 9월 그 기구가 결성되자, 이와의 관계가 문제가 되어, 동년 11월 런던에서 개최된 國防相會議에서는 서유럽엽합을 북대서양조약기구내에 흡수시키지 않고, 연합을 종래대로 존속시킬 것을 결정하였다. →서유럽오국조약

서(西)유럽오국동맹(五國同盟) →서유럽오국조약

서(西)유럽오국조약(五國條約) 〔英〕 Treaty for Economic, Social and Cultural Cooperation and Collective Defence among the United Kingdom, France, Belgium, Luxemburg and the Netherlands 1948년 3월 17일 브뤼셀에서 영국·프랑스·벨기에·룩셈부르크·네덜란드간에 調印된 경제적·사회적·문화적 협력 및 집단적 자위를 위한 조약. 브뤼셀조약이라고도 한다. 이 조약은 ① 締約國의 한 나라가 유럽에서 무력공격을 받을 때에는 다른 締約國은 유엔헌장 51조의 규정에 따라 군사상 기타의 가능한 원조를 행하고, ② 전쟁의 위협에 대하여 즉시 협의할 수 있는 상설기관을 설치하고, 특히 독일의 침략정책에는 항상 대비하며,

③ 締約國 상호간의 경제정책상의 마찰의 제거와 생산의 조정 및 무역의 증진을 위하여, 경제활동을 조직·조정함을 규정하고 있다. 이 常設機關으로서, 동년 4월의 5개국외상회의에서, 상설자문이사회(외상회의)의 설치가 결정되고, 그 외 국방상회의·자문이사회상임위원회·상임군사위원회, 경제·사회·문화 각 전문위원회 등이 설치되었다. 5개국국방상회의에서, 각국의 육·해·공군사령관으로 구성하는 常任參謀會議를 설치하도록 결정하였다. 서유럽에 대한 구소련의 위협에 대항하기 위하여, 50년 기간으로 체결된 相互防衛條約이다.

서입혼(壻入婚) 초서혼과 같다.

서 자(庶子) → 혼인외의 출생자

서 증(書證) 〔英〕 documentary evidence 〔獨〕 Urkundenbeweis 〔佛〕 preuve par écrit ou littérale [1] 민사소송법상 문서성립의 진부 및 문서에 기재되어 있는 의미·내용을 조사하여 증거자료로 삼으려는 證據調査. 의미내용, 즉 사상을 증거자료로 하려는 것이기 때문에 문서의 紙質이나 문자의 筆蹟을 알기 위한 檢閱, 즉 檢證과는 구별된다. 서증의 대상이 되는 문서는 自由心證主義下에서는 문서의 종류 여하를 불문하고, 증거능력이 있는 것이다. 그러나 법관의 심증을 좌우하기 위하여서는 문서의 證據力(문서의 진정을 증명하는 형식적 증거력과 문서기재내용이 증거로서 갖는 가치, 즉 실질적 증거력)이 작용한다. 결국 서증은 문서의 증거력의 존부를 조사하는 절차이다. 서증신청은 擧證者가 문서를 소지한 경우에는 이를 제출하여 신청할 것이며, 상대방 또는 제출의무있는 제3자가 소지한 경우에는 文書提出命令을 신청하여야 할 것이나, 제출의무가 없는 경우에는 文書送付의 囑託을 신청하여 한다(民訴 315, 323).

[2] 형사소송법상 서면의 존재 또는 의의가 증거로 되는 것. 書證에는 문서의 존재 자체도 증거로 되는 것, 문서의 내용만이 증거로 되나 형식적 증거력과 실질적 증거력이 모두 문제로 되는 것, 형식적 증거력은 보통 문제되지 않고 실질적 증거력만 문제로 되는 것(법원 또는 법관이 작성한 조서등)의 3종이 있다. 전2자는 증거물인 서면으로서, 증거조사의 방법으로는 提示 및 要旨의 告知(또는 朗讀)를 필요로 하고, 후자는 증거서류로서, 증거조사의 방법은 요지의 고지(또는 낭독)만으로 충분하다. 한편으로 후2자에는 傳聞證據의 제한이 있으나, 전자에는 그 제한이 없다. 그리하여 이 전문증거의 제한이 있는 것(문서의 내용이 증거로 되는 것)을 증거서류라고 하고, 그렇지 않은 것을 증거물인 서면이라 하는 견해도 있다. 증거서류와 증거물인 서면과의 구별의 상세에 관하여는 證據書類를 보라.

서 출(庶出) 혼인관계가 없는 남녀에서 출생한 血族. 嫡出에 대하는 말. → 혼인외의 출생자

서티피케이션 〔英〕 certification 수표의 지급을 확실히 하여 그 원활한 유통을 도모하기 위한 미국의 제도. 지급인인 은행이 소지인의 청구에 의하여 수표상에 good이라고 기재하고 서명하면, 자금이 소지인에게 지급되고, 이를 소지인이 은행에 예금한 것으로 인정되는 결과, 發行人이나 背書人이 免責되는 대신, 지급인이 소지인에 대하여 지급의 무를 지게 된다. 支給保證은 이를 모방한 것이지만, 방식·효과 등에 다른 점이 있다.

석명권(釋明權) 〔獨〕 Aufklärungsrecht, Fragerecht 소송의 내용을 명확히 하기 위하여 당사자에게 법률상 및 사실상의 점에 관하여 發問하며 그 진술을 釋明하는 기회를 주고 또는 입증을 촉진시키는 법원의 권능. 發問權이라고도 한다.

[1] 민사소송에서는 辯論主義를 원칙으로 하나, 불완전한 변론으로써 재판을 하는 것은 당사자에게 대하여 불친절할 뿐만 아니라, 재판의 위신을 손상하게 한다. 그러나 법원은 당사자에게 그 진술의 모순·불완전·불명료한 점을 지적하여 이것을 訂正·補充할 기회를 주고 또 당사자에게 입증을 촉진하는 것이 필요하게 된다. 석명권의 행사는 적극적 사실탐지를 의미하는 것은 아니나, 심리를 완전히 하고, 사안해명에 협력함을 의미한다. 그리고 단순한 권능에 그치지 않고 국민에게 봉사하는 법원의 직책이며, 그 행사를 태만히 하거나, 잘못할 때에는 審理未盡의 위법이 있는 것으로 上告理由가 된다. 석명권은 재판장이 대표하여 행사하나(民訴 126 Ⅰ), 합의부원(陪席判事)은 재판장에게 告하고 석명권을 행사할 수 있으며, 당사자는 재판장에 대하여 필요한 발문을 요구할 수 있다(126 Ⅱ·Ⅲ). → 구문권). 또한 재판장은 辯論期日전에 미리 석명사항을 지시하여 다음 기일에 할 진술의 준비를 명할 수 있다(127).

[2] 형사소송법상으로는 職權主義訴訟構造下에서는 석명의 권리의무는 당연한 것으로서 문제로 되지 않았다. 현행법에서는 當事者主義가 강화되었지만 재판장이나 陪席判事는 석명을 구하고 또 입증도 촉구할 수가 있는 것으로 해석할 수도 있다. 그러나 그것이 명문상으로 규정이 없고, 더욱이 의무적으로 석명을 시킬 근거는 전연 없기 때문에, 이를 행사하지 않는 경우도 審理不盡이라고 할 수는

없을 것이다.

석유수출국기구(石油輸出國機構) 〔英〕 Organization of the Petroleum Exporting Countries(OPEC) 석유가격의 안정을 위해 국제석유회사와 生産割當에 관하여 협의하고 국제석유회사로부터 보다 많은 利權料를 획득하기 위하여 수출국이 공동교섭을 할 목적으로 석유수출국을 구성원으로 하여 결성된 기구. 1962년 9월 바그다드에서 열린 이라크·이란·사우디아라비아·쿠웨이트·베네주엘라 등 5대석유수출국회의에서 그 창립을 결정했다. 산하기관으로 총회·이사회·사무국 등이 있다.

석유화학공업단지(石油化學工業團地) 석유화학공업을 집단적으로 개발·육성하기 위하여 정부의 계획에 따라 區劃·造成하는 단지를 말한다.

석주법(石柱法) 고대 법전은 階示法의 성격을 지녔는 바 석주법의 형식도 이에 속한다. 대표적인 것은 함무라비법전이다.

선가책임주의(船價責任主義) 〔獨〕 Werthaftungssystem 船舶所有者責任制限의 일종으로서, 선박소유자는 항해말에 있어서의 선박의 가액과 그 선박에 의하여 생긴 채권액, 즉 海産의 가액을 한도로 하여, 人的有限責任을 지는 것. 미국은 원래 선가책임주의 외에 선택적으로 海産의 委付權도 인정하여, 항해를 단위로 하는 航海主義이었으나, 1935년에 개정하여 選擇的 委付權을 폐지하고, 金額責任主義를 병용함으로써 1924년의 統一條約과 동일한 입법주의로 하였다.

선감찰(船鑑札) 총톤수 20톤 미만의 선박의 船積을 증명하는 것. 구법상의 용어 船舶國籍證書에 해당하는 것으로 총톤수 5톤 미만의 帆船 및 櫓櫂船 이외의 小船은 한국에 선적항을 정하고, 해운관청으로부터 積量의 測度를 받아 이를 교부한다(船舶 26 참조).

선 거(選擧) 〔英〕 election 〔獨〕 Wahl 〔佛〕 élection 選擧人團이라는 국가의 기관이 의원·대통령 등 국가의 다른 기관을 선임하는 행위. 선임이 單獨的 機關에 의하여 하향식인 다수의미의 표명이나 협력의 결과로 행하여지는 경우에는 이를 선거라고 하는 것이 보통이다. 선거는 국가기관의 선임에 국한되는 것은 아니지만 민주정치의 발달은 代表制를 불가피하게 만들었고, 그것과의 필연적 관계하에 선거제도는 전개되어 나왔다. 선거의 대상은 각국의 제도에 따라 다르나 근대민주주의국가에 있어서는 적어도 立法機關의 구성원의 선임은 선거에 의하고 있다. 우리 헌법은 헌법상의 기관 중에서 대통령 및 국회의원은 국민의 진접선거에 의하여 선임하도록 하였다(67 I, 41 I). 선거를 구체적으로 어떻게 시행하는가는 각국에 따라 구구하나, 선거구제에 관한 점을 기준으로 大選擧區制와 小選擧區制로 구분할 수 있고, 선출방법에 따라 少數代表制·多數代表制·比例代表制로 나눌 수 있다. 선거인의 자격, 투표의 가치, 투표의 방법 등에 따라 普通選擧와 制限選擧, 平等選擧와 等級選擧, 直接選擧와 間接選擧, 秘密選擧와 公開選擧 등으로 구분된다.

선거공영(選擧公營) → 공영선거

선거관리위원회(選擧管理委員會) 선거와 국민투표의 공정한 관리 및 정당에 관한 사무를 처리하기 위하여 두는 合議制獨立機關을 말한다(憲 114 I). 우리 헌법은 114조부터 116조까지 선거관리에 관한 규정을 두고 있다. 즉 헌법 114조 2항에서 中央選擧管理委員會의 구성을, 동조 3항에서 위원의 任期를, 동조 4항에서 위원의 政治的 中立性을, 동조 5항에서 위원의 身分保障을, 동조 6항에서 規則制定權을 규정하고, 그리고 동조 7항에서는 각급 선거관리위원회의 조직·직무범위 기타 필요한 사항은 법률로 정한다라고 하고 있는 선거관리위원회는 선거와 국민투표의 공정한 관리는 물론 정당에 관한 사무를 처리하는 헌법상의 必須的 合意制獨立機關(官廳)이다. 선거관리위원회는 ① 헌법상의 필수기관이므로 헌법개정에 의하지 아니하고는 이를 폐지할 수 없고, ② 독립된 기관이므로 위원의 신분이 보장되고, 대통령도 그 직무에 간섭할 수 없으며, 위원들이 법적으로 동등한 지위에 선다. 選擧管理委員會에는 ① 중앙선거관리위원회 밑에 ② 특별시·광역시·도선거관리위원회, ③ 구·시·군선거관리위원회 및 ④ 투표구선거관리위원회가 있다(選委 2 I). 중앙선거관리위원회는 9인의 위원으로 구성하되, 3인은 大法院長이 지명한다. 중앙선거관리위원회의 위원장은 대통령의 정치적 영향력을 배제하기 위하여 위원 중에서 互選하도록 하고 있다(憲 114 II). 위원의 임기는 6년으로 한다(114 III). 連任에 관해서는 제한이 없다. 특히 위원의 정당가입이나 정치에의 관여를 금지함으로써(114 IV), 정치적 중립성을 보장하고 있다. 또한 위원의 신분보장을 위하여 위원은 정당에 가입하거나 정치에 관여한 때, 彈劾決定으로 파면된 때, 금고 이상의 刑의 선고를 받은 때가 아니고서는 해임·해촉 또는 파면되지 아니하도록 하고 있다(憲 114 IV·V, 選委 9). 중앙선거관리위원회는 ① 선거와 국민투표의 관리권, ② 정당사무관리권과 정치자금배분권, ③ 규칙제정권, ④ 선거계몽의 의무 등의 권한을 갖는다.

선거구(選擧區) 〔英〕 electoral circumscription, constituency 〔獨〕 Wahlkreis 〔佛〕 circonscription electorale 전체의 선거인을 수개의 선거인단으로 나누는 표준이 되는 지역. 1명을 선출하는 것을 小選擧區, 2명 이상을 선출하는 것을 大選擧區라고 한다.

선거구획정위원회(選擧區劃定委員會) 국회의원 지역선거구의 공정한 획정을 위하여 국회에 설치된 위원회. 위원은 名譽職으로 하며 선거구획사무에 필요한 자료를 국가기관 및 지방자치단체에 요구할 권리를 갖는다. 선거구획정위원회에 의해 選擧區劃定案이 마련되면 그 이유 및 필요사항을 기재한 보고서를 국회의원의 임기만료에 의한 총선거의 선거일전 1년까지 국회의장에게 제출하여야 한다(公選 24).

선거군주제(選擧君主制) 〔英〕 elective monarchy 〔獨〕 Wahlmonarchie 군주가 특수한 자격을 가진 소수인의 선거에 의해 취임하는 군주제로 世襲君主制에 대한 개념이다. 현재는 존재하지 않는다.

선거권(選擧權) 〔英〕 elective franchise, suffrage 〔獨〕 (aktives) Wahlrecht 〔佛〕 électorat 選擧人의 지위. 학문상 권리로서의 성질을 가지느냐에 대해서는 다툼이 있다. 현대정치가 대의제를 원칙으로 하고 있는 까닭에 선거권은 參政權의 대표적인 것이라고 할 수 있다.

선거권(選擧權)**의 제한**(制限) 선거인의 지위를 인정하지 않는 것을 말한다. 선거권의 요건에는 積極的 要件과 消極的 要件이 있다. 적극적 요건은 국적·연령 등에 관한 것이고, 소극적 요건은 선거권이 인정되기 위해서 있어서는 아니될 사유를 말한다. 선거권은 國家內的 公權이기 때문에 외국인에게는 인정되지 않으며, 공직선거 및 선거부정방지법은 선거일 현재 ① 禁治産宣告를 받은 자, ② 禁固 이상의 형의 선고를 받고 그 집행이 종료되지 아니하거나 그 집행을 받지 아니하기로 확정되지 아니한 자, ③ 選擧犯으로서, 100만원 이상의 벌금형의 선고를 받고 그 刑이 확정된 후 5년 또는 형의 執行猶豫의 선고를 받고 그 형이 확정된 후 10년을 경과하지 아니하거나 懲役刑의 선고를 받고 그 집행을 받지 아니하기로 확정된 후 또는 그 형의 執行이 종료되거나 면제된 후 10년을 경과하지 아니한 자(형이 失效된 자도 포함한다). ④ 법원의 판결에 의하여 선거권이 정지 또는 상실된 자에게는 선거권을 인정하지 아니하고 있다(公選 18). 독일에서는 在所者에게도 투표권을 인정하고 있는 점을 참조하면 立法論的으로 볼 때 우리나라의 경우, 선거권의 결격사유를 이렇게까지 넓혀야 할 것인지 연구대상이 된다. 투표권은 선거인명부에 등재되지 않으면 이를 행사할 수 없다. 이 점 헌법상의 選擧權保障規定에 위배되지 않느냐 하는 문제가 제기되나, 선거인명부에의 등재는 국가에서 의무적으로 직권조사해야 하며, 선거인명부는 열람할 수 있고 이의 訂正 등을 요청할 수 있기에 이를 違憲的 制限이라고는 할 수 없다.

선거무효(選擧無效) 선거의 효력을 부인하는 것을 말한다. 공직선거 및 선거부정방지법 222조 1항은 대통령선거 및 국회의원선거에 있어서 선거의 효력에 관하여 이의가 있는 選擧人·政黨(후보자를 추천한 정당에 한한다) 또는 후보자는 선거일부터 30일 이내에 당해 선거구선거관리위원회 위원장을 피고로 하여 大法院에 訴를 제기할 수 있다고 규정하고 있으며 피고로 될 위원장이 궐위된 때에는 당해 선거구선거관리위원회 위원 전원을 피고로 한다(222 Ⅲ). 이에 대하여 동법 224조에서 訴狀을 접수한 대법원이나 고등법원은 選擧爭訟에 있어 선거에 관한 규정에 위반된 사실이 있는 때라도 선거의 결과에 영향을 미쳤다고 인정하는 때에 한하여 선거의 전부나 일부의 무효 또는 당선의 무효를 판결한다고 규정하고 있다. → 선거소송, 당선무효

선거방해죄(選擧妨害罪) 검찰·경찰 또는 군의 職에 있는 공무원이 법령에 의한 선거에 관한 選擧人·立候補者 또는 입후보자 되려는 자에게 협박을 가하거나 기타 방법으로 선거의 자유를 방해하는 죄(刑 128). 본죄의 보호법익은 선거의 자유이고, 공무원의 權利行使를 방해한 罪(123)에 대한 특별규정이다.

선거범죄(選擧犯罪) 공직선거 및 선거부정방지법의 벌칙에 규정되어 있는 범죄를 말한다. 이 벌칙에는 형벌 외에 당선무효의 제재가 가해지고, 또 公訴時效(公選 268)에 관한 규정과 재판의 관할·선거범의 裁判期間에 관한 규정(269, 270) 등이 있다.

선거소송(選擧訴訟) 선거의 절차상의 잘못을 이유로 그 선거의 전부 또는 일부의 효력을 다투는 소송을 말한다. 선거에 관한 소송에는 ① 선거의 효력에 관한 소송(選擧訴訟)과 ② 당선의 효력에 관한 소송(當選訴訟)이 있다. 대통령선거 및 국회의원선거에 있어서는 공직선거 및 선거부정방지

법 222조 1항에 선거의 효력에 관하여 이의가 있는 선거인·정당(후보자를 추천한 정당에 한한다) 또는 후보자는 선거일부터 30일 이내에 당해 선거구 선거관리위원회위원장을 피고로 하여 大法院에 訴를 제기하도록 되어 있고, 대법원은 선거소송에 있어 선거에 관한 규정에 위반된 사실이 있는 때라도 선거의 결과에 영향을 미쳤다고 인정하는 때에 한하여 선거의 전부나 일부의 무효 또는 당선의 무효를 판결한다(公選 224). 또 소송에 있어서는 受訴法院은 소가 제기된 날부터 180일 이내에 처리하여야 한다(225). 地方議會議員 및 地方自治團體의 長의 選擧에 있어서는 선거의 효력에 관하여 이의가 있는 선거인·정당(후보자를 추천한 정당에 한한다) 또는 후보자는 선거일로부터 14일 이내에 당해 선거구 선거관리위원회위원장을 被訴請人으로 하여 地方議會議員選擧 및 自治區·市·道知事選擧에 있어서는 중앙선거관리위원회에 訴請할 수 있으며, 소청을 접수한 각 선거관리위원회는 그 접수한 날부터 60일 이내에 그 소송에 대한 결정을 하여야 한다(220). 이 결정에 불복이 있는 소청인은 그 결정서를 받은 날부터 10일 이내에, 만일 기간에 결정하지 아니한 때에는 그 기간이 종료된 날부터 10일 이내에 시·도지사선거에 있어서는 大法院에, 지방의회의원선거 및 자치구·시·군의 장 선거에 있어서는 그 선거구를 관할하는 高等法院에 訴를 제기할 수 있다(222Ⅱ).

선거운동(選擧運動) 선거에 있어서 당선되게 하거나, 되지 못하게 하기 위한 행위를 말한다(公選 58Ⅰ前). 그러나 선거에 관한 단순한 의견의 開陳, 의사의 표시·입후보와 선거운동을 위한 준비행위 또는 통상적인 政黨活動은 선거운동으로 보지 아니한다(58Ⅰ後). 또 선거운동은 당해 후보자의 등록이 끝난 때부터 선거일 전일까지에 한하여 할 수 있다(59). 한편 선거운동기간, 선거운동을 할 수 없는 자, 選擧運動機構, 選擧事務關係者, 광고, 연설회, 선거운동금지행위 등 기타 상세한 사항은 공직선거 및 선거부정방지법 60조~118조에 규정되어 있다. 헌법 116조 1항은 선거운동은 각급 선거관리위원회의 관리하에 법률이 정하는 범위 안에서 하되, 균등한 기회가 보장되어야 한다고 규정되어 있어, 각종 선거운동에서 무소속입후보자에게 불리하게 되어있는 선거법 규정은 立法論上 문제가 있다고 하겠다.

선거인(選擧人) 선거권을 가진 자 중에서 公職選擧에 투표할 수 있는 자. 선거인이 되기 위하여는 구체적인 선거에 있어서의 선거인명부에 등재되어야 한다(公選 3).

선거인명부(選擧人名簿) 〔英〕 elector's list, poll 選擧權者의 수를 결정하고 또 不正投票를 없애기 위하여 미리 선거권자를 기재한 公簿. 선거권이 있는 자는 선거인명부에 등재됨으로써 비로소 선거인이 되는 것이며, 선거권을 행사할 수 있다. 그러나 선거인명부는 피등록자가 선거인임을 確認·公證하는 효력을 가진데 불과하며 선거인인 자격의 형식적 효력을 가지는 것이 아니므로, 선거인명부에 등재된 자라 하더라도 선거일에 선거권이 없게 된 자는 투표할 수 없다(公選 156Ⅱ). 선거인명부는 구·시·읍·면의 장이 그 관할구역 안에 주민등록이 된 선거권자를 投票區別로 조사하여 선거인명부작성기준일부터 5일 이내에 명부를 작성한다(37).

선거쟁송(選擧爭訟) 선거의 효력에 관한 異議申請·訴訟의 총칭. 선거소송과 당선소송을 포함한다. 선거쟁송의 법적 성질에 관하여는 여러 학설이 대립되고 있으나, 그 중에서 중요한 것은 非爭訴訟說 및 公法的 爭訟說이며, 후자가 통설이다. 선거쟁송은 개인의 권리의 보호를 주안으로 한다기보다는 선거의 적법한 실시와 그 결과의 적정을 기하려는 데에 그 목적이 있는 것이므로, 提訴權者는 반드시 자기의 권리가 훼손되었음을 주장할 필요가 없다(客觀的 訴訟). → 선거소송, 당선소송, 민중쟁송, 객관적 쟁송

선결례(先決例)**의 원칙**(原則) → 선례구속력의 원칙

선결문제(先決問題) 〔獨〕 Vorfrage, Präjudizialfrage 〔佛〕 question préjudicielle 어떤 소송사건의 本案判決에 앞서서 먼저 결정하지 않으면 안되는 전제문제. 이 선결문제는 특히 행정재판과 사법재판을 분리하는 二元的 裁判制度下에서 사법법원이 심리하는 민·형사사건의 전제문제로서 公法上 問題(예: 행정행위의 효력·위법여부)가 존재하는 때에 볼 수 있다(이 반대의 경우도 생각할 수 있다). 이러한 선결문제의 처리에 관한 입법례를 보면, 사법법원이 일시 本案審理를 중단하고 선결문제에 관하여 권한있는 행정청 또는 행정법원의 유권적 판단을 기다려야 하는 주의(프랑스)와 원칙적으로 本案法院이 선결문제도 심리·결정하는 주의(독일)로 분류된다. 우리나라에서는 행정사건도 사법법원의 통일적 관할하에 두고 있으므로 재판의 일원화라고 할 수 있으며, 행정사건의 제1심을 민·형사사건과는 달리 행정법원의 관할로 하고 있다.

선결적 항변(先決的抗辯) 〔英〕 preliminary objection 재판소가 사건의 本案(merit)을

심리하기 전에 當事國이 일정사항의 결정을 청구함으로써 재판소의 事件審理를 배제하려는 절차. 국제사법재판소의 규칙에 명문으로 그 절차를 규정하고 있다(62). 선결적 항변의 내용에 관하여는 규정이 없으나 재판소의 실행에 의하면, 재판관할권의 부인을 목적으로 한 選擇條項·裁判條項의 해석문제, 외교교섭·地方的 救濟(local remedies)·분쟁의 정의 등 선행조건에 관한 문제가 포함된다. 재판관할권문제 이외에 기술적·절차적 성질의 선결적 항변도 있다. 선결적 항변이 문제된 국제재판으로는 코르푸해협사건, 마브로마티스사건, 上部슬레지아의 독일인의 이익에 관한 사건 등이 있다. 선결적 항변은 양 당사자가 다 같이 제기할 수 있으며, 늦어도 최초의 訴答(pleading) 提出期限의 만료전에 제기해야 한다.

선 고(宣告)　소송법상 판결을 알리는 것(民訴 190, 刑訴 43). 결정 또는 명령을 알리는 告知와 구별된다. 구법은 言渡란 말을 사용하였다. 판결을 선고할 때에는 주문을 낭독하고, 이유의 요지를 증명하여야 한다(民訴 191, 刑訴 43). →판결의 선고

선고유예(宣告猶豫)　〔英〕system of the conditional release 〔佛〕suspension conditionnelle de la condamnation　1년 이하의 징역이나 금고, 자격정지 또는 벌금의 형을 선고할 경우에, 刑의 量定에 관한 사항(刑 51)을 참작하여 改悛의 정상이 현저한 때에는, 자격정지 이상의 형을 받은 전과가 없는 자에 한하여, 그 선고를 유예하는 제도(59Ⅰ). 형을 병과할 경우에도 형의 전부 또는 일부에 대하여 그 선고를 유예할 수 있다(59Ⅱ). 선고유예를 받은 날로부터 2년을 경과한 때에는, 免訴된 것으로 간주한다(60). 그러나 선고유예를 받은 자가 猶豫期間中 자격정지 이상의 刑에 처한 판결이 확정되거나 資格停止 이상의 형에 처한 전과가 발견된 때에는, 유예한 형을 선고한다(61).

선고형(宣告刑)　處斷刑의 범위 안에서 법원에 의하여 양정되어서 구체적으로 선고되는 刑. 선고형의 내용을 재판의 선고를 할 때에 미리 확정하는 경우(絶對確定宣告刑)와 미리 확정하지 않는 경우(不確定宣告刑)가 있다. 절대확정선고형이 보통이다. 불확정선고형의 내용이 자유형인 때에, 상대적 부정기형과 절대적 부정기형으로 나누인다. 현행법은 소년에 대하여 예외적으로 相對的 不定期刑을 인정하고 있다(少 60).

선관주의의무(善管注意義務)　善良한 管理者의 注意를 다하여야 할 의무의 약어.

선금급(先金給)　國庫金의 지출방법에 관한 1특례. 국가가 채무의 이행기 전에 그 채무를 이행하는 것. 즉, 국가의 채무는 이행기가 도래한 때에 지출하는 것(事後給)이 원칙이나, 운임·傭船料·여비 기타 대통령령의 정하는 경비로서 그 성질상 선금급으로 지급하지 아니하면 사무 또는 사업에 지장을 초래할 우려가 있는 경비의 경우에는 그 선급금이 인정되어 있다(豫會 68).

선 급(船級)　선박의 규모·구조·설비 등에 따라서 정하는 級別. 선급협회가 이를 담당하며 선박보험과 해상운송계약상 선박소유자가 부담하는 堪航能力注意義務에서의 감항능력(商 706, 787)의 증명에 도움이 된다.

선급금(先給金)　賣買나 都給 등의 雙務契約을 체결할 때에 대금 또는 보수의 일부분을 지급기한이 도래하기 전에 미리 지급하는 것으로서, 일명 前渡金이라고도 한다. 이는 실제 채무자의 신용상태가 의심스럽다든가, 分割給이 지급상 편리하다든가 등의 여러가지 이유에서 행해진다. 본질적으로는 대금 등의 일부변제에 지나지 않으며, 證約金과 같은 작용을 할 수는 있으나, 解約金과 같이 解除權을 발생시키지는 않는다.

선급비용(先給費用)　〔英〕prepaid expenses　次營業年度 이후에 지급할 것을 當營業年度에서 미리 지급하여 차기 이후에 상환하는 비용. 前拂費用이라고도 한다.

선내규율(船內規律)　선박의 안전한 항해를 유지하기 위하여 선박내에서 지켜야 하는 기율. 주로 海員에 관하여 요구되며, 그 위반자는 선장으로부터 상륙금지 등의 징계를 받는다(船員 24). 그 밖에 선장은 필요에 따라서 위험물의 조치·강제하선 등의 조치를 취할 수 있다.

선도보호시설(善導保護施設)　少年部判事는 윤락행위를 한 20세 미만의 자에 대하여 保護處分을 할 필요가 있다고 인정할 때에는 위탁된 자를 대상으로 선도보호를 행하는 시설과 선도보호조치에 의하여 입소한 자를 대상으로 선도보호를 행하는 시설(淪落行爲 등 防止法 11ⅱ).

선 동(煽動)　〔獨〕Aufhetzung　문서·도화 또는 언동에 의하여 타인에 대하여 實行의 결의를 생기게 하거나 이미 생긴 결의를 조장케 할 힘이 있는 자극을 주는 것. 이러한 자극을 줌으로써 족하고, 선동된 자가 실행을 결의하거나 기존의 결의가 조장되었음을 요하지 않는다. 교사·방조보다 일보 전의 단계를 문제삼는 것이다. 內亂罪(刑 90Ⅱ)·

外患罪(101 Ⅱ)·爆發物使用罪(120 Ⅱ) 등에 처벌규정을 두고 있다.

선량(善良)한 가부(家父)의 주의(注意) 〔獨〕 diligentia boni patris familias 〔獨〕 Sorgfalt eines guten Hausvaters 〔佛〕 les soins d'un bon père de famille 선량한 관리자의 주의와 같다. 家父가 사회관계의 중심이었던 로마법에서 사용된 말.

선량(善良)한 관리자(管理者)의 주의(注意) 물건 또는 사무를 관리함에 있어서, 당해의 직업 또는 지위에 있는 자로서 일반적으로 요구되는 정도의 주의(民 61, 324, 343, 374, 681, 956 등). 管理注意라고도 약칭한다. 이 주의의무에 위반하는 것을 過失 또는 輕過失(重過失에 대한 의미에서의)이라 한다.

선량(善良)한 풍속(風俗) →선량한 풍속 기타 사회질서

선량(善良)한 풍속(風俗) 기타 사회질서(社會秩序) 〔英〕 public policy 〔獨〕 öffentliche Ordnung und gute Sitten 〔佛〕 ordre public et bonnes moeurs 엄밀하게 말하면 사회의 一般的 道德觀念을 선량한 풍속, 국가사회의 일반적 이익을 사회질서라고 할 수 있지만, 양자는 그 내용·범위가 대부분에 있어서 일치하고, 이론상으로도 구별하기 곤란하므로 민법은 사회질서를 중심개념으로 定礎시키고, 선량한 풍속은 그 한 모습으로 파악하고 있다(103). 결국 사회질서라 함은 공정하게 思惟하는 평균인이 건전한 사회생활을 함에 있어서 타당하다고 승인하는 바 환언하면 사회적 타당성 내지는 사회성을 의미한다고 할 수 있다. 법률은 결국에 있어서 사회질서와 融合하는 것을 이상으로 한다. 따라서 ① 私人의 행위가 법률적으로 시인되기 위하여는, 결국에 있어서 그 행위가 사회질서에 위반하지 않는 것을 요건으로 한다. 즉, 개개의 强行規定에 위반하지 않더라도 사회질서에 위반한 사항을 내용으로 하는 법률행위는 무효이며(103)(→사적자치의 원칙), 사회질서에 반하는 방법으로 타인에게 손해를 가한 자는 불법행위의 책임을 지며, 권리의 행사도 사회질서에 반할 때에는 權利濫用으로 된다. 그 밖에 自救行爲·詐欺·强迫 등, 사법상의 행위가 위법이냐 아니냐가 문제될 경우에 그 위법여부를 결정하는 표준은 결국에 있어서는 사회질서에서 이를 구하게 된다. 또한 犯罪의 違法性도 실질에 있어서는 그 행위가 사회질서에 반하는 것을 實質的 要件으로 한다. 무엇이 사회질서에 반하는 것이냐를 구체적으로 열거하는 것은 불가능하지만, 그 주요한 경우로는 人倫·道義에 반하는 것, 正義觀念에 반하는 것, 개인의 신체적·정신적 자유를 극도로 제한하는 것, 생존의 기초를 박탈하는 것, 심히 射倖的인 것 등을 들 수 있다. ② 法律規範의 내용이 사회질서에 위반할 때에는, 법으로서의 효력이 인정되지 않을 터이다. 그러나, 이 이론을 더욱 철저히 한다면 사회질서에 반한다는 이유로, 실정법으로서 존재하는 법규의 효력을 부인하게 되는데, 이는 타방에 있어서, 법적 안정성을 害하고, 오히려 사회의 질서를 문란케 할 우려가 있다. 따라서 법률에 명문의 규정이 있는 경우(예 : 涉私 5, 民訴 203 iii)는 별문제이지만 일반적으로 이 이론을 과연 어떤 범위에서 인정할 것이냐는, 法律解釋論의 중핵으로서 다루어지는 문제이다. 법언의 Dura lex, sed lex 를 보라

선 례(先例) 〔英〕 precedent 어떠한 판결에 나타난 취지 내지 원칙이, 그 후의 판결에 의하여 답습되는 경우 앞의 판결을 선례 또는 先決例라 한다. →판례, 판례법, 선례구속력의 원칙

선례구속력(先例拘束力)의 원칙(原則) 〔英〕 doctrine of stare decisis 後日 동일 또는 유사한 사건에 대하여 판결을 내리는 경우에 先判例에 의하여 구속을 받으며 상급법원의 판결은 하급법원을 구속한다는 것. 先決例의 原則이라고도 한다. 그 결과 영미법에서는 보통법이나 형평법상의 여러 원칙은 법원에 의하여 확립된 선례 중에서 발견될 수 있다. 판결 중에서 구속력을 갖는 부분은 레이시오 데시덴다이(判決理由) 뿐이고, 오비터 딕텀(附隨的 意見)은 설득력은 있지만 재판의 귀결에 대해서는 별다른 영향력이 없다. 선례구속력의 원칙은 재판관행으로서 점차 발전하여 온 것인데, 陪審制度와 법의 지배 등과 함께 영미법의 가장 중요한 특색으로 되어 있다.

선매권(先買權) 〔獨〕 Vorkaufsrecht 독일 민법상 소유자가 물건(또는 權利·持分)을 제3자에게 매각한 경우에, 소유자와 제3자(매수인)간의 매매관계에 개입할 수 있는 권리(形成權)이며, 그 행사로 인하여 매도인과 매수인간에 성립한 매매계약은 매도인과 先買權者간에 성립한다(獨民 504, 505). 따라서 매수인에게 매각한 것을 先買權者에게 양도하고 또 선매권자는 매도인이 제3자(매수인)와 합의한 매매대금을 지급할 의무를 진다. 선매권은 債權的 先買權(504~514)과 物權的 先買權(1094~1104)으로 나눌 수 있으며, 또 법률의 규정에 의하여 생기느냐 법률행위로 인하여 생기느냐를 規準으로 하면, 法定先買權(공동상속인이 가지는 선매권 등(2034 이하))과 그렇지 않은 것

으로 나눌 수 있다. 물권적 선매권은 토지의 소유자에 대하여 선매를 하는 不動産物權(엄밀히 말하면 物權的 取得權)이며, 부동산에 관해서만 설정되는 점에서 채권적 선매권과 다르다.

선물거래(先物去來)　일반적으로 장래 일정한 시기에 約定物件을 인도할 것을 약속하는 거래. 이 거래방법에 의하여 생산·운송에 상당한 기간을 요하는 물건에 대하여 그 동안의 물가변동의 위험을 방지할 수 있다. 좁은 뜻으로는 거래소의 매매거래의 일종으로서 장래 일정한 시기에 실제의 受渡에 의하여 결제하게끔 제약되는 거래로서 실제로 매매의 목적물의 轉賣買還을 하였을 때에는 差金의 授受에 의하여 결제할 수 있는 것. 실물거래에 대하는 것으로 청산거래 중에서 처음부터 차금수수를 목적으로 하지 않는 것이다. 이와 같은 선물거래는 상품거래소에 한하여 허용되는 것이 보통이다. 선물거래는 주로 給付賣買의 형식에 의하여 그 단속에 競賣買의 방법을 사용한다. 그리고 증권거래소에 있어서의 발행일 결제거래도 일종의 선물거래이다. → 선물거래소

선물거래소(先物去來所)　선물거래가 공정하고 원활하게 이루어지도록 하여 委託者 및 投資者를 보호하고 선물업의 육성 및 선물시장의 발전을 도모함으로써 국민경제의 발전에 이바지하기 위해 회원조직으로된 법인이다(先物去來法 4). 의사결정기구로 회원총회 및 이사회를 둔다(19 I). 회원은 정관이 정하는 자격을 갖춘 先物去來業者이어야 한다(13). 거래소의 임직원은 대통령령이 정하는 경우를 제외하고는 누구의 명의로든지 자기의 계산으로 위탁자 또는 투자자가 되어서는 안된다(22). → 선물거래

선　박(船舶)　〔英〕ship〔獨〕Schiff〔佛〕navire　해상법상 선박은 상행위 기타 영리를 목적으로 항해에 사용하는 이른바 營利船으로서 短艇 또는 주로 櫓櫂로 운전하는 선박을 제외한 것이나(商 740, 741), 선박법(29)은 海商法의 적용범위를 넓혀서 航行用으로 사용되는 선박이기만 하면 國有船과 公有船을 제외하고 모두 해상법을 준용하는 것으로 하였다. 선박은 성질상 동산이지만 법률상 부동산적인 취급을 받는 경우가 있다. 즉, ① 선박의 登記制度(20톤 이상)(743, 745), 船舶抵當權의 설정(871), 船舶登記賃貸借制度(765) 등과 같이 부동산에서와 동일한 제도가 인정되고 있는 외에, ② 强制執行과 競賣에 있어서도 대체로 부동산과 동일한 규정에 의하여 같이 취급되고 있으며(民訴 678), ③ 더욱 형법상으로는 선박을 저택·건조물과 같이 취급하고 있다(刑 319). 건조중의 선박은 아직 선박이 아니지만 금융의 편의를 위하여 船舶抵當權에 관한 규정이 준용되고(商 871), 일정한 선박채권자의 보호를 위하여 船舶優先特權에 관한 규정도 준용되고 있다(872).

선박건명서(船舶件名書)　선박의 船質·總톤數 또는 純톤數 등을 기재한 증명서. 해운관청이 작성하고 그 등본은 선박소유권에 관하여 처음 선박등기를 할 경우에 필요한 첨부서류의 하나가 된다.

선박검사(船舶檢査)　〔獨〕Schiffsbesichtigung　선박안전법의 정하는 바에 따라서 하는 선박의 안전 등에 관한 검사. 선박검사에는 ① 최초로 항해에 사용될 때 또는 검사증서의 유효기간(4년)이 만료하였을 때 행하는 정밀한 검사인 定期檢査, ② 정기검사와 정기검사와의 중간에 있어서 대통령령이 정하는 시기에 행하는 간편한 검사인 中間檢査, ③ 임시로 특수한 용도에 사용할 때 행하는 特殊船檢査, ④ 이 이외에 해양수산부장관이 특히 필요하다고 인정할 때 행하는 臨時檢査가 있으며(船舶安全法 5). ⑤ 이밖에 길이 24미터 이상의 선박에 대한 製造檢査가 있다(6 I). 이 검사는 정부를 대행하여 한국선박안전기술원을 설립하여 행하며(7 I), 非旅客船에 대하여는 선급법인에 의한 검사도 인정되고 있다(8). 검사에 합격한 선박에 대하여는 檢査證書가 교부된다(9, 10).

선박경매(船舶競賣)　→ 선박에 대한 강제집행

선박공유자(船舶共有者)　〔英〕partowners of a ship〔獨〕Mitreeder〔佛〕copropriétaires d'un navire　넓은 의미에서는 단순히 선박을 공유하는 자를 말하고, 좁은 의미에서는 선박을 공유하고 그것에 의하여 營利航海에 종사하는 자를 말한다. 해상기업의 주체가 되는 것은 후자이며, 선박공유라고 하면 보통 이 경우를 가리킨다. 선박공유는 그 조직이 資本團體的이나(商 753), 이에 관한 상법의 규정은 선박공유자간의 조합관계를 전제로 하고 있다. 즉, 단순한 민법상 共有로서 해상법상의 선박공유로 볼 것이 아니라 船舶利用(753~755, 758, 761, 763)에 의한 공동사업인 해상기업을 경영하기 위하여 조합관계를 전제로 하는 것이다. 共有船舶의 이용에 관한 사항은 공유자의 持分의 가격에 따라 그 과반수로 결정하며, 선박공유에 관한 계약을 변경하는 사항은 공유자의 전원일치로 결정한다(753 I·II). 선박의 이용에 관한 비용과 이용에 관하여 생긴 채무에 대하여는 선박공유자는 그

持分의 가격에 따라 이를 부담하며(754), 손익의 분배는 매항해의 종료후에 있어서 선박공유자의 持分의 가격에 따라서 한다(755). 공유자는 일정한 경우에 다른 공유자의 持分의 買受 또는 競賣를 청구할 수 있다(757, 758).

선박관리(船舶管理) 水上의 일반적인 교통운수를 조정할 목적으로 정부가 행하는 선박의 관리행위. 선박법·선박안전법의 여러 규정이 적용된다. 한국선박의 소유자는 대한민국에 선적항을 정하고 그 선적항을 관할하는 해운관청에 선박총톤수의 측정을 신청하여야 한다(船舶法 7 I). 한국선박은 법령이 정하는 바에 의하여 대한민국국기를 게양하고 그 명칭·船積港·番號·총톤수·吃水의 치수 기타 사항을 표시하여야 한다(11). 조선사업을 하고자 하는 자는 산업자원부에 등록하여야 하며 대통령령으로 정하는 시설·기술요원을 갖추어야 한다. 造船業者가 선박을 건조·개조하고자 할 때에는 대통령령의 정하는 바에 의하여 그 구조·성능·공정에 관하여 산업자원부장관의 승인을 받아야 한다.

선박관리인(船舶管理人) 〔英〕 ships-husband 〔獨〕 Korrespondentreeder 〔佛〕 armateur gérant 船舶共有者의 대리인으로서 일정한 法定權限을 가지는 자. 그 대리권은 원칙적으로 선박의 이용에 관한 재판상 또는 재판 외의 모든 행위를 할 수 있는 권한이며, 내부적인 관계에서 이 대리권에 제한을 가하더라도 선의의 제3자에게는 대항하지 못한다(商 761). 선박관리인이 ① 선박을 讓渡·賃貸 또는 擔保에 제공하거나, ② 신항해를 개시하는 경우, ③ 선박을 보험에 붙이거나, ④ 대수선할 때, 또는 ⑤ 借財하는 경우에는 선박공유자의 서면에 의한 委任이 있어야 한다(762). 선박관리인은 특히 업무집행에 관한 장부를 비치하고, 그 선박의 이용에 관한 모든 사항을 기재하여야 하며(763), 매항해의 종료후에는 지체없이 그 항해의 경과상황과 계산에 관한 서면을 작성하여 선박공유자에게 보고하고 승인을 얻어야 한다(764).

선박국적증서(船舶國籍證書) 〔英〕 certificate of registry 〔獨〕 Schiffszertifikat, 〔佛〕 acte de francisation 선박의 국적을 증명하는 공문서. 선박소유자는 선박등기를 한 후에 船積港을 관할하는 해운관청에 비치한 船舶原簿에 등록을 하고 선박국적증서의 교부를 받는다(船舶法 8, 船舶法施 4 이하). 선장은 선박국적증서를 선박서류의 하나로서 선내에 비치하여야 한다(船員法 20 i). 선박에 관한 권리의 이전은 당사자간의 합의만으로써 효력이 생기지만, 이것을 제3자에게 대항하기 위하여는 權利移轉의 등기를 하고 선박국적증서에 기재하여야 한다(商 743).

선박권력(船舶權力) 〔獨〕 Schiffsgewalt 선장이 특정선박의 지휘자로서 그 海員을 지휘감독하며, 선내에 있는 자에 대하여 자기의 직무를 수행하는데 필요한 명령을 할 수 있는 권한(船員法 6). 선장은 선내기율의 담당자로서 해원에 대한 懲戒權이 있으며(24), 선내에 있는 자의 인명과 신체 또는 선박에 위해를 미칠 행위를 하고자 하는 해원 및 여객 기타 선내에 있는 자에 대하여 그 危害를 피하는데 필요한 조치를 취하고(25), 해원이 선내에서 위험물(흉기·폭발물·독약 등)을 소지하는 때에는 이것의 보관·폐기 기타의 조치를 할 수 있다(25 I·II). 선장의 職權濫用에 대하여는 벌칙이 있다(131).

선박대도업(船舶貸渡業) 선박의 貸渡(기간용선을 포함) 또는 운항의 위탁을 하는 사업.

선박등기(船舶登記) 〔英〕 registration of ship 〔獨〕 Schiffsregister 〔佛〕 registre du navire 선박등기부에 일정사항을 등기하는 것. 20톤 이상의 선박에 한하여 등기라는 公示制度를 인정하며, 등기한 선박을 登記船舶이라 한다. 등기할 수 있는 권리로는 所有權(保存登記 및 移轉登記를 포함)(船舶法 8, 商 743)·賃借權(765)·抵當權(871, 874) 등이 있다. 선박등기는 많은 점에서 부동산등기에 유사하나, ① 선박소유권의 등기가 강제적이고(船舶法 8), ② 非登記船의 예외가 인정되고 있으며(26), ③ 선박관리인의 등기가 요구되어 있는 외에(商 760 II), ④ 등기와 船舶國籍證書에의 기재가 없으면 제3자에 대한 선박에 관한 權利의 對抗力이 생기지 않는 점(743 但)에 양자간의 차이가 있다.

선박등록(船舶登錄) 船舶原簿에 선박에 관한 일정사항을 기재하는 것. 선박소유자는 등기(선박등기, 20톤 이상의 선박에 한한다)를 한 다음 船積港을 관할하는 해운관청에 비치한 선박원부에 등록을 하고 船舶國籍證書의 교부를 받아야 한다(船舶法 8, 船舶法施 4 이하).

선박보험(船舶保險) 〔英〕 insurance on ship, insurance on hull and machinery 〔獨〕 Schiffsod. Kaskoversicherung 〔佛〕 assurance sur corps 선박 자체에 관하여 항해에서 생기는 손해의 보상을 목적으로 하는 海上保險. 목적물은 선박이며, 특약이 없는 한, 船舶屬具, 연료, 양식 기타 항해에 필요한 모든 물건은 보험의 목적에 포함된 것으로

한다(商 696Ⅱ). 또 선박보험의 보험가액은 保險價額不變更主義가 인정되어, 당사자간의 협정이 없으면 보험자의 책임이 개시될 때의 船舶價額으로 한다(696Ⅰ). 또 선박보험은 항해단위로 하는 航海保險과 일정한 기간을 정하는 定時保險(期間保險)으로 행해진다.

선박서류(船舶書類)　〔獨〕 Schiffspapiere 〔佛〕 pièces ou papiers de bord　선장이 公法上의 의무로서 선내에 비치하는 서류. 선박국적증서 또는 선적증서·승무원명부·항해일지·화물에 관한 서류 그 밖에 해양수산부령이 정하는 서류 등이 있다(船員法 20, 船積證書令 1·2). 이러한 서류를 선장이 비치하지 않는 경우에 대하여는 벌칙이 있다(船員法 135 vi).

선박세(船舶稅)　총톤수 20톤 이상의 선박 또는 그 취득에 대하여 그 소유자 또는 그 취득자에 대하여 부과하는 조세. 현재는 法定普通稅에서 제외되어 있다.

선박소유자(船舶所有者)　〔英〕 shipowner 〔佛〕 propriétaire de navire　船主라고도 하며, 넓은 의미에서는 선박의 소유권을 가지는 자를 총칭하는 것이고, 그 선박을 가지고 상행위 기타의 영리를 목적으로 항해에 사용하든 아니하든 불문한다. 좁은 의미에서는 船舶所有權을 가지고 이것을 海上企業(상행위 기타의 영리행위)를 위하여 항해에 이용하는 자를 말한다. 전자의 의미의 선박소유자는 船舶賃借人의 선박이용에 의하여 발생한 우선특권에 대한 선박상의 責任負擔(商 766Ⅱ)의 경우를 제외하고는 문제될 것이 없으며, 해상법에서 선박소유자라고 하면 후자의 뜻, 즉 利用船主를 가리킨다. 해상법이 규정하는 선박소유자에는 單獨所有와 共有가 있고 전자에는 다시 個人所有와 法人所有의 두 가지 경우가 있다. → 선박소유자책임제한

선박소유자책임제한(船舶所有者責任制限)　海上企業의 보호를 위하여 특히 선박소유자에게 인정된 有限責任의 제도. 해상기업을 경영하는 선박소유자는 일반기업자와 같이 기업상의 채무에 대하여 無限責任을 부담하는 것이 원칙이지만, 선박소유자의 해상기업상의 채무에 대하여는 오래 전부터 유한책임이 인정되고 있으며 유럽대륙에서는 중세 이래, 영국에서는 1734년, 미국에서는 1851년부터 책임제한을 인정하게 되었고, 오늘날에 와서는 각국이 다같이 선박소유자의 책임을 일정한도로 제한하고 있다. 이것은 원래 정의의 요구에 기한 것이 아니고, 형평의 관념, 또는 실제적·정책적인 의도에서 법률에 의하여 인정되고 있는 것이며, 나라에 따라서 立法主義가 다르다. 이에 관한 입법주의로는 委付主義(佛法主義)·執行主義(獨法主義)·船價責任主義(미국법주의)·金額責任主義(영국법주의)·選擇主義 등이 있으며, 1924년에는 이에 관한 통일조약의 성립을 보았고, 1957년에는 다시 새로운 조약이 성립하였다. 1924년 조약은 선가책임주의와 금액책임주의의 병용주의를 취하였으나, 1957년조약은 금액책임주의로 일원화하였다. 상법은 구상법상의 委付主義를 버리고 1924년 조약에 따라서 船價責任主義를 원칙으로 하고 일정한 선박소유자의 채무에 대하여는 金額責任主義에 의하고 있다(商 746 이하). 아직까지는 1957년조약의 일원적인 금액책임주의를 국내법화한 곳은 영국을 제외하고는 거의 없다.

선박소유자책임제한통일조약(船舶所有者責任制限統一條約)　〔英〕 International Convention Relating to the Limitation of the Liability of Owners of Sea-going Ships　해운업자의 보호를 위하여 각국은 선박소유자의 해상기업상의 채무에 대하여 그 책임을 제한하고 있으나, 이에 관한 立法主義가 같지 않으므로, 각국 국내법의 통일을 위하여 1924년에 성립한 조약. 이 조약은 船價責任主義와 金額責任主義의 병용주의를 취하고 있다. 즉, 선박소유자는 海產의 價額을 한도로 하는 人的有限責任을 부담하나 그 책임의 한도는 일정한 재산적 손해에 대하여는 선박의 積量 매톤당 8파운드의 총액을 초과하지 않는다. 1928년의 벨기에 개정해상법, 1935년의 미국개정법이 이 통일조약주의를 채택하였고, 1939년의 이탈리아 船舶所有者有限責任法도 대체로 이것에 따르고 있으며, 1936년에는 프랑스도 이를 批准하였다. 그러나 그 후 1957년 10월 10일에 브뤼셀 海法外交會議에서 새로이 1894년의 영국상선법(503)의 입법례를 따라 일원적으로 금액책임주의에 의한 통일조약이 성립하였다. 이 1957년 통일조약은 선박소유자의 책임액을 사고마다(事故主義) 정하고, 그 책임액을 당해선박의 積量톤수에 따라서 산출한 일정한 금액(責任最高限度額)으로 제한하며, 이 한도금액은 원칙으로 재산적 손해에 대하여는 매톤당 1,000金 프랑, 인적 손해에 대하여는 매톤당 3,100金 프랑이다. → 선박소유자책임제한

선박속구(船舶屬具)　〔獨〕 Zubehör　선박의 구성부분이 아니고, 독립한 물건이지만, 선박의 常用에 제공되기 때문에 선박에 부속된 것으로 하는 물건. 속구라고도 한다. 나침반·해도·碇錨·돛(帆)·短艇·救命具·신호기구같은 것. 상법은 속구를 선박의 從物로 추정하고 있으므로(商 742) 그

속구가 선박소유자의 소유물이 아니라는 증명이 없는 한, 그에 관한 권리는 선박과 운명을 같이 한다(民 100). 그러나 이 경우에는 그 범위를 명확히 하여야 하므로 屬具目錄에 기재되어 있는 것에 한한다(商 742).

선박억류(船舶抑留) 〔英〕·〔佛〕 embargo 〔獨〕 Embargo 스페인어의 embargar에서 나온 용어로서 원래는 단순히 억류 또는 留置의 뜻이었으나 국제법상으로는 자국의 항구에 있는 외국선박을 억류하는 것. 외국선박의 억류는 여러가지 경우에 행하여진다. 현재 가장 중요한 것은 復仇手段으로 행하여지는 경우이다. 다음으로 개전시의 선박억류가 있다. 전쟁이 바야흐로 일어나려 할 때 그 것을 예기하여 자국항구에 있는 상대국의 선박을 억류하고 개전후의 포획·몰수를 용이하게 하기 위하여 행하여진다. 이전에는 널리 행하여졌으나, 현재는 오랫동안 행하여지지 않고, 특히 開戰時의 敵商船取扱에 관한 條約(1907년)은 자국항구에 있는 적국의 선박에 즉각 또는 상당한 恩惠期間後 자유로 출항을 허가할 것을 희망하고 있다. 또한 정치적으로 중요한 정보가 외국에 누설되는 것을 방지하기 위하여 자국항구에 있는 외국선을 抑留하는 소위 arrêt de prince가 있다. 현재 통신기관이 발달되고 있어 효과가 적고 거의 행하여지지 않는다. 최후로 전시에 徵用權(ius angariae)에 기한 선박억류가 있을 수 있다. →나포, 포획

선박(船舶)에 대한 강제집행(强制執行) 선박등기있는 선박에 대한 강제집행은 부동산의 强制競賣에 관한 규정에 따라서 집행한다(民訴 678). 외국선박에 대한 강제집행에는 등기선박인 요건이 갖추어져 있지 않더라도 부동산의 강제경매에 관한 규정에 따라서 집행한다(688). 따라서 내국선박으로서는 선박등기가 없는 선박에 대하여는 선박으로서의 특별한 집행방법에 의하지 않고 有體動産에 대한 집행방법과 동일한 절차에 의한다(527,556). 강제경매의 집행기관은 선박이 압류할 당시 정박하는 항구를 관할하는 지방법원이다(679). 任意競賣에서는 선박의 현재지를 관할하는 지방법원에도 관할권이 있다(舊競 38). 압류의 효력, 換價處分 등에 대하여 특별히 취급된다(民訴 680~688). 또한 선박의 압류 및 가압류는 발항준비가 끝난 선박에 대하여는 이를 행할 수 없다. 그러나 그 선박이 발항준비하기 위하여 부담한 채무에 대하여는 예외로 한다(商 744).

선박우선특권(船舶優先特權) 〔英〕 maritime lien 〔獨〕 Schiffsgläubigerrecht, gesetzliches Pfandrecht 〔佛〕 privilège maritime 선박에 관한 특정의 채권에 관하여 채권자가 선박과 그 부속물 등에 대하여 다른 채권자보다 우선변제를 받을 수 있는 특수한 擔保權. 해상기업금융의 특수성과 그 원활을 기하기 위하여 인정된 제도. 선박우선특권의 발생원인이 되는 채권은 구체적으로 법정되어 있으며(商 861 Ⅰ), 그 목적물은 선박·屬具·未收 또는 소지하는 운임 및 선박과 운임에 부수하는 채권이다(861~865). 선박우선특권은 다른 질권과 선박에 관한 저당권에 우선한다(872). 그리고 선박우선특권상호간의 경우에는 후의 항해에서 생긴 것이 전의 항해의 것에 우선하는 등 그 우선순위가 법정되어 있다(866, 867). 선박우선특권에 관하여는 그 성질에 반하지 않는 한, 민법의 저당권에 관한 규정을 준용한다(861 Ⅱ). 그 종류·순위 등에 관하여 1925년의 海上優先特權 및 海上抵當權에 관한 統一條約의 브뤼셀안이 성립되어 있으며, 상법은 대체로 이것에 따르고 있다.

선박운항사업(船舶運航事業) 해상에서 선박에 의하여 사람 또는 물건을 운송하는 사업으로 항만운송사업 이외의 것. 이것은 定期航路事業과 不定期航路事業으로 나누어지는바 해상운송의 질서를 유지하기 위하여 주로 전자에 관하여 필요한 行政的 監督을 규정한다.

선박원부(船舶原簿) 선박등록이 행하여지는 장부. 한국선박의 소유자는 등기를 한 다음 船籍港을 관할하는 해운관청에 비치한 선박원부에 등록을 하여야 한다(船舶法 8).

선박(船舶)의 국적(國籍) 선박이 어느 국가에 소속하느냐를 말한다. 船籍이라고도 한다. 이것에 의하여 한국선박과 외국선박과의 구별이 생기며 국제법·행정법·국제사법상 중요한 의의를 갖고 있다. 船舶國籍證書가 선박의 국적을 증명한다.

선박(船舶)의 수선불능(修繕不能) 선박을 고칠 수 없는 상태를 말한다. 이에는 經濟的 不能과 事實上의 不能이 있다. 경제적 불능은 수선비가 선박 가액의 4분의 3을 초과할 때(商 778 Ⅰ ii)를 말한다. 사실상의 불능은 다시 絶對的 不能과 相對的 不能으로 나뉘어진다. 절대적 불능은 新造이외에는 항해능력을 가지게 할 수 없는 경우를 말하고, 상대적 불능에 관하여 상법은 선박이 그 현재지에서 수선을 받을 수 없으며, 또 그 수선을 할 수 있는 곳에 도달하기 불능한 때, 즉 지리적 불능시에는 수선하기 불능하게 된 때로 본다(商 778 Ⅰ i). 地理的 不能에는 事實上의 不能과 時間的 不能을 포함하며 경제적 불능에는 수선에 관한 직·간접의

비용과 回航費가 포함된다. 이 경우 선박의 가액의 산정에 있어서는 선박이 항해 중 훼손된 경우에는 그 발항한 때의 가액으로 하고, 기타의 경우에는 그 훼손 전의 價額으로 한다(商 778Ⅱ). 가액표준의 장소에 대하여 상법에 규정은 없으나, 일반적으로 發港地 또는 毁損地의 가액을 표준으로 본다. 선박이 선적항 외에서 수선하기 불능하게 된 때에 船舶緊急賣却權에 의해 선장은 海務官廳의 인가를 얻어 그 선박을 경매할 수 있다(商 777). 선박이 보험에 붙여져 있는 경우 그 선박이 수선할 수 없게 된 때에는, 피보험자는 보험의 목적(선박)을 보험자에게 委付하고 보험금액의 전부를 청구할 수 있다(商 710 iii).

선박(船舶)**의 임검**(臨檢) → 임검

선박(船舶)**의 적성**(敵性) 〔英〕 enemy character of vessels 선박의 적성에 관하여 영미주의는 敵國旗下에서 항행하는 선박을 적선으로 하며, 그 외에 그 게양하는 국기 여하에 불구하고 선박의 전부 또는 일부가 적의 소유인 경우, 그 선박에 적성을 인정한다. 즉 國旗(國籍)와 所有權의 두 가지를 적성의 기준으로 병용한다. 이에 대하여 대륙주의는 전적으로 선박의 게양의 권리가 있는 국기에 의하여 적성을 인정한다. 런던선언은 國旗主義를 채용하였다. 제1차세계대전중 영국과 프랑스는 런던선언의 국기주의를 실천하려고 하였으나, 독일이 中立船舶을 구입하여 중립국기를 달고 항행하므로 국기주의를 포기하였다. 즉 종래의 영미주의로 환원한 것이다. 영국의 捕獲審檢所는 독일인 소유의 영국 성터드노호사건 및 독일인 소유의 중립선 함브론호사건에서 심검소가 형식상 및 기술상의 사항에 구애되지 않고 사실 및 진리에 철저해야 하는 것은 捕獲法上의 확립된 원칙이다라고 하고, 소유자는 그 선택한 국기에 구속되지만, 나포자는 소유자에 대한 관계에서 이것에 구속되지 않는다라고 하였다. 즉 실제의 소유자인 독일인의 敵性에 비추어 그 선박의 적성을 인정한 것이다. 이상과 같은 적성의 선박 외에 非敵性의 중립선박이라도 ① 직접 전투행위에 참가한 경우, ② 敵國政府가 그 선박 내에 파견한 대리인의 명령 또는 감독을 받는 경우, ③ 선박의 전부가 적국정부에 고용된 경우, ④ 선박이 현재 또한 전적으로 적국운수의 수송 또는 적을 이롭게 하는 정보전달에 종사하는 경우, ⑤ 停船·臨檢·나포에 실력으로 저항하는 경우 등에는 적성을 취득한다. → 포획, 몰수, 적성

선박임차인(船舶賃借人) 〔英〕 charterer, temporary owner 〔獨〕 Mieter eines Schiffes 〔佛〕 armateur affréteur 넓은 의미에서는 타인의 선박을 임차하는 자를 말하며, 좁은 의미로는 타인의 선박을 임차하여 商行爲 기타 영리를 목적으로 선박을 항해에 사용하는 자를 말하는데, 海商法에서는 후자의 의미로 쓰인다. 한편 선박임차인과 구별해야 할 개념으로 傭船者가 있는데, 선박임차인은 선박의 占有權을 갖고 海員에 대한 일반적인 지시 감독권이 있는데 비하여, 용선자는 선박의 전부 또는 일부를 借用하여 물건 또는 여객의 운송을 의뢰하는데 불과하다는 점에서 차이가 있다. 船舶賃貸借에는 등기제도가 인정되고 있으며, 선박임차인은 선박소유자에게 대하여 賃貸借登記에 협력할 것을 청구할 수 있다(商 765Ⅰ). 등기가 있을 때에는 그 선박에 관하여 物權을 취득한 제3자에 대하여도 효력이 생긴다. 선박임차인의 지위는 임차인과 선박소유자 사이에 계약관계인 내부관계와 임차인과 제3자 및 선박소유자와 제3자 사이의 외부관계로 나누어지는데, 내부관계는 선박임차인과 선박소유자 사이의 계약과 海事慣習에 의하고 민법의 규정이 보충되기도 한다. 외부관계로 선박임차인은 선박의 이용에 관한 사항에 대하여는 제3자에 대하여 선박소유자와 동일한 권리와 의무가 있다(商 766Ⅰ). 더욱 선박의 임대차가 있는 경우에 선박의 이용에 관하여 생긴 優先特權은 선박소유자에 대하여도 그 효력이 있다(商 766Ⅱ). 이는 원칙적으로 선박소유자는 직접 제3자에 대하여 아무런 법률관계가 생기지 않지만 船舶債權者를 보호하기 위한 규정이다.

선박저당권(船舶抵當權) 〔英〕 mortgage of ship 〔獨〕 Schiffshypothek, 〔佛〕 hipothèque maritime 등기선박을 목적으로 계약에 의하여 설정되는 상법상 특수한 抵當權(商 871Ⅰ). 선박은 원래 동산임에도 불구하고, 부동산에 유사한 개성과 부동산등기부에 비할 船舶登記簿를 가지고, 저당권의 설정·소멸 등을 이것에 의하여 공시할 수 있는 점은 부동산과 다름없으므로 등기선박에 한하여 저당권제도가 인정되고 있다. 따라서 선박저당권은 상법상 특수한 것이나, 선박의 부동산유사성으로 인하여 민법의 부동산저당권의 규정이 준용된다(871Ⅲ). 선박저당권의 등기에 관하여는 선박등기법이 정하는 바에 따른다. 非登記船은 저당권의 목적으로 할 수 없고(871Ⅰ), 민법의 動産質의 규정에 따라서 질권을 설정할 수 있다. 이에 반하여 등기선박은 質權의 목적으로 하지 못한다(873). 선박저당권의 효력은 부동산의 저당권과 같이 선박·屬具에 대한 競賣權과 優先辨濟權이다(871Ⅱ). 또 건조중의 선박에 대하여도 저당권의 설정이 인정된다(874). 선박은 그 자체가 멸실의 위험이 적지 않고 항해마다 물질적

손상이 생기며, 한편 船舶優先特權의 대항을 받아 그 담보가치를 감소시키기 때문에(872). 건조중의 선박에 대한 경우 외에는, 그다지 행하여지지 않는다. 이에 관하여 1926년에 海上優先特權 및 海上抵當權에 관한 統一條約이 성립되어 있다.

선박지분(船舶持分) 선박공유자의 지분. 이에 대한 강제집행에 관하여는 다른 공유자의 권리보호를 위하여 일반적인 선박에 대한 强制執行과 다른 취급이 행해진다(民訴 687). 구법에서는 船舶股分이라는 용어를 사용하였다.

선박직원(船舶職員) 海技士로서 선박에서 船長, 航海士, 機關長, 機關士, 通信長, 通信士, 運航長 및 運航士의 직무를 행하는 자 등을 말한다(船舶職員法 2iii). 또 선박직원이 되고자 하는 자는 해양수산부장관의 海技士免許를 받아야 하고(4Ⅰ), 선박소유자는 선박의 항행구역·크기·용도·추진기관의 출력 기타 선박의 항행의 안전에 관한 사항을 참작하여 일정한 선박직원의 乘務基準에 적합한 해기사를 승무시켜야 한다(11Ⅰ).

선박질(船舶質) 선박을 목적으로 하는 質權. 등기된 선박 이외의 선박에 대해서만 인정되지만(商 871Ⅰ), 그 법률관계에 관해서는 動產質에 관한 규정(民 329~344)이 적용된다. 그러나 실제 거래에 있어서는 讓渡擔保의 방법이 많이 쓰인다.

선박채권자(船舶債權者) 船舶優先特權을 갖는 채권자. 그러나 선박채권자를 해상법에 규정하는 특수한 담보물권을 가지는 채권자라고 이해하여 이에 선박저당권을 가지는 채권자를 포함시키는 경우도 있다(商法 제5편 제8장). → 선박우선특권

선박충돌(船舶衝突) 〔英〕 collision 〔獨〕 Zusammenstoss von Schiffen 〔佛〕 abordage 2개 이상의 선박간의 손해가 생길 정도의 접촉. 선박과 棧橋·岸壁 기타 선박 아닌 물건과의 접촉은 포함되지 아니한다. 접촉이라 함은 반드시 선체 자체가 직접으로 접촉함을 요하지 않고, 舷側에 垂下된 錨鎖에 접촉한 경우도 포함된다. 충돌로 인한 손해배상의 범위는 충돌의 원인에 따라 다르다. ① 不可抗力과 原因不明의 경우에는 피해자 자신이 부담한다(商 844). ② 선원의 과실로 인한 경우로서 一方 선원의 과실로 인한 경우는 그 일방의 선박소유자가 피해자에 대하여 손해배상책임을 진다(845). 쌍방 선원의 과실로 인한 경우는 각자의 과실의 輕重에 의하여 손해배상의 책임을 분담한다(846Ⅰ前). 또 그 책임의 경중을 판정할 수 없을 때에는 손해배상의 책임을 均分한다(846Ⅱ後). 충돌의 결과 신체·재산에 손해를 받은 자, 즉 積荷의 소유자, 여객, 과실없는 선원 및 과실없는 선박소유자 등은 과실있는 선원 및 선박소유자에게 손해배상을 청구할 수 있다. 쌍방의 선박의 과실로 인하여 쌍방의 선박소유자가 서로 손해배상책임을 부담할 경우에 쌍방이 相計를 할 수 있느냐(交叉責任說) 또는 각자의 분담액을 差計하여 어느 일방의 선박소유자만이 상대방에 대하여 손해배상청구권을 가지느냐(單一責任說)에 대하여 의견이 대립되고 있다. 이론상 충돌은 1개의 사실이지만 과실있는 쌍방에 별개의 불법행위가 있다고 생각하여야 하므로 交叉責任說이 타당하다. 導船士의 과실로 인한 선박충돌의 경우에도 선박소유자가 전기한 책임을 부담한다(847). 선박충돌로 인한 손해배상청구권은 충돌이 있은 날로부터 2년을 경과하면 時效로 인하여 소멸한다(848).

선박충돌(船舶衝突)**에 관한 통일조약**(統一條約) 〔英〕 Convention for the unification of certain rules of law in regard to collision 선박충돌의 경우의 손해배상에 관한 통일조약. 1910년 브뤼셀외교관회의에서 24개국의 주요해운국가간에 체결되었다. 이 조약의 가맹국의 입장에서 보면 內外船舶相互間의 충돌 및 外國船舶相互間의 충돌의 경우에 적용된다. 우리나라는 가맹하지 아니하고 있다.

선발명주의(先發明主義) 特許權의 부여에 있어서 먼저 발명한 자를 우선적으로 취급하는 주의. 선발명자주의라고도 한다. 우리나라에 있어서는 先願主義를 채택하고 있다. → 선원주의

선불(先拂)**카드** 신용카드업자가 대금을 미리 받아 일정한 금액이 電子 또는 磁氣的 方法에 의해 기록된 證標를 발행하고 그 소지자의 제시에 따라 신용카드가맹점이 그 기록된 금액의 범위안에서 물품 또는 용역을 제공할 수 있게 한 증표를 말한다(與信專門金融業法 2 viii). 천재지변 등으로 신용카드가맹점이 물품 또는 용역을 제공할 수 없는 때 또는 잔액이 券面金額의 100분의 10 미만인 경우 등에 있어서 선불카드소지자가 잔액을 현금으로 청구할 경우에는 그 잔액을 지급해야 한다(22).

선 서(宣誓) 〔英〕 oath 〔佛〕 Eid [1] 소송법상 證人, 當事者本人·鑑定人·通譯人이 法定形式에 따라 진술의 진실 또는 감정·통역의 성실을 맹서하는 것. 선서는 원칙으로 신문전에 宣誓書에 의하여 기립하여 선서문을 낭독 또는 대독함으로써 엄숙히 행한다(民訴 133Ⅱ·290·292·305·345, 刑訴 156·157·170·183). 이들은 원칙적

으로 선서의무가 있으며 선서를 하고 허위진술을 하면 僞證罪로 처벌되며(刑 152), 당사자 본인은 過怠料의 제재를 받는다(民訴 342). 그러므로 재판장은 선서전에 이를 경고하여야 한다(民訴 291, 刑訴 158). 민사소송법에서는 當事者 및 法定代理人은 疎明에 갈음하여 자기주장의 진실임을 선서하는 일이 있다(271Ⅱ). 이 경우에도 허위진술하면 과태료의 제재가 있다(273). 그리고 일단 증인으로서 선서한 이후에는, 사건의 동일성을 유지하는 범위내에서는 同一審級에서 再次訊問을 하는 경우에도 다시 선서를 시킬 필요가 없다. 그러나, 새로운 증거결정에 의한 동일증인의 신문에는 다시 선서를 시켜야 한다. 왜냐하면 이 경우는 별개의 證人訊問節次이기 때문이다.

[2] 公法上 公務員 등이 그 職位에 취임함에 있어서, 법령을 성실히 준수하고 직무를 공정히 집행할 것을 서약하는 것. 대통령은 취임함에 있어서 헌법이 정하는 내용의 선서를 하여야 하며(憲 69), 국가공무원은 취임함에 있어서 소속기관장에게 소정의 내용의 선서를 하여야 한다(國公 55). 선서는 그 자체로서 구체적인 拘束力을 가진다기보다는 윤리적 성질이 강하다.

선서서(宣誓書) 선서의 취지를 일정한 문언으로 기재한 문서. 증인·감정인·당사자·통역인이 선서를 하는 경우에 쓰인다. 기재내용은 證人(民訴 292), 當事者(345), 鑑定人(311), 通譯人(133Ⅱ)에 따라 다른데, 어느 경우나 良心에 따라 진실을 진술하는 취지를 표시하는 점은 동일하다.

선 세(先貰) → 보증금

선소(先訴)**의 항변권**(抗辯權) 보통은 催告의 항변권의 뜻. 독일민법의 Einrede der Vorausklage는 문자대로 번역하면 선소의 항변권으로 되지만, 내용은 우리 민법의 檢索의 抗辯權에 해당한다.

선시법(善時法) 〔英〕 good time law 受刑者의 선행에 대한 보상으로서 형기를 단축하는 법. 수형자의 行狀에 따라 1일을 수일로 계산하여 형기를 단축한다. 1817년 미국 뉴욕주의 법률에서 채용되어 오번주립교도소에서 처음으로 실시되었다. 이는 수형자의 선행을 장려하고 교도소내의 질서유지에 기여함을 그 주목적으로 하나, 현재는 假釋放·不定期刑에 대치되어 그리 사용되지 않는다.

선 언(宣言)〔國際法上의〕 〔英〕 declaration 〔獨〕 Erklärung, Deklaration 〔佛〕 déclaration 원래 일방적인 의사표시의 문서. 이 경우는 國際合意로서의 條約이 아니다. 그러나 현행법을 선언하거나 또는 새로운 법의 정립을 위한 國際合意를 내용으로 하는 경우가 있는데, 이 경우는 실질적인 조약이다. 예로서 1856년의 파리선언, 1909년의 런던선언 등이 있다. 이러한 경우에 선언이라는 용어가 사용된 것은 새로운 규칙을 창설한 것이 아니고, 이미 존재하고 있는 一般的 國際法의 규칙을 명문화한 것이라는 의미에서였다. 1942년의 연합국공동선언, 1943년 카이로선언, 1945년의 포츠담선언 등은 동 선언의 당사국 또는 이를 수락한 국가를 구속하는 문서로서 실질적인 조약이다. 그러나 여러 국가간의 선언이 단순히 정책의 성명에 불과하고 국제합의로서는 법적 구속력이 없는 것도 있으므로 경우에 따라 판정하지 않으면 안된다. 국제법상의 단독행위인 일방적 선언은 물론 조약이 아니다. 예컨대, 국제사법재판소규정 36조 2항에 의한 强制管轄權受諾에 관한 선언, 1951년의 샌프란시스코 講和條約과 동시에 행하여진 일본국의 兩宣言 등. → 외교문서

선언적 판결(宣言的判決) 〔英〕 declaratory judgement, declaratory decree, declaration 영·미법에 있어서 법률관계에 관하여 다툼이 있는 경우에 재판소가 당사자의 法的 權利(legal right)에 대하여 부여하는 구속적인 확정 또는 선고. 집행의 전제가 되는 것을 예상치 않고 권리의 觀念的 確定을 꾀하는데 그치는 점에서 우리 법의 確認判決의 제도와 같다. 법률관계의 불안정을 조속히 제거할 것을 의도하는 것으로서, 예방사법적 기능을 한다. 영국에서는 1883년의 최고재판소규칙에 규정되어 있다. 미국에서는 1919년경부터 이 제도에 대한 요망이 강조되어 각주 및 연방재판소에서 그 위헌성이 문제되었으나, 여러 우여곡절후에 긍정되어, 이에 관한 주의 제정법도 많아지고, 1934년에는 聯邦宣言的 判決法이 제정되었다. 재판소가 사법작용으로써 하는 것인 이상, 분쟁의 구체성·현실성이 요구되므로, 비교적 이것이 적은 선언적 판결을 일반적으로 인정하는 것은 비사법적 기능을 재판소에 과하는 것이 되지 않나 하는 것이 미국에서 선언적 판결의 위헌성에 관하여 문제로 되었던 것이다. 이 점은 선언적 판결에 있어서 저스티시어빌리티(justiciability)의 문제로서 그 요건·대상이 논의되고 있다. 그것은 대륙법에 있어서 確認의 訴에 대하여 確認의 利益이 문제되는 것과 대체로 같다. 선언적 판결을 요구하는 절차는 沿革的 理由에서 衡平法의 절차에 준하여 생각되는 경향이 많고 전체로서 재량적 성격이 강하다.

선언적 효과설(宣言的效果說)〔國家承認의〕

〔英〕 declaratory view of recognition → 국가의 승인

선 원(船員) 〔英〕 mariner 〔獨〕 Seemann 〔佛〕 équipage 좁은 뜻으로는 해상기업자인 선박소유자 또는 船舶賃借人에 고용되어 현재 특정 선박에 乘務하고, 계속하여 선박상의 노무에 종사하는 근로자. 상법에서 말하는 선원은 이 좁은 뜻의 것이다. 船長·海員 및 豫備員(승무중이 아닌 자를 말한다)으로 구분한다(船員 3 i).

선원근로감독관(船員勤勞監督官) 해양수산부에 선박소유자 또는 선원에 대하여 선원법 또는 이 법에 의하여 벌하는 명령의 준수에 관하여 주의를 촉구하거나 勸告하고 선박소유자 또는 선원 그 밖의 관계인에 대하여 출석을 요구하거나 장부나 서류의 제출을 명할 수 있으며 선박 그 밖의 사업장을 출입하여 검사하거나 질문할 수 있는 선원근로감독관을 둔다(船員 115, 116). 선원근로감독관은 사법경찰관의 직무를 행할 자와 그 직무범위에 관한 법률이 정하는 바에 의하여 司法警察官의 職務를 행한다(117). 선원근로감독관 또는 선원근로감독관이었던 자는 직무상 알게 된 비밀을 누설하여서는 안된다(118).

선원보험(船員保險) 〔英〕 seaman's insurance 〔獨〕 Seemansversicherung 〔佛〕 assurance de marin 선원을 위하여 그 질병·부상·노령·폐질·탈퇴 또는 사망에 관하여 보험급여를 행할 것을 목적으로 하는 社會保險(船員保險法 2). 선원보험은 정부가 관장하며, 정부의 선원보험에 관한 중요한 기획·운영 등에 관한 사항의 자문을 위하여 船員保險中央審議會와 船員保險地方審議會가 있다(3). 보험료에 관하여는 피보험자 및 피보험자를 고용한 선박소유자가 각가 보험료의 2분의 1을 부담하며, 國庫는 요양조처 및 傷病手當金을 제외하고 보험급여에 요하는 비용의 4분의 1을 부담한다(58, 60).

선원수첩(船員手帖) 선원의 신분을 증명하는 수첩을 말한다. 선원이 되고자 하는 자는 해운관청으로부터 선원수첩을 교부받아야 한다. 다만 유효한 海技士免許를 가진 자, 선원수첩을 신청하는 날 이전 10년내에 1년 이상의 乘務經歷이 있는 자, 指定敎育機關을 졸업한 자 또는 수료한 자에 대한 특례규정에 의한 지정교육기관에 해양수산부장관의 인정을 받은 학과 또는 과정을 졸업 또는 수료하고 10년이 경과하지 않은 자, 해양수산부령이 정하는 선박에 승무하거나 직무에 종사하고자 하는 선원의 경우에는 예외가 인정된다. 또 선원은 승선중에는 선원수첩을 선장에게 제출하여 선장이 이를 보관하여야 하며, 승선을 위하여 여행하거나 선박을 떠날 때에는 선원이 이를 지녀야 한다. 또 선박소유자 또는 선장이 승무원명부의 公認을 받은 때에는 승선 또는 하선하는 선원의 선원수첩을 승무원명부와 함께 해운관청에 제출하여 선원수첩에 乘下船公認을 받아야 한다. 또 해양수산부장관은 선원의 就業實態나 선원수첩의 소지 여부를 파악하거나 그 밖에 필요하다고 인정하는 경우에는 선원수첩의 검사를 실시할 수 있다. 그리고 선원수첩의 교부는 본인·선박소유자·선원관리사업을 영위하는 자, 지정교육기관의 장 또는 해양수산부장관이 지정하는 기관이나 단체의 장이 지방해운항만청장에게 신청하여 교부받아야 하고, 우리나라 외의 지역에 거주하는 자의 경우에는 駐在國 대한민국 領事를 거쳐 신청하여 교부받아야 한다(船員 45Ⅰ 내지Ⅴ, 同施行令 7 i·ii·iii·iv). 旅券에 준한다(出入國管理法 2 iv).

선원주의(先願主義) 2 이상의 출원이 경합한 경우에, 먼저 출원한 자를 우선적으로 취급하는 주의. 예컨대, 工業所有權 등의 부여에 있어서 先發明(또는 考案)主義와 先願主義가 있으나, 우리나라에서는 선원주의를 취하고 있고(特許 36, 意匠法 16, 費用新案法 7Ⅰ, 商標法 8), 그 외에 鑛業權의 설정에 있어서도 이 주의를 취하고 있다(鑛 21). 2 이상의 출원이 같은 날에 경합한 경우에는 出願者간의 협의에 의하되(特許 36Ⅱ), 그 협의가 이루어지지 않을 때에는 모두 취급하지 아니하는 주의(特許 36Ⅱ但, 意匠法 16Ⅱ但, 實用新案法 7Ⅱ但)와 추첨에 의하는 주의(商標法 8Ⅱ, 鑛 21Ⅱ).

선의·악의(善意·惡意) 〔羅〕 bona fides, mala fides 〔獨〕 gutgläubig, bösgläubig od. schlechtgläubig 〔佛〕 bonne foi, mauvaise foi ① 私法에서 선의·악의라는 할 때의 가장 보통의 의의는 어떤 사정을 알지 못하는가 또는 알고 있는가를 의미하며, 倫理的인 선악이라는 의미는 전혀 없다. 이러한 의의에 있어서의 善意·惡意의 개념은 거래안전을 보호하는 요청에 이바지하고자 사용되는 것이며, 어떤 사정을 알지 못하는 당사자 또는 제3자를 거래상 보호하려는 경우에 선의의 상대방 또는 제3자라는 용어가 사용된다. ② 占有에 관하여 善意·惡意(〔獨〕 redlich, unredlich)를 구별하는 경우에는 그 선의라는 것은 단순히 어떤 사정을 알지 못한다는 데에 그치지 않고, 자기가 점유할 수 있는 권리가 있는 것으로 확신하는 것을 의미한다. 따라서 점유할 권리가 없음을 알지 못하더라도 의문을 가지는 것은 惡意占有(〔獨〕 unredlicher Besitz)가

된다(→선의점유 · 악의점유). ③ 선의 · 악의를 문자 그대로 윤리적인 價値判斷에 의하여 구별하고, 타인에게 해를 주려는 의사를 악의라고 하는 경우가 있다(民 840 ii).

선의(善意)**의 제삼자**(第三者) 당사자에게 존재하는 법률관계나 사실을 알지 못하는 제3자. 代理權의 제한 · 虛僞表示 · 取消原因 등 의사표시의 효력에 영향을 주는 사항에 대한 선의의 제3자는 거래상의 動的安全이라고 하는 견지에서 특히 보호되는 일이 있다(民 107Ⅱ, 108Ⅱ).

선의점유 · 악의점유(善意占有 · 惡意占有) 점유할 수 있는 권리, 즉 本權이 없음에도 불구하고 본권이 있는 것으로 誤信하는 점유가 선의점유이며, 본권이 없음을 알고 있는 점유는 악의점유이다. 따라서 이 구별은 본권없이 하는 점유에 한한 것이다. 본래 선의는 어떤 사실을 알지 못함을 의미하며, 의심을 가지는 경우에도 선의가 되지만, 점유에 관하여는 본권있음을 확신한 경우에만 善意占有를 인정하는 것이 학설 · 판례의 태도이다(→선의 · 악의). 점유자의 선의는 추정된다(民 197Ⅰ). 그러나 선의의 점유자라도 본권에 관한 訴에 敗訴한 때에는 그 소가 제기된 때로부터 악의의 점유자로 간주된다(197Ⅱ). 선의점유 · 악의점유의 구별의 실익은 점유자의 果實取得(201) · 점유자의 회복자에 대한 책임(202) · 取得時效(245 이하) · 善意取得(249) 등에서 나타난다.

선의취득(善意取得) 〔獨〕 Eigentumserwerb kraft guten Glaubens 〔佛〕 acquisition de bonne foi 타인의 점유를 신뢰하여 유효한 거래에 의하여 平穩 · 公然하게 동산의 所有權 또는 質權을 讓受한 자는 설사 그 타인이 실제로는 무권리자인 경우에도 권리가 없는 것을 모르고(善意) 또는 그 점에 관하여 無過失인 때에는 즉시 그 동산의 소유권 또는 질권을 유효하게 취득할 수 있는 제도(民 249). 卽時取得이라고도 한다. 예컨대, 시계의 借主를 소유자라고 믿고 시계를 매수하던가 또는 質物로서 받은 경우에는 시계의 소유권 또는 질권을 유효하게 취득한다. 이 제도는 한트 바레 한트(Hand wahre hand) 또는 동산을 임의로 타인에게 인도한 자는 그 타인으로부터만 반환을 청구할 수 있다(Wo man sein Glauben gelassen hat, da muss man ihn suchen)는 게르만法에 있어서의 追及制限의 제도에 유래하는 것이지만, 현재는 動産去來에 있어서 功臣의 原則을 인정한 去來安全保護의 제도로서 중요하다. 요건으로서는 取得者가 선의 · 무과실 · 평온 · 공연하게 점유를 취득할 것, 占有取得이 거래에 의한 承繼取得일 것 등을 들 수 있다. 목적물이 盜品 · 遺失物인 경우에는 제한을 가하여 도난 또는 유실한 날로부터 2년간 피해자 · 유실주에게 회복청구권을 인정하고 있다(250, 251). 민법상의 指示債權 · 無記名債權, 상법상의 유가증권에 관하여는 한층 더 요건을 완화하여, 악의 또는 중대한 과실이 증명되지 않는 한 선의취득이 인정되고 있다(514 · 524, 商 65, 어음 16Ⅱ, 手票 21). 주권에 관하여는 주권의 선의취득을 보라.

선일자수표(先日字手票) 〔英〕 postdated cheque 〔獨〕 vordatierter Scheck 실제의 발행일보다 뒤의 날을 발행일로 기재한 수표. 發行人은 자금이 없더라도 후일 자금을 塡補할 예정으로 그 예정일을 발행일로 하는 수표를 발행하는 일도 있고, 支給銀行에 지급할 이자를 경감하는 수단으로 이것을 발행하는 일도 있다. 이 수표의 제시기간은 기재된 발행일부터 계산되나, 다만 법의 규정에 따라 소지인은 기재된 발행일 전이라도 支給提示를 할 수 있다(手票 28Ⅱ). 이러한 선일자수표를 만일 발행일자의 도래까지 지급을 위하여 제시하지 못하게 한다면 수표의 一覽性에 반하고, 그렇다고 이를 무효로 한다면 발행일자후 선의로 수표를 취득한 자에게 불측의 손해를 주게 된다. 이 부당을 제거하기 위하여 법은 한쪽에서 이를 유효로 하는 동시에, 다른 한쪽 그 소지인은 발행일자의 도래전이라도 언제든지 제시할 수 있고 또 그 제시의 날에 수표는 지급될 것으로 한 것이다.

선임권(選任權) 〔英〕 seniority 기업의 각 근로자에 대해서 職種別 또는 企業別로 就業順位를 정하고 경기의 변동, 품종의 변동 또는 설비의 갱신 등에 따라서 생기는 일시해고의 경우에, 순위가 늦은 자로부터 해고를 하고, 再雇傭의 경우에도 이들 해고자 중에서 순위가 빠른 자에게 우선권을 주는 제도. 미국의 조합에서 실시하고 있다. 이는 인사에 관한 사용자의 專制를 배제하고, 근로자에게 안전감을 주는 동시에 근로자의 이동을 방지하는 작용이 있다. 이리하여 고참자는 신참자보다 유리한 지위에 서게 된다. 古參權이라고도 한다.

선임영사(選任領事) 명예영사와 같다.

선임유언집행자(選任遺言執行者) 指定 또는 法定의 유언집행자가 없거나 사망 또는 기타의 사유로 인하여 없게 된 경우에 이해관계인의 청구에 의하여 법원이 선임하는 유언집행자. 법원이 유언집행자를 선임한 경우에는 그 임무에 관하여 필요한 처분을 명할 수 있다(民 1096). 또한 선임된 자는 통지를 받은 후에 지체없이 그 受諾 여부를 법원에 통지하여야 하며, 상속인 기타 이해관계인은 상당한 기간을 정하여 그 기간내에 수락 여부에 관한 확답을 催告할 수 있으며, 기간내에 확답이 없을 때에는 그 就任을 승낙한 것으로 보게 된다(1097).

선임제(選任制) → 선임권

선임후견인(選任後見人) 법원에 의하여 선임된 후견인. 미성년자에게 親權者, 指定後見人, 法定後見人이 없는 경우 또는 금치산자·한정치산자에게 법정후견인이 없는 경우에는 피후견인의 친족 또는 이해관계인의 청구에 의하여 법원이 후견인을 선임한다. 후견인이 사망하거나 결격 기타의 사유로 인하여 흠결된 경우에도 동일하다(民 936).

선 장(船長) 〔英〕 master 〔獨〕 Kapitän, Schiffer 〔佛〕 capitaine 넓은 의미에서는 특정선박의 항해지휘자를 말하고 여기에는 선박소유자 또는 선박공유자가 동시에 선장인 경우의 同時船長(自船船長)(Schifferreeder)도 포함된다. 이에 대하여 좁은 의미에서는 선박소유자의 被傭者(Setzschiffer)로서 특정선박의 항해를 지휘하고 그 대리인으로서 항해에 관한 여러가지 행위를 할 法定權限을 가지는 자를 가리키며, 보통 선장이라고 할 때에는 이 후자를 말한다. 선장의 職務權限에 관하여는 주로 사익보호의 견지에서 여러가지 규정이 상법에 있는 동시에, 공익보호의 입장에서 각종의 行政法規가 있다. 상법이 선장의 권한으로 규정하고 있는 것은 선박소유자에 대한 代理權限과 積荷의 이해관계인을 위한 대리권한의 두 가지 면으로 나누어 볼 수 있다. 선박소유자를 위한 대리권은 船籍港의 내외에 따라서 다르며, 선적항에서는 선장은 특히 위임을 받은 경우 외에는 海員의 雇傭과 解雇를 할 권한만을 가지는데 대하여(773Ⅱ), 선적항 외에서는 원칙적으로 항해에 관한 모든 재판상 또는 재판 외의 행위를 할 권한을 가지며(773Ⅰ), 이 밖에 비상대리권으로서 船舶修繕料·海難救助料, 기타 항해의 계속에 필요한 비용을 지급하여야 할 경우에는 ① 선박 또는 屬具(→선박속구)를 담보에 제공하거나, ② 借財하고, ③ 또는 積荷의 전부나 일부를 처분하는 행위를 할 수가 있다(774Ⅰ). 더욱 선장은 船籍港外에서 선박이 수선하기 불능하게 된 경우에는 해무관청의 인가를 얻어 競賣할 수 있다(777)(선박의 緊急賣却權). 항해도중에 선장이 積荷를 처분하는 경우에는 그 적하의 이해관계인의 이익을 위하여 가장 적당한 방법으로 하여야 하며(776Ⅰ). 이 경우에 이해관계인은 선장의 처분으로 인하여 생긴 채권자에게 積荷의 價額을 한도로 하여 그 책임을 진다. 그러나 그 이해관계인에게 과실이 있는 때에는 그러하지 아니하다(776Ⅱ). 여기서 선장이 하는 積荷의 處分이라는 것은 항해상의 위험이나 積荷의 위험(예: 海難으로 인한 漂荷, 積荷의 腐敗, 전시금제품인 경우 등)이 생겨서, 임기응변의 조치를 취하여야 할 경우에 그 積荷의 매각 또는 揚陸·보관 등의 처분을 할 수 있는 권한을 가리킨다. 또 선장은 특정선박의 지휘자로서 公法上 海員을 지휘감독하며, 선내에 있는 자에 대하여 자기의 직무를 수행하는데 필요한 명령을 할 수 있는 이른바 船舶權力(Schiffsgewalt)을 가지는 외에(船員 6), 선내기율위반해원에 대한 징계권, 선내의 위험물에 대한 처분권, 위험한 행위에 대한 조치권 등을 가지며, 의무로서 선박직접지휘의무·堪航能力檢査義務·在船義務·항해성취직항의무·滯船義務·인명과 선박구조의무·在船者가 사망한 경우의 조치·해운관청에 대한 항해에 관한(예: 선박의 충돌·침몰·화재·좌초·기관의 손상 기타 海難의 발생 등) 보고의무·선박국적증서·해원명부·항해일지 같은 서류를 船內에 비치할 의무를 가진다.

선장사용약관(船長使用約款) 〔英〕 employment clause 定期傭船契約에서 선박소유자가 임명고용한 선장이 그 관계를 계속하면서 상업상으로는 傭船者의 지휘명령에 따르도록 정한 사용약관. 사용약관에는 선장 뿐 아니라 선원들도 포함되는 것이 보통이다. 용선자가 사용약관을 정하였을 때에는 당해 선장에 불만이 있을 경우에 그 교체를 요구할 수 있는 약관을 정할 수 있다(不滿足約款).

선 적(船積) 〔英〕 loading 〔獨〕 Einladung 〔佛〕 chargement 해상물건운송에 있어서 운송물을 선박에 積入하는 것. 傭船契約의 경우에는 해상운송인인 선박소유자 등의 선적준비완료의 通知(商 782Ⅰ)에 따라 船積期間(碇泊期間(782Ⅱ)내에 선적을 하여야 하며, 個品運送의 경우에는 송하인은 선장의 지시에 따라 지체없이 선적을 하여야 한다(785Ⅰ). 용선계약의 경우에는 선적기간경과 후에도 용선자는 초과정박료를 지급하고 운송물의 선적을 계속할 수 있으나, 전부의 선적을 하지 아니한 경우에도 선장에게 發港을 청구할 수 있으며, 또 선장은 船積期間이 경과하면 전부의 선적을 완료하기 전에도 즉시 발항할 수 있다(784Ⅰ·Ⅱ). 이러한 경우에도 용선자는 運賃(傭船料)의 전액과 운송물 전부의 不船積으로 인한 비용을 지급하여야 하고, 운송인의 청구가 있는 때에는 상당한 담보를 제공하여야 한다(784Ⅲ).

선적국법(船籍國法) 선박의 本國法. 旗國

法 또는 國旗法이라고도 한다. 즉, 선박이 게양할 권리를 가지는 국기소속국의 법률이다. 國際海商法에 있어서 하나의 중요한 準據法으로서 인정되고 있다. 우리나라 섭외사법에 있어서는 선박에 관한 법률행위(44), 공해상의 선박충돌(46), 공해상의 해난구조(47) 등에 관하여 준거법으로 할 것을 규정하고 있다. 또한 요즘 항공기의 발달에 따라서 국제항공법에 있어서도 하나의 준거법으로서 旗國法이 인정되어 국제해상법상의 船籍國法의 이론이 유추되고 있다.

선적기간(船積期間) 〔英〕 time of loading 〔獨〕 Ladezeit 〔佛〕 tempo de la charge 傭船契約에 있어서 계약상 또는 관습에 의하여 정하여진 선적 또는 양륙을 위한 기간. 碇泊期間이라고도 한다. 이 기간내에는 해상운송인인 선박소유자 등은 당연히 정박하여 선적 또는 양륙을 하게 할 의무. 즉 待泊義務가 있다. 이 기간이 경과한 후에 해상운송인이 선적 또는 양륙을 위하여 선박을 정박시킨 경우에는 그 초과기간에 대하여 운송인은 상당한 보수를 청구할 수 있다(商 782Ⅲ).

선적선하증권(船積船荷證券) 〔英〕 bill of lading shipped, shipped B/L 〔獨〕 Abladekonnossement 〔佛〕 connaissement embarqué 해상운송인인 선박소유자 등이 운송물을 선적한 후에 발행하는 선하증권. 이에 대하여 운송물의 수령후 선적전에 발행하는 것을 受領船荷證券이라 한다. → 선하증권, 수령선하증권

선적증서(船籍證書) 총톤수 20톤 미만의 선박의 선적을 증명하기 위하여 교부되는 증서. 구법상의 용어는 船鑑札이라고 함. 총톤수 20톤 이상의 선박에 대하여는 해운관청으로부터 선박국적증서가 교부되고(船舶法 8 참조), 20톤 미만의 선박으로 5톤 미만의 범선과 端舟 기타 櫓櫂만으로 운전하거나 또는 주로 櫓櫂로써 운전하는 배를 제외하고는 船積港을 관할하는 해운관청으로부터 선적증서를 교부받아야 한다(船舶法施 4). →선박국적증서

선적지시서(船積指示書) 〔英〕 shipping order 〔獨〕 Schiffszettel 해상운송인인 선박소유자가 送荷人이 지참하는 운송물을 선적할 것을 선장에게 지시하는 증서. 송하인은 선적에 있어서 선장에게 이 증서를 교부하고 선장으로부터 本船受領證의 교부를 받는다.

선적항(船籍港) 〔英〕 port of registry 〔美〕 homeport 〔獨〕 Heimathafen 〔佛〕 port d'attache 선박소유자가 船舶登記와 船舶登錄을 하고, 선박국적증서를 교부받는 곳(船舶法 7 참조) 선적항은 원칙적으로 당해 선박소유자의 주소지에 정하며, 선박이 항행할 수 있는 수면에 접한 시·읍·면의 명칭에 의한다(船舶法施 2).

선 전(宣傳) 어떤 사항을 일반에게 주지시켜 共鳴을 구하는 일체의 행위. 內亂罪(刑 90Ⅱ)·外患罪(101Ⅱ)·국가보안법(4) 등에 처벌규정을 두고 있다.

선 전(宣戰) 〔英〕 declaration of war 〔獨〕 Kriegserklärung 〔佛〕 déclaration de la guerre 戰爭宣言, 즉 전쟁개시의 의사표시. 開戰의 선언 또는 宣戰布告라고도 하는데 국제법상 선전은 무조건의 개전선언을 말하는 것으로 조건부의 개전선언을 포함하는 최후통첩과는 구별된다. 1907년의 開戰에 관한 條約도 전쟁개시의 절차로 이를 인정하였다(1). 선전은 선전의 이유를 붙인 명료한 事前通告와 그 통고의 도달을 요건으로 한다. 전쟁개시 의사의 명백한 표시가 있어야 하므로 단순한 자유행동의 言明만으로는 불충분하다. 사전에 이유를 붙인 통고가 있어야만 한다는 것은 정당한 이유없이 전쟁에 호소하는 행위를 방지하기 위한 것이다. 통고의 절차에 관해서는 明文規定이 없으나, 전보같은 略式通告가 아니라 외교사절을 거쳐 문서로써 행하는 것으로 되어 있다. 전쟁상태는 지체없이 중립국에 통고하여야 하며 통고수령후가 아니면 그 국가에 대해서 전쟁상태의 효과를 주장할 수 없다(2). 그러나, 중립국에 대한 통고(電報通告도 可)는 중립관계를 성립시키기 위한 요건일 뿐 선전의 요건은 아니다. 선전에 의해서 전쟁이 개시된다. 따라서 선전후가 아니면 적대행위를 개시할 수 없다. 선전의 시기는 宣傳文書를 상대국에 교부한 때이다. 중립국에 대한 효과(중립관계의 발생)는 그에 대해 전쟁상태를 통고한 후에 발생하나 중립국이 실제전쟁상태의 존재를 알고 있음이 확실한 경우에는 통고의 欠缺을 주장할 수 없다(2). →개전에 관한 조약

선전포고(宣戰布告) 선전과 같다.

선 점(先占) 〔羅〕 occupatio 〔英〕 occupancy 〔獨〕 Aneignung, Okkupation 〔佛〕 occupation ① 私法上의 선점에 관해서는 無主物先占을 보라. ② 국제법상의 선점은 국가가 無主地域(terra nullius)을 자국의 영역으로서 취득한다는 의사를 가지고 점유하는 것을 말한다. 선점에 의하여 영역을 취득하기 위하여서는 국제법상 선점의 요건을 구비하지 않으면 유효한 선점이 되지 못한다. ㉠ 선점의 대상이 되는 지역은 현재 어느 국가

의 영역에도 속하지 않음을 요한다. ㉡ 선점은 국가에 의하여 행하여짐을 요한다. ㉢ 선점은 그 지역을 國家領域으로 취득할 의사가 있어야 한다. ㉣ 선점은 토지를 현실적으로 점유하고 그 占有가 실효적이기 위하여서는 토지를 현실적으로 점유할 뿐만 아니라 실력으로써 어느 정도의 지배권을 확립하여야 한다. ㉤ 선점의 사실을 이해관계국에 통고함을 요한다. 선점의 범위는 實效的으로 점유된 지역에 한한다. 즉 先占을 한 국가가 현실적으로 점유하고 유효하게 지배할 수 있는 토지의 범위이다. 이상의 요건을 구비하면 토지는 그 국가에 의하여 原始的으로 취득된다. →선형이론

선정당사자(選定當事者)　공동의 이해관계를 가지는 다수자가 공동하여 소송을 하여야 할 때 그 가운데서 선출되어 全員에 갈음하여 소송당사자가 되는 자(民訴 49Ⅰ). 이에 의하여 각자가 모두 소송하지 않으면 안될 번잡을 피할 수 있을 뿐더러 소송이 단순화되는 편의가 있다. 선정은 선정자 각자가 자기의 權利利益에 대하여 소송을 하는 권능을 당사자에게 수여하는 것으로 任意的 訴訟信託의 일종이다. 선정당사자의 선정에는 공동이해관계인 전원의 합의가 필요하며, 다수결원리에 따르지 않는다. 선정당사자가 소송을 진행하여 판결을 받으면 그 판결은 선정자에 대하여도 효력이 있다(204Ⅱ). 공동의 이해관계가 있다는 것은 다수자와 상대방간의 청구에 대하여 동일한 사실상 또는 법률상의 문제해결 여하가 분쟁의 중심을 이루고, 이 점에서 다수자가 상대방에 대하여 공동전선을 펴고 있다고 인정되는 경우이다. 예를 들면 동일한 교통사고에 의한 공동피해자가 다수있는 때와 같은 것이다. 그러나 선정당사자제도는 강제적이 아니다. 선정당사자는 선정자의 대리인이 아니고 당사자 본인이다. 따라서 선정당사자는 당사자로서의 모든 訴訟行爲, 예를 들면 訴의 取下, 和解, 請求의 抛棄·認諾 등의 소송법상 행위는 물론이고 소송진행에 필요한 모든 私法上 行爲도 할 수 있다.

선정후견인(選定後見人)　미성년자에 대한 指定後見人. 금치산자에 대한 法定後見人이 없을 때 법원이 선임하는 제2순위의 후견인이다(民 936).

선주책임제한(船主責任制限)　해운업의 보호를 위하여 특히 선박소유자(선주)에게 인정되는 유한책임의 제도. 선주책임을 제한하는 것은 각국이 공통하나 제한의 방법에 관하여 종래 委付主義·物的 執行主義·船價責任主義·金額責任主義의 대립이 있었는바 이 점에 비추어 1924년 선주책임의 제한에 관한 통일조약이 성립하였다. 이 조약에 의하여 새 상법은 종전의 위부주의를 버리고 선가책임주의와 금액책임주의를 채택하여 병용하고 있다.

선착수(先着手)의 원칙(原則)　〔獨〕 Grundsatz der Prävention　→관할의 경합

선착지(先着地)　國外에 있는 대한민국선박내의 범죄를 심판하는 법원의 토지관할을 정하는 표준의 하나. 즉 일반표준 외에 범죄후의 선착지가 船籍地와 함께 토지관할의 표준이 된다(刑訴 4Ⅱ).

선취특권(先取特權)　〔英〕 lien 〔獨〕 Vorzugsrecht 〔佛〕 privilège　구민법이 인정하고 있었던 法定擔保物權의 일종으로 법률이 정하는 특수한 채권을 가지는 자가, 혹은 채무자의 총재산에 관하여 혹은 특정의 동산에 관하여 혹은 특정의 부동산에 관하여 일반채권자에 우선하여 그의 채권의 변제를 받을 수 있는 擔保物權(舊民 303~341). 목적물인 채무자의 재산의 종류에 따라 일반의 선취특권(그 목적으로 되는 것은 총재산), 동산의 선취특권(특정의 동산) 및 부동산의 선취특권(특정의 부동산)의 3종으로 나눈다. 선취특권은 목적물을 점유할 권리를 수반하지 않으며, 목적물을 경매하여 우선변제를 받는 것을 그 내용으로 한다. 또한 物上代位의 효력이 있다(304). 先取特權 상호간 및 다른 擔保物權간의 효력의 우열은 법률에 의하여 정해지고, 성립 또는 등기의 순위에 의하지 않기 때문에 배타성, 우선적 효력이 없다. 다수의 채권자가 병존하는 경우 각 채권자는 평등한 입장에서 변제를 받는 것을 원칙으로 하고(債權者平等의 원칙). 우선적 지위는 당사자의 특약에 의한 約定擔保權에 맡기고 있다. 이러한 법체계하에 있어서 선취특권은 공평의 원칙, 사회적 고려, 産業保護 등의 이유에서 특수한 채권자를 보호하려고 하는 것이며, 이 한도에서 채권·채무의 관계에 있어서의 自由主義를 제약한다. 따라서 근대법은 이 제도의 채용에 신중하지만 채권관계에 대한 국가의 적극적 간섭의 진전에 따라 이 제도는 특별법에 의하여 확장되는 경향에 있었다. 그러나 민법은 선취특권을 인정하지 않는다. 그 이유는 대체로 예상하지 못한 곳에서 선취특권자가 나타나서 다른 담보권자에게 不測의 손해를 끼치는 것은 근대법이 극도로 혐오하는 바일 뿐만 아니라, 소수의 예외를 제외하고는 종래에 있어서 선취득권이 거의 실효성이 없는 것이었고 다수의 소액채권자가 용이하게 우선권을 주장할 수 있게 함으로써 공연히 競賣代金의 배당만 복잡하게 만든다는 것 등에 있는 것으로 생각된다. 그리고 민법은 구민법이 인정하였던 선취특권 중 실효성을 가졌던 것만은 法定質權(648, 650), 法定抵當權(649), 또

는 抵當權設定請求權(666)으로 존속시키고, 담보물권의 특별한 종류로서의 선취특권은 이를 폐지하였다. 그러나 다른 법률들에 있어서는 선취특권과 같은 성질의 優先辨濟權이 많다. 상법에 있어서의 회사사용인의 우선변제권(418), 해난구조자의 우선특권(858) 및 선박우선특권(861~870)과 조세에 관한 法定擔保權(國徵 4, 關稅 20) 등이 그 예이다.

선측(船側)**에서 선측**(船側)**까지** 〔英〕 from alongside to alongside 海上運送人인 선박소유자가 선측에서 운송물을 수령하고 목적항에 도착하여 선측에서 受荷人에게 인도할 때까지의 책임을 지고, 육상에서 선측까지 또는 선측에서 육상까지의 船積·揚陸 기타의 비용은 송하인이나 용선자 또는 수하인이 부담한다는 약정 또는 관행으로서 傭船契約의 경우에 행하여진다. 상법은 해상운송인의 주의의무의 범위를 넓혀서 선박소유자는 자기 또는 선원 기타의 선박사용인이 운송물의 수령·선적·積付·운송·보관·양륙과 인도에 관하여 주의를 懈怠함으로 말미암아 생긴 운송물의 멸실·훼손, 연착에 관한 손해에 대해서 배상책임을 지게 하고 있다(商 788Ⅰ). → 상업상의 과실

선택관할(選擇管轄) 관할이 경합한 경우에 원고가 관할법원의 하나를 선택하여 訴를 제기함으로써 생기는 관할. 선택관할은 다른 법원의 관할권을 소멸시키는 것은 아니므로 손해 또는 지체를 피할 필요가 있으면 受訴法院은 그 소송을 이송할 수 있다(民訴 32).

선택권(選擇權) 선택권에 있어서 몇개의 급여 중에서 하나를 선택하는 권리. 形成權의 일종. 선택권자는 원칙적으로 채무자이나 법률행위 또는 법률규정에 따로 규정이 있을 때에는 예외이다(民 380).

선택무기명식증권(選擇無記名式證券) 〔獨〕 alternatives Inhaberpapier 〔佛〕 titre au porteur alternatif 증권상에 특정인을 권리자로 기재하는 동시에 증권의 소지인도 권리자로 인정한다는 취지의 기재가 있는 유가증권. 記名式所持人出給式證券 또는 選擇所持人出給證券이라고도 한다. 이 증권에는 A 또는 이 증권의 소지인에게라는 문구가 기재된다. 수표법 5조 2항은 선택무기명증권인 수표를 所持人出給式手票로 본다고 규정하고 있다. 이에 반해서 어음법에 있어서는 선택무기명증권으로 발행하는 것을 금하고 있다(어음 1vi, 2Ⅰ, 75v, 76Ⅰ). 선택무기명증권에는 상법 65조에 의하여 민법 525조가 준용되어, 이 증권의 양도는 무기명증권에 있어서와 같이 증권의 교부로써 양도의 효력이 생긴다(民 523).

선택위부주의(選擇委付主義) 선주책임제한의 하나의 형태. 委付主義와 船價責任主義 등을 선택적으로 채용하는 것으로서 현재 이 입장을 채용하는 국가는 적으며, 다만 구소련 해상항해법 등이 이에 속한다.

선택적 거행지법(選擇的擧行地法)〔國際私法上〕 결혼의 형식적 성립요건에 관하여 결혼의 방식은 結婚擧行地의 법률에 따르되, 이를 임의적·보충적으로만 적용하여 당사자의 屬人法과의 선택을 인정하는 주의(그리스·이집트·이란 등)를 말한다.

선택적 병합(選擇的倂合) 〔獨〕 alternative Anspruchshäufung 목적을 같이 하고 양립가능한 복수의 청구를 병합하는 것. 競合的 倂合이라고도 한다. 請求權의 競合의 경우에 성립하는 것으로 예컨대 동일물의 인도를 구하고자 소유권에 기한 청구와 점유권에 기한 청구와를 병합한다든가 수개의 離婚原因에 기하여 이혼을 청구하는 경우와 같다. 원고는 병합된 청구 가운데 하나에 대해서 승소하면, 목적을 달성하고 그 밖의 다른 것에 대해서는 심판을 받을 필요가 없다는 취지의 병합이기 때문에 법원은 어느 하나의 청구를 이유있다고 인정하면 다른 청구에 대해서 심판하지 않고 끝낼 수 있다. 그러나 원고를 敗訴시킴에는 전부의 청구를 심판하고 이유없다고 인정되는 경우가 아니면 안된다. 다만 신소송물론의 입장을 취하면, 실체법상 청구권이 경합된다 하여도 대부분의 경우 소송법상으로는 1개의 청구가 있음에 그친다 할 것으로, 그 한도에서 이러한 형태의 請求의 倂合은 인정할 수 없다 한다. → 청구의 병합

선택적 소구(選擇的遡求) 소구의무자의 의무순서에 구애됨이 없이 소구권자의 선택에 따라서 어느 소구의무자에 대하여도 소구할 수 있다는 주의. 飛躍的 遡求 또는 無制限的 遡求라고도 한다. 이러한 경우에는 몇 사람의 소구의무자 중에서 가까운 전자를 앞질러서 그 자의 전자에 대하여도 소구할 수가 있다. 어음법·수표법은 이 주의를 채택한다(어음 47Ⅱ·Ⅲ·77, 手票 43Ⅱ·Ⅲ)

선택적 재판적(選擇的裁判籍) 〔獨〕 Wahlgerichtsstand 동일한 사건에 대하여 수개의 관할법원이 競合하는 까닭에 원고가 그 중 하나의 관할법원을 선택하여 소를 제기할 수 있는 경우의 재판적. 그러나 원고의 소제기에 의하여 다른 법원의 관할권이 소멸하는 것은 아니므로 訴의 제기를 받

은 관할법원은 손해 또는 지체를 피하기 위하여 필요하다 할 때는 소송을 다른 관할법원으로 移送시킬 수 있다(民訴 32).

선택조항(選擇條項) 〔英〕 optional clause 〔獨〕 Optionsklausel, Fakultativklausel 〔佛〕 disposition facultative 임의조항과 같다.

선택주의(選擇主義) 無限責任을 원칙으로 하되 다만 委付를 하거나, 선가에 책임을 제한하는 따위의 선택권을 부여하는 주의. 이는 벨기에, 그리스, 구소련 해상항행법에서 채용하고 있는데 입법론상 별로 유력한 것이 못된다. → 선박소유권

선택지급인(選擇支給人) 어음의 지급인이 선택적으로 기재되어 있는 자. 어음의 지급인이 있는 경우는 보통 인정되어 있으나 그것은 중복적으로 기재되어 있는 경우에만 유효하고 선택적으로 기재된 경우에는 어느 지급인의 인수 또는 지급의 거절에도 전자의 償還義務의 원인이 되며 어음유통에 필요한 상환청구의 일정한 조건을 해치므로 어음은 무효가 된다.

선택채권(選擇債權) 〔羅〕 obligatio alternativa 〔獨〕 Wahlschuld 〔佛〕 obligation alternavive 채권의 목적이 수개의 給付 중에서 선택에 의하여 정하여지는 債權(民 380). 이 세 권의 책 가운데서 어느 하나라든가, 甲馬 또는 乙馬 중의 어느 것을 급부시키는 채권이 그 예. 수개의 급부가 처음부터 개별적으로 예정되어 있는 점에서 種類債權과 다르고, 또 수개의 급부가 각각 대등한 지위를 가지고 있는 점에서 任意債權과 다르다. 선택채권은 이행될 때까지는 급부가 하나로 결정되지 않으면 안되는데, 이것을 選擇債權의 特定이라고 한다. 특정은 선택권자의 선택에 의하여 일어나는 것이 보통이지만, 급부의 불능에 의하여 일어나는 일도 있다(380~386).

선택채무(選擇債務) 선택채권에 대한 채무. 채무의 목적이 몇개있는 경우에 그 어느 것을 급부할 것이냐에 대하여 選擇權을 가진 자가 선택하는데 따라서 정해지는 채무를 말한다. 예컨대 甲이 乙로부터 가옥을 매수하고 그 대가로 甲의 소유인 소(牛) 1필 또는 돈 1만원을 인도할 채무를 부담한 경우에, 甲은 자기의 선택에 의하여(또는 제3자의 선택에 의하여) 소 1필 또는 돈 1만원 중의 어느 것이든지 선택하여 이를 乙에게 인도함으로써 그 채무를 이행하는 것과 같다. → 선택채권

선택형(選擇刑) 法定刑에 2종 이상의 것을 규정해 놓고, 선고할 때에 그 중의 어떤 것을 선택하도록 한 형. 倂科刑에 대한다.

선하증권(船荷證券) 〔英〕 bill of lading, B/L 〔獨〕 Konnossement 〔佛〕 connaissement 海上運送人이 운송물을 수령 또는 선적하였음을 인증하고 이를 운송하여 揚陸港에서 증권의 정당한 소지인에게 그 운송물을 인도할 것을 약정하는 유가증권. 운송물의 수령후 선적전에 발행하는 것을 受領船荷證券, 선적후에 발행하는 것을 船積船荷證券이라고 하며, 상법은 선하증권에 관한 통일조약에 따라서 이 두 가지를 인정하고 있다(商 813 Ⅰ·Ⅱ). 선하증권은 해상운송인인 선박소유자 등이 발행하나, 선장 기타의 사용인으로 하여금 발행하게 할 수도 있다(813Ⅲ). 선하증권은 傭船者 또는 送荷人의 청구에 의하여 1통 또는 수통을 발행하게 되나, 수통이 발행된 경우에는 양륙항 외에서는 선장은 그 각통의 반환을 받지 아니하면 운송물을 인도하지 못한다(817).

선하증권(船荷證券)에 관한 통일조약(統一條約) 船荷證券에 관한 각국법의 통일을 목적으로 1923년 브뤼셀외교회의에서 성립한 조약. 대체로 미국의 하터법(Harter Act)에 따르고 있다. 이 통일조약에 의하면 해상운송인의 책임을 商業上의 過失과 航海上의 過失의 두 가지 경우로 나누어 전자의 경우에는 해상운송인은 엄격한 책임을 지나, 후자의 경우에는 책임을 면하게 된다. 그리고 이러한 규정에 반한 免責約款은 그 효력을 인정하지 않으며, 동조약은 더욱 受領船荷證券의 효력, 선하증권상의 기재의 증거력 등에 대하여도 규정하고 있다. 우리 상법은 해상운송인의 책임, 수령선하증권 등에 관하여 이 통일조약과 거의 동일한 규정을 두고 있다(788 이하, 813). 또 유력한 해운국가인 영국·미국·독일·프랑스 등에서는 이미 동조약의 규정을 국내법화하고 있다.

선 한(先限) → 청산거래

선행보증(先行保證) 刑의 執行猶豫나 假釋放을 하는 경우에 상당한 금액 기타 유가증권을 보증금으로 제공하게 하거나, 보증인을 내세워 그 효과발생의 정지조건으로 명하는 保安處分의 일종을 말한다. 보증기간 중에 범죄를 범한 경우에는 보증금을 국고에 귀속시키거나(이탈리아형법·스위스형법), 피해자에게 보상하는데 충당케 하고(프랑스형법초안), 사고없이 그 기간을 경과하는 경우에는 供託者에게 반환하게 된다. 결국 이 제도는 保證金沒收라는 심리적 압박을 통하여 先行을 확보하려는 보안처분이다. 스위스 형법 53조, 이탈리아 형법 237조, 프랑스 형법초안 58조 등이 이를 규정

하고 있다. 그러나 이 제도는 그 대상자에게 상당한 부담을 주고 刑의 執行猶豫나 假釋放을 사실상 제한하는 것이기 때문에 보안처분으로 적절치 못하다고 보는 견해도 있다.

선행적 자백(先行的自白) 〔獨〕 antizipiertes Geständnis 먼저 자기에게 불이익한 사실을 진술하고, 뒤에 상대방이 그것을 원용함으로써 성립하는 자백. 事前自白 또는 自發的 自白이라고 한다. 이것은 본래의 자백은 아니지만 자백으로서의 효과가 인정되고 있다. 다만 먼저 불이익한 사실을 진술하였다 하여도 상대방이 그것을 援用하기 전이면 무조건 그 진술을 撤回할 수 있으며, 철회하면 자백은 성립하지 않는다. →자백

선행투자보호(先行投資保護) 〔英〕 Dioneer Investment Protection UN海商法條約이 정식으로 발효하여 深海底 광물자원의 상업적 생산에 들어가기 전에 國際探海底機構 등의 기능의 개시가 부당하게 지연되는 일이 없도록 필요한 준비를 하기 위하여 이 조약의 발효에 앞서 준비위원회가 발족되었으니, 그 탐사 등의 先行活動이 신속히 개시되기 위하여 투자의 보호, 즉 先行資本保護(Pioneer Investment Protection:PP)制度가 설정되었다(1982년 4월 30일 UN해양법회의 결의Ⅱ). 선행투자보호제도에 의하면 선행투자자로서 승인된 사업주체는 조약의 발효까지의 기간 동안 그 등록일로부터 할당된 鑛區에서 탐사활동을 행할 수 있는 배타적 권리가 부여되며, 조약의 발효 후에는 국제심해저기구가 발급하는 생산인가에 있어서도 企業(enterprise)을 제외한 다른 신청자와의 관계에서 우선순위가 부여된다(同決議 Ⅵ·Ⅸ). 이러한 선행투자자로서의 자격을 갖는 자는 1983년 1월 1일까지 소정액을 지출한 자로서, 4국에 속한 각 1개의 사업주체(여기서 4국은 프랑스·인도·일본·舊소련을 말하였다), 또는 4개 국제콘소시움, 개발도상국에 속한 事業主體이다. 또한 先行投資者는 본국이 동조약에 서명하고 서명국이 된 경우에 한하여 탐사·개발활동에 종사할 수 있으며, 그 활동에 있어서도 조약에 어긋나는 방법으로 행하여서는 안된다. 이와 같이 선행투자보호제도는 동조약의 발효전의 조치로서 선구적 조직인 준비위원회에 의한 국제적 승인에 입각하여 割當鑛區에 관한 探査權의 배타성을 서명국 상호간에 서로 보장하는 것이다.

선형이론(扇形理論) 〔英〕 sector doctrine 極地에 대해서는 일반의 先占理論을 인정하지 않고 극지에 근접한 국가의 극지에 면한 해안선과 그 兩端과 극지와를 연결한 두개의 子午線과에 의하여 구획되는 선형의 구역내에 있는 섬과 육지는 당연히 牽引地域(region of attraction)에 위치한 국가의 영역이 된다고 하는 주의. 북극에 대해서는 캐나다(1907년)와 구소련에 의하여, 남극에 대해서는 1908년경부터 오스트레일리아·뉴질랜드·영국 등에 의하여 주장되었다. →선점

설권증권(設權證券) 〔獨〕 konstitutives Wertpapier 증권상의 권리가 발생하기 위해서는 증권의 작성이 필요하고 또 그 작성에 의하여서만 권리가 발생하는 有價證券·設權的 有價證券이라고도 하며 어음·수표가 그 適例이다. 화물상환증·선하증권·창고증권 등은 증권의 작성교부 전에 이미 발생한 권리가 있고 후에 이를 증권화한 것에 지나지 않는다(非設權證券). 이에 대하여 어음·수표에 있어서는, 증권을 작성하게 된 매매 등의 원인관계에 관계없이 증권을 작성함으로써 처음부터 어음 또는 수표상의 권리가 발생하는 것이다.

설 득(說得)〔勞動法上의〕 〔英〕 persuasion 근로자가 피케팅을 한 경우에 스트라이크破壞(→스트라이크 파괴자)나, 조합으로부터의 탈락자가 就勞하는 것을 방지하기 위하여, 쟁의의 본질·사정 등을 설명하고 같은 근로자의 입장이라는 양심에 호소하고 단념시키는 것이라든가, 혹은 보이콧의 경우에는 고객에 대해서 분쟁중의 雇傭主와의 거래를 하지 못하도록 협력을 구하는 것. 어떤 것이나 평화적으로 행하여지는 한, 정당한 爭議行爲라고 하나, 보통은 피케팅과 일체가 되어서 행하여지는 까닭으로 때때로 제3자의 자유를 부당하게 간섭한다고 하는 이유로 위법시될 가능성이 많다. →피케팅

설 립(設立)〔法人의〕 →법인, 설립행위

설립강제(設立强制) 일정한 자격을 구비한 자에 대하여 법령으로 단체의 설립을 명령하는 것. 공공목적을 가진 어떤 종류의 단체에 관하여는 그 설립을 개인의 자유에 맡길 수 없으므로 국가가 적극적으로 그것에 관여한다. 예컨대 辯護士會·辨理士會·藥師會 등의 경우이다. 법령에서 강제하는 단체를 설립하지 않는 경우에는 行政官廳이 그 설립에 필요한 처분을 할 수 있다.

설립등기(設立登記)〔法人의〕 法人의 설립에 관한 등기. 민법상의 법인의 경우에 법인설립의 許可후 3주간내에 法定事項을 주된 사무소소재지에서 설립등기를 하여야 하며(49Ⅰ), 회사와 특별법상의 법인의 경우에는 기간의 정함이 없는 경우를 제외하고 일정기간내에 법정사항을 本店所在地에서 설립등기를 하여야 한다(商 180·269·317·549,

農協 87). 설립등기는 법인과 거래하는 제3자에게 법인의 조직을 알려 그 자에게 不測의 손해를 생기지 않게 하기 위한 公示의 기능과 準則主義下에서의 준칙의 준수를 보장하는 기능이 있다. 민법상의 법인이든 회사와 특별법상의 법인이든 설립등기는 설립의 제3자對抗要件(→대항요건)이 아니고(舊民 45 참조), 설립등기를 함으로써 법인이 성립하는 成立要件이다(民 33, 商 172, 農協 21 I). 회사의 성립등기는 商業登記이다.

설립법주의(設立法主義)〔國際私法上〕 회사의 國籍決定에 관한 학설 중 회사의 설립장소에 따라 회사의 국적을 결정해야 한다는 견해를 말한다. 그러나 이 견해는 어떠한 회사가 국내에서 설립등기를 행하여야 할 것인가를 완전히 해결하지 못했다는 비판이 있다.

설립비용(設立費用) 〔獨〕 Gründungsaufwände, Gründungskosten 회사의 설립사무에 관한 必要費用. 대체로 定款·株式淸約書의 작성, 광고, 창립사무소의 賃借, 통신비, 사무원의 급료 등은 이에 해당되나, 토지구입·공장건설을 위한 비용 등의 개업준비비용은 포함되지 않는다. 설립비용은 회사성립시에 회사의 부담이 되어야 하는 것이지만 濫費와 과대견적에 의한 발기인의 업무상 횡령의 폐가 있으므로, 법은 變態設立事項의 하나로 하여 정관 및 주식청약서에 그 한도를 기재시키고(商 290iv, 302 II ii) 기재되지 않은 액 또는 기재초과액을 발기인에게 부담시키는 동시에, 엄격한 검사를 받게 하였다(298~300, 310, 319). 또는 회사의 부담이 될 액은 創業費의 일부로서 移延資産計定에 계상하여 分割償却할 수 있다(453). 會社不成立의 경우에는 발기인의 부담이 된다(326 II).

설립위원(設立委員) [1] 회사의 新設合併의 경우에 각 당사회사에서 선임되어 공동으로 신설회사의 定款의 작성 기타 회사의 설립에 관한 행위를 하는 자(商 175 I, 527, 599). 人的會社에서는 총사원의 同意, 物的會社에서는 特別決議에 의하여 선임하여야 한다(175 II). 선임한 합병당사회사와 설립위원은 위임관계에 있다. 설립위원은 合併契約에서 정하여진 합병조건에 따라서 설립사무를 관장하며, 그 직무로는 정관의 작성, 합병당사회사의 재산의 인계·관리, 端株 또는 端株分의 처리, 창립총회의 소집, 창립에 관한 보고 등이 있다. 그리고 벌칙의 적용이 있다(622 II).

[2] 특별법에 의하여 설립되는 公社 또는 特別會社의 설립사무를 관장하는 자. 주무관청의 장이 임명하는 것이 보통이고 그 직무는 定款의 작성 기타 설립에 관한 사무이나 그 범위는 특별법에 따라 각각 다르다. 설립행위를 하는 점에서 설립자 또는 발기인에 비슷하나, 사원이 되고자 하는 자 또는 주식의 인수를 하여야 할 자가 아닌 점에서, 또는 私法上의 設立契約으로 인하여 자격이 발생한 것이 아니고 公法上의 任命에서 그 자격을 가지는 점에서 구별된다.

설립(設立)**의 취소**(取消)〔會社의〕 人的會社에 있어서는 특정사원의 설립행위가 一般私法上의 원인에 의하여 취소되고, 그 결과 회사의 설립 자체가 취소되며, 법률상 회사는 처음부터 성립되지 않은 것이 되지만 설립의 무효의 경우와 동일한 취지로 회사의 성립 후는 訴로써만 그 취소를 주장할 수 있는 것으로 하고 더욱이 취소의 효과를 소급시키지 않기로 하고 있다. 설립취소의 소에는 사원의 설립행위에 무능력 또는 의사표시의 하자 등 일반 의사표시의 취소원인이 있는 경우에 취소권자가 회사를 피고로 하여 제기하는 것(商 184)과 사원인 채권자가 債權者取消權(民 406)의 행사로써 그 사원 및 회사를 피고로 하여 제기하는 것(商 185)이 있는 바 어느 경우에도 그 절차·판결의 효과 등은 설립무효의 경우와 동일하다(186). 이 취소의 소는 人的結合을 본질로 하는 인적회사에 특유한 것이고, 물적회사인 주식회사에는 설립 전체의 취소는 있을 수 없다.

설립중(設立中)**의 회사**(會社) 〔獨〕 Vorgesellschaft, entstehende Gesellschaft, werdende Gesellschaft 〔佛〕 société en formation 발기인이 정관을 작성하는 데서 시작하여 設立登記에 의하여 성립하기까지의 미완성의 회사, 복잡한 설립과정을 거쳐서 社團으로서의 실체를 정비하여 갈 회사의 胎兒라고도 할 수 있는 것으로, 法人格은 없으나 미완성의 회사로서 사회학적으로 실재하고 여러가지 去來行爲를 하며 사회와 적접교섭을 하고 있다. 그러므로 근래의 통설은 법률학적으로도 이를 인정하여 설립중의 회사와 설립후의 회사를 그 법인격의 유무를 초월하여 실질적으로 동일한 것으로 보고 있다. 그 법률상의 성질은 권리능력없는 사단으로서, 株式引受人은 그 구성원으로 되고 발기인은 이 사단의 事務執行機關이다. 따라서 발기인이 취득하거나 또는 부담하는 권리의무는 형식적으로 발기인에 속하나, 실질적으로는 회사의 전신인 설립중의 회사에 속하고, 회사가 성립하여 法人格을 취득하면 동시에 이러한 권리의무가 당연히 형식적으로도 회사에 귀속하게 된다. 발기인은 설립중의 회사의 기관으로서 행동하는 것이므로 會社不成立의 경우에 있어서도 이론상은 발기인 자신이 책임을 질 이유가 없지만,

株式引受人이나 설립중의 회사의 거래상의 채권자를 보호하기 위하여 상법은 발기인에게 특별책임을 부담시키고 있다. 즉 회사불성립의 경우에는 발기인은 회사설립에 관한 행위에 대하여 연대하여 책임을 지고(商 326Ⅰ), 회사설립에 관하여 지급한 비용을 부담한다(326Ⅱ).

설립행위(設立行爲)　법인의 설립에 관한 행위 중에서 특히 중요한, 그것에 의하여 법인이 설립된다고 인정되는 법률행위. 무엇이 설립행위이며 설립행위의 성질이 어떠한 것이냐는 설립될 법인에 따라 다르며 學說上 異見이 많다. 우선 민법상의 재단법인의 경우에는 설립자가 일정한 재산을 出捐하고 법인의 근본규칙을 기재한 서면. 즉 정관을 작성하는 행위가 설립행위인데, 그것은 계약이 아니라 상대방없는 單獨行爲라고 해석된다. 이에 대하여 민법상의 社團法人의 경우에는 2인 이상의 설립자가 법인의 근본규칙을 적은 서면. 즉 정관을 작성하는 행위가 설립행위인데, 그 성질에 관하여는 이론이 있으나, 두 개 이상의 의사표시가 합동되어야 하며, 그 의사표시는 동일한 의의를 지니고 동일방향으로 향하고 있는 점에서, 合同行爲라고 하는 것이 통설이다. 회사의 설립행위에 관하여는 합명회사·합자회사에서는 설립행위는 定款作成行爲(商 178, 179, 269, 270)로서 나타나는데, 그것도 合同行爲라 하고 있다. 物的會社, 그 중에서도 주식회사의 경우에는 무엇이 설립행위이냐에 관하여 다툼이 있지만, 발기인에 의한 定款의 작성(289)과 발기인의 株式引受(293), 또는 발기인의 주식인수만이 설립에 기본적인 것이며 따라서 이것이 설립행위라고 하고 그것을 合同行爲라고 하는 설이 많다. 有限會社에서는 정관의 작성(543)이 설립행위인데, 이것도 합동행위라고 설명되고 있다.

설명의무위반죄(說明義務違反罪)　破産者, 그 대리인 또는 이에 준한 자는 破産管財人, 감사위원 또는 채권자집회의 청구가 있는 경우는 파산에 관하여 필요한 설명을 해야 하는바 이유없이 설명을 하지 않거나 허위의 설명을 함으로써 성립하는 죄(破 374Ⅰ). 相續財産에 대한 파산에 있어서의 상속인. 그 대리인, 상속재산관리인 및 유언집행자도 이에 준한다(143).

설　정(設定)　制限物權을 새로이 발생시키는 행위. 원칙적으로 동산에 있어서는 의사표시에 의하여만 행해지지만 質權의 설정에는 목적물의 인도를 요한다(民 330). 보통계약에 의하지만 유언과 같은 單獨行爲에 의하는 일도 있다.

설정적 취득(設定的取得)　〔獨〕konstitutiver Rechtserwerb　創設的 取得이라고도 하여 일종의 承繼取得. 갑이 그 소유지에 을을 위하여 저당권을 설정하는 경우와 같이 前主의 기존의 권리에 기인하여 새로운 권리를 창설하여 승계인에게 취득시키는 것.

설치·관리(設置·管理)**의 하자**(瑕疵)　公共施設이 설치·관리의 하자로 인하여 손해를 발생시킨 경우에 行政上 損害賠償責任이 발생하게 된다. 이때 설치·관리의 하자란 공공시설의 일반적으로 갖추어야 할 안전성의 흠이 공공시설의 성질을 취득한 당초에 있는 것이 설치의 하자이고, 흠이 후에 발생한 경우가 관리의 하자이다.

설형문자법(楔形文字法)　〔英〕cuneiform law〔獨〕Keilschriftretht　법률문서의 기재에 楔形文字(〔英〕cuneiform script〔獨〕Keilschrift)를 사용한 법. 설형문자문서는 기원전 30세기로부터 2내지 1세기에 이르는 동안, 즉 슈메르시대로부터 아르사케스(Arsakes)朝 시대에 이르는 오랜 기간에 걸쳐, 이른바 兩河(티그리스·유프라테스)地帶를 중심으로 興亡한 여러 종족이 여러가지의 언어로써 기재한 것이며, 그 가운데 포함되어 있는 法體系로 슈메르법·古악카드법·古바빌로니아법·엘람법·古앗시리아법·中바빌로니아법·中앗시리아법·힛타이트법·스바레아법·新앗시리아법·新바빌로니아법 등 매우 다채롭다. 슈메르법전·함무라비법전·앗시리아법서(법전)·히타이트법서(법전)·신바빌로니아 법전초안 등은 설형문자법의 가장 중요한 법원이다. 19세기 후반에 일어난 이 법의 연구는 금세기 초기에 코사커가 획기적인 연구를 발표한 이래 장족의 진보를 하여, 민사소송을 제외한 각 法域에 관하여 이 법의 내용이 밝혀지고 있지만 현존하는 史料가 시대적·지역적·법역적으로 고르지 않기 때문에, 이 법이 단지 설형문자를 사용하는 법이라고 하는 것 이상으로 전체로서 어떠한 내용적인 통일을 가지는 것이냐 아니냐는 아직 밝혀지지 않고 있으며 또한 이 법 전체의 發展史, 이 법 중에 포함되어 있는 각 법체계 상호간의 영향교섭관계 등을 구명하는 것은 至難事로 되어 있다. 이 법의 역사는 그 최종단계에 있어서 그리스법사와 접촉하고 있으나 그리스·로마의 古典古代法에 대한 이 법의 영향여하의 문제는 현재에 있어서는 추측의 영역을 벗어나지 못하고 있다. →비잔티니스트, 고대법사론

섭외적 사법관계(涉外的私法關係)　내외 다수국가의 법률에 관계를 가지는 법률관계를 일반적으로 섭외적 법률관계라 하는데, 그것이 私法的 法律關係인 경우에 특히 섭외적 사법관계라 한다.

어떤 법률관계가 그 요소, 예컨대 당사자의 國籍·주소 또는 거소, 목적물의 소재지·행위지·사실발생지 등에 의하여 내외의 법률에 연락되어 있는 경우이다. 예컨대 한국인과 미국인이 매매계약을 체결하거나 또는 외국인이 한국에서 不法行爲를 한 경우 등과 같다. 이러한 섭외적 사법관계에 적용할 사법을 지정하는 법칙이 곧 國際私法이다.

성(姓) 출생의 계통을 표시하는 표지. 母系時代에는 女系의 혈통을 표시하였고, 父系時代에는 父系의 혈통을 표시하는 표지이다. 우리나라의 성의 유래는 씨족사회시대의 氏族名으로서의 성이 아니라 중국에서 수입된 漢姓, 즉 특권세습계급의 칭호인데 고려 이전에는 오늘날과 같은 姓은 없었으며, 고려에 이르러 일반적으로 인민에게 성을 부여하여 보급되었다고 한다. 이와 같이 일반적으로 성을 칭하게 된 때에는 이미 父系中心社會이므로 성은 각 개인의 父系血統을 표시하는 표지였다. 민법상 자녀의 성은 父의 성을 따르는 것이 원칙이며, 父의 認知를 받지 못한 혼인외의 출생자는 母의 성을 따르고, 부모를 알 수 없는 자는 법원의 허가를 얻어 성을 창설하고, 후에 부 또는 모를 알게 될 때에는 그 부 또는 모의 성을 따른다(民 781, 戶 57). 그러나 入夫婚姻의 부부간의 출생자는 母의 성을 따른다(民 826 Ⅲ但·Ⅳ). 우리나라의 관습상 성의 변경은 허용되지 않는 것이 원칙이지만(姓不變의 原則), 異姓養子의 경우 명문의 규정이 없으므로 학설이 대립된다. 개정민법에서는 친양자제도는 양부모와 양자를 친생자관계로 간주해 종전의 친족관계를 종료시키고 양친과의 친족관계만 인정해 양자는 양친의 성과 본을 따르게 된다. 그러나 일반양자는 양친의 성과 본을 따르지 않으며 일반양자는 요건을 갖춘 경우 가정법원에 청구해 친양자로 변경할 수 있다. →본

성격범죄인(性格犯罪人) 內因的 犯罪人의 일종. 生來的인 특수성향의 범죄인으로 형사책임능력상의 문제가 있는 이상한 인격구조를 가진다. 특정의 內的 傾向·체질·氣質이 특정의 대상이나 조건과 결합되면, 고유한 心的 複合體를 발생시켜 병적 또는 이상한 과정을 거쳐 범죄에 이른다. 옛날에는 變質 또는 도덕적 정신착란이라고 불리어진 교정이 곤란한 범죄인이며 偏執的·好爭的·好色的·欺瞞的·空想的·性的인 유형이 많이 인정되고, 특히 酩酊時에 있어서 성격에 고유한 충동이 작용한다. 保安處分이나 不定期刑의 대상이다.

성격책임(性格責任) 〔獨〕 Charakterschuld 책임(→형사책임)의 근거를, 개개의 행위(의사)에가 아니라 행위자의 성격(사회적 위험성)에 구하는 경우의 책임. 성격책임은 사회적 책임론의 중심이 되는 개념이며, 행위책임이 道義的 責任論에 의하여 주장되는 것에 대한다. 社會的 責任論은 개개의 행위를 떠나서 성격의 사회적 위험성을 논하는 것이 아니라, 개개의 행위 속에 표현된 행위자의 사회적으로 위험한 성격에 책임의 근거를 구한다고 주장한다(→범죄징표설). 따라서 개개의 행위의 고의·과실도 사회적으로 위험한 성격의 표현이라고 이해된다. →인격책임론

성격학적 범죄인유형(性格學的犯罪人類型) 〔獨〕 charakterologische Verbrechertypen 성격학의 관점에서 분류한 범죄인의 유형. 두 개의 분류방법이 있다. ① 일반국민을 성격학적으로 분류하여, 각각의 性格集團이 범죄에 있어서 어떠한 특성을 보이는가라고 하는 관점으로부터 하는 분류. 각 성격학의 입장에 따라 분류의 방법이 다르다. 예컨대 크레취머는 그의 肥滿型·細身型·鬪士型 등이 분류원리로부터 범죄인을 분류한다. ② 범죄와 관계되는 공통한 성격특징을 연구하기 위하여 범죄인을 유형화하는 것으로서, 예컨대 狀態犯罪人·機會犯罪人의 분류 따위.

성과급제(成果給制) 〔英〕 piece rate system 근로시간이 아니고, 작업의 量에 따라서 임금을 지급하는 제도. 노동강화를 수반할 결과가 되기 쉬운 것으로 알려져 있다. 한편 경우에 따라서는 극히 低額의 賃金밖에 받지 못하든가 혹은 전혀 임금을 받지 못하는 경우도 있는 것이기 때문에 근로기준법은 성과급제와 같은 경우에는, 근로시간에 따라서 일정한 保障給을 지급하여야 한다고 규정하였다(勤基 46).

성 년(成年) 〔英〕 full age 〔獨〕 Volljährigkeit 〔佛〕 majorité 自然人이 미성년을 벗어나서 완전한 行爲能力者가 됨을 말한다. 민법상 만 20세로 성년이 되며(4), 미성년자가 결혼을 한 때에는 성년자로 본다(826의2). 성년이 되면, 행위능력을 취득하는 이외, 여러가지의 효과가 있다(866). 또 공인회계사·변리사·세무사가 되는데 성년자임을 요건으로 하는 경우가 많다(公認會計士法 4, 辨理士法 3, 稅務私法 4 i).

성년선고(成年宣告) 〔羅〕 venia aetatis 〔獨〕 Volljährigkeitserklärung Mündigerklärung 일정한 연령 이상의 미성년자를 일정한 조건하에 성년자로 선고하여 완전한 行爲能力을 부여하는 제도. 독일민법(3, 4)·스위스민법(15)은 이것을 인정한다. 미성년자의 획일적 취급의 결함을 보충하는 것

이지만 우리나라에서는 인정되어 있지 않다.

성년의제(成年擬制) 미성년자가 혼인함으로써 성년자로 의제되는 것(民 826의2). 미성년자가 혼인하더라도 제3자의 친권 또는 후견에 복종하게 되므로 부부생활이 제3자의 간섭을 받아 혼인의 자주독립성이 침해되며, 부부의 일방이 타방의 후견인이 되는 것도 夫婦平等의 原則에 어긋나게 되므로 혼인하면 미성년자도 친권 또는 후견을 벗어나서 행위능력을 가지는 것으로 한 것이다. 따라서 미성년자가 혼인하면 그에 대한 親權은 소멸하고 후견은 종료하며, 친권자 또는 후견인은 재산관리의 계산을 하여야 한다(923 I, 957). 혼인한 미성년자는 자기의 子에 대하여 친권을 행사할 수 있으며(910 적용 안됨), 타인의 後見人이 될 수 있다.

성능검사(性能檢査) 有害 또는 특히 위험한 작업을 필요로 하거나, 動力에 의하여 작용하는 기계·기구로서 일정한 기준으로 정한 것은 노동부장관이 정하는 유해·위험방지를 위한 防護措置를 하지 않고서는 이를 양도·대여·설치 또는 사용하거나 讓渡·貸與의 목적으로 진열하지 못하고 또 기계·기구·설비 및 건축물 등으로서 일정한 기준으로 정하는 것을 타인에게 대여하는 자는 유해·위험방지를 위한 필요한 조치를 하여야 한다. 防護措置에 필요한 방호장치를 제조 또는 수입하는 자는 그 방호장치에 대하여 노동부장관이 실시하는 성능검사를 받아야 한다. 이와 같은 방호조치를 함에 있어서는 성능검사에 합격한 방호장치를 사용하여야 한다. 그리고 방호조치의 성능 및 규격 기타 필요한 사항은 노동부장관이 정한다(産業安全保健法 33 I 내지 V), 또 노동부장관은 유해 또는 위험한 기계·기구 및 설비의 안전성에 관한 製作基準과 安全基準을 정할 수 있고 기계·기구 및 설비를 제조 또는 수입하는 자는 제작기준과 안전기준에 적합치 않는 기계·기구 및 설비를 제조 또는 수입해서는 안되고, 노동부장관은 기계·기구 및 설비 중 일정한 기준이 정하는 기계·기구 및 설비를 제조·수입하는 자에 대하여 필요하다고 인정할 경우 設計·完成·性能檢査를 실시할 수 있다. 노동부장관은 설계·완성 또는 성능검사에 합격하지 않은 기계·기구 및 설비 등을 제조 또는 수입한 자에 대하여 당해 기계·기구 및 설비 등의 제조·수입·진열·사용·대여 또는 판매의 중지 기타 필요한 조치를 명할 수 있다(34 I 내지 IV).

성립요건주의(成立要件主義) 당사자의 의사표시, 즉 物權行爲만으로는 물권변동이 일어나지 않고 그 밖에 登記·引渡라는 공시방법을 갖춘 때에 비로소 물권변동이 일어난다는 立法主義를 말하는 바, 독일 민법이 취하고 있는 태도이다. 독일 민법의 규정에 의하면, ① 물권변동을 일으키는 의사표시, 즉 물권행위는 그것이 單獨行爲인 때는 물론 계약에 의하는 경우에도 채권만을 발생하게 하는 보통의 契約(Vertrag), 즉 원인행위인 채권행위와 구별되며, 이를 物權的 合意(Einigung)라고 한다. 그리고 Einigung 가운데에서 不動産所有權移轉의 합의는 특히 Auflassung이라고 한다. Einigung은 무방식으로 할 수 있고 條件과 期限을 붙일 수도 있으나, Auflassung은 언제나 특별한 방식으로써 하여야 하고 조건과 기한을 붙이지 못한다(독일民法 925). ② 物權變動이 일어나기 위해서는 물권행위 외에, 부동산물권에 관하여는 登記(Eintragung)(독일民法 873, 928), 동산물권에 관하여는 引渡(Übertragung)(독일民法 929 내지 931, 1032, 1205, 1206)를 필요로 한다. ③ 물권행위는 채권을 발생하게 하는 原因行爲와는 언제나 분리되어 있으므로 그것은 따로이 행하여야만 한다(物權行爲의 獨自性). 그러나 특별한 방식으로써 하여야 하는 Auflassung에 있어서는 독자성이 언제나 뚜렷하지만 아무런 방식도 요구되지 않는 보통의 Einigung에 있어서는 묵시적으로 행하여지고 있는 실정이며 학설·판례는 등기신청에 필요한 서류인 Eintragungsbewilligung(登記許諾書)(등기함으로써 권리를 잃게 되는 자(수동적 당사자)의 서면에 의한 의사표시로서, 公的(보통은 公證人의)認證(Beglaubigung)이 있어야만 한다)을 교부하는 때에 물권행위가 있는 것으로 해석하고 있다. ④ 물권행위의 독자성이 인정되므로 물권행위의 효력은 비록 그 원인행위인 채권행위가 무효이거나 또는 실효하더라도 영향을 받지 않는다(物權行爲의 無因性). 이와 같은 성립요건주의 내지 獨法主義에 있어서 물권행위는 반드시 공시방법과 결합되어 있기 때문에 對抗要件主義, 즉 佛法主義에 있어서와 같이 물권변동의 효과가 당사자 사이와 제3자에 대한 관계에 있어서 다를 수 있다는 문제는 발생하지 않는다. 현행 민법은 186조와 188조에서 物權變動은 그것을 목적으로 하는 당사자의 의사표시만으로는 효력이 생기지 않으며 그 외에 登記 또는 引渡라는 公示方法을 갖추어야만 비로소 효력이 생기는 것으로 하고 있다. 즉 우리 민법은 성립요건주의(形式主義) 또는 獨法主義라는 입법주의를 채용하고 있다.

성명권(姓名權) 〔獨〕 Namensrecht 자기의 성명을 사용하는 것을 내용으로 하는 私權. 人格權의 일종으로, 支配權의 성질을 가지며, 권리자의 사용을 방해하는 자 또는 부당하게 이것을 사용하는 자에 대하여 방해제거 또는 손해배상의 청구권이 발생한다. 성명이 어떻게 정하여지느냐는 민법 기타의 법률에 규정되어 있다(→성). 또한 타인의 성명을 무단히 상표로 사용할 수 없는 것에 관하여는 상표법(9 I i)에 정하여져 있다. 어떠한 경우에 타인의 성명권을 침해한 것으로 되느냐는 善良한 風俗 기타 社會秩序를 표준으로 하여 각 경우에 따라 결정하여야 한다.

성명모용소송(姓名冒用訴訟)　원고의 성명을 모용하여 訴를 제기하여 수행하거나, 피고의 성명을 모용하여 應訴하여 소송을 수행하는 것을 말한다. 訴狀의 기재로부터 당사자를 확정하는 表示說의 견해에 따르면, 이 경우 당사자는 타인의 성명을 모용한 자가 아니라 그 타인, 즉 被冒用者이다. 따라서 피모용자가 冒用者의 訴訟遂行을 추인하지 않은 한 모용자가 행한 소송행위는 무효이다. 이에 반해 현실적으로 당사자처럼 행동하거나 법원에 의해 취급받는 것을 기준으로 당사자를 확정하고자 하는 行動說에 의하면 당사자는 당사자처럼 행동하거나 취급된 모용자이고 따라서 판결의 효력은 피모용자에게 미치지 않는다. 원고나 법원의 의사를 기준으로 당사자를 확정하고자 하는 意思說에 의하는 경우에도 당사자는 모용자이므로 판결의 효력이 피모용자에게 미치지 아니한다.

성문법(成文法)　〔羅〕 ius scriptum 〔英〕 written law 〔獨〕 geschriebenes Recht 〔佛〕 droit écrit　문자로 표현되고 문서의 형식을 갖춘 법. 社會規範이 법으로서 행해지기 위해서는 국가의 입법작용에 의하여 일정한 목적을 달성하기 위해서 하는 意識的 法定立行爲를 경유하는 수가 많고, 특히 근대국가에 있어서는 성문법이 법의 중요부분을 차지하고 있다. 입법작용에 의해서 성문화되고 제정되었다는 점에서 성문법은 制定法이라고도 한다. 입법작용 이외의 방법으로 성문되는 慣習法이나 判例法은 不文法으로서 성문법에 대립한다.

성문법주의(成文法主義)　國家法定立의 원칙을 성문법으로 하는 주의. 不文法을 원칙으로 하는 불문법주의에 대한다. 근대의 문명국가들은 일반적으로 성문법주의를 취한다. 다만 영미에서는 불문법주의이지만 최근에는 慣習法에 의하여 규율할 수 없는 사회현상의 격증에 따라 특별법의 활발한 제정에 의하여 성문법이 차츰 증가하고 있다. 法典編纂은 성문법주의의 당연한 귀결이다.

성문법지대(成文法地帶)　〔佛〕 pays de droit écrit　중세 프랑스의 각지에는 꾸뛈, 즉 地方的 慣習法이 행하여졌는데, 대체로 南部諸地方의 것은 로마법계통, 北部諸地方의 것은 게르만법계통에 속하는 것이었다. 다시 그 후 남부에서는 로마법이 繼受되어 지방적 관습법에 갈음하여 일반적인 공통법으로서 행하여지게 된데 대하여, 북부에서는 로마법은 지방적 관습법에 대하여 부분적인 영향을 미쳤음에 그쳤다. 이에 의하여 중세 프랑스는 남북 2개의 法域, 즉 로마법계통의 법이 행하여지는 지역(성문법지대라 부른다)과 게르만법계통의 그것(慣習法地帶)(pays de droit coutumier)으로 나누어졌는데, 양 지대의 경계는 대략 西는 샤랑뜨(Charente)河口, 東은 제크스라고 하는 소도시를 연결하는 선이다. 양 지대의 대립은 프랑스民法典의 성립에 의하여 극복되었다.

성문헌법(成文憲法)　〔英〕 written constitution 〔獨〕 geschriebene Verfassung　성문화된 形式的 憲法典을 이룬 헌법. 성문화된 형식적 헌법전을 가지지 않은 불문헌법에 대응하는 개념이다. 영국을 유일한 예외로 하고 세계각국이 모두 성문헌법을 가지고 있다. 성문헌법은 대개가 다 硬性憲法이다.

성 법(性法)　자연법과 같다.

성불변(姓不變)**의 원칙**(原則)　→성

성실의무(誠實義務)　① 공무원법상 공무원이 主權을 가진 국민의 受任者 내지 국민 전체의 봉사자로서 공공이익을 위하여 성실히 근무하여야 할 의무(國公 56). 공무원의 의무 중 가장 기본적 의무로서 여타의 의무는 여기서 연유한다. 성실의무의 특징은 倫理性을 본질로 하고 있기 때문에 경제성에 의하여 지배되고 있는 단순한 고용관계에 있어서의 勞務給付義務와 구별되는데 있다. 성실의무는 오늘날에 있어서도 조국애라든가 獻身義務의 일환으로 간주될 수 있으나, 다만 민주국가에서는 그것은 결코 국가에의 臣僕的 隸屬을 상징하는 無定量의 충성의무인 것이 아니라, 원칙적으로 所與된 직무에 관련하여 국민 전체의 이익을 도모하는 법적의무라고 이해해야 할 것이다. 忠實義務라고도 한다. ② 노동법상의 성실의무에 관하여는 평화의무를 보라.

성약체약금(成約締約金)　契約成立의 요건을 이루는 체약금. 그 교부가 있어야 계약이 성립한다. 현재에는 이러한 의미의 체약금을 인정하는 입법례는 없다. →체약금

성업공사(成業公社)　금융기관이 보유하는 不實産業의 정리촉진과 不實徵侯企業의 경영정상화 등을 효율적으로 지원하기 위하여 설립되었다(金融

機關不實資産 등의 효율적 처리 및 成業公社의 設立에 관한 法律 6). 法人으로 하고(7), 자본금은 2천억원으로 하며 금융기관이 출자한다(9). 설립공사내에 經營管理委員會를 둔다(14).

성인교정본부(成人矯正本部) → 어덜트 오소리티

성적도착(性的倒錯) 〔英〕 sexual perversion 〔獨〕 geschlechtliche Verirrung 性的인 의식·행동이 偏椅되어 있는 것. 동성애·幼兒姦淫·獸姦·새디즘·매저키즘·페티시즘·노출증 등은 그 표현이며, 때로 잔학한 범죄를 범하지만, 대체로는 風俗犯을 犯한다. 도착자는 반드시 이상한 성격을 가지는 자에 한한 것은 아니며 발달기의 한 현상으로서 혹은 暗示나 興味나 유행에 의하여 도착행위가 행하여지는 일도 있다.

성적주의(成績主義) 〔英〕 merit system 成績制라고도 한다. 공무원의 任免·昇進을 본인의 성적을 기준으로 하는 제도. 공무원을 정당의 영향으로부터 벗어나게 함으로써 공무원의 정치적 중립, 전문적 능력있는 공무원의 확보 및 행정의 능률과 안정 등을 목적으로 하는 제도이다. 獵官主義에 대비된다. 엽관주의와 더불어 근대적 공무원제도의 하나이나 성적주의 또는 성적제도는 그에 앞서 채택된 엽관주의의 폐해를 제거하기 위해 채택된 점에 그 의미가 있다. 성적주의는 영국에서 1870년의 글랫스턴(Gladstone)의 개혁에 의해 처음 채택된 것인데, 그 뒤 미국에서도 1883년의 聯邦公務員法(Civil Service Act)의 제정과 더불어 실시된 이래 오늘날은 거의 모든 국가에 공통한 공무원제도가 되고 있다. 국가공무원법 및 지방공무원법은 經歷職公務員에 관하여 성적제를 채택하고 있으나, 특수경력직공무원 중 政務職公務員에 대하여는 獵官制가 지배한다.

세계과할(稅契過割) 賣渡證書 같은 권리문서를 契 또는 劵이라 칭한 것은 漢代 이래이며, 중국서는 明淸時代에 이르기까지 토지, 가옥, 노비 등의 賣買典當 등 文契는 官府에 신청하여 官印을 받아야 했으며, 관부에서는 契稅를 받고, 官印을 押捺한 稅契(印契)를 발급한 것이다. 즉, 稅契라 함은 세금을 내고 賣買 典當 등 문서에 官印을 받는 것 또는 官印을 받은 문서 자체를 말한다. 過割이라 함은 過戶割糧의 줄인 말로 토지가옥의 매매후에 土地臺帳(宋 이래 魚鱗圖冊이라 함)에 소유자의 名義를 改書하는 것을 말한다. 明律이나 淸律에 의하면 稅契나 過割을 거치지 아니하면 笞杖刑에 처하고 토지는 소유자에게 반환하였다. 稅契過割制는 宋元의 법제영향을 받은 高麗時代에 繼受된 것이며 稅契過割의 명문은 보이지 아니하여도 高麗史食貨志에 科田法을 제정하고 焚公私田籍于市街火數日不滅이라 하였으니, 田籍에 의하여 過割에 해당하는 제도가 있었다고 보이며, 同刑法志職制條에 造作文契奪人奴婢田丁으로 文契의 존재를 알 수 있고, 食貨志貨幣條에 以稅印始許賣買로 보아 賣買文書에 稅印한 관례가 있으므로 田地文契에 稅印하는 稅契制도 있었던 것으로 추측된다. 조선시대에 접어들어서는 國初, 經濟六典 續典謄錄의 放賣田地覈實條에 有下稅契不過割者依律施行이라 하고 있으므로 稅契過割制의 繼受가 있었다고 볼 수 있다. 世宗 23년에 議政府啓言에 의하여 經濟六典의 同條의 집행에 있어 所賣田沒收의 규정은 律文에 어긋나니 買賣田地而不告官受立案者依律論罪田價一半入官勿沒其田이라 하여 완화하였음을 밝히고 있다. 經國大典에는 戶典買賣限條에 田地家舍奴婢等 매매에 있어 告官受立案을 규정하고 註로 田地家舍奴婢買賣納該用作紙後立案成給이라 하여 作紙(手數料, 稅)를 납부하고 立案을 받는 稅契制의 존속이 보인다.

세계국가(世界國家) 〔英〕 world state 〔獨〕 Weltstaat 세계를 하나로 통일한 국가, 각국의 主權을 부인하고 세계의 인류 전체에 기초를 두는 세계정부를 중심으로 世界議會·世界法院을 두어 국가간의 조약에 대신하여 세계법에 의하여 규율되는 世界單一國家로서 구상된다. 그 통치기구의 면에서 보아 世界政府라고도 부른다. 세계국가의 사상은 일찍이 그리스의 스토아학파, 중세에 있어서는 단테의 帝政論(De Monarchia), 근세에 이르러서는 칸트의 永久平和論 등에서 볼 수 있다. 근대주권국가의 형성과 더불어 일시 후퇴하였으나, 제2차대전의 전후부터 이에 대한 관심이 고조되었고, 특히 원자폭탄의 출현에 의하여 전후에는 世界政府運動이라는 실천운동에까지 발전하고 있다. 이 운동에 박차를 가한 것은 실제에 있어서 주권국가의 연합에 의하여 구성된 국제연합과 같은 현실의 平和機構가 전쟁방지의 기구로서 불충분하다는 반성과 비판이다. 세계국가를 형성하는 방법에 관해서는 첫째 각국의 존재와 기능을 상당정도까지 인정하는 세계연방으로부터 보다 더 집권화된 것에 이르기까지 여러가지로 생각한다. 또 그 현실절차에 있어서 현재의 국제연합을 개조함으로써 이룩하자는 주장과 이것과는 별도로 世界人民會議를 소집하여 이것을 모체로 한 세계정부를 만들자는 주장이 대립하고 있다. 한때 세계국가 또는 세계정부의 운동은 에메리 리브스(Emery Reves)의 저서 平和의 解剖(The Anatomy of Peace)에 나타나는 세계정부를 위한 世界運動(World Movement for World

Federal Government)이 대표적인 것으로 활발하였다. 그러나 현단계에서는 이 운동을 위한 현실적 조건은 충분히 성숙되어 있다고 할 수 없다. 특히 공산주의진영에서는 국가주권을 옹호하는 나머지 主權을 부인하는 세계국가의 운동은 미국독점자본주의의 확대와 영구화의 반영에 불과한 것이라고 맹렬히 반대한다. → 세계법

세계기상기관(世界氣象機關) 〔英〕 World Meteorological Organization(W.M.O) 1878년 네덜란드의 위트레히트회의에서 성립한 國際氣象機關(International Meteorological Organization, I.M.O)의 후신. 1947년 워싱턴에서 조인된 세계기상기관조약에 기하여 설립되었다. 기상에 관련된 업무 및 관찰을 위한 기구설립에 국제적 협력을 조성하고 기상정보의 교환, 기상학의 연구·교육·조정 등을 목적으로 한다. 가입은 기상시설을 가지고 있는 국가 및 영역에 인정되는데 領域會員은 제한된 권리를 향유할 뿐이다. 세계기상기관은 1951년 4월 4일부터 국제기상기관에 대신하여 기능을 발휘하였다. 국제연합에 부속된 政府間機關으로서 중요한 위치에 있다.

세계노련(世界勞聯) 世界勞動組合聯盟(World Federation of Trade Unions(W.F.T.U))의 약칭. 파시즘타도의 투쟁을 통해서 종래에 분열하고 있었던 세계근로자의 국제적 단결을 도모하기 위하여 1945년 10월, 파리에서 56개국, 65개단체, 6,500만의 組織勤勞者를 대표해서 결성되었다. 사상 최초의 세계노동조합의 통일조직, 그의 기본적 목적은 인종·국적·종교·정치적 입장·이데올로기의 차별없이 세계의 근로자의 단결, 후진국근로자의 조직화의 원조, 파시즘의 절멸, 전쟁 및 그의 원인과의 투쟁과 恒久平和의 수립, 국제연합 등에 있어서의 세계근로자의 이익대표, 근로자의 권리자유의 침해에 대한 투쟁, 근로조건의 개선, 완전고용·사회보장의 획득 등이다. 그러나 1949년 赤色主義를 싫어하는 영국의 T.U.C., 미국의 C.I.O., 네덜란드의 N.V.V.(聯合勞動組合運動) 등은 이에서 탈퇴한 후, 國際自由勞聯을 결성하였다.

세계무역기구(世界貿易機構) 〔英〕 World Trade Organization(W.T.O) 우루과이라운드협상타결의 산물로 발족한 세계무역의 UN과 같은 기구를 말한다(1995년 1월 1일 출범). 세계무역기구는 2차세계대전후 세계의 통상질서를 지배했던 關稅貿易一般協定(GATT)體制를 보다 강화·발전시킨 것으로 1995년 1월 1일부터 GATT체제가 이에 의해 대체된다. 국제기구라기보다는 多者間協定에 불과했던 GATT와 달리 法人格과 强制力을 지니고 있다는 점이 특징이다. GATT는 선진국의 공산품교역자유화에 역점을 두고 있었으나 WTO는 선·후진국을 망라하고 있으며 GATT 밖에서 다루어졌던 농산물·섬유·서비스·지적재산권·보조금·반덤핑 등에 관한 貿易規範을 새로 도입하고 있다.

세계법(世界法) 〔英〕 world law 〔獨〕 Weltrecht 〔佛〕 droit mondial 여러가지 의미로 사용되고 있다. ① 제2차대전후 세계정부는 또는 세계국가의 운동이 각국에서 전개되고 있는데 이러한 世界機構에 결부된 법을 세계법이라고 부른다. ② 역사적 사실로서 일찍이 세계적 규모를 가진 국가 예컨대 로마·중국과 같은 국가에 있어서의 법. 특히 로마의 萬民法(ius gentium)은 그러한 의미에서 세계법이라고 불리운다. ③ 世界社會를 규율하는 법. 그런데 세계사회는 세계의 국가가 서로 공존함으로써 성립되는 사회, 즉 국제사회와 각국가의 人民(혹은 無國籍人)이 국경을 넘어서 공존하는 세계인류사회와의 2종을 포함한다. 따라서 世界法의 體系도 이러한 2종의 사회에 대응한다. 즉, 국제사회를 규율하는 것이 國際法이며 말하자면 世界公法이라고 할 수 있다. 이에 대하여 세계인류사회를 규율하는 것이 國際私法과 統一法이며 말하자면 世界私法이라고 할 수 있다. 이 2종의 법이 세계법의 체계를 이룬다. 현재 世界人民의 교통·경제관계를 규율하는 법은 형태상으로는 국내법인 국제사법과 통일법이지만 그 사명과 역할에서 볼 때 그것들은 틀림없는 세계법이다. 그런데 각국은 실제에 있어서 手票·어음·공업소유권·저작권 등에 관하여 조약을 체결하고 같은 내용의 국내법을 제정하고 있다. 이것이 통일법인 바 좁은 뜻의 세계법이다. 그러나 통일이 불가능한 法域도 많으므로 각국 국내법의 모순을 해결하는 國際私法의 역할은 역시 큰 것이다. 이상은 일본의 법학자이며, 국제사법재판소의 재판관이었던 다나까(田中耕太朗)박사의 세계법의 이론이다. → 세계국가

세계보건기구(世界保健機構) 〔英〕 World Health Organization(W.H.O.) 1964년 뉴욕에서 서명된 세계보건기구헌장에 의하여 설립. 보건사업의 국제적 지도조정·연구촉진·정보 및 원조의 교환 등을 행하는 국제연합의 專門機關. 우리나라는 1949년에 가입하였다.

세계연방(世界聯邦) 〔英〕 world federation → 세계국가

세계은행(世界銀行) 〔英〕 World Bank 1929년 9월 영국의 賠償案 실시를 원활하게 하기

위하여 바셀에서 설립된 國際貸借決濟銀行(Bank of International Settelment)을 말한다. 자본금 1억달러. 미국, 영국, 프랑스, 독일, 일본, 벨기에 등의 여러 나라의 株主로써 성립되었다.

세계인권선언(世界人權宣言) 〔英〕 Universal Declaration of Human Rights 〔佛〕 Déclaration Universelle des Droits de l'Homme 국제연합헌장에 규정된 추상적·일반적 인권의 내용을 구체화한 선언. 경제사회이사회의 보조기관인 人權委員會가 준비하여 1948년 12월 10일 제3차 UN 총회에서 채택하였다. 전문과 본문 30조로 구성되어 있으며 人間平等權, 신체의 자유, 庇護權, 參政權 등 자유권적 기본권과 사회보장제도, 근로권, 교육에 대한 권리 등 生存權的 基本權을 내용으로 한다. 선언 자체는 국제법상 구속력을 갖지 않으므로 인권위원회는 이를 조약화하기 위하여 國際人權規約(International Covenant of Human Rights)을 초안중이다. 이 초안이 완성되어 총회에서 채택되면 국제법상 구속력이 있는 國際人權章典(International Bill of Rights)이 되는 것이다. →인권위원회

세계잉여금(歲計剩餘金) 決算上의 剩餘金. →잉여금

세계정부(世界政府) 〔英〕 world government →세계국가

세계주의(世界主義) 〔獨〕 Universalprinzip, Weltrechtsprinzip 法令, 특히 형법의 장소적 적용범위에 관한 1주의. 범죄지·범인의 국적 및 自國 또는 자국민의 이익의 침해 여하를 불문하고 자국의 형법을 적용하는 원칙이다. 일체의 반인류적 범죄 내지 모든 국가의 문화적 이익을 해하는 범죄에 대하여 적용된다. 현행형법은 通貨에 관한 罪(5 ⅳ, 207~213) 및 有價證券·郵票와 印紙에 관한 罪(5 ⅴ, 214~224)에 대하여 이 주의를 취하는 것으로 본다.

세계지적소유권기구설립협약(世界知的所有權機構設立協約) 1967년 7월 14일 스톡홀름에서 채택된 이 협약은 창조적 활동을 장려하기 위하여 전세계를 통한 지적소유권의 보호를 촉진하고, 각국동맹의 독자성을 존중하면서 工業所有權의 보호와 문학 및 예술작품의 보호분야에 있어서 설립된 여러 同盟의 행정을 현대화하고 효율성을 부여할 것을 목적으로 하며 이를 위해 세계지적소유권기구(WIPO)를 둔다. 우리나라는 1979년 3월 1일 條約 제676호로 발효되었다.

세균전(細菌戰) 〔英〕 bacteriological warfare 병원균의 病毒作用을 이용하여 人畜을 상해하는 것을 목적으로 하는 전쟁수단. 1925년 제네바의 독가스 등의 禁止에 관한 議政書는 독가스에 관한 사용의 금지를 細菌學的 戰爭方法의 사용에 확장하였다. 세균병기의 발달은 제1차대전후의 일에 속하며, 특히 제2차대전중에는 급속히 발달하여, 본격적으로 사용된 실례는 아직 없으나, 그 군사적 유효성은 무시할 수 없게 되었다.

세나뚜스 〔羅〕 senatus 元老院. 로마의 원로원은 王政時代에 300명의 귀족출신의원으로 구성되는 왕의 자문기관으로서 발족하였다. 共和政時代에 들어와 원로원은 처음에는 執政官(꼰술)에 의하여, 후에는 戶口總監(껜소르)에 의하여 政務官前歷者 중에서 선출된 600 내지 900명의 貴族平民兩議員에 의하여 구성되고, 政務官(마기스뜨라뚜스)의 자문기관으로서 政務官·民會(꼬미띠아)와 함께 로마공화정의 지주를 이루었으며 차츰 외교 내정의 주도권을 획득하여 원로원중심시대를 現出하고, 少數政의 實을 올리게 되었다. 帝政時代의 원로원은 황제를 首長으로 하고 그가 임명한 世襲議員에 의하여 구성되었으며, 衰微한 民會에 갈음하여 政務官選出權·立法權(→세나뚜스 꼰술뚬)을 획득하고, 특정의 縣(provincia)의 통치도 행하였지만, 한편으로 의원수의 증대에 따라 원로원 출석권·투표권을 가지는 의원은 특정수에 한정되고, 帝權에의 隷屬은 때가 감에 따라 현저하게 되어, 帝政後期에 이르러서는 형식상은 아직 로마국민을 대표하여 立法權을 행사하였지만, 실질적으로는 거의 유명무실한 존재로 되었다.

세나뚜스 꼰술뚬 〔羅〕 senatus consultum 로마의 元老院議決. 民會(꼬미띠아)가 衰微한 제정시대에 본래는 민회의 法律(렉스)로 규정되어야 할 사항에 관하여 元老院(세나뚜스)이 의결을 행하게 되었으며 드디어 2세기 중엽에는 그와 같은 의결이 법률과 동일한 효력을 가지게 되었다. 원로원의결은 황제 자신이 제의하거나 또는 황제의 연설을 기연으로 하여서 執政官(꼰술)이 제의하였는데, 그와 같은 제의에 대한 원로원의 의결은 國權이 황제에게 독점되자, 단순한 형식적 행위로 되어 버리고 황제가 제안하는 연설 자체가 원로원의결에 갈음하여, 200년경에는 법률의 효력을 가지게 되었다. 그리고 마침내 帝政後期에는 원로원의결에 갈음하여 勅法(꼰스띠뚜치오)이 새로운 法源으로 등장하였다.

세 대(世帶) 현실적으로 주거 및 생계를 같이 하는 사람의 집단을 말한다. 현행 주민등록법은 우리나라의 世帶制度에 관하여 상세하게 규정하

고 있다(住登 7Ⅰ 내지 Ⅲ). → 가구

세대주(世帶主) → 가구주

세대친등제(世帶親等制) → 촌, 촌수계산법

세력균형주의(勢力均衡主義) 〔英〕 balance of power theory 국제간의 세력의 균형을 同盟이나 블록(bloc)의 결성에 의하여 유지하려고 하는 주장 또는 이 주장에 기하는 外交政策. 특히 영국은 전통적으로 이 주의를 자국의 외교정책의 기조로 하여 大陸諸國 또는 그 동맹간의 균형을 유지하는 밸런서(Balancer)의 역할을 하여 왔다. 제1차대전후, 이 주의는 세계평화의 유지에는 도움이 되지 않는다고 하는 반성이 일어나서 集團保障의 思想이 대신 대두하였다. 국제연맹이나 국제연합이 즉 이것이다. 그러나 현재의 북대서양조약기구나, 바르샤바조약은 세력균형주의 위에 서 있는 것이라고 할 수 있다.

세력범위(勢力範圍) 〔英〕 sphere of influence, sphere of interest 〔獨〕 Interssensphäre 〔佛〕 sphère d'influence, sphère d'intérêt 利益範圍라고도 한다. 국제법상 또는 국제관계상 다음의 경우가 있다. ① 先占이 예약된 지역. 어느 국가가 어느 지역을 先占한 경우 이에 접속하는 일정한 지역을 장래에 선점하기 위하여 다른 국가와 조약으로써 인정한 때, 이 일정한 지역을 勢力範圍라 한다. 이는 19세기 후반에 주로 아프리카대륙에 설치된 것이다. 예로서 영국이 1891년 이탈리아와, 1890년에 독일과, 1898년 프랑스와 체결한 조약 등을 들 수 있다. ② 優先的 또는 排他的 權利를 가진 지역. 우선적 권리라 함은 일정한 지역에 철도의 부설, 광산의 채굴, 자본의 투하 등의 권리를 부여함에 있어 어느 국가가 다른 모든 제3국보다 우선적 지위를 부여받는 권리이며 배타적 권리라 함은 이상의 권리를 제3국에 부여하는 것을 배제하는 권리를 말한다. 이를 설정함에는 영토가 속하는 국가와의 조약에 의한다. 이 예로서 제1차세계대전 전의 중국에 설정된 영국의 揚子江沿岸과 프랑스의 雲南·廣西省에 대한 권리를 들 수 있다. ③ 背後地. ①의 의의와 혼동하여 사용하는 경우가 많으나, 이는 현실로 선점된 지역의 배후지에 대하여 선점의 효력이 미치는 것을 말한다. 이 예로서 19세기 후반에 美洲大陸의 先占에 있어 발생한 것으로서 해안지방을 선점한 때에는 그 배후에 있는 지역에까지 미치는 것으로 하였다. 이 점이 국제법상 유효냐 무효냐에 관하여 논쟁되어 왔으나 선점은 實效的인 것이어야 한다는 확정된 규칙으로 보아 유효하지 아니하다고 하겠다. ④ 政治的 勢力의 地域. 어느 국가의 정치적 세력이 미치는 다른 국가를 말하며 이는 국제법상의 문제가 아니라 국제정치상의 문제이다. 이 예로서 미국의 중앙아메리카諸國에 대한 경우와 제2차대전전의 일본의 滿州國에 대한 경우 등을 들 수 있다.

세무대학(稅務大學) 教育法 및 國立學校設置令에 의하여 설치된 세무전문대학의 효율적인 운영을 도모하고 租稅部門에 관한 전문연구기관으로 발전시키기 위하여 稅務大學設置法에 의하여 설립된 2년제 전문대학. 세무대학은 재정경제부장관 소속하에 두며, 입학금과 수업료를 면제하며, 졸업자에게는 專門大學卒業者와 동등한 자격을 부여하고, 일정한 절차를 거치면 8급일반직공무원으로 채용한다.

세무사(稅務士) 納稅義務者의 위임에 의하여 조세에 관한 신고·신청·청구·이의신청 그 밖의 사항(소송은 제외한다)의 代理와 相談을 직무로 하는 자(稅務士法 2). 그 자격은 세무사자격시험에 합격한 자, 國稅에 관한 行政事務에 종사한 경력이 10년 이상인 자로서 그 중 일반직 5급 이상 공무원으로 5년 이상 재직한 경력이 있는 자, 공인회계사 및 변호사의 자격이 있는 자를 주로 하며(3), 그 업무를 개시하고자 할 때에는 재정경제부에 비치하는 稅務士登錄簿에 등록을 하지 않으면 안된다(6).

세무사회(稅務士會) 세무사의 品位向上과 事務改善을 위하여 서울특별시에 두는 公益法人(稅務士法 18Ⅰ, 稅務士施 23). 모든 세무사는 세무사회에 당연히 입회하여야 하고 세무사회는 회칙을 위반하거나 세무사의 품위를 실추하는 회원에 대하여는 재정경제부장관의 허가를 얻어 제명할 수 있다(稅務士法 19).

세무서(稅務署) 지방국세청소속하의 地方稅務行政機關. 關稅를 제외한 국세의 부과·징수에 관한 사무를 관장한다(地方稅務官署職制). 세무서장은 서기관 또는 행정사무관으로써 보한다. 세무서장의 보조기관으로는 총무과·직세과·부가가치세과·조사과 및 소비세과를 두되, 필요에 따라 재정경제부령이 정하는 바에 의하여 과를 조정할 수 있으며 필요한 지역에 지서 또는 출장소를 둘 수 있다.

세 법(稅法) 〔英〕 tax law 〔獨〕 Steuerrecht 국가 또는 지방자치단체의 조세에 관한 법. 租稅法이라고도 한다. 구체적으로 말하면, 조세의무의 내용(租稅實體法), 세무행정조직 및 세무직원의 권한 등(租稅組織法), 조세의 부과·징수 및 납세 의무자의 구제 및 의무위반자에 대한 처벌(租稅節次法)을 규정하는 법규의 총칭. 세법의 원칙은 租稅法律主義의 원칙과 永久稅의 주의이다. 우리나라의 세법은 단일법전으로 통일되어 있지 않고, 많은 법규로 나누어져 있다. 즉, 지방세에 관한 통일법전인 地方稅法, 국세에 관한 일반적 법규인 國稅基本法·國稅徵收法·租稅犯處罰法·租稅犯處罰節次法 외에는 일반법이 없고, 따라서 법규의 해석에 관해서도 의문의 여지가 많다. 학문의 대상으로서의 세법은 行政法의 체계에서 보게 되면 예산회계법과 더불어 행정작용법의 한 분야인 財政法의 중요부분을 구성한다. 또한 국제간에는 국제적 중복과세를 피하기 위한 목적에서 國際租稅法을 발전시키고 있다.

세 비(歲費)　국회의원이 매월 지급받는 수당 및 활동비를 말한다. 국회법 30조는 의원은 따로 법률이 정하는 바에 의하여 수당과 여비를 받는다고 규정하고 있으며, 이에 따라 國會議員手當 등에 관한 법률이 제정되었다.

세습군주제(世襲君主制)　〔英〕 hereditary monarchy 〔獨〕 Erbmonarchie　군주의 지위가 대대로 세습되는 군주제. 選擧君主制에 대한 말. 대부분의 군주제는 세습군주제이다. → 군주제

세습농장(世襲農場)　〔獨〕 Erbhof　1933년 나치스의 世襲農場法(Reichserbhofgesetz)에 의하여 만들어 진 것. 농지의 세분화를 방지하고 나치스의 기초로 되는 농민을 유지하기 위하여, 일정한 면적의 농지를 세습농장으로 하여, 그 처분이나 그에 대한 채권자의 强制執行을 금지하는 동시에 상속의 경우에는 1인의 一子相續人이 상속하기로 되어 있다. 다른 자녀들에게는 독립한 때에 살림을 준비하기 위한 재산이 부여된다. 이것은 종래의 독일의 一子相續制度를 기초로 하여 家産制度 내지 世襲農地制度의 사상을 철저화한 것이다.

세습농지제도(世襲農地制度)　農家의 유지를 위하여 필요한 최소한도의 농지를 세습재산으로서 분할하지 않고 상속시키고 또한 소유자의 처분이나 채권자의 집행을 금지하는 제도. 家産制度의 한 형태. 근세의 分割相續制度의 적용에 의하여 발생하는 농지의 세분화·농업의 衰微을 방지하기 위하여 구미각국에서 문제된 바 있었으나, 철저한 형태로서 채용되지는 못하였다. 그러나 1933년에 나치스 독일이 제정한 世襲農場法(Reichserbhofgesetz)은 독일에 있어서 종래의 一子相續制度의 기초 위에 이것을 철저화시킨 것이었다.

세습재산(世襲財産)　〔獨〕 Fideikommiss → 가산제도

세습해(世襲海)　〔英〕 patrimonial sea　카리브해의 몇 개 국가들은 산토 도밍고 독트린(Santo Domingo Doctrine)에 의하여 영해에 인접한 일정 해역의, 재생 가능한(renewable) 것이든 아니든, 자원에 대한 특별한 主權을 주장하여 왔으며, 그들은 그들의 領海에 인접한 일정한 해역을 세습해라고 주장하였다.

세액공제(稅額控除)　각 세법의 규정에 의하여 정상적으로 계산된 算出稅額에서 특정한 정책적 목적을 위해 일정한 요건과 방법에 의하여 세액의 일부를 공제해주는 것이다. 일반적으로 국제간이나 국내의 조세종목간의 二重課稅의 조정, 소득종류간의 세부담 조정, 저소득층의 세부담 경감, 특정행위의 誘因, 특정산업의 지원·육성 등의 목적실현을 위해 조세의 부과징수를 일부 排除하거나 猶豫함으로써 소득간 또는 납세의무자간의 형평을 유지하고 특정산업 등의 개발이나 투자재원의 조달을 용이하게 할 수 있도록 하는 제도이다.

세 율(稅率)　세액을 결정하기 위하여 課稅標準에 곱하는 비율. 從量稅의 경우에는 과세표준인 수량의 단위에 대하여 금전 또는 백분율(때로는 천분율)에 의한 수량으로 정하고(예 : 인지세 등), 從價稅의 경우에는 과세표준인 가격에 대하여 백분율(때로는 천분율)에 의한 금전으로 정한다(예 : 소득세·법인세 등). 백분율을 정하는 방법으로는 수량 또는 가격의 증가에 비례하여 정하는 비례세율에 의하는 방법(비례세의 경우)과, 수량 또는 가격의 증가에 따라 누진적으로 정하는 누진세율에 의하는 방법(누진세의 경우)이 있다. 이 후자의 방법에는 다시 과세표준을 여러 단계로 나누어 고단계일수록 고율의 세율을 적용하는 데에 그치는 單純累進稅率의 방법과 각 단계마다 누진적인 기초세액을 정하고 거기에 다시 超過量額에 대하여 적용하여 산출한 量額을 가산하여 세액을 정하는 超過累進說率의 방법이 있다.

세이진　〔英〕 seisin　영국법에 있어서의 不動産自由保障權의 本權的 占有. 현실점유를 seisin in deed라 하고, 현실점유전의 法定相續人이 하는 점유를 seisin in law라고 한다.

세 입(歲入)　歲出에 대한 말. 국가 또는 지방자치단체의 1會計年度에 있어서의 국가 또는 지방자치단체의 모든 수요를 충족시키기 위한 지출의 재원이 되는 일체의 현금적 수입(우편저금의 預

入, 供託金의 수입과 같이 지출의 재원이 되지 아니하는 것은 불포함) 재산의 처분 또는 새로운 채무의 부담에 의하여 생기는 수입(공채의 발행) 및 회계간의 轉入과 국고내의 移替에 의한 것을 포함한다. 국가의 세출은 國債 또는 借入金 이외의 세입으로써 그 재원으로 하여야 한다(豫會 5). 세입은 현금으로써 징수 또는 수납하여야 한다. 정부는 회계연도마다 예산안을 편성하여 회계연도 개시 90일 전까지 국회에 제출하고, 국회는 회계연도 개시 30일 전까지 이를 의결하여야 한다(憲 54 Ⅱ, 豫會 30). 조세 기타의 세입은 법령이 정하는 바에 의하여 징수 또는 수납하여야 한다(豫會 48).

세입징수관(歲入徵收官) 租稅 기타의 歲入을 징수할 자격이 있는 공무원. 徵收官은 원칙적으로 각 중앙관서의 장이 된다. 각 중앙관서의 장은 대통령령이 정하는 바에 의하여 소속공무원에게 그 소속에 속하는 세입의 징수에 관한 사무를 위임할 수 있다(豫會 50). 세입징수관이 조세 기타 세입을 징수할 때는 조사·결정하여 납세의무자 기타 채무자에 대하여 원칙적으로 納入의 告知를 해야 한다(51).

세제떼 〔佛〕 C.G.T.(Confédération Générale du Travail) 프랑스의 勞動總同盟. 1895년에 결성되었으며 상디깔리즘의 영향이 크다(아니 그보다도, C.G.T.에서 행하는 바가 바로 상디깔리즘이 행하는 바라고까지 말하여지고 있다). 제1차대전후, 그 내부에서 공산주의의 세력이 강하여졌고, 특히 제2차대전후에는 이 경향이 현저하였다. 이에 반대하는 자는 1947년에 분열하여, C.G.T.-F.O.(Confédération Générale du Travail-Force Ouvrière)를 만들었다.

세제심의회(稅制審議會) 租稅에 관한 중요사실을 조사 심의하기 위하여 재정경제부에 두는 기관. 심의회는 조세의 제도, 政策 및 行政의 운영에 관하여 재정경제부장관에게 건의할 수 있는 권능과 소관사항에 관하여 필요할 때에는 초청하여 의견을 청취할 수 있다(稅制審議會規程 5).

세 출(歲出) 歲入에 대한 말. 국가 또는 지방자치단체의 1회계연도에 있어서의 국가 또는 지방자치단체의 모든 수요를 충족시키기 위한 일체의 支出(우편저금의 還給과 같이 국가의 재정적 수요와 관계 없는 지출은 불포함). 재산의 취득 또는 채무의 감소를 위한 지출(공채를 매입하기 위한 현금의 지급 등) 및 회계간의 轉入과 국고내의 移替에 의한 것을 포함한다. 국가의 세출은 국채 또는 차입금 이외의 세입으로써 그 재원으로 하여야 한다. 국가의 세입과 세출은 예산으로 편성하여 회계연도개시 90일전까지 국회에 제출하여 회계연도개시 30일 전까지 그 의결을 얻어야 한다(憲 54 Ⅱ). 재정경제부장관은 지출에 관한 업무를 총괄하고 각 중앙관서의 장은 그 소관에 속하는 支出原因行爲와 지출에 관한 업무를 관리한다(豫會 56).

세출예산(歲出豫算) 歲出의 豫定準則. 세출예산에 의하지 않으면 정부는 어떠한 지출도 할 수 없는 바 세출예산은 지출의 목적·금액·시기의 3점에 있어서 정부를 구속하는 효력을 가진다. 즉 지출의 목적에 관하여 말한다면 각 중앙관서의 장은 세출예산에 대하여는 각 項이 정하는 목적 외에는 이를 사용할 수 없으며(豫會 36 Ⅰ), 예산외의 지출이 있을 때에는 예비비의 지출이나 更正豫算에 의하는 것이 원칙이다. 지출의 시기에 관하여는 매 회계연도의 세출예산의 경비의 금액은 원칙으로 이를 다음 연도에 移越하여 사용할 수 없다(38 Ⅰ). → 세입세출예산

세틀먼트 〔英〕 settlement 영미법상 다음과 같은 의미를 가진다. ① 繼承的 不動産處分(證書). 동일재산상의 권리를 여러 명의 사람에게 순차로 부여하려고 하는 처분행위 또는 그 증서. 특정의 가족에게 부동산을 법이 허용하는 범위내에서 영구히 존속시키려고 하는 家族繼承的 不動産處分(strict settlement, family settlement), 혼인을 對價(約因)로 하여 혼인전에 행하여지는 것으로 재산을 新夫婦 및 그 자녀에게 오래도록 존속시키려고 하는 婚姻繼承的 不動産處分(marriage settlement) 등이 있다. ② 救貧法(poor law)상 구제를 받을 권리를 취득하는 기간, 어떤 敎區(parish)에 거주하는 것. ③ 유산관리인 또는 유언집행자가 상속재산의 사무를 행하고, 債務辨濟나 遺贈 등을 행하여 상속재산의 분배를 하기에 이른 때의 상태를 말한다. ④ 당사자가 동의할 수 있는 조항을 채용함으로써 다툼을 종식시키는 것. ⑤ 주식회사의 定款이 때때로 deed of settlement 라 불리운다. articles of association 이라고 불리는 때도 많다. ⑥ 植民地, 開發地.

섹터주의(主義) 〔英〕 sector principle 極地의 歸屬에 관하여 인정된 주의. 극지에 관하여는 優先占有를 인정하지 않고 극지에 가까운 해안선과 영토와의 양단에 형성되는 sector(부채꼴 구역)의 영역이 되는 것을 말한다. 극지의 領有를 주장하는 다수 국가에 의하여 지지를 받고 있으나 국제법상의 원칙은 아니다.

셔먼법(法) 〔英〕 Sherman Act 1890년

미국연방의회가 제정한 反트러스트立法의 하나. 전문 8개조로 되었으며, 州際 또는 국제거래에 있어서의 去來制限(restraint of trade)과 獨占(monopoly)은 위법이라는 것을 선언하고, 이에 대한 벌칙, 검사에 의한 금지명령, 피해자에 대한 3배액의 손해배상, 재산의 몰수 등의 제재를 가하고 있다. 반트러스트법의 기본이 되는 입법으로 그 후의 클레이튼법(Clayton Act), 聯邦去來委員會法(Federal Trade Commission Act) 등의 반트러스트법은 본법의 보충법이다.

셸던의 유형(類型) → 체형, 기질

소(訴) 〔英〕suit, action 〔獨〕Klage 〔佛〕action 법원에 民事訴訟을 제기하는 행위로서, 어떤 자가 다른 자를 상대로 하여 자기의 권리주장의 當否에 관하여 특정한 제1심법원에 하는 신청. 소를 제기하는 자를 원고, 그 상대방을 피고라 하며, 심판의 대상이 되는 특정한 권리주장을 소송상의 의미에서 청구라 부른다. 訴가 없으면 判決없다는 말이 보여주는 바와 같이 소송은 소를 기다려서 비로소 개시되며, 또한 법원은 소로써 요구한 청구의 내용·범위에 관하여서만 재판할 수 있다(民訴 188). 소는 법원에 대한 판결의 요구이고, 직접 피고에 대하여 그 자신의 어떠한 행위, 예컨대 채무의 承認이나 履行을 구하는 행위는 아니다. 소에 의하여 청구의 當否에 관한 판결(本案判決)을 받는 데는 소송요건이 구비되어 있어야 한다. 이것이 흠결되면 訴却下의 판결(訴訟判決)로서 그친다. 소는 일정한 방식에 따르는 소송행위인 것으로, 소의 제기는 訴狀이라 부르는 일정한 양식의 서면을 법원에 제출하여서 한다(226). 소에는 청구의 내용성질에 따라 確認·履行·形成의 3종별이 있으며, 이에 대응하여 原告勝訴(請求認容)의 판결에는 確認判決·履行判決·形成判決의 구별이 생긴다. 또한 소는 그 제기의 형태·시기의 점으로 보아 單一의 訴와 併合의 訴(→訴의 併合), 獨立의 訴와 訴訟 중의 訴(訴의 變更·反訴·當事者參加) 등의 구별이 있다.

소 가(訴價) → 소송물의 가액

소각제(消却制) 〔獨〕Strichsystem 累進制에 있어서 진급방법으로 계급마다 일정한 책임점수를 설정하여 行刑成績에 의한 所得點으로 이를 소각한 자를 진급시키는 제도. 點數制라고도 한다. 이는 형식적·기계적으로 흐르기 쉬운 것으로 특히 累犯者와 같이 교도소생활에 익숙한 자가 작업의 성적 또는 外面行狀에서 많은 득점을 얻고 따라서 반드시 가석방의 적격자가 아닌 자가 최상급에 용이하게 진급하는 결점이 있는 반면, 受刑者의 노력이 확실히 표현되는 점으로 보아 이들의 노력과 분발을 촉구하는 유력한 원동력이 되는 장점이 있다.

소공친(小功親) 五服 중 大功親 다음가는 5월(滿 4월) 喪期의 小功服을 입는 사이의 친족. 長孫婦·長曾孫婦·長玄孫婦·兄弟妻·從祖父母·大姑母·從孫子女·堂叔父母·堂姑母·堂姪·堂姪女·再從兄弟姉妹·外祖父母·外叔·姨母·甥姪·甥姪女·同母異父兄弟姉妹·夫의 姑·夫의 형제와 그 妻·夫의 姉妹·夫의 堂姪과 堂姪女·夫의 從孫과 從孫女·夫의 長孫婦·長曾孫婦·長玄孫婦를 말한다.

소 구(遡求) 〔英〕recourse 〔獨〕Rückgriff 〔佛〕recours 어음(수표)금액의 지급이 없거나 또는 지급이 현저하게 불확실하게 되었을 때, 어음(수표)의 소지인이 어음(수표)의 작성이나 유통에 관여한 자에 대하여 어음금액 기타 비용의 변상을 청구하는 것을 소구라 한다. 償還請求라고도 한다. 引受拒絶이나 또는 이에 준하는 신용악화의 사태가 발생할 경우에 바로 전자에 대하여 償還請求權을 인정할 것인가, 또는 단지 擔保請求權만을 인정할 것인가에 따라서 一權主義(滿期前償還主義)와 二權主義(擔保主義)로 구별되고, 소지인이 이들 중의 어느 것이든지 선택할 수 있다는 選擇主義가 있으나 현행법은 一權主義를 채용하고 있다. 遡求當事者를 보면, ① 소구권리자는 첫째로 어음의 소지인이고(어음 43·77Ⅰiv, 手票 39), 둘째로는 소구의무를 유효하게 이행하여 어음을 환수한 배서인·보증인·참가지급인 등이다(어음 47Ⅲ·32Ⅲ·63Ⅰ·11Ⅰ, 手票 43Ⅲ·27Ⅲ). ② 遡求義務者는 소구권자의 전자인 배서인, 발행인과 이들의 보증인 및 참가인수인이다(어음 9Ⅰ·15Ⅰ·32Ⅰ·58Ⅰ·77Ⅲ, 手票 18Ⅰ·12·27Ⅰ). 약속어음의 발행인과 환어음의 인수인은 청구의무자가 아니다. ③ 수인의 소구의무자는 인수인과 같이 소구권자에 대하여 합동하여 책임을 부담한다(어음 47Ⅰ·77Ⅰiv, 手票 43Ⅰ). 소구의 요건은 실질적으로는 ① 만기전의 遡求原因에 관하여서는 어음법 43조 후단에 규정되어 있는데 ㉠ 인수의 전부 또는 일부의 거절(어음 43ⅰ), ㉡ 인수인 또는 지급인의 파산의 경우 그 支給停止 또 그 재산에 대한 强制執行의 不奏效(43ⅱ), ㉢ 인수제시를 금지한 어음의 발행인의 破産(43ⅲ) 등이고, 형식적 요건으로는 ㉠ 引受提示. 인수제시는 인수거절로 인한 소구에 필요하나, 이것을 懈怠하여도 지급거절로 인한 소구권까지 상실하지는 않는다. 그러나 인수제시명령있는 어음(22Ⅰ)과 一覽後定期出給어음(23)에 있어서는 인수제시를 해태할 때에는 모든 소구권을 상실한다. ㉡ 拒絶證書의 작성. 지급인이 인수거절한 경우에는 인수거절증서를 작성하여 입증하여야 한다(44Ⅰ). ㉢ 파산결정서의 제출(44Ⅵ)을 하여야 하고 和議開始決定이 있었던 경우에는 和議開始決定書를 제출하면 된다. ㉣ 제시 또는 거절증서작성이 불가항력으로 인하여 방해되었을 때는 그 기간은 연장된다(54Ⅰ). ② 만기후의 소구는 실질적으로는 만기에 있어서 적법한 기간내에 소지인이 지급제시를 하였으나, 지급인이 지급하지 아니하였음을 요하고(43·77Ⅰiv, 手票 39), 형식적 요건으로는 지급거절증서를 작성하여야 한다(어음 44Ⅰ). 그러나 지급거절증서작성면제의 경우(46), 이미 인수거절증서를 작성한 경우(44Ⅳ), 불가항력으로 인하여 거절증서작성을 할 수 없는 경우(54Ⅳ·Ⅴ)에는 지급거절증서작성을 요하지 아니한다. 豫備支給人과 參加支給人이 있는 경우에는 이러한 자 전원에 대하여 지급제시하고 拒絶證書를 작성하여야 한다. 再訴求는 어음의 소지인이 자기의 후자에 대하여 상환의무를 이행하여 어음을 환수한 전자가 또 다시 자기의 전자에 대하여 소구한다(→재상환). 소구원인이 발생한 경우에는 遡求權者는 전자인 소구의무자에게 이 사실을 통지해야 할 의무가 있으며(45·77Ⅰiv, 手票 41), 이 의무로 인하여 하는 통지를 소구의 通知라 한다. 소구의 방법은 수인의 소구의무자가 있을 경우에는 소구권자는 순차적으로 소구하든지, 또는 선택적 소구는 跳躍遡求도 할 수 있다. 또는 어떤 의무자에 청구한 후에 소구의 상대방을 타인으로 변경하는 變更權도 있다(어음 47iv·77Ⅰiv, 手票 43). 소구의무자는 소구권자의 청구를 기다리지 아니하고, 자진하여 償還支給의 제공을 할 수 있는데 이를 소구의무자의 償還權이라고도 한다(→상환권). 상환의 방법은 현금지급이나, 대물변제·상계 등 기타의 방법으로도 가능한 바, 어음법은 상환의 방법으로 환어음의 발행을 인정하고 있다(어음 52Ⅰ).

소구금액(遡求金額) 어음 또는 수표의 지급이 없거나, 혹은 지급 가능성이 감소되었을 경우에 어음·수표의 소지인이 소구의무자에 대하여 청구할 수 있는 금액. 소구의무자를 보호하고 어음의 유통을 저해하지 않기 위하여 소구금액은 법률상 일정되어 있다. 소지인이 청구할 금액은 어음금액과 이자의 기재가 있으면 그 이자, 年 6分의 이율에 의한 만기일 이후의 이자, 拒絶證書의 비용·통지비용, 그 밖의 비용(어음 48)이다. 어음을 환수한 배서인이 그 전자에 대하여 청구할 수 있는 금액은 지급한 총금액, 이 금액에 대한 연 6분의 이율에 의하여 계산한 지급일 이후의 이자, 그 밖에 지출한 비용(49)이다.

소구(遡求)**의 통지**(通知) 〔英〕notice of dishonour〔獨〕Notifikation, Notanzeige 遡求原因이 발생하였을 경우에 소구권자가 전자인 소구의무자에 대하여 하는 通知(어음 45·77Ⅰiv, 手票 41). 통지의무자는 최후의 소지인과 후자로부터 통지를 받은 背書人이다(어음 45Ⅰ·Ⅱ). 통지는 최후의 소지인으로부터 시작하여 직접 전자를 거쳐서 순차적으로 발행인에 이르는 것이 원칙이나, 배서인이 그 처소를 불기재하였거나 또는 그 기재가 불명확한 경우에는 그 배서인의 직접 전자에게 통지하면 된다(45Ⅲ). 또한 소지인은 자기의 직접 전자외에 직접 발행인에게도 통지하여야 한다(45Ⅰ). 通知는 거절증서작성일에 이은 4거래일 내에 하여야 하고, 拒絶證書作成免除의 경우에는 제시의 날에 이은 4거래일 내에 통지하여야 한다. 背書人은 통지를 받은 날에 이은 2거래일 내에 통지하여야 한다. 통지는 引受拒絶이나 지급거절이 있었다는 것을 통지하여야 하고, 통지의 방법은 구술이나 서면이나 또는 단순히 어음을 반송하는 것도 상관없다. 通知義務를 懈怠하여도 소구권을 상실하는 것은 아니다. 그러나 과실로 인하여 손해가 발생하였을 경우에는 어음금액을 한도로 하여 손해배상의무를 부담한다(45Ⅵ).

소 권(訴權) 〔英〕right of action〔獨〕Klagerecht〔佛〕action 소에 의하여, 법원의 심판을 구하는 것을 당사자의 권능으로 본 경우에 사용되는 말로서, 判決請求權이라고도 한다. 널리는 형사소송의 公訴權 등도 포함되지만, 주로 민사소송에서 상용된다. 出訴期限이라든지, 利益없으면 소권없다(Pas d'intérêt, pas d'action)는 등의 관념은 각국에 있으나, 이론적으로 가장 발달한 것은 독일에서이다. 보통법시대에는 로마법의 악치오의 性質論에 기하여, 소권은 私權 특히 청구권의 한 작용 혹은 이에서 유출하는 권능이라 생각하는 私法的 訴權說이 행하여졌으나, 재판의 공권성이 의식되고, 또한 법치국가사상에 기한 국민의 공권의 관념이 성립되면서, 公法的 訴權說이 출현하였다. 다만, 이 때에 법원의 재판을 받게 되는 것은 법치국민의 지위에 따르는 人格的 自由權의 한 작용에 지나지 않으므로, 권리라고 부를 가치가 없다고 하여, 소권을 부인하는 설도 생겼다. 공법적 소권설에는 다시 어떠한 내용의 판결까지를 청구할 수 있는 권리를 인정하는가에 따라 여러가지의 구별이 있다. 단지 소에 의하여 심판을 구하고, 어떠한 판결(예: 訴却下)에 의하여도 만족하는 소권을 抽象

的 訴權說이라 한다. 이에 대하여, 그러한 소권은 무내용이어서, 누구에게나 인정되는 제소의 자유에 지나지 않는다 하고, 소권은 구체적인 자기의 주장대로의 승소판결까지를 청구하는 권리가 아니면 안된다고 하는 것이 具體的 訴權說이다. 후자는 권리보호청구권을 인정하는 학파가, 판결에 의한 권리보호를 청구하는 권리로서 채용하는 바이다. 이에 대하여 재판을 구하는 것에 자기의 주장대로의 판결을 하라는 권리를 인정하는 것은 지나친 태도라는 입장에서 자기의 주장의 당부에 대한 판결을 구하는 권리를 인정하는데 그쳐야 한다고 주장하는 것이 本案判決請求權說이다. 이는 실질적으로는 국가의 재판에 의하여 상대방과의 사이의 분쟁을 해결받을 권리가 訴權이라고 하고, 그러기 위하여 원고는 소에 의하여 그 주장(소송상의 청구)의 당부에 관한 판결(본안판결이라 한다)을 구하는 것이라고 설명한다. 이 소권은 자기의 권리주장의 당부에 대하여 판결을 구하는 정당한 이익 또는 필요가 있을 것을 요건으로 하나, 그 주장대로의 실체상의 권리의 존재를 요건으로 하지 않는 점에서, 具體的 訴權說과 다르다.

소극설(消極說)〔國際私法上〕 재판관이 外國法의 적용을 그르쳤을 경우, 내국법의 적용을 그르쳤을 때와 동일하게 상고의 이유가 되는가에 관한 문제에 있어서, 內國最高法院은 內國法解釋의 통일만을 임무로 한다는 점에서 이를 부정하는 견해(Habicht, Lewald)를 말한다.

소극신탁(消極信託) 信託의 受託者가 단지 신탁재산의 명목상의 권리자로 될 뿐이며, 신탁재산의 점유를 취득하지 않고, 그 관리 또는 처분을 하여야 할 아무런 의무를 지지 않는 신탁. 수탁자가 신탁재산을 관리·처분할 의무를 지는 신탁인 積極信託에 대응하는 말이다. 소극신탁은 영미에서는 오로지 權利保全의 목적을 위한 것인 때에는 이것이 쓰여지지만, 우리나라의 신탁법은 이를 인정하지 않는다(信託 1Ⅱ).

소극적 계약이익(消極的契約利益) 〔獨〕 negatives Vertragsinteresse 신뢰이익과 같다.

소극적 구성요건표지이론(消極的構成要件標識理論) 〔獨〕 Die Lehre von den negativen Tatbestandsmerkmalen 불법을 근거짓는 모든 요소는 구성요건에 포함되어 있고 구성요건을 總體的 不法構成要件으로 보는 견해를 말한다. 소극적 구성요건표지이론에 의하면 구성요건과 違法性의 구별을 부정하고, 행위가 구성요건에 해당하면 바로 불법한 행위로 되고 違法性阻却事由가 있으면 처음부터 구성요건해당성이 없다고 한다. 즉 위법성조각사유를 소극적 구성요건요소로 이해하고 구성요건해당성이 있다고 하기 위해서는 적극적인 구성요건요소가 존재하여야 하고 동시에 소극적인 구성요건요소도 부존재하여야 한다는 것이다. 따라서 위법성의 표지는 구성요건의 표지와 나란히 따로 존재하는 것이 아니라 전자는 후자 안에 흡수되고 위법성조각사유가 있으면 처음부터 구성요건에 해당하지 않게 된다. 이 이론에 의하면 구성요건에 해당되지만 違法性은 조각된다는 논리가 성립될 수 없으며, 구성요건에 해당하는 행위에는 언제나 위법성이 포함된다. 그 결과 이 이론은 構成要件該當性(不法), 책임의 2단계 犯罪論體系를 취하게 된다. 이 이론의 이론적 타당근거로서 구성요건은 불법유형이지만 不法類型의 내용을 이루는 불법의 표지는 형법각칙의 조문에 전부 명시되어 있지 아니하므로 構成要件概念을 불법유형에만 국한할 경우 불완전한 구성요건개념이 될 수밖에 없기 때문에, 구성요건이 진정으로 불법의 존재근거로 되려면 불법을 규정지우는 모든 표지들을 총괄적으로 구성요건에 받아들이지 않으면 안된다는 점이 강조된다. 그리고 이 설의 이론적 공헌으로서는 위법성조각사유의 전제조건에 관한 착오를 構成要件的 錯誤로서 해결한다는 사실이 지적되고 있다.

소극적 권한쟁의(消極的權限爭議) 권한쟁의의 한 형태. 행정관청간에 특정사항이 자기의 권한에 속하지 않는다고 주장함으로써, 발생되는 쟁의. 積極的 權限爭議에 대한 말. → 주관쟁의

소극적 단결권(消極的團結權) 근로자가 단결하지 않을 권리를 말한다. 헌법 33조 1항의 단결권은 단결하지 않을 자유, 즉 근로자 개인의 소극적 단결권을 포함하지 않는다고 하는 견해가 압도적이라고 할 수 있다. 논리적으로 본다면, 단결하지 않을 자유는 단결하는 자유의 당연한 裏面이라고 하겠으며, 단결하는 자유는 단결하지 않는 자유를 예상하지 않고서는 성립될 수 없는 개념이다. 그러나 헌법의 단결권의 보장은 다음과 같은 이유로 소극적 단결권의 보장을 포함하지 않는다고 하겠다. 즉 ① 헌법에서 국민일반에 대하여 結社의 自由를 보장하고 있음에도 불구하고, 근로자에 대하여 별도로 단결권을 보장하고 있으며, ② 근로자는 단결을 통해서만이 실질적인 평등을 확보할 수 있고, ③ 헌법의 단결권의 보장은 근로자의 단결을 위한 自由運動의 所産이라고 볼 수 있으며, ④ 바이마르헌법이나 본기본법의 단결의 자유 또는 단결의 권리는 근로자에 대해서만이 아니라, 모든 국민에 대하여 보장한 권리이지만, 우리나라 헌법의 단결권은 근로

자에게만 보장한 권리이며, 더욱이 제1공화국 헌법에서는 단결의 자유라고 하였으나, 제 1 차 헌법개정이후 이를 團結權이라고 표현하고 있기 때문이다.

소극적 손해(消極的損害) 〔羅〕 lucrum cessans 〔獨〕 negativer Schaden, entgangener Gewinn 얻을 수 있었던 새로운 재산의 취득이 방해된 경우의 손해. 轉賣로 인하여 얻을 수 있었던 이익의 상실 등이 그 예. 積極的 損害에 대립하는 말. 손해배상에 있어서는 적극적·소극적인 양 손해가 모두 배상된다.

소극적 신분(消極的身分) 행위자에게 일정한 신분이 있으면 범죄의 성립 또는 형벌이 조각되는 경우의 신분을 말한다. 이는 적극적 신분(構成的 身分과 加減的 身分)에 대응하는 개념으로서 거론된다. 이에는 일반인에게 금지된 행위를 특정신분자에게 허용하는 경우, 예컨대 의료행위에 있어서의 의사의 신분과 같은 위법조각적 신분, 형사미성년자(刑 9)와 같은 責任阻却的 身分, 親族相盜例(328)에 있어서의 친족의 신분과 같은 刑罰阻却的 身分이 해당된다. →신분

소극적 확인(消極的確認)의 소(訴) 〔獨〕 negative Feststellungsklage 일정한 권리 또는 법률관계가 존재치 않는다는 것의 확인을 구하는 확인의 소. 債務不存在確認을 구하는 소는 그 일례. 권리 또는 법률관계의 존재의 확인을 구하는 積極的 確認의 訴에 대한다. 소극적 확인의 소에서 원고가 패소하면, 피고가 적극적 확인의 소를 제기하여 승소한 것과 같게 된다. 이 경우에 판례와 통설은 時效中斷의 효력의 발생은 권리자가 소송상 자기 권리를 주장한 때라고 하고 있으나, 유력설은 일반적인 경우와 같이 提訴時라 한다.

소극적 행정행위(消極的行政行爲) 행정행위는 현재의 법률상태에 대하여 어떠한 형식으로 변동을 가져 오는 것인지의 여부에 따라 積極的 行政行爲와 消極的 行政行爲로 나뉘어지는데, 소극적 행정행위란 행정행위의 신청의 却下나 不作爲 등과 같이 현존의 법률상태를 그대로 존속시키는 경우를 말한다. 소극적 행정행위는 그 형식에 따라 거부처분과 부작위로 나눌 수 있는데, 拒否處分이란 개인으로부터 일정한 적극적 행정행위의 신청이 있는 경우에 그 신청을 배척하는 행정행위를 말하며(申請의 却下나 不許可行爲), 不作爲란 행정청의 개인의 신청에 대하여 상당한 기간내에 일정한 행정행위를 하여야 할 의무가 있음에도 이를 하지 않고 방치하는 것을 말한다.

소급과세금지(遡及課稅禁止)의 원칙(原則) 조세는 국민의 재산권에 대한 중대한 영향을 미치는 것이므로 소급과세는 인정되지 아니한다는 원칙이다. 租稅法規는 소급하여 적용될 수 없음은 물론, 이미 조세를 납부할 의무가 성립한 소득·수익·재산·행위 또는 거래에 대하여 그 성립 후의 새로운 稅法을 적용할 수 없다.

소급보험(遡及保險) 〔獨〕 Rückwärtsversicherung 보험계약체결 전의 어느 시기를 보험기간의 始期로 하는 보험(商 643). 이를테면 운송중에 있는 목적물에 대한 보험계약을 체결함에 있어서 運送開始期로부터 보험자가 책임을 지는 것과 같은 것이다. 주로 운송보험·해상보험·책임보험에서 이용된다. 소급보험은 특히 소급적 효력을 갖게 하는 합의에 의하여 체결되어야 하나 보험계약체결 후에도 이 약정을 할 수 있다.

소급입법(遡及立法) 〔英〕 ex post facto law 새로이 제정되는 법을 제정전의 사실에 소급하여 적용토록 하는 것. 刑事의 경우에는 법률의 소급효는 엄격히 금지된다. 즉 모든 국민은 행위시의 법률에 의하여 범죄를 구성하지 아니하는 행위로 訴追되지 아니한다(憲 13 I 前). 또 모든 국민은 소급입법에 의하여 參政權의 제한 또는 財産權의 박탈을 받지 아니한다(13 II). 이들 이외의 경우에도 旣得權尊重 내지 법적 안정성의 요청으로 소급입법금지의 원칙이 서 있지만, 그것은 반드시 절대적인 것은 아니다. 즉, 신법이 구법보다 관계자에게 유리할 때는 물론 旣得權을 그다지 침해하지 아니하는 경우나 기득권을 어느 정도 침해하여서 까지라도 新法을 소급시킬 필요가 있을 경우에는(예 : 혁명시), 이 원칙이 배제되는 경우가 있다. →소급처벌의 금지

소급처벌(遡及處罰)의 금지(禁止) 우리나라 헌법은 기본권의 하나로서 모든 국민이 행위시의 법률에 의하여 범죄를 구성하지 아니하는 행위로 소추되지 아니하며 또한 소급입법에 의하여 參政權의 제한 또는 財産權의 박탈을 받지 아니함을 명백히 하고 있다(13). 소급처벌은 법적 안정성과 예측가능성을 이념으로 하는 법치국가의 원리에 배치되는 것으로 해방후의 반민족행위처벌(舊憲 101), 4·19후 제4차개헌에 의한 3·15 부정행위자·부정축재자 등 처벌(제5부칙), 5·16후의 혁명재판(舊國家再建非常措置法 22) 등의 선례가 장차 재현되는 일이 없도록 하자는 헌법적 배려가 위의 규정이다. →형벌불소급의 원칙

소급효(遡及效) 〔獨〕 Rückwirkung 〔佛〕 rétroactivité, effet rétroactif 법률의 효력이나 법

률요건의 효력이 법률시행전 또는 법률요건 성립시 이전으로 거슬러 올라가 효력이 생기는 것. 법률의 효력은 그 시행전의 사항에 대하여는 미치지 않는 것, 즉 不遡及을 원칙으로 하지만, 민법은 부칙 2조에서 민법의 소급효를 규정하여 획일적인 효력발생을 기하고 있다. 법률행위 기타 일반적으로 법률요건의 효력은 그 성립시 이전으로 소급하지 않는 것이 원칙이며, 소급효가 인정되는 것은 특별한 규정이 있는 경우에 한한다. 예컨대 法律行爲의 取消(民 141), 消滅時效(167), 契約의 解除(548 참조), 상속재산의 分割(1015) 등의 경우가 이것이다. 특히 법률의 소급효에 관하여는 法律不遡及의 原則을 보라.

소 년(少年) 소년법상 20세미만의 자(2). 少年保護事件의 심리의 대상이 되는 소년은 12세 이상이다(4). 소년범은 정신발육이 미숙하므로, 성인범보다 교화개선 등이 용이하며 또 소년은 원대한 장래가 있고 범죄의 습성도 깊지 아니하므로 특별한 취급을 하고 있다. 즉 保護處分을 원칙으로 하고(32), 형사처분을 하여야 할 경우에도 사형·무기형을 완화하고(59), 相對的 不定期刑을 채용하고 있다(60). → 범죄소년, 촉법소년, 우범소년

소년교도소(少年矯導所) 〔英〕 juvenile prison 20세 미만의 受刑者를 수용하는 곳(行刑 2Ⅱ). 성년의 교도소와 別置하게 되어 있다. 징역 또는 금고의 선고를 받은 소년에 대하여는 특히 설치된 교도소 또는 일반교도소내에 특히 分界된 장소에서 그 형을 집행한다. 다만 소년이 형의 집행중에 23세에 달한 때에는 일반교도소에서 집행할 수 있다(少 63). 少年受刑者에 대하여 특별처우를 하여야 하는 이유는 첫째로 소년은 생각하는 것이 미숙하고 감수성이 빠르고 모방심이 강한 까닭에 일반성년과 혼합수용하면 成年의 犯罪性 및 惡習이 감염되기 쉽다는 점, 둘째로 소년에 대하여는 교육개선의 방법을 쓴다는 것이다.

소년근로자(少年勤勞者) 연소자인 근로자. 연소자의 노동은 연소자에 대하여 육체적·정신적으로 악영향을 미치고 또 혹사와 착취가 따르기 쉬우므로 세계각국에서 少年勤勞者의 保護法이 일찍부터 발달하였다. 그 최초는 영국의 1802년 법이라고 한다. 우리나라에서도 헌법 32조 5항은 연소자의 근로는 특별한 보호를 받는다고 규정하고 있으며, 주로 근로자로서 취업할 수 있는 최저연령을 15세 이상으로 하고(다만 노동부장관이 발행하는 就職認許證을 소지한 자는 예외)(勤基 62), 18세 미만자를 도덕상 또는 보건상 유해, 위험한 사업에 사용함을 금지하고(63), 18세 미만의 연소자에 대하여는 그 연령을 증명하는 호적증명서와 친권자 또는 후견인의 동의서를 사업장에 비치하여야 한다(64). 친권자 또는 후견인은 미성년자의 勤勞契約을 代理할 수 없으며, 親權者·後見人·勞動部長官은 근로계약이 미성년자에게 불리하다고 인정하는 경우에는 향후 이를 해제할 수 있다(65, 民 543 참조). 미성년자는 賃金請求에 있어서는 법정대리인의 대리 또는 동의를 통하지 아니하고 독자적으로 임금을 청구할 수 있게 함으로써 임금이 확실히 본인의 손에 들어가도록 보장한다(勤基 66) (→ 임금) (민법상의 미성년제도를 완화하는 새로운 입법경향으로서 주목할 만한 것이다). 또 勤勞時間의 제한(67, 68), 坑內勤勞禁止(70), 歸鄕旅費支給(74) 등의 특별보호를 받으며, 상시 30인 이상의 18세 미만자를 사용하는 자는 이에 대한 교육시설을 하여야 한다(75). → 여자근로자

소년법원(少年法院) 〔英〕 juvenile court 소년보호사건을 관할하는 법원. 우리나라에서는 지방법원소년부(또는 가정법원소년부)가 이에 해당한다(少 3Ⅱ). 舊朝鮮少年令(1942년 制令 제8호)은 이를 少年審判所라고 하였으며, 이는 법원(사법기관)이 아니고, 행정기관이었다. 1942년에 설치된 京城少年審判所라는 소년법원이 전국유일의 것이었다. 8·15 해방후(미군정당시), 대구·부산·광주에 소년법원이 증가되었으나, 1949년 법원조직법의 제정으로, 지방법원소년부지원으로 기구가 축소되었고, 소년법의 개정(1963년 7월 31일)으로 인하여 가정법원소년부도 少年法院의 기능을 나누게 되었다. 소년법원의 발전을 역사적으로 보면, ① 시초에는 소년의 보호사건만 취급하다가, ② 保護處分을 할 것인가 刑事處分을 할 것인가도 결정하게 되고, ③ 소년의 복지를 해롭게 하는 成人의 형사사건에 대한 재판권을 갖게 되고, ④ 심판을 위하여 의학·교육학·심리학·사회학 기타 외 전문지식을 활용하게 되고, ⑤ 이혼·입양·부양료 등 아동의 복지와 관련있는 人事訴訟까지 취급하는 가정법원으로 발전하였다. 그런데 우리나라는 소년법원으로서 특별법원으로 발족하였던 제도가 발전은 커녕 도리어 법원지원으로 축소되는 기형적 역사를 갖고 있다. 현행소년법에 있어서 소년사건이 소년법원에 집중되지 않고, 경찰·검찰·법원에서 산발적으로 오고 있기 때문에 불공평하며 많은 모순점을 가지고 있다. 앞으로 모든 少年犯罪는 경찰에서 직접 소년법원으로 송치하도록 법이 개정되어야 할 것이다.

소년보호사건(少年保護事件) 〔영〕 juvenile protection cases 保護處分을 할 사건. 소

년사건은 크게 保護事件과 刑事事件의 두 가지로 나눌 수 있다. 소년보호사건은 가정법원소년부 또는 지방법원소년부에 속하며, 이 사건의 심리와 처분의 결정은 少年部單獨判事가 한다(少 3).

소년사건(少年事件) 少年保護事件과 少年의 刑事事件의 총칭. 가정법원소년부 또는 지방법원소년부의 관할에 속한다(少 3Ⅱ, 48 이하).

소년사건(少年事件)**의 심리**(審理) 지방법원 소년부판사가 행하는 審理判斷을 말한다. 소년사건의 심리에서는 審問主義·非公開主義·實質主義·個別主義(分離主義)·科學主義·協力主義·保護教育主義·人格主義·特別豫防主義 등이 심판에 있어서 적용되고 있다. 소년법상의 소년사건의 심리에 관하여 여러 규정을 두고 있다. 즉 소년부판사는 送置書와 조사관의 조사보고에 의하여 사건의 심리를 개시할 수 없거나, 개시할 필요가 없다고 인정한 때에는 심리를 개시하지 아니한다는 결정을 하여야 하고, 이 결정은 본인과 보호자에게 통지하여야 한다. 또 審理不開始決定을 할 때에는 소년에 대하여 훈계하거나 보호자에 대하여 소년에 대한 엄격한 관리나 교육을 시키도록 告知할 수 있다(少 19Ⅰ·Ⅱ). 또 소년부판사는 送置書와 調査官의 조사보고에 의하여 사건을 심리할 필요가 있다고 인정할 때에는 심리개시의 결정을 하여야 하고, 이 결정은 本人과 保護者에게 통지하여야 한다. 이 경우에 심판에 부하여질 사유의 요지 및 보조인을 선임할 수 있다는 취지를 아울러 통지하여야 한다(20Ⅰ·Ⅱ). 소년부판사는 심리기일을 지정하고 본인과 보호자를 소환하여야 하며, 보조인의 선정이 있는 때에는 보조인에게 審理期日을 통지하여야 한다. 소년부판사는 직권 또는 본인·보호자나 보조인의 청구에 의하여 심리기일을 변경할 수 있고, 심리기일을 변경한 때에는 본인·보호자나 보조인에게 통지하여야 한다. 또 심리기일에는 판사와 서기가 열석하고, 조사관·보호자 및 보조인은 심리기일에 출석할 수 있다(21Ⅰ·Ⅱ, 22, 23). 심리방식은 친절하고 온화하게 하여야 하며, 소년의 심신상태·性行·경력·가정상황 기타 환경 등에 대하여 정확한 사실을 규명함에 유의해야 하고,심리는 공개하지 아니한다. 다만, 판사는 적당하다고 인정하는 자에게 在席을 허가할 수 있다. 또 조사관·보호자 및 보조인은 심리에 관하여 의견을 진술할 수 있으며, 이 경우에 판사는 필요하다고 인정한 때에는 본인의 退席을 명할 수 있다(24Ⅰ·Ⅱ, 25Ⅰ·Ⅱ, 58Ⅰ·Ⅱ). 소년부판사는 증인을 심문하고 감정·통역·번역을 명할 수 있고, 검증·압수·수색을 할 수 있다(26Ⅰ, 27Ⅰ). 소년부판사는 그 직무에 관하여 모든 행정기관·학교·병원 기타 공사단체에 대하여 필요한 원조와 협력을 요구할 수 있고, 이같은 요구를 거절할 때에는 정당한 사유를 제시하여야 하며, 또 소년부판사의 심리의 결과 保護處分을 할 수 없거나, 할 필요가 없다고 인정한 때에는 그 취지의 결정을 하여야 하고, 이 결정은 본인과 보호자에게 통지하여야 한다(28Ⅰ·Ⅱ, 29Ⅰ).

소년원(少年院) 〔英〕institution for delinquent juveniles, juvenile reformatory, training school 保護處分에 의하여 송치된 소년을 수용하여 이들에게 矯正教育을 실시하는 것을 임무로 하는 시설(少院 2Ⅰ)을 말한다. 소년원은 법무부장관이 관장한다(3Ⅰ). 남자와 여자, 그리고 16세 미만의 자와 16세 이상의 자는 분리수용한다(8Ⅰ·Ⅱ). 소년원에 송치되는 소년은 소년법원의 관할대상이 되는 20세 미만의 범죄소년으로 검사에 의해 少年部送致가 결정된 소년, 12세 이상 14세 미만의 觸法少年, 12세 이상 20세 미만의 虞犯少年 중 소년부판사에 의해 소년원송치가 타당하다는 결정을 받은 자에 한한다. 단순한 虞犯少年과 觸法少年을 범죄소년과 동일한 시설에서 수용·처우하게 하는 것은 문제점으로 지적될 수 있다. 더 나아가 소년원의 종류를 다양화해서 소년의 적성에 맞는 처우를 행할 수 있는 少年院體制를 갖도록 하는 것이 바람직하다. 예컨대 일본의 경우처럼 초등·중등·특별·의료소년원으로 나누거나, 그 밖의 短期少年院, 晝間少年院, 캠프少年院 등을 개발하여 처우의 개별화를 기할 수 있도록 할 것이 기대된다. 이는 보다 더 많은 소년원의 설치를 요구하는 것이다. 현재처럼 시·도별로 하나씩 설치하여 대량 收容處遇할 것이 아니라, 소규모의 다양한 소년원제도를 개발할 것이 요구된다.

소년(少年)**의 형사사건**(刑事事件) 소년에 대한 형사사건에 관하여는 소년법에 특별한 규정이 없으면 一般刑事事件의 예, 즉 형사소송법에 의한다(少 48). 검사는 소년에 대한 피의사건을 수사한 결과 벌금 이하의 형에 해당하는 범죄이거나 保護處分에 해당하는 사유가 있다고 인정한 때에는 사건을 관할소년부에 송치하여야 하며, 소년부는 송치된 사건을 조사·심리한 결과, 그 動機와 罪質이 금고 이상의 형사처분을 할 필요가 있다고 인정할 때에는 결정으로써 당해 검찰청 검사에게 송치할 수 있다. 송치한 사건은 다시 소년부에 송치할 수 없다(49). 법원은 소년에 대한 피고사건을 심리한 결과 罰金 이하의 형에 해당하는 범죄이거나, 보호처분에 해당할 사유가 있다고 인정한 때에는 決定으로써 사건을 관할소년부에 송치하여야 한다(50).

소년부는 송치받은 사건을 조사 또는 심리한 결과 본인이 20세 이상인 것이 판명된 때에는 결정으로써 송치한 법원에 사건을 다시 이송하여야 한다(51). 少年部 送致決定이 있는 경우에는 소년을 구금하고 있는 시설의 長은 검사의 이송지휘를 받은 때로부터 법원소년부가 있는 시·군에서는 24시간 이내에, 기타 시·군에서는 48시간 이내에 소년을 소년부에 인도하여야 한다. 이 경우 구속영장의 효력은 소년부판사가 소년의 監護에 관한 결정을 한 때에 상실한다. 위의 인도와 결정은 구속영장의 효력기간내에 이루어져야 한다(52). 보호처분을 받은 소년에 대하여는 원칙적으로 그 심리결정된 사건은 다시 公訴를 제기하거나 소년부에 송치할 수 없다(53). 그런데 審理開始의 결정이 있는 때로부터 그 사건에 대한 보호처분의 결정이 확정될 때까지 공소의 시효는 그 진행이 정지된다(54). 소년에 대한 구속영장은 부득이한 경우가 아니면 발부하지 못하며, 소년을 구속하는 경우에는 특별한 사정이 없으면 다른 피의자나 피고인과 분리하여 수용하여야 한다(55). 법원은 소년에 대한 형사사건에 관하여 그 필요사항의 조사를 調査官에게 위촉할 수 있다(56). 소년에 대한 형사사건의 심리는 다른 被疑事件과 관련된 경우에도 심리에 지장이 없으면 그 절차를 분리하여야 하며(57). 소년에 대한 형사사건의 심리는 친절하고 온화하게 하여야 하고, 심리에는 소년의 신체상태·性行·經歷·가정상황 기타 환경 등에 대하여 정확한 사실을 규명함에 특별한 유의를 하여야 한다(58). 죄를 범할 때에 18세 미만인 소년에 대하여는 사형 또는 무기형으로 처할 것인 때에는 15년의 有期懲役으로 하며(59), 소년이 법정형이 장기 2년 이상의 유기형에 해당하는 죄를 범한 때에는 그 형의 범위 안에서 장기와 단기를 정하여 선고하되, 장기는 10년, 단기는 5년을 초과하지 못한다(不定期刑). 소년의 특성에 비추어 상당하다고 인정되는 때에는 그 형을 감경할 수 있으나, 형의 집행유예, 형의 선고유예를 선고할 때에는 그러하지 아니한다(60). 少年分類審查院에 위탁조치가 있었을 때에는 그 위탁기간은 판결선고 전 拘禁日數로 본다(61). 18세 미만인 소년에 대하여는 留置宣告(62, 刑 70)를 하지 못한다. 다만 판결선고 전 구속되었거나 소년분류심사원에 위탁조치가 있었을 때에는 그 구속 또는 위탁의 기간에 해당하는 기간은 勞役場에 留置된 것으로 보아 판결선고 전 구금일수에 통산할 수 있다(少 62). 징역 또는 금고의 선고를 받은 소년에 대하여는 특히 설치된 교도소 또는 일반교도소 내에 특히 분리된 장소에서 그 형을 집행하되, 소년이 형의 집행 중에 23세에 달한 때에는 일반교도소에서 집행할 수 있고(63). 보호처분의 계속 중에 懲役·禁錮 또는 拘留의 선고를 받은 소년에 대하여는 먼저 그 형을 집행한다(64). 징역 또는 금고의 선고를 받은 소년에 대하여는 ① 무기형에는 5년, ② 15년의 유기형에는 3년 ③ 부정기형에는 단기의 3분의 1의 기간을 경과하면 假釋放을 허가할 수 있는데(65), 징역 또는 금고의 선언을 받은 소년이 假釋放된 후 그 처분이 취소되지 아니하고 假釋放 전에 집행을 받은 기간과 동일한 기간을 경과한 때에는 형의 집행을 종료한 것으로 한다. 다만, 소년법 59조(사형·무기형의 완화)의 형기 또는 소년법 60조 1항(부정기형)의 규정에 의한 장기의 기간이 먼저 경과한 때에는 그 때에 형의 집행을 종료한 것으로 한다(66). 한편 소년으로 범한 죄에 의하여 형의 선고를 받은 자가 그 집행을 종료하거나 집행의 면제를 받은 때에는 자격에 관한 법령의 적용에 있어서는 장래에 향하여 형의 선고를 받지 아니한 것으로 본다(67).

소득사채(所得社債)　〔英〕 income bonds 미국법상의 社債形態의 하나로서 普通社債는 회사의 이윤의 유무를 불문하고 確定利子의 지급을 받는 것이 원칙이나, 이것은 기업에 이윤이 있는 것을 조건으로 지급되는 것이며, 우리나라에서는 인정되지 아니한다.

소득세(所得稅)　소득세는 개인의 소득을 課稅物件으로 하여 부과하는 조세이다. 현행 소득세의 과세소득계산은 10종의 소득에 대하여 ① 綜合所得 ② 退職所得 ③ 讓渡所得 ④ 山林所得으로 구분하여 각 소득원천별로 각기 계산하여 과세소득을 계산한다. 이에 대하여 法人稅는 소득세와 같이 所得源泉別로 과세소득을 구분하는 것이 아니라 일정 과세기간 내의 純資產增加分을 모두 과세소득으로 한다. 소득세의 납세의무는 소득이 있는 개인을 납부의무자로 하는 것이나, 이 외에도 소득세를 원천징수한 개인 또는 법인과 법인격이 없는 사단·재단 기타 단체로서 법인으로 보지 아니하고 개인으로 보는 단체도 소득세의 납부의무를 진다. 소득세의 과세기간은 매년 1월 1일부터 12월 31일까지로 한다. 그러나 法人에 있어서는 그 법인의 정관 등에 정하여진 각 사업연도를 과세기간으로 한다. 개인과 법인의 과세기간이 되는 사업연도는 1년을 초과하지 아니한다. 사망의 경우는 1월 1일부터 사망일까지를 과세기간으로 하고, 출국으로 인하여 비거주자가 되는 경우에는 1월 1일부터 출국일까지로 한다.

소련민법(民法)　러시아에서 종전에 시행되던 1832년의 민법은 1917년의 혁명으로 사실상 폐지되고, 혁명후 수년은 戰時共産主義였으므로 民事의 일반적 법률을 필요로 하지 않았으며, 약간의 個別的 立法이 행하여졌다(1918년의 親族에 관한 것이 가장 현저). 1921~1922년 신경제정책의 전환에 따라, 어느 정도의 사유재산과 개인기업이 인정되게 됨에 이르러, 民事立法이 긴요하게 되어, 1922년 11월 러시아공화국민법이 土地法·勞動法과 함께 공포되어, 1923년 1월 1일부터 시행되었다. 그 후 소련내의 우크라이나 기타의 공화국도 이에 따랐다. 1936년의 스탈린헌법에서 民法典은 연방이 통일제정할 것으로 하였으나, 아직 실현되지 않고 있다. 소련민법의 근본적 특색은 공산주의의 低次의 단계인 사회주의의 원리에 서 있는 데에 있다. ① 토지의 사유를 인정하지 않으며 개인 및 콜호즈의 토지사용권은 국유지의 직접 사용권으로 되어 있다. ② 고용노동관계는 勞動法典에 좇으며, 민법에는 규정이 없다. ③ 친족관계도 거래법과는 원리를 달리하는 것으로서, 별개의 법전에 정하여져 있다. 1918년법, 1926년의 러시아共和國婚姻家族後見法典, 1936년 및 1944년의 개정 등에서 主義의 동요를 볼 수 있다. 현재에는 친자관계는 출생의 사실을 기초로 하는데, 혼인·이혼과 함께 등록을 요건으로 하고, 이혼도 극단적으로 자유로운 것은 아니며, 자녀의 이익을 위한 양자도 인정한다. ④ 민법전은 4편(총칙·물권·채권·상속) 436조. 물권은 소유권·공작지상권·질권뿐이며, 채권편에는 회사·보험의 규정이 있으며, 權利濫用·無過失賠償責任의 원칙 등이 눈에 띈다. 상속은 처음에는 부인되었으나, 뒤에 매우 엄격한 제한하에 인정되게 되었으며, 다시 1945년의 개정에서 법정 및 유언에 의한 상속을 상당히 광범위하게 인정하였다. 그러나 1992년 蘇聯邦의 해체와 獨立國家聯合(C.I.S.)의 창설로 폐기되었다.

소련헌법(憲法) 러시아는 20세기초까지 神政的 絶對制를 유지하고 있다가 1906년에 이르러 의회를 설치했다. 1917년 3월 혁명에 의해 군주제가 폐지되고 8월에 케렌스키정권이 수립되었는데, 11월의 공산당혁명에서 소비에트국가가 성립하고, 1918년 러시아·소비에트대회에서 소위 노동 및 피착취민중의 권리의 선언 및 러시아사회주의연방소비에트共和國憲法이 제정되었다. 이 신러시아는 다른 소비에트사회주의공화국과 결합하여 소비에트사회주의공화국연방(소련)을 형성하여, 1924년에는 소련헌법이 제정되었다. 이것이 1936년에 개정되고(스탈린헌법), 다시 1961년에 개정되었다. 이에 의하면 소련은 연방으로서 국가권력의 최고기관은 蘇聯最高會議(聯邦議會 및 民族會議에 의해 구성)이며, 후자는 소련 정부(즉 소련 각료회의)를 선임한다. 소련은 처음에 無產階級獨裁라는 것을 간판으로 내세우고 있었는데, 부르죠아지가 사멸하였으므로 스탈린헌법에 이르러 그들의 이른바 프롤레타리아 데모크라시에로 발전할 단계에 도달했다고 하였다. 1977년 10월 7일에 장황한 내용의 전문과 더불어 본문 9편, 21장, 174개조로 구성된 신헌법(소비에트사회주의공화국연방헌법)을 채택하여 당일로 시행하였다. 세칭 브레즈네프헌법이라 불리는 것이 그것이다. 소련연방시민의 基本的 權利와 自由는 제2편 제7장 39조에서 58조까지에 걸쳐 규정하고 있다. 동헌법은 1988년 12월 1일에 다시 개정되었으나, 개헌의 대상은 統治機構에 국한되고 기본권조항은 그대로 유지되었었다. 그러나 1990년 3월 13일의 헌법개정으로 大統領制가 채택되고 공산당지배원칙이 폐기되었으며, 기본권조항에도 일부 수정이 가해졌으며, 1992년 소연방의 해체와 독립국가연합(C.I.S.)의 창설로 폐기되었다.

소련형법(刑法) 1960년 11월 27일에 채택되어 1961년 1월 1일부터 시행된 러시아·소비에트 聯邦社會主義共和國刑法典을 가리키는 것이 보통이다. 이 형법전은 1957년에 개정된 소련헌법 14조 및 1958년 12월 25일에 채택된 소비에트연방 및 가맹공화국 刑事立法의 기초에 기하여 제정되었는데, 사회주의적 합법성의 강화와 시민의 권리의 최대한의 보장이라는 지도이념 아래 특히 3조에서 罪刑法定主義를 선언하게 되었다. 舊法은 1924년의 刑事立法의 기본원칙에 입각하여 1926년에 제정되었으며, 그 후 많은 수정과 보충을 받아 왔고 1992년에 소연방의 해체와 독립국가연합(C.I.S.)의 창설로 폐기되었다.

소멸시효(消滅時效) 〔羅〕 praescriptio extinctiva 〔獨〕 Verjährung 〔佛〕 prescription extinctive 권리의 불행사가 일정한 기간 계속함으로써 權利의 소멸을 초래하는 제도. 取得時效와 함께 널리 시효라는 말로 총칭된다. 소유권 이외의 재산권은 모두 소멸시효에 걸리는 것이 원칙이지만 占有權·物權的 請求權·相隣權·擔保物權 등의 예외가 있다. 채권은 民事는 10년, 商事는 5년, 그 이외의 재산권은 20년의 불행사로 소멸시효가 완성하는 것이 원칙이지만(民 162, 商 64), 그 기간(時效期間)에는 권리의 성질에 따라 많은 특칙이 있다(民 163~165 등). 기간의 기산점은 권리를 행사할 수 있는 때이다(166 Ⅰ). 그리고 不作爲債權의 경우에는 위반행위가 있은 때이다(166 Ⅱ). 消滅時效完成의 효과에 관하여는 소멸시효가 완성함으로써 권리 자체가 절대적으로 소멸한다고 하는 견해와 권리 자체가 소멸하는 것이 아니라, 다만 시효로 인하여 이익을 받는 당사자에게 권리의 소멸을 주장할 수 있는 권리를 발생시킬 따름이라고 하는 견해가 대립되어 있으나, 前說이 판례이고 다수설이다. 그러므로 당사자의 주장을 기다리지 않고 바로 권리가 소멸한다. 당사자는 소멸시효로 인하여 받는 이익을 抛棄(消滅時效利益의 抛棄)할 수도 있다. 원용을 한 경우에는, 소멸시효는 기산일에 소급하여 효력이 생긴다(167)(→除斥期間). 끝으로 공법상은 소멸시효의 기산점·소급효·효력 등에 관하여 원칙으로 민법의 규정에 의하나(155), 특별한 규정을 두는 경우가 있다(예컨대, 豫會 96~98).

소멸시효기간(消滅時效期間) 소멸시효의 완성을 위하여 필요한 기간. 채권의 경우 民事는 10년, 商事는 5년, 그 이외의 재산권은 20년이 원칙이지만(民 162, 商 64), 많은 단기시효의 규정이 있다(→短期時效). 공법상도 원칙으로 민법의 규정에 의하나(民 155), 특별한 규정을 두는 경우도 있다(예컨대, 豫會 96).

소멸시효(消滅時效)**의 원용**(援用) 통상 이 용어는 소멸시효가 완성하더라도 그것만으로 권리가 소멸하는 것이 아니라 다만 시효로 인하여 이익을 받는 당사자에게 權利의 消滅을 주장할 수 있는 권리를 발생시킬 따름이라는 견해를 취하는 입장에서 당사자가 권리의 소멸을 주장하는 것을 말하나, 時效完成의 效果로서 권리 자체가 절대적으로 소멸한다는 견해를 취하는 입장에서도 변론주의의 원칙상 이를 소송상 주장하여야 한다고 하므로 이 경우의 소송상의 주장을 뜻하는데 쓰이기도 한다. 시효의 이익을 받는 자는 원용을 하는 대신에 소멸시효의 이익을 포기할 수도 있다(→소멸시효이익의 포기). 소멸시효의 원용을 할 수 있는 자(援用權者)는 소멸시효로 인하여 직접으로 의무를 면하거나 권리의 확장을 받는 자(당사자) 이외에 이 권리 또는 의무에 기하여 의무를 면하거나 권리의 확장을 받는 자(연대채무자·연대보증인·보증인 등)도 포함한다. 원용의 장소는 법원에 한하지 않는다. 원용의 효과는 상대적이다. 따라서 援用權者가 여러 명 있는 경우에 그 1인의 援用·不援用은 다른 자에게 영향을 미치지 않는다.

소멸시효이익(消滅時效利益)**의 포기**(抛棄) 소멸시효의 완성으로 인하여 이익을 받을 자가 그 이익을 받지 않겠다고 하는 의미를 표시하는 單獨行爲. 소멸시효완성 전의 포기는 인정되지 않는다(民 184 I). 그것은 소멸시효의 완성전에 미리 포기하는 것은 소멸시효제도의 공적인 입장을 너무 무시하는 것일 뿐더러, 채권자가 채무자의 궁박을 틈타서 미리 소멸시효의 이익을 포기시키는 따위의 폐해도 생각되기 때문이다. 소멸시료완성후의 포기는 시효제도의 목적과 개인의 의사와를 조화시키는 것으로 될 뿐만 아니라, 완성전의 포기와 같은 폐해를 수반하지 않으므로, 유효하다고 해석하여진다(184 I 의 反對解釋). 소멸시효이익의 포기는 재판외에서 하여도 좋지만, 소멸시효에 걸린 권리를 소멸하지 않을 것으로 확정하는 의사표시이므로 상대방에 대한 意思表示로써 하지 않으면 안된다. 다만 상대방의 동의는 필요하지 않다. 포기의 방식에 관하여는 달리 정하고 있지 않으므로 明示라도 默示라도 좋다. 상대방에게 소멸시효의 이익을 받지 않겠다고 하는 뜻의 의사표시로 인정되는 행위이면 충분하다. 포기를 하려면 처분의 능력과 권한을 필요로 한다. 그것은 의무를 면하거나 권리의 확장을 받을 수 있는 지위를 잃는 것으로 되기 때문이다. 抛棄의 效果는 상대적이다. 즉 포기할 수 있는 자가 여러 사람있는 경우에 1인의 포기는 다른 자에게 영향을 미치지 않는다.

소멸청구(消滅請求) 地上權設定者 및 傳貰權設定者가 지상권자 또는 전세권자에게 대하여 지상권 또는 전세권을 소멸시키는 單獨的 物權行爲. 이 소멸청구를 할 수 있는 지상권 또는 전세권 설정자의 권리를 소멸청구권이라고 하는데, 그 법적 성질은 일종의 形成權이라고 보아야 한다. 그러므로 지상권 또는 전세권설정자에 의한 일방적인 소멸청구의 의사표시가 있으면, 지상권 또는 전세권소멸에 관한 物權的 合議가 있은 때와 마찬가지의 법률관계가 성립한다고 할 것이며, 이러한 權利消滅의 효력은 등기를 기다려서 생긴다고 하여야 할 것이다. 다음 지상권의 소멸청구와 전세권의 소멸청구를 分說하면 다음과 같다. ① 地上權의 소멸청구는 지상권자가 2년 이상의 地料를 지급하지 아니한 때에 할 수 있으며(民 287), 그 지상권이 저당권의 목적인 때 또는 그 토지에 있는 건물·수목이 저당권의 목적이 된 때에는 소멸청구를 한 것을 저당권자에게 통지한 후 상당한 기간이 경과하여야 효력이 생긴다(288). ② 傳貰權의 소멸청구는 전세권자가 설정계약 또는 그 목적물의 성질에 의하여 정하여진 용법에 좇지 아니한 사용·수익을 한 때에 할 수 있으며, 이 경우에 전세권자의 用法에 좇지 아니한 사용·수익으로 인하여 전세부동산에 변경이 가해졌거나 손해가 발생한 때에는, 전세권설정자는 전세권자에 대하여 原狀回復 또는 損害賠償도 아울러 청구할 수 있다(311).

소멸통고(消滅通告) 傳貰權의 消滅事由의 하나. 소멸청구와 더불어 전세권을 소멸시기는 單

獨的 物權行爲. 그 법적 성질은 일종의 形成權이며, 전세권자와 전세권설정자의 각 상대방에 대한 일방적 의미표시가 있으면 전세권소멸에 관한 物權的 合議가 있은 때와 같은 법률관계가 형성된다. 그러나 이것도 하나의 物權(法律)行爲이므로, 등기를 하여야 전세권소멸의 효과가 생긴다(民 186). 소멸통고는 ① 전세권의 존속기간의 약정이 없을 때에는 각 당사자(전세권자와 설정자)가(313), ② 불가항력으로 인하여 목적물의 일부가 소멸함으로써 전세권의 목적을 달성할 수 없을 때에는 전세권자가 할 수 있다(314 Ⅱ).

소 명(疎明) 〔獨〕Glaubhaftmachung 당사자가 그 主張事實에 대하여 법관에게 일견 확실하다는 의식을 생기게 하는 것, 또는 이를 위하여 당사자가 증거를 제출하는 것. 고도의 심증인 확신을 생기게 하는 證明과는 다르다.

[1] 민사소송법상 소명은 권리관계의 終局的 確定에 대하여서가 아니라, 그 이전의 保全處分이나 소송상의 신청에 대하여 신속하고 간이하게 그 許否를 결정할 필요가 있는 경우에 허용한다(예：民訴 40Ⅱ·58Ⅱ·67Ⅰ·118Ⅱ·151Ⅰ·259Ⅰ·287·310Ⅱ·348Ⅱ·699Ⅱ, 破 122Ⅱ·124, 行訴 18Ⅳ). 疎明方法에 대하여는 그 항목을 보라.

[2] 형사소송법상 소명으로써 충분한 경우는 대개 소송절차상의 사항에 한하는데, 起避事由(刑訴 19Ⅱ), 證言拒否事由(150), 上訴權回復請求의 원인된 事由(346 Ⅱ) 등이 특히 明規되어 있다.

소명방법(疎明方法) 소명에 쓰이는 증거방법. 소명자료와 같은 뜻이다. 소명은 신속하게 사건을 처리할 필요상, 즉시 조사할 수 있는 증거에 의하여야 한다(民訴 271Ⅱ). 在廷證人의 신청이나 현재 소지하고 있는 증서의 제출과 같은 것이다. 즉시로 제출할 수 있는 증거방법이 없는 경우를 위하여, 법원은 당사자 또는 법정대리인으로 하여금 保證金을 供託하게 하거나 그 주장이 진실함을 선서하게 하여 소명하에 갈음할 수 있다(271Ⅱ). 이 경우에 뒤에 허위의 진술을 한 것이 판명되면 보증금의 沒取 또는 선서위반으로서 過怠料의 재재를 과하게 되어 있다(272, 273).

소 목(昭穆) 소목은 원래 宗廟의 서열을 말한다. 天子의 廟는 三昭三穆으로 太祖의 廟는 중앙에 위치하고 二世·四世·六世는 左列에 三世·五世·七世는 右列에 위치하여 좌열을 昭, 우열을 穆이라 칭한 것이다. 昭는 明也로 父를 존칭한 것이고 穆은 敬也로 父를 공경하는 자를 칭한 것이다. 立後와 繼嗣에는 昭穆, 즉 尊卑의 서열을 지킬 것이 요구되었다. 昭穆相當關係는 부자상당관계와 동일한 의의를 가진 것이므로 無後者가 嗣子를 택함에는 昭穆에 상당한 자, 즉 子의 列에 있는 姪을 立嗣함이 원칙이었던 것이다.

소목지서(昭穆之序) 양자로 될 수 있는 자가 양친이 되는 자와 同行列에 있는 男系의 혈족인 남자의 자(남자)이어야 한다는 것. 예컨대, 同父兄弟의 子(남자) 기타 남계의 혈통인 從兄弟·再從兄弟 등의 자(남자)와 같은 것이다. 이것은 남자의 혈통으로써 친족의 기초로 하고 家系의 단절을 방지하려는 목적에서 나온 것으로서, 동열에 있는 자의 자임을 요하는 이유는 父子의 序列을 문란하게 하지 않기 위한 것이다. 현행민법은 소목지서를 인정하지 않는다.

소 방(消防) 좁은 뜻으로는 이미 발생한 화재를 진압하고 그 피해를 경감하는 事實行爲의 작용만을 가리키나 넓은 뜻에 있어서는 화재의 예방 경계를 위하여 하는 警察作用도 포함한다. 또 소방기관은 항상 風水災 등의 輕減도 그 임무로 한다(消防 1 참조). 소방작용에 관한 法源으로는 소방법 관계법령 외에 건축법 그 밖의 법령 안에도 존재한다.

소방공무원(消防公務員) 소방, 즉 화재를 예방·진압·경계하는데 종사하는 공무원을 말한다. 국가의 소방공무원은 소방정감·소방감·소방정·소방령·소방경·소방위·소방장·소방교 및 소방사로 나뉘고, 지방자치단체의 소방공무원으로는 지방소방정감·지방소방감·지방소방정·지방소방령·지방소방경·지방소방위·지방소방장·지방소방교·지방소방사로 나뉜다.

소방대상물(消防對象物) 건축물·차량·선박(선박안전법 2조 1항의 규정의 적용을 받지 아니하는 선박과 항구안에 매어 둔 선박에 한한다)·船渠·山林 그 밖의 공작물 또는 물건을 말한다(消防 2ⅰ).

소방본부(消防本部) 서울특별시 및 광역시의 소방부서. 소방법의 개정(1970년 법률 제2249호)으로, 종래 국가사업이던 소방업무가 自治業務로 이양됨에 따라 서울특별시장 또는 광역시장의 명을 받아 관내의 소방서를 지휘·감독하기 위하여 대통령령으로 설치되었다.

소방서(消防署) 시·구·읍에 두는 消防의 기관. 소방서에 서장을 두는바 서장은 서울특별시장·광역시장 또는 도지사의 감독을 받으며, 管內의 소방행정을 掌理하고 소속직원을 지휘·감독한다(地自 9Ⅱ vi, 消防 3). 소방서는 지방자치단체가 아니고 국가의 지방행정기관의 하나이다.

소방시설(消防施設) 대통령령이 정하는 소화설비 · 경보설비 · 피난설비 · 소화용수설비 그 밖의 소화 활동상 필요한 설비를 말한다(消防 2ii).

소방응원(消防應援) → 행정응원

소배심(小陪審) 〔英〕 petty jury 심판을 행하는 배심. 公判陪審 또는 審理陪審이라고도 한다. 배심원은 공판정에 출석하여 심리에 참여하고, 심리가 종료한 후에 評議하여 의견을 발표하는 것이다. 현재 英 · 美 기타 여러 나라의 제도에는 評議가 전원일치를 필요로 하는 것도 있지만, 과반수에 의하는 것도 있고, 또 사실의 판단에만 한하고 있는 것도 있지만, 유죄 · 무죄의 판단에까지 들어가는 것도 있다. 또 법원이 배심의 의견에 구속당하는 것도 있지만, 구속을 받지 않는 것도 있다. 陪審員의 수는 12인인 것이 通例이다. → 배심제, 대배심

소법정(小法廷) 대법원의 大法官 3인 이상으로써 구성된 재판기관으로서의 合議體(法組 7Ⅰ但). 법전상 이를 部라 하였다(憲 102Ⅰ참조). 대법관전원의 3분의 2 이상의 합의체인 大法廷에 대한다. 대법원에서 처리되는 사건은 먼저 소법정에서 심리하여 의견이 일치한 때에 한하여, 법원조직법 7조 1항 단서 1호 내지 5호에 해당하는 경우(이때는 大法廷으로 회부)를 제외하고 소법정에서 재판한다.

소비대차(消費貸借) 〔羅〕 mutuum 〔英〕 loan for consumption 〔獨〕 Darlehn 〔佛〕 prêt de consommation 당사자의 一方(貸主)이 금전 기타의 代替物의 소유권을 相對方(借主)에게 이전할 것을 약정하고, 상대방은 그것과 동종 · 동등 · 동량의 물건을 반환할 것을 약정함으로써 성립하는 契約(民 598~608). 일상 널리 행하여지는 금전이나 미곡 등의 대차는 이에 속한다. 소비대차는 賃貸借와 使用貸借가 목적물 자체를 반환하는 것과 달라, 차주가 목적물의 소유권을 취득하여 이를 소비한 후에 다른 동가치의 물건을 반환하는 점에 특색이 있다. 당사자의 합의만으로 성립하는 諾成契約(구민법에 있어서는 要物契約)이다. 利子附消費貸借는 雙務契約, 無利子附消費貸借는 片務契約이다. 소비대차는 크게는 대기업의 자금의 획득으로부터, 작게는 생계의 부족을 보충하는 데까지, 사회의 각 계급에 걸쳐서 중요한 작용을 하는 제도이므로, 국가는 그 합리적인 운용을 위하여, 특히 경제적 약자인 借主가 貸主의 폭리행위의 희생이 되지 않도록 적극적으로 간섭하고 있다. 즉 代物返還의 豫約이 행하여진 경우에는 본래의 借用物에 갈음한 재산의 예약 당시의 가격이 본래의 차용액 및 이에 붙인 이자의 합산액을 넘지 못하도록 하였으며(民 607), 또한 소비대차에 대하여는 구이자제한법 등의 특별법에 의하여 국가적인 규제가 행하여지고 있었다.

소비물 · 비소비물(消費物 · 非消費物) 그 물건의 거래상의 성질에 좇아서 사용되는 경우에, 한번 사용하면 소비되어 다시 동일한 용도에 사용할 수 없는 물건이 消費物(〔羅〕 res consumptibiles 〔獨〕 verbrauchbare Sache 〔佛〕 chose consomptible)이고, 이에 반하여 한번 사용되어도, 그 주체를 변함이 없이 두번 이상 동일한 용도에 사용할 수 있는 물건이 非消費物(〔羅〕 res non consumptibiles 〔獨〕 unverbrauchbare Sache 〔佛〕 chose non consomptible)이다. 금전은 물건으로서는 없어지지 않지만, 소유자측에서 보면 사용하면 타인의 물건으로 되므로, 소비물과 동일하게 취급된다(獨民 92Ⅱ 참조). 소비물과 비소비물을 구별하는 실익은 消費貸借와 使用貸借 · 賃貸借, 消費任置와 통상의 任置의 구별 등에서 나타난다.

소비세(消費稅) 재화의 소비 또는 화폐의 지출로써 擔稅力을 추측하여 과세하는 조세의 총칭. 소비세는 소비의 사실을 포착하여 과세하는 것이므로, 소비의 최후단계에서 그 소비자에 대하여 과세하는 것이 이상적인 방법이다. 이 과세방법을 직접징수방법이라 하며, 이 세를 直接消費稅라고 한다(예 : 奢侈稅 · 娛樂稅 등). 소비의 최후단계에서 포착하지 않고 그 이전의 단계에서 과세하는 것을 간접징수방법이라 하며, 이 세를 間接消費稅라 한다. 이 간접소비세는 그 과징방법과 과세물건의 相違에 의하여 두 계통으로 분류된다. 하나는 關稅이며, 다른 하나는 內國消費稅이다. 관세는 다시 保護關稅와 財政關稅로 나누어진다. 보호관세는 내국소비자 또는 외국생산자의 부담이 되고 재정관세는 주로 내국소비자의 부담에 귀착된다. 내국소비세는 국내에서 생산 또는 소비되는 재화에 대하여 과세하는 것이다. 그 租稅客體의 입장에서 볼 때에는 생활필수품에 대한 세와 기호품에 대한 세와 應分消費品에 대한 세가 성립한다. 이에 대하여 각국의 입법례를 보면 재정의 여유가 있으면 필수품세는 그의 폐지에 노력하여 비상시에만 과세하며, 嗜好品稅가 소비세의 중심이 되고 있다(예 : 주세 · 煙草稅 등). 응분소비품세는 인간이 자기의 지위 · 신분에 응하여 생활하는 데에 필요한 소비품에 대한 과세이므로 기호품과 필수품과의 중간에 있는 소비품에 과하는 세가 된다(예 : 사탕세 · 직물세 · 물품세 등). 이상의 消費稅(특히 간접소비세)는 그 납세

의무자는 물건의 제조자·판매자이지만, 그 세액이 물건가격 중에 포함되어서 소비자에게 전가되어 실제상의 擔稅者는 소비자인 점에 그 특색이 있다.

소비에트사회주의공화국연방헌법(社會主義共和國聯邦憲法) →소련헌법

소비임치(消費任置) 〔羅〕 depositum irregulare 〔獨〕 Hinterlegungsdariehen, unregelmässige Verwahrung 〔佛〕 dépôt irregulier 임치물을 소비하고 후일에 그와 동종·동등·동량의 물건을 반환함에 약정하는 임치(民 702). 보관시킨 물건 자체를 반환하여야 하는 보통의 임치에 대하여 不規則任置라고도 한다. 소비임치의 특징은 임치물의 소유권이 受置人에게 이전하며 임치물이 代替物이고 또 消費物이라는 데 있다. 실제의 결과에서 보면 소비대차와 비슷하여 消費貸借에 관한 규정이 준용된다. 그러나 소비대차는 차주의 이익을 위해서 체결되는데 반하여, 소비임치는 임치인의 이익을 위하여 체결되는 것으로 경제적 목적에 차이가 있다. 그래서 반환시기의 약정이 없는 경우의 返還請求는 소비대차에 있어서는 상당한 유예기간을 둠에 반하여, 소비임치에 있어서는 언제든지 할 수 있다(603Ⅱ, 702但).

소비자보호(消費者保護) 소비자의 안전과 권익을 보호하기 위하여 거래의 적정화를 도모하는 일련의 規制作用을 말한다. 소비자보호의 방법으로는 여러가지가 있지만, 상품이나 용역의 품질과 수량의 안전·적정화를 도모하고 거래의 공정을 기하며, 소비자의 行政過程에의 참여와 소비자피해의 적정·신속한 구제 등을 주된 내용으로 한다.

소비조합(消費組合) 〔英〕 consumers cooperative society 소비자가 조직하는 협동조합. 일찍이 산업조합의 하나인 購買組合인 경우가 많다.

소상인(小商人) 〔獨〕 Minderkaufmann 자본금 1000만원에 미달하는 商人으로서 회사가 아닌 것(대통령령 4748호). 이에 대해 소상인 이외의 상인을 普通商人 또는 完全商人이라 한다. 상법상의 여러 제도는 대체로 어느 정도의 企業規模를 전제로 하고 있으며, 따라서 지나치게 소규모이고 영업조직이 단순한 상인에 대하여 상법을 적용하는 것은 실익이 적고 오히려 번잡하며 때에 따라서는 가혹한 경우도 있을 것이다. 그러므로 소상인에 대해서는 지배인·상호·상업장부 및 상업등기에 관한 규정만은 이를 적용하지 않는 것으로 하고 있다(商 9).

소선거구(小選擧區) 한 선거구에서 한 사람을 선출하는 선거의 지역적 단위. 大選擧區에 대한 것. 선거인은 후보자 중의 1인에게만 투표를 하고, 그 투표의 다수를 얻은 후보자가 당선인이 되는 單記投票法과 多數決主義가 적용된다. 소선거구제는 ① 소정당의 진출을 억제함으로써 政局의 안정을 도모할 수 있으며, ② 選擧團束의 철저를 기할 수 있으므로 엄정선거를 도모할 수 있고, ③ 지역이 비교적 협소하므로 선거비용이 절약되고 후보자의 적부에 대하여 선거인이 비교적 정통하다는 장점이 있는 반면, ① 死票의 확률이 높으며 대정당에 불리하고, ② 전국민의 대표자로서는 부적격인 지방적인 인물이 배출될 가능성이 많으며, ③ 선거간섭·정실·매수 등의 부정선거가 행하여 질 위험성이 많다는 단점도 무시할 수 없다.

소셜 덤핑 〔英〕 social dumping 社會的投賣. 단기간에 널리 해외시장을 개척·유지하기 위하여 계획적으로 국내시장가격보다 또는 제3국에 대한 수출가격보다 훨씬 싸게 파는 不當廉賣·投賣行爲로 이른바 덤핑이라 하는데, 이 중 개발도상국이 低賃金·低cost로 생산하여 염가로 수출하는 것을 말한다. 즉 어느 나라가 특수한 사회적 여건, 다시 말하면 노동시장에서의 購買獨占을 강화하거나, 경제외적인 반봉건적 근로자의 혹사를 통하여 세계시장의 경쟁가격보다 값싸게 상품을 생산하고 이것을 값싸게 외국에 輸出販賣하는 덤핑을 말한다.

소셜 케이스 워크 〔英〕 social case work 어떤 원인으로 인해 生活調整을 상실한 개인이나 가정에 대해 개별적으로 조사한 자료를 종합분석하여 그 문제해결을 꾀하는 社會的 援助指導의 방법 및 과정을 말한다. 이같은 케이스 워크는 인간생활의 모든 영역적 사업에 적용할 수 있는 것으로서, 현대에 있어서는 각개의 광범위한 분야에서 적용되고 있다. 이러한 케이스 워크의 이론과 방법은 사회복지의 여러 분야에서 인용·적용됨은 물론, 이론적으로도 인간관계의 조정(인간의 행동과 인간관계에 관한 과학적 방법으로의 도입으로)으로서의 治癒的인 면을 중요하게 여기는 방향으로 활용되고 발전하여 왔다. 외국에서는 사회복지적 차원의 각 분야에서 활용 내지 전문화의 추세에 있다. 우리나라에서도 아동복지 등 社會福祉의 분야에서는 이 제도가 어느 정도 채용되고 활용되고 있으나, 아직도 더욱 연구와 노력을 해야 할 상황에 있다. 특히 少年法과 少年法院(지방법원 소년부지원과 가정법원 소년부)에서는 이 이론을 채용하여 활용 중에 있다(少 9·56, 法組 37Ⅰ·Ⅲ).

소손해부담보(小損害負擔保) 〔英〕 franchise 〔獨〕 Franchise 〔佛〕 franchise 海上保險

에서 보험자가 소손해에 대하여는 법률상 당연히 보상책임을 부담하지 않는 제도. 상법은 각 항해단위마다 共同海損이 아닌 손해 또는 비용으로서 그 계산에 관한 비용을 산입하지 아니하고 보험가액의 100분의 2를 초과하지 아니하는 것을 소액의 손해라 한다. 이 免責比率은 나라에 따라 다르다.

소 송(訴訟) 〔英〕 procedure, litigation 〔獨〕 Prozess, Rechtsstreit 〔佛〕 procès 법원에 의한 法規의 적용·실현, 즉 公權力에 의한 판단으로서 구체적인 법률상태를 확정(재판)하거나, 공권력에 의하여 이에 대응하는 사실상태를 강제적으로 실현(집행)함을 목적으로 하고, 이에 관하여 이해관계가 대립하는 主體(訴訟當事者)를 관여시키는 法律的 節次. 이 가운데는 민사소송·형사소송·군사재판·행정소송·선거소송·특허심판·정당해산소송 등의 국내법상의 소송과 국제사법재판과 같은 국제법상의 소송이 있다. 소송의 목적은 이에 관여하는 주체의 여러가지의 行爲(訴訟行爲)의 연속에 의하여 달성되고, 따라서 소송은 하나의 절차를 이루는 것이며, 그 절차의 안정은 규칙에 의하여 보장되어야 한다. 이러한 법규가 곧 訴訟法이다. 소송의 본질에 관하여는 소송을 하나의 법률현상으로 고찰하여 법원 및 양 당사자간의 法律關係(訴訟法律關係)라고 하는 견해도 있고, 혹은 대립하는 당사자간에 발전하는 法律的 狀態(訴訟法律狀態)라고 주장하는 견해도 있다.

소송객체불가분(訴訟客體不可分)**의 원칙**(原則) → 공소불가분의 원칙

소송경제(訴訟經濟) 〔獨〕 Prozessökonomie 소송의 심판에 관하여 법원과 당사자 기타 관계인의 노력·경비 등의 부담을 될 수 있는대로 절약하게 하고자 하는 요구. 이러한 요구는 訴訟制度의 능률과 실용성을 발휘하기 위하여 불가결한 것이며 訴訟法規의 근저에 흐르고 있는 하나의 이념이다. 그러므로 소송법규를 해석·적용함에 있어서는 될 수 있는 한, 기왕의 절차를 살리고 쓸 데 없는 절차의 반복을 피하여야 한다. 그러나 소송구제의 요구는 소송제도의 유일한 이념이라고 볼 수 없으며 심판의 적정·공평 등의 다른 중요한 요구를 무시하면서까지 이를 관철하여야 하는 것은 아니므로, 이 점에 있어서 소송경제의 요구는 자연히 그 한도가 있다고 하겠다.

소송계속(訴訟係屬) 〔羅〕 lis pendes 〔獨〕 Rechtshängigkeit [1] 민사소송법상 어떤 소송사건이 판결절차의 대상으로 되어 있는 상태. 强制執行이나 假押留·假處分·調停 등의 절차가 행하여져도 소송계속이 생겼다고 할 수 없다. 이에 대해 督促節次는 채무자에 지급명령이 송달된 뒤 이의가 있으면 당연히 판결절차로 이행하는 관계이므로, 독촉절차의 대상으로 되어 있는 상태도 소송계속이 되었다 할 수 있다. 소송계속은 소의 제기에 기하여 생기는 것이 통상적이나, 그 발생시기에 관해서는 학설이 갈려 있다. 다수설은 원고가 訴狀을 법원에 제출한 때로 해석하고 있으나 피고에 소장이 송달된 때라고 해석하는 설도 유력하다. 소송계속이 생기는 것은 사건 그 자체, 즉 소송물인 권리 또는 법률관계에 대해서이고, 그 밖의 攻擊防禦方法인 권리나 법률관계에 대해서는 생기지 않는다. 소송계속의 중요한 효과로서 二重提訴의 禁止(234)가 있으며 소송계속을 전제로 하여, 訴訟參加(65, 72, 76)나 訴訟告知(77)가 가능해지고, 또 관계된 청구의 裁判籍을 발생시킬 때도 있다(72, 237, 242). 또한 독일민사소송법의 규정상 법원의 관할의 恒定, 소송물의 고정, 당사자의 고정이 그 효과로서 설명되고 있지만, 우리 민사소송법상 그와 같은 설명은 적당치 않다.

[2] 형사소송법상으로도 같은 뜻. 공소의 제기의 사실상의 효과로서 발생하는 것이 보통이지만, 公訴提起가 없는 경우일지라도 사실상 심리가 행하여지면 역시 소송계속이 생기므로, 이 경우에는 어떠한 終局的 裁判이 필요하게 된다. 소송계속이 있는 사건에 대해서 동일법원에 공소제기가 있는 경우에는 그 공소를 기각하고(327iii), 별개의 법원에 공소제기가 있는 경우에는 원칙으로서 法院合議部와 先受訴法院이 심리를 행하고 다른 법원은 공소를 기각한다(328iii).

소송계약(訴訟契約) 〔獨〕 Prozessvertrag 소송상의 효과발생을 주된 목적으로 하는 당사자간의 합의를 말한다. 소송계약은 민사소송법상 명문규정이 있는 경우〔예 : 관할의 합의(民訴 26), 不抗訴의 합의(360 I)〕 뿐만 아니라, 명문규정이 없더라도 당사자의 處分權主義·辯論主義의 범위 내에서와 당사자의 의사결정의 자유를 부당하게 제한하지 않는 범위 내에서는 허용된다(예 : 訴取下의 계약, 증거법하의 계약 등)고 보는 것이 통설이다. 그러나 변론의 비공개에 대해서나 법원의 自由心證主義를 제한하는 내용의 계약은 무효이다. 소송계약의 성질에 대해서는 직접적으로는 사법상의 효과만을 인정하려는 私法行爲說과 소송법상의 효력이 직접 발생한다는 訴訟行爲說이 대립하고 있는데, 판례와 다수설은 사법행위설 중에서도 계약당사자간에 일정한 소송행위에 대한 사법상의 作爲·不作爲義務가 발생하고, 당사자의 일방이 이 의무를 이행

하지 않으면 상대방에게 抗辯權이 발생한다는 견해를 취하고 있다. 소송계약의 요건에 대해서도 사법행위설을 따르면 민법의 규정이 적용되며, 소송법설에 따르면 소송법의 규정이 적용되나, 의사표시의 瑕疵에 대해서는 민법의 규정이 적용된다고 한다.

소송고지(訴訟告知) 〔獨〕 Streitverkündigung 민사소송에 있어서 당사자가 訴訟參加를 할 수 있는 이해관계가 있는 제3자에게 그 소송이 係屬되고 있다는 것을 법정의 형식에 의하여 통지하는 것(民訴 77~79). 고지는 피고지자에게 소송참가의 기회를 주고, 고지자측으로는 패소하여도 후일 피고지자와의 사이의 소송에서 소송수행이 졸렬하였기 때문에 패소하였다고 말하지 못하게 하는 이익이 있다. 예컨대, 買受人이 제3자로부터 목적물의 소유권을 주장받아 訴를 당하였을 때에 賣渡人에게 고지하면 매도인에게 대하여 손해배상을 청구할 때, 매도인은 그 물건이 자기의 소유물이었다고는 주장할 수 없게 된다. 고지를 하거나 아니하거나 임의이지만 法律上 告知하는 것이 요구될 때도 있다(예 : 571, 商 404Ⅱ). 고지할 수 있는 자는 그 소송의 당사자, 보조참가인 및 이 자들로부터 고지를 받은 자이다(民訴 77Ⅱ). 예컨대, 어음의 배서인이 후자로부터 고지를 받았을 때, 자기의 전자에 대하여 다시 고지하는 것과 같은 경우이다. 고지를 받을 자는 소송참가를 할 수 있는 제3자이다. → 참가적 효력

소송관계(訴訟關係) 〔獨〕 Prozessverhältnis, Sachverhältnis 講學上의 개념으로서는 소송절차를 이에 관여하는 주체간, 즉 국가기관인 법원과 대립하는 訴訟當事者간에 존재하는 법률적 관계로 고찰한 소송법률관계와 동일한 의미로 사용된다. 그러나 민사소송법전상의 용어로서는 심판의 대상이 되는 소송사건의 내용·경로, 특히 그 사실관계를 의미하는 것이며, 이는 독일 민사소송법의 Sachverhältnis 라는 말에 해당한다(民訴 126, 130, 134 등 참조).

소송관계인(訴訟關係人) 형사소송법상 흔히 쓰이는 訴訟關係人(45, 291, 290)이라는 말은 보통은 당사자(검사·피고인)와 피고인의 보조자(대표자·대리인·변호인·보조인)의 전체를 뜻한다. 민사소송법상으로도 補助參加人·代理人을 소송관계인 또는 訴訟補助者라고 부르는 학자도 있다.

소송기록(訴訟記錄) 〔獨〕 Akten [1] 민사소송법상 일정한 소송에 관하여 법원에서 보존하여야 할 서류(소장·답변서·준비서면·송달보고서·재판의 원본 또는 정본 등)를 편철한 장부. 소송기록은 사건마다 編製하여야 한다. 보관책임자는 訴訟의 계속중은 그 審級의 법원의 서기관 또는 서기이며, 소송완결 후에는 제1심법원의 서기관 또는 서기이다. 따라서 소송의 이송, 상소의 제기, 사건의 還送, 사건의 완결이 있을 때에는 소송기록의 送付가 행하여진다(36Ⅱ, 369, 408, 444Ⅱ). 당사자 및 이해관계를 소명한 제3자는 그 열람, 謄寫 또는 正本·謄本·抄本의 교부를 법원사무관 등에게 청구할 수 있다(151Ⅰ). 일본개정민사소송법 151조에 의하면 소송기록의 보존 또는 법원의 집무에 지장이 없는 한, 누구든지 그 열람을 서기관 또는 서기에게 청구할 수 있고, 다만 공개를 금지한 辯論에 관한 소송기록은 당사자 이외의 자는 이해관계를 소명한 때에 한해 열람을 청구할 수 있게 하였는데, 이에 대비하면 우리 민사소송법은 公開主義를 철저히 하지 못한 감이 있다.

[2] 형사소송법상 소송서류를 하나의 장부에 편철한 것. 어떠한 서류를 편철할 것인가에 관하여는 규정은 없으나, 재판서·각종의 조서, 서증, 영장 등 일체의 서류가 편철된다. 소송기록을 편철하는 목적은 경과된 訴訟節次의 내용을 명확히 하고, 이에 의하여 당사자의 공격방어에 편의를 주고, 특히 上訴審에서 심사의 자료로 이용할 수 있도록 함에 있다(361, 361의2, 364 Ⅳ, 377, 378, 390 참조).

소송능력(訴訟能力) 〔獨〕 prozessfähigkeit [1] 민사소송법상 訴訟當事者로서 자기가 소송을 수행하는데 필요한 능력. 즉 소송에 관하여 유효하게 소송행위를 하고 또 받을 수 있는 능력으로서, 말하자면 訴訟法上의 行爲能力이다. 소송도 거래와 마찬가지로 잘못하면 패소하게 되므로 자기의 이익을 충분히 주장·옹호할 수 없는 자를 특히 보호하기 위하여 소송능력이라는 기준을 설정하고, 이에 적합하지 않는 자는 단독으로 訴訟追行을 못하도록 하였다. 민사소송법은 소송능력의 유무를 일단 민법상의 행위능력의 유무에 準據시키고 있으므로(47), 행위능력자는 소송능력자라 할 수 있다. 미성년자, 한정치산자 및 금치산자에게는 스스로 訴訟行爲를 시키지 않고, 그 소송은 법정대리인의 대리에 의하여서만 追行한다(50 本). 다만 미성년자나 한정치산자가 독립하여 법률행위를 할 수 있는 경우에는 법정대리인의 대리에 의하지 않고 할 수 있다. 따라서 소송무능력자는 법정대리인의 동의를 얻는다 하여도 유효한 소송행위를 할 수 없는 것인데, 다만 人事訴訟의 경우에만은 소송무능력자가 의사능력을 가지는 한 法定代理人의 동의를 얻어 유효한 소송행위를 할 수 있다(舊人事訴訟法 29, 34, 37). 소송능력을 결여한 자의 행위 또는 이에

대한 행위는 무효이다. 후일 적법한 追認을 받으면 소급하여 유효해진다(民訴 56). 소송무능력자의 訴訟追行에 기하여 행하여진 판결에 대하여서는 법정대리권의 흠결이 있는 경우라고 할 수 있으므로 上告(394 I iv) 및 再審(422 I iii)에 의해 취소시킬 수 있다.

[2] 형사소송법상으로는 당사자로서 유효한 소송행위를 할 수 있는 능력. 檢事의 경우는 문제되지 않으므로 피고인으로서 유효하게 소송행위를 할 수 있는 능력을 말한다. 명문은 없지만, 法人에 있어서는 그 대표자가 소송행위를 대표하고(27), 의사무능력자의 경우는 그 법정대리인이 대리하고(26), 피고인이 사물의 변별 또는 의사의 결정을 할 능력이 없는 때에는, 公判節次를 정지(306 I)하여야 하기 때문에, 결국 소송능력은 의사능력이라고 해석된다.

소송당사자(訴訟當事者) 〔英〕 parties in law suit 〔獨〕 Prozessparteien 〔佛〕 parties de procédure 소송에서 법원에 대하여 자기에게 대한 재판권의 행사(判決이나 執行處分)를 요구하는 자 및 그 상대방으로서 이에 대한 재판권의 행사를 요구받는 자. 재판권의 행사를 공정히 하기 위하여 대립되는 이해관계인을 당사자로 하여 관여시키는 訴訟構造가 채용되므로, 소송에는 반드시 대립되는 당사자가 있어야 한다. 민사소송에 있어서의 원고와 피고, 형사소송에 있어서의 검사와 피고인이 이에 해당한다. 民事訴訟의 당사자는 裁判權을 행사하는 공적 기관인 법원과 같이 소송의 주체이다. 당사자로서의 지위와 명칭은 각종 소송절차에 따라 다르다. 소를 직접심판하는 제1심절차에 있어서는 원고·피고이지만, 上級審節次에서는 항소인(또는 상고인)·피항소인(또는 피상고인)이다. 督促節次·强制執行節次·假押留·假處分節次에 있어서는 채권자·채무자라고 하며, 和解節次에 있어서는 단순히 신청인 또는 상대방이라고 한다. 그 명칭으로써 판결을 요구하고 요구받는 자가 당사자로서 원고·피고이므로, 타인에 대한 판결의 효력을 받는 것만으로는 그 소송의 당사자가 아니다(民訴 204Ⅲ). 또 현실로 소송행위를 하고 또는 받는 자가 당사자라고 정하여져 있는 것은 아니다. 소송상으로도 대리가 인정되고 본인의 명의로 소송을 행하는 자는 당사자의 대리인에 불과하기 때문이다. 무능력자의 법정대리인이나 법인 기타 단체의 대표자·관리인은 당사자가 아니다. 그러나 당사자라고 하여 반드시 實體的 紛爭利益의 귀속주체에 한하는 것은 아니고, 타인의 권리이익에 관하여 자기명의로 판결을 요구하고 또한 받을 자격권능에 따라서 소송을 하는 경우가 있음을 주의할 필요가 있다(제3자의 訴訟信託). 예를 들면, 파산관재인(破 152), 선장(商 859) 또는 選定當事者(民訴 49) 등이다. 보조참가인(65)은 타인간의 소송의 당사자의 일방을 보조하는 지위에 있을 뿐이며, 자기의 소송을 추행하는 것이 아니므로 진정한 소송당사자가 아니다. 이에 대하여 당사자참가(72, 76)의 경우의 참가인은 당사자이다. 그 소송당사자가 누구인지는 裁判籍·除斥原因·訴訟事件의 동일성·증인능력·판결의 효력의 범위 등을 결정하는 표준으로서 중요하다. 당사자를 확립하는 표준에 관하여는 行爲說·意思說·表示說 등이 있으나 오늘에 있어서는 表示說(訴訟現象說 중)이 가장 유력하다.

소송대리권(訴訟代理權) 〔獨〕 Prozessvollmacht 訴訟追行을 위하여 부여되는 대리권. 訴訟委任에 기하여 수여되는 것(예를 들면, 사건에 관하여 변호사에게 의뢰하는 경우)과 실체적인 包括代理人이 가지는 法定權限으로서 인정되는 것(이를 법률에 의한 대리인이라 한다. 예를 들면, 지배인·선장 또는 國家訴訟遂行者의 訴訟代理權)이 있다. 전자에 관해서 그 범위는 법정되고, 이를 제한할 수 없는 것이 원칙이다(民訴 82Ⅲ). 소송대리권의 존재 및 범위는 서면으로 증명하지 않으면 안된다(81). 대리권의 흠결있는 대리인의 또는 이에 대한 소송행위는 무효이지만, 추인이 있으면 최초부터 유효하게 된다(56, 88). 대리권의 흠결있는 訴訟追行에 기해서 한 판결에 대해서는 上告(394 I iv) 및 再審(422 I iii)이 허용된다.

소송대리인(訴訟代理人) 〔獨〕 Prozessbevollmächtigte 〔佛〕 mandataire judiciaire [1] 민사소송법상 소송대리권을 가진 자, 즉 소송을 수행하기 위한 당사자의 任意代理人. 여기에는 본인의 업무에 관하여 包括的 代理權이 법률상 부여되어 있고, 그 내용으로서 재판상의 행위를 하는 권한도 포함하고 있는 법률상 대리인, 예를 들면 지배인(商 11), 선박관리인(761), 선장(773)과 어떤 사건의 소송수행상 授權되는 訴訟委任에 기한 대리인이 있다. 이 밖에 국가가 당사자인 경우에는 법무부장관 또는 행정청이 지정하는 자가 소송대리인이 된다(國家를 當事者로 하는 訴訟에 관한 法律 7). 소송위임에 기한 소송대리인은 원칙상 변호사이어야 하나, 단독판사가 심판하는 사건에 있어서 당사자와 親族, 雇傭 기타 특별한 관계가 있는 자가 법원의 허가가 있으면 변호사가 아니라도 될 수 있다(民訴 80 但). 訴訟委任을 할 수 있는 것은 당사자본인(무능력자인 때는 그의 법정대리인)과 법률상의 대리인이며, 소송위임에 기한 대리인은 특별수권이 없는 한, 復代

理人을 선임할 수 없다(82Ⅱiv). 또한 법원이 당사자를 위하여 변호사를 소송대리인으로 선임시키는 경우가 있다(134Ⅱ, 舊人訴 29Ⅲ). 소송대리인이 소송행위를 하려면 미리 그 권한을 書面으로 증명하여야 한다(民訴 81). 그 권한의 범위는 법률상의 대리인은 일체의 재판상의 행위를 할 수 있으므로 문제가 없으나 訴訟委任에 기한 대리인에 관하여는 그 권한자는 이것을 제한할 수 없는 것으로 되어 있다(82). 소송대리인은 소송상 제3자로서 취급되므로 證人이 될 수 있다. 본인이 대리인과 같이 出廷하였을 때에는 대리인의 사실상의 진술에 한하여 본인이 즉시 更正하면 효력이 발생하지 않는다(85). 수인의 대리인이 있어도 각자 당사자를 대리한다(84Ⅰ). 訴訟委任에 기한 소송대리인은 사건마다 수권되고 그 권한도 법정되어 있으므로, 민법상의 위임에 의하는 대리와 달라서, 授權者가 사망하거나 자격을 상실하여 당사자가 되지 않게 되는 경우라도, 訴訟의 續行이 필요한 한, 소송대리권이 소멸될 수 없다고 한다(86, 87). 또한 대리권은 審級마다 수여된다고 해석하는 것이 보통 판례의 태도이다. →심급대리

[2] 형사소송법상으로도 같은 뜻. 법인이 피의자나 피고인으로 된 경우에는 그 代表者(27), 피의자·피고인이 의사무능력자인 경우에는 法定代理人(26)이 법률상 당연히 포괄적으로 그 소송행위를 대표 또는 대리하는 외에, 委任에 의한 대리인도 있다. 그 중에서 변호인은 포괄적인 대리권을 가지는 동시에 피고인·피의자의 보호자로서의 지위도 가지며, 민사소송법에서와 같이 단순한 소송대리인은 아니다. 개개의 소송행위에 관하여 명문이 있는 경우(236, 264, 277 但) 이외에도 대리가 허용되는 것인가에 관해서는 논의하고 있으나, 대체적으로 보아서 변호사에 한해서는 인정하는 경향을 보여 주고 있다. →변호권

소송무능력자(訴訟無能力者) 〔獨〕 Prozessunfähige →소송능력

소송물(訴訟物) 〔獨〕 Streitgegenstand, Prozessgegenstand 〔佛〕 objet du litige 소송에 있어서 심판의 대상을 이루는 사항으로서, 訴訟의 目的(民訴 23, 61, 63, 76 등) 또는 객체라고도 한다. 소송물에 관한 원고의 주장이 소송상의 청구인데, 그 當否가 판결에 의하여 확정됨으로써 분쟁이 해결되는 것이다. 따라서 소송물은 원고가 청구로써 법률적 주장을 하는 것이 되며, 보통으로는 특정한 실체법상의 권리 또는 법률관계가 소송물이 된다. 그러나 이에 대하여, 소송물을 實體法的인 구성요건과 관련시켜 생각할 것이 아니라, 실체법적 범위에서 해방되어 소송법적 견지에서 구성하여야 한다는 新訴訟物論이 대두되고 있음을 주의하여야 한다. →신소송물론

소송물(訴訟物)**의 가액**(價額) 〔獨〕 Wert des Streitgegenstandes 원고가 訴로써 주장하는 權益의 價額이며, 이를 訴額 또는 訴價라고도 한다. 즉 소송물인 권리 또는 법률관계의 존부에 대하여 원고가 가지는 직접적인 경제적 이익을 객관적으로 평가한 금전적 액수를 의미한다. 訴價는 법원의 事物管轄(法組 32, 民訴 23), 訴狀 기타 소송서류에 貼用할 印紙의 금액(民印 참조)을 정하는 표준이 된다. 소송물의 가액은 비재산권상의 청구에 대해서는 이론상 생각할 수 없지만, 사물관할을 결정하기 위해 1천만100원으로 간주한다(民訴 23Ⅱ, 民印 2). 또 재산권상의 청구라도 그 價額算出을 할 수 없을 때는 그와 같다(民印 2Ⅰ但). 1개의 訴로써 수개의 청구를 하는 경우에는 각 청구가 가져오는 경제적 이익의 합계에 의하나 과실, 손해배상, 위약금 또는 비용을 원금에 부대하여 청구하는 경우에는 그 가액은 소송물가액에 산입하지 아니한다(民訴 24). 소액을 산정하는 경우의 표준시기는 제소시이다(30).

소송물(訴訟物)**의 양도**(讓渡) 소송계속중에 係爭物이나 係爭權利가 당사자로부터 제3자에게 이전되는 것. 제소전이라면 당연히 讓受人이 당사자로서 소송하여야 하며, 또 소송완료후라면 그 판결의 旣判力에 의한 판단에 양수인도 구속되나, 소송 중의 이전의 경우에는 보통의 원칙에 의하면 종래의 당사자간에서는 판결을 하면 무의미하게 되고, 양수인과 상대방간에서 새로이 소송을 고쳐서 하지 않으면 분쟁은 해결되지 않는다. 그런데 로마법 이래 소송물의 양도를 무효로 하고 또는 이에 제재를 과하여서 금지하였으나, 그것으로서는 거래의 자유가 저해되므로 점차로 그 금지는 해제되게 되었다. 여기에서 係屬되고 있는 소송과 양수인과의 관계를 어떻게 조화할 것인가가 문제된다. 독일법에서는 當事者恒定主義를 채택하여 前主는 의연히 소송을 속행하는 權能을 잃지 않는 것으로 보고 그 판결의 효력을 양도인에게 미치게 한다. 우리 민사소송법은 권리를 양수받은 자는 權利承繼參加(74)에 의하여, 또 채무를 승계한 자에 訴訟引受를 시킴으로써(75), 양수인이 전자에 대신하여 소송을 승계하는 방법을 인정한다. →소송의 승계

소송법(訴訟法) 〔英〕 law of procedure 〔獨〕 Prozessrecht 〔佛〕 droit de procédure 소송절차를 규율하는 법규의 총칭. 소송의 종류에 따라서 민사소송법, 형사소송법, 행정소송법, 군사법원법 등

으로 구별된다. 소송법은 國家裁判權의 행사에 관한 것이므로 公法에 속한다. 소송처리의 절차에 관한 규정이 주요부분을 이루는 관계상, 節次法이라고도 한다. 또한 소송에 의한 實體法의 적용·실현을 도모하는 형식·방식을 규율하는 점에 있어서 소송법은 形式法 또는 助法이라고도 할 수 있다. 그러나 소송법은 실질적으로 소송절차를 규율하는 규정뿐 아니라, 법원의 조직·권한·당사자의 능력·소송비용 등에 관한 규정도 포함한다. 소송법은 소송에 있어서의 대립된 관계인간의 이해의 조화를 도모하고, 소송의 신속·원활을 기함을 주안으로 하는 까닭에 그 대부분은 技術的 法規에 속한다.

소송법률관계(訴訟法律關係) 〔獨〕 Prozessrechtsverhältnis 소송을 法律現象이라 하여 소송주체간의 법률관계라고 인정하는 경우의 용어. 소송에 나타나는 각종의 행위·현상을 조직적 통일체로 하여 이것에 공통된 地盤을 주자는 論이다. 이것은 소송물인 사법상의 법률관계와는 별개의 것으로서, 그 不存在의 경우에도 소송은 성립하는 이상, 이 법률관계는 존재한다. 뷜로우는 소송을 정의하여 일보일보발전하는 법률관계라 하고(1863년), 콜러는 법률관계로서의 소송(Prozess als Rechtsverhältnis)이란 것을 주장한 이래(1988년), 통설은 이를 訴訟法學의 기초관념으로 인정하게 되었다. 다만, 이 소송법률관계가 어느 주체간에만 존재하느냐에 관해서는 議論이 있다. 당사자간에만 존재한다는 견해(콜러), 국가기관으로서의 법원과 각 당사자간에 존재함을 주장하면서 당사자간의 직접관계를 부정하는 견해(헬뷔히), 법원·당사자쌍방의 3자간에 각각 존재한다고 보는 견해(뷜로우, 로젠베르크) 등이 있다(通說은 後 2者). 소송의 사실상의 개시·진행·종료는 법률적으로는 소송법률관계의 발전이며, 訴訟의 承繼도 이 법률관계의 승계로 보아야 비로소 이해할 수 있다고 주장한다. 그러나 이 관념에 대하여 반대론도 있다. 즉 이 관념은 소송이 法律的 節次라는 점에서 필연적으로 나타나는 결과는 아니며, 각 소송현상을 통일적으로 이해하는데 반드시 필요한 것도 아니라는 점, 그 내용이 空疎하고 소송의 실질에 대응하는 발전적 요소를 포함하고 있지 않다는 점 등을 이유로 하여 이 관념을 무용 또는 오류라고 한다. 그리하여 訴訟法律狀態說이 나타나고 있다.

소송법률상태(訴訟法律狀態) 〔獨〕 Prozess als Rechtslage 소송의 본질을 하나의 법률관계로 보는 견해(→소송법률관계)에 대한 비판으로서 골트슈미트(James Goldschmidt)가 그 저서 訴訟法律狀態論(Prozess als Rechtslage, 1925)에서 주장한 관념. 소송의 목적은 판결의 旣判力에 의하여 법률관계를 확정함에 있으나, 그 때까지의 당사자의 관계는 승소의 가능성 또는 패소의 위험성이 교착하는 부동적 상태, 즉 법률관계로서가 아니라, 일종의 법률상태로서 파악하여야 한다고 주장한다. 이 견해에 의하면 訴訟의 承繼라든가 필요적 공동소송의 본질을, 전자는 당사자의 소송상태상의 지위의 승계, 후자는 공동소송인간의 소송상태의 공통으로써 잘 설명할 수 있게 된다. 이 견해는 여러 면으로 비판을 받고 있지만, 소송에 動的·發展的 考察方法을 도입한 하나의 試論으로서 주목할 만한 가치가 있음을 부인할 수 없다.

소송비용(訴訟費用) 〔英〕 costs 〔獨〕 Prozesskosten 〔佛〕 dépens et frais, taxe [1] 민사소송법상 소송에 관하여 법원 및 당사자가 지출한 비용 중에서 民事訴訟費用法이 정하는 범위의 것. 법원의 행위에 요하는 비용(裁判費用)(民訴 119 i)은 심판의 수수료 및 송달·공고·증거조사 등의 비용이며, 당사자의 행위에 요하는 비용(當事者費用)은 소송서류의 작성비·당사자의 여비·일당·숙박료 등이다(民訴費 4, 6). 변호사보수는 대법원규칙으로 정하는 금액의 범위 안에서 소송비용으로 한다(民訴 99의2). 소송비용은 원칙적으로 패소자가 부담한다(89, 예외 90~94). 비용부담의 재판은 終局判決 중에서 법원이 직권으로 행한다(95). 그 재판에서 액수를 정하는 일도 있으나, 비용액을 정하지 아니하였을 때에는 당사자는 따로 訴訟費用確定決定을 신청할 수 있다(100~102). 만일 비용의 재판이 脫漏되었을 때에는 결정으로 추가한다(198 Ⅱ·Ⅲ). 소송비용의 재판에 대해서는 독립하여 上訴할 수 없다(361, 395). 上訴審이 본안의 재판을 변경할 경우에는 비용재판의 효력이 상실되고 다시 총비용에 대하여 재판한다(96). 비용상환청구에 대하여는 費用의 裁判(부담을 명하는 판결 및 비용액확정결정)을 채무명의로 하여 强制執行을 할 수 있다. 이와 같이 당사자가 부담하는 것이 원칙이지만, 일정한 사유가 있을 때에는 법정대리인·소송대리인·집행관·증인·감정인에 대하여 지출자 또는 부담자에게 상환하도록 명하는 경우가 있다(98, 99, 282, 289, 305). 비용을 요하는 법원의 행위에 대하여서는 訴訟上의 救助가 부여되지 않는 한, 그 비용을 豫納시키고 예납하지 않았을 때는 그 행위를 하지 아니하여도 좋다(106). 행정소송상의 비용에 관하여도 민사소송의 경우와 같으나(行訴 8), 다만 취소청구가 28조의 규정에 의하여 기각되거나 행정청이 처분 등을 취소 또는 변경함으로 인하여 청구가 각하 또는 기각된 경우에는 소송비용은 피고의 부담으로 한다(32, 44).

[2] 형사소송법상 刑事訴訟費用法에 규정된 비용의 범위는 ① 공판에서 소환한 증인·통역인과 감정인의 일당·여비·숙박료와 보수, ② 감정인·통역인·번역인의 특별요금, ③ 법원이 선임한 변호인의 일당·여비·숙박료, ④ 형법 58조 2항의 규정에 의한 관보와 신문지에 공시한 비용이다(1). 형의 선고를 하는 때에는 반드시 소송비용의 일부 또는 전부를 피고인에게 부담시킨다(刑訴 186Ⅰ). 형의 선고를 하지 않은 때라도 피고인에게 책임지울 사유로 발생된 비용은 피고인에게 부담시킬 수 있다(186Ⅱ). 피고인이 무죄 또는 免訴의 판결을 받은 경우에는 고소인 또는 고발인에게 소송비용의 전부 또는 일부를 부담시킬 수 있다(188). 上訴 또는 再審의 청구가 기각 또는 취하된 때에는 그 자에게 그 소송비용을 부담시킬 수 있다(190). 소송비용부담의 재판에는 재판으로 소송절차가 종료되는 경우에 직권으로 피고인에게 부담시키는 재판을 하는 때와(191Ⅰ), 제3자에게 부담시키는 결정을 하는 때(192Ⅰ)가 있고, 또 재판에 의하지 아니하고 소송절차가 종료되는 경우에 직권에 의하여 부담결정을 하는 때(193Ⅰ)가 있다. 후 2자에 대하여는 卽時抗告를 할 수 있고, 전자에 대하여는 본안의 재판에 관하여 상소하는 때에 한하여, 불복을 신청할 수 있다. 소송비용의 부담을 명하는 재판에 그 금액을 표시하지 아니한 때에는 집행을 지휘하는 검사가 산정한다(194).

소송비용액산정(訴訟費用額算定) 〔獨〕 Kostenfestsetzung 형사소송법상 소송비용의 부담을 명하는 재판에 그 금액을 표시하지 아니한 때에, 집행을 지휘하는 檢事가 그 금액을 산정하는 것(194). 이 처분에 대하여서는 재판의 집행을 받은 자 또는 그 法定代理人이나 배우자가 그 재판을 선고한 법원에 이의신청을 할 수 있다(489).

소송비용액확정(訴訟費用額確定) 〔獨〕 Kostenfestsetzung 민사소송법상 소송비용의 부담을 명한 재판, 또는 그 부담을 정한 裁判上의 和解에 그 액을 정하지 아니하였을 때, 법원이 신청에 의하여 결정으로 그 액수를 확정하는 것(100~102, 103, 105). 이 결정에 대하여는 卽時抗告를 할 수 있다(100Ⅲ). 소송이 청구의 포기, 청구의 승낙, 소의 취하로서 종료하였을 때에는 결정으로 비용의 부담과 그 액수를 정한다(104).

소송비용(訴訟費用)**의 재판**(裁判) [1] 민사소송법상 終局判決에서는 그 審級에 있어서의 소송비용의 부담자(또는 그 액수까지)를 확정하고 判決主文 중에 제시하는 것이 원칙이다(95 本). 다만 일부판결 또는 중간판결에서 그 사항에 관한 비용에 대하여 재판을 하여도 무방하다(95 但). 지급액을 정하지 않은 때에는 訴訟費用額確定決定에 의한다(100~102). 소송이 판결에 의하지 않고 종료하였을 때에는 비용의 부담 및 액수는 결정으로써 재판한다(104). 또한 종국판결 중에 訴訟費用의 재판을 脫漏했을 때에는 결정으로 추가한다. 本案判決에 대하여 상소가 있었을 때에는 위의 결정은 당연히 실효되고, 상소심이 소송의 총비용에 대하여 재판한다(198Ⅰ·Ⅱ). 상급법원이 원판결을 변경하는 경우 또는 사건의 還送·移送을 받은 법원이 종국판결을 하는 경우에도 원칙적으로 같다(96). 소송비용의 재판에 대하여서만 독립하여 상소할 수는 없다(361).

[2] 형사소송법상 세 가지의 경우가 있다. ① 재판으로 소송절차가 종료되는 경우에 피고인에게 부담하게 하는 때로서, 職權으로 재판을 하여야 한다(191Ⅰ). ② 재판으로 訴訟節次가 종료되는 경우에 피고인 아닌 자에게 부담하게 하는 때로서, 직권으로 따로 결정을 한다(192Ⅰ). ③ 재판에 의하지 않고 소송절차가 종료되는 경우이며, 사건의 最終係屬法院이 직권으로 결정을 한다(193Ⅰ). ①에 대하여는 본안의 재판에 관하여 상소하는 경우에 한하여 불복할 수 있으며(191Ⅱ), ② 및 ③에 대하여는 卽時抗告를 할 수 있다(192Ⅱ, 193Ⅱ). 재판에는 부담자, 또는 부담자와 부담액을 확정한다. 다만 부담액이 표시되어 있지 않을 때에는 집행을 지휘하는 검사가 산정한다(194)(→ 소송비용액산정).

소송비용(訴訟費用)**의 집행면제**(執行免除)**의 신청**(申請) 형사소송법상 訴訟費用負擔의 재판을 받은 자가 빈곤으로 인하여 이를 완납할 수 없을 때에 그 재판의 확정후 10일 이내에 재판을 선고한 법원에 소송비용의 전부 또는 일부에 대한 재판의 집행면제를 신청하는 것(487). 이 신청은 법원의 결정(491)이 있을 때까지 취하할 수 있고(490), 위의 집행면제신청기간내와 그 신청이 있는 때에는 소송비용부담의 재판의 집행은 그 신청에 대한 재판이 확정될 때까지 정지된다(472). 소송비용부담의 재판의 집행면제의 성질이 재판의 집행을 면제하는 것인가 또는 訴訟費用納付의 의무 그 자체를 면제하는 것인가에 관하여, 소송비용의 연대부담을 명하여진 자의 일부의 자가 집행면제의 결정을 받은 경우에 타자가 집행면제를 받은 범위에서 부담의 의무를 면하는가라는 문제와 관련하여 학설의 대립이 있는데, 통설은 그 성질을 후자로 보아서 적극적으로 해석한다.

소송상(訴訟上)**의 구조**(救助) 〔獨〕 Armenrecht 〔佛〕 assistance judiciaire gratuite 소송비용을 지급할 자력이 없으나 그 주장에 의하면 반드시 勝訴가 절망적이 아닌 당사자에 대하여 裁判費用, 집행관이나 법원이 선임을 명한 변호사의 보수, 替當金의 지급을 유예하고 또한 소송비용의 보호의무를 면제하는 제도(民訴 119). 사법활동의 면에 있어서의 빈곤자의 구제는 社會的 法律扶助事業에 기대하지 않으면 안되나, 소송법이 최소한도의 구제로서 설치한 것이다. 구조는 신청에 의하여 심급마다 부여되는데, 신청자는 비용을 지급할 자력이 없다는 것과 승소의 가망이 있다는 것을 疏明하여야 한다(118). 구조를 받으면 구조를 받은 자에 대해서만 효력이 있다(120). 구조를 받은 자에게 납입을 유예한 비용은 소송의 결과 상대방이 소송비용의 부담명령을 받았을 때에는 직접 상대방으로부터 推尋할 수 있다(122Ⅰ).

소송상(訴訟上)**의 담보**(擔保) 〔獨〕 Sicherheitsleistung 〔佛〕 caution judiciaire 민사소송 또는 강제집행에 관하여 당사자의 일방이 임시로 자기에게 유리한 訴訟行爲를 하는 것이 허용되는 때에, 그에 의하여 장래 상대방에 대하여 부담할 일이 있을 비용의 상환의무 혹은 손해배상의무에 대해 미리 제공하는 물적·인적부담. 이것과 유사한 것으로 疏明代用의 保證金(民訴 271Ⅱ)이 있지만, 이것은 당사자의 진술의 진실성을 확보하는 수단임에 그치므로, 상대방을 위하여 제공하는 소송상의 담보와는 그 성질을 달리한다. 다음과 같은 종류가 있다. ① 訴訟費用의 담보. 우리나라에 주소·영업소·사무소 중 어느 하나를 가지지 않은 원고는 패소의 결과 訴訟費用負擔命令을 받아도 그 의무이행이 불확실하므로 장래 생길 費用償還義務에 대하여 담보를 제공하여야 한다(107). 이 때에 피고는 원고가 담보를 제공할 때까지 應訴를 거부할 수 있으며(109), 기간내에 제공하지 않을 때에는 소를 각하할 수 있다(114Ⅰ). 담보제공의 방법으로서는 특약이 있을 때에는 그에 따를 것이나, 그렇지 않을 때는 금전 또는 법원이 상당하다고 인정하는 유가증권을 공탁하거나 대법원규칙이 정하는 바에 따라 支給保證委託契約을 체결한 문서를 제출하는 방법에 의한다(112). 또한 담보의 취소(115), 변환(116)도 인정된다. 이 소송상의 담보의 규정은 ② 다른 법률에 의하는 소제기시에 제공하여야 할 담보(117)에 준용될 뿐만 아니라, ③ 假執行에서 행하는 바, 가집행을 하고 또는 이것을 免脫하기 위한 조건으로서 제공하여야 할 담보(199, 200), ④ 强制執行·假押留·假處分에 관하여 제공하여야 할 보증(473, 474, 484Ⅱ, 507Ⅱ, 509Ⅲ, 704Ⅲ, 706Ⅰ, 720 등)에도 준용된다.

소송상화해(訴訟上和解) → 재판상의 화해

소송상태(訴訟狀態) 〔獨〕 Prozesslage, Prozess als Rechtslage 단순히 사실상 소송이 진행하는 정도의 의미로 사용되는 수도 있지만, 講學上 訴訟法律狀態와 같은 뜻으로 쓰이는 수도 있다. → 소송법률상태

소송서류(訴訟書類) 특정의 소송에 관하여 법원에 제출되거나 또는 법원에서 작성되는 일체의 서류. 이를 편철한 것이 訴訟記錄이다. 소송에 관한 서류라고도 한다. 소송서류는 그 내용에 따라 意思表示的 文書·報告的 文書, 작성자에 따라 공무원이 작성하는 서류·비공무원이 작성하는 서류, 절차단계에 따라 좁은 뜻의 소송서류·수사서류·집행서류로 분류할 수 있고, 다시 좁은 뜻의 소송서류는 공판 외의 서류, 公判調書·裁判書로 구별할 수 있다. 형사소송법상의 소송서류는 공판개정 전에는 공개하지 못함이 원칙이다(刑訴 47). 소송서류는 원칙적으로 법원의 서기관 또는 서기가 작성한다(48Ⅰ). 중요한 서류의 기재사항·방식은 개별적으로 법정되어 있는데, 형사소송법은 공무원이 작성하는 서류와 비공무원이 작성하는 서류와를 구별하여 일반적 방식을 규정하고 있다(57～59). 작성방식에 위반된 서류도 특히 본질적 부분이 아니면, 실질적으로 서류작성의 진정함을 인정할 수 있는 한 무효로 할 것이 아니라고 본다.

소송성립요건(訴訟成立要件) 〔獨〕 Prozessvoraussetzungen 소송요건과 같다.

소송소송(訴訟訴訟) 〔獨〕 Prozessprozess → 부수소송과 같다.

소송수행(訴訟遂行) 〔獨〕 Verfolgung 자기가 욕망하는 법률적 이익(목적)을 소송·재판을 통하여 추급·실현하여 나가는 것. 특히 그 목적달성에 직접 유익한 행위(주로 實體形成行爲)를 하는 것을 말하고, 소송을 성립시키기 위한 형식적 행위를 제외한다. 형사소송에서는 검사의 刑罰權實現을 목표로 하는 적극적 수행과 피고인의 형벌권실현저지를 목적으로 하는 소극적 수행이 대립되어 있다. 그리고 수행의 방식·방법은 절차규정에 따라야 한다.

소송수행권(訴訟遂行權) 〔獨〕 Prozessführungsrecht 당사자적격과 같다.

소송수행자(訴訟遂行者) 국가지정대리인

과 같다.

소송신탁(訴訟信託) [1] 타인에게 소송을 시킬 목적으로 재산권의 양도 기타의 처분을 하는 것. 이에 의하여 소송을 할 의사가 없거나 또는 자기 스스로 소송을 하기 곤란한 사람으로부터 타인이 그 권리를 매수하여 소송을 하게 된다. 이것은 辯護士代理의 원칙을 潛脫할 우려가 있을 뿐 아니라, 또 다시 소송을 유발시키는 등 가지가지 폐해가 있으므로 신탁법은 이를 무효로 한다(7).

[2] 講學上 당사자가 타인의 권리·이익에 관하여 자기 이름으로 당사자로서 소송을 수행할 수 있을 때를 소송신탁이라고 부르는 수가 있다. 이것은 제3자의 訴訟擔當이라고도 불린다. 이 경우는 재산권의 양도 기타의 실체법상의 처분을 수반치 않는 점에서 본래의 소송신탁과 구별한다. 이것은 다시 法律的 訴訟信託(예 : 파산관재인의 경우), 임의적 소송신탁(예 : 선정당사자의 경우)으로 나누어진다.

소송심리(訴訟審理) 장래의 판단의 기초가 되는 소송자료의 수집을 목적으로 하는 辯論과 證據調査의 여러 행위로 이루어지는 일련의 절차를 말한다. 여기에는 민사소송제도의 기본적인 체질을 형성하는 기본원칙들(예 : 쌍방심리주의·공개주의·구술주의와 서면주의·직접심리주의와 간접심리주의·수시제출주의·계속심리주의와 병행심리주의 등)이 적용되고 있다. 審理의 과정은 법원과 당사자의 공동작업으로 이루어지는데, 법원은 절차의 주재자로서 신속한 진행을 맡고, 당사자는 사건의 내용을 밝힐 소송자료를 제공하여야 한다.

소송(訴訟)에 관한 합의(合意) 민사소송에서 소송절차, 소송수행의 정도·방법에 대하여 특약을 하는 당사자간의 합의 또는 계약. 訴訟契約이라고도 부른다. 便宜訴訟이 금지되고 있기 때문에 이와 같은 합의가 소송법상의 합의로서 직접 소송법상의 효과를 낳는 경우는 적다. 민사소송법상 명문으로 인정하고 있는 것으로는 관할의 합의(26), 不抗訴合意(360)가 있다. 이 밖에 不提訴의 합의, 소취하의 합의, 自白契約, 擧證責任契約 같은 것도 사법상의 계약으로서 유효하며, 권리보호의 이익을 소멸시키거나 혹은 實體權의 變更으로서 간접적으로 법원을 구속한다.

소송요건(訴訟要件) 〔獨〕 Prozessvoraussetzung [1] 민사소송법상 청구의 當否에 대하여 本案判決을 받기 위하여서 구비하여야 할 사항. 訴訟條件이라고도 한다. 법원은 소송요건이 결여되어 있다고 인정하면, 본안판결을 할 수 없고, 소를 부적당한 것으로서 각하하는 소송판결을 하는 것이 원칙이다(다만 관할위반의 경우에는 이송한다). 소송요건은 본안판결의 전제요건이므로, 또한 본안심리의 전제라고도 할 수 있으나, 소송요건의 존부만을 조사하는 소송단계의 前置를 인정하지 않는 현재의 訴訟構造로서는 이것을 소송절차와 관계시키는 것은 무의미한 일이다. 또한 소송성립요건은 아니며, 소송요건의 존부 자체가 소송성립 후에 그 절차내에서 조사된다. 소송요건에는 적극적으로 어떠한 사항의 존재가 그 소송요건으로 되는 적극적 소송요건(예 : 당사자능력, 관할권)과 그 부존재가 소송요건이 되는 소송장애 또는 소극적 소송요건(同一事件의 係屬)이 있다. 權利保護要件과 소송요건을 대립시키는 학설(→권리보호청구권)에서는 전자를 原告勝訴判決의 要件이라고 하지만, 그 중 訴訟的 權利保護要件으로 볼 수 있는 것(예 : 당사자적격, 확인의 이익 등)에 관하여는 소송요건과 성질상의 구별이 없다는 비판이 있다.

[2] 형사소송에서는 訴訟條件이라는 용어를 쓰는 것이 보통이다. →소송조건

소송위임(訴訟委任) 일정한 소송사건에 관하여 타인에게 訴訟代理權을 수여하여 소송수행을 의뢰하는 것. 원칙적으로 변호사에게 위임하게 되어 있다(民訴 80 本). 그러나 단독판사가 심판하는 사건에 있어서는 당사자와 친족, 고용 기타 특별한 관계가 있는 자가 법원의 허가를 얻으면 非辯護士라도 소송위임을 받을 수 있다. 그러나 이러한 자가 금품·향응 기타 이익을 받거나 받을 것을 약속하고 또는 제3자에게 이를 供與하게 하거나 공여하게 할 것을 약속하고 법률사무를 취급하면 벌칙을 받는다(辯 90 ii). 訴訟代理人은 그 대리권을 서면으로 증명하지 않으면 안되는 관계상(民訴 81), 위임장의 교부에 의하는 것이 보통이다.

소송(訴訟)의 목적(目的) 〔獨〕 Gegenstand des Prozesses →소송물

소송(訴訟)의 승계(承繼) 〔獨〕 Sukzession od. Rechtsnachfolge in den Prozess 소송계속중에 소송물인 권리 내지 법률관계에 관하여 소송할 적격이 당사자로부터 제3자에 이전하였기 때문에, 그 제3자가 당사자의 소송상의 지위를 승계하는 소송상의 현상. 여기에는 소송 외에 있어서의 승계원인에 따라서 법률상 당연히 교체가 생기는 當然承繼와 승계인의 소송참가 또는 상대방인 당사자의 인수신청에 기하여 비로소 생기는 參加承繼 및 引受承繼가 있다. 당연승계인 때는 주로 소송절차의 중단사유가 된다(民訴 211, 212, 214, 215, 218). 그러나 中斷 및 受繼는 소송절차의 중단에 관한 것

으로서 소송상의 지위의 승계와는 별개의 관념이며 승계, 즉 당사자의 교체는 없어도 중단되는 경우가 있는 동시에(213), 승계가 있어도 중단은 생기지 않는 경우가 있다(216 참조). 당연승계에 해당하지 않는 적격의 이전은 일반적으로 訴訟物의 讓渡라고 불리고, 이 때에는 參加承繼(72, 74), 또는 引受承繼(75)가 된다. 소송의 승계에 의하여 승계인은 前主의 소송상태상의 지위에 놓이고, 전주의 종전의 소송행위 기타 소송상의 효과는 승계인이 처음부터 자기가 소송하고 있던 것과 마찬가지로 이익·불이익을 불문하고 인수한다.

소송(訴訟)**의 이송**(移送) 訴訟의 係屬中에 그 법원의 결정에 의하여 소송의 계속을 다른 법원으로 옮기는 것을 말한다. 이러한 관할권 있는 법원의 이송에 의해 원고는 再訴의 비용과 중복절차를 밟을 필요가 없게 되며, 時效中斷이나 법률상의 기간준수이익도 잃지 않게 된다. 소송의 이송은 관할을 위반하였거나, 심판의 편의를 위하여(民訴 31Ⅱ, 32) 또는 反訴의 제기에 의해(예: 지방법원 단독판사에 계속하는 소송에 대해 피고가 반소로서 합의부사건에 속하는 청구를 한 경우) 행해진다. 審級管轄을 위반하였을 때도 이전을 인정할 것인가에 대해서는 견해가 나누어지고 있다. 대법원은 행정소송사건을 제1심으로 관할하는 고등법원과 민사사건의 제1심법원인 지방법원 상호간에는 이송을 허용하지 않고 있다. 이송은 직권 또는 당사자의 신청에 의하여야 하며, 이송의 재판은 제1심에서는 決定으로, 상급심에서는 판결로 행해져야 한다. 移送의 決定 및 移送申請을 각하한 결정에 대해서는 즉시항고할 수 있으나(35), 관할위반에 의한 이송에서는 법원의 각하결정에 대해 卽時抗告가 허용되지 않는다는 것이 판례의 입장이다. 이송의 재판에 의해 확정된 이송의 원인 및 受移送法院의 관할권은 수이송법원을 기속한다(34Ⅰ). 이송의 재판이 확정된 경우 법원서기관, 법원사무관, 법원주사 또는 법원주사보는 이송결정의 정본을 작성하여 그 정본과 소송기록을 첨부하여 이송을 받는 법원에 송부하여야 한다(36Ⅱ).

소송인수(訴訟引受) 〔獨〕 Übernahme des Prozesses 제3자가 係屬中인 민사소송의 당사자의 일방과 교체하여 상대방과의 사이에서 그 소송을 속행하는 것. 민사소송법에서는 특히 제3자가 소송의 목적인 채무를 승계한 때에 상대방으로부터 그 자를 소송에 가입시켜서 前主의 소송을 승계시키는 수단(引受承繼)으로서 인정된다(75). 이것은 소송중에 소송의 목적인 권리가 양도되었을 때에 양수인이 당사자로서 참가하여 양도인의 소송을 승계하는 手段(參加承繼)에 대응하는 것으로서, 소송물의 양도의 경우에 승계인 및 상대방의 쌍방에게 대등하게 소송승계의 기회수단을 준 것이다. 소송인수는 引受申請에 의하여 한다. 신청에 대해서는 법원은 신청인 또는 제3자를 심문한 뒤에 결정으로 그 許否를 재판한다. 승계인에 대해서 인수결정이 있는 경우에는 前主인 당사자는 상대방의 동의를 얻어 소송으로부터 탈퇴할 수 있다(75Ⅲ). → 소송탈퇴

소송자료(訴訟資料) 〔獨〕 Prozesstoff 소송의 심판자료인 사실의 주장 및 증거를 말하고, 소송재료 또는 攻擊防禦方法과 같은 의미로 사용된다. 그 수집에 관하여는 그 책임의 소재가 당사자인가 또는 법원인가에 따라서 辯論主義와 職權探知主義, 그 제출하는데 시기의 제한을 두는가 안두는가에 따라서 法定序列主義, 또는 同時提出主義와 自由序列主義 또는 隨時提出主義, 그 제출을 구술로 할 것인가 서면에 의할 것인가에 따라 口述主義와 書面主義가 각각 대립되어 있다.

소송장애(訴訟障碍) 〔獨〕 Prozesshindernis 그 사항이 존재하기 때문에 소를 부적법하게 하는 것으로 그 부존재가 소송요건에 해당하는 것. 동일한 사건에 대하여 別訴가 係屬되어 있지 않을 것은 그 예. 消極的 訴訟要件이라고도 한다.

소송절차(訴訟節次)**의 법령위반**(法令違反) 〔羅〕 error in procedendo 형사소송법상 소송절차에 있어서의 訴訟法規의 위반. 판결전의 소송절차에서 준수하여야 할 법령의 위반뿐만 아니라 판결을 선고함에 있어서 준수하여야 할 법령의 위반을 포함한다. 구법상 독립된 上訴理由로 되어 있었으나, 넓은 뜻의 법령위반에 해당하므로 중복을 피하여 삭제하였다(刑訴 361의5, 383). 소송절차의 법령위반과 법령적용의 착오와의 구별은 대체로 소송법규의 위반과 실체법규의 위반과의 차이와 일치하지만, 한계가 불명한 경우도 많다. 비상상고에 있어서의 판결의 법령위반과 소송절차의 법령위반과의 구별은 法令適用의 착오와 訴訟節次의 법령위반과의 구별에 대응한다. → 절차상의 착오

소송절차(訴訟節次)**의 속행명령**(續行命令) 訴訟節次의 중단의 소멸원인 중의 하나. 중단된 소송의 당사자들이 모두 受繼申請을 게을리할 때에 직권으로 新遂行者 및 상대방에 대하여 소송의 속행을 명하는 결정(民訴 222). 職權進行主義를 철저히 하기 위한 것으로 이에 의하여 당사자의 태만에 의한 소송지연을 방지하고 소송의 진행을 도모할 수 있다.

소송절차(訴訟節次)**의 수계**(受繼) 〔獨〕 Aufnahme des Verfahrens 〔佛〕 reprise d'instance 소송절차의 중단을 종료시키는 당사자의 행위. 다만 破産節次의 解止의 경우에는 파산자는 당연히 소송절차를 受繼하는 일이 있다(民訴 217). 신청자는 중단원인이 있는 당사자측의 新遂行者(211~215) 및 상대방이다(219). 신청은 원칙으로 중단당시 소송이 係屬되고 있는 심급의 법원(판결송달후의 중단인 때에는 판결법원)에 한다. 법원은 受繼申請이 있음을 상대방에게 통지하여야 한다. 법원은 직권으로 그 신청의 當否를 심사하고 사유가 없다고 인정할 때에는 결정으로 그 신청을 기각하고(221 Ⅰ). 이유가 있다고 인정할 때에는 終局判決宣告 뒤라면 결정으로 수계를 명하는 재판을 하나(221 Ⅱ), 그 밖의 경우에는 보통 재판하지 않고 소송절차를 수행시킨다.

소송절차(訴訟節次)**의 정지**(停止) 〔獨〕 Stillstand des Verfahrens 민사소송법상 소송절차의 중지와 소송절차의 중단과를 포괄해서 소송절차의 정지라고 한다.

소송절차(訴訟節次)**의 중단**(中斷) 〔獨〕 Unterbrechung des Verfahrens 〔佛〕 interruption d' instance 민사소송에 있어서 소송당사자의 어느 한편에 소송의 진행을 불능 또는 곤란하게 하는 일정한 사유가 발생하였을 때 그것이 해소될 때까지 당사자를 보호하기 위하여 인정되는 訴訟節次의 當然停止를 말한다. 민사소송법이 인정하는 중단사유는 다음과 같다(211~218). ① 당사자의 사망, ② 법인의 합병에 의한 소멸, ③ 당사자의 소송능력의 상실 또는 법정대리인의 사망 및 대리권의 상실, ④ 수탁자의 신탁임무의 종료, ⑤ 자격당사자의 자격상실 또는 사망, ⑥ 선정당사자 전원의 자격상실, ⑦ 파산선고, ⑧ 破産管財人의 受繼 후의 파산절차의 해지 등이다. 이와 같은 사유가 존재하더라도 소송대리인이 있는 동안은 파산의 경우를 제외하고는 중단은 발생하지 않는다(216). 중단은 중단사유가 존재하면 당연히 발생하고, 당사자의 受繼 또는 법원의 續行命令에 의하여 종료된다. 중단중에는 기간은 그 진행을 멈추고 이미 진행한 기간은 절차의 수계통지 또는 속행시부터 다시 전기간이 그 진행을 시작한다(225 Ⅱ). 中斷中은 이것을 해소하는데 필요한 소송행위 외에는 유효히 할 수 없다. 중단중에 행하여진 소송행위는 責問權의 抛棄에 의하여 유효하게 될 수 있는 것도 있고, 그것에 기하여 판결하여도 당연히 무효는 아니고, 상소에 의하여 취소되는데 불과하다.

소송절차(訴訟節次)**의 중지**(中止) 〔獨〕 Aussetzung des Verfahrens 천재 기타 사고로 법원이 직무를 집행할 수 없을 때(民訴 223) 당연히, 또는 법원이 법률에 규정이 있는 경우에(예: 224) 중지결정을 함으로써 생기는 소송절차의 중지. 전자는 中止事由의 消滅과 더불어 당연히, 후자는 中止取消決定에 의하여, 중지가 소멸된다. 당사자의 변동을 수반하지 않으며, 따라서 소송의 승계의 여지가 없는 점에서 소송절차의 중단과 다르다. 중지중은 기간은 그 진행을 멈추고, 이미 기간이 진행하고 있어도 중지가 끝난 때부터 새로이 전기간의 진행이 시작한다(225 Ⅱ).

소송조건(訴訟條件) 〔獨〕 Prozessvoraussetzungen [1] 형사소송법상 實體的 審判의 조건, 즉 범죄의 유무를 심판하는데 있어서 구비되어야 할 전제조건. 公訴提起의 有效條件이라고도 하고, 또는 소송의 존속발전의 조건이라고도 하는 견해가 있으나, 표현의 차이뿐이고 결론적으로는 거의 동일하다. 실체법상의 處罰條件(예: 형법 129조 2항의 공무원·중재인이 된 사실), 개개의 訴訟行爲의 有效條件(예 : 상소의 적법조건) 및 節次停止의 條件(예: 刑訴 298 Ⅳ, 306)과 구별할 필요가 있다. 소송조건은 일반적 소송조건과 특별소송조건, 절대적 소송조건과 상대적 소송조건, 적극적 소송조건과 소극적 소송조건으로 분류되나, 중요한 것은 形式的 訴訟條件과 實體的 訴訟條件이다. 소송조건이 구비되지 않은 때에는 법원은 사건의 실체에 관하여 심리할 수 없고, 형식적 재판으로써 소송을 종결시켜야 한다. 즉 형식적 소송조건을 결여하는 때에는 公訴棄却(327, 328) 또는 管轄違反(319)의 재판을 하여야 하고, 실체적 소송조건을 결여하는 때에는 免訴(326)의 재판을 하여야 한다. 공소제기시에 결여한 소송조건을 사후에 구비함으로써 그 공소의 무효가 치유되는가에 관하여 통설·판례는 소송조건의 追完을 부정하나, 최근 소송의 발전적 성격과 소송경제의 견지에서 절차유지의 원칙을 주장하고 이를 긍정하려는 유력한 학설이 있다(→소송행위의 추완).

[2] 민사소송법상은 보통 訴訟要件이라는 말이 사용된다. →소송요건

소송주체(訴訟主體) 소송절차를 발전·진행시킴에 있어서, 주체적인 지위를 갖고 이에 관여하는 자. 법원과 소송당사자가 그것. 법원이 소송의 주체인 것은 당연한 일이지만, 그 밖에 裁判이나 執行을 구하는 자와 그 상대방이 주체로서 이에 관여한다는데 소송이라고 하는 절차의 특색이 있다.

소송지법(訴訟地法) 법정지법과 같다.

소송지휘(訴訟指揮) 〔獨〕 Prozessleitung 소송의 신속한 처리와 심리의 완전을 기하기 위하여 訴訟節次를 주재하는 법원측의 행위.

[1] 민사소송법상으로는 소송지휘의 권능(訴訟指揮權)은 합의부에서는 재판장이(125 I), 단독부에서는 단독판사가(260), 준비절차에서는 受命法官이 각기 담당한다. 소송지휘는 사실행위 또는 재판의 형식(결정·명령)으로 행하여지나, 그 결정·명령에는 羈束力이 없다(208). 소송지휘행위의 주요한 것으로, ① 절차의 진행에는 기일의 지정(152), 기간의 신축(159), 소송대리인의 허가(80 但), 辯論의 지휘(특히 발언의 허가·금지)(125) 등이 있고, ② 심리의 便宜 또는 촉진을 위한 것으로는 변론의 재개(132), 변론의 제한·분리·병합(131), 이송(31), 시기에 늦은 공격방어방법의 각하(138) 등이 있고 소송관계를 명료하게 하기 위한 것으로는 釋明權의 행사·釋明的 處分行爲(130) 등이 있다.

[2] 형사소송법상으로는 원칙적으로 재판장이 행하게 되어 있다(279). 그러나 특히 규정되어 있는 중요한 사항에 관해서는 법원이 행한다. 재판장이 행하는 것으로는, 증인신문의 순서변경(161의2 Ⅲ), 피고인 등의 退廷(297), 소송관계인의 불필요한 변론 등의 제한(299), 기타 소송진행상의 일체의 행위이고, 이에 대해서는 異議를 신청할 수 있다(304). 법원의 권한으로 유보되어 있는 것으로는 증거신청에 대한 결정(295), 증거조사에 관한 이의신청에 대한 결정(296), 재판장의 처분에 대한 이의신청에 대한 결정(304), 公訴狀의 변경에 대한 허가(298), 공판절차의 정지(306), 변론의 분리·병합(300), 변론의 재개(305) 등이 있다. 이들 결정에 대해서는 일반적으로 抗告가 허용되지 않는다(403 I).

소송참가(訴訟參加) 〔獨〕 Beteiligung Dritter am Rechtsstreite, Intervention 係屬中의 民事訴訟에 당사자 이외의 제3자가 그 권리·이익을 옹호하기 위하여 참가하는 것. 이 제3자를 참가인이라 부른다. 널리 참가에는 참가인이 당사자의 일방(피참가인)을 승소시킴으로써 간접적으로 자기의 이익을 도모하기 위한 補助參加(또는 從參加)(民訴 65~71)와 당사자의 일방 또는 쌍방과의 사이에 자기의 분쟁을 개입시켜 판결에 의하여 그 해결을 구하기 위한 當事者參加(72, 76)가 있다. 전자에는 타인간의 소송결과에 대하여 법률상 이해관계가 있어서 당사자의 일방을 보조하기 위해 참가하는 통상의 보조참가와 타인간의 소송의 판결의 旣判力을 받기 때문에 그 일방을 보조하기 위한 共同訴訟的 補助參加가 있다. 그리고 후자도 다시 타인간의 소송의 결과로 권리침해를 받는다든가 또는 소송목적의 전부 또는 일부가 자기에 속하는 것을 주장하여 참가하는 獨立當事者參加와 소송의 목적이 당사자의 일방과 제3자에 합일적으로만 확정될 경우에 참가하는 共同訴訟的 當事者參加로 나누어진다.

소송추행(訴訟追行)) 소송수행과 같다.

소송추행권(訴訟追行權) 소송수행권과 같다.

소송탈퇴(訴訟脫退) 종전의 소송당사자의 일방이 제3자의 訴訟參加(民訴 72) 또는 승계인의 訴訟引受(75)가 있는 경우에 그 소송으로부터 탈퇴하는 것(73, 75Ⅲ). 탈퇴하는 당사자는 상대방의 승낙을 얻어야 하지만 참가인이나 승계인의 동의를 얻을 필요는 없다. 비록 탈퇴하더라도 탈퇴자는 판결의 효력을 받는다(73但). 또한 소송의 當然承繼인 때는 피승계인은 당연히 소송에서 탈퇴한다(예: 49Ⅱ).

소송판결(訴訟判決) 〔獨〕 Prozessurteil 소송요건이 흠결한 경우에 행하여지는 소(또는 상소)를 각하한다는 취지의 終局判決. 원고청구의 當否를 판단하는 本案判決에 대하는 말이다. 법원은 소송요건을 조사하여 그것이 구비되었다고 인정하면 바로 본안판결을 하고, 그것이 구비되었다고 법원은 인정하는데 당사자간에 다툼이 있을 때는 중간판결 또는 본안판결의 이유 중에서 이를 판단할 것이며, 다만 구비되어 있지 않다고 인정될 때만 소송판결을 할 것이다. 본안판결은 소송요건이 구비되어 있을 때만 할 수 있는 것이기 때문에 소송요건의 심리를 하지 않고, 본안판결을 할 수는 없다. 권리보호의 이익도 소송요건이기 때문에 이와 같은 원칙이 관철되어 있다. 따라서 권리보호의 이익흠결과 실체법상 이유없다는 것과의 쌍방을 이유로 하여 원고패소의 판결을 해서는 안되고, 이 때는 반드시 소송판결을 하지 않으면 안된다. 원심이 권리보호의 이익없는 것으로 판단한 소송판결에 대하여 상소를 제기한 경우에는 상급심은 實體法上 이유없는 것으로서 원심판결을 유지하는 것은 허용되지 않고, 권리보호의 이익을 긍정하는 이상 반드시 그 소송판결을 취소하여 원심으로 환송하여야 할 것이다. 소송판결은 確認的 裁判이다. 그 旣判力에 대해서는 부인하는 견해가 있으나, 권리보호요건과 같은 實體的 訴訟要件을 부정한 소송판결에는 명백히 기판력을 인정할 필요가 있다. 소송요건이 흠결되어 있어도 따로 소를 각하시킬 것이 아니라 補正할 수 있는 것이라면 보정을 명하여야 한다. → 형식적 재판

소송행위(訴訟行爲) 〔獨〕 Prozesshandlung [1] 민사소송법상 현재 또는 장래의 소송에 관하여 그 개시 · 발전 · 종료에 관계있는 법원이나, 소송관계자의 행위로서, 직접 소송법상의 효과를 발생시키는 것. 소송법상의 효과를 발생하는 사항으로서는 기간의 경과, 사고의 발생과 같은 것도 있지만, 이것은 법원이나 소송관계자의 행위가 아니므로 소송행위에 해당하지 않는다. 그러나 소송행위는 반드시 의사표시 또는 좁은 뜻의 법률행위만에 한하지 않고, 意思의 通知나 觀念의 通知의 성질을 가지는 것도 포함된다. 소송행위론은 민법상의 법률행위론과의 비교에 의하여 발달한 것이지만, 현대에 있어서는 소송행위와 법률행위를 총괄적으로 논할 필요가 없게 되었다. 왜냐하면 소송행위는 訴訟法規에 의하여 定型化되고, 또 각종의 행위가 소송에 미치는 영향도 각양각색이고, 법원과 당사자의 소송에 있어서의 역할도 본질적으로 다르기 때문이다. ① 재판기관의 소송행위는 이를 그 형식에 의하여 관념적 행위로서의 재판과 사실행위(변론의 청취, 증거조사, 송달 등)로 나눌 수 있고, 그 목적에 의하여 終局的 裁判, 訴訟指揮 등으로 나눌 수 있다. ② 당사자의 소송행위는 그 성질에 의하여 의사표시(예컨대, 관할의 합의, 소의 취하), 의사의 통지(예컨대, 訴提起 기타 신청), 관념의 통지(예컨대, 사실의 진술) 등으로 나눌 수 있고, 그 내용에 의하여 신청과 진술로 나눌 수 있고, 또 소송수행의 목적에 의하여 본안의 신청과 공격방어방법으로 나눌 수 있다. 그러나 최근에는 또 소송에 있어서 기능의 형태에 의하여 取效行爲(소송법상 효력을 낳는 행위, 예컨대 신청 · 주장 · 거증), 與效行爲(소송법상 효력을 낳는 행위, 예컨대 소의 취하, 관할의 합의)로 나누어 생각하는 학자가 있다. 당사자의 소송행위는 원칙적으로 법원에 대하여 행하거나 법원을 통하여 행하는 것이며, 소송절차 외에서 직접 상대방 또는 제3자에게 행하는 것도 있다. 단독으로 유효히 소송행위를 할 수 있는 능력을 訴訟能力이라 하며, 이 능력없는 자의 소송행위는 무효이고 다만 소송중에 적법한 追認이 있으면 소급적으로 유효하게 된다(56). 소송행위는 단순하여야 하고 원칙적으로 조건이나 기한을 붙일 수 없고(예외 : 예비적 신청), 또 錯誤 · 詐欺 · 通情虛僞表示 등의 瑕疵에 의하여 영향받지 않는다(재심사유가 있는 때는 예외). 이것은 소송행위는 소송절차를 조성하는 것이므로 表示主義를 취하는 것이 요청되기 때문이다. 소송행위는 민법상의 소송행위와 성질을 달리하므로 양자가 동시에 행하여지는 때라도 그 요건 · 효과는 따로 정하여야 한다. 또한 소송행위를 하지 않는다는 취지의 합의는 소송행위는 아니나 민법상의 채권계약으로 성립되는 경우가 있다(예컨대 不提訴의 합의, 訴取下의 합의).

[2] 형사소송법상으로도 같은 뜻. 법원의 행위, 당사자의 행위, 제3자의 행위와 같은 행위주체에 의한 구별방법 외에, 학설상으로는 法律行爲와 事實行爲, 實體形成行爲와 節次形成行爲의 구별이 행하여지고 있다.

소송행위(訴訟行爲)**의 대리**(代理) [1] 형사소송법상 소송행위의 대리는 원칙적으로 인정되지 않는다. 그것은 소송행위의 形式的 確實性 및 一身轉屬的 性質에 반하기 때문이다. 다만, 피고인에게 소송능력이 없는 경우에 대표 및 대리가 인정되고(26 이하), 일정한 경우에는 공판기일에 대리인을 출석케 할 수 있으며(276 但, 277 但), 변호인은 피고인에 대하여 包括的 代理權을 갖는다. 또 고소 및 그 취소와 검사의 불기소처분에 대한 裁定申請에 관하여 대리를 인정하고 있다(236, 264 Ⅰ). 이와 같이 명문의 규정이 있을 경우 외에는 대리를 인정할 수 없다는 것이 종래의 통설 · 판례이나 본인에 의한 철회가 가능한 경우, 특히 節次形成行爲에 관하여는 대리를 인정하는 것이 타당하다는 유력한 견해가 있다.

[2] 민사소송법상 소송행위는 대리에 친하다. 사법상은 대리가 인정하지 않는 身分關係에 대하여서도 소송수행을 대리인에 의하여 할 수 있다. 다만 법원은 본인의 변론이나 의사를 청취하기 위하여 본인의 출석을 명할 수 있다(130 Ⅰ, 135 Ⅱ).

소송행위(訴訟行爲)**의 무효**(無效) → 소송행위의 유효 · 무효

소송행위(訴訟行爲)**의 부적법**(不適法) → 소송행위의 적법 · 부적법

소송행위(訴訟行爲)**의 불성립**(不成立) → 소송행위의 성립 · 불성립

소송행위(訴訟行爲)**의 성립 · 불성립**(成立 · 不成立) 〔獨〕 Gültigkeit od. Ungültigkeit der Prozesshandlungen 소송행위가 소송행위로서의 외관을 구비하는가 어떤가에 관한 판단. 價値判斷 그 자체는 아니고, 소송법상 각종의 가치판단의 대상으로 할 수 있는 행위가 존재하는가 어떤가의 事實判斷이다. 소송행위가 불성립이면 이를 방치할 수 있지만, 성립하면 비록 무효이더라도 절차의 形式的 確實性의 견지에서 이를 방치하는 것은 허용되지 않으며, 節次形成行爲 특히 신청에 관하여는 무효선언을 필요로 한다. 소송행위의 무효의 치유도 그 성립을 전제로 하는 것이고, 불성립의 행위에 관하여는 무효의 치유라고 하는 것이 있을 수 없다.

소송행위(訴訟行爲)**의 유효 · 무효**(有效 · 無效) 〔獨〕 Wirksamkeit od. Unwirkasmkeit der Prozesshandlungen 소송행위가 그 본래의 효과, 즉 구성요건적 효과를 발생하는가 어떤가에 관한 法律的 價値判斷. 무효라고 하는 것은 좁은 의미로는 當然無效의 경우만을 가리키지만 넓은 의미로는 무효선언을 필요로 하는 경우도 가리키며, 다시 가장 넓은 의미로는 당사자의 신청을 기다려서 무효를 선언하는 경우도 포함한다. 무효란 소송행위의 본래의 효과가 발생하지 않는 것을 말한다. 예컨대, 공소의 제기의 본래의 효과는 사건에 관하여 실체적 재판을 받는 것이다. 공소제기의 성립이 있으면 그것이 무효이더라도 公訴棄却 등의 재판을 하지 않으면 안된다고 하는 효과를 발생하지만, 그것은 공소제기의 본래의 효과는 아니다. 소송행위의 본래의 효과는 반드시 행위자의 주관적 목적과 일치하는 것은 아니다. 예컨대, 신청의 본래의 효과는 신청인에 유리한 재판을 받는 것이 아니라 법원으로 하여금 신청의 內容的 審査에 들어가게 하는 것이다. 또한 소송행위에는 그 본래의 효과 외에 附從的 效果를 발생하는 것도 있으므로, 유효 · 무효도 그 하나에 관하여만 일어나는 것이 있다(相對的 無效). 무효원인에는 주체 · 내용 · 방식 · 소송조건에 관한 것 등이 있다. 행위 당시에 무효로 인정되었던 것이 그 후의 사정의 변화에 의하여 무효가 아니게 되는 것을 무효의 치유라 한다. 또 無效의 治癒와는 반대로 하는 사유가 발생하여 무효가 되는 것을 소송행위의 後發的 無效라고 하자는 견해도 있다. 유효 · 무효는 사후의 판단인 점에서 사전의 평가인 적법 · 부적법에 대한다(→소송행위의 적법 · 부적법).

소송행위(訴訟行爲)**의 이유무**(理由無) →소송행위의 이유유 · 이유무

소송행위(訴訟行爲)**의 이유유 · 이유무**(理由有 · 理由無) 소송행위의 내용이 법률적 · 사실적 · 논리적으로 기초되어 있는가 어떤가에 관한 판단. 소송행위의 適法性을 전제로 하는 판단이다. 이유유 · 이유무의 판단이 어떠한 소송행위에 타당한가에 관하여는 견해가 일치되어 있지 않다.

소송행위(訴訟行爲)**의 적법 · 부적법**(適法 · 不適法) 〔獨〕 Zulässigkeit od. Unzulässigkeit der Prozesshandlungen 소송행위가 行爲規範으로서의 소송법규에 합치되는가 합치되지 않는가에 관한 소송행위의 평가 · 엄격규정(효력규정)뿐 아니라, 訓示規定에 대한 합치의 여부를 포함한다. 소송행위의 성립을 전제로 하는 점에서 소송행위의 유효 · 무효와 공통되지만, 적법하기 위하여는 효력규정에 합치되어야 할 뿐 아니라, 다시 훈시규정에도 합치됨을 요하는 점에서 양자는 구별된다. 이 점에서 適法 · 不適法은 소송행위의 주체가 그 소송행위를 함에 있어서 어떠한 전제조건 · 방식 등에 따라야 할 것인가에 관한 사전의 판단임에 대하여, 유효 · 무효는 소송행위를 한 후에 그에 어떠한 효과를 인정할 것인가에 관한 사후의 판단이라는 설이 주장되고 있다.

소송행위(訴訟行爲)**의 추완**(追完) →추완

소송행위(訴訟行爲)**의 하자**(瑕疵) 〔獨〕 Fehlerhaftigkeit von Prozesshandlungen 소송행위가 그 본래의 소송절차상의 기능을 완전히 발휘하기 위하여 법에 의하여 기대되는 性狀을 갖추지 못한 것. 하자의 정도에 의하여 소송행위가 그 정형에 맞지 않을 때, 즉 구성요건을 구비하지 않을 때는 부적법(소송행위의 불성립), 법이 예정하는 본래의 효과를 낳을 수 없을 때, 즉 유효요건을 구비하지 못한 때는 무효, 그 밖에 행위의 방식 · 내용 · 능력 따위에 관한 법의 요구에 위배한 때에는 부적법으로 된다. 하자를 이유로 하는 취소는 소송법의 절차상 확실성의 요구때문에 소송행위에 대하여서는 인정되지 않지만, 철회는 이와 달라 實體形成行爲에 대하여서는 원칙적으로 허용되지 않으나, 節次形式行爲는 절차의 안전을 해하지 않는 한도에서 인정된다. 예를 들면 소송지휘의 재판이나 변호인(대리인)의 선임 따위는 언제나 철회할 수 있다. 다만 원칙으로 遡及效는 없다.

[1] 민사소송법상 하자있는 소송행위는 재판에 의하여 또는 무시 따위의 처분에 의하여 배척되지만, 특히 신청에 대하여서는 무효 또는 부적법의 경우에는 이를 각하하는 재판이 필요하다. 하자는 補正 또는 追認(55~57, 88, 231, 232, 271)에 의하여 또는 責問權의 포기나 상실(140), 재판, 재판의 확정, 하자를 주장하는 이익의 소멸 따위에 의하여 치유된다.

[2] 형사소송법상 소송행위불성립의 경우에는 이를 전혀 무시하여도 좋지만, 무효는 원칙으로 방치할 수 없고(예외 : 絶對無效), 이를 확인하는 행위를 필요로 한다. 무효인 공소의 제기가 시효의 정지의 효력을 갖는 것과 같이(253 Ⅰ), 무효의 소송행위라도 부수적 효과를 낳는 일이 있다(相對的 無效). 무효인 소송행위가 그 뒤의 사정에 의하여 그 하자가 치유되는 경우가 있다. 그 하나는 소송행위의 추완(補正的 追完)이고(예 : 변호인선임의 추완, 親告罪의 告訴의 追完 따위), 다른 하나는 공격방법의 소멸이다(예 : 上訴期間의 徒過).

소수당(少數黨) 〔英〕 Minority party 多數黨에 대비하는 용어로서 적은 수의 의석을 가진 정당을 말한다. 소수당은 양당제보다 다당제하에서 더욱 활발하다. 多黨制는 현대 민주다원주의 사회에서 다양한 계층의 이익과 요구를 효과적으로 수렴하고 있으므로 1개 다수당을 제외한 여러 정당들은 자연히 소수당이 된다. 이 경우 少數黨聯立內閣으로 집권하기도 하고 수개의 소수당이 연합하여 양대 거대정당 사이에서 大勢決定者(casting vote)의 역할을 수행하기도 한다.

소수대표(少數代表) 〔英〕 minority representation 〔獨〕 Minderheitenvertretung 〔佛〕 représentation des minorités 선거구에서 2인 이상의 당선자를 내게 하는 대선거구제와 결탁하여 소수당에서도 당선인을 낼 수 있게 하는 선거제도. 多數代表制에 대응하는 개념. 소수대표제는 대선거구에서 單記名投票制로 하는 것이 가장 대표적인 것이나, 이 외에도 累積投票制·制限連記名投票制·遞減投票制 등의 방법이 있다. 우리나라에서는 과거 참의원의원선거에 大選擧區制限連記名投票制를 채택한 바가 있으나, 현 투표법에는 없다.

소수민족(少數民族) 〔英〕 minorities 〔獨〕 Minderheiten 〔佛〕 minoritiés 소수자라고도 하며, 인종상·언어상·종교상으로 보아 국민 중에서 소수를 점하고 있는 사람들이다. 單一民族國家에서는 소수자문제가 발생할 여지가 없다. 그러나 국제사회에는 다수의 複數民族으로 구성된 국가가 있다. 이러한 경우 다수자와 소수자에 의하여 압박 또는 차별대우를 받는 현상이 발생된다. 이 압박이 국내적으로는 정치적 알력의 원인이 되고, 국제적으로는 국제분쟁의 원인이 되고, 나아가서는 국제평화의 위협이 되는 경우도 적지 않다.

소수민족보호(少數民族保護) 〔英〕 protection of minorities 제1차세계대전 무렵 條約에 의하여 소수민족의 기본적인 인권을 보장하는 규정을 두었는데 이것을 소수민족의 보호라고 한다. 폴란드소수자의 보호에 관한 조약에 의하면, 첫째, 출생·국적·인종·언어·종교의 구별없이 生命과 自由에 대하여 완전한 보호가 보장되고(同條約 2 Ⅰ), 또 信敎의 자유를 갖는다(2Ⅱ), 둘째로, 인종·언어·종교의 차별없이 법앞에 평등하며 동등한 私權과 公權을 가지며(71), 출판·집회의 자유(7Ⅳ)를 갖는다. 셋째로, 특히 소수민족에 관한 규정으로서는 인종상·언어상·종교상의 소수자는 법률적으로나, 사실상으로나 다른 국민과 동일한 보장과 대우를 받는다. 자기의 부담하에 자선적·종교적·사회적·교육적 시설을 하는데 평등한 권리를 가지며, 언어와 종교의 선택권을 가진다(8). →소수민족

소수사원권(少數社員權) 社團에서 다수의 사원의 횡포를 견제하고 사단의 공정한 이익을 수호하기 위하여 소수의 사원에게 주어진 권리. 따라서 다수결로써도 빼앗을 수 없는 권리로 되어 있다. 그 전형적인 것은 주식회사에 있어서의 少數株主權으로서 일정수 이상의 주식을 소유하는 주주가 행사할 수 있는 권리이다(商 366, 385 Ⅱ, 402, 403, 466, 467, 520, 542). 非營利社團法人에 있어서도 5분의 1 이상의 사원에 臨時總會召集請求權이 인정되어 있다(民 70 Ⅱ).

소수사채권자권(少數社債權者權) 사채총액의 10분의 1 이상에 해당하는 사채권자에게 인정된 권리. 여기에는 社債權者集會召集請求權(商 491 Ⅱ)이 있다.

소수의견(少數意見) 〔英〕 dissenting opinion [1] 大法院裁判書에는 합의에 관여한 대법관의 의견을 표시하여야 하는데(法組 15), 이 경우에 과반수의 의견이 되지 않은 측에 속하는 의견. 反對意見이라고도 한다. 소수의견은 비록 그 사건에서는 무시된 것이 되지만, 이것이 나중의 시기에 가서는 다수의견이 될 가망도 없지 않으므로 다수의견에 못지 않게 중요성을 가진다.

[2] 국제법재판소에 있어서 판결의 결론에 대한 反對意見. 다수의견에 반대하는 것이므로 소수의견이라고도 한다. 이에 대하여 판결의 결론에 찬성하나 그 理由(reason)에는 찬성하지 않는 의견을 個別意見(individual opinion)이라고 한다. 소수의견 및 개별의견은 판결과 함께 공표된다. 또 이것들은 판결뿐 아니라 명령·권고적 의견·중간조치에 관해서도 공표되는 것이다.

소수자보호(少數者保護) [1] 민주주의하에서는 多數決原理가 지배한다. 그러나 민주주의에 있어서의 多數者(majority)와 少數者(minority)는 고정적·절대적인 것이 아니고, 그때 그때의 사정에 따라 교대하는 것이 원칙이며, 금일의 소수자가 국민의 지지를 얻어 내일의 다수자가 될 수 있는 것이 곧 민주주의의 특징이다. 그러므로 민주주의국가에 있어서는, 그때 그때의 소수자의 자유와 권리를 인정하고 소수자를 보호하는 것이 그의 필수적 요건이다. 특히, 代議制를 原則으로 하는 현대민주정치에서는 국회에서의 소수파의 권익보장이 요청된다. →다수결원리, 민주주의, 대의제

[2] 국제법상의 소수자에 관하여는 소수민족·소

수민족보호를 보라.

소수잔존자보상(少數殘存者補償) 생활보상의 내용 중의 하나로서 收用의 결과 종전의 생활공동체로부터 분리되는 자가 생기는 경우에는 그들의 受認限度를 넘는 현저한 손실을 보상하여 생활을 재건할 수 있도록 하는 것을 말한다. 예컨대 댐공사 등으로 인하여 생활공동체의 대부분이 수몰로 이전하고 소수의 잔존자가 생긴 때에는 그 소수잔존자가 종전과 같은 생활을 계속하는 것은 거의 불가능한 일이므로 그들에게 종전과 같은 생활을 보장하기 위하여 하는 보상이 그에 속한다.

소수주주권(少數株主權) 〔英〕 right of the minority shareholders 〔獨〕 Minderheitsrecht der Aktionäre 〔佛〕 droit des minorités 주식회사에 있어서의 주주권의 일종으로 대주주의 專恣를 억압하여 회사의 이익을 보호하기 위하여 특히 소수주주에게 인정되어 있는 권리. 주주권 중에서 1인 또는 수인의 보유주식수를 합산하여 법정의 주식수의 보유를 요건으로 하는 것으로서, 이 점이 1주의 주주에게도 부여되는 單獨株主權과 다르다. 구상법에서는 자본의 10분의 1 이상에 해당하는 주주가 공동하여서만 소수주주권을 행사할 수 있었으나(예 : 舊商 237 Ⅰ, 426 Ⅱ), 상법에서는 주주의 권리행사를 용이하게 하기 위하여 소수주주의 요건을 완화하였다. 즉 소수주주권행사의 최소법정수를 발행주식총수의 100분의 5로 낮추어 단일화하였고, 다만 解散判決請求의 경우(商 520)만은 100분의 10으로 하였다. 전자의 예로서는 임시주주총회소집청구권(366), 이사의 해임청구권(385 Ⅱ), 이사의 위법행위에 대한 留止請求權(402), 代表訴訟權(403), 회계의 장부와 서류의 열람 또는 등사청구권(466), 회사의 업무와 재산상태의 조사를 위한 검사인의 選任請求權(467), 청산의 경우(542 Ⅱ) 등이 있다.

소액사건(少額事件) 지방법원 및 지방법원지원의 관할사건 중 大法院規則으로 정하는 민사사건(少額事件審判法 2 Ⅰ). 소액사건은 간이한 절차에 따라 신속히 처리하는 것이 당사자의 이익에 합치하므로, 소액사건심판법은 민사소송법에 대한 여러가지의 특례를 규정한다. 소는 구술로써 제기할 수 있으며, 당사자의 배우자·직계혈족·형제자매 또는 호주는 법원의 허가없이 訴訟代理人이 될 수 있다(4, 8). 소액사건에 대한 상고 및 재항고는 법률·명령·규칙 또는 처분의 헌법위반여부와 명령·규칙 또는 처분의 법률위반여부에 대한 판단이 부당한 때 그리고 대법원의 판례에 상반되는 판단을 한 때에 한하여 할 수 있다(3).

소액사건심판절차(少額事件審判節次) 경제적·시간적으로 통상의 소송에서 필요로 하는 번거로운 절차를 피하고 資力이 없는 자도 쉽게 이용할 수 있도록 한 간이절차로서, 금전 그 밖의 대체물·유가증권의 지급을 목적으로 하는 청구의 訴訟物의 價額이 1,000만원을 초과하지 아니하는 민사사건에 관하여 인정된다(少額事件審判規則 1의2). 이 절차는 구술에 의한 소의 제기를 허용하는 등 기타 소송절차의 간이·신속을 기하기 위한 특칙을 두고 있다.

소요죄(騷擾罪) 〔獨〕 Landfriedensbruch 〔佛〕 violation de la paix publique 多衆이 集合하여 폭행·협박 또는 손괴의 행위를 하는 죄(刑 115). 本罪의 保護法益은 公共의 平穩이다. 여기에 공공의 평온이라 함은 국내에 있어서의 사회적 공공생활이 평온하고 안전하게 영위되는 상태를 말하며, 외형적인 것뿐만 아니라, 주민의 정신적인 평온감·안전감도 포함된다. 多衆은 다수인의 집단을 가리키며, 한 지방에 있어서의 공공의 평온을 해할 수 있는 정도의 폭행·협박·손괴를 함에 적당한 다수인임을 요하지만, 그 集合은 조직적일 필요는 없다. 폭행·협박·손괴는 한 지방에 있어서의 공공의 평온을 해함에 족할 정도임을 요하나, 본죄는 危殆犯이므로 구체적으로 현실에 이와 같은 결과가 발생하였음을 요하지 않는다. 다중이 다 같이 폭행·협박·손괴를 할 의사가 있음을 요하며, 국헌문란의 목적을 필요로 하지 않고 폭행·협박·손괴가 조직적일 필요가 없는 점에서 內亂罪와 구별된다. 넓은 뜻으로는 多衆不解散罪도 포함한다. 群衆犯罪의 하나인 본죄에 형법총칙의 공범규정이 적용되는가의 문제는 집단 밖에서 소요행위에 관여한 자에 관하여 일어나는데, 共同正犯을 제외하고는 그 적용이 있다고 본다(多數說).

소 원(訴願) 〔獨〕 Beschwerde, Rekurs 〔佛〕 recours 행정심판의 구법상의 용어. 1984년 訴願法이 폐지되고 행정심판법이 이에 대치·제정되었다.

소원전치주의(訴願前置主義) 행정처분에 대하여 법률의 규정에 의하여 행정청에 대한 소원 등 불복신청을 할 수 있게 되어있는 경우에는 먼저 이에 대한 裁決 등을 거친 후가 아니면 行政訴訟(특히 抗告訴訟)을 제기할 수 없도록 하는 주의를 말한다. 그러나 1984년 12월 15일 법률 제3754호 행정소송법의 전문개정으로 구법상의 용어가 되었다. → 행정심판전치주의

소유권(所有權) 〔英〕 property, ownership 〔獨〕 Eigentum 〔佛〕 propriété 目的物을 전면적 · 일반적으로 지배하는 物權이며, 소유자는 그 소유물을 자유로이 사용 · 수익 · 처분할 수 있다(民 211). 재산권의 基柱를 이루며, 물건을 부분적 · 일시적으로 지배하는 制限物權과 대립된다. 제한물권이 설정되면 소유권의 내용은 공허에 가깝게 되는 일이 있지만(특히 地上權 · 傳貰權의 경우) 그것은 소유자의 자유로운 처분의 결과일 뿐만 아니라 제한물권이 소멸하면 도로 원만한 상태로 회복된다(탄력성). 소유권에는 존속기간이 있을 수 없고, 또 소유권은 소멸시효에 걸리지 않는다. 소유권, 그 중에서도 특히 不動産所有權은 중세에 있어서는 여러가지 구속을 받았었으나, 근대적 소유권은 그러한 구속을 벗어나서 自由所有權으로서 확립되었다. 근대사회에 있어서는 소유권은 자본주의의 기초를 이루며, 헌법(憲 23 참조) · 형법에 의하여 강력한 보호를 받는다. 그러나 자본으로서 작용하는 소유권의 집중과 더불어 공공의 복리를 위하여 그 恣意的인 행사를 제한하는 경향이 강하게 되었다. 1789년의 프랑스의 인권선언은 소유권을 신성불가침이라고 했었는데, 1919년의 독일의 바이마르 헌법은 소유권은 의무를 지운다고 한 것이 이 추이를 보여준다. 그래서 오늘날에 있어서는 소유권의 행사는 權利濫用의 法理에 의하여 제약을 받는 동시에, 각종의 법규에 의하여 여러가지의 통제 · 제한을 받는다. → 분할소유권, 공동소유

소유권유보계약(所有權留保契約) 動産의 매매에 있어서 이미 인도를 하였지만 매도인이 매매대금의 전부를 지급받을 때까지 소유권을 유보하는 계약. 피아노 · 자동차의 매매 등 고가의 동산매매에 있어서 대금의 分割支給을 약정하는 반면, 목적물의 소유권을 代金完結時까지 매도인에게 유보하는 특약을 하는 일이 많은데(→ 분할지급약관부매매), 매수인은 전액을 지급할 때까지 매도인의 소유물을 빌리는 형식으로 된다. 매수인은 대금완급시까지는 條件附權利(期待權)를 가지는데 그치고 목적물을 처분할 수 없으며, 매도인도 매수인의 기대권을 해할 수 없다. 소유권유보계약은 매도인의 代金請求權을 담보하는 작용을 한다. 독일민법은 명문으로 동산에 관하여서만 소유권유보계약을 인정하고 있는데(獨民 455 참조), 物權變動에 관하여 形式主義를 취하고 있는 우리 민법의 경우에도 마찬가지로 해하여야 할 것이다.

소유권이전등기(所有權移轉登記) **등 신청의무**(申請義務) 부동산의 소유권이전을 내용으로 하는 계약을 체결한 자는 계약의 당사자가 서로 대가적인 채무를 부담하는 경우에는 反對給付의 이행이 완료된 날부터, 계약당사자의 일방만이 채무를 부담하는 경우에는 그 계약의 효력이 발생한 날부터 60일 이내에 소유권이전등기를 신청하여야 한다(그 계약이 취소, 해제되거나 무효인 경우에는 제외)(不動産登記特別措置法 2). 이때, 부동산의 소유권을 이전받을 것을 내용으로 하는 계약을 체결한 자가 정하여진 날 이후 그 부동산에 대하여 다시 제3자와 소유권이전을 내용으로 하는 계약이나 제3자에게 契約當事者의 지위를 이전하는 계약을 체결하고자 할 때에는 그 제3자와 계약을 체결하기 전에 먼저 체결된 계약에 따라 소유권이전등기를 신청하여야 하며, 정하여진 날 이전에 그 부동산에 대하여 다시 제3자와 소유권이전을 내용으로 하는 계약을 체결한 때에는 먼저 체결된 계약의 반대급부의 이행이 완료되거나 계약의 효력이 발생한 날부터 60일 이내에 먼저 체결된 계약에 따라 소유권이전등기를 신청하여야 한다. 그리고, 소유권보존등기가 되어 있지 아니한 부동산에 대하여 소유권이전을 내용으로 하는 계약을 체결한 자는 부동산등기법 130조 또는 131조의 규정에 의하여 소유권보존등기를 신청할 수 있음에도 이를 하지 아니한 채 계약을 체결한 경우에는 그 계약을 체결한 날부터, 계약을 체결한 후에 부동산등기법 130조 또는 131조의 규정에 의하여 所有權保存登記를 신청할 수 있게 된 경우에는 소유권보존등기를 신청할 수 있게 된 날부터 60일 이내에 소유권보존등기를 신청하여야 한다.

소유권절대(所有權絶對)**의 원칙**(原則) 〔獨〕 Unantastbarkeit des Eigentums 〔佛〕 absolutisme de propriété 소유권은 國家 이전, 法 이전에 존립하는 신성불가침한 것이며, 국가에 의해서도 아무런 구속 · 제약을 받지 않는다는 원칙. 소유권 뿐만 아니라 모든 재산권에 관해서도 마찬가지로 생각되어야 한다는 의미에서 私有財産(權)絶對의 原則이라고도 한다. 契約自由의 原則(私的自治의 原則)과 더불어 프랑스민법 이래의 근대사법의 기본적 원칙을 이루고 있다. 그러나 자본주의 경제가 고도로 발달하고 사회성원간의 빈부의 격차가 심해지자 소유권은 공공복리를 위하여 의무를 수반한다는 요청을 낳고, 적어도 現象的으로는 그 절대성에 여러가지의 제약 · 수정을 가하게끔 되었다(憲 23, 民 211 · 212 참조).

소유권주의(所有權主義) → 꼰솔라또 델 마레

소유물반환청구권(所有物返還請求權) 〔羅〕 rei vindicatio 〔獨〕 Herausgabeanspruch (Vindikationsklage) des Eigentümers 목적물

의 점유를 상실한 소유자가 그 목적물을 점유함으로써 소유자의 점유를 방해하고 있는 자에 대하여 그 반환을 청구하는 권리(民 213). 이 권리는 소유권에서 파생되는 것으로서 物權的 請求權의 한 형태이다(→물권적 청구권). 그러나 점유자가 그 물건을 점유할 권리를 가지고 있는 때에는 그 반환을 거절할 수 있음은 물론이다(213 但).

소유물방해예방청구권(所有物妨害豫防請求權) 소유권의 지배상태를 방해당할 염려있는 자가 방해할 염려있는 사실을 그 지배내에 가지고 있는 자에 대하여 방해의 예방 또는 損害賠償의 擔保를 청구하는 권리(民 214 後). 이 권리는 소유권에서 파생되는 것으로서 물권적 청구권의 한 형태이다. →물권적 청구권, 방해예방청구권

소유물방해제거청구권(所有物妨害除去請求權) 〔羅〕 actio negatoria 〔獨〕 negatorischer Anspruch, Eigentumsfreiheitsanspruch 〔佛〕 action négatoire 점유의 상실 이외의 사정으로 소유물의 지배상태를 방해하고 있는 자가 방해를 일으키고 있는 사실을 그 지배내에 가지고 있는 자에 대하여 그 방해의 제거를 청구하는 권리(民 214 前). 이 권리는 所有權에서 파생되는 것으로서 물권적 청구권의 한 형태이다. →물권적 청구권, 방해제거청구권

소유(所有)의 의사(意思) 〔羅〕 animus domini 〔獨〕 Wille, die Sache als eigen zu haben 물건을 자기의 소유물로서 지배하려는 의사. 占有權이 성립하려면 물건을 사실상 지배함으로써 족하고 소유의 의사를 요하지 않는다(民 192 I). 소유의 의사를 가지고 하는 점유는 自主占有라고 부르고, 取得時效(245, 246), 無主物先占(252), 점유자의 回復者에 대한 책임(202) 등에서 특별한 법률효과를 부여하고 있다. 그리고 점유자는 소유의 의사로 점유하는 것으로 추정된다(197 I).

소유자저당(所有者抵當) 〔獨〕 Eigentümerhypothek 부동산의 소유자가 그 부동산 위에 자기 자신이 抵當權을 갖는 것. 예컨대 채무자 丙에 대한 甲乙 2인의 채권자가 동일부동산 위에 각각 1번 2번의 저당권을 가지는 경우에 병이 갑의 지위를 승계한다든가(相續·會社合併 등), 병이 갑에게 변제한다든가 또는 甲丙간의 임차계약이 무효이었다든가 하는 경우에 병이 자기의 부동산 위에 1번저당권을 보류하는 것이 그 주요한 예이다. 상기의 예는 보통의 抵當權(他主抵當)(Fremdhypothek)이 소유자저당으로 전환한 後發的 所有者抵當(die nachträgliche Eigentümerhypothek)이지만, 처음부터 소유자저당으로 성립한 原初的 所有者抵當(die ursprüngliche Eigentümerhypothek)도 있다. 전자는 다시 피담보채권을 수반하는 것(진정한 소유자저당)과 이것을 수반치 않는 것(이론상은 所有者土地債務(Eigentümergrundschuld)라 불러야 할 것)으로 나누어진다. 소유자저당은 독일민법에서 인정되고 있는데, 이는 後順位抵當權의 순위승진을 방지하고(순위승진을 인정하면 후순위물권은 순위의 상승으로 부당하게 이익을 얻게 된다), 토지소유자를 위하여 순위를 확보하여 주며, 또한 새로이 저당권을 설정하는 절차를 생략하고 비용을 절약함으로써 저당권의 유통에 공헌하고 저당권의 이용을 촉진하기 위한 것이다. 우리 민법에서는 저당권의 附從性이 강조되고 物權混同의 原則이 채용되고 있는 결과로, 소유자저당은 혼동에서의 약간의 예외를 제외하고는(民 191) 원칙적으로 성립하지 아니한다.

소(訴)의 변경(變更) 〔獨〕 Klageänderung 소송중에 원고가 심판의 대상인 청구를 변경하는 것(民訴 235, 236). 請求의 變更이라고도 한다. 청구 그 자체의 변경일 것을 요하고 청구를 이유있게 하기 위한 공격방어방법의 변경(예를 들면 所有權確認請求訴訟에서 所有權取得原因의 주장을 변경하는 것)은 소의 변경이 아니다. 소의 변경에는 종래의 구청구를 철회하고 새로운 청구를 하는 交換的 變更과 구청구를 유지하면서 신청구를 제기하는 追加的 變更이 있다. 구시대의 소송법은 소의 변경을 엄격히 금지하는 태도를 취하였으나(訴訟物의 恒定), 이것은 도리어 訴訟經濟에 반하므로 근대법은 합리적 범위에서 이를 허용한다. 민사소송법은 事實審의 변론종결 전이면, 원고는 청구의 기초를 변경하지 않는 것과 현저하게 소송을 지연하지 않을 것을 조건으로 하여 소의 변경을 허용하고 있다(235). 소의 변경은 서면에 의하지 않으면 안되며(235 II), 이 서면은 새로운 청구의 訴狀에 해당하는 것으로 통상의 소송과 같이 이것이 피고에 송달되어 비로소 신청구의 訴訟係屬이 생긴다(235 III). 법원은 소의 변경이 그 요건을 결여하였다고 인정할 때는 신청 또는 직권에 의하여 변경을 허하지 않는 취지의 결정을 하지 않으면 안된다(236). 이 결정은 중간재판의 성질을 가진 것으로 이에 대해서는 독립하여 불복신청할 수 없고, 終局判決에 대한 상소에 의하여 다투지 않으면 안된다. 형사소송절차에 있어서는 公訴狀의 變更이 이에 상응하는 제도이다.

소(訴)의 병합(倂合) 〔獨〕 klagenhäufung, Klagenverbindung 하나의 민사소송절차에 있어서 심판의 대상인 청구가 여러 개 존재한다든지, 또는 당사자인 원고나 피고의 어느 한편이 여

러명 있거나 혹은 그 다른 한편이 여러 명이 있는 경우, 單一의 訴에 대한 말이다. 병합된 소는 동일한 절차로 심판하는 것이 원칙이며, 이에 의하여 당사자의 소송수행상의 편의가 있고 또한 심리중복이나 재판의 모순이 생기는 것을 피할 수 있는 장점이 있으나, 함부로 이를 인정하면 오히려 심리의 착잡, 소송의 지연을 일으킬 염려가 있으므로 법정의 요건이 있을 때만 허용된다. 이를 併合要件이라 한다. 당사자가 복수인 소의 主觀的 併合과 청구가 복수인 소의 客觀的 併合이 있다. →공동소송, 청구의 병합

소(訴)의 제기(提起) 〔獨〕 Klageerhebung 소의 제기는 원칙적으로 원고가 소장을 관할법원에 제출함으로써 행하여진다(民訴 226, 227). 소장에는 訴訟主體(당사자·법정대리인), 청구의 취지 및 원인이 표시되어야 하며(訴狀의 필요적 기재사항), 訴訟物價額에 따른 법원의 印紙를 貼用해야 한다. 피고에게 송달하기 위하여 피고인수의 副本을 첨부하고, 송달의 비용을 豫納하여야 한다(106). 소의 변경(235Ⅰ), 中間確認의 소(237Ⅰ), 反訴(242, 243), 獨立當事者參加(72, 76) 등에는 소장에 준하는 서면을 제출함으로써 소가 제기된 것이 되고, 소액사건에 관한 소는 口述提訴 또는 任意出席에 의한 제소를 할 수 있다(少額事件審判法 4, 5). 소제기에 의하여 소송법상 소송계속의 효과가 발생하고, 실체법상으로는 민법 기타 실체법상의 효과가 발생한다. ① 재판상의 청구는 時效의 中斷(Unterbre-chung der Verjährung)이 되고(民 168), ② 어음법상의 상환청구권의 소멸시효의 起算點(어음 70Ⅲ)이고, ③ 패소한 선의점유자를 악의로 擬制하는 기준시(民 197Ⅱ)이며, ④ 소의 제기로 除斥期間 준수의 효과(商 184Ⅰ·236Ⅱ·376Ⅰ, 民 204Ⅲ·205Ⅰ·Ⅱ·206Ⅱ)가 생기고, ⑤ 이혼소송의 제기는 간통고소의 요건이 된다(刑訴 229Ⅰ).

소(訴)의 취하(取下) 〔獨〕 Zurücknahme der Klage 제기한 소의 전부 또는 일부를 철회한다는 원고의 법원에 대한 의사표시. 취하는 서면으로 하는 것이 원칙이지만, 변론 또는 준비절차에서 구술로써 행할 수도 있다(民訴 239Ⅲ). 소장이 송달된 뒤에는 취하의 서면을 피고에게 송달하지 않으면 안된다(239Ⅳ). 취하는 소에 대한 終局判決이 확정할 때까지 할 수 있다(239Ⅰ). 따라서 판결선고 후라도 상급심에 있어서도 소의 취하가 가능하다. 다만 피고가 本案에 관한 준비서면을 제출하거나 준비절차에서 진술하거나 변론을 한 후에는 訴의 취하에 대해서 피고의 동의가 필요하다(239Ⅱ). 소의 취하가 있으면 그 부분에 대해서 소송은 최초로부터 係屬되지 아니한 것으로 간주하고(240Ⅰ), 그 때까지 한 소송행위도 전혀 하지 않은 것으로 된다. 그리고 또 청구의 當否에 대하여 종국판결이 있은 뒤에 소를 취하한 자는 다시 동일한 소를 제기하지 못한다(240Ⅱ)(再訴의 禁止). 동일한 소라 함은 당사자가 동일하고 소의 대상이 된 권리관계도 동일하여야 하지만, 그와 동시에 원고가 소를 제기하게 된 사정에 있어서도 같은 것이 필요하다. 소의 취하가 있었느냐 없었느냐, 또 그것이 유효한가 아닌가 대해서는 법원은 직권으로 조사하여야 한다. 당사자쌍방이 辯論期日에 출석하지 아니하거나 출석하여도 변론을 행하지 않을 때는 재판장은 직권으로 新期日을 정한다. 이 신기일 또는 그 후의 기일에 당사자쌍방이 출석하지 아니하거나 변론을 하지 아니한 때는 1월내에 기일지정의 신청을 하지 아니하면 소의 취하가 있는 것으로 본다(241Ⅰ·Ⅱ). →의제적 소취하

소 인(訴因) 〔英〕 count 심판의 대상으로서, 공소장에 표시해야 할 公訴事實을 일정한 범죄구성요건에 해당시켜 법률적으로 구성한 것. 우리 형사소송법은 이 말을 직접 쓰고 있지는 않으나, 동법 298조 1항의 공소사실은 바로 이 소인을 의미하는 것이다(→공소사실). 영미법상의 count를 모방한 관념이다. 訴因과 公訴事實과의 관계에 관하여는 학설상 반드시 명백하게 되어 있다고 하기는 힘들다. 유력한 설에 의하면, 공소사실은 소인으로서 표시된 범죄구성사실을 실체형성의 면에 있어서 관념한 것이고, 소인은 소송수행의 면에 있어서의 공소사실이라고 하고 있으며, 또 다른 설은 공소사실은 潛在的 審判의 대상이고 소인은 現實的 審判의 대상이라고 설명한다. 이러한 설을 살펴볼 때에는, 공소사실과 소인과는 원래 별개의 것은 아니고, 공소사실은 범죄사실의 실체임에 대하여, 소인은 그 실체의 표시 또는 표시방법이라고 생각하는 것이 좋다고 생각한다. 따라서 논리적으로는 공소사실은 소인에 의하여 표시되기 이전의 사실이라고 하지 않을 수 없으며, 소인에 비하여 法律構成的으로 보다 막연한 것이라고 하는 것이 된다. →공소사실

소인(訴因)의 예비적·택일적 기재(豫備的·擇一的記載) →공소장의 예비적·택일적 기재

소인(訴因)의 추가·철회·변경(追加·撤回·變更) →공소장의 변경

소 작(小作) 〔英〕 tenancy 莊園制度가 무너짐과 동시에 地主制가 시작하면서 발생한 제

도. 스스로 경작의 경영을 하지 않거나 경작의 경영을 하지 못할 경우에 토지의 사용·수익을 타인에게 빌려주어 실제적으로 경영시키고 자기는 그 대가로서 소작료를 받는 것. 여러가지 형태가 있으나 보편적으로 永小作權에 의한 것과 그 이외의 단순한 채권적인 임대차관계가 있다.

소작권(小作權) 경작권으로서 소작료를 지불하고 남의 농지를 경작하여 수익하는 권리를 말한다. 이같은 소작권에는 구민법상 永小作權과 賃借小作權이 있었다. 영소작권이란 구민법상 永小作料를 지불하고 다른 사람의 농지를 경작 또는 목축을 할 수 있는 권리로서 物權的 强行性을 가지고 있었기 때문에 지주의 마음대로 일방적 처리를 할 수 없는 제약이 가해졌다. 이에 비하여 임차권은 강행성을 갖지 못하였기 때문에 소작지를 매수한 新地主나 物權取得者에게 대항력을 갖지 못한 매우 불안한 지위에 있을 수밖에 없었다. 당시 이를 강화한 법령이 朝鮮民事令이고, 이 법령에 의하여 農地賃借權(賃借小作權)이 강화됨으로써 신지주나 소작지상의 물권취득자에 대한 대항력을 갖게 되었다. 현행 農地法(22~29)상 농지의 임대차계약은 상대방의 동의없이는 당사자의 일방이 이를 해지할 수 없으며, 賃借農地의 讓受人은 이 법의 규정에 의한 임대인의 지위를 승계한 것으로 보고, 임대인이 임대차기간 만료전 3월까지 임대인에 대하여 그 갱신의 거절 또는 임대차조건의 변경의 뜻을 통지하지 아니한 경우에는 그 기간이 만료된 때에 종전의 임대차와 동일한 조건으로 다시 임대차한 것으로 보며, 농지임대차에 있어서 임대인의 권익을 보호하고 있다.

소작쟁의(小作爭議) 小作料·小作權 기타 소작관계로 인한 지주와 소작인간의 분쟁. 종전에 우리나라에 있어서의 소작제도는 허다한 결함, 즉 지주와 소작인의 지위의 현격한 차이, 대지주의 도시집중으로 인한 소작관리제도에서 파생하는 중간착취(→부재지주), 不定期小作, 小作契約關係의 상속의 불인정, 打租·執租 등의 원시적 방법에 의한 소작료의 고율, 舍音의 보수 등의 부담으로 인한 소작인의 무거운 중압에서 농촌경제의 핍박을 초래하였고, 제1차세계대전후의 일반사회사상의 변천과 더불어 각지에서 소작쟁의가 발생하였다. 특히 1922년에는 서울에 小作人相助會가 조직되고, 1923년에는 사회주의단체인 在東京北星會의 활동 등으로 소작쟁의의 발생은 격증하였다. 그 뒤 소작인의 경제는 농업공황으로 점차 핍박하여져 쟁의건수는 매년 증가하였다. 이리하여 이에 대한 대책으로서 1928년 2월에는 조선총독부에 임시소작조사위원회를 설치하여 소작제도의 개선에 관한 조사를 하게 하고 그의 권고에 따라 소작관행개선요강을 결정하여 소작관행상의 폐해제거에 노력하였고, 1932년에는 朝鮮小作調停令을 제정하여 소작쟁의의 합리적 해결을 기도하였다. 1934년에는 실체법인 소작법으로서 朝鮮農地令(1934년 4월 11일 制令 제5호)을 제정하여 소작쟁의의 근원을 제거함으로써 소작쟁의의 발생을 미연에 방지하려고 하였으나, 일본의 식량이 한국의 미곡증산에 의존하게 되었고 한국의 미곡증산은 오직 한국민의 희생으로써만 가능하였던 만큼 고율의 小作料·舍音制度 같은 착취적인 소작관계는 청산되지 못하였다. 우리나라에서 행하여진 쟁의의 수단으로는 소작인편에는 小作料不納同盟·공동경작·시위운동 등이 있었고, 지주편에서는 立稻假押留·토지출입금지가처분 등이 있었다. 소작쟁의에 대한 당시 관헌의 탄압은 극히 심하였다.

소 장(訴狀) 〔獨〕 Klageschrift 소를 제기하기 위하여 제1심법원에 제출하여야 할 서면(民訴 226). 소장에는 法院記載事項인 당사자, 법정대리인, 청구의 취지, 청구의 원인을 기재하여야 한다. 準備書面에 기재하여야 할 사항을 여기에 기재할 수 있으며, 또한 기재하는 것이 보통이다. 소장에는 이를 작성한 원고 또는 그 대리인이 기명날인하여야 하고, 소송물의 價額에 따라 所要印紙를 貼用하여야 한다(民訴 231Ⅰ, 民印 2 이하). 不適式한 소장으로 흠결의 보정을 할 수 없는 것은 재판장의 명령으로 각하된다(民訴 231Ⅱ). 소장은 피고에게 송달되므로(232), 원고는 피고의 수에 상당한 謄本을 첨부하여야 한다.

소재신문·임상신문(所在訊問·臨床訊問) 법원이 증인의 현재지에서 그 증인을 신문하는 것을 소재심문이라 하고, 특히 병상중에 있는 증인에 대한 소재신문을 임상신문이라 한다. 證人訊問은 공판정에서 행하는 것을 원칙으로 하지만, 예외적으로 법률은 엄격한 조건하에 공판정에서의 증인신문을 허용하고 있다(刑訴 165).

소재지법(所在地法) 〔羅〕 lex rei sitae 물건이 존재하는 장소의 법률. 국제사법상 물권관계의 準據法으로서 인정되고 있다. 부동산에 관한 물권 및 그 득실에 관하여 부동산소재지법이 적용되어야 한다는 것은 이탈리아의 法則區別說 이래 일반적으로 인정되어 온 바이지만, 동산에 관하여는, 動産은 사람에 따른다(mobilia personam sequuntur)는 원칙에 의하여 주소지법에 의하기로 하는 것이 19세기초에 이르기까지 일반적으로 인정되고 있었다. 그러나 그러한 경우에도 주소지법 적용의 근거에 관하여는 일치된 학설이 있은 것은 아니고,

때로는 屬人法으로서 주소지법이 적용되었고, 또 때로는 동산은 소유자의 주소지에 존재한다는 擬制에 의하여 주소지법이 적용되기도 하였다. 오늘날에 있어서도 영국이나 미국과 같이 동산과 부동산에 따라서 국제사법상 다른 취급을 하는 국가가 있다. 우리나라 涉外私法은 동산 및 부동산에 관한 물권뿐만 아니라 채권이라 하더라도 등기하여야 할 권리는 그 목적물의 소재지법에 의하기로 하고, 그러한 권리의 득실변경은 그 원인된 행위 또는 사실이 완성할 때의 목적물의 소재지법에 의하기로 하고 있다(12).

소제기(訴提起)**의 의제**(擬制) 소의 제기가 있은 것으로 간주되는 것. 소의 제기는 소장을 법원에 제출하여 하는 것이 원칙이지만(民訴 226), 소장을 체출하지 아니하여도 다음의 경우에는 소의 제기가 있은 것으로 본다. ① 支給命令에 대하여 적법한 이의신청이 있은 때에는 지급명령을 신청한 때에 소를 제기한 것으로 간주한다(444). ② 제소전의 和解節次에 있어서 화해가 성립하지 아니한 경우에, 적법한 제소신청이 있을 때에는 和解申請을 한 때에 소가 제기된 것으로 간주한다(358).

소제주의(消除主義) 〔獨〕 Löschungssystem 부동산이 競落되었을 때 압류채권자의 채권에 우선하는 부동산의 부담을 전부 소멸시키는 주의. 負擔消滅主義라고도 한다. 독일보통법 및 독일각주의 경매법에서 채용되었던 제도이다. 이 소제주의는 경매에 의하여 한꺼번에 모든 物上負擔을 소멸시키므로 매수인되는 競落人은 안심하고 경락부동산을 매수할 수 있을 뿐 아니라 여러 차례에 걸친 압류채권자의 각기 換價手段에 의할 때에 발생할 비용을 절약할 수 있는 장점이 있으나, 한편 각 담보권자는 그 희망하지 아니한 때에 투자액의 회수를 강요당하기 때문에 담보물권의 투자가치가 훼손당할 뿐 아니라 때로는 市價아닌 경락때문에 그 자산회수의 목적을 달하기 불능할 때도 있겠고 따라서 압류채권자에게 배당할 잉여가 없음에도 불구하고 공연한 경매를 하게 되는 단점이 있다. 우리나라에서는 消除主義·剩餘主義·引受主義의 세 가지를 병행채용하고 있다고 할 수 있다(民訴 608Ⅰ). → 잉여주의, 인수주의

소 지(所志) 民狀 또는 訟牒이라고도 하며, 그 내용으로 보아 금일의 소장, 소원장 또는 고소장 등에 해당한다고 볼 수 있다. 詞訟衙門에 제출하고 그 판단을 받기 위한 것이다. 소지에 기재된 陳情趣旨를 狀辭라고 하며 諺書(한글)도 可하다. 소지는 반드시 본인이 출두하여 제출해야 하며 未開坐時(직무시간 외)에도 제출할 수 있고 제출되는 대로 즉시 呈上해야 한다. 所志에는 관례상 일정한 형식이 있는 것으로, 서두에 소재와 성명(元告)을 쓰고 右謹陳所志矣段, 矣身云云으로 문장을 개시하여 진정사항을 기입하고 별행으로 行下向教是事, 某官處分으로 끝맺는 것이 원칙이며, 詞訟衙門에서 소지를 접수하고 이유있다고 보면 捉來對卞, 率來對卞, 推閱次捉來, 依所訴許施向事 등의 題辭를 붙이고 연월일과 官署를 하여 교부하는 것이다. 조사할 필요가 있으면 狀辭有難準信, 兩造推閱宜當, 農節에 제소되고 서두를 성질의 사건이 아닌 것은 待秋更呈, 待豊更呈 등의 제사를 붙인다. 題辭는 其題辭勿煩題四五字를 원칙으로 하며 십여개의 常套例題가 있어 이에 의하여 刑房이 처리하는 것이다.

소 지(所持) [1] 〔獨〕 Detention, Innehabung 〔佛〕 détention 사법상으로는 證書(유가증권 또는 영수증)에 대하여, 그것을 타인에게 제시할 수 있을 만한 공간적 관계에 있어서, 사실상의 지배를 가짐을 말한다(民 471, 512~514 등, 商 131·158·816 등, 手票 17·22 등, 어음 14·16 등). 순수히 空間的 關係를 의미하는 점에 있어서 占有와 다르고 保管과 같다. 순수히 공간적 관계를 의미하기 때문에, 間接占有와 같은 관념화는 있을 수 없고, 법인은 소지의 주체가 될 수 없으며, 또 소지는 양도되거나 상속될 수 없다. 그러나 보관과도 다른 점은 보관은 그 지배가 타인을 위한 것임에 반하여, 소지는 자기를 위한 것이라는 데에 있다. 구민법하에서는 所持(〔羅〕 detentio)는 점유의 體素를 가리켰는데, 민법은 점유의 개념에 관하여 객관주의를 취하여 心素를 요하지 않기 때문에 이 의미의 소지와 점유와를 구별할 수 없게 되었으므로, 이 의미의 소지라는 말은 현행법에서는 대체로 쓰이지 않는다. 다만 형법에서 말하는 소지는 아직 대체로 이 의미이다.

[2] 〔羅〕 detentio 형법에서 소지라고 하는 것은(198, 199, 205, 244) 대체로 구민법상의 占有의 體素로서의 소지를 의미하며, 그것은 대체로 현행법상의 직접점유에서 상속으로 취득한 직접점유를 제외한 것에 해당한다. 따라서 간접소지는 인정되지 않으며, 점유보조자도 사실상의 실력적 지배를 가지는 이상 그 독자적인 점유가 인정된다. 그러나 상속에 의한 점유의 승계는 인정되지 아니한다.

소지인출급식증권(所持人出給式證券) 〔獨〕 Inhaberpapier 증권상에 특정인을 권리자로 기재하지 아니하고 증권의 소지인을 권리자로 하는 유가증권. 증권의 소지인이 권리자라는 뜻을 기재할 경우도 있고, 권리자에 대하여 전연 기재가 없

는 경우도 있다. 증권상에 명칭이 기재된 자 또는 증권의 소지인을 권리자로 하는 뜻의 기재가 있는 유가증권을 選擇所持人出給式證券이라고 하며, 수표법은 선택소지인출급식수표를 所持人出給式手票로 본다(5Ⅲ). 상법은 所持人出給式株式(357)과 社債券(480)을 인정하고 있다. 또한 수표에는 소지인출급식 또는 선택소지인출급식이 인정되나(手票 5), 어음에 있어서는 指命式 또는 指示式만이 인정되고, 소지인출급식 또는 선택소지인출급식은 인정되지 않는다(어음 1, 2Ⅰ, 75, 76Ⅰ). 그 이유는 신용증권인 어음이 통화와 유사한 기능을 하는 것을 저지하는데 있다고 해석한다.

소 질(素質) 〔英〕·〔佛〕 disposition 〔獨〕 Anlage 태어나면서부터의 고유한 性向. 刑事學에서는 자연적 원인의 기초로서 중시하는데, 특히 犯罪人素質이라고도 한다. 犯罪人類學·犯罪生物學은 遺傳과 素質의 어떤 특성으로써 범죄인을 설명하려고 한다(또한 →생래범죄인, 일란성쌍생아). 자연과학적인 新派刑法學은 성격의 위험성이라는 표현에 의하여 소질의 行爲決定性·決定意思說을 주장하고, 근자에는 환경과의 상호관계에 의한 人格責任論의 母胎가 되었다. 소질의 動力學은 먼저 소질을 ① 遺傳的 素質(ererbte A.)과 ② 先天的 素質(angeborene A.) 및 ③ 獲得的 素質(erworbene A.)의 셋으로 구별하여, 이들에 관하여 ① 祖先의 遺傳質, ② 자궁 안의 영향, 즉 알콜이나 매독 기타 외상에 의한 胚種훼손이나 태아훼손, ③ 출산후의 個性的 性格曲線의 일정한 시기의 인격으로써 설명하고, 다음으로 점차 환경과의 상호작용의 동태를 인격형성의 과정으로서 보아, 행위의 인격적 잠재성과 가능성을 해명하려고 한다. 그래서 범죄인과 비범죄인과의 사이에는 대체로 근본적인 체질적·소질적인 차이가 없고 현실의 사회환경의 상황여하가 문제된다.

소 집(召集) 병역법상 국가가 병역의무자 중 예비역·보충역 또는 제2국민역에 대하여 現役服務 이외의 軍服務義務 또는 公益分野에서의 복무의무를 부과하는 것(兵役 5)을 말한다. 소집의 목적과 복무의 내용 및 기간 등에 따라, 상근예비역소집(21 이하), 공익근무요원소집(26 이하), 공중보건의사등(34 이하), 전문연구요원 및 산업기능요원(36 이하), 병력동원소집(44 이하), 병력동원훈련소집(49 이하), 교육소집(55, 56)으로 나눌 수 있다.

소집통지(召集通知) 상법상 주식회사의 주주총회·이사회·社債權者集會 및 사단법인·유한회사의 사원총회 등의 개최를 알리면서 출석을 요구하는 통지를 말한다. 특히 주주총회의 소집은 상법에 규정이 있는 경우 외에는 이사회가 이를 결정하며(商 362), 총회를 소집함에는 會日을 정하여 2주일 전에 각 주주에 대하여 서면으로 통지를 발송하여야 하며, 이 通知書에는 회의의 목적사항을 기재하여야 한다. 회사가 무기명식의 주권을 발행한 경우에는 회일의 3주일 전에 총회를 소집하는 뜻과 회의의 목적사항을 공고하여야 하는데, 의결권없는 주주에 대하여는 그러하지 아니한다(363). 만일 총회의 召集節次 또는 決議方法이 법령 또는 정관에 위반하거나 현저하게 불공정한 때에는 주주·이사 또는 감사는 결의의 날로부터 2월 내에 決議取消의 訴를 제기할 수 있다(376).

소 청(訴請) [1] 공무원법상 징계처분 기타 그의 의사에 반하는 불이익처분, 즉 降任·休職·免職·職位解除 등을 받은 자가 그 처분에 불복이 있는 경우에 관할소청심사위원회에 심사를 청구하는 行政審判(國公 76, 地公 67)을 말한다. 공무원에 대하여 징계처분을 할 때나 降任·휴직·직위해제 또는 면직처분을 할 때에는 處分權者 또는 處分提請權者는 처분의 사유를 기재한 설명서를 교부하게 하고, 그 처분사유설명서를 받은 공무원이 그 처분에 불복이 있을 때에는 징계처분·降任·휴직·직위해제 또는 면직처분에 대하여는 그 설명서를 받은 날로부터 20일 이내에, 그 이외의 그 의사에 반한 불이익한 처분을 받았을 때에는 그 처분이 있은 것을 안 날로부터 30일 이내에 訴請審查委員會에 심사를 청구할 수 있다. 소청심사위원회가 소청사건을 심사할 때에는 반드시 소청인 또는 그 대리인에게 진술의 기회를 주어야 한다(國公 13, 地公 18).

[2] 귀속재산처리에 관하여 이해관계인이 행하는 이의신청을 말한다. 이 경우에는 국세청에 설치된 歸屬財産訴請審議會에서 이를 심의·결정한다(歸財 39).

[3] 舊地方自治法에서 지방자치단체의 조례 또는 그 長의 명령이나 처분이 헌법 또는 법률에 위반된다고 인정될 때에 주민 100인 이상이 連書하여 그 취소 등을 구하던 민중쟁송적 직접청구를 말한다. 그러나 1988년 4월 6일 법률 제4004호로 전문 개정된 지방자치법에 따라 이는 請願(65 내지 68)으로 대체되었다.

소청심사위원회(訴請審查委員會) 공무원의 징계처분 그 밖에 그의 의사에 반한 불리한 처분에 대한 소청을 심사·결정함을 그 기능으로 하는 행정부·사법부·입법부에 각각 두는 審議機關(國公 9Ⅰ·Ⅱ), 위원장 1인을 포함한 위원 7인으로 구성하는 바(9Ⅲ), 위원은 상임과 비상임으로 구분된다. 임기 중 강력한 身分保障을 받는다(11).

소총회(小總會) 〔英〕 Little Assembly 국제연합총회가 부탁하는 사항, 특히 국제적 평화와 안전, 정치적 국제협력에 있어서, 총회를 원조하는 총회의 중요한 보조기관. 정식으로는 中間委員會(Interim Committee of the General Asssembly)라 한다. 매년 1회 열리는 중간기간에 常置되고, 총회를 구성하는 전가맹국의 대표로 구성된다. 1947년 제2회총회에서 1년에 한하여 설치되고, 1948년의 제3회총회에서 상설로 되었다. 국제평화와 안전에 관한 제1차적 기관으로서의 안전보장이사회는 거부권때문에 충분한 활동을 할 수 없으므로, 거부권이 없는 총회가 주목되어, 이 위원회가 설치되었다. →평화를 위한 통합결의

소 추(訴追) [1] 형사상의 소를 제기하여 수행하는 것. 起訴보다 넓은 개념이다. 이에는 國家訴追主義와 私人訴追主義가 있다. 전자는 국가기관의 탄핵에 의하여 형사절차가 개시되는 法制이며, 후자는 형사상의 소의 제기를 국가기관이 아닌 일반사인에 의하여 하게 하는 법제이고, 이는 다시 被害者訴追主義와 公衆訴追主義로 구분된다.

[2] 탄핵의 발의를 하여 파면을 구하는 행위(憲 65).

소추위원(訴追委員) 국회의 의결에 의하여 탄핵소추권을 행사하는 국정기관. 국회법제사법위원회의 위원장이 소추의원이 된다(憲裁 49Ⅰ). 소추위원은 헌법재판소에 訴追議決書의 正本을 제출하여 그 심판을 청구한다(49Ⅱ).

소취하계약(訴取下契約) 〔獨〕 Véreinbarungübec die Klagerücknahme 訴訟係屬 후 소송 외에서 원고가 피고에 대하여 소취하를 약속하는 합의를 말한다. 소취하의 합의에 대한 법적 성질에 관해서는 사법상의 계약으로 보는 私法契約說과 소송계약의 일종으로 보는 訴訟契約說이 대립되고 있는데, 전자가 판례와 다수설의 입장이다.

소취하(訴取下)**의 의제**(擬制) →의제적 소취하

소파산(小破産) 〔英〕 Small bankruptcy 〔獨〕 geringfügiger Konkurs, summarisches od. abgekürztes Konkursverfahren 통상의 파산에 비하여 절차나 기구를 간략화한 破産節次. 破産的淸算을 엄격히 행하자면 절차를 신중히 하고, 기구를 복잡하게 할 필요가 있지만, 파산재단이 소액인 경우까지 일률적으로 이를 쓴다는 것은 시간의 지체와 비용이 과다하게 들 것이므로, 따로 소규모적인 것을 쓰는 것이 적당하다. 현행법은 재단에 속하는 액이 50만원에 달하지 않은 경우를 소파산으로 취급한다. 즉, 파산선고에 즈음하여 財團에 속하는 재산액이 50만원에 달하지 아니한다고 인정하면, 법원은 이와 동시에 소파산의 결정을 하지 않으면 안된다(破 330). 또 통상의 破産節次開始 후에도 재산액이 50만원에 달하지 아니한 것이 판명되면 법원은 소파산의 결정을 할 수 있다(331). 이 경우는 裁量的이다.그리고 소파산절차 중에 재산액이 50만원 이상임을 발견했을 때는 소파산의 取消決定을 할 수 있다(332). 이러한 결정에 대하여는 不服申請을 할 수 없다(333). 소파산의 특칙으로는 ① 제1회 債權者集會期日과 債權調査期日과 채권조사기일과를 병합하는 것이 원칙이다(334). ② 監査委員을 두지 않는다(335). ③ 채권자집회는 제1회 채권자집회와 계산보고채권자집회 및 强制和議를 위하여 하는 채권자집회만을 열고 그 밖에는 법원의 결정으로 채권자집회의 결의에 갈음한다(336). ④ 配當은 1회에 한하고 최후에 배당절차에 의한다(337). ⑤ 公告는 게시만으로 족하다(338).

소파협정(協定) 〔英〕 Status of Forces Agreement (SOFA) →한미행정협정

소포우편물(小包郵便物) 통상우편물에 대한 개념. 信書 이외의 물건을 내용으로 하는 우편물로서, 그 포장의 표면의 보기 쉬운 곳에 소포의 문자를 기재한 것(郵便規則 49). 원칙적으로 信書는 소포우편물로 하거나 소포우편물에 合裝할 수 없다(郵 14 참조).

소해손(小海損) 〔英〕 petty average 〔獨〕 kleinc Haverei 〔佛〕 menues avaries 항해를 함에 있어 통상 생기는 손해 및 비용. 예컨대 선박의 자연적 소모, 연료의 소비, 入港稅 등 운송비에 산정되어 선박소유자가 당연히 부담하여야 하는 비용.

소 환(召還) 〔英〕 recall [1] 임기만료전에 선거민의 투표에 의하여 공무원을 파면시키는 제도. 直接民主政의 제도의 하나이다. 스위스 기타의 유럽에도 볼 수 있으나, 가장 전형적인 것은 미국의 주 또는 지방자치단체에서 실시되고 있는 것이다. 대개는 選擧公務員에 적용되나, 경우에 따라서는 임명제공무원에도 적용된다. 또 의회의 해산을 요구하는 의회의 리콜, 판결의 철회를 요구하는 판결의 리콜도 있다. →직접민주정

[2] 국제법상 派遣國의 명령에 의한 외교사절 또는 영사의 귀환. 파견국의 발의에 의하는 것이 보통이나, 접수국의 요구에 의하는 경우도 있다. 외교사절의 소환의 경우에는, 사절이 본국으로부터의

해임장을 接受國元首(대리공사의 경우는 외무장관)에게 제출하고 이것과 교환으로 信任答狀을 얻어 귀국한다.

소 환(召喚) 〔英〕 summons 〔獨〕 Ladung [1] 민사소송법상 일정한 기일에 출석할 취지의 특정한 소송관계인에 대한 법원의 요구. 당사자에 대해서 소송행위를 할 기회를 주고자 소환하는 일도 있고, 혹은 釋明·和解 또는 當事者本人訊問을 위해 특히 당사자본인의 출석을 명하고 소환하는 일도 있고(130 I i, 135 I), 또 제3자에 대해서도, 이를 증인 또는 감정인으로 신문하기 위해 소환하는 것도 있다(281, 301). 소환의 통상적인 방식은 법원서기관 또는 서기가 소환장을 작성하여 이를 송달하는 것이다(154 本). 소환장에는 사건 및 출석할 기일의 일시·장소를 표시하고, 이에 출석할 요구를 기재하여야 한다. 다만 당해 사건으로 인하여 출석한 자에 대하여는 소환장을 송달하여 소환할 필요는 없고, 期日指定이 있은 취지를 告知하면 된다. 예컨대 그 사건의 기일에 출석한 당사자에 대하여 재판장이 次回期日을 고지하거나 혹은 그 사건의 기록열람을 위해 출석한 자에 서기가 이를 고지하는 것과 같은 경우이다. 기일의 소환이 適式으로 되지 않는 한, 기일을 실시할 수 없고, 또 실시하여도 그 기일에 있어서의 소송행위는 위법으로 된다. 다만 소환의 흠결도 당사자의 責問權의 상실에 의하여 치유되는 것은 가능하다(140).

[2] 형사소송법상 법원이 피고인·증인 등에 대해서 일정한 일시에 법원 기타 일정한 장소에 출석할 것을 명하는 것(68, 142, 153, 177, 183). 소환에 응하지 않는 경우에는 拘引할 수 있는 효과가 있으며(70 I iii, 152), 증인에 대하여서는 過怠料·費用賠償(151)의 제재도 가할 수 있다. 강제처분의 일종이다. 소환을 함에는 소환장을 발부하여야 한다(73). 급속을 요하는 경우(80) 및 證據保全請求가 있는 경우(184)에는 재판장 또는 판사가 소환할 수도 있다. 형을 집행하기 위한 검사의 소환(473 I)은 여기서 말하는 소환과는 그 성질이 다르다.

소환장(召喚狀) 〔獨〕 Ladungsschrift [1] 민사소송법상 당사자나 그 밖의 소송관계인에 대하여, 기일을 고지하여 출석을 명하는 뜻을 기재한 서면. 구법에서는 이를 呼出狀이라 하였다. 期日召喚을 하기 위하여는 법원서기관 또는 서기가 소환장을 작성하여 이러한 사람들에게 송달하는 것이 원칙이지만, 당해 사건으로 인하여 출석한 자에 대하여는 기일을 고지하면 된다(民訴 154). 그리고 소송관계인이 재판장이 정한 기일에 출석할 것을 기재한 書面(出席應諾書)을 제출한 때에는 소환장의 송달과 동일한 효력이 있다(155).

[2] 형사소송법상 소환의 재판을 기재한 裁判書(73). 令狀의 일종이다. 소환장에는 피고인, 증인 등의 성명·주거·죄명·출석일시 및 장소와 정당한 사유없이 출석하지 아니하는 때에는 구속영장을 발부할 수 있음을 기재하고, 재판장 또는 受命法官이 기명날인하여(74, 153), 이를 송달하여야 한다(76).

속 구(屬具) 선박의 구성부분(예 : 선체·기관 등)이 아니고 독립한 물건으로 선박의 상용에 제공하기 위하여 선박에 부속시킨 것. 닻(錠錯), 보트(端舟) 따위가 이것이며, 이른바 從物(民 100)임을 표시하는 해상법상의 용어(商 742).

속구목록(屬具目錄) 船長이 선내에 비치하여야 할 서류의 하나(船員 20 I vi).

속 국(屬國) 主權國의 의사에 의하여 일부 주권국으로 된 것. 이것이 被保護國과 다른 점은 피보호국은 임의로 조약을 체결할 수 있는데 반하여 속국은 自國의 의사에 의하지 않고 예속된 주권국의 의사에 의하여 일부 주권국으로 되는 것이다.

속달우편(速達郵便) 우편물의 특수취급제도의 하나. 당해 우편물을 다른 우편물에 우선하여 송달하는 것. 배달우편국으로부터 陸路 4Km 이내의 장소에 한정되는 것이 보통이다.

속대전(續大典) 영조가 經國大典 이후에 반포된 전후 大典續錄·受教輯錄·典錄通考 등을 비롯하여 그 뒤의 각종 受教條例를 수집하여 편찬한 단일법전. 조선시대 제2의 基本法典. 속대전이 완성된 것이 영조 20년이고, 간행된 것이 동 22년 4월이다. 간행과 동시 校正堂上 具宅奎가 加資한 것을 보면 구택규가 편찬의 핵심이었던 것 같다. 내용은 吏·戶·禮·兵·刑·工 六典의 6권이다.

속심주의(續審主義) 제1심의 審理節次와 訴訟資料를 전제로 하면서 다시 이를 속행하여 신자료의 추가를 인정한 상태에서 제1심판결의 당부를 심판하는 抗訴審의 구조를 말한다. 이는 독일법이 채택한 바이고 민사소송법도 이에 따르고 있다. 이에 대하여 우리 舊刑事抗訴審과 같이 제1심의 심리와 소송자료와는 관계없이 항소심에서 새로이 자료를 수집하는 覆審主義가 있고, 또 오스트리아 민사소송법과 같이 제1심소송자료를 기초로 하여 심판할 뿐, 新事實의 추가를 허용하지 않는 채 원판결의 당부를 심판하는 制限抗訴主義가 있다. 속심주의는 제1심의 변론을 전제하여 심리를 재개하고 속행하는 것이므로 제1심에서 한 소송행위와 준비절차는 다 함께 항소심에서도 효력을 가진다(民訴 379, 380). 따라서 제1심에 있어서의 일체의 변론 결과는 이를 항소심의 변론에 現出하여야 하며(377 Ⅱ), 이로써 제1심에 나타난 소송자료는 항소심에서의 소송자료가 되는 것이다. 항소심에서는 당사자는 다시 그 변론의 종결에 이르기까지 제1심에서 제출하지 아니한 소송자료를 제출할 기회가 부여된다(136). 이를 항소심에 있어서의 辯論의 更新權이라 하는데, 갱신권을 무제한으로 인정한다면 당사자에게 제1심을 경시하게 되는 것이 되고, 소송을 지연시키며 또 재판의 적정을 해할 염려가 있다. 이는 민사소송법 138조·259조에 의해 제약을 받는다.

속인법(屬人法) 〔羅〕 statuta personalia 〔英〕 personal law(statute) 〔獨〕 Personalstatut 〔佛〕 loi personnelle 사람에게 추종하여 적용되는 법률. 어떠한 법률을 속인법으로 인정할 것인가에 관하여는 住所地法主義와 本國法主義가 대립되어 있다. 프랑스민법 제정 이전에는 속인법은 언제나 주소지법이었지만, 동민법이 사람의 신분·능력에 관하여 本國法을 적용할 것으로 한 이래 본국법으로써 屬人法으로 하는 것이 유럽대륙제국의 國際私法上 점차 인정되게 되었다. 현재에 있어서는 영·미·남미의 다수국 및 스칸디나비아 제국은 주소지법주의를 채용하고, 유럽대륙의 다수국은 본국법주의를 채용하고 있다. 우리나라 섭외사법은 本國法主義를 채용하고 있다. 어떠한 사항이 속인법의 관할에 속하는가는 국가에 따라서 반드시 동일한 것은 아니다. 대체로 신분 및 능력에 관한 사항은 속인법의 관할에 속하는 것으로 하고 있다. 우리나라 섭외사법에서는 인사·친족 및 상속에 관한 사항을 원칙적으로 속인법인 본국법의 관할로 하고 있다.

속인법주의(屬人法主義) 〔英〕 doctrine of personal law(statute) 〔獨〕 System des persönlichen Rechts 〔佛〕 système de la loi personnelle 국제사법상 각종의 법률관계에 대하여 원칙적으로 속인법을 적용하는 주의. 19세기의 후반에 이탈리아에서 일어난 국제사법상의 한 學派(一 이탈리아학파)의 학자들에 의하여 주장된 주의이다. 즉, 이 학파의 학설에 의하면, 법은 원칙적으로 속인적이며, 따라서 사람이 어느 곳에 있는가를 불문하고 본국법의 적용을 받아야 한다고 한다. 또한 이 밖에 특정의 법률관계에 대하여 屬人法(本國法 또는 住所地法)을 적용하는 주의를 속인법주의라고 하는 경우도 있다. 예컨대 상속에 관한 속인법주의라고 하는 경우 등과 같다.

속인주의(屬人主義) 〔獨〕 Personalprinzip 法令, 특히 형법의 장소적 적용범위에 관한 한 主義. 犯罪地의 여하를 불문하고 자국민이 행한 범죄에 대하여는 자국의 형법을 적용하는 원칙이다. 이것은 사람이 속하는 국가에 따라 그 국가의 법이 적용된다는 입장에서 주장된다. 현행형법은 屬地主義의 보칙으로서 채용하고 있다(3).

속지법주의(屬地法主義) 〔英〕 doctrine of territorial law(statute) 〔獨〕 System der Territorialität 〔佛〕 système de la loi territoriale 법의 효력을 원칙적으로 속지적인 것으로 보고, 내국인이나 외국인이거나를 불문하고 원칙적으로 자국법의 적용을 인정하며, 오직 일정한 경우에 예외로서 외국법에 의할 것으로 하는 국제사법상의 주의. 16세기 프랑스의 國際私法學者 다로 장 뜨레의 학설이다. 그 학설을 지지한 17세기의 이른바 네덜란드학파의 학설도 이에 속한다. 오늘날 영·미의 국제사법학설도 比較的 屬地法主義的인 경향이 농후하다고 할 수 있다.

속지주의(屬地主義) 〔獨〕 Territorialprinzip 法令, 특히 형법의 場所的 適用範圍에 관한 한 주의. 범죄인의 國籍(내국인이건 외국인이건) 여하를 불문하고 자국영토내에서 행한 일체의 범죄에 대하여 자국의 형법을 적용하는 원칙이고, 국가의 주권은 그 領域內내에서만 존재한다는 사상에서 나온다. 현행형법은 이 주의를 원칙으로 하고 있다. 국외에 있는 내국선박·항공기내에서 범한 외국인의 범죄에도 대한민국영역에 준하여 우리나라 형법이 적용된다.

속행기일(續行期日) 법원이 辯論의 수행을 명령하는 경우에 정하는 기일. 법원은 訴訟關係를 명료하게 하기 위하여 필요한 진술을 할 수 없는 當事者 또는 代理人에게 진술을 금지하고 차후에 새 기일을 정하여 변론을 하게 할 수 있고, 또한 변호사의 선임을 명하여 할 수도 있다. 이 경우에는 본인에게 그 취지를 통지해야 한다(民訴 134).

속행명령(續行命令) 당사자가 일정기일 안에 소송절차의 신청을 하지 않을 경우에 재판장이 그 職權으로써 소송의 속행을 명령하는 재판 또는 결정(民訴 222).

손괴(損壞)**의 죄**(罪) 재물·문서·전자기록 등 特殊媒體記錄의 효용을 해하는 범죄(刑法各則 42章)(366~372)이며, 본죄의 보호법익은 그것의 이용가치이다. 재물문서손괴죄(刑 366)·공익건조물파괴죄(367)·중손괴죄(368)·특수손괴죄

(369)·경계침범죄(370)로 이루어진다. 이들의 죄는 不法領得의 의사가 없는 점에서, 절도·강도·사기·공갈·횡령 등의 領得罪와 다르다.

손상자부담금(損傷者負擔金) →부담금

손실보상(損失補償) →공법상의 손실보상

손익계산서(損益計算書) 〔英〕 income statement, profit and loss statement 〔獨〕 Gewinn- und Verlustrechnung 〔佛〕 compte de pertes et profits 전영업년도의 수입과 지출을 밝힌 계산서로서 대차대조표에 나타난 이익 또는 손실을 병기적으로 설명한 것. 物的會社에서는 계산서류의 일종으로서 그 작성·비치·공시가 요구된다(商 447~449, 579, 583 I). 손익계산서의 작성방식은 財務諸表規則에 의하여 표준화되어 있다(5, 6). 이것을 상업장부의 일종으로 보는 견해도 있다.

손익상계(損益相計) 〔羅〕 compensatio lucri cum damno 〔獨〕 Vorteilsausgleichung, Vorteilsaufrechnung 손해배상청구권자가 손해를 발생시킨 것과 동일한 원인에 의하여 이익도 얻은 때에는 손해로부터 그 이익을 공제한 잔액을 배상할 손해로 하는 것. 예컨대, 生命侵害로 인한 손해배상은 사망자가 얻을 수 있었을 收入額(손해)으로부터, 지출하여야 할 生活費(이익)를 공제한 것이다. 相計라고 하지만, 진정한 상계는 아니다. 민법에는 이에 관한 규정은 없지만, 손해배상의 성질상 당연히 인정되어야 하는 것이다.

손해담보계약(損害擔保契約) 〔英〕 indemnity 〔獨〕 Garantievertrag 당사자의 일방이 상대방에게 대하여, 일정한 사항 또는 사업에 관해서의 위험을 인수하고, 이로부터 생길지도 모르는 손해를 전보할 것을 목적으로 하는 계약. 채권자가 채무자의 義務違反 기타의 사유로 인하여 입을지도 모르는 일체의 손해를 담보하는 경우에는 보증과 유사하지만, 손해담보계약은 주된 채무의 존재를 전제로 하지 않고, 따라서 주된 채무에 대한 附從性·補充性이 없는 점에서 보증계약과 다르다. 예컨대 身元保證(또는 信元引受)·여신계약 등도 주된 채무자가 주된 채무를 부담하는 것을 전제로 하지 않을 때에는, 이것은 일종의 손해담보계약이다. 그러나 채무자가 부담하게 될지도 모르는 손해배상채무를 담보함에 그칠 때에는(좁은 뜻의 신원보증), 이것은 일종의 停止條件附保證契約이라고 하여야 한다. 또 주식회사의 이익배당보증도 그 일종이다. 손해담보계약은 원칙으로 片務·無償·不要式契約이다. 雙務·有償의 것은 특히 손해보험이라 한다.

손해방지의무(損害防止義務) 〔英〕 sue and labour clause 〔獨〕 Rettungspflicht 〔佛〕 obligation d'atténuer des effets du risque 손해보험에 있어서 보험계약자와 피보험자가 손해의 방지에 노력하여야 하는 의무. 손해의 방지라 함은 발생한 손해의 확대의 방지뿐만 아니라 손해의 발생 자체의 방지도 포함한다. 의무위반의 효과는 상법에 별단의 규정이 없고, 민법상의 일반원칙에 따른다. 따라서 손해배상 또는 지급할 손해배상액과 상계할 수 있다. 손해의 방지에 소요된 비용은 이것이 손해방지에 필요하고 유익한 것인 때에는 保險者가 부담한다(商 680 I 後).

손해배상(損害賠償) 〔英〕 compensation for damage 〔獨〕 Schadenersatz 〔佛〕 dommages-intérêts, réparation des dommages 법률이 규정하는 일정한 경우에, 타인이 입은 손해를 전보하여 손해가 없는 것과 같은 상태로 하는 것.

[1] 민법상 손해배상의무를 발생시키는 원인으로서 가장 중요한 것은 違法行爲, 즉 債務不履行과 不法行爲이지만 일정한 경우에 손해를 전보하는 契約(損害擔保契約)을 원인으로 하는 일도 있다. 또한 위법이라고 할 만한 행위가 아니더라도, 형평의 원칙상 손해배상의무가 과하여지는 경우도 적지 않다(→무과실책임, 광해배상). 배상되어야 할 손해의 범위는 손해배상책임을 발생시키는 원인인 사실과 인과관계가 있는 것에 한정되는 것은 말할 나위도 없지만, 다시 그 범위를 相當因果關係說로써 제한하는 것이 통설이다. 다만, 그 손해는 재산적 손해에 한하지 않고 정신적 손해를 포함하며, 또한 적극적 손해뿐만 아니라, 소극적 손해도 포함한다. 손해배상은 實損害의 전보를 목적으로 하고 피해자로 하여금 그 이상의 이익을 취득하게 하는 것은 그 本旨에 반하므로, 손해를 받은 것과 동일한 원인으로 이익을 얻는 때에는 그 이익을 공제한다(損益相計). 그러나 예외적으로 실손해의 유무·다수를 묻지 않고 일정한 배상을 함을 요하는 경우가 있다(賠償額의 豫定·遲延利子). 손해배상의 방법은 금전배상을 원칙으로 하고, 예외적으로 原狀回復이 인정된다(民 394·763·764, 鑛 93). →과실상계

[2] 행정상의 손해배상 또는 공법상의 손해배상에 관하여는 國家의 不法行爲責任을 보라.

손해보험(損害保險) 〔英〕 property insurance 〔獨〕 Schadensversicherung 〔佛〕 assurance des dommages 보험자가 보험사고로 인하여 생길 피보험자의 재산상의 손해를 보상할 것을 목적으로 하는 保險(商 665). 현실적으로 생긴 손해의 보상을 목적으로 하는 점에서 定額保險인 생명보험과

다르다. 따라서 피보험이익의 존재가 필요하여 利益없는 곳에 保險없다(Keine Versicherung ohne Interesse). 이 피보험이익의 가액, 즉 保險價額이 보험자의 책임의 최대한을 이루며 이 범위내에서 보험금액도 약정되어야 한다(→ 초과보험, 중복보험, 일부보험). 상법전에 규정된 화재·운송·해상·책임보험·자동차보험 이외에 水管保險·硝子保險·盜難保險·家畜保險·雹害保險 등 많이 있다. 보험자는 보험사고가 생긴 경우에 일정한 요건하에 피보험자에게 보험금을 지급할 의무를 부담하며, 손해액의 산정은 손해발생의 때와 곳에 있어서의 價額을 표준하는 것이 원칙(676)이고, 보험자가 손해를 보상한 때에는 保險代位가 인정된다(682). 피보험자의 보험자에 대한 보험금지급청구권은 손해발생 후에는 물론이지만 손해발생 전에도 이전의 목적이 될 수 있으며, 보통 보험의 목적물에 대한 物權과 함께 이에 관한 보험계약상의 권리를 이전하는 일이 많은데, 피보험자가 보험의 목적물만을 양도하고 보험계약상의 권리에 대하여는 아무런 의사표시가 없는 때에는, 보험계약상의 권리도 동시에 양도된 것으로 추정된다(679). 또 해상보험·운송보험에 있어서는 보호증권을 指示式으로 발행하여 보험증권을 적법하게 취득한 자가 보험자에 대하여 보험금의 지급을 받을 수 있는 권리를 취득하는 것으로 하는 일이 있다.

솔리시터 〔英〕 solicitor 영국의 事務辯護士. 영국의 변호사는 배리스터(法廷辯護士)와 솔리시터의 두 계급으로 구분된다. 솔리시터는 의뢰인으로부터 訴訟遂行의 의뢰를 받아 법률문제에 관하여 조언하고, 법률적 문서를 작성하는 등의 一般法律事務를 행하는 외에, 破産法院·縣法院 기타 다수의 하급법원에 있어서 변론을 할 수 있다. 그러나 上位法院(Superior Court)에서 변론할 수는 없다. 이것은 배리스터의 직분이다. 솔리시터가 되려면, 일정기간(일반적으로 5년) 實務修習生(articled clerk)으로서 근무할 것 및 시험에 합격할 것을 요한다. 솔리시터는 事務辯護士協會(Law Society)를 조직하고 있으며, 그 협회가 솔리시터가 되는 시험을 행하고 솔리시터의 규율을 감독하고 있다.

송금수표(送金手票) 은행이 송금위탁자로부터 자금을 수령하거나 송금목적지의 자기은행 본·지점 또는 거래은행을 지급인으로 하는 수표를 발행하고 위탁자는 이를 수령인에게 송부하면 수령인은 지급은행에 이를 제시하여, 지급을 받을 수 있는 거래에 사용하는 수표를 말한다. 보통 隔地者간의 수표의 송부를 함으로써 현금의 수송방법에 의하지 않더라도 가장 편리하게 목적을 달성할 수 있다.

송금환(送金換) 송금의뢰인이 은행에 대하여 송금을 의뢰하였을 때, 受取人所在地의 自行本支店 또는 換去來契約이 있는 타행본지점을 지급인으로 하여 그 송금액에 해당하는 송금수표(記名式과 所持人出給式이 있음)를 작성하여 송금의뢰인에게 교부하고, 수취인은 송금인·의뢰인으로부터 보내온 수표를 지급은행에 제시하여 송금대금의 지급을 받는다. 이것을 普通送金이라 한다. 즉, 보통송금은 송금의뢰인이 은행에 일정금액을 납입하고 송금수표를 구입하는 형식을 취하게 되므로, 일종의 유가증권의 매매이다. 따라서 수표법에 의거한 요건이 구비되는 한 지급은행은 거래계약에 의하여 송금수표액면금액을 지급하여야 한다. 송금환은 當發送金과 他發送金이 있는데 당발송금에 있어서의 보통송금은 의뢰인의 요청에 의하여 타지은행에 대하여 자금의 지급을 위촉하는 경우를 말하며 ① 보통송금, ② 電信送金(수표발행대신으로 전신으로 송금을 통지), ③ 當座計定移替(송금은행에 설정되어 있는 송금인계정에서 受取銀行에 설정되어 있는 수취인계정으로 은행전표로서 傳金移替), ④ 電信當座計定移替(③의 경우를 전신으로 처리)의 4종이 있다. 타발송금은 당발송금과는 반대로 타은행으로부터 자금의 지급을 위촉하여 오는 것을 말하며, 他發送金에 있어서의 보통송금은 本支店 또는 去來他店으로부터 송금수표로서 지급을 의탁하여 오는 것으로 평상시에는 支給提示에 앞서 수표발행은행으로부터 그 송금수표의 안내서를 접수하게 되므로 그 송금안내서에 의하여 타발행송금기입장에 연월일·발행일·就結店·번호·수취인·금액 등 소정사항을 기재하여 송금수표의 진위, 수취인의 확인을 한다. 송금수표소지인으로부터 지급청구가 있으면 먼저 수표이면에 領受背書를 받은 후 해당금액을 지급하게 된다.

송 달(送達) 〔英〕 service 〔獨〕 Zustellung 〔佛〕 signification [1] 민사소송법상 소송상의 서류를 일정한 방식에 따라서 당사자 그 밖의 이해관계인에게 알릴 것을 목적으로 하는 재판권의 작용. 송달의 필요 및 그 결과는 경우에 따라 다르며, 단지 소송상의 통지의 목적으로 행하여지거나(예 : 239, 247), 또는 소송행위의 효력의 완성에 필요하며(예 : 232, 196), 不變期間의 진행의 개시(예 : 366), 집행의 개시(490 I) 등에 필요하다. 송달을 당사자에 맡기는가 법원이 하는가에 따라서 當事者送達主義와 職權送達主義로 나누어지는데, 우리나라에서는 후자를 채택하고 있다(161, 예외 179). 송달사무는 법원사무관 등이 관장하나(162), 그 실시자는 집행관 · 우편이 원칙이며(163), 예외적으로 법원사무관 등이 직접 하는 경우도 있다(164). 송달은 보통 謄本에 의하나(165), 판결인 경우는 正本으로 한다(196, 197Ⅱ). 조서의 작성으로 송달할 서류의 제출에 갈음하였을 때에는 그 謄本 또는 抄本에 의한다(165Ⅱ). 송달을 받을 사람은 ① 당사자 그 밖의 訴訟關係人本人(165)과 法定代理人(166), 법인 등의 대표자(60), 교도소장 · 구치소장(169), ② 소송대리인, ③ 送達領收人(171)이다. 송달방법으로는 교부송달(165)을 원칙으로 하고, 예외적으로 郵便送達(173), 囑託送達(176), 公示送達(179～181)이 인정된다. 교부송달의 변용으로서 出會送達 · 補充送達 · 遺置送達(170, 172) 등이 있다. 송달은 그 송달받을 자나 방식이 부적법한 경우에는 무효가 되고, 송달이 없었던 것으로 된다. 다만 송달받을 자를 잘못하여 한 송달은 정당히 송달받을 자가 그 영수를 추인하면 그 자에 대한 송달로서 유효하게 된다. 또 送達節次의 위배도 당사자의 責問權의 상실에 의해 치유되는 것이 가능하다.

[2] 형사소송법상 서류의 송달에 관하여서는 법률에 다른 규정이 있는 경우를 제외하고는 민사소송법의 규정이 準用된다(65). 여기의 다른 규정이라는 것은 郵遞에 부치는 송달(61), 檢事에 대한 송달(62), 公示送達(63, 64) 등이다.

송달관(送達官) 〔獨〕 Zustellungsbeamte 송달의 집행기관으로서 원칙적으로 집행관 및 우편집배원(民訴 163), 예외로 법원사무관(164)이다. 송달관은 송달을 실시하고 송달에 관한 사항을 기재한 報告書(送達證書)를 작성하여 법원에 제출할 의무가 있다(178). 만일 그것이 작성되지 않았거나, 그 작성에 본질적인 잘못이 있을 때에는 송달 그것이 무효로 된다.

송달영수인(送達領收人) 송달을 받기 위해 당사자 또는 그 대리인이 설정하는 個別的 代理人. 당사자가 受訴法院의 소재지에 송달장소를 가지지 않을 때에는 송달영수인의 설치를 강제하고, 이것을 신고하지 않으면 우편송달을 받게 되는 불이익을 준다(民訴 171, 刑訴 61). 송달영수인의 자격에는 아무런 제한이 없다. 송달대리인이 설정한 영수인은 그 소송대리인에 대한 송달에 대해서만 권한을 갖게 되고, 만일 송달대리인이 그 권한을 잃으면 그 지위도 잃게 된다. 그러나 任設者가 송달장소를 갖게 된다는 것으로는 당연히 그 지위를 잃는 것은 아니다.

송달증서(送達證書) 〔獨〕 Zustellungsurkunde 송달에 관한 사항, 즉 송달의 장소 · 연월일시 · 방법 · 송달받을 자 · 영수인이 영수하였다는 뜻 등을 기재한 보고서로서 送達官이 작성한 것(民訴 178). 송달에 관하여 公文書로서의 證據力을 갖지만(327), 반드시 절대 유일의 증거는 아니다. 따라서 그 기재사실을 반증을 들어 다툴 수도 있고 또 다른 증거로 보충할 수도 있다.

송부채무(送付債務) 〔獨〕 Schickschuld 채권자 또는 채무자의 주소 또는 영업소 이외의 장소(제3지)에서 목적물을 인도하여야 할 채무. 持參債務 · 推尋債務에 대립하는 관념. 다만 엄격히 말하면, 이 중에 제3지에서 이행하는 것이 채무자의 의무인 경우와, 단지 채권자의 희망으로 호의적으로 하는 경우가 있다. 전자에서 채무자는 제3지에 도달할 때까지 책임을 짐에 반하여, 후자에서는 발송할 때까지의 책임을 질 뿐이다.

송 장(送狀) 일반적으로는 인보이스(invoice)를 말하나 국내거래에 있어서는 運送狀을 뜻하는 경우가 많다.

송 치(送致) [1] 국제사법상으로는 어떤 법률관계를 그 本國法에 의한다고 정한 경우에, 그 당사자가 외국인으로서 2개 이상의 국적을 가질 때에는 최후에 취득한 국적에 의한다는 규정에 의하여(涉私 2Ⅰ) 법률관계는 최후에 취득한 국적, 즉 본국법인 외국법하에 송부하였다는 생각에서 외국법에 송치하였다고 한다.

[2] 소년법에서는 소년보호사건에 해당하는 대상자를 지방법원소년부로 넘기는 것을 말한다(少年 4).

[3] 형사소송법상으로는 事件의 송치와 被告人의 송치 등을 들 수 있다. 전자는 사건이 그 소속 검찰청에 대응하는 법원의 관할에 속하지 않는 경우에 관할법원에 대응하는 검찰청의 검사에게 서류증거물과 함께 넘기는 것이고, 후자는 피고인임이 틀림없을 때 신속하게 일정한 장소에 넘기는 것(刑訴 256, 78Ⅱ).

송하인(送荷人) 운송인에 대하여 운송을 위탁한 자. 운송계약의 當事者이다. 송하인은 반드시 운송물의 소유자이어야 하는 것은 아니므로, 운송주선의 경우에는 운송주선인이 운송계약상의 송하인이 된다. 송하인 또는 貨物相換證이 발행된 때에는 그 소지인은 운송인에 대하여 운송의 중지, 운송물의 반환 기타의 처분을 명할 수 있다(商 139Ⅰ)(運送物處分請求權). 송하인은 수하인이 운송물을 받은 후라도 운송인에 대하여 운임 기타 운송에 관한 費用과 替當金을 지급할 의무가 있다. 따라서 양자의 채무는 병존하나, 운송인은 先給을 특약한 때에 한하여 송하인에 청구할 수 있다.

송환수당(送還手當) 고용계약이 끝났을 때에 선박소유자가 선원을 雇傭港 또는 희망지까지 송환하는 의무를 지는 경우에 선박소유자로부터 선원에게 지급하는 수당. 이것은 송환에 요하는 日數에 따라 급료의 액과 같은 액이라야 하며, 매월 1회(송환에 대신하여 送還費用을 지급할 때에 그 당시) 지급하여야 한다(船員 42). 고용항을 떠나서 멀리 근무하는 해상노동의 특수성에 바탕을 둔 것.

숍 협정(協定) 雇傭契約(勤勞契約)과 노동조합의 組合員資格과의 관계의 결정방식. 클로즈드 숍, 유니온 숍, 오픈 숍 등으로 구별된다.

수 감(收監) 법령에 의하여 교도소에 수용하는 것. 교도소는 未決·既決의 囚人을 수용하는 것이 원칙이나 새 수용자가 부녀이고, 그 유아를 대동할 것을 청구할 경우에는 생후 18개월에 이르기까지 이를 허용할 수 있다(行刑 8Ⅲ). 受刑 중에 출생한 유아에 대하여도 마찬가지이다(8Ⅳ).

수감장(收監狀) 구군법회의법상 군법회의에서 사형·징역·금고 또는 구류의 선고를 받은 자가 구금되지 아니한 때에 그 자를 수감하기 위하여 檢察官이 발행하는 處分書. 개정된 군사법원법에서는 이를 刑執行狀이라 칭한다(軍法法 515).

수 거(收去) 종래 일정한 장소에 있던 工作物, 樹木 등을 소유자가 그 장소로부터 걷어치우는 것을 말한다(民 285, 615).

수거권(收去權) → 부속물수거권

수 계(受繼) → 소송절차의 수계

수 괴(首魁) 내란죄에 있어서의 폭동의 주모자 및 반국가단체를 조직한 주모자, 즉 叛徒의 두목을 가리킨다(刑 87, 國家保安法 3Ⅰ).

수 교(受教) 조선시대법전의 立法過程은 국왕의 명령이 기본이 되어 있다. 왕의 명령을 황제의 명령인 制詔에 대하여 教라고 부른 것이며, 教의 형식화된 것이 教旨이고, 各司에 하달된 教旨가 奉而行之하는 의미에서 受教라 한 것이다. 세종 7년 禮曹의 啓言을 보면 謹按中朝之制各衙門奏聞欽奉文書皆稱聖旨勅旨 今本朝各司於啓聞取旨之事 皆斥言王旨未便 自今中外各衙門 啓文奉行文書 皆稱教旨從之라 한 바 있고, 이것이 續六典禮典에 中外各衙門奉行文書內王旨皆稱教旨라고 수록됨에 이르렀다. 신입법에 관하여서는 태종 4년에 議政府上書에 凡立新法必報本府擬議受判施行 從之라 하여 新法을 세우고자 함에는 반드시 의정부에 보고하고, 왕에게 上申하여 그 판단을 얻어 시행할 것을 명백히 하고 있는 것이다. 국왕의 판단을 얻은 교지이므로 이를 受判이라 칭할 것인 바, 결국 법으로 통행하는 면에서는 受判施行이나 奉王旨施行이나 동일한 것이므로 왕명의 형식을 세분하여 受教外受判으로 부르지만 넓은 의미에는 모두 합하여 受教라 칭한다. 수교 중에서 永爲遵守者를 수집하여 六典으로 정리한 것이 法典이다.

수교집록(受教輯錄) 중종 38년의 大典後續錄刊布後 선조·인조년 외환내우로 內政을 돌아볼 틈이 없었으나, 숙종 8년에 外方郡縣에 律書가 미비하여 守令의 행정에 불편하므로 기존법전의 刊布와 중종 38년 이후의 각종 受教를 수집하여 신법전의 편찬을 건의한 바 있어, 이의 편찬에 착수 領議政 金壽恒, 同 金壽興, 同 南九萬 등이 각각 그 지위를 相繼總領하여 纂輯을 완료하여 受教輯錄이라 명명하여 숙종 24년에 開板頒布하였다. 吏·戶·禮·兵·刑·工의 六典 6권으로 되어 있다.

수교훈장(修交勳章) 국내외 외교관으로서 대한민국의 國權伸張과 우방과의 친선에 공헌이 현저한 자, 내외국 인사로서 정부의 위촉을 받고 국제 외교활동에 공헌이 현저한 자 및 새로 임명되어 任地에 부임하는 대한민국의 외교관(특사를 포함)에게 國際交驩시에 품위유지의 의례적 장식용으로 패용하는 훈장. 1등으로부터 5등까지의 종류가 있다(賞勳法 16).

수권법(授權法) 〔獨〕 Ermächtigungsgesetz 行政權에 법률을 정립할 수 있는 권한을 위임하는 법률. 특히 광범한 포괄적인 법률을 정립할 수 있는 권한을 위임하는 경우에 이와 같은 명칭이 사용된 예로는 나치스의 國民革命(1933년)의 경우에 있어서의 수권법을 들 수 있다.

수권자본제도(授權資本制度) 〔英〕 authorized capital (stock) system 〔獨〕 autorisiertes Kapitalsystem 원래 英美法上의 제도로서, 구상법이 주식회사의 설립에 있어서 定款所定의 자본총액에 해당하는 주식의 인수를 요구하여, 소위 資本確定의 原則을 견지하고 있는데 대하여, 자본총액에 해당하는 주식의 인수를 회사설립시에 요구하지 않고, 설립 뒤 필요에 따라 이사가 적당히 분할하여 발행할 수 있는 것을 인정하는 제도이다. 이 제도를 채용하면 회사의 설립이 용이하여 기민성을 발휘할 수 있고, 新株의 발행은 이사회의 결의만으로 할 수가 있어, 종래와 같이 주주총회의 특별결의를 거칠 필요가 없으므로, 자금조달면에 탄력성을 갖게 되는 장점이 있게 된다. 그러나 한편 종래의 總額引受主義가 회사의 기초를 견고하게 하는 장점이 있는 것도 무시할 수 없다. 그러므로 양자의 요청을 조화하기 위하여 영법 또는 일부의 미국법과 같이, 일정수의 株式引受로써 영업개시의 요건으로 하는 방식과, 독일법의 認可資本과 같이 설립에 있어서는 자본확정의 원칙에 고착하면서, 자본증가의 형식으로 그 실체를 취하는 방식 등이 있는 바, 상법은 정관에 회사가 발행할 주식의 총수(商 289 I iii)와 함께 회사의 설립시에 발행하는 株式總數(289 I v)를 기재시키고, 설립시에는 적어도 후자, 즉 회사가 설립시에는 발행하는 주식의 총수에 대한 인수가 있어야 하고, 이는 회사가 발행할 주식의 총수의 4분의 1 이상이어야 하도록 하고 있다(289 II). 회사의 자본은 상법에 다른 규정이 있는 경우 외에는 발행주식의 額面總額으로 하고 있다(451). 또한 회사가 발행할 주식의 총수(즉, 發行豫定株式總數) 중 설립시에 발행되지 아니한 부분은 설립후 이사회의 결의(정관에 정함이 있을 때는 주주총회의 결의)에 의하여 금융시장의 상황에 따라 適宜 발행되기 때문에(416), 종래의 자본증가에 관한 규정대신 신주의 발행의 규정이 신설(416 이하)되게 되었고, 상법은 이 경우에도, 종래의 자본증가에 있어서 資本確定의 原則을 일관하여 인정하고 있던 것을 완화하여, 설령 그 때에 발행하는 주식총수의 전부의 인수가 없더라도, 그 인수가 있었던 부분만의 신주발행의 효력을 인정하도록 하였고, 종래에는 금지되어 있던 액면미달발행도 일정한 요건을 갖추면 발행할 수 있도록 소위 割引發行制度를 인정하여(417), 수권자본제도를 채택한 실효를 얻도록 신주발행을 일층 간편용이하게 하고 있다.

수권주식(授權株式) 〔英〕 authorized share 주식회사에서 회사가 발행할 주식의 총수. 즉, 회사의 發行豫定株式株 또는 發行限度資本을 말하며, 授權資本이라고도 한다. 수권주식에는 發行畢授權株式과 未發行授權株式이 있으며 수권주식총수를 증가함에는 정관변경의 절차를 밟아야 한다.

수권행위(授權行爲) 〔獨〕 Bevollmächtigung 대리권을 수여하는 법률행위. 委任 기타 代理權授與의 기초로 되는 행위(예 : 고용 · 조합)와 이론상은 별개의 행위지만, 실제로는 이것과 일체하여 존재하는 것이 보통이다. 그 성질에 관하여는 契約이라고 하는 설과 單獨行爲라고 하는 설이 있지만, 대리권은 대리인에게 하나의 자격을 줄 뿐이고, 아무런 의무도 부담시키는 것은 아니므로 대리인의 동의를 필요로 하지 않는, 본인의 單獨行爲로 해석하는 것이 다수설이다. 독일민법(167) · 스위스채무법(32)은 명문으로 이 뜻을 규정하고 있다. 구민법은 대리와 위임을 판연하게 구별하지 못하는 입장에 서 있었으므로, 종래 구민법하에서는 수권행위를 위임에 유사한 無名契約으로 해석하는 설이 우세하였었다. 그리고 대리권을 수여한 증거로서 동시에 위임장을 교부하는 일이 많다.

수권행위(授權行爲)**의 준거법설**(準據法說) 〔國際私法上〕 법률행위의 대리권의 발생 · 범위 · 소멸에 관한 문제에 있어서 任意代理의 경우에, 대리권은 수권행위로 인하여 비로소 그 존재가 인정되는 것이라는 이유에서 주장되는 학설(江川 · 久保)을 말한다.

수급인(受給人) 都給契約에 있어서 당사자의 일방으로서 도급인에 대하여 일의 완성의 결과에 대한 보수지급을 받을 것을 약정한 자. 수급인은 도급인에 대하여 일의 完成의 의무, 擔保責任의 의무가 있다.

수급사업자(受給事業者) 原事業者로부터 제조 등의 위탁을 받은 중소기업자를 말한다(下都給去來公正化에 관한 法律 2 III).

수 납(收納) 넓은 뜻으로는 수입금을 수령하여 납부하는 일반적인 모든 행위를 말하나, 좁은 뜻으로는 국가의 수납기관이 하는 행정행위를 말한다. 여기에서는 후자에 관하여 설명한다. 수납은 법적 근거가 있어야 한다(豫會 48). 수납에 관한 사무는 재정경제부장관이 총괄하고, 각 중앙관서의 장이 관리한다(48, 49). 수납할 때에는 납입자에게 영수증을 교부하고 徵收機關에게 보고하여야 한다(豫會施 30 II). → 수납기관

수납기관(收納機關) 조세 기타의 수입금을 수령하여 납부하는 행정기관(豫會 52). 수납기관은 원칙적으로 출납공무원이 되며, 예외적으로 한국은행 또는 체신관서가 된다(52 I). 출납공무원이 수납을 하였을 때에는 지체없이 한국은행에 납입하여야 한다(52 II). 특별한 경우를 제외하고는 徵收機關과 收納機關은 分立한다(53, 豫會施 27).

수 당(手當) 공무원에게 지급되는 봉급 외의 보수를 말한다. 그 종류로는 시간외근무수당 · 야간근무수당 · 휴일근무수당 · 일숙직수당 · 특수지근무수당, 특수근무수당, 상여수당, 조정수당 및 가족수당이 있는데, 수당은 봉급과는 달리 예산조치가 되지 아니한 때에는 지급하지 아니하며, 수당의 지급일은 봉급의 지급일과 같다(國公 47 I ii · II).

수 도(受渡) 〔英〕 delivery 〔獨〕 Lieferung 〔佛〕 livraison 넓은 뜻으로는 매매의 목적물인 상품의 인도를 말하지만 좁은 뜻으로는 증권거

래소의 매매거래에 있어서 약정한 이행기일에 賣方은 약정한 유가증권을, 買方은 대금을 제공하여 매매거래를 결제하는 것을 말한다. 수도의 방법은 증권거래소가 정하는 受託契約準則에 정해져 있다(證去 110Ⅱ ii).

수도권신공항건설사업(首都圈新空港建設事業) 수도권지역에 새로이 건설되는 공항의 건설을 위해 ① 항공법의 규정에 의한 공항시설의 건설, 수도권신공항을 이용하는 여객 및 하물 등의 수송에 필요한 철도·도로 및 항만시설 등의 건설, 공항이용객, 항공업무 및 대통령령이 정하는 항공과 관련한 업무의 종사자 등을 위한 편의시설·항공화물유통시설·정보통신시설 등 공항의 업무와 관련된 시설의 基盤助成, 항공관련업무 종사자와 신공항건설사업으로 인하여 주거지를 상실하는 자를 위한 주거시설 등 생활편익시설의 기반조성, 신공항건설예정지역의 조성을 위한 公有水面의 매립 등의 사업을 말한다(首都圈新空港建設促進法 2ii).

수도불통죄(水道不通罪) → 수도에 관한 죄

수도(水道)**에 관한 죄**(罪) ① 수도에 의하여 公衆의 飮用에 공하는 淨水 또는 水源에 오물을 혼입하여 음용하지 못하게 하는 죄(刑 193Ⅰ), ② 前記의 飮用水 또는 水源에 독물 기타 건강을 해할 물건을 혼입하는 죄(193Ⅱ), ③ ②의 죄를 범하여 사람을 사상에 이르게 하는 죄(194) 및 ④ 공중의 음용수를 공급하는 수도 기타 시설을 損壞 기타 방법으로 不通하게 하는 죄(195). 본죄의 보호법익은 공중의 보건이다. 수도란 천연의 水流가 아니고 淨水供給用의 인공적 장치를 말한다. 수도에 의한 음용수의 경우에는 특히 공공의 위험이 크므로 일반의 음용수와 구별하여 형을 가중하였다. ②·④의 미수범(196) 및 예비·음모(197)를 처벌한다.

수도위약(受渡違約) 증권거래에 있어서 사용되는 말이며, 受渡期日에 수도를 이행하지 않는 것. 증권거래소는 정관의 규정에 의하여, 위약을 한 거래원에 대해서 위약처분으로서 거래원으로서의 등록의 취소, 유가증권시장에서의 매매거래의 정지 또는 제한을 할 수 있으며(證去 57Ⅰ), 또 감독관청인 재정경제부장관은 수도위약을 한 증권업자에 대해서 그 허가를 취소할 수도 있다(55).

수동대리(受動代理) → 능동대리·수동대리

수동적 속인주의(受動的屬人主義) 〔英〕 passive personality principle 외국인의 領域外行爲의 피해자가 法廷地의 국가의 국민 또는 국내법인인 경우 이것을 기준으로 관할권을 결정하는 입장을 말한다. 그러나 이러한 준칙은 영미법계의 여러 나라에서 반대가 강하며 국가실행도 일치하지 않다. 오히려 保護主義 또는 普遍主義에 의하여 처리하는 것이 타당하다고 하겠다.

수동적 당사자능력(受動的當事者能力) 〔獨〕 passive Parteifahigkeit 민사소송의 당사자능력을 구별하여 判決節次의 피고가 되고 또 執行節次의 채무자가 될 수 있는 소송법상의 능력을 특히 이와 같이 말하는 일도 있으나 현행법상으로는 능동적 당사자능력과 같다. 그 구별에 있어서는 하등의 실익이 없다.

수동적 수표능력(受動的手票能力) 〔獨〕 passive Scheckfahigkeit 수표의 지급인이 될 수 있는 자격. 원칙적으로 은행에 국한한다. 은행 이외의 자를 지급인으로 하는 수표도 그 효력에는 아무런 변동이 없다. 다만 過料의 제재가 있을 따름이다. 그러나 여기서 말하는 은행이라 함은 固有銀行뿐 아니라 법률에 의하여 은행과 동시되는 사람이나 시설도 포함한다.

수동채권(受動債權) 相計를 당하는 측의 채권. 自動債權에 대한 말이다. → 상계

수득세(收得稅) 조세를 크게 나누어 收得稅 및 消費稅로 할 경우에 수득세에는 소득세·수익세·재산세·특별수득세가 포함된다.

수렵장(狩獵場) 鳥獸의 보호·번식과 국민의 건전한 활동을 위하여 중앙행정기관의 장 또는 지방자치단체의 장이 산림청장의 승인(중앙행정기관의 장인 경우에는 협의)을 얻어 설정한 지역.

수렵조수(狩獵鳥獸) 수렵할 수 있는 조수의 종류와 포획할 수 있는 기간은 山林廳長이 정하여 告示하는데 고시된 수렵조수 외의 조수는 이를 포획하지 못하며 수렵조수를 포획함에 있어서는 산림청장이 고시한 獵期 중에 하여야 한다. 산림청장은 조수의 보호·번식을 위하여 특히 필요하다고 인정하는 때에는 산림청장의 고시의 규정에 불구하고 수렵조수의 종류, 그 포획수량, 포획할 수 있는 구역·기간 또는 獵具와 포획방법 등을 정하여 그 포획을 제한할 수 있다. 조수의 알·새끼 및 집은 산림청장이 환경부장관과 협의하여 정하는 것을 제외하고는 이를 採取하거나 포획하지 못한다(鳥獸保護 및 狩獵에 관한 法律 12).

수량창고임치(數量倉庫任置) 〔獨〕 Summenlagergeschäft 물건의 受置人이 任置物의 소유권을 취득하고, 종류·품질이 같은 동량의 물건을 任置人에게 반환하는 것. 물건의 보관이 없으므로 법률상은 임치가 아니다. 따라서 이것을 영업으로 하여도 상법상의 倉庫業으로는 되지 아니하며, 이 점에서 창고업에 포함되는 混藏倉庫任置와 다르다.

수령거절(受領拒絶) 채권자가 이행의 수령을 거절하는 의사를 표명하는 것. 이행의 제공에 앞서서 미리 채무자에 대하여 수령거절을 한 때에는 이행의 제공은 口頭提供으로 족하다(民 460 但). 이행의 제공이 있었는데 수령거절을 한 때에는 債權者遲滯로 된다(400). 채권자에게 이러한 행위가 있은 때에는 변제자는 供託을 하여 채무를 면할 수 있다(487).

수령능력(受領能力) 〔獨〕 Empfangsfähigkeit 타인의 의사표시의 내용을 이해할 수 있는 능력. 그 의사표시의 效力發生時期는 원칙적으로 그 것이 상대방에게 도달하였을 때이지만(民 111)(→도달주의), 진실로 도달하였다고 인정하려면, 그 수령자가 의사표시의 내용을 了知할 수 있는 능력이 있어야 하는 것이다. 이 능력을 의사표시의 수령능력이라고 하는데, 그것은 다만 타인의 의사표시의 내용을 이해할 수 있는 정도의 능력이므로, 스스로 의사를 결정하여 발표할 능력인 行爲能力보다 정도가 낮아도 무방하다. 그러나 민법은 미성년자·한정치산자·금치산자 등의 무능력자를 일률적으로 受領無能力者로 하고 있다(112 本). 다만 수령무능력자의 法定代理人이 그 도달을 안 뒤에는 表意者가 그 효력의 발생을 주장할 수 있게 하였다(112 但). 그러므로 미성년자와 한정치산자가 예외로 행위능력이 인정될 때에는, 그 한도에서 수령능력도 당연히 가진다고 보아야 할 것이다.

수령선하증권(受領船荷證券) 〔英〕 bill of lading received, received B/L 〔獨〕 Übernahmekonnossement 〔佛〕 connaissement reçu 해상운송인이 운송물의 수령후 선적전에 발행하는 선하증권. 구상법에서는 船積船荷證券, 즉 운송물 선적후에 발행하는 선하증권에 대하여서만 규정하고 있었기 때문에(767), 수령선하증권의 효력에 관하여 견해가 일치하지 아니하였으나, 상법은 선하증권에 관한 통일조약에 따라서 해상운송인은 운송물의 수령후 傭船者 또는 送荷人의 청구에 의하여 선하증권(수도선하증권)을 발행하게 하고(813 Ⅰ), 운송물의 선적후에는 선적선하증권을 발행하거나 또는 수령선하증권에 船積(shipped)의 뜻을 기재하도록 하고 있다(813 Ⅱ).

수령의무(受領義務) 〔獨〕 Annahmepflicht 채무자의 행위만으로는 완료시킬 수 없는 給付에 있어서, 채권자가 그 완료에 협력하여야 할 의무. 말을 바꾸면, 제공된 이행을 받아들여야 할 채권자의 의무이며, 채권자의 協力義務라고도 한다. 독일민법은 買受人 및 都給人에 관해서만은 이를 명문으로 인정하고 있다(獨民 433 Ⅱ, 640). 우리 민법에는 명확하게 이를 인정한 조문은 없으므로(400 참조), 特約이 있는 경우를 제외하고는 이를 부정하는 견해도 있을 수 있겠으나, 채권관계는 채권자와 채무자간의 신뢰 위에 성립하는 것으로, 신의성실의 원칙상, 채권자에게도 수령의무가 있다고 보는 것이 타당하다. → 채권자지체

수령지체(受領遲滯) 채권자지체와 같다.

수뢰죄(收賂罪) 〔英〕 corruption 〔獨〕 passive Bestechung 〔佛〕 corruption passive 공무원 또는 중재인이 그 직무에 관하여 뇌물을 수수·요구 또는 약속하는 죄(刑 129 Ⅰ). 넓은 뜻의 수뢰죄에는 事前收賂罪(129 Ⅱ), 제3자賂物供與罪(130), 收賂後不正處事罪(131 Ⅰ), 事後收賂罪(131 Ⅱ·Ⅲ), 斡旋收賂罪(132)가 포함된다. 본죄의 보호법익은 직무의 不可買收性이다(多數說). 주체는 공무원 또는 중재인이다(身分犯). 중재인은 법령에 의하여 중재의 직무를 담당하는 자(예 : 勞整 62 이하의 중재인)를 말하며, 단순한 사실상의 중재인을 의미하지 않는다. 收受는 뇌물을 취득하는 것, 요구는 뇌물의 제공을 청구하는 것, 약속은 뇌물의 요구에 대해 그 제공을 승낙하는 양 당사자의 賂物授受의 合意이다. 청탁의 유무, 그 대가로서 어떠한 직무집행을 할 의사의 유무는 본죄의 성립과 관계없다. → 뇌물죄, 뇌물

수뢰후부정처사죄(收賂後不正處事罪) 공무원 또는 중재인이 收賂·事前收賂 또는 제3자賂物供與의 죄를 범하여 부정한 행위를 하는 죄(刑 131 Ⅰ). 주체는 공무원 또는 중재인이고, 공무원 또는 중재인이 될 자도 포함된다고 본다(身分犯). 부정한 행위란 職務違背의 행위를 말하며, 作爲·不作爲를 불문한다. 부정한 행위로 말미암아 당해관공서에 현실로 손해가 가하여졌음을 요하지 않는다.

수류변경권(水流變更權) 流水에 관한 相隣關係에 있어서, 양안의 토지가 水流地 所有者의 소유인 경우에 소유자가 수로나 수류의 폭을 변경할 수 있는 권리(民 229 Ⅱ). 그러나 하류에 있어서는 자연의 수로와 일치하도록 하여야 한다. 溝渠 기타 수류지의 소유자는 對岸의 토지가 타인의 소유인 때에는 그 수로나 수류의 폭을 변경하지 못한

다(229Ⅰ). 위의 두 경우에도 다른 관습이 있으면 그 관습에 따른다(229Ⅲ).

수 리(受理) 행정법상 타인의 행위를 유효한 행위로서 수령하는 準法律行爲. 그 성질은 수리행위와 같다. → 수리행위

수리권(水利權) 公水인 하천의 물을 繼續的·獨占的·排他的으로 사용하는 공법상의 권리. 用水權이라고도 한다. 그 사용의 목적은 관개·발전·수도·流木·배의 通航 등 여러가지이다. 수리권은 관습에 의하여 성립하는 경우도 적지 않으나, 하천관리청의 허가에 의해 성립하는 것이 일반적이며(河川 25), 공유하천으로부터 沿岸에서 농공업을 경영하는 자가 인수하는 권리는 민법에 의하여 일종의 물권으로 성문화되었다(231). 수리권의 성질은 公權이라고 할 것이나 일종의 財産權으로서 私法의 규율을 받아야 한다는 것도 부인할 수 없으므로, 공권·사권 양면의 성질을 가진다고 할 것이며, 또한 수리권은 公水라는 물질을 직접적으로 지배하는 권리이므로 物權의 일종이라 할 것이다. 공수는 공중일반의 자유로운 사용에 공하여지나, 이 경우의 사용은 권리라고는 할 수 없다. 이상과 같은 獨占的·排他的인 수리권은 일종의 재산권으로서 타인의 침해에 대하여는 물권에 준하여 妨害除去 및 不法行爲로 인한 손해배상의 청구가 인정되며 또한 거래의 객체가 된다. → 공유하천용수권

수리방해죄(水利妨害罪) 堤防을 決潰하거나, 수문을 파괴하거나 기타 방법으로 수리를 방해하는 죄(刑 184). 본죄의 보호법익은 水利權이다. 수리란 관개·水車·발전·水道用引水 등 일체의 물의 이용을 말하나, 교통·음료를 위한 물의 이용에 관하여는 特別規定(185, 195)이 있다. 本罪가 성립하기 위하여는 피해자에게 水利權이 있을 것이 필요하나, 그 근거가 계약이거나 관습이거나를 불문한다. 수리의 방해가 될 행위를 함으로써 본죄가 성립한다.

수리행위(受理行爲) 〔獨〕 Annahmeakt 타인의 행위를 유효한 행위로서 수령하는 행위. 원서·신고서·청원서·소원장·소장 등의 수령이 그 예이다. 단순한 사실인 接受 또는 到達과 달라서, 타인의 행위를 유효한 행위라고 판단하여 수리할 의사로써 수령하는 準法律行爲이다. 受領拒絶行爲, 즉 却下는 불수리의 의사표시이며 소극적 행정행위이므로, 이에 대하여는 행정쟁송이 가능하다. 수리에 의하여 어떠한 법률적 효과가 발생하느냐는 각 법률의 정하는 바에 따라서 다르다.

수명법관(受命法官) 〔英〕 commissioned judge 〔獨〕 beauftragter Richter 〔佛〕 juge rapporteur, juge-commissaire 재판장에 의하여 지정되어, 合議部를 대표하여 여러 종류의 소송행위를 행하는 합의부의 일원인 法官. 수명법관의 권한은 민사소송에 있어서의 화해의 勸告(民訴 135), 準備節次(253 이하), 證據調査(284), 형사소송에 있어서의 公判準備(刑訴 273Ⅱ), 피고인의 소환과 구속(74, 75), 압수·수색(114, 136), 증거조사(167, 175), 관할구역 외에서의 執務(3) 등이다. 수명법관은 합의부의 법관 중 재판장이 지정한다(民訴 129Ⅰ). 수명법관이 그 명하여진 행위를 할 때에는 본래 법원 또는 재판장이 행하는 모든 권한을 행하나(182, 304) 합의부의 감독을 받는다. 수명법관의 재판 중 원래 抗告할 수 있는 성질의 것에 대해, 受訴法院에 異議의 申請(411) 또는 取消變更의 請求(刑訴 416)를 할 수 있는 것은 이에 기인한다.

수몰이주민(水沒移住民) 공공용지의 취득 및 손실보상에 관한 특례법 8조의 규정에 의한 이주자로서 다목적댐의 건설에 필요한 토지 등을 제공함으로써 생활근거를 상실하게 되는 자를 말한다(特定多目的댐法 2ⅱ).

수반성(隨伴性) 종된 권리가 주된 권리의 처분에 따라서 이전하는 성질(→ 주된 권리·종된 권리). 保證債務·擔保物權 등은 각각 주된 채무·피담보채권이 양도되면, 이것에 수반하여 이전한다. 이것을 보증채무 또는 담보물권의 수반성이라고 한다. 附從性의 한 내용이다.

수반입적(隨伴入籍) 양자의 배우자, 직계비속과 그 배우자가 양자와 養家에 함께 입적함으로써 양가의 가족이 되는 것(民 783)을 말한다. 양자가 입양의 취소, 罷養으로 인하여 生家復籍하는 경우와, 廢家·無後家의 復興 또는 일가를 창립하는 경우에도 역시 수반입적하여 그 가족이 된다(民 786). 처가 婚姻解消로 친가에 복적하거나 폐가·무효된 친가를 부흥하거나 또는 一家創立하는 경우에 父家에 입적했던 부의 혈족이 아닌 직계비속이 있으면, 그는 母家에 수반입적하여 그 가족이 된다(民 787Ⅱ). 分家戶主의 배우자, 직계비속과 그 배우자는 분가에 수반입적하여 그 가족이 된다(民 791Ⅰ). 호주가 폐가하고 타가에 입적하는 경우에는 그 가족도 타가에 수반입적되어 가족이 된다(民 795).

수 법(水法) 〔英〕 law of waters 〔獨〕 Wasserrecht 〔佛〕 droit des eaux 넓은 의미에 있어서는 물(水)에 관한 법을 총칭하며, 좁은 의미에 있

어서는 물 가운데 公水에 관한 법을 총칭한다. 일반적으로 물은 공공의 이익과의 관계에 있어서 公水와 私水로 나누어진다. 私水는 특별법에 의한 규율이 필요없으며 민법의 원칙에 따라 특정인의 독점적 지배하에 있는데 대하여, 公水는 공공의 이익, 즉 강대한 파괴력은 인류의 생명·재산을 위협하는 재해의 근원이 되므로 治水를 필요로 하는 한편, 인류생활의 필수품으로서 산업교통상 불가결의 천연자원으로서 利水를 필요로 하기 때문에, 어느 범위에서 公法的 規律을 필요로 한다. 우리나라에 있어서는 公水에 관한 법규는 불비한 형편으로 그에 관한 일반법으로서 하천법이 있고 특별법으로서 수도법·공유수면관리법·공유수면매립법·특정다목적댐법·소방법·수산업법·내수면어업개발촉진법·어업자원보호법·대한민국인접해양의 주권에 대한 대통령선언 등이 있다. 公水에 관한 기본법인 河川法은 비교적 큰 하천에만 적용 또는 준용되며(2, 10), 그 이외의 하천에 대하여는 관행에 맡겨져 있는 상태이며, 하천법 기타 모든 公水에 대한 전면적 재검토가 문제되고 있다. 다만, 민법은 종전에 관습상으로 인정되던 公有河川用水權과 源泉·水道使用權을 성문화하였다(231, 235).

수 사(搜查) 〔英〕 criminal investigation 〔獨〕 Ermittelung 〔佛〕 recherche 公訴를 제기하고 이를 수행하기 위하여 범인 및 증거를 발견하고 수집하는 수사기관의 활동. 수사는 주로 公訴提起前에 행하여지는 것이나 公訴提起後에도 공소를 유지하기 위하여 행하여진다. 또 수사는 엄격한 의미에서 訴訟構造를 가지지 아니하므로, 그 절차가 일방적으로 진행되기 쉽고 따라서 자칫하면 인권침해를 일으킬 염려가 있다. 이 점을 고려하여 현행법은 인권보장의 이념을 수사단계에서도 반영하고자 하였다. 즉, 수사기관의 强制處分에는 원칙으로 법관의 영장을 필요로 하게 하고 또 피의자에게 널리 辯護士强化의 길을 마련해 줌으로써 수사단계에서도 當事者主義的 訴訟構造의 실현을 도모하고 있는 것이다. 수사의 주체는 檢事이며, 사법경찰관리는 그 지휘를 받아 수사를 보조한다(刑訴 195~197). 수사의 단서에는 제한이 없으며, 범죄의 혐의 있다고 사료하는 때에 개시되는데, 형사소송법은 현행범인·고소·고발·변사자의 검시·자수 등에 관하여 규정하고 있다(→수사의 단서). 수사는 원칙적으로 任意搜查에 의하며, 특히 규정이 있을 때에 한하여 强制搜查가 허용된다(216~218). 수사는 공소의 제기·수행을 목적으로 하므로, 사법경찰관리로부터 검사로 향하는 방향을 취한다. 피의자의 신체에 관하여는 특히 규정이 있으나(10일 이내에 검사에게 引致하여야 한다)(202), 그 외에는 특히 규정이 없는 한, 사법경찰관리는 서류·증거물과 함께 사건을 검찰청에 송치하지 않으면 안된다.

수사기관(搜查機關) 수사의 임무에 당하는 형사소송법상의 기관. 수사기관으로는 검사와 사법경찰관리가 있는 바, 검사가 수사의 主宰者이고, 사법경찰관리는 그 지휘를 받아서 범죄를 수사한다(檢察 4 I ii, 刑訴 195·196). 이에 대하여 외국의 제도로서는 사법경찰관리로 하여금 수사의 주동적 역할을 하게 하고, 검사는 주로 公訴權을 행사하는 기관으로 규정하여, 양자를 상호협력의 관계로 규정하고 있는 것도 있다(예 : 미국·일본). 검사와 사법경찰관리는 상하복종의 관계에 있으며, 사법경찰관리(다만 서장아닌 경정 이하)로서 職務執行에 관하여 부당한 행위가 있을 때에는 지방검찰청 검사장은 당해사건의 수사중지를 명하며, 또한 任用權者에게 그 교체임용을 요구할 수 있으며, 이 요구가 있는 때에는 임용권자는 정당한 이유를 제시하지 않는 한, 交替任用의 요구에 응하여야 한다(檢察 54). →검사, 사법경찰관리

수사(搜查)**의 단서**(端緖) 搜查開始의 원인. 수사는 수사기관이 범죄의 혐의있다고 느낄 때에 개시되며, 따라서 수사의 단서는 법률상 한정되어 있지 않지만, 법률상·사실상 수사의 단서로 되는 중요한 것은 다음의 두 가지로 나눌 수 있다. 즉, 수사기관 자신의 체험에 의한 것으로는 변사자의 檢視(刑訴 222), 현행범인·준현행범인의 체포(211, 212), 경찰관의 不審檢問(警職 3 I), 수사기관의 認知 등이 있고, 타인의 체험의 청취에 의한 것으로는 告訴(刑訴 223), 告發(234), 自首(240), 被害者 또는 피해자 이외의 자의 신고, 신문기사·방송 등(投書를 포함)이 있다. →수사

수산업(水產業) 어업·어획물운반업 및 수산가공업의 총칭(水產 2 i). 어업이란 수산동식물을 採捕 또는 양식하는 사업을 말하고, 어획물운반업이라 함은 어업장으로부터 揚陸地까지 어획물 또는 그 제품을 운반하는 사업이고, 수산물가공업이란 수산동식물을 직접원료 또는 재료로 하여 식료·사료·비료·糊料·油脂 또는 가죽을 제조 또는 가공하는 사업을 말한다(2 ii). 수산업을 영위하고자 하는 자는 관할관서의 허가 또는 면허를 받거나 신고를 하여야 한다.

수산업협동조합(水產業協同組合) 漁業人과 水產製造業者의 협동조직을 촉진하여 그 경제적·사회적 지위의 향상과 생산력의 증강을 위하여 수산업협동조합법에 의하여 설립하는 조합. 지구별

수산업협동조합·업종별수산업협동조합·수산물제조수산업협동조합 및 수산업협동조합중앙회의 4종이 있다(2). 수산업협동조합은 조합원 또는 회원의 차별없는 최대의 이익을 위하여 봉사함을 원칙으로 하고(6), 이를 위하여 공무원의 조합원 겸직이나 조합원의 정치에의 간여는 일체 금지된다(7,8). 수산업협동조합의 업무 및 재산에 대하여는 稅金 및 賦課金이 면제된다(9).

수 상(首相) 〔英〕 prime minister, premier 〔獨〕 Kanzler 내각 또는 각료회의의 제1인자. 수상은 다른 각료의 상관이 아니라 同僚 중의 제1인자(primus inter pares)라고 불리지만, 그 實權은 다른 각료보다 훨씬 강대한 것이 통례이다. 내각책임제의 국가에서는 다수당의 黨首가 수상이 되는 것이 원칙이며, 수상의 사임은 통상적으로 內閣總辭職을 결과한다. →국무총리, 내각수반

수 색(搜索) [1] 〔英〕 search 〔獨〕 Durchsuchung 〔佛〕 perquisition 형사소송법상 물건 또는 사람의 발견을 목적으로 사람의 신체·물건·주거 기타의 장소에 대하여 행하여지는 强制處分. 법원이 행하는 것이 원칙이나(109Ⅰ), 證據保全上 법관이 행하기도 하고(184), 수사기관이 행하는 수도 있다(215). 법원이 공판정 외에서 행하는 수색(113), 피고인에 대한 拘束令狀을 집행하는 경우(137), 또는 피의자를 구속하거나 현행범인을 체포하는 경우의 수색(216, 217) 이외에는 押收·搜索令狀을 필요로 한다(憲 12Ⅰ, 刑訴 113·215). 수색의 절차는 압수의 절차와 거의 같다. 다만 여자의 신체에 대하여 수색할 때에는 성년의 여자를 참여하게 하여야 한다(刑訴 124). 수색한 경우에 증거물 또는 몰수할 물건이 없는 때에는 그 취지의 증명서를 교부하여야 한다(128).

[2] 〔英〕 search 〔獨〕 Durchsuchung 〔佛〕 recherche 국제법상 戰時交戰國軍艦이 포획을 함에 있어서 그 포획이유의 유무를 확인하기 위하여 선박내에서 현실적으로 행하는 검사. 臨檢만으로써는 불충분한 경우에 행한다. →임검

수선불능(修繕不能)〔船舶의〕 선박의 수선불능에는 사실상의 불능과 경제적인 불능이 있다. 전자에는 絶對的 不能과 相對的 不能이 있으며 절대적 불능은 新造 이외에는 航海能力을 가지게 할 수 없는 경우이나, 상대적 불능에 대하여는 疑義가 있으므로 상법은 주의적으로 규정을 두어, 선박이 그 현재지에서 수선을 받을 수 없으며, 또 수선을 할 수 있는 곳에 도달하기 불능한 때(地理的 不能)에는 수선하기 불능하게 된 것으로 본다(778Ⅰi). 經濟的 不能은 수선비가 선박의 價額의 4분의 3을 초과할 때를 말한다(778Ⅰii). 지리적 불능에는 사실상의 불능과 시간적 불능을 포함하며, 경제적 불능에는 수선에 관한 직접·간접의 비용과 回航費를 포함한다. 이 경우 선박의 가액의 책정에 있어서는 선박이 항해중 훼손된 경우에는 그 發港한 때의 가액으로 하고, 기타의 경우에는 그 毁損 전의 가액으로 한다(778Ⅱ). 價額標準의 장소에 대하여는 상법은 규정을 두지 않고 있으나, 보통 발항지 또는 毁損地의 가액을 표준으로 본다. 선박이 선적항 외에서 수선하기 불능하게 된 때에는 선장은 海務官廳의 인가를 얻어 그 선박을 경매할 수 있다(777). 이것을 선장의 船舶緊急賣却權이라 하며, 선장이 이렇게 하는 것이 선박소유자의 의사에 합치하는 동시에 修繕上 得策으로 생각되기 때문이다. 더욱 선박이 보험에 붙여져 있는 경우에, 그 선박이 수선할 수 없게 된 때에는, 피보험자는 보험의 목적인 그 선박을 보험자에게 委付하고 보험금액의 전부를 청구할 수 있다(→보험위부)(710 iii).

수소법원(受訴法院) 〔獨〕 Prozessgericht 〔佛〕 tribunal saisi de procès 어느 사건에 관하여 판결절차가 현재 係屬하거나 장차 계속할 것이거나 기왕에 계속되었던 법원. 수소법원은 판결절차 이외에 證據保全(民訴 347), 증언거부에 대한 제재(288), 특수한 執行節次(예를 들면 代替執行·間接强制 등), 가압류, 가처분(698, 717) 등에 관한 직무를 행한다. 또 집행공조기관으로서 집행의 정지, 속행 또는 취소의 명령(507Ⅱ, 508), 외국에서 강제집행을 하는 경우의 囑託 등(516)의 직권을 갖고 있다.

수소이탈(守所離脫)**의 죄**(罪) 군인 또는 준군인인 지휘관이나 哨兵이 정당한 이유없이 수소를 이탈함으로써 성립되는 군형법상의 범죄(제5장). 그 유형으로는 지휘관의 守所離脫罪(27)와 초병의 守所離脫罪(28)가 있다. 미수범을 처벌한다(29).

수수료(手數料) 국가·공공단체 또는 그 기관이 타인을 위하여 행하는 公的役務에 대하여, 그 보상으로 징수하는 요금. 엄밀한 의미에서는 공물의 이용에 대한 반대급부를 사용료라 하고, 인적인 역무에 대한 반대급부를 수수료라 할 수 있으나, 공기업의 이용과 같이 人的役務와 시설이용이 경합하고 있는 경우에도 그 반대급부를 수수료라고 한다. 국가가 징수하는 수수료에는 법원이 행하는 訴訟節次 또는 非訟事件節次에 대한 사법상의 수수료, 행정기관이 징수하는 조세 등의 가산금, 각종

의 허가 또는 면허의 수수료 등과 같은 행정상의 수수료가 있다. 지방자치단체 또는 그 장도 특정한 개인을 위하여 하는 사무에 대하여 각종 수수료를 징수할 수 있다(地自 128Ⅱ). 넓은 뜻에 있어서는 사인상호간에 있어서 一方이 他方의 신청에 응하여 役務에 대한 보수로서 수수하는 금전을 포함하여 수수료라고 부를 때도 있으나, 이것은 사법상의 보수로서 사법의 적용을 받을 뿐이고, 수수료와는 다르다.

수시제출주의(隨時提出主義) 〔獨〕 Prinzip der zwanglosen Reihenfolge 민사소송에서 당사자가 攻擊防禦方法을 변론이 끝날 때까지 수시로 제출할 수 있는 주의. 法定序列主義(또는 同時提出主義)에 대한 것. 우리 민사소송법도 특별한 규정이 없는 한, 수시제출주의를 채용하고 있다(136). 수시제출주의는 법원의 적절한 釋明權行使에 의하여 당사자로 하여금 심리정도에 따라서 필요한 정도의 訴訟資料를 적시에 제출시킴으로써 자유롭고 활기있는 변론을 이룩하는데 적당한 제도이다. 그러나 무제한으로 허용하면 소송자료의 제출을 방만케 하여 소송을 늦어지게 할 염려가 있으므로, 민사소송법은 다음과 같은 제한규정을 두고 있다. ① 당사자가 고의 또는 중과실로 인하여 실기한 공격방어방법의 각하(138), ② 준비절차를 거친 경우의 제한(259), ③ 상고심에서는 상고이유서제출기간내에 제출하지 아니한 上告理由의 不顧慮(397, 399). 그러나 이러한 제한은 職權探知主義에서나 職權調査事項에 관하여서는 적용되지 않는다(259, 404). 또 中間判決(186)이 있으면 그 羈束力때문에 그 이전에 주장할 수 있었던 사항은 그 審級에서는 주장할 수 없다.

수신주의(受信主義) 도달주의와 같다.

수양자(收養子) 자손이 없고 형제간에도 자손이 없는 경우에 3세전의 棄兒를 얻어다 길러 自己姓을 주어 삼은 양자. 高麗史刑法志 戶婚條에 文宗二十二年制, 凡人無後者無兄弟之子則 收他人三歲前棄兒 養以爲子 卽從其姓 繼後付籍 已有成法 其有子孫及兄弟之子而收養異姓者一禁이라는 규정이 그 출전이다. 고려인종 14년의 制 遺棄小兒 三歲前節付收養子 爲收養父母竝服三年喪으로 수양자가 3년복상하게 되었다. 조선시대의 經國大典도 고려조의 收養法을 계수하여 禮典五服條에 수양자에 대하여 齊衰 3년의 服喪을 규정하고 있다. 수양자를 繼後子로 하고 從姓付籍케 한 당연의 歸結이라 할 것이다. 그러나 遺棄兒救濟를 위하여 收養에 異姓이 인정되고 有子收養도 허용하게 됨에 따라 수양자의 지위는 점점 약화되고 繼嗣의 자격을 상실하였다. 수양자의 상속상의 지위도 양자가 從姓繼後한 시대에는 물론 재산상속을 한 것이나, 經國大典刑典에도 그 상속분을 全給이라 규정하고 있다. 棄兒救濟의 수양자의 지위로 전락된 후는 良妾子女와 동일한 지위의 相續權이 인정되어 있을 뿐이었다. 민법에서는 이러한 특별한 관념의 양자를 인정하지 않는다.

수 용(收用) 公共의 이익이 되는 사업을 위하여 본인의 의사 여부를 불구하고 강제적으로 재산권을 취득하는 것. 公用徵收, 公用徵用과 같다. → 토지수용

수용권(收用權)**의 충돌**(衝突) 현재 公益事業의 용도에 제공되고 있는 토지는 될 수 있는 대로 현재의 용도를 유지하게 하기 위하여 수용의 목적물이 될 수 없도록 하는 것이 그 공익사업의 목적의 달성을 위하여 합리적인데, 그러한 토지는 오직 보다 중요한 공익사업을 위하여 특별한 필요가 있는 경우에 한하여 예외적으로 收用의 目的物이 될 수 있는 것을 말한다.

수용위원회(收用委員會) 토지수용법에 의하여 토지수용의 裁決 등을 담당하기 위하여 건설교통부, 서울특별시·광역시·도에 설치하는 기관. 위원장 1인과 위원 8인으로서 구성되며, 임기는 3년이다(土地收用 28, 30, 31). 裁決事項으로는 ① 수용 또는 사용할 토지의 구역 및 사용방법, ② 손실의 보상, ③ 수용 또는 사용의 시기와 기간, ④ 그 밖에 토지수용법이 규정한 사항 등이다(29).

수용유사적 침해(收用類似的侵害) 타인의 재산권에 대한 위법한 공용침해를 말한다. 이때 위법이란 共用侵害의 모든 허용요건을 갖추고 있으나 보상에 관한 요건만을 결하고 있는 것을 말한다. 그러나 일부의 견해는 이러한 경우 국가배상법에 의한 손해배상청구를 인정하여 수용유사적 침해란 法理를 부정한다.

수용적 침해(收用的侵害) 적법한 행정작용의 비의욕적인 부수적 결과로서 타인의 재산권에 수용적 영향을 가하게 되는 침해를 말한다. 예를 들자면 도로의 공사로 인한 차량 통행제한으로 인하여 인근에 있는 상점 등이 판매고가 줄어드는 피해를 보는 경우이다. 그러나 이러한 收用的 侵害法理는 우리나라에 일반적으로 인정되고 있는 개념은 아니다.

수 원(隨員)〔外交使節의〕 〔英〕 retinue of diplomatic envoys 〔獨〕 Gefolge der Gesandte

〔佛〕 personel de l'ambassade 大·公使館의 館員·그 가족·使用人·信書使의 4종류로 구별된다. ① 館員은 본국정부의 임명에 의하여 公的으로 사절에 따라 다니는 자로서 참사관·서기관·통역관·통신기술관·부속무관 등이며, 이들은 각기 그의 계급에 상응하는 특권과 면제를 향유한다. ② 가족은 使節과 館員의 가족으로서, 처·자·동거의 친족을 포함한다. 가족은 외교관과 거의 동일한 특권과 면제를 향유한다. ③ 使用人은 사절이나 관원이 고용한 사적 사용인으로서 사적인 비서·운전수·가정교사 등을 말하며 파견국의 국민인 경우에는 裁判權, 警察權에 관하여 대부분의 국가가 특권을 인정한다. 현행범의 경우에는 접수국이 체포할 수 있으나 처벌은 할 수 없다. 접수국의 국민인 경우에는 특권을 향유하지 않으나, 현행범이 아닌 경우에는 공관장이나 관원의 동의를 얻어야만 체포, 처벌할 수 있다. ④ 信書使는 외교사절과 본국정부 또는 다른 공관과의 간에 信書를 전달하는 특별한 사자를 말하며, 접수국에서 관원과 동일한 특권과 면제를 향유하며, 제3국에서는 無害通行의 권리를 가진다. → 외교사절의 특권

수유결격자(受遺缺格者) → 수유능력

수유능력(受遺能力) 수유자가 될 수 있는 適格. 권리능력자이면 족하고 자연인·법인을 불문하나, 유언의 효력발생시에 존재함을 요한다. 胎兒도 수유능력이 있다. 상속결격자는 受遺缺格者로 취급되기 때문에 수유능력이 없다(民 1064).

수유자(受遺者) 〔英〕 devisee, legatee 〔獨〕 Vermächtnisnehmer 〔佛〕 légataire 유증을 받을 자로 유언에서 정해진 자. 자연인뿐만 아니라 법인도 수유자가 될 수 있고, 유언자의 상속인도 수유자가 될 수 있다. 그러나 일정한 사유가 있으면 수유자가 될 수 없다(受遺缺格者). 수유자는 원칙적으로 유언자의 사망시에 존재하여야 하나, 예외로 태아는 유증의 경우에는 이미 출생한 것으로 본다(民 1064). 또 條件附遺贈이나 期限附遺贈에 있어서는 그 조건의 성취시 또는 기한의 도래시에 존재하면 된다. 수유자는 유언의 효력발생과 동시에 당연히 일정한 권리를 취득하게 되는 것이나, 이것을 받을 것을 원하지 않는다면 거절할 수도 있다.

수의계약(隨意契約) 競爭契約(一般競爭契約 또는 指名競爭契約)에 대한 말. 입찰·경매 등의 경쟁방법에 의하지 아니하고 임의로 적당한 상대자와 체결하는 계약. 국가나 지방자치단체의 계약은 원칙적으로 일반경쟁계약의 방법에 의한다. → 경쟁계약

수의사무(隨意事務) 지방자치단체의 고유사무 중 그 지방자치단체의 재량에 의하여 그것을 시행할 것인가의 여부를 결정할 수 있는 사무. 必要事務에 대한 것. 固有事務는 법령상 특히 그 사무처리의 의무가 지방자치단체에 부과된 경우를 제외하고는 수의사무인 것이 원칙이다. → 필요사무, 고유사무

수의조건(隨意條件) 〔羅〕 condicio potestativa 〔獨〕 Potestativbedingung 〔佛〕 condition potestative 성취의 여부가 채무자의 의사만에 매어 있는 조건. 채무자가 갚을 생각이 있으면 금전을 반환한다는 경우와 같다. 수의조건을 붙인 법률행위는 法律的 拘束力을 인정할 필요가 없는 만큼 무효로 된다. 구민법은 이 뜻을 명문으로 규정하였었으나, 민법은 이것을 당연한 것으로 인정하여 규정을 두지 않았다.

수익권(受益權) 국민이 자기의 이익을 위하여 국가에 대하여 일정한 행위 또는 급부 기타 공공시설의 이용을 요구할 수 있는 公權. 자유권이 국가의 소극적인 불간섭 또는 불행위를 요구할 수 있는 消極的 公權인데 반하여, 수익권은 국가의 적극적인 행위 또는 급부를 요구할 수 있는 積極的 公權이다. 수익권은 국민이 국가에 대하여 요구하는 내용에 따라서 특정의 국가행위, 가령 특정한 司法行爲 또는 行政行爲를 요구하는 권리(예 : 재판청구권·청원권·소원권 등), 혹은 국가에 대하여 금품의 급부를 요구하는 권리(예 : 각종의 사회보험료 지급청구권), 혹은 국가에 대하여 公的設備(施療院·양로원 등)의 이용을 요구할 수 있는 권리로 분류할 수 있다. 수익권은 또 경제적 약자를 보호하여 모든 국민에게 인간다운 생활을 보장하기 위하여 인정된 소위 生存權的 受益權과 헌법상 보장된 국민의 기본권을 일층 확고하게 하기 위하여 또는 기본권이 불법적으로 침해되었을 때 그 구제를 확보하기 위하여 인정된 소위 기본권의 보장을 위한 수익권으로 분류할 수 있다. 후자는 18·9세기의 立憲政體 초기의 헌법에서도 보장되었던 국민의 수익권이고, 그 예로는 청원권·재판청구권·손실보상청구권·손해배상청구권 등이 이에 속한다. 전자, 즉 생존권적 수익권은 입헌정체 초기의 헌법에서는 찾아볼 수 없었고 20세기에 들어와서 빈부의 차가 심하여 국민대중의 생활이 위협을 당하자 그것을 방지하기 위한 수단으로서 20세기 헌법에서 보장된 수익권이고, 우리 헌법상의 예로서는 교육의 권리(31), 근로의 권리(32), 근로자의 단결권(33), 婚姻과 純潔과 保健에 관하여 국가의 보호를 받을 권리(36)를 들 수 있다.

수익사채(受益社債) 〔英〕income bond 利益配當附社債의 일종으로, 주주에게 배당할 수 있는 이익(즉 企業收益)의 발생을 조건으로 이자가 지급되는 사채를 말한다. 우리나라에는 없으나, 미국의 경우 기업의 정리나 更生時 確定利子의 부담을 면하기 위해 이용되고 있다. 수익사채는 주주총회에서 의결권을 행사할 수는 없지만, 이익이 있으면 이자가 지급되고 償還期限의 到來에 의하여 상환된다.

수익자(受益者) [1] 민법상으로는 일정한 법률요건으로 직접 이익을 받는 자. 특히 문제가 되는 것은 詐害行爲의 수익자(406), 부당이득의 수익자(747, 748), 제3자를 위한 契約의 수익자(539), 신탁법상의 수익자(信託 38, 51~54). 민법상의 수익자는 법률행위의 당사자가 아닌 수도 있다.

[2] 행정법상으로는 公的事業의 시행에 의하여 특별한 이익을 받는 자(→수익자부담금).

수익자부담금(受益者負擔金) 負擔金의 일종. 사업경비의 전부 또는 일부에 충당하기 위하여 당해사업으로부터 특별한 이익을 받는 자에 대하여 그 수익의 한도내에서 과하는 부담금. 예컨대 하천법 58조 · 사방사업법 18조 · 지방자치법 129조 등 부담금 중에서 가장 일반적인 것이다. →부담금

수익재산(收益財産) →재정재산

수익적 행정행위(授益的行政行爲) 許可 · 認可 · 特許 등과 같이 당해 행정행위의 상대방에게 권리나 이익을 부여하는 효과를 수반하는 행정행위를 말한다. 특히 수익적 행정행위는 그 철회 및 취소에 있어서 일정한 條理上의 제한을 받게 된다. 즉, 수익적 행정행위의 철회 · 취소는 개인의 이미 취득한 권익을 침해하는 것이므로 그 권익을 침해하는 것을 정당화시킬 정도의 보다 큰 공익이나 제3자의 이익이 있지 않으면 안된다는 것이다.

수익질(收益質) 〔獨〕Nutzungspfand 채권자가 質物을 점유 · 유치할 뿐만 아니라, 이를 사용 · 수익할 수 있는 質權. 수익질에는 수익이 이자와 원본을 消却해 나가며 元利를 완전히 소각하면 목적물은 자동적으로 담보의 약속을 벗어나서 소유자에게로 복귀하는 消却質과 수익은 이자와 상계될 뿐이고 원본을 변제하지 않는 한 담보의 구속이 언제까지나 계속되는 非消却質의 두 가지가 있다. 전세권 · 還買 · 구민법상의 不動産質權은 후자의 예이다. 기업재단 · 어업권 · 광업권 · 등기선박 등과 같이 특수의 수익을 올릴 수 있는 것은 수익질로서 상당한 작용을 할 수 있을 것이나, 이러한 재산권에 질권을 설정함으로써 그 권리의 행사를 질권자에게 이전하는 것은 사회경제적 견지에서 매우 부당하므로, 그 질권의 설정이 금지되어 있다. 특허권 · 저작권 등의 無體財産權 위의 질권은 질권설정자의 승낙이 있을 때에는, 수익질의 성질을 가지는 것으로 된다. 채권 · 주식 등의 재산권 위의 질권도 수익질의 성질을 띨 때가 있으나(예 : 주식상의 질권이 배당을 취득하는 권리를 가질 때), 이 경우에 질권의 留置的 作用이 발휘될 여지는 거의 없음을 주의하여야 한다. 수익질에 있어서는 질권자는 質物의 天然果實을 수취하고, 質權의 존속기간내에 제3자에게 임대하거나 制限物權을 설정할 수 있음이 원칙이다.

수인부담(受忍負擔) 특정한 공익사업 기타의 복리행정을 위하여 타인 소유의 재산에 대하여 가하는 侵害行爲를 수인할 의무를 말한다. 그 내용에는 물건에 대한 처분의 수인의무와 권리에 대한 처분의 수인의무가 있다.

수인자치제(囚人自治制) 수형자치제와 같다.

수임인(受任人) 사무의 처리를 위탁받은 자. 위탁을 한 자, 즉 委任人에 대하여 사용된다.→위임

수 입(輸入) 외국으로부터 우리나라에 도착된 물품(외국의 선박 등에 의하여 公海에서 採捕된 수산물 등을 포함한다) 또는 수출신고가 수리된 물품을 우리나라에 引取하는 것(保稅區域을 경유하는 것은 보세구역으로부터 인취하는 것)을 말한다(關稅 2).

수입승인제(輸入承認制) 수입을 함에 있어서 정부의 승인를 받도록 하는 제도. 對外貿易을 육성 · 규제 · 조정하는(憲 125) 방법의 하나이다. 국제수지의 균형과 국민경제의 건전한 발전을 도모하기 위한 제도인 바, 개개의 수입에 있어서 許可를 받도록 하는 방법과 일정한 기간중에 있어서의 수입국별 · 상품별 最高輸入限度額을 배정하는 방법이 있다. 수입승인에 관한 사무는 산업자원부장관이 관장한다(對外貿易法 19).

수 장(水葬) 선장은 선박의 항해중 선내에 있는 자가 사망하였을 때에는 건설교통부령이 정하는 바에 의하여 수장할 수 있다(船員 17).

수정거부(修正拒否) 국회에서 의결된 법률안을 수정하여 하는 거부. 還付拒否에서 특히 문제가 된다. 미국헌법은 정부에 法律案提出權과 修

正案提出權을 인정치 않으므로, 수정거부도 인정하지 아니한다. 우리나라에 있어서는 제3차개헌 이전 헌법하에서 수정거부가 불가하다는 것이 통설이었으나, 현행헌법은 53조 3항에서 일부거부 또는 수정거부를 할 수 없다고 하여 明文으로 해결하였다. →법률안거부권, 법률안의 환부, 일부거부

수정예산안(修正豫算案) →추가경정예산

수종(數種)의 주식(株式) 利益配當·建設利子의 배당·잔여재산의 分配請求權 등에 관하여 일반주식과 다른 취급을 받는 각종의 주식의 총칭. 株主平等의 原則의 예외로서 법이 인정하는 범위내에서 정관의 규정에 의하여 인정되는 것이나, 상법이 인정하는 수종의 주식은 이익배당·이자배당·잔여재산분배에 관하여 내용이 다른 것(344), 즉 優先株·劣後株·混合株 등에 한한다. 이 수종의 주식의 존재를 전제로 하여, 그 속성으로서 償還株式(345), 의결권없는 주식(370)과 轉換株式(346 이하)이 인정되어 있다. 數種의 株式을 발행함에는 정관에 각종의 주식의 내용과 수를 정하여야 하며, 이익배당에 관하여 우선적 내용이 있는 종류의 주식에 대하여는 정관으로 最低配當率을 정하는 동시에(344Ⅱ), 소정의 公示方法을 취하여야 한다. 또 회사가 수종의 주식을 발행한 때에는 정관에 다른 정함이 없는 경우에도 신주의 인수, 주식의 병합, 주식소각 또는 합병으로 인한 株式의 配定에 관하여 주식의 종류에 따라 특수한 정함을 할 수 있다(344Ⅲ). 그러나 그에 의하여, 또는 정관변경이나 합병의 결과 어느 종류의 주주에게 손해를 미치게 되는 경우에는, 주주총회의 特別決議 외에 그 종류의 주식만의 총회(種類株主總會)의 결의를 다시 얻어야 한다(435Ⅰ).

수증자(受贈者) 〔英〕devisee, legatee 〔獨〕Vermächtnisnehmer 〔佛〕légataire 遺贈을 받을 자로 유언에서 정해진 자를 말한다. 自然人과 法人에게 인정된다. 유언인의 상속인도 수증자가 될 수 있다. 유언자의 사망 전에 수증자가 사망한 경우에는 수증자의 지위의 승계(일종의 代襲受贈)는 인정되지 않으므로, 결국 유증은 효력이 생기지 않는다(民 1089). 다만 유언 중에 특히 수증자의 상속인에게 승계를 인정하는 의사를 표시한 때에는 이에 의한다(民 1090 但). 그리고 條件이 있는 유증이나 期限이 있는 유증의 경우에는 수증자가 그 조건이 성취되거나, 또는 기한이 도래하였을 때 존재하면 된다.

수지균형(收支均衡)의 원칙(原則) 수지균형의 원칙이란 정부예산이 세입·세출의 예정액이며 질서있는 政府經濟運用計劃이라는 점에서 예산의 세입과 세출은 균형을 유지하여야 한다는 원칙이다. 이 원칙의 내용은 예산의 形式的 均衡—세입과 세출총액의 일치—만이 아니라 예산의 實質的 均衡과도 관련된다. 예산의 형식적 균형은 회계처리상 당연한 것으로 생각되지만 예산의 실질적 균형에 대해서도 법적 규제를 가하게 된다. 우리나라의 헌법 및 예산회계법에 이에 관한 직접적인 규정은 없으나 국가의 세출은 國債 또는 借入金 이외의 세입으로써 그 재원으로 하여야 한다(豫會 5)라고 규정하고, 단서에서 국채 및 차입금으로 재원을 충당할 수 있는 조건을 규정하고 있다. 또 예산외지출 또는 예산초과지출에 대비하기 위해서는 예비비를 세입·세출예산에 계상할 수 있게 되어 있으며(21), 수입과 예측할 수 없는 지출간의 調整을 행할 수 있게 되어 있다.

수질오염방지시설(水質汚染防止施設) 폐수배출시설로부터 배출되는 수질오염물질을 제거하거나 감소시키는 시설로서 환경부령으로 정하는 것을 말한다(水質環境保護法 2 vi).

수 촌(手寸) 畫指 또는 左寸이라고도 한다. 우리나라에서는 左手中指의 제1·제2관절의 치수를 재서 그림을 그리고 서명이나 인장대신으로 사용한 것이다. 奴僕이 주인을 대신하여 田地·家舍를 매매하는 문서를 작성하였을 때, 手寸을 하여 진실을 증명한 것이다. 수촌은 당·송·원·일본 등에서는 원칙적으로 남자는 左手의 食指를 표시하였고 여자는 右手食指를 표시하였다는 것이다. 大典通編 刑典 推斷條에 罪囚刑訊前先捧手寸 刑推時解枷라 하여 手寸이 법규용어로도 사용되고 있었다.

수출품(輸出品)에 대한 품질실태조사(品質實態調查) 공업진흥청장이 수출품의 품질향상을 위한 자료로 활용하기 위하여 필요하다고 인정하는 경우에 행하는 수출품에 대한 품질실태조사를 말한다. 실태조사는 完製品 또는 외국시장에서 유통되는 제품 등의 품질, 品質經營促進法에 의한 품질경영 및 5조의 규정에 의한 自律檢查의 실시상황, 대외무역법 7조의 규정에 의한 무역업자, 해외구매자 또는 해외소비자를 대상으로 한 여론, 기타 품질실태조사를 위하여 필요한 사항에 대하여 실시되며, 工業振興廳長은 이러한 실태조사를 위하여 필요하다고 인정할 때에는 대통령령이 정하는 수출유관기관에 대하여 수출품의 품질과 관련된 자료의 제출을 요구할 수 있다(輸出品質向上에 관한 法律 2).

수출승인제(輸出承認制) 수출을 함에 있어서 정부의 승인을 받도록 하는 제도. 對外貿易을

규제·조정하는 방법(憲 125)의 하나. 국제수지의 균형과 국내산업의 육성을 위한 제도. 輸出入承認에 관한 사무는 산업자원부장관이 관장한다(對外貿易法 19). 수출승인제는 經濟規制行政의 중요한 부분을 이룬다. → 수입승인제

수출자유지역(輸出自由地域) 건설교통부장관이 행정자치부장관의 의견을 들어 선정한 예정지 중에서 산업자원부장관이 지정한 지역으로서 관계법령의 적용이 전부 또는 일부가 배제되거나 완화된 保稅區域의 성질을 띤 지역으로 臨海의 특정지역에 설치하여 외국인의 투자를 유치함으로써 수출의 진흥, 고용의 증대 및 기술의 향상을 기하여 국민경제발전에 기여한다.

수취(受取)어음 부기계산상의 용어로서 어음채권을 표시하는 資産科目의 명칭. 재무제표규칙에 의하면 상거래 이외의 원인으로 발행된 금융어음은 이를 이 항목에 포함시키지 않고, 短期債權으로서 따로 계상해야 하고 또 수취어음에 대한 貸損充當金(추심불능이 예상되는 액)은 수취어음에서 공제하는 형식으로 기재한다. 이 어음에 대하여 할인을 받았을 때에는 이를 수취어음의 과목에서 제외하고 수취어음의 割引額을 脚註로서 기재한다.

수취인(受取人)〔어음·手票의〕 〔英〕 payee 〔獨〕 Remittent, Nehmer 〔佛〕 Preneur 발행인으로부터 어음·수표의 교부를 받은 최초의 所持人(최초의 어음권리자). 약속어음에 있어서는 발행과 동시에 수취인은 발행인에게 지급을 청구하는 권리를 취득하는 것이나, 환어음이나 수표에 있어서는 發行만으로 곧 주채무자가 존재하는 것이 아니고 수취인은 스스로 그 권리 내지 권한을 행사할 수도 있고, 이를 타인에게 양도할 수도 있다. 어음에 있어서는 수취인의 기재는 어음요건의 하나이고 無記名式은 인정되지 아니하므로 그 欠缺은 어음을 무효화한다(어음 1vi, 2Ⅰ, 75v, 백지어음의 예외). 수표에 있어서는 기명을 하지 않고, 所持人出給式으로 발행할 수 있고 수취인기재가 없는 것은 所持人出給式手票로 본다(手票 5Ⅲ).

수취증서(受取證書) 〔英〕 receipt 〔獨〕 Quittung 〔佛〕 quittance 채권자가 채무자의 변제를 받았음을 증명하기 위하여 변제자에게 교부하는 증서. 특별한 방식은 정해져 있지 않으므로 변제된 채권, 일자, 수령장의 서명 따위가 명백하여야 한다. 변제자는 변제와 상환하여 受取證書(領收證)를 청구할 수 있다(民 474, 어음 39 등). 증서에서 수입인지를 붙이고 채권자가 消印하여야 하지만 이에 위반하더라도 科料處分을 받을 뿐 증서의 證據力에는 영향을 미치지 않는다. 수취증서(이를 작성할 권한있는 자가 작성한 것에 한한다)의 소지인은 변제수령의 권한이 있는 것으로 추정한다(民 471). → 변제수령자

수치물(受置物) → 임치물

수치인(受置人) 任置契約에 의하여 임치인으로부터 목적물의 보관을 위탁받은 자. 수취인의 의무로서는 目的物保管義務가 가장 중요하다. 보관에 필요한 주의의 정도는 有償任置에 있어서는 선량한 관리자의 주의를 요하고(民 374), 無償任置에 있어서는 자기재산과 동일한 주의를 요한다(695). 보관의무에 따르는 의무로서는 임치인의 승낙없이는 목적물을 사용하지 않을 의무, 제3자에게 목적물을 보관시켜서는 안될 의무 등이 있다. 임치인의 승낙을 얻어서 제3자에게 목적물을 보관시키는 경우에는 債務不履行이 되지 않는 것은 물론이지만, 復代理人選任의 규정에 따라, 제3보관자의 선임·감독에 관하여 책임을 진다. 그리고 목적물에 대하여 권리를 주장하는 제3자가 수치인에 대하여 소를 제기하거나 압류할 때에는 수치인은 지체없이 임치인에게 이 사실을 통지하여야 하며(696), 위임에 있어서의 受任人과 같이, 금전 기타의 물건 및 과실의 引渡義務·權利移轉義務·利子支給 및 損害賠償義務가 있다(701, 684, 685).

수탁계약준칙(受託契約準則)) 증권거래법상 증권거래소의 거래원이 賣買去來의 受託에 관하여 준수하지 않으면 안될 준칙. 이것은 증권거래소가 자치적으로 정하는 것이므로, 일종의 自治法規라고 할 수 있다. 증권거래법은 일방에 있어서는 거래원에게 준칙을 지켜야 할 의무를 지움과 함께 타방에 있어서는 위탁자보호를 위하여 그 규정하여야 할 사항을 法定하고 있다(110).

수탁자(受託者) 〔英〕 trustee 널리 委託을 받은 자를 가리키는 데도 사용되나, 특히 신탁에 의한 신탁을 받은 자를 가리키는 수가 많다.

수탁판사(受託判事) 〔獨〕 ersuchter Richter 〔佛〕 juge requis, juge enquêteur 법원간의 공조로서, 소송이 係屬된 다른 법원의 촉탁에 기하여 일정한 사항을 처리하는 수탁법원의 판사. 囑託을 한 법원의 구성원은 아니지만, 그 위임에 기하여 촉탁법원을 대신하여 사무를 처리하는 점에서 受命法官에 준하여 취급한다(民訴 304, 刑訴 136·167 등).

수탁회사(受託會社) 信託 또는 委託關係의 수탁자로서의 회사로 두 가지 종류가 있다.

[1] 社債募集의 수탁회사. 위탁모집의 경우에, 起債會社의 위탁을 받아서 사채청약서의 작성, 納入徵收를 하는 외에(商 476Ⅱ), 법은 특히 사채권자의 수익을 계속적으로 보호할 임무를 부담케 하고, 사채권자집회의 소집 등 집회에 관한 행위(491, 493, 501), 사채의 상환을 받는데 필요한 행위(484), 불공정한 행위에 대한 취소의 소의 제기(511)를 할 권한을 인정하고 있다. 그 지위의 중요성에 비추어 자격은 銀行과 信託會社에 한정되고, 그 사임·해임·사무승계도 제한되고 있다(481~483).

[2] 擔保付社債의 수탁회사. 담보부사채의 기채회사인 위탁회사와의 신탁계약에 의하여 物上擔保權을 취득하고, 총사채권자를 위하여 그 담보권의 보존·실행의 의무를 부담하는 외에 채무의 변제를 받는데 필요한 행위, 社債權者集會의 결의에 의하여 총사채에 대한 지급유예·책임면제·화해·소송행위·파산절차를 할 권한을 가지며 기타 위탁회사 및 사채권자에 대하여 信託事務를 선량한 관리자의 주의로써 공평 또한 성실히 처리해야 한다.

수태조절(受胎調節) 임신이 가능한 자에 대하여 그가 원하는 바에 따라 수술에 의하지 아니하고 피임기구 또는 피임약품 등에 의하여 피임하게 하거나 그 피임을 중지하여 임신을 가능하게 하는 調節行爲를 말한다.

수 표(手票) 〔英〕 check, cheque 〔獨〕 Scheck 〔佛〕 chèque 발행인이 지급인인 은행에 대하여 수취인 기타의 소지인에게 일정한 금액의 지급을 위탁하는 형식의 유가증권. 유가증권으로서의 속성은 어음과 전연 동일하나, 所持人出給式·無記名式 및 記名所持人出給式으로 발행될 수 있는 점이 어음과 다르다. 또 支給委託證券인 점에서 換어음과 같으나, 인수제도가 없는 것이 다르고, 수표의 지급보증은 인수와 비슷하기는 하지만, 지급보증인의 의무는 인수인의 의무와 같은 절대적인 것이 아니므로, 결국 수표는 인수가 있기 전의 환어음과 같다. 수표가 환어음과 다른 점은 다음과 같다. ① 수표는 支給證券이기 때문에 一覽出給으로 되어 있고, 이것에 반하는 기재는 모두 그 기재가 없는 것으로 보게 되며(手票 28Ⅰ), 이 일람출급성을 관철하기 위하여 先日字手票도 발행일 전에 제시할 수 있는 것으로 하였다(28Ⅱ). ② 수표는 지급증권으로서 단기간에 결제될 성질의 것이기 때문에 그 제시기간이나 시효기간이 짧다(29, 51). ③ 수취인의 기재는 수표요건이 아니며, ④ 유통기간이 짧기 때문에 利子文句의 기재는 허용되지 않으며 또 入質背書도 없다. ⑤ 제시기간내의 支給受託의 취소가 금지되는 동시에(32Ⅰ), 그대신 제시기간경과 후에도 支給委託의 취소가 없는 한 유효하게 지급할 수 있게 하였으며(32Ⅱ), ⑥ 간편한 지급용구인데 비추어 간이한 支給拒絶證書方法(39)을 인정하고 있다. 수표가 신용증권화하는 것을 금하기 위한 제도로서는 ⑦ 인수를 금하고 또 이것을 潛脫할 염려가 있는 지급인의 배서(15Ⅲ)와 보증(25Ⅱ)도 금하고 있다. 따라서 인수거절에 의한 遡求도 없고, 參加制度나 謄本制度도 인정되지 않으며 複本의 제도도 변형되고 있다. 그 반면에 수표의 피지급성을 강화하기 위하여 ⑧ 支給保證(53 이하)制度를 인정하고, ⑨ 지급인을 은행으로 한정하는 동시에 수표자금과 수표계약의 존재를 요구하고 있으며(3, 59), ⑩ 도난·분실의 경우에 대비하여 횡선수표(37, 38)가 인정된다.

수표계약(手票契約) 〔獨〕 Scheckvertrag 자금소유자인 발행인이 지급인인 은행에 대하여 수표에 의한 지급사무를 위탁하는 委任契約. 이것에 의하여 은행은 발행인에 대하여 약정된 조건에 따라 발행된 수표에 대하여 지급할 의무를 부담하며, 그 不履行에 대하여는 損害賠償責任을 진다. 이 계약은 소지인을 수익자로 하는 제3자를 위한 계약이 아니므로, 수표소지인에 대한 관계에서는 지급인인 은행이 手票金額支給義務를 당연히 부담하는 것은 아니다.

수표문언(手票文言) 〔獨〕 Scheckklausel 그 證券이 수표라는 것을 표시하는 문언. 어음문언과 마찬가지로 수표에는 증권의 문언 중에 증권의 작성에 쓰이는 용어로 수표라는 문자를 기재하여야 하며, 이를 결여하면 마땅히 수표로서의 효력을 상실한다(手票 1, 2Ⅰ).

수표법(手票法) 실질적으로는 수표에 특유한 私法法規의 전체를 뜻하며 형식적으로는 1931년 제네바에서 성립한 手票法統一條約에 따라 독립된 單行法으로 제정된 수표법(1962년 법률 제1002호)을 뜻한다. 이 수표법은 동조약의 제1부속서를 제2부속서의 留保條項에 따라 약간 변경하여 규정하고 특별히 支給保證의 장을 설치하였다. 수표법상의 법률저촉의 해결을 위하여는 섭외사법에 규정이 있으며 거절증서의 작성에 관한 사항은 拒絶證書令이 정하고 있다. 수표법에 대한 각국의 입법례와 국제적 통일운동을 고찰하여 본다면 수표법의 규정은 당초에 오래동안 관습에 맡겨져 있다가 근세제국의 최초의 입법으로 프랑스의 수표법(1865년)의 제정을 계기로 하여 각국에서 이를 제정하게 되었다. 한편 어음법의 國際的 統一運動에 병행하여 수표법의 국제적 통일의 노력이 계속되어 1931년 제네바에서 국제연맹에 의한 手票法統一會議가 개최되어 수표에 관한 통일조약이 성립되었으며 영미법계를 제외하고 대부분의 대륙법계의 나라에서는 이에 따라 수표법을 규정하고 있다.

수표보증(手票保證) 타인의 채무를 보증하는 수표상의 행위. 수표의 지급은 보증에 의하여 그 금액의 전부 또는 일부가 담보되는 바, 지급인을 제외한 제3자가 이를 할 수 있다(手票 25). 그 방식·효력 등은 어음保證과 대체로 같다(26～27). →어음보증

수하물(手荷物) 〔英〕 pssenger's luggage 〔獨〕 Reisegut 〔佛〕 baggage à la main 여객운송계약에서 여객이 소지하는 여행중의 휴대품. 운송인 또는 선박소유자에게 인도하느냐 않느냐에 따라 託送手荷物과 携帶手荷物로 구별된다. 여객운송인은 탁송수하물에 관하여는 운임을 받지 아니한 경우에도 물건운송인과 동일한 책임이 있지만(商 149 Ⅰ), 휴대수하물에 대하여는 그 멸실·훼손에 대하여 자기 또는 사용인의 과실이 없으면 손해를 배상할 책임이 없다(150). 철도운송에 있어서는 여객이 휴대·탁송할 수 있는 수하물을 제한하고 있으며(鐵道法 54).

수하인(受荷人) 〔英〕 consignee 〔獨〕 Empfänger 〔佛〕 réceptionnaire 運送契約에서 운송물의 수령인으로 지정되어 있는 자. 貨物相換證이 발행된 경우에는 그 소지인이 운송물에 대한 운송계약상의 유일한 권리자가 되어 送荷人과 受荷人의 지위는 증권소지인에 흡수된다. 수하인은 운송계약의 당사자는 아니지만 운송물이 도착지·양륙항에 도착하였을 때에는 송하인의 운송계약상의 권리를 취득하여 자기의 명의로 이를 행사할 수 있다(商 140). 그러나 운송물이 도착지에 도착하였을 뿐 아직 수하인이 운송물의 인도를 청구하지 않고 있는 동안은 송하인의 권리는 소멸하지 않고 존속하고 있으므로, 송하인·수하인이 모두 권리를 가진다고 할 수 있지만, 이 단계에 있어서는 송하인의 권리가 우선한다고 보아야 할 것이다. 그러나 운송물이 도착지에 도착한 후 수하인이 운송물의 인도를 청구하였을 때에는 수하인의 권리가 우선한다(140 Ⅱ). 수하인이 운송물을 수령하였을 때에는 운송인에 대하여 운임 기타 운송에 관한 비용과 替當金을 지급할 의무를 부담한다(141).

수할주(水割株) 〔英〕 watered stock 주식회사의 설립·신주발행·합병 등의 경우에 現物出資의 목적물 및 그 밖의 회사가 취득하는 재산을 고의로 과대평가하고 그 평가액을 주식의 발행가격으로 나눈 수의 주식을 발행하는 경우의 주식. 실질적으로는 發行價額에 상당하는 출자가 갖추어져 있지 않으므로 資本充實의 原則에 위반하며, 회사채권자에게 손해를 끼치고, 다른 금전출자를 한 주주의 이익을 해치므로 법은 이를 엄중히 감독하고, 경우에 따라서는 그 주식의 인수인에게 不足額支給義務를 지우고 있다.

수형인명부(受刑人名簿) 〔獨〕 Strafregister 〔佛〕 casier judiciaire 범죄인의 성명을 기재한 명부. 犯罪人名簿 또는 前科簿라고도 한다. 프랑스에서는 1899년 8월 5일의 법률에 의하여, 독일에서는 1926년 3월 8일의 명령에 의하여 행하여지고 있으며, 우리나라도 이와 같은 제도가 행하여지고 있다. 법무부의 事務規程(法務部令 제73호)에 의하면 각급검찰청과 지청은 형을 선고한 재판이 확정되면 지체없이 그 사실을 수형인명부에 기재하여야 하며(92Ⅰ), 수형인명표를 작성하여 수형자의 본적지와 주거지를 관할하는 지방검찰청 또는 지청, 수형자의 본적지 시·읍·면, 수형자의 본적지와 주거지를 관할하는 경찰서 및 사건송치관서에 송부하도록 되어 있다(93).

수형자자치제(受刑者自治制) 〔英〕 inmate selfgovernment system 〔獨〕 System der Selbstverwaltung der Gefangenen 교도소내에서의 수형자의 생활에 자치를 인정하는 受刑者處遇制度. 이는 수형자들이 사회생활을 함에 있어 자유와 책임을 인정하여 교도소내의 질서를 그들 자신으로 하여금 유지하게 하는 훈련을 실시함으로써, 수형자의 사회적응성을 함양함을 목적으로 한다. 1914년 미국의 오스번에 의하여 오번감옥과 싱싱감옥에서 처음으로 시험된 이후 주목을 끌게 되었다. 우리나라에서는 모범수형자만을 수용하고 있는 교도소에서 일부 자치제를 실시하고 있다.

순보험료(純保險料) 〔英〕 net premium 〔獨〕 Nettopranie 보험사고발생의 蓋然率에 따라 이론적으로 산출되는 보험료. →영업보험료

순보험료식(純保險料式) 保險料積立金의 계산방법의 하나. 생명보험에서는 순보험료를 매년 平均保險料의 형식으로 징수하지만, 이 경우 후년도의 위험을 위하여 축적할 금액의 전부를 적립하는 방법. 다른 계산방법에 칠메르식계산법이 있다.

순수법학(純粹法學) 〔英〕 pure theory of law 〔獨〕 reine Rechtslehre 켈젠을 중심으로 한 비인(Wien)법학파가 주장한 實定法의 순수인식에 관한 이론. 순수법학은 무엇보다도 실정법의 이론

이 될 것을 목표로 하고, 법의 순수한 파악을 위해서는 사회학적 고찰 및 윤리적·정치적 고찰을 배제하고, 法規範 그것 자체의 實證的 探究만을 사명으로 해야 한다고 주장한다. 즉, 일면으로는 법규범은 자연인과법칙과는 다른 독자적인 當爲의 法則이기 때문에 그 純粹認識은 우선 자연과학적·사회과학적 방법을 버리지 않으면 아니된다. 또한 한편으로는 법학은 實定法規範의 인식을 목적으로 하기 때문에 도덕이나 정치의 입장에서는 자연법적인 가치를 도입하는 것을 피하지 않으면 아니된다. 이와 같이 하여 실정법의 구조를 분석할 때에, 그것은 구체적인 상위규범과 이것을 근거로 한 하위규범으로서의 根本規範에 도달한다. 켈젠은 이와 같은 견지에서 유명한 法段階說, 법과 국가의 自同性, 國際法優位論 등의 특색있는 이론을 전개하였다. 많은 비판을 받으면서도, 그 법규범에 대한 철저한 실증주의적 고찰에서 가치있는 많은 學的 所產을 출산시킨 공적은 극히 큰 바가 있다고 하겠다.

순연혼·역연혼(順緣婚·逆緣婚) 順緣婚(〔英〕 sorrate marriage)이라 함은 부와 亡妻의 자매간의 혼인이며, 逆緣婚(〔英〕 levirate marriage)이라 함은 처와 亡夫의 형제간의 혼인이다. 어느 것이나 방계인척간의 혼인에 해당하는 바, 이러한 혼인형식은 혼인의 가장 낡은 형태의 하나이며, 또한 현재의 미개민족에 있어서도 거의 일반적으로 행해지고 있다고 설명된다. 우리나라의 舊慣에 의하면, 逆緣婚은 금지되었었으나 順緣婚은 용인되어 있었는데, 민법하에서도 순연혼이 허용되느냐(형부와 처제간)에 관하여는 다툼이 있었다. 그러나 민법의 개정으로 금지되었다(777, 809 Ⅱ).

순 위(順位) 法律的 效力 또는 법률상의 지위의 순서. 예컨대 擔保物權의 순위라고 하면 우선변제를 받을 우열의 순서이고(民 333), 상속의 순위라고 하면, 상속인으로 되는 순서이다(984~986, 1000, 1003).

순위승진(順位昇進)**의 원칙**(原則) 같은 물건 위에 수개의 擔保物權이 성립하는 경우에, 그들 다수의 담보물권의 競合을 피하기 위하여 법률은 일정한 표준에 의하여 담보물권의 우선적 효력에 순서를 두어, 목적물의 換價金을 배당하는 때의 우선적 효력의 지위를 결정하여 주며, 이 때에 각 담보물권이 가지는 우선적 효력의 순서를 순위라고 하는데, 이 순위를 결정하는 표준은 담보물권 성립의 선후에 의하는 것이 원칙인 바, 선순위의 담보물권이 일정한 사유로 소멸하면, 후순위의 담보물권은 특별한 절차를 밟지 않더라도 당연히 각자 그 순위를 승진하는 우리 민법의 원칙을 말한다. 이에 비하여, 선순위의 담보물권이 소멸하여도 후순위의 담보물권은 그 순위가 변하지 않는 것을 順位確定의 原則이라 하는데, 이는 독일민법이 취하고 있는 원칙이다.

순정부작위범(順正不作爲犯) 진정부작위범과 같다.

순차운송(順次運送) 〔英〕 successive carriage 〔獨〕 aufeinanderfolgende Beförderung 〔佛〕 transport successif 동일한 운송물에 대하여 여러 명의 운송인이 시간적·공간적으로 연속하여 운송하는 것. 순차운송에는 다음과 같은 형태가 있다. ① 여러 명의 운송인이 각자 독립하여 각 특정구간의 운송을 인수하는 경우(→부분운송), ② 1운송인이 전구간의 운송을 인수하고 그 전부 또는 일부를 다른 운송인으로 하여금 운송시키는 경우(→하수운송), ③ 여러 명의 운송인이 공동하여 전구간의 운송을 인수하고 내부관계에 있어서 각 담당구간을 정하는 경우(同一運送), ④ 여러 명의 운송인이 순차적으로 1통의 운송장과 함께 운송물을 받아 운송을 하는 경우(→연대운송). 순차운송에 있어서는 손해발생에 관한 입증이 곤란하므로 상법은 송하인·수하인을 보호하기 위하여 각 운송인은 운송물의 滅失·毁損·延着에 대하여 사고발생의 구간을 불문하고 그 손해를 연대하여 배상하도록 규정하였다(138 Ⅰ). 그러나 해석상 하수운송·동일운송의 경우는 제외된다(通說). 그리고 이 규정은 任意規定이므로 특약으로서 자기의 구간의 책임만 부담하는 뜻을 정할 수도 있다. 순차운송에 있어서는 운송물은 최후의 운송인에 의하여 수하인에 인도되는 결과 전자인 운송인은 운송계약상의 권리를 행사할 수 없게 되므로, 후자인 운송인은 전자에 갈음하여 그 권리를, 행사할 의무를 부담하고, 후자가 전자에 辨濟한 때에는 당해 운송인의 권리를 취득한다(117, 147).

순차운송주선(順次運送周旋) 여러 명의 운송주선인이 순차로 운송의 주선을 하는 경우로서, 운송주선인이 中繼運送을 요하는 운송물에 대하여 자기의 명의로 위탁자의 계산으로 중간운송주선인과 주선계약을 하는 것을 인수한 경우(中間運送周旋)와 운송주선인이 전구간의 운송주선을 인수한 후 자기의 계산으로 다른 운송주선인을 이행보조자로서 사용하는 경우(下受運送周旋)와 위탁자 자신이 각 구간의 운송에 대하여 各別의 운송주선인을 이용하여 운송주선의 위탁을 하는(部分運送周旋) 경우가 있다. 그러나 상법은 중간운송주선에 관하여 규정한다. 즉 순차운송주선의 경우에는 후자인 중간운송주선인은 전자, 즉 자기에 대한 위탁자에 갈음하여 선량한 관리자의 주의로서 報酬請求權·留置權 등의 권리를 행사할 의무가 있다(商 117 I). 이것은 운송의 거리와 지역적 관계를 고려하여 法定代理人的 地位를 인정한 까닭이다. 또한 이 경우에 후자가 전자에게 운송주선의 비용을 지급한 경우에는 전자의 권리를 취득하는 것은 법률상 당연한 일이다(117 II). 수인이 순차로 운송주선을 하는 경우에 후자인 중간운송주선인이 운송인에 대하여 변제한 때에는 전자인 운송주선인에 대한 권리를 취득한다(118).

순차제출주의(順次提出主義) → 수시제출주의

순합매매(馴合賣買) → 통정매매

순환재개발방식(循環再開發方式) 재개발구역의 일부 지역 또는 당해 재개발구역 외의 지역에 주택을 건설하거나 건설된 주택을 활용하여 재개발구역을 순차적으로 개발하거나 재개발구역 또는 재개발사업시행지구를 수개의 工區로 분할하여 순차적으로 시행하는 재개발방식을 말한다(都市再開發法 2 vii).

순회재판소(巡廻裁判所) 〔英〕 court of assize, circuit court 관할내의 지방을 巡廻開廷하는 재판소. 미국에서는 13세기경 런던으로부터 지방의 여러 도시를 순회하면서 재판하는 제도가 설립되었다. 현재 순회하는 것은 주로 高等法院(high court of justice)의 王座部(King's Bench Division)의 재판관이다. 본래는 민사사건을 취급하였으나, 현재는 형사사건도 취급한다. 미국에서는 연방재판소의 제2심은 巡廻抗訴裁判所(Circuit Courts of Appeals)이며, 전국은 11개巡廻區(circuit)로 나뉘어 있다.

순회판사(巡廻判事) 주재판사와 같다.

숨은 어음보증(保證) 保證 이외의 어음行爲(발행·배서·인수)에 의하여 보증과 동일한 효과를 거두는 것. 어음보증은 어음면에 주채무자의 불신용을 공연히 표시하는 결과가 되므로, 이를 피하기 위하여 보증인이 되려는 자를 인수인으로 하여 주채무를 부담하게 하거나 또는 발행인이나 배서인으로 하여 遡及義務를 부담케 함으로써 실질적으로 보증과 동일한 효과를 거두게 하려는 것이다.

숨은 입질배서(入質背書) 입질의 목적으로 讓渡背書를 하는 것. 즉, 숨은 입질배서는 실질은 입질인데도 양도배서의 형식을 취하여 입질의 취지를 어음에 기재하지 아니하고 배서하는 것을 말한다. 숨은 입질배서의 경우에는 제3자로서는 통상의 양도배서로 밖에 볼 수 없으니, 제3자에 대한 관계에 있어서는 완전한 통상의 讓渡背書로서의 효력이 생기고, 피배서인의 이름으로써 어음상의 권리를 행사할 수 있게 되고, 다만 입질의 배서인과 피배서인과의 당사자간에 있어서는 質權設定契約에 따라 피배서인이 피담보채권의 변제기 전에 어음의 지급을 받을 때에는, 변제기까지 그를 공탁하여야 하고 또 어음금액이 피담보채권보다 많을 때에는 그 차액은 배서인에게 반환하여야 한다.

숨은 추심위임배서(推尋委任背書) 〔獨〕 verstecktes Vollmachts-(Inkasso-)indossament 추심위임의 목적으로서 讓渡背書를 하는 것. 그 법률적 성질에 관하여는 資格授與說과 信託背書說이 대립하고 있고 그 외에 당사자의 의사에 따라 그 중 어느 것인가를 결정하여야 한다는 설도 있으나, 일종의 신탁행위로 보는 신탁배서설이 통설이다. 信託背書說에 의하면 내부관계, 즉 배서당사자간에 있어서는 그 실질관계에 따라 결정하여야 하므로, 피배서인이 추심하거나 또는 대가를 받고 다른 자에게 양도한 때에는(이 뒤의 방법에도 의할 수 있는 것이 공연한 추심위임배서보다 편리하다) 그로 말미암아 얻은 금액을 배서인에게 인도하여야 하나 대외관계, 즉 제3자에 대한 관계에 있어서는 통상의 양도배서와 같이 어음(수표)상의 권리가 완전히 피배서인에게 이전하게 된다. 그리고 채무자는 피배서인에 대하여 가지는 人的抗辯으로써 피배서인에게 대항할 수 있음은 물론이나, 배서인에 대한 인적항변을 피배서인에게 대항할 수 있느냐에 관하여는 贊否兩說이 있다. 그러나 추심위원관계의 존재 자체가 당연히 악의의 항변을 구성할 것이니 대항할 수 있는 것으로 볼 것이다. 숨은 추심위임배서에도 權利移轉的 效力과 資格授與的 效力이 있고, 또 배서인은 피배서인에 대하여는 담보책임이 없으나, 그 후자에 대한 관계에 있어서는 擔保的 效力이 있다.

슈나이더의 십종분류(十種分類) 〔獨〕 K. Schneidersche Psychopathentypen 독일의 정신의학자 슈나이더(Kurt Schneider)는 형사학상 중요한 10종의 病的 人格을 분류하였다. ① 爽快한 根本氣分과 활동적인 發揚性, ② 우울성, ③ 자신이 없고 과민한 신경을 가진 자기불확실성, ④ 광신성, ⑤ 자만가이며 好爭的인 自我顯示性, ⑥ 분열적이고 무책임한 氣分易變性, ⑦ 자극에 대하여 不相應한 감정적 반응을 보이는 폭발성, ⑧ 悖德的이고 잔혹한 無情性, ⑨ 비자주적·종속적인 의지박약성, ⑩ 內功的 神經에 가득찬 무력성의 각 유형.

슈망 플랜 〔英〕 Schuman Plan 유럽의 석탄·철 등 중요자원의 공동관리에 관한 안으로서, 1950년 5월 프랑스의 외상 슈망에 의하여 제창된 것. 이것이 기초가 되어 1951년 4월 12일 프랑스·독일·이탈리아·네덜란드·벨기에·룩셈부르크 6개국간에 석탄 및 철광의 유럽共同體를 설치하는 조약(전문 99조, 기한 50년)이 성립하였다(1952년 7월 25일 발효, 동년 8월 10일 실시). 이것은 독일·프랑스 관계를 조정하는 동시에 유럽의 경제부흥을 도모하려는 것으로 석탄·철의 단일시장을 형성하고 장래는 全基本産業의 공동관리로 나가고 서유럽연합의 경제적 기초가 되었었다. 이 공동체는 기관으로서 최고기관·총회·특별각료회의·사법재판소·협력위원회를 가진다. 최고기관의 결정은 가맹국에 대하여서는 법률의 효력을 가진다. 유럽방어공동체와 더불어 극히 고도의 지역적 국제기관이다.

슈메르법전(法典) 〔英〕 Sumerian Law Code 〔獨〕 Sumerische Gesetze, Sumerische Familiengesetze 〔佛〕 Code Sumerien 메소포타미아 문화의 건설자이며, 설형문자의 발명자인 슈메르인이 그들의 문화의 최후의 융성기인 기원전 23세기 초두로부터 23세기말에 이르는 사이(우르 제1왕조시대)에 남긴 制定法이며, 설형문자법으로서 최고의 것에 속한다. 내용은 주로 親族法에 관한 것이며, 슈메르법의 조문은 함무라비법전의 그것과 매우 부합하며, 함무라비법전에 의한 슈메르법의 계승은 의심할 수 없는 사실이다.

슈봐벤슈피겔 〔獨〕 Schwabenspiegel 중세독일의 法律書의 하나. 1275년경 아우구스부르크에서 저작되었다. 저자미상이지만, 프란체스코회 수도사로 알려져 있다. 도이첸슈피겔과 마찬가지로, 작센슈피겔에 수정증보를 가한 것으로서, 정확히는 황제란트법·레엔法書(Kaiserliches Land- und Lehnrecht)라고 불렸다. 작센슈피겔과 함께 널리 유포되고, 라틴어 그 밖의 외국어로도 번역되었다.

스띠뿔라치오 〔羅〕 stipulatio 問答契約. 로마법 중에서 가장 오래고, 또 가장 중요한 계약유형의 하나. 이 계약은 要約者(stipulator)가 특정의 式語를 써서 물음을 發하고, 諾約者(promissor)가 곧 그것에 대응하는 式語를 사용하여 응답하는 형식에 의하여 성립하는 계약이며, 따라서 구두로 하는 요식의 계약으로서 일반적인 債權(오블리가치오)設定方法이다. 그 성질은 片務契約·嚴正契約(→악치오 스뜨릭띠 유리스)이며, 문답을 하는 원인과는 독립하여 無因性을 가진다. 즉, 원인의 기재가 없는 경우에는, 원인이 유효하게 성립하지 않은 경우에도 유효하다. 諾約者는 부당이득의 訴權으로 면제의 청구를 할 수 있다. 문답계약의 본래의 형식은 로마고대에 로마시민인 당사자가 특정의 라틴어〔그대는 서약하는가(spondesne?), 나는 서약한다(spondeo)〕를 써서 체결한 嚴格形式主義의 전형이라고도 할 수 있는 誓約(sponsio)인데 나중에 로마시민 이외의 자가 다른 용어와 다른 언어로 그와 같은 계약을 체결하는 것이 인정되어, 그것들이 일괄되어 문답계약이라는 범주를 이루었다. 문답계약은 그것이 간명할 뿐만 아니라 추상적인 계약형식이며 합법적인 한, 어떠한 계약내용이라도 그 안에 포섭할 수 있다는 점에서 극히 널리 이용되었다. 특히 계약당사자는 이 문답계약을 채무의 설정, 更改, 채권담보, 違約罰의 설정, 채권채무에 대한 연대성의 부여, 대리 등의 목적에 사용하고, 또 법무관(쁘라에또르) 등은 당사자로 하여금 강제적으로 특정의 문답계약(매매에 있어서의 追奪擔保問答契約, 判決履行擔保問答契約)을 체결하게 하여, 새로운 법률관계를 발전시켰다. 그리고 고전시대 후에는 문답계약 본래의 형식주의가 완화되었으며, 設權證書主義의 동부그리스법의 영향도 있어, 그와 같은 문답이 있었다는 것을 증명하는 증서를 작성하여 계약을 체결하게 되었으며 마침내 문답체의 필요도 폐지되어 유스티니아누스제의 법에서는 구두로도, 文言으로도 또 어떠한 문언으로도 체결할 수 있는 계약으로 되었다. →빡뚬

스에즈운하(運河) 〔英〕 Suez Canal →국제운하

스 왑 〔英〕 swap 서로 다른 金利 또는 通貨로 표시된 부채를 맞교환하는 거래를 통칭한다. 동일한 통화로 표시돼 있지만 금리가 다른 부채를 교환하는 金利스왑, 금리는 같지만 결제통화가 다른 通貨스왑 등이 대표적이다. 외환시장에서 현물, 외국통화와 같은 액수의 先物을 교환하는 거래도 있다. 예를 들어 외국은행 국내지점이 국내영업을 위해 본국으로부터 들여온 외화를 한국은행에 맡기고 원화로 바꿔쓰는 것도 대표적인 스왑거래의 일종으로 외국은행이 원금을 찾아갈 때는 다시 외화로 찾아간다. 또 중앙은행끼리 換差損을 막기 위해 서로 자국통화를 일정기간 예치했다가 다시 교환하는 것도 스왑에 해당한다. 두 중앙은행은 약속기간이 되면 예치했을 때와 같은 換時勢를 적용해 재교환함으로써 환시세의 변동에 따른 위험을 없앤다.

스위스민법(民法) 1907년 12월 10일의 스위스민법(Schweizerisches Zivilgesetzbuch, Code civil suisse)과 1911년 7월 7일의 債務法(Obligationenrecht, Droits des obligations)을 말한다. 전자는 제1편부터 제4편, 후자는 제5편으로 되어 일체를 이루는 것이나, 후자는 상법적 규정도 포함하는 대법전이므로, 특히 스위스債務法이라 불린다. 19세기초경의 스위스의 민법관계는 통일되어 있지 않았으나, 최초 여러 칸톤에서 민법전의 편찬을 하였으며, 1874년의 스위스연방헌법에 의하여 비로소 연방 전부에 적용되는 私法法規를 제정하게 되었으며, 이어 1898년의 헌법개정에 의하여, 전면적인 사법의 편찬을 하게 되었다. 그리하여 固有法에 이해가 깊은 후버(E. Huber)를 중심으로 하는 위원에 의하여 민법편찬의 사업이 완성되어, 전기한 바와 같이 공포되기에 이르렀다. 프랑스민법이 19세기초의, 독일민법이 19세기말의, 민법임에 대하여, 이것은 20세기초의 민법으로서, 다른 법전의 追隨를 불허하는 특색을 가진다. 특히, 個人主義的 權利中心思想을 시정하는 新思想을 채용하고 있는 것, 대강을 정하여 재판관의 自由裁量의 여지를 넓혀 구체적 타당성을 중시한 것, 고유법이 적용될 여지를 많이 남기고, 또한 각지의 관습을 존중하고 있는 것 등은 20세기의 민법학에 큰 영향을 주었다. 또한 民商法統一主義(→민상법통일론)와, 독일·프랑스·이탈리아의 3국어를 正文으로 하고 있는 것도 큰 특색이다.

스위스채무법(債務法) → 스위스민법

스위스형법(刑法) 1937년 12월 21일에 공포되고, 1938년 7월 3일의 국민투표에서 채택되어 1942년 1월 1일부터 시행된 스위스연방의 통일형법전, 슈토스의 노력에 의하여, 刑罰의 個別化를 인정하고, 保安處分의 규정을 삽입한 점 등 현대형법전의 하나의 전형이 되어 있다. 1950년 10월 5일의 聯邦法律(1951년 1월 5일 시행)에 의하여 개정되었다.

스캐브 금지조항(禁止條項) 〔英〕 prohibition clause of scab 노동조합의 노동쟁의행위 중 사용자는 조업을 위하여 새로이 근로자를 고용하지 못한다는 勞動協約이나 쟁의협정상의 조항을 말한다. 우리 노동조합 및 노동관계조정법 43조는 사용자는 쟁의기간 중 爭議에 관계없는 자를 채용 또는 대체할 수 없다고 하여 이를 명문으로 규정하고 있다.

스 캡(SCAP) 〔英〕 The Supreme Commander for the Allied Powers의 약칭. 연합군최고사령관을 말한다.

스케줄 〔英〕 schedule 주요한 자산·부채·자본·손익의 각 항목에 관하여, 그 증감변화를 상세하게 표시하는 動的인 명세표. 상법상의 계산서류부속명세서와 재무제표규칙에 의한 부속명세서는 모두 이에 해당하지만, 양자의 기재할 사항 사이에 약간의 차이가 있다. 재산목록이 靜態的임에 대하여 이것은 動態的인 것이다.

스콜라학파(學派) 〔英〕 Scholastic 〔獨〕 Scholasitik 〔佛〕 scolastique 중세후반기에 아리스토텔레스의 形而上學·哲學을 빌려 그리스도교의 교리를 이론적으로 완성한 철학사상. 토마스 아퀴나스 및 그의 저서 神學大全(Summa theologica)이 그 대표이다. 아리스토텔레스刑而上學에 있어서의 存在概念으로부터 純粹存在인 신을 제1원인으로 하는 존재의 인과적 질서를 체계화하고, 신의 세계계획인 永久法이 그 질서를 지배한다고 주장한다. 自然法은 이성을 가진 인간이 그의 자연의 이성의 빛에 의하여 인식하고, 또한 참여할 수 있는 客觀的 行爲의 원리이지만, 약간의 근본원리만이 보편타당성을 가진다고 주장하는 점에서 탄력적이다. 국가·민족·실정법의 人間本性에 기한 존재가치를 인정하고, 실정법은 자연법에 기준을 두지만, 細目의 규정에 있어서는 상대적이라고 한다. 근세 이후의 先驗的 合理主義 및 經驗主義가 가치판단에 있어서 상대적·회의적이고, 그것이 막다른 골목에 다다른 것이 느껴지고 있는데 대하여, 형이상학의 부흥이 주창되고 있으며, 스콜라학파의 自然法論이 주목되고 있다. 이것은 批判哲學의 세례를 거친 것으로서 네오토미즘철학, 新自然法論이라 불리며, 법의 근본원리에 추상적·형식적으로가 아니고, 실질적으로 세계관적 생명을 북돋아 주는 점에서 현대적 의의를 가진다. 르나르, 마리땅, 휠셔(Hölscher), 페트라세크, 카트라인(Cathrein), 쉴링(Schilling)은 이 학파의 대표자들이다.

스태튜트 〔英〕 statute 영국 또는 미국에 있어서 의회에 의하여 제정된 개개의 單行法(영국에서는 Act of Parliament, 미국연방정부에서는 Act of Congress). 制定法이라고 번역된다. 의회 이외의 기관이 제정하는 것, 즉 영국의 樞密院令(Order in Council)·美國聯邦大統領令(Executive Order) 기타 행정관청이 제정하는 규칙과 명령, 재판소규칙, 지방자치단체 등이 제정하는 입법을 by law라고 한다. 스태튜트는 보통법과 에퀴티보다 우선하여 적용된다.

스태튜트 오브 리미테이션즈 〔英〕 Statute of Limitations 出訴期限法. 1623년의 영국의 법

률을 효시로 하는, 소송의 제기를 소송을 원인의 발생후의 일정한 기간내에 제한하는 법률. 消滅時效와 같은 역할을 한다. 영국에서 가장 중요한 것은 위의 1623년의 법률과 1874년의 Real Property Limitation Act이며, 이에 의하면 對人訴訟(personal action)은 보통 6년, 暴行(assault)과 不法監禁(false imprisonment)은 4년, 口頭名譽毁損(슬랜더)는 2년, 토지회복의 소는 보통 12년으로 되어 있다. 물론 무능력자 등에 관하여 예외가 있다. 衡平法裁判所는 이 법률을 적용하지 않았지만, 대체로 같은 역할을 하는 懈怠(lasches)의 法理를 발전시켰다.

스태튜트 오브 프로즈 〔英〕 Statute of Frauds 許欺防止法. 영국에서 1677년 許欺와 僞證을 방지하기 위하여 제정된 법률. 그 중요한 규정은 유언집행자 또는 유산관리인이 자신의 재산에 의하여 사자의 채무를 변제하는 것을 약속하는 特約, 타인의 金錢債務懈怠·失行에 대하여 책임을 져야 하는 이른바 保證契約, 혼인을 約因으로 하는 합의, 토지 또는 토지에 관한 물권의 매매처분을 위한 계약, 쌍방의 이행이 1년 이상에 걸치는 합의는 계약을 서면에 기재하거나 또는 계약당사자, 계약의 본질적 내용, 約因을 표시한 각서에 책임을 질 당사자의 서명이 있을 것을 요구하는 4조, 가격 10파운드 이상의 동산의 매매계약은 매수인이 매매목적동산의 일부를 수령하여 현실적으로 수취하거나, 계약을 구속하기 위하여 締約金 또는 대금의 일부지급으로서 무엇인가를 급부하거나, 계약에 관한 각서가 책임을 져야 할 당사자 또는 대리인에 의하여 작성·서명 될 것을 요구하는 것이 17조(현재는 動産賣買法 4조)이다. 미국의 거의 모든 주에서 채용되고 있다. 이 법령 소정종류의 계약으로서 이의 요건을 구비치 않은 것은 유효하기는 하지만 訴에 의한 强制力 없는(unenforceable) 일종의 불완전채무가 된다. 본법은 합의만에 의하여 법률상의 강제력을 인정하는 경우에 염려되는 僞證이나, 許欺的 訴를 예방하기 위한 법률이지만, 합의가 있는데도 불구하고 문서의 부존재 때문에 소구를 면하는 결과, 오히려 사기를 조장하는 것이라고 비판을 받고 있으며 그 폐지가 주장되고 있다.

스테어 디사이스 〔羅〕·〔英〕 (doctrine of) stare decisis →선례구속력의 원칙

스테이 인 〔英〕 stay-in 싯 다운 스트라이크와 거의 같은 것이며, 직장에서의 앉은채로의 투쟁(농성)이 1교체시간 또는 1일을 넘어서 장기에 걸치게 되어, 다른 교체시간의 당번자인 근로자도 함께 농성과 같은 형태를 취하는 경우를 말한다.

스토아학파(學派) 〔英〕 Stoic school 〔獨〕 Stoische Schule 〔佛〕 Ecole stoique 기원전 300년경 그리스의 키레네파에서 시작되어 제논(Zenon)에 의하여 처음으로 주창된 倫理學에 기한 법사상. 세계의 절대적 통일성·필연성·합법칙성을 인정하는 物理的 世界觀으로부터 출발하여, 자연에 적합한 것을 最高善으로 생각하였다. 만물의 제1원인인 보편적 법칙이 국가의 법률의 연원이며, 자연의 정의라고 하였다. 自然法論이며, 그 국가관은 世界市民的·個人主義的이다. 키케로, 세네까(Seneca)가 로마에 있어서의 이 학파의 대표자이며, 로마의 萬民法·自然法에 큰 영향을 주었다. 근세자연법의 성립에도 멀리 영향을 미치고 있다.

스토크 디뷔덴드 〔英〕 stock dividend 주식배당과 같다.

스톡홀름환경회의(環境會議) 人間環境에 관한 U.N. 會議(The United Nations Conference on the Human Environment)는 1972년 스웨덴의 수도 스톡홀름(Stockholm)에서 개최되었는데, 지구 전체의 환경을 보호하여야 할 각국의 법적 의무를 밝히고, 인류공동관심사를 실천하기 위한 제도를 발전시키려는 목적에서 세계의 113개국이 참가하였다. 그러나 루마니아와 중국을 제외한 구소련진영은 동독의 불참을 이유로 이 회의를 외면하였다. 이 회의에서 人間環境에 관한 宣言(The U.N. Declaration on the Human Environment)이 채택되었으며, 특히 자원문제에 관하여 각국은 U.N. 헌장과 국제법원칙에 따라 자국의 환경정책하에 그들 자신의 자원을 이용할 주권적 권리를 가지며 자국관할내의 행위나 통제가 자국의 영역을 넘어서 타국의 영역에 피해를 야기시키지 말아야 할 책임을 가진다고 선언되었다. 여기서 자원이라 함은 人的 資源(human resources)까지 포괄한 개념이며, 환경문제라 함은 生態學的(ecological) 問題뿐만 아니라 경제적·사회적 문제까지도 포괄하는 넓은 개념이다.

스트라이크 〔英〕 strike 동맹파업과 같다.

스트라이크파괴자(破壞者) 〔英〕 strikebreaker, scab 파업중의 공장·사업장에서 일하는 근로자. 스캐브와 같다. 스트라이크의 대항수단으로서 옛부터 사용자가 채용하였었고, 피켓과의 심한 마찰을 일으키는 것이나, 우리 노동조합 및 노동관계조정법에서는 이 스트라이크 파괴자의 採用을 명문으로 금지하고 있다(43).

스팀슨주의(主義) 〔英〕 Stimson Doctrine

침략적인 전쟁 기타 무력적 행위에 의하여 취득한 결과를 국제법상으로 유효한 것으로 승인하지 않는다는 주의. 미국의 국방장관 스팀슨에 의하여 최초로 주창되었으므로 스팀슨주의라고 말하여진다. 그 때의 대통령 후버의 이름을 따서 후버주의(Hoover Doctrine)라고도 말한다. 1932년 1월 만주사건에 관하여, 미국은 不戰條約의 약속과 의무에 반하는 방법에 의하여 야기된 일체의 사태·조약·협정을 승인하지 않는다고 선언, 동년 8월 볼리비아와 파라과이의 체코슬로바키아 분쟁사건에 관하여도 양국을 제외한 남북미 각국은 평화적 방법에 의하지 않는 領土的 約定도, 무력에 의한 점령·정복에 기하는 領土取得의 효력도 승인하지 않는다고 하였다. 최후로 1935년 10월의 라틴아메리카不戰條約은 영토문제를 폭력에 의하여 해결치 말 것, 평화적 수단에 의하지 않는 일체의 영토적 약정도 무력에 의한 영토의 점령·획득도 그 효력을 승인하지 않는다고 규정하였다. 이것들 모두가 스팀슨주의의 표현이다. →또바르주의

스페시픽 퍼포먼스 〔英〕 specific performance 특정이행. 계약의 내용인 채무를 약속대로 이행할 것을 명하는 救濟方法(remedy). 英美에서는 계약위반에 대하여는 손해배상만이 부여되는 것이 원칙인데, 특정이행은 계약위반에 대해서 손해배상을 부여하는 것만으로는 충분한 구제방법이 될 수 없다고 인정되는 경우에 한해서 예외적으로 부여하는데 지나지 않는다. 이 구제방법은 보통법裁判所와 衡平法裁判所가 병존하고 있었던 시대에는 형평법재판소가 부여하고 있었다. 즉, 에퀴티상의 구제방법이다. 재판소가 특정이행을 명하였음에도 불구하고 채무자가 이 명령에 위반하여 채무를 약속대로 이행하지 않을 때에는 裁判所侮辱(contempt of court)이 되어 처벌을 받게 된다.

스포일즈 시스템 〔英〕 spoils system → 엽관주의

슬라이딩 스케일 〔英〕 sliding scale 주로 인플레이션의 시기에 행하여지는 賃金額의 산출방법. 단체협약에서 정하여지는 보통. 인플레이션의 시기에는 임금액을 정하여 두더라도 물가의 상승에 따라 실질임금이 저하하므로, 우선 임금액을 정하고, 物價指數에 따라 이것을 자동적으로 개정(임금인상)하려고 하는 것이 이 방법이다.

슬랜더 〔英〕 slander 口頭名譽毁損 또는 몸짓 등 일시적인 방법으로 타인의 명예를 훼손하는 것(데퍼메이션)으로서 不法行爲의 일종. 文書名譽毁損(라이벨)이 영속성이 있는 수단인데 대하여, 그 수단이 일시적이기 때문에 이것과 구별하여 취급되는 것이다. 그 주된 차이는 구두명예훼손에 있어서는 ① 사형 또는 징역에 처할 죄를 범하였다고 한 경우, ② 사람의 직업 또는 영업에 관하여 부적당·불성실하다고 한 경우, ③ 사람이 피하는 전염병에 걸려 있다고 한 경우, ④ 여자에게 不貞한 행위가 있었다고 한 경우 외에는, 實害(special damage)가 있었다는 것을 입증하지 않으면 아니되는 점과, 구두명예훼손 그것만으로서는 형사책임이 과하여지지 않는 점에 있다.

슬럼가(街) 〔英〕 slums 대도시의 상업중심지와 주택지와의 중간에 위치하는 빈민가를 이름 붙인데서 나온 말. 널리 빈민가를 말한다. 파크, 스래셔, 쇼우(C.Schow), 마케이 등의 시카고에 있어서의 조사의 결과, 범죄자·비행소년이 밀집하는 전형적인 非行地域이라는 결론이 내려졌다.→비행지역

습업계약(習業契約) 기능의 습득을 목적으로 하는 근로자와 사용자와의 사이의 근로계약. 徒弟契約이라고도 불린 일이 있다. 習業과 勞務提供의 이면이 있는 것이기 때문에, 여러가지의 폐해를 수반할 가능성이 많다. 근로기준법은 특히 1장을 마련하여(제7장), 이의 방지를 도모하고 있다. →기능습득자, 도제

승계적 공동정범(承繼的共同正犯) 〔獨〕 sukzessive Mittäterschaft 共同正犯에 있어서, 공동자 중의 어떤 자가 이미 실행행위의 일부를 행한 후에 다른 사람 사이에 의사의 연결이 생겨 그 후부터 공동하여 실행행위를 행하는 경우. 예컨대, 갑이 강도의 의사로써 병의 반항을 억압한 후, 우연히 만난 을에게 그 의사를 밝히고, 을과 공동하여 병의 재물을 취한 경우가 이에 해당한다. 이러한 경우에 관하여, 의사의 연락이 생긴 후의 共同行爲에 대해서만 공동정범을 인정하는 견해(따라서 갑은 강도죄, 을은 절도죄)와 후에 참가한 자도 최초의 행위자의 의사를 받아들이고 또한 그 성립된 사정을 이용하는 것이므로 행위의 전체에 대한 공동의 의사가 있고 따라서 전체에 대한 공동정범의 책임을 진다는 견해(따라서 갑·을이 모두 강도죄)가 있다.

승계집행문(承繼執行文) 債務名義에 표시된 채권자 또는 채무자에게 승계가 있었을 때, 민사소송법 481조에 의하여 새로이 승계인을 위하여 또는 승계인에 대하여 부여되는 집행문. 그 송달은 强制執行開始의 요건이다(民訴 490Ⅱ). 가집행선고 있는 支給命令·假押留命令·假處分命令에

의한 집행에서는 집행문이 필요하지 않으나 승계가 있었을 때의 승계집행문은 필요하다(521Ⅰ, 708Ⅰ).

승계취득(承繼取得) 〔英〕 derivative acquisition 〔獨〕 derivativer od. abgeleiteter Rechtserwerb 〔佛〕 acquisition dérivée 어떤 권리를 타인의 권리에 기하여 취득하는 것. 예컨대, 상속·양도 등에 의하여 권리를 취득하는 경우가 그것이다. 原始取得에 대하는 개념이며 傳來取得이라고도 부른다. 승계취득에는 前主의 권리를 단일원인에 기하여 일체로서 승계하는 包括承繼와 개개의 원인에 기하여 취득하는 特定承繼가 있다. 상속(民 1005)·회사의 합병(商 235) 등은 전자에 속한다. 또한 승계취득은 前主의 권리와 전혀 동일한 권리를 그대로 취득하는 移轉的 承繼와 전주의 권리에 기하여 이와 다른 별개의 권리를 취득하는 設定的 承繼가 있다. 소유권의 양도, 채권의 양도 등은 전자에 속하고, 저당권이나 지상권 등의 설정으로 인한 타물권의 취득 등은 후자에 속한다. 승계취득은 原始取得과는 달라, 전주의 권리에 부착되어 있던 부담·제한 등이 원칙적으로 취득자에게 승계된다.

승 낙(承諾) [1] 민법상 여러가지 뜻으로 사용되어서 그 성질·내용·효과는 일정하지 않다. 責任轉質에 있어서의 채무자의 승낙(337), 채권양도의 승낙(450), 임차권의 양도·轉貸의 승낙(629)은 사실을 승인하는 觀念의 通知로서 이들의 처분에 대항력을 주는 것. 그러나 입양의 승낙(869)은 養子라고 하는 친족법상의 계약을 성립시키는 의사표시이다. 그러나 특히 중요한 것은 請約과 합하여 계약을 성립시키는 意思表示인 承諾(〔英〕 acceptance 〔獨〕 Annahme, Akzept 〔佛〕 acceptaion)이다. 이 승낙의 내용은 청약의 내용과 일치하지 않으면 안된다. 따라서 청약에 조건을 붙이거나 변경을 가하여 승낙을 하면 이는 승낙이 아니고 청약의 거절이다. 그러나 민법은 계약당사자의 의사와 거래의 편의를 고려하여 이 경우를 청약의 거절과 함께 새로운 청약을 한 것으로 본다(534). 승낙은 청약의 承諾適格이 있는 동안에 하여야 한다. 승낙의 방법은 거래상의 관습 또는 당사자간의 특약이 있는 경우 및 청약자가 특정한 경우 이외에는 不要式이며 아무런 제한이 없다. 승낙의 효력은 그 통지를 발송한 때에 발생하며, 따라서 이 때에 계약이 성립한다(531). 다만 승낙기간을 정한 때에는 그 기간내에, 정하지 아니한 때에는 상당한 기간내에 도달하여야 한다고 이해하여야 할 것이다(528Ⅰ, 529 참조). 연착된 승낙은 청약자가 이를 새로운 청약으로 볼 수 있다(530).

[2] 형법상의 승낙에 관하여 被害者의 承諾을 보라.

승낙살인죄(承諾殺人罪) → 동의살인죄

승낙적격(承諾適格) 〔獨〕 Annahmefähigkeit 승낙이 있으면 이것과 합하여 계약을 성립시킬 수 있는 請約의 效力. 청약의 實質的 效力이라고도 한다. 승낙은 청약이 효력을 발생한 때부터, 그것이 소멸할 때까지의 사이에 하지 않으면 계약을 성립시킬 수 없으므로, 결국은 승낙적격은 청약의 존속기간이라는 것으로 歸着한다. 승낙적격은 청약이 도달한 때부터 발생하여, 承諾期間의 滿了(民 528Ⅰ), 승낙기간의 정함이 없는 때에는 상당한 기간의 경과(529), 청약의 거절 등으로 인하여 소멸한다.

승낙전질(承諾轉質) 質權者가 質權設定者의 승낙을 얻어서 하는 轉質(民 324Ⅱ, 343). 이것은 이른바 轉質(責任轉質이라고도 한다)(336)과는 다르다. 이것은 질권자에 의한 質物의 再次入質이고 質物上에 자기의 질권에 우선하는 새 질권을 설정하는 것이므로, 轉質權者의 질권은 原質權과는 전연독립의 존재로서, 원질권에 의한 제약을 받지 않는다. 따라서 원질권의 피담보채권액을 넘어서 전입질하는 초과전질도 유효이고, 존속기간도 원질권의 존속기간과 무관하게 정할 수 있다. 채무자의 승낙을 얻어서 전질하는 것이므로 채무자에게 전질하는 것이므로 채무자에게 전질설정을 통지할(337 참조) 필요도 없다. 전질권자는 자기의 채권의 변제기가 오면, 질권자의 원채권의 변제기에 구애되지 않고 전질권을 실행하여 優先辨濟를 받을 수 있다. 이에 대하여 원채무자는 원질권자에 변제하여 질권을 소멸시킬 수 있으나, 질권이 소멸하더라도 전질권자의 질권에는 영향이 없고, 전질권자는 그대로 질물을 점유할 수 있다. 이 경우에 원질권설정자가 질물을 전질권자로부터 반환받기 위해서는 원질권자를 위하여 전질권자에게 제3자의 변제를 할 수밖에 없다. 원질권자는 실행시기가 오면 원질권을 실행할 수 있으나, 경매대금으로부터 전질권자의 채권액을 공제하여, 그 잔액으로서만 변제를 받을 수 있을 뿐이다. 그리고 전질에 의하여 원질권자의 책임이 가중되는 것은 없다. → 전질

승마투표권(勝馬投票權) 競馬施行時 승마를 적중시켜 還給金을 교부받고자 하는 자의 청구에 의하여 한국마사회가 발매하는 승마투표방법·馬番 및 금액 등이 기재된 票券을 말한다(韓國馬事會法 2).

승선계약(乘船契約) 乘務할 선박을 특정

한 船員勤勞契約을 말한다. 구선원법상의 용어로서 폐지되고 현재는 선원근로계약 중의 특정계약을 의미한다.

승역국(承役國) → 국제지역

승역지(承役地) 地役權設定의 경우 2개의 토지 중 편익을 공여하는 편의 토지. 要役地를 위하여 통행용에 제공되는 토지 따위. 일필의 토지의 일부일 수 있음이 요역지의 경우와 다르다.

승 인(承認) [1] 사법상으로는 일정한 사실을 인정하는 것으로서, 의사표시는 아니고, 觀念의 通知이다. 예컨대, 채무의 승인(民 168ⅲ, 177), 親生子의 승인(852~854) 등. 그러나, 드물기는 하나 의사표시인 수도 있다. 상속의 승인이 그 예.

[2] 공법상 국가 또는 지방자치단체의 기관이 다른 기관이나 개인의 특정한 행위에 대하여 부여하는 同意·承諾 등의 뜻으로 사용되고 있으나, 그 법적 성질은 인가적·허가적인 것 등 구구하다. 상급관청이 하급관청에 대하여 하는 승인에는 단순한 행정기관 내부의 관계로서 행하여지는 것과 법령의 규정에 의하여 必要的 行政節次로 요구되는 것이 있다. 후자의 경우의 승인은 그 行政行爲의 效力要件이 된다.

[3] 국제법상의 승인(〔英〕 recognition 〔獨〕 Anerkennung 〔佛〕 reconnaissance)은 국가 및 이에 준하는 국제법주체의 지위를 새로이 인정하는 국제법상의 一方的 行爲. 승인에는 국가의 승인, 정부의 승인, 교전단체의 승인 및 叛徒團體의 승인이 있다. → 국가의 승인, 정부의 승인, 교전단체의 승인, 반도단체의 승인

[4] 형사소송법상으로는 범인이 자기에 불리한 사실을 인정하는 陳述. 自認이라고도 한다. 자백은 범인이 범죄사실 및 자기의 형사책임을 인정하는 진술인데 대하여, 승인은 단순히 자기에 불이익한 사실을 인정하는 것이다. 그러나 넓은 뜻에 있어서의 자백은 승인을 포함하는 것으로 해석되고 있다. → 자백

승인(承認)**의 소급효**(遡及效) 英美法廷의 관행상 피승인국이 국제법상의 주체로서의 요건을 구비하였을 때까지 소급하여 승인의 효과가 발생하는 것을 말한다. 사실상의 승인이나 법률상의 승인의 주목적은 법적 진공상태를 피하는데 있는 까닭에 일반적으로 承認國은 被承認國이 신국가로서의 존재를 최초로 선언한 시점까지 승인의 소급효를 인정한다. 승인의 효력은 피승인국이 실효적 지배를 확립하고 그 존재를 개시하였다고 인정되는 시점까지 소급하여 그 시점 이후의 행위는 진정한 國家行爲로 간주되는 것이다.

승인(承認)**의 의무**(義務) 국제법상 承認理論에서 제기되는 문제로, 기존의 국가들이 신생국을 반드시 승인할 의무가 있는가의 여부를 말한다. 이는 승인의 성질에 대하여 대립하고 있는 宣言的 效果說과 創設的 效果說 중 어느 견해를 따르느냐 하는 점과 관련이 있다. 즉 ① 기존의 국가가 사실상 성립된 신생국가에 대하여 그 국가가 본래 가지고 있는 국제법적 지위를 확인하고 또는 선언하는 행위로 보는 宣言的 效果說에 의하면, 일종의 정치행위로 보아 승인의 의무가 없다고 한다. 예컨대 미국의 對外關係法을 보면 국가는 국제법상 어느 실체를 국가로서 또는 어느 정체를 정부로서 승인할 의무가 없는 것으로 한다. ② 국가승인을 新國에 국제법주체로서의 자격을 부여하는 것으로 파악하는 創設的 效果說에 의하면 승인의 의무가 있다고 한다. 국제법이 적용되는 국제사회가 유럽 이외의 지역으로 확대되어 이질적 국가 다수가 국제사회에 포함하게 된 오늘날에 있어서는 승인이 정치적 가치판단에 의하여 남용되는 경우의 논거가 될 수 있을 뿐만 아니라 오늘날의 국제사회의 상호의존성과 이익공동관계에 창설적 효과설은 난점이 있다. 즉 미승인국의 UN 및 전문기구에의 가맹 기타 각종 법적 관계가 설정되는 현실에 비추어 볼 때, 未承認國의 國家性을 부인하기 어렵게 되었다. 이에 비하면 선언적 효과설은 새로운 국가가 정부에 관하여 그 성립형태·성립방법의 비합헌성 등의 정치적 판단보다 실효적 지배의 확립 유무를 기준으로 승인문제를 파악하려는 事實主義에 입각한 것이며, 오늘날의 국제사회의 다원적 구조에 보다 타당한 법적·객관적인 분석방법을 확립한 것이다. 그러나 결국 국가가 형성되는 모습은 다양하기 때문에 이론상으로는 선언적 효과설의 일반적 타당성이 인정되나, 실제적으로는 창설적 효과설이 타당한 경우도 있음에 유의하여야 한다. 결국 승인의무의 유무문제는 개별적으로 결정되어야 하겠다.

승인(承認)**의 철회**(撤回) 국제법상 일단 부여된 국가에 대한 법률상의 승인을 철회할 수 있는가 하는 문제이다. 이는 비록 정치적 동기에서 부여된 승인, 또는 피승인국과 이 이상 외교관계를 유지할 생각이 없을 경우에도 승인은 법률상으로는 부여된 이상 철회할 수 없는 것이 원칙이다. 과거 영국은 1924년 당시 소련을 법률상 승인하였으나 1927년 外交關係를 단절하였으며, 그 후 외교관계가 재개되었지만 소련을 국제연맹으로부터 축출하는 투표에 참가하였다. 이러한 외교관계의 단절이나 추방행위도 소련정부의 승인을 무효화하지 않았

다. 사실상의 승인은 被承認國의 안정성에 관한 불확실성에 입각한 것이므로 그 국가로서의 지위가 의문시되었을 때 철회된다는 것은 의문의 여지가 없다. 즉 사실상의 승인은 피승인국의 사실적 존재가 소멸한 경우 승인이 계속될 여지는 없다. 그러나 法律的 承認의 경우는 이 원칙의 적용에 있어서 사실상의 승인과 현저한 차이가 있다. 만약 법률적 승인이 國際司法裁判所가 염두에 두고 있는 형태의 구속력 있는 一方的 宣言과 같은 것이라면, 피승인국의 지위에 관한 본질적 변경이 있지 않는 한, 그 법률적 승인은 철회하지 못한다.

승 진(昇進) 현직공무원을 同一 職列內의 상위계급의 직위에 임용하는 것. 降任과 반대되는 개념. 승진임용은 승진후보자명부의 고순위자순으로 임용하고자 하는 결원수에 대하여 5배수의 범위안에서 함이 원칙이다(國公 41, 公務員任用令 36).

승진후보자명부(昇進候補者名簿) 공무원의 승진임용의 적정을 기하기 위하여 승진에 필요한 요건을 구비한 5급공무원에 대하여 任用權者 또는 任用提請權者가 작성한 명부. 職級別로 5급공무원은 근무성적평정점(50%), 경력평정점(30%), 교육훈련성적평정점(20%)의 비율에 따라 작성한다. 승진임용을 함에 있어서는 승진후보자명부의 고순위자순으로 임용하고자 하는 결원수에 대하여 5배수의 범위안에서 임용 또는 임용제청하여야 한다.

승조상속(承祖相續) 대습상속과 같다.

시 가(時價) 어떤 일정한 일시에 있어서의 특정물의 시가, 어느 일정시기에 있어서의 특정물의 一般去來價格을 말한다.

시간급(時間給) 작업시간에 따라서 지급되는 임금지급형태의 기본적인 것. 時間給賃金이라고도 하며, 작업시간단위로 임금률이 정하여진다는 점에서, 작업량에 따라서 지급되는 成果給制와 구별된다. →능률급

시간외근로(時間外勤勞) →시간외협정

시간외협정(時間外協定) 1주에 몇 시간을 어떠한 방법으로, 어느 작업에 연장시간근로 혹은 휴일근로를 한다는 당사자간의 합의사항을 기재한 團體協約을 가리켜서 시간외협정이라 한다. 보다 정확히는 단체협약의 시간외협정부분을 의미한다. 근로기준법상 1일 8시간, 1주 44시간을 기본으로 하되 당사자간의 합의에 의하여 각각 1주 12시간 한도내의 연장근로를 시킬 수 있으며 휴일근로도 시킬 수 있다(49, 52). 시간외근로에 대해서는 通常賃金의 5할 이상을 가산한 加算賃金을 지급하여야 한다(55). 영국의 노동조합에서는 時間外勤勞(overtime work)가 원칙적으로 거부되지만, 우리나라에 있어서의 근로자의 저임금은 잔업에 의한 수입을 불가피한 것으로 만들기 때문에, 시간외협정의 체결이 흔히 조잡하게 맺어지고 있는 실정이다. →야간근로수당, 휴일근로

시간할당표(時間割當表) 〔英〕 time table 英美議會에서 시간할당규칙에 의하여 법안심의 개시전에 그 법안의 각 단계, 특히 위원회단계와 보고단계에서 소요되는 日數를 표시한 할당표이다. 우리 국회의 경우 영국의회의 시간할당표와는 개념이 다르기는 하지만 교섭단체별 發言時間割當制와 5分自由發言이 규정되었다(國會 104, 105).

시·군법원(市·郡法院) 법원조직법은 지방법원과 가정법원의 사무의 일부를 처리하기 위하여 그 관할구역 안에 市法院 또는 郡法院을 둘 수 있다고 하고 있다(法組 3Ⅱ). 시·군법원의 설치·폐지와 관할구역은 따로 법률로 정한다(3Ⅲ). 大法院長은 지방법원 또는 그 지원 소속판사 중에서 그 관할구역 안에 위치한 시·군법원의 판사로 지명할 수 있다. 시·군법원의 판사는 소속지방법원장 또는 지원장의 지휘를 받아 시·군법원의 司法行政事務를 관장하며, 그 소속직원을 지휘·감독한다. 다만, 家事事件에 관하여는 그 지역을 관할하는 가정법원장 또는 그 지원장의 지휘를 받는다(33). 시·군법원은 ① 少額事件審判法의 적용을 받는 민사사건, ② 화해·독촉 및 조정에 관한 사건, ③ 20만원 이하의 벌금 또는 구류나 과료에 처할 범죄사건, ④ 호적법 79조의2에 의한 협의상 이혼의 확인 등을 관할한다. 시·군법원에 대한 不服事件은 그 지역을 관할하는 지방법원 또는 지원이 관할한다(34Ⅰ·Ⅱ). 20만원 이하의 벌금·구류·과료에 처할 범죄사건에 대하여는 이를 즉결심판한다(34Ⅲ). 다만 즉결심판으로 유죄선고를 받은 피고인은 그 고지를 받은 날로부터 7일 이내에 正式裁判을 청구할 수 있다(35, 卽決 11Ⅰ). 종래의 순회심판소는 폐지되었다.

시굴권(試掘權) 〔獨〕 Schürfrecht 일정한 광구에서 광물의 採掘經營이 성립할는지 그 여부를 탐지할 것을 내용으로 하는 광업권. →채굴권

시 기(始期) 〔羅〕 dies a quo 〔獨〕 Anfangstermin 〔佛〕 terme initial, terme suspensif 그 到來로써 법률행위의 효력이 발생하거나 또는 채무의 이행을 청구할 수 있게 되는 기한(民 152Ⅰ). 終期에 대립하는 용어이며 예를 들면 明年 1월 1일

부터 지급하겠다는 경우와 같은 것이다.

시 달(示達) 지시와 같다.

시 담(示談) [1] 민사상의 분쟁에 관하여 당사자간에 재판외에서 성립한 和解契約. 시담은 순전한 사법상의 행위이며 재판상의 화해와 달라서 당연히 소송을 종료시키는 효력이 발생하지 않는 것이며, 다만 당사자는 소송상 그 시담이 성립하였다는 사실을 공격방어방법으로 제출할 수 있을 뿐이다. 그러나 이 말은 우리나라에서는 쓰이고 있지 않다.

[2] 형사소송법상, 시담은 告訴權의 抛棄로 보는 설도 있으나, 통설은 고소권의 포기는 고소의 취소와 동일한 절차에 의할 것이며, 시담만으로는 고소권의 포기는 안된다고 한다.

시 도(市道) 시내의 도로로서 관할시장이 노선의 인정을 한 것(道 11 v, 16). 시도의 관리는 원칙적으로 시장이 하고 비용은 다른 법률에 특별한 규정이 있는 경우를 제외하고는 시가 부담한다(22 I, 56). → 도로, 공도, 국도, 군도

시마친(緦麻親) 五服 중 가장 가벼운 服이며 三月(滿二月)喪期의 緦麻服을 입는 사이의 親族. 衆孫婦·衆曾孫·衆玄孫·從兄弟妻·從孫婦·從曾祖父母·曾大姑母·堂姪婦·從曾孫子女·再從祖父母·再從大姑母·再從叔父母·再從姑母·再從姪·再從姪女·再從孫子女·三從兄弟姉妹·外叔母·甥姪婦·內外從兄弟姉妹·妻父母·女壻·外孫子女·外孫婦·姨從兄弟姉妹·庶母·乳母 및 夫의 高曾祖父母, 夫의 從祖父母·夫의 大姑母·夫의 堂伯叔父母·夫의 堂姑母, 夫의 從兄弟와 그 妻, 夫의 堂姪婦, 夫의 再堂姪과 再堂姪女, 夫의 再從孫, 夫의 從孫婦, 夫의 衆孫婦, 夫의 再從孫女, 夫의 衆玄孫을 말한다.

시미매매(試味賣買) 〔獨〕 Kauf auf Probe 現品을 시험하여 마음에 들면 산다고 하는 계약. 試驗賣買라고도 한다. 그 성질은 停止條件附賣買 또는 매매의 一方豫約이라고 해석되고 있다. 특약이 없는 경우에 매수인은 언제까지 決意를 표시하여야 하느냐에 관하여는 停止條件附賣買說을 취하는 자도, 민법 564조 2항의 유추적용을 인정하여, 매수인이 확답하지 않는 경우에는, 매매는 보통 不成立으로 된다고 해석하고 있다.

시민권(市民權) 〔英〕 right of citizen 인민 또는 국민의 권리. 봉건적인 전제 압박에 대항하여 주장된 人權 또는 民權과 같은 뜻이다. 경우에 따라서는 公權과 같은 뜻으로도 사용된다.

시민법(市民法) [1] 로마법상의 市民法(〔羅〕 ius civile). 이 말은 여러가지 의미를 가진다. 즉, ① 로마법사의 제1기에는 十二表法, 고래의 관습, 그것을 개폐하는 民會(꼬미띠아)의 입법 및 법학자에 의한 그 해석에 의하여 형성된 법이 시민법이었다. ② 제2기에 이르러, 새로이 萬民法·名譽法이 성립함에 따라, 시민법은 법률형성의 방법을 기준으로 하여 명예법에 대립되는 개념이 되었다. 즉, 명예법에 대하여 시민법은 法律(렉스), 법률과 동등한 효력을 가지는 고래의 관습 및 그 해석으로 형성되는 법이며, 그 내용이 固陋偏狹하기는 하였지만 로마인에게는 진정한 본래의 법이라고 생각되고 있었다. 로마인에게는 진정한 본래의 법이라고 생각되고 있었다. 市民法과 名譽法의 대립은 이미 제2기에 있어서도 법학자의 활동을 중개로 하여 점차 융합하기 시작하였으며, 이러한 融合現象은 제3기의 勅法(꼰스띠뚜치오)에 의하여 더욱 추진되었지만 유스티니아누스의 법에 있어서도 양자의 구별대립은 완전히 소멸되지는 않았다. 또 시민법은 만민법에 대하여는 로마시민권을 가진 자에게만 적용되는 법이며 내용은 주로 家族法과 身分法에 관한 규정을 포함하는 것이었다. 212년에 원칙적으로 로마領內의 전주민에게 로마시민권이 부여된 이래 만민법과 시민법의 이론적 대립은 소멸하였다. ③ 그 밖에 특수한 용법으로서, 시민법이 不文의 法曹法을 의미하고, 또는 자연의 이치에 의하여 정하여진 법인 自然法에 대하여 實定法을 의미하는 경우가 있다.

[2] 근대법의 체계에서는 사회법 내지 사회주의적 원리에 기초를 둔 법과 구별되는 의미로 市民法(〔獨〕 bürgerliches Recht, 〔佛〕 droit de bourgeoisie, droit de citoyen)이라는 용어가 사용된다. 그것은 결국 근대의 私法體系 내지는 近代法 전체의 형태를 가리킨다. 다시 말하면, 근대법은 각 개인을 자유롭고 평등한 권리능력자로 예정하고 그 사회관계를 이 평등한 개인의 자유로운 거래에 의하여 구성되는 것으로 하는데, 그와 같은 사회를 市民社會(bürgerliche Gesellschaft)라고 부르고, 그것을 규율하는 법이라는 의미에서 시민법이라고 한다. 또 좁은 의미에서는 민법을 가리키기도 한다.

시민사회(市民社會) 〔英〕 civil society 〔獨〕 bürgerliche Gesellschaft 〔佛〕 société civile 자유·평등한 개인인 시민을 주체로 하여 성립하는 사회. 이 명칭은 이미 고대에서도 볼 수 있지만, 근대에서는 産業資本을 원동력으로 하는 근대사회의 의미로 사용되며, 資本制社會라고도 불린다. 이러한 의미에서의 사회를 기반으로 하여 성립하는 것

이 근대법의 체계이지만, 최근 시민사회의 한계가 지적됨에 이르러, 이 사회에 입각하는 근대법체계에 대하여서도, 여러가지의 수정·비판의 움직임이 나타나게 되었다(→사회법).

시민적 민주주의(市民的民主主義) →민주주의

시민적 자유(市民的自由) 商工有產階級, 즉 市民階級(bourgeoisie)을 중추로 하는 市民民主主義(bourgeois democracy)에 있어서, 국민 특히 시민계급의 이익을 위하여 인정된 자유. 개인주의·자유방임주의를 토대로 한다. 권리조항에 전통적으로 보장되어 온 여러 자유권이 이에 속하며, 그 중에서도 재산, 직업 내지 영업·계약·경쟁의 자유가 강조된다.

시보임용(試補任用) 5급공무원을 新規採用하는 경우에는 1년, 6급 이하 공무원 및 기능직공무원을 신규채용하는 경우에는 6월의 기간 시보로 임용하고, 그 기간중에 근무성적이 양호한 경우에는 定規公務員으로 임용한다. 다만, 국회규칙·대법원규칙·헌법재판소규칙·중앙선거관리위원회규칙 또는 대통령령으로 정하는 경우에는 시보임용을 면제하거나 그 기간을 단축할 수 있다. 休職한 기간·職位解除期間 및 징계에 의한 停職 또는 減俸處分을 받은 기간은 시보임용기간에 산입하지 아니한다. 시보임용기간중에 있는 공무원이 근무성적 또는 교육훈련성적이 불량한 때에는 면직시키거나 면직을 제청할 수 있다(國公 29).

시설가정(施設家庭) 〔英〕 institutional home 고아원 기타 아동양육시설이 가정의 역할을 하는 경우를 말한다. 이러한 시설에서 자라난 아동은 그 시설직원(監督者)과의 사이에 애정이나 친밀성을 느낄 기회가 없기 때문에 반항적·거부적 심정 또는 타인의 의견을 무시하는 태도를 나타내기 쉽고, 따라서 반사회적 행위에 빠지기 쉽게 된다. 고아원 등의 시설이 아무리 완비되어 있더라도 유아에게 인간정서의 근원인 모친의 애정을 줄 수 없는 한, 완전한 社會適應性을 배양하는 것은 극히 곤란하다. 그러나 모든 시설가정의 소년들이 비행소년이나 범죄자가 되는 것이 아님은 물론이다.

시설대여업(施設貸與業) 대통령령이 정하는 물건을 새로이 취득하거나 대여받아 거래상대방에게 대통령령이 정하는 일정기간 이상 사용하게 하고, 그 기간에 걸쳐 일정대가를 정기적으로 분할하여 지급받으며, 그 기간 종료후의 물건의 처분에 관하여는 당사자간의 약정으로 정하는 방식의 金融을 말한다(與信專門金融業法 2 x).

시설부담(施設負擔) 특정한 公益事業을 위하여 그 사업과 특별한 관계에 있는 자 또는 우연히 그 필요를 충족시킬 수 있는 지위에 있는 자에 대하여 과하여지는 공사 등의 시설을 할 人的 公用負擔이다. 시설부담은 그 발생원인과의 관계에서 강제부담과 임의부담으로 나뉘며, 내용을 표준으로 하여 도로부담, 하천부담, 철도부담 등으로 나눌 수 있다.

시설제공이적죄(施設提供利敵罪) 군대·요새·진영 또는 軍用에 供하는 선박이나 항공기 기타 장소·설비 또는 건조물을 敵國에 제공하거나, 병기 또는 탄약 기타 군용에 공하는 물건을 적국에 제공하는 죄(刑 95). 적국이란 대한민국 또는 그 동맹국과 전투상태에 있는 상대국을 말한다(102 참조). 또한 대한민국 또는 그 동맹국에 적대하는 외국 또는 외국인의 단체도 적국으로 간주한다(102). 未遂犯(100), 豫備·陰謀(101 Ⅰ 本)와 선동·선전(101 Ⅱ)을 처벌한다. 단, 예비·음모의 경우에 실행에 이르기 전에 자수한 때에는, 그 형을 감경 또는 면제한다(101 Ⅰ 但).

시설파괴이적죄(施設破壞利敵罪) 敵國을 위하여 군대·요새·진영 또는 軍用에 供하는 선박이나 항공기 기타 장소·설비 또는 건조물, 병기 또는 탄약 기타 군용에 공하는 물건을 파괴하거나 사용할 수 없게 하는 죄(刑 96). 敵國이라 함은 대한민국 또는 그 동맹국과 전투상태에 있는 상대국을 말한다(104 참조). 대한민국 또는 그 동맹국에 적대하는 외국 또는 외국인의 단체도 적국으로 간주한다(102). 本罪는 적국을 위하는 목적이 있어야 한다(목적범). 미수범(100)·예비·음모(101 Ⅰ 本)·선동·선전(101 Ⅱ)을 처벌한다. 단, 예비·음모의 경우에 실행에 이르기 전에 자수한 때에는 그 형을 감경 또는 면제한다(101 Ⅰ 但).

시세조종(時勢操縱) 〔英〕 manipulation 부정한 수단으로 증권거래소가 개설하는 유가증권 시장에서의 시세를 人爲的으로 上下시키는 행위. 시세조종은 공정한 수급관계에 기한 거래소의 공정한 시세형성을 방해하고 투자자를 해하므로 이를 금지하고 있다(證去 111). 이를 한 자에 대하여 민사·형사의 양 책임을 지우고 있다(210 v).

시세표(時勢表) 증권거래소가 그 유가증권시장에 上場되어 있는 유가증권의 매일의 증권거래량 및 그 성립가격과 최고, 최저와 최종가격을 표시한 표(證去 103). 시세표는 유가증권시장내의 게시판에 게시하여야 한다(證去施 58). 매일의 공표를 강제하는 것은 공정한 시세형성을 위하여 시세의 不正操作을 막고 매매거래의 委託者를 보호하기 위한 것이기는 하지만, 동시에 시장시세는 財界의 바로미터로서 중요성을 가지기 때문이다.

시심적 쟁송(始審的爭訟) 법률관계의 形成 또는 存否에 관한 최초의 행정행위가 쟁송의 형식을 거쳐 행하여지는 경우의 절차. 행정행위의 재심사를 목적으로 하는 절차로서의 覆審的 爭訟에 대립되는 개념. 행정쟁송에 있어서 시심적 쟁송이 인정되는 경우는 드물다.

시 아이 에프 약관(約款) 〔英〕 C.I.F. clause 〔獨〕 C.I.F.-Klausel 〔佛〕 clause C.I.F. 해상운송을 이용하는 물건의 매매계약에 사용되는 약관. 상품의 船積費用(cost)·保險料(insurance)·運賃(freight)을 賣買代金에 포함시키는 것으로부터 이 약칭이 사용된다. FOB 約款에 대하는 것. 이 경우 매도인은 매매의 목적물에 관하여 운송계약을 체결하여 선적을 하고, 자기의 비용으로 매수인을 위하여 그 상품에 관하여 보험계약을 체결하고 선적후 지체없이 船積書類(船荷證券·保險證券·送狀)를 매수인에게 제공하는 의무를 진다. 매수인은 정당한 선적서류의 제공이 있는 한, 대금을 지급하여야 하며, 상품에 관한 危險負擔은 선적서류의 제공을 조건으로 하여 선적의 시로부터 매수인에게 돌아간다. → 와르소 옥스퍼드규칙

시 아이 오우(C.I.O.) Congress of Industrial Organization(産業別勞動組合組織會議)의 약칭. 전신은 미국에 있어서의 1935년 A.F.L. 내에 8조합이 설립한 대량생산공업의 産業別組織委員會. 職業別組合의 관할을 침해한 조직활동의 진전이 A.F.L.을 능가하였기 때문에 제명된 후, 1938년에 개조·독립하고, 가맹조합 33, 조합원 500만명의 전국조합연합체인 C.I.O가 되었다. 정치입법활동과 조사계몽을 주임무로 하고, A.F.L.과 기구상·기능상 대차가 없다. A.F.L.과 같이 部會組織이 없고 産業別組織化에 노력하였으며, 가맹조합의 자치권이 제한되어, 초당파노동연맹과 정치활동위원회를 설립하였으므로, 그 정치활동이 활발한 점 등이 상이하다. 그러나 제2차대전 후에는 반공정책을 강화하고 世界勞聯을 탈퇴하여, 國際自由勞聯을 결성하였으며, 1951년에는 좌파에 속하는 10조합을 추방, 保守化하여 A.F.L.에 접근, 1955년 양자는 합동협정을 체결하여 단일의 조직 A.F.L.-C.I.O.가 되었다.

시오니즘 〔英〕 zionism 세계의 각지에 산재하여 자기의 고국을 갖지 못하였던 유대민족이 祖先의 발상의 故地 팔레스티나에 민족국가를 건설하고자 하는 운동을 말한다. 사상적인 움직임으로서는 중세부터 유대인 사이에 흐르고 있었으나, 정치적으로 활발한 운동으로 된 것은 19세기 후반에 이르러서이다. 시오니즘의 기초를 세운 사람은 부다페스트태생의 유대인 테오도르 헤르츨(Theodor Herzl)로서, 그는 1896년 유대국가를 저술(Der Judenstaat, 1896)하여, 세계의 유대문제의 해결은 유대민족에게 내셔널 홈을 부여하는 길 이외에는 없다고 주장하여, 그 鄕土를 예루살렘에 구할 것을 제창하였다. 그 영향을 받아, 다음해 스위스 바젤에서 제1회시오니스트대회가 개최되었다. 제1차대전때는 팔레스티나는 터키領이었으므로, 영국은 유대인의 전쟁협력을 얻을 목적으로 팔레스티나에 유대인의 내셔널 홈을 건설하는데 협력을 아끼지 아니한다고 하는 발포아宣言을 발표하였다. 제1차대전후 팔레스티나는 영국의 委任統治地域으로 되었으나, 아랍인과의 관계도 있고 해서, 영국의 공약은 간단히 실현될 수 없었다. 그래도 세계각지로부터의 유대인의 이주는 계속되어, 그 수의 증가와 함께 아랍인의 반유대운동이 일어나, 양자의 항쟁은 해가 갈수록 격화되었다. 제2차대전중에는, 1944년 시리아, 레바논이, 1946년에는 요르단이 위임통치지역으로부터 새로운 아랍독립국으로 되고, 팔레스티나의 아랍인도 독립을 구하여, 유대인과의 상쟁은 한층 격화하였다. 양 민족의 틈에 끼어 난처해진 영국은 委任統治의 조기종료를 결의하여, 해결을 국제연합에 구하였다. 1947년 11월 29일, 國際聯合總會는 팔레스티나의 二分割案을 채택하였는데, 유대측은 이를 수락하였으나 아랍인은 거부하였다. 다음해 5월 14일 위임통치종료의 날에 유대인은 이스라엘공화국의 선언을 행하였는데, 그날 이집트, 시리아, 레바논, 이라크, 요르단의 아랍 5국의 정규군은 이스라엘에 침입하여 교전상태에 들어갔다. 국제연합은 조정에 노력하였는데, 처음에 수세에 있던 이스라엘이 우세하게 되어, 1949년 비로소 휴전이 성립하였다. 미국·구소련 등의 주요국은 이스라엘을 승인하여 1949년 5월에 국제연합에의 가입이 승인되었다. 이리하여 시오니즘운동은 그 목적을 달성하였지만 아랍의 여러 나라들과는 民族的 對立이 심각하여 국제불안의 문제가 되고 있다.

시 위(示威) 시위라 함은 多數人이 共同目的을 가지고 도로·광장·공원 등 公衆이 자유로이 통행할 수 있는 장소를 진행하거나 위력 또는 기세를 보여 불특정 다수인의 의견에 영향을 주거나 제압을 가하는 행위를 말한다. 시위는 공동목적을 같이 하는 행위이므로 선동적이고, 나아가서는 폭력

적인 요소를 수반함으로써 사회의 안녕과 질서를 문란케 하는 경우가 많다. 법은 이에 대하여 여러 가지 엄중한 제재를 가하고 있다. 즉 시위를 함에는 48시간 전에 관할경찰서장에게 신고를 해야 하며(集會 및 示威에 관한 法律 6). 특정한 장소에서의 시위의 금지(11), 시간의 제한(10), 특정한 목적을 위한 시위 등은 금지된다(5). → 집회 및 시위에 관한 법률

시 장(市場) 〔英〕 market 〔獨〕 Market 〔佛〕 marché 시장이라 함은 일정구역 안의 건물 또는 지하도에 설치된 다수의 점포시설에서 도·소매업자 및 用役業者가 상품을 매매하거나 용역을 제공하는 영업장으로서 賣場의 분양이 허용되는 것을 말한다(都·小賣業振興法 2Ⅰ). 시장을 개설하고자 하는 자는 사업계획서 기타 산업자원부령이 정하는 서류를 시·도지사에게 제출하여 그 허가를 받아야 한다. 이 밖에 특수한 형태의 시장으로 농수산물유통 및 물가안정에 관한 법률에 의한 농수산물도매시장과 축산법에 의한 가축시장이 있다.

시장개설허가기준(市場開設許可基準) 시·도지사는 도·소매업진흥법 6조 1항의 규정에 의한 시장 등의 開設許可申請이 공공의 이익 기타 주민생활편익에 적합하다고 인정할 때에는 시장 등의 개설허가를 하여야 한다. 다만, 당해 시장 등의 개설이 인근지역 도·소매업의 균형적인 발전에 미칠 영향을 참작하여 필요하다고 인정될 때에는 매장면적의 변경을 요구하거나 시장 등의 개설허가를 하지 아니할 수 있다.

시장(市場)**어음** 중세 유럽의 중요도시 특히 프랑스의 각지에서 정기적으로 개장되는 시장을 중심으로 換錢商이 발행하였던 어음. 이 어음은 定期市에 집합하는 상인으로 하여금 시장에 현금을 지참할 필요를 덜게 하고, 또 본국에 귀향하는 상인에게도 현금운반에 관한 위험을 없게 한다. 이러한 작용에 따라서 시장을 지급지로 하고 市日을 지급일로 하는 형식의 어음과 상인의 본국을 지급지로 하고 시장을 발행지로 하는 형식의 어음이 사용되었다. 그리고 오늘날의 어음제도 중 어음교환·인수·거절증서·참가·보증 등의 發端을 볼 수 있다. 또 어음소송이 행하여졌고 어음嚴正의 단서도 있다.

시장지배적 사업자(市場支配的事業者) 시장지배적 사업자란 價格, 供給量 등의 시장상황을 어느 정도 자기의사대로 좌우할 수 있는 지배력을 가진 자를 말한다. 시장지배적 사업자는 그 지위를 이용하여 독점적 이익을 취하거나 그 지위를 계속 유지하기 위하여 새로운 사업자의 參入을 제한하고 다른 사업자의 사업활동을 배제하는 등 경쟁을 저해하는 행위를 하는 경우가 많다. 독점규제 및 공정거래에 관한 법률 2조 7호에 의하면 시장지배적 사업자는 동종 또는 유사한 상품이나 용역의 공급에 있어서 市場占有率이 100분의 50 이상 또는 3 이하의 사업자의 시장점유율의 합계가 100분의 75 이상인 자로 하고 있다. 다만 100분의 10 미만인 자는 제외한다.

시장지배적 지위(市場支配的地位)**의 남용행위**(濫用行爲) 시장지배적 사업자가 시장지배력을 행사하여 가격을 부당하게 결정·유지 또는 변경하거나 공급량을 부당하게 조절하여 독점적 이익을 취하거나 그 지위를 유지하기 위하여 새로운 사업자의 參入을 제한하거나 다른 사업자의 사업활동을 방해 또는 배제하는 등 공정하고 자유로운 경쟁을 저해하는 행위를 말하며, 獨占規制 및 公正去來에 관한 法律 제3조의2는 시장지배적 사업자의 남용행위로 ① 상품의 가격을 부당하게 결정·유지 또는 변경하는 행위, ② 상품의 판매 또는 용역의 제공을 부당하게 조절하는 행위, ③ 다른 사업자의 사업활동을 부당하게 방해하는 행위, ④ 새로운 경쟁사업자의 참가를 부당하게 방해하는 행위, ⑤ 기타 경쟁을 실질적으로 제한하거나 소비자의 이익을 현저히 저해할 우려가 있는 행위로 분류하고 있다. 公正去來委員會는 3조의2의 규정에 위반하는 행위가 있을 때에는 당해 市場支配的 事業者에 대하여 가격의 인하, 당해행위의 중지, 법위반사실의 공표 기타 시정을 위한 필요한 조치를 명할 수 있다(5). 시장지배적 지위의 濫用行爲를 한 자는 3년 이하의 징역 또는 2억원 이하의 벌금에 처하도록 되어 있다(66Ⅰi).

시정권자(施政權者) 〔英〕 administering authority 신탁통치지역을 시정하는 국가를 말하며 국제연합이 이를 감독한다. 개개의 신탁통치협정에 의하여 지정되며 1개국, 수개국 또는 국제연합 자신이 시정권자로 될 수 있다(憲章 81). 施政國의 권리·의무에 관하여는 헌장 76조에 원칙을 규정하였을 뿐 구체적인 것은 信託統治協定에 일임하고 있다(81). →신탁통치, 전략지역

시제법(時際法) 〔獨〕 intertemporales Recht, Zwischenzeitrecht 〔佛〕 droit intertemporal, conflit des lois dans le temps 法律에 變更이 있은 경우에 있어서, 한 개의 법률관계가 신법 및 구법의 양쪽에 관계하고 있는 경우에, 신구 어느 쪽의 법률을 적용할 것인가를 정하는 법률. 즉

법률의 시간적 충돌을 해결하는 법률(→법률의 충돌). 보통은 신법 중의 經過規定에서 규정된다. 일반적으로는 法律不遡及의 原則에 의하여 구법시대에 발생한 사실에는 구법이 적용되는 것이 원칙이지만, 예외적으로는 신법이 적용되는 일이 있다. → 법률불소급의 원칙, 기득권

시청자위원회(視聽者委員會) 放送順序에 관한 자문을 행하는 위원회로서 보도에 관한 방송을 제외한 방송순서에 관한 사항을 심의하고 그 심의결과에 따라 방송국의 장에게 의견을 제출하거나 필요한 때에는 시정을 요구할 권한을 갖는다(放送法 30). 시청자위원회는 교육법에 의한 각급 교육기관의 육성회 또는 기성회 등 학부모단체, 소비자보호단체, 여성단체, 청소년관련기관 또는 단체, 변호사단체, 신문·통신 등 언론기관 또는 단체 등의 추천을 받아 방송국의 장이 위촉하는 10인 이상 15인 이내의 위원으로 구성된다(同施行令 27, 28).

시 체(屍體) 〔英〕 corpse, dead body 〔獨〕 Leiche 〔佛〕 cadavre 민법상 시체는 물건으로 취급되며, 所有權의 객체가 된다. 그러나 그 소유권은 특수한 내용을 가진다. 그 소유권의 귀속은 종래 관습법에 의하여 喪主인 자에게 속하는 것으로 되어 있었는데, 민법은 祭祀相續을 법률상의 제도로서 인정하지 않았으므로, 해석상 호주승계인 또는 호주에게 귀속한다고 보아야 할 것이다. 그리고 그 내용은 보통의 소유권과는 달라, 사용·수익·처분을 하는 것이 아니고, 다만 매장·제사를 하는 권능과 의무를 내용으로 하는 특수한 것이라고 할 것이다. 시체를 화장한 경우 유골과 함께 남는 금니(金齒)와 같은 물건은 시체의 소유권자에게 속한다. 형법은 시체의 오욕과 손괴·遺棄·은닉·領得을 신앙에 관한 죄로 하고(159, 161), 경범죄처벌법은 시체의 은닉을 범죄로 하고 있다(1ⅵ).

시체검안서(屍體檢案書) 검안서와 같다.

시체등영득죄(屍體等領得罪) 死體, 遺骨, 遺髮 또는 관내에 치장된 물건을 손괴·유기·은닉 또는 영득하는 죄(刑 161). 분묘를 발굴하여 본죄를 범한 자는 형이 가중된다(161Ⅱ). 미수범은 처벌한다(162).

시체등오욕죄(屍體等汚辱罪) 死體, 遺骨 또는 遺髮을 오욕하는 죄(刑 159).

시체유기죄(屍體遺棄罪) 시체를 현장소로부터 다른 장소로 옮겨 매장의 방법에 의하지 않고 抛棄하는 죄(刑 161). 시체에 대한 사회의 尊崇의 풍속을 보호하는 죄이다. 매장의 의무가 있는 자가 시체를 방치하는 不作爲에 의하여도 성립한다. 살인을 한 자가 시체를 현장에 그대로 방치한 것만으로는 성립되지 않으나 犯蹟을 감추기 위하여 다른 장소에 은닉할 때에는 본죄가 성립한다.

시카고국제민간항공조약(國際民間航空條約) 1944년에 미국 시카고에서 체결되어, 1947년 발효한 국제민간항공에 관한 일반원칙과 국제민간항공기구의 조직·임무를 규정한 조약을 말한다. 시카고조약은 조약당사국이 그 領空을 일정한 제한하에 다른 당사국의 항공기에 대해 서로 개방할 것을 규정하였다. 그러나 조약당사국의 不定期民間航空을 제외한 定期國際航空業務, 즉 商業航空에 관해서는 영역국의 허가가 필요하며 허가없이 그 상공을 통과 또는 그 국가에로의 진입은 허용되지 않는다(同條約 6).

시카네 〔英〕 Schikane 〔佛〕 chicane 오로지 타인을 해할 목적만으로 권리를 행사하는 것을 말하고, 독일 民法 226조는 이것을 금지한다. 權利濫用의 전형적인 것이지만, 권리남용은 이것보다도 넓은 개념이다. → 권리남용

시 토(SEATO) 〔英〕 South East Asia Treaty Organization 미국무장관 델라스가 1954년 3월 29일 뉴욕의 記者俱樂部에서 한국문제 및 인도네시아 문제를 심의할 제네바회의의 개최에 앞서 反共陣營의 결속과 동남아에 대한 공산주의세력의 침략을 방지하기 위하여, 공동행동을 취할 필요성이 있음을 연설을 통하여 강조하였다. 그러나 이 제창은 그리 큰 반응을 일으키지 못하고, 제네바회의에서는 미국이 거의 고립되다시피 되었다. 그 후 미국은 필리핀 그 외의 아시아제국이 단합하여, 아시아태평양지역에서 집단적 반공동맹을 결성하는 것이고, 그것이 東南亞條約機構의 구상으로 나타났으며, 결국 실현한 것이 동남아조약기구로서 1954년 9월 8일 마닐라에서 東南亞集團防衛條約 및 議定書의 서명, 태평양헌장의 선언으로 되었다. 조약의 서명국은 미·영·프랑스·오스트레일리아·뉴질랜드 및 터키·필리핀·파키스탄의 8개국이다. 최고기관은 각 참가국외상으로 구성되는 理事會(Council)가 있으며, 연1회 필요한 경우에는 2회 이상 會同하고, 이사회의 폐회중의 협력을 보장하기 위하여는 본부의 사무국을 방콕에 두고, 참가8개국은 常駐大使를 파견하도록 되었다. 국제분쟁의 평화적 해결을 위하여 국제연합헌장을 준수하고, 효과적인 상호원조의 조항에 따라, 외부에서의 파괴활동을 방지하고, 이에 대항하기 위한 능력을 유지·발전시키며, 條約區域에 대한 침략에는 공동하여 대처하

도록 되어 있다. → 집단적 안전보장

시 티 비 티 〔英〕 comprehensive test ban treaty(CTBT) 包括的 核實驗禁止條約의 약어이다. 1963년 미소간에 부분적 핵실험금지조약이 체결된 이후 전면적인 핵실험금지를 요구하는 목소리가 대두됨에 따라 1996년 유엔에서 체결됐다. 部分的 核實驗條約이 대기권에서 핵실험을 금지하고 지하핵실험을 허용한데 비해 CTBT는 어떠한 핵실험도 못하도록 하고 있다. CTBT에는 149개국이 서명했으며 13개국이 비준을 마쳤다. 인도는 가입을 거부하고 있으며 미국, 러시아 등 5대 핵강대국과 북한, 파기스탄, 이스라엘 등 44개국이 비준에 필요한 發效要件을 충족시키지 못하고 있어 조약의 효력발생이 늦어지고 있다. 최근들어 인도와 파키스탄의 잇단 핵실험으로 세계를 긴장시키고 있다.

시프약관(約款) C.I.F. 約款의 약칭.

시한(時限)**스트라이크** 24시간 스트라이크를 한다는 것과 같이, 미리 시간을 정하고 행하는 스트라이크. 무기한 스트라이크에 대한다. 투쟁을 一定短期間에 집약하는 것은 투쟁태세를 항상 정비하고, 투쟁의 에너지를 효과적으로 사용함으로써 도리어 장기투쟁에 견뎌나가는 힘을 갖게 하는 것으로서, 많은 조합이 채용하고 있는 바이다.

시 행(施行) 법령의 효력을 현실적으로 발생시키는 것. 확정된 법령은 공포함으로써 효력을 발생하게 되는데, 그 效力發生時期는 그 법령 자체에 특별한 규정이 없는 경우는 公布한 날로부터 20일이 경과한 날이지만, 법령 자체에 시행일을 규정하는 수도 있다. 즉, 공포한 날로부터 시행한다든가, 또는 공포한 날로부터 1년이 경과한 날로부터 시행한다든가 하는 것이 그 예이다.

시행령(施行令) → 시행법 · 시행령

시행법 · 시행령(施行法 · 施行令) 시행법은 법률을 시행하기 위하여 특히 필요한 사항을 규정한 법률. 시행령에는 법률의 시행을 위하여 발하는 執行命令과 법률이 특히 위임한 委任命令이 포함된다. 이 법시행에 관하여 필요한 사항은 대통령령으로 정한다라고 할 때는 집행명령을 의미하고, 공무원법이 그 보수에 관한 조항에 있어서 공무원의 보수에 관하여는 大統領令으로 정한다라고 할 때는 위임명령을 의미한다.

시행세칙(施行細則) 법령을 시행함에 필요한 세부적 규정을 담은 法規命令. 대통령령의 시행에 관하여 필요한 사항을 규정한 총리령 또는 부령 등을 보통 시행세칙이라고 하나, 반드시 통일적으로 시행세칙이라는 용어를 사용하는 것은 아니고 시행규칙 기타 각종의 용어를 사용한다. 시행세칙의 내용은 법령을 집행하기 위하여 필요한 세부적 절차를 규정함이 보통이나 법령의 위임에 의하여 규정하게 되는 사항도 있다.

시험매매(試驗賣買) 시미매매와 같다.

시험임용(試驗任用) 일정한 시험에 합격하는 것을 任用資格의 요건으로 하는 임용제도를 시험임용이라 한다. 職階制를 채용한 개정 국가공무원법은 종전의 考試制 및 銓衡制를 폐지하고 일반직의 공무원의 임용은 전적으로 이 제도를 전제로 하고 있다(國公 26 이하). → 임용

시 효(時效) 〔羅〕 usucapio, praescriptio 〔獨〕 Ersitzung(取得時效), Verjährung(消滅時效) 〔佛〕 prescription [1] 사법상 소멸시효와 취득시효를 총칭하는 말. 소멸시효와 취득시효는 모두, 일정한 사실상태가 장기간 계속한 경우에 이 상태가 진실의 權利關係와 합치하는 것이냐 어떠냐를 묻지 않고 그 사실상태를 그대로 존중하여 이를 권리관계로 인정하려는 제도라는 점에 있어서 공통된다. 민법은 소멸시효에 관하여는 총칙편의 끝 장에(162～184), 취득시효에 관하여는 물권편에 所有權取得의 원인으로서 규정한다(245～248).

[2] 공법상으로도 시효제도는 인정되고 있는 바 金錢債權의 소멸시효기간은 특별한 규정(關稅 25, 公年金 81Ⅰ, 勤基 95, 船員法 128)이 없는 한, 일반적으로 5년이다(豫會 97, 國稅基 27Ⅱ), 법령의 규정에 의하여 국가 또는 공공단체가 하는 납입의 고지는 민법 174조의 규정에 불구하고 시효중단의 효력이 있다(豫會 98, 國稅基 28, 關稅 26).

[3] 형사법상의 시효에 관하여는 형의 시효, 공소시효를 보라.

시효기간(時效期間) → 소멸시효기간, 취득시효기간

시효(時效)**의 원용**(援用) → 소멸시효의 원용

시효이익(時效利益)**의 포기**(抛棄) → 소멸시효이익의 포기

시효(時效)**의 정지**(停止) 〔獨〕 Hemmung der Verjährung 時效期間의 만료시에 즈음하여 권리자가 시효를 중단시키기 곤란한 사유가 있는 경우에 일정한 기간 동안 시효의 완성을 유예하는 것. 권리의 행사가 권리자의 태만으로 인하지

아니한 경우에 이것을 보호하는 제도이다. 時效의 中斷과는 달리 이미 진행한 시효기간이 효력을 잃게 되는 것은 아니고, 停止事由가 종료한 후 일정한 유예기간이 경과하면 시효가 완성한다. 민법이 정하는 정지의 사유는 다음과 같다. ① 무능력자에게 法定代理人이 없는 때(179), ② 무능력자가 재산관리인에 대하여 권리를 가지고 있는 때(180Ⅰ), ③ 부부간에 권리가 있는 때(180Ⅱ), ④ 상속재산에 관하여 상속인이 확정되지 않거나, 또는 관리인이 판명되지 않은 경우(181), ⑤ 천재사변으로 시효를 중단할 수 없는 경우(182). 이상의 사유가 소멸한 후, ⑤의 경우에는 1월내, 그 이외의 경우에는 6월내에는 시효가 완성하지 않는다. 민법은 시효의 정지를 消滅時效에만 규정하고 取得時效에 관하여는 준용한다는 규정이 없다. 그러나 특히 취득시효에 관하여는 준용한다는 규정이 없다. 그러나 특히 취득시효에 관하여 시효의 정지를 배척하여야 할 이유는 조금도 없으므로, 취득시효의 완성으로 인하여 권리를 상실하게 될 자에게 소멸시효의 정지에 관한 규정을 類推하여 취득시효의 정지를 인정하여야 할 것이다.

시효(時效)**의 중단**(中斷) 〔獨〕 Unterbrechung der Verjährung 시효의 기초인 사실상태와 부합하지 않는 사실의 발생으로 인하여, 시효의 진행이 중절되어, 이미 경과한 時效期間이 효력을 상실하는 것. 시효의 정지와 더불어 時效完成의 障碍라 불린다. 민법은 168조 이하에서 소멸시효의 중단에 관하여 규정하고, 247조 2항에서 취득시효에 관하여 이를 준용하고 있다. 중단이 있으면 이미 진행한 시효기간은 전혀 효력을 잃고, 중단사유의 종료시부터 새로 시효기간이 진행한다(民 178). 민법은 중단사유로서 3종을 인정하고 있다(168). ① 請求. 재판상의 청구, 즉 소의 제기와 권리자가 의무자에 대하여 의무의 이행을 촉구하는 催告가 주요한 것이지만, 이 밖에 支給命令, 화해를 위한 召喚 또는 破産節次參加가 있다(民 170~174). 다만 최고는 그 후 6월내에 재판상의 청구, 파산절차참가, 和解를 위한 소환, 압류, 가압류, 가처분 등의 강력한 중단행위를 하지 않으면, 중단의 효력이 없다. ② 압류·가압류·가처분(175, 176). ③ 承認(177). 시효의 이익을 받을 자가 시효로 인하여 권리를 잃는 자에게 대하여 그 권리가 존재하는 것을 알고 있다는 뜻을 표시하는 것이다. 취득시효에 특유한 자연중단사유로서 占有의 喪失이 있다. 시효의 중단은 당사자 및 그 승계인간에만 효력이 있다(169).

식민적 보호지(植民的保護地) 식민지획득의 수단으로 보호를 가하고 있는 未開地. 유럽 여러 나라가 아프리카 등의 추장과의 합의에 의하여 그 토지에 관한 일종의 권리를 수립함으로써 다른 나라가 이를 先占하지 못하도록 하고, 후에 자기 나라가 이를 점유하기 위하여 행해졌다.

식민지(植民地) 〔英〕 colony → 보호국

식민회사(植民會社) 〔英〕 colonial company, colonial corporation 〔獨〕 Kolonialgesellschaft 식민지의 경영·개발·무역을 목적으로 하는 商事會社. 유럽제국이 식민지를 개척한 17·18세기경은 본국인이 신지역에 이주하여 사회적·경제적으로 개척하여, 거기에 新會社를 건설하는 경우에 국가가 직접 이에 당하지 않고 이를 상사회사에 위임하고, 군비·사법·행정·외교 등의 특권을 부여하는 것이 상례이었다. 이들 사업에는 거대한 자본을 요하고 또한 위험성도 많았으므로 株式會社形態를 취한 것이 많아, 주식회사제도 보급의 선구를 이루었다. 영국·네덜란드의 東印度會社는 그 현저한 예이다.

식품(食品) **등의 공전**(公典) 보건복지부장관은 국민보건상 필요하다고 인정하는 때에는 판매를 목적으로 하는 식품 또는 식품첨가물의 제조·가공·사용·조리 및 보존의 방법에 관한 기준과 그 식품 또는 식품첨가물의 성분에 관한 규격, 기구 및 용기·포장의 기준·규격과 식품 등의 표시 기준을 수록한 公典(食品衛生法 12 참조).

식품위생감시원(食品衛生監視員) 식품위생을 위하여 영업장소·사무소·창고·제조소·저장소·판매소 그 밖의 장소에 임검하여 판매를 목적으로 하거나 영업상 사용하는 식품, 첨가물, 기구와 용기, 포장, 영업의 시설 그 밖의 물건을 검사하고, 또 실험상 필요한 정도의 식품 등을 收去, 필요에 따라 영업관계의 장부나 서류를 열람할 수 있는 공무원(食品衛生法 20). 국가공무원 또는 당해 지방자치단체의 공무원 중에서 보건복지부장관 또는 특별시장·도지사 혹은 시장이 이를 임명한다.

신경매(新競賣) 競賣節次에 착수하였으나, 일정한 사유로 인하여 그것이 종료되지 아니하였기 때문에 다시 속행하는 경매절차. 신경매가 행하여지는 것은 다음과 같은 경우이다. ① 경매기일에 적법한 경매의 신고가 없는 때(民訴 631), ② 민사소송법 633조 및 635조의 규정에 따라 競落許可에 대한 이의의 원인이기 때문에 경락을 허가하지 아니한 경우, 다시 경매를 허가하였을 때(民訴 637). ③ 경매기일 사이에 화재 기타의 사변으로

부동산이 현저히 훼손되어, 最高價競買人이 경매를 取消한 때(民訴 639, 646).

신 고(申告) [1] 호적의 신고. 호적이 신분관계를 정확하게 공시하기 위하여는 호적에 기재된 신분관계가 사실에 부합하며, 신분관계의 변동이 명확 신속히 호적면에 표시되어야 한다. 따라서 신분관계의 변동원인이 되는 法律行爲 또는 事實關係가 발생한 경우에는 관계자로 하여금 이를 신고케 한다. 신고의무자는 신고사건의 본인임이 원칙이지만 신고의무자가 미성년자 또는 금치산자일 때에는 親權者 또는 後見人이 신고하여야 하고 또 미성년자 또는 금치산자 스스로 신고해도 무방하다(戶 30). 신고는 신고사건의 본인의 본적지 또는 신고인의 주소지 또는 현주소의 시·읍·면의 장에게 하는 것이 원칙이다(25). 신고사항에는 예컨대 廢家(民 793·794)·任意分家(民 788, 戶 107)·婚姻(民 812, 戶 76)·入養(民 878, 戶 66) 등에 관한 신고와 같이 창설적인 성질을 가지는 것(創設的 申告)과 예컨대 出生(戶 49)·死亡(87)·後見(83)·戶主承繼(96) 등에 관한 신고와 같이 보고적인 성질을 가지는 것(報告的 申告)이 있다. 전자에 관해서는 신고의무자를 법정하고 벌칙으로써 신고를 강제한다.

[2] 행정법상 일정한 법률사실 또는 법률관계의 존부에 관하여 서면이나 구술로써 관계행정청에 통고하는 행위. 납세의무자의 소득신고는 그 일례. 행정청에 대한 通告로써 그치며, 그에 대한 행정청의 반사적 결정을 기다릴 필요가 없는 것이 보통이다. 특정한 사항에 대한 신고가 법령상 의무지워진 자를 申告義務者라 한다.

신고납부(申告納付) →신고납세

신고납세(申告納稅) 납세자의 신고에 課稅標準確認과 稅額確定의 효과를 주어 그 신고에 의거하여 납세하는 제도. 認定課稅 또는 賦課課稅에 대응하는 개념. 일반적으로 구체적인 납세의무는 과세표준이 외관상 명백한 경우(예 : 印紙稅)를 제외하고는 과세표준을 확인하는 것에 의하여 발생하는 바, 세무관청의 행정처분만에 이 확인의 효과를 인정하는 제도를 인정과세라고 하는데 대하여 납세의무자의 과세표준·세액 등의 신고에 이 확인의 효과를 인정하고 납세시키는 제도를 신고납세라고 한다. 우리나라에서는 신고납세를 원칙으로 하나 신고하지 아니하는 때, 신고가 부당하다고 인정될 때, 기타 필요하다고 인정할 때에는 인정과세를 행하며(예 : 所得稅法 80, 法人稅法 32), 동시에 가산세를 과한다(所得稅法 81 등).

신고어업(申告漁業) 어업 중에서 許可漁業·免許漁業 이외의 것을 말하며, 自由漁業이라고도 말한다. 이 어업을 하고자 하는 자는 시장·군수·자치구의 구청장에게 신고하여야 하며, 신고의 유효기간은 신고를 수리한 날부터 5년으로 한다. 어업의 신고를 수리하였을 때에는 시장·군수 또는 자치구의 구청장은 漁業申告畢證을 교부하여야 한다. 일정한 사항의 준수의무, 신고어업의 제한 또는 정지, 어선의 계류, 신고의 효력상실과 이에 대한 말소·신고인에게 통지를 신설하였다(水産 44).

신국제경제질서(新國際經濟秩序) 〔英〕New International Economic Order(NIEO) 경제적·사회적 체제의 차이를 불문하고 모든 국가간에 수립된 질서로서 형평·주권평등·상호의존·공통이익 및 협력을 기초로 하는 새로운 질서를 말한다. 이는 단순히 國有化法만 아니라 무역·경제협력, 생산국동맹의 형성 등 국제경제의 광범한 분야를 포함하는 것이며, 동시에 경제적 선진국과 개발도상국간의 격차를 시정하려는 목적을 가진 것이다. NIEO가 국제경제관계를 규율하는 근본규범으로서 UN의 역사상 처음으로 정립되기는 1974년의 資源特別總會에서였는데, 거기에는 다음 세 가지 요인이 작용한 것이다. 즉 ① 비동맹운동의 진전, ② 개발도상국에 의한 경제적 자결권의 주장과 그 확대, ③ UN貿易開發會議(UNCTAD)의 성립과 그 전개 등이다. 이같은 요인과 함께 NIEO를 성립하게 한 國際經濟史的 背景은 ① 식민지체제의 붕괴와 이에 따른 신흥독립제국의 대두와 ② 선진국과 개발도상국의 경제적 격차를 발생시킨 국제경제의 법칙 그 자체에 내재하는 모순이다. 이 신국가경제질서는 1974년 두번의 총회 결의, 新國家經濟樹立宣言, 국가의 경제적 권리의무헌장에 표현되고 있다. 이 질서의 구조는 다음과 같다. ① 국가는 자국의 경제사회체제를 자유로이 선택할 수 있으며, 천연자원을 자유로이 처분하며, 국내법에 입각하여 국유화를 할 수 있으며, 자국관할내에서 多國籍企業의 활동을 규제·감독할 수가 있는 등, 經濟的 主權을 갖는다. 무력행사는 물론 정치적·경제적 압력의 행사는 體制選擇權의 침해로서 비난된다. ② 국가는 법적으로 평등하며, 국제경제정책의 결정과정에 평등하게 참가할 권리를 갖는다. 선진국수뇌회의에 의한 경제정책의 결정이나, IMF·세계은행 그룹의 加重投票制 등은 개발도상국의 평등한 참가권을 침해하는 것으로서 비판되고 있다. ③ 최혜국우선원칙에 입각한 자유롭고 형식적으로 평등한 전통적 질서는 경쟁력이 약한 개발도상국에 대하여는 실질적인 불평등이라고 비판되고 있다. ④ 선진국은 개발도상국의 발전에 협력하여야 하며, 軍縮에 의한 잉여자원이나 인류의 공동재산인 심해저자원은 개발도상국들의 경제발전을 위하여 우선적으로 배분되어야 하는 등 새로운 국제공동체 개념에 입각한 선진국의 개도국에 대한 원조의무가 인정되고 있다. 그러나 UN에 있어서 新國際經濟秩序의 실현을 위한 작업의 대부분이 기본적 문제에 관해 선진국과 개발도상국간에 합의가 도출되지 못하고 있다.

신권정치(神權政治) 〔英〕 theocracy 〔獨〕 Theokratie 〔佛〕 théocratie 지배자가 신인 정치, 또는 신이라고 믿고 있는 자가 행하는 정치. 그 경우, 神의 命令이 법으로 된다. 神意를 告하며 神意를 이해할 수 있는 자가 정치권력을 장악하는 정치형태로서, 이스라엘인 사이에 있어서의 모세의 경우는 유명하다. 또 다윗 및 그 자 솔로몬의 王政은 神意에 의한 것으로 되어 있다.

신규문주의(新糾問主義) 〔獨〕 neoinquisitorische Richtung 實體刑法上 행위자의 성격의 위험성을 형사책임의 기초 또는 보안처분의 대상으로 중요시하는 사상이 발달한 결과, 형사소송법상 범인의 人格調査가 중요시되어, 피고인을 소송의 주체인 지위로부터 조사의 객체인 지위로 이행시키는 것이 요구되었으며, 특히 제2차대전중에는 이 경향이 고조되었는 바 이 새로운 경향을 신규문주의라고 부른다.

신대통령제(新大統領制) 〔英〕 new presidentialism 〔獨〕 Neopräsidentialismus 헌법상 국가의 원수(대통령)가 다른 국가기관보다 월등하게 우월한 지위를 차지하며, 따라서 다른 기관이 그 국가원수에 의한 사실상의 권력의 독점에 대항하거나 그것을 견제할 수 없는 假裝的 立憲政治制度. 신대통령제하에서는 일반국민은 법적으로 또는 사실상으로 그 국가의사의 형성에의 참여가 제한되고 있는 점에서 그것은 權威的 正體(autoritäre Regime)에 속한다. 대만의 장개석정권・이승만정권・월남의 고딘 디 엠정권 등이 이에 속한다고 보고 있다.

신득재산(新得財産) 〔獨〕 Neuerwerb 파산선고 후에 파산자에 속하게 된 재산. 팽창주의를 채택하는 立法例에 있어서는, 이러한 신득재산도 법정재단의 범위에 넣고 있지만, 우리 파산법과 같이 法定財團의 범위를 파산선고시의 파산자의 재산으로 하고 있는 固定主義法制下에서는 법정재단에 속하지 않고, 이른바 自由財産에 속한다. 따라서 파산자가 자유로 관리・처분할 수 있는 재산이라 할 것이다. 파산자는 이러한 신득재산에 의하여 파산절차진행중에도 사업을 할 수 있고, 그 결과 최초의 파산절차가 종료되지 아니한 사이에 다시 파산한다는 이른바 제2파산도 있을 수 있다. 그런데 신득재산인가 아닌가는 파산자에 있어서 그 재산의 取得原因이 파산선고후에 존재하였는가 아닌가에 의해 정해진다. 파산자가 파산개시후에 육체적 또는 정신적인 노동, 새로운 영업을 하여 얻은 소득은 물론이고, 파산중의 근무・노임도 신득재산에 들어간다. 또 파산선고 후에 개시된 상속 또는 발효된 遺贈이나 선고후의 贈與에 의하여 파산자의 것이 된 재산도 파산재단에는 속하지 않는다. 이에 반하여 취득원인이 파산선고전에 존재한다고 볼 수 있는 경우는 전부 파산재단에 속한다. 예를 들면 停止條件附・始期附債權에 있어서는 그 원인인 법률행위가 파산선고전에 있는 이상 條件의 성취나 期限의 도래가 선고후에 되어도 역시 파산재단에 들어간다 할 것이다.

신등기(新登記) → 독립등기

신디케이트 〔英〕 syndicate 〔獨〕 Syndikat 〔佛〕 syndicat 共同販賣 카르텔의 실시기관. 카르텔은 그 참가자의 계약관계이지만, 신디케이트는 법적으로는 이들로부터 독립한 法人(대부분은 共同販賣會社)인 경우가 많다. 또한 금융업자(증권업자를 포함)가 공동융자를 위하여 또는 국채・사채・주식 등의 공동인수・공동매출을 위하여 만든 一時的 組織(任意組合)도 신디케이트라고 부르는 일이 있다.

신디케이티드 론 〔英〕 syndicated loan 다수의 금융기관들이 聯合體(syndicate)를 구성, 외국정부・공공기관이나 민간기업의 대규모 사업에 거액의 자금을 융자하는 대출방식으로 만기 5~12년 가량의 장기대출이 대부분이다. 이같은 형태의 대출은 미국이나 유럽 등 國際金融市場에서 수십억 달러 넘는 대규모 대출을 일으킬 경우 주로 이용되고 있다. 특히 개발도상국에 대한 신디케이티드 론은 중앙은행 또는 국립은행에게 돈을 빌려주는 뱅크 론(bank loan) 형태를 취하기도 한다. 금융기관들은 신디케이티드 론 방식으로 돈을 빌려줄 경우 巨額與信의 위험을 분산시킬 수 있으며, 빌리는 측에서도 낮은 이율로 대규모 借款을 손쉽게 도입할 수 있는 것이 장점이다.

신뢰(信賴)**의 원칙**(原則) 〔獨〕 Vertrauensgrundsatz 교통규칙에 맞추어 행동하는 사람은 다른 교통관여자도 교통규칙을 지키리라는 것을 신뢰하면 충분하며, 타인의 교통규칙위반사실을 인식할 수 있는 특별한 사정이 없는 한, 미리 그 타인이 교통규칙위반행동으로 나오리라는 것을 예견하고 注意義務를 다할 필요는 없다는 원칙을 말한다.

교통사고와 관련하여 확립된 이 원칙은 도로교통의 범위를 초월하여 다수인의 업무분담이 요구되는 모든 過失犯의 경우에 주의의무의 한계를 확정하는 원칙으로 발전하게 되었다. 신뢰의 원칙은 허용된 위험의 특별한 경우로서 사회생활상 요구되는 객관적 주의의무에 대한 한계를 설정함으로써 過失犯의 構成要件該當性을 배제하는 원칙으로 작용한다.

신뢰이익(信賴利益) 〔獨〕 Vertrauensinteresse 무효한 계약을 유효한 것으로 믿었기 때문에 입은 손해. 消極的 契約利益이라고도 한다. 예컨대, 계약체결을 위한 조사비용, 이행의 준비비용과 같은 것. 계약의 무효를 전제로 하여 손해를 생각하는 점에서, 계약의 유효를 전제로 하여 계약이 이행된 경우에 얻을 수 있는 이익을 손해로서 산출하는 履行利益에 대립한다. 채무불이행의 손해배상은 이행이익의 배상이고, 신뢰이익의 배상은 특수한 경우에 인정된다. 계약체결상의 과실의 경우에 이것을 인정하는데(民 535Ⅰ), 학설로서는 그 밖의 경우(예 : 135, 551)에도 이것을 인정하려는 것이 있다.

신 문(訊問) 〔英〕 interrogation 〔獨〕 Vernehmung 〔佛〕 interrogatoire 법원 또는 당사자가 증인·반대당사자 등에 대하여 하는 질문. 예컨대 證人訊問(民訴 275~304, 刑訴 146~168), 當事者訊問(民訴 339~345), 被告人訊問(刑訴 284, 287, 289), 被疑者訊問(241~245) 등이다.

신문고(申聞鼓) 조정에 북을 걸고 人民이 直言하거나 또는 寃仰之事情을 상소하기 위하여 치는 북을 말한다. 북을 치면서 호소하는 것을 擊鼓라 하고 격고는 轉하여 不服上訴를 의미하였다. 文獻通考에 古者朝有誹謗之木, 敢諫之鼓라 하여, 堯舜代朝廷에 敢諫鼓가 있었다는데 유래하여, 南北朝時代 이후는 이 북을 登聞鼓라 하였다. 宋代에는 擊鼓事件을 전담하는 관아로 鼓司 또는 登聞鼓院까지 둔 바가 있으며 擊鼓制度는 청조말까지 이른 것이다. 우리나라는 조선태종 때에 처음으로 설치된 것으로 태종원년 7월에 初置登聞鼓, 以達下情라 한 기사가 보이며 登聞鼓의 명칭으로 신설하였으나 동년 8월에 申聞鼓로 개칭한 것이며, 다음 해 태종 2년 正月의 申聞鼓設置敎書에 의하면 凡欲寃抑未伸者, 京中主掌官外方則呈守令監司, 不爲究治則呈司憲府, 司憲府不爲究治則乃來擊鼓寃抑灼然, 上項官司不爲究治者, 照律坐罪, 越訴者亦行照律論罪, 或有陰謀不軌, 將危社稷, 謀害宗親勳舊以階禍亂者, 許諸人直來擊鼓云云하여 擊鼓가 不服三審의 상소방법으로 역할한 것이며 혁명초기라 陰謀告發의 방법으로도 사용된 것 같고 동시에 誣擊하는 자에게 反坐律을 적용할 旨도 선언하고 있다. 그 후 세종 16년에는 신문고를 일단 升聞鼓라 개칭한 바도 있었으나, 다시 복구하였고 同敎書의 취지는 그대로 經國大典 刑典 訴寃條에 채택 규정된 것이다. 신문고는 그 후 擊錚으로 변경되고 續大典에는 申聞鼓今無之, 訴寃者許擊金于差備門外, 謂之擊錚이라고 규정한 바 있으나 正祖는 다시 신문고로 복구하여 大典通編에 규정하였다.

신문 급 기타 정기간행물 허가(新聞及其他定期刊行物許可)**에 관한 건**(件)〔軍政法令 제88호〕 1946년 5월의 신문 기타의 정기간행물의 발행에 대한 許可制를 규정하는 내용의 군정법령. 外國定期刊行物輸入配布에 관한 法律에 의하여 폐지.

신문(新聞)**의 자유**(自由) →신문·통신의 자유

신문·통신(新聞·通信)**의 발행시설기준**(發行施設基準) →출판의 자유, 신문·통신의 자유, 언론의 자유

신문·통신(新聞·通信)**의 자유**(自由) 언론·출판의 자유(憲 21Ⅰ)에 포함되는 자유로, 신문·통신에 대한 사전적 제약인 許可制는 인정되지 아니하며(21Ⅱ), 통신·방송의 시설기준과 신문의 기능을 보장하기 위하여 필요한 사항은 법률로 정한다(21Ⅲ). 그러나 이 自由權이 타인의 명예나 권리 또는 공중도덕이나 사회윤리를 침해하여서는 안되며, 타인의 명예나 권리를 침해한 때는 피해자는 이에 대한 피해의 배상을 청구할 수 있다(21Ⅳ).

신 민(臣民) 〔英〕 subject 〔獨〕 Untertan 〔佛〕 sujet 신민이라는 말은 라틴어의 subjectus (subjecti)에서 유래하고 예속 또는 복종을 의미한다. 즉, 그것은 로마제국에 있어서 公民權, 즉 民會에 대한 선거권과 피선거권을 가지지 않고 통치의 대상으로 될 뿐인 개인을 말하였다. 그러나 오늘날에 와서는 君主國에 있어서의 신민일지라도 기본적 인권이 보장되고 통치권에 참여하는 것이 보통이며, 그 한도내에서 共和國의 국민과 다를바 없다. →인민, 공민, 국민

신 법(新法) 새로 제정되거나 개정됨으로써 現行法으로 된 법령을 말한다. 이에 대하여 어떤 법령이 직접으로 개폐되거나 내용상 저촉하는 규정을 가지는 다른 법령의 규정으로 말미암아 간접으로 改廢되어서 현재에 있어서는 효력을 가지지 않게 된 경우, 그 법령을 구법이라고 한다. 또 특히 신법과 구법을 대조시키는 경우는, 구법이 역사적

으로 보아서 신법의 전신인 때이다. 예컨대 신민법과 구민법, 신상법과 구상법이라고 하는 때와 같은 것. 그리고, 신법과 구법의 시간적 효력의 문제에 관해서는 經過規定 · 法律不遡及의 原則을 보라.

신 분(身分) 〔英〕 status 〔獨〕 Stand 〔佛〕 état [1] 신분관계의 구성원으로서 차지하는 법률상의 지위. 배우자 · 부모 · 자녀 · 호주 · 가족 또는 親族 등으로 불리는 것이 곧 그것이다. 따라서 법률상의 신분의 개념은 중세봉건시대에 있어서 인정되었던 귀족 · 자유민 · 농노 등과 같이 生來的 · 世襲的인 사회적 계급을 의미하는 신분과는 다르다.

[2] 형법상 身分犯이라고 할 때의 신분에 관하여는 신분범을 보라.

신분권(身分權) 부모와 자, 夫와 妻, 호주와 가족 등과 같이 身分法上 특정의 지위에 의거하여 인정된 권리. 신분권은 그 지위에 의거하는 포괄적인 권리가 아니고 친권 · 부권 · 호주권 등과 같은 포괄적 명칭이 있는 경우에도 개개의 권리의 총칭에 지나지 않는다. 따라서 그 중에는 여러가지 성질의 권리가 포함되는 것이며, 또 순수히 신분적인 것도 있고 扶養請求權 · 財産管理權과 같이 재산적인 것도 있다. 신분권은 의무적인 색채가 짙기 때문에 그 부당한 행사는 권리남용이 되기 쉽고 또 一身專屬的인 것으로서 양도는 물론 타인의 대리행사나 상속도 허용하지 않는 것이 원칙이다. 이러한 점에서 財産權과는 현저하게 대립된다.

신분(身分) **및 직위보유권**(職位保有權) 공무원이 特殊經歷職公務員과 1급공무원 등과 같이 특히 신분보장을 하지 아니하는 자를 제외하고는, 법령에 의한 사유가 있는 경우에 소정의 절차에 의하지 아니하고는 그 신분을 박탈당하지 아니하며, 직위를 상실하지 아니할 권리를 말한다.

신분범(身分犯) 〔羅〕 delictum proprium 〔獨〕 Somderdelikt 행위자의 일정한 신분이 범죄의 구성요건(犯罪構成的 身分) 또는 형의 가감요건(刑罰加減的 身分)으로 되어 있는 범죄. 전자를 眞正(純正)身分犯이라고 하고, 후자를 不眞正(不純正)身分犯이라고 한다. 예컨대 수뢰죄는 전자에 속하고, 업무상횡령죄 · 존속살해죄는 후자에 속한다. 여기에 신분이란 남녀의 성별 · 친족관계 · 공무원인 자격 · 일정한 업무자 또는 범죄의 상습자 등과 같이 일정한 범죄에 관한 범인의 人的關係인 특수한 지위 또는 상태를 말한다. 신분범과 공범에 관하여는 형법 33조에 특별한 규정이 있다. → 공범과 신분

신분법(身分法) 〔英〕 law of domestic relations, family law 〔獨〕 Personerecht, Familienrecht 〔佛〕 droit de personne 신분관계를 규율하는 법규의 총칭. 신분법은 財産法과는 현저히 다른 원리에 의하여 지배된다. 재산법이 숙고계산하는 자유독립인의 法임에 반하여, 신분법은 習俗과 性情에 따라 집결되는 비자유집단인의 법이다. 신분법은 전체로서 하나의 체계를 이룰 뿐만 아니라 또 각개의 기본적 신분관계에 따라서 다시 소신분법으로 나누어진다. 우리나라 신분법은 親族法과 相續法의 둘로 대별하고 친족법은 다시 혼인 · 친자 · 가족후견, 친족회, 부양 · 호주승계로 세분되며, 상속법은 상속, 유언 두 분야로 세분된다. 그러나 이와 같은 소신분법들은 사회의 변천에 따라서 신분법에서 각각 차지하는 비중의 변동이 생기는 것이다. 오늘날 구미선진제국에 있어서는 소가족제를 이루고 있으므로, 婚姻法 · 親子法 및 財産相續法의 세 분야만이 남아 있을 따름이다.

신분보장(身分保障) 공무원이 형의 선고, 징계처분 기타 법이 정한 사유와 절차에 의하지 아니하고서는 免職 기타의 신분상의 불이익처분을 당하지 않음을 말한다. 이와 같은 신분보장은 一般職公務員에 대해서는 국가공무원법 및 지방공무원법에 의해 인정되고 있다. 국무위원 · 차관과 같은 政務職公務員과 別定職公務員인 비서와 같이 신분보장을 받지 아니하는 공무원도 있으나, 헌법상 강력한 신분보장을 받고 있는 법관을 비롯해서 정도의 차는 있으나 모두 신분보장을 받고 있는 것이 보통이다.

신분상속(身分相續) 호주 등의 일정한 지위를 승계하는 것을 목적으로 하는 상속형태를 말한다. 財産相續에 대한 말. 1990년 민법 일부개정에서 戶主承繼를 상속편에서 분리시켜 친족편에 편입시키고 있으나 실질적 의미에서는 상속이다. 신분상속은 성질상 반드시 單獨相續이지만, 신분상의 지위와 더불어 총재산까지도 그 부속물로서 단독으로 상속해야 한다는 것은 아니다. 다만 가족제도가 가족단체의 首長의 신분을 중요시할 때는 신분상속과 재산의 단독상속을 결합시킴에 그친다. 그러므로 그러한 요청이 완화되면 신분과 재산의 結合的 相續의 의사도 붕괴된다.

신분(身分)**없는 고의**(故意)**있는 도구**(道具) 〔獨〕 qualifikationsloses doloses Werkzeug 眞正身分犯에 있어서 고의는 있으나 일정한 신분이 없이 범죄의 실현에 이용되는 자. 예컨대, 허위진단서작성죄(刑 233)에 있어서, 의사의 사용인이 의사의 뜻을 받아서 고의로 허위의 진단서를 작성한

경우에 그 사용인은 신분없는 고의있는 도구이다. →간접정범

신분(身分)**으로부터 계약**(契約)**으로** 〔英〕 from status to contract 이것은 메인의 유명한 말로서, 그의 저서 古代法(Ancient Law) 제5장의 마지막에 적혀 있다. 즉 …우리들은, 진보적 여러 사회의 推移는 오늘날까지 신분으로부터 계약에로의 추이였다고 말할 수 있을 것이다라고. 이 표어는, 사회의 법률관계의 기초가 점차 固定的 身分關係로부터 개인의 자유스러운 의사합치인 契約關係에로 옮겨졌다는 것을 表徵하는 것이며, 인류사회의 진보과정을 단적으로 표시한 말이다. 이와 같이 고대나 중세의 신분적 기반으로부터 벗어나서 개인의 자유의사에 기한 평등한 법률관계가 확립됨으로써 근대시민사회는 완성되었으며, 따라서 개인의사자치를 이상으로 하는 契約自由의 原則이 근대법의 대원칙으로 등장하기에 이르렀던 것이다. 그러나 근대자본주의사회의 발달은 경제적 약자와 강자와의 사이를 현격하게 만들었으므로, 사실상 이러한 자들 사이의 계약은 실질적인 공정을 기하기 어렵게 되었다. 여기에서 勞動契約이라고 하는 새로운 계약형태가 나타나기에 이르렀고, 또한 집단적 거래가 빈번하게 됨에 따라 附合契約이라고 하는 일종의 제도적 약관형태가 성행하기에 이르렀다. 이러한 현상을 신분으로부터 계약으로라는 표어 대신에 契約으로부터 制度로(from contract to institution)라는 새로운 표어로써 표시하는 사람들도 많이 있다. 결국 오늘날의 법률사회는 계약제도에 대한 일대전환기에 처해 있다고 할 수 있다. 이것은 個人本位的 法律構造가 社會本位的 法律構造로 전환되어 가는 과정에 있어서의 일종의 법률적 고민상이다. 그러나, 계약은 결코 자유스러워서 법의 보호를 받는 것이 아니라, 그 공정성으로 말미암아 법의 보호를 받을 수 있다는 것이 오늘날의 일반화된 法律觀이다. 따라서 계약자유의 원칙 대신에 契約公正의 原則이라는 새로운 현대적 법원리가 대두되고 있는 것이 오늘날의 현실이다.

신분행위(身分行爲) 身分上의 법률효과를 일으키는 법률행위. 분가·혼인·입양 등은 그 예이다. 재산상의 법률행위에 대하여 사용된다. 신분행위에 대하여는 성질상, 민법총칙의 법률행위에 관한 규정은 적용될 수 없다는 것이 통설이다. 즉, 身分行爲能力은 일반적인 행위능력과 반드시 일치하는 것은 아니고, 신분행위의 효력은 외형상으로서가 아니고, 오로지 진의에 의하여 결정되며, 또 대리는 원칙으로 허용되지 않는다. →재산법, 신분법

신사협약(紳士協約) 〔英〕 gentleman's agreement 당사자 상호간의 信義에 기하여 이행하도록 하고 법률적인 이행의무를 수반하지 않는 2인 이상의 약속. 시장에 있어서의 경쟁을 제한할 목적으로 행하여지는 수개의 기업자간의 口頭의 約束과 같은 것은 이에 해당한다고 한다.

신서개피죄(信書開披罪) 舊刑法上의 罪名. →비밀침해죄

신서사(信書使) 〔英〕 conurier 〔佛〕 courrier 외교사절과 본국정부 또는 다른 공관간에 信書(주로 機密文書)를 전달하는 特別使者로서 사절의 隨員에 속한다. 신서사는 접수국에서는 官員과 동일한 특권과 면제를 향유하며 제3국에서는 無害通行의 권리를 가진다. 제3국은 신서사가 휴대하는 신서를 검열할 수 없다. →수원, 외교사절의 특권

신서(信書)**의 비밀**(秘密) →통신의 자유

신설합당(新設合黨) 합당의 일종으로, 2개 이상의 정당이 합하여 새로운 명칭의 정당으로 합병하는 것. 합당을 하는 정당들의 代議機關이 그 受任을 받은 기관의 합동회의의 의결로써 행하여지며, 중앙선거관리위원회에 그 대표자가 合黨決議日로부터 2주일 이내에 登錄申請을 하여 등록됨으로써 합당의 효력이 발생한다(政黨 4의2, 11Ⅱ). 다만, 정당이 후보자를 추천할 수 있는 공직선거의 선거기간개시일부터 同選擧日까지의 사이에 합당한 때에는 선거일 후 20일에 그 효력이 발생한다. 신설합당으로 신설된 정당은 합당전 정당의 모든 권리·의무를 승계한다(4의2Ⅴ).

신설합병(新設合倂) 〔獨〕 Verschmelzung durch Neubildung 〔佛〕 fusion par voie de création d'une société nouvelle 합병당사회사의 전부가 소멸하여 新會社를 설립하고, 그 신설회사가 消滅會社의 재산과 사원을 승계수용하는 식으로 하는 합병. 設立合倂이라고도 하며 吸收合倂에 대한 것이다. 합병계약·합병결의·채권자보호의 절차를 하는 것은 흡수합병의 경우와 같으나, 다만 合倂決議와 동일한 방법으로 설립위원이 선임되어 이 설립위원이 정관의 작성 기타 설립에 관한 행위를 공동으로 하여야 한다(商 175).

신성동맹(神聖同盟) 〔英〕 Holy Alliance 〔獨〕 Heilige Allianz 〔佛〕 Sainte Alliance 1815년 9월 러시아황제 알렉산더1세, 오스트리아황제 프란츠 요셉 및 프러시아왕 프리드리히 빌헬름3세가 파리에서 체결한 동맹. 3君主는 그들의 人民을 가정에 있어서와 같이 통치하고, 국내적·국제적

관계를 기독교적인 자애의 원리에 의하여 규제할 것을 서약하였다. 이것은 정치적 의의는 적으며, 同盟이라기보다는 오히려 단순한 원칙의 선언에 불과하였으나, 선언후 유럽의 여러 元首들이 거의 이에 가맹한 사실은 프랑스혁명전쟁 및 나폴레옹전쟁에 대한 유럽의 공포를 나타낸 것이라고 볼 수 있다.

신소송물론(新訴訟物論) 訴訟物(請求)을 개별화하는 기준을 실체법상의 권리 또는 청구권에 구하는 학설(舊訴訟物論)에 대하여, 이를 訴의 申請(請求의 趣旨) 및 청구의 원인으로서의 사실관계에, 때로는 그 신청에만 구하는 학설. 이것은 독일에 있어서 일찍이 로젠베르크·하프샤이트(Hapscheid)·니키쉬(Nikisch) 등에 의하여 唱導되어 현재에 있어서는 통설로 되어 있다. 되도록이면 1회의 소송으로 소의 실질적 목적의 달성 내지 분쟁의 실질적인 해결이 될 수 있도록 하기 위한 이론인 것으로, 이 학설에 의하면 소의 목적을 단적으로 표시하는 訴의 申請(또는 이것과 분쟁의 실질적 관계를 나타내는 사실관계의 진술)에 의하여 청구는 특정되며, 그 이상 그 분쟁에 대한 구성가능한 실체법상의 권리에 의하여 분단되는 것이 아니다. 따라서 예를 들면, 특정의 말 한 필의 반환을 구하는 소라면, 소유권에 기하여 반환청구를 하는 것과 점유권에 기하여 반환청구를 하는 것(소유권에 기한 返還請求權과 점유권에 기한 반환청구권과는 실체법상 別個獨立의 請求權이라고 관념됨에도 불구하고)과는 소송물은 동일하며, 전자와 후자를 동시에 주장하여도 訴의 併合으로 되지 아니하고, 전자로부터 후자로 주장을 변경하여도 訴의 變更으로는 되지 않는다. 또 어느 쪽이든 일방만을 주장하여 패소하였으면 그 既判力에 의하여 타방의 주장은 할 수 없는 결과가 된다(舊訴訟物論에서는 소유권에 기한 반환청구와 점유권에 기한 반환청구와는 각각 실체법상 별개의 청구권에 기한 것이므로 소송물이 별개로 되며, 따라서 신소송물론과는 대조적인 결론에 이른다). 최근 이와 같은 학설이 우리나라에 도입되어, 구소송물론과 격렬한 논쟁을 벌이고 있다. →청구

신실재주의법학(新實在主義法學) → 네오 리얼리즘법학

신앙(信仰)**에 관한 죄**(罪) 종교적 감정을 해하는 죄(刑 12장 158~163)·葬禮式 등의 妨害罪(158)·사체오욕죄(159)·분묘발굴죄(160)·死體領得罪(161 Ⅰ·Ⅱ)·변사자검시방해죄(163)로 이루어진다. 다만 변사자검시방해죄는 경찰목적 내지 범죄수사목적에 의한 일종의 行政的 刑罰法規이며, 종교적 감정과 관계가 없는 것이지만, 사체에 관련있는 것이라는 점에서 여기에 포함시키고 있다.

신앙(信仰)**의 자유**(自由) →종교의 자유

신용개시계약(信用開始契約) 〔獨〕Kreditеröffnungsvertrag 〔佛〕ouverture de crédit 여신계약과 같다.

신용거래(信用去來) 〔英〕margin transaction 증권업자가 고객(증권업자가 고객인 경우를 포함한다)에게 信用供與를 함으로써 행하는 유가증권의 매매 및 그 밖의 거래를 말한다.

신용공여(信用供與) 증권업자가 고객으로부터 유가증권의 매매주문을 받는 경우에 買受代金 또는 賣渡證券에 대부를 하는 것.

신용보증(信用保證) 기업이 금융기관으로부터 자금의 대출·급부 등을 받음으로써 금융기관에 대하여 부담하는 金錢債務, 기업의 채무를 금융기관이 보증하는 경우에 그 보증채무의 이행으로 인한 求償에 응하여야 할 금전채무, 증권거래법 8조의 규정에 의하여 모집하는 기업의 사채, 기타 기업의 채무 중 대통령령이 정하는 금전채무 등을 신용보증기금이 보증하는 것을 말한다(信用保證基金法 2). 이러한 신용을 보증하는 금융기관으로는 은행법 3조 1항의 규정에 의한 금융기관, 한국산업은행, 중소기업은행, 국민은행, 한국주택은행, 한국수출입은행, 長期信用銀行法에 의한 장기신용은행, 信託業法에 의한 신탁회사, 기업에 자금을 융통함을 업으로 하는 자로서 대통령령이 정하는 자 등이 있다.

신용보증기금(信用保證基金) 擔保能力이 미약한 기업의 자금금융을 원활히 하여 건전한 신용질서를 확립하고 균형있는 국민경제의 발전에 기여함을 목적으로 설립된 기금(法人). 기금의 기본재산은 정부의 出捐金, 금융기관의 출연금 및 기업의 출연금 및 이외 자의 출연금으로 조성한다(信用保證基金法 6). 기금은 대통령이 정하는 바에 따라 擔保力이 미약한 중소기업과 대통령이 정하는 자금에 대하여는 우선적으로 보증한다(3). 기금의 신용보증 총액의 한도는 기본재산과 移越利益金의 합계액의 20배 이내에서 대통령령으로 정한다(25).

신용보험(信用保險) 〔英〕credit insurance 〔獨〕Kreditversicherung 〔佛〕assurance crédit 채무자의 債務不履行으로 인하여 채권자가 그 채권에 대하여 입을 손해를 보상할 것을 목적으로 하는 보험. 타인에게 신용을 수여함으로써 생긴 채권의 가치의 감손의 보험이라는데서 이와 같이 부른다. 피보험자는 채권자이고 保險契約者는 채권자 또는

채무자이다. 채무자가 보험계약자일 때에는 타인을 위한 보험으로 된다. 이 보험을 私保險去來에 있어서는 그 경제적 기능에 착안하여 保證保險이라고 한다. 또 실무에서는 신용보험이라는 말은 사용자가 그 피용자의 부정행위로 인하여 입게 될 손해를 보험자가 보상하는 보험(身元保證保險)을 의미하는 것으로 사용되고 있다. 보험사고발생시 보험금을 지급한 보험자는 保險代位權을 가진다.

신용실추행위(信用失墜行爲) 국가 또는 지방자치단체의 직원이 그 직의 신용을 훼손시키거나 직원 전체의 불명예가 되는 행위. 이러한 행위를 저지르면 服務義務의 위배로 징계의 원인이 된다(國公 78).

신용위임(信用委任) 〔羅〕 mandatum qualificatum, mandatum pecuniae credendae 〔獨〕 Kredithaftung 당사자의 一方(受任人)이 相對方(受任人)에 대하여, 수임인의 이름으로 또한 그의 계산으로 제3자에게 신용을 줄 것을 위임하는 계약. 예컨대 갑이 을은행에 대하여 병과 當座貸越去來를 할 것을 위임하는 따위. 그 성질은 위임 또는 위임 유사의 계약이라고 이해하여지고 있다. 독일民法(778), 스위스債務法(408)은 신용위임에 관해서 특히 규정을 두고 있으며, 수임인이 위임의 취지에 좇아서 제3자에게 신용을 준 때에는 위임인은 보증인으로서 또는 保證人과 마찬가지로 책임을 질 것으로 되어 있다. 우리 민법에는 명문은 없으나, 우리나라에도 信用委任이라고 보아야 할 계약이 체결되는 사례는 있다.

신용장(信用狀) 〔英〕 letter of credit 〔獨〕 Kreditbrief 〔佛〕 lettre de crédit 어떤 은행이 그 거래처인 특정한 은행 또는 일반의 은행 앞으로, 신용장에 정하여진 사람에게, 일정액의 범위내의 금전을 지급할 것을 위탁하는 支給委託書. 이용의 목적에 의하여 여행자신용장(→여행자신용장)과 商業信用狀으로 구별된다. 상업신용장은 외국무역상 은행이 수입상인 매수인의 의뢰에 의하여 수출지의 은행에 대하여 매도인에게 금전을 지급할 것을 위탁하는 支給委託이다. 수출지은행은 매도인이 발행한 수입지은행(信用狀發行銀行)앞 환어음의 매수의 형식에 의하여 금전을 지급하는 것이 보통이다. 상업신용장에 관하여는 국제적 관습법이라고도 할 貨換信用狀에 관한 統一規則 및 慣例(제정 1933년, 개정 1951년, 1962년)가 성립하고 있다.

신용지시서(信用指示書) 〔英〕 letter of instruction, instruction of credit 은행의 본지점간의 어음買受 또는 현금지급의 지시서인 성질을 가지는 것. 수익자(매도인)가 선적서류를 첨부하여 발행의뢰인인 수입자(매수인)앞으로 발행한 환어음을 발행은행(指示銀行)이 그 지점 또는 거래처에 대하여 매수할 것을 지시한 신용장이다.

신용출자(信用出資) 자기의 신용을 이용시킴을 목적으로 하는 出資. 단체 자체의 財産의 充實의 필요가 적고 그 구성원의 개성이 중요시되는 민법상의 조합의 조합원이나, 합명회사의 사원, 합자회사의 무한책임사원에게 인정된다. 즉 회사를 위해서 보증을 하거나 物的擔保를 제공하고, 회사가 발행하는 어음에 인수·배서를 하는 것이다. 단순히 조합이나 회사에 가입하여 채권자에 대한 책임을 부담함으로써 회사나 조합의 신용을 높이는 것도 信用의 出資라고 인정된다. 그러나 이것은 본래 조합원이나 무한책임사원의 의무이기 때문에 특히 조합계약이나 정관에 그 취지를 기재하여야 한다. 그리고 손익 및 잔여재산의 분배의 기준을 정하기 위해서 신용출자의 價額 또는 그 評價의 기준도 정해야만 할 것이다.

신용(信用)카드 〔英〕 credit card 償還함이 없이 제시함으로써 반복하여 물품의 구입 또는 用役의 제공을 받을 수 있는 證標로서 신용카드업자가 발행한 것을 말한다(與信專門金融業法 2 iii). 여기서 신용카드업자라 함은 신용카드의 발행 및 관리, 신용카드 이용과 관련된 대금의 결제, 신용카드 가맹점의 모집과 관리, 이들과 관련된 신용조사 및 이들과 관련된 부대업무 등을 업무로 하는 자로서 재정경제부장관의 허가를 받은 자를 말한다(2 ii, 3 I).

신용협동조합(信用協同組合) 상호유대를 가진 자간의 협동조직을 통하여 자금의 조성 및 이용의 목적을 달성하기 위한 조직체로서 신용협동조합법에 의하여 설립된 非營利法人(信用協同組合法 1, 2). 15인 이상의 발기인이 정관을 작성하여 창립총회의 결의를 거쳐 재정경제부장관의 인가를 받아 주된 사무소의 소재지에서 設立登記를 함으로써 설립한다(5 I, 6). 조합원은 거주지역·단체·직업·종교 등 상호유대를 가진 개인 또는 단체로서 定款이 정하는 바에 따라 제1회 출자금과 가입금을 납입한 자로 하며, 1조합의 조합원의 수는 30인 이상이어야 한다(9). 출자 1좌의 금액은 정관으로 정하되, 100원 이상이어야 하며, 1조합원의 出資座數는 총출자좌수의 100분의 10을 초과할 수 없다(12 Ⅱ·Ⅲ). 조합원의 책임은 出資額을 한도로 한다(19). 조합은 조합원으로부터의 출자금·예탁금 및 적금의 수입, 조합원에 대한 대출, 조합원의 보험료 등의 대리수납, 조합원의 경제적·사회적 지위의 향상을 위한 교육 및 지역사회개발, 조합원을 위한 保護的 預受業務 및 위의 사업운행을 위한 부대업무 등을 그 업무로 한다(31 I). 1조합원에 대한 대출은 원칙적으로 조합의 출자금총액과 적립금의 합계액의 100분의 10을 초과할 수 없다(32).

신용훼손죄(信用毁損罪) 〔獨〕 Kreditgefährdung 허위의 사실을 유포하거나 기타 僞計로써 사람의 신용을 훼손하는 죄(刑 313). 본죄의 보호법익은 信用이다. 신용이란 사람의 지급능력 또는 지급의사에 대한 社會的 信用을 말한다. 신용훼손죄는 사람에 대한 사회적 평가를 보호한다는 점에서 명예훼손죄와 공통성을 가지나, 후자가 人格的 價値에 대한 사회적 평가를 보호함에 반하여, 전자는 경제적 견지에서의 사회적 평가를 보호하는 점에서 서로 구별된다. 虛僞의 事實의 流布란 그 전부 또는 일부가 허위인 풍설을 불특정 또는 다수인에게 전파함을 뜻하고, 위계란 타인을 부지 또는 착오에 빠뜨릴 목적으로 하는 일체의 권모술책을 의미한다. 危殆犯이며, 하나의 행위로써 명예와 신용을 모두 훼손한 경우에는 兩罪의 想像的 競合이 된다.

신원보증(身元保證) 보통 雇傭契約에 부수하여 체결되는 계약으로서, 피용자가 장차 고용계약상의 채무불이행으로 사용자에 대하여 손해배상의무를 부담하는 경우에 그 이행을 담보하는 것을 내용으로 한다. 身元保證契約의 내용은 보통 사용자에 의해 일방적으로 정해지므로 신원보증인의 책임을 완화하기 위해 身元保證法이 제정되어 있다. 이 법은 인수·보증 기타 명칭의 여하를 묻지 않고 피용자의 행위로 사용자가 받은 손해를 배상할 것을 약정하는 신원보증계약에 적용된다(身元保證法 1 Ⅱ). 신원보증인은 피용자에게 귀책사유가 있는 행위로 인해 사용자가 입게 되는 손해에 대해 배상책임을 지며, 특약이 없는 한 장래의 사고에 대해서만 책임을 진다. 기간을 정하지 않은 신원보증계약의 존속기간은 원칙적으로 3년이고, 기능습득자의 신원보증계약에 관하여는 5년으로 한다(2). 기간을 정하고 있는 경우라도 5년을 넘지 못하며, 이보다 긴 기간을 정한 때에는 5년으로 단축된다(3 I). 契約의 更新은 이를 허용하나, 그 기간은 경신한 때로부터 5년을 넘지 못한다(3 Ⅱ). 사용자에게는 通知義務가 부과되어 있는데, 즉 ① 피용자가 업무상 부적임하거나 불성실한 事跡이 있어 이로 말미암아 신원보증인의 책임을 발생케 할 염려가 있음을 안 때와, ② 피용자의 임무 또는 임지를 변경함으로써 신원보증인의 책임을 가중하거나 또는 그 감독이 곤란하게 될 때 사용자는 지체없이 이를 신원보증인에게 통지하여야 한다(4). 판례는 사용자가 신원보증인에 대한 통지의무를 이행하지 않았다고 하여도 신원보증계약이 곧 失效되거나 또는 신원보증인의 책임이 당연히 면제되지는 않으나, 通知의 懈怠로 신원보증인이 계약을 해지할 수 있는 기회를 빼앗겼다고 볼 수 있는 경우에만 배상책임이 부정된다고 하고 있다. 신원보증인은 ① 사용자의 통지를 받았거나 스스로 통지사유가 되는 사실들을 안 때, ② 피용자의 고의나 과실있는 행위로 발생한 손해를 그가 배상한 때에 身元保證契約을 解止할 수 있다(5). 이러한 해지사유 외에도 신원보증은 일종의 繼續的 保證이므로 事情變更의 原則이 적용되어 이에 의한 해지권의 발생이 인정된다고 한다. 신원보증인의 손해배상책임과 그 금액을 정할 때 법원은 피용자의 감독에 관한 사용자의 과실의 유무, 身元保證人이 신원보증을 하게 된 사유 및 이를 함에 있어서 주의를 한 정도, 피용자의 임무 또는 신원의 변화 기타 모든 사정을 참작하여야 하며(6), 이는 법원이 職權으로 하여야 한다. 신원보증인의 채무는 상속인에게 승계되지 않으며, 신원보증인의 사망으로 계약은 그 효력을 잃는다(7). 그러나 이는 신원보증인이 사망하기 전에 이미 발생한 신원보증계약상의 保證債務도 상속인에게 상속될 수 없다는 것을 의미하는 것은 아니다. 신원보증법은 신원보증인의 이익을 위하여 제정된 强行規定이며, 특약으로서 신원보증인에게 불이익한 것은 무효이다(8). 판례는 신원보증을 일종의 損害擔保契約이라는 이유로 신원보증인의 催告 및 檢索의 抗辯權을 인정하지 않으며, 여러 명이 공동으로 신원보증인이 된 경우에는 그 여러 명의 신원보증인은 특약이 없는 한, 연대하여 책임을 지지 않는다. 한편 공동보증인들 사이에 分別의 利益이 인정된다.

신원보증금(身元保證金) 고용·위임 기타 계속적인 법률관계에 서는 자(勞務者 또는 受任人등, 간혹 第三者)가 계약계속중 그 계약에 관련하여 장래 부담하게 될지도 모르는 損害賠償債務를 담보하기 위하여 사용자 또는 위임인 등에 제공하는 금전 또는 유가증권. 신원보증금의 제공은 당사자의 任意이나 정당한 것이라야 한다(民 104). 공무원 중 특히 사인의 권리에 영향이 많은 특수직무에 종사하는 집행관·공증인·출납공무원 등에 대해서는 身元保證金納付義務가 법률로 정해져 있다(法組 55, 公證 18). 신원보증금의 성질 및 효력을 결정할 규정은 현행법상 전무하고 학설과 판례에 맡겨져 있다. 고용에 관해서 말하자면 노무자가 사용자에게 교부하는 경우와 같이 당사자간의 채무만을 담보하는 것은 賃貸借契約에 있어서의 보증금과 유사하고 고용계약종료의 때에 직무상의 과오나 기계·기구 등의 파괴 등 사고가 없으면 동액(또는 이자를 붙여서)을 반환할 것을 약정하는 停止條件附返還債務를 수반하는 소유권이전(또는 信託的 所有權讓渡)으로 이해하고 있다. 이에 대하여 집행관 등이 납부하는 것은 납부의무가 공법상의 것이고 공법상의 고용관계에 있어서 그 계속적 노무관계에서 납부자에게 생길 손해배상채무에 관한 수령자에 대한 담보일 뿐만 아니라, 그 납부자에게 사무 또는 거래의 위탁을 하는 자를 위해서도 담보의 작용을 하는 점에 특색이 있다.

신원보증인(身元保證人) → 신원보증

신원인수(身元引受) 사용자에 대하여 피용자의 일신상의 사정으로부터 생기는 일체의 손해를 타인(身元引受人)이 담보하는 것. 피용자의 고의·과실이 없는 경우에도 책임을 지는 넓은 뜻의 身元保證이며, 사용자가 피용자를 고용하는 것으로 인하여 입을지도 모르는 일체의 손해를 담보하는 일종의 損害擔保契約이다. → 신원보증

신의성실(信義誠實)**의 원칙**(原則) 〔獨〕 Treu und Glauben 〔佛〕 bonne foi 모든 사람은 사회공동생활의 일원으로서 서로 상대방의 신뢰를 헛되이 하지 않도록 성실하게 행동할 것이 요구된다. 이 倫理的 規範을 법률에 있어서 존중하여 법률관계를 이에 적합하게 하여야 한다고 할 때에, 특히 이것을 법률에 있어서의 신의성실의 원칙이라 한다. 이것은 선량한 풍속 기타 사회질서와 함께 법과 도덕의 조화를 도모하기 위한 중요한 관념인데, 후자는 秩序와 道德이라고 하는 객관적·사회일반적 입장을 주로 함에 대하여, 전자는 당사자의 권리의 행사, 의무의 이행이라고 하는 주관적·개별적 입장을 주로 한다(民 2Ⅰ)고 할 수 있을 것이다. 그러나 예컨대 권리의 행사 또는 의무의 이행이 신의성실의 원칙에 반하는 때에는 동시에 선량한 풍속 기타 사회질서에 위반하는 것으로 되고, 권리남용에 의한 不法行爲의 責任 또는 債務不履行으로서의 책임을 발생시키는 것과 같이 양자는 결국 동일한 것으로 되는 경우가 많다.

신의칙(信義則) 신의성실의 원칙의 略語.

신임장(信任狀) 〔英〕 credential 〔獨〕 Beglaubigungsschreiben 〔佛〕 lettre de créance 특정인을 외교사절로서 파견한다는 취지의 문서. 대리공사의 경우에는 파견국의 외무부장관으로부터 접수국의 외무부장관에, 기타의 경우에는 파견국의 원수로부터 접수국의 원수에 대하여 보내진다. 외교사절은 접수국에 도착하였을 때 신임장을 제출하며 그것이 접수된 때부터 정식으로 外交使節로서의 직무를 집행할 수 있다. → 아그레망

신 입(申込) 請約의 구민법상의 용어.

신자연법론(新自然法論) 19세기말부터 붕괴하기 시작한 法實證主義에 대신하여 일어난 새 자연법사상을 말한다. 인간의 思辨理性이 발달하지 못한 원시사회에 있어서의 敬神·恐神·自然崇拜·順天思想은 모든 질서를 神意와 결부시켜 이해하게 되었고, 고대사회에 들어와서 賢人主義와 特權意識에 결부되어 제공된 자연정의 또는 자연질서의 사상이 비난과 반발에 봉착하자 형이상학적으로 自然法論을 체계화하려는 노력이 일어나 아리스토텔레스, 스토아 학파를 거쳐 스콜라학파에 의하여 形而上學的이며 존재론적인 자연법론이 완성되었다. 스콜라학파 중에서도 이 이론체계를 완성시킨 자인 토마스 아퀴나스의 이름을 따서 후대 사람들이 토미즘 또는 傳統的 自然法思想이라고 부르게 되었다. 그 후에 일어난 근세의 합리주의·개인주의사상은 理性自足論 및 자유로운 自然狀態論과 더불어 푸펜도르프에 의한 근세자연법사상을 낳게 하였을 뿐 아니라 소위 자연법시대라고 불릴 만큼 결정적으로 당시의 법사상을 지배하였다. 그러나 자족한다고 믿었던 思辨理性의 부족성이 드러나 자기모순에 빠진 근세 자연법학파는 19세기초부터 일어나 실증주의사상에 패배하여 1세기에 걸친 法實證主義 천하를 낳게 하였던 것이다. 그러나 역시 법은 힘이 아니었고 같은 입법자의 의사인 법 중에서도 善法과 惡法이 구별되고, 부정의한 질서에 대한 반항사상을 해명할 수 없었던 실증법학파는 법의 근본사상을 해결하려는 새로운 자연법사상에 의하여 붕괴되기 시작하였다. 20세기에 들어와서 보급되는 이 신자연법론은 13세기에 완성되었다는 토미즘의 再興이며 그 후에 일어난 여러가지 사상을 비판하여 그 眞實性과 久遠性을 드러내는데 노력하고 있다. 이 신자연법사상을 신토미즘(〔英〕 Neo-Thomism 〔佛〕 Néo-Thomisme)이라고 부르고 있다. 이 사상은 신과 인간과의 관계를 구명하고 인간은 그 이성의 빛을 통하여 神法인 永久法에 참여하고 있다고 본다. 이러한 참여로 인간이 이성을 통하여 발견하는 질서가 자연법이며 모든 人間規範은 이 자연법에 부합되어야 하므로, 人定法이 자연법에 위배할 수 없으며 자연법은 인정법보다 고차원적인 규범이라고 한다. 그러나 자연법은 인정법을 통하여 구현되어야 한다는 원칙을 제시하고 있다. 신자연법사상을 요약하면 인간의 본질성에서 오는 모든 질서의 구현을 법의 이념으로 삼고 있으므로 인간의 품위에 적응하고 정의가 구현

되고 공공복리가 이루어지는 道德的 行爲規範인 사회질서가 곧 자연질서라고 한다. 제니, 르퓌르(Le Fur), 헤르셸, 다뱅, 르나르 등을 그 대표자로 한다. →자연법의 재생

신 조(信條) 〔英〕 creed 宗敎上의 信仰이나 思想上의 主義를 말한다. 헌법은 국민의 법앞에서의 평등을 선언함에 있어서 국민이 신조로 하여 정치적·경제적·사회적 관계에서 차별되지 않을 것을 보장한다(憲 11 참조).

신주발행무효(新株發行無效)**의 소**(訴)
신주발행에 의해 새로운 영업자산이 회사에 유입되고, 이것은 회사채권자에 대한 책임재산이 되며, 발행된 주식이 유통되는 등 많은 이해관계가 얽히게 되므로, 비록 신주발행의 내용이나 절차에 瑕疵가 있다고 하더라도 단체적·획일적으로 해결하여 법률관계의 안정을 기할 필요에서, 상법은 신주발행의 하자는 신주발행무효의 소에 의해서만 주장하게 하고 있다. 이는 形成의 訴이며 개별적인 引受行爲의 무효·취소의 경우와 구별된다. 즉 개별적인 인수행위가 무효·취소되더라도 전체적으로 무효가 되지는 않고 나머지 유효한 인수행위 부분은 주주발행의 효과가 생긴다. 이러한 신주발행무효의 소의 원인으로는 상법상의 규정은 없지만, 定款所定의 발행예정주식총수를 초과하여 授權資本制의 한계를 일탈한 경우, 필요한 절차를 거치지 아니하고 액면미달발행을 하여 資本充實을 위반한 경우 및 주주의 新株引受權을 무시하고 신주발행을 하여 신주인수권을 해친 경우 등을 들 수 있다. 주주나 이사·감사에 한하여 소를 제기할 수 있으며, 회사를 피고로 하여야 하며, 신주발행의 무효원인이 있는 경우 신주를 발행한 날로부터 6월 이내에 소를 제기하여야 한다. 그 밖의 소의 절차는 회사법상의 다른 소송절차와 같으며, 무효판결의 효력에는 對世的 效力을 인정하는 대신 遡及效를 제한하는 등 특수한 효과를 주고 있다.

신주발행비용(新株發行費用) 회사가 신주발행을 할 때에 株式請約書·事業豫見書 등의 인쇄비, 주식모집의 광고비, 통신비, 납입금보관은행에 대한 수수료, 신주발행으로 인한 변경등기의 稅額, 주권발행비용 등으로 지출되는 비용. 회사는 이 비용을 대차대조표의 자산의 部에 계상하여 3년내의 매결산기에 균등액 이상을 상각하여야 한다(商 454).

신주발행유지청구권(新株發行留止請求權)
회사가 법령 또는 정관에 위반하거나 현저하게 불공정한 방법으로 신주를 발행함으로써 株主가 불이익을 받을 염려가 있을 때 그 주주가 회사에 대하여 그 發行의 留止를 청구하는 권리(商 424). 이를테면 이사회의 결의없이 또는 주주의 新株引受權을 무시하여 또는 특정한 자에게 지나치게 헐값으로 신주를 발행하는 경우와 같은 것이며, 이로 말미암아 불이익을 받을 염려가 있는 주주 개인에게 인정된 권리이다. 이사의 違法行爲留止請求權이 소수주주권으로 되어 있는 것과 다르나, 양자가 모두 부정·불공평한 행위를 사전에 예방하기 위한 권리인 점에서 공통된다.

신주(新株)**의 발행**(發行) 넓은 뜻으로는 주식회사의 성립후 發行豫定株式總數(商 289 I iii) 중의 미발행부분에 관하여 새로 주식이 발행되는 모든 경우, 좁은 뜻으로는 상법이 신주의 발행(제3편 제4장 제4절)이라는 표제로 규정하고 있는 경우, 즉 새로 자금조달을 목적으로 하여 신주를 발행하는 경우를 말한다. 轉換株式 또는 轉換社債의 轉換(348, 516), 준비금의 資本轉入(461), 吸收合倂(523)의 경우에도 신주가 발행되지만 이들은 모두 신주발행의 특수한 경우이다. 회사의 성립후 신주를 발행함에는 신주의 종류와 수, 신주의 발행가액과 납입기일, 신주의 인수방법, 現物出資를 하는 자의 성명과 그 목적인 재산의 종류·수량·가액과 이에 대하여 부여할 주식의 종류와 수 등에 관하여 정관에 규정이 없는 것은 정관으로 주주총회에서 결정하기로 정한 경우를 제외하고는 이사회에서 결정한다(416). 이 경우에 額面未達의 발행(割引發行)도 할 수 있으나 그 경우에는 반드시 주주총회의 特別決議, 법원의 허가를 얻어야 한다(417). 신주발행의 절차를 보면 정관으로 주주의 신주인수권을 제한해 놓지 않은 이상 주주는 그가 가지는 주식의 수에 따라 신주의 배정을 받을 권리가 있으므로(418), 회사는 일정한 기일을 정하여 그 기일의 2주간 전에 新株引受權者에게 그 자가 인수권을 가진 주식의 종류와 수 및 그 기일까지 주식인수의 청약을 하지 않으면 그 권리를 잃는다는 뜻의 통지를 하여야 하며, 무기명식의 주권을 발행한 때에는 역시 위의 사실을 公告하여야 한다(419 I·II). 만일 위의 通知 또는 公告에도 불구하고 그 기일까지 주식인수의 청약을 하지 않을 때에는 신주인수권자는 그 권리를 잃는다(419 IV). 신주인수권자에 의하여 인수되지 않은 주식 또는 정관으로 公募하기로 정한 주식에 관하여는 주주를 모집하는 바, 이 경우의 주식인수의 청약·배정 등에 관하여는 設立의 경우에 준한다(425). 現物出資를 하는 자가 있는 경우에는 법원에 대하여 검사인의 선임을 청구하여 그 사항을 조사시켜야 하며 법원은 검사인의 보고

를 들어 부당하다고 인정한 때에는 그 變更通告를 할 수 있고 또 그 자는 통고후 2주간내에 주식인수를 취소할 수 있다(422). 新株의 인수인은 납입기일에 引受價額의 전액을 납입하고(421), 또 현물출자의 全部履行을 하여야 한다(425, 305). 신주인수인이 납입기일에 납입 또는 현물출자의 이행을 하면 납입기일에 신주발행의 효력이 생겨 그날부터 주주가 되며, 반대로 납입기일까지 납입 또는 현물출자의 이행을 하지 않은 자는 당연히 그 권리를 잃는다(423Ⅰ·Ⅱ). 失權된 주식 또는 처음부터 인수되지 않은 주식은 未發行株式이 되고 후일에 다시 신주발행을 하게 된다. 失權節次는 인정되지 않는다. 신주발행이 효력을 발생하면 회사의 발행주식총수에 변경이 생기므로 회사는 그것의 變更登記를 하여야 한다(317Ⅲ). 신주발행으로 인한 변경등기가 있은 후에 아직 인수하지 아니한 주식이 있거나 주식인수의 청약이 취소된 때에는 이사가 이를 공동으로 인수한 것으로 본다(428Ⅰ).

신주인수권(新株引受權) 〔英〕 preemptive right 〔獨〕 Bezugsrecht 〔佛〕 droit de souscription 주식회사가 신주를 발행하는 경우에 다른 자에게 우선하여 신주를 인수하는 권리. 다른 자에 우선하여 인수할 수 있는 권리에 불과하고 타인보다 유리한 조건으로 인수하는 것은 원래 이 권리의 내용은 아니지만, 우리나라에서는 新株引受權者에 대하여 舊株의 時價가 아무리 높더라도 액면으로 신주를 발행하는 것이 관행이다. 신주는 법정권리로서 신주인수권이 있으며(商 418), 정관의 규정에 의하지 않고는 그 권리를 제한하지 못한다(420 v). 이 신주인수권의 제한과 특정한 제3자에게 신주인수권을 주는 때에는 株式請約書에 이를 기재하여야 한다. 신주발행시에 주주를 모집하는 경우의 신주를 배정받는 자는 신주인수권자가 아니다.

신주인수권증서(新株引受權證書) 〔英〕 option warrant 신주인수권을 표시하는 증서. 증권거래법상 유가증권으로서 그 발행 및 유통에 대하여 규정하였다(2Ⅰvi). 새 상법은 프리미엄을 全額資本準備金으로 함과 동시에 이것을 創業費와 마찬가지로 移越計定으로 하고 대차대조표의 자산의 部에 계상할 것을 인정하였다. 계상한 경우에는 신주발행 후 3년 내에 매 결산기에 있어서 균등액 이상의 상각을 하지 않으면 안된다(商 455, 財務諸表規則 73). 재무제표규칙에서는 이 이외에 설립에 있어서의 주식발행비를 이월계정으로 하는 것을 인정하고 있다(69 iv).

신 청(申請) 〔英〕 application 〔獨〕 Antrag, Gesuch [1] 공법상 개인이 행정기관에 대하여 또는 행정기관이 다른 행정기관에 대하여 특정한 행위를 요구하는 의사표시. 雙方的 行政行爲에 있어서는 행정객체의 일정한 의사의 존재를 전제로 하는 것이므로 신청은 적법한 행정행위를 위한 절차상의 요건이 되는 것이나, 순수한 單獨行爲에 있어서는 설혹 신청을 받는 경우라도 그것은 행정행위를 촉구하는 성질의 것에 불과하다.

[2] 민사소송법상 당사자가 법원에 대하여 특정한 소송행위를 요구하는 행위. 구민소법에서는 申立이라 하였다. 소 또는 상소에 의한 청구 자체에 대하여 심판을 구하는 신청을 本案의 申請이라 하고, 개개의 소송절차상의 사항(예 : 소송의 이송, 법관의 기피, 기일의 지정, 증거의 신청)에 관한 신청을 訴訟上의 申請이라 한다. 순전한 직권사항으로서 당사자에게 신청권을 인정하지 않는 것에 대해서는 당사자의 신청이 있더라도, 법원은 그에 대한 재판을 요하지 않는다. 그러나 그 이외의 사항에 대해서는 당사자의 신청이 있으면 법원으로서는 재판으로써 응답하여야 하는 것이 원칙이다. 신청은 원칙적으로 단순하여야 하고 따라서 조건이나 기한을 붙이지 못한다. 그러나 소위 豫備的 申請(豫備的 併合, 豫備的 反訴)은 당해 절차에서 조건의 成否與否가 밝혀지는 것이므로 허용된다.

신청서편철부(申請書編綴簿) 등기부의 전부 또는 일부가 멸실한 경우에 그 등기부의 대신으로 登記所에 비치하는 公簿(不登 19). 구법상의 假設登記簿와 같은 작용을 하는 것이다. 등기부의 전부 또는 일부가 멸실한 경우에는 대법원장은 3월 이상의 기간을 정하여 등기의 회복을 신청하게 하고, 그 기간내에 등기회복의 신청을 한 자는 등기부에 있어서의 종전의 순위를 보유하게 된다. 그런데 이 기간중에 접수한 신등기의 신청서·통지서·허가서는 이를 접수번호의 순서에 따라 신청서편철부에 편철하여야 한다. 대법원장의 정한 기간이 만료한 때에는 지체없이 등기부에 기재하여야 한다. 이처럼 신청서편철부는 滅失한 등기부에 갈음하는 새 등기부가 만들어질 때까지는 등기부와 동일한 기능을 하므로 대단히 중요한 장부이다(91, 82, 83, 84).

신청(申請)**에 기**(基)**한 행정처분**(行政處分) 상대방의 신청을 요건으로 하고 그 신청에 기하여 행정주체가 행하는 처분. 雙方的 行政行爲 또는 협동을 요하는 행정행위에 속한다. 認可·特許·歸化許可 등이 그 예이다. → 쌍방적 행정행위

신청주의(申請主義) 등기는 원칙적으로

당사자의 신청에 기하여 행하여진다는 것(不登 27, 非訟 147). 예외로서 囑託에 기하여 또는 職權으로써 행하여지는 경우가 있다. 등기의 신청은 원칙적으로 登記權利者와 登記義務者가 공동으로 하지만(共同申請의 原則)(不登 28). 예외로서 공동신청에 의하지 않더라도 등기의 眞正을 보장할 수 있는 사정이 있거나 또는 등기의 성질상 등기의무자가 없을 경우에는 등기권리자 혹은 등기명의인의 單獨申請이 인정된다(29, 37, 38, 130, 131 등). 등기신청은 본인은 물론이며, 대리인에 의하여서도 할 수 있고(28), 민법 404조의 규정에 의하여 채권자는 채무자가 가지는 登記申請權을 對位할 수 있다(52). 등기신청에 필요한 서면으로서는 신청서, 등기원인을 증명하는 서면, 등기의무자의 권리에 관한 등기필증 등이 중요하다(40). 특히 규정이 있는 경우에는 신청에 의하지 않고 관공서의 촉탁 또는 등기공무원의 직권으로써 등기하는 수도 있다(27, 34~37, 39, 72).

신체권(身體權) 〔獨〕 Körperrecht 자기의 신체적 이익을 내용으로 하는 권리. 人格權의 하나. 그 침해는 불법행위로 된다(民 751 I). 신체권의 침해는 육체의 외부나 내부적 생활기능을 害하는 경우는 물론, 신체의 神聖을 해하는 행위(예 : 얼굴에 침을 뱉는 것)도 포함한다. 신체권을 침해당한 자는 치료비 등의 積極的 損害 이외에, 휴업으로 임금을 받지 못한 손실이나 불구로 되어서 장래 얻을 수 있을 수입을 잃은 손실 등과 같은 消極的 損害의 배상과 위자료를 청구할 수 있다.

신체수색죄(身體搜索罪) 사람의 신체를 수색하는 죄(刑 321). → 주거수색죄

신체(身體)**의 자유**(自由) 〔英〕 personal liberty 〔獨〕 persönliche Freiheit 〔佛〕 liberté personale 신체적 구속을 받지 아니하는 자유. 人身의 自由라고도 한다. 權利條項이 보장하는 전통적인 자유권의 하나. 모든 국민은 신체의 자유를 가지며 법률에 의하지 아니하고는 체포·구속·압수·수색·신문을 받지 아니하며, 법률과 적법한 절차에 의하지 아니하고는 처벌·강제노역과 보안처분을 받지 아니한다(憲 12 I). 고문은 금지되고 默秘權이 인정되며(12 II), 체포·구속·압수·수색에는 원칙적으로 사전에 법관의 영장이 있어야 한다(12 III). 변호인의 조력을 받을 권리와 일정한 경우에 국가가 변호인을 붙여야 할 의무가 인정된다(12 IV). 법원에 대한 체포·구속의 適否審査請求權(→ 구속적법여부심사) 및 私人으로부터 신체의 자유의 불법침해를 받은 때에 법원에의 救濟請求權과 고문·폭행·협박 등에 의한 자백의 증거능력제한 및 피고인에게 불리한 유일한 自白의 證明力制限에 관한 규정도 있다(12 VI·VII). 그 외에 刑法不遡及의 原則과 一事不再理의 原理가 인정되며(13 I), 형사피고인은 지체없이 公開裁判을 받을 권리를 가진다(27 III).

신체형(身體刑) 〔英〕 corporal punishment 〔獨〕 Körperstrafe 〔佛〕 peine corporelle 신체에 대한 침해를 내용으로 하는 형벌로서, 笞刑이나 코·귀·손 등을 절단하는 형이 그 예이다. 體刑이라고도 한다. 현행형법은 이와 같은 형벌을 인정하고 있지 않다. 신체형은 근대적 자유형이 성립하기 이전에 유효하게 벌금을 과할 수 없는 자에 대하여 과하여진 형벌로서, 현대의 문명국가는 이러한 잔학한 형벌은 채용하지 않는다.

신칙법(新勅法) 〔羅〕 Novellae → 로마법대전

신(新)**칸트학파**(學派) 〔英〕 Neo-Kantians 〔獨〕 Neukantianer 〔佛〕 Néo-Kantiens 19세기말 이후 칸트의 批判主義의 정신을 재생시켜서, 그 발전을 지표로 한 신칸트주의자들의 학파. 자연과학의 발달에 따른 經驗的 實證主義나 唯物論의 융성에 대하여, 인식비판과 방법론의 검토에서 그것들을 초월하도록 노력하여, 칸트에게로 돌아가리라는 기치를 내걸었다. 여러가지 경향 중에서 특히 마르부르크학파와 西南 독일학파(바덴학파)가 2대주류를 이루어, 法哲學에 있어서도 전자에서는 슈타믈러, 후자에서는 라스크나 라트브루흐 등을 내었다. 독자적인 純粹法學을 수립한 켈젠 및 그것을 지도하는 비인법학파 혹은 엠케(Emge) 등도 여기에 속한다. 當爲와 存在, 形式과 內容을 준별해서 엄밀한 인식비판의 방법에 기하여 法理想主義의 확립에로 노력한 것이 이 학파에 공통된 근본적 태도이다. 方法論過重이나 形式主義의 폐단에 빠지는 경향때문에 금일에는 主潮에서 물러서게 되었지만, 법철학의 분야에 있어서 남긴 많은 업적은 지금도 중대한 영향력을 가지고 있다.

신 탁(信託) 〔羅〕 fiducia 〔英〕 trust 〔獨〕 Treuhand 〔佛〕 fiducie 넓은 뜻의 信託的 行爲를 가리키는 수도 있으나, 보통 신탁법상의 신탁, 즉 他人(受託者=신탁을 인수하는 자)으로 하여금 일정한 목적에 좇아서 재산의 관리 또는 처분을 시키기 위해서, 그 자에게 재산을 이전하는 것을 가리킨다. 이 의미의 신탁은 일찍이 13세기의 중엽부터 영국에서 행하여진 교회를 위한 유스(use)로부터 발달한 것이며, 그 語義는 …을 위하여(for the benefit or use of)라는 것이었으나, 에퀴티아래에서, 수탁자를 위해서 財産을 領有하는 제도로서 보편화되고 위탁자와 수탁자간의 신임관계에 기초를 두는 데에서 trust라고 불리게 되었다. 그리고 한쪽에 있어서는 公益信託으로서 대륙법의 재단법인과 동일한 기능을 영위하고, 다른 한쪽에 있어서는 私益信託으로서 영리적인 신탁업으로 발달하였다. 대륙에서는 이 法理가 발달하지 못하여 19세기에 이르러 영국의 제도를 수입함에 이르렀는데, 오늘날에 있어서도 영미에서처럼 이 제도가 활용되어 있지는 않다. 우리나라에서는 이 법리는 일본을 통하여 타율적으로 繼受되었는데, 법제화된 것은 1922년에 제정된 일본의 신탁법을 朝鮮民事令 1조가 依用한 때부터이다. 조선민사령이 의용하였던 일본의 신탁법은 우리나라의 신탁법이 시행됨에 이르러 폐지되었는데, 우리나라에서 신탁에 관한 법률관계가 명료하게 된 것은 일본의 신탁법이 조선민사령에 의해서 의용된 된 때부터라고 해도 좋다. 우리나라의 신탁법에 의하면 신탁은 契約 또는 遺言으로 설정되며, 수탁자는 신탁재산의 이전을 받고 이를 信託行爲에서 정해진 바에 좇아서, 자기의 명의로 그러나 자기의 고유재산 또는 다른 신탁재산과 구별하여 관리·처분하고 그 이익을 일정의 수탁자에게 歸屬시키든가 또는 公益事業을 영위한다. 신탁의무에 위반하면 배상책임을 질 뿐만 아니라, 처분행위의 효력도 부인되는 것이 신탁법에 의한 신탁의 중요한 특색이다(→신탁위반). 그러나 제3자에게 이를 대항하기 위해서는 신탁재산에 관해서 公示方法(등기 또는 등록)을 갖추지 않으면 안된다(信託 3). 委託者는 受益者를 겸할 수 있으며, 수익자는 당연히 신탁의 이익을 향수한다. 위탁자 및 수익자는 신탁의 이해관계자로 여러가지의 권리를 가진다. 수탁자의 임무가 종료하여도, 반드시 신탁은 종료하지 않으며 후임의 수탁자를 선임해서 신탁을 계속하는 것도 신탁이 하나의 객관적인 제도임을 나타내는 특색이다.

신탁계약(信託契約)　일반적으로는 신탁행위 중 계약에 의하는 것을 말한다. 유언에 의한 것을 제외하고는, 信託行爲는 대부분 신탁계약이다. 특히 擔保附社債信託法에서는 위탁회사와 신탁업자(신탁회사 또는 은행법에 의한 금융기관)와의 사이에 담보부사채의 신탁을 설정하는 행위를 가리킨다(3, 12～16).

신탁관리인(信託管理人)　신탁의 수익자가 특정되어 있지 아니하거나(예 : 어떤 里·洞의 住民) 아직 존재하지 아니하는 경우(예 : 아직 출생 아니한 때)에, 수익자의 이익을 보호하고 受託者의 職務執行을 감독하기 위해서 신탁행위 또는 법원 혹은 주무관청(公益信託의 경우)에 의해서 두어지는 기관. 수익자를 위해서 자기의 명의로 신탁에 관한 재판상 또는 재판외의 행위를 할 수 있는 권한을 가진다(信託 18·71, 非訟 77·78).

신탁귀속권(信託歸屬權)　신탁종료의 경우에 잔여재산의 인도를 받을 권리. 신탁재산귀속권이라고도 한다. 신탁행위에서 정한 바에 따라서 수익자가 이 권리를 가지는 것이 원칙이지만, 그렇지 아니한 때에는 委託者 또는 그 相續人에게 귀속한다(信託 59, 60).

신탁능력(信託能力)　신탁의 수탁자가 될 수 있는 자격. 受託能力이라고도 한다. 미성년자·금치산자·한정치산자·파산자는 신탁능력이 없다(信託 10).

신탁등기(信託登記)　→신탁의 공시

신탁등록(信託登錄)　→신탁의 공시

신탁배서(信託背書)　推尋을 위임하거나 質權을 설정할 목적으로 행하여진 양도배서. →숨은 추심위임배서, 입질배서

신탁설정자(信託設定者)　→신탁자

신탁수익권(信託受益權)　좁은 의미로는 신탁의 수익자가 수탁자로부터 信託行爲에서 정한 목적에 따라서 이익을 享受하는 권리를 말하며, 넓은 의미로는 좁은 의미의 수익권 이외에, 이 기본적 권리를 보호하기 위하여 수익자에게 인정된 여러 권리(예 : 受託者解任權·信託書類閱覽權)를 포함한다. 수익권(좁은 의미)은 他益信託의 경우에도 수익의 의사표시를 필요로 하지 않고 당연히 수익자에게 귀속하는 것이 원칙이다(信託 51). 그 성질에 관하여는 학설상 다툼이 있으나, 통설은 채권이라고 한다. 다만 수익자는 신탁재산의 한도내에서만 수탁자에게 履行의 責任을 물을 수 있다(32).

신탁약관(信託約款)　신탁계약에 관한 보통의 去來約款. 따라서 1개의 신탁약관에 의하여 다수의 신탁계약에 체결하는 것이 된다. 證券投資信託을 설정하는 신탁계약은 法定事項을 기재하고 미리 증권거래소의 승인을 받은 신탁약관에 의하여 체결해야 하며, 수익자보호를 위하여 그 내용 및 변경에 관하여 거래소가 감독하게 된다.

신탁원부(信託原簿)　신탁의 등기를 신청하는 경우에 신청서에 첨부하는 書面(不登 124). 이 서면에는 위탁자·수탁자·수익자와 신탁관리인의 성명·주소, 法人에 있어서는 그 명칭 및 사무

소, 신탁의 목적, 신탁재산의 관리방법, 信託終了의 사유 기타 신탁의 조항을 기재하고 신청인이 기명날인하여야 한다(123). 신탁원부는 등기부의 일부로 보고 그 기재는 이를 등기로 본다(124).

신탁위반(信託違反) 〔英〕 breach of trust 受託者(신탁을 인수한 자)가 신탁의 本旨에 따라 선량한 관리자의 주의를 하지 아니하고 신탁재산을 처분 또는 관리하는 것. 수탁자의 債務不履行으로 인한 책임이 생기는 셈이지만 신탁법은 신탁의 특수성에 기하여 특별한 규정을 두고 있다. 즉, 위탁자 기타의 자는 손해배상 또는 신탁재산의 회복을 청구할 수 있을 뿐만 아니라 수탁자의 해임을 청구할 수도 있다(信託 38, 15).

신탁(信託)**의 공시**(公示) [1] 등기 또는 등록하여야 할 재산권의 신탁에 관해서는 재산권이전의 등기 또는 등록과 함께 신탁의 등기(信託登記) 또는 등록(信託登錄)을 함으로써 제3자에게 대항할 수 있다(信託 3Ⅰ, 不登 117~129).

[2] 유가증권에 관해서는 신탁법시행령의 정하는 바에 의하여 증권에 신탁재산인 사실을 표시하고 株券과 社債券(債券)에 관해서는 또한 주주명부 또는 사채원부에 그 뜻을 기재하지 않으면 안된다(信託 3Ⅱ). 위의 것 이외의 재산권에 관해서는 신탁법상 특히 요구되어 있지는 않으므로, 일반원칙에 따라서 재산권의 이전에 관한 공시방법만 구비되면 대항할 수 있다(民 188, 449 이하).

신탁(信託)**의 승계**(承繼) 신탁의 수탁자의 경질이 있은 때(信託 11~13, 15, 17)에 신탁재산 및 신탁행위에 기한 수익자에 대한 채무는 아무런 행위를 요하지 않고, 당연히 前受託者의 임무종료와 동시에 新受託者에게 이전한 것으로 간주되는 관계(26, 48). 오히려 수탁자의 지위의 當然承繼라는 관념에 가깝다. 擔保附社債信託法에 있어서도 신탁업자(수탁회사)가 사임하거나 해임된 때 또는 인가가 취소되거나 해산한 경우에도 마찬가지로 권리·의무의 包括的 承繼를 일으킨다(86 이하, 특히 90).

신탁은행(信託銀行) 신탁업과 은행업을 겸영하는 주식회사. 신탁업을 영위하는 자를 신탁회사에 국한시킴과 함께 신탁회사에 관하여 그 兼營業務를 제한했으나 오늘날에는 은행업과의 겸업을 허용하고 있다(信託業法 13).

신탁자(信託者) 〔英〕 settler 〔獨〕 Treugeber 신탁의 위탁자(→위탁). 信託設定者라고도 한다. 신탁설정에 관한 의사표시를 하는 자이므로 財產處分에 관한 노력이 있어야 한다.

신탁재산(信託財產) 〔英〕 trust res, trust property 신탁에 의한 수탁자로부터의 이전 기타의 처분으로 인하여 수탁자에게 귀속된 재산으로서, 수탁자가 일정한 信託目的에 좇아서 관리·처분하는 것. 신탁재산은 수탁자에게 귀속하지만 수탁자의 고유재산과는 별개의 특별재산을 구성하여 獨立的 存在를 가지며, 양자간에 혼동을 일으키지 않고, 수탁자의 상속재산에도 속하지 않으며, 신탁재산에 속하는 채권과 속하지 아니하는 채무와는 상계하지 못할 뿐더러, 수탁자의 채무때문에 强制執行 또는 競賣를 당하지도 않는다(信託 19~27). 그 반면에 제3자에게 손해를 입히지 않게 하기 위해서, 신탁재산인 것임을 公示(登記·登錄 등)하지 않으면 안된다(3).

신탁재산관리인(信託財產管理人) 신탁의 수탁자가 사임하거나(信託 13), 해임되어서(15), 수탁자가 존재하지 않게 된 경우에 新受託者가 선정될 때까지(17) 임시로 신탁재산을 관리하는 자(16).

신탁재산(信託財產)**의 합유**(合有) 〔英〕 joint ownership of trust property 수탁자가 여럿이 있는 때에는 신탁재산은 그 합유로 한다. 즉 여럿이 일체가 되어 소유하고, 그 관리·처분도 일동이 공동으로 행하고, 민법상의 共有와 같이 所持分의 관념을 필요로 하지 않는 관계에 있다.

신탁적 양도(信託的讓渡) 〔獨〕 fiduziarische Übereignung 신탁적 행위 중의 양도행위를 가리킨다. 신탁적 행위의 대부분을 차지한다. 이로 인한 양수인의 재산권취득의 효과는 단지 대외적으로 제3자에 대한 관계에만 그치느냐, 또는 내부관계에 있어서도 효과를 가지느냐의 점은 개개의 경우의 당사자의 意思解釋에 의해서 결정되어야 하지만, 대외적으로는 권리가 이전하고, 대내적으로는 이전하지 않는 것이 보통이다.

신탁적 행위(信託的行爲) 〔羅〕 fiducia 〔獨〕 fiduziarisches Rechtsgeschäft, Treuhandgeschäft 〔佛〕 fiducie 상대방을 신뢰하여, 경제적 목적 이상의 법률적 지위를 주는 행위. 이 관념은 민법학상으로 로마법의 信託(fiducia)의 전개로서 독일법학에서 이루어진 것. 예컨대 양도담보를 설정하는 행위는 담보라고 하는 경제적 목적을 위해서 필요한 權利(擔保物權) 이상으로 소유권이전이라고 하는 법률효과를 일으키게 하는 것이므로 이에 속한다. 그 밖에 채권의 추심을 위해서 그 채권을 양도하는 행위(推尋을 위한 債權讓渡), 조합원에게 그 조합의 사무를 자기의 개인명의로 처리할 수 있는 지위를 주는 행위 등 그 예는 많다. 상대방은 주어진 法律的 地位를 그 목적 이상으로 이용하지 않을 채무를 지며, 이에 위반하면 위탁자에 대하여 債務不履行의 책임을 지지만, 이 제한은 제3자에게는 대항하지 못한다는 것이 통설이다. 그리고, 신탁법에 규정하는 신탁을 설정하는 행위도 신탁적 행위의 성질을 가지지만, 이것은 특히 신탁행위라고 불린다.

신탁질(信託質) 목적인 권리를 채권자에게 신탁적으로 양도하고 또한 占有를 이전하는 방법에 의한 담보권. 양도담보의 일종. 賣渡質(→양도질)과는 달라서, 채무자의 채무변제의 의무는 존속하고 채무의 변제가 있으면 목적인 권리는 擔保權設定者에게 복귀한다.

신탁통치(信託統治) 〔英〕 Trusteeship 〔獨〕 Treuhandschaft 〔佛〕 tutelle 일정한 非自治地域에서, 국제연합의 감독하에 그 신탁을 받은 국가(주로 연합국)가 행하는 통치. 국제연맹시대의 委任統治를 수정한 것. 신탁통치하에 두는 영토는 위임통치가 행하여지고 있는 영토와, 제2차대전의 결과 樞軸國으로부터 분리된 영토의 일부(예 : 아프리카에 있어서의 이탈리아의 구식민지 소말리랜드)이다. 신탁통치의 기본목적은 국제평화와 안전을 증진하여 주민의 자치 또는 독립을 촉진하고, 인권의 존중, 연합국에 대한 평등대우를 확보하는 것 등이다. 이 목적을 구체화하는 상세한 규칙은 각 신탁통치지역에 관하여 국제연합의 승인을 조건으로 하여 통치를 행하는 國家(施政權者) 기타의 직접관계국가간의 信託統治協定에서 정하여진다. 신탁통치지역은 일반적으로 무장할 수 있으나 어떤 신탁통치지역의 전부 또는 일부를 戰略地域으로서 지정하여, 특히 강력히 무장할 수도 있다. 국제연합의 감독은 전략지역은 안전보장이사회에 의하여, 보통의 신탁통치지역은 총회의 권위하에 신탁통치이사회에 의하여 행하여진다. →비자치지역, 위임통치, 전략지역

신탁통치이사회(信託統治理事會) 〔英〕 The Trusteeship Council 〔獨〕 Der Treuhandschaftsrat 〔佛〕 Conseil de Tutelle 국제연합총회하(단, 戰略的 信託統治에 관하여는 안전보장이사회하)에 신탁통치의 감독을 담당하는 국제연합의 중요기관의 하나. 신탁통치이사회는 다음의 국제연합 회원국으로 구성한다. 신탁통치지역을 施政하는 회원국, 신탁통치지역을 시정하지 아니하나 23조에 國名이 언급된 회원국, 총회에 의하여 3년의 임기로 선출된 다른 회원국. 그 수는 신탁통치이사회의 이사국의 總數를 신탁통치지역을 시정하는 국제연합회원국과 시정하지 아니하는 회원국간에 均分하도록 확보하는데 필요한 수로 한다(國際聯合憲章 86). 의결은 모두 單純多數決로 행한다. →전략지역

신탁통치협정(信託統治協定) 〔英〕 trusteeship agreement 신탁통치지역의 통치에 관한 구체적인 규칙을 정한 個別的 協定(國際聯合憲章 75). 신탁통치지역에 직접 관계가 있는 국가간의 합의이며, 그 효력발생을 위하여는 국제연합총회(통상의 신탁통치지역의 경우) 및 안전보장이사회(전략지역의 경우)의 認可를 요한다(79, 83, 84). 신탁통치협정은 ① 그 지역을 통치할 施政權者(1국, 수국 또는 국제연합 자신), ② 시정권자의 의무, ③ 시정권자의 권리 등을 상세히 규정한다. →신탁통치, 신탁통치이사회, 전략지역

신탁행위(信託行爲) 넓은 뜻으로는 신탁적 행위를 가리키는 수도 있으나, 보통으로 그 중 특히 신탁법에 규정하는 신탁을 설정하는 행위만을 가리킨다. 이 신탁행위의 대부분은 信託契約이다. 신탁행위도 신탁적 행위의 성질을 가지지만, 여러가지의 점, 특히 수탁자가 주어진 목적에 반하여 信託財産을 제3자에게 처분한 경우의 효과를 달리한다.

신탁회사(信託會社) 〔英〕 trust company 〔獨〕 Treuhandgesellschaft 법률상 두 가지 뜻이 있다. 하나는 신탁업법에 의하여 신탁업무를 하는 회사이고, 다른 하나는 擔保附社債信託法에 의하여 담보부사채에 관한 신탁업무를 영위하는 회사이다. 전자는 후자를 겸할 수 있으나, 후자는 전자를 반드시 겸할 수 있다고 할 수 없다. 우리나라에서는 은행이 신탁업무를 겸하고 있는 것이 보통이다. 신탁업법에 의한 신탁업무는 동법 10조 소정의 재산에 관한 신탁의 인수이며, 兼營業務로서 동법 13조 소정의 각종의 財務的 營業을 말한다. 담보부사채신탁법에 의한 신탁회사의 업무는 담보부사채에 관한 신탁업무로서 사채회사와의 신탁계약에 의하여 사채에 관한 物上擔保契約을 체결하고 이것에 의하여 생긴 담보권을 총사채권자를 위하여 信託受託者로서 보유하고 실행하는 것이다(擔保社 2, 71).

신 파(新派) 〔獨〕 moderne Schule 〔佛〕 école nouvelle 刑法學에 있어서의 한 학파. 近代學派라고도 부르며, 舊派(古典學派)에 대한다. 유럽제국에 있어서 19세기 후반의 자본주의의 발달은 범죄, 특히 累犯·少年犯罪의 격증으로 나타나 구파형법학은 범죄대책으로서 무력하다고 인정되었음에 대하여, 새로이 그 당시에 급속히 발달하고

있던 자연과학적 방법을 써서 범죄인을 실증적으로 연구하여 범죄원인을 밝힘과 동시에 그 대책을 강구하려는 데에서 생겼으며, 롬브로조, 페리 등의 이탈리아학파 및 독일의 리스트에 의하여 주장되었다. 일본에 있어서는 마끼노(牧野英一), 미야모토(宮本英修), 기무라(木村龜二) 등이 이 입장에 속한다. 신파의 이론적 특색을 살펴보면 다음과 같다. 즉, 형벌은 범죄가 행하여지지 않도록 가하여지는 합목적적인 예방적 조치이며(目的刑論, → 교육형론), 이렇게 함으로써 특정한 행위자 자신이 다시 범죄에 빠지는 것을 예방하게 한다(特別豫防說). 범죄행위는 반사회적 성격(사회적 위험성)의 징표에 불과하며(犯罪徵表說), 科刑의 근거로서는 주관적인 반사회적 성격에 중점을 두어야 한다(主觀主義). 자유의사를 부정하고서 의사는 소질과 환경에 의하여 결정되는 것이고(意思決定論), 반사회적 성격(社會的 危險性)을 가진 자는 사회로부터 社會防衛處分(형벌 내지 보안처분)을 받아야 한다(社會責任論). 이로써 사회를 범죄로부터 방위하려고 한다(社會防衛論). 그리고 우리나라나 일본에서는 新派를 주관주의로써 대표시키는 예가 많다.

신파산(新破産) 强制和議에 의한 파산종결후에 새로 파산원인이 생겨 다시 개시되는 파산. 이 경우에 화의의 이행이 종료되지 아니한 채권자가 破産債權者로 되는 것은 당연한 것이지만, 화의의 효력을 받는 구채권자는 破産的 淸算을 포기한 것이고 또 강제집행, 양보의 취소 등에 의한 구제가 있기 때문에, 스스로 파산신청을 할 수 없는 것으로 하고 있다(破 314). 그러나 파산자 또는 신채권자가 파산신청을 하는 것은 무방하다. 이 경우의 법원은 신청 당시의 채무자의 주소 등에 의해 정해지기 때문에(96), 舊破産法院과 동일하지 않다. 신파산의 신청과 강제화의취소의 신청이 경합되는 때에는 양자의 어느 쪽에 의해 파산절차가 행하여져도 채권자의 범위나 파산소속의 재산은 동일하게 되는 것이므로, 법원은 어느 일방의 신청을 認容하면 타방의 신청을 기각하여야 한다(315). 强制和議의 이행완료 전에 신파산선고가 있었을 때에는 구파산채권자는 종전의 破産債權의 액으로부터 강제화의에서 받은 것을 제외한 잔액에 관하여서만 권리를 행사할 수 있는 외에 양보의 취소 및 강제화의의 취소에 관한 규정이 준용된다(316 前).

신 판(神判) 〔英〕 ordeal 〔獨〕 Gottesurteil 〔佛〕 ordalie 일명 神託裁判이라고도 하며, 爭訟曲直을 神의 啓示로 판단한 것을 말한다. 신판 중에는 두 가지 유형이 있는데, 하나는 爭訟과 疑獄이 있을 때 당사자 또는 심판자가 승려 또는 巫覡・卜者 등 神意感通者를 통하여 그 曲直에 관한 신의 계시를 얻어 판단하는 것으로 Oracle(神託) 것이고, 다른 하나는 爭訟・疑獄의 審判에 있어서 기적의 現示를 神意로 삼고 眞正을 판단하는 것으로 Ordeal(神裁)이라는 것이다. 전자는 종교적 성질을 띤 것으로 그다지 넓게 전파된 것은 아니었지만, 神裁는 각국 古代에 보편적으로 존재한 재판제도이다. 火審・水審・秤審・毒審・熱湯審 등이 있었다.

신포발회(新浦發會) 新浦와 發會의 두 단어가 겹친 낱말로서 증권시장에서 쓰이는 용어. 신포라 함은 증권시장에서의 청산거래, 즉 새 거래방식으로 말하자면 보통거래에서 달이 바뀔 때마다 새로이 나오는 先物을 말하며, 이 달이 바뀌는 매달 1일을 發會日이라고 한다. 신포가 등장하여 새로이 거래될 선물을 가지고 한달 동안 유가증권의 외상거래를 시작하는 날을 신포발회일이라 한다. 증권시장에서 보통거래는 매매계약을 체결한 다음날에 결제하는 것이 원칙이나 상대방의 동의만 얻으면 한달을 한도로 移延하거나 또는 反對賣買로써 결제할 수 있다. 그러므로 매달 말일은 納會라고 하여 한달 동안 외상거래한 差金과 約定代金의 日邊을 모두 합쳐 가지고 계산하여 매매유가증권과 현금이 교환되는 날이기도 한다. 납회 때에는 受渡決濟를 위한 자금난으로 업자들은 한달에 한번씩 熱病을 치르는 날인 대신에 신포발회일에는 유가증권의 시세가 대체로 비싸게 팔리는 상반된 현상을 빚어낸다.

신항만건설사업(新港灣建設事業) 수출입 하물 등의 원활한 수송을 위하여 건설되는 항만으로서 해양수산부장관이 指定・告示하는 항만의 건설과 운영에 필요한 ① 항만시설의 건설사업, ② 신항만을 이용하는 화물과 여객 등을 수송하기 위해 신항만과 배후간선망을 연결하는 도로・철도 또는 운하의 건설사업, ③ 화물유통시설, 정보통신시설, 항만이용객 및 항만관련업무종사자를 위한 편의시설, 海洋親水空間 등 항만관련시설의 기반조성사업, 신항만건설예정지역의 조성을 위한 공유수면의 매립사업 등의 사업을 말한다(新港灣建設促進法 2).

신(新)**헤겔학파**(學派) 〔英〕 Neo-Hegelians 〔獨〕 Neuhegelianer 〔佛〕 Néo-hégéliens 헤겔法哲學의 방향을 현대에 있어서 다시 부활시키고, 심화하려고 하는 학파. 처음에는 신칸트학파에 대한 헤겔부흥의 이름으로써 등장하여, 19세기말부터 제1차대전까지 계속되었다. 대표자는 라손, 베롤츠하이머, 코올러 등이다. 그 특질은 법을 문화의 발전단계의 한 모습으로 보아서, 그 進化史的 意義를 이해하는 것을 법철학의 임무라고 하는 것이지만,

그 헤겔주의에도 불구하고, 이 학파는 경험주의적·비교법학적 색채가 강하고, 그 반면에 哲學的·理論的 方面이 비교적 소홀하게 되었다. 이러한 학자들 외에도 제1차대전 후에 신칸트학파에서 헤겔주의에로 옮겨온 사람들까지도 신헤겔학파라고 불리어진다. 대표자는 뮌히(Münch), 빈더, 쉰펠트, 라렌츠(Larenz) 등이다. 그 특징은 개괄해서 辯證法의 입장에서 구체적 질서를 강조하여 민족공동체와 개개의 인격과의 통일 속에서 법의 본질을 보려고 하는 것이지만, 이러한 점에서 이 학파는 나치스와의 협조적 역할을 하여 왔다.

신현실주의법철학(新現實主義法哲學) 〔英〕 Neo-Realism 프래그머티즘의 法學을 더욱 발전시키고 철저화한 법학을 말한다. 법실천의 경험적 사실을 중시하는 法社會學의 넓은 기반 위에서 발전된 미국의 독특한 法思想이라는 점에서는 프래그머티즘법학과 궤를 같이 하지만, 이것을 더욱 철저화하여 법학연구의 대상을 쓰여진 法規에서 구체적·현실적인 제재과정에로 옮기고 법관의 판결에 영향을 미치는 심리학적·사회적 여러 요인을 분석하는 것을 法理論의 출발점으로 삼는다. 신현실주의법철학의 주된 내용은 법의 본질을 存在 또는 事實에 두고 사회가 법을 창조한다고 설명한다. 따라서 법과 법관은 사회질서의 形成者가 아니라 사회가 단순히 부여된 것이기 때문에 법도 부여된 것이라고 주장한다. 法社會學은 사회를 유동적인 것, 전형적으로 법보다 빨리 流動하는 것임을 전제로 한다. 이는 법의 창조자는 사회이며 법은 사실에서 나온 결과임을 의미한다. 따라서 法은 社會와 불가분의 관계를 맺고 그 안정 여부에 따라 법의 안정성 여부도 결정된다. 또한 신현실주의법철학은 전통적인 법개념을 거부하고 법원이 하는 보편적인 발언을 법으로 보고, 법학의 과제는 법관의 행동을 포함한 모든 인간의 法的 管理의 행동을 그 개별적 실정에 맞추어 선입견없이 관찰하고 이것을 과학적으로 해석하는데 있다고 본다. 이리하여 법관의 판결에 영향을 주는 생물학적·심리학적 여러 요소의 탐구를 深層心理學을 빌려 시도하기도 하지만, 이의 대표적 학자인 르웰린(K.N. Llewellyn)은 법에 있어서의 어느 정도의 범주성과 구속성을 인정하기도 한다. 이 신현실주의법철학은 파운드나 에를리히의 법사회학과도 서로 다르며, 이에는 법관에 대한 불신, 법적 안정성의 경시, 법의 실증적·사회학적 이해의 절대화 등은 크나큰 결점으로 비판이 가해지기도 한다.

신호적(新戶籍)의 편제(編製) 일정한 사유가 있는 경우에 일정한 자에 관해서 새로이 戶籍을 작성하는 것을 말한다. 신호적의 편제는 다음의 경우에 행하여진다. 즉, 戶主承繼, 戶主承繼回復 기타 호주의 변경이 있는 사항에 대하여 신고·신청이 있는 때(戶 18), 민법 789조 1항의 경우에 혼인신고가 있을 때(19의2 I), 입양, 입양의 취소, 罷養 또는 이혼 기타의 사유로 인하여 기타의 家에 入籍하게 된 자로서 배우자나 직계비속이 있는 때(19의2 II), 부 또는 모의 호적에 입적할 자를 제외한 無籍者인 때(20) 등이다.

신회사(新會社)〔會社整理法上의〕 → 제이회사

실 가(實家) 친가와 같다.

실권약관(失權約款) 〔羅〕 lex commissoria 〔獨〕 Verwirkungsklausel 넓은 뜻으로는 債務不履行을 조건으로 하여 解除權을 유보하는 특약까지도 포함하지만(獨民 360 참조), 좁은 뜻으로는 채무자의 채무불이행이 있는 경우에 채권자측의 특별한 의사표시가 없더라도 당연히 계약은 효력을 잃고, 채무자는 계약상의 권리를 상실한다는 뜻을 정하는 약관. 失效約款이라고 한다. 分割支給約款附賣買에 있어서, 매수인에게 1회라도 이행지체가 있으면 매매는 효력을 잃고, 매수인은 目的物返還의 의무를 부담하는데 대하여, 매도인은 이미 받은 대금을 반환하지 않는다고 정하는 것 등이 그 예. 그 성질은 보통 채무불이행을 解除條件으로 하는 조건부행위라고 이해되며, 따라서 조건으로 된 사실이 발생하면, 상대방에 대한 의사표시를 할 필요없이 당연히 계약이 처음부터 없었던 것과 같은 효과가 발생하는 점에서 解除와 다르다.

실권예고부최고(失權豫告附催告) 회사는 신주인수권을 가진 주주에게 그 인수권을 가지는 주식의 종류 및 일정한 기일(請約期日)까지 주식인수의 청약을 하지 아니하면 그 권리를 잃는다는 뜻. 신주인수권의 양도를 인정한 때에는 그 뜻과 주주의 청구가 있는 때에만 신주인수권증서를 발행한다는 것 및 그 청구기간을 청약기일의 2주간 전까지 통지하여야 하고(商 419 I), 만일 회사가 무기명식의 주권을 발행한 때에는 청약기일의 2주간 전에 동일한 사항을 공고하여야 한다(419 II). 이것은 주주 또는 제3자에게 신주인수권을 행사할 기회를 줌과 함께 권리 행사에 관한 의사를 확정적으로 파악하기 위한 것이다. 通知와 公告는 신주배정기준일 이후에 하여야 한다.

실권절차(失權節次) 〔獨〕 Kaduzierung, Verlustigerklärung 募集設立에 있어서 주식의

납입의 집단적 강제방법으로, 失權豫告下에 그 납입을 강제하려는 절차. 회사는 이 절차에 의해서 다수의 주식인수인에 대한 債務名義를 얻어 강제집행을 하는 불편을 피하고, 신속한 설립을 할 수 있다. 그러나 실권절차에 의하든 강제집행에 의하든 자유이다. 주식인수인이 각 주식에 대한 引受價額의 전액을 소정기일내에 납입하지 아니한 때에는 발기인은 일정한 기일을 정하여 그 기일내에 납입을 하지 아니하면 그 권리를 잃는다는 뜻을 기일의 2주간 전에 그 주식인수인에게 통지하여야 한다(商 307Ⅰ). 그리고 그 주식인수인이 기일내 납입의 이행을 하지 아니한 때에는 그 권리는 상실되고, 발기인은 다시 그 주식에 대한 주주를 모집할 수 있다(307Ⅱ). 신주의 발행의 경우에는 신주의 인수인이 납입기일에 納入 또는 現物出資의 이행을 하지 아니하면 그 권리를 상실하고, 설립의 경우와 같이 실권절차를 필요로 하지 아니하며, 또한 納入强制節次도 없다(423Ⅱ).

실념주(失念株) 신주발행에 있어서 주식양수인이 공고된 기준일 또는 주주명부의 폐쇄 전까지 명의개서를 하여야 하는 것을 실념함으로써 주식양수인에게 배정되지 못한 주주의 新株引受權에 기한 신주. 이 경우 명의개서를 失念한 주식양수인을 失念株主라 하고, 주주명부상의 주주로 기재된 주식양수인을 名義株主라 한다. 상법상 記名株式의 移轉은 취득자의 성명과 주소를 주주명부에 기재하지 아니하면 회사에 대항하지 못하기 때문에(337), 실념주주는 회사에 주주권을 주장하여 실념주의 배정을 요구할 수는 없다. 그러나 상법 337조는 명의개서를 對抗要件으로 보고 있으므로 회사측에서 실념주주를 실질상의 주주로 인정하여 그 권리행사를 허용할 수 있는가에 관하여는 학설이 나뉜다. 失期株라고도 한다.

실동시간제(實動時間制) 拘束時間制에 대응하는 것으로서, 근로시간을 산정하는 경우에, 실제로 노동을 한 시간에 의하는 방법. 예를 들면 자동차의 운전수가 실제로 운전한 시간만으로써 그의 노동시간이라고 간주하는 제도.

실력설(實力說) 〔獨〕 Machtteorie 힘은 法이다(Might is right)라고 하는 것으로 實定法의 현실을 보는 입장. 사실의 規範力을 긍정하고 법이 효력을 가지게 되는 근거는 결국은 실력이라는 것을 인정한다. 이 실력이 어떤 자의 실력인가에 관해서 支配者說, 被支配者說이 있다. 전자는 神意, 전통의 권위, 국가나 민족이라는 초월적 全體者의 존엄성 등을 배경으로 하는 지배자의 의지 내지 실력이 법을 만든다고 한다. 후자는 지배자의 실력이라고 부르는 것이 실제는 피지배자 다수가 현실로 가지는 실력에서 유래한다고 주장한다.

실명등기(實名登記) 부동산실권리자명의등기에 관한 법률 시행 전에 名義信託約定에 의하여 명의수탁자의 명의로 등기된 부동산에 관한 물권을 부동산실권리자명의등기에 관한 법률 시행일 이후 名義信託者의 명의로 등기하는 것.

실물거래(實物去來) 差金의 授受에 의한 결제를 허용하지 않고, 수도기일에 반드시 매매목적인 유가증권과 대금과의 受渡를 하지 않으면 안되는 거래. 유가증권시장에 있어서의 매매거래의 한 방법으로서, 청산거래에 대응하는 것. 現物去來라고도 한다. 우리나라에서는 실물거래에 해당하는 것으로서 當日決濟去來·特約日決濟去來·發行日決濟去來가 있다. 보통거래는 실물거래의 受渡도 할 수 있고, 差金授受에 의한 결제도 할 수 있으므로, 모든 보통거래는 곧 실물거래에 해당한다고 볼 것은 아니다.

실물임금(實物賃金) 〔英〕 truck system 〔獨〕 Truck system, Naturallohn 통화 이외의 물건(예 : 제품·일용품)으로 지급되는 임금. 근로자의 소비의 자유가 침해되며 實質賃金이 저하될 염려가 있기 때문에, 원칙적으로(법령 또는 단체협약에서는 특별한 규정을 할 수 있다) 금지되고 있다(勤基 42).

실비변상(實費辨償) 특정의 用務를 위하여 실지로 소요되는 비용을 보상하는 것. 명예직의 임원 등에게 임무를 수행함에 필요한 경비를 지급하거나, 공무원 등의 職務遂行에 소요되는 비용을 보상하여 주기 위하여 금전을 지급하는 것 등이 있다(國公 48). 費用辨償이라고도 하며, 그 금전을 실비변상이라고도 한다. 여비·일당·숙박료 등은 실비변상의 예이다. 직무수행에 소요되는 비용은 구체적인 경우에 실제로 소요되는 비용에 따라서 계산하지 아니하고 표준적 비용에 의하여 계산한 定額을 지급하는 것이 원칙이나 생활자료의 지급 또는 役務에 대한 대가의 의미를 갖는 봉급·급료·보수와는 달라서 실비의 변상을 목적으로 한다.

실비변상청구권(實費辨償請求權) 출장여비 등과 같이 공무원이 그 직무수행을 위하여 특히 비용이 소요되는 경우에 그 실비를 국가 또는 지방자치단체로부터 변상받을 권리를 말한다. 즉 공무원은 보수를 받는 외에 국회규칙·대법원규칙·헌법재판소규칙·중앙선거관리위원회규칙 또는 대통령령이 정하는 바에 의하여 職務遂行에 소요되는 실비변상을 받을 수 있으며, 공무원이 소속기관의 장의 허가를 받아 본래의 업무수행에 지장이 없는 범위 안에서 擔當職務 외의 특수한 연구과제를 위탁받아 이를 처리한 경우에는 그 보상을 지급받을 수 있다(國公 48).

실세금리(實勢金利) 시장안에서 돈의 실질적 가치를 가장 잘 반영하는 금리. 우리나라에선 3년 만기 會社債 流通收益率이 주로 활용된다. 금리와 채권값은 반비례한다. 예컨대 회사채수익률이 연 15%에서 20%로 올라갔으면 채권을 팔면서 보다 많은 이자를 줘야한다는 뜻이므로 채권의 가치는 그만큼 떨어진 것이다. 시중에 돈이 부족하거나 채권물량이 너무 많으면 금리는 올라가고 반대이면 떨어진다. 실세금리지표로는 가장 보편적이면서도 안전한 채권(risk-free)만이 활용된다. 따라서 미국의 財務省證券처럼 대부분 선진국에선 국채금리가 기준이 되지만 우리나라는 국채발행규모가 작고 유통시장이 취약해 회사채유통수익률을 대표적 실세금리로 삼는 것이다.

실시권(實施權) 特許權者 이외의 자로서 특허권의 내용에 속하는 특정한 행위를 할 수 있는 권리를 말한다. 이는 특허권 자체를 이전시키지 아니하고 설정할 수 있으며, 하나의 특허권에 수개의 實施權을 설정할 수도 있다(特許 2 iii).

실업보험(失業保險) 〔英〕 unemployment assurance 〔獨〕 Arbeitlosenversicherung 〔佛〕 assurance contre le chômage 실업을 사고로 간주하고, 보험원리에 의하여 구제하는 실업대책의 하나. 이는 그것이 保險原理를 채용하고 있는 한, 실업률의 측정이 행하여진 연후에 비로소 가능한 것이다. 따라서 摩擦的 失業을 방지하기 위하여 노동시장의 組織化政策을 행하고, 실업자와 반실업자를 顯在化시키고, 또한 반실업자의 恒常的 就業者化, 즉 雇傭의 標準化政策(최저임금제를 포함)을 행한다고 하는 두 가지 정책 위에 입각하여야만 비로소 실업보험은 성립한다. 그러나 역사적으로는 이러한 기반이 아직 정비되지도 않은 시기에 실업의 압박으로 인하여 그의 시행이 강요당하였었다. 1911년 영국에서 있어서의 國民保險法 제2부로 제정된 것이 그 좋은 예가 된다. 현재 많은 나라에서 이 제도를 채용하고 있으나, 우리나라에서는 부분적으로 실현되고 있다.

실용법학(實用法學) 〔英〕 praktische Rechtswissenschaft 理論的 法學에 대하여 재판 기타 실용적 목적에 봉사하는 법학을 말한다. 민법·형법·소송법·노동법·행정법 등 일반 실정법에 관한 法解釋學과 立法政策學이 여기에 해당한다. 법학에는 또한 法哲學(法理學)·法史學·比較法學 등 기초학의 부문이 있지만, 실용법학과 이것들과의 관계는 마치 臨床醫學과 基礎醫學과의 관계와 비슷한 것이라고 말할 수가 있다. 법사회학의 입장에서 법해석학을 실용법학이라고 부르는 자도 적지는 않다.

실용신안(實用新案) 물건의 形狀·構造 또는 結合에 관한 산업에 이용할 수 있는 실용적인 신규의 고안(實用新案法 4 I). 예를 들면 의자의 발목에 바퀴를 달아 굴르게 한다든가, 식탁을 접을 수 있게 하여 정돈하는데 용이하도록 하는 것과 같은 신규의 기술적 고안을 말한다. 등록함으로써 실용신안권이 발생한다(21).

실용신안공보(實用新案公報) 실용신안법에 규정된 사항 기타 등록실용신안에 관하여 필요한 사항을 기재하는 특허청발행의 公報(實用新案法 46). 出願公告의 결정이 있으면 특허청은 出願의 요지를 실용신안공보에 한다(15, 特許 66). 또한 실용신안에 관한 公示送達은 실용신안공보에 의한다.

실용신안권(實用新案權) 〔獨〕 Gebrauchsmuster recht 〔佛〕 droit de modèle d'utilité 실용신안법에 의하여 실용신안을 등록한 자가 독점적·배타적으로 그 실용신안상에 가지는 支配權. 無體財産權의 성질을 띤 私權으로서 공업소유권의 하나이며, 등록함으로써 발생한다(21). 실용신안권자는 그 등록한 실용신안의 물건을 業으로 생산·사용·판매 또는 擴布하는 권리를 가지며(23), 존속기간은 15년이다(22). 실용신안권자는 실용신안권의 침해자에 대하여(31, 特許 126·128·131) 손해배상청구권 외에 妨害排除請求權과 妨害豫防請求權 및 업무상의 信用回復請求權을 가진다. 침해자는 실용신안권침해죄(實用新案法 45)에 해당된다.

실용신안등록(實用新案登錄) 실용신안권에 관한 사항을 實用新案原簿에 기재하고 이를 公示하는 등록. 주요한 것을 열거하면 실용신안권은 등록에 의하여 발생하고(實用新案法 16), 실용신안권의 이전, 포기에 의한 소멸 혹은 처분의 제한 또는 실용신안권을 목적으로 하는 質權의 설정·이전·변경·소멸 혹은 처분의 제한은 등록을 하지 않으면 제3자에 대하여 대항하지 못한다(18, 29).

실용신안실시권(實用新案實施權) 실용신안권을 가진 자 이외의 자가 실용신안을 실시할 수 있는 권리. →특허실시권, 법정실시권

실용적 헌법(實用的憲法) →이념적 헌법

실용주의법학(實用主義法學) →프래그머티즘의 법학

실 인(實印) 사전에 시·읍·면장에 그 印鑑을 신고하여 두고 필요한 때에는 인감증명서를 받을 수 있도록 되어 있는 인장. 1인 1종에 한하고(印鑑證明法 5) 일반적으로 중요한 거래에 한하여 사용되고 있다. 실인에 대립하여 쓰이는 말로는 認印이 있는데, 認印은 인감증명서가 없고 1인이 여러 개의 認印을 가질 수 있으므로 실인만큼 일반의 신빙력이 없으나, 날인의 효력 자체는 아무런 차이가 없다. 또한 실인은 押留를 금하고 있다(民訴 532 I x).

실 자(實子) 자연적인 혈연이 있는 자. 養子에 대하는 말. 혼인중의 출생자와 혼인외의 출생자의 구별이 있다.

실재재단(實在財團) 현실재단과 같다.

실재적 총합인(實在的總合人) 〔獨〕 Genossenschaft 다수인의 단체로서 그 구성원이 되더라도 동일성을 상실하지 않는다는 점에서는 社團法人과 같으나, 사단법인에서와 같이 그 구성원과 별개의 인격을 이루는 것이 아니라 구성원의 총체가 곧 단일체로 인정되는 존재이며, 이를 단순히 總合人(Gesamtperson)이라고도 한다. 게르만에 있어서의 村落共同體(마르크(Mark))가 전형적인 예이다. 로마법상의 법인에 대하여 게르만에서의 단체의 특색을 이루는 것이다. 법인이 가지는 권리의무는 그 구성원과는 직접적인 관계없이 법인 자체에게 단일적으로 귀속하지만, 실재적 총합인의 재산은 그 단체, 즉 法人아닌 社團의 사원의 집합체에게 총유적으로 귀속한다(民 275). 따라서 그 권리가 소유권인 때에는 總有이고 소유권 이외의 재산권인 때에는 準總有이다. 그리고 이러한 재산에 대한 관리처분의 권능은 실재적 총합인 자체에 속하고 사용수익의 권능은 그 구성원에게 속한다. →총유, 법인 아닌 사단

실정법(實定法) 〔英〕 positive law 〔獨〕 positives Recht 〔佛〕 droit positif 實證法이라고도 한다. 制定法과 慣習法과 같은 경험적 사실에 기하여 성립되었고 또 경험적 성격을 가지는 현실로 행해지고 있는 법의 총칭. 따라서 역사적 과거를 무시한다면 현행법과 같은 뜻이 된다. 오늘날 보통 법이라 할 때에는 실정법을 말한다. 制定法이라고도 불리우고, 성문법국가에 있어서는 국가에서 제정하는 성문법의 비중이 절대적이기는 하지만, 정확하게 말한다면 제정법과 실정법이 꼭 같지는 않다. 실정법은 시대와 국가·민족에 따라서 변화하고 인간이 만든 법(人定法)이므로 불완전성을 면할 수 있다. 이에 대하여 時空을 초월한 영원히 타당하는 이상적인 법이 있다면, 그것이 곧 自然法이요 理性法이다. 실정법은 자연법에 대립하는 개념이다.

실정법학(實定法學) 실정법을 대상으로 하는 학문. 純粹法學과 같이 실정법의 순수한 이론이 되어야 한다는 것도 있지만, 대부분의 경우 실정법학은 실정법에 대해서 目的論的 解釋을 가하고 이것을 실제사회의 요구에 맞는 논리적으로 모순이 없는 규범의 체계로서 설명하려고 하는 法解釋學으로서 성립한다. 실정법 이외에 자연법을 따로이 인정하지 않는 실정법학의 입장은 法實證主義라고 불리워진다.

실정법학파(實定法學派)〔國際法의〕 →그로티우스학파

실존주의법철학(實存主義法哲學) 實存主義를 법이론에 도입하려는 법철학의 일파. 폴락(Carl Polak), 후설(Gerhard Husserl) 등에 의하여 시작되었고, 하이데거(Heidegger)의 철학에 의거한 마이호퍼(Maihofer), 키에르케고르(Kierkegaard)를 따르는 코온(Cohn), 그리고 야스퍼스(Jaspers)에 충실한 페히너(Fechner) 등이 각각 구체적으로 발전시키기는 하였으나, 아직 일반에게 용납될 수 있을 정도로 되지는 못하고 있다. 본래 實存哲學은 개인으로서의 인간의 실존을 찾는데만 주력을 하고 있는 것이므로, 대사회관계에서 생겨나는 법현상을 설명하는데는 원리상 곤란한 점이 없을 수 없다고 보는 것이 定評이다.

실 종(失踪) 〔獨〕 Verschollenheit 〔佛〕 absence 사람의 소재 및 생사가 불명한 것. 실종이 일정기간 계속하면, 이해관계인이나 검사의 청구에 의하여 실종신고를 하게 되고, 실종신고를 받은 자(失踪者)는 사망한 것으로 본다(民 28).

실종선고(失踪宣告) 〔獨〕 Verschollenerklärung 不在者의 生死不明의 상태가 일정기간(失踪期間) 계속된 경우에 법원이 하는 선고인데, 이 선고를 받은 자는 그 기간이 만료한 때에 사망한 것으로 간주되어(民 28). 그 재산은 상속되고 배우자와의 혼인관계가 종료하는 등 그 법률관계가 정리된다. 재산상·신분상의 법률관계가 불확실한 상태로 오래 계속되는 것을 일정한 데서 정리하여, 이를 확정시키기 위한 제도이다. 失踪期間은 보통은 5년, 전쟁·선박침몰·항공기 추락 기타 사망의

원인이 될 위난을 당한 경우는 1년이며, 이 기간을 경과하면 이해관계인이나 검사의 청구에 의하여 선고를 하게 된다(27). 선고를 받은 자가 生存하고 있다든가 실종기간 만료시와 다른 때에 사망하였다는 사실이 증명되면 법원은 본인·이해관계인 또는 검사의 청구에 의하여 실종선고를 취소하게 된다. 이 경우에는 善意로 한 행위는 그 효력에 영향이 없고, 선고를 직접원인으로 하여 재산을 취득한 자는 그 받은 이익이 현존하는 한도에서 반환하면 된다. 不在者宣告 등에 관한 특별조치법에 의한 부재선고로써 실종선고의 효과가 발생되는 특례가 있다(4). 宣告 및 宣告取消의 節次는 家事訴訟規則에 의한다(53~59). → 부재자

실종선고(失踪宣告)**와 혼인관계**(婚姻關係) 실종선고는 사망을 간주하기 때문에 혼인도 또한 실종기간이 만료한 때에 해소된다. 그러나 문제는 그 실종선고가 取消되었을 때 일어난다. 실종선고 후 그 취소 전에 재혼을 했을 경우는 재혼당사자가 善意이면 그 재혼은 有效인 혼인이 되고, 惡意이면 無效인 혼인이 된다. 그러나 재혼당사자의 쌍방이나 일방이 악의였다 하더라도 당연히 그 혼인을 무효로 할 수 없다. 즉 실종선고에 관한 일반적 원칙의 예외라 할 수 있다. 身分關係인 혼인관계는 前婚이 부활하게 되어 後婚이 重婚이 되어 취소할 수 있게 될 뿐이다. 잔존배우자가 다른 일방의 배우자의 실종선고 후 그 취소 전에 다른 자와 선의의 사실혼인관계에 들어갔을 경우에는 혼인은 부활한다고 보아야 한다. 또 실종선고 후에 事實婚을 파기하는 것은 불법행위도, 의무불이행도 되지 않는다고 보아야 한다. 요컨대 민법은 실종에 관한 규정을 총칙편에 겨우 3개조만을 두고 있으므로, 친족편·상속편의 규정에 관하여 의문점이 생기는 것을 면치 못한다. 特別規定의 立法이 필요한 부분이다.

실증적 국제법(實證的國際法) 〔英〕 positive international law 2개의 설로 나누어져 있다. 하나는 自然的 國際法으로서 국제법은 인류의 의사에 의하여 성립하는 法規라고 한다. 이 뜻으로는 條約 및 國際慣習의 규정과 그 범위를 가진다. 또 하나는 국제사회 안의 현실의 권리의무의 기준이 될 만한 준칙을 말한다. 이 뜻으로는 현행 국제법과 그 범위를 가진다.

실지검증(實地檢證) 현장검증과 같다.

실질과세(實質課稅)**의 원칙**(原則) 과세물건의 명목상의 귀속 여하에 관계없이 사실상으로 과세물건이 귀속된 자를 납세의무자로 하여 조세를 부과하는 제도를 말한다. 이는 名目課稅의 원칙에 대한 것으로서, 국세기본법은 사실상의 擔稅力에 따라 조세를 부과함으로써 과세의 실질적 공평을 도모하기 위하여 실질과세의 원칙을 채택하였다(14).

실질범(實質犯) 〔獨〕 Materialdelikt 보호법익의 침해내지 침해의 危殆가 구성요건의 내용으로 되어 있는 범죄. 形式犯에 대한 것. 結果犯과 같다고도 한다(→ 형식범). 대부분의 범죄는 실질범이다. 실질범은 侵害犯과 危險犯으로 나누어진다.

실질법(實質法) 〔獨〕 materielles Recht 직접으로 법률관계를 규율하는 법률. 단순히 법률관계의 準據法을 지정함으로써 법률관계를 간접으로 규율하는데 지나지 않는 國際私法規定에 대하여, 이것을 직접으로 규율하는 민법·상법 등의 규정을 실질법이라 한다. 즉, 법률관계를 실질적으로 규율하는 것은 이러한 법률이기 때문이다. 따라서 國際私法이라 함은 여러가지 涉外的 私法關係에 대하여 적용될 실질법을 지정하는 법률에 지나지 않는다.

실질법적 지정(實質法的指定) 〔獨〕 materiellrechtliche Verweisung → 저촉규정적 지정

실질적 가치론(實質的價値論)**의 법철학**(法哲學) 셸러(Max Scheler) 또는 하르트만(N. Hartmann)의 價値論哲學을 法理論에 도입하려는 법철학의 한 파. 그 대표자는 코잉이지만 정당한 사회적 행위의 實質的 原理를 찾으려는 벨첼의 입장도 이 경향에 포함시킬 수가 있다. 코잉의 시도는 실패로 돌아갔으나, 벨첼의 이론은 刑法學에 있어서의 그의 目的的 行爲論과 함께 상당한 영향력을 발휘하고 있다.

실질적 당사자소송(實質的 當事者訴訟) 행정청의 처분 등을 원인으로 하는 법률관계에 관한 소송 기타 공법상의 법률관계에 관한 소송으로서 그 법률관계의 한쪽 당사자를 피고로 하는 소송을 당사자소송이라고 하는데, 당사자소송에는 形式的 當事者訴訟과 實質的 當事者訴訟이 있다. 여기서 실질적 당사자소송이란 공법상의 법률관계를 소송물로 하는 권리주체 사이의 소송을 말하는 바, 公法上의 契約 또는 공법상의 身分에 관한 소송 및 공법상의 金錢請求에 관한 소송 등이 그 예이다.

실질적 법치주의(實質的法治主義) 형식적인 법률의 우월성에 그치는 것이 아니라, 실질적으로 개인의 권익을 보장하는 내용의 法의 지배를 요구하는 것을 말한다. 종래의 대륙법계 국가에서는 법률의 내용의 타당성 여부는 문제삼지 아니하는 形式的 法治主義였으나, 제2차세계대전후 이런

반성의 결과로서 실질적 법치주의가 각국에 보편화되었다.

실질적 심사주의(實質的審査主義) →형식적 심사주의 · 실질적 심사주의

실질적 위법성(實質的違法性) 〔獨〕 materielle Rechtswidrigkeit 위법성의 실질을 의미하며, 形式的 違法性에 대한 것. 그 내용에 관하여는 학설이 나누어져 있는데, 법익의 침해 내지 위협이라고 보는 설, 행위가 公序 · 良俗에 반하는 것이라고 하는 설, 국가적 법질서의 정신 · 목적에 반하는 것이고 그 구체적인 規範的 要求에 반하는 것이라고 하는 설, 법질서의 基底가 되어 있는 사회윤리적인 규범에 반하는 것이라고 하는 설, 국가적으로 승인된 文化規範에 위반하는 것이라고 하는 설, 社會常規에 위배되는 것이라고 하는 설(刑 20 참조) 등이 있다. 실질적 위법성과 형식적 위법성은 두 개의 모순하는 개념이 아니라, 하나의 위법성의 양면을 의미하는 것이다.

실질적 유가증권(實質的有價證券) 〔獨〕 materiellrechtliches Wertpapier 증권상의 권리 내용인 증권의 문언뿐 아니라 증권기재 외의 사실. 또 권리의 取得行爲의 내용에 의하여도 정해지는 증권. 예컨대 주권과 같은 것. 형식적 유가증권에 비하여 流通證券性이 빈약하다.

실질적 의미(實質的意味)**의 헌법**(憲法) 〔獨〕 Verfassung im materiellen Sinne 國家法秩序에 있어서 成文 · 不文의 형식에 구애할 것이 없이 국가의 가장 기본적인 법. 헌법의 존재형식을 떠나서 실질적으로 국가의 기본법에 해당되는 법. 形式的 意味의 憲法에 대응하는 개념. 형식적 의미의 헌법은 반드시 성문화되어 있는 憲法典을 말하나, 성문헌법을 가지고 있는 국가에 있어서도 실질적 헌법과 형식적 헌법은 일치하지 않고 있다. 입법기술상 완전일치가 불가능하며, 또 實質的 根本法이 시대에 따라 변천하는 수도 있고, 또 성문헌법에 의식적으로 실질적 헌법에 해당하는 것을 빼거나, 또 실질적 헌법에 해당하지 않는 것을 넣는 수도 있기 때문이다.

실질적 의미(實質的意味)**의 행정심판**(行政審判) 실질적 의미의 행정심판은 특정한 실정법 제도와는 관계없이 이론적인 면에서 행정심판의 개념을 파악하는 것인데, 넓은 의미로는 행정청이 일정한 公權的 決定을 함에 있어서 거치는 準司法的 節次를 총칭한다. 그리고 좁은 의미로는 행정기관이 재결청이 되는 행정쟁송을 총칭하는 것이다. 즉 행정법관계에 대한 법적인 분쟁을 행정기관이 심리하고 판단하는 爭訟節次를 말하는 것이다. 일반적으로 행정심판이라고 할 때에는 좁은 의미의 경우를 가리킨다.

실질적 정의(實質的正義) 〔獨〕 materielle Gerechtigkeit 法的 正義 또는 形式的 正義에 대한 것으로서, 自然的 正義라고도 한다. 법적 정의가 합법성에 근거하는데 대하여, 실질적 정의는 그보다 고차원적인 정당성에 근거하고 있다. 아리스토텔레스는 실질적 정의에 반하는 실정법의 拘束力을 부인하였고 토마스 아퀴나스는 실질적 정의에서 유리된 실정법을 부패된 법이라고 하여 무질서를 회피할 수 있는 한, 그 구속력을 부인하는 이론을 전개하였다. 그러나 한편 法實證主義는 법학의 영역에서 법적 정의만을 문제삼고, 실질적 정의는 법학의 과제가 아니라고 주장한다. →법적 정의

실질적 증거력(實質的證據力) 文書를 證據方法으로 하는 경우(書證)에, 그 문서가 가지는 증거력. 書證의 경우에는 그 문서가, 據證者가 그 문서의 작성자라고 주장하는 특정인의 意識 · 判斷 · 感情 등의 표시라고 간주될 것이 확정된 후가 아니면(→형식적 증거력), 그 문서의 기재내용을 採證의 기초로 할 수 없다. 書證의 이와 같은 특질에 기하여 증거력이 형식적 · 실질적 2단계로 분류되는 것이다. 실질적 증거력은 법원의 自由心證에 의하여 결정된다. →서증

실질주주(實質株主) 넓은 의미로 실질주주라 함은 주주명부에 기재되지 아니하여 형식적으로는 주주가 아니지만, 실질적으로는 주식의 소유자로서 직접적인 이해관계를 가지는 자를 가리킨다. 실질주주에 대하여 주주명부상으로만 주주로 기재되어 있는 자를 名義株主 또는 形式株主라고 한다. 좁은 의미로 실질주주라고 하면 이 가운데서 증권거래법상의 실질주주를 말한다. 증권거래법상 실질주주란 證券預託院에 예탁된 주권의 공유자를 뜻하는 데(證去 174의7 I), 증권예탁원에 주권을 예탁한 預託者(證券會社 등) 및 예탁자를 통하여 증권예탁원에 주권을 예탁한 고객이 증권예탁원에 보관중인 같은 종류 · 종목의 모든 주권에 대하여 공유권을 가지므로(174 IV, 174의4 I) 결국 여기에서 말하는 실질주주는 증권예탁원에 주권을 보관시키고 있는 예탁자와 예탁자의 고객을 가리킨다.

실체관계적 소송조건(實體關係的訴訟條件) 實體面에 유래하는 소송조건. 형식적 조건이 갖추어져 있어도 유죄판결을 받을 가망이 없거나 형벌을 과할 수 없는 것이 분명할 때에는 소송을 진행시

키는 이익이 적으므로 소송조건이 결여된 것으로 보고, 免訴의 형식적 재판에 의하여 소송을 끊어 버린다.

실체권(實體權) → 물질권

실체법(實體法) 〔英〕substantial law 〔獨〕materielles Recht 〔佛〕droit matériel [1] 법주체간의 관계(法律關係) 그 자체를 규율하는 법. 즉, 권리·의무에는 어떠한 종류가 있고, 그것은 어떻게 변동하며, 어떠한 주체에 귀속하며, 또한 어떠한 효과를 가지느냐 등, 일반적으로 권리·의무의 실체를 규정하는 것이며, 민법·상법·형법 등이 이에 속한다. 節次法에 대하는 말이며, 실질법이라고도 하고, 또한 개개의 규정을 實體的 規定 또는 實質的 規定이라고도 한다. 실체법과 절차법이 모순되는 때에는, 실체법이 우선하며, 또 법원은 실체법이 존재하지 않더라도 재판을 하지 않으면 안 되지만, 절차법이 존재하지 않는 경우에는 재판을 할 수가 없다. 사인간의 재산·신분상의 관계 자체를 규율하는 것이 民事實體法(민법·상법)이지만, 이것은 民事節次法(민사소송법) 등과 서로 도와 비로소 적절하게 적용·실현된다. 刑事實體法(형법)과 刑事節次法(형사소송법 등)과의 관계도 마찬가지다. 이와 같이 실체법은 절차법과 서로 도와서 그 실효성을 얻고, 인간사회의 여러 관계의 법적 규율을 다할 수 있다. 新法의 效力에 관하여도, 실체법의 경우에는 法律不遡及의 원칙이 존중되지만, 절차법의 경우는 오히려 소급효가 인정되는 일이 적지 않다. 법의 제정에 있어서는 실체법과 절차법과는 法典을 달리하는 것이 원칙이지만, 실제로는 이 구별은 철저하지 않다. 따라서 절차법 속에 실체적 규정이 포함되어 있기도 하고, 그와는 반대인 경우도 있다. 민법 389조 2항은 실체법 속에 節次的 規定이 포함되어 있는 예이다.

[2] 국제사법상 국내의 법이 충돌하는 경우(→법의 저촉)에 이를 해결하는 衝突規則에 대하여, 법률관계의 실질적 내용이나 그 실현의 절차를 직접으로 규정하는 법을 말한다. 이 의미로 쓰일 때, 우리나라에서는 특히 實質法이라고 부르는 것이 보통이며, 이에는 민법·상법·형법은 물론 節次法도 포함된다. 이 경우의 실질법은 事項規定이라고도 불린다(→실질법, 사항규정).

실체적 공소권(實體的公訴權) → 공소권

실체적 소송조건(實體的訴訟條件) 〔獨〕materielle Prozessvoraussetzungen 實體面에 관한 사유로서 실체적 심판의 조건으로 되는 것. 소송조건의 하나이며, 形式的 訴訟條件에 대한 말이다. → 소송조건

실체(적)재판(實體(的)裁判) 〔獨〕Sachentscheidung 형사소송에 있어서 사건의 실체 그 자체에 관하여 刑罰權의 유무를 판단하는 재판을 말하고, 유죄·무죄라는 판결이 이에 속한다. 免訴의 판결은 실체적 재판이라는 설도 있으나, 통설은 形式的 裁判(실체관계적 형식재판)이라고 한다. 실체적 재판이 확정되면 실체적 확정력을 발생하고, 그 한 내용으로서 일사부재리의 효력(旣判力)이 발생한다. 또 실체적 재판은 언제든지 판결의 형식으로 행하고(실체판결), 또 모두 終局的 裁判이다. 민사소송에서도 본안의 재판을 실체적 재판이라고 부르는 일도 있다. → 형식적 재판

실체적 진실주의(實體的眞實主義) 〔獨〕Prinzip der materiellen Wahrheit 재판의 기초가 되는 사실의 인정에 관하여 객관적인 진실을 추구하는 주의. 形式的 眞實主義에 대한 말이다. 사적 분쟁의 해결을 목적으로 하는 민사소송법은 處分權主義·辯論主義가 지배하므로 실체적 진실주의에서 멀다고 할 수 있으나, 국가의 형벌권의 실현을 목적으로 하는 형사소송법에서는 이 주의가 근본적인 원리로 채용되고 있다. 그러나 실체적 진실이라 하더라도, 절대적인 客觀的 眞實은 인간세계에서는 도달할 수 없는 극한개념이므로, 인간의 능력과 소송제도의 제약하에서의 최고도의 개연성을 의미하는데 불과하다. 또한 실체적 진실주의는 실체적 진실의 추구·발견이라는 소송법상의 이익에 우월되는 소송법 외의 이익에 의한 제한을 받는 경우가 있다. 公務上의 秘密·業務上의 秘密에 속하는 사실 또는 물건·장소에 대한 증언 또는 압수·수색의 제한(刑訴 147, 149, 110, 111, 112), 일정한 신분관계 있는 자에게 불이익한 증언의 거부(148) 등이 그 예이다. 當事者主義를 강화한 현행 형사소송법에서는 증거조사는 원칙적으로 당사자의 청구에 의하는데, 이것은 반드시 실체적 진실주의에 모순되는 것은 아니며, 한편 보충적으로 직권에 의한 증거조사가 인정되고 있다(295 後). 自由心證主義도 실체적 진실주의를 이념으로 한다. 자백의 증명력의 제한, 자백·傳聞證據 등의 증거능력의 제한은 한편 적극적인 진실발견을 제약하는 것이지만, 오판방지의 의미에서는 실체적 진실주의에 봉사하는 것이다(실체적 진실주의의 소극적 작용).

실체적 확정력(實體的確定力) 〔獨〕materielle Rechtskraft [1] 민사소송법상은 재판 특히 판결이 확정(형식적으로)된 경우, 그 내용에 기한 구속력으로서, 旣判力 또는 판결의 內部的 效力

이라 일컫는다.

[2] 형사소송법상 실체적 재판 및 면소의 재판이 확정되었을 때, 그 내용이 확정적인 것이라고 간주되는 효력. 旣判力(넓은 뜻)이라고도 하며, 內容的確定力의 하나이다. 그 내부적 효력으로서 집행력을, 외부적 효력으로서 일사부재리의 효력을 발생한다. → 일사부재리, 기판력

실체형성(實體形成) 〔英〕 Sachgestaltung 소송의 진행에 따라 소송의 대상인 실체적 법률관계가 형성되는 과정. 節次形式에 대한 개념이다. 소송의 실체면은 실체형성의 과정으로 나타난다. 즉, 사실의 인정, 법령의 적용 및 刑의 量定은 소송의 당초에는 극히 불명확하나, 소송의 발전에 따라 점차 명확하게 되고, 최후로 실체적 판결에 의하여 비로소 公權的으로 확정된다. 이것이 곧 실체형성의 과정이다. 따라서 소송의 실체면은 구체적 사건에 관한 실체적 법률관계가 확정하는데 이르기까지의 부동적인 법률상태라고 말할 수 있다. 실체형성은 판결의 實體的 確定力을 종점으로 하는 관념적 실체형성, 그 집행인 현실적 실체형성으로 구별되며, 그 내용에 있어서는 사실의 인정, 즉 사실적 실체형성뿐 아니라 법령의 적용 및 刑의 量定, 즉 법률적 실체형성을 포함한다.

실체형성행위(實體形成行爲) 소송의 실체형성에 직접적으로 관련되는 소송행위. 節次形成行爲에 대한 말이다. 증언·자백·증거서류의 낭독·증거물의 제시 등을 지칭하는 講學上의 용어이다. 근래에 형사소송법학에서 많이 사용되고 있다.

실친자(實親子) 자연적인 혈연에 의거하는 親子. 1990년 민법 일부개정으로 현재 법정친자관계는 養親子만 남아 있고, 繼母子와 嫡母子는 삭제되었다. 法定親子關係에 대하는 말. 모와 자와의 관계는 보통 출생이라는 사실에 의하여 발생하기 때문에 혼인중의 출생자와 혼인외의 출생자에 따라서 차이가 없다. 그러나 부와 자와의 관계는 부와 모가 혼인관계에 있는 경우에는 곧 혼인중의 출생자가 되지만 혼인외의 출생자의 경우에는 父의 認知 또는 인지에 갈음하는 재판에 의하여 비로소 법률상의 친자가 된다(→ 임의인지, 강제인지).

실패(失敗)**한 교사**(教唆) → 교수의 미수

실해범(實害犯) 危險犯에 대칭되는 것. 實害의 발생을 구성요건으로 하는 것. 그러므로 대다수의 범죄가 이에 속한다. 범죄에 있어서는 그 실해가 발생하지 않는 한 미수로 한다.

실 행(實行) 〔獨〕 Ausführungshandlung 〔佛〕 acte d'execution 미수범(刑 25), 공범(31)의 규정에 쓰이고 있는 개념으로 구성요건에 해당하는 행위라고 해석해야 한다. 미수와 예비를 구별하는 實行着手概念에 관하여는 주관설과 객관설이 대립하고 있다. → 미수범

실행미수(實行未遂) 〔獨〕 beendeter Versuch 〔佛〕 infraction manquee 실행행위를 종료하였으나 결과가 발생하지 아니한 경우. 예컨대, 발포하였으나 탄환이 맞지 아니한 경우이다. 終了未遂 또는 缺效犯(〔佛〕 délit manqué)이라고도 한다. 着手未遂에 대한다. → 미수범

실행(實行)**의 착수**(着手) 〔獨〕 Anfang der Ausführung 〔佛〕 commencement d'exécution 미수범이 성립하기 위하여는 범죄의 실행에 착수(刑 25)함을 요하므로, 실행의 착수의 유무에 의하여 未遂와 豫備가 구별된다. 실행의 착수의 의의에 관하여는 행위자의 범죄적 의사에 중점을 두는 주관설과 일정한 객관적 행위를 표준으로 삼는 객관설이 대립하고 있다. 즉, 주관설에 의하면 犯意(故意)의 비약적 표동이 있는 때 또는 범의가 遂行的 行爲에 의하여 확실히 식별할 수 있는 상태에 이르렀을 때에 실행의 착수가 있다고 보며, 객관설 가운데서는 犯罪構成要件을 실현할 의사를 가지고 구성요건에 해당하는 행위의 일부를 행한 때에 실행의 착수가 있다고 하는 견해가 유력하다(通說). 언제 실행의 착수가 있다고 볼 것이냐는 개개의 죄에 대하여 구체적으로 검토되어야 한다.

실행행위(實行行爲) 〔獨〕 Ausführungshandlung 〔佛〕 acte d'execution 구성요건에 해당하는 행위. 未遂犯(刑 25Ⅰ, 26, 27)·共犯(31Ⅰ·Ⅱ·Ⅲ)의 규정에서 사용된 실행은 이 의미의 실행행위를 가리키는 것으로 해석해야 할 것이다. 언제 실행행위가 개시되었다고 볼 것이냐는 實行의 着手의 문제이며, 미수범과의 관계에서 특히 중요하다.

실향사민(失鄕私民) 〔英〕 displaced person 敵軍事統制地域으로 납치된 민간인. 자유의 사인 경우에는 避難民(refugee)이다. 적대행위의 종료와 동시에 포로의 송환과 더불어 실향사민의 송환문제가 제기되는 것이 보통이다. 1949년의 戰時 文民保護에 관한 제네바협정은 134조에서 적대행위가 종료한 즉시 모든 피억류자를 그 최후의 거주지로 귀환시키며 또는 그 송환을 촉진하도록 확보할 것을 交戰者에게 지시하고 있다. 한국휴전협정 3조 59항에도 1950년 6월 24일 이전에 이 휴전협정에 확정된 군사분계선의 상대편 군사통제지역에 거주하던 자로서 동군사분계선의 상대편 지역인

고향에 귀환하기를 원하는 자에게는 이것을 허용하고 협조를 제공하기로 되어 있다. 1953년 7월 30일 휴전직후 失鄕私民歸鄕協調委員會가 군사정전위원회 밑에 설치되었고, 그 후 국제적십자사를 통하여 이 문제의 해결에 노력하여 왔으나, 아직까지 아무런 성과도 보지 못하고 있다.

실험칙(實驗則) 〔獨〕 Erfahrungssätze 경험법칙과 같다.

실 화(失火) 고의 또는 과실로 인한 위법행위로 타인에게 손해를 가한 자는 그 손해를 배상할 책임이 있으므로(民 750), 실화로써 타인에게 손해를 입힌 자도 不法行爲로 인한 손해배상책임을 져야 할 것이지만 실화로 인한 손해는 의외로 다액이어서 그 배상은 실화자에게 가혹한 때가 많다. 그래서 실화책임에 관한 법률(1961년 법률 제607호)은 민법 750조에 대한 특례를 규정하여 실화자가 고의 또는 중대한 과실이 있을 때에 한하여 그 책임을 인정하도록 하였다. 그러나 동법은 불법행위로 인한 책임에만 관한 것으로 債務不履行으로 인한 책임에는 적용이 없다고 해석되고 있다(판례·통설). 예컨대, 가옥의 임차인이 실화로 家主에게 진賃借家屋返還義務의 이행불능으로 인한 채무불이행 책임은 면할 수 없다고 해석되고 있다. 실화는 또 형법상의 책임을 발생시킨다.

실화죄(失火罪) 〔獨〕 fahrlässige Brandstiftung 〔佛〕 incendie involontaire 과실로 인하여 건조물·기차·전차·자동차·선박·항공기·鑛坑(기타의 물건)을 燒毁하는 죄(刑 170). 이 죄의 보호법익은 공공의 평온이고, 이 죄는 公共危險罪이다. 업무상실화·중실화(171)의 경우에는 형을 가중한다. 과실로 인한 燒毁, 즉 실화는 作爲에 의한 경우도 있을 것이나, 不行爲에 의하여 발생하는 경우가 많다. 사람의 주거에 사용하거나 사람의 현존하는 상기의 물건, 공공 또는 공익에 공하는 상기의 물건을 소훼하였을 때(170 Ⅰ)에는 抽象的 危殆犯으로서 즉시 범죄가 성립하지만, 자기소유에 속하는 것(170 Ⅱ 참조)은 具體的 危殆犯으로서 현실로 공공의 위험이 발생하였음을 요한다.

실화책임(失火責任) → 실화

심계원(審計院) 監査院의 前身. 제5차개정헌법 이전의 헌법하에서는 국가의 수입과 지출의 결산을 검사함을 임무로 하고, 일반행정기관으로부터 직무상 독립된 지위를 가진 國家中央行政機關이었다(제5차개헌 이전의 憲法 95·72, 1948년에 제정된 審計院法 참조). 5·16 군사혁명후에는 國家再建非常措置法(12)에 의하여 심계원법이 새로 제정되었는데(1961년 9월 9일 법률 제710호), 그에 의하여 국가재건최고회의소속으로 되었다. 현행헌법상에서는 구심계원의 기능과 행정기관 및 공무원의 직무에 관한 監察機能을 담당하는 국가기관으로 대통령소속하에 감사원이 있다(97~100).

심 급(審級) 〔英〕 instance of court 〔獨〕 Instanzengliederung der Gerichte 〔佛〕 hiérarchie judiciaire 같은 사건을 서로 다른 종류의 법원으로 하여금 반복하여 심판시키는 경우에, 그 종류가 다른 법원 사이의 심판순서 또는 상하계급. 재판을 한번에 그치게 하지 않고 여러 계층의 법원을 만들어서 되풀이하여 재판을 받을 수 있게 하는 것이 적정한 재판을 보장하는 뜻에서 좋다. 그리하여 우리나라는 3審級制를 취한다. 민사소송과 형사소송에 있어서는 모두 3심제도를 취하는데, 제1심의 事物管轄이 단독판사에게 속하는 사건은 지방법원(단독판사)·지방법원본원합의부(抗訴部)·대법원에서, 각 3심을 받는다. 이 3심급 중 제1심과 제2심은 事實審임에 반하여 제3심은 法律審이다. 그러나 行政訴訟 중 항고소송은 2심급제도이며, 고등법원과 대법원에서 재판을 받는다. 선거소송에 관한 소송은 단심제를 취한다. 즉, 대법원에서 한번 재판을 받는다. 軍事法院에 관한 사건도 보통군사법원·고등군사법원·대법원의 3심급제도를 취한다.

심급관할(審級管轄) 어느 법원이 어떠한 심급을 담당하느냐에 의하여 관찰하는 법원간의 권한의 分掌. 예컨대 지방법원이 제1심·제2심(지방법원본원합의부에 한함)을 관할하고, 고등법원이 제2심(地方法院合議部事件)을 관할하고, 대법원은 제1심(選擧訴訟)·제3심을 관할하는 것과 같다. 심급관할은 원칙적으로 專屬的이다. 심급관할은 민사소송법에 있어서는 飛躍的 上告의 합의가 허용되는 한도에서(360Ⅱ 참조) 任意的이나, 형사소송법에서는 항상 法定的이다(372 참조).

심급대리(審級代理) [1] 민사소송법 訴訟代理權에 관하여 각 심급은 별개인 소송절차를 행하는 것으로 보고, 어느 심급의 소송대리인도 당연히는 상급심에서의 대리권을 포함하지 않는다고 하는 제도. 민사소송법 82조 2항 3호가 상소의 제기 및 그 취하에는 特別授權을 요한다고 규정한 점으로 보아 우리 민사소송법도 심급대리를 채용하고 있다고 보는 것이 옳다. 따라서 제1심에 있어서 대리권의 수여는 당연히는 上訴審節次에 있어서의 대리권을 포함하지 않으며, 소송대리인은 새로운 위임이 없이는 상소를 할 수 없을 뿐만 아니라, 상대방의 상소에 응하여 訴訟行爲를 할 권한도 가지고 있지 않다(통설·판례). 이에 대하여 대리인쪽에서는 상소할 권한이 없으나 상대방의 상소에 의하여 상급심절차가 개시되었을 경우에는 이에 대하여는 소송행위가 가능하다는 견해도 있다. 우리 민소법에서는 전기 82조의 特別授權事項에 관한 규정에서 단순히 상소라 하지 않고 상소의 제기라고 하고 있으므로 이 견해의 밑받침이 굳어졌다 할 것이다. 再審은 전혀 별개의 사건이므로 새로운 訴訟委任이 필요하다.

[2] 형사소송법상 변호인은 심급마다 선임하여야 한다. 그러나 공소제기 전의 변호인선임은 제1심에도 그 효력이 생긴다(32). 이것을 대리의 면에서 보아 심급대리라고 부른다. 이러한 경우의 심급의 의의에 관하여 그 심급에 있어서의 終局的 裁判의 선고까지라는 설과 상소에 의하여 移審의 效力이 발생할 때까지라는 설이 있으나, 후설이 타당하다. 그것은 전설에 의하면 종국재판선고로부터 이심의 효력발생까지의 사이에 변호인이 없는 공백기간이 생길 뿐 아니라 이론적으로 보아도 종국재판이 확정될 때까지는 訴訟係屬은 원심에 있는 것으로 해석하여야 할 것이기 때문이다.

심급(審級)**의 이익**(利益) 제1·제2·제3심의 심급에 따라 상소심의 재판을 받을 이익. 제1심판결에 대한 飛躍的 上告를 할 수 있는 경우(刑訴 372)에도 그 사건에 대한 항소의 제기가 있으면 상고는 실효되는 것(373)은 심급의 이익을 보호하기 위한 것이다. 이러한 항소심이 제1심의 사건을 併合審判할 수 없는 것은 말할 것도 없다. 항소심에서 公訴事實(訴因)의 변경을 인정하는 입장에서는 공소사실을 변경하여 자판하는 때에는 심급의 이익을 박탈하는 것으로 되는가의 문제가 있다. 사건의 동일성의 범위내에서 하는 것이기 때문에 소극적으로 해석하는 견해가 타당할 것이다.

심리강제설(心理强制說) 〔獨〕 Theorie des psychologischen Zwangs 포이에르바하가 주장한 학설. 一般豫防說의 하나이다. 이 학설은 사람은 불쾌를 피하고 쾌락을 구하는 이해타산하에서 행동하는 동물이므로 죄를 범함으로써 얻는 快보다 더 큰 불쾌로서의 刑罰을 豫告해 둔다면, 누구나 죄를 범하지 않도록 심리적으로 강제된다고 한다. 이 학설은 범죄 및 형벌을 미리 성문의 법률에 명확히 규정해 둘 것을 전제로 삼으며, 이러한 의미에서 罪刑法定主義의 법이론적 배경을 이룬다.

심리개시(審理開始)**의 결정**(決定) 지방법원소년부판사 또는 가정법원소년부판사가 送致書와 조사관의 조사보고에 의하여 사건을 심리할 필요가 있다고 인정한 때에 내리는 決定(少 20 I). 이 결정은 본인과 보호자에게 통지하여야 한다. 심리개시후에도 보호처분을 할 필요가 없다고 인정한 때에는 不處分決定을 하여야 한다(29). 審理開始의 決定을 한 후에는 심리기일을 지정하고 본인과 보호자를 소환하여야 한다. 다만 필요가 없다고 인정한 때에는 보호자를 소환하지 아니할 수 있다(21). 심리개시의 결정을 통하여 調査段階와 審理段階가 일견 구별되지만, 어느 단계에서도 자료의 수집과 처우의 결정은 서로 미묘하게 교차하고 있다. 따라서 조사를 맡아 보는 조사관과 심리를 맡아보는 판사는 서로 그 한계를 명확히 인식하는 동시에 공동의 목적(少年保護)을 위하여 협력하지 않으면 안된다.

심리미진(審理未盡) →심리부진

심리부진(審理不盡) [1] 민사소송법상 법원이 사실인정의 절차를 다하지 못한 위법. 審理未盡이라고도 한다. 심리부진이 명문상의 상소이유로서 규정되어 있지 않으므로 어떠한 근거로 상소이유가 되는가에 관하여 다툼이 있다. 事實誤認이 모두 상소이유가 되어 있다고 한다면, 심리부진의 개념은 불필요할 것이나, 사실오인의 上訴가 인정되지 않고 또는 제한되어 있는 경우(특히 당사자의 제출한 증거만에 의하여 인정하여야 한다고 되어 있는 경우)에는 필요하게 된다. 이 경우에 있어서는 스스로 충분한 證據調査를 하지 않거나(265 참조), 또는 釋明權의 행사가 충분하지 않는 때에 이들을 명한 개개의 節次規定의 위반 또는 심리를 다하여야 한다는 不文의 일반적인 절차규정의 위반이라고 볼 때 이것을 심리부진이라고 할 수 있다. 더욱이 나아가서는 심리부진의 결과 판결에 나타난 증거만으로는 판시사실을 인정함에 불충분할 때에는 이유의 모순이 되므로(394 I vi), 이 경우에도 심리부진의 개념은 불필요하다. →이유불비

[2] 형사소송법상 심리부진은 이유에 모순이 있다고 하기보다는 오히려 심리절차를 너무 빨리 끝막아 버린 소송절차의 법령위반에 의하여 抗訴理由로 된다고 이해되고 있다. 심리부진으로 되는 경우로서는 필요한 職權證據調査를 행하지 아니한 경우가 이에 해당한다.

심리불개시(審理不開始)**의 결정**(決定) 지방법원소년부판사(家庭法院判事)가 送致書와 조사관의 조사보고에 의하여 사건의 심리를 개시할 필요가 없다고 인정한 때에 내리는 결정(少 19). 이 결정은 본인과 보호자에게 통지하여야 하며, 이 결정이 있는 때에는 監護措置는 취소된 것으로 간주한

다. 이 불개시결정은 구체적으로 비행에 관하여 事實不存在·資料不充分·成立阻却事由가 있다든가, 소년본인에 관하여 사망·장기소재불명의 사유가 있다든가, 또는 심판에 회부함이 상당하지 않을 때(예컨대 비행의 형태와 종류가 경미한 때)에 행하여진다. 불개시결정에는 一事不再理의 效力이 미치지 않는다.

심리유보(心裡留保) 〔羅〕 reservatio mentalis 〔英〕 mental reservation 〔獨〕 Mentalreservation 〔佛〕 réservation mentale 표시가 內心의 의사와 다른 의미로 해석되는 것을 表意者 자신이 알고 있으면서, 그것을 알리지 않는 의사표시. 非眞意表示 또는 眞意 아닌 의사표시라고도 한다. 즉, 표시상의 효과의사가 내심의 효과의사와 일치하지 않는다는 것을 표의자 자신이 알면서 하는 의사표시이다. 의사와 표시의 불일치를 표의자 자신이 알고 있다는 점에서, 이것을 모르고 있는 착오와 다르며, 또한 알고는 있으나 상대방과의 通情이 없다는 점에서, 그것이 있는 虛僞表示(通情虛僞表示)와 다르다. 따라서 이것을 單獨虛僞表示라고도 한다. 심리유보는 원칙적으로 표시대로의 법률효과가 생긴다(民 107Ⅰ本). 이러한 표의자를 보호할 아무런 필요도 없기 때문이다. 그러나 예외적으로, 상대방이 표의자의 진의를 알았거나 또는 알 수 있었을 경우에는 그 의사표시는 무효이나(107Ⅰ但). 그러나 이 무효는 선의의 제3자에 대하여는 대항할 수 없다(107Ⅱ). 심리유보는 신분상의 법률행위에는 적용되지 않는다(815ⅰ, 883ⅰ). 身分行爲에서는 절대적으로 본인의 의사를 존중하기 때문이다. 또 상법에서는 거래안전의 필요상 非眞意表示를 유효로 보는 경우도 있다(302Ⅲ, 425).

심리적 책임론(心理的責任論) 〔獨〕 psychologische Schuldauffassung 責任(→ 형사책임)의 실체를 행위자의 자기행위에 대한 일정한 심리적 관계라고 봄으로써, 책임을 심리적인 측면에서 파악하는 이론. 이 이론은 그 심리적 관계를 결과의 인식과 그 인식가능성으로 나누어 전자를 故意, 후자를 過失이라고 부르고, 이들을 責任種類·責任形式 또는 責任條件이라고 한다. 그래서 책임이란 고의·과실이라는 심리적 사실의 類概念에 불과하고, 그러한 고의 또는 과실이 있으면 책임이 있고 그것이 없으면 책임이 없게 된다. 심리적 책임론에 대하여는 특히 인식없는 과실에 있어서는 심리적 관계가 없으므로 이를 책임으로서 설명할 수 없다는 점 등이 비판됨으로써, 오늘날에 있어서는 이에 방법론적 반성을 가한 規範的 責任論에 의하여 극복되었다.

심리절차(審理節次)**의 사법화**(司法化) 행정심판은 심판청구에 대한 심리 및 재결이 법원이 아닌 행정기관에 의해 이루어지므로 自然的 正義의 원리 및 適法節次의 원리에 반한다는 문제가 제기된다. 따라서 심판청구에 대한 심리의 객관적인 적정을 도모하기 위하여 심리절차가 司法節次의 경우처럼 서로 대립되는 當事者關係로 구조화되고 이들 대립하는 당사자가 충분한 의견의 진술 및 증거를 제출할 기회를 보장해 주며, 行政審判委員會가 객관적 입장에서 심리를 진행할 것이 요구된다. 이러한 것들을 제도화하는 경우를 일컬어 심리절차의 사법화라고 한다.

심리회부의무(審理回附義務) 심판청구서를 받은 裁決廳이 지체없이 소속 행정심판위원회에 회부하여야 하는 의무를 말한다. 행정심판의 청구는 피청구인인 행정청을 거쳐 재결청에 제기하는 것이나, 심판청구사건을 심리하고 재결할 내용을 의결하는 것은 행정심판위원회인 것이므로 이러한 심리회부의무가 필요한 것이다.

심 문(審問) 〔獨〕 Gehör 서면 또는 구술로 당사자 기타의 이해관계인에게 개별적으로 陳述(無方式의 辯論)의 기회를 부여하는 것. 구민소에서는 審尋(訊)이라 하였다. 對席的인 변론을 들을 것까지는 없지만, 신청인의 상대방 그 밖의 이해관계인으로부터 사정을 들어 그 이익을 고려하기 위하여 행해진다. 심문절차는 공개법정에서 행할 필요는 없다. 決定節次로서 변론을 열지 않는 경우에는 법원의 재량으로 심문할 수 있는 것이 보통이나(民訴 124Ⅱ), 심문이 항상 필요시되는 경우도 있고(75Ⅱ, 288Ⅰ), 또 심문을 하여서는 안될 경우도 있다(436, 560).

심사청구(審査請求) 위법 또는 부당한 행정처분의 재심사를 구하는 행위. 행정청에 대한 不服申請의 한 형태이다. 이 말은 주로 租稅의 賦課處分 또는 그 不處分(필요한 처분을 하지 않는 것)이나 異議申請의 결정에 대한 불복을 국세청장에게 제출하는 경우에 사용된다(國稅基 55~65). 그 외에 다른 법률 중에도 사용되고는 있으나(公年金 80 등), 그 법률적 성질은 반드시 같지는 않다.

심 소(心素) 〔羅〕 animus 어떤 법률사실(예:주소)의 구성요소로서 필요한 의사적 요소(定住의 의사(主權說))가 心素, 외형적 요소(거주의 사실)가 體素(〔羅〕 corpus)이다. 과거에 占有의 개념에 관하여 주관주의를 취했던 시대에, 占有意思의 문제로서 특히 논의되었었으나, 우리 민법은 점유의 개념에 관하여 객관주의를 취하기 때문에

그러한 문제는 일어나지 않는다. → 점유의사

심 신(審訊) → 심문

심신미약(心神微弱) 심신장애, 즉 정신기능의 장애로 인하여, 의사를 결정할 능력이 微弱(薄弱)한 상태. 심신미약에는 신경쇠약·酩酊 등에 의한 일시적인 것과, 알콜중독·노쇠 등에 의한 계속적인 것이다. 심신미약도 心神喪失과 마찬가지로, 정신의학상의 관념이 아니라 법률상의 관념이므로, 그 인정은 責任理念에 비추어 법관이 행하는 것이며, 감정인의 감정에 구속되지 않는다. 형법상 심신미약자는 限定責任能力者(→ 책임능력)로서 그 형이 감경된다(10Ⅱ)(→ 원인에 있어서 자유로운 행위). 또 민법상 심신미약자는 한정치산의 원인이 된다(9 참조)(→ 한정치산자).

심신박약자(心神薄弱者) 의사능력을 전혀 상실한 정도에 이르지 않고 불완전하지만 판단력을 가진 자를 말한다. 대체로 비교적 장성한 미성년자와 같은 정도의 정신능력을 가진 자를 말한다. 限定治産者로 할 수 있다. → 한정치산자

심신상실(心神喪失) 心神障碍, 즉 정신기능의 장애로 인하여, 사물을 변별할 능력이 없거나 의사를 결정할 능력이 없는 상태. 전혀 의식이 없는 상태를 말하는 것이 아니다. 심신상실에는 泥酊·마취 등에 의한 일시적인 것과, 정신병·백치 등에 의한 계속적인 것이 있다. 심신상실의 여부를 인정하기 위하여는 정신의학상의 전문적 지식을 필요로 하는 일이 많고, 실제상 감정인에 의한 감정이 중요한 자료가 되지만, 심신상실은 精神醫學上의 관념이 아니라 法律上의 관념이므로, 그 의미내용은 책임이념에 비추어 결정되어야 하며, 심신상실이냐의 판단은 법관의 임무이다. 형법상 심신상실자는 責任無能力者(→ 책임능력)로서 처벌되지 않는다(10Ⅰ)(→ 원인에 있어서 자유로운 행위). 또 민법상은 금치산의 원인이 된다(12 참조)(→ 금치산자).

심신상실자(心神喪失者) 자기의 행위의 결과를 합리적으로 판단할 능력이 없는 자. 즉, 의사능력이 없는 자이다. 精神病理學이나 精神醫學에서 심신상실이라는 말이 어떤 뜻으로 쓰이느냐는 직접으로는 관계가 없다. 심신상실자는 금치산자로 할 수 있다. → 심신상실, 금치산자

심신장애자(心神障碍者) 정신기능에 장애가 있는 자로서, 心神喪失者와 心神微弱(薄弱)者로 나누어진다. → 심신상실, 심신미약, 원인에 있어서 자유로운 행위

심의기관(審議機關) 국가 또는 지방자치단체의 행정청에 설치된 합의체인 자문기관. 그 설치는 대통령령으로 할 수 있으나(政組 5 참조), 국무회의·국가안전보장회의와 같은 헌법상의 기관인 것도 있다. 심의기관의 기능이라든가 그 심의를 요구한 취지가 필요적인 것인가의 여부에 따라 必要的 審議機關과 任意的 審議機關으로 구분된다. 심의기관의 의견은 당해관청을 구속하는 힘이 없다는 점에서 議決機關과 다르다.

심의회(審議會) 국가의 행정기관인 부·국(본부)·위원회·청·원에 두는 合議體의 諮問機關. 그 설치는 법률에 의한다. 또 지방자치단체에도 심의회를 두는 일이 있다(예:상훈심의회, 항공심의회, 행정구역심의회 등).

심 증(心證) 재판의 기초를 이루는 사실관계의 존재에 대한 법관의 주관적인 意識狀態 내지 確信의 정도. 이에는 확신하는 정도의 심증을 요구하느냐 일응 진실한 것 같다는 심증을 요구하느냐에 따라 證明과 疎明이 구별된다. 自由心證主義下에서는 법관의 心證形成에 대하여는 특별한 제약이 없다.

심 판(審判) ① 소송에 있어서 審理·裁判의 약칭으로서 쓰인다. 審理妨害罪(法組 61)의 심리도 이에 해당한다. 민사소송에서도 講學上 이 말을 쓰는 일이 있다. ② 가정법원이 가정사건 및 소년사건에 대하여 하는 절차(舊家審 24~35). 비공개로 행하는 점, 법률을 엄격하게 적용치 않고 일정한 재량을 허하는 점, 재판을 결정의 형식으로 행하는 점에서 항소절차와 그 취지를 달리한다. ③ 행정기관이 前審으로서 爭訟을 심리·재결하는 절차. 특허심판, 해양사고의 조사 및 심판이 이에 해당한다. → 특허심판, 해양사고의 조사 및 심판

심판관(審判官) [1] 군사법원법상 군사법원을 구성하는 재판관의 한 職位를 말한다. 심판관은 법에 관한 소양이 있고, 재판관으로서의 인격과 학식이 충분한 장교 중에서 管轄官이 지정하는데(25), 보통군사법원에 있어서는 군판사 2인 외 심판관 1인을 재판관으로 한다(26Ⅰ). 또 고등군사법원에 있어서는 군판사 3인과 심판관 2인을 재판관으로 하고, 관할관은 심판관을 군법무관 중에서 지정할 수 있으며, 관할관은 군판사인 재판관 중 1인을 主審軍判事로 지정한다(27). 또 재판관은 피고인보다 동급 이상의 자이어야 하지만, 군판사인 재판관은 그렇지 않으며, 피고인이 軍務員인 때에는 그 등급에 따라 동급 이상의 자이어야 한다. 또 피고인이 포로인 때에도 같다. 계급 또는 등급을 달

리하는 공동피고인에 대하여는 그 계급 또는 등급이 취상급인 자에 따라 재판의 계급을 정한다(28). 訴訟 또는 再審의 심판에 있어서는 심판장은 원심 군사법원의 재판장보다 동급 이상의 자이어야 한다(30).

[2] 구가사심판법상 가정법원에서 가사소송법이 정하는 사항을 처리하던 법관을 말한다.

[3] 준사법기관에서 公權的 判斷을 행하는 자를 말한다. 국세기본법상(67) 국세심판을 행하는 國稅審判官, 특허법상(144) 특허심판을 행하는 심판관, 해양사고의 조사 및 심판에 관한 법률상(8 내지 13) 해양사고의 조사 및 심판을 행하는 심판관 등이 그 예이다.

심판불가분(審判不可分)**의 원칙**(原則) 형사소송법상 ① 법원은 1개의 사건의 일부에 관하여서만 심판하는 것이 허용되지 아니한다는 원칙. 公訴不可分의 原則의 내용을 법원측에서 본 관념이다. 따라서 판결의 효력(既判力)은 사건이 단일·동일한 한 그 전부에 미치게 된다(→공소불가분의 원칙). ② 사건의 罪責問題와 형벌문제의 전부에 관하여 불가분적으로 심판을 하여야 한다는 것. 즉 범죄와 형벌을 분리하고 主刑과 附加刑을 분리하고 형벌과 집행유예를 분리 심판할 수 없다는 것이다.

심판(審判)**의 대상**(對象) 公訴狀에는 공소사항을 기재하여야 하고, 공소사실의 기재는 범죄의 시일·장소와 방법을 명시하여 사실을 특정할 수도 있도록 하여야 한다(刑訴 254 Ⅲ·Ⅳ). 종래에는 공소사실에 관하여 訴訟係屬이 생기고 동시에 그것이 심판의 대상으로 된다고 막연히 해석하여 왔으나, 현행형사소송법상 공소사실이라고 하는 용어는 이른바 訴因을 의미하는 경우도 있어서(→소인), 소인과 공소사실과의 관계와 관련하여 문제가 복잡하게 되었다. 訴訟係屬이 생기는 것은 사건, 따라서 공소사실인 것에 관하여는 이론이 없으나, 심판의 대상이 공소장에 기재된 公訴事實(이른바 소인)인가 자연적 사실로서의 공소사실인가에 관하여는 설이 나뉘어 있다. ① 訴因을 현실적 심판의 대상으로 하고, 공소사실을 잠재적 심판의 대상으로 하는 설. 이 설에 의하면 공소장의 변경에 의하여 현실적 심판의 대상이 잠재적 심판의 대상의 범위내에서 확장·이동하며, 법원은 현실적 심판의 대상에 제약되고, 심리는 소인 이외로 나갈 수 없고 또 판결에서 소인 이외의 사실을 인정할 수 없다. 판결의 기판력이 소인에 관하여서가 아니라 사건에 관하여 미치는 것은 이 설에 의하면, 법원이 소인의 추가 등에 의하여 사건 전체에 관하여 심판할 법률적 가능성이 있었기 때문이라고 한다. 가장 유력한 설이다. ② 심판의 대상은 소인에 한정된다는 설. 이 설은 當事者主義를 강조하는 입장에서, 법원은 검사에 의하여 현실로 주장된 것만을 심판할 것이라 한다. 이론 자체로서는 일관되어 있으나, 既判力이 사건에 관하여 미치는 이유를 설명하기 곤란하다. ③ 審理의 범위는 公訴事實이고, 判決의 대상은 訴因이라고 하는 설. 이 설은 심리의 목적은 소인의 성부를 판단하기 위하여 소인으로서 표시된 것의 실체를 구명하는데 있고, 따라서 심리의 범위는 공소사실에 의하여 획정되지만, 판결의 대상은 사전에 명확히 하여 공격·방어를 다한 사실을 인정하여도, 공소사실의 범위를 벗어나지 않는 한 심리가 미치고 있는 것이므로, 곧 판결을 파괴할 필요는 없다고 한다. 주목할 만한 견해이다. →소인, 공소사실

심판(審判)**의 병합**(倂合) 변론의 병합과 같다.

심판(審判)**의 분리**(分離) 변론의 분리와 같다.

심판참가허가(審判參加許可) 행정심판에 있어서 행정심판위원회는 심판의 결과에 대하여 이해관계가 있는 제3자나 행정청의 참가신청을 허가할 수 있는 권한을 가지는데, 이 권한에 기하여 참가를 허가하는 것을 말한다. 이는 行政審判節次의 공정성을 도모하고 처분에 관하여 이해관계가 있는 제3자나 행정청을 보호하기 위한 것이다.

심판청구기간(審判請求期間) 행정심판에 있어서 심판청구를 제기할 수 있는 일정한 기간을 말한다. 심판청구기간은 원칙적으로 處分이 있은 것을 안 날로부터 60일이며, 정당한 사유가 없는 한 처분이 있은 날로부터 180일을 넘겨서는 아니된다. 다만 無效 등 確認審判과 義務履行審判은 이러한 심판청구기간의 제한이 없다.

심판청구사항(審判請求事項) 행정심판의 대상, 즉 심판청구의 提起對象으로 삼을 수 있는 사항을 말한다. 우리나라의 행정심판법은 심판청구사항에 관하여 개괄적으로 인정하므로 모든 행정청의 處分 또는 不作爲를 그 대상으로 할 수 있다.

심판청구(審判請求)**의 대리**(代理) 행정심판에 있어서 심판청구의 당사자인 청구인이나 피청구인이 대리인을 선임하여 당해 심판청구에 관한 행위를 하는 것을 말한다. 대리인이 그 권한의 범위 안에서 한 행위는 본인이 한 것과 같은 효과를 발생하고, 그 효과는 본인에게 미치는 것이다.

심판청구(審判請求)**의 변경**(變更) 심판청구의 係屬中에 청구인이 당초에 청구한 취지 등을 변경하는 것을 말한다. 민사소송의 경우와 같이 행정심판에 있어서도 청구인은 청구의 기초에 변경이 없는 범위 안에서 청구의 취지나 이유를 변경할 수 있을 뿐 아니라, 심판청구 후에 처분청인 피청구인이 그 심판청구의 대상이 처분을 변경한 경우에는 그 처분을 대상으로 한 새로운 심판청구를 제기할 것 없이 변경된 처분에 맞추어 청구의 변경을 할 수 있도록 하여 당사자간의 분쟁해결의 간편을 도모하고 있다.

심판청구통지의무(審判請求通知義務) 행정심판은 당해처분이나 不作爲의 직접 상대방만이 제기할 수 있는 것이 아니라 제3자라도 請求人適格이 있으면 제기할 수 있다. 따라서 제3자에 의해 심판청구가 제기된 경우에는 당해처분의 상대방에게 이를 알려주어 행정심판에 참가할 수 있는 기회를 주어야 할 필요가 있다. 이를 위한 것이 재결청의 심판청구통지의무로서, 재결청은 제3자가 심판청구를 한 때에는 당해처분의 상대방에게 심판청구가 있은 뜻을 통지할 의무를 말하는 것이다.

심플 콘트랙트 〔英〕 simple contract 單純契約. 영국법에 있어서의 捺印契約과 같은 형식계약에 대립하며, 아무런 형식도 없는 계약을 가리킨다. 유효에는 約因을 필요로 한다.

십 계(十誡) 〔羅〕 Decalogus 〔英〕 Decalogue, Ten Commandments 〔獨〕 Dekalog 〔佛〕 Décalogue 구약성서(출애굽기 20의 2)에 나타나 있는 헤브라이법의 根本規範. 여호아신이 시나이산에서 모세에게 내렸다고 하는 10개조의 啓示이며, 法神授思想의 산물. 전반의 5계는 宗敎的·道德的 誡律이지만, 후반의 5계는 法規로서의 성질을 가지고 있다. 즉, 살인하지 말라(제6계), 간음하지 말라(제7계), 도둑질하지 말라(제8계)의 3자는 生命·貞操·財産의 침해에 대한 보장을 목적으로 하고, 제9계는 僞證을 금지하고, 제10계는 널리 不法行爲를 금지한 것으로 이해할 수 있다.

십시간운동(十時間運動) 〔英〕 ten hours movement 영국에서는 산업혁명의 결과로 공장에 대량으로 도입된 여자·연소근로자·아동 등이 비참한 노동상태를 면치 못하고 있었다. 이를 타개하기 위하여 1802년 이래 공장법, 즉 勞動保護立法이 제정되었지만, 이것이 空文化되었기 때문에 1830년경서부터 인도적 입장에서 白色奴隷의 해방을 주창하고, 10시간 노동법제정의 운동이 발생되어, 1847년에 입법화었다.

십 악(十惡) 罪惡이 가장 重한 10개사유. 그 기원과 연혁은 불명이나 律의 테두리가 漢代에 확립되었기 때문에 그 당시에 고려된 듯하다. 史記·漢書 등에 不道, 不敵 등의 범죄용어가 보인다. 隋開皇律이 비로소 十惡의 名目을 규정하였고, 唐律은 이를 계수하여 名例律에 十惡을 규정하였다. ① 謀反, ② 謀大逆, ③ 謀叛, ④ 惡逆, ⑤ 不道, ⑥ 大不敬, ⑦ 不孝, ⑧ 不睦, ⑨ 不義, ⑩ 內亂이 그것이다. 그 후의 律인 宋刑統이나 明律·淸律도 모두 十惡을 답습 규정하고 있다. 中國律이 고구려를 통하여 신라에 들어온 것인 바, 신라율은 통일후의 문무왕의 大詔를 보면 五逆을 적시하고 있으므로 十惡制를 채택하지 아니하고 五逆制로 개편한 것 같다. 고려율에도 名例律이 있었는데 十惡制인지 五逆制인지 불명하다. 일본의 大寶律이나 養老律은 十惡制를 채택하지 아니하고 八虐制를 규정하고 있다.

십이표법(十二表法) 〔英〕 lex duodecim tabularum 로마에 있어서의 최초의 法典으로서 기원전 450년경에 편찬되었다. 당시의 귀족과 평민의 계급투쟁의 산물이라 하며, 12개의 表에 게시되었다고 한다. 후대에 그 규정 중 어떤 것은 사용치 않게 되고, 또 새로운 규정이 추가되기도 하였으나, 전체로서 폐지된 일은 없으며, 로마인은 그것을 全公法·私法의 源泉(fons omnis publici privatique iuris), 全로마法體系(corpus omnis romani iuris)로서 존중하였는데, 후대의 법률의 기초가 되었다. 현재 正文은 단편적으로 전하여지고 있을 따름이지만, 내용은 주로 기존의 관습법을 성문화한 것인데, 訴訟法·私法과 아울러 刑法·神法의 규정을 포함하고 있다. 오늘날 十二表法은 古로마의 시민법을 포괄적으로 수록한 최초의 법전이라고 하여 중시되고 있는데, 특히 소송법에 있어서의 嚴格形式主義, 사법에 있어서의 去來法規의 근소, 相隣關係 기타 토지를 둘러싼 법률관계에 관한 많은 규정의 존재, 상속법과 가족법의 긴밀한 결합, 탈리오주의의 잔존 등은 로마법의 초기의 성격을 뚜렷이 나타내고 있다.

싯 다운 스트라이크 〔英〕 sit-down-strike 근로자가 직장에 들어가서 작업을 중지하고 앉은 채로 행하는 스트라이크의 형태. 1936~1937년의 미국의 고무·자동차·철강산업 등의 대공장에 대하여, C. I. O.가 產業別組合을 결성하는 과정에서 사용한 것으로 유명하게 되었다. 不意의 作業中止後, 앉은 채로 직장을 점거하는 것이어서 대량생산 공장의 일관된 작업을 일거에 중지케 하고 스트라이크파괴자의 취업을 방지하는 효과가 있다. 사용자측은 住居侵入·財産權侵害라고 주장하였고, 1939년 미국최고재판소는 이를 위법이라고 판시하였다.

싱·싱감옥(監獄) 〔英〕 Sing-Sing Prison 1920년 완성된 수용 囚人數 2천 5백명을 넘는 뉴욕주에 있는 큰 교도소. 行刑 건축상의 새 시설을 갖춘 대표적인 교도소로 유명하다. 수인의 자치제가 최대한도까지 실행된 일이 있다.

쌍무계약(雙務契約) 계약의 각 당사자가 서로 對價的 意味를 가지는 채무를 부담하는 계약. 片務契約에 대립하는 말. 有償契約과 유사하지만 쌍무계약은 계약의 효력으로서 생기는 채권관계만을 관찰대상으로 하는데 대하여 유상계약은 넓게 계약의 성립에서 그 계약의 효과로서 생기는 채권관계의 내용의 실현에 이르기까지의 전과정을 관찰대상으로 한다. 쌍무계약에 있어서는 채무가 서로 대가적 의미를 가지고 의존관계에 서기 때문에 同時履行의 抗辯이나 危險負擔의 문제가 생긴다.

쌍무예약(雙務豫約) → 예약

쌍방대리(雙方代理) 〔獨〕 Doppelvertretung 1인이 동시에 당사자쌍방의 代理人이 되어 계약을 체결하는 것. 예를 들면 갑으로부터 그의 소유가옥을 매도할 대리권을 수여받은 을이 동시에 매수인 병의 대리인이 되어 계약을 체결하는 경우와 같다. 본인의 이익을 부당하게 해할 염려가 있으므로 민법은 원칙적으로 이것을 금지하고 있다(124). 이 점에 있어서 自己契約이 금지되는 것과 그 취지가 같다. 다만 채무의 이행은 이미 확정된 사항을 결제하는데 불과하므로 쌍방대리나 自己契約으로 할 수 있다(124 但). 학설·판례는 채무의 이행이 아니라도 이에 준할 행위, 예를 들면 주식의 名義改書·登記申請 등도 이에 포함시키고 있다. 또 본인이 미리 쌍방대리를 허락한 때에는 유효하며, 허락이 없는 경우에도 無權代理로서 그 追認을 인정한다. 法定代理人도 쌍방대리의 제한을 받지만 친권자는 본인과의 사이에 이해상반되는 행위를 함에는 特別代理人을 선임한다는 특칙이 있다(921 Ⅰ). 또 비영리법인의 이사가 제3자의 대리인으로서 법인과 제3자간의 계약을 체결하는 것도 쌍방대리에 유사한데, 이에 관하여도 특별대리인을 선임하여야 한다는 규정이 있다(64). 이에 대하여 회사의 대표기관에 관하여는 이사회의 승인 등을 요건으로 하여, 민법 124조의 적용이 부여된다(商 199, 269, 398, 564Ⅲ). 이상과 같은 점은 모두 자기계약에 있어서도 마찬가지이다.

쌍방심리주의(雙方審理主義) → 쌍방심문주의

쌍방심문주의(雙方審問主義) 〔獨〕 Grundsatz des beiderseitigen Gehörs 소송당사자의 쌍방의 신청 및 주장에 대하여 당사자쌍방을 심문한 뒤가 아니면 재판해서는 안된다는 주의. 雙方審理主義라고도 하며, 一方審問主義에 대한다. 판결절차에서의 변론된 쌍방의 심문기회가 부여되는 가장 철저한 경우이다. 必要的 辯論에 의하지 않는 결정·명령절차에 있어서도 쌍방을 심문할 수 있다(民訴 124Ⅰ但, Ⅱ). → 일방심문주의

쌍방예약(雙方豫約) → 예약

쌍방적 상행위(雙方的商行爲) → 일방적 상행위·쌍방적 상행위

쌍방적 행정행위(雙方的行政行爲) 〔獨〕 zweiseitiger Verwaltungsakt 상대방의 협력을 그 요건으로 하는 행정행위. 그 협력의 내용에 따라 同意를 요하는 행정행위와 申請을 요하는 행정행위(예:인가·특허·귀화허가)로 나눌 수 있다. 쌍방적 행정행위는 첫째, 상대방의 협력(동의·신청)을 필요로 한다는 점에서 그것을 필요로 하지 않는 獨立的 行政行爲와 구별되고, 둘째, 상대방의 협력을 필요로 하나 그 상대방의 협력은 다만 행정행위의 효과발생의 한 요건에 불과하고 그 행정행위의 내용은 행정주체의 일방적 의사에 의하여 결정되는 權力的 單獨行爲인 점에서 쌍방의 대등한 의사의 합치에 의하여 효과를 발생하는 쌍방행위인 公法上의 契約과 구별된다.

쌍방행위(雙方行爲) 〔獨〕 zweiseitiges Geschäft 복수의 당사자간의 의사표시의 합치에 의하여 성립하는 법률행위. 單獨行爲에 대립되는 말. 쌍방행위는 그 의사표시의 방향과 각 당사자에 대한 그 법률행위의 효과가 반대의 의미를 가진 것이냐 동일의 의미를 가진 것이냐에 따라, 契約과 合同行爲로 나누어진다. 이 계약과 합동행위에는 사법적 효과의 발생을 목적으로 하는 사법상의 계약·사법상의 합동행위와 공법적 효과의 발생을 목적으로 하는 공법상의 계약·공법상의 합동행위가 있다. 국제법상의 조약도 계약 또는 합동행위의 성질을 가진 것으로서, 쌍방행위라고 할 수 있다. → 계약, 합동행위, 조약

쌍벌규정(雙罰規定) → 양벌규정

쌍생아(雙生兒) 〔英〕 twins 〔獨〕 Zwillinge 遺傳生物學的 犯罪人硏究의 주제, 개성을

초월한 선조의 遺傳素質과의 숙명적인 관련성을 범죄인에 관하여 증명하는 것을 목적으로 한다. 처음으로 영국의 골튼(Francis Golton)이 一卵性과 二卵性의 雙生兒에 관하여 생활현상에 있어서의 素質과 環境이 담당하고 있는 역할을 비교하였으며, 이어 독일의 랑케(Johannes Lange)는 그의 저서 運命으로서의 犯罪(Verbrechen als Schicksal, 1929)에서 그 방법을 집대성하였다. 그 밖에 슈툼플(Stumpfl), 크란츠, 로자노프 등이 이를 이었으며 그 결과 犯罪性一卵性雙生兒는 쌍방이 다같이 범죄 빠지는 비율이 높고, 범행의 유무·종류·수단·방법·行狀·성격특징 등이 모두 비슷하지만, 二卵性의 쪽은 쌍방이 함께 범죄에 빠지는 비율이 낮고 기타 범죄의 종류·수단 등도 일치하지 않는 경우가 많음이 밝혀졌다. 초기의 쌍생아의 연구는 犯罪率의 일치와 遺傳性의 문제를 강조하고 불일치는 불편한 예로서 무시되었으나 그 후 연구의 진보는 단지 一致의 수치의 문제로부터 일란성쌍생아가 遺傳同一性에도 불구하고 어째서 일부는 일치하고 일부는 불일치하는가의 문제로 발전하였다. 쌍생아연구의 성과는 犯罪原因的 遺傳素質性을 증명하는 동시에 전혀 다른 소질의 二卵性雙生兒가 범죄성에 관한 일치가 있듯이, 유전동일성의 쌍생아가 성격에 있어서 일치하면서 社會的 行狀 또는 범죄성에 있어서 불일치의 경우가 있어 소질과 환경의 문제는 복잡한 문제라는 것을 가리켜준다.

씨 족(氏族) 〔羅〕 gens 〔英〕·〔佛〕 clan 〔獨〕 Sippe 古代 미개의 사회에 일반적으로 존재한 집단으로서, 다른 집단에 우월하는 지위를 차지하고 있던 것. 이 씨족을 구성하는 각인은 서로 긴밀한 親緣關係에 의하여 결합되어 있다. 그러나 이 친연관계는 반드시 현실의 혈연으로부터 생기는 것은 아니며, 오히려 공통의 始祖를 가지고 있다고 하는 확신에 의거하며, 동일한 氏族名을 가지고 있는 데서 생긴 親緣이다. 씨족의 장은 시조의 제사를 관장하는 권한에 의하여 일반의 씨족원에 대한 政治的 統制의 心理的 基礎를 획득한다. 씨족의 통제가 강한 때에는 씨족 외로의 추방은 죽음을 의미하였다. 이 씨족이 단위가 되어 氏族的 政治社會가 구성된다. 그러나 씨족구성원의 증대에 따라 씨족이 확대되어 차츰 통제가 곤란하게 되어, 마침내는 씨족은 붕괴하기에 이르렀다. 이에 따라 씨족내에서 가족이 차츰 강력한 존재로 되어 사회의 단위로서의 지위를 차지하기에 이르렀다. →겐스, 지페

ㅇ

아그나치오 〔羅〕 a(d)gnatio 宗族關係. 로마법상 家長(빠떼르 파밀리아스)과 그 권력에 복종하는 자 내지 공동의 조상이 생존하고 있다면 마땅히 그 家長權(patria potestas)에 복종하였을 자의 상호관계 및 가장과 그 權力에 복종하는 자와의 관계이며, 이 관계에 있는 자를 서로 종족(agnatus)이라고 한다. 이 관계는 권력을 중심으로 하여 배타적인 이중성을 불허하는 관계이다. 처음에는 이 관계가 친족·상속법상의 모든 관계의 기초를 이루고, 파밀리아제의 근본이 되었으나 나중에 血族關係(꼬그나치오)가 그것에 갈음하였다.

아그레망 〔佛〕 agrément 특정의 인물을 外交使節로 임명하기 전에 상대접수국에게 異議의 유무에 관한 의사를 照會하는 국제관례상의 제도. 어떠한 인물을 외교사절에 임명하고 파견하느냐는 파견국의 임의이나, 접수국은 不滿한 人物(persona non-grata)을 접수할 의무가 없다. 그러므로 그 때문에 일어날 수 있는 분쟁을 미리 방지하기 위하여 파견국은 임명에 앞서 아그레망의 요청을 先行하는 것이 보통이다. 그러나 아그레망의 거절의 경우에도 그 이유를 명시할 의무는 없다는 것이 國際慣習이다. 특정인물이 만족한 사람(persona grata)이라고 생각할 때에는 아그레망을 부여한다. 아그레망을 부여한 경우에는 접수국이 그 인물을 외교사절로서의 접수할 의무가 생긴다. → 외교사절

아꼬만디따 〔羅〕 accomandita 10세기 이래 이탈리아의 海上貿易에서 유행된 코멘다(commenda)契約에서 유래하며, 15세기 이후 자본가도 공동기업자로서 외부에 나타나는 새로운 기업형태. 合資會社의 기원이라고 한다.

아나스타지아나 〔羅〕 lex Aanastasiana 債權讓受人은 채권매입에 있어서 현재 양도인에게 지급한 금액에 한해서만 채무자에 대하여 청구할 수 있고, 名義에 대하여는 청구할 수 없다는 취지를 규정한 법규(佛民 1699 참조).

아니무스 〔羅〕 animus → 심소

아동복지시설(兒童福祉施設) 兒童 및 妊産婦의 복지에 관한 업무를 담당하는 것을 목적으로 하는 시설(兒福 2vi). 아동복지시설에는 아동상담소, 영아시설, 육아시설, 아동일시보호시설, 아동직업보도시설, 조산시설, 아동전용시설, 교호시설, 아동입양위탁시설, 정서장애아시설, 자립자원시설이 있다(兒福施 2).

아동복지위원회(兒童福祉委員會) 〔英〕 child welfare council 아동복지에 관한 사항을 조사·연구·심의하는 것을 목적으로 하는 기관(兒福 5). 아동복지위원회는 아동복지에 관하여 필요한 사항을 관계행정기관에 건의할 수 있다. 보건복지부에 中央兒童福祉委員會, 특별시·광역시와 도에 地方兒童福祉委員會를 둘 수 있다. 조직과 운영은 대통령령으로 정한다.

아동복지지도원(兒童福祉指導員) 아동의 복지에 관한 사항을 상담·지도하기 위하여 도와 구·시·군의 아동상담소에 두는 지도원(兒福 6). 別定職公務員으로 보하는 지도원은 ① 전문대학 또는 이와 동등 이상의 학교에서 보건복지부분이 정하는 사회복지에 관한 학과의 과정을 이수하고 졸업한 자, ② 고등학교졸업자 또는 이와 동등 이상의 학력을 가진 一般職公務員으로서 국가 또는 지방자치단체에서 아동복지 기타 사회복지에 관한 행정에 3년 이상 근무한 경력이 있는 자, ③ 유치원·초등학교·중학교 또는 고등학교 교원으로서 2년 이상 근무한 경력이 있는 자, ④ 전문대학 또는 이와 동등 이상의 학교를 졸업한 자로서 보건복지부장관이 시행하는 兒童福祉指導員資格試驗에 합격한 자 중에서 해당 지방자치 단체장에 의해 임명된다(兒福施 3).

아동상담소(兒童相談所) 〔英〕 child guidance clinic, child welfare center 아동복지법의 대상인 아동(18세 미만의 자)에 대하여 그 복지를 보장하기 위하여 설치하는 아동복지시설 중의 하나이다. 擔當業務는 다음과 같다. 아동 또는 임산부에 관한 그 가족 또는 관계인에 대한 상담, 兒童指導에 필요한 가정환경의 조사·입양·위탁보호 및 거택보호, 아동 또는 임산부에 관하여 전문적·기술적 지도를 필요로 하는 경우의 개별지도·집단지도 및 그 알선, 아동복지시설 또는 요보호아동의 조사·지도 및 감독, 아동을 위한 지역사회자원의 활용, 아동의 일시보호, 기타 아동 및 임산부의 복지증진에 관한 업무(兒福 8). 설치·폐지 등은 兒童福祉法施行令에서 규정하고 있다(5).

아동위원(兒童委員) 관할구역 안의 아동에 대하여 항상 生活狀態 및 家庭環境을 상세히 파악하고 아동복지에 관하여 필요한 원조와 지도를 하기 위하여 구 및 시·읍·면에 두는 자(兒福 7). 명예직으로 당해 구역을 관할하는 서울특별시장·광역시장 또는 도지사의 감독을 받는 아동위원은 지역사회의 실정에 밝고 아동복지에 열의가 있고 아동복지에 관한 학식과 경험이 풍부한 자 중에서 구청장·시장·군수가 위촉하며, 읍·면(구·시의 경우에는 동) 단위로 2人 이상으로 하되 구·시·읍·면의 인구수 및 아동수의 비율에 따라 특별시·광역시 또는 도의 條例로 정하도록 하고 있다(兒福施 4).

아동인도인수죄(兒童引渡引受罪) 자기의 보호 또는 감독을 받는 16세 미만의 자를 그 생명 또는 신체에 위험한 업무에 사용할 營業者 또는 그 從業者에게 인도하거나 그 인도를 받는 죄(刑 274)(조문의 표제는 兒童酷使라고 기재되어 있는데, 타당하지 않다고 본다). 本罪는 必要的 共犯이며, 인도와 인수가 현실로 있음으로써 족하고, 인도·인수된 아동이 현실로 위험있는 업무에 종사하였느냐의 여부는 본죄의 성립에 영향이 없다.

아동혹사죄(兒童酷使罪) 아동인도인수죄와 같다

아라비아국가연맹규약(國家聯盟規約) 〔佛〕 Le Pacte des Etats de la Ligue Arabe 1945년 3월 22일, 이집트의 카이로에서 조인된 시리아·요르단·이라크·사우디아라비아·레바논·이집트·예멘의 일곱 아라비아민족국가간의 條約(5월 10일 발효). 전문과 20개조로 이루어져 있다. 아라비아국가간의 連帶性에 기하여 공통의 복리 및 안전보장을 도모하기 위하여 체결된 것으로서(전문), 이사회, 경제·사회·문화 각종 문제의 특별위원회를 두어(3, 4), 분쟁의 평화적 해결, 침략의 방지를 도모한다(5, 6). 본부는 카이로. 아라비아연맹제국은 1950년 4월 11일 다시 共同防衛條約을 체결하여 침략방지의 조직을 강화하는 동시에 集團的 自衛權을 포함한 지역적 협정으로서 국제연합헌장과의 관계를 명백히 하였다.

아라푸라해(海)진주패어업분쟁(眞珠貝漁業紛爭) 〔英〕 The Arafura pearl fishing dispute 오스트레일리아의 북부에 위치한 아라푸라해는 유명한 대륙붕의 소재지이며 진주패의 좋은 어장이다. 1951년의 일본과의 평화조약 9조에 의거하여 1953년 4월부터 일본은 오스트레일리아와 어업조약 체결을 위한 교섭을 개시하였다. 일방 오스트레일리아의 의회는 그 전년 眞珠貝漁業法을 가결, 연안의 대륙붕상의 수역 전체를 오스트레일리아水域(Australian Waters)이라고 명명하고 이 수역내의 진주패어업은 정부의 허가를 얻도록 하였다. 그런데 전기 어업협상은 실패로 돌아가고 동년 9월 오스트레일리아정부는 진주패어업법을 개정하여 외국인에게도 이것을 적용하도록 하는 동시에 大陸棚領有宣言을 공포하였다. 일본정부는 이것을 公海自由의 원칙의 침해라고 생각하고 그 분쟁을 국제사법재판소에 부탁하여 해결할 것을 결의, 오스트레일리아의 원칙적인 동의를 얻었다. 그러나 아직 재판부탁을 위한 特別合意書(compromis)는 작성되지 않고 있다. 현재는 매년 양국이 暫定協定을 체결하여 그 해의 일본의 생산량을 규정하는 방식을 취하고 있다.

아랍보이콧법(法) 아랍聯盟 22개국이 공동의 敵으로 삼고 있는 이스라엘과 밀접한 관계가 있는 기업이나 인물과의 通商交流를 금지하기 위하여 정한 법률. 보이콧은 제2차대전 직후의 아랍연맹 발족 당시부터 실행되었던 바, 1951년 시리아에 설치된 보이콧위원회 본부에서 결정한 보이콧대상을 정하게 되면 아랍 각국은 立法的 措置를 통하여 보이콧대상을 배제하는 형식을 취하였다. 대상이 되었던 것은 이스라엘에 지점이나 대리점을 갖고 있거나 기술협력과 투자를 하는 등의 利敵行爲를 한 기업이었으며 이러한 상행위를 중개하는 등의 간접적인 협력도 보이콧법에 저촉된다.

아랍연맹(聯盟) → 아라비아국가연맹규약

아랍협력회의(協力會議) 〔英〕 Arab Cooperation Council(ACC) 경제문제를 중심으로 하여 회원국간의 협력과 統合連帶를 실현할 목적으로 1989년 2월에 이라크의 수도 바그다드에서 결성된 經濟共同體. 회원국으로는 이집트, 이라크, 요르단 및 예멘이 있으며 사무국은 요르단의 수도 암만에 있다. 최고의사결정기관은 각국의 원수들로 구성되는 最高評議會로 연 1회 개최된다. 그리고 각국의 총리로 구성되는 각료평의회가 연 2회 개최된다. 현재는 그 기능을 사실상 상실하였다.

아르꼰 〔希〕 archon 執政官. 고대 그리스, 특히 아테네에 있어서의 最高官職으로, 매년 선출되며 員數는 9인. 수석 아르꼰을 그냥 아르꼰으로 부르는 일이 있다. 스파르타의 이와 비할 수 있는 것은 에포로스(ephoros)로서, 원수는 5인. 그 중의 1인이 수석의 지위를 차지한다. 어느 경우에도 수석자의 이름에 따라 暦年을 세는 것이 관례였다.

아마르나 문서(文書) 기원전 14세기 전반, 이집트 왕과 서남아시아·소아시아제왕간에 주고 받은 書簡으로 楔形文字로 기록된 泥板文書. 현재 약 4,000통. 아마르나(Amarna)에서 발견되었다. 國際政治史 내지는 國際法史上의 자료로서 귀중한 가치를 가지고 있다. 서남아시아에 있어서의 당시의 공통어인 마카드어를 사용하여 설형문자로서 기록되어 있다.

아말피해법(海法) 〔伊〕 Tabula de Amalfa 남이탈리아의 아말피항에서 13·4세기에 성립한 海法典. 따불라 아말피따나(Tabula Amalphitana)라고도 하며, 그 일부에는 海事判決도 포함하고 있다. 66개조 중 21개조는 라틴어, 45개조는 이탈리아어로 규정하고 있으며, 당시에는 큰 권위를 가진 海上普通法이었다.

아메리카상호원조조약(相互援助條約) 전미상호원조조약과 같다.

아메리칸 로 인스티튜트 〔美〕 American Law Institute 美國法律協會. 1923년 2월 23일, 수도 워싱턴에서, 재판관·변호사·법과대학 교수중의 유력자가 카네기재단의 후원을 얻어 설립한 학회. 그의 목적은 法의 명료화와 간단화, 그리고 사회적 요청에 대한 법의 보다 나은 적응을 촉진하고, 또한 보다 나은 司法을 확보하고, 학문적 및 과학적인 법적 연구를 수행함에 있다. 그 주요한 사업은 美國法의 여러 부분에 관한 리스테이트먼트(restatement)의 편찬·발행인데, 그 외에 刑事訴訟 및 證據法에 관한 模範法案(model code)을 내고 있다.

아미앙조약(條約) 〔英〕 the peace of Amiens 1802년 英·佛講和條約에서 永世中立이란 말이 처음으로 사용된 국제조약. 영국, 프랑스, 스페인, 페르시아, 오스트리아 및 러시아를 保護國으로 하여 말카섬의 영세중립을 선언했으나 오스트리아와 러시아가 보호국이 되는 것을 반대하여 이 조약은 실현을 보지 못했다.

아보까 〔佛〕 avocat 프랑스의 모든 법원에 출석하여, 訴訟當事者를 변호하고 대리하는 변호사. 아부에가 제1심 또는 抗訴院에 한정되고 또한 소의 제기 등 형식적 소송행위만을 하는 오피스 미니스떼리엘인 것과 대비된다. 또한 아보까는 자유직업이며 辯護士規約簿에 정규로 등록하고, 항소원에서 서약한 프랑스국적을 가진 법학사임을 요한다. 그리고 破棄裁判所 및 꽁세이유 데따의 아보까는 특별히 취급된다.

아부에 〔佛〕 avoué 프랑스 제1심재판소 또는 抗訴院에서 담당자를 대표하는 獨占權을 가지는 변호사로서, 오피스 미니스떼리엘 중의 하나. 代訟人이라고도 번역된다. 법원장 또는 변호사회로부터 訴訟扶助가 부여된 자를 위하여 선임된 자를 avoué d'office(官選辯護士)라 한다. →아보까

아샤펜부르크의 범죄인분류(犯罪人分類) 아샤펜부르크는 1897년 하이델베르크의 국제형사학협회의 犯罪人分類를 기초로 하여, 법적 안전에 대한 위험을 기준으로 하는 상세한 범죄인의 유형화를 행하였다. 그 분류는 고전적 완성으로서 높이 평가되고 있다. 즉, 그는 法的 安全에 대한 위험은 犯罪人의 資質(Veranlagung)에 유래하는 것이며, 종종 隨伴事情의 우연에 의하여 규정되는, 형벌의 객관적인 무거움에 유래하는 것은 아니다라고 하는 관점에 서서, 이 기준에 응하여 범죄인을 다음의 7유형으로 분류한다. ① 부주의에 의한 偶發犯罪人, ② 정열의 폭발에 의한 激情犯罪人, ③ 好機會에 유발된 機會犯罪人, ④ 주도면밀한 계획에 의한 豫謀犯罪人, ⑤ 累犯犯罪人, ⑥ 慣習犯罪人, ⑦ 職業犯罪人.

아세안자유무역협정(自由貿易協定) 〔英〕 Asean Free Trade Agreement(AFTA) 인도네시아, 말레이지아, 싱가포르, 태국, 필리핀, 브루나이 등 동남아국가연합 6개국을 單一市場化하는 자유무역협정. 협정의 주요내용은 2008년까지 각국은 농산물을 제외한 모든 광공업제품과 원산지비율 40% 이상인 농산물가공품의 關稅를 현행 20%에서 5% 이하로 인하조치한다는 것. 특히 섬유·전기전자·화학·야자유·고무제품 등 15개 품목은 2003년까지 관세를 인하하도록 되어 있다.

아시아노동회의(勞動會議) 〔英〕 Asian Regional Labor Conference 국제연합에 속한 國際勞動機構(I.L.O.)의 지역회의와 世界勞動組合聯盟

(W.F. T.U.)에 속한 2종류가 있다. 전자는 1947년 10월 인도의 뉴델리에서 예비회의를 개최하였고, 후자는 1949년 11월 중국의 북경에서 처음으로 회의를 개최하여 世界勞聯 아시아連絡局의 설치 등을 결의하였다.

아시아생산성기구(生産性機構) 〔英〕 Asian Productivity Organization 아시아 각국의 생산성의 향상·촉진 및 생활수준의 항상을 도모하기 위하여 1962년 5월 22일에 우리나라를 비롯한 일본·자유중국·인도·필리핀·태국·네팔·파키스탄 등 아시아지역의 8개국으로써 구성된 國際民間機構. 그 목적은 회원국의 협력으로 생산성의 향상운동을 발전시킴으로써 아시아 저개발 여러 나라의 침체하고도 비능률적인 경제성장을 높이자는데 있다. 그 중요사업은 ① 각국 생산성본부의 합동연구회의, ② 중소기업에 대한 원조연구회의, ③ 경영자훈련 및 시장에 관한 조사관의 파견 등이다. 전문 16장 48조로 되어 있다. → 한국생산성본부

아시아태평양경제협력체(太平洋經濟協力體) 〔英〕 Asia Pacific Economic Cooperation (APEC) 1989년 1월 호주의 호크 총리의 제안에 따라 環太平洋地域의 주요 경제실체간의 경제협력과 무역증진을 목적으로 설립된 범정부적인 협력기구. 같은해 11월 호주의 캔바라에서 열린 제1차 각료회의(한국, 일본, 미국, 캐나다, 호주, 뉴질랜드와 동남아국가연합 6개국 등 12개국 참석)에서 공식 출범하였으며 현재에는 중국, 대만 및 홍콩이 참가하여 15개국이 회원국으로 되어 있다. 1993년에는 싱가포르에 상설사무국이 설치되었으며 域內自由貿易化 및 共同事業協力推進 등 구체적인 경제협력을 위한 사업이 추진되고 있다.

아시아 하이웨이 〔英〕 Asian Highway 인도네시아의 발리섬에서 아시아 14개국을 거쳐 터키의 앙카라까지 이르는 大産業道路를 말한다. ESCAP이 이들 지역의 經濟開發促進과 産業基盤裝備를 목적으로 기획하고 미국, 영국, 소련 및 일본이 기술협력 등을 제공하였다.

아소카왕 법(法) 인도의 아소카왕(阿育王 Asoka 264~268 B.C.)은 勅令을 발표하고 불교를 널리 전도하기 위하여 이를 돌에 銘刻하여 여러 곳에 세웠다. 돌에 명각된 石柱法 약 40개가 현존하고 있는데 이것은 인도 最古의 實定法으로서 1837년에 비로소 해독되었다.

아야 데 라 또레사건(事件) 〔英〕 Haya de la Torre Case →비호사건

아에딜레스 꾸룰레스 〔羅〕 aediles curules 高等按察官. 로마에서 기원전 367년에 신설된 政務官(마기스뜨라뚜스). 정원 2명. 임기 1년이며, 뜨리부스民會(→꼬미띠아)에 의하여 선출되고, 임뻬리움은 보유하지 못하였다. 공공의 건조물의 감시, 도로의 청결유지·수선, 방화·소화 등의 警察事務(cura urbis), 공공의 연극경기 등의 監督(cura ludorum), 곡물의 가격의 조절, 후에 이와 관련하여 市場 및 市場去來의 감독(annonae)에 당하였으며, 일정한 범위의 刑事裁判權도 가졌었다. 市場去來監督과 관련하여 이러한 거래 특히 노예 및 가축의 거래에 관한 민사소송을 장리하였으며, 이와 관련하여 그가 발한 告示는 按察官法(→명예법)을 발달시켰으며, 쁘라에또르와 함께 로마私法 특히 賣買法의 발전에 공헌하였다.

아우프베르퉁 〔獨〕 Aufwertung 增額評價를 가리킨다. 화폐가치의 하락으로 인하여 금전적 청구권의 실질적 가치가 감소하는 경우에 實質的 價値를 인정하는 것. 제1차대전 후 독일에서의 격심한 인플레이션으로 인한 金錢債權의 무가치화에 대하여 救濟와 調整을 꾀하기 위하여 저당권 그 밖의 청구권의 증액평가에 관한 법률이 공포된 바 있다.

아우플라숭 〔獨〕 Auflassung 독일법에 있어서 不動産所有權移轉의 合意. 이 합의는 일정한 방식에 좇아서, 즉 당사자쌍방이 관할관청(등기소·區裁判所·공증인 등)에 동시에 출두하여서 하여야 하며(獨民 925), 條件 또는 期限을 붙일 수 없다(925 後). 독일민법에서는 不動産所有權移轉은 그 합의나 등기를 구성요소로 하는 物權行爲에 의하여 비로소 효력이 있는 것으로 되는 점에서, 우리민법에서와 같지만, 그 합의는 일정한 방식을 필요로 하는 점에서 다르다. 원래 게르만법에서는 아우플라숭은 占有明渡行爲를 의미하였지만, 현실의 土地明渡로부터 festuca(보통 지팡이 또는 지프라기)의 인도로써 대용하는 象徵的 讓渡로 轉化하고, 다시 서증에 의한 양도나 재판관의 면전에서 행하는 아우플라숭이 출현함에 이르러 차츰 토지양도의 방식을 의미하게 되었다.

아이 비 알 디 〔英〕 IBRD, International Bank for Reconstruction and Development의 약칭. 국제부흥개발은행과 같다.

아이 시 에프 티 유(I.C.F.T.U.) 자유세계노련의 약칭.

아이 엘 오(I.L.O.) 국제노동기관의 약칭.

아이 엠 에프(I.M.F) 국제통화기금 약칭.

아이 엠 에프(IMF) **자금지원 합의내용**(資金支援合意內容) 1997년 12월 3일. 정부는 국제통화기금(IMF)긴급자금지원에 따른 우리측의 이행조건을 망라한 IMF 자금지원합의 내용을 발표했다. 한국경제의 시장개방확대와 금융개혁, 기업지배구조개선을 주요골자로 하는 이 합의내용은 모두 10개부문으로 구성되어 있다. 거시정책에 있어서는 거시경제목표, 통화 및 환율정책, 재정정책 등이고 금융부문 구조조정에서는 금융개혁법안, 구조조정 및 개혁조치, 기타 구조개혁에 있어서는 무역자유화, 자본자유화, 기업지배구조 및 기업구조, 노동시장개혁, 정보공개 등을 주요내용으로 하고 있다.

아일랜드제(制) 〔英〕 Irish system 累進制의 한 형태로서, 수형자의 구금에 있어서 반자유구금형태를 인정하는 제도. 보통 잉글랜드제는 누진의 단계를 獨占拘禁·雜居拘禁·假釋放의 3단계로 구분하는데, 아일랜드제는 잡거구금과 가석방의 사이에 反自由拘禁을 인정하여 4단계로 구분한다. 이 제도는 원래 영국식민지에서 행하여졌던 것을, 1845년에 월터 크로프톤(Walter Crofton)이 아일랜드에서 이를 부활시켰기 때문에 아일랜드제라고 한다. 아일랜드제를 다시 不定期刑制度와 결합하는 것이 엘마이라제(Elmira system)이다. →중간교도소

아쟝 쁘로보까뙤르 〔佛〕 agent provocateur 〔獨〕 Lockspitzel 타인을 敎唆하여 범죄를 실행하도록 하고서, 피교사자가 실행하는 것을 기다려 그를 逮捕하는 경찰의 앞잡이. →미수의 교사

아직도 합헌법규(合憲法規)**라는 주문**(主文) 〔獨〕 Noch verfassungsmäßige Gesetz 독일연방헌법재판소가 개발한 것으로 법률이 아직은 합헌적이나 입법자에게 완전히 헌법에 합치되는 상태 혹은 장차 닥칠 위헌사태를 막기 위한 입법을 촉구하는 變形決定의 일종이다. 이에 대해 不合致主文은 법규를 무가치하게 만드는 판단을 포함한다. 선거구 구분이 지난 선거시에는 헌법위반이 아니었으나 현재 진행중인 회기 중에 선거구의 구분이 제대로 되도록 입법자에게 촉구하는 따위이다(BVerfGE 16, 130). 이미 시행한 선거에 있어서 選擧法의 違憲無效宣言을 피하기 위하여 이와 같은 주문을 냈다는 것인데, 만일 선거법이 무효라고 한다면 현재 의회가 유효하게 구성되었다고 할 수 없고, 따라서 현재의 의회에 의한 새 입법이 불가능함을 고려하여 이러한 주문을 냈다는 것이다.

아 편(阿片) 아편은 의약상 이용될 뿐 아니라 마약으로서 향락을 위하여 吸飮되며, 이는 중독작용을 가져온다. 따라서 常習吸飮者 존재는 국민보건에 중대한 영향을 미치는 것이므로, 아편의 단속은 국제적으로 규율되며, 국내적으로도 아편의 政府專賣 및 團束을 정한다. 형법에도 상세한 벌칙의 규정이 있다(刑 198~206). →아편에 관한 죄

아편(阿片)**에 관한 죄**(罪) ① 아편·몰핀 또는 그 화합물을 제조·수입 또는 판매하거나 판매할 목적으로 소지하는 죄(刑 198), ② 아편을 吸食하는 기구를 제조·수입 또는 판매하거나 판매할 목적으로 소지하는 죄(199). ③ 세관의 공무원이 아편·몰핀이나 그 화합물 또는 아편흡식기구를 수입하거나 그 수입을 허용하는 죄(200), ④ 아편을 흡식하거나 몰핀을 주사하는 죄(201 Ⅰ) ⑤ 아편흡식 또는 몰핀주사의 장소를 제공하여 이익을 취하는 죄(201 Ⅱ), ⑥ 이상의 未遂犯(202), ⑦ 이상의 常習犯(203), ⑧ 아편·몰핀이나 그 화합물 또는 아편흡식기구를 소지하는 죄(205)로 이루어진다(刑法各則 제17장)(198~206). 본죄의 보호법익은 사회공중의 보건 및 社會風敎이다. 본죄에 제공한 아편·몰핀이나 그 화합물 또는 아편흡식기구는 몰수하며, 이를 몰수하기 불능한 때에는 그 價額을 추징한다(206). 痲藥一般에 관하여는 마약법 참조.

아프리카경제위원회(經濟委員會) 〔英〕 Economic Commission for Africa(ECA) 1958년에 설치된 유엔경제사회이사회의 地域經濟委員會 중의 하나로서 사무국은 아디스아바바에 있다. 아프리카 51개국의 경제사회개발과 域內外의 경제교류를 촉진하기 위한 조사·정보활동을 행한다.

아황산(亞黃酸)**가스 환경기준**(環境基準) 인간의 건강을 해치는 대기중의 아황산가스 기준치로 연평균농도가 0.05ppm을 초과하지 않도록 하고 있다. 통계에 의하면 아황산가스 平均濃度 0.005 ppm에서도 40세 이상의 성인남자의 약 5%가 만성기관지염에 걸리는 것으로 알려져 있다.

악 법(惡法) 윤리적·도덕적으로 보아 사회 일반에 맞지 않는 법. 制定法이 악법인 경우에는 사람이 이를 지켜야 하느냐의 여부가 악법도 법이다라는 法諺을 중심으로 하여 문제가 된다.

악 성(惡性) 〔獨〕 Gemeingefährlichkeit 〔佛〕 état dangereux 사회적 위험성과 같다.

악세스권(權) 〔英〕 right of access 신문·방송 등의 언론매체가 거대화하고 정보가 일반적으로 흐를 우려가 있는 현대사회에서 일반시민이 언론매체에 접근하여 비판이나 반론을 제기할 수 있

는 권리. 高度情報化社會에서는 행정에 의한 정보독점도 문제시되고 있어 정보공개 또는 프라이버시 보호면에서의 시민의 악세스권(또는 逆情報權)도 중요하다.

악 의(惡意) 〔佛〕 dolus malus, mala fides 〔獨〕 böser Glaube, Arglist 〔佛〕 mauvaise foi, dol →선의·악의

악의(惡意)**의 수익자**(受益者) 不當利得에 있어서 수익이 법률상의 요건을 결여하고 있음을 알고 있는 자. 이러한 수익자가 행하여야 할 不當利得返還의 범위는 선의의 수익자의 경우보다 넓고, 취득한 이익과 그 이자 및 손해가 있으면 손해배상을 포함한다(民 748, 749).

악의(惡意)**의 유기**(遺棄) 정당한 이유없이 同居·扶養·協助의 의무를 이행하지 않고 포기하는 것. 악의란 단순히 어떤 사실을 알고 있다는 것보다는 적극적인 의미로서 사회적으로 비난받을 만한 倫理的 要素를 포함한다. 유기란 상대방을 내쫓거나 또는 두고 나가 버리든가, 그렇지 않으면 상대방으로 하여금 나가지 않을 수 없게 만든 다음 돌아오지 못하게 함으로써 계속해서 同居에 응하지 않는 경우 등이 포함된다. 배우자의 악의의 유기는 재판상 離婚原因(民 840 ii)이며, 일정한 경우에 遺棄罪(刑 271, 272, 275)로 처벌된다.

악의(惡意)**의 항변**(抗辯) 〔羅〕 exceptio doli 〔獨〕 Einrede der Arglist 〔佛〕 exception du dol 로마법에서 시초에는 원고의 請求原因에 害意(dolus)가 있을 때, 후에는 그 청구가 信義衡平의 원칙에 반할 때, 피고가 이것을 주장하여 청구를 면할 수 있는 것을 의미하였다. 그러나 우리 민법에서는 이러한 의미에서의 일반적인 악의의 항변은 인정되어 있지 않고, 그 적용례로서는 개별적으로 同時履行의 抗辯이나 留置權의 主張 등이 규정되는데 불과하다고 해석하는 것이 통설이다. 다만 어음 등의 유가증권에 있어서, 채무자가 소지인에 대해서 그의 전자에 대한 人的抗辯으로써 대항할 수 없는 경우, 즉 抗辯의 切斷이 생기는 경우에라도, 이러한 항변이 있다는 것을 알고 내지는 이것에 의하여 채무자를 해하는 것을 알고 증권을 취득한 소지인에 대해서는, 전자에 대한 항변으로써 대항할 수 있는 것으로 되어 있어, 이러한 의미에서 악의의 항변이 인정된다(民 515·524, 어음 17 但, 手票 22 但).

악의점유(惡意占有) →선의점유·악의점유

악치오 〔羅〕 actio 로마법의 訴權. 고전시대까지의 로마법에는 근대적인 의미에 있어서의 소권은 존재하지 않았다. 현재에 있어서는 법원에 대한 訴의 提起權은 실체적 권리의 당연한 발로이며, 개개의 권리에 관하여 개별화된 것이 아니고, 추상적 관념이며 공법적 내용을 가지는데 그치지만, 악치오는 법이 개개의 사법적인 전제조건(實體權, 보호를 요하는 법률관계)에 대하여 개별적으로 인정하고 있는 獨立의 私權으로서, 그 각각은 사법적인 내용을 포장하고 법에 의하여 그 고유의 적용범위와 존립요건이 규정되어 있다. 실체권의 존재에 기하여 그 구제수단으로서 악치오가 인정되는 것이냐, 또는 거꾸로 악치오가 인정되는 것에 기하여 실체권이 성립하느냐는 쉽사리 단정할 수 없으나, 일반적으로 市民法上의 권리에 관하여는 전의 현상이, 法務官法上의 권리에 관하여는 후의 현상이 나타나 있다고 할 수 있을 것이다. 그 어느 쪽이든간에, 무릇 소송에 의한 보호는 근대법에 있어서와 같이 실체권의 존재에 기하여 당연히 가능한 것은 아니고, 개개의 악치오에 관하여 개별적으로 규정되어 있는 요건이 충족된다고 하는 것을 통하여 비로소 가능한 것이다. 악치오의 종류·요건은 법률소송의 단계에서는 법률(렉스) 및 법률과 동등한 효력을 가지는 고래의 관습에 의하여 엄격하게 규정되어 있었으나, 方式書訴訟의 단계에 이르러 法務官(쁘라에또르) 기타의 소송을 掌理하는 政務官(마기스뜨라뚜스)의 임뻬리움에 기하여 새로운 악치오가 속속 인정되었다(→명예법). 로마私法은 전체로서 이러한 여러 종류의 악치오의 체계에 照應하는 것이며, 특히 채권법의 영역은 거의 전부 악치오의 체계를 기초로 하여 그 위에 성립하고 있다. 그리고 비잔틴기에는 소송절차의 변질에 따라 채권은 소권의 어머니라는 근대적인 訴權槪念, 즉 實體權을 訴權의 기초로 하는 소권개념이 싹텄으나, 충분한 발전을 이루지는 못하였다.

악치오 네가또리아 〔羅〕 actio negatoria 否認訴權. 役權否認의 訴權이다. 役權을 가지지 아니하는 자가 소유자의 이념에 반하여 마치 역권을 가지고 있는 것처럼 행위를 하여 소유권을 침해하는 경우에, 소유자가 제한이 없는 소유권의 확인, 침해의 배제, 목적물·이익의 반환, 손해의 배상, 장래 방해를 하지 않는다고 하는 손해의 담보의 제공을 구하는 로마법의 악치오. 독일普通法(Gemeinesrecht)시대에, 소유권에 기한 妨害除法請求權으로 발전하였다.

악치오 디렉따 〔羅〕 actio directa 로마법상 어떤 기존의 악치오를 모방하여 새로운 악치

오가 만들어진 경우에, 그 기존의 악치오를 악치오 디렉따, 즉 本來訴權이라 하고 모방하여 만들어진 새로운 악치오를 악치오 우띨리스, 즉 準訴權이라 한다.

악치오 리베라 인 까우자 〔羅〕 actio libera in causa 원인에 있어서 자유로운 행위와 같다.

악치오 빠울리아나 〔羅〕 actio Pauliana 채무자가 債權者詐害의 의사로써 자기의 재산을 처분하여 채무자에게 實害를 발생시킨 경우에, 채권자 또는 파산관재인이 채무자 또는 처분재산의 악의의 취득자(無償行爲에 의한 경우는 악의임을 요하지 않는다)에 대하여, 당해재산의 반환 내지 전손해의 배상(訴가 1년 이내에 제기된 경우) 또는 이득액의 반환(1년 이후의 경우)을 청구하는 로마법의 악치오. 債權者取消權의 기원을 이룬다.

악치오 보나에 피데이 〔羅〕 actio bonae fidei 誠意訴權. → 악치오 스뜨릭띠 유리스

악치오 스뜨릭띠 유리스 〔羅〕 actio stricti iuris 嚴正訴權. 악치오 인 뻬르소남의 하나의 범주이며, 악치오 보나에 피데이에 대립한다. 전자의 악치오를 가지는 行爲·契約에 관하여는 당사자의 의사표시만이 기초로 되고 또한 그 의사표시에 관하여는 매우 엄격한 문자해석이 행하여지지만, 후자의 악치오를 가지는 행위·계약에 관하여는 당사자의 의사표시뿐만 아니라, 계약당시의 상황, 거래의 관습, 詐欺·强迫의 유무, 反對債權의 존부, 그 밖에 信義誠實의 원칙상 참조하여야 할 일체의 사정이 판결의 기초로 된다. 이 兩種의 악치오의 구별은 로마債權法上 매우 중요한 의의를 가진다.

악치오 우띨리스 〔羅〕 actio utilis → 악치오 디렉따

악치오 인 렘 〔羅〕 actio in rem 對物訴權. → 악치오 인 뻬르소남

악치오 인 뻬르소남 〔羅〕 actio in personam 對人訴權. 악치오 인 렘(actio in rem)에 대립하는 악치오의 하나의 범주. 악치오 인 뻬르소남은 債權(오블리가치오)에 관한 여러가지의 악치오로서, 소의 상대방으로 될 수 있는 자는 법률관계성립의 때로부터 당연히 특정되어 있으나, 악치오 인 렘은 채권 이외의 권리, 즉 예컨대 物權·家族法上의 지배권 등에 관한 여러가지의 악치오로서 소의 상대방으로 될 수 있는 자는 법률관계 자체로부터는 정하여지지 않으며, 權利侵害라고 하는 후발사유의 부가를 기다려 특정된다. 로마인은 전자를 人에 대한 악치오, 후자를 물건 자체에 대한 악치오라고 생각하였다. 후자에 있어서는 적어도 비잔틴기에 이르기까지는 訴의 상대방은 應訴가 강제되는 일은 없었다.

안(案) 어떤 종류의 사항에 대하여 입장정리 등이 공식적으로 확정되지 않는 것이나 그 입장정리를 하나의 草案으로 문서에 표시한 미확정인 것. 예컨대 個人情報保護法案, 新都市開發計劃案과 같은 것이다.

안 가(安家) 安全家庭의 약칭으로 청와대, 안기부, 검찰 등 정부기관이 행정이나 수사의 비밀을 유지하기 위하여 사용하는 일반가옥을 말한다.

안도권(安導券) 〔英〕 safe conduct 〔佛〕 sauf-conduit 軍의 작전지대 또는 함대행동구역 등의 通過許可證. 어느 물건을 공격중인 도시와 같은 특정지점으로부터 반출하거나 특정지점을 향해 수송할 경우, 그리고 적국인 또는 적의 선박이 담판과 같은 특정목적을 위해 특정지점을 왕래하는 경우 交戰國으로부터 부여된다. 적의 私船도 안도권이 부여된 경우에는 拿捕·沒收의 원칙에서 제외된다. 교전국은 군사상 필요한 때에는 안도권을 무효로 할 수 있다. 또한 외교공관이 정치범에 대하여 外交的 庇護를 행하고 영토국이 이를 허가하는 경우 피난자의 출국을 위하여 부여되는 안도권이 있다(→비호사건).

안락사(安樂死) 〔英〕 euthanasia 〔獨〕 Euthanasie 격심한 죽음의 고통을 면하게 하여 안락하게 죽게 하는 것. 이것은 생명을 단축시키지 않는 안락사(純正·本來的 安樂死)와 생명을 단축시키는 안락사(積極的 安樂死)로 구별되는데, 전자는 살인죄의 構成要件該當性이 없으므로, 형법상 문제가 되는 것은 원칙적으로 후자이다. 이 후자의 안락사에 대하여는 무조건 위법이라고 보는 입장(물론 경우에 따라서 책임이 조각될 수 있다고 한다)과 일정한 조건하에 違法性이 阻却된다(社會常規에 위배되지 않는다)(刑 20)고 보는 입장이 대립한다. 후설이 통설인데, 그 조건으로서는 ① 현대의학의 견지에서 보아 불치 또는 치명적일 뿐 아니라 그 死期가 절박할 것, ② 육체적 고통이 격심할 것, ③ 본인의 촉탁 내지 승낙(推定的 承諾일지라도)이 있을 것, ④ 안락사를 시행하는 목적이 오로지 본인의 죽음의 고통을 면하는 데에 있을 것, ⑤ 안락사의 시행방법이 현대의학의 견지에서 보아 그 구체적인 사정하에 상당한 것일 것, ⑥ 안락사를 시행하는 자는 원칙적으로 의사일 것 등을 들고 있

다. 고도의 정신박약자나 심한 정신병자와 같이 그 생존이 사회의 부담이 될 뿐이요 사회적으로 가치가 없는 사람을 살해하는 것(생존가치없는 생명의 毁滅)은 안락사가 아니며, 무조건 허용되지 않는다.

안사술(安死術) → 안락사

안에르벤레흐트 〔獨〕 Anerbenrecht 중세 독일의 농지에서 인정된 一子相續法. 均分相續으로 인한 농지의 영세화의 폐해를 막기 위하여 독일 각 연방에서 시행되었으나 나치스시대에 이르러 世襲農場法(Reichserbhofrecht)에 의하여 일반화되었다.

안온방해(安穩妨害) → 이미시온

안전관리자(安全管理者) 일정한 종류·규모의 사업에 있어서 産業災害를 예방하여 근로자의 안전을 관리하는 자(産業安全保健法 15). 안전관리자를 두어야 할 사업의 종류·규모 및 안전관리자의 수·자격·직무내용 등은 法定되어 있다(15, 施行令 12~14). 사업주는 안전관리자를 選任 또는 改任한 경우에는 노동부장관에게 보고하여야 한다(施行令 12 vi).

안전공황(安全恐慌) 인플레이션 안정기에 발생하는 공황. 인플레이션을 진정시키기 위하여는 通貨流通을 억제하여야 하는데, 그렇게 되면 인플레이션 때문에 팽창한 政府財政이나 企業金融을 긴축시키게 되는 결과를 초래하여 생산이 감소하고 기업이 파산하는 등 공황의 상태가 발생하게 되는 것이다.

안전담당자(安全擔當者) 산업안전보건법(14)에 의하여 직무와 관련된 안전·보건상의 업무를 담당하는 管理監督者의 업무 중 특히 위험방지가 필요한 작업의 안전업무를 수행하는 産業安全要員을 말한다. 안전담당자는 산업안전보건법시행령 11의 작업 외에 ① 산업안전보건법시행령 10조 1항이 규정하고 있는 업무와, ② 유해 또는 위험한 작업에 근로자를 사용할 때 실시하는 특별교육 중 안전에 관한 교육, ③ 당해 작업과 관련된 유해·위험한 기계·기구 및 설비에 대한 자체검사, ④ 기타 당해 작업의 성격상 유해·위험을 방지하기 위한 업무로서 노동부장관이 정하는 사항에 관한 직무를 수행한다.

안전보건관리책임자(安全保健管理責任者) 産業災害豫防計劃의 수립, 안전관리규정의 작성, 근로자의 안전·보건교육, 작업환경의 측정 등 작업환경의 점검 및 개선, 근로자의 건강진단 등 건강관리, 産業災害의 원인조사 및 재발방지대책의 수립, 산업재해에 관한 統計의 기록·유지, 안전·보건에 관련되는 안전장치 및 보호구 구입시 적격품 여부확인, 근로자의 유해·위험예상조치에 관한 사항으로 노동부령이 정하는 사항 등의 安全管理業務를 총괄·관리하게 하기 위하여 사업주가 선임한 사업장안전관리의 최고책임자. 안전보건관리책임자는 상시근로자 100인 이상을 사용하는 사업과 상시근로자 100인 미만을 사용하는 사업 중 노동부령이 정하는 사업에 두도록 산업안전보건법 13조가 규정하고 있다.

안전보장(安全保障) 〔英〕 security 〔獨〕 Sicherheit 〔佛〕 sécurité 외부로부터의 침략에 대하여 국가의 안전을 보장하는 것. 안전보장은 국제평화기구의 중심적 요소이며, 현재에 있어서 國際法上의 가장 중요한 문제로 되어 있다. 문제를 대별하여 둘로 나눈다. 하나는 침략의 의의를 정하고 구체적인 경우에 그것에 따라 침략의 유무·침략국을 확정한다(→침략). 또 하나는 침략의 배제의 방법의 문제로서, 현재 3개방법이 시도되고 있다. ① 條約에 의한 침략의 금지, ② 침략의 방지·예방. 침략이 금지되어도 실제상 일어날 수 있는 침략을 미리 방지하는 것이다. 이미 일어난 침략을 중지케 하는 것도, 侵略國에 대한 제재의 의미를 포함하지 않을 때에는, 넓은 의미의 침략의 방지에 포함된다. 구체적 조치로서는 쌍방의 병력간에 中立地帶를 설치하는 것, 국경을 넘은 병력을 국경내에 철퇴케 하는 것, 이들 조치의 실행을 감시할 委員會를 현장에 파견하는 것 등이다. 이들 응급조치와 함께 국제분쟁의 평화적 처리를 도모한다. ③ 침략에 대한 제재. 그 구체적 조치에는 직접의 경제적 또는 군사적 제재, 피침략국에 대한 재정적 원조에 의한 간접의 제재 등이 있다. 이상에 관하여 규정한 일반조약으로 국제연맹조약, 상호원조조약안, 제네바의정서(효력불발생), 不戰條約, 재정원조조약, 전쟁방지법촉진조약, 국제연합헌장 등이, 個別條約으로 로까르노조약, 불침략조약, 침략정의조약, 북대서양조약 등이 있다. 안전보장의 형식에는 個別的 安全保障과 集團的 安全保障이 있는데 그 성격이 판이하다. →개별적 안전보장, 집단적 안전보장, 침략

안전보장이사회(安全保障理事會) 〔英〕 The Security Council 〔獨〕 Der Sicherheitsrat 〔佛〕 Le Conseil de Sécurité 국제연합을 구성하는 주요기관의 하나. 國際平和 및 安全維持를 주로 담당한다. 국제연합에는 총회 외에 임무에 따라 3개의 理事會가 있는데, 그 중에서도 가장 중요하고도 유력한 기관이다. 15개국으로 구성되며, 그 중의 5국

은 常任理事國으로서 미국 · 러시아 · 영국 · 프랑스 · 중국의 5대국이며, 다른 10국은 총회의 3분의 2의 다수결로써 선출되며 임기는 2년, 매년 5개국씩 선임되고, 재선은 허용되지 않는다. 이 非常任理事國은 국제평화유지에의 공헌과 지리적인 배치를 고려해서 선출된다. 국제연맹이사회의 경우와 달라 상임이사국 · 비상임이사국수는 움직일 수 없다. 그 평화유지의 기능은 총회의 동종의 기능에 우선하며, 토의나 권고뿐만 아니라, 총회 기타의 기관에 없는 결정과 집행의 권한도 가진다. 국제분쟁의 평화적 처리 및 평화에 대한 위협 · 그 파괴 · 침략행위의 방지 · 억압을 임무로 하며, 후자의 集團的 强制措置를 위하여서는 경제적 제재 외에, 유력하게 조직된 병력적 제재의 수단도 가지며, 이사회하에 있는 군사참모위원회의 원조에 의해서 이를 실시한다. 이사회는 이들 목적을 위하여 地域的 協定이나 기관을 자기의 통제하에 이용할 수 있다. 이사회의 議事는 節次的 事項은 15국 중 9개국의 찬성으로써 행하고, 그 외의 실질적인 사항은 5개의 상임이사국을 포함한 9개국의 찬성으로써 행한다. 5대국에 관하여는 그 1국의 찬성이 없어도 결의가 성립되지 않으므로, 이를 5대국의 拒否權이라 칭하며, 그것이 이사회의 유력한 활동을 방해하는 경우가 대단히 많다. 분쟁의 평화적 해결에 관해서만은 紛爭當事國은 표결로부터 제외된다. 안전보장이사회는 상시 활동의 태세에 놓여 있어야 하며, 본부 뉴욕 외에 임무수행에 편리하다고 생각되는 다른 장소에서 회의를 개최할 수도 있다. → 상임이사국, 비상임이사국, 거부권, 국제연합

안전보호시설(安全保護施設) 안전보호시설의 정상한 유지 · 운행을 정지 · 폐지 또는 방해하는 행위는 근로자의 爭議行爲로서도 불가능하다(勞整 42 Ⅱ). 이 경우의 안전이라 함은 인명에 관한 안전이라고 해석되며, 생산설비 등의 經濟的 安全을 포함하지 않는다고 하는 것이 보통이다.

안전상(安全上)**의 조치**(措置) 事業主가 사업을 행함에 있어서 발생하는 위험을 예방하기 위하여 하는 조치. ① 기계 · 기구 기타 설비에 의한 위험, 폭발성 · 발화성 및 인화성 물질 등에 의한 위험, 전기 · 열 기타 에너지에 의한 위험. ② 굴착 · 채석 · 하역 · 벌목 · 운송 · 조작 · 운반 · 해체 · 중량물 취급 기타 작업에 있어 불량한 作業方法 등에 의한 위험. ③ 근로자가 작업중 추락할 위험이 있는 장소, 토사 · 건축물 등이 붕괴할 우려가 있는 장소, 물체가 낙하 · 비래할 위험이 있는 장소 기타 천재지변으로 인하여 作業遂行上 위험발생이 예상되는 장소 등이 조치의 대상이다. 이상의 사업주가 하여야 할 안전상의 조치사항은 노동부령으로 정한다(産業安全保健法 23).

안전수역(安全水域) 〔英〕 security zone 제2차대전이 일어나자 1939년 중립유지에 관한 美洲諸國의 협력을 확인할 목적으로 파나마에 회동한 미주제국의 외상회의가 이른바 파나마宣言에 의하여 설정한 것. 교전국의 이익이 중립국의 권리에 우선할 수 없으며 전쟁이 美洲諸國간의 교통을 방해할 수 없다는 취지에서 교전국에 의한 전투행위를 배제해야 하는 水域으로서 미주대륙 주변에 설정되었다. 이 수역은 연안으로부터 수백해리의 거리에 달한다. 영국 · 프랑스 · 독일은 각각 항의를 제출하여 이러한 수역의 설정은 국제법상의 근거가 없다고 하였으나, 미주제국은 自衛의 수단으로서 본질적으로 합법적이며 교전국도 이것을 인정하지 않으면 안된다고 주장하였다. 1914~18년의 전쟁중에도 이러한 安全水域 또는 防衛水域에 관한 개념이 남미제국 중에 대두한 바 있었으나 구체적 조치는 취해지지 않았다. → 방위수역

안전운전(安全運轉) → 준법투쟁

안전채권(安全債權) 은행대출금이나 유가증권 등을 비롯한 금융기관의 자산 중에 채권의 변제를 돌려받지 못할 위험성이 없는 자산. 예컨대, 國際決濟銀行(BIS)이 정한 금융자산의 危險加重値가 0인 자산을 들 수 있다.

안정조작(安定操作) 〔英〕 stabilizing operation 유가증권의 募集 · 賣出을 용이하게 하기 위하여 단독 또는 타인과 공모하여, 유가증권의 時勢를 고정시키거나 안정시킬 목적으로, 유가증권시장에서의 일련의 매매거래 또는 그 위탁이나 수탁을 하는 것. 부당한 時勢操縱의 수단으로서 쓰여질 우려가 있으므로 법령에 위반하여 이것을 하지 못하며(舊證去 91 Ⅲ), 법령에 위반하여 안정조작을 한 때에는, 그 행위로 인하여 형성된 가격에 의하여 거래를 한 자에 대하여 손해배상의 책임을 지며(92), 또한 형사책임을 진다.

안 조(贋造) 보통 사람으로 하여금 일견하여 眞物이라고 오인시킬 수 있는 僞造物을 제조하는 것을 가리킨다. 현행법은 주로 위조라는 말을 쓰고 있으나 그 뜻에 있어서는 큰 차이가 없다.

알권리(權利) 〔英〕 right to know 모든 情報源으로부터 일반적으로 정보를 수집할 수 있는 권리. 개인의 경우에는 공공기관과 사회집단에 대하여 정보를 제공하도록 청구할 수 있는 권리를 의미하게 되고 언론기관의 경우에는 공공기관과 사회

집단에 대하여 그 정보를 공개하도록 청구할 권리뿐만 아니라 取材의 自由를 의미하게 된다. 현행법상 이와 관련한 법률로는 公共機關의 個人情報保護에 관한 法律이 있다.

알라바마호사건(號事件) 〔英〕 Alabama Case 〔獨〕 Alabama-Fall 〔佛〕 Cas de l'-Alabams 1872년에 미국과 영국 사이에 벌어진 仲裁裁判事件. 남북전쟁 때에 남군의 주문으로 영국의 造船業者가 전쟁용으로 건조한 알라바마호가 무장을 완료하지 않고 출항하여 해상에서 병기 탄약을 보급받고, 북군(정부군)에 속하는 상선의 포획작전에 참가하였다. 이에 대하여 미국정부는 영국의 中立義務違反으로 인한 손해의 배상을 요구하였다. 오랜 외교상의 분쟁 끝에 1871년의 워싱턴조약에서 중재재판에 회부하게 되어 이 조약에서 裁判의 準則으로 유명한 워싱턴의 3원칙이 정해졌다. 다음 해의 재판에서 영국은 1천 5백5십만달러의 배상을 명령받았다. 이 사건은 워싱턴의 3원칙과 함께 외교상의 어려운 문제를 중재재판이 합리적으로 해결하여 중재재판을 크게 촉진시킨 점에서 국제법상 유명하다. → 워싱턴의 삼원칙, 중립국의 의무

알리바이 〔英〕·〔佛〕 alibi 〔獨〕 Alibi 現場不在證明. 피의자 또는 피고인이 범죄가 행하여진 때에, 범죄의 현장 이외의 장소에 있었다는 사실을 주장하여 자기의 무죄를 입증하는 방법. 영미법계에 있어서는 알리바이는 冒頭節次에서 주장하지 않으면 안된다는 法律例도 있으나, 우리 법에서는 특별한 효과는 인정되지 아니한다. 그러나 인간은 동시에 둘 이상의 장소에 있을 수 없으므로, 알리바이의 입증은 自由心證主義下에 있어서 유력한 방어방법이다. 공소장에 있어서 특히 公訴事實의 기재는 범죄의 시일·장소·방법을 명시하여 사실을 특정할 것이 요구되고 있는데(刑訴 254Ⅳ), 이것은 단지 법원의 심판의 대상을 명확히 함에 그치는 것이 아니라 피고인의 방어의 편의를 위한 제도이기도 하며, 특히 범죄의 시일·장소의 명시는 피고인의 알리바이提示에 중요한 의미를 가지는 것이다.

알멘데 〔獨〕 Allmende → 마르크단체

알 선(斡旋) 〔英〕 mediation 노동쟁의가 발생한 경우에, 관계당사자의 신고를 받은 勞動委員會의 위원장들이 그 소속알선위원 중에서 지명한 알선위원이 노사의 중간에 들어서 쌍방의 주장의 요점을 확인하고, 노동쟁의가 해결되도록 노력하는 것. 그러나 調停이나 仲裁와는 달라서 斡旋委員 자신의 안을 제시할 필요는 없다. 알선이 성립한 때에는 알선위원은 斡旋書를 작성하여 관계당사자와 함께 서명날인하여야 하며, 성립된 알선의 내용은 團體協約과 동일한 효력을 가진다. 알선위원은 알선으로 분쟁이 해결되지 아니한 때에는 그 사건에 관한 서류에 斡旋經緯와 의견을 기재한 서류를 첨부하여 노동위원회에 보고하여야 한다(舊勞動爭議調整法 18~21). 해결을 행정관청이 지명하는 알선공무원으로 하여금 행하도록 한 것을 구법은 노동위원회의 알선위원으로 하여금 행하도록 하였었다.

알선수뢰죄(斡旋受賂罪) 공무원이 그 지위를 이용하여 다른 공무원의 직무에 속한 사항의 알선에 관하여 뇌물을 收受·要求 또는 約束하는 죄(刑 132). 알선이란 일정한 사항에 관하여 어떤 사람과 그 상대방과의 사이에 중개를 취하는 것이며, 알선의 방법에는 제한이 없다. → 수뢰죄

알선위원(斡旋委員) 舊勞動爭議調整法에서 노동쟁의의 해결을 알선하고, 노동쌍방의 주장의 요점을 확인하여, 사건이 해결되도록 노력하는 위원(20).

알제선언(宣言) 〔英〕 Alger's Declaration 1973년 9월 알제리의 수도 알제에서 제4차 비동맹국가 정상회담에서 채택된 비동맹회의의 基本綱領이라 할 수 있는 선언으로 政治宣言과 13개 항목의 정치결의, 經濟宣言과 6개 항목의 경제결의 등으로 되어 있다. 경제선언은 천연자원의 국유화와 함께 國有化補償解決의 권한이 자원보유국에 있음을 주장하고 多國籍企業을 격렬하게 비난한 것이 특징이다.

알콜범죄(犯罪) 〔獨〕 Alkoholkriminalität 알콜 飮用에 의하여 촉진되는 범죄. 알콜의 작용은 人格과 環境의 두 측면에서 고려된다. 따라서 알콜과 범죄와의 관계는 ① 직접적 알콜범죄(음주하에서의 범죄), ② 간접적 알콜범죄(음주가와 그 가족에 대한 간접적 작용), ③ 음주가의 자손에 대한 생물학적 작용이 자손으로 하여금 범죄에 빠지게 하는 경우(음주벽에 기한 변질) 등의 셋으로 나눌 수 있다. ①의 경우는 暴力犯·性的 犯罪로서 나타나고, ②의 경우는 생계의 곤란·실업에 의한 財産犯罪의 문제로 되고, ③의 경우는 실증적 증명은 곤란하나 子孫의 정신병질적 경향·열등성 등이 고려된다.

암거래(闇去來) 舊物價調節臨時措置法 및 特定外來品販賣禁止法 위반행위의 통속적 칭호.

암 수(暗數) 眞正한 犯罪者의 數와 統計에서 들고 있는 자와의 차. 특히 절도·사기·횡령·문서위조·상해·낙태·풍속범에 있어서는 막대한 수에 달한다고 추정되고 있다.

암 시(暗示)　明示의 반대로 자기의 의사를 명백히 상대방에게 표시하지 않는 것, 즉 默示와 같은 뜻이다. 민법상 암시의 의사표시 또는 묵시의 의사표시라고 하는 것은 그 예이다.

암행어사(暗行御史)　조선시대 國王이 수시로 지방에 특파하여 官吏의 得失, 生民의 疾苦를 廉察하여 書啓復命함을 직무로 하는 국왕의 사자로서 御史의 일종. 繡表 또는 直指라 別稱하였다. 조선초기부터 問民疾苦使·行臺·分臺·敬差官·察務 등의 이름으로 지방에 파견된 朝臣이 많은 바, 그 임명과 행동이 비밀을 본질로 하는 점이 다른 御史나 朝臣의 파견과 성격이 다르다. 조선초기의 王朝實錄에 密遣, 潛行體察, 暗行糾察 등의 기사가 보이는 것은 암행어사의 전신이 되는 使臣으로 해석되나, 어사파견의 필요성의 역설은 세종대왕시절부터 보이며, 암행어사의 용어의 初見은 中宗 4년 己巳 11월 丁卯의 實錄記事이다. 그러나 燃黎室記述, 增補文獻備考 등은 모두 宣祖 14년 2월의 기사를 初見으로 기록하고 있다. 暗行方法에 관한 비판이 강하여 선조시대까지는 별로 파견되지 못하고 仁祖 이후 衰頹基에 접어 들면서 빈번히 파견되어 常設制度化하다시피 된 것이다. 암행어사는 臺諫玉堂 등의 小壯朝臣을 국왕이 직접 임명하고 封書·事目·馬牌·鍮尺 등을 수여하여 그 신분을 표시케 하고 行次에는 先文을 사용치 않고 微服으로 암행하여 守令行績이나 人民의 寃抑을 廉察한 후, 목적지에 도달하여 필요한 경우에는 出道(露綜)하여 그 신분을 밝히고 非違貪汚한 守令을 封庫하여 그 職務執行을 정지하고 임시로 刑獄을 심리하여 生民의 疾苦를 살펴 억울을 풀어주는 동시에 書啓와 別單으로 사실을 국왕에 보고하여 지방행정의 시정과 개선을 촉진한 것이다.

압력단체(壓力團體)　〔英〕 pressure groups
→ 프레셔 그룹스

압 류(押留)　〔英〕 seizure 〔獨〕 Beschlagnahme, Pfändung 〔佛〕 saisie　넓은 의미의 압류는 국가권력으로 특정한 有體物 또는 權利에 관하여 私人의 사실상 또는 법률상의 처분을 금하는 행위를 말하나, 좁은 의미에서는 금전채권에 관한 強制執行의 제1단계로서 집행기관이 먼저 채무자의 재산의 사실상 또는 법률상의 처분을 금지하고 이를 확보하는 강제행위를 말한다. 구법에서는 이를 差押이라 하였다.

[1] 민사소송법상 압류는 집행관 또는 집행법원 등 국가의 執行機關의 強制行爲이다. 따라서 채무자의 의의를 무시하고 그 저항을 배제하여 할 수 있다(496, 497). 그러나 채권자의 만족이 목적이므로 過分押留, 무익한 압류는 할 수 없다(525 Ⅱ·Ⅲ 참조). 즉, 집행채권의 만족과 집행비용의 변상에 필요한 범위를 넘어서 집행하는 것은 금지되며 또한 압류한 물건을 換價하여도 강제집행의 비용을 보상하고 잉여를 얻을 가망이 없을 때에는 강제집행을 할 수 없다. 압류방법은 집행기관과 함께 압류재산의 종류에 따라 다르다. 유체동산의 압류는 집행관이 그 물건을 점유함으로써 하고(527, 528, 529), 채권과 다른 재산권에 대한 압류는 執行法院의 押留命令(557)(어음·수표 기타 지시채권의 압류는 집행관이 그 증권을 점유하여야 한다(566)). 부동산, 선박의 강제경매의 경우의 압류는 집행법원의 競賣開始決定(603, 668), 부동산의 강제관리의 경우에는 집행법원의 強制管理開始決定(667, 668)으로써 한다. 압류의 대상은 채무자의 개개의 환가 가능한 現存財産으로서 압류금지에 들지 않는 것이라야 한다. 영업과 같이 재산이 모여서 일체를 이루고 있는 것, 과거의 재산, 제3자의 재산(509), 押留禁止物(532), 押留禁止債權(579)(→압류금지)은 압류할 수 없다. 압류에 의하여 채무자는 압류재산의 處分權을 잃는다(561 Ⅰ, 584, 603, 609, 611, 668 참조). 채권자는 압류한 금전, 賣得金, 賣却代金으로부터 변제 또는 배당을 받게 될 뿐이고(平等配當主義), 독일법과 같이 押留質權을 취득하지 않는다(優先配當主義). 압류의 효력은 압류의 대상물 외에 유체동산에서는 압류물에서 산출한 천연물(531), 부동산에서는 從物 등에 미치고 채권에 있어서는 담보물권, 종된 물권(562), 압류 뒤에 발생하는 이자나 遲延賠償請求權에도 미친다.

[2] 행정법상 國稅滯納處分의 한 단계로서의 체납자의 재산압류가 있다. 즉 행정상의 편의를 고려하여 민사소송법상의 압류에 비하여 편리한 방법을 정하고, 행정권 자체가 이것을 행할 수 있게 하고 있다. 압류의 목적물·방법·절차·효과 등에 관하여는 국세징수법에 상세한 규정이 있다(24~88). 이 압류는 행정상의 義務強制의 성질을 가지므로 법관의 영장을 요하지 아니한다. 그러나 국세범칙사건의 조사를 위한 압류는 형사상의 소추와 관련되므로, 헌법의 원칙에 따라 법관의 영장을 요하는 것으로 되어 있다(租稅犯處罰節次法 3, 關稅 212 참조).

[3] 형사소송법상 押收의 일종. 법원이나 수사기관이 증거물 또는 몰수할 것으로 사료하는 물건의 점유를 강제적으로 취득하는 재판 및 그 집행(106 Ⅰ)을 말한다. 압수를 함에 있어서 점유를 취득하는 방법은 처음부터 강제적으로 占有를 취득하는 경우와 소유자·소지자·보관자가 임의로 제출하는 물건이나 遺留한 물건의 점유를 취득하는 경우가 있으

며, 전자의 경우를 특히 押留(刑 140 참조)라고 하는 수도 있다. → 압수

압류금지(押留禁止) 〔獨〕 Unpfändbarkeit 〔佛〕 insaisissabilité [1] 채무자의 일정한 재산을 强制執行의 목적물로서 압류하는 것을 법률상 또는 재판상 금지하는 것. 민사소송법 532조는 일정한 有體動産을, 579조는 일정한 채권을 압류하지 못하는 것으로 열거하고 있다. 기타 법률에서 개별적으로 압류의 금지를 규정하는 경우도 적지 않다. 또 법원은 일정한 요건하에 재량적으로 암류금지의 범위를 확장할 수 있다(533). 민사소송법 532조의 균일적인 法定押留禁止에 탄력을 주어서 채무자의 窮狀을 구제하자는 것이다. 압류금지인정의 근거는 채무자의 최저한도의 생활이나 생업의 유지를 보장하려는 사회정책적 목적과 국가적 공익적 업무에 종사하는 자를 보호하려는 목적에서 유래된 것이다. 압류금지물은 채무자가 파산하더라도 破産財團에 들어가지 않는다(破 6Ⅲ). 압류금지는 원칙적으로 强行的이며 이에 위반한 압류는 위법한 압류로서 집행의 방법에 관한 異議에 의한 구제가 인정된다. 그리고 집행절차상의 이유로 2중압류가 금지되는 결과 이미 압류된 물건은 이중으로 압류못한다는 제한이 있으나 이것은 상술한 압류금지와는 전연 별개 제도인 것이다.

[2] 國稅滯納處分의 압류의 경우에도 같은 취지에서 일정한 물건에 대한 압류가 금지된다(國徵 31～33).

압류명령(押留命令) 〔獨〕 Pfändungsbeschluss 제3채무자에 대하여 채무자에게 지급할 것을 금지하고 채무자에 대하여 채권의 처분 특히 그 推尋과 領收를 하지 말도록 명하는 집행법원의 결정을 말한다(民訴 561Ⅰ). 이 압류명령은 職權으로 제3채무자와 채무자에게 송달하여야 한다(561Ⅱ). 제3채무자에 대한 송달로서 압류의 효력이 발생한다(561Ⅲ). 채권 기타 재산권에 대한 집행은 이에 준하여 개시된다(557, 584, 예외 566). 이 명령에 반하는 처분, 즉 채무자의 債權讓渡, 免除, 相計나 제3채무자의 변제는 압류채권자에게 대항할 수 없다. 압류명령은 채권자의 신청(559)으로 하며, 이 신청을 받은 執行法院은 제3채무자와 채무자를 심문하지 않고 결정한다(560). 왜냐하면 채권은 무형적 존재이기 때문에 압류를 예지시키면 미리 처분할 염려가 있기 때문이다. 신청이 부적법하거나 또는 압류금지의 채권일 때에는 이를 각하한다. 유체동산 또는 부동산의 인도청구권에 대한 압류명령 중에는 引渡命令을 포함하나(576Ⅰ, 575), 이 인도명령은 압류명령의 요소는 아니다.

압류우선주의(押留優先主義) 우선배당주의와 같다

압류재산(押留財産)**의 환가**(換價) 금전이외의 재산을 賣却 등의 방법에 의하여 금전으로 바꾸는 행위. 압류재산의 환가는 압류재산이 부패·변질 또는 감량되기 쉬운 것으로서 신속한 매각을 요하는 것이거나, 압류재산의 推算加額이 천만원 미만의 것 등일 때에 隨意契約(國徵 62)에 의할 수 있는 경우 외에는 公賣의 방법에 의한다.

압류질권주의(押留質權主義) → 우선배당주의

압류채권자(押留債權者) 〔獨〕 Vollstreckungsgläubiger 금전채권을 추심하기 위하여 강제집행이 개시된 경우에 執行委任, 압류명령의 신청이나 강제경매 또는 강제관리의 신청을 한 채권자. 平等配當主義를 취하므로 압류채권자는 배당요구채권자에 대하여 하등의 우선적 지위가 인정되지 않고 그들과 평등하게 배당을 받는다.

압류평등주의(押留平等主義) 평등배당주의와 같다.

압류표시무효죄(押留表示無效罪) → 공무상 비밀표시무효죄

압 송(押送) 受刑者·未決收容者 기타의 피구속자 등을 다른 교도소 기타의 장소에 이송하는 것(刑訴 361 참조).

압 수(押收) 〔英〕 seizure 〔獨〕 Beschlagnahme 〔佛〕 saisie des pièces à conviction 법원이 證據物 또는 沒收할 것으로 사료되는 물건의 점유를 취득하는 재판 및 그 집행 또는 검사·사법경찰관이 법원의 허가를 받아서 이러한 물건의 점유를 취득하는 행위(刑訴 106, 215). 압수는 押留, 任意提出物·遺留物의 取得(108, 218)과 제출명령을 포함한다. 공판정 외의 압수는 법관이 발부한 영장에 의하여야 한다(憲 12Ⅲ, 刑訴 113). 압수할 수 있는 물건에 관해서는 일정한 제한이 있다(刑訴 110～112, 219). 압수한 경우에는 押收目錄을 작성하여 소유자·소지자·보관자 기타 이에 준할 자에게 교부하여야 한다(129, 219). 압수물에 관해서는 필요에 따라 간수자를 두거나 소유자 또는 적당한 자에게 보관시킬 수도 있고 폐기할 수도 있다(130, 219). 몰수할 압수물에 한해서는 賣却하여 대가를 보관할 수도 있다(132, 219). 압수를 계속할 필요가 없다고 인정되는 압수물을 피고사건 또는 피의사건 종결 전이라도 還付 또는 假還付의 결정을 할 수 있다(133,

219). 終局的 裁判에서 몰수의 선고가 없는 경우에는 압수를 해제한 것으로 간주한다(332). 그리고 압수된 장물이 피해자에게 환부할 이유가 명백한 때에는 피고사건·피의사건의 종결전 또는 종국판결시에 피해자에게 환부할 수 있다(134, 333 →장물의 환부). →압류

압수물(押收物) 압수에 의하여 법원 또는 수사기관이 점유를 취득한 물건. 압수한 경우에는 押收目錄을 작성하여 소유자 등에게 교부하여야 하고(刑訴 129, 219), 필요에 따라서는 간수자를 두거나 소유자 또는 적당한 자의 승낙을 얻어 보관하게 할 수 있고(130, 219), 또 매각하여 대가를 보관할 수도 있다(132, 219). 압수물 또는 압수장물의 還付·假還付에 관하여는 還付·假還付·贓物의 還付를 보라.

압수·수색영장(押收·搜索令狀) 압수·수색의 재판을 기재한 裁判書. 집행기관에 대한 命令狀인 경우(刑訴 113, 115)와, 수사기관에 대한 許可狀인 경우(215)가 있다. 어느 경우에나 공판정 외의 압수·수색은 압수·수색영장에 의하지 않으면 안된다(憲 12Ⅲ, 刑訴 113). 압수·수색영장을 집행하여 압수·수색할 경우에 있어서는 피처분자에게 이를 제시함을 요한다(118, 219). 압수와 수색은 밀접한 관련을 가지므로, 그 영장은 압수·수색영장이라는 공통된 영장인 것이다.

앗시리아법서(法書)〔法典〕 〔英〕 Assyrian Laws 〔獨〕 Assyrisches Rechtsbuch 〔佛〕 Lois assyriennes 바빌로니아인과 동일종족에 속하고, 서로 국경을 접하고, 바빌로니아문화의 영향을 많이 받으면서도 고유의 문화를 보유한 앗시리아인이 기원전 1000년대 후반에 편찬한 法書(法典이라는 설도 있다). 그 성립연대에 관해서는 기원전 15세기 내지 13세기 사이에 편찬되었다고 하는 것이 종래의 통설이었으나, 새로운 학설은 11세기에 편찬되었다고 주장한다. 그 내용은 함무라비법전의 강력한 영향을 보여주고 있으며, 동법전과 히타이트법서(법전)와 비슷한 다수의 규정을 포함하고 있지만, 無斷的 專制國家인 앗시리아의 법으로서 이들 법에 비하여 보다 엉성하지만 매우 엄격한 원시적 색채를 지니고 있다. 특히 형벌규정에 있어서 그러하다. 婚姻法·夫婦財産法, 婦女服製法·부녀가 가해자 또는 피해자인 不法行爲法 등, 婦女關係의 규정을 수록하고 있으므로, 부인의 거울(Frauenspiegel)이라고 속칭된다. 앗시리아법서의 원본은 泥板文書이며, 금세기에 들어와 독일학자들에 의하여 앗시리아古都에서 발견되었으며, 현재 풍부한 실증기록과 함께, 楔形文字法 중에서 앗시리아법에 관하여 성문법과 산 法과의 사이의 관계에까지 깊이 들어간 연구를 가능케 하고 있다.

앙쁘레뷔죵 〔佛〕 imprévision(théorie de l') 不可豫見의 이론. 公共役務의 계속확보를 위하여, 長期契約에 관하여, 체결당시 예견할 수 있었던 한도를 초과하는 부담을 발생시키는 경제사정의 변동에 기하여 당사자 일방에 契約條件改正請求權을 인정하는 프랑스參事院이 고안한 法理. 민사판례는 이것을 인정하지 아니한다. →사정변경의 원칙

앙샹 드로아 〔佛〕 ancien droit 프랑스古法. 프랑스대혁명 이전, 앙샹 레짐시대의 프랑스법. 당시의 법은 지방적으로 구구하여 不統一을 이루었는데, 대체로 말해서 프랑스의 북부에는 게르만법계통의 관습법이 행하여지고(慣習法地帶), 남부에는 로마계통의 관습법이나 繼受로마法이 행하여지고 있었다(成文法地帶). 그러나 그 후, 왕권의 신장, 로마법의 영향, 관습법통일운동, 법학자의 활동 등에 의하여 차츰 법의 통일의 기운이 일어나, 프랑스대혁명 이후의 中間法의 시기를 거친 후, 마침내 나폴레옹의 입법에 의하여 법의 통일이 실현되었다. 古法의 특색은 일반적으로 公法은 전제적, 私法은 봉건적인 점에 있다.

앙샹 레짐 〔佛〕 ancien régime 넓은 뜻으로는 혁명 이전의 舊體制를 말하고, 좁은 뜻으로는 프랑스혁명에 의하여 타도된 절대주의말기의 政治形態를 말한다. 절대주의말기에 있어서는 대부분의 토지가 많은 특권을 가진 봉건세력에 집중되어 있었음에 비하여 제3신분 특히 농민의 토지는 극소하였으며 그 위에 重稅 때문에 극도로 빈곤하였다.

액면주식(額面株式) 〔英〕 par value stock 〔獨〕 Summenaktie, Quantenaktie, Nennwertaktie 券面額이 定款과 株券에 명시되어 있는 주식. 無額面株式에 대한 것으로서 金額株라고도 한다. 우리나라 상법상은 액면주식만이 인정되고 있다. 액면주식의 금액은 균일하여야 하며(株金均一의 原則), 5000원 이상이어야 한다(商 329Ⅲ·Ⅳ). 그러나 상법시행전에 성립한 주식회사가 발행하는 주식의 금액에 관하여서는 구상법 202조 2항의 규정을 적용하여 종전대로의 액면을 유지하되, 액면 5000원 미만의 주식을 액면 5000원 이상으로 하기 위하여, 상법시행의 날로부터 2년내에 株主總會의 特別決議에 의하여 주식을 倂合하여야 한다(商施法 16). 주식금액은 자본에 계상되며(商 451), 액면을 초과하는 금액으로 발행한 경우의 액면초과액은 資本準備金으로 적립된다(459Ⅰ). 또한 액면미달의 價額으로 주

식을 발행하는 것은 新株發行의 경우에, 일정한 요건하에서만 할 수 있다(割引發行)(417). 이 경우에는 액면미달금액은 주식발행 후 3년내에 償却을 하여야 한다(移延計定)(455).

액 면(額面) 어음·공채·주권·채권 등 유가증권의 권면기록의 금액을 가리킨다.

액면초과액(額面超過額) 〔英〕 premium 〔獨〕 Prämie 〔佛〕 prime 주식을 액면 이상의 가격으로 발행할 때의 권면액을 초과한 금액. 액면미달의 가액으로 주식을 발행하는 할인발행은 엄격한 요건하에 예외적으로 인정되는데 지나지 않으나 초과발행에는 제한이 없다. 다만 액면초과액은 醵出資本에 속하기 때문에 이를 자본준비금으로 적립하여야 한다(商 459 i).

액세스권(權) 〔英〕 right of access to mass media 일반국민이 자신의 사상이나 의견을 발표하기 위하여 언론매체에 자유로이 접근하여 그것을 이용할 수 있는 권리를 말한다. 오늘날 언론기업은 集中化 내지 獨寡占하여 언론기관이 자의적으로 그에의 접근과 이용을 거부할 경우, 일반대중은 그 사상과 의견을 발표하고 전달할 場을 상실하게 된다. 따라서 언론기관에의 접근과 그 이용을 表現의 自由의 일환으로서 헌법상 보장할 필요성은 더욱 증대되고 있다. 고전적 의미의 표현의 자유가 국가권력의 부작위를 요구하는 소극적 자유권이라면 액세스권은 표현의 자유를 실현하기 위하여 국가권력의 발동을 적극적으로 요구하는 청구권적 성격의 권리이다. 액세스權도 알 權利와 마찬가지로 헌법 21조 1항을 비롯하여 10조, 34조 1항 등을 근거로 하여 헌법상 보장된다고 본다.

액션 오브 어카운트 〔英〕 action of account 計算訴訟을 가리킨다. 보통법상 後見人에 대한 계산청구의 소. 계약관계의 존재를 필요로 하며, 유언집행인·유산관리인에 대하여도, 또 이들에 의하여도 本訴를 제기할 수 없다. 일반적으로 타인의 대리인으로서 금전을 수령하고, 衡平法上 구제가 필요한 모든 경우에 인정된다.

액트 오브 세틀먼트 〔英〕 Act of Settlement 王位繼承法. 윌리암 3세(1689~1702) 및 왕녀 앤(후의 Queen Anne(1702~1714))의 死後, 그 자손이 단절되는 때에는 왕위는 하노버選擧侯妃 소피아(Sophia) 및 그 자손으로서 신교도인 자에 한하여 왕위를 계승할 수 있다는 것을 정한 법률의 약칭. 본법은 이 외에도 국왕은 英國敎會의 일원이 되어야 하며, 로마·가톨릭교도가 되거나, 또는 그의 일원과 혼인할 경우에는 退位를 하여야 하고, 재판관은 罪過가 없이는 그 지위를 상실하지 않고 일정액의 보수를 받으나, 양원의 요구에 의해서 파면될 수 있고, 국왕의 특사가 있었다는 것을 가지고 彈劾訴追에 대한 抗辯으로 삼을 수 없다는 것 등의 중요규정을 포함하고 있다.

액화석유(液化石油)**가스충전사업**(充塡事業) 저장시설에 저장된 액화석유가스를 용기 또는 차량에 고정된 탱크에 충전(배관을 통하여 다른 저장탱크에 이송하는 것을 포함)하여 공급하는 사업(液化石油가스의 安全 및 事業管理法 2 ii). 액화석유가스충전사업을 하고자 하는 자는 그 사업소마다 특별시장·광역시장 또는 도지사의 허가를 받아야 한다(3 I).

앤저스(ANZUS) 1951년 9월 1일 조인, 1952년 4월 29일 발효한 오스트레일리아·뉴질랜드·미국간의 三國安全保障條約(Tripartite Security Treaty between Australia, New Zealand and the United States of America). 太平洋相互安全保障條約이라고도 흔히 부른다. 美比相互防衛條約·美日安全保障條約과 함께 미국의 태평양방위체제의 일환으로서 체결된 것인데, 동시에 일본에 대한 오스트레일리아·뉴질랜드의 안전을 미국이 보장한 것. 내용은 美比相互防衛條約과 동일하고, 군사적 의무는 나토보다 약하여, 앤저스방식이라 불린다. 외상으로 구성되는 外相理事會를 일반적으로 앤저스회의 또는 앤저스이사회라고 부른다.

앤티 트러스트 법(法) 〔英〕 anti-trust acts →반트러스트법

앵글로 색슨주의(主義)〔國際法의〕 국제법에서 보통 앵글로 색슨계의 諸國(영국, 미국 등)의 慣行의 의미. 이에 대하여, 유럽대륙제국의 관행을 大陸主義라 한다. 양자를 각각 영국주의, 프랑스주의라고도 한다. 양 주의가 가장 현저하게 대립하는 국제법상의 문제는 領海에 있어서의 재판관할권의 소속, 국적판결의 표준(出生地主義와 血統主義), 사람이나 재산의 敵性規準(住所主義와 國籍主義), 戰時禁制品의 수송(連續航海主義의 긍정과 부정), 봉쇄의 요건 등이다. 앵글로 색슨주의와 대륙주의는 때로는 법에 관한 근본적 개념의 차이에 기한 대립을 의미하는데도 사용된다. 이 의미에서, 전자는 현실적으로 행하여지는 것을 法이라고 보며, 先例를 중시해서 판결에 구속력을 인정하려 하며, 조약에 의한 입법을 중요시하지 않는다. 후자는 행하여져야 할 것을 법으로 보는 경향이 있으며, 학설을 중시하고 그것으로부터 法規를 추출하려 하고, 조약에 의

한 입법을 중시한다.

야간근로(夜間勤勞) 하오 10시부터 상오 6시까지 사이의 勤勞(勤基 55). 이러한 근로에 대해서는 원칙적으로 加算賃金이 지급된다. 한편 연소자와 여자에 대해서는 야간근로를 금지하고 있으나 근로자의 동의와 노동부장관의 인가를 받은 경우(68)에 한해서만은 예외적으로 허용된다. 이 경우에도 물론 소정의 가산임금이 지급되어야 한다.

야간근로수당(夜間勤勞手當) 야간근로에 대해서 특별히 지급되는 수당. 야간근로수당은 통상임금의 100분의 50 이상이다(勤基 55). 따라서 통상임금이 1시간에 5,000원인 근로자가 3시간의 야간근로를 했을 경우는, 3시간의 통상임금 15,000원과 그 100분의 50 이상의 야간근로수당 7,500원 이상을 가산한 22,500원 이상의 夜間勤勞賃金을 받게 된다. →초과근무수당

야간독거수용제(夜間獨居收容制) 수용자를 주간에는 여럿이 함께 있게 하고 야간에는 독방에 수용하는 방법. 그 장점은 獨居를 통하여 改誨와 반성, 주간작업을 통한 공동생활의 馴致와 육체적·정신적 장애의 제거, 同性간의 불량행위·음담의 교환의 방지, 破獄의 도주, 반항, 부정행위, 共謀의 기회의 감소 등이다.

야간수색(夜間搜索) 일출전·일몰후의 압수·수색영장의 집행. 압수·수색영장에 夜間執行을 할 수 있는 기재가 없으면, 야간에 그 영장을 집행하기 위하여 타인의 주거·간수자 있는 가옥·건조물·항공기 또는 船車내에 들어가지 못한다(刑訴 125). 다만 예외로서 형사소송법 126조가 있다. 이는 야간에 있어서의 私生活의 平穩을 보호하기 위한 것이므로, 公務所內에 있어서의 압수·수색영장의 집행에는 시각의 제약이 없다. 일출·일몰은 曆을 표준으로 할 것이 아니라 실제의 사실을 표준으로 해야 할 것이다.

야간주거침입강도죄(夜間住居侵入强盜罪) →특수강도죄

야간주거침입절도죄(夜間住居侵入竊盜罪) 야간에 사람의 주거, 간수하는 저택·건조물이나 선박 또는 점유하는 房室에 침입하여 타인의 재물을 절취하는 죄(刑 330). 본죄는 야간에 행하여지는 주거침입죄와 절도죄와의 結合犯이며, 상습범에 대하여는 형을 가중한다(332). 야간에 관하여는 범죄지에 있어서의 일몰후로부터 일출전까지의 사이라고 보는 견해(통설)와 그 토지에서 일반으로 인정되는 밤의 安靜期間이라고 보는 견해가 있다. 侵入과 竊取가 모두 야간에 행하여진 경우뿐만 아니라 어느 한쪽이 야간에 행하여진 경우를 포함한다. 본죄의 착수시기는 침입하기 시작한 때이며, 그 旣遂時期는 물론 절취행위가 완료한 때이고 이 경우에 침입의 미수·기수는 불문한다. 미수범을 처벌한다(342). 親族相盜例의 적용이 있다(344). →주거침입죄, 절도죄

야경국가(夜警國家) 〔獨〕 Nachtwächterstaat 사회의 치안의 유지나 개인의 자유에 대한 침해의 제거만을 목적으로 하는 국가. 특히 19세기적 自由放任主義國家를 말한 것. →법치국가

야근수당(夜勤手當) 야간근로수당과 같다.

야르 운트 타크 〔獨〕 Jahr und Tag 게르만法에 있어서의 기간의 일종. 一年一日이라고 번역되지만, 반드시 曆算에 의하는 것은 아니다. 원래는 請求權 또는 抗辯權의 재판상의 유효기간을 의미하며, 定期裁判集會(echtes Ding)간의 기간, 즉 6주와 3일에 起源하는 것으로 생각되며, 여러가지의 경우에 쓰인다. 예컨대 一年一日 게베레를 계속한 때에는 정당한 게베레(rechte Gewere)로 되는 것 등은 유명하다.

야업금지(夜業禁止) 여자와 18세 미만자는 하오 10시부터 상오 6시까지의 사이에 근로를 시키지 못하며, 또한 休日勤勞에 종사시키지 못한다. 그러나 노동부장관의 허가를 받은 경우에는 예외이다(勤基 68). 야업은 日中勞動에 비해서 비건강적이기 때문이다.

약 관(約款) 〔英〕 clause 〔獨〕 Klausel 널리 法令·條約·契約 등에 관하여 정해지는 개개의 조항을 가리키나 보통은 계약을 의미한다. →조관

약 국(藥局) 약사 또는 한약사가 授與의 목적으로 의약품의 調製業務를 하는 장소(開設者가 의약품의 판매업을 겸하는 경우에는 그 판매업에 필요한 장소를 포함)(藥事法 2Ⅲ). 약사 또는 한약사가 아니면 약국을 개설할 수 없으며(16Ⅰ), 약국을 개설하고자 하는 자는 시장·군수 또는 구청장의 開設登錄을 얻어야 한다(16Ⅱ). 약국은 그 약국을 개설한 약사 자신이 관리하여야 하며 다만 부득이한 사유로 인하여 약사 자신이 관리할 수 없는 경우에는 시장·군수 또는 구청장의 승인을 얻어 그 약국을 관리할 약사를 지정하여 관리하게 할 수 있다(19Ⅱ).

약 사(藥師) 韓藥에 관한 사항을 제외한

藥事(의약품 · 의약부외품 · 화장품 · 의료용구 · 위생용품의 제조 · 조제 · 감정 · 보관 · 수출입 · 판매와 기타 약학기술에 관련된 사항)에 관한 업무를 담당하는 자로서 보건복지부장관의 免許를 받은 자(藥事法 2Ⅱ). 약사가 되고자 하는 자는 藥學을 전공하는 대학을 졸업하고 藥師國家試驗에 합격하거나 보건복지부장관이 인정하는 외국의 약학대학을 졸업 또는 藥學免許를 받은 자로서 약사국가시험에 합격하여야 하며 보건복지부장관의 면허를 받아야 한다(3). 약사면허를 받지 아니한 자는 약사의 명칭을 사용할 수 없다(3Ⅲ). 약사 또는 한약사가 아니면 약국을 개설하거나 의약품을 조제할 수 없고(16Ⅰ, 21Ⅰ), 약국에서 調製에 종사하는 약사는 조제의 요구가 있을 때에는 정당한 이유없이 거부할 수 없다(22). 약사 또는 한약사는 의사 · 치과의사 · 한의사 · 수의사의 동의없이 그 처방을 변경하거나 수정하여 조제할 수 없다(23Ⅰ). 약사 또는 한약사는 그 업무처리중 知得한 타인의 비밀을 엄수할 의무가 있다(刑 317Ⅰ). 이러한 타인의 비밀에 관하여는 본인의 승낙이 있거나 중대한 公益上 필요가 있는 경우를 제외하고는 증언을 거부할 수 있다(刑訴 149, 民訴 286).

약사감시원(藥事監視員) 藥事에 관하여 필요한 장소를 臨檢하여, 일정한 물품을 검사 · 폐기 기타 처분하기 위하여 보건복지부장관 · 서울특별시장 · 광역시장 또는 도지사 · 시장 · 군수 · 구청장으로부터 임명을 받은 公務員(藥事法 70Ⅱ). 자격 · 임명 · 정원에 관하여 필요한 사항은 보건복지부령으로 정하게 되어 있다(70Ⅲ). 약사감시원이 검사 기타의 처분 등 법에 규정되어 있는 職務를 행함에는 그 권한을 표시하는 證票를 관계인에게 제시하여야 한다(64Ⅱ).

약사 · 한약사국가시험(藥師 · 韓藥師國家試驗) 국가가 시행하는 약사 · 한약사의 자격시험. 매년 1회 이상 보건복지부장관이 시행한다(藥事法 7Ⅰ). 이 시험에 합격한 자가 아니면 약사면허를 받을 수 없다(3Ⅱ). 藥師國家試驗에 관한 사항은 대통령령으로 정하게 되어 있다(7Ⅱ).

약사면허(藥師免許) 약사가 되기 위하여 필요한 보건복지부장관의 免許. 약사국가시험에 합격한 자가 아니면 면허를 받을 수 없다(藥事法 3Ⅱ). 구법에는 보건복지부장관이 지정한 외국의 약사면허를 받은 자로서 보건복지부장관이 적당하다고 인정하는 자도 면허를 받을 수 있었으나 개정법률은 이러한 자도 약사국가시험에 합격하여야만 면허를 받을 수 있게 하였다. 보건복지부장관은 면허를 부여한 때에는 藥師登錄臺帳에 등록하고, 면허증을 교부하여야 한다(5). 일정한 缺格事由에 해당하는 자는 면허를 받을 수 없으며(4), 일정한 사유가 있을 때에는 면허를 취소한다(71Ⅰ). 무면허자는 약국을 開設할 수 없으며(16Ⅰ), 이에 위반한 때에는 처벌을 받는다(74Ⅰ).

약사심의위원회(藥事審議委員會) 보건복지부장관 · 서울특별시장 · 광역시장 · 도지사의 諮問에 응하기 위하여 약사법에 의하여 보건복지부 · 서울특별시 · 광역시 · 도에 설치된 기관. 보건복지부에 배치된 것을 中央藥事審議委員會라고 하며 서울특별시 · 광역시 · 도에 설치된 것을 地方藥事審議委員會라고 한다. 중앙약사심의위원회의 구성 · 운영 기타 필요한 사항은 대통령령으로, 지방약사심의위원회의 구성 · 운영 기타 필요한 사항은 서울특별시 · 광역시 · 도規則으로 정하게 되어 있다(藥事法 14, 15).

약사회(藥師會) 약사가 藥事에 관한 연구와 藥師倫理의 확립을 기하기 위하여 보건복지부장관의 인가를 얻어 설립한 대한약사회의 약칭. 약사는 대통령령이 정하는 바에 따라 定款 기타 필요한 서류를 보건복지부장관에게 제출하고 그 인가를 얻어 약사회를 설립하여야 한다(藥事法 11Ⅰ, 12Ⅰ). 약사회는 法人으로 하며, 약사는 당연히 그 회원이 된다(11Ⅱ · Ⅲ). 약사회는 대통령령이 정하는 바에 의하여 서울특별시 · 광역시 · 도에 지부를 설치하여야 하며, 구 · 시 · 군에 分會를 설치할 수 있다(12의2Ⅰ).

약사회설립인가(藥師會設立認可) 약사회가 설립인가를 받고자 할 때에는 정관, 자산명세서, 사업계획서 및 收支豫算書, 設立決議書, 설립대표자의 선출경위에 관한 서류 및 임원의 취임승낙서와 이력서 등의 서류를 갖추어 보건복지부장관에게 제출해야 한다(藥事法 12, 施行令 7).

약속(約束)어음 〔英〕 promissory note 〔獨〕 eigener Wechsel, Eigenwechsel 〔佛〕 billet à ordre 발행인이 소지인에 대하여 스스로 일정금액의 지급을 약속하는 형식의 어음(어음 75 이하). 약속어음은 지급약속증권인 점에서 支給委託證券인 換어음과 그 본질을 달리한다. 약속어음에 있어서는 발행인과 수취인이 있으면 족하고 환어음에 있어서 처럼 따로이 지급인은 필요치 않다(1, 75). 약속어음은 발행에 의하여 소지인의 발행인에 대한 어음金額支給請求權이 어음에 表彰되고 발행당초부터 발행인은 어음의 絶對的 支給義務者가 되는 점에서 지급인의 인수를 기다려 소지인의 인수인에 대한 어음금액지급청구권이 표창되고 지급의무자가 확정되는 환어음과 다르다. 따라서 약속어음에는 인수·인수거절로 인한 遡求·參加引受·複本 등의 제도가 없다. 약속어음은 환어음의 자매증권으로서 신용이용의 수단으로서의 기능을 하나, 환어음이 주로 원격지 특히 국제간의 送金 또는 代金推尋을 위하여 이용되는데 대하여 약속어음은 지급의 수단으로서 사용되는 일이 많다. 약속어음은 환어음과 함께 完全有價證券에 속하고 不要因性·文言性·要式性·提示性·還受性 등을 가지는 점에서, 그 성질을 같이 한다. 약속어음의 발행인의 지위는 환어음의 인수인의 지위와 같으므로 어음법은 먼저 환어음에 관하여 규정하고(1~74), 그 대부분의 규정을 약속어음에 準用하고 있다(77). 다만 이 준용에 있어서 주의할 것은 어음상의 책임에 관하여 환어음의 인수인에 대한 규정은 약속어음의 발행인에게 준용되나 환어음의 발행인에 대한 규정은 반드시 약속어음의 발행인에게 준용되지 않는다는 점이다.

약속증권(約束證券)　증권의 발행자가 스스로 급부를 할 의무를 부담하는 약속을 기재하고 있는 증권. 급부내용이 금전의 지급인 경우에는 이것을 支給約束證券이라 하고, 약속어음과 같이 유가증권이거나 또는 차용증서와 같이 證據證券인 경우도 있다.

약식명령(略式命令)　약식절차에 의하여 발하는 명령. 命令이라고는 부르나, 判決·決定에 대하는 의미의 명령은 아니고, 오히려 독립된 형식의 재판으로 보아야 한다. 약식명령은 정식재판의 청구기간이 경과하거나 그 청구의 取下 또는 請求棄却의 결정이 확정된 때에는 確定判決과 동일한 효력이 있다(刑訴 457). 약식명령으로 할 수 있는 형벌은 벌금·과료 또는 몰수이며, 이 경우에 追徵 기타 부수처분을 할 수 있다(448 I · II). 약식명령에는 證據說明은 필요없으며, 고지를 받은 날로부터 7일 이내에 정식재판의 청구를 할 수 있음을 명시하여야 하고(451), 고지는 재판서의 송달에 의하여 한다(452). → 약식절차, 정식재판

약식수용(略式收用)　일반적인 行政節次를 거치지 아니하고 직접 법률에 의하여 행하여지는 公用收用. 약식수용은 급박한 필요가 있는 경우 예외적으로 인정된다.

약식인수(略式引受)　→ 정식인수·약식인수

약식쟁송(略式爭訟)　행정쟁송은 절차를 기준으로 하여 正式爭訟과 略式爭訟으로 나누는데, 약식쟁송이란 심판기관이 쟁송당사자와 이해관계없는 제3자의 지위에 있지 않거나 심리절차에 있어서 서로 대립되는 당사자의 변론를 인정하지 않는 경우를 말한다.

약식절차(略式節次)　〔英〕 summary proceedings 〔獨〕 Strafbefehlsverfahren　공판을 열지 아니하고 書面審理로써 재판하여 형을 과하는 간이한 刑事特別節次(刑訴 448 이하). 이 절차는 지방법원의 관할에 속하는 사건으로서 벌금·과료 또는 몰수에 처하는 경우에 한한다. 이 절차에 의하는 재판을 略式命令이라 하고(448 I), 검사와 피고인에 대한 裁判書의 송달에 의하여 한다(452). 약식절차는 독일의 略式科刑命令(Das summarische Strafbefehl)制度에서 유래한 것이며, 자기의 죄과를 시인하고 오히려 비공개리에 간이한 서면절차에 의한 처벌을 희망하는 경우에 그 기능을 발휘한다. 약식명령이 확정되면 確定判決과 동일한 효력이 있으나(457). 이에 대하여 불복하는 검사 또는 피고인은 告知를 받은 날로부터 7일 이내에 정식재판을 청구할 수 있다(453 I). 이 때에는 보통의 公判節次에 의하여 재판하고, 이 판결이 있는 때에는 약식명령은 그 효력을 잃는다(456). → 약식명령, 정식재판

약식질(略式質)　質權者를 주주명부와 주권에 표시하지 아니하는 주식의 入質. 登錄質에 대한 것. 즉 질권은 다만 주권의 교부에 의하여 성립하고 그 질권으로써 제3자에게 대항하기 위하여는 계속하여 주권을 점유하여야 한다(商 338). 약식입질의 질권자는 入質契約에 다른 정함이 없는 한 이익 또는 이자의 배당을 받을 수 없고(340 I 의 반대해석), 物上代位權을 행사하는 경우에도 민법의 원칙에 따라서 주식의 인도 또는 금전의 지급전에 압류를 하여야 한다(民 355, 342).

약식합병(略式合併)　합병 당사회사의 일방에서는 주주총회의 승인결의를 요하지 않고 이사회의 승인결의만을 거쳐 하는 합병을 가리킨다. 簡易合併이라고 한다. 주주총회의 합병결의 대신에 이사회의 承認決議로 충분한가는 나라에 따라 다르나, 개정상법은 모회사가 자회사의 발행주식총수의 100%를 소유하고 있는 경우에 모회사가 자회사를 흡수합병하는 때에는 자회사의 주주총회에 의한 합병결의는 필요하지 않고 자회사의 이사회의 승인결의로 이를 갈음할 수 있도록 하였다(商 522 I 但).

약 인(約因)　콘시더레이션과 같다.

약정담보물권(約定擔保物權)　→ 법정담보물권

약정이율(約定利率) 〔獨〕 vereinbarter Zinsfuss 당사자의 계약으로 정한 이율. 法定利率에 대립하는 말.

약정이자(約定利子) 당사자의 契約(또는 遺言)으로 인하여 발생하는 이자. 法定利子에 대립하는 말. 이율은 약정이율이 있으면, 이에 의하지만 그 정함이 없는 때에는, 당사자의 의사를 해석하여 정하고, 그래도 정할 수 없는 경우에는 法定利率에 의한다(民 379).

약정중리(約定重利) 계약에 의하여 발생하는 重利. 法定重利에 대응하는 말. →중리

약정해제권(約定解除權) 〔獨〕 vertragsmässiges Rücktrittsrecht 당사자의 계약에 의하여 발생하는 해제권(民 543). 法定解除權에 대한 말. 이 해제권은 당사자의 일방을 위하여 보류하는 수도 있고, 쌍방을 위하여 보류하는 수도 있는데, 반드시 당초의 계약으로서만 할 수 있는 것은 아니고 후일 별개의 계약으로써도 할 수 있다. 매매계약에 있어서의 解約金의 교부(565), 還買의 特約(590)도 약정해제권의 보류이다.

약정해지권(約定解止權) →해지권

약취강도죄(略取强盜罪) 사람을 약취하여 그 석방의 대상으로 재물을 취득하는 죄(舊刑 336). (單純)强盜罪로써 논한다. 형법개정으로 引質强盜로 바뀌었다. →인질강도

약취·유인죄(略取·誘引罪) 사람을 略取 또는 誘引하는 죄. 형법상 다음의 유형이 있다. ① 미성년자를 약취 또는 유인하는 죄(刑 287), ② 醜行·姦淫 또는 영리의 목적으로 사람을 약취 또는 유인하는 죄(288Ⅰ) 및 ③ 상습으로 이를 범하는 罪(288 Ⅲ), ④ 국외에 移送할 목적으로 사람을 약취 또는 유인하는 죄(289Ⅰ), ⑤ 常習으로 이를 범하는 죄(289Ⅲ), ⑥ 결혼할 목적으로 사람을 약취 또는 유인하는 죄(291). ⑦ 약취·유인된 자를 국외에 이송하거나(289Ⅱ·Ⅲ), ⑧ 약취·유인·이송된 자를 授受·隱匿하는 것(292Ⅰ, 293Ⅰ·Ⅱ)도 처벌한다. 본죄의 보호법익은 被引取者의 자유이지만, 경우에 따라 保證監督權도 고려된다. 引取罪라고도 약칭한다. 약취·유인이라 함은 사람을 자유로운 내지 보호되어 있는 생활관계로부터 이탈시켜 자기 또는 제3자의 사실적 지배하에 두는 것을 말하는데, 폭행·협박을 수단으로 삼는 경우가 약취이고 欺罔·유혹을 수단으로 삼는 경우가 유인(구법에서는 유괴)이다. 미수범(294) 및 ④·⑤의 예비·음모를 처벌한다(② 營利目的의 경우는 제외). ⑥·⑧ 및 이들의 미수범은 親告罪이다(296).

약 탈(掠奪) 〔英〕·〔佛〕 pillage 〔獨〕 Plünderung 戰時에 있어 적의 公·私財產을 정당한 명령에 의하지 않고 탈취하는 것. 중세 및 근세초기에 있어서는 일반적으로 적법한 것으로 인정되었으나 19세기에 이르러 그것은 徵發과 貢納金制度로 대치되게 되어 오늘날에 와서는 엄금되게 되었다. 도시 기타의 지역에 대해서는 비록 그것이 돌격에 의해 攻取되었을지라도 약탈에 방치해서는 안된다. 陸戰法規 47조에서는 掠奪禁止의 原則을 채용하고 있다. →몰수

약탈(掠奪)의 죄(罪) 軍人 또는 準軍人이 전투지역 또는 점령지역에서 약탈 또는 강간을 함으로써 성립하는 軍刑法上의 犯罪(軍刑 제13장). 그 유형으로는, ① 掠奪罪(82). 전투지역 또는 점령지역에서 군의 위력 또는 전투의 공포를 이용하여 주민의 재물을 약취하거나 전투지역에서 전사자 또는 戰傷病者의 의류 기타의 재물을 약취할 때에 성립한다. 본죄를 범하여 사람을 살해하거나 치사한 자와 상해하거나 치상하는 자는 가중처벌한다(83). ② 戰地强姦(84). 전투지역 또는 점령지역에서 부녀를 강간한 때에 성립한다. 본죄에 대한 公訴를 함에는 고소를 요하지 아니한다. ①②의 미수범을 처벌한다(85).

약 혼(約婚) 〔英〕 engagement, promise of marriage 〔獨〕 Verlöbnis 〔佛〕 promesse de mariage 장차 혼인을 하려고 하는 당사자간의 계약. 婚約 또는 婚姻豫約이라고도 한다. 구법에서는 이에 관한 규정이 없었지만 현행민법에는 규정이 있다. 즉 남자가 18세, 여자가 16세에 달하면 약혼을 할 수 있고 미성년자는 부모의 동의를 얻어야 하며 부모가 모두 동의권을 행사할 수 없을 때에는 後見人의 동의를 얻어 약혼을 할 수 있다(800, 801). 禁治產者는 부모 또는 후견인의 동의를 얻어야 한다(802). 미성년자와 금치산자가 부모 또는 후견인이 없거나 동의를 얻을 수 없는 때에는 親族會의 동의를 얻어야 한다(801, 802). 일단 성립된 약혼이라도 그 성질상 强制履行은 청구할 수 없다(803). 그리고 일정한 사유가 있는 경우에는 약혼의 解除를 인정하고 있다(804). →약혼해제

약혼해제(約婚解除) 결혼을 한 당사자가 合意 또는 法定된 사유에 의하여 약혼관계를 해소시키는 행위. 민법은 당사자 일방에 다음과 같은 사유가 있을 때에는 상대방이 약혼을 해제할 수 있는 것으로 하고 있다(804). ① 약혼후 資格停止 이상의 형의 선고를 받은 때, ② 약혼후 禁治產 또는 限

定治産의 선고를 받은 때, ③ 성병·불치의 정신병 기타 불치의 악질이 있는 때, ④ 약혼후 타인과 약혼 또는 혼인을 한 때, ⑤ 약혼후 타인과 간음한 때, ⑥ 약혼후 1년 이상 그 生死가 불명한 때, ⑦ 정당한 이유없이 혼인을 거절하거나 그 시기를 지연하는 때, ⑧ 기타 중대한 사유가 있는 때 등이다. 약혼의 해제는 상대방에 대한 의사표시로 한다. 그러나 상대방에 대하여 의사표시를 할 수 없는 때에는 그 해제원인이 있음을 안 때에 해제된 것으로 본다(805). 그리고 약혼을 해제한 때에는 당사자의 일방은 과실있는 상대방에 대하여 이로 인한 재산상·정신상의 손해배상을 청구할 수 있다(806Ⅰ·Ⅱ). 정신상의 고통에 대한 賠償請求權은 讓渡 또는 承繼하지 못하지만 당사자 사이에 이미 그 배상에 관한 계약이 성립되거나 소를 제기한 후에는 타인에게 양도 또는 승계할 수 있다(806Ⅲ).

얄타협정(協定) 〔英〕 Yalta Agreement 제2차대전의 말기 1945년 2월, 연합국인 미국·영국·구소련의 수뇌(루즈벨트 대통령, 처칠 수상, 스탈린 원수)가 구소련령 크리미아반도의 얄타에서 독일의 戰後處理, 기타 유럽문제, 국제연합문제 등을 협의함에 있어서 일본에 관하여 체결된 秘密協定(1945년 2월 12일). 전후 1946년 2월 11일에 비로소 발표되었다. 이 비밀협정에서 구소련은 당시 중립관계에 있었던 일본에 대하여(1945년 4월 5일 中立條約의 不更新을 일본에 통고) 참전을 약속하고, 또 미국·영국은 전후 일본에서 구소련에 樺太를 회복시키고, 千島列島를 인도할 것을 약속하였다. 일본에 대하여 직접으로는 구속력을 갖고 있지 않으나 포츠담선언의 領土條項(8)은 이 협정내용의 실현이 방해되지 않도록 규정하였다. 다만 구소련은 일본과의 平和條約에 참가하지 않았기 때문에, 정식으로는 그것이 실현되지 아니하였다. 얄타협정은 상기한 내용 이외에도 외몽고의 현상유지와 함께, 大連, 旅順 및 남만주철도의 권익의 구소련에로의 이양을 규정하고 1945년 8월 14일 中蘇聯盟條約에서 그것을 중국에 승인시켰지만 그후 중국에 반환되었다.

양 가(養家) 입양으로 인하여 양자가 입적한 가. 양자가 종전에 속하고 있었던 가, 즉 生家에 대하여 부르는 말이다. 양자는 양가에 입적하고(民783), 입양의 취소 또는 파양이 된 경우에는 다시 생가로 復籍한다(786).

양도담보(讓渡擔保) 〔獨〕 Sicherungsübereignung 목적물 자체를 채권자에게 양도하는 방법에 의한 物的擔保. 민법이 규정하는 제도는 아니지만, 경제적 필요에 의하여 많이 이용되고 있다. 과거에는 이것을 허위표시라고 하고, 또 동산의 양도담보를 動産質의 설정요건위반의 脫法行爲라 하고 또는 流質禁止違反의 탈법행위라고도 하였으나, 현재에 있어서는 판례·통설이 그 유효성을 인정한다. 그 법률구성으로는 여태까지의 통설·판례는 소위 信託的 讓渡說을 취한다. 즉, 양도담보의 목적은 담보에 있으나 목적물의 소유권은 내외적으로 모두 채권자에게 이전되고 다만 채권자는 이전받은 권리를 담보목적 이외에는 행사하여서는 안된다는 채무를 설정자에게 부담할 뿐이라는 것이다. 따라서 채권자가 변제기 전에 목적물을 제3자에게 처분하더라도 讓受人은 선·악을 묻지 않고 언제나 유효하게 그 소유권을 취득하며 채권자의 일반채권자가 그 목적물에 대하여 强制執行을 하더라도 그것도 유효하며 채권자는 이에 대하여 이의를 제기하지 못한다고 한다. 이와 같이 여태까지의 통설·판례가 양도담보의 수단인 所有權移轉이라는 법적 형식에 중점을 두고 그 이론구성을 한 데 대하여 최근에는 그 경제적 목적이 담보에 있음에 착안하여 양도담보를 抵當權類似의 독립된 물권으로 구성하려는 새로운 시도가 널리 행하여지고 있으며 유력시되고 있다. 즉 目的物의 所有權은 여전히 설정자에게 남아있고 채권자는 단지 담보목적을 위한 제한된 권리만 취득할 뿐이라는 것이다. 양도담보에는 목적물의 점유를 채권자에게 이전하는 경우(讓渡質)와 채무자가 계속하여 점유·이용하는 경우(讓渡抵當)가 있으며 통상 후자가 보통이다. 양도담보는 동산을 채권자에게 인도하지 않아도 좋으므로, 일상의 사용을 필요로 하는 동산이라도 담보로 제공할 수 있어 실질적으로 動産抵當을 실현하게 된다(→동산저당). 담보물권에서는 換價節次가 번잡하고 다액의 비용을 요하는데, 양도담보는 목적물의 換價方法을 당사자가 임의로 정할 수 있으므로, 그런 결점을 제거할 수 있다. 동산·부동산뿐 아니라, 形成途上에 있는 재산권으로서 이것을 담보화하는 길이 없는 것이라도, 양도담보로서 담보화할 수 있다.

양도배서(讓渡背書) 指示證券上의 권리를 양도하기 위하여 하는 배서. 즉, 보통배서를 말한다. 그 외에 특수배서로서 추심위임을 위한 推尋委任背書와 입질의 목적에 이용되는 入質背書가 있으나 이들은 양도 이외의 목적을 위한 것이나, 일반적으로는 양도배서의 개념에 포함시키지 않는다. 또 無擔保背書·背書禁止背書·期限後背書·還背書 등은 양도배서 중의 특수한 것이다. →배서

양도성정기예금증서(讓渡性定期預金證書) 〔美〕 negotiable time certificate of deposit 은행

이 정기예금에 대해 발행하는 無記名의 융통성있는 예금증서. 미국의 First National City Bank가 1961년에 처음으로 개시한 이래 중요한 資金調達의 수단으로 이용되고 있다. 간단히 CD(certificate of Deposit)라고도 한다. 기간은 1개월에서 1년 이상이며 金利는 같은 기간의 정기예금을 기준으로 정해지지만 융통성이 있기 때문에 정기예금금리보다 약간 높은 것이 통상이다. 우리나라에서도 1984년 6월부터 한 구좌당 5,000만원 이상으로 하여 발행되고 있으며 은행은 기업에 대한 대출시에 대출금의 일부를 정기예금으로 강제시키는 이른바 꺾기의 수단으로 CD를 많이 사용하고 있다.

양도소득(讓渡所得)　자산의 양도로 인하여 발생하는 소득(所得稅法 4 I iii). 양도는 유상양도를 말하는 것으로서 매매 외에 경매·公賣·物納·현물출자 등을 포함한다. 다만, 채무의 변제를 담보하기 위하여 양도한 경우 그것이 입증되면 양도로 되지 아니한다(所得稅法施行令 151). 소득세의 과세물건으로서의 소득의 일종으로서, 그 해의 총수입금액에서 필요경비를 공제하고, 그 잔액(讓渡差益)에서 다시 長期保有特別控除額을 공제한 것을 소득금액으로 한다(所得稅法 95). 法人稅法은 이를 토지 등 양도에 대한 特別附加稅로 다루고 있다(59의2).

양도저당(讓渡抵當)　→ 양도질

양도제한주(讓渡制限株)　〔獨〕 gebundene Aktie　定款에 의하여 그 양도가 제한 또는 금지된 주식. 구상법에서는 일반적으로 인정되었었으나(舊商 204 I), 상법에서는 인정하지 않고 있다(335).

양도증서(讓渡證書)〔株式의〕　〔英〕 written, assignment (of stock)　구상법상 記名株式의 양도방법의 일종. 종래에는 기명주식은 유가증권 특유의 양도방법인 배서나 주권과 양도증서에 의해서만 양도할 수 있었다(舊商 336 I). 그러나 개정상법은 무기명주식 뿐만 아니라 기명주식도 단순한 주권의 교부만으로 양도할 수 있게 하였다(商 336 I). 즉, 주식의 양도는 讓渡의 의사표시와 株券의 교부만으로 가능하게 된 것이다.

양도질(讓渡質)　讓渡擔保 또는 賣渡擔保 중에서 목적물의 점유를 채권자 또는 융자자(매수인)에게 이전하는 것. 목적물을 이전하지 않는 것(讓渡抵當)에 대하여, 특히 양도질이라고 하는 경우도 있다. → 양도담보, 매도담보

양로보험(養老保險)　〔英〕 endowment　일정기간(滿期)에 있어서 피보험자의 생존 또는 그 시기까지의 피보험자의 사망을 보험사고로 하는 보험. 生死混合保險이라고도 한다. 일반적으로 피보험자의 사망을 보험사고로 한 경우에 사람의 사망시기는 불확정하므로 언제 그 시기가 도래할지 예측하기가 곤란하고, 또 보험기간을 정한 경우, 그 보험기간이 종료할 때에는 피보험자는 이미 노령으로 인하여 스스로의 생계유지가 곤란한 것이 보통이다. 그런데 양로보험은 피보험자의 사망을 보험사고로 하고, 사고의 발생없이 보험기간이 종료한 때에도 보험금액을 지급하도록 約定하는 것이므로(商 735) 生命保險의 이용도를 높이고, 또 생명보험 중 가장 널리 행해지고 있는 것이다. 양로보험은 보험금의 지급형태에 따라 一時金保險과 年金保險으로 나눌 수 있다. 보험사고로 인하여 피보험자가 사망한 때에는 일시에 보험금을 지급하는 것이 보통이나, 보험사고의 발생없이 그대로 생존한 경우에는 보험기간의 종료와 함께 보험금액을 일시로 지급하거나 일정기간마다 보험금액의 일부를 지급하는 경우도 있다.

양로시설(養老施設)　노인을 入所시켜 무료로 급식 기타 일상생활에 필요한 편의제공을 목적으로 하는 시설(老人福祉法 32 I i).

양로연금(養老年金)　선원보험법상의 保險給與의 일종. 즉, 15년 이상 피보험자이었던 자가 그 자격을 상실한 후 55세를 넘은 때 또는 56세를 넘어서 그 자격을 상실한 때에, 그가 사망할 때까지 정부가 지급하는 일정한 금액의 급여(34, 35). 15년 이상 피보험자이었던 자가 養老年金의 지급을 받지 않고 사망한 때에는 그 자가 받을 수 있었던 양로연금의 5년분에 상당하는 금액을, 양로연금을 받는 자가 사망한 경우에 이미 지급받은 양로연금의 총액이 양로연금의 5년분에 상당하는 금액에 미달할 때에 그 차액을 一時金으로서 그의 유족에게 지급한다(37, 36). 양로연금은 그 받은 자가 피보험자로 된 때, 傷病手當을 받는 때에는 그 지급을 정지한다(38).

양 륙(揚陸)　〔英〕 discharge, unloading 〔獨〕 Löschung 〔佛〕 décharge　海上物件運送에서 積荷를 양륙하는 것. 傭船契約의 경우에 선장은 운송물을 양륙함에 필요한 준비가 완료된 때에는 지체없이 受荷人에게 그 통지를 발송하여야 하며, 수하인은 양륙기간내에 양륙을 완료하여야 하나, 그 기간은 선장의 準備完了通知가 오전에 있은 때에는 그 날의 오후 1시부터 起算하고 오후에 있는 때에는 다음날 오전 6시부터 기산한다. 양륙기간을 경과한 뒤 운송물을 양륙한 때에는 운송인은 상당한 報酬(待泊

料·碇泊料)를 청구할 수 있다(商 798Ⅲ). 個品運送契約의 경우에는 수하인은 당사자간의 합의 또는 양륙항의 관습에 의한 때와 곳에서 지체없이 운송물을 양륙하여야 한다(799).

양면설(兩面說) → 국가양면설

양벌규정(兩罰規定) 雙罰規定이라고도 한다. 법인의 대표자나 법인 또는 개인의 대리인·사용인 기타의 종업자가 그 법인 또는 개인의 업무에 관하여 일정한 違法行爲를 하였을 경우에, 현실의 행위자를 벌하는 외에 사업주체인 그 법인 또는 개인도 벌하게 하는 규정. 주로 經濟統制法의 진전에 따라 채택된 규정이며(예: 電事 72, 電波 87, 工業發展法 30 등), 현재에는 일반행정상의 團束立法에서도 많이 채용되고 있다(예: 道 86, 自動車管理法 83, 道路交通法 116, 水道法 64, 公衆衛生法 45, 食品衛生法 79, 典當 37, 銃砲·刀劍·火藥類 등 團束法 76, 廢棄物管理法 62 등). 양벌규정에 따라 지게 되는 책임은 행위자의 책임을 갈음하여 지는 이른바 代位責任으로서의 성질을 가지는 것이 아니라 스스로의 관리 내지 지휘감독책임의 懈怠로 인한 자기책임에 속한다.

양 보(讓步) 〔獨〕 Zwangserlass 분쟁의 당사자가 주장을 양보하고 손실을 받는 결과를 승인하는 것. 민법상 서로 양보하여 싸움을 그치는 계약을 하는 것을 和解라 하나, 특히 문제되는 것은 파산법 또는 화의법상의 양보로 이것은 强制和議 또는 화의에 있어서 파산채권자 또는 화의채권자가 파산자 또는 채무자에게 준 채무의 一部免除 또는 期限의 유예 등과 같은 것이다. 강제화의가 買收·詐欺·强迫 등 부정의 방법으로 성립된 경우(破 301, 和 66) 또는 채권자에 대한 和議條件에 의한 이행을 게을리했을 때(破 302, 和 66)는 파산채권자 또는 화의채권자는 이 양보를 취소할 수 있다. 양보의 취소에는 별단의 방식은 없고, 직접 파산자나 채무자에 대한 재판 외의 의사표시로써 족하다. 취소한 채권자는 양보한 권리를 회복할 뿐만 아니라, 강제화의로써 얻은 권리, 예컨대 和議保證人이나 擔保權에는 영향을 미치지 않으며, 다만 취소로써 회복한 채권액은 强制和議履行完了後가 아니면 집행할 수 없다(破 303, 和 66).

양성(兩性)**의 평등**(平等) 남녀의 성별에 의해 차별대우를 받지 않는다는 사상을 말한다. 이 양성의 평등은 헌법에서 보장되는 法 앞의 平等에서 오는 당연한 귀결이다. 법률의 차별이 없다는 뜻은 適用·執行·立法上의 차별대우가 없다는 의미이다. 오늘날의 婚姻과 家族制度는 개인의 존엄과 양성의 본질적 평등을 기초로 한다. 헌법 36조는 혼인과 가족생활은 개인의 존엄과 양성의 평등을 기초로 성립되고 유지되어야 하며…라고 규정하여 혼인과 가족생활에 있어서의 양성평등을 보장하고 있고 男女雇傭平等法은 헌법의 평등이념에 따라 고용에 있어서 남녀의 평등한 기회 및 대우를 보장하는 한편 母性을 보호하고 직업능력을 개발하여 근로여성의 자기향상과 복지증진을 꾀하고 있다.

양수상속분(讓受相續分) → 상속분의 양수

양심(良心)**의 자유**(自由) 원래는 윤리적 사항에 대한 信念의 자유를 의미하나 현행헌법은 사상의 자유를 별도로 인정하지 않고 있으므로 널리 思想의 自由를 의미하는 것으로 해석하는 것이 통설이다. 양심의 자유의 내용으로는 양심상 무엇을 결정하는 자유와 결정한 내용에 대하여 침묵을 지키는 자유, 그리고 양심상의 결정을 외부에 표현하거나 그 결정을 실현하는 자유로 나누어 볼 수 있는 바 그 보장의 정도와 방법은 각각 다르다. 양심의 자유와 관련하여 특히 문제되는 것은 신문기자의 取材源에 관한 默秘權과 良心上의 執銃拒否가 허용되는가이다.

양 원(兩院) 兩院制의 國會의 상원과 하원 → 양원제

양원제(兩院制) 〔英〕 bicameral system 〔獨〕 Zweikammersystem 〔佛〕 bicaméralisme 국회가 2원으로 성립되는 제도. 양원제를 채택하는 데는 君主國에 있어서 군주의 세력을 대표하는 귀족으로써 上院을 조직하거나, 聯邦國家에 있어서 각주의 대표기관으로 하거나, 기타 국가에 있어서는 保守勢力을 대표케 하는 목적이 있다. 그러나 민주주의의 발달에 따라 하원의 권한이 강화되는 경향에 있고, 상원은 사실상 보수세력을 대표하여 정부와 민주세력의 대표기관인 하원과의 완충지대를 형성하고 있는데 그 의의가 있다. 양원제국가에 있어서 상하원의 명칭이 각각 다르다. 우리나라 구헌법은 參議院과 民議院, 일본은 參議院과 衆議院, 영국은 House of Lords와 House of Commons로, 미국은 Senate와 House of Representatives로 호칭하고 있다 → 일원제

양원합동회의(兩院合同會議) 議會가 양원제로 이루어진 국가에서 참의원과 민의원의 의원 또는 상원과 하원의 의원이 합동하여 여는 회의. 보통은 法律案 및 그 밖의 의안에 관하여 양원의 의결이 일치하지 않을 때에 이를 최종적으로 의결하기

위하여 행해진다.

양 자(養子) 〔英〕 adoptive child, adopted child 〔獨〕 angenommenes Kind 〔佛〕 adopté, fils adoptif 入養에 의하여 혼인중의 出生子로서의 신분을 취득한 자. 양자라고 하는 제도는 하나의 擬制이다. 이러한 제도가 생긴 유래를 보면 그것은 家의 계속이 혈연에 의하지 않으면 안된다는 요청에 있다. 물론 이 血統繼續이라는 뜻 이외에 가내노동력의 보급을 주목적으로 한 것도 있다. 그러나 양자제도가 法制로서 크게 발달하고 따라서 사회생활에 큰 영향을 준 것은 가족제도의 보강책으로서였다. 우리나라 法制史上으로도 양자는 家의 繼續과 祖上奉祀를 그 절대적 목적으로 하고 있다. 우리나라 관습법상의 양자제도의 특색을 들어 보면 다음과 같다. ① 양친은 既婚男子이어야 한다. 미혼남자나 여자는 세대에 들어 갈 수 없기 때문이다. ② 남자가 없어야 한다. 여자는 家의 繼承權이 없었으므로 여자는 양자가 될 수 없었으며, 일부 양반계급에서는 서자가 있는 경우에도 입양을 하는 예가 있었다. ③ 양자는 한 사람에 한한다. 그것은 가의 계승권자가 한 사람 이상 필요없기 때문에 당연한 것이다. ④ 양자는 養父와 동성동본의 혈족으로서 자와 같은 항렬에 있는 남자로서 近親의 자를 원칙으로 한다. ⑤ 死後養子와 遺言養子를 인정하였다. 가의 계승에 그 목적이 있기 때문에 양자가 사망한 뒤라든가 養父의 유언에 의하여 사후에 양자가 양가에 入籍할 수 있었다. 현행민법은 이러한 순전한 가의 계승을 위한 養子制度를 많이 불식하고 이른바 어버이 또는 자를 위한 양자제도를 새로 채용하고 있다. 현행민법이 종래의 관습을 받아 들이면서도 이른바 어버이 또는 자를 위한 양자제도의 채용으로 인하여 그 내용이 달라지고 있는 점은 다음과 같다. 즉, ① 구법에서는 親族이 既婚男子에 한했지만 현행민법에서는 그러한 제한이 없으므로 成年者라면 기혼·미혼·남자·여자를 불문하고 양자를 들일 수 있다. ② 부부가 양자를 하거나 양자가 될 때에는 夫婦共同으로 하여야 한다. ③ 구법에서는 남자가 없는 경우에 한하여 入養을 할 수 있으며, 無子라는 요건이 필요없다. ④ 구법에서는 양자를 1인에 한하였지만 현행법에서는 그러한 제한이 없다. ⑤ 구법에서는 양부와 양자는 同姓同本의 혈족이어야 했지만 현행법에서는 반드시 그럴 필요가 없다. 그리고 현행법에서는 昭穆之序도 지킬 필요가 없고 다만 尊屬과 年長者가 아니면 된다. ⑥ 현행민법에서는 입양에 있어서 戶主의 同意가 필요없다.

양자연조(養子緣組) 입양과 같다.

양적 유한책임(量的有限責任) 〔獨〕 quantitativ beschrankte Haftung 최고액을 정한 信用保證과 같이 채무자의 재산은 그 전부가 책임의 대상이 되나 책임액이 양적으로 일정액으로 한정되어 있는 책임.

양천불혼(良賤不婚) 良民과 奴婢와의 相婚을 금지한 것. 일종의 階級的 內婚制로 생각되는데, 士族과 常民(交嫁常漢), 良民과 賤民(良賤交嫁) 사이의 혼인을 落婚이라 하여 금지하여 온 것이다. 良賤不婚의 유래는 고려충숙왕 17년條의 官私奴子 妄稱兩班 引誘良家 婦女婚嫁 據法禁斷의 기사가 가장 오랜 것이며, 공양왕 4년의 奴婢決訟法에도 良賤相婚 自今依律禁斷이라 하여 이를 강화하였고, 조선시대에 접어들어서도 세종 21년에 良賤相婚之禁, 載在令甲, 今不畏朝令, 公然相婚, 甚爲不可請, 皆離異라 한 기사를 보아 令甲, 즉 經濟六典元典에 良賤不婚의 禁制가 있었던 것을 알 수 있다.

양친자(養親子) 양친과 양자와의 친자관계, 法定血族의 일종. 양친자관계는 入養申告를 함으로써 발생한다(民 878, 戶 66). 구민법상의 繼母子, 嫡母庶子關係와 달라서 친생부모와 자녀의 관계와 조금도 다르지 않다(772). 양친자관계는 파양 또는 입양의 취소로 소멸된다(776). → 양자, 입양

양키본드 〔美〕 yankee bond 미국 금융시장에서 발행되는 달러표시 채권. 국내의 일반 회사채와 같이 주식과 연계되지 아니하는 점에서 轉換社債(CB)나 株式預託證書(DR) 등과 구분된다. 양키본드는 대부분 금리가 일정한 固定金利附普通社債로 발행되는데 미국 재무부의 증권금리를 기준으로 일정한 加算金利를 얹어 발행금리가 결정된다.

양행위병합설(兩行爲併合說) 사법상 和解契約과 소송행위의 소송종료의 합의가 併存한다고 보거나 소송상 화해가 단일한 행위 또는 민법·민사소송법의 양 법규의 요건에 해당하므로 양 효과를 발생한다고 보는 설. 판례는 兩行爲競合說을 채택하여 억울한 소송당사자를 보호하고 있으나 訴訟上 和解의 효력을 불안정하게 하는 폐단이 있다.

양 형(量刑) → 형의 양정

양형부당(量刑不當) 현행법상 항소심은 원칙적으로 事後審이지만, 원판결 중의 刑의 量定이 부당하다고 인정할 사유가 있는 것을 항소이유로 하여, 이를 심리할 권능을 가지고 있다(刑訴 361의5 xv). 형의 양정은 原審法院의 裁量에 속한다. 그러

나 이러한 재량권의 구체적인 행사를 그르쳐 부당한 판정을 행한 경우에는 抗訴에 의하여 이를 구제할 필요가 있는 것이다. 항소법원은 항소이유에 포함된 사유에 관하여 심판함이 원칙이나(364Ⅰ), 양형의 정당성에 관하여는 抗訴理由書에 포함되지 아니한 경우에도 직권으로 심판할 수 있다(364Ⅱ). 그러나 상고의 경우에는 사형·무기 또는 10년 이상의 징역이나 금고가 선고된 사건에 있어서 형의 양정이 심히 부당하다고 인정할 현저한 사유가 있는 때에 한하여 上告理由가 된다(383 iv).

어 가(漁家) 세대주 또는 동거가족이 가계유지를 목적으로 직접 수산동식물을 양식하는 家口單位를 말한다(農漁業災害對策法 2).

어덜트 오소리티 〔英〕 adult-authority 成人矯正本部. 유스 오소리티의 구상을 성인에 관하여도 실현하고자 하는 受刑者處遇機關. 1994년 캘리포니아주에서 시도되었다. 현재는 처우 그 자체의 관리는 행하지 않고, 다만 不定期刑의 형기를 정하는 것 및 가석방의 시기를 정하는 것을 임무로 한다.

어레인먼트 〔英〕 arraignment 起訴事實認否節次. 영미형사소송법상의 제도로서, 공소장낭독에 이어 피고인에게 기소사실의 인부를 구하는 절차. 승인하느냐 않느냐는 피고인의 자유인데, 有罪의 答辯(plea of guilty), 즉 공소장기재의 사실을 인정한 때에는 陪審의 有罪의 評決이 있었던 것과 같은 효과가 발생하고, 이어서 법관의 刑의 量定의 절차에로 이행한다. 無罪의 答辯, 즉 공소장기재의 사실을 부인한 경우에는 통상의 절차에 따라 기소사실에 관한 증거조사가 행하여진다. 미국에서는 형사사건의 약 85%가 이 제도로써 해결되고 있으나, 우리나라에서는 이 제도를 채용하는 것은 민사소송의 請求의 認諾과 같은 제도를 도입하는 것으로 되어 형사소송의 본질에 반하게 될 것이다.

어린이통학(通學)**버스** 교육법에 의한 유치원·초등학교·특수학교·영유아보육법에 의한 보육시설 또는 학원의 설립·운영에 관한 법률에 의하여 설립된 학원 중 주로 13세 미만의 어린이를 教習對象으로 하는 학원의 자동차(道路交通法 2 xvi의 2)를 말하며 어린이의 통학버스를 운행하고자 하는 자는 미리 관할경찰서장에게 신고하고 신고필증을 교부받아 이를 어린이 통학버스 안에 상시 비치하여야 한다(48의4).

어 사(御史) 內外官吏의 비위를 糾彈함을 직책으로 하는 기관. 중국 진시황대에 처음 발생한 것이며, 최초는 왕측의 서기관이었으나, 후에 朝儀에서 非違를 단속하여 監察의 임무를 가지고 다시 지방에 파견되어 捜査, 斷獄 등의 督察과 安集의 권한을 행사하게 된 것이다. 秦과 前漢代에 御史大夫·御史中丞·御史 등의 官名이 생기고 後漢에 이르러 御史臺가 설치되고 御史中丞을 그 長으로 하였다. 唐은 御史臺·憲臺·肅正臺 등으로 불렀고, 御史爲風霜之任 彈糾不法 百僚震恐 雄峻莫之比라 하여, 百僚糾察의 職責을 확립하였다. 御史臺에 해당하는 것은 新羅의 司正府, 高麗에서는 御史臺·金吾台·監察司 등으로 개칭하였고, 그 官員에 大夫·中丞·侍御史·殿中侍御史·監察御史 등이 있었다. 麗末에 司憲府라 칭하였고 조선은 高麗制에 따라 사헌부라 칭하였으며, 初期實錄에는 御史의 官名이 보이지 아니하고, 사헌부의 관원을 臺官이라 칭하고, 中央各官衙에 派遣檢察하는 것을 分臺, 地方州郡에 視察하는 것을 行臺라고 칭하였다. 世宗 17년의 傳書中에 漢惠帝時遣御史라 하여, 어사란 말이 처음 보이고 그 뒤 中朝 御史巡按制度에 대한 찬양하는 기사가 여러번 보이며, 世祖卽位年 教書에서 中朝의 예에 따라 自今分遣御史于八道, 巡行糾理라 한 것이 御史分遣制度의 開始가 될 것이며, 이것을 分巡御史라 칭하였다. 그 후 암행어사가 성행함에 이르러 어사는 臺官의 의미를 잃고 국왕의 특사로 변질하였다. 동시에 堂下官의 특사를 御史, 堂上官을 使라 칭하는 제도도 확립된 것이며, 암행어사 외에 問民疾苦御史, 號牌御史, 閑丁披察御史, 均田御史, 巡察御史, 擦覈御史, 試才御史, 督運御史, 監賑御史 등 諸御史의 보편적 활동을 보게 된 것이다.

어업권(漁業權) 〔英〕 fishery 〔獨〕 Fischereirecht 〔佛〕 droit de pêche 일정한 구역의 公有水面에서 수산동식물의 採捕·養殖事業을 독점적·배타적으로 할 수 있는 권리. 어업권은 시장·군수 또는 자치구의 구청장으로부터 일정한 우선순위에 따른 免許를 받음으로써 취득된다(水産 8). 그 대상이 되는 어업으로는 수산업법상의 정치망어업·海藻類養殖漁業·貝類養殖漁業·魚類 등 양식어업·複合養殖漁業·협동양식어업·마을어업의 7종과 내수면어업개발촉진법상의 양식어업·定置漁業·공동어업·藻類採取漁業의 4종이 있다(水産 8, 內水面漁業用發促進法 7). 入漁權은 어업권이 아니다. 어업권은 物權으로 간주되어 토지에 관한 규정이 준용되는 결과(水産 15Ⅱ), 어업권 및 이를 목적으로 하는 타물권의 설정·보존·이전·변경·소멸·처분의 제한·지분 또는 입어에 관한 사항은 漁業權原簿에 등록하여야만 효력이 발생한다(16). 어업권은 원칙적으로 私權이나 공익상 미치는 영향이 크기 때문에 행정관청은 어업면허에 조건 또는 제한을 붙일 수 있으며(12), 행정관청의 인가 또는 허가를 받지 아니하고는 이전·담보 또는 분할·변경할 수 없으며(18), 賃貸借는 금지된다(33). 어장의 구역·어업권의 범위·보호구역·어업의 방법·입어의 관행에 관하여 분쟁이 있을 때에는 관계인은 시장·군수 또는 자치구 구청장에게 裁決을 신청할 수 있다(86). →면허어업

어업권보호구역(漁業權保護區域) 수산업법 29조의 규정에 의하여 설정한 定置網漁業의 어업권의 보호구역으로 그 구역 안에서는 어업권의 행사에 방해가 되는 행위는 제한 또는 금지된다.

어업등록(漁業登錄) 어업권과 이를 목적으로 하는 권리의 설정·보존·이전·변경·소멸·처분의 제한 또는 입어에 관한 사항을 漁業權原簿에 등록함을 말한다(水産 16Ⅰ). 어업권원부에의 등록은 등기에 갈음한다(16Ⅱ). 등록에 관한 사항은 따로이 漁業登錄令(1970년 대통령령 제5229호)에 규정되어 있다. →어업권, 등록

어업면허(漁業免許) 시장·군수 또는 자치구 구청장에 의한 漁業權의 設定行爲. 면허에 있어서는 어장이용개발계획의 범위 안에서 면허를 하여야 한다(水産 8), 우선순위 등에 따라서 면허가 행해진다(13).

어업(漁業) **및 공해생물자원**(公海生物資源)**의 보존**(保存)**에 관한 조약**(條約) 〔英〕Convention on Fishing and Conservation of the Living Resources of the High Seas 1958년 國際聯合海洋法會議에서 채택된 조약. 전통적인 公海自由의 原則의 엄격한 적용을 지양하고 연안국우위의 사상을 크게 반영한 것. 각국은 공해에서 어업의 권리를 가지며, 한편으로 공해생물자원의 보존을 위해서는 어업국은 공동하여 보존조치를 취하지 않으면 안된다고 규정하였다. 연안국은 연안국이라는 이유만으로 보존조치에 참가할 수 있고, 경우에 따라서는 일방적으로 보존조치를 취할 수 있게 되었다. 보존조치에 관하여 합의가 이루어지지 않는 경우 분쟁은 강제적으로 특별위원회에 부탁된다. 이 특별위원회는 사건마다 어업전문가로써 구성된다. →보존수역, 연안어업, 공해

어업세(漁業稅) 道稅 중의 取得稅의 하나(地稅 104 vii). 납기는 해당도의 조례가 정한 바에 따른다(114).

어업(漁業)**에 관한 수역**(水域) 연안국이 어업에 관하여 모든 관할권을 배타적으로 행사하는 수역. 排他的 漁業管轄水域, 獨占漁業水域 또는 漁業專管水域이라고도 한다. 이러한 수역내에서는 어업활동의 권리는 자국어민에게만 인정되며, 이를 침해한 他方國漁船에 대해서는 연안국이 그 관할권에 의거하여 단속을 행하고 응분의 제재를 가할 수 있다. 대한민국과 일본국간의 어업에 관한 협정 1조 1항에서 兩締約國(한국과 일본)은 각 체약국이 자국의 연안의 基線부터 측정하여 12해리까지의 수역을 어업에 관한 수역으로 설정할 수 있는 권리를 서로 인정하고 있다(제주도주변의 어업에 관한 수역에 관하여는 제주도 양측의 어업수역에 관한 交換公文 참조). 양 체약국의 어업에 관한 수역이 중복되는 부분에 대하여는 그 부분의 최대의 폭을 나타내는 직선을 2등분하는 점과 그 중복하는 부분이 끝나는 2점을 각각 연결하는 직선에 의하여 양분한다(1Ⅲ). 양 체약국은 일방체약국이 자국의 어업에 관한 수역에서 타방체약국의 어선이 어업에 종사하는 것을 배제하는데 대하여 상호 이의를 제기할 수 없다(1Ⅱ). 따라서 우리나라 기관은 이 수역을 침범한 일본어선이 있으면 이를 停船·臨檢·搜索 또는 拿捕할 수 있으며 침범한 어선을 우리나라 국내법에 따라 재판할 수 있다. 그러나 이러한 관할권을 행사하는 경우에 발생할 수 있는 양국간의 분쟁을 되도록 방지하기 위하여, 감시선에 의한 다른 나라 어선의 침범사실의 확인과 그 어선 및 선원의 취급에 대하여 國際通念에 따라 공정타당하게 처리할 용의가 있음을 한일양국정부는 각각 일방적으로 선언하고 있다(1965년 6월 22일 한일양국외상의 일방적 성명 참조). 대한민국과 일본국과의 어업에 관한 협정에 관한 合意議事錄 9항에서는 동수역에서의 無海通航(어업은 漁具를 格納한 경우에 한함)에 관하여 국제법규에 따르겠다는 뜻을 확인하고 있다. 다만, 12해리 폭의 어업수역은 영해의 幅員이 그보다 좁을 때에 의미가 있는 것으로서 領海法(1977년 법률 제3037호)에 의하여 영해의 幅員이 12해리로 확장되고 특히 각국이 다투어 어업수역의 범위를 확장하고 있는 오늘에 와서는 전기 어업전관수역도 재조정되어야 할 것이다. 한일간의 어업협정은 1998년 일본이 일방적으로 파기하여 문제가 되었다가 다시 협상하여 협정을 체결하였다.

어업조정(漁業調整) 漁業團束·衛生管理·流通秩序·기타 어업조정을 위한 시장·군수 또는 자치구 구청장의 조치. 수산업법은 어업조정의 방법으로 여러가지의 것을 규정하고 있으나, 그 중에서 특히 중요한 것으로 어업조정에 관한 명령(52)·낚시행위의 제한 또는 유해어업의 금지(56)·漁業監

督(60) 등을 들 수 있다.

어업재해(漁業災害) 이상조류·적조현상, 태풍·해일 기타 어업재해대책심의위원회가 인정하는 자연현상으로 인하여 발생되는 漁家가 양식하는 어류·패류·해조류 기타의 수산동식물 등의 수산양식물, 어업시설물의 피해를 말한다(農漁業災害對策法 2).

어용조합(御用組合) 〔英〕 company union, company dominated union 노동조합이 사용자에 대해서 완전한 自主性을 보유하지 못한 조합(勞整 2 iv). 會社組合·黃色組合이라고도 한다. 예컨대 사용자가 조합의 인사에 긴밀히 개입하든가 조합간부를 매수하든가 하여, 자기에게 유리하도록 이끌어나가는 조합. 사용자가 조합을 어용화하는 행위는 使用者의 不當勞動行爲로 된다(81). → 법외조합

어 음 〔英〕 bill 〔獨〕 Wechsel 〔佛〕 billet 일정한 금액의 지급을 목적으로 하여 발행되는 유가증권. 換어음과 約束어음의 두 종류가 있다. 환어음은 어음작성자인 발행인으로부터 제3자(支給人)로 하여금 다른 제3자(受取人)에 대하여 일정금액의 지급을 위탁하는 형식의 支給委託證券이며, 약속어음은 발행인이 상대방에 대하여 일정금액의 지급을 약속하는 형식의 支給約束證券이다. 환어음의 지급인은 단지 증권상 지급인으로 지정된 자에 불과하므로 당연히 어음채무자가 되는 것은 아니다. 따라서 그 채권자적 지위를 확정하는 방법으로 引受制度(→어음인수)가 있다. 어음은 매매대금 등 채무지급방법으로서 또는 채권추심방법으로서 혹은 消費貸借의 목적을 달성하기 위해서 常用되고 소비대차증서의 대용으로서 약속어음이 이용된다. 어음은 배서에 의하여 流通輾轉하는 것이 상례이며, 배서를 금지하는 경우는 드물다. 어음은 어떠한 원인으로 발행되었는가, 발행당사자간 또는 전소지인간에 어떠한 약속과 사정이 있었는가를 불문하고 선의로 어음을 배서양도받은 자는 어음면에 기재한 권리를 취득한다. 이것은 외관을 신뢰한 자를 보호하기 위한 것이다. 그러므로 어음은 대표적인 유통증권이다. 어음은 일정액의 금전채권을 표창한 증권이므로 미지의 다수인간에 輾轉流通됨을 예정하고 있다. 그러므로 支給期日(滿期)이 되어 환어음의 支給人(引受人) 또는 약속어음의 발행인에 대해서 어음소지인이 지급제시를 하였을 때 이에 지급을 하면 모든 어음관계는 감소한다. →환어음, 약속어음

어 음(於音) 구시대에 금융상 사용한 어음. 기원연혁은 未詳. 금전지급을 약속하는 票券으로서 물건대금의 지급수단 또는 금전차용의 변제수단으로 발행하였으며 慣用에 의하여 그 형식도 대략 정형화하여 幅 약 1촌, 長이 4,5촌 내지 6, 7촌, 紙片의 중앙에 금액 및 지급약속을 기재하고 左方上部에 작성년월일, 하부에 채무자의 성명을 기재날인하였고, 그 금액과 지급약속의 중간에 지급기일을 기입하였다. 물론 지급기일이 표시되지 않은 것도 있다. 이 지편을 양단하여 채무자의 기명이 있는 一片을 채권자에게 교부하고 他片을 채무자가 보관하였다. 그러나 조선말기에는 대개 同文券을 양단하지 아니하고 全紙대로 채권자에게 교부함이 원칙이었다. 이 於音을 양도함에는 채권자성명의 기입여부는 관계없이 효력발생하는 것이며, 물론 채무자의 동의여하도 필요하지 않았다. 양수인은 이를 채무자에게 지급기일(지급기일이 없는 것은 언제든지)에 제시하면, 文券의 眞否를 확인한 후(斷片인 경우는 合片하여 본 후) 액면의 金員을 지급하였고 채무자가 만일 그 성립을 부인하고 따라서 지급을 거절하면, 양수인은 양도인에게 同文券을 반환하고 변제를 구한 것이다. 원래 지급기일은 1市間(5일간) 또는 2市間(10일간)이 원칙이고 길어도 1개월을 초과하지 않았다. 이 기간에 어음은 양도에 의하여 輾轉流通한 것이다. 형식의 간편과 양도의 용이성으로 商界의 애호를 받고, 신용있는 상인이 발행한 것은 지폐와 같은 통용력을 가진 것이며, 光武 9년 手形條例의 공포로 비로소 그 유통이 금지되었다.

어음교환(交換) 〔英〕 clearing 〔獨〕 Abrechnung 〔佛〕 compensation 동일 지역내의 일군의 은행이, 서로 다른 은행으로부터 推尋하여야 할 어음·수표 등을 특정장소(어음交換所)에 특정시간에 가지고 가서 제시교환하고 수취총액과 지급총액의 차액만을 수수하여 현금의 지급에 대신하는 것. 교환소가입은행의 대표자는 교환에 돌려야 할 어음 등의 증권을 상대방 은행별로 나누어 그 금액·매수를 기입한 交換添表와 함께 상대은행의 交換方에 배부하고, 배부를 받은 상대방은 대차결산상 交換殘高表를 만들어 교환소의 사무담당자인 감사에 제출하고, 감사는 그 금액을 점검하여 交換決算簿에 기입한다. 이렇게 해서 각 은행의 수취총액과 지급총액이 집단적으로 계산되어 차액은 가입은행 전체에 대한 수취액 또는 지급액으로서 나타난다. 이 차액의 수수(交換差의 결제)도 보통 그 지역의 한국은행 본지점의 당좌계정의 대차에 의해서 행하여진다. 이 제도는 이상과 같이 어음·수표 등의 推尋을 간이하게 하고 현금수수에 따르는 도난·분실의 위험을 제거하며 지급하기 위하여 다액의 현금을 준비하

지 않아도 되는 등의 효용이 있다. 어음교환의 법률적 성질에 관해서는 논쟁이 많으나, 교환소의 定款 또는 規約에 기인하는 일종의 특별한 지급방법이라고 해석하는 것이 타당하다. 그러므로 어음교환은 지급으로서의 효력이 있으며 어음교환소에 있어서의 제시는 법률상 지급을 위한 제시의 효력이 있다(어음 38Ⅱ, 手票 31).

어음교환소(交換所) 〔英〕 clearing house 〔獨〕 Abrechnungsstelle 〔佛〕 chambre de compensation 동일지역내의 1群의 은행이 어음교환을 하기 위하여 구성한 단체. 전국 주요도시의 어음교환소는 다시 어음교환소연합회를 조직한다. 그리고 이러한 어음교환소에서의 어음·수표의 제시는 지급제시와 같은 효력을 인정받는다(어음 38Ⅱ·77 ⅱ·83, 手票 31·69).

어음권리능력(權利能力) 어음상의 권리의무의 주체가 될 수 있는 능력. 이것에 관하여는 어음법에 다른 규정이 없으므로(→어음능력) 일반적으로 권리능력이 있는 사람은 당연히 어음권리능력을 가진다. 법인도 이 권리능력을 가지는 것은 당연하며 법인이 目的範圍 외의 행위로써 어음행위를 하는 경우에 있어서도 어음행위의 추상성 때문에 원인관계인 실질적 행위에 관하여 人的抗辯의 문제가 생길 뿐이지 어음행위 자체의 효력에는 영향이 없다.

어음금액(金額) 어음債權의 목적이 되는 일정한 금액. 어음요건의 하나이다(어음 1ⅱ, 75ⅱ). 금전 아닌 물건의 급여를 목적으로 하는 어음은 현행법상 인정되지 아니한다. 수표에 있어서는 手票金額이라 하며 위와 동일하다(手票 1ⅱ). 그 최고액 또는 최저액의 제한은 없고 내국화폐이든 외국화폐이든 무방하나 확정한 금액이라야 한다. 1만원 또는 2만원과 같은 選擇的 記載, 만기에 있어서의 미화 1만달러에 해당하는 우리 화폐와 같은 浮動的 記載는 어음·수표를 무효화한다. 그러나 미화 1만달러 또는 이에 상당하는 우리 화폐와 같은 표시방법은 외국화폐로 어음금액을 확정하고 법률상 인정되는 換算의 가능성을 되풀이한 것이니(어음 41Ⅰ, 手票 36Ⅰ) 유효하다. 變造와 誤記를 방지하기 위하여 금액을 증권면상 수개처에 기재하는 경우가 있는데 그 기재금액 사이에 차이가 있는 때에는 법률은 문자와 숫자가 기재된 경우에는 문자로 기재한 금액을 어음금액으로 하고(어음 6Ⅰ), 문자 또는 숫자를 중복하여 기재한 경우에는 최소금액을 어음금액으로 한다(6Ⅱ)고 규정하였다. 또 어음금액에 이자가 생긴다는 약정의 기재는 一覽出給과 一覽後定期出給의 어음에서만 일정요건하에 인정될 뿐이다.

어음기승(騎乘) 〔獨〕 Wechselreiterei 자금을 필요로 하는 2인이 공모하여 서로 상대방을 지급인으로 하는 어음을 발행하여 인수시키고, 각자가 이것을 제3자(특히 은행)에 그 할인을 의뢰하여 자금을 융통받는 것. 만기일까지 자금을 조달하여 相互決濟하면 문제는 생기지 않으나 흔히 자금이 부족한 자가 하기 때문에 부도가 나기 쉽고, 어음소지인을 해칠 염려가 많다. 이는 곧 융통어음 남용의 일례이다. 특히 문제가 되는 것은 甲이 乙발행의 어음으로 금융을 얻음에 반하여 을이 갑 발행의 어음으로 금융을 얻지 못한 경우이다. 이 경우 금융을 얻지 못한 을은 그가 소지하는 어음으로써 그 발행인인 갑에 대하여 어음채권을 행사하게 되겠는 바, 이 경우 갑은 그 어음이 融通어음임을 주장하여 지급을 거절할 수는 없다.

어음능력(能力) 〔獨〕 Wechselfahigkeit 어음權利能力과 어음行爲能力을 총칭하는 말. 좁은 뜻으로는 행위만에 한하고 가장 넓은 뜻으로는 어음채무의 객체가 될 수 있는 능력(현행법상으로는 금전채권만)을 포함한다.

어음당사자(當事者) 어음상의 法律關係의 당사자. 보통은 어음관계의 성립에 필요한 최소한의 자로서 환어음에서는 발행인·수령인·지급인, 약속어음에서는 발행인·수령인만을 가리키나(어음 1, 75), 후에 어음관계에 기입하는 배서인·인수인·참가인수인·보증인 등을 포함하는 넓은 뜻으로 쓰이는 때도 있다. 어음당사자는 보통 서로 다른 사람이나 같은 한 사람이 둘 또는 셋의 자격을 겸하는 일도 있다(예컨대, 자기앞어음이나 자기지시어음). 수표관계의 성립에는 발행인·지급인이 절대로 필요하나 수령인은 없어도 무방하다(手票 1, 6).

어음대부(貸付) 대부의 일종. 대부금에 대하여 보통의 차용증서를 받을 수도 있으나, 貸金債權을 확보하기 위하여 어음(보통은 약속어음)을 받는 것. 어음에 있어서는 어음법의 적용을 받아 그 權利의 實行이 간편·확실하기 때문이다. 은행이 어음으로써 與信하는 방법으로서는 현실의 상거래로 인하여 수수되는 어음을 一般商品賣買와 같이 有償取得(어음할인)하는 경우와, 은행과 고객간에 성립한 消費貸借에 있어서의 貸金債權의 확보를 위하여 증서 대신으로 약속어음 혹은 引受畢 자기앞 환어음을 받은 경우가 있는데 후자가 어음대부이다.

어음등본(謄本) 〔英〕 copy 〔獨〕 Wechselabschrift 어음소지인이 어음원본을 등사한 것.

어음원본이 인수때문에 송부되어 자기 손에 없을 때 어음의 背書 또는 保險을 할 수 있게 하기 위한 제도(어음 67, 68). 등본에는 원본의 기재사항을 再記하는 이외에 말미에 右謄本임과 같은 뜻의 문구(→경계문구)를 기재하고 또 원본을 보유하는 자를 표시해야 한다. 등본에 배서를 하면 어음상의 권리가 양도되나 등본은 어음 자체가 아니므로(이 점이 複本과 다름) 등본을 가지고는 권리를 행사할 수 없기 때문에 등본의 소지인은 원본을 가지고 있는 자에게 원본의 반환을 청구해서(原本返還請求權), 원본에 의하여 권리를 행사한다. 만약 이 반환을 받지 못하면 거절증서를 작성케 하여 등본에 배서 또는 보증을 한 자에게 遡求할 수 있다. 등본제도는 환어음 이외에 약속어음에도 인정되고 있으나(77), 수표에는 없다.

어음매수수권서(買受授權書) 〔英〕 authority to purchase 은행이 매수인의 의뢰에 의하여 매도인소재지의 본·지점 또는 거래은행에 대하여 소정의 貨物相換證·船荷證券 등을 첨부한 매수인을 지급인으로 하는 매도인 발행어음의 매수를 지시하는 통지서이다. 어음買受指示書라고도 한다. 商業信用狀과는 달리 단순한 통지서이며, 어음은 은행앞으로 발행되는 것이 아니고, 매수인앞으로 발행되는 것이므로 그 인수·지급에 대하여 은행이 책임지지 않는다. 실제로는 매도인측이 어음할인을 용이하게 하는 이점이 있다. 信用指示書와 같은 뜻으로 쓰이기도 하는 바, 이 경우는 수령증을 받고 선하증권 등과 상환하여 직접 금전지급을 지시하는 수도 있다.

어음문구(文句) 〔獨〕 Wechselklausel 그 증권이 환어음 또는 약속어음임을 일견하여 식별할 수 있도록 표시한 문자. 어음要件의 하나로서 그 기재가 없으면 어음으로서 효력이 생기지 아니한다(어음 1 i, 75 i). 수표에서는 手票文句라 하고 역시 그 기재가 있어야 한다(手票 1 i). 기재의 방법은 증권의 본문 중에 그 증권의 작성에 사용하는 국어로 하여야 한다. 즉, 支給委託文句·支給約束文句에 사용된 국어와 동일한 국어로 기재하여야 한다. 타증서가 권한없이 어음으로 轉用되거나, 어음관계자가 착오을 일으키지 않도록 하기 위한 방책이다. 구법하에서는 그 기재장소에 관하여 증권의 표제로 요구하고 있다는 설과 支給委託 또는 支給約束文句 중에 기재할 것을 요구하고 있다는 설이 대립되고 있었으나, 우리 어음법은 本文이라고 명시하였다. 현실로는 表題에도 不動文字로 인쇄되고 위의 본문에도 역시 부동문자로 인쇄되어 있는 용지가 사용되고 있다.

어음문언(文言) 어음상의 권리를 나타내는 어음증권상의 기재. 어음은 文言證券으로 그 권리의 내용 범위는 오로지 어음기재의 문언에 의하여서만 정하여진다. 그러므로 선의로 어음文言을 믿고 어음을 취득한 자는 그 기재된 문언에 따라 어음상의 권리를 취득하는 것과 동시에 어음에 기재되지 않은 사항으로는 채무자로부터 대항받지 아니한다. 또 의사와 표시가 일치되지 않는 경우에도 表示主義가 승리하며 어음의 유효·무효도 다만 외관에 의하여서 결정할 것이고 또한 기재사항이 사실과 부합하는가 아닌가는 문제가 되지 아니하는 것이니 이를 어음外觀解釋의 原則이라고 한다.

어음법(法) 〔獨〕 Wechselrecht 넓은 의미에 있어서는 어음거래에 관한 법률관계를 규율하는 私法法規의 전체를 말하고, 좁은 의미에 있어서는 어음의 특질 및 어음거래의 필요에 응하기 위하여 특히 마련된 어음에 특유한 규정을 말한다. 어음거래에 관한 법규는 私法에만 존재하는 것이 아니고, 형법(214~217)·행정법(印紙稅法 1 I)·민사소송법(7, 119, 566, 446 이하)·섭외사법(34, 36, 37) 등에도 있지만, 이것은 어음법에 포함되지 않는다. 좁은 의미의 어음법을 固有의 어음法이라고 부르고, 이에 대하여 일반 민상법의 규정으로서 어음관계에 적용되는 것을 民事어음法이라고 부르는데, 넓은 의미의 어음법은 이 양자를 포함한다. 좁은 의미의 어음법은 어음法典이 규정하는 것이며 이것을 형식적 의의의 어음법이라 한다. 실질적 의의의 어음法 중에는 이 외에도 拒絶證書令을 포함한다. 현행법은 1930년의 제네바統一條約에 의거하여 1962년 법률 제1001호로서 제정된 것으로서 좁은 의미의 어음법의 대부분을 포함한다. 어음법의 특질로서는 다음과 같은 것을 들 수 있다. ① 技術的 性質. 어음법은 그 여러 제도(抽象性·定型性·善意取得·抗辯의 切斷·免責·遡求 등)가 支給의 確實性과 유통증진을 목적으로 하며, 상인에 의하여 합리적이고 의식적으로 만들어져 왔으므로 기술적 색채가 강하며, 그 이해에는 전문적 지식을 요하는 것이 많다. ② 强行法的 性質. 어음법은 거의 채권에 관한 법규로 형성되었음에도 불구하고, 當事者自治의 原則을 인정하지 않으며, 條文上 명백히 허용한 경우가 아니면, 조문과 상이한 의사표시의 효력을 인정하지 않는다. 어음은 불특정다수인간에 원활하고 신속히 유통되어야 하는 것이므로, 어음행위의 내용을 定型化하여, 당사자에 의한 변경을 인정하지 않는 것이 적당한 까닭이다. ③ 國際的 統一性. 어음은 세계 각국에 유통하는 유가증권이므로 그 국제적 통일의 요구가 강하고, 한편 각국 어음의 성질과 그 제도상의 원칙이 대차없이 비슷한 것이므로, 통일의 가능성도 크다. 현재 각국의 어음법은 광범하게 통일되어 가고 있으며, 法文의 통일뿐만 아니라 그 해석에 있어서도 공통적인 것을 수립하고자 비교법적 연구가 활발하다. → 통일어음법 · 수표법

어음법상의 권리(權利) 어음법에 규정되어 있는 권리이나, 발행인 · 배서인 · 인수인 · 보증인 · 참가인수인에 대한 어음상의 권리가 아니고, 어음법이 어음관계의 원만한 진전을 위하여 보조적 · 부수적으로 인정한 권리를 어음법상의 권리라 한다. 예컨대 악의취득자에 대한 어음返還請求權(어음 16 Ⅱ), 소구의 통지해태로 인한 損害賠償請求權(45 Ⅵ, 77), 複本交付請求權(64 Ⅲ), 利得償還請求權(79) 등을 말한다. 수표에 있어서도 수표상의 권리에 대하여 수표법상의 권리라는 개념이 인정되는 점은 어음에 있어서와 같다. → 어음상의 권리

어음법(法) · **수표법통일조약**(法統一條約) 〔佛〕 Convention portant loi uniforme sur lettres de change, billets à ordre, et les chèques [1] 어음법 · 수표법은 당초 관습법에 의하여 규율되어 왔으나, 독일법 · 프랑스법 · 영미법의 3法系가 형성되어, 그 내용을 달리하였다. 그러나 어음 · 수표는 1국내에서만 유통하는 것이 아니라 國際去來에 있어서도 필수적 요구로 이용되는 것이므로, 각국법의 상이는 거래상의 불편을 낳고 이것은 섭외사법의 규정으로써도 충분한 해결을 가져올 수 없는 것이므로, 19세기중엽 이래 통일운동이 일어나, 國際法協會 및 國際法學會의 노력에 의하여 각지에서 회의가 열리고 그 운동이 촉진되었다.

[2] 어음법의 통일. 1912년 네덜란드 정부주최하에 萬國어음法會議가 개최되어, 통일어음규칙을 의결하여 이에 관한 조약을 성립시켰으나, 제1차세계대전의 발발로 말미암아 각국의 비준을 보지 못한 채 통일사업이 일시 좌절되었다. 평화회복후 1920년 브뤼셀財政會議의 발의로 국제연맹경제위원회 주최로 재개되어, 드디어 1930년 제네바에서 환어음 · 약속어음 및 수표에 관한 法律統一을 위한 國際會議가 열리어 환어음 · 약속어음에 관한 ① 統一法을 제정하는 조약, ② 법률의 어떤 저촉을 해결하기 위한 조약, ③ 印紙法에 관한 조약을 성립시켰다. 이 회의에는 31개국이 참가하였으나, 英美 양국은 참가하지 않았다. 우리 어음법은 이 통일조약의 내용에 따라 제정되었다.

[3] 수표법의 통일. 1912년 헤이그회의에서 통일수표규칙의 초안을 가결하였으나 大戰 발발로 인하여 이를 의결할 예정이었던 1914년의 회의는 좌절되었다. 大戰후 1931년 제네바에서 회의를 열고 상술의 어음법과 같은 3개조약을 성립시켰다. 우리 수표법은 이 통일조약의 내용에 따라 제정되었다.

[4] 이 어음法 · 手票法統一條約은 각국의 비준을 마치고 1934년 1월 1일부터 발효하여 독일 · 프랑스 · 일본 등 대륙법계의 제국에 있어서는 어느 정도 국제적 통일을 실현하였다. 그러나 영 · 미 양국이 가맹하지 않아서 종전의 독일 · 프랑스 · 영미의 3法系의 대립에 대신하여 統一法系와 英美法系의 새로운 대립이 생겼으므로 진정한 세계통일법을 이루지 못하고 있고, 1950년의 로마私法統一國際協會에서는 그 통일화가 논의되었다.

어음보증(保證) 〔獨〕 Aval, Wechselbürgschaft 〔佛〕 aval 어음 위에 하는 保證(어음 30 이하, 77 Ⅲ). 어음보증은 정식으로는 어음 또는 補箋에 보증한다는 뜻 및 주채무자를 표시하고 기명날인 또는 서명하여야 하나 그러한 표시를 欠缺한 略式인 것도 인정된다(31). 어음보증도 주채무를 담보하는 것이므로 주채무가 형식의 흠결로 인하여 무효일 때는 보증도 또한 무효로 되나 어음보증은 주채무자의 행위와는 독립된 어음행위이므로(어음行爲獨立의 原則) 주채무가 실질적 사유로 인하여 무효로 될 때에도 보증은 유효하다. 책임을 다한 보증인은 주채무자 및 그 어음상의 채무자에 대하여 어음상의 권리를 취득한다(32).

어음상(上)**의 권리**(權利) 어음의 목적인 일정금액의 지급을 직접 실현하기 위하여 부여된 권리와 이것에 갈음할 권리. 전자는 인수인 및 약속어음의 발행인에 대한 어음金支給請求權이고 후자는 償還請求權(遡求權)(어음 9, 15, 77 Ⅰ), 보증인과 참가인수인에 대한 권리(어음 32, 58, 77 Ⅲ) 등이다. 證券的 行爲(어음행위)에 의하여 발생하여 증권에 表彰되고, 증권의 교부(배서, 백지식배서에 기인한 인도)에 의하여 이전되며 증권의 제시에 의하여 행사된다. 어음수수의 원인관계로부터 독립해서 증권의 문언대로의 효력을 가지며 채무자의 抗辯이 제한된다. 어음상의 권리가 위에 말한 바와 같이 강력한 반면, 일반의 債務消滅原因 이외에 短期時效, 節次의 欠缺에 의하여 소멸한다.

어음소송(訴訟) 〔獨〕 Wechselsprozess 어음(또는 수표)에 의한 청구에 있어서, 일견 어음만을 증거로 하여 판결하여, 채권자에 신속하게 債務名義를 취득시키기 위한 소송절차. 독일법에 있어서는 證書訴訟의 일종으로 두고 있지만, 우리 법에서 인정하고 있지 않다. 다만 어음금이나 수표금의 청구에 관하여서는 담보없이 假執行宣告를 하도록 하여(民訴 199 Ⅰ 但), 일반재산권상의 청구에 비

하여 신속히 채무명의를 얻을 수 있게 하고 있다.

어음 · 수표관계(手票關係) 〔獨〕 Wechselverhältnis 어음 또는 수표상의 법률관계. 발행 · 배서 등 증권상의 행위에 의하여 성립 또는 변동하고, 따라서 이와 같은 증권상의 행위를 함에 이른 실질관계, 즉 원인관계 또는 자금관계로부터 분리독립한 법률관계이다(抽象性). 다만 이러한 실질관계에 기한 사유도 人的抗辯의 사유는 될 수 있다.

어음 · 수표당사자(手票當事者) 어음수표관계의 당사자. 다만 보통은 어음 · 수표관계의 성립에 최소한도로 필요한, 따라서 基本어음의 요건으로서 기재를 요하는 자, 즉 환어음에서는 발행인 · 수취인 · 지급인, 약속어음에서는 발행인 · 수취인만을 지칭하나(어음 1iii · iv · viii, 75 v · vii)에 어음관계에 가입하는 자. 즉, 背書人 · 引受人 · 參加引受人 · 保證人 등도 포함된다. 어음당사자는 보통은 별개인이지만 동일인이 수개의 자격을 겸할 수도 있다. 자기앞어음 · 자기지시어음이 그 예이다(3). 또 수표관계의 당사자로는 발행인 · 지급인이 필요하고 동일인이 두개의 자격을 겸하는 자기앞 수표가 인정된다(手票 1 iii · vi, 6Ⅲ).

어음 · 수표요건(手票要件) 어음 · 수표관계의 발생의 기초가 되는 증권이 어음 · 수표로서의 효력이 생기기 위하여 필요한 사항(즉, 基本어음의 必要的 記載事項). 發行要件이라고도 한다. 발행인이 어음 또는 수표를 작성하려면 증권에 法定事項을 기재하고 기명날인 또는 서명하여야 한다(어음 1 · 75, 手票 1). 어음 · 수표요건을 법정한 것은 어음 · 수표의 要式證券性 · 文言性 · 無因性으로 말미암아 그 권리관계가 증권 자체에 의하여 완전히 확정되어야 하기 때문이며, 또 어음 · 수표의 유통을 위한 定型的 外觀을 갖추어야 할 필요성 때문이다. 따라서 그 요식성은 엄격하여 요건의 어느 것이든지 빠뜨리면 법률이 특히 보통규정을 둔 경우(어음 2Ⅱ～Ⅳ · 76Ⅱ～Ⅳ, 手票 2Ⅱ～Ⅳ) 외에는 어음 · 수표는 무효(어음 2Ⅰ · 76Ⅰ, 手票 2Ⅰ)이며, 이 점 株券이나 貨物相換證 · 倉庫證券들이 그 법정기재사항 중 중요치 아니한 어느 것을 결하였더라도 반드시 무효가 되는 것이 아닌 것과 다르다(어음의 絶對的 또는 엄격한 要式證券性). 기본어음이 요건의 흠결로 무효이면 그 위에 이루어진 다른 어음행위도 무효가 됨은 물론이다. 그리고 후일에 補正을 하여도 발행을 追完할 수 없고 다만 당사자의 합의에 의한 추완은 그때에 새로이 발행행위가 있었다고 보는 것이 판례이다. 어음문구 외에는 증권의 재료 · 용어 · 문자 · 체재 · 기재의 배열 등에 별다른 제한은 없으나, 각 기재가 서로 관련이 있어 한 개의 의사표시가 구성되어야 된다. 또 기명날인 이외에는 누가 어떤 방법으로 기재하여도 무방하나 실제로는 不動文字로 인쇄된 용지에 法定事項을 적절히 기입하는 것이 통례이고 어음요건은 補箋에는 기재할 수 없는 것으로 본다(판례 · 통설). 또 어음요건의 구비여부는 오로지 증권상의 기재에 의하여 판단할 것이고 증권 외의 자료로써 보충할 수도 없고 그 기재는 형식상의 것만 갖추면 되고 반드시 사실과 일치하지 아니하여도 상관없다(예컨대 발행일자는 반드시 진실로 발행된 일자와 같지 않아도 무방하여 그 일자보다 앞뒤로 기재할 수 있고, 발행지도 실제의 발행지가 아니더라도 무방하다). 어음 · 수표요건 중 어음 · 수표금액, 만기는 單一確定하여야 한다는 明文이 있으나(어음 1ii · 33 · 75ii · 77Ⅰii, 手票Ⅰii), 기타의 사항에 관하여 복수적 기재를 할 수 있느냐에 대하여 논의가 많다. 어음요건을 결하였기 때문에 어음으로서는 무효이나 지시증권으로서의 요건을 갖추고 있는 경우에 보통의 指示證券의 효력을 가지는가에 관하여 독일민법 140조나 우리 민법 318조와 같은 이른바 無效行爲의 전환을 인정하는 積極說도 있으나, 통설은 미리 전환의 의사가 증권상에 표시되지 않은 한 전환을 인정치 않는 것이 기명날인자의 의사에 합치한다고 해석하고 문제를 부정한다. 요건이 흠결된 것이라도 후일 소지인으로 하여금 欠缺部分을 보충케 할 의사로 기명날인하여 어음을 유통케 한 경우인 백지어음은 요건을 흠결한 불완전어음과는 다르며 보충에 의하여 어음으로서의 효력이 생긴다.

어음 · 수표(手票)의 선의취득(善意取得) 背書의 연속이 있는 어음 · 수표의 소지인으로부터 배서에 의해 또는 최후의 배서가 白地式인 경우에 교부에 의해 어음을 취득한 자는 惡意 또는 重過失이 없는 한 배서인의 자격에 하자가 있더라도 어음상의 권리를 취득하는 제도(어음 16Ⅱ · 77Ⅰ, 手票 21). 善意取得이 인정되는 법적 근거로는 權利外觀理論이 원용되고 있다. 즉 배서의 연속이 있는 어음의 소지인을 權利推定者로 보고 있는 어음법 16조 1항에서 선의취득의 인정근거를 찾고 있다. 어음의 선의취득은 민법상의 동산의 선의취득(民 249)과 그 취지를 같이 하지만, 어음법은 어음의 유통을 강화하기 위하여 동산의 선의취득에 관한 민법의 규정보다 선의취득의 요건을 완화하고 있다. 즉 민법과는 달리 ① 어음取得者에게 경과실이 있어도 선의취득을 인정하고, ② 도품 · 유실물에 대한 특별규정(民 250, 251)이 없으며, ③ 평온 · 공연한 취득에 대하여도 명문의 규정을 두고 있지 않다. 선의취득이 인정되기 위해서는 다음의 요건을 갖추어야 한다. ① 어음법적 방법에 의하여 어음을 취득하였어야 한다. 즉 선의취득은 어음에 특유한 流通方法에 의한 취득에 대해서만 인정된다. 그러므로 어음의 취득은 배서에 의해 또는 최후의 배서가 백지인인 경우에는 어음의 교부에 의해 이루어져야 한다. 상속, 회사의 합병 등의 包括承繼에 의한 취득과 指名債權讓渡方法이나 轉付命令 등의 특정승계에 의한 취득의 경우에는 선의취득이 인정되지 않는다 ② 취득자는 形式的 資格(背書의 연속)을 가져야 한다. 즉 어음법 16조 2항은 선의취득의 요건으로 배서의 연속을 요구한다. 그러므로 취득자는 배서의 연속있는 어음의 소지인으로부터 어음을 취득하였어야 한다. 배서의 연속여부는 형식적 · 외형적으로 판단한다. 다만, 배서의 연속에 흠결이 있는 경우에 실질적으로 연속하는 것을 증명하면 背書의 欠缺이 治癒되어 선의취득을 할 수 있는가에 대해서는 학설이 나누어져 있다. ③ 피배서인은 어음의 취득에 관하여 독자의 경제적 이익을 가져야 한다. 그렇지 않으면 이를 보호할 가치가 없기 때문이다. 그러므로 소지인이 추심의 권한밖에 없는 推尋委任背書의 피배서인에게는 선의취득이 인정되지 않는다. ④ 권한없는 자로부터 어음을 취득하였어야 한다. ⑤ 취득자에게 악의나 중대한 과실이 없어야 한다. 악의란 交付契約의 흠결이 있다는 것을 알고 있었던 경우를 말하며 중대한 과실은 그것을 몰랐다는 점에 대한 부주의 정도가 현저한 경우를 말한다. 양도인까지의 중간에 무권리자가 있다는 것을 알았더라도 직접의 전자인 양도인이 권리자라고 믿었고 그 믿음에 대하여 중과실이 없으면 善意取得이 인정된다(shelter rule). 이상의 요건을 구비하고 있는 어음취득자는 어음을 반환할 의무가 없다. 즉 善意取得에 의한 어음상의 권리취득은 原始取得이기 때문에 선의취득자로부터 어음상의 권리를 承繼取得한 자는 선의취득자의 전자가 무권리자라는 사실에 대하여 악의 · 중과실이 있더라도 어음상의 權利取得에는 아무 영향이 없다(shelter rule). 여기에서 주의할 것은 선의취득은 어음상의 권리가 이미 존재하고 있는 것을 전제로 하여 누가 권리자가 되는가라는 권리의 소재에 관한 제도이므로, 이것은 어음상의 기명날인이 되어 있는 사람이 반드시 어음상의 채무를 부담한다는 것을 의미하지는 않는다는 점이다. 그러므로 피위조자나 어음행위를 취소한 무능력자 등은 선의취득자에 대하여도 어음상의 책임을 지지 않는다. 그리고 선의취득은 抗辯의 切斷을 규정한 것은 아니므로 항변이 附着된 것을 알고 있었지만 양도인이 무권리자임을 알지 못한 어음취득자는 항변이 부착된 어음을 선의취득하게 된다.

어음 · 수표(手票)의 시효(時效) 어음 또는 수표상의 권리의 소멸원인이 되는 短期時效. 어음은 전형적인 유통증권으로서 소지인의 지위는 강고하고, 어음상의 권리는 일반채권에 비하여 준엄하므로 이것을 완화하고, 어음거래의 신속한 결제를 위하여 어음법은 어음채권에 관하여 특히 단기시효를 인정하고 있다(어음 70, 77 I viii). 어음시효와 비교하여 수표시효는 그 기간이 보다 더 단기이다(手票 51). 즉, 어음상의 권리의 주채무자에 대한 시효는 만기일부터 3년, 소지인의 背書人(換어음의)과 발행인에 대한 청구권은 拒絶證書作成日 또는 만기로부터 1년, 배서인의 다른 배서인(환어음의)과 발행인에 대한 청구권은 어음을 환수한 날 또는 그 자가 제소된 날로부터 6월이며, 수표소지인이 가지는 遡求權의 시효기간은 제시기간 경과후 6월이다.

어음엄정(嚴正) 〔羅〕 rigor cambialis 〔獨〕 Wechselstrenge 어음의 경제적 사명을 완수하기 위하여는 그 表彰하는 채권의 이행이 확실하고 또한 강한 유통성이 보장되어야 하므로 어음상의 의무는 특히 엄격한 것이라고 하며, 이것을 보통 어음엄정이라고 한다. 어음엄정은 形式的 嚴正과 實質的 嚴正으로 나누어진다. 전자는 어음에 특유한 간이 · 신속한 어음訴訟을 지칭하고, 후자는 어음채무자를 다른 채무자보다도 불이익한 지위에 두는 어음의 특질을 총칭하는 것으로 특히 어음채무의 抽象性 또는 어음抗辯을 지칭한다. 민사소송법은 특별한 규정(199)을 두어 어음 · 수표의 유통성의 확보에 힘쓰고 있다. →어음소송

어음예약(豫約) 〔獨〕 Wechselschluss, Wechselvorvertrag 어음관계의 설정을 준비하는 계약. 어음예약은 實質關係와 어음관계와의 중간에 있어서 이것을 매개하는 법률관계이다. 발행 또는 배서에 의하여 어음을 수수하는 데는 이것에 앞서 당사자간에서 수수할 어음의 종류 · 금액 · 지급지 · 滿期 등을 정하고 또 배서의 종류 · 대가 등에 관하여 협정하는 것이 보통이다. 어음예약은 직접 어음상의 관계를 발생시키는 것이 아니며, 어음예약에 의하여 당사자의 일방이 合意協定條件에 적합한 어음행위를 할 의무를 부담하게 된다. 이 어음예약에서 정한 조건에 위반하여 발행된 어음도 어음으로서는 완전히 유효한 것이며, 다만 당사자간에 抗辯事由가 될 뿐이다. 수표에는 수표계약이 있는 것이 보통이다.

어음원본(原本) 〔英〕 original 〔獨〕 Urschrift 어음謄本에 대한 당초의 어음증권을 말한

다.

어음의 개서(改書) 기존의 어음채무의 지급을 연기하기 위하여 신어음을 발행하는 것. 어음의 切換·書換 또는 換書라고도 하고 그 신어음을 延期어음이라고 한다. 이 경우에는 발행인이 구어음을 회수하고 이것 대신으로 만기 기타의 기재를 변경한 신어음을 채권자에게 교부하는 경우와 신구의 양 어음을 모두 채권자의 수중에 두는 경우가 있다. 전자의 경우에는 구어음은 代物辨濟로 인하여 소멸하고 신어음만이 존재한다. 후자의 경우에는 양 어음이 유효하게 병존하며 신어음은 구어음의 담보로 되는 것으로 구어음으로써 청구하면 신어음의 만기일까지 지급이 유예되었다는 抗辯을 받게 된다.

어음의 말소(抹消) 어음의 기명날인 기타의 기재사항을 塗抹·削除·化學的 腐蝕·貼付 등의 방법에 의하여 제거하는 것. 말소의 방법에는 제한이 없으며 연필로 한 말소도 유효하나 어음의 동일성을 해할 정도의 말소는 어음의 喪失이다. 어음의 要式性은 어음상의 권리의 성립시에 필요한 것이고 그 존속을 위하여는 반드시 필요한 것이 아니므로 일단 유효하게 성립한 어음상의 권리는 어음증권의 말소후에도 당연히 소멸하는 것은 아니다. 소멸할 권한이 없는 자가 말소한 경우에는 어음의 변조로서 변조전에 기명날인한 자는 변조전의 문언에 의한 책임을, 변조후에 기명날인한 자는 변조후의 文言에 의한 책임을 부담하여야 한다(→변조어음)(어음 69). 말소권한 있는 자가 말소하였을 때에는 어음상의 권리는 변경·소멸된다는 점이 통설이다.

어음의 상실(喪失) 어음의 物質的 滅失뿐만 아니라 널리 분실, 도난, 어음의 동일성을 해할 정도의 抹消, 毁損 등을 포함한다. 어음의 상실이 필연적으로 어음상의 권리의 소멸을 가져오는 것은 아니나 증권의 상실로 인하여 權利行使의 수단을 잃어서 실제상 이것을 행사할 수 없게 되고, 그 어음이 선의자의 손에 들어 감으로써 어음상의 권리를 상실할 우려가 있다. 법은 그 구제수단으로서 公示催告에 의한 除權判決制度를 인정하여(民訴 446 이하), 한편에 있어서 상실한 어음의 효력을 박탈하는 동시에, 다른 한편 어음을 상실한 권리자로 하여금 증권없이 그 권리를 행사할 수 있게 하였다. 수표에 관한 것도 같다.

어음의 재판적(裁判籍) 어음에 관한 訴는 그 지급지의 법원에 제기할 수 있는데(民訴 7), 이와 같이 어음에 관한 소에 대하여 特別裁判籍을 인정한 것은 어음의 소지인이 어음의 의무자에 대하여 合同責任을 질 때에 모든 청구를 어음의 지급지에 제소하게 되면 소송경제상 유리할 뿐 아니라 재판 사이의 저촉도 피할 수 있다고 생각한 때문이다. 이 재판적은 성질상 수표에 관한 경우에도 준용된다.

어음의 종류(種類) 형식상으로는 환어음과 약속어음으로 구별되는 바 환어음은 발행인·수령인·지급인의 3자를 필요조건으로 하는 支給委託證券이고, 약속어음은 발행인과 수령인을 필요조건으로 하는 支給約束證券이다. 발생상으로 보면 商業어음과 融通어음으로 구분되고, 어음의 출급기한에 의하여 일람출급어음과 정기출급어음·확정일출급어음 등이 있으며, 기일의 장단에 의하여 長期어음과 短期어음으로 구별된다. 또한 어음의 신용에 의하여 은행어음과 개인어음으로 구분되고, 실질상으로는 신용어음과 담보부어음으로 구분되며, 또 지급책임자의 수에 의하여 短命어음과 復命어음으로 구분된다.

어음의 훼손(毁損) 切斷·磨滅 등에 의하여 어음증권의 일부에 물리적 파손를 일으키는 것. 그 효과에 관하여는 어음의 말소의 경우와 동일하다. 훼손이 어음의 동일성을 해할 정도이면 어음의 喪失이 된다. 어음의 훼손에 관하여는 背書의 抹消에 있어서와 같은 특별한 규정(어음 16Ⅰ, 50Ⅱ)은 없으므로 어음배서의 훼손에 관하여도 어음말소의 일반원칙에 의하여 결정한다. →어음의 말소

어음이론(理論) 〔獨〕 Wechseltheorien 어음상의 권리의무가 어떻게 성립하는가를 전적으로 설명하기 위하여 구성된 法理論. 어음學說이라고도 한다. 어음상의 권리의무는 어음행위로 발생하므로 어음행위의 本質論이라고도 할 수 있다. 19세기 후반의 概念法學時代에 독일을 중심으로 하여 논쟁이 전개되었다. 대별하여 契約說·單獨行爲說·發行說·權利外觀說의 넷이 있다. 계약설은 퇼(Thöl)을 주류로 하는 것이며, 어음상의 권리의무는 어음의 수수라는 방식을 밟는 契約(交付契約)에 의하여 발생한다고 한다. 이에 대하여 단독행위설은 어음상의 권리의무는 어음채무자의 일방적 서명행위에 의하여 발생한다고 하며, 아이네르트(Einert)의 紙幣說에서 유래한다. 발행설은 어음상의 권리의무는 기명날인자의 일방적 서명행위와 서명자의 의사에 기한 어음의 점유의 이전에 의하여 발생한다고 하는 것으로 단독행위설을 수정한 것이고, 권리외관설은 게르만고유의 權利外觀理論으로 契約說을 보강한 것으로서 어음채무의 성립은 원칙

으로 계약에 의하나 실제로 계약이 성립되지 않는 경우에도 성립한 듯한 외관을 나타낸 자는 그것을 신뢰한 자에 대하여 책임을 진다고 한다. 어음이론의 차이는 어음이 도난·분실 기타 어음행위자의 의사에 반하여 유통된 경우의 책임여하, 어음행위능력의 存否時期決定의 표준여하 등에 관하여 나타나지만 발행설이나 권리외관설에 의하면 그 차이도 거의 없어지는 결과가 된다.

어음인수(引受) 〔英〕 acceptance 〔獨〕 Annahme, Akzept, Akzeptation 〔佛〕 acceptation 환어음의 지급인이 어음금액의 지급의무를 부담할 것을 목적으로 하는 어음行爲(債務負擔行爲). 환어음의 지급인은 빌행인에 의하여 단순히 지급인으로 지정된 것만으로는 어음상의 의무를 부담하지 않으며 인수를 함으로써 비로소 어음상의 의무자가 되는 것이다. 인수전에 지급인이 발행인에게 대하여 어음을 지급할 의무를 가지고 있더라도 그것은 어음 외의 자금관계상의 문제에 불과하다. 인수는 환어음에만 있는 특유한 제도이며 약속어음에 있어서는 발행인은 발행에 의하여 그 자신 어음금의 支給義務를 부담하므로, 별도로 지급인을 지정할 수 없으며 따라서 인수라는 제도는 없다. 또 수표에 있어서 환어음과 같이 발행인 외 지급인이 인정되나, 수표는 본래 信用證券이 아니므로 인수라는 제도는 없다(手票 4). 그러나 수표에는 인수에 유사한 제도로서 별도로 지급인에 의한 支給保障이란 제도가 있다(53). 인수의 방식은 어음本紙에 인수 기타 이와 동일한 의의를 가지는 문자를 기재하고 지급인이 이에 기명날인 또는 서명함을 원칙으로 하나, 지급인은 인수의 뜻을 표시하지 아니하고 단순히 어음의 표면에 기명날인하는 것만으로써도 인수할 수 있다(어음 25Ⅰ). 전자의 경우를 正式引受라 하며, 후자의 경우를 略式引受라 한다. 인수의 성질은 어음채무의 부담을 목적으로 하는 單獨行爲이나, 그 인수행위의 완성을 위하여서는 인수의 기명날인을 한 어음을 제시자에게 반환하지 않으면 아니된다. 그리고 인수의 효력으로서는 지급인은 인수에 의하여 만기에 어음금액을 지급할 의무를 부담하며(28Ⅰ), 어음상의 주된 의무자가 된다. 이 의무는 절대적인 것이고 償還義務者와 같은 제2차적인 의무가 아니다. 그러나 소지인이 지급의 제시 기타의 權利保全節次를 태만히 한다고 그 책임을 면하게 되는 것이 아니다(28Ⅱ).

어음채권(債權) 어음에 表彰된 權利로서 어음의 목적을 달성하기 위한 권리 또는 이것에 갈음하는 권리로서 어음증권에 의하지 않고는 행사할 수 없는 권리. 어음상의 권리라고도 한다. 어음金請求權과 償還請求權(遡求權)이 그 대표적인 것이고, 이것과 실질이 같으면서 당사자만을 달리하는데 불과한 권리, 예컨대 保證人이나 參加引受人에 대한 권리(어음 32·58·77Ⅲ, 手票 27)도 어음상의 권리이다. 어음채권은 어음의 유통성과 지급성을 확보하기 위한 이념에 따라 불요인성, 정형성, 명료성, 확정성 등의 성질을 갖고 있어 일반채권에 비하여 그 권리의 이전·행사 등이 매우 간편하게 될 수 있다. 즉, 배서에 의하여 간단히 양도할 수 있고 채권성립의 입증없이 형식상 적법한 소지인이면 즉시 權利行使를 할 수 있는 등의 이점이 있다. 어음채권은 어음의 발행에 의하여 발생하고 어음의 지급에 의하여 소멸하는 것이 원칙이지만, 한편 단기의 어음시효에 걸린다. →어음상의 권리

어음채무독립(債務獨立)**의 원칙**(原則) → 어음행위독립의 원칙

어음할인(割引) 〔英〕 discount 〔獨〕 Diskonto 〔佛〕 escompte 이것은 滿期未到來의 어음의 소지인이 그 권리를 상대방에게 양도하고 상대방은 어음금액에서 할인료를 공제한 금액을 지급하는 거래를 말한다. 어음의 信用證券으로서의 성질상 금전의 지급에 부착된 시간적 간격을 超克하는 작용이 필요하고 은행은 중요업무의 하나로서 어음할인을 담당하고 있다. 貨換어음의 양수인은 은행인 것이 보통이다. 그리고 양도의 법적 형식은 背書이며, 어음할인의 법적 성질은 보통 어음의 매매계약으로 해석되고 있다.

어음항변(抗辯) 〔獨〕 Wechseleinrede, Wechseleinwendung 어음소지인으로부터 어음상의 청구를 받은 사람이 그 청구를 거부할 수 있는 일체의 사유. 원래 권리의 양수인은 양도인이 가지고 있는 것보다 더 큰 권리를 취득할 수 없으므로 항변이 붙어 있는 請求權이 타인에게 양도된 경우에는 抗辯權者가 양수인에 대하여도 항변으로 대항할 수 있는 것을 원칙으로 한다. 어음상의 채무에 있어서도 직접적인 상대방의 청구에 대해서는 이유가 있는 항변은 전부 그 주장을 허용하여도 좋으나, 어음본래의 流通方法(背書 또는 引渡)에 의한 취득자 보호를 위하여 누구의 청구에 대하여서도 대항할 수 있는 抗辯(物的抗辯)은 될 수 있는 대로 제한하고 그 이외의 抗辯(人的抗辯)은 선의의 취득자에 대해서는 대항하지 못하도록 하고 있다(人的抗辯의 切斷)(어음 17). 다만 구체적으로 어떠한 항변이 물적 항변이고 어떠한 항변이 인적 항변에 속하는가는 어음법 17조에서는 판단할 수 없으므로 어음債務者의 保護와 流通의 確保라는 두 가지 요청을 조화하는

견지에서 이론적으로 해결할 수밖에 없다. 수표의 항변도 동일하다(手票 22). 인적항변제한의 예외인 악의의 항변도 어음항변의 일종이다(어음 17 但).

어음행위(行爲) 〔獨〕 Wechselakt, Wechselerklärung 發行·背書·保證·引受·參加引受의 5종. 이 중에서 발행을 기본적 어음행위, 다른 4종을 부속적 어음행위라고 한다. 수표에는 발행·배서·보증·지급보증의 4종이 있다. 어음행위는 실질적으로는 어음채무의 발생원인이 되는 법률행위이며, 형식적으로는 기명날인 또는 서명을 요건으로 하는 書面行爲라고 할 수 있으나, 학설은 구구하다. 어음행위의 법률적 성질로서는 要式性·文言性·抽象性·獨立性 등을 들 수 있다. 어음행위는 법정된 방식에 의하여 법정된 요건을 갖추어 하여야 하는 바, 어음행위를 해석함에 있어서는 이러한 특질에 비추어, 어음 외의 증거로 어음의 기재문언을 변경·보충할 수는 없고 어음의 외관에 따라서 해석을 하여야 한다. 이것을 어음外觀解釋의 原則이라고 한다. 어음행위도 법률행위이므로 의사표시 또는 법률행위에 관한 민법상의 일반원칙이 적용되는 것은 말할 것도 없다. 다만 어음의 성질상 민법 103조나 104조는 이에 적용되지 않는다고 보아야 할 것이다.

어음행위능력(行爲能力) 자기의 행위에 의하여 유효한 어음행위를 할 수 있는 능력, 즉 자기의 행위에 의하여 어음상의 권리를 발생·변경시킬 수 있는 능력. 어음법에는 특칙이 없으므로 행위능력에 관한 민법의 일반원칙에 의하여 결정되며, 무능력은 物的 抗辯事由가 된다. 따라서 어음행위의 무효·취소의 결과, 어음유통의 안전을 저해하게 되나, 어음법 자체도 어음거래의 안전을 희생하더라도 무능력자를 보호하여야 한다는 것을 그 원칙으로 하고 있으므로 부득이한 일이라고 볼 수밖에 없다(어음 7).

어음행위독립(行爲獨立)**의 원칙**(原則) 〔獨〕 Grundsatz der Unabhängigkeit der einzelnen Wechselerklärungen 어음행위는 그 행위의 전제가 되는 다른 어음행위가 형식의 欠缺 이외의 사유로서 무효가 되더라도 그 효력에 아무 영향을 받지 아니한다는 원칙. 예컨대 기명날인자 또는 서명자의 무능력으로 인한 취소, 위조의 기명날인 또는 서명, 또는 무권대리인의 기명날인 또는 서명, 絶對强迫으로 인한 기명날인 또는 서명 등에 의하여 어떠한 어음행위가 효력이 없는 경우라도 어음要件에 흠결이 없는 이상, 이러한 사정은 뒤의 다른 어음행위의 효력에 아무런 영향을 미치지 아니하고, 뒤의 다른 어음행위는 독립하여 그 효력이 있다. 이 원칙은 또 어음債務獨立의 原則이라고도 하며 어음거래의 안전을 보호하기 위하여 인정된 것이다. 어음법 7조·32조 2항·65조·69조, 수표법 10조·27조 2항 등은 이것을 明示的으로 承認한 규정들이다.

어음행위(行爲)**의 대리**(代理) 어음증권상에 본인을 위하는 뜻의 기재를 하고 대리인이 기명날인 또는 서명하는 것. 본인을 위하는 표시가 없는 경우에는 대리인 자신의 어음행위가 되며, 대리인의 기명날인없이 본인의 기명날인을 직접 한 것은 기명날인 또는 서명의 代行이며, 법인의 기관에 의한 기명날인은 본인 자신의 어음행위이지 어음행위의 대리가 아니다. 법인의 어음행위는 代理形式에 따라 하게 된다. 어음행위의 대리의 형식을 갖추었더라도 대리인으로서 기명날인 또는 서명한 자가 代理權을 갖지 않는 경우에는 無權代理가 된다. 무권대리의 경우에는 본인은 원칙으로 어음상의 책임을 지지 않지만, 表見代理의 요건을 갖춘 경우나 본인이 추인한 경우에는 본인이 책임을 진다(民 129~136). 표현대리로서 본인이 책임을 지는 경우 신뢰를 보호받는 제3자는 직접상대방 뿐 아니라 그 후의 어음取得者를 포함한다. 無權代理의 경우 대리인 자신의 어음행위는 없는 것이므로 대리인은 어음상의 책임이 없을 것 같으나, 어음법은 규정을 두어 대리인으로서 기명날인 또는 서명한 자가 대리권을 갖지 않는 경우 또는 대리권한을 초과한 경우에는 스스로 그 어음에 의한 책임을 지도록 하고 있다(어음 8, 77Ⅱ).

어의적 헌법(語意的憲法) 〔獨〕 semantische Verfassung →명목적 헌법, 뢰벤슈타인

어 장(漁場) 漁業權을 행사할 수 있는 수면의 구역(水産 8Ⅱ). 그 범위는 시장·군수·자치구의 구청장의 어업권의 면허에 의하여 정해지지만, 원칙적으로 公有水面에 한정된다(8). 어장의 구역에 관한 분쟁은 시장·군수 또는 자치구의 구청장이 裁決한다(86).

어촌계(漁村契) 수산업협동조합법 16조의 2의 규정에 의하여 동법시행령이 규율하고 있는 단체. 이것은 대통령령이 정하는 바에 의하여 해양수산부장관의 인가를 받아 法人으로 할 수 있다.

어터니 〔英〕 attorney ① 代理人. 넓은 뜻으로 사용하는 경우(예 : power of attorney)(委任狀,타인에게 대리권을 수여하는 문서). ② ㉠ 예전의 사무변호사. 영국에서는 예전부터 변호사가 法廷辯護士(현재는 배리스터)와 事務辯護士(현재는 솔리시터)의 두 계급으로 나누어져 있었으며, attorney 혹은 attorney at law는 보통법재판소의 사무변호사였었다(이에 대해서 법정변호사는 serjeant 혹은 serjeant at law 또는 barrister). 衡平法裁判所의 사무변호사를 솔리시터라 하고, 해사·종교·검인·이혼재판소의 사무변호사를 proctor라고 하였다. ㉡ 辯護士. 미국에서는 변호사는 한 계급뿐이며, 일반적으로 변호사를 attorney 혹은 attorney at law라고 한다. 어떤 경우에 있어서는 변호사를 counsellor라고도 한다. ㉢ 檢事. 미국에서는 지방검사를 district attorney라 하고, 주검사를 state attorney라고 한다.

어터니 제너럴 〔英〕 attorney-general 法務長官. 영국에서는 국왕의 開封勅許狀(letters patent)에 의해서 임명되며, 국왕에 대신하여 소송을 하고 또한 공익대표자로서 刑事·稅法違反事件 등의 訴追를 관장하는 장관이다. 배리스터로서 庶民院(House of Commons)의원인 자 중에서 내각의 추천에 의하여 국왕이 임명하며 내각과 운명을 같이한다. 미국에서는 연방의 법무장관은 대통령에 의해서 임명되며, 法務部(Department of Justice)의 장이며 각료의 한 사람. 합중국이 이해관계를 가지는 모든 소송에 있어서 合衆國을 대표하고, 또 법률문제에 관하여 대통령 및 각부장관에게 조언을 준다. 各州에도 attorney-general 또는 이에 해당하는 관리가 있다.

억 류(抑留) 〔英〕 detention 〔獨〕 Anhaltung 국제법상 특정인 또는 물건을 일정한 국가의 지배하에 두는 것. 交戰國領域에 있어서의 경우와 中立國領域에 있어서의 경우가 있으며 전자에서는 선박이나 평화적 인민에 대하여 행해지고, 후자에서는 군함·그 승무원·군대·군인·상병자·포로 등에 대하여 행해진다.

어 항(漁港) 천연 또는 인공의 어업근거지가 되는 漁港區域과 漁港施設로 지정된 것을 말한다. 어항구역은 어항의 水域 및 陸域(대통령령이 정하는 진입도로를 포함)을 말하며, 어항시설은 기본시설·기능시설·복지시설·주민편익시설과 이들 시설의 부지가 있다(漁港法 2).

어항정책심의회(漁港政策審議會) 어항의 指定과 漁港施設計劃의 수립 등에 관하여 해양수산부장관·광역시장·도지사의 자문에 응하기 위하여 관리청소속하에 설치되는 審議會. 심의회의 위원은 어항에 관한 학식과 경험이 풍부한 자 중에서 해양수산부장관 또는 광역시장·도지사가 위촉하여 해양수산부장관 소속하의 위원은 15인 이내, 광역시장·도지사소속하의 위원은 10인 이내로 하게 된다(漁港法 5).

언더라이터 〔英〕 underwriter →인수회사

언 도(言渡) 선고의 구법상의 용어. →선고

언 라 〔英〕 United Nations Relief and Rehabilitation Authority(UNRRA) 聯合國復興救濟機關의 약칭. 1943년 9월 연합국측의 44개국에 의하여 설립. 戰災國國民을 고통으로부터 구조하고, 평화를 위하여 재건할 수 있도록 구제하는 것을 목적으로 한다. 잠정적 성격의 것으로 1946년 12월말까지 유럽에서 사업을 끝내고, 1947년 3월말에는 극동에 있어서의 사업을 끝내어, 國際難民機關 및 유니세프(國際聯合兒童基金)가 그 사업을 인계받았다.

언 론(言論) 좁은 의미에서의 언론은 구술로써 하는 思想 내지 意見의 발표를 의미하는 바, 언론을 출판과 구분·대립시키는 경우가 이것이다. 그러나, 언론은 구술과 출판의 양자에 의한 사상 내지 의견의 발표를 의미하는 것이 통례이며, 언론의 자유라 할 때의 언론은 이에 해당한다. →언론의 자유, 출판

언론기관(言論機關)**의 공정보도의무**(公正報道義務) 방송·신문·통신·잡지 기타의 간행물을 경영·관리하거나 편집·취재·집필·보도하는 자가 정당의 政綱·政策이나 후보자의 政見에 관하여 보도·논평하고자 하는 경우와 정당의 대표자나 후보자 또는 그의 대리인을 참여하게 하여 대담을 하거나 토론을 행하고 이를 방송·보도하는 경우에 언론기관이 지게 되는 公正義務를 말한다(公選 8).

언론(言論)**의 자유**(自由) 〔英〕 freedom of speech 〔獨〕 Redefreiheit 〔佛〕 liberté de la parole 사상표현의 자유(憲 21 Ⅰ). 의사표현의 수단으로서 연설·방송·연극 등 외에 출판물에 의하는 것이 있다. 그러나 엄격한 의미로서 언론의 자유라 할 때, 出版이란 간접적 수단을 빌리지 않고 직접적으로 사상을 표현하는 자유를 말한다. 自由主義思想의 기본적 원칙의 하나로 주장되어 왔으며, 특히 현대민주주의사회에 있어서는 언론의 자유는 필수불가결한 것이며, 이에 대한 사전적 제약인 許可制와 檢閱制는 인정되지 아니한다(21 Ⅱ 前).

언론중재위원회(言論仲裁委員會) 訂正報道請求에 의한 분쟁을 중재하고 정기간행물의 게재내용에 의한 침해사항을 심의하기 위하여 설치된 위원회. 40인 이상 80인 이내의 위원으로 구성하며,

위원은 학식과 경험 및 덕망이 있는 자 중에서 문화관광부장관이 위촉하되, 위원의 5분의 2 이상은 法官의 자격이 있는 자 중에서 법원행정처장이 추천한 자를 위촉한다. 仲裁委員會는 위원장 1인과 부위원장 2인을 두되, 각각 위원 중에서 호선하며 중재위원회의 위원장·부위원장 및 위원의 임기는 각각 3년으로 한다. 정당의 당적을 가진 자(公職選擧 및 選擧不正防止法에 의하여 실시하는 선거에 후보자로 등록한 자를 포함한다)와 公務員(법관의 자격을 가진 자 및 교육공무원은 제외한다)은 중재위원회의 위원이 될 수 없다. 중재위원회의 위원은 법률과 양심에 따라 독립하여 직무를 행하며, 직무상의 어떠한 지시도 받지 아니한다. 중재위원회의 위원은 名譽職으로 하나 대통령령이 정하는 바에 따라 수당과 실비보상을 받을 수 있다(定期刊行物의 登錄 등에 관한 法律 17). 訂正報道請求權이 있는 자 또는 그 상대방은 분쟁된 공표가 있은 날로부터 1월 또는 訂正報道를 청구한 날로부터 14일 이내에 서면으로 중재위원회에 중재를 신청할 수 있으며, 중재는 5인 이내의 위원으로 구성된 仲裁部에서 하되, 중재부의 장은 法官의 자격이 있는 위원이어야 한다(18).

언어상(言語上)**의 제공**(提供) → 구두제공

언(堰)**의 설치**(設置) **및 이용권**(利用權) 流水에 관한 相隣關係에 있어서, 일방의 언덕(岸) 및 水流地를 소유하고 對岸을 소유하지 않는 자가 둑을 설치할 필요가 있는 때에도 그 둑을 대안에 부착시킬 수 있는 권리(民 230 I 本). 그러나 이것으로 말미암아 생긴 손해를 보상하여야 한다(230 I 但). 대안의 소유자는 水流地의 일부가 그 소유에 속하는 때에는 그 둑을 사용할 수 있다. 그러나 그 이익을 받는 비율로 둑의 설치 및 보존의 비용을 분담하지 않으면 안된다(230 Ⅱ).

언커크 〔英〕 UNCURK 국제연합한국통일부흥위원회의 약칭.

얼트러 봐이(어)리즈 〔羅〕 ultra vires 일반적으로 자기에게 부여된 권한을 초과하는 행위를 말하지만 영미법상 특히 법인의 정관에 부여된 권한을 넘는 행위. 그 중에서도 정관에 의한 목적의 범위 외의 행위를 말한다. 우리나라의 公益法人에 관하여는 권리능력을 넘는 행위는 제3자에 대하여 효력이 없다(民 34). 회사에 관하여서는 판례는 목적의 범위내의 행위를 넓게 해석하는 동시에 그 對外的 效力을 부정하고 있는데 학설상은 다툼이 있다. 내부관계에 있어서는 株主의 留止請求權의 대상으로 되어 있으며(商 402), 또한 會社解散命令을 발하는 하나의 사유로 되어 있다(176 I iii).

엄정중립(嚴正中立) 好意的 中立은 중립국이 중립의무에 위반하지 않는 한도내에서 교전국의 일방에게 여러가지 방법으로(이를테면 언론·출판을 통한 단순한 호의표시) 이익을 주는 것인데 반하여, 엄정중립은 엄격히 지켜지는 中立이란 의미를 갖고 있다. 그러나 그 실질적 내용은 모두 보통의 중립과 같은 것이다. 條約이나 中立宣言 등의 외교문서에서 사용되는 일이 많다. → 호의적 중립

엄격고의설(嚴格故意說) → 고의설

엄격(嚴格)**한 증명**(證明)**·자유**(自由)**로운 증명**(證明) 엄격한 증명(Strengbeweis)이라 함은 증거능력 있는 증거로써 적법한 證據調査의 절차에 의하여 행하는 증명을 말한다. 자유로운 증명(Freibeweis)이라 함은 반드시 증거능력이 있는 증거에 의하여 행함을 필요로 하지 않는 증명을 말한다. 자유로운 증명에 관하여는 이것도 그 조사에 있어서는 적법한 證據調査節次를 경유하여야 한다는 설과 증거능력·증거조사절차 모두 필요없다는 설이 있다. 엄격한 증명·자유로운 증명은 다같이 증명의 결과 합리적인 의심이 없을 정도의 心證—確信—을 얻을 것을 필요로 한다. 이에 대해서 疎明은 우선은 확실한 것 같다는 심증으로 족하다. 그러므로 증명과 소명과는 법률상 요구되는 법관의 심증의 정도에 따른 구별인 것이다. 엄격한 증명을 필요로 하는 對象事實이 무엇인가에 관해서는 논의가 있으며, 범죄사실과 刑의 量定에 관한 사실 전체에 필요하다는 설, 범죄사실 전체에 필요하다는 설, 구성요건에 해당하는 사실에만 필요하다는 설 등이 있다. 제2설이 통설이다. 이러한 설들은 소송법상의 사실에 관해서는 자유로운 증명으로 족하다는 점에서는 일치하고 있으나, 소송법상의 사실에 관해서도 다툼이 있는 경우에는 엄격한 증명이 필요하다는 설도 있다.

업무감사(業務監査) 이사의 업무집행을 감사하는 것. 구상법하에서 監事(監査役)는 회계감사 및 업무감사를 행하게 되어 있었으나, 상법에서는 업무감사의 職務權限은 없어져 실질적으로 이사회가 이것을 담당하게 되고(自己監査) 주주가 감독권을 행사하여 이것을 보충하게 되어 있다.

업무감시권(業務監視權) 상법상 합명회사와 합자회사에서 業務執行權을 갖지 않는 사원이 회사의 업무와 재산의 상태를 검사할 수 있는 권한(商 195·277, 民 710). 이것은 합명회사와 합자회사의 사원은 모두 회원의 업무가 정당하게 집행되고

있는가에 큰 이해관계를 가지고 있기 때문에 법이 업무집행권 없는 사원을 보호하기 위하여 특히 인정한 것이다. 이 권한은 定款의 규정으로도 박탈할 수 없다. 합자회사의 유한책임사원의 감시권은 합명회사의 업무집행없는 無限責任社員에 비하여 ① 영업년도말과 ② 영업시간내에 한하여 회계장부·대차대조표 기타의 서류를 열람할 수 있고 회사의 업무와 재산상태를 검사할 수 있는 두 가지 점에서 제한을 받고 있다(商 277Ⅰ). 그러나 有限責任社員도 중요한 사유가 있는 때에는 언제든지 법원의 허가를 얻어 회사의 업무 및 재산상태를 검사할 수 있다(商 277Ⅱ). 이 절차에 대하여는 非訟事件節次法에 규정이 있으며(非訟 80, 81), 감시권의 행사를 방해하였을 때에는 過怠料의 제재가 있다(商 635Ⅰiii·iv).

업무관리(業務管理) 생산관리와 같다.

업무규정(業務規程) 증권거래소가 그 개설하는 유가증권시장을 관리하기 위하여, 매매거래의 종류·방법, 賣買證據金과 매매수수료, 계산, 受渡決濟 등의 업무에 관하여 정한 규칙. 증권거래소와 去來員간 또는 거래원상호간의 법률관계를 규율하는 일종의 自治法規이지만, 그 제정 및 변경에 관하여는 재정경제부장관의 승인을 요한다(證去 132 iii).

업무(業務)**로 인**(因)**한 행위**(行爲) → 정당행위

업무방해죄(業務妨害罪) 〔獨〕 Betriebsgefärdung ① 허위의 사실을 유포하거나 僞計 또는 威力으로써 사람의 업무를 방해하는 죄, ② 컴퓨터 등 情報處理裝置 또는 電磁記錄 등 특수매체기록을 손괴하거나 정보처리장치에 허위의 정보 또는 부정한 명령을 입력하거나 기타 방법으로 정보처리에 장애를 발생하게 하는 사람의 업무를 방해하는 죄(刑 314). 본죄의 보호법익은 사람의 업무이다. 여기서 업무란 사람이 그 사회상의 지위에 기하여 계속적으로 종사하는 사무를 총칭한다. 公務도 포함하는가에 관하여는 설이 나누어지지만 공무원에 의한 공무의 수행의 경우만은 제외된다고 보아야 할 것이다(公務執行妨害罪가 성립한다). 허위사실을 유포한다 함은 허위의 사실을 불특정 또는 다수인에게 전파하는 것을 말하고, 僞計란 사람을 착오에 빠뜨리기 위한 계략을 뜻하며, 威力이란 사람의 의사를 제압을 하는 세력을 말한다. 근로자의 쟁의행위는 헌법(33) 및 노동조합 및 노동관계조정법(2)에 의하여 합법적으로 인정되는 한에 있어서는, 정당행위로서(刑 20) 그 違法性이 조각된다. 危殆犯이다.

업무보고서(業務報告書) 특별법상 특수한 회사에 관하여 감독기관에게 제출함이 요구되는 보고서. 계산서류 전부를 그 내용으로 하고, 그 양식도 법정되어 있다(예 : 銀 36, 信託業法 19). 營業報告書라고 하는 일도 있다(예 : 證去 47).

업무상 과실(業務上過失) 〔獨〕 Berufsfahrlässigkeit 업무상 필요한 주의의 태만. 업무란 사람이 사회생활상의 지위에 기하여 계속하여 행하는 사무를 말한다. 사무는 公務이든 私務이든 보수가 있든 없든, 생활의 수단으로서의 직업이든, 영리를 목적으로 하는 직업이든, 적법이든 아니든(예 : 無免許運轉·無免許醫業 등), 本務이든 兼務이든, 본인에게 주된 업무이든 부수적 업무이든 불문한다. 업무상 필요한 주의의 정도는 행위주체가 일정한 위험성있는 업무에 종사하는 자이므로 그만큼 보통인보다 높다. 업무상 필요한 주의업무의 범위는 법령의 형식적 기준에 한하지 않고 업무의 성질과 구체적인 사정에 따라 慣習上·條理上 요구되는 일체의 注意義務에 미친다. 업무상 과실의 경우는 통상의 과실의 경우보다 형이 가중되거나 특히 처벌된다(業務上 過失贓物罪).

업무상 과실교통방해죄(業務上過失交通妨害罪) 業務上 過失로 인하여, ① 육로·수로 또는 교량을 損壞 또는 不通하게 하거나 기타 방법으로 교통을 방해하거나, ② 궤도·등대 또는 표지를 손괴하거나 기타 방법으로 기차·전차·자동차·선박 또는 항공기의 교통을 방해하거나, ③ 사람의 현존하는 기차·전차·자동차·선박 또는 항공기를 전복·매몰·추락 또는 파괴하는 죄(刑 189Ⅱ).

업무상 과실장물죄(業務上過失贓物罪) 업무상 과실로 인하여 장물을 취득·양여·운반·보관하거나 이들의 행위를 알선하는 죄(刑 364). 여기서의 과실은 특히 贓物의 知情에 관한 것이다. 과실로 인한 재산죄로서는 중과실의 경우와 더불어 유일한 것이며(단, 통상의 과실은 不可罰), 그 입법취지는 過失犯 자체의 처벌보다도 오히려 故意犯으로서의 입증(즉, 장물의 지정에 관한 입증)이 곤란한 경우에도 과실범으로서 처벌하는 길을 연다는 政策的 考慮(團束의 效果)에 있다고 본다. 친족간의 범행에 특례가 있다(365 Ⅰ·Ⅱ). → 장물죄

업무상 과실치사상죄(業務上過失致死傷罪) 업무상 과실로 인하여 사람을 死傷에 이르게 하는 죄(刑 268). 단순한 過失致死傷罪보다 형이 가중되는 이유는 행위자가 생명·신체에 대한 위험성있는 업무에 종사하는 자이므로, 비업무자보다 고도의 注意義務가 부과되어 있기 때문이라고 본다. 특히

本罪에 있어서의 업무는 그 성질상 사람의 생명·신체에 위해를 가할 우려가 있는 것임을 요한다고 본다.

업무상 배임죄(業務上背任罪) 업무상 타인의 사무를 처리하는 자가 그 임무에 위배하는 행위로서 재산상의 이익을 취득하거나 제3자로 하여금 이를 취득하게 하여 본인에게 손해를 가하는 죄(刑 356). 단순한 背任罪(355 Ⅱ)보다 형이 가중된다. 업무에 관하여는 업무상 과실을 보라. 미수범을 처벌한다(359). 親族相盜例의 준용이 있다(361). → 배임죄

업무상 비밀누설죄(業務上秘密漏泄罪) 의사·한의사·치과의사·약제사·약종상·조산원·변호사·변리사·계리인·공증인·대서업자나 그 직무상 보조자 또는 차등의 직에 있던 자가 그 업무처리 중 知得한 타인의 비밀을 누설하거나, 종교의 직에 있는 자 또는 있던 자가 그 직무상 지득한 타인의 비밀을 누설하는 죄(刑 317 Ⅰ·Ⅱ). 주체는 이상 열거된 자에 한한다(眞正身分犯). 秘密이란 일반적으로 알려져 있지 않는 사실(따라서 소범위의 사람에게는 알려져 있어도 상관 없음)로서 이를 남에게 알리지 아니함으로써 본인에게 일정한 이익이 있는 것을 말한다. 그 秘密性(利益性)의 표준에 관하여는 ① 주관적으로 본인이 남에게 알려지는 것을 원하지 않는 사항이라는 설(主觀說), ② 객관적으로 일반인이 비밀로 할 것을 원하는 사항이라는 설(客觀說), ③ 객관적으로 일반인이 비밀로 할 것을 원하고 또한 주관적으로 본인이 남에게 알려지는 것을 원하지 않는 사항이라는 설(積極的 折衷說), ④ 객관적으로 일반인이 남에게 알려지는 것을 원하지 않는 사항 또는 본인이 알려지는 것을 원하지 않는다는 취지를 밝힌 사항이라는 설(消極的 折衷說)로 갈라지는데, ③설이 타당하다고 본다. 漏泄이란 그 비밀사항을 모르는 제3자에게 알리는 것을 말한다. 그 방법에 제한이 없으며, 1인에게 알려도 족하다. 親告罪이다(318).

업무상 실화죄(業務上失火罪) 업무상 과실로 인한 失火罪(刑 171前). 실화죄보다 형이 가중된다. → 실화죄

업무상해(業務傷害) 〔英〕 industrial accident 근로자가 업무집행중 업무가 원인이 되어 돌발적으로 받는 身體的 傷害. 근로자의 부상이 업무상해인지 아닌지는 업무와의 인과관계, 취업시간, 취업장소 등을 고려하여 결정한다.

업무상 횡령죄(業務上橫領罪) 업무상의 임무를 위배하여, 타인의 재물을 보관하는 자가 그 재물을 횡령하거나 그 반환을 거부하는 죄(刑 356). 단순한 橫領罪(355 Ⅰ)보다 형이 가중된다. 업무에 관하여는 業務上 過失을 보라. 업무상의 보관자는 보관책임이 해제되기까지(사무인계가 끝나기까지)는 업무상의 지위를 떠나더라도(예: 공무원의 퇴직) 여전히 업무상 보관자이다. 미수범은 처벌한다(359). 親族相盜例의 준용이 있다(361). → 횡령죄

업무집행사원(業務執行社員) 합명회사의 각 사원 및 합자회사의 각 무한책임사원은 원칙적으로 법률상 당연히 업무집행의 직무권한을 갖는다(商 200 Ⅰ). 그러나 특히 定款에서 일부사원에게만이 職務權限을 부여할 수도 있다(201 Ⅰ). 이러한 사원을 업무집행사원이라고 한다. 일부사원만이 업무집행사원으로 정하여진 때에는 이 사원 이외의 기타 사원은 업무집행의 권리와 의무가 없으며, 만일 권한없는 사원이 업무집행에 관여하면 除名의 원인이 된다(220 Ⅰ iii). 단 회사의 業務監視權만은 있다(195, 民 710 참조). 업무집행의 의사결정은 원칙적으로 그 과반수로써 결정하나 통상 사무의 의사결정 및 집행 자체는 타사원 또는 타업무집행사원의 이의가 없는 한, 각 업무집행사원이 이를 專行할 수 있다(商 195·203·269, 民 706 참조). 또 각 업무집행사원은 원칙적으로 각자 회사를 대표할 권한을 갖는다(商 207, 269, 278). 그리고 업무집행사원과 회사와의 관계는 委任의 규정에 따른다(商 195·269, 民 707 참조).

에끌레시아 〔希〕 ecclesia 그리스의 아테네에 있어서의 民會의 명칭. 다만 후세에는 로마·가톨릭교회의 뜻으로 쓰여진다. 아테네의 민회는 시민으로 成年에 달한 남자에게 출석의 권리·의무가 있고, 최하(제4계급)의 시민도 민회에 포함되기에 이른 것은 솔론(Solon)의 金權政治的 制度에 의한 개혁의 결과이다. 이 밖에, 부울레(boule)라고 칭하는 400인(후에 500인)을 成員으로 하는 회의체가 있었다.

에너지관리공단(管理公團) 에너지이용합리화 사업을 효율적으로 추진하기 위해 설립된 공단으로 정부 또는 정부 외의 자는 공단의 설립·운영 및 사업에 소요되는 자금을 충당하기 위해 出捐할 수 있다(에너지利用合理化法 62 Ⅰ·Ⅱ). 공단은 법인으로 한다(63). 이사장 및 감사로 산업자원부장관이 임면하고 부이사장 및 6인 이내의 이사로 이사장의 제청에 의해 산업자원부장관이 임명한다(68). 임원의 임기는 3년으로 한다(69).

에너지소비효율등급표시제(消費效率等級

表示制) 가전제품, 자동차 등에 에너지消費效率 또는 에너지사용량에 따른 等級表示를 의무화한 제도. 이 제도의 목적은 소비자들이 효율등급이 높은 제품을 한눈에 쉽게 판단해 구입할 수 있도록 하고 제조업자들도 생산단계에서부터 근본적으로 에너지 절약형 제품을 생산하도록 유도하여 에너지를 절약하자는 데에 있다. 1등급에 가까울수록 에너지효율이 좋은 제품이다. 등급은 국립공업기술원이나 에너지기술연구소 등 공인시험기관의 대상품목에 대한 效率側定試驗을 거쳐 에너지管理工團이 부여하게 된다.

에딕뚬 〔羅〕 edictum 告示. ① 로마의 政務官(마기스뜨라뚜스)이 그의 告示權에 기하여 처음에는 구술로, 나중에는 게시의 방법으로 국민에 대하여서 한 告知. 더욱이 정무관의 취임시에 자기의 統治方針 특히 訴訟掌理方針을 국민에게 알리는 게시 및 직권행사중에 수시로 발하는 통지. 고시는 법률적으로는 당해정무관의 임기중에 한하여 효력을 가지는 것이었으나, 유용한 고시는 후임 정무관에 의하여 관습적으로 답습되어, 民事訴訟의 발달, 따라서 또 법의 발달에 특히 중대한 작용을 하였다. 이렇게 고시가 점차 퇴적하여 형성된 법규의 한 체계를 名譽法이라 하며, 市民法에 대립하는 法源을 이루었다. ② 로마의 황제가 그 고시권에 기하여 발포한 고시도 에딕뚬이라 한다. → 꼰스띠뚜치오

에딕뚬 뻬르뻬뚜움 〔羅〕 Edictum Perpetuum 永久告示錄 → 명예법, 율리아누스

에따블리스망 드 상 루이 〔佛〕 Etablissements de Saint Louis 중세 프랑스의 꾸뛰미에의 하나. 1272년경에 성립한 것으로, 명칭은 성 루이 勅令集으로 되어 있지만, 실제로 그 내용은 앙쥬, 뚜우레느 및 오를레앙 지방의 관습을 수록한 私撰의 慣習法書이다. 관습법과 로마법의 조화 특히 로마법이론에 의한 관습법의 정당화에 주력한 점에 특색이 있다.

에따 제네로 〔佛〕 Etats géneraux → 삼부회

에로아자금(資金) 〔英〕 EROA Fund (Economic Rehabilitation in Occupied Area Fund) 미국의 점령지 경제부흥을 위한 자금. 제2차대전후 占領地救濟資金인 가리오아자금과 함께 점령지의 경제부흥·민생안정을 목적으로 많이 供與되었다. → 가리오아자금

에스뜨라다주의(主義) 〔英〕 Estrada Doctrine 1930년 멕시코의 외상 에스뜨라다가 또바르주의에 반대하여 제창한 주의. 政府承認의 요건을 헌법상의 正統性에 둘 것이 아니라 혁명에도 불구하고 가능한 한, 新政府를 승인하여 외교관계를 계속해야 한다는 주장이다. 신정부를 자동적으로 승인케 하여 국가의 完全主權을 인정하며 국내문제에 대한 외국의 간섭을 배제한다는데 의의가 있다. → 또바르주의, 정부의 승인

에스캅 〔英〕 Economic and Social Commission for Asia and the Pacific(ESCAP) 아시아·태평양 經濟社會委員會. 국제연합 경제사회이사회의 하부기관으로서 1947년 3월에 설치되었다. 아시아 및 태평양지구의 경제부흥과 아시아·태평양제국과 세계의 타지역과의 경제관계를 촉진하기 위하여, 국제연합 및 동위원회가맹제국에 勸告하는 것을 주요한 임무로 하여, 아시아·태평양제국과 이에 관련있는 국제연합가맹국 36개국이 正會員國으로 되어 있다(1973년 현재). 한국은 1954년 10월 24일자로 정회원국이 되었다. ESCAP의 최고기관은 총회이고, 그 하부기관으로서 산업자원분과위원회 외 3개분과위원회가 있으며, 각 分科委員會는 다시 각각 수개의 소분과위원회를 보조기관으로 가지고 있다. 그 외에 건축자료·경제개발·예산분류·중소기업·통계·수리개발 등의 주무자회의와 각종 연구회가 있다. 또한 상설적인 사무국은 방콕에 있다. 당초에 아시아극동경제위원회로 발족하였으나 태평양지구의 국가들(오스트레일리아·뉴질랜드 등)도 참가함에 따라 1974년 4월 5일 제30차회의에서 현재의 명칭으로 개칭되었다.

에스컬레이션조항(條項) 〔英〕 escalation clause 수출입계약, 공사도급금액, 임금 등 물가나 외환시세의 변동에 따라 변경될 사항을 미리 정해두는 契約이나 勞動協約上의 조항. 이 조항은 공사기간이 길고 대규모공사가 많은 해외공사를 都給契約할 때 계약조건으로 조문에 삽입하는 것이 일반적이다.

에스테이트 〔英〕 estate 財産權, 不動産權, 최광의로는 사람 또는 어떤 계급의 사람의 신분을 말한다. 예컨대, 3族(three estates)으로서, 僧侶貴族·俗人貴族·庶民을 가리키는 것과 같다. 그러나 보통은 사람이 그 재산에 대하여 가지는 관계·상황, 따라서 재산에 대하여 가지는 권리의 성질 또는 양을 의미하지만, 다시 한정하여, 부동산에 대한 권리를 말하며, 통속으로는 부동산 자체를 의미한다. 부동산권으로서는 매우 많은 종류가 존재하고 있다. 英法上은 各人은 토지의 절대적 소유자일

수는 없으며, 따라서 이론적으로는 사람은 토지에 대하여 제한된 권리를 가짐에 불과하다. estate란 말은 이와 같이 이론상 제한된 不動産權(성질이나 양에 차이는 있지만)을 의미하고 있다. 그리고 재산 그 자체를 의미하는 것으로부터, 법인과 같이 생각되는 어떤 일정한 재산을, 즉 財團을 의미하는 경우가 있다. 파산자(bankrupt)의 estate, 死者의 estate와 같은 것이 그 예이다.

에스토펠 〔英〕 estoppel → 금반언

에이 에프 엘 American Federation of Labor(AFL) 美國勞動總聯盟의 약칭. 1886년 창립, 가맹조합수 약 109, 조합원수 850만의 전미국 최대의 全國組合聯合體이다. 1881년의 미국·캐나다조직노동조합연맹을 개조하여, 美國勞動總同盟이 되고, 숙련공 본위의 보수적 직업별조합연합체로서, C.I.O.의 분열에 이르기까지 조직근로자의 7~8할을 점하고, 분열후에는 산업별조합운동을 적극화하여 합동직업별·준산업별조합을 포함하고 있다. 立法促進活動과 調査啓蒙을 주임무로 하는 점에서 C.I.O.와 기구상·기능상 대차가 없다. 다만 회장이 전임자로, 운영은 대회표수의 과반수를 점하는 12의 주요직업별전국조합에 지배되고, 관련직업별조합간의 이해조정을 도모하는 4産業部會와 組合證標(union label)部를 갖고 있다. 일관하여 반공적 초당파 정책을 견지하였다는 점에서 C.I.O.와 다르다. C.I.O.측이 제2차대전후 반공정책을 채용하여 세계노련을 탈퇴, A.F.L과 함께 國際自由勞聯의 추진력이 된 이래는 양자가 접근하여 1955년 합동협정을 체결, 동년말 A.F.L=C.I.O.라고 하는 단일조직이 되었다.

에이 에프 엘=시 아이 오 American Federation of Labor=Congress of Industrial Organization(AFL=CIO) 美國勞動總同盟産業別會議의 약칭. 1955년 12월 5일 뉴욕에서 종래 미국노동조합운동의 2대주류를 이루고 있던 A.F.L.과 C.I.O.가 합동하여 신발족한 것. A.F.L.과 C.I.O.가 1938년 분열한 이래 미국노동운동사상의 획기적인 일로서, 조합원 1600만명을 포함하는 세계최대의 노동단체로 되었다.

에카페 〔英〕 Economic Commission for Asia and Far East(ECAFE) 아시아極東經濟委員會. 국제연합 경제사회이사회의 하부기관으로서 1947년 3월에 설치되었다. 아시아 극동의 경제부흥과 아시아제국과 세계의 타지역과의 경제관계를 촉진하기 위하여, 국제연합 및 동위원회가맹제국에 권고하는 것을 주요한 임무로 하여, 아시아제국과 이에 관련있는 국제연합가맹국 25개국이 정회원국이고, 홍콩·싱가포르 및 英領 보르네오는 준회원국으로 되어 있다. 한국은 1954년 10월 24일자로 정회원국이 되었다.

에퀴티 〔英〕 equity 최광의로는 正義·衡平을 의미하고, 다음으로는 嚴格法에 대립하고 이것을 시정하는 의미의 道德的 衡平의 의미가 있는데 특히 영국에서 1875년까지 존속하였던 大法官審判所(Court of Chancery)가 수립한 법 및 이로부터 발달한 법의 一團, 즉 실질적으로 보통법과 구별하여 생각되는 衡平法을 가리킨다. 그의 기원은 왕이 재판소에 위임한 이외에 보유하는 그의 고유의 재판권을 행사하여 보통법의 결함을 道德律에 따라서 補正하려고 한 데에 있으며, 마침내는 보통법재판소와 대립하는 형평법재판소가 생겨서, 양자가 항쟁하다가 제임스1세(James Ⅰ)의 裁斷에 의하여 형평법의 우위가 인정되고, 1875년에는 영국의 재판소가 단일의 계통에 통일되기에 이르러서, 재판소의 2원주의가 해소하고 형평법과 보통법의 구별은 형식적으로 소멸하였다. 형평법은 보통법에 비하여 도덕적 색채가 풍부하고, 따라서 그리 先例를 존중치 않고 있으며 救濟方法에 있어서도 보다 직접적이며, 訴訟節次에 있어서도 사람에 작용하는(acts in personam) 등의 특색을 가진다. 형평법으로 발달한 법리로서 대표적인 것으로 信託, 모게지, 언듀 인플루엔스(undue influence), 채권양도, 인정크션, 스페시픽 퍼포먼스 등이 있다.

에클레시아 〔希〕 ecclesia 아테네의 民會를 말한다. 초기에는 成年男子인 시민만이 민회에의 출석권이 있었으나 金權政治制度改革 이후에는 최하위계급인 solm의 참석이 가능하였다. 로마 가톨릭교회의 뜻으로도 사용되었다.

에프 에이 오 〔英〕 Food and Agriculture Organization(FAO) 國際聯合食糧農業機構의 약칭.

에프 오 비 약관(約款) 〔英〕 f.o.b clause 〔獨〕 Fob-Klausel 〔佛〕 clause fob 賣渡人이 계약에서 정한 선적지에서 매수인이 지정하는 선박에 물건을 선적함으로써 매도인으로서의 의무를 면하는(free on board) 뜻의 約款. 매도인은 선적까지의 일체의 비용(그 때까지의 운송비용·보관료·적재비용 등) 및 선박상(선박의 갑판상)에서 물건을 매수인에게 인도하기까지의 위험을 부담하고, 매수인은 선적기간내에 선적지로 선박을 回航시켜 선적준비를 하고, 인도를 받은 후의 危險 및 費用(운임·보관료 등)을 부담한다. 대금은 물건의 수령과 동시에 지급되어야 하지만, 메이츠 레시트 또는 船荷證券과 相換으로 행하여지는 것이 보통이다. 수입무역에 많이 이용된다.

엑스깹치오 〔羅〕 exceptio 抗辯. 로마법상 다음의 두 가지 뜻을 가진다. ① 方式書訴訟에 있어서 法務官(쁘라에또르) 기타의 管轄政務官(마기스뜨라뚜스)이, 통상 피고의 청구에 기하여, 때로는 法律(렉스) 또는 元老院議決(세나뚜스 꼰술뚬)의 규정을 실시하기 위하여 자진하여, 方式書(formula)에 삽입하는 특별한 부가적 부분으로, 방식서 중에 기재된 원고의 청구를 정당하다고 하면서도, 다른 사유를 대항시키서 有責判決을 배제하려는 목적에서 나온 것. ② 방식서소송 및 특별심리절차(→유텍스)에 있어서, 피고가 원고의 주장을 정면으로 다투지 아니하고, 그 청구를 전부적 혹은 부분적으로 영구적 혹은 일시적으로, 배제하기 위하여 제출하는 防禦手段(抗辯).

엑스 십 약관(約款) 〔英〕 ex ship terms 到着港本船渡約款 또는 輸入港着船渡約款. 국제매매거래에 사용되는 약관으로서, 상품이 양륙항에 도착하고 本船으로부터(ex ship) 현실적으로 인도된 때, 매수인이 그것과 상환으로 代金支給義務를 지는 것. 항해중의 위험은 매도인이 부담한다.

엑스 포스토 팍토 〔羅〕 ex post facto 事後의, 遡及的, 후에 행하여진 것에 의하여라는 의미의 라틴어. 事後法(ex post facto law) 또는 事後立法(ex post facto legislation)은 일반적으로는 遡及效를 가져오게 하는 법을 의미한다. 영국에서는 사후법 또는 사후입법의 금지는 정의의 원리에 불과하며, 법의 원리는 아니라고 되어 있으나, 사후법에 대한 일반의 반감이 강하기 때문에 실제에 있어서는 거의 제정되지 않는다. 미국에서는 사후법의 제정은 헌법의 明文(연방헌법 1조 9항 3)에 의해서 금지되고 있다. 그러나 이 규정에 있어서의 사후법은 刑罰法規만을 포함하는 것으로 해석되며, 어떤 행위후에 제정되어 그 행위 당시에 범죄로 보지 않았던 행위를 범죄로 하고, 또는 형을 가중하고, 또는 유죄결정을 용이하게 할 수 있도록 證據法을 개정하고, 또는 행위 당시에 있어서는 불가능했던 형태에 의한 처벌을 가능케 하는 것과 같은 법이 그와 같은 사후법에 해당한다고 한다. 우리 헌법 13조도 명문으로 사후법의 제정을 금하고 있다.

엔트래프멘트 〔英〕 entrapment →함정의 항변

엔 피 티 〔英〕 nuclear non-proliferation treaty(NPT) 核擴散禁止條約의 약어. 미국, 러시아, 프랑스 등 핵보유국이 비핵보유국에 대해 핵무기를 제공하는 것과, 비핵보유국이 새로 핵무기를 보유하는 것을 금지할 목적으로 1968년 워싱턴, 런던, 모스크바에서 조인됐다. 조약의 유효기간은 25년이며 조약을 위반할 경우 國際社會의 제재조치를 받게 된다. 조약 가입국수는 현재 136개국이며 한국과 북한은 각각 1975년과 1985년에 각각 가입했다 북한은 1993년 NPT 脫退效力停止를 선언해 국제사회의 비판에 직면하자 탈퇴를 잠정유보했으나 NPT조약 의무이행을 거부하고 있다. 이 조약은 핵무기의 保有나 製造禁止를 목적으로 하고 있다.

엘마이라제(制) 〔英〕 Elmira system 미국의 感化院制度. 1870년경 뉴욕주 엘마이라에서 브록크웨이(Brockway)에 의하여 창도된 것으로서, 累進制를 기초로 하여 不定期刑主義 운영의 합리화를 꾀하고 있는 제도이다. 엘마이라감화원에서는 16세로부터 30세 사이의 受刑者만을 수용하는데, 그들의 행형성적에 따라서 점진적으로 처우함으로써 최후의 석방일인 궁극적 형기를 그들 스스로 결정하도록 하는 不定期刑主義를 채택하고 있다. →아일란드제

엘 시(L/C) 신용장과 같다.

엠바고 〔英〕·〔佛〕 embargo 〔獨〕 Embargo [1] 時限附報道中止를 말하며 대체로 條件附 엠바고, 公益을 위한 엠바고, 補充取材用 엠바고 및 慣例的 엠바고 등 네 가지로 구별된다. ① 조건부엠바고라 함은 보도가치있는 사건이 일어난다는 것을 확실하게 예견할 수는 있으나 정확한 시간을 예측하기 어려운 경우에 그 사건이 일어난 이후에 기사화할 것을 조건으로 報道資料를 미리 제공받는 것을, ② 공익을 위한 엠바고는 국가의 안전이나 이익에 직결되는거나 인명에 해를 끼칠 수 있는 사건이 진행중인 경우에 그 사건이 해결될 때까지 특정한 정보를 보도하지 아니하는 時限附報道中止를, ③ 보충취재용 엠바고는 보도가치가 높은 정부기관 등의 발표가 전문적이고 복잡한 문제를 다루고 있어 미리 取材源으로부터 발표내용 등에 대한 補充取材가 필요할 때 취재원과 취재기자 사이의 합의에 의하여 이루어지는 것을 말하며, ④ 관례적 엠바고는 외교사절을 존중하여 재외공관장의 인사이동에 관한 사항을 미리 취재했더라도 주재국 정부가 신임장을 부여할 때까지 보도를 보류하는 것이나 양국이 동시에 발표하기로 되어 있는 협정 또는 회담개최에 관한 기사를 공식발표가 있을 때까지 일시적으로 보도중지하는 것을 말한다.

[2] 선박억류와 같다.

엠 에스 에이 〔英〕 Mutual Security Act (MSA) 미국의 相互安全保障法. 정식으로는 국제의 평화와 안전을 위하여 우호국가에 원조를 공여함으로써, 미국의 안전을 유지하고, 그 외교정책을 촉진하여, 일반복지를 가져오기 위한 법률이라고 한다. 1951년 당시, 미국의 대외원조는 1949년 상호방위원조법에 기한 軍事援助, 1948년 경제협력법에 기한 經濟援助, 1950년 국제개발법에 기한 未開發地域技術援助의 셋으로 나누어져, 군사원조는 국방성, 경제원조는 경제협력국, 기술원조는 국무성이 담당하고 있었다. 이들 각 기관의 사이를 조정·연락하여, 원조계획을 군사우선의 입장에서 일원적으로 실시하기 위하여, 한국전쟁 발발을 계기로 하여 제정된 법률. 이에 따라 새로 상호안전보장본부가 설립되어, 그 장관이 相互安全保障計劃을 통일적으로 지휘·조정하게 되었다(동법 501, 503). 피원조국에 대하여는 자국 및 자유세계의 방위력증강의 의무를 과한다(511). 이 법률에 기하여 부여되는 미국의 대외원조가 MSA援助이다.

엠 티 시 알 〔英〕 missile technology control regine(MTCR) 미사일技術輸出統制體制의 약어. 미사일확산을 막기 위한 多國間約定으로 미국, 일본과 유럽국가 등 7개국으로 1987년 발족했다. 현재는 러시아를 포함해 29개국이 가입하고 있으며 미국은 특히 중국의 가입을 설득중이다. 사정거리 300km 이상, 탑재중량 500kg 이상 미사일과 관련 부품·기술의 수출을 규제한다. 핵탄두운반수단으로서의 미사일이 대상이었으나 1993년 생물·화학무기탄두를 탑재하는 輕量의 미사일도 포함시켰다.

엥겔계수(係數) 家計總支出에서 教育費가 차지하는 비중. 교육비는 미래를 위한 투자로 인식하고 있기 때문에 부모는 불황이 심할수록 교육비를 늘리지 않으면 더욱 불안해지는 결과 일반적으로 불황일수록 가계총지출 중 교육비의 지출은 늘게 된다고 한다.

엥겔의 법칙(法則) 統計學의 始祖의 한 사람인 엥겔(L.Ernst Engel)이 저서 벨기에勞動者家族의 生活費(1895) 중에서 도출한 법칙. 가계지출항목의 비율은 항상적인 것이 아니고 소득의 감소에 따라서 식비지출의 비율이(상대적으로) 증가한다고 하는 것. 그 후 生計費理論에서는 실지출에 대한 식비의 백분비를 엥겔係數라고 일컫는다. 몇개의 수정논점이 있기는 하나, 생활수준측정의 법칙으로서 현재도 생계비조사나 노동조합의 生活給要求算定을 할 때에 사용되는 수가 많다.

여 각(旅閣) 객주와 그 기본적 직능에 있어서는 같지만, 규모에 차이가 있다. 자본이 많고 영업소가 큰 것이 旅閣이고, 그 규모가 작은 것이 客主이다.

여객운송계약(旅客運送契約) 〔獨〕 Personentransportvertrag 旅客, 즉 자연인의 운송을 목적으로 하는 계약. 여객 자신이 계약당사자가 되는 것이 보통이나 예외의 경우도 있다. 物件運送과는 달리 여객은 그 성질상 운송인의 보관에 속하지 않는다. 여객운송계약은 보통은 승차권발매시에 성립하나 승차후에 승차권을 매입한 경우에는 승차시에 계약은 성립한 것으로 보아야 한다. 승차권의 성질에 관하여는 일률적으로 말할 수 없다. 記名式乘車券은 양도가 금지되지 아니하는 한 운송채권을 表彰하는 유가증권이다. 승차전에 발행한 무기명식 승차권은 운송채권을 표창한 유가증권으로 볼 수 있으나 개찰후 갖고 있는 것 또는 승차후에 발행된 것은 단순한 證據證券이다(양도성이 없다). 記名式乘車券은 운송계약상의 권리를 증명하는 증거증권이다. 무기명식회수승차권에 관하여는 이를 유가증권으로 보는 설도 있으나 다수설·판례는 운송채권을 표창한 것이 아니고 운임의 先給을 증명하는 일종의 票券에 지나지 않는 것으로 본다(운송업자측의 일방적인 운임인상이 가능).

여객자동차(旅客自動車)**터미널** 도로의 노면 기타 일반교통에 사용하는 장소 외에서 乘合自動車를 정류시키거나 여객을 승하차시키기 위하여 설치된 시설 및 장소를 말한다(旅客自動車運輸事業法 2 v).

여객자동차(旅客自動車)**터미널사업**(事業) 여객자동차터미널을 여객자동차동차운송사업에 사용하게 하는 사업을 말하며 이를 경영하고자 하는 자는 건설교통부령이 정하는 바에 의하여 시·도지사의 免許를 받아야 한다(旅客自動車運輸事業法 2 vi, 37).

여 계(女系) →친계

여 권(旅券) 〔英〕 passport 〔獨〕 Pass 〔佛〕 passeport 1국의 국민이 외국에 여행할 때에 그 본국이 여행자의 신분과 국적을 증명하고 아울러 외국관청에게 본인에 대한 편의공여 및 보호를 의뢰하는 문서. 國籍證明書 기타의 문서가 여권에 대용되는 경우가 있다. 일반적으로 여권 또는 이에 갈음하는 증명서를 소지하지 아니한 자는 입국할 수 없다. 우리나라에 있어서도 원칙적으로 여권을 소지하지 아니한 외국인의 입국은 금지되어 있으며(出入國管理法 7 I), 외국에 여행하고자 하는 국민은 여권법의 규정에 의하여 발급된 여권을 소지하여야 한다(旅券法 2). 여권에는 일반여권·관용여권·외교관여권이 있고 이를 각각 단수여권과 복수여권으로 나눌 수 있다(3). 旅券發給權者는 특히 필요하다고 인정할 때에는 여권에 대신할 수 있는 증명서를 발급할 수 있다(10 I). 여권에 대신할 수 있는 증명서의 발급 및 효력에 관하여는 여권에 관한 규정을 준용한다(10 II).

여 론(輿論) 〔英〕 public opinion 〔獨〕 öffentliche Meinung 〔佛〕 opinion publique 일반대중의 能動的 意思. 世論이라고도 한다. 영국의 공법학자의 다이시는 법의 생성·변화·효력은 여론에 그 근거를 둔다는 것을 주장하고 있다. 실정법의 근거로서의 社會意識說에 명확한 내용을 제시하였다. 그리고 여론을 만드는 원동력이 무엇이냐에 대해서 理念이냐 生産力이냐에 따라 概念論과 唯物論의 대립이 있다.

여성발전기금(女性發展基金) 정치·경제·문화의 모든 영역에 있어서 남녀평등을 촉진하고 여성의 발전을 도모하기 위한 사업 등의 지원에 필요한 재원을 확보하기 위해 설치된 기금(女性發展基本法 29 I). 기금은 국가의 출연금, 국가 외의 자가 출연하는 현금·물품 기타 재산, 기금의 운영으로 생기는 수익금, 기타 대통령령이 정하는 수입금으로 조성하여 정부가 관리·운용한다(29 II). 기금은 여성의 權益增進을 위한 사업, 여성단체사업의 지원, 여성관련시설의 설치 및 운영의 지원, 기타 남녀평등실현과 여성발전 등을 위하여 대통령령이 지원하는 사업에 사용된다(30).

여성범죄(女性犯罪) 〔獨〕 weibliche Kriminalität 여성의 범죄는 남성의 그것에 비하여, 양적으로도 질적으로도 현저한 특징을 보여 주고 있다. 첫째로, 量的인 점에 관하여 말한다면, 여성 유죄피고인수는 남성의 3분의 1 이하인 것이 각국 공통의 현상이다. 그리고 벨기에·헝가리 등이 고율임에 비하여 한국·일본·필리핀 등이 현저하게 저율인 것은 여성이 생존경쟁에 있어서 보호되어 있느냐 어떠냐라고 하는 사회적 사정에 기한다. 또한 독일에서도 제1차대전중, 남성에 대신하여 여성이 사회적으로 진출함에 따라, 범죄도 남성에 접근하였으나, 전후에는 원상으로 복귀하였다고 하는 현상도, 사회적 사정에 기한다. 둘째로, 質的인 점에 관하여 말한다면, 압도적인 중점은 낙태·유기·영아살해 등 여성의 生活機能의 특징에 기한 것에 있으며 또한 체력을 필요로 하는 폭력범죄는 매우 드물며, 반면 음행매개·事後從犯·敎唆 등 보조자적인 범죄에의 참가가 특징적이다. 이들은 여성의 생물학적·심리적 특징과 관계지어지는데, 이러한 경향은 月經(기타 妊娠·閉經 등)과 범죄와의 관계에 있어서, 종종 지적되고 있다.

여성차별철폐협약(女性差別撤廢協約) 1987년 유엔총회에서 채택한 여성에 대한 差別撤廢宣言을 바탕으로 1979년 12월 제34차 유엔총회에서 채택한 여성에 대한 모든 형태의 차별철폐법에 관한 조약. 전문과 본문 30개조로 구성되어 있으며 정치적·경제적·사회적 및 문화적인 어떠한 분야에서도 성에 따른 차별을 해서는 아니된다는 내용을 골자로 하고 있다. 한국은 1981년 9월 정식으로 발표된 이 協約에 89번째로 서명하였다.

여수소통권(餘水疏通權) 높은 지대의 토지소유자가 浸水地를 건조하기 위하여 家用·農工業用의 여수를 소통하기 위하여 공로·공유 또는 하수도에 이르기까지의 낮은 지대에 물을 통과케 할 수 있는 권리. 이 경우에 낮은 지대의 손해가 가장 적은 곳을 선택하여야 하고, 또 그 손해는 배상함을 요한다(民 226).

여신계약(與信契約) 〔獨〕 Krediteröffnungsvertrag 〔佛〕 ouverture de crédit 넓은 뜻으로는 당사자의 일방이 상대방에 대하여 貸付 기타 信用을 주는 行爲(與信行爲)를 할 것을 약정하는 계약을 가리키지만, 보통으로는 은행과 신용을 받는 자와의 계약을 가리킨다. 이에도 그 내용은 ① 상대방이 발행하는 수표를 당좌예금잔고를 넘어서 일정액까지 지급할 것을 약정하는 것(當座貸越契約), ② 상대방의 필요에 응하여 일정액까지 대부할 것을 약정하는 것(貸付開始契約), ③ 상대방이 장래 제3자에 대하여 부담하는 채무를 일정액까지 보증할 것을 약정하는 것(債務保證契約) 등이 있다. 어느 경우에나 채무액은 증감변동하기 때문에 이를 담보하기 위하여 根抵當이 설정되는 것이 보통이다. 환언하면 근저당은 이러한 여신계약을 기초로 하여 설정되는 것이 보통이다. →근저당

여신관리(與信管理) 대기업들이 은행대출을 독점하는 것을 방지하고 기업의 재무구조를 개선하기 위하여 대그룹에 대한 은행대출을 간접적으로 규제하는 제도. 여신관리대상이 된 30대 재벌그룹들은 銀行監督院이 정하는 비율 이내에서만 은행대출을 받을 수 있는데 이를 與信限度管理라 한다.

여신업무(與信業務) 특히 은행거래에 있어

서 受信業務에 대립하는 것. 어음할인·대부 그 밖에 어음의 인수(담당), 신용장의 발행, 채무보증 같은 것을 포함한다.

여자근로자(女子勤勞者) 여자근로자는 육체적으로 남자에 뒤떨어지므로, 특별한 보호를 하지 않으면 아니되는 면과, 여자이기 때문에 남자에 비하여 근로조건이 나쁘다는 면과의 두 가지 점에서 문제가 된다. 후자는 봉건적 유제이며 종래 우리나라의 폐단이었으나, 헌법(32 Ⅳ)과 근로기준법(勤基 5)은 이것을 금하였다. 이 규정은 벌칙에 의하여 강화되어 있다(115). 근로기준법상의 보호규정은 도덕상 또는 보건상 유해 위험한 사업에 대한 就業(63), 夜間勤勞(68), 일정시간 이상의 시간외 근로(69), 갱내노동(70) 등은 금지되며, 산전후의 여자의 특별보호(72) 등의 特別保護規定이 있다. 그리고 근로기준법상의 미성년자에는 여자도 포함되므로, 여자가 미성년일 때에는 여자근로자로서의 보호와 소년근로자로서의 보호를 아울러 받음을 유의하여야 한다. → 소년근로자

여자후견제(女子後見制) 後見의 연혁상 존재하였던 제도로서 여자에 대하여는 반드시 후견인을 붙인 것. 후기 로마법 등에서 현저하게 나타난다. 그 시대에는 여자가 親權 또는 父權에 복종하지 않는 경우에는 반드시 후견이 붙게 된 것이며 永久未成年者라고 일컬어졌다. 근세에 이르러 여자의 지위가 향상됨에 따라서 이 제도도 폐지되었다.

여적죄(與敵罪) 적국과 합세하여 대한민국에 抗敵하는 죄(刑 93). 적국이란 대한민국 또는 그 동맹국과 전투상태에 있는 상대국이다(104 참조). 그러나 대한민국과 그 동맹국에 적대하는 외국 또는 외국인의 단체도 적국으로 간주한다(102). 抗敵한다는 것은 무기를 들고 전투행위를 하거나 또는 기타의 방법으로 적국의 軍務에 종사하는 것을 말한다. 外患誘致罪(92)는 외국인과 통모하여 대한민국에 항적하는 점에서 서로 다르다. 적국과 합세한다는 것은 적국에 가담하는 것을 말한다. 미수범(100), 예비·음모(101 Ⅰ本), 선동·선전(101 Ⅱ)을 처벌한다. 단, 예비·음모의 경우에, 실행에 이르기 전에 자수한 때에는, 그 형을 감경 또는 면제한다(101 Ⅰ但).

여 죄(餘罪) 競合犯 가운데서 이미 재판을 받은 죄(재판이 확정한 죄)와 아직 재판을 받지 아니한 죄가 있는 경우에 후자의 죄를 여죄라고 한다. 이 경우에는 이미 確定裁判을 거친 죄에 대하여는 거듭 재판할 수 없으므로(憲 13 Ⅰ後) 당연히 여죄에 대해서만 재판을 하게 된다(刑 39 Ⅰ). 이리하여 여러 개의 판결이 있는 때에는 경합범의 處罰例에 의하여 집행한다. → 경합범

여행자신용장(旅行者信用狀) 〔英〕 tourist's(traveller's) letter of credit 〔獨〕 Kreditbrief 〔佛〕 lettre de crédit 巡廻信用狀(circular letter of credit)이라고도 하는데, 여행자가 현금휴대의 위험과 불편을 피하고 그 여행지에서 수시로 필요한 금전을 얻을 수 있게 하는 제도이다. 즉, 신용장발행은행이 그 의뢰인인 旅行者(受益者)로부터 일정한 금전의 예탁을 받거나 또는 담보의 제공을 받고 또한 일정한 수수료를 징수하고 여행자의 여행지에 있는 은행앞으로 여행자가 발행한 어음 또는 수표를 발행은행의 계산으로 매수할 것을 위탁하는 것이다. → 신용장

여호주(女戶主) 女子인 戶主. 구법에서는 여호주를 변칙적·일시적인 것으로 밖에는 인정하지 않았지만 현행민법은 이를 정상적인 것으로 인정한다. 즉, 민법은 戶主承繼에 있어서 직계비속남자가 없는 경우에는 가족인 직계비속여자, 처, 가족인 직계존속여자, 가족인 직계비속의 처의 순위로 여자의 승계권을 인정하고(984). 또 처가 친가의 호주 또는 호주승계인인 때에는 入夫婚姻을 할 수 있다(826 Ⅲ但). 그러나 여자가 미혼인 경우에는 남자가 호주인 경우와는 달리 어떠한 경우에도 혼인하기 위하여 廢家할 수 있음을 인정하고 있다(794).

여후효(餘後效)〔團體協約의〕 〔獨〕 Nachwirkung 團體協約의 유효기간의 만료 또는 기타의 사유로 인하여 단체협약이 효력을 상실하게 되었다 하더라도 아직 새로운 단체협약이 체결되기까지는 구협약의 내용을 이루고 있는 근로조건에 관한 것은 그의 規範的 效力에 의하여, 개개의 근로계약의 내용을 이루고 있기 때문에, 협약의 失效에 아무런 영향을 받지 아니한다고 하는 것. 이 이론은 특히 독일에서 논의된 것으로, 여후효를 인정하지 않는 설도 유력하다. 영미에서는 이에 관한 논의가 없다.

역(曆) → 역법

역 권(役權) 〔羅〕 servitus 〔佛〕 Dienstbarkeit 〔佛〕 servitude 일정한 목적을 위하여 타인의 물건을 이용하는 物權. 로마법에서는 타인의 물건을 이용하는 物權(用益物權)은 地役權뿐이었으므로, 소유권과 대립해서 중요한 작용을 하였다. 특정인의 편익을 위하여 타인의 물건을 이용하는 人役權과 특정의 토지의 편익을 위하여 타인의 토지를 이용하는 地役權으로 대별된다. 우리 민법은 지역

권만을 규정한다.

역배서(逆背書) 〔英〕 indorsement to party liable on bill(reissue) 〔獨〕 Rückindossament 인수인·발행인·배서인 등 이미 어음(수표)상의 채무자인 자를 피배서인으로 하는 것으로서 逆背書 또는 새背書라고도 한다. 피배서인은 그 자신에 대하여는 물론 이전에 그의 후자였던 중간의 배서인 등에 대하여도 권리를 행사할 수 있다. 피배서인이 다시 배서를 하면 새 피배서인은 모든 채무자에 대하여 완전한 권리를 취득하게 되며(어음 11Ⅲ·77Ⅰⅰ, 手票 14Ⅲ) 지급인 등이 어음상에 표시되어 있더라도 어음채무자가 아닌 자에 대한 배서는 역배서가 아니며 처음부터 유효하게 된다(어음 11Ⅲ 但, 手票 15Ⅴ).

역 법(曆法) 曆에 기재하는 日時의 配置法. 옛부터 여러가지의 것이 있으나, 태양의 運行을 기준으로 하는 태양력과 달의 盈虛를 기준으로 하는 太陰曆이 대표적이다.

역법적 계산법(曆法的計算法) 〔羅〕 computatio civilis 기간을 역법상의 단위(일·주·월·년)에 따라 계산하는 방법. 自然的 計算法에 대립한다. 정밀하지는 않지만 장기의 계산에는 편리하므로, 민법은 기간이 日 이상의 단위로 정하여진 때에는, 이 방법에 의할 것으로 하였다(157~161).

역분식결산(逆粉飾決算) 분식결산 중에서 이익을 과소표시하는 것을 말한다. 과소표시로서 감추어진 이익은 價格變動準備金·貸損充當金·研究開發豫備金 등의 형식을 취한다.

역분전(役分田) 고려시대의 일정한 면적의 토지를 功臣 등에게 주던 제도. 고려조가 창건되었을 때에 태조 王建이 처음 제정하였던 것으로 건국 당시에 朝臣 또는 군사로서 공적이 있던 자에게 官等의 구별을 초월하여 선행의 선악과 공로의 다소를 보아 등차를 지어서 각각 일정한 면적의 토지를 가지게 하였다. 그 뒤 고려조의 田制가 확립됨에 따라 功勳田에 흡수되었다.

역사법학(歷史法學) 〔英〕 historical jurisprudence 〔獨〕 historische Rechtswissenschaft 법의 역사적 연구를 넓은 의미의 역사법학이라고 부르기도 하지만, 고유의 의미에서는 19세기초기 독일에서 일어난 歷史法學派나, 그 영향을 받아 영국·프랑스에 전해진 역사학파의 法理論 내지는 법의 역사적 연구를 가리킨다. 종래의 自然法論 내지 啓蒙的 合理主義에 반대하여, 민족정신이나 국민의 법적 확신 등의 역사적 계기를 특히 중요시하는 점에 공통적인 연구태도가 나타나 있다.

역사법학파(歷史法學派) 〔英〕 historical school 〔獨〕 historische Rechtsschule 〔佛〕 école historique 19세기초기 독일에서 일어난 反自然法的 歷史主義의 입장으로부터 일어난 법학파. 법을 民族精神의 소산으로 보고, 그 역사적 연구를 법학의 주요임무로 하였다. 이 학파는 뫼저(Justus Möser)에서 비롯하여, 19세기초의 후고, 하이제(Heyse)를 거쳐 사비니에 의해서 완성되어, 푸흐타 등에 의해서 발전되었으며, 다시 영국의 메인이나 프랑스의 꾸랑쥬 등에게 영향을 주었다. 독일 낭만주의 흐름을 받아 다분히 비합리적·형이상학적 색채를 가지고 있지만 법을 언어 등과 같은 역사의 필연적 소산으로 보고 보편적인 자연법을 배척한 점에서는 近代經驗主義法學, 法實證主義의 선구를 이룬다. 그 특징은 법의 기초를 개인의 恣意를 초월한 민족의 법적 확신에서 구하고, 따라서 자생적인 관습법에 치중하여, 민족정신과 법현상의 실증적 연구를 추진하는 점에 있다. 법의 역사성, 관습법의 法源性을 중요시하고, 민족고유의 법의 탐구에 노력한 공적은 매우 크지만, 한편으로 만들어져야 할 법의 合理性·普遍性을 보지 못하고, 법원의 역사적·언어학적 탐색 등에 몰두하는 폐단을 면하지 못했던 것이다.

역사해석(歷史解釋) 〔英〕 historical interpretation 〔獨〕 historische Auslegung 〔佛〕 interprétation historique 法規範의 의미를, 그 생성·발전·변화에 응하여 명백히 하는 해석의 한 방법. 沿革解釋이라고도 한다. 국민의 생활속에서 역사적으로 발전하는 관습법의 해석에 있어서 특히 중요한 방법인데, 制定法의 해석에도 사용된다. 제정법의 立法理由書나 입법기관의 議事錄 등에 기한 해석은 역사해석이다.

역상속(逆相續) 피상속인의 직계존속이 상속인으로 되는 상속의 형태. 戶主承繼에 있어서는 피상속인의 直系尊屬과 처가 모두 없는 경우에 일어나며(民 984). 재산상속에 있어서는 피상속인의 직계비속이 없는 경우에 일어난다(1000).

역(逆)스트라이크 생산의욕이 없거나, 고의로 생산을 사보타지하는 사용자에 대해서, 실업자 또는 피해고자가 직장을 점거하고 노동을 계속하여, 그의 提供勞動에 대해서 정당한 보수를 요구하는 투쟁. 제2차대전후 이탈리아 농업노동자에 의해서 취하여 진 것.

역(逆)어음 어음의 遡求權者가 소구권행사의 방법으로 소구의무자 앞으로 발행한 一覽出給의 신어음. 그러나 소구의무자의 역어음 발행금지의 文言記載가 있으면 이를 발행할 수 없다(어음 52 Ⅰ, 77 Ⅰ iv). 이것을 이용하는 목적은 소구의무자가 원격지에 있는 경우, 換時勢 기타 사정을 고려한 금액의 조정과 어음할인의 가능성에 의하여 소구권자로 하여금 지급에 관한 시간적 장애를 극복하는데 있으므로, 어음금액은 상환금액 외에 어음의 仲介料와 印紙稅를 포함하고(52Ⅱ), 게다가 격지간의 환시세를 고려하여 본어음의 지급지(소지인의 遡求의 경우) 또는 소구자의 주소지(再遡求의 경우)로부터 소구의무자의 주소지(逆어음의 지급지)에 대하여 발행하는 일람출금어음의 환시세에 의하여 환산한다(52Ⅲ). 그리고 소구의무자가 역어음의 지급을 하게 되면 본어음을 상환한 것과 동일한 효력이 발생하지만, 역어음은 그 자체로서 보통의 어음이므로 지급인으로서 지정된 소구의무자는 자금관계상의 의무가 있더라도 당연히 그 어음의 소지인에 대하여 인수 또는 지급의 의무를 부담하지 아니한다.

역연혼(逆緣婚) 〔英〕 levileit marrige 아내와 亡夫의 형제간의 혼인. 이는 방계인척간의 혼인으로서 이러한 혼인의 형식은 혼인제도의 가장 낡은 방식이다. 우리나라의 옛 관습에도 이러한 혼인제도는 용인되지 않았다. 順緣婚에 대응하는 말이다.

역지정주문(逆指定注文) 유가증권의 시세가 騰貴하여 자기의 위탁가격 이상이 된 때에는 지체없이 동일유가증권을 매수하거나, 또는 그것이 低落하여 자기의 위탁가격 이하로 된 때에는 지체없이 동일유가증권을 賣渡할 것을 위탁하는 것. 價格逆指定注文이라고도 한다. 원래, 유가증권시장에서의 매매거래의 위탁은 시세가 등귀할 때에는 위탁가격 이상으로 매도하고 저락할 때에는 위탁가격 이하로 매수하는 위탁을 하는 것이 보통이며, 이로 말미암아 시세가 안정하는 터이지만, 逆指定注文의 경우는 그 반대이어서, 시세의 폭등·폭락에 박차를 가하여 공정한 시세의 형성을 방해하고 부당하게 이득을 꾀하는 따위의 폐해가 있으므로 금지되어 있다(證去 111).

역외금융(域外金融) 〔美〕 offshore financing 신용도가 높은 은행이 域外市場에서 돈을 차입한 후 신용도가 낮은 기업들에 대해 그 차입금을 다시 대출해주는 것과 같이 해외자금시장에서 자금을 조달하여 해외거래처에 대해 대출해주는 금융방식을 말한다.

역외시장(域外市場) 〔美〕 offshore market 국내의 預金金利規制나 利子配定에 대한 원천과 稅制度 등으로부터 분리하여 자유롭게 자금의 운용이나 조달이 가능한 금융시장으로 런던형과 IBF (international banking facilities)형으로 대립된다. 전자는 국내금융거래와 비거주자에 대한 거래가 일체화된 시장을 말하며 후자는 시장에 참여한 은행이 IBF計定을 설정하고 이 계정으로 비거주자나 다른 은행의 IBF와 거래하는 형태를 말한다.

역외자금(域外資金) 〔美〕 offshore fund 세율이 높은 국가의 거주자가 投資目的을 위해 세율이 낮은 세금피난처에서 운용하는 자금의 총칭. 역외자금이 성장할 수 있는 세금피난처가 되기 위해서는 최소한 1개 종류의 소득세에 낮은 세율이 적용되거나 아예 세금이 없을 것. 정치적으로 안정될 것, 二重課稅免除協定이 체결되어 있을 것, 그 밖에 자유외환시장, 풍부한 노동력, 좋은 기후조건, 저렴한 생활비 등의 投資環境 등의 요건이 갖추어져야 한다.

역하청(逆下請) 중소기업이 원자재를 대기업에 독점공급하는 경우 또는 대기업이 갖지 못한 독특한 生産技術이나 아이디어가 있을 경우에 그 중소기업이 역학관계상 우위를 점하면서 대기업으로부터 원자재나 부품을 납품받는 것.

역 환(逆換) 채무자로부터 대금을 추심하기 위하여 채권자가 換어음을 발행하는 것. 자금의 유동이 어음이 도착하는 방향과는 거꾸로 행하여지므로, 이와 같이 불린다. 은행에 단지 추심을 위임하는 일도 있으나 대부분은 채권자가 은행에서 어음할인을 받고 은행이 지점 또는 거래은행에 의하여 그것을 추심하는 방법으로 행하여진다. 貨換어음의 할인은 그 대표인 예. 送金換에 대한 것. → 환

연(烟) 律令上의 戶를 신라에서는 烟이라 하였다. 고구려 廣開土王 碑文에도 看烟의 용어가 보이므로, 烟은 高句麗律令에서 繼受된 것으로 볼 수 있다. 일본 正倉院에서 발견된 新羅民政文書(일종의 帳籍으로 추정됨)에 의하면, 合孔烟·計烟·仲下烟·下上烟 등의 용어가 발견되므로 律令上의 戶를 烟이라 칭한 것을 입증하여 주는 것이다. 烟은 律令法에 의하면 행정상·사회조직상의 단위로 되어 있었다. 원래 血緣에 의하여 맺어진 다수의 家의 집합체가 烟이지만 보통은 1家가 1烟이었던 것이다. 各烟에는 그 共同始祖의 嫡系로서 그 집을

繼承한 자가 烟主(戶主)의 지위에 있었으며 그 지위는 公法的으로 1烟을 대표하고 戶籍計帳을 작성하고 烟口의 상태를 신고하고 班田收授를 받고 租·調·庸의 納稅義務者가 되는 것이다. 新羅民政文書에 仲下烟·下上烟·下中烟·下下烟 등의 용어로 보아 新羅律令도 九等戶制를 채택한 것 같고, 三年間中産小子, 三年間中産小女子 등의 용어로 보아 三年一造戶籍의 唐開元令과 같은 戶令이 신라율령에도 있었음을 확인할 수 있다. 당시에 戶口, 즉 烟口가 바치는 것을 調·庸이라 불렀는데 이 調·庸役을 課役이라고도 한다. 연령에 큰 관계가 있으므로 計帳의 戶口表示에는 연령별칭호가 있었다. 唐令은 黃(3세 이하), 小(15세 이하), 中(20세 이하), 丁(21세 이상), 老(60세 이상)로 구별한 데 대하여, 新羅令은 三年間中小子(女子)·小子(女子), 追子(女子)·助子(女子)·丁男(女)·除公(母)·老公(母)으로 세분하였으며, 그 연령계층은 3세 이하, 10세 이하, 14세 이하, 20세 이하, 21세 이상, 60세 이상, 70세 이상 등이었다고 추정된다. 唐令上의 戶에는 血緣을 같이 하는 大家族的인 戶와 그 안에 부분구성인 家와에 着目하여, 전자를 鄕戶, 후자를 房戶라고 불렀다. 鄕戶는 행정적·관념적 조직단위이고, 房戶는 경제적 생활단위였다. 또 戶口가 課役을 부담할 때는 이를 課口라고 일컬었고 課口가 戶內에 있는가 없는가에 따라 課戶·不課戶의 구별이 있었고, 戶內에 男系子孫이 단절되면 女戶가 생겼고, 戶內가 전부 사망하여 承繼者가 없는 경우에는 絶戶가 된 것이다. 이와 같은 鄕戶·房戶·課戶·不課戶·女戶·絶戶 기타에 관하여 新羅民政文書는 아무 열쇠도 주지 아니하고, 合孔烟·計烟 등의 不明의 명칭이 있어 의문을 던지고 있을 뿐이다.

연 가(年暇) 공무원에게 부여된 有給休暇의 일종. 근무기간이 3개월 이상 6월 미만인 자는 연 3일, 6월 이상 1년 미만인 자는 연 7일, 1년 이상인 자는 근무일수 1년에 대하여 3일씩 가산하되 6년 이상은 23일을 초과하지 아니한다(國家公務員服務規程 15). 연가일수가 7일을 초과하는 자에 대하여는 연 2회 이상으로 분할하여 허가한다(16Ⅱ). 소속관서의 장은 공무수행상 특별한 지장이 없는 한 年假願을 허가할 의무를 진다(16Ⅳ). 私事로 인한 결근일수는 이를 연가에 산입한다(17).

연결개념(連結槪念) 〔獨〕 Anknüpfungsbegriff 連結素 중 법률적 개념에 속하는 것. 연결소는 다시 물건의 소재지·법정지 등과 같이 단순한 사실관계에 지나지 않는 것과 국적·주소·행위지 등과 같이 법률적 개념에 속하는 것으로 나누어지는데, 후자를 특히 연결개념이라고 한다. 연결개념의 확정에 관하여는 곤란한 문제가 일어나는 수가 있다. 國際私法의 규정으로서 특히 이것을 해결하고 있는 경우도 있다(涉私 2Ⅰ, 3Ⅱ, 11).

연결규칙(連結規則) 〔佛〕 règle de rattachement 저촉규정과 같다.

연결소(連結素) 〔英〕 connecting factor 〔獨〕 Anknüpfungsmoment 〔佛〕 circonstance de rattachement 국제사법상 準據法을 선정함에 있어서 그 표준이 되는 법률관계의 요소. 즉, 당사자의 국적·주소·거소, 물건의 소재지, 행위지, 법정지 등은 抵觸規定이 어떤 법률관계를 어떤 국가의 법률에 연결시키는 요소이기 때문에 이것을 연결소라고 한다. 連結點이라고도 한다.

연결재무제표(連結財務諸表) 법률상으로는 독립된 법인이지만 경제적으로는 支配會社에 종속되어 있는 從屬會社의 진실한 財政狀態를 충분하게 표시하기 위하여 지배회사와 연결하여 작성하는 재무제표. 이러한 연결재무제표를 통하여 지배회사가 보유하는 주식의 배후에 있는 재정상태를 명백히 할 수 있다. 연결재무제표의 작성은 지배회사와 종속회사와 자산·부채는 동종의 것을 합산하고 양자간의 채권채무를 각각 제거한 후 양자간의 出資關係를 정리하여 이를 한다. 연결재무제표에는 연결대차대조표, 연결손익계산서, 연결이익잉여금처분계산서 또는 연결결손금처리계산서 및 연결현금흐름표의 4가지가 있다.

연결점(連結點) 〔獨〕 Anknüpfungspunkt 연결소와 같다.

연 고(緣故) 緣者故舊의 관계가 있는 것. 연고가 있는 자라 함은 그 사람의 知己·친우 또는 은혜를 입은 자 등을 가리키고, 또 家에 연고가 있는 자라 함은 그 家에 고용인으로 있었던 자를 말한다.

연고권(緣故權) 일반적으로 歸屬財産을 賃借하거나, 管理權을 갖는 등 특별한 이해관계를 가진 자가, 국가가 그 귀속재산을 매각하는 경우에 우선적으로 매수할 수 있는 지위를 말하나, 때로는 국·공유재산을 貸付받거나 占有한 자가 隨意契約에 의하여 그 국·공유재산을 매수하거나 대부받을 수 있는 지위를 말한다. 귀속재산은 합법적이며 사상이 온건하고 운영능력이 있는 선량한 연고자 등에 일정한 순위에 따라 매각한다(歸財 15). 선량한 연고자라 함은 정당한 처분권이 있는 자로부터 그 재산에 관한 占有·使用에 대한 합법적인 승낙을 받은 자를 말한다. 국가는 귀속재산을 선량한 연고자 등에 대해 우선적으로 매각하여야 하므로 귀속재산에 관한 연고권은 일종의 財産的 性質을 가진 권리라고 말할 수 있다.

연구(硏究)**의 자유**(自由) → 학문의 자유, 예술의 자유

연 금(年金) 매년 정기적으로 지급되는 금전. 그 기본이 되는 채권은 定期金債權의 일종이다. 연금의 지급은 연 1회에 한하지 않으며 수회 지급되는 것도 있다. 연금에는 終身定期金契約(民 725~730) 등의 계약에 의한 것과 공무원연금법 · 군인연금법 및 사립학교교원연금법 등의 적용을 받지 아니하는 국민의 노령 · 폐질 또는 사망에 대하여 실시되는 급여인 國民年金 등과 같이 사회보장제도의 일환으로 법률에 의한 것이 있다.

연금권(年金權) 공무원, 교사 등이 職務로 인한 부상이나 질병으로 퇴직 또는 사망하거나 일정한 연한 근무하고 퇴직 · 사망한 경우에 지급되는 급여인 연금을 받을 수 있는 권리를 말한다.

연금담보(年金擔保) 〔英〕 annuity security 〔獨〕 Rentensicherung 〔佛〕 garantie de rente 年金의 給與를 받을 권리를 담보에 제공하는 것. 債權質의 일종으로 볼 수 있는데, 법률은 권리자의 생존을 유지하기 위한 최후의 보루로서 권리자 자신에게 연금을 지급시키고자 하는 취지에 기하여 이를 금하고 있다(公年金 32 本, 軍人年金法 7 本 등). 그러나 연금수급권자의 경제상의 궁핍으로 인하여 실제상으로 채권자에게 연금증서를 교부하고 또한 연금의 수령을 위임하는 형식으로 행하여지는 연금담보가 있을 수 있는 바, 만약 그러한 형식의 연금담보가 설정된다면 그것은 脫法行爲로서 무효라고 해석하여야 할 것이다. 법률은 이러한 점을 참작하여 연금인 급여를 받을 권리를 대통령령의 정하는 바에 의하여 금융기관의 담보로 제공하는 경우를 예외적으로 인정하고 있다(公年金 32 但, 軍人年金法 7 但 등).

연금보험(年金保險) 〔英〕 annuity insurance 〔獨〕 Rentenversicherung 〔佛〕 assurance de rente 고령 · 폐질 · 사망을 보험사고로 하여 양로 · 장해 · 유족 · 과부 · 遺兒年金을 급부하는 것으로, 疾病(건강) · 災害(勞災)保險과 함께 사회보험의 3대분야 중의 하나. 전2자가 노동력의 일시적 상실자를 대상으로 하고 있는데 반하여, 연금보험은 노동력의 영구적 상실자를 대상으로 하고 있다. 따라서 그의 실시는 社會保險 중에서 가장 늦게 행하여졌다. 우리나라에서 이에 속하는 것으로는 公務員年金法이 있다.

연기명투표(連記名投票) 대선거구에서 선거인이 정원수대로 피선거인의 성명을 연기하여 투표하는 소수대표제의 한 방식. 單記名投票에 대한 개념. → 단기명투표

연기(延期)**어음** 〔英〕 renewed bill 〔獨〕 Prolongationswechsel 기존의 어음의 만기에 이르러 당사자의 합의에 의하여 그 지급을 연기하기 위하여 만기 등을 변경하여 발행된 신어음. 이러한 행위를 어음의 改書 또는 換書라 한다. 이 경우에 소지인이 신어음의 교부를 받는 대신에 구어음을 반환하는 경우와 신어음을 받아도 구어음을 반환하지 않고 신구어음을 보유하는 경우가 있다. 전자의 경우에는 구어음채무의 소멸과 신어음채무의 성립간에는 인과관계가 없다고 보는 것이 不要因證券인 어음의 성질에 합당한 것이므로, 신어음은 지급에 갈음하여 발행된 것으로 볼 것이며, 그 법적 성질을 代物辨濟라고 해석한다. 신구어음채무의 실질적 동일성을 인정하여, 예컨대 구어음에 설정된 담보는 당연히 신어음에 이전한다고 해석하는 것이 통설이다. 후자의 경우에는 연기어음은 구어음채무를 원인관계로 하고 그 지급을 위하여 발행된 것이며, 신구어음채무는 병존하게 되고 따라서 어음소지인은 신구어음상의 권리를 행사할 수 있지만 구어음에 의하여 권리를 행사하는 경우에는 신어음의 만기까지 지급이 유예되었다는 抗辯을 받게 된다. 그러나 어음의 相換證券의 성실상 新舊兩어음과 상환하지 않고서는 신구어음 중 어느 것에 의하여서도 그 지급을 청구할 수 없다. → 변제에 갈음하여, 변제를 위하여

연기적 항변권(延期的抗辯權) 〔獨〕 dilatorische Einrede 청구권의 행사를 저지하여 일시 이행을 거절할 수 있는 효력을 가지는 항변권. 停止的 抗辯權 또는 一時的 抗辯權이라고도 한다. 청구권의 작용을 일정의 조건으로 일시적으로 저지함에 지나지 않는 점에서 청구권의 행사를 저지하여 영구적으로 이행을 거절할 수 있는 효력을 가지는 永久的 抗辯權과 구별된다. 同時履行의 항변권(民 536) · 保證人의 催告 · 檢索의 항변권(437, 438)과 같은 것이 이에 속한다.

연기회(延期會) → 계속회 · 연기회

연 납(延納) 租稅의 납부에 있어서 납세의 무자에게 일시납하기에 곤란한 사정이 있는 경우에 일정한 기간 이내의 年賦로써 인정되는 납세의 유예. 조세징수의 예외적 방법이므로 법률의 근거가 필요한 바, 현행법상 1천만을 초과하는 상속세에 있

어서 그 예를 볼 수 있다(相續稅 및 贈與稅法 71). 연납을 받으려는 자는 소정의 기일내에 신청을 하여야 하고 또 담보를 제공하여야 하며, 延納稅額에 대하여는 대통령령으로 정한 이자에 상당하는 액이 가산된다.

연대납세의무(連帶納稅義務) 여러 명의 납세의무자가 연대하여 부담하는 납세의 의무. 연대납세의무자로는 共有者 또는 共同事業者가 있다(國稅基 25, 地稅 18Ⅰ). 연대납세의무는 연대채무와 성질이 같으므로 민법 중의 그 규정을 준용한다(地稅 18Ⅲ). →연대채무

연대무한책임(連帶無限責任) 여러 명이 연대하여 각자가 전재산을 가지고 채무의 전액을 변제할 책임을 부담하는 것. 다시 말하면 각 채무자의 전재산이 强制執行의 대상이 될 수 있는 경우이다. 1개의 사유로 여러 명이 채무를 부담하는 경우에는 각자는 분할된 액의 채무를 부담하는 것이 원칙이므로(民 408 참조)(→분할채권관계), 連帶債務를 부담하는 것은 예외가 된다. 그러나 채무는 무한책임이 원칙이므로, 연대채무도 무한책임을 원칙으로 한다. 따라서 연대채무에 관하여 특히 연대무한책임이라고 할 이론적인 필요는 없다. 다만 유한책임이 아니라는 것을 강조하기 위하여 이렇게 말하여질 뿐이다.

연대보증(連帶保證) 〔獨〕 Solidarbürgschaft 〔佛〕 cautionnement solidaire 보증인이 주채무자와 연대하여 채무를 부담하는 保證. 契約 또는 法規에 의하여 성립한다. 보증이 상행위인 때 또는 상행위로 인하여 발생한 채무를 보증한 때에는 상법상 당연히 연대보증이 성립한다(57Ⅱ). 주채무에 대하여 附從性을 가지는 점에서는 보통의 보증과 차이가 없으나, 보충성이 없기 때문에 보증인이 催告의 抗辯權과 檢索의 抗辯權을 잃고, 채권자의 권리가 특히 강력하게 되는 점에 보통의 보증과 큰 차이가 있다. 따라서 채권자는 주채무자에게 辨濟資力이 있는 경우에도, 직접 연대보증인에 대하여 집행할 수 있다(民 437). 주채무자 또는 연대보증인에 관하여 생긴 사유의 효력에 관하여는 보통의 보증의 그것과 다름이 없다. 연대보증인이 변제한 경우의 주채무자에 대한 求償權은 보통의 보증인과 전혀 동일하지만, 연대보증인이 수인이 있을 때에는 각 보증인은 전액을 변제할 의무가 있는 대신에(→공동보증), 일정한 요건하에 다른 연대보증인에 대하여서도 求償할 수 있다(448Ⅱ).

연대운송(連帶運送) 여러 명의 운송인이 전구간에 걸쳐 동일한 조항에 따라 1통의 運送狀에 의하여 순차적으로 공동하여 운송하는 것. 운송물에 관한 손해발생의 입증이 곤란하므로 송하인·수하인을 보호하기 위하여 운송인간의 연대배상의 의무가 과하여져 있다(商 138Ⅰ). →순차운송

연대(連帶)**의 면제**(免除) 〔佛〕 remise de la solidarité 연대채무에 있어서 채권자가 각 채무자에 대하여 전액을 청구할 수 있는 권리를 포기하고 부담부분에 관하여 청구할 수 있을 것으로 하는 채권자의 의사표시. 일종의 債務의 免除이다. 모든 연대채무자에 대하여 연대의 면제를 하면 分割債務로 변하지만, 일부의 연대채무자에 대하여서만 하면, 그 이외의 연대채무자는 의연히 전액을 변제할 의무를 진다. 전자를 絶對的 連帶免除, 후자를 相對的 連帶免除라 한다. 그리고 뒤의 경우에, 전액변제의 의무를 지는 채무자가 변제를 한 경우의 求償權에 관하여는 특칙이 있다(民 427Ⅱ).

연대채권(連帶債權) 〔獨〕 Gesamtforderung 〔佛〕 solidarité active 여러 명의 채권자가 동일내용의 급부에 관하여 각자 독립하여 채무자에 대하여 전부의 급부를 청구하는 권리를 가지고, 그 중의 1인이 급부를 수령하면, 다른 채권자의 권리도 소멸하는 債權關係. 연대채무의 거꾸로의 형태. 로마법 이래 인정된 제도이지만(獨民 428~430, 佛民 1197~1199), 우리 민법은 규정하고 있지 않으며, 법률상으로도 이것을 일으키는 경우는 없다. 당사자의 의사표시로 이러한 관계를 일으키게 하는 것은 가능하지만, 실제상 거의 그 예가 없다. 효력에 관하여서는 당사자의 의사표시와 연대채무의 규정의 유추적용에 의하여 정할 것이다.

연대채무(連帶債務) 〔獨〕 Gesamtschuld, passives Gesamtschuldverhältnis 〔佛〕 obligations solidaires, solidarité passive 여러 명의 채무자가 동일내용의 급부에 관하여 각자 독립으로 전부의 급부를 하여야 할 채무를 부담하고, 그 중 1인의 급부가 있으면 다른 채무자도 채무를 면하는 債務關係(民 413~427). 보증채무와 더불어 人的 擔保의 작용을 하지만, 각 채무자간에는 보증채무와 달라, 主從關係는 없다. 特約(전채무자가 동시에 하여도 좋고, 순차로 하여도 좋다) 또는 법률의 규정(35Ⅱ·760·832, 商 24·57Ⅰ 등)에 의하여 성립한다. 채무자에 대하여 마치 따로 독립한 채무자에 대한 것처럼 청구할 수 있으므로(民 414·415, 破 19), 그 채권의 효력은 매우 강하다. 일부의 채무자의 채권을 만족시키는 행위(辨濟·供託·代物辨濟·相計) 이외의 사유(채무의 승인·패소판결 등)는 다른 채무자에게 영향을 미치지 않는 것이 원칙이지

만, 이에 관하여서는 연대채무는 공동의 목적을 가지고 주관적으로 관련되어 있는 것이므로, 상당한 예외가 인정되고 있다(416～423). 연대채무의 납부관계에서는 각자의 負擔部分(비율이 불명한 때에는 균등)이 정하여지고, 1인이 변제 기타의 출연을 하여 공동의 면책을 얻은 때에는 일정한 조건하에 다른 채무자에 대하여 구상할 수 있다(424～427). → 대위변제

연도구역(沿道區域) 道路管理廳이 국도 또는 관광에 필요한 도로의 풍치유지를 위하여 필요하다고 인정할 경우에 지정한 도로에 인접된 구역(道 51Ⅰ). 연도구역내에서 건축물 기타 공작물의 신설, 竹木 또는 토석의 채취나 공사를 하고자 하는 자는 도로관리청의 허가를 받아야 하며, 도로관리청은 이 沿道區域內의 풍치유지 또는 위생상 특히 필요할 때에는 토지 또는 건축물 기타의 공작물의 소유자나 점유자에 대하여 공작물의 제거·변경, 조림 기타 풍치유지상 필요한 조치를 하게 할 수 있다(51Ⅲ·Ⅳ).

연도평가순익(年度評價純益) 한 영업연도에 있어서의 재산의 평가이익으로부터 그 評價損을 공제한 액. 상법상 전액 資本準備金으로 적립함을 요한다(商 459ⅱ). 여기에서 말하는 이른바 評價額에 관하여는 영업용의 고정자산에 관하여 평가익의 산출을 부정하는 입장에서 유동자산의 그것에 한한다는 설과, 취득가격 또는 제작가격의 범위내에서는 고정자산에 관하여는 평가익의 산출을 인정하는 입장에서 고정자산의 그것도 포함한다는 설이 있다.

연두교서(年頭敎書) → 교서

연 령(年齡) 연령은 법률상 日로써 曆에 따라 계산하는데 初日, 즉 출생한 날로부터 기산한다(民 158). 따라서 예컨대 1978년 9월 3일 출생이면, 성년으로 되는 것은 1998년의 기산일 해당일인 9월 3일의 전일, 즉 9월 2일의 오후 12시이다(160 참조). 일정한 연령이 공법상·사법상의 자격·능력을 취득하는 요건으로 되는 예는 많다(選擧權·行爲能力의 취득 등).

연립내각(聯立內閣) 〔英〕 coalition cabinet, coalition ministry 〔獨〕 Koalitionsministerium 〔佛〕 cabinet de concentration 議院內閣制下에서 複數政黨에 의하여 조직되는 내각. 단일정당에 의하여 조직되는 單獨內閣에 대한 말. 보통 1정당이 의회 특히 하원의 절대다수를 차지하지 못할 때 또는 절대다수를 획득하여도 소수정당에 대한 타협의 방식으로서 2개 이상의 정당이 제휴할 때 조직된다. 제4공화정하의 프랑스와 같이 小黨分立의 국가에 있어서는 많이 행하여지나 일반적으로 연립내각의 존재 자체가 불안정하므로 환영을 받지 못한다.

연말조정(年末調整) 給與所得에 관하여 지급을 하는 자가 그 해에 원천징수할 소득세액의 합계액이 당해 급여소득의 수입금액에 따른 세액에 비하여 과부족이 있는 경우에 그 해의 연말에 행하는 조정의 통칭. 즉 급여의 지급자는 過納額이 있으면 그해 마지막의 원천징수세액에 충당하고, 그래도 과납액이 있으면 이듬해의 그것에 순차적으로 충당하고 부족액이 있는 경우에는 그해 마지막의 급여지급을 할 때에 징수하고, 그래도 부족액이 있으면 이듬해에 급여지급을 할 때에 순차적으로 이를 징수한다.

연 방(聯邦) 〔英〕 federal state 〔獨〕 Bundesstaat 〔佛〕 Etat fédéral 단일국가에 대한 복합국가의 일종. 聯合國家라고도 한다. 단일제국가가 중앙집권주의에 입각하여 統治權도 원칙적으로 중앙정부만이 행사케 하고, 다만 좁은 범위의 지방행정에 있어서만 이를 지방단체에 수권하여 행사케 하는데 대하여, 연방제의 국가는 地方分權主義에 입각하여 통치권을 上邦(中央政府)과 下邦(地方政府)에다 분할하여 행사케 한다. 이 경우에 전국에 걸쳐 통일을 요하는 사항이나 국가적 중대사항만을 上邦이 관할하고, 그 밖의 일반사무는 下邦이 관리한다. 연방의 특징으로서는, ① 聯邦憲法에 의하여 통치권이 상·하방간에 분할되고 상호침범치 못하게 하는 점, ② 下邦이 上邦의 의사를 구성하거나 또는 그 구성에 참가하는 점, ③ 國家聯合(union of nations, confederation)과는 달라 어디까지나 하나의 국가라는 점, ④ 연방을 구성하는 각 支分國(주·지방·란트)은 광범한 자주조직권을 가지고 있으므로 단순한 지방자치단체와 구별된다는 점 등이다. 연방의 예로는 미국·스위스·러시아 등이 있다.

연방거래위원회법(聯邦去來委員會法) 〔英〕 Federal Trade Commission Act 1914년에 셔먼법을 보충하기 위하여 미국연방의회가 제정한 反트러스트法의 하나. 11조로 이루어지며, 연방거래위원회의 조직·권한 및 불공정한 경쟁방법의 금지를 그 내용으로 한다. 1938년의 휠러·리수정(Wheeler-Lea Amendment)으로 상업에 있어서의 詐欺的인 행위 또는 관습도 금지되게 되었다. 이 법률은 다른 나라의 獨占禁止法에 많은 영향을 주었다.

연방제(聯邦制) → 연방

연방주의(聯邦主義) 〔美〕 Federalism 州權主義와 대비하여 분립적인 國家聯合을 폐지하고 강력한 통일적 연방을 주장하는 것. 미국 건국 당시의 해밀톤派에서 비롯하였다.

연방준비은행(聯邦準備銀行) 〔英〕 Federal Reserve Bank(FRB) 1913년의 聯邦準備法에 의하여 미국 전토를 12개를 지구로 구분하고, 각 지구에 중앙은행의 사무를 행하는 연방준비은행이 구성되었다. 대통령직속의 연방준비제도이사회가 이들 은행의 연락·통일을 담당하며, 聯邦準備券이라고 하는 은행권을 발행한다.

연 부(年賦) 채무를 매년 일정액에 분할하여 지급하는 변제방법. 매매대금의 지급에도, 金錢貸借의 결제에도 사용된다. 법률상으로 규정은 없지만, 일부 변제가 정기적으로 행하여지는 것이므로, 定期金債權은 아니다. 연부금을 기한에 지급하지 않을 때에는 기한의 이익을 잃고 전액을 일시에 변제할 것으로 하는 約款이 많다. 연부는 일시에 완제할 수 없는 채무자에게 기한을 유예하기 위하여 행하여지지만, 부동산담보의 대부 등에서는 대부의 안전을 꾀하기 위하여 元利(均等)年賦償還의 방법이 많이 사용된다.

연불수출(延拂輸出) 〔美〕 export on a deferred payment basis 플랜트류의 수출 등 수출금액이 큰 경우에 그 수출대금 중 일부만 받고 나머지 잔액을 몇회에 걸쳐 지불받는 決濟方式.

연불조건부판매(延拂條件附販賣) 延拂販賣라고도 하며, 貸與施設利用者가 선정한 특정물건을 시설대여회사가 새로이 취득하여 대여시설이용자에게 인도하고, 그 물건의 대금·이자 등을 대통령령이 정하는 일정기간 이상에 걸쳐 정기적으로 분할하여 지급받으며, 그 물건의 所有權移轉時期 기타 조건에 관하여는 당사자간의 약정으로 정하는 物的金融을 말한다(與信專門金融業法 2).

연생보험(連生保險) 〔英〕 joint life insurance 〔獨〕 Versicherung auf verbundenes Leben 〔佛〕 assurance pour la vie sur deux têtes 生命保險에 있어서 수인의 피보험자 가운데서 1인의 사망 또는 일정연령까지의 생존을 보험사고로 하여, 그 다른 사람이 보험금을 수령하는 보험. 상호간에 제3자가 보험금액의 지급을 받는 생명보험 또는 타인을 위한 保險契約을 하는 셈이 된다. 예컨대 부부간, 또는 동업자간의 경우이다. 특히 2인의 피보험자 중 특정한 1인이 사망한 때, 그 다른 사람이 보험금을 타는 것을 生殘保險이라 한다.

연성헌법(軟性憲法) 〔英〕 flexible constitution 〔獨〕 biegsame Verfassung 헌법개정에 특별한 개정절차를 필요로 하지 않고 일반법률의 개정방법으로 개정할 수 있는 헌법. 특별한 개정절차를 필요로 하는 硬性憲法에 대응하는 개념이다. 1848년의 이탈리아헌법, 1876년의 스페인헌법이 과거의 예이며, 현재는 영국의 헌법이 이에 속한다.

연소근로(年少勤勞) 年少者가 하는 근로. 연소자에 대하여는 육체적·정신적으로 나쁜 영향을 끼치고 또 혹사와 착취를 수반하기 쉬우므로 세계 여러 나라에서 연소근로자의 보호법이 일찍부터 발달하였다. 그 최초의 것은 영국의 1802년 법이다. 우리 헌법 32조 4·5항은 여자와 소년의 노동을 특별한 보호를 받는다고 규정하고 있으며 兒童福祉法 중에도 약간의 규정이 있으나 주로 근로기준법에 의한다. 이에 의하면 원칙으로 15세 미만의 자는 근로자로 사용하지 못하며(勤基 62) 그 밖에 근로시간, 야간작업, 시간외 노동, 坑內勞動의 금지, 歸鄕旅費 등에 관하여 규정이 있다(67~75). 또 선원법에도 연소근로에 관한 이와 같은 규정이 있다(船員 80~82).

연소죄(延燒罪) → 방화죄

연속범(連續犯) 〔獨〕 fortgesetztes Verbrechen 〔佛〕 délit continu 구형법 55조는 연속범에 관하여 연속한 여러 개의 행위로서 동일한 罪名에 해당되는 때에는, 一罪로서 이를 처단한다라고 규정하고 있었으나, 현행법은 이에 관한 규정이 없다. 그래서 구형법상의 연속범의 경우는 이제는 科刑上一罪가 되지 않고, 실질적인 수죄로서 競合犯이 된다. → 접속범

연속수송주의(連續輸送主義) 〔英〕 doctrine of continuous transportation 넓은 뜻의 連續航海主義 중에서 중립항으로부터 다시 육로를 경유하여 적국영역에 수송되는 경우. → 연속항해주의

연속항해주의(連續航海主義) 〔英〕 doctrine of continuous voyage 〔獨〕 Theorie der fortgesetzten Reise 〔佛〕 théorie du voyage continu 넓은 뜻에서는 戰時禁制品이 현재 수송되고 있는 선박에 의해서 중립항에 수송되고 그 후 다시 敵에 수송되는 모든 경우에 있어서 전후의 수송을 연속하는 하나의 航海로 보는 주의. 중립항으로부터 다시 적국으로 수송되는 방법에 세 가지가 있다. 첫째, 중립항으로부터 다시 동일선박에 의해서 적항에 수송하는 것이며 이것을 특히 迂廻航海(circuitous voyage)라

고 한다. 둘째, 중립항으로부터 별개선박에 의해서 적항에 수송하는 것이며 이것을 좁은 뜻의 連續航海라고 한다. 셋째, 중립항으로부터 육상의 교통기관에 의해서 적에 수송하는 것이며 특히 이것을 連續輸送(continuous transportation)이라고 한다. 연속항해주의는 이러한 항해 또는 수송을 하나의 연속한 것으로 인정하므로 이러한 경우에는 최초의 항해, 즉 중립항을 향하여 항행하는 도중에도 전시금제품이 될 화물은 몰수할 수 있다는 것이다. 이 주의는 미국의 남북전쟁(1861~65년) 때 북군이 처음으로 제창한 이래 영국도 南阿戰爭(1900년) 때 채용하였다. 대륙제국은 대체로 이에 반대하였다. 학설상으로도 영미계학자는 긍정하고 대륙계학자는 이에 반대한다. 런던선언은 이 양 관행 및 학설을 절충하여 絶對的 禁制品에 대해서는 이 주의를 인정하고(30), 條件附禁制品에는 부정한다(35). 그러나 제1차대전 이래 연속항해주의를 條件附禁制品에도 적용하는 경향이 생기고 제2차대전시에는 이러한 경향이 한층 더 강화되었다. →전시금제품, 연속수송주의

연쇄교사(連鎖敎唆) 〔獨〕 Kettenanstiftung 再間接敎唆 및 그 이상의 교사의 교사. 이에 대하여는 可罰性을 긍정하는 견해와 부정하는 견해로 나누어져 있다. 間接敎唆의 경우와 마찬가지로 재간접교사자가 바로 앞의 간접교사자도 사정을 알 것이라고 생각하고 교사했으면 중간교사자들과 正犯의 관행 사이에 인과관계 내지 객관적 귀책의 가능성이 존재하는 한도에서 가벌성이 인정된다.

연쇄화사업(連鎖化事業) 다수의 동일업종의 소매점포를 직영하거나 다수의 동일업종의 小賣業者와의 계약에 의하여 계속적으로 상품을 공급하며 경영을 지도하는 사업을 말한다(都·小賣業振興法 2).

연안구역(沿岸區域) 하천 및 하천부속물을 보전하고 하천으로 인한 피해를 예방하기 위하여 하천부속물의 손괴, 하천에의 토사유입이나 홍수범람의 우려가 있는 하천에 인접된 구역으로서 하천관리청이 河川管理委員會의 심의를 거쳐 지정·공고한 구역(河 44). 연안구역내에서 공작물의 신축·개축 또는 제거, 竹木의 栽植·벌채, 토지의 굴착·성토 또는 절토 그 밖의 形質變更 등의 행위를 하고자 하는 자는 하천관리청의 허가를 받아야 한다(45). 연안구역내의 토지·가옥 기타 공작물의 소유자나 점유자는 공작물 등의 손괴, 토사의 유출 등으로 하천에 장애를 미치거나 피해를 생기게 할 위험이 있을 때에는 그 피해 또는 위험을 방지하기 위하여 필요한 조치를 하여야 하며, 河川管理廳은 이를 명할 수 있다(46).

연안무역(沿岸貿易) 〔英〕 coasting trade, cabotage 〔獨〕 Küstenschiffahrt 〔佛〕 cabotage 一國領土의 항구간의 화물 또는 여객운송의 뜻. 연안무역이라는 말은 coastal trade라는 영어관용어의 譯語이다. 여러 국가는 외국선박에 대하여 領水內의 通航이나 寄港을 허용하는 경우에도 한 항구로부터 다른 항구로의 운송사업은 허용하지 않고 이것을 자국선의 독점으로 하는 것이 통례이다. 따라서 외국에 있어서의 연안무역은 연안국의 明示的 許可를 얻어야 한다. 이것은 국제관습법상 확립되어 있다. 하천의 경우에도 마찬가지다. 또한 이 원칙은 국제항공에도 준용되며 國際航空條約에 규정되어 있다(1919년 파리條約 16, 1944년 시카고條約 7).

연안어업(沿岸漁業) [1] 국제법상 연안해 기타 영해에 있어서의 어업. 연안국이 자국민에게 독점케 할 수 있는 것. 條約이나 연안국의 法令으로 특히 인정되는 것이 아니면 외국인은 이에 종사하지 못한다.

[2] 수산업법상 원양어업 및 특정한 대규모어업 이외의 어업을 총칭하는 것으로서, 행정관청의 許可·免許를 요함이 보통이다. 어업면허의 신청인이 그 신청한 어업과 같은 종류의 어업에 경험이 있는 자로서 연안어업을 하고자 하는 경우에는 다른 자에 우선하여 면허를 받을 수 있다(13).

연안항해(沿岸航海) 대통령령으로 정한 내해에 있어서의 항해(商附 10). 상법적용상 특별한 차이는 없으나 共同海損의 경우에 특례가 있다. 즉, 共同海損分擔과 분담청구에 있어서 屬具目錄에 기재하지 아니한 屬具, 船荷證券 기타 積荷의 가격을 정할 수 있는 서류없이 선적한 하물 또는 종류와 가액을 명시하지 아니한 화폐나 유가증권 기타의 고가물은 공동해손처분으로 위험을 면하고 보존된 경우에는 그 가액을 공동해손의 분담에 산입하고, 손실된 경우에는 그 가액을 공동해손의 액에 산입하지 않으며, 이것은 갑판에 적재한 하물에 대하여도 동일하지만, 연안항행의 경우에는 甲板積이 보통이므로, 이 경우의 甲板積荷物에 대하여는 일반적하와 마찬가지로 보존된 경우에는 공동해손의 분담에 그 가액이 산입되고, 처분된 경우에는 分擔請求를 할 수 있다(商 839 Ⅰ·Ⅱ).

연안해(沿岸海) 〔英〕 coastal sea, maritime belt, littoral sea, marginal sea 〔獨〕 Küstenmeer, Küstengewässer 〔佛〕 mer côtière, mer littorale 영토에 잇닿아 국가영역의 일부를 이루는 일정한 범위의 바다. 領海의 일부이며 그 주요부분

이다. 어떤 경우에는 이를 領海라고 하기도 한다. 연안해에 대한 국가의 권능은 영해에 대한 국가의 권능과 마찬가지이다. 그 내용은 대체로 영토에서와 같이 원칙적으로 排他的 支配權을 가지며 일체의 통치작용이 미칠 수 있다. 특히 항해·관세·위생·사법경찰상의 규칙을 제정하여 이를 힘써 행할 수가 있다. 물론 국제법에 기한 제한이 있으며 그것은 영토에 있어서보다 넓다. 즉, ① 외국의 상선에 인정되는 無害通航權, ② 외국선박내에서 발생한 사건에 대한 연안국의 裁判管轄의 制限(영국주의와 프랑스주의간에 약간의 차이가 있다)이다. 그러나 이에 대하여 연안해에 있어서의 일체의 어업과 연안무역은 연안국이 자국민에게만 유보할 수가 있다. → 연안무역

연앙인구(年央人口) 출생률과 사망률을 산출할 때 보통 해당연도의 중간인 7월 1일을 기준으로 하는데 이때의 인구를 年央人口라고 한다.

연 예(演藝) → 영화·연예

연 원(淵源) 法의 연원 또는 法規의 연원이라 함은 법의 근본관념에 연유된 것을 말한다. 예컨대 현행 민법은 프랑스민법에 연원을 가진다고 할 것이다.

연 유(緣由) 동기와 같다.

연 임(連任) 任期制公務員 신분을 계속 보유시키는 것. 연임제는 임기제와 관련되는 것인데, 임기제가 일정기간, 즉 임기의 경과후에 부적격한 공무원을 배제하려는 것을 목적으로 하는 반면, 連任制는 배제하지 아니할 공무원을 연속 유임하게 하려는 것이다. 대법원장과 대법관의 임기는 6년으로 하고, 기타 법관의 임기는 10년으로 하되, 대법원장 이외의 법관은 법률이 정하는 바에 의하여 연임될 수 있다(憲 105 Ⅰ·Ⅱ·Ⅲ, 法組 45 Ⅰ·Ⅱ·Ⅲ). 7차개정헌법은 감사원장·감사위원·중앙선거관리위원회위원에 대한 구헌법상의 連任條項(舊憲 93 Ⅱ·Ⅳ, 107 Ⅲ)을 삭제하였고, 대법원장의 경우는 8차개정헌법에서 연임이 금지되었다.

연장소년(年長少年) 18세 이상 20세 미만의 소년을 年長少年이라 하고, 18세 미만의 소년을 年少少年이라고 한다. 아동복지법에서는 18세 미만을 아동이라고 규정하여, 18세 이상 20세 미만자를 年長兒童이라고 관습상 부르고 있다. 18세가 되면 고아원같은 아동복리시설에서 퇴원시킨다.

연장시간근로(延長時間勤勞) 시간외노동의 일종. 근로기준법은 1일에 8시간, 1주일에 44시간을 기준으로 하고 있다. 그러나 당사자간의 合意에 의하여 1주일에 12시간을 연장할 수 있으며, 특별한 경우에는 노동부장관의 인가와 본인의 동의를 얻거나 또는 事後承認을 얻어 1주일에 12시간 이상의 연장근로를 시킬 수 있다. 연장시간근로에 대하여는 통상임금의 100분의 50 이상의 연장근로수당을 가산하여 지급하여야 한다(49, 50, 55). → 시간외협정

연장자양자(年長者養子) 자기보다 연장인 양자, 즉 養親보다 나이가 많은 양자는 관습상으로나 법규상 양자가 되지 못한다(民 877 Ⅰ).

연장자주의(年長者主義) 상속순위를 정하거나 또는 君主繼承法을 정함에 있어서 有資格者중의 최연장자를 상속인 또는 계승자로 하는 주의.

연 좌(連坐) 용어예로서는 緣坐와 連坐의 구별이 없이 동일한 의미로 사용되는 수도 있으나, 엄격히 따지면 緣坐는 범죄자의 친족관계에서, 連坐는 친족관계 이외의 관계에서 특정한 자에게 연대책임을 지운 것이다. 범죄의 일반예방, 경찰사무의 분담 등에 의미가 있었다고 본다. 연좌는 동일관청의 관리가 相省相戒하여 직무상 비위를 없애기 위하여 동관청 관리간에 연대책임을 지운 것이며, 그 적용은 公罪, 즉 직무상 범죄에 한하였다. 史記 商君傳에 보이는 令民爲什伍, 而相收司連坐라는 村民隣保相互間에 범죄에 대한 연대책임을 지운 것을 연좌의 일례로 索隱은 註解하고 있다. 우리나라 용어예는 緣坐와 혼동하여 連坐, 延坐, 緣坐를 모두 緣坐의 의미로 사용하였다.

연 좌(緣坐) 범인의 일정범위의 친족에 대하여 형사상의 연대책임을 지우는 것. 일종의 犯罪豫防政策. 唐律 名例律에 諸犯十惡故殺人反逆緣坐, 唐律賊盜律에 諸謀反及大逆者皆斬, 父子年十六以上皆絞, 十五以下及母女妻妾 祖孫兄弟姉妹, 若部曲資財田宅竝沒官 등이 그 기본규정이 되며, 緣坐人이라도, 비동거인이면 不追坐하고 그 資財田宅은 不在沒限하였다. 大明律은 唐律規定을 그대로 계수하고 있으므로, 조선시대는 明律에 의거한 緣坐刑이 통용된 것이다. 續大典에 의하면 擧岳逆魁兄弟妻妾坐誅라 하여 兄弟妻妾의 연좌를 확인하고 있으며, 逆賊父年八十者는 減律定配하고 2·3세아는 勿爲定配를 규정하고 있다. 연좌법은 조선말개국 503년 勅令에서 罪人自己外緣坐之律一切勿施事라고 하여 刑事責任個別化原則을 선언함에 이르러 폐지되었고, 광무 9년 刑法大全의 제정공포에도 연좌규정을 찾을 수 없다.

연주권(演奏權) 악보를 배타적으로 연주

할 수 있는 권리(著 2, 17). 악보라는 저작물상에 존재하는 저작권에 포함되는 한 권능. 상연권·상영권과 더불어 公演權의 일종이다. → 공연권

연지급수입(延支給輸入) 외국에서 물품을 수입할 때 현금으로 결제하지 않고 일정기간이 지난 후에 당해 수입대금을 결제하도록 하는 外上輸入. 정부가 수출입업체에 대해 연지급수입을 허용하는 것은 기업의 금융부담을 덜어주기 위한 정책적 배려이다. 그러나 정부로서는 외상수입기간에 달러 등의 수입대금이 해외로 빠져 나가지 않기 때문에 통화흡수가 이루어지지 않아 通貨管理의 부담을 안게 한다.

연차유급휴가(年次有給休暇) 쉬고서도 출근한 것으로 간주되어 通常賃金이 지급되는 휴가. 근로기준법상 1년간 개근한 자는 10일, 9할 이상 출근한 자는 8일이다(59 I). 또 2년 이상 계속근무한 근로자는 1년을 초과하는 계속근로년수 1년에 대하여 1일씩을 위의 10일 또는 8일에 가산하여 받는다. 그러나 사용자는 휴가총일수가 20일을 초과할 경우에는 그 초과일수에 대하여 통상임금을 지급하고, 유급휴가를 주지 아니 할 수 있다(59 II 但). 이 휴가는 원칙적으로 근로자가 청구하는 시기에 주어야 하며, 그 기간은 就業規則이나 기타로 정하여 있는 通常賃金 또는 平均賃金을 지급하여야 한다. 그러나 근로자가 청구한 시기가 사업운영상 막대한 지장이 있을 경우에는 그 시기를 변경할 수 있다(59 III). 연차휴가의 일수를 산정함에 있어, 근로자가 업무상의 부상·질병으로 출근하지 못한 기간과 부녀자의 産前後休暇는 출근한 것으로 본다(59 IV, 72). 기타 月次有給休暇와 有給生理休暇에 대하여서는 현행법상 명문의 규정이 없으나 제도의 취지에 비추어 보아 당연히 출근한 것으로 간주하여야 한다(57, 71). → 휴일근로, 유급휴일, 통상임금

연체가산세액(延滯加算稅額) 국세를 체납한 경우 滯納稅額에 가산하여 징수하는 세금액. 그 액은 독촉장의 지정기한의 익일부터 세금납부일까지의 日數에 따라 계산된다.

연체금(延滯金) 申告納稅制를 채용하는 지방세에 있어서 納稅額(특별징수의무자의 납입액도 이에 준한다)의 更正·決定이 있는 경우, 그 부족세액에 관하여, 또 일반 지방세에 있어서 납기한 후의 납세액에 관하여 징수하는 징수금. 국세에 있어서의 이자세액에 해당하는바 체납처분의 단계에 있어서 독촉이 있은 후에 징수되는 연체가산금과 구별된다. 연체금의 액은 납기한의 익일부터 납부하는 날까지의 기간에 따라 부족세액 또는 납세액의 일정액에 관하여 1일 소정의 비율로 계산된다.

연체대출금(延滯貸出金) 금융기관에 취급한 與信去來에 있어서 약정된 기일에 변제되지 아니한 원금·이자 및 이에 관련된 채무총액을 말한다. 국가의 보증에 의하여 국제금융기구로부터 차입한 자금을 轉貸하는 법인에 있어서는 그 전대금과 정부로부터 직접 또는 금융기관을 통하여 차입하여 대출한 것으로 한다(金融機關의 延滯貸出金에 관한 特別措置法 2 II).

연체이자(延滯利子) 元本의 지급이 지체된 경우에 지급하여야 하는 손해배상, 즉 遲延利子와 같은 뜻으로 사용되는 것이 일반적이나, 경우에 따라서는 이미 지급기를 경과한 이자, 즉 연체된 이자의 의미로서도 사용된다.

연초경작계약(煙草耕作契約) 연초경작자와 한국담배인삼공사간에 체결되는 계약으로 연초의 종류별 경작면적과 잎담배의 종류별·등급별 收買價格 등이 포함된다. 경작자가 수확한 잎담배의 전량은 원칙적으로 경작계약에 따라 한국담배인삼공사에 의하여 수매된다(담배事業法 3).

연합국(聯合國) 〔英〕 United Nations 〔佛〕 Nations Unies 제2차대전에서 일본·독일 등의 소위 樞軸國의 상대로 연합하여 싸웠던 제국. 일본과의 강화회의에 초청된 54개국가에 중국을 가하여 55개국이 이에 해당한다. 그러나 일본에 宣戰한 나라 중에 몇몇 국가가 제외되고 선전하지 않은 다수의 국가가 여기에 포섭되었다. 이 연합국은 전시중에는 聯合國共同宣言에 참가한 나라가 중심이 되었으나 終戰 후에는 그들의 나라로부터 분리 독립된 나라도 포함되었다. 그리고 英·佛語의 United Nations, Nations Unies는 연합국 이외에 국제연합을 의미한다.

연합국가(聯合國家) 〔英〕 federation, federal state 〔獨〕 Bundesstaat 〔佛〕 État fédéral 聯邦國家라고도 한다. 多數國家의 결합에 의하여 형성된 연방조직의 국가. 연방국가 자체만이 국제법상의 외교능력을 갖는 단일의 주권국가이며 그 구성국간의 관계는 국내법에 의하여 규율되는 것이 보통이다. 구성국이 제한된 외교능력을 향유할 때는 半主權國으로 인정된다. 國家聯合(confederation of states)이 그 자체로서는 국가적 성격을 갖지 않으며, 그 구성국은 완전한 주권국가인 점에 주의하여야 한다. 연합국가의 예로는 미국·스위스·독일·아르헨티나·브라질·러시아 등. → 연방, 국가의 결합, 국가연합

연합국공동선언(聯合國共同宣言) 〔英〕 The Joint Declaration of the United Nations 제2차대전에 있어서 연합국이 大西洋憲章의 原則을 전쟁목적으로 채용하고 추축국에 대한 철저한 전쟁수행과 單獨不講和를 약속한 선언. 일본·미국의 참전 직후, 1942년 1월 1일에 미국·소련·영국·중국 등을 포함하는 26개의 연합국에 의하여 서명되었다. 그 후 47개국의 연합국에 확대되었다.

연합국총사령부(聯合國總司令部) 〔英〕 The General Headquaters(G.H.Q.) 제2차대전후 연합국에 의한 日本管理의 실시를 담당하던 유일최고의 기관. 포츠담선언 및 일본의 항복문서(8)에 기하여 聯合國最高司令官(the Supreme Commander for the Allied Powers, S.C. A.P.)을 장으로 하여 설립하였다. 極東委員會, 日本理事會와 함께 연합국에 의한 일본점령관리를 행하는 중추기관이었다. →연합국, 혼합점령

연합부담(聯合負擔) 負擔義務者인 개인의 총합체에 대하여 공동의 부담으로 과하는 부담. 연합부담은 한편으로는 다수인의 總合體에 대하여 하나의 부담으로 과하여지므로 그 전체가 이행됨으로써 비로소 당해 公用負擔이 이행되는 것으로 되며, 다른 한편으로는 부담이 그 부담의무자의 총합체에 대하여 공동으로 과하여지는 것이므로, 그 총합체의 각 개인은 당해 공용부담의 전체에 대하여 책임을 진다.

연합상표(聯合商標) 商標權者 또는 商標登錄出願者가 자기의 등록상표나 등록출원한 상표에 유사한 상표로서 그 지정상품과 동일구분내의 상품에 사용하는 것에 대하여 연합상표로 등록을 받은 것(舊商標法 11 Ⅰ). 연합상표는 분리하여 이전할 수 없다(54 Ⅱ). 정당한 이유없이 국내에서 등록상표를 그 지정상표에 계속하여 3년 이상 사용하지 아니하였을 때에는 심판에 의하여 그 商標登錄을 취소하여야 하는데, 연합상표인 경우에는 등록상표 중 1상표라도 사용하였을 때에는 예외로 한다(73 Ⅳ·Ⅰ). 상표권에 관한 국제적 추세에 능동적으로 대처하기 위해 연합상표제도는 1997년 8월 법개정시 폐지되었다.

연해구역(沿海區域) 선박안전법시행령 9조에 정해진 구역으로서 한반도와 제주도의 해안으로부터 20마일 이내의 水域이다.

연 호(年號) 연호라 함은 일정시기를 표시하기 위하여 어떤 특정된 時點을 기본으로 하여 계산하고, 그 基點을 가리키는 칭호를 말한다. 대한민국의 공용연호는 檀君紀元으로 정하였으나(1948년 法 제4호) 1961년 법률 제775호에 의하여 공용연호를 西曆紀元으로 개정하였다(年號에 관한 法律).

연 회(延會) 〔獨〕 Vertagung ① 국회에 있어서 議事日程에 지정된 날에 그 기재안건에 대하여 회의를 열지 못한 때, 또는 회의를 끝마치지 못한 때에 다시 일정을 정하여 회의를 연기하는 것(國會 78). ② 주주총회의 延會에 관하여는 계속회·연기회를 보라.

열기주의(列記主義) 행정쟁송의 대상을 정하는 방법에는 列記主義와 概括主義가 있는데, 열기주의란 쟁송을 허용하는 사항을 개별화하여 열기하고, 그 특정된 사항만을 행정쟁송의 대상으로 하는 제도를 말한다. 이러한 열기주의는 그 대상을 제한없이 일반적으로 인정하는 개괄주의에 비하여 濫訴나 행정쟁송의 한계의 불명이라는 단점을 제거할 수 있다. 그러나 국민의 權利救濟에 불충실하다는 비판을 면할 수 없는 것이 사실이다.

열후적 파산채권(劣後的破産債權) 파산채권으로서 파산절차에 참가하지만, 配當에 있어서는 일반의 파산채권보다 순위가 뒤인 것. 파산법에서 이를 後順位請求權이라고 한다. 이와 같은 열후적 파산채권을 인정하는 이유는 免責制度와의 관계상, 자연인의 경우에도 파산종료후에 채무를 남기지 않고자 하는데 있다. 열후적 파산채권의 범위에 관하여는 파산법 37조 1호~7호에 열거되어 있다. 열후적 파산채권을 가진 자는 그 부분에 관하여는 强制和議를 위한 채권자집회에 있어서의 의결권을 갖지 못한다(破 285~287).

염제조업자(鹽製造業者) 염전을 개발하는 자와 염전에서 염을 제조, 天日式機械製法에 의한 결정체염의 제조, 이온交換膜式機械製法에 의한 염의 제조, 부산물 염의 제조, 염의 재제조, 염의 가공 등을 업으로 하는 자(鹽管理法 2 ix). 염제조업자는 산업자원부장관의 허가를 받아야 한다(3 Ⅰ).

엽관주의(獵官主義) 〔英〕 spoils system 엽관제라고도 한다. 공무원의 임면 및 승진을 黨派的 情實에 의하여 하는 정치습관. 국왕에 대하여 충성을 다함으로써 특권적 지위를 누렸던 전근대적 관리제도를 타파하고 선거에서 승리한 정당이 행정부도 독점하고 만일 선거에 패하게 되면 집권당과 더불어 공무원도 책임을 지고 물러서야 하는 원리하에 세워진 근대초기의 公務員制度이다. 그러나 선거민에 의한 행정부의 통제라고 하는 민주주의사

상을 기초로 하였던 그 제도는 그뒤 정당정치의 타락과 더불어 선거운동이나 당자금의 대상으로서 이용됨으로써 행정능률의 저하, 행정질서의 교란 등의 폐해를 가져오게 되었다. 이와 같은 폐해를 제거하기 위해 案出된 것이 이른바 成績主義이다. 그러나 오늘날에 있어서도 장·차관 등 주로 정책결정에 참여하는 공직에 대해서는 아직도 엽관주의가 행해지고 있는 것이 각국의 공통한 현상이다. → 성적주의

엽연초생산조합(葉煙草生産組合) 연초경작자의 조직을 통하여 잎담배 생산력의 증진과 경작자의 경제적·사회적 지위향상을 도모하고 담배사업의 건전한 발전에 기여함을 목적으로 하는 조합(葉煙草生産協同組合法 1). 조합은 당행 구역내의 조합원의 자격을 가진 20인 이상의 발기인이 定款을 작성하여 창립총회의 의결을 거친 후 재정경제부장관의 設立認可를 받고, 주된 사무소의 소재지에 30일 이내에 登記함으로써 설립한다(10, 12, 13). 조합의 구역 안에 거주하는 자로서 공사와의 경작계약에 의하여 연초경작을 하는 자가 조합원이 된다(15).

영구세주의(永久稅主義) 관계 법률의 개폐가 없으면 당해 법률에 의하여 계속적으로 課稅할 수 있는 것을 원칙으로 하는 것을 말한다. 우리나라는 永久稅主義를 취하고 있으므로, 특정한 조세에 관한 법률이 제정된 경우에는, 그것이 유효하게 존속하고 있는 동안에 새로운 입법없이 그 법률에 따라 계속하여 과세할 수 있다.

영 공(領空) 〔英〕 aerial domain 〔獨〕 Luftraum 〔佛〕 domaine aérien 領土와 領海의 상공으로 구성되는 국가영역. 즉 영토·영해의 한계선으로부터 수직으로 세운 內部空域이며, 上方한계는 무한으로 인정된다(國際航空條約·國際民間航空條約 1). 영공에 대한 국가의 권능은 완전하고도 배타적인 주권으로 생각된다. 물론 국제법에 기하여 제한에 복종한다. 요컨대 영토나 영해에 대한 것과 원칙적으로 다른 바 없다. 無海航空은 조약상 일정한 것이 인정되나 영해에 있어서의 無害通航과 같이 일반국제법상 확정되어 있지 않다. 영공에 관한 국제법규의 주요한 것은 國際民間航空條約 및 동부속협정 등의 여러 규칙이다. 空戰에 관하여는 공전법규를 보라.

영구고시록(永久告示錄) 〔羅〕 Edictum Perpetuum → 명예법, 율리아누스

영구미성년자제(永久未成年者制) 〔佛〕 mineure éternelle 女子를 의미한다. 여자가 미성년자로서는 물론, 성년이 되더라도 여자후견에 복종하고 결혼후에도 夫의 後見에 복종하였던 시대에 이렇게 불리었다. 그 예는 후기로마법에 있어서 현저하였다. → 여자후견제

영구중립국(永久中立國) 영세중립국과 같다.

영국(英國)**·노르웨이어업분쟁사건**(漁業紛爭事件) 〔英〕 The Anglo-Norwegian Fisheries Case 노르웨이가 역사적으로 어업을 독점하여 오던 노르웨이 근해에 19세기초경부터 영국의 선박이 침범하면서, 노르웨이의 領海範圍策定 및 基準線(baseline)制度가 국제법에 위반한다고 주장함에 이르러 발단한 분쟁. 1948년부터 노르웨이가 태도를 강화하여 영국의 어선을 나포하자, 1949년 9월 28일 영국이 국제사법재판소에 제소한 사건이다. 영국은 소장·진술서 및 항변서를 통하여 노르웨이의 독점적인 漁撈區域劃定과 領海의 基準線策定方法은 국제법에 위반되므로 그 정당한 범위 외에서 노르웨이가 영국에 끼친 손해를 배상하라고 요구하였다. 동시에 영해의 측정, 만, 해협 및 歷史的 權原의 한계성 등 국제관습을 열거하면서 외국선박의 어로금지구역을 획정한 1937년 노르웨이勅令(Royal Decree)의 무효화를 요구하였다. 노르웨이는 2차에 걸친 답변서와 구술절차에서 영국이 주장하는 통일적인 국제관행을 부인하고 노르웨이연안이 가지는 지리상의 특수성과 연안주민의 사활에 관계되는 特殊經濟利益 및 歷史的 權原을 근거로 합법성을 주장하였다. 재판소는 1951년 12월 18일 판결에서 ① 1935년 7월 12일자 노르웨이칙령이 채택한 漁撈區域劃定方法은 국제법에 위반되지 않으며(10 대 2로 가결), ② 同方法의 적용을 위하여 칙령이 확정한 기준선은 국제법에 위반되지 않는다고 판시하였다. 동사건에 취급된 기타의 법률문제를 보면, 영해의 幅員測定에 있어 低潮時測定의 原則(The rule of low tide), 영해의 기준선에 지리적 특수성(skjaegaard, fjord 등)이 고려될 수 있다는 사상, 灣의 10마일 폭원칙의 부인, 명백히 인정될 경우 역사적 관행과 지방적 특수이익을 고려하는 순응성의 인정 등을 포함하고 있다. 이 어업분쟁사건은 재판소가 종래의 國際慣行 및 先例에 구속되지 않고 자유로운 입장에서 판결함으로써 국제법발전에 공헌하였다는 점에 특별한 의의가 있다. → 영해

영국의 의회정치 마그나 카르타로부터 50년후(1265) 시·읍 대표자의 의회소집, 하원의 성립에서 시작한다. 그후 이 하원은 튜더 왕조의 절대주의하에 귀족이 하원에서 독립하여 행정부의 정

책을 감시하고, 차츰 군주의 폭정과 싸워 실력을 배양하였다. 그 동안 淸敎徒革命과 名譽革命을 걸쳐 마침내 왕권에 우월한 의회제도를 확립하였다.

영국헌법(英國憲法) 영국, 즉 聯合王國(United Kingdom)에는 成文憲法은 없으며 헌법적 규범은 주로 慣習法으로 정해져 있다. 그 외에 憲法的 慣習律(conventions of the constitution)이 있는데, 이것이 헌법의 생성 및 실제의 운용에 크게 작용하고 있다. 영국은 그 나라에서 최초로 근대적인 의회가 발생했다는 데서, 議會의 母國이라고 불리고 있다. 국왕과 上院(House of Lords)과 下院(House of Commons)을 합친 英國議會(Parliament)가 主權을 가진다. 국왕은 내각의 조언에 따라 행동하며 스스로는 책임을 지지 않는다. 내각은 하원에 대해서 책임을 지며 하원의 不信任決議가 있으면 내각은 총사직하든가 또는 하원을 해산한다. 즉 전형적인 議院內閣制를 실행하고 있다. 상원은 귀족에 의해 구성되고 있는데, 1911년의 국회법 이래, 公選議員에 의해 구성되는 하원에 비해 약한 권능밖에 가지지 않는다. 영국은 캐나다 · 오스트레일리아 · 뉴질랜드 · 인도 · 파키스탄 및 스리랑카와 더불어 영연합을 형성하고 있으며 영국의 국왕이 그의 자유로운 결합의 상징으로 되고 있다.

영득(領得)**의 의사**(意思) → 불법영득의 의사

영득죄(領得罪) 범죄의 主觀的 要素로서 不法領得의 의사를 필요로 하는 죄. 영득의 의사를 요하는가 어떤가에 의한 財物罪의 한 분류로서, 損壞罪에 대한 말이다. 절도죄 · 강도죄 · 사기죄 · 공갈죄 · 횡령죄 등이 이에 해당된다. 일부학자는 영득죄의 개념을 부정하면서 이른바 영득죄에 대하여도 불법영득의 의사가 필요없다고 주장한다.

영리법인(營利法人) 〔獨〕 Geschäftsverein, wirtschaftlicher Verein 영리를 목적으로 하는 법인. 非營利法人에 대한 용어이다. 여기서 영리라 함은 법인이 수익사업을 영위할 뿐만 아니라, 이윤을 이익배당 · 잔여재산의 분배 등 어떠한 모습으로든지 구성원에 귀속시키려는 것이다. 그와 같이 영리법인은 구성원의 존재를 전제로 하므로 社團法人에 한하며, 財團法人은 없다. 영리법인은 상행위 기타 영리를 목적으로 하여 설립한 사단인 회사를 말한다. 舊法에서는 상행위를 업으로 하는 商社會社와 농업 · 어업 등 상행위 이외를 업으로 하는 民事會社의 구별이 있었다. 영리법인의 설립에 관하여는 비영리법인의 경우와는 달라서 準則主義를 취한다(商 172). 따라서 법에서 규정하는 절차를 준수하여 단체가 성립하는 때에는 당연히 영리법인이 성립한다. 근대의 영업자유 · 사단설립자유의 사상의 표현이다.

영리보험(營利保險) 〔英〕 proprietory insurance 〔獨〕 Versicherung gegen Prämie 〔佛〕 assurance à prime 보험자가 영리의 목적으로 保險契約者로부터 보험의 인수를 함을 영업으로 하는 보험. 그 법률관계는 보험자와 보험계약자간의 개별적 · 임의적인 保險契約을 체결함으로 인하여 성립된 채권관계로서, 이 경우에 이루어지는 보험단체는 契約者간에 직접적인 법률관계가 없는 간접적인 단체에 불과하다. 이에 대하여 상호보험은 보험에 가입하고자 하는 자가 직접 保護團體(相互會社)를 이루어서 영리를 목적으로 하지 아니하고 상호적으로 보험가입자(사원)가 보험자를 겸하여 사원전원의 책임과 계산으로 보험사업을 경영하는 점에서 영리보험과 다르다. 영리보험은 상호보험과 아울러 私人에 의하여 사경제적 목적으로 경영되므로 私保險 또는 私營保險에 속하며 公保險 또는 公營保險에 대립된다.

영리사단법인(營利社團法人) 〔獨〕 wirtschaftlicher Verein 영리를 목적으로 하는 사단법인. 영리법인은 사단법인에 한하며, 영리재단법인이라는 것은 없으므로 영리사단법인은 결국 營利法人과 같은 것이 된다.

영리(營利)**의 목적**(目的) ① 사법상으로 동일한 행위를 거듭 행함으로써 이익을 얻고자 하는 것(民 39). ② 형법상으로는 반드시 거듭함을 요하지 않고 그 행위에 의하여 부정한 이익을 얻으려고 한 것이 인정되면 충분하다. 예컨대 영리목적의 약취유인(刑 288), 淫行媒介(242), 賭博開場(247) 등은 형법상의 제재를 받는다.

영림서(營林書) 國有林의 효율적인 관리, 국유임산자원의 보호조성, 선진임업기술에 의한 국유림의 경영개선 및 국유림의 공익증진에 관한 사무를 관장하는 산림청 소속의 기관(山林廳과 그 所屬機關職制 1, 45~52).

영미법(法) 〔英〕 anglo-american law 〔獨〕 anglo-amerikanisches Recht 〔佛〕 droit anglo-américain 독일 · 프랑스 등 대륙제국의 大陸法에 대하여, 영국 · 미국계통의 법을 말한다. 대륙법에서는 법질서는 조직적 일체로서 생각되고, 법의 無欠缺의 理想下에 개개의 법이 개념적으로 演繹되는데 반하여 영미법에서는 조직화 · 일원화를 싫어하고 구체적 사실을 중시하며, 개개의 사건의 判例에 의하

여 법의 발전이 이루어지고, 관습법·판례법이 중심으로 되고, 조직적·일반적 법전이 없으며, 制定法은 특수법역에 한정된다. 이리하여 재판관은 대륙에서는 법전의 조종자에 불과하지만, 영미에서는 법의 발전의 담당자이며, 대륙법에서는 법학자의 학설이 중시됨에 반하여, 英美에서는 先例, 재판관의 설이 중시되어 判例法主義가 행하여진다. 또한 조직적인 실체법이 없으므로, 법·권리는 구체적인 訴權의 유무에 의하여 인정된다. 대륙법에서는 법은 제정법·성문법이 主位에 놓이지만, 영미법에서는 立法法이 아니라고 하는 의미에서 불문법인 판례법이 주위에 놓인다. 그리고 대륙법은 일원적임에 반하여, 영미법은 보통법과 이것의 결함을 補正하기 위하여 나타난 에퀴티와 2원적이다.

영미증거법(英美證據法) 대륙법에 있어서는 實體的 眞實主義(substantial evidence)·自由心證主義를 취하고 있으므로, 증거의 採否·평가에 관한 법칙은 없으며, 증거의 영역에서는 오로지 證據調査節次가 법적 규제의 대상으로 되어 있음에 대하여, 영미법에 있어서는 當事者主義와 陪審裁判(→배심제)의 전통으로부터 증거에 관한 실체적 법규가 발달하여 있다. 그 중핵을 이루는 것은 증거의 채부에 관한 법규이며, 傳聞證據排除의 法則이나 意見證據排除의 法則이 그 대표적인 것이다. 그 밖에 증거의 관계성에 관한 잡다한 법칙, 最良證去의 法則, 補强證據를 요하는 法則 등 다기한 부문에 걸쳐 있다. 그 중의 약간의 것은 우리 형사소송법에도 영향을 주고 있다.

영 사(領事) 〔英〕·〔佛〕 consul 〔獨〕 Konsul 외국에서 자국의 통상과 국민의 보호를 담당하는 공무원을 말한다. 국제연합 국제법위원회가 기초하여 1963년 빈에서 채택된 領事關係에 관한 빈協約에 의하면 ① 영사의 종류에는 本務領事(전무영사, 직무영사)와 名譽領事(선임영사)가 있다. 전자는 영사의 임무를 수행하기 위하여 본국이 파견한 자이며, 후자는 많은 경우 접수국의 유력한 국민에게 영사의 임무를 위촉한 자이다. ② 영사에는 총영사·영사·부영사·대리영사의 4계급이 있다(9). ③ 영사의 파견에 있어서는 신임의 영사는 파견국에 委任狀을 제출하고 접수국은 이에 대하여서 認可狀(exeguatur)을 교부한다(11, 12). ④ 영사는 특정의 영사구역에서 임무를 수행한다(4). ⑤ 그 임무는 자국민의 보호와 감독에 관한 사항 외에 接受國과 派遣國과의 通商上·經濟上 관계의 발전조장과 우호관계의 촉진, 접수국의 통상상·경제상의 여러 사정을 파견국정부에 보고하거나 이해관계인에게 정보를 제공하며, 여권 및 査證의 발급, 호적사무, 유언의 증명, 증권조사·소송서류의 송달 등이다(5). ⑥ 領事는 그 임무수행상 필요한 한도내에서 특권·면제가 인정된다. 다만, 외교사절과 같이 국가의 전면적인 대표가 아니므로 그 특권은 제한적이며, 명예영사는 본국인임에 비추어 더욱 제한된다(29 이하). → 외교사절, 외교사절의 특권

영사관(領事館) → 공관

영사재판(領事裁判) 〔英〕 consular jurisdiction 〔獨〕 Konsularjurisdiction 〔佛〕 juridiction consulaire 외국인에 관한 재판을 그 본국의 領事 또는 기타의 官吏(외교관·재판관)가 행하는 제도. 이 경우에 외국인은 영사국의 재판관할권에서 제외되므로 영사재판권을 治外法權이라고도 한다. 이 제도는 10세기경에 시작되었으나 제2차대전 후 자취를 감추었으므로 역사적 의미밖에 없다. 영사재판제도의 내용은 通商條約에서 규정하는 것이 보통이었다.

영사직무조약(領事職務條約) 어떤 일정한 통상국간에 있어서 서로 상대국에 주재시키는 영사가 행할 職務權限에 관하여 특히 체결하는 국제조약. → 한미영사협정

영세중립국(永世中立國) 〔英〕 permanently neutralized state 〔獨〕 dauernd neutralisierter Staat 〔佛〕 État neutre à titre permanent 영구중립국이라고도 말하는데 조약에 의하여 永久中立을 약속하고 또 보장된 국가. 즉 자위의 경우를 제외하고는 영구히 전쟁에 참가하지 않고 중립을 지키며 또 전쟁에 개입하게 될 우려가 있는 同盟條約 같은 것도 체결하지 않을 의무를 지는 동시에 그 독립과 영토보전 및 영구중립적 지위의 침범에 대하여는 조약의 다른 여러 나라에 의하여 보장을 받고 있는 국가를 말한다. 이러한 영구중립을 조약상으로 보장하는 국가는 보통은 大國이다. 이러한 조약상의 보장이 없으면 소위 영구중립이 안된다. 그러나 영구중립을 희망하는 국가가 일방적으로 永久中立을 선언하고 다른 나라가 이것을 승인함으로써 개별적으로 성립된 2개국간의 합의가 다수 集積되어 조약의 체결과 동일한 효과를 나타내는 수는 있다(오스트리아의 경우). 이 영구중립의 제도는 그 국가의 안전과 독립을 위해서 뿐만 아니라 이것을 완충국으로 하여 평화를 유지하기 위한 목적으로 인정되는 것이다. 그러나 세력균형이 國際關係의 기초를 이루고 있었던 시대에는 이 제도의 존재의의가 컸으나, 오늘날처럼 국제사회가 대단히 긴밀화하여 전쟁이 각국의 이해관계에 커다란 영향을 미치는 동시에 결국에는 세계적으로 확대화하게 되고 또한 항공전이나 원자

력전의 출현 등 전쟁기술이 극도로 발달함에 이르러서는 이 제도의 존재의의도 다소 감소되고 있다. 과거에 있어서의 永世中立國의 중요한 실례로서는 벨기에·룩셈부르크가 있고 현존하는 영세중립국에는 스위스·오스트리아의 둘이 있다. 스위스는 1815년 이래로 항상 중립을 유지하려고 대단히 노력하고 있다. 國際聯盟에는 조건부로 가입하였고, 國際聯合에는 영세중립의 지위와 양립되지 않는다는 해석으로 말미암아 아직도 가입하지 않고 있다. 오스트리아는 1955년 10월 26일에 국내법으로 영세중립이 일방적으로 선언되고 이에 대하여 列國이 부여한 個別的承認의 집적으로 영세중립이 성립되었다. 이러한 형식으로 영세중립이 성립된 것은 오스트리아가 역사상 처음이다. 오스트리아는 스위스와는 달리 국제연합에도 가입하고 있다. 영세중립국이 국제연합회원국의 의무와 양립하지 않는다는 샌프란시스코회의 당시의 해석이 그 후에 변경되어 國際聯合憲章에 있어서의 중립이 재평가됨으로써 오스트리아의 국제연합 가입은 가능하였다.

영소작권(永小作權) 〔羅〕 emphyteusis 〔獨〕 Erbpacht 〔佛〕 emphytéose 구민법이 규정하였던 物權으로서, 永小作料를 지급하면서 타인의 토지를 이용하여 경작 또는 목축을 하는 권리(舊民 270~279).

영 수(領水) 〔英〕 territorial waters 〔獨〕 territoriales Gewässer 〔佛〕 eaux territoriales 水로써 구성된 國家領域. 이것은 內水와 領海의 양자로 구별된다. 종래 영해의 의미가 구구하여 넓은 뜻에서는 국가영역에 속하는 해면, 즉 연안해·항만·내해 등을 총칭하였고, 좁은 뜻에서는 오직 연안해만을 지칭하는 개념이었다. 그러나 1930년 國際法編纂會議에서 영해를 좁은 의미, 즉 沿岸海로 규정한 이래, 영해라고 하는 말은 일반적으로 연안해만을 의미하게 되었으며, 1958년 제네바國際海洋法會議에서 채택된 영해 및 인접수역에 관한 협약도 이 용어법을 사용하고 있다. →내수, 내해, 항, 만, 운하, 연안해, 영해

영수증(領收證) 〔英〕 receipt 〔獨〕 Quittung 〔佛〕 quittance 債權者가 채무의 변제를 받았다는 것을 증명하기 위하여 채무자에 교부하는 증서. 과거에는 受取證書라 하였다. 특정의 방식이 정하여져 있는 것은 아니며, 이행을 받았다는 증거가 되는 증서이면 족하다. 다만 영수증이 證據方法이 되는 성질상 목적물의 표시, 영수문언, 영수인의 서명, 상대방의 표시, 일자의 기재 등이 실제상 필요하다. 변제를 한 자는 辨濟受領者에 대하여 영수증의 교부를 請求할 수 있다(民 474). 변제와 相換으로 청구할 수 있다고 이해하여야 할 것이다. 채권자가 작성 교부하는 것이므로 그 비용은 채권자가 부담한다. 영수증은 채권소멸의 증거방법이 되는 것이지만 그 외에 영수증의 소지인을 수령권한이 있는 것으로 오인하여 한 변제는 변제자에게 과실이 없는 한 유효한 것으로 된다(471).

영아살해죄(嬰兒殺害罪) 〔英〕·〔佛〕 infanticide 〔獨〕 Kindestötung 직계존속이 치욕을 은폐하기 위하거나 양육할 수 없음을 예상하거나 특히 참작할 만한 동기로 인하여 분만중 또는 분만직후의 영아를 殺害하는 죄(刑 251). 普通殺人(250Ⅰ)보다 형이 감경된다. 直系尊屬은 법률상 뿐 아니라 사실상의 그것까지 포함한다. 치욕을 은폐하기 위한 경우란 가문 또는 개인의 명예를 구제하게 위한 경우(예 : 처녀·과부의 私生子出生)요, 양육할 수 없음을 예상한 경우란 경제적 궁핍으로 신생아를 양육할 수 없으리라고 생각한 경우요, 특히 참작할 만한 동기로 인한 경우란 責任減輕을 인정할 만한 사유가 있는 경우(예 : 육성가능성이 없는 병약아·기형아의 출생)이다. 分娩中이란 분만이 개시된 때, 즉 규칙적인 진통이 있는 때부터 분만이 완료된 때까지이며, 분만직후란 분만으로 인한 흥분상태가 계속하고 있는 동안이라고 보는 것이 좋겠다. 영아는 摘出者이든 非摘出者이든 상관이 없다. 未遂犯을 처벌한다(254). → 살인죄

영양사(營養士) 영양의 지도를 업으로 하는 자. 영양사가 되고자 하는 자는 일정한 양성시설의 과정을 수료하거나 또는 영양사자격시험에 합격함을 요하고, 보건복지부장관의 면허를 받아야 한다(食品衛生法 35, 37).

영아유기죄(嬰兒遺棄罪) 直系尊屬이 치욕을 은폐하기 위하거나 양육할 수 없음을 예상하거나 특히 참작할 만한 동기로 인하여 영아를 遺棄하는 罪(刑 272). 영아는 영아살해죄에 있어서보다 넓게(즉 제한이 없이), 유아가 되기까지의 젖먹이를 말한다. →영아살해죄, 유기죄

영 업(營業) 〔英〕 business 〔獨〕 Handelsgeschäft, kaufmännisches Unternehmen 주관적으로는 계속적·집단적으로 동종의 영리행위를 행하는 것, 즉 營業的 活動을 의미하며, 객관적으로는 특정한 영업의 목적에 제공되는 총괄적인 財産的 組織體를 의미한다. 상법은 상인을 기업이란 개념에서 구체적으로 포착하여 이를 영업이라고 한다. 객관적 의의의 영업은 동산·부동산·채권·채무 등으로써 성립되는데 이러한 것은 영업목적을 위하여 결합될

뿐만 아니라 영업의 계속중 성립한 영업상의 비결이나 고객 등의 사실관계도 포함하기 때문에, 구성부분인 각개의 권리의무의 단순한 집합 이상의 가치를 가지며 그 때문에 일체적인 영업의 讓渡·賃貸借 등이 행하여진다(→영업양도, 영업의 임대차). 그러나 이것은 일체로서의 債權契約의 대상으로 할 수 있음에 지나지 않으며 그 위에 1개의 물권이 인정되는 것은 아니다(단 財團抵當은 예외).

영업경찰(營業警察) 〔獨〕 Gewerbepolizei 사회공공의 질서에 위해를 미칠 우려가 있는 상공업 기타의 영업에 대하여 警察義務를 과함으로써 공공의 안녕질서를 유지하기 위하여 행하는 경찰. 典當鋪營業法에 의한 전당포영업의 단속 및 공중위생법에 의한 遊技場의 단속 등은 영업경찰의 좋은 예이다.

영업권(營業權) [1] 公法上 자유로이 영업의 종류를 선택하고 그것을 영위하는 權利. 직업선택의 자유(憲 15) 및 영업의 자유와 같은 뜻. 봉건적인 신분적 계급제를 타파하고 등장한 근대자유주의의 산물. 국가안전보장·질서유지 또는 공공복리를 위하여 필요한 범위내에서 제한될 수 있다(37 Ⅱ). →영업의 자유

[2] 상법상 영업활동에서 생기는 사실상의 관계로서 財産的 價値가 있는 것. 명성, 고객관계, 영업상의 비결 등, 영업재산을 그 구성재산의 가격의 총합 이상의 가치를 갖게 하는 일체의 사실관계. 상법은 이것을 회사의 계산상 有償으로 승계취득한 경우에 한하여 그 取得價額을 특수자산항목으로 계상할 수 있게 하고(商 452 vi 前), 또 이를 취득한 후 5년내의 매결산기에 균등액 이상의 상각을 하여야 하는 것으로 규정하고 있다(452 vi 後).

영업금지(營業禁止)**의 의무**(義務) 商業使用人은 영업주의 허락없이 일체의 영업을 할 수 없는 것(商 17). 경쟁적 행위에만 한하지 않으므로 경쟁금지의무보다 큰 의무를 부담시키는 것으로 상업사용인으로 하여금 영업주의 營業에 전념케 하는데 그 목적이 있다.

영업능력(營業能力) 商人이 될 수 있는 능력(營業權利能力)을 말하는 수도 있으나, 보통은 상인으로서 스스로 영업상의 행위를 할 수 있는 능력(營業行爲能力)을 말한다. 自然人은 누구나(無能力者도) 상인이 될 수 있으며 또한 국가공무원·지배인 등 특정한 지위에 있기 때문에 영업의 제한을 받는 자도, 위반하면 제재를 받으나, 상인이 될 수는 있다. 또한 公·私의 法人도 영업 이외의 특정한 사업만을 목적으로 하지 않는 이상 상인이 될 수 있다. 이러한 영업권리능력에 대하여 營業行爲能力에 있어서는 행위능력에 관한 민법의 일반원칙에 의하고 상법은 거래의 안전을 보호하기 위하여 몇가지 규정을 두고 있다 ① 未成年者는 법정대리인의 허가를 얻어 특정한 영업을 할 수 있고(民 8 Ⅰ), 제3자의 보호를 위하여 등기를 해야 하고(商 6), 회사의 無限責任社員이 된 때에는 그 사원자격으로 인한 행위에 관하여는 능력자로 본다(7). 法定代理人의 영업허가의 취소 또는 제한은 선의의 제3자에게 대항하지 못하고(民 8Ⅱ), 직접 미성년자를 위하여 영업을 대리할 때는 등기를 해야 한다(商 8). ② 限定治產者는 미성년자와 동일하고(民 10), ③ 禁治產者는 법정대리인이 대리할 수밖에 없다(950 Ⅰ i, 商 8).

영업면허(營業免許) 일반적으로 자유로이 행하는 것이 금지 또는 제한되어 있는 영업을 특정한 경우에 이를 해제하여 적법하게 행할 수 있게 하는 行政處分. 영업허가는 警察許可의 성질을 가지는 것이 보통이나(→허가, 허가영업), 때로는 公企業의 特許의 성질을 가지는 것도 있다.

영업무진(營業無盡) 영업으로 행해지는 무진. 서민금융의 하나로서 無盡契와 달리 중심점이 되는 자가 있으며 이 자가 가입자와 개별적으로 무진계약을 체결하고, 가입자 상호간에는 관계가 없다. 현행법상 단속의 대상이 되는, 또 금전급부를 하는 것은 일정한 규제를 받는다. → 상호은행

영업범(營業犯) 〔獨〕 Gewerbsmässigkeitsverbrechen 재산상의 이익을 얻을 목적으로 동종의 행위를 계속 반복할 가능성을 구성요건의 요소로서 포함하고 있는 범죄. 包括的 一罪인 集合犯의 한 경우이다. 예컨대 淫畵 등의 販賣罪(刑 243)이다. 음화 등을 수회에 걸쳐서 판매하더라도, 판매개념은 반복적인 有償行爲를 예상하므로, 역시 포괄적인 1개의 음화 등 판매죄가 성립하는데 불과하다. 반드시 構成要件上으로 영리의 목적이 요구되는 것은 아니고, 사실상 영업적으로 행하여지면 충분하다.

영업보고서(營業報告書) 〔英〕 operating report 〔獨〕 Geschäftsbericht 주식회사나 유한회사의 計算書類의 일종으로서(商 447의2, 579의2), 전영업년도의 영업의 경과나 情狀의 보고서. 이것의 商業帳簿性에 관하여는 이것이 기업회계에 관한 계산적 서류가 아니라는 점에서 이를 부인하는 설도 있다.

영업보험료(營業保險料) 〔英〕 office or

gross premium 〔獨〕 Tarifprämie, Bruttoprämie 〔佛〕 prime brute ou commerciale 보험계약자가 보험자에게 지급하는 보험료. 總保險料라고도 한다. 이것은 보험사고발생의 확률에 따라서 순리적으로 산출되는 이른바 純保險料 위에 附加保險料(이익·보험사업경영비·보험계약체결비용 등)를 가산한 것이다.

영업비밀침해행위(營業秘密侵害行爲) 부정경쟁방지법상 공연히 알려져 있지 아니하고 독립된 經濟的 價値를 가지는 것으로서, 상당한 노력에 의하여 비밀로 유지된 생산방법·판매방법 기타 영업활동에 유용한 기술상 또는 경영상의 정보를 영업비밀이라고 하고 이러한 비밀에 대한 이하의 행위를 비밀침해행위라 한다. ① 절취·기망·협박 기타 부정한 수단으로 영업비밀을 취득하는 행위 또는 그 취득한 영업비밀을 사용하거나 공개하는 행위, ② 영업비밀에 대하여 不正取得行爲가 개입된 사실을 알거나 중대한 과실로 알지 못하고 그 영업비밀을 취득하는 행위 또는 그 취득한 영업비밀을 사용하거나 공개하는 행위, ③ 영업비밀을 취득한 후에 그 영업비밀에 대하여 부정취득행위가 개입된 사실을 알거나 중대한 과실로 알지 못하고 그 영업비밀을 사용하거나 공개하는 행위, ④ 契約關係 등에 의하여 영업비밀을 비밀로서 유지하여야 할 의무가 있는 자가 부정한 이익을 얻거나 그 영업비밀을 보유자에게 손해를 가할 목적으로 그 영업비밀을 사용하거나 공개하는 행위, ⑤ 영업비밀이 ④에 의하여 공개된 사실 또는 그러한 공개행위가 개입된 사실을 알거나 중대한 과실로 알지 못하고 그 영업비밀을 사용하거나 공개하는 행위 등의 하나에 해당하는 것을 말한다(不正競爭防止法 2).

영업소(營業所) 〔英〕 place of business 〔獨〕 Handelsniederlassung 〔佛〕 établissement commercial 商人의 경영활동의 본거이며, 기업활동의 지휘·명령을 하는 장소를 말한다. 이 지휘·명령에 따라 具體的 去來를 기계적으로 하거나 事實行爲를 하는데 불과한 장소, 이를테면 공장이나 창고는 영업소가 아니다. 영업소의 존재는 사실의 문제이지 당사자의 의사의 문제가 아니다. 1개의 영업에 수개의 영업소가 있을 때 기업활동 전체의 지휘·명령을 하는 중심적 영업소를 本店, 본점의 지휘을 받으면서도 부분적으로는 독립한 기능을 가진 영업소를 支店이라고 한다. 영업소는 一般人格者에 있어서의 주소에 비길 수 있는 법률상의 효과를 가지고 있다. 즉 첫째, 商行爲로 인한 채무의 履行場所(履行地)가 되며(商 56, 民 467Ⅱ但), 둘째, 어음상의 권리의 행사 또는 보전의 장소가 되며(어음 2, 4, 21, 48Ⅱ, 52, 60, 76Ⅲ, 77Ⅱ), 셋째, 등기소와 법원의 관할결정의 표준이 되며(商 34, 民訴 4·10, 破 96, 非訟 129), 넷째, 소송서류송달의 장소가 된다(民訴 170Ⅰ). → 본점, 지점

영업소소재지법(營業所所在地法) 영업소가 소재하는 장소의 법률. 國際私法上의 하나의 準據法이 된다. 섭외사법에 있어서는 상사회사의 행위능력(29), 상사회사가 당사자인 경우의 委託賣買契約(→위탁매매업) 또는 運送周旋契約(→운송주선업)으로 인한 권리의무(32Ⅱ), 보험계약으로 인한 권리의무와 보험증권을 기초로 하는 보험계약상의 권리의 讓渡 또는 入質(33) 등에 관하여 準據法이 되는 것으로 하고 있다.

영업소폐쇄명령(營業所閉鎖命令) 외국회사가 불법의 목적으로 大韓民國內에 영업소를 설치하였을 때, 영업소설치의 登記를 한 후 정당한 사유없이 1년내에 영업을 개시하지 아니하거나 1년 이상 영업을 休止한 때, 정당한 사유없이 지급을 정지한 때 또는 회사의 대표자 기타 업무를 집행하는 자가 법령이나 선량한 풍속 기타 사회질서에 위반한 행위를 한 때에는 法院은 이해관계인 또는 검사의 請求에 의하여 외국회사의 영업소의 폐쇄를 命할 수 있다(商 619Ⅰ). 이것은 국내회사에 대한 법원의 解散命令(176Ⅰ)에 상당하는 제도이나, 법원은 외국회사에 대하여 회사해산명령을 할 수는 없으므로, 그 외국회사의 大韓民國內에 있는 영업소의 폐쇄를 명함으로써 실질상 이와 동일한 효과를 얻고자 한 것이다. 이 경우에 폐쇄명령을 하기 전의 재산의 保全處分 또는 폐쇄명령의 청구를 한 이해관계인의 擔保提供義務에 관하여는 국내회사의 해산의 경우에 準한다(619Ⅱ, 176Ⅱ~Ⅳ).

영업시간(營業時間) 〔英〕 business time 법령 또는 관습에 의하여 정하여진 영업을 하는 시간. 商事去來에 있어서는 영업시간내에 한하여 채무의 이행을 하거나 그 이행을 請求할 수 있다는 규정이 있는데(商 63), 信義誠實의 원칙상 오히려 당연한 일이다. 그러나 거래시간 외라 할지라도 채무자가 임의로 이행을 하거나 채권자가 임의로 이행을 받는 것이 유효함은 물론이다.

영업신탁(營業信託) 신탁의 인수가 영업으로서 행하여지는 경우의 신탁. 신탁법 및 상법은 이를 商行爲(基本的 商行爲)로 하고(信託 4, 商 46 xv), 特約이 없어도 有償이다(信託 41). 신탁법과 거의 때를 같이 하여 제정된 신탁업법에 의해서 認可營業으로 되어 있으며, 여러가지의 감독을 받는다. → 신탁회사

영업양도(營業讓渡) 〔英〕 transfer of business 〔獨〕 Geschäftsübertragung, Geschäftsveräusserung 〔佛〕 achat ou vente des fonds de commerce 기업을 일체로 하여 契約으로써 이전하는 것 또는 그 계약. 본래 그 주체인 상인을 떠나서는 존재할 수 없는 기업이 양도될 수 있는 것은 그것이 일체로서 각개의 재산물건의 가치의 총계 이상의 독립된 경제적 가치를 갖고 있기 때문이다. 讓受人에게 이전되는 것이 讓渡人이 가지는 것과 조금도 다름이 없는 것일 수는 없는 것이므로 전체로서의 同一性을 잃지 않는 한 각개 재산에 다소의 차이가 있는 것은 무관하다. 무엇이 이 동일성을 결정하는가는 각 경우에 따라 판단할 수밖에 없으나 객관적으로 기업활동을 유지 계속할 수 있는 조직적 상태로 양도하면 된다. 영업양도는 계약에 의한 기업의 이전이므로 相續·會社의 合併에 의한 기업의 이전은 이것에 포함되지 않는다. 기업에 관하여 단일한 권리는 現法制上 인정되지 않으므로, 다만 영업의 양도를 목적으로 하는 1개의 債務契約이 인정되는데 불과하고 따라서 그 履行行爲는 개별적인 이전행위로 하여야 한다. 즉 양도인은 기업에 속하는 각 부분을 이전할 의무를 부담하여 이것의 이행으로서 각개의 권리이전에 필요한 행위를 履踐하여야 하고, 양수인으로 하여금 양도인과 동일한 지위에서 경영을 할 수 있게 해주어야 한다. 반대로 債務의 承繼에 관하여는 양수인이 債務引受 등의 방법으로 양도인으로 하여금 면책시켜야 한다. 영업양도가 있으면 당사자간에 다른 약정이 없을 때에는 양도인은 동일한 특별시·광역시·시·군 및 인접 특별시·광역시·시·군에서 10년간 동일영업을 할 수 없으며, 양도인이 同一營業을 하지 않기로 특약을 한 경우에 있어서는 그 특약은 동일한 특별시·광역시·시·군과 인접 특별시·광역시·시·군에서 20년을 넘지 않는 범위내에서만 그 효력이 있다(商41). 또 제3자를 보호하기 위하여 ① 양수인이 양도인의 상호를 계속 사용하는 경우에는 양도인의 영업으로 생긴 채무에 관하여 원칙으로 양수인도 또 辨濟의 責任을 지고, 그 영업으로 생긴 채권에 관하여는 양수인에게 한 변제는 변제자가 선의이며 또 중대한 과실이 없는 때에 한하여 그 효력이 있다(42Ⅰ, 43). 그러나 영업양도를 받은 후 지체없이 양도인의 채무에 대한 책임이 없음을 登記한 때 또는 제3자에게 그 뜻을 통지한 때에는 그러하지 아니하다(42Ⅱ). ② 그 상호를 계속 사용하지 않는 경우에도 양수인이 양도인의 영업으로 인한 채무를 인수할 것을 광고한 때에는 양수인도 변제할 책임이 있다(44). 양수인이 위의 규정에 의하여 책임이 있는 경우에는 양도인의 제3자에 대한 채무는 영업양도 또는 광고 후 2년이 경과하면 소멸한다(45). 物的會社에 있어서는 영업의 전부 또는 일부의 양도와 다른 회사의 영업전부의 양수는 주주총회 또는 사원총회의 特別決議事項이다(374ⅰ·ⅲ, 576). 그리고 회사정리법상 회사정리절차개시결정 후에는, 회사는 영업양도를 하지 못하며, 整理管理人이 법원의 명령에 의하여 그 허가를 요할 것으로 되어 있는 때에는, 그 허가를 얻은 후에 이를 할 수 있다(會整 53, 54). 그리고 정리계획에서 영업양도의 조항을 정할 수 있으나, 이 경우에는 그 목적물·대가·상대방 기타의 사항을 계획 중에 정하지 않으면 안된다(211Ⅱ, 217). 이 계획이 인가된 경우에는 그 정하는 바에 따라서 營業讓渡를 할 수 있으며 주주총회·이사회의 결의를 요하지 않는다(249, 250).

영업연도(營業年度) 기업의 損益計算을 하기 위하여 일정한 기간을 정하여 그 간의 영업활동에서 생긴 財産狀態의 決算을 하는 기준이 되는 기간. 결산은 매영업년도말에 하게 된다. 이 기말을 決算期라고 한다. 연도라고 하나 반드시 曆年과 일치할 필요는 없다. 稅法에서 사업년도라고 하는 것도 이와 같다.

영업용순자본액(營業用純資本額) 〔英〕 net capital 증권회사의 총자산에서 고정자산과 부채총액을 공제한 액. 유가증권시장 외에서 유가증권의 매매 또는 매매의 중개업무만을 영위하는 증권회사의 자본액은 최소 10억 이상이어야 하나 그 외의 증권회사의 자본금은 500억 이상이어야 한다(證去 28Ⅲ, 證去施 14).

영업(營業)**의 간접보상**(間接補償) 公共事業施行 지구밖에서 관계법령에 의하여 면허 또는 허가 등을 받거나 신고를 하고 영업을 하고 있는 자가 공공사업의 시행으로 인하여 그 배후지의 3분의 2 이상이 상실되어 영업을 할 수 없는 경우에 행하여 지는 보상. 營業廢止에 대한 손실보상과 영업의 휴업 등에 의한 손실보상으로 구별된다(公共用地의 取得 및 損失補償에 관한 特例法施行規則 23의5).

영업(營業)**의 자유**(自由) 〔英〕 Gewerbefreiheit 〔佛〕 liberté du commerce et de l'industrie 직업의 수행 내지 경영의 자유. 우리나라 헌법상 職業選擇의 自由에 포함된다(15). → 직업선택의 자유

영업(營業)**의 임대차**(賃貸借) 營業一體를 타인에게 임대하여 사용·수익시키는 것 또는 그 계약. 임대인은 임차인에게 영업을 인도하고 기

간 중 그 이용을 허용하는 의무와 競業禁止의 義務를 부담한다. 임차인은 이에 대하여 임차료를 지급하는 동시에 자기의 명의 및 계산으로 영업의 自由營業을 경영한다. 상법상 물적회사에서는 영업 전부의 임대에 관하여 주주총회 또는 사원총회의 특별결의를 필요로 하고(商 374 i), 반대자에 대하여는 주식의 買收請求權이 인정된다(374iii).

영업재산(營業財産) 〔獨〕 Handelsvermögen 〔佛〕 fonds de commerce 기업목적을 위하여 투하된 재산의 전체를 말하며, 기업의 物的 要素를 이룬다. 이것은 영업의 목적에 의하여 통일적으로 결합된 조직적 전체이며, 각개의 물건이나 권리의 단순한 결합 이상의 가치를 가지고 있고, 또 상인의 私用財産에 대하여 어느 정도의 경제적 독립성을 가지고 있다. 따라서 이것은 일체로서 양도의 목적물이 되며 임대도 할 수 있다. 다만 법률상은 이것이 단일한 물건이 되는 것이 아니고 채권적 행위의 목적물이 되는데 그친다. 따라서 영업재산 전체에 단일한 물권이 성립될 수 없는 것이 원칙이지만 예외적으로 특별법에 의하여 그 위에 단일의 抵當權이 설정될 수도 있다(공장저당법, 광업재단저당법). 영업양도의 경우에는 각 재산에 대한 개별적인 移轉行爲를 필요로 한다.

영업적 상행위(營業的商行爲) 〔獨〕 Gewerbehandelsgeschäft 영업을 함으로써 상행위가 되는 행위(商 46 本). 즉 영리의 목적으로 계획적·계속적·반복적·집단적으로 함으로써 商行爲로 되는 것. 그러나 영업으로서 하는 상법 46조 열거의 행위라도 오로지 임금을 받을 목적으로 물건을 제조하거나 노무에 종사하는 자의 행위는 營業的 商行爲로 되지 않는다(46 但). 이런 행위는 가계상의 수단인 행위에 불과하고 기업활동에 특유한 투기적 성격이 극히 희박하기 때문이다. 그런데 영업적 상행위는 상법 4조의 상인 개념을 정하는 기초가 되므로 基本的 商行爲이기도 하다. 또 경제생활의 진보에 적응하게 하기 위하여 상법 46조 열거의 행위를 例示的 列擧로 보고 비슷한 행위에도 유추할 것이라는 설이 있으나, 민법과 상법의 적용한계의 명확화와 법적 안전이라는 관점에서 限定的 列擧라고 보는 것이 통설이다.

영업정지(營業停止) 免許營業 또는 許可營業에 있어서 그 영업의 주체가 위법·부당한 행위를 하거나 의무를 위반한 경우에 일정한 기간 그 영업의 정지를 명하는 행정처분. 영업자의 이익을 보호하기 위하여 영업정지를 명하고자 할 때에는 미리 聽聞을 하도록 한 경우가 많다.

영업중심지주의(營業中心地主義) 국제사법상 회사의 國籍決定에 관한 학설 중, 회사의 영업중심지를 기준삼는 견해를 말한다. 그러나 이 견해는 영업중심지가 여러 나라에 걸치는 경우를 해결하지 못한다.

영업질(營業質) [1] 營業財産을 객체로 하는 質權. 프랑스의 nantissement des fonds de commerce를 가리키는 일이 많다. 객체가 부동산이 아니므로 質이라고 불리지만, 채권자에게 점유를 이전하지 않고, 유형무형의 영업용재산의 집단을 포괄적으로 등기함으로써 담보로 하는 것이므로, 실질은 저당이다. 프랑스에서는 상인간의 관습으로서 일찍부터 행하여지고 있으나, 1898년 3월 1일 법에 의하여 공인되고, 營業財産의 賣買 및 入質에 관한 1909년 3월 17일 법에 의하여 細目이 규정되어 있다. 動産抵當 내지 企業擔保의 입법례로서 되고 있는 것이다.

[2] 전당포의 質權. 전당포영업법의 적용을 받는다. 流質契約이 인정되고 또 物的有限責任인 점에서 보통의 질과 다르다. →전당포

영 역(領域)〔國家의〕 〔英〕 territory 〔獨〕 Staatsgebiet 〔佛〕 territoire 국가의 주권에 속하는 지역. 주권을 가리켜 국제법의 제한내에서 자유로이 통치할 수 있는 권능이라고 한다면, 영역은 국가가 국제법의 제한내에서 자유로이 통치할 수 있는 지역이다. 영역은 일정한 토지를 중심으로 하여 그 주변의 일정한 범위의 海域과 그 上方의 공간으로 성립한다. 그 토지를 領土, 海域을 領海, 공간을 領空이라 한다. 이 중 가장 중요한 것은 영토이며, 영역이라 할 때에는 흔히 영토만을 의미하기도 한다. 영해와 영공은 불가분적으로 영토와 결합되고 있다. →영토, 영공, 영해

영역권(領域權) 자국의 영역에 대하여 가지는 국가의 권리. 領土權·領土主權과 같은 말로도 쓰인다. 자세한 내용은 각 항목을 보라.

영연합(英聯合) 〔英〕 British Commonwealth of Nations 영국의 식민지로부터 발전한 自治領·獨立國家와 英本國을 포괄한 특별한 결합의 국가집단. 구성국가는 각각 독립적인 외교능력을 향유하였으면서도 구성국간의 관계는 영국왕관의 상징하에 집결한 국내관계를 유지한다. 연방 자체는 제한된 외교능력조차도 없다.

영일동맹(英日同盟) 〔英〕 Anglo-Japaness alliance 1902년에 체결되고, 1905년과 1911년에 개정된 동맹. 첫번째의 체결은 한편이 전쟁하

는 경우에 다른 편은 중립을 지키는 것. 제3국이 적측에 가담할 때에는 다른 편은 동맹국에 응원 참전할 의무를 가질 것을 규정하였다. 두번째와 세번째의 체결은 한편이 防禦戰爭을 하는 경우에 다른 편이 즉시 동맹국에 가담하여 참전할 것을 규정하였다. 주로 러시아의 극동에 있어서의 제국주의적 진출을 저지할 목적으로 맺어졌으며, 러일전쟁(1904~1905)에는 간접적으로 중요한 영향을 가졌다. 제1차대전 후 러시아제국도 망하고, 동맹에 대한 비난도 강했으므로 워싱턴 海軍制限會議를 계기로 하여 이 동맹을 해소한다고 성명함으로써 1923년에 실효되었다.

영 장(令狀) 〔英〕 warrant [1] 强制處分의 재판을 기재한 재판서. 강제처분의 실시에 있어서는 원칙적으로 이것을 피처분자에게 제시하여야 하며, 강제처분의 남용을 피하고 인권을 옹호하는 것을 목적으로 한다. 체포・구속・수색・압수에는 헌법이 영장을 필요로 하고 있다(憲 12 Ⅲ). 영장의 종류로서는 소환장, 구속영장과 압수・수색영장의 3종이 있다. 영장의 기재사항은 그 종류에 따라 다르다(刑訴 75・114, 軍法法 114・154).

[2] 〔英〕 writ 재판소 등이 영국・대통령 등의 이름으로 발하는 명령서. 헌법상 재판소의 영장은 국왕의 재량에 의하여 발하는 特權的 大權令狀(prerogative writ)과 법률상 당연히 발하여야 하는 當然令狀(writ of course)으로 구별되며, 후자는 다시 국왕의 명의로 발부하는 訴訟開始令狀(original writ)과 재판소가 발부하는 司法令狀(judicial writ)으로 구별된다. 권리구제에 중요한 역할을 하고 있다. → 서시오레어라이, 프로히비션, 인정크션, 헤이비어스 코퍼스, 맨데이머스, 퀴 워란토

영장(令狀)에 의하지 않는 강제처분(强制處分) 공판정에 있어서의 압수・수색은 令狀을 필요로 하지 않는다. 공판정에 있어서의 강제처분은 法院의 意思에 따른 것이 명백하기 때문이다.

영장제도(令狀制度) 영장주의와 같다.

영장주의(令狀主義) 강제처분에는 원칙적으로 법원 또는 법관의 영장을 필요로 하는 주의. 체포・구속・수색・압수에 관하여는 영장주의는 憲法上의 要請이다(憲 12Ⅲ). 사법적 억제에 의하여 강제처분의 남용을 방지하고 인권을 옹호함을 목적으로 한다. 처분의 대상・시각 또는 장소의 특정을 결한 영장(이른바 一般令狀)은 영장주의의 취지에 반하므로 금지된다(刑訴 74, 75, 114 참조). 현행범인의 체포(憲 12Ⅲ但, 刑訴 212) 및 피의자・피고인을 구속(구속영장의 집행포함)하거나 현행범인을 체포하는 경우에는 압수・수색・검증(刑訴 216~218, 137) 등에는 영장을 요하지 않는다. 또한 법원・법관이 스스로 강제처분을 행하는 경우의 영장을 요하지 않는다(106, 113 참조). 그리고 비상계엄 선포지역에 있어서는 영장제도의 시행이 일시 배제될 수 있다(憲 77 Ⅲ, 戒嚴 9).

영 전(榮典) 국가에 대한 공로를 치하하기 위하여 인정된 특수한 법적 지위. 대개의 경우 훈장이 수여된다. 영전은 법률이 정하는 바에 의하여 대통령이 수여한다(憲 80). 영전은 이를 받은 자에게만 효력이 있고, 어떠한 특권도 이에 따르지 아니한다(11Ⅲ).

영전일대(榮典一代)의 원칙(原則) →영전

영조물(營造物) 〔英〕 public institution 〔獨〕 Anstalt, öffentliche Anstalt 〔佛〕 établissement public 국가・공공단체 또는 그로부터 특허받은 자에 의하여 공공의 목적에 공용되는 인적・물적 시설의 통일체. 公共營造物이라고도 하며, 근자에 있어서는 보통 公共施設이라 한다. 실정법상으로는 물적시설 따라서 公物과 동의로 사용되는 일도 있다(國賠 5, 6). 영조물은 靜的으로 시설에 치중하여 본 경우이고, 이것을 動的으로 볼 때에는 公企業이다. 영조물에는 공용영조물과 공공용영조물이 있다. 후자는 일반공중의 이용에 제공되는 영조물(예 : 우편・철도・전화・수도・고아원・학교・박물관・도서관 등)이고, 전자는 행정담당자의 사용에만 제공되는 영조물(예 : 교도소・소년원・시험장 등)이다. 후자는 일반공중의 이용에 제공되는 까닭에 영조물주체와 이용자간에 영조물이용관계가 발생한다는 점에서 전자와 구별된다. 영조물은 人과 物을 구성요소로 하여 성립된 종합적 통일체이므로 공공의 목적에 공용되는 설비일지라도 인적요소와 물적요소 중 어느 하나를 결하거나 그것이 빈약하면 영조물이라고 하기 곤란하다. 예컨대 하천・도로 등은 인적요소가 빈약하므로 이는 공물(특히 公共用物)에 불과하다고 보아야 할 것이다. 영조물은 그 본질에 있어서는 私人이 경영하는 동종의 시설과 다른 점은 없지만 다만 그것이 공공적 성질을 가지고 있기 때문에, 법률은 그의 관리자에 영조물규칙제정권・명령징계권・공용부담특권・영조물경찰 등 공적 특권을 인정하여 사인의 그것과는 다른 법률적 취급을 하는 일이 있다. 영조물의 설치관리의 하자로 인한 손해에 대한 賠償責任과 같은 것이 일례이다(國賠 5).

영조물경찰(營造物警察) 〔獨〕 Anstaltspolizen 영조물의 관리 및 경영에 수반하여 사회 공공의 안녕질서에 위해를 미치거나 미칠 우려가 있는 때에 이를 제거하거나 예방하기 위하여 행하는 경찰. 公共警察이라고도 한다. 공공의 질서를 유지하기 위하여 一般統治權에 의거하여 국민에게 어떠한 제한을 가하는 작용이라는 점에서 다른 경찰과는 다름이 없으나, 그것이 특히 영조물에 관하여 행하여진다는 점에서 영조물경찰이라 한다. 철도경찰 및 도로경찰 등이 그 예이다.

영조물권력(營造物權力) 〔獨〕 Anstaltsgewalt 영조물의 주체가 그 영조물의 관리·경영을 위하여 행사하는 公權力. 公企業權力이라고도 한다. 영조물의 이용관계에 들어온 사람 또는 물건에 대하여서만 행사되는 권력으로서, 이른바 공법상의 特別權力의 일종이다. 그 내용은 命令權과 懲戒權으로 되어 있다. → 특별권력관계

영조물규칙(營造物規則) 〔獨〕 Anstaltsordnung 영조물의 조직·관리·이용조건 등에 관하여 영조물의 관리자가 정하는 규칙. 公企業規則이라고도 한다. 이것은 영조물의 내부규율 또는 영조물관리자의 특별권력에 복종하는 자를 구속하는데 그치고, 一般私人의 권리의무에 관계되는 것이 아니므로 성질상 행정규칙의 일종이다. 이것은 법률의 수권을 필요로 하지 않으며, 법령에 저촉하지 않는 범위내에서 告示 등의 임의의 형식으로 정할 수 있다.

영조물기관(營造物機關) 영조물(공공시설)의 설치·관리를 임무로 하는 기관. 예컨대 국립대학·국립병원·국립도서관과 같은 것. 영조물기관을 때로는 企業機關 또는 現業機關이라고도 하나, 기업기관은 재력취득을 목적으로 하는 전매사업기관까지 포함하는 개념이므로 이와 구별된다.

영조물법인(營造物法人) 〔英〕 Anstaltsperson, öffentliche Anstalt mit Rechtsfähigkeit, öffentliche Stiftung 영조물로서 독립의 法人格을 갖춘 것. 公的 財團法人 또는 公財團이라고도 한다. 국가 또는 공공단체가 영속적 단체이므로 특히 영조물법인을 둘 필요가 없다. 그러나 사업의 독자성을 인정하여 채산과 책임의 귀속을 명백히 하기 위하여 이것을 설치하는 경향이 있다. 프랑스의 대학·박물관·도서관이나, 독일의 독일국 철도공사·연방보험공사·남독일방송국 등이 適例이다. 우리나라에서는 영조물법인에 해당하는 것으로 한국방송공사·서울대학교병원·적십자병원·과학기술원·한국기술검정공단 등을 들 수 있으나, 이들은 아직도 예산 기타의 제약에 의하여 행정기관으로부터 완전히 해방되는 수준에 이르지 못하고 있으므로 국가행정의 하나의 변형에 불과하다고 할 수 있다.

영조물이용관계(營造物利用關係) → 공기업이용관계

영 치(領置) 형사소송법상 押收의 일종. 소유자·소지자 또는 보관자가 임의로 제출한 물건 또는 遺留한 물건을 법원 또는 수사기관이 압수하는 것(108, 218). 좁은 의미의 압수는 상대방의 의사에 반한 強制處分의 일종이므로 법관의 압수수색영장을 요하나 영치는 任意的인 것으로 영장을 요하지 아니한다. 그러나 영치는 임의적이라고는 하지만, 사실은 일종의 강제처분이 된다. 舊依用刑事訴訟法에 있어서는 영치라는 용어를 사용하였으나, 현행형사소송법은 영치도 압수의 일종이므로 영치라는 용어를 사용하지 않았다. 행정법상에 있어서도 행정상의 卽時強制手段의 하나로서 영치가 인정되는 경우가 많다(예 : 銃砲·刀劍·火藥類 등 團束法 46Ⅱ, 行刑 41~43, 警職 4Ⅲ).

영 토(領土) 〔英〕 territory 〔獨〕 Territorium, Staatsgebiet 〔佛〕 territoire 넓은 뜻으로는 국가의 통치권이 미치는 구역으로서 영해, 영공까지도 포함하지만, 국제법상으로는 좁은 뜻으로 국가영역 가운데 그 중심부분인 토지에 관한 부분만을 지칭. 국가는 국제법상 그 상부에 또한 그 내부에 광범한 排他的·專轄的 權利, 소위 主權(領土高權)을 갖는다. 영토의 범위는 각 국가가 권력행사를 정상적으로 발동할 수 있는 법률적 범위이므로 각 국가의 헌법에 규정되고 있다. 본국뿐만 아니라 해외의 영토도 포함된다. 또 영토는 여러 국가간에 법률상 정당하게 발동할 수 있는 권력의 범위 또는 한계를 확정하므로 국제법상 영토 및 국경에 관하여 원칙이 확립되어 있다. 특히 국경은 자연적 경계 및 인위적 경계와 국제조약에 의한 경계의 2종으로 구별하고 있으며, 영토의 變更節次에 관해서는 여러 나라 헌법 중에 규정하고 있는 국가가 있다. 영토는 국제법상 割讓·併合·征服·先占에 의하여 변경된다. 또 국제교통에 대해서는 통과·하천·철도 등에 관하여 국제적 통제를 위한 일반조약이 있다. 그러나 영토에 관한 한 無害航行·無害航空에 대응하는 의무는 없다. → 영토고권

영토고권(領土高權) 〔英〕 territorial supremacy 〔獨〕 Gebietshoheit 영토에 대한 국가의 최고권력. 영토 안의 모든 사람과 물건(자국에 속하는 것이나 외국에 속하는 것 모두)에 대한 지배권으로서 對人高權에 대한 말이다. 영토의 처분권

을 포함하지 아니하나 때로는 양자를 포함하는 의미의 용어로서 쓰일 때가 있다. 이 경우에는 領土權(넓은 뜻)과 같다. 영토고권은 좁은 뜻의 영토에만 미치는 것이 아니고 모든 영역, 즉 좁은 뜻의 영토·영해 및 영공에까지도 미치며 일체의 영역에 미치므로 領域高權이라고도 한다. 조차지 및 국제연합신탁통치령과 같은 영토에 대하여도 영속적·일반적 국가권력의 발동이 가능하다.

영토권(領土權) 〔獨〕 Gebietsrechte, Territorialrechte 국가가 영토에 대하여 가지는 일체의 권능을 넓은 뜻으로 영토권이라고 한다. 이 일체의 권능을 영토에 있어서의 支配權과 영토의 處分權으로 구별할 수 있다. 전자는 영토내에 있는 사람과 물건을 지배하는 권능이고, 후자는 영토 그 자체를 처분할 수 있는 권능이다. 國際法은 영토의 취득·상실 등을 규정하고 이에 따라 영토의 변경이 이루어진다. 이것은 국가의 영토에 대한 처분권에 起由한다. 전자는 영토고권이라고 하고 후자만을 좁은 뜻의 영토권이라고도 부르기도 한다. 넓은 뜻의 영토권은 主權과 같은 것이다. 주권이라고 부르는 경우에는 지배권에 중점을 두며 영토권이라고 부르는 경우에는 처분권에 중점을 둔다는 차이는 있다. → 주권, 영토고권

영토법설(領土法說)〔國際私法上〕 주소지의 概念決定에 관한 학설 중, 사람이 어떤 나라에 주소를 가지는가 어떤가는 그 나라의 법률에 의해서 결정하여야 한다는 見解(Zitelmann)를 말한다.

영토보전(領土保全) 〔英〕 territorial integrity 〔獨〕 Unversehrtheit des Gebietes 〔佛〕 intégrité territoriale 영토의 온전한 현존상태에 대하여 장래에 있어서 침해를 배제하는 것. 이미 존재하는 영토상의 負擔이나 制限은 문제 외로 하고 장래에 있어서 영토의 분할이나 점령을 하지 않을 것을 의미한다. 국가의 영토는 그 독립을 유지하기 위하여 절대로 필요한 것이고, 이것은 국제평화와 안전을 위하여 가장 기본적인 요소를 이루고 있는 것이다. 여러 국가간에 체결되는 相互援助條約 또는 不可侵條約은 모두 국가의 영토보전을 규정하고 있다. 뿐만 아니라 예컨대 국제연합헌장 2조 4항과 같이 일반적 조약에서도 영토보전을 보장하며 그 불가침성을 규정하고 있다. 국제법 및 국제정치상 가장 중요한 문제의 하나인 안전보장에 있어서 영토보전을 존중·옹호한다는 것은 이 의미이다. →영토

영토(領土)**의 변경**(變更) 국가의 영토는 불변하는 것이 아니고 新領土의 取得 또는 영토 일부의 喪失·割讓 등에 의하여 영토의 변경이 생길 수 있다. 영토변경의 원인으로서 우선 자연조건 내지 사실행위에 의한 영토의 변경이 있는데, 이에는 無主地의 先占, 자연적 영토형성에 의한 신영토의 취득, 화산의 폭발에 의하여 영역의 일부가 海中에 함몰되는 경우 등의 領土喪失이 있다. 국제조약에 의한 변경에는 영토의 병합과 할양 등을 들 수 있다. 평화시에 있어서는 매매·교환·병합 등에 의하여, 戰時에는 정복·점령 등에 의한 사실상의 영토취득이 講和條約의 체결로 확정되는 경우가 많다. 국가를 병합하는 경우에는 피병합국의 일체의 권리·의무의 包括的 移轉을 가져오며, 국내법상의 상속과 같은 효과가 발생한다. 국가병합의 경우에는 被併合國은 국가로서의 존재를 완전히 상실하므로, 모든 주민은 당연히 병합국의 국적을 취득하게 되나 一部割讓의 경우에는 그 주민의 국적은 할양조약에 의하여 결정된다. 일반적인 관례로는 주민에게 일정한 기한을 주어서 국적을 자유 선택하도록 하고 있다. 할양지의 법은 영토의 변경에 의하여 당연히 효력을 상실하는 것은 아니고 신법에 의하여 변경될 때까지 新領有國의 법으로서 수용되어 계속 효력을 가진다. 우리나라의 경우 통일 후의 법률의 효력은 우리의 법률이 북한치하에서 해방된 지역에 적용되어야 할 것이다. 그러나 私法의 領域에는 상당한 문제가 발생할 것이 예견된다.

영토(領土)**의 할양**(割讓) 合意에 의한 영토의 일부의 이전으로 할양은 국가간의 합의 또는 할양지의 인민의 一般投票에 의하게 되며 제3국의 동의는 필요하지 않다. 절차로는 할양이 평화적인 교섭의 결과이건 전쟁의 결과이건 불문하고 항상 조약에 의하며 條約批准의 교환에 의하여 확정되고, 확정될 때에는 할양지의 인도를 요한다. 효력으로서는 양도국이 영토의 일부를 잃고 양수국이 이를 취득함으로써 할양지에 관한 권리의무의 包括相續問題가 발생한다.

영토주권(領土主權) 〔英〕 territorial sovereignty 〔獨〕 territoriale Souveränität 〔佛〕 souveraineté territoriale 領土高權과 동일한 개념. 단지 영토고권은 영토에 대한 국가의 최고권력의 지배권을 의미하지만 영토주권이라고 하는 경우에는 영토에 대한 支配權은 물론 그 處分權까지도 포함하는 더욱 넓은 기초적인 권능을 의미하는 일도 있으므로 영토고권보다는 포괄적인 개념으로 파악될 수도 있다. →영토

영토주권설(領土主權說)〔國際私法上〕 부동산에 관한 物權關係가 목적물의 소재지법에 의하여야 한다는 것은 法則·學說 이래 오늘날까지 거

의 모든 나라에서 인정되어온 원칙인 바, 이 원칙의 근거에 관한 학설 중, 영토 내에 있는 물건에 미치는 國家主權의 지배는 타국에 의해서도 승인되어야 한다는 국제법의 원칙에 소재지법적용의 근거를 찾는 견해(Zitelmann, Frankenstein)를 말한다.

영 해(領海) 〔英〕 territorial waters, territorial sea 〔獨〕 territoriales Gewässer 〔佛〕 mer territoriale 바다로써 이루어지는 국가 영역으로서 沿岸海·灣·內海·海峽·港 등으로 구성된 것. 領土·領空에 대하는 말. 좁은 뜻으로 보통 연안해 때로는 연안해를 제외한 다른 부분(특히 만과 내해)을 의미한다. 전자의 뜻으로 쓰임이 적당하다. 영어·독어·불어에서도 그러하다. 영해에 대한 국가의 권능의 특질, 특히 연안해에 관하여는 여러가지 학설이 있다. 主觀說·管轄權說이 주요한 것이며, 전자는 영토에 대한 것과 같은 고유한 최고절대의 권능으로 단순히 국가의 자유의사에 기하는 사상에 서고 후자는 국제법에 의하여 특히 인정된 권능으로 그 제한하에 선다는 사상에서 나왔다. 국제법상의 제반의 권리나 권능(영토에 대한 권능을 포함하여)과 같이 영해에 대한 권능도 국제법에 기하여 그 제한하에 서는 것을 인정한 점에서 후설이 옳고, 영토에 대한 것과 같은 점에서 전설이 옳다. 國際法에 의한 제한의 정도는 영토에 있어서의 그것보다는 비교적 크다. →만, 내해, 영수

영해(領海)**와 접속수역**(接續水域)**에 관한 조약**(條約) 〔英〕 Convention on the Territorial Sea and the Contiguous Zone 1958년의 國際聯合海洋法會議에서 국제법위원회의 초안의 일부를 기초로 채택한 조약. 전문 32조. 영해의 법적 지위·한계·無害航行·接續水域 등에 관하여 규정하고 있다. 오직 연안해의 범위에 관해서만은 이 회의에서도 의견의 일치를 얻지 못하여 규정을 두지 못하였다.

영화·연예(映畵·演藝) 영화·연예는 언론·출판에 포함되는 것으로서 언론·출판에 대한 사전적 제약인 檢閱制는 헌법규정의 유무를 불문하고 당연히 금지된다. 그러나 영화와 연예는 시청각적 영향이 강하므로 공중도덕과 사회윤리를 위하여 심의·심사를 할 수 있다(映畵振興法 12, 公演法 14의2).

영화진흥공사(映畵振興公社) 국산영화의 진흥과 영화산업의 육성·지원을 위한 사업을 하게 하기 위하여 설립된 法人이다. 본 공사에는 사장 1인, 이사 4인, 감사 1인의 임원으로 되어있다(映畵振興法 20~27).

예고기간(豫告期間) 돌발적으로 일어나는 爭議行爲는 상대방 혹은 공중에게 막심한 영향을 주는 경우가 많은 것이기 때문에, 법령 또는 단체협약에서 쟁의행위를 행하려면 일정기간 전에 상대방 또는 기타의 자에게 예고를 하여야 된다고 정하는 경우가 있다. 그 기간을 예고기간이라고 하나, 우리나라에서는 冷却期間制度만이 채택되었을 뿐 예고기간제도는 마련되지 않았다.

예고등기(豫告登記) 登記原因의 무효 또는 취소로 인한 등기의 말소 또는 회복의 소가 제기된 경우에, 이것을 제3자에게 경고하기 위하여, 受訴法院이 직권으로써 이를 등기소에 촉탁하여 행하여지는 등기(不登 4, 39). 豫備登記의 하나이며, 係爭不動産에 관하여 법률행위를 하려고 하는 제3자를 보호하는 작용을 한다.

예고수당(豫告手當) 解雇의 豫告期間을 단축하기 위하여 근로자에게 지급되는 금액 → 해고의 예고

예 규(例規) 상급행정청이 하급행정청에 대하여 그 감독권의 발동으로서 발하는 行政規則의 한 형식. 법규의 집행적 성질을 가지는 것과 실질적으로 법규의 보충적 성질을 가지는 것이 있다. 행정조직 내부 또는 기타 특별권력관계의 내부에서만 효력을 가진다.

예 금(預金) 〔英〕 deposit 〔獨〕 Depositen, Depositum 〔佛〕 dépot 은행을 수치인으로 하는 금전의 消費任置. 즉, 단순한 임치(民 693)가 아니고, 은행은 계약에 의하여 수치물인 금전을 소비할 수 있고, 다만 후일에 동종·동액의 금전을 반환하면 되는 소비임치(702)이므로 이에 대하여는 소비대차에 관한 규정이 준용된다. 그러나 실제상 상세한 約款이 지배하므로 민법의 규정을 적용할 실익이 없다. 이와 같이 예금은 소비임치이므로, 금전의 소유권은 은행에게 귀속한다. 따라서 은행이 그 소유권을 취득하지 않고 임치를 받은 채로 일정한 기간 보관함에 그친다면 그것은 단순한 보관금임에 그치고, 예금과는 구별된다. 예금에는 그 반환의 방법·기한 기타의 형태에 따라 정기예금·보통예금·당좌예금·別途(別段)預金 등의 여러 종류가 있다.

예금금고제도(預金金庫制度) →금고

예금담보(預金擔保) 은행으로부터 금전을 차용할 경우에 은행에 대하여 소유하는 定期金 또는 그 밖의 預金債權을 담보로 사용하는 것. 법률적으로는 은행이 채권상에 權利質을 취득하는 것으

로 된다.

예금화폐(預金貨幣) 당좌예금의 잔고가 수표로 유통된다는 사실에 착안한 것으로서 은행의 當座預金의 잔고를 의미.

예단배제(豫斷排除)**의 원칙**(原則) 재판의 공정을 기하기 위하여 법관이 사건에 관한 豫斷을 가지고 법정에 임하는 것을 피하지 않으면 안된다고 하는 원칙. 公訴狀一本主義, 除斥, 忌避, 回避의 制度 등은 이 원칙의 표현이다.

예금보험(預金保險) 예금업무를 취급하고 있는 금융기관으로부터 一定料率의 보험료를 납입받아 적립해둠으로써 경영부실 등으로 금융기관이 예금을 상환할 수 없는 사태가 발생하였을 때 이에 따른 예금자의 손실을 보전해주도록 하는 제도. 현행법상 이와 유사한 제도로는 단기금융회사, 종합금융회사 및 상호신용금고 등에 대한 信用管理基金制度를 둘 수 있다(信用管理基金法 1, 2).

예금보험공사(預金保險公社) 예금자보호법에 의한 예금보험제도 등 효율적으로 운영하기 위해 설립된 회사(預金者保護法 3). 예금보험공사는 無資本特殊法人으로 하고(4), 주된 사무소의 소재지에 設立登記를 함으로써 성립한다(5 II). 공사에 운영위원회를 두어 업무운영에 대한 기본방침을 수립하고 기금운용계획 등을 심의한다(8).

예금지급준비율(預金支給準備率) 금융기관의 지불능력을 확보하기 위하여 예금잔고의 일정비율(준비율)에 따라 고객예탁금의 일부를 의무적으로 중앙은행에 예입하는 제도. 金利政策 및 公開市場操作政策과 함께 3대 금융정책의 하나로 중앙은행에 이를 통하여 통화량을 조정한다.

예 모(豫謀) 〔佛〕 premeditation 염려를 거쳐서 결의하는 것. 프랑스형법 이래 많은 입법에는 살인죄에 관하여 예모의 유무에 의하여 謀殺과 故殺을 구별하고 있다.

예문해석(例文解釋) 예컨대 건물의 소유를 목적으로 하는 借地契約證書에 1년, 2년이라고 하는 단기의 특약의 기재(대개는 印刷文)가 있는 경우에, 이것을 例文에 지나지 않는다고 하여, 당사자가 이 문구에 구속당할 진의가 없었다는 것을 이유로 무효로 하여 버리는 판례의 法律行爲解釋의 방법. 이에 관하여는 학자간에 논의가 갈라지나 계약서 가운데에 기재되어 있는 사항을 당사자가 고려에 넣지 않았다고 하는 것은 사실에 반하는 경우가 많을 것이다. 도리어 例文解釋은 당사자의 의사에 그대로의 효력을 인정하지 않고, 일정한 가치판단하에서, 즉 상대방의 무지 또는 경제적 궁박을 부당하게 이용한다는 이유하에서, 그 효력을 수정하고 있는 것이다. 예문해석은 처음에 貸借人에게 불리한 특약의 무효를 판시하기 위하여 사용되었다.

예 물(禮物) 약혼의 성립을 확인할 목적으로 약혼당사자 또는 그 부모가 서로, 혹은 일방으로부터 타방당사자에게 주는 증여 또는 그 목적물, 금전 혹은 금전 이외의 동산인 것이 원칙이다. 혼인이 성립하지 않았을 경우에 수령자는 不當利得返還의 義務를 진다(民 806 참조).

예물(禮物)**의 반환청구권**(返還請求權) 약혼할 때 교환한 예물을 혼인이 성립하지 않았을 때에 반환을 청구하는 권리를 말한다. 婚姻의 不成立을 解除條件으로 하는 것이다. 즉 혼인의 불성립이 확정되었을 때에는 약혼자는 서로 교환한 예물의 반환을 不當利得의 原理에 따라 청구할 수 있다고 해석해야 한다. 단 일방당사자에 과실이 있는 경우에 약혼파기에 책임있는 자만이 받은 물건을 반환하고 준 물건은 반환을 청구할 수 없게 된다(民 806 I). 만약 쌍방과실이 인정될 경우는 쌍방에 과실이 없는 경우에 준하면서 過失相計의 원리를 가미하여 반환의 범위를 결정해야 할 것이다. 일단 혼인이 성립되면 해제조건은 성취불능이 되었으므로 혼인성립 후 혼인이 해소되더라도 예물 기타 증여물의 반환문제는 생기지 않는다.

예방경찰(豫防警察) 경찰상의 위해가 발생하기에 앞서 발생할 우려가 있는 위해의 발생을 미리 방지하기 위한 警察作用. 정신착란자, 酒醉者의 보호조치, 총포·도검·화약류의 취급제한 및 가축 등의 도살처분 등이 그 예이다.

예방구금(豫防拘禁) 〔英〕 preventive detention 1908년 영국의 犯罪防止法(Prevention of Crime Act)에서 처음으로 창설되어, 1948년의 刑事裁判法(Criminal Justice Act)에 의해 개정되었다. 이에 의하면 30세 이상의 자로서 기왕에 3회 이상 2년 이상의 형을 받은 자가 다시 2년 이상의 형에 해당하는 죄를 범한 때에는 공공의 방위상 필요하다고 인정하면 형에 대신하여 5년 이상 14년 이하의 범위내에서 법원이 정하는 기간 예방구금을 할 수 있게 하였다. 독일형법의 保安監置(Sicherungsverwahrung)도 이에 가까우나, 이는 중첩적인 사후구금의 형식을 취한다. 우리나라에서는 구국가보안법의 保導拘禁(12)이 이에 비슷한 것이었는데, 지금은 폐지되었다.

예방권(豫防權)〔封鎖의〕 〔佛〕 droit de prévention 봉쇄침파의 의사를 품고 출항한 선박을 출발항으로부터 봉쇄항까지 또는 봉쇄항으로부터 목적항에 이르기까지 全航程의 現行中에 해상에서 포획할 수 있는 권리. 封鎖侵破가 행하여지기 전에 미리 이것을 방지한다는 뜻으로 예방권이라고 한다. 영미주의는 이를 설정하고 실행하여 왔으나, 프랑스주의(大陸主義)는 선박이 봉쇄선에 들어와야 비로소 포획할 수 있다고 한다. 런던선언은 원칙적으로 프랑스주의를 채용하고 포획의 장소를 봉쇄함대의 행동구역내에 한정하여 예방권을 부정하고 있다. → 포획, 런던선언, 봉쇄침파

예방전쟁(豫防戰爭) 〔英〕 preventive war 假想敵國이 자기 나라를 공격하는 것이 명백한 경우, 기선을 제압하기 위하여 미리 적극적으로 공격을 가함으로써 전쟁의 발전·증대를 방지하려는 전쟁을 말한다.

예방접종(豫防接種) 질병에 대해 면역이 되기 위하여 免疫原을 인체에 주사 또는 접종하는 것. 예방접종에 관하여는 전염병예방법에 상세한 규정이 있다(10~22). 定期豫防接種과 臨時豫防接種이 있다(11, 12). 정기예방접종을 시행할 전염병의 종류는 법정되어 있다(11). 예방접종을 행하는 자는 시장·군수·구청장이고 예방접종을 받는 자에게는 보건복지부령이 정하는 바에 따라 예방접종증명서를 교부하도록 되어 있다(20).

예 부(豫婦) 소위 민며느리의 婚俗. 고구려의 率壻婚俗(데릴사위·豫壻)에 대응되는 沃沮族의 혼속이며, 여자의 나이 10세 때에 이미 약혼을 하여 男家에서 미리 맞이하여 오래동안 길러 子婦로 삼고 성인이 된 뒤에 女家로 돌려 보내면 여가에서는 錢幣를 청구하여 그것이 끝난 뒤에 다시 남가로 돌려 보냈다. 그러므로 일종의 約婚女子라고 할 수 있다. 이는 생활의 빈곤과 양육난에 기인한 혼속으로서 후세에도 주로 빈민계급의 가정에서 가계의 필요상 연장의 여자를 미리 맞아서 노동에 종사케 하는 習俗이 있었으나, 稀例에 속한다. 빈곤으로 인한 여성지위의 타락을 의미한다.

예 비(豫備) 〔英〕 preparation 〔獨〕 Vorbereitungshandlung 〔佛〕 acte préparatoire 범죄를 실현하기 위한 물적형태의 준비행위로서, 實行의 着手에 이르지 아니한 것. 예비는 법률에 특별한 규정이 없는 한, 처벌되지 아니한다(刑 28). 현행형법에서는 내란예비(90Ⅰ)·외환예비(101Ⅰ)·私戰豫備(111 Ⅲ)·폭발물사용예비(120Ⅰ)·도주원조예비(150)·방화예비(175)·溢水豫備(183)·교통방해예비(191)·음용수유독물혼입·水道不通예비(197) · 통화위조변조예비(224) · 살인예비(255)·국외이송목적약취유인매매 및 그 이송의 예비(290)·강도예비(343)의 경우에 처벌한다(→교사의 미수). 예비한 후 실행의 착수에 이르면, 이제는 예비행위는 독립해서 처벌의 대상이 되지 않는다. 왜냐하면 착수후의 미수 내지 기수와 法條競合의 관계(補充關係)에 있기 때문이다. 예비의 중지에 대하여 중지미수의 규정(26)을 준용할 것인가에 관하여는 학설이 대립한다. 그런데 형의 균형이 맞지 않는 한도내에서, 그 準用을 인정하는 것이 타당할 것이다(다수설).

예비등기(豫備登記) 終局登記(未登記)를 할 수 있는 요건을 갖추지 못한 경우에, 장래 행하여 질 종국등기의 준비를 위하여 하는 등기. 등기의 본래의 효력인 물권의 변동에는 직접적인 관계가 없고, 다만 간접적으로 이에 대비하여서 하는 등기이다. 이에는 假登記와 豫告登記의 둘이 있다.

예비비(豫備費) 예측하기 어려운 세출예산의 부족에 충당하기 위하여 예산에 계상되는 비용. 헌법에는 예비비는 總額으로 국회의 의결을 얻어야 한다. 예비비의 지출은 차기국회의 승인을 얻어야 한다고 규정하고(憲 55Ⅱ), 예산회계법은 정부는 예비비로서 상당하다고 인정하는 금액을 歲入歲出豫算에 계상할 수 있다고 규정하고 있다(21). 예비비는 형식상으로는 세입세출예산에 계상되어 있지만 예비비 그 자체로서 지출되는 것이 아니므로, 실질상으로는 예산은 아니고 후일 예산으로 변할 用途未定의 재원이다. 재정경제부장관이 이를 관리하고(39Ⅰ), 지출은 국무회의의 심의를 거쳐 대통령의 승인을 얻어야 하며(39Ⅲ), 차기국회의 승인을 얻어야 한다(憲 55Ⅱ). 지방자치단체의 예산에 있어서도 豫備費制度가 있다(地財 34).

예비심사(豫備審査) 국회에 있어서 어떤 議案이 제출된 경우에 그 의안이 다른 위원회에 송부되기 전에 그에 관하여 다른 위원회가 행하는 예비적인 심사. 의안의 審議能率의 증진을 위하여 인정되는 제도이다.

예비역(豫備役) → 병역

예비(豫備)**의 중지**(中止) → 예비

예비적 병합(豫備的倂合) 〔獨〕 eventuelle Klagenhäufung 논리적으로 서로 양립되지 않는 복수의 청구의 하나가 인용될 것을 解除條件으로 하여 다른 청구의 심판을 구하는 형태의 倂合. 順位的倂合이라고도 한다. 예컨대 원고가 매매계약에 의하

여 소유권의 이전 또는 물건의 인도를 구하는 주된 청구와 함께, 그 계약이 무효인 경우에 대비하여 대금의 반환을 구하는 청구를 하는 것과 같다. 예비적 병합의 경우에는 주된 청구(제1위의 청구)가 인용되지 않을 때에 한하여 다른 청구가 심판되는 것이고, 주된 청구가 인용된 때에는 次位請求는 심판할 필요가 없다. → 청구의 병합

예비적 상계(豫備的相計)**의 항변**(抗辯) 제1차적으로 원고의 청구 자체를 다루고, 그것이 용납되지 않을 것을 두려워 하여 예비적으로 상계의 항변을 하는 것. 상계의 항변은 예비적으로 행하여지는 것이 오히려 보통이다. 당사자가 예비적인 상계의 항변을 했을 때는 그 순서에 구속되어, 다른 抗辯의 判斷에 우선하여 상계의 항변을 심리하여 재판해서는 안된다. 또 당사자가 명시적으로 예비적이라 표시하지 않아도 상계의 항변을 최후에 심리하는 것이 적당하다.

예비적 신청(豫備的申請) 〔獨〕Eventualantrag 민사소송법상 주된 주장에 관한 심판의 신청이 그 목적을 이룰 수 없는 경우에 대비하며, 이와 양립되지 않는 주장에 관하여 제2차적으로 하는 심판의 신청. 예컨대 특정한 채권에 관하여 장래의 履行判決을 구하고, 그것이 인용되지 않는 경우에 積極的 確認을 구하는 경우이다. 주된 주장이 이유가 있을 때에는 제2차적 신청은 자연히 불필요하게 되므로 일종의 解除條件附申請이지만, 일반적인 조건부신청과 같이 소송을 불안정하게 할 염려가 없으므로, 신청인의 편의와 소송경제를 위하여 실제상 인용되고 있다. 소의 豫備的 併合이나 豫備的 反訴는 예비적 신청의 예이다.

예비지급인(豫備支給人) 〔英〕referee in case of need 〔獨〕Notadressat 〔佛〕recommandataire 인수나 지급의 거절이 있을 경우에 遡求를 방지하기 위하여, 참가인수 또는 참가지급할 자로 미리 어음상에 지정되어 있는 자. 예비지급인의 자격에는 제한이 없으며 인수인 또는 약속어음의 발행인을 제외한 제3자는 물론, 지급인·지급담당자·환어음의 발행인과 배서인도 될 수 있다(어음 55Ⅲ). 예비지급인을 지정할 수 있는 자는 遡求義務者, 즉 배서인·환어음의 발행인 및 이들을 보증하는 자이다(55Ⅰ, 77Ⅰv). 소구의무자는 자기를 예비지급인으로 지정할 수도 있는데, 이런 경우를 自己參加라 한다. 동지예비지급인의 참가인수는 소지인이 거절할 수 없으며 소지인은 먼저 예비지급인에게 어음을 제시하여 참가인수를 청구하고, 만약 이에 거절당하면 拒絶證書를 작성하여 예비지급인을 지정하는 자 및 그 후자에 대한 만기전의 遡求權을 행사할 수 있다(56Ⅱ). 또한 同地豫備支給人의 기재가 있으면 그 전원에 대하여 참가지급을 청구할 수 있으며, 이 제시를 懈怠한 경우 및 참가지급을 거절당할 때에는, 예비지급인을 지정한 자 및 그 후의 배서인에 대한 소구권을 잃는다(60). 그러나 他地豫備支給人을 기재한 경우에는 이와 같은 효력은 없으며, 또 그 참가인수도 일반 제3자의 경우와 같이 소지인은 거절할 수 있다(56Ⅲ前).

예 사(禮斜) 禮曹에서 斜給하는 증명서. 특히 養子選擇에 관하여 官府에 신청하여 받는 認許 또는 同認許文書에 한하여 예사의 용어를 사용한다. 無後者가 또는 무후자를 위하여 入養함에 즈음하여 遺書가 있을 때라도 官府에 呈하여 예사를 받아야 한다. 所生父(實家)와 所後父(養家)가 同命하여 禮斜를 청구하는 것이 원칙이며, 所後父死亡後인 경우의 立後는 所後母도 出願할 수 있다. 이 원칙은 세종 19년의 受敎로 결정된 것이며, 經國大典禮典立後條에 告官立後, 許令立後의 규정이 많은 바, 이는 禮斜의 成給을 받을 것을 말한 것이다.

예 산(豫算) 〔英〕·〔佛〕budget 〔獨〕Budget 국가의 예산과 지방자치단체의 예산으로 구분된다.

[1] 국가의 예산은 실질적 의미로는 1회계연도에 있어서의 세입과 세출의 豫定計劃書를 말하며, 형식적 의미로는 일정한 형식에 의하여 행정부에서 작성하여 국회의 심의를 거쳐 그 의결로써 성립하는 국법의 한 형식으로서 국회의 행정부에 대한 財政權附與의 형식이라 말할 수 있다. 헌법과 예산회계법에 있어서의 예산은 이 후자의 의미로 사용되고 있다. 그러나 우리나라에 있어서는 영미계통의 국가에 있어서와는 달리 豫算法律主義를 취하지 않고 있다(憲 54). 예산은 ① 국가기관만을 구속하는 점, ② 행정부에만 편성 및 제안권이 있는 점, ③ 1회계연도내에서만 효력이 있는 점, ④ 행정부의 財政行爲를 구속하지만 행정부의 수입, 지출의 권한·의무는 별도의 법률에 의거하는 점 등에서 법률과는 다르다. 행정부는 국가의 총수입과 총지출을 회계연도마다 예산안으로 편성하여 회계연도 개시 90일전까지 국회에 제출하여 회계연도 개시 30일 전까지 그 의결을 얻어야 한다(憲 54Ⅱ, 豫會 30). 행정부는 또 국가가 債務를 負擔하는 행위를 할 때에는 미리 예산으로써 국회의 의결을 얻어야 한다(憲 58, 豫會 24). 이와 같이 예산에 대하여 국회의 의결을 요하게 한 것은 국가재정을 국민의 대표기관인 국회의 감독하에 두려는 취지이다. 兩院制를 취하는 국가에 있어서는 예산에 관하여 하원에 先議

權을 부여하는 것이 통례이다(→예산선의권). 예산에는 본예산과 추가경정예산, 확정예산과 준예산, 일반회계예산(총예산)과 특별회계예산 등의 구별이 있다. 예산은 예산총칙·세입세출예산·계속비·명시이월비·국고채무부담행위로써 성립된다(豫會 19). 예산의 효력은 세입예산과 세출예산에 있어서 서로 다르다. 즉, 전자는 단순한 세입예정표에 지나지 않으며 그 효과는 특정회계연도의 歲出支辨의 재원을 표시하고, 세입을 통관하나 편의를 제공하는 데에 불과한데 비하여, 후자는 지출의 목적·금액·시기의 3점에 있어서 행정부를 구속하는 법적 효력을 가진다.

[2] 지방자치단체의 예산에 있어서도 국가의 예산과 대체로 동일한 예산제도가 인정되고 있다(地財 29~40).

예산경정(豫算更正) →추가경정예산

예산과목(豫算科目) 예산의 내용을 표시하는 명칭. 세입·세출예산은 필요한 때에는 그 성질에 따라 計定으로 구분할 수 있다(豫會 20 I). 세입·세출예산은 중앙관서의 組織別로 구분하되, 세입예산은 그 내용을 性質別로 관·항으로 구분하고 세출예산은 기능별·성질별 또는 기관별로 장·관·항으로 구분한다(20 II·III). 각 중앙관서의 장이 재정경제부장관에게 豫算請求書를 제출할 때에는 사항별설명서와 名目明細書를 첨부하여야 하며(25, 豫會施 11 참조), 예산이 성립한 후 각 중앙관서의 장은 사업운영계획 및 이에 대한 세입세출예산·계속비와 국교채무부담행위를 포함한 豫算配定要求書를 재정경제부장관에게 제출하고 재정경제부장관은 예산배정요구서와 월별자금계획에 의거하여 4분기별 예산배정계획을 작성하여 월별자금계획과 같이 국무회의의 심의를 거쳐 대통령의 승인을 얻어야 한다(豫會 35). 각 중앙관서의 장은 세출예산이 정한 목적 이외의 경비를 사용하거나 예산이 정한 각 기관간, 각 章·款·項간에 상호이용할 수 없으며 미리 국회의 의결을 얻어 재정경제부장관의 승인이 있을 때에만 그 移用이 허용된다(36). →예산의 이용, 예산의 유용

예산단일주의(豫算單一主義) →예산총계주의, 단일예산주의

예산선의권(豫算先議權) 양원제국회에 있어서 하원이 상원보다 먼저 정부가 제출한 예산안을 받아 이를 심의하는 권한. 이것은 예산 기타 국민의 부담이 되는 財政法案의 심의에 있어서는 국민의 대표기관성이 강한 하원의 의사를 존중하여야 된다는 사상에 근거를 두고 있으며, 현대국가의 거의 전부가 인정하고 있는 제도이다. 우리나라 구헌법에도 이를 인정하고 있었다(舊憲 39 II). 그리고 구헌법은 각국헌법의 예에 따라 民議院에 대하여 예산의결에 있어서의 우월적 지위를 인정하였다(舊憲 37 II). 이 제도는 양원의 존재를 전제로 하는 것이므로, 單院制國會에서는 있을 수 없다. 우리나라 헌법은 단원제국회를 채택하고 있다.

예산안(豫算案)의 편성(編成) 국회에 제출할 예산안을 편성하는 것. 예산안을 편성하는 권한은 정부에 속하며(憲 54 II, 56, 89 iv), 행정부에서는 재정경제부장관의 권한에 속한다(豫會 28). 재정경제부장관은 매년 전년도 3월 31일까지 국무회의의 심의를 거쳐 대통령의 승인을 얻은 예산편성지침을 각 중앙관서의 장에게 시달하고, 각 중앙관서의 장은 이에 따라 그 소관에 속하는 歲入·歲出·繼續費 및 國庫債務負擔行爲要求書를 작성하여 5월 31일까지 재정경제부장관에게 제출하며 재정경제부장관은 이에 의하여 예산을 편성하여 국무회의의 심의를 거쳐 대통령의 승인을 얻어야 한다(25, 28). 국회·대법원·헌법재판소·감사원·중앙선거관리위원회의 歲出豫算要求額을 감액할 때는 국무회의에서 국회의장·대법원장 기타 당해기관의 장의 의견을 구해야 한다(29). 국무회의에서 심의되어 대통령의 승인을 얻은 예산안은 회계연도개시 90일전까지 국회에 제출하여 그 의결을 받는다(憲 54 II, 豫會 30)

예산외지출(豫算外支出) 歲出豫算 또는 繼續費의 각항에서 정한 목적 이외에 경비를 사용하는 것. 예산의 목적외사용이라고도 한다. 예산외지출은 원칙적으로 허용되지 아니하며(豫會 36), 이 원칙에 대한 예외로서 豫算의 移用이 있는 바(36 I 但). 이 예산의 이용은 추가경정예산에 의하지 아니하고 예산집행상 그 목적을 변경하여 사용하는 것이며, 따라서 실질적으로는 예산을 변경하는 것이 된다.

예산(豫算)의 구분(區分) 예산은 그 내용·기능·성질 등을 명백히 하기 위하여 일정한 구분에 의하여 편성하는 바, 예산편성상의 필요적 구분형식을 예산의 구분이라고 한다. 일명 豫算科目. 예산은 필요한 때에는 성질에 따라 計定으로 나눌 수 있으며, 세입·세출예산은 중앙관서의 조직별로 구분하여 이를 다시 세입예산은 그 내용을 성질별로 관·항으로 구분하고, 세출예산은 그 내용을 기능별·성질별·기관별로 장·관·항으로 구분한다(豫會 20). →예산과목, 행정과목

예산(豫算)의 배정(配定) 예산의 성립후

재정경제부장관이 각 중앙관서의 장에게 예산을 배정하는 것. 예산이 성립되면 각 중앙관서의 장은 사업운영계획 및 이에 의한 세입세출예산·계속비와 국고채무부담행위를 포함한 豫算配定要求書를 재정경제부장관에게 제출하고(豫會 35), 재정경제부장관은 예산배정요구서와 월별자금계획서에 따라 4분기별 예산배정계획을 작성, 재정경제부장관이 제출한 月別資金計劃과 같이 국무회의의 심의를 거쳐 대통령의 승인을 얻어 그 예산배정계획에 의해 각 중앙관서의 장에게 예산을 배정한다(35Ⅱ). 세출예산과 계속비를 배정할 때 4분기별로 구분 작성하여야 한다(豫會施 13). 재정경제부장관이 각 중앙관서의 장에게 예산을 배정했을 때 감사원에 통지해야 한다(豫會35Ⅲ).

예산의 영달(令達) → 예산의 배정

예산(豫算)**의 유용**(流用) → 예산의 이용

예산(豫算)**의 이용**(移用) 예산집행상의 필요에 의하여 미리 예산으로써 국회의 의결을 얻은 경우에 예산이 정한 각 기관간, 각 장·관·항간의 금액을 재정경제부장관의 승인을 얻어 서로 융통하는 것(豫會 36Ⅰ). 예산의 피차이용이라고도 한다. 예산외지출금지의 원칙에 대한 예외로서, 예산의 효율적 집행을 도모하기 위한 점에서는 예산의 轉用과 같으나, 예산의 전용이 각 細項 또는 目간의 금액을 재정경제부장관의 승인을 얻어 서로 융통하는 것이므로 양자는 다르다. 구재정법에서는 양 제도를 용어에 있어서 구별하지 않고 다 같이 豫算의 流用이라고 하였었으나, 예산회계법에서는 이를 구별하고 있다(36, 37). 재정경제부장관은 예산의 이용을 승인하였을 때에는 그것을 신청한 중앙관서의 장·감사원에 통지하여야 한다(36Ⅲ). 지방자치단체에 있어서도 이와 같다(地財 38).

예산(豫算)**의 이월**(移越) 세출예산 중에서 당해 회계연도에 지출을 다하지 못한 것을 익년도에 이월하여 익년도의 예산으로서 사용하는 것. 會計年度獨立의 原則에 대한 예외이다. 예산의 이월에는 明示移越과 事故移越이 있는 바, 전자는 세출예산 중 경비의 성질상 연도내에 그 지출을 다하지 못할 것이 예측될 때에 특히 그 취지를 세입·세출예산에 명시하고 익년도에 이월하여 사용할 것에 대하여 국회 또는 지방회의의 승인을 얻은 것을 말한다(豫會 23, 地財 40Ⅰ), 후자는 세출예산 중 당해회계연도내에 支出原因行爲를 하고 불가피한 사유로 인하여 그 회계연도내에 지출하지 못한 경비와 지출원인행위를 하지 아니한 그 부대경비의 금액을 익년도에 이월하여 사용하는 것을 말한다(豫會 38Ⅰ, 地財 40Ⅱ). 각 중앙관서의 장은 예산의 이월을 필요로 할 때에는 이월계산서를 작성하여 사항마다 그 사유와 금액을 명백히 하여 재정경제부장관의 승인을 얻어야 하며, 재정경제부장관이 중앙관서의 장의 移越計劃을 승인함에는 감사원에 통지하여야 한다(豫會 38). 계속비에 있어서는 연도별 소요경비의 금액 중 당해연도에 지출하지 못한 금액은 당해계속사업완성년도까지 遞次로 이월하여 사용할 수 있다(38Ⅱ, 地財 40Ⅲ). 매회계연도에 있어서 세입·세출의 결산상 생긴 잉여금은 이와 같은 歲出豫算移越額의 재원으로 익년도의 세입에 移入하여야 한다(豫會 47Ⅰ). 각종 특별회계에 있어서는 예산의 이월을 인정하는 예가 적지 않다.

예산(豫算)**의 이체**(移替) 연도의 도중에 政府組織 등에 법령의 제정·개정 또는 폐지로 인하여 각 중앙관서간에 職務權限에 이동이 생겼을 경우에 그 직무와 권한에 수반하여 해당 중앙관서의 장의 요구에 따라 재정경제부장관이 그 예산을 이체하는 것(豫會 36 Ⅱ·Ⅲ). 국회의 의결에 의한 예산의 변경이다. 재정경제부장관은 예산을 이체하였을 때에는 당해 중앙관서의 장, 감사원장에게 통지함을 요한다. 이 제도는 예산의 부족을 보충하기 위한 것이 아니고 또 예산의 목적을 변경하는 것도 아닌 점에서 예산의 移用 또는 예산의 流用과 구별된다.

예산(豫算)**의 전용**(轉用) 예산집행상의 필요에 의하여 각 중앙관서의 장이 재정경제부장관의 개별적 승인 또는 미리 정한 범위 안에서 각 細項 또는 目間의 금액을 서로 융통하는 것(豫會 37). 費目轉用 또는 예산의 彼此轉用이라고도 한다. 豫算外支出禁止原則에 대한 예외로서, 예산의 효율적 집행을 도모하기 위한 것인 점에서는 예산의 移用과 같으나, 예산의 이용은 예산집행상 필요에 의하여 미리 예산으로써 국회의 의결을 얻은 경우에 예산이 정한 각 기관간, 각 章·款·項간의 금액을 재정경제부장관의 승인을 받아 서로 융통하는 것이므로 양자는 다르다. 재정경제부장관은 예산의 전용을 승인하였을 때에는 그 명세서를 당해중앙관서의 장·감사원에 송부하여야 하며, 각 중앙관서의 장이 재정경제부장관이 미리 정한 범위 안에서 전용한 때에는 그 명세서를 행정각부장관·감사원장에게 각각 송부하여야 한다(豫會 37Ⅲ). 이와 같이 하여 전용한 경비는 세입·세출의 決算報告書에서 명백히 하는 동시에 그 이유를 기재하여야 한다(37Ⅳ). → 예산의 이용, 예산과목

예산의정권(豫算議定權) 국회(또는 지방

자치단체의 의회)가 예산을 심의하여 의결하는 권한. 국회의 예산의 심의와 의결은 豫算의 成立要件이며, 이것 없이는 원칙적으로 國費의 지출이 불가능하다(憲 54, 예외 54Ⅲ, 76). 양원제도를 취하는 국가에 있어서는 예산의 議政에 있어서, 하원에 특권(豫算先議權 · 예산의결상의 優越權)을 인정하는 것이 보통이다. 예산의정권에는 정부의 豫算發案權(54Ⅱ)을 해하지 않는 한(57), 제한이 없다.

예산(豫算)**의 증액수정**(增額修正) 국회에서 정부가 제출한 예산의 원안에 없는 새로운 費目을 증가하거나 또는 이들 금액을 증액하는 수정을 가하는 것. 국회는 정부의 동의없이는 정부가 제출한 支出豫算各項의 금액을 증가하거나 또는 새 비목을 설치할 수 없다(憲 57). 이는 정부만이 豫算提出權을 가진다는 것(54 Ⅱ)과 국회의원의 정략적 증액을 방지하려는데 그 목적이 있다.

예산(豫算)**의 집행**(執行) 국가 또는 지방자치단체의 수입 · 지출을 실행하는 일체의 행위. 단순히 예산에 규정된 금액을 국고 또는 금고에 수납하고 국고 또는 금고로부터 지급하는 것뿐만 아니라 그 원인이 되는 國庫債務負擔行爲(국가에 한함) 또는 支出原因行爲를 하는 것도 예산의 집행이다. 국가예산의 집행에 대한 궁극적인 책임은 정부수반인 대통령에게 있으나, 직접적으로 수입 및 지출에 대한 총괄적인 책임을 지는 것은 재정경제부장관이다. 한편, 각 중앙관서의 소관에 속하는 수입 및 지출은 당해중앙관서의 장의 책임하에 세입징수관 · 재무관 · 계약관 · 지출관 · 統合支出官이 있어서 이들이 집행을 담당한다(豫會 49, 50, 56, 61, 62). 각 중앙관서의 장은 재정경제부장관으로부터 豫算의 配定을 받아 그 배정받은 예산을 집행하는 것으로서, 그 집행은 세입예산의 집행, 세출예산의 집행, 계속비의 집행, 예산의 이용, 예비비의 사용, 국고채무부담행위의 집행 등으로 나눌 수 있다(35~ 41). 지방자치단체의 예산집행에 대하여는 지방재정법에 규정되어 있다.

예산(豫算)**의 추가 · 경정**(追加 · 更正) 정부가 예산안 성립 후에 생긴 사유로 인하여 이미 성립된 예산안에 변경을 가할 필요가 있을 때에 이에 대하여 추가 또는 경정을 가하는 것. 이 예산을 추가경정예산이라고 하며, 追加豫算과 更正豫算(또는 修正豫算)으로 나누어진다(豫會 33 참조). → 경정예산

예산초과지출(豫算超過支出) 예산의 각 항에서 정하는 금액을 초과하여 지출하는 것. 지출은 예산의 각항에서 정하는 금액을 한도로 하여서만 할 수 있다. 다만 일정한 경우에 한하여 豫算의 移用 또는 轉用이 인정된다(豫會 36, 37). 이 경우 이외에는 예산의 초과지출이 필요한 때에는 豫備費를 지출하거나(憲 55Ⅱ, 豫會 21), 追加更正豫算에 의할 수밖에 없다(豫會 33).

예산총계주의(豫算總計主義) 국가나 지방자치단체의 세입 · 세출을 1회계로 통일하여 경리하는 주의. 豫算單一主義, 單一豫算主義, 會計統一의 原則도 같은 내용이다. 정부나 지방자치단체의 장은 세입, 세출을 모두 예산에 편입하며, 수지를 모두 決算에 편입하여야 한다(憲 54Ⅱ · 89 iv, 豫會 18 · 25 이하, 地財 29). 이 주의는 국가재정의 全般的 通觀의 용이와 재정의 팽창 · 문란의 방지에 그 목적이 있다. 그러나 이 원칙을 관철할 때에는 실제상의 불편과 불이익이 따르는 때도 있으므로, 예산회계법은 국가의 회계를 一般會計와 特別會計로 구분하여 국가활동에 관한 모든 세입 · 세출을 포괄하는 일반회계를 원칙으로 하되, 일정한 경우에는 예외적으로 특별회계를 설치할 수 있게 하고 있으며(9), 지방재정법도 일반회계와 특별회계로 구분하여 일정한 경우에는 특별회계를 설치할 수 있게 하고 있다(5). → 일반회계, 특별회계

예산회계제도심의회(豫算會計制度審議會) 예산회계의 제도 및 법규에 관한 중요사항을 연구 · 조사 · 심의하기 위하여 재정경제부에 설치된 기관(舊豫會 17Ⅰ). 그 조직과 운영에 관한 사항은 대통령령으로 정한다(17Ⅱ). 폐지되었다.

예선계약(曳船契約) 〔英〕 towage contract 〔獨〕 Schleppvertrag 〔佛〕 contrat remorquage 선박소유자가 선박(曳船)에 의하여 다른 선박(被曳船)을 曳行하는 계약. 曳船列의 지휘권이 예선에 있는 경우에는 海上物件運送契約이며, 피예선에 있는 경우에는 도급계약 또는 고용계약이 된다. 좁은 의미에서 예선계약이라고 하면 도급계약의 경우를 가리킨다. 예선에는 예선료지급청구권이 있고, 이것에는 船舶優先特權이 인정되어 있다(商 861Ⅰ i).

예선적 효력(豫先的 效力) 公定力과 같은 의미로 사용되는 개념으로서, 행정행위는 권한있는 기관이 직권으로 또는 쟁송절차를 통하여 취소할 때까지는 그 적법이냐 위법이냐의 여하를 불문하고 미리 잠정적으로 구속력이 있는 것으로 사실상 통용되는데 불과한 節次法的 效力을 의미한다.

예술원(藝術院) 藝術의 향상발전을 도모하고 예술가를 우대하기 위하여 구문화보호법에 의

하여 설치된 기관으로 현재에는 대한민국예술원법에 의해 大韓民國藝術院으로 대체.

예술(藝術)**의 자유**(自由) 〔獨〕 Freiheit der Kunst 예술의 연구·발표·논의의 자유. 국가권력의 압박에 의한 예술의 침체·왜곡·창조성의 억압을 방지하는데 그 목적이 있다. 이 자유의 의의 및 그에 대한 제한에 관하여는 學問의 自由에 있어서와 같다(憲 22, 37Ⅱ)(→학문의 자유). 뿐만 아니라, 영화와 연예에 대하여는 공중도덕이나 사회윤리를 위하여 事前審議 또는 審査를 받아야 한다(映畫法 12·13, 公演法 14의 2). →출판의 자유

예 심(豫審) 〔獨〕 Voruntersuchung 〔佛〕 instruction préparatoire 公訴의 제기후 피고사건을 공판에 부할 것인가의 여부를 결정하고, 아울러 공판에서 조사하기 어렵다고 생각되는 증거를 수집·확보하는 公判前의 節次를 예심이라고 하며, 구형사소송법에서 인정되었던 제도이다. 예심은 비공개로 피고인심문도 행하고, 변호인의 참여권도 인정되지 아니한다. 예심은 연혁적으로는 糾問節次의 잔재라고 할 수 있다. 즉 공판절차전에 예심판사가 비공개리에 일방적인 직권적 조사를 행하여 그 결과를 기재한 조서는 그대로 증거서류로서 후일 공판심리의 기초로 되었던 것이다. 따라서 예심제도는 當事者主義·辯論主義의 節次가 아니고, 피고인의 이익을 보호하는 제도가 아니다. 우리나라에서는 해방후 군정법령 제176호 형사소송법개정법률에 의하여 이를 폐지하였고, 현행형사소송법도 이를 인정하지 아니하고 있다.

예 약(豫約) 〔羅〕 pactum de contrahendo 〔獨〕 Vorvertrag 〔佛〕 avantcontrat, promesse 당사자의 일방 또는 쌍방 중의 어느 한쪽이 장래 희망할 때에는 일정한 내용의 계약을 체결할 것을 미리 약정하는 契約. 예약상의 채무의 이행으로서 성립하는 계약을 本契約이라 한다. 예약에는 두 가지 형이 있다. ① 일방이 본계약을 체결하겠다고 하는 청약을 하면 타방이 이를 승낙할 의무를 지는 것. 청약할 권리를 일방만이 가지고 있을 때에는 片務豫約, 쌍방이 가지고 있을 때에는 雙務豫約이라고 한다. ② 일방이 본계약을 성립시키려고 하는 의사표시(예약완결의 의사표시)를 하면 타방의 승낙을 요하지 않고 본계약이 성립하는 것. 이 完結權을 일방만이 가지고 있는 것을 一方豫約, 쌍방이 가지고 있는 것을 雙方豫約이라고 한다. 당사자는 그 원하는 바에 따라 이상 네 가지 것 중 어느 것이라도 유효하게 성립시킬 수 있다. 그러나 민법은 특히 매매의 일방예약에 관하여 규정하고(564), 이를 다른 有償契約 일반에 준용하므로(567), 만약 당사자의 의사가 분명치 않을 때에는 일방예약으로 추정하는 것이 타당할 것이다. 예약의 완결권은 假登記에 의하여 제3자에 대항할 수 있다. 본계약이 要式行爲인 경우는 그 방식을 필요로 하는 취지에 따라 예약은 혹은 無方式일 수도 있고(예컨대 어음行爲의 예약), 혹은 동일의 방식을 요하기도 한다(예컨대 贈與의 예약). →매매의 일방예약

예외법(例外法) 〔羅〕 ius singulare 〔獨〕 Ausnahmerecht 소수예외의 경우에만 적용되는 법. 原則法에 대립하는 말. 일반원칙인 法規는 보편성과 추상성을 면할 수 없기 때문에, 개개의 구체적 사례에 이것을 관철하면 오히려 불합리한 결과를 가져오는 경우에, 그 완화를 위하여 예외법이 두어진다. 원칙법인 민법 114조의 대리의 顯名主義에 대하여, 상법 48조에서 예외를 정하고 있는 것은 그 예이다. 예외법은 엄격하게 해석되지 않으면 안된다고 말하여지는 일이 있으나, 예외법에 관하여도 역시 擴張解釋이나 類推를 인정하여야 할 것이다.

예외(例外)**없는 관세화**(關稅化) 어떠한 품목에 대해서도 關稅 이외의 수입장벽을 부여하는 것은 허용되지 않는다는 우루과이라운드 協商에 있어서의 대원칙. 세계 각국은 농산물에 대해 수입금지조치, 輸入通關節次統制 등 갖가지 방법으로 수입을 제한해왔으나 UR타결(마르케시協定)로 각국은 이와 같은 조치들을 관세형태로 흡수할 의무를 지게 되었다.

예정공물(豫定公物) 도로예정지(道 7)·하천예정지(河 9) 등과 같이 아직 公物로서 필요한 요소를 갖추지 못하였으나, 행정주체가 장래에 공물로서 공적 목적에 供한다는 것을 미리 공적으로 결정해 둔 것. →공물

예정보험(豫定保險) 〔英〕 floating policy, open cover, open policy 〔獨〕 laufende Versicherung, Generalversicherung, Pauschalversicherung, Abonnementsversicherung 〔佛〕 assurance (police) flottante, police d'abonnement 保險契約 체결 당시에 보험계약의 내용에 관하여 개괄적으로 정하여 두고, 후일 그 내용이 확정되고, 또 위험이 개시한 때에 보험자가 당연히 위험을 담보하는 동시에 保險料請求權을 취득하는 모든 보험의 총칭. 이것은 보험계약의 예약이 아니고, 독립의 보험계약으로서 이른바 하나의 白地契約이다. 이 예정보험은 해상보험뿐 아니라 모든 보험계약에 대하여 존재할 수 있으나, 실제상 가장 많이 이용되고 있는 것은 海

上保險·航空保險(伊航 996 참조)이고, 특히 積荷保險·希望利益保險이 대부분을 차지하며 그 밖에도 集合保險·再保險에서도 행해지고 있다. 상법은 발생사적으로 가장 오랜 船舶未確定의(in quovis) 예정보험만을 규정하고 있다(704). 그러므로 그 밖의 예정보험에 대해서는 보험의 일반통칙 및 손해보험의 통칙규정을 적용하는 외에 당사자의 特約과 商慣習 내지 商慣習法에 따라 그 법률관계를 결정할 수 밖에 없다. 선박미확정의 예정보험은 보험계약의 체결 당시에 하물을 적재할 선박을 지정하지 아니한 보험이며, 이 경우에는 보험계약자 또는 피보험자가 그 하물이 선적되었음을 안 때에는 지체없이 보험자에 대하여 그 선박의 명칭, 국적과 하물의 종류·수량과 가액의 통지를 발송하여야 한다. 또 이 通知義務를 懈怠한 때에는 보험자는 그 사실을 안 날로부터 1월내에 계약을 해제할 수 있다(704).

예 합(預合) 見金과 더불어 株金納入을 가장하는 주된 수단의 하나로서 발기인이 납입취급은행으로부터 소요금액을 차입하여 이것을 납입금으로 충당하고 預入된 것으로 하되 이러한 예금은 還給되지 않는 것으로 발기인과 은행이 通謀하는 경우, 견금의 경우와는 달리 납입으로서의 효력이 없다는데 견해가 일치한다.

오가작통(五家作統) 조선 순종시대에 西敎(기독교)를 철저히 금지하기 위하여 제정된 제도. 이는 다섯집을 1統으로 하여 이른바 隣保自治的으로 기독교를 금지하는데 그 목적이 있었다.

오권헌법(五權憲法) 孫文의 三民主義思想을 기초로 한 중화민국헌법의 權力分立主義를 말한다. 여기에서 5권이란 立法權·行政權·司法權·考試權·監察權 등을 말한다.

오공비리특위(共非理特委) 1988년 6월 27일에 이기택의원을 위원장으로 하여 구성된 제13대 국회의 제5공화국에 있어서의 政治權力型非理調査特別委員會의 약칭. 산하에 4개의 小委員會를 두었던바 제1소위는 정치권력상의 비리, 제2소위는 경제비리, 제3소위는 인권 및 인사비리, 제4소위는 사회 및 기타 비리를 다루게 되었다. 일해재단, 새세대심장재단, 전씨일가해외재산도피, 연희동 사저, 노량진수산시장·국제그룹 등 부실기업정리, 삼청교육대, 노드롭항공기 도입스캔들 등 44건을 대상으로 수차의 聽聞會가 열렸으나 난항을 거듭하다가 1989년 12월 31일 여야합의에 따라 국회증언대에선 전두환대통령의 비리에 대한 직접적인 개입을 전면 부인함으로써 5共非理의 문제는 유야무야 되었다.

오례의(五禮儀) 正名은 國朝五禮儀. 조선시대에 시행한 五禮의 의식에 관한 규정. 五禮라 함은 吉·嘉·賓·軍·凶의 5종의 예이다. 吉禮는 祭祀, 嘉禮는 冠婚祝賀, 賓禮는 外交, 軍禮는 軍事, 凶禮는 喪葬에 관한 것이다. 본서는 世宗代에 편찬을 개시한 것이며, 世祖代에 일시 經國大典 禮典에 병합시켜 규정하고자 하였으나, 五禮規定 자체가 방대하므로, 별도편찬을 계속 진행하여 成宗元年에 일단 경국대전을 탈고한 후에 申叔舟·姜希孟·鄭陟 등 학자에게 명하여 본서의 편찬을 완성시킨 것으로 동 5년에 撰集이 완료되었다. 본서는 序例五卷, 儀注八卷으로 구성되어 序例, 儀注가 모두 각 五禮를 규정하고 있는 바, 규정의 성질로 보아 序例는 총편적인 규정이고, 儀注는 각론적인 규정으로 각종 의식의 절차를 구체적으로 규정하고 있다. 본서는 조선시대의 基本禮書로 국가대소의 의식과 연중행사를 규정하고 이를 엄수집행한 것이다. 規範인 점으로는 法典과 동일한 것이며, 制裁規定을 포함하고 있지 않는 점이 다를 뿐이다. 그러나 禮書의 규정 중 중요한 것을 추려서 위반할 경우에 처벌하는 제재규정이 律과 大典에 규정되어 있을 뿐 아니라, 각종 受敎로 이를 강제하고 있었으므로, 律과 典의 뒷받침으로 禮는 勵行되었던 것이다. 시대의 경과에 따라 國朝五禮儀 중의 규정을 폐지 또는 변경할 필요가 생겨 영조 20년에 李宗城 등에 명하여 이를 보충하는 國朝續五禮儀를 편찬하였다.

오르도낭스 〔佛〕ordonnances 프랑스의 왕조시대에 국왕의 立法權에 기하여 제정된 法令·勅令·條例. 이른바 앙샹 레짐시대에 있어서는 권력의 분립은 없고 입법·사법·행정의 3권은 모두 국왕의 일신에 속하였으므로, 오르도낭스가 입법이냐 행정상의 처분이냐의 한계는 명료하지 않다고 한다. 루이 14세의 시대에는 法制의 개혁 및 국내통일의 목적에서 법전의 체재를 갖춘 것이 여러가지 제정되었다. Ordonnance sur la procédure civile (1667), O. sur la procédure criminelle(1670), O. sur la marine(1681) 등.

오번제(制) 〔英〕Auburn system 晝間雜居·夜間獨居의 拘禁制를 말한다. 이 제도는 미국 뉴욕주 오번시에서 1823년에 이루어졌기 때문에 오번制라고 한다. 또 이는 주간잡거·야간독거라는 점에서 半獨居制라고도 하며, 晝間雜居時에는 서로의 악습의 감염을 피하기 위하여 철저한 침묵을 지키도록 하므로 沈默制라고도 한다. 오번 교도소에서는 獨居拘禁制에서 오는 惡疾不勞受刑者의 폐단을 방지하기 위하여, 수형자를 3계급으로 구분하여, 제1계급은 가장 악질적 범죄인으로서 서편실바니아 교도소에서와 같이 晝夜間獨居拘禁을 행하였고, 제2계급은 비교적 선량한 범죄인으로서 일부의 시간은 獨居, 일부의 시간은 개별적 노동을 부과하였으며, 제3계급은 가장 개선가능한 범죄인으로서 夜間獨居·晝間集團勞動을 실시하였는데, 오번제는 이 제3계급에게만 실시하던 구금형식을 전면적으로 도입한 제도인 것이다.

오 복(五服) 五等의 喪服. 斬齋(3年), 齋衰(1年), 大功(9月), 小功(5月), 緦麻(3月)의 五服. 唐令服制令에 父斬衰三年, 母齋衰三年, 祖父母·伯叔母·姑兄弟齋衰周年, 同堂兄弟大功九月, 再從伯叔母姑兄姉小功五月, 三從伯叔父母姑兄姉緦麻三月, 此謂五服이라 하여, 喪禮의 五服은 중국사회에서 뿐만 아니라, 우리나라에서 엄중히 적용되어 왔다. 경국대전을 보면 禮典에 五服條를 설정하고 부모·조부모·계모·양부모 기타 친족·외족·처족·부족·첩·三殤·出嫁女 등에 관하여 五服制의 적용을 상세히 규정하고 있는 것이다.

오블리가치오 〔羅〕 obligatio 로마법상 債權·債務·債務關係 등을 의미한다. 유스티니아누스帝의 법에 의하면, 채권은 우리가 우리나라의 법에 의하여 어떤 물건을 변제할 필요에 구속되는 법의 사슬이다(Inst. 3. 13. pr.)라고 정의하였으며, 채권의 본질은 有體物 또는 役權을 나의 것으로 하는데 있는 것이 아니고, 타인을 강제하여 나에게 어떤 물건을 주게 하고, 또는 어떤 일을 시키고, 또는 결부시키는데 있다(D.44.7.3.pr.)라고 하였다. 고전시대에는 오블리가치오와 訴權(악치오)은 상관관계에 있어 오블리가치오가 어떠한 實體關係(契約·不法行爲 등)에서 발생하는가는 소송상 어떠한 실체관계를 기재한 方式書(→방식서소송)의 사용이 허용되는가에 달려 있었으며, 또 각종의 오블리가치오는 방식서의 종류에 따라서 개별화 되어 있었다. 따라서 로마의 계약법에서는 단순한 합의가 그 자체로서 소송에 의하여 보호를 받는다는 일(方式自由의 原則)은 있을 수 없다(빡뚬). 소권이 없는 오블리가치오의 존재는 생각할 수 없지만, 이미 고전시대 이래, 소권의 보호를 받지 못하고 따라서 오블리가치오로서는 성립할 수 없는 계약관계 중의 어떤 것(노예를 주체로 하는 채무 등)에 일정의 법적 효과가 인정되었는데, 이것을 오블리가치오 나뚜랄리스(obligatio naturalis) (이른바 自然債務)라고 불렀다. 그러나, 비잔틴기에는 오블리가치오를 訴權의 어머니라고 말하고, 채무관계라는 실체관계가 소권에 앞서는 것이라고 하는 이론이 나타났다.

오비터 딕텀 〔羅〕 obiter dictum(복수는 dicta) 附隨的 意見, 傍論(a saying by the way), 영미법상 사용되는 말. 판결에 있어서의 판사의 의견 중에서 判決理由(레이시오 데시덴다이)로 볼 수 없는 부분, 즉 사건에 의하여 제공된 것이지만 판결할 필요가 없는 법률문제에 관하여 진술한 판사의 의견으로서, 판례 중에서 先例로서의 拘束力을 가지지 않는 부분을 말한다. 다만 說得的 典據(persuasive authority)로서, 재판의 실제상에는 영향을 가지기도 한다.

오상과잉방위(誤想過剩防衛) 〔獨〕 Putativnotwehrexzeß 현재의 부당한 침해가 없음에도 불구하고 존재한다고 오신하고 상당성을 넘는 방어행위를 한 경우. 誤想防衛와 過剩防禦가 결합된 경우이다. 여기서 문제는 오상과잉방위의 경우에도 형법 21조 2항의 방위행위가 그 정도를 초과한 때에는 情況에 의하여 그 형을 감경 또는 면제할 수 있다는 규정과 21조 3항의 경우에 그 행위가 야간 기타 불안스러운 상태하에서 공포·경악·흥분 또는 당황으로 인한 때에는 벌하지 아니한다는 규정을 적용할 것인가에 있다.

오상방위(誤想防衛) 〔獨〕 Putativnotwehr 정당방위의 요건인 사실, 즉 자기 또는 타인의 法益에 대한 현재의 부당한 침해가 없음에도 불구하고, 이것이 있다고 오신하여 방위행위를 하는 것. 錯覺防禦라고도 한다. 違法性의 事實(또는 違法性阻却事由)에 대한 착오이며, 사실의 착오로서 고의가 조각된다는 설과 法律의 錯誤(禁止의 錯誤)라고 보는 설(刑 16 참조)이 대립한다.

오상범(誤想犯) 〔獨〕 Wahnverbrechen → 환각범

오상피난(誤想避難) 〔獨〕 Putativnotstand 긴급피난의 요건인 사실, 즉 자기 또는 타인의 법익에 대한 현재의 위난이 없음에도 불구하고, 이것이 있다고 오신하여 피난행위를 하는 것. 錯覺避難이라고도 한다. →오상방위

오스트리아국가조약(國家條約) 1955년의 5월 15일 빈에서, 미국·영국·프랑스·구소련 등 4점령국과 오스트리아와의 사이에 조인된 독립적이고 민주적인 오스트리아의 재건을 목적으로 하는 條約. 독일과 오스트리아의 合併(Anschluss)은 무효라고 하는 취지에서, 平和條約이 아니라 主權回復條約이라 하는 것이며, 이에 의하여 오스트리아는 1938년 3월 15일 히틀러국방군의 침입이래, 17년만에 독립국으로 되었다. 전문 이하 38조로 되어 있고, 4대국에 의한 오스트리아재건의 승인(同

條約 1)과 독립의 존중·유지(2), 독일에 의한 오스트리아의 獨立承認(3), 독일·오스트리아 합병의 금지(4), 나치조직의 해체(9), 구나치분자 등의 오스트리아군대취역의 금지(12), 원자·세균·화학병기 등의 금지(13), 점령군의 본조약발효후 90일이내 및 1955년 12월 31일 이내의 철퇴(20), 4대국점령지역 내의 오스트리아재산의 반환(27) 등을 규정하고 있다. 또한 오스트리아는 스스로 永世中立宣言을 발하고, 이에 따라 헌법을 개정하였다.

오스트리아민법(民法) 정확히는 오스트리아普通民法典(Das allgemeine bürgerliche Gesetzbuch für das Kaisertum Österreich, 약칭하여 ABGB). 프로이센普通國法, 프랑스민법에 이어 1811년에 성립한 大民法典. 전자가 지방법이 없는 경우에 보충적으로 적용되는 것임에 대하여, 이는 전영토에 대하여 제1차적으로 적용되는 것인 점에서, 후자와 동일한 통일민법으로서의 의의를 가진다. 입안의 중심자는 차일러(Zeiller). 근세의 自由主義思想, 특히 칸트적 自然法論의 영향을 받고 있는 점을 특색으로 하며, 수차 개정되었다.

오스트리아헌법(憲法) 원래는 제1차세계대전에서의 패전으로 인한 오스트리아·헝가리제국의 붕괴의 결과 1920년 10월 1일 國民議會에서 가결하여 1920년 11월 10일에 효력을 발생한 聯邦憲法이지만, 그 후 1925년 7월 30일의 개정(10월 1일에 발효)를 거쳐 1929년 12월 7일에 통과되어 동년 12월 11일에 공포된 대개정을 포함한다. 1920년의 연방헌법과 1929년의 연방헌법은 국가형태가 민주공화국이라는 점, 조직형태가 연방국가라는 점에서는 공통하나 전자가 議會主義的 民主主義였던 데 대하여, 후자는 연방대통령이 연방의회에서가 아니라 연방국민으로부터 직선된다는 점, 대통령이 국민의회의 召集權과 制限的 緊急命令權을 가지고 있다는 점에서 다르다. 1929년의 연방헌법은 1934년의 5월 1일 나치즘을 기초로 하여 제정된 소위 1934년의 헌법에 의하여 실효되었다가 1943년 11월의 모스크바선언에 힘 입어 레너에 의하여 수립된 오스트리아 假政府(provisorische Staatsregierung)의 1929년 연방헌법을 다시 유효케 하는 헌법(Verfassungsgesetz von 1. Mai 1945 über das neuerliche Wirksamwerden des Bundes-Verfassungsgesetzes in der Fassung von 1929)으로 부활되었다. 이 헌법의 특색은 共和制(1)·聯邦制(2)를 채택한 점과 憲法裁判所를 설치한 점(137~148)이다. 현행 오스트리아헌법은 1929년의 연방헌법과 오스트리아의 중립에 관한 연방헌법으로 구성되었고, 후자는 1955년의 平和條約에 의한 오스트리아의 완전독립이 실현될 무렵 오스트리아인의 中立希求에 따라 1955년 10월 26일에 제정된 것이다.

오염방지대(汚染防止帶) 〔英〕·〔美〕 anti-pollution zone 캐나다는 1970년 4월 Arctic Waters Pollution Prevention Act of 1970을 제정하여 북극해의 100해리에 걸쳐서, 人類共同資源(common resources)의 보호를 위한 汚染防止水域을 선포하였으며, 이 수역에서 캐나다는 汚染防止官(pollution prevention officer)을 임명하여 경찰권을 행사하도록 하고 있다.

오 이 시 디 〔英〕 Organization for Economic Cooperation and Development(OECD) 경제협력개발기구의 영문표기.

오이타나지 〔獨〕 Euthanasie 안락사와 같다.

오 지(奧地) 도시로부터 상당한 거리에 떨어져 있는 지역으로서 교통이 불편하고 주민의 소득수준과 생활수준이 현저히 낮은 지역 중 대통령령으로 정하는 요건에 해당하는 지역을 말한다(奧地開發促進法 2).

오 청(五聽) 訴訟을 심리하는 5종의 방법. 辭聽·色聽·氣聽·耳聽·目聽의 5종을 말한다. 周禮秋官小司寇에 以五聲, 聽獄訟, 求民情, 一曰辭聽, 二曰色聽, 三曰氣聽, 四曰耳聽, 五曰目聽에 出典이 있으며, 漢書刑法志 역시 敍上 五聽을 수록하고 있다. 오청의 의미는 피고인의 동작과 태도를 중요시할 것을 지적한 것으로, 피고인의 언어, 안색, 숨쉬는 것과 듣는 태도, 눈치 등을 주의하여 재판한다는 것이다. 재판관의 직권적인 조사, 증거의 주관적 판단을 강조하는 사상에서 오는 訴訟原理라 볼 수 있다.

오토크래시 〔英〕 autocracy 국가의 모든 권력을 지배자의 일신에 집중시키고, 그 지배자는 어떠한 법률적 구속도 받는 일이 없이 스스로의 自意가 명하는 대로 자유로이 국가권력을 운용할 수 있는 것과 같은 政治方法이다. 立憲政治에 대응한다.

오판배상(誤判賠償) 형사보상과 같다.

오페크 〔英〕 Organization of the Petroleum Exporting Countries(OPEC) →석유수출국기구

오픈가격(價格) 〔英〕 open price 상품제조사가 자회사 제품에 希望小賣價格이나 標準小賣

價格을 정하지 않고 소매업자가 시장동향에 따라 독자적으로 붙이는 가격.

오픈 숍 〔英〕 open shop 넓은 뜻의 클로즈드 숍에 대응하는 것으로서, 근로자의 채용·해고 기타의 근로조건에 관해서, 노동조합에 가입한 근로자와 가입하지 아니한 근로자와의 사이에 조금도 차이를 두지 아니하는 工場事業場을 말한다. 그러나 실제로는 조합원을 불이익하게 취급하기 쉬운 것이며, 사용자도 이를 노리고 있다. 미국에서는 클로즈드 숍에 반대하는 사용자들이 American Plan이라고 하여 이를 주창하고 있다. → 유니온 숍

오픈 앤드 모게지 〔英〕 open and mortgage 開放式擔保社債. 사채의 최고발행액을 정하고, 이에 대하여 미리 담보권을 설정하고, 그 額에 달할 때까지 수회에 분할발행하며, 각회의 사채가 동일순위의 담보권을 가지는 것. 擔保附社債의 한 형태로서, 미국법을 모방하여 담보부사채신탁법에서 채용된 제도이다. 최근의 사채는 대부분 이 종류의 것이며, 분할발행의 경우, 다른 담보의 설정 또는 후순위의 담보의 설정을 구제할 수 있다. 이것을 발행하는 경우에는, 信託證書(14, 15)·사채모집의 공고·채권·사채원부 등에 그 뜻을 기재하고(17 Ⅱ, 31iii, 36Ⅱ 등), 최종회의 발행은 신탁증서작성일로부터 5년 이내에 할 것으로 되어 있다(26). 社債權者集會에 관하여는 각 回別의 집회도 인정되고 있다(58).

오피스 미니스떼리엘 〔佛〕 offices ministériels 법원부속 관직. 프랑스의 公證人·아부에·破棄裁判所(Cour de cassation) 변호사·집행관·법원서기 등. 전임자의 추천에 의하여 원수가 임명하는데, 이 직업은 일종의 株와 같이 매매되어, 無體動産的 性質을 가진다고 이해되고 있다. 사법기관에 종속하느냐 않느냐에 따라 좁은 뜻의 오피스 미니스떼리엘과 오피스 퍼블리끄(offices publiques)로 나누는 경우도 있다.

오 형(五刑) 5종의 刑罰. 고래로 5종의 형을 규정하고 있지만, 그 내용은 시대에 따라 다르며, 寬嚴도 동일하지 않다. 5刑의 기원에 대하여는 여러가지 설이 있는데, 堯舜時代의 5刑은 墨·劓·剕·宮·大辟의 5종이며, 明于五刑, 以弼五敎(書, 大禹謨)라 하여 형의 목적이 5敎를 돕는데 있다고 하고 있다. 周代의 5刑은 형의 종류는 동일하나, 呂刑에 五刑之屬三千이라 하여 수없이 刑의 分化가 있었다고 한다. 秦의 5刑은 黥·劓·斬左右趾·梟首·菹其骨의 5종이며, 後周의 五刑은 대폭 완화하여 杖·鞭·徒·流·死의 5종을 되었다.隋唐 이후는 笞·杖·徒·流·死의 5종으로 고정되고, 隋開皇律·唐律은 笞·杖·徒·流·死의 五刑을 규정한 것이다.

옥외광고물(屋外廣告物) 常時 또는 일정기간 계속하여 公衆에게 표시되어 공중이 자유로이 순행할 수 있는 장소에서 볼 수 있는 것으로서 간판·입간판·현수막·벽보·전단 기타 이와 유사한 것을 말하며(屋外廣告物 등 管理法 2 i), 미관풍치와 미풍양속을 유지하고 공중에 대한 위해를 방지해야 한다. 광고물 등에 관한 중요사항을 심의 하기 위해 허가 또는 신고관청에 廣告物管理審議委員會를 둔다(7).

옥외집회(屋外集會) 도로·광장 등 천장이 없거나 사방이 폐쇄되지 아니한 장소에서 행하는 集會. 옥외집회를 개최함에는 관할 경찰서에 신고함을 요하며(集會 및 示威에 관한 法律 6). 국회의사당, 각급 법원, 국내 주재 외국의 외교기관 등의 일정한 지점으로부터 주위 100미터 이내의 장소에서의 집회는 금지된다(11).

온 천(溫泉) 地下水의 일종. 온천법에 의하면 온천은 지하로부터 용출되는 섭씨 25도 이상의 온수로서 그 성분이 인체에 해롭지 아니한 것을 말한다(2). 온천법이 제정되기 전에는 토지소유자가 그 소유지 안에서 솟아나는 온천을 土地所有權의 내용으로 자유로이 처분할 수 있는 것이 원칙이었고(民 212), 저명한 온천지에서는 관습상 토지소유권으로부터 실질적으로 독립된 溫泉利用權이 성립되어 이 온천이용권은 일종의 원천·수도사용권으로서 관습상의 물권의 일종으로 보아 왔다(185). 온천법의 제정으로 온천지구 안에서 온천을 용출시킬 목적으로 토지를 굴착하고자 할 때에는 시장·군수의 허가를 받도록 하였다(溫泉法 8).

올레롱해법(海法) 〔英〕 Rôles ou Jugements d'Oleron 프랑스서해안 올레롱도의 海法. 12·3세기경의 同島 海事裁判所의 판결을 수록하여 만들어진 것이라고 한다. 벨기에·네덜란드·영국 등에도 계수되었으나, 특히 위스비海法에 의하여 계수된 北歐에 다대한 영향을 주었다.

옴부즈만제도(制度) 〔英〕 Ombudsman 옴부즈만(Ombudsman)은 본래 1809년의 스웨덴 헌법 97조에 의해 설치된 기관으로서, 스칸디나비아諸國에서 일반화되고 있는 이 제도가 세계의 여러 나라에 보급되게 된 것은 1980년 이후의 일이다. 옴부즈만은 스웨덴어로서 代理人(agent)을 의미하고 있다. Ombud에 해당하는 영어에는 agent

이외에도 representative-attorney, solicitor, deputy, proxy, delegate 등이 있다. 그러나 제도로서의 옴부즈만은, 요컨대 違憲 내지 不正한 行政活動에 대하여 非司法的인 수단으로 국민을 보호하는 官職 정도로 정의할 수 있다. 그러한 의미에서 Ombudsman을 우리말로 護民官으로 호칭함도 의미있는 일로 생각된다. 다만 아직 호민관이라는 용어가 우리나라에 정착된 것 같지는 않다. 옴부즈만의 任命權者는 본래 議會라는 점이다. 따라서 덴마크의 옴부즈만은 정식으로는 Folketingets Ombudsman, 즉 國會(Folketing)의 옴부즈만이며, 영국에서는 Parliamentary Commissioner라고 부르고 있다. 현행 행정규제 및 민원사무기본법상의 國民苦衷處理委員會의 임무는 그 기능면에서 이 제도와 유사하다.

와그너법(法) 〔英〕 Wagner Act 1935년 뉴딜정책의 일환으로서 성립된 미국의 勞動組合保護立法. 정확하게는 全國勞動關係法(National Labor Relations Act)이라고 부른다. 자유로운 단체교섭의 보호와 노사의 교섭력의 평등화에 의하여, 저임금·저물가의 불공정경쟁을 배제하고 불황을 극복하기 위하여 州際産業의 근로자에게 노동기본권을 보장하고, 이를 침해하는 사용자의 부당노동행위의 금지, 적정교섭단위의 제정, 교섭대표선거의 관리를 실시하는 전국노동관계위원회를 설치하고, 産業別 組合運動 특히 C. I. O.계조합의 약진과 조합정치활동의 발전에 다대한 영향을 주었다. 그러나 이후 이와 같은 노동조합운동장려정책에도 약간의 전환을 표시하고 노사의 세력과 교섭력의 대등성유지의 견지에서부터 와그너법을 수정하여 1947년 全國勞使關係法(Labor Management Relations Act, Taft-Hartley Act)이 제정되어 오늘날의 현행법으로 되어 있다. → 태프트·하틀리법

와르소 옥스포드규칙(規則) 〔英〕 Warsaw Oxford Rules C. I. F.約款의 통일을 목적으로 하는 규칙. 국제사법학회가 1928년의 와르소규칙을 기초로 하여, 1932년에 옥스포드회의에서 작성한 것. 영·미의 판례관행을 고려하여 작성한 것으로서, C. I. F.賣買에 있어서의 권리의무관계를 상세하게 규정한다. 거래관계자의 임의적 채택을 예정하고 있으나, 차츰 해상거래계에 있어서 중요한 역할을 하게 되기에 이르렀다.

와르소조약(條約) 동유럽우호상호원조조약과 같다.

옹 주(翁主) 임금의 庶女 또는 세자 빈 이외의 임금의 며느리. 옹주는 구황실재산법에 의하여 국가로부터 매달 일정한 생활비를 지급받는다(舊皇財 4).

와수사(囮搜査) 미끼를 사용하여 범죄를 敎唆하고 범인이 범죄를 실행하는 것을 기다려 가지고 즉시 이를 체포하는 陷穽搜査의 일종. 마약법 위반과 같이 상습적으로 범죄가 행해지고 있으나 그 증거를 수집 또는 포착하는 것이 어려울 때 상용된다. 범죄를 교사하는 것은 개인의 행복추구의 권리를 침해하는 것이므로 국가는 이를 처벌하지 못한다는 설과 당연히 有罪라는 설이 있다.

와이스튀머 〔獨〕 Weistümer 중세 독일 莊園法의 기록. → 호프레히트

와이어 태핑 〔英〕 wire-tapping 전화의 盜聽을 말한다. 적부를 둘러싸고 논쟁되어 왔는데, 1934년의 미국 聯邦通信法(Federal Communications Act)에서 원칙적으로 이를 금지하기에 이르렀다. 그러나 아직도 동법의 해석을 둘러싸고 많은 문제가 해결을 기다리고 있다. 우리 헌법상으로는 통신의 비밀(18)에 전화의 비밀이 포함되는가와 관련하여 와이어 태핑의 違憲與否가 논의되고 또 전화의 도청에는 법관의 영장이 필요한가(12Ⅲ참조) 등이 문제되며, 형사소송법상으로는 도청에 의하여 수집한 증거의 證據能力이 문제된다. 그러나 통신비밀보호법에서는 다음과 같이 규정하고 있다. 통신비밀보호법 3조 규정에 위반하여, 불법감청에 의하여 知得 또는 採錄된 전기통신의 내용은 재판 또는 징계절차에서 증거로 사용할 수 없다(4).

완매채(完賣債) 채권거래 당사자가 일정기간 후에 약속한 가격에 還買受渡할 것을 조건으로 채권을 買受渡하는 매매행위. 형식상으로는 채권을 매매하는 還買債의 거래방식을 취하고 있으나 실질적으로 거래내용은 채권을 매개로 資金貸借가 이루어진다. 매수자는 약정된 매매차익을 이자로 취하게 되는데 이때 적용되는 금리는 자금시장의 수급상황에 따른다. 還買受者는 법인으로 하고 還賣渡者는 개인이나 법인으로 한다.

완 문(完文) 일방적으로 완문이라 함은 관청에서 작성하여 발급하는 공증력 있는 公文書이다. 완문에는 3종이 있는데, 첫째는 부동산상의 권리의 존부에 관하여 쟁의가 생겼을 때 소관관청에서 재결하여 발급하는 문서. 즉 일종의 司法處分文書에 해당하는 것이고, 둘째는 납세의무자가 課稅地災害로 인하여 免稅를 소관관청에 신청하여 그 認許를 표시하는 문서를 받는데, 동문서를 완문이라고도 하여 일종의 行政處分文書에 해당하고, 셋째는 國有地賭租의 수납방법으로 소관관청으로부터

경작인에게 발급되는 문서로 역시 행정처분문서에 속한다.

완전고용(完全雇傭) 〔英〕 full employment 완전고용이라 함은 노동력·생산수단·자본 등의 生産因子가 모두 쉬지 않고 생산과정에 이용되고 있는 상태를 가리키지만 보통은 1國의 노동력이 모두 고용되어 생산활동에 종사하고 있는 상태를 뜻한다. 이는 자본주의 위기의 시대에 등장한 관념으로서 실업의 向上性의 극복이라는 문제성을 반영 내포하고 있다. 영국의 雇傭白書에서는 높은 안정과 고용수준이라고 해석되고 있다. 케인즈는 非自發的 失業이 존재하지 않는한 완전고용이라고 한다.

완전상인(完全商人) 〔獨〕 Vollkaufmann 小商人에 대하여 보통의 상인을 지칭하는 용어.

완전수용(完全收用) 토지를 사용하는 경우에, 그 사용이 3년 이상이거나, 사용으로 인하여 토지의 形質을 변경할 때 또는 사용하고자 하는 토지에 토지소유자의 건물이 있는 경우에, 그 토지소유자의 청구에 의하여 당해 토지를 收用하는 것을 말한다(土收 48Ⅱ). 완전수용의 청구권은 토지소유자만이 가지며, 기업자 및 관계인은 그 수용청구권을 가지지 아니하고, 관계인은 토지소유자가 완전수용을 청구한 경우에는 관할 土地收用委員會에 대하여 그 권리의 존속을 청구할 수 있다(48Ⅲ).

완전쌍방적 저촉규정(完全雙方的抵觸規定) 〔獨〕 volkommene zweiseitige Kollisionsnorm 抵觸規定의 한 형식. 涉外的 私法關係에 적용할 법률을 내국법이 적용될 경우에만 한정하지 않고, 일반적으로 內外法의 적용관계를 규정한 형식이다. 예컨대 섭외사법 6조 1항이 사람의 능력은 그 본국법에 의하여 이를 정한다라고 규정하여, 능력에 관하여 적용될 법률을 널리 일반적으로 정하는 경우와 같다. 이러한 종류의 규정은 이탈리아·그리스·브라질·중국·일본 등의 國際私法規定 중에 많고 우리 섭외사법 6조 이하의 규정도 원칙적으로 이에 속한다. 국제사법의 본질과 기능에 비추어 가장 이상적인 형식이다. 一般的 抵觸規定 또는 限界規定이라고 한다.

완전(完全)**어음** 〔獨〕 vollkommenes od. absolutes Wechsel 어음법이 요구하는 요건을 완전히 구비하고 있는, 또는 요건이 흠결한 경우에 補充規定(2·76, 手票 2)에 의하여 보충된 어음. 法定要件의 어느 것을 결하여 무효로 되는 불완전어음 및 요건이 완전히 구비되지 않았으나 그 보충이 예정되어 있는 未完成어음(unfertiger Wechsel)과 구별된다. 이러한 것들은 어음의 유효·무효의 문제, 어음要件의 보충의 문제가 생기나 완전어음에는 이러한 문제가 생길 여지가 없다.

완전유가증권·불완전유가증권(完全有價證券·不完全有價證券) 完全有價證券(〔獨〕 vollkommenes Wertpapier)이라 함은 증권이 표창하는 권리의 발생·이전·행사의 어느 것이나 각각 증권의 작성·이전 또는 점유를 필요로 하는 유가증권을 말한다. 絶對的 有價證券(absolutes Wertpapier)이라고도 하며, 어음·수표가 그 適例이다. 이에 대하여 권리의 발생·행사·이전의 일부만이 증권에 의하여 행하여 짐을 요하는 유가증권을 不完全有價證券(〔獨〕 unvollkommenes Wertpapier) 또는 相對的 有價證券(relatives Wertpapier)이라고도 한다. 화물상환증·창고증권·주권 등은 불완전유가증권이라고 보는 것이 통설이다. 완전·불완전유가증권의 구별은 증권이 表彰하는 권리와 증권과의 관계의 疎密 또는 結合의 형태에 의한다.

완전충돌규칙(完全衝突規則) 국제사법상 사람의 능력은 그 본국법에 의한다고 하는 것과 같이 內國法과 外國法의 적용을 併行的으로 규정한 충돌규칙.

완충재고(緩衝在庫) 상품의 價格安定과 需要를 조정하기 위한 재고. 가격이 폭등하면 現物을 방출하고 반대로 가격이 폭락되면 현물을 매입하여 가격안정을 꾀한다. UNCTAD 등은 선진국에 대해서 1차산품의 수출국으로 하여금 국제시세의 대폭 변동을 막고 자국의 수출소득안정을 위해 1차산품의 국제완충재고를 마련할 수 있도록 하는 共同基金을 설립할 것을 요구하고 있다.

완충지대(緩衝地帶) 〔英〕 demilitarized zone 대립하는 국가간의 전쟁 또는 충돌의 위험을 예방하기 위하여 대립하는 당사국간의 合意 또는 협정에 의하여 그 중간에 설치하는 일정한 지대. 非武裝地帶라고도 한다. 1953년 7월 23일 판문점에서 조인된 공산군과 국제연합군과의 휴전조약에 의거하여 설정된 비무장지대(DMZ)가 이에 속한다.

완충지역(緩衝地域) 自然環境保全法上의 自然生態系保存地域에 연속되는 당해 보전지역 밖의 일정한 지역으로서 그 지역 밖의 자연환경에 대한 자연적 파괴 또는 인위적인 훼손이 동 보전지역에 미치는 환경상의 영향을 완화시키거나 동 보존지역에서 서식하는 생물의 이동, 동 보전지역의 확장 등에 대비한 豫備空間(自然環境保全法 2 xiv)을 말한다.

완전항소주의(完全抗訴主義) 制限抗訴主義에 대하는 말. 抗訴審의 제1심과는 관계없이 스스로 소송자를 모아서 제1심과는 별개로 사건의 심리는 다시 하는 覆審主義로서 更新權의 무제한으로 인정된다. 우리 현행 민사소송법의 복심제는 독일법에 따른 것으로 事後審과 覆審의 절충적 형태라고 할 수 있으나 更新權을 인정한 점에서 완전항소주의에 가깝다고 한다.

왕고회담(汪辜會談) 중국에 대한 민간접촉을 맡고 있는 대만의 半官營機構인 海峽交流基金會와 대만에 대한 중국의 접촉기구인 海峽兩岸關係協會가 1993년 5월 싱가포르에서 가진 최초의 공식회담. 중국과 대만은 상호교류와 협력을 증진한다는 원칙에 합의한 양국간의 최초의 공식회담이다.

왕권신수설(王權神授說) 〔英〕 divine right theory of kings 군주의 권력의 근거를 신의 의사에서 찾는 학설. 暴君放伐論·人民抵抗權論에 대한 이론. 君權神授說·國王神權說이라고도 한다. 군주의 절대권을 합리화시키기 위하여 주장된 이설에 의하면 군주의 권력은 신이 수여한 것이므로 인민은 이에 절대복종해야 할 의무를 진다는 것이다(예 : 영국의 필머(R.B. Filmer), 프랑스의 보슈에(J.B. Bossuet) 등). 영국에서는 특히 제임스1세에 의하여 실제정치상 주장되었는데, 국회의 강한 반대로 말미암아 양자간에는 격렬한 투쟁이 일어나고, 드디어는 內亂 및 名譽革命에 의해 국회의 승리로 끝을 맺었다. 國民主權思想이 팽배해짐에 따라 이 이론은 그 자취를 감추고 말았다.→폭군방벌론

왕립재판소지원(王立裁判所支院) 영국의 사법기관의 하나. 영왕립재판소지원은 그 刑事및 控訴裁判權에 부가하여 보통법상의 모든 부류의 소송사건에 관계하여 지고 大權上의 命令이란 수단에 의하여 하급법원 및 여러 사법기관들을 감독할 권한을 가지고 있다. 이 기관은 이전에 세개의 보통법 재판소가 가졌던 재판권도 행사하고 있다. 이 법원은 민사사건에 관하는 한 런던과 미들섹스에 대하여는 巡廻裁判所로서 행세하고 있고 不可繼受의 잡다한 사건이 순회재판소에서의 심리와 동등한 성격을 지니는 영왕립재판소 지원에 의해서 런던에서 심리된다.

왕좌재판소(王座裁判所) 〔英〕 Court of King's Bench 民事·刑事 쌍방에 관하여 일반적 제1심관할권을 가지고 있었던 普通法裁判所. 원래는 국왕이 스스로 臨席한데서 이 이름이 생겼다. 따라서 국왕과 함께 이동하였었다. 裁判所法(Judicature Act, 1873년)에 의하여 폐지.

외견입헌주의(外見立憲主義) 〔獨〕 Scheinkonstitutionalismus 1814년 헌법하의 프랑스, 프로이센왕국, 구헌법하의 일본 등과 같이, 絶對君主制와 民主政治의 정치적인 타협을 그 지도원리로 하고, 형식적·외견적으로는 입헌민주적 요소를 가미하지만, 실질적·내용적으로는 保守反動的 色彩가 강한 입헌군주제. 즉, 국민의 대의기관인 의회를 두어 민주적 요청을 어느 정도 만족시키면서도, 어디까지나 군주주권의 원리를 인정하고, 군주는 국가원수이며, 통치권의 總攬者라는 입장을 고집하여, 독립명령·긴급명령·조약체결·선전·계엄선포·군통수·행정관제·관리임면·영전수여·비상대권 등을 이른바 大權事項으로서 군주에게 유보하고, 군주(政府)를 가능한 한 의회에 의한 제약으로부터 자유롭게 하려는 비민주적 정신을 기본으로 하고 있었다. 그 위에, 의회의 상원은 왕족·귀족 등의 이익대변의 기관이었으며, 의회(下院)는 政府不信任權이 없으면서도 군주(政府 내지 內閣)의 議會(下院)의 解散權은 인정되었으며, 사법권도 군주의 명의하에 행하여졌다. 이 체제는 결국 관료·군벌·재벌 등에 의한 특권정치에 타락하였다.

외관주의(外觀主義) 〔獨〕 Rechtsscheintheorie 진실에 반하는 외관이 존재하는 경우에, 한편으로 외관을 만들어 낸 자에게는 어떤 責任事由가 있고, 다른 편으로 외관을 신뢰한 자에게는 책임사유가 없는 때에는 전자를 희생하더라도 후자를 보호하여야 한다는 주장. 독일식의 이론이지만, 그 적용의 결과는 영미식의 禁反言과 대체로 같다. 이 주장은 거래의 안전을 보호하는 작용을 한다. 민법에 있어서는 외관주의의 법리에 해당하는 것으로 公信의 原則을 들 수 있다. 상법에 있어서는 지배인의 대리권에 관한 제한의 對抗力(11Ⅲ), 商業登記不實에 대한 책임(39), 영업양도에 있어서 채무인수를 광고한 양수인의 책임(44), 주식인수의 무효주장 또는 취소의 제한(320Ⅰ), 선장의 대리권의 제한에 대한 대항력(775), 어음행위의 無權代理人의 책임(어음 8), 어음의 선의취득자의 보호(16Ⅱ), 어음에 대한 人的抗辯의 제한(17) 등의 규정을 들 수 있다.

외교관(外交官) 〔英〕 diplomat 〔獨〕 Diplomat 〔佛〕 diplomate 外交使節과 在外公館의 중요한 館員을 일반적으로 지칭하는 말. 관원의 직제는 각 국가의 국내법에서 이를 규정하며 따라서 현

재 국제법상으로 인정된 바는 없다. 그러나 보통 參事官·書記官(일등서기관·이등서기관·삼등서기관·상무관)·통역관·부속무관 등으로 구성된다. 법률고문·의사·타자원 등도 파견국에 의하여 임명되고 외교사절을 위하여 전임으로 공관내에서 집무하는 경우에는 관원으로 인정된다. 관원은 외교사절과 거의 비슷한 特權과 免除를 향유한다. → 외교사절

외교교섭(外交交涉) 〔英〕 diplomatic negotiation 〔佛〕 négociation diplomatique 2국 또는 수개국간의 外交節次에 의하여 행하여지는 교섭. 외교절차는 보통 외교통상부와 외교사절을 통하여 행하여진다. 조약을 체결한다든가 분쟁을 해결한다든가 기타 여러가지 목적을 위하여 행하여진다. 외교교섭이 條約締結을 위한 경우에는 全權委任狀이 필요하며 교섭개시전 이를 제출하여야 한다.

외교능력(外交能力) 완전차치의 주권국가가 외국과의 交涉, 외교사절의 交換, 조약의 締結, 국제기관에의 가입 등을 행하는 外交的 行爲能力. 또한 가톨릭교회도 條約(concordat)을 체결하며 사절을 파견할 수 있는 외교적 행위능력을 가지고 있다. 따라서 이러한 행위능력을 가진 국제법주체는 조약을 체결하며 외교사절을 교환함으로써 국제적 권리를 취득하며 의무를 부담하게 된다.

외교단(外交團) 〔英〕 diplomatic corps 〔獨〕 diplomatisches Corps 〔佛〕 corps diplomatique 한 나라에 주재하는 여러 외국의 外交使節의 총체. 외교단은 법적으로 특별한 자격을 가진 것은 아니며 다만 각국의 외교사절이 편의적으로 공동행동을 할 때의 명의에 불과한 것이다. 외교사절의 특권이 침해된 경우의 抗議라든가 공적인 의식의 경우 등에 외교단의 이름으로 공동으로 행동한다. 외교단의 대표자를 外交團長(doyen)이라고 하고 외교사절 중의 최상계급의 최선임자가 이에 취임하는 것이 상례이다.

외교단절(外交斷絶) 〔英〕 severance of diplomatic relations 一國이 他國의 행동에 대해서 불만과 항의를 표시하는 강경한 수단으로서의 외교관계의 단절. 상대국에 파견한 자국의 상주외교사절과 그 隨員을 소환하는 동시에 자국에 주재중인 상대국의 상주외교사절과 그 隨員의 退去를 명하는 정치적인 행동이다. 외교관계의 단절이란 불만과 항의를 표시하는 수단에 불과하므로 양 당사국간의 국제법적 관계는 지속되며 재외국민이나 그 권익에 대한 外交的 保護는 제3국에 의뢰하여 그를 통해 상대국과의 교섭을 가지게 된다. 외교단절은 흔히 전쟁에 선행하여 취해지고 있으나, 엄격한 의미에서 보면 전쟁의 개시가 보통 외교관계를 단절시키는데 비하여 외교관계의 단절은 반드시 전쟁을 의미하지는 않는다. 戰爭의 開始로 외교관계는 단절되고 따라서 외교사절은 퇴거하게 되는 것이 원칙이다. 대사·공사는 任地國으로부터 여권을 교부받고 퇴거하는데, 퇴거에 필요한 일정기간중은 外交特權을 향수한다. 그러나 대사·공사라 할지라도 지시된 일정기간내에 퇴거치 않으면 일반개인과 같은 취급을 받게 된다. 領事도 개전과 동시에 그 認可狀이 효력을 상실하므로 직무를 수행할 수 없고 귀국하게 되나 특권은 인정되지 않는다. 대사관·공사관의 서류와 자국민의 보호는 이른바 利益代表國인 중립국에 의뢰하는 것이 통례이다. 국제연합헌장은 41조에서 평화를 파괴하거나 위협하는 국가에 대해 국제연합가맹국이 취할 무력행동을 수반치 아니하는 강제조치의 일종으로 외교단절을 들고 있다. 국제분쟁의 평화적인 처리에 있어 국제재판의 판결을 승소국이 집행하는 방법으로도 외교단절이 행하여진다. → 전쟁의 개시, 이익대표국

외교담판(外交談判) → 외교교섭

외교문서(外交文書) 〔英〕 diplomatic documents 〔佛〕 documents diplomatiques 넓은 뜻으로는 외교교섭에 있어서의 일체의 公的文書를 말하며, 좁은 뜻으로는 그 중에서 법률적 효력이 있는 일방적 의사표시 또는 합의를 표시한 문서를 말한다. 좁은 뜻의 외교문서의 가장 중요한 것은 條約이지만 그 이외에도 宣言·通牒·覺書 등이 있다.

외교사절(外交使節) 〔英〕 diplomatic envoy 〔獨〕 diplomatischer Agent 〔佛〕 agent diplomatique 外交交涉 및 기타의 職能을 수행하기 위하여 상주 또는 임시로 외국에 파견되는 사절을 말한다. 원래 외교사절이라 함은 특정사항의 외교교섭을 위하여 임시적으로 외국에 파견되는 국가의 사절을 말했으나 13세기 이후에는 常駐外交使節制度가 보편화됨에 따라 현재에는 상주외교사절과 임시외교사절로 구분된다. ① 상주외교사절이란 파견국의 외교직무를 수행하기 위하여 일정한 기간 동안 접수국에 상주하는 외교사절을 말한다. 1815년 빈회의에서 분류된 상주외교사절에는 特命全權大使·特命全權公使·辨理公使 및 代理公使의 4종으로 구분되었으나, 현재 변리공사를 임명하는 국가는 거의 없고, 일부 국가에서는 전권대표만을 임명하고 있다. 또한 국제연합 국제법위원회가 기초하여 1961년 4월 18일 빈에서 채택된 外交關係에 관한 빈協約에 의하면 ㉠ 국가원수가 信任한 대사 또는 교황청대사 및 동등

한 계급의 기타 공관장, ㉡ 국가원수가 信任한 전권공사·공사·교황청대리대사의 급, ㉢ 외무부장관이 信任한 대리공사의 급의 3종으로 구분하고 있다. 우리나라는 이 협약 채택시에 참가하여 서명하였다. 상주외교사절은 접수국에서의 외교활동의 편의상 外交團을 구성하여 공동행동을 취하나 특별한 법적 자격을 갖는 것은 아니다. 외교사절의 파견과 접수는 파견국과 접수국의 합의에 의하여 원칙적으로 독립국간에 교환되나 완전한 독립국가가 아니라도 외교사절을 파견 및 접수할 수 있으며 더욱이 국제기관의 발달로 국제기관도 국제법의 주체로서 그 목적범위내에서 外交能力을 가지고 있다. 외교사절의 상호교환에 합의한 경우는 파견국이 특정인을 외교사절로 임명하기 전에 접수국에 대하여 특정인의 임명에 관한 아그레망을 구한다. 접수국이 특정인에 대한 아그레망을 부여한 후에 파견국은 그를 외교사절로 임명한다. 파견국의 원수(외무장관인 경우도 있음)가 외교사절에게 교부한 信任狀이 접수국에 수리된 때부터 외교사절은 정식으로 접수된 것으로 인정되어 그 직능을 수행하며 外交特權을 향유한다. 외교사절의 중요한 직능은 접수국의 외무당국을 통하여 外交交涉을 행하며 자국에 관계가 있는 접수국의 정치·경제·군사·여론 등 기타 필요한 사항을 관찰하고 보고한다. 또한 접수국의 영역내에 있는 自國民을 보호하고 감독한다. ② 臨時外交使節은 특정의 외교사항에 관한 교섭, 조약체결 또는 국제회의에 참석하기 위하여 임시적으로 파견되는 전권대표이며 국가원수의 신임장 대신에 全權委任狀(full powers)을 접수국에 제시하여야 한다. 아그레망은 필요치 않다. 전권위임장은 일정한 권한을 부여한다는 공문서이며, 2국간의 교섭인 경우에는 相互交授하고 다수국간의 국제회의인 경우에는 공동심사하는 것이 보통이나 합의하여 이를 생략할 수도 있다. 상주외교사절이 조약을 체결할 경우에는 신임장 이외에 전권위임장을 요한다. → 외교사절의 특권

외교사절(外交使節)**의 특권**(特權) 〔英〕 diplomatic priviliges 〔獨〕 Vorrechte der Diplomaten 〔佛〕 priviléges diplomatiques 외교사절이 향유하는 특권. 외교특권에는 治外法權과 不可侵權이 있다. 외교사절은 접수국에서 그 직능을 수행하기 위하여 외교특권을 향유할 권리를 가지며, 접수국은 이를 부여하는 것이 一般國際慣習法으로 인정되고 있다. 치외법권에는 접수국의 형사 또는 민사재판권, 경찰권 및 과세권에서의 면제가 포함되며 불가침권에는 외교사절의 신체와 명예·관사 및 문서의 불가침이 포함된다. 이러한 외교특권의 향유기간은 외교사절이 접수국에 들어갔을 때부터 그 임무종료후 상당한 기간 동안 접수국을 퇴거할 때까지 인정되는 것이 관례이다. 외교사절이 접수국을 떠나서 공적목적으로 제3국을 여행하는 경우에는 無害通行의 권리가 인정될 뿐 제3국에서의 외교특권의 향유는 원칙적으로 인정되지 않는다. 外交使節의 隨員은 관원·가족·신서사 및 사용인으로 구분되며 관원과 가족은 외교사절과 동일한 외교특권을 가지나 어느 정도 제한적이다. 임시외교사절의 특권은 상주외교사절의 특권과 동일하다. → 불가침권, 치외법권, 외교사절

외교상기밀누설죄(外交上機密漏泄罪) 외교상의 기밀을 누설하거나(刑 113 Ⅰ), 누설할 목적으로 외교상의 기밀을 탐지 또는 수집하는 죄(113 Ⅱ). 외교상의 기밀이란 대한민국과 외국과의 외교상의 기밀을 말하고 외국내의 외교상의 기밀은 이에 해당하지 아니한다. 2항의 죄는 目的犯이다. → 국교에 관한 죄

외교(外交)**에 관한 빈 협약**(協約) → 외교사절

외교적 보호(外交的保護) 〔英〕 diplomatic protection 〔獨〕 diplomatischer Schutz 〔佛〕 protection diplomatique 外交節次를 통하여 自國民을 보호하는 것. 국민이 외국에 거주하는 경우에는 本國의 외교적 보호를 받는다. 국가의 입장에서 볼 때는 외국에 거주하는 자국민에 대하여 외교적 보호를 한다. 자국민이 외국에서 차별대우·불법부당한 취급을 받은 경우에는 외교기관을 통하여 그 외국에 항의하여 자국민에 대한 적당한 대우를 요구할 수 있다. 국제법상 국가는 이러한 요구를 할 권리가 인정되어 있다. 다만 이 권리는 국민의 권리가 아니고 국가의 권리이기 때문에 國家利益의 견지에서만 발동된다는 사실에 유의할 필요가 있다. → 교포, 국내적 구제

외교특권(外交特權) 외교사절의 특권과 같다.

외 국(外局) 각부장관이 분장하는 행정사무 중에서도 어느 부분의 사무는 그 성질상 어느 정도 독립성을 띠고, 전문적·기술적인 판단을 필요로 하는 동시에 그 사무분량이 방대하여서 部內의 局으로서는 도저히 처리하기가 곤란한 경우가 있다. 이러한 경우에 본부 외에 局·廳을 설치하여 독립의 책임자로 하여금 그 사무를 담당케 하는 것이나, 이러한 국·청을 外局이라고 한다. 예컨대 문화관광부장관소속하의 文化財管理局(政組 35Ⅲ),

산업부장관소속하의 特許廳(37Ⅴ)과 같은 것이 그 것이다. 그러나 일본과 같은 곳에서는 국가행정조직법에 外局이 무엇인가가 명백히 규정되었지만, 우리나라에서는 그러하지 아니하다.

외국간행물(外國刊行物) 외국에서 발행된 刊行物(電磁出版物을 포함). 북한에서 발행된 간행물을 포함하되, 南北交流協力에 관한 法律에 의하여 반입하는 간행물을 제외한 것을 말한다(外國刊行物輸入配布에 관한 法律 2).

외국국기국장모독죄(外國國旗國章冒瀆罪) 외국을 모욕할 목적으로 그 나라의 公用에 供하는 국기 또는 국장을 손상·제거 또는 오욕하는 죄(刑 109). 본죄는 그 외국정부의 명시한 의사에 반하여 공소를 제기할 수 없다(110). → 반의사불론죄, 국기국장모독죄

외국군대(外國軍隊)**의 지위**(地位) → 주류군

외국금융기관(外國金融機關) 외국법령에 의하여 설립되어 외국에서 은행업을 하는 자. 우리나라에 지점·출장소·대리점을 신설하여 은행업을 영위하려면 각 지점·대리점마다 금융감독위원회의 추천에 의하여 재정경제부장관의 인가를 받아야 한다(銀 58).

외국금전채권(外國金錢債權) 〔獨〕 Geldschuld in fremder Währung 외국화폐의 給付를 목적으로 하는 금전채권. 1만달러 또는 1만파운드 등의 지급을 구하는 채권과 같다. 그 취급은 내국화폐의 지급을 목적으로 하는 內國金錢債權과 같다. 따라서 이 경우에 있어서도 金額債權과 金種債權의 구별이 있음을 주의하여야 한다. 金額債權(일정액의 화폐가치를 목적으로 하고 이를 실현하는 통화의 종류 자체는 고려되지 않는 금전채권)인 경우에는 채무자는 그 외국화폐 중의 임의의 종류로써 변제할 수 있다(民 377Ⅰ). 뿐만 아니라 외국화폐로써 지급하지 아니하고 우리나라의 통화로 변제할 수도 있다. 換算은 지급할 때에 있어서의 이행지의 換金市價에 의한다(378). 金種債權(특약으로써 특정종류의 통화로 지급할 것을 정한 금전채권)인 경우에는 채무자는 채권의 목적인 특종의 통화를 지급하여야 한다. 그러나 그 특정종류의 통화가 변제기에 强制通用力을 잃었을 때에는 그 나라의 다른 통화로 변제하여야 한다(377Ⅱ). 이 경우에는 민법 378조의 적용이 없으므로 우리나라의 통화로 변제할 수는 없다.

외국등록상표(外國登錄商標) → 외국상표

외국무역(外國貿易) 一國과 他國과의 사이에 행해지는 商品去來를 말한다. 사인간의 거래가 일반적이지만 국가가 이를 독점하고 있는 경우와, 전시 등에 국가가 임시로 이를 독점하는 경우가 있다. 무역은 국제법상(通商航海條約·國際貿易 내지 金融協定 등), 국내법상(關稅法·貿易去來法 등) 각종의 제한을 받으며 특히 제1차대전 이후의 공황 이래 그 제한은 더욱 증가되어 가고 있다. 우리나라 헌법도 對外貿易에 대하여 이를 육성하는 동시에 규제·조정할 것을 규정하고 있고(125), 이에 의거하여 대외무역법이 제정되어 있다.

외국무역선(外國貿易船) 무역을 위하여 우리나라와 외국간을 왕래하는 선박(關稅 2Ⅵ). 외국무역선은 원칙적으로 개항 이외의 항에는 출입할 수 없으며 개항에 출입하는 경우에도 船積物品·入出航節次·物品船積·下陸 또는 移船 등에 관하여 세관장에 보고하고 또는 그의 허가를 받아야 한다(44~58).

외국물품(外國物品) 외국으로부터 우리나라에 도착된 물품(외국의 선박 등에 의하여 公海에서 採捕된 수산물 등을 포함한다)으로서 수입신고가 수리되기 전의 것과 수출신고가 수리된 물품을 말한다(關稅 Ⅲ).

외국법법률설(外國法法律說) → 외국법사실설

외국법변질설(外國法變質說) → 외국법사실설

외국법사실설(外國法事實說) 〔英〕 fact-theory 국제사법상 외국법을 적용하는 경우에, 그 성질에 관하여 외국법은 단순한 사실에 불과하므로, 소송상 당사자가 이것을 採用·證明하지 않으면 법원은 이것을 적용할 수 없다고 하는 설. 이에 대하여 외국법도 법률이므로 법원은 직권으로써 이것을 조사·적용하여야 할 것으로 보는 설을 外國法法律說이라 하고, 또 외국법은 원래 사실이지만 국제사법상의 지정에 의하여 국법의 일부로 전환되는 것으로 보는 설도 있는데 이것을 外國法變質說이라 한다.

외국법인(外國法人) 〔英〕 foreign corporation 〔獨〕 ausländische juristische Person 〔佛〕 personne morale étrangère 內國法人이 아닌 법인. 내국법인과 외국법인의 구별의 표준에 관하여는 住所地說·準據法說·設立地說·設立者의 國籍說 등 학설이 갈려져 있으나 외국에 주소가 있든가 또는 외국법에 준거하여 설립된 법인을 외국법

인이라고 하는 것이 통설이다. 민법은 외국법인에 관하여 아무런 규정도 두지 않았는데, 그것은 內外國法人平等主義를 당연한 것으로 생각한 결과이다. 그러나 외국법인에게 내국법인과 평등한 권리의무능력을 인정한다 하더라도, 거기에는 마치 외국인의 권리의무능력에 가하여지는 것과 마찬가지의 제한이 있을 것임은 물론이다(→외국인). 따라서 내외국인평등주의는 하나의 원칙이되, 예외로서 법률과 조약으로 權利能力 내지 行爲能力이 제한될 수 있는 것이다. 상법은 외국회사에 관하여 상세한 규정을 두고 있다(614~621). →외국회사

외국사절(外國使節)**에 대한 죄**(罪) 대한민국에 파견된 외국의 사절에 대하여 폭행·협박을 가하거나, 모욕을 가하거나 명예를 훼손하는 죄(刑 108 Ⅰ·Ⅱ). 본죄는 그 외국정부의 명시한 의사에 반하여 논할 수 없다(110)(→반의사불론죄).

외국상표(外國商標) 〔獨〕 ausländisches Warenzeichen 영업 자체가 외국에 있는 상표. 보통은 외국에서 정식으로 등록된 外國登錄商標이다. 영업의 내외국 여하는 그 주된 영업소의 소재에 의하여 구별하는 것이 원칙이다. 외국상표는 國際工業所有權保護同盟條約에 의하여 국제적인 보호를 받고 있다.

외국선박(外國船舶) 대한민국의 국적을 갖고 있지 않는 선박. 외국선박은 대한민국의 국기를 게양할 수 없음은 물론, 원칙으로 不開港場에 寄港하거나 국내 각 港간에서 여객 또는 화물의 운송을 할 수 없으며(船舶法 6), 이에 위반하였을 때에는 선장이 처벌되거나 선박이 몰수된다(33). 일정한 수역을 항행할 때에는 導船士의 사용이 강제된다(導船法 20).

외국(外國)**에 대한 사전죄**(私戰罪) 외국에 대하여 私戰하는 죄(刑 111 Ⅰ). 사전이란 국가의 전투명령을 받음 없이(宣戰布告는 대통령이 한다(憲 73)). 恣意로 외국에 대하여 전투행위를 하는 것을 말한다. 미수범(刑 111 Ⅱ)·예비·음모(111 Ⅲ 本)를 처벌한다. 단, 豫備·陰謀의 경우에, 실행에 이르기 전에 자수한 때에는 그 형을 감경 또는 면제한다(111 Ⅲ 但).

외국(外國)**에 이주**(移住)**하는 자유**(自由) 헌법이 보장하는 거주·이전의 자유권의 하나(憲 14). 국가는 국민을 외국에 이주를 금지할 수 없음은 물론, 외국에 이주하고자 하는 자에 대하여 移住稅를 과하거나 국내부동산의 매각을 강제하는 등 불이익한 조건을 과하여 외국이주를 제한하는 것도 허용되지 않는다(世界人權宣言 13 참조).

외국우편(外國郵便) 우리나라와 외국간에 發着하는 우편물의 총칭. 외국우편에 관하여는 국제적으로는 萬國郵便條約에서 그 취급에 관한 규정을 두고 있으며, 국내적으로는 만국우편조약에 의거한 國際郵便規程(1971년 대통령령 제5690호)에서 자세한 규정을 두고 있다.

외국원수(外國元首)**에 대한 죄**(罪) 대한민국에 체재하는 외국원수에 대하여 폭행·협박을 하거나, 모욕을 가하거나 명예를 훼손하는 죄(刑 107). 本罪는 그 外國政府의 명시한 의사에 반하여 논할 수 없다(110)(→반의사불론죄).

외국인(外國人) 〔英〕 alien, foreigner 〔獨〕 Ausländer 〔佛〕 étranger 대한민국의 국적을 가지지 않은 자. 無國籍者를 포함하는 것이 보통이지만, 본국국적과 외국국적을 가진 자(二重國籍者)는 자국민으로 취급하는 것이 보통이다. 외국인의 법률상의 지위는 원칙적으로 대한민국국민과 동일하고 대한민국의 統治權의 대상이 되며 그 법령에 복종함을 원칙으로 한다. 국제법상 외국인이 향유할 수 있는 권리는 일반적으로 확정되어 있지 않고 각국이 임의로 결정할 수가 있지만, 국가적으로 중요한 관계가 있는 공법상·사법상의 권리는 제한되는 것이 보통이다. 실제로는 通商航海條約 등으로 상호간에 입국·거주·영업 등의 권리가 인정될 뿐만 아니라 신체와 재산에 관하여 보호를 받으며, 국가는 행정적·사법적인 보호를 제공하지 않으면 안된다. 보호의 정도에 관하여 보통의 문명국이 할 수 있는 정도의 보호를 요한다는 설(客觀說 또는 國際標準說)과 당해 국가로서 보통 할 수 있는 정도의 보호로써 충분하다는 설(主觀說 또는 國家標準說)이 있는데, 선진제국은 전자를, 후진제국은 후자를 주장한다. 우리 현행법상의 이에 관한 규제로서 주의해야 할 점은 다음과 같다. ① 공법상으로는 ㉠ 參政權은 원칙적으로 제한되고, ㉡ 납세의무는 대한민국국민과 동등함을 원칙으로 하며, ㉢ 출입국에 관하여는 이를 인정하는 國際慣行이 있으나 국가의 의무는 아니며 출국에 관하여는 특히 강제퇴거를 명하는 追放制度가 있다. 그 밖에 출입국은 일정한 규제를 받고(出入國管理法 참조), ㉣ 외교사절 등에 대하여는 外交特權이 인정된다. ② 裁判權과의 관계에서는 외교사절 등이 치외법권을 향유하는 경우를 제외하고는 외국인도 원칙적으로 대한민국의 재판권에 따른다. ③ 사법상으로는 內外國人平等主義에 따라 특히 국제법 또는 조약 등에서 금지된 경우를 제외하고는 원칙적으로 대한민국국민

과 마찬가지의 완전한 權利能力을 가진다(憲 6Ⅱ, 鑛 6, 外土 2 참조). →내국민대우, 최혜국대우, 국내적 표준주의, 국제적 표준주의, 외교적 보호

외국인저작권(外國人著作權) 외국인이 소유하는 저작권. 著作權法에 의하면 외국인의 저작물은 대한민국이 가입 또는 체결한 조약에 따라 보호된다(3Ⅰ).

외국자본(外國資本) 외국투자가에 의하여 투하되는 자본. 株式·持分·社債·貸付金債權 등의 여러 형태로 행해진다. 자유경제하에서는 자본의 국제적 이동이 자유로 인정되나 제1차대전 후의 세계적 공황 이래 國際通商의 自由가 제한됨과 동시에 자본의 국제적 이동도 또한 제한받게 되었다. 그 제한은 換管理에 의하여 간접적으로 행해지는 경우와 外資統制에 의하여 직접적으로 행해지는 경우가 있다.

외국중재판정(外國仲裁判定)**의 승인**(承認) **및 집행**(執行)**에 관한 협약**(協約) 〔英〕 Convention on the Recognition and Enforcement of Foreign Arbitral Awards 1958년 UN주도하에 仲裁判定 및 仲裁契約의 효력을 국제적으로 보장하기 위하여 체결된 조약으로 한국은 1973년에 가입하였다. 이는 외국에서 이루어진 중재판정 및 국내에서 이루어진 것이라도 그 국가에서 內國判定이라고 인정할 수 없는 중재판정에 대하여 일정한 조건하에 그 구속력을 승인하고 집행을 보장할 것을 締約國에 의무화하고 있다. 1923년 商事去來에 있어서의 仲裁條項에 관한 의정서와 1927년 제네바에서 서명된 外國仲裁判定의 집행에 관한 조약의 결함을 보충하고 대체하는 일반조약이다. →외국중재판단, 중재조항에 관한 의정서

외국투자가(外國投資家) 외자도입법에 의하여 株式을 인수하거나 持分을 소유하고 있는 외국인(外資 2 ⅳ).

외국판결(外國判決) 〔英〕 foreign judgment 〔獨〕 ausländisches Urteil 〔佛〕 jugement étranger 외국법원의 確定判決.

[1] 민사상의 분쟁에 관하여는 국제간의 裁判權의 分掌上, 한 국가의 재판권에 전속시켜야 할 것도 있지만, 그렇지 않은 것은 동일사건에 관하여 각국의 재판이 저촉되지 않도록 하여야 한다. 그래서 국내법상 외국판결의 승인문제가 생긴다. 현행민사소송법이 외국판결의 旣判力을 승인하는 것은 아래와 같은 조건하에서이다. 確定判決로서 ① 법률 또는 조약에서 외국법원의 재판권을 부인하지 아니한 일. ② 패소한 피고가 한국인인 경우에, 公示送達에 의하지 아니하고 소송개시에 필요한 소환 또는 명령의 송달을 받은 일 또는 받지 아니하고 應訴한 일. ③ 외국법원의 판결이 대한민국내의 선량한 풍속 기타 사회질서에 위반되지 않을 것. ④ 相互保證이 있을 것(203 ⅳ)이다. 이상은 우리나라에서 旣判力이 승인되는 조건임에 불과하고, 執行力(좁은 뜻의)은 별문제이다. 외국판결은 집행판결에 의하여 强制執行이 적법하다고 선고된 때에 한하여 집행력이 부여된다(476, 477).

[2] 刑事에 있어서는 외국판결에 기판력은 인정되지 않고, 동일행위에 관하여 중복으로 처벌할 수 있고, 또 형법상 累犯의 요건으로도 되지 않는다. 그러나 전혀 이것을 무시하는 것은 범인에게 너무 가혹하게 될 우려가 있으므로, 犯罪에 의하여 외국에서 형의 전부 또는 일부의 집행을 받은 자에 대하여는 형의 집행을 감경 또는 면제할 수 있게 하였다(刑 7). 우리나라와 외국과는 형의 종류의 차이 기타 문제되는 점이 있겠으나, 감경 또는 면제의 정도는 결국 여러가지 사정을 참작하여 법관의 재량으로 정하여질 것이다.

외국화폐(外國貨幣)**어음** 어음(수표)금액이 외국화폐로써 표시되어 있는 어음. 어음법 41조 1항, 수표법 36조 1항의 소위 支給地의 통화가 아닌 통화로써 지급하라는 뜻을 기재한 어음·수표는 이에 해당한다. 어음채권의 목적이 될 수 있는 것은 일정한 금액이며, 금액의 표시는 반드시 强制通用力 있는 화폐에 한하지 않고 외국화폐로 하여도 상관없다. 발행인이 외국화폐 現實支給文句를 기재한 경우(어음 41Ⅲ, 手票 36Ⅲ) 외에는 외국화폐 또는 내국화폐로써 지급할 수 있다(어음 41Ⅰ, 手票 36Ⅰ).

외국환(外國換) 〔英〕 foreign exchange 국제간의 貸借를 결제함에 있어 현금을 수송하는 대신 주로 환어음이나 수표의 매매로써 하는 것. 外國換과 그 거래 기타 대외거래를 관리하여 국제수지의 균형, 통화가치의 안정과 외화자금의 효율적인 운용을 기하기 위하여 外國換管理法이 있다. 동법에서 외국환이라 함은 對外支給手段·外貨證券 및 外貨債權을 의미한다(3 ⅹⅰ).

외국환평형기금(外國換平衡基金) 自國通貨의 안정을 유지하고 投機的인 외화의 유입·유출에 따른 악영향을 방지하기 위하여 정부가 직접 또는 간접적으로 外換市場에 개입하여 외환을 매매조작할 목적으로 보유·운용하는 기금. 이를 위하여 현재 한국은행에는 원貨基金計定과 外貨基金計

定이 설치되어 있으며, 자금의 운용은 외환의 매매와 이에 따른 거래에 있어 재정경제부장관이 필요하다고 인정하는 경우 그 자금 또는 외환을 한국은행, 외국환은행, 외국금융기관에 예치 또는 대여하거나 이 기관들로부터 차입 또는 수취할 수 있게 되어 있다. 외화매입을 위한 원화자금이 부족한 경우에 재정경제부장관은 外國換平衡基金債券을 발행하여 필요자금을 조달할 수 있다(外換 14).

외국환평형기금채권(外國換平衡基金債券) 換率 등 외환시장의 수급조절을 위한 외국환평형기금의 재원조달을 위하여 발행하는 채권으로서 원貨表示證券과 外貨表示證券의 2가지가 있다.

외국회사(外國會社) 〔英〕 foreign company 〔獨〕 ausländische Gesellschaft 〔佛〕 société étrangère 우리나라 상법 이외의 외국법에 준거하여 설립된 회사(設立準據法主義). 외국회사로서 한국내에 본점을 두고 또 한국을 주된 營業活動區域으로 하는 한, 내국회사와 동일한 국가적 감독을 받게 된다(商 617). 또 외국회사는 법률의 적용상 대한민국에서 성립된 동종 또는 가장 유사한 회사로 본다(621). 따라서 외국회사가 대한민국에서 영업을 하고자 할 때에는 대한민국에서의 대표자를 정하고 영업소를 설치하여야 하며, 그 영업소에 관하여 한국내에서의 가장 유사한 회사의 지점과 동일한 등기를 하여야 한다(614Ⅰ·Ⅱ, 非訟 66). 그 등기에는 設立準據法과 한국내에서의 대표자의 성명과 그 주소를 등기하여야 한다(商 614Ⅲ). 登記期間의 起算點에 관하여는 특례가 있다(615). 외국회사가 등기전이라도 우발적으로 거래하는 것에 대하여는 별다른 제한이 없으나, 繼續的 去來는 등기전에 할 수 없으며 이에 위반한 자에 대하여는 벌칙이 있다(616, 636Ⅱ). 한국내에서의 외국회사의 株券의 발행, 株式移轉과 入質, 채권의 발행과 사채의 이전 등에 관하여는 상법의 해당규정이 준용된다(618). → 영업소폐쇄명령

외국항공기(外國航空機) 國際民間航空條約의 締約國인 외국의 국적을 가진 항공기. 국제민간항공조약(5)은 相互主義를 채택하고 체약국의 항공기는 다른 체약국에 그 국가의 상공을 비행할 권리를 인정하고 있는데 특정한 경우에는 국내법으로 규제하는 것이 상례이다. 한국은 동 조약의 체약국에 대하여 원칙으로 自由航行을 허용하며, 그 밖의 항공기에 대하여는 건설교통부장관의 허가를 요하도록 하고, 일반적으로는 외국항공기에 대하여 건설교통부장관의 착륙요구를 인정하였다(航空 144).

외무공무원(外務公務員) 외무공무원이란 외교직공무원, 特任公館長, 외무행정직공무원 및 외신직공무원을 말한다. 外交職公務員이란 외교 및 영사업무를 담당하는 외무부(소속기관 및 재외공관을 포함)소속의 공무원을, 特任公館長이란 외교수행상 필요한 경우에 외교관으로서의 자질과 능력을 구비한 자로서 특별히 임용된 재외공관의 장을 그리고 外務行政職公務員이란 외무행정업무를 담당하는 외무부 소속의 공무원을 말하며 그 밖에 外信職公務員이라 함은 통신업무를 담당하는 외무부소속의 공무원을 말한다(外務公務員法 2).

외무행정(外務行政) 국가이익의 증진을 위하여 행하여지는 對外國關係의 유지에 관한 행정작용. 대외국관계에 관한 작용은 일반적으로 국제법의 대상이 되고 있는 것이나, 외무행정조직, 국내거주 외국인의 관리, 출입국관리 등은 國內公法에 의해 일반적으로 규율된다.

외부적 사실행위(外部的事實行爲) 직접적으로 일정한 사실상의 결과를 가져오는 行政主體의 행위인 行政上의 事實行爲는 당해 사실행위가 행정주체인 내부의 것인지, 또는 사인과의 관계에서 행하여지는 것인지에 따라 내부적 사실행위와 외부적 사실행위로 나눌 수 있다. 이때 외부적 사실행위란 대외적으로 사인과의 관계에서 이루어지는 경우를 가리키며 行政指導, 文書接受 등이 그 예이다.

외국환관리특별회계(外國換管理特別會計) 외국환관리에 있어서 외국환의 집중경영을 위하여 설치되는 外國換資金에 관한 특별회계. 외국환자금은 일반회계로부터의 操入金으로서 충당하고 외국환 등 대외지급수단·외화채권·대외지급의 결제에 필요한 金銀·地金의 매매 등에 운영된다. 한편 외국환은 외국환은행을 통하여 이 특별회계에 집중된다.

외국환은행(外國換銀行) 外國換業務를 경영하는 은행. 재정경제부장관의 허가를 요하며(外換 7Ⅰ), 외국은행과의 업무상에 관한 조약을 체결함에는 재정경제부장관 報告를 요한다(8).

외 상(外上) 매도인이 물품을 인도하고 매수인이 대금을 後給하는 매매. 양조장에서 술이나 막걸리를 가져다 팔고 월말에 회계하여 지급하는 경우가 그 한 예. 매도인은 이것을 외상책이나 일기책에 기입하여 두었다가 淸算한다. 외상기간은 1市間(5일간), 2市間(10일간) 또는 月間 등이 있고, 물품을 계속 소비하는 소매인과 생산자 또는 도매인간에 많았으며 이를 외상거래라 하고 기간만료의

계산을 마감이라 하였다. 마감에 대금을 完給하는 예는 드물고 공급과 소비가 계속되기 때문에 항상 연체금(외상)이 남아 있었다. 續大典 刑典 禁制條에는 稱以外上勒買廛人者를 大典通編 同條에는 宗臣士夫以外上侵擾各廛人者를 각각 처벌하는 규정을 두었다.

외설죄(猥褻罪) 구형법에 규정한 죄. 개정 형법은 本罪를 性風俗을 해하는 죄(刑 241~ 245)와 강간과 추행의 죄(297~306)로 각각 나누어서 흡수하고 있다.

외인법(外人法) 〔獨〕 Fremdenrecht 외국인의 지위를 규정하는 국내 實質法. 예컨대 외국인의 토지취득 및 관리에 관한 법률의 여러 규정, 저작권법 3조, 특허법 25조 등이 이에 속한다.

외인적 범죄인(外因的犯罪人) 〔獨〕 exogener Verbrecher 犯罪人類型의 일종. 소질에 의하여 결정되지 아니하고, 外的諸事情, 즉 환경에 의하여 결정된 범죄인. 이른바 機會犯罪人이며, 內因的 犯罪人 또는 外因的 狀態犯罪人(→ 형사정책적 범죄인유형)과 달라, 社會的 豫後는 양호하다.

외 자(外資) 통속으로는 외국으로부터 도입되는 資本이나 외국인의 자본을 의미하나, 외자도입법상으로는 이 법에 의하여 외국투자가가 주식을 인수하거나 持分을 소유하기 위하여 출자하는 외국환관리법에 의한 對外支給手段 또는 이의 교환으로 생기는 내국지급수단, 자본재, 이 법에 의하여 취득한 주식 또는 지분으로부터 생긴 과실 등과 技術導入契約에 의하여 도입된 기술 그 밖에 차관·계약 등에 의해 취득된 내국지급수단·자본재 또는 원자재로서 재정경제부장관이 外資로서의 성질을 해제하기 이전의 것만을 뜻한다(2 viii).

외자규제(外資規制) 국민경제의 발전과 국제수지의 개선을 도모하기 위하여 외자의 효과적인 유치와 관리를 기하려는 規制作用을 말한다. 현행 외자도입법에 의한 외자규제의 주요 내용에는 외국인투자의 認可, 외국인투자제한·資本財의 명분제한 및 借款契約 등의 認可 등이 있다.

외적 명예(外的名譽) 〔獨〕 äußere Ehre 사람의 인격적 가치와 그의 도덕적·사회적 행위에 대한 社會的 評價를 말한다. 명예훼손죄(刑 307 내지 309)의 보호법익이 이러한 의미에서의 외적 명예라고 하며 대법원도 명예훼손죄의 보호법익은 外的 名譽라고 판시하고 있다.

외 채(外債) 〔英〕 external loan, foreign loan 〔獨〕 äussere Schuld 〔佛〕 dette extérieure 넓은 뜻의 公債의 일종이며, 외국에서 모집발행되므로 外國債라고도 한다. 內債 또는 內國債에 대응하는 관념. 때로는 외채는 공채권자가 외국인인 경우를 가리키는 수도 있다. 외채는 그 모집을 용이하게 하기 위해서, 外貨債인 것이 보통이다.

외 혼(外婚) 〔英〕 exogamy 배우자를 일정한 圈外에서만 선택할 수 있게 하는 혼인의 형식. 內婚에 대한 말. 외혼은 미개사회에서는 氏族外婚으로서 대단히 커다란 의의를 가지고 있었지만 문명사회에서는 별로 의미를 가지지 않는다. 그러나 우리나라는 조선시대 이래 중국의 제도에 따라서 동성동본인 자 사이에서는 혼인을 금지하고 있었지만 1997년 헌법재판소의 一部違憲判決로 폐지되었다. → 동성동본불혼의 원칙

외화채(外貨債) 券面額을 외화로 표시한 넓은 뜻의 公債. 외채는 그 모집을 용이하게 하기 위해서 이 형식을 취하는 것이 보통이다. 예컨대 5分利附美貨公債·6分利附佛貨公債라고 불리는 것이 그것이다. 외화채에 관해서는 兌換銀行券의 가치의 하락 또는 평가절하의 경우의 채권자의 보호를 위해서 이른바 金約款이 삽입되는 일이 많다.

외화채권(外貨債權) 외국금전채권과 같다.

외환유치죄(外患誘致罪) 외국과 통모하여 대한민국에 대하여 戰端을 열게 하거나 외국인과 통모하여 대한민국에 抗敵하는 죄(刑 92). 본죄는 외환죄 가운데서 가장 중대한 것이며, 戰端開始와 抗敵의 두 가지를 포함한다. 外國과 通謀한다는 것은 외국의 정부·군대·외교사절 등과 사전에 의사의 연락을 하는 것이다. 戰端을 열게 한다는 것은 외국으로 하여금 국제법상 전쟁개시의 한 형태로 인정되어 있는 적대행위를 대한민국 또는 그 동맹국에 대하여 하게 하는 것을 말한다. 또한 抗敵이란 무기를 들고 전투행위를 하거나 또는 기타의 방법으로 적국의 군무에 종사하여 대한민국 또는 그 동맹국에 적대하는 것을 말한다. 미수범(100)·예비·음모(101 Ⅰ 本)·선동·선전(101 Ⅱ)을 처벌한다. 단, 예비·음모의 경우에, 실행에 이르기 전에 자수한 때에는 그 형을 감경 또는 면제한다(101 Ⅰ 但).

외환(外患)의 죄(罪) 국가의 對外的 地位를 침해하는 죄(刑 92~104). 본죄는 국가의 존립을 외부로부터 위태롭게 하는 점에서, 그것을 내부로부터 위태롭게 하는 내란의 죄와 구별된다. 외환

의 죄에는 外患誘致罪(92)·與敵罪(93)·募兵利敵罪(94)·施設提供利敵罪(95)·施設破壞利敵罪(96)·物件提供利敵罪(97)·間諜罪(98)·一般利敵罪(99) 및 戰時軍需契約不履行罪(103) 등이 있다.

요물계약(要物契約) → 낙성계약·요물계약

요보호아동(要保護兒童) 아동이 그 보호자로부터 遺失·遺棄 또는 離脫된 경우, 그 보호자가 아동을 양육하기에 부적당하거나 양육할 능력이 없는 경우 또는 기타의 경우에 아동복지법에 의하여 보호를 받을 아동(兒童福祉法 2iii, 入養促進 및 節次에 관한 特例法 2ii).

요보호자선도대책위원회(要保護者善導對策委員會) 淪落行爲의 방지 및 要保護者의 善導에 관한 보건복지부장관의 자문에 응하기 위하여 보건복지부장관 소속하에 중앙요보호자선도대책위원회를 두고 특별시장·광역시장 또는 도지사의 자문의 응하기 위하여 시·도지사 소속하에 지방요보호자선도대책위원회를 둔다. 다만 시·군·자치구에 필요한 경우 지역요보호자선도대책위원회를 둘 수 있다(淪落行爲 등 防止法 7).

요보호자(要保護者)**를 위한 복지시설**(福祉施設) 국가 또는 지방자치단체가 요보호자의 건전한 社會復歸를 위하여 설치한 시설로 임시보호소, 선도보호시설, 자립자활시설 등이 있다(淪落行爲 등 防止法 11).

요 소(要素) 〔羅〕 essentialia 전형적인 법률행위의 구성부분 가운데서, 그것이 없다면 그러한 종류의 법률행위를 성립시킬 수 없는 것. 예컨대 매매에 있어서의 매도인·매수인·목적물·目的物移轉債務·代金債務 등이 그것이다. 요소는 또한 常素(naturalia), 偶素(accidentalia)와 함께, 법률행위의 추상적인 내용의 분류를 나타내는 뜻으로도 쓰인다. 常素라 함은 법률행위의 요소에 해당하지는 않지만, 당사자가 특히 배척하는 때에만 그 내용으로 되는 것(예 : 매도인의 擔保責任)을 말하며, 偶素라 함은 당사자가 특히 부가하는 때에만 그 내용으로 되는 것(예 : 還買約款·代金支給時期 등)을 말한다. 다만 구체적인 법률행위 또는 의사표시에 관하여 요소라고 할 때에는, 그 내용 안에서 표의자에게 중요한 의미를 가지고 있는 부분을 지칭하여 말한다. 즉 내용의 중요부분의 착오(民 109) 또는 요소의 착오(舊民 95)라고 할 때의 그 내용의 중요부분 또는 요소가 이에 해당한다.

요식증권(要式證券) 〔獨〕 formelles Papier 증권에 기재할 사항과 기타 방식이 법률상 일정되어 있는 유가증권. 이에 대하여 기재사항 등이 법정되어 있지 않은 것을 不要式證券이라 한다. 원래 유가증권은 유통을 사명으로 하는 것으로서, 그 권리관계가 증권상에 명시되어야 할 필요가 있는 것이므로, 대부분의 유가증권이 요식증권으로 되어 있다. 그러나 단순한 證據證券인 것일지라도, 保險證券(商 666, 685, 690, 695, 728, 738)·運送狀(126)과 같이 다수인을 상대로 발행되는 것에는 요식성이 요구되는 것이 있다. 어음·수표·화물상환증·창고증권·선하증권 등이 요식증권인데, 어음·수표와 같이 법정사항의 하나가 결하여도 증권 자체가 무효로 되는 것(어음 2·76, 手票 2)과 화물상환증 등과 같이 要素的 記載事項 이외의 法定事項을 결하여도 증권이 무효로 되지 않는 것이 있다. 좁은 뜻으로는 전자만을 요식증권이라 하며, 또 전자는 엄격한 요식증권, 후자는 엄격하지 않은 요식증권이라 구별하여 부른다. 특히 전자에 있어서는 요식성이 강하게 요구되는 것이므로, 일정기재사항 이상의 기재를 할 때에는 그 사항은 효력이 없을 뿐만 아니라 어떤 경우에는 증권 자체의 효력도 해하는 수가 있다.

요식처분(要式處分) 일정한 형식을 구비하여야 할 행정처분. 不要式處分에 대한 말. 행정처분은 불요식처분인 것이 보통이나, 국가의 의사를 명확하게 하기 위하여 법규에서 서면·서명(기명)날인 기타 일정한 형식에 의할 것을 행위의 요건(有效要件·適法要件)으로 하고 있을 때가 적지 않다.

요식행위(要式行爲) 〔英〕 formal act 〔獨〕 formelles Geschäft 〔佛〕 acte formel [1] 사법상 일정한 방식을 필요로 하는 법률행위, 즉, 법률행위의 요소로서의 의사표시가 일정한 방식에 따라서 행하여질 것을 필요로 하는 행위가 要式行爲이고, 그렇지 않은 행위가 不要式行爲이다. 방식의 자유까지 포함하는 계약자유의 원칙하에서는 불요식행위가 원칙이지만, 특히 당사자에게 신중을 요구하거나, 법률행위의 존재 및 범위를 분명히 할 필요가 있다거나, 또는 거래의 신속과 안전을 요하는 경우 등에 있어서는 일정한 방식을 갖춘 행위가 요구된다. 예컨대 婚姻(民 812)·贈與(555)·入養(878)·遺言(1060)·定款作成(40)·어음의 發行(어음 1, 2) 등에 있어서의 요식행위가 그러한 것들이다.

[2] 행정법상으로도 법규에 의하여 일정한 형식(文書·署名·確定日附 등)이 요구되고 있는 行政行爲 기타의 公法行爲. 그 형식은 행위의 효력발생

요건인 까닭에 이를 갖추지 않으면 행위는 원칙적으로 무효가 된다.

요약자(要約者) → 낙약자 · 요약자

요양보상(療養補償) 근로자가 업무상 부상 또는 질병으로 요양을 행하거나 필요한 요양비를 부담하는 것을 말한다(勤基 81). 산업재해보상보험법에서는 療養給與는 요양비의 전액으로 하되, 공단이 설치한 보험시설 또는 지정된 의료기관에서 요양을 하게 하고 부득이한 경우에는 요양비를 지급할 수 있다(40 I). 요양의 범위는 근로기준법시행령 40조에서 진찰 · 약제 또는 진료재료와 義肢 기타 補綴具의 지급, 處置 · 수술 기타의 치료, 의료시설에의 수용, 개호, 이송 등으로 규정하고 있다. 다만 산업재해보상보험금은 위의 범위 외에 40조 3항 7호에서 노동부령이 정하는 사항을 포함시키고 있으며, 이에 근거하여 요양관리 및 요양급여 업무처리규정을 두고 있다.

요양비(療養費) 공무원연금법 · 근로기준법 · 선원법 및 선원보험법상의 給與의 일종. 공무원연금법에 있어서는 공무원이 公務上 질병 · 부상으로 인하여 요양을 하였을 때 국가가 요양기간 2년의 범위 내에서 所要費用을 지출하는 일정한 급여이며(35), 근로기준법과 선원법에 있어서는 근로자 또는 선원이 업무상 질병 · 부상을 당하였을 때에 사용자 또는 선박소유자가 그 요양에 필요한 비용으로 지급하는 급여이고(勤基 81, 船員 85), 선원보험법에 있어서는 피보험자 또는 피보험자이었던 자가 일정한 요건에 해당하는 질병 · 부상을 당하였을 때에는 정부가 그의 질병조치에 갈음하여 지급하는 급여이다(6, 29, 30). 공무원연금법에 의한 요양비의 請求時效期間은 5년이다(81 I).

요양일시금(療養一時金) 공무원연금법상의 短期給與인 保健給與의 일종. 공무원이 공무상 질병 또는 부상을 당하여 요양을 개시한 후 2년이 경과하여도 그 질병 또는 부상이 완치되지 아니한 때에 대통령령이 정하는 바에 따라 요양에 추가로 소요될 비용으로 지급된다. 요양일시금의 액은 1년간 요양에 소요될 비용을 초과하지 못한다(36).

요역지(要役地) 〔羅〕 praedium dominans 〔獨〕 herrschendes Grundstück 〔佛〕 fonds dominant 地役權設定의 경우 2개의 토지 중 편익을 받는 편의 토지. 편익을 공여하는 토지인 承役地로부터 引水를 받는 토지가 적례. 요역지는 승역지와는 달라 一筆의 토지의 일부일 수는 없다(不登 137 참조).

요인증권(要因證券) 〔獨〕 kausales Papier 증권이 表彰하는 권리가 증권의 발행행위만으로써 발생하지 않고, 증권수수의 원인인 법률관계의 유효한 존재를 요건으로 하는 유가증권. 有因證券이라고도 하며, 無因證券에 대립한다. 예컨대 화물상환증 · 창고증권 · 선하증권은 요인증권이고, 어음 · 수표는 무인증권이다. 이 요인증권이 표창하는 권리는 단순히 증권의 발행만으로 발생하지 않고, 발행하게 된 원인인 運送契約 또는 倉庫任置契約 등이 성립하고 있음이 필요하다. 따라서 성립하지 않은 운송계약 등에 기하여 발행된 화물상환증 등은 무효이다. 즉, 운송인은 기재물건의 給付債務를 지지 않으며 불법행위에 의한 손해배상책임을 지는 수가 있을 뿐이다. 또 원인인 계약이 취소되거나 무효인 경우에는 증권상의 권리도 소멸한다. 그러나 이러한 통설에 따르면 증권의 유통성을 저해하는 고로, 근래의 유력설은 증권의 要因 · 不要因을, 증권의 기재 자체에 원인과의 관계를 인정할 것이냐 아니냐의 구별이라 해석하고, 권리와 원인관계와의 실제적 관련의 不要를 주장하여 상술의 경우에도 증권의 유효성을 인정하여 운송인에게 증권기재의 문언에 의한 책임을 인정하여야 한다고 한다.

요증사실(要證事實) 〔獨〕 Gegenstand des Beweises, Beweisthema [1] 민사소송법상 당사자의 일방이 주장한 사실 중에서 상대방이 다투지 않는 사실, 즉 擬制自白, 자백한 사실 및 公知의 사실과 아울러 법률상 추정되는 사실 이외의, 사안의 판단에 필요한 사실로서 증명을 요하는 것. 그리고 職權探知主義하에서는 당사자가 주장하지 않는 사실이라든지, 다툼이 없는 사실도 증명하여야 하므로, 이러한 사실이라 할지라도 요증사실이라고 할 수 있다.

[2] 형사소송법상 엄격한 증명을 필요로 하는 사실. 主要事實이라고도 한다. 刑罰權의 유무 · 범위를 확정하는 기초되는 사실, 즉 구성요건에 해당하는 사실, 책임능력, 고의 · 과실, 형의 가중 · 감면의 사실이 이에 해당한다는 것이 통설이나, 구성요건에 해당하는 사실에만 국한하는 설도 있고, 반대로 다툼이 있는 경우에는 소송법상의 사실까지도 엄격한 증명을 필요로 한다는 설도 있다. 이러한 사실이라 할지라도 公知의 사실, 法律上 推定된 사실은 증명을 필요로 하지 않는다. 법원에 현저한 사실에 대해서는 증명을 필요로 한다는 것이 통설이다(→법원에 현저한 사실). 당사자간에 다툼이 없는 사실 특히 피고인이 자백한 사실에 대해서도 엄격한 증명을 필요로 한다. →엄격한 증명 · 자유로운 증명

요지불변경(要旨不變更)**의 원칙**(原則) 出願에 있어서 要旨變更을 허용하면 출원시에 미완성인 발명까지 추가로 포함시킬 우려가 있어 先願主義原則에 반하므로, 출원시 원서에 첨부하는 명세서 또는 도면은 출원 후 기재된 사항의 범위 안에서의 특허출원청구범위를 증가·감소 또는 변경하는 보정을 할 수는 있으나, 요지변경은 금지하는 것을 말한다(特許 48, 49).

요지주의(了知主義) 〔獨〕 Vernehmungstheorie 특정한 상대방에 대한 의사표시의 效力發生時期에 관하여 고려되는 것. 의사의 내용이 상대방에게 요지되었을 때, 효력을 발생하게 된다고 한다면 상대방의 恣意에 따르게 되어 일반적으로는 배척되고 있다.

요크·안트워프규칙(規則) 〔英〕 York-Antwerp Rules(Y.A.R.) 〔獨〕 York-Antwerp Regeln 〔佛〕 Règles d'York et d'Anvers 共同海損에 관한 법률관계의 처리를 정한 국제적인 普通契約條款. 공동해손에 관한 각국의 법규가 상이한데서 야기되는 불편을 제거하기 위하여 1877년의 요크(York), 1877년의 안트워프(Antwerp), 1890년의 리버풀(Liverpool)의 국제회의에서 점차적으로 작성되었다. 그 후 1924년의 스톡홀름(Stockholm)회의 및 1949년의 암스테르담(Amsterdam)회의에서 개정되었다. 이것은 船荷證券·傭船契約書·保險證券에 기재된 공동해손은 이 규칙에 따라 처리된다는 것을 정하고 이에 관한 해석규정 등이 첨가되어 있다. 그 성질은 국가가 관여한 성문법이나 관습법이 아니고 국제적으로 관행되는 사실인 관습이다.

용도지역(用途地域) 국토건설종합계획에 따라 국토를 효율적이고 계획적으로 이용·관리하기 위하여 토지이용기본계획으로 그 토지의 기능과 적성에 따라 그에 적합하게 구분·지정된 지역(國土利用管理法 6). 용도지역에는 都市地域·準都市地域·農林地域·準農林地域·自然環境保全地域 등의 5종이 있다.

용선계약(傭船契約) 〔英〕 charter party 〔獨〕 Chartevertrag, Chartepartie 〔佛〕 charte-partie 해상운송인인 선박소유자가 선박의 전부 또는 일부를 물건이나 여객의 운송에 제공하고 그 상대방인 용선자가 이에 대하여 보수로서 운임(傭船料)을 지급하는 해상운송계약. 상법은 해상물건운송계약을 傭船契約과 個品運送契約의 2종으로 하고 있다(780). 이 양자는 다 같이 선박소유자가 선장을 간접점유자로 하여 선박을 점유·감독하고, 항해의 지휘경영은 물론, 商事經營도 선박소유자가 하는 都給契約의 성질을 가진 것이다. 용선계약은 운송에 제공하는 船腹이 선박의 전부일 경우를 全部傭船, 일부일 경우를 一部傭船이라 한다. 전부용선과 일부용선은 상법상 그 취급을 달리할 때가 있다(792, 793). 용선계약의 존속이 특정항해에 한정된 경우를 航海傭船이라 하고 용선기간이 일정한 기간에 한정된 경우를 期間傭船이라 한다.

용선료(傭船料) 傭船契約에서 선박소유자 등의 해상운송인이 용선자로부터 보수로서 받는 운임. 운송물이 傭船者의 책임없는 사유로 인하여 멸실하고 목적항에 도달하지 아니한 때에는 운송인은 용선료의 청구를 하지 못하게 되나(商 812, 134 Ⅰ), 운송물이 그 성질이나 하자 또는 용선자의 과실로 인하여 불도착한 때에는 용선료의 전액을 청구할 수 있으며, 이 밖에 운송인의 과실로 인하지 아니한 특정한 경우에 그 전액을(812, 134Ⅱ, 810) 또는 比率運賃을 청구할 수 있다. 선장은 이 운임을 받기 위하여 당해 운송물에 대하여 留置權을 행사할 수 있으며(800), 운송인은 그 금액의 지급을 받기 위하여 법원의 허가를 얻어 운송물의 경매를 할 수가 있다(804).

용수권(用水權) 물의 이용을 목적으로 하는 권리. 물에 관한 문제는 성질상 公法의 규율을 받는 면이 많다. 하천법은 물에 관한 公法的 規律의 대표적인 예이다. 그러나 개인이 물을 이용하는 것이 법의 보호를 받을 때에는 그것이 하나의 私權의 성질을 가지고 따라서 사법의 규율을 받아야 한다. 민법은 상린관계에 관한 규정 중에 水流의 변경 및 둑의 설치·이용에 관한 규정을 두었다(229, 230). 이것들은 水流地의 소유권이 사인에 속하는 경우에만 적용되는 것일 뿐만 아니라, 유수를 수류지를 흐르는 채로 사용하는 경우에 관한 것이고, 수류지 이외의 토지로 끌어다 쓰는 경우에 관한 것이 아니다. 따라서 이러한 물의 이용은 토지소유권의 내용으로 생각되는 것이고, 토지소유권과 독립한 물의 이용 자체를 목적으로 하는 권리는 아니다. 물의 이용 자체를 목적으로 하는 독립의 권리로서 민법에 규정된 것으로는 공유하천용수권(231~234)과 원천·수도사용권(235, 236)의 둘이 있다. 민법은 이 두 가지 권리에 관한 규정을 相隣關係에 관한 규정 속에 두고 있지만, 이 권리들은 상린관계의 성질을 가지는 것이 아니라, 독립한 종류의 물권이다. 그리고 用水權이라는 말은 이와 같이 물의 이용 자체를 목적으로 하는 독립의 권리를 가리키는 뜻으로 쓰는 것이 타당할 것이다.

용역경비업(用役警備業) 시설경비·호송경비업무·신체보호업무의 전부 또는 일부를 도급받아 행하는 영업을 용역경비업이라 한다. 법인만이 이를 영위할 수 있으며, 지방경찰청장의 허가를 받아야 한다(用役警備業法 2~4).

용익권(用益權) ① 使用收益權의 약칭. 또 사용수익권의 원천인 用益物權, 임차권 등을 지칭하기도 한다. ②〔羅〕usus fructus〔獨〕Niessbrauch〔佛〕usufruit 타인의 소유물을 그 본체를 변경하지 않고 일정기간 사용수익하는 物權으로서 일종의 人役權이다. 독일·프랑스 등의 민법에서는 인정하고 있지만, 민법은 이를 인정하지 않는다.

용익물권(用益物權) 일정한 목적을 위하여 개인의 土地(傳貰權에 있어서는 건물도 목적이 된다)를 사용·수익하는 제한물권. 擔保物權에 대한 관념이다. 민법상 地上權·地役權·傳貰權이 이에 속한다. 鑛業權·漁業權·入漁權도 이에 유사하다. 근래 용익물권이 강화됨에 따라 소유권의 절대성이 점차 수정되어 가는 경향을 보이고 있다. 지상권에 있어서 용익물권의 강화는 특히 현저하다.

용익임대차(用益賃貸借)〔獨〕Pacht 독일 민법상, 물건의 사용 및 수익을 목적으로 하는 賃貸借를 말한다(581 이하). 대략 우리나라의 임대차에 해당한다. 독일민법은 이 밖에 물건의 사용만을 목적으로 하는 使用賃貸借를 인정하고 있다.

용익질권(用益質權)〔獨〕Nutzungspfand 목적물의 점유를 채권자에게 이전하고, 채권자에게 用益權을 주어서 이를 피담보채권의 利子와 元本의 지급에 충당시키는 질권. 채무불이행의 경우에 목적물을 매각하여 우선변제를 받게 하는 賣却質에 대응한 관념. 구민법에서는 不動産質이 원칙적으로 용익질권인 성질을 가졌으나(舊民 356) 신민법은 부동산질을 삭제하였다.

용적률(容積率) 건축법상 建築物延面積의 垈地面積에 대한 비율(48). 용적률은 지역에 따라 다른 바, 綠地地域에서는 200% 이하, 住居地域에 있어서는 700% 이하, 工業地域에 있어서는 400% 이하, 商業地域에 있어서는 1천 500% 이하, 지역지정이 없는 구역에 있어서는 400% 이하 그리고 국토이용관리법에 의하여 지정된 지역에 있어서는 400% 이하로 하며 건축물 주위에 공원·광장·도로·하천 등의 공지가 있거나 이를 설치하는 경우에는 대통령령이 정한 바에 따라 시·군·구의 條例로 달리 정할 수 있다(48Ⅲ).

용지투표(用紙投票)〔英〕paper ballot 일정한 투표용지에 記票 또는 自書함으로써 투표하는 것. 機械投票·擧手投票 등에 대한 투표방법의 하나로서, 가장 일반적으로 채택되고 있다. 대통령선거·국회의원선거·지방의회의원 및 지방자치단체장의 선거를 용지투표에 의하게 되어 있다(公選 150). →비밀투표

우루과이라운드〔英〕UR, Uruguay round of Multinational Trade Negotiation 1986년 9월 우루과이에서 개최된 GATT 각료회의에서 개시된 GATT의 8번째 多者間貿易協商. 미국의 절대적인 우위에 기초한 세계무역질서가 붕괴되고 자본주의의 중심이 미국, 일본, 유럽공동체 등으로 多極化되고 1980년대에 들어와서 미국은 자국의 농업공황, 제조업쇠퇴, 서비스산업팽창이라는 産業構造의 변화를 맞아 새로운 무역질서를 구축하려고 시도하게 되었다. 즉, 농업, 서비스산업의 比較優位를 무기로 하여 세계경제에 대한 패권을 회복하려는 것이다. 이러한 미국의 대자본의 이익추구가 GATT를 통하여 반영된 것이 바로 우루과이라운드인 것이다. 최고의사결정기관으로서는 각료급으로 구성된 貿易協商委員會(Trade Negotiation Committee)가 있고 그 산하에 관세·비관세·농산물·긴급수입제한 등 14개 분야의 商品協商그룹(GNG, Group of Negotiations on Goods)과 1994년에 새로 도입된 서비스그룹(GNS, Group of Negotiations on Service) 등 15개의 협상그룹이 있다.

우루과이라운드 농산물개방특례조치(農産物開放特例措置) 1993년말에 체결된 한국과 일본 등의 쌀에 대한 輸入開放特例措置. 협정초안에는 ① 기준연도인 1986~1988년 3년간 수입량이 국내소비량에서 차지하는 비중이 3% 미만인 작물, ② 食糧安保나 環境保護 등 非交易的 관심사항에 해당하는 작물, ③ 수출보조금을 지원하지 않고 효과적인 생산제한조치를 취하는 작물 등의 조건에 맞는 농산물품목에 대해 예외없는 관세원칙의 특례조치를 두도록 하였으며 이러한 特例措置期間(관세조치화의 유예기간)이 경과한 후에도 그 특례조치를 유지하고자 할 경우에는 최소수입량을 8%로 할 것을 규정하였다. 그러나, 우리나라는 미국과의 쌀개방협상에서 ① 10년간 關稅化 猶豫期間을 두며 ② 첫해의 쌀수입량을 1%로 하고 매년 0.25%씩 수입량을 늘려 5년째는 2%로 하며, ③ 다음 5년간은 매년 0.5%씩 수입량을 늘려 4%가 되었을 때 관세유예화 여부를 재협상한다는 합의를 하여 협상초안보다 완화된 예외조치를 인정받았다.

우루과이라운드 이행계획서(履行計劃書)

1993년 12월 15일에 타결된 우루과이라운드協商의 결과를 구체적으로 시행하기 위한 각국의 日程表. 협상당사국은 농산물, 수산물, 공산품, 서비스 등 각 분야에 걸친 品目別 讓許稅率, 국내보조금의 감축조치 및 국내법상의 제한조치 등을 담은 이행계획서를 GATT 사무국에 제출하여 우루과이협상 최종안과 일치하는지 여부를 심사받고 1994년 4월 GATT 각료회의에서 서명하였다.

우리사주조합(社株組合) 법인의 종업원이 당해 법인의 주식을 취득·관리하기 위하여 대통령령이 정하는 요건을 갖추어 조직한 組合(證去 2 XⅧ). 종업원으로 하여금 중국의 소속회사의 주식을 보유하게 하고 회사의 經營 및 利益分配에 참여시킴으로써 근로자의 財産形成을 촉진시키는 제도(소위 從業員持株制)의 일환으로 운용된다.

우발범(偶發犯) 〔獨〕 Zufallsverbrechen 狀態犯에 대한 것으로서, 범죄의 원인이 행위자의 성격에 기하지 않고 주로 외부적 사정에 기인하는 범죄. 機會犯이라고도 한다. 우발범의 특징은 범죄의 동기가 우발적이고 범죄를 감행하는 데에 있어서 계획적이 아니고 또 그 행위에 習慣性이 없는 점에 있다. 요컨대 우발범인은 주로 외부적 사정에 자극되어 죄를 범하는 자이고, 범죄적 개성이 비교적 희박한 자라고 할 수 있다. 우발범인에 대하여는 行刑上 初犯者로서 특별한 처우가 필요하고 犯情에 따라 재범의 위험이 없는 자에 대하여는 起訴猶豫·宣告猶豫 또는 執行猶豫의 처분으로 족할 것이다.

우발부담(偶發負擔) 우연히 그 사업의 수요를 충족시킬 수 있는 지위에 있는 자에게 과하여지는 人的公用負擔. 부담정도는 당해 사업의 필요에 따라 정하여지며 금전지급 이외의 것을 원칙으로 한다. 이는 일반부담 및 특별부담과는 달리 불평등한 부담이며, 부담의무자에게 특별한 희생을 과하는 것이므로, 行政上의 損失補償이 따르게 된다.

우범소년(虞犯少年) 그의 성격 또는 환경에 비추어 장차 刑罰法令에 저촉되는 행위를 할 우려가 있는 12세 이상의 소년으로서, ① 보호자의 정당한 감독에 복종하지 않는 性癖이 있거나, ② 정당한 이유없이 가정에서 이탈하거나, ③ 범죄성이 있는 자 또는 부도덕한 자와 교제하거나 자기 또는 타인의 德性을 해롭게 하는 性癖이 있는 자(少 4 I iii). 경찰서장이 관할소년부로 송치하여 심판에 회부되며, 보호자·학교와 사회복지시설의 장은 이를 관할소년부에 통고할 수 있다(4 Ⅱ·Ⅲ). 소년법은 罪刑法定主義를 수정하여 범죄를 범할 염려가 있는 소년도 소년법원의 심판의 대상으로 하고 있다. 그것은 반사회성을 조기에 발견하여 조기에 치료하기 위함이다. 소년법원에서 하는 保護處分은 형벌이 아니고, 소년을 보호하려는 것이므로, 우범소년의 심판은 헌법의 죄형법정주의의 이념에 위배되지 않는다고 할 수 있다. 우범을 형사법규인 소년법에 규정한 立法例는 오직 우리나라와 일본뿐이고, 기타 선진국에서는 아동복지법에 이를 두고 있다.

우베리마에 피데이 콘트랙트 〔英〕 uberrimae fidei contract 最高信義의 契約. 최고의 신의로써 성실하게 체결되어야 하는 계약. 英法은 체결할 것이냐 어떠냐를 결의하는 데에 영향이 있다고 보여지는 모든 사정을 告知할 의무를 진다고 한다. fiduciary relationship에 있는 자의 계약, 保險契約 등이 그 예이다.

우생수술(優生手術) 우생학상의 견지에서 불량한 자손의 출생방지를 목적으로 보통 生殖腺을 제거하지 않고 생식을 불능케 하는 斷種手術. 현재 優生手術立法을 하고 있는 나라로서는, 덴마크·핀란드·멕시코·일본 등이다.

우선감시대상국(優先監視對象國) 不公正貿易을 하고 있다는 이유로 미국으로부터 優先協商對象國(PFC : priority foreign country)과 감시대상국 사이의 중간정도의 경고조치를 받은 국가. 미국은 교역상대국을 불공정거래의 정도에 따라 優先協商對象國, 優先監視對象國, 監視對象國으로 분류하고 있는데 우선감시대상국으로 지정되면 직접적인 무역보복을 당하지는 않으나 지속적인 관찰과 조사가 따른다 1988년의 Omni Trade Act에는 근거규정이 없었으나 미국의 무역대표부가 지적재산권의 보호를 위한 스페셜 슈퍼 301조의 운용지침에 따라 지정하게 된다. 우선감시대상국은 緊急協議對象國, 隨時點檢對象國 및 繼續協議對象國으로 나누어진다.

우선배당주의(優先配當主義) 〔獨〕 Prioritäts prinzip 금전채권의 집행에 있어서 압류채권자에게 압류질권 기타의 우선권을 인정하는 주의. 平等配當主義에 대한다. 制先主義·押留優先主義·優先主義라고도 불린다. 독일·오스트리아법은 압류에 의하여 우선권을 취득하는 우선주의를 채용하고 있다. 이 주의에 따르면 집행채권자는 집행의 착수순으로 순차 賣得金의 잔액으로부터 변제를 받게 된다. 우리 법은 평등주의를 취하고 있으며, 우선주의는 예외적으로 轉付命令 및 민사소송법 565조의 경우에 인정되는데 지나지 않는다. 우선주의는 채권자 사이의 公平이라는 면에서 보면 평등주의만 못하나 자기의 권리행사에 근면한 자가 많은 만족을 받는다는 의미에서 오히려 공평한 것이라고 할 수 있다. 또 평등주의와 같이 집행의 불확실을 가져오고, 압류의 범위를 필요 이상으로 확대하는 폐단이 없다는 점이 그 장점으로 지적되고 있다. 다만 이 주의를 채용하면 채권자는 용서없이 집행에 착수하게 되므로 債務者에게는 불이익되는 경우가 있다는 점이 단점이다. 그 밖에 兩立法主義의 장단에 관하여는 많은 논의가 거듭되고 있으며, 양자를 어떻게 조화할 것인지에 관한 문제는 强制執行法의 중요한 과제의 하나로 되어 있다.

우선변제(優先辨濟) 채권자 중의 어떤 자가 채무자의 전재산 또는 특정의 재산으로부터 다른 채권자에 우선하여 辨濟를 받는 것. 채무자의 재산이 총채권액에 차지 않는 경우에 의의가 있다. 債權者平等의 원칙의 예외를 이루는 것이기 때문에 특히 법률에 규정된 경우에만 인정된다. 그것에는 두 가지 경우가 있다. 그 하나는 당사자간의 계약에 의하여 생기는 경우로서 質權·抵當權의 設定이 이에 해당한다. 그 둘은 법률상 당연히 생기는 것으로서, 留置權이 인정되는 경우가 그것이다.

우선변제청구(優先辨濟請求)**의 소**(訴) 〔獨〕 Klage auf vorzugsweise Befriedigung aus dem Erlöse 船舶優先特權이나 그 밖의 優先權과 같이 압류되는 물건에 관하여 占有權을 가지지 않는 경우는 물론, 質權과 같이 점유권이 있어도 질권자가 임의로 집행관의 압류를 승낙한 때에는 목적물의 압류는 언제나 가능하다. 그러나 이러한 물건 위에 담보물권을 가지는 사람은 訴로써 賣得金에 대하여 우선변제를 청구할 수 있다. 이것을 우선변제청구의 소라고 한다(民訴 526). 대체로 담보권의 대상이 된 물건은 그 재산가치의 점에서는 分量的으로 이미 일반채권자를 위한 채무자의 책임재산으로부터 제외되어 있다고 볼 수 있으므로 일반채권자의 담보물에 대한 押留換價權과 담보권자의 권리와는 적절하게 조절될 수 있는 것이다. 이 소의 성질에 관하여는 履行訴訟說·形成訴訟說·確認訴訟說 등 학설이 구구하나, 담보권자가 그 담보의 범위내에서 채권자의 집행을 허용하지 않는 취지의 선언을 구하는 형성의 소로 해석하는 것이 통설이다(異說있다). 관할법원은 민사소송법 526조, 509조 2항에 의한다. 본래 우선변제청구의 소는 주로 先取特權者를 보호하기 위하여 인정된 것인데 우리 민법이 선취특권제도를 폐지하고 있음에 비추어 本訴의 존재의의는 거의 없어진 셈이나 다름이 없다.

우선적 효력(優先的效力) 物權은 債權이나 다른 後順位物權에 우선한다는 효력. 먼저 채권에 우선하는 효력에 관하여 보면, 물권과 채권이 충돌하는 경우에는 언제나 물권이 우선한다. 다만 물권의 채권에 대한 우선적 효력은 明認方法을 통하여 물권이 절대적 효력을 가지는데 비하여, 채권은 상대적 효력을 갖는데 불과하다는 점에서 유래하는 것이므로 채권이 登記 또는 假登記에 의하여 물권에 유사한 지위를 가지게 되면 그 순위에 의해 우선적 효력을 정할 수밖에 없는 것이다. 예컨대 등기된 不動産賃借權은 그 후에 성립하는 물권에 우선한다(民 621). 그리고 동일한 물건 위에 성립하는 물권 상호간에 있어서는 시간적으로 먼저 성립한 물권이 후에 성립한 물권에 우선한다. 一物一權主義原則에 의하여, 소유권이 동일한 물권 위에 두 개 이상 성립하는 것은 불가능하지만 制限物權의 경우에는 가능하다. 따라서 지상권·지역권·전세권 등의 용익물권 상호간이나 담보물권 상호간 또 用益物權과 擔保物權 상호간에 있어서는 그 성립의 순위에 따라 우선적 효력이 인정된다. 그런데 이러한 우선적 효력에 대하여는 예외가 있다. 즉 법률이 특별한 이유로 특정채권이나 이를 담보하는 권리를 우선시키는 경우가 있는데, 근로기준법의 賃金優先特權(勤基 37), 주택임대차보호법의 少額保證金(住宅賃貸借保護法 8, 12) 등이 그 예이며, 상법의 優先特權(商 468, 866 이하, 872)도 이에 속하는 것이다.

우선주(優先株) 〔英〕 preference share, preferred stock 〔獨〕 Vorzugsaktie, Prioritätsaktie 〔佛〕 action de priorité, action privilégiée 數種의 株式(商 344)이 있는 경우에 있어서 이익이나 이자의 배당 또는 잔여재산의 분배에 관하여 특히 우선적 지위가 인정되어 있는 주식. 우리 상법은 이상의 재산적 내용의 것만을 인정하고 따라서 議決權株는 인정하지 않고 있다. 우선주 중에는 이익배당 또는 잔여재산분배참가의 형태에 의하여 參加的 優先株·非參加的 優先株가 있고 利益配當優先株 중에는 配當累積의 형태에 의하여 累積的 優先株·非累積的 優先株가 있다.

우선특권(優先特權) 〔獨〕 Vorzugsrecht 〔佛〕 privilège 특수한 채권자에게 법률상 당연히 주어지는 擔保物權으로 채무자의 재산으로부터 우선변제를 받는 것. 구민법상 인정한 제도(舊民 303~341).

우선협상대상관행(優先協商對象慣行) 미국무역대표부가 미국의 1988년 綜合貿易通商法 301조에 의해 미국의 수출을 저해하는 교역상대국의 不公正貿易慣行에 대해 우선적으로 협상을 벌이도록 선정한 무역관행을 말하며, 優先協商國과는 달리 보복조치규정이 불확실하다.

우선협상대상국(優先協商對象國) 〔英〕 Priority Foreign Countries 수퍼 301조로 불리는 미국의 綜合貿易通商法 301조에 따라 미국의 무역대표부가 자국의 입장에서 交易相對國別로 불공정 무역관행의 종류와 정도 및 그러한 관행이 제거되었을 때의 무역증가액을 추정·평가하여 우선협상의 대상이 된다고 지정한 국가.

우성조건(偶成條件) 〔獨〕 Kasuelle Bedingung 條件의 成否가 당사자의 의사와는 전혀 관계가 없는 非隨意條件.

우 소(偶素) → 요소

우수포장상품(優秀包裝商品) **마크제**(制) 포장디자인이 우수한 제품을 선정해 우수포장상품 마크를 부여하는 제도. 상품의 부가가치를 높여 촉진하는 것을 목적으로 하는 商品包裝分野와 포장설계 및 포장재료를 통한 物流費의 절감과 環境保全에 기여하는 工業包裝分野로 나누어 1994년부터 시행되고 있다.

우수현상광고(優秀懸賞廣告) 광고에 정한 행위를 완료한 자가 여러 명인 경우에 그 우수한 자에 한하여 보수의 지급을 약정한 懸賞廣告(民 678). 우수현상광고의 특색은 여러 명의 행위완료자 중 우수한 자에게 보수를 주는데 있다. 따라서 ① 우열의 판단이 가능한 행위이어야 된다. 보통 학술논문·문학작품 등에 우수현상광고를 함이 적당하다. ② 반드시 응모기간을 정해야 한다. 기간이 없으면 응모자의 수가 제한되지 않아서 우열판단을 할 수 없기 때문이다(678Ⅰ). ③ 우수현상광고에 있어서의 승낙은 일반의 현상광고와 달라서 指定行爲를 완료함으로써 곧 그 효력이 발생하지 않고, 지정행위의 완료자는 완료를 광고주에게 보고해야 한다(이것을 應募라 한다). 응모에 의하여 계약은 성립되어도 효력은 발생되지 않는다. 효력발생은 우수자의 판정이 있어야 한다. 우열의 판단은 사실에 관한 의견의 진술이므로 이의를 하지 못하고(678Ⅳ), 광고 중에서 판정자를 정하지 아니할 때에는 광고자가 판단한다(678Ⅴ). 우수자는 광고자에 대하여 報酬請求權을 취득하고 수인의 행위가 동등하다는 판정을 받으면 평등의 비율로써 보수청구권을 가진다.

우주국제법(宇宙國際法) 〔英〕 outerspace international law 대기권 외 우주간을 규율하는 國際法. 우주공간에는 대기권과 달라 현행국제법이 규정하는 절대적인 領空主權은 미치지 않는다고 생각된다. 이 우주공간은 현행법의 적용 외에 있다고 해석되며 여기에는 法의 흠이 지배한다. 따라서 이 공간은 마치 지구상의 공해와 같이 자유지역이며, 이곳에 인공위성·우주로케트의 항행은 완전히 자유라고 할 수 있다. 그러나 이 空域의 법질서를 수립함에 있어서 公海自由의 原則에 대비되는 宇宙空間自由의 原則을 확립하는 것은 중요하나, 엄격히 평화적 이용에 한정하는 우주공간평화이용의 원칙을 확보하는 것은 더욱 중요한 일이며, 이미 우주시대에 들어간 인류의 과제는 여기에 있다고 하겠다. → 인공위성

우체국(郵遞局) 정보통신부장관소속하에 둔 지방체신관서로서 우편·우편환·우편대체·체신예금·체신보험 및 전신전화수탁업무에 관한 사무를 맡아 처리하는 特別地方行政機關(情報通信部와 그 所屬機關職制 71Ⅰ, 72Ⅱ). 우체국에는 보통우체국과 별정우체국이 있다. 보통우체국은 국가가 설치·경영하는 우체국을 말하고, 別定郵遞局은 자기의 부담으로 청사 기타 시설을 갖추고 정보통신부장관으로부터 지정을 받은 자가 국가로부터 위임받은 체신업무를 수행하는 우체국을 말한다(別定郵遞局法 2Ⅰi).

우체(郵遞)**에 부치는 송달**(送達) [1] 형사소송법상 서류송달을 받기 위하여 주거·사무소 또는 송달영수인의 선임을 신고하여야 할 자가, 그 신고를 하지 아니하는 때에는 법원사무관 등은 서류를 우체에 부칠 수 있으며, 이 경우에는 到達主義, 즉 도달된 때에 송달된 것으로 간주한다(61).

[2] 민사소송법상으로는 郵便送達과 같은 뜻. 구법에 있어서는 이와 같이 호칭한 것이다.

우 편(郵便) 우편법에 의하여 규칙적으로 信書 및 일정한 물건을 송달하는 업무. 우편은 신서의 송달을 본업무로 하는 것이지만, 부대사업으로 우편예금·우편환이 포함되고 있다. 우편은 우편법에 의하여 국가의 獨占事業에 속하는 公企業으로 되어 있다.

우편금제품(郵便禁制品) 우편물로서 발송하는 것을 법으로써 금지하는 물품. 우편금제품의 종류에 대하여는 정보통신부장관이 정하게 되어 있다(郵 17).

우편사서함(郵便私書函) 우편관서의 승인을 얻어 우체국에 설치한 私用의 郵便物受取函. 우편사서함은 우체국장의 지시에 따라 자기 부담으로 설치하여 유지하는 것이나 자물쇠와 열쇠는 당

해 우체국에서 관리한다. 우편관서는 사서함의 개설자가 법령위반의 행위가 있으면 그 開設承認을 취소할 수 있으며, 개설자가 사서함을 폐지하고자 하는 때에는 10일 전까지 당해 우편관서에 신고하여야 한다.

우편송달(郵便送達) [1] 민사소송법상 법원사무관 등이 서류를 등기우편으로 발송함으로써 하는 발송(173). 이것을 할 수 있는 것은 송달영수인에게 신고의무가 인정되는데, 이를 신고하지 않는 경우(171Ⅱ) 및 補充送達·遺置送達에 의할 수 없는 경우에(172) 한한다. 우편송달(우편에 付하는 송달)을 한 때에는 발송한 때에 송달이 완료된 것으로 간주되고, 서류가 송달받을 자에 도달하였느냐 아니하였느냐와 또 어느 때에 도달하였는가는 불문한다(174).

[2] 형사소송법상으로는 우체에 부치는 送達과 같은 뜻.

우편(郵便)**에 의한 송달**(送達) 執行官에 의하지 않고, 우편집배원을 送達官으로 하여서 하는 송달(民訴 163, 刑訴 65).

우편요금(郵便料金) 우편업무의 이용에 대한 反對給付로 징수하는 수수료. 우편요금은 정보통신부장관이 국무회의의 심의를 거쳐 대통령의 승인을 얻어서 정한다. 우편요금은 현금·우표 또는 우편요금을 표시하는 증표로 납부한다(郵 20). 우편요금의 체납이 있는 때에는 국세징수법에 의한 滯納處分의 예에 따라 강제징수하되, 우편요금의 납부의무는 그 납부하여야 할 날로부터 6월 이내에 납부의 고지를 받지 않으면 삭감하는 것이 원칙이다(23).

우편환(郵便換) 송금인이 우체국이 발행하는 우편환증서에 의하여 송금하는 제도. 그 사업은 國營事業이다(郵便換法 2). 通常換·電信換·少額換·國際換이 있다(4, 法施 2의2). 우편환의 이용자는 요금을 납부하여야 한다(17). 우편환금에 관한 권리는 은행 이외의 자에 대한 양도가 금지되며(22), 우편환증서의 유효기간(6月) 경과 후 3년의 경과로 소멸한다(24, 25). 무능력자가 한 행위로 간주된다(26). 국제우편환에 관하여는 萬國郵便條約의 규정에 의한다.

우 표(郵票) 우편요금을 표시하는 증표. 정보통신부장관이 발행하며(郵 21), 보통우표와 특수우표로 분류할 수 있다. 普通郵票라 함은 우편요금의 납부용으로 발행된 것을 말하며, 特殊郵票라 함은 그 용도는 보통우표와 같으나, 그 발행에 있어서 특별한 의미와 목적이 있어, 발행매수가 처음부터 한정되어 있는 것을 말한다.

우표·인지(郵票·印紙)**에 관한 죄**(罪) ① 행사할 목적으로 대한민국 또는 외국의 우표 또는 인지 기타 우편요금을 표시하는 증표를 僞造 또는 變造하는 죄(刑 218Ⅰ), ② 위조 또는 변조한 대한민국 또는 외국의 우표 또는 인지를 행사하거나 행사할 목적으로 수입 또는 수출하는 죄(218Ⅱ), ③ 行使할 목적으로 위조 또는 변조한 대한민국 또는 외국의 우표 또는 인지를 취득하는 죄(219), ④ 행사할 목적으로 대한민국 또는 외국의 우표 또는 인지의 소인을 무효하게 하는 죄(221), ⑤ 販賣할 목적으로 대한민국 또는 외국의 우표 또는 인지 기타 우편요금을 표시하는 증표에 유사한 물건을 제조·수입 또는 수출하거나, 그러한 물건을 판매하는 죄(221). 本罪의 保護法益은 우표·인지의 眞正에 대한 공공의 신용이다. ①②③⑤의 미수범(223) 및 ①의 예비·음모(224)를 처벌한다.

우호적 점령(友好的占領) 〔英〕 friendly occupation 군사적 비밀 또는 적국으로부터의 해방을 목적으로 중립국·동맹국 기타의 우방을 점령하는 것. 제2차대전중의 미국에 의한 영국·필리핀 점령 및 한국점령은 友好的 占領의 실례. 헤이그陸戰法規는 戰時 敵對的 占領만을 예상한 것이며, 1949년의 제네바제4조약(戰時文民의 보호에 관한 조약)도 전시점령을 규정한 것이라고 할 수 있다. 우호적 점령에 관해서는 특별한 조약규정이 없는 경우 헤이그 陸戰法規 중의 점령에 관한 규정을 준용하고 있으나, 점령의 성질이 다르기 때문에 실정과 부합되지 않는 점이 많다. → 점령

우회수송(迂廻輸送) → 연속항해주의

운송계약(運送契約) 〔英〕 contract of carriage 〔獨〕 Frachtvertrag 〔佛〕 contrat de transport 당사자의 일방이 영업으로 물건 또는 여객의 場所的 移轉을 약정하고, 상대방이 이에 대하여 보수(운임)를 지급할 것을 약정하는 계약. 이 계약에 의하여 운송을 인수하는 행위는 商行爲가 된다(商 46 xiii). 운송의 목적물에 따라 물건운송계약·여객운송계약으로, 운송의 영역에 따라 육상운송계약·해상운송계약·공중운송계약으로 나누어진다. 운송계약은 일의 완성을 목적으로 하기 때문에 都給契約이나, 상법에서 自足的으로 규정하고 있기 때문에 민법의 규정을 준용할 필요는 거의 없다. 그리고 諾成·有償·雙務契約에 속하나 기업의 대규모화와 영업의 성질의 정형성에서 附合契約化하고 있으며, 철도·자동차운전사업에 있어서는 契約

條款에 관한 강제(鐵道法 10, 旅客自動車運輸事業法 10) 및 公的 監督이 가하여지고 있다. → 운송업, 육상운송, 해상운송

운송계약서(運送契約書) 〔英〕 charter-party, c/p 〔獨〕 Chartepartie 〔佛〕 charte-partie 운송계약을 증명하는 서면. 海上運送契約에 있어서 특히 傭船契約의 경우에는 각 당사자는 상대방의 청구에 의하여 운송계약서를 교부하여야 한다(商 781). 이 운송계약서에 관한 상법 781조는 個品運送契約에 준용하고 있지 않기 때문에 개품운송의 경우에는 원칙으로 각 당사자는 계약서의 작성의무는 없다. 그러나 실제에 있어서는 계약서를 작성하지 않는 대신에 船荷證券을 이에 대용하고 있다. 선하증권은 운송계약서는 아니지만, 송하인이 慣用約款이 기재된 선하증권을 이의를 보류하지 않고 선박소유자로부터 받았을 때에는, 그 약관은 당사자간에 있어서는 계약과 동일한 효력이 있다. 또 그 후의 증권소지인과 운송인간에 있어서도 그 약관이 원칙으로 證券的 效力이 있다(131, 820).

운송물발송인(運送物發送人) 〔獨〕 Versender 運送周旋契約의 당사자로서 운송주선인에 대하여 물건운송의 주선을 위탁한 자. 이 계약에 의하여 체결되는 운송계약의 당사자로서의 送荷人과는 다른 관념이다. 이 경우에는 운송주선인이 송하인이 된다.

운송물수령인(運送物受領人) 운송주선계약에 있어서 운송물의 수령인. 법률상으로는 送荷人이라는 말을 쓰는데(商 122, 124). 運送契約上의 수하인과는 관념을 달리한다. 운송주선계약의 당사자는 아니지만 운송물이 목적지에 도착한 후는 운송물발송인이 운송주선인에 대한 권리를 취득하고, 운송물을 수령하였을 때에는 보수 및 그 밖의 비용을 지급할 의무를 진다(124, 140).

운송보험(運送保險) 〔英〕 transport insurance 〔獨〕 Transportversicherung 〔佛〕 assurance de transport 육상운송에 관한 사고로 인하여 운송물에 생길 수 있는 손해의 보상을 목적으로 하는 損害保險(商 688). 넓은 의미로 운송보험이라 함은 해상운송의 운송물에 관한 보험도 포함하나, 우리 상법상 다만 운송이라 할 때에는 육상운송만을 말하며(125 참조), 운송보험이라 할 때에는 陸上運送保險을 이른다. 또 육상운송에서의 육상이란 湖川·항만을 포함하나(125 참조), 約款에서는 항만에서의 보험사고는 오히려 海上保險에서 다루고, 육상운송보험에서는 특약이 없는 한 보험하지 않는 것이 일반적이다. 운송보험의 목적은 운송물이고, 운송계약이 없이 운송되는 물건이라도 상관없다. 여객은 운송의 목적으로 될 수 있으나, 운송보험의 목적은 될 수 없다. 그러므로 운송중에 생긴 사고라도 여객의 생명·신체에 관한 것은 운송보험이 아니고 人保險에 속한다. 보험사고는 운송중에 발생할 수 있는 모든 사고로서, 기차의 전복으로 인한 운송물의 멸실·훼손같은 운송에 특유한 사고에 한하지 아니하고, 운송중에 생기는 화재·수해·도난·鼠害 등도 포함한다. 다만 약관에 의하여 그 범위를 제한하는 일이 많다. 운송보험의 保險價額은 특약이 없으면 발송한 때와 곳의 가액과 도착지까지의 운임 기타의 비용을 포함한 것으로 하여(689 Ⅰ), 保險價額不變更主義를 취한다. 또 희망이익에 관하여는 당사자의 약정이 있는 경우에 한하여 보험가액에 산입한다(689 Ⅱ).

운송약관(運送約款) 운송영업은 그 성질상 독점적 경향이 있고 또 그 업무는 일반대중과 대량적·집단적으로 체결되는 경우가 많다. 따라서 운송계약은 운송인이 일방적으로 결정한 정형적 내용을 가진 運送約款(普通運送契約約款)에 의하여 체결되는 附合契約의 형식을 취하는 경우가 많다. 이에 대하여는 공익보호의 견지에서 국가가 행정적 감독을 할 필요가 있으며, 운송계약은 완전한 私的自治의 原則에만 맡겨둘 수 없고 契約强制, 운임 기타의 운송조건 및 운송약관의 公示가 요구되고 있다. 운송인의 책임에 관한 상법의 규정은 강행법규가 아니기 때문에 실제에 있어서는 운송약관 중에는 운송인의 책임을 감면하는 免責約款(Freizeichnungsklausel)을 삽입하고 있는 경우가 많다. 일반적으로 많이 볼 수 있는 면책약관으로서는 過失約款·賠償額制限約款·不知約款 등을 들 수 있다. 육상운송에 관하여는 해상운송에 있어서와 같은 면책약관을 제한하는 규정(商 790)이 없으므로 一般私法上의 원칙, 制限解釋 기타의 約款解釋의 法理를 원용하는 수밖에 없다.

운송업(運送業) 〔英〕 carriage 〔獨〕 Frachtgeschäft 〔佛〕 transport 넓은 뜻에서는 물건 또는 여객의 운송을 목적으로 하는 영업. 운송의 목적물에 따라 物件運送·旅客運送으로, 운송의 영역에 따라 陸上運送(內水運送을 포함)·海上運送·空中運送으로 나누어진다. 좁은 뜻에서는 물건 또는 여객을 육상 또는 湖川·항만에서 운송하는 것을 목적으로 하는 영업만을 가리킨다(商 125). 이것은 상법 제2편 제9장 운송업에 규정되고 있으며, 공중운송업은 航空法의 單行法에, 그리고 해상운송업은 상법 제5편 海商에 각각 규정되고 있다. 상법에서 운송업이라고 할 때에는 좁은 뜻의 운송업을 가리

킨다. ① 물건운송에 있어서 운송계약의 당사자는 運送人과 送荷人이고, 운송인은 운송계약의 本旨에 따라 물건을 수취·보관·운송·인도할 일반적인 의무를 부담하고 운송물의 멸실·훼손·연착에 대하여 책임을 진다(135~138). 그리고 송하인의 청구에 의하여 貨物相換證을 발행하고(128), 운송중 송하인 또는 화물상환증이 발행된 때에는 그 소지인의 지시(운송물의 處分請求權)에 따라야 한다(139). 이에 대하여 운송인은 송하인에게 운송물의 인도·운송장의 교부 및 운임을 청구할 권리를 가지며(126, 134), 또한 운송물에 대한 特別留置權·供託競賣權을 가진다(142~144, 147). ② 여객운송에 있어서는 보관관계가 생기지 않는다. 그 외의 것은 물건운송의 경우와 대체로 동일하고 손해배상에 관한 특칙이 있을 뿐이다(148~150). → 육상운송, 순차운송

운송인(運送人) 〔英〕 common carrier 〔獨〕 Frachtführer 〔佛〕 voiturier 육상 또는 湖川·항만에서 물건 또는 여객운송의 인수를 영업으로 하는 자(商 125). 海上運送 및 空中運送은 제외된다. 운송의 인수행위는 商行爲이다(46 xiii).

운송인(運送人)**의 책임**(責任) 운송물의 멸실·훼손 또는 연착에 관하여 운송인이 지는 책임. 운송인은 자기 또는 운송주선인이나 사용인 기타 운송을 위하여 사용한 자가 운송물의 수령·인도·보관과 운송에 관하여 주의를 게을리하지 않았음을 증명하지 못하면 멸실·훼손·연착으로 인한 책임을 면치 못한다(商 135). 이 규정은 민법상의 履行補助者의 행위에 대한 채무자의 無過失責任, 擧證責任 등에 대한 예외규정이 아니고 주의규정이라고 봄이 타당하다(반대설 있음). 本責任과 민법상의 不法行爲責任이 경합한 경우 하나의 청구권을 행사할 수 있느냐, 두 개의 청구권을 가지느냐에 관하여 法條競合說과 請求權競合說이 대립하고 있다. 본책임에 의한 손해배상에 대하여는 도착지의 일반적 가액에 의하는 定額賠償制度를 규정하고 있으나(단 중대한 과실이 있는 경우는 예외)(137 I), 입법론상 비난이 있다. 고가물에 대해서는 특칙(136)이 있으나 이 경우에는 불법행위의 책임도 묻지 못한다. 본책임에 대하여 해상운송인의 책임을 포함시키는 경우가 있으나 법전상 이 용어를 쓰지 않고 있으며(125), 그에 대해서는 船舶所有者責任制限을 보라.

운송장(運送狀) 〔英〕 way bill 〔獨〕 Frachtbrief 〔佛〕 lettre de voiture 물건운송계약에 있어서 운송인의 청구에 의하여 송하인이 발행하는 운송계약에 관한 증권. 送狀 또는 出荷案內書라고도 한다. 운송장은 운송계약이 성립한 후 송하인이 운송인의 청구에 의하여 교부하는 것이므로 그 작성은 운송계약의 成立要件은 아니다. 또 운송장은 재산권을 表彰한 것도 아니므로 유가증권은 아니고 단순한 증거증권에 지나지 않는다. 그 증거력은 양당사자를 위하여 또 양 당사자에 대하여 평등하게 작용한다. 운송장은 운송인이 운송물과 함께 도착지에 송부한다. 운송인은 운송장에 의하여 운송물·도착지·수하인 등을 정확하게 알 수 있고 또 수하인도 송하인이 송부한 운송물과 도착물이 동일물인가 아닌가를 대조검사 할 수 있어 자기가 부담하는 채무의 범위(商 140, 141)를 알 수 있는 효용이 있다. 운송장의 청구여부는 운송인의 자유이다. 운송장에는, ① 운송물의 종류, 중량 또는 용적, 포장의 종별, 個數와 記號, ② 도착지, ③ 수하인과 운송인의 성명 또는 상호, 영업소 또는 주소, ④ 운임과 그 先給 또는 着給의 구별, ⑤ 운송장의 작성지와 작성년월일 등의 法定事項을 기재하고 송하인이 기명날인 또는 서명하여야 한다(126 II). 그러나 법정사항 이외의 사항을 기재하여도 무방하다. 운송인은 운송장의 기재에 따라 운송의 준비 기타 운송실행에 관한 행위를 하므로, 송하인이 고의 또는 과실로 인하여 운송장에 허위 또는 부정확한 기재를 함으로써 운송인이 손해를 입었을 때에는 송하인은 損害賠償責任을 져야 한다(127 I). 그러나 운송인이 악의인 경우에는 송하인은 손해배상책임을 지지 않는다(127 II).

운송주선업(運送周旋業) 〔英〕 forwarding agency 〔獨〕 Speditionsgeschäft 〔佛〕 commission de transport 물건운송을 주선하는 영업. 이 영업을 하는 자를 運送周旋人이라 한다(商 114). 주선을 업으로 하는 점은 위탁매매업과 동일하며 위탁매매에 관한 규정이 준용되나(123), 그 목적이 육상 또는 해상의 물건운송계약에 한하는 점이 다르다. 운송주선인은 선량한 관리자의 주의로써 운송의 주선을 하여야 하며 자기 또는 그 사용인이 운송에 관련되는 운송물의 수령·인도·보관, 운송인이나 다른 운송인의 선택 기타 운송에 관한 주의를 懈怠하지 아니하였다는 것을 증명하지 아니하는 한 손해배상책임을 면하지 못한다(115). 운송주선인은 자기 또는 사용인의 과실에 대한 책임을 지나 운송인과 다른 운송주선인의 과실에 대해서는 책임을 지지 아니한다. 화폐·유가증권 기타의 고가물에 대하여는 위탁자가 운송의 주선을 위탁할 때에 그 種類와 價額을 명시하지 않으면 운송주선인은 손해배상책임을 지지 않는다(124, 136). 운송주선인의 손해

배상책임은 수하인이 운송물을 수령한 날로부터 1년을 경과하면 소멸시효가 완성되며, 이 기간은 운송물이 전부멸실한 경우에는 그 운송물을 인계한 날로부터 起算되나, 만약 운송주선인이나 그 사용인이 악의인 경우에는 이 규정을 적용하지 아니한다(121). 운송주선인은 운송물을 운송인에게 인도할 때에는 委任事務의 처리가 종료되므로 즉시 그 보수를 청구할 수 있다(119Ⅰ). 운송주선인은 계약으로 운임액을 정한 경우에는 특약이 없는 한 따로 보수를 청구하지 못한다(119Ⅱ). 운송주선인은 위탁자를 위하여 지급한 운임 기타 운송을 위하여 지출된 비용의 償還請求權도 가진다. 또한 운송주선인은 委託賣買人과 같이 介入權을 행사할 수 있다. 운송의 성질상 운임과 운송방법이 대개 일정하여 있기 때문에 개입권을 인정하여도 무방하다. 그러므로 운송주선인은 특약이 없으면 직접운송할 수 있고, 이 경우에는 운송인과 동일한 권리의무가 있다(116Ⅰ). 원래는 운송인이 화물상환증을 발행하여야 하나 편의상 운송증권의 유효성을 유지하기 위하여 법은 운송주선인이 위탁자의 청구에 의하여서 貨物相換證을 작성교부한 경우에는 직접 자기가 운송하는 것으로 본다(116Ⅱ). 운송주선인은 운송물에 관하여 받을 보수·운임 기타 위탁자를 위한 替當金이나 先貸金에 한하여 운송물을 留置할 수 있다(120). 이 유치권은 채권과 유치물간에 관련이 있기 때문에 운송주선인뿐만 아니라 수하인의 이익도 보장된다. 운송주선인의 위탁자 또는 受荷人에 대한 채권의 시효는 1년을 경과하면 소멸된다(122).

운송증권(運送證券) 운송인이 송하인에게 운송에 관하여 발행하는 증권의 총칭. 육상운송에서의 貨物相換證과 해상운송에서의 船荷證券이 포함된다.

운 임(運賃) 〔英〕 freight 〔獨〕 Fracht 〔佛〕 fret 육상·해상·물품·여객의 각 운송에 있어서, 運送勞務에 대한 보수. 그 액은 계약에 의하여 운송품의 중량·용적·기간을 표준으로 하거나 또는 정액으로 정하여진다. 해상운송에 관하여는 특칙이 있다(商 801, 802). 운송물의 전부 또는 일부가 그 성질이나 하자 또는 送荷人의 과실로 인하여 멸실하였을 때에는 運送人은 운임의 전액을 청구할 수 있다(134Ⅱ). 이와 반대로 운송물의 전부 또는 일부가 송하인의 책임없는 사유로 인하여 멸실한 때에는 그 운임을 청구할 수 없으며, 만약 이미 그 운임의 전부 또는 일부를 받았을 때에는 이를 반환하여야 한다(134Ⅰ). 운임을 지급할 의무는 본래는 송하인이 지지만 수하인이 운송물을 받았을 때에는 受荷人도 이 의무가 있다(141).

운임보험(運賃保險) 〔英〕 insurance on freight 〔獨〕 Frachtversicherung 〔佛〕 assurance sur fret 운송인 또는 선박운송인 등의 운송업자가 받을 운임을 보험사고의 발생으로 인하여 받을 수 없게 됨으로써 생길 손해를 보상할 것을 목적으로 하는 損害保險. 都給契約인 운송계약의 성질상 운임은 운송물의 목적지도달후에 지급하기로 하는 것이 本則이다. 따라서 운임청구권은 운송위험 또는 해상위험에 놓여 있으므로, 여기에 운송업자가 그 운임청구권을 보험에 붙이는 이유가 있다. 이것은 주로 海上保險에서 행해진다.

운 하(運河) [1] 일반운송에 사용하기 위하여 인공으로써 개설하는 수로. 운하는 公共의 水路로서 교통상 중요한 관계를 가지므로 보통 特許企業으로서 규율되고 있다.

[2] 국제법상 문제가 되는 운하(〔英〕 canals 〔獨〕 Kanäle 〔佛〕 canaux)에 관하여는 國際運河를 보라.

워싱턴의 삼칙(三則) 〔英〕 The Three Rules of Washington 〔獨〕 Washingtoner Reglen 〔佛〕 Les Trois Règles de Washington 유명한 알라바마호사건을 國際仲裁裁判에 부탁할 것을 영미간에서 합의한 1871년 5월의 워싱턴조약에서 이 사건을 해결하기 위한 재판의 준칙으로서 규정된 중립국의 의무에 관한 제3원칙. 제1칙은 교전국의 일방에 대하여 감시하거나 또는 적대행위에 가담할 것으로 믿어지는 상당한 이유가 있는 일체의 선박이 중립국의 관할내에서 艤裝 또는 무장되는 것을 방지하기 위하여 그 중립국은 상당한 注意(due diligence)를 해야 할 뿐 아니라, 또 그러한 행위에 가담할 의도로써 어떤 선박이 중립국의 관할내에서 전부 또는 일부 전쟁의 용도에 적합하게 되었을 때에는 그 출범을 방지하기 위하여서도 상당한 주의를 하지 않으면 안된다는 것이다. 제2칙은 중립국은 자국의 항구 또는 領收를 어떠한 교전국에 대해서도 타방교전국에 대한 해안작전상의 기지로서 또는 군수품의 갱신·증가나 승무원의 보충을 위하여 사용되는 것을 허용해서는 안된다는 것이다. 제3칙은 중립국은 이상과 같은 의무의 위반을 방지하기 위하여 자국의 항구나 領水에서 또한 그 관할내의 모든 인민에 대해서 상당한 주의를 해야 한다는 것이다. 이러한 3則은 알라바마호사건의 재판의 준칙으로서 처음에는 인정된 것에 불과하였으나, 그 후에 1907년의 헤이그平和會議에서 체결된 海戰에 있어서의 중립국의 권리의무에 관한 條約(8, 18, 25)에 의하여 이들 3則은 거의 그대로 채택되었던 것이다. 이 3則은 중립국의 방지의무에 관한 기준을 처음으로 명백히 한 것이었다는 점에서 그 역사적 의의를 가진다. →중립국

의 의무, 방지의 의무

워싱턴조약(條約) 절멸할 위기에 처해 있는 野生生物의 國際去來에 관한 國際條約(Convention on International Trade in Endangered Species of Wild Fauna and Flora). 1972년 스톡홀름에서 개최된 유엔人間環境會議의 권고에 기초하여 1973년 워싱턴에서 조약체결회의가 열렸다. 야생생물 가운데 절멸할 우려가 있는 것을 지정, 그것들을 수출입하는 데는 許可書와 證明書가 필요하며 가맹국은 증명서를 발급하는 管理局, 조사와 조언을 하는 科學局의 설치가 의무화되어 있다. 지금까지 118개국이 가입했으나 우리나라는 이들 일부 동물들이 한약재의 원료로 사용되고 있어 가입을 미뤄오다 1993년 6월 이 조약에 가입했다.

워싱턴해군제한조약(海軍制限條約) 〔英〕 Washington Naval Treaty 1921~1922년의 워싱턴海軍制限會議에서 미국·영국·일본·프랑스·이탈리아간에 체결된 주력함의 제한에 관한 조약. → 워싱턴해군제한회의

워싱턴해군제한회의(海軍制限會議) 워싱턴海軍軍縮會議. 워싱턴會議라고도 한다. 1921년부터 1922년에 걸쳐 워싱턴에서 개최되고 해군의 제한 이외의 태평양 및 중국에 관한 문제를 취급한 회의. 참가국은 주요해군국과 극동에 이해관계를 갖는 9국(미국·영국·프랑스·일본·이탈리아·벨기에·네덜란드·포르투갈·중국). 海軍制限에 관해서는 주요해군국인 미국·영국·일본·프랑스·이탈리아의 5국간에 주력함(전투함과 항공모함)의 제한에 관한 조약이 체결되었다. 보조함의 제한은 실패하고 런던海軍制限會議(1930년 1월 21일~4월 22일)로 옮겨졌다. 극동문제에 관해서는 중국의 국권회복운동에 관한 9국조약. 태평양에 관한 4국조약이 체결되었다. 해군제한조약은 세계최초의 중요 군비제한조약이고 9국조약은 중국에 관한 列國의 근본정책을 밝혔다. 즉 중국에서 열강의 기성세력범위의 타파운동을 제안하여 중국에서 불평등조약 또는 외국의 특권을 철폐하는 조치를 결정하였다. 제1차대전후의 가장 중요한 국제회의의 하나이다.

원가맹국(原加盟國)〔UN의〕 원연합국과 같다.

원거리봉쇄(遠距離封鎖) 〔英〕 long distance blockade 〔獨〕 Fernblockade 〔佛〕 blocus à longue distance 영국·프랑스는 제1차·제2차대전에 있어서 독일잠수함의 무경고격침에 대한 복구조치로서 독일화물나포령을 공포하고 봉쇄유사의 조치를 취하였는데, 이것을 속칭 원거리봉쇄라고 한다. 이것은 봉쇄의 요건인 實效性이 구비되어 있지 않을 뿐만 아니라 公平性도 결여된 채 중립국해안까지도 포함하여 봉쇄하였다. 따라서 봉쇄와 비슷한 점이 있는 것도 사실이나 보통의 봉쇄와는 상당한 차이가 있어 논쟁된 바 있다. 그러나 經濟戰·總力戰의 군사적 필요성이 강력히 요구되는 현대의 전쟁에 있어서 이러한 조치는 상당한 이유가 있다고 보아야 할 것이며, 이에 대하여 동조 혹은 묵인한 국가가 많았다. 實定法規로 인정하기는 곤란하나 하나의 國際慣行이 성립되고 있다. → 봉쇄, 봉쇄침파

원격영상재판(遠隔映像裁判) 재판관계인이 교통의 불편 등으로 법정에 직접 출석하기 어려운 경우에 재판관계인이 動映像 및 음성을 동시에 송·수신하는 장치가 갖추어진 다른 원격지의 법정에 출석하여 진행하는 재판을 말한다(遠隔映像裁判에 관한 特例法 2ii).

원 고(原告) 〔英〕 plaintiff 〔獨〕 Kläger 〔佛〕 plaignant, demendeur 법원에 민사소송을 제기하는 쪽의 당사자의 호칭. 그 상대방인 被告에 대한 말이다.

원 권(原權) 基本權. 原始權이라고도 한다. 救濟權에 대응하는 것으로 타인의 권리침해를 기다리지 않고 처음부터 항상 존재하는 권리로서 채권자의 채권, 소유자의 소유권과 같은 것이 있다.

원 물(元物) 〔獨〕 Substanz, Muttersache 〔佛〕 chose originaire 경제적 수익으로서 과실을 낳는 물건. 과실에 대한 개념이다. 민법은 원물이 낳는 과실을 天然果實과 法定果實로 나누고 있으나(民 101), 이것은 원물의 相違에서 나온 것이 아니고, 그 과실이, 원물의 경제적 용도에 따라 산출된 것이냐, 원물의 사용대가로서 취득된 것이냐에 의한 구별이다. 원물의 경제적 성질에 따라서는 법정과실은 낳지마는 천연과실은 낳지 못하는 元物이 있다(예 : 금전·가옥·대지 등). 천연과실을 산출하는 원물은 果樹나 가축(牛馬등)과 같은 有機的인 것도 있고, 광산·토지 등과 같은 無機的인 것도 있고, 또 과실의 수취가 定期的인 것도 있고 不定期的인 것도 있으며, 또는 과실의 수취로써 그 성질이 바꾸어지는 것도 있으나, 쉽게 소모되지 않고 경제적 수익을 목적으로 하는 것이면 모두 이에 해당한다. 法定果實을 취득할 수 있는 원물은 사용의 대상이 되며 대차관계의 목적이 될 수 있는 것이면 된다. 따라서 대가가 생기는 것이라고 할지라도 주식이나 노동력은 원물이 될 수 없다. 그리고 특히 금전대차

에 있어서는 利子(法定果實)에 대한 貸金(元物)은 元金 또는 原本이라고 하며, 또 널리 원본이라고 할 때에는 원금 외에 사용의 대가를 받는 特許權 등도 포함되는 점에서 원물보다 넓은 개념이다.

원보험(原保險) 〔英〕 original insurance 〔獨〕 Erstversicherung 〔佛〕 première assurance, assurance primitive 보험자가 그 책임의 전부 또는 일부를 다른 보험자에게 분산하기 위하여 체결하는 보험을 再保險이라고 하고 이에 앞서는 최초의 보험을 原保險(元受保險) 또는 主保險(前提保險)이라 한다. → 재보험

원 본(元本) 〔英〕 capital 〔獨〕 Kapital 〔佛〕 fonds 넓은 뜻으로는 사용의 대가로서의 수익을 낳는 재산. 보통은 法定果實을 낳는 元物(예 : 地料에 대한 貸地). 그 중에서도 특히 이자에 대한 대금을 말하는데, 사용의 대가를 받는 특허권 등도 포함되는 점에서는 물건에 있어서의 원물보다 넓은 개념이다.

원 본(原本) 〔英〕 original 〔獨〕 Urschrift 작성자가 일정한 내용을 표시하기 위하여 확정적인 것으로 작성한 문서. 謄本, 抄本 등에 대하여 어음原本, 判決原本(民訴 191, 197, 486), 公正證書原本(公證 2) 등으로 쓰인다. 원본에는 보통 작성자의 서명·날인이 있다. 공문서의 경우에는 법률상 일정한 경우에 보존되지 않으면 안되는 일이 있다. 원본은 여러 통 작성되는 수도 있으나, 그 여러 통은 전부 동일한 효력이 있다.

원사업자(原事業者) 中小企業者가 아닌 사업자로서 중소기업자에게 제조 등의 위탁을 한 자, 중소기업자 중 직전 사업년도의 연간매출액 또는 상시고용종업원수가 제조 등의 위탁을 받은 다른 중소기업자의 연간 매출액 또는 常時雇傭從業員수의 2배 초과하는 중소기업자로서 그 다른 중소기업자에게 제조 등의 위탁을 한 자 등을 말한다(下都給去來公正化에 관한 法律 2 Ⅱ).

원산지사칭(原産地詐稱) 허위의 상품원산지표지를 하거나 상품의 제조 또는 가공된 국가 이외의 곳에서 생산 또는 가공된 듯이 그 상품 혹은 그 상품의 광고에 표시하고, 또는 그 표시를 한 상품을 판매·수출하여, 거래의 相對方公衆으로 하여금 원산지 등에 대한 誤認을 유발케 하는 행위. 피해자는 그 행위의 중지를 청구할 권리를 가지며, 가해자에게 고의 또는 과실이 있는 때에는 손해배상청구권을 가진다(不正競爭防止法 2, 4, 5). → 부정경쟁

원 상(原狀) 어떤 법률관계에 입각한 현재를 기준으로 하여 그 법률관계가 발생하기 이전의 상태를 원상이라고 한다(民 285, 615).

원상회복(原狀回復) 〔獨〕 Naturalherstellung, Naturalrestitution [1] 일정한 사실이 없었다고 가정하는 경우에 있어서의 원래의 사실상 또는 법률상의 상태를 만들어 내는 것. 예컨대 契約의 解除의 효과로서 각 당사자는 원상회복의무를 진다고 하면 급부된 것을 반환하여 계약이 없었던 것과 동일한 상태를 발생케 할 채무를 지는 것을 의미한다. 다만, 특히 손해배상에 관하여 말할 때에는 金錢賠償에 대하여, 예컨대 함락한 토지를 원상대로 복구하여 손해를 제거하는 것을 말한다(鑛 93 Ⅰ但 참조).

[2] 파산법상에서는 파산채권에 대한 파산자의 異議追完을 위한 원상회복의 신청을 인정하여(260). 이것이 허용되면 이의를 진술한 것과 동일한 효력이 있으며, 파산자에 대한 관계에서 채권의 확정은 차단된다(259Ⅰ 참조).

원상회복주의(原狀回復主義) 손해배상의 방법으로서 손해발생 이전의 상태로 회복시키려고 하는 주의. 우리 민법은 이에 의하지 않고 원칙적으로 금전배상이다. 독일민법은 원상회복을 원칙으로 한다. 우리나라에서도 예외로서 名譽毁損의 경우(民 764), 신용침해의 경우(不正競爭防止法 6), 鑛害賠償의 경우(鑛 93Ⅰ但)에는 원상회복주의를 취한다.

원생적 노동관계(原生的勞動關係) 産業革命期(機械制大工業成立期)에서 볼 수 있었던 低賃金·長勞動時間 등 사용자의 자의로 방임되었었던 열악한 노동관계. 특히 부인·연소근로자의 경우가 더욱 심하였다. 영국에서는 이를 제한하기 위하여 1802년 이래 표준노동일을 정하는 工場法이 제정되었었지만 원생적 노동관계는 산업혁명의 완성과 함께 차차로 지양되었다.

원 수(元首) 〔英〕 head of a state 〔獨〕 Staatsoberhaupt 〔佛〕 Chef de l'État 국가원수와 같다. 외국에 대하여 국가를 대표할 자격을 가진 국가의 최고기관. 君主 또는 大統領이 이에 해당한다. → 국가원수

원 수(元帥) 군에 있어서의 가장 높은 계급. 원수는 국가에 대한 공적이 현저한 대장 중에서 국방부장관의 추천에 의하여 국무회의의 심의를 거쳐 국회의 同意를 얻어 대통령이 임명하며(軍人 27), 終身이다(8Ⅰi).

원수보험(元受保險)　再保險에 대응한 원보험을 지칭하는 말. 元保險과 같다.

원시난혼(原始亂婚)　〔英〕 promiscuity　人類進化의 가장 미개한 단계에서 행해졌다고 추측되는 일종의 동족 내부에 있어서의 무질서한 性交. 이와 같은 혼인형태가 존재했는지 여부에 관하여는 학설상 다툼이 있다.

원시법(原始法)　〔英〕 primitive law　원시사회에서 행하여지는 法規範. 예컨대 복수·타부·토템(→토테미즘) 등. 原始的 社會規範을 법이라고 부를 수 있느냐에 관하여는 다툼이 있다. 도덕·관습·종교 등의 여러 규범과의 未分化나 법을 강제하는 社會力(國家權力)의 부존재를 주장한다면 원시법을 부인하는 것으로 되는데, 원시사회에서도 사회적 여러 규범이 이미 분화하고 있었던 것 또는 법은 국가 이전에도 존재할 수 있다고 하는 입장에서는 원시법을 긍정하는 것이 가능하다. 근대에 있어서도 문맹권 외에서 거의 원시시대에 가까운 생활을 영위하는 原住民(自然民族)(Naturvolk)간에 있어서는 원시법을 인정하는 것이 가능하다.

원시잡구(原始雜媾)　〔英〕 promiscuity　한 종족내에서 무규율한 性交가 행해지고 따라서 모든 여자가 모든 남자에게, 또 모든 남자가 모든 여자에게 평등하게 속하는 상태. 인류사의 最古의 원시시대에 존재하였다고 일파의 학자에 의하여 주장된다(바호펜, 모르간, 엥겔스 등). 그러나 오늘날 定說은 아니며, 오히려 이것을 부정하고 가장 원시적인 혼인형태는 團體婚이라고 하는 설이 유력하다.

원시적 불능(原始的不能)　〔獨〕 ursprüngliche Unmöglichkeit　채권에 관하여 이행이 최초부터 불능한 것으로 확정되어 있는 것. 특정한 가옥의 매매계약이 체결되기 전일에 그 가옥이 소실된 경우가 그 예. 後發的 不能에 대립하는 말. 원시적 불능의 경우에는 債權은 성립하지 않으므로, 이 채권의 성립을 목적으로 하는 법률행위는 무효이다. 다만 무효한 계약을 체결한 것에 과실이 있는 자(전례에서 가옥의 소실을 과실로 알지 못한 매도인)는 일정한 損害賠償責任을 진다(→계약체결상의 과실). 그리고 매매 기타의 有償契約에 있어서는 원시적 일부불능이 있더라도 목적물의 전부에 관하여 계약이 효력을 발생하고, 담보책임의 문제로 되는 일도 있다(民 574, 567 참조). 또한 원시적 불능을 결정하는 표준시기인 최초부터라고 하는 것은 채권이 법률행위 이외의 원인으로 성립하는 때에는 債權成立時이고, 법률행위로 인하여 성립하는 때에는 그 法律行爲의 成立時이다. 즉, 조건부법률행위에 있어서, 법률행위 성립후 조건성취 이전에 불능으로 되면, 후발적 불능이지, 원시적 불능은 아니다. 불능이냐 가능이냐를 결정하는 표준은 사회의 去來觀念이며, 물리적 불능만이 불능인 것은 아니다.

원시정관(原始定款)　〔獨〕 Urstatut, Ursatzung　회사의 설립 당초의 정관. 회사는 그 사정에 따라서 정관을 변경할 수 있는데, 회사성립후 변경된 정관에 대하여 회사설립시에 발기인이 작성한 정관을 특히 원시정관이라고 부른다. 물적회사에서는 公證人의 認證을 필요로 한다(商 292, 543Ⅲ).

원시취득(原始取得)　〔獨〕 orginaler od. ursprünglicher Rechtserwerb 〔佛〕 acquisition originaire　타인으로부터 전래적으로가 아니라 독립해서 권리를 취득하는 것. 따라서 전주의 권리는 취득의 결과 당연히 소멸하는 것이 된다. 承繼取得에 대립하는 개념이다. 예컨대 無主物先占(民 252). 遺失物拾得(253), 取得時效(245, 246) 등으로 인한 취득은 원시취득이다. 前主의 권리를 승계하는 것이 아니라 독립하여 권리를 취득하는 것이므로, 비록 전주의 권리에 제한이나 부담이 있거나 또는 잘못이 있더라도 취득자는 그러한 제한·부담 또는 하자를 승계하지 않고, 완전한 상태로 권리를 취득한다는 특색이 있다. 이 점에서 承繼取得과 다르다. →승계취득

원시형법(原始刑法)　원시사회의 형법. 역사적으로 보면, 형법은 씨족의 대외관계에 있어서의 血讐 및 씨족의 대내관계에 있어서의 질서위반에 대한 제재로서의 追放 등으로부터 생겼다고 한다. 특히 血讐로부터의 유래가 중요시되며, 혈수가 통제되어 탈리오(同害報復)나 贖罪金의 형태를 취한 때에 법으로서의 형법의 탄생이 있었다고 생각된다. 그러나 이 단계에 있어서는 아직 公刑罰의 관념은 없고 責任觀念도 불명확하여 結果主義가 지배하였다.

원연합국(原聯合國)　국제연합의 성립 당초부터 그 구성원인 국가. 이 이외의 국가도, 국제연합성립 후에 일정한 절차를 거쳐서 가입하여 연합국이 될 수 있다(國際聯合憲章 4). 구성원이 된 후의 양자의 지위는 같다. 원연합국은 국제연합헌장을 작성한 1945년의 샌프란시스코회의에 참가하였거나, 1942년 1월 1일의 연합국공동선언에 서명한 국가로서, 헌장에 서명하고 비준한 국가이다(3). 원연합국은 51개국이며 모두 제2차대전의 交戰國이다. 국제연맹의 원연맹국은 전쟁시의 연합국 외에 중립국도 포함되고 있었으나, 국제연합의 원연합국에는 중립국은 포함되지 않는다.

원 용(援用) 어떤 사실을 자기의 이익을 위하여 주장하는 것. 消滅時效의 원용, 證據의 원용, 抗辯의 원용이라고 함과 같다. 특히 소멸시효의 원용에 관하여는 그 항목을 보라.

원유선물거래(原油先物去來) 미국의 시카고 商品去來所, 뉴욕의 머캔타일去來所, 런던의 IPE(國際石油去來所)에서는 휘발유·등유·경유 등 석유제품의 先物去來 밖에 취급하지 않았으나, 시카고, 뉴욕 양 거래소는 1983년 3월 30일부터 원유의 선물거래를 개시했다. 원유의 공급과잉하에서 정제회사가 原油價 하락의 손실을 막기 위해 이용하고 있다. 그러나 원유가격은 변동이 심하기 때문에 투기적인 성격도 강하다. 미국의 원유선물시장은 순조롭게 확대되고 있어 앞으로 유럽의 현물시장과 함께 세계적인 원유가격에 적지 않은 영향을 끼칠 것으로 보인다.

원인관계(原因關係)〔어음의〕 〔獨〕Kausalverhältnis 발행·배서 등 어음(手票)이 수수된 원인관계, 즉 어음행위를 하게 된 원인인 實質的 法律關係. 어음수수에 反對給與 또는 대가를 수반하는 경우의 對價關係. 어음예약 등도 원인관계에 포함된다. 일반적으로 매매대금의 지급과 같은 기존채무의 변제, 또는 그의 연기들이 그 원인이 되지만, 어음상의 권리의 매매(어음할인), 債務推尋의 위임, 보증, 채무의 담보 등 원인관계는 그 예가 많다. 그러나 贈與·信用授與(融通어음) 등으로 어음이 교부된 경우에는 대가의 수수가 없다. 어음의 수수는 현실로는 어떤 원인관계가 있어 이루어지는 것이나, 어음상의 권리는 원인관계상의 권리관계로부터 분리된다. 어음의 유통성을 확보하기 위하여 실질관계를 떠난 형식적 관계로서 독자적인 법률관계가 인정되며 이런 의미에서 어음을 抽象證券 또는 無因證券이라 한다. 그러므로 어음상의 채권채무는 원인관계의 존부, 유·무효와는 관계없이 독립하여 존재하고 소지인은 어음지급에 있어 원인관계에 대한 擧證責任을 부담하지 아니한다. 어음채무자가 원인관계의 흠 또는 잘못을 증명하여도 어음을 양도받은 제3자의 청구를 거부할 수 없다(어음 17). 또 어음채무는 원인관계상의 채무와는 별개로 短期時效로 소멸한다(70, 手票 51). 상술한 어음관계와 원인관계의 분리는 어음의 제3취득자를 보호하여 어음유통의 확보를 위하여 인정한 것이므로 제3자에 대한 관계에서는 완전한 형태로 나타나지만, 원래 어음이란 딴 목적을 위한 수단으로 이용되는 것이고 어음수수의 직접당사자 사이에는 원인관계와 어음관계가 밀접한 견련성을 가지고 있으므로 원인관계도 아울러 고려하는 것이 좋다. 즉, 직접당사자 사이에는 어음관계의 형식적 독립성을 강행할 필요가 없을 뿐 아니라 이를 강행하면 일단 지급한 후에 不當利益으로 반환받는 등 2중의 절차를 밟아야 한다거나 어음이 위법행위에 의한 채권의 실현을 조장하는 염려가 있고 또한 이로 인하여 어음제도가 사회적인 것으로 인정되는 취지에 배반하는 결과가 되기 때문이다.

원인문구(原因文句) 어음행위의 효력을 원인관계에 의존시키는 어음상의 기재. 원인관계는 어음관계에 영향을 미치지 않는 것이 원칙이므로 이러한 기재는 어음支給의 委託 또는 約束의 無條件性(어음 1 ii, 75 ii)에 반환하므로 어음을 무효로 한다고 보아야 한다.

원인설(原因說) 인과관계 특히 형법상의 인과관계에 있어서 조건을 성질상 구별할 수 있다는 가정하에서 출발하여 ① 가장 직접적인 조건, ② 최후에 영향을 미친 조건, ③ 사물의 평균상태를 무너뜨린 조건, ④ 필연적으로 결과를 발생하는 조건 등은 法律上 原因으로 보아서는 아니된다는 견해로서 條件說에 대응하는 학설.

원인(原因)**에 있어서 자유**(自由)**로운 행위**(行爲) 〔羅〕actio libera in causa 스스로를 책임능력 없는 상태(泥醉·睡眠 등의 상태)에 빠지게 하여 그 상태에서 범죄결과를 야기하는 것. 예컨대, ① 모친이 유아에게 수유하면서 수면함으로써 유방으로 유아를 질식사케 한 경우(過失犯), ② 轉轍手가 열차를 탈선시킬 의도로써 미리 다량의 술을 마셔 열차통행시에 전혀 泥醉되어 있어서 轉轍하지 아니하여 열차를 탈선시킨 경우(不作爲에 의한 故意犯), ③ 사람을 상해할 의도로써 泥醉하여 그 상태에서 상해한 경우(作爲에 의한 故意犯). 책임능력은 실행행위시에 존재하여야 한다는 원칙을 취하여야 한다고 하면, 스스로를 책임능력없는 상태에 빠지게 하는 행위(原因行爲)가 실행행위라고 봄으로써 비로소 범죄의 성립을 인정할 수 있다. 그런데 ①과 ②에 있어서는 그것이 비교적 용이하지만, ③에 있어서는 곤란한 경우가 많다. 그래서 입법예에는 여러 견지에서, 특별규정을 두어 그 대책을 강구하고 있으며(예：독일형법 330a, 스위스형법 236, 이탈리아형법 87 등), 우리 형법에서도 위험의 발생을 예견하고 자의로 심신장해를 야기한 자의 행위에는 전 2항(심신상실·심신미약)의 규정을 적용하지 아니한다(10Ⅲ)라고 규정함으로써 立法的으로 해결하였다.

원인자부담금(原因者負擔金) 도로공사·하천공사와 같은 특정한 공사가 필요한 경우에, 그 공사를 필요하게 하는 원인을 만든 자에 대하여 당해 공사비의 전부 또는 일부를 부담시키기 위하여 과하는 금전(道 64, 河 56, 砂防事業法 19). → 부담금

원인주의(原因主義) 여러가지 경우에 사용되나 손해배상책임의 근거를 고의나 과실에 구하지 않고 損害發生의 원인에 중점을 두는 입장을 過失主義에 대하여 특히 원인주의라고 부른다.

원인판결(原因判決) 〔獨〕 Grundurteil 中間判決의 일종으로 청구가 수량·범위 등의 문제를 포함하는 권리 또는 법률관계인 경우에, 그 數額의 審理를 뒤로 돌리고 그 이외의 당해권리관계의 발생·존속의 요건의 존재를 우선 긍정하는 경우에 할 수 있는 판결(民訴 186 後). 예를 들면 不法行爲에 기한 손해배상의 청구에 관하여 손해액에는 손을 대지 않고, 가해자의 과실·위법행위 등 사실의 존재에 관한 원고의 주장을 긍정하고 혹은 피고의 변제·시효 등의 抗辯을 排斥하여 청구의 원인이 이유있다고 하는 판결과 같다. 이것은 그 數額에 관한 이유가 복잡함을 염려하여 변론을 그 원인에 제한하여 먼저 그 원인에 관하여서만 심리하자는 것이다. 원인을 부정하면 終局判決을 하게 된다. 원인판결이 있어도 數額審理에 들어가서 원고에 불리하면 필경 원고청구는 기각된다. 현행법은 원고판결에 대해서는 독립하여 상소를 인정하지 않기 때문에 그 심급에서 심리를 단계짓는 의의가 없어, 그 때문에 제1심에서 원인판결을 하고 수액의 심리에 들어가 종국판결을 하여도 이에 대한 抗訴審이 청구의 원인을 부정하면 제1심에서 數額에 관한 심리를 한 것이 헛된 것이 되기 때문에 불철저한 감이 있다.

원자력(原子力) 〔英〕 atomic energy 原子核變化의 과정에 있어서 원자핵으로부터 방출되는 모든 종류의 에너지(原子力法 2 i).

원자력국제관리(原子力國際管理) 1945년 12월 영·미·구소련의 3국외상회의의 결정에 따라 익년 1월 24일 총회의 결의로써 안전보장이사회의 보조기관으로 原子力委員會가 설치되었다. 위원회의 임무는 ① 원자력의 관리, ② 원자병기, 기타 다량살육병기의 금지, ③ 효과적인 査察制度에 의한 연구, 그에 관한 보고와 권고를 안전보장이사회에 제출하는 것 등이다. 위원회는 1946년 6월에 제1회 회합을 개최하였으나 처음부터 미·구소련의 양안이 대립되어 오랫동안 위원회의 활동은 정돈되어 있었으나, 1954년경부터 차츰 활동이 싹트기 시작하여, 1955년 5월 10일의 군축위원회에 의한 마르크제안은 단계를 나누어 군축 또는 원자병기의 폐기를 단행함을 인정하였다. → 군비축소, 군비축소위원회

원자력사업자(原子力事業者) 원자로 및 관계시설의 건설 또는 運營許可를 받은 자(원자로설치자로부터 원자로를 양수한 자를 포함), 變換의 사업허가를 받은 자, 가공의 사업허가를 받은 자, 사용후 핵연료처리의 事業許可를 받은 자, 핵연료물질의 使用許可를 받은 자, 원자력법에 의한 원자력연구개발기관·원자력안전전문기관 및 원자력관련용역 및 제품생산생산기관 및 이었던 자를 말한다(原子力損害賠償法 2 Ⅲ).

원자력손해배상(原子力損害賠償) 원자력손해배상이라 함은 원자력으로 인한 손해를 배상하는 것으로 일반의 불법행위로 인한 손해배상과는 달리 原子力損害賠償法과 原子力損害賠償補償契約에 관한 법률의 적용을 받는다. 여기서 원자력손해라 함은 핵연료물질의 원자핵분열과정의 작용 또는 핵연료물질이나 핵연료물질에 의하여 오염된 것의 放射線作用 또는 毒性的 作用(이의 섭취 또는 흡입에 의하여 인체에 중독 및 그 續發症을 미치는 것)에 의하여 생긴 손해를 말한다. 이 손해는 사업자가 타인에게 가한 것을 의미하므로 원자력사업자가 받은 손해 및 당해 원자력사업자의 종업원이 업무상 받은 손해는 제외된다(原子力損害賠償法 2 Ⅱ). 원자력손해배상은 無過失責任의 原則을 채택하고 또한 원자력사업자만이 지는 책임집중의 원칙을 채택하고 있다(3). 원자력사업자는 원자력사업을 시작하기 전에 미리 손해배상조치를 해야 할 의무를 지되, 그 賠償措置額은 1공장 또는 1사업소마다 각각 90억원을 한도로 한다(5, 6). 원자력사업자에 대한 보조제도로서 原子力損害賠償責任保險契約이 있고(7), 또한 정부가 원자력으로 인한 손해로 위의 책임보험계약으로도 보상할 수 없는 경우 정부가 보상하는 제도로서 원자력손해배상보상계약이 있고 이에 관한 필요한 사항을 정한 것으로 원자력손해배상보상계약에 관한 법률이 제정되었다(9).

원자로(原子爐)**의 운전**(運轉) **등** 원자로의 운전, 變換加工으로서 대통령령이 정하는 것, 사용후핵연료처리로서 대통령령이 정하는 것 및 핵연료물질의 사용으로서 대통령령이 정하는 것 등과 이에 부수하여 행하는 핵연료물질 또는 그에 의하여 오염된 것(원자핵분열생성물을 포함)의 운반, 저장 또는 폐기를 말한다(原子力損害賠償法 2 Ⅰ).

원자력위원회(原子力委員會) 원자력이용 및 안전관리를 위한 原子力振興綜合計劃의 수립 및 정책에 관한 사항, 원자력이용 및 안전관리에 관한

사항의 종합·조정, 원자력이용 및 안전관리에 관한 경비의 추정 및 배분계획에 관한 사항, 핵연료물질 및 원자로의 규제에 관한 사항, 원자력이용에 수반하는 장해방어에 관한 사항, 원자력이용 및 안전관리에 관한 연구자·기술자의 양성 및 훈련에 관한 사항, 방사성폐기물관리대책에 관한 사항, 방사성재해대책에 관한 사항, 기타 위원장이 중요하다고 인정하여 위원회의 토의에 부치는 사항 등을 심의·의결하기 위해 국무총리소속하에 설치된 委員會(原子力法 3~4). 재정경제부장관을 위원장으로 하며 7인 이상 9인 이하의 위원으로 구성된다.

원자병기(原子兵器) 〔英〕 atomic weapons 원자병기의 合法性 여하의 문제에 관하여는 이론상 심각한 대립이 있다. 이에 관한 慣習도 없고 條約規定도 아직 없다. 국제연합의 원자력위원회에서 이 문제를 다루고는 있으나 미·러간에 의견의 일치를 보고 있어, 원자병기의 일반적인 불법화가 점점 실현화되고 있다. 1955년의 美國海軍訓令(U.S. Naval Instructions)의 613조에는 현재 핵무기의 전쟁시 사용을 명시적으로 금한 國際法規가 없다. 명시적으로 금지가 없는 한 적의 전투원 및 군사목표에 대한 핵무기의 사용은 허용된다라고 규정되었으며, 1956년의 美陸軍野戰教範(U.S.Army Field Manual) 제35절에도 같은 취지의 규정이 있다. 그러나 적어도 평화적 인민이나 無防守의 도시에 대한 사용은 원칙적으로 불법이라고 보아야 한다. → 핵실험금지조약, 군사목표주의

원 장(元帳) 〔英〕 ledger 〔獨〕 Hauptbuch 〔佛〕 grand libre général 각 計定科目別로 계좌를 두어 거래를 기록계산하여, 자본의 순환과정을 밝히고 손익을 확정하는 장부경영의 회계를 처리함에 필요한 부기의 전계정을 포괄하여 망라하는 것이므로, 計定의 帳簿(book of accounts)라고도 불린다. 또 보조원장과 구별하기 위해서 總計定元帳이라고도 한다. 이론상으로는 거래를 모두 원장의 계정계좌에 직접 기입하여 손익계산을 밝힐 수 있으므로 원장만으로도 회계정리를 할 수 있다. 그러나 거래가 복잡·방대해지면 오류나 부정이 생기기 쉬우므로 원장기입의 매개부로서 분개장이 안출되었다. 발생사적으로는 원장이 먼저 생기고 이어 分介帳이 나왔으나, 회계처리의 점에서는 오히려 반대이다.

원 적(原籍) 통속적으로는 종래 本籍을 가리켜 원적이라고도 불러 왔었는데, 호적법상으로는 이 말은 他家에서 입적한 호주 또는 가족의 입적 전의 戶籍을 의미하며(102~103), 다른 일면에 있어서는 미수복지구에 본적을 가졌던 자가 就籍할 때에 있어서의 그 미수복지구의 본적을 가리켜 말하기도 한다(施行規則 56Ⅱ).

원전장(元典章) 元代의 法典. 前集六十卷 附新集不分卷. 正名은 大元聖政國朝典章. 英宗 至治初年의 편찬. 前集의 篇目은 詔令, 聖敎, 朝綱, 臺綱, 吏部, 戶部, 禮部, 兵部, 刑部, 工部, 新集의 篇目은 國典, 朝綱, 吏部, 戶部, 禮部, 兵部, 刑部, 工部로 되어 있다. 所收의 法文이 唐律令에서 보는 것과 같이 세련된 것은 아니고, 王命과 判旨 등을 원형대로 수록하고 있어 오히려 우리나라의 조선초기 법전인 經濟六典이 年月日을 附한 受敎와 判旨集인 것과 일맥상통한다.

원 정(原情) 唐律 名例篇의 議者原情議罪稱定刑之律에 出典이 있는 律令上의 용어. 唐律疏議에 原情議罪, 原其本情, 定其犯罪라고 하고 있어, 사건의 始終을 추궁하는 것이 본래의 의미인바 따라서 죄인이 그 추궁에 따라 자초지종을 供述한 것을 원정이라 한다. 經國大典 刑典 推斷條에 罪人原情 口傳取招勿許文字書納이라 하여 原情獲得의 방법을 구술로 제한하고 있는 것이다.

원조강제(援助强制) 행정상의 卽時强制 중 對人的 强制의 일종. 적의 항공기의 내습을 받았던가 화재나 수재가 일어난 경우와 같은 긴급한 사태에 처하여 행정기관이 인근의 주민에 대해 사전에 의무를 명함이 없이 鎭火·防水 그 밖의 필요한 役務 또는 물건의 제공을 명하는 것을 내용으로 한다. → 즉시강제

원처분주의(原處分主義) 원처분의 위법 문제는 원처분을 다투는 取消訴訟에서만 주장할 수 있는 것을 말한다. 즉 원처분을 다투는 行政審判에 있어서 재결청이 원처분을 지지하여 심판청구를 기각한 때에 裁決에 불복하는 소송을 제기하는 경우에는 원처분의 위법을 이유로 할 수는 없으며, 재결 자체에 고유한 위법이 있는 경우만 인정된다.

원천과세(源泉課稅) 소득이나 수익에 대한 과세를 소득자에게 종합적으로 부과하지 않고, 소득·수익의 원천에서 개별적으로 부과하는 방법. 이 과세의 방법은 징수상은 편의하나, 累進稅率을 적용하거나 공제하는 등의 여러 사람의 負擔力에 따르는 과세를 하지 못하는 결점이 있다. 우리나라에서는 綜合課稅에 대립한 의미에 있어서의 원천과세를 하지 않고, 징수상의 편의를 고려해서 원천징수가 행하여진다. → 원천징수

원천·수도사용권(源泉·水道使用權) 원천으로부터 용출하는 물 또는 수도로부터 유출하는

물을 이용하는 권리. 共用水의 用水權, 원천 · 수도의 용수권. 地下水利用權이라고도 한다. 지하수는 토지의 구성부분이므로, 지하수를 이용하는 권리도 토지소유권의 내용에 포함된다고 할 수 있을 것이나, 지하수는 지하에서 서로 연결되어 맥을 이루고 있어 1개소에서의 원천 · 수도의 사용이 다른 개소에서의 원천 · 수도의 사용에 영향을 주는 바가 크고, 원천 · 수도사용권은 토지소유자 아닌 자에게 속하는 수도 있기 때문에, 민법은 이것을 相隣關係에 관한 규정 속에 두고 있지만(235, 236), 이를 土地所有權의 내용이 아니라 하나의 독립된 物權으로 보는 것이 타당하다. 이 권리는 장기간의 관행 또는 설정행위에 의하여 성립한다. 원천 · 수도사용권의 내용은 원천 · 수도의 물을 사용하는 것이며, 이는 하나의 물권이므로 침해당한 경우에는 원칙적으로 妨害除去請求權이 생긴다. 즉, 민법은 음료수 기타 생활상 필요한 용수가 타인의 건축 기타 공사로 인하여 장해가 생긴 때에는 원상회복을 청구할 수 있고(236Ⅱ), 그러한 공사로 인하여 기타의 용도에 장해가 생긴 때에는, 원상회복의 청구는 할 수 없으나, 손해배상의 청구를 할 수 있다(236Ⅰ)고 규정한다. 원천 · 수도사용권이 다수인에게 공동으로 속하는 때에는 권리가 그들의 準共同所有에 속하는 것으로 된다. 이 경우에는, 각 사용권자는 자기의 수요의 정도에 응하여 타인의 용수를 방해하지 않는 범위내에서 용수할 권리가 있다(235). →지하수

원천징수(源泉徵收) 소득이나 수익에 대한 조세의 징수에 있어서 그 소득 · 수익이 지급되는 곳으로부터 조세의 일부를 징수하는 방법(所得稅法 127~159, 法人稅法 39). 이 방법은 납세의무자에게는 채권의 분할급에 의한 부담경감의 결과를 주고, 세무관서에게는 逋脫防止를 담보한다. 징수의무자가 징수 · 지급을 懈怠할 때에는, 국세징수의 예에 의한 강제징수를 당하고, 加算稅額을 부담한다(예: 所得稅法 158 · 159, 法人稅法 41Ⅱ).

원칙법(原則法) →예외법

원칙판결(原則判決) 〔獨〕 Grundentscheidung 독일에 있어서는 쟁의행위에 관한 통일적인 법률규정은 존재하지 않는다. 따라서 쟁의행위에 관한 통일적인 법적 규율은 독일聯邦勞動法院(Bundesarbeitsgericht)의 판결을 통하여 이루어지는바, 논쟁이 되고 있는 문제에 대한 연방노동법원의 판결을 원칙판결이라 한다. 이러한 원칙판결은 法官法(Richterrecht)으로서 立法을 대신하는 機能(Gesetzgebungsergänzende Funktion)을 한다.

원호기금(援護基金) →보훈기금

월권대리(越權代理) 代理人이 그 대리권의 범위를 넘어서 행사하는 법률행위. 원칙으로 본인에 대하여는 효력이 발생하지 않으나(民 130) 상대방이 대리인에게 대리권이 있다고 믿을 만한 정당한 사유를 가지고 있는 경우에는 본인은 그 월권대리에 대하여 책임을 지게 된다.

월권행위(越權行爲) 행정기관 또는 담당자가 부여된 일정한 권리를 넘어서 행한 행위. 일반적으로 그 행위는 無效 또는 取消의 흠이 된다. 행정기관이 자기의 권한의 범위내에 속하는 사항에 관하여 권한의 행사를 착각한 경우, 이에 해당한다. 이 경우에는 위법을 이유로 이를 취소할 수 있다. 민법상 대리인이 대리권의 범위를 넘어서 법률행위를 하는 경우는 越權代理가 된다(民 126, 130).

월남귀순자(越南歸順者) →귀순북한동포

월부판매(月賦販賣) →분할지급약관부매매

월 소(越訴) 舊來 訴訟에 있어서도 소송사건은 守令 · 觀察使 · 司憲府 · 國王의 단계로 일정한 계통을 밟아 하급관부에서 상급관부로 상소하게 되어 있는 바 이 순서를 밟지 아니하고 직접 국왕에게 상소하는 것을 越訴라고 한다. 唐律鬪訟篇에서 越訴禁止한 것에 시작하여 明 · 淸律도 이에 따르는 越訴律을 설정하고 금지하고 있다. 조선시대의 經濟六典도 所志의 直呈을 금지하는 규정이 있었음을 太宗實錄 4년 7월조에 기록하고 있으며, 그보다 앞서 正宗元年 12월조에도 直訴大門을 越訴律을 범한 것이므로 금지할 것을 上疎한 기사가 있다.

월차유급휴가(月次有給休暇) 週休 이외에 1개월에 1일씩 놀고서도 출근한 것으로 간주되어 통상 임금이 지급되는 휴가. 이 휴가는 근로자의 自由意思로 1년간에 한하여 적치하여 사용하거나 분할하여 사용할 수 있다(勤基 57).

웨버적 개괄적 고의(槪括的故意) →개괄적 고의

웨브 · 포메렌법(法) 〔英〕 Webb-Pomerene Act 1918년에 미국의 연방의회가 제정한 反트러스트法의 하나. 수출업자의 단체 또는 협정에 관하여, 국내거래 및 국내의 경쟁자의 수출무역을 제한하지 않고, 또한 불공정한 경쟁방법을 사용하지 아니하는 한, 셔먼법을 적용하지 아니하며, 또한 수출회사에의 資本參加에 관하여 클레이톤법을 적용하지 아니한다는 취지를 정한 반면, 聯邦去來委員

會法의 불공정한 경쟁방법의 금지가 수출업자의 국외의 행위에도 적용된다는 취지를 明定하고 있다.

웨스트팔리아회의(會議) 〔英〕 Congress of Westphalia 〔獨〕 Westfälischer Kongress 〔佛〕 Congrès de Westphalie 30년전쟁종결후인 1645년부터 1648년 사이에 독일의 웨스트팔리아지방에서 개최한 國際會議. 유럽최초의 국제회의로서 영토문제, 독일의 국가체제문제, 종교문제, 스위스 및 네덜란드의 독립문제 등을 해결하였다. 일반적으로 근대국제법의 成立時期라고 생각된다.

위경죄(違警罪) 〔獨〕 Übertretung 〔佛〕 contravention 重罪·輕罪에 대하는 제3의 罪種. 현행형법은 이러한 구별을 인정하지 않고 있다. 輕犯罪處罰法에 규정된 범죄가 위경죄에 해당한다.

위계공무집행방해죄(僞計公務執行妨害罪) 僞計로써 공무원의 직무집행을 방해하는 죄(刑 137). 위계행위는 직무집행중의 공무원에 대하여 행하여지는 것에 한하지 않고, 공무원이 아닌 제3자를 欺罔함으로써도 본죄를 범할 수 있다. 위계란 타인의 不知 또는 錯誤를 이용하는 것을 말한다. → 공무집행방해죄

위계위력살인죄(僞計威力殺人罪) 위계 또는 위력으로써, 사람의 囑託 또는 承諾을 받아 그를 살해하거나 자살을 결의하게 하여 자살하게 하는 죄(刑 253). 본죄는 그것이 위계 또는 위력에 의한 것이란 점에서 同意殺人 또는 自殺敎唆罪에 해당되는 것이 아니라 普通殺人 내지 專屬殺害罪의 예에 의하게 된다. 예컨대 자기에게 追死의 의사가 없음에도 불구하고 타인을 속여서 追死를 오신케 하여 그의 동의를 얻어서 살해하는 것은 위계에 의한 同意殺人이고, 자살하지 않으면 죽인다고 협박함으로써 자살을 결의케 하여 자살하게 하는 것은 위력에 의한 自殺敎唆이다.

위 난(危難) 긴급피난의 대상이 되는 절박한 法益侵害의 위협. 인간의 행위에서 발생하는 것은 물론 자연력, 동물에 의한 것 등을 불문한다. 이 점에서 정당방위의 침해조건이 인간의 행위에 한정되는 것과 다르다.

위난실종(危難失踪) 失踪宣告의 요건인 실종기간은 보통실종에 있어서는 5년, 특별실종에 있어서는 1년(民 27Ⅰ·Ⅱ)이다. 特別失踪은 전쟁, 선박의 침몰, 항공기의 추락 그 밖의 사망의 원인으로 되는 위난에 조우하여 생사불명인 자에 대하여 인정되는 바 실종기간은 위난이 소멸한 때부터 起算한다.

위 력(威力) 사람의 의사를 제압할 만한 세력. 폭행·협박은 물론이고 사회적·경제적 지위, 권력 등을 이용하는 경우도 포함한다. 業務妨害罪(刑 314)·特殊暴行罪(261) 등의 범죄의 수단으로 되어 있다.

위령(違令)**의 죄**(罪) 군인 또는 준군인이 군대내의 질서를 문란하게 함으로써 성립하는 군형법상의 범죄(제12장). 그 유형으로는 ① 哨所侵犯罪(78). 초병을 기망하여 초소를 통과하거나 초병의 제지에 불응한 때에 성립한다. ② 無斷離脫罪(79). 허가없이 근무장소 또는 특정장소를 일시 이탈하거나 지정한 시간내에 지정한 장소에 도달하지 못한 때에 성립한다. ③ 軍事機密漏泄罪(80Ⅰ). 군사상의 기밀을 누설한 때에 성립한다. ④ 업무상과실·중과실군사기밀누설죄(80Ⅱ). ⑤ 암호부정사용죄(81). 암호를 허가없이 발신하거나 수신할 자격이 없는 자에게 수신하게 하거나 또는 자기가 수신한 암호를 전달하지 아니하거나 허위전달한 때에 성립한다.

위 법(違法) 〔獨〕 rechtswidrig [1] 일반적으로 법에 위반하는 것. 구체적인 法規(禁止規定이나 團束規定)에 대한 위반 뿐만 아니라, 다시 법의 이념, 즉 선량한 풍속이나 기타 사회질서에 대한 위반까지를 의미하는 일이 많다. 또 부당에 대한 관념으로 쓰이는 수도 있다. 株主總會의 決議가 위법은 아니지만 부당하다는 경우와 같다. 그 경우의 부당은 벌률위반은 아니지만 제도의 목적에서 보아 적당치 않다는 의미이다. 또 불법도 위법과 동의로 쓰이는 일이 많다. 다만, 不法行爲는 민법상 특별한 의미가 있으므로, 위법행위라고 하는 것보다 그 뜻이 좁다. 위법행위는 犯罪·債務不履行·不法行爲를 포함한다. → 위법성

[2] 행정법상 위법도 法規違反·條理法違反을 포함하고, 행정소송의 대상이 된다는 점에서 그 대상이 되지 아니하는 不當과 구별된다. → 부당, 위법처분

위법성(違法性) 〔獨〕 Rechtswidrigkeit 〔佛〕 élément injuste 행위가 위법, 즉 법률상 허용되지 않는다는 것.

[1] 민법상 不法行爲 및 債務不履行의 要件으로서 논하여진다.

[2] 형법상 構成要件該當性, 責任(→ 형사책임)과 더불어 범죄성립의 한 요건이다. 위법성이란 전체로서의 법질서에 위반한다는 것인데, 그 내용(실질)을 어떻게 이해하느냐에 관하여는, 여러가지 견해가 있다(→ 실질적 위법성). 위법성의 의의에 관하여는 法規範의 구조와 기능에 관련하여, 객관적 위법성설

과 주관적 위법성설이 대립하며, 전설이 통설이다. 형법은 위법성을 적극적으로 규정하지 않고, 구성요건에 해당하면 일견 위법하다고 추정된다는 것을 전제로 하여 정당행위(20)·정당방위(21)·긴급피난(22)·자구행위(23)·피해자의 승낙(24) 등의 違法性阻却事由를 규정하고 있다.

위법성조각사유(違法性阻却事由) 〔獨〕 Rechtswidrigkeitsausschliessungsgrund 〔佛〕 fait justificatif 구성요건에 해당하고 따라서 일견 위법하다고 추정되는 행위에 있어서, 특별한 사정이 존재하기 때문에 그 推定을 깨뜨리는, 즉 위법성이 없다고 하는 사유. 위법이 아닌 행위는 적법이고 정당하다고 하여, 근래에는 正當化事由(Rechtfertigungsgrund)라는 말도 쓰인다. 형법은 위법성조각사유로서 정당행위(20)·정당방위(21)·긴급피난(22)·자구행위(23)·피해자의 승낙(24)을 규정하고 있으며, 특히 20조에서 기타 社會常規에 위배되지 아니한 행위는 벌하지 아니한다라고 규정하여 일반적인 위법성조각사유를 설정하고 있다.

위법성(違法性)**의 사실**(事實)**에 관한 착오**(錯誤) 위법성을 조각하는 事情(→위법성조각사유)이 존재하지 않는데 존재한다고 잘못 생각하는 것. 이 경우에 사실의 착오(構成要件的 錯誤)라고 보아 고의가 조각된다고 보는 견해와 법률의 착오(禁止의 錯誤)라고 보는 견해로 나누어진다. 후설의 입장에서는 그 오인에 정당한 사유가 있는 때에 한하여 벌하지 아니하게 된다(刑 16). →오상방위, 오상피난, 구성요건적 착오

위법성(違法性)**의 의식**(意識) 〔獨〕 Bewusstsein der Rechtswidrigkeit 행위자가 자기의 행위가 위법한 것, 즉 법상 허용되지 아니한다는 것을 의식하는 것. 위법성의 의식이 故意의 要件이냐에 관하여는 학설이 갈라져 있다. 즉 ① 위법성의 의식을 필요로 하지 않는다는 설(不要說), ② 自然犯에 있어서는 위법성의 의식을 필요로 하지 않으나 法定犯에 있어서는 이를 필요로 한다는 설(二分說), ③ 위법성의 의식을 필요로 한다는 설(必要說), ④ 고의에 위법성의 의식을 필요로 하면서, 위법성을 의식하지 못한 데서 과실이 있는 때에는 고의로서 취급하는 설(準故意說), ⑤ 위법성의 의식의 가능성만 있으면 족하다는 설(可能性說)이다. 그리고 근래에 위법성의 의식은 고의의 문제가 아니라 책임의 문제라고 하는 責任說이 유력해지고 있다(→책임설).

위법성(違法性)**의 착오**(錯誤) 금지의 착오와 같다.

위법수집증거배제법칙(違法蒐集證據排除法則) 위법한 절차에 의하여 수집된 증거의 證據能力을 부정하는 법칙을 말한다. 위법수집증거배제법칙은 미국의 증거법에서 유래하는 바, 미국에서 이 원칙이 확립된 것은 우편을 위법하게 이용한 聯邦法違反事件에 대하여, 위법하게 압수된 물건을 피고인에게 불이익한 증거로 인정하지 못한다는 뜻을 밝힌 1914년의 Weeks 판결에 의해서이다. 이 원칙은 1946년 聯邦刑事訴訟規則 42조의 e에서 명문화되었고, 1961년 Mapp사건을 통하여 미국 증거법상 움직일 수 없는 원칙으로 확립되었다. 우리나라에서는 이 법칙을 준수해야 하는지의 여부를 놓고 판례와 학설이 대립하고 있다. 위법수집증거배제법칙의 이론적 근거는 위법하게 수집된 증거는 適正節次의 보장이라는 관점에서 그 증거능력이 부정되어야 하고, 이에 의하여 사법의 廉潔性과 재판의 공정을 유지한다는 점에 있다. 다만 적정절차의 보장과 사법의 廉潔性에 관하여는 적정절차가 문제되는 것은 수사기관이지 증거를 배제해야 하는 法院이 아니며, 위법수집증거를 사용하는 경우에 비하여 명백한 죄인을 증거수집의 기술을 이유로 무죄판결하는 것이 사법에 대한 국민의 신뢰를 더욱 침해한다는 점을 이유로 違法蒐集證據排除法則의 근거는 정책적인 점에 중점을 두어야 한다는 비판도 있다. 이 배제법칙이 적용되는 범위는 침해된 이익과 위법의 정도를 고려하여 구체적·개별적으로 판단하지 않으면 안된다. 일반적으로 단순한 訓示規定의 위반만으로는 부족하고 本質的 證據節次規定을 위반한 때에 한하여 증거능력이 배제된다고 해야 한다. 여기서 중대한 위법이란 due process의 기본이념에 반하는 경우, 또는 정의감에 반하고, 문명사회의 양심에 충격을 주는 것을 의미한다고 할 수 있다.

위법신탁(違法信託) 〔英〕 illegal trust 신탁목적이 위법한 신탁. 넓은 뜻에서는 脫法信託·訴訟信託·詐害信託도 포함한다. 그러나 좁은 뜻에서는 선량한 풍속 기타 사회질서에 위반하는 사실을 목적으로 하는 신탁을 말한다(信託 5Ⅰ). 일반으로 위법신탁은 이 좁은 뜻으로 새기는 것이 좋을 것이다. 위법신탁은 무효이다.

위법(違法)**의 인식**(認識) 위법성의 의식과 같다.

위법집행(違法執行) 〔獨〕 prozessordnungswidrige Vollstreckung 집행기관이 집행법규에 위배하여 행한 强制執行 또는 執行處分. 집행기관에 고의·과실이 있고 이로 인하여 타인에게 손해를 가한 경우는 국가가 배상책임을 진다(國賠 2)

(→국가배상책임). 채권자도 자기의 고의·과실에 의하여 원인을 부여한 때에는 불법행위상의 책임을 져야 한다. 예컨대 執行公務員이 압류금지재산의 압류를 하고, 채권자가 이 목적물을 지정한 경우가 그것이다. 또한 위법집행의 경우에 행위의 무효나 취소의 사유가 될 수 있고 관계공무원의 懲戒責任·民刑事上 責任의 원인이 되기도 한다.

위법처분(違法處分) 法規나 條理에 위반하는 행정처분. 公益裁量을 그르쳤을 경우의 부당처분에 대비되는 개념. 위법처분으로 인하여 자기의 권리가 침해된 자는 법률의 정하는 바에 따라 請願을 할 수 있는 외에, 일반적으로 법원에 그 취소 또는 변경의 소를 제기할 수 있다. →부당처분

위법판단(違法判斷)**의 기준시**(基準時) 법원이 係爭 중의 처분 등의 위법성을 어느 때의 사실 및 법상태를 기준으로 하여 판단할 것인지의 문제. 즉 處分 등이 행하여진 뒤에 당해처분 등의 근거가 된 법령이 개폐되거나 법령상의 처분요건인 사실상태에 변동이 있는 경우에 어느 때를 위법판단의 기준시로 할 것인가가 문제되나 처분을 하는 행위시의 법령 및 상태를 기준으로 한다는 것이 일반적 견해이다. 다만 不作爲違法確認訴訟의 경우는 辯論終結時를 기준으로 한다고 한다.

위법(違法)**한 쟁의행위**(爭議行爲) 위법의 의미는 구체적인 법규에 대한 위반, 선량한 풍속 기타 사회질서에 대한 위반 뿐만 아니라, 법률위반은 아니지만 제도의 목적에서부터 부당하다고 하는 경우 등 여러가지로 사용되지만, 노동법상 違法의 爭議行爲라고 하는 경우는 보통 ① 노동조합 및 노동관계조정법에 규정된 정당한 쟁의행위가 아닌 것, 또는 ② 쟁의행위를 금지하거나 제한하는 여러 법규에 반하는 쟁위행위를 뜻한다. →정당한 쟁위행위, 쟁의행위의 제한금지

위법행위(違法行爲) 〔獨〕 widerrechtliche Handlung 법이 허용할 수 없다고 평가하여, 행위자에게 불이익한 효과를 발생시키는 행위. 適法行爲에 대한다. 범죄가 가장 대표적인 것이며 민법상의 위법행위는 법률사실의 하나이고 不法行爲와 債務不履行이 그 중요한 것이다. →권리침해, 불법행위

위 부(委付) 〔英〕 abandonment 〔獨〕 Abandon 〔佛〕 abandon, délaissement 海上保險의 피보험자가 보험의 목적물이 全損으로 되어 있는가의 여부가 불분명한 경우에 보험금 전액의 지급을 받기 위하여 보험자에게 그 목적물을 移轉하는 것(保險委付)(商 710 이하). 이 밖에 구상법상으로는 선박소유자나 선박임차인 또는 積荷의 이해관계인이 특정된 채권자에 대하여 그 책임을 한정하기 위하여 하는 免責委付(舊商 690~692, 712, 716)가 인정되어 있었으나, 상법에서는 이러한 면책위부를 모두 폐지하고, 선박소유자의 책임제한에 있어서는 船價責任主義와 金額責任主義를 병용하는 주의를 취하였으며(商 746 이하), 선장이 항해의 도중에 積荷를 처분한 경우에 그 적하의 이해관계인이 채무를 부담하게 된 때에는 그 적하의 가액을 한도로 하여 책임을 지게 하고 있다(776). 위부를 한 경우에는 委付權者의 일방적 의사표시에 의하여 일정한 권리의 이전이 생기고 이에 따라 일정한 법적 효과가 발생하므로 그 법률상의 성질은 形成權이다.

위부주의(委付主義) 〔獨〕 Abandonsystem 船舶所有者責任制限에 관한 입법주의의 하나이며, 선박소유자는 원칙적으로 人的 無限責任을 부담하나, 채권자에 대하여 선박·운임 등의 海產을 위부한 때에는 그 책임을 면하는 주의. 우리나라의 舊商法(690)이 이 주의에 의하고 있었으나 상법은 1924년의 船舶所有者責任制限統一條約의 규정에 따라서 船價責任主義와 金額責任主義의 병용주의를 취하고 있다(746 이하). 현재로는 프랑스상법(216Ⅱ) 기타 프랑스법계제국이 이 위부주의를 취하고 있다. 위부주의는 채권의 만족이 海產의 현존범위내에 한정되므로 경우에 따라서는 해산이 멸실되는 일이 있을 수 있으며, 이러한 경우에는 채권자에게 너무 가혹한 결과가 된다. 뿐만 아니라 위부의 유효무효에 관하여 다툼이 일어나기 쉽고, 선박소유자는 委付權의 상실을 두려워하는 나머지, 선박을 오랫동안 繫留하게 되며, 이러한 점이 위부주의의 큰 약점으로 되어 있다. →위부

위생경찰(衛生警察) 국민의 건강을 보전하는 견지에서, 이에 대한 장해를 예방 또는 제거하기 위하여 행하여지는 경찰. 일반보건을 위한 식품위생법에 의한 음식물 기타에 대한 단속, 의약의 단속을 위한 의료법·약사법에 의한 단속, 방역을 위한 검역법·전염병예방법에 의한 검역·방역의 조치 등이 그 예이다.

위생사(衛生士) 위생사라 함은 보건복지부장관의 면허를 받아 인체의 發育·健康 및 生存에 관련되는 ① 음료수의 처리, ② 쓰레기·분뇨·하수 기타 폐기물의 처리, ③ 식품·食品添加物과 이에 관련된 器具·容器 및 포장의 제조와 가공, ④ 유해곤충 및 쥐의 驅除, ⑤ 기타 環境因子와 관련되어 보건에 영향을 미치는 것으로서 대통령령으

로 정하는 업무 중 理化學 또는 物理學的 技術分野에 종사하는 자로서 보건복지부장관의 免許를 받은 자(衛生士 등에 관한 法律 2). 위생사의 등급은 1급·2급으로 한다(3 Ⅰ).

위성국(衛星國) 〔英〕 satellite states 강대국이 그 주변의 약소국을 사실상 被保護國家로 대우하고 이들 국가와 정치·경제 또는 군사상의 공동이해관계를 주장하는 경우, 이들 弱少國家를 위성국이라고 부른다. 이것은 학문상의 용어가 아니라 약소국가의 일종의 形容에 불과하다.

위수지(衛戍地) 陸軍部隊가 경비, 육군의 질서유지, 군기의 감시와 육군에 속하는 건축물 기타 시설의 보호, 즉 衛戍勤務에 임하기 위하여 주둔하는 지역(衛戍令 1). 위수지는 육군참모총장이 정하며(4), 위수지구에는 위수근무를 행하게 하기 위하여 衛戍司令官을 두되, 그 지구에 주둔하는 헌병대 이외의 군대의 장 중 상급선임자가 이에 임한다(2). → 위수령

위스비해법(海法) 발틱해 고틀란드島의 위스비(Wisby)항에 있어서 15세기경 만들어진 해법. 한자同盟諸都市에서 행하여지고 있었던 商慣習法을 집성 편찬한 것으로, 올레롱海法을 계수한 부분이 많다. 중세유럽에 있어서 중요한 法源을 이루고 있었다.

위식(違式)**의 재판**(裁判) 〔獨〕 falsche (inkorrekte) Entscheidung 판결로 재판하여야 할 사항에 대하여 결정·명령을 하거나, 또는 決定·命令으로 재판하여야 할 사항에 대하여 판결을 하는 등 그 방식을 잘못한 재판. 소송법상 문제되는 것은 특히 上訴方法에 관하여서이다. 즉 이에 대하여 본래하여야 할 재판에 대한 상소방법을 취하느냐 또는 현재 행하여진 잘못된 형식에 따르는 방법을 취하느냐에 관하여 學說과 立法上 論議가 있으나, 현행법은 후자의 입장을 채택하였다(民訴 410). 현행법이 抗告에 관하여서만 규정한 것은 결정·명령으로써 재판할 수 없는 사항에 관하여 잘못하여 결정·명령을 한 경우를 구제하기 위하여서이다. 그러나 반대의 경우 본래 결정이나 명령의 형식으로 재판하여야 할 사항을 판결의 형식으로 재판하였다면 위의 원칙도 유추하여 抗訴나 上告에 의하여 不服을 할 것이다.

위약계약금(違約契約金) 계약금의 하나로서 이에는 다시 違約罰의 성질을 갖는 것과 손해배상의 豫定으로서의 성질을 갖는 것이 있다. 전자는 계약금을 교부한 자가 계약상의 채무를 이행하지 않는 때에, 그것을 수령한 자가 위약벌로서 몰수하는 계약금으로서 債務不履行에 의한 손해배상과 위약계약금과는 관계없이 따로 청구할 수 있다. 후자는 채무의 불이행이 있는 경우에 계약금을 교부한 자는 그것을 몰수당하고, 계약금을 교부받은 자는 그 倍額을 상환할 것을 특정하는 것이다.

위약금(違約金) 債務不履行의 경우에 채무자가 채권자에게 지급하여야 할 것으로 미리 약정된 금전. 위약금의 성질은 계약에 의하여 정하여지므로 일정하지 않다. 그러나 가장 보통의 경우는 損害賠償額의 豫定이다. 따라서 민법도 그렇게 추정하였다(民 398Ⅳ). 특별한 경우에는 실제로 발생한 손해의 배상 외에 순전한 제재로서 지급하여야 하는 것, 또는 손해배상의 최대한 혹은 최소한을 정하는 일도 있을 수 있다. 이 때에는 당사자는 이것을 증명하여 배상액의 예정이 아님을 주장할 수도 있다. → 배상액의 예정

위약벌(違約罰) 〔獨〕 Vertragsstrafe, Konventional strafe 〔佛〕 clause pénale 債務不履行의 경우에 채무자가 채권자에게 일정한 금전 기타의 것을 급부할 것을 미리 약속하는 일종의 私的 制裁. 금전의 급부를 약속할 때에는, 특히 違約金이라고 하나, 민법은 양자를 동일하게 취급한다(398 Ⅳ·Ⅴ). → 위약금, 배상액의 예정

위약손해배상공동기금(違約損害賠償共同基金) 증권거래법상 증권거래소의 회원이 매매거래의 위약으로 인하여 발생하는 손해를 배상하기 위하여 증권거래소에 積立하는 기금(證去 95, 證去施 48).

위약예정금지(違約豫定禁止)〔勞動法上의〕 근로계약 기간 도중에, 근로자가 轉職 또는 歸鄕 등을 하여, 근로계약을 이행하지 않는 경우에, 일정액의 違約金을 정하거나 또는 근로계약의 불이행 내지는 근로자의 불법행위에 대해서 일정액의 손해배상을 지급하여야 한다는 것을, 근로자 본인이나 그의 身元保證人과 약속하는 慣行이 있으나, 이러한 제도는 자칫하면 근로의 강제가 되기 쉽고, 혹은 근로자의 자유의사를 부당하게 구속하여, 근로자를 사용자에게 예속시킬 가능성이 있기 때문에 근로기준법 27조에서는 이러한 違約金制度와 損害賠償額豫定의 제도를 금지하고 있다. → 배상액의 예정

위약처분(違約處分) 유가증권시장용어이며 좁은 뜻으로는 受渡期日에 수도를 이행하지 않는 때(受渡違約)에 증권거래소가 거래원에 대하여

하는 처분이지만, 일반으로는 수도위약에 한하지 않고 거래원이 身元保證金·賣買證據金 등을 납부하지 않을 때라든가 신원보증금을 보충하여야 할 때에 그것을 보충하지 않을 때에 증권거래소가 거래원에 대하여 하는 처분을 총칭한다. 業務規程에서 위약처분의 사유·처리 등에 관하여 상세한 규정을 두고 있다.

위약체약금(違約締約金) → 체약금

위요지(圍繞地) [1] 민법상, 주위토지를 보라.

[2] 〔英〕·〔佛〕 enclave 〔獨〕 Enklave 국제법상으로는 包領이라고도 하며 영토의 전부 또는 일부가 완전히 타국영토내에 있는 경우를 말한다. 이탈리아 속에 있는 산마리노국, 1961년 인도가 소위 고아 戰爭에서 自國領土로서 회복한 다드라 및 나갈 아베리 包領 등이 그 예이다. 과거 서베를린도 圍繞地라고 볼 수 있다. 관계국가간의 조약에 의하여 通過權 기타 문제가 조정되는 것이 통례이다. 1954년 상기 포르투갈領 다드라에 인도계주민에 의하여 반란이 발생하였는데 이 반란을 진압하기 위하여 포르투갈정부가 인도연해 그 식민지 다마오로부터 원군을 파견하려 하자 인도정부는 인도영토의 통과를 불허하였다. 여기에 포르투갈정부는 과거 영국의 인도식민지당국과 체결한 조약과 국제법상의 일반원칙 등을 들어 通過權을 주장하여 1955년 국제사법재판소에 제소하였다. 동재판소는 1960년 4월 12일에 내린 판결에서 포르투갈군대의 인도영토통과권이 없다고 선언하고 단 문관이나 민간인은 통과의 권리가 있다고 하였다. → 국제지역

위 원(委員) → 위원회

위원회(委員會) 〔英〕 commission, board, committee 여러 명의 成員으로 구성되는 合議制機關. 흔히 일반행정과는 어느 정도 독립된 분야에서 기획·조사·입안·권고·쟁송의 판단·규칙의 제정 등을 담당하는 기관에 위원회제도가 있다. 위원회에는 諮問機關으로서의 위원회, 議決機關으로서의 위원회, 執行機關으로서의 위원회가 있는 바, 위원회의 제도는 특수한 행정분야에서 일반행정청의 權限에 分屬시키는 것이 적당치 않은 행정사무를 관장하기 위하여 등장한 제도이다. 이 제도의 발달이유를 들어 보면 첫째 기술적 전문가의 등용이 요청된 것, 둘째 각계각층의 이익과 각당각파의 세력의 대표자로 심의기관을 구성함으로써 행정사무의 민주화를 도모하는 것, 셋째 정당정파로부터 초월한 공정중립의 입장에 있는 자로써 구성된 기관이 필요하게 된 것 등이다. 종래 우리나라에서도 위원회의 명칭을 가진 기관이 많이 있었다. 그러나 그 위원회라는 것이 모두가 諮問的·調査的 機關이었고 하나의 책임이 있는 행정을 담당하고 집행하는 권한을 가진 기관이 아니었다. 최근에 와서 1개의 책임있는 행정부문을 담당하는 행정관청의 성질을 가지는 위원회가 등장하였다. 金融通貨委員會가 그 일례이다. → 행정위원회

위 임(委任) 〔羅〕 mandatum 〔英〕 mandate 〔獨〕 Auftrag 〔佛〕 mandat [1] 당사자의 일방(委任人)이 상대방(受任人)에 대하여 사무의 처리를 위탁하는 契約(民 680~692). 勞務供給契約의 일종이지만 일정한 사무의 처리라고 하는 통일된 노무를 목적으로 하는 점에 특색이 있다. 따라서 수임인은 다소의 범위에 있어서 自由裁量의 여지가 있으며, 위임인과의 사이에 일종의 신임관계가 성립한다. 사무의 내용은 법률행위인 경우도 있고 그렇지 않은 경우도 있다(구민법은 전자를 위임, 후자를 準委任이라 하였으나, 민법은 이러한 구별을 하지 않는다). 위임은 민법상은 보수가 없는 無償·片務契約이 원칙이지만, 실제에 있어서는 보수의 특약이 있는 有償·雙務契約이 많고(소송위임 등이 특히 그러하다), 상법에서는 有償으로 하는 특칙이 있다(商 61). 위임은 대리권을 수반하는 일이 많다. 그리고 상행위의 위임에 관하여는 특칙이 있다(49, 50).

[2] 행정법상 위임에 관하여는 권한의 위임을 보라.

위임대리(委任代理) 任意代理와 같은 말이며 구민법이 임의대리를 위임으로 인한 대리라고 부른데서 이 용어가 생겼다.

위임대표(委任代表) → 국민대표

위임명령(委任命令) 법률에서 구체적으로 범위를 정하여 위임을 받은 사항에 관하여 발하는 法規命令(憲 75, 95, 114 Ⅵ). 이 경우에는 사실상 법률의 내용을 보충하는 것이기 때문에 補充命令이라고도 한다. 상급명령에 의하여 하급명령에 위임하는 수도 있다. 위임받은 범위 안에서 새로운 法規事項을 정할 수 있다. → 집행명령

위임배서(委任背書) 배서인이 피배서인에게 증권상의 권리를 행사하는 대리권을 부여할 목적으로 기재하여 행하는 背書(어음 18, 手票 23). 이 배서는 대리권 수여의 효력과 자격수여의 효력만을 발생케 하고 보통 배서와 같은 이전적 효력인 擔保效力을 발생하지 않으므로 배서금지어음에도 이 배서를 할 수 있다. 또 외부에 대한 관계에 있어

서는 권리자는 배서인이 되고, 피배서인은 그 대리인으로서 어음상의 권리행사에 필요한 일체의 재판상 및 재판 외의 행위를 할 수 있음에 그치며, 보통은 양도배서나 권리의 처분을 할 수 없다. 그리고 채무자는 배서인에 대한 抗辯을 가져야만 피배서인에게 대항할 수 있고(어음 18Ⅱ, 手票 23Ⅱ). 피배서인의 대리권은 위임배서의 말살, 피배서인의 재위임배서에 의한 代理權의 讓渡 등에 의하여 소멸한다.

위임사무(委任事務) 서울특별시·광역시·도·시·군 등의 지방자치단체 또는 그 기관이 국가 또는 다른 공공단체의 위임에 기하여 행하는 사무. 고유사무에 대한 관념. 團體委任事務와 機關委任事務 및 私人에 대한 위임사무 등이 있다. 전자는 단체 자체에 대한 위임사무로서, 보건소의 설치·경영, 도로·하천의 비용의 부담에 관한 사무 등이 이에 속한다. 그 사무처리의 면에서는 固有事務와의 사이에 거의 차이가 없다. 즉, 원칙적으로 지방의회의 조례에 따라 지방자치단체의 장이 집행한다. 기관위임사무는 자치단체의 장 기타 기관에 대한 위임사무로서 그 기관을 특히 국가사무를 위임받아 처리하는 한도내에서 국가기관의 지위에 서게 되고 지방의회는 이 사무에 관여하지 아니한다. 警察·戶籍 기타가 그 예이다.

위임입법(委任立法) 법률의 위임에 의하여 입법부 이외의 國家機關(특히, 行政府의 기관)이 법규를 정립하는 것. 현대국가에 있어서는 사회상태가 복잡해짐에 따라 국회가 법률의 형식으로써 이에 대한 모든 법을 제정한다는 것은 사실상 불가능할 뿐만 아니라, 적당하지도 않다. 따라서 국회는 다만 법률로써 일반적·추상적인 기준을 정함에 그치고, 구체적이고 상세한 규정은 행정기관 등 타기관이 發하는 命令에 위임하는 경향이 증대되고 있다. → 법률의 위임, 법규명령

위임장(委任狀) [1] 문자대로는 어떤 사람에게 어떤 사항을 위임한 것을 기재한 문서이나 실제에 있어서는 그 사항에 관한 대리권을 수여한 것을 표시하는 문서. 代理權授與의 증거로서 쓰인다. 위임장의 일부(대리될 사항, 대리권수여의 상대방 등)를 백지로 하여 둔 것을 특히 白紙委任狀이라 한다.

[2] 국제법상 領事에 관하여 委任狀(〔佛〕 lettre de provision)이 있는데, 이것은 영사를 파견하는 국가가 특정한 사람을 영사로 임명하는 접수국 앞으로 보내는 문서이다. 영사의 파견·접수는 보통 通商航海條約이나 領事條約으로 2국간에 정하여지나, 구체적 인물의 파견에는 이 위임장이 쓰인다. 상급의 영사의 경우에는 원수의 이름으로, 하급의 영사의 경우에는 외무장관의 이름으로 작성되고, 영사가 접수국에 도착하였을 때 파견국의 외교사절을 통하여 제출한다. 접수국은 이에 대하여 認可狀을 준다. → 인가장, 신임장

위임전결(委任專決) 중앙행정기관의 장은 소관사무의 일부를 次官(차관제가 있는 기관에 한한다), 次官補(차관보제가 있는 기관에 한한다), 또는 국장 등에게 전결시킬 수 있다(事務管理規程 16Ⅱ). 이를 위임전결이라 하는 바, 內部委任이라고도 한다. 대리나 권한의 위임과 구별된다. 중앙행정기관은 長의 訓令의 형식으로 각기 위임전결규정을 가지고 있다. → 권한의 대리, 권한의 위임

위임통치(委任統治) 〔英〕 mandate 〔獨〕 Mandat 〔佛〕 mandat 제1차대전후 國際聯盟規約(22)에 의하여 인정된 후진지역에 대한 植民地的 國際統治形態. U.N.의 신탁통치의 전신이라 할 수 있다. 미국의 윌슨대통령의 주장하에 패전국의 영토를 병합하지 않고, 독일의 식민지, 터키領의 아라비아인 거주지역에 영국·프랑스·벨기에·일본 등을 受任國으로 하는 위임통치가 행하여졌다. 위임통치지역은 그 주민의 정치의식의 정도에 따라 A·B·C의 3종으로 구별하였으며 구체적으로는 각 지역에 따라 委任統治條項이 정하여지고 있다. 국제연합에 있어서의 신탁통치제도는 근본에 있어 이 제도를 계수한 것이다. → 신탁통치

위임행정(委任行政) 公共團體 또는 그의 기관, 또는 개인이 국가 또는 공공단체의 위임에 의하여 국가 또는 공공단체를 대신해서 행하는 행정. 국가 또는 공공단체는 각각 자기의 기관에 의하여 그의 행정사무를 행하는 것이 원칙이긴 하나, 여기서 말하는 위임행정의 방식에 의하는 경우도 적지 않다. 위임행정에는 다음과 같은 세 가지 종류가 있다. ① 서울특별시·광역시·도·시·군·행정구 등의 지방자치단체에 대한 위임. 전염병원 등의 설치, 이것을 團體委任事務라고 한다(→ 단체위임사무). ② 지방자치단체의 기관에 대한 위임. 호적사무 등이 이에 속한다. 이것을 機關委任事務라고 한다(→ 기관위임사무). ③ 사법인 또는 개인에 대한 위임. 국고금취급, 금고사무의 취급, 소득세·입장세 등의 租稅徵收事務가 이에 속한다. → 위임사무

위자료(慰藉料) 〔獨〕 Schmerzensgeld 〔佛〕 réparation du dommage(ou préjudice) morale 非財産的 損害, 즉 정신적 손해(무형적 손해)의 배

상금. 우리 민법은 불법행위에 관하여 재산적 손해와 아울러 정신적 손해의 배상을 인정(751, 752)하고, 그 대상이 되는 法益을 신체·재산 또는 명예 기타 정신상 고통으로 하고 있다. 그리고 채무불이행에 관하여도 명문은 없으나, 해석상 인정되고 있다. 慰藉料賠償의 방법은 이를 금전으로 평가하여 금전배상을 하는 것이 원칙이지만(394, 763)—이 경우에 법원은 定期金債務로 지급할 것을 명할 수 있고 그 이행을 확보하기 위하여 상당한 담보의 제공을 명할 수 있다(751Ⅱ)—명예훼손의 불법행위의 경우에는 금전배상에 갈음하거나 금전배상과 함께 謝罪廣告 등 명예회복에 적당한 처분을 하는 것이 허용된다(764). 배상액의 산정은 재산적 손해의 경우와 마찬가지로 相當因果關係說에 의하지만 수량적 정확성을 가지고 산출되는 것은 매우 곤란하며 피해자 및 가해자의 사회적 지위·직업·자산, 가해자의 고의 또는 과실의 대소, 가해행위의 윤리적 비난의 정도 등을 고려하여 공평의 원칙에 비추어서 결정되어야 할 것이다. 정신적 손해는 일신전속적인 것이므로 위자료청구권의 이전성은 문제를 지니고 있다. 의사표시로 인한 양도는 인정되지만 상속으로 인한 이전에 관해서는 피해자가 그 행사의 의사를 표명한 때에는 상속된다고 하는 설과, 그 표명이 없어도 당연히 상속된다고 하는 설(判例)이 있다.

위장납입(僞裝納入) 납입취급은행과 공모함이 없이, 발기인이 납입취급은행 이외의 제3자로부터 납입금에 해당하는 금액을 차입하여 주식의 납입을 충당하고, 납입취급은행으로부터 納入金保管證明書를 교부받아 회사의 설립등기를 마치고, 회사가 성립된 후, 즉 설립등기의 직후에 이를 인출하여 차입금을 변제하는 방법이다(일본에서는 見金이라 한다). 이 경우에는 형식적으로 금전의 이동에 의한 현실적 납입이 있으나, 실질적으로는 납입이 없다.

위 전(位田) 官衙·학교·사원 등의 유지를 위하여 설정된 토지. 신라시대에는 寺院維持를 위하여 國行水陸田·僧位田·寺田 등이 생겼고, 고려시대는 유학진흥에 수반하여 文廟學田·鄕校學田·書院學田 등이 설정된 바 있고 조선시대에 접어 들어서는 지방특별관청의 官吏俸祿을 지급하고 또는 來客接待를 支辦하기 위하여 수령지배하에 衙祿位田·公須位田 등이 번창하였고 기타 院·站·津·渡의 位田, 驛位田, 馬位田 등도 그 유지를 위하여 설정되어 있었다.

위 조(僞造) 권리 또는 권한을 가지지 않는 자가 眞物에 흡사한 위조물을 만들어 내는 것. 위조와 모조는 구별되는 바 위조는 眞物로 일단 誤信시킬 만한 외형을 갖춤을 요한다.

위조·변조통화행사죄(僞造·變造通貨行使罪) 위조 또는 변조한 통화(刑 207Ⅰ 내지 Ⅲ에 기재된 통화)를 행사하거나 행사할 목적으로 수입 또는 수출함으로써 성립하는 범죄(207Ⅳ). 행사란 위조 또는 변조된 통화의 占有 또는 處分權을 타인에게 이전하여 통화로서 유통될 수 있게 하는 것을 말한다. 통화를 유통시킬 것을 요하므로 단순히 자기의 신용력을 보이기 위하여 僞造通貨를 제시하는 것만으로는 행사에 해당하지 않는다. 수입이란 외국에서 국내로 반입하는 것을, 수출은 국내에서 국외로 반출하는 것을 의미한다. 본죄의 미수범은 처벌한다(刑 212).

위조(僞造)어음·수표(手票) 권한없는 자가 타인명의의 기명날인을 사용하여 어음행위를 한 어음(수표). 위조라 함은 타인의 명의를 거짓 사용하여 어음행위를 하는 것. 기명날인 그 자체를 위조하는 경우에 한하지 않고 다른 목적으로 하게 된 타인의 기명날인을 어음에 轉用한다거나, 窃取 또는 僞造한 타인의 印章을 사용하여 他人名義로 어음행위를 하는 것도 어음의 위조가 된다. 어음의 위조는 타인인 명의인 자신이 직접 기명날인을 하여 어음행위를 하는 것처럼 하는 경우이고 대리권이 없음에도 불구하고 자기가 타인의 代理人이라 표시하여 어음행위를 하는 無權代理와 다르다. 무권대리인이 설혹 타인의 대리인으로 행위할 의사로써 하더라도 그 뜻을 표시하지 않고 직접 그 타인의 기명날인을 하는 경우에는 무권대리가 아니라 僞造이다(通說). 수표의 위조에 관해서도 같다. 피위조자는 그 자신 어음행위를 한 자가 아니므로 어음상의 책임을 지지 않는다. 피위조자가 위조의 기명날인을 追認하여 이것을 처음부터 유효로 할 수 있는 여부에 관해서는 異論이 많으나, 위조의 경우는 무권대리와 달라서 遡及效를 가진 추인은 있을 수 없다는 것이 통설이다. 그러나 無效行爲의 追認이 새로운 행위로 간주되는 것은 가능하다(民 139 참조). 위조자도 자기의 名義로 한 어음행위가 존재하지 아니하므로, 형법상의 책임이나 불법행위상의 책임은 면할 수 없으나 어음상의 책임을 지지 아니하는 것이 통설이다. 이에 대하여 新說은 위조자에 無權代理人의 경우에 준하여 어음상의 책임을 인정해야 한다 하고, 무권대리인은 본인이 어음상의 책임을 진 것처럼 기재한 것에 대한 담보책임을 져야 하나(어음 8, 手票 11), 위조자는 보다 직접적으로 피위조자가 행위자로서 책임을 진 것처럼 기재하였기 때문에 더욱 강한 擔保責任을 져야 한다고 주장한다. 무권대리인이 그 이름으로 어음행위를 한데 대하여 위조자는 그 자신의 기명날인이 어음상에 나타나지 아니하므로, 무권대리인과 달라서 어음상의 책임이 없다는 통설에 대하여, 무권대리인의 책임은 법률행위로 인한 책임이 아니고 기명날인을 요건으로 하는 것이 아니므로, 이것을 僞造者의 경우에 類推하여도 무방하다고 반론한다. 위조어음위에 어음행위를 한 자는 어음行爲獨立의 原則(어음 7, 手票 10)에 따라 책임을 진다. 위조어음(수표)에 대하여 지급인이 지급한 경우 그 손실을 지급인이 부담하느냐 또는 피위조자인 발행인이 부담하느냐의 문제가 생긴다. 어음(수표)관계 자체에 관한 한, 위조어음(수표)의 지급은 어음상의 지급위임에 따르는 지급이라 할 수 없으므로 지급인이 손실을 부담할 수밖에 없다. 다만 어음 외의 실질관계 여하에 따라서는 손실의 부담이 피위조자에 전가되는 경우도 있다. 특히 수표에 관해서는 은행이 거래처에 대하여 사전에 印鑑을 屈出케 하고 제시된 수표상의 그것과 대조한 후에 지급하는 실정이므로 인장의 도난, 수표의 위조로 인하여 생긴 손해는 발행인의 부담으로 한다는 특약을 하는 것이 우리나라의 관례로 되어 있다.

위증죄(僞證罪) 〔英〕 perjury 〔獨〕 Meineid 〔佛〕 faux témoignage 법률에 의하여 선서한 증인이 허위의 陳述을 하는 죄(刑 152Ⅰ). 본죄의 보호법익은 국가의 심판작용이고, 謀害僞證(152Ⅱ)의 경우에는 형을 가중한다. 법률에 의한 선서란 민사·형사의 소송사건에 관한 재판에서 행하여지는 것뿐 아니라 非訟事件·懲戒事件 기타 특별법상의 사건에서 행하여지는 것을 포함한다. 위증의 罰을 警告하지 않은 경우에도 선서의 효력이 상실되는 것은 아니며, 宣誓無能力者에게 착오로써 선서를 하게 한 경우에는 본죄는 성립되지 않는다. 허위의 의의에 관하여는 객관설과 주관설이 대립하고 있다. 客觀說은 객관적 진실에 합치하느냐를 표준으로 하는데, 이 견해에 의하면 증인이 위증의 의사로써 진술하여도 마침 그것이 진실에 합치하면 위증죄가 되지 않는다. 객관적 진실에 합치해 있으면 국가의 심판작용을 해하지 않는다는 것을 근거로 하고 있다. 主觀說은 증인의 주관적인 기억을 표준으로 한다. 이 견해에 의하면 증인이 스스로 실험하지 않는 사실을 실험하였다고 증언하면 그것이 마침 객관적 진실에 합치해 있어도 위증죄가 된다. 증인이 기억에 반하는 증언을 하는 것은 심판을 그르칠 추상적 위험을 항상 가지고 있다는 것을 근거로 한다. 통설·판례는 후설을 취한다. 證言拒否·宣誓拒否만으로는 본죄가 되지 않는다. 허위의 진술이 재판의 결과에 영향을 미침을 요하지 않는다. 진술전에 선서한 경우에는 訊問과 答辯이 전부 종료한 때에, 진술후에 선서하는 경우에는 그 선서가 끝남으로써 본죄가 성립한다(通說). 형사피고인이 자기의 피고사건에 관하여 타인을 교사하여 위증하게 한 경우에는 위증죄의 教唆罪는 성립하지 않는다고 본다(多數說). 본죄를 범한 자가 그 供述한 사건의 재판 또는 징계처분이 확정되기 전에 자백 또는 자수한 때에는, 그 형을 감경 또는 면제한다(153).

위 탁(委託) 사무의 처리를 타인에게 의뢰하는 것. 委任·委託賣買·運送·信託·어음 등 여러가지의 법률관계의 기초를 이룬다. 위탁을 받은 자에게 어느 정도의 自由裁量의 여지가 있고, 위탁을 한 자와 사이에 信任關係가 생기는 점에 특색이 있다. 위탁을 한 자, 위탁을 받은 자의 명칭은 각각의 법률관계에 따라 다르다(예 : 위임에서는 위임인·수임인, 신탁에서는 위탁자·수탁자).

위탁금고제도(委託金庫制度) → 금고

위탁매매업(委託賣買業) 〔英〕 commission agency, factorship 〔獨〕 Kommissionsgeschäft 〔佛〕 commission 물건 또는 유가증권의 매매를 주선하는 영업(商 101). 이 영업자를 委託賣買人이라 한다. 위탁매매업이 상인의 보조적 역할을 담당하는 독립적 영업제도인 점은 仲介業과 같으나 경제적으로는 다른 사람(委託者)을 위하면서 법률적으로는 자기 스스로 거래의 당사자로서 활동하는 면에서 중개업과는 다르다. 위탁자는 지점을 설치하는 것보다도 위탁매매인을 이용하면 다액의 비용지출을 덜게 되며 대리상을 이용하는 경우와 같은 권한남용의 위험도 없게 된다. 또한 경우에 따라 위탁매매인으로부터 금융의 편익도 얻을 수가 있을 뿐만 아니라 匿名으로써 商機를 이용할 수도 있다. 위탁매매인과 매매계약을 체결하는 상대방으로서도 위탁자 본인의 자력·신용과 대리권의 유무를 조사할 필요없이 안심하고 거래할 수가 있다. 위탁매매업은 중세기 유럽에서 국제무역에 관련하여 발달하였다. 외국과 거래하는 상인이 토착의 상인을 이용하든가 혹은 그 나라에 파견된 사용인이 그 곳에 정착하여 독립적 상인이 된 자를 이용하여 물건을 매매함으로써 발달되었다 한다. 우리나라의 이른바 客主와 旅閣은 위탁매매업과 도매상·중개인 및 숙박업을 겸한 영업인데 상법상의 위탁매매업과는 동일한 개념이 아니다.

위탁매매인(委託賣買人) 〔英〕 commission agent, factor 〔獨〕 Kommissionär 〔佛〕 commissionnaire 자기의 名義로써 타인의 계산으로 물건 또는 유가증권의 매매를 영업으로 하는 자(商 101). 위탁매매인은 자기자신이 위탁자의 계산으로 매매계약의 당사자가 되어 위탁자를 위하여 물건 또는 유가증권을 매매하는 것을 인수하는 상인이다. ① 위탁매매인과 매매의 상대방인 제3자와의 관계는 보통 매매관계인데 위탁매매인이 주체가 되고(102), 위탁자와 제3자간에는 직접적인 법률관계가 생기지 아니한다. 그리고 위탁매매인이 委託者로부터 받은 물건 또는 유가증권이나 위탁매매로 인하여 취득한 물건 · 유가증권 또는 채권은 위탁자와 위탁매매인 또는 위탁매매인의 채권자간의 관계에서는 위탁자의 소유 또는 채권으로 본다(103). 위탁자는 위탁매매인이 파산한 경우에 還取權을 행사할 수가 있고(破 79), 위탁매매인의 채권자가 위탁물에 대한 강제집행을 한 경우에도 異議할 수 있다(民訴 509). ② 위탁매매인과 위탁자와의 관계는 위임이므로, 위탁매매인은 선량한 관리자의 주의로써 위임사무를 처리할 일반적인 의무를 부담하는 외에 상법상 특별한 의무가 있다(104, 105, 106, 108). 위탁매매인의 권리로서는 報酬請求權(61), 留置權(91, 111), 供託 및 競賣權(67, 109) 및 介入權(107) 등이 있다.

위탁매매인(委託賣買人)**의 환취권**(還取權) 물품구입의 위탁을 받은 위탁매매인이 그 물품을 위탁자에게 발송한 경우에 위탁자가 아직 대금전액을 변제하지 아니하고 또 도달지에서 그 물품을 수령하지 아니한 동안에 파산선고를 받은 때에 위탁매매인이 그 물품을 還取할 수 있는 권리(破 82). 委託賣買人과 買入委託者와의 관계는 매매당사자간의 관계와 흡사하기 때문에 위탁매매인에게 매도인의 환취권과 같은 권리를 부여한 것이다.

위탁모집(委託募集) 특정한 회사(수탁회사)에게 사채모집을 위탁하는 경우. 受託會社는 은행, 신탁회사에 한정되고(商附 6), 자기명의로써 발행회사를 위하여 社債請約書의 작성, 사채의 배정 · 납입 등을 할 수 있다(商 476Ⅱ). 따라서 이 모집행위에 관하여 응모자에 대한 권리의무는 수탁회사에 대하여 발생하나 사채 그 자체는 발행회사의 사채이다.

위탁물횡령죄(委託物橫領罪) → 횡령죄

위탁수수료(委託手數料) 〔英〕 brokerage 증권거래소의 회원인 증권회사가 매매거래의 수탁에 즈음하여 그 위탁에 기해서 매매거래를 하기 위한 일체의 업무에 대한 보수로서 위탁자로부터 받는 금전. 회원은 위탁자로부터 법률상 당연히 이를 징수할 수 있는 바, 그 요율과 징수방법은 委託證據金의 경우와 마찬가지로 受託契約準則이 정하는 바에 의하여야 한다(證去 110Ⅱ iii).

위탁보증금(委託保證金) 〔英〕 consignment guarantee money 委託證據金이라고도 하며 신용거래로 주식을 매매할 때 증권회사에 맡기는 증거금을 말한다. 매매총액의 일정비율을 현금이나 이에 대신하는 일정의 주식채권으로 맡겨야 되는데 그 비율은 30% 이상으로 정해져 있다. 주식의 경우는 시가의 70%로 평가되어 계산된다. 거래액이 늘어나 시세가 과열되었을 때는 증권거래소가 保證金率을 인상 매매규모를 축소시킨다.

위탁식수표(委託式手票) 〔獨〕 Anweisungsscheck 〔佛〕 cheque mandat 발행인이 지급인에게 금전의 지급을 위탁하는 형식의 수표. 受領式 手票에 대한 것으로서 현행 수표법은 위탁식 수표의 형식만을 인정하고 있다(手票 1 ii, 6).

위탁(委託)**어음 · 수표**(手票) 발행인이 제3자의 계산으로 발행한 어음(手票)(어음 3Ⅲ, 手票 6Ⅱ). 여기서 제3자의 계산이라 함은 資金義務者를 가리킨다. 따라서 자금관계가 존재하지 아니하는 약속어음에는 위탁어음문구를 기재할 수 없다. 발행인은 제3자의 위탁을 받고 제3자의 계산으로 발행하는 것이므로 제3자는 자금의무자가 된다.

위탁영농회사(委託營農會社) 일손이 부족한 농가를 대신해 농사일을 해주는 農業會社를 말한다. 농촌의 노동력 감소와 쌀생산비 절감을 위해 정부가 지난 1990년 농어촌특별조치법에 5명 이상의 농민이 일정규모의 시설과 장비를 갖추면 위탁영농회사를 설립할 수 있도록 법적 근거를 마련하고 각종 지원제도를 시행하면서 설립되기 시작했다. 위탁영농회사의 法人形態는 합자회사에서부터 합명회사, 유한회사, 주식회사 등 어떤 형태든 상관없다. 정부는 위탁영농회사가 설립되면 우선 트랙터 · 이앙기 · 콤바인 등 5종의 농기계 10대를 보조지원하고 농기계구입자금을 비롯해 농기계보관창고설치자금, 농업경영자금 등을 융자해 주고 있다.

위탁증거금(委託證據金) 증권거래소의 회원인 증권회사가 매매거래의 受託에 즈음하여 위탁계약에 기하여 그 자가 위탁자에 대하여 취득하게 될지 모르는 채무불이행 기타로 인한 채권을 담보하기 위하여 위탁자로부터 징수하는 금전 기타의 물건(代用證券이 주). 증권거래소가 회원의 유가증권시장에서의 매매거래의 受託에 관하여 규율하는 受託契約準則에도 위탁증거금의 料率과 징수방법에 관한 細則을 정하여야 할 것으로 되어 있다(證去 110Ⅱiii).

위탁증권(委託證券) 증권의 발행자가 직접 급부의무를 부담하지 않고 제3자가 급부할 것을 증권상에 기재한 유가증권. 금전의 지급을 위탁하는 경우를 支給委託證券이라고 하는바 어음 · 수표 등이 있다.

위탁출판(委託出版) 〔獨〕 Kommissionsverlag 出版受託者(出版業者)가 出版委託者의 저작물을 자기의 이름으로 출판하나, 그것으로부터 발생하는 손실 · 의무는 모두 위탁자에 돌아가고 수탁자는 단순히 사무를 취급하는데 불과한 것. 委託賣買人의 법률관계와 비슷하다.

위탁판매(委託販賣) 자기의 명의로써 타인을 위하여 행하는 물건의 판매. 주로 都賣業에 포함되나 영리를 목적으로 할 수 있는 점에서도 행하여진다.

위탁회사(委託會社) 擔保附社債의 起債會社. 사채모집에 있어서 신탁계약에 있어서 신탁계약에 의하여 위탁자로서 총사채권자를 위하여 物上擔保를 수탁회사에 신탁하기 때문에 이와 같이 불린다.

위태범(危殆犯) 〔獨〕 Gefährdungsdelikt 구성요건의 내용으로서 保護法益에 대한 침해가 현실로 발생함을 필요로 하지 않고, 단지 그 침해의 위험을 발생한 것으로 족한 범죄. 危險犯이라고도 하며, 侵害犯에 대한다. 위태범은 具體的 危殆犯과 抽象的 危殆犯으로 나누어진다. 전자는 현실로 법익침해의 위험이 발생했음을 요하는 것이며(예 : 형법 166조 2항의 방화죄), 후자는 일반적으로 법익침해의 위험이 있다고 인정되는 행위가 있으면 족하고 구체적으로 그 위험이 발생했음을 요하지 않는 것이다(예 : 刑法 164조의 방화죄).

위 토(位土) [1] 祭祀 또는 이에 관계되는 사항을 집행처리하기 위하여 설정된 토지. 祭田 · 墓田을 말하며, 이 토지를 기본재산으로 하여 그 수익으로써 경비에 충당하였다. 동재산의 주체는 혈통을 같이하는 宗族一門이므로 이를 宗中財産, 祭位, 墓位 등으로 별칭한다. 위토의 설정은 朱子家禮에 기원을 둔 것으로 祖先의 유산의 20분의 1을 祭田으로 하여 相傳하고 五世의 祭田이 누적되면 墓田으로 개편하게 되어 있어, 位土는 世益 累增하였다. 祭田은 祭主인 宗子가 이를 관리하고, 墓田은 大宗에서 주관하고 매년 1회 宗員과 더불어 奉祀하고 百世不改하는 것이다. 墓田은 墓直으로 둔 노비가 경작함이 원칙이고, 墓直이 없는 경우는 주관자의 私奴婢가 경작하고 또는 소작시켰다. 位土는 朱子家禮에 의하여 典賣가 금지되고 分給도 성질상 허락되지 않는 것이 원칙이었다. 位土의 권리주체에 관하여서는 주자가례의 祭田條 及 經國大典 禮田 奉祀條規定에 의하여 고찰할 것인 바, 祭田은 祭田을 설정한 조상을 奉祀하는 宗子의 소유라고 인정되며, 墓田의 권리주체는 神主의 祧遷으로 祭田이 墓田化하므로 墓田은 宗中財産으로 보는 것이 타당하다. 宗孫일지라도 임의처분을 할 수 없는 것이 舊來의 관습이다. 일제하의 조선고등법원 판례 역시 같은 해석이었다.

[2] 구농지개혁법에 의하면 종래부터 소작료를 징수하지 않았던 기존의 位土에 관하여는 墓마다 二反步 이내의 농지만을 매수하지 않도록 규정하고 있다.

위하주의(威嚇主義) 〔獨〕 Abschreckungstheorie 형벌의 임무는 일반인을 威嚇警戒하여 장래 범죄를 범하게 하지 않는 데에 있다는 전제하에 범인에 대하여 형벌의 위하작용을 이용한다는 說. 따라서 위하주의는 동시에 一般豫防主義이다. 그리고 위하의 방법은 두 개로 나누어진다. 즉 형벌의 집행에 있어서 특히 잔혹한 집행을 공개함으로써 현실적으로 위하하는 것(봉건시대의 刑罰)과 刑法으로써 형벌을 예고함으로써 심리적으로 위하하는 것(포이에르바하의 心理强制說)이 있다. → 일반예방설

위 헌(違憲) 〔英〕 unconstitutional 〔獨〕 verfassungswidrig 〔佛〕 inconstitutionnel 成文憲法(우리나라에서는 대한민국헌법)의 규정에 위반하는 것. 우리나라 헌법은 法律의 違憲與否는 헌법재판소가 심판하고(111Ⅰi), 命令 · 規則 · 處分의 위헌여부는 대법원이 최종적으로 심사하도록 규정하고 있다(107Ⅱ). → 법령심사권

위헌명령 · 규칙 · 처분(違憲命令 · 規則 · 處分)**의 심사**(審査) 명령 · 규칙 그 중에서도 행정부가 발하는 명령 · 규칙에 대하여는 법원의 심사권을 인정하는 것이 원칙이며, 法律의 違憲審査權을 법원에 부여하지 아니하는 국가도 위헌 · 위법의 명령 · 규칙심사권을 사법부인 법원에 부여하는 것이 통례이다. 이러한 취지하에 우리 헌법은, 명령 · 규칙이 헌법과 법률에 위반되는 여부가 재판의 전제가 된 때에는 대법원은 이를 최종적으로 심사할 수 있게 하고 있다(107Ⅱ). 여기에서 말하는 명령 · 규칙에는 대통령령 · 총리령 · 부령 · 국회의 규칙 · 대법원규칙 · 중앙선거관리위원회규칙 · 지방자치단체

의 自治法規(조례 및 규칙) 등이 포함된다. 명령·규칙의 심사에 관한 기타의 문제, 즉 審査法院·具體的 規範統制·違憲判決의 效力 등은 위헌법률심사의 경우와 같다(→위헌법률심사). 대법원은 처분이 헌법이나 법률에 위반되는 여부를 최종적으로 심사할 권한을 가진다(107Ⅱ). 이는 행정처분에 대한 심사권, 즉 行政裁判權이 최종적으로 대법원에 속함을 규정한 것이다. 그러므로, 헌법은 행정재판권을 사법부인 법원으로부터 독립하는 행정재판소에 부여하는 행정국가주의를 취하지 아니하고, 이른바 司法國家主義를 따르고 있다. 현재 행정재판의 제1심은 행정법원이다(行訴 9). →특별재판소

위헌법령심사권(違憲法令審査權) →위헌법률심사, 위헌명령·규칙·처분의 심사

위헌법률심사(違憲法律審査) 〔英〕 review of the constitutionality 국회의 의결을 거친 법률에 대하여 司法府인 법원이 심사권을 가지느냐의 여부는 국가에 따라 相異하다. 제1차대전전까지의 유럽 대륙의 諸國(구헌법하의 일본을 포함)은 대개 立法權의 優越(legislative supremacy)을 인정하고 법원의 법률심사권을 부인하였다. 이에 대하여 미국은 司法權의 優越(judicial supremacy)을 인정하고, 일찍부터 大審院의 판례로서 법원의 법률심사권을 인정하여 왔다(현헌법하의 일본도 같다). 이상의 兩型에 대하여, 1920년 헌법하의 오스트리아 또는 현재의 독일이나 이탈리아 등은 法律審査制를 인정하되, 그 심사권은 이를 법원에 부여하지 아니하고 第4權이라 할 수 있는 헌법재판소에 부여하고 있다. 이에 관하여, 우리나라는 제3차헌법개정 이전에는 憲法委員會에, 제5차 헌법개정 이전에는 憲法裁判所에 법률심사를 부여함으로써, 法院의 법률심사권을 부인하였다. 그러나, 제5차개헌후의 헌법은 법원의 법률심사권을 인정하였었다(舊憲 102Ⅰ), 제8차개정헌법은 위헌법률심사결정권을 헌법상의 특별기관인 헌법위원회에 부여하였으나(112Ⅰⅰ, 108Ⅰ) 현행헌법은 헌법재판소에 위헌법률심사권한을 부여하고 있다(111Ⅰⅰ). 대체로 위헌법률심사권을 법원에 부여하는 경우에는 법률이 재판의 전제가 되는 것을 조건으로 하는 具體的規範統制만이 인정되며, 법률의 위헌판결의 효력도 구체적 규범통제의 결과 법원이 당해 법률 또는 법률조항의 적용을 거부함에 그친다. 이에 대하여 위헌법률심사권을 제4권으로서의 헌법재판소에 부여하는 경우에는 법원에 사건이 구체적·개별적으로 係屬됨이 없이도 법률심사를 할 수 있는 抽象的 規範統制가 인정되고, 법률의 위헌판결의 효력도 당해 법률 또는 조항을 무효로 하는 일반적 효력을 갖게 된다. 현행헌법하에서는 법률이 헌법에 위반되는 여부가 재판의 전제가 된 때에는 법원은 헌법재판소에 제청하여 그 심판에 의하여 재판하며(107Ⅰ), 헌법재판소에서 법률의 위헌결정을 할 때에는 재판관 7인 이상의 출석과 재판관 6인 이상의 찬성을 얻어야 한다(憲裁 23Ⅱ).

위헌재판(違憲裁判) 법원의 法令審査權이 인정되는 국가에서 법원이 이 권한에 기하여 어떤 법률·명령·규칙 또는 처분이 憲法에 위배된다고 판단하는 재판. 명령·규칙 또는 처분의 위헌재판은 일반법원의 권한으로 인정되는 것이 통례이며 우리 헌법 역시 이에 따르고 있지마는(107Ⅱ), 법률의 위헌여부에 관하여는 그 심사를 전혀 인정하지 않는 제도, 일반법원에 그 裁判權을 부여하는 제도, 특별법원에 그 재판권을 주는 제도, 특별기관에 그 결정권을 주는 제도 등 국가에 따라 다른데 위헌재판은 一般法院(예 : 미국·일본 등) 또는 特別法院(예 : 1919년의 오스트리아 헌법재판소·독일 연방헌법재판소·제2공화국하의 우리나라 헌법재판소 등)에 그 재판권을 주는 국가에서만 인정된다. 현행 헌법은 특수기관인 헌법재판소에 법률의 구체적 違憲審査權을 부여하고 있다(107Ⅰ, 111Ⅰⅰ). →법령심사권

위헌판결(違憲判決) →위헌재판

위험기간(危險期間) →보험기간

위험물(危險物) 소방법상 일정한 發火性 또는 引火性 물품을 말한다(2ⅳ). 대통령령이 정하는 수량 이상의 위험물은 위험물의 제조소·취급소에서 저장 또는 취급하여야 한다(15).

위험발생방지조치(危險發生防止措置) 인명 또는 신체에 위해를 미치거나 재산에 중대한 손해를 끼칠 우려가 있는 천재·사변, 공작물의 손괴, 교통사고, 위험물의 폭발, 狂犬·놀란 말의 출현, 극단한 혼잡 기타 위험한 사태가 있을 때에 그 위해를 예방하기 위하여 취하는 조치를 말한다. 그 구체적인 수단으로는 경고, 억류조치나 피난명령, 직접적인 위험발생방지조치 등이 있다. 경찰관이 위험발생방지조치를 취한 때에는 지체없이 관할 경찰관서의 장에게 보고하여야 하며, 그 보고를 받은 경찰관서의 장은 관계 기관의 협력을 받기 위하여 필요한 조치를 하여야 한다.

위험범(危險犯) 위태범과 같다.

위험보통(危險普通)**의 원칙**(原則) 화재보험자는 화재의 원인여하를 불문하고 ① 보험계약

서·피보험자의 고의·중과실로 인한 손해(商 659 Ⅰ), ② 特約이 없으면 전쟁 기타의 變亂으로 인한 손해(660), ③ 보험의 목적의 성질·하자·自然消耗로 인한 손해(678)를 제외한 화재로 인하여 발생한 손해를 보상할 책임이 있다(683). 이것이 위험보통의 원칙이다. 다만 특약에 의하여 보험자가 손해보상의 책임을 부담하는 화재의 원인을 한정하는 것은 상관없고, 約款으로써, 지진·噴火·홍수·폭발 등으로 인한 화재를 제외하는 것이 보통이다.

위험부담(危險負擔) 〔獨〕 Gefahrtragung 雙務契約에 있어서 일방의 채무가 채무자·채권자 쌍방에 책임없는 사유로 인하여 履行不能이 되어 소멸한 경우, 이것과 對價關係에 있는 상대방의 채무가 소멸하느냐 않느냐의 문제. 예컨대 매매계약을 체결한 뒤에, 그 목적인 가옥이 낙뢰로 인해서 소실되어 賣渡人의 가옥인도채무가 소멸한 경우에 買受人의 대금지급채무가 소멸하느냐 않느냐의 문제이다. 이러한 경우 상대방의 채무도 소멸한다고 하면 그 손실은 소멸한 채무의 채무자(매도인)가 부담하는 것이 되므로 이를 債務者主義라고 하고 반대로 상대방의 채무가 존속한다고 하면 그 손실은 채권자(매수인)가 부담하는 것이 되므로, 이를 債權者主義라고 한다. 로마法 이래 각국의 立法例는 나누어져 있는데, 우리 민법은 債務者主義를 취하고 있다(537). 채무의 이행불능이 채무자의 책임있는 사유로 인한 경우에는, 채무는 債務不履行으로 인하여 손해배상의무로 변하고 소멸하지 않으므로, 위험부담의 문제는 생길 여지가 없으며 또 채권자의 책임있는 사유로 인한 경우 및 채권자의 受領遲滯中에 당사자쌍방의 책임없는 사유로 인한 경우는 일응 위험부담의 문제로 되지만, 항상 채권자주의를 취하여 채무자를 보호하는 것이 공평하므로 立法主義로서 어느 편이 공평하냐라는 논의가 생길 여지가 없다(538). 위험부담에 관한 민법의 규정은 任意規定이므로 당사자의 의사로 이와 다르게 정할 수 있다.

위험수역(危險水域) 〔英〕 danger zone 水爆의 실험이나 해군의 연습을 할 경우에 위해발생을 방지하기 위하여 설정하는 수역. 미국이 남태평양의 비키니環礁에서 핵병기실험을 했을 때 광대한 위험수역을 설정하여 문제가 되었다. 약간의 착오로 인하여 원주민과 일본어선이 피해를 입었던 것이다. 위험수역의 설정은 적절한 예방조치를 취하기만 하면 책임이 해제된다는 주장이 있다. 그러나 이 문제에 관한 國際法規는 아직 성립되지 않고 있다.

위험업무(危險業務) 사용자는 경험이 없는 근로자·여자·연소자 등에 위험한 노동 혹은 과중한 노동을 시켜서는 안된다고 한다(勤基 63, 70). 就業制限의 하나에 해당한다.

위험작업(危險作業) 사업주는 노동부장관이 정한 위험한 작업에 있어서는 그 작업에 필요한 자격·면허·경험 또는 기능을 가진 노동자 이외의 자를 취업하게 하여서는 안된다(産業安全保健法 47).

위험증대이론(危險增大理論) 〔獨〕 Risikoerhöhungstheorie 客觀的 歸屬의 척도에 관한 이론을 말한다. Roxin에 의해 발전된 것으로서 행위자가 법적으로 허용된 범위를 일탈하여 結果發生에 대한 위험을 증대시킨 경우 이러한 결과는 객관적으로 귀속될 수 있다고 한다. →객관적 귀속론

위험책임(危險責任) 〔獨〕 Gefahrdungshaftung 〔佛〕 responsabilité de risque 無過失責任을 인정하는 근거로서 사회에 대하여 위험을 조성하는 자(예컨대 위험한 시설의 소유자 등)는 거기에서 일어나는 손해에 대하여 언제든지 책임을 져야 한다고 하는 사상. 이러한 사상이 민법에 顯現된 것으로서는 工作物의 所有者의 責任(民 758 Ⅰ 但)을 들 수 있는 바, 이것을 적당히 확장해서 불가피한 위험을 포함하는 현대적 기업 등(예 : 운송업·광업)에도 확장시켜야 한다고 주장하는 사람이 많다. 보상책임과 함께 無過失責任論의 중핵을 이룬다.

위험(危險)한 경향(傾向)의 원칙(原則) 〔英〕 dangerous tendency rule →명백하고 현존한 위험의 원칙

위험(危險)한 물건(物件) 넓은 뜻의 흉기와 같다. →흉기

위험(危險)한 약속(約束) →변태설립

윔블던호(號)사건(事件) 〔英〕 The S. S. Wimbledon Case 1921년 3월 21일 프랑스가 專貰한 영국선적의 윔블던호가 군수품 및 무기를 적재하고 폴란드의 군사기지인 단치히로 운항도중 독일이 윔블던호의 키일(Kiel)운하통과를 거절함으로써 발단한 분쟁. 독일은 동 조치가 러시아·폴란드 전쟁에 관련하여 발한 1920년 7월의 中立令(The German Neutrality Orders)에 의거한다고 하였다. 윔블던호는 우회항행후 11일간을 지연하여 목적항에 도착. 1923년 1월 16일 직접 피해자인 프랑스가 법적 이해관계국인 영국·이탈리아 및 일본과 합동하여 상설국제사법재판소에 제소하고 이자를 포함한 손해배상을 요구하였다. 재판소는 첫째로 과연 독일이 당시의 조건 및 환경하에서 윔블던호의 키일

운하 출입·통과를 거부할 수 있는 정당한 권리가 있는가 하는 법률문제에 관하여 판결하기를, 독일과 평시관계에 있는 諸國船舶의 自由航行權을 규정한 베르사이유조약 380조는 관습법규인 중립국의 권리·의무에 우선하므로 운하통항권을 박탈할 수 없으며 따라서 독일당국의 처사는 부당하다고 하였다. 둘째로, 손해배상청구에 관하여는 직접피해국인 프랑스에 대한 배상만을 인정하고 原告(영·일·이탈리아·프랑스)가 주장하는 喪失利益의 배상을 거부하였다. 따라서 독일은 손해액 140,749프랑 35 상띰 및 연 6%의 이자를 판결일로부터 가산하여 3개월내로 프랑스에 지급하라고 판시하였다. 동 판결은 1923년 8월 17일 8 대 3으로 결정되었다.

유가증권(有價證券) 〔英〕 valuable instrument 〔獨〕 Wertpapier 〔佛〕 titres, valeurs [1] 私法上의 財産權을 表彰하는 증권으로서 증권상에 기재한 권리의 이용(行使·移轉)에 관하여 증권의 소지 또는 교부를 필요로 하는 것. 권리와 증권이 결합함으로써 권리의 행사를 원활안전하게 하는 동시에 권리의 유통성을 높이는 제도이다. 어음·수표는 그 전형적인 것으로서, 표창하는 권리의 발생·행사·이전의 모든 것에 증권의 소지가 필요하다. 그러나 貨物相換證·倉庫證券과 같은 유가증권은 권리의 이전과 행사에는 증권이 필요하나, 권리의 발생에는 증권이 필요없다. 유가증권에 관하여서는 어음법·수표법·상법 등에 개별적으로 상세한 규정이 있으나 유가증권의 제시와 履行遲滯, 유가증권의 상실과 권리행사방법, 채무이행의 장소 등 일반적 규정은 민법의 指示債權과 無記名債權에 관한 규정에 의하게 된다(商 65, 民 508~526). 유가증권과 비슷하나 증권이 권리 자체를 표창하지 아니하여 유가증권이 아닌 것으로는 證據證券(證明證券), 金額券(金券), 免責證券 등이 있다.

[2] 유가증권은 권리의 이전·행사의 형태 및 권리와 증권의 결합정도에 의하여 여러가지 종류로 나누어진다. ① 완전·불완전유가증권. 증권의 표창하는 권리와 증권과의 관계의 疏密에 의한 구별. ② 債權的·物權的·社員權的 有價證券. 증권의 표창하는 권리의 종류에 의한 구별. ③ 기명·지시·무기명·선택무기명증권. 증권상의 권리자의 지정방법 또는 권리의 양도방법에 의한 구별. ④ 無因·要因證券. 증권이 표창하는 권리가 증권수수의 원인인 법률관계의 유효한 존재를 요건으로 하느냐 않느냐에 의한 구별. ⑤ 形式權的·實質權的 有價證券. 증권상의 권리관계가 증권의 기재문언에 의하여 정하여지느냐 아니냐에 의한 구별. ⑥ 設權·非設權證券. 증권이 表彰하는 권리의 발생에 증권의 작성을 요하느냐 않느냐에 의한 구별. ⑦ 要式·不要式證券. 증권의 기재사항이 법률에 정해져 있느냐 없느냐에 의한 구별. ⑧ 商業證券. 유가증권 중에서 상시 상업거래의 대상이 되는 것. 즉, 거래객체로서 파악된 유가증권.

[3] 증권거래법에서 말하는 유가증권은 동법이 그 발행과 매매 기타의 거래(유통)를 규제하여 국민경제의 발전과 투자자의 보호를 목적으로 하는 관계로 그 범위가 좁으며, 國債證券·地方債證券·社債券·株券 등 투자자보호의 필요가 있고, 또한 대체성이 있는 것만이 열거되어 있다(證去 2Ⅰ).

유가증권발행실적보고서(有價證券發行實績報告書) 유가증권신고서의 신고가 효력을 발생한 경우에 그 유가증권의 발행인이 일정한 법정사항을 기재하여, 당해유가증권의 발행을 종료한 후 지체없이 證券管理委員會에 제출하는 그 유가증권에 관한 보고서(證去 17). 이 보고서는 신고서제출후에 있어서의 발행인의 사업자산의 내용 등에 관해서 언제나 투자자에게 새로운 판단자료를 주고, 신고서를 보완하기 위해서 그 제출이 요구되는 것이며, 기재사항이 法定되어 있고 증권관리위원회와 일정한 장소에 2년간 비치하여 공중의 閱覽에 供與하여야 한다(證去 18, 證去施 8).

유가증권시장(有價證券市場) 넓은 뜻으로는 유가증권의 발행 및 유통에 관한 기구를 말하지만 좁은 뜻으로는 유가증권의 賣買去來를 위하여 한국증권거래소가 개설하는 시장을 말한다(證去 2 Ⅻ). 증권거래소 이외의 자는 유가증권시장을 개설하거나 이와 비슷한 시설 또는 행위를 하지 못하며(76), 이에 위반한 자는 무거운 罰則의 적용을 받는다(208 iii). 유가증권시장에서의 매매거래는 회원에 한정된다(85).

유가증권신고서(有價證券申告書) 증권거래법에 의하여, 모집 또는 매출의 대상이 되는 유가증권의 발행인이 그 유가증권의 내용 및 발행인에 관한 법정의 사항을 기재하여 증권관리위원회에 신고하는 신고서(證去 8). 法定의 예외의 경우(8 但)를 제외하고는 申告의 效力(유가증권의 모집 또는 매출)은 그 신고서를 증권관리위원회가 수리한 후 재정경제부령이 정하는 기간이 경과한 날에 발생한다. 이 신고서는 대통령령이 정하는 바에 의하여 증권관리위원회와 일정한 장소에 2년간 비치하여 公衆의 閱覽에 供與하여야 한다(18, 證去施 8). 부실의 신고서의 작성자 등에 대해서는 무거운 배상책임을 지우고 있다(證去 14).

유가증권(有價證券)**에 관한 죄**(罪) 행

사할 목적으로 ① 대한민국 또는 외국의 公債證書 기타 유가증권을 僞造 또는 變造하는 罪(刑 214 Ⅰ), ② 유가증권의 권리의무에 관한 기재를 위조 또는 변조하는 죄(214Ⅱ), ③ 타인의 자격을 冒用하여 유가증권을 작성하거나 유가증권의 권리 또는 의무에 관한 사항을 기재하는 죄(215), ④ 허위의 유가증권을 작성하거나 유가증권에 허위의 사항을 기재하는 죄(216), 또는 ⑤ 僞造·變造·虛僞作成 또는 虛僞記載한(①②③④) 기재의 유가증권을 행사하거나 행사할 목적으로 수입 또는 수출하는 죄(217). 本罪의 保護法益은 경제거래에 있어서 중요한 작용을 하는 유가증권의 眞正에 대한 공공의 신용이며, 본죄는 문서에 대한 죄의 특수유형인 동시에 通貨에 관한 죄와도 비슷함으로써 이중의 성격을 갖고 있다. 미수범(223) 및 ①②③④의 예비·음모(224)를 처벌한다. → 유가증권위조변조죄

유가증권외무원(有價證券外務員) 증권회사가 자기의 영업소 이외의 장소에서 유가증권의 募集·賣出·賣買 또는 유가증권시장에서의 매매거래의 위탁의 권유에 종사시키는 사용인. 증권회사는 유가증권외무원을 둔 때에는 법정의 사항에 관해서 財務部에 등록할 의무를 진다(舊登去 43).

유가증권위조변조죄(有價證券僞造變造罪) 행사할 목적으로 대한민국 또는 외국의 공채증서 기타 유가증권이나 유가증권의 권리의무에 관한 기재를 위조 또는 변조하는 죄(刑 214Ⅰ·Ⅱ). 본죄의 보호법익은 유가증권의 진정에 대한 공공의 신용이며, 본죄는 目的犯이다. 본죄의 객체인 유가증권은 私法上 반드시 유효함을 필요로 하지 않으며 다만 일반인으로 하여금 유가증권이라고 誤信케 할 정도의 외관을 구비하면 족하다. 형법은 어음의 背書·引受·保證 등 부수적 증권행위에 관하여도 위조 또는 변조의 성립이 있는 것으로 하였다(214Ⅱ). 위조라 함은 유가증권의 발행권이 없는 자가 유가증권을 作出하는 것이며, 변조라 함은 기존의 진정한 유가증권의 동일성을 유지하면서 권한없이 그 내용에 변경을 가하는 것이다. 미수범(223) 및 예비·음모(224)를 처벌한다.

유가증권(有價證券)**의 매출**(賣出) 증권거래법상 증권관리위원회가 정하는 바에 따라 균일한 조건으로 이미 발행한 유가증권의 賣渡의 청약을 하거나, 買受의 청약을 권유하는 것을 말한다(證去 2Ⅳ). 이미 발행한 유가증권을 대상으로 하는 점에서 신규로 발행되는 유가증권을 대상으로 하는 유가증권의 모집과 다르다. 賣出價額의 총액이 재정경제부령이 정하는 금액 이상인 경우 그 매출은 유가증권의 발행인이 증권관리위원회에 유가증권신고서에 의한 신고를 하고 그 신고의 효력이 발생한 후가 아니면, 이를 하지 못한다(8~10Ⅰ本). 그리고 증권회사 이외의 자는 매출의 주선을 영업으로 할 수 없다(2Ⅵ).

유가증권(有價證券)**의 모집**(募集) 증권거래법상 증권관리위원회가 정하는 바에 따라 균일한 조건으로, 新規로 발행되는 유가증권의 취득의 청약을 권유하는 것을 말한다(證去 2Ⅲ). 신규로 발행되는 유가증권을 대상으로 하는 점에서 유가증권의 매출과 다르다. 그 모집은 유가증권의 발행인이 증권관리위원회에 有價證券申告書에 의한 신고를 하고 그 신고의 효력이 발생한 후가 아니면 이를 하지 못한다(8, 10). 모집의 주체는 유가증권의 발행인이며, 증권회사 이외의 자는 모집의 주선을 영업으로 할 수 없다(2Ⅵ).

유가증권(有價證券)**의 인수**(引受) 〔英〕 underwriting 인수인으로서의 수수료를 받고 하는 유가증권의 발행위험의 부담행위. 유가증권의 매출을 목적으로 하는 행위이며, 스스로 주주 또는 社債權者로 되는 것을 목적으로 하는 株式引受 또는 社債의 引受와는 다르다. 이 경우, 인수인이라 함은 ① 유가증권을 매출할 목적으로 그 유가증권의 발행인으로부터 그 전부 또는 일부를 취득하는 자(→ 총액인수), ② 달리 그 유가증권을 취득하는 자가 없을 때에 그 殘部를 취득하는 계약을 하는 자(→ 인수모집), ③ 발행인을 위하여 당해 유가증권의 모집 또는 매출을 주선하거나 기타 직접 또는 간접으로 유가증권의 모집 또는 매출을 분담하는 자를 말한다(證去 2Ⅵ). 유가증권의 引受를 영업으로 할 수 있는 자는 증권회사에 한하며, 은행·신탁회사 기타의 금융기관은 원칙으로 이를 영업으로서 할 수 없다(2Ⅵ·Ⅶ, 銀 25 참조).

유가증권(有價證券)**의 환가**(換價) 압류한 동산의 환가는 공공의 경매에 붙이는 것이 원칙이나 시가가 있는 유가증권에 관하여는 집행관에 의한 매각기일의 時價賣却이 인정되어 있다(民訴 544).

유가증권인도표(有價證券引渡票) 유가증권시장에서 보통거래에 있어서의 매출인이 부득이한 사유로 그 決濟期限에 당해 유가증권을 인도할 수 없을 때에 매입인의 승낙을 받고 작성하여 매출인에게 교부함으로써 受渡를 결제하기 의한 증서. 그 증서에는 現物引渡의 기일이 기입되는 것이 보통이다.

유가증권통지서(有價證券通知書) → 일

괄신고서

유권해석(有權解釋) 〔羅〕 interpretatio authentatica 〔英〕 authentic interpretation 〔獨〕 authentische Interpretation 〔佛〕 interprétation authentique 넓은 뜻으로는 국가기관이 행하는 법의 해석을 말하며, 學理解釋에 대립한다. 有權的 解釋 또는 公權的 解釋이라고도 한다. 해석하는 기관에 따라 立法解釋·行政解釋·司法解釋의 구별이 있다.

유급휴가(有給休暇) 〔英〕 vacation with pay 일정한 근로일수를 채운 자에게 休日을 주고 그 임금을 보상하는 제도. 근로기준법은 유급휴일(54), 월차유급휴가(57), 연차유급휴가(59), 생리휴가(71), 임신중의 여자에 대한 산전후휴가(72)제도를 마련하고 있다. 또한 근로자가 업무상의 부상 또는 질병으로 休業한 기간과 産前·産後의 여자의 휴가의 기간(産前後를 통하여 60일)(72)은 유급휴가를 정산하는데 있어서 출근일수로 간주된다(59 Ⅳ).

유급휴일(有給休日) 사용자는 근로자에 대하여 1주일에 평균 1회 이상의 유급휴일(有給週休日)을 주어야 한다(勤基 54). 그러나 이 유급주휴일은 소정의 근로일수를 개근한 자에 대해서만 주어야 하는 것이기 때문에(勤基施 25) 病故 기타로 소정근로의 일수를 채우지 못한 자는 이 유급휴일의 혜택을 받지 못한다. 有給週休日에 근로를 한 경우에는 유급으로서 당연히 지급되는 임금에다 당해 유급휴일의 근로에 대하여는 통상임금의 100분의 50 이상을 가산한다. 加算賃金과 휴일수당을 지급하여야 한다. 無給休日의 근무에 대하여는 55조에 의한 가산임금만이 붙게 된다.

유 기(遺棄) 어떤 사람에 대한 종래의 보호를 거부하여 이것을 보호받지 못하는 상태에 두는 것. 민법상 夫婦의 일방이 타방을 악의로 유기한 때에는 이혼원인이 된다(840 ii). 양친자간에 관해서는 직접 파양원인으로 규정하고 있지 않지만 相對的 罷養原因(905 v)이 된다고 해석하여야 할 것이다. → 유기죄

유기장(遊技場) 유기시설을 갖추고 손님으로 하여금 대중오락을 하게 하는 영업(射倖行爲 등 規制法에 의한 射倖行爲 또는 유사사행행위시설을 설치하고 행하는 영업장은 제외)(公衆衛生法 2 Ⅰ i). 유기장업자는 ① 손님에게 유기기구를 이용하여 도박 기타 사행행위를 하게 하거나 이를 하도록 내버려 두어서는 아니되고 ② 법령에 위반하여 제작된 유기기구 및 그 기판을 설치하거나 사용하여서도 안되며 끝으로 ③ 성인전용 유기장소가 아닌 유기장업소의 경우 성인전용 유기장업소에만 설치·사용할 수 있는 유기기구 및 그 기판을 설치하거나 사용해서는 아니된다(12 Ⅱ iii).

유기죄(遺棄罪) 〔英〕 abandonment, desertion 〔獨〕 Aussetzung 〔佛〕 abandon 老幼·疾病 기타 사정으로 인하여 부조를 요하는 자를 보호할 법률상 또는 계약상 의무있는 자가 유기하는 죄(刑 271 Ⅰ). 尊屬遺棄(271 Ⅱ)·(尊屬)重遺棄(271 Ⅲ·Ⅳ)의 경우에는 형을 가중하고, 遺棄致死傷(275)의 경우에는 傷害罪와 비교하여 重한 형으로 처단하고 또 嬰兒遺棄(272)의 경우에는 형을 감경한다. 유기란 要扶助者를 보호없는 상태에 둠으로써 그의 생명·신체를 위험에 내어 놓는 것을 말한다. 보호없는 상태에 둔다는 것에는 피해자의 장소적 이전을 동반하는 경우뿐 아니라 두고 떠나는 것과 같이 피해자와의 장소적 격리를 생기게 하거나 생존에 필요한 보호를 하지 아니하는 경우도 포함한다. 생명·신체를 위험에 내어 놓는다는 것은 추상적인 것으로 족하다(→중유기죄). 要扶助原因의 기타 사정에는 불구·분만·酩酊 등이 포함된다.

유기징역(有期懲役) 징역으로 처해진 기간으로 그 기간은 1개월 이상 15년 이하이다. 형을 가중하는 경우에는 25년까지 과할 수 있으며, 감형하는 경우는 1개월 이하로 감경한다(刑 42, 55).

유기체설(有機體說) 〔獨〕 organische Theorie, Genossenschaftstheorie 社會有機體說. 社會實體論에서 나온 것으로 法人實在說 또는 團體說이라고도 한다. 법인은 사회적 유기체인 단체인격자 또는 총합인격자로서 존재하며, 사실상 의사를 가지고 활동하고 있다. 따라서 자연적 유기체인 자연인과 동일하게 취급된다. 사회적 관념과 법률적 관념과의 명확한 구별이 없는 점에 난점이 있으나 法人擬制說의 개인주의적 사상의 난점을 극복하여 이론적으로 이것을 확장하고 있다.

유기형(有期刑) 無期刑에 대하여 쓰이는 말로서, 일정기간(終身이 포함되지 않음은 물론)의 拘置를 내용으로 하는 자유형. 형법상 유기징역·유기금고 및 구류로 나누어진다. 다만 징역형과 금고형을 구별하는데 대하여는 유기형의 단일화가 주장되고 있다(→자유형의 단일화).

유네스코(UNESCO) 國際聯合教育科學文化機關(United Nations Educational, Scientific and Cultural Organization)의 약칭. 국제연합과 제휴

하는 專門機關의 하나이며 교육·과학·문화에 관한 국제협력을 촉진하여 세계의 평화와 안전에 공헌함을 목적으로 한다. 제2차대전중 전후의 교육이나 문화의 부흥을 협의한 연합국 문교장관회의의 사업이 발단이 되어서 1945년 본기관헌장이 성립하고 발족하였다. 총회·집행이사회·사무국이 있고, 본부는 파리. 우리나라는 1950년 6월 14일자로 회원국이 되었다.

유네스코한국위원회(韓國委員會) 유네스코헌장 7조에 의하여 교육부장관 소속하에 설치된 위원회. 동위원회는 대한민국에 있어서의 유네스코 활동에 관한 건의·기획·조사·연락 및 보급에 관한 사항을 수행함을 목적으로 하고(유네스코活動에 관한 法律 7). 위원회는 60인 이내의 위원으로 구성하며 위원은 ① 교육·과학·문화·홍보관계분야의 기관 또는 단체의 신임대표 33인, ② ①분야의 권위자 11인, ③ 국회의장이 지명한 국회의원 6인, ④ 행정부관계공무원 4인 등으로서 각각 일정한 절차에 따라서 교육부장관이 위촉한다(10). 기관으로는 총회·집행위원회·사무처가 있다(14).

유네스코활동(活動) 유네스코(국제연합교육·과학·문화기관)의 목적을 실현하기 위하여 행하는 활동(유네스코활동에 관한 法律 2). 그 목표는 유네스코헌장에 따라 國際聯合憲章의 정신에 입각하여 교육·과학 및 문화를 통하여 국제이해 및 협력의 촉진을 도모하고, 세계의 평화와 인류의 복지에 기여하는 것이다. 그 활동은 유네스코 그 밖의 국외 여러 기관과 협력하면서 전개하여야 하며(4), 또 국가 또는 지방자치단체는 유네스코 한국위원회와 연락하여 스스로 이 활동을 행함과 동시에 필요가 있으면 民間이 이 활동에 조언이나 원조를 공여하도록 되어 있다(5).

유년부녀간음죄(幼年婦女姦淫罪) 13세 미만의 부녀를 간음하는 죄(刑 305 前). 强姦罪(297)의 예에 의한다. 즉 13세 미만의 부녀를 간음한 경우에는 폭행·협박이 없더라도 강간과 마찬가지로 취급한다. 이것은 13세 미만의 부녀에 대하여는 정신미숙으로 간음에 대한 同意能力이 없다고 보기 때문이다. 물론 폭행·협박을 사용하면 바로 강간죄가 된다. 본죄를 準强姦罪의 하나라고 보는 견해도 있다. 미수범을 처벌한다(강간죄의 예에 의하므로). 親告罪이다(306). 본죄 또는 그 미수범을 범하여 사람을 사상에 이르게 한 때에는 형을 가중한다(305 前, 301).

유년자추행죄(幼年者醜行罪) 13세 미만의 사람에게 추행을 하는 죄(305 後). 强制醜行罪(298)의 예에 의한다. 즉 13세 미만의 사람에게 추행을 한 경우에는 폭행·협박이 없더라도 강제추행과 마찬가지로 취급한다(→유년부녀간음죄). 본죄를 準强制醜行罪의 하나라고 보는 견해도 있다. 미수범을 처벌한다(강제추행죄의 예에 의하므로). 親告罪이다(306). 본죄 또는 그 미수범을 범하여 사람을 사상에 이르게 한 때에는 형을 가중한다(305 後, 301).

유니세프(UNICEF) 國際聯合國際兒童基金(〔英〕 United Nations International Children's Emergency Fund)의 약칭. 1946년 국제연합총회의 결의에 의하여 경제사회이사회 아래에 설치된 兒童의 援護를 목적으로 하는 국제기관. 급식·보건활동 등을 행한다.

유니온숍 〔英〕 union shop 근로자의 신규채용에 있어서는 사용자는 노동조합원이건 아니건 이를 불문하고 누구든지 채용할 수 있는 것이지만, 일단 채용된 자는 일정 기간내에 組合에 가입하지 않으면 해고되며, 또 (제명 혹은 탈퇴 등으로) 組合員資格을 상실한 자도 해고된다는 工場事業場을 말한다. 넓은 뜻의 클로즈드 숍 중에 포함되는 것이지만, 보통은 채용시의 차이를 표준으로 하여(좁은 뜻의) 클로즈드 숍과 대립시킨다. 노동조합 및 노동관계조정법은 일정한 조건하에 유니온숍을 法認하고는 있지만(81 ii 但), 憲法論으로서는 클로즈드 숍과 같이 異論이 많다. →단결의 강제, 오픈 숍

유대법(法) →모세·탈무드법

유덱스 〔羅〕 iudex 로마법상 보통 다음의 의의를 가진다. ① 民事通常訴訟節次에 있어서의 審判人. 디오끌레띠아누스帝의 개혁 이전에 있어서의 민사통상소송절차는 法務官(쁘라에또르) 기타 소송을 掌理하는 政務官(마기스뜨라뚜스)의 면전에서 행하여지는 법정절차와 私人인 審判人(iudex)의 면전에서 행하여지는 審判節次로 나누어져 있었다. 심판인은 당사자가 각 소송에 관하여 개별적으로 선정하는 私人이며, 법정절차에 있어서 이미 資格(당사자의 소송적격·소권의 유무)審査와 쟁점의 결정과를 畢하여 그 내용이 공적으로 확인된 사안에 관하여 사실을 심리하여 판결을 내린다. ② 刑事通常訴訟節次에 있어서 査問會(questio)를 구성하는 심리원. 帝政後期에 衰滅한 査問會에 의한 형사재판에 있어서는 법무관이 고소장을 승인·수리한 사안에 관하여, 당사자가 특정범위의 자 중에서 선정한 審理員(iudex)이 국민의 재판권을 대행하여 심리를 행하고 심리원의 표결에 기하여 法務官이 판결을 선고하였다. ③ 特別審理節次에 있어서의

재판관. 帝政時代에 발전하여, 디오끌레띠아누스帝의 개혁 이후는 형사뿐만 아니라 민사에 관하여서도 통상소송절차를 압도하고 유일한 소송절차로 된 職權主義의 特別審理節次에 있어서는 재판은 시종일관, 황제의 통치권의 한 측면인 재판권을 대행하는 황제의 관리인 裁判官(iudex)에 의하여 행하여졌다.

유도신문(誘導訊問) 〔英〕 leading question 신문자에 유리한 특정내용의 답변을 암시하면서 하는 신문. 영미법에서는, 證人訊問(交互訊問)에 있어서 증인은 이를 신청한 측의 당사자에 호의를 가지는 것이 통례이므로 신청당사자측의 신문(主訊問)에는 원칙적으로 유도심문이 금지되어 있다. 交互訊問制를 채택한 현행 민·형사소송법(民訴 298, 刑訴 161의2)에서도 명문의 규정은 없으나 부당한 유도신문은 제한되어야 한다고 본다.

유동부채(流動負債) 〔英〕 current liabilities 그 지급기한이 대차대조표작성일로부터 1년 이내에 있는 부채. 이에는 외상매입금·지급어음·당좌차월·단기차입금·미지급금·先受金·豫受金·미지급비용·미지급법인세·관계회사단기채무, 株主·임원·종업원단기채무, 유통성장기채무, 先受收益, 負債性充當金 기타 流通負債가 있다. 短期負債라고도 한다.

유동성배열방법(流動性配列方法) 〔英〕 current arrangement 대차대조표의 항목배열에 있어서 換金性을 중시하여 유동성이 강한 것으로부터 차츰 약한 것을 열거하는 방법. 유동성이 약한 것으로부터 열거하는 固定性配列方法에 대응한 것이다. 유동성배열방법에 의하면 자산의 부에서는 유동자산·고정자산·移越計定, 부채의 부에서는 유동부채·고정부채의 순서가 된다.

유동비율(流動比率) 〔英〕 current ratio 은행 및 투자자가 기업에 대출을 할 경우 기업의 지불능력을 판단하기 위해 사용하는 分析指標. 유동부채의 몇 배나 되는 유동자산을 가지고 있는가를 나타내는 것으로 비율이 높을수록 지불능력이 커지는데 200%가 이상적이라고 한다. 이를 2 대 1의 원칙이라고도 한다.

유동자산(流動資産) 〔英〕 current assets 〔佛〕 Umlaufsvermögen 固定資産에 대한 것으로, 이것을 제외한 유동성 있는 자산. 재무제표규칙상으로는 현금, 기한이 1년 이내에 도래하는 예금, 받을어음, 外上賣出金, 증권시장에서 시장성 있는 유가증권, 상품 기타 流動資産(財務諸表規則 35~46) 등을 말한다. 유동자산의 평가는 時價主義이나, 주식회사·유한회사에서는 取得價額이나 製作價額에 의하는 것을 원칙으로 하고 그 시가가 취득가액 또는 제작가액보다 현저하게 낮은 때는 時價에 의하여야 한다(商 452). 고정자산의 평가방법은 이와 다르다.

유러화폐(貨幣) 1998년 5월 독일·프랑스 등 11개 유러 會員國이 확정되어 회원국의 공동으로 사용하는 화폐로 주화 8종, 지폐 7종으로 제작된다. 유러 출범 3년 후인 2002년 1월 1일부터 회원국통화와 교환을 거쳐 유통되며 그전까지는 실체가 없는 유러는 信用決濟 및 국가간 거래에 쓰이고 決濟通貨 등으로 주로 이용한다. 유러화폐의 發券주체는 유럽 中央銀行(UCB)이지만 조폐는 회원국 각국 중앙은행이 1998년 5월부터 시작했다. 화폐의 도안에는 건축물 등 회원국 상징물이 들어간다. 유러의 通貨價値는 1998년 12월 31일 최종 결정되는데 1979년 출범한 유럽通貨制度(EMS)에 따라 현재 유럽에서 통용되고 있는 유럽通貨單位(에큐, ECU)와 동일한 가치를 갖는다고 가정할 때 1유러는 약 1.1달러 정도가 된다. → 유럽통화제도

유럽경제위원회(經濟委員會) 〔英〕 Economic Commission for Europe(ECE) 국제연합 경제사회이사회에 속한 地域的 委員會의 일종으로 전문기관과 특별한 유대를 맺고 있다. 동서 유럽에 있어 경제협력의 촉진을 목적으로 하는 기관으로서 중대한 의의를 갖는다.

유럽경제지역(經濟地域) 〔英〕 European Economic Area(EEA) 유럽聯合(EU) 12개국과 유럽自由貿易聯合(EFTA) 4개국으로 구성된 거대한 單一統合市場. 1989년 12월부터 본격적인 창설협상을 벌여 1993년 1월 1일 출범할 예정이었으나 스위스가 EEA협정안을 부결시킴으로써 1994년 1월 1일에 공식 출범했다. 유럽통합의 중대한 진전으로 평가되는 EEA는 인구 3억 8000만명, 세계무역의 45%를 차지하는 거대한 경제블록으로 國內總生産(GDP) 규모가 6조달러를 넘는다. EEA域內에서는 상품과 서비스는 물론 자본과 노동력도 자유롭게 이동할 수 있고 역내 국민들은 여행과 거주, 노동에서 동등한 권리를 부여받는다. 통합으로 인한 經濟的 效果에는 경제규모가 EU의 9분의 1에 불과한 EFTA에 상대적으로 유리할 것으로 전망되나 EU 수출액 중 EFTA가 차지하는 비중이 27%나 돼 EU국가들도 시장확대로 인한 이득을 누릴 것으로 예상된다. 동유럽공산권의 붕괴 이후 신질서가 재편성되고 있는 가운데 창설되는 EEA는 유럽利益

을 공동으로 지킨다는 保護主義的 性格이 강하기 때문에 지구촌에 커다란 파장을 몰고올 전망이다.

유럽경제협력기구(經濟協力機構) 〔英〕 Organization for European Economic Cooperation (O.E.E.C.) → 마셜플랜

유럽공동체(共同體) 〔英〕 European Communities(EU) 평화와 경제번영을 위한 유럽統合을 목표로 설립된 국제조직. 1958년에 유럽經濟共同體(EEC)와 유럽原子力共同體(EAEC)가 발족, 프랑스·독일·이탈리아·네덜란드·벨기에·룩셈부르크가 참가했다. 1967년 유럽석탄철강공동체를 포함, 3기관이 통합되어 EC가 되었다. 1973년에 영국·아일랜드·덴마크가, 1981년에 그리스가 가맹하여 가맹국수는 10개국, 사무국은 브뤼셀에 있으며 중심을 이루고 있는 기관은 유럽회의, 각료이사회, EC위원회, 유럽재판소 등 4개, 關稅同盟의 결성, 공동통상 및 농업정책, 유럽통화제도 등을 실시해 왔으나 가맹국 상호간의 이해대립 때문에 활동이 비효율적으로 되고 정체되자 1985년 12월 그의 활성화를 위해 다수결제도를 도입하는 등 제도를 개정키로 했다. 1986년 1월 1일 스페인·포르투갈이 가맹함으로써 가맹국수는 12개국, 지역내 인구는 약 3억 4000만명, 국내총생산 총액은 약 2조 4800억달러에 달하는 經濟政治블록을 이루게 되었다. EC는 1993년 5월 유럽自由貿易聯合(EFTA)과 통합, 유럽經濟地域(EEA)을 결성해 1994년 1월 1일부터 상품·사람·자본·서비스 등의 자유이동을 제한하고 있는 물리적·조세적 장벽을 제거 거대한 유럽單一市場을 발족시켰다. 한편 1993년 11월 1일 마스트리히트조약이 발효됨에 따라 1994년 1월 1일부터 EC는 EU(유럽聯合)로 공식명칭을 바꿔 사용하게 되었다. → 유럽경제지역(EEA)

유럽공동체이사회(共同體理事會) 〔英〕 Council of the European Community 유럽공동체 회원국의 국가원수 또는 행정부의 수반 및 EC委員會委員長으로 구성되며 유럽공동체의 立法權과 豫算決定權을 갖는다.

유럽방위공동체(防衛共同體) 〔英〕 European Defence Community(EDC) 프랑스정부가 1950년 가을 제창하기 시작하여, 영국을 제외하고 재무장을 한 서독일을 포함하여 결성을 시도한 서유럽 전체의 초국가적인 軍事共同體. 이것은 프랑스의 대 독일 강경정책을 받아들인 北大西洋條約機構와는 별개의 조직으로 하였다. 이 군사공동체의 결성문제는 미국의 열렬한 지원을 받았으나 구상과 결성운동만으로 그치고, 1951년 8월 완전히 流産하기에 이르렀다. 프랑스정부는 쁘레방국방상의 계획으로서, 유럽방위공동체의 구상을 세웠고, 이 계획의 원칙은 1951년 12월 유럽會議에서 지지를 얻어, 프랑스·영국·벨기에·네덜란드·룩셈부르크 및 서독일의 6개국회의에서 구체화될 예정이었으나, 이 계획입안의 6개국회의는 재군비를 한 서독일에 대한 프랑스의 불신과 독립의 지위를 요구하는 서독일의 주장으로, 난항에 이른 다음, 1952년 초 겨우 條約의 立案을 끝내고, 동년 5월 27일 6개국외상회의에서 유효기간 50년의 유럽공동체조약으로 調印은 되었으나, 서독일만이 비준하였다. 그러나, 서독일·프랑스에서는 違憲問題라는 반대여론이 비등하여, 1954년 8월 프랑스의회는 批准을 거부함으로써 발효에 이르지 못하였다. 이것에 대신하여 성립한 것이 서유럽聯合이다.

유럽석탄철강공동체(石炭鐵鋼共同體) 〔英〕 The European Coal and Steel Community 〔佛〕 La Communauté européenne du Charbon et de l'Acier 프랑스외상 슈망의 제안을 기초로 1951년 6월 18일에 調印, 다음해 7월 28일에 발효한 석탄 및 철강의 유럽공동체 설립에 관한 조약에 의하여 창설된 기구. 유럽6개국(프랑스·서독일·이탈리아·네덜란드·벨기에·룩셈부르크)간의 석탄·철강시장에 관한 統一機構이다. 중요한 기관으로는 최고기관·총회·특별각료협의회·사법재판소가 있다. 동 공동체의 초국가적 성격은 유럽통합운동사상 한 시기를 劃하였으며 유럽방위공동체와 결합하여 유럽聯邦에로의 발전이 구상되어있다. → 유럽방위공동체

유럽심의회(審議會) 유럽會議와 같다. → 서유럽연합

유럽안보협력회의(安保協力會議) 〔英〕 Conference on Security and Cooperation in Europe (CSCE) 정식명칭은 유럽에서의 安全保障과 協力에 관한 회의이다. 알바니아를 제외한 전유럽국가와 미국·캐나다 등 35개국이 1975년 헬싱키에서 유럽의 항구적 평화와 안전보장을 위해 결성하고 헬싱키선언을 채택했다. 이 선언은 2차대전으로 정해진 국경선의 불가침, 분쟁의 평화적 해결, 인권과 기본적 자유의 존중 등 10원칙을 선언하였다. 1990년 11월 들어 알바니아를 제외한 32개 全유럽국들과 미국·캐나다 등 34개국은 파리에서 CSCE 정상회담을 갖고 東西冷戰의 종식과 상호불가침을 공식 천명하는 파리憲章을 채택하였다. 이로써 파리회담에 참석한 각국 정상들은 유럽에서 냉전의 시대가 끝났음을 공식적으로 선언하고 냉전 이후의

유럽을 설계하는데 CSCE를 활용한다는데 의견을 모았다. 1991년 6월 알바니아가 가입하고 소련의 붕괴후 에스토니아·리투아니아·발트 3국과 獨立國家聯合(CIS)의 10개국이 가입해 1993년 현재 총 회원국 수는 53개국이다.

유럽연합(聯合) 〔英〕 European Union(EU) 유럽의 政治·經濟統合을 실현하기 위해 1993년 11월 발효된 마스트리히트條約에 따라 출범한 유럽 12개국의 연합기구. 기존의 유럽共同體(EC)를 기초로 했으나 EC와는 별도로 1999년 1월 1일을 목표로 짜인 유럽統合日程을 추진하게 된다. 유럽연합은 마스트리히트조약이 추구하는 ① 단일통합창설, ② 공동 외교·안보정책 추진, ③ 노동·교육·사회·산업분야의 공조 등 3개 영역의 통합작전을 주도하게 된다. 유럽공동체와는 달리 법률적 실체는 아니며 유럽통합을 추진하는 抽象的 概念이다. 경제통화기구설치, 유럽의회의 선거, 단일통화 실현의 일정을 밟아 유럽통합을 이룬다는 청사진을 마련해 놓고 있다.

유럽의회(議會) 〔英〕 European Parliament 유럽의회는 원래 공동체의 시민을 대표하도록 되어 있으나(EEC 137, ECSC 20), 실제로는 각국에서 지명되는 회원국의 국회의원으로 구성되어 있다(EEC 138, ECSC 21). 유럽의회는 명칭과 달리 立法權을 갖지 않으며 특정한 범위내의 예산에 관한 決定權과 위원회에 대한 정치적 통제의 의미를 가진 不信任權을 행사한다. 유럽의회는 매년 1회 3월에 정기총회를 개최하는 외에 구성원의 과반수, 이사회 또는 위원회의 요구가 있으면 特別會議를 개최할 수 있다(EEC 139).

유럽통화단위(通貨單位) 〔英〕 European Currency Unit(ECU) EMS(유럽통화제도)의 중요한 지주의 하나, EUA(또는 UC: 유럽통화단위)와 함께 EC(유럽共同體)통화의 바스켓으로 되어 있으며 그 구성비율은 각국의 경제력에 의해 정해져 있다. 계산단위, 결제수단으로 사용되고 있으나 구체적으로 ECU라는 통화가 별도로 존재하는 것은 아니다. 1979년 3월 13일 EMS가 발족했던 당시의 IEAU는 약 1.35달러였다. 최근 유럽共同市場에서 ECU에 의한 거래가 점차 확대되고 있다.

유럽통화제도(通貨制度) 〔英〕 European Monetary System(EMS) 유럽共同體는 1979년 3월 通貨統合을 목표로 협정을 맺고 유럽통화제도를 발족시켰다. 이는 당시 달러와 금의 교환정지 및 오일쇼크 등으로 불안해진 國際金融秩序를 안정시키고 유럽공동체의 경제적 동질성을 확보하기 위한 것이었다. 유럽통화제도는 유럽通貨單位(에쿠, ECU)를 만들어 각국의 통화가치를 에쿠로 나타내는 한편 換率調整裝置(ERM)를 통해 각국의 환율변동을 제한된 범위내에서만 허용하는 것을 내용으로 하고 있다. 환율조정장치는 그리스를 제외한 EC 11개국 통화에 대해 中心換率을 정하고 2.25%까지의 환율변동만을 허용하는 準固定換率體制를 채택하고 있다. 가입국의 환율이 변동허용폭을 넘을 위험이 있으면 해당국 중앙은행은 즉각 통화매입 또는 매각, 금리인상 등을 통해 환율을 안정시켜야 한다. 그래도 환율이 안정되지 않으면 각국의 중심환율을 바꾸는 전면조정을 한다. 환율조정장치는 처음에 8개국으로 출범했으나 1989년 6월에 스페인, 1990년 10월에 영국, 포르투갈이 가입했으며 EC 비회원국인 노르웨이와 스웨덴도 에쿠에 自國通貨를 연계시키고 있다. 1992년 9월 16일 영국과 이탈리아가 프랑스의 마스트리히트조약비준 국민투표를 4일 앞두고 조약비준 부결에 대한 심리적 불안감으로 인한 파운드화와 리라화의 가치급락을 막기 위해 유럽환율조정장치로부터 잠정 탈퇴하는 등으로 인해 유럽금융시장에 일대 혼란이 일어났다. 그러나 1993년 11월 1일 마스트리히트조약이 발효됨에 따라 1994년 1월 1일에는 독일의 프랑크푸르트에 유럽중앙은행의 전신이자 유럽經濟貨幣統合의 핵심역할을 하게 될 유럽通貨機構(EMI)가 설립되었다. 유럽경제통합의 마지막 목표인 단일통화는 1999년 1월 1일이 시한이고, 2002년 1월 1일부터 유러화폐를 통용시키고 동년 7월에는 회원국 화폐는 退場시키기로 되었다. → 유러화폐

유럽회의(會議) 〔英〕 Council of Europe 유럽審議會라고도 한다. 1949년 5월 5일 당시의 영국수상 처칠과 프랑스외상 비도의 제창에 의하여 이미 결성된 영국·프랑스·베네룩스 5개국의 서유럽연합을 모체로 하여 이에 被招請國으로서 이탈리아·덴마크·에이레·스웨덴의 5국을 합한 10개국에 의하여 결성되었다. 이 목적은 북대서양조약기구이사회·유럽경제협력기구와 함께, 反蘇·反共의 입장에서 西歐諸國의 통일과 방위강화를 꾀하는 것이었다. 그 기관으로서 가맹국 외상으로 구성되는 각료이사회, 각국의 정치·경제·文化諸團體로부터 선출되는 125명의 諮問委員會, 각료이사회대표 5명, 자문위원회의 7명으로 구성되는 常任合同委員會가 있다. 본부는 프랑스의 스트라스부르에 있다.

유령주(幽靈株) 주식회사의 설립 또는 신주의 발행시에 發起人 또는 理事가 주식인수 또는 주식에 대한 납입이 없는데도 불구하고 있는 것처럼 가장하여 발행한 주식. 이것이 발견되었을 때에

는 발기인·이사는 納入 또는 引受擔保責任과 任務懈怠에 기한 손해배상책임을 부담하고(商 321, 428), 법원 또는 주주총회를 欺罔한 때에는 벌칙의 제재를 받는다(625 i).

유료도로(有料道路) 有料道路法의 규정에 의하여 통행료를 징수하는 도로. 동법에 의하면 도로관리청은 ① 당해 도로의 통행 또는 이용으로 인하여 통행자 또는 이용자가 현저한 이익을 받은 도로 또는 ② 그 부근에 통행할 다른 도로가 있어 당해 도로의 통행을 불가피하게 하지 아니하는 도로를 신설·개축하여 통행료를 징수할 수 있으며(3 Ⅰ), 도로관리청이 아닌 자는 당해도로관리청의 동의와 건설교통부장관 허가를 받아 스스로의 부담으로 동법 3조 1항 각호의 요건에 해당하는 도로의 新設 또는 改築에 관한 공사를 시행하고 통행료를 징수할 수 있다고 하고(12), 通行料徵收의 대상은 원칙적으로 차량으로 하였다(8).

유료직업소개사업(有料職業紹介事業) 무료직업소개사업 외의 직업소개사업으로서 소개대상이 되는 근로자가 취직하고자 하는 장소를 기준으로 國內有料職業紹介事業과 國外有料職業紹介事業으로 구분되며, 전자는 시·도지사의 허가를, 후자는 노동부장관의 허가를 얻어야 한다. 시·도지사에 의한 국내유료직업소개사업의 허가는 地方雇傭審議會의 심의를 그리고 노동부장관에 의한 국외유료직업소개사업의 허가는 雇傭政策審議會의 심의를 거쳐야 한다(職業安定法 19). → 직업소개

유류분(遺留分) 〔獨〕 pflichtteil 〔佛〕 réserve légale 상속인이 상속에 있어서 법률상의 취득이 보장되고 있는 상속재산상의 이익에 대한 일정액. 이를 피상속인측에서 보면 피상속인이 상속에 있어서 일정한 상속인을 위하여 반드시 남겨두어야 할 일정한 재산이다. 민법상 유류분은 遺留分權者의 法定相續分을 기준으로 한다. 즉, 피상속인의 직계비속은 그 법정상속분의 2분의 1, 피상속인의 배우자는 그 법정상속분의 2분의 1, 피상속인의 직계존속은 그 법정상속분의 3분의 1 그리고 피상속인의 형제자매는 그 법정상속분의 3분의 1이다(民 1112).

유류분권(遺留分權) 상속이 개시된 경우에 일정한 범위의 상속인이 피상속인의 재산의 일정한 비율(즉 遺留分)을 확보할 수 있는 지위. 이로부터 유류분을 침해하는 유증·증여의 효력을 빼앗는 遺留分返還請求權이라는 구체적·파생적 권리가 나온다. 유류분권은 피상속인이 상속개시 전에 행한 遺贈·贈與에 대하여도 상속개시후에 비로소 행사할 수 있을 뿐이다. 유류분권을 행사할 수 있는 상태에 있더라도 그 행사의 여부는 권리자의 임의에 맡겨진다. → 유류분

유류분권(리)자(遺留分權(利)者) 유류분권을 가진 자(→유류분권). 민법상 유류분권자는 직계비속·배우자·직계존속·형제자매이다(1112). 태아도 살아서 출생하면 직계비속으로서 유류분권을 가지며, 代襲相續人도 被代襲者의 법정상속분의 범위내에서 유류분권을 가진다(1118). 유류분권자가 모든 경우에 유류분권을 행사할 수 있는 것은 아니다. 당해 재산상속의 순위상 상속권이 있는 자가 아니면 유류분권을 행사할 수 없다. 예컨대 제1순위상속인인 직계비속이 있는 경우에는 제2순위 상속인인 직계존속에 대하여는 유류분권이 인정되지 않는다. → 유류분, 유류분권

유류분권(遺留分權)**의 포기**(抛棄) 상속이 개시된 후에 유류분권자가 하는 遺留分返還請求拒否의 의사표시. 유류분권은 개인적 재산권이므로 이를 포기하는 것은 자유이다. 그러나 상속개시 전의 유류분권의 포기는 자칫하면 遺留分制度의 존재의의를 상실시킬 우려가 있고 또한 상속개시 전의 상속포기를 인정하지 않는 것과의 균형에 비추어 보아 이를 인정하지 않는 것이다. 유류분권의 포기는 상속포기에서와 같은 규정(1041)이 없으므로 遺留分返還請求의 각 상대방에 대한 의사표시로 하여야 한다. → 유류분권, 상속의 포기

유류분반환청구권(遺留分返還請求權) 遺留分權者가 받은 상속재산이 유류분을 침해하는 유증 또는 증여로 인하여 그 유류분에도 미치지 못하였을 경우에 그 부족한 한도에서 그 재산의 반환을 청구하는 권리(民 1115 Ⅰ). 遺留分權의 구체화된 권리이며, 그 행사여부는 유류분권자의 의사에 달려 있다. 유류분을 침해하는 피상속인의 유증 또는 증여가 무효로 되는 것은 아니다. 유류분반환청구는 유류분권자가 유증 또는 증여받은 자에 대한 의사표시로 하며 贈與에 대하여는 遺贈을 반환받은 후가 아니면 이를 청구할 수 없다(1116). 유증 또는 증여를 받은 자가 수인있는 경우에는 각자가 얻은 유증 또는 증여의 비례로 반환하여야 한다(1115 Ⅱ). 유류분반환청구권은 유류분권자가 상속의 개시와 반환하여야 할 증여 또는 유증을 한 사실을 안 때로부터 1년내에, 그리고 상속이 개시한 때로부터 10년내에 행사하지 않으면 시효에 의하여 소멸한다(1117).

유류분산정(遺留分算定)**의 기초**(基礎)**가 되는 재산**(財産) 遺留分의 額을 산출하기 위하

여는 優先算定의 기초가 되는 피상속인의 재산의 액을 확정해야 한다. 그것은 피상속인의 상속개시시에 있어서 가진 재산의 價額에 증여재산의 가액을 가산하고 채무의 전액을 공제하여 이를 산정한다(民 1113Ⅰ). 이 산출방법은 상속분과 유사하지만 상속인 이외의 자에게 한 증여·유증이 포함되는 점에서 相續分算定의 기초가 되는 재산보다 넓고 相續債務를 공제한 순재산액으로 하는 점에서는 좁다. 재산평가의 방법은 상속분의 산정과 같지만, 조건부의 권리 또는 존속기간이 불확정한 권리는 가정법원이 선임한 감정인의 평가에 의해서 가격을 정한다(民 1113Ⅱ).

유류분(遺留分)**의 보전**(保全) → 유류분반환청구권

유류분제도(遺留分制度) 〔獨〕 Pflichtteil 〔佛〕 réserve légale(héréditaire) 일정한 상속인을 위하여 상속재산의 일정부분을 법률상 반드시 남겨 놓게 하는 제도. 私有財産制度는 생전에 개인의 재산을 자유로이 처분할 수 있을 뿐만 아니라, 사후의 재산귀속을 자유로이 결정할 수 있음을 내용으로 한다(遺言自由의 原則). 그러나 한편 死者의 재산에 의존하여 생활하고 있었던 近親者의 생활을 보장하여야 할 뿐만 아니라, 死者의 명의로 되어 있는 재산 중에 근친자의 潛在的 持分이 포함되어 있다고 볼 수 있는 경우에는 상속재산을 청산함에 있어서 이를 顯在化할 필요가 있기 때문에, 法定相續主義를 채용함으로써 死者의 재산을 일정한 근친자가 당연히 승계할 수 있는 것으로 한다. 유류분은 이 두 가지의 요구를 조화시키고자 하는 제도이며, 전자의 자유를 후자의 일정한 범위에서 제한하는 것이다. 이 제도는 대부분의 立法에서 볼 수 있으며, 우리 민법에서도 채용되고 있다(1112~1118).

유류(油類)**에 의한 해양**(海洋)**의 오염방지**(汚染防止)**를 위한 국제협약**(國際協約)(1954년) 〔英〕 The International Convention for the Prevention of Pollution of the Sea by Oil, 1954. 1978년 조약 657호. 선박으로부터 배출되는 油類 및 油性混合物에 의한 해양의 오염을 방지하기 위하여 1954년 런던에서 서명된 國際條約. 500톤 이상의 선박(탱커에 있어서는 150톤 이상)에 대하여 적용되며(2), 석유 또는 유성혼합물의 배출금지와 그 규제기준(3), 의무위반에 대한 기국의 처벌(6), 각 선박의 유류기록부의 비치·기록(9) 등을 정하고 있다. 이 조약과 관련하여 우리나라는 海洋汚染防止法(1977년 법률 3079호)을 제정하였다.

유류오염손해(油類汚染損害)**에 대한 민사책임**(民事責任)**에 관한 국제협약**(國際協約)(1969년) 〔英〕 International Convention on Civil Liability for Oil Pollution Damage, 1969. 1979년 조약 678호. 1967년 3월의 토리 캐니언호(Torrey Canyon)의 좌초에 의한 해양오염을 계기로 1969년 IMCO에 의하여 채택된 民事責任에 관한 條約(私法條約). 탱커의 유류오염사고에 당하여, 체약국의 영토·영해내에서 생긴 오염손해와 이를 방지하거나 완화하기 위하여 취한 조치에 대하여 선박소유자가 無過失主義에 기하여 損害賠償責任을 지는 것으로 하였다(3). 선박소유자는 고의·과실에 기한 경우를 제외하고는 선박톤수 1톤당 2,000프랑이나 총계 2억 1천만프랑 중 적은 액의 배상액으로 제한할 수 있다(有限責任, 5). 선박소유자는 이들 책임을 담보하기 위하여 2,000톤 이상의 유류를 수송함에 있어서는 담보·은행 기타 강제책임보험을 설정할 의무를 진다(7).

유리스 쁘루덴치아 〔羅〕 iuris prudentia 라틴어로 法學이라는 의미이며, 특히 로마의 법학을 가리키는데 쓰인다. 로마인은 법학을, 정의를 실현하기 위하여 추구하여야 할 事物, 不正을 피하기 위하여 피하여야 할 사물에 관한 知識이라고 생각하였다. 법학은 실행하기 위한 지식이며, 어디까지나 실제에 입각한 것이었다. 즉, 로마法學의 특색은 實用法學인 점에 있었다. ① 공화정말까지 로마의 법학은 엄격한 形式主義에 지배되고 있던 로마법사의 제1기에는 法律行爲라든가 法律訴訟(legis actio)의 유효요건이었던 엄격한 방식을 독점적으로 숙지하는 神官(뽄띠펙스)團의 秘密學에 속하고 있었는데, 기원전 312년에 법률소송의 방식집이 공개된 뒤로는 일반인도 그것에 접근할 수 있는 것으로 되었으나, 법학자는 대개 元老院議員 계급의 출신자이며, 사회의 명성을 획득하여 정계에 진출하는 기반을 쌓기 위하여 법학지식을 습득하고 무상으로 실제적인 활동을 하였다. 법학자는 方式書訴訟의 보급후에는, 名譽法의 형성을 배후에서 지도하여 로마법의 비약적 발전을 가능케 하였다. ② 帝政前期. 즉, 고전시대에 들어서자 법학은 그 시대의 帝權과 결합하여 전성기에 달하였으며, 법학자는 법발전을 전담하게 되었다. 共和政期에 시작된 그리스철학의 영향은 로마의 법학의 현실적·실제적인 전통을 깨뜨리지 못하였으며, 단지 법학자가 현실의 法現象을 정리하여, 재판규범을 만들어 내기 위한 논리적인 수단을 제공하는데 그쳤다. ③ 帝政後期. 비잔틴기의 로마에는 3세기중엽의 사회적 혼란을 거쳐, 모든 문화가 衰微하였는데, 특히 법의 영역에서는 專主政이

확립됨에 따라 소송당사자가 오로지 황제에 해답을 구하는 풍습이 확립되었으며, 法規解釋權이 황제에 전속되게 된 결과 법학은 급속히 쇠퇴하였다. 이 시기의 법학자가 오로지 전대 유산의 발췌 · 종합 · 주석을 일삼고, 또는 학설의 當否가 國權的으로 기계적인 다수결로써 결정되게 되었다는 것은 그것을 여실히 말해주고 있다. → 로마법, 로마법대전

유리조건우선원칙(有利條件優先原則) 〔獨〕 Günstigkeitsprinzip 근로계약이 團體協約보다 유리한 근로조건을 규정하고 있을 때에는 단체협약의 强行的 效力은 배제되고, 보다 유리한 근로계약의 규정이 적용되는 것을 말한다. 그러므로 이 원칙을 인정한다면 사용자가 근로계약을 통하여 단체협약의 기준 이상의 근로조건을 약정할 수 있게 되어 勞組의 統制力을 약화시키는 결과를 초래하게 된다는 점에서 유리한 조건우선의 원칙을 인정하지 않는다. 이 문제는 단체협약의 규범적 효력이 협약기준을 하회하는 근로계약의 내용을 協約基準까지 인상시키는 것만을 의미하는가 또는 협약기준을 상회하는 근로계약의 내용도 협약기준까지 인하시키는 것도 의미하는가(兩面適用說) 하는 문제이다. 독일 · 프랑스 · 영국 등에서는 團體協約法이나 慣行으로 인정되고 있고, 미국에서는 협약기준을 상회하는 근로계약을 체결할 때는 노조의 승인을 얻도록 하고 있으나, 우리나라에서는 이에 관한 규정이 없다.

유명계약(有名契約) 〔獨〕 benannter Vertrag 無名契約에 대하는 말. → 전형계약

유목권(流木權) 목재를 수송하기 위하여 公共의 流水를 이용하는 권리. 하천 등의 관리자에 의하여 설정되는 일이 많은 외에 오랫동안 共有水面을 이용하여 목재를 수송한 결과 그것이 관습상의 流水使用權으로 인정되기에 이른 경우도 많다.

유 보(留保) 〔英〕 reservation 〔獨〕 Vorbehalt 〔佛〕 réserve 국가가 條約을 체결함에 있어 조약당사국이 되기 위한 승낙의 1조건으로서, 일정한 범위내에 자국에 관하여 조약의 적용을 제한하기 위한 意思表示(宣言). 유보는 다수국간의 조약에 특유한 제도이며, 그 성질상 2국간의 조약에는 존재할 필요가 없다. 다수국간조약에 있어서 특히 유보의 제도가 인정되고 있는 이유는 조약 전체의 규정에 대해서 대체로 찬성하고 있는 국가가 그 중의 일부에 관하여 견해를 달리하는 까닭으로 당해조약의 締結(또는 加入)을 거부함과 같은 일이 없도록 각국의 특수한 사정이나 이해관계를 참작하여 될 수 있는 대로 다수의 국가를 조약에 참가케 하려는 취지에 있다. 유보에는 ① 조약의 일정한 조항의 적용을 제한 또는 제외하기 위한 것(條項의 留保), ② 조약이 적용될 지역을 한정하기 위한 것(適用地域의 留保) ③ 조약의 일정한 규정에 대한 당해 국가의 특정의미의 해석을 표시하기 위한 것(解釋의 留保) 등이 있다. ①을 본래의 또는 좁은 뜻의 留保, ②와 ③을 넓은 뜻의 유보라고도 한다. → 임의조항

유보조관(留保條款) 〔獨〕 Vorbehaltsklausel 國際私法의 일반원칙에 의하여 외국법을 적용하여야 할 경우에 있어서도 그 적용의 결과가 선량한 풍속 기타 사회질서에 위반되는 때에는 그 외국법을 적용하지 않을 것을 정한 규정. 섭외사법 5조 등은 이에 속한다. 이러한 경우에 외국법의 적용을 배척하는 것은 그 외국법이 절대적으로 강행되어야 할 내국법에 위반하기 때문이다. 이러한 외국법의 적용을 배척하는 내국법을 禁止法(Prohibitivgesetze) 또는 公序法(lois d'ordre public)이라고도 한다. 外國法適用排斥의 표준을 무엇에 구할 것인가는 매우 곤란한 문제이며 학자의 견해도 구구하다.

유보판결(留保判決) 〔獨〕 Vorbehaltsurteil 피고에게 당해 심급에서 재판할 異議權을 유보하여 행해지는 被告敗訴의 판결. 사건을 종국적으로 해결하는 것이 아닌 점에서는 中間判決과 유사하고, 독립하여 상소의 목적이 되어 집행할 수 있다는 점에서는 終局判決의 성질을 가진다.

유복친 · 무복친(有服親 · 無服親) 유복친은 五服親인 斬衰(참최)親 · 齊衰(재최)親 · 大功親 · 小功親 · 緦麻親을 말하며, 무복친은 服喪에 있어서 喪期없이 다만 간단한 喪禮의 복장만을 하는 친족을 말하며, 이에는 袒免親과 異姓無服親이 있다(刑法大全 62조). 袒免親은 喪에 임하여 袒(두루마기 왼편 소매를 빼어 놓는다는 뜻)과 免(머리에 두건을 쓴다는 뜻)의 예를 행하는 친족을 의미하며, 五世祖(高祖父의 父母)를 共同始祖로 하는 本宗親族으로서 從高祖父 · 高大姑母 · 再從曾祖父 · 再從曾大姑母 · 三從祖父 · 三從大姑母 · 三從伯叔父 · 三從姑母 · 四從兄弟姉妹가 이에 속하며, 異姓無服親은 母族(外戚)에 있어서는 外曾祖父母 · 外堂姪 · 外堂姪女 · 姨從姪 · 姨從姪女 · 外再從兄弟姉妹 · 從姨姪 · 從姨姪女, 妻族에 있어서는 妻祖父母 · 妻外祖父母 · 妻伯叔父母 · 妻姑母 · 妻兄弟와 그 妻 · 妻姉妹 · 妻姪 · 妻姪女, 出嫁族에 있어서는 姑母夫 · 姉妹夫 · 內從姪 · 內從姪女 · 外曾孫子女가 이에 속한다. 이와 같이 無服의 친족이 모두 무복친이 아니라 무복친에도 일정한 한계가 있는 것이다.

유사발기인(類似發起人) 發起人은 아니나 주식청약서 기타 주식모집에 관한 서면에 자기의 성명과 회사설립에 찬조하는 뜻을 기재할 것을 승낙한 자. 발기인은 형식적 개념이므로 찬조자·찬성인·창립위원·고문 등의 명의로 株式募集에 관한 서면에 連記名을 하더라도 정관에 기명·날인하지 않은 한 발기인은 아니다. 그러나 一般公衆은 이들을 발기인과 동일시하고 신뢰하여 주식의 청약을 하는 것이 보통이므로 상법은 禁反言의 法理를 적용하여, 그 외관에 따라 유사발기인에게도 발기인과 동일한 책임을 부담시키고 있다(327). 그러나 이러한 책임은 株式引受人을 보호하기 위한 것이므로, 發起人과 동일한 책임이라 하더라도, 성질상 주식인수인 이외의 자에 대한 책임은 부담하지 않는다. 따라서 회사성립의 경우의 資本充實의 責任(321)과 회사불성립의 경우의 납입금의 반환책임에 한정되고, 설립에 관한 任務懈怠로 인한 손해배상책임이나, 회사설립에 관하여 지급한 비용의 부담책임은 없다고 본다.

유사사행행위(類似射倖行爲) 회전판돌리기, 추첨, 경품 그 밖에 사행심을 유발할 우려가 있는 기구 또는 방법에 의하여 營利를 도모하는 행위. 유사사행행위를 하고자 하는 자는 지방경찰청장의 許可를 받아야 하며(영업의 대상범위가 2 이상의 서울특별시·광역시 또는 도에 걸치는 경우에는 경찰청장의 허가), 공공복리의 증진을 위하여 또는 상품의 판매선전을 위하여 특히 필요하다고 인정되는 경우 및 관광진흥과 관광객의 유치촉진을 위하여 특히 필요하다고 인정한 경우에 한하여 당해 허가를 할 수 있다.

유사상표(類似商標) 기존의 登錄商標와 동일하지는 않으나 거래의 통념상 이와 비슷하여 一般世人의 식별을 그르칠 우려가 있는 상표. 상표법은 상표권자의 보호를 위하여 등록상표와 동일한 상표는 물론 유사한 상표도 그 등록을 허용하지 않고(7 I vii) 또 그 사용까지도 금지하나(66) 다만 유사한 상표라도 상표권자 자신이 사용하는 것은 害가 없으므로 聯合商標로서 등록할 수 있도록 하였었으나 폐지하였다. 상표가 유사하냐 않느냐의 판정은 거래의 실제에 있어서의 經驗律에 비추어 그 상표의 전체에 관하여 이를 행한다. 대체로 다음 세 표준에 의함이 보통이다. ① 상표의 문자·도형 등의 外觀이 유사한 것, ② 상표의 稱號가 유사한 것, ③ 상표로부터 얻는 觀念이 유사한 것.

유사상호(類似商號) 상호를 선정한 자는 타인의 동일상호의 사용을 배척하는 使用廢止請求權을 갖는 바, 이 경우의 동일 또는 유사한 상호를 말하며, 유사상호란 일반거래계의 통념에 의하여 전체적 인상을 비교하여 混同誤認의 위험성이 있는 것을 말한다(商 23, 非訟 164 참조).

유사의장(類似意匠) 〔獨〕 Ähnlichkeitsmuster 등록된 意匠에 유사한 의장. 이와 같은 의장은 新規性이 없으므로 등록을 받을 수 없는 것이 원칙이나(意匠法 5 I), 자기의 등록된 의장에 유사한 의장은 신규성이 인정되어 등록을 받을 수 있다(6 I, 2). 그러나 그 의장은 原意匠과 일체성을 가지게 되며 유사의장권은 最先에 발생한 의장의 처분에 따르게 된다(20).

유사필요적 공동소송(類似必要的共同訴訟) 〔獨〕 notwendige Streitgenossenschaft im uneigentlichen Sinne, unechte notwendige Streitgenossenschaft →필요적 공동소송

유 산(遺産) 상속재산과 같다.

유산분할(遺産分割) 〔獨〕 Auseinandersetzung der Erbschaft 〔佛〕 partage 共同相續의 경우에 일단 그 상속인의 共有(학설상으로는 合有)가 된 유산을 상속분에 따라서 분할하여 각 상속인의 재산으로 하는 것(民 1012~1018). 분할방법은 피상속인이 遺言으로써 지정한 방법이 있으면 그에 따르고, 그것이 없으면 공동상속인의 협의에 의하나 협의가 조정되지 않으면 법원에 그 결정을 청구한다. 그러나 피상속인 또는 법원은 일정기간에 한하여 분할을 금지할 수 있다(1012). 분할은 유산에 속하는 물건 또는 권리의 종류 및 성질, 각 상속인의 직업 그 밖에 모든 사정을 참작하여 행한다. 판례는 성질상 나눌 수 있는 金錢債權이나 金錢債務는 상속개시와 동시에 분할된다고 하지만 학설은 반대한다. 분할의 효력은 상속개시된 때에 소급하나 그 때까지는 제3자가 취득한 권리는 해치지 못한다(1015).

유산상속(遺産相續) 일반적으로 財産相續을 가리킨다. 유산상속은 사망으로 인하여 개시되며(民 997) 상속인의 순위는 ① 피상속인의 직계비속, ② 피상속인의 직계존속, ③ 피상속인의 형제자매, ④ 피상속인의 4촌 이내의 傍系血族이고(1000) 그 법정상속분은 같은 순위의 상속인인 때에는 그 상속분은 均分으로 한다. 그러나 피상속인의 배우자의 상속분은 직계비속과 공동으로 상속하는 때에는 직계비속의 상속분에 5할을 가산하고, 직계존속과 공동으로 상속하는 때에는 직계존속의 상속분의 5할을 가산한다(1009).

유산채권자(遺産債權者) 상속재산채권자와 같다.

유산채무(遺産債務) 상속재산의 일부를 이루는 채무. 피상속인이 지고 있던 채권자에 대한 채무와 피상속인의 사망에 의하여 발생한 受遺者에 대한 채무의 양자를 포함한다.

유상계약 · 무상계약(有償契約 · 無償契約) 당사자쌍방이 서로 代償(對價)으로서의 의의를 가지는 출연(경제적 손실)을 하는 계약을 有償契約(〔獨〕 entgeltlicher Vertrag 〔佛〕 contrat à titre onéreux), 그렇지 않은 계약을 無償契約(〔獨〕 unentgeltlicher Vertrag 〔佛〕 contrat à titre gratuit)이라 한다. 매매 · 임대차 · 이자있는 소비대차 · 고용 · 都給 · 有償委任 등은 전자, 증여 · 사용대차 · 無利子消費貸借 · 無償委任 등은 후자의 예이다. 매매가 전자, 증여가 후자의 전형이며 매매의 규정은 유상계약 일반에 준용된다(民 567).

유상소각(有償消却 · **무상소각**(無償消却) 대가의 지급이 있는 株式消却을 유상소각, 그렇지 않은 것을 무상소각이라 한다. 유상소각은 그 지급의 財源에 따라 이익에 의한 消却(商 343 I 但, 345)과 자본에 대응하는 기본재산에 의한 소각으로 나누어지는 바, 전자의 경우에는 채권자를 害하는 일이 없으나, 후자의 경우에는 채권자를 해하므로 資本減少의 규정에 따라야 한다(343 I). 자본감소의 방법으로서의 유상소각은 실질적 자본감소의 경우에 減資에 의하여 자본을 초과하는 순재산이 있는 경우에 한한다. 실질적인 자본감소는 任意 · 有償消却이 전형적인 방법이다.

유상행위 · 무상행위(有償行爲 · 無償行爲) 재산의 出捐을 목적으로 하는 법률행위 중에서 법률행위의 내용의 이행이 대가를 수반하는 것은 有償行爲(〔獨〕 entgeltliches Geschäft 〔佛〕 acte à titre onéreux)이고 대가를 수반하지 않는 것은 無償行爲(〔獨〕 unentgeltliches Geschäft 〔佛〕 acte à titre gratuit)이다. 예컨대 매매 · 교환 · 임대차 · 고용 · 都給 등은 전자에 속하며, 증여 · 사용대차 등은 후자에 속한다. 유상행위는 대부분 有償契約이지만 무상행위에는 증여 등의 無償契約 외에 遺贈 · 財團法人의 설립행위와 같은 무상의 단독행위도 있다. 또한 유상 · 무상의 구별은 보통 계약에 관하여 행하여지나(有償契約 · 無償契約), 성질상 단독행위라 할지라도 구별은 가능하다. 예컨대 一般遺贈과 負擔附遺贈과 같은 것이 그것이다.

유 서(遺書) 서면에 의한 유언. 經國大典 刑典 私賤條에 用祖父母以下遺書라 하여 祖父母와 父母의 유서만이 법률상 효력이 있음을 규정하고 있다. 동조항이 外祖父母를 포함하느냐에 관하여서 古來로 異論이 많으나, 그것은 유서가 遺産處分에 목적이 있는 것인가 子子孫孫 拳拳服膺할 遺命에 의의가 있느냐의 그 성질에 의한 異論이 있으며, 大典續錄 刑典 私賤條에서 祖父母를 포함시킴으로써 입법에 의하여 이를 해결하였다. 유서는 養父母도 할 수 있다고 해석된다. 유서는 要式行爲이다. 經國大典 前示規定의 註에 祖及父則須手書, 祖母及母則須族親中顯官證筆衆共知, 未手書者, 疾病者並依婦人例라 하여 自筆이 원칙이며, 무식하든가 질병자만이 證筆을 具하여 대필할 수 있었다.

유선사업(遊船事業) 유선 및 유선장을 갖추고 하천 · 湖沼 또는 바다에서 漁獵 · 관광 기타 遊樂을 위하여 선박을 대여하거나 유락하는 사람들을 승선시키는 것을 영업으로 하는 것으로써 海運法의 적용을 받지 아니하는 사업(遊船 및 渡船事業法 2 i).

유수사용권(流水使用權) 음료 · 관개 · 동력 등에 供하기 위하여 流水(지상을 흐르는 물)를 사용하는 권리. 그것은 공법상의 문제와 사법상의 문제로 나눌 수 있는데 전자에 관해서는 하천법이 규정하고 있고, 후자에 관해서는 민법이 公有河川用水權으로서 이를 규정하고 있다(231~234). → 공유하천용수권, 용수권

유 스 〔羅〕 ius(複 iura) 로마법상 ① 일반적인 의미에 있어서의 법. 고전시대의 법학자 껠수스는 法은 正善 및 衡平의 術이다(ius est ars boni et aequi)라고 하였으며, 또 같은 시대의 울피아누스는 법의 근본원리를 정직하게 생활하며, 남을 害하지 않고 각자에게 그 몫을 나누어 주는 것(D.1. 1.10.1)이라고 하였다. ② 권리, ③ 법상의 지위, 법률관계, ④ 법무관(쁘라에또르)이 소송을 맡아 처리하는 장소, 즉 법정, ⑤ 심판인 앞에서 하는 절차에 대하여 法廷節次(→유덱스), ⑥ 비잔틴기에는 leges(勅法)에 대하여 법학자의 저작 중에 실려 있는 학설로서의 법, 즉 學說法을 의미하였다.

유스 겐띠움 〔羅〕 ius gentium 만민법과 같다.

유스 끼뷜레 〔羅〕 ius civile →시민법

유스 쁘라에또리움 〔羅〕 ius praetorium 法務官法 →명예법

유스 인 레 〔羅〕 ius in re 物權. 로마법

에서는 ius in re는 他物權(ius in re aliena)을 의미하였으며, 소유권과 타물권을 종합한 하나의 일반개념으로서의 물권이라는 용어는 없었다. 다만 소송법상 對人訴權(악치오 인 뻬르소남)과 對物訴權(악치오 인 렘)의 구별이 있었는데 중세의 로마법학자는 이 訴權(악치오)의 구별에서 실체법상의 개념을 형성하여, 로마법상 對物訴權으로 보호되는 권리 중 물건에 대한 支配權을 ius in re라고 하여 물권의 개념을 만들어냈다.

유스 오노라리움 〔羅〕 ius honorarium →명예법

유스 오소리티 〔英〕 youth authority 青年矯正本部. 미국의 청소년처우의 새로운 矯正組織으로 美國法律協會(아메리칸 로 인스티튜트)가 공표한 모델 플랜에 기한다. 1941년 캘리포니아州에서 처음으로 채용되고 1947년 미네소타·위스콘신·매사츄세추·텍사스 등이 이에 따랐다. 3인의 위원으로 구성되고, 16세 이상 21세 미만자의 송치를 받아, 전문가의 조사후, 조건부 또는 무조건의 收容處分. probation, parole 기타 적절한 처우를 결정한다.

유실물(遺失物) 〔獨〕 verlorene Sache 〔佛〕 chose perdue ① 占有者의 의사에 기하지 않고서, 어떤 우연한 사유로 그의 점유를 이탈한 물건. 盜品은 제외된다(→도품). 유실물법에 의하여 유실물의 습득자는 습득물을 유실자 또는 소유자 기타의 回復請求權을 가진 자에게 반환하거나 경찰서에 제출하여야 한다(1Ⅰ). 管守者가 있는 선박·차량이나, 건축물 기타 공중의 통행을 금지한 구내에서 타인의 물건을 습득한 자는 그 물건을 관수자에게 교부하여야 하며, 이 때에는 선박·차량·건축물 등의 점유자를 습득자로 한다(10Ⅰ·Ⅱ). 습득이라 함은 유실물을 점유하는 것이다. 법률행위가 아니므로 행위무능력자도 습득할 수 있다. 습득자가 유실물을 경찰서에 제출한 때에는 경찰서장은 물건의 반환을 받을 자에게 반환하여야 하며 만일에 반환받을 자의 성명이나 주소를 알 수 없을 때에는 공고하여야 한다(1Ⅱ). 공고한 후 1년내에 소유자가 권리를 주장하지 않으면 습득자가 그 소유권을 취득한다(民 253). 그러나 拾得者가 습득물을 습득일로부터 7일 이내에 경찰서에 제출하지 않았거나(遺失 9), 또는 소유권을 취득한 날로부터 6월 이내에 물건을 경찰서로부터 受取하지 않을 때에는 그 소유권을 상실한다(14). 유실물을 습득하고 遺失者에게 반환하는 행위는 事務管理이지만(→사무관리), 유실물법은 특히 습득자의 보관비·공고비 등의 필요비의 부담을 유실자 또는 유실물의 소유권을 취득하여 인도받은 자에게 과하고 있다(3). 한편 遺失者 등 유실물의 반환을 받은 자는 그 물건의 價額의 100분의 5 이상 100분의 20 이하의 범위내에서 습득자에게 보상금을 지급하여야 한다(4). 위의 비용과 보상금의 청구는 물건을 반환한 후 1월내에 하여야 한다(6). 그리고 선박·차량·건축물 등의 構內에서 습득한 때에는 그 점유자와 실제로 습득한 자가 보상금을 折半하여야 한다(10Ⅲ). 유실물 외에 범죄자가 놓고 간 것으로 인정되는 물건, 착오로 인하여 점유한 물건, 타인이 놓고 간 물건, 逸失한 가축 등도 유실물에 準하여 다루고 있다(11, 12). 그러나 표류물이나 침몰품은 유실물이지만, 이들에 관하여는 특히 水難救護法이 적용되고, 유실물법은 그 적용이 없다(→표류물). 유실물습득자가 유실물법 또는 수난구호법이 정하는 절차를 밟지 않고서 유실물을 제3자에게 양도한 경우에, 善意取得의 요건을 구비하고 있으면 讓受人은 소유권을 취득하게 된다. 그러나 이에 관하여는 유실물의 보호를 위한 특칙이 있음을 주의하여야 한다(→선의취득). ② 습득자가 유실물을 횡령하면 占有離脫物橫領罪가 된다(刑 360). →점유이탈횡령죄

유 언(遺言) 〔羅〕 testamentum 〔英〕 will 〔獨〕 Testament 〔佛〕 testament 자기의 사망으로 인하여 효력을 발생시킬 것으로 하여 일정한 방식에 따라서 행하는 상대방없는 單獨의 意思表示를 말한다. 사람은 원래 死後의 신분상 및 재산상의 조치를 강구하려고 염원하는 것이 보통이며, 한편 子孫이나 近親은 그 남겨둔 의사를 존중하여 그 실현을 도모할 것이 德義上 요구된다. 이에 유언제도발달의 기초가 있다. 그리하여 사유재산제도가 발달함에 따라서 法律行爲自由의 일면으로서 유언자유의 원칙이 행해짐에 이르렀다. 유언은 일종의 법률행위이기는 하나, 보통의 행위능력을 필요로 하지 않고 만 17세에 달하면 할 수 있다(民 1061). 遺言의 내용은 법률에서 인정한 일정한 사항에 제한된다. 예컨대, 신분상의 사항으로서는 認知, 後見人의 指定 등이 있고, 상속에 관한 사항으로서는 相續財産分割方法의 지정 또는 위탁, 相續財産分割禁止 등이 있으며, 재산의 처분에 관한 사항으로서는 遺贈, 재단법인설립을 위한 出捐行爲 등이 있다. 단순히 자손에 대한 교훈을 諭示함에 불과하고 법률효과를 목적으로 하지 않는 것은 법률상의 유언이 아니다. 또한 유언이 법률상의 효과를 발생하기 위하여는 민법이 정한 방식에 따르지 않으면 안된다. 유언의 효력이 발생하는 때에는 유언자는 이미 사망하였기 때문에 그것이 眞意로써 행해졌는가 어

떤가가 불명하게 되는 경우, 또는 유언을 둘러싸고 이해관계인간에 분쟁이 발생하는 경우가 있으므로, 그것을 방지하기 위하여 엄중한 방식을 요구한 것이다. 유언의 방식에는 自筆證書에 의한 유언, 錄音에 의한 유언, 秘密證書에 의한 유언, 公正證書에 의한 유언, 口授證書에 의한 유언의 5종이 있다. 유언은 본인의 최종의사에 대하여 효력을 인정하고자 하는 제도이기 때문에 언제든지 철회할 수 있을 뿐만 아니라, 전후의 유언이 저촉되는 경우에는 그 저촉된 부분의 前遺言은 撤回된 것으로 보게 된다. 유언의 효력은 유언자가 사망한 때에 발생하지만, 그 내용의 실현이 특별한 행위에 의하여서만 실현될 수 있는 경우에는 遺言執行者가 이를 실행한다. 또한 유언을 집행하기 전에 유언증서의 보관자는 유언자의 사망을 안 후에 지체없이 그것을 법원에 제출하여 檢認을 받아야 한다.

유언능력(遺言能力) 유언자가 유언을 할 때에 구비할 것을 필요로 하는 適格. 유언제도가 사람의 최종의사를 존중할 것을 기조로 하는 성질상 의사능력으로써 필요 또 충분한 것으로 하고 법률은 만 17세에 달한 자를 有資格者로 하고 있다(民 1061). 보통 일반적인 행위무능력자에 대하여 인정되는 法律上의 制限(5, 10, 13)은 유언에 관하여는 적용되지 않는다(1062). 또 禁治產者라도 의사능력을 회복하고 있는 때에는 유언을 할 수 있는데 이 경우에는 의사가 심신회복의 상태를 유언서에 부기하고 서명·날인하여야 한다(1063).

유언사항(遺言事項) 유언의 내용으로 할 수 있는 사항. 법률이 특히 규정하는 사항에 한하여 유언의 내용으로 할 수 있기 때문에, 법률에 규정되지 않은 사항에 관한 유언은 법률상 유언으로서의 효력을 발생할 수 없다. 법률이 유언사항으로서 인정하는 것은 財團法人의 설립(民 47Ⅱ), 親生否認(850), 認知(859Ⅱ), 後見人指定(931), 親族會員指定(962), 상속재산분할방법의 지정 또는 위탁(1012前), 相續財產分割禁止(1012後), 유언집행자의 지정 또는 위탁(1093), 유증(1074 이하), 신탁(信託 2) 등이다.

유언서(遺言書) 유언증서와 같다.

유언신탁(遺言信託) 유언장 작성에서부터 보관, 사후집행에 이르기까지 모든 업무를 대행 처리하는 金融商品. 만 18세 이상이면 누구나 가입할 수 있으며 은행에서는 가입자의 유언장을 민법에서 효력을 인정하는 방식(自筆·公正證書·秘密證書 등)으로 작성하도록 도와준다. 은행은 작성된 유언장을 기본수수료와 보관수수료를 받고 대여금고에 넣어 보관했다가 은행책임 아래 상속인에게 전달한다. 공정증서에 의해 유언장이 작성되고 유언집행자를 은행으로 지정한 경우에는 상속인간의 遺產分配業務도 은행이 맡아 처리해준다. 제일은행이 국내금융기관으로서는 처음으로 1991년 11월부터 이 상품을 취급하였다.

유언양자(遺言養子) 실시되지 않는 양자로 養親될 자의 유언에 의하여 행해지는 入養. 이에 대하여 보통의 양자를 生前養子라 한다. 상속인의 지정과 동일한 목적에서 행해지는 것이 일반이겠으나, 입양행위의 일종이므로 입양행위로서의 요건을 구비하여야 할 것은 물론이다(民 880. 1990년 삭제). 절차로서는 유언의 효력이 발생한 후에, 遺言執行者와 양자될 자가 입양에 관한 遺言證書 謄本 또는 유언녹음을 기재한 서면을 신고서에 첨부하여 지체없이 신고하여야 한다(戶 69. 1990년 삭제).

유언(遺言)의 무효(無效) 유언의 내용상 또는 형식상 요건의 欠缺로 인하여 유언에 의하여 유언자가 기도한 法律行爲的 效果가 발생하지 못하는 것. 유언의 취소의 경우와 같이 유언자의 사망후에 발생할 수 있는 문제이다. 성질상 유언의 무효원인으로서는 유언방식이 흠결된 경우(民 1060), 유언무능력자, 즉 17세 미만자 또는 의사무능력자가 유언한 경우(1061, 1063), 受遺缺格者에게 유언한 경우(1064), 선량한 풍속 기타 사회질서에 위반된 사항을 내용으로 하는 유언의 경우(103), 非眞意表示에 의하여 유언한 경우, 法定事項 이외의 사항을 내용으로 하는 유언을 한 경우 유언자의 生前行爲로써 이미 실현되었거나 유언자의 사망전에 실현된 사항을 내용으로 하는 유언을 한 경우 등을 들 수 있다. 유언의 무효에 관한 訴는 相續人, 그 법정대리인, 유언집행자 및 受遺者 기타 이해관계인이 제기할 수 있다.

유언(遺言)의 변경(變更) 유언의 내용을 變改하는 것. 유언자는 사망하기까지 유언을 자유로이 변경할 수 있는데 그것은 유언제도 자체가 사람의 최종의 의사를 존중하기 위하여 인정된 것이기 때문이다. 민법은 自筆證書遺言에 관하여만 그 변경을 함에는 유언자가 이를 自書하고 捺印하여야 할 것으로 하고 있는데(1066Ⅱ) 이것은 다른 방식에 의한 유언에 있어서도 준용되어야 할 것이다.

유언(遺言)의 저촉(抵觸) 전후 두 개의 유언 또는 유언과 유언후의 生前處分 그 밖의 법률행위가 양립할 수 없는 내용을 가지는 것. 충돌하는 부분에 관하여는 前遺言은 철회된 것으로 본다(民 1109). 그러나 그러한 생전처분이나 그 밖의 행위가 유언자의 의사에 의하지 않은 경우에는 그러하지 않다.

유언(遺言)**의 철회**(撤回) 완전히 유효하게 성립한 유언에 관하여 유언자가 특정의 법정원인에 의하지 않고 유언의 효력발생 전에 그 효력발생을 방지할 것을 목적으로 하는 행위. 任意撤回와 法定撤回가 있다. 유언은 유언자의 최종의사를 존중하고자 하는 제도이므로 일단 유효하게 성립한 유언일지라도 유언자는 임의로 언제든지 유언 또는 生前行爲로써 앞서 한 유언의 전부 또는 일부를 철회할 것을 허용한다(民 1108Ⅰ). 이러한 任意撤回는 유언의 방법에 의하는 것이 원칙이지만, 반드시 앞서 한 유언과 동일한 방법에 의할 필요는 없다. 예컨대 공정증서에 의한 유언을 自筆證書에 의한 유언으로서 철회하여도 상관없다. 유언을 철회할 권리는 유언자의 최종의사를 존중하고자 하는 유언제도의 本旨와 유언의 효력발생 전에 제3자의 권리침해란 있을 수 없다는 이유에서, 법률은 이를 포기할 수 없는 것으로 하고 있다(1108Ⅱ). 法定撤回는 유언자가 임의철회를 하지 않을지라도 유언작성후의 여러 사정을 종합하여 앞서 한 유언에 대한 철회가 있는 것으로 인정되는 때에는 유언이 철회된 것으로 간주하는 경우이다. 법정철회의 경우로서 민법은 예컨대 동일물건을 갑에게 遺贈한다는 내용의 유언을 하고 다시 그것을 을에게 유증한다는 내용의 유언을 한 경우와 같이 앞서 한 유언과 뒤에 한 유언이 저촉되는 경우(1109 前), 예컨대 동일물건을 갑에게 유증한다는 내용을 한 후에 그것을 乙에게 賣却 또는 贈與한 경우와 같이 유언후에 그 유언과 저촉되는 生前行爲가 있은 경우(1109 後), 유언자가 고의로 유언서를 破毁한 경우(1110前), 유언자가 고의로 유증의 목적물을 파훼한 경우(1110 後) 등을 명시하고 있다. 유언이 철회된 경우에는 유언은 당초부터 존재하지 않았던 것이 되나, 유언을 철회한 후에 다시 그 철회를 철회한 경우, 예컨대 어떤 재산을 갑에게 유증한다는 유언을 한 후에 그 재산을 을에게 유증한다는 제2의 유언을 하고, 다시 제2의 유언을 철회한 경우에는 입법에 따라서 復活主義와 非復活主義가 대립되고 있는데, 유언전부의 철회에 대한 再撤回만이 있고 다시 적극적인 유언의사의 표시가 없는 경우라면 유언이 없는 것으로 본다는 것은 부당할 뿐만 아니라, 철회가 부분적이어서 그 내용이 중복되는 경우에는 실질적으로 최초의 유언이 효력을 회복하는 결과가 된다는 점에 비추어 부활주의의 입장에서 해석하는 것이 타당하다.

유언(遺言)**의 취소**(取消) 유언성립에 관하여 사기·강박·착오 등의 瑕疵가 있는 경우에 그 유언의 효력발생을 방지하는 행위. 유언자의 사망후에 발생하는 문제라는 점에서 생전의 유언자 자신의 一身專屬的인 遺言의 撤回와는 근본적으로 상이하다. 유언의 취소에 관한 소는 상속인, 그 법정대리인, 유언집행자 및 受遺者 기타 이해관계인이 제기할 수 있다(舊人事訴訟法 57).

유언(遺言)**의 효력**(效力) 원칙으로 유언자가 사망한 때로부터 효력이 생기고 그 때까지는 유언으로 인하여 이익을 받는 자도 현실로는 아무런 권리도 행사할 수 없다. 그리고 停止條件이 있는 경우에는 유언자의 死後條件이 성취한 때로부터 효력이 생기나(民 1073), 유언자의 의사표시에 의하여 그 효력을 사망시에 소급시키는 것은 무방하다(147Ⅲ). 解除條件이 붙어 있는 경우에도 이에 준하여 해결된다. 예컨대 遺言認知(859Ⅱ)와 같이 유언내용으로 되어 있는 사항 자체가 원래 要式行爲인 경우에는 그 효력의 발생시기가 유언 자체의 효력이 생기는 때, 즉 유언자의 사망시인가 또는 유언집행자가 형식적 요건의 구비나 절차를 완료한 때인가에 관하여는 학설이 대립된다.

유언인지(遺言認知) 生父 또는 生母가 유언에 의하여 혼인외의 출생자를 인지하는 것(民 859Ⅱ). 이에 대하여 보통의 인지를 生前認知라 한다. 유언에 의한 인지가 있는 경우에는 유언집행자는 그 취임일로부터 1월 이내에 인지에 관한 遺言證書 謄本 또는 遺言錄音을 기재할 서면을 첨부하여 인지신고서를 제출하여야 한다(戶 64).

유언자유(遺言自由)**의 원칙**(原則) 〔獨〕 Testierfreiheit 유언에 의하여 자기의 재산을 자유로 처분할 수 있다는 원칙. 契約自由의 原則과 함께 근대법의 私法的 自治의 원칙의 하나의 표현이다. 그러나 정확히 말하면 유언에 의하여 어떠한 것이라도 정할 수 있다는 것이 아니라 자기의 사망후에 있어서의 재산의 운명을 자유로이 결정할 수 있음을 의미하는 것이기 때문에 遺贈의 自由라고도 할 수 있다. 이 원칙도 역시 봉건제도하의 재산적 구속을 깨뜨린 점에서는 사유재산제도확립의 지주로서의 의의를 가졌다. 그러나 사후재산의 운명에 관해서는 상속제도가 문제되고 그리하여 모든 자녀가 균등한 비율로 재산을 승계하여야 한다는 평등의 원칙이 유언의 자유를 제한하는 경향을 보이게 되었다. 유언의 자유가 契約自由의 原則과 같이 눈부신 발전을 하지 못한 것은 유류분제도가 相續平等의 原則에의 완충지대로서 마련되어 있기 때문이다. 우리 민법도 遺留分制度를 인정하고 있기 때문에 유언의 자유는 절대적일 수 없다.

유언증서(遺言證書) 법률에서 정하고 있는 방식에 따라서 유언을 기재한 증서. 그 방식은 유언자의 眞意를 확보하기 위하여 극히 엄격하다. 방식에 따르지 않은 유언은 無效이나 근소한 瑕疵까지도 무효로 한다면 오히려 유언제도의 취지를 저버리는 결과가 될 것이다. 각 방식의 유언증서에 관하여는 각각의 항을 보라. →유언

유언증서(遺言證書)**의 검인**(檢認) →검인

유언증인(遺言證人) 유언작성에 참여하는 증인. 민법은 유언내용의 진실성을 증명하게 하기 위하여 녹음에 의한 유언, 公正證書에 의한 유언, 秘密證書에 의한 유언, 口授證書에 의한 유언에 있어서는 1인 또는 그 이상의 증인의 참여가 필요하도록 하였다. 유언증인이 될 자격에 관하여는 제한이 없으나 성질상 未成年者(民 1072Ⅰⅰ), 금치산자와 한정치산자(1072Ⅰⅱ), 유언에 의하여 이익을 받을 자 및 배우자와 직계혈족(1072Ⅰⅲ)은 그 자격이 없으며, 공정증서에 의한 유언에 있어서는 公證人法에 의한 결격자를 자격이 없는 것으로 하고 있다(1072Ⅱ).

유언집행(遺言執行) 유언의 내용에 따라서 유언자의 의사를 실현하기 위하여 유언집행자가 일정한 행위를 하는 것. 유언집행자가 취임을 승낙한 때에는 지체없이 그 임무를 이행하여야 하며(民 1099), 遺贈의 목적인 재산의 관리 기타 유언의 집행에 필요한 행위를 할 권리의무가 있다(1101). 만약 유언집행자가 여러 명 있는 때에는 그 과반수의 찬성으로써 유언집행에 관한 문제를 결정하되 보존행위만은 단독으로 할 수 있다(1102). 유언이 재산에 관한 것인 때에는 지정 또는 선임의 유언집행자는 지체없이 그 재산목록을 작성하여 상속인에게 교부하여야 하며 상속인의 청구가 있으면 그 財産目錄作成에 상속인을 참여시켜야 한다(1100). 또한 유언집행자의 재산관리의무에 관하여는 委任과 代理에 있어서의 관리주의의무·사무처리상황보고의무·손해배상의무·보수청구권 등에 관한 규정이 준용되며(1103, 1104), 유언집행을 위한 모든 비용은 相續財産 중에서 지급된다(1107). 그리고 지정 또는 선임의 유언집행자는 정당한 사유가 있는 때에는 법원의 허가를 얻어 그 임무를 사퇴할 수 있고(1105), 그 임무를 懈怠하거나 적당하지 않은 사유가 있는 때에는 상속인 기타 이해관계인의 청구에 의하여 법원이 유언집행자를 解任할 수도 있다(1106). 유언집행사무가 종료한 때에는 유언집행자는 상속인에게 지체없이 그 전말을 보고하여야 할 뿐만 아니라 급박한 사정이 있는 때에는 다른 자가 상속사무를 처리할 수 있을 때까지 事務處理를 계속하여야 한다(1103).

유언집행자(遺言執行者) 〔英〕 executor, administrator 〔獨〕 Testamentsvollstrecker 〔佛〕 exécuteur testamentaire 유언의 내용을 실현하기 위하여 필요한 행위를 할 職務 및 權限을 가진 자. 유언자는 유언으로써 유언집행자를 지정하거나 또는 그 지정을 제3자에게 위탁할 수 있다(民 1093). 遺言者 또는 유언자의 위탁을 받은 제3자의 지정에 의한 유언집행자가 없는 때에는 상속인이 유언집행자가 되고(1095) 유언집행자로서의 상속인이 없거나 기타 사유로 인하여 없게 된 때에는 법원이 이해관계인의 청구에 의하여 유언집행자를 선임하여야 한다(1096Ⅰ, 家訴規 84). 그리고 지정 또는 선임에 의한 유언집행자는 상속인의 대리인으로 보게 되며 유언집행자의 管理處分權 또는 상속인과의 법률관계에 관하여는 위임에 관한 규정을 준용한다(1103). 또한 법률은 유언집행의 적절한 수행을 기하기 위하여 無能力者와 破産者에 대하여는 유언집행자로서의 자격을 인정하지 않고 있다(1098).

유언후견인(遺言後見人) 지정후견인과 같다.

유엔평화유지활동(平和維持活動) 〔英〕 Peace-Keeping Operation(PKO) 유엔이 관계당사국의 동의를 얻어 일정한 군대 등으로 구성된 유엔平和維持軍이나 監視團 등을 현지에 파견해 휴전·정전의 감시 또는 치안유지임무를 수행하는 일. 사태의 진정이나 재발방지 등의 역할을 한다. 유엔헌장에 유엔군 등을 중심으로 集團安全保障體制를 규정하고 있음에도 불구하고 전후 美·蘇를 중심으로 한 동서대립 속에서 安保理 常任理事國 사이에 협조가 이루어지지 않아 이 체제가 기능을 발휘할 수 없었기 때문에 세계 각지에서 분쟁을 평화적으로 해결하기 위해 유엔이 실제 경험을 통해서 확립한 제도이다. 조직형태는 정전감시단과 평화유지군으로 나눌 수 있다. 停戰監視團은 정전의 감시·감독을 위해 분쟁지역에 파견되며 정전을 위반하는 행위가 일어나면 이것을 즉시 안보리에 보고하는 것이 임무이다. 위반행위를 억압하는 것이 임무가 아니기 때문에 무기를 휴대하지 않는다. 반면 平和維持軍은 개인화기, 장갑차 등으로 경무장하며 대규모이다. 최근 UNTAC 등 대규모 PKO의 경우 민간인도 대거 참여하고 있다. PKO 활동이 이루어지고 있는 곳은 캄보디아, 유고, 소말리아, 모잠비크, 앙골라 등이다.

유엔평화유지활동협력법(平和維持活動協力法) 일본이 태평양전쟁 패전후 47년만에 처음으로 自衛隊의 해외파병을 제도화한 법률. 1992년 6월 야당의 강력한 반대 속에 衆議院을 통과해 확정됐다. 이 법의 요지는 ① 유엔총회와 안전보장이사회의 결의에 따라 평화유지활동을 수행, ② 평화유지활동의 참가는 ㉠ 분쟁당사자 사이에 停戰合意가 성립돼 있을 것, ㉡ 분쟁당사자가 일본의 참가에 동의할 것, ㉢ 일본이 중립을 지킬 것, ㉣ 이상의 조건이 충족되지 않을 경우 독자 판단에 의해 철수할 것, ㉤ 무기휴대는 대원의 생명과 신체의 방호에 한정할 것 등 5원칙을 전제로 함. ③ 무장해제 · 정전감시 · 지뢰처리 · 포로교환 등 平和維持軍(PKF)에 참가할 경우 국회의 사전승인 필요. ④ 국회의 사전승인이 필요한 업무참가는 별도의 법률로 정할 때까지 동결, ⑤ 법률시행 3년 후에 법률 및 실시요령 재검토 등이다. 이 법의 확정으로 일본은 유엔이 잠정통치하고 있는 캄보디아에 자위대를 파병할 수 있는 길이 열렸으나 일본의 침략을 경험한 아시아 각국은 일본의 자위대 해외파병에 심각한 우려를 나타내고 있다.

유익비(有益費) 〔獨〕 nützliche Verwendung 〔佛〕 dépenses utiles 물건의 使用價値, 따라서 交換價値를 증가케 하는데 지출된 비용. 必要費에 대응하는 개념이다. 유익비 · 필요비 이외의 비용은 奢侈費라고 한다. 민법은 改良費를 유익비의 주요한 것으로서 예시하고 있다(203Ⅱ). 타인의 물건에 관하여 지출한 유익비는 그것을 지출함으로써 생긴 價額의 증가가 현존하는 경우에 한하여 상환을 청구할 수 있다(203Ⅱ, 325Ⅱ, 367, 594, 611, 626Ⅱ). 이 때에 상환의무자는 지출금액이나 현존하는 증가액 중의 어느 하나만을 선택하여(380 이하) 상환하면 된다. 그러나 事務管理에 있어서는 지출한 유익비만을 상환하여야 한다(739Ⅰ). 유익비의 청구자는 留置權을 가지나 법원은 의무자의 청구에 의하여 상당한 기간을 허용할 수 있으며 이 때에는 留置權은 소멸한다.

유인죄(誘引罪) 舊刑法에서는 誘拐罪라고 불렀다. → 약취유인죄

유인행위 · 무인행위(有因行爲 · 無因行爲) 法律上 原因(causa)과는 絶緣되어 있어서 원인이 법률상 존재하지 않을 때에도 효력이 생기는 특별한 출연행위를 無因行爲(abstraktes Geschäft)라고 하고 원인의 유무에 따라 그것과 법률적 운명을 같이 하는 것, 즉 원인이 유효한 때에 한하여 유효하게 되는 출연행위를 有因行爲(kausales Geschäft)라고 한다. 어음행위는 전형적인 무인행위이다. 예컨대 賣買代金支給을 위하여 어음을 교부한 때에는 매매가 무효이거나 또는 취소되어서 代金債務가 존재하지 않게 되더라도 상대방은 유효하게 어음을 취득한다. 다만 상대방은 不當利得의 반환의무를 부담할 뿐이다. 무인적으로 행하여진 債務約束 · 債務承認도 무인행위로서 유효하다. 물권행위가 무인행위이냐 아니냐에 관하여는 다툼이 있어 통설은 당사자의 특약으로써도 유인으로 하지 못하는 어음行爲(어음1ⅱ, 12Ⅰ, 75ⅱ)를 絶對的 無因行爲라 하고 물권행위는 원칙적으로 무인이지만 특약으로 유인으로 할 수 있다(이것을 相對的 無因行爲라고 한다)고 하는데 대하여 판례와 소수설은 물권행위는 원칙적으로 有因行爲라 한다. 재산상의 모든 출연행위는 대금채무의 지급, 借金의 변제, 贈與債務의 이행 등의 원인이 있기 때문에 행하게 된다. 따라서 原因 내지 출연의 목적이 법률상 존재하지 않는 때에는 그 출연행위도 효력이 생기지 않는다고 하는 것이 당사자의 의사에 합치한다. 이 의미에서 모든 出捐行爲는 유인이라고 해석하는 것이 타당하다. 그러나 한편 그렇게 한다면 원인이 존재하지 않는 때에는 상대방은 출연행위의 목적물을 취득하지 못하게 되며, 그 자로부터의 轉得者도 이를 취득하지 못하는 것이 되어 상품교환이 빈번한 사회에 있어서는 거래의 안전이 침해된다. 여기서 법률에 의하여 무인행위가 인정되게 되는 것이다. 이 때에 재산상의 득실의 조정은 종국적으로는 不當利得制度에 의하게 된다. → 물권행위

유일(唯一)**의 교섭단체조항**(交涉團體條項) 단체협약 중에서 사용자측이 협약당사자인 당해 노동조합하고만 단체교섭을 하고 기타의 노동조합과는 단체교섭을 하지 아니하기로 약정하는 조항. 이는 他의 근로자의 團體交涉權을 침해하는 것이기 때문에 무효라고 보는 설이 유력하다.

유저당(流抵當) 抵當債務의 변제기전의 특약에 의하여 채무이행의 경우에 抵當目的物을 저당권자가 취득하거나 또는 任意賣却方法으로써 우선변제에 충당하는 것. 독일민법 · 스위스민법은 이것을 금지하고 있으나 우리 민법은 流質만을 명문으로 금지하고 있다. 그러나 금일에는 이 流質禁止의 합리성을 일반적으로 의문시하고 있어, 유저당(抵當直流라고 한다)의 계약은 유효시되고 판례도 이것을 인정한다. 그러나 저당목적물의 가액이 抵當債權額을 현저하게 넘을 때에는 유저당계약은 폭리행위로서 무효로 될 것은 물론이다(民 104). 또 채무불이행시에 채무자에 속하는 어떤 물건의 소유권을 당연히 또는 채권자의 선택에 의하여 채권자에 귀

속시킨다는 소위 貸物辨濟의 豫約에 기하는 소유권 이전청구권보전의 假登記가 있는 경우에는 물권적인 효력이 주어지게 되므로, 사실상 유저당과 같은 기능을 하게 된다.

유 전(遺傳) 〔英〕 heredity 〔獨〕 Vererbung 〔佛〕 hérédité 先祖의 심신의 性情이 자손에게 전해지는 것. 刑事學에서는 유전의 유무에 의하여 위험성의 원인을 해명하려고 한다(예컨대 雙生兒의 범죄). 롬브로조는 隔世遺傳(Atavismus)의 법칙에 의하여 生來的 犯罪人의 존재를 설명하려고 하였다. 遺傳負因(erbliche Belastung)의 학설은 혈족 중에 정신병·酒癖·범죄·腦出血·異常性 및 自殺 등을 인정하는 個體는 모두 遺傳的 負因을 갖는다고 하고, 부모의 直接負因, 조부모의 間接負因, 부모의 형제 등의 傍系負因으로 구별한다(→범죄인가계). 문제는 범죄 자체가 유전하는 가이다. 반사회적 경향의 기초로 되는 일반의 정신적·체질적 특성의 유전이 문제일 뿐 범죄는 1개의 생물학적 성격단위는 아니라고 하는 否定說이 최근 유력하다.

유전스 〔英〕 usance 慣習期間. 어음의 발행지와 지급지와를 고려하여 관습상 정하여져 있는 지급기일결정을 위한 기간. 日字後定期出給形式의 어음이 관습기간에 의하여 만기를 정하는 어음에 갈음하게 되어, 근래에 와서는 거의 통용되지 않게 되었으며, 영미법도 이것을 인정하지 않고 있다(英國어음法 11, 美國統一流通證券法 4).

유 족(遺族) 보통의 뜻으로는 사망자의 親族을 의미한다. 그러나 각종의 법률은 그 입법취지에 따라 범위를 한정하고 있으므로 일반적으로 유족이란 뜻을 생각해보아도 실익은 없다. 국가유공자예우 등에 관한 법률·공무원연금법·국민생명보험법·선원법·선원보험법·근로보험법·근로기준법 등에 유족이라는 개념이 표현되고 있다. 예컨대 국가유공자예우 등에 관한 법률 5조에서 遺族이라 함은 사실상의 배우자를 포함한 배우자, 자녀 및 순국선열, 애국지사의 손자녀 중 출가하지 아니한 자, 부모, 성년남자인 직계비속이 없는 조부모, 60세 미만의 남자 및 55세 미만의 여자인 직계비속과 성년남자인 형이 없는 미성년자매, 순국선열 또는 애국지사의 子婦로서 1945년 8월 14일 이전에 입적된 자, 기타 자녀 및 순국선열·애국지사의 손자녀 중 출가한 자로 규정하고 있다. 또 공무원연금법에서의 유족이라 함은 공무원 또는 공무원이었던 자의 사망 당시 그에 의하여 부양되고 있던 配偶者(사실상 혼인관계에 있는 자를 포함한다), 자녀, 부모, 손자 및 조부모를 말한다.

유족급여(遺族給與) 공무원연금법상의 급여의 하나로 遺族年金·遺族年金附加金·遺族年金特別附加金 및 遺族年金一時金 등이 있다(公年金 42 iii). 유족연금은 공무원 또는 공무원이었던 자가 퇴직연금을 받을 권리있는 자가 사망한 경우 또는 障害年金을 받을 권리 있는 자가 사망한 경우에 해당할 때 지급되며 유족연금특별부가금은 퇴직연금을 받을 권리가 있는 자가 사망한 경우 공무원이 재직 중 사망할 때에 별도로 지급되며, 공무원이었던 자가 퇴직한 날에 속하는 달의 다음달부터 3년 이내에 사망한 때에는 유족연금 외에 유족연금특별부가금이 지급된다(56).

유족보상(遺族補償) 근로자가 業務上 死亡한 경우에 사용자가 그 유족에 대해 평균임금 1,000일분으로 지급하는 보상(勤基 85)을 말한다. 산업재해보상보험법상의 遺族給與는 유족보상연금 또는 유족보상일시금으로 하되 受給權者의 선택에 따라 지급하여, 유족보상일시금은 평균임금 1,300일분으로(43) 근로기준법을 상회한다. 이 유족보상 및 유족급여는 사망한 근로자의 유족이 상실한 被扶養利益을 보상함으로써 그들의 생활을 보장하려는 것이다.

유족수당(遺族手當) 선원법상의 災害補償의 하나로 선원이 직무상 사망한 때에 선박소유자는 대통령령이 정하는 유족에게 乘船平均賃金의 1,300일분에 상당하는 액을 지급하여야 한다.

유족연금(遺族年金) ① 공무원연금법상의 유족급여의 하나. 공무원 또는 공무원이었던 자로서 退職年金을 받을 권리가 있는 자가 사망한 때, 障害年金을 받을 권리가 있는 자가 사망한 때 그 유족에게 지급하는 연금(公年金 56). ② 국가유공자예우 등에 관한 법률상으로는 전상군경·공상군경·4·19의거상이자 및 특별공로상이자 중 대통령령이 정하는 傷痍等級에 해당하는 자가 사망한 경우에 그 유족에게 지급하는 연금을 말한다.

유족일시금(遺族一時金) 공무원연금법상의 遺族給與의 하나. 공무원이 20년 미만 재직하고 사망한 때에 그 유족에게 지급되는 일시금(公年金 60).

유죄(有罪)의 답변(答辯) 〔英〕 plea of guilty 英美法上 어레인먼트에 있어서 검사의 公訴狀朗讀이 있은 후 피고인이 陪審에 의한 裁判(trial by jury)의 권리를 포기하고 기소사실을 자백하는 것. 재판소가 이 답변을 수리하여 기록에 기재할 때에는 公訴犯罪事實에 대하여 陪審에 의한 유죄인정이 있었던 경우와 동일한 효력을 발생하므로 증거조사를 거치지 아니하고 판결에 의한 형의 선고를 할 수 있다. 우리나라는 공판정에서 이러한 진술이 있더라도 이것만을 유죄의 증거로 하지는 못한다(刑訴 310).

유죄판결(有罪判決) 〔獨〕 Verurteilung 刑事被告事件에 대하여 범죄의 증명이 있는 때에 선고되는 재판. 유죄판결에는 형의 선고의 판결(刑訴 321 I), 刑의 면제 또는 宣告猶豫의 판결(322)이 있다. 무죄판결에 대하여, 양자를 합하여 실체적 재판(實體裁判)이라 부른다. 형의 執行猶豫, 판결전 미결구금의 算入日數, 勞役場留置期間은 형의 선고와 동시에 판결로써 선고하여야 한다(321 II). 피고사건에 대하여 범죄의 증명이 있는 때라 함은 공판정에서 조사한 적법한 증거에 의하여 법관이 범죄사실의 존재에 관하여 충분한 心證(確信)을 얻는 것을 말한다. 유죄의 판결 특히 형의 선고를 하는 때에는 판결이유에 범죄될 사실, 증거의 요지와 법령의 적용을 명시하여야 하고, 법률상 범죄의 성립을 阻却하는 이유 또는 형의 가중·감면의 이유되는 사실의 진술이 있는 때에는 이에 대한 판단을 명시하여야 한다(323).

유죄판결(有罪判決)**의 이유**(理由) 판결이유를 보라.

유 증(遺贈) 〔羅〕 legatum 〔英〕 devise, legacy 〔獨〕 Vermächtnis 〔佛〕 legs 遺言에 의하여 遺産의 전부 또는 일부를 무상으로 타인에게 주는 행위. 유언의 내용으로서 가장 중요한 것이며, 민법은 상세한 규정을 두고 있다. 유증에 의하여 재산을 받는 자를 受遺者, 유증을 이행할 의무를 지는 상속인을 遺贈義務者라 한다. 유증은 단독행위라는 점에서 贈與와 상이하나 受遺者는 유증을 포기할 수 있는 자유를 가지기 때문에, 결국 그 의사에 반하여 유증을 강요당할 수는 없다. 개정민법은 遺留分制度를 도입하였으므로 유류분은 그에 의한 제한을 받는다. 유증에는 包括遺贈과 特定遺贈이 있다. 전자는 유산의 전부 또는 그 2분의 1, 3분의 1이라는 식으로 분수적 부분을 주는 것을 내용으로 하며, 후자는 특정의 재산을 주는 것을 내용으로 한다. 受遺者는 자연인뿐만 아니라 법인도 될 수 있고, 유언자의 상속인도 될 수 있으나, 상속인과 동일한 결격사유가 있다. 수유자에게는 일정한 부담을 지게 할 수도 있다. 유언자의 사망전에 수유자가 사망한 경우 또는 유증이 조건부인 때 수유자가 條件成就 전에 사망한 경우에는 유증은 무효로 된다(民 1089).

유증의무자(遺贈義務者) → 유증

유증(遺贈)**의 무효**(無效) 유증의 내용상 또는 형식상 요건의 欠缺로 인하여 유증에 의하여 유증자가 기도한 법률행위적 효과가 발생하지 못하는 것. 유증도 유언의 한 내용이 되는 것이므로 유언의 무효는 유증의 무효가 되는 것이나 유증에 특유한 無效原因으로서는 다음의 세 가지가 있다. 즉 受遺者가 遺贈者보다 먼저 사망한 경우(民 1089 I), 停止條件附遺贈에 있어서 受遺者가 조건성취 전에 사망한 경우(1089 II), 유증의 목적이 된 권리가 유증자의 사망 당시에 상속재산에 속하지 않는 경우(1087)이다. 그러나 유증이 무효인 경우일지라도 유증자가 유언으로 다른 의사를 표시한 때에는 그 의사에 따라야 한다.

유증(遺贈)**의 승인**(承認) 유언에 의한 재산의 無償讓受를 승낙하는 의사표시. 受遺者는 유언의 효력이 발생한 후에 언제든지 유증을 승인할 수 있으며(民 1074), 일단 승인을 하면 그것이 사기·강박으로 행해진 경우가 아닌 이상, 취소할 수 없다(1075). 승인의 효력은 유언자가 사망한 때에 소급하여 발생한다.

유증(遺贈)**의 취소**(取消) 유증의 성립에 관하여 사기·강박·착오 등의 잘못이 있는 경우에 그 유증의 효력발생을 방지하는 행위. 유증도 유언의 한 내용이 되므로 유언의 取消原因은 곧 유증의 취소원인이 되는 것이나, 유증에만 특유한 것으로서는 負擔附遺贈에 있어서 受遺者가 그 부담의무를 이행하지 않는 경우가 있다(民 1111). 이 경우에는 상속인 또는 유언집행자가 상당한 기간을 정하여 이행할 것을 催告하고 그 기간내에 이행하지 않을 때에는 법원에 유증의 취소를 청구할 수 있다.

유증(遺贈)**의 포기**(拋棄) 유언에 의한 재산의 無償讓與를 거절하는 의사표시. 受遺者는 유증을 받을 것을 강제당하지 않으므로, 유언의 효력이 발생한 후에 언제든지 유증을 포기할 수 있으며 또 포기한 경우에는 그 효력은 유언시에 소급하여(民 1074) 당초부터 유증이 없었던 것과 동일한 효력이 생긴다. 유증의무자나 이해관계인은 상당한 기간을 장하여 그 기간내에 포기를 확답할 것을 受遺者 또는 그 상속인에게 최고할 수 있는데, 만약 그 기간내에 수유자 또는 상속인이 유증의무자에 대하여 확답을 하지 않을 때에는 유증을 승인한 것으로 본다(1077). 受遺者가 포기를 하지 않고 사망한 때에는 그 상속인은 상속분의 한도에서 포기를 할 수 있으나, 유언자가 유언으로 다른 의사를 표시한 때에는 그 의사에 의한다(1076). 일단 유효하게 표시된 유증의 포기에 대한 취소를 허용하는 것은 이해관계인의 신뢰를 배반하고 불의의 손해를 초래할 염려가 있으므로, 그 취소는 금지된다(1075 Ⅱ). 그러나 그 포기가 사기나 강박으로 인한 경우 또는 무능력자가 단독으로 행한 경우에는 민법총칙의 규정에 의하여 취소할 수 있고 그 취소권은 追認할 수 있는 날로부터 3개월, 포기한 날로부터 1년 이내에 행사하지 않으면 소멸한다(1075Ⅰ, 1024 Ⅱ). 포기된 유증의 목적물은 유언자가 유언으로 별도의 의사를 표시하지 않는 한 상속인에게 귀속된다(1090).

유지청구권(留止請求權) 〔英〕 injunction 이사 또는 회사가 法令 또는 定款에 위반한 행위를 하여 손해 또는 불이익이 발생할 염려가 있는 때에 주주가 사전에 그러한 행위를 유지할 것을 청구하는 권리. 英美法의 禁止命令(injunction)制度를 모방하여 이것을 실체법상의 권리로 상법이 채용한 것으로서 회사를 위하여 이 청구권이 인정되는 경우와 주주의 이익을 보호하기 위하여 인정되는 두 가지 留止請求權이 있다. 전자는 이사가 법령 또는 정관에 위반한 행위를 하여 이로 인하여 회사에 회복할 수 없는 손해가 생길 염려가 있는 경우에 발행주식의 총수의 100분의 5 이상에 해당하는 주식을 가진 주주는 회사를 위하여 이사에 대하여 사전에 그 행위를 留止할 것을 청구하는 권리(商 402)이고, 후자는 회사가 法令 또는 定款에 위반하거나 현저하게 불공정한 방법에 의하여 주식을 발행함으로써 주주가 불이익을 받을 염려가 있는 경우에 그 주주가 회사에 대하여 그 발행을 留止할 것을 청구할 수 있는 것(424)을 말한다. 이 양자의 다른 점은 회사를 위하여 청구권이 인정되느냐 또는 개개의 주주의 이익을 보호하기 위하여 인정되느냐와 유지청구권의 청구자가 少數株主權을 가지는 주주가 행사할 수 있느냐 또는 개개의 주주가 행사할 수 있느냐에 있다. 그런데 미국이나 일본에서 이 청구권자는 개개의 주주가 행사할 수 있는데, 상법에서는 濫訴의 弊를 방지하기 위하여 상법 402조는 少數株主權을 가지는 주주로 한정하였다. 이 유지청구권은 반드시 訴로써 하여야만 하는 것은 아니며, 이 청구권의 부정한 행사에 관하여는 刑罰의 制裁가 있다(631Ⅰiii). 이 밖에 公益法人의 설립·운영에 관한 법률은 이사가 공익법인의 목적범위 외의 행위를 하거나 기타 법령이나 정관에 위반하는 행위를 하여 공익법인에게 현저한 손해를 발생할 우려가 있는 때에 監事에게 법원에 대한 유지청구권을 부여하고 있다(10Ⅲ). → 인정크션

유 질(流質) 〔羅〕 lex commissoria 〔獨〕 Verfallklausel 〔佛〕 pacte commissoire 質權設定과 동시에 또는 변제기 전에 하는 특약에 의하여 채무불이행의 경우에 質權者가 質物의 소유권을 취득하거나 또는 任意賣却의 방법으로 우선변제에 충당하는 것. 이것은 로마법 이래, 독일·프랑스·스위스에서도 금지되고, 우리 민법에서도 流質契約을 무효로 하여 이를 금지하고 있다(339). 채권자가 일시의 금융에 쫓긴 채무자의 궁박을 이용하여 高價物의 入質을 강요하여, 폭리를 노릴 염려가 있기 때문이다. 그런데 이 규정은 舊利子制限法이 가지고 있는 것과 같은 결함을 가지고 있다. 또 讓渡擔保에 의하여 피할 수 있고 금융상의 불편도 있어 그 효용이 의문이고 이론상으로도 質物의 가액이 채권액에 상응할 때에는 금지의 이유도 없을 것이다. 오히려 구체적 사정에 따라서 폭리행위로 될 때에 무효로 취급할 수 있다고 함이 타당할 것이다(104 참조). 그러나 商事質權(商 59) 및 典當鋪의 質權(典當 21)에는 예외가 인정된다. 전자는 당사자간에 經濟的 地位의 차가 없기 때문이고, 후자는 전당포에 대한 단속을 강화하는 반면 이 편리한 방법을 인정하자는 것이다. 변제기후에 이같은 계약은 허용된다. → 전당포

유체동산(有體動產) 연혁적으로 일본의 舊民法(1893년 1월 1일부터 시행되려다가 시행 못된 것)에서는 물건을 有體物·無體物로 나누고 다른 편에서는 동산·부동산으로 구별하였으므로 동산에 有體·無體의 구별이 생겼다. 그 有體動產(日本舊民法 財產編 13Ⅱ)은 대체로 민법에서의 동산의 개념에 일치한다(民 99Ⅱ). 일본의 민사소송법의 强制執行編은 이 구일본민법을 전제로 하여 만든 것이므로 강제집행법에서도 쓰고 있다. 여하튼 이것과 채권 및 다른 재산권과 합쳐 넓은 의미에서 동산이라 하고 있다(民訴 제7편 제2장 제1절 제1관～제3관).

유체물(有體物) 〔英〕 körperliche Gegenstände 공간의 일부를 차지하고 유형적 존재를 가지는 물건. 고체·액채·기체 등과 같이 우리의 五官으로 인식할 수 있는 공간적인 물리적 의미에서의 존재인 물질을 말한다. 舊民法은 물건을 유체물에 한하였으나(85) 현행민법은 전기·열·광·원자력·풍력 등의 에너지, 즉 관리할 수 있는 自然力도 물건으로 인정하고 있다(98)(→무체물), 또한 전기는 특히 일찍부터 절도죄에 관하여는 財物로 간주되고 있다(刑 346). → 유체성설

유체성설(有體性說) 재산죄의 객체로서의 재물은 유체물에 한한다는 설. 管理可能性說에 대한다. 이 입장은 재물의 범위를 명확히 한다는 이점이 있으며 고체 이외에 액체나 기체도 有體物이

므로 가스나 증기 등을 재물로 보는 데에는 지장이 없으나 전기 기타의 에너지는 無體物로서 재물의 범주로부터 제외된다. 그런데 현행형법은 관리할 수 있는 동력은 재물로 간주한다(346)라고 규정함으로써, 양 學說의 대립을 입법적으로 해결하였다. →관리가능성설

유 추(類推) 〔英〕 analogy 〔獨〕 Analogie 〔佛〕 analogie 일종의 法의 解釋의 방법이며 어떤 사항을 직접 규정한 법규가 없는 경우에, 이와 가장 비슷한 사항을 규정한 법규를 적용하는 것. 즉 비슷한 甲·乙 두개의 사실 중 갑에 관하여만 규정이 있는 경우에 을에 관하여도 될 수 있는대로 甲에 근사한 결과를 인정하는 것이 유추이다. 예컨대 權利能力없는 社團의 법률관계에 관하여는 민법에 규정이 없으므로 法人의 규정을 유추적용하여야 한다고 해석되고 있다. 유추를 인정할 수 있는 실질적 이유는 동일한 法理由가 존재하는 사항은 동일한 법적 취급을 받는 것이 타당하다고 하는 점에 있다. 비슷한 갑·을 두개의 사실 중 갑에 관하여만 규정이 있는 경우에, 을에 관하여도 갑과 동일한 결과를 인정하는 것이 유추인데 대하여, 이와 반대로 이 경우에 을에 관하여 갑과 반대의 결과를 인정하는 것이 反對解釋이다. 반대해석으로 할 것이냐, 類推를 할 것이냐는 경우에 따라서는 결정이 곤란한 일이 있다. 그리고 유추와 비슷한 것에 準用이 있다. 비슷한 사항에 관하여 법규를 제정한 경우에 입법기술상 별개의 규정을 중복적으로 규정하는 번잡을 피하고 법률을 간결하게 하기 위하여 다른 비슷한 법규를 유추적용할 것을 규정하는 것을 準用이라 한다. 유추가 법의 해석의 한 방법인데 대하여 준용은 立法技術의 한 방법이다. 법질서 전체의 목적과 개별적인 경우의 실정에 비추어, 필요한 경우에 유추를 하는 것은 私法에 있어서는 일찍부터 인정되어 왔다. 이에 대하여 罪刑法定主義에 입각하는 형법에서는 유추는 허용할 수 없다고 하여 왔으나 근래 目的論的 解釋의 견지에서 형법에 있어서도 논리적으로 당연한 범위내에서는 유추해석을 인정하는 설도 유력하다.

유추해석(類推解釋)**의 금지**(禁止) →죄형법정주의

유 치(留置) 형사소송법상 사람을 구속하는 재판 및 그 집행 또는 그 결과로서 구속이 되어 있는 상태. 勞役場留置(刑 69·70, 刑訴 492), 鑑定留置(刑訴 172Ⅲ)는 전자에 속하고, 피고인·피의자의 체포 ·구인·구금의 결과인 구속은 후자에 속한다(71, 86).

유치권(留置權) 〔英〕 lien 〔獨〕 Zurückbehaltungsrecht, Retentionsrecht 〔佛〕 droit de rétention 타인의 물건 또는 유가증권의 占有者(예: 구두수선인)가 그 물건 또는 유가증권에 관하여 생긴 債權(예: 수선대금청구권)을 가질 경우에 그 변제를 받을 때까지 그 물건 또는 유가증권을 유치하는 권리(民 320~328). 공평의 원칙에 기하여 법률상 당연히 인정되는 擔保物權. 同時履行의 抗辯權과 같은 취지에 입각한 것이나, 유치권은 물권이므로 제3자(목적물의 매수인 등)에 대해서도 효력이 있어 확실한 변제를 받을 수 있고, 또 目的物所有者가 파산한 때에는 유치권자는 別除權을 가진다(破 84). 또 다른 담보물권과 달라서 優先辨濟權이 없다(그러나 경매권만은 인정된다(民 322Ⅰ)). 타인의 물건 또는 유가증권의 점유자라는 것은 점유할 권리가 있는 자(債權者, 賃借人, 受置人, 運送人 등)이거나, 없는 자(遺失物拾得者, 무효인 매매의 買受人 등)이거나 상관이 없으나, 不法行爲에 의하여 점유를 시작한 자(盜人, 기간만료후의 賃借人)는 포함되지 않는다. 물건 또는 유가증권에 관해서 생긴 채권이라는 것은 물건 또는 유가증권과 관련있는 債權(牽連關係라고 한다)이라는 의미이고 그 물건의 보관·운송·수선 등 뿐만 아니라, 그 물건으로부터 생긴 손해 등에 관해서 생기는 청구권을 포함한다. →유치적 효력, 상사유치권

유치송달(遺置送達) 〔獨〕 Zurücklassungszustellung, Zustellung durch Niederlegung 송달서류의 교부를 받을 자가 있음에도 불구하고 정당한 사유없이 書類領收를 거부한 때에 운송장소에 서류를 두는 방법에 의한 송달(民訴 172Ⅱ). 이를 구법에서는 差置送達이라 하였다.

유치원(幼稚園) 유아를 교육하고 유아에게 알맞은 교육환경을 제공하여 심신의 조화로운 발달을 목적으로 하는 교육시설(初·中等敎育法 35). 만 3세로부터 초등학교취학기에 달하기까지의 유아가 入園한다(36). 舊敎育法은 유치원도 정규의 학교 중에 넣고 있으나, 의무교육 이전의 교육시설이고 就學强制가 없다.

유치적 효력(留置的效力) 점유할 권리를 가지는 擔保物權者, 즉 留置權者 또는 質權者가 담보목적물을 유치하여 간접으로 변제를 강제하는 효력. 이 효력은 유치권에 있어서는 本體的 效力이고 이 효력만에 의하여 담보의 목적을 달성하게 된다. 그러나 質權에는 이 유치적 효력 외에 목적물을 경매해서 우선변제를 받는다는 효력도 있다. 그런데 실제적으로는 動産質權에 있어서는 이 유치적 효력

이 그 중요한 목적물인 일상생활품에 대해서, 큰 효력을 발휘하게 되어 실익을 거두게 되는 것이다.

유통시설(流通施設) 상품의 수송·보관·포장·하역·가공·통관·판매·情報處理 등을 위한 시설을 말하며 다음과 같은 시설을 말한다. 즉 ① 화물유통촉진법에 의한 화물터미널 및 창고(2 iii·ix), ② 유통산업발전법에 의한 대규모점포·共同集配送團地 및 전문상가단지(2 iii·xiii·xvi), ③ 농수산물유통 및 가격안정에 관한 법률규정에 의한 농수산물도매시장·농수산물공판장 및 농수산물物流센터(2), ④ 축산물가공처리법에 의한 작업장(2 ix), ⑤ 항만법규정에 의한 기능시설 중 하역시설 및 화물보관·처리시설(2vi 나), ⑥ 항공법규정에 의한 공항시설 중 화물의 운송을 위한 시설(2vi), ⑦ 철도법 또는 삭도·궤도법에 의한 철도사업 또는 삭도·궤도사업을 경영하는 자가 그 사업에 사용하는 화물운송·하역 및 보관시설, ⑧ 농업협동조합·축산업협동조합·수산업협동조합·임업협동조합 또는 중소기업협동조합법에 의한 그 조합 또는 중앙회가 설치한 購買事業 또는 판매사업관련시설, ⑨ 화물자동차운수사업법에 의한 화물자동차 운수사업에 이용되는 차고·화물취급소 기타 화물의 처리를 위한 시설(2 ii), ⑩ 약사법에 의한 의약품도매상의 창고 및 영업소시설(36 I ii) 등(流通團地開發促進法 2 ii). 건설교통부에 유통단지의 배치·개발 등 유통단지입지정책에 관한 중요사항을 심의·의결하기 위하여 流通團地審議委員會를 둔다(3 I).

유통저당(流通抵當) → 보전저당·유통저당

유통증권(流通證券) 〔英〕 negotiable instrument 〔獨〕 Umlaufspapier, Zirkulationspapier 영미법상의 용어로서 用語法이 일정치 않으나, 증권을 선의이고 유상으로 취득한 자는 양도인의 권리에 잘못이 있더라도 완전히 권리를 취득할 수 있고 또 증권상의 권리를 이전할 때 증권의 단순한 교부만으로 할 수 있는 증권을 유통증권이라 한다. 우리나라 실정법상 유통증권이라는 용어는 없으나, 증권의 交付 또는 背書에 의하여 간이하게 양도되고, 善意取得·抗辯의 切斷과 같은 유통의 보호가 인정되는 指示證券·無記名證券 및 무기명증권으로 간주되는 選擇無記名證券 등의 유가증권이 이에 해당한다고 할 수 있다. 따라서 순수한 記名證券(법률상의 당연한 지시증권으로서 배서가 금지된 것도 포함) 이외의 유가증권이 이에 해당한다. 우리나라 통설은 지시증권·무기명증권 및 선택무기명증권 외에 기명증권도 유가증권에 포함한다고 이해하고 있다. 따라서 통설에 의하면 유통증권과 유가증권과는 同義語가 아니며, 전자의 범위가 좁다. 그러나 유가증권이라는 용어는 유통증권만을 뜻하는 것으로 사용되는 것이 적당하다는 설도 있다.

유한책임·무한책임(有限責任·無限責任) 채무자의 전재산이 채무의 담보가 되어 있는 경우, 즉 채무자의 전재산이 강제집행의 대상이 될 수 있는 경우를 無限責任(〔英〕 unlimited liability 〔獨〕 unbeschränkte Haftung 〔佛〕 responsabilité illimitée)이라고 하고, 채무의 담보가 되는 것이 채무자의 일정한 재산에 한정되거나 일정액을 한도로 하는 경우, 즉 채무자의 일정한 재산 또는 일정액을 한도로 하여서만 집행을 할 수 있는 경우를 有限責任(〔英〕 limited liability 〔佛〕 beschränkte Haftung 〔佛〕 responsabilité limitée)이라고 한다. 무한책임이 원칙이며, 유한책임의 경우는 개별적으로 법정되어 있다. 유한책임에는 物的有限責任, 즉 책임이 채무자의 일정한 재산에 한정되어 있는 경우, 예컨대 物上保證人이 담보물만으로 책임을 지는 경우 또는 한정승인을 한 상속인의 책임이 상속재산을 한도로 하고(民 1028). 信託受託者가 신탁행위로 인하여 수익자에 대하여 부담하는 채무에 관해서는 신탁재산의 한도만으로 책임을 지는 것과(信託 32), 人的有限責任(金額有限責任), 즉 책임이 일정금액의 한도에 제한되는 경우는 예컨대 합자회사의 유한책임사원의 책임(商 279 I), 선박소유자의 유한책임(746, 747), 積荷所有者의 海難救助料 지급에 관하여 구조된 목적물의 價額을 한도로 하는 책임(852 I)을 지는 것 등이 있다. 이 외에 주식회사의 주주의 책임(331), 유한회사의 사원의 책임(553)도 보통은 인적유한책임의 예로 들지만, 이 경우에는 사원의 出資는 회사성립 전에 이행되어야 하고 따라서 회사성립 후에는 회사채권자에 대하여는 물론 회사에 대하여도 책임을 지지 않는 것을 주의하여야 한다. → 주주유한책임의 원칙

유한책임사원(有限責任社員) 〔英〕 beschränkt haftender Gesellschafter (Kommanditist) 〔佛〕 associé (commandidtaire) définiment responsable 會社債務에 대하여 출자액 한도내에서 회사채권자에게 일정조건하에 직접 또는 연대하여 책임을 부담하는 사원. 無限責任社員에 대한다. 합자회사는 이 종류의 사원과 무한책임사원으로 구성된다. 책임이 유한인 점에 있어서는 주주와 같으나 회사채권자에 대하여 일정한 조건하에 직접 책임을 부담하는 점에서 이것과 相違하며 무한책임사원과 비슷하다. 책임이 유한이라 함은 출자액을 한도로 하여서만 회사채무를 변제할 책임을 부담한다는 뜻

으로서 出資義務의 전부 또는 일부를 이미 이행하였을 때에는 그 부분에 대하여서는 책임이 면제된다(商 279). 그러나 유한책임사원일지라도 자기를 무한책임사원으로 誤認시키는 행위를 한 때에는 선의의 제3자에 대하여는 무한책임사원과 동일한 책임을 부담하게 된다(281). 이와 같이 책임이 유한이므로 유한책임사원은 회사의 경영에 참가하지 아니하고, 즉 회사의 업무집행 및 대표권한은 갖지 아니하고 다만 監視權만 있을 뿐이다(277, 278). 따라서 회사와의 관계도 단지 재산적이고 출자도 財産出資에 한하며(272), 지분의 양도도 비교적 자유로우며(276), 競業禁止義務도 없다(275).

유한책임회사(有限責任會社) 〔獨〕 Gesellschaft mit beschränkter Haftung 〔佛〕 société à responsabilité limitée 사원 전원이 유한책임을 지는 폐쇄적인 회사. 독일에서 시작하여 프랑스를 거쳐 유럽·중남미에 보급되었으며, 우리나라의 유한회사에 해당한다. 인적회사와 물적회사의 양 요소를 유기적·융합적으로 갖춘 중간형태이다.

유한회사(有限會社) 〔英〕 private company 〔獨〕 Gesellschaft mit beschränkter Haftung 〔佛〕 société à responsabilité limitée 다수의 균등액의 출자(1좌금액 5,000원 이상)로 구성되는 자본(천만원 이상)을 가지며(商 546), 사원 전원은 자본에 대한 出資義務를 부담할 뿐(553) 회사채권자에 대하여는 아무런 책임도 지지 아니하는 회사. 유한회사는 구상법하에서는 이를 상법전 속에 규정하였다. 이 회사의 형태는 독일, 프랑스의 有限責任會社와 영국의 私會社의 예를 모방하여 채용된 것으로서 물적회사에 인적회사의 요소를 가미한 중간형태의 회사이다. 즉, 사원 전원의 책임이 간접·유한인 점, 분화된 기관을 가지고 있는 점 등 많은 점에서 주식회사에 비슷하나, 그 복잡·엄격한 규정이 완화되고 지분의 양도가 자유롭지 못한 점 등 인적회사에 비슷한 閉鎖的·非公開的 性格을 가지고 있는 점에서는 이와 相違하다. 그러므로 유한회사를 閉鎖的·簡易株式會社라고도 할 수 있다. 유한회사의 주식회사와의 다른 점은 대략 다음과 같다. ① 설립절차가 간단하고 發起設立에 해당하는 방법만이 인정된다는 것, ② 자본의 총액에 최저한도가 있는 것(546 Ⅰ), ③ 사원의 수가 50인 이하인 것(545 Ⅰ), ④ 설립 또는 자본증가시에 사원을 公募할 수 없는 것(543 Ⅱ, 589 Ⅱ), ⑤ 사원은 일정한 경우에 資本充實을 위한 특별한 책임을 부담하는 것(550, 551, 593), ⑥ 持分의 讓渡의 자유 및 지분의 유가증권화가 인정되지 않는 것, ⑦ 이사의 인원수에 제한이 없고 이사회제도는 인정되지 아니하며 감사는 任意機關인 것(561, 568), ⑧ 사원총회의 권한이 크며 그 절차 및 결의방법이 간이화되어 있는 것(361, 571, 573, 577 참조), ⑨ 대차대조표의 공고를 요하지 않는 것(449 참조), ⑩ 建設利子配當의 제도가 없는 것(463 참조), ⑪ 社債의 발행을 할 수 없는 것(469 이하 참조) 등을 들 수 있다.

유해물(有害物) 근로자의 근로과정에서 근로자의 생명·신체에 특히 유해한 관계가 있는 물질. 구근로기준법 67조는 黃燐성냥, 기타 보건상의 유해물은 제조·판매·수입 또는 판매의 목적으로 소지하지 못한다고 규정하였다. 원래, 黃燐성냥 등의 有害物의 製造의 禁止는 경찰적인 입장에서도 이것을 금지하여야 할 것이나 구근로기준법에서 이것을 강조한 것은 그 제조과정에서 燐中毒이 발생하기 쉽고 근로자의 위생에 특히 관계가 깊기 때문이다. 또 유해물의 제조만이 아니라 판매·수입에까지 미치고 있는 것은, 판매·수입의 금지까지 하지 아니하면 실효가 없기 때문이다.

유 형(流刑) 〔獨〕 transportation 〔佛〕 déportation, rélégation 국가의 강제력으로써 受刑者를 遠隔地(국내 또는 국외)에 송치하여 그곳에서 有期間 또는 無期間으로 滯在케 하는 제도(동양의 律에 있어서 徒刑에 해당한다). 따라서 유형의 본질은 한편으로 自由刑과 비슷하나 다른 한편으로 사형의 換刑으로 대치되는 일종의 刑事緩和方法으로 이용되는 데에 있다. 특히 범죄방지의 수단으로 되는 동시에 국가의 경제적 관점으로도 이용되었다. 그러나 현재 流刑을 채용하고 있는 나라는 거의 없다.

유형문화재(有形文化財) 建造物·典籍·古文書·繪畵·彫刻·工藝品 기타의 유형의 문화적 소산으로서 우리나라의 역사상 또는 예술상 가치가 큰 것과 이에 준하는 考古資料(文化財 2 Ⅰ ⅰ). 유형문화재 중 중요한 것에 대해서는, 문화관광부장관은 문화재위원회의 자문을 거쳐 보물로 지정할 수 있고, 보물 중 인류문화의 견지에서 그 가치가 크고 유례가 드문 것에 대해서는 문화관광부장관은 동일한 절차에 의해 국보로 지정할 수 있다(4). 이의 보호에 관하여 文化財保護法이 규정하고 있다. →문화재

유형위조(有形僞造) 〔佛〕 faux matériel 문서 또는 유가증권의 作成(成立)이 不眞正한 경우, 바꾸어 말하면 권한없이 타인명의의 문서 또는 유가증권을 작성하는 것. 無形僞造에 대하는 말이다. 刑法에서 위조라는 용어를 사용할 때는 유형위조를 의미한다(214, 225 등). 代理權·代表權이

없는 자가 대리·대표명의를 사용하여 문서를 작성하는 것이 유형위조인가 무형위조인가에 관하여 구형법에 있어서는 견해가 구구하였으나 신법은 이를 別罪로 규정하여 입법적으로 해결하였다(215, 226). 대리권·대표권이 있는 자라 할지라도 그 권한의 범위를 넘어서 문서를 작성한 경우에는 문서의 有形僞造가 된다.

유혹취재(誘惑取材) 미성년자의 智慮淺薄 또는 心身障碍를 이용하여 재산상의 이익을 취득하거나 제 3 자로 하여금 재산상의 이익을 취득하게 하는 것으로 準詐欺罪(刑 348)에 속한다.

육 례(六禮) 중국의 婚姻成立方式. 혼인성립이 6단계를 거쳐서 이루어지기 때문에 이와 같이 불린다. 이것은 조선시대에 우리나라에 커다란 영향을 주었다. 즉, 남자집에서는 媒人을 세워서 여자집에 請婚을 하고 그때에 ① 예물을 보내고(納采), ② 여자의 출생년월일, 즉 生庚을 묻고(問名), ③ 그 때에 吉兆를 얻으면 이것을 여자집에 보고하고(納吉), ④ 定婚의 증명으로서 聘財를 남자집에서 여자집에 보내고(納幣), ⑤ 남자집에서 婚日을 정하여 여자집에 지장의 유무를 묻고(請期), ⑥ 혼례당일에 남자는 여자집에 가서 처를 맞이하여 남자집에 들어가 共牢合巹의 禮(親迎)를 하는 것이다. 그러나 이 六禮制는 朱子歿後 13세기경에 편찬한 것으로 보이는 南宋의 文公家禮(朱子家禮)에서 納采·納幣·親迎의 3禮만을 기간으로 하는 등 時流와의 조화를 꾀하였다.

육상보험(陸上保險) 海上保險·航空保險에 속하지 않는 육상의 각종의 보험. 화재보험·육상운송보험·생명보험·자동차보험 등이 이에 속한다.

육상운송(陸上運送) 육상 또는 湖川港灣에 있어서의 운송(商 125). 海上運送에 대하는 것. 항만과 해상과의 분계점은 平水區域에 의하며, 平水區域은 선박안전법시행령 9조 1호에 구체적으로 정하고 있다. 육상운송에 관하여는 상법 제2편 제9장 운송업에 규정되어 있고 해상운송에 관하여는 상법 제5편 海商에 규정되고 있다. 육상운송 중에서 가장 중요한 철도운송에 관하여는 철도법이, 자동차운송에 관하여는 자동차운수사업법이 먼저 적용된다.

육아시간(育兒時間) 생후 1년 미만의 유아를 가진 여자근로자의 청구가 있는 경우에는 매일 2회 각각 30분 이상의 有給授乳時間을 주어야 한다(勤基 73). 이는 乳兒와 母의 보호를 위하여 1919년 제1회 國際勞動總會에서 채택한 産前後에 있어서의 여자사용에 관한 조약안(제3호)에 따라 국제화하였다. 물론 이는 휴식시간 이외의 시간을 말하며 본인의 청구가 있을 경우에 한한 것이다.

육아시설(育兒施設) → 보육시설

육이구선언(宣言) 개헌논의금지 및 제5공화국헌법하에서 차기 대통령을 뽑도록 한다는 4·13조치 이후 이에 대한 철폐를 요구하는 성명. 집회 및 시위가 전국민적 차원으로 확산되면서 당시 민정당 대표위원이던 노태우 의원이 1987년 6월 29일 전격적으로 발표한 8개항의 時局收拾對策. 그 내용은 ① 여·야합의하에 조속히 대통령직선제개헌을 하고 새 헌법에 의한 대통령선거를 통해 1988년 2월 평화적 정부이양을 실현, ② 자유로운 출마와 공정한 경쟁을 보장하도록 대통령선거법 개정, ③ 김대중씨를 포함한 時局事犯에 대해 광범한 사면·복권 실시, ④ 拘束適否審 등 인권보장 조항의 강화 및 기본권신장 명시, ⑤ 언론자유 창달을 위한 언론관계법 개정 및 언론의 자율성 보장, ⑥ 균형있는 사회발전을 위한 地方敎育自治制의 실시, ⑦ 정당활동의 자유보장 및 육성, ⑧ 맑고 밝은 사회건설을 위한 과감한 사회정화조치 및 사회비리 척결 등이다. 6·29선언은 노태우 민정당 대표위원 개인의 견해로 전격발표되었으나 7월 1일 전두환 대통령의 시국수습에 관한 대통령 특별담화로 정부·민정당의 공식입장으로 확정되었다.

육전법규(陸戰法規) 〔英〕 law of land warfare 〔獨〕 Landkriegsrecht 〔佛〕 droit de guerre terrestre 陸戰에 관한 국제법상의 규칙의 총체. 그 중 주요한 규칙은 헤이그평화회의에서 성문화된 육전의 법규·관례에 관한 규칙이다. 전자를 헤이그陸戰條約, 후자를 헤이그陸戰規則 또는 陸戰條規라고 약칭하기도 한다. 그것은 육전에 관한 중요한 규칙을 거의 망라한 것으로 대체적으로 육전법규의 법전에 해당하는 것이다.

육전(陸戰)의 법규·관례(法規·慣例)에 관한 규칙(規則) → 헤이그육전조약

육전조례(六典條例) 經國大典·續大典·大典通編·大典會通 등의 근본법규를 보충하고 또는 시행에 필요한 行政法規를 종합한 것. 大典會通의 편찬과 전후하여 고종 2년 2월에 編輯諸臣에 명하여 吏·戶·禮·兵·刑·工의 六典을 綱으로 하고 그 밑에 諸多官衙를 分屬시키고, 所掌事目·條例·施行細則 등을 수록한 行政法規集이다. 10卷 10冊. 4년 5월에 비로소 인쇄를 완료하여 京外各衙門에 頒與하였다.

육 형(肉刑) 신체를 손상시키는 古代刑罰의 일종. 死刑과 笞杖刑의 중간형이다. 漢 孝文帝가 令曰今肉刑三 何其刑三痛而不德也其除肉刑이라 하여 폐지선언 후 일반적으로 육형은 부도덕한 것으로 간주되었었다. 조선초기, 즉 세종대까지는 절도범은 으레 刺字하였고 官有物犯贓汚吏도 刺字한 예가 있다. 그러나 經國大典 규정은 刑典 贓盜條에 强盜不死者依律論罪後刺强盜二字 再犯處絞, 凡刺字者封署刺處仍囚過三日乃放이라 하여 강도에 대한 刺字만 규정하고 있다. 肉刑의 다른 예는 절도범에 대한 斷筋法이다. 세종 18년 10월에 竊盜斷筋之法을 제정하여 笞杖刑을 除하고 斷筋刺字만 시행하기로 한 것이며, 이는 司諫院의 건의, 自今一依朱文公之議竊盜雖初犯斷筋使不得容行走에 입각한 것이다. 그러나 이것은 世宗朝에만 그 刑例를 볼 뿐이고 經國大典에는 규정을 보지 못하였다.

윤락행위(淪落行爲) → 윤락행위등방지법

윤리적 법규(倫理的法規) 윤리적 규범을 내용으로 하는 法規(예 : 형법 · 친족법 등). 技術的法規에 대응하는 말. 법규는 사람의 구체적 행위에 대하여 무엇이 정당한 것인가를 지시하는데, 이 경우 사람을 올바르게 행동시키기 위한 합리적 고려가 따르는 것이 보통이다. 그러한 의미에서 대개의 윤리적 규범 속에는 技術性을 지니게 마련이다. 또 純技術的 規範이라 하더라도 규범으로서 일단 채택된 이상 법규 본래의 존재목적에서 볼 때 윤리성을 지니게 된다. 오늘날의 복잡한 사회나 경제관계에 있어서는 양자는 거의 무한정한 정도의 차이를 가지고 서로 뒤섞인다. 그러므로 양자의 차이는 상대적일 따름이다.

윤리적 법률관(倫理的法律觀) 〔獨〕 ethische Rechtsanschauung 法律理念의 내용을 윤리적으로 고찰하고 법률질서의 존립의 목적은 인간의 도덕적 자유를 옹호하는데 있다고 보는 사상. 啓蒙的 個人主義의 철학 중에서 조성되어 칸트에 의하여 완성. 歷史法學派에 계승된 추상적인 자유의사의 확보를 주장하는 법률이론이다.

율 령(律令) 고대 중국의 基本法典. 옛것으로는 漢律 · 唐律令, 明律令, 淸律 등이 있다.

율령격식(律令格式) 중국법에 있어서의 成文法의 독특한 체계. 戰國 秦漢時代부터 발달하여 隋唐時代에 그 형식이 완비되었다. 律 · 令 · 格 · 式의 4자는 상호불가분의 일체가 되어 국정을 규율한 것이다. 보통 律令이라 하면 격식을 포함한 의미로 사용되나 唐六典에 의하면 凡律以正刑定罪, 令以設範立制, 格以禁違正邪, 式以軌物程事, 乃立刑名之制라 하여 律은 죄를 정하는 刑罰法이고 令은 制를 세우는 教令法이고, 格은 禁違와 正邪를 가리는 矯正法이며, 式은 사물을 궤도에 올리는 시행령의 성질을 가졌다고 볼 수 있다. 정도의 차는 있지만, 4자 모두 禁止規定을 포함하고 있으므로 制裁法規이며 조문에 따라서는 律令格式의 어느 부류에 속하는 것인지 분간할 수 없다. 규정의 중요성의 정도에 따라 단계를 둔다면, 律令은 근본법규에 속하고, 格式은 종속법규라 할 수 있으며, 規律의 선후관계로 본다면 사건을 미연에 教示하는 것이 令이고, 旣然에 制裁處罰하는 것이 律이다. 그러나 이것도 정도문제이다. 법률적 성질로서 律은 刑罰法規를 주로 하고 있지만, 역시 소송규정 · 친족상속규정 등을 포함하고 있으며, 令도 행정법규를 주로 하지만 소송규정 · 민사규정은 물론 처벌규정도 많이 포함하고 있다. 格은 율령을 개폐변경하고 式은 律令施行上 필요한 규정이다. 唐을 정점으로 하는 율령체계는 唐 후의 역대정치에 계수되어 입법의 모체가 되었을 뿐 아니라 한반도 · 일본 · 안남 등에도 계수되어 동양사회의 법적 골격이 되었던 것이다. 서구문명이 일본을 중심으로 파급된 후 비로소 律令政治가 지양되고 서구식 立法體系가 발생하게 된 것이다. 우리나라 율령의 전래는 고구려 소수림왕 3년의 고구려율령과 신라법흥왕 7년의 신라율령의 반포가 역사상 기록에 보이며, 律令政治의 완성은 신라통일 후이고 唐의 율령격식의 영향을 많이 받았다고 본다.

율 법(律法) 도덕상 · 종교상 혹은 의식상에 있어서 신의 이름으로 주어진 規範. 특히 유태교와 회교에서 중요시하였다. 초월적 명령으로 절대적인 복종을 요구하며 내용적으로는 의식적인 것, 사회적인 것을 많이 포함하였으며, 자연적인 법칙이 동시에 이성적인 율법이기도 하였다. 모세의 十戒銘 등이 그 예이다.

융통물 · 불융통물(融通物 · 不融通物) 사법상 거래의 객체로 될 수 있는 물건을 融通物(〔羅〕 res in commercio 〔獨〕 verkehrsfähige Sachen 〔佛〕 choses aliénables), 그렇지 아니한 물건을 不融通物(〔羅〕 res extra commercium 〔獨〕 verkehrsunfähige Sachen 〔佛〕 choses inaliénables)이라 한다. 불융통물의 주요한 것은 公用物(예 : 관청의 건물), 公共用物(예 : 도로 · 하천), 법령으로 거래가 금지된 禁制物(예 : 아편 · 음란한 문서)이다.

융통(融通)**어음** 〔英〕 accomodation bill 〔獨〕 Gefälligkeitswechsel 〔佛〕 effet de complaisance 商業어음에 대한 관념으로서 그 발행의 배후에 아무런 현실적 거래가 존재하지 않고 단순히 타인에게 신용을 이용케 할 목적으로 발행·배서·인수 등이 행하여진 어음. 好意어음이라고도 한다. 신용이 있는 자가 어음채무자에 참가하면, 어음의 신용이 높아져 어음할인이 용이하게 되므로 이것을 이용한다. 또 舊債를 메우기 위하여 이러한 어음이 발행되는 일이 많다. 이렇듯 성질이 불량한 어음을 빈어음, 貸어음, 借어음이라고 부르기도 한다. 융통어음이라는 사실은 신용을 이용케 할 자와 이용한 자 사이의 人的抗辯事由는 되나, 제3자에 대하여는 抗辯事由가 되지 못한다.

융통증권(融通證券) 법령상의 용어로는 一時借入金과 같은 회계연도내에 있어서의 자금조달상 일시적으로 현금의 부족을 발생시키는 경우의 계속적인 자금의 조달수단으로 발행되는 短期證券의 명칭. 여러가지 특별회계에 있어서 인정된다. 당해 연도의 세입으로써 상환하는 것이 원칙이다.

은 닉(隱匿) 물건의 효용을 상실케 하는 행위로서 損壞의 한 형태이다. 특히 권리자의 발견을 방해하는 행위를 지칭한다. 형법은 타인의 재물·문서의 은닉에 관하여 특별한 규정을 두고 있는데, 은닉도 물건의 효용의 減少滅失을 발생케 하는 한 일반적인 損壞行爲라고 본다(刑 366, 369, 140, 180, 169 등).

은닉(隱匿)**된 불합의**(不合意) 契約을 하려는 당사자가 불합의가 존재하는 것을 모르는 경우로서 無意識的 不合意라고도 한다. 당사자는 계약내용에 관하여 합의가 있다고 믿으나 실제로는 그러한 합의가 없고 의사표시가 내용적으로 일치하지 않으므로 계약은 성립되지 않는다.

은닉행위(隱匿行爲) 〔獨〕 verdedktes(dissimuliertes) Rechtsgeschaft 상대방을 통하여 眞意없는 意思表示를 하면서 따로 裏面에서 진실한 행위를 하고 있는 경우로 贈與를 은닉하여 이면에서 매매를 가장하는 것과 같다. 이러한 행위를 은닉행위라고 한다. 은닉행위는 그 자신 법률행위의 요건을 갖출 때에는 그로써 효력을 발생한다.

은비점유(隱秘占有) 占有事實을 타인에게 발각되지 않게 하기 위하여 은폐함을 요하는 점유. 은비점유자는 善意取得이나 時效取得을 하지 못한다. 또 점유물에서 생기는 果實은 반환할 의무를 진다(民 201Ⅱ).

은 행(銀行) 〔英〕 bank 〔獨〕 Bank 〔佛〕 banque 은행은 여러가지 금융기관 중에서 가장 중요한 것이며 근대자본주의경제를 지탱하는 신용제도의 중추기관인 지위를 가진다. 즉 遊休貨幣를 집중하여 이를 機能資本家에게 제공함으로써 자본동원의 기능을 다하고 있다. 그런데 은행법상 은행이라는 문자를 붙여 불리는 금융기관은 예금의 受入, 有價證券 기타 債務證書의 발행에 의하여 불특정다수인으로부터 채무를 부담함으로써 획득한 자금을 대출하는 업무를 규칙적·조직적으로 영위하는 한국은행 이외의 모든 法人을 말한다(銀 3Ⅰ, 韓銀 10). 농업협동조합중앙회와 수산업협동조합중앙회 및 그 회원인 수산업협동조합과 축산업협동조합중앙회의 신용사업부문은 은행이라고는 불리지 않으나 은행법상 금융법상 금융기관으로 취급된다(銀 3Ⅱ). 그 영위하는 업무를 은행업이라고 하는데(18Ⅰ), 한국은행법(제4장 제3절)의 정한 바에 따라 金融通貨委員會의 통제를 받는다(7). 은행법 이외의 특별법에 의한 은행으로는 한국은행·한국산업은행·중소기업은행 등이 있다. 또 手票法上 은행이라 함은 은행법상의 은행뿐만 아니라 법령에 의하여 이와 同視되는 사람 또는 시설을 포함한다(手票 59).

은행감독원(銀行監督院) 金融通貨委員會의 지시를 받아 금융기관의 감독과 정기검사를 하기 위하여 한국은행에 두는 기관(韓銀 28). 은행감독원은 매년 1회 이상 예고없이 감독하에 있는 금융기관의 業態를 검사하여야 하고 업무수행상 금융기관에 대하여 필요한 서류의 제출, 증인의 출석과 증언·의견의 진술을 금융기관에 요구할 수 있다(30Ⅰ·Ⅱ).

은행거래(銀行去來) 〔英〕 banking business 〔獨〕 Bankiergeschät, Bankgeschäft 〔佛〕 opération de banque → 금융거래

은행권(銀行權) 〔英〕 bank-note 〔獨〕 Banknote 〔佛〕 billet de banque 일반적 유통수단으로서 은행이 발행하는 紙券이다. 중앙은행인 한국은행에 의하여 독점적으로 발행되고 있다(韓銀 47). 公私 일체의 거래에 무제한으로 통용된다(48).

은행인수(銀行引受)**어음** 지급인이 은행에 의하여 引受가 되어 있는 換어음. 인수라는 어음행위를 한 이상 주채무자로서 절대적인 지급의무를 부담하며 그 주채무자가 금융기관인 은행이어서 어음지급이 가장 확실하므로 일반투자대상 특히 은행의 어음할인의 대상으로서 가장 안전·유리하다.

은행주식 소유제한(銀行株式所有制限) 금융기관의 특성상 은행은 公共性이 강하기 때문에

특정인이나 특정기업의 은행소유나 지배를 막기 위해 동일인의 銀行株式所有限度를 법으로 규제하는 것. 은행법 17조의3에 따르면 동일인은 금융기관의 議決權 있는 발행주식 총수의 8%를 초과하는 주식을 소유하거나 사실상 지배하지 못한다고 되어있다. 또 지방은행에 대해서는 대통령령이 정하는 바에 따르도록 되어있어 현재 15%로 정해져 있다.

은행할인(銀行割引) 은행이 하는 어음할인. 은행이 與信業務의 하나로서 滿期日到來前의 어음을 배서에 의하여 讓受하고 그 대가로서 어음금액에서 양수한 날로부터 만기일에 이르기까지의 이자에 상당하는 금액, 즉 割引料를 공제한 것을 교부하는 것. 할인에 의하여 취득한 어음을 할인어음이라고 한다. 법률상으로는 할인은 어음의 매매라고 이해되고 따라서 消費貸借인 어음貸付와는 구별된다.

은혜기간(恩惠期間)〔船舶押留의〕〔英〕days of grace 開戰當時 자국항내에 있는 적상선을 즉각 출항케 하지 아니하고 그의 자유출항시까지 滯港을 허용하는 일정한 기간. 商船은 국민의 재산의 일종임이 분명하나 전쟁발발시 교전국의 항내에 있는 敵의 상선은 이를 방치해 두면 본국의 전쟁수행의 용도에 제공될 우려가 있으므로 일반사유재산과는 취급을 달리하여 이러한 敵의 商船과 그 載貨는 국제관습법상 몰수되어 왔었다. 그러나 1854년 크리미아 전쟁시에 英佛兩國이 자국항내에 있는 러시아 선박에 6주간의 은혜기간을 주어 자유출항을 허용하고 러시아도 같은 은혜기간을 英佛 양국선박에 부여한 후로는 여러 나라간에 새로이 은혜기간의 慣習이 행하여지게 되었고, 이러한 사상이 근본이 되어 마침내는 1907년의 開戰時의 敵商船取扱에 관한 條約이 헤이그에서 서명되었다. 불시에 발발된 전쟁으로부터 國際商業의 안전을 보장하고 또한 開戰前에 선의로 착수하고 또 이행도중에 있는 상거래를 보호할 목적으로 체결된 前記條約은 개전시 자국항내에 있는 적상선에 대하여 즉각 또는 상당한 은혜기간중에 자유로이 출항토록 조치할 것을 희망하고 있다. 조약상 은혜기간의 부여는 희망사항으로 되어 있다. → 개전시의 적상선취급에 관한 조약, 몰수, 포획

은혜일(恩惠日) 〔英〕days of grace〔獨〕Respekttage〔佛〕jour de grâce 어음채무자의 이익을 위하여 어음지급이 猶豫되는 기간. 英美法에서는 이를 인정하고 있으나, 현행법은 은혜일은 법률상의 것이나 재판상의 것이거나를 불문하고 이를 인정하지 않고 있다(어음 74·77 Ⅰ ix, 手票 62).

을사보호조약(乙巳保護條約) → 한일의정서

을지무공훈장(乙支武功勳章) 현행 상훈법상 무공훈장 2등급에 속하는 훈장(賞勳法 附則 Ⅱ).

음란물건반포죄(淫亂物件頒布罪) 음란한 문서·도화 기타 물건을 반포·판매 또는 임대하거나 공연히 전시하는 죄(刑 243). 본죄는 性的인 道德感情을 害하는 범죄이며, 건전한 性的 風俗 내지 성도덕을 보호하려는 것이다. 음란한 물건이란 정상적인 성적 수치감정을 심히 해하고 또 성적흥분을 목적으로 삼고 있는 것을 말한다. 따라서 진지한 학문적 작품은 제외된다. 필름은 圖畵에 속하고, 조각품·음반 등은 기타 물건에 속한다. 반포란 불특정 또는 다수인에 대한 무상의 교부이고 판매란 불특정 또는 다수인에 대하여 반복의 의사로 有償讓渡하는 것이고, 임대란 有償의 대여이고, 公然展示란 불특정 또는 다수인이 시청할 수 있는 상태에 두는 것이다(영화의 映寫도 여기에 해당한다).

음란물건제조죄(淫亂物件製造罪) 頒布·販賣 또는 賃貸하거나 공연히 전시할 목적으로 음란한 물건을 제조·소지·수입 또는 수출하는 죄(刑 244). 본죄는 음란물건반포죄의 예비에 해당하는 특별죄이며, 目的犯이다. → 음란물건반포죄

음란죄(淫亂罪) 공연히 음란한 행위를 함으로써 성립되는 죄(刑 245).

음 모(陰謀) 〔獨〕Komplott〔佛〕complot 2人 이상의 자 사이에 행하여지는 일정한 범죄를 실행하기 위한 謀議. 음모는 법률에 특별한 규정이 없는 한 처벌되지 아니한다(刑 28). 현행형법에서는 내란음모(90 Ⅰ), 외환음모(101 Ⅰ), 私戰陰謀(111 Ⅲ), 爆發物使用陰謀(120 Ⅰ), 逃走援助陰謀(150), 방화음모(175), 溢水陰謀(183), 교통방해음모(191), 飮用水有毒物混入·水道不通의 음모(197), 通貨僞造變造陰謀(213), 有價證券·郵票·印紙僞造變造陰謀(224), 살인음모(255), 國外移送目的略取誘引賣買 및 그 移送의 음모(290), 강도음모(343)의 경우에 처벌한다(→ 교사의 미수). 음모한 후 실행의 착수에 이르면 이제는 음모행위는 독립해서 처벌의 대상이 되지 않는다. 왜냐하면 착수후의 미수 내지 기수와 法條競合의 관계(補充關係)에 있기 때문이다. 또한 영미법상의 콘스피러시는 여기서 말하는 음모와 구별되어야 한다.

음용수(飮用水)**에 관한 죄**(罪) ① 일상 음용에 供하는 淨水에 오물을 혼입하여 飮用하지

못하게 하는 罪(刑 192 I), ② 前記의 음용수에 독물 기타 건강을 해할 물건을 혼입하는 罪(192 II) 및 ③ ②의 죄를 범하여 사람을 死傷에 이르게 하는 罪(194). 본죄의 보호법익은 공중의 보건이며, 水道飮用水使用妨害(193 I · II)의 경우에는 刑을 가중한다. 일상음용에 제공하는 淨水란 본죄의 본질이 公共危險罪인 점으로 보아서 불특정 또는 다수인의 음용에 제공하는 정수임을 요한다. 오물은 사람으로 하여금 불결한 감정을 가지게 할 물건이며, 독물은 소량이라 할지라도 화학적 작용에 의하여 건강을 해하는 물건이다. ②의 미수범(196) 및 예비 · 음모(197)를 처벌한다. →수도에 관한 죄

음주벽(飮酒癖) 〔獨〕 Trunksucht 음주를 거듭하였기 때문에, 다량의 알콜이 없으면 만족할 수 없게 된 상태. 음주벽에 빠지면 주의력감퇴 · 思考淺薄化 등 지적 기능의 변화와 기분발양 등 운동의 자극을 가져오기 때문에, 폭력범이나 명예훼손과 같은 無思慮한 범죄를 범하기 쉽게 되고(이러한 죄들의 累犯者에는 음주벽자가 많다), 동시에 생활비를 마시는데 써버리고, 노동이 불규칙하게 되기 때문에 직업을 잃어 가족을 빈곤에 빠뜨리고, 자신뿐만 아니라 가족도 범죄로 내닫게 한다.

음주운전(飮酒運轉) 酒醉 중 운전.

음행매개죄(淫行媒介罪) 영리의 목적으로 미성년 또는 淫行의 상습없는 婦女를 매개하여 姦淫하게 하는 罪(刑 242). 본죄는 건전한 性的 風俗의 보호와 동시에 개인의 貞操의 보호도 고려되어 있다. 영리의 목적, 즉 재산상의 이익을 얻거나 또는 제3자로 하여금 얻게 할 목적이 있어야 한다(目的犯). 미성년의 부녀란 만 20세 미만의 부녀를 말하며, 淫行의 상습없는 부녀란 정조관념이 약하여 불특정의 남성과 성생활을 하는 부녀 이외의 부녀를 말하고 반드시 처녀임을 요하지 않는다. 여기서의 매개는 간음하도록 중간에서 소개해 주거나 권유하는 것을 말하며, 매개로 인하여 간음하게 됨을 요한다(本罪의 未遂犯處罰規定이 없다. 단, 淪落行爲등防止法 25, 4 참조).

음행비상습부녀간음죄(淫行非常習婦女姦淫罪) 혼인을 빙자하거나 기타 僞計로써 음행의 상습없는 부녀를 기망하여 간음하는 죄(刑 304). 婚姻憑藉姦淫罪라고도 부른다. 음행의 상습없는 부녀에 관하여는 음행매개죄를 보라. 친고죄이다(306).

음화반포 · 제조죄(淫畵頒布 · 製造罪) 음란한 문서 · 도화 그 밖의 물건을 반포 · 판매 또는 임대하거나 공공연히 전시하거나 또는 그 행위에 제공할 목적으로 음란한 물건을 제조 · 소지 · 수입 또는 수출하는 죄(刑 243, 244). 風俗을 해하는 罪의 하나.

읍(邑) 인구 2만 이상이 되고 당해 지역의 시가지를 구성하는 인구와 상업 · 공업 기타 도시적 산업에 종사하는 가구의 비율이 각각 전체의 40% 이상인 지역이나 인구는 2만 미만이나 군사무소의 소재지의 面인 지역으로서 邑으로 지정된 곳(地自 7 III, 地自施 7).

응급부담(應急負擔) 〔獨〕 Notlasten 비상 · 재해 기타 목전에 급박한 필요가 있을 때에, 달리 그 수요를 충족할 방법이 없는 경우에 과하여지는 公用負擔. 즉 응급의 경우에 그 수요를 충족할 수 있는 지위에 있는 제3자에 대하여 勞役 또는 物品負擔을 과하거나(偶發負擔 · 犧牲者負擔), 제3자의 토지 · 물건을 사용 · 수용하거나 원조를 강제하는 등이 이에 속한다. 이에 대하여는 公法上의 損失補償을 청구할 수 있고 노역의 의무불이행에 대하여는 각 특별법의 벌칙(土收 26 · 27 · 57 · 66, 郵 4), 또는 輕犯罪處罰法(1 xxxvi)이 적용된다.

응보형론(應報刑論) 〔英〕 Theorie der Vergeltungsstrafe 刑罰의 본질을 응보라고 하며 범죄행위에는 그에 상응하는 형벌을 가하는 것이 정의의 실현이라고 하는 說. 應報刑主義라고도 한다. 舊派에 의하여 주장되는 것이며 目的刑論에 대한다. 형벌의 내용은 惡에 대한 惡의 반동으로서 고통이어야 하며 형벌의 종류 및 분량도 역시 범죄의 그것에 상응하여야 한다고 한다. 이 응보의 개념에 관하여서는 이론의 발전과 더불어 다음과 같은 다른 내용이 이루어져 있다. ① 응보를 動에 대한 反動으로 해석한다(本能主義). 復讐는 이 의미의 응보이다. ② 應報를 동일물에 대하여 동일물로써 하는 보상으로 생각한다. 이는 平均的 正義와 일치하며, 이 정의의 근거를 어디에 두느냐에 따라, 宗敎的 應報說 · 道德的 應報說 · 法律的 應報說로 나누어진다. 또한 동일물에 대한 동일물에 의한 보상의 관계를 사실적으로 이해하는 說(同害報復―탈리오說. 예컨대 칸트)과 가치적으로 이해하는 설(等價的 應報―等價說. 예컨대 헤겔)이 있다. ③ 범죄라는 국가적 질서의 침해, 즉 害惡에 대한 害惡的 反動이 응보라고 한다(害惡刑論). 그리고 응보형론은 형벌에는 응보 이외에 다른 목적이 있는 것이 아니고, 그 자체가 절대적인 것이며 응보 자체가 정의인 것이라 하기 때문에, 絶對主義(absolute Theorie) 혹은 正義主義(Gerechtigkeitstheorie)라고도 한다.

응보형주의(應報刑主義) →응보형론

응소강제(應訴强制) 〔獨〕 Einlassungszwang 로마법 및 초기의 독일보통법에 있어서는 민사소송은 피고의 협력없이는 성립할 수 없었고 법원도 판정을 할 수 없었던 관계로, 피고에 대하여 재산의 沒收, 법적 보호의 박탈 등의 제재를 과함으로써, 기일에 출석하여 응소할 것을 강제하였던 것이다. 그러나 현대의 諸立法例에 있어서는 원고가 제소하면 소송이 개시되는 것이고 설혹 피고가 辯論期日 또는 準備節次期日에 불출석하였다 하더라도, 법원이 사건을 심판함에 지장이 없는 것이므로, 응소를 강제할 필요가 없게 되었다. 다만 현대의 諸立法例에 있어서도 피고가 기일에 출석하여 원고의 주장사실을 부인하거나 자기의 抗辯事由를 진술하지 않으면 敗訴할 염려가 있으며, 이 점에 있어서 應訴의 責任(Einlassungslast)이 있다고 하여도 좋겠으나, 이 점에 있어서는 원고도 기일에 출석하여 자기의 청구를 이유있게 할 사유를 주장하고 또 상대방이 다투는 한 立證責任있는 사실을 입증하지 않으면 불리한 판결을 받는 것이므로, 원고와 피고 사이에 별차이가 없다 할 것이다.

응소관할(應訴管轄) 〔獨〕 Prorogation durch rügelose Einlassung 관할위반의 소에 대하여 피고가 제1심법원에서 관할위반의 抗辯을 제출하지 아니하고 본안에 관하여 변론을 하거나 준비절차에서 진술한 관계로 생기는 관할(民訴 27). 이러한 경우에는 관할에 관한 합의가 성립된 것으로 擬制되는 셈이다. 그러나 專屬管轄의 규정이 있는 때는 응소관할이 생기지 않는다(28).

응소권(應訴權) →공소권

응소의무(應訴義務) →의무적 국제재판

의견법칙(意見法則) 〔英〕 opinion rule →의견증거

의견서(意見書) 형사소송에 있어서 법관, 검사, 사법경찰관, 피고 등이 특정한 경우에 자기의 의견을 기재하여 법원 및 그 밖의 기관에 제출하거나 다른 서류에 첨부하여 법원에 송부하는 서면. 원심법원은 항고의 전부 또는 일부가 이유없다고 인정한 때에는 抗告狀을 받은 날로부터 4일 이내에 의견서를 첨부하여 항고법원에 송부함을 요한다(刑訴 408Ⅱ).

의견증거(意見證據) 〔英〕 opinion evidence 證人의 경험한 사실이 아니고 그로부터의 판단과정 또는 판단결과를 증거로 하는 것. 證人 스스로의 경험을 기초로 한 추측사항의 진술과 경험을 기초로 하지 않는 단순한 의견과로 나누어진다. 영미법에서는 이 양자를 모두 금지한다(意見法則). 왜냐하면 사실로부터 추정판단하는 것은 법원 또는 陪審의 임무이고 증인이 할 것이 아니기 때문이다. 그러나 경험이 비대체적이면 그로부터의 의견도 비대체적이라고 할 수 있고 또 판단을 전혀 섞지 않은 사실의 진술은 곤란하므로, 전자에 대하여는 그 금지를 완화하는 경향이 있다. 우리 형사소송법상 推定事項의 진술을 허용하는 규정은 없으나, 경험으로부터의 推測도 그것이 단순한 의견이 아니고 그 실험한 사실에 기한 객관성을 갖는 때에는 증거로서의 가치를 인정하더라도 무방하다고 본다.

의 결(議決) 〔獨〕 Beschluss 合議體機關에 있어서 그 기관의 의사를 결정하는 것. 국회의 의결, 선거관리위원회의 의결, 주주총회의 의결, 지방의회의 의결 등. 의결은 의결기관의 구성원재적수의 과반수 이상의 출석과 출석구성원 과반수의 찬성으로 성립되는 것이 보통이지만, 경우에 따라서는 특별한 의결정족수를 요구하고 있다. 헌법개정안의 國會議決(憲 130) 등이 그 일례이다. →결의

의결권(議決權)〔株主의〕 〔英〕 voting right 〔獨〕 Stimmrecht 〔佛〕 droit de vote 주주가 주주총회에 출석하여 그 결의에 참여하는 권리. 각 주주는 1株에 대하여 1개의 의결권을 가지는 것을 원칙으로 하고(商 369Ⅰ), 그 예외로는 自己株式(369Ⅱ) 및 議決權없는 주식(370)과 감사선임에 있어서의 초과한 議決權數의 不行使(409)에만 한정되고, 舊商法과 같이 정관에 의한 제한 또는 박탈은 인정되지 아니한다(舊商 241). 의결권의 행사방법으로서는 주주 스스로가 총회에 출석하여 이것을 행사하는 외에, 의결권의 대리행사도 인정된다(商 368Ⅲ). 無記名株式의 주주는 주권을 회사에 공탁하여야만 의결권을 행사할 수 있다(368Ⅲ).

의결권신탁(議決權信託) 〔英〕 voting trust 주식회사의 주주의 다수가 그 의결권을 1인 또는 수인의 受託者에게 양도하여, 수탁자가 그 주주의 일반적 이익에 따라 통일적으로 의결권을 행사하는 제도. 우리나라에서는 탈법적이 아닌 주식의 信託的 讓渡는 인정하나, 의결권만의 신탁은 인정되지 않는다. 미국에서는 콘체른과 트러스트에 있어서 회사지배수단으로 행하여지며 입법상 일정한 제한하에 그 유효성을 인정하는 州가 많다. 그러나 보통은 株式讓渡의 형식을 취하고, 수탁자는 수익자에 대하여 議決權信託證書(voting trust certificate)를 발행하여 이 증서가 유통에 놓여지며 배당은 수탁자가 받아서 이 증서의 소지인에게 나눈다.

의결권(議決權)**의 대리행사**(代理行使) 주주가 의결권을 대리인에 의하여 행사하는 것을 말한다. 상법상 의결권의 대리행사를 허용하고 있으나(368Ⅲ), 그 대리인은 대리권을 증명하는 書面(委任狀)을 총회에 제출하여야 한다. 대리인의 자격을 定款으로써 주주에 한정할 수 있으나 대리행사를 금지하거나 또는 강제할 수는 없다. 우리나라에서는 회사가 주주에게 총회소집의 통지와 더불어 議決權代理行使의 白紙委任狀을 발송하여, 그 대리권의 수여를 권유하는 관습이 있다. 이것은 분산된 小株主가 의결권행사에 냉담한 것을 이용하여, 이사의 總會支配를 확보하고자 하는 것이다.

의결권주(議決權株) 〔獨〕 Mehrstimmaktie, Stimmrechtsaktie, Stimmvorrechtsaktie 〔佛〕 action à droit de vote inégal 數種의 株式이 있는 경우에 의결권에 관하여 특히 우선적 지위가 인정되는 종류의 주식. 優先株의 일종으로 항시 보통주보다도 많은 의결권이 부여되는 것과, 정관변경·해산·이사나 감사의 선임에 관하여서만 다수의 의결권이 부여되는 것이 있다. 독일에서 인플레이션 시대에 防衛株로서 행하였졌던 것이나(獨商 185, 252), 理事專制의 폐단이 있기 때문에 독일 주식법은 원칙으로 이를 금지하고 있다(독일株式法 12). 프랑스(1930년 4월 26일 法), 오스트리아에서도 금지되어 있으나 미국에서는 이를 인정하고 있는 주도 있다. 우리나라 상법은 이 의결권주를 인정하지 아니한다.

의결기관(議決機關) ① 법인의 의사를 결정하는 合意機關. 執行機關·理事機關에 대립하는 말. 특히 공공단체의 기관에 관하여 사용되는 경우가 많다. 지방자치단체의 지방의회는 그 예이다. 私法人에서는 사원총회·주주총회가 이에 해당한다. 그 의결은 집행기관을 구속하고 후자는 그것을 집행할 의무를 부담한다. 의결기관은 의사를 결정구성하는 것인 점에서 意思機關이라고도 한다. ② 행정법상 다수결의 형식으로써 국가의 의사를 결정하는 合議制의 행정기관. 의결기관은 내부적으로 국가나 공공단체의 의사를 결정할 수는 있지만, 그것으로써 외부에 대하여 국가를 대표할 수 없는 점에서 행정관청과 구별된다. 지방의회나 제3차개헌전의 國務院 등이 그 예. 국가의 의사를 결정할 수 있는 점에서 국가의 의사를 내부적으로 의결할 수는 없고 오로지 그 결정을 유도하는데 불과한 합의기관인 諮問機關과 구별된다. 의결기관도 단독으로 외부에 대하여 국가나 단체를 대표할 수 있는 경우에는 행정관청의 지위를 가질 때가 있으며, 行政委員會에 그 예가 많다.

의결정족수(議決定足數) 合議體機關의 의결이 성립하는데 필요한 구성원의 贊成票數. 국회는 헌법 또는 법률에 특별한 규정이 없는 한 그 재적의원 과반수의 출석과 출석의원 과반수의 찬성으로 의결한다. 가부동수인 경우에는 부결된 것으로 본다(憲 49). 이것을 국회의 일반의결정족수라 하는데, 이 외에 특별정족수가 요구되는 경우가 있다. 대통령이 還付한 법률안에 대한 再議決(53Ⅳ), 국무총리 또는 국무위원에 대한 해임의결(63Ⅱ), 의원의 제명의결(64Ⅲ), 彈劾訴追議決(65Ⅱ), 憲法改正案의 의결(130Ⅰ) 등이 그것이다.

의금부(義禁府) 王命을 받들어 죄인을 推鞫하는 從一品官衙. 刑曹와 함께 고유한 의미의 사법기관. 王旨를 받들어서만 開廷하여 주로 왕족의 범죄, 國事犯 기타 內部官司에서 판결하기 곤란하여 오래 지연된 사건 등을 관할하는 特別裁判機關이며 死刑에 해당하는 죄에 대하여는 三審機關이었다(禁府三覆之法 또는 三覆啓). 성종 12년부터는 現任·原任인 朝官의 범죄는 여기서 下獄·鞫問하는 것이 定式이 되었다.

의료기관(醫療機關) 醫療業을 행할 수 있는 기관으로서 의사는 종합병원·병원·요양병원 또는 의원을, 치과의사는 치과병원 또는 치과의원을, 한의사는 한방병원·요양병원 또는 한의원을, 조산사는 조산원을 개설하여 의료업을 행하게 된다. 그 밖에 의료기관을 개설할 수 있는 자로는 국가 또는 지방자치단체, 의료업을 목적으로 설립된 법인, 민법 또는 특별법에 의하여 설립된 비영리법인, 政府投資機關管理基本法의 규정에 의한 정부투자기관·지방공기업에 의한 지방공사 또는 韓國報勳福祉公團法에 의한 한국보훈복지공단 등이 있다. 의원·치과의원·한의원 또는 조산원의 개설은 시장·군수·구청장에게 이를 申告하여야 하며, 종합병원·병원·치과병원·한방병원 또는 요양병원의 개설은 도지사의 허가를 받아야 한다(醫 30).

의료기사(醫療技士) 의사·치과의사의 지도하에 診療 또는 醫化學的 檢査에 종사하는 임상병리사·방사선사·물리치료사·작업치료사·치과기공사 및 치과위생사를 말한다(醫療技士 등에 관한 法律 1, 2). 의료기사가 되려면 의료기사국가시험에 합격한 후 보건복지부장관의 면허를 받아야 한다(4).

의료동업자회(醫療同業者會) 의사회·치과의사회·한의사회·조산원회 등의 의료인단체. 공법인의 성질을 가진 것으로서 그 설립과 가입이 강제된다(醫 26Ⅰ·Ⅱ·Ⅲ). 의료동업자회를 설정하고

자 할 때에는 보건복지부장관의 設立認可를 받아야 한다(27 I). 의료동업자회는 서울특별시·광역시와 도에 지부를 설치하여야 하며, 구·시·군에 分會를 둘 수 있다(26 v). 의료동업자회는 보건복지부장관의 감독을 받으며(29), 그의 협동요청에 응하여야 한다(28 I).

의료법인(醫療法人) 醫療法人을 설립하고자 하는 자는 개설하는 의료기관에 필요한 시설 또는 이에 소요되는 자금을 보유하고 필요한 定款 등 서류를 갖추어 도지사의 許可를 받아야 한다. 의료법인의 목적사업의 범위가 2 이상의 도에 걸치는 의료법인을 설립하고자 할 경우에는 보건복지부장관의 許可를 받아야 한다(醫 41).

의료보수(醫療報酬) 의료기관이 환자 등으로부터 징수하는 의료서비스의 대가로서 그 지역을 관할하는 도지사의 認可를 받아야 한다(醫 37).

의료보험(醫療保險) 근로자의 업무 외의 사유로 인한 질병·부상·사망 또는 分娩과 근로자의 扶養家族의 질병·부상·사망 또는 분만에 관한 保險給與로서, 社會保障行政의 내용을 이룬다. 의료보험은 의료보험법이 정하는 바에 따라서 행하여진다. 보험급여의 종류로는 요양급여·분만급여가 있다. 의료보험업의 경영주체는 직장조합·지역조합·직종조합이 되며 이들 조합은 法人格을 가진다(醫療保險法 13~15). 그리고, 공무원 및 사립학교 교직원의료보험법에 의하여 의료보험에 가입된 자, 의료보험법에 의하여 의료보호를 받는 자 및 국가유공자예우 등에 관한 법률에 의하여 의료보호를 받는 자 이외의 모든 國內居住의 국민은 의료보험의 가입자가 될 수 있다(5).

의료보호(醫療保護) 醫療保護法에 의한 보호의 일종. 원칙적으로 시·도지사가 지정하는 1차·2차 진료기관과 보건복지부장관이 지정하는 제3차 진료기관의 의료시설에 의한 現物給與로 행하여진다(10, 8).

의료심사조정위원회(醫療審査調整委員會) 의료행위로 인하여 생기는 분쟁을 조정하기 위하여 보건복지부장관 소속하에 설치되는 중앙의료심사조정위원회와 도지사 소속하에 설치되는 지방의료심사조정위원회가 있다(醫 54의2). 중앙 및 지방의료심사조정위원회는 분쟁조정신청이 회부된 날로부터 90일 이내에 조정안을 작성하여 당사자에게 제시하여야 하고 당사자의 조정안에 대한 수락이 있으면 조정위원 전원은 調整調書를 작성하고 당사자와 함께 서명·날인하여 한다. 이 경우의 조정조서는 민사소송법에 의한 和解調書와 동일한 효력을 가지게 된다(54의7).

의료업(醫療業) 〔英〕 medicine 〔獨〕 ärztlicher Beruf 〔佛〕 profession médicale 반복·계속의 의사를 가지고 사람의 질병을 진찰·치료하는 것을 임무로 하는 業. 의료인이 아닌 자는 의료업에 종사할 수 없으며(醫 25 I), 이에 위반한 때에는 처벌을 받는다(66). 의료업에 관하여는 의료법에 診療拒否의 금지(16 I), 無診察診斷書의 교부금지(18 I), 진단서 등의 교부의무(18 Ⅲ), 秘密漏泄의 禁止(19), 診療記錄簿의 비치의무(21) 등 여러 가지 團束規定이 있다.

의료지도원(醫療指導員) 의료기관 또는 의료인에 대하여 그 업무상황, 시설 또는 진료기록부 그 밖의 관계서류를 검사하는 자로서 의료지도원은 그 職務上 知得한 의료기관·의료인 또는 환자의 비밀을 누설하지 못한다(醫 49, 54).

의명통첩(依命通牒) 訓令의 형식에 規程·通牒·口頭 등이 있는데, 보통 보조기관이 기관장의 명에 의하여 발하는 훈령을 의명통첩이라고 한다.

의 무(義務) 〔英〕 duty 〔獨〕 Pflicht 〔佛〕 devoir 規範에 의하여 과하여진 구속을 말한다. 도덕적 의무와 법적 의무는 구별된다. 법적 의무는 법규범에 의하여 과하여진 拘束을 말하며 그것은 법률상의 권리와 대응하는 개념이다. 내용적으로는 作爲義務와 不作爲義務로 갈리며, 법규범의 種別을 따라 公法上의 義務와 私法上의 義務로도 구별된다. 개념상으로는 권리와 대응하지만 실정법규에 따라서는 권리에 대응하는 의무가 없는 때도 있다. 取消權·解除權이 그 예.

의무교육(義務教育) 현대국가는 국민에 대해서 여러 權利·義務를 인정하고 있는데 우리 헌법은 국민이 능력에 따라 균등하게 教育을 받을 권리와 모든 국민은 그 보호하는 자녀에게 적어도 초등교육과 법률이 정하는 교육을 받게 할 의무를 진다라는 규정을 두고 있다(憲 31). 교육을 받을 권리·의무가 국민의 本來的·全社會的 性質을 가진 것은 아닐지라도 현대국가적 사회의 특질이 일정수준의 국민적 생활을 국가적 책임하에 보장하고 또 발전시키고 있으므로 국민교육은 이같은 사회에 와서는 본질적인 것으로 간주되어 국가적 중대사로 변하였다. 여기에서 국가가 요구하는 국민생활의 향상과 福祉國家形成을 달성하는데 요구되는 것이 교육의 의무화인 것이다. 우리나라의 헌법은 초등교육과 법률이 정하는 교육을 의무화하고 있으며 교육기본법 8조는 초등교육과 3년의 중등교육을 義務教育으로 정하고 있다. 즉 이를 실시하기 위해 학령아동을 가진 보호자는 就學시킬 의무가 있고, 국가·공공단체는 교육을 실시할 수 있는 시설을 갖출 의무가 있으며, 또 교육을 받고 있는 아동에 대해서 방해하지 않을 의무가 있다. 이래서 의무교육의 실효를 보장하고 있다(憲 31, 敎 8). 그러나 學齡兒童이 불구·폐질·병약·발육불완전·기타 부득이한 사유로 인하여 취학하기 불능한 경우에는 대통령령이 정하는 바에 따라서 의무교육을 면제 또는 유예할 수 있다(初·中等敎育法 14).

의무능력(義務能力) 〔獨〕 Pflichtsfahigkeit 의무를 질 수 있는 법적 자격. 권리능력의 일면을 말하는 바 實質上 權利能力과 같다.

의무범(義務犯) 〔獨〕 Pflichtdelikte 구성요건에 앞서 존재하는 前刑法的 特別義務(Sonderpflicht)를 침해할 수 있는 자만이 正犯이 될 수 있는 범죄를 말한다. 예컨대 공무원의 직무상의 범죄 중 특히 公法上의 특별한 의무를 침해하는 不法逮捕·不法監禁(刑 24), 폭행·가혹행위(125), 被疑事實公表(126), 公務上秘密漏泄(127)과 私人의 업무상의 비밀누설(317)이나 배임죄(355Ⅱ)와 같은 직무상의 신분범죄와 공무원의 職務遺棄(122)나 一般遺棄(271Ⅰ)와 같은 직무있는 자의 유기행위 및 不眞正不作爲犯 등을 들 수 있다. 의무범은 身分犯의 특수형태라고 할 수 있다. 이 의무범의 특성은 前刑法的 特別義務의 침해만이 正犯性을 근거지우고 犯行支配와 같은 다른 표지의 존재는 필요로 하지 않는다는 점이다. 따라서 구성요건적으로 특별한 의무침해가 없는 한, 비록 범행지배가 있어도 행위자는 正犯이 아니라 단지 幇助犯에 불과하다.

의무본위사상(義務本位思想) 법생활에 있어서의 의무의 의식을 강조하는 사상. 고대법이나 중세법에서는 法은 주로 개인에 대한 구속·의무의 면에서 의식되어 있었다. 그런데 근대법은 個人主義·自由主義的 法思想에 기하여 권리의 관념을 중심으로 구성되어 있다. 이 權利本位思想에 대한 반발로서 현대에 있어서는 여러가지 모습으로 의무의 관념이 역설되고, 또한 극단적인 학설로서는 뒤기와 같이 권리의 관념은 形而上學的 槪念이라고 하여 이를 부인하여 사회연대에 기한 의무의 관념을 법이론의 중심으로 하려는 경향까지도 있다(權利否認說).

의무(義務)의 충돌(衝突) 〔獨〕 Pflichtenkollision 동시에 서로 용납할 수 없는 두개의 의무가 존재하는데, 그 일방을 이행하기 위하여는 타방을 怠慢할 수밖에 없는 긴급상태에 있어서 타방의 의무를 방치하고서 일방의 의무를 이행하는 경우를 말하며, 緊急避難의 특별한 경우라고 이해되고 있다.

의무이행소송(義務履行訴訟) 행정청이 개인의 신청에 대하여 위법하게 이를 거부하거나 不作爲로 방치하고 있는 경우에 신청에 따르는 처분을 할 것을 행정청에 命하는 판결을 구하는 소송을 말한다. 義務履行訴訟의 필요성은 拒否處分의 취소판결의 구속력이 불분명하여 또다른 분쟁을 야기시킬 수 있다는 점에서 볼 수 있다. 현행 행정소송법에서는 명문으로 규정하고 있지 않으나 거부처분의 取消判決에 대한 특칙(30Ⅱ)과 거부처분취소판결의 間接强制規定(34)을 통하여 의무이행소송의 효과를 기대할 수 있다.

의무이행심판(義務履行審判) 행정청의 위법 또는 부당한 拒否處分 또는 不作爲가 있는 경우에 그 법률상 의무지워진 처분의 이행을 구하는 행정심판을 말한다. 의무이행심판은 의무이행소송과는 달리 행정심판법 4조 3호에 明文으로 규정되어 있다.

의무이행지(義務履行地)**와 재판적**(裁判籍) 재산권상의 이른바 特別裁判籍(民訴 6). 이 재판적이 있음으로써 원고는 피고의 보통 재판적 외에 당해 재산권에 대한 의무이행지의 법원에도 소를 제기할 수 있다. 의무의 발생원인, 소의 종류는 불문한다. 의무이행지는 實體法(民 467)에 의하여 정해지므로 이 재판권은 原告偏重의 우려가 있다.

의무적 관할권(義務的管轄權) 〔英〕 obligetory jurisdiction → 국제사법재판소

의무적 국제재판(義務的國際裁判) 국제분쟁을 상설국제중재재판소 또는 국제사법재판소에 의무적으로 부탁하여 해결하는 경우. 부탁의무는 一般的 條約 또는 個別的 條約에 의한다. → 의무적 중재재판, 국제분쟁의 평화적 해결에 관한 일반의 정서

의무적 중재재판(義務的仲裁裁判) 〔英〕 compulsory(obligatory) arbitration 〔獨〕 obligatorische Schiedsgerichtsbarkeit 〔佛〕 arbitrage obligatoire 일반의 국제분쟁 또는 특종의 국제분쟁을 중재재판에 의무적으로 부탁하는 제도. 중재재판의 형식은 초기에 있어서 일반적으로 任意的 仲裁裁判이었다. 그러나 임의적 재판형식으로서는 국제분쟁의 평화적 해결이 기대될 수 없으므로 제1차대전후

에는 義務的 裁判形式에 관해서 일반적 조약 또는 개별적 조약에서 규정하게 되었다. 1907년의 헤이그평화회의최종문서에서 의무적 중재재판의 원칙을 인정하고 또 어떤 분쟁 특히 국제조약의 규정의 해석 및 적용에 관한 분쟁이 하등의 제한없이 의무적 중재재판에 부탁할 수 있는 것을 인정한다는 것을 선언하였다. 그런데 개별적인 總括的 仲裁裁判條約에는 법률적 문제 특히 조약의 해석문제로서 국가의 명예·독립·중대한 이익에 관계되지 않는 것을 중재재판에 부탁하는 약정을 하는 것이 상례이다. 따라서 실질적으로 그러한 유보의 구실에 의하여 의무적 중재재판이 보류되는 경향이 있게 된다. 의무적 중재재판의 약정에는 두 가지 종류가 있다. 하나는 普通條約 중에 중재재판조항을 규정하는 것인데 이것에는 당사국의 조약상의 분쟁을 중재재판에 부탁한다는 特別仲裁裁判條項과 당사국의 일반분쟁을 중재재판에 부탁한다는 一般仲裁裁判條項의 두 가지가 있고, 또 하나는 중재재판을 위한 단독적인 仲裁條約이며 이것은 조약당사국간에 발생하는 일정한 분쟁을 중재재판에 부탁한다는 것을 약정한 것이다. 의무적 중재재판에 관한 일반조약으로서는 1925년의 로까르노(Locarno) 仲裁裁判條約, 1928년의 一般議定書(21), 1929년의 美大陸諸國間의 일반적 중재재판조약 등을 들 수 있다. → 중재재판조약, 특별합의서, 상설중재재판소

의 사(醫師) 〔英〕 physician, medical practitioner 〔獨〕 Arzt 〔佛〕 médecin 의학을 전공하는 대학을 졸업하여 醫學士의 학위를 받고 국가시험에 합격한 후 보건복지부장관의 免許를 받은 자(醫 5). 의사는 의료·보건지도에 종사하여 국민보건의 향상을 도모하고 국민의 건강한 생활확보에 기여함을 그 임무로 하는 醫療人의 하나이다(2). 의사는 진찰·치료상 여러가지의 권리의무를 가지며(12~23), 專門科目의 표방 이외에는 학위·기능·약효·진료방법·경력 기타의 광고를 행하지 못한다(46, 47). 또한 업무상 知得한 비밀엄수의무와 증언거부권을 가진다(刑 317Ⅰ, 刑訴 149, 民訴 286). 文書僞造罪와 落胎罪의 경우에는 그 행위의 위험성에 비추어 특별한 취급을 받는다(刑 233, 270). 의사가 아닌 자는 의료업에 종사할 수 없으며, 유사명칭을 사용하지 못한다(醫 25Ⅱ).

의사결정규범(意思決定規範) 결정규범과 같다.

의사공개(議事公開)**의 원칙**(原則) 합의체기관의 議事를 일반에게 공개한다는 원칙을 말하나, 주로 국회의 의사진행에 관한 것이다. 대의기관인 국회의 의사를 공개함으로써 國事의 공개토론과 국민의 國事批判을 가능하게 하려는 국회제도에 있어서의 본질적인 원칙의 하나. 벤담에 의하여 처음으로 주창된 후 1791년의 프랑스헌법에서 제도화되었다. 이 원칙에 의하여 공개되는 것은 국회의 본회의이다. 이 원칙은 절대적인 것이 아니라, 국회의 의결 또는 의장의 결정으로 비공개로 할 수 있다(憲 50Ⅰ但, 國會 75).

의사국가시험(醫師國家試驗) 국가가 시행하는 의사의 자격시험. 의사가 되고자 하는 자는 반드시 이에 합격한 후 보건복지부장관의 면허를 받아야 한다(醫 5).

의사규칙(議事規則) 〔獨〕 Geschäftsordnung 국회가 법률에 저촉되지 않는 범위 안에서 議事에 관하여 자율적으로 규정한 규칙. 이와 같은 의사규칙은 국회의 自主性을 존중하여 헌법이 인정한 것이기 때문에(憲 64Ⅰ). 이 규칙은 국민도 羈束한다. → 자율권

의사기관(意思機關) 法人의 의사를 결정하고 구성하는 기관. 보통, 합의체의 의결에 의하여서 행하므로 議決機關이라고도 한다. 특히 지방자치단체 기타의 공공단체의 의사를 의결하고 결정하는 기관. 예컨대 지방자치단체의 의회 등에 관하여 그 성질을 표시하는 학문상의 용어로서 사용되는 경우가 많다. 私法人에 있어서는 사원총회·주주총회가 그것에 해당한다. 의사기관에 대하여 그 의사를 집행하는 기관을 執行機關 또는 理事機關이라고 한다. → 의결기관

의사기관(議事機關) 議決機關의 의미로 사용된다.

의사능력(意思能力) 〔獨〕 Willensfähigkeit 자기의 행위의 결과를 판단할 수 있는 정신적 능력. 그 유무에 관하여는 개별적인 판단을 요하지만, 대체로 10세 미만의 유아나 그 이하의 지능밖에 없는 白痴, 泥醉中의 자 등은 의사능력이 없다. 근대법은 각 개인은 원칙적으로 자기의 의사에 기하여서만, 권리를 취득하고 또는 의무를 부담한다고 하는 私的自治의 原則을 취하므로, 의사능력이 없는 자의 법률행위는 무효이고(判例·學說), 무능력자이면 법정대리인이 갈음하여 이를 하게 된다. 또한 過失責任의 원칙상 의사능력이 없는 자의 不法行爲는 책임이 생기지 않으며, 감독의무자가 대신 책임을 진다(民 753~755). → 책임능력

의사록(議事錄) 회의체의 議事經過의 요령 및 그 결과를 기재한 기록.

[1] 私法上 그 작성이 요구되는 예로서는 주식회사의 株主總會·理事會, 유한회사의 社員總會의 경우 등이다. 주식회사·이사회·사원총회의 경우는 의장 및 출석이사의 기명날인을 요한다(商 373, 392, 578). 이러한 議事錄은 본점 및 지점에 비치하여, 주주 또는 사원 및 회사채권자에게 公示를 하여야 한다(396, 566). 의사록은 결의의 효력에는 관계가 없으나, 이사회의 경우에는 결의에 참가한 이사로서 의사록에 異議를 한 기재가 없는 자는 그 의결에 찬성한 것으로 추정되어, 일정한 책임을 부담하는 특수한 效力이 인정되어 있다(399Ⅱ).

[2] 公法上으로도 合議制機關이 회의의 기록을 작성하고 또 頒布·閱覽 등에 의하여 공개함을 법률상 요구하는 일이 있다. 국회·지방의회·감사원·각급선거관리위원회 등의 會議錄(國會115~118, 地自 64)이 그것이다.

의사면허(醫師免許) 의사가 되기 위하여 필요한 보건복지부장관의 면허. 면허는 醫師國家試驗에 합격한 자에 대하여, 의사등록대장에 등록하고 면허증을 교부하여야 한다(醫 5, 11Ⅰ·Ⅱ). 일정한 缺格事由가 있을 때에는 면허를 부여하지 아니하며(8) 일정한 사유가 있을 때에는 면허를 취소한다(52). 무면허자는 원칙적으로 의료업무에 종사할 수 없으며(25Ⅰ) 이에 위반한 때에는 처벌을 받는다(66).

의사면허증(醫師免許證) 의사면허를 부여하는 때에 교부하는 증서. 의사면허에 관한 사항을 등록대장에 등록한 후 보건복지부장관이 교부한다(醫 11Ⅱ). 면허증의 기재사항에 변경이 있을 때는 면허증의 改書를 신청해야 하며 毁損 또는 紛失하였을 때는 재교부를 신청하여야 한다. 의사가 免許取消處分을 받거나, 면허증의 재교부를 받은 후 분실하였던 면허증을 발견하였을 때는 지체없이 주소지를 관할하는 도지사를 거쳐 보건복지부장관에게 그 면허증을 반납하여야 한다(醫療法施行規則 5Ⅰ, 6Ⅰ, 9).

의사무능력자(意思無能力者) → 의사능력

의사발기인(擬似發起人) 발기인이 아니고 주식청약서, 사업설명서, 주식모집 광고 등 주식모집에 관한 문서에 자기의 성명 및 회사의 설립에 찬조할 취지의 기재를 할 것을 승낙한 자. 그 外觀에 따라서 주식인수인 등에 대하여 발기인으로 오신시킬 우려가 있으므로 현행상법은 회사 성립의 경우의 資本充實의 責任, 불성립의 경우의 納入金返還責任 등에 관하여 발기인과 동일한 책임을 지도록 규정하고 있다(商 327).

의사방해(議事妨害) 〔英〕 obstruction, filibustering 合議制機關의 議事의 진행을 방해하는 것을 뜻하나, 일반적으로는 국회의 의사진행에 대한 방해를 지칭. 의장은 의사진행의 정상화를 위한 조치를 취할 수 있는 권한을 가지며 의사방해행위로 말미암아 회의장의 질서를 유지하기 곤란하다고 인정할 때에는 회의를 중지하거나 散會를 선포할 수 있다(國會 145Ⅲ). 고의로 의사방해를 한 경우에는 國會議場侮辱罪가 성립될 수 있다(刑 138).

의사불계속(議事不繼續)**의 원칙**(原則) 의회에 제출된 의안이 어느 회기 중에 의결되지 않으면 그대로 소멸되어 버리고 다음 회기에 계속되지 않는다는 원칙. 그러나 폐회중 委員會에 계속 심의케 한 의안은 소멸되지 않고 다음 회기로 넘어간다.

의사설(意思說) 〔獨〕 Willenstheorie 민법·형법상 認識說 또는 表象說과 대립하고, 故意概念을 정함에 있어서 존재하는 학설. 고의는 단순히 어떤 사실을 인식하였을 뿐만 아니라 나아가서는 인식 또는 표상된 사실을 희망 또는 의욕할 것을 필요로 한다는 설이다. 未必的 故意를 고의로 해석할 것이냐에 대하여 중요한 뜻을 가진다.

의사(意思)**의 실현**(實現) 〔獨〕 Willensbetätigung, Willensverwirklichung, Willensäusserung 效果意思를 推斷시킴에 족한 행위가 있기 때문에 의사표시로 취급되는 것. 賣買의 請約과 함께 부쳐온 물건을 처분하거나 注文을 받고 승낙의 통지없이 주문품을 발송하는 행위 등이 그 예. 상대방에 대하여 행하여질 필요가 없는 점에서 의사표시와 다르다. 請約者의 의사표시나 관습에 의하여 승낙의 통지가 필요하지 아니한 경우에는 이로 인하여 계약이 성립한다(民 532).

의사(意思)**의 통지**(通知) 〔獨〕 Willensmitteilung 자기의 의사를 타인에게 통지하는 私法上의 行爲. 의사를 외부에 표시한다는 점에서는 의사표시와 동일하나 그것이 법률효과를 바라는 效果意思의 표시가 아니라는 점에서 그것을 바라는 의사표시와 다르다. 즉, 법은 의사통지자의 願·不願의 여부와는 관계없이 일정한 법률효과를 귀속시킨다. 예컨대 履行의 請求(催告)는 통지자가 무엇을 바라고 그 청구를 하였느냐와 관계없이 언제나 時效의 중단(民 174), 履行遲滯(387Ⅱ), 解除權의 發生(544) 등의 효과가 생기는 것이 그것이다. 각종의 催告(15, 131, 381, 387Ⅱ, 564, 1077, 1094

등)나 拒絶(460, 534 등) 등이 여기에 속한다. 準法律行爲의 일종이다.

의사(意思)**의 흠결**(欠缺) 〔獨〕 Willensmangel 의사표시에 있어서 표시에 적합한 의사가 결여되어 있는 것. 즉, 표시행위에 해당하는 의사(表示上의 效果意思)가 表意者의 내심에 존재하지 않거나 또는 내심에 존재하는 의사(內心의 效果意思)와 일치하지 않는 경우로서 의사와 표시의 불일치를 말한다. 여기에는 이러한 불일치를 표의자 자신이 알고 있는 경우(진의아닌 의사표시·통정허위표시)와 알지 못하고 있는 경우(錯誤)가 있다. 의사의 欠缺이 의사표시의 효과에 어떠한 영향을 미칠 것인가는 입법정책상 중요한 문제이다. 즉, 표의자의 의사에 중점을 둔다면(意思主義), 그 표시에 효력을 인정할 수 없게 될 것이고, 반대로 動的인 거래의 안전에 중점을 둔다면(表示主義) 그 효력은 함부로 부정할 수 없게 될 것이다. 입법례는 대개 절충주의적 입장을 취하나, 오늘날에는 일반적으로 표시주의에 중점을 주는 경향이 있다. →의사주의·표시주의

의사일정(議事日程) 〔英〕 agenda 〔獨〕 Tagesordnung, 〔佛〕 ordre du jour 合議體의 심의사항에 관한 日別豫定表. 국회의 의사일정은 국회의장이 작성하여 미리 본회의에 보고하여야 하는 바 의사일정의 작성에 있어서는 국회운영위원회와 협의하여야 한다(國會 76Ⅰ·Ⅱ). 본회의에 보고된 의사일정은 의장이 필요하다고 인정할 때나 의원 20인 이상이 連署한 요구가 있을 때에는 토론을 하지 아니하고 국회의 의결로 변경할 수 있다(77). 의사일정에 올린 안건의 議事가 끝나면 의장은 散會를 선포한다(74).

의사자치(意思自治) 〔英〕 autonomy of the will 〔獨〕 Parteiautonomie 〔佛〕 autonomie de la volonté 일반적으로 개인의 私法關係를 그 의사에 의하여 자유로이 규율하게 하는 것. 즉 私的自治 또는 私的自治의 原則을 의미하는 것이지만 국제사법에서는 특히 이 말이 다른 의미로 사용된다. 국제사법상의 의사자치라는 것은 법률행위의 準據法을 당사자의 명시 또는 묵시의 의사에 의하여 정하는 것을 의미한다. 當事者自治라고도 한다. 섭외사법 9조 본문은 이 원칙을 인정한 것이다. 당사자가 법률행위의 準據法을 지정하는 경우에 그 지정은 두 가지의 의미를 가질 수 있다. 하나는 법률행위의 성립·효력 자체를 지배하는 법률의 지정이며, 다른 하나는 준거법이 허용하는 범위내에서 법률행위의 구체적 내용을 정하는 대신에 어느 법률에 의하게 하고자 하는 지정이다. 전자를 抵觸法的 指定이라 하고 후자를 實質法的 指定이라 한다. 의사자치는 전자만을 의미한다. 이러한 의미의 의사자치를 이론적으로 부정하는 학설도 있다.

의사정족수(議事定足數) 합의제기관이 의사를 진행하는데 필요한 구성원의 출석수. 국회의 의사정족수는 재적의원 5분의 1 이상이다(國會 73Ⅰ). 국회가 회의도중에 의사정족수에 미달하게 된 때에는 의장은 회의의 中止 또는 散會를 선포한다(73Ⅲ). 의사정족수는 합의제기관이 의결하는데 필요한 구성원의 출석수인 議決定足數와 다르다. →의결정족수

의사주의·표시주의(意思主義·表示主義) 의사표시에 있어서 표시에 적합한 內心의 효과의사와 표시행위 자체가 일치하지 않는 경우에 그 의사표시의 효력 내지 내용을 전자에 따라서 결정하려는 것이 意思主義(Willenstheorie)요, 후자에 따라서 결정하려는 것이 表示主義(Erklärungstheorie)이다. 환언하면 법률효과발생의 기초는 표의자의 진실한 의사에 있다고 하는 것이 의사주의요, 표시에 적합한 내심의 진실한 의사의 존재여부와는 관계없이 표시, 즉 표시상의 효과의사에만 이에 적합한 법률적 효력을 주어야 한다는 것이 표시주의이다. 따라서 불명료한 의사표시를 해석함에 있어서 전자는 표의자의 내심의 의사를 탐구하며, 후자는 표시행위가 가지는 객관적 의미를 판단하려고 한다. 전자가 가지는 法律的 世界觀은 靜的 安全에 기인한 개인적 자유요 후자가 가지는 법률적 세계관은 동적 안전에 기인한 사회적 평화이다. 입법례는 대개 折衷主義를 취하기는 하지만 원칙적으로 재산상의 행위, 특히 상법에 있어서는 표시주의에 중점을 두고(民 107~110, 商 302Ⅲ·320 참조), 身分行爲에 관하여는 의사주의를 주로 한다(民 815 i, 883 i 참조). 민법은 절충주의를 취하고 있는데, 구민법에 비하여 훨씬 표시주의에 가까운 절충주의이다.

의사주의·형식주의(意思主義·形式主義) 의사주의라고 하는 말이 형식주의라고 하는 말에 대립하는 것으로서 사용되는 것은 物權의 變動 특히 물권의 이전이나 설정이 법률행위로 인하여 행해지는 경우에 관해서이다. 의사주의는 물권의 변동은 당사자의 의사표시만으로써 이를 일으킬 수 있으며 의사표시 이외에 따로 아무런 형식을 요하지 않는다는 주의이다. 프랑스민법이 채용하는 바이므로, 佛法主義라고도 불리운다. 舊民法(일본민법)은 이 주의를 취하고 있었다. 형식주의는 물권의 변동은 당사자의 의사표시 이외에 법정의 형식(등기 또는 인

도)을 갖추지 않으면 생기지 않는다고 하는 주의이며, 독일민법이 채용하는 바이므로, 獨法主義라고도 불리운다. 우리 민법도 의사주의를 취하였던 구민법과는 달리 이 주의를 취하고 있다(民 186, 188).

의사책임(意思責任) 〔獨〕 Willensschuld 책임을 구체적 개개 범행에 대한 비난할 만한 意思決定에서 파악하는 것을 말한다. 이러한 의사책임은 먼저 Goldschmidt의 期持可能性論에서 발단하였다. 즉 달리 행위할 것이 기대되었을 때 그 범행은 비난가능하다는 것이다. 그러나 무엇이 기대되고 무엇이 기대될 수 없었는가에 관한 내용은 이 기대가능성론에서 말하고 있지 아니하므로, 이것을 약간 구체화한 것이 Gallas의 法的으로 승인되지 아니한 心情이란 기준이다. 이 기준도 어떤 범행은 법적으로 승인되지 않고 또 어떤 행위는 승인되는가를 말해주지 않기 때문에 의사책임은 그 후 타행위가능성을 책임비난의 실체로 파악해 오고 있다. 따라서 행위자가 달리 행위할 수 있었고 또 달리 행위했어야만 할 사정하에서 위법한 행위를 저질렀을 때 그 범행은 비난의 대상이 된다는 것이다.

의사·치과의사·한의사·간호사국가시험(醫師·齒科醫師·韓醫師·看護師國家試驗) 국가가 시행하는 의사 및 간호사의 자격시험. 매년 1회 이상 시행하며, 의사·치과의사·한의사·간호사로서 구비하여야 할 臨床上의 필요한 지식과 지능을 시험하며 각각 의학·치과의학·한방의학·간호학 및 醫師關係法規 전반에 대하여 시험을 행한다(醫 9, 醫施令 3). 이 시험에 합격한 자가 아니면 의사·치과의사·한의사의 면허를 받을 수 없다(醫 9, 5). 이 시험은 보건복지부장관이 國立保健硏究院長으로 하여금 시행하게 하며 국립보건연구원장은 시험을 시행하고자 할 때에는 미리 보건복지부장관의 승인을 얻어 시험일시·시험장소·시험과목·응시원서·제출기간 등을 시험실시 30일 전까지 공고하여야 한다. 현재는 종래에 舊의사·치과의사·한의사 및 간호사시험령에 의하여 국립보건연구원장이 조직·운영해 오던 의사·치과의사·한의사국가시험위원회와 같은 상설위원회는 두지 않고 시험실시 때마다 시험위원을 임명 또는 위촉하여 시험문제의 출제와 채점 등 업무를 행한다(醫施令 4, 6).

의사·치과의사·한의사·간호사(醫師·齒科醫師·韓醫師·看護師) **및 조산사등록대장**(助産師登錄臺帳) 의사·치과의사·한의사·간호사 및 조산사의 면허에 관한 사항을 등록하기 위하여 보건복지부장관이 비치하는 公簿(醫 11 Ⅱ·Ⅲ). 종전의 국민의료법에 있어서는 이 공부를 醫籍簿라 하였다(舊國民醫療法 10). 등록대장에는 일정한 사항을 기재하며(醫施規 4), 그 기재사항의 변경이 있을 때에는 의사 등은 그 정정을 신청하여야 한다(5).

의사통지(意思通知) 〔獨〕 Willensmitteilung 자기의 의사를 타인에게 통지하는 사법상의 행위. 이행의 청구가 그 예이다. 이들 행위는 사법상 여러가지 효과를 발생한다. 예컨대 이행의 청구는 시효를 중단하고(民 174), 채무자를 遲滯에 빠뜨려(337) 解除權을 발생시킨다(544). 그러나 이들 효과는 행위자가 그것을 원했기 때문에 발생한 것이 아니고, 법률에 의하여 발생한다는 점에서 의사표시와 다른 準法律行爲의 일종이다.

의사표시(意思表示) 〔獨〕 Willenserklärung 〔佛〕 déclaration de volonté 일정한 법률효과의 발생을 의욕하여 그 뜻을 외부에 표시하는 행위. 법률행위에 있어서 결여할 수 없는 요소이며 契約의 請約이나 承諾, 取消나 解除, 遺言 등은 모두 의사표시이다. 현대법에서 私的自治의 原則이 인정된다는 것은 결국 의사표시에 의해서 표의자가 바라는 효과가 인정된다는 것을 말하는 것이다. 그러나 의사표시의 내용이 불확정·불가능·위법·부당할 때에는 그 효력이 발생하지 않는다. 의사표시의 성립에는 세개의 요소가 있다. ① 效果意思, 즉 일정한 효과의 발생을 원하는 의사, ② 表示行爲, 즉 효과의사를 외부에 표시하는 의사, ③ 표시행위, 즉 효과의사를 외부에 표시하는 행위이다. 이상 세개의 요소 중 표시의사는 요소가 아니라는 의견도 있다. 의사표시의 성립요소 중의 어느 하나가 결여하더라도 의사표시는 성립하지 않는다. 따라서 이 경우에는 의사와 표시와의 불일치가 문제된다. 즉, 진의아닌 의사표시(心裡留保), 通情虛僞表示, 錯誤로 인한 의사표시가 그것이다. 이러한 의사표시들은 원칙적으로 무효 또는 취소할 수 있는 것으로 된다(民 107~109). 또한 표시와 의사가 합치하기는 하나 그 의사결정이 타인의 부당한 간섭, 즉 사기나 강박에 의하여 영향을 받은 때도 그것은 하자있는 의사표시로서 취소할 수 있다(110).

의사표시(意思表示)**의 공시송달**(公示送達) 의사표시를 하는 자가 상대방 또는 상대방의 소재를 알 수 없는 경우에 공시송달에 의하여 의사표시를 도달시키는 방법. 상대방있는 의사표시는 원칙으로 도달에 의하여 효력을 발생하므로(到達主義)(民 111), 표의자가 과실없이 상대방을 알지 못하거나(예 : 상대방이 사망하여 상속인이 누구인지 불명인 때) 또는 상대방의 소재를 알지 못하는 경우에는 이 방법으로써는 유효한 의사표시를 할 수 없게 된다. 이러한 불편을 제거하기 위하여, 민법은 민사소송법의 公示送達에 관한 규정에 의하여 의사표시를 도달시킬 수 있도록 하였다(113). → 공시송달

의사표시(意思表示)**의 수령능력**(受領能力) 〔獨〕 Empfangesfahigkeit 적법하게 상대방의 의사표시를 수령할 수 있는 능력을 가리키는바, 그 정도는 行爲能力보다 빈약해도 이론상 불편은 없다. 민법은 무능력자인 미성년자와 금치산자, 한정치산자는 수령능력을 가지지 않는다고 한다. 그러나 대리인이 受領事實을 안 때에는 그러하지 아니하다(民 112).

의사해석(意思解釋) 법규범의 의미를 밝혀 내는데 있어서 의사를 기준으로 하는 해석의 한 방법. ① 대개 法律行爲, 특히 계약의 내용을 결정하는 표준으로서 사용된다. 즉, 계약내용을 해석함에 있어서 契約文言에 구애됨이 없이 당사자의 내심에 있었던 의사를 탐구하여 이것을 기준으로 삼는다는 것을 말한다. 그러나 당사자가 의욕한 내심의 眞意를 그대로 推斷한다는 것은 아니며 그 계약이 체결된 당시의 사정하에서 去來慣行과 信義誠實의 原則에 따라서 당사자가 보통 가지고 있다고 인정되는 합리적인 의사를 표준으로 하여야 한다는 것이다. 이것을 당사자의 보통의 의사에 따르는 해석이라고도 한다. ② 制定法의 解釋에 있어서 그 기준으로 사용되기도 한다. 여기에는 입법자의사를 탐구하는 경우와 법률의사를 탐구하는 경우가 있다. 전자는 법을 제정할 때에 입법기관이 가지고 있었다고 생각되는 주관적 의사를 밝혀 내는 경우이고, 후자는 입법자의 의사와는 관계없이 법률의사, 즉 法文 가운데 표현되어 있는 법률의 객관적 의미를 밝혀 내는 경우이다. 후자를 특히 擬人化해서 법률의사라고 부르기는 하지만 이것은 본래의 의미에 있어서의 意思解釋이라고는 할 수 없다.

의사형법(意思刑法) 〔獨〕 Willensstrafrecht 범인의 위험한 의사에 중점을 두는 刑法. 나치스형법의 원리가 된 것이다. 나치스 형법에서는 종래의 結果刑法 내지 侵害刑法(형벌의 대상으로서 法益侵害의 결과, 행위 및 그 實害에 중점을 둔다)에 대신하여 의사형법 내지 危險刑法이어야 한다고 주장되었다.

의사회(醫師會) 의사가 의사·위생의 개량·발달을 위하여 대통령령이 정하는 바에 따라 중앙에 설립하는 醫療人團體. 중앙회는 法人이다(醫 26). → 의료동업자회

의 송(議送) 조선시대에 있어서 一審에 해당하는 本官에게 제소하여 패소한 자가 本官의 판결에 불복하여 항소심에 해당하는 觀察使에게 제소하는 것을 뜻하며, 민사사건의 抗訴이다. 議送의 訴狀은 반드시 本官을 경유하여 제소하여야 하며 그렇지 않고 직접 觀察使에게 제소하면 受理하지 않았다. 訴狀의 형식은 一審의 所志와 같으며, 姓名下와 年月日下에 議送의 2자를 표시하여야 하며 提訴者의 신분 여하는 불문하였다. 의송을 수리한 관찰사는 自判하지 않고 대개 本官에 대하여 판결사항을 지시하거나 재심을 하도록 返送하는 것이 통례이었으며, 本官은 그 지시에 따라 판결 또는 재심하였다.

의 안(議案) 회의에 부의되는 原案, 국회에 있어서는 국회의 의결을 요하는 원안만을 의안이라 하며 動議와 구별된다. 국회의원은 의원 20인 이상의 찬성으로 의안을 발의할 수 있으며(國會 79 Ⅰ), 의안이 발의되면 의장은 본회의에 보고하고 소관상임위원회에 회부하여 그 심사가 끝난 후 본회의에 附議한다(81 Ⅰ).

의약품(醫藥品) 大韓藥典에 收載된 것으로서 위생용품이 아닌 것. 사람 또는 동물의 질병의 진단·치료·輕減·처벌 또는 예방의 목적으로 사용되는 것으로서 器具機械가 아닌 것, 사람 또는 동물의 구조기능에 藥理學的 영향을 주기 위한 목적으로 사용되는 것으로서 기구기계가 아닌 것 등(藥事法 2 Ⅳ). 그 제조·수입·판매 등은 보건복지부장관(판매업에 있어서는 보건복지부장관 이외에 서울특별시장·광역시장·도지사)의 허가를 받은 자만이 할 수 있으며(26~42), 과대광고는 금지되고(63), 불량의약품·부정표시의약품은 엄중한 단속을 받는다(50~56, 76, 77).

의 옥(疑獄) 원래는 유죄냐 무죄냐 의심스러워 판결하기 곤란한 刑事事件을 말한다. 그러나 근래에 와서는 정치성을 띤 贈收賂事件에 관하여 이러한 종류의 사건이 많았으므로 일반적으로 贈收賂事件을 의미하게 되었다.

의 용(依用) 일제시대에 우리나라에 시행할 법령을 제정할 권한은 조선총독이 가졌었고(朝鮮에 시행할 法令에 관한 件 1), 이 권한에 의하여 조선총독이 법률사항에 관하여 제정한 법령이 制令이었는데, 조선총독은 모든 법령을 스스로 제정하는 대신에 일본의 법률을 우리나라에 시행하여도 무방한 것에 관하여는 制令에 의하여 일본의 법률에 의한다고 정하였다. 이와 같이 制令이 일본의 법률에 의한

다고 정한 것을 근거로 하여 일본의 법률이 우리나라에 시행된 관계를 依用이라고 부른다. 朝鮮民事令에 의하여 일본의 민법·상법·민사소송법 등이, 조선형사령에 의하여 일본의 형법·형사소송법 등이 우리나라에 시행된 것이 그 대표적인 예들이다.

의용민법(依用民法) → 구민법

의용병단(義勇兵團) 〔英〕 volunteer corps 〔獨〕 Freiwilligenkorps, Freikorps 〔佛〕 corps des volontaires 전쟁이 일어났을 때 뜻있는 민간인으로 조직된 단체. 육상의 不正規兵의 일종이다. 헤이그陸戰規則에 의하면 부하를 위해 책임을 질 수 있는 자에 의해 인솔되고 먼거리에서도 인식할 수 있는 고정된 特殊記章을 가지며 무기를 공공연히 휴대하고 그 행동에 있어 전시의 법규·관례를 준수할 것이 그 요건으로 되어 있다. 이러한 요건을 충족하고 난 뒤의 그 적대행위는 전쟁범죄를 구성하지 않는다. → 부정규병

의용소방대원(義勇消防隊員) 소방본부장 또는 소방서장이 消防業務를 보조하게 하기 위하여 서울특별시·광역시와 시·읍·면에 두는 구성원. 의용소방대는 그 지역의 주민 중 희망하는 사람으로 구성하되, 그 설치·명칭·구역·조직·정원·임면·훈련·검열·복제 및 복무 등에 관한 사항은 條例로 규정된다(消防 86). 의용소방대원이 소방업무로 인하여 질병·부상·또는 사망한 때에는 시·도의 조례가 정하는 바에 의하여 보상금을 지급받는다(89).

의 원(醫院) 의료법상 의원이라 함은 의료를 행하는 장소로서 환자가 적절한 진료를 받을 수 있도록 설비된 醫療機關(醫療 3Ⅵ).

의원경찰(議院警察) 국회의 회기중, 議院의 질서를 유지하기 위하여 명령·강제하는 작용. 국회의원은 議院警察에 관한 권한을 가지는 바 이를 가리켜 국회내에서의 警護權이라 한다(國會 143). 의원경찰의 집행기관으로서 국회는 警衛 및 의장의 요구에 의하여 정부로부터 파견된 경찰관을 가진다(144).

의원규칙(議院規則) 국회·지방의회 등의 회의체가 단독으로 제정하는 규칙. 회의 기타의 節次 및 내부의 規律을 내용으로 한다. → 의사규칙

의원내각제(議院內閣制) 〔英〕 parliamentary government 〔獨〕 Parlamentalismus 〔佛〕 régime parlementaire 정부(행정부)가 의회(특히 하원)의 신임을 재직의 요건으로 하는 제도. 영국에서 시작되어, 프랑스를 거쳐, 다른 유럽諸國에 보급되었다. 이 제도하에서는 의회가 정부에 대해 신임을 거부하는 경우, 정부는 총사직하지 않으면 안되는데 정부가 의회의 解散權을 가지는 경우에는 총사직하지 않고 의회를 해산하여 총선거에 붙일 수도 있다. 의원내각제하에서는 정부는 필연적으로 정당내각인 것이 원칙이다. 우리나라는 제2공화국헌법에서 전형적인 의원내각제를 경험했다. 진정한 의미의 의원내각제는 의회의 정부에 대한 不信任權과 정부의 議會解散權이 상호의 견제수단이 되어 의회와 정부가 대등한 지위에 있는 것을 말한다. 그러나 현실에 있어서는 그러한 행복한 상태는 보기 힘들고, 혹은 내각이 의회에 우월한다든가 혹은 의회가 내각에 우월한다든가 하여 그 양자의 균형이 파괴되는 것이 보통이다. 전자의 전형적인 예는 제3, 제4공화국시대에 있어서의 프랑스에서 찾을 수 있었다. 레즈로브(Redslob)는 이와 같은 의원내각제의 유형을 不眞正한 議院內閣制라고 불렀다. 우리나라에서는 흔히 의원내각제를 內閣責任制라고 부르고 있다. 그러나 내각책임제라는 명칭은 영국의 그것에만 적합하다는 견해가 있다.

의원면직(議院免職) 공무원 자신의 자유로운 의사에 따라 공무원관계를 소멸시키는 행위. 면직은 공무원의 사의표시만에 의하여 되는 것은 아니며, 국가에 의하여 수리되기까지는 공무원관계가 그대로 지속된다. 공무원이 비위 또는 책임을 고의로 면탈하고자 하는 의도에서 사의를 표시한 때에는 임용권자는 그 受理를 거절할 수 있으며, 이 경우에 공무원이 근무하지 아니하여 직무수행에 지장을 초래한 때에는 懲戒事由가 됨은 물론 職務遺棄罪를 구성한다. 공무원으로 20년 이상 근속한 자가 정년에 달하기 전에 의원면직하는 때에는 명예퇴직으로 하여 名譽退職手當을 지급할 수 있다(國公 74의2).

의원(議員)**의 제명**(除名) → 제명

의원(議員)**의 특권**(特權)〔國會의〕 국회의원이 그 직무를 자유로이 그리고 독립하여 수행하도록 보장하기 위하여 헌법상 인정되어 있는 특권. 우리 헌법은 각국의 예에 따라 국회의원에 대하여 不逮捕特權(44)과 免責特權(45)을 부여하고 있다. 불체포특권은 부당한 체포 또는 구속에 의하여 행정권 및 사법권의 입법권에 대한 정치적 압력을 배제하여 의원의 자유로운 활동을 보장하려는 것이고, 면책특권은 국회내에서의 言論의 自由를 보장하여 자유로이 연설·토의 또는 표결을 할 수 있게 하여 국회의 활동을 보장하려는 것이다. 이와 관련하여, 국회의원은 상당한 수당과 여비를 받으며 무료로 국

유철도·선박 및 항공기에 乘用할 수 있다(國會 30, 31). → 불체포특권, 면책특권

의원(議員)**의 표결권**(表決權) → 표결, 표결권

의 율(擬律) → 의율상의 착오

의율상(擬律上)**의 착오**(錯誤) 〔獨〕 error in iudicando 上訴가 이유있게 되는 요건으로서의 法令違反이 있을 때(민사에 있어서의 上告, 형사에 있어서의 抗訴·上告가 이에 해당한다) 그 하나의 경우로서 판결내용인 법률적 판단에 있어서 부당한 경우를 말한다. 심리절차에 불법한 처리가 있는 경우, 즉 節次上의 錯誤에 대한다. 의율상의 착오에 있어서는 위반된 법규는 대체로 실체법규이다. 형사소송법상으로는 법령적용의 착오로서 소송절차의 법령위반과 구별된다. → 법령적용의 착오

의의신청(疑義申請) 刑의 선고를 받은 자가 刑의 집행에 관하여 재판의 해석에 대한 疑義가 있는 때에 재판을 선고한 법원에 대하여 하는 신청(刑訴 488). 재판의 해석에 대하여 의의가 있는 때라 함은 판결의 주문의 취지가 불분명하여 그 해석에 대하여 의의가 있는 경우 외에 판결이유의 해석에 대하여 의의가 있는 경우를 포함한다(판례는 主文의 해석에 한한다고 한다). 또 이 신청은 재판확정 전에도 인정되는 것으로 본다(판례는 반대). 이 신청은 법원의 결정이 있을 때까지 取下할 수 있으며(490 I), 교도소에 있는 자의 申請 또는 取下에는 특칙이 있다(490 II, 344). 이 신청이 있는 때에는 법원은 결정을 하여야 하며(491 I), 필요한 경우에는 사실을 조사할 수 있다(37 III). 이 결정에 대하여는 즉시항고를 할 수 있으며(491 II), 결정이 확정한 때에는 동일한 사정하에 동일한 이유로 다시 신청할 수 없는 것으로 본다.

의 장(議長) 〔英〕 Chairman(英), Speaker(美下院), President(英·美上院), 〔獨〕 Präsident 회의체를 대표하고 그 의사를 주재하는 직무를 담당하는 자. 의장은 국회·지방의회 기타의 회의를 막론하고 원칙적으로 그 회의체가 스스로 선출한다. 다만 兩院制 국회를 가진 국가에 있어서 상원의장은 부통령이 兼務하는 예가 있다(예 : 미국, 1954년의 대한민국 헌법). 국회는 의장 1인을 선거하고(憲 48), 그 선거에 관한 상세한 사항은 국회법에 따른다(國會 15~17). 의장의 임기는 2년이고 임기만료 전에 궐위되면 補闕選擧를 한다(9, 16). 의장은 회기중 議事를 사회하고 국회의 질서를 유지하고 의사를 정리하며 국회의 권한에 속하는 사무를 감독하고 국회를 대표한다(10). 국회의장의 구체적 권한을 예시하면 임시국회 集會公告權(國會 5), 회의재개요구권(국회 8 II), 원내 각 위원회에의 출석발언권(11), 국회에서 가결된 의안의 이송권(국회 98 I), 대통령이 확정법률을 공포하지 않을 때의 法律公布權(憲 53 VI), 폐회중의 의원사직허가권(國會 135 I 但), 의안을 심사할 위원회의 결정권(81 II), 국회사무처 및 국회도서관의 감독 및 인사권 등이 있다.

의 장(意匠) 물건의 形狀·모양·색채 또는 이들의 결합에 의하여 물건에 외관상의 취미를 가하여 美感을 일으키는 新考案으로서 산업에 이용될 수 있는 것. 특허청에 비치된 意匠登錄原簿에 등록되면 의장권이 발생한다(意匠法 18, 38 I). 국기·國章 등이나, 질서·풍속을 문란하게 할 염려가 있는 것, 타인의 업무에 관계되는 물품과 혼동을 가져올 염려가 있는 것은 등록하지 아니하며(6 i~iii), 동일 또는 비슷한 의장에 대하여는 最先出願者에 한하여 등록한다(16 I 本). → 의장권

의장공보(意匠公報) 의장법에 규정된 사항 기타 登錄意匠에 관하여 필요한 사항을 기재하는 특허청발행의 公報(意匠法 78).

의장권(意匠權) 〔英〕 design right 〔獨〕 Musterschutzrecht 〔佛〕 droit de dessin 의장을 등록한 자가 그 의장상에 향유하는 獨占的·排他的 權利(意匠法 41). 일종의 공업소유권이며 따라서 無體財産權의 성질을 가진 私權이다. 의장권은 등록함으로써 발생한다(39). 의장권자는 業으로서 등록의장 또는 이와 유사한 의장을 실시할 권리를 독점한다(41前). 의장권의 존속기간은 등록한 날로부터 15년으로써 종료한다(40 I).

의장등록원부(意匠登錄原簿) 意匠權 및 의장실시권 또는 이를 목적으로 하는 質權의 설정·보존·이전·변경·소멸·처분의 제한 기타 법령에 정한 사항을 등록하기 위하여 특허청에 비치되어 있는 原簿(意匠法 37).

의장실시권(意匠實施權) 의장권을 가진 자 이외의 자가 의장을 실시할 수 있는 권리. 契約·行政處分 또는 法律의 규정에 의하여 발생한다. 의장권자는 스스로 그 권리를 행사하여 타인의 침해행위를 배제할 수 있으나, 의장실시권이 존재하는 경우에는 그 권리자가 의장을 실시하는 것을 인용하지 않으면 안된다(意匠法 47, 49). → 특허실시권

의적부(醫籍簿) → 의사·치과의사·한의

사 · 간호사 및 조산사 등록대장

의 절(義絶) 朝鮮時代에 우리나라에서 행하여진 離婚의 일종으로서 일정한 法定原因이 있을 때에는 부부 또는 가장의 의사 여하를 불문하고 법률상 강제로 이혼을 시키는 제도이다. 義絶法制는 大明律出妻條의 若犯義絶應離而 不離者杖八十에 유래한 것으로서 그 사유에는 妻妾을 義絶하는 사유로서는 ① 妻가 姦淫을 犯한 경우, ② 妻가 夫의 父母 또는 祖父母를 구타 혹은 罵倒한 경우, ③ 妻가 夫의 親屬을 구타한 경우, ④ 妻가 夫의 期親 이하, 媤麻 이상의 尊長을 罵한 경우, ⑤ 妻가 夫의 媤麻以上親을 姦한 경우, ⑥ 妻가 夫를 殺害하려고 한 경우가 있다. 夫를 의절하는 사유로서는 ① 夫가 妻를 종용하거나 또는 勒抑하여 타인과 간통시킨 경우. ② 夫가 妻를 嫁賣典雇하여 타인의 妻妾으로 한 경우, ③ 夫가 妻의 母와 姦한 경우, ④ 夫 및 그 가족이 妻 및 처의 祖父母를 구타한 경우 등이다. 의절에 관하여는 刑法大全 579조와 580조에도 규정되어 있었다.

의정부(議政府) 조선시대의 最高官府. 조선개국 당시는 高麗制에 의하여 都評議使司를 최고기관으로 하고 있었으나 定宗 2년 河崙의 의견에 의하여 의정부로 개칭하고 종래의 三軍武職을 배제하고 文臣만인 門下府와 三司(經費掌理의 官府)와의 合坐의 府로 개편하였다. 太宗元年의 官制改革에서 門下府를 폐지하고 그 宰相은 의정부의 재상으로, 그 郞舍는 신설된 司諫院의 직원이 되어 의정부는 결국 百官을 總理하는 문하부의 직책을 승계한 결과가 되어 都評議使司 이래의 高官會議體의 성격에서 벗어나 論道經邦 · 燮理陰陽의 宰相職을 전담하게 된 것이다. 太宗 8년에는 의정부의 서무를 대폭 이관하여 六曹判書에 실무의 중점이 옮겨 갔으며, 따라서 의정부는 年老德高한 達識之士를 두어 軍國重事를 會議以聞하는데 국한하였다. 議政府職掌은 死因三覆에 관여할 뿐의 虛器라고 폐지론까지 발생하기에 이르렀다. 世宗은 宰相政治의 중요성을 재인식하고 세종 18년에 政府署事之法을 복구하여 六曹는 소관을 정부에 보고하고 정부가 可否를 商議啓聞하고 王의 취지를 얻어 六曹에게 시행시키는 慣例를 확립하여 의정부의 권위를 회복한 것이며 經國大典에는 同趣旨에 의하여, 摠百官 平庶政 理陰陽 經邦國이라고 규정하게 된 것이다. 의정부를 구성하는 宰臣은 경국대전의 규정에 의하면 領議政 1, 左右議政各1, 左右贊成各1, 左右參贊各1이고 그 밖에 舍人 2, 檢詳 1, 司錄 2를 配屬하고 있다.

의정서(議定書) 〔英〕 protocol, act 〔獨〕 Protokoll 〔佛〕 protocole 國際公文書의 한 명칭. act는 따로 決定書라고 새기는 것이 보통이다. 의정서는 원래 국제공문서를 삽입하는 記錄簿를 의미한 것이다. 그리고 회의의 당사자가 승인한 의사록의 의미로 쓰이게 되었으며 또 약식의 國際合意를 의미하게 되었다. 경우에 따라서는 비준의 교환이나 기탁에 관한 문서로서 쓰이며 이를 批准議定書라고 한다. 어떤 조약에 관해서 일부의 수정 · 추가 · 해석 · 실시 등을 정하는 경우도 있다. 이러한 의정서는 실질적인 조약의 일종이며 대개 독립된 조약이 아니고 다른 조약에 부속된 조약이다. 그러나 예컨대 1924년의 국제분쟁의 평화적 해결에 관한 일반의정서 같은 것은 하나의 독립된 조약이다.

의정연수원(議政硏修院) 국회의원의 각종 立法硏究活動(각종 정책토론회, 세미나, 회원연구단체의 활동 등)의 지원, 의회운영 및 제도에 관한 연수 · 연구, 국회소속공무원(국회의원보조직원을 포함)의 職務專門敎育, 정부 및 지방의회 등의 요청 또는 연수원의 자체프로그램 개발에 의한 연수, 기타 의장이 필요하다고 인정하는 자에 대한 연수와 지도 · 지원 등의 사무를 관장하는 기관으로서, 국회소속공무원의 직무 · 전문교육에 관하여는 소속기관의 장과 사전에 협의를 하여야 한다(議政硏修院法 2).

의 제(擬制) 〔英〕 · 〔佛〕 fiction 〔獨〕 Fiktion 本質이 다른 것을 일정한 법률적 취급에 있어서 동일한 것으로 보고 동일한 효과를 부여하는 일. 법률에 의하여서 행하여지는 경우도 있고, 학설에서 행하여지는 경우도 있다. 失踪宣告를 받은 자를 사망한 것으로 보고(民 28), 절도죄에 있어서 관리할 수 있는 動力을 재물로 간주하는 것(刑 346) 등이 전자의 예. 법인의 본질은 사람이 아닌 것을 사람으로 의제한 그 무엇이라고 하는 法人擬制說이 후자의 예. 의제는 입법에서는 편리한 것이며 학설에서는 일단 사람을 납득시키는 작용을 한다. 그러나 입법에서는 의제된 것은 반드시 모든 점에서 동일한 취급을 받는 것은 아니므로 동일하게 다루는 범위에 관하여 가끔 의문을 자아낸다. 또 학설에서는 종래의 고정된 개념에 잠겨서 擬制된 것을 예외적인 것으로 보는 경향이 생긴다. 따라서 의제를 버리고 동일하게 다루어지는 양자를 포함하는 上位槪念을 밝히는 것, 예컨대, 절도의 목적을 財物과 관리할 수 있는 動力의 양자를 포함하는 개념으로 만들고 법인의 본질을 자연인과 법인의 양자를 포함하는 실재적인 권리주체의 개념으로 통일하는 것 등은 일반적으로 입법과 학설의 진보를 의미하는 것이 된다.

의제봉쇄(擬制封鎖) 지상봉쇄, 봉쇄

의제상인(擬制商人) 商行爲를 하지 않지만 상인적인 설비와 방법으로 영업을 하는 자(商 5). 當然商人(固有商人)에 대한 것으로서, 본래적인 상인은 아니지만 영업의 형식에 의하여 상인이 된 것이다. 商行爲는 상법상 제한적으로 열거(46)되어 있으므로 경제생활의 발전에 따른 새로운 業態를 적절히 규율할 수 없고 또한 설비와 경영방식이 기업성을 갖추고 있음에도 본래적인 商이 아니라고 하여 상행위의 열거에서 제외된 原始産業(예 : 농림업·어업) 등에 관한 불합리한 결과가 생기는데 이 모순을 제거하기 위하여 본제도가 생겼다. 위에서 상인적인 설비라고 함은 점포 기타 이에 비슷한 企業的 設備이고, 商人的 方法이라 함은 사회통념상 인정할 수 있는 기업적 경영방식이고 영업이라고 함은 계속적·반복적으로 영리행위를 하는 것을 말한다. 이러한 요건을 갖추면 영리행위의 실질에 관계없이 상인으로 취급되며 상인에 관한 규정이 적용된다.

의제(議題) **21** 〔佛〕 Agenda 21 1992년 6월 14일 브라질의 리우데자네이로에서 열린 環境 및 開發에 관한 유엔회의(UNCED) 마지막날 세계 114개국 정상들간에 리우선언과 함께 채택된 地球環境保全을 위한 기초적 장전. 리우선언은 환경보전의 원칙을 담은 것이고 의제 21은 그에 따른 각국 정부의 行動綱領을 구체화한 것이라고 할 수 있다. 의제 21의 내용은 사회경제적 차원을 다루는 제1부 7개장, 개발을 위한 自然保存을 다루는 제2부 14개장, 주요그룹의 역할 강화를 다루는 제3부 9개장, 재정·기술지원을 다루는 제4부 9개장 등 모두 4개부 39개 주제로 되어 있다. 그리고 의제 21의 각 個別議題는 또 실천기반, 목표, 활동사항 및 이행방안 등 4개부문으로 구성돼 있고, 활동사항은 다시 관리문제, 자료 및 정보문제, 지역 및 국제협력부문 등 세부사항으로 나뉘고, 이행방안은 재정지원, 과학기술지원, 인적자원개발과 시행능력형성 등으로 세분화되어 있어 합의내용이 방대하다.

의제자백(擬制自白) 〔獨〕 fingiertes Geständnis 당사자가 辯論 또는 準備節次에서 상대방이 주장한 사실을 명백히 다투지 않기 때문에 법이 자백한 것으로 보는 경우를 말하며(民訴 139 Ⅰ 本, 126), 推定自白이라고도 한다. 辯論主義를 채용한 민사소송에 있어서는 당사자간에 다툼이 있는 사실만을 증거에 의하여 인정하도록 하고 다툼이 없는 경우에는 적극적으로 자백한 경우와 같이 증거조사를 생략하도록 하였다. 다만 변론의 전취지에 의하여 그 사실을 다툰 것으로 인정될 때에는 예외로 한다(139 Ⅰ 但, 260). 그러나 단순히 不知라고 진술하였을 때에는 그 사실은 다툰 것으로 추정한다(139 Ⅱ). 구민사소송법에서 논쟁이 있었으나 신민사소송법은 明文으로 해결하였다. 그러나 변론기일에 결석한 당사자가 공시송달에 의한 송달을 받았을 때에는 의제자백이 되지 않는다(139 Ⅲ 但). 의제자백은 당사자의 소극적 태도에 대하여 법률이 일정한 효력을 인정하는 것이므로 당사자는 그 뒤의 변론기일 또는 상급심에서(抗訴審의 최후변론종결시까지) 적극적으로 다투어서 의제자백의 효과를 배제할 수 있다.

의제자본(擬制資本) 기업은 주식 등 증권을 발행해서 자본을 조달하여 設備投資 등에 이용한다. 이때 발행된 증권이 유통시장에서 거래될 경우 발행가격과는 관계없이 다른 가격이 형성된다. 물론, 유통시장에서의 가격은 그 회사의 배당력·성장성 등에 의해 결정되는 것인데 이 유통가격으로 逆算한 자본을 의제자본이라 한다.

의제적 소(擬制的訴)**의 취하**(取下) 당사자쌍방이 변론기일에 出席하지 않거나 출석하더라도 변론을 하지 않은 때는, 다시 기일을 정하여 당사자쌍방을 소환하여야 하고 그 기일 또는 그 뒤의 기일에 당사자쌍방이 출석하지 아니하거나 출석하더라도 변론을 하지 않을 때는 訴의 取下가 있은 것으로 간주하는 것(民訴 241 Ⅰ·Ⅱ). 이를 雙不取下 또는 소의 취하의 擬制라고도 한다. 소의 취하로 간주되는 것은 이 밖에 행정소송법 6조 3항의 경우가 있다.

의제화해(擬制和解) 재판상의 화해는 아니지만 법률에 의하여 재판상의 화해와 동일한 효력이 부여되는 경우가 있다. 이에는 ① 법원의 관여아래 이루어지는 각종의 調停調書(家訴 59, 民調 28·29)와 조정에 갈음하는 결정(民調 34Ⅳ, 30, 32), ② 행정부 산하의 行政委員會에 의한 조정조서(消費者保護法 45, 醫 54의7, 保險 197의6, 建設産業基本法 78, 著 86), ③ 국가배상법에 의한 배상결정(國賠 13), 언론중재위원회에 의한 중재(定期刊行物의 登錄에 관한 法律 18Ⅵ) 등이 있다.

의 회(議會) 〔英〕 parliament, congress 〔獨〕 Parlament 〔佛〕 parlement 민선의원을 구성원으로 하고 입법 기타 중요한 국가작용에 결정적으로 참여하는 權能을 가진 合議體이다. 국회라고도 한다. 의회는 일반적으로 입법작용을 담당하는 것이 본래의 임무이므로 이를 立法府라고도 한다. 국가의 기관인 의회를 국회라고 하며 지방자치단체의 기관인 의회를 地方議會(憲 118)라 한다. 국가의 의회제도에는 兩院制와 單院制가 있다. 의회는 봉건국가에 있어서의 等族會議에 그 기원을 찾을 수 있는데, 특히 1295년의 영국의 典型議會(model parliament)는 봉건사회의 각 신분대표를 소집한 점에서 그 뒤의 의회의 모범이 되었고 兩院制가 확립된 것은 14세기 전반기에 이르러 유족·고위성직자가 貴族院을, 기사·도시대표가 庶民院을 각각 구성하여 국왕이 부과하는 재정상의 부담을 의결한데 있다. 兩院制의 존재이유는 국가에 따라 다르나 일반적으로 연방국가에 있어서는 各州의 이익을 평등하게 대표하는 기관으로 상원을 두고 군주국가에서는 귀족과 같은 특수계급의 이익을 대표하는 귀족원을 두고 있다. 오늘날 각국은 양원제를 많이 채택하고 있는데 이는 단원제의회의 경솔·횡포를 방지하려는데 목적이 있다. →국회, 의회제

의회(議會)의 해산(解散) 〔英〕·〔佛〕 dissolution 〔獨〕 Auflösung 국회의원 또는 兩院制國會에 있어서는 주로 하원의원의 전체에 대하여 임기만료 전에 의원의 자격을 상실하게 하는 행위. 통상적으로 內閣責任制의 국가에서 국회(하원)에 의한 내각불신임결의 내지 내각신임결의요구거부에 대항하는 수단으로 내각에 인정된다. 제3차개정헌법하에서는 民議院의 國務院不信任決議에 대하여서만 인정되었지만, 국무원은 민의원이 條約批准에 대한 동의를 부결하거나 신년도총예산안을 그 법정기일내에 의결하지 아니한 때에는 이를 國務院에 대한 불신임결의로 간주할 수 있었다(舊憲 71). 대통령(중심)제에서는 의회의 해산은 인정되지 아니하는 것이 보통이나 제7차개정헌법은 대통령의 議會解散權을 인정하고 있다(舊憲 59 I). 제8차 개정헌법은 대통령의 국회해산권을 제한적으로 인정하였다(舊憲 57). 현행 헌법에서는 대통령의 국회해산권이 삭제되었다. 현행 헌법에서는 대통령의 국회해산권이 삭제되었다.

의회정치(議會政治) 〔英〕 parliamentary system 〔獨〕 parlamentarisches System 〔佛〕 régime parlementaire

의회제(議會制) 〔英〕 congressional government 민주국가에 있어서 代議制의 한 수단으로서 국민대표에 의하여 조직된 기관을 그 정치의 기초로 하는 경우를 의회라 한다. 따라서 의회제에는 ① 국민이 선출한 대표로써 조직될 것, ② 서로 의견과 이익을 달리하는 政治勢力의 대립이 있을 것, ③ 그 기관의 의사는 이러한 대립된 의견과 이익의 토론과 타협으로써 결정될 것 등을 그 본질로 한다. 따라서 공산주의국가의 최고인민회의에 있어서와 같이 그것이 비록 인민의 대표로써 구성된 회의체의 기관이라고 할지라도 대립된 政治勢力이 없고 따라서 토론과 타협의 여지가 없을 때에는 그것을 의회라고 할 수 없다. 의회가 민주정치에 있어서는 불가결의 정치도구를 의미하는 것과 같이, 議會政治 또는 議會主義도 민주정치와 똑같은 의미로 사용되고 있다. 민주정치에 있어서 의회의 본질을 이루고 있는 의견과 이익의 대립은 민주주의의 요소인 多元的 政黨制에 의하여 실시하고 있다. 행정부와의 관계에서 의회가 정치의 실권을 잡고 있는 경우를 의회제라고 하는 경우도 있다. 미국의 대통령제에 있어서와 같이 그때 그때의 대통령의 領導力에 따라서 권력의 비중이 혹은 대통령에게 기울어지는 경우도 있고 혹은 의회측으로 기울어지는 경우가 있을 때에, 그것이 의회측으로 기울어지게 되는 경우를 의회제라 한다. 또 권력구조에 있어서 의회가 정부에 비하여 월등한 우위에 서는 경우를 회의제라 한다.

의회주권(議會主權) 〔英〕 sovereignty of parliament 의회가 國權의 최고기관이고 주권의 把持者라고 하는 개념. 영국의회가 역사적으로 가지고 있는 절대적인 권능과 관련하여 전개되었다. 國民主權은 요컨대 의회주권에 불과하다는 설도 있으나 의회가 언제나 직접 또 공정하게 국민을 대표한다고는 할 수 없다. 영국에서는 통치권의 소재를 표시하는 전통적 개념으로서 King in Parliament라는 말이 있는 바 국왕은 단독으로는 주권자일 수 없고 의회의 일원으로서 의회와 일체로 되어서만 권력의 주체일 수 있다는 뜻이다. 사실 국왕은 의회를 통과한 법안의 재가를 거부한 예가 없으므로 여기에도 의회주권이 존재한다고 말하여진다. →의회제, 입법국가

이격범(離隔犯) 〔獨〕 Distanzverbrechen 行爲와 結果發生이 시간적 또는 장소적으로 간격을 가지는 범죄(특히 전자의 경우를 隔時犯, 후자의 경우를 이격범이라고 한다). 隔離犯이라고도 한다. 이격범은 형법의 시간에 관한 효력, 公訴時效의 기산점 및 장소에 관한 효력 등의 문제에 있어서 행위와 결과의 어느 것을 표준으로 하여 법률적 판단을 할 것이냐를 결정할 때에 문제된다. 이러한 문제는 각각 그 제도의 목적에 비추어 合目的的으로 해결되어야 할 것이므로 형법 1조의 적용에 있어서는 그 행위시를 표준으로 할 것이고 공소시효의 계산은 결과를 기산점으로 할 것이며 행위와 결과간에 공간적 거리가 있을 경우에는 행위지·결과발생지 및 중간현상발생지가 모두 犯罪地라고 보는 것이 타당할 것이다.

이 권(利券) 〔英〕 interest coupon 〔獨〕 Talou 〔佛〕 coupon d'intérêt 무기명공채나 무기명사채와 같이 채권증서에 접속하여 各期의 이자채권을 표시하는 無記名證券. 이자의 지급기한·금액이 기재되고, 소지인은 期限到來分을 제시하여 지급장소에서 이것과 상환하여 이자의 지급을 받는다. 이권은 本體인 채권증서에서 분리되어 독립유가증권으로 유통된다. 따라서 기한 전에 앞당겨 상환하는 장소에 장래의 이권이 결여되어 있을 때에는 이권소지인을 보호하기 위하여 이에 상당하는 금액을 상환액에서 공제하므로 이권소지인은 상환 후에도 이 공제금액의 지급을 청구할 수 있다(商 486).

이그재미네이션 〔英〕 examination ① 訊問·質問. ㉠ 증인에 대한 신문. 그 증인을 신청한 당사자가 먼저 신문하고(主訊問(examination in chief) 또는 直接訊問(direct examination)이라 한다), 다음에 그 상대방이 신문한다(反對訊問(cross-examination)이라 한다). 그리고도 또 신문할 필요가 있으면 양 당사자가 서로 번갈아 신문한다(再直接訊問(redirect examination) 및 再反對訊問(re-cross-examination)). ㉡ 質問書(interrogatories)의 방법에 의해서 당사자 그 밖의 사람에게 회답을 구하는 것도 examination이라 한다. ② 형사사건에 있어서의 조서. 치안판사가 피의자에게 일응의 혐의가 있는가 어떤가를 조사하는 것.

이념적 자연법(理念的自然法) 〔獨〕 ideelles Naturrecht 인간을 理性的 存在로서 보는 입장을 전제로 한 自然法을 말하며 플라톤·아리스토텔레스 이후 확립되어 근세의 자연법론에 이르러 그 절정에 달한 것이다. 인간을 前理性的인 의지행위에 의하여 또는 生의 충동에 의하여 규정된다고 보는 견해에 입각한 實存的 自然法(existentielles Naturrecht)과 대립되는 개념이다.

이념적 헌법(理念的憲法) 〔英〕 ideological constitution 〔獨〕 ideologische Verfassung 헌법 속에 어떠한 理念(자연주의적 또는 사회주의적)을 표명하고 있는 헌법. 實用的 憲法에 대응하는 개념. 사회질서의 개혁을 강력히 지향하는 헌법은 이념을 명백히 표명함으로써 理念的 憲法의 형태를 취한다. 1917년의 멕시코헌법, 1919년의 바이마르헌법, 1936년의 구소련헌법 등이 그 예에 속한다. 실용적 헌법은 이념이 달성된 후에 주로 국가권력구조면에 관한 규정을 중심으로 한 헌법으로서 이념적으로 중립이거나 또는 순수히 실용적일 것을 의도하고 있다. 1871년의 비스마르크헌법, 1875년의 프랑스 제3공화국헌법이 이 예에 속한다.

이념형(理念型) 〔獨〕 Idealtypus 理想型이라고도 하며 웨버의 용어. 대상의 개성을 포함하면서도 보편적인 것과 같은 개념. 그에 의하면 사회과학은 자연과학과 달라 추상적·보편적 개념인 법칙에 의하여 대상을 설명하는 것이 아니라 이념형에 의하여 대상을 이해하는 것이다. 그것은 현실의 대상이 가지고 있는 여러 特性을 이상화함으로써 추상화하여 형성되는 것이므로 현실 자체는 아니며, 따라서 실제의 연구에 적용하는 경우에는 개개의 현실은 이념형에 대하여 각각 일정한 왜곡을 보인다. 이념형은 사회현상을 과학적으로 인식하기 위하여 생각된 것인데 실제에 있어서 이것은 과거의 사회과학자들이 무의식적으로 사용하고 있던 것을 웨버가 의식적으로 문제삼고 體系化하였던 것이다.

이니셔티브 〔英〕·〔佛〕 initiative 〔獨〕 Volksbegehren 국민이나 지방자치단체의 주민이 법의 제정·개정 또는 폐지에 관한 提案을 할 수 있는 제도. 國民發案·人民發案 또는 直接發案이라고도 불리운다. 보통 선거권을 가진 일정수 이상의 자의 連署로써 행하여지며 그 가부는 유권자의 투표에 의하여 결정되나 의회의 의결로 결정하는 경우도 있다. 구헌법은 국회의원선거권자 50만인 이상의 찬성에 의하여 헌법개정의 제안을 할 수 있게 하여 國民發案制度를 채택하고 있었다(舊憲 119). → 직접민주제

이당사자대립주의(二當事者對立主義) 〔獨〕 Zweiparteienprinzip 재판권의 행사의 적정·공평을 부담하기 위하여 대립되는 이익을 대표하는 자를 관여·협력시키는 주의. 민사소송은 이 주의를 기본적 구조로 하여 혼자서 양 당사자의 지위를 겸할 수 없고, 소송중 대립당사자의 지위의 혼동을 일으키면 소송은 소멸한다. 그러나 3당사자가 상호대립되는 소송도 생각할 수 있다(三面訴訟). 형사소송에서 檢事를 피고인에게 대치시키는 것도 이 원칙의 發現이다. 다만 형사소송에 있어서의 검사와 피고인의 대립은 전체와 부분과의 대립이라는 점에서 민사소송에 있어서의 원·피고의 대립이 부분과 부분과의 대립이라는 점과는 본질적인 차이가 있고, 따라서 형사소송에 있어서는 當事者處分權主義는 인정되지 않는다. 그러나 당사자간의 투쟁을 통하여 辨證法的 眞實을 발견하려는 점에서는 다름이 없다.

이+사회담(會談) 2차대전 패전국인 독일의 국제법상의 제약을 해결하고 완전한 主權國家로서의 통일독일의 정치·군사적 지위를 결정하기 위한 회담을 말한다. 통일의 당사국인 동독·서독 및

2차대전의 전승국인 미국 · 영국 · 프랑스 · 소련 등의 4개국이 참여하기 때문에 2+4라는 이름이 붙여졌다. 동서독 통합은 경제 · 사회 통합 등 국내적 문제뿐만 아니라 통독 후의 국경선문제 및 통독의 나토 가입문제 등 두 개의 대외적 난제를 안고 있었다. 이 두 가지 난제를 해결하기 위해 1990년 5월 서독 본에서 첫번째 2+4회담이 열렸으며 6월 22일 동베를린에서 두번째 회담이 열렸다. 1, 2차 회담에서는 주로 통일독일의 나토가입을 둘러싼 이견 해소가 중점 · 논의되었는데 7월 16일 소련측이 대폭 양보하여 문제는 해결되었다. 이어 7월 17일 파리에서 열린 제3차 2+4회담에서는 관계국 외무장관들과 폴란드측이 참석하여 통독 후에도 독일과 폴란드측이 참석하여 통독 후에도 독일과 폴란드의 국경을 현상태로 지속시키기로 재확인하고 이를 보장하기 위해 최종합의문에 통일독일과 폴란드간의 國境保障條約締結을 명시키로 합의하였다. 이로써 통일독일로 가는 길을 가로막는 외부적 걸림돌은 모두 제거된 셈이다. 이제 戰勝 4개국의 권리와 책임의 정확한 소멸시기 및 통일독일의 군사력 규모 등의 문제를 남겨놓은 상태에서 9월 12일 모스크바에서 제4차 2+4회담이 열렸다. 이 회담에서는 동독에서의 소련군철수비용 부담금문제와 소련군 철수 후 동독 영토내에 핵무기배치금지, 나토의 군사훈련 금지, 서독주둔 미군의 추가철수문제가 논의되어 통일독일의 군사적 위상과 주변국과의 관계 등 국제적 영향을 미칠 수 있는 실무적인 문제는 완전히 해결되었다. 또한 제4차 2+4회담에서는 그 동안의 2+4회담에서의 합의사항들이 統一에 관한 最終合意條約이라는 이름으로 정리되어 조인되었다. 이에 따라 독일은 1990년 10월 3일 통일되었다.

이데올로기 〔英〕 ideology 〔獨〕 Ideologie 〔佛〕 idéologie 觀念形態 또는 意識形態라고 번역된다. 가장 넓은 뜻으로는 마르크스(Karl Marx)의 이른바 사회의 하부구조에 대응한 상부구조의 전체를 가리킨다. 즉, ① 인간에 대한 최초의 이데올로기적 權力(엥겔스)으로서의 국가 및 가지가지의 政治構造, ② 법체계나 가족형태 등의 사회제도, ③ 종교 · 도덕 · 철학 · 예술 등의 정신적 · 문화적 여러 형태는 모두가 이데올로기이다. 좁은 뜻으로는 이 중에서 ③만을 의미한다. 가장 좁은 뜻의 용어예로서는 만하임(Karl Manheim)이 말하는 것과 같이 유토피아의 개념에 대비시켜, 現存秩序의 유지 내지는 옹호를 위하여 사용되는 지배층의 관념형태를 특히 이데올로기라 부르는 경우도 있다.

이동공채(移動公債) 〔英〕 floating bond 단기의 상환시기가 일정하지 않은 공채. 確定公債에 대한다.

이득분배계약(利得分配契約) 〔獨〕 Partiarischer Vertrag 配當契約 또는 收益分配契約이라고도 한다. 당사자의 일방이 얻은 이율의 분배를 요하는 계약, 즉 이득의 다소에 따라서 反對給付額이 틀리는 계약이다. 예컨대 경작지의 수확률에 따라서 소작료의 액을 정하고, 영업연도의 純益에 상응하여 노무자의 보수를 정하는 것이 이에 해당한다.

이득상환청구권(利得償還請求權) 〔獨〕 Wechselbereicherungsanspruch 利得返還請求權이라고도 한다. 어음 또는 수표의 소지인이 權利保全節次의 懈怠 또는 時效로 인하여 어음이나 수표상의 권리를 행사할 수 없게 되었을 경우에 어음이나 수표상의 채무자에 대하여 그 채무자가 원인관계 또는 자금관계로 얻은 이득의 상환을 청구할 수 있는 권리(어음 79, 手票 63). 이득상환청구권은 어음이나 수표상의 권리가 소멸한 경우에 발생하는 것이므로 원래는 어음(手票)法上의 권리가 아니고 어음(수표)법상의 권리이다. 민법상의 부당이득상환청구권도 아니고, 손해배상청구권도 아닌 공평의 관념상 법의 규정에 의하여 인정된 일종의 특별한 請求權이다. 그러므로 이는 어음 · 수표와는 아무 관계가 없는 보통의 指名債權이고 그 효력에 있어서는 소지인에게 최소한도의 구제를 하면 족하다는 것이 통설이다. 이 청구권을 가지는 자는 어음이나 수표상의 권리가 소멸한 당시의 어음 · 手票所持人이다. 최후의 背書人은 물론이고 후자에 상환하여 어음 · 수표를 還受한 자 등이다. 의무자는 발행인, 배서인, 환어음의 인수인, 수표의 지급보증을 한 支給人 등이다. 이득상환청구권이 발생하기 위해서는 첫째로, 유효한 어음 · 수표상의 권리가 節次의 欠缺(어음 53 · 77 Ⅰ iv, 手票 39 · 55), 또는 時效(어음 70 · 77 Ⅰ viii, 手票 51)로 인하여 소멸하였음을 요한다. 이 경우에 利得償還을 청구하고자 하는 상대방에 대하여 어음 · 수표상의 권리가 소멸하였다는 것으로 족하다. 둘째로, 의무자가 이득을 얻었음을 요한다. 이득이라 함은 어음 · 수표를 授受한 실질관계에 있어서 현실로 재산상의 이익을 얻는 것을 말하고 적극적으로 금전을 취득한 경우이든 소극적으로 의무를 면하는 경우이든 상관없다. 이 청구권의 내용은 청구권자가 이득을 한 發行人 · 引受人 또는 背書人에 대하여 이득의 상환을 청구하는 것이고 피청구자는 그 받은 이익의 한도에서 반환하여야 한다. 받은 이익의 현존 여부를 불문한다. 또 채무자는 어음 · 수표의 실효당시의 소지인이 누구인가를 알 수 없으므로 이득상환채무는

推尋債務라고 해석한다. 이득상환청구권자는 어음·수표의 제시를 할 필요는 없다. 失效한 어음·수표는 이득상환의 권리자임을 증명하는 증서에 불과하므로 어음·수표를 상실한 때에도 除權判決을 받을 필요는 없고, 失效한 어음에는 公示催告의 신청은 인정되지 아니한다고 해석한다. 시효기간에 대하여서는 구법하에서 일반채권의 그것과 같이 10년이라고 하는 설과 商事債務로 보아 5년으로 解하는 설로 갈려있으나 우리 상법은 어음(수표)에 관한 행위를 商行爲(舊商 501 iv 참조)로 하고 있지 아니하므로 10년이라고 해석한다. 이득상환청구권은 지명채권의 양도방법에 의하여 양도할 수 있다.

이득반환청구권(利得返還請求權) →이득상환청구권과 같다.

이득죄(利得罪) 이익죄와 같다. 舊刑法과 달라 현행형법은 背任罪를 이득죄로 규정하였으므로 이득죄를 특히 이익죄와 구별할 필요는 없다고 본다.

이등친(二等親) 친족관계의 한 등급으로서의 1등급으로서 直系親에 대하여는 자기와 자기 또는 배우자로부터 2세를 격하는 자와의 관계를 말하고, 傍系親에 대하여는 자기와 자기 또는 배우자로부터 상대방과의 共同始祖에 소급하여 다시 그 시조로부터 상대방으로 내려오기까지의 世가 모두 2세를 경과하는 자를 말한다.

이 디 시(E.D.C.) 유럽방위공동체의 약칭.

이란성쌍생아(二卵性雙生兒) →쌍생아

이 로(離路) 〔英〕 deviation 〔獨〕 Abweichung vom Reiseweg 〔佛〕 changement de route 선박이 예정의 항로를 변경하는 것. 선장은 정당한 이유없이는 離路하지 못하며(船員 8, 135 ii), 私法上도 선장의 손해배상책임의 한 사유가 되는 이외에 해상보험자의 법정면책사유의 하나이다(702).

이론법학(理論法學) 법의 실질적 처리를 목표로 하는 法律解釋學에 대하여 현실에 타당한 법의 이론적 인식을 목적으로 하는 법학. 법사학, 외국법학, 비교법학, 법사회학을 총칭한다.

이면해석(裏面解釋) 규정의 이면에 나타난 것으로부터 추리하여 그 규정과 다른 경우를 예정하여 표면의 규정과 다른 결과를 발생케 하는 해석으로 민법 844조의 처가 혼인중에 胞胎한 자는 부의 자로 추정한다라는 表面規定에서 추리하여 처가 혼인중이 아닌 때에 포태한 자는 부의 자가 아니다라고 해석하는 것과 같다.

이뫼블 빠르 데스띠나숑 〔佛〕 immeuble par destination 프랑스법에 있어서의 용법에 의한 부동산. 소유자에 의하여 부동산에 부착된 것으로서 그 독립성을 잃지 않은 동산으로, 법률상 부동산으로 간주되는 것. 예컨대 시멘트벽에 고착된 胸像과 같은 물리적 부착과 경작용의 소와 같이 이용을 위한 충당이 있다.

이무니테트 〔羅〕 emunitas 〔獨〕 Immunität 〔佛〕 immunité 로마말기에 皇帝領·敎會領·특정의 私領은 公租公課를 면제받고 있었는데 프랑크시대의 국왕령은 이 제도를 계승하여 국왕은 地方伯(Graf)職을 수중에 넣은 귀족에 대한 대항세력으로서 帝國直轄의 귀족령을 창출하여 왕권을 강화하기 위하여 제국교회·제국수도원에 대하여 이 특권을 부여하였으며 또한 세속의 대영주도 이 특권을 취득하였는데 왕권의 약체화에 따라 이 제도는 오히려 國家權力을 분산하는 결과를 가져 왔다. 이 시대의 이무니테트의 내용은 다음과 같다. 즉, 이 특권을 갖는 자는 당해영역에 관하여, ① 官憲특히 地方伯 내지 그 代官이 출입하는 것(introitus), 거주민에게 소환·체포 등 직접강제를 가하는 것(districtio), 개개의 거주민에게 公租公課를 과하는 것(exactio)을 금지하였을 뿐만 아니라 ② 스스로 公租를 징수하고 일정범위의 재판권·강제권을 행사하였다. 이 특권에 의하여 莊園領主가 재판권을 취득한 결과 장원영주의 私的裁判權은 국가가 공인하는 재판권으로 높여짐과 동시에 국가의 재판권의 봉건화가 야기되었다.

이미시온 〔獨〕 Immission 〔佛〕 immission 安穩妨害라고도 한다. 매연·열기체·액체·음향·진동 기타 이에 유사한 것으로 이웃 토지의 사용을 방해하거나 이웃 거주자의 생활에 고통을 주는 것. 이러한 안온방해는 원칙적으로 금지된다. 그러나 방해의 정도가 이웃 토지의 통상의 용도에 현저한 지장을 주는 것이 아니면, 이웃 거주자는 이를 忍容하여야 한다(民 217). 현대의 사회생활에서는 어느 정도의 안온방해는 서로 인용하지 않으면 안되기 때문이다. 방해의 정도가 인용의 한계를 넘는 경우에는, 방해당한 자는 소유권 또는 점유권에 기하여 妨害除去請求權이 있고 또 손해가 발생한 때에는 손해배상청구권이 있다. 방해제거청구의 내용은 안온방해의 정도가 忍容의 한계를 넘지 않도록 적당한 조처를 할 것을 청구하는 것인데 그것이 불가능한 때에는 안온방해의 중지를 청구하는 것이다.

이 민(移民) 永住의 목적으로 외국에 移住하는 사람. 노동을 위한 이민이 많다. 외국인의 入國一般과 같이 이민의 許否 또는 許可하는 경우에 있어서의 입국의 조건·입국후의 지위 등은 조약상의 의무를 지지 않는 한 일반국제법상으로는 국가이익을 고려하여 임의로 결정할 수 있는 국내문제이다. 入國制限 또는 입국후의 지위에 관하여 人種이나 國籍에 의한 차별을 두는 것은 일반적으로 금지된 것은 아니지만 國際禮讓上 비난을 받으며 국제연합헌장과도 관련되어 문제된다(國際聯合憲章 1 Ⅱ, 55 C). 유색인종의 이민을 금지한 1924년의 미국의 移民制限法은 관계국 특히 미국과 일본간에 커다란 문제를 야기시켰다.

이 법(理法) 〔羅〕 lex naturalis 〔希〕 *λογοσ* 일반적으로 조리와 동의어로 사용되나 정확하게 말하자면 自然理法 또는 自然的 道德律이다. 스콜라학파는 自然理法과 자연법을 구별없이 같은 뜻으로 사용하고 있다. 또한 스토아학파는 자연법을 인간이 이성을 통하여 生得的으로 인식하는 비인격적인 세계이성, 즉 理性法이라고 말하였다. 그리스의 로고스도 같은 뜻으로 이해된다. 헤라클레이토스(Herakleitos)는 만물의 流轉이 어떤 영원불변한 규범을 따라 움직인다고 하였고, 그 永遠規範이 곧 로고스라고 하였다.

이법지역(異法地域) 동일국가내에 있어서 法域을 달리하는 지역. 예컨대 미국·스위스 등에 있어서는 각주가 이법지역이며 이러한 국가내에 있어서는 국제사법과 같은 法律의 抵觸을 해결하기 위한 법이 필요하게 된다. → 일국수법, 준국제사법

이부명령(移付命令) 〔獨〕 Überweisungsbeschluss 압류채권의 환가방법으로서의 推尋命令 및 轉付命令의 총칭(民訴 563). → 추심명령, 전부명령

이북오도(以北五道) 1945년 8월 15일 현재 행정구역상의 道로서 아직 수복되지 않은 황해도·평안북도·평안남도·함경북도·함경남도를 말한다(以北5道에 관한 特別措置法 2). 이북 5도의 임시사무소는 당해 관할지구가 수복될 때까지 서울특별시에 둔다(3).

이북오도위원회(以北五道委員會) 이북 5도의 정치·경제·사회·문화·교육 등 각 분야에 걸친 정보의 수집·분석, 이북 5도를 수복할 경우에 실시할 제반정책의 연구, 반공사상의 고취 등의 계몽·선전업무, 남하 피난민의 구호사업 등의 이북5도사무의 전부 또는 일부를 공동으로 처리하기 위하여 두는 기관(以北5道에 관한 特別措置法 7).

이 사(理事) 〔英〕 director 〔獨〕 Vorstand 〔佛〕 directeur, administrateur 일반적으로는 법인의 사무를 집행하며 또 원칙적으로 법인을 대표하여 법률행위를 하는 직무권한을 가지는 常設的 必要機關(民 57~59, 商 382·561·562).

[1] 非營利法人에 있어서는 그 임면은 定款에 의하여 정하여진다(民 40, 43). 그 직무권한은 등기신청, 사원총회의 소집, 법인을 위하여 법률행위를 하는 일 등 법인의 事務執行에 필요한 모든 사항에 미치는 것을 원칙으로 한다(58~60). 사무의 집행은 이사의 과반수로써 결정하지만(58 Ⅱ), 대외적으로는 각 이사가 법인의 일체의 사무에 관하여 代表權을 가지는 것이 원칙이다(59, 60, 64). 이사가 직무에 관하여 타인에게 손해를 가한 경우에는 법인 자체의 불법행위로서 법인이 배상할 책임을 진다(35). 이사는 선량한 관리자의 주의로 그 직무를 행하여야 하며(61), 이사가 그 임무를 게을리한 때에는 그 이사는 법인에 대하여 연대하여 손해배상의 책임을 진다(65). 이사가 일시적으로 없거나 또는 缺員이 있는 경우에 그것으로 인하여 손해가 생길 염려가 있는 때에는 법원은 이해관계인이나 검사의 청구에 의하여 臨時理事를 선임하게 된다(63).

[2] ① 주식회사에 있어서는 이사는 회사의 업무집행기관인 이사회의 구성원에 불과하다. 주식회사의 이사는 주주총회에서 선임되나(商 382 Ⅰ), 설립당초의 이사는 發起人 또는 創立總會에서 선임한다(296 Ⅰ, 312). 이사의 자격을 제한할 수도 있고 定款에서 주주에 한할 수 있다. 員數는 3인 이상이어야 하며(383 Ⅰ), 임기는 3년을 초과할 수 없고(383 Ⅱ), 정관으로 그 임기중의 최종의 결산기에 관한 정관주주총회의 종결에 이르기까지 연장할 수 있다(383 Ⅲ). 終任事由는 사망·파산·금치산선고·사임·임기만료·정관소정의 자격상실·회사의 해산·해임 등이다. ② 유한회사의 이사는 이사회를 구성하지 아니하고 각자가 회사업무의 집행기관을 구성하고 있다. 이사의 員數는 1인으로도 되며(561), 그 자격과 임기에 대하여는 법률상 제한이 없다. 회사의 설립 전에는 정관으로 특정한 자를 지정할 수 있으나(547 Ⅰ) 회사성립 후에는 사원총회에서 선임한다(567, 382 Ⅰ). 회사와 이사와의 관계는 委任이며(382 Ⅱ) 이사는 競業禁止, 自己去來制限 등의 不作爲義務를 부담한다(397, 398, 564 Ⅲ, 567).

이사관(理事官) 2급인 一般職事務系國家公務員의 일반적인 職名(公務員任用令 3 별표 1). 상사의 명을 받아 소관 일반사무를 담당하며 소속 직원을 지휘·감독한다. 행정각부·처·청의 국장급.

이사기관(理事機關) 法人의 의사를 집행하는 기관. 그 의사를 결정하고 구성하는 의결기관. 意思機關에 대한 용어. 執行機關이라고도 한다. 私法人에 있어서의 이사는 그 예이다.

이사(理事)**의 선임·해임**(選任·解任)

[1] 選任. 주식회사의 이사선임은 주주총회의 전권사항이나 發起設立의 경우에는 의결권의 과반수로써 선임하고 募集設立의 경우에는 창립총회가 선임한다(商 296, 312). 定款의 규정으로써도 그 선임을 이사회 기타의 기관 또는 제3자에게 위임할 수 없고 선임결의의 효력을 제3자의 동의에 의존시킬 수 없다. 주주총회에서의 이사의 선임은 普通決議에 의하는 것이나, 이사의 권한이 구상법의 경우보다 강화되어 있고, 그 지위의 중요성에 비추어 보통결의의 정족수를 경감하지 못한다. 따라서 이 정족수를 완화한 정관의 규정은 이사선임에 관한 효력이 없다. 유한회사의 이사의 선임은 회사설립의 경우에 정관으로 정한 경우를 제외하고 社員總會에서 한다(547, 567, 382).

[2] 解任. 주주총회의 특별결의 또는 사원총회의 결의에 의하여 사유의 여하를 불문하고 임기중이라도 임의로 해임할 수 있으나 정당한 사유없이 그 임기만료 전에 해임한 때에는 회사는 그 이사에 대하여 해임으로 인한 損害賠償責任을 부담한다(385 Ⅰ, 567). 이사가 그 직무에 관하여 부정행위 또는 법령이나 정관에 위반한 중대한 사실이 있음에도 불구하고 주주총회에서 그 해임을 부결한 때에는 발행주식의 총수의 100분의 5 이상에 해당하는 주식을 가진 소수주주는 총회의 결의가 있은 날로부터 1월내에 그 이사의 해임을 법원에 청구할 수 있다(385 Ⅱ). 더욱 그 판결의 확정 전이라도 법원은 假處分으로써 그 이사의 직무집행정지를 할 수 있고 또는 직무대행자를 선임할 수 있다(407). 유한회사의 이사도 사원총회가 해임권을 갖는 것은 주식회사와 같으나(567, 385 Ⅰ), 少數社員에 의한 解任의 訴權은 인정되지 않는다.

이사(理事)**의 책임**(責任) ① 損害賠償責任. 이사는 회사에 대하여 受任者로서 법령 및 정관의 규정과 주주총회의 결의에 따라 회사를 위하여 그 직무를 수행해야 하며 이에 위반하여 회사에 손해를 끼쳤을 때에는 그 이사는 회사에 대하여 연대하여 손해를 배상할 책임을 부담한다(商 399, 613). 이사가 악의 또는 중대한 과실로 인하여 그 임무를 懈怠한 때에는 그 이사는 제3자에 대하여도 연대하여 손해를 배상할 책임이 있다(401 Ⅰ·Ⅱ, 613). ② 資本充實責任. 신주의 발행으로 인한 변경등기가 있은 후 아직 引受하지 않은 주식이 있거나 株式引受의 청약이 취소된 때에는 이사가 이를 공동으로 引受한 것으로 본다(428 Ⅰ). 이사의 違法行爲 또는 任務懈怠行爲가 이사회의 결의에 의한 것일 때에는 그 결의에 찬성한 이사도 회사에 대한 손해배상책임을 지며(399 Ⅱ), 그 결의에 참가한 이사로서 異議를 한 기재가 의사록에 없는 자는 그 결의에 찬성한 것으로 본다(399 Ⅲ). ③ 責任免除. 이사의 회사에 대한 손해배상책임은 전구성원의 동의로 면제될 수 있다(400, 567). 책임발생원인인 행위의 고의·과실 여하를 불문한다. 주식회사의 이사의 자기거래에 의한 책임에 관하여는 예외가 있다(398). ④ 責任解除. 이사의 책임면제는 엄격한 요건이 있으나 장기간 불확정한 책임을 지게 할 수 없는 점이 있기 때문에 정기총회에서 계산서류의 승인을 얻은 후 2년내에 다른 결의가 없으면 이사에게 부정행위가 있는 경우를 제외하고, 그 책임은 당연히 解除된 것으로 본다(450, 583). 이사의 資本充實責任은 면제나 해제의 대상이 되지 않는다.

이사해임(理事解任)**의 소**(訴) 이사의 직무집행에 관하여 부정행위 또는 법령·정관에 위반하는 중대한 사실이 있는 경우에 少數株主權을 가진 주주 또는 소수사원권을 가진 유한회사의 사원이 제기하는 이사의 해임을 요구하는 訴. 주주총회 또는 사원총회에 있어서 이사해임의 결의가 부결된 경우에 그 결의가 있은 날부터 1월 이내에 본점소재지의 지방법원에 제기된다(商 385 Ⅱ·Ⅲ). 形成의 訴로서 판결의 확정에 의하여 이사해임의 효력을 발생하는 바, 그 효력은 회사에 미치며(民訴 204 Ⅲ), 법원의 촉탁에 의하여 登記가 행해진다. 소의 제기시에 또는 소의 제기전이라도 급박한 사유가 있을 때에는 그 이사의 직무집행정지 또는 대행이사선임의 가처분을 신청할 수 있다(商 407, 567).

이사회(理事會) 〔英〕 board of directors 〔獨〕 Vorstand 〔佛〕 conseil d'administration 회사의 업무집행에 관한 의사를 결정하기 위하여 이사 전원으로 구성되는 주식회사의 必要常設의 회의체 형식의 기관. 이사회의 소집권은 원칙으로 각 이사에게 있으나, 이사회에서 특정한 이사에게 召集權을 일임할 수도 있다(商 390 Ⅰ). 소집의 방법에는 제한이 없으나 通知는 會日로부터 1주간 전에 각 이사에게 발송하여야 한다. 그러나 이 기간은 定款으로 단축할 수 있다(390Ⅱ). 또 이사전원의 동의가 있으면 위의 절차를 밟지 않고 언제든지 회의를 할 수 있다(390Ⅲ). 이사회는 법령이나 정관에 의하여 주주총회의 권한으로 되어 있는 것을 제외하고는 회사의 업무집행에 관한 모든 의사결정을 할 권한이 있다(393前). 상법이 이사회의 결의사항으로 명시한 것으로는 주주총회의 소집(362), 이사회소집자의 특정(390Ⅰ但), 지배인의 選任·解任(393), 대표이사의 선임과 공동대표의 결정(389), 이사와 회사간의 소송대표자의 선임(394), 이사의 자기거래의 承認(398), 新株發行事項의 결정(416), 社債의 모집(469) 등이며, 이 이외에도 상법상 회사가 결정하여야 할 것으로 된 사항은 성질상 이사회의 決議事項이라고 보아야 할 것이다. 이사회의 결의는 이사 전원의 과반수로 하여야 한다(391Ⅰ). 이 요건을 가중하는 것은 무관하나 완화하지는 못한다. 결의에 특별한 이해관계가 있는 이사는 의결권을 행사하지 못하며(391Ⅱ, 368Ⅳ), 書面決議도 불가하다. 이사회의 의사에 관하여는 의사록을 작성하여야 하며 이 의사록에는 의사의 경과요령과 그 결과를 기재하고 의장과 출석이사가 기명날인 또는 서명하여야 한다(391의3, 373). 이사회의 결의에 내용상 또는 절차상의 瑕疵가 있는 경우에 이것을 訴追하는 특별한 규정이 없으므로 이는 법률상 당연히 무효가 된다고 보아야 할 것이다.

이사·회사간(理事·會社間)**의 거래**(去來) → 자기거래

이상성격(異常性格) 감정과 의사의 측면에서 본 全人格이 不均으로부터 偏倚되어 있는 것. 여러 종류의 소질의 조화있는 발달을 기대할 수 없으므로 사회적응성이 없고 반사회적 행동으로 나가기 쉽다. 일반적으로 정신병질과 동의로 쓰여지는 유전적인 것이다. 특히 범죄와 친화성이 있는 것은 情緒欠缺性·意思薄弱性·自己顯示性·發揚性·氣分易變性·性的인 성격이상이다.

이성무복친(異性無服親) → 유복친·무복친

이성법학(理性法學) 法律哲學上의 하나의 학파. 독일 이상주의의 법률철학에 해당하는 바 理性法의 이론확립을 법철학의 임무로 하는 것이 공통적 특징이다. 넓은 뜻의 자연법학의 분파라고도 할 수 있으나 自然法學이 인간고유의 자연적 성능을 가지고 자연법의 기초로서 변함없는 내용을 지닌 법률체계의 학립을 도모하는데 반하여 인간의 이성 또는 이성의 명령에 따라 보편·타당한 정당성을 가진 자연법적 원리를 도출하여 實定法의 판정기초로 하려는 점에서 구별된다. 인간이 理性的 存在者로서의 사명을 충분히 성취시킬 가능성은 자유의 확보에 의하여 주어진다. 그러므로 이성법학은 자유의 확보를 법의 근본적 사명이라고 설명한다. 칸트, 헤겔 등이 대표적 학자이며, 그 전통은 新理想主義, 특히 신칸트파의 法律哲學에 계승되어 있다.

이성불양(異姓不養) 姓과 本이 다른 자를 양자로 삼을 수 없다는 구관습상의 원칙. 민법은 이를 인정하지 않지만, 戶主承繼를 위하여 하는 양자는 의연히 同姓同本일 것을 요구하였었다(877Ⅱ. 삭제).

이성양자(異姓養子) 양친의 성과 다른 양자. 엄격하게 말하면 同姓同本의 혈족이 아닌 양자이다. 우리나라에서는 종래 이성양자를 인정하지 않았었지만 실제로는 侍養子·收養子 등은 異姓인 경우가 많았다. 현행민법에서는 이성양자를 금하지는 않는다(877).

이 송(移送) 〔英〕 transfer of case 〔獨〕 Verweisung 〔佛〕 renvoi 소송사건을 그 係屬中의 법원이 재판에 의하여 법원으로 옮기는 것.

[1] 민사소송법상 ① 관할위반에 기한 移送(31Ⅰ, 389, 395), ② 손해나 遲延을 피하기 위한 이송(32), ③ 지방법원단독판사가 동일지방법원합의부에 하는 이송(31Ⅱ), ④ 상급심이 원심에 還送하는 경우의 이송(406) 등이 있다. 移送裁判의 형식은 결정이지만, 상소심에서는 판결에 의한다. 이송재판은 이송의 사유 및 受移送法院의 관할권에 대해서 수이송법원을 羈束하고(34), 그 재판이 확정된 때에는 소송은 처음부터 수이송법원에 제기된 것으로 간주된다(36Ⅰ).

[2] 형사소송법에 있어서는 ① 관련사건의 分離移送(7, 9), ② 심리의 편의를 위하여 피고인의 현재지를 관할하는 동급법원에 사건을 이송하는 경우(8), ③ 관할인정이 법률에 위반됨을 이유로 항소법원이 원심판결을 파기하고, 판결로써 사건을 관할법원에 이송하는 경우(367), ④ 上告法院이 원심판결을 파기하고, 원심법원 이외의 법원에 이송하는 경우(394, 397) 등에 인정된다.

[3] 군사법원법상 관련사건의 分離移送(14, 16). 보통군사법원이 인정한 사실에 대하여 법령을 적용하지 아니하였거나 법령의 적용에 착오가 없는 때, 보통군사법원의 판결후 형의 폐지나 변경 또는 사면이 있는 때 및 보통군사법원에 대한 裁判權의 인정이 법률에 위반된 때 보통군사법원 또는 고등군사법원의 판결을 파기하고 판결로써 사건을 관할법

원에 이송하는 경우(449).

이송죄(移送罪) 略取 또는 유괴된 자, 혹은 國外移送의 목적을 가지고 매매된 자를 국외로 이송함으로써 성립되는 죄(刑 289).

이슬람법(法) 〔英〕 Islamic law 셈系의 아라비아민족의 法系統으로 이슬람교에 기하여 발전한 종교적 법. 사라센법·회교법이라고도 부른다. 코란·마호메트의 언행록 및 체계적인 이슬람법학의 3者가 이슬람법을 발달시켰다. 마호메트는 이슬람教主로서 다수의 언행록을 남겼는데, 진정한 것으로 확인된 약 7,000여를 체계적으로 9세기에 集錄한 言行錄(Sahih)이 있다. 이슬람법학은 조직적인 고도의 법학으로 성립 발전하여 4 또는 5의 법학파의 존재는 마치 로마법학에 있어서의 고전시대에 비할 수 있는 장관을 보여준다.

이승만(李承晩)**라인** 평화선과 같다.

이시보험(異時保險) →동시보험·이시보험, 중복보험

이심(移審)**의 효력**(效力) 〔獨〕 Devolutiveffekt 〔佛〕 effet devolutiv [1] 민사소송법상 상소의 효과로서 소송사건의 係屬이 원심법원으로부터 上訴法院에 옮겨지는 것. 항소장 또는 상소장제출시에 효력이 발생한다. 이심의 효력은 確定遮斷의 效力(遮斷的 效力)과 같이 원심판결의 소송물의 전부에 마친다. 이것은 민사소송법 367조가 不服의 限度를 명백히 할 것을 요구하지 않는 것, 당사자는 변론종결에 이르기까지 언제라도 불복신청의 한도를 확장할 수 있는 것 및 민사소송법 375조의 취지로부터 명백하다. 그리하여 이것은 소의 客觀的 併合, 訴의 追加的 變更, 辯論의 併合 등의 경우, 혹은 本訴 및 反訴에 대하여 1개의 全部判決이 있는 경우에 있어서도 다르지 않다(다만 辯論併合의 경우에 대하여 다툼이 있다). 그러나 通常共同訴訟에 있어서 1개의 전부판결이 있을 때에는 민사소송법 61조의 결과 실질적으로는 수개의 전부판결이 있다고 보아야 할 것이고 移審 및 遮斷的 效力은 상소의 신청이 있는 부분에만 한한다. 또한 이상과는 다른 의미에서 상급법원이 하는 移送의 재판은 사건을 재차 하급법원에 옮기는 점에서 이 경우에도 이심의 효력이 있다 할 수 있다.

[2] 형사소송법상으로도 같은 뜻. 효력의 발생시기는 소송기록이 上訴法院에 송부된 때(361, 377)이다. 따라서 항소 또는 상고가 법률상의 방식에 위반하거나 上訴權(抗訴權 또는 上告權) 소멸후인 것이 명백한 때에는 원심법원에서 결정으로 상소를 기각하고(360Ⅰ, 376Ⅰ), 또 抗告가 이유있다고 인정한 때에는 원심법원에서 결정을 경정한다(408).

이십사시간규칙(二十四時間規則) 〔英〕 twenty four hours rule 〔佛〕 règal des vingt quatre heures 중립국의 영해나 항구에 있어서의 交戰國의 군함의 정박 또는 출범에 관한 규칙. 이에는 碇泊期間에 관한 24시간규칙과 출범의 간격에 관한 24시간규칙의 둘이 있다. 전자는 교전국의 군함이 파손 또는 해난상태의 경우를 제외하고는 원칙적으로 24시간에 한해서 중립국의 영해에 정박할 수 있다는 것이고, 후자는 교전국쌍방의 군함이 동시에 중립국의 동일한 항구 또는 정박소에 있는 경우에 일방의 군함의 출범과 타방의 군함의 출범과의 사이에는 적어도 24시간의 간격을 두지 않으면 안된다는 것이다. 양자가 모두 18세기경부터 慣習法으로서 성립되어 있다가 1907년의 海戰에 있어서의 중립국의 權利義務에 관한 條約에서 성문화되었다. 전자의 규칙에 관해서는 국내법으로 특별한 규정을 할 수도 있도록 되어 있다. 이 양 규칙은 모두 중립국의 영역이 교전국의 전쟁목적에 이용되는 것을 방지하기 위한 것이라는데 있어서는 동일하다. →중립국의 의무, 방지의 의무

이연계정(移延計定) 〔英〕 deferred account 영업연도에 지출된 비용으로서 기업경영상 필요유익하고 그 경제적 효과가 차기연도 이후에 있어서도 계속 예상되는 경우에 이를 지출연도의 손실에 計上하지 않고 대차대조표의 자산의 부에 계상하여 수년도에 분할하여 이를 상각하기 위하여 설정된 계정. 移延資産計定이라고도 한다. 상법은 創業費, 新株發行費用, 주식의 할인발행시의 額面未達金額, 社債發行差額, 社債發行費用, 建設利子의 배당액, 연구개발비 등에 대하여 이연계정을 할 수 있음을 규정하고 있으나(453～457의2, 583 참조), 건설이자의 배당액계정(457Ⅱ) 이외의 기타 계정에 있어서는 일정한 기한내에 매 결산기의 이익의 유무를 불문하고 상각하여야 한다. 여하튼 상술한 상법의 규정을 限定的 列擧라고 해석할 것인가에 대하여 학설이 나누어지고 있다.

이왕직(李王職) 일제시대에 日本宮內大臣의 관리하에 李王族과 公族의 家務를 관장하던 기관. 長官 이하의 직원이 있었다(1910년 皇室令 제34호 李王職官制). 직원은 조선총독의 감독하에 있었다(1910년 皇室令 제39호 朝鮮에 있어서의 李王職의 事務 및 朝鮮에 在勤하는 李王職 직원에 관한 件).

이용강제(利用强制) 공기업의 이용관계는

당사자 사이의 합의에 의하여 설정되는 것이 원칙이나 그 공기업으로 달성하려는 公益目的의 원활한 실현을 위하여 법령상 또는 사실상 공기업의 이용이 강제되는 경우를 말한다.

이용대가징수권(利用對價徵收權) 공기업주체가 그 공기업이 제공 또는 공급하는 役務나 財貨 등에 대한 대가를 징수하는 권리. 공기업의 이용에 대한 대가에는 手數料의 성질을 가지는 것과 使用料의 성질을 가지는 것이 있는데, 수수료는 공기업의 역무의 제공에 대한 대가로서 징수하는 요금이며, 사용료는 재화의 제공이나 物的設備의 이용에 대한 대가로서 징수하는 요금이다. 이용대가의 부과·징수는 당해 이용관계가 합의이용인 경우에는 이용자의 자유의사에 의한 승낙을 전제로 공기업주체가 公企業規則으로 정할 수 있으며 법령의 근거를 필요로 하지 아니하나 이용강제의 경우에는 법령이나 조례·규칙의 근거를 필요로 한다. 특히 국가가 독점하는 사업의 공공요금은 물가안정위원회와 국무회의의 심의를 거쳐 대통령의 승인을 얻어 정하여야 한다(物價安定에 관한 法律 12).

이용발명(利用發明) 先行特許發明을 이용함으로써 성립하는 발명. 追加特許가 원특허발명의 권리자에 대하여 성립하는데 대하여 이용발명은 이 原特許權의 권리자와는 별도로 제3자에 의하여 성립하는 점에 있어서 차이가 있으며, 본질적으로는 청구범위를 다기적으로 표현하는 법제하에서 발전된 것이다. 특허발명의 이용은 항상 先行發明 전체 또는 先行登錄實用新案의 존재를 논리적으로 전제하여야 하며, 그 발명의 실시에 있어서는 필연적으로 이들 선행기술의 실시를 수반하는 것이어야 한다. 이용발명이라고 하려면 先行特許發明 또는 先行登錄實用新案을 變改하지 아니하고 이용하는 발명이어야 한다.

이용보조자(利用補助者) 권리자가 그 권리에 기하여 타인의 물건을 이용함에 있어서 사용하는 자. 좁은 뜻으로는 권리자가 자기의 수족처럼 사용하는 者(借家人의 妻子·僕婢 등)를 말하고, 넓은 뜻으로는 권리자에 갈음하여 독립하여 이용하는 자(借家人의 轉借人 등)를 말한다. 이용보조자를 사용하는 것의 可否 및 그의 고의과실에 대한 권리자의 책임은 履行補助者의 사용의 경우와 동일하다. → 이행보조자

이용제공의무(利用提供義務) 特許企業者가 특허기업의 공공성으로 말미암아 당해 기업을 일반공중의 이용에 제공할 의무를 지며 정당한 이유없이 그 이용을 거절하지 못하는 것을 말한다. 당해 특허기업의 이용에 대한 대가의 强制徵收方法이 따로 명시되어 있는데도 당해 특허기업의 이용거절을 대가징수의 방편으로 사용한다거나, 당해 특허기업과 직접 관계되지 아니하는 목적에 의하여 이용제공 여부가 결정되어서는 아니된다.

이용조건제정권(利用條件制定權) 공기업의 경영주체가 당해 공기업의 이용에 관한 수수료·사용료·이용시간 기타의 이용조건을 정할 수 있는 권리를 말한다. 이용조건은 ① 법령 또는 조례·규칙의 형식으로 정하여지는 경우와, ② 법령이나 조례·규칙의 범위 내에서 공기업주체에 의하여 公企業規則의 형식으로 정하여지는 경우가 있다. 전자를 위반한 경우에는 刑罰·過怠料 등에 의한 제재가 따르게 되나 후자를 위반한 경우에는 이용의 배제·정지 등과 같은 제재가 따르게 된다.

이월계정(移越計定) 〔英〕 deffere accounts 어느 營業年度의 특정한 지출을 그 연도만의 손해에 계상하지 않고 대차대조표의 자산의 부에 계상하여 수년도로 분할하고 이것을 상각하기 위하여 설정되는 계정. 상법상으로는 창업비·사채발행차금·신주발행비·건설이자를 이월계정으로 하는 것이 인정되며, 각각 그 償却期間이 정해져 있다(商 453, 454, 456, 457, 457의2). 재무제표규칙에 있어서는 이 밖에 前拂費用·개발비·시험연구비도 이월계정하는 것이 인정되고(69~76) 또 이월계정에 대한 상각액을 직접 그 계정에서 공제하고 그 공제잔고를 각 이월계정의 금액으로서 표시하도록 되어 있다(76 Ⅱ).

이용행위(利用行爲) 管理行爲의 일종. → 관리행위

이원제(二院制) 〔英〕 bicameral system 〔獨〕 Zweikammersystem 〔佛〕 bicaméralisme→ 양원제

이월명시비(移越明示費) →명시이월비

이월사용(移越使用) 매 회계연도의 예산의 금액은 당해 연도내에 있어서만 사용할 수 있는 會計年度의 구분 및 獨立의 原則에 대한 예외의 하나로 이것을 익년도에 이월하여 익년도의 예산으로 사용하는 것. 예산회계법은 이월에 관하여 미리 국회의 의결을 거쳐 경비를 이월하는 경우(豫會 23) 明示移越費를 인정한다. 또 繼續費에 대하여는 완성에 수년도를 요하는 공사나 제조 등의 경비총액과 年賦額의 경비 중 지출이 완료하지 않는 것에 대하여 당해 사업의 완성년도까지에 걸치는 이월이 인정된다.

이월징수(移越徵收) 근로소득세액의 年末精算 또는 재취직자에 대한 근로소득세액의 연말정산을 위한 원천징수에 있어서 징수하여야 할 소득세가 지급하여야 할 勤勞所得을 초과하는 때에 그 초과하는 세액을 다음 달의 근로소득을 지급하는 때에 행하게 되는 징수를 말한다(所得稅法 139). 이때 그 다음 달에 지급할 근로소득이 없는 경우에는 전액을 원천징수하게 된다.

이월투표(移越投票) 천재 그 밖의 사고에 의하여 투표를 행할 수 없는 때 또는 다시 투표를 행할 필요가 있는 때에 다시 期日을 정하고 행하는 투표를 말한다.

이유모순(理由矛盾) 판결이유에 모순이 있어서 어떻게 결론인 判決主文에 이르렀는가를 이해할 수 없는 경우. 구법에서는 이를 理由齟齬라고 하였다. 민소에 있어서나 형소에 있어서나 모두 이유불비와 같이 絶對的 上告理由 또는 絶對的 抗訴理由가 된다(民訴 394 Ⅰ vi, 刑訴 361의5 xi).

이유불비(理由不備) [1] 민사소송법상 판결이유의 전부 또는 일부가 흠결되어 있는 違法. 판결에는 이유를 붙여야 하며(193 Ⅰ iv), 이를 붙이지 아니하면 위법이 된다. 개개의 점에 관하여 이유를 결한 경우에는 이것이 판결에 영향을 주면 上訴理由가 되고(384 Ⅱ, 395, 393), 특히 전체로서 이유를 명시하지 아니하면 絶對的 上告理由가 된다(394 Ⅰ vi 前). → 이유모순

[2] 형사소송법상 이유불비는 絶對的 抗訴理由가 된다(361의5 xi 前). 이유불비는 판결에 명시하여야 할 이유를 전혀 붙이지 아니한 경우 외에 형식상 이유를 붙였으나 그것이 일부에 불과한 경우를 포함한다.

이 율(利率) 〔英〕 rate of interest 〔獨〕 Zinsfuss 〔佛〕 taux de l'intérêt 利子의 元本에 대한 비율. 元本에 대하여 백분비로 표시하는 것(예 : 年 6분, 月 1분)이 보통이지만, 日步라 하여 100원에 대한 1일의 이자의 비율을 표시하는 것(예 : 日步 1錢 5厘)도 거래상 상당히 많다. 이율은 약정으로 정하여지는 것(約定利率)이 보통이지만, 법률도 일정한 이율을 정하여(法定利率) 약정이율이 없는 경우의 표준으로 한다.

이 의(異議) 〔英〕 objection 〔獨〕 Einwendung, Erinnerung, Widerspruch [1] 민법상 타인의 행위에 대하여 반대 또는 불복의 의사를 표시하는 것의 뜻으로 쓰이고 있다(451, 639, 706 등).

[2] 민사소송에 관하여 이의는 여러가지 의미로 사용되어 통일적으로는 이해할 수 없다. ① 먼저 소송에 있어서의 피고의 防禦方法을 講學上 異議라고 하는 수가 있다. ② 다음에 소송관계인 또는 국가기관의 행위의 불허·변경 또는 결과의 배제를 상급법원 이외의 법원에 구하는 또는 행위의 효력을 제한·상실케 하는 당사자의 소송행위를 法文上 異議라고 한다. ㉠ 당사자의 행위의 불허를 목적으로 한 것으로는 補助參加에 대한 異議(民訴 67)가 있으며, ㉡ 국가기관의 행위·처분 등의 변경을 목적으로 하는 것으로 釋明權의 行使에 관한 이의(128), 집행방법에 관한 이의(504), 법원사무관 등의 처분에 관한 異議(209, 484), 변론의 지휘에 대한 이의(128), 受命法官·受託判事에 대한 이의(411), 假押留·假處分命令에 대한 이의(703, 715)가 있으며 ㉢ 결과의 배제를 목적으로 하는 것으로는 청구에 관한 異議의 訴(505), 第三者異議의 訴(509), ㉣ 행위의 효력을 제한·소멸케 하는 것으로는 조서의 기재에 대한 異議(146 Ⅱ), 지급명령에 대한 이의(439)가 있다. 이들 이의는 訴에 의하여야 하는 것 외에는 방식의 규정이 없으므로 서면 또는 구술로써 할 수 있다.

[3] 형사소송법에서는 다음과 같은 이의가 인정된다. 첫째 公判節次에 관한 不服으로서 ① 재판장의 처분에 대한 이의(304 Ⅰ). 이 異議申請이 있을 때에는 법원은 결정을 하여야 한다(304 Ⅱ). ② 제1회 공판기일전의 유예기간에 관한 이의(269 Ⅱ). ③ 증거조사에 관한 이의(296 Ⅰ). 증거조사에 관한 법원·재판장·수명법관 또는 상대방당사자의 일체의 訴訟行爲가 부적법 또는 부적당한 때 당해법원에 신청하며, 법원은 이 신청에 대하여 결정을 하여야 한다. ④ 공판조서의 정확성에 관한 이의(54 Ⅱ). 이 이의를 진술한 때에는 그 취지를 公判調書에 기재하여야 한다. 둘째 재판의 집행에 관한 이의(489). 재판의 집행에 관한 검사의 처분이 부당함을 이유로 재판을 선고한 법원에 하는 것으로서, 법원이 이에 대하여 결정을 한다(491).

이의신청(異議申請) 〔獨〕 Einspruch [1] 행정법상에서는 위법 또는 부당한 行政處分의 재심사를 처분청에 대하여 청구하는 행위. 법령상으로는 이의신청이라는 용어 외에 不服申請·訴願·審査請求·再審査請求·裁決申請·裁定申請 등의 용어가 혼용되고 있다. 이의신청에 관한 일반법은 없고 개별법에서 이를 허용하고 있을 때에만 그 규정에 따라서 제기할 수 있는데 그 경우에도 그 절차에 特別規定(예 : 國稅基 62,12)이 없는 경우에는 사안의 성질에 반하지 않는 한 訴願法의 규정이 준용된다는 것이 통설이다. 이의신청은 보통 자기의 권리

또는 이익이 침해된 것을 요하나 반드시 이에 한하지는 않는다(→ 민중적 쟁송).

[2] 민사소송법상에서는 異議 중 신청의 성질을 가진 경우를 말한다. → 이의, 신청, 집행문부여거절에 대한 이의, 집행문부여에 대한 이의

[3] 형사소송법상 재판의 집행을 받은 자 또는 법정대리인이나 배우자가 집행에 관한 검사의 처분이 부적법하다는 것을 이유로 재판을 선고한 법원에 그의 구제를 구하기 위하여 하는 申請(刑訴 489). 재판의 확정 전에도 부적법한 집행이 있는 경우에는 이 신청을 인정하여야 하며(반대설 있음), 집행이 종료한 후에는 실익이 없으므로 이 신청은 허용되지 않는 것으로 본다. 이 신청은 법원의 결정이 있을 때까지 取下할 수 있으며(490Ⅰ), 교도소에 있는 자의 신청 또는 취하에는 특칙이 있다(490Ⅱ, 344). 이 신청이 있는 때에는 법원은 결정을 하여야 하며(491Ⅰ) 필요한 경우에는 사실을 조사할 수 있다(37Ⅲ). 이 결정에 대하여는 卽時抗告를 할 수 있으며(491Ⅱ) 결정이 확정한 때에는 동일한 사정하에 동일한 이유로 다시 신청할 수 없는 것으로 보아야 할 것이다.

이의약관(異議約款) 〔獨〕 widerspruchsklausel 보험계약의 당사자가 보험증권의 교부가 있은 날로부터 일정한 기간내에 한하여 그 증권내용의 正否에 관한 이의를 할 수 있음을 약정한 約款(商 641前). 承認約款(Billigungsklausel)이라고도 한다. 이것은 보험증권이 사실상의 추정력만을 가지는 證據證券으로서 보험계약의 내용과 보험증권의 기재내용이 일치하지 아니할 때에는 보험계약자는 언제든지 이를 주장할 수 있고 보험자는 이 주장의 부당성을 지적하려면 증권 외의 증거방법으로써 이를 입증하지 않으면 안된다. 이 입증은 保險契約者의 이러한 주장의 시기가 늦어짐에 따라 그만큼 곤란해진다. 이의약관은 이러한 곤란을 배제하여 보험자의 기업수행의 확실을 기할 목적으로 약정되는 것이다. 이의약관은 명시적으로 약정이 있을 때에만 인정되며 異議提出期間이 부당히 짧으면 보험계약자를 해할 우려가 있으므로 1월을 내리지 않는 기간으로 정하여야 한다(641 後).

이의(異議)의 소(訴) 민사소송법상 이의를 소에 의하여 주장하지 않으면 안되는 경우의 소. 請求異議의 소(505), 第三者異議의 소(509), 執行文付與에 대한 이의의 소(506) 및 配當異議의 소(592)가 있다.

이 이 시(E.E.C) 〔英〕 European Economic Community → 유럽경제공동체

이익공동체(利益共同體) 〔英〕 community of interest 〔獨〕 Interessengemeinschaft 몇 개의 기업이 법률상의 독립성을 잃지 않는 범위내에서 업무경영을 공동으로 하고 또 기업이윤을 일정률에 따라서 분배하는 것을 내용으로 하는 계약에 의하여 구성하는 企業結合. 이익공동체는 같은 종류의 기업에 의하여 구성되는 경우가 있고 그 긴밀도에도 강약의 단계가 있다. 전자의 긴밀도가 약한 것은 카르텔의 前段階라고 할 수 있겠고 후자의 긴밀도가 강한 것은 콘체른에 흡사하다. 업무경영의 공동은 資本參加, 임원겸직, 2개 회사를 함께 지배하는 공동대주주의 존재 등에 의하여 영위되는바 미국에서는 이 마지막 경우만을 이익공동체라고 한다.

이익공통계약(利益共通契約) 〔獨〕 Interessengemeinschaftsvertrag 사업자가 타인과 영업상의 손익 전부를 공통하게 하는 계약. 즉 타인과 일정한 계산기간내에 있어서의 영업상의 손익을 합산하여 각자가 그 전체의 결과에 관하여 일정한 비율로써 참가하는 것을 약정하는 것으로, 이 계약에 의하여 설정된 企業結合을 이익공동체라고 한다. 物的會社에서는 이 계약의 체결·변경·해약에는 주주총회 또는 사원총회의 특별결의가 있어야 한다(商 374, 576).

이익대표국(利益代表國) 전쟁의 개시로 인하여 외교관계가 단절되고 외교사절이 敵國으로부터 퇴거하는 경우에 大·公使館 및 文書 그리고 敵國內의 自國民保護 등을 의뢰받은 中立國. 이익대표국의 예로는 제2차대전시 일본의 이익대표국으로서 스페인 및 후에 스위스.

이익배당(利益配當) 〔英〕 dividend 〔獨〕 Dividende 〔佛〕 dividende 회사가 그 사원에 대하여 이익을 배당하는 것. 회사는 營利法人이므로 이익을 사원에게 분배하는 것은 본질적 목적에 속한다. 匿名組合도 익명조합원에 대한 이익배당을 그 계약성립의 요건으로 한다. 주식회사에 있어서는 주주의 이 이익배당을 청구하는 권리는 다수결에 의하여도 영구히 이를 빼앗지 못하는 固有權에 속한다. 이익이라 함은 대차대조표상의 관념이며 익명조합에서는 손실을 塡補한 후(商 82), 物的會社에서는 대차대조표상의 순재산액으로부터 자본의 액과 법정준비금을 공제한 후가 아니면 이익의 배당을 하지 못하며, 이것을 위반할 때에는 회사채권자는 이를 회사에 반환시킬 수 있다(商 462, 583Ⅰ). 이익배당의 표준은 匿名組合이나 人的會社에 있어서는 다른 정함이 없는 한 출자의 價額에 따르며(民

711, 商 195), 주식회사·유한회사에서는 주주가 가지는 주식 또는 出資座數의 수에 의한다(商 464, 580). 그러나 우선주·후배주 등 數種의 주식을 발행한 경우에는 그러하지 아니하다. 물적회사에 있어서의 이익의 확정과 분배는 주주(사원)총회의 專權事項이며(商 449, 583 I), 이익의 확정은 대차대조표와 손익계산서의 승인으로써 하고 이익의 배당은 주주(사원)총회의 배당결의로 하되 각 영업연도말의 대차대조표상에서 생기는 이익만을 배당할 수 있다. 또 이익배당은 금전으로 하여야 하며 주식으로 배당하지 못한다. 다만 준비금을 자본으로 전입할 때에는 경제적으로는 株式配當과 동일한 결과를 생기게 한다. 주주(사원)의 이익배당청구권은 주주권에 포함된 抽象的 權利로서 사원관계의 존속과 운명을 같이 하며, 단독으로 처분하지 못하고 또 시효에 걸리지 않는다. 그러나 일단 총회의 이익처분의 결의가 있으면 순채권적 성질을 가진 구체적인 配當金支給請求權으로 化하고 이것이 독립하여 讓渡·押留·轉付命令 등의 목적이 될 수 있고 또 10년의 시효에 걸리게 된다.

이익배당부보험(利益配當附保險) 〔英〕 life insurance with dividend 〔獨〕 Lebensversicherung mit Gewinnbeteiligung 營利保險인 생명보험에서 보험회사가 그 이익배당을 보험계약자에 대하여도 부여하는 보험방식. 영리보험의 상호보험에의 접근을 나타내고 있다. 우리나라에서는 행하여지지 않고 있다. →생명보험

이익배당청구권(利益配當請求權) 사원이 사원의 자격에서 갖는 自益權 중 가장 기본적인 권리로서 회사에 이익이 있는 경우에 그 이익배당을 청구하는 권리. 이것을 抽象的 利益配當請求權이라고 하며 주주총회 또는 사원총회에서 배당결의를 하면 순채권적 성질을 가진 구체적인 배당금지급청구권이 이것에서 유출된다. 즉 전자는 사원이라는 社團構成員의 자격에서 가지는 사단법적인 성격을 띤 것이고 배당결의가 있기 전에는 한낱 추상적 가능성에 불과한데 대하여, 후자는 배당결의에 의하여 그 가능성이 현실화한 것이며 사원과 회사와의 사이에는 個人法的 債權關係가 성립한다. 따라서 후자는 독립하여 讓渡·入質·押留의 목적물이 될 수 있으나 전자는 사원의 지위와 떨어져서 그러한 목적물이 되지 못한다.

이익범위(利益範圍) 〔英〕 sphere of interest 〔獨〕 Interessensphäre 〔佛〕 sphère d'intérêt 세력범위와 같다.

이익법학(利益法學) 〔獨〕 Interessenjurisprudenz 법의 해석에 있어서 이익의 개념을 중요시하여야 한다는 것을 주장하는 입장에 선 法學. 自由法運動(→자유법론)의 하나의 전환이 되는 것이며, 概念法學에 반대해서, 넓은 뜻의 目的法學의 계통에 속하지만 뤼멜린(Rümelin)·헤크 등의 소위 利益法學者들은 자유법론자 등으로부터 자기들을 구별한다. 예링의 영향밑에서 법을 사회에 있어서의 여러가지 이익의 소산으로 보고 법의 해석에 있어서도 이들 여러 이익의 조화와 평가에 중점을 두어야 한다는 것을 주장한다.

이익분배(利益分配) 〔英〕 profit sharing 〔獨〕 Geivinnbeteiligung 事業利益의 일정률을 피용자에게 분배하여 사업성적에 관한 관심을 기울이게 할 목적으로 행하는 賃金給與의 형식. 利潤分配, 利益參與라고도 한다. 피용자는 이익분배만을 유일한 임금으로 받는 경우도 있고, 다른 임금에 부가하여 받는 경우도 있다. 예컨대 주식참가는 이 형식에 속한다. 匿名組合(商 78)이나 船舶共有(753)에 있어서의 이익의 분배는 이와는 다르며 회사의 이익배당 역시 이와 다르다.

이익사회(利益社會) 〔獨〕 Gesellschaft 퇴니스의 용어로서 게젤샤프트를 번역한 말. 그는 인간의 의사를 本質意思와 選擇意思로 나누며 후자는 사고작용이 비교적 강하게 활동하는 의사작용이라 하고 이러한 의사에 의하여 결합된 집단을 이익사회라고 한다. 구성원은 선택의사에 의하여 결합하므로 각 구성원은 동일한 관심을 가지는 한에 있어서 결합함에 불과하다. 그 전형은 주식회사와 같은 단체. →공동사회

이익상반행위(利益相反行爲) 당사자의 이익이 상반하는 행위에 있어서 일방이 타방을 대리하거나 1인이 쌍방을 대리하게 되면 利益의 公正을 도모하기 어려우므로 이를 금지하여 법인과 이사, 친권자와 자, 후견인과 피후견인 사이에 이익상반행위를 하려고 할 경우에는 원칙적으로 特別代理人(民 64, 921)을 둔다.

이익(利益)의 균점(均霑) 제5차개정전 헌법 18조 2항은 영리를 목적으로 하는 私企業에 있어서는 근로자는 법률의 정하는 바에 의하여 이익의 분배에 균점할 권리가 있다고 하여 소위 근로자의 利益分配均霑權을 보장하고 있었지만, 본래 私企業에 종사하는 근로자가 이익분배에 균점할 권리를 가진다는 것은 자본주의 경제원리로 보면 이질적인 것이라고 하지 않을 수 없고 또 근로자의 이익분배균점권을 실현시키는 데는 여러 기술적 난관이 부대되기 때문에 제5차개정헌법에서는 삭제되었

다. → 근로기본권

이익잉여금(利益剩餘金) 〔英〕 earned surplus 회사의 영업관계에서 생긴 잉여금. 資本剩餘金과 구별된다. 재무제표규칙에서는 第1法定準備金(利益積立金), 任意積立金, 當期末未處分利益剩餘金으로 分科하고 있다(財務諸表規則 103). 이 중에서 이익적립금은 이익준비금으로서 적립이 강제되고 있으며(商 458), 각 적립금을 공제한 이익잉여금은 利益配當의 재원이 된다(462 Ⅰ).

이익죄(利益罪) 재물 이외의 재산상의 이익을 침해하는 범죄. 이익을 취득한다는 의미에서는 利得罪라고도 하며(→ 이득죄). 財物罪에 대한다. 背任罪(刑 355 Ⅱ)가 그 전형적인 예이고, 기타 强制利得罪(333 後), 詐欺利得罪(347 Ⅱ 後, 348 Ⅱ 後, 348의2), 恐喝利得罪(350 Ⅰ 後 · Ⅱ 後) 등이 이에 속한다.

이익준비금(利益準備金) 〔英〕 earned surplus reserve 매 결산기의 영업이익을 積立財源으로 하는 法定準備金. 회사는 매 결산기의 이익의 20분의 1 이상의 금액을 자본(발행주식의 액면총액)의 2분의 1에 달할 때까지 이익준비금으로서 적립하여야 한다(商 458, 583). 여기에 이익이라는 것은 대차대조표상의 이익을 뜻하며, 前期移越金은 한번 적립재원의 대상이 된 것이므로 적립액산출의 표준이 되는 이익에서 공제된다. 자본의 2분의 1을 초과한 금액은 任意準備金의 성질을 갖는다. 또 은행 · 신탁회사 등과 같은 공공적 기업에 있어서는 특별법에 의하여 법정준비금의 적립률과 적립한도가 높여진 것이 있다(銀 17의2, 信託業法 21).

이익참가사채(利益參加社債) 〔英〕 participating bonds 〔獨〕 Gewinnobligation 일정한 이자의 지급을 받는 외에 회사가 이익배당을 하는 경우에 소정의 조건아래 이익분배에도 참가할 수 있는 사채. 社債와 株式의 접근화현상의 하나. 제1차대전후 독일과 미국에서 많이 이용되었으며 社債投資의 안전성과 주식의 투기성을 결합하여 案出된 제도이다.

이 자(利子) 〔英〕 interest 〔獨〕 Zins 〔佛〕 intérêt 原本債權의 소득으로서 그 액과 존속기간에 비례하여 지급되는 금전 기타의 代替物. 法定果實의 일종. 원본채권에 대하여 연 1할, 日步 2錢이라고 하는 식으로 일정한 비율(이율)로 정기적으로 계산된다. 따라서 元本債權이 없는 地料 · 家賃 · 終身定期金 등이나, 또 원본을 消却하는 月賦償還金은 이자는 아니다. 이자는 금전 기타의 대체물에 한한다(그렇지 않으면 이율은 있을 수 없다). 그리고 이자는 법률에 규정이 있는 경우(法定利子)와 특약이 있는 경우(約定利子)에만 발생한다. 원래 서구에서는 중세에 이르기까지 기독교의 교리에 따라 이자를 취하는 것이 금지되었으나 상업의 발흥과 함께 이것을 潛脫하는 여러가지의 방법이 행하여지게 됨에 따라 차츰 그 금지가 완화되어 근세법이 契約自由의 原則을 채택함에 이르러 이자의 자유가 일반원칙으로 되었다. 그러나 채무자보호를 위하여 重利를 禁하거나 일정률 이상의 고리를 금하는 제도는 현재도 많은 나라에 존재한다. 우리나라에는 利子制限法이 있었으나 1998년에 폐기되었다.

이자문구(利子文句) 어음금액에 일정한 이자를 붙이는 뜻의 기재. 一覽出給 또는 一覽後定期出給의 어음에만 인정하고 確定日出給 · 發行日字後定期出給의 어음에는 인정치 아니하였다(어음 5, 77 Ⅱ). 이자의 기재는 이율(연 7분 또는 日邊 4전)로 표시하고 이를 어음상에 표시하여야 하고 그 표시가 없으면 利子約定의 기재는 하지 않은 것으로 본다(5 Ⅱ, 77 Ⅱ). 이자의 기재에 모순이 있는 때에는 어음법 6조를 준용하여 결정할 것이다. 이자의 기산일에 관하여 어음에 기재된 것이 없으면 어음 발행일부터 발생하며(5 Ⅲ, 77 Ⅱ) 그 만기일도래와 함께 위 約定利子의 발생은 정지되고 이에 대신하여 法定利子(48 Ⅰ)가 진행한다.

이자채권(利子債權) 〔獨〕 Zinsobligation 〔佛〕 obligation de l'intérêt 이자의 지급을 목적으로 하는 채권. 원본의 지급을 목적으로 하는 元本債權에 대립하는 말. 이자채권에 관하여는 정기에 일정률의 이자를 낳는다는 기본적인 채권(基本債權)과 이미 변제기가 도래한 각기의 이자를 목적으로 하는 채권(支分債權)과를 구별할 수 있다. 전자는 원본채권에 부종하고 독립성이 없고 원본채권으로부터 떨어져서 존재할 수 없으며 원본채권이 소멸하거나 또는 이전하면 이와 함께 소멸 또는 이전한다. 이에 반하여 후자는 기본채권이 없으면 발생하지 않는 점에서는 아직 원본채권에 附從하지만 그 밖의 점에서는 독립성을 가지며 원본채권이 소멸하더라도 소멸하지 않고, 원본채권이 이전하더라도 이에 수반하여 이전하지 않는 것을 원칙으로 한다. 다만 이 이자채권도 원본채권이 확장한 것이므로 원본채권의 담보는 원칙으로 이 이자채권도 담보하며(民 334, 360, 429 참조), 또한 이자를 제외하고 원본만을 辨濟하려고 하여도 정당한 변제로는 되지 않는다(479).

이적(利敵)**의 죄**(罪) 軍隊要塞, 陣營 또

는 軍用에 供하는 함선이나 항공기 그 밖의 장소, 설비 또는 건조물을 적에게 제공·파괴 또는 사용할 수 없게 하는 군대 및 군용시설제공 등의 행위와 군사상의 기밀을 누설하는 간첩행위 및 적을 위하여 嚮導하거나 地理를 지시하는 등의 일반 이적죄를 포함한다(軍刑 11~14). 예비·음모·선동·선전한 자를 처벌한다. 또한 本罪는 동맹국에 대한 행위에 적용한다(16, 17).

이전등기(移轉登記) 매매·증여와 같은 법률행위나 또는 상속과 같은 사실에 의하여 생기는 권리의 이전에 관한 登記(不登 2). 그러나 假裝行爲에 의하여 타인에게 권리이전의 등기를 한 자가 자기의 登記名義의 회복을 꾀하는 경우나 取得時效로 인한 취득의 경우와 같이 이론상은 권리의 이전이 없는데도 절차상은 이전등기를 할 수 있는 경우가 있다. 또한 公用徵收에 의한 권리취득은 이전등기에 의할 것으로 하고 있다(115).

이전료(移轉料) 수용 또는 사용할 토지 위에 있는 물건을 이전시키는 경우에 이에 소요되는 비용을 보상하기 위하여 지급되는 금전(土收 49). 통속적으로 퇴거청구를 함에 있어서 지급하는 이전비용을 이전료라 하는 수도 있다.

이전수용(移轉收用) 收用·使用하는 토지나 起業者所有의 토지내의 타인소유의 정착물 기타의 물건으로서 공익사업에 소요되지 아니하는 것은 수수료를 보상하고 이전시키는 것이 원칙이나(土收 49Ⅲ), 그 이전을 강행하는 것이 소유자나 기업자에게 부당하게 과중한 손실을 가져올 우려가 있는 경우에는 예외적으로 그 물건을 아울러 수용할 수 있는 것을 말한다(49Ⅳ).

이전적 효력(移轉的效力) → 배서의 효력

이전계약(移轉契約) 〔獨〕 Veräußerungsvertrag 재산권을 일방당사자로부터 타방당사자에게 終局的으로 이전시키는 것을 그 내용으로 하는 계약을 말한다. 대표적인 예로서는 財産權을 無償으로 이전하는 증여와 대금을 받고 이전하는 매매, 그리고 금전 이외의 재산권을 상호이전하는 교환을 들 수 있다.

이주대책(移住對策) 공공사업의 시행에 필요한 토지 등을 제공함으로 인하여 생활근거를 상실하게 되는 자를 이주시키기 위한 대책. 오늘날 대대적인 공공사업의 시행으로 생활근거를 상실하게 되는 자가 많이 생기게 되어 損失補償과 함께 그 이주대책은 중요한 문제로 등장하게 되었다. 그것은 공공사업시행으로 토지를 잃게 되는 자에게는 공공사업에 제공한 土地 등에 대한 손실보상으로도 충분하지 못하고, 새로운 생활 터전을 마련하여 주는 것이 시급한 문제이기 때문이다. 이에 公共用地取得의 근거를 정하는 모든 법률에서는 이에 관한 사항을 정할 것이 요망되나 현행법으로는 공공용지의 취득 및 손실보상에 관한 특례법에서 처음으로 이주대책에 관하여 정하고 있다. 동법은 사업시행자는 관할지방자치단체의 장과 협의하여 공공사업의 시행에 필요한 토지 등을 제공함으로 인하여 생활근거를 상실하게 되는 자를 위하여 이주대책을 수립·실시하게 하였으며 국가나 지방자치단체는 이주대책의 실시에 따른 주택지의 조성 및 주택의 건설에 대하여는 住宅建設促進法에 의한 국민주택자금을 他에 우선하여 지원하게 하였다(8).

이중가격제(二重價格制) 가격통제의 방법으로서 생산가격의 상승이 2차제품 또는 소비품의 가격에 파급하는 것을 방지하기 위하여 對生産者價格을 높게 對使用者 내지 消費者價格을 낮게 공정하여 그 차액은 國庫負擔(價格調節費)으로 하는 제도.

이중과세(二重課稅) 동일한 과세물건이 중복하여 과세의 대상이 되는 것. 이중과세는 동일한 과세단체가 부과하는 조세 상호에 대하여 발생하는 일도 있고, 또 상이한 課稅團體 상호간에 있어서 발생하는 일도 있다. 후자는 課稅權의 경합이고 국가 상호간 혹은 국가와 지방자치단체와의 사이에도 생긴다. 重複課稅는 단체 상호간의 협정에 의하여 방지되는 것은 물론이지만 物稅는 물건의 소재지, 行爲稅는 행위지, 人稅는 주소지에 따라서 과세권자를 정한다는 원칙이 있다.

이중구속(二重拘束) 이미 구속영장이 발부되어 구속 중에 있는 피고인 또는 피의자에 대하여 다시 구속영장을 집행하는 것을 말한다. 이중구속의 허용 여부에 관해서는 소극설과 적극설이 대립하고 있다. ① 積極說은 구속상태의 효력은 구속영장에 기재된 범죄사실에 대하여만 미치고(事件單位說), 구속된 피고인 또는 피의자가 석방되는 경우를 대비하여 미리 구속해 둘 필요가 있다는 이유로 이중구속을 허용한다. 그러나 ② 消極說은 구속중인 자는 도주 또는 증거인멸의 우려가 없으므로 구속의 실질적 조건이 결여되어 있다는 이유로 이중구속을 허용하지 않는다고 한다. 적극설이 우리나라의 다수설이다.

이중국적(二重國籍) 〔英〕 double nationality 〔獨〕 Doppelstaatsangehörigkeit, doppelte Staatsangehörigkeit 〔佛〕 double nationalité 중

국적과 같다.

이중기소(二重起訴) 소송이 係屬中인 동일사건에 대하여 중복하여 公訴가 제기되는 것. 終局的 裁判으로 일단 소송이 끝난 후 동일사건에 대하여 다시 공소가 제기되는 再起訴와는 다르다. 형사소송법상 이중기소는 소송경제에 반할 뿐 아니라 모순되는 재판이 나올 염려가 있으므로 금지된다. 동일법원에 이중기소된 때에는 뒤의 공소에 대하여 판결로써 공소기각을 하고(327 iii), 事物管轄을 달리하는 수개의 법원에 이중기소된 때에는 법원합의부가 심판하고(12) 사물관할을 같이하는 수개의 법원에 이중기소된 때에는 원칙으로 먼저 공소를 받은 법원이 심판한다(13). 이와 같이 되어 심판할 수 없는 법원은 결정으로 公訴棄却을 한다(328 I iii). 다만 동일사건의 다른 일부분이 동일법원에 동일절차 중에서 이중으로 기소되었을 때에는 한 개의 사건으로 심판할 것이고 公訴를 기각할 필요는 없다(→공소불가분의 원칙, 심판불가분의 원칙). 민사소송법상으로는 二重(重複)提訴라고 한다. →이중제소

이중매매(二重賣買) 동일한 목적물에 관하여 2 이상의 매매를 하는 것. 매매 이외의 權利讓渡의 경우까지를 포함하여 二重讓渡라고도 한다. 민법은 물권과 지시채권 및 무기명채권의 양도에 관하여는 소위 형식주의를 취하여 登記나 引渡 또는 증서의 背書交付가 있어야 양도되고 취득된다고 규정한다(186, 188, 508, 528). 따라서 동일의 권리가 이중으로 양도된다는 일은 있을 수 없다. 이와 반대로 指名債權의 양도는 의사표시 만으로 효력이 생기고 통지 또는 승낙을 對抗要件으로 할 뿐이므로 동일한 권리가 이중으로 양도될 수 있다. 즉 甲이 乙과 丙에게 동일의 지명채권을 이중으로 양도하면 을과 병은 모두 그 채권을 취득하되 그 중에서 먼저 대항요건을 갖춘 자만이 다른 사람에 대하여 대항할 수 있다. 그러나 이상은 어떤 권리를 종국적으로 이전하는 것이 이중으로 될 수 있느냐의 문제에 관한 것이고 권리를 이전할 것을 내용으로 하는 채권이 이중으로 성립할 수 있느냐는 이와는 별개의 문제이다. 그리고 이중매매는 이 뒤의 경우에 해당한다. 채권발생행위인 매매를 이중으로 하는 것이기 때문이다. 생각건대 채권은 배타성이 없으므로 債權契約의 단계, 즉 권리이전청구를 내용으로 하는 채권이 발생할 뿐인 단계에서는 이중매매를 하더라도 두 매수인의 권리로서는 충돌하지 않는다. 따라서 채권계약으로서 제1의 買受人과 제2의 매수인에게 이중으로 매매계약을 체결하더라도 아무런 문제가 생기지 않는다. 문제가 되는 것은 이행의 단계에 이르렀을 때이다. 두 매수인 중에서 먼저 등기나 인도 또는 대항요건을 갖춘 자가 완전한 권리를 취득하며 다른 편의 매매계약은 履行不能으로 된다(→이행불능).

이중반정(二重反定) 〔英〕 double renvoi →반정

이중반치(二重反致) 이중반정과 같다.

이중범죄성원칙(二重犯罪性原則) 〔英〕·〔美〕 principle of double criminality 국제법상의 犯罪人引渡關係에 있어서 어떤 행위가 인도를 요청하는 국가와 인도를 요청받는 국가의 양국의 국법상 범죄를 구성하는 경우가 아닌 한 그 행위는 인도의 대상이 되지 아니한다는 원칙.

이중압류(二重押留) 〔佛〕 saisie sur saisie 한 채권자를 위하여 채무자의 재산을 압류한 뒤에 다시 다른 채권자를 위하여 동일재산을 압류하는 것. 重複押留라고도 한다. 우리 민사소송법도 독일 민사소송법과 같이 압류에 의하여 우선권을 취득하는 優先配當主義를 버리고 賣得金·賣却代金 등을 競合債權者에게 평등하게 배당하는 平等配定主義를 취하고 있으므로 이중압류를 인정할 실익은 없고 이것을 인정하면 오히려 혼란을 일으킨다. 따라서 유체동산 또는 부동산에 대한 이중압류를 금지(民訴 549 I·Ⅲ, 604 I)하고 여기에 대응하여 각각 배당요구의 방법을 정하고 있다. 이에 반하여 채권 기타의 재산권에 대한 강제집행에 있어서는 이중압류를 허용한다고 해석된다(570 I iii). 채무자의 주소가 달라짐에 따라서 각 압류에 대하여 집행법원이 달라질 수 있다(558). 이 이중압류의 목적물이 금전채권일 때에는 推尋命令은 발할 수 있으나 轉付命令은 발할 수 없다.

이중(二重)의 위험(危險) 〔英〕 double jeopardy 피고인을 동일범죄에 대하여 이중으로 刑事節次에 의한 처벌을 받을 위험에 두는 것. 미국 헌법수정 5조는 명문으로 이를 금지하고 있다. 대륙법의 一事不再理와 거의 같은 기능을 하나 그 연혁과 내용에 있어서 상당한 차이가 있다. 즉 일사부재리는 確定判決의 효과임에 반하여 이중의 위험에 있어서는 위험은 陪審의 答申으로 시작하므로(陪審의 宣誓에 의하여 시작한다고 하는 곳도 있다) 절차 자체의 효과이다. 그러므로 검사의 상소도 이중의 위험이 된다. 또 일사부재리의 원칙은 당사자의 援用을 기다리지 않음에 반하여 이중의 위험에 있어서는 피고인이 抗辯(plea of former jeopardy)을 제출할 수 있을 뿐이며 본안심리 전에 특히 신청하

지 아니하면 그 권리를 상실하고, 또 피고인의 上訴는 이 권리를 포기한 것으로 간주된다. 그리고 대륙법에 있어서는 심판의 대상은 公訴事實이고 일사부재리의 효력도 그 전부에 미치는 것이지만 공소사실의 관념을 인정하지 않고 원칙적으로 訴因만을 심판의 대상으로 하는 영미법에 있어서는 이중의 위험의 기준으로 되는 사실의 범위가 일사부재리의 원칙의 경우보다 좁다고 말할 수 있을 것이다. →일사부재리

이중제소(二重提訴) 訴訟係屬中에 동일한 사건에 대해 다시 제소하는 것. 判決이나 取下에 의하여 소송이 종료된 뒤에 동일사건에 대해 제소하는 것(再訴)과 다르다. 민사소송법상 二重提訴(重複提訴)는 소송경제에 반하고, 判決의 저촉을 가져올 우려가 있다 하여 금지되고 있다(民訴 234). 동일한 사건이라 하기 위해서는 前의 訴와 後의 訴와에 당사자·소송물·청구의 취지 등 모두가 동일할 것을 요한다(청구취지의 동일성은 불필요하다는 유력한 반대설이 있다). 단지 일방의 소송의 소송물인 권리관계가 다른 訴의 선결문제가 되는 때에는 동일사건이라 할 수 없다. 이중제소에 해당하는 소라면 被告의 抗辯을 기다릴 필요없이 법원이 직권으로 조사하여 부적법하다 하여 각하하지 않으면 안된다. 만일 이를 看過하고서 本案判決을 하였으면 上訴로 다툴 수 있다. 확정된 경우에는 재심에 의해(422 I x) 취소할 수 있는 경우도 있지만, 그러한 경우가 아니라면 후에 판결이 전의 판결에 우선한다. 형사소송법상으로는 二重起訴라고 한다. →이중기소

이중주소(二重住所) 한 사람이 동시에 수개의 주소를 가지는 경우. 국제사법상 주소의 積極的 抵觸·二重住所 또는 重複住所라고도 한다. →주소의 저촉

이중평가(二重評價)**의 금지**(禁止) 〔獨〕 Verbot der Doppelverwertung 이미 법적 구성요건요소로 되어 있는 사항은 量刑에 있어서 이중으로 평가되어서는 안된다는 것을 말한다. 우리 형법에는 이에 관한 명문의 규정을 두고 있지 않지만 당연한 원칙이라고 할 수 있다. 이중평가금지의 근거는 정당한 형벌에 대한 입법자와 법관의 분업적 공동작업과 책임분배에 있다. 따라서 입법자가 일반적으로 해결한 量刑部分, 즉 불법요소와 책임요소의 구성요건화 그 자체를 법관이 구체적 量刑에서 다시 고려해서는 안된다. 構成要件을 충족하는 것이 양형에서 부수적으로 가중적이거나 감경적으로 작용하는 것은 금지된다. 예컨대, 공무원범죄에서 행위자의 공무원자격은 이미 범죄구성요건요소이므로 양형에서 다시 가중적으로 고려되는 것은 금지된다. 그러나, 구체적 사건의 특별사정에 따라 구성요건요소의 내용적 구체화는 허용된다. 예컨대 傷害罪에 있어서 상해의 정도나 詐欺罪에 있어서 재산손해의 정도 등은 양형에서 구체적으로 다시 고려될 수 있다.

이지(異地)**어음** →동지어음·이지어음

이 직(離職) 넓은 뜻으로는 公私의 職에 있는 자가 그 직을 떠나는 것을 뜻하나 국가공무원법상으로는 공무원이 그 직을 떠나는 것을 총칭한다(國公 74, 14의2).

이측면설(二側面說) →국가양면설

이칙주의(異則主義) 국제사법상 동산과 부동산을 구별하여 물권관계에 관한 準據法을 각각 달리하는 주의. 動産·不動産 區別主義라고도 한다. 同則主義 또는 動産·不動産統一主義에 대응하여 사용하는 용어이다. 이칙주의는 예컨대 동산에 관한 물권관계는 소유자의 주소지법에 의하고, 부동산에 관한 물권관계는 목적물의 소재지법에 의하게 하는 경우와 같다. 오늘날에 있어서는 동칙주의가 지배적 경향을 나타내고 있으며 이칙주의를 지지하는 입법·학설·판례는 거의 없다.

이탈리아민법(民法) 〔伊〕 Codice civile 1942년 4월 21일부터 시행된 현행이탈리아民法典 1865년에 공포된 이탈리아민법전은 프랑스민법의 가장 충실한 모방이라고 하겠으나 1942년에 대개정이 행하여져 새로 현행민법전이 성립하였다. 그리스민법과 함께 세계 최신의 민법전이다. 6편(人과 가족·상속·소유권·채권·노동·권리의 보호). 2969조의 대법전이며, 구상법의 규정도 전부 흡수하고 있으므로 민법전이라기보다는 私法典이라고 부르는 것이 보다 적당한 譯語일 것이다. 그 밖에, 前加編이라고도 할 수 있는 法源·법의 적용 일반에 관한 2절 31조가 부가되어 있다. 현행이탈리아민법전은 王政時代이며 또한 뭇솔리니를 수반으로 하는 이른바 組合國家時代에 제정된 것이므로, 소수이긴 하지만 왕에 관한 특칙이나 조합국가로서의 특수한 규정이 포함되어 있어서 제2차대전후 이탈리아공화국민법으로서 적당하지 않은 규정도 있었다. 이에 新政府는 이들 저촉하는 규정을 1944년 1월 20일 및 동년 11월 14일의 법률에 갈음하는 閣令으로 폐지 또는 변경하여 시대에 적응하게 하여 현재에 이르고 있다.

이탈리아평화조약(平和條約) 제2차대전후 이탈리아와 연합국내에 맺어진 총 11편 19개조

와 그 부속서로써 이루어진 평화조약. 그 내용은 식민지의 포기, 군비의 대폭제한, 전쟁범죄인, 배상금 기타의 재산관계에 대한 상세한 규정이다. 이러한 내용을 갖는 이탈리아평화조약은 이탈리아가 1944년 9월 연합국에 항복하여 연합국의 점령관리를 받았으나 대전이 끝난 후인 1947년 2월에 미국·영국·소련·프랑스를 포함한 연합국인 20개국과 평화조약을 맺어 동년 9월 15일에 이 조약이 실시되었다. 이와 동시에 헝가리·루마니아·불가리아·핀란드에도 평화조약이 체결되어 실시되었는데 그 내용은 대체로 이탈리아평화조약과 비슷하나 이탈리아평화조약이 대표적이라 할 수 있다.

이탈리아학파(學派) 〔英〕 Italian School 〔獨〕 italienische Schule 〔佛〕 école italienne

[1] 형법상 舊派(古典學派)에 대하여 19세기 후반에 이탈리아에서 발전한 新派(近代學派)의 선구가 된 연구 및 대표자의 종합적 명칭. 그 대표자는 롬브로즈, 폐리, 가로팔로였는데, 이탈리아학파의 근본사상은 범죄보다도 범죄인을 중심으로 하여 고찰해야 한다고 주장하는 데에 있다. 롬브로조는 범죄인의 人類學的 硏究에, 페리는 社會學的 硏究에, 가로팔로는 社會心理學的 硏究에 중점을 두었다. 그래서 롬브로조의 사상을 중심으로 하는 자는 자기의 입장을 刑事人類學派라고 부르고, 페리는 자기의 학파를 실증학파라고 불렀는데(이를 형사사회학파라고 부르는 수도 있고 또 모두 실증적 방법에 의거하므로 實證學派라고 부르기도 한다. 하여튼 이탈리아학파는 형법의 신국면을 개척하여, 그 후의 독일 및 프랑스의 사상에 커다란 영향을 주었다.

[2] 국제사법상으로는 두 가지의 의미를 가진다. 즉 14·5세기경 이탈리아에서 일어난 이른바 法則區別說을 가리키는 경우와, 19세기의 후반 이탈리아에서 일어난 本國法主義의 國際私法學派를 가리키는 경우가 있다. 후자는 당시 이탈리아통일의 정치적 이유로 말미암아 일어난 것이며, 학자 겸 정치가이었던 만치니의 1851년 강연에서 발단한 것이다. 이 학파는 법의 屬人性을 강조하고 본국법으로써 국제사법의 원칙으로 삼고자 하였다. 이러한 학설은 당시 이탈리아에서 인정되었을 뿐만 아니라, 프랑스(예 : 와이스), 벨기에(예 : 로랑(Laurent)·롤랑(Rolin)) 등의 유력한 학자로서 이것을 지지하는 자도 적지 않았다.

이탈리아헌법(憲法) 1848년의 사르디니아헌법이 1861년에 통일된 이탈리아왕국에서 立憲君主體의 헌법이 되어 계속 시행되어 오다가, 1922년 10월의 로마진군 이래 뭇솔리니를 중심으로 하는 파시스트독재가 수립됨으로써 동헌법은 사실상 효력을 상실했다. 동 독재정권이 제2차대전에서의 항복(1943)으로 붕괴되고, 국민투표에 의하여 군주제도 폐지되었으며, 1947년 12월에 이탈리아공화국헌법이 성립했다. 이 헌법은 20세기적 사회국가의 색채를 띤 서구형의 民主主義憲法이다.

이해관계인(利害關係人) 어떤 사실의 유무 또는 어떤 행위나 공공의 기관의 처분 등으로 인하여 자기의 권리 또는 이익에 영향을 받는 자를 널리 利害關係人 또는 關係人이라 부르지만 그 구체적인 의의 내지 범위는 각 법령에 따라 다르다. 민법상으로는 특정의 사실의 유무로 인하여 권리나 의무를 취득 또는 상실하거나 권리의 행사, 의무의 이행이 가능 또는 불능으로 되는 자(民 22, 27, 44, 63, 469Ⅱ 등 참조)를 말하고 단순히 사실상 또는 감정상으로 이익을 얻거나 곤란을 받거나 하는 자를 포함하지 않는다. 민사소송법에서는 절차에 입회하거나 법원에 불복을 신청할 수 있는 당사자 이외의 제3자를 이해관계인이라 말하는 일이 있고 또한 그 범위를 명기하는 경우도 있다(民訴 607, 683 등).

이 행(履行) → 변제

이행강제금(履行强制金) 〔獨〕 Zwangsgeld 일정한 行政法規의 위반자에 대해 금전을 부과함으로써 그 위법의 시정을 심리적으로 강제하는 일종의 間接强制(Beugemittel). 현행 건축법은 위반건축물의 시정명령을 받은 건축주 등이 시정기간내에. 그 명령을 이행하지 아니하는 경우에는 관할시장·군수·구청장이 이행강제금을 부과할 수 있도록 하고 있다. 이행강제금에 대한 징수와 이의는 地方稅滯納處分節次 및 非訟事件節次法에 각각 의거하게 된다(83).

이행거절(履行拒絶) 〔獨〕 Erfüllungsverweigerung 給付 그 자체는 가능한데도 채무자가 그 귀책사유로 인하여 이행을 하는 것을 원하지 않기 때문에 채권자에 대하여 이행을 하지 않겠다는 의사를 확정적으로 표명하는 것. 그 성질은 意思의 通知이며 반드시 서면 또는 구술로 명시적으로 표명하지 않아도 좋다. 債務不履行을 적극적 상태와 소극적 상태로 나눌 때 이행거절은 履行不能·履行遲滯와 함께 후자에 속한다. 그러나 의사를 표명하는 점에 있어서 의사와는 상관없이 발생하는 이행불능과는 구별되고 또 履行期徒過라는 사실에 기하지 않는 점에 있어서 이행지체와도 구별된다. 적극적 상태인 불완전이행과는 물론 다르다. 雙務契約의 한편의 당사자가 이행거절을 할 때(예컨대 매수인의 대금지급의 거절)에는 반대급부의 受領(賣買目的物의 수령)의 거절도 포함한다고 볼 수 있는 것이 보통이므로, 다른 편의 당사자(賣渡人)는 구두제공만으로 同時履行의 抗辯權을 배척할 수 있다(民 460, 536 참조). 또 이행거절을 이유로 바로 손해배상의 청구를 할 수 있고 또 催告를 하지 않고도 계약을 해제할 수 있다는 설도 있기는 하나 통설은 塡補賠償을 바로 청구하는 것은 이행불능을 제외하고서는 이행지체후의 이행이 채권자에게 아무런 이익이 되지 않을 때에만 허용된다고 한다.

이행기(履行期) 〔獨〕 Leistungszeit 채무자가 채무를 이행하여야 할 시기. 辨濟期라는 말과 같다. 또 이것을 기한이라고 부르는 수도 있지만 채무자는 자기의 이익을 위하여 정하여진 期限의 利益을 포기하여 이행기의 도래 전에도 이행을 할 수 있으므로(民 153Ⅱ 本) 채무자가 이행을 할 수 있는 시기와 이행을 해야할 시기와는 다르다. 이행기는 당사자의 의사표시, 급여의 성질, 거래의 관습, 법률의 규정(603, 613 등)에 의하여 정하여지는데 위의 표준에 의하여 정하여지지 않는 때에는 채무불이행이나 불법행위에 의하여 발생하는 손해배상채무, 부당이득반환채무처럼 채무발생과 동시에 이행기가 도래하였다고 할 수 있는 경우도 있지만, 일반적으로는 채무자가 이행의 청구를 받은 때에 이행기가 도래하였다고 보아야 한다. 이행기는 법률상 여러가지의 의미가 있는데, 첫째 이행기에 이행이 가능하면서도 이행을 하지 않으면 履行遲滯가 성립하는데 이행기가 確定期限이냐 不確定期限이냐 또는 기한이 정하여지지 않은 것이냐에 따라 遲滯의 책임을 질 시기가 구별된다(387). 둘째 이행기가 채무자의 이익을 위하여 정하여졌을 때에는, 채무자는 기한의 이익을 포기할 수 있다(153Ⅱ). 셋째 서로 동종의 채무를 부담하는 자의 쌍방의 채무가 이행기에 있을 때에는 相計適狀이 생긴다(492). 넷째 쌍무계약에 의한 쌍방의 채무가 이행기에 있으면 동시이행의 抗訴權이 생긴다(536). 다섯째 계약의 성질 또는 당사자의 의사표시에 의하여 이행기가 특히 중요시되는 정기행위에 있어서는 이행기가 경과하는 것만으로 解除權이 성립한다(545). 여섯째 채권의 소멸시효는 이행기가 도래한 때로부터 진행하는(166) 것이다.

이행대행자(履行代行者) →이행보조자

이행보조자(履行補助者) 〔獨〕 Erfüllungsgehilfe ① 좁은 뜻으로는 채무자가 채무를 이행하기 위하여 수족처럼 사용하는 補助者(참된 의미의 履行補助者). 運送人이 운반에 사용하는 인부 등이 그 예. 이들은 채무의 이행에 관하여 독립한 지위를 가지지 못하므로 채무자는 일신전속의 급부에 관하여도 이를 사용할 수 있다. 그 대신 이행보조자의 고의·과실로 인하여 채권자에게 손해를 입힌 때에는 채무자는 자기의 고의·과실과 동일한 것으로 보고, 그 책임을 지지 않으면 안된다(民 391, 商 115·135·148·150). ② 넓은 뜻으로는 채무자에 갈음하여 독립한 지위에서 이행하는 자(履行代用者)도 포함한다. 受置人에 갈음하여 任置物을 보관하는 자, 유언집행자에 갈음하여 유언을 집행하는 자 등이 그 예. 이행대용자의 고의·과실에 대하여는 채무자는 다음과 같은 책임을 진다. ㉠ 明文上(예 : 民 120, 657Ⅱ 등), 급부의 성질상(예 : 一身專屬的 給付) 또는 특약에 의하여 履行代用者의 사용이 금지되어 있음에도 불구하고 사용한 경우에는 이미 이 점에 있어서 채무불이행이 있으므로 대용자의 행위에 관하여 채무자가 일체의 책임을 지지 않으면 안된다. ㉡ 명문상(예 : 122) 또는 특약으로 代用者의 사용이 허용되어 있는 경우에는 채무자는 그 選任監督에 관하여 고의·과실이 있는 경우에만 책임을 진다. ㉢ 특히 명문상 또는 특약으로 대용자의 사용이 금지되어 있는 것도 아니고 또 특히 허용되어 있는 것도 아니고 급부의 성질상 代用者를 사용하여도 무방한 경우에 대용자를 사용한 때에는 대용자의 고의·과실은 채무자 자신의 고의·과실과 동일한 것으로 보아야 한다. ③ 利用補助者를 이행보조자와 동시하는 일도 있다(→이용보조자).

이행불능(履行不能) 〔英〕 impossibility of performance 〔獨〕 Unmöglichkeit der Leistung 〔佛〕 impossibilité d'exécution 채무의 내용인 급부의 실현에 관하여 後發的 不能을 일으키는 것. 불능이 채무자의 책임있는 사유에 기한 때에는 채무불이행으로 되고 채무자의 책임이 발생한다. 즉 채무자는 塡補賠償을 청구하거나(民 390 但 참조) 또는 곧 계약을 해제할 수 있다(546). 이행의 일부가 불능으로 된 때에는 원칙적으로 그 부분만에 관하여 불능의 효과가 생기고, 殘部만으로는 채권의 목적을 달할 수 없는 경우에만 전부불능과 같이 취급한다. 그리고 채무자가 이행기를 徒過한(履行遲滯로 된) 후에 이행불능으로 된 때에는 不能이 불가항력으로 인하여 일어날 때에도 채무자의 책임있는 사유에 의한 것으로 되어 손해배상을 하여야 한다(392). 그리고 채권자가 塡補賠償을 청구하는 것만으로는 지체 때문에 입은 손해가 남은 경우에는 그 손해도 청구할 수 있다.

이행(履行)의 소(訴) 〔獨〕 Leistungsklage 피고에게 일정한 급여의무를 명하는 판결을 구하는 소(학설에 따라서는 급여의무의 존재의 확인을 구하는 訴라 함). 구민사소송법에서는 給付의 訴라고 불렀었다. 금전 얼마를 지급하는, 어떤 물건을 인도하라, 어떠한 행위를 하여서는 안된다 등의 請求의 趣旨로 표현된다. 이행의무의 이행기가 현존하는 것을 주장하는 것을 현재의 이행의 소, 장래의 이행의무를 주장하는 것을 장래의 이행의 소라 한다(民訴 229). 현재의 이행의 訴는 이행기가 도래하여 현실화된 피고의 이행의무의 존재를 주장하는 것이기 때문에, 이에 대해서 本案判決을 구하는 이익은 그것만으로 족하고 그 밖의 訴의 利益으로서의 특별한 요건을 필요로 하는 것이 아니다. 따라서 원고가 訴 제기 전에 催告를 하지 않은 것, 피고가 또 이행을 거절한 일이 없는 것 등은 본안판결을 구하는데 아무 영향이 없다. 이에 대하여 장래의 이행의 소에 대해서는 구체적인 경우에 한하며 그 訴의 필요가 있는가 어떤가가 문제된다(→장래의 이행의 소). 이행의 소에 의한 원고승소의 판결은 피고의 이행의무를 선고하는 履行判決이고 이에 기하여 피고를 상대로 强制執行할 수 있다.

이행(履行)**의 인수**(引受) 〔獨〕 Erfüllungsübernahme 제3자가 채무자와 계약하여 채무자에 대신하여 그 채무를 이행할 것을 약속하는 것. 제3자는 다만 채무자에 대하여 대신하여 그 채무를 변제하여야 할 의무를 부담함에 그치고 직접 채권자에 대하여 채무를 지는 것은 아니므로 債務引受와 다르다. 따라서 채권자는 引受人에 대하여 채권을 취득하지 않고, 채무자는 채무를 면하지 않는다. 제3자가 변제를 할 수 있는 給付에 관하여는 언제든지 이행의 인수는 가능하다(→제삼자의 변제).

이행(履行)**의 제공**(提供) →변제의 제공

이행이익(履行利益) 〔獨〕 Erfüllungsinteresse 계약이 완전하게 이행된 경우에 채권자가 받을 이익. 積極的 契約利益이라고도 한다. 信賴利益에 대립하는 말. 채무불이행을 이유로 하는 손해배상은 원칙으로 이행이익의 배상이고 신뢰이익의 배상은 특별한 경우에 한한다. →신뢰이익

이행인수(履行引受) 〔獨〕 Erfüllungsübernahme 引受人이 채무자에 대하여 그 채무를 이행할 것을 약정하는 債務者·引受人 사이의 계약. 이행인수에서는 채무의 이전이 없으므로 인수인은 채무자에 대하여 그 채무를 변제할 의무를 부담하는데 그치며, 직접 채권자에 대하여 의무를 지지 않는다. 이러한 점에서 債務引受와 구별된다. 채권자는 인수인에 대하여 채권을 취득하지 않고 채무자는 채무를 면하지 않는다.

이행재결(履行裁決) 의무이행심판이 제기된 경우에 그 심리의 결과 義務履行審判請求가 이유있다고 인정하여 不作爲의 바탕이 된 신청에 따른 처분을 직접하거나 不作爲廳에게 하도록 명하는 裁決을 말한다(行審法 4iii, 32Ⅴ).

이행지(履行地) 〔獨〕 Leistungsort 〔佛〕 lieu de paiement 채무자가 이행을 하여야 할 장소. 이행지는 채무의 성질 또는 당사자의 명시 혹은 묵시의 의사표시로 정하여지는 일이 많으나 이런 경우 이외에는 민법은 보충규정을 두어서 특정물의 引渡는 채권발생의 당시 그 물건이 존재하였던 장소를, 특정물의 인도 이외의 급여는 채권자의 현주소를 이행지로 한다(民 467). 그러나 영업에 관한 채무의 변제는 채권자의 현영업소에서 하여야 한다(467Ⅱ 但). 그리고 指示權者이나 無記名債權과 같은 證券的 債權은 채무자의 현영업소(만일 영업소가 없는 때에는 현주소)를 이행지로 한다(516, 524). 채권자의 주소를 이행지로 하는 채무를 持參債務(Bringschuld), 채무자의 주소를 이행지로 하는 것을 推尋債務(取立債務)(Holschuld), 채권자·채무자의 주소 이외의 제3지에 송부하는 경우를 送付債務(Schickschuld)라 한다. 민사소송법상 재산권상의 訴는 이행지의 법원에 제기할 수 있다(民訴 6後).

이행지법(履行地法) 〔羅〕 lex loci solutionis 채무가 이행되는 장소의 법률. 국제사법상 채권관계에 관하여는 當事者自治의 原則이 적용되어 당사자가 자유로이 그 準據法을 지정할 수 있지만(→당사자자치의 원칙), 이행지법은 당사자의 명시 또는 묵시의 의사에 의하여 債權關係의 준거법이 되는 경우가 적지 않다. 그리고 채권의 준거법이 다른 법률이라 하더라도 그것이 허용하는 한 또 당사자의 반대의 의사가 없는 한 이행의 형태에 관하여는 이행지법이 이른바 補助準據法으로 적용되는 것이 일반적으로 인정되고 있다.

이행지체(履行遲滯) 〔獨〕 Leistungaverzug 채무가 이행기에 있고 또한 그 이행이 가능함에도 불구하고 채무자가 그 채무를 이행하지 않는 것. 債務者遲滯라고도 한다. 채무불이행의 한 경우인데 가장 자주 문제가 된다(民 390 本 참조). 요건은 ① 채무가 이행기에 있을 것. 채무가 確定期限附이면 그 때부터, 不確定期限附이면 기한의 도래를 안 때부터, 기한의 정함이 없는 때에는 채권자가 催告를 한 때부터(387) 지체로 된다. ② 이행이 가능할 것. ③ 이행하지 않는 것이 채무자의 책임있는 사유에 기할 것. 다만 금전채무는 이것을 필요로 하지 않는 絶對責任이다(397Ⅱ). ④ 채무자

가 이행하지 않는 것이 정당한 사유(예 : 동시이행의 항변권이 있는 것)에 기하는 것이 아닐 것. 이행지체의 효과로서는 채권자는 법원에 대하여 强制履行을 청구하고(389), 담보물권을 실행하고 또한 遲延賠償을 청구할 수 있는 외에 일정한 절차를 거쳐 계약을 해제할 수 있다(544). → 이행불능

이행판결(履行判決) 〔獨〕 Leistungsurteil [1] 履行의 訴에 대하여 청구를 인용하는 취지의 판결로서 피고에게 일정한 給與를 命하는 것(학설에 따라서는 피고의 이행의무의 존재를 선언하는 것이라고도 한다). 구민사소송법에서는 給付判決이라 하였다. 이행판결은 確認判決, 形成判決과 달라서 旣判力(이행의무의 존재에 대해) 이외에 執行力을 가진다. 확정된 이행판결은 債務名義의 전형적인 것이다. 다만 이행판결이라도 예컨대 부부동거의무나 소설을 쓰는 의무의 선언과 같이 채무명의로 될 수 없는 경우가 있다. 이행의 訴에 있어서 청구기각의 판결은 確認判決이다.

[2] 행정소송상 일정한 행위를 이행할 것을 명하는 판결. 당사자소송에 있어서의 가장 일반적인 판결의 예. 법원은 행정감독기관이 아니므로 권력분립제와의 관계로 보아 抗告訴訟에 있어서는 위법한 행정행위를 취소할 수 있음에 그치고 행정청에 대하여 일정한 행위를 할 것을 명하는 命令判決은 할 수 없다고 봄이 통설이다. 給付判決이라고도 한다. → 맨데이머스

이행확보(履行確保) 법원(가정법원)이 家事調停이나 家事審判에 의하여 정하여진 의무의 이행을 꾀하는 것 또는 그를 위한 제도. 그러한 의무는 흔히 扶養料와 같은 성질을 가진 것인데 권리자의 생존에 중대한 영향을 미치는 것임에도 불구하고 소액의 이행을 계속적으로 구하는 성질상, 强制執行을 함에는 비용이 너무 많이 들어 부적당하고, 또 강제집행을 할 만큼 권리자에 경제적 여유가 없는 경우가 많다는 등의 이유때문에 강제집행과 병존하는 제도로서 가사소송법이 새로 제정되면서 새로 두게 되었다. 권리자는 강제집행과 이행확보 가운데 어떠한 방법을 취하여도 좋고 양쪽을 모두 이용할 수도 있다. 그 내용은 事前處分, 履行命令 및 金錢의 任置로 나누어진다(家訴 제5편 참조). 그뿐 아니라 조정신청 또는 심판청구가 있기 전이라도 假押留와 假處分을 할 수 있으며 사건의 해결을 위하여 상당하다고 인정하는 때는 조정 또는 심판에 이르기까지 필요한 처분을 명령할 수도 있다(64, 65).

이 혼(離婚) 〔英〕·〔佛〕 divorce 〔獨〕 Ehescheidung 부부쌍방의 생존중에 婚姻을 解消하는 것. 원래 혼인은 終生의 공동생활을 목적으로 하기 때문에 이혼은 예외적 현상이지만 오늘날 대부분의 法制는 이것을 인정한다. 즉, 이혼을 전혀 부정한다면 오히려 여러가지 폐해가 일어날 염려가 있기 때문이다. 유럽에 있어서는 기독교의 영향으로 말미암아 오랫동안 엄격한 이혼억압이 계속되어 왔으나, 프랑스혁명에 의하여 비로소 혼인을 民事契約으로 인정하는 것과 동시에 이혼의 자유를 인정하게 되었다. 우리나라에 있어서는 오래전부터 이혼을 인정하고 있었지만 실은 그것은 棄妻에 지나지 않았으며 처로부터의 이혼청구는 허용되지 않았다. 구법에서도 이혼제도를 인정하였지만 실질적으로는 남녀대등한 것은 아니었다. 민법은 남녀평등한 자유로운 이혼제도를 채용하고 있다. 즉, 당사자쌍방의 合意, 가정법원의 확인과 신고만 있으면 이혼은 성립되고 특별한 원인의 존재를 필요로 하지 않는다(834, 836). 그러나 일방의 의사로써 강제적으로 이혼을 하기 위해서는 法定의 原因을 이유로 하여 법원에 訴를 제기하여 판결을 얻어야 하며 이에 관하여는 조정이 선행된다(家訴 50Ⅰ, 民 840~842). 어느 경우에 있어서나 이혼이 성립되면 다음과 같은 효과가 발생한다. ① 부부관계가 소멸한다. ② 妻와 夫의 혈족이 아닌 그 직계비속은 그 친가에 復籍한다(787Ⅰ). 그러나 妻의 친가가 廢家 또는 無後家로 되었거나 기타의 사유로 인하여 복적할 수 없는 경우에는 친가를 부흥하거나 一家創立한다(781). 처가에 入籍한 夫도 마찬가지다. ③ 혼인에 의하여 배우자의 혈족과의 사이에 생긴 인척관계는 이혼에 의하여 소멸되며 繼母子關係·嫡母庶子關係 등의 法定血族關係도 소멸한다(775Ⅰ). ④ 이혼당사자의 子의 양육에 관하여 당사자간에 협의가 되지 않거나 협의를 할 수 없을 경우에는 법원이 당사자의 청구에 의하여 그 子의 연령, 부모의 재산상황 및 기타 여러 사정을 참작하여 양육에 필요한 사항을 정한다(837Ⅱ, 家訴 25). ⑤ 재판상 이혼의 경우에는 이혼피해자가 과실있는 상대방에 대하여 재산상의 손해와 정신상의 고통에 대하여 損害賠償請求權을 행사할 수 있다(843).

이혼무책주의(離婚無責主義) → 파탄주의와 같다.

이혼소송(離婚訴訟) 〔獨〕 Scheidungsklage 法定의 이혼원인에 해당하는 사실이 존재하는 경우에 부부의 일방이 타방을 상대방으로 하여 訴를 제기함으로써 하는 이혼(家訴 24Ⅰ). 이러한 소의 제기는 이른바 이혼권의 주장이며 조정이 선행된다. 따라서 제3자에 의한 제기는 원칙적으로

허용되지 않는다.

이혼신고(離婚申告) 협의상의 이혼의 경우에 하는 신고. 이혼신고는 가정법원의 확인을 받아 호적법이 정하는 바에 따라서 하여야 한다(836 Ⅰ). 申告書에는 호적법이 정하는 일정한 사항을 기재하여야 하며(戶 79), 이 신고서는 당사자의 본적지를 관할하는 가정법원의 確認을 받아야 하고(79의2Ⅰ) 확인받은 날로부터 3월이 경과하면 가정법원의 확인의 효력은 상실된다(79의2Ⅱ·Ⅲ).

이혼원인(離婚原因) 〔獨〕 Scheidungsgrund 이혼소송을 제기할 수 있는 法定의 原因. 이혼원인에 관하여 구법은 限定列擧主義를 채용한 바 있었지만, 현행민법은 例示主義를 채용함으로써 이른바 相對的 離婚原因을 인정하고 있다(840). 즉, ① 배우자의 不貞한 행위, ② 배우자의 악의의 遺棄, ③ 배우자 또는 그 직계존속에 의한 심히 부당한 대우, ④ 자기의 직계존속에 대한 배우자의 심히 부당한 대우, ⑤ 배우자의 3년 이상의 生死不明, ⑥ 기타 혼인을 계속하기 어려운 중대한 사유 등이 그것이다. 부부의 일방은 이혼원인이 있는 경우에 타방에 대하여 이혼소송을 제기함으로써 이혼을 명하는 確定判決에 의하여 혼인관계를 해소시킬 수 있다.

이혼유책주의(離婚有責主義) 배우자의 일방에 비난받을 과실 특히 부부 사이에 의무위반이 있음을 이혼의 요건으로 하는 立法主義·破綻主義에 대하는 말. 이혼역사는 이혼유책주의에서 파탄주의로 발전하고 있다. 유럽에 있어서는 중세에 婚姻非解消主義에 입각하여 이혼금지의 원칙이 지배하고 있었지만 근대자본주의의 성장과 더불어 이것은 붕괴되고 19세기에서는 有因主義, 즉 法定離婚原因主義가 지배적으로 되었다. 그것은 처음에 유책주의, 즉 制裁離婚主義에 의하여 지배되고 있었다. 그러나 이혼은 制裁가 아니며 또한 혼인의 파탄이 당사자의 과실에 의해서만 생기는 것이 아니라는 이유에 입각하여 원인 여하를 불문하고 적어도 혼인관계를 파괴할 사항이 존재하는 때에는 이것을 이혼원인에 넣어야 한다고 하는 目的主義 또는 無責主義가 대두하게 됨에 이르러 유책주의는 점차 그 의의를 잃어 가고 있다. → 파탄주의

이혼(離婚)**의 무효**(無效) 협의이혼도 身分行爲의 하나이므로 무효의 문제가 일어날 수 있을 것이나, 민법은 혼인의 무효에 관한 규정은 두고 있으면서(815) 이혼에 관하여는 이에 관한 규정을 두고 있지 않다. 이것은 분명히 立法의 不備이다. 이혼의 무효에 관하여는 신분행위의 특수성으로 보아 민법총칙의 규정에 의할 것이 아니라 혼인의 무효에 관한 규정을 유추적용함으로써 당사자간에 이혼의 합의가 없는 때를 무효원인으로 하여야 할 것이다. 가사소송법에는 이혼의 무효에 관한 규정이 있다(22, 23, 24).

이혼의사(離婚意思) 이혼을 하겠다는 당사자간의 진실한 의사를 말한다. 이혼의 성립은 진실한 당사자들의 의사합치가 가장 중요한 요건이므로 이혼의 합의는 無條件的이고 無期限이어야 함을 요구한다. 특히 이혼의사를 어떻게 해석할 것인가에 대해서 견해의 대립이 있다. 다수설인 實質的 意思說에 의하여 이혼의사란 이혼신고를 하려는 의사만으로는 부족하고 사회통념상 이혼을 인정할 수 있는 실질적인 의사가 있어야 한다고 하며 소수설인 形式的 意思說은 이혼신고를 할 의사만 있으면 충분하다고 한다. 두 견해의 실질적 의의는 假裝離婚의 법적 지위에 대한 평가에서 비롯된다. 실질적 의사설을 따르면 가장이혼의 경우는 이혼무효로 되므로 그에 수반하는 법률관계는 혼인관계와 동일하게 다루어지는 반면에 형식적 의사설에 따르면 사실혼관계로 다루어지게 되기 때문이다.

이혼(離婚)**의 취소**(取消) 일정한 원인이 있었기 때문에 이혼의 효과를 소멸시키는 행위 또는 그것을 목적으로 하는 訴訟行爲(家訴 22). 민법은 사기 또는 강박으로 인한 경우에 한하여 이혼의 취소를 인정하기 때문에(838) 재판상의 이혼의 경우에는 문제될 여지가 없다. 사기자 또는 강박자는 배우자이건 제3자이건을 불문한다. 그 取消權은 각 당사자만이 행사할 수 있고 또 당사자가 사기를 안 날 또는 강박을 免한 날로부터 3개월을 경과하면 취소권이 소멸한다(839, 823). 이혼의 취소에 관하여는 민법총칙의 취소규정은 적용되지 않으므로 고의의 제3자에 대항할 수 있고(110 Ⅲ 참조) 또 제3자의 詐欺에 의한 이혼은 상대방배우자가 선의인 경우에도 취소할 수 있다(110 Ⅱ 참조). 취소의 방법은 언제나 裁判으로써 하여야 한다. 취소의 효과에 관해서는 그 성질상 遡及效를 인정하여야 할 것이다.

이혼(離婚)**의 효과**(效果) 이혼이 성립함으로써 나타나는 權利·義務關係의 변동. 이혼은 배우자의 사망과 더불어 혼인의 解消原因이 된다. 兩者는 일단 유효하게 성립한 혼인이 종료하게 된다는 점에서는 공통하며 혼인의 취소와는 구별되지만 이혼의 경우에서는 姻戚關係 등 혼인의 모든 효과가 종료함에 반하여(단 혼인관계의 권리장애적

효과는 존속 : 民 809Ⅱ) 배우자의 사망에 있어서는 모든 것이 종료하지 않고 부부의 일방이 사망한 경우에 생존배우자가 재혼한 때에 인척관계가 종료한다(775Ⅱ). 이혼에는 協議上 離婚과 裁判上 離婚이 있으나 그 효과에 있어서는 다를 바가 없고 다만 가정법원의 개입에 있어서 정도의 차이가 있다 하겠다. 이혼이 성립되면 부부라는 배우자관계는 해소되고 혼인으로 발생된 일체의 효과는 장래에 향하여 소멸되므로 여자는 再婚禁止期間이 지나면 재혼할 수도 있으며(811), 종래의 인척관계도 사망의 경우와는 달리 소멸된다(775). 夫婦財産制도 소멸됨은 물론이나 다만 婚姻障碍(809Ⅱ)는 남게 된다.

이혼취소소송(離婚取消訴訟) 이혼의 취소

이후심사(爾後審査) 사후심사와 같다.

익금 · 손금(益金 · 損金)〔法人稅法上〕 기업회계상 收益 · 費用에 대응하는 개념으로 법인의 각 사업연도의 소득에 대한 法人稅의 계산상의 적극요소를 익금, 소극요소를 손금이라 한다. 법인의 각 사업연도의 소득은 그 사업연도에 속하거나 속하게 될 익금의 총액에서 그 사업연도에 속하거나 속하게 될 손금의 총액을 공제한 금액인 바(法人稅法 9Ⅰ), 여기서 익금이란 자본 또는 出資의 납입 및 법인세법에서 규정하는 것을 제외하고, 그 법인의 순자산을 증가시키는 거래로 인하여 발생하는 수익의 금액을 말하며(9Ⅱ) 손금이란 資本 또는 持分의 還給, 剩餘金의 처분 및 법인세법에서 규정한 것을 제외하고 그 법인의 순자산을 감소시키는 거래로 인하여 발생하는 損費의 금액을 말한다(9Ⅲ).

익명조합(匿名組合) 〔英〕 undisclosed association, anonymous association 〔獨〕 stille Gesellschaft 〔佛〕 asociation commerciale en participation 당사자의 일방이 상대방의 영업을 위하여 출자하고 상대방은 그 영업으로 인한 이익을 분배할 것을 약정하는 契約(商 78). 실질적으로는 出資者(익명조합원)와 영업을 하는 相對方(영업자)과의 共同企業形態이나 외부에 대하여는 상인인 영업자만이 권리의무의 주체로 나타나고 익명조합원은 나타나지 아니하므로(80) 이 명칭이 생겼으며, 상법은 이것을 영업자의 補助的 商行爲(47)로 취급하여 상행위편에 규정하였다. 법률상의 성질은 조합이 아니고 일종의 특수한 계약이며 자본과 경영의 결합형태 및 연혁적인 공통기원(중세의 코멘다(commenda)) 등에서 합자회사와 유사하나, 하나는 계약관계이고 회사가 아닌 점에서 서로 다르다. 匿名組合員은 영업자에 대하여 재산출자의 의무를 부담하며 (78) 출자의 목적인 財産(86, 272 참조)은 민법상의 組合처럼 당사자의 合有로 되는 것이 아니고 영업자에 대하여 채권을 갖게 된다. 그 반면 이익분배를 받을 권리를 갖게 되나(78) 통상적으로 출자액을 한도로 하여 損失分擔義務를 부담하고 출자가 손실에 의하여 감소하였을 때는 이것을 塡補한 후가 아니면 이익분배를 청구할 수 없다(82). 그리고 업무집행 · 대표권은 없으나 業務監視權은 가진다(86, 277, 278). 합자회사의 유한책임사원과는 달리 영업자의 행위에 관하여 제3자에 대한 책임을 부담하지 않으나(80), 다만 자기의 성명을 영업자의 상호중에 사용하거나 또는 그 상호를 영업자의 상호로 사용할 것을 허락하였을 때에는 그 사용 이후의 채무에 대하여 영업자와 연대하여 책임을 진다(81). 匿名組合契約은 계약의 일반적 종료원인 외에 당사자의 일방적 解止 또는 法定事由에 따라 종료한다(83, 84). 계약이 종료하면 영업자는 익명조합원에게 출자액을, 그 손실을 공제하여 반환해야 한다(85).

인(人) 〔英〕 person 〔獨〕 Person 〔佛〕 personne 일반적으로는 自然人과 法人을 포함하는 법률상의 人格者를 말한다. 민법상 본인(114), 타인(741), 임대인 · 임차인(634), 형법상 타인의 비밀(317) 등은 이러한 의미이다. 좁은 뜻으로는 法人에 대하여 自然人을 말한다. 민법 제1편 제2장의 人은 이러한 의미이다. 독일 · 스위스 등의 민법과 같이 自然人(natürliche Person)과 자연인 · 법인의 양자를 포괄한 權利主體(Person)와를 다른 말로 표현하는 입법례도 있다.

인 가(認可) 〔獨〕 Genehmigung 제3자의 법률행위를 보충하여 그 법률상의 효력을 완성시키는 행정행위. 실정법상으로는 許可 · 認可 · 承認 등의 용어가 혼용되고 있다. 법인설립의 인가, 事業讓渡의 인가 등이 그 예. 인가는 법률행위의 효력발생요건으로서, 이 인가를 얻지 않고 한 행위는 원칙적으로 무효이고 허가에 있어서와 같이 당연히 행정상의 强制執行이나 處罰의 대상이 되지는 않는 것이 통례이다. 인가의 대상이 되는 행위는 법률적 행위에 한하며 이 법률적 행위에는 公法的 行爲(예: 한국조폐공사정관)(韓國造幣公社法 42)도 있고 私法的 行爲(예 : 공익법인의 설립)도 있다. 인가는 보충적 의사표시로서 인가될 법률적 행위의 내용은 당사자의 신청에 의하여 결정되고 행정청은 이를 동의하느냐의 여부만을 결정하는데 그치기 때문에 修正認可에는 법률의 근거가 있어야 한다.

인가자본(認可資本) 〔獨〕 genehmigtes

Kapital 독일주식법상 인정된 자본증가의 특수한 형태로 정관으로써 이사에게 일정한 名義額까지의 자본증가의 권한을 주는 제도(169~173). 전환사채의 발행을 용이하게 할 수 있도록 미국의 授權資本制度에서 그 본을 땄으나 이것과는 달리 설립에 있어서 資本確定의 原則을 유지하여 總額引受主義를 취하고 이사에 의하여 증가할 수 있는 자본을 인가자본이라고 한다. 이 명의액은 授權時의 자본의 반액을 초과할 수 없고 수권의 기한은 설립등기 또는 정관변경의 등기 후 5년 이내로 제한되고 있다.

인가장(認可狀) 〔英〕·〔佛〕 exequatur 領事派遣國이 특정인을 領事로 임명하는 委任狀을 접수국에 지시하면 접수국은 동 특정인을 영사로 받아들여 自國에서 영사업무를 수행하도록 허가하는 문서를 말한다. 영사는 접수국에 위임장을 제시하고 인가장을 교부받으면 접수국에서 영사로서 향유하는 일정한 특권을 향유하고 그 직능을 수행할 수 있다. 領事가 접수국에서 영사인가장을 교부받지 못하면 영사직능을 행사하지 못하며 영사가 향유하는 특권도 향유하지 못한다. 영사의 특권과 免除 및 영사업무를 규정하기 위하여 관계국은 領事協約을 체결할 수 있다. 그 예로서 한미양국은 1963년 1월 8일 韓美領事協約을 체결한 바 있다. → 위임장, 영사

인간(人間)**으로서의 존엄**(尊嚴)**과 가치**(價値) 〔獨〕 Würde der Menschen 개인존중의 원리를 그의 모체로 하는 근대민주주의는 모든 국민 내지 모든 사람의 인간으로서의 존엄과 가치를 인정하고 있으며 민주국가의 헌법에서 규정되고 있는 국민의 基本權 특히 自由權은 개인의 존중을 전제로 할 때에만 성립할 수 있는 권리이다. 인간의 존엄과 가치는 權利條項에서 많이 규정되었고 우리나라 헌법도 국민의 권리와 의무를 규정한 제2장의 첫 조문에서 이를 明記한 다음 이를 위하여 국가는 국민의 기본적 인권을 최대한으로 보장할 의무를 진다고 규정하고 있다

인 감(印鑑) 印影(印을 押捺함으로써 남는 形跡)과 대조하여 그 진부를 확인하기 위하여 미리 관공서 또는 거래처 등에 제출하여 두는 인영. 인감증명법에 의하여 행정청에 신고되어 그 행정청에 의하여 인감증명이 교부되는 인감뿐만 아니라 公證人이 검찰청에 신고해 두는 인감(公證 20), 財務官이 支出官에게 제출해 두는 인감, 예금통장에 압날한 인감 등도 이에 해당한다.

인감증명(印鑑證明) 印影(印을 押捺함으로써 남는 形跡)이 증명청에 신고된 인감과 동일하다는 것을 증명하는 서면. 증명청은 구청장 또는 시·읍·면장이다(印鑑證明法 2). 문서에 압날된 印影이 본인의 것이라는 것, 따라서 그 문서의 작성자가 본임임에 틀림없다는 것을 증명하기 위하여 중요한 거래를 할 때에 사용된다. 예컨대, 公正證明의 작성(公證 27, 31), 不動産登記(不動施規 53) 등의 경우와 같다. 인감증명에 관한 절차는 인감증명법에 규정되어 있다.

인 격(人格) 〔英〕 personality 〔獨〕 Persönlichkeit [1] 사법상 權利能力과 같은 뜻으로 쓰인다. 인격없는 사단이라고 하는 것과 같다.

[2] 형사학상 인간의 정신적·심적 특성의 전체를 말한다. 그것은 전체적인 것이지 여러 특성의 총화는 아니며 부분의 변화가 전체의 변화를 가져오는 통일체이고 점차적으로 부단히 발전하는 것이다. 신체적 특성을 포함하지 않으며 심적, 즉 의사·감정·충동·지적 생활의 전부를 포함한다. 인격의 기초는 素質에 의하여 설정되는 것이지만, 양자는 동일물은 아니며 인격은 소질, 즉 발전가능성을 기초로 하여 그 생활과정에 의하여 형성되고 또한 형성되어지고 있는 것이다. 刑事學 특히 개별적 연구방법에 있어서는 형성된 또는 형성되어지고 있는 것으로서 범죄인의 인격이 중요하다.

인격권(人格權) 〔獨〕 persönlichkeitsrecht 〔佛〕 droit de personnalité 권리자와 분리할 수 없는 이익, 즉 신체·자유·명예 등을 목적으로 하는 私權. 민법은 이 3자를 침해한 때에는 不法行爲가 성립한다고 정하고 있으므로(751), 학자는 이것을 인격권의 예시로 보고 이 밖에도 生命·貞操·信用·姓名·肖像 등에 인격권이 성립한다고 한다. 그밖에 인격권은 사람이 법률상 인정된 人格者인 地位(Recht der Persönlichkeit) 자체의 의미로 쓰이는 일도 있는데 이것은 결국 權利能力과 같은 뜻으로 된다.

인격(人格)**없는 사단**(社團) → 권리능력 없는 사단

인격적 불법개념(人格的不法概念) → 인적 불법개념과 같다.

인격조사(人格調査) 〔英〕 classification (investigation) 〔獨〕 Untersuchung der Persönlichkeit 범죄인의 분류와 처우상의 前提 및 社會的 豫後의 검토를 위하여 범죄인의 자질·성격·지능 및 환경을 조사하는 것. 지능지수나 정신상태를 감별하는 방법으로는 비네(Binet)法·터먼(Terman)法의 I.Q측정, 로르샤하 테스트(Rorschach test)·W. 베르뷰우 테스트의 人格測定法이 있다. 이는 소

년법원(외국에서는 소년감별소)과 소년원에서도 엄밀히 행하여진다.

인격책임론(人格責任論) 責任(→행사책임)의 근거를, 개개의 범죄행위뿐 아니라 그 배후에 있는 인격에 구하는 이론. 行爲責任論과 性格責任論을 지양하려는 기도이다. 인격책임론은 행위를 행위자의 인격의 주체적인 현실화라고 함으로써 제1차적으로는 행위 그 자체에 책임을 묻는다. 그러나 행위는 그 배후에 행위자의 잠재적인 人格體系를 예상하는 것이며, 이를 따로 떼어서 행위만을 논할 수는 없다고 한다. 그런데 이러한 인격은 소질과 환경의 제약하에서 주체적으로 형성되어 온 것이므로 행위책임의 배후에 다시 인격형성의 책임을 인정해야 한다고 하고 이 行爲責任과 人格形成責任은 전자가 제1차적으로, 후자가 제2차적으로 고려되면서 궁극에 있어서는 合一되어서 고려되어야 한다고 주장한다. 그래서 인격책임론은 이렇게 합일적으로 이해된 행위책임과 인격형성책임을 전체로서 인권책임이라고 부른다. 메츠거의 行狀責任論에서 시작되어 최근에 유력해진 이론이다.

인격형성적 환경(人格形成的環境) 〔獨〕 persönlichkeitsgestaltende Umwelt 환경은 人格形成的인 것과 行爲形成的인 것으로 나누어진다. 전자는 인격이 설정된 이래 범죄행위의 時에 이르기까지 그를 둘러싸온 외적 상태이다. 예컨대, 그가 가정·학교 혹은 직장 등에서 받은 훈육·교우관계 등. 후자는 행위시에 범죄인이 그 속에 있던 外的事情이다. 예컨대 강제상태의 존재·유혹행위 등. 그런데 犯罪原因的 人格環境(kriminologene Persönlichkeitsumwelt)·犯罪原因的 行爲環境(kriminologene Tatumwelt)이라고도 부른다.

인공공물(人工公物) 행정주체가 인공을 가하여 公共用에 제공함으로써 비로소 공물이 되는 물건. 도로·공원·제방 등이 그 예이다. 自然公物에 대응하는 관념이다. →자연공물

인공도(人工島) 〔英〕 artificial island 최근 급속한 과학기술의 발달로 인하여 公海上에 비행장·어장시설 또는 대륙붕개발시설이 구축됨에 이르렀는데 이것들을 인공도라고 부른다. 국제법상 인공도는 領城을 구성하는가의 문제가 제기되고 있다. 그 전체적 지위는 금후의 국제법발달에 달려 있으나 우선 대륙붕개발을 위한 인공도(시설 및 주변의 안전지대)의 법적 지위만은 1958년의 國際聯合海洋法會議에서 채택된 대륙붕에 관한 협약에 규정되었다. 이에 의하면 인공도를 연안국의 관할하에 둘 수 있으나, 그것은 島嶼의 지위를 갖지 않고 또 그 자체의 영해를 갖지 않으며 또한 연안국의 영해측정을 위한 基線에는 조금도 영향이 없다(5Ⅳ). →대륙붕, 접속수역

인공수정(人工授精) 〔英〕 artificial insemination 남녀의 性的 交接에 의하지 않고 채취한 남성의 정액를 여성의 子宮膣內에 주사기로 주입함으로써 임신시키려는 기술. 이것은 본래 부부간의 정상적인 성행위로써 임신할 수 없는 경우의 치료방법으로서 고안되어 夫의 정액을 妻에 대하여 사용하는 配偶者間人工授精(A.I.H)과 夫 이외의 남성의 정액을 처에 대하여 사용하는 非配偶者間人工授精(A.I.D)과의 두 가지로 구별된다. 인공수정의 법률문제는 주로 A.I.D.에서 일어날 가능성이 있기 때문에 이에 관한 설명에 그친다. 夫가 설사 승인했다 하더라도 人工受精子가 夫의 자가 될 수 없는 것은 명백하므로, 부의 자기부재중에 처가 포태한 자와 마찬가지로 親生子推定의 적용을 받을 수 없다. 호적실무의 취급상 이러한 자도 親生者出生申告가 되겠지만, 그 摘出性은 일반의 親生子關係不存在確認의 訴에 의하여 다툴 수 있다고 보아야 할 것이다.

인공위성(人工衛星) 〔英〕 artificial satellite 현재 인공위성이 나르는 대기권 외의 공간을 규율하는 국제법규는 없으나 그 발사는 현행국제법과의 관련하에 여러가지 문제를 일으킬 것은 확실하다. 첫째, 인공위성을 발사한 경우 대기권내에서 타국의 領空主權을 침해할지도 모른다. 둘째, 그것이 귀로에서 他國領空으로 침입한 경우 타국의 항의를 받을 것이다. 셋째, 그것이 군사상의 기밀을 취하거나, 또는 그 가능성이 있을 경우에는 국방상의 견지에서 이것을 격추할 수 있을 것이다. 넷째, 하강시 지면에 접촉할 때 지표상의 인명이나 재산에 불측의 손해를 입힐 것도 상상되며 이때 無過失責任의 문제가 일어날 것이다. 이와 같은 결과를 피하기 위하여 인공위성의 국제관리가 제의되고 있다. →우주국제법

인과관계(因果關係) 〔英〕 causation 〔獨〕 Kausalzusammenhang, Kausalität 〔佛〕 causalité 일반적으로는 일정한 先行事實과 일정한 後行事實과의 사이의 필연적 관계, 즉 만일 전자가 없었더라면 후자가 생기지 않았을 것이라고 하는 관계를 말한다. 따라서, 법률이 갑의 사실로 인하여 을의 사실이 생기는 것(예 : 위법한 행위로 인하여 사람이 사망하는 것) 또는 을의 사실이 갑의 사실로 인하여 생긴 것(예 : 意思表示를 한 것이 사기로 인한 것)을 법률효과발생의 요건으로 하고 있는 때에는, 언제나 문

제로 되며, 법률일반에 걸친다. 그러나, 특히 문제로 되는 것은, 일정한 행위가 일정한 결과를 일으킨 때에는 행위자가 일정한 책임을 지게 되는 경우에 있어서의 행위와 결과와의 사이의 因果關係, 즉 민법의 損害賠償責任(不法行爲·債務不履行) 및 형법의 범죄의 성립에 관해서이다. 그리고, 그 어느 것에 있어서도 학설은 매우 많이 분립되어 있다.

[1] 민법에서는 대별하면, ① 행위와 결과와의 사이에 적어도 인과의 관계가 있으면 책임을 발생시키는데 충분하다고 하는 설(條件說)과, ② 이 自然的 因果關係를 그 행위로부터 통상 생기는 결과에 한정하여, 이 범위에서만, 법률이 요구하는 인과관계가 있다고 하는 설(相當因果關係說)이 대립되고 있다. 그리고, 債務不履行과 不法行爲와의 양자에 있어서 상당인과관계설을 취하는 것이 판례 및 근래의 통설의 태도이다. 민법의 손해배상은 손해의 공평한 부담을 도모하는 것인데, 상당인과관계설은 이 이상에 알맞기 때문이다.

[2] 형법상 結果犯에 있어서 실행행위로 인하여 구성요건해당의 결과가 발생한 것으로 인정될 때에, 비로소 범죄는 完成(既遂)이 된다. 그래서 행위와 결과와의 사이에 인과관계가 문제가 되며, 이에 관하여 학설이 대립된다. ① 條件說. 그 행위가 없었더라면 그 결과가 발생하지 않았으리라는 관계만 있으면, 인과관계를 인정한다. 모든 조건을 동등하게 평가하므로, 同價說(Äquivalenztheorie)이라고도 한다. 이 설에 의하면 인과관계의 범위가 무제한하게 넓어진다(→인과관계의 중단). ② 原因說. 조건 가운데서 결과발생에 대하여 필연적인 것, 최종의 것, 결정적인 것, 최유력한 것 등을 선택하여, 이것을 원인이라고 하고서, 이것과 결과와의 사이에 인과관계를 인정한다. 個別化說 또는 差等說이라고 한다. ③ 相當因果關係說. 그 행위로부터 그 결과가 발생하는 것이 경험법칙상 일반적이라고 인정될 때에, 인과결과가 있다고 한다(主權說·客觀說·折衷說이 있다). 一般化說이라고도 한다(절충적). 상당인과관계설이 통설이다. 형법 17조는 어떤 행위라도 죄의 요소되는 위험발생에 연결되지 아니한 때에는 그 결과로 인하여 벌하지 아니한다라고 규정하고 있으나, 학설상의 대립을 법적으로 해결한 것은 아니다. →부작위의 인과관계

인과관계(因果關係)**의 중단**(中斷) 〔獨〕 Unterbrechung der Kausalität 행위와 결과와의 사이에 자연적 사실 또는 타인의 고의있는 행위가 개입하여 인과관계를 전적으로 지배하는 경우에는 처음의 인과관계의 진행은 중단된다고 한다. 條件說에 의한 인과관계의 범위의 부당한 확장을 억제하기 위하여 나온 설. 예컨대, 갑이 치사량의 독물을 을에게 飮用시켰는데 아직 독물의 작용에 의하여 사망하지 않았을 때에 落雷 기타 전연 무관계의 제3자의 살해행위 등 독립한 결정적인 原因力이 개입하여 사망의 결과를 발생시켰을 때에는, 갑의 행위와 을의 사망과의 인과관계는 중단되어 형법상 갑은 未遂의 책임을 지는데 불과하다. 그러나 이것은 결국 인과관계의 유무의 문제이고 그 중단이라는 것은 무의미하다. →인과관계

인과관계(因果關係)**의 착오**(錯誤) 행위자가 예견하였던 바와는 다른 因果關係의 經路를 거쳐서 결과가 발생한 경우. 예컨대, 갑을 익사케 할 의도로써 다리 위에서 강으로 떠밀었던 바 갑은 교각에 머리를 부딪쳐 뇌진탕을 일으켜서 사망한 경우이다. →착오

인과적 행위론(因果的行爲論) 〔獨〕 kausale Handlungslehre 행위를 어떤 의사에 기한 신체적 거동(태도) 내지 이로 인한 결과발생이라고, 즉 의사에 의하여 외계에 야기시킨 외부적(객관적)인 인과적 경과라고 파악하는 因果的 行爲概念(→자연주의적 행위개념, 사회적 행위개념)에 입각한 (범죄)이론. 目的的 行爲論에 대하며 통설적인 견해이다. 이 입장에서는 의사내용은 책임의 문제로서 행위론(좁은 뜻)으로부터 배제되며, 행위론에서는 意思(원인력으로서의)와 身體的 動靜과 결과와의 인과관계가 그 중심문제가 된다. 따라서 위법성의 문제에 있어서는 結果無價値(法益의 侵害 내지 危殆)에 중점이 두어진다. 그리고 고의는 물론 책임조건으로서 파악된다. →목적적 행위론

인구조사(人口調査) 인구의 동태를 파악하기 위하여 실시하는 출생·사망·혼인 및 결혼에 관한 조사. 인구조사는 一般調査와 特別調査로 구분되며 전자는 매년 대한민국국민에 대하여 인구조사종목의 전부에 걸쳐서 행하는 조사이고, 후자는 재정경제부장관이 일정한 목적을 위하여 특히 필요하다고 인정하는 경우에 구역을 정하여 한정된 종목에 관하여 행하는 조사이다(人口動態調査規則 2, 3).

인구학파(人口學派) 〔英〕 demographic school 社會의 決定要因을 인구로 보는 학파. 이 경우 인구현상은 사회적 뜻을 제외한 자연현상이라 보고, 사회적 현상은 인구량과 밀도의 증대함수 또는 결과에서 고려된다.

인 권(人權) 〔英〕 human rights 〔獨〕 Merschenrechte 〔佛〕 droits de l'homme →기본적

인권

인권상담소(人權相談所) 인권침해사건에 대한 정보수집, 조사 및 법률상담을 위하여 각 지방검찰청 및 동 지청에 설치하는 사무실(人權侵害事件處理規程 1969년 法務部令 제135호, 規程 2) 인권상담소에는 事件簿를 비치하고 사건을 수리하였을 때에는 이에 기재하고, 사건의 조사는 서면이나 구술에 의한 국민의 신고, 관계관서의 통보 또는 신문, 방송 기타 보도에 의하여 사건이 발생하였다고 믿을 만한 상당한 이유가 있을 때에 개시하며, 사건을 조사한 결과 인권침해사실을 인정하였을 때에는 법에 의한 적절한 조치를 취해야 한다. 그리고 인권상담소의 직원은 국민의 法律相談에 응할 의무를 진다.

인권선언(人權宣言) ① 權利宣言과 같은 뜻. ② 1789년 8월 26일 프랑스의 국민의회가 의결한 人間과 市民의 權利宣言(Déclaration des droits de l'homme et du citoyen)을 지칭하는 때가 있다. 근대자유주의사상의 정치적 표현의 결정이다. ③ 1948년 12월 10일 국제연합 제3차총회에서 만장일치로 채택된 世界人權宣言을 가리킬 때도 있다.

인권옹호과(人權擁護課) 법무부 법무실에 두는 과로서 人權侵害事件에 대한 정보수집 및 조사, 인권옹호에 관한 종합계획의 수립 및 시행, 인권관련 법령 및 제도에 관한 조사·연구, 인권옹호에 관한 각 부처간의 협력에 관한 사항, 법률구조 및 인권옹호단체에 관한 사항 등을 분장(法務部職制 11Ⅴ).

인권옹호직무방해죄(人權擁護職務妨害罪) 경찰의 직무를 행하는 자 또는 이를 보조하는 자가 인권옹호에 관한 검사의 職務執行을 방해하거나 그 명령을 준수하지 아니하는 죄(刑 139). 본죄의 주체는 경찰관리뿐만 아니라 사법경찰관리의 직무를 행할 자와 그 직무범위에 관한 법률의 적용을 받는 자를 포함한다. 인권옹호에 관한 검사의 직무로서는 拘束場所의 監察(刑訴 198의2)을 들 수 있다.

인권위원회(人權委員會) 〔英〕 Commission on Human Rights 국제연합 경제사회이사회의 보조기관으로서 국제연합의 중요목적의 하나인 국제적인 人權의 伸張에 관하여 동이사회를 원조하는 것을 목적으로 한다. 국제연합헌장 68조는 그 설치를 예정하였다. 18인의 위원으로써 구성되었다. 1948년 12월 10일 국제연합총회에서 정식으로 성립한 세계인권선언의 기초는 그 가장 중요한 활동이다. →세계인권선언

인권유린(人權蹂躪) 人權 내지 국민의 基本權을 위법 또는 부당하게 침해하는 것. 민주국가의 법치주의하에서는 인권유린에 대하여 철저한 구제가 마련되어 있어야 한다. 이러한 구제로는 행정감독, 관계공무원의 민·형사·행정책임, 국가에 대한 손해배상청구권(憲 29), 형사보상청구권(28), 행정쟁송제도(行政審判 및 行政訴訟), 법령심사제도(107), 請願(26) 등이 있다. 현재 인권옹호를 담당하는 행정각부는 곧 법무부인 바, 동부의 人權擁護課는 인권침해사건에 대한 정보수집 및 조사, 인권옹호단체의 감독과 조성, 민간의 인권옹호운동의 조성, 빈곤자의 訴訟援助 기타 인권옹호에 관한 사항을 分掌한다(法務部職制 11Ⅴ).

인낙조서(認諾調書) 請求의 認諾을 기재한 조서. 이 조서는 청구를 이유있다고 인정한 請求認容의 확정판결과 동일한 효력을 가진다(民訴 206). 이 조서에 再審事由가 있는 때는 再審節次에 준하여 재심을 제기할 수 있다(431). →준재심, 청구의 인낙

인 도(引渡) 〔羅〕 traditio 〔英〕 delivery 〔獨〕 Übergabe 〔佛〕 délivrance ① 로마법과 같은 고대법에서는 널리 물건 또는 사람에 관한 지배를 이전하는 뜻으로 사용되었으나, 근대법에서는 물건의 인도만을 의미한다. 우리 민법에 있어서도 인도는 물건의 인도에 한하며 물건에 대한 사실상의 지배, 즉 占有를 移轉하는 것을 말한다. 그러한 인도방법으로서 민법은 현실의 인도 외에 簡易引渡, 占有改定, 返還請求權의 讓渡에 의한 인도라는 변칙적인 인도방법도 인정하고 있다(→현실의 인도, 간이인도, 점유개정, 반환청구권의 양도에 의한 인도). 따라서 引渡라고 할 때에는 현실의 인도 뿐만 아니라 이들 변칙적인 인도방법까지도 포함해서 의미하는 것이 보통이다. 그러나 소수의 경우에는 현실의 인도만을 가리키는 경우도 있음을 주의하여야 한다. 인도가 있으면 그 효과로서 점유권이 이전된다. 그러므로 인도를 권리의 측면에서 보아 占有權의 讓渡라고 부르기도 한다. ② 인도는 動産物權變動의 公示方法이다(民 188). 그러나 동산물권의 공시방법으로서 민법이 요구하는 인도는 현실의 인도에 한하지 않고 변칙적 인도방법도 인정함으로써 인도의 公示力은 아주 약한 것이 되어 있다(→공시방법). 여기서 거래의 안전을 위하여 등기에 공신력을 주고 있지 않은 우리 법제에 있어서도 동산에 관하여서만은 公信의 原則을 인정하고 있다(→공신의 원칙, 선의취득).

인도명령(引渡命令) 强制執行에 있어서의

집행법원의 결정으로서 두 가지 경우가 있다. ① 특정한 有體物의 인도 또는 일정한 종류의 유체물의 인도나 권리이전의 청구에 대한 금전채권집행에서 그 유체물을 執行官 또는 保管人에게 인도할 것을 명하는 것. 이들 청구권의 목적물을 직접 압류하기 위한 준비로서 시작된다. 그 목적물이 유체동산인 경우에는 그 동산을 채권자의 위임받은 執行官에게 인도할 것을 命하고(民訴 576Ⅰ), 부동산의 경우에는 그 부동산을 보관인에게 인도할 것을 명한다(577Ⅰ). ② 부동산의 강제경매에 있어서 競落許可決定後 경락인이 인도를 받을 때까지의 사이에 競落人 또는 집행채권자의 신청에 의하여 채무자에 대하여 그 부동산을 법원이 명하는 관리인에게 인도하도록 명하는 것(647Ⅱ). 경락인은 경락허가결정시부터 果實取得權을 가지므로, 그 후에는 채무자의 보관에 맡기는 것이 적당하지 않다는 고려에서 그러한 것이지만 경락인이 용이하게 부동산의 점유를 취득할 수 있도록 하여 競賣節次의 실효를 높이는 취지의 제도라고도 해석된다. →압류명령, 강제경매

인도(人道)**에 대한 죄**(罪) 〔英〕 crime against humanity 〔佛〕 crime contre humanité 전쟁전 또는 전쟁중에 일반국민에 대하여 행하여진 殺害, 절대적인 대량살인, 노예화, 강제적 이동 기타의 非人道的 行爲. 범죄가 행하여진 국가의 국내법에의 위반 여부를 막론하고 평화에 대한 죄의 실행을 위하여 또는 이에 관련하여 행하여진 정치상·인종상 또는 종교상의 이유에 기인한 박해를 인도에 대한 죄라고 한다(國際軍事裁判所條例 6, 極東國際軍事裁判所條例 5). 인도에 대한 죄도 평화에 대한 죄와 같이 종래의 선례가 없으며 제2차대전후에 새로 나온 戰爭犯罪의 개념이다. →새로운 전쟁범죄, 평화에 대한 죄

인도증권(引渡證券) 〔獨〕 Traditionspapier 증권상의 정당한 권리자에게 증권을 교부하면 물건 자체를 인도하지 않더라도 증권에 기재한 물건을 인도한 것과 동일한 효력이 인정되는 유가증권. 이러한 효력을 가지는 소위 物權的 有價證券에는 貨物相換證·倉庫證券·船荷證券이 있다. 이와 같은 증권은 증권에 기재된 물건을 讓渡 또는 入質할 때 증권을 교부하면, 소유권이전의 효력발생요건 또는 질권설정의 설정요건으로서의 필요한 引渡(民 188, 330)가 있었던 것으로 인정된다. 현행법은 운송계약상의 運送物返還請求權을 表彰하는 유가증권인 화물상환증에 관하여 상법 133조에 이 증권에 의하여 운송물을 받을 수 있는 자에게 이 증권을 교부한 때에는 운송물 위에 행사하는 권리의 취득에 관하여 운송물을 인도한 것과 동일한 효력이 있다고 규정하고, 상법 157조·820조에 의하여 창고증권·선하증권에 이를 준용하고 있다. 여기에 증권에 의하여 운송물을 받을 수 있는 자라 함은 증권의 기재에 의하여 증권상의 권리자인 자격을 가진 자의 뜻이고, 지시식의 증권에서는 연속된 배서에 의한 최후의 피배서인이고, 選擇無記名式 및 無記名式證券에서는 증권의 소지인을 가리킨다. 이 인도증권은 때로는 그 표창하는 권리가 물권인 유가증권, 즉 物權證券의 뜻으로 사용되는 수도 있으나 혼동해서는 안된다.

인도학파(人道學派) 〔羅〕 scuola panale umanista 刑罰은 교육이라고 주장한 이탈리아의 란사를 중심으로 하는 教育刑主義 학파.

인떼르딕뚬 〔羅〕 interdictum 特示命令. 로마법에 있어서 악치오에 의한 통상의 권리보호수단 외에 法務官(쁘라에또르)이 창설한 보호수단으로서 爭訟에 당하여 법률관계의 법률적 기초에 소급하여 해결을 주는 것보다도 오히려 신속한 행정명령적 방법에 의하여 현상을 유지시키는 것을 목적으로 한다. 당사자의 일방의 신청에 기하여 일방 또는 쌍방에 대하여 발하여지며, 혹은 폭력을 가하는 것을 금지하고(禁止的 特示命令)(i. prohibitorium) 혹은 목적물의 반환을 명하고(返還的 特示命令)(i. restitutorium), 혹은 목적물의 제시를 명한다(提示的 特示命令)(i. exhibitorium) 특히 占有(뽀셋시오)의 보호(保有 또는 回復)를 위하여 발하여지고(i. possessorium)(占有特示命令), 이것에 의하여 한쪽이 레이 윈디까치오를 가지고 있어도 본권의 증명이 매우 곤란하였던 소유자가, 본권과 분리하여 객체의 사실적 지배를 보호받았을 뿐만 아니라, 다른 한쪽이 악치오 인 렘이 부여되어 있지 않은 永借人(永小作人), 地上權者, 質權者, 許容占有者, 스스로 소유자라고 믿고 있는 선의의 점유자 등이 일종의 물권적 보호를 받게 되었다. 현대의 占有保護請求權은 이 인떼르딕뚬에 기원한다.

인떼르뽈라치오 〔羅〕 interpolatio 勅法彙纂·學說彙纂의 편찬에 즈음하여, 편찬위원이 유스띠니아누스帝로부터 부여받은 권한에 기하여, 법문의 중복 저촉을 피하고 옛날부터 내려온 勅法이나 법학자의 저서를 당시의 사태에 적응시키기 위하여 原文에 가한 삭제·변경·삽입. 이러한 改竄은 이미 復古學派에 의해서도 발견되었었지만 19세기말 이래 이 연구는 장족의 진보를 하여 고전시대의 로마법과 유스띠니아누스법과의 사이의 相違를 밝혀서 로마법의 연구에 한 신기원을 그었다.

인력정책심의위원회(人力政策審議委員會) 국민경제·사회발전에 관련된 합리적인 人力需給政策方向에 관한 사항과 산업의 발전을 위한 인력개발정책·임금정책 및 근로자복지증진정책에 관한 사항을 종합적으로 심의·조정하기 위하여 재정경제부에 설치된 위원회. 재정경제부장관을 위원장으로 하고 행정자치부장관, 법무부장관·교육부장관 등 21명의 위원으로 구성된다.

인 민(人民) 〔英〕 people 〔獨〕 Volk 〔佛〕 peuple 영어의 people이라는 말은 라틴어의 populus라는 말에서 유래하여 불어를 통해서 일반적으로 사용되게 되었다. 오늘날에 와서는 共和國의 구성원 전체 혹은 公民의 전체적 집단을 의미한다. 개개인을 뜻하는 것이 아니고 전체로서의 집단을 가리키는 점에서 공민과 다르다. 그것은 앙상 레짐에 항의하는 근세초기의 國民主權說·社會契約說에서 胚胎하여 美·佛革命을 통하여 조직화된 권력 혹은 주권의 주체로서의 제도적 의미를 획득하게 되었다. 따라서 인민이라는 말 속에는 자유라든가 해방이라는 의미가 내포되어 있다 할 수 있고 특히 國民(nation)이라는 말이 국가성을 표상하는데 대하여 인민은 초국가적 의미를 지니고 있으며, 공산주의자들은 人民이라는 말을 이러한 뜻으로 쓰고 있다. 또한 소극적으로 통치의 대상으로서만 이해되는 大衆(mass)과도 구별되는 것이나 인민은 能動的·主體的 性格에 중점이 있는 말이다. → 공민, 국민, 선민

인민분류목록(人民分類目錄) 1971년 북한의 당비서국이 하달한 북한주민들의 黨性分類指針. 북한은 1966년~67년에 전주민을 대상으로 주민재등록사업을 실시하였고 그 결과를 토대로 1967~70년까지 전주민을 정치적 성분에 따라 분류하는 階層分類事業을 추진했다. 인민분류목록에 의하면 모든 주민을 핵심계층, 동요계층, 적대계층으로 나누고 이를 다시 51계층으로 세분하였다. 핵심계층은 어떤 정세변화 속에서도 북한정권을 지지할 튼튼한 지지기반이며 동요계층은 유사시에 지지 여부가 불투명해질 계층, 적대계층은 내란이 벌어질 경우에는 한국에 동조할 것으로 예견되는 계층이다. 북한은 이후로도 1972~74년에 住民了解事業과 당증재교부사업을, 1980년부터는 정치적 불순분자들에 대한 교양사업을 강화하라는 김정일의 지시에 따라 공민증 대조사업을 강행했다. 김만철일가 등 북한주민의 망명은 그 반발의 표현이다.

인민민주주의공화국(人民民主主義共和國) 제2차대전 후 소련의 위성국이라고 불리우는 여러나라에서 채용된 政治體制. 북한, 유고슬라비아, 알바니아, 헝가리, 체코슬로바키아, 불가리아, 루마니아, 중국 등은 이에 해당했었다. 헌법의 규정보다도 共産黨의 指導原理에 의한 지배를 받는 정치체제로 소련의 붕괴와 함께 인민민주공화국체제가 현재 몰락되어가고 있는 실정에 있다.

인민재판(人民裁判) 民衆에 의하여 직접으로 행하여지는 재판. ① 集團的 問責·報復的 私刑 등 原則的 復讐行爲가 근대적 표현으로서 가장 된 것인 경우가 많다. 이 재판의 준거로 하는 법은 社會現範·裁判規範으로서의 성질을 지니고 있지 않고, 특히 통일성있는 질서로서 행하여져야 할 법의 組織規範으로서의 성질을 갖고 있지 않다. 다만 일부분자(독재자)의 정당하다고 하는 것을 법으로서 통하려고 하는 특징이 있다. 소련을 비롯하여 사회주의국가의 재판은 人民裁判이라는 명칭을 부치고 있다. ② 〔羅〕 judicia populi 로마법에 있어서는 民會(comitia)가 일정한 사건에 관하여 裁判權을 갖고 있었다. 이 인민집회에 의한 재판을 인민재판이라 하는데 이 재판은 관리가 행한 형사사건의 유죄판결에 대한 불복신청에 관하여만 행하여졌다. 처음에는 절차가 구술변론의 형식에 의하여 행하여졌는데 후에는 비밀투표에 의하여 결정되었다. 査問會에 의한 절차가 제정됨에 이르게 되자 인민재판은 점차 제한되고, 帝政期에는 완전히 소멸하게 되었다.

인민투표(人民投票) 국민투표와 같다.

인 법(人法) 〔羅〕 statuta personalia → 법칙구별설

인보이스 〔英〕 invoice 〔獨〕 Faktur 〔佛〕 facture 매매상품을 遠隔地에 발송하는 경우 등에 발송인이 受荷人에게 송부하는 상품의 명세서. 당해상품의 품명·종류·수량·가격·送荷方法·여러가지 비용·대금지급방법·보험의 종류·금액 등이 기재된다. 상품의 특성 및 계산관계를 명확히 하기 위한 것이며 送狀이라고도 한다.

인보험(人保險) 〔英〕 personal insurance 〔獨〕 Personenversicherung 〔佛〕 assurance des personnes 보험사고의 객체가 사람인 보험에 대한 총칭. 生命保險·傷害保險·疾病保險 등이 이에 속한다. 우리 상법은 인보험 가운데 생명보험과 상해보험만을 규정하고 있다(727 이하). 인보험은 保險價額의 관념이 없으므로 초과보험·중복보험·일부보험의 문제가 일어나지 않고 피보험자의 생명 또는 신체에 관하여 보험사고가 생김으로써 일어나

는 경제생활의 불안정을 제거 또는 경감시킴을 목적으로 한다.

인사감사(人事監査) 각 행정기관에 대한 인사감사로서 인사행정 전반을 대상으로 연1회 시행되는 定期監査와 행정자치부장관이 필요하다고 인정할 경우에 인사행정에 관한 특정사항을 대상으로 시행되는 隨時監査 등 2가지가 있다. 감사의 범위는 임용, 시험, 근무성적평정, 경력평정, 승진후보자명부작성, 보수, 징계, 신분보장, 복무, 교육훈련 등에 관한 사항과 기타 인사행정의 실태파악과 정책수립에 필요한 사항이다(人事監査規程 6).

인사권(人事權) 사용자가 자기의 기업에 사용할 인원에 대하여 채용·해고·승진·이동을 자유로이 하는 권리. 기업의 소유자로서의 권리에 당연히 포함되는 권리이나 勤勞協約에 의한 해고·채용에 대하여 노동조합에 자문하거나 혹은 그 동의를 요하는 것으로서 사용자가 자율적으로 이를 제한하는 수가 있다. 또 解雇에 관하여는 부당노동행위의 금지·차별대우의 금지, 解雇豫告의 필요 등 법률상의 제한도 있다. → 클로즈드 숍, 해고의 자유

인사기록(人事記錄) 공무원의 인사에 관한 일체의 사항에 관한 기록. 직원의 임용·급여 등 人事行政 일반에 제공할 것을 목적으로 한다. 일반직의 국가공무원의 그것은 근무기록카드, 이력서, 졸업·수업·재학 등의 증명서, 면허·검정 그 밖의 자격에 관한 기록, 勤務評定의 결과에 관한 기록 등으로 형성되며, 인사위원회의 일반적인 관리하에 임명권자가 이를 보관한다(國公 19).

인사소송(人事訴訟) → 가사소송

인사위원회(人事委員會) 공무원의 임용·승진시험의 실시, 승진·전보임용기준의 사전심의, 승진·임용의 사전심의, 임용권자의 요구에 의한 공무원의 懲戒議決 기타 법령의 규정에 의하여 그 管掌에 속하는 사항을 관장하기 위해 지방자치단체의 임용권자별로 설치되는 위원회. 인사위원회는 5인 이상 7인 이하의 위원으로 구성되며(地公 7), 위원장은 특별시·광역시·도의 부시장·부지사·부교육감, 시의 부시장·부군수·부구청장이 되고 부위원장은 당해 인사위원회에서 호선하게 된다(9).

인사조정(人事調停) 가족 및 친족간의 분쟁 그 밖의 가정에 관한 일반적인 사건에 대하여 구 인사조정법에 의하여 행하여졌던 調停. 道義에 의하여 온정으로 해결함으로써 가정의 평화와 건전한 친족공동생활의 유지를 목적으로 하여(舊人調 1) 실시되었다. 현재에는 가사소송법 제4편에서 규정하고 있다.

인삼사업진흥기금(人蔘事業振興基金) 인삼류의 원활한 수급과 가격안정을 위하여 인삼의 경작·수매·비축·수출 기타 인삼사업의 진흥에 필요한 자금을 지원하기 위해 설치된 기금(人蔘産業法 23). 기금은 정부의 출연금, 인삼산업관련자의 출연금, 인삼류를 수입한 자가 납부하는 납입금, 기금의 운용으로 생기는 수익금, 기타 대통령령으로 정하는 수입금이 財源이 된다(24).

인세·물세·행위세(人稅·物稅·行爲稅) 課稅物件의 종류에 의한 구별이며, 인세란 과세의 목표를 사람에게 두고 조세주체의 개인적 사정을 참작하여 부과하는 조세(예 : 所得稅)이고, 물세란 사람을 떠나 객관적으로 재산 또는 수익에 대하여 부과하는 조세(예 : 財産稅·酒稅 등)이며, 행위세란 법률적 또는 경제적 행위에 대하여 부과하는 조세(예 : 登錄稅 등)이다. 중복과세를 피하기 위하여 인세는 屬人主義로, 물세는 屬地主義로, 행위세는 行爲地主義로 과세한다.

인 수(引受) 종래 관계없었던 자가 그 관계에 참가하여 자기의 책임으로써 행하는 어떤 종류의 행위를 가리키는바, 이를 상세히 설명하면 다음과 같다. ① 민사소송법상 訴訟의 係屬中에 소송의 목적인 권리와 의무가 승계된 경우에 당사자의 신청에 의하여 법원이 제3자로 하여금 소송을 인수케 하는 것을 訴訟引受라고 한다(民訴 75). ② 상법상 어음의 의무자로서 만기일에 어음금액을 지급할 채무를 부담하는 것을 명백히 하기 위하여 어음의 지급인으로 기재된 자가 인수를 위하여 어음제시를 받은 경우에 그 어음에 인수의 취지를 기재하고 또 이에 서명하는 것을 어음의 引受라고 한다(어음 25).

인수거절(引受拒絶) 〔英〕 refusal of acceptance 〔獨〕 Verweigerung der Annahme 〔佛〕 refus d'acceptation 적법한 引受提示에 대하여 지급인으로부터 유효한 인수를 얻지 못하는 모든 경우. 인수거절은 어음금액의 전부에 대한 거절이든 또는 일부에 대한 거절이든 遡求의 원인이 되며, 어음소지인은 만기전이라도 소구권을 행사할 수 있다(어음 43). 一部引受 이외의 不單純引受는 인수거절로 되며(26Ⅱ), 어음의 반환전에 한 인수의 말소도 인수거절로 인정된다(29Ⅰ). 引受提示가 금지되어 있는 어음에 있어서는 인수제시를 하여 거절되더라도 이는 적법한 제시에 대한 거절이라 할 수 없으므로 어음소지인은 이를 이유로 소구권을 행사할 수 없다. 同地豫備支給人의 기재가 있는 어음에 있어서는 지급인의 인수거절이 있더라도 소지인은 다시 예

비지급인에 대한 參加引受를 위하여 어음을 제시하여야 하며, 예비지급인에 대한 제시를 하지 아니하고서는 그 예비지급인을 기재한 자 및 그 자의 후자에 대하여서는 滿期前의 遡求를 할 수 없다(56Ⅱ). 그리고 지급인이 중첩적으로 기재되어 있는 어음에 있어서는 그 지급인 중의 1인만의 인수거절로써 소구권은 발생되며 전부의 지급인의 인수거절이 필요치 않다고 하는 것이 有力說이다.

인수거절증서(引受拒絶證書) 換어음에 있어서 적법한 引受提示를 하였으나 어음금액의 전부 또는 그 일부에 대하여 인수가 거절되었을 경우 이를 증명하기 위하여 작성되는 公證證書. 거절증서의 작성면제문구가 기재되어 있는 경우를 제외하고는 인수거절로 인한 소구를 위하여서는 이 인수거절증서를 작성하여야 한다(어음 44Ⅱ). 또 一覽後定期出給어음 및 引受提示命令어음에 있어서는 제시기간내에 그 작성을 해태하면 소구권을 상실하게 된다(53).

인수모집(引受募集) 특정인이 사채총액의 모집을 受給하여 만약 응모액이 사채총액에 미달할 때에는 그 부족액을 스스로가 인수할 의무를 부담하는 사채모집의 방법. 통속적으로는 종래 請負募集이라고도 불리어 왔다. 이 경우에는 社債請約書에 그 취지를 기재하여야 한다(商 474Ⅱ xiv). 委託募集의 한 형태로서 기타의 점에서는 受給者인 수탁회사의 지위·모집절차는 受託募集의 경우와 같으나 공모잔액에 대하여 수탁회사 스스로가 인수할 때에는 사채청약서는 필요하지 않다(475). 수탁회사가 투자의 목적으로 잔액을 인수하는 경우에는 은행·신탁회사 또는 증권회사만이 이것을 할 수 있다(商附 6).

인수무담보문구(引受無擔保文句) 引受를 담보하지 아니할 뜻의 어음상의 기재(어음 9Ⅱ). 이 인수무담보문구가 기재되어 있으면 원칙으로 만기전의 遡求란 있을 수 없다(예외 : 43 참조). 더욱 발행인은 지급을 담보하지 아니하겠다는 문언을 기재할 수 없으며 이를 기재하더라도 기재되지 아니한 것으로 인정되어 어음상의 효력이 없다(9Ⅱ).

인수승계(引受承繼) 訴訟의 係屬中에 제3자가 그 소송의 목적인 채무를 승계하였을 때, 당사자(原告임이 보통)의 신청에 의하여 행하여지는 소송의 승계. 參加承繼에 대한 말이다. 제3자가 종전의 소송을 인수받는 점에서 이와 같이 부른다. 이 소송의 승계는 법원의 결정에 의하나 그 결정에 앞서 당사자 및 제3자를 審問하여야 한다. 인수신청을 허용한 결정에 대하여서는 승계인은 자기에 대한 終局判決에 관한 소송으로써 다툴 수 있다(民訴 362). 신청을 却下한 결정에 대하여서 신청인은 抗告를 할 수 있다(409). 인수신청이 허용되면 승계인은 전주의 지위를 승계하여 당사자로서 소송을 속행한다. 前主인 당사자는 상대자의 동의를 얻어서 소송으로부터 탈퇴할 수 있으나, 승계인에 대한 판결은 탈퇴자에 대해서도 효력이 있다(73, 75Ⅲ). → 소송의 승계, 소송인수

인수입적(引受入籍) 妻가 夫의 血族아닌 직계비속을 夫家에 입적시키는 것. 인수입적을 하고자 하는 경우에는 夫家의 호주와 夫의 동의가 필요하며, 그 직계비속이 他家의 가족인 때에는 그 호주의 동의도 필요하다(民 784).

인수제시(引受提示) 〔英〕 presentment for acceptance 〔獨〕 Vorlegung (Präsentation) zur Annahme 〔佛〕 présentation à l'acceptation 換어음의 소지인이 지급인에게 인수를 구하기 위하여 어음을 제시하는 행위를 말한다. 환어음의 지급인은 어음상 지급인으로서 지정된 것만으로는 어음상의 의무를 부담하지 아니하며 인수를 함으로써 비로소 어음상의 의무자가 되므로 引受未畢의 어음의 경우에 있어서는 어음소지인으로 하여금 지급인이 과연 인수를 할 것인지를 확인토록 하기 위하여 支給人에게 어음을 제시할 수 있도록 할 필요가 있다. 인수의 제시를 하여도 지급인이 인수를 하지 아니할 때에는 어음소지인은 발행인 및 배서인에 대하여 遡求할 수 있음을 원칙으로 한다. 그리고 어음소지인은 어음발행시부터 만기에 이르기까지 언제든지, 또 인수가 있을 때까지 몇번이라도 인수를 위하여 제시할 수 있으며 이에 대하여 제시의 의무는 부담하지 아니하는 것이 원칙이다(引受提示自由의 原則). 그러나 인수제시금지의 문구가 있는 경우(어음 22Ⅱ·Ⅲ) 또는 인수제시명령의 문구가 있는 경우(22Ⅰ)에는 그 문구의 내용에 따라 인수제시의 자유는 제한을 받게 된다. 인수제시자는 어음소지인 또는 그 대리인에 한정되지 아니하고 어음의 단순한 점유자라도 상관 없으며(21) 제시의 장소는 지급인의 주소이다(21). 그리고 一覽後定期出給어음에 있어서는 발행일자부터 1년 이내 혹은 그 기간(1년)을 신축하는 문구가 있을 때에는 그 기간내에 제시를 하여야 한다. 만약 그 기간내의 제시를 하지 아니하면 遡求權을 상실한다. 인수제시명령문구가 있는 어음에 있어서도 그 명령기간내의 제시를 懈怠하면 위와 같이 그 소구권을 상실한다.

인수주의(引受主義) 〔獨〕 Übernahmeprinzip 부동산이 경락되었을 때 押留債權者의 채권에

우선하는 부동산의 부담을 경락인에게 인수시키는 주의. 消除主義에 대한 말이다. 우리 법률은 剩餘主義·引受主義의 양자를 병행 채용하고 있다(民訴 608 I)고 할 수 있다. 경락인이 인수하여야 할 부담에 관하여는 경락인이 경매신청을 할 때에 고려하여 신청가격을 결정하게 된다. → 잉여주의, 소제주의

인수회사(引受會社) 사채모집을 인수하는 회사(또는 은행). 인수모집·위탁모집의 경우의 수탁회사, 총액을 인수하는 회사를 총칭하는 실제상의 용어. 위탁모집 및 인수모집의 경우에는 수탁자가 회사이어야 한다(商 474 II xiii·xiv 참조).

인스띠뚜치오네스 〔羅〕 Institutiones → 법학제요

인스 오브 코트 〔英〕 Inns of Court 法曹學院. 영국에는 이미 에드워드1세(1272~1307) 시대에 attorneys와 narrators라는 2종의 변호사가 있었다. 후자는 전적으로 法廷에서 변론만을 행하였으나 그 후 serjeants-at-law라고 불리는 그룹과 apprentices라고 불리는 비교적 젊은 그룹으로 나누어졌으며, 이 apprentices는 14세기경부터 런던시 근교에 자리잡고 있는 4개의 宿舍에서 공동생활을 하게 되었다. 이 숙사가 Inn이라고 불리었던 것인데, 그것은 또 apprentices로 구성된 權利能力없는 社團을 의미하기도 하였다. 이 사단은 법조지망자에 대해서 법학교육을 행하고, 또 apprentices에 대해서 법정에서 변론을 행할 수 있는 자격을 부여하는 권한을 가지게 되었으며, 각 Inn에는 評議員(benchers)이라고 불리는 장로의 일단이 있어서 이들이 Inn에 관한 모든 사항을 처리하고 또 변호사자격의 부여 및 박탈을 관장하였다. 이 4개의 Inns, 즉 Lincoln's Inn, Inner Temple, Middle Temple 및 Gray's Inn은 오늘날에 있어서도 동일한 조직과 성격을 가지고 남아 있으며, 法廷辯護士(배리스터)와 재판관은 모두 상기 4개의 Inn 중의 어느 하나의 회원이 되어 있다. 법정변호사가 되기 위해서는 어느 Inn이고 들어가서 일정횟수의 만찬회에 출석하는 것이 하나의 요건이 되어 있다. 현재에는 법학교육은 각 Inn의 대표자로써 구성된 法學教育評議會(Council of Legal Education)가, 또 법정변호사의 기율은 法廷辯護士評議會(General Council of the Bar)가 각각 행하고 있으나, 법정변호사자격의 부여 및 박탈은 여전히 각 Inn의 평의원에 의해서 행하여지고 있다.

인식(認識)**없는 과실**(過失) → 과실

인식(認識)**있는 과실**(過失) → 과실, 미필적 고의

인신매매(人身賣買) 우리나라 法制史上 노비의 매매는 법률상 허용되었으며, 조선시대의 經國大典 戶典 買賣限條에는 賣買後 100일내에 官司의 立案을 받도록 되어 있다. 노비 이외의 인신매매는 依用大明律 刑律 略人略賣人條에 의하여 금지되고 賣渡人을 처벌하였다. 그러나 실제로는 공공연하게 거래되었으며 영리적인 목적도 있었으나 생활고로 인한 경우가 많았고, 대개가 妻子 혹은 자기 자신의 매매이었으며 일단 매매되면 타인의 奴婢로 되었다. 주로 永久的 賣買이었으나 때로는 有機的 賣買도 행하여졌으며, 고용계약에 의하여 일정기간 동안 타인의 雇工으로 되는 것도 그 실질에 있어서는 일종의 有期的 인신매매 내지 노비매매와 다름없었으며, 終身間의 雇工도 마찬가지이었다. 조선중기에 이르러서는 自身賣買가 성행하였으므로 續大典 刑典 禁制條에는 특별규정을 두어 買受人도 같이 처벌하였다. 開國 503년(1894) 6월 28일에 이르러 일체의 公私奴婢制度를 폐기하고 인신매매를 금한다는 議案이 발포됨으로써 노비매매의 公認에 종지부를 찍었다.

인신보호법(人身保護法) 〔英〕 Habeas Corpus Act 영국의 人身保護에 관한 法律. 최초에 제정된 인신보호에 관한 법률은 1679년의 Habeas Corpus Act이고 그 중요한 내용은 이유를 명시한 체포장에 의하지 않고 구속된 자에 대하여는 법관은 반드시 인신보호영장을 발해야 하고 또 叛逆罪(treason) 및 重罪(felony)의 혐의로 구금되어 있는 자에 대하여는 신속한 재판을 받게 할 것을 규정하고 있다. 또 1816년의 Habeas Corpus Act는 범죄이외의 이유로 구금된 자에 대하여도 1679년의 법률을 적용한다고 하였고, 또 1826년의 Habeas Corpus Act는 인신보호영장제도가 실시되고 있는 영국식민지에 대하여는 英本國法院의 영장은 발급되지 않는다고 하였다.

인신보호영장(人身保護令狀) 〔英〕 writ of habeas corpus 人身拘禁의 適否를 심사하기 위하여 구금자에게 피구금자를 대동하고 출두하라는 법관의 명령서. 영국의 普通法(common law)에서 발달하여 1679·1816·1862년의 각 人身保護法(Habeas Corpus Act)에 의하여 수정·확대되었다. 영본국만이 아니고 세계각국에 보급되어 우리나라에도 適否審查制度가 미군정 때 도입되어(軍政法令 제176호) 헌법에 수용되어 왔으나, 제7차개정헌법은 그 규정을 삭제하였으나 현행헌법은 適否審查制度를 인정하고 있다(憲 12VI).

인신(人身)**의 자유**(自由) → 신체의 자

유

인역권(人役權) 〔羅〕 servitus personarum 〔獨〕 persönliche Dienstbarkeit 〔佛〕 servitude personnelle 특정인의 편익을 위하여 타인의 물건(동산·부동산)을 이용하는 物權. 타인의 토지에서 낚시질이나 사냥을 하는 것. 타인의 가옥에 거주하는 것 등이 그 예이다. 인역권은 물권이기 때문에 債權契約에 의하여 타인의 물건을 사용할 권리를 취득하는 경우와 달라서, 그 물건의 소유자가 바뀌더라도 신소유자에게 대항할 수 있다. 그러나 인역권은 특정인의 편익을 위한 것이기 때문에 讓渡性·相續性이 없다. 유럽각국의 입법은 地役權 이외에 인역권을 규정하고 있으나 우리나라에서는 이것을 규정하지 않고 있다. 다만 민법이 새로 인정한 源泉·水道使用權(民 235, 236)과 302조의 권리 등은 인역권의 성질을 가진 것이다.

인용법(引用法) 〔羅〕 lex citationum 〔英〕 Law of citations 〔獨〕 Zitiergesetz 〔佛〕 loi des citations 떼오도시우스 2세(동로마황제, 408~450)와 왈렌띠니아누스 3세(서로마황제, 425~455)가 426년 공포한 勅法으로서 學說法援用의 원칙을 규정한 것. 이것에 의하면 빠삐니아누스·빠울루스·가이우스·울삐아누스·모데스띠누스의 저서와 이들 법학자가 인용하는 기타의 법학자의 학설로서 올바른 引用인 것이 확인된 것과가 법적 구속력을 가지며 이들의 학설이 일치하지 아니할 때에는 다수결에 의하며, 동수인 때에는 빠삐니아누스가 찬성하는 학설을 채택하고, 빠삐니아누스의 의견이 없을 경우에는 재판관은 어떤 의견을 채택하여도 자유이다라고 정한 것으로 빠삐니아누스의 학설이 특히 존중되었다. 그러나 이러한 기계적인 다수결에 의한 재판의 준칙의 설정은 당시의 빈약한 법학의 현상을 단적으로 보여주는 것이다.

인용설(認容說) →고의, 미필적 고의

인용적 등기(認容的登記) 〔獨〕 zwanglos Eintragung 등기사항의 등기 여부를 당사자의 임의에 맡기고 등기를 하지 않는 경우에는 對抗力을 잃게 되는 불이익을 야기하게 되는 등기. 不動産登記가 이에 속한다.

인위혈족(人爲血族) 법정혈족과 같다.

인(人)의 적성(敵性) 〔英〕 enemy character of individuals 개인이 敵性을 가지느냐 중립성을 가지느냐는 그 개인이 속하는 국가의 국적에 의하여 결정된다. 즉, 敵國의 국적을 가지는 자는 敵人이고 중립국의 국적을 가지는 자는 중립인이다. 그러나 이 원칙에는 다음의 예외가 있다. ① 중립국 국민이라도, 交戰者에 대하여 적대행위, 적국의 이익으로 되는 행위를 하는 때에는 중립성을 상실하고 敵人으로서 취급된다. 경찰이나 民政에 관한 근무나 공채응모, 적국에의 공급 등은 이에 포함되지 아니한다. ② 敵國에 존재하는 중립국 국민은 적국 국민과 같이 취급된다. 특히 영국은 이것을 일관하고 있는데 기타의 많은 국가도 반대하고 있지 아니하다. ③ 교전국은 자국민에 대하여 對敵通商禁止를 하는 경우에는 국내법에 의하여 敵人의 범위를 정한다. 이 경우의 敵人은 반드시 적국국민과 일치하지 아니한다. ④ 선박과 화물의 해상포획에 관하여는 그 소유자의 적성은 영국주의에 의하면 敵國·敵占領地에 주소를 가지고 있는 자 전부에 미친다고 한다. →적성

인 인(認印) →실인

인·일평화조약(印·日平和條約) 일본과의 평화조약체결을 위한 샌프란시스코회의에 초청되었으나 주로 미국의 所爲에 불만을 품고 이에 응하지 않은 인도는 1952년 4월 28일 일본과의 戰爭狀態締結宣言을 행하고, 이어서 동년 6월 9일 이 평화조약에 서명하였다. 8월 27일 발효. 在印日本資産의 반환, 일본에 대한 배상청구권의 포기 등 관대한 규정이 많다.

인장(印章)**에 관한 죄**(罪) 행사의 목적으로 印章·署名·記名 또는 記號를 위조 또는 부정사용하거나, 위조 또는 부정사용한 인장·서명·기명 또는 기호를 행사하는 죄(刑法各則 제21장)(238~240). 本罪의 保護法益은 인장·서명·기명 또는 기호의 진정에 대한 공공의 신용이다. 인장·서명 등은 대개는 그것만으로는 독자적인 의의를 가지지 못하고, 文書·圖畵 등과 결합하여 비로소 의의를 가지게 되는 것이며 따라서 文書僞造罪가 성립되는 경우에는 인장·서명 등의 위조는 그대로 흡수되어 버리는 것이지만, 그러나 때로는 문서의 위조 등과 분리하여 독자적으로 의의를 가지는 일도 있으므로(예컨대, 서적에 찍힌 藏書印이 그 소유관계를 표시하는 것). 이러한 경우에 공공의 신용을 보호하기 위하여 본죄가 규정된 것이다. 公印僞造·不正使用罪(238 Ⅰ)·僞造不正使用公印行使罪(238 Ⅱ)와 私印僞造·不正使用罪(239 Ⅰ)·僞造不正使用私印行使罪(239 Ⅱ)가 있다. 또한 미수범을 처벌한다(240).

인적공용부담(人的公用負擔) 〔獨〕 persönliche Lasten 공용부담의 일종. 物的公用負擔에 있어서와 같이 직접 재산권에 대한 제한·침해인

것이 아니라 특정한 공익사업의 수요를 충족하기 위하여 법률에 의거하여 국민에게 일정한 作爲·不作爲 또는 급부의 공법상 의무를 과하는 경우를 말한다. 따라서 물적공용부담에 있어서와 같이 재산과 함께 제3자에게 이전할 수 없다. 任意負擔과 强制負擔이 있는데 기부는 전자의 예이고 부역·현품은 후자의 예이다. → 공용부담

인적과세제외(人的課稅除外) 일반적으로 課稅義務者가 되는 자를 특별한 사유에 의하여 납세의무자에서 제외하는 것을 말한다.

인적 담보(人的擔保) 〔佛〕 sureté personnelle 채무자 이외의 자의 신용(결국에는 그의 一般財産)으로써 하는 채권의 담보로서 對人擔保라고도 한다. 物的擔保에 대하는 말. 보증이 그 중요한 것이지만 連帶債務·不可分債務도 같은 작용을 한다. 담보자의 일반재산의 상태 여하로 담보가치가 좌우되는 인적담보는 객관적인 담보가치를 가지는 물적담보보다 불안정하다.

인적 동군연합(人的同君聯合) 〔英〕 personal union 〔獨〕 Personalunion 〔佛〕 union personnelle 君合國·人的聯合이라고도 한다. 物的同君聯合에 대응한 것으로 우연한 사정에 의하여 복수인 단일국가가 동일한 君主를 공동으로 가지는 이외의 하등의 관계도 없는 국가의 결합. 1714~1837년의 영국과 하노바, 1851~1890년의 네덜란드와 룩셈부르크가 이와 같은 관계를 맺은 바 있다.

인적불법개념(人的不法槪念) 因果的 行爲論에 입각한 종래의 違法觀은 결과무가치(법익의 침해·위태)에 중점을 두는 法益侵害說이었으나 벨첼은 目的的 行爲論에 입각하여 행위무가치를 중심으로 한 새로운 不法觀으로서 인적불법개념을 주장한다. 즉, 행위는 일정한 행위자의 所業(Werk)으로서만 위법하다는 전제하에서, 행위자가 어떠한 목표설정을 목적활동적으로 그 객관적 행위에 부여했느냐, 그는 어떠한 심정에서 그 행위를 행하였느냐, 그때 그는 어떠한 의무를 지고 있었느냐가 모두 혹은 일어날지 모르는 法益侵害와 더불어 결정적으로 행위의 불법을 정한다는 것이다. 따라서 위법성은 항상 일정한 행위자에 관계 맺어진 행위에 대한 비난이 된다. 이러한 주장에 의하여, 특히 고의는 적극적으로 주관적인 불법요소로서 파악되게 된다.

인적증거(人的證據) 사람의 언어에 의하여 진술하는 사상내용이 증거로 되는 것. 口述證據(oral evidence) 또는 人證이라고도 한다. 형사소송법상으로는 물적증거 및 증거서류에 대한 말로서 증인·감정인·통역인·번역인 등이 이에 속한다. 피고인은 소송주체로서 당사자의 지위에 있고 본래의 증거방법은 아니나, 그 임의의 진술은 증거능력이 있으므로(309, 317), 이 한도에서는 피고인도 일종의 인적증거이다. 인적증거의 증거조사방법은 訊問이며(161의2, 177, 183 참조), 인적증거를 취득하는 강제처분은 召喚, 拘引이다. 민사소송법상으로는 물적증거에 대한 말로서 증인·감정인·당사자본인의 陳述證據만을 가리킨다.

인적집행(人的執行) 〔獨〕 Personal exekution 채무자의 재산뿐만 아니라 그 노동력, 육체까지도 집행의 목적물로 하여 이것에 의하여 채권자의 만족을 도모하는 强制執行. 의무를 실현시키는데 쓰는 자료에 따라서 강제집행을 분류할 때에 物的執行과 대비되는 것이다. 그러나 이와 같은 신체 내지 자유를 구속하는 제도는 인격존중사상 때문에 근대법에서는 점점 그 자취를 감추고 우리나라 법은 전혀 이런 종류의 집행을 인정하지 않으나 不代替的 作爲義務의 間接强制의 수단 또는 집행보전의 방법으로서 채무자의 구금(채무구류)을 인정하는 입법도 있으며, 우리나라에서도 立法論으로서 고려하여야 할 것이라는 설도 있다.

인적 책임(人的責任) 〔獨〕 persönliche Haftung, Personenhaftung 어떤 사람의 총재산이 그 사람의 채무에 代充(擔保)되기로 되어 있는 것. 物的責任(物的 有限責任) 및 인적 유한책임에 대하는 말로서 무한책임과 같은 뜻으로 귀착한다. 보통의 채무는 인적책임이며, 채권자는 채무의 完濟를 받을 때까지 그 책임을 지는 자의 총재산에 대하여 강제집행을 할 수 있다. → 유한책임·무한책임

인적처벌조각사유(人的處罰阻却事由) 일신적 형벌조각사유와 같다.

인적편성주의(人的編成主義) 〔獨〕 System des Personenfoliums → 물적편성주의

인적한계(人的限界) 행정관청의 권한이 미칠 수 있는 인적범위. 교도소장은 受刑者 및 未決受容者에 대하여 권한을 가지며, 국립대학의 총·학장은 그 대학의 소속학생에 대하여 권한을 가지는 것 등이 그 예이다.

인적항변(人的抗辯) 〔羅〕 exceptio in personam 〔獨〕 subjektive, relative, persönliche Einrede 유가증권상의 채무자가 청구자에게 대항할 수 있는 抗辯 중 증권상의 권리의 객관적 존재에는 관계없고 그 채무자와 특정한 소지인과의 사이에 특수관계에서 발생하는 항변. 物的抗辯에 대한 말이

다. 主觀的·相對的 抗辯이라고도 한다. 어음법에서 가장 문제가 되며 어음법 17조, 수표법 22조는 소위 인적항변에 관한 규정이라고 생각되나 구체적으로 무엇이 인적항변인가를 정하고 있지 않으므로 이론상 실질관계에 기한 항변(원인관계의 무효·취소 등), 어음행위성립의 하자로 인한 항변(의사의 欠缺·白地補充權의 남용 등), 어음상의 권리가 소멸하였다는 항변(어음과 상환하지 아니한 지급 등), 無權利의 抗辯(어음을 盜取하였다는 등) 같은 것이 여기에 속한다고 보고 있다. 이는 어음의 유통보호를 위한 것이므로 그 한도에서 제한되는 항변이고 채무자를 害할 의사로 어음을 취득한 자에게는 적용되지 아니한다(어음 17 但). → 어음항변

인적회사(人的會社) 〔獨〕 Personal- od. Personengesellschaft 합명회사 및 합자회사에 대한 학문상의 칭호로서 物的會社에 대한 관념. 이들 회사는 사원의 수가 소수이고, 조합성이 농후하며 각 사원의 개성이 강하게 회사기업에 영향을 주어 개인적 결합이라고도 볼 수 있으므로 이와 같이 일컬어지는 것이다. 즉, 대표적 인적회사인 합명회사에 있어서는 사원전원이 회사채무에 대하여 회사채권자에게 直接·連帶·無限의 辨濟責任을 부담하는 동시에 반면 각 사원은 원칙적으로 당연히 회사의 업무를 집행하고 회사를 대표할 권한을 가지며 전 사원은 회사사업의 소유자이며 동시에 경영자로서 회사사업을 경영해 나아가며 이른바 企業의 所有와 經營의 分離가 이루어지지 않고 있다. 따라서 사원 개인이 회사의 신용의 기초이고, 사원의 결합도 자연히 상호 인적 신뢰관계에 기하게 되므로 사원의 수는 비교적 소수이며, 사원의 지위의 교체도 자유롭지 아니하고 각 사원에 일어난 인적사정의 변화에 의한 퇴사, 제명 등의 제도도 인정된다. 또한 출자의 종류도 반드시 제한되는 것은 아니며 회사내부의 중요문제의 결정은 全員同意主義 또는 머리수에 의한 다수결주의에 의한다. 설립절차 및 청산절차도 비교적 간략하다. 합자회사에 있어서는 그 유한책임사원의 책임, 권한이 제한적인 점이 있으나 역시 인적회사에 포함된다.

인정과세(認定課稅) 申告納稅의 조세에 있어서는 원칙적으로 납세의무자의 신고에 의하여 과세표준을 결정하는 것이 이상이나 소정기일내에 신고가 없거나 신고가 부당하다고 인정할 때에는 정부의 조사한 바에 의하여 이를 결정한다(소득세·법인세·상속세 등). 이런 경우 정부가 조사결정한 賦課方法을 속칭 인정과세라 한다. → 신고납세

인정사망(認定死亡) 水難·火災 기타 事變으로 인하여 사망한 자가 있는 경우에 그를 조사한 관공서의 사망보고에 의하여 사망을 인정하는 것(戶 90). 시체가 발견되지 않아서 사망의 신고가 곤란한 때에 失踪宣告에 의하지 않고 사망으로 취급할 수 있는 점에 實益이 있다. 스위스민법은 이에 관한 규정을 두고 있다(瑞民 34).

인정신문(人定訊問) 공판기일에서의 冒頭節次에 있어서 재판장이 검사의 기소요지의 진술에 앞서 피고인에 대하여 그 성명·연령·본적·주거와 직업을 물어 피고인에 틀림없음을 확인하는 것(刑訴 284). 인정신문에 관련된 문제로서 피고인은 인정신문에 대하여도 陳述拒否權(默秘權)(289)을 행사할 수 있는가에 관하여는 학설상 논쟁이 있으나 진술거부권은 자기에게 불이익한 진술뿐만 아니라 널리 피고인의 묵비권을 인정한 것이므로 피고인은 인정신문에 대하여도 진술거부권을 행사할 수 있다고 본다(反對說 있음).

인정직업훈련(認定職業訓練) 공공직업훈련이나 사업내 직업훈련을 통해 훈련을 실시하기가 곤란한 분야의 훈련을 公益法人 등이 정부의 인가를 받아 실시하는 것. 사회복지시설에 수용된 원생들의 재활을 위해 실시되는 직업훈련 등이 이에 속한다. 이 제도의 법적 근거는 직업훈련기본법 제5장 26조, 27조이다. 훈련기관은 크게 非營利法人과 社會福祉法人으로 나뉘며 협회부설의 경우는 회원업체의 소요 기능공을 양성하기 위해 자체 확보예산에 의해 훈련을 실시한다.

인정크션 〔英〕 injunction 留止命令, 禁止命令, 差止命令이라고도 한다. 英法上 일정한 행위를 하는 것을 금지하는 재판소의 명령. 보통법재판소와 형평법재판소가 병존하고 있었던 시대에는 衡平裁判所가 부여하고 있었던, 즉 형평법상의 구제방법이다. 이 명령에 위반하여 금지된 행위를 하였을 때에는 裁判所侮辱罪(contempt of court)로 되어 처벌된다. 留止命令은 본래는 일정한 행위를 하는 것을 금지하는 것이지만 이미 불법적인 행위를 행하였을 경우에는 그 불법적인 행위의 결과를 제거하기 위하여 적극적으로 일정한 행위를 할 것을 命할 때도 있다(예컨대, 불법하게 건축한 건물의 철거를 命하는 것과 같이). 이와 같이 적극적으로 일정한 행위를 할 것을 명하는 유지명령을 命令的 留止命令(mandatory injunction)이라 하고 이에 대하여 일정한 행위를 하는 것을 금지하는 유지명령을 禁止的(prohibitory)·制限的(restrictive) 또는 豫防的(preventive) 留止命令이라 한다. 보통의 소송절차를 거쳐 종국판결로써 내려진 영구적인

유지명령을 永久的 留止命令(perpetual injunction)이라 하고, 이에 대하여, 中間的(interlocutory) 申請에 의해서 일정시까지(예컨대 판결이 있을 때까지) 잠정적으로 효력을 가지는 것으로서 부여되는 유지명령을 中間的(interlocutory)·暫定的(temporary) 또는 豫備的(preliminary) 留止命令이라 한다. 또 급박한 경우에는 일방적 신청만에 의해서 잠정적으로 부여되는 경우가 있는데 이것을 假留止命令(interim injunction)이라 한다. 그리고 경우에 따라서는 중간적 또는 가유지명령을 抑制命令(restraining order)이라고 할 때가 있다.

인 족(姻族) → 인척과 같다.

인 종(人種) 〔英〕 rase 체질적으로 유사한 특징을 가진 1군의 人間集團. 민족이 사회적·문화적 특징을 분류기준으로 하는데 대하여 인종은 피부의 색, 두개골, 모발의 형태 등 생물학적 특징을 분류기준으로 삼는다.

인종학적 법학(人種學的法學) 〔英〕 ethnological jurisprudence 〔獨〕 ethnologische Jurisprudenz 相異한 민족간의 법제도를 비교법적·발달사적으로 연구하여 보편적인 법의 원리를 발견하려고 하는 법학의 한 경향. 이 학파가 比較法學雜誌(Archiv für die vergleichende Rechtswissenschaft)에 의한 연유로 獨逸比較法學派라고도 불린다. 미개·야만민족의 법을 연구의 대상으로 하고, 인종학적인 방법에 따르는 것을 특색으로 하며 바호펜에 의하여 창시되고 콜러에 의하여 발전되었다. 그리고 나치스는 특히 인종정책을 배경으로 하여, 일반으로 人種的 因素가 법적 문화의 형성·발전에 결정적 의의를 가진다는 것을 강력히 주장하였는데 이 사상은 人種法則的 法學(rassengesetzliche Rechtslehre)이라고 불린다.

인 증(人證) → 인적증거

인 증(認證) 〔英〕 attestation, certification 〔獨〕 Beglaubigung 〔佛〕 certification 어떠한 행위 또는 문서의 성립 기재가 정당한 절차로 된 것을 공적기관이 증명하는 것. 일반문서의 認證機關으로서는 소송상의 서류에 대한 시읍면장, 일반의 私署證書에 대한 공증인 등이 있다. 원본의 인증은 그 작성의 진정한 것을 공증하기 위한 것이며 謄本·抄本의 인증은 그 내용이 원본과 상위없음을 공증하기 위한 것이다(認證謄本). 민사소송에 있어서는 법원에 제출할 서류에 인증이 요구될 때가 있고(民訴 81 Ⅱ, 326Ⅲ), 또 주식회사의 설립에 있어서는 정관은 공증인의 인증을 받음으로써 그 효력이 생긴다(商 292).

인 지(認知) 〔獨〕 Anerkennung 〔佛〕 reconnaissance 혼인외의 출생자에 대하여 生父 또는 生母가 자기의 子라고 인정함으로써 법률상의 친자관계를 발생시키는 행위. 父母의 편에서 임의로 하는 인지를 任意認知라 하고(民 855) 子가 재판상 청구하여 심판에 의하여 인지의 효력이 발생하는 경우를 强制認知라 한다(863). 인지는 父가 행하는 것이 보통이지만 棄兒 등의 경우에는 母의 인지도 있을 수 있다. 인지의 효력은 그 子의 출생시에 소급하지만 제3자의 기득권을 해칠 수는 없다(860). → 임의인지, 강제인지

인지세(印紙稅) 재산에 관한 권리의 창설·이전 또는 변경에 관한 계약서 기타 이를 증명하는 문서를 작성하는 자가 당해문서를 작성할 때에 납부하게 되는 조세(印紙稅法 1). 인지세법상의 문서에는 과세대상이 되는 課稅文書와 補完文書가 있고 그러하지 아니하는 非課稅文書가 있다(3, 5, 6 참조).

인지(印紙)**에 관한 죄**(罪) → 우표·인지에 관한 죄

인지(認知)**의 취소**(取消) 인지가 사기·강박 또는 중대한 착오로 인하여 이루어진 때는 사기나 착오를 안 날 또는 강박을 면한 날로부터 6월 이내에 법원의 허가를 얻어 이를 취소할 수 있다(民 861). 인지를 취소하려면 가정법원에 우선 調停을 신청하여야 하며 조정이 성립되지 않으면 判決로써 한다. 그리고 취소의 결과는 다른 법률행위의 결과와 달리 소급한다.

인지주의(認知主義)〔國際私法上〕 혼인 외의 친자관계의 발생·확정에 관한 학설 중, 일정한 방식을 갖춘 부모의 인지를 필요로 하는 로마法系의 主義(프랑스 등)를 말한다. 우리 섭외사법 20조는 認知의 準據法만을 규정하고, 血族主義에 관해서는 규정한 바 없다. 그러나 이것은 민법 제855조가 인지주의를 채용하는데 대응한 것으로 보인다.

인지청구(認知請求)**의 소**(訴) → 강제인지

인 질(人質) [1] 우리나라 法制史上 인질은 上代부터 행하여졌으며, 주로 占有質의 형태이었으며 채무자의 妻子·奴隸 등이 목적물로 되었고 인질의 노동이 이자에 충당되었다. 기한내에 채무

를 변제할 수 없는 경우에 流質로 하는 것은 법률상 금지되었으나 流質特約을 붙이는 관습이 있었다. 續大典에서는 杖一百 定配에 처하고 인질을 推還케 할 것을 규정하고 있다. 그 외에 정치적 의미를 가진 인질도 행하여졌으나 위에 말한 사법상의 인질과는 의미가 다르다.

[2] 국제법상의 인질(〔英〕 hostage 〔獨〕 Geisel 〔佛〕 otage)은 戰時에 전투법규위반예방의 담보로 敵國의 권력하에서 위험 속에 놓여지는 사람. 과거에는 자주 戰時規約의 이행확보를 위하여, 현재에도 때때로 주로 점령지 인민이 점령군에 가하는 위해를 방지하기 위하여 행하여진다. 인질의 적법성에 관하여는 학설상 다툼이 있다.

인질강도죄(人質强盜罪) 사람을 체포·감금·약취 또는 유인하여 이를 인질로 삼아 재물 또는 재산상의 이익을 취득하거나 제3자로 하여금 취득하게 하는 죄(刑 336). 略取强盜罪를 개정하여 체포, 감금, 유인의 행위방법을 추가하였다. 미수범을 처벌한다(342).

인 척(姻戚) 어떤 사람에서 보아 血族의 배우자, 혈족의 배우자의 혈족, 배우자의 혈족, 배우자의 혈족의 배우자를 말한다(民 769). 구법상에서는 姻族이라 하였다. 그러나 일반적으로는 법률에 특별한 규정이 없는 한 법률상 효력이 미치는 친족의 범위는 夫의 8촌 이내의 血族, 4촌 이내의 인척, 배우자(777)까지에 지나지 않는다. 인척관계는 出生·認知·婚姻 또는 入養 등으로 인하여 발생하고, 사망·인지의 취소, 혼인 또는 입양의 해소 등으로 인하여 소멸하지만(771, 772, 775, 776) 8촌 이내의 인척이거나 인척이었던 자 사이에서는 혼인을 하지 못한다(809 Ⅱ).

인 치(引致) 신체의 자유를 구속한 자를 일정한 장소에 연행하는 것. 拘人의 효력으로서 인정된다(刑訴 71).

인터한델사건(事件) 〔英〕 The Interhandel Case 스위스연방정부가 1957년 10월 2일 국제사법재판소에 미국을 상대로 제2차대전중 미국정부가 對敵通商法에 의거하여 스위스회사인 인터한델회사의 在美資産(즉 미국 GAF 회사에 투자한 자산)을 敵産으로 판단하고 1943년 이것을 압류한데 대하여 이 자산의 회복을 청구한 사건. 10월 3일 스위스정부는 그 자산 특히 GAF 회사의 주권을 매매하지 않을 것을 미국정부에 명령하는 중간보호조치의 지시를 재판소에 요청하였다. 이 문제에 관한 구술변론의 진행중 재판소는 미국연방대법원에서 인터한델회사의 두번째의 소송을 인정하였다는 전보를 받고 또 미국정부가 소송중에 있는 GAF회사의 주권을 매매하지 않겠다는 通告를 하여 왔으므로, 10월 24일 재판소는 그러한 상황 밑에서는 가조치의 긴급성이 발견되지 않는다는 이유에서 중간보호조치에 관한 스위스의 요청을 각하하였다. 타면에 있어서 미국정부는 4의 先決的 抗辯을 제출하였는데, 그 가운데 3은 재판소의 관할권 欠缺의 항변이고, 1은 스위스가 국제소송을 제기하기에 앞서 인터한델이 미국법에 규정된 바 地方的 救濟를 다하지 않았으므로 이 소송은 수리될 수 없는 것이라고 다툰 것이다. 국제사법재판소는 1959년 3월 21일의 판결에서 인터한델회사가 지방적 구제를 다하지 못했다는 선결적 항변에 관하여는 이것을 인정(9 대 4), 기타의 선결적 항변은 각하하였다. 그러나 재판소는 미국에서 소송이 진행되고 있다는 사실을 주목하여, 일단 이 소송을 기각하였다.

인테레센 게마인샤프트 〔獨〕 Interessengemeinschaft 이익공동계약과 같다.

인 허(認許) 〔英〕 recognition 〔獨〕 Anerkennung 〔佛〕 reconnaissance 文字의 의미로는 일정한 사항을 承認·許可하는 것이다. 그러나 학문상의 용어로서는 구민법하에서 외국법인, 즉 외국법에 의하여 法人格이 부여된 사단 또는 재단이, 내국에서도 법인으로서 활동하는 것을 승인하는 것을 外國法人의 認許라고 말하였다. 즉, 법률 또는 조약에 의하여 인허된 것을 제외하고는 國, 國의 行政區劃 및 商事會社만을 인허하였으며, 인허된 외국법인은 외국자연인이 향유할 수 없는 권리 및 법률 또는 조약 중에 특별한 규정이 있는 것을 제외하고는 내국에서 성립하는 동종의 것과 동일한 私權을 향유한다고 규정하였었다(舊民 36). 그러나, 민법에서는 자연인에 관하여 內外國人平等主義를 취하는 것과 균형을 취하려는 취지에서, 외국법인에 대한 認許制度를 규정하지 않고 있다.

일가창립(一家創立) 새로이 家를 설립하는 것. 넓은 뜻으로서는 分家도 이에 속하나 민법상으로는 원칙으로 설립자의 의사에 의거하지 않는 경우를 말한다. 일가창립은 入養의 取消 또는 罷養으로 인하여 생가에 復籍하고자 하는 경우(786 Ⅱ); 夫의 사망후나 혼인의 취소 또는 이혼으로 인하여 親家에 復籍하고자 하는 경우(787 Ⅲ)에 그 生家 또는 친가가 이미 廢家 또는 無後家로 되어 있는 때에 인정된다. 호주가 폐가하고 他家에 입적하는 경우에 그 타가에 입적할 수 없는 가족이 있다면 일가창립을 하여야 할 것이고(795 Ⅱ) 이 밖에도 歸化 또는 國籍回復의 경우에도 인정되어야 할 것이다(國籍 4, 5, 7~9).

일건기록(一件記錄) 특정재판사건에 관한 모든 서류를 편철한 장부. 각종의 조서, 판결서, 소송관계인이 제출한 서류 등을 포함한다. 당해사건이 민사·형사의 소송사건일 경우에는 특히 訴訟記錄이라고 한다. →소송기록

일괄신고서(一括申告書) 증권거래법상의 유가증권의 모집 또는 매출에 있어서 총리령이 정하는 바에 따라 발행인인 발행예정기간을 정하여 그 기간 동안 모집 또는 매출할 예정인 유가증권에 관하여 證券管理委員會에 일괄 신고하는 신고서(8 Ⅰ 但).

일국수법(一國數法) 〔獨〕 ein Staat mehr Rechte 1국내에 수개의 法域이 병존하는 경우. 예컨대, 미국에서 각주가 立法權을 가지고 따라서 1국내에 내용이 相異한 수개의 법역이 병존하게 되는 경우와 같다. 이러한 1국내에 있어서의 異法地域間의 法律의 抵觸은 대체로 국제사법의 원칙과 동일한 원칙에 의하여 해결된다. 국제사법상으로는 외국인의 본국법을 적용하는 경우에 외국인의 본국에 수개의 법역이 있는 때에는 어느 지역의 법률을 당사자의 본국법으로 인정할 것인가라는 문제가 일어난다. 학설로서는 直接指定主義와 間接指定主義가 대립되고 있다. 전자에 의하면, 法廷地의 국제사법이 명시적·묵시적으로 본국법으로서 적용될 본국에 있어서의 일정한 지역의 법률을 지정하여야 한다고 하고 후자에 의하면, 법정지의 국제사법이 직접적으로 지정할 것이 아니라 본국 자신의 準國際私法 또는 보통법의 원칙에 따라서 결정하여야 한다고 한다. 섭외사법은 一國數法의 경우에 관하여 당사자가 속하는 지방의 법률에 의한다고만 하고 있기 때문에(2 Ⅲ), 그 자가 속하는 지방이라는 것이 무엇을 의미하는가가 명백하지 않다. 주소지 또는 본적지로 볼 수도 있겠지만, 당사자가 본국의 어느 지방에 속하는가는 본국의 법률에 의하여 결정된다고 보는 것이 타당할 것이다(間接指定主義).

일급근로자(日給勤勞者) 일용근로자와 같다.

일기장(日記帳) 〔英〕 journal 〔獨〕 Tagebuch 〔佛〕 livre-journal 영업상의 거래 기타 기업재산의 일상의 동적 상태를 기록하기 위한 장부(商 29참조). 그 명칭이나 형식은 아무래도 좋고 일기장인가 아닌가는 그 실질에 따라 판단하여야 할 것이다. 회계부기상의 日記帳·分介帳·元帳·傳票 등도 일기장에 포함된다. 일기장에 기재할 사항은 일상의 거래 기타 營業財産에 영향있는 모든 사항이며 법률행위이든 불법행위이든 화재·수해 등의 사실이든 상관이 없다. 그러나 단순히 법률관계의 발생만으로는 아직 기재능력이 없고 현실적인 재산이동의 발생을 기다려 기록하여야 한다. 家事費用으로서 기업재산에서 지출한 금액은 1개월의 총액만을 기재하면 되고, 소액거래는 현금거래와 외상거래로 나누어 매월의 거래총액만을 기재하면 된다. 기재시기에 관하여는 일기장의 성질·실제관행·개인기업에 있어서 일반적 제재가 없는 점으로 미루어 매일 지체없이 기재하여야 할 것이다.

일년일일(一年一日) →야르 운트 타크

일란성쌍생아(一卵性雙生兒) →쌍생아

일람출급(一覽出給)**어음** 〔英〕 bill at sight 〔獨〕 Sichtwechsel 〔佛〕 billet à vue 지급을 위하여 제시가 있었던 날을 滿期로 하는 어음(어음 33 ⅰ). 提示出給어음이라고도 한다. 일람출급어음은 만기의 도래가 어음소지인의 支給提示에 걸려 있으므로 어음채무자를 부당하게 장기간 구속하는 일이 없도록 하기 위하여 소지인은 발행일자로부터 1년 내에 지급을 위하여 제시하도록 하고 있다(34Ⅰ, 77Ⅰⅱ). 소지인이 지급제시기간을 徒過한 경우에는 遡求權을 잃는다(53Ⅰⅰ, 77Ⅰⅳ). 그러나 발행인은 이 기간을 단축 또는 연장할 수 있고 배서인도 이것을 단축할 수 있다(34ⅰ後). 지급자금의 준비를 위하여 일정한 기일전에는 지급을 위한 제시를 금할 수 있고(確定日後一覽出給)(34Ⅱ), 또는 발행일자에서 일정기간내에는 지급을 위한 제시를 금지할 수 있다(一定期間經過後一覽出給). 이상과 같은 제시기간은 그 기일 또는 기간의 말일부터 시작한다(34Ⅱ, 77Ⅰⅱ). 발행인이 정한 제시기간은 모든 어음관계자에 대하여 효력이 있으나, 배서인이 정한 기간은 그 배서인에 한하여 이를 원용할 수 있다(53Ⅲ, 77Ⅰⅳ). 일람출급어음이 되기 위하여서는 어음의 기재상 지급제시의 날을 만기로 하는 뜻이 표시됨을 요하며 어음상에 만기의 기재가 없는 어음은 일람출급의 어음으로 본다(2Ⅱ, 76Ⅱ). 어음법상 만기의 기재가 없는 경우라는 것은 만기의 기재가 전연 없는 경우만을 의미하고, 만기의 기재가 부적법하다든지, 또는 후일의 보충을 예정하는 白地어음의 경우는 포함하지 아니한다. 그런데 지급증권인 수표는 법률상 당연한 일람지급이며, 이 일람성에 반하는 모든 기재는 기재하지 아니한 것으로 본다(手票 28Ⅰ).

일람후정기출급(一覽後定期出給)**어음** 〔英〕 bill payable at a fixed period after sight 〔獨〕

Nachsichtwechsel 〔佛〕 billet à certain délai de vue 一覽의 날부터 일정기간을 경과한 날을 만기로 하는 어음. 一覽後一月出給, 提示後十日出給 등으로 기재한다. 환어음에 있어서는 인수를 위한 제시, 약속어음에 있어서는 일람을 위한 제시가 있은 후 어음에 기재된 일정한 기간을 경과한 날을 만기로 한다. 약속어음은 인수제도가 없으므로 만기를 확정하기 위하여 일람을 위한 제시의 날이 필요하다(어음 78Ⅱ 참조). 일람후정기출급어음은 만기의 도래가 어음의 제시에 걸려 있으므로 어음채무자를 부당하게 장기간 구속함이 없도록 하기 위하여 어음소지인은 발행일자후 1년내에 引受 또는 一覽을 위한 제시를 하여야 한다(23Ⅰ, 78Ⅱ). 그러나 이 제시의 기간은 발행인으로서는 단축 또는 연장할 수 있고(23Ⅱ, 78Ⅱ), 배서인도 법정 또는 발행인소정의 제시기간을 단축할 수 있으나(23Ⅲ, 78Ⅱ), 이는 당해 배서인에 한하여 원용할 수 있다(53Ⅲ, 77Ⅰiv). 換어음에 있어서는 ① 제시기간내에 引受를 위하여 제시되고, 지급인이 인수를 하고 일자를 기재한 때에는 그 일자를 초일로 하고 ② 지급인이 인수를 거절하고 또 인수일자의 기재를 거절한 때에는 인수거절증서 또는 일자기재거절증서의 일자를 초일로 하여 일람후의 기간을 계산한다(35Ⅰ). ③ 지급인이 인수를 하였으나 그 일자의 기재가 없고 거절증서도 작성하지 아니할 경우에는 어음소지인은 遡求할 수 없으나 引受人에 관한 한 인수제시기간의 말일에 인수한 것으로 본다(35Ⅱ). ④ 약속어음에 있어서는 제시기간에 일람을 위하여 제시되고 발행인이 일람의 뜻을 기재하고 일자를 부기하여 기명날인한 때에는 그 일자를 초일로 하여 一覽後의 기간을 계산한다(78Ⅱ). 어음소지인이 기간내에 一覽을 위하여 제시하지 아니하고, 또 일자 있는 일람의 뜻의 기재가 거절되었음에도 불구하고 거절증서를 작성하게 하지 아니한 때에는 어음소지인은 遡求할 수 없다(78Ⅱ, 25).

일 문(一門) 관습상 親族을 총괄하여 부르는 말.

일물일권주의(一物一權主義) 한 개의 물건 위에는 동일한 내용의 물권이 동시에 두 개 이상 성립하지 못한다는 것. 그러나 동일물 위에 설정되는 두 개의 抵當權은 순위를 달리하므로 병존도 무방하다. 일물일권주의는 그 귀결로서 다시 두 원칙을 도출한다. 첫째로 독립한 물권의 객체가 될 수 있는 물건의 총체 또는 집합될 수 있는 물건의 총체 또는 집합 위에는 따로이 1개의 독립한 물권이 성립할 수 없는 것이 원칙이다(→집합물). 그러나 이에는 예외가 있으며 각종의 財團抵當은 그 좋은 예이다. 둘째로 물건의 일부나 구성부분에 관하여서도 원칙적으로 물권은 성립하지 못한다. 그러나 이에도 예외는 있으며 건물의 區分所有(民 215), 부동산의 일부에 관하여 전세권을 설정하는 경우(303, 不登 139Ⅱ) 등은 그러한 예외이다. 한편 立木·未分離果實도 明認方法을 갖춤으로써 독립성을 가지고 물권거래의 객체가 될 수 있다.

일반국도(一般國道) 중요도시·지정항만 중요한 비행장 또는 관광지 등을 연결하며 고속도로와 함께 國家基幹道路網을 이루는 도로(道 13).

일반결정서(一般決定書) 〔英〕 general act 決定書(act)란 국제공문서의 하나의 명칭으로서 국제회의의 결과를 요약한 합의를 의미한다. 결정서에는 단순히 결정서라고 하는 것도 있으나 일반결정서 또는 最終決定書라는 것도 있다. 일반결정서는 보통 국제회의에서 수개의 조약이 작성된 경우에, 이들 조약을 수록한 문서 자체가 조약이 된 것, 또는 회의결과의 摘要 혹은 條約으로 규정된 원칙에 관한 細則을 말한다. 국가간의 구속적인 합의를 내용으로 하는 실질적인 조약에 다름없는 것은 예컨대 1890년의 아프리카노예매매에 관한 브뤼셀회의의 一般決定書, 1928년의 국제분쟁의 평화적 해결에 관한 一般議定書가 있다.

일반경쟁계약(一般競爭契約) 경쟁계약 중 경쟁에 참가할 수 있는 자를 제한하지 아니하는 계약. 指名競爭契約에 대한 말. →경쟁계약

일반관청(一般官廳) 보통관청과 같다.

일반국가학(一般國家學) 〔獨〕 allgemeine Staatslehre 실재하는 국가일반을 주대상으로 하고, 槪念에 의해서 분석되는 국가의 여러 측면을 상호 관련시켜, 그 입체구조와 복합기능을 論究하는 종합적·이론적 과학. 국가일반을 취급한다는 점에서는 특정국가를 연구대상으로 하는 特殊國家學과 다르며, 종합적 과학인 점에서는 실재하는 대상의 일정한 특질만을 순화해서 고찰하는 개별적 과학과 다르고 또 실증적 과학인 점에서는 국가이상론인 國家哲學과도 다르다. 창시자는 엘리네크(G. Jellinek)이다(→국가학). 그러나 헬러(H. Heller)는 엘리네크의 일반국가학의 대상으로서의 국가일반의 불가능성을 지적하여 일반국가학을 學으로서 부정하고 있다. 오늘날의 독일에서는 일반이란 말을 사용하지 않는 경향이 있다. →국법학

일반권력관계(一般權力關係) 〔獨〕 allgemeines Gewaltverhältnis 국가 또는 공공단체가 통치권에 기하여 국민에게 명령·강제함으로써 그

양자간에 성립하는 權力關係. 국민은 국가 또는 공공단체의 구성자로서의 일반적 지위에서 그 국가 및 공공단체와 이와 같은 관계에 놓이는 경우가 많다. 예컨대, 국민된 신분으로서 납세를 하며, 병역의무를 지며, 경찰권에 복종하는 것과 같다. 그러나 국민이 국가나 공공단체의 構成分子라고 해서 그 양자와의 사이에 상기한 바와 같은 권력관계가 당연히 성립하는 것은 아니다. 근대국가에 있어서는 법치주의의 입장에서 국가나 공공단체가 개인에 대해 명령·강제하기 위해서는 반드시 법률 및 그의 구체적인 委任을 받아 제정된 명령에 근거하지 않으면 안된다. 이 점에서 일반권력관계는 국가 또는 기타의 행정주체와 특수한 관계를 맺음으로써 그 내부에서는 법치주의가 제한되는 이른바 特別權力關係와 구별된다. →권력관계, 특별권력관계

일반누범(一般累犯) 前犯과 後犯이 그 罪質을 달리하는 경우의 누범을 말한다. →누범

일반담보·특별담보(一般擔保·特別擔保) 特別擔保라는 말은 특정의 재산이 특정의 채권의 담보로 되는 것. 즉 담보물권의 목적으로 되는 것을 의미하지만 때로는 특별담보의 목적으로 되어 있는 재산을 의미하는 때도 있다. 이에 대하여 一般擔保라는 것은 채무자의 전재산 중에서 특별담보의 목적으로 되어 있는 물건과 압류가 금지된 물건을 제외한 나머지의 전재산이 채권자의 공격의 목적이 되는 것을 의미하며, 또 때로는 그 전재산을 의미한다. 채무자의 총재산은 총채권자의 일반담보라고 하는 때에는 전자, 詐害行爲는 일반담보를 감소시키는 행위라고 할 때에는 후자의 의미이다.

일반대리(一般代理) 特別代理에 대립하는 용어. 대리권의 범위가 특정의 사항에 한정되어 있지 아니한 代理. 민법 118조의 권한을 정하지 아니한 대리인의 경우가 이에 해당한다.

일반법·특별법(一般法·特別法) 특정의 사람·事物·行爲·地域에 국한해서 적용되는 法을 特別法(〔羅〕 ius speciale 〔英〕 special law, particular law 〔獨〕 Spézialrecht, Partikularrecht 〔佛〕 droit special, droit particuliet), 그러한 제한이 없이 일반적으로 적용되는 법을 一般法(〔羅〕 ius generale 〔英〕 general law 〔獨〕 gemeingültiges Recht 〔佛〕 droit géneral)이라고 한다. 그러나 양자의 관계는 어디까지나 상대적인 것이며, 가령 私法 중에서 가장 일반적인 민법에 대하여 商事에만 적용되는 상법은 특별법이 되는 것이지만 반면에 있어서 가령 擔保附社債信託法은 일반법인 상법에 대한 특별법이 된다. 원래 특별법은 正義 또는 衡平의 관념에 입각하여 일반법 중에서 특수한 사항을 추출하여 이것을 특별히 취급하고자 하는 취지에서 나온 것이므로, 특별법은 일반법에 우선하는 것이 원칙이며 특별법에 규정이 없는 경우에만 한하여 보충적으로 일반법은 적용된다(商 1 참조). 양 개념을 구별하는 실익은 이와 같이 법의 효력 및 적용의 순서를 명확히 하는 점에 있다.

일반법학(一般法學) 〔獨〕 allgemeiner Rechtslehre 19세기 후반기 독일에서 일어난 法實證主義의 한 경향으로 법학 각 부문에 공통된 일반적 문제를 총론적으로 고찰하여 이것으로써 법철학에 갈음케 하려고 한 시도이다. 메르켈, 베르크봄, 빈딩, 벨링 등이 그 대표자이다. 그들은 법의 형이상학적 고찰이나 자연법적 개념을 배척하고, 실정법만을 대상으로 하여 그 특수부문을 총괄하는 一般法學의 수립을 주장하였다. 권리·의무·규범 등의 일반적인 공통개념의 연구를 심화하였지만, 그것들을 단순하게 현행법에서 경험적으로 추출하는 소박한 실증주의의 한계에서 그쳤기 때문에, 계속해서 일어난 신칸트학파에 의하여 극복되게 되었던 것이다. 일반법학과 동일한 사상으로 일어난 것으로는 오스틴을 대표로 하는 영국의 分析法學派와 헝가리의 쇼믈로 등이 있다. 일반법학은 이것에 선행하는 역사법학이나 금세기의 순수법학·법사회학 등과 함께 法實證主義라고 불린다. 자연법을 법학의 대상에서 제외하고, 실정법을 실증적 방법으로 분석고찰하려고 하는 근본적 태도를 공통으로 가지고 있기 때문이다.

일반부담(一般負擔) 人的公用負擔의 일종으로 공익사업의 수요를 충족하기 위하여 국민일반에게 作爲·不作爲 또는 給付의 公法上 義務를 균등하게 과하는 부담. 特別負擔에 대한 말. 일반부담은 부담을 국민일반에게 균등하게 과하는 점에서 특별수익자나 특별이해관계자에게만 과하는 특별부담과 구별된다. 통계법에 의하여 指定統計調査를 함에 있어 일반국민에게 진실을 신고할 의무를 과하는 경우 등이 그 예이다.

일반사면(一般赦免) 〔英〕 amnesty 〔獨〕 Amnestie 〔佛〕 amnistie 사면의 일종. 大赦라고도 한다. 대통령령으로 죄의 종류를 정하여 하는 것이나(赦 8 Ⅰ·Ⅱ), 국무회의의 심의를 거쳐 국회의 동의를 얻어야 한다(憲 79 Ⅱ, 89 ix). 일반사면을 행하는 대통령령에 특별한 규정이 있는 경우를 제외하고는 형의 선고의 효력을 소멸시키며 형의 선고를 받지 아니한 자에 대하여는 公訴權을 소멸시킨다(赦 5 Ⅰ ⅰ). 일반사면의 효과로써 형의 선고

에 의한 기성의 효과는 아무런 영향도 받지 아니한다(5 Ⅱ). → 사면, 특별사면

일반사용(一般使用) 一般公衆이 본래의 목적에 따라 公物을 자유로이 사용하는 경우 공공용물은 도로·하천 등의 경우와 같이 타인의 공동사용에 지장을 주지 아니하는 범위 안에서 일반공중의 자유로운 사용에 제공하는 것을 본래의 목적으로 하므로, 公共用物은 許可나 特許가 없더라도 자유로이 사용할 수 있다. 도로의 통행, 하천에서의 수영, 공원의 산책 등이 그 예이다. 공용물의 일반사용은 원칙적으로 인정되지 아니하나, 공용에 지장이 없는 범위 안에서 국립학교 교정의 自由通行 등과 같이 예외적으로 일반사용이 인정되는 경우가 있다.

일반승계(一般承繼) 포괄승계와 같다.

일반영장(一般令狀) 〔英〕 general warrant 한때 영국에서 사용된 것으로서, 성명·장소·물건 등을 특정하지 않고 일정한 종류의 문서 등의 수색·압수를 명한 영장. 영국에서도 이를 違法이라 하였다. 우리 형사소송법상으로는 압수·수색영장에는 반드시 구체적인 대상을 기재하여야 하도록 되어 있다(114 참조).

일반예방설(一般豫防說) 〔獨〕 Generalpräventionstheorie 〔佛〕 théorie de prévention générale 형벌의 목적에 관한 설이며 特別豫防說에 대한다. 형벌의 기능으로서의 예방의 효과를 일반사회인에게서 거두려는 생각인데, 형벌은 일반사회인이 범죄에 빠지지 않도록 예방하는 것을 목적으로 한다는 주장이다. 형벌의 집행에 의하여 일반사회인을 위하함으로써 범죄예방의 효과를 거두려는 설(威嚇主義)과 형벌을 법률에 규정하여 범죄에 대한 反對動機로 삼음으로써 일반사회인이 범죄에 빠지지 않게 하려는 설(心理强制說)이 있다. 또한 일반예방설은 현재로는 應報로서 형벌을 과함으로써 일반사회인이 범죄에 빠지는 것을 예방한다는 의미에서 應報刑論과 결부되어 있다. → 목적형론, 응보형론

일반우선권(一般優先權) 채무자의 총재산으로부터 우선변제를 받을 수 있는 권리. 구민법의 一般先取特權이라든지, 상법 468조의 우선변제권 같은 것이 그것이다. 파산의 경우에 別除權은 인정되지 않으나 配當이나(破 32, 230Ⅱ), 强制和議(265, 295)에 관하여 특별한 취급을 받고 또 和議(和 43, 60)에 있어서도 특별한 취급을 받는다.

일반의사(一般意思) → 볼롱떼 제네랄, 볼롱떼 드 뚜

일반이적죄(一般利敵罪) 外患誘致(刑92)·與敵(93)·募兵利敵(94)·施設提供利敵(95)·施設破壞利敵(96)·物件提供利敵(97)·間諜(98) 이외에 대한민국의 군사상 이익을 害하거나 敵國에 군사상 이익을 부여하는 죄(99). 미수범(100) 및 예비·음모(101Ⅰ本)·선동·선전(101Ⅱ)을 처벌한다. 단, 예비·음모의 경우에 실행에 이르기 전에 자수한 때에는, 그 형을 감경 또는 면제한다(101Ⅰ但). → 외환의 죄

일반인(一般人)**의 무장해제**(武裝解除) 〔1945년 9월 군정법령 제3호〕 조선내에 주소나 거소를 가진 자가 소유 또는 점유하고 있는 劒 및 切腹刀를 일정한 일시에 지정된 기관에 인도할 것을 명하는 내용의 군정법령. 劒 및 切腹刀는 원칙적으로 일반인이 이를 소유 또는 점유할 수 없으나 역사적 유물이나 가보인 劒 또는 切腹刀는 관계기관에 그 사유설명서를 제출함으로써 계속하여 소유할 수 있다(2). 전문 3조.

일반인(一般人)**의 무장해제**(武裝解除)**, 무기탄약**(武器彈藥) **우**(又)**는 폭발물**(爆發物)**의 불법소유금지**(不法所有禁止)〔1945년 9월 軍政法令 제5호〕 조선내에 주소나 거소를 가진 자로서 화기·탄약·폭발물을 소지하고 있는 자는 1945년 9월 23일 12시까지 인근경찰관서에 이를 인도하도록 함과 아울러, 인도기간만료후의 이러한 물건의 소지를 불법화하는 내용의 군정법령. 전문 2조.

일반재산(一般財産) 어떤 사람의 전재산, 즉 特別財産에 대립하는 의미로 쓰이는 것이 보통이지만, 모든 채권자에 대한 담보, 즉 一般擔保의 목적으로 되는 채무자의 총재산의 의미로 쓰이기도 한다.

일반저당(一般抵當) 〔獨〕 Generalhypothek 채무자의 현재 및 장래의 총재산으로부터 우선변제를 받는 抵當權. 로마법 이래 특수의 채권에 관해서 인정되었던 제도인데 다른 채권자를 害할 염려가 있으므로, 독일 및 스위스의 민법은 이것을 폐지하고, 저당권은 현존하는 특정의 재산에만 설정할 수 있는 것으로 하였다(抵當權特定의 原則). 프랑스민법만은 제2차대전시까지, 妻나 미성년자·금치산자 등의 보호를 위하여, 그 夫나 後見人에 대해서 부당한 재산관리에 의한 배상청구권을 효과있게 하기 위하여, 一般(包括)抵當(hypothèque générale)인 *法定抵當權*(hypothèque légale)을 인

정하고, 이 저당권은 夫 또는 後見人의 현재 및 장래의 취득재산에 미칠 것으로 했으나 1955년의 부동산의 公示에 관한 데끄레에서 개정되어 현재는 공시 및 특정의 원칙이 채택되고 있다(佛民 2122, 2146). 우리 민법에는 일반저당 자체는 없으나, 구민법하의 일반선취특권은 약간 이것에 가까운 것이다. 영미에서는 계약에 의하여 일반저당을 설정하는 것이 행하여지고 있다. 영국의 浮動擔保(floating charge)는 사채권자를 위하여 회사의 현재 및 장래의 총재산상에 에퀴티상의 담보권을 설정하는 것을 허용하고 이것을 등기한 후에, 社債의 원리지체의 경우 등에 優先辨濟權을 준다. 미국에서도 사채권자를 위하여 회사의 현재 및 장래의 총재산에 관하여 blanket mortgage 또는 general mortgage 라고 하는 제도를 인정하고 있다.

일반적 구속력(一般的拘束力)〔團體協約의〕 단체협약에 대해서 우리의 노동조합 및 노동관계조정법이 특별히 인정한 효력. 하나의 공장사업장에서 常時 사용되는 동종의 근로자의 반수 이상이 하나의 단체협약의 적용을 받게 된 경우에는 그 곳에서 사용되는 타의 동종의 근로자도 당연히 그 협약의 적용을 받게 된다(35). 또한 하나의 지역에 있어서, 從業하는 동종의 근로자의 3분의 2 이상이 하나의 단체협약의 적용을 받게 되는 경우에는, 행정관청은 당사자의 쌍방이나 일방의 申請 또는 職權으로 勞動委員會의 의결을 얻은 다음 당해지역에 있어서 從業하는 다른 동종의 근로자와 그 사용자에게도 당해 全體協約의 적용을 받을 것을 결정할 수가 있다(36)(地域的 拘束力. 이것들을 보통 일반적 구속력이라고 한다. 단체협약은 체약당사자간의 자주적 규범이어서 비조합원의 노동조건은 동일한 사용자 밑에서 일을 하더라도, 그것의 적용을 받지 않는다는 것을 원칙으로 하지만 하나의 사업장 또는 하나의 지역내의 근로조건의 기준을 통일한다는 목적에서부터, 법률은 특히 다수자에게 적용되는 협약을 소수자에게도 적용시키고 있다. 이는 원래 독일의 團體協約令(1818년 12월 23일)의 一般的拘束力(allgemeine Verbindlichkeit)의 선언의 제도에서 채택된 것이라고 하나 노동조합 및 노동관계조정법 36조의 지역적 구속력만이 독일의 단체협약령과 동일한 형태를 취하는 것이며, 동법 35조의 일반적 구속력은 본래의 독일의 단체협약령을 다른 형식으로 확장한 규정이다. 어쨌든 이들 제도에 대해서는 일반적으로, 조합보호를 위한 것이냐 아니면 비조합원보호를 위한 것이냐에 대한 다툼이 있으며, 또한 臨時工에게도 일반적 구속력이 미치는가는 곤란한 문제이다(→ 임시공).

일반적 국제법(一般的國際法) 〔英〕 general international law 〔佛〕 droit international général 대다수의 국가에 대하여 구속력있는 국제법규. 특히 대국이 모두 포함된 때에 그러하다. 여기에 대조되는 것은 特殊的 國際法과 普遍的 國際法이다. → 국제법

일반적 악의(一般的惡意)**의 항변**(抗辯) 로마에서는 원고의 청구가 구체적으로 그의 惡意(dolus)를 기초로 하는 과거의 특정의 행위를 원인으로 하는 것인 때(예컨대 계약을 체결함에 즈음하여 원고가 사기를 한 때) 또는 어떤 구체적인 악의가 있는 것이 아니더라도 원고의 주장 자체가 그의 악의에서 행하여진 것이거나 널리 원고의 주장을 인정하여 피고를 敗訴시키는 것이 信義衡平上 부당하다고 여겨지는 일반적인 사유가 있는 때(예컨대 원고가 무방식의 免除契約—로마법에서는 면제계약은 원칙적으로 요식행위임—을 체결하고서도 訴를 제기하여 청구한 때)에는 피고는 이를 주장하여 청구를 거절할 수 있었는데, 전자의 경우를 과거의 惡意의 抗辯 또는 特殊的 惡意의 抗辯(exceptio doli praeteriti, e. d. specialis), 후자의 경우를 현재의 惡意의 抗辯 또는 一般的 惡意의 抗辯(exceptio doli praesentis, e. d. generalis)이라 한다. 후자는 처음에는 원고의 청구가 악의에 기한 경우에만 인정되었으나, 후에는 신의형평의 원칙에 어긋나는 경우에 일반적으로 인정되게 되어 그 적용범위가 확대되었다. 이것은 엄격한 유스 끼빌레상의 취급을 수정하고, 이에 도덕적 요소를 가미하여 신의성실을 실현하는 작용을 하였다. 악치오 보나에 피데이에 있어서의 ex bona fide(誠意에 의하여)와 더불어 오늘날의 신의성실의 원칙의 淵源을 이룬다. 우리나라의 법률과의 관계에 관하여는 악의의 항변을 보라.

일반적 저촉규정(一般的抵觸規定) 〔獨〕 generelle Kollisionsnorm 완전쌍방적 저촉규정과 같다.

일반적 집행(一般的執行) 〔獨〕 Generalexekution 채무자에 귀속되는 총재산을 일괄하여 집행의 대상으로 하는 집행. 破産은 그의 일례. 채무자의 개개의 재산을 집행의 대상으로 하는 個別的 執行에 대한 개념. 現行强制執行法은 개별집행 제도를 취한다. 고대에는 채무자의 재산 전부를 포함하는 법률적 지위 내지 인격이 채권집행의 대상이 되었던 까닭에 개별적 집행은 그 예가 드물었다.

일반적 행정강제(一般的行政强制)**의 원칙**

(原則) 행정행위의 執行力의 성질과 근거에 대하여 독일에서 일반적으로 인정되었던 것으로 행정행위의 집행력은 행정행위의 본질상 당연히 내재하는 고유한 것으로서 행정행위의 근거가 되는 법규는 동시에 强制執行의 기초를 이루므로 특별한 법적 근거를 요하지 않는다고 한다(행정행위의 채무명의적 기능).

일반조약(一般條約) 多數國間條約, 多邊條約이라고도 한다. 형식을 기준으로 하여 조약을 분류할 때 다수의 국가가 참가하는 조약을 말함. 2국 또는 특정국가만이 참가하는 特別條約에 대립한다. 일반조약의 내용은 대개 당사자간에 동일한 권리, 의무를 설정함으로써 國際法規範을 정립한다. 그러므로 이러한 일반조약을 특히 立法條約이라고도 칭한다. 그러나 일반조약에도 契約的 性質의 조약이나 규정이 있고 특별조약에도 立法的 性質의 조약이나 규정이 있으므로 일반조약은 즉 입법조약이란 공식은 반드시 정확한 것은 아니다. 또 일반조약은 대개 開放條約으로서 제3국의 가입을 인정하는 加入條項을 포함하는 것이 보통이다. → 입법조약, 개방조약

일반조합(一般組合) 〔英〕 general union 일반조합 또는 일반노동조합이라고 불리우는 것은 주로 영국에 있어서의 세 개의 조합, 즉 Transport and General Worker's Union, National Union of General and Municipal Workers, Union of Shop, Distributive and Allied Workers의 총괄적 명칭이며 직능별·직업별·산업별 또는 지역별 구분에 구애하지 않고 각종의 직업·산업에 분산된 근로자 특히 未熟練勤勞者·雜勤勞者를 널리 포함한 單一勞動組合이다. 다수의 산업이나 잡다한 業態에 조합원들이 분산되어 있는 것을 특징으로 한다. 영국의 노동조합은 오늘날에 이르기까지도 직능별의 색채가 강하며, 각종 산업의 외곽에 있는 근로자나, 옥외근로자, 철도 이외의 교통근로자, 配給商業從業員 등 특정의 기능이나, 오랜 경험년수를 가지지 아니한 근로자는 종래의 조합조직으로부터 소외시 되었었던 것이나, 현재는 이들 일반조합이 노동조합운동 중 특이한 지위를 차지하고 있다.

일반조항(一般條項) 〔獨〕 Generalklausel 概括條項이라고도 하며 대체로 두 가지의 의미로 쓰인다. ① 법률상의 요건을 추상적·일반적으로 정한 규정. 예컨대 선량한 풍속 기타 사회질서(民 103), 정당한 사유(700)를 요건으로 하는 규정과 같다. 그 구체적인 적용은 재판관에게 일임되며, 탄력성을 가지고, 사회사정의 변화에 卽應하여 구체적 타당성을 추구할 수 있는 점에 특색이 있다. 私法上은 이러한 의미로 쓰이는 일이 많다. ② 公法上도 예컨대 국방상 필요한 경우(特許 41Ⅰ)와 같은 不確定概念을 행정행위의 요건으로 하는 규정을 말하지만, 또 일정한 사항에 관련된 사항을 일괄하여 規整의 대상으로 하는 규정도 가리킨다. 예컨대, 여하한 명목으로 하든지 결국 기부금의 모집으로 볼 수 있는 행위를 금지하는 것과 같다(예 : 寄附金品募集規制法 5).

일반직공무원(一般職公務員) 국가공무원 및 지방공무원의 經歷職公務員 중 특정직과 기능직을 제외한 일반행정업무에 종사하는 자(國公 2Ⅰ ⅰ, 地公 2Ⅰⅰ)로서 1급 내지 9급의 계급으로 구분되며, 정치운동, 집단행위 등이 금지되고 있다. 일반직공무원의 任用은 시험성적·근무성적 기타 능력의 실증에 의하여 행한다. 일반공무원의 임용·시험·보수·복무·신분보장·징계 등에 관한 일반법으로 국가공무원법 및 지방공무원법이 있다.

일반채권자(一般債權者) 擔保物權을 가지지 않고, 따라서 채무자의 일반담보로 되어 있는 재산으로부터 변제를 받을 뿐인 채권자.

일반처분(一般處分) 〔獨〕 Allgemeine Verfugung 행정행위는 그 상대방이 특정된 자인지 불특정다수인인지에 따라서 個別處分과 一般處分으로 구별된다. 일반적·추상적 규율로써의 법규와 개별적·구체적 규율로서의 행정행위의 중간적 특성을 가지나 행정행위로서의 質을 갖는 것으로 본다.

일반투표(一般投票) 국민투표와 같다.

일반파산주의(一般破産主義) 商人·非商人의 구별없이 모든 사람에 대하여 파산선고를 할 수 있다고 하는 입법주의. 英法系, 獨法系의 파산법은 이를 채택하고 있다. 일본파산법과 우리나라의 현행파산법도 이를 따른다. 이에 대하여 상인에 대하여만 파산을 선고하는 商人破産主義가 있다. 프랑스법계가 이에 속하고 일본구파산법이 이를 따랐다. 일반파산주의 중에서도 상인의 파산절차와 비상인의 파산절차 사이에 구별을 두고 개개의 점에서 다른 절차를 행하는 입법주의가 있다. 이를 複制主義 또는 折衷主義라 한다(오스트리아파산법, 노르웨이·덴마크의 파산법).

일반행정절차(一般行政節次) 〔英〕 administrative procedure 〔獨〕 allgemeine Verwaltungsverfahren 행정기관이 行政立法·裁決 기타의 행정행위를 함에 있어서 일반적으로 준거하여야 하는 절차. 법원의 소송절차를 사법절차라고 부

르는데 대하여 행정기관에 의한 행위를 규제하는 일반적인 절차를 行政節次라 한다. 행정절차의 문제는 행정기능의 확대·강화, 특히 準立法·準司法機能의 확대로 인한 국민의 권익의 침해를 예방하기 위하여 중요한 위치를 차지하게 되었다. 그러나 행정활동의 복잡다기, 행정능률의 요구 및 행정의 기술성 등으로 말미암아 행정절차의 정형화에 많은 곤란이 따르고 있다. 행정절차에 관한 一般立法으로서는 1925년의 오스트리아 일반행정절차법, 1926년의 튀링겐행정법, 1946년의 미국행정절차법, 1958년의 스페인행정절차법, 1977년의 독일행정절차법 등이 있으며, 그 외에도 많은 입법이 시도되고 있다. → 행정절차

일반회계(一般會計) 特別會計에 대한 개념으로서 특별회계에 속하지 아니하는 국가 또는 지방자치단체의 회계. 원래 국가 또는 지방자치단체의 회계는 이해의 편의와 재정의 혼란을 방지하기 위하여 1개의 예산으로 통일하여 일체의 세입·세출을 일단으로 경리하는 것이 원칙이나(單一豫算主義) 이 원칙을 끝까지 관철하면 오히려 실제상 불이익 또는 불편한 경우가 있으므로 예외적으로 특별회계가 인정된다. 우리 예산회계법과 지방재정법도 국가 또는 지방자치단체의 회계를 일반회계와 특별회계로 구분하여, 일반회계는 일반적 국가활동에 관한 세입·세출을 포괄하도록 하고, 특별회계는 국가 또는 지방자치단체에서 특정한 사업을 운영할 때, 특정한 자금을 보유하여 운영할 때, 기타 특정한 세입으로써 특정한 세출에 충당함으로써 一般會計와 구분하여 計理할 필요가 있을 때에 법률로써 설치하게 하였다(豫會 9, 地財 5). → 특별회계

일반회계예산(一般會計豫算) 〔英〕 general budget 일반회계에 속하는 1개년의 세입을 미리 계상한 것. 特別會計豫算에 대한다.

일반횡선수표(一般橫線手票) 횡선수표의 일종. 수표의 표면에 2행의 평행선을 그었거나 그 선내에 은행 또는 은행과 같은 뜻의 글자를 기재한 것. 이 경우에 지급인은 은행 또는 자기의 거래처에 대하여만 지급할 수 있는바 이를 위반하였을 때에는 그로 인한 損害賠償을 해야 한다(手票 37 Ⅱ·Ⅲ, 38 Ⅰ·Ⅴ).

일발명일출원주의(一發明一出願主義) 特許出願을 함에 있어서, 동일한 발명에 대하여 하나의 출원만을 할 수 있게 하는 주의(特許 45 Ⅰ 本). 그러나 특허법은 단일의 總括的 發明概念에 관련되는 일군의 발명을 1발명의 개념에 포함시키고 있다(45 Ⅰ). 의장·실용신안의 출원의 경우도 대체로 이와 같다(意匠法 11 Ⅰ, 實用新案法 9).

일발명일특허(一發明一特許)**의 원칙**(原則) 동일한 발명에 대하여 1개의 특허만을 부여하는 원칙. 先願主義도 이 원칙의 표현이다. → 선원주의

일방심리주의(一方審理主義) → 일방심문주의

일방심문주의(一方審問主義) 〔獨〕 Grundsatz des einseitigen Gehörs 민사소송에 있어서, 당사자일방의 일방적 심리에 의하여 재판을 하는 주의. 一方審理主義라고도 하며 雙方審問主義에 대한다. 통상의 소송절차에서는 쌍방심문주의가 절대적인 원칙으로 되어 있지만 督促節次, 假押留決定節次와 같은 데서는 채권자의 신청만에 기하여 재판하게 되어 있기 때문에, 일방심문주의를 채택하고 있다고 할 수 있다. 다만 이와 같은 경우라도 채무자의 異議가 있으면, 쌍방심문주의로 이행하게 되어 있다.

일방예약(一方豫約) 〔獨〕 promesse unilatérale → 예약

일방적 상행위·쌍방적 상행위(一方的商行爲·雙方的商行爲) 당사자의 일방을 위하여 상행위가 되는 행위를 一方的 商行爲(〔獨〕 einseitiges Handelsgeschäft), 당사자의 쌍방을 위하여 상행위가 되는 행위를 雙方的商行爲(〔獨〕 beiderseitiges Handelsgeschäft)라 한다. 쌍방적 상행위에 관하여 당사자의 쌍방에게 상법을 적용하는 것은 당연하나, 일방적 상행위인 경우에는 그 일방을 위하여는 상행위이나 다른 일방을 위하여는 상행위가 아니므로(民事行爲) 民商二法 중 어느 법을 적용할 것인지 의문이 생긴다. 따라서 법률관계를 簡明迅速하게 해결하기 위하여 일방적 상행위에 관하여도 당사자의 쌍방에게 상법을 적용하고, 또 당사자의 일방이 여러 명인 경우에 그 1人을 위하여 商行爲인 행위에 관하여도 그 전원에게 상법을 적용하도록 한 것이다(商 3). 그러나 당사자의 쌍방이 상인인 경우에 대하여만 적용되는 규정도 있다(예 : 55, 67~71).

일방적 저촉규정(一方的抵觸規定) 〔獨〕 einseitige Kollisionsnorm 저촉규정의 한 형식. 섭외적 사법관계에 적용할 법률을 널리 일반적으로 규정하지 않고, 내국법이 적용될 경우만을 규정한 형식이다. 예컨대, 독일 민법시행법 24조 1항이 독일인의 상속은 외국에 그 주소를 가진 때라도 독일인의 법률에 의한다라고 규정하여 相續에 관하여

독일법이 적용되는 경우만을 정하고, 외국인의 상속에 관하여는 어느 법률을 적용할 것인가를 정하지 않는 경우와 같다. 이러한 종류의 규정은 독일·프랑스법계의 國際私法에 많다. 견해에 따라서는 一國의 국제사법은 내국법의 적용범위만을 규정하는 것이며, 외국법의 적용범위를 규정하는 것은 외국입법권을 침해하는 결과가 된다는 이유로써, 일시적 저촉규정의 형식이 가장 정당하다고도 하나, 그것은 오히려 내국법을 지나치게 적용하려는 국가주의사상에 치우치는 결과가 된다고 비난되고 있다. 個別的 抵觸規定 또는 擴張規定이라고도 한다.

일방적 행정행위(一方的行政行爲) 행정행위는 상대방의 협력이 필요한지에 따라 一方的 行政行爲와 雙方的 行政行爲로 나누는데, 일방적 행정행위란 상대방의 협력을 요하지 않고, 행정청의 행위만으로 유효하게 성립하는 경우를 말한다. 그러나, 행정행위는 상대방 국민의 의사에 구속되지 아니한다는 측면에서 일방적 행정행위를 상대방의 협력을 요하지 아니하는 행정행위로, 쌍방적 행정행위는 상대방의 협력을 요하는 행정행위로 분류하기도 한다.

일 변(日邊) ① 日邊이라 함은 이율의 표시방법으로서 원금 100원에 대하여 1일분의 이자를 정하는 것. ② 증권거래소의 용어로서는 貸借去來에 있어서 증권회사로부터 매출유가증권을 담보로 하여 대금을 빌리는 증권업자가 그 회사로부터 매매대금을 담보로 하여 유가증권을 빌리는 자보다 많을 때에는 유가증권이 남아서 돈이 부족되므로 매출에 의한 사용거래를 한 증권업자, 따라서 그 매출을 위탁한 고객은 그 빌린 대금에 대하여 利子를 지급한다. 이것을 일변이라고 한다. 반대로 돈이 남아서 유가증권이 부족할 때에는 買受에 의한 신용거래를 한 증권업자, 따라서 그 매수를 위탁한 고객은 그 빌린 유가증권에 대하여 品借料를 지급한다. 이것을 逆日邊이라고 한다.

일변보험(日邊保險) 總括保險의 경우에는 분리된 목적물은 당연히 보험의 목적인 성질을 잃고 반대로 새로이 가입된 물건은 당연히 보험의 목적이 된다. 이와 같은 보험의 보험료는 그 객체의 변동, 즉 보험의 목적인 包括物의 數量·價額의 변동에 따라 변동하므로 하루하루 그 보험료·보험금액 등을 산출하게 된다. 이러한 보험을 일변보험이라 한다. 창고업자 등이 總括保險契約을 체결할 때 흔히 이용된다.

일본개정형법준비초안(日本改正刑法準備草案) 1961년(昭和 36년) 12월 20일에 형법개정준비회에 의하여 발표된 일본형법개정안. 총칙128조, 각칙 247조로 이루어져 있다. 동준비회는 1956년(소화 31년) 10월에 法務省 刑事局內에 설치되었는데, 戰前에 있어서의 형법개정사업의 귀중한 유산인 日本改正刑法假案을 기초로 하고 여기에 필요한 수정을 가할 것을 목표로 하여 동년 10월 2일부터 1960년 3월 9일까지 합계 121회의 회의를 거듭한 끝에 동년 4월 25일에 未定稿로서 공표하였다가, 이것에 대한 비판이 나오는 것을 기다려 동년 10월 회의를 재개하여 토의를 거듭한 결과 翌年(1961년) 4월에 準備會로서의 성안을 확정하고서 그 후 이유서의 완성을 기다려 동년 12월 20일에 確定稿로서 공표하였다. 이 초안의 특색으로는 ① 표현의 평이화, ② 책임주의의 철저화, ③ 형사정책상의 요청의 채용, ④ 각칙의 체계의 정비, ⑤ 현행법의 기술적 불비의 시정 등을 들 수 있다. 그리고 특기할 것은 自由刑, 특히 懲役과 禁錮를 단일화할 것이냐의 문제에 관하여는 결국 결론을 얻지 못해서, 현행법대로 징역과 금고와의 구별을 存置하는 안과 양자를 拘禁刑이라는 명칭하에 단일화하는 안을 함께 발표한 점이다.

일본(日本)**과의 평화조약**(平和條約) 〔英〕 Treaty of Peace with Japan 일본과 연합국간의 講和條約. 1951년 9월 8일 서명. 1952년 4월 28일 발효. 미국을 비롯한 49국이 여기에 서명하였으나, 연합국 중에도 중국·인도·버마·소련·체코슬로바키아·폴란드는 서명하지 않았다(다만 後 3국은 샌프란시스코 회의에는 참가). 전문 및 27개조로서 평화·영역·안전·정치 및 경제조항, 청구권 및 재산, 분쟁의 해결 등에 관하여 규정하였다. 이 조약에 의하여 일본은 한국의 독립을 승인하고, 臺灣·澎湖諸島·千島列島·南樺太·新南群島에 대한 일체의 권리, 권한 및 청구권을 포기하였다. 또 南太平洋舊委任統治諸島를 미국을 單獨施政權者로 하는 신탁통치하에 둔다는 협정(1947년 4월 2일)을 승인하였다(2). 南西諸島·南方諸島 등의 남방지역에 대하여는 미국을 단독시정권자로 하는 신탁통치하에 이 지역을 두는 것을 미리 동의하고, 신탁통치에 부탁될 때까지 이 지역 및 주민에 대하여 미국이 입법·행정·사법의 모든 권리를 행사할 수 있는 것으로 하였다(3). 다만 일본은 殘存主權(殘餘主權)을 보유한다. 이 조약은 또한 군비의 제한·금지를 직접 규정하지는 않았으며, 오히려 國聯憲章 51조하의 개별적 또는 집단적인 自衛權을 갖는다는 것이 인정되었다(5). 또 일본은 희망하는 국가와 公海漁業의 규제에 관한 조약체결의 의무를 지고 있다(9). 배상에 관해서는 일본의 채무이행능력에 한계가 있음을 인정하고 재외일본자산의 留置

· 精算 · 役務賠償의 原則을 확정하였으며, 다만 구체적 해결은 후일 각국의 교섭에 일임하였다(14). 타면에 있어서 일본은 체약국상대방에 대한 청구권은 일체를 포기하였다(19). 조약은 한국을 준연합국으로 취급하여 중국과 함께 受益條項을 두고 있다(21). 즉, 일본은 2조에 의하여 한국의 독립을 승인하고, 4조에 의하여 청구권을 인정하며 9조에 의하여 漁業條約을 또 12조에 의하여 通商航海條約을 각각 한국과 체결하여야 한다. 또 조약의 실시로부터 만 3년내에는 이것과 실질적으로 동일한 조건으로 비체결국과 평화조약을 체결할 의무가 일본에 부과되었다.

일본국헌법(日本國憲法) 제2차대전후 일본의 구헌법인 대일본제국헌법을 폐지하고 새로 제정한 일본의 現行憲法典. 당시 일본에 주재한 연합군최고사령관인 맥아더장군의 지도와 조언하에 기안되어 1946년 6월 형식상으로는 구헌법 73조에 의한 개정안으로서 일본 왕의 勅書로서 제국의회에 附議되어 의회를 통과한 후 동년 11월 3일에 공포되어 1947년 5월 3일부터 효력을 발생하였다. 11장 103조로 되어 있다. 국민주권, 전쟁의 포기, 기본적 인권의 존중, 지방자치의 보장 등 구헌법에 비해서 철저하게 民主主義原理가 채택되고 있으며, 이것을 실현하는 제도로서 의원내각제 및 사법권의 우월 등이 인정되고 있다. 제2차대전의 종결에 의하여 초래된 일본의 정치상의 변혁의 원리를 명확히 한 것으로서 以來 이것에 기하여 民事法 · 刑事法 · 行政法 · 勞動法 · 產業法 및 기타의 모든 분야의 법이 근본적인 변혁을 겪게 되었다.

일본민법(日本民法) 1898년(明治 31년) 7월 16일부터 시행된 일본의 민법전. 일본에서는 德川末期의 慣習法을 주로 하는 분규된 민법을 통일하고 또한 治外法權撤廢의 조건으로 삼기 위하여 明治의 초년부터 민법전편찬사업이 기도되었다. 즉, 프랑스의 법학자 보아소나드를 고문으로 하여 당시의 가장 우수한 민법전이었던 프랑스민법을 모방한 案을 완성하여 1890년에 공포하였고 1893년부터 시행할 예정이었다(이른바 일본의 舊民法). 그러나 지나치게 외래사상의 直譯이라고 하는 등을 이유로 그 시행을 연기하여야 한다는 반대론이 일어나 斷行論과의 사이에 유명한 法典論爭을 거듭한 끝에 결국이 법전의 시행은 무기연기되었다. 그리하여 다시 法典調査會를 설치하고, 때마침 발표된 독일민법전의 제1장안을 모범으로 하고 또한 관습도 받아들여 안을 작성하여 帝國議會의 의결을 거쳐, 前3편(총칙 · 물권 · 채권)은 1896년에, 後2편(親族 · 相續)은 1898년에 각각 공포되어, 양자 다 함께 1898년부터 시행되었다. 이것은 합병후 우리 민법이 시행되기까지 우리나라에도 依用되었다(우리나라에서 의용민법 또는 구민법이라고 부르는 것)(→민법, 의용민법). 제2차대전후에는 개인의 존엄과 양성의 本質的 平等이라고 하는 이념에 따라 친족 · 상속 양편이 근본적으로 개정되었다.

일본이사회(日本理事會) 〔英〕 Allied Council for Japan 對日理事會라고 보통 부른다. 제2차대전후 포츠담선언, 항복문서에 의거하여 설치된 연합국최고사령관의 일본관리의 諮問機關. 1945년 12월 26일 미국, 소련, 영국간의 모스크바 협정에 의하여 極東委員會와 함께 설치되었다. 소재지는 동경, 연합국최고사령관 또는 미국대표를 의장으로 하고 미국, 소련, 영국, 중국의 4개국 대표로써 구성. 1946년 4월 5일의 제1회 회합이래 원칙으로 2주일마다 공개회의를 거듭하였다. 日本管理의 구체적 실시에 관하여 처음에는 활발히 토의되었으나 그 후 별로 활동하지 않았다. 최고사령관의 자문은 의무적이 아니며, 일본정부의 개개의 大臣의 변경, 개개의 대신의 사직에 의한 결원의 보충 등은 사전협의를 요하나 최후의 결정권은 언제나 최고사령관에게 있다. 다만 일본정부 전체의 변경에 관하여는 의견이 일치하지 않을 경우 최고사령관은 극동위원회의 의결을 거친 후가 아니면 指令을 내리지 못한다고 규정되어 있었다.

일본형법(日本刑法) 1907년(明治 40년) 9월 7일에 공포되고 翌年 10월 1일부터 시행된 일본형법전. 보아소나드가 기초한 구법(1880년 太政官布告 36호, 1882년 시행)은 프랑스형법을 기초로 한 것이었으나, 현행법은 독일 기타의 형법 내지 초안을 참작하고 있다. 그 후 현행형법전의 개정이 논의되어 1921년(大正 10년)의 정부의 자문에 기하여 1926년에 臨時法制審議會가 형법개정의 綱領 40항목을 결의하였고, 형법개정예비초안(1927년(昭和 2년)), 형법 및 감옥법개정조사위원회총회결의 및 유보조항(형법총칙)(1931년), 개정형법가안(1940년 →일본개정형법가안), 개정형법준비초안(1960년, 61년. →일본개정형법준비초안)이 발표되었다. 또한 그 동안 여러 차례의 개정이 있었다.

일부거부(一部拒否) 〔英〕 item veto 법률안의 일부의 거부. 還付拒否에 있어서 특히 문제가 된다. 미국헌법은 정부에 法律案提出權과 修正案提出權을 인정치 않으므로 일부거부도 인정치 않는다. 우리나라에 있어서는 제3차개헌이전 헌법하에서 일부거부가 불가하다는 것이 통설이었으나 현

행헌법은 53조 3항에서 일부거부를 할 수 없다고 하여 명문으로 해결하였다. →법률안거부권, 법률안의 환부

일부거절증서(日附拒絶證書) 一覽後定期出給어음 또는 引受提示命令어음에 있어서 어음인수가 행해졌으나 그 일부의 기재가 행해지지 않는 경우에 일부를 증명하기 위하여 작성되는 거절증서(어음 25). 이와 같은 경우에 그 작성은 遡求權保全을 위하여 필요하다.

일부공제(一部控除) 임금을 지급하는 경우에 그 전액을 지급하지 않고 일부를 공제하고 지급하는 것. 임금은 원래 그 전액을 지급하여야 하는 것이며(勤基 42), 積立金, 貯蓄金 등의 명목으로 임금의 일부의 지급을 보류하는 경우나 대부금·공장매점의 외상대금과 相計하는 경우 등은 일부공제에 해당하는 것으로서 법에 의하여 금지되고 있다. 그러나 法令 또는 團體協約에 특별한 규정이 있는 경우에는 임금의 일부공제가 허용된다. 일부공제를 인정한 법령으로는 소득세법에 의한 근로소득세의 공제(20Ⅲ 참조), 기능습득자에 대한 거주비와 취사비의 공제(技能者養成令 19Ⅰ), 저축증대 및 근로자재산형성에 관한 법률에 의한 예금, 보험료의 공제 등이 있다. →전액불, 임금

일부과세(一部課稅) 지방자치단체가 그 일부에 대하여 특히 이익이 있다고 인정되는 사건에 관하여 일부의 주민에게만 특히 조세를 부과하는 것(地稅 8). 지방자치단체가 일부과세를 하고자 할 때에는 행정자치부장관의 허가를 얻어 條例로써 정하여야 한다(9). 국세에는 一部課稅의 예가 없다. →불균일과세

일부노출설(一部露出說) 殺人罪는 사람을 살해함으로써 성립되는 것인데 이 경우에 행위의 대상인 사람은 언제부터 비롯하는 것이냐에 대하여 陣痛說, 一部露出說, 全部露出說, 獨立呼吸說 등의 여러 설이 있는바, 일부노출설은 母胎로부터 태아가 일부 노출한 때에 사람으로 보아 살인죄의 客體로 삼는다. 오늘날의 판례와 학설은 대체로 이를 인정한다. 민법에 있어서는 전부노출설이 통설이다.

일부다처혼(一夫多妻婚) 〔英〕 polygamy 〔獨〕 Polygamie 〔佛〕 poligamie 一夫와 多數의 妻와의 혼인. 혼인제도의 연혁상으로는 父權的 家族制度와 결합하여 거의 모든 나라에서 그 실례를 볼 수 있다. 기독교국가에서는 그 敎義의 영향을 받아 일찍부터 그 자취를 감추었지만, 우리나라에서는 1915년에 이르기까지 법률상 인정하였던 妾制度는 명백히 그 한 형태이었다. 민법은 물론 인정하지 않고(810), 형법상의 姦通雙罰罪는 이것을 간접으로 금한 것이라고 볼 수 있다(241). →일처다부혼

일부동산일등기용지주의(一不動産一登記用紙主義) 부동산등기부의 편성상 1개의 부동산에 관하여 1등기용지를 두어 그 1용지에 그 부동산에 관한 모든 법률관계를 기재하도록 하는 주의. 1개의 부동산에 관하여 성립하는 각종의 법률관계를 다수의 등기용지에 각각 기재하게 하면 그 부동산에 관한 법률관계가 등기부상 여러 곳에 걸쳐 있게 되어 불편하고, 또 2개 이상의 부동산에 관하여 그 권리관계를 1등기용지에 기재하면 각개의 부동산이 반드시는 항상 동일 법률관계에 따르는 것은 아니므로, 등기부상 혼란을 일으키게 되는 고로, 등기부상의 그러한 난점을 피하고 公示方法을 단순명료하게 하여, 부동산거래의 안전을 꾀하고자 하는 것이다. 이 주의에 의하여 가령 사실에 부합하지 않는 부적법한 所有權保存登記가 되어 있더라도 그것을 말소하여 그 등기용지를 閉鎖하지 않는 한 그 부동산에 관한 나머지 등기는 모두 그 등기용지에 하지 않으면 안된다. 그리하여 등기가 부동산의 履歷이라고도 할 수 있는 것을 나타내게 된다. 1등기용지는 1枚의 紙葉이 아니라 表題部·甲區·乙區의 3枚 이상으로 구성되는 1組를 말한다(不登 16). →물적편성주의

일부무효(一部無效) 〔獨〕 teilweise Nichtigkeit ① 법률행위의 일부분만이 무효로 되는 것. 法律行爲의 일부분에 관하여서만 무효원인이 있는 때에도 전부무효로 되는 것이 원칙이지만 그 무효부분이 없더라도 법률행위를 하였을 것이라고 인정될 때에는 나머지 부분은 무효가 되지 않는다(民 137). ② 選擧의 일부무효에 관하여는 그 항목을 보라.

일부배서(一部背書) 〔獨〕 Teilindossament 어음(수표)금액의 일부에 관하여서 하는 背書를 말하는데 일부배서는 배서 자체를 무효로 한다(어음 12Ⅱ·77Ⅰi, 手票 15Ⅱ). 왜냐하면 배서란 원래 어음 전체를 양도하는 개념이므로 증권에 表彰된 권리의 일부만을 분리하여 양도할 수 없는 것이기 때문이다. 그러나 금액 전부에 관하여 여러 명에 대하여 배서를 하거나 일부의 지급이 있은 후에 그 잔액에 관하여서 하는 배서는 일부배서가 아니다.

일부변제(一部辨濟) 채무의 내용인 급부의 일부분이 실행된 것. 제3자가 이를 행한 경우에

는 일부의 代位가 생긴다(民 483). 일부의 변제제공은 채권자가 이를 거부할 수 없는 것이 원칙이나 전부의 辨濟提供에 대하여 채권자가 그 일부를 받은 경우에도 성립한다.

일부보험(一部保險) → 전부보험 · 일부보험

일부상소(一部上訴) 형사소송법상 재판의 일부에 대한 上訴(342 Ⅰ). 일부에 대한 상소는 그 일부와 불가분의 관계에 있는 부분에도 그 효력이 미친다. 재판의 일부라 함은 1개의 사건의 일부가 아니고 수개의 사건이 병합된 경우의 일부를 말한다. 일부의 상소는 다음과 같은 제한이 있다. 첫째로, 公訴不可分의 原則上 1개의 사건은 상소의 관계에서도 불가분적으로 취급된다. 따라서 만약 1죄의 일부에 대하여 상소가 있으면 전체에 대하여 상소가 있는 것으로 취급된다. 科刑上 一罪에 대하여도 같다. 둘째로, 判決主文의 형식에 의한 제한을 받는다. 競合犯의 경우에 일부의 범죄에 관하여 형의 면제 · 무죄 · 면소의 재판 또는 별개의 형이 선고되었을 경우에는 그 일부에 대하여 상소할 수 있으나 競合犯으로서 1개의 형이 선고되었을 때에는 상소의 관계에서는 불가분으로 된다. 즉 일부의 상소를 할 수 없다. 셋째로, 審判不可分의 原則과의 관계로 심판의 일부에 대하여 상소할 수 없다. 예컨대 附加刑 · 刑의 執行猶豫에 관한 선고만을 분리하여 上訴할 수 없다.

일부용선(一部傭船) 〔獨〕 Teilcharter 〔佛〕 affrètement partiel 해상운송인인 선박소유자 등이 선박의 일부를 여객 또는 물건의 운송에 제공하고 그 상대방인 傭船者가 이에 대하여 보수로서 運賃(傭船料)을 지급하는 傭船契約(商 780 ⅰ). 상법상 해상운송계약에는 용선계약과 個品運送契約이 있으며 전자에는 다시 전부용선과 일부용선의 두 가지 계약이 있다(780 ⅰ · ⅱ). → 용선계약

일부위헌선언(一部違憲宣言) 〔獨〕 Teilnichtigkeit 위헌입법에 대한 결정주문 중, 전형적으로 새 입법의 필요성이 없는 경우로서 조문 전체가 아니고 조문의 한 句節, 한 語句, 單語句의 일부에 대하여 행하는 위헌선언. 이것이 법규의 一部違憲宣言(Teilnichtigkeit)이며, 이에 대한 반론은 없다. 일부위헌선언이 가능하기 위해서는 위헌선언한 부분 없이도 나머지 규정부분만으로 효력을 지속할 수 있고 명료할 것이 요구된다.

일부인수(一部引受) 〔獨〕 Teilannahme 어음금액의 일부에 대하여 한 어음인수. 換어음의 지급인은 인수에 대하여 한 어음引受. 換어음의 지급인은 引受에 있어서 어음금액의 일부에 이를 제한할 수 있다(어음 26 Ⅰ 但). 원래 어음금은 불가분인 것이 원칙이지만 일부지급이 인정되는 것과 동일한 이유로 이에 의하여 누구도 불이익을 받는 일이 없기 때문에 인정되는 것이다. 이 경우에는 소지인은 잔액에 대하여서만 遡求權을 가지며(51 참조). 일부인수인은 그 인수액에 대한 책임을 부담한다. 더욱 어음금액을 초과한 금액에 대한 인수, 즉 超過引受는 그 초과부분만이 무효로 된다.

일부일처혼(一夫一妻婚) 〔英〕 monogamy 〔獨〕 Monogamie 〔佛〕 monogamie 一夫와 一妻와의 혼인. 오늘날 모든 문명국에서 인정되고 있는 가장 발달되고 가장 합리적인 제도이다. 우리나라에 있어서는 1915년에 이르기까지 妻制度를 인정하여 왔었지만 그 후 이것을 폐지하고 重婚은 취소할 수 있을 뿐만 아니라(民 810, 816 ⅰ) 간통죄로서 처벌될 수도 있을 것이다(刑 241). → 일부다처혼, 일처다부혼

일부자백(一部自白) [1] 민사소송법상 상대방이 주장한 사실의 전부가 아니고 일부만 긍정하는 陳述. 긍정한 부분 만큼은 자백으로서 법원과 상대방을 구속한다.

[2] 형사소송법상 범죄사실의 일부만을 승인하는 진술. 소송법적 취급은 自白과 같다.

일부지급(一部支給) 〔獨〕 Teilzahlung 어음금액의 일부에 대한 지급. 소지인은 일부지급을 거절할 수 없다(어음 39 Ⅱ, 手票 34 Ⅱ). 일부지급은 일부인수가 있었던 경우뿐만 아니라 全部引受가 있었던 경우에도 허용된다. 왜냐하면 어음금액은 나눌 수도 있고, 또 일부지급을 인정하여도 소지인의 이익을 害하지 아니하고 상환의무자에게는 부담액이 경감되어서 유리하기 때문이다. 일부지급이 있을 때에는 소지인은 그 잔액에 대하여서만 소구할 수 있다. 만약에 소지인이 일부지급을 거절하였을 때에는 支給拒絶證書를 작성시킬 수 없고 전자에 대한 遡求權을 상실한다. 또 일부지급은 거절증서 작성후에는 소지인이 거절할 수 있다고 본다. 일부지급의 경우에는 일부지급이 있었다는 뜻의 어음상의 기재와 영수증의 교부를 소지인에게 청구할 수 있다(어음 39 Ⅲ, 手票 34 Ⅲ).

일부출고(一部出庫) 분할가능한 倉庫任置物의 일부의 반환을 청구하는 것. 임치물의 入質前에는 任置人은 임의로 임치물의 일부출고를 청구할 수 있다. 그러나 倉庫證券으로 임치물을 入質한 경우에는 채무를 변제할 때까지는 임치물의 출고를

할 수 없으므로 상법은 실제상의 편의를 고려해서 質權者의 승낙이 있으면 임치인은 채권의 변제기 전이라도 임치물의 일부반환을 청구할 수 있게 하였다(159 前). 이 경우에는 창고업자는 반환한 임치물의 종류·품질과 수량을 창고증권에 기재하여야 한다(159 後). 또한 창고업자는 임치물의 일부 출고를 한 경우에는 그 비율에 따른 보관료 기타의 비용과 替當金의 지급을 청구할 수 있다(162Ⅱ).

일부파산(一部破産) 〔獨〕 Sonderkonkurs, Spezialkonkurs 어떤 사람에게 속하는 재산의 일부만으로 구성되어 있는 특별한 재단에 대한 파산. 이를 特別破産이라고도 한다. 全部破産에 대한 개념으로 상속재산의 파산은 그 일례이다. 상속재산의 파산은 어째서 일부파산인가 하는 것인데 相續財産은 상속개시시부터 상속인에 귀속하므로(民 1005), 상속재산에 대한 파산은 상속인의 전재산에 대한 파산이 아니라 일부의 재산에 대한 파산이다. 그러므로 상속재산의 파산을 상속인의 관계로부터 보아 講學上 이를 특별파산 또는 일부파산이라 칭한다. 그런데 동일인에게 귀속되는 재산 중에서 일부파산의 破産財團을 구성하지 않는 부분의 재산만을 공동담보시하는 채권자(예 : 상속재산의 파산에 있어서의 상속인의 고유채권자)는 이 경우에 있어서 파산채권자가 될 수 없다.

일부판결(一部判決) 〔獨〕 Teil(end)urteil 同一訴訟節次에서 심리되는 수개의 청구 중의 하나나 또는 可分請求의 일부분에 대하여 내리는 판결(民訴 185Ⅰ). 全部判決에 대하는 말이다. 변론의 병합을 명한 수개의 청구나 本訴와 反訴를 병합한 때에 그 중 하나가 재판을 할 수 있게 되었을 때에도 일부판결을 할 수 있다(185 Ⅱ). 법원이 변론의 병합을 명한 뒤에 그 병합을 취소하거나 또는 辯論의 分離를 命하여 수개의 소송으로 나눈 때에 그 중 하나에 내리는 판결은 일부판결이 아니고 전부판결이다. 일부판결을 할 것인가의 여부는 法院의 裁量에 속한다. 일부판결은 다른 부분에 대한 절차와 독립하여 上訴의 대상이 되며 또한 독립하여 확정될 수 있다. 따라서 성질상 개별적으로 확정할 수 없는 必要的 共同訴訟(63), 獨立當事者參加(72), 豫備的 申請에 의한 牽聯的 請求, 동일의 법률효과를 목적으로 하는 수개의 청구 따위는 일부판결을 할 수 없다고 할 것이다. 일부판결을 한 뒤에 남은 나머지 청구는 그대로 심급에 係屬되므로, 법원은 이 부분에 대하여 殘部判決을 한다.

일부후정기출급(日附後定期出給)**어음** 발행의 日附(발행일) 후에 어음에 기재된 기간의 말일을 만기로 하는 어음(어음 33 Ⅰ iii, 77 Ⅰ ii). 日附後 기간의 계산에 관하여는 특별규정이 있다(36, 37Ⅱ·Ⅳ, 73).

일사부재리(一事不再理) 〔獨〕 ne bis in idem [1] 형사소송법상 판결의 實體的 確定力, 즉 기판력의 외부적 효력이며, 유죄·무죄의 실체판결 또는 면소의 판결(實體關係的 形式判決)이 있었을 때에 동일사건에 관하여 재차 공소를 제기하여 심판을 구하는 것을 허용하지 아니하는 것을 말한다. 만약 잘못되어 재차 동일사건에 대하여 公訴가 제기된 때에는 확정판결이 있는 사건이므로 실체적 소송조건의 흠결을 이유로 면소의 판결을 하여야 한다(刑訴 326 i). 형사소송에 있어서는 민사소송과는 달리 특히 이 효과가 중요하므로, 旣判力이라 함은 이 일사부재리의 효력만을 가리키는 수도 있다. 영미법상의 이중의 위험과의 차이에 관하여는 항목을 보라.

[2] 민사소송법상에서는 確定判決에 일사부재리의 효과는 없다. 민사소송의 소송물인 법률효과는 판결이 있은 뒤에도 새로이 발생하며 또는 소멸할 가능성이 있으므로 엄격하게 동일사건이라고 하는 것은 생각할 수 없는 것이기 때문이다. 따라서 旣判力의 효과는 뒷 소송에 있어서 법원은 앞서 한 판결과 다른 판단을 할 수 없다는 것에 불과한 것이다. 물론 勝訴當事者가 동일소송물에 관하여 거듭 제소한 경우에는 권리보호의 이익을 결여한 것으로서 却下되는 것이나, 그 때에도 특히 필요가 있는 때에는 再訴가 인정된다(예 : 판결원본멸실로 인하여 執行力있는 正本을 구할 수 없을 때). 그러나 최근 민사소송법에 있어서도 일사부재리를 인정할 수 있다는 설이 新訴訟物論의 입장에 선 학자를 중심으로 대두되고 있다.

[3] 公法上 회의체의 議事에 있어서 그 회의체의 회기중에 부결된 의안을 그 회기중에는 다시 제출하지 못하는 것. 一事不再議라고도 한다. 합의체의 의결이 있는 이상, 그 합의체의 의사는 확정되었다는 데에 근거를 두고 있으며, 합의체의 의사진행의 원활화, 특히 소수파의 의사방해의 排除를 주요목적으로 한다. 국회의 일사부재리에 관하여는 국회법에 규정이 있다(92).

일사부재의(一事不再議) → 일사부재리

일상가사대리권(日常家事代理權) 일상가사에 관하여 부부상호간에 인정되는 대리권. 일상가사라 함은 부부의 공동생활에 필요한 모든 사항을 말하며 예컨대 생활필수품의 구입, 자녀의 양육비, 의료비 등이다. 그러나 가옥의 임대, 입원 등은 원칙적으로 일상가사에 속하지 않는다는 것이 통설이다. 민법을 일상가사에 관하여 부부상호간에 대리권이 있는 것으로 하고 있을 뿐만 아니라(827 Ⅰ), 일방이 제3자와 법률행위를 한 때에는 다른 일방은 이로 인한 채무에 대하여 連帶責任을 지도록 하였다(832 本). 그리고 거래의 안전을 고려하여 부부상호간의 대리권에 가한 제한은 선의의 제3자에게 대항하지 못하게 하였다(827 Ⅱ).

일상가사채무(日常家事債務) 부부가 혼인의 효과로서 일상가사에 관하여 제3자에 대하여 부담하는 채무. 일상가사란 부부의 공동생활을 유지하기 위하여 보통 처리할 필요가 있는 모든 사항이며 예컨대 생활필수품의 구입, 집貰의 지급, 의료비의 지출 등이 이에 속한다. 우리나라에서는 일상가사는 妻가 처리하는 것이 실정이지만 그것이 부부의 공동생활을 위한 것이기 때문에 민법은 부부의 일방이 일상가사에 관하여 제3자와 法律行爲를 한 때에는 타방은 이로 인한 채무에 대하여 連帶責任을 지도록 하였다. 그러나 이미 제3자에 대하여 책임없음을 명시한 경우에는 그 일방은 책임을 지지 않는다(832). → 일상가사대리권

일상표일등록(一商標一登錄)**의 원칙**(原則) 동종의 상품에 사용할 동일 또는 유사한 상표에 대하여 그 중 하나만을 등록하게 하는 원칙. 先願主義도 이 원칙의 표현이다. → 선원주의

일수벌금형제도(日數罰金刑制度) 〔獨〕 Tagesbußensystem 1일의 벌금액을 犯人의 일신상 및 경제상의 사정을 감안하여 법원이 결정하는 것으로 5일 이상 365일 이내의 日數에 따라 벌금을 과하는 제도. 1921년 핀란드 형법 4조를 淵源으로 독일과 오스트리아 刑法에 도입된 것이다. 우리나라의 현행 벌금형은 액수산정의 기준으로 總額罰金刑制度를 채택하고 있다. 그러나 이 제도는 범죄인의 빈부의 격차를 고려한 선고를 기대하기 어렵고, 범죄인이 저지른 범죄의 불법과 책임을 정확히 수치화할 수 없어 형벌목적을 달성할 수 없다. 반면에 일수벌금형제도에 의하면 日數는 일반적 量刑規定에 따라 행위자의 불법과 책임을 표시하여 代替自由刑의 문제를 자동적으로 해결하게 하며, 日數定額은 피고인의 경제사정을 고려하여 결정하게 함으로써 합리적이고 정당한 벌금형을 정할 수 있다. 물론 일수벌금형제도도 범죄인의 경제상황 조사의 곤란, 벌금총액 증대에 따른 법관의 자의적인 日數定額算定의 위험이 없지 않으나, 그 위험이란 일수벌금형제도의 기능을 해할 정도는 아니다.

일세대일주택(一世帶一住宅) 1세대가 국내에 1개의 주택을 소유하고 3년 이상 거주하는 것으로 주택을 팔 때 讓渡所得稅가 과세되지 않는다. 소득세법 89조와 동시행령 155조에 규정되어 있다. 여기서 世帶는 세대원이 실질적으로 생계를 같이하는 가족으로 주민등록법상의 세대와는 개념이 다르다. 가령 부부가 주민등록상 각각 별도의 세대를 구성한 경우에도 각자 주택을 소유하고 있으면 1세대2주택으로 간주된다. 단 정부는 결혼으로 인해 2주택이 됐을 경우, 1993년 5월 중순경부터 非課稅를 적용키로 했다. 1세대2주택이라도 불가피할 경우 일부 비과세를 인정하고 있다.

일수죄(溢水罪) 〔英〕 inundating 〔獨〕 Überschwemmung 〔佛〕 inodation 물을 넘겨 ① 사람의 주거에 사용하거나 사람의 현존하는 건축물·기차·전차·자동차·선박·항공기 또는 鑛坑을 침해하는 죄(刑 177 Ⅰ), ② 이로 인하여 사람을 사상에 이르게 하는 죄(177 Ⅱ) ③ 공용 또는 공익에 供하는 건축물·기차·전차·자동차·선박·항공기 또는 鑛坑을 침해하는 죄(178), ④ ①③에 기재한 이외의 건조물·기차·전차·자동차·선박·항공기 또는 鑛坑 기타 타인의 재산을 침해하는 죄(179 Ⅰ) 및 ⑤ 자기의 소유에 속하는 ④의 물건을 침해하여 공공의 위험을 발생하게 하는 죄(179 Ⅱ). 본죄의 보호법익은 공공의 평온이고, 본죄는 公共危險罪이다. 물을 넘겨, 즉 일수란 물의 자연력(水力)이 사람의 지배를 넘어서 지상에 범람하는 것을 말한다. 일시적인 것이라도 좋다. 자기의 소유에 속하는 물건이라도 압류 기타 강제처분을 받거나 타인의 물건으로 간주한다(179 Ⅲ). ①③④는 抽象的 危殆犯, ⑤는 具體的 危殆犯, ②는 結果的 加重犯이다. ①③④의 미수범(182) 및 예비·음모(183)를 처벌한다.

일시귀휴제(一時歸休制) 〔英〕 system of temporary release from work 불황에 의한 조업단축 등으로 일손이 남을 때 사업주가 종업원을 일시 휴직시키는 제도. 특정일에 종업원 전체를 쉬게 하거나 순번으로 또는 지명하여 일정기간 쉬게 하는 방법 등이 있다. 解雇가 아니라는 점에서 레이오프(layoff)와 다르며 사업주는 休業手當을 지급할 의무가 있다.

일시범(一時犯) 평소 단정했던 사람이 일시적인 격정 또는 절박한 상태에서 우발적으로 저지르는 범죄. 형사정책적 견지에서 性癖犯과 달리 다루어져야 한다.

일시보상(一時補償) 療養補償을 받은 근로자가 요양개시 후 2년을 경과하여도 부상 또는 질

병이 완치되지 아니하는 경우 사용자는 평균임금의 1,340일분의 일시보상을 행하여 그 후의 근로기준법에 의한 모든 보상책임을 면하는 것(勤基 87)을 말한다. 한편 일시보상을 지급한 경우에 사용자는 해당근로자를 해고할 수 있도록 하고 있다(31).

일시보호소(一時保護所) 윤락행위의 상습이 있는 자와 環境과 性行으로 보아 윤락행위를 하게 될 현저한 우려가 있는 자에 대한 일시보호와 상담을 행하는 시설(淪落行爲 등 防止法 11 i).

일시임대차(一時賃貸借) 일시사용을 위한 임대차로서 보통의 임대차와 구별된다. 특히 민법 628조(借賃增減請求權), 638조(해지통고의 轉借人에 대한 통지), 640조(借賃延滯와 해지), 646조(임차인의 附屬物買受請求權), 647조(轉借人의 부속물매수청구권), 648조(임차지의 부속물·과실 등에 대한 法定質權), 650조(賃借建物 등의 부속물에 대한 법정질권), 652조(强行規定) 등 현행 민법이 임차인을 보호하기 위해 설정한 규정들은 일시사용을 위한 賃貸借나 轉貸借가 명백한 경우에는 적용되지 않는다. 그리고 일시사용을 위한 주택임대차에는 주택임대차보호법의 규정도 적용되지 않는다(住賃 11).

일시적 불능(一時的不能) 채무의 이행이 어떤 기간에 일시적으로 불가능하게 된 것. 그러나 이행이 일시적 불능이라고 하더라도 辨濟期에 있어서 가능한 것이 분명하면 채무의 성립이나 존속에는 영향을 미치지 않는다.

일시차입금(一時借入金) 국가 또는 지방자치단체가 회계연도내의 일시적인 현금의 부족을 보충하기 위하여 차입하는 금전. 국가는 국고금의 출납상 필요할 때에는 財政證券을 발행하거나 한국은행으로부터 一時借入을 할 수 있으며(豫會 6 I), 재정증권의 발행과 일시차입금의 借入最高額은 필요한 각 회계에 대하여 매 회계연도마다 국회의 의결을 얻어야 한다(6Ⅳ), 일시차입금은 당해년도의 세입으로써 償還하여야 한다(6Ⅲ). 지방자치단체에 있어서는 지방자치단체의 장은 豫算內의 지출을 하기 위하여 필요한 일시차입금의 한도액을 회계연도마다 會計別로 미리 지방의회의 의결을 얻어 일시차입을 할 수 있으며(地財 11 I), 일시차입금은 그 회계연도의 수입으로써 상환하여야 한다(11Ⅱ).

일시해고(一時解雇) 〔英〕 layoff 기업이 경영부진에 빠져 조업단축·인원삭감의 필요가 생겼을 때, 업적회복시에 재고용할 것을 약속하고 종업원을 일시적으로 해고하는 것. 특히 미국에서 일반화되어 있으며 근속년수, 직종, 직위 등에 따라 勞使가 미리 협의·제정한 종업원의 서열순위가 존중된다. 즉 근속년수가 적은 자로부터 차례로 해고되며 재고용의 경우는 근속년수가 많은 자가 우선적으로 재고용된다. 이것이 先任權制度(seniority system)이다.

일신적 형벌조각사유(一身的刑罰阻却事由) 〔獨〕 persönliche Strafausschliessungsgrund 構成要件該當性, 違法性, 有責性의 要件을 구비하여 범죄가 성립함에도 불구하고, 일신적인 사유에 의해서 형벌이 가하여지지 않는 경우를 말한다. 예컨대, 친족간의 범행(刑 328 I, 344, 354, 361, 365 등), 외국의 외교관의 행위, 국회의원의 의원에서의 발언(憲 45) 등이다. 근래의 학설에서는 이 개념을 부정하고, 위법성이 없는 경우 또는 책임이 없는 경우로 해소시켜야 한다는 것도 있다.

일신전속권(一身專屬權) 〔獨〕 höchstpersönliches Recht 〔佛〕 droit exclusivement attaché à la personne 권리 중에서 주체와의 사이에 특히 긴밀한 관계가 있기 때문에 그 주체만이 향유할 수 있는 것(享有專屬權, 귀속상의 일신전속권이라고도 한다), 또는 그 주체만이 행사할 수 있는 것(行使專屬權). 전자는 양도 또는 승계(民 1005 참조)에 관하여 제한을 받는데, 양도·승계가 모두 불능한 것(친권, 부부상호의 권리 등)과 양도만이 불능하고 승계가 가능한 것(讓渡禁止의 특약있는 채권(449Ⅱ) 등)이 있다. 후자는 債權者代位權의 목적으로 될 수 없다(404 참조). 두 종류의 일신전속권은 관점을 달리하므로, 어느 쪽의 의미로도 일신전속인 권리도 적지 않지만(친권 등의 신분권에 많다), 행사에 관해서만 일신전속인 것(慰藉料請求權은 그 예라고 이해된다)이나, 향유(귀속)에 관해서만 일신전속인 것(양도금지의 특약있는 채권, 終身定期金債權 등)도 있다. 그리고 公權은 공익적 견지에서 부여되는 것인 결과로서 권리주체와의 사이에 긴밀한 관계가 인정되어, 일신전속적 성질을 가지는 일이 많다(俸給請求權, 年金權 등).

일실용신안일등록(一實用新案一登錄)**의 원칙**(原則) 동일한 실용신안에 대하여 하나의 등록만을 하게 하는 원칙. 先願主義도 이 원칙의 표현이다. →선원주의

일실이익(逸失利益) 不法行爲에 의해 생명이 침해된 경우 本人(死者)에게 생긴 손해액을 산정함에 있어 사망자가 그러한 사고가 없었더라면 얼마 만한 기간 동안 일할 수 있었고, 어떠한 노무로 어느 정도의 수입을 올렸을 것인가를 산정한 후

이로부터 생활비 등을 공제한 이익의 총액.

일용근로자(日傭勤勞者) 1日單位의 계약기간으로 고용되고, 1日의 종료로써 근로계약도 종료하는 契約形式의 근로자. 이러한 근로자는 사용되었던 다음 날은 이미 계약이 존재하지 않는 것으로, 다음날의 계약을 새로이 체결하지 않는 한, 사용자는 계속해서 고용할 의무가 없다. 이러한 관계로 본래는 常傭工으로 고용하여야 할 자를 일용으로 고용하는 경우가 생기는 것이기 때문에, 근로기준법은 이에 대한 보호를 위해서 일용근로자라 할지라도 계속해서 3개월을 초과하여 사용하는 경우에는 통상의 雇傭者와 같이 解雇의 豫告 또는 豫告手當支給에 관한 규정이 적용된다는 취지의 규정을 하고 있다(35, 31).

일 원(一院) → 하원

일원론(一元論) 〔英〕 monism 萬有의 근본원리는 하나라고 하는 形而上學說. 법의 결정요인을 다른 사회현상의 1개의 영역에 구하는 경우 이것이 법의 일원론적인 사고방법이 된다. 특히, 법의 기초를 階級集團에서 구하는 마르크스주의나 民族集團에서 구하는 법학은 법의 일원론이 된다.

일원제(一院制) 一院으로 구성되는 의회제도. 兩院制에 대한 개념. 단일민주공화국에 있어서는 일원제를 채택해도 아무런 이론상 모순은 없으나, 국회활동의 신중과 정부와 하원의 충돌을 조정하는 의미에서 양원제가 채택되고 있다. 신속한 국사처리가 요청될 경우에는 일원제가 채택된다. → 양원제

일응(一應)**의 추정**(推定) 고도의 蓋然性을 띤 간접사실을 증명함으로써 경험칙상 주요사실이 추인되어서 당사자의 立證責任이 완화되는 것을 말하며 表見證明이라고도 한다. 일응의 추정은 定型的 事象經過를 내용으로 하는 고도의 개연성을 띤 간접사실 또는 전제사실을 증명하면 주요사실이 추정된다. 상대방이 이 表見證明에 근거한 주요사실의 추정을 저지하기 위하여는 비전형적인 별도의 事象經過의 가능성 또는 별도의 전형적 사상경과의 가능성을 구체적으로 나타내는 간접사실을 입증(間接反證)하여야 하는데, 이때 상대방의 추정사실의 부존재를 추정시키는 간접사실의 증명은 단순한 反證의 정도로는 부족하고 本證을 증명하는 정도에 이르지 않으면 안된다고 하는 것이 통설이다. 一應推定의 이념은 不法行爲訴訟, 특히 공해소송·의료소송·제조자책임에 있어서의 손해배상청구사건에서 유용한 이론으로 받아들여지고 있으며, 판례는 公害事件에서 인과관계에 관한 개연성이론을 받아들이고 있다.

일의장일등록(一意匠 一登錄)**의 원칙**(原則) 동일한 意匠에 대하여 하나의 등록만을 하게 하는 원칙. 先願主義도 이 원칙의 표현이다. → 선원주의

일인제(一人制) → 단독제

일인회사(一人會社) 〔英〕 one man company 〔獨〕 Einmanngesellschaft 주식 또는 持分의 전부가 일인의 사원의 소유에 들어간 회사. 회사는 社團으로서 복수사원의 존재가 그 본질적인 요건이므로, 설립시에는 항상 複數社員의 존재가 필요하다. 그뿐만 아니라 우리 상법은 합명회사·합자회사와 유한회사에서는 사원이 한 사람으로 되는 것을 해산사유로 하고 있으므로(商 227iii, 269, 609 I i 참조), 이러한 회사에서는 일인회사가 성립할 여지가 전혀 없다. 이에 반하여 주식회사에서는 설립시 3인 이상의 發起人이 존재하여 각자 1주 이상을 인수하여야 하므로 회사성립시에는 3인 이상의 주주가 존재하여야 하나, 일단 성립한 후에는 주주가 3인 미만으로 되어도, 회사는 해산하지 아니하므로(517 참조), 1인회사가 인정된다. 혹은 주식회사가 社團法人이므로 적어도 2인 이상의 주주의 존재가 필요하다는 견해가 있으나, 주식의 양도는 자유이고, 주식은 背書 또는 양도증서의 방법에 의하여 유통되는 것이므로, 회사가 모르는 사이에 全株式이 한 사람의 손에 소유되는 일이 있을 수 있고, 이 경우에 당연히 회사를 해산시키는 것은 적당하지 아니하다. 그 뿐만 아니라, 이렇게 주주가 한 사람으로 된 회사라도 주식양도로 인하여 언제든지 주주가 복수로 될 가능성이 있으므로, 아직 社團性은 남아 있고, 이른바 1인회사는 잠재적인 복수사원으로 성립하는 회사라고 할 수 있다. 또 형식적으로 복수의 주주가 존재하여도 대부분의 주식을 한 사람이 소유하며, 다른 주주는 名義上 株主로 되어 있을 뿐이고, 실질적으로는 假設人에 불과한 회사도 넓은 뜻에서 1인회사라고 부른다. 1인회사는 개인 또는 회사가 그 사업에 관하여 책임한정의 이익을 얻을 목적으로 이용되는 일이 많으나, 회사가 경영합리화의 목적으로써 그 영업부문의 일부를 독립한 회사로 하면서 그 경영지배를 완전히 확보하고자 하는 경우, 또 법률적용상의 이익을 얻기 위하여 외국지점을 독립한 회사로 하는 경우 등에 1인회사의 형태를 이용하는 일이 있다.

일일명령(日日命令) 당직·출장·특근·

휴가 등의 일일업무에 관한 內部規範으로서의 行政規則을 말한다.

일자거절증서(日字拒絶證書) 一覽後定期支給어음 또는 引受提示命令어음에 있어서 어음인수는 하였으나 그 인수에 대하여 일자를 기재하지 아니한 경우 이를 증명하기 위하여 작성되는 거절증서. 일자의 기재가 없는 때에는 소지인은 배서인과 발행인에 대한 遡求權을 보전하기 위하여서는 적법한 시기에 작성시킨 거절증서에 의하여 그 기재가 없었음을 증명하여야 한다(어음 25Ⅱ). 일자거절증서도 인수거절증서 또는 지급거절증서 등과 같이 公證證書의 일종이다. 따라서 일자거절증서는 그를 위한 유일한 증거방법이며 다른 방법으로써 대용하거나 보완될 수 없다.

일자상속(一子相續) 〔獨〕 Anerbenrecht 봉건사회가 붕괴됨에 따라서 長子單獨相續이 폐지되고 모든 자녀에게 均分相續으로 되자 그 결과 가정유지의 지주가 없어지고 특히 농지는 세분화되어 그 경영이 곤란함으로써 그 방지책으로서 유럽, 특히 독일에서 발달된 제도이다. 그 골자는 농지는 불가분적으로 공동상속인 중의 1인(보통 長男)이 상속하고 다른 공동상속인은 그 농지 위에 가졌던 각자의 상속분의 가격을 그 一子相續人으로부터 장기의 年賦로 금전 또는 수확물로써 보상을 받는 것이다. 이는 단독상속과는 상이하며 그 기반은 공동상속이고 계산상으로는 균분상속이다.

일전양주(一田兩主) 1개의 토지를 상하양층으로 나누고 그 土地(田皮·田面·皮業·小業)와 底地(田根·田骨·業·大業)가 서로 다른 자의 소유로 되어 있는 권리관계. 上地權과 底地權은 각각 독립한 物權的 權利였으며, 중국근대 강남지방의 관습적 권리였다. 底地所有者는 토지사용수익권자인 上地所有者로부터 매년 所定의 租를 징수하는 권리를 보유한 것이다. 이는 중세 게르만민족의 分割所有權과 비슷한 유형으로 볼 수 있다. 중국 일부지방에서는 지주인 小租主와 지주로부터 徵租權을 유상적으로 취득한 大租主와 지주에게 糞土銀을 지급하고 토지의 영속적 이용을 취득한 佃戶의 3자관계에 있는 一田三主의 형태도 있었다 한다. 우리나라 科田法에 있어서도 土地國家公有制에 의한 국가의 광범한 관리권, 환언하면 그 실체인 徵稅權과 土地科給을 받은 田主의 收租權, 경작자인 佃客의 경작권의 3면관계로 구성되어 있어 그 권리관계가 동일토지에 중첩되어 있었으므로 一田三主關係로 분석할 수 있을 것이다.

일정법규일부개정폐기(日政法規一部改正廢棄)**의 건**(件)〔軍政法令 제11호〕 1945년 10월 9일 일제시대에 조선인을 차별·압박하기 위하여 제정된 특별법령 및 국민의 평등을 저해하는 일반법령을 폐지함과 아울러 罪刑法定主義를 실현시키기 위하여 발하여진 군정법령. 이에 의하여 정치범처벌법·豫備檢束法·치안유지법·출판법·정치범보호관찰령·神社法 및 경찰의 사법권에 관한 규정이 폐지되었다. 全文 4條.

일 족(一族) 동일한 男系血族에 속하는 자를 총괄하여 부르는 말. →남계, 혈족

일주일의결권(一株一議決權)**의 원칙**(原則) 주주의 주주총회에서의 議決權行使에 있어서 그 의결권을 1株에 1개로 하는 원칙(商 369Ⅰ). 주주가 頭數에 의하지 않고 持株數에 따라 의결권을 가지는 것은 주식회사가 자본단체이기 때문이며, 이것은 인적회사(195)의 경우와 크게 다른 것이다. 구상법에서는 이 원칙에 대하여 예외를 인정하였으나(舊商 241) 현행상법에서는 일체의 제한을 인정하지 않는다.

일책십이(一責十二) 부여, 고구려시대의 慣習法의 하나로서 훔친 물건의 12배를 배상하는 規範을 말한다.

일처다부혼(一妻多夫婚) 〔英〕 polyandry 〔獨〕 Polyandrie 〔佛〕 polyandrie 1인의 妻를 다수의 夫가 공유하는 혼인형태. 群婚時代로부터 一夫一妻婚制로 變轉하는 과도적인 것으로서 일부다처혼에 비하여 매우 드물기는 하나 일처다부혼이 있었다고 한다. →일부다처혼

일필일용지주의(一筆一用紙主義) 1개의 토지, 즉 일필의 토지마다 일용지를 쓰도록 하고 또한 그 토지에 관한 모든 법률관계를 그 용지에만 기입하게 하는 것. →일부동산일등기용지주의

일회성(一回性)**의 원칙**(原則) 〔獨〕 Grundsatz der Einmaligkeit 소송에 있어서 客觀的 目的을 달성한 소송행위를 동일한 사정하에 다시 하는 것을 금하는 원칙으로서 이에 위반된 訴訟行爲는 무효로 된다. 예컨대 적법한 상소의 신청에 의하여 이미 上訴審에 계속된 사건에 대해 다시 상소의 신청을 하여도 그 신청은 무효가 된다.

임 검(臨檢) 〔英〕 visitation 〔獨〕 Durchsuchung 〔佛〕 visite [1] 국제법상 선박의 포획에 앞서 군함에서 臨檢士官을 파견하여 포획이유를 확인하기 위하여 선박서류를 검사하는 것. 해상에서 嫌疑船을 발견하면 우선 停船을 명하고 불응하

면 공탄을 발사하고 이에 불응하면 선박전방에 실탄을 발사한다. 임검을 위하여 임검사관을 선박에 파견한다. 선장이 직접 선박서류를 갖고 군함에 출두하라는 명령을 행할 수 있느냐의 여부에 관하여서는 논의가 있다. 臨檢의 결과 포획이유가 있으면 포획된다. 임검에 저항하는 선박은 그것만의 이유로 포획된다. 단 본국의 군함에 의하여 호송되는 중립선박은 일반적으로 임검이 면제된다(런던宣言61, 62) 영국의 慣行은 면제하지 않는다. 포획된 선박은 交戰國의 포획심판소에 引致되고 해상에서 파괴할 수 없다. 인치불가능하면 선박을 해방하여야 한다. 단 인치가 군의 안전 또는 현행중의 군사행동의 성공을 저해하는 경우에는 선박을 몰수할 수 있는 경우에 한하여 파괴할 수 있다. 파괴한 경우에는 破壞要件을 입증하여야 하고 입증할 수 없을 때 또는 변명하여도 포획이 무효로 檢定(포획심판소에서)되면 배상의무가 발생한다. 중립선박의 포획은 심판소의 검정에 의하여 확정되고 그 전에는 확정될 수 없다. → 포획

[2] 행정법상으로는 租稅에 관한 犯則事件 또는 경제법령의 위반사건을 조사하기 위하여 세무공무원 · 세관공무원 · 전매공무원 등이 현장에 임하여 검사한다든가 또는 법령의 실시를 감시하거나 경찰상의 장해의 발생을 예방하기 위하여 영업소 · 공장 등의 현장에 임하여 검사하는 卽時强制的 事實行爲를 말한다.

[3] 형사소송법상으로는 현장검증과 같다.

임 금(賃金) 〔英〕 wage 〔獨〕 Lohn 〔佛〕 salaire 임금은 통화로 직접 근로자에게 그 전액을 지급하여야 한다. 단 法令 또는 團體協約에 특별한 규정이 있는 경우에는 임금의 일부를 공제하거나 또는 통화 이외의 것으로 지급할 수 있다. 임금은 매월 1회 이상 일정한 기일을 정하여 지급하여야 한다. 다만 임시로 지급하는 임금, 수당 기타 이에 준하는 것 또는 大統領令으로서 정하는 임금에 대하여는 그러하지 아니하다(勤基 42). → 직접불, 전액불, 임금통화불의 원칙

임금대장(賃金臺帳) 사용자가 사업장별로 임금지급의 명세를 기입작성하여, 근로자와 감독기관이 供覽할 수 있도록 비치하여 두는 대장. 대장에 기입할 사항은 임금의 액수는 물론 가족수당계산의 기초가 되는 사항과 근로기준법시행령 22조에 기재한 여러 사항을 임금지급시마다 기입하여야 하며(勤基 47) 3년간 보존한다(40). 임금대장의 작성을 필요로 하는 이유는 국가의 감독기관이 각 사업장의 근로자의 勤勞條件을 수시로 손쉽게 파악할 수 있다는 것과 노동의 실적과 지급임금과의 관계를 명확하게 기록함으로써 사용자뿐만 아니라 근로자에게도 노동과 그 대가인 임금에 대한 관계를 강하게 인식시키자는데 있다.

임금채권(賃金債權)**의 우선변제**(優先辨濟) 사용자가 破産 또는 도산하여 사용자의 재산이 다른 채권자에 의하여 압류되었을 경우에 근로자의 임금채권을 일반채권자의 채권 또는 조세 · 공과금보다 우선하여 변제받게 함과 동시에(조세 · 공과금이 質權 또는 抵當權에 우선하는 경우에는 예외) 최종 3월분의 임금과 퇴직금 및 재해보상금에 대해서는 最優先辨濟權을 부여함으로써 근로자의 최저생활보장을 확보하기 위한 제도(勤基 37)를 말한다. 근로관계로 인한 채권이라 함은 근로기준법 18조의 임금의 정의에 해당하는 일체의 금품에 대한 청구권을 말하며, 여기에는 基本賃金 이외에 각종 수당 · 상여금 · 퇴직금 등에 대한 청구권과 해고예고수당의 청구권, 저축금반환청구권도 포함된다. 이 제도의 주요 내용을 살펴보면, 먼저 일반임금채권은 質權 · 抵當權에 의해 담보된 채권을 제외한 조세 · 공과금 및 일반 다른 채권에 우선하여 변제되어야 한다. 그러나 조세 · 공과금이 질권 또는 저당권보다 우선하는 경우에는 이 임금채권이 조세 · 공과금보다 우선할 수 없다. 이 때 질권 · 저당권에 의해 담보된 채권과 조세 사이의 우선적 지위에 관해서는 國稅基本法에 규정되어 있는데, 이에 따르면 국세 · 가산금 · 납세처분비는 다른 공과금 기타의 채권에 우선하여 징수하는 것을 원칙으로 하지만(國稅基 35), 法定期日 전에 전세권 · 질권 · 저당권의 설정을 등기 또는 등록한 사실이 대통령령이 정하는 바에 의하여 증명되는 재산의 매각에 있어서는 국세 등에 우선하게 된다(35 iii 가목 내지 바목 참조). 다음으로 임금채권의 우선변제 중에서도 근로자의 최종 3월분의 임금과 퇴직금 및 재해보상금은 조세 · 공과금 및 다른 일반채권에 대해서는 물론 피담보채권에 대해서도 항시 우선하여 변제받는다. 이 제도는 사용자가 도산 · 파산한 경우 청산절차에 따라 被擔保債權에 대하여 우선변제를 하고 나면 근로자의 임금채권에 대한 변제자금력이 충분히 확보될 수 없어 사실상 일반임금채권이 우선변제적 효력을 가질 수 없음을 감안하여 정책적으로 창설한 제도이다. 여기에 해당하는 임금채권은 최종 3월분의 임금과 퇴직금 및 재해보상금이다.

임금청구권(賃金請求權) 임금은 노동의 대가이며 근로자의 생활을 유지하는 유일한 財源인 까닭으로 근로자는 근로계약에 따라서 제공한 노동에 대해서 당연히 임금청구권을 갖는다. 근로기준법에서는 임금의 通貨拂 · 直接拂 · 全額拂 · 一定期

日拂을 命하고(42), 근로자에게 불의의 出費가 생긴 경우에는, 지급기일 전의 비상시지급을 규정하고(44), 휴업시의 생활보장을 위한 휴업수당제도를 설정하였으며(45), 또한 都給制 기타 이에 준하는 제도로 근로자를 사용하는 경우에도 保障給의 제도를 정하였고(46) 賃金과 前借金과의 상쇄를 금지하는(28) 등, 임금청구권의 실질적인 확보를 기도하고 있다. → 전차금상쇄금지

임금통화불(賃金通貨佛)**의 원칙**(原則) 사용자가 근로자에게 지급하는 임금은 强制通用力을 가진 통화로 지급하여야 한다는 원칙(勤基 42). 영국에서 임금이 현물로 지급되는 폐해를 제거하기 위하여 제정된 現物責任禁止法으로부터 유래한다. 당해 기업의 생산품이나 기타 화폐 이외의 수단으로 임금을 지급하는 경우 사용자는 그만큼 안이한 시장개척을 한 셈이다. 그러나 그 가격이 반드시 시장가격과 일치하기 어려울 뿐만 아니라, 換價 역시 용이하지 않을 것이어서 근로자를 부당하게 착취하는 수단이 되고 근로자의 생활을 위협한다는 취지에서 채용한 원칙이다. 이 원칙의 예외로서, 법령 또는 단체협약에 특별한 규정이 있는 경우에는 통화 이외의 것으로 지급하는 것을 인정하였다(42Ⅰ但). 團體協約에서는 제품이나 일용품으로 지급된다는 뜻을 정하는 것이 보통이다. 주택·기숙사의 제공이 당연히 통화불의 원칙에 반하는가의 여부에 대해서는 다툼이 있다. → 임금

임대료(賃貸料) 〔英〕 rent 〔獨〕 Mietzins, Pachtzins 〔佛〕 loyer 賃貸借에 있어서 임차물 사용의 대가로 지급되는 금전 및 그 밖의 물건. 임대차에서는 借賃(토지의 경우에는 地料, 건물의 경우에는 家賃이라고도 하나 민법은 지료라는 말을 쓴다)이라고 부른다(民 286, 305). 예컨대 地上權의 대가인 지료를 포함하여 사용하는 일도 있다. 임대료의 지급시기는 별다른 특약이 없는 한 후불이며, 임대료의 액은 계약에 의하여 자유로이 정해지고 일정한 경우에는 증감할 수 있다(628).

임대인(賃貸人) 임대차계약에 있어서의 일반당사자, 즉 임차인에 대하여 목적물을 사용·수익하기로 약정한 자. 임대인은 임차인에 대하여 목적물의 사용·수익의 의무, 擔保責任費用償還, 借賃請求權 등의 권리의무를 진다(民 623, 624 등).

임대주택(賃貸住宅) 임대목적에 제공되는 주택으로 ① 임대사업자가 임대를 목적으로 건설하여 임대하는 주택, ② 주택건설촉진법 6조의 규정에 의하여 登錄한 주택건설사업자가 사업승인을 얻어 건설한 주택 중 사용검사시까지 분양되지 아니한 주택으로서 임대사업자등록을 마치고 건설교통부령이 정하는 바에 따라 임대하는 주택 및 임대사업자가 매매 등에 의하여 所有權을 취득하여 임대하는 주택을 말한다(賃貸住宅法 2ⅰ·ⅱ).

임대차(賃貸借) 〔羅〕 locatio conductio rei 〔獨〕 Miete und Pacht 〔佛〕 louage des choses 당사자의 일방(賃貸人)이 상대방(賃借人)에게 목적물을 사용·수익하게 할 것을 약정하고 상대방이 이에 대하여 借賃을 지급할 것을 약정함으로써 성립하는 契約(民 618~654). 有償·雙務·諾成契約. 임차인은 借用物 자체를 반환하여야 하므로 그 소유권을 취득하지 않는 점에서 消費貸借와 다르고 使用貸借와 같으나, 借賃을 지급하여야 하는 점에서 사용대차와 다르다. 오늘날의 사회생활에 있어서는 타인의 소유물을 빌려 사용·수익하는 일이 대단히 많은데, 이것은 대부분 임대차의 형식에 의하며 특히 부동산(건물·대지. 다만 농경지는 임대차의 목적으로 될 수 없다)의 임대차는 사회경제적 관점에서 보아 중요한 작용을 한다. 즉, 무상의 사용대차는 드물며, 부동산에 관하여 借主에게 강력한 지위를 부여하는 用益物權도 많지 않다. 그러나 근대법의 임대차관계에 있어서는 이른바 소유자(임대인)의 우위때문에 임차인의 지위가 저열하므로, 임차인 특히 不動産賃借人의 지위(賃借權)의 강화(임차권의 物權化)가 현대법의 큰 과제로 되어 있는데, 민법은 구민법에 비하여 임차인보호 내지 지위강화를 위한 규정을 많이 신설하였으나 충분하지는 않다. 앞으로 특별법의 제정이 요청된다.

임률계약(賃率契約) 〔獨〕 Tarifvertrag, Arbeitstarifvertrag 團體協約 중 임금의 率을 정한 것. 단체협약으로 최초로 행하여진 것이기 때문에 오늘날은 단체협약과 같은 뜻으로 사용된다.

임 면(任免) 정부에서 실시되는 국가공무원법 중 공무원의 신규채용·승진임용·전직·강임·면직 및 파면·직위해제·휴직·복직 등을 통털어 말한다.

임 명(任命) 〔英〕 appointment 〔獨〕 Ernennung 특정인에게 공무원의 신분을 부여하는 행위. 任用이라고도 한다. 임명에 의하여 행정주체와 피임명자간에는 공법상 근무관계라는 특별권력관계가 발생한다. 임명의 법적 성질에 관하여는 公法上契約說, 單獨行爲說, 雙方的 行政行爲說이 있으나 쌍방적 행정행위설이 유력하다. 임명은 임명권자가 한다. 임명은 補職과 구별되나, 넓은 뜻으로 이를 포함하여 사용하는 것이 보통이다. → 임용

임빼리움 〔羅〕 imperium 로마법상 보통 다음의 의미를 가진다. ① 命令權. 국가기관으로서 명령하는 권력. 본래는 무제한적이고 포괄적인 권력이지만 현실로는 대부분의 경우에 그 행사에 제한이 있었다. 왕정시대의 王. 공화정시대의 執政官(꼰술), 都統(닥따또르), 法務官(쁘라에또르). ③ 執政官이나 法務官의 대리인으로서 또는 이들 직을 끝마치고 縣(provincia)을 통치하는 자. 제정시대의 황제 등이 이것을 보유하였다. ② 命令. ③ 지배, 주권, 종주권. ④ 로마의 주권이 미치는 지역, 로마국.

임산부(妊産婦) 임신중에 있는 여자와 분만후 6월 미만의 여자를 임산부라 한다.

임상신문(臨床訊問) → 소재신문 · 임상신문

임시계급(臨時階級) 전시 · 사변 · 국가비상시 또는 軍의 增編으로 인하여 진급, 최저복무기간에 의한 진급으로는 상위계급의 闕員을 보충할 수 없을 때에 그 상위직위에 보직된 자에 대하여 1계급에 한하여 임시로 부여하는 계급(軍人事 33). 임시계급을 부여받은 자가 하위직위에 보직되었을 때에는 당연히 원계급에 복귀한다(34).

임시공(臨時工) 日傭勤勞者는 아니나, 임시적으로 고용되는 근로자. 본래는 사업번창시에 고용되는 것이지만, 사용자가 정식의 근로자로서 채용하면 해고가 곤란하게 되므로 어느 정도의 인원은 임시공으로서 고용하고, 事業不振時에 대비한다는 방책을 취한다. 임시공의 근로조건은 정식 근로자보다 열악한 것이 보통이다. 그러나 임시공이 장기간 고용되어, 노동의 量質에 있어서 정식의 근로자와의 사이의 구별이 없어지는 경우도 있다. 법률상 임시공이 문제되는 경우는 노동조합 및 노동관계조정법 35조의 동종의 근로자 속에 임시공이 포함되는가의 여부이다. 사용자의 기업채산적 고려를 중시하느냐, 노동의 실태에 중점을 두느냐에 따라서 消極 · 積極의 양설로 구분된다. → 일반적 구속력(단체협약의)

임시공휴일(臨時公休日) 정부의 임시적인 결정에 따라 국가 또는 지방자치단체가 그 직무 · 업무의 집행을 休止하는 날. 期限中이거나 기간의 滿了日이 이에 해당하는 경우에는 그 翌日로 연장한다. → 공휴일, 법정공휴일

임시법(臨時法) 일시적인 사정에 대응하기 위하여 제정되고 그 存續이 恒久的이 아닌 법률. 넓은 뜻의 限時法에 포함되지만 한시법을 좁은 뜻으로 이해하는 입장에서는 처음부터 또는 사후적으로 일정기일에 있어서의 법률의 실효가 예정되어 있는 것이 한시법이고 폐지의 시기가 예정되어 있지 않는 것이 임시법이라고 한다. → 한시법

임시세(臨時稅) 隨時稅라고도 하며 특수한 사정에 따라 일시적으로 부과 · 징수되는 조세로서 相續稅 · 特別消費稅 및 印紙稅 등이 있다.

임시외교사절(臨時外交使節) 〔英〕 temporary diplomatic envoys → 외교사절

임시의장(臨時議長) 보통은 국회에서 의장 및 부의장이 모두 사고가 있을 때 선거되어 의장의 직무를 대리하는 자를 말하나(國會 13), 넓은 뜻으로는 국회법 18조에 의하여 의장의 權限을 代行하는 연장자도 포함한다. 좁은 뜻의 임시의장은 무기명투표로써 재적의원 과반수의 출석과 출석의원 다수의 투표를 얻은 자를 당선자로 하는데 임시의장을 선거할 때에는 출석의원 중 年長者가 의장의 직무를 대리한다(18). 지방의회에 있어서도 이와 같은 제도를 두고 있다(地自 48).

임시(臨時)의 지위(地位)를 정하는 가처분(假處分) 〔獨〕 einstweilige Verfügung zum Zwecke der Regelung eines einstweiligen Zustandes 권리관계나 법률상태가 불명확한 것은 결국 소송을 제기하여 판결로 확정되어야 비로소 명백하게 되는 것인데, 그 소송이 종결될 때까지의 현상을 방치하여서는 수습할 수 없는 결과가 발생할 염려가 있을 경우에, 재판에 의하여 우선 잠정적으로 법률상태를 정하여 두는 가처분. 구법에서는 假地位를 정하는 가처분이라고 하였다. 같은 가처분이라도 係爭物에 관한 가처분과는 그 성질이 전혀 다르다. 이와 같은 가처분을 행함에는 다음 두 가지 요건이 필요하다(民訴 714Ⅱ). ① 爭議있는 권리관계일 것. 이 權利關係는 임시의 지위를 정하기에 적당한 계속적 권리관계여야 하고, 가처분에 의하여 한번의 이행만으로 끝나는 것은 포함되지 아니한다. 권리관계라 함은 財産的 權利關係는 물론이요, 身分的 權利關係도 포함한다. 예를들면 소유권 · 특허권 · 저작권 등에 대한 침해가 있는 경우, 조합 · 도급 · 임대차의 효과에 관하여 분쟁이 있어 의무위반의 염려가 있을 때, 주식회사의 이사선임결의, 노동조합의 조합원의 제명 또는 사용자의 해고를 다투는 경우 등이다. ② 임시의 지위를 정할 필요가 있을 것(假處分의 理由). 법률관계의 불확정때문에 발생하는 현저한 손해를 피한다든가 또는 긴박한 强暴를 방지하기 위한다든가 하는 이유로 잠정적인 지위상태를 형성하고 이를 유

지실현할 필요가 있음을 말한다. 예를 들면 경계 다툼으로 일상 충돌하여 생활상의 불안을 느끼게 된다든가, 유사상표의 사용에 의해 회복할 수 없는 손해가 발생한다든가, 決議의 效力에 관하여 다툼이 있음에도 불구하고 결의가 집행되어 돌이킬 수 없는 상태로 되는 것 같은 경우이다. 금전급여청구권에 관하여서도 예컨대 신체상해에 기한 손해배상청구에 대하여 다툼이 있는 사이에 피해자가 생활비나 치료비에 궁해 있는 것 같은 경우나, 해고의 효력에 대해 다툼이 있는 사이에 피해고자가 급료를 받지 못하기 때문에 생활이 궁한 것과 같은 경우도 그 필요가 인정된다. →가처분, 계쟁물에 관한 가처분

임시이사(臨時理事) 非營利法人의 이사가 없거나 또는 결원이 있는 경우에 이로 인하여 손해가 생길 염려있는 때에 利害關係人이나 檢事의 청구에 의하여 법원이 선임하는 일시적인 이사(民 63). 그 직무권한은 정식의 이사와 같지만 정식의 이사가 임명되면 임시이사는 당연히 퇴임한다.

임시재판관(臨時裁判官) 〔英〕judge ad hoc →국적재판관

임시총회(臨時總會) 필요있는 경우에 임시로 소집되는 주주총회 또는 사원총회(商 365Ⅲ · 578, 民 70). 定期總會 또는 通常總會에 대한 것. 즉, 사단법인에서는 이사가 필요하다고 인정한 때(民 70Ⅰ), 감사가 보고를 하기 위하여 필요하다고 인정한 때(67ⅳ), 총사원의 5분의 1 이상으로부터 회의의 目的事項을 제시하고 청구한 때(70Ⅱ)에 임시총회가 소집된다. 주식회사에서는 이사회가 필요하다고 결정할 때(商 362, 365Ⅲ), 발행주식의 총수의 100분의 5 이상에 해당하는 주주가 회의의 목적사항과 소집의 이유를 기재한 서면을 이사회에 제출하여 청구한 때(366Ⅰ) 및 법원이 회사의 업무와 재산상태에 관한 檢査人의 조사보고에 의하여 필요하다고 인정한 때(467)에 임시총회가 소집된다. 그리고 유한회사에서는 이사가 필요있다고 인정한 때(571, 578). 자본의 총액의 100분의 5 이상에 해당하는 出資座數를 가진 사원이 회의의 목적사항과 소집의 이유를 기재한 서면을 제출하여 청구한 때(572) 및 법원이 회사의 업무와 재산상태에 관한 檢査報告書에 의하여 필요하다고 인정한 때(582)에 임시총회가 소집된다.

임시투자세액공제제도(臨時投資稅額控除制度) 기업의 設備投資를 촉진하기 위해 정해진 기간내에 이루어진 투자액이 일정비율을 세금에서 공제하는 제도. 정부는 필요할 때마다 6개월 1년 단위로 투자세액공제제도를 시행하기 때문에 임시투자세액공제제도라고 불린다. 현행 조세감면규제법상 대상기업은 제조업(중소기업, 대기업), 광업(중소기업)으로 한정돼 있으며 국산기계 구입시에만 세액공제를 받을 수 있다. 稅額控除率은 중소기업 10%, 대기업 7%로 납부해야 할 法人稅(법인)나 所得稅(자영기업)에서 감면해 준다(10).

임시회(臨時會)〔國會의〕 定期會 이외에 임시긴급한 필요에 따라 집회된 국회의 회기. 임시회는 대통령 또는 국회재적의원 4분의 1 이상의 요구에 의하여 국회의장이 소집하는 바(憲 47Ⅰ) 集會의 公告는 집회일의 3일 전에 하여야 한다(國會 5). 임시회의 회기는 30일을 초과할 수 없으며(憲 47Ⅱ). 회기는 집회한 당일로부터 起算한다.

임시회의(臨時會議) →임시회(국회의)

임야대장(林野臺帳) 土地臺帳 및 地籍圖에 등록되지 아니한 임야 또는 정부가 임야대장에 등록할 필요가 있다고 인정한 토지를 등록하는 地籍公簿(地籍 2ⅰ, 3, 9).

임야도(林野圖) 임야대장에 등록된 토지에 대하여 토지의 所在 · 地番 · 地目 · 境界 등을 등록하는 地簿公簿(地籍 2ⅰ, 10).

임업협동중앙회(林業協同中央會) 임업협동조합법에 의하여 인정되는 일종의 非營利社團法人(3Ⅰ)으로서 임업협동조합의 업무를 지휘 · 감독하여 그 공동이익의 증진과 건전한 발전을 도모함을 목적으로 설립된다(49). 중앙회의 주된 사무소는 서울특별시에 두고 그 業務區域은 전국으로 한다(50). 중앙회를 설립하고자 할 때에는 50개 이상의 조합이 발기인이 되어 정관을 작성하여 산림청장의 인가를 받아야 한다(51).

임 용(任用) 〔英〕appointment, employment 〔獨〕Ernennung 일반적으로 특정인에게 일정한 공무원의 직위를 부여하는 행위의 총칭. 그러므로 공무원의 신분관계를 설정하는 임명과 이미 공무원의 신분을 취득한 자에게 일정한 직무를 부여하는 補職行爲를 포함한다. 우리나라의 실정법상의 임용은 여러가지의 뜻으로 쓰이고 있으나 公務員任用令에서의 임용은 신규채용 · 승진임용 · 승급 · 전직 · 전보 · 降任 · 휴직 · 직위해제 · 복직 · 면직 및 파면을 뜻하는 바(2ⅰ), 그 경우의 임용은 공무원의 신분 또는 직위의 得喪變更에 관한 모든 행정행위를 뜻한다. 공무원의 임용은 시험성적 · 근무성적 기타 능력의 實證에 의하여 하며 임용의 효력은 임용장에 기재된 일자에 발생한다(6).

임용권자(任用權者) 공무원에 대한 任用權을 가지는 자. 국가공무원에 대하여는 법률 또는 대통령령이 정하는 바에 의하여 대통령·국무총리·각부처의 장이, 지방공무원에 대하여는 지방자치단체의 장이나 지방의회의 의장 등이 된다. 소속장관은 대통령령이 정하는 바에 따라 그 임용권의 일부를 소속기관의 장에게 위임할 수 있다(國公 32 Ⅲ).

임용시험(任用試驗) 공무원의 임용을 위한 시험. ① 좁은 뜻으로는 자격시험에 대한 말. 자격시험은 당해직무에 종사할 수 있느냐 없느냐의 자격의 유무를 검정하기 위한 것이므로 그 효력은 일신전속적이며 종신유효한 것인데 반하여, 임용시험은 자격의 유무에 주안이 있는 것이 아니고 缺員 기타 이유로 인한 직접적인 昇進·新規採用·轉職 등을 위한 것이므로 자격시험에 있어서와 같은 효력은 없다. 公務員任用令에 의하면 임용시험에는 昇進任用試驗·新規採用試驗·轉職試驗 등이 있다. ② 넓은 뜻으로는 임용시험은 위의 것 외에 자격시험을 포함한다. →자격시험

임용후보자명부(任用候補者名簿) →채용후보자명부

임원겸직(任員兼職) 〔英〕 interlockering directorates 회사의 임원이 되는 회사와 경쟁관계에 있는 다른 회사의 임원의 지위를 겸하는 것. 임원겸직은 한면에 있어서는 인적관계에 의하여 私的獨占을 조정할 우려가 있으므로 금지되고, 다른 한면에 있어서 임원의 회사에 대한 충실의무에 위반되므로 상법상 제한된다(→경업금지의무(商 397)). 후자와 같은 취지의 제한은 협동조합의 임원에 대하여도 적용된다(舊協 47, 農協 52).

임의경매(任意競賣) 〔獨〕 freiwillige Subhastation →경매

임의공범(任意共犯) 성질상 1인이라도 범할 수 있는 범죄를 2인 이상이 공동으로 범한 경우를 말하는 것으로 殺人罪·强盜竊盜罪의 공범은 그 예이다.

임의관할(任意管轄) 〔獨〕 Wahlgerichtsstand, gewillkürte Zuständigkeit 주로 당사자의 편의공평의 요구에 의하여 정하여진 관할로서 當事者의 合意(民訴 26) 또는 被告의 應訴(27)에 의하여 변경할 수 있는 성질의 토지 또는 사물관할. 專屬管轄에 대한 말. 이에 관하여는 抗訴審에 이르러 제1심법원의 관할위반을 주장하지 못한다. 따라서 임의관할에 위반된 판결이라 하더라도 위법한 판결이라고 볼 수 없다(381).

임의규정(任意規定) →강행규정·임의규정

임의대리(任意代理) [1] 민법상의 임의대리에 관하여는 任意代理人을 보라.

[2] 公法上으로는 행정관청의 自由意思에 기하여 그의 권한의 일부를 그의 보조기관이나 다른 행정기관이 대리하여 행하는 것. 행정관청은 법률이 그 기한의 일부를 他者로 하여금 대리케 할 수 있음을 규정하고 있는 경우는 물론, 그러한 규정이 없더라도 특히 반대의 규정이 없든가 職務의 性質上 특히 그 자신이 행함을 요하는 것 이외에는 他者(주로 보조기관)로 하여금 그 권한의 일부를 대리케 할 수 있다. 다만 그것은 일반적·포괄적인 권한에 관해서만 가능하며, 그 경우에도 그 권한의 일부에 한해서만 허용된다. 임의대리에 있어서는 피대리관청의 책임에서 그 권한이 행사되며, 피대리관청은 대리인에 대하여 지휘·감독할 수 있다. →법정대리, 권한의 대리

임의대리인(任意代理人) 본인의 의사(신임)에 기한 대리를 임의대리라 하고 그 대리인을 임의대리인이라 한다. 法定代理人에 대한다. 임의대리는 본인과 대리인간의 授權行爲에 의하여 발생한다. 수권행위는 委任契約과 합체하여 있는 일이 많으므로, 구민법은 임의대리를 위임으로 인한 代理(任意代理)라고 불렸었지만(舊民 104 등) 그것은 組合契約·雇傭契約 등과도 합체할 수 있고 대리권의 수여만이 별도로 행하여질 수도 있으므로, 이 용어는 정당치 않다. 그러므로 민법은 위임으로 인한 대리라는 말을 쓰지 않고 법률행위에 의하여 수여된 대리권(民 128 참조)이라는 말을 쓰고 있다.

임의대위(任意代位) 代位辨濟의 한 경우로서, 변제를 함에 관하여 정당한 이익을 가지지 않는 제3자가 변제를 하고 체권자의 승낙을 얻어 채권자에 代位하는 것(民 480 Ⅰ). 변제를 함에 관하여 정당한 이익을 가지는 자가 변제로 인하여 당연히 채권자에 대위하는 法定代位에 대하여 쓰인다(481). 민법은 임의대위의 경우에는 변제와 동시에 채권자의 승낙을 얻어야 한다고 하였으나, 이것은 늦어도 변제시까지 승낙을 얻으면 된다는 뜻이라고 일반적으로 해석되고 있다. 따라서 이 승낙은 대위를 낳게 하는 것, 즉 채권의 효력 및 담보가 이전하는 것에 대한 同意이며, 양도의 의사표시는 아니다. 이 경우에도 대위는 채권 및 담보의 법률상의 이전이며, 양도는 아니기 때문이다. 따라서 승낙의 성질은 대위의 법률상의 효과를 발생케 하기 위한

意思의 通知, 즉 準法律行爲라고 이해하여야 할 것이다. 그러나 채권자의 승낙이 있었느냐의 여부를 채무자에게 공시할 필요가 있으므로, 債權讓渡에 있어서와 마찬가지로 통지 또는 승낙으로써 對抗要件으로 한다(480 Ⅱ, 450). → 대위변제

임의동행(任意同行) 수사기관이 검찰청·경찰서 등에 동행을 요구하고 상대방의 승낙을 얻어 이를 연행하는 處分. 다만 형사소송에 관한 법규에 의하지 않는 한 그 자의 신체를 구속하거나 그 의사에 반하여 답변을 강요할 수 없다(警職 3Ⅱ 참조).

임의매각(任意賣却) 압류한 재산을 公的競賣方法이나 强制競賣와 같은 법정의 換價節次에 의하지 않고, 일반거래상 행하여지는 방법 중에서 임의로 하나를 선택하여 재산을 환가하는 것. 민사소송법이 정하는 유체동산의 適宜賣却(民訴 543, 544, 548). 채권의 특별한 換價方法(574) 등은 임의매각의 일종이다. 적의매각에는 執行官이 하는 것(法定任意賣却)과 신청 또는 직권에 기하여 집행법원의 명령에 의하는 것(裁定任意賣却)이 있다. 전자는 金銀物에 관하여는 그 시가 이상의 금액으로 경매하는 자가 없는 때(543), 또는 시가있는 유가증권(544)에 대하여 행하여진다. 각기 金銀物의 시가에 달하는 가격으로 또는 매각일의 시가로 매각할 필요가 있다. 후자는 押留債權者, 집행력 있는 정본에 의하여 배당을 요구한 채권자나 채무자의 신청에 의하여 특별한 방법·조건으로서 집행법원이 換價를 명하는 경우와 집행법원이 필요하다고 인정하여 직권으로 명하는 경우가 있다(548). 또 때로는 執行官에게 맡기는 것보다 집행관 이외의 競賣營業者·土地會社·信託會社에 맡겨서 매각하는 것이 더 유리하다고 인정될 때에는 이같은 명령도 할 수 있다. 또 파산법에서는 파산재산에 속하는 법정의 재산의 임의매각을 인정하고 있으나 일정액 이상의 것은 감사위원의 동의를 요한다(破 187, 188).

임의보험(任意保險) 〔獨〕 freie Versicherung 보험가입이 당사자의 임의에 달려있는 보험. 强制保險에 대하는 개념으로서 일반의 영리보험 및 상호보험은 모두 이에 속한다.

임의부담(任意負擔) 부담의무자의 자유의사에 의하여 성립되는 公用負擔을 말한다. 대표적인 것은 부담권리자와 채무자의 합의에 의하는 경우이며, 예외적으로 부담의무자의 일방적인 의사에 의하는 경우가 있을 수 있다. 공용부담은 권력적 작용으로서 원칙적으로 强制負擔이며 임의부담은 예외적인 것이다.

임의분가(任意分家) 가족이 임의로 하는 분가. 호주의 直系卑屬長男子를 제외한 가족은 자유로이 분가할 수 있으나, 미성년자만은 법정대리인의 동의를 얻어야 한다(民 788). 分家戶主의 배우자·직계비속과 그 배우자는 당연히 그 분가에 入籍하고, 本家戶主의 혈족아닌 분가호주의 직계존속은 분가에 입적할 수 있음에 그친다(791). → 법정분가, 강제분가

임의상속(任意相續) 피상속인의 의사에 의하여 상속인이 결정될 수 있는 상속제도로서 遺言相續이라고도 한다. 强制相續에 대립하는 뜻으로 상속의 승인 또는 포기가 상속인의 자유선택에 맡겨져 있는 상속을 가리킬 때도 있다.

임의소각·강제소각(任意消却·强制消却) 〔獨〕 freiwillige Einziehung 회사가 주식을 소각하는 방법에는 두 가지가 있는데 임의소각과 강제소각이 그것이다. 임의소각은 회사와 주주간의 계약에 의하여 회사가 자기주식을 취득한 후에 이를 실효시키는 것(商 341, 342). 이 계약에는 賣買(買入消却)·代物辨濟 등 有償의 경우(有償消却)와 贈與 등 無償의 경우(無償消却) 등이 있다. 이 소각방법에 의한 경우라도 미리 정관 또는 주주총회의 특별결의에 의하여 주주의 일반적 승인을 얻어야 할 뿐만 아니라(343, 438), 소각에 있어서는 株主平等의 원칙의 적용이 있다. 강제소각은 주주평등의 원칙에 입각하여 按分比例·추첨 등의 방법으로 회사가 일방적으로 소각할 주식을 정하여 소각하는 것을 말한다.

임의수사(任意搜査) 임의적인 조사에 의한 수사. 수사의 목적, 즉 범인 및 증거를 발견하고 公訴의 提起 및 그 유지의 자료를 얻기 위하여는 수사를 받는 자의 동의·승낙을 전제로 하는 한 이에 필요한 조사를 할 수 있다(刑訴 199 Ⅰ本). 强制搜査는 형사소송법상에 특별한 규정이 없으면 할 수 없으므로 임의수사가 원칙이다(199 Ⅰ). 임의출석에 의한 被疑者審問, 피의자 이외의 자의 신문, 감정·통역 또는 번역의 委囑 등이 그것이다. → 수사

임의인지(任意認知) 父 또는 母가 임의로 하는 認知. 부 또는 모가 하는 것이 원칙이지만(民 855 Ⅰ前), 부 또는 모가 禁治産者인 경우는 후견인의 동의가 있어야 한다(856). 胞胎中의 子라도 인지할 수 있고(858), 子의 직계비속이 있는 경우에는 자의 사망후에도 인지할 수 있다(857). 인지는 호적법에 정한 바에 의하여 신고를 함으로써 효력이 생기지만 遺言으로써도 할 수 있다(859, 戶 60). 한번 행한 인지는 임의로 철회할 수 없다. 그러나

인지가 전혀 사실에 반하는 경우에는 무효이며 사기·강박 또는 중요한 착오로 인하여 인지를 한 때에는 사기나 착오를 안 날 또는 강박을 면한 날로부터 6개월내에 법원의 허가를 얻어 취소할 수 있다(民 861). 그리고 子 그 밖의 이해관계인은 인지에 대하여 반대의 사실을 주장할 수 있다(862). 이러한 인지에 대한 異議는 인지신고를 안 날로부터 1년내에 普通裁判籍 所在地의 가정법원에의 심판의 청구로써 하여야 한다(家訴 26Ⅱ). → 강제인지

임의적 공범(任意的共犯) → 공범

임의적 관할권(任意的管轄權) 〔英〕 voluntary jurisdiction → 국제사법재판소

임의적 구술변론(任意的口述辯論) 〔獨〕 fakultative mundliche Verhandlung 법원이 구술변론의 여부를 임의로 정할 수 있는 경우의 구술변론이 이에 해당한다(民訴 124Ⅰ但). 任意的 辯論을 열었을 때에는 필요적 구술변론의 경우와 다르며, 그것만을 재판의 기초로 할 필요없이 달리 행한 書面審理의 결과 등도 겸하여 참작함을 요한다(예외 701).

임의적 국제재판(任意的國際裁判) 국제분쟁을 의무적으로 국제재판에 부탁하는 것이 아니라 분쟁이 발생할 때마다 당사국이 그것을 仲裁裁判 또는 司法裁判에 부탁할 것이냐의 여부에 관해서 합의하여 결정하는 형식. → 임의적 중재재판

임의적 기재사항(任意的記載事項) 정관·어음 등에 기재할 것을 법률상 강제당하지 아니하나 당사자가 임의로 기재하면 법률상 다른 효력이 인정되는 사항. 어음의 임의적 기재사항에는 그 기재에 상당한 어음상의 효력을 발생하는 有益的 記載事項과 어음상의 효력을 발생하지 아니하는 無益的 記載事項, 어음의 효력을 해하는 有害的 記載事項 등이 있다.

임의적 당사자변경(任意的當事者變更) 訴訟係屬 중 당사자의 임의의 의사에 따라 당사자가 변경되는 경우를 말한다. 예를 들면 소송계속 중 原告適格이 없는 자가 제소하였음이 명백할 경우 원고적격있는 자로 원고를 교체하거나, 被告適格이 없는 자를 피고로 하였음이 명백할 경우에 피고적격있는 자로 피고를 교체하거나 소송계속 중 원고측 또는 피고측에 추가적으로 확정된 원고 또는 피고가 되기 위하여 소송에 참가해 오는 경우이다. 임의적 당사자변경은 訴外의 제3자가 당사자로 교체되어 당사자의 동일성이 없는 자가 당사자로 되는 것이므로 訴狀의 當事者表示를 訂正하는 것과는 구별된다. 판례는 당사자의 동일성이 유지되는 한도에서 당사자표시의 정정을 허용하지만, 당사자의 동일성이 유지되지 아니하는 당사자변경은 허용하고 있지 않다. 따라서 신구당사자간에 당사자의 동일성이 없고 분쟁주체의 지위의 승계관계가 없는 任意的 當事者變更에 대하여 판례는 이를 당사자표시의 수정으로 보는 반면, 학설에서는 임의적 당사자변경을 인정하는 것이 통설이다. 임의적 당사자변경의 성질에 대해서는 ① 소변경의 일종으로 보는 訴變更說, ② 당사자의 변경을 목적으로 하는 특수한 단일행위로 보는 特殊行爲說, ③ 新原告에 의한 또는 新被告에 대한 新訴의 제기와 舊原告에 의한 또는 舊被告에 대한 舊訴의 취하가 복합적으로 행해진다는 複合行爲說이 대립하고 있는데, 일본과 우리나라에서는 복합행위설이 다수설인 반면, 독일에서는 特殊行爲說이 유력하다. 소송의 당사자는 舊訴의 당사자의 소송상의 지위를 그대로 승계하지 않는 것이 원칙이다.

임의적립금(任意積立金) 任意準備金과 동의어이지만 財務諸表規則은 이 명칭을 쓰고 있다(105). → 임의준비금

임의적 변론(任意的辯論) 〔獨〕 fakultative Verhandlung 법원이 변론의 경유여부를 임의로 정할 수 있을 때의 변론으로, 민사소송법상 결정으로 완결지을 수 있는 사건 및 상고사건에 대한 변론(124Ⅰ但, 400)과 형사소송법상 결정 또는 명령을 할 경우와 상고심재판을 할 경우(37Ⅱ, 390) 등이 이에 해당한다. 假押留·假處分申請에 대해서는 변론을 거칠 것인가 어떤가는 법원이 임의로 정하게 되어 있지만 변론을 열면 판결로써 재판하지 않으면 안되기 때문에(民訴 70Ⅰ, 715), 그 경우는 必要的 辯論의 성질을 갖고 있다. 그리고 법원이 임의적 변론을 거치지 않는 때에는 당사자를 심문할 수 있다(124Ⅱ). 審問이라는 것은 당사자에게 對席的이 아니고 개별적으로 서면 또는 구술로 진술할 기회를 주는 것을 뜻한다. 임의적 변론에 있어서는 변론을 경유하는 경우라도 따로이 한 書面審理를 병용할 수 있으며, 다만 필요적 변론과 같이 변론에 나타난 자료만을 재판의 기초로 할 필요는 없다.

임의적 보석(任意的保釋) → 보석

임의적 중재재판(任意的仲裁裁判) 〔英〕 voluntary arbitration, facultative arbitration 〔獨〕 fakultative Schiedsgerichtsbarkeit 〔佛〕 arbitrage facultative 중재재판의 형식은 특별한 條約이 없는 한 일반적으로 임의적 중재재판이다. 이것은 상설된 중재재판소에 당사국이 분쟁을 의무적으로 부

탁하는 것이 아니라 분쟁이 발생할 때마다 당사국이 그것을 중재재판에의 부탁 여부에 합의하고 또 그 중재재판관의 선정에 합의하는 형식이다. 이러한 임의적 중재재판의 형식으로써는 분쟁을 중재재판에 부탁함을 기대할 수 없으며 또한 불편한 점이 많다. 그리하여 義務的 仲裁裁判制度가 점차로 발전하게 되었다. → 의무적 중재재판, 임의적 국제재판

임의조정(任意調停) 노동법상 職權調停 또는 强制調停에 대한 말로서, 당사자쌍방의 합의에 의하여 시작되는 조정. 노동조합 및 노동관계조정법은 당사자의 쌍방 또는 일방의 요청에 의하여 행하는 임의조정과 노동위원회가 필요하다고 인정한 때에 직권으로 행하는 强制調停制를 마련하고 있다(53). 그러나 어떤 경우이건 조정위원회가 작성한 調停案의 수락여부는 관계당사자의 자유이다(60).

임의조합(任意組合) 민법상의 계약의 일종으로서의 조합(民 703 이하). 특별법에 의하여 설치된 조합(원칙으로 法人格을 가진다)에 대립하는 뜻으로 사용되며, 법인격을 가지지 않는 점과 성립에 관하여 행정관청의 處分(設立命令·認可 등)을 필요로 하지 않는 점에 특색이 있다.

임의조항(任意條項) 〔英〕 optional clause 〔獨〕 Fakultativklausel, Optionsklausel 〔佛〕 disposition facultative 選擇條項이라고도 하며 국제사법재판소규정 36조 2항의 규정을 말함. 이 규정에서 본규정의 당사국은 선언에 의하여 일정한 종류의 분쟁에 관하여 이 재판소의 義務的 管轄을 인정할 수 있게 되었다. 그런데 의무적 관할의 인정은 당사국의 선언에 의하며, 그 선언은 국가의 임의이고 자유선택에 있으므로 그 규정을 임의조항 또는 선택조항이라고 한다. 현재 국제법상 국가는 일반적으로 분쟁을 국제재판에 부탁할 의무는 없다. 국제재판소의 재판관할은 분쟁당사국의 합의에 의한 부탁의 경우에만 있게 된다. 이러한 任意的 裁判管轄의 문제를 해결하기 위하여 의무적 재판관할을 인정코자 국제사법재판소규정에 선택조항을 두게 되었다. 임의조항으로 재판의무를 가지게 되는 것은 법률적 분쟁에 있어서 조약의 해석, 국제법상의 문제, 인정되면 국제의무의 위반이 되는 사실의 존부, 국제의무에 대한 배상의 성질 또는 범위 등의 문제이다(國際司法裁判所規程 36Ⅱ). 이러한 문제의 분쟁에 대해서 규정의 당사국이 특별의 선언을 하게 되면 동일한 의무를 수락하는 다른 국가와의 관계에 있어서 특별의 합의가 없어도 당연히 재판소의 裁判管轄이 의무적으로 된다. 그 선언은 무조건으로, 다수국 혹은 일정국과의 상호조건으로 또는 일정한 기간부로 할 수 있다. 이 선언은 국제연합사무총장에 寄託하게 되어 있다. → 국제사법재판소, 의무적 국제재판

임의준비금(任意準備金) 〔英〕 voluntary reserve 〔獨〕 freiwillige Reservefonds 〔佛〕 réserve statutaire, réserve extraordinaire 법의 강제에 의하지 않고 정관 또는 주주총회의 결의에 의하여 적립되는 준비금. 그 목적은 사업확장·개량·減價償却·社債 또는 償還株式의 상환, 配當의 평균, 손실의 塡補, 주식의 消却, 非常金準備 등 여러가지가 있을 수 있으며, 그 금액·적립방법도 자유로 정할 수 있다. 이른바 別途積立金이란 것도 목적을 정하지 않은 임의준비금의 일종이며 차년도에의 移越金도 일시적인 임의준비금이다. 임의준비금의 財源은 법정준비금을 적립한 후의 잔존이익이다. 임의준비금의 폐지변경·자본전입도 정관에 의한 것은 정관에 의하여, 총회의 결의에 의한 것은 총회의 결의로 자유로이 할 수 있다.

임의중재(任意仲裁) 〔英〕 voluntary arbitration 노동법상 强制仲裁에 대한 말로서, 당사자쌍방의 합의에 의해서 개시되는 중재. 우리나라의 노동조합 및 노동관계조정법에서는 원칙적으로 임의중재를 인정하고 있으며, 公益事業에 있어서는 노동위원회가 그 직권 또는 행정관청의 요구에 의하여 중재에 회부한다는 결정을 한 때에 예외적으로 강제중재를 인정하고 있다(勞整 62). → 중재위원회

임의채권(任意債權) 〔羅〕 obligatio facultativa 〔獨〕 Schuld mit alternativer Ermächtigung 〔佛〕 obligation facultative 1개의 특정한 給付를 목적으로 하지만, 채권자 또는 채무자가 다른 급부로 갈음케 할 수 있는 권리를 가지는 채권. 계약상 생기는 수도 있지만, 법률의 규정으로도 생긴다(民 378, 443 後). 말 1필을 급부할 터이지만 시가에 따라 금전으로 지급하여도 좋다고 하는 채무. 종업원에게 작업복을 급부하여야 할 터이지만 시가에 따라서 금전으로 지급하여도 좋다고 하는 채무 등이 그 예. 이 경우에, 본래의 급부에 갈음하여 다른 급부를 할 수 있는 권리를 代用權(補充權)이라 하고 갈음하는 급부를 代用給付라고 부른다. 또한 본래의 급부가 불능으로 되더라도 대용급부가 채권의 목적으로 되지 않는다.

임의청산(任意淸算) 정관 또는 총사원의 동의에 의하여 정하여진 방법으로 하는 청산. 法定淸算에 대하는 것으로서 人的會社에 한하여 인정된

다(商 247, 269). 이러한 회사에 있어서는 사원이 대외적으로 책임을 부담하고 대내적으로는 相互信賴關係가 있어 청산의 방법에 있어서도 사원개인의 의사를 존중하여 회사의 자치에 일임하여도 무방하기 때문이다. 그러나 社員의 持分을 압류한 자가 있는 때에는 그 동의를 필요로 하며(247Ⅳ) 사원이 1인으로 됨으로써 또는 법원의 명령 또는 판결로 인하여 해산한 경우에는 예외이다(247Ⅱ). 재산의 처분방법이 자유로워 그 방법 여하에 따라서는 會社債權者에게 불이익을 줄 우려가 있으므로 법은 합병의 경우에 있어서의 채권자의 보호와 동일한 규정을 두고 있으며(247Ⅲ, 232) 동규정에 위반하여 재산을 처분함으로써 회사채권자를 害한 때에는 회사채권자는 그 처분의 취소를 법원에 청구할 수 있다(248Ⅰ. 예외 : 248Ⅱ, 民 406Ⅰ但). 持分押留債權者의 同意를 얻지 아니하고 그 재산을 처분하였을 때에도 동인은 회사에 대하여 그 持分에 상당하는 금액의 지급을 청구할 수 있으며, 이 경우에도 채권자에 의한 會社財産處分取消의 청구규정이 준용된다(商 249).

임의출석(任意出席) 형사소송법상 强制處分에 의하지 않고 범죄의 피의자가 경찰서 또는 검찰청에 출석하는 것. 수사기관은 수사에 필요할 때에는 피의자의 출석을 요구하여 그 진술을 들을 수 있다(刑訴 200Ⅰ). → 임의수사

임의투표(任意投票) 선거권의 행사를 선거인의 자유로운 의사에 맡기고 棄權者를 처벌하지 아니하는 선거제도. 强制投票에 대한 개념. 선거권의 법적 성질을 권리적인 것으로 보는 제도로서, 현대자유민주주의국가의 대부분에서는 임의투표제를 쓰고 있으며, 우리나라에서도 이에 따르고 있다. →강제투표

임차권(賃借權) 賃貸借契約에 기하여 賃借人이 목적물을 사용·수익할 권리. 민법상 채권으로 되어 있으며, 賃貸人에 대하여 목적물을 인도할 것과 필요한 수선을 하여, 사용·수익에 적합한 상태에 둘 것을 청구할 수 있다(民 618, 623). 이 권리는 목적물을 직접 지배하는 것을 본체로 하지만 민법상 배타성이 인정되지 않고 또 임대인의 동의가 없으면 轉貸·讓渡도 할 수 없으므로 물권으로 解할 수는 없고 임대인의 사용·수익을 시켜야 할 채무에 대응하는 임차인의 使用收益請求權이라고 하는 채권에 부수하는 일종의 권능으로 보는 것이 온당하다. 널리 행하여짐에도 불구하고 用益物權에 비하여 일반적으로 임차인의 지위가 약하므로 특히 부동산(건물·대지 등)의 임차권의 강화가 꾀하여지고 있다. 첫째로, 부동산의 임차권은 등기하면 그 때부터 제3자(그 부동산에 관하여 물권을 취득한 자, 예컨대 買受人·抵當權者 등)에 대해서도 효력이 생긴다(621Ⅱ). 그리고 당사자간에 반대의 약정이 없으면 不動産賃借人은 임대인에 대하여 그 임대차등기의 절차에 협력할 것을 청구할 수 있다(621Ⅰ). 민법은 한 걸음 더 나아가 건물의 소유를 목적으로 하는 土地賃貸借(建物垈地賃貸借)의 경우에는 이를 등기하지 않은 때에도 임차인이 그 토지상의 건물을 등기한 것을 요건으로 하여 그 토지의 임차권에 對抗力을 인정하였다(622Ⅰ). 한편 船舶賃貸借에 있어서는 임차인에게 당연히 등기청구권이 인정된다(商 765). 이와 같은 임차인의 지위의 강화의 현상을 임차권의 物權化라고 한다. 둘째로, 구민법은 임차권의 존속기간을 20년 이하로 하였었으나(舊民 604), 민법은 石造·石灰造·煉瓦造 또는 이와 비슷한 견고한 물건 기타 공작물의 소유를 목적으로 하는 토지임차권이나 植木·採鹽을 목적으로 하는 토지임차권에 관하여는 최장기의 제한을 두지 않았다(651Ⅰ). 존속기간이 만료한 때에는 일정한 경우에는 임차인은 계약의 경신을 청구할 수 있다(更新請求權)(643). 또한 임대차의 기간경과후에 여전히 사용·수익을 계속하는 때에는 임대차는 경신된 것으로 본다(639)(默示의 更新). 셋째로, 임차인은 임대인의 동의가 없으면 임차권의 讓渡 또는 轉貸借를 할 수 없고(629), 따라서 임차인이 賃借地上에 건물 기타의 공작물을 건설한다든가, 賃借家屋에 부속물을 부가한다든가 하여 많은 자본을 투하한 경우에는 그 회수가 곤란하다. 민법은 그 投下資本의 회수의 곤란을 완화하기 위하여 일정한 경우에 임차인에게 地上物買受請求權과 附屬物買受請求權을 인정하였다(644Ⅱ, 647). 그 밖에 임차인이 妨害除去請求權을 가지느냐가 문제로 되는데 판례는 목적물의 인도후에는 이를 긍정한다.

임차권(賃借權)**의 물권화**(物權化) →임차권

임 치(任置) 〔羅〕depositum 〔英〕deposit 〔獨〕Verwahrung 〔佛〕dépôt 당사자의 일방(受置人)이 상대방(任置人)을 위하여 금전이나 유가증권 기타 물건을 보관하는 契約(民 693~702). 구민법은 이것을 寄託이라고 부르고 要物契約으로 하였었으나 민법은 이것을 諾成契約으로 하였다. 보관료를 지급하는 경우와 그렇지 않은 경우가 있으며, 전자는 有償·雙務契約이고 후자는 無償·片務契約이다. 目的物(任置物)은 동산인 경우가 많지만 부동산일 수도 있다. 임치 중에서 가장 중요한 창고업에 관하여는 상법에 상세한 규정이 있고(155

~168). 또 消費任置는 임치의 특수한 것이다. → 임치인, 수치인, 임치물

임치물(任置物) 任置의 목적이 되는 금전·유가증권 기타의 물건(民 693). 임치물은 반드시 任置人의 소유물임을 요하지 않고 受置人이나 제3자의 소유물이라도 좋다. 보통 거래에 있어서는 동산이 임치물이 되는 경우가 가장 많다. 그리고 이 임치물은 임치인으로서 수취인에게 보관을 의뢰하는 입장에서는 임치물이 되나 受置人으로서 임치인으로부터 보관을 위탁받는 입장에서는 受置物이 된다. 따라서 임치물과 수취물은 같은 것을 다른 각도에서 표현한 말이다.

임치(任置)**의 인수**(引受) 타인을 위하여 금전이나 유가증권 기타 물건을 보관하는 것(民 693 이하). 이를 영업으로 하면 營業的 商行爲가 된다(商 46 xiv). 그 전형적인 것은 창고업자의 영업행위이다(155). 또 은행이 그 부수업무로 하는 금전, 유가증권 등의 保護預受도 이에 속한다. 그런데 상법은 상인이 그 영업의 범위내에서 물건의 임치를 받은 때에는 보수를 받지 않는 때에도 선량한 관리자의 주의의무를 지워(62) 민법상의 無償受置人의 주의의무(民 695)보다 무겁게 하고 있다. → 상사임치

임치인(任置人) 임치에 의하여 목적물의 보관을 위탁한 자. 임치인은 보수지급의 특별한 약정을 하면 有償任置로서 보수지급의 의무가 있다(民 701, 686). 그러나 보수의 특약을 불문하고 위임에 있어서의 위임자와 동일한 입장에서 費用支給義務·費用償還義務 등 위임자의 의무가 임치인에게 준용되고(701, 687, 688 I·II), 목적물의 성질 또는 하자로 인하여 생긴 손해를 受置人에게 배상할 의무가 있다(697). → 수치인

임치주(任置株) 〔獨〕 Depotaktien, Deponentenaktien 은행에 任置되는 주식으로 資格讓渡의 한 경우. 독일에서는 주식은 주로 무기명주식으로 去來先인 주주는 은행에 이를 임치하여 보관시키는 일이 많고 그러한 경우 普通契約約款에 의하여 은행이 임치되는 주식에 관하여 議決權行使의 授權을 받는 일이 행하여지고 있다. 이에 의하여 대은행은 전국에 산재하는 지점망을 통하여 많은 주주로부터 임치된 주식을 그 수중에 넣고 이 임치된 주식, 즉 타인의 주식에 의하여 의결권을 행사하여 회사기업의 지배를 행하였던 것으로 독일 주식법은 이에 일정한 제한을 두고 있다(114 IV). 우리나라에는 이러한 형태의 會社支配가 행하여지고 있지 않다.

입 가(入家) 입적과 같다.

입국·출국(入國·出國) [1] 외국인의 입국은 국제법상 국내사항으로 보고 그 국가가 자유로이 규제할 수 있는 바 보통은 通商航海條約으로 입국의 자유를 보장함과 동시에 국내법상 일정한 외국인의 입국을 제한하는 경우가 많다. 현행 出入國管理法에 의하면 전염병환자·마약류중독자 기타 공공위생상 위해를 미칠 염려가 있다고 인정되는 자, 총포·도검·화약류 등 단속법에서 정하는 총포·도검·화약류 등을 위법하게 가지고 입국하는 자, 대한민국의 이익이나 공공의 안전을 해하거나 선량한 풍속을 해하는 행동을 할 염려가 있다고 인정할 만한 상당한 이유가 있는 자, 經濟秩序 또는 社會秩序를 해하거나 선량한 풍속을 해하는 행동을 할 염려가 있다고 인정할 만한 상당한 이유가 있는 자, 정신장애인·방랑자·빈곤자 기타 구호를 요하는 자 등에 대하여는 입국을 금지할 수 있다(11).

[2] 외국인의 출국은 자유이며, 원칙으로 국가는 이를 금지할 수 없다고 하나 일정한 경우에는 외국인을 强制退去시킬 수 있다(46).

입도매매(立稻賣買) 移秧後 성숙 전의 벼를 그냥 논에 세워둔 채로 매매하는 것. 入稻先賣라고도 한다. 종래 영세경영에 허덕이는 농민은 당장 급한 비료대금이나 생활자금의 필요때문에, 벼의 수확기까지 기다릴 수 없어서, 부농·비료상 등과 이런 종류의 매매계약을 체결하는 일이 빈번하였으며 현재에 있어서도 이런 사례는 가끔 있다. 벼 이외에 야채·과일·보리 등의 농작물에 관해서도 행해지는 수가 있다(보리인 경우에는 立麥賣買라고 한다). 立稻는 성숙 전에도 未分離果實의 일종으로 볼 수 있으므로, 明認方法을 갖추면 그것이 자라고 있는 土地(논)와 별개의 물권거래의 객체로 된다고 할 것이다. 그러나 입도매매에 있어서 明認方法이 취해지는 경우는 거의 없고 또 목적물인 立稻가 성숙기를 상당히 앞두고 先賣되는 수가 대부분이므로(말하자면 아직 未分離의 果實이라고 할 만한 정도에 이르기 전). 매수인은 立稻 그 자체의 소유권을 취득하는 것이 아니라 단지 성숙후의 收穫米의 인도를 받는 債權的 請求權을 가짐에 지나지 않는 경우가 많다. 그리고 이 입도매매에 있어서 일방당사자인 농민에게 매우 불리한 조건으로 계약이 체결되는 수가 많은데, 그러한 경우에는 폭리행위로서 무효라고 해야 할 것이다. → 입도압류

입도선매(立稻先賣) 입도매매와 같다.

입도압류(立稻押留) 농지에서 生育中의 벼를 强制執行의 방법에 의하여 또는 假押留命令의

집행으로서 압류하는 것. 미분리과실의 압류의 일종으로 1월내에 수확할 수 있는 것은 하지 못한다(民訴 527) 그 경매는 성숙후에 비로소 할 수 있고, 집행관은 경매하기 위하여 그 수확을 하게 할 수 있다(547Ⅱ).

입 목(立木)　토지에 부착된 樹木의 집단으로서 그 소유자가 입목에 관한 법률에 의하여 소유권보존등기를 받은 것을 말한다(立木에 관한 法律 2). 입목은 부동산으로 보며(3Ⅰ), 토지와 분리하여 양도하거나 저당권의 목적으로 할 수 있다(3Ⅱ). 立木所有權保存登記는 市 또는 郡의 立木登記原簿에 등록한 후에 행한다(8). →명인방법

입목저당(立木抵當)　입목에 관한 법률에 의해 등기를 할 수 있는 立木을 목적물로 하는 抵當權을 말한다. 입목에 관한 법률의 제정으로 1筆의 토지 또는 1筆의 토지의 일부에 生立하는 일정한 종류·범위에 속하는 樹木의 集團(立木에 관한 法律施行令 1)은 동법에 의하여 所有權保存登記를 할 수 있게 되었다. 그리하여 이 등기를 거친 수목의 집단은 입목에 관한 법률상 입목이라 부르고(立木에 관한 法律 2) 토지와는 독립한 하나의 부동산으로 보며(3Ⅰ), 토지와는 분리해서 讓渡 및 抵當의 목적이 될 수 있는 것으로 하고 있다(3Ⅱ). 입목저당 역시 저당권의 일종이므로 다음과 같은 몇 가지의 차이점을 제외하고는 보통의 저당권과 다르지 않다. 즉 ① 입목을 저당권의 목적으로 하고자 하는 자는 그 입목을 保險(농업협동조합에 의한 共濟를 포함)에 붙여야 한다(22). ② 저당된 입목은 당사자 사이에 약정된 사업방법에 따라 입목소유자가 이를 조성·육림하여야 하나(5), 저당권자의 동의가 있는 때에는 행정기관의 허가를 얻어 伐採를 할 수 있다(施行令 2). 이때에 그 벌채되어 토지로부터 분리된 입목에 대하여서도 저당권의 효력이 미친다(4Ⅰ). 즉 이 경우에는 저당권자는 그의 被擔保債權의 기한이 도래하기 전이라도 벌채된 수목을 경매할 수 있다. 그러나 그 競落代金은 이를 供託하여야 한다(4Ⅱ). 이에 대하여 수목의 소유자는 상당한 담보를 공탁하고 경매의 면제를 신청할 수 있다(4Ⅲ). ③ 토지와 그 지상의 입목이 동일 소유자에 속하는 경우에, 그 어느 한쪽이 저당권의 목적이 되어 경매되고 토지와 입목의 소유자가 다르게 된 때에는, 토지소유자는 입목소유자에게 土地權을 설정한 것으로 간주된다(6Ⅰ). 이 때에 그 地料는 당사자의 약정에 의한다(6Ⅱ). ④ 地上權者 또는 土地賃借人이 그의 所有立木을 저당한 경우에는 저당권자의 승낙없이는 자기의 地上權이나 賃借權을 포기하지 못하고 또한 토지소유자와의 사이에서 合意解止를 하지도 못한다(7).

입 법(立法)　〔英〕 legislation 〔獨〕 Gesetzgebung 〔佛〕 législation　실질적 개념과 형식적 개념이 있다. 實質的 槪念으로는 統治權에 의거하여 국가와 국민과의 사이에 효력을 가질 성문의 법규를 정립하는 국가작용을 말한다. 이것은 국가작용의 성질상의 차이에 착안한 것으로서 行政·司法이 법규 아래에서 그것을 구체적으로 집행·적용하는 작용인데 비하여 그 일반·추상적인 법규를 정립하는 작용이 立法이라고 보는 것이다. 이에 대하여 국가작용은 모두 法定立的·法執行的·法適用的 性質을 아울러 가지고 있으므로 국가작용을 성질에 따라 구별하는 것은 불가능하다고 하는 설도 있으나(純粹法學派의 說). 국가기관을 입법·행정·사법의 3기관으로 나누고 국민의 자유와 권리에 관계되는 법, 즉 법규의 정립은 국민의 대표기관인 의회의 권한으로 하는 近代立憲主義的 三權分立思想에 있어서는 상대적이나마 국가작용의 성질상 구별을 전제로 하고 있는 것이다. 그런데 원래 權力分立論은 실질적 의미의 입법·사법·행정을 입법기관·행정기관·사법기관에 각각 분장시킴을 목표로 한 것이었으나, 실제제도상의 권한분배에 있어서는 각 기관은 작용의 실질로 보아 자기 본래의 권한에 속하지 않는 작용도 그 권한으로 하고 있다. 이리하여 입법의 개념에도 실질적 개념 외에 형식적 개념이 필요하게 되는데, 이 形式的 槪念에서는 입법기관의 권한에 속하는 작용이 입법이 된다. 실질적 의미의 입법과 형식적 의미의 입법은 일치하지 않는다. 학문상으로는 실질적 의미의 입법을 연구대상으로 한다. 다만, 우리 헌법 40조의 입법의 의의에 관하여는 實質說(실질적 의미의 법률, 즉 전기한 바와 같은 법규를 정립하는 작용이라는 설)과 形式說(형식적 의미의 법률을 정립하는 작용이라는 설)이 대립되어 있다. →입법권, 법규, 법률

입법과정(立法過程)　〔英〕 legislative process　성문법을 제정하기 위한 통일적인 일련의 절차. 법률안의 작성으로부터 국회의 의결을 얻기까지의 일련의 행동과정임과 동시에 그 사이에 있어서의 일관된 의식적·정신적인 思考過程이다. 넓은 뜻으로는 법해석에 관한 분야까지를 포함하나, 그 경우에는 法律過程(legal process)이라고 함이 보통이다. 행정과정 및 재판과정과 함께 國家機能遂行에 관한 절차의 일면이 된다.

입법국가(立法國家)　국가의 3권, 즉 입법권·행정권·사법권을 담당한 국회·행정부·법원 중 국회가 다른 권력에 비해서 우월한 국가. 예컨

대, 영국. 또한 슈미트(Carl Schmitt)에 의하면 19세기에 그 전성을 보여 주던 서구에 있어서의 市民的 法治國家는 그 국가권력의 중점이 입법부(국회)로 기울어졌다는 의미에서 그것은 입법국가였다고 한다. 行政國家 · 司法國家에 대한 개념이다. → 행정국가, 사법국가

입법권(立法權) 〔英〕 legislative power 〔獨〕 gesetzgebende Gewalt 〔佛〕 pouvoir législatif 실질적 의미에 있어서는 법을 제정하는 國家權能. 형식적 의미에 있어서는 국회가 가지는 法律制定權. 古典的 三權分立論에 의하면 국가권력을 입법권 · 행정권 · 사법권의 셋으로 분류하여 입법권은 民選議員으로 구성하는 국회에 부여하고 있는 동시에 국민의 권리 · 의무에 관한 법, 즉 법규의 정립은 국회만이 가진다는 원칙이 확립되었다. 그러나 국가에 따라 국가긴급사태에 있어서의 특례(예 : 대통령의 緊急命令權 등)가 인정된다. 우리 헌법에는 입법권은 국회에 속한다(40)라고 선언하고 있다. 이 헌법 40조의 국회의 입법권의 내용인 그 입법에 관하여는 이를 실질적 의미의 법률(즉 法規)을 정립하는 작용이라고 하는 實質說과, 이를 형식적 의미의 법률(즉 국회를 통과하는 법률)을 정립하는 작용이라고 하는 형식설이 대립되어 있다. 실질설에서는 헌법 자체가 그 예외로 대통령의 緊急命令 · 委任命令 · 執行命令을 인정하였다고 하고, 형식설에서는 대통령의 긴급명령은 헌법 자체가 인정하는 예외이므로 별도이고 委任命令 · 執行命令은 법률에 의한 보충적 명령이므로 이와 관계없다고 한다. → 입법

입법기관(立法機關) 〔獨〕 Gesetzgebungsorgan 입법을 담당하는 국가기관. 원칙으로는 국회를 말한다(憲 40). 立法府 또는 議會라고도 한다. 입법의 법을 형식적 의미의 법률로 볼 때에는 국회만이 입법기관이 되겠으나, 법을 넓은 뜻으로 볼 때에는 司法府(법원규칙제정권) · 行政府(집행명령 · 위임명령, 예외로 대통령의 긴급명령 등) 또는 地方自治團體(조례제정권)도 입법기관에 해당한다고 말할 수 있다.

입법기술(立法技術) 〔英〕 technique of legislation 〔獨〕 Gesetzgebungstechnik 成文法을 정립함에 관한 기술. 넓은 뜻으로는 입법정책의 분야에서 정립된 法理想을 사상적으로 정리하여 일정한 법령의 표현형식에 맞도록 입안하는 것을 말하나, 좁은 뜻으로는 성문법의 의미를 명확히 하기 위한 문장적인 표현의 기술을 말한다. 성문법의 표현이 정확 · 간결하고 객관적으로 이해하기 쉽게 함은 입법기술상의 문제이다.

입법론(立法論) 〔羅〕 de lege ferenda 일정한 이상에 입각해서 하는 立法政策의 주장을 말한다. 특히 解釋論에 대응하는 의미로서는 해석론으로서는 이러이러하지마는 입법론으로서는 이러이러하다라는 식으로 쓰인다.

입법사항(立法事項) 헌법상 또는 다른 법률에 의하여 법률로써 규정하게 되어 있는 사항. 法律事項이라고도 한다. 즉 국민의 권리 · 의무에 관한 사항(憲 37Ⅱ) 등과 같이 그 중요성에 비추어 국민의 代議機關인 국회의 의결을 거쳐야 할 法律留保事項. 법치주의의 한 구현이다.

입법예고(立法豫告)**의 원칙**(原則) 국민의 권리 · 의무 또는 일상생활과 밀접한 관련이 있는 법령 등을 제정 · 개정 또는 폐지하고자 할 때에는 당해 立法案의 제안을 주관하는 행정청은 이를 예고하여야 한다. 다만 ① 입법이 긴급을 요하는 경우, ② 입법내용의 성질 또는 기타 사유로 예고의 필요가 없거나 곤란하다고 판단되는 경우, ③ 上位法令 등의 단순한 집행을 위한 경우, ④ 예고함이 공익에 현저히 불리한 영향을 미치는 경우에는 입법예고를 아니할 수 있다.

입법(立法)**의 위임**(委任) 입법사항에 관하여 국회가 그 입법을 명령에 위임하는 것. 입법의 위임에는 包括的 委任과 具體的 委任이 있는데, 포괄적 위임은 헌법정신에 위배된다. 왜냐하면, 權力分立上 입법권은 국회에 속하기 때문이다. → 위임입법

입법자의사설(立法者意思說) 法의 解釋을 함에 있어서 立法者의 意思(Wille des Gesetzgebers)를 탐구하여 그 의미를 밝혀내야 한다는 설. 그러나 입법은 대개 타협의 산물이므로 정확한 입법자의 의사를 확정짓기는 어려우며, 초안 · 이유서 · 의사록 · 기초위원의 기록에 의하여 추측하는 수 밖에 없다. 그러나 이러한 개별적인 주관적 의사가 객관적으로 성립한 법의 해석을 절대적으로 구속할 수 있다는 것은 옳지 않다. 따라서 현대에 이르러서는 이러한 發生論的 審理主義에 입각한 입법자의 사설은 극복되고, 이상적 입법자의 합리적 의사를 입법자의 의사로 보게 되었다. 결국 법률 가운데서 이해되는 객관적 논리적 의미가 법의 해석의 표준이 되는 것이다. 따라서 입법자의 의사는 단지 법의 해석에 있어서 중요한 참고자료가 될 수 있을 따름이다.

입법적 행위(立法的行爲) 행정을 그 성질에 따라 분류하는 경우에 행정부가 일반적 · 추상적

인 규율을 정립하는 행위를 말한다. 權力分立主義 아래에서 입법작용을 입법부의 기능에 속하는 것이나 행정기능의 확대 및 기술성·전문성으로 인하여 行政立法의 필요성이 승인되기에 이르렀다.

입법정책(立法政策) 〔英〕 legislative policy 〔獨〕 Gesetzgebungspolitik 〔佛〕 la politique législative 일정한 법의 이념 또는 가치를 實定法으로서 구현·구체화시키려는 目的意識的인 행동 및 시책을 의미한다. 따라서 법의 본질과 理想·價值를 탐구하여 실정법이 지향하여야 할 원리를 제시하는 法哲學은 입법정책의 기반이 된다. 그리하여 입법정책은 법철학에 의하여 탐구된 법의 理想的 規準을 현존실정법의 개정이나 새로운 법의 창조를 통하여 구체화하려는 것을 그 목적으로 삼는다. 단순한 유토피아적 이상의 설정에 그치지 않기 위해서는 그러한 이상을 현실적으로 실정법에 구현시키려는 목적적 노력이 있어야 함은 물론이다. 입법정책은 설정된 일정한 법의 이상적 규준 및 가치를 전제로 하며 또한 실정법에 관한 입법정신적·비교법적·사회적인 체계가 있는 지식을 필요로 하며 또 현실의 사회경제문화적인 여건을 충분히 고려하는 것을 조건으로 한다. 내용적으로 정당하여야 하는 것이 실정법의 과제라면 이러한 과제의 구현수단으로서 立法政策은 불가결한 존재이다. 입법정책은 그 성격·목적상 법철학은 물론 실정법의 여러 科學과 불가분의 관계에 놓여 있으며 사회정책·경제정책·문화정책 등과는 특히 밀접하게 관련되어 있다고 보지 않을 수 없다. → 입법기술, 법정책학, 입법

입법조약(立法條約) 〔英〕 law-making treaty 국제법의 규칙을 정립하는 조약. 넓은 뜻에 있어서는 모든 국제조약이 국제법의 규칙을 정립하는 것이라고 할 수 있으나, 그러나 엄격한 의미에서는 一般條約(다수국간의 多邊條約)에 의하여 다수국간에 동일한 권리의무관계를 설정하는 것만을 입법조약이라 한다(그 대표적인 예로서 국제연합헌장). 보통 입법조약이라고 할 때에는 이와 같은 일반조약만을 의미한다. 그러나 일반조약에도 계약적 성질의 조약이나 규정이 있고, 2國간의 特別條約에도 입법적 성질의 조약 또는 규정이 있으므로 입법조약은, 즉 일반조약이라는 공식은 반드시 정확한 것은 아니다. → 일반조약

입법촉구결정(立法促求決定) 實定法上의 용어는 아니다. 헌법재판소의 變形判決의 하나로, 違憲審判決定의 主文에 헌법에 합치되지 아니한다고 선고하면서 일정기한까지 그 법률의 효력을 당분간 지속시킬 수 있도록 하고(憲法不合致決定), 국회의 권위존중과 국민대표기관으로서의 본질적 기능을 보장하는 등 제반 이유를 들어 입법기관으로 하여금 그 기한 내에 법률을 개정하도록 촉구하는 결정을 말한다. 이러한 주요 결정예를 들어보면 舊國會議員選擧法(1988년 3월 17일 법률 제4003호 전문개정) 33조의 高額寄託金制度와 동법 34조의 높은 기준의 寄託金國庫歸屬制度는 그 위헌성이 인정되므로, 헌법재판소법 47조 2항에 따라 위헌결정이 있는 날로부터 그 효력을 상실한다고 하여야 할 것이나, 다음과 같은 이유로 이 법조항을 개정할, 늦어도 1991년 5월말까지 계속 적용될 수 있게 不合致判決을 하는 것이 타당하다고 판단되어 주문과 같은 變形判決을 하는 것이다라고 한 것과 구지방의회의원선거법 36조 1항에 대한 立法促求決定 등이 있으며, 이를 계기로 각 선거법을 통합한 공직선거 및 선거부정방지법이 1994년 3월 16일에 공포·시행되고 있다(이 법률에 의해 대통령선거법·국회의원선거법·지방의회의원선거법 및 지방자치단체의 장선거법이 폐지되었다(부칙 2)).

입법해석(立法解釋) 〔英〕 legislative interpretation 〔獨〕 gesetzgeberische Auslegung 〔佛〕 interprétation législative 입법기관이 행하는 법의 해석. 有權解釋의 한 형태. 같은 법 속에서 해석을 제시하는 경우도 있으며(예: 民 98), 기존의 법의 疑義를 해결하기 위하여 새로운 법을 제정하는 경우도 있다. 입법해석은 그 자신 법이므로 이 점에서 본래의 법의 해석과 다르다.

입부혼인(入夫婚姻) 여자가 一家의 戶主 또는 戶主承繼人인 경우에 남자가 여자의 家에 入籍하게 하는 異常的 形式의 혼인. 민법이 새로이 채용한 제도이다(826Ⅲ但). 여자가 戶主 또는 戶主承繼人인 경우라 할지라도 반드시 입부혼인을 하여야 하는 것은 아니지만, 그 부부간의 출생자는 母의 姓과 本을 따르고 母의 家에 입적하게 된다(826Ⅳ). → 취가혼

입 사(入社) 넓은 뜻으로는 社團에 있어서의 사원인 지위의 취득을 말하나 좁은 뜻으로는 人的會社의 사원의 지위의 원시적 취득을 말하며 持分의 讓受와 같은 승계적 취득은 포함되지 아니한다. 退社에 대한 개념이다. 그러나 입사에 대하여는 상법에 특별규정이 없으므로 그 개념에 대하여는 異說이 있다. 즉 회사성립후에 사원의 자격을 취득하는 경우를 일반적으로 다 포함하여 말하며, 그것이 原始的 取得이건 承繼的 取得이건을 불문한다고 한다. 입사는 입사하고자 하는 자와 회사와의 계약에 의하여 행하여지며 이 계약은 사원관계의 발생을

목적으로 하는 團體法上의 特殊契約이며, 이를 入社契約이라고 한다. 그리고 신사원의 참가는 정관의 변경을 초래하게 되므로 입사계약을 체결함에는 총사원의 동의를 필요로 한다(商 204). 또한 사원의 입사는 등기사항의 변경을 초래하므로 변경시부터 일정기간내에 본점·지점소재지에서 등기를 하여야 한다(183, 180). 신입사원은 입사의 결과 사원인 지위를 취득하는 것이나, 책임에 있어서는 입사후에 생긴 會社債務에 대하여서 뿐만 아니라 입사전에 생긴 것에 대하여도 책임을 진다(213).

입 안(立案) 韓國法制史上 立案이라 함은 官府에서 사실을 증명하기 위하여 발급하는 공문서. 完文과 같이 다의적이다. 一은 判決이다. 經國大典 刑典 聽理條에 凡訟 前等官已決折未立案而遞, 雖非交代,後等官成給이라 한 것이 그것이다. 同禮典의 立案式에 立案式(決訟立案則堂上官, 堂下官僉押, 當該堂下官押上直書姓名)某年月日某司立案, 右立案爲某事云云, 合行立案者, 堂上官押, 堂下官押이라 규정한 것은 민사소송의 판결이 立案의 형식으로 成給되는 것을 말한 것이다. 二는 證明文書이다. 經國大典 戶典 買賣限條의 田地家舍買賣限十五日勿改竝於百日內告官受立案, 牛馬則限五日의 규정은 立案이 土地家屋賣買나 奴婢傳得 또는 買得에 관한 증명문서로도 발급됨을 알 수 있다. 續大典 刑典 文記條에도 傳得奴婢, 買得奴婢에 관한 立案의 규정이 있다. 三은 認許文書이다. 조선중엽 이후는 사문서인 文記의 발달과 더불어 매매증명을 위한 입안은 점차 자취를 감추고 재판판결이나 관청에 의한 인허·허가·지시 등의 處分文書가 입안으로 많이 行用되었다.

입 양(入養) 〔羅〕 adoptio 〔英〕·〔佛〕 adoption 〔獨〕 Adoption 親과 그 결혼중의 출생자간의 親子關係와 동일한 법률관계(擬制的 親子關係)를 당사자간에 설정할 것을 목적으로 하는 身分行爲. 인류가 혈족으로써 생활공동체(씨족공동체)를 구성하고 있었던 시대에 있어서는 그 통솔자의 지위는 親으로부터 子에게 세습되는 것이었고 이에 祖先의 祭祀을 主宰한다는 요소가 더하게 되면 그러한 경향은 더욱 농후하였다. 그리하여 통솔자 또는 제사의 주재자에게 子가 없는 경우에는 擬制的인 子(→양자)를 둠으로써 그 승계를 행하게 하는 것도 역시 자연의 귀결이었다. 생활공동체의 단위가 어느 정도 작게 되어 이른바 家로 變轉되는 시대에 있어서는 家의 계속을 목적으로 하여 가장 전형적인 모습으로 나타난다. 구법의 양자제도는 순전히 이 관념에 선 것이었으며 현행민법도 아직 이것을 벗어나지 못하고 있다. 유럽에서는 家의 해체와 더불어 養子制度는 쇠퇴하였다. 그러나 제1차대전을 계기로 하여 親없는 子에게 親을 주고, 子없는 親에게 子를 주는 子를 위한 양자제도가 인정되어 왔다. 우리 민법이 인정하는 입양은 다음과 같은 요건을 구비하여야 성립된다. 즉 ① 당사자간에 入養의 合意가 있어야 한다(883 i). ② 금치산자는 후견인의 동의를 얻어야 한다(873). ③ 入養할 자가 15세 미만인 경우에는 父母, 부모가 없는 때에는 後見人의 代諾에 의하여 입양이 성립된다(869)(→대락양자). ④ 養親 또는 養子가 부부인 경우에는 부부쌍방의 명의로 하여야만 입양을 성립시킬 수 있다(874Ⅱ)(→부부공동입양). ⑤ 養親은 성년자이어야 한다(866). ⑥ 養子가 될 자는 부모의 동의를 얻어야 하며, 부모가 사망 기타 사유로 인하여 동의를 할 수 없는 때에는 다른 直系尊屬의 동의를 얻어야 한다(870Ⅰ). 이 경우에 직계존속이 수인이면 최근존속을 선순위로 하고, 동순위자가 수인인 때에는 연장자를 선순위로 한다(870Ⅱ). ⑦ 15세 이상의 미성년자를 養子로 하는 경우에는 부모 또는 다른 직계존속이 없으면 가정법원의 허가와 후견인의 동의를 얻어야 한다(871). ⑧ 후견인이 피후견인을 양자로 하는 경우에는 가정법원의 허가를 얻어야 한다(872). ⑨ 양자는 양친의 尊屬 또는 年長者가 아니어야 한다(877Ⅰ)(이상 實質的 成立要件). ⑩ 신고를 하여야 한다(形式的 成立要件). 生前養子의 입양은 혼인의 경우와 같이 호적법에 정한 바에 의하여 양자와 양친의 쌍방과 성년자인 증인 2인이 連署한 서면으로 신고함으로써 효력이 생긴다(878, 戶 66). 양자가 15세 미만인 때에는 법정대리인이 갈음하여 승낙한다(869). 이상의 요건을 결여하면 각각 무효 또는 취소의 원인이 된다(→입양의 무효, 입양의 취소). 입양이 유효하게 성립하면 양자는 입양일로부터 혼인중의 출생자로서의 신분을 취득하고 양자와 양친의 혈족간에는 法定血族關係가 생긴다(772). 미성년자인 경우에는 양친의 親權에 복종하여야 할 것은 물론이다.

입양(入養)**의 무효**(無效) 법정의 사유가 있는 경우에 입양이 무효로 되는 것. 민법은 당사자간에 入籍의 합의가 없는 때, 15세 미만자가 代諾權者의 동의없이 입양하였을 때, 양자가 양친의 존속이거나 연장자인 때를 無效原因으로 하고 있다(883). 입양이 무효로 된 때에는 당사자일방은 과실있는 상대방에 대하여 재산상·정신상의 손해배상을 청구할 수 있다(897, 806).

입양(入養)**의 취소**(取消) 法定의 原因이 있는 경우에 특정의 청구권자가 법원(가정법원)에

入養의 취소를 청구함으로써 그 심판에 의하여 일단 성립되었던 養親子關係를 소멸시키는 것. 취소원인과 청구권자는 다음과 같다. ① 미성년자가 양자를 하였을 때(民 884 i, 866). 취소권자는 養父母, 養子와 그 법정대리인 또는 직계혈족이다(885前). 養親이 성년에 달한 때에는 취소권이 소멸한다(889). ② 養子가 될 자가 父母 또는 기타 直系尊屬의 동의를 얻지 않았을 때(884 i, 870). 취소권자는 동의권자이나(民 886前), 그 사유가 있음을 안 날로부터 6개월, 그 사유가 있은 날로부터 1년을 경과하면 취소권이 소멸한다(894). ③ 미성년자를 부모 또는 기타 直系尊屬 또는 후견인의 동의와 법원의 동의를 얻지 않고 養子로 하였을 때(884 i, 871). 취소권자는 양자 또는 동의권자이나(886後). 양자가 성년에 달한 후 3개월이 경과하거나 사망한 때에는 취소권이 소멸한다(891). ④ 후견인이 피후견인을 가정법원의 허가없이 養子로 하였을 때(884 i, 872). 취소권자는 피후견인 또는 친족회원이나(887 前), 後見의 終了로 인한 관리계산이 끝난 후 6개월을 경과하면 취소권이 소멸한다(892). ⑤ 禁治産者가 후견인의 동의없이 양자를 하였거나 양자가 되었을 때(884 i, 873). 취소권자는 금치산자 또는 후견인이다(887 後). 금치산선고의 취소가 있은 후 3개월이 경과한 때에는 취소권이 소멸한다(893). ⑥ 배우자 있는 자가 양자를 할 때 배우자와 공동으로 하지 아니하거나 배우자 있는 자가 양자될 때에 다른 일방의 동의를 받지 않은 때(884 i, 874). 최소권자는 배우자이나(888 前), 그 사유가 있은 것을 안 날로부터 6개월, 그 사유가 있은 날로부터 1년이 경과하면 취소권이 소멸한다. ⑦ 입양당시에 養子에게 養家의 系統을 계승할 수 없는 惡疾 기타 중대한 사유가 있음을 알지 못한 때(884 ii). 취소권자는 양친이나, 그 사유가 있음을 안 날로부터 6개월을 경과하면 취소권이 소멸한다(896). ⑧ 入養이 사기 또는 강박으로 인하여 된 때(884 iii). 취소권자는 사기 또는 강박으로 인하여 입양을 한 자이나, 사기를 안 날 또는 강박을 免한 날로부터 3개월을 경과한 때에는 취소권은 소멸한다(897, 823). 입양취소의 효력은 입양성립일에 遡及하지 않는다(897, 824). 입양으로 인하여 발생한 친족관계는 그 취소로 인하여 소멸하며(776), 양자와 그 배우자, 직계비속 및 그 배우자는 입양의 취소로 인하여 그 生家에 復籍한다(786 I).

입양(入養)**의 무효 · 취소**(無效 · 取消)**의 효과**(效果)　입양취소의 효력은 입양성립일에 소급하지 않는다(民 897, 824). 입양으로 인하여 발생한 친족관계는 무효나 취소로 인하여 소멸하며(民 776), 養子는 원칙적으로 입양의 무효나 취소로 인하여 그 生家에 復籍한다(786 I). 生家가 廢家 또는 無後된 때에는 生家를 부흥하거나 一家를 창립할 수 있다(786 II). 그러나 입양이 취소되었을 때에는 배우자나 직계비속이 있는 자를 生家가 있더라도 親戶籍을 편제하여(戶 19의2) 一家를 창립한다. 입양이 무효 또는 취소된 경우에 당사자 일방은 과실있는 상대방에 대하여 이로 인한 손해배상청구를 할 수 있고, 그것은 재산상의 손해 이외에 정신상의 고통도 포함하며, 정신상의 고통에 대한 배상청구권은 양도 또는 승계할 수 없는 것은 約婚解除의 경우와 같다(民 897, 806). 이 경우 손해배상청구를 하기 위해서는 먼저 가정법원에 調停을 신청하여야 한다(家訴 2 I 가(3)다류사건iii, 50). 민법은 입양을 원인으로 하여 생긴 재산상의 이익의 처분에 대하여 규정하는 바 없으나, 입양 당시 그 취소원인이 있는 것을 알고 있는 당사자는 입양에 의하여 얻은 이익을 전부 반환하여야 한다고 보아야 한다.

입어 · 입어자(入漁 · 入漁者)　입어라 함은 입어자가 마을 어업의 어장에서 水産動植物을 捕獲 · 採取하는 것을, 입어자라 함은 어업의 신고를 한 자로서 마을漁業權이 설정되기 전부터 당해 수면에서 계속적으로 수산동식물을 포획 · 채취하여 온 사실이 대다수 사람에게 인정되는 자 중 대통령령이 정하는 바에 의하여 漁業權原簿에 등록된 자를 말한다(水産 2 vii).

입입금지(立入禁止)　→ 출입금지

입장세(入場稅)　→ 부가가치세법에 의해 폐지

입 적(入籍)　어떤 家의 가족으로서의 신분을 취득하는 것. 入家라고도 한다. 그 家에 속하는 자의 子로서 출생하는 경우와 같은 原始的 入籍과 婚姻 · 入養의 경우와 같은 移轉的 入籍으로 구별할 수 있고 또 혼인중의 출생자나 혼인의 경우와 같은 당연한 入籍과 引收入籍의 경우와 같이 호주 또는 夫의 동의를 얻어야 할 수 있는 입적을 구별할 수 있다. 어느 경우에도 법률이 인정하는 원인없이는 입적을 할 수 없다.

입증책임(立證責任)　〔英〕 burden of proof 〔獨〕 Beweislast 〔佛〕 charge de preuve　소송상 권리 또는 법률관계의 존재를 판단하는데 필요한 사실에 관하여, 소송에 나타난 모든 증거자료에 의하여도 법원이 存否 어느 것으로도 결정할 수 없는 경우에 법원은 이것을 어느 당사자에게 불리하게 가정하여 판단하지 않는 한 재판을 할 수 없게 된다. 그래서 이러한 가정을 할 때, 당사자의 일방이 받는 불이익을 立證責任(擧證責任이라고도 한다)이라 하고 어느 당사자에게 불이익하게 그 사실의 존부를 가정하느냐의 정함을 立證責任의 分配(擧證責任의 分配)라고 한다. 입증책임은 이와 같이 법원이 심리를 한 후에 적용할 문제이고 당사자가 소송상 자기에게 유리한 사실에 대하여 증거를 제출할 사실상의 필요와는 직접 관계가 없고, 또 추상적으로 法律效果마다에 관하여 정하여져 있으므로, 구체적인 소송상태에 따라서 그 책임이 전환되는 일은 없다. 입증책임의 분배는 공평의 요구, 경험상의 개연성, 그 권리의 실질적 목적 등 여러가지 고려에서 정하여져야 하며, 오히려 實體法에서 연구할 사항이지만, 일반적으로 권리관계의 발생·변경·소멸 등의 법률효과를 주장하는 사람은 이것을 직접 규정하는 法條의 요건사실의 입증책임을 진다. 또 동일한 법조 중의 요건을 정하는 방법으로서 但行 또는 別項의 형식으로 정하여지는 예외사실에 관하여는 그 규정에 의한 효과를 다투는 사람에게 입증책임이 있다. 따라서 예컨대 선의의 경우에 권리를 취득한다라고 규정되어 있으면 권리의 주장자의 측에 선의의 입증책임이 있지만 그러나 악의의 경우에는 그러하지 아니하다라고 규정되었으면, 그 권리를 다투는 자에 악의의 입증책임이 있다. 사실의 추정에 관한 규정(民 197Ⅰ)이 있는 경우에는, 추정사실의 증명 대신에 증명이 용이한 전제사실로서 대신할 수 있음과 동시에 상대방의 확정을 顚覆하려면 그 추정과 반대사실에 관하여 입증책임을 져야 한다. 입증책임은 대체로 主張責任과 표리관계를 맺고 있으나 재판상의 自白의 경우는 주장책임은 있어도 입증책임이 없는 경우이다(→주장책임). 입증책임의 분배는 반드시 辯論主義의 당연한 귀결은 아니다. 왜냐하면 그것은 권리 또는 법률관계의 존부가 법원의 가능한 노력과 그로 인하여 불이익을 받는 자의 證據蒐集에도 불구하고 불명한 탓으로 생기는 문제이기 때문이다. 따라서 이 법칙은 비단 변론주의하에서뿐 아니라 職權探知主義下에서도 적용될 여지가 있다. 형사소송에서도 이와 같은 의미의 立證責任分配의 법칙이 의심스러운 때는 피고인의 이익에 따른다는 말로써 표명되고 있다.

입증책임분배(立證責任分配)**의 원칙**(原則) 〔獨〕 Verteilung der Beweislast 立證責任에 의한 불이익을 당사자 중 어느 편에 과할 것이냐 하는 문제이다. 이 분배의 원칙은 이론상 입증책임에 관한 규정에 따라야 할 것이나 직접으로 입증책임의 부담을 명시한 규정은 거의 없고(어음 45Ⅴ), 訴訟法에서도 아무런 明文의 규정을 두고 있지 않다. 이는 오로지 각 경우에 각 法條의 해석과 법조상호관계의 검토에서 결정하려는 의도인 것이다. 따라서 입증책임분배의 원칙은 개별적으로는 각 실체법의 분야에서 연구될 문제인 것이다. 그러나 일반적 설명으로는 法規分類說(실체법규정을 원칙적 규정과 예외적 규정으로 분류하여 원칙적 규정의 적용을 주장하는 자는 그 요건사실을 주장하여야 한다는 것)과 要證事實分類說(요증사실 자체의 성질에 의하여, 즉 소극적 사실 또는 內界事實은 주장하는 자의 입증을 요하지 않으나, 적극적 사실 또는 外界事實은 주장하는 자의 立證을 요한다는 것) 그리고 오늘날의 통설인 法律要件分類說로 나누어진다. 통설에 의하면 ① 權利根據規定(法律效果의 발생을 정한 法條)의 요건사실에 관하여는 이를 주장하는 자에게 입증책임이 있다. 예컨대 계약상의 효과를 주장하는 자는 계약의 성립요건에 관하여 입증책임이 있다. 그러나 본문과 단서로 되어 있는 法條에서는 본문사실이 법규적용의 전제요건이 되고, 但書로 제외된 사실은 부적용의 요건이 되기 때문에 이 사실에 관하여는 그 효과를 다투는 상대방에 입증책임이 있다. ② 權利障碍規定(법률효과의 발생을 장애하는 규정)의 요건사실에 관하여는 그 효과를 다투는 당사자에게 입증책임이 있다. 예컨대 通情虛僞表示에 의한 계약무효원인을 주장하는 자의 입증책임과 같다. ③ 權利滅却規定(법률효과의 소멸을 정한 法條)의 요건사실에 관하여는 자기에게 유리하게 주장하는 자에 입증책임이 있다. 예컨대 채무의 변제 또는 계약의 취소·해제를 주장하는 경우이다. 이같은 경우에도 그 효과의 발생을 장애하는 사유를 규정한 法條가 있으면 그 요건의 입증책임은 이를 주장하는 자에게 있다(앞의 예에서 追認이 있으므로 취소하지 않는다는 것과 같다).

입 지(立旨) 신청서의 말미에 신청사실을 입증하는 뜻을 官府에서 부기하는 문서로 私文書와 公文書가 병합된 복합문서로 된 증명서라 할 것이다. 부동산소유자가 그 부동산에 관한 文記를 滅失한 경우 또는 가옥전세계약을 하였을 때 등에 그 사유를 기록하고 지방관청에 증명을 신청하면 당해관부에서 立旨成給이라 부기하고 官印을 押捺成給한다. 이것이 立旨이며 입지는 文記에 대신하는 효력을 가졌던 것이다. 입안에 비하여 일층 간단한 증명방법이라 하겠다.

입질배서(入質背書) 〔獨〕 Pfandindossament 〔佛〕 endossement de garantie, endossement pignoratif 어음상의 권리 위에 질권을 설정하기 위하여 어음에 그 취지를 기재한 背書(어음 19Ⅰ, 77Ⅰi). 이를 숨은 입질배서에 대하여 公然

한 입질배서라고 한다. 수표는 주로 지급수단으로서의 기능만을 지니고 있어서 입질이 행하여질 여지가 없기 때문에 수표에는 입질배서제도는 인정되지 않는다. 입질배서의 방식은 背書文言과 入質文言을 기재하고 배서인이 기명날인하여 피배서인에게 증권을 교부하면 되고 記名式이건 白地式이건 무방하며 또 入質의 표시로서는 담보를 위하여, 入質을 위하여, 또는 그 밖의 질권설정을 위한 것임이 명백히 되어 있으면 된다. 입질배서의 효력으로서, 피배서인은 배서인에 속하는 어음상의 권리 위에 질권을 취득하고 자기의 질권에 기하여 자기의 이름으로써 어음에서 생기는 권리를 행사할 수 있으므로, 원칙으로 피배서인으로부터 청구를 받은 어음채무자는 피배서인에 대한 人的抗辯으로써 대항할 수 있으나 배서인에 대한 인적항변으로써는 대항하지 못하며(19Ⅱ, 77Ⅰi), 이 점이 推尋委任背書와 相異하다. 또 입질배서의 피배서인은 질권자로서 어음상의 권리를 행사하여 피담보채권의 우선변제를 받을 수 있을 뿐 그 어음을 처분할 수 없으니 어음채권의 양도·면제·포기 등은 할 수 없다. 따라서 피배서인은 양도배서를 하지 못하고 推尋委任背書만을 할 수 있으며 그가 한 배서는 추심위임의 취지를 기재하지 않더라도 추심위임배서로서의 효력만을 갖는다(19Ⅰ但, 77Ⅰi). 입질배서의 효력만으로서는 앞에 말한 내용의 權利移轉的 效力이 있고 또 資格授與的 效力이 있다. 그러므로 피배서인은 정당한 질권자로 추정되며(16Ⅰ, 77Ⅰ) 이에 지급한 어음채무자는 사기 또는 중대한 과실이 없는 한 면책된다(40Ⅲ, 77Ⅰiii). 擔保的 效力에 관하여는 피배서인이 지급기일에 그 지급을 받을 처지에 있으니 통상의 배서인과 같이 遡求義務者로서의 책임이 있는 것으로 볼 수 있으며, 따라서 담보적 효력이 있다는 것이 다수설이다. 일반의 지시채권의 입질배서는 앞에 말한 바와 근본적으로는 동일하나 피배서인의 권리행사는 피담보채권의 금액 및 변제기에 의하여 제약을 받고 또 피담보채권이 금전채권이 아닌 경우에도 피배서인은 변제된 물건 위에 질권을 갖는다(民 350, 353, 354).

입질증권(入質證券) 〔獨〕 Lagerpfandschein 〔佛〕 warrant de gage 倉庫證券의 일종. 임치인의 청구에 의하여 預證券에 첨부하여 발행되고 임치물의 입질에 쓰인다. 예증권의 소지인이 채권액·그 이자·변제기를 기재하여 제1의 入質背書를 함으로써 입질증권이 성립하는 바 그때까지는 預證券과 분리할 수 없으며, 제1의 질권자도 동일한 입질배서사항을 예증권에 기재하고 서명하지 않으면 예증권의 양수인에게는 질권으로 대항하지 못한다.

입 찰(入札) 일반적으로 競爭契約에 의할 때 경쟁에 참가하는 자에게 문서로써 계약의 내용을 표시하게 하는 것. 가장 유리한 내용을 표시한 자를 상대방으로 하여 계약을 체결한다. 입찰에 붙인다는 내용의 표시가 請約의 誘引에, 입찰이 청약에 落札은 承諾에 해당한다고 해석된다. 구술로 경쟁하는 競賣와는 달라서 경쟁자는 서로 다른 자가 표시하는 내용은 알 수 없으며, 경쟁자가 내용을 신중히 정할 수 있다는 점에서 거액의 거래에서는 적합하다. 민사소송법상 강제집행의 대상인 부동산의 매각방법의 하나로서 각 買受申請人이 서면으로 매수가격을 신청하여 그 중 최고가격의 입찰인을 買受人(落札人)으로 정하는 방법. 입찰도 넓은 뜻에서는 경매의 일종이라고 볼 수 있다. 구법에서는 入札拂이라고도 하였다. 보통의 경매와의 차이는 ① 競賣는 구술로써 하고 入札은 서면으로 하는 것이므로 전자에 있어서는 타인의 경매가격을 알 수 있으나 후자에 있어서는 동시에 開札하므로 이를 알 수 없다는 것(民訴 664 참조). ② 競賣에서는 남의 신청한 경매가격의 一割增이라던가 10萬원高라고 하듯이 비례로서도 가격을 표시할 수 있으나 입찰에서는 가격을 일정한 금액으로 표시하여야 한다는 것(665Ⅲ), ③ 경매의 경우에는 경매인이 담보를 제공하지 않을 때에는 그 경매의 권리를 상실할 뿐이고 아무런 의무를 부담하지 않으나 입찰에서는 最高價入札人이 담보를 제공하지 아니하면 그 次位의 入札人으로 하고 먼저 呼唱을 받은 자로 하여금 그 입찰가격과 次位의 입찰가격과의 차액을 부담하게 한다(666Ⅱ)는 점 등이다. 入札節次는 먼저 집행법원이 경매기일의 공고전에 이해관계인의 신청에 의하여 또는 직권으로 경매 대신에 입찰을 명하는 데서부터 시작된다(663). 이 절차에는 원칙으로 강제경매의 규정을 준용한다(663Ⅱ 참조). 특칙으로는 입찰기일(경매기일에 해당함)을 집행관이 주관하고 입찰을 催告한다. 執行官은 입찰인의 면전에서 입찰표를 개봉하여 낭독한다(665Ⅰ). 最高價入札人으로 정하여진 자는 민사소송법 625조에 의한 담보를 제공하여야 한다. 만일 위의 담보를 제공하지 아니하면 次位의 입찰인을 최고가입찰인으로 한다. 최고가입찰인에게 경락을 허가할 것이냐의 여부는 競落期日에 법원이 결정한다. 그 밖의 절차는 대체로 경매의 경우와 같다.

입찰방해죄(入札妨害罪) → 경매입찰방해죄

입찰자격사전심사제(入札資格事前審査制)

면허 등 기본적인 자격만 있다면 입찰에 참가할 수 있는 일반적인 政府工事 입찰과는 달리 일정한 요건을 갖춘 업체를 미리 심사해 最終入札에 참가할 수 있도록 하는 제도. 정부는 불필요하게 많은 업체가 응찰해 과당경쟁으로 인한 덤핑入札과 다른 부실공사를 사전에 방지하고 建設市場 開放에 대비해 주요 공사에 대한 업체의 경쟁력을 키우기 위해 1993년 7월부터 댐·고속도로·항만·지하철 등 14개 공공공사 중 공사비가 100억원 이상인 공사에 대해 이 제도를 적용하고 있다. 이 제도는 공사실적·경영상태 등을 100점 만점으로 해 종합점수 60점 이상인 업체 중 20~30개 업체에 최종입찰자격을 부여하는 것인데 공사실적과 경영상태가 약세인 중소건설업체에는 처음부터 입찰참가가 봉쇄되어 몇몇 대기업이 談合할 우려가 높다는 것이 문제점으로 지적되고 있다.

입찰출급(入札出給) 부동산에 대하여 서면으로 경매신청을 하는 換價方法. 법원은 경매기일의 공고 전에 이해관계인의 신청에 의하거나 직권으로써 경매에 갈음하여 입찰할 것을 명령할 수 있다(民訴 663 I). 입찰인은 타인의 入札價格을 알 수 없고(665 참조), 입찰가격은 일정금액으로써 함을 요하며(665 III), 최고가격의 입찰인에 대하여만 보증의 제공이 요구되고, 보증을 제공하지 않을 때에는 다음 순위의 입찰인을 지정하는 점에서(666) 보통의 경매와 다르다.

입항료(入港料) 선박이 어느 항구에 입항함에 있어서 항구의 시설을 사용하는 것에 대하여 지급하는 각종의 手數料(商 706 iii).

입항보고서(入港報告書) 외국의 무역선이 開港에 입항하였을 때 선장 또는 기장이 船(機)用品目錄·여객명부·승무원명부·승무원휴대품목록 및 관세청장이 정하는 積貨目錄을 첨부하여 세관장에게 행하는 보고(關稅 45 I).

입헌군주제(立憲君主制) 〔英〕 constitutional monarchy 〔獨〕 konstitutionelle Monarchie 군주국가 중 國家權力行使의 방법에 있어서 군주가 입헌적 제약을 받는 政體, 환언하면 군주 외에 일반국민의 선거에 의한 의회가 독립적 국가기관으로 존재하여 그 의결이 없는 한 군주의 專斷的인 헌법개정·법률제정 기타 중요한 국무수행이 안되게 되어 있는 정체. 制限君主政體의 일종. 근래에는 입헌군주제를 취하는 나라들도 국민주권의 원칙을 채택하는 것이 보통이다.

입헌제(立憲制) 〔英〕 constitutional government 〔獨〕 konstitutionelle Regierung 〔佛〕 régime constitutionnel 立憲政體라고도 한다. 입헌제의 개념에 관하여는 이를 立憲君主制, 그것도 군주가 상당한 실권을 가진 19세기 독일諸邦 또는 구헌법하의 일본에서와 같은 입헌군주제에 국한하고 따라서 그것을 철저하지 못한 民主政治의 의미로 사용하는 학자도 있다. 엘리네크(Georg Jellinek)나 라이프홀츠(Gerhard Leibholz)가 그 예이다. 그러나 미·영·불에서의 통설은 입헌제라는 용어가 더 넓은 뜻으로 사용되고 있다. 즉 거기에서는 입헌제를 널리 근대민주적·자유주의적 정치형태 일반을 의미하는 것으로 보고, 입헌제의 개념과 立憲民主制 내지 自由民主制의 개념을 동일시하고 있다. 여기에서도 입헌제의 개념을 이러한 넓은 뜻에서 사용하기로 한다. 이러한 의미에서의 입헌제는 국민의, 국민에 의한, 국민을 위한 정치체제를 의미한다. 그러므로 입헌제는 國民主權主義·國民參政制度·人權尊重主義를 그 본질적 요건으로 하고 국민자치와 자유·평등을 그의 중심사상 내지 기본원리로 한다. 그리고 國民主權 내지 국민자치를 위하여 인정되는 제도가 국회제도를 비롯한 국민의 참정제도이고 그를 위한 국민의 권리가 곧 參政權이다. 다음 국민의 자유와 권리를 보장하기 위한 것이 권력분립주의(삼권분립주의)·법치주의 및 국민의 국법상의 평등의 원칙 등이다.

입헌주의(立憲主義) 〔英〕 constitutionalism 〔獨〕 Konstitutionalismus 立憲制 내지 立憲政體의 기초가 되는 원리. 약간의 이론은 있으나 입헌민주주의 내지 이른바 자유민주주의와 동일한 개념. → 입헌제, 입헌주의적 의미의 헌법

입헌주의적 의미(立憲主義的意味)**의 헌법**(憲法) 자유주의적 입장에서 개인의 자유를 그 헌법의 政治理念으로 하는 헌법. 그러나 입헌주의라는 말은 시대에 따라서 각각 그 내용이 다르다. 19세기에 있어서는 自由主義와 君主主義와의 결합에 의한 立憲君主制로 이해되어 왔다. 그러나 입헌군주제가 소멸된 오늘의 민주국가에 있어서는 입헌주의라는 말은 대체로 자유민주주의로 이해되고 있다. 입헌주의적 헌법은 대체로 다음과 같은 세 가지 요소로 구성되고 있다. ① 개인의 自由의 保障. 이를 위하여 국민의 기본권에 관한 규정이 헌법에 있어서의 본질적 규정으로 간주되고 있으며, 따라서 똑같은 헌법에 규정되고 있으면서도 기본권에 관한 규정은 권력구조에 관한 규정에 상위하는 규정으로 간주되고 있다. ② 權力의 分立. 개인의 자유를 보장하기 위해서는 국가의 권력구조는 억제와 균형의 원리에 의하여 입법·행정·사법이 엄격하게 분립할

것을 요구하고 있다. ③ 成文憲法, 입헌주의적 헌법에 있어서는 기본권의 보장이 헌법의 목적인 까닭에 그 기본권을 보장하기 위해서는 그 헌법은 문서로써 하는 성문헌법일 것을 요구하고 있다(成文憲法主義). 뿐만 아니라 헌법을 성문으로 하는 목적에 비추어 그 개정을 보통법률의 그것보다는 곤란하게 할 필요가 있다(硬性憲法主義). 따라서 입헌주의적 헌법은 이러한 성문성과 개정곤란성을 그 특색으로 하는 형식적 헌법이다. 이러한 헌법의 형식을 구비한 것이 憲法典이다. 그러한 의미에서 입헌주의적 헌법은 形式的 憲法=成文憲法=憲法典으로 표현되고 있다. 입헌주의적 헌법을 가지고 있는 국가를 立憲國家라고 한다. 오늘에 있어서의 입헌국가는 자유민주주의적 국가이다.

입 회(立會) 증권거래소가 개설하는 유가증권시장내에서 去來員이 집회하여 매매거래를 하는 것. 입회는 前場과 後場, 즉 午前立會와 午後立會로 나누이는 바, 그 시간에 관해서는 業務規程이 규정하고 있다.

입회증인(立會證人) 참여증인과 같다.

입 후(立後) 繼後라고도 한다. 立嗣의 일부. 繼統承嗣를 목적으로 하는 養子의 제도. 고려 정종 12년에 立嗣法을 처음 제정하였는데 凡人民依律文, 立嗣以嫡, 嫡子有故嫡孫, 無嫡孫立同母弟, 無母弟立庶孫, 無男孫者亦許女孫이라 하였고, 이 立嗣法에 의하여 所後者가 없을 시에 대하여 文宗 22년 凡人無後者無兄弟之者, 則收他人三歲棄兒養以爲子, 卽從其姓, 繼後付籍已有成法, 其有子孫及兄弟之子而取養異姓者一禁이라 하여, 三歲前棄兒를 收養하여 繼後를 인정하고, 異姓入養을 엄금하였다. 이상이 高麗時代立後法의 기본법칙인데 조선시대에 세종 19년 의정부에서 논의끝에 無嗣者以同宗適子外支子立以爲後, 諸支子中許從所欲立者且於諸族孫中擇而立之亦可, 其爲人後者須兩家父皆在同命之後方可出後, 立後之家雖無父, 若其母願之則許告於國而立之라고 정하였다. 無嗣者가 兄弟之子를 入養함은 高麗制와 동일하나 兄弟之子가 없을 시에는 同宗之子뿐만 아니라 諸族孫 중에서 擇立함을 허하였고, 立後에는 所生(實家)·所後(養家)兩家의 父가 同命으로 官에 告하여, 禮斜(禮曹發給의 증명서)를 받았으며 所後父의 亡後는 所後母도 出願할 수 있었던 것이다. 이것은 소위 死後養子이다. 繼後子와 所後父母 및 그 친족과의 관계는 嫡長子와 동일하며 所生父母 및 私親(實家의 親族)과의 관계는 喪一等을 강등하였다. 즉 實父母는 伯叔父母와 동등의 지위였다. 그러나 諸族孫 중에서 擇養함은 昭穆을 문란케 하므로, 경국대전에는 동항만 삭제하고 嫡長子無後時는 衆子, 衆子無後時는 妾子가 奉祀하는 원칙을 세우고 경국대전의 立後規定을 수록하였다. 그러므로 명종 때 편찬된 經國大典註解도 嫡長子嫡妾俱無子而立後者, 必以弟之子爲後得奉祖以上之祀라 하여 妾子도 없을 때, 弟의 子로 입후한다고 규정하고 있다. 立後에 있어 형제의 子가 없을 때는 同宗支子에 한한다는 원칙도 조선중엽 이후는 완화되어 大典續錄 및 續大典立後條는 同宗近屬을 허용하고 있다. 立後한 후에 實子가 출생하면 繼後子와의 관계가 미묘하다. 명종 7년의 受敎는 實子를 嫡長子로 하여 奉祀케 하고 繼後子의 罷養을 금하고, 衆子의 위치로 전락시켰는데, 異論이 많아 현종 10년에 宋時烈의 上疏로 繼後子를 嫡長子라 하고 實子를 第二子로 하는 원칙을 세우고 續大典에 규정되었다. 이상 立後의 여러 원칙은 조선말엽까지 효력을 지속하였고 日帝下에서도 慣習法의 내용으로서 立後關係를 규율한 것이다.

잉글랜드제(制) 累進制의 일종. 영국의 流刑地 오스트레일리아에서 발달하였으나 후에 본국에 채용되었다. 최초에는 考查制, 후에 點數制에 의하였다. 처음 9개월의 獨居後에(→독방제), 考查級·第三級·第二級·第一級·特別級의 5계급이 있어, 매일의 작업과 日曜의 行狀의 점수에 의하여 날마다의 계산으로 일정한 책임점수를 소각하고 진급한다. 이리하여 作業賞與金·假釋放의 恩典을 입게 된다.

잉여금(剩餘金) 〔英〕sprplus [1] 국가의 회계에 있어서의 잉여금. 예산에 있어서는 세입과 세출은 원칙적으로 同額이나 결산에 있어서는 잉여를 내는 것이 보통이다. 이것을 결산상의 잉여금이라 하며 歲計剩餘金이라고 한다. 1회계연도에 있어서 출납된 세입액에서 지출된 세출액을 뺀 잔액이며, 세입예산을 초과하여 수입된 세입액(조세의 自然增收·예산외의 세입액)과 세출예산 중의 지출이 안된 부분(移越額·不用額)과의 합계액이 이에 해당된다. 결산상의 잉여금에서 歲出移越額을 공제한 것을 純剩餘金이라고도 하며, 國庫剩餘金이라고도 한다. 결산상의 잉여금은 이를 歲出豫算移越額의 재원으로 다음 연도의 예산에 移入한다(豫會 47). 순잉여금은 그 잉여금이 생긴 회계연도의 다음 연도까지 세출예산에 구애됨이 없이 차입금의 상환재원으로 사용하고 그 차입금을 상환하고도 남은 잔액이 있으면 이를 다음 연도의 예산에 移入하여 新財源으로 사용한다(5, 47Ⅱ).

[2] 특수법인이나 협동조합 등의 회계에 있어서는 損益計算上의 잉여금의 의미로 사용된다.

잉여금계산서(剩餘金計算書) 〔英〕 surplus statement 전 영업연도에 있어서의 잉여금의 증감변화와 그 연도말의 在庫를 밝히는 계산서. 잉여금의 연도말의 재고는 貸借對照表·損益計算書에 표시되지만 그 증감변화는 기재되지 않으므로 특히 그 증감변화를 자세히 표시하기 위하여 작성된다.

잉여금배당(剩餘金配當) 협동조합의 잉여금의 배당. 이 배당은 조합사업의 이용 분량 또는 납입출자액에 따라서 행하는 것이 원칙인바 후자의 경우는 배당률의 최고한도가 法定됨을 통례로 한다(農協 67Ⅲ).

잉여금처분계산서(剩餘金處分計算書) 〔英〕 surplus appropriation statement 當期에 발생한 이익잉여금의 처분 또는 處分案을 밝히는 계산서. 상법상의 계산서의 준비금 또는 이익배당의 議案의 내용의 명세를 표시한 것(商 447ⅲ).

잉여주의(剩餘主義) 〔獨〕 Deckungsprinzip 부동산의 강제경매에 있어서 競賣代金으로 그 물건 위의 부담을 변제하고도 잉여가 있을 때가 아니면 競落을 불허하는 주의. 消除主義를 무제한하게 취하면 押留債權者에게 배당할 잉여가 없으므로 무익한 경매를 하게 되고 또 우선권자는 그 의사에 반하는 시기에 불충분하게 그 투자의 회수를 강요당하게 되므로 이 단점을 메꾸기 위하여 인정된다. 현행법은 剩餘主義와 引受主義의 양자를 병행채용하고 있다고 할 수 있다(民訴 608Ⅰ).

잎담배심의위원회(審議委員會) 煙草의 경작과 잎담배의 收買에 관한 중요한 사항을 심의하기 위하여 한국담배인삼공사에 설치된 위원회로 잎담배의 종류별·등급별 수매가격, 잎담배의 등급별 표본, 연초의 종류별·지역별 경작면적과 잎담배의 종류별 수매예정량 등에 관해 심의한다(담배事業法 5, 同施行令 2).

ㅈ

자가보험(自家保險) 〔英〕 self-insurance 〔獨〕 Selbstversicherung 〔佛〕 assurance de soi-même 기업자 등이 우연한 재산적 손해 또는 지출에 대비하기 위하여 위험을 측정하여 합리적인 계산하에 일정한 비율의 금전을 자기 단독으로 적립하는 제도. 일반적인 저축에 비하면 그 기술적인 방법 또는 적립의 취지 등은 保險制度에 가까우므로 이를 자가보험이라 하고 있지만, 다수인으로 구성된 위험단체에 의하여 위험이 분산되어 종합평균화된다는 요건이 결여되므로, 진정한 의미로서의 보험이 아니며, 또 실제적인 효용에 있어서도 보험의 경우와 같은 단체성에 의한 强行力을 갖추지 않아 저축의 경우와 마찬가지로 기대한 바의 목적을 충분히 달성하기 어려운 바가 있다. 또 一部保險에 있어서 피보험자가 손해의 일부만을 보험자로부터 보상을 받고, 나머지는 스스로 부담하게 되므로 이 경우에도 자가보험을 하고 있다는 말을 쓰지만, 이는 그 본래의 뜻이 아니다.

자격당사자(資格當事者) 일정한 자격을 갖고 있기 때문에, 타인의 권리·이익에 대하여 자기의 이름으로 소송의 당사자가 되는 자. 예컨대 破産管財人(破 152), 船長(商 859) 등이다. → 당사자적격, 제삼자의 소송담당

자격모용공문서작성죄(資格冒用公文書作成罪) 행사할 목적으로 공무원 또는 공무소의 자격을 모용하여 문서 또는 도화를 작성하는 죄(刑 226). 本罪는 目的犯이다. 이러한 규정이 없던 구형법하에서는 자격모용에 의한 문서작성에 관하여 有形僞造 또는 無形僞造(→ 문서위조, 유형위조)로 보는 설 등으로 나누어져 있었는데, 신형법은 이를 立法的으로 해결하였다. 미수범은 처벌한다(235). → 문서에 관한 죄

자격모용사문서작성죄(資格冒用私文書作成罪) 행사할 목적으로 타인의 자격을 모용하여 권리의무 또는 사실증명에 관한 문서 또는 도화를 작성하는 죄(刑 232). 본죄는 目的犯이다. 미수범은 처벌한다(235). → 사문서, 자격모용공문서작성죄, 문서에 관한 죄

자격상실(資格喪失) 사형, 무기징역 또는 무기금고의 판결을 받은 자에게 일정한 자격을 갖지 못하도록 하는 名譽刑의 일종(刑 41ⅳ, 43Ⅰ). 일정한 자격이라 함은 ① 公務員이 되는 자격, ② 公法上의 선거권과 피선거권, ③ 법률로 요건을 정한 공법상의 업무에 관한 자격, ④ 法人의 이사, 감사 또는 지배인 기타 법인의 업무에 관한 檢查役이나 財産管理人이 되는 자격을 말한다. 자격상실은 다른 형벌과 함께 선고되는 것이 아니라, 일정한 형의 선고가 있으면 그 형의 효력으로서 당연히 일정한 자격이 상실되는 것이 특색이다. 자격상실의 선고를 받은 자에 대하여는 이를 受刑者原簿에 기재하고 지체없이 그 등본을 刑의 선고를 받은 자의 본적지와 거주지의 市·邑·面長에게 송부하여야 한다(刑訴 476). 자격의 회복에 관하여는 復權을 보라.

자격수여적 효력(資格授與的效力) → 배서의 효력

자격시험(資格試驗) 공무원 기타 특정한 업무에 종사할 수 있는 자격의 유무를 검정하기 위한 시험. 採用試驗에 대한 것. 자격시험합격의 효력은 一身專屬的이며 終身有效인 것이 보통이다. 사법시험, 의사·치과의사·한의사국가시험 등이 그 예이다.

자격양도(資格讓渡) 〔羅〕 cessio in legitimationem 〔獨〕 Legitimationsübertragung 일반적으로 권리를 그 자의 명의로 행사하는 권능을 부여하기 위하여 권리자로서의 形式的 資格을 타인에게 이전하는 것. 영미법의 信託의 관념에 유사하고 숨은 推尋委任背書나 任置株가 그 한 경우이다. 특히 후자의 경우가 많으며 독일에서는 은행이 議決權

ㅈ

을 행사하기 위하여 많은 주주로부터 無記名株式의 任置를 받는 수가 있는데 독일주식법은 여기에 제한을 가하고, 任置株主에게 서면을 통하여 15개월 미만의 기한을 두어 의결권의 대리행사의 수권을 하는 것을 요구하고 있다.

자격정지(資格停止) 受刑者에게 당연히 또는 특별한 선고로써, 일정한 자격의 전부 또는 일부가 일정한 기간 동안 정지되는 名譽刑의 일종(刑 41 v, 43 Ⅱ, 44). 자격정지에는 두 가지가 구별된다. 즉 ① 유기징역 또는 유기금고의 판결을 받은 자에게 그 형의 집행이 종료하거나 면제될 때까지 일정한 자격(→자격상실의 ①②③)이 당연히 정지되는 것(43 Ⅱ). ② 특별한 判決宣告로써 일정한 자격(→자격상실의 ①②③④)의 전부 또는 일부를 1년 이상 15년 이하로 정지시키는 것(44 Ⅰ). ②의 의미의 자격정지는 다른 刑과의 選擇刑으로서 단독으로(105, 106, 122, 126, 127, 129, 130, 131 Ⅲ, 132, 139, 257 Ⅰ, 307 Ⅱ, 317), 다른 형에의 任意的 倂科刑으로(114 Ⅲ, 131 Ⅳ, 204, 209, 220, 237, 256, 265, 282, 295, 345, 353, 358, 363 Ⅱ), 또는 다른 형에의 必要的 倂科刑으로(123·124 Ⅰ·125·128·270 Ⅳ, 國家保安法 14) 선고하며(後2자의 경우에는 附加刑的 性格을 가진다), 유기징역 또는 유기금고에 자격정지를 아울러 매길 때에는 징역 또는 금고의 집행을 종료하거나 면제한 날로부터 정지기간을 기산한다(44 Ⅱ). 자격정지의 선고를 받은 자에 대하여는 이를 受刑者原簿에 기재하고 지체없이 그 등본을 형의 선고를 받은 자의 본적지와 주거지의 시·구·읍·면장에게 송부하여야 한다(刑訴 476). 자격의 회복에 관하여는 裁判上의 復權을 보라.

자격주(資格株) 理事가 될 자격으로서 가져야 할 주식. 원래 이사가 되는 자격에는 제한이 없는 것이 원칙이나, 定款으로 이사가 가질 주식의 수를 정할 수 있으며, 이러한 경우에 다른 규정이 없는 때에는 이사는 그 수의 株券을 감사에게 供託하여야 한다(商 387).

자격증권(資格證券) 면책증권과 같다.

자격회복(資格回復) 刑의 선고로 인하여 법령상의 자격을 상실한 자에 대하여 형의 선고를 받지 않은 것으로 보고 자격을 회복시키는 것. 특히 政變으로 자격을 상실·제한 또는 정지당한 政治犯에 대하여 사용되기도 한다. →복권

자구권(自救權) 自力救濟를 할 수 있는 권리. →자력구제

자구행위(自救行爲) 〔英〕self-help 〔獨〕Selbsthilfe 〔佛〕justice privée [1] 형법상 법정절차에 의하여 請求權을 보전하기 불능한 경우에 그 청구권의 실행불능 또는 현저한 실행곤란을 피하기 위한, 상당한 이유가 있는 행위(刑 23 Ⅰ). 違法性阻却事由의 하나이다.

[2] 민법상 자구행위에 관하여는 自力救濟를 보라.

자국민대우(自國民待遇) 내국민대우와 같다.

자국민불인도(自國民不引渡)**의 원칙**(原則) 犯罪人引渡에 있어서 자국민은 인도하지 않는다는 원칙. 범죄인으로서 인도되는 자는 청구국 또는 제3국의 국적을 가진 자에 한정되는 것이 보통이다. 그러나 미국과 영국은 예외로서 영토외 범죄를 처벌하지 않는 주의를 채용하고 있으므로 自國民이라도 인도한다. 입법론으로서도 자국민의 불인도가 아니라 인도가 타당한 것으로 생각된다. →범죄인인도, 정치범불인도의 원칙

자금관계(資金關係)〔어음의〕 〔獨〕Deckungsverhältnis 발행된 환어음의 인수와 지급을 하게 된 實質的 法律關係. 수표에도 자금관계가 있다(→수표계약). 발행인과 지급인이 동일인인 약속어음에는 이런 관계는 없다. 자금의무자는 발행인인 것이 보통이나 발행인이 제3자의 위탁을 받아 그 계산하에 발행한 경우에는(委託어음) 위탁을 한 제3자가 자금의무자로 된다. 자금관계가 존재하려면 발행인이 어음에 의하여 처분할 수 있는 자금이 지급인의 수중에 있어야 한다. 이와 같이 발행인이 미리 지급인에게 자금을 공급하고 있거나 또는 채권을 가지고 있는 것이 보통이지만 지급인이 지급을 한 후에 발행인으로부터 보상을 받을 뜻의 約定이 된 경우가 있는데 이를 특히 補償關係라고 한다(예 : 當座貸越). 자금관계의 존부·내용은 당연히 어음관계에 영향을 주는 것이 아니고 자금관계가 존재치 않아도 어음의 발행 및 인수는 소지인이 악의인 때에도 유효하다. 물론 지급인은 인수를 하여야 할 의무는 없으므로 인수를 하지 않은 한 지급인은 소지인에 대하여 어음금액을 지급할 의무는 없다. 그러나 발행인은 자금관계의 부존재를 이유로 償還義務를 거부할 수는 없다. 다만 자금관계의 당사자간에서는 자금관계상의 여러 사유로써 人的抗辯으로 원용할 수 있다(어음 17·77 Ⅰ, 手票 22).

자금관리특별회계(資金管理特別會計) →재정융자특별회계

자금문구(資金文句)〔어음의〕 〔獨〕Deckungsklausel 환어음 또는 수표에 있어서 발행인이 資金關係를 표시하기 위하여 기재하는 문구. 예컨대 본인의 계정에 기입하여 주시오 또는 위탁어음에 있어서 누구 누구의 계산으로라고 기재하는 등이다. 발행인과 지급인 사이에는 의미가 있어도 어음관계상은 무의미한 기재이다.

자금보험(資金保險) 〔獨〕 Kapitalversicherung 〔佛〕 assurance de capital 보험사고가 발생하였을 때 보험금 전부를 일시에 지급하는 生命保險. 年金保險에 대하는 것으로 우리나라의 생명보험의 보통의 방식이다.

자금(資金)**의 교부**(交付) 국가가 세출예산을 지급할 때에는 현금을 지불하는 대신 한국은행을 지급인으로 하는 수표를 발행하거나 정부계정 상호간의 國庫金對替를 위하여 對替手票를 발행한다는 원칙(豫會 63)에 대한 예외로서, 일정한 경우 현금지불 기타 필요한 자금을 한국은행·체신관서 또는 출납공무원에게 교부하는 것(64~66).

자금전도(資金前渡) 國庫金의 지급방법에 관한 한 特例. 즉 국고금의 지출은 수표의 발행·국고금대체수표의 발행에 의하여 하는 것이 원칙이나(豫會 63), 중앙관서의 장은 일정한 경우(교통·통신이 불편한 지방에서 지급하는 경비, 廳中常用의 경비, 기타 대통령령이 정하는 경비로서 그 성질상 出納公務員으로 하여금 현금지급을 시키지 아니하면 사무수행에 지장을 초래할 우려가 있는 경우)에는, 재정경제부장관과 협의하여, 출납공무원에게 현금을 지급하게 하기 위하여 필요한 자금을 지출관으로 하여금 교부하게 할 수 있으며, 필요불가결한 경우에는 회계연도 개시 전에 자금을 교부하게 할 수 있게 되어 있는 바(65), 이것이 자금전도이다. 現金前渡라고도 하며, 그 자금을 前渡資金이라고 한다. 때로는, 支出官이 격지자에게 지급하기 위하여 일정한 필요한 자금을 한국은행 또는 체신관서에 교부하는 경우, 중앙관서의 장이 일정한 필요한 자금을 소속지출관으로 하여금 한국은행 또는 체신관서에 교부하게 하는 경우까지를 포함하여, 자금전도라고 하는 수가 있다. →선금급

자금조성(資金助成) 기업활동을 위하여 소요되는 자금을 마련하여 두기 위해서 하는 각종 助成行爲를 말한다. 자금조성의 주된 방법으로는 보조금의 교부, 자금의 대여, 융자의 알선 등이 있다(補助金의 豫算 및 管理에 관한 法律 2 참조).

자기거래(自己去來) 〔英〕 self-dealings 〔獨〕 Selbstverkehr 이사 또는 무한책임사원과 회사간의 거래. 상법은 이러한 거래를 제한하는 규정을 두고 있다(199, 269, 398, 564Ⅲ). 즉, 합명회사의 사원 또는 합자회사의 무한책임사원은 사원 과반수의 결의가 있는 때에 한하여 자기 또는 제3자의 계산으로 회사와 거래를 할 수 있고(199, 269). 주식회사의 이사는 이사회의 결의(398). 유한회사의 이사는 감사가 있는 때에는 감사, 감사가 없는 때에는 사원총회의 승인이 있는 때에 한하여 자기거래를 할 수 있다(564Ⅲ). 여기의 거래는 이사나 무한책임사원이 자기나 제3자의 이익을 꾀하거나 회사에 손해를 입힐 염려가 있는 행위에 한하여, 債務의 履行이나 相計는 물론이고 普通去來條款에 의한 거래는 여기에 포함되지 않는다. 승인은 사전 사후를 묻지 않는다고 하는 것이 다수설이다. 이것을 위반한 때의 효과에 관하여는 無效說·無權代理行爲說·有效說 등의 대립이 있다. 승인을 얻어서 한 자기거래라 할지라도 그 때문에 회사에 손해가 발생한 경우에는 이사나 무한책임사원은 그 손해를 배상할 책임이 있다고 보아야 할 것이다.

자기계산(自己計算) 證券會社의 임원 및 직원이 고객의 위탁에 의하지 않고 자기의 계산으로써 하는 賣買去來. 自己去來라고도 한다. 자기계산의 경우에 발생하는 거래원의 자력·유가증권의 시장성에 비하여 과당한 거래를 방지할 취지로서 증권거래법은 이를 금지하고 있다(證去 42).

자기계약(自己契約) 〔獨〕 Selbstkontrahierung 갑의 대리인 을이 일면으로는 갑(본인)을 대리하고 타면으로는 자기의 자격으로 갑을간의 계약을 체결하는 것. 自己代理 또는 相對方代理라고도 한다. 예컨대 갑이 을에게 家屋賣却의 대리권을 수여한 경우에 을이 스스로 매수인으로 되어 갑을간에 매매계약을 체결하는 것과 같다. 이와 같은 행위도 이론상으로는 대리라고 할 수 있지만, 본인의 이익을 해할 염려가 있으므로 민법은 원칙적으로 雙方代理와 함께 이것을 금지하고 있다(124, 證去 44 참조). 그 취급은 雙方代理와 동일하다. →쌍방대리

자기(自己)**를 위하여 하는 것과 동일**(同一)**한 주의**(注意) 자기재산과 동일한 주의와 같다.

자기보존권(自己保存權) 〔英〕 right of self-preservation 자기의 생존을 보장하기 위하여 필요한 행위를 할 수 있는 권리. 自存權 또는 自己維持權이라고도 한다. 좁은 뜻으로 생존을 위해서 긴급필요한 행위에 한한다는 설과 넓은 뜻으로 생활의 발전을 위해서 필요한 행위를 인정한다는 설이

있지만, 어느 것도 自然法的 見解에 기인하며, 근대 및 현대에서도 예를 들면 생존권의 요구로서 나타나 있는 것이다. 正當防衛나 緊急避難 또는 국제법상의 自衛權 등도 똑같은 사상의 기반 위에 세워져 있다고 보아야 한다. → 자존권

자기부죄(自己負罪)**에 대한 특권**(特權) 〔英〕 privilege against self-incrimination 刑事上 자기에게 불리한 진술을 강요당하지 아니하는 권리. 헌법은 이를 보장하고 있다(12Ⅱ 後). 이는 미국헌법 수정 5조에서 유래한 규정이다. 형사소송에 한하지 않고, 민사소송 또는 행정절차상으로도 보장된다. 그 범위에 관하여는 진술 자체가 불리한 증거로 되는 경우에 한한다는 설과 그 진술이 불리한 증거발견의 단서가 되는 경우를 포함한다는 설이 있는데, 후설이 타당하다. 美法에서는 身體檢查 또는 證據物 등의 제출에까지 미치는가에 관하여 다툼이 있으나, 우리 헌법은 명문으로 진술에 한정하며, 형사소송법도 압수·수색·검증에 관하여는 이 특권을 인정하지 않는다. 진술을 강요당하지 아니한다는 것은 직접강제는 물론 간접강제도 허락하지 않는다는 취지이다. 형사소송법상 피고인·피의자는 이익·불이익을 불문하고 전면적으로 진술을 거부할 수 있다(200Ⅱ, 289). 증인은 自己負罪의 염려가 있는 때에는 拒否事由를 疏明하고, 증언을 거부할 수 있다(民訴 285, 刑訴 148). → 묵비권, 진술거부권

ㅈ

자기(自己)**앞 어음·수표**(手票) 〔獨〕 trassierteigener(eigengezogener) Wechsel, Scheck 발행인이 자기를 지급인으로 기재한 換어음 또는 수표(어음 3Ⅱ, 手票 6Ⅲ). 실제상으로는 발행인이 타지에 있는 자기의 본점 또는 지점을 지급인으로 지정하는데 많이 이용된다. 인수된 자기앞환어음은 법률상으로는 환어음이지만, 경제상으로는 약속어음과 다름이 없다. 자기앞수표는 이를 속칭 保證手票라고 한다. → 자기지시어음·수표

자기자본(自己資本) 〔英〕 net worth 〔獨〕 Eigenkapital 좁은 뜻의 資本 및 準備金(이익준비금·자본준비금)과 그 밖에 주주의 계정에 속하는 任意準備金을 총괄적으로 가리키는 말.

자기재산(自己財産)**과 동일**(同一)**한 주의**(注意) 자기의 사무를 처리함에 있어서 하는 정도의 注意(民 695). 자기의 재산에 관한 행위와 동일한 주의(922), 固有財産에 대하는 것과 동일한 注意(1048)와 같은 뜻이다. 이 정도의 주의를 결한 것을 具體的 過失이라 한다.

자기주식(自己株式) 〔英〕 treasury stock 〔獨〕 eigene Aktien 회사가 승계적으로 취득하고, 또는 질권의 목적으로 취득한 發行畢의 주식. 주식을 재산인 有價證券이라고 생각하는 한, 자기주식의 취득은 이론상 불가능한 것이 아니다. 그러나 이것을 인정할 때에는 회사의 기관이 자기주식으로써 投機할 우려가 있고, 회사가 손실을 당하였을 때 그 손실을 배가할 우려가 있으므로, 상법은 회사재산을 확보하려는 법률정책적 견지에서, 회사는 원칙으로 자기의 주식을 취득하거나 발행주식의 총수의 20분의 1을 초과하여 자기의 주식을 質權의 목적으로 받지 못하게 하였다(341, 341의2). 회사의 自己株式取得 또는 質權의 목적으로 취득하는 것에는 自己名義로 취득하는 경우뿐만 아니라, 회사의 계산으로 제3자의 명의로 취득하는 경우와, 자회사에 의한 모회사의 주식을 취득하는 경우를 포함한다고 보는 것이 통설이다. 상법의 규정에 위반한 자기주식의 취득 또는 질권의 목적으로 취득하는 것은 法律上 無效라고 보는 것이 통설이다. 예외적으로 자기주식의 취득이 인정되는 경우라도, 共益權은 물론이고 自益權도 휴지상태에 들어간다. 상법은 자기주식의 議決權休止에 대해서만 명문으로 규정하고 있다(369Ⅱ). 위반행위에 대하여는 이사 기타의 임원에 대한 刑罰의 제재가 있다(625ⅱ). 상법이 자기주식의 취득을 예외적으로 인정하고 있는 경우는 다음과 같다. 첫째, 株式消却을 위한 때, 둘째, 회사의 합병 또는 다른 회사의 영업전부의 讓受로 인한 때, 셋째, 회사의 권리를 실행함에 있어서 그 목적을 달성하기 위하여 필요한 때, 넷째, 端株의 처리를 위하여 필요한 때, 다섯째, 주주가 주식매수청구권을 행사한 때이다(341). 이 중에서 질권의 목적으로 자기의 주식을 받을 수 있는 예외적인 경우는 두번째와 세번째의 것이다.

자기지시(自己指示)**어음·수표**(手票) 발행인이 자기를 수취인으로 기재한 어음이나 수표. 환어음과 수표에만 인정된다(어음 3Ⅰ, 手票 6Ⅰ). 自己指示約束어음이 인정되는가에 관하여는 찬부양론이 있다. 자기지시수표는 발행인 자신이 예금을 찾기 위하여, 또 自己指示換어음은 배서에 의하여 할인을 구하거나 우선 인수를 받은 후에 유통시키기 위하여 사용된다.

자기책임(自己責任)**의 원칙**(原則) 과실책임의 원칙과 같다.

자동차(自動車) ① 자동차관리법에는 原動機에 의하여 육상(궤도와 공중선을 사용하는 것 등은 제외)에서 이동할 목적으로 제작한 用具를 자동차라고 한다(2ⅰ). 자동차는 이를 승용자동차·승

합자동차 · 화물자동차 · 특수자동차 및 이륜자동차로 나누되, 그 구분은 자동차의 크기 · 구조와 원동기의 종류, 총배기량 또는 정격출력을 기준으로 하여 건설교통부령으로 정한다(3). 자동차는 2륜의 소형자동차를 제외하고 自動車登錄簿에 등록을 하지 않으면 운행할 수 없고(5), 그 밖에 여러가지 단속 · 감독을 받는다(→도로운송차량). ② 自動車抵當法에서는 승용자동차와 대통령령이 정하는 규모이하의 자동차를 제외한 것을 가리키는데 쓰인다(自抵 2). 이에 관하여는 저당권의 설정이 인정되고(3), 등록부에의 등록의 소유권의 득실 · 변경 및 저당권의 득실 · 변경의 對抗要件이 된다(4). 자동차는 동산이나 그 한도에서는 선박과 같이 부동산에 준한 취급을 받고 强制執行 및 競賣에 관하여도 대개 부동산에 준하여 취급된다.

자동차검사증(自動車檢査證) 차량검사의 결과 保安基準에 적합하고, 또 사용자가 그것을 사용할 권리를 가짐을 증명하는 증명서. 자동차(自動車管理法 43)에 대하여 교부된다. 유효기간은 차령 10년 미만인 비사업용승용차 및 피견인자동차는 2년, 차령 10년 이상인 비사업용승용자동차 및 피견인자동차와 사업용승용자동차, 차령 10년 미만인 화물자동차 중 소형자동차, 차령 2년 미만인 그 밖의 자동차 등의 경우에는 1년이며, 기타의 경우에는 6월이다.

자동차대여사업(自動車貸與事業) 다른 사람의 수요에 응하여 有償으로 자동차를 대여하는 사업을 말한다. 자동차대여사업을 경영하고자 하는 자는 사업계획을 작성하여 건설교통부령이 정하는 바에 의하여 건설교통부장관에게 登錄하여야 한다(旅客自動車運輸事業法 2 iv, 29).

자동차등록원부(自動車登錄原簿) 자동차의 운행을 목적으로 그 자동차의 차명과 형식, 車臺番號, 원동기의 형식, 소유자의 성명 또는 명칭, 주소, 사용본거지의 위치도, 取得原因 등에 관한 사항을 등록하기 위하여 관할관청에 비치하여 두는 장부. 자동차는 2륜자동차를 제외하고 자동차 등록원부에 등록을 받지 않으면 이를 운행하지 못하고(自動車管理法 5), 자동차소유권의 득실 · 변경은 등록을 받음으로써 그 효력이 생긴다(6).

자동차보험(自動車保險) 피보험자가 자동차의 운행으로 개인의 생명 · 신체를 死傷시킴으로써 배상책임을 진 경우에 이를 보상할 것을 약정하는 일종의 責任保險. 이는 기업위험의 담보보다는 피해자의 보호라는 사회정책적인 이유에서 자동차손해배상보장법에 의하여 보험가입이 강제된 자동차손해배상책임보험이다.

자동차세(自動車稅) 자동차를 課稅物件으로 하는 物稅인 특별시 · 광역시 및 시 · 군의 普通稅(地稅 5Ⅱ vii, 6Ⅳ i). 과세권자는 자동차등록지의 특별시 · 광역시 및 시 · 군이고, 납세의무자는 자동차의 소유자이다. 標準稅率은 자동차의 종류에 따라서 다르며, 승합자동차는 정원수와 영업용 · 비영업용에 따라 다르고, 화물자동차는 그 적재량에, 자동자전거는 그 종별에 따라 각각 稅額이 다르다.

자동차손해배상책임(自動車損害賠償責任) 자기를 위하여 자동차를 운행하는 자는 그 운행으로 타인의 생명 또는 신체를 사상한 때, 그 손해를 배상해야 할 책임을 진다. 다만 승객이 아닌 자가 사상한 경우에 있어서 자기 및 운전자가 자동차의 운행에 관하여 주의를 게을리하지 아니하고 피해자 또는 자기 및 운전자 이외의 제3자에게 故意 또는 過失이 있으며, 또한 자동차의 구조상의 결함 또는 기능의 장해가 없었다는 것을 증명한 때와 승객의 고의 또는 자살행위로 인하여 사상한 승객에 대해서는 그 책임을 예외로 한다(自動車損害賠償保障法 3).

자동차손해배상책임보험(自動車損害賠償責任保險) 자동차의 등록을 받은 자는 자동차의 운행으로 타인의 생명 또는 신체를 死傷한 경우에 피해자에게 대통령령이 정하는 금액의 지급을 책임지는 자동차손해배상책임보험에 가입해야 한다(自動車損害賠償保障法 5). 이러한 책임보험에 가입하지 않게 되면 자동차운행의 제한을 받게 된다(6).

자동차운전면허(自動車運轉免許) 자동차를 법률상 운전할 수 있는 면허. 제1종운전면허(대형 · 보통 · 소형 · 특수면허), 제2종운전면허(보통 · 소형 · 원동기장치자전거면허), 연습운전면허(제1종보통과 제2종보통연습면허)가 있는 바, 자동차운전면허시험에 합격하고 또 일정한 缺格事由(연령의 제한 및 일정한 신체결함 등)에 해당하지 않는 자에 대하여 運轉免許證을 교부한다(道路交通法 68~79). 면허증은 5년마다 주소지를 관할하는 지방경찰청장의 適性의 검사를 받지 않거나 교통사고 등 일정한 사유에 의하여 면허는 취소 또는 정지된다(78).

자동차저당(自動車抵當) 자동차저당에 의한 자금의 확보를 도모하고 자동차저당권자와 자동차소유자의 권익을 균형있게 보호함을 목적으로 자동차저당법에 의하여 인정된 자동차에 관한 動産抵當. 항공기저당과 더불어 우리나라에서는 처음으로 인정된 동산저당의 한 경우이다. 목적으로 되는 것은 자동차관리법에 의하여 등록을 받은 자동차로서 승용자동차 및 대통령령이 정하는 규모 이하를 제외한 자동차이다(自抵 2). 자동차저당권의 得失·變更은 자동차관리법에 규정하는 자동차등록원부에 등록함으로써 그 효력이 생긴다(4). 抵當權의 내용 및 효력은 일반의 저당권의 경우와 대체로 같다. 따라서 이에 관하여는 자동차저당법에 규정한 것을 제외하고는 민법의 저당권에 관한 규정이 준용된다(10). 그리고 자동차에 관하여는 質權의 설정이 금지된다(7).

자동채권(自動債權) 相計를 하는 측의 채권. 受動債權에 대한 말이다. →상계

자력강제(自力强制) →자력집행

자력구제(自力救濟) 〔英〕 self-help 〔獨〕 Selbsthilfe 〔佛〕 justice privée [1] 일반적으로 자기의 권리를 확보하기 위하여 司法節次에 의하지 않고서 스스로 私力을 행사하는 것을 말한다. 소송제도가 확립되지 않았던 고대의 미개사회일수록 자력구제는 널리 인정되었으나, 소송제도가 완비되어 있는 근대사회에서는 원칙적으로 인정되지 않으며, 다만 司法節次에 의한 보호를 구할 여유가 없는 급박한 경우에만 예외적으로 인정될 뿐이다. 그러나 현재에도 국제사회에서는 아직 비교적 널리 인정되고 있다. 용어로서는 民事法에서 自力救濟라고 하는데 대하여, 刑事法에서는 自救行爲, 국제법에서는 自助라고도 한다. →자구행위, 자조

[2] 민사법에서는 긴급한 사정이 있어서 후에 국가(법원)의 보호를 구하는 것이 불가능하거나, 또는 아주 곤란하게 될 경우에 예외적으로 自力救濟를 인정하는 입법례가 있다. 그러나 민법은 외국의 입법례처럼 사권일반에 관한 자력구제를 인정하지 않고 오직 점유자에게만 일정한 경우에 허용하고 있을 뿐이다. 학설로서는 본권에 기한 자력구제도 이를 인정하는 것이 다수설이다. 민법이 인정하는 自力救濟權에는 다음의 두 가지가 있다. ① 自力防衛權. 점유자는 그 점유를 부정히 침탈 또는 방해하는 행위에 대하여 자력으로써 이를 방위할 수 있다(民 209 Ⅰ). 따라서 占有를 침탈 또는 방해하려는 불법한 私力에 의한 침해가 아직 끝나지 않고, 또한 침탈로 점유를 상실하지 않는 한 직접점유자는 그러한 불법한 사력을 실력으로써 방위할 수 있다. 이러한 자조행위는 위법성이 없다. 그러나 위법성의 조각에 필요한 요건이 없음에도 불구하고, 이를 있다고 오신하여 自助行爲를 한 자의 책임이 어떻게 되느냐가 문제된다. 민법은 이에 관하여 아무런 규정도 두고 있지 않으나, 이 때에는 상대방에 대하여 손해배상의 의무가 생기는 것으로 해석되고 있다. ② 自力奪還權. 불법한 사력에 의하여 점유가 침탈된 경우에는 실력으로써 이를 탈환할 수 있다. 그러나 이 자력탈환권의 행사에는 시간적 한계가 있다. 즉, 동산을 침탈당한 경우에는 가해자가 현장에 있거나, 또는 이를 추적하여 한 때에만 실력으로 탈환할 수 있고, 부동산의 점유침탈에 대하여는 침탈 후 直時 가해자를 배제하여 점유를 회복하여야 한다(209 Ⅱ). 그리고 誤想自力奪還에 관하여도 자력방위에서와 같은 손해배상의무를 인정하여야 하는 것으로 해석되고 있다. 위와 같은 自力救濟權은 직접점유자에게는 물론, 점유보조자에게도 인정하는 것이 통설이다(→점유보조자). 그러나 間接占有者에 관하여는 자력구제권을 인정하지 않는 것이 통설이다(→간접점유).

자력집행(自力執行) 국가 또는 공공단체가 그의 의사를 스스로의 기관에 의하여 강제하고 실현하는 것. 사인간에 있어서는 自力執行 또는 自力救濟가 원칙으로 금지되고 국가기관의 힘을 빌려서만 그의 의사를 강제적으로 실현할 수 있는데 대하여, 국가 또는 공공단체와 사인간에 있어서는 때로 국가가 일방적으로 명령하고, 만일 상대방이 그에 복종하지 않을 때에는 법원의 힘을 빌림이 없이 스스로의 기관을 통해 그의 의사를 강제하고 실현하는 경우가 있다. 예를 들면 국민이 세금을 자진납부하지 않는 경우에 있어서 세무공무원이 押留·公賣 등의 절차를 통해 강제로 징수한다든가 또는 무허가 건축물을 인부를 사서 혹은 경찰관을 동원해서 철거하는 것과 같은 것이다. 그러나 국가나 공공단체의 자력집행도 언제나 法規에 근거하지 않으면 안될 것은 말할 것도 없다. 또한 비록 命令을 발할 수 있는 법적 근거가 있는 경우에도, 그 명령에 복종하지 않는 자에 대한 자력집행에는 또 다시 법적 근거를 요한다고 보는 것이 통설이다. 국가 또는 공공단체의 자력집행에 대한 근거법으로서는 國稅徵收法과 行政代執行法 등이 있다. →행정상의 강제집행, 강제징수

자문기관(諮問機關) 행정관청의 자문에 응하여 또는 자진하여 행정관청에 의견을 제공함을 임무로 하는 行政機關. 그가 제공한 답신·의견·건의는 법률상 그 행정관청을 구속하는 힘이 없는 점에서 議決機關과 다르다. 조사·연구·심의 등을 임무로 하는 調査機關·審議機關도 넓은 의미의 자문기관이다. 자문기관은 법률의 근거가 없더라도 대통령령으로 설치할 수 있다(政組 4). 보통은 심의회·위원회·조사회 등의 명칭이 붙는다.

자문의견(諮問意見)〔國際司法裁判所의〕

권고적 의견과 같다.

자발적 자백(自發的自白) →선행적 자백

자 백(自白) 〔英〕 confession 〔獨〕 Geständnis 〔佛〕 aveu [1] 민사소송법상은 소송상의 당사자가 자기에게 불리한 법률관계의 기초가 되는 사실을 肯認하는 행위를 말한다. 여기에는 다시 재판 외에서 상대방 또는 제3자에 대하여 하는 裁判外의 自白과 裁判上의 自白이 있다(→재판외의 자백). 소송법상 문제되는 것은 주로 후자이다. 전자에 관하여는 소송에서 상대방이 이를 원용하여도 1개의 徵憑으로서의 의미를 가짐에 그친다. 재판상의 자백은 그 소송의 변론 또는 受命法官·受託判事의 심문절차에서 상대방이 주장하는 자기에게 불리한 사실을 인정하는 진술을 말한다. 이 때에 쌍방의 진술의 선후 여하는 문제가 안된다. 일방이 先行的 自白을 하고 그 철회 전에 상대방이 원용하여도 좋다. 당사자의 진술이 전체의 취지로서 틀리는 점이 있더라도 일치되는 부분에 대하여는 자백이 성립된다(理由附否認·制限附自白). 자백이 있을 때에는 辯論主義가 행하여지는 범위 내에서는 법원은 그 진술의 진부를 판단할 필요가 없고 또 이에 반하는 인정을 할 수 없다(民訴 261 本). 그러나 法規나 經驗法則에 관하여는 쌍방의 진술이 일치하여도 법원은 구속받지 않는다. 왜냐하면 자백은 사실에 관해서만 인정되기 때문이다. 문제는 자백이 현저한 사실에 반하는 때 구속력을 가지는가 하는 것이다. 학설이 갈려 있지만, 이러한 사실을 재판의 기초로 한다는 것은 변론주의의 과장이라 할 수밖에 없기 때문에 그 구속력을 인정치 않음이 옳다. 자백한 당사자는 임의로 이를 철회할 수 없으나 상대방이 동의한 때는 철회할 수 있다. 그리고 진실에 반하는 자백은 착오로 인한 것임을 증명한 때에는 이를 취소할 수 있다(261 但). 판례는 사실에 반한다는 입증을 하면 착오의 증명도 있었던 것으로 본다 하여 이 요건을 경감하고 있다.

[2] 형사소송법상 자기의 범죄사실의 존재를 긍정하는 범인 자신의 진술을 말한다. 널리 불이익한 사실의 존재를 긍정하는 것을 承認이라 하고, 자백은 承認의 일종이라고 하는 견해도 있다(→승인). 범죄사실의 일부의 존재를 긍정하는 경우를 一部自白이라 하여 자백의 일종으로 보는 설도 있으나, 이것을 구별하여 승인에 포함시키는 견해가 유력하다. 자백은 증거의 일종이므로, 刑事責任과 그 법률적 효과까지를 인정하는 自認과는 다르다. 자인은 일종의 處分行爲인 것이다. 그러나 우리 현행법상으로는 자인은 자백과 동일하게 취급되고 있다. 자백은 반드시 피고인이나 피의자로서의 지위에서 진술된 것임을 필요로 하지 않으며 또한 수사기관이나 법원에 대하여 한 것에만 한하는 것도 아니다. 피고인이 공판정에서 자백하면 簡易公判節次에 의하여 심판할 것을 결정하여야 한다. 다만 지방법원 및 그 지원의 합의부의 제1심사항은 예외이다(刑訴 286의2)(→간이공판절차). 자백은 證據能力이 제한되어, 고문·폭행·협박에 의한 자백이나 신체구속의 부당한 장기화 또는 기망 기타의 방법에 의하여 임의로 진술된 것이 아니라고 의심할 만한 이유가 있는 자백은 유죄의 증거로 하지 못한다(309). 그리고 또 자백은 證明力이 제한되어서, 피고인에게 불이익한 유일한 증거인 때에는 이를 유죄의 증거로 하지 못한다(310).→자백의 임의성, 자백의 증명력

자백(自白)**의 임의성**(任意性) 任意性(또는 自意性)없는 자백은 證據能力이 없다. 이것은 헌법 12조 7항 및 형사소송법 309조를 형식적 근거로 하지만, 그 실질적 근거에 관해선 人權擁護說과 虛僞排除說이 있다. 전자에 의하면, 임의성 없는 자백을 증거로 인정하면 불이익한 진술의 강요를 위한 폭행·협박 등을 받을 염려가 있어서 용인할 수 없다고 하고, 후자에 의하면, 임의성 없는 자백은 허위의 위험성이 크기 때문에 증거로 할 수 없다고 한다. 그러나 전자·후자 모두 문제의 일면만을 강조한 것이기 때문에, 人權擁護와 虛僞排除의 두 가지 이유를 종합한 데에 그 근거를 구하는 것이 타당하다. 임의성없는 자백에 있어서 임의라고 함은 반드시 자발적으로 행하여진 것을 의미하는 것이 아니고 강요 또는 무리하게 행하여진 요소가 없는 것을 의미하는 것이다. 현행법상 任意性 없는 自白으로 擬制되고 있는 것으로는 ① 고문·폭행·협박·신체구속의 부당한 장기화에 의한 자백, ② 기망 기타의 방법에 의한 자백이다(刑訴 309). ①은 강요된 자백의 예시이고, ②는 기망 기타 유도적 방법에 의한 자백을 말한다. 여기서 고문·폭행·협박·기망 등과 자백과의 사이에는 因果關係를 필요로 한다는 것이 다수설이다. 신체구속의 부당한 장기화에 관하여도 판례와 통설은 구속·자백 사이의 인과관계를 필요로 한다고 하지만, 이에 대하여는 반대설이 있다. 다만 반대설도 석방 후 그 영향력이 단절될 정도의 시간이 경과한 후에는 일반원칙에 따른다고 한다. 부당한 장기화의 여부는 피고인의 심신상태와 같은 주관적 사정과 사건의 성질 등을 기준으로 하는 구속의 필요성과 같은 객관적 사정을 종합적으로 고려하여 판단하여야 할 것이다. 임의성의 擧證責任은 검사에게 있고, 임의성의 증명은 자유로운 증명으로 족하다는 것이 통설이다. 임의성 없는 자백에 기하여 수집된 증거의 證據能力은 부정되며, 또 임의성

없는 자백은 증거의 證明力을 다투기 위한 증거로도 되지 아니한다(多數說).

자백(自白)**의 증거능력**(證據能力) → 자백의 임의성

자백(自白)**의 증명력**(證明力) 피고인의 자백이 그 피고인에게 불이익한 유일한 증거인 때에는 이를 유죄의 증거로 하지 못한다(刑訴 310). 즉, 법관이 證據能力 있는 자백에 의하여 범죄사실에 대한 충분한 심증을 얻었더라도 補强證據가 없는 한 유죄의 선고를 할 수 없는 것이다. 이는 自由心證主義에 대한 중대한 예외이다. 자백의 증명력의 과대시에 의한 오판을 방지하고 혹은 수사기관이 다른 증거의 수집을 태만하는 것을 방지하려는 취지이다. 형사소송법 310조의 자백에 공범자 또는 공동피고인의 자백이 포함되는가에 관하여는 견해가 나뉘어 있다. → 재판외의 자백, 공범자의 자백, 보강증거

자백(自白)**의 취소**(取消) 소송상 당사자가 辯論이나 準備節次에서 자기에게 불리한 사실의 진술을 하였다가 추후에 이를 철회하는 것을 말한다. 先行的 自白은 상대방이 원용하기 전이라면 자유롭게 철회할 수 있으나, 일반적인 경우의 裁判上의 自白이 성립하면 함부로 취소할 수 없다. 이는 변론주의에 있어서는 당사자는 전책임으로 訴訟資料를 제출하여야 되는 것이므로 禁反言의 法理를 적용한 것이다. 그러나 진실에 반하는 자백은 착오로 인한 것임을 증명한 때에는 취소할 수 있다(民訴 261但). 그리고 판례는 상대방의 동의가 있을 때에는 그의 취소를 인정하고 있고, 사기·협박 등으로 자백한 때에는 再審事由에 해당하므로 이를 이유로 취소할 수 있게 하였다. 또 소송대리인의 자백은 당사자가 곧 취소하거나 更正에 의하여 효력을 잃는 것은 당연하다(民訴 85 참조). → 자백

자 법(子法) 〔英〕 filial law 〔獨〕 Tochterrecht 母法에 대한 말. 法의 繼受의 경우에 계수된 법을 계수의 모법으로 된 법, 즉 모법에 대하여 子法이라 한다. 모법과 자법의 계통관계가 있는 것을 일체로서 法系라 한다. 로마법계, 게르만법계라고 함이 그 예이다.

자 복(自服) 피해자의 의사에 반하여 처벌할 수 없는 죄에 있어서 피해자에게 자기의 범죄사실을 고백하는 것. 피해자의 의사에 반하여 처벌할 수 없는 죄란 親告罪와 反意思不論罪를 말한다. 범죄가 수사책임이 있는 관서에 발각되기 전이거나 그 후이거나를 불문한다. 자복은 刑의 任意的 減免事由가 된다(刑 52Ⅱ). → 자수

자 본(資本) 〔英〕 share capital, capital stock 〔美〕 stated capital, legal capital 〔獨〕 Grundkapital, Stammkapital 〔佛〕 capital social 자본은 넓은 의미에서는 영업을 위한 必要手段 또는 財貨라는 뜻에서의 순재산을 가리키나, 회사법상에서는 원칙으로 회사가 보유할 순재산액의 기준을 의미한다. 회사재산은 경기변동·경영성적 등에 의하여 항상 변동하나, 회사사업의 기초가 되고 있을 뿐만 아니라 회사채권자에게 담보가 되는 최저한도의 순재산액은 보유하여야 한다. 이 경우에 기준으로 되는 것이 회사법상의 자본이다. 또 자본은 회사의 사원이 그 사원자격에서 출자할 또 출자한 기금의 총액을 가리키는 경우도 있다. 유한회사의 정관의 기재사항으로서의 資本의 總額(商 543Ⅱ ii), 合名會社와 合資會社의 정관의 기재사항인 財産出資의 價格(179 iv, 269)의 총계는 이러한 회사의 기본금액으로서의 자본에 해당할 것이다. 또 경제상 사원의 출자를 自己資本이라 하고, 사채 기타의 차입금을 他人資本이라는 경우가 있으나 이러한 것은 회사법상의 자본과 다르다. 회사가 발행할 주식의 총수(289Ⅰiii)를 授權資本(authorized capital, nominal capital)이라 하는데 이것은 회사가 조달할 수 있는 기금액을 말하는 것으로 회사의 기금이라는 뜻의 자본과 어느 정도의 관련성은 있는 것이나, 본래의 회사법상의 자본과는 전혀 다른 것이다. 주식회사의 자본은 발행주식의 額面總額(451)을 말하며, 오로지 본래의 의미에서 회사재산을 확보하기 위한 기준이며, 손익계산의 기준이 되는 것이다. 그 금액은 授權資本制度의 채용에 따라서 다른 종류의 회사의 경우와 달라서 정관의 기재사항으로부터 삭제되었으나 등기에 의하여 공시되며(317Ⅱ ii) 또 대차대조표상은 資本金으로 기재된다.

자본감소(資本減少) 〔英〕 reduction of capital 〔獨〕 Herabsetzung des Grundkapitals 〔佛〕 réduction du capital social 주식회사 또는 유한회사가 法定節次를 거쳐 그 자본의 총액을 감소하는 것. 減資라고 약칭한다. 주식회사에서는 자본은 정관의 절대적 기재사항이 아닌 까닭에 감자는 정관변경사항은 아니지만, 감자로 인하여 주주의 권리가 감축되거나 일부 소멸하게 되므로 주주보호를 위해 주주총회의 特別決議가 필요하며(商 438, 439Ⅰ), 또 회사재산은 감자액만큼 社外로 유출할 가능성이 있어 회사재산을 유일한 담보로 삼고 있는 회사채권자를 해하게 되기 쉽기 때문에 會社債權者保護의 節次, 즉 재산목록·대차대조표작성과 債權者異議提出催告를 하여야 한다(232, 439Ⅱ). 자본감

소의 방법은 주주총회의 특별결의로 정하여야 하나, 그 방법에는 다음의 세 가지가 있다. ① 株金額減少. 즉 법정된 최저금액(5,000원)을 내리지 않는 금액으로 감소하는 방법이며, 이것에는 주금의 일부를 還給하는 방법과 주주의 희생으로 주금액의 일부를 切棄하는 방법이 있다. ② 株式數의 減少. 이것이 감자의 일반적인 방법이며 株式消却과 株式合併의 두 방법이 있다(341 i, 343, 440, 441). ③ 株金額減少와 株式數減少를 병용하는 방법. 자본감소의 효력은 주식의 소각이나 병합의 경우에는 株券提出期間이 만료한 때, 채권자이의제출절차가 종료되지 않은 때에는 그것이 종료한 때에 생긴다(441). 주식의 병합이나 소각으로 감자한 경우 현실로 감소한 발행필주식수만큼 미발행주식수가 회복한다고 보아야 하나, 이 경우 회사의 發行豫定株式數(授權株式數)의 2분의 1을 내려갈 수가 있는가에 관하여는 반대론도 있으나, 상법 289조 2항의 규정은 주식발행에 관한 규정이고 자본감소에 관한 것이 아니므로 감자와 같이 법정절차에 따라서 그 비율에 변동이 생기는 것은 부득이하다고 할 수 있다. 자본감소는 登記事項이다. 유한회사에서는 자본의 총액은 정관의 절대적 기재사항인 까닭에(543 Ⅱ ii) 자본의 감소는 定款變更事項이다. 자본의 총액이 1천만원 이상으로 법정되어 있으므로(546 Ⅰ) 이에 미달하게 자본을 감소할 수 없으며 그 밖의 절차는 대체로 주식회사에 준한다(597).

자본감소(資本減少)**의 무효**(無效)**의 소**(訴) 주식회사와 유한회사에 관하여 인정되는 자본감소가 그 절차나 방법에 하자가 있어 무효가 되는 경우. 이 경우에는 訴만으로 무효를 주장할 수 있다(商 445, 597). 무효의 원인은 減資決議의 부존재·무효 또는 취소, 감자에 있어서의 채권자보호절차의 불이행, 감자방법에 있어서의 株主平等의 原則 위반 등이다. 그러나 감자의 결과 발행주식총수가 발행예정주식수의 2분의 1 미만이 되더라도 무효의 원인이 되지 않는다. 減資無效의 訴의 피고는 회사이지만, 제소권자는 주주·이사·청산인·파산관재인 또는 감자에 이의를 제출한 채권자에 한한다. 제소기간은 감자의 효력발생일부터가 아니라 감자로 인한 변경등기일부터 6월내이다. 기타의 점은 設立無效의 訴와 決議取消의 訴에 관한 규정이 이것에 준용된다(446, 186~192, 337). → 회사설립의 무효

자본구성(資本構成) 〔英〕 capitalization 회사의 자기자본의 구성. 좁은 뜻의 資本과 利益準備金, 資本準備金 그 밖의 자본준비금의 구조를 말한다. 액면 미달발행 株式(商 417)의 채용에 의하여 자본과 납입잉여금과의 배분에 어느 정도의 자유가 인정되기 때문에 중요한 뜻을 가지게 되었다. 會計學上 또는 국가의 特別會計에 있어서는 이 외에도 사채 그 밖의 타인의 자본을 포함한 구조를 가리켜 자본구성이라고 하는 일이 있다.

자본불변(資本不變)**의 원칙**(原則) 〔獨〕 Prinzip der Beständigkeit des Grundkapitals 확정된 자본액을 임의로 감소시키는 것을 허용하지 아니하는 원칙. 資本維持의 原則에 따라 그 자본에 상당하는 재산을 보유시켜도, 그 자본 자체를 자유로 감소할 수 있다면 재산도 함께 감소하게 되어 사원과 회사채권자를 보호할 수 없게 되며, 資本確定의 原則과 資本維持의 原則이 무의미하게 되기 때문이다. 그러나 회사성립후 경제사정에 따라 자본감소가 필요할 때에는 인정되며, 회사채권자 및 사원보호를 위한 법정절차를 밟아야 한다. 資本不變의 原則은 물적회사에서만 인정되고, 또 자본증가는 이사회의 권한에 속하므로 이 원칙에서 제외하는 것이 통설이다. 따라서 資本減少制限의 原則이라고도 한다.

자본수지(資本收支) 한 나라의 대외거래 중 상품이나 서비스의 이동을 수반하지 않는 資本移動에 따른 결과를 나타내는 지표. 무역수지, 무역외수지를 포함한 經常收支가 재화나 서비스의 이동에 따른 수입과 지출을 표시한 것이라면, 자본수지는 自國資本의 해외유출이나 외국자본의 국내유입에 관한 기록이다. 즉 우리나라 금융기관이 해외에서 주식투자를 하면 자본수지는 마이너스가 되고 외국인이 국내주식시장에서 주식을 사들이면 자본수지에는 플러스가 된다. 한국은행은 자본수지를 短期資本收支와 長期資本收支로 구분했는데 1998년 2월 26일부터 投資收支와 기타 資本收支項目으로 개편·운용중이다.

자본시장(資本市場) 산업에 대한 고정설비자금조달을 위한 장기금융이 행하여지는 시장을 말한다. 자금공급의 형성에 따라 長期貸付市場과 넓은 뜻의 證券市場으로 분류한다. 근래 각국에서의 장기금융시장, 즉 자본시장을 통한 자금수급에 있어서 정부의 재정투자와 공공기관에 의한 계획적 투자의 중요성이 점차 증대되어 가고 있다. 證券去來法에 의하면 기업의 공개를 촉진하고 주식의 분산을 유도함으로써 자본시장의 건전한 육성을 도모하게 하고 있다.

자본유지(資本維持)**의 원칙**(原則) 〔獨〕 Grundsatz der Bindung des Grundkapitals 회사가 그 존립 중 항상 자본액에 상당한 재산을 보유

할 것을 요구하는 원칙. 주식회사와 유한회사에 있어서는 주주와 사원은 會社債權者에 대하여 아무런 책임을 지지 아니하므로 회사채권자에게 담보가 되는 것은 회사재산 뿐이다. 따라서 회사채권자를 보호하고 회사신용을 유지하기 위하여 추상적인 數額에 불과한 자본을 현실적·구체적인 재산으로써 충실화시키며 유지시키고자 하는 것이 이 원칙이다. 예컨대 주식의 액면미달발행의 제한(商 330), 주식의 납입에 관한 相計禁止(334), 法定準備金의 적립(458~460), 이익배당의 제한(462), 현물출자 또는 회사재산의 평가 등에 관한 엄격한 규정은 이 원칙을 구체화한 것이다. 資本充實의 原則이라고도 한다.

자본잉여금(資本剩餘金) 〔英〕 capital surplus 회사의 영업 이외의 자본관계에서 생긴 잉여금. 利益剩餘金과 구별된다. 財務諸表規則에서는 ① 資本積立金(주식발행차익, 고정자산평가차익, 감자차익, 합병차익), ② 再評價積立金, ③ 기타의 資本剩餘金으로 분과하고 있으며(99), 상법은 이 중에서 주식발행차익(액면초과액), 감자차익, 합병차익만은 資本準備金으로서 적립을 강제하고 있다(商 459).

자본적립금(資本積立金) 법인의 資本去來에서 발생하며 소득의 계산상 이익금에 산입되지 않는 이익금. 법인세법상의 적립금과세의 대상인 적립금은 아니다. 이것은 株式發行額面超過額, 減資差益 및 評價利益으로 성립된 부분을 제외한 合併差益으로 성립한다(法人稅法 16). 즉 자본잉여금 및 자본준비금보다 그 범위가 좁다.

ㅈ

자본주의(資本主義) 〔英〕 capitalism 〔獨〕 Kapitalismus 〔佛〕 capitalisme 봉건사회의 붕괴 후에 성립한 시민사회의 경제체제로서, 私有財産制度를 기축으로 하고 영리원칙과 자유경쟁을 양축으로 하는 경제조직. 자본주의라는 개념은 원래 근대경제의 구조와 운동법칙을 밝히기 위하여 사회주의 경제학자에 의해서 만들어진 개념이다. 이 경제조직에서는 생산수단소유자인 자본가와 노동력소유자인 노동자가 시장에서 협력하며, 영리주의와 경제적 합리주의가 모든 활동을 지배한다. 그 生産·交換·分配·消費 등의 경제관계를 포함하여 성립하는 사회구성체를 자본주의사회라 하는 바, 이 자본주의사회는 ① 사유재산제도, ② 교환(시장)경제, ③ 경제활동의 자유, ④ 노동력의 상품화, ⑤ 사적자본의 사회적 생산 등을 그 특질로 한다. 자본주의는 그 본질상의 무계획성으로 인하여 그 발전에 따라 빈부의 현격화와 사회적인 여러가지 모순을 결과하여 그 시정을 위한 국가의 조정적 역할을 필요로 하게 되었다(수정자본주의·통제경제·계획경제·관리경제). → 자유경제, 자유방임주의, 관리경제, 통제경제

자본주의적 소유권(資本主義的所有權) → 자유소유권.

자본주의헌법(資本主義憲法) 資本主義經濟를 기초로 하는 헌법을 말한다.

자본준비금(資本準備金) 〔英〕 capital surplus reserve 영업 이외의 임시의 특수한 재원으로부터 적립되는 法定準備金. 그 자체가 잉여자본이며 회사자본과 같은 갹출자본의 일종이기 때문에 적립이 강제되는 것이다(商 459). 이것의 재원으로서는 ① 액면 이상의 가액으로 주식을 발행한 경우의 額面超過額(發行差額), ② 자본감소의 경우에 그 감소액이 주식소각이나 株金의 환급에 소용된 금액과 결손을 충당한 금액을 초과한 때의 超過金額(減資差益), ③ 회사의 합병의 경우에 소멸된 회사로부터 승계한 재산의 가액이 그 회사로부터 승계한 채무액, 그 회사의 주주에게 지급한 금액과 합병후 존속하는 회사의 자본증가액 또는 합병으로 인하여 설립된 회사의 자본액을 초과한 때의 超過金額(合併差益) 기타 자본거래에서 발생한 잉여금 등이다. 그러나 소멸회사의 임의준비금에 상당하는 금액은 적립하지 않을 수 있다. 이상은 예시적인 것이 아니고, 제한적으로 열거된 것이며 이러한 재원이 있을 때에는 그 금액을 자본준비금으로 計入하여야 한다. 그 적립한도가 없는 점이 이익준비금과 다르다. 자본준비금은 資本轉入(461 Ⅰ) 외에, 자본의 결손의 전보를 위하여 利益準備金을 사용 충당하고서도 부족한 경우에 한하여 사용할 수 있다(460 Ⅱ).

자본증가(資本增加) 〔英〕 increase of capital 〔獨〕 Grundkapitalerhöhung 〔佛〕 augmentation du capital social 기업이 그 자본의 액을 증대하는 것. 모든 형태의 기업에 있는 현상이지만, 실정법상은 물적회사에 한하여 사용되고 있다. 增資라고 약칭. 주식회사에 있어서는 자본액이 정관의 절대적 기재사항이 아니므로 증자에 정관변경이 반드시 따른다고 할 수 없으나, 유한회사의 경우에는 정관변경의 하나의 경우로 되어 있다. 자본증가의 방법에는 주금액의 증가와 주식수의 증가의 두 가지가 있으나, 株金額의 증가는 주주유한책임의 원칙상 全株主의 동의를 요하는 까닭에 실제 이용되지 않으며 주식수를 증가하는 방법이 보편적이다. 주식수증가에 의한 증자에는 다시 보통의 신주의 발행의 경우와 준비금의 자본전입에 의한 신주발행의 경우, 轉換社債의 전환에 의한 신주발행의 경우, 吸收合併에 의한 新株發行의 경우 등이 있으며, 이 중에서

보통의 신주발행이 가장 일반적인 증자방법이다. 보통의 新株發行(商 416~432)은 이사회에서 정한 납입기일까지 납입 또는 이행된 한도에서 자본증가의 효력이 생기고 그만큼 자본총액이 증가하므로 소정기간내에 變更登記를 하여야 한다. 轉換社債의 전환의 경우에는 전환을 청구한 때에 전환사채의 발행가액 중 券面額에 발행하는 주식수를 곱한 數額이 증가하고, 준비금의 자본전입의 경우에는 주주총회의 결의가 있을 때에 자본증가의 효력이 생긴다. 그러나 전환사채의 경우와 준비금의 자본전입의 경우에는 회사의 실질재산이 증가하는 것이 아니다. 또 轉換株式의 전환으로 인하여도 자본증가가 생기는 경우가 있음을 주의하여야 한다. 흡수합병으로 인한 신주발행의 경우에는 합병시에 발행하는 신주의 총수를 주금액에 곱한 액수가 증가하는 바, 그 효력은 합병등기시에 생긴다. 유한회사에서 자본증가는 定款變更事項이므로 먼저 사원총회의 특별결의가 있어야 하며(584~586). 증자의 방법으로는 出資座數의 증가, 출자 1좌의 금액의 증가 및 양자의 병용이 있을 수 있으나 상법은 출자좌수의 증가에 관하여만 규정하고 있다. 引受와 出資의 이행이 완료한 후 변경등기로 증자의 효력이 생기는 점이 株式會社의 경우와 다르다.

자본참가(資本參加) 〔獨〕 Beteiligung 회사가 다른 회사의 株式·持分을 계속적으로 소유함으로 인하여 이와 밀접한 관계를 유지하는 것을 말한다. 다시 투자의 목적에 의한 경우는 문제가 되지 않으나, 다른 회사를 지배할 목적에 의한 경우가 중요한 의미를 갖는다. 자본참가를 주목적으로 하는 회사를 參加會社(Beteiligungsgesellschaft)라고 하며 보통 자본참가에 의하여 다른 회사의 사업활동을 지배할 것을 주사업으로 한다. 이 제도는 미국에서 발단하여 콘체른·트러스트와 같은 企業合同의 조직형태가 되고 있다.

자본충실(資本充實)**의 원칙**(原則) 자본유지의 원칙과 같다.

자본확정(資本確定)**의 원칙**(原則) 〔獨〕 Prinzip des festen Grundkapitals 회사의 성립 또는 증자의 경우에 자본액이 일정하고 또 그 총액에 대한 주식 또는 출자의 인수가 확정되고 있어야 한다는 원칙. 이것은 물적회사인 주식회사와 유한회사에서 인정되는 원칙으로서, 자본액만 정하고 이에 대한 확정채무자가 없으면 자본은 유명무실하고, 회사채권자의 보호를 기할 수 없기 때문이다. 구상법에서는 株式會社이든 有限會社이든 이 원칙은 확고한 것이었으나, 상법은 주식회사에서 授權資本制度의 채용에 따라서 정관에는 자본을 표시하지 아니하고 회사가 발행할 주식의 總數(289 I iii)를 기재하여야 하나, 회사의 설립에는 이 주식의 총수가 인수되어야 하는 것도 아니다. 그러나 정관에는 회사가 발행할 주식의 총수의 4분의 1 이상인 회사의 설립시에 발행하는 주식의 총수(289 I v, II)를 기재시켜서 회사의 설립에는 이 주식의 총수가 인수되어야 하도록 하고 있으므로(295, 305), 이 한도에서 資本確定의 原則이 인정된다. 이것은 종래의 자본확정의 원칙과 동일한 것은 아니나, 英美式의 수권자본제도와 절충한 것으로 최소한도의 회사채권자의 담보를 확보하고자 하는 것이다.

자본회사(資本會社) → 물적회사

자산담보부채권(資産擔保附債權) 〔英〕 assets-backed securit(ABS) 자산담보부채권은 금융기관이 건물·토지·공장 등 不動産이나 動産의 抵當權을 담보로 발행한 채권을 말한다. 금융기관이 100억원의 不實債權을 담보부동산과 함께 50억원에 成業公社에 넘기면 이를 근거로 채권을 발행하여 성업공사는 매입대금을 회수하고 나중에 담보부동산을 팔거나 대출금을 회수하여 債權投資者에게 원금과 이자를 갚는다. 우리나라는 민·상법상 부동산을 담보로 한 채권발행이 제한되어 있어 별도로 특별법을 제정할 움직임을 보이고 있다.

자산동결(資産凍結) 한 나라가 敵對國인 외국에 대한 經濟制裁로서 자국 내에 있는 그 외국자산의 처분이나 이동을 제한 또는 금지하는 것. 國際法上 戰時에 인정된다. 1948년 미국이 중국 및 북한의 在美資産을 전부 동결한데 대하여 중국도 그 보복조치로서 자국내의 미국자산을 동결한 바 있다.

자산재평가(資産再評價) 법인 또는 개인의 기업에 소속된 사업용 자산이나 사업용에 제공할 자산을 현실에 적합한 가액으로 그 帳簿價額을 증액하는 것(資産再評價法 2 I). 재평가는 法人에 있어서는 각 사업연도개시일, 개인에 있어서는 매년 1월 1일 현재를 再評價日(4)로 하여, 농업·축산업·임업 및 수산업을 경영하는 자, 광업 및 채석업을 경영하는 자, 제조업을 경영하는 자, 전기·가스 및 수도사업을 경영하는 자, 건설업을 경영하는 자 등이 재평가일 현재 그 기업에 소속된 사업용자산으로서 국내에 소재하는 자산에 대하여(5), 재평가일 현재의 時價에 따라 이를 행한다(7). 기업들은 보유부동산에 대해 재평가를 실시하게 되면 自己資本比率이 높아지고 負債比率은 낮아지는 등 재무구조를 개선할 수 있다. 정부는 회사가 마음대로 자산을 재평가해 이익을 조작하거나 세금을 포탈하는 것을 막기 위해 자산재평가법을 제정, 토지의 경우 1983년 말 이전 취득분에 한해 1회만 허용했고, 3%의 再評價稅를 물렸다.

자산재평가세(資産再評價稅) 자산재평가를 한 자가 납부하여야 하는 稅(資産再評價法 9). 合倂으로 인하여 설립된 법인 또는 합병후 존속하는 법인은 합병으로 인하여 소멸된 법인의 再評價稅에 관한 의무를, 상속인은 피상속인의, 재평가세에 관한 의무를 승계한다(10). 법인세법, 기타 법률의 규정에 의하여 법인세를 부과하지 아니하는 법인 등 일정한 법인에게는 재평가세를 부과하지 아니한다(11). 그 과세표준이 되는 금액은 再評價差額(8)에서 재평가일까지의 법인세법 또는 소득세법의 규정에 의한 移越缺損金을 공제한 금액에 의한다(12). 재평가세는 그 과세표준이 되는 금액의 100분의 3이다(13).

자산재평가심의회(資産再評價審議會) 지방국세청장의 자문에 응하여 재평가에 관한 사항을 심의하게 하기 위하여 각 지방국세청에 설치되는 審議機關(資産再評價法 23). 그 조직과 운영에 필요한 사항은 동법시행령에 규정되어 있다(14~20 참조).

자 살(自殺) 〔英〕·〔佛〕 suicide 〔獨〕 Selbstmord 스스로 자기의 생명을 임의로 끊는 행위. 사람의 생명에 관한 주된 法益主體가 본인인 것은 물론이지만, 이에 한하지 않는다. 형법 250조 1항에 있어서의 사람은 타인을 뜻하므로, 자살은 殺人罪에 해당하지 않는다. 다만 자살에 관여하는 경우에는 범죄가 된다. →자살관여죄

자살관여죄(自殺關與罪) 사람을 敎唆 또는 幇助하여 자살하게 하는 죄(刑 252Ⅱ). 자살 그 자체는 범죄가 아니므로, 특별규정을 두어 자살의 교사·방조를 처벌하는 것이다. 객체인 사람은 타인인데, 자살의 의미를 이해할 능력이 있는 자임을 요한다. 自殺의 敎唆란 자살의 의사없는 자에게 자살을 결의케 하는 것을 말한다. 교사의 방법은 원칙적으로 불문하지만, 다만 僞計·威力에 의한 경우에는 僞計威力殺人罪에 해당한다. 자살의 방조란 이미 자살을 결의하고 있는 자의 자살행위를 용이케 하는 것을 말하고, 그 방법의 여하를 불문한다. 自殺의 敎唆·幇助를 하고서, 자살이 성공하면 기수가 되지만, 실패하거나 자살행위를 하지 않으면 미수범(254)으로 처벌된다.

자살교사죄(自殺敎唆罪) →자살관여죄

자살방조죄(自殺幇助罪) →자살관여죄

자상행위(自傷行爲) 〔獨〕 Selbstverletzung →상해죄

자 서(自署) 문서의 작성자 자신이 그 성명을 기재하는 것. 법률상 서명이 요구되는 경우에는 일반적으로 자서를 의미하는 것으로 되어 있다.

자서투표(自署投票) 투표의 한 가지 방법으로서 투표용지에 선거인이 후보자의 성명을 自署함으로써 행하는 제도. 원칙적으로 모든 선거에서 사용되며, 자서하지 않은 투표는 무효가 된다. 그러나 點字投票나 代理投票의 예외가 인정된다. 이 제도는 실질적으로는 일정 수준의 교육을 받은 투표인을 요구하고, 또 무효투표를 많이 내므로 記號投票가 효과적이라는 의견도 있다.

자 수(自首) 죄를 범한 자가 수사책임이 있는 관서에 대하여 자발적으로 자기의 犯罪事實을 申告하고 그 처분을 구하는 것. 범죄가 수사기관에 발각되기 전이나 그 후이거나를 불문하며, 범죄사실 또는 범인이 알려진 것으로 誤信한 경우라도 상관없다. 자수는 범인이 자발적으로 신고하는 것이므로, 조사관의 신문에 응하여 자기의 범죄사실을 진술하는 自白과 구별된다. 자수는 서면 또는 구술로써 검사 또는 사법경찰관에게 하여야 하며, 검사 또는 사법경찰관이 구술에 의한 자수를 받은 때에는 調書를 작성하여야 한다(刑訴 240, 237Ⅰ·Ⅱ). 사법경찰관이 자수를 받은 때에는 신속히 조사하여 관계서류와 증거물을 검사에게 송부하여야 한다(240, 238). 자수는 節次法上은 수사의 단서가 되며, 실체법상은 일반적으로 刑의 任意的 減輕事由(刑 52Ⅰ)가 되고, 특히 必要的 減免事由(90Ⅰ 但, 101Ⅰ 但, 111Ⅲ 但, 153, 157 등)로도 된다.

자수범(自手犯) 〔獨〕 eigenhändiges Verbrechen 그 실현에 있어서 반드시 正犯者 자신의 직접의 實行行爲를 필요로 하는 범죄. 예컨대 僞證罪. 자수범은 타인을 도구로서 이용하는 간접정범의 형태로는 범할 수 없으므로, 間接正犯의 일면의 한계를 긋게 된다.

자연공물(自然公物) 河川·海面·湖沼 등과 같이, 자연상태에 있어서 이미 공공용에 제공할 수 있는 형태를 갖추고 있는 公物. 행정주체가 인공을 가하고 또한 이를 공공용에 제공함으로써 비로소 公物이 되는 人工公物(예 : 도로·공원 등)에 대한 관념. →공물

자연공원(自然公園) 國立公園·道立公園 및 郡立公園을 말하는 바, 국립공원은 우리나라의 풍경을 대표할 만한 수려한 자연풍경지로서 자연공

원법 4조의 규정에 의하여 지정된 것을 말하며, 도립공원은 서울특별시·광역시 및 도의 관내에서 풍경을 대표할 만한 국립공원 이외의 수려한 자연풍경지로서 법 5조의 규정에 의하여 지정된 것을, 그리고 군립공원은 시 및 군의 관내의 풍경을 대표할 만한 국립공원 및 도립공원 이외의 수려한 자연풍경지로서 법 6조의 규정에 의하여 지정된 것을 말한다(自然公園法 2).

자연권(自然權) 〔英〕 natural right 〔獨〕 Naturrecht 〔佛〕 droit naturel 모든 사람이 나면서부터 고유하는 권리. 즉, 實定法上의 權利에 대하여 자연법에 의하여 인정되었다고 관념되는 권리를 말한다. 일반적으로는 근세 초기의 社會契約說에서 인간이 사회상태에 들어가기 전의 자연상태에 있어서 가졌다고 하는 권리. 따라서 이것은 국가 이전의 권리이므로, 국가라 할지라도 이것을 침해할 수 없다고 하며, 이를 침해할 경우 그에 대한 抵抗權·革命權도 자연권이라 한다. 자연법사상의 소산이다. 자연권의 내용은 일정하지 않지만, 자기보존·자기방위의 권리, 자유·평등의 권리, 소유 등은 그 대표적인 것이며, 이들 권리를 확보하는 것이 실정법의 주요 임무라고 한다. 자유·재산·안전 및 압제에 대한 抵抗權, 시효에 걸리지 않는 自然權으로 규정한 1789년의 프랑스 인권선언과 같은 것은 이 사상의 전형적 표현이다.

자연독점(自然獨占) 법률상의 독점권이 인정된 것은 아니나 어떤 사업의 성질상(전국적 규모를 요하고, 공공성이 강하며, 개인의 자력이나 기술로써는 감당키 어렵다든가, 수지균형이 안맞는 등) 누구나가 경영할 수 없는 결과 사실상으로 독점의 이익을 향유하는 것. 事實上 獨占은 주로 이 자연독점에 의하여 이루어진다. →독점, 반사적 독점, 법률상 독점

자연범(自然犯) 〔羅〕 mala in se 〔英〕 natural crime 〔佛〕 délit de droit naturel, délit naturel 行爲 그 자체가 法規範의 설정을 기다리지 아니하고 이미 반사회적·반도의적으로 되어 있는 범죄(예 : 살인죄·절도죄). 刑事犯이라고도 하며, 法定犯에 대한다. 自然犯·法定犯의 한계는 역사적·상대적이며 불명확하므로 이 구별을 부정하는 학자도 있다. →법정범

자연법(自然法) 〔羅〕 ius naturale 〔英〕 natural law 〔獨〕 Naturrecht 〔佛〕 droit naturel 자연 내지 이성을 전제로 하여 존재하는 법. 자연법의 존재를 인정하고, 또한 주장하는 사상이 自然法思想 내지 自然法論인데, 이것은 전통적 자연법론과 근세자연법론의 두 가지로 대별된다. 전자는 고대의 그리스 철학과 함께 시작하여 플라톤·아리스토텔레스·스토아학파를 거쳐 스콜라학파의 토마스 아퀴나스에 이르러 그 이론체계가 완성되었다. 후자는 푸펜도르프에 의하여 창시되어 19세기의 歷史法學派 및 實證法學派(法實證主義學派)의 논박을 받아 붕괴되기까지 법철학계를 풍미하였다. 자연법은 사회질서의 근본이념을 자연적 정의 또는 자연적 질서에 두고 모든 실정법은 이 자연적 정의의 법인 자연법에 위배될 수 없다고 한다. 즉, 자연법은 實定法보다 고차원적인 理法으로서 이 理法에 반하는 실정법은 법의 효력을 가지지 못한다고 주장한다. 그러나 傳統的 自然法과 近世自然法은 자연법의 존재방식과 그 연원 및 성질을 논하는데 있어서 동일하지 아니할 뿐 아니라, 스콜라학파내에서도 異說이 나왔고 근세자연법학파간에서도 여러가지로 갈라지게 되었다. →자연법론

자연법론(自然法論) 〔獨〕 Naturrechtslehre 자연법이 모든 실정법의 기반이 되어야 한다는 法理論. 자연법론이 思辨的으로 연구되기 시작한 것은 고대 그리스부터이며 특히 플라톤과 아리스토텔레스의 自然法論에서 이론화되었다. 그 후 스토아학파를 거쳐 중세 스콜라학파에 이르러 가톨릭신학과 종교철학을 기반으로 하여 그 이론체계가 완성되었다. 이것을 전통적 자연법론 또는 그 이론체계를 완성시킨 토마스 아퀴나스의 이름을 따서 토미즘(Thomism)이라고 부른다. 그러나 17세기 이래 대두한 個人主義·合理主義·功利主義思想은 전통적 자연법사상에 도전하여 신학적 유대를 끊고 思辨理性의 自足論 위에 새로운 자연법론을 세우는 데 성공하였다. 이것을 近世自然法論 또는 合理主義的 自然法論이라고 부른다. 이 근세자연법학파는 오랫동안 그로티우스에 의하여 창시된 것으로 잘못 알려져 왔으나 근자에 와서 푸펜도르프가 그로티우스의 사상을 잘못 해석한 데서 온 오류라는 것이 드러났다. 결국 근세자연법론은 푸펜도르프에서 시작된 것임을 알게 되었다. 이와 같이 일어난 근세자연법론은 당시의 사회철학의 사조와 더불어 법사상을 지배하였고 자연법이라는 용어까지 독점한 소위 자연법시대를 이루었던 것이다. 그러나 자족하다고 믿었던 思辨理性의 구체적 판단은 여러 갈래의 자연법이론을 전개하여 분열되는 자기모순에 빠지게 되었다. 이 때에 근세자연법을 논박하며 일어난 것이 法實證主義思想이었다. 실증법학은 19세기초에 대두하여 약 1세기 동안 법학계를 풍미하고 19세기말부터 또한 자기모순에 빠져 붕괴하기 시작하였다. 이 때에 다시 전통적 자연법사상이 네오 토미즘이라는 이름

으로 再興하기 시작하여 오늘에 이르고 있다(→신자연법론). 전통적 자연법론과 근세자연법론은 다 같이 자연법을 인정하고 실정법이 자연법에 위배되어서는 아니된다고 하면서도 자연법의 구체적 인식에서부터 근본적으로 상반된다. 전자는 신이 정한 인간사회의 질서인 자연법이 형이상학적으로 존재한다고 주장한다. 인간은 實踐理性을 통하여 구체적으로 그 질서를 발견하게 되나 인간이 지닌 실천이성은 지성과 함께 발달되며, 그 발달에 따라 그것을 통하여 발견되는 자연법론도 발전한다고 한다. 이에 반하여 후자는 자연법이 인간의 이성을 통하여 인식됨으로써 비로소 존재한다는 主觀主義哲學의 認識論을 전개하는 동시에 인식되는 자연법도 혹자는 정의라고 하고 혹자는 일반의사라고 하고 또 혹자는 合理主義에서 主觀主義로 전화시켜 實證主義思想을 일으키게까지 되었던 것이다.

자연법(自然法)**의 재생**(再生) 〔佛〕 retour du droit naturel, renaissance du droit naturel 제1차대전경부터 국제·국내 양면에 걸친 변동·모순·갈등에 직면하여 法實證主義가 무력한 것이 증명되어, 법의 이념적 요소에 착안한 법적 이상주의가 여러가지 모습으로 다시 제창되게 되었다. 법사상에 있어서의 이러한 현상은, 1910년 사르몽이 공간한 저서 自然法의 再生(Renaissance du droit naturel)의 이름이 붙어져, 일괄하여 이와 같이 불린다(위의 서적에는 19세기 이후의 법사상에 있어서 이론적으로 부정되었을 터인 자연법사상의 흔적이 여러가지의 모습으로 뿌리깊게 남아 있으며, 또한 현대에 있어서 그 재생의 기운이 강하다고 하는 것이 설명되어 있다). 그 밖에 공법에 관하여서이지만, 헤인즈(Charles Haines)의 同名 同趣旨의 저서(1930)가 있다. →신자연법론

자연법학파(自然法學派)〔國際法上의〕 →그로티우스학파

자연보험료(自然保險料) 〔英〕 natural premium 〔獨〕 natürliche Prämien 生命保險에 있어서 보험료의 계산을 피보험자의 연령에 따른 사망생존의 率에 기하여 한 보험료. 따라서 후년에 가서 사망률이 증가함에 따라 체증되는 결과가 된다. 그러나 실제상은 평균보험료를 매년 징수하여 그 여분으로 징수된 금액을 保險料積立金으로 하는 것이 보통이다.

자연보호채무상계제도(自然保護債務相計制度) 〔英〕 Debit for Nature Swap(DNS) 지구환경보호문제가 특정국가 차원이 아닌 전체의 생존과 직결된 사안으로 인식됨에 따라 財政力이 취약한 개발도상국의 對外債務를 선진국이나 국제민간환경보호단체가 변제해 주는 대신 개발도상국으로 하여금 변제된 채무액만큼 자국의 자연보호에 투자하도록 하는 것을 말한다. 이 제도는 世界自然保護基金(WWP) 미국위원회의 토머스 러브조이가 1984년 제안한 것을 계기로 아마존 열대우림지역 등에서 실시됐다. 이 제도의 창안배경은 아마존 열대우림지역 등 지구 전체의 生態系維持에 중요한 역할을 하는 자연자원이 주로 개발도상국내에 위치하고 있어 자력으로는 자연보호에 대한 투자가 현실적으로 불가능한데 따른 것이다.

자연인(自然人) 〔英〕 natural person 〔獨〕 natürliche Person 〔佛〕 personne physique 유기적인 육체를 가지고 자연적인 생활을 영위하는 인간. 法人에 대하여 개인을 가리키는데 쓰이는 말. 근대법에서는 자연인은 출생으로부터 사망에 이르기까지 모두 평등하게 완전한 權利能力(人格)이 인정된다(民 3). 그리고 태아는 예외적으로 출생한 것으로 간주되는 경우가 있다.

자연적 정의(自然的正義) 누구든지 자기의 사건에 대한 審判官이 될 수 없다. 그리고 누구든지 聽聞없이 비난당하지 아니한다라는 두 가지의 의미를 가지고 있는 영미법의 기본원리로서 실정법의 규정 유무에 관계없이 모든 司法 및 準司法作用의 적법한 수행을 위한 전제조건을 말한다. 즉, 편견의 배제와 진술기회의 보장이 주된 내용이다. →실질적 정의

자연적 행위론(自然的行爲論) 〔獨〕 naturalistische Handlungslehre →인과적 행위론

자연적 계산법(自然的計算法) 〔羅〕 computatio naturalis 기간을 순간으로부터 순간까지 계산하는 방법. 하등의 人爲的 加減을 하지 않으므로 이것을 자연적 계산법이라 한다. 曆法的 計算法에 대한 개념이다. 민법은 기간이 시·분·초를 단위로 정하여진 때에는, 이 방법에 의할 것으로 하였다(156).

자연적 행위개념(自然的行爲槪念) 〔獨〕 natürlicher Handlungsbegriff →자연주의적 행위개념

자연적 환경(自然的環境) 〔獨〕 natürliche Umwelt 天候·氣候·土地·風景의 4요소를 말하며, 그 어느 것도 인간의 정신생활에 영향이 있다고 한다. 그러나, 토지·풍경이라고 하는 것이 직접 주민의 犯罪性에 영향을 준다고 하는 것은 의문이지만, 천후, 예컨대 더위라든가 바람 등이 인간의

정신생활에 상당한 영향을 주는 것은 명백하며, 범죄성에도 영향을 주는 것은 가능하다. 가장 명료한 모습으로는 犯罪季節的 리듬에서 찾아볼 수 있다. →계절과 범죄

자연주의적 자연법(自然主義的自然法) 원시사회의 자연주의사상은 동서고금을 막론하고 모든 자연과 그 현상을 直觀的으로 관찰하였으며, 인간사회의 모든 질서와 관습도 미개적이나마 그들이 섬기는 신에서 그 淵源을 찾았다. 이와 같이 직감적이며 자연현상과 인간생활을, 대우적으로 관찰한 데서 오는 自然崇拜 내지 自然秩序에 순응하려는 그들의 人間規範을 소위 자연주의적 자연법이라고 한다.

자연주의적 행위개념(自然主義的行爲槪念) 〔獨〕 naturalistischer Handlungsbegriff 행위를 비록 불가시적일지라도, 감각적으로 지각할 수 있는 물질적인 外界變更이라고 파악하는 것을 말한다. 이 입장에 의하면 모욕한다는 것을, 공기의 진동을 일으켜 신경을 자극시키는 것이라고 파악하게 된다. 그런데 통설은 이러한 극단적인 입장을 취하지 않고 어떤 의사에 기한 身體的 擧動(態度) 내지 이로 인한 結果發生이라고 파악하는데, 이러한 의미에서 自然的 行爲槪念이라고 한다. →인과적 행위론, 사회적 행위개념

자연중단(自然中斷) 時效의 中斷 중, 取得時效에 특유한 것. 점유의 상실에 의한 소유권의 取得時效의 中斷(舊民 164 참조)과, 재산권의 행사가 임의로 중지되거나 또는 타인에 의하여 방해됨으로써 발생하는 소유권 이외의 財産權의 취득시효의 중단(舊民 165 참조)이 있다. 占有 또는 準占有의 사실 그 자체가 소멸하므로, 法定中斷에 대하여 자연중단이라 한다. 구민법은 이에 관하여 명문의 규정을 두었으나, 민법은 이를 당연한 것으로 생각하여 규정을 두지 않았다.

자연채무(自然債務) 〔羅〕 obligatio naturalis 〔獨〕 Naturalobligation 〔佛〕 obligation naturelle 채무자가 임의로 변제를 하면, 유효한 辨濟로 되지만(不當利得으로 되지 않는다), 채무자가 변제하지 않는 경우에도 채권자가 이를 법원에 遡求할 수 없는 채무(訴權없는 채무). 다만, 소구하여서 판결을 얻을 수는 있지만, 이에 기하여 강제이행을 구할 수는 없는 채무(책임없는 채무)를 포함하여 말하는 이도 있다. 원래 채무의 본질은 給付하여야 한다(leisten sollen)는 法律的 當爲이고, 급부하지 않는 경우의 채무자의 책임(Haftung)은 채무와는 별개의 존재로 되었던 것이며, 로마법에는 소권없는 채무, 즉 자연채무가 많이 존재하였으며, 프랑스민법은 이것을 인정하고 있다(佛民 1235Ⅱ 참조). 그러나, 근대의 민법에서는 채권은 원칙으로 소권 및 강제이행을 구하는 권능을 포함하므로, 독일민법 및 우리 민법은 이에 관하여 아무런 규정도 두지 않았다. 따라서 자연채무의 관념을 인정할 것이냐 아니냐에 관하여 학설이 나누어진다. 더욱이 현행법하에서도 訴權없는 債務(예: 不法原因給與, 和議에 있어서 일부면제를 받은 부분의 채무(破 298, 和 61), 소멸시효완성 후의 채무, 판례이론에 있어서의 제한초과의 이자채권 등), 내지는 强制履行을 구할 수 없는 채무(강제집행을 하지 않는다는 특약이 있는 채무, 限定承認을 한 채무의 적극재산을 초과하는 부분 등)가 존재하는 것은 의문이 없다. 따라서 학설의 다툼은 이러한 경우들을 종합하여 자연채무 내지 責任없는 債務라고 하는 관념을 인정할 것이냐 어떠냐에 歸着한다. 근래의 학설은 이것을 인정하는 쪽으로 기울어지고 있다. 근대법에 있어서도, 채무의 이행을 도덕 기타 법률 이외의 社會規範의 강제에 맡기고, 법률적 강제를 가하지 않는 것이 합리적인 경우가 있기 때문이다.

자연혈족(自然血族) 자연적인 혈연으로 인하여 맺어진 자. 法定血族에 대립되는 개념. 자연혈족관계는 자연적인 사실, 즉 출생으로 인하여 발생하고 당사자의 특별한 의사표시를 요건으로 하지 않는다. 그 관계는 신고에 의하여 戶籍簿에 기재되기 때문에 호적부를 보면 그 자의 혈족관계를 알 수 있지만, 그것도 역시 하나의 증거에 지나지 않는다. 사실을 증명하여 이와 상이한 주장을 할 수 있다. 그러나, 이에는 중요한 예외가 있다. 즉, 혼인외의 출생자와 父 또는 父의 혈족간의 혈족관계는 認知 또는 인지에 갈음하는 재판이 있는 때에 비로소 법률상의 관계로 되고, 단순히 혼인외의 출생자와 부사이의 자연적인 혈연을 증명하는 것만으로는 부족하다. 自然血族關係는 당사자의 死亡으로써만 소멸한다.

자연환경보전(自然環境保全) 자연환경을 체계적으로 보존·보호 또는 복원하고 生物多樣性을 높이기 위하여 자연을 조성하고 관리하는 것(自然環境保全法 2 i).

자원규제(資源規制) 국민경제의 발전을 위하여 지하자원·수산자원 기타의 자원의 개발·채취 또는 이용을 효과적으로 하게 하려는 목적으로 하는 規制作用을 말한다. 헌법은 광물 기타 중요한 지하자원·수산자원·수력과 경제상 이용할 수 있는 자연력은 법률이 정하는 바에 의하여 일정한 기

ㅈ

간 그 채취·개발 또는 이용을 특허할 수 있다(憲 120Ⅰ)고 규정하고 있다.

자위권(自衛權)〔國際法上의〕 〔英〕 right of self defence 〔獨〕 Recht der Notwehr 〔佛〕 droit de légitime défense 국가 또는 국민에 대한 급박한 위해에 대하여 강력으로써 방위할 수 있는 국가의 基本的 權利. 急迫不正의 위해에 대하여 방위하는 正當防衛와 단순히 급박한 위해를 피하기 위하여 행하는 緊急避難이 있는데, 보통으로는 전자를 단순히 자위권이라고 한다. 어느 경우에도 다른 수단을 가지고는 위해를 피할 수 없는 부득이한 행위가 아니면 안된다. 자위권의 관념은 제1차대전후 전쟁이 일반적으로 위법화됨에 따라 부정한 침해에 대한 방위를 위한 전쟁의 합법성을 유보하기 위하여 특별히 일반화되었다. 1928년의 不戰條約에 있어서도 자위권만은 합법적인 권리로서 유보되었고, 국제연합헌장에 있어서도 자위권의 발동은 허용되고 있다. 특히 헌장은 個別的 自衛權과 동시에 集團的 自衛權을 인정하고 있으며, 어느 경우에도 그 남용을 방지하기 위하여 안전보장이사회의 통제를 받도록 규정하고 있다(51). 필요한 한도를 넘은 자위권의 행사는 과잉방위로서 위법한 것이 된다. →자존권, 국가의 기본권, 집단적 자위권

자 유(自由) 자유는 본래 倫理的 槪念이며, 이성적 존재인 인간의 자율과 같은 뜻으로 쓰여지고 있지만, 법 특히 헌법에서는 자유권과 같은 의미로 쓰여지며, 기본적 인권의 가장 중요한 부분을 구성한다.

자유결혼(自由結婚) 자유혼인과 같다.

자유경쟁(自由競爭) 자본주의제도하에서는 개인의 경제활동에 대하여 국가는 일체 간섭하지 않는 것을 원칙으로 한다. 그 결과 각 개인은 자신의 創意力 등 개인능력에 따라 자유경쟁을 행하며 자본주의 발달의 원동력이 되었으나, 그 반면 생산의 無統制로 말미암은 생산과잉을 초래하여 풍요 속의 빈곤을 일으켰다. 치열한 계속적인 자본의 集中·集積·獨占을 촉진한다.

자유경제(自由經濟) 〔英〕 free economy 개인의 경제적 자유를 기반으로 하는 경제체제. 영·미를 비롯한 민주국가의 經濟的 基本體制. 우리나라의 경제질서도 개인과 기업의 경제상의 자유와 창의를 존중함을 기본으로 삼는다(憲 119Ⅰ). 법적으로는 사유재산제도·직업 내지 영업의 자유·계약의 자유 내지 경쟁의 자유를 그 기본원칙으로 한다. 다만, 현대의 민주국가는 자본주의의 여러 모순을 시정하며, 모든 국민에게 인간다운 생활을 보장하고, 균형있는 국민경제의 발전을 기하기 위하여 초기자본주의에서와 같은 과도한 개인주의적 自由放任主義를 지양하고, 합리적인 범위 안에서 경제에 관한 調整과 規制를 하고 있다(119Ⅱ). →관리경제

자유공물(自有公物) 管理權의 주체와 所有權의 주체가 일치하는 경우의 공물. 그렇지 아니한 것을 他有公物이라 한다. 국가 또는 공공단체가 그 소유재산을 공공용에 제공했을 경우는 자유공물의 일례이고 타인의 재산, 즉 私有나 公有의 재산을 공공용에 제공했을 경우는 타유공물의 한 예이다.

자유국가(自由國家) 자유주의를 원리로 하는 국가. 19세기에서 보는 국가의 임무는 전적으로 국민의 자유에 대한 침해의 배제, 즉 치안유지에 있었다. 따라서 그 활동범위는 될 수 있는 대로 좁게 하는 것이 바람직하여 自由放任을 주로 하였다. 여기에서는 국가가 필요한 害惡으로 생각되었다. 한편 오늘날에 있어서는 共産國家에 대하여, 自由民主主義國家의 뜻으로 사용되는 때가 많다. →사회국가, 야경국가

자유권(自由權) 〔英〕 right to freedom 〔獨〕 Freiheitsrechte 근대 내지 현대제국의 헌법 내지 권리조항에서 보장되는 자유, 즉 헌법 또는 국회의 의결을 거친 법률에 의하지 아니하고는 國家權力에 의하여 자유를 침해받지 아니하는 권리. 자유권은 참다운 의미에서 권리가 아니고 반사적 이익에 불과하다고 주장하는 학설도 있지만, 자유권은 자유가 국가에 의하여 위법적으로 침해되는 경우에, 그 위법적인 침해의 폐기를 청구할 수 있는 청구권을 포함하고 있기 때문에, 소극적 권리이나마 역시 권리인 것이다. 자유권이 국가에 앞서고 국가를 초월하는 自然法上의 權利이냐, 또는 근대민주국가의 성립과 더불어 국민 또는 사람의 자유의 보장을 위하여 입헌주의적 헌법에 의하여 실정법적으로 인정되게 된 實定法上의 權利이냐에 관하여는 학설이 날카롭게 대립하고 있다. 다음, 자유권이 권리로서 성립한다면, 그것은 포괄적인 권리이냐 헌법이 규정하는 개개의 자유권만이 있느냐가 문제된다. 이에 관하여, 헌법은 국민의 자유와 권리는 헌법에 열거되지 아니한 이유로 輕視되지 아니한다(憲 37Ⅰ)고 규정함으로써 포괄적인 권리임을 선언하는 한편, 국민의 모든 자유와 권리는 國家安全保障, 秩序維持 또는 公共福利를 위하여 필요한 경우에 한하여 법률로써 제한할 수 있으되, 이 경우에도 자유와 권리의 본질적인 내용은 침해할 수 없도록 하고 있다(37Ⅱ).

자유권적 기본권(自由權的基本權) 生存

權的 基本權에 대하는 개념으로서, 기본적 인권 중 전통적인 自由權의 성질을 갖는 것을 말한다. →자유권

자유(自由)**로운 증명**(證明) →엄격한 증명·자유로운 증명

자유민주주의(自由民主主義) →민주주의

자유방임주의(自由放任主義) 19세기에 있어서의 國家政策의 내용, 근대국가의 자본주의는 국가로부터의 간섭을 배제하는 自由放任(laissez-faire)을 요청했다. 자유로운 各人의 경쟁만이 신의 보이지 않는 손에 의하여 예정조화적으로 사회복지를 증진시킨다는 것이 아담 스미스(Adam Smith)적인 自由放任思想의 내용이다. 국가질서에 있어서는 이러한 자유방임주의는 국가와 사회의 이원주의와 국가목적의 제한설을 가져 오게 했다. 즉, 사회는 국가 이전에 이루어진 旣成秩序로서 국가는 사회 안에서 이루어지는 자유경쟁에 간섭하지 말고, 다만 그 질서의 유지만을 담당해야 할 것이라는 것이, 이러한 二元主義와 國家目的制限說의 내용이다. 자유방임의 결과로서 국가의 목적이 치안의 유지에만 제한되게 된 경우의 국가를 夜警國家·夜番國家·保安國家·中立國家라고 한다.

자유법론(自由法論) 〔獨〕 Freirechtslehre 19세기말부터 20세기초에 걸쳐서 興盛한 反槪念法學의 법사상이며, 특히 독일의 私法解釋과 관련해서 일어난 自由法運動(Freirechtsbewegung)의 思潮를 말한다. 그 영향은 세계적으로 넓은 범위에 미치어 법의 해석에 일대전기를 만든 것이었다. 그것은 무엇보다도 실정법의 안전성과 자족성을 믿는 형식논리적인 槪念法學의 폐습을 공격하고 살아 있는 법의 탐구와 법관의 법창조적 기능을 강조한다. 즉, 자유법론의 근본사상은 첫째로 고정된 법규가 유동적인 현실사회에 적응이 되지 않는다는 사실을 인정하고, 법해석의 形式論理主義를 배척한다. 그 결과, 둘째로 법원을 성문법에 한정시키지 않고, 사회관습이나 광범위한 자유법, 문화규범 혹은 正義公平의 理念이나 條理 등에서 구하고, 따라서 셋째로 법관의 자유재량과 학자의 과학적인 法源探究에 광범한 영역을 인정해야 함을 주장한다. 프랑스의 제니, 독일의 에를리히, 칸트로뷔츠 등은 그 주요한 대표자이다. 槪念法學의 결점을 시정하고, 한편 법사회학에로의 기운을 일으키는 중대한 역할을 하였다. 그러나, 자유법론에 대해서는 感情法學이라고 하는 비난 내지 경고도 가하여지고 있다.

자유분(自由分) 〔獨〕 Freiteil 〔佛〕 quotité disponible 게르만법상 家父가 生前行爲 또는 死因行爲에 의하여 처분할 수 있었던 재산의 일정부분. 게르만고유의 전통에 의하면, 개인소유권이 발달하기 전에는 지페 또는 마르크단체에 속하지 않는 재산은 家族共同體(Hausgemeinschaft)의 合有에 속하였으며, 자식들은 물론 家父도 자식들과 合手的으로가 아니면 그 합유재산을 처분할 수 없었다. 이러한 가족공동체의 철저한 구속이 교회의 영향으로 완화되어 영혼의 구제를 목적으로 하는 贈與(교회에의 희사, 貧者에의 施惠 등)와 수도원에로의 지참을 위하여는 합유재산의 일정부분을 자유로 처분할 수 있게 되고, 다시 희사 이외에 또 교회 이외의 자에게도 처분할 수 있게 되었다. 즉, 여러 部族法은 父의 재산에 관하여 부가 자유로 처분할 수 있는 부분과 자에게 遺留된 부분의 비율을 정하고, 부의 지분에 한하여 처분의 자유를 인정하였다. 이것을 자유분이라 하며, 自由分을 제외한 나머지가 遺留分(→유류분제도)이다.

자유상속주의(自由相續主義) 누구를 상속인으로 할 것인가를 피상속인 등의 私人의 자유의사에 맡기고 있는 立法主義. 法定相續主義에 대한 말이다. 1989년 개정전 민법에서는 戶主相續에 관하여는 법정상속주의를 채용하고 있었으나, 개정민법은 상속을 財産相續만 인정하고 호주상속은 戶主承繼로 고쳤으며 이를 포기할 수 있도록 하고 있다. 재산상속에 관하여는 자유상속주의를 채용하고 있다. 이것은 소유권의 자유, 계약의 자유를 인정한 결과로서 나온 것이다. →법정상속주의

자유서열주의(自由序列主義) 〔獨〕 Prinzip der zwangslosen Reihenfolge 소송당사자가 소송자료를 변론의 종결에 이르기까지 수시 제출할 수 있는 주의(民訴 136 참조). 隨時提出主義와 같은 뜻이며 法定序列主義와 대립한다. →수시제출주의

자유선박, 자유화물(自由船舶, 自由貨物) 〔英〕 free ship, free cargo 〔佛〕 navire libre, marchandises libres 선박이 자유이면 화물도 자유라고 하는 의미로, 해상에 있어서의 사유재산의 포획에 관하여, 중립선박 중의 일체의 화물은 교전국에 의해서 포획·몰수되지 않는다고 하는 규칙을 표현한 것. 이 사실은 그 반면에 선박이 자유가 아니면 화물도 자유가 아니라는 사상을 포함한 것이며, 敵船 중의 화물은 모두 포획·몰수된다는 것이다. 이 의미에서 敵船舶, 敵貨物(〔英〕 enemy ship, enemy cargo 〔佛〕 navire ennemi, marchandises ennemies)이라고 하며, 이에 대하여 전자를 自由船舶,

ㅈ

自由貨物이라고 한다. 선박이 중립선박인가 또는 적선박인가는 선박이 중립국의 국기를 게양하든가 또는 적국의 국기를 게양하는가에 따라 결정하게 되는데 이를 國旗主義라고 하며 국기는 화물을 지배한다라고 말하여진다. 이 규칙은 특히 네덜란드가 콘솔라또 델 마레의 법칙에 반하여 주장한 것인데 17~18세기 중 다수국가간에서 이 규칙을 정한 조약을 체결하였다. 그 후 1856년의 파리선언에서는 다만 적선내의 敵貨만을 몰수하고 중립화는 적선에 적재되어 있어도 戰時禁制品이 아닌 한 몰수를 면제하고, 또한 적화라 할지라도 전시금제품이 아닌 한 중립국기를 게양하는 선박에 적재되어 있으면 포획이 면제된다고 하여 중립국의 이익에 치중하였다. 그러나 제1차대전후 전시금제품이 격증하였으므로 파리선언의 중립국기를 게양하는 선박에 적재된 捕獲免除의 規則의 효력은 줄고 말았다. 이 경향은 제2차대전에 있어서도 변함이 없었으며 1939년 11월 7일의 영국의 對獨通商報復令의 시행과 같은 것은 이 경향을 더욱 강화하였다. → 파리선언

자유설립주의(自由設立主義) 〔獨〕 System der freien Körperschaftsbildung 法人設立에 관한 주의의 하나로서 거래사회에서 자주적으로 활동하는 단체 또는 재단이 사실상 사회에 성립하면 법은 무조건 그것에 法人格을 인정하는 주의. 가장 자유롭고 간이한 法人設立의 주의이지만, 이 주의에 의하여 法人을 설립하면 법인의 成否 및 內容이 불명확하여 거래의 상대방의 안전을 해할 염려가 있으므로, 우리나라의 법에서는 배척하고 있지만, 다른 나라의 법에도 그 예가 드물다(예 : 스위스의 非營利社團). 이 주의는 개인과 마찬가지로 단체의 실재성을 인정하는 이상, 개인과 마찬가지로 그 단체에도 또한 법인격을 인정하는 것이 타당하다고 하는 法人實在說의 하나의 주장으로서 의의가 있다.

자유세계노련(自由世界勞聯) 국제자유노련과 같다.

자유소유권(自由所有權) 목적물을 자유로이 使用·收益·處分할 수 있음을 내용으로 하는 소유권. 즉, 근대법에 있어서의 소유권은 봉건제도하의 소유권에 있어서와 같이 여러 방면으로 가하여지는 제한을 받지 아니하고, 소유자는 목적물을 자유로이 사용·수익·처분할 수 있는 지배권으로 인정하게 되었으며, 이러한 의미에 있어서 근대법상의 소유권을 자유소유권이라고 한다. 근대법상의 소유권은 이와 같이 자유로운 성격을 가지는 까닭에 자본으로서의 작용을 영위할 수 있었고, 그것은 나아가서 자본주의문명의 기초가 되기도 하였으므로, 이를 資本主義的 所有權이라고도 한다. 그러나, 현대에 이르러서는 법률에 의하여 여러 면으로 소유권에 대하여 제한을 가하고 있는 것을 유의하여야 할 것이다. → 소유권

자유심증주의(自由心證主義) 〔獨〕 Prinzip der freien Beweiswürdigung 〔佛〕 système des preuves morales ou de l'intime conviction 법원이 證據資料에 의하여 사실을 인정할 때, 그 범위나 신빙성이 정도에 관하여 하등 법률상 구속을 받지 않고 자유로 판단할 수 있는 주의. 法定證據主義에 대한 말이다. 프랑스혁명 이후 법정증거주의의 결함에 대한 반성 및 법관의 소질의 일반적 향상을 배경으로 하여 현대 여러 나라의 立法例에서는 민사·형사에 관하여 모두 이 주의를 채택하고 있다. 이 주의는 법관에 대한 신뢰를 기초로 한다. 법관의 자격을 법률로 정하는 것은 이 주의를 채용하는 것과 관련성이 있다.

[1] 민사소송법은 明文으로 이 주의를 인정하고 있다(187). 특별한 사정에 의한 다소의 예외는 있으나, 원칙적으로 증거방법의 범위를 제한하지 않고 또 증거가치도 규정하지 않는다. 따라서 법원은 證據調査의 결과와 辯論의 전취지를 참작하여 자유로 사실을 인정할 수 있다(예외 : 320, 321, 341). 자유로운 재판이라 하여도 법관의 자의적인 재판을 허용하는 것이 아니고, 證據規則으로부터 해방된다는 것을 의미함에 그친다. 따라서 法文은 사회정의와 형평의 이념에 입각하여 논리와 경험의 법칙에 따라 판단할 것을 요구하고 있다. 법관이 이에 위반하였을 때에는 증거의 취사를 잘못하거나 증거조사의 방식에 위반한 때와 같이 법률문제로서 上告審의 審理對象이 된다.

[2] 형사소송법에 있어서도 이 원칙이 채용되고 있다(308). 특히 實體的 眞實主義 및 職權主義의 요소가 인정되는 형사소송에 있어서는 민사소송에 있어서 보다 더 큰 기능을 발휘한다. 다만 自白의 證明力에 제한을 두어, 보강증거가 없으면 자백만으로써 유죄를 인정할 수 없다(憲 12Ⅶ 後, 刑訴 310) 고 규정하여, 자유심증주의의 일대 예외를 인정하고 있으며, 또 민사소송법에 있어서와 같은 변론의 전취지의 참작(民訴 187 참조)은 인정되지 않는다.

자유어업(自由漁業) 신고어업과 같다.

자유(自由) **원 계정**(計定) 외국인 등 非居住者가 국내은행에 개설한 원貨預金計座로 외화와의 교환이 항상 보장되는 예금을 말한다. 원화 국제화의 첫단계로 원화의 對外決濟機能을 부여하기 위하여 1993년말에 도입되었다. 이는 일본이 지난

ㅈ

1960년 엔화를 대외결제에 사용할 수 있는 통화로 지정하면서 自由円計定을 만든 데서 착안한 것이다. 자유원계정에 입금할 수 있는 자금은 건당 10만달러 이하의 輸出入決濟代金으로 한정하고 대상 예금도 금리가 연 1%인 要求拂預金에만 허용되고 있다. 이는 우리나라 금리와 국제금융시장 금리의 격차가 7 내지 8%에 달해 金利差를 노리고 유입되는 자금(소위, 핫머니)을 억제하기 위한 것이다.

자유임용(自由任用) 국가 또는 공공단체의 기관의 構成員을 임용함에 있어서 시험결과·근무성적·연구실적 등 객관적인 조건에 얽매임이 없이 임용권자 또는 임용제청권자의 자유의사에 의하여 행하는 임용. 試驗任用 또는 實績任用에 대한 개념. 獵官主義下의 공무원임용제도이다.

자유재량(自由裁量) 〔英〕discretion 〔獨〕freies Ermessen 〔佛〕discrétion, libre appréciation 넓은 뜻으로는 널리 행정주체의 판단 또는 행위가 법이 인정하는 일정한 범위내에서 법의 구속으로부터 해방되는 것을 말하고(이 自由裁量이 허용되는 행위들, 법에 구속되는 羈束行爲에 대하여 裁量行爲라고 한다), 좁은 뜻으로는 이와 같은 넓은 뜻의 자유재량 중에서 法規裁量(羈束裁量)을 제외한 便宜裁量(公益裁量)을 말한다. 法規裁量行爲는 법의 취지·원리 등에 구속되는 재량행위인데 대하여, 편의재량행위는 이러한 條理法的 制限을 받지 아니하고 단순히 공익에 의한 제한만을 받는 재량행위이라 한다. 무릇 행정행위는 모두 상위규범에 구속된다는 점에서 법에 기속되는 행위(羈束處分)와 자유재량이 허용되는 행위(裁量處分)는 이론적인 본질적 차이가 있는 것이 아니고, 다만 그 법의 구속의 정도의 차이가 있는 것에 불과하다. 그러나 그 구별의 실익은 전자가 그릇되면 위법행위가 되고, 따라서 행정소송의 대상이 되는데 반하여 후자가 그릇되면 행정상의 편의·합목적성에 위반되는 단순한 不當行爲(不當處分)로서, 법률적 판단을 목적으로 하는 행정소송의 대상이 되지 않는다는 기술적 이유에 있다. 오늘날 보통 자유재량이라고 할 때에는 이 편의재량을 가리킨다. 그런데 法規裁量과 이 便宜裁量은 그 구별의 표준이 명확하지 않다. 대체로 국민의 자유·권리를 침해·제한하는 경우에는 법규재량이고, 그것을 부여·설정하는 경우에는 편의재량이라고 보는 것이 통설적인 견해이다.

자유재산(自由財産) 〔獨〕freies Vermögen 파산재단에 속하지 않는 파산자의 재산. 현행파산법은 固定主義原則에 따라 法定破産財團의 범위를 파산자가 파산선고시에 가지는 압류가능한 재산으로 하였다(6). 따라서 파산자의 재산이라 하더라도 파산선고 후에 파산자가 새로 취득한 소위 新得財産이나 개개의 强制執行의 경우에 압류할 수 없는 재산(民訴 532, 579)은 파산재단에 속하지 않고 자유재산에 속한다. 파산자는 파산절차 중에서도 이를 자유로 관리·처분할 수 있다. → 파산재단

자유주의(自由主義) 〔英〕liberalism 〔獨〕Liberalismus 〔佛〕libéralisme 개인의 자유의 옹호·존중을 근본원리로 삼는 政治原理. 자유주의가 정치원리로 주장되기에는 오랜 기간이 필요하였다. 영국·독일·프랑스의 위대한 정치철학자들이 이 근본원리를 발전시켰으며, 고전경제학자들은 이 원리를 分業社會에 적용하였다. 자유주의는 중세의 극복에서 산출된 것이다. 인간이 다만 춘프트, 길드, 僧侶階級, 貴族階級이라는 좁은 계급의 테두리 안에서 구속되었던 것이, 인문주의와 문예부흥을 통하여, 自然權과 啓蒙運動을 통하여 인간은 현세의 생활과 창조의 주인공, 知와 생활형성의 자연적 요청자임을 깨닫고, 인간이 독자적으로 思惟하고, 책임있게 행동하고 예술을 창조하는 인격자로서 승인됨에 이르게 되자, 자유주의는 개인주의사상의 근저가 되어 프랑스혁명, 미국의 독립선언 등에서 구체적으로 표현되었다. 자유주의는 자율성을 지니려는, 환언하면 자신의 인격을 타인의 명령에 의해서가 아니라 독자적으로 발전시키려는 인간정신의 원망 속에 뿌리박은 오랜 역사적인 生成過程의 소산인 것이다. 로크에서 몽테스키외를 통해 칸트에 이르러서는 자유주의는 법치국가·권력분립의 사상을 형성하게 되었고 경제면으로는 自由放任主義(laissez-faire)를 낳았다.

자유투표(自由投票) → 임의투표와 같다.

자유품(自由品) 〔英〕free goods → 전시금제품

자유항(自由港) 〔英〕free port 〔獨〕Freihafen 〔佛〕port franc 港領有國의 관세권이 적용되지 않는 항. 국제적 입지조건에 비추어 中繼貿易의 이익을 확보할 목적으로 홍콩이나 싱가포르처럼 영유국이 자발적으로 自由港制度를 실시하는 경우도 있고, 국제조약에 의하여 일종의 國際地役으로서 자유항이 설정되는 경우도 있다. 제1차대전후 베르사이유강화조약에 의한 독일의 함부르크, 1923년 그리스와 유고슬라비아간의 조약에 의한 그리스의 살로니까항, 1945년의 구소련과 중국간의 조약에 의한 大連港 등이 그 예이다. 조약당사국의 수출입화물에 대해서만 관세가 면제되는 경우도 있고, 당사국 뿐 아니라 모든 국가의 通商海運에 개방되는

자유항제도도 있다.

자유해론(自由海論) 〔羅〕 Mare liberum 海洋은 점유할 수 없으므로 어느 국가도 領有할 수 없고, 자유라고 설파한 그로티우스의 저서. 1609년 公刊. 大著 捕獲法論(De jure praedae)의 일부가 독립하여 공간된 것. 당시에 해상의 강국들은 각각 일정한 해양의 영유를 주장하였으므로, 그것에 반대하기 위하여, 특히 포르투갈이 인도양의 영유를 주장하여 인도와의 통상을 금지한데 대하여 본국 네덜란드의 인도통상을 변호하기 위한 것이 그 동기이다. 본서에 대하여서는 셀덴의 閉鎖海論(Mare clausum)을 비롯하여 많은 반박서가 나왔으나, 후에 점차 본서의 주장이 인정되어서 드디어 公海自由의 原則(→공해)이 확립되었다. →공해사용자유의 원칙, 공해자유의 원칙

자유형(自由刑) 〔獨〕 Freiheitsstrafe 〔佛〕 peine privative de liberté 자유의 박탈을 내용으로 하는 형벌. 자유형은 범죄자의 사회생활의 자유를 빼앗아서 교도소에 구치하고, 원칙적으로 작업을 강제하여 범죄자를 교육개선하는 동시에, 범죄자를 사회생활에서 격리시켜 사회를 방위하는 의미를 가진다. 현행법상 자유형은 懲役·禁固·拘留의 3종인데, 그 적용범위가 넓고 또 그 작용이 크므로 현대의 형벌제도 가운데서 가장 중요한 지위를 차지하고 있다. 자유형에 관하여는 短期自由型의 폐지, 不定期刑의 채용, 자유형의 단일화, 누진제 등과 같은 형사정책 내지 行刑學上의 중요문제가 있다.

자유형(自由刑)**의 단일화**(單一化) 자유형의 종류를 없애고, 단지 자유의 박탈을 내용으로 하는 형을 하나로 하려는 것. 이것은 특히 懲役刑과 禁錮刑의 구별을 폐지하려는 주장으로 나타난다. 그 주되는 논거는 자유형에 동시에 명예구속적인 성격을 가지게 하는 것은 타당하지 않다는 것, 교도작업의 교육적 의의를 강조하는 教育刑論 및 소수의 禁錮囚를 위하여 별개의 처우를 하는 것이 곤란하다는 行刑實務上의 요구 등이다. 현행법에서 금고형은 대개 非破廉恥犯 또는 過失犯에 대하여 규정되어 있다. →금고

자유혼인(自由婚姻) 부모나 호주의 동의없이 당사자들의 자유의사로 하는 혼인. 强制婚姻에 대하는 말. 근대적 혼인사상은 자유혼인을 대원칙으로 삼고 있으며, 우리 민법상으로도 성년자는 부모의 동의없이 혼인할 수 있다. 다만 미성년자나 금치산자는 부모 또는 후견인의 동의를 얻어야 혼인할 수 있다.

자유화물(自由貨物) →전시금제품

자율권(自律權) 각 국가기관의 독자성을 존중하여 인정한, 일정한 범위 안에서 그 기관이 스스로 규칙을 제정할 수 있는 권한. 우리 헌법은 국회에 대하여 법률에 저촉되지 아니하는 범위내에서 議事와 內部規律에 관한 규정을 제정할 수 있다고 하였고(64), 대법원에 대하여 법률에 저촉되지 아니하는 범위내에서 소송에 관한 절차, 법원의 내부규율과 사무처리에 관한 규칙을 제정할 수 있다고 하였으며(108), 또 중앙선거관리위원회에 대하여 법령의 범위 안에서 선거관리·국민투표관리 또는 정당사무에 관한 규칙을 제정할 수 있다고 하였다(114). 그러나, 좁은 뜻의 자율권은 국회와 법원의 내부규율에 관한 規則制定權이 이에 해당한다.

자의성(自意性) 〔獨〕 Freiwilligkeit 중지미수에 특유한 주관적 요건으로 자의성에 의해 中止未遂와 障碍未遂가 구별된다. 자의성의 일반적인 판단기준에 관하여는 다음과 같은 견해가 대립하고 있다. 즉 ① 客觀說은 외부적 사정과 내부적 동기를 구별하여 외부적 사정에 의하여 범죄가 완성하지 않은 경우는 장애미수이고, 그렇지 않은 때가 중지미수라고 한다. ② 主觀說은 후회·동정 기타 윤리적 동기에 의하여 중지한 경우만이 中止未遂이고, 그렇지 않은 때에는 전부 障碍未遂라고 한다. ③ Frank의 공식에 의하면 할 수 있었음에도 불구하고 하기를 원하지 않아서 중지한 때가 自意에 의한 경우이고, 하려고 하였지만 할 수가 없어서 중지한 때를 장애미수라고 본다. ④ 折衷說은 일반사회관념상 범죄수행에 장애가 될 만한 사유가 있는 경우는 장애미수이지만, 그러한 사유가 없음에도 불구하고 자기의사에 의하여 중지한 경우에 自意性을 인정하는 견해이다. 즉 强制的 障碍事由가 없음에도 불구하고 자율적 동기에 의하여 중지한 때에는 자의성이 인정되지만, 범인의 의사와 관계없이 사태를 현저히 불리하게 만든 장애사유 때문에 타율적으로 중지한 때에는 자의가 되지 않는다는 것이다. 折衷說이 우리나라의 다수설이다.

자익권(自益權) 〔獨〕 selbstnützige Rechte 共益權에 대한 개념. 주로 주주가 자기이익을 위하여 행사하는 권리. 利益配當請求權(商 462)이 중심이 되며 그 이외에 利子配當請求權(463)·新株引受權·殘餘財産分配請求權 등이 있으며, 株式讓渡의 자유(335)·株券交付請求權(355)·名義改書請求權 등이 자익권의 목적을 실현시켜 주는 뒷받침이 된다. 비영리법인에 있어서는 사원이 가지는 社團施設利用權이 중요하다. →공익권, 사원권, 주주권

자익신탁 · 타익신탁(自益信託 · 他益信託) 신탁재산으로부터 생기는 이익이 위탁자 자신에게 돌아가는 것을 自益信託, 위탁자 이외의 자에게 가는 것을 他益信託이라고 한다. 신탁은 타익신탁이 원칙이지만 위탁자가 수탁자를 지정하지 않거나 자기를 수익자로 지정한 때에는 자익신탁으로 된다(信託 51 참조). 자익신탁에 있어서는 위탁자 또는 그 상속인은 언제든지 신탁을 解止할 수 있다(56). → 신탁

자 인(自認) → 승인

자작농 · 소작농(自作農 · 小作農) 自作地의 경작자를 자작농, 소작지의 경작자를 소작농이라고 하는데, 어느 것이나 개인에 한하며, 法人 그 밖의 단체를 포함하지 않는다. 이것은 개개의 농지에 관한 호칭이므로 동일인이 갑의 농지에 대하여 자작농임과 함께 을의 농지에 대하여 소작농일 수 있다.

자전매매(自轉賣買) 증권거래소의 거래원이 동일한 내용의 상장유가증권에 관하여 同一受渡期限 · 同一數量 · 同一價格의 賣物과 買物을 시장에서 매매한 형식으로 거래소의 기록에 실리는 것. 동일거래원이 동시에 賣渡委託과 買受委託을 받고 동시에 매도측과 매수측이 되어서 매매를 성립시키는 것이므로, 혼동을 일으켜서 무효라고 볼 수도 있으나, 우리나라의 증권시장에서는 관행으로서 행하여지고 있다. 이것은 呑食行爲가 금지되어 있는 결과 행하여진다.

자제수역(自制水域) 傳統的 公海自由의 原則 및 그 코롤러리(corollary)인 어업자유의 원칙에 의하여 어업의 자유가 인정되기는 하나, 조약에 의하여 자발적으로 어로를 억제하는 수역. 1952년 6월에 효력을 발생한 미국 · 캐나다 · 일본간의 북태평양의 公海漁業에 관한 국제조약에서는 일정한 魚種에 관하여 일본과 캐나다가 자발적 어획억제의 의무를 지고 있다. → 미국 · 캐나다 · 일본 어업조약

자 조(自助) 〔英〕 self-help 〔獨〕 Selbsthilfe 〔佛〕 justice privée 국제법상 국가가 자력으로 자기의 권리를 확보하는 것. 일반적으로 自力救濟라고 한다. 국제법단체 스스로가 국제의무의 이행을 강제함은 거의 없고, 광범위하게 자조가 인정된다. 自助의 구체적 표현으로 復仇와 戰爭이 있다. 타국의 국제불법행위에 대하여 강력으로 그 中止나 救正을 구하는 복구는 결국 권리자가 자력에 의하여 의무의 이행을 강제하고 자기의 권리를 확보하는 것으로 자조이다. 전쟁에 있어서도 그것이 상대국의 의무불이행시에 행하여질 때에는 역시 자조이다. 자조는 권리의 확보를 위하여 필요한 것이기는 하나, 폐해도 적지 않다. 그래서 최근 국제평화기구에 있어서 자조는 점차 금지되고, 특히 전쟁 기타의 병력행위에 의한 자조는 금지됨에 이르렀다.

자조매각(自助賣却) 〔佛〕 Selbsthilfeverkauf 債務者(상품의 매도인 또는 보관자)가 급부의무를 면하기 위하여 목적물을 스스로 競賣 또는 시가로 放賣하는 것. 민법상의 자조매각과 상법상의 자조매각은 그 요건 등 차이가 있다. ① 민법상의 자조매각은 변제자가 辨濟의 目的物을 공탁함에 당하여 그 목적물이 공탁에 부적하든가, 멸실 · 훼손의 염려가 있든가 또는 과다한 보존비용을 요할 때에 한하여, 법원의 허가를 얻어서 할 수 있다(490). ② 상법상의 자조매각은 상인간의 商事賣買에 있어서, 매수인이 목적물의 수령을 거절하거나 수령이 불능할 때에 인정되며, 매도인보호의 정신과 상거래의 신속성에 기하여 민법의 경우와 같은 요건은 모두 생략되고 단지 상당한 기간을 정하여 최고한 후이면 좋고, 催告할 수 없거나 멸실훼손될 염려가 있으면, 이 최고도 필요하지 않다. 더구나 그 대금의 전부 또는 일부를 공탁하지 않고 직접으로 매매대금에 충당할 수 있다(67). 같은 취지의 제도는 委託賣買人(109), 運送業者(142, 143, 145, 149 Ⅱ), 倉庫業者(165)에 관해서도 인정되고 있다.

자조행위(自助行爲) 자력구제와 같다.

자존권(自存權)〔國際法上의〕 〔英〕 right of self-preservation 自己保存權이라고도 한다. 국가가 그 존립을 유지하며 발전에 필요한 행위를 할 수 있는 권리. 자존권은 역사적으로 바텔을 비롯한 많은 학자에 의하여 國家基本權 또는 絶對權이라고 주장되었다. 그러나 자존권이라 할지라도 타국의 권리까지는 침해할 수 없는 것이며, 타국의 권리를 침해하지 않는 한에서는 권리이든 아니든간에 그것은 국제법이 금하지 않는 국가의 자유에 속한다. 이리하여 제1차대전 이후 특히 不戰條約의 締結 이래 전쟁을 불법화하고 自衛權의 行使(이른바 自衛戰)만을 합법으로 인정함에 이르러 자존권의 개념에서 자위권이 탈락하게 되었다. 결국 자존권을 국가의 기본권이라고 보는 사상은 부정되고 그 대신 자존권에 포함되었던 자위권만이 인정되게 되었다. → 자위권, 국가기본권

자주법(自主法) → 자치입법 · 자치입법권

자주점유 · 타주점유(自主占有 · 他主占有) 소유의 의사를 가지고 물건을 점유하는 것은 自主占

有이고 그러하지 않은 것, 즉 물건이 타인에게 속하는 것으로서 하는 점유는 他主占有이다. 양자를 구별하는 표준이 되는 소유의 의사의 유무는 占有取得의 원인, 즉 權原의 성질에 의하여 객관적으로 정하여진다. 따라서 地上權·質權의 설정 또는 賃貸借에 의하여 점유를 개시하는 경우와 같이 권원의 성질상 소유의 의사가 없다고 인정되는 때에는, 그 점유는 타주점유인 것이다. 주관적으로 소유의 의사가 있다는 것만으로는 자주점유가 되지 못한다. 그러므로, 他主占有가 自主占有로 전환되려면 타주점유자는 자기에게 점유케 한 자에 대하여 소유의 의사가 있음을 표시하여야 한다(그 의사가 객관적으로 표명됨으로써 족하고 점유를 시킨 자에게 표시될 필요는 없다고 하는 설도 있다). 자주점유·타주점유를 구별하는 실익은 점유자의 責任(民 202)·取得時效(245 이하)·先占(252) 등에 있다. 점유자는 자주점유를 하는 것으로 추정된다(197Ⅰ).

자치권(自治權) 널리 공공단체의 자주적인 事務處理權能을 말하나, 주로 지방자치단체가 그의 구역 내에서 가지는 支配權을 말한다. 인민에 대한 공적 지배권인 점에서 국가의 統治權과 그의 성질을 같이 한다. 그러나 이 자치권의 성질에 대해서는 옛부터 두 견해가 대립되고 있다. 하나의 설은 지방자치단체의 자치권은 국가의 통치권의 일부가 국가로부터 부여된 것이라고 하고, 따라서 국가로부터 부여된 범위내에서만 행사될 수 있다고 한다. 또 다른 설은 지방자치단체는 固有의 自治權을 가지는 것으로서, 국가라 할지라도 그 고유의 자치권을 침해하는 것은 허용되지 않는다고 한다. 우리 헌법은 지방자치단체는 … 법령의 범위 안에서 자치에 관한 규정을 제정할 수 있다(117Ⅰ)라고 규정함으로써 전자의 입장을 취하고 있다.

ㅈ

자치단체(自治團體) 〔獨〕 Selbstverwaltungskörper 국가 아래서 국가로부터 그 존립목적이 부여된 公法上의 法人. 公共團體의 일종이다. → 공공단체

자치단체조합(自治團體組合) 지방자치단체가 그 사무의 전부 또는 일부를 공동처리하기 위하여 필요할 때에 規約을 정하여 당해 지방의회의 의결을 거쳐 시·도는 행정자치부장관의, 시·군 및 자치구는 시·도지사의 승인을 얻어 설립한 法人으로서(地自 149Ⅰ·Ⅱ), 特別地方自治團體이다.

자치령(自治領) 〔英〕 dominion 〔獨〕 Dominion 국가영역의 일부에 광범위한 자치권이 부여된 경우인데, 일반적으로는 국제법상 특별한 지위에 있는 英自治領을 지칭. 조약체결 등 독자적인 외교권을 가지나 대외적으로는 영본국과 동등한 지위로 英聯合을 구성한다. 그러나 영연합의 통일성을 유지하기 위하여 각 구성국은 특히 외교관계의 처리에 관한 한 사전통고 및 의견진술의 기회를 부여할 의무를 진다. 대부분의 英自治領은 과거의 식민지로서 지금은 完全獨立國家의 지위를 획득하고 있다. 현재의 영자치령은 캐나다·오스트레일리아·뉴질랜드이며, 남아프리카 연방과 같이 남아프리카공화국으로 독립한 후 英聯合에서 탈퇴한 나라도 있고, 印度와 같이 독립하고도 영연합에는 머물러 있는 나라도 있다. → 영연합

자치법규(自治法規) ① 넓은 뜻으로는 지방자치단체의 자치에 관계가 있는 모든 法規의 총칭. 예컨대 헌법·지방자치법·교육법·지방세법·지방공무원법·조례·규칙 등. ② 좁은 뜻으로는 지방자치단체가 법령의 범위 안에서 제정하는 자치에 관한 규정, 즉 條例와 規則만을 의미한다.

자치분권(自治分權) 分權型 중 국가 밑에 국가로부터 독립한 지방자치단체를 설치하여, 그에 대하여 統治權의 일부로서의 自治權을 부여하는 것을 말한다. 이는 국가의 지방행정기관에 대하여 행정권한을 分與하는 權限分權에 대한 것으로서, 주민자치의 요청에 부합되고, 지방의 정치적·경제적 독립을 확보하는 團體自治의 취지에도 맞으며, 지방의 실정에 맞는 행정을 할 수 있고, 행정상의 부담을 공평화하는데 도움이 된다.

자치사무(自治事務) → 고유사무

자치입법·자치입법권(自治立法·自治立法權) 자치입법이란 도·서울특별시·광역시·시·군·구 등의 지방자치단체가 그 自治權에 기하여 법을 제정하는 것을 말하며, 자치입법권은 그러한 법을 제정할 수 있는 권한을 말하는데, 條例·規則의 제정이 그것이다(憲 117Ⅰ).

자치재정권(自治財政權) 지방자치단체가 그 경비를 충당하기 위하여 스스로 필요한 세입을 확보하고, 지출을 관리하는 권한을 가지는 것을 말한다. 자치단체는 그의 自治事務는 물론 委任事務로 부담된 경비를 지출할 의무를 지며, 자치단체의 존립 자체를 유지하기 위하여도 경비의 지출을 필요로 하는데, 자치단체의 재정은 상당한 부분을 국가나 상급자치단체로부터의 교부금·보조금 등에 의존하고 있으므로 自治行政制度의 확립을 위하여는 무엇보다도 自治財源의 확보가 시급하다. 자치단체의 세입을 나누어 보면, 稅收入과 稅外收入이 있으며, 세외수입은 다시 ① 사용료·수수료 등과 같은 좁은

뜻의 세외수입과 ② 지방교부세 · 보조금 · 지방채와 일시차입금 등으로 나눌 수 있다.

자치적 통제(自治的統制) 業者가 서로 각자의 자유로운 경제활동에 통제를 가하는 것. 조합에 의한 통제나 카르텔에 의한 통제를 주로 한다. 자치적 통제 그 자체는 계약의 자유를 통하여 행하여지지만, 국가가 이에 간섭하는 경우가 있다. 여기에는 국가가 자치적 통제를 지지 · 조장하여 法的 强制力을 부여하는 경우와 국가가 이를 抑制禁止하는 경우가 있다.

자치조직권(自治組織權) 자치단체가 스스로 당해 자치단체의 조직을 결정할 수 있는 권한을 말한다. 지방자치법은 자치단체의 조직에 관한 기본적인 사항만을 정하고, 나머지는 일정한 범위 내에서 당해 自治團體에 맡김으로써 광범한 자치조직권을 인정하고 있으며(82, 102 등), 법률로 자치단체의 조직 · 구성 등에 관하여 규정하는 경우에도 당해 地方議會의 의견을 듣도록 한 예가 많다.

자치체경찰(自治體警察) 지방자치단체가 유지하는 경찰. 英 · 美 · 日 등이 인정하는 제도. 우리나라에서는 이를 인정하지 아니하고 있다. → 국가경찰, 지방경찰

자치행정(自治行政) 〔英〕 self-government, autonomy 〔獨〕 Selbstverwaltung 〔佛〕 administration autonome 일반적으로 自治란 스스로의 일을 스스로의 손에 의하여 처리하는 것을 의미하나, 구체적으로 그것이 의미하는 바는 일정치 않다. ① 국민(또는 주민)이 그들 스스로의 손에 의하여 또는 그들이 선출한 기관에 의하여 처리하는 행정을 의미한다. 이와 같은 의미의 자치행정은 官治行政에 대한 개념으로서 民衆政治라고 말할 수도 있다. ② 지방자치단체에 의한 행정을 의미한다. 근대정치에 있어서 자치의 요소가 일찍이 지방단체에 적용되었기 때문에, 자치행정이라고 하면 지방자치단체에 의한 행정을 연상하게까지 되었다. 이와 같은 의미의 자치행정은 國家行政에 대한 관념으로서 團體自治라고도 할 수 있다. 이러한 두 가지 의미의 자치행정 중, 전자는 영국적 자치행정, 정치적 의미의 자치행정의 개념인데 대하여, 후자는 독일적 자치행정, 법률적 의미의 자치행정의 개념이다. 다만 현대국가에 있어서는 자치행정의 주체로서 자치단체가 설정되고 그 자치단체에 의하여 정치적 의미의 자치행정이 실현되고 있다. 그러나 자치행정은 반드시 지방자치단체에만 인정되는 것이 아니라 經濟行政 기타의 행정분야에 있어서 직능단체가 설립되어 그에게 경제통제 기타의 기능이 위임되는 경우가 있다. 이 경우를 經濟自治行政(Wirtschaftsselbstverwaltung)이라고 한다. → 관치행정, 국가행정

자칭무한책임사원(自稱無限責任社員) 合資會社의 유한책임사원이 타인으로 하여금 자기를 무한책임사원으로 오인시키는 행위를 한 자. 원래 무한책임사원이 아니므로 무한책임사원으로서의 책임을 부담할 것은 아니나, 선의의 제3자를 보호하기 위하여 무한책임사원과 동일한 책임을 부담하도록 하였다(商 281 Ⅰ). 이 외에 자기의 책임의 한도를 오인시키는 행위를 한 유한책임사원도 역시 동일한 책임을 부담한다(281 Ⅱ). 이것은 禁反言(에스토펠)의 法理와 동일한 사상에 기하는 것이다.

자 판(自判) → 파기자판

자필증서유언(自筆證書遺言) 遺言方式의 일종. 유언자가 유언서전문과 연월일 · 주소 · 성명을 自書하고 捺印하는 방식이다(民 1066 Ⅰ). 연월일은 반드시 일자를 명기할 필요는 없고 예컨대 金婚式날에라고 하여도 좋으며 성명은 본인의 동일성이 인식됨으로써 충분하고 印은 무인이라도 무관하다. 이 유언을 고치거나 기타 변경을 가하여 정정하는 경우에는 엄격한 형식이 요구된다(1066 Ⅱ). 이 유언에 의하면 타인과의 관여없이 유언자 본인만으로써 간단하게 할 수 있다는 장점은 있으나, 반면에 문자를 알지 못하는 자는 이 방법에 의하여 유언을 할 수 없을 뿐만 아니라 유언서의 유무가 유언자의 사후에 용이하게 판명될 수 없다는 것, 또 변조 · 위조의 위험이 많다는 것 등의 결점이 있다. 따라서 자필증서유언에 관하여는 후일 분쟁이 발생할 우려가 농후하므로 이 방법에 의한 유언을 집행함에는 반드시 法院의 檢印節次를 거치도록 하고 있다(1091).

자회사(子會社) 〔英〕 · 〔美〕 children(or subsidiary) corporation or company 〔獨〕 Tochtergesellschaft 資本參加, 특별한 契約 등에 의하여 다른 회사의 지배하에 있는 회사. → 친회사, 종속회사

작량감경(酌量減輕) 범죄의 정상에 참작할 만한 사유가 있는 때에 法官의 작량에 기하여 행하여지는 감경(刑 53). 法律上의 減輕에 대하는 것이며, 裁判上의 減輕이라고도 한다. 1개의 죄에 정한 형이 여러 종류인 때에는 먼저 적용할 형을 정하고 그 형을 감경한다(54). 그 감경의 방법(55) 및 순서(56)에 관하여는 加減例를 보라. 處斷刑의 하한보다 경한 형을 量定할 필요가 있는 경우에만 허용된다고 본다.

작센슈피겔 〔獨〕 Sachsenspiegel 독일 중세의 대표적인 법률서. 1215~35년에, 작센의 騎士이며 參審員이었던 아이케 폰 레프고우에 의하여 저작되었다. 이것은 독일어로 쓰여진 최초의 법률서일 뿐만 아니라 독일어 散文으로 쓰여진 최초의 저작이다. 저자의 의도는 작센지방 전체의 普通法을 기록하자는 데에 있었다. 그러나 실은 그가 정통하고 있었던 오스트팔렌(Ostfalen)의 법에 국한되고 웨스트팔렌(Westfalen)의 법은 看過된 것이 많다. 내용은 란트법과 封建法의 二部로 되어 있다. 본서는 私人의 저작인 법률서임에도 불구하고 중세에 있어서 작센지방은 물론 남독일에서도 성가가 높았으며, 북독일에서는 얼마 안있어 法典으로 취급되었고, 따라서 본서는 帝國法으로서 입법된 것으로 믿어질 정도였다. 본서에 관하여는 14세기에 성립한 그림寫本(Bilderhandschrift)이 전해지고 있다.

작업상여금(作業賞與金) 受刑者의 작업에 대한 보수로서 지급하는 금전. 작업의 종류·성적·行狀 기타 사정을 참작하여 정하는 恩惠的 給與이다(行刑 39Ⅱ). 수형자의 작업에 賃金請求權을 인정하라고 하는 주장도 있으나, 우리 법은 이를 취하지 않고 있다. 작업상여금은 원칙적으로 석방할 때에 지급한다(39Ⅲ 本). 석방 후의 歸鄕費·生業資金·가족의 扶助 등에 충당하게 하기 위하여서이다. 다만 본인의 가족생활부조 또는 敎化上 특히 필요하다고 인정할 때에는 석방전이라도 그 일부 또는 전부를 지급할 수 있다(39 Ⅲ 但).

작위범(作爲犯) 〔獨〕 Kommissivdelikt 〔佛〕 délit de commission 신체의 적극적 동작(作爲)의 형식으로 構成要件이 규정된 범죄(예 : 살인죄). 현행형법이 규정하고 있는 범죄는 대부분 작위범이다. 작위범의 구성요건이 현실적으로 부작위에 의하여 실현되는 것을 부작위에 의한 作爲犯 또는 不眞正不作爲犯이라고 부른다. → 부작위범

작위부담(作爲負擔) 특정한 公益事業에 대한 장애를 방지하기 위하여 또는 공익사업의 효용을 증진하기 위하여 필요한 일정한 시설의무를 그 사업의 인근토지 등의 소유자 기타의 관리자에게 과하는 것을 말한다. 接道區域 내의 토지·竹木·시설 기타의 공작물을 소유 또는 점유하는 자가 도로의 구조나 안전을 위한 除害施設을 할 의무를 지는 것은 그 예이다(道 50Ⅵ).

작위·부작위(作爲·不作爲) 사람의 행위를 積極的 動作(예 : 돈을 준다, 사람을 죽인다)과 消極的 態度(예 : 젖을 먹이지 아니한다)로 나누어, 전자를 作爲(〔獨〕 Tun, Begehung 〔佛〕 commission)라 하고, 후자를 不作爲(〔獨〕 Unterlassung 〔佛〕 omission)라고 부른다. 그러나 정확히 말한다면 그 구별은 행위 자체에 의해서 이루어지는 것은 아니고, 일정한 관점에서 보아 이루어지는 것이다. 예컨대, 어머니가 시장에 가는 작위도, 授乳라는 관점에서는 부작위가 된다. 이와 같이 부작위는 아무 것도 하지 않는 것이 아니라, 規範的으로 기대된 일정한 작위를 하지 아니하는 것을 말한다. 부작위가 채무의 내용으로 되고(不作爲債務), 또는 범죄의 실행행위가 될(不作爲犯) 때에 주로 문제가 된다.

작위·부작위(作爲·不作爲)**의 청구**(請求) 〔獨〕 Handlungs- od. Unterlassungsanspruch 피고에게 작위 또는 부작위를 청구하는 소. 성질상은 양자 모두 履行의 訴이다. 작위의 청구에는 현재의 이행의 소와 장래의 이행의 소와의 두 가지가 있다. 부작위청구는 항상 장래의 이행의 소로써 제기하여야 한다. 작위 및 부작위의 청구의 집행에는 代替執行과 間接强制의 방법이 있다.

작위채무(作爲債務) 채무자의 적극적인 행위를 목적으로 하는 채무. 매도인의 目的物引渡의 채무. 매수인의 대금지급의 채무. 피용인의 노무제공의 채무 등 보통의 채무는 모두 이에 속한다. 不作爲債務에 대한 말. 또 작위채무는 특히 하는 채무를 가리키는 수도 있다.

작전통제권문제(作戰統制權問題) 1950년 7월 당시 한국전쟁 초기에 戰況이 극도로 불리해진 이승만대통령이 한국군에 대한 作戰統制權을 유엔사령관에게 이양했으며, 5·16군사 쿠데타 이후 韓·美共同聲明에 의해 UN군사령관은 공산침략으로부터 한국을 방위하는 경우에만 작전통제권을 행사할 수 있다로 바뀌었고, 1978년 11월 7일 한·미연합사령부가 창설되면서 유엔군사령관은 휴전업무만 관장하고 한·미연합군사령관이 작전통제권을 행사하는 형식으로 바뀌었다. 그런데 작전통제권 문제는 12·12사태와 광주항쟁 당시 한·미연합사 휘하 일부 한국군부대의 이동에서 비롯된 책임소재문제로 중요하게 부각되었다. 이후 1992년 제24차 韓美年例安保會議에서는 국군의 작전통제권 중 平時作戰統制權을 1994년 말까지 한국이 환수하기로 합의하여 실행되고 있다.

작 지(作紙) 官衙用紙를 作紙라 하는 것이 원래의 뜻이지만 바꿔 말해 민원증명서류의 紙代, 다시 말해 증명서, 즉 立案에 요하는 수수료를 말하며, 同立案이 田地·家舍·奴婢 등 賣買文契에 대한 것일 때에는, 작지는 契稅에 해당한다. 또 작지는

호조와 京在各倉役軍(人夫)의 雇賃에 충당하기 위하여 징수하는 수수료를 말하는 경우도 있다. 즉, 各郡에서 稅穀을 漕轉하여 輸納할 때 每郡 米六十石 大豆百石 이상을 載來한 자에 대하여 호조에서 5석, 軍資·廣與·豊儲 各倉에서는 2석을 수수료로 課收하였다. 그것을 작지라고도 부른 것이다.

잔부판결(殘部判決) 〔獨〕 Schlussurteil 소송사건의 일부에 관하여 일부판결을 한 경우에 殘部를 完結하는 판결이다. 일부판결을 한 때에는 청구의 잔부는 의연히 법원에 係屬되므로 법원은 그것을 완결하기 위하여 잔부판결을 하지 않으면 안된다. 이것은 終局判決이다. 소송비용판결은 사건을 완결하는 잔부판결에서 하는 것이 보통이나, 일부판결에서도 그 부분에 대한 비용을 재판할 수 있다(民訴 95).

잔업거부(殘業拒否) 業務計劃에 따라 잔업·초과근무 기타 시간외노동이 필요한 경우에, 일제히 이를 거부하고, 정규의 노동만을 제공함으로써, 업무능률의 저하를 꾀하는 소극적인 전술이다.

잔여재산(殘餘財産) 일정한 재산이 청산된 뒤에 남은 積極財産. 주로 단체가 해산한 경우에 그 잔여재산의 귀속이 문제가 되는데, 비영리법인의 해산의 경우에는 그 목적에 적합하도록 처분됨(民 80)에 대하여, 회사나 조합의 해산의 경우에는, 주주·사원·조합원에게 出資價額에 비례하여 분배된다(商 260·269, 538·612, 民 724Ⅱ).

잔존주권(殘存主權) 〔英〕 residual sovereignty 殘餘主權이라고도 한다. 주로 제2차대전 후의 오끼나와 및 오가사와라 諸島의 지위에 관하여 사용된 개념. 일본과의 평화조약은 이 지역을 장래 미국을 施政權者로 하는 국제연합의 신탁통치제도 하에 둘 때까지 미국이 거기에서 입법·사법·행정의 모든 권력을 행사할 것을 인정하고 있다. 그러나 일본에게 이 영토에 관한 최종적 처분권이 잔존한다고 하는 것이 샌프란시스코평화회의의 석상에서 미국대표에 의하여 확인되었다. 그 후 일본은 이 지역에 대하여 殘存主權을 갖는다고 한다. → 주권

잔지수용(殘地收用) 土地收用에 있어서의 확장수용의 한 경우. 토지의 일부를 수용함으로 인하여 잔지를 종래 이용하고 있던 목적에 계속 供用함이 현저하게 곤란하게 된 때에 그 토지의 소유자는 그 토지 전부의 수용을 청구할 수 있다(土收 48Ⅰ, 都計 30). → 확장수용

잠 병(蠶病) 누에병이라고도 하며, 잠병에는 잔아리병, 무름병, 굳음병, 고름병과 기타 농림부령에 정하는 양잠에 대한 병을 말한다(蠶業法 2 vi).

잠수함(潛水艦) **및 독**(毒)**가스에 관한 워싱턴조약**(條約) 전시 해상에서의 중립인 및 비전투원의 생명을 보호할 목적으로 맺은 조약. 미국·영국·프랑스·이탈리아·일본 등 5개국간에 체결. 1922년 2월 6일 워싱턴에서 서명하였으나, 발효는 보지 못하였다. 전7개조로 되어 있으며 商船에 대한 무경고공격의 금지(同條約 1), 통상파괴자로서의 잠수함사용의 금지(4), 窒息性 및 毒性의 가스 기타 유사한 液體와 材料를 전쟁에 사용치 않을 것(5)을 주요내용으로 하고 있다.

잠업검사소(蠶業檢査所) 누에씨, 뽕나무 묘목의 검사와 병충해의 예방구제 기타 蠶事業에 관한 사무를 맡아 처리하는 곳으로 각 도에 검사소를 설치한다. 검사의 방법과 기준은 농림부령으로 정한다(蠶業法 6).

잠입·탈출죄(潛入·脫出罪) ① 국가의 존립·안전이나 자유민주적 기본질서를 위태롭게 한다는 정을 알면서 反國家團體의 지배하에 있는 지역으로부터 潛入하거나, 그 지역으로 脫出하거나(國家保安法 6Ⅰ), ② 반국가단체나 그 구성원의 指令을 받거나 받기 위하여 또는 그 목적수행을 협의하거나 협의하기 위하여 잠입하거나 탈출(6Ⅱ)함으로써 성립하는 범죄를 말한다. 본죄의 미수범(6Ⅳ) 및 예비·음모(6Ⅴ)를 처벌하고 있다.

잠정공업표준(暫定工業標準) → 공업표준

잠정예산(暫定豫算) 〔英〕 provisional budget 會計年度가 개시되어도 아직 豫算이 성립되어 있지 않는 경우에 본래의 예산이 성립하기까지 잠정적으로 실행되는 예산. 그 기간은 보통은 1개월로부터 3개월 정도로서 본래의 예산이 성립하면 당연히 그것에 흡수된다. 헌법은 예산은 언제나 국회의 의결을 요하는 것으로 하고(國會中心主義) (憲 54), 연도개시 후라도 예산이 성립할 기회가 있다는 가정하에 豫算會計法은 예산이 성립하기까지의 잠정조치를 규정하고 있는 바(34) 이것이 잠정예산이다. 暫定豫算도 국회의 의결을 요하는 예산인 점에서는 본래의 예산과 다름이 없고, 본래의 예산이 연도개시까지 성립할 가망이 없을 때 국회에 제출된다.

잠정조치(暫定措置) 〔英〕 provisional measures 국제분쟁의 평화적 해결이 어려워졌을 경우 안전보장이사회가 헌장 39조의 勸告나 强制措置의 발동을 결정하기 전에 사태의 악화를 방지할

목적으로 필요하거나 바람직하다고 인정되는 경우 당사국에게 수락을 요청하는 잠정적인 조치(憲章 40). 조치의 내용으로는 動員의 정지, 撤兵, 군사적 행동의 일시적 중지, 중립지대 또는 비무장지대의 설정 등을 생각할 수 있다. 잠정조치는 당사국의 법적 관계를 조정하는 것이고 권리 또는 지위를 해하는 것이 아니다. 조치의 요청은 구속력이 없으나 당사국이 조치에 따르지 않을 경우에는 안전보장이사회의 강제조치결정 가능성이 예정되어 있으므로 여기서의 요청은 단순한 勸告보다 강한 의미를 갖는다. 잠정조치를 결정함에 있어 상임이사국은 거부권을 가지며, 분쟁당사국인 이사국도 표결권을 가지므로 최소한 상임이사국 중 어느 일국의 의사에 반하는 잠정조치란 존재할 수 없음이 명백하다. →강제조치

잡거제(雜居制) 〔獨〕 Gemeinschaftssystem 오번제와 같다.

잡자산(雜資產) 〔英〕 miscellaneous assets 이 자산의 특질은 명확한 자산으로서의 성질을 가지고 있지 않으며, 흔히 회계연도의 정리항목으로 편의상 대차대조표의 資產部에 계상하여도 무방하다. 다시 말하면 대차대조표의 능력을 편의상 시인하는 것으로 성질상 一時性資產 또는 經過資產이다. 이 잡자산을 분류하면 ① 소속불명자산, ② 이연자산, ③ 누적자산 및 그 밖의 자산(대여유가증권·보관유가증권) 등이다.

잡종재산(雜種財產) 국유재산법상의 普通財產의 일종. 국유재산 중 行政財產(공공용재산·공용재산·기업용재산)과 保存財產을 제외한 모든 재산(4). 잡종재산은 매각·양여·대부 또는 현물출자의 목적물로 할 수 있다. →국유재산, 보통재산

장 관(長官) 법령이 정하는 바에 의하여 일정한 범위 내의 行政事務를 주관하고 그 주관사무에 관하여 대통령과 국무총리의 指揮監督을 받는 중앙상급행정관청. 국무총리의 제청으로 대통령이 임명한다(憲 87). 그리고 장관은 반드시 國務委員이어야 하나 모든 국무위원이 장관인 것은 아니다. 장관은 국무위원을 겸하고 있으나 그 법적 지위는 구별하여야 한다. 첫째로 국무위원은 국무회의의 구성원인데 대하여 장관은 국무회의에서 일단 심의된 사항을 집행하는 行政執行機關이다. 둘째 국무위원은 擔任事務에 한계가 없으나 장관은 담임사무에 일정한 한계가 있다.

장기사채(長期社債) 국가에 따라서 사채의 기간이 법률상 일정하지는 않으나 英·美에서는 30년 이상의 기간을 장기사채라고 한다.

장기신용은행(長期信用銀行) 예금의 수입에 갈음하여 長期信用債權을 발행하고 기업에 대하여 施設資金 및 長期運轉資金의 대출을 주된 업무로서 영위하기 위하여 설립되는 금융기관(長期信用銀行法). 자본금 500억원 이상의 주식회사이어야 하며(3), 재정경제부장관의 인가를 받아야 한다(4). 장기신용은행대주주의 대출기업지배를 배제하기 위하여 주주의 株式所有上限制가 채택되고 있다(발행주식총수의 100분의 8)(18), 그 밖에 장기신용은행은 그 업무의 특수성에 비추어 원칙적으로 한국은행법과 은행법의 적용이 배제된다(23).

장기(長期)어음 〔英〕 long bill, long exchange 金融市場에서 사용되는 용어로서 기간이 긴 어음을 가리킨다. 예컨대 일부 후 또는 일람후 6개월 또는 9개월에 걸치는 어음과 같은 것이다. 이 것은 短期어음에 비하여 위험성이 많다.

장래(將來)의 이행(履行)의 소(訴) 〔獨〕 Klage auf künftige Leistung 청구가 事實審의 변론종결시까지 현실화하지 않는 履行請求權인 경우의 소. 이에 대하여 변론종결시까지 이행기가 도래하는 履行請求權을 주장하는 것을 현재의 履行의 訴라 한다. 미리 청구할 필요가 있는 경우에 한하여 장래의 이행의 訴를 허용하고 있다(民訴 229). 期限附의 이행청구권을 주장하는 소일 경우가 많으며 또 停止條件附 혹은 장래 발생하는 청구권에 있어서 인정된다. 보증인 등에 대한 청구권에 있어서는 그 기초관계의 성립의 여부에 따라 장래의 이행의 소가 인정된다. 또 이제까지 이행할 상태에 있지 아니하다 하더라도, 특히 처음부터 청구를 하여 履行判決을 얻어 둘 필요가 있으면, 소의 이익이 있는 것으로 본다. 장래의 이행판결을 얻을지라도 기한의 도래 또는 조건의 성취 등에 의하여 이행의무가 현실화한 뒤가 아니면, 強制執行을 개시할 수 없음은 물론, 이러한 이행의무가 실현하였을 때에 즉시 履行義務의 실현을 볼 필요가 현재 이미 예상되는 경우가 아니면 안된다. 구체적으로 어떠한 경우가 이에 해당하는가는 이행의무의 목적·성질, 피의자(피고)의 태도 등을 종합하여 판정하여야 한다.

장래(將來)의 채권(債權) 일반으로는 장래에 발생하게 되는 채권. 때로는 장래에 행사할 수 있는 현재의 채권, 예컨대 履行期末到來의 채권도 포함한다. 장래에 발생하는 채권이라고 하는 것 중에도, 停止條件附 또는 始期附인 債權, 기초적 법률관계, 예컨대 위임 또는 재산관리에 기하여 발생이 예상되는 채권, 단지 장래 발생할지도 모른다고 예

상됨에 지나지 않는 채권 등이 있어서, 경우에 따라서 그 의미가 다르다. 장래의 채권의 양도는 가능하며, 양도의 통지 또는 승낙이 對抗要件이 된다고 해석된다. 또 장래의 채권을 위한 保證이 인정되고, 擔保權도 설정될 수 있다. → 장래채무의 보증, 근담보, 근저당

장래채무(將來債務)**의 보증**(保證) 〔獨〕 Bürgschaft für künftige Verbindlichkeiten 장래 발생하는 채무를 위한 보증. 既存債務의 保證에 대한 관념이다. 그 중에서 중요한 것은 身元保證이나 信用保證(당좌대월·어음할인거래 등의 신용계약 내지 신용거래로부터 생기는 채무 또는 손해에 관해서의 보증)과 같은 일정의 계속적인 계약 내지 거래관계로부터 생기는 보증이다. 그 유효성은 보증채무의 附從性을 엄격히 따지면 문제가 될 수 있으므로, 우리 민법은 독일·스위스 민법을 본따서 이를 유효하다고 하는 명문을 두고 있다(民 428Ⅱ, 獨民 795Ⅱ, 端民 494Ⅱ). → 계속적 보증

장려금(奬勵金) → 보조금

장례식등방해죄(葬禮式等妨害罪) 장례식·제사·예배 또는 설교를 방해함으로써 성립되는 죄(刑 158).

장례원(掌隷院) 近世 조선시대의 奴婢의 簿籍과 訴訟을 관장한 正三品官衙. 노비에 관한 제1심소송을 專決하는 점에서 司法機關이다(覆審은 刑曹). 처음에는 刑曹都官·分都官·辨定院 등으로 불리다가, 世祖 13년에 장례원으로 개칭되어 英祖 40년까지 존속하였다가 형조에 합병되었다. 노비는 토지와 함께 가장 중요한 재산이었으며 그에 관한 소송이 많고 복잡하였으므로 초기에는 임시관청인 奴婢辨定都監을 설치하여 奴婢訴訟을 처결한 일도 있다.

장 물(贓物) → 장물죄

장물(贓物)**의 환부**(還付) 압수물은 피압수자에게 반환하는 것이 원칙이나, 그것이 贓物로서 피해자에게 還付할 이유가 명백한 때에는, 피고사건 또는 피의사건의 종결전 결정으로 또는 판결과 동시에 직접 피해자에게 환부하는 선고를 하여야 한다(刑訴 134, 219, 333). 그러나 이것은 피해자의 소유권을 확정하는 것이 아니기 때문에, 이해관계인이 민사소송절차에 의해서 그 권리를 주장하는 것에 영향을 미치지 아니한다.

장물죄(贓物罪) 〔獨〕 Sachhehlerei 〔佛〕 recel de choses 장물을 취득·양여·운반 또는 보관하거나 이들 행위를 斡旋하는 罪(刑 362). 본죄의 본질에 관하여는, 장물에 대한 피해자의 사법상의 還付請求權(追求權)의 행사를 불능 또는 곤란하게 하는 것이라고 보는 追求權說, 本犯에 의하여 위법하게 성립된 재산상태를 유지·존속하게 하는 것으로 보는 維持說, 이익을 추구하는 利欲的인 점에 그 본질이 있다고 보는 共犯說 등이 대립되어 있는데, 추구권설이 다수설·판례이다. 이 견해에 의하면 본죄의 보호법익은 피해자의 장물회복권의 보전이라고 한다. 常習贓物罪(363)의 경우에는 형을 가중하고, 業務上 過失·重過失贓物罪(364)의 처벌규정을 두었다. 본죄의 주체는 본범자 및 그 공동정범자를 제외한 자이다. 장물이란 財産罪인 범죄행위에 의하여 領得된 재물로서 피해자가 법률상 이를 추구(반환청구)할 수 있는 것을 말한다. 그 범죄행위는 旣遂에 달하였음을 요하나, 구성요건에 해당하고 위법함으로써 충분하고, 有責하거나 可罰的일 필요는 없다. 그러나 善意取得(民 249)·加工(259)·不法原因給與(746), 取得時效(245, 246) 등에 의하여 피해자의 반환청구권이 소멸되어 있는 재물은 장물성이 상실된 것으로 본다. 取得은 장물을 유상 또는 무상으로 받는 것, 讓渡는 장물을 제3자에게 유상 또는 무상으로 주는 것, 운반은 장물의 소재를 이전하는 것, 보관은 위탁을 받아 타인을 위하여 장물을 맡는 것, 알선은 장물의 法律上 處分(매매·교환 등) 또는 事實上 處分(운반·보관 등)을 매개·주선하는 것을 말한다. 취득죄·양여죄에 있어서는 의사표시나 계약만으로 불충분하고 현실로 장물의 수수·양여가 있어야 기수로 되며, 斡旋罪에 있어서는 매개·주선한 사실만 있으면 그로 인한 매매계약의 성립이 없더라도 기수로 된다(반대설 있음). 본죄를 범한 자와 피해자 사이에 형법 328조 1항의 신분관계가 있는 때에는 그 형을 면제하고 동조 2항의 신분관계가 있는 때에는 告訴가 있어야 논하며(365Ⅰ, 328Ⅰ·Ⅱ), 本罪를 범한 자와 本犯者 사이에 328조 1항의 身分關係가 있는 때에는 그 형을 면제하고, 동조 2항의 신분관계가 있는 때에는 그 형을 감경 또는 면제한다(365Ⅱ 本). 물론 이상의 신분관계가 없는 공범에 대하여는 예외로 한다(365Ⅰ, 328Ⅲ 및 365Ⅱ 但).

장물품표(贓物品票) 관할경찰서장이 범죄수사상 필요하다고 인정할 때에 전당포주에게 발부하는 것. 전당포주는 이것을 받았을 경우에는 그 品票書에 도달의 일시를 기재하고, 그 날로부터 6개월간 보존함을 요하며, 이것을 받은 날에 그 물품을 소유하고 있거나 그 기간내에 장물품표에 해당하는 물품을 받았을 때에는 그 뜻을 즉시 경찰관에 신고

하여야 한다(舊典當 23). 전당포영업법 폐지.

장미선화증권(薔薇船貨證券) 〔佛〕 connaissement rose 1902년 마르세이유의 수출업자 회의에서 결정한 標準船貨證券. 주요한 내용은 Harter act와 같다.

장애미수(障碍未遂) 미수범 가운데서, 중지미수를 제외한 것을 넓은 뜻의 장애미수라고 하고, 이 가운데서 다시 불능미수를 제외한 것을 좁은 뜻의 장애미수라고 한다. 또한 좁은 뜻의 未遂犯이라고도 한다. 중지미수가 必要的 減免이고(刑 26), 불능미수가 任意的 減免임(27 但)에 대하여, 장애미수는 任意的 減輕이다(25 Ⅱ).

장애인복지시설(障碍人福祉施設) 국가 또는 지방자치단체가 설립한 지체장애 · 시각장애 · 청각장애 · 언어장애 또는 정신지체 등 정신적 결함으로 인하여 장기간에 걸쳐 일상생활 또는 사회생활에 상당한 제약을 받는 자를 의료 · 보호 · 훈련 · 교육 · 고용의 증진 등을 위한 시설을 말한다. 사회복지법인 기타 비영리법인은 시 · 도지사에게 신고하고 장애인복지시설을 설치할 수 있다(障碍人福祉法 38 Ⅱ). 시설로는 장애인재활시설, 장애인요양시설, 장애인유료복지시설, 장애인이용시설, 장애인직업재활시설, 점자도서관, 點書 및 錄音書出版施設 등이 있다(37).

장원법(莊園法) 〔獨〕 Hofrecht → 호프레히트

장외거래(場外去來) 〔英〕 over the counter transaction 株式이나 債權의 거래소 바깥에서의 매매. 거래장소가 증권회사의 창구인데서 店頭去來라고도 한다. 上場株에 대해서는 장외거래가 인정되지 않고 비상장주나 상장주의 端株만이 거래되는 것이 보통이지만 때로는 거래자간의 의견이 맞지 않을 때 상장주도 거래된다. 예컨대 특정종목의 주식값이 폭등, 거래소에 나온 물량이 적을 경우 거래소를 거치지 않고 주식보유자에게서 일정한 프리미엄을 얹어 직접 사들일 수 있다. 1987년 4월 정책적으로 개설된 場外市場은 비상장주식매매를 촉진하려는 것. 여기서 자금을 조달하려는 회사는 1개 종목당 2개 이상의 전담 증권회사를 지정, 이 증권회사를 통해서만 주식을 팔 수 있다. 일반투자자는 해당 증권회사에 구좌를 트고 증권거래카드를 교부받아 거래한다(證去 194).

장의비(葬儀費) 근로자가 업무상 사망한 경우 사용자는 平均賃金 90일분의 장사비를 지급하도록 한 규정이 있다(勤基 86). 산업재해보상보험법에는 평균임금의 120일분으로 하고 있다(45). → 장제비

장자상속(長子相續) 법정의 推定戶主相續人을 長子로 하는 상속형태. 末者相續에 대한 용어. 身分相續에 있어서는 일가통솔의 필요때문에 장자상속이 의의를 가지게 된다. 이 제도 중에는 언제나 장남자를 장녀자에 우선시키는 長男子相續制와 남녀를 불문하고 初生子를 상속인으로 하는 初生者相續制가 있는데, 1989년의 일부개정전 민법은 전자를 채용하고 있었다. 또 이 제도 중에서도 장자가 次子 이하에게 일정한 재산을 주어야 하는 것과 그렇지 않은 것이 있는데, 우리 민법은 戶主承繼와 財産相續을 분리하고 있기 때문에 財産分與의 문제가 발생할 여지가 없으나, 구관습법에서는 호주상속인인 장자에 대한 衆者의 재산분여청구권을 인정하고 있었다.

장제비(葬祭費) 의료보험법, 국민의료보험법 및 선원법상의 급여의 일종. 전 2자에 있어서는 피보험자가 사망한 때에 조합의 정관 또는 보건복지부장관 告示로 정하는 금액을 지급하는 급여이고(醫保 40, 國民醫療保險法 35). 후자에 있어서는 선원이 직무상 사망한 때 장제를 하는 유족에게 지급하는 乘船平均賃金의 120일분에 상당하는 금액의 급여(船員 91)이다. 근로기준법에서는 葬儀費라 하고 있다(勤基 86). → 장의비

장학관(奬學官) 교육부의 지시를 받아 교육의 지도 · 조사 및 감독에 관한 사무를 전담하는 教育公務員. 정해진 자격을 갖춘 자로서(教公 別表 참조) 교육부장관의 제청으로 대통령이 임용한다(29).

장해급여(障害給與) 공무원연금법(51~55)에 의하여 공무원이 公務上 질병 또는 부상으로 인하여 廢疾狀態로 되어 퇴직한 때 또는 퇴직 후 3년 이내에 질병 또는 부상으로 인하여 폐질상태가 된 때에 대통령령이 정한 폐질의 정도에 따라 본인이 원하는 바에 의하여 지급되는 障害年金 또는 障害補償金을 말한다. 그 액은 장해연금의 금액과 장해보상금의 금액은 52조에 규정하고 있다.

장해보상(障害補償) 근로자가 업무상 부상 또는 질병에 걸려 완치 후에도 신체에 장해가 있는 경우에 사용자가 그 장해의 정도에 따라 平均賃金에 근로기준법상 규정된 별표에 정한 日數를 곱하여 얻은 금액을 보상하는 것(勤基 83)을 말한다. 여기서 별표란 身體障害等級과 災害補償表가 그 정식 명칭인데, 근로기준법 맨 마지막에 규정되어 있다.

이 표에 따르면 身體障害의 등급을 14등급으로 나누고 그 등급에 따라 1급의 평균임금 1,340일분부터 14급의 평균임금 50일분의 一時金을 재해보상으로 지급한다. 산업재해보상보험법 42조에서도 장해급여에 관한 규정을 두고 있다.

재가노인복지사업(在家老人福祉事業)
신체적·정신적 장애로 일상생활을 영위해 나가기 곤란한 노인이 있는 가정에 家庭奉仕員을 파견하여 노인의 일상생활에 필요한 각종 편의를 제공하여 지역사회 안에서 건전하고 안정된 노후생활을 영위하도록 하는 사업으로서의 家庭奉仕派遣事業, 부득이한 사유로 가족의 보호를 받을 수 없는 심신이 허약한 노인과 障碍老人을 낮동안 시설에 입소시켜 필요한 각종 편의를 제공하여 이들의 생활안정과 심신기능의 유지·향상을 도모하고, 그 가족의 신체적·정신적 부담을 덜어주기 위한 사업으로서의 晝間保護事業 또는 부득이한 사유로 가족의 보호를 받을 수 없어 일시적으로 보호가 필요한 심신이 허약한 노인과 장애노인을 시설에 단기간 입소시켜 보호함으로써 노인 및 노인가정의 복지증진을 도모하기 위한 사업으로서의 短期保護事業 등을 말한다. 이러한 사업의 실시는 시·도지사에게 신고를 하여야한다(老人福祉法 31, 38, 39).

재개발사업(再開發事業) 재개발구역 안에서 토지의 합리적이고 효율적인 高度利用과 도시기능의 회복을 위하여 하는 건축물 및 그 부지의 정비와 대지의 조성 및 公共施設의 정비에 관한 사업을 말한다. 都心再開發事業·住宅再開發事業·工場再開發事業이 있다.

재개발·재건축(再開發·再建築) 재개발과 재건축은 서로 다른 法規를 근거로 하고 있어 事業方式과 節次가 다르다. 재개발은 都市再開發法에 근거해 주거환경이 낙후된 지역에 도로, 상·하수도 등의 基盤施設을 새로 정비하고 주택을 신축함으로써 주거환경 및 도시경관을 재정비하는 사업이다. 재건축은 住宅建設促進法에 의거해 건물소유주들이 조합을 구성해 노후주택을 헐고 새로 짓는 것을 말한다. 따라서 재개발의 경우 공공사업의 성격을 띠고 있으며 재건축은 民間住宅事業의 성격이 짙다. 기존주택 세입자 처리와 관련, 재개발의 경우 공공임대주택을 공급하거나 공급받을 자격이 없는 세입자에게 3개월분의 住居對策費를 지급토록 돼 있다. 그러나 재건축의 경우 당사자간의 주택임대차계약에 따라 개별적으로 처리된다.

재건국민운동(再建國民運動) 5·16혁명 후에 추진된 운동으로서 福祉國家를 이룩하기 위하여 전국민이 민주이념 아래 協同團結하고 自立自助精神으로 향토를 개발하며 새로운 생활체제를 확립하려는 운동(再建國民運動에 관한 法律 1). 그러나 1963년 12월 16일 법률 1523호 국민운동에 관한 법률에 의하여 재건국민운동에 관한 법률은 폐지되고 재건국민운동의 호칭이 國民運動으로 바뀌었다.

재 결(裁決) 始審的 爭訟(裁決申請) 또는 覆審的 爭訟(行政審判)에 있어서의 권한있는 행정기관의 판정. 실정법상의 용어는 裁定·判定·決定·命令 등 일정치 않다. 재결은 보통 서면으로써 행하고 그 이유를 붙여야 한다(行審 35). 재결에 불복이 있는 자는 시심적 쟁송의 경우에는 行政審判 또는 행정쟁송을 제기할 수 있고, 복심적 쟁송의 경우에는 行政爭訟만을 제기할 수 있다. 행정처분의 취소·변경을 청구하는 소송(즉 抗告訴訟)은 원칙으로 재결을 경유하지 않으면 이를 제기할 수 없다(行政審判前置主義). 재결은 재판적 행위로서 판결에 준하여 羈束力·確定力을 가지며, 당사자 및 관계인뿐만 아니라 하급행정청을 기속한다.

재결신청(裁決申請) 당사자간에 행정상의 법률관계에 관하여 분쟁이 있는 경우에 제3자인 행정기관에 그 판정을 청구하는 행위, 즉 始審的 爭訟의 제기를 뜻한다. 토지수용위원회에의 裁決申請(土收 25Ⅱ), 노동위원회에의 仲裁申請(勞整 62 iii) 등이 그 예이다. 이에 관한 일반법은 없고, 각개별법의 규정에 의한다. → 재결

재경매(再競賣) 〔獨〕 Wiederversteigerung 경락인이 경락 후 競落代金을 지급하지 않는 경우에 재차 행하여지는 경매. 有體動産에 관하여는 경락인이 매각조건에 정한 지급기일에, 지급기일을 정하지 아니한 경우에는 경매기일의 종료전에 대금의 지급과 물건의 인도청구를 懈怠한 때에는 집행관은 경매의 목적물을 재경매한다(民訴 540Ⅲ). 부동산의 재경매에 관하여는 보다 상세히 규정하고 있다. 즉, 경락인이 대금지급기일에 그 의무를 완전히 이행하지 아니하고 차순위매수신고인이 없는 때에는 법원은 직권으로 부동산의 再競賣를 명하여야 한다(648Ⅰ). 경락인이 재경매기일의 3일 전까지 買入代金, 遲延利子와 절차비용을 지급한 때에는 再競賣節次를 取消하여야 한다(民訴 648Ⅳ). 부동산의 재경매기일은 대금지급기일로부터 7일 이후로 정하여야 한다(648Ⅲ). 최초로 경매하기 위하여 정한 最低競賣價格 기타 매각조건은 재경매절차에도 적용한다(648Ⅱ). 그 밖의 절차는 최초의 경매와 같으나 전경락인은 경매에 참가하지 못하며 경매의 담보로 보관하게 한 금전이나 유가증권의 반환을 청

구하지 못한다(648Ⅴ).

재구속(再拘束)**의 제한**(制限) 검사 또는 사법경찰관에 의하여 구속되었다가 석방된 자는 다른 중요한 증거를 발견한 경우를 제외하고는 동일한 犯罪事實에 관하여 재차 구속하지 못하는 것을 말한다. 이 경우에 한개의 목적을 위해서 동시 또는 手段結果의 관계에서 행하여진 행위는 동일한 범죄사실로 간주한다(刑訴 208). 동일사건에 대한 수사기관의 중복적 구속을 방지함에 의하여 被疑者의 인권을 보호하고 피의자의 지위의 안정을 보장하기 위한 것이다. 따라서 再拘束令狀의 請求書에는 재구속영장의 청구라는 취지와 새로 발견한 중요증거의 요지를 기재하여야 한다(刑事訴訟規則 99Ⅱ). 재구속의 제한은 검사 또는 사법경찰관이 피의자를 구속할 때에 적용되는 것이며, 법원이 피고인을 구속하는 경우에는 적용되지 않는다. 재구속이 제한될 뿐이고 재구속되었다고 해서 公訴提起가 무효로 되는 것은 아니다. 그러므로 이 재구속의 제한도 사실상의 효력이 의문시된다는 단점이 있다.

재귀화(再歸化) 〔英〕 renaturalization 〔獨〕 Wiedereinbürgerung 넓은 뜻으로는 대한민국국민이 대한민국의 국적을 상실한 후에 歸化에 의하여 다시 대한민국의 국민이 되는 것, 즉 國籍回復(國籍 9, 11)을 말하나, 좁은 뜻으로는 대한민국에 귀화하였던 자가 그후 대한민국의 국적을 이탈(또는 상실)하였다가 또다시 귀화한 경우를 말한다. 재귀화는 普通歸化의 경우보다 요건이 관대하다. →국적회복

재 단(財團) 일정한 목적을 위하여 결합된 財産의 集團. 이것은 대체로 두 가지 경우에 인정된다. 그 하나는 어떤 사람의 私的所有에 속하는 재산을 채권자 기타의 제3자의 권리를 보호하기 위하여, 법률상 그 사람의 다른 재산에서 구별하여 다루는 경우이다(特別財産 혹은 넓은 뜻의 目的財産). 각종의 재단저당의 목적인 재단이라든가, 파산절차상 채무자의 총재산을 1개의 재단으로 한 파산재단이 그 전형이다. 다른 하나는 어떤 비영리적 목적을 위하여 出捐된 財産(좁은 뜻의 목적재산)이, 그 목적을 위하여 관리되는 경우인데, 실질적으로는 사적소유를 이탈한 재산이다. 그러나 그것은 순전한 無主의 財産은 아니며, 그것을 관리하기 위한 형식적인 주체를 필요로 한다. 그리고 그것에는 信託의 방법에 의하는 것, 法人組織에 의하는 것, 그 어느 것도 아니고, 이른바 權利能力없는 財團으로서 관리되는 것의 세 가지 경우가 있다.

재단등기부(財團登記簿) 工場財團·鑛業財團에 관하여, 재단을 공시하기 위하여 등기소에 비치되는 등기부. 재단의 대강 및 저당권에 관한 사항 등을 기재하여, 재단의 세목을 기재하는 財團目錄과 더불어 財團公示의 작용을 한다.

재단목록(財團目錄) 각종의 財團에 있어서 재단을 구성하는 것의 세목을 기재한 서면. 재단등기부에 所有權保存登記를 신청하는 경우에 제출해야 될 것으로 되어 있다(工抵 39, 鑛抵 5). 재단목록은 이 등기와 동일한 효력이 있으며 양자가 아울러서 재단공시의 작용을 한다(工抵 47, 鑛抵 5). 이에 기재한 사항이 후에 변경된 때에는 소유자는 지체없이 그 기재의 변경등기를 하여야 한다(工抵 53, 鑛抵 5).

재단법인(財團法人) 〔獨〕 Stiftung 일정한 목적에 바친 재산을 개인의 권리에 귀속시키지 않고, 그것을 독립의 것으로 하여 운영하기 위하여 그 재산을 구성요소로 하여 법률상 구성된 법인(民 32 이하). 사람의 집단을 본체로 하는 社團法人과는 달라, 재산을 실질상의 본체로 하는 것이어서, 재산이 있는 한 영구히 존속할 수 있으므로, 항구적인 사업을 하는데 적합하다. 영리아닌 사업을 목적으로 하는 것만이 인정된다(→비영리법인). 財團法人을 설립함에는 재산출연자가 재단법인의 근본규칙을 기재한 서면, 즉 定款을 작성하여 기명날인 또는 서명하고 주무관청의 허가를 얻은 다음 주된 사무소의 소재지에서 設立登記를 하여야 한다. 설립행위는 생전처분 외에 유언에 의하여도 할 수 있다. 社團法人의 경우와는 달라, 재단법인의 정관은 원칙적으로 변경할 수 없다. 재산출연자의 의사를 존중하기 위해서이다. 재단법인은 이사가 그 사무를 집행하며 법인을 대표하여 法律行爲를 하고, 감사가 그것을 감사하지만, 사단법인의 사원과 같은 인적구성을 가지지 않으므로 社員總會라는 것이 없다. 재단법인제도와 마찬가지의 사회적 작용은 공익을 목적으로 하는 재산의 신탁, 즉 公益信託으로도 실현된다.

재단저당(財團抵當) 공업·광업·어업 등의 여러 기업에 있어서, 그 사업의 전부 또는 일부에 관하여, 토지·건물 등의 부동산 및 기계·기구 등의 여러 시설과 地上權·賃借權·地役權, 경우에 따라서는 工業所有權까지를 包括一體로 하여, 이들을 등기 또는 등록제도에 의하여 공시하고, 1개의 재단으로서 저당권의 목적으로 하는 제도이다. 이들은 그 기업경영을 위하여 유기적인 일체를 이루는 것이므로, 개별적으로 담보하는 것보다는 일체로서 담보화하는 것이 훨씬 유리하다. 그러나 민법은 集合物 내지 재단의 관념을 인정하지 않으므로, 이 제

도를 인정하기 위하여서는 특별법을 필요로 한다. 그리하여 경제적 발전에 따르는 요청에 의해서, 工場抵當法·鑛業財團抵當法 등이 제정되었다. 재단저당제도는 법률기술적으로 2개의 요점을 포함한다. 하나는 다수의 물건 또는 권리를 재단이라는 單一體로 파악한다는 것이고, 또 하나는 그것을 公示한다는 것이다. 그런데 공장재단·광업재단 등의 재단은 기업에 포함되는 개개의 不動産을 중심으로 구성되고 등기에 의하여 공시되는 바, 이들 재단은 1개의 부동산으로 본다(工抵 14, 鑛抵 5). 그렇기 때문에 재단은 당사자의 의사를 주로 하여 조성되며, 그만큼 單一性이 약하다. 이에 대하여 당사자의 의사를 불문하고 기업단위 자체를 기초로 하여 재단을 조성케 하고, 그만큼 단일성을 강하게 하는 형태도 생각할 수 있다.

재단채권(財團債權) 〔獨〕 Masseforderung 破産財團으로부터 파산절차에 의하지 아니하고 일반파산채권자에 우선하여 변제받을 권리. 파산법이 재단채권을 인정하는 이유는 주로 그 채권이 파산채권자 전체의 공동이익을 위한 출연이라는데 기인한 것으로, 만일 그에 이와 같은 지위를 인정치 않으면 누구도 破産管財人이 되지 않고 또 그에 신용을 주지 않을 것이기 때문에 파산절차의 수행이 저해되고 또 수행될 수 있는 경우라도 파산채권자 전체를 부당하게 이득시키기에 이르기 때문이다. 재단채권은 還取權·別除權·相計權 행사 후에 잔여의 파산재단으로부터 변제를 받는 권리이기 때문에, 파산재단에 속하지 않는 재산을 목적으로 하는 還取權, 파산재단에 속하는 특정재산을 목적으로 하는 別除權과도 다르다. 그 범위는 법률로 규정되고 일반의 재단채권(破 38)과 특수한 재단채권(39·51 Ⅱ·60 Ⅱ·70 Ⅰ, 和 10)의 2종이 있다. 재단채권자가 그 권리를 행사함에 있어서는 채권의 신고, 조사 및 배당 등 파산절차에 의하지 않고 바로 파산관재인에 그 변제를 청구할 수 있고, 또 파산관재인은 파산채권자에 대한 배당에 앞서서 때때로 이를 변제하여야 할 필요가 있으며(破 40, 41), 强制和議認可決定이나, 파산폐지결정이 확정되었을 때에는 변제를 하고, 이의가 있는 것은 供託할 필요가 있다(295). 기한부·조건부채권과 비금전채권인 것은 파산채권에 준하여 現在化·金錢化하고(43), 재단이 부족된 때에는 담보권을 가진 것을 제외하고는 평등한 비율로 변제받는다(42). 재단채권의 채무자가 누군가에 관하여는 破産財團說, 破産債權者團體說, 破産管財人說, 破産者說 등 여러 설이 있으나 파산자설이 통설이다.

재도(再度)**의 고안**(考案) 抗告의 대상이 된 재판을 한 법원(原審法院) 자신이 그 재판의 당부를 再考하는 것(民訴 416). 원심법원이 항고를 받았을 경우에 항고를 이유있다고 인정하는 경우에는 상급심의 판단을 기다리지 않고 그 裁判을 更正하여야 한다(416 Ⅰ). 그 원심재판의 결정은 通常抗告와 卽時抗告의 어느 경우인 때라도 가하다. 그리고 항고를 이유없다고 인정하는 때에는 의견서를 첨부하여 항고기록을 항고법원에 송부하여야 한다(416 Ⅱ). 민사소송법 415조는 항고장제출에 관하여도 原審法院主義를 취한다는 명문을 두었다. 이와 같이 결정·명령(208을 제외함)에 판결과 같은 羈束力을 인정하지 않고 更正의 길을 열어 놓은 것은 절차의 원활을 기하기 위함이고 원심법원에서 更正할 수 있게 한 것은 상급심의 부담을 경감하기 위하여서이다. → 항고심절차

재량권남용(裁量權濫用) 〔獨〕 Ermessensmissbrauch 裁量處分을 함에 있어서 재량권을 부여한 내재적 목적을 위반하여 명백히 다른 목적을 위하여 이를 행사한 경우. 이러한 경우에도 裁量權逸脫에 있어서와 같이 不當의 문제에 그치지 아니하고 위법이 되며, 현행법상 재량행위일지라도 모두 本案審理의 대상이 되어 羈束行爲와 裁量行爲의 區別實益은 그만큼 줄어 들었다고 할 수 있다. → 위법처분, 부당처분, 자유재량, 재량권일탈

재량권(裁量權)**의 유월**(踰越) 법이 인정하는 재량권의 外的 限界를 넘은 경우를 말한다. 즉 법이 행정청에게 재량권을 인정하는 경우에 있어서 다른 권한 일반의 경우와 마찬가지로 일정한 범위 내에서의 재량권임을 전제로 하는 것이다. 그러므로 이러한 범위인 외적 한계를 넘은 재량은 違法한 裁量으로서 行政訴訟의 대상이 된다.

재량권일탈(裁量權逸脫) 〔獨〕 Ermessensüberschreitung 裁量處分이 법적 한계를 일탈하여 違法인 경우 재량이라 할지라도 법에 의거하여 행하여지는 행위인 까닭에 그 재량권에는 일정한 한계가 있어서 이 한계를 넘으면 단순한 不當에 그치지 아니하고 위법이 된다.

재량보석(裁量保釋) 임의적 보석과 같다. → 보석

재량처분(裁量處分) 행정청의 재량에 속하는 범위 내에서 하는 行政處分. 羈束處分에 대한 관념. → 자유재량

재량행위(裁量行爲) 일정한 요건을 갖춘 행위에 대해 행정청이 法效果에 대해 갖는 선택의 자유가 재량이며 이러한 재량에는 決定裁量과 選擇

裁量의 두 가지가 있다. 이와는 달리 計劃裁量은 법이 정한 목적의 달성을 위해 요건면에서 행정이 갖는 형성의 자유를 의미한다.

재량행위불심리원칙(裁量行爲不審理原則) 羈束行爲는 그 위반이 있을 때 위법이므로 당연히 행정소송의 대상이 되나, 재량행위에 있어서 재량의 위반을 단순히 부당함에 그치는 것이므로 行政訴訟事項이 될 수 없다는 원칙을 말한다. 따라서 재량행위에 대한 행정소송의 제기는 소송의 제기요건을 갖추지 못한 것이 되어 却下判決을 받게 된다. 그러나 지금의 일반적인 견해는 이러한 裁量不審理의 原則을 부정한다. 왜냐하면 재량행위도 일정한 한계를 가지는 것이며, 이러한 한계를 벗어난 경우는 재량권의 유월 또는 남용에 해당하여 위법한 것이 된다. 그런데 재량권의 유월·남용은 事實認定의 결과 비로소 판단될 수 있는 것이므로 재량행위 역시 현행 행정소송법상 本案審理의 대상이 되며, 심리의 결과 재량권의 한계, 즉 裁量權의 踰越 또는 濫用이 없으면 위법하지 않은 것으로서 청구를 기각당하게 될 뿐이라는 것이다.

재매매(再賣買)**의 예약**(豫約) 한번 매도한 물건을 장래 매수인으로부터 매도인에게 다시 매도하겠다는 뜻의 예약. 매도인의 재매매의 請約에 대하여 매수인이 承諾의 義務를 지는 것과, 승낙없이 곧 재매매가 성립하는 것이 있는데, 후자가 보통이다(民 564). 還買와 함께 금융의 담보의 기능을 가진다. 환매는 요건이 엄격하기 때문에, 代金·期間 등을 자유로 정할 수 있는 재매매의 예약이 더 많이 이용된다. 예약의 완결권은 假登記에 의하여 제3자에 대항할 수 있다.

재무관(財務官) 支出原因行爲를 하는 각 중앙관서의 장 또는 그의 위임을 받은 공무원(豫會 56, 59, 113). 재무관·대리재무관·분임재무관·대리분임재무관이 있다(113, 豫會施 156 Ⅱ ii). 지방재정법은 지방자치단체의 지출원인행위를 하는 자에 대하여 經理官이라는 용어를 사용하고 있다(49 Ⅱ). →지출원인행위

재무제표(財務諸表) 〔英〕 financial statements 株式會社와 有限會社의 경영성과와 재산상황을 밝히기 위해 작성하는 서류를 말한다. 즉 理事가 매결산기에 작성하여 이사회의 승인을 얻어야 하는 대차대조표·손익계산서·이익잉여금처분계산서 또는 결손금처분계산서와 그 부속명세서 등을 말한다(商 447). 기업회계기준상의 재무제표에는 現金흐름표도 포함되지만(企業會計基準 5 i), 상법에서는 제외된다. 재무제표는 이사가 작성하여 이사회에 제출하여야 한다고 규정하였으나, 이는 대표이사의 業務執行事項이므로 대표이사가 하여야 한다. 이사회의 승인은 감사 및 정기총회에 제출하기 위한 재무제표 등을 확정하는 절차이다. 이사는 정기총회회일 6주 전에 監事에게 재무제표를 제출하여야 한다(商 447의3). 이는 정기총회에 제출하여 승인을 얻어야 하고, 그 후 대차대조표는 公告된다(449). 1984년 상법개정 이전에는 재무제표는 計算書類라고 하였으나, 기업회계에서는 재무제표라 하고 있었다. 따라서 현실과 규범의 차가 있었는데, 상법은 현실에 따라 계산서류를 재무제표로 하였다. 특히 개정상법에서 재무제표를 이사회의 승인을 얻도록 한 것은 재무제표의 확인은 물론 利益處分도 이사회의 권한으로 하여야 한다는 설과 이것들 모두는 업무집행의 범주에 속한다는 설을 채택하였기 때문이다.

재무통제(財務統制) 〔英〕 financial control, or executive supervision of expenditure 行政管理의 한 수단인 財政機能의 합리적 조직·방법을 분석하여, 행정기구 전반에 한한 재무를 합리적·능률적인 행정목적에 참가시켜, 행정계획의 수행수단으로 하는 總務行政의 하나. 구체적으로는 예산견적, 예산사정, 경비의 평가 및 합계방법, 회계통제행정적 회계감사, 계약의 승인, 경비유용, 적자예방, 경비의 사용 방법적 기준에 따라 행정기관의 계획을 재정적으로 분석하여 그 통일 조정을 행하는 것이다.

재무행정(財務行政) 일반적으로는 국가 기타의 행정주체가 그의 임무를 수행하기 위해 필요한 財力의 調達·管理·使用 등에 관하여 행하는 일체의 행동. 보통의 경우에 있어서는 다만 국가의 재무행정만을 의미한다. 국가의 재무행정으로서 중요한 것은 예산·결산의 작성, 예산의 집행, 예비비의 관리, 支出負擔行爲의 실시계획, 지급계획의 승인, 회계 및 회계검사, 지방자치단체의 재무의 조정, 조세의 부과·징수, 수수료의 징수, 專賣權의 관리, 국유재산의 관리, 배상·외화채 기타의 涉外負債, 재외자금 기타의 재외자산에 관한 재무의 처리, 국고금의 출납·관리·운용, 국채의 발행·상환·이자의 지급 등이다. 재무행정의 주무부는 재정경제부이다.

재 물(財物) 절도·강도·사기·공갈·횡령·장물·손괴 등의 재산에 대한 죄의 객체로 되는 것. 有體物 뿐만 아니라 電氣 기타 관리할 수 있는 動力도 재물이다(刑 346)(→관리가능성설, 권리의 절도). 따라서 민법상의 물건의 개념과 대체로 일치

한다(民 98 참조). 재물은 객관적인 경제적 가치, 금전적 교환가치를 가질 필요는 없고, 소유자·점유자가 주관적 가치를 가지고 있음으로써 족하다(通說). 또 재물은 動産(可動物)에 한하지 않고 不動産도 포함한다. 다만 절도죄의 객체인 재물을 동산에 한하는 것으로 해석하는 견해가 있다. 사람의 신체의 일부분이 분리되었을 경우에 그 분리된 부분 및 인격자의 유해로서의 성질을 상실하여 단순한 學術硏究의 자료에 지나지 않는 시체는 재물이 된다(刑 161 참조). → 금제품

재물손괴죄(財物損壞罪) 타인의 재물, 문서 또는 전자기록 등 特殊媒體記錄을 손괴 또는 은닉 기타 방법으로 그 효용을 해하는 죄(刑 366). 본죄의 보호법익은 재물 또는 문서의 이용가치이며, 중손괴(368)·특수손괴(369)의 경우에는 형을 가중한다. 財物은 동산·부동산을 불문하며, 文書는 공·사문서를 모두 포함하고, 信書도 당연히 본조의 문서가 된다. 다만 公務所에서 사용하는 서류 기타 물건은 본죄의 객체에서 제외된다(141 참조). 損壞란 물질적인 훼손을 말하고 경미한 것이어도 상관없으며, 隱匿은 물건의 소재를 불명하게 하여 그 발견을 곤란 또는 불능하게 만드는 것이며, 기타 방법으로 그 효용을 해한다함은 損壞·隱匿 이외로서 물건의 이용가치를 해하는 것이다(예컨대, 타인의 음식기에 방뇨하거나, 타인이 기르고 있는 잉어를 양어장 밖으로 유출시키거나, 문서의 서명날인을 말소하는 것). 未遂犯은 처벌한다(371).

재물죄(財物罪) 개개의 재물을 침해하는 범죄, 利益罪에 대한다. 절도죄·횡령죄·장물죄·손괴죄가 이에 해당하며, 强盜罪·詐欺罪·恐喝罪는 재물죄인 동시에 利益罪이다.

재반대신문(再反對訊問) → 재신문

재반소(再反訴) 〔獨〕 Wider-widerklage 反訴에 대한 反訴이다. 재반소를 인정할 것인가에 관하여는 소송절차를 복잡하게 한다는 이유로 이를 허용할 수 없다고 하는 견해도 없지 않았으나 오늘날에는 관련있는 분쟁을 한꺼번에 해결함으로써 訴訟經濟를 꾀할 수 있다는 이유로 대체로 재반소를 허용하고 있다.

재 벌(財閥) 본래는 한국의 특유한 獨占資本의 지배자의 일꾼을 가리키는 바 그 독점형태 자체를 뜻하는 일이 많다. 그것은 콘체른과 같은 형태의 獨占體로서 가족제도를 중심으로 하여 발달하였으며, 反封建的인 요소를 가진 것이 많은 점에서 한국의 독특한 것으로 되어 있다. 주식회사를 中核으로 하고, 이에 의한 多數企業의 주식소유·임원겸직 등에 의하여 형성된다. → 재벌집단

재 범(再犯) 징역에 처해진 자가 그 집행을 끝내거나 면제를 받은 후 3년 내에 다시 범죄를 저질러 有期懲役에 처해지는 경우를 말한다(刑 35). 재범에 관하여는 그 형을 가중하되 그 죄에 정한 형의 長期의 2배 이하로 한다. → 누범

재보험(再保險) 〔英〕 reinsurance 〔獨〕 Rückversicherung 〔佛〕 réassurance 어떤 보험자가 인수한 보험계약상의 책임의 일부 또는 전부를 다른 보험자에게 인수시키는 보험. 이 재보험에 대하여 최초의 보험을 原保險 또는 元受保險이라 한다. 재보험제도는 보험자가 보험금지급의 균형을 유지하고, 위험을 분산시키기 위하여 널리 이용된다. 재보험은 원보험자가 인수한 보험금액 전부에 대해서냐, 일부에 대해서냐에 따라 全部再保險, 一部再保險이 있고, 또 개개의 원보험에 대하여 개별적으로 행하는 特定再保險과 일정한 표준에 따라 한정되는 불특정의 원보험에 대하여 일괄적으로 행하는 一般再保險(또는 總括再保險·包括再保險)이 있다. 재보험의 제도는 경제적으로는 원보험자와 재보험자가 공동하여 또는 조합을 이루어 원보험을 인수하는 것과 동일한 기능을 가진다. 따라서 재보험은 원보험과 동일하다는 설과 組合이라는 설이 있으나, 법적으로는 재보험계약은 원보험계약과 전혀 별개의 것으로서 責任保險의 일종이라는 것이 통설이다. 우리 상법은 이 입장을 명시하여 책임보험에 관한 규정을 재보험계약에 準用하도록 하였다(726). 또 재보험은 원보험이 손해보험이든 생명보험과 같은 定額保險이든 손해보험의 성질을 가진다. 원보험과 재보험계약은 전혀 별개의 독립한 계약이므로 재보험계약은 원보험계약의 효력에 영향을 미치지 않는다(661 後). 또 원보험자는 재보험자가 재보험금을 지급하지 않는다는 이유로 보험금액의 지급을 거절하거나, 반대로 원보험계약자의 보험료채무의 불이행을 이유로 재보험료의 지급을 거절할 수 없다. 또한 원보험계약의 보험계약자 또는 피보험자나 보험수익자는 재보험자에 대하여 직접적인 권리를 가지지 않으며 다만 원보험자와 재보험자가 동시에 보험금지급채무를 이행하지 아니할 때 민법상의 債權者代位權을 행사할 수 있을 뿐이다(民 404).

재보험출수재(再保險出受再) 특정보험사와 가입자간의 1차 계약을 原保險이라 하며 특정보험사가 이 보험계약의 일부 또는 전부를 다른 보험사에 다시 넘기는 것을 再保險이라 한다. 대형 위험 건물을 취급하는 손해보험회사들은 해외보험회사와

재보험관계를 맺지 않을 수 없다. 이 경우 국내보험회사가 해외보험회사에 보험료를 불입하고 재보험을 드는데 이를 出再라 한다. 외국보험회사가 우리나라에 재보험을 들면서 보험료를 불입하게 되는 경우는 受再. 일단 대형사고가 나면 1개 보험회사가 감당할 수 없기 때문에 出受再는 불가피. 출수재는 보통 중간브로커나 전문재보험회사를 통해 거래된다. 우리나라는 손해보험회사들이 규모가 작아 出再를 많이 하고 있어 결과적으로 재보험거래에서 만성적인 收支逆調現象을 겪고 있다.

재 산(財産) 〔英〕 property 〔獨〕 Vermögen 〔佛〕 propriété 보통 재산은 財産權·私有財産制度 등의 말로써 사용될 때에는 인간의 경제적·사회적 욕망을 만족시키는 유형·무형의 수단을 의미하나, 법률상으로는 어떤 주체를 중심으로 또는 어떤 목적하에 결합된 금전적 가치있는 물건 및 權利義務의 總體를 말한다. 즉, 이와 같은 총체가 어떠한 법률관계에서 일체로서 취급될 때에 법률상에 있어서의 財産이라는 관념에 특유한 의의가 인정되는 것이다. 로마법에서는 재산은 개개의 물건으로 분해되어, 독립의 일체로서의 재산의 의의는 그다지 인정되지 않았으나, 게르만법에서는 재산이라는 독립된 관념이 존재하여, 법률상 獨立的 地位를 가지고 있었다. 근대법은 일반적으로 로마법을 본받아 재산에 독립의 일체로서의 의의를 인정하지 않는 것이 원칙이다. 그러나, 資本制經濟의 발전에 따라 영업·기업 등의 기초가 되는 재산은 개개의 물건으로 분할할 수 없는 독자적 가치를 가지며, 주체를 떠난 객관적 조직으로서 거래상 독립의 일체인 지위를 가지게 되었다. 오늘날 상법학상 영업재산은 일체로서 양도·대차 등의 채권적 거래의 목적물이 된다고 하는 것이 통설이며, 각종의 財團抵當法(예 : 공장저당법·광업재단저당법)은 독립의 일체인 재산이 단일의 담보권의 객체가 되는 것을 인정하고 있다. 재산을 구성하는 것의 범위·종류는, 금전적 가치있음을 요하고 一身專屬的인 것을 포함하지 않는 것이 보통이다. 각종의 動産·不動産·物權·債權, 각종의 無體財産權·鑛業權·漁業權 등의 準物權, 取消權·追認權·解止權·解除權 등의 形成權이 그 주요한 것이다. 그리고 또 재산은 적극재산·소극재산, 일반재산·특별재산, 포괄재산·특정재산 등으로 분류된다.

재산관리권(財産管理權) 〔獨〕 Vermögensverwaltungsrecht 재산에 관하여 그 재산적 가치의 유지 내지 증가를 꾀하는 것, 즉 재산의 관리를 목적으로 하는 권리. 形成權·請求權·支配權 등과 달라서, 권리내용의 실현, 즉 권리행사를 목적으로 하는 점에 특징이 있다. 財産管理權은 통상적으로는 재산주체가, 권리에 관해서 말하면 권리주체가 이를 가지지만, 여러가지 이유로, 재산주체(권리자) 이외의 자가 이를 가지는 경우가 많다. 이 뒤의 경우는 재산관리권은 계약으로 생기는 수도 있고(授權行爲로 인한 任意管理), 법규에 의하여 생기는 수도 있다(法定管理라고 할 수 있으며, 이에는 다시 친권자나 후견인과 같이 재산주체와 일정한 관계에 있음으로써 법률상 당연히 관리권을 가지는 경우와 파산관재인이나 부재자의 재산관리인과 같이 법원의 선임에 의하는 경우가 있다). 재산관리권이라는 관념은 이 뒤의 경우와 같이, 본래 권리의 귀속과 행사 또는 재산의 귀속과 관리가 법적으로 분리됨으로써 인정된 것이지만, 아직 권리관념으로서는 뚜렷이 확립되어 있지는 않다.

재산관리인(財産管理人) 〔羅〕 curator bonorum 〔獨〕 Vermögensverwalter 타인의 재산을 관리하는 자. 管財人이라고도 약칭하기도 한다. 그 가장 현저한 것은 파산재단의 관리인으로서 이를 破産管財人이라 하고, 또한 和議에서도 관재인을 인정한다. 민법은 특정의 재산에 관하여 특별한 관리인제도를 인정하고 있는데, 不在者의 財産管理人(22~26), 相續財産管理人(1023, 1053)이 그 예이다. 재산관리인은 管財行爲를 하면서, 재산의 원상을 유지할 권한을 가진다. 법률적인 관리행위를 하기 위하여는 代理權을 가지는 것이 보통이다(25 참조).

재산권(財産權) 〔獨〕 Vermögensrechte 〔佛〕 droits des patrimoines 재산상의 私權. 헌법은 모든 국민의 재산권을 보장하지만(23 Ⅰ 前), 그 내용과 한계는 법률로 정하며(23 Ⅰ 後), 재산권의 행사는 공공복리에 적합하도록 하여야 한다(23 Ⅱ). 그러므로, 헌법은 재산권을 19세기까지의 個人主義·自由放任主義에서와 같이, 私有財産權을 천부의 神聖不可侵의 權利로 규정한 것이 아니라, 사회의 진보발전을 위하여 인정되는 권리로 하고 있다 하겠다. 身分權·人格權·社員權(때로는 이 밖에 相續權을 포함한다) 등에 대립되는 것이 된다. 재산권의 주요한 것으로는 物權·債權 및 無體財産權이 있다. 공공필요에 의한 재산권의 수용·사용 또는 제한 및 그에 대한 보상은 법률로써 하되, 정당한 補償을 지급하여야 한다.

재산권상(財産權上)**의 소**(訴) 〔獨〕 vermögensrechtliche Klage 민사소송법상 경제적 이익을 내용으로 하는 권리 또는 법률관계에 관한 訴. 非財産權上의 訴에 대한다. 재산권상의 소에 있어서는 訴價가 있고 이것에 의하여 事物管轄(23), 訴狀의 貼用印紙額이 정해진다(民印 2). 그리고 재산권상의 소에 관한 판결에는 직권 또는 당사자의 신청에 의해 담보를 제공하게 하거나 하지 아니하고 假執行을 할 수 있음을 선고할 수 있다(民訴 199). 재산권상의 청구에 관한 판결은 확정전에 집행을 하더라도 원상회복이 가능하며 또 금전배상으로 수습이 되는 것이 보통이기 때문이다. 또 재산권상의 소에 대하여는 特別裁判籍이 인정된다(6~9).

재산권(財産權)**의 보장**(保障) 사유재산을 그 소유자 이외의 자에 의하여 침해당하지 않도록 보장하는 제도를 말한다. 일반적인 재산권을 보장하고 있는 헌법 23조는 ① 모든 국민의 재산권은 보장된다. 그 내용과 한계는 법률로 정한다. ② 재산권의 행사는 公共福利에 적합하도록 하여야 한다. ③ 公共必要에 의한 재산권의 收用·使用 또는 制限 및 그 補償은 법률로써 하되 정당한 보상을 지급하여야 한다고 규정하고, 無體財産權을 보장하고 있는 22조 2항은 저작자·발명가·과학기술자와 예술가의 권리는 법률로써 보호한다고 규정하고 있다. 또 제9장 經濟條項에서는 광업권과 농지소유권 등에 관하여 규정을 두고 있다. 과거에는 재산권은 신성불가침의 절대적 자유권으로 인정되었으나, 현대에 이르러 절대적인 私有財産權을 제한하려는 체제가 나타나 사유재산권의 相對性을 초래하게 되었다. 우리 헌법은 바이마르헌법의 예에 따라 財産權은 보장된다. 그 내용과 한계는 법률로 정한다고 하여 사유재산권에 대하여 법률로 그 한계를 정할 수 있게 함으로써 사유재산권의 절대성을 부정하고, 사유재산제도를 제도적으로 보장하기에 이르렀다. 헌법 23조 1항의 재산권조항에 대해서는 自由權說·制度權說 및 折衷說 등의 대립이 있다.

재산권(財産權)**의 불가침**(不可侵) 〔獨〕 Unantastbarkeit des Eigentums → 재산권

재산권이전금지(財産權移轉禁止)〔軍政法令 제2호〕 1945년 9월. 1945년 8월 9일 현재로 일본·독일·이탈리아·불가리아·루마니아·헝가리·태국의 정부·기관·국민·법령·단체·조합 등에 의하여 직접 또는 간접으로 소유되거나 관리되던 모든 재산의 매매·이전 기타의 처분을 금지하는 軍政法令. 1945년 8월 9일부터 이 군정법령이 시행될 때까지(1945년 9월 25일)에 행하여진 이들 재산에 관한 행위는 특별한 경우를 제외하고는 무효이다(4). 전문 6조.

재산목록(財産目錄) 〔英〕 inventory 〔獨〕 Inventar 〔佛〕 inventaire 일정기간에 있어서의 기업의 총재산에 관하여 개별적으로 가격을 붙인 明細表. 商業帳簿의 일종(商 29). 기재할 재산은 총재산이므로 동산·부동산·채권 등의 적극재산 뿐만 아니라, 채무와 같은 소극재산을 포함하며, 무체재산과 사실관계도 有償取得한 것은 기재할 수 있다. 상인은 영업을 개시한 때와 매년 1회 이상 일정시기에, 회사는 성립한 때와 매결산기에 상업장부를 작성하여야 하고(30Ⅱ), 또한 합병·청산시에도 재산목록과 대차대조표를 작성하여야 한다(247Ⅰ, 256Ⅰ, 530Ⅱ, 533). 전자를 通常財産目錄, 후자를 非常財産目錄이라고 한다.

재산법·신분법(財産法·身分法) 개인간의 사회생활을 규율하는 법률관계, 즉 사법관계를, 경제적 생활관계 내지 財産關係와 가족적 생활관계 내지 신분관계로 대별하여, 전자에 관한 법을 財産法, 후자에 관한 법을 身分法(또는 家族法)이라 한다. 민법의 물권법·채권법 및 상법은 재산법의 주요한 것이고, 민법의 친족법은 신분법의 주요한 것이다. 민법의 상속법은 재산의 相續이나 死因處分을 규율하기 때문에 재산법이라고도 할 수 있으나, 그것은 일정한 친족관계를 기초로 하는 것이므로, 일반적으로 신분법의 일부로 취급된다. 재산관계는 합리적인 경제적 관계이고, 신분관계는 비합리적인 全人格的 結合關係이기 때문에, 사적자치의 원칙의 지배나 동적 안전의 존중은 주로 재산법의 분야에 한정된다. 재산법과 신분법을 대립시키는 것은 이러한 법률상의 지도원리의 차이에 기한다.

재산보험(財産保險) 재산상의 사건에 관련한 경제생활의 불안을 제거할 목적으로 하는 보험. 人的保險과 대립하며, 物的保險과 동일한 개념이라고 하나 학자에 따라 차이가 있다. 대체로 해상·화재·육상운송·도난·신용의 각 보험이 이에 속하며, 상법상의 분류인 생명보험, 손해보험의 구별과는 합치하지 않는다고 한다.

재산분리(財産分離) 〔羅〕 separatio bonorum 〔佛〕 séparation des patrimoines 상속채권자·遺贈받은 자 또는 상속인의 채권자의 청구에 의하여 相續財産과 상속인의 固有財産과를 분리하는 것. 법원의 分離命令에 의하여 한다(民 1045, 1046Ⅰ). 재산상속이 개시되면 상속채권자와 수유자 또는 상속인의 채권자는 상속재산과 상속인의 고유재산과의 混合財産으로부터 동등한 입장에서 변제를 받게 된다. 그 경우에 상속인이 채무초과이면, 相續債權者·遺贈받은 자는 상속인의 채권자 때문에 자기네 채권의 완전한 만족을 받지 못하게 될 염려가 있다. 반대로 상속재산이 채무초과인 때에는 상속인

의 채권자가 불리하게 된다. 재산분리는 이와 같은 상속채권자·유증받은 자 또는 상속인의 채권자의 불이익을 방지하기 위하여, 상속재산과 상속인의 고유재산과를 분리함으로써, 相續債權者와 遺贈받은 자는 상속재산으로부터, 상속인의 채권자는 상속인의 고유재산으로부터 각각 우선적으로 변제를 받을 수 있도록 상속재산을 淸算하는 제도이다. 재산분리의 청구는 법원에 대하여 하며, 상속이 개시된 날로부터 3개월내에 하여야 함을 원칙으로 하나, 이를 경과하더라도 상속인이 相續의 承認이나 抛棄를 하지 않는 동안에는 또한 할 수 있다(1045). 재산분리의 청구가 있으면, 법원의 分離命令에 의하여 일정한 절차에 따라서, 양 재산이 아직 혼합되어 있지 않은 경우에는 상속인은 그 상태를 유지하여야 하고, 이미 혼합된 경우에는 양 재산을 분리하여야 한다. 그리하여 限定承認에서와 같은 일종의 청산을 행하게 된다. 즉, 법원의 분리명령이 있는 때에는 재산분리를 청구한 자는 법원의 명령이 있은 후 5일이내에 일반상속채권자와 유증받은 자에 대하여 재산분리의 명령이 있은 사실과 그 자의 채권 또는 유증을 일정한 기간 내에 신고할 것을 공고하는(1046) 한편, 상속인은 양 재산에 대한 관리자로서의 권리의무를 계속하여 부담하게 된다(1050). 또한 법원은 상속재산의 관리에 관하여 필요한 처분을 명할 수 있고(1047), 특히 單純承認을 한 상속인은 자기의 고유재산에 대한 것과 동일한 주의로써 관리할 의무가 있다(1048). 상속인은 상속재산분리청구기간의 만료 전 또는 상속채권자와 유증받은 자에 대한 공고기간의 만료 전에는 상속채권자와 유증받은 자에 대하여 변제를 거절할 수 있으며, 그러한 기간의 만료 후에는 상속재산으로써 각 債權額 또는 遺贈額의 비율로 辨濟하여야 한다(1051). 상속인이 단순승인을 한 경우에는 상속재산으로써 채권전액을 변제할 수 없는 때에 한하여 자기의 固有財産으로써 그 변제를 하여야 한다(1052).

재산분할청구권(財産分割請求權) 이혼을 한 당사자의 일방이 다른 일방에 대하여 財産分割을 청구하는 것을 말한다. 민법 839조의 2는 ① 협의상 이혼한 자의 일방은 다른 일방에 대하여 재산분할을 청구할 수 있다. ② 1항의 재산분할에 관하여 協議가 되지 아니하거나 협의할 수 없는 때에는 가정법원은 당사자의 청구에 의하여 당사자 쌍방의 협력으로 이룩한 재산의 액수 기타 사정을 참작하여 분할의 액수와 방법을 정한다. ③ 1항의 財産分割請求權은 이혼한 날로부터 2년을 경과한 때에는 소멸한다고 규정하고 있다. 이 규정은 裁判上 離婚의 경우에도 준용하고 있고(民 843), 혼인취소의 경우에도 준용한다(家訴 2 I 나 (2) 마類事件 iv).

재산세(財産稅) 〔英〕 property tax 〔獨〕 Vermögensteuer 재산에 대한 과세는 일반적으로 所得稅 및 收益稅인바 그 일부를 징수하는 것을 재산세라고 한다. 현행법상 시·군·구의 普通稅로 분류되어 있다(地稅 3장).

재산소득(財産所得) 〔英〕 property income 재산의 소유에 의하여 발생하는 수입으로서 不勞所得에 해당된다. 이자·주식배당·地料·小作料·家賃 등이 이에 속한다.

재산인수(財産引受) 〔獨〕 Sachübernahme, Übernahmevertrag 사회의 설립에 있어서, 發起人 또는 有限會社社員이 설립중의 회사를 위하여 회사의 성립을 조건으로 일정한 재산의 讓受를 약정하는 계약. 양수의 목적인 재산을 과대평가하여 회사의 재산적 기초를 위태롭게 하고 現物出資의 潛脫手段으로 이용될 우려가 있으므로, 상법은 이것을 變態設立事項으로 하여 정관에 기재시키고(290 iii, 544 ii), 현물출자와 같은 엄격한 감독을 받게 하고 있다(298~300, 310, 314). 그러나 財産引受에 있어서의 재산의 제공은 금전 기타 주식 이외의 대가를 받고 하는 것이므로, 현물출자와 같은 단체법상의 행위가 아니고 純然한 개인법상의 계약이며, 그 법률상의 성질은 매매가 보통이고, 교환·도급 등이 될 수도 있다. 이와 같이 재산인수가 개인법상의 계약이므로, 민법의 일반규정을 유추적용할 것이나, 이는 회사의 성립을 조건으로 하고, 또한 법원이 선임하는 檢査人의 檢査 또는 創立總會의 承認을 法定條件으로 한다. 따라서 재산인수에 의한 권리의무는 회사의 성립에 의해서 비로소 발생하고, 또 설립경과중에 법원이나 창립총회가 이를 변경하는 경우에는(300, 314), 상대방이 다시 그 변경을 승인하지 않는 한, 그 효력은 발생하지 않는다. 그리고 재산인수의 상대방은 株式引受人이든 제3자이든 發起人이든 상관없다.

재산적 손해(財産的損害) 재산상 받는 손해를 말하며, 有形的 損害라고도 한다. 精神的(無形的) 損害에 대하는 것이다. 그 액은 금전으로 산출된다. 재산적 손해는 재산을 침해한 때 뿐만 아니라, 신체 등의 人格的 利益을 침해한 경우에도 생긴다. 예컨대, 치료비, 얻을 수 있었을 이익의 상실 등. 이 경우에는 동시에 정신적 손해를 발생시키는데, 전자의 경우에도 정신적 손해를 같이하는 수가 많다. 손해배상을 함에 있어서는 재산적·정신적 양 손해를 모두 배상하여야 한다(民 750~752). →민사책임

재산죄(財産罪) 財産的 法益에 대한 죄. 현행형법은 절도와 강도의 죄(각칙 38장)·사기와 공갈의 죄(39장)·橫領과 背任의 죄(40장)·贓物에 관한 죄(41장)·損壞의 죄(42장) 및 권리행사를 방해하는 죄(37장)(단, 强要罪(324)·重權利行使妨害罪(326)는 제외)에 규정하고 있다. 그리고 신용·업무와 경매에 관한 죄(34장)도 넓은 뜻의 재산죄로서 여기에 포함시키는 견해가 있다. 放火罪·溢水罪 등에 있어서도 재산이 문제되지만, 재산죄는 이러한 범죄와는 달리 재산적 법익의 보호를 직접의 목적으로 하는 범죄이다. 재산죄는 경제적·환경적 조건에 지배되는 경향이 현저하다. 따라서 제국의 경제조직의 차이에 따라 財産罪의 내용과 취급을 달리하고 있다.

재산형(財産刑) 〔獨〕 Vermögensstrafe 〔佛〕 peine pécuniaire 재산의 박탈을 내용으로 하는 刑罰. 현행법상 罰金·科料 및 沒收의 3종이 있다. 몰수는 원칙적으로 他刑에 부가하여 과한다(刑 49).

재산출자(財産出資) 금전 기타의 재산을 목적으로 하는 出資. 인적회사에 있어서의 勞務出資·信用出資에 대한 것. 금전을 목적으로 하는 것을 金錢出資, 금전 이외의 재산을 목적으로 하는 것을 現物出資라고 하는데, 현물출자의 목적이 되는 재산에는 제한없다. 즉, 동산·부동산 기타 각종의 물권·채권·유가증권·무체재산권 등은 물론, 顧客關係·영업상의 秘訣 등 사실적 재산, 영업의 전부 또는 일부도 상관없다. 영업 전부의 출자는 개인기업을 合名會社 組織으로 개조하는 경우에 흔히 볼 수 있다. 재산출자는 모든 출자에 인정되고, 특히 有限責任社員·주주·유한회사의 사원·匿名組合員 등은 재산출자만이 인정된다. 출자의 방법으로는 재산권 자체를 회사에 이전하는 것이 보통이지만, 회사로 하여금 재산권의 使用收益만을 시킬 수도 있다. 전자를 물건 자체의 출자, 후자를 물건의 이용의 출자라 한다. →신용출자, 노무출자

자산평가(資産評價) 會計帳簿에 기재할 재산의 평가를 말하는 바, 상법은 총칙에서 이것에 관한 일반원칙을 세우고 다시 주식회사와 유한회사에 관하여 특칙을 규정하고 있다. 평가에 관한 원칙적 규정에 의하면 流動資産의 평가는 取得價額·製作價額 또는 時價에 의하여 하며(商 31 i), 營業用固定資産에 관하여는 그 취득가액 또는 제작가액으로부터 상당한 감가액을 공제한 가액을 기재하여야 한다(31 ii). 즉, 전자는 時價主義이고 후자는 減價償却主義이다. 이에 대하여 주식회사나 유한회사에 있어서는 유동재산에 관하여는 취득가액 또는 제작가액에 의하게 하고(原價主義), 시가가 원가보다 현저하게 낮을 때에는 시가에 의하도록 하고, 金錢債權은 채권액에 의하되 推尋不能額을 공제하고, 사채는 거래소의 시세가 있는 것은 결산기전 1월의 平均價額, 그렇지 않은 것은 취득가액에 의하며, 주식은 취득가액을 원칙으로 하나 거래소의 시세가 있는 것이 결산기전 1월의 平均價格이 취득가액보다 낮을 때에는 시가에 의하게 하였으며, 영업권은 유상으로 하고 승계취득한 경우에 한하여 取得價額을 기재하도록 하고 있다(452, 583). 이상은 자산의 과대평가를 방지하기 위하여 둔 규정인 바, 같은 이론에서 負債의 과소평가도 금지된다고 보아야 하며, 자산의 과소평가·부채의 과대평가도 도가 지나친 것은 불법이라고 보아야 할 것이다.

재상고(再上告) 上告審으로서 고등법원의 판결에 대하여 그 판단의 위헌성을 이유로 하는 대법원에의 상고를 말한다. 민사소송에서는 特別上告라고 하는 것이 보통이다. →특별상고

재상환(再償還) 〔獨〕 Einlösungsrückgriff 어음·수표의 소지인 또는 자기의 후자에 대하여 상환을 하고, 어음·수표를 환수한 償還義務者가 또 다시 자기의 전자에 대하여 상환을 청구하는 것을 말한다(어음 47Ⅲ·77Ⅰiv, 手票 43Ⅲ). 재상환의 실질적 요건으로는 소구의무자가 상환의무를 이행하고 어음을 환수함을 요한다. 그러므로 상환의무가 시효 또는 절차의 흠결로 인하여 소멸한 후에 상환하거나, 또는 無擔保背書를 한데도 불구하고 상환을 하여도 전자에 대하여 再遡求할 수 없다. 형식적 요건으로 재상환을 하려는 자는 어음·支給拒絶證書와 領受를 증명할 수 있는 기재를 한 계산서의 교부를 받고, 이를 전자에게 교부하여야 한다(어음 50Ⅰ). 再償還을 하려는 자는 상술한 서류를 소지하여야 하나, 背書가 連續한(16Ⅰ) 최후의 소지인으로 지정된 자임을 요하지 아니한다. 그러나 자기와 후자의 배서를 말소하여 이러한 形式的 資格을 정비할 수 있다(50Ⅱ).

재소구(再遡求) →재상환

재소(再訴)**의 금지**(禁止) →소의 취하

재시파산(再施破産) 강제화의의 취소결정에 의하여 재개되는 破産節次(破 307~315). 이때에 舊破産節次가 속행됨은 당연하지만, 한편 일단 破産終結에 의하여 파산자에 재단의 管理處分權을 회복시키는 이상, 그 中間期에 있어서 거래가 행해지고, 새로운 채권자가 생기고, 또 새로운 재산의

취득도 있을 것이므로, 이러한 관계로는 新破産으로서 취급할 필요가 있지만, 이 新舊兩面을 병행하는 2개의 절차로서가 아니라 합병된 1개의 절차로서 행하여지는데 재시파산의 특색이 있다. 따라서 종전의 破産債權의 額, 債權調査의 대상, 配當率의 표준의 결정 등에 관하여 특칙이 있다(310~312).

재신문(再訊問) 〔英〕 re-examination 交互訊問에 있어서 反對訊問이 끝난 다음에 다시 증인을 신청한 당사자가 하는 신문. 再主訊問이라고도 한다. 반대신문에 의해서 일어난 證言의 破綻을 수정하고 또한 그로 인하여 발생된 증언상의 혼란을 정리하는 것을 목적으로 한다. 재신문이 끝난 다음에는 다시 이에 대한 再反對訊問이 있을 수 있고 再再訊問도 있을 수 있다.

재 심(再審) 〔獨〕 Wiederaufnahme 〔佛〕 révision 確定判決에 의해서 끝낸 사건에 관하여 당사자로부터 일정한 중대한 瑕疵가 있음을 이유로 하여, 판결을 취소하고, 소송을 판결전의 원상으로 회복시켜 다시 변론을 열어 재판할 것을 요구하는 것 또는 그 절차. 확정판결은 法的 安定性의 요구상 쉽게 취소·폐기되지 않도록 하여야 할 것이지만, 판결에 중대한 하자가 있음에도 불구하고 그 효력을 보유시킴은 재판의 권위에 관계되고 또한 당사자에게도 가혹하므로, 현행법은 한정된 경우에 다시 심사해서 그 하자의 제거를 허용키로 하였다.

[1] 민사소송법상 재심에는 판결에 관한 것(再審의 訴), 終局判決과 동일한 효력이 인정되는 화해, 請求의 抛棄·認諾調書와 卽時抗告로 불복할 수 있는 決定·命令에 관한 것(準再審)의 2종의 있다. 재심의 소가 적법하려면 민사소송법 422조 소정의 재심사유가 있어야 하고, 原判決의 당사자, 旣判力이 미치는 제3자, 檢事(家訴 21) 등 訴의 적격을 가진 자가 이를 제기하여야 한다. 재심의 소는 당사자가 판결확정 후 재심사유를 안 날로부터 기산하여 30일의 不變期日內에 제기하여야 하나(民訴 426Ⅰ·Ⅱ), 그 사유가 代理權欠缺이나 旣判力抵觸事由(422Ⅰx)가 아니라면 판결확정 후 5년을 경과하면 제기할 수 없다(426Ⅲ, 427). 재심의 소는 원칙으로 불복인 확정판결을 한 법원의 專屬管轄이다(424Ⅰ). 중간판결 기타의 중간적 재판에 대하여는 독립하여 재심은 못하더라도, 이에 재심사유가 있으면 終局判決에 대한 재심청구를 할 수 있다(그 재판이 종국판결과 더불어 상급심의 판단을 받지 않은 것이라도 상관없다)(423). 동일사건의 하급심의 종국판결과 이에 대한 상소를 각하하거나 또는 기각한 상급심의 종국판결이 다 같이 확정되었을 때에는 원칙적으로 별도로 재심의 대상이 된다(다만 抗訴審에서 抗訴棄却의 本案判決을 한 때에는 제1심판결에 대하여는 재심을 인정할 필요없다(422Ⅲ)). 이 경우에 재심의 소를 병합제기하면 상급법원이 관할한다(424Ⅱ). 재심의 소송절차는 원칙으로 각 심급에 있어서의 소송절차에 관한 규정이 준용되나(425), 약간의 특례가 있다(428~430). 재심의 소가 제기되어도 原判決의 執行力은 배제되지 않으나 법원은 신청에 의하여 소송완결까지 집행의 정지 또는 집행처분의 취소 등의 假處分(執行停止命令)을 명할 수 있다(473).

[2] 형사소송법상 確定判決에 대하여 그 판결이 사실인정에 과오가 있음을 이유로 원심법원에 청구하는 非常救濟節次. 유죄의 확정판결 또는 抗訴棄却·上告棄却의 확정판결에 대하여, 모두 선고받은 자의 이익을 위하여서만 재심을 청구할 수 있으며, 각각 재심사유가 열거되어 있다(420, 421). 청구권자는 검사, 유죄의 선고를 받은 자 및 그 법정대리인과 유죄의 선고를 받은 자가 사망하거나 심신장애가 있는 경우에는 그 배우자·직계친족 또는 형제자매이며(424), 청구의 시기에는 제한이 없다(427). 재심청구는 원칙적으로 刑의 執行停止의 효력이 없으나 검사는 재심청구에 대한 재판이 있을 때까지 형의 집행을 정지할 수 있고(428), 법원이 재심개시 결정을 할 때에는 형의 집행을 정지하는 결정을 할 수 있다(435). 법원은 필요하면 사실조사를 할 수 있고(431), 그 청구가 법률상의 방식에 위반하거나 請求權消滅後인 것이 명백할 때 또는 청구의 이유가 없을 때에는 결정으로 기각하고(433, 434), 그 이유가 있을 때에는 再審開始의 결정을 한다(435Ⅰ). 이러한 결정에 대하여는 즉시항고가 허용된다(437). 재심개시의 결정이 확정되면 심급에 따라 다시 심판하며(438), 이때 不利益變更禁止의 원칙이 적용되고(439), 재심에서 무죄를 선고한 때에는 무죄판결의 공시를 하며(440), 또 형사보상의 이유가 된다(刑補 1).

재심개시절차(再審開始節次) 재심의 청구는 재심청구인이 再審理由가 있다고 하여 재심청구의 대상으로 하고 있는 原判決의 법원이 관할한다(刑訴 423). 따라서 재심청구인이 제1심판결을 재심청구의 대상으로 하는 경우에는 제1심법원이, 上訴棄却判決을 대상으로 하는 경우에는 상소법원이 재심청구사건을 관할하나 대법원이 제2심판결을 파기하고 自判한 판결에 대한 재심청구는 원판결을 선고한 대법원에 해야 한다. 재심의 청구는 檢事, 有罪의 선고를 받은 자 등이 할 수 있다(424). 재심청구의 시기에는 제한이 없으며, 형의 집행을 종료하거나 형의 執行을 받지 아니하게 된 때도 할 수 있고(427), 유죄의 선고를 받은 자가 사망한 때에도 再

審請求를 할 수 있다. 재심의 청구는 형의 집행에 방해될 수 없다. 또한 재심청구는 취하할 수 있고, 이 때도 서면으로 해야 한다. 재심의 청구를 취하한 자는 동일한 이유로써 다시 재심을 청구하지 못한다.

재심사유(再審事由) 再審을 구하기 위하여 필요한 이유.

[1] 민사소송법상의 재심사유는 동법 422조에 규정한 것에 한한다. 이러한 재심사유에 해당하는 사실은 대부분 舊訴訟의 종료하기까지에 발생한 사실(예외 : 422 I i·x)이기 때문에, 당사자가 상소에 의하여 그 이유를 주장하였거나 이를 알고 주장하지 아니한 때에는 再審의 訴를 제기할 수 없다(422 I 但). 抗訴審이 사건에 대하여 本案判決을 한 경우에는, 제1심판결에 대하여 재심사유가 있음을 주장할 수 없다(422 Ⅲ).

[2] 형사소송법상 ① 유죄의 확정판결에 대하여는, 원판결의 증거의 허위(420 i~iv), 새로운 증거의 발견(420 v), 無體財產權侵害로 유죄판결을 받은 경우에 그 권리에 대한 무효의 심결 또는 무효의 판결의 확정(420 vi), 職務犯罪(420 vii) 등이 있고, ② 항소 또는 상고를 기각한 確定判決에 대하여는 棄却判決의 증거가 허위인 때 및 職務犯罪가 행하여진 때 등이 있다.

재심(再審)**의 소**(訴) 再審의 일종으로, 일정한 중대한 이유(民訴 422)가 있는 경우 確定判決에 대하여 그의 취소와 이에 대신하는 판결을 구하기 위해 그 판결을 받은 자가 원법원에 사건의 재심판을 신청하는 소이다. 확정판결과 동일한 효력이 있는 和解·抛棄·認諾調書 또는 즉시항고로 불복을 신청할 수 있는 결정이나 명령이 확정한 경우에 대하여도 이와 동일한 구제절차가 있다(431). 再審事由는 민사소송법 422조 1항에 기재된 것에 한한다. 동조 1호부터 3호까지는 심리기구의 중대한 瑕疵이며, 4호부터 11호까지는 판결의 기초자료 또는 판단 그 자체에 중대한 하자가 있는 경우이다. 이 사유가 있어도 判決確定前에 상소로 이를 주장하였으나 기각된 경우 및 이를 알면서도 상소에 의하여 주장하지 않은 경우 등에는 재심의 소를 제기할 수 없다(422 I 但). 능력 또는 代理權의 결여의 경우에는 당사자의 追認이 있으면 재심의 소의 원인이 안된다. 재심의 소를 제기하는 것은 再審原告가 확정판결후 그 사유를 안 일자부터 30일의 불변기간내에 하여야 하고, 판결의 확정 또는 再審事由發生時부터 5년 이내이어야 한다(426). 관할은 원칙으로 재심을 제기할 판결을 한 법원의 專屬管轄에 속하나, 동일사건에 관한 심급을 달리하는 법원의 판결에 대한 재심의 소는 上訴法院이 관할한다(424)(→재심). 또 특수한 재심의 소로서 代表訴訟의 확정판결에 대한 것이 있다(商 406). 이 경우의 재심의 사유는 대표소송의 원고인 주주 또는 회사가 피고인 이사와 공모하여 소송의 목적인 회사의 권리를 詐害할 목적으로 판결을 하게 한 때, 예를 들면 고의로 패소 또는 소액의 책임으로 확정한 경우이다. 訴를 제기할 수 있는 자는 주주가 대표소송을 제기한 때에는 회사 또는 다른 株主, 회사가 이를 제기했을 때에는 주주이다. 이와 같이 再審事由와 당사자를 빼 놓고는 소의 提起期間·管轄 등은 民事訴訟의 일반원칙에 의한다. →준재심

재심항고(再審抗告) 〔羅〕 Nichtigkeitsbeschwerde 卽時抗告할 수 있는 재판에 민사소송법 422조에 기재된 再審事由가 있을 때에 하는 항고. 準再審의 일종이다. 항고이기 때문에 판결이나 화해·포기·認諾調書에 대한 재심의 경우와 같이 소에 의하지 않고 신청으로 개시되고, 그 절차도 또 決定節次이다. 그러나 재심의 소에 관한 규정을 준용한다는 데서 다른 항고와의 차이가 있다(民訴 431). →재심의 소

재외공관(在外公館) →대한민국재외공관

재외법(在外法) 외국에 있는 내국인에 관한 사항을 규정하는 법률. 外人法에 대응하여 사용된다. 재외법에는 公法과 私法이 있다. 예컨대 내국인의 國外犯에 관한 형법 3조, 외국에서 하는 송달의 방법에 관한 민사소송법 176조 등은 전자에 속하고, 외국에서의 婚姻申告에 관한 민법 814조, 외국에서의 入養申告에 관한 민법 882조 등은 후자에 속한다. 재외법은 外人法과 더불어 涉外的 色彩를 띠고 있는 점에서 국제사법과 비슷하나, 재외법은 사법적 사항 뿐만 아니라 공법적 사항까지도 포함하고 또한 그것이 실질법인데 대하여, 國際私法은 사법적 사항만을 규정하고 또 內外諸國人에 관한 간접법이라는 점에서 근본적으로 상이하다.

재용선계약(再傭船契約) 선박소유자와 傭船契約을 체결한 용선자가 다시 제3자와 운송계약을 체결하여 운송을 인수한 경우에, 이 제2의 운송계약을 再運送契約이라 하고, 이 재운송계약이 용선계약인 경우에 이것을 재용선계약이라 한다.

재운송계약(再運送契約) 〔英〕 re-charter 〔獨〕 Unterfrachtvertrag 〔佛〕 sous-affrètement 傭船者가 그 용선한 선박을 이용하여 제3자와 체결하는 운송계약. 이에 대하여 용선자와 용선소유자가 체결한 제1의 운송계약을 主運送契約이라고 한다. 재운송계약은 용선자가 선박소유자에 대하여 지급하

여야 할 傭船料와 재운송계약의 送荷人으로부터 받을 운임과의 차액을 이득하기 위하여 이용된다. 재운송계약의 법률상의 성질은 海商法上의 특별한 운송계약으로서 주운송계약에 대하여 독립하고 있다. 따라서 선박소유자와 용선자와의 관계는 傭船契約에서 정하여지고 용선자와 재운송계약의 상대자와의 관계는 재운송계약에서 정하여진다. 그러나 상법은 재운송계약의 이행이 선장의 직무에 속하는 범위 내에서는 선박소유자만이 그 상대방에 대하여 책임을 진다(商 806)고 규정하고 있으므로 이 한도에서 傭船者의 책임은 면제된다. 선박소유자는 재운송계약의 상대자에 대하여 직접적인 법률관계는 없으나 主運送契約의 용선료의 지급을 받을 때까지는 그 운송물을 留置할 수 있다(800Ⅱ 참조).

재 의(再議) 이미 의결된 사항에 대하여 동일기관이 재차 심사·의결하는 절차. ① 대통령은 국회에서 의결된 법률안에 대하여 차이가 있을 때에는 15일 이내에 異議書를 붙여 국회로 還付하고 그 再議를 요구할 수 있다(憲 53Ⅰ·Ⅱ)(→법률안거부권). 다만 대통령은 법률안의 일부에 대하여 또는 수정하여 재의를 요구할 수는 없다(53Ⅲ). 再議의 要求가 있을 때에는 국회는 재의에 붙이고, 재적의원 과반수의 출석과 출석의원 3분의 2 이상의 찬성으로 전과 같은 의결을 하면 그 법률안은 법률로서 확정된다(53Ⅳ). ② 지방의회의 의결이 越權 또는 法令에 위반되거나 공익을 현저히 해한다고 인정되는 때에는 그 지방자치단체의 장은 그 의결사항을 이송받은 날로부터 20일 이내에 이유를 붙여 의회에 재의를 요구한다(地自 98Ⅰ). 地方議會의 議決에 예산상 집행할 수 없는 경비가 포함되어 있을 때에도 그 지방자치단체의 장은 이유를 붙여 의회에 재의를 요구한다(99Ⅰ). 再議의 요구에 대하여 재의의 결과 재적의원 과반수의 출석과 출석의원 3분의 2 이상의 찬성으로 전과 같은 의결을 하면 그 의결사항은 확정된다(98Ⅱ, 99Ⅲ).

재 임(再任) 再任命. 任期制公務員 뿐만 아니라 모든 공무원의 재임명을 포함하는 점에서, 連任과 다르다. →연임

재전상속(再轉相續) 제일의 상속이 개시되었으나 상속인이 아직 그 承認이나 抛棄도 하지 않은 동안에 사망하였기 때문에 제2의 상속이 개시되는 것. 제2의 相續人은 제1의 상속인이 가졌던 상속의 승인 또는 포기의 권리를 상속에 의하여 승계할 뿐만 아니라, 자기는 제2의 상속을 승인 또는 포기할 권리까지도 가진다. 따라서 제1의 상속을 승인하더라도 제2의 상속에 관하여는 아직 이를 승인 또는 포기할 수 있다. 제1의 상속에 대하여 승인 또는 포기할 수 있는 시기는 자기를 위하여 제2의 상속의 開始가 있음을 안 날로부터 3개월 이내이다(民 1021).

재 정(再定) 전정과 같다.

재 정(財政) 〔英〕 public finance 〔獨〕 Finanzen 〔佛〕 finance 법률상의 의미로는 국가 또는 지방자치단체가 그 존립에 필요한 財力을 취득하고 또한 이를 관리하는 작용을 총칭한다. 작용의 성질로 보아서 租稅의 賦課·徵收와 같이 재력을 취득하기 위하여 국민에게 명령하고 강제하는 財政權力作用과, 그 취득한 재력을 관리하기 위한 財政管理作用으로 분류할 수 있다. 근대국가에 있어서는 이 작용이 국민의 경제생활과 특히 밀접한 관계를 가지고 있으므로 이를 國會 또는 地方議會의 의결을 거쳐야 하는 것으로 하고 특히, 재정권력작용에 있어서는 권력의 남용을 억제하기 위하여 법률에 의하여 엄중히 제약을 가하고, 재정관리작용에 있어서도 그 공정을 확보하기 위하여 일정한 법률의 규정에 따르게 하고 또한, 이에 대하여 감독·검사를 행하는 것이 通例이다. 국가의 재정에 관하여는 헌법에 그 원칙을 규정한 외에 豫算會計法·國有財産法·각종의 租稅法·監査院法 등에 규정이 있으며, 지방자치단체의 재정에 관하여는 地方財政法·地方稅法 등에 규정이 있다.

재정관리작용(財政管理作用) 국가 또는 지방자치단체가 비권력적 수단으로 그의 財政 및 收入·支出을 관리하는 작용을 말한다. 재정관리작용의 실질은 私法上의 財産管理 및 會計經理와 다름이 없는 것이나, 그것이 일반국민의 이해에 밀접한 관계가 있기 때문에, 그의 공정을 확보하기 위하여 특별한 法的 規律을 함과 동시에, 감사원과 같은 특별한 감독기관을 설치하여 감시를 하도록 하고 있다.

재정관세(財政關稅) →관세, 소비세

재정관할(裁定管轄) [1] 형사소송법상 법원이 구체적 사건처리의 필요상, 재판에 의하여 관할을 설정 또는 변경하는 것. 管轄의 指定과 管轄의 移轉이 구별된다. 관할은 법률에 의하여 규정되어 있으나(法定管轄), 이를 고수할 때에는 관할제도의 목적인 기술적 요구에 배치되고 피고인의 이익을 보호하려는 본래의 취지에 반할 때도 있기 때문에, 구체적 타당성의 견지에서 재정관할을 인정하는 것이다. 또 재정관할과 관련하여, 재판상의 準起訴節次에 의하여 사건이 지방법원의 심판에 붙여진 때에는, 그것에 의하여 管轄權이 창설된다. →관할의

이전, 관할의 지정
　[2] 민사소송법상으로는 管轄의 指定을 보라.

재정권력작용(財政權力作用)　국가 또는 지방자치단체의 財力의 취득을 목적으로 개인에게 명령·강제하는 작용을 말하며, 이에는 租稅의 賦課 및 徵收가 있다.

재정기간(裁定期間)　〔獨〕 richterliche Frist　민사소송법상의 기간 가운데서, 그 기간을 法院이나 裁判長·受命法官 또는 受託判事가 구체적인 사정에 따라서 정하는 기간. 法定期間에 대한 말이다. 補正期間(55), 소송비용계산서 그 밖의 서면의 제출기간(101Ⅰ), 擔保提供期間(110Ⅰ) 등이 이에 속한다. 법원은 이것을 신축할 수 있다(159Ⅰ·Ⅲ).

재정면제(財政免除)　재정목적을 위하여 일반적으로 과하여진 作爲 또는 支給의 사무를 특정한 경우에 소멸시키는 행위를 말한다.

재정벌(財政罰)　〔獨〕 Finanzstrafe　재정법상의 의무위반, 즉 財政犯에 대하여 과하는 벌. 行政罰의 일종. 형법소정의 벌을 과하는 것이 보통이며, 따라서 특별한 규정이 있는 경우 이외에는 刑法總則과 刑事訴訟法의 규정의 적용을 받는 것이 원칙이다. 다만 재정벌은 국가의 수입을 확보하는 것을 목적으로 하는 까닭에, 財産刑을 중시하며, 기타 법령에 특례를 규정하는 수가 많고(예: 조세범처벌법), 科刑節次에 있어서도 通告處分의 제도가 인정되어 있다(조세범처벌법·관세법·항만법 등).

재정범(財政犯)　〔獨〕 Finanzvergehen　재정법상의 의무에 위반함으로써 財政罰이 과하여질 죄로 行政犯의 일종. 재정범에는 逋脫犯(Hinterziehung)과 財政秩序犯(Ordnungswidrigkeit)의 두 가지가 있다. 포탈범은 사기 기타 부정행위로써 조세를 포탈하거나 專賣權을 침해하여 부정한 이득을 보거나 보려고 한 죄를 말하고, 재정질서범은 수입확보를 위한 그 밖의 각종의 財政下命에 위반하는 죄를 말한다.

재정법(財政法)　〔獨〕 Finanzrecht　실질적 의미에서는 財政에 관한 固有法規의 전체를 말하나 형식적 의미에 있어서는 국가의 豫算·會計 기타 재정의 기본이 되는 사항을 규정한 재정법(1951년 法律 제217호)을 말한다. 이 형식적 의미의 재정법은 豫算會計法에 의하여 대체됨으로써 폐지되었다. → 예산회계법

재정상(財政上)**의 강제집행**(强制執行)
財政上의 의무를 이행하지 아니한 경우에 그 의무자의 신체 또는 재산에 실력을 가하여 의무가 이행된 것과 같은 상태를 실현시키는 사실행위를 말한다. 재정상의 作爲義務나 不作爲義務의 불이행의 경우에는 법령에 특별한 규정이 있는 한도에서 그에 의하고, 代替的 作爲義務에 대하여는 일반적으로 代執行을 하게 된다. 재정상의 지급의무의 불이행에 대하여는 재정상의 强制徵收가 행하여지는바, 국세징수법에 의한 滯納處分·交付請求 및 담보권의 실행과 관세법에 의한 강제징수 등이 있다.

재정상(財政上)**의 의무이행강제**(義務履行强制)　재정행정기관이 재정법상의 義務履行狀態를 실현하기 위하여 개인의 신체 또는 재산에 실력을 가함으로써 재정상 필요한 상태를 실현시키는 작용으로서 그 의무이행의 실현을 직접목적으로 하는 것인지의 여부에 따라 직접적인 강제수단인 財政上의 强制執行과 간접적인 강제수단인 財政上의 制裁로 갈라진다.

재정상(財政上)**의 제재**(制裁)　재정상의 의무위반에 대하여 과하여지는 제재를 총칭하는 것으로서 財政罰·加算金 등 금전적 제재, 認·許可의 취소통보조치, 供給拒否 및 公表 등이 있다.

재정상(財政上)**의 조사**(調査)　재무행정기관이 재정목적을 위하여 필요한 자료나 정보를 얻기 위하여 하는 權力的 調査作用을 말한다. 이는 재정작용을 위한 준비적·부수적인 작용에 그치며, 그 자체로서 직접 일정한 재정목적을 실현시키는 작용은 아니다. 그 수단으로는 각종 稅法에 의한 질문과 수색 등의 對人的 調査, 장부의 검사 및 물건의 검사·수거 등의 對物的 調査, 가택출입·임검 및 가택수색 등의 對家宅調査가 있다.

재정상(財政上)**의 즉시강제**(卽時强制)
租稅 또는 關稅의 逋脫을 방지하기 위하여 급박한 필요가 있거나, 의무를 명하는 것으로는 목적을 달성할 수 없는 경우에 직접 사람의 신체 또는 재산에 실력을 가함으로써 재정목적을 실현하는 權力的 事實行爲를 말한다. 재정목적을 위한 對人的 强制는 그 예가 많지 않고, 對物的 强制로는 물건의 압수 또는 領置, 關稅犯을 증명할 만한 물건의 압수·보관 및 압수물건의 폐기 등이 있다.

재정신청(裁定申請)　→ 준기소절차

재정원조조약(財政援助條約)　〔英〕 Convention on Financial Assistance 〔佛〕 Convention d'assistance financière　被侵略國에 대한 원조의 제공을 규정한 조약. 1930년 국제연맹총회에서 채택되었다. 불법적으로 전쟁에 호소한 국가의

상대방에게 재정원조를 준다는 것은 곧 침략자에 대한 제재를 의미하는 것으로 이러한 재정원조는 두 가지 경우에 행하여진다. 첫째는 전쟁의 경우로서 어느 국가가 국제의무를 무시하고 이 조약의 當事國에 대해서 전쟁을 감행할 때에는 이사회의 반대결정이 없는 한 침략을 받은 締約國은 그 청구에 의해서 원조를 받는다고 규정되었으며(1), 둘째는 전쟁위협이 있는 경우로서 國交斷絶에 이를 우려가 있는 분쟁에 관해서 이사회가 취한 평화의 확보에 필요한 조치를 어느 일방당사자가 거역할 때에는 타방당사자의 청구에 의해 이사회는 그에게 財政援助를 행할 수 있다고 규정되었다(2). 전자는 違法戰爭을 감행하는 자에 대한 제재이고, 후자는 전쟁에 호소하려는 자를 견제함으로써 전쟁의 야기를 방지하려는 조치이나, 두 경우 모두 이사회의 결정은 당사자를 제외한 全會一致로써 이루어지고(28), 원조는 원조국이 피원조국의 公債募集에 편의를 제공하고 또한 그 지급을 보증하는 형식으로 행하여진다(3~26)고 하였다. 그러나 이 조약의 효력의 발생과 유지는 국제연맹규약에 따르는 軍備縮小案의 효력의 발생과 유지를 조건으로 하였으므로(35), 여러 국가의 조인을 얻었음에도 불구하고 이 조약은 효력을 발생하지 못했다.

재정재산(財政財産) 〔獨〕 Finanzvermögen 行政財産에 대한 개념. 직접 公的 目的에 공용되지 아니하고 수익의 목적으로서 보유하는 국가의 재산. 국가의 수익의 목적으로만 보유하기 때문에 收益財産 혹은 국가의 私産이라고도 한다. 국유재산법상의 雜種財産과 企業用財産의 일부가 이에 해당한다. → 잡종재산

재정전매(財政專賣) → 전매

재정증권(財政證券) 국가가 국고금 출납상의 필요에 의하여 발행하는 증권(豫會 6Ⅰ). 一時借入金과 더불어 국가의 1회계연도에 있어서의 경비의 일시적 부족의 충당방법이 된다. 재정증권은 당해 연도의 세입으로써 발행일로부터 1년내에 상환하여야 한다(6Ⅱ·Ⅲ). 재정증권의 발행의 최고액은 필요한 각 會計에 대하여 매 회계연도마다 국회의 의결을 얻어야 한다(6Ⅳ, 24Ⅱ).

재정증인(在廷證人) 증인으로서 소환을 받지 않고 현재 법정에 있는 자를 증인으로서 신문하는 경우. 민사소송법상 疏明은 즉시 조사할 수 있는 증거방법에 한하므로(271Ⅰ), 人證도 특히 在廷證人이어야 한다. 증인신문은 소환장을 통하여서 출석한 자에 대하여 증언을 명하는 것이 보통이나(281), 在廷者가 증언을 거절하지 않는 한 이 절차를 생략할 수 있다. 明文은 없으나 형사소송에 있어서도 소환하지 않고 신문하는 것이 가능하다 할 것이다.

재정융자특별회계(財政投融資特別會計) 재정에 의한 재정융자를 위한 자금을 효율적으로 관리·운용하기 위하여 설치된 회계로서 融資라 함은 정부가 국민복지의 향상과 주요산업의 지원에 필요한 자금을 대여하는 것을, 財政借款資金이라 함은 정부가 借主가 되어 국제협력기구·외국정부 또는 외국법인과 체결한 公共借款協約에 의하여 도입하는 자금과 그 운용에서 생기는 자금을 말한다(財政融資特別會計法 1, 2).

재정하명(財政下命) 재정목적을 위하여 개인에게 일정한 作爲·不作爲·支給 또는 受忍을 명하는 행정행위를 말한다. 그 의무의 내용에 따라 조세신고의무 또는 장부기재·조치의무나 보고제출의무 등 적극적인 행위를 할 것을 명하는 作爲下命, 조세의 납부를 명하는 것과 같이 일정한 물건 또는 금전의 지급을 명하는 支給下命, 재정권의 발동으로 인한 실력행위를 수인할 것을 명하는 受忍下命 등으로 나눌 수 있다.

재정허가(財政許可) 재정상의 목적을 위하여 명한 일반적 금지를 특정한 경우에 해제하여 적법하게 그 행위를 할 수 있도록 하는 行政行爲를 말한다. 酒造業의 許可 등이 그 예이다. 재정허가는 재정상의 일반적인 금지를 해제하여 자연적인 자유의 상태를 회복시켜 주는 것에 그치며, 허가를 받아야 할 행위를 허가없이 한 경우에는 財政强制 또는 財政罰의 대상이 된다.

재주신문(再主訊問) → 재신문

재차고안(再次考案) 스스로 抗告를 받거나 항고법원으로부터 사건의 송부를 받은 법원(民訴 415, 416 참조)은 원재판의 當否를 재고하고, 항고를 이유있다고 인정하는 경우에는 상급심의 판단을 기다리지 않고 즉시 원재판의 전부 또는 일부의 처리를 하고, 이유없다고 인정할 때에는 의견서를 첨부하여 사건을 抗告法院에 송부할 수 있다(416). 이와 같이 결정·명령(민사소송법 208조의 경우를 제외한다)에 판결과 동일한 羈束力을 인정하지 않고, 시정의 길을 열어주는 것은 절차의 원활을 기하기 위해서이며, 原審法院의 관할로 한 것은 상급심의 부담경감과 간이하고도 신속한 처리를 보장하기 위해서이다.

재최친(齋衰親) 五服 중 斬衰服에 다음가는 服으로서 齊衰服을 입는 사이의 친족. 다시 喪期

에 따라 齊衰 三年(만 2년), 齊衰杖期·齊衰不杖期(滿一年), 齊衰五月, 齊衰三月로 나뉜다. 齊衰 三年은 母, 嫡母, 繼母, 收養父母, 慈母, 媤母, 齊衰杖期는 嫁母, 出母, 妻, 齊衰不杖期는 祖父母, 齊衰五月은 曾祖父母, 齊衰三月은 高祖父母. 經國大典과 刑法大全에서는 齊衰親과 구별하여 期親(만 1년 服喪)을 두었으며 衆子女, 長子婦, 長孫, 長曾孫, 長玄孫, 兄弟姉妹, 伯叔父母, 姑母, 姪, 姪女가 이에 속한다.

재축약관(再築約款) 〔獨〕 Wiederaufbauklausel od. Wiederherstellungsklausel 보험사고로 인하여 멸실·훼손된 건물을 동일한 장소에 같은 목적을 위하여 같은 규모의 건물을 再築하는 경우에만 보험자가 損害補償의 책임을 질 것을 정하는 약관. 再建約款이라고도 한다(獨保險法 97 참조). 이것은 주로 建物火災保險에 이용되나 다른 시설물에 대한 손해보험에서도 정할 수 있다.

재 치(再致) 전정과 같다.

재 판(裁判) 〔英〕 judgment 〔獨〕 Entscheidung 〔佛〕 jugement 형식적으로 말하면 사법기관인 法院이나 法官의 法律行爲이고, 실질적으로 말하면 구체적인 쟁송을 해결하기 위해서 하는 公權的인 法的 判斷의 표시이다. 후자의 의미에서는 행정기관이 하는 재판이라는 것도 있으며, 예를 들면 特許審判과 같은 것인데, 이에 대해서는 특허법원에 司法的 審査를 요구하는 길이 열려 있다(特許 186). 형식적 의미의 재판은 소송법상의 전문용어로서는 법원의 訴訟行爲의 일종이다.

[1] 민사소송법상으로는 법관으로써 구성되는 법원의 기관의 판단 또는 의사표시로서 그 내용에 따른 법률효과를 일으키는 訴訟行爲. 법관의 행위인 점에서, 調書作成, 執行文付與와 같은 서기의 행위나 强制執行, 送達의 시행과 같은 집행관의 행위와 구별되고, 또한 관념적인 법률효과를 목적으로 하는 점에서, 변론의 청취, 당사자의 신문, 증거조사와 같은 법관의 事實行爲와 구별된다. 사건에 관한 終局判斷의 표시만이 아니고, 소송심리에 관련하여 생기는 파생적 사항의 판단, 소송지휘상의 처분, 법원이 하는 執行行爲도 모두 이 의미의 재판으로서 이루어진다. 재판에는 그 形式上 判決·決定·命令의 3종이 있고, 그 중 판결이 가장 중요하다. 소송에 대한 종국적 판단의 표시에는 반드시 이를 사용한다(183, 185). 또 사건의 완결 여부에 따라서 終局的 裁判과 中間裁判으로 분류할 수 있고, 재판의 내용 및 효력상으로, 確認的 裁判·命令的 裁判·形成的 裁判으로 분류할 수 있다.

[2] 형사소송법상으로도 같은 뜻. 形式上 判決·決定·命令으로 나누어지고, 또 사건의 실체를 판단하느냐 아니하느냐의 내용에 따라서 實體的 裁判·形式的 裁判으로 분류되며, 訴訟係屬을 종결시키는가 아니하는가의 기능에 따라 終局的 裁判과 終局前의 裁判으로 나누어진다. 재판은 합의체에 의할 때에는 합의에 의하여, 단독판사가 할 때에는 재판서의 작성에 의하여 내부적으로 성립하고, 宣告 또는 告知에 의하여 외부적으로 성립한다. 불복신청을 불허하는 재판은 외부적 성립과 동시에 확정하고, 불복신청을 허용하는 재판은 不服申請期間의 경과에 의하여 확정된다. 재판의 선고 또는 고지는 공판정에서는 재판서에 의하여 이를 하고, 기타의 경우에는 裁判書謄本의 송달 또는 다른 적당한 방법으로 하되, 법률에 특별한 규정이 있으면 그에 의한다(42). 上訴를 불허하는 결정·명령 이외의 재판에는 이유를 붙이고(39), 특히 有罪判決에는 범죄될 사실, 證據의 要旨와 법령의 적용을 명시하여야 한다(323). 재판을 할 때에는 재판서를 작성하여야 하나, 決定·命令은 조서에 기재함으로써 족하다(38).

재판관(裁判官) 일반으로는 法官을 지칭하나 군사법원법상 軍事法院의 구성원을 말한다. 보통군사법원은 1인 또는 3인의 재판관으로 구성되고 고등군사법원은 3인 또는 5인의 재판관으로 구성된다. 재판관은 軍判事와 審判官으로 나누어진다(22). 일반의 법관과 마찬가지로 헌법과 법률에 의하여 독립하여 심판한다(21 Ⅰ). 재판관은 管轄官이 지정하며(25), 檢察官 및 辯護人과 더불어 재판에 관한 직무상의 행위로 인하여 징계 및 어떠한 불이익한 처분도 받지 아니한다(21 Ⅱ).

재판관할(裁判管轄) [1] 〔英〕 jurisdiction 〔獨〕 Zuständigkeit 〔佛〕 compétence 소송법상의 재판관할. 여러 종류의 법원 사이에 裁判權(민사소송재판권, 비송사건재판권, 가사심판권, 형사재판권, 군사재판권)을 分掌시키는 규정. 관할은 특정한 법원을 표준으로 한다면 그 행사할 수 있는 재판권의 범위(管轄權)의 문제이고, 특정한 사건을 표준으로 한다면, 그 사건에 대하여 재판권을 행사할 수 있는 법원이 어디냐(管轄法院)의 문제이다. 관할은 관서로서의 법원에 의하여 정해지는 것이므로, 동일법원 내에서 事務分擔(예 : 각 單獨事件, 合議部의 재판장, 合議部員)과는 구별하여야 한다. 관할은 재판권을 분장시키는 표준이 다름에 따라, 職分管轄·事物管轄·土地管轄로 구별되고, 관할규정의 근거가 다름에 따라 민사사건에서는 法定管轄·合意管轄·應訴管轄의 구별이 있고, 관할규정의 강행성 유무에 의하여 專屬管轄과 任意管轄의 구별이 있다. 刑事事件에서는 합의관할은 인정되지 않고, 관할의 이전, 관련사건의 관할(關聯裁判籍)이 인정된다.

[2] 〔英〕 competence of courts 〔獨〕 Gerichtsbarkeit 〔佛〕 compétence judiciaire 涉外的 私法事件의 재판관할. 이 문제는 國際私法 내지 國際民事訴訟法의 문제이다. 이 의미의 재판관할은 국제적 재판관할이라고 하지만, 독일에서는 抽象的 裁判管轄(abstrakte Gerichtsbarkeit), 프랑스에서는 一般的 管轄(compétence générale)이라고도 한다. 涉外的인 私法事件에 관하여 어느 나라의 법원이 관할권을 가지느냐의 문제이다. 현재에는 國際私法이 진정한 의미의 국제적 법이 아니고 각국의 국내법인 것과 같이, 國際的 裁判管轄權에 관한 법도 각국의 국내법이다. 이에 관한 특별한 규정을 둔 나라도 있으나, 국내의 재판관할에 관한 규정에 비하여 극히 불완전하다. 우리나라에는 이에 관하여 아무 규정이 없다.

재판관할권(裁判管轄權)〔國際司法裁判所의〕〔英〕 jurisdiction of the International Court of Justice →국제사법재판소

재판권(裁判權) 〔英〕·〔佛〕 jurisdiction 〔獨〕 Gerichtsbarkeit 한 나라의 법원이 事件(屬物的)과 사람(屬人的)에 대하여 행사할 수 있는 권한. 각 법원을 일체로 하여 다른 관청 또는 외국법원에 대한 관계에서 보는 권한인 점에서 이를 抽象的 管轄權이라고도 한다. 그것은 民事訴訟裁判權·非訟事件裁判權·行政訴訟裁判權·刑事訴訟裁判權·軍事裁判權 등으로 나눌 수 있다. 우리나라 국민과 우리나라 국토 내에 있는 외국인은 원칙적으로 모두 우리나라 재판권의 지배를 받는다. 그러나 국제법상 治外法權을 가지고 있는 외국의 원수, 외교사절 및 그 가족, 수행원은 駐在國의 재판권의 지배를 받지 않는 것이며, 條約에 의하여 적법하게 주둔하는 외국군대의 소속원도 역시 같다. 民事訴訟事件에 있어서 어느 나라의 법원이 재판권을 행사하느냐에 관하여 國際裁判管轄의 문제가 생긴다. →재판관할

재판규범(裁判規範) 〔獨〕 Entscheidungsnorm 재판의 준칙인 法規範. 行爲規範 또는 社會規範에 대하여 쓰인다. 사법에 관한 법규는 모두 재판규범의 성질을 가진다. 예컨대 형법의 각 本條는 사회생활을 영위하는 일반인에 대하여 지켜지도록 마련된 社會規範이 아니라, 일정한 사회규범의 효력을 전제로 하면서, 그것에 어긋나는 행위가 있었을 경우에, 그 행위를 어떠한 犯罪로 하고, 거기에다가 어떠한 刑을 과할 것인가를 정하고 있는 재판규범이다. 즉, 타인의 물건을 절취하지 말라라고 하는 사회규범에 대하여 타인의 재물을 절취한 자는 6년 이하의 징역 또는 1천만원 이하의 罰金에 처한다(刑 329)라고 하는 재판규범이 존재한다. 民事法規에는 사회일반의 사람들의 권리의무의 관계를 규정하는 사회규범이 많이 포함되고 있는데, 그것이 법관의 裁判의 規準을 지시하고 있는 점에서 볼 때는, 이러한 법규들은 동시에 재판규범이다. 역사적으로 보더라도, 형사·민사의 實體法의 대부분은 먼저 재판규범으로서 발달하여 왔다. 그러므로 법률이 가지는 재판규범으로서의 성격을 과중시하는 것은 경계하여야 하지만, 재판규범인 측면을 무시하여서는 법률의 본질을 이해할 수 없다고 하는 것도 사실이다.

재판매가격유지행위(再販賣價格維持行爲) 再販賣價格維持行爲라 함은 상품을 생산 또는 판매하는 사업자가 그 상품을 판매함에 있어서 재판매하는 사업자에게 거래단계별 가격을 미리 정하여 그 가격대로 판매할 것을 강제하거나 이를 위하여 規約 기타 拘束條件을 붙여 거래하는 행위를 말한다(獨禁 2 vi). 재판매가격유지는 재판매되는 각 단계에서의 가격유지를 말하며 재판매가격유지행위는 거래단계별 가격을 미리 지시하고 이를 지키게 하는 행위로서 주로 생산자가 행하게 되고 事業者團體, 都賣業者 또는 輸入業者가 이를 행하는 경우도 있다. 다만 대통령령이 정하는 著作物과 ① 당해 상품의 품질이 동일하다는 것을 용이하게 식별할 수 있고, ② 당해 상품이 일반소비자에 의하여 일상사용되는 것으로서, ③ 당해 상품에 대하여 자유로운 경쟁이 행하여지고 있는 품목으로서 公正去來委員會로부터 미리 지정받은 상품은 재판매가격유지행위의 대상에서 제외된다(29 Ⅱ). 상품을 생산 또는 판매하는 사업자는 재판매가격유지행위를 하여서는 아니되며, 이에 위반한 사업자에 대하여 공정거래위원회는 당해 행위의 중지, 법위반사실의 公表 기타 시정을 위한 필요한 조치를 명할 수 있으며(31). 위반자에게는 課徵金을 과하게 되어 있다(31의2).

재판부탁합의(裁判付託合議) 〔佛〕 compromis 특별합의서와 같다.

재판비용(裁判費用) 〔獨〕 Gerichtskosten 訴訟費用 중 법원이 하는 행위에 드는 비용으로, 民事訴訟印紙法이 정하는 바에 의하여, 소장 등의 제출서류 외에 법원으로부터 지출될 實費로서의 송달·公告의 비용, 증인·감정인·통역인 등에게 지급될 여비·일당·숙박료, 법원직원의 실지검증을 위한 출장비 등을 말한다. 이러한 비용은 당사자에게 豫納시켜야 할 것이지만(民訴 106), 법원이 당사

자의 예납하지 아니한 비용을 지급한 때에는 第一審受訴法院의 결정에 의하여 예납하지 아니한 당사자나 재판에 의하여 비용을 부담한 당사자로부터 收捧하여야 한다(民訴規則 13).

재판상(裁判上)**의 감경**(減輕) 작량감경과 같다.

재판상(裁判上)**의 대위**(代位) 채권자가 그 채권의 기한 전에 법원의 허가를 얻어서 債權者代位權을 행사하는 것(民 404Ⅱ 本). 채권자대위권을 행사하려면 원칙적으로 채권자의 채권이 이행기에 도달함을 요한다. 그러나 履行期의 到來를 기다려 대위권을 행사하게 된다면 債權保全의 목적을 달성할 수가 없다든가 또는 곤란하게 될 염려가 있을 때, 예컨대 제3채무자가 해외로 이주할 준비를 서두를 때에는 履行期 전에도 대위를 할 수 있도록 해야 하겠는데, 특별한 사정이 있느냐 없느냐를 채권자의 판단에 맡겨 둔다면 濫用의 우려가 있기 때문에 법원의 허가를 얻어 代位權을 행사할 수 있도록 하려는 취지에서 재판상의 代位制度를 인정한 것이다. 그러나 채무자의 권리의 변경 또는 소멸을 방지하는 것을 목적으로 하는 보전행위, 예컨대 消滅時效의 中斷을 위한 행위를 하거나 미등기부동산에 관하여 保存登記를 하는 것 따위는 재판상의 대위를 하지 않아도 좋다(404Ⅱ 但). → 채권자대위권

재판상(裁判上)**의 복권**(復權) 〔佛〕 réhabilitation judiciaire 법원의 선고에 의하여 자격을 회복시키는 것. 法律上의 復權에 대한다. 또한 赦免法上의 復權과도 구별된다. 자격정지의 선고를 받은 자가 피해자의 손해를 보상하고 자격정지 이상의 형을 받음이 없이 정지기간의 2분의 1을 경과한 때에는 본인 또는 검사의 신청에 의하여 資格의 회복을 선고할 수 있다(刑 82). 이 선고는 그 사건에 관한 기록이 보관되어 있는 검찰청에 대응하는 法院에 대하여 신청하여야 하며(刑訴 337Ⅰ), 이 신청에 의한 선고는 결정으로 한다(337 Ⅱ). 또한 그 신청을 각하하는 결정에 대하여는 卽時抗告를 할 수 있다(337 Ⅲ). → 복권

재판상(裁判上)**의 이혼**(離婚) 法定의 원인이 있는 경우에 부부의 한쪽이 법원에 청구심판을 얻음으로써 성립시키는 離婚. 그 원인은 민법 840조에 규정하는 바이다(→ 이혼원인). 裁判上 離婚은 우선 가정법원의 調停에 회부되고(家訴 50), 조정이 성립되지 않은 경우에는 심판에 의하게 된다.

재판상(裁判上)**의 자백**(自白) 〔英〕 judicial confession 〔獨〕 gerichtliches Geständnis → 자백

재판상(裁判上)**의 준기소절차**(準起訴節次) 준기소절차와 같다.

재판상(裁判上)**의 파양**(破養) 일정한 사유가 있는 경우에 入養의 당사자의 한쪽으로부터 법원에 청구하여 심판으로써 행하는 파양. 재판상 파양은 우선 가정법원의 조정에 회부되고(家訴 50) 조정이 성립되지 않은 경우에는 심판에 의하게 된다. 양자가 15세 미만인 때에는 入養代諾權者가 본인에 갈음하여 罷養의 심판을 청구할 수 있으며, 미성년자와 금치산자는 입양동의권자의 동의를 얻어야 할 수 있다. 미성년자의 경우에 동의권자의 순위는 協議上의 罷養의 경우와 마찬가지로 직계존속이 數人인 때에는 最近尊屬을 선순위로 하고 동순위자가 수인인 때에는 연장자를 선순위로 한다(民 906). 罷養原因은 다음과 같다(905). ① 가족의 명예를 汚瀆하거나 재산을 傾倒한 중대한 過失이 있을 때, ② 다른 일방 또는 그 直系尊屬으로부터 심히 부당한 대우를 받았을 때, ③ 자기의 직계존속이 다른 일방으로부터 심히 부당한 대우를 받았을 때, ④ 양자의 생사가 3년 이상 분명하지 않을 때, ⑤ 기타 養親子關係를 계속하기 어려운 중대한 사유가 있을 때. 이상에서 ①②③ 및 ⑤의 원인은 다른 일방이 이를 안 날로부터 6개월, 그 사유가 있은 날로부터 3년을 경과하면 罷養請求權이 소멸한다(907). 재판에 의하여 파양이 확정된 경우에는 당사자 일방은 과실있는 상대방에 대하여 재산상·정신상의 손해배상을 할 수 있다(908).

재판상(裁判上)**의 화해**(和解) 〔獨〕 gerichtlicher Vergleich 법원에 있어서의 和解를 말하며, 訴訟上의 和解와 提訴前의 和解의 총칭. 경우에 따라서는 전자만을 가리키는 일도 있다. 裁判外의 和解에 대하는 말이다. 제소전의 화해에 관하여는 그 항을 보라. 소송상의 화해는 소송절차 중 법원에서 민사상 분쟁의 당사자가 서로 그 주장을 양보하여 분쟁을 해결하는 행위로서, 이에 의하여 소송을 종료시키는 것이다. 이 화해의 성질에 관하여는 私法上의 和解와의 관련때문에 학설이 나누어진다. 즉, 純私法行爲說(純民法上의 和解와 같게 보고, 이를 조서에 기재함으로써 소송의 종료 기타 소송법상의 효력을 발생시킨다고 하는 설), 訴訟行爲說(純訴訟行爲라고 하여, 소송종료를 목적으로 하는 소송법상의 합의 또는 법원에서 이루어진 화해의 결과를 법원에 보고하는 合同行爲로 보는 설), 兩行爲倂存說, 兩行爲競合說 등이 주장되어, 뒤의 2가지가 종래 통설·판례의 지지를 받아 왔으나, 민사소송법

431조는 화해조서에 旣判力의 존재를 전제로 하여 再審節次에 준하여 재심을 제기할 수 있게 함으로써 입법론적으로 소송행위설을 따르는 것으로 보아야 하게 되었다. 판례도 최근에 이러한 견해로 바뀌었다. 受訴法院은 소송의 어떠한 단계에서나 소송상의 화해를 스스로 시도하거나 또는 受命法官·受託判事로 하여금 시켜볼 수 있다(民訴 135). 재판상의 화해가 유효하게 성립된 때에는 법원사무관 등이 이를 조서에 기재한다(143 i). 이것에 의하여 소송은 완결되고(소송비용에 관하여는 97, 103), 화해조서는 확정판결과 동일한 효력을 가지며, 그 내용에 따라 旣判力·執行力이 생긴다(206, 469). 종래의 통설·판례와 같은 兩行爲倂存說(또는 兩行爲競合說)에 의하면, 사법상의 화해가 通情虛僞表示 기타의 이유로 무효이거나 또는 취소되었을 때에는, 소송행위도 이것과 불가분의 관계가 있으므로 또한 무효이고, 화해조서에 기재한 효력은 상실되어 기판력 자체도 소멸하므로 請求에 관한 異議의 訴의 원인이 된다고 한다. 그러나 소송행위설은 이에 반대한다. 즉 화해조서의 성립절차의 재심사유에 해당하는 하자가 있을 경우에만 재심절차에 준하여(準再審) 화해조서의 효력의 취소를 요구할 수 있을 뿐이고, 和解契約의 무효에 의하여서는 소송상의 화해의 효력을 부인할 수 없다고 한다.

재판상(裁判上) **현저**(顯著)**한 사실**(事實) 법원에 현저한 사실과 같다.

재판서(裁判書) [1] 형사소송법상 재판을 기재한 문서를 말한다. 재판은 법관이 작성한 재판서에 의하여야 하나, 다만 決定 또는 命令을 告知하는 경우에는 재판서를 작성하지 아니하고 조서에만 기재하여 할 수 있다(38). 裁判書에는 재판한 법관이 서명날인하여야 한다. 만약 재판장이 서명날인할 수 없는 때에는 다른 법관이 그 사유를 附記하고 서명날인하여야 하며, 다른 법관이 서명날인할 수 없는 때에는 재판장이 그 사유를 부기하고 서명날인하여야 한다(41). 재판서에는 법률에 다른 규정이 없으면 재판을 받는 자의 성명·연령·직업과 주거를 기재하여야 하는데, 재판을 받는 자가 法人인 때에는 그 명칭과 사무소를 기재하여야 하고, 특히 판결서에는 公判에 관여한 검사의 관직·성명과 변호인의 성명을 기재하여야 한다(40). 公判廷에서의 재판의 선고 또는 고지는 재판서에 의하여야 하고 기타의 경우에는 裁判書謄本의 송달 또는 적당한 방법으로 하는 것을 원칙으로 한다(42). 검사의 집행지휘를 요하는 재판의 재판서는 원칙으로 裁判의 宣告 또는 告知를 한 때로부터 10일 이내에 검사에게 송부하여야 한다(44).

[2] 민사소송법상도 재판은 서면으로 작성하는 것이 원칙이지만(예외 : 辯論 중에 선고하는 소송지휘상의 裁判(143 v)), 이를 재판서라 하기보다는 裁判의 原本이라 부르는 것이 보통이다. → 판결원본

재판소(裁判所) 법원과 같다. 舊法上의 용어.

재판시법주의(裁判時法主義) 행위시와 재판시와의 사이에 刑罰法規의 변경이 있는 경우에는 裁判時法(新法)을 적용해야 한다는 주의. 형법은 법관에 대한 규범이라는 것을 근거로 한다. 行爲時法主義에 대한다. → 행위시법주의

재판심리학(裁判心理學) 〔英〕 forensic psychology 〔獨〕 forensische Psychologie 재판에 관계있는 모든 心理的 事實을 연구하는 학문. 한스 그로스(Hans Gross)의 犯罪心理學은 넓은 뜻의 범죄심리학에 속하며, 그 속에 재판심리학도 포함한다. 재판심리학에서 가장 즐겨 연구되고 있는 것은 陳述의 심리와 犯罪事實의 진위를 확인하는 방법(호흡·혈압·정신전기반사 등에 의한다)에 관하여서이지만, 그 밖에 배심원의 심리, 피고인의 미결구금중의 심리 등 중요한 연구사항이 적지 않다.

재판연구관(裁判硏究官) 大法院長은 판사 중에서 재판연구관을 지명할 수 있으며, 재판연구관은 대법원장의 명을 받아 대법원에서 사건의 심리 및 재판에 관한 조사·연구에 종사한다(法組 24). 헌법재판소는 憲法硏究官이라 한다.

재판(裁判)**에 의한 혼인**(婚姻) 事實婚關係에 있는 당사자가 가정법원(지방)의 審判(또는 調停)을 청구하여 그 성립으로써 혼인관계의 실재를 확인받는 것(家訴 2 I 가 (2) 나類事件 i). 사실상 혼인관계확인의 재판이 확정된 경우에는 심판을 청구한 자는 재판의 확정일로부터 1월 이내에 재판서의 謄本 및 確定證明書를 첨부하여 혼인신고를 하여야 한다(戶 76의2). 재판에 의한 혼인은 사실혼을 보호하고자 하는데 제도의 취지가 있으며, 法律婚主義에 대한 수정 내지 보정이라는 의미에서 그 존재의 의는 크다.

재판외(裁判外)**의 자백**(自白) 〔英〕 extrajudicial confession 〔獨〕 aussergerichtliches Geständnis [1] 형사소송법상 범인이 公判期日 이외에 있어서 하는 그 犯罪事實의 존재를 긍정하는 진술, 진술의 상대방은 수사기관이거나 私人이거나를 불문하고, 또 당해 사건의 수사가 개시되고 있거나, 있지 않거나를 불문한다. 상대방이 없는 陳述(예컨대 일기)도 포함된다(수사개시전의 것은 제외

하여야 한다는 견해도 있다). 裁判上의 自白과 같이, 證據能力·證明力의 제한의 적용이 있다는 점에 관하여는 다툼이 없다. → 자백

[2] 민사소송법상 자기에게 불리한 사실을 재판외에서 상대방이나 제3자에 대하여(예를 들면 信書) 肯認하는 것을 말한다. 소송상 법원의 면전에서 하는 것인 裁判上의 自白에 대한 것이다. 이는 소송상 원용되어도 係爭事實을 인정하는 徵憑에 불과하다. → 자백

재판외(裁判外)**의 화해**(和解) 裁判上의 和解에 대하여 재판외에서 행하는 화해. 民法上의 和解(731)를 이렇게 부른다. → 화해, 시담

재판(裁判)**을 받을 권리**(權利) → 재판청구권

재판(裁判)**의 거절**(拒絶)〔國際法上의〕〔英〕 denial of justice 재판소가 외국인에 대하여 재판을 거절하는 것. 보통 訴訟의 不受理, 재판의 현저한 지연, 재판의 명백한 불공평을 포함한다. 재판의 거절은 외국인에 대하여 일정한 司法的 保護를 부여해야 하는 국제의무의 위반이며 국가책임을 발생케 하는 것이다. 재판의 거절에서도 國際的 標準主義와 國內的 標準主義의 대립이 있음을 주의해야 한다.

재판(裁判)**의 공개**(公開) 소송의 심판을 一般公衆이 방청할 수 있는 상태에서 하는 것. 우리 헌법에서도 裁判의 審理와 判決은 공개를 원칙으로 한다. 다만, 심리는 국가의 안전보장 또는 안녕질서를 방해하거나 선량한 풍속을 해할 염려가 있을 때에는 결정으로 공개하지 아니할 수 있으며, 이 公開停止決定은 이유를 개시하여 선고한다(憲 27Ⅲ·109, 法組 57). 민사소송에서는 공개의 규정에 위반하면 絶對的 上告理由가 되지만(民訴 394Ⅰⅴ), 再審事由는 되지 않는다. 형사소송법상 공판의 공개에 관한 규정에 위반한 때에는 絶對的 抗訴理由가 되고(刑訴 361의5 ⅸ), 또한 헌법위반이 있는 때로서 상고이유가 된다(383 ⅰ).

재판의무(裁判義務) 국제재판의무와 같다.

재판(裁判)**의 성립**(成立) 裁判이 재판으로서의 효력을 갖게(존재하게) 되는 것. 단계적으로 內部的 成立과 外部的 成立으로 나누어진다. 내부적 성립이라 함은 법원 내에서 재판이라 할 의사표시가 성립하는 것으로, 合議制法院의 재판에서는 재판의 합의에 의하여, 單獨判事의 재판에서는 재판서의 작성에 의하여 성립한다. 외부적 성립이라 함은 재판이 대외적으로도 존재하게 되는 것으로, 裁判의 宣告 또는 告知에 의하여 외부적으로 성립하는데, 그 성립절차는 재판의 종류(判決·決定·命令)에 따라 다르다.

[1] 민사소송법상 判決은 중요한 사항에 대한 재판이기 때문에, 원칙으로 辯論에 기하여 선고함으로써 비로소 성립한다(190). 즉 判決法院은 판결의 기초가 되는 소송자료의 변론에 관여한 법관에 의하여 구성하여야 하고(189Ⅰ), 合議制의 경우에는 법관의 합의에 의하여(法組 65, 66) 판결내용을 확정하고, 判決原本에 의하여 主文을 낭독하여야 한다(民訴 191). 決定 및 命令은 변론을 거치지 아니하여도 좋으며(124Ⅰ但), 반드시 그 원본작성을 요하지 않고, 상당한 방법으로 告知함으로써 성립하며(207), 반드시 선고나 송달을 필요로 하지 않는다.

[2] 형사소송법상 訴訟節次의 도중에 법관이 경질된 때에는 公判節次의 更新을 요하는 것이 원칙이지만, 재판이 내부적으로 성립한 후에는 법관의 경질이 있더라도 공판절차의 갱신은 요하지 않는다.

재판(裁判)**의 집행**(執行) 형사소송법상재판의 의사표시적 내용을 국가의 권력에 의하여 실현하는 것. 따라서 재판 중에서도 그 의사표시만으로 족하고 그 내용을 국가권력으로써 실현할 여지가 없는 재판(예컨대 無罪判決)에는 그 집행이라는 관념이 있을 수 없다. 재판의 집행도 하나의 법률관계이지만, 검사를 지휘자로 하는 執行機關과 受刑者와의 일면적 관계이고 法院은 원칙적으로 관여하지 아니하기 때문에 엄격한 의미에서의 訴訟關係는 아니다. 그러나 재판의 집행은 재판의 현실화라고 하는 의미에서 재판과 불가분이고, 따라서 疑義申請이라든가 집행에 관한 이의신청 등이 인정되며, 그 한에서는 재판기관과 沒交涉인 것은 아니다. 재판은 형사소송법에 특별한 규정이 있는 경우를 제외하고는 확정한 후에 집행한다(459). 예외로서는 ① 決定·命令은 확정전에 집행할 수 있다. 그러나 卽時抗告가 허용되는 것은 제외된다(409). ② 訴訟費用의 裁判은 확정되더라도 487조에 규정된 신청기간내와 그 신청이 있는 때에는 소송비용부담의 재판의 집행은 그 신청에 대한 재판이 확정될 때까지 그 집행이 정지된다(472). ③ 財産刑의 假納裁判이 있으면 확정을 기다리지 않고 집행할 수 있다(334Ⅲ). 裁判의 執行은 원칙적으로 그 재판을 한 법원에 대응한 검찰청 검사가 지휘한다(460Ⅰ)(→ 집행지휘). 민사소송법상의 재판의 집행에 관하여는 强制執行을 보라.

재판(裁判)**의 합의**(合議) 合議制法院에 있어서 합의체로서의 의사태도를 결정하기 위하여 構成法官이 집합하여 협의하는 것. 이것에 의하여 재판이 내부적으로 성립한다. 합의는 법원 내부의

의사결정의 과정으로서 공개하지 않는다(法組 65). 合議審判은 과반수로써 결정하고 합의에 관한 의견이 3說 이상 분립하여 각각 과반수에 달하지 못하는 때에는 數額에 있어서는 과반수에 달하기까지 최다액의 의견의 수에 순차 소액의 의견의 수를 가하여 그 중 최소한의 의견에 의하고, 刑事에 있어서는 과반수에 달하기까지 피고인에게 가장 불리한 의견의 수에 순차 유리한 의견의 수를 더하여 그 중 가장 유리한 의견에 의한다(66).

재판(裁判)**의 확정**(確定) 〔獨〕 Rechtskraft der Entscheidung 재판이 보통의 不服申請方法(再審·特別抗告·非常上告와 같은 비상의 구제수단을 제외함)에 의하여서는 취소될 수 없는 상태에 달하였음을 말한다. 보통의 불복신청방법이란 판결에 대해서는 抗訴·上告, 명령에 대해서는 抗告·再抗告를 뜻한다. 상고심의 재판이나 상소를 하지 않기로 합의한 것과 같이 불복신청을 할 수 없는 재판은 그 성립과 동시에, 그렇지 않은 경우에는 上訴權의 抛棄나 上訴期間의 徒過 등과 같이 당사자의 불복신청권, 즉 상소권 등이 소멸된 경우에 확정된다. 이와 같은 재판을 確定裁判이라 하고, 이와 같은 의미에서의 확정재판의 不可取消性을 形式的 確定力이라고 한다. 재판이 확정되면 그 내용인 판단이 다툴 수 없는 拘束力(형사재판에 있어서는 다시 一事不再理의 효력)을 가진다. 즉, 동일사항이 다시 소송이 되면, 동일법원은 물론 다른 법원도 그 내용인 판단에 배치되는 판단을 할 수 없고, 당사자 또한 이와 반대되는 내용을 주장 답변할 수 없다. 이를 實體的 確定力 또는 旣判力이라고 한다. 그리고 재판의 내용에 따라서 執行力 또는 形成力도 발생한다.

재판(裁判)**의 확정력**(確定力) 재판의 확정에는 形式的 確定과 內容的 確定이 있다. 형식적 확정은 통상 불복방법에 의하여 다툴 수 없는 상태를 말하며, 종국재판에 있어서는 형식적 확정을 통하여 訴訟係屬이 종결된다. 형식적 확정력이란 재판의 형식적 확정에 의한 不可爭力을 말한다. 형식적 확정력은 내용적 확정력을 인정하기 위한 요건이 될 뿐만 아니라 전과기록을 위한 전제가 된다. 내용적 확정력이란 재판이 형식적으로 확정되어 그 판결내용인 법률관계를 확정시키는 효력을 말한다. 有罪·無罪의 實體裁判이 확정되면 이에 따라 刑罰權의 존부와 범위가 확정된다. 이러한 실체재판의 내용적 확정력을 실체적 확정력이라 한다. 實體的 確定力을 사건의 측면에서는 넓은 뜻의 旣判力이라고도 하며, 확정재판의 後訴에 대한 內容的 拘束力과 一事不再理의 효력을 내용으로 한다. 내용적 구속력이란 재판이 확정되면 다른 법원에서도 동일한 사정에서 동일사항에 대하여는 다른 판단을 할 수 없는 효력을 말한다.

재판장(裁判長) 〔獨〕 Vorsitzender 〔佛〕 président 合議部(合議體)를 구성하는 法官(判事 또는 大法院判事)의 한 사람으로서 합의체를 대표하는 권한을 가진 자. 법정의 질서유지는 재판장이 담당한다(法組 58Ⅰ). 재판장은 법정의 존엄과 질서를 해할 염려가 있는 자의 入廷禁止 또는 退廷을 명하며, 그 밖에 법정의 질서유지에 필요한 명령을 발할 수 있다(58Ⅱ). 재판장은 訴訟指揮權을 가진다. 재판장은 部의 일원으로서 合議部員과 마찬가지의 표결권을 가지나 때로는 부와는 독립하여 재판사무를 처리할 권한이 있다(民訴 125, 126~129, 175Ⅰ, 179, 231, 291, 298, 301, 305, 371, 723. 刑訴 53, 74, 75, 80, 81, 114, 267, 270, 273, 284, 287, 291~293, 297, 299, 303, 304). 재판장은 소송법상의 용어이나 부장은 소송법상의 용어가 아니다. 部長은 판사 개인에게 전속된 사법행정상의 칭호임에 반하여, 재판장은 아무라도 訴訟指揮權을 가지면 될 수 있다. 대체로 부장이 재판장이 되게 마련이지만, 반드시 그렇지도 않다. 재판장은 合議體의 구성원 중 선임자가 담당하는 것이 관례이다.

재판적(裁判籍) 〔獨〕 Gerichtsstand 민사소송에 있어서, 어느 사건, 따라서 또 그 당사자가 어느 법원의 재판권의 행사에 따를 것인가를 정하는 근거가 되는 관계. 법원의 토지관할은 그 관할구역내의 사건과 人的으로(예 : 피고의 주소, 사무소의 주소지) 또는 物的으로(예 : 義務履行地, 不法行爲地) 일정한 관계가 있는 지점을 기준으로 하여 정해진다. 이러한 점에서 재판적에는 人的裁判籍과 物的裁判籍이 있고, 또 민사소송 일반에 대해서 인정되는 普通裁判籍(民訴 1의2~5)과 한정된 종류의 민사소송에 대해서 인정되는 特別裁判籍(5의2~22)으로 구별된다. 다만 재판적이라는 말이 토지관할만이 아니고 事物管轄·職分管轄을 포함한 관할 일반의 뜻으로 사용되는 경우도 있다(524 참조).

재판정(裁判廷)〔國際司法裁判所의〕 〔英〕 bench 국제사법재판소에 부탁된 사건을 처리하기 위하여 구체적으로 조직되며 通常裁判廷, 特別裁判廷, 簡易裁判廷이 있다. 통상재판정은 15명의 정규재판관으로 조직되며 정족수는 9명(國際司法裁判所規程 25Ⅲ). 이때 國籍裁判官은 정족수에서 제외된다. 보통의 재판은 통상재판정으로 개정된다. 特別裁判廷은 노동사건·통과 및 운수통신에 관한 사건 등 특별종류의 사건을 처리하기 위하여 재판소가 결정한 3인 이상의 재판관으로 구성되는 部(26Ⅰ)와 특정사건의 처리를 위하여 당사국의 승인을 얻어 재판소가 결정한 수의 재판관으로 구성되는 小裁判部가 있다(26Ⅱ). 簡易裁判廷은 사무의 신속화를 위하여 재판소가 매년 5인의 재판관으로써 구성한 재판부이다(29). 特別裁判廷이 당사국의 요구에 의하여 수시로 설치되는데 반하여 간이재판정은 재판소가 미리 설치한 것이다. 간이재판정의 판결도 국제사법재판소의 판결로 간주된다(27). → 국제사법재판소, 국적재판관

재판조약(裁判條約) 국제재판조약과 같다.

재판조정조약(裁判調停條約) 조정재판조약과 같다.

재판조항(裁判條項)〔國際法上의〕 국제재판조항과 같다.

재판청구권(裁判請求權) 모든 국민은 헌법과 법률에 정한 법관에 의하여 법률에 의한 裁判을 받을 권리를 가진다(憲 27Ⅰ). 이를 재판청구권이라고 하는 바, 이 권리에는 積極的 效果와 消極的 效果가 있다. 적극적 효과는 적극적으로 재판을 청구하는 권리인 점인 바, 이에 의하여 국민은 民事裁判請求權과 行政裁判請求權을 가진다. 이에 대하여, 刑事裁判請求權은 원칙적으로 검사가 가지며(刑訴 246), 일반국민은 법상 이를 가지지 아니하는 것이 원칙이지만, 예외적으로 이른바 재판상의 準起訴節次(263)의 경우에는 고소인 또는 고발인에게 일종의 형사재판청구권이 인정된다. 재판청구권의 소극적 효과는 헌법과 법률에 정한 법관이 아닌 자의 재판 및 법률에 의하지 아니한 재판을 거절하고 합법적인 재판을 청구할 수 있는 권리인 점이다.

재평가적립금(再評價積立金) 資産再評價法에 의하여 법인이 재평가를 한 경우에 그 재평가차액에서 재평가일 1일전의 대차대조표상의 移越缺損金을 공제한 잔액을 적립한 것(28Ⅰ). 재평가적립금은 재평가세의 납부, 자본에의 轉入, 재평가일 이후 발생한 대차대조표상의 이월결손금의 보전, 환율조정계정상의 금액과의 상계 등만을 위하여 처분할 수 있다(28Ⅱ). 자본에 전입할 금액은 재평가적립금으로 계상한 금액에서 납부할 再評價稅額을 재평가일 이후 발생한 대차대조표상의 이월손금, 법인세법의 규정에 의한 환율조정계정의 금액 중 당해 재평가자산에 해당하는 금액 및 당해 재평가자산의 매입 또는 건설에 사용한 外換借入金 중 아직 상환되지 아니한 금액의 차입 당시의 환율에 의한 원貨表示額과 재평가일 현재의 환율에 의한 원貨評價額간에 외환평가차손이 발생한 경우 그 外換評價差損金에 상당하는 금액 등을 공제한 잔액으로 한다. 資本에의 轉入은 정부로부터 資本轉入相當額證明書를 교부받아 교부받은 날로부터 3년 내에 완료하고 등기하여야 하며, 이 경우에는 登錄稅를 부과하지 않는다(30, 37Ⅰ).

재한미국군대(在韓美國軍隊)**의 형사재판관할권**(刑事裁判管轄權)**에 관한 한미협정**(韓美協定) 〔英〕 Agreement between the United States of America and the Republic of Korea concerning the Jurisdiction over the U.S. Forces in Korea 한국에 있어서의 미국군대의 지위는 정부수립후에는 大韓民國大統領과 駐韓美軍司令官간의 과도기에 시행된 暫定的 軍事安全에 관한 行政協定에 의하여 규율되었으나, 한국전쟁후에는 한국정부와 주한미국대사간에 在韓美國軍隊의 재판권에 관한 한미협정이 성립하였다. 이 협정에 의하면 주한미국군대의 구성원에 대한 형사재판권은 전적으로 미국군법회의에서 행사하기로 되었다. 이 협정은 전쟁중(1950년 7월 12일) 대전에서 書翰交換의 형식으로 성립된 것이어서 大田協定이라고도 부르는데, 전쟁이라는 절박한 事態(prevailing conditions of warfare)를 전제로 한 잠정적 조치이기는 하나, 1951년의 NATO 협정(군대의 지위에 관한 北大西洋條約의 당사국간의 협정)과 비교하여 볼 때에 대전협정은 變態的이며, 전쟁의 절박상태가 해소된 후에는 그 유효성에도 의문이 제기되어 1967년 韓·美行政協定으로 대체되었다. → 한미행정협정

재항고(再抗告) 〔獨〕 weitere Beschwerde

[1] 민사소송법상 抗告法院과 高等法院 또는 抗訴法院의 결정 및 명령에 관하여 재판에 영향을 미친 헌법·법률·명령 또는 규칙의 위반이 있음을 이유로 하는 抗告이다(412). 마치 판결절차에 있어서의 上告에 해당한다. 이는 항고법원 또는 고등법원의 결정에 대하여 무제한으로 다시 항고를 허용한다면 그 관할은 당연히 대법원으로 될 수밖에 없기 때문에 대법원의 부담감경이 취지에서 일정한 범위 내에서만 인정하고 있다. 再抗告理由書提出에 관하여는 抗告期間의 제한이 있는 즉시항고에만 적용된다 할 것이다. 재항고를 할 수 있는 자는 항고법원의 항고를 기각한 재판일 때에는 당사자에 한하고 이해관계인은 포함하지 않으나, 항고를 허용한 재판일 때에는 상대자 또는 抗告審決定으로 새로 이익을 침해당한 사람들이다.

[2] 형사소송법상으로도 항고법원 또는 고등법원의 결정에 대하여 재판에 영향을 미친 헌법·법률·명령 또는 규칙의 위반이 있음을 이유로 하는 때에는 대법원에 即時抗告를 할 수 있다(415).

재항변(再抗辯) 〔獨〕 Replik 소송상 당사자의 일방이 어떠한 法律效果를 주장함에 대하여 상대방이 그 법률효과의 발생을 장애하거나 일단 발생한 효과를 滅却시키는 사실을 주장하는 것을 抗辯이라 하는데, 당초의 주장자가 이러한 항변사유에 기한 법률효과의 장애 또는 滅却效果의 주장을 다시 배척하는 사유를 주장함을 재항변이라고 한다. 예를 들면 원고의 채무이행의 청구에 대하여 피고가 소멸시효완성의 항변을 할 때, 원고가 다시 시효중단사유를 주장함은 재항변이라 할 것이다. 재항변에 대한 항변을 再再抗辯(Duplik)이라 한다.

재해구호(災害救護) 旱害·風害·水害·火災 기타의 재해로 인하여 동일지역 내에 다수의 이재자가 발생하여 응급구호가 필요한 경우에(災害救護法 2) 행하는 재해의 복구 및 이재자의 보호를 말한다. 재해구호는 수용시설(응급 가설주택 포함)의 제공, 급식 또는 식품·의류·침구·학용품 기타 생활필수품의 급여, 의료 및 助産, 이재자의 구출, 罹災住宅의 응급수리, 생업에 필요한 자금·기구 또는 자재의 급여나 대여, 생업알선 또는 葬事 등의 방법으로 한다(5). 특히 필요하다고 인정하는 경우에는 罹災民에게 현금을 지급하여 구호할 수도 있다. 구호의 기간은 이재민의 피해정도와 생활정도를 참작하여 결정하는 것이나, 3월 이내이어야 한다(施行令 10).

재해구호대책위원회(災害救護對策委員會) 災害救護法에 의한 재해구호사업의 기획·조사 기타 구호실시에 관하여 필요한 사항을 심의할 목적으로, 보건복지부·서울특별시·도에 설치한 위원회. 이 위원회의 조직·운영·심의사항의 범위와 기타 필요한 사항은 대통령령으로 정한다(災害救護法 4).

재해보상(災害補償) 근로자가 노무에 종사함으로써 입은 사망·부상·질병 등의 재해를 사용자가 보상하는 제도를 말한다. 勞動災害는 기업의 영리활동에 수반하는 현상인 이상 기업활동에 의해서 이익을 얻고 있는 사용자에게 당연히 손해를 보상하게 하여 근로자를 보호해야 한다는 취지에서 재해보상이 제도화되었다. 이 제도에서는 업무에 종사하는 과정에서 그 업무에 기인하여 발생한 사고에 의한 부상·사망과 일정한 직업병에 대해서 사용자는 근로자에게 당연히 일정액을 보상해야 한다. 보상제도는 無過失責任과 보상액의 定額化를 주요한 특징으로 한다. 재해보상제도의 내용으로는 療養補償(勤基 81), 休業補償(82), 障害補償(83), 遺族補償(85), 葬儀費(86) 등이 있다. 그러나 근로기준법이 재해보상을 사용자의 의무로서 규정하고 있더라도 사용자가 특정재해가 발생했을 때 이를 보상할 수 있는 자력을 갖추고 있지 못하면 재해보상제도는 그 의의를 상실하므로 보상을 확실하게 지급하고 신속하게 처리하도록 하기 위해 産業災害補償保險法이 제정되어 사업의 위험률·규모 및 사업장소 등을 참작하여 대통령령으로 정한 사업을 제외한 모든 기업체에 적용되도록 하여(5), 이를 社會保險制度로 운용하도록 하고 있다.

재해보상(災害補償)**에 관한 이의**(異議) 業務上의 負傷·疾病 또는 死亡의 인정, 療養의 방법, 보상금액의 결정 기타 보상실시에 관하여는 여러가지 곤란한 문제가 생겨 분쟁이 발생할 경우도 있을 것이므로 이에 대하여 異議가 있는 자에게는 해결의 절차로서 다음과 같은 2단계가 마련되어 있다(勤基 91, 92). ① 노동부장관의 심사와 중재(91)로서 이의가 있는 자가 상기사항에 대하여 청구가 있는 경우에는 노동부장관은 1월 이내에 심사 또는 중재를 하여야 한다. 필요에 따라서는 직권으로 심사 또는 사건의 중재를 할 수 있다. ② 勞動委員會의 審査와 仲裁(92)로서 전기 1월 이내에 노동부장관이 심사 또는 중재를 하지 아니하거나 또는 심사나 중재의 결과에 불복이 있는 자는 노동위원회의 심사 또는 중재를 청구할 수 있으되, 1월 이내에 하여야 한다. → 재해보상

재해부조금(災害扶助金) 공무원연금법상의 短期給與의 일종으로(公年金 34), 공무원이 수재·화재 기타 재해로 인하여 재산에 손해를 입은 때 報酬月額의 6배에 상당하는 금액의 범위 안에서 지급되는 부조금을 말한다(41).

재해위험지구(災害危險地區) 海溢·高潮·수해 기타 재해가 생길 우려가 있는 특정한 지역. 시장·군수·구청장은 재해위험지구를 지정할 수 있으며, 이를 지정한 경우는 지체없이 公告하여야 한다. 이 지구 내에 있어서 건축물의 건축의 금지 및 제한에 관한 사항은 시·군·구의 條例로 정한다(建築法 54).

재 혼(再婚) 前婚의 解消 또는 取消의 후에 다시 혼인하는 것. 연혁상으로는 우리나라에서뿐만 아니라 일반적으로, 특히 여자의 재혼은 불미스러운 것으로 생각되었었다. 근대법에 있어서는 이러한 관념은 소멸되었지만 다만 여자에 관하여는 혈통의 혼란을 방지하기 위하여 前婚의 解消 또는 取消後에 일정한 기간이 경과하지 않은 동안은 재혼을 금지하는 입법이 많다. 우리 개정민법은 아무런 제한없이 재혼할 수 있도록 했다. → 재혼금지기간

재혼금지기간(再婚禁止期間) 〔獨〕 Wartefrist 〔佛〕 délai de viduité 여자가 재혼하는 경우에 前婚關係解消日로부터 일정기간이 경과하지 않으면 안되도록 하는 기간. 우리나라에서는 일찍이 朝鮮 世宗時부터 여자의 재혼을 금지하여 왔고, 開國 503년 6월의 議案에서는 寡女再婚無論遺賤任其自由事라고 하여, 그 때부터 여자의 재혼을 허용하는 동시에 재혼을 하려면 일정한 기간이 경과하여야 할 것으로 하였으며, 이에 위반한 자를 처벌하였다. 그러나 이것은 이른바 居喪婚의 금지로서 近世的 再婚禁止期間의 취지와는 전혀 다르다. 민법은 재혼금지기간을 6월로 하고 있었는데(811 本), 이것은 오직 父性確定의 곤란성에 대한 배려에서 규정된 것이었다(현재는 제한규정이 없음). 따라서 그러한 염려가 없는 경우, 즉 여자가 前婚에 의하여 胞胎한 子를 해산하면 이 장애는 없어졌었다(舊民 811 但). 夫가 失踪宣告를 받았거나, 3년 이상 생사가 불명하다는 이유로 이혼이 인정된 경우, 또는 前夫와 재혼하는 경우에도 이와 마찬가지로 해석하여야 할 것이다. 이러한 제한에 위반하여 婚姻申告가 수리되어 혼인이 성립한 경우에는 당사자 및 전배우자 또는 그 직계존속이 그 취소를 청구할 수 있었다(舊民 818 後). 그러나 前婚關係의 종료일로부터 6월을 경과하거나 재혼 후 胞胎한 때에는 그 취소를 청구할 수 없었다(舊民 821).

쟁 송(爭訟) 〔獨〕 Streit, Streitigkeit 權利의 存否나 行爲의 효력 등에 관한 분쟁 그 자체를 의미하는 경우도 있고, 이들 분쟁을 처리하기 위하여 행하는 일정한 國家作用 및 節次를 의미하는 경우도 있다. 法律上의 爭訟이라고 할 경우의 쟁송은 전자의 의미이고 行政爭訟이라고 할 경우의 쟁송은 대체로 후자의 의미이다. 때로는 訴訟과 같은 의미로 사용되는 경우도 있다.

쟁 의(爭議) →노동쟁의

쟁의권(爭議權) 〔英〕 right to strike 〔獨〕 Streikrecht 〔佛〕 droit de grève 근로자가 사용자에 대해서, 근로조건 등에 관한 자기의 주장을 관철하기 위하여, 단결해서 同盟罷業 기타의 爭議行爲를 하는 권리. 시민법상 실질적으로 우위에 서 있는 사용자와 근로자를 대등한 입장으로 유지시키기 위해서 인정된 것으로, 헌법 33조에서 團體行動權을 가진다고 한 것은 명백히 쟁의권을 보장하고 있는 것이다. 현행법상으로도 이에 의거하여 정당한 쟁의행위에 대해서는 형사상 및 민사상의 免責을 인정하고 있다(勞整 3, 4). 그러나 현실로 행하여지는 쟁의행위는 그 목적·態樣·수단 등의 여하에 따라서는 헌법이 보장하는 쟁의권의 행사의 범위를 逸脫하는 것이 되어, 법률상의 책임을 부담하지 않으면 안될 경우가 있다. 그래서 쟁의행위에 관한 법률문제는 쟁의행위의 합법·위법의 한계를 명백히 하는 데에 있다. 근로자의 쟁의권의 보장과 관련하여 형평의 견지에서부터 사용자에게도 職場閉鎖라고 하는 쟁의행위가 인정되며, 그것이 정당한 것인 한, 이에 의해서 근로자의 노무의 제공을 거부한다 하더라도 이는 受領遲滯가 되지 않는다고 해석된다.

쟁의단(爭議團) 爭議行爲를 하기 위하여 집합한 근로자의 단체. 아직 노동조합이 조직되지 아니한 공장사업장에서, 어떤 문제를 계기로 근로자가 일체가 되어 쟁의행위를 할 때, 그 단체가 쟁의단체이다. 근로자의 단체인 이상 정당한 쟁의행위로만 인정되면 민사상·형사상의 책임은 생기지 않는 것이지만, 團體協約은 맺을 수 없다는 것이 통설로 되어 있다. 또한 노동위원회의 근로자측위원의 추천이라든지, 法人格의 取得은 할 수 없으며 기타 노동조합 및 노동관계조정법상의 勞動爭議의 調整을 받을 수 없다(勞整 7Ⅰ 참조).

쟁의불참가자(爭議不參加者) 쟁의행위가 발생하였을 때, 그것에 참가하지 않는다는 것이 團體協約에 의하여 미리 정해져 있는 근로자. 일정수의 수위·운전원 등이 그 예.

쟁의약관(爭議約款) 공정한 쟁의를 목적으로 勞·使 양측에 대하여 여러가지 종류의 의무나 절차 등을 과하는 규정으로 단체협약 중의 한 조항을 말한다. 예컨대, 團體交涉을 거치지 않은 쟁의행위의 금지, 쟁의의 사전통고, 違法爭議行爲의 금지, 쟁의참가자의 처우, 사업시설출입과 쟁의행위와의 관계, 쟁의중의 협약 등의 효력, 쟁의중의 雇傭禁止 등이 있다.

쟁의행위(爭議行爲) 노동관계당사자가 그의 주장을 관철할 것을 목적으로 하여 행하는 행위 및 이에 대항하는 행위로서 업무의 정상적 운영을 저해하는 것. 노동조합 및 노동관계조정법 2조 6호는 同盟罷業·怠業·職場閉鎖를 예시하고 있다. 이밖에 보이콧·피케팅·생산관리 등이 있으며, 또 쟁의행위의 목적에 따라 보통 동맹파업 외에 同情스트라이크·政治스트라이크 등이 있다. 또한 시위행진이나 조합대회가 집무시간 중에 행하여지면 쟁의행위가 될 가능성이 많다. 그러나 이와 같은 쟁의행위가 모두 당연히 적법한 것으로 인정되는 것은 아니다. 즉, 쟁의행위 그 자체가 권리로서 행사된다고 하여서, 그것이 여하한 目的·態樣·手段을 통해서 행하여지든지 절대적으로 적법시된다고는 볼 수 없다. 예를 들면 쟁의행위에 의한다고 할지라도 인명을 해칠 수 없음은 물론, 헌법이 보장하는 기본적 인권을 침해할 수 없다. 또한 勤勞基本權과 함께 財産權을 보장하고 있는 헌법하에서 재산권을 부정하는 따위의 행위가 허용될 수 없음은 당연하다. 그러나 쟁의행위에 의한 업무의 停廢 등으로 인하여 기업이 경제적 손실을 받는다는 것은 부득이한 것으로 예정된다. →정당한 쟁의행위

쟁의행위(爭議行爲)**의 보장**(保障) →정당한 쟁의행위

쟁의행위(爭議行爲)**의 손해배상**(損害賠償) 헌법은 근로자의 團體行動權(爭議權)을 보장하고 있으므로(憲 33) 정당한 쟁의행위에 대해서는 근로자는 원칙적으로 損害賠償義務를 면하게 된다. 노동조합 및 노동관계조정법은 이를 확인하고, 사용자는 정당한 쟁의행위로 인하여 손해를 받는 것을 예정하여, 노동조합 또는 근로자에 대해서 배상을 청구할 수 없다는 것을 규정하였다(勞整 3). 쟁의행위가 정당하지 못한 경우에는 민법의 일반원칙에 따라서 債務不履行 또는 不法行爲로 인한 배상의 책임이 발생한다. 그러나 책임의 주체는 그 쟁의행위가 전체로서 목적 또는 수단에 있어서 정당하지 아니한 경우에는 조합 자체이며, 쟁의행위 중에 폭행 등의 개개의 불법행위가 있었을 경우에는 그 조합원인 것이 원칙이다. →정당한 쟁의행위

쟁의행위(爭議行爲)**의 정당성**(正當性) 우리 헌법 33조 1항은 근로자는 勤勞條件의 향상을 위하여 자주적인 단결권·단체교섭권 및 단체행동권을 가진다고 규정함으로써 근로3권을 보장하여, 근로자의 경제적·사회적 지위향상을 꾀하고 있다. 그러나 이렇게 헌법을 통하여 근로3권, 특히 團體行動權이 보장되었다고 하여 근로자들은 그러한 권리를 무제한하게 행사할 수 있는 것은 아니고, 爭議行爲가 헌법 33조의 존재목적을 일탈하지 않고 기본권 체계상 수용될 수 있는 한계 내에서 행사된 경우에만 정당한 쟁의행위로 보호받게 된다. 쟁의행위는 다음과 같은 경우에 정당하다. 즉 ① 當事者의 正當性. 쟁의행위는 단체협약체결능력이 있는 노동조합 및 사용자에 의하여 수행되어야 한다. 이때 여기서 말하는 勞動組合은 노동조합 및 노동관계조정법상의 형식적 요건(勞整 10, 11)까지 갖출 것을 의미하는 것은 아니며 조합으로서의 缺格事由(2)가 없는 實質的 組合이면서 社團으로서의 조직성을 갖춘 것이면 족하다. ② 目的의 正當性. 쟁의행위는 근로자가 사용자와 대등한 위치에서 團體交涉하여 단체협약을 체결하는 것을 목적으로 하므로 이러한 목적에서 벗어난 쟁의행위는 그 정당성이 부인된다. 따라서 단순히 정부각료의 퇴진을 주장하거나 특정 법령의 제정에 반대하는 것을 목적으로 하는 政治罷業은 허용되지 아니한다. ③ 手段·態樣의 正當性. 쟁의행위의 수단이나 態樣이 정당한 것인가의 여부는 통일적인 조직활동으로서의 쟁의행위 전체와 관련하여 개별적으로 판단하여야 할 것이므로, 쟁의행위가 하나의 통일적인 행위로서 정당하게 행하여진 경우에는 소수의 근로자가 폭행·협박 등의 탈선행위를 하였다고 하여 당연히 전체의 쟁의행위가 위법하게 되는 것은 아니다. ④ 爭議行爲의 제한·禁止法規에 위반이 없을 것 등이다.

쟁의행위(爭議行爲)**의 제한·금지**(制限·禁止) 爭議權에 대한 법률상의 제한. 쟁의권은 근로자에게 그의 근로조건 등을 향상시키기 위해서 인정한 것이어서, 그것 자체가 목적이 아니고 수단인 것이기 때문에, 절대적인 것은 아니다. 따라서 국민 전체의 이익이나, 생명의 안전 등의 요청에서부터 법률상의 제한을 받는다. 현재 일반 공무원에게는 爭議權이 부정되며(憲 33Ⅱ, 國公 66, 勞整 5 참조), 안전보호시설의 정당한 유지·운영의 정지 등은 쟁의행위로서도 이를 행할 수 없도록 하였다(勞整 42Ⅱ). 기타 쟁의행위는 조합원의 직접·비밀·무기명투표에 의한 과반수의 찬성으로 행하여야 되며(41Ⅰ), 폭력이나 파괴행위로는 행할 수 없다는 것(42Ⅰ)을 규정하고 있다.

쟁 점(爭點) 〔獨〕Streitpunkt 訴訟當事者 사이에 다툼이 있으므로 소송상 법원이 증거에 의한 인정을 요하는 사실. 구민사소송법에 있어서 判決書의 기재사항의 하나였다(舊民訴 191Ⅰii). 辯論主義에 의하여 심리되는 범위에서는 당사자 사이에 다툼이 없는 사실은 그대로 판결의 기초로 되고 쟁점에 대하여서만 증거에 의한 인정이 필요하다. 개개의 쟁점은 終局判決의 이유 가운데 동시에 판단을 받게 되어 있지만, 독립된 공격·방어방법과 같은 쟁점에 대하여는 中間判決로서 판단을 받을 수도 있다(民訴 186).

저당권(抵當權) 〔獨〕Hypothek 〔佛〕hypothèque 채무자 또는 제3자가 채권의 담보로 제공한 것을 담보제공자의 사용·수익에 맡겨 두면서, 辨濟가 없을 때에 그 물건의 價額으로부터 우선변제를 받는 것을 목적으로 하는 擔保物權(民 356 이하). 質權과 더불어 約定擔保物權의 하나이고, 신용수수의 매개가 되는 것인데, 질권과는 점유를 설정자로부터 빼앗느냐 않느냐의 점에서 다르고, 이 점으로부터 양자의 담보적 기능의 현실적인 모양이 달

라지게 된다. 저당권은 질권과 같은 留置的 機能은 없으나, 저당권설정자는 목적물의 점유를 그대로 계속하니까 생산용구의 담보화에 적합하고, 계속 생산하여 거기서 얻어지는 이익으로 채무의 변제에 충당할 수 있다. 결국 消費信用의 매개를 주로 하는 질권에 대하여, 저당권은 生産信用의 매개를 주기능으로 한다. 저당권의 중심적 효력은 목적물을 경매하여 그 대금으로부터 우선변제를 받는 것이며, 목적물에 대신 하는 것 위에도 효력을 미친다(→물상대위). 저당권이 설정된 후에 목적물을 제3자에게 양도하거나 또는 그 위에 用益權을 설정하는 것은 자유이나, 저당권은 이것에 의해 영향을 받지 않고, 경매에 의하여 이러한 권리는 소멸한다. 登記나 登錄을 필요로 하는 저당권은 목적물의 범위가 자연히 제한된다. 그러나 등기 또는 등록기술의 발전은 목적물의 범위를 확대시킬 수 있다. 현실로 財團抵當·自動車抵當·航空機抵當·立木抵當 등이나 登錄質 같은 것이 그것이다. 저당권은 부동산투자의 매개자로서 더욱 발휘시키기 위하여, 독일 기타의 법제에서는, 證券抵當·抵當債券·所有者抵當 등의 제도가 인정되고 있는데, 우리의 擔保附社債制度 같은 것도 그러한 취지의 것이다.

저당권설정청구권(抵當權設定請求權) 부동산공사의 수급인이 그 보수채권을 담보하기 위해서 都給人에 대해서 그 부동산을 목적으로 한 저당권설정을 청구할 수 있는 권리. 도급에 있어서 도급인의 의무의 중심적인 것은 보수지급의무인 바, 이에 대응한 수급인의 중심적인 권리는 報酬支給請求權이다. 수급인이 가지는 이 권리는 공평의 원칙에서 보나 社會政策(특히 住宅政策)的인 고려에서 보나 일반채권보다는 두텁게 보호되어야 할 성질을 지니고 있다. 그래서 민법은 특히 부동산공사의 受給人에 대하여 그 보수에 관한 채권을 담보하기 위하여 그 공사의 객체인 부동산을 목적으로 한 저당권의 설정을 청구할 수 있다고 규정하고 있다(民 666). 이것은 민법이 구민법이 채택하고 있었던 先取特權制度를 규정하지 아니하고, 따라서 부동산공사로 인한 선취특권을 인정하지 아니한 결과 마련된 것이며, 타당한 조치라고 할 수 있다.

저당물보충청구권(抵當物補充請求權) 抵當權設定者의 책임있는 사유로 인하여 저당물의 가액이 현저히 감소된 경우에, 저당권자가 저당권설정자에 대하여 그 원상회복 또는 상당한 담보제공을 청구할 수 있는 권리(民 362). 여기서 현저한 감소라 함은 교환가치의 감소로 인하여 피담보채권을 완제하지 못할 염려가 있는 경우를 말하는데, 制限物權의 설정 또는 임대와 같은 처분으로 인하여 담보가치가 감소하는 것은 이에 해당하지 않는다. 저당권설정자의 책임있는 사유라 함은 그에게 고의·과실이 있음을 말한다. 增擔保請求權의 일종이다.

저당보험(抵當保險) 〔獨〕 Hypothekenversicherung 저당권의 목적인 물건의 멸실·훼손 등에 의하여 저당권자가 피담보채권에 관하여 입을지 모르는 손해를 보상할 것을 목적으로 하는 損害保險. 저당물에 관하여 저당채무자가 保險契約을 체결했을 경우에는 목적물의 멸실시에 저당권의 物上代位에 의해 저당권자는 저당채무자의 保險金請求權上에 그 힘을 미치게 할 수 있으나(民 342, 370), 지급·인도전에 압류를 해야 된다는 등을 필요로 하고(342 後), 또 保險金請求權上에 저당채권자가 질권을 설정받는 등의 방법도 있으나, 여러가지로 곤란하고 복잡하기 때문에, 저당권자 자신이 피보험자로 되는 것이 여기의 저당보험이다. 그런데 저당물이 멸실하더라도 채권자가 채권을 보유하는 이상, 당연히 저당물만큼의 손해가 있었다고 할 수 없으므로, 그 법률구성에 논의가 있지만, 저당물의 멸실·훼손에 의하여 받을 債權損失(辨濟受領可能性의 감퇴)에 관한 일종의 信用保險으로 보아야 할 것이다.

저당부동산(抵當不動産) 抵當權의 객체로 되어 있는 부동산. 저당권의 설정 당시에 부동산과 일체로 되어 있는 事物 또는 그 從屬物上에 저당권이 없었던 것이 설정 후에 부동산에 붙여서 이와 일체가 되어진 물건. 예컨대 토지에 심은 수목과 건물의 증축한 부분상에도 저당권을 확장할 수 있다. 그러나 토지를 객체로 하는 저당권은 그 지상에 있는 건물상에는 미치지 않는다.

저당증권(抵當證券) 〔英〕 mortgage debenture 〔獨〕 Hypothekenbrief 〔佛〕 lettre de gage 抵當權附債權의 유통을 편리하게 하고 부동산 신용에 있어서 자금의 공급을 풍부하게 할 목적으로, 抵當權과 被擔保債權과의 양자를 결합하여 化現시킨 유가증권. 특정재화의 교환가치를 파악하여 이것을 금융시장에 유통시킨다는 데에 근대저당권의 사명이 있으므로, 流通性確保가 요청된다. 즉 자본제경제에서는 投下資本의 회수가 가능하여야 한다. 그래서 근대저당법은 저당권이 안전 신속하게 양도될 수 있는 법적 고려를 하고 있다. 이 저당증권제도는 저당권에 의하여 특정의 담보가치를 파악한 자가 그 저당권을 증권에 化體하여, 이것을 금융시장에서의 신속한 거래의 객체로 하려는 것이다. 즉, 저당권을 등기부의 기재로부터 떼어내어 이것을 동산화하고, 다시 거래의 안전보장을 有價證券理論에 의하여 꾀하려는 것이다. 이러한 저당증권제도는 독일·스위스 등의 이른바, 저당법이 근대화한 곳에서는 인정되고 있는데, 독일의 抵當證券(Hypothekenbrief)·스위스의 擔保證券(Pfandtitel) 등이 그 예이다. 일본의 저당증권법에 의하여 발행되는 저당증권도 아직 불완전한 정도의 것이지만, 그러한 예이다. 우리 법에는 아직 인정되고 있지 않다. →증권저당, 저당채권

저당직류(抵當直流) 유저당과 같다.

저당채권(抵當債權) 〔英〕 mortgage bond, mortgage certificate 〔獨〕 Hypothekenpfandbrief, Pfandbrief 〔佛〕 obligation hypothécaire, obligation foncière 원본 및 이자의 청구권이 抵當權附債權에 의하여 보증되는 유가증권. 이것은 저당증권과 같이 저당권의 증권화된 것이 아니고, 그 자신은 다만 채권적 유가증권이지만, 그 채권은 증권발행자인 금융기관이 가지고 있는 저당권부채권에 의하여 우선변제를 받을 수 있는 것이므로 경제적으로는 저당권의 증권화라고 할 수 있다. 그리고 거액의 담보가치를 少額面의 증권으로 분할하여, 시장으로부터 영세한 자금을 유치할 수 있다는 점에서 부동산금융상 중요한 기능을 발휘한다. 우리나라에는 이에 해당하는 제도가 없으나, 擔保附社債는 경제적으로는 이것과 유사한 것이라고 할 수 있다.

저작권(著作權) 〔英〕 copyright 〔獨〕 Urheberrecht 〔佛〕 droit d'auteur 문학·학술적 또는 예술적 저작물에 대한 배타적·독점적 권리. 無體財産權의 일종이다. 저작자의 창작에 대한 고심과 그것이 갖는 재산적 가치로 인하여 저작자에 대해 이러한 권리가 인정된다. 저작권의 존속기간은 ① 著作者의 생존하는 동안 및 사망후 50년간인 것이 원칙이나(36 Ⅰ), ② 저작자가 사망후 40년이 경과하고 50년이 되기 전에 공표된 저작물의 著作財産權은 공표된 때부터 10년간 존속하고(36 Ⅰ 但), ③ 공동저작물의 저작재산권은 최후사망자의 사망후부터 50년간 존속한다(36 Ⅱ).

저작권심의조정위원회(著作權審議調停委員會) 저작권에 관한 사항을 심의하고 저작권법에 의해 보호되는 권리에 관한 분쟁을 조정하는 외에 저작물의 利用補償金 기준 및 저작권관리위탁업자의 수수료의 料率 또는 금액에 관한 사항을 심의하는 위원회(著 7장).

저작권위탁관리업자(著作權委託管理業者) 저작권법에 의하여 보호되는 권리를 그 권리자를 위하여 문화관광부장관의 許可를 받아 代理·仲介·信託管理하는 것을 업으로 하는 자(著 78 Ⅰ)를 말한다(다만, 대리 또는 중개만을 하는 저작권위탁관리업을 하고자 하는 자는 대통령령이 정하는 바에 따라 문화관광부장관에게 신고하여야 한다). 저작권위탁관리업의 허가를 받거나 신고한 자는 그 업무에 관하여 著作財産權者 그 밖의 관계자로부터 수수료를 받을 수 있는데, 이 수수료의 料率 또는 금액은 저작권위탁관리업자가 문화관광부장관의 승인을 얻어 이를 정한다(78 Ⅲ·Ⅳ).

저작권침해(著作權侵害) 著作者의 승낙없이 저작물을 출판한다든가 공연한다든가 하는 행위. 저작권침해행위가 있을 때에는 저작권법상 권리있는 자는 그 권리를 침해하는 자에 대하여 침해의 정지를 청구할 수 있고 그 權利侵害의 우려가 있는 자에 대하여는 침해의 예방 또는 손해배상의 담보를 청구할 수 있다. 그 밖에 침해행위에 의하여 만들어진 물건의 폐기 등 필요한 조치를 청구할 수 있고(91 Ⅰ·Ⅱ), 손해가 있으면 손해배상을 청구하며(93), 不正複製物의 경우에는 그 부수를 산정하기 어려울 때는 출판물은 5,000부로, 음반은 1만매로 추정하도록 하고 있다(94).

저작물(著作物) 著作權의 객체가 되는 것으로서, 법령, 국가 또는 지방자치단체의 고시·공고·훈령, 법원의 판결·결정·명령 및 심판이나 사실의 전달에 불과한 시사보도, 공개한 법정·국회 또는 지방의회에서의 演述 등을 제외한 ① 시·소설·논문·강연·각본 그 밖의 語文著作物, ② 음악저작물, ③ 연극 및 무용·무언극 등을 포함하는 연극저작물, ④ 회화·서예·도안·조각·공예·응용미술작품 그 밖에 미술저작물, ⑤ 건축물·건축을 위한 모형 및 설계도서를 포함하는 건축저작물, ⑥ 사진 및 이와 유사한 제작방법으로 작성된 것을 포함하는 사진저작물, ⑦ 영상저작물, ⑧ 지도·도표·설계도·약도·모형 그 밖의 도형저작물, ⑨ 컴퓨터 프로그램저작물 및 원저작물을 번역·편곡·변형·각색·영상제작 그 밖의 방법으로 작성한 창작물(2차적 저작물) 등을 말한다(著 4,5,7).

저작인격권(著作人格權) 저작자는 그 저작물을 공표하거나 공표하지 아니할 것을 결정할 公表權과 원작품이나 그 복제물에 또는 저작물의 공표에 있어서 그의 實名 또는 異名을 표시할 姓名表示權과 저작물의 내용·형식 및 題號의 동일성을 유지할 同一性維持權이 있다(著 11~13).

저작인접권(著作隣接權) 저작물의 實演·音盤 및 放送에 관한 權利(著 61~73)를 말한다. 實演者는 그의 실연에 대한 복제·방송권을 가지며(63, 64), 音盤製作者는 당해 음반의 복제·배포권

을 가지고(67), 放送事業者는 그의 방송을 녹음·녹화·사진 기타 유사한 방법으로 복제하거나 동시 중계방송할 수 있는 권리를 가진다(69).

저작재산권(著作財産權) 저작재산권에는 저작자가 그 저작물을 복제할 複製權, 공연할 公演權, 방송할 放送權, 미술저작물 등의 원작품이나 그 복제물을 전시할 展示權, 저작물의 원작품이나 그 복제물을 배포할 配布權, 저작물을 원자작물로 하는 2차적 저작물 또는 그 저작물을 구성부분으로 하는 편집저작물을 작성하여 이용할 2차적 저작물 등의 作成權 등이 있다(著 16∼21).

저장주(貯藏株) 〔獨〕 Vorratsaktien 회사의 계산에 있어서 제3자의 명의로 발행되고 회사의 지시에 의하여 處分 또는 議決權이 행사되는 주식. 독일에서 성행되고 경제적으로는 회사의 自己株式과 비슷하지만, 名義人이 제3자이며 承繼取得한 것이 아니고 原始取得한 점, 의결권이 인정되는 점 등에서 다르다. 그러나 독일주식법은 授權資本制度에 비슷한 인가제도를 채택함과 동시에 저장주를 원칙적으로 금지했다(51).

저촉규정(抵觸規定) 〔英〕 conflict rule 〔獨〕 Kollisionsnorm 〔佛〕 règle de conflict 涉外事項에 관하여 내외국간의 이른바 법률의 저촉을 해결하는 규정. 衝突規則 또는 連結規則이라고도 한다. 國際私法의 규정은 이에 속하며, 특히 민법·상법 등과 같은 實質法에 대하는 용어이다. 섭외사법의 모든 규정은 저촉규정이다.

저촉규정적 지정(抵觸規定的指定) 〔獨〕 kollisionsrechtliche Verweisung 涉外的 私法關係에 있어서 법률행위 자체를 지배하는 법률, 즉 국제사법상 準據法 자체를 당사자가 지정하는 것. 이러한 경우에는 국제사법상의 준거법을 선정함에 있어서 당사자의 의사가 곧 連結點이 된다. 따라서 준거법이 허용하는 범위내에서 법률행위의 구체적 내용을 정함에 갈음하여 어느 실질법에 의하고자 하는 지정을 의미하는 實質法的 指定(materiellrechtliche Verweisung)과는 엄격하게 구별되어야 한다.

저촉법적 지정(抵觸法的指定) 저촉규정적 지정과 같다.

저 하(底荷) 〔英〕 ballast 〔獨〕 Ballast 海上物件運送에서 운송물이 부족한 경우에 선박의 안전을 유지하기 위하여 선박에 積入하는 것. 보통 토사·물 같은 것이다. 이것은 운송물은 아니지만 해상보험에서는 底荷의 船積에 착수한 때에 보험기간이 개시하는 것으로 하고 있다(商 699).

저항권(抵抗權) 〔英〕 right of resistance 〔獨〕 Widerstandsrecht 〔佛〕 droit de résistance à l'oppression 基本的 人權을 침해하는 국가권력에 대해 저항할 수 있는 권리. 초기의 權利條項에서 권리조항의 보장을 위한 담보로 규정되는 일이 많았다. 예를 들면, 미국의 독립선언, 프랑스인권선언, 1793년 프랑스헌법 등이 이것이다. 그러나 이러한 저항권은 그 후의 권리조항에서는 대체적으로 규정되지 않았던 바, 그 이유는 일면에서는 초기의 권리조항에서 요청된 바와 같은 自由主義的 政治體制가 실현되었기 때문에, 타면에서는 저항권은 그 본질상 실정법적으로 제도화하기에는 부적당하기 때문이라고 생각된다. 그러나 파시즘·나치즘의 비극을 거친 제2차대전 후의 권리조항에서 抵抗權에 관한 규정이 출현하게 되었음은 흥미있는 일이다(헤센(Hessen) 憲法 147 참조).

적격(適格)**어음** 일단 할인한 어음을 다시 중앙은행에 의하여 再割引받을 수 있는 어음. 그 자격이 있는 어음의 종류에 관하여는 韓國銀行監督院規程에 열거되어 있다.

적국재산(敵國財產) 적국의 공유재산 및 사유재산. 敵產이라고도 한다. 옛날에는 모두 몰수되었으나, 현행국제법에서는 ① 開戰에 즈음하여 교전국의 일방의 영역 내에 있는 적국민의 사유재산, 적국정부의 채권은 몰수되지 않는다. ② 陸戰에 즈음하여 점령지내에 있는 ㉠ 公有財產 중, 부동산은 합병에 의하는 외에는 몰수되지 않으나 사용·수익할 수 있고, 國有動產은 작전행위에 제공할 수 있는 물건 외에는 몰수되지 않고, ㉡ 사유재산은 원칙적으로 몰수할 수 없다(헤이그陸戰規則 53, 54). ③ 海戰의 경우에 관하여는 捕獲을 보라.→사유재산비몰수의 원칙, 몰수

적극국가(積極國家) 自由放任主義 또는 警察國家의 입장에서의 소극적 질서유지행정에서 벗어나서 적극적으로 사회·경제문제에 개입하여 복리증진의 기능을 담당하는 현대 行政國家를 말한다.

적극적 계약이익(積極的契約利益) 〔獨〕 positives Vertragsinteresse 이행이익과 같다.

적극적 권한쟁의(積極的權限爭議) 권한쟁의의 한 형태. 특정사항이 자기의 권한에 속한다고 주장함으로써 행정관청간에 발생된 쟁의. 消極的權限爭議에 대한 말. →주관쟁의

적극적 손해(積極的損害) 〔羅〕 damnum emergens 〔獨〕 positiver Schaden 기존의 재산이 적극적으로 감소하는 것. 물건의 멸실·훼손 등

이 그 예. 消極的 損害에 대립하는 말. 손해배상에 있어서는 적극적·소극적 양 손해가 모두 배상된다.

적극적 채권침해(積極的債權侵害) 〔獨〕 positive Forderungsverletzung 적극적인 행위에 의하여 행하여지는 채무불이행. 履行遲滯나 履行不能이 소극적인 불이행인데 대하여 不完全履行과 不作爲債務의 불이행은 적극적 행위에 의하여 성립하므로 이렇게 불린다. 積極的 契約侵害라고 하는 것도 같은 의미이다. 불완전이행 중 이행행위가 적극적으로 유해한 경우(예 : 채무자가 병든 닭을 인도하였기 때문에 채권자소유의 다른 닭에도 감염한 경우)를 특히 적극적 채권침해라고 부르는 일도 있으나, 이 구별은 적당하지 않다(→불완전이행).

적극적 처분의무(積極的處分義務) 行政訴訟에 대한 판결이 확정됨으로써 생기는 구속력의 내용 중의 하나, 즉 拒否處分의 取消判決이나 不作爲違法確認判決이 확정되면 당해 거부처분을 한 행정청 또는 그 부작위를 한 행정청이 판결의 취지에 따라 원래의 신청에 대하여 처분을 하여야 할 의무를 말한다. 제1심 受訴法院이 당사자의 신청에 의하여 결정한 기간 내에 처분청이 적극적인 처분을 하지 아니할 경우에는 당해 처분청은 손해배상의 의무를 지게 된다(行訴 30, 34, 38).

적극적 확인(積極的確認)**의 소**(訴) 〔獨〕 positive Feststellungsklage 현재의 특정의 권리 또는 법률관계의 존재의 확정을 구하는 확인의 소. 消極的 確認의 訴에 대한 말이다. →확인의 소

적대방조(敵對幇助) 군사적 방조와 같다.

적대원조(敵對援助) 군사적 방조와 같다.

적대행위(敵對行爲) 〔英〕 hostilities 〔獨〕 Feindseligkeiten 〔佛〕 hostilités 적에 대한 가해행위. 그 중심을 이루는 것은 전투행위, 즉 현실적인 가해행위이나 그 직접적인 준비행위도 이에 포함된다. 또 평화적인 적국인이나 재산에 대한 强力行爲도 적대행위의 일부를 구성한다(예 : 교전국군함에 의한 적선박의 포획). 적대행위는 국제법상 교전국의 병력을 구성하는 자만이 행할 수 있다. 교전국의 병력을 구성하지 않는 자 특히 平和的 人民이 자진해서 적대행위에 종사할 때는 戰時重罪(戰爭犯罪)를 구성하게 된다.

적도처단례(賊盜處斷例) 朝鮮末 建陽元年(1896년) 4월 1일 법률 제2호로 공포 즉시 시행되어 光武 9년(1905년) 4월 刑法大全의 제정·실시로 폐지될 때까지 약 9년간 시행된 賊盜에 관한 刑罰法. 本則 19개조, 附則 1개조 합계 20개조. 編·章·節과 第何條의 조를 붙이지 않은 國漢文 혼용의 법이다. 1조 내지 6조는 總則的 規定, 7조 내지 10조는 各則的 規定, 11조 내지 19조는 本法所定의 犯罪에 대해서 재판을 행할 때에 문제로 될 수 있는 共犯關係, 용어의 해석, 贓物의 처분과 계산, 類推, 刑의 減輕에 관해서 규정하고, 20조는 반포일부터 시행할 것을 규정하고 있다. 본법은 조선을 통해 보통법이었던 明律을 근간으로 하고 大典會通의 특별규정을 약간 채택하였으며, 財産罪에 四分主義가 시도되고 律文의 平易化·系統化를 기도하였으며, 明律에 비하면 刑罰이 완화되어 있다. 擅斷主義로부터 法定主義로의 과도기적 입법이라고 할 수 있다.

적립금(積立金) 특정한 목적에 사용하기 위하여 매년도의 수입금 중에서 일정액을 적립한 금전. 일명 準備金이라고도 한다(예 : 證券去來準備金·海外市場開拓準備金 등). 세법에서 인정한 일정한 금액은 損金으로 용인되나, 법인세적립금은 손금에 산입되지 아니한다(法人稅法 29 이하).

적 모(嫡母) 婚姻外의 출생자로부터 볼 때의 父의 배우자. →적모서자관계

적모서자관계(嫡母庶子關係) 婚姻外의 출생자와 父의 배우자 사이의 관계.

적 법(適法) 〔獨〕 Rechtsmässigkeit 違法 또는 不法에 대하는 개념. 실질적으로 法規에 반하지 않음은 물론 널리 法秩序一般의 이념에도 반하지 않는 것을 의미한다. 결국 행위 내용의 법률적 타당성의 문제로서, 强行規定에 위반하지 않는 것을 말한다. 형식적으로는 법규가 요구하는 요건에 적합하다는 의미로도 쓰인다. 예컨대, 적법한 遺言·적법한 決議라고 하는 경우 등이 그것이다. 그러나 행위가 형식상 적법하다고 하여 반드시 정당하다는 것을 뜻하는 것은 아니다. 適法行爲의 방식을 빌려서 强行規定을 潛脫하고자 하는 탈법행위가 그러한 것이다. 그러나 반면에 형식상 적법하지 않은 것과 같이 보인다고 하여 전부 위법한 것으로 되는 것도 아니다. 動産의 讓渡擔保와 같은 경우가 그러한 것이다. 그러므로 적법성 여부는 사회의 일반법질서의 이념에 따라서 실질적으로 결정될 문제이며, 형식적인 合法性 여부에 따라서 판단될 것은 아니다.

적법절차(適法節次) →정당한 법의 절차

적법행위(適法行爲) 법률이 허용·시인하여 일정한 효과를 확보케 함으로써 보호하고 있는 행위. 違法行爲에 대한다. 법률사실로서 주요한 것이며, 의사표시와 그렇지 않은 行爲(法律上의 行爲

라고 하며, 準法律行爲와 같은 것이 이에 속한다)로 나누어진다. 그리고 형법상은 구성요건에 해당하는 경우에도 범죄가 되지 않는다. 또한 적법행위에 대하여는 正當防衛는 성립하지 않는다.

적 부(積付) 〔英〕 stowage 〔獨〕 Einladung 운송인이 선박 및 積荷의 안전을 유지하기 위하여 積荷를 계획적으로 선박내에 배치하는 것. 운송인은 堪航能力注意義務(商 787)로서 적부의 채무를 부담한다. 적부는 일반적으로 선장의 지휘·감독하에 운송인의 專屬 또는 일시적 고용자인 해상노무자에 의하여 행하여진다. 이때 적부에 종사하는 노무자는 운송인의 보조자인 동시에 선원의 지위에 준하게 되므로 積付上의 過失에 대하여는 운송인이 책임을 진다(788).

적부심사제도(適否審査制度) → 구속적법여부심사

적 산(敵産) → 적국재산, 귀속재산

적색선하증권(赤色船荷證券) 〔英〕 red bill of lading 船荷證券上의 문자가 적색으로 인쇄되었기 때문에 불리는 선하증권. 운송물에 대한 保險契約締結의 절차를 면제하기 위하여 발행된다. 해상운송인이 법률 또는 특약에 의한 면책사항에 대하여도 損害賠償責任을 부담하는 것과, 해상운송인이 해상보험업자의 대리인으로서 송하인과 보험계약을 체결하여 선하증권에 保險證券的 效力을 겸유케 하는 경우가 있다. 그 외에 증권의 성질 및 효력은 보통의 선하증권과 같다.

적서차별법(嫡庶差別法) 조선 태종 때에 일부 유학자들의 주장으로 만들어진 嫡出子와 庶子와의 차별대우를 엄격히 하여 그 자손에게까지 벼슬길을 막을 것을 내용으로 하는 법.

적 성(敵性) 〔英〕 enemy character 〔獨〕 feindliche Eigenschaft 〔佛〕 caractère ennemi 敵的 性質. 교전국은 전쟁목적을 실현하기 위하여 적국민과 재산에 대하여 여러가지의 가해수단을 행사할 수 있으므로 어떠한 사람과 재산이 적으로서의 성질을 갖는가는 중요한 문제이다. 交戰國의 국민과 재산은 원칙적으로 적성을 가지며, 중립국의 그것들은 적성을 갖지 않는다. 그러나 중립국의 경우는 중요한 예외가 있다. 사람에 관해서는 交戰國에 대하여 적대행위를 행하고 특히 一方交戰國의 이익이 되는 행위를 한 중립국민 또 적국에 있는 중립국민도 일종의 적성을 취득한다. 반면 중립국에 있는 적국민은 원칙적으로 적성을 상실한다. 재산에 관해서는, 특히 선박의 중립성·적성 여부를 판단하는 기준은 선박이 게양하는 국기에 의거하고(런던宣言 57)(영국은 국적에 의하여 敵性·中立性을 결정하는 이외에 소유자가 적국민인 선박도 적성으로 취급한다), 貨物의 敵性은 소유자의 적성에 따라 결정한다(58). 단 여기에는 화물소유자의 국적을 표준으로 하는 프랑스주의와 주소를 표준으로 하는 영국주의와의 대립이 있다. 교전국이 평시 외국선박에 금지한 항해에 특히 그 교전국의 허가를 받고 종사하는 中立船, 적성을 면하기 위하여 중립선으로 변경된 적선, 해상수송중에 소유권을 중립국민에 이전한 積貨, 전시금제품을 수송하는 중립선, 軍事的 幇助에 종사하는 중립선, 封鎖를 侵破하는 선박 등은 적성이 인정된다. 사람의 적성에 관해서는 能動的 敵性과 受動的 敵性으로 구별되며 전자는 직접 가해행위의 대상이 되어 포로로 될 수 있는 것(交戰國의 병력에 속한 사람들, 교전국에 대하여 敵性行爲를 행하고 또는 그 이익이 되는 행위를 한 중립국민)이며, 후자는 간접적으로 가해행위를 가할 뿐이고 포로로 할 수 없는 것(交戰國의 平和的 人民, 交戰國에 있는 中立國民)이다.

적성감염주의(敵性感染主義) 〔英〕 doctrine of infection of enemy character 戰時 海上私有財産의 捕獲에 관한 규칙 중 가장 옛날에 행하였던 것으로 敵船은 그 선박과 화물을 전부 몰수하고 적선 내의 화물은 中立貨일지라도 선박과 함께 몰수하고 중립선박이라도 敵貨를 적재하였으면 적화와 함께 선박도 몰수하는 주의. 중립화도 몰수하는 수가 있다. 이 주의는 중립재화도 적성의 재화에 가까울 때에는 적성의 그것과 동일하게 취급하므로 그 이름이 생겼다. 프랑스는 1543년과 1584년의 勅令에 의하여 이 주의를 채택(루이14세 시대)하였다(스페인도 채택). 그 후 크리미아戰爭時 영국·프랑스·러시아가 종전의 國旗主義(네덜란드가 채택)보다 훨씬 중립국에 유리한 주의를 채택한 것이 계기가 되어, 그 후 파리선언(1856년)에서는 원칙상 海上捕獲 대상을 적선 및 적선 내의 화물에 한정하고 적선 내의 중립화 또는 중립선 내의 적화 및 중립화는 戰時禁制品이 아닌 한 포획할 수 없다고 하였다. 이 주의도 連續航海主義가 주장되고 제1차대전후 전시금제품의 범위가 현저히 확대됨에 따라 실질적으로 그 본래의 의미를 이탈하게 된 것 같다. → 포획, 런던선언

적손승조(嫡孫承祖) 대습상속과 같다.

적십자조약(赤十字條約) 戰爭犧牲者의 보호에 관한 1949년 8월 12일 제네바諸條約(Geneva Conventions for the Protection of War Victims of August 12, 1949)을 말하는 것. 이것은 戰地에 있

는 軍隊의 傷者 및 病者의 狀態改善에 관한 1949년 8월 12일의 제네바조약·海上에 있는 군대의 傷者·病者 및 難船者의 상태개선에 대한 1949년 8월 12일의 제네바조약·포로의 대우에 관한 1949년 8월 12일의 제네바조약·戰時에 있어서의 文民의 보호에 관한 1949년 8월 12일의 제네바조약 등으로 성립되어 있다. 전쟁희생자의 보호에 관한 최초의 조약은 1864년의 戰地軍隊에 있어서의 傷者 및 病者의 상태개선에 관한 條約(적십자조약이라고도 함)으로 그 후 1906년·1929년에 개정. 그리고 1907년 헤이그평화회의에서 제네바條約의 원칙을 海戰에 응용하는 조약이 체결되고 포로에 관해서는 陸戰의 法規慣例에 관한 규칙에 규정이 있었으나 1929년 捕虜의 待遇에 관한 條約이 따로 체결되었다. 1949년의 여러 조약은 이상과 같은 여러 법규를 대신하고 보완하는 것으로서 특히 근대전의 여러 조건에 적응하도록 새로이 작성된 것으로, 그 목적으로 하는 바는 전쟁 기타의 무력분쟁의 경우 傷者·病者·難船者 및 平和的 人民 등을 전쟁의 위험 또는 재해로부터 보호해서 전쟁의 참화를 국제적 협력에 의해 가능한 한 경감하려는 것이다. 개정된 부분 중 주요한 것으로는 ① 선언된 전쟁 이외의 武力紛爭이나 내란에 있어서나 ② 전면점령·무조건 항복 등에 있어서도 적용된다는 점, ③ 利益保護國·赤十字國際委員會 등의 인도적 단체의 지위 강화, ④ 위반자에 대한 제재의 明記 등이 있다. →제네바조약

적용제외증권(適用除外證券) 〔英〕 exempted securities 유가증권의 모집·매출에 관해서 유가증권신고제도의 적용이 없고, 따라서 유가증권신고서의 제출을 요하지 않는 有價證券. 이에는 다음 2종이 있다. ① 유가증권의 성질상 필요가 없기 때문에 적용이 제외되는 것이며 國債證券, 地方債證券, 특별한 법률에 의하여 설립된 법인이 발행한 債權과 出資證券 및 대통령령으로 정하는 유가증권이 그것이다(證去 7, 2 I). ② 유가증권의 모집 또는 매출 액면액의 총액이 재정경제부령이 정하는 금액 이하인 때에 적용이 제외되는 것이다(通知書의 제출로써 신고서에 갈음)(8 I).

적응문제(適應問題) 〔獨〕 Problem der Angleichung 〔佛〕 problème de l'adaptation 문제된 涉外的 私法關係에 대한 국제사법규정에 의하여 결정되는 준거법은 보통 하나이겠으나, 특수한 경우에는 그 준거법이 여러 개인인 경우도 있다. 이와 같이 국제사법상 어떤 법률관계의 준거법과 다른 법률관계의 준거법이 서로 다른 국가의 법률인 경우에, 양자의 적용으로 말미암아 일어나는 모순과 부조화를 어떻게 해결할 것인가가 문제된다. 그런데 이것은 어떤 사실이 일정한 법률질서에 연결되지 않고 여러 개의 법률질서에 연결되는 경우에 일어나는 모순과 부조화를 어떻게 적응 또는 조정할 것인가라는 문제의 뜻이므로, 이것을 適應問題 또는 調整問題라고 한다. 예컨대 涉外私法上 부부간의 신분상의 법률관계에 관하여는 夫의 본국법이 적용되고(16 I), 친자간의 법률관계에 관하여는 부 또는 모의 本國法이 적용된다(22). 그런데 많은 입법례에 있어서는, 혼인으로 인하여 미성년자는 親權을 이탈하는 것이 통례지만, 개정전 우리 민법의 경우와 같이 혼인후에도 미성년자는 여전히 친권에 복종하도록 하는 법제도 있다. 따라서 부 또는 모가 후자의 주의를 채용하는 국가의 국적을 가지고 있는 경우에는 親權의 준거법인 부 또는 모의 준거법과, 夫權의 준거법인 부의 본국법간에 저촉이 일어나는 경우와 같다. 적응문제에 관하여는 國際私法에 특별한 규정이 없는 한, 국제사법규정의 종합적인 고찰에 의하여 또는 문제된 법률관계의 성질에 비추어 이론적으로 해결할 수밖에 없다. 위의 예에 관하여도 섭외사법상 규정은 결여되어 있으나, 부부공동체는 親子共同體에 우선한다고 판단할 수 있을 것이므로 夫權의 準據法이 우선하여야 할 것이다.

적의매각(適宜賣却) →임의매각

적 인(敵人) 敵國 사람을 의미하는 수도 있으며, 敵性을 가지고 있는 사람을 의미하는 때도 있다. 양자는 일치할 때가 많으나 일정한 경우에는 中立國人으로서 적성을 가지며, 敵國人으로서 이것을 면할 수도 있으니까, 반드시 언제나 일치하는 것은 아니다. 적성을 가진 중립국인은 이것을 가지고 있는 적국인과 戰時國際法上의 지위는 대체로 동일하다. →적성

적 자(嫡子) 혼인중의 출생자와 같다.

적장자(嫡長子) 원래 妾制度가 인정되는 가족제도에서 正妻에게서 출생한 자를 嫡子라 하고 그 장자를 적장자라 한다. 첩에게서 출생한 자를 庶子라 하여 이와 구별하는 것이다. 宗法이 祖先祭祀중심의 규율이므로, 적장자제는 제사승계인 선정상 필요하였다. 제사승계인, 즉 祭主는 祭神의 적장자를 제1순위로 하는 嫡系主義를 취하고 있었으므로 적장자가 없을 때는 嫡長孫이 承重하고 적장손도 없을 때에 嫡次子孫에 미치는 것이고, 적차자손도 없을 때에 庶長次孫이 제사상속인으로 되는 것이었다. 妾制度가 우리나라에서는 1919년 日帝下에 폐지되었다. 옛날부터 적장자일지라도 廢疾·凶悖·遺言의 세 가지 이유가 있으면 廢除가 인정되었다.

적 출(嫡出) 혼인관계가 있는 남녀에서 출생한 血族. 庶出에 대하는 말. → 혼인중의 출생자

적출자(嫡出子) 〔英〕 legitimate child 〔獨〕 eheliches Kind 〔佛〕 enfant légitime 혼인중의 출생자와 같다.

적하보험(積荷保險) 〔英〕 insurance on goods 〔獨〕 Güter- od. Kargoversicherung 〔佛〕 assurance sur facultés 선박으로 운송하는 모든 積荷를 목적으로 하는 보험. 여기서 적하는 운송계약에 기한 운송물, 해상운송인의 自貨 또는 여객의 수하물이든 불문한다. 적하보험은 원칙으로 항해보험으로서 일정한 기간에 한하는 定時保險은 드물다. 적하보험의 경우 보험자의 책임은 하물의 선적에 착수한 때에 개시하나 출하지를 정한 경우에는 그곳에서 운송에 착수한 때에 개시하며, 하물을 양륙 또는 인도한 때에 종료한다(商 699Ⅱ, 700). 그러나 보통보험약관에서는 하물의 적재가 끝났을 때부터 책임을 진다고 하는 점이 상법과 다르다. 적하보험의 보험가액은 保險價額不變更主義를 인정하여 당사자간의 협정이 없으면 선적한 때와 곳의 적하의 가액과 선적 및 보험에 관한 비용으로 한다(697).

적하처분권(積荷處分權) 선장이 법률상 가지는 적하처분의 권한. 이에는 다음과 같은 것이 있다. ① 船舶修繕料, 海難救助料 기타 항해계속에 필요한 비용을 지급하여야 할 경우에 특수한 행위를 할 수 있는 권한. 이러한 경우에 선장은 ㉠ 선박 또는 屬具의 담보제공, ㉡ 借財, ㉢ 적하의 전부나 일부의 처분을 할 수 있다(商 774). ② 積荷利害關係人을 위하여 그 이익에 적합한 방법으로 적하를 처분할 권한. 이 경우에 선장에 의한 처분의 법률적 효과는 적하의 이해관계인에 귀속되므로 이 처분에서 생긴 채권자에 대하여는 이해관계인이 책임을 지나, 그 한도를 積荷의 價額으로 하고, 과실이 있을 때에는 무제한으로 하였다(776). ③ 共同海損의 경우에 投荷 등을 할 수 있는 권한(832). ④ 위법한 선적물의 處分權. 법령 또는 계약에 위반하여 선적한 운송물은 이를 양륙할 수 있고, 그 운송물이 위해를 미칠 염려가 있는 때에는 이를 포기할 수 있다(791).

적환약관(積換約款) 〔獨〕 Umladungsklausel 현재 어떤 선박에 선적되고 있는 화물을 다른 선박에 積換할 수 있는 뜻을 정한 船荷證券上의 약관. 선박의 개성이 중시되지 않는 個品運送契約에서 많이 이용된다. 이미 선적되고 있는 화물에 관한 점에서 代船約款과 다르며 또 적환이 필연적인 것이 아닌 점에서 애당초부터 복수의 선박에 의한 운송을 예정하는 通運送契約과 다르다.

전가벌규정(轉嫁罰規定) 業務主體處罰의 한 입법형식인데, 法人의 대표자, 법인 또는 개인의 대리인·사용인 기타 종업원이 법인 또는 개인의 業務(또는 財産)에 관하여 일정한 법령의 위반행위를 하였을 경우에, 그 법인 또는 개인을 처벌하는 취지의 규정. → 양벌규정

전개행위(展開行爲) → 기본행위

전결사항(專決事項) → 위임전결

전 과(前科) 전에 刑罰의 선고를 받아 그 재판이 확정한 것. 예컨대, 前科 3범이라고 하면 세번 형의 선고를 받아 그 재판이 확정한 것을 말한다. 일정한 조건이 구비되면, 전과가 말소될 수 있다(→ 형의 실효, 사면). → 수형인명부

전과부(前科簿) 수형인명부와 같다.

전국노동관계국(全國勞動關係局) 〔英〕 National Labor Relations Board(N.L.R.B.) 미국에 있어서의 不當勞動行爲의 심사 및 교섭단위의 결정 등을 관장하는 기관. 이 기관은 처음 1934년에 N.I.R.A.法(National Industrial Recovery Act) 7항(a) (근로자의 團結權·團體交涉權에 대한 사용자의 개입을 배제하는 규정)를 위반한 사건의 심사기관으로 설치되었었으나, 1935년에 와그너법이 제정됨으로써, 다시 제2차로 全國勞動關係局이 설치되었다. 제2차로 설치된 동국도 기왕의 전국노동관계국과 같이 3명의 위원으로 구성되었으나, 그 권한은 더 한층 강화된 것이어서, 團體交涉의 적정단위 및 교섭대표의 결정, 不當勞動行爲의 방지와 그 구제에 관한 모든 절차를 관장하게 되었다. 그 후 태프트·하틀리법이 제정됨에 따라 위원수는 5명으로 증가되어 현존하고 있다. → 단체교섭

전국노동관계법(全國勞動關係法) 〔英〕 National Labor Relations Act → 와그너법

전국노사관계법(全國勞使關係法) 〔英〕 Labor Management Relations Act → 태프트·하틀리법

전국산업부흥법(全國産業復興法) → N.I.R.A., 와그너법

전권공사(全權公使) 〔佛〕 ministre plénipotentiaire → 특명전권공사

전권대사(全權大使) → 특명전권대사

전권위원(全權委員)〔國際法上의〕 → 전권위임장, 조약체결

전권위임장(全權委任狀) 〔英〕 full powers 〔獨〕 Vollmacht 〔佛〕 plein pouvoir 외교교섭 특히 조약을 체결하기 위한 권한을 부여한다는 취지의 위임장. 이 위임장은 보통 헌법상의 條約締結權者인 원수에 의해서 그 자격이 증명된 것으로서 전권위원에게 부여되는 것이다. 한 나라의 외무장관이나 외교사절과 같이 일반외교사무를 담당하는 자라 할지라도 조약의 체결을 위해서는 따로이 전권위임장을 요하는 것이다. 全權代表는 서로 전권위임장을 제시(또는 교환)하여 그 자격을 확인한다. 다수국간의 조약의 체결을 위한 국제회의에서는 특별히 위원회를 설치하여 일괄적으로 전권위임장을 심사하는 방식을 채용하기도 한다. 정규의 전권위임장을 가지지 않은 자는 잠정적으로 회의에 참석할 수는 있어도 조약에 서명할 수는 없다. 전권위임장을 심사한 결과, 그 良好妥當(good and due)함이 인정되면 조약안의 작성을 상의한다. 條約正文이 확정되어 正式署名(調印)을 할 때까지 시일을 요하는 경우에는 가조인을 행한다. 이 때 전권위원은 그 頭文字만을 기입하는 것이 관례이며, 이것을 initial(〔佛〕 parafer)이라고 한다. 최근의 현상으로서 국제기구에 있어서는 기구 자체가 가입국간의 조약의 交涉·準備·起草 등(나아가서는 署名의 역할까지)을 담당하게 되었으며, 그 전형적인 예로서 국제노동조약의 체결절차를 들 수 있다. 국제조직의 가입국의 대표는 국가간의 조약체결에서와 같이 본국정부의 全權委任狀을 가지고 조약의 교섭을 하는 것이 아니고 국제조직의 구성원으로서 행동하며 보통 다수결에 의하여 국제조직으로서의 조약안을 결정한다. →조약체결, 조약

전근로수익권(全勤勞受益權) 노동전수권과 같다.

전기설비(電氣設備) 발전·송전·변전·배전 또는 전기사용을 위하여 설치하는 기계·기구·댐·수로·저수지·전선로·보안통신선로 기타의 設備(특정다목적댐 법에 의하여 건설되는 댐 및 저수지와 선박·차량 또는 항공기에 설치되는 것과 대통령령이 정하는 것은 제외)를 말하며, 이것은 다음과 같이 3가지로 구분된다(電事 2). 즉, ① 電氣事業用電氣設備. 전기설비 중 전기사업자가 전기사업에 사용하는 전기설비, ② 一般用電氣設備. 산업자원부령이 정하는 소규모의 전기설비로서 한정된 구역에서 전기를 사용하기 위하여 설치하는 전기설비. ③ 自家用電氣設備. 전기사업용전기설비 및 일반용전기설비 외의 전기설비 등 3가지이다.

전기용품(電氣用品) 電氣事業法에 의한 전기공작물의 구성부분이 되거나 전기공작물에 접속하여 사용되는 기계·기구 및 재료로서 1종전기용품 및 2종전기용품을 말한다(電氣用品安全管理法 2). 여기에서 1種電氣用品이라 함은 구조 또는 사용방법 등으로 보아 특히 위험 또는 장해가 발생할 우려가 많다고 인정되는 전기용품으로서 통상산업부령이 정하는 것을 말하며, 2種電氣用品은 1종전기용품 외의 전기용품으로서 산업자원부령이 정하는 것을 말한다.

전기통신(電氣通信) 유선·무선·광선 기타의 電磁的 方式에 의하여 부호·문언·음성 또는 영상을 송신하거나 수신하는 것(電通 2 i). 전기통신설비에는 事業用과 自家電氣通信設備가 있다(제3장).

전 당(典當) 토지·가옥·노비·재물·채권 등을 담보로 하는 것. 그 유래는 오랜 것이며, 漢唐時代부터 채무지급을 확보하기 위한 物的擔保로 표시된 명칭은 貼·貼買·質·質擧·典·典賣·典質·典當 등 많으나, 우리나라에서도 典·典執·典當·典賣 등의 용어가 주로 사용되었다. 전당의 법률적 성질로서는 점유를 채권자에게 옮기는 質權的인 것과 점유를 옮기지 아니하는 抵當權的인 것과를 모두 포함하고 있으나, 우리나라의 전당은 부동산인 경우는 거의 전부 抵當權的인 것이었다. 즉 관습상 의복·기구·금은·寶具 등 동산은 채권자에게 任置하고, 토지가옥 등의 부동산과 貸金手票(證書) 등의 채권은 그 文券(地契, 家契, 手票)만을 채권자에게 인도하고 채무자가 계속 점유한 것이다. 不動産質과 같은 의미의 전당을 唐宋時代에는 質擧·指當 등이라 하고 있으나 우리나라에서는 대단히 희귀하고 이러한 경우는 還退 또는 權賣의 방법을 이용했다. 특수한 경우에 小作料를 채권자에게 추심케 하여 收益質의 성질을 띠는 것이 있다고 하나, 이 역시 이자지급방법이지 점유를 이전하는 법률적 성질을 의미하는 것은 아니다. 典賣는 환매의 일종이며 전당보다 더 강한 것이나, 唐宋時代의 貼·質賣·賣貼 등과 같은 성질의 것이다. 典當契約은 채권자와 채무자와의 합의로 이루어지는 바, 家儈·복덕방·證人 등의 중개인을 통하는 경우와 직접인 경우가 있다. 전당을 증명하는 문서를 典當文記 또는 典契라 칭하고, 채무자에 의하여 작성되고 채권자 또는 채권자의 奴某앞으로 보내는 서식으로 되어 있다. 同文記에는 채무액이 명시되고 이자와 반환기한 등은 명시되는 경우도 있고 또는 언급이 전혀 없는 경우도 있다. 목적물인 토지·가옥은 물론 명시된다. 證筆 또는 筆執人이 채무자와 같이 서명한다. 개인간 거래에 있어 동산이 전당목적인 경우는 文券을 작성하지

아니한다. 채권자, 즉 전당권자는 채무자가 반환 또는 변제하지 아니하는 때에는 동 전당목적물을 취득하는 권리가 있어 流質·流抵當이 당연히 인정되고 있었다. 전당을 업으로 하는 장소를 典當鋪 또는 典當局이라 하며 서민금융기관으로서 의의가 컸었다. 朝鮮末 光武 2년에 典當鋪規則 및 典當鋪細則을 공포하여 단속을 하였으며 刑法大全에는 전당단속을 위한 규정으로 專賣有違律의 一節을 두고 재전매를 금하고 전당물의 불반환을 처벌하는 등 상세한 처벌규정을 두었다. 근래의 전당제도에 관하여는 전당포를 보라.

전당포(典當鋪) 〔英〕 pawnshop 〔佛〕 boutique de prêteur sur gage 物品·有價證券(典當物)을 質로 잡고 貸金을 하는 것을 영업으로 하는 점포(舊典當 1 참조). 서민금융기관으로서 중요한 작용을 하며, 전당포영업법의 규제를 받는다. 전당포영업을 하는 자를 典當鋪主(〔英〕 pawnbroker 〔佛〕 prêteur sur gage)라 한다. 전당포영업을 하려면 관할 경찰서장의 허가를 얻어야 한다(2). 그 설정되는 質權은 流質權이 인정되는 점과, 物的有限責任이어서 質物로써 변제에 충당할 수 있을 뿐이고, 채무자의 일반재산에 대하여는 집행할 수 없는 점에서 민법상의 질권과 다르다. 전당포영업법은 폐지되었다.

전당표(典當票) 전당포주가 전당계약의 증거로 典當物主에게 교부하는 證票(통장이라도 무방하다)(舊典當 18). 전당포주는 전당물주 또는 전당물의 수취에 있어서 정당한 권한을 가졌음을 증명할 만한 자료를 제시한 자 이외의 자에게 전당물을 반환하여서는 안된다(20).

전대차(轉貸借) 〔獨〕 Untermiete, Unterpacht 〔佛〕 souslocation 賃借人이 賃借物을 다시 제3자(轉借人)에게 유상 또는 무상으로 사용·수용시키는 계약. 賃借人이 轉貸를 함에는 賃貸人의 동의를 필요로 하며 동의없이 전대를 하면 임대인은 임대차를 해지할 수 있다(民 629). 그 동의가 있는 적법한 전대차가 행하여진 경우에는, 임대인과 임차인간에는 종전의 관계가 계속하고, 임차인과 전차인간에는 새로이 전대차관계가 생긴다. 이 전대차관계는 임대인에 대항할 수 있다. 또 轉借人은 임대인에 대하여 직접으로 借賃支給 등의 의무를 부담한다(630). 적법한 轉貸借의 경우에는 임대인과 임차인의 합의로 계약을 종료시키는 때에도 轉借人의 권리는 소멸하지 않는다(631). 다만 위의 규정들은 건물의 임차인이 그 건물의 소부분을 타인에게 사용하게 하는 때에는 적용되지 않는다(632). 임대차계약이 解止의 通告로 인하여 종료한 때에는 임차인은 그 사유를 전차인에게 통지하여야 하며, 통지가 있은 때로부터 일정한 유예기간이 경과하여야 轉貸借의 解止의 효력이 생긴다(638). 전차인은 일정한 요건하에 賃貸請求權(更新請求權)·地上施設買受請求權·附屬物買受請求權을 가진다(644, 647).

전도자금(前渡資金) →자금전도

전득자(轉得者) 문자상으로는 權利의 讓受人으로부터 다시 그것을 양수한 자를 모두 포함하는 것이지만, 민법은 특히 詐害行爲에 관하여, 수익자와 병립하는 관념으로 이 말을 쓰고 있다. 즉 債務者의 詐害行爲의 상대방이 수익자이고, 이로부터 다시 목적물을 양수한 자가 전득자이다(民 406 참조). 파산법상의 否認權에 관해서의 轉得者(破 75)도 같은 취지이다.

전략지역(戰略地域) 〔英〕 strategic area 국제연합의 신탁통치지역으로서 통상의 信託統治地域(非戰略地域)에 대응한다. 국제연맹의 위임통치하에서는 통치구역의 군사적 이용을 금지하였으나, 국제연합헌장은 信託統治協定에 의한 통치지역의 일부 또는 전부를 1년 또는 2년 이상 전략지구로 지정할 수 있음을 인정하고 있다(國際聯合憲章 82). 전략지역의 施政權者에게는 신탁통치 일반에 적용되는 국제연합헌장 84조의 원칙이 적용된다. 전략지역의 감독기관은 안전보장이사회이고 총회가 아니라는 점, 경제적 문호개방의 의무가 없다는 점 등은 통상의 신탁통치지역과 다르다. 戰略地域施政權者인 미국은 일본의 구위임통치지역이었던 여러 섬들을 1947년 전략지역으로 편입하여 기지·요새의 건설 및 군대의 주둔권을 가지고 있으며, 일정한 지역에 안정을 위한 閉鎖地域(closed area)을 선언할 수 있는 권리까지 유보하고 있다. 그러나 전략지역의 지정이 국제연합헌장 43조에 기하여 체결된 특별협정을 해하여서는 안된다(82). →신탁통치, 위임통치, 특별협정

전록통고(典錄通考) 肅宗은 經國大典·前後大典續錄·受敎輯錄 등 각종 法典이 다양하여 보기 불편하므로, 이것을 종합할 계획을 세우고 領議政 崔錫鼎 등에게 統一法典의 편찬을 명하였다. 經國大典의 각 조문을 중심으로 하고 三錄의 諸條文을 大典 해당조문하에 분류정리하여 법규의 統屬을 분명히 한 것이다. 典과 錄을 종합한 것이므로 典錄通考라 명명하였고 숙종 32년에 撰進을 보아 반포하였다. 그 내용은 吏·戶·禮·兵·刑·工의 六典으로 되어 있으며 총 14권이다.

전률통보(典律通補) 經國大典·續大典·大典通編의 典과 大明律을 통합한 法典. 正祖 9년 9월에 王이 綾城君 具充明을 召見하고 典律通補의 편찬을 제안하였다. 구충명은 자기단독으로 理正할 것을 上言하고 동년 11월에 그 草本을 완성하여 王에게 撰進하였다. 이는 大典通編纂輯의 부산물로 생각되는데, 구충명의 博識에 경탄을 不堪하는 바이며, 同草本이 校正堂上에게 회부되어 교정에 착수되었고, 現存典律通補跋文이 10년 8월로 되어 있는 점으로 보아, 同 11년에 寫本으로 반포된 것 같다. 그 내용은 吏·戶·禮·兵·刑·工의 六典 6卷이다.

전리품(戰利品) 〔英〕 booty 〔獨〕 Beute 〔佛〕 butin 노획품과 같다.

전 매(專賣) 〔英〕 monopoly 〔獨〕 Monopol 〔佛〕 monopole 국가가 주로 수입의 목적으로 특정종류의 물품의 판매를 독점하는 것. 財政專賣라고도 한다. 국가는 판매를 독점하고 또 독점가격을 유지함으로써 국가의 수입을 도모한다. 때로는 판매 이외에 원료의 생산·가공·제조 등을 독점하는 경우도 있으나, 이것은 전매의 개념의 요소는 아니다. 원료의 생산으로부터 판매에 이르기까지의 전과정을 독점하는 경우를 完全獨占(全部獨占), 판매 등의 일부만을 독점하는 경우를 一部獨占이라고 한다. 一部專賣의 경우에도 판매독점의 목적을 달성하기 위하여 필요할 때에는 기타의 과정에 대하여도 감독·단속을 하는 것이 보통이다. 국가가 전매물품의 판매를 독점하고 일반국민에 대하여 이러한 행위를 금지하고 그 獨占權侵害行爲를 금지·제한하는 권능을 專賣權이라고 한다. 현재 우리나라는 연초전매와 홍삼전매가 폐지되었다.

전매환매(轉賣還買) 유가증권시장에서, 경쟁매매에 의하여 매매를 한 자가, 그 受渡期日의 도래 전에 동일 종류의 유가증권을 동수량으로 동기일로 반대매매함으로써 相計하고, 差金의 授受를 행하여 결제를 하는 것. 普通去來·發行日決濟去來·淸算去來에서 일정한 조건하에서 인정된다.

전면파업·부분파업·총파업(全面罷業·部分罷業·總罷業) 〔獨〕 Vollstreik·Teilstreik·Massenstreik ① 일정 산업 또는 일정 기업의 모든 조직근로자가 파업에 참여하는 것을 全面罷業, ② 일정 산업의 일부 또는 일정 기업의 일부의 근로자들만이 파업에 참가하는 경우를 部分罷業, ③ 부분파업 중 특히 핵심이 되는 중요 부서 또는 근로자만이 파업하도록 하는 것을 重點罷業(Schwerpunktstreik), ④ 전면파업보다 그 범위가 넓은 것으로서 전산업에 걸쳐 전국적으로 행하여지는 것을 總罷業이라 한다. 이 중 부분파업의 경우에 있어서는 사용자는 操業의 자유가 있으므로 조업을 계속할 수 있으며, 근로희망자에게는 조업이 가능한 경우 임금을 지불하여야 한다.

전무영사(專務領事) 직무영사와 같다.

전 문(前文) 〔英〕 preamble 〔獨〕 Präambel, Vorrede 법령의 조항 앞에 있는 文章. 그 내용은 법령의 제정과정·목적 또는 기본원칙을 선언하는 것이 보통이다. 前文內容이 목적 또는 기본원칙을 선언하고 있을 경우에는 법령의 法規範의 일부로 본다. 우리나라 법령의 전문으로 가장 대표적인 것은 憲法의 前文이다.

전문기관(專門機關) 〔英〕 specialized agencies 〔獨〕 Spezialorganisationen 〔佛〕 institutions spécialisées 경제·사회·문화·교육·보건 등의 각 분야에서 광범하게 국제적 책임을 지고, 특히 국제연합과 협약을 체결하여 이와 연락하고 협력하는 政府間機關(國際聯合憲章 57). 전문기관과의 연락 및 협력을 하는 것은 국제연합총회하에서 經濟社會理事會가 이를 담당한다. 전문기관은 현재 다음의 14기관이 있다. 국제노동기구, 국제연합식량농업기구, 국제민간항공기구, 국제연합교육과학문화기구, 세계보건기구, 국제통화기금, 국제부흥개발은행, 만국우편연합, 국제전기통신연합, 국제난민기구, 국제기상기구, 국제무역기구, 정부간해운자문기구, 국제원자력기구 등.

전문기관(專門機關)의 특권(特權) 및 면제(免除)에 관한 조약(條約) 〔英〕 Convention on the Privileges and Immunities of the Specialized Agencies 전문기관의 法律行爲能力, 재산·통신에 관한 免除·特權, 가맹국의 대표자·직원의 外交特權·通行證 등을 일반적으로 규정한 조약. 개개의 전문기관에의 적용에 있어서는 特則이 附屬書에 설정되고 있다. 1947년 11월 21일 국제연합총회에서 채택되어, 1948년 12월 2일에 발효되었다.

전문농업협동조합(專門農業協同組合) 專門農業을 경영하는 조합원의 공동이익도모를 목적으로 하는 조합. 조합의 구역 안에 주소나 거소 또는 專門農業經營事業場이 있는 농업인이 조합원이 될 수 있으며, 조합은 이러한 조합원 자격을 가진 50인 이상의 發起人이 설립준비회를 개최하고 定款을 작성하여 창립총회의 의결을 얻어 주무부장관의 인가를 받은 때 성립하게 된다(農協 118, 119, 120, 121).

전문대학(專門大學) 국가·사회의 발전에

필요한 중견직업인을 양성하기 위하여 사회 각 분야에 관한 전문적인 지식과 이론을 교수·연구하고 재능을 연마하는 高等敎育機關(高等敎育法 47). 수업연한은 2년 내지 3년이며(48), 전문대학을 졸업한 자는 大學에 편입학할 수 있다(51).

전문도서관(專門圖書館) 그 설립기관, 단체의 소속원 또는 公衆에게 특정분야에 관한 전문적인 圖書館奉仕를 제공함을 주된 목적으로 하는 도서관을 말한다(圖書館 및 讀書振興法 2).

전문법칙(傳聞法則) → 전문증거

전문위원(專門委員) 議員이 아닌 전문지식을 가진 委員으로서, 국회의 상임위원회의 구성원을 뜻하나, 넓은 뜻으로는 전문의 학식·경험을 가진 특정한 기관의 위원. 상임위원회의 전문위원은 次官補級 상당의 別定職公務員이며, 사무총장의 제청으로 국회의장이 임명한다. 전문위원은 위원회에서 발언할 수 있으며, 본회의의결 또는 의장의 허가를 받아 본회의에서 발언할 수 있다(國會 42).

전문증거(傳聞證據) 〔英〕 hearsay evidence 〔獨〕 Zeugnis von Hörensagen 사실인정의 기초가 되는 實驗事實(要證事實)을 실험자 자신이 직접 법원에 보고하지 않고, 다른 형태로 간접적으로 법원에 보고하는 증거. 이에는 ① 실험자 자신이 실험사실을 서면에 기재하는 경우(陳述書), ② 그 실험사실을 들은 타인이 서면에 기재하는 경우(陳述記載書), ③ 그 실험사실을 들은 타인이 법원에 대하여 직접 진술하는 경우(傳聞陳述) 등이 포함되며, 좁은 의미로는 ③만을 전문증거라 한다. 英美法에서는, 이와 같은 증거는 原陳述者의 진술의 진실성을 反對訊問에 의하여 음미할 수 없다는 이유로, 전문증거는 증거로 할 수 없다는 원칙이 확립되어 있으며, 이를 傳聞法則(hearsay rule)이라고 한다. 大陸法에서는, 전문증거를 전달의 과정에 있어서 誤傳이 개입되기 쉬운 염려가 있다고 하나, 그것은 자유심증의 문제이므로 바로 증거능력에 영향을 미치지는 않는다고 한다. 다만, 直接審理主義의 요구로 증거능력이 제한되는 수가 있는데 그친다. 우리 형사소송법 310조의2는 傳聞法則의 원칙을 규정하여 반대당사자의 반대신문을 거치지 않는 증거를 배척한다. 이 경우 전문법칙의 적용이 있는 것은 陳述證據에 한하며, 진술증거인 이상에는 人證이거나 書證이거나를 불문한다. 그러나 전문법칙을 지나치게 엄격히 적용하면 事實上 犯罪人을 처벌하는 근본목적의 달성에 중대한 지장을 초래하게 되는 것이므로 316조에서는 傳聞陳述의 예외를 규정하고, 312조 내지 315조에는 진술기재서와 같은 서면에 의한 전문증거의 증거능력에 관하여 엄격한 조건하에 전문법칙의 예외를 규정하고 있다. 또 당사자의 동의가 있으면 전문법칙의 적용이 배척된다(→증거에 관한 동의). 彈劾證據의 본질과 傳聞法則과의 관계에 관하여는 탄핵증거를 보라.

전문증인(傳聞證人) 〔英〕 hearsay witness 타인의 진술을 들은 자로서 公判準備 또는 公判期日에 그 진술내용을 법원에 보고하는 증인. 전문증인의 진술은 전문법칙에 의하여 원칙적으로 그 증거능력이 부정된다. → 전문증거

전문진술(傳聞陳述) 傳聞證據인 陳述. 傳聞證人 외에 피고인의 전문진술이 있다. 또, 전문증거에는 진술서 및 진술기재서가 있지만, 이것은 증거로서는 書證에 속하고, 전문진술에 속하는 것은 아니다. →전문증거

전미기구(全美機構) 〔英〕 Organization of American States, OAS 1948년 3월 남미 콜롬비아의 보고타에서 열린 美洲會議는 美洲相互防衛條約에 의하여 서반구의 政治體制 강화를 중심으로 하여 협의한 결과 지금까지의 美洲聯盟을 고쳐서 조직을 한 다음, 국제연합의 지역적 협정으로서 1948년 4월 30일 美洲機構憲章의 조인을 끝냈다. 이 헌장에 기하여 지역적 기관으로서 설립된 것이 全美機構이다. 미주 여러 나라는 평화와 질서를 달성하고, 여러 나라의 연대성을 증진하고, 상호협력을 두텁게 하고, 여러 나라의 주권·영토·독립을 방위하기 위하여 설치된 것이며, 기구의 최고기관은 美洲會議로서, 가맹국의 3분의 2가 승인한 경우에 특별회의가 열리는 외에는, 5년마다 1회 열린다. 그리고 수시 소집되는 외상자문회의·이사회·상설중앙사무국으로서 美洲聯合(Pan-American Union) 및 美洲諸國의 공동이해에 관한 사항을 처리하는 것으로서 美洲經濟社會會議·美洲文化會議·美洲法律家會議가 있다. 사무국은 워싱턴에 있고, 사무총장·사무차장은 이사회에서 선출되며 임기는 10년이다. 美洲防衛委員會는 1961년 4월 26일, 쿠바가 구소련권과 동맹관계에 있는 동안은 동위원회의 비밀회의에는 참가시키지 않는다는 美側提案을 찬성 12, 반대 1, 기권 4, 보류 1로써 가결하였다.

전미상호원조조약(全美相互援助條約) 〔英〕 Inter-American Treaty of Reciprocal Assistance 1945년 3월 6일 美洲의 여러 나라는 멕시코시에서의 美洲會議에서 채택된 채풀테펙議定書에 의하여, 미주국가에 대한 비미주국가의 침략은 전미주국가에 대한 침략행위로 간주한다는 취지의 각종 선언을 재확인한 후, 침략에 대처할 상호원조조약의

체결에 대해 권고하는 동시에, 금후 일반적 국제기구가 설립되었을 경우, 국제적 평화 및 안전의 유지에 관한 지역적 협정은 一般的 國際機構의 목적 및 원칙과 양립할 뜻을 선언하였다. 이 일반적 국제기구라 함은 국제연합의 설립을 예정한 것으로서 유엔헌장도 地域的 協定 및 機關에 관하여 규정하였다. 이 議定書의 발전으로서 1947년 9월 2일에 서명된 전미상호원조조약은 美洲의 한 나라에 대한 무력공격은 全美洲 국가에 대한 공격으로 간주하고, 개별적 또는 집단적인 고유의 自衛權에 관한 유엔헌장 51조를 원용하여, 이 공격에 대항할 것을 원조함을 약속하고 있다. 직접의 공격을 받은 국가로부터 원조의 요청이 있었을 때에는 제1단계로서 각 締約國은 全美洲機構의 협의기관의 결정이 있을 때까지는, 自國이 개별적으로 취할 수 있는 일을 즉시 결정할 수가 있다. 그 다음에는 협의기관은 지체없이 회합하여 이 조치를 검토하고, 취할 수 있는 집단적 성질의 조치를 협정한다(3Ⅱ). 협의기관은 條約을 비준한 서명국의 외상으로 구성되며, 비준한 서명국의 3분 2의 투표에 의하여 의결한다. 조약은 미주소속국의 領土的 不可侵, 그 保全, 主權 또는 政治的 獨立이 무력이 아닌 침략에 의하여 영향된 경우에 관하여도 규정하고 있다.

전미연합헌장(全美聯合憲章) 〔英〕 Charter of the Organization of American States → 전미기구

전미회의(全美會議) 〔英〕 Inter-American Conference 全美機構의 최고회의. 전가맹국의 대표로 구성된다. 전미기구의 일반적인 行動 및 政策을 결정하며 정기회의는 매 5년, 특별회의는 가맹국 4분의 2의 승인이 있을 때 개최된다. → 전미기구

전 범(戰犯) 전쟁범죄의 약칭

전 보(轉補) 동일한 職級 내에서 다른 職位에로의 임용. 職列과 職類를 같이하는 다른 직위에의 임용을 말한다. 임용권자 또는 임용제청권자는 소속공무원의 동일직위에서의 장기근무로 인한 침체를 방지하여 창의적인 직무수행을 기하고, 과다하게 빈번한 전보로 인한 전문성 및 능률의 저하를 방지하여 안정적인 직무수행을 기할 수 있도록 하기 위하여 정기적으로 전보를 실시하여야 한다(公務員任用令 44). 補職變更이라고도 한다. 전보는 당해직위에 임명된 날로부터 1년(감사업무를 담당하는 공무원의 경우에는 2년) 이내에는 특정한 예외적인 경우외에는 할 수 없다(45). 職類別 구분모집자에 대한 전보도 제한된다(45조의2).

전보배상(塡補賠償) 債務가 이행되었더라면 채권자가 얻었을 이익의 전부의 배상. 履行에 갈음하는 손해의 배상이라고 하는 것과 같은 뜻. 借家人이 시가 5,000만원의 차가를 과실로 소실한 경우에 손해배상으로서 5,000만원을 지급하는 것이 그 예. 遲延賠償에 대립하는 관념. 履行不能으로 인한 손해배상은 언제나 전보배상이다. 履行遲滯로 인한 손해배상은 원칙으로 지연배상이지만, 지체 후의 이행이 채권자에게 하등의 이익을 주지 않는 경우에는, 예외로서 전보배상의 청구를 할 수 있다. 그리고 전보배상은 본래의 급부의 변형이므로, 법률적으로는 塡補賠償請求權은 본래의 채권과 동일성이 있다.

전부명령(轉付命令) 〔獨〕 Überweisungsbeschluss an Zahlungsstatt 채무자가 제3채무자에 대하여 가지는 압류한 금전채권을 執行債權과 執行費用請求權의 변제에 갈음하여 압류채권자에게 이전시키는 집행법원의 결정(移付命令). 전부명령은 그것에 의하여 압류채권자의 만족을 가져오는 것이므로 위험부담은 추후 채권자에게 이전된다. 금전채권을 압류한 경우 압류채권자는 轉付命令 및 推尋命令 중 그 하나를 선택하여 신청할 수 있으나(民訴 563), 전부명령의 경우에는 다른 채권자의 배당가입을 허용하지 않고 압류채권자는 우선적으로 변제를 받으므로 우리나라에서는 추심명령보다 오히려 많이 활용되는 경향에 있다. 전부명령은 모든 채권압류의 경우에 인정되는 것은 아니다. 금전 이외의 有體物의 引渡請求(578)를 목적으로 하는 채권이나, 당사자 사이에 양도금지의 특약이 있는 債權(民 449) 등은 전부명령을 발하는데 적당하지 않다. 또 전부명령은 종국적으로 권리를 만족시키는 것이므로 담보를 제공하고 가집행을 면할 수 있을 것을 채무자에게 허용한 경우에는(民訴 199Ⅱ 참조) 終局的 執行을 하지 아니할 취지이므로 이러한 채권을 위해서는 이 방법에 의할 수 없고(568), 이미 압류가 경합된 채권이나 이미 배당요구가 있는 채권도 配當平等主義를 해하므로 불가능하다. 구민사소송법(600Ⅰ, 601)의 전부명령은 그 송달로써 그 券面額으로 곧 현금변제를 받은 것과 동일한 효과를 발생시키는 것으로 하였다. 그리하여 채권의 내용이나 범위가 명확하지 않은 채권에 대하여는 일체 전부명령을 거부하려는 것이 학설과 판례의 태도였다. 그런데 민사소송법(563, 564)은 券面額이라는 요건을 없애 버림으로써 전부명령 발부에 관한 제한을 완화하였다. 전부명령이 발하여졌을 때에는 ① 채권자는 押留債權의 주체가 된다. 전부명령이 유효이면 피압류채권은 채무자로부터 채권자에게 이전되고 채권자는 被

轉付債權處分에 관하여 채무자의 간섭을 받지 않는다. 피전부채권에 담보권이 있으면 담보권도 채권자에게 이전된다. 전부명령의 결과로 執行債權은 변제된 것으로 보기 때문에 피전부채권이 전부명령시에 존재한 이상 그 채권의 위험부담은 앞으로 채권자에게 돌아간다. ② 제3채무자는 압류채권자의 채무자가 되고 轉付債權에 존재하였던 항변사유 및 압류채권자 자신에 대한 抗辯事由로써 압류채권자에게 대항할 수 있다. ③ 押留債權者 이외의 제3자는 전부명령 후에는 配當要求를 할 수 없다(580Ⅱ).

전부보험 · 일부보험(全部保險 · 一部保險) 全部保險(〔獨〕 Vollwertversicherung)은 약정한 보험금액이 보험가액과 일치하는 보험으로 이 경우 보험자는 보험사고로 인한 손해액의 전부를 지급할 의무를 진다. 一部保險(〔英〕 under-insurance 〔獨〕 Unterversicherung 〔佛〕 sous-assurance)은 損害保險契約에 있어서 약정한 보험금액이 보험가액에 미달한 경우의 보험. 일부보험은 보험료를 절약하기 위하여 고의로 또는 계약 후 물가의 등귀로 인하여 자연적으로 발생한다. 이 一部保險의 경우에 있어서 보험자는 보험금액의 보험가액에 대한 비율에 따라 책임을 진다(商 674). 이것을 比例負擔의 원칙이라 한다. 그러나 당사자간의 특약이 있을 때에는 보험자는 일부보험의 경우에도 보험금액의 한도내에서 그 손해를 보상할 책임을 진다. 이것을 第一次危險保險 또는 實損害補償契約이라 한다. 일부보험에 있어서의 보험가액은 保險價額不變更主義가 적용되는 경우에는 그 규정에 의한 가액(689, 696~698), 既評價保險의 경우에는 그 協定價額(670)이고, 그 밖의 경우에는 보험사고발생시의 가액으로 한다. 이러한 보험가액의 관념이 없는 人保險에서는 일부보험의 문제도 일어나지 않는다.

전부사무조합(全部事務組合) 자치단체가 공동처리하려는 사무가 그 조합의 구성원인 자치단체의 사무의 전부인 것을 말하는데, 一部事務組合에 대한 구별이다.

전부용선(全部傭船) 〔獨〕 Vollcharter 〔佛〕 affrètement total 운송의 실행상 공용되는 특정 선박의 全積載能力을 목적으로 하는 傭船契約. 一部傭船에 대하는 개념.

전부재보험(全部再保險) 再保險者가 原保險者가 인수한 보험금액의 전부에 대하여 인수하는 재보험. 이에 대하여 그 일부만을 인수하는 보험을 一部再保險이라 한다. → 재보험

전부채권(轉付債權) 轉付命令에 의하여 압류채권자에게 이전된 채권. 구민사소송법상(600Ⅰ, 601)은 전부채권은 券面額을 가진 것에 한하고 채권의 내용이나 범위가 명확하지 않은 채권에 관하여는 일체 轉付命令을 거부하려는 것이 학설과 판례의 태도이었다. 그런데 민사소송법(563, 564)은 권면액이라는 요건을 없애버림으로써 轉付命令 發付에 관한 제한을 다소 완화하였다. → 전부명령

전부판결(全部判決) 〔獨〕 Vollendurteil 同一訴訟節次에서 심판받는 사건의 전부를 동시에 완결하는 終局判決. 일부판결에 대하는 말이다. 법원은 사건의 전부가 재판을 하기에 성숙했을 때에는 전부판결을 하지 않으면 안된다(民訴 183). 원고가 하나의 訴로 수개의 청구를 한 경우는 물론, 피고의 反訴에 의하여 本訴와 병합심리되는 경우 및 법원이 동일당사자간의 수개의 소송의 辯論의 併合을 명하였기 때문에 동일절차에서 심판할 경우도, 그 전부가 재판을 하기에 성숙하여 하는 판결은 하나의 전부판결이라 볼 수 있다. 판결이 1개인가 수개인가는 그 確定時期 및 이에 대한 上訴의 효력과의 관계에서 동일운명에 따르느냐 어떠냐 하는 점에서 차이를 낳는다. 1개의 판결에 대해서는 一部敗訴의 당사자의 상소에 의하여도 전부에 걸쳐서 효력이 미치고, 確定防止 및 移審의 효과가 생기는 것이 원칙이기 때문이다.

전불비용(前拂費用) → 선급비용

전 세(傳貰) 주로 도시에서 관습상 행하여져 온 不動産(주로 건물)貸借의 한 형태. 그 법률적 성질은 不動産賃貸借와 금전의 이자있는 消費貸借가 결합한 혼합계약이다. 즉 부동산의 소유자는 전세금을 받고 상대방에게 부동산을 사용 · 수익케 한 후, 부동산의 반환을 받을 때에 전세금을 반환하는 것인데, 이것은 부동산의 임대차와 금전의 利子附消費貸借가 결합하여 借賃과 利子가 상계되는 것으로 생각할 수 있다. 이 전세는 채권관계이기 때문에 부동산이 제3자에게 양도되면 전세로 부동산을 차용하는 자는 그의 권리를 新所有者에게 대항할 수 없을 뿐만 아니라, 전세금의 반환에 관해서도 아무런 담보도 없어서, 심히 불리하게 되는 수가 있다. 민법은 이 점을 고려하여, 타인의 부동산을 차용하는 자의 권리를 강화하려고 하는 이상에 따라, 전세가 物權으로 강화된 전세권을 창설하였다. 그러나 민법 시행후에도 종래와 같은 채권인 전세가 계속하여 행하여질 수 있는 것은 契約自由의 原則에 비추어 당연하다. → 전세권

전세권(傳貰權) 전세금을 지급하고 타인의 부동산을 점유하여 그 부동산의 용도에 좇아 사용 ·

수익하는 것을 내용으로 하는 物權(民 303, 317). 종래 賃貸借 유사의 계약으로 행하여져 온 전세의 관습을 토대로 하여 민법이 이것을 物權化한 것이다. 전세권의 효력이 채권인 전세에 있어서보다 특히 강화된 점은 제3자에 대한 대항력이 있고, 전세권설정자의 동의없이 讓渡·賃貸·轉傳貰를 할 수 있고(306), 전세금의 반환이 지체된 때에 傳貰權者에게 競賣를 청구할 권리가 있는 것(318) 등이다. 민법이 규정하는 물권의 종류 중, 다른 것은 모두 다른 立法例에도 있는 것이고 또 구민법에도 규정되어 있어서 상당히 긴 적용의 역사를 가지고 있음에 반하여, 전세권은 실제적용의 역사도, 다른 立法例도 없이 민법이 창설한 것인 만큼, 입법상의 불비점이 적지 않고, 따라서 해석상의 의문점이 많다. 전세권은 물권이므로, 그 설정은 登記를 하여야 효력이 생긴다(186). 存續期間은 10년을 한도로 하며, 경신을 할 수 있으나(이 때에도 10년 한도로 한다) 默示의 更新은 인정되지 않는다.→전세, 전세금, 전전세

전세금(傳貰金) 傳貰權의 설정에 즈음하여 전세권자로부터 전세권설정자에게 지급되는 금전(民 303). 전세권이 소멸하면 傳貰權設定者는 전세금을 전세권자에게 반환하여야 하며, 전세금의 반환은 목적물의 인도 및 전세권말소등기에 필요한 서류의 교부와 동시이행의 관계에 선다(317). 전세금의 반환이 지체된 때에는 전세권자는 목적물의 競賣를 청구할 수 있다(318). 전세금의 지급과 반환은 利子附金錢消費貸借에 있어서의 원금의 지급과 반환에 해당하고, 利子는 부동산의 借賃과 상계되는 것과 같은 성질을 가지며, 傳貰金返還請求權은 전세권의 내용을 이룬다고 해야 할 것이다.

전소작(轉小作) 지주로부터 빌린 소작지를 다시 다른 소작인에게 轉貸하는 경우의 소작관계. 中間小作 또는 仲小作이라고도 한다. 永小作權의 경우를 제외하고 임차소작권에 있어서는 소작인은 지주의 동의없이 소작지를 전대할 수 없는 것이었으나(舊民 612), 不在地主의 소작지관리의 편의 등의 이유로 관행으로서 전소작이 널리 행하여졌다. 전소작은 실제로 경작하는 소작인의 부담을 가중하고 소작관계를 복잡하게 하여 小作爭議 발생의 주요 원인의 하나이기 때문에 小作慣行改善要綱(1928. 7. 20, 殖秘 28)에서는 병역·질병 기타 부득이한 경우를 제외하고는 전소작을 금지하도록 하였으며 朝鮮農地令(1934. 4. 11, 制令 제5호)은 소작인 또는 동거친족으로서 경작에 종사하는 자가 傷痍·질병 기타 사유로 경작을 할 수 없는 경우 一時的 轉貸와 府(市)·邑·面 産業組合, 農業改良組合 등의 비영리법인 또는 단체가 소작지를 단체원이나 주민에게 전대하는 경우를 제외하고는 지주의 승낙 여하에 불구하고 소작지의 轉貸借를 금지하였다(13). 이와 같은 소작지의 轉貸借禁止는 請負小作에도 적용되었다(1).

전속계약(專屬契約) 좁은 뜻으로는 영화배우의 專屬出演契約과 같이, 특정의 기업의 영업에 종사할 것을 약정한 자는 그 기업과 경쟁관계에서는 다른 기업의 영업에는 종사하지 않을 의무를 지는 계약. 넓은 뜻으로는 代理店·特約店과 같이 특정기업의 상품만을 취급하고 이와 경쟁관계에 있는 다른 기업의 상품취급을 배제하는 상품의 專屬供給販賣契約을 포함해서 말한다.

전속관할(專屬管轄) 〔獨〕 ausschliessliche Zuständigkeit 〔佛〕 compétence exclusive 민사소송법상 法定管轄 가운데 특히 고도의 공익적 요구때문에 특정법원에서만 재판권을 행사하게 하는 관할. 任意管轄에 대한다. 職分管轄 및 법률이 특히 전속이라고 명시한 土地管轄·事物管轄이 이에 속한다. 전속관할의 규정이 있을 때에는 合意管轄·應訴管轄은 인정되지 아니하고 그 밖에 일반규정에 의한 관할의 발생은 배제된다(民訴 28, 237, 242). 전속관할의 위반은 언제나 上訴로 다툴 수 있고(381 但), 絶對的 上告理由로 되지만(394 I iii), 再審事由로는 되지 아니한다.

전속재판적(專屬裁判籍) 전속관할과 같다.

전 손(全損) 〔英〕 total loss 〔獨〕 Totalverlust 〔佛〕 perte totale 보험 특히 海上保險에 있어서 피보험이익의 全部滅失로 인하여 발생하는 손실. 이 경우 피보험자는 보험자에 대하여 보험금액의 전액에 대하여 塡補를 청구할 수 있다. →전손에 한한 담보

전손(全損)에 한(限)한 담보(擔保) 〔英〕 total loss only(T.L.O), free of all average(F.A.A) 보험의 목적이 전손인 경우 또는 保險委付가 있는 경우에 한하여 보험자가 손해보상의 책임을 진다는 해상보험의 약관. 따라서 共同海損·單獨海損 및 損害防止費用 등 전손 이외의 경우에는 보상되지 아니한다. 보험료 등을 절약하기 위하여 영국의 관례에 따라 이용된다.

전 수(戰數) 〔獨〕 Kriegsraison 교전조리와 같다.

전시공수계약불이행죄(戰時公需契約不履行罪) 전쟁·천재 기타 사변에 있어서 국가 또는 공공단체와 체결한 식량 기타 생활필수품의 供給契

約을 정당한 이유없이 이행하지 아니하거나, 이러한 契約履行을 방해하는 죄(刑 117Ⅰ). 本罪는 전시·천재·사변과 같은 비상사태하에서 식량 기타 생활필수품의 원활한 유통을 기함으로써 경제안정에 의한 公共의 平穩을 유지하려고 하는 것이다.

전시국제공법(戰時國際公法) 전시국제법과 같다.

전시국제법(戰時國際法) 〔英〕 international law in time of war 전시국제법은 ① 교전국간의 관계를 규율하는 법과 ② 교전국과 중립국과의 관계를 규율하는 법으로 분리된다. 전자를 戰爭法, 후자를 中立法이라 한다(전쟁법은 넓은 뜻에 있어서 양자를 포함하며 전시국제법과 동의이나 중립법과 같이 사용되는 경우에는 전자를 말한다). 交戰國과 中立國과의 관계는 평화관계이며 원칙으로 평시국제법에 의하여 지배되는 것이나 단지 긴급적 필요에 의하여 平時國際法이 허용하는 한계를 넘어서 중립국의 이익을 침해하는 것이 허용되는 경우가 있다. 이 교전국의 권리의 한계를 정하는 것이 중립법인 것이다. 제1차대전 이후 전쟁은 일반적으로 위법이란 사상이 강해진 결과, 전시국제법은 필요가 없다는 견해도 있었다. 만약 世界聯邦이 건설되고 국제법에 위반하는 국가에 대해서 강제수단이 연방정부에 의하여 행사되는 시대가 오게 되면 국가간의 전쟁은 하나의 私鬪로서 위법이라고 규정될 수 있을 것이다. 그러나 현재의 국제사회는 국제연합의 건설에 의해서도 아직 이러한 기구를 갖지 못하고 있는 것이다. 따라서 전시국제법을 무시하는 것은 시기상조이다. → 중립법규

전시군수계약불이행죄(戰時軍需契約不履行罪) 전쟁 또는 사변에 있어서 정당한 이유없이 정부에 대한 軍需品 또는 軍用工作物에 관한 계약을 이행하지 아니하거나, 이러한 契約履行을 방해하는 죄(刑 103). 계약불이행의 문제는 사법상의 문제에 불과한 것임에도 불구하고 형법이 이것을 처벌하는 것은 그 결과가 우리나라의 전투능력을 크게 약화시켜 적국으로 하여금 우리 국가의 존립을 침해할 가능성을 크게 할 우려가 있기 때문이다. → 전시공수계약불이행죄

전시금제서(戰時禁制書) 〔英〕 contraband paper 戰時禁制人과 함께 類似禁制品 또는 準禁制品이라고도 한다. 전시에 적국의 관리가 발하였거나 적국관리에 부여되는 군사적 문서를 말한다. 중립선박이 전시금제서의 수송을 기하여 특별항해를 행하면 軍事的 幇助가 되고, 특별항해가 아닌 경우일지라도 중립선내의 전시금제서는 다른 쪽의 교전국군함에 포획될 수 있다. → 군사적 방조, 전시금제품

전시금제인(戰時禁制人) 〔英〕 contraband person 중립선에 의하여 수송되는 경우 교전국군함이 방지할 수 있는 사람. 交戰國兵力의 구성원, 목적지에 도달 즉시 교전국병력에 속할 사람, 교전국의 원수·장관 기타의 정부요인, 교전국의 이익을 도모할 임무를 띠고 외국에 가는 사람 등이 이에 속한다. 전시금제인을 수송하는 중립선은 軍事的 幇助가 되어 상대방 교전국에 의해 포획·몰수되고 전시금제인은 포로가 된다. 그러나 선박에 고의가 없을 때에는 선박은 해방된다. 1909년의 런던선언은 전시금제인이란 용어를 사용하지 않고 軍事的 幇助의 하나로 규정하고 있다(47). → 군사적 방조

전시금제품(戰時禁制品) 〔英〕 contraband of war 〔獨〕 Kriegskonterbande 〔佛〕 contrebande de guerre 軍用에 공급되는 물품으로서 전시에 한 쪽의 交戰國에 공급되는 것을 다른 한쪽의 교전국이 해상에서 그 수송을 방지할 수 있는 것. 그러나 전시금제품의 성질결정에 관하여는 일반국제법상 확립된 의견이 없다. 1856년의 파리선언에 의하면 전시금제품이 되기 위한 요소로서 ① 군용에 제공될 수 있을 것, ② 敵性目的地를 가질 것을 요구하고 있다. 1909년의 런던선언에서는 당시의 국제관행을 인정하여 禁制品과 自由品으로 구별하고, 금제품을 다시 絶對的 禁制品과 相對的 禁制品(條件附禁制品)으로 분류하여 열거하고 있다. 제1차대전시에는 전시금제품의 품목이 증대되었고, 제2차대전시에는 일반적 규정만을 두어 금제품의 범위를 한층 확대시키는 경향을 보였다. 전시금제품은 전쟁 중 中立國領水 이외의 해상에서 언제나 포획·몰수된다. → 포획

전시반역(戰時叛逆) 〔英〕 war treason 〔獨〕 Kriegsverrat 〔佛〕 trahison de guerre 交戰者의 권력범위 내에 있어서 적에게 유리하게 하는 행위. 적에 대한 정보의 공급, 통신의 전달, 금전·물품·노력의 임의의 공급, 군인에 대한 도주·항복·간첩행위의 권유와 뇌물의 제공, 군 또는 군인에 대한 음모, 軍用交通機關·軍用材料의 파괴 등 이러한 행위가 전시반역이 되는 것은 적의 私人 또는 中立國人이 행한 경우이다. 적의 군인이라도 가장하고 행하였을 때에는 전시반역이 된다. 전시반역은 전쟁법규 위반은 아니나 戰時重罪를 구성한다. 그로 인하여 군의 안전이나 작전행동의 성공이 실패할 때에는 交戰國은 死刑(또는 그 이하의 刑)으로써 처벌할 수 있다. → 통상의 전쟁범죄

전시범죄(戰時犯罪) 〔英〕 war crime 〔獨〕

Kriegsverbrechen〔佛〕crime de guerre → 전시반역, 통상의 전쟁범죄

전시법규(戰時法規) 넓은 의미로는 戰時國際法 전체. 좁은 의미로는 그 중의 交戰法規. → 전시국제법, 교전법규

전시복구(戰時復仇) 전시에 있어서의 復仇로서 전쟁법규의 위반에 대하여 행하는 것. 전쟁법규의 위반에 관한 점을 제외하고는 平時復仇와 같다. 즉 전쟁법규의 위반에 대하여 현행중의 위반을 중지시키고, 장래의 위반을 예방하기 위하여 他方의 교전자가 대등한 전쟁법규의 위반행위를 하는 것. 후자의 행위는 그 위법성이 조각되어 적법한 것으로 인정된다. 전시복구는 전쟁법규를 준수확보하기 위하여 필요하나 남용되기 쉽고 그 폐해는 平時復仇보다 막대하다. → 복구

전시봉쇄(戰時封鎖) → 봉쇄

전시점령(戰時占領) 〔羅〕occupatio bellica〔英〕belligerent occupation → 점령

전시접수국지원협정(戰時接受國支援協定) 〔英〕Wartime Host Nation Support(WHNS) 한반도 유사시 미국은 韓美相互防衛條約과 연합사 작전계획에 따라 한국에 증원군을 파견하며 한국은 미 증원군에 대해 접수국으로서 군수·병참 등 필요한 지원제공을 포괄적으로 규정한 일종의 條約. 한반도 유사시 일정기간 미군전투부대의 군수지원을 한국이 담당함으로써 미군이 신속하게 전투력을 발휘하고 기존의 다양한 전시미군지원사항을 체계화·조직화하기 위한 이 협정은 1985년 한미연례안보협의회에서 미국측이 제기해 협상을 계속해오다 1991년 7월 양국 당국자가 假調印함으로써 6년여만에 마무리됐다. 全文 9개조항 2개 부록으로 되어 있다. 이 협정은 ① 유사시 미증원군의 규모와 시기가 명확치 않은 점, ② 협정이 예측하지 못한 상황의 지원까지 포함한 점, ③ 費用分擔에 관한 합리성 부족에서 오는 문제, ④ 協定管理를 위한 한미연합운영위원회의 운영문제 등이 주요 문제점으로 지적되고 있다. 미국은 80년대초부터 유럽에서 유사시 미군의 신속증원을 목적으로 북대서양조약기구 가맹국들과 이같은 협정을 체결하기 시작했으며 일본과도 이 협정을 체결했다.

전시중죄(戰時重罪) 〔英〕war crime〔獨〕Kriegsverbrechen〔佛〕crime de guerre → 통상의 전쟁범죄

전 신(電信) → 전기통신

전신송금환(電信送金換) 〔英〕telegraphic transfer〔獨〕telegraphische Auszahlung〔佛〕transfert télégraphique 은행이 至急送金의 위탁을 받아 자금을 수령한 경우에 송금목적지의 자기은행본점 또는 지점이나 거래은행에 전신으로 지급을 위탁하고, 送金委託者도 또한 전신에 의하여 수령인에게 금전수령을 통지하여, 이에 따라 수령인이 지급은행에서 지급을 받는 제도. 송금환의 일종. 해당되는 은행간에는 換去來契約 및 指示의 관계가 발생하고, 수령인은 지급수령의 적격을 가지게 된다.

전심관여(前審關與) [1] 사건의 직접 또는 간접적인 하급심의 裁判 또는 이와 동일시하여야 할 하급법원의 재판에 관여하는 것을 말한다. 법관의 除斥原因의 하나가 된다(民訴 37 v). 豫斷의 우려가 있고, 審級制度를 문란하게 할 위험이 있기 때문이다. 따라서 다른 법원의 촉탁에 의하여 그 직무를 행하는 때는 그러하지 아니하다(37 v 但). 재판에 관여한다는 말은 그 合議나 裁判書의 작성에 관여한다는 의미이고, 단순히 변론에 임석하거나 또는 재판의 선고에 관여하는 것 등은 이에 속하지 않는다. 또한 再審, 請求異議의 訴, 假押留·假處分에 대한 이의, 지급명령에 대한 이의와 같은 것은 별개의 절차로 보아야 될 것이다. 이 경우에는 審級關係를 문란케 할 우려가 없으므로 전의 법관이 관여하여도 전심관여가 되지 않는다.

[2] 형사소송법상으로도 같은 뜻(17 vii). 前審裁判은 제2심에 있어서는 제1심의, 제3심에 있어서는 제2심 또는 제1심의 終局的 裁判을 말한다. 이는 재판의 내부적 성립에 관여함을 말하고, 외부적 성립, 즉 선고에만 관여한 경우는 포함하지 않는다. 또 재판의 기초되는 調査·審理에 관여한 때라 함도 재판의 내용형성에 사용된 조사에 관여함을 말한다. 따라서 證據調査를 한 경우일지라도 그가 증거로서 채용되지 않은 경우에는 이에 해당하지 않는다. 證據保全의 절차를 행한 법관(184), 재판상의 準起訴節次에서 심판에 付하는 결정(262 I ii)을 한 법관, 略式命令(448)을 발한 판사(判例)도 受託判事와 같이 전심관여에 해당한다고 해석된다.

전액불(全額拂)〔賃金의〕 사용자는 근로자에 대하여 임금을 전액 지급하여야 한다. 즉, 임금의 일부를 일방적으로 공제하여서는 안된다. 이러한 관행은 근로자의 생활을 위협하고, 나아가서는 근로자의 人身拘束의 폐단까지도 유발시킬 우려가 있기 때문이다. 그러나 임금의 일부를 前拂한 경우, 또는 파업중의 임금을 제하고 지급하는 경우 등은 賃金債權 그 자체가 감축되는 것이어서, 공제라고 볼 수는 없다. 또한 법령이나 단체협약에 특

별한 규정이 있는 경우에는 임금의 일부를 공제할 수 있다(勤基 42). 단체협약에 의하는 경우는 보통은 勞動組合費가 임금에서 공제된다.

전 역(轉役) 現役에서 물러나는 것을 말한다. 전역에는 원에 의한 전역, 원에 의하지 않은 전역 및 停年에 의한 전역의 3종이 있다(軍人 35, 36, 37). 전역은 任用權者가 행한다. 다만, 대령 이하의 장교에 대하여는 임용권자의 위임에 의하여 국방부장관이 행할 수 있다(43). 현역에서 전역되는 자로서 퇴역되지 아니하는 자는 豫備役에 편입된다(42).

전염병(傳染病) 病毒이 전염되는 병. 사람의 전염병과 가축의 전염병이 있다. 사람의 전염병에는 法定傳染病과 指定傳染病이 있다. 법정전염병은 1·2·3종으로 나누어, 제1종전염병에는 콜레라·페스트·발진티푸스·장티푸스·파라티푸스·痘瘡·디프테리아·세균성이질·황열 등이 있고, 제2종에는 폴리오·백일해·홍역·流行性耳下腺炎·일본뇌염·恐水病·마라리아·發疹熱·성홍열·再歸熱·아메바성이질·髓膜球菌性髓膜炎·유행성출혈열·파상풍·후천성면역결핍증·렙토스피라症·쯔쯔가무시병 등이 있으며, 제3종에는 결핵·성병·나병·만성 B형간염이 있다(傳染 2Ⅰ). 지정전염병은 법정전염병 외에 보건복지부장관이 지정하는 전염병이다(2Ⅱ). 가축전염병에도 제1·2종가축전염병이 있다(家畜傳染病豫防法 2Ⅱ). 전염병에 대하여는 豫防接種과 檢疫의 제도가 있다(傳染 제4장, 家畜傳染病豫防法 제3장).

전용수도(專用水道) 專用上水道와 專用工業用水道를 말하며, 전자는 100인 이상을 수용하는 기숙사·社宅·요양소 기타의 시설에서 사용되는 자가용의 수도와 수도사업에 사용되는 수도 외의 수도로서 급수인구 100인 이상 5천인 이내에게 原水 또는 淨水를 공급하는 수도(다른 수도에서 공급되는 물만을 上水源으로 하는 것으로서 그 수도시설의 규모가 대통령령이 정하는 기준에 미달하는 것은 제외)를 말하며, 후자는 수도사업에 제공되는 수도 외의 수도로서 原水 또는 淨水를 공업용에 적합하게 처리하여 사용하는 수도(다른 工業用水道에서 공급되는 물만을 上水源으로 하는 것으로서 그 수도시설의 규모가 대통령령에 정하는 기준에 미달하는 것은 제외)를 말한다(水道法 3 xi·xii·xiii).

전용실시권(專用實施權) 特許權者가 그 특허권에 대하여 기간·장소 및 내용의 제한을 가하여 타인에게 허락한 特許實施權(特許 100Ⅰ). 전용실시권의 설정·이전(상속 기타 일반승계의 경우는 제외)·변경·소멸 또는 처분의 제한은 등록하여야 효력이 있다(101). 專用實施權者는 특허권자의 승낙없이는 전용실시권을 이전하거나 質權의 목적으로 하지 못하며, 타인에게 통상실시권을 허락하지 못한다(100 Ⅲ·Ⅳ·Ⅴ).

전원위원회(全院委員會) 議員의 전부를 위원으로 하는 국회의 常任委員會. 구성에 있어서는 본회의와 다름이 없으나, 그 회의의 절차에 있어서 각각 다른 바, 본회의에 있어서와 같은 번잡한 議事節次를 피하기 위하여 두는 것이 보통이다. 제3차개헌 이전의 국회법(1960년 9월 26일 전면개정)은 전원위원회를 인정하였으나, 제3차개헌에 따르는 국회법(1960년 법률 제557호)에 의하여 폐지되었다.

전원출석총회(全員出席總會) 〔獨〕 Gesamtversammlung, Universalversammlung 주주총회 또는 사원총회의 소집권자가 법정의 소집절차를 취하지 않고 주주 또는 사원의 전원이 총회를 여는 것에 동의하고 출석한 총회. 유한회사의 사원총회에 관하여는 이 경우에도 유효하게 총회가 성립함은 분명하나(商 573), 株主總會에 관하여는 판례는 이 경우 총회로서 유효하게 성립하지 않는다고 하는데 대하여 학설은 유효하게 성립한다고 한다.

전 의(戰意) 〔羅〕 animus belligerendi 전쟁을 행할 국가의 의사. 戰爭宣言(또는 最終通牒)의 형식으로 표시된다. 전의는 전통국제법상 전쟁의 성립을 결정하는 조건의 결정적 요소로 되어 왔으나 최근에는 점차 상대적인 요소로 발전하고 있다. 따라서 당사국쌍방에 戰意의 표시가 없는 경우에는 실제로 무력투쟁은 있어도 법적 의미의 전쟁은 없는 것이다. 예컨대, 1931년의 滿洲事變 또는 1937년의 中日事變에 있어서도 일본은 그것은 정식의(法上의) 전쟁으로 보지 않고, 상대국인 중국도 선전포고를 하지 아니했던 관계상 국제법적 의미에 있어서는 아직 전쟁상태가 성립되지 않았던 것으로 간주되어, 미국은 일본의 중국연안에 대한 戰時封鎖의 설정을 부인한 바 있다. 이와 같이 재래의 국제법에 있어서는 당사국의 어느 한쪽의 戰意表示를 기준으로 하여 전쟁과 전쟁아닌 무력행사, 또는 전시와 평시와를 구별하였는데, 이 구별에 따르는 법적 효과로서 특히 戰爭과 復仇와의 차이가 인정되었다. 그러나 戰意의 표시를 기준으로 한 전시와 평시와의 구별은 제1차대전 이후 국제연맹에 의한 集團安全保障制度가 성립함에 이르러 점차로 상대화하는 경향을 보이고 있다. 이 경향의 하나는 국제연맹발족 이후 대개의 무력행사가 국제연맹의 제재나 不戰條約違反의 비난을 면하기 위하여 정식의 戰意表示를 행하지 않고 진행되어 전의표시의 유무가 반드시 이전과 같은 전쟁의 유무를 결정하는 기준으로 볼 수 없게 된 것이다. 그리하여 전의가 표시된 전쟁을 法律上의 戰爭, 전의의 표시가 없는 채로의 전쟁과 같은 무력투쟁은 事實上의 戰爭(de facto war)으로 취급되어 왔다. 사실상의 전쟁에 있어서도 교전당사국간에는 법률상의 전쟁에 있어서와 마찬가지로 交戰法規가 적용되며, 다만 이 경우에는 당연히 제3국과 교전당사국과의 사이에 중립관계가 설정되는 것은 아니라는 차이가 있을 뿐이다. → 전쟁, 전쟁의 개시

전자문서(電子文書) 컴퓨터 등 정보처리 능력을 가진 장치에 의하여 전자적인 형태로 작성, 송·수신 또는 저장된 文書形式의 자료로서 표준화된 것을 말한다(情報通信網利用促進 등에 관한 法律 2v).

전자화폐(電子貨幣) 〔英〕 digital money 컴퓨터통신망을 이용하여 電子商去來에 이용되는 새로운 개념의 화폐이다. 전자화폐는 개인의 신용에 의해서 철저히 法的 效力을 보장받기 때문에 신용도가 없는 사람은 컴퓨터 온라인상에서 전자화폐를 유통시킬 수 없다.

전자·후자(前者·後者)〔어음·手票의〕 어음·手票가 발행인으로부터 소지인까지 背書人을 거쳐 차례로 유통하였을 때에 그 유통과정 중의 한 사람을 중심으로 하여 상위에 있는 자를 전자, 하위에 있는 자를 후자라 한다. 후자는 자기의 전자에 대하여 遡求權을 가지며 전자는 자기의 후자에 대하여 遡求義務를 진다.

전 쟁(戰爭) 〔英〕 war 〔獨〕 Krieg 〔佛〕 guerre 무력을 중심으로 한 국가상호간 또는 국가와 교전단체간의 투쟁상태. 전쟁을 전투행위 그 자체로 보는 견해(兵力鬪爭說)와 전투상태로 보는 주장(狀態說)이 있는데, 국제법상 전쟁은 보통 개시로부터 종료에까지 이르는 통일적 관계로 관념되므로 狀態說이 더욱 타당하다. 전쟁이란 분명히 무력행사의 형태인 것이나, 무력행사 그 자체가 국가의 목적이 아니고 이는 다른 일정한 목적을 달성하기 위한 방법에 불과하며, 또한 전쟁수행에 있어서는 국력전반이 동원되는 것이 상례이나 그것은 당사국의 戰意로 유지되는 무력이 투쟁관계의 중심적·계속적 요인이 되어 있어야만 하는 점이 그 특징이라고 볼 수 있다. 전쟁의 목적은 적의 저항력을 좌절시키려는데 있는 것이므로 害敵手段이 허용되는 것이나 이에 대해서는 투쟁의 가열성과 잔학성을 고려하여 국제법적 제한이 요구되고 있다. 교전단체는 일정한 조건과 시간적 제한하에 전쟁주체가 될 수 있다. 전쟁에 관해서는 근세초기에 그로티우스가 正戰과 不正戰을 구별하는 正戰學說을 제기한 후로 많은 학자들이 전쟁의 정당한 이유를 구명해 왔고, 20세기에 들어와서는 실정법 특히, 조약상으로 일정한 전쟁을 불법화하는 契約上의 債務回收를 위한 병력사용의 제한에 관한 條約(1907), 브라이언條約(1913~1914)案에 明規된 바 있으나, 제1차대전 이후로는 戰爭不法化의 노력이 거보를 내딛어 1919년의 國際聯盟規約(12, 13, 15), 1923년(미발효)의 相互援助條約案(1), 1924년(미발효)의 제네바議定書(2, 10), 1925년의 로까르노條約(2), 1928년의 不戰條約(1), 1933년의 不侵略 및 調停에 관한 條約(1, 2), 1945년의 國際聯合憲章(2, 6장) 등이 국제법 규제하의 개별적·집단적인 自衛戰爭과 국제제재로서의 전쟁만을 인정하고 여타의 모든 전쟁을 금지하기에 이르렀다. → 전쟁의 포기, 부전조약, 불침략 및 조정에 관한 조약, 국책의 수단으로서의 전쟁

전쟁(戰爭)**과 평화**(平和)**의 법**(法) 〔羅〕 De Jure Belli ac Pacis 自然法의 父 혹은 國際法의 아버지라고 불리는 그로티우스의 유명한 주저로서 1625년에 공간되었다. 근세 自然法論과 國際法學의 기초를 제공한 大著로서 3권으로 되어 있으며, 그 중 제1권은 戰爭의 권리 및 그의 종류, 제2권은 전쟁의 원인, 제3권은 전쟁의 절차와 방법으로 되어 있다. 이 책의 주된 관심은 당시의 국제법학자들의 다수가 그렇듯이 전쟁의 정당원인의 문제를 다루고 있으며, 정당원인에 있어서의 검토에 관련하여, 평시에 있어서 국가의 국제법상의 권리·의무에 대해서도 상세하게 서술되고 있다. 이 책은 로마法의 깊은 造詣와 古典에 대한 해박한 지식에 의한 풍부한 例證을 들고 있으며, 처음으로 국제법 전반의 체계적 서술을 하였다는 점과, 점차 합리적인 國際法秩序가 형성되고 있던 당시의 유럽의 실정에 적합하였으므로 그 후의 국제법발전에 다대한 영향을 마치고, 근세국제법학의 기초를 이루었다고 할 수 있다.

전쟁구역(戰爭區域) 〔英〕 war zone 〔獨〕 Kriegsgebiet 〔佛〕 zone de guerre 교전국의 병력이 적대행위를 할 수 있는 지역. 보통 쌍방교전국의 領域과 公海를 포함한다. 제1차대전 때 독일이 주장한 전쟁구역은 특수한 것으로서 閉鎖區域이라고도 하며 선박을 무조건 파괴할 수 있다고 한 海面을 말하였다. 그러한 전쟁구역에서의 선박의 무조건 파괴는 물론 國際法違反이다. 독일은 이것을 戰時復仇라고 하였으나 전시복구의 요건을 엄격히 갖추고 있다면 별문제겠으나 그렇지 않으면 국제법 위반임에 틀림없다. → 작전지대

전쟁(戰爭)모라토리움 전쟁을 위한 무력행사가 금지되어 있는 일정한 기간. 紛爭當事國의 감정을 진정시키며, 조정의 기회를 마련하여 전쟁을 회피하자는데 그 목적이 있다. 브라이언平和條約에 의한 상설국제위원회 중에는, 위원회의 보고가 완성될 때까지 무력행사의 유예기간을 설정한 예가 있다. 제1차대전후 國際聯盟規約은 이사회에 부탁된 분쟁에 관하여 보고서의 공표 후 최단 3개월에서 최장 9개월의 전쟁모라토리움을 설정하고 있다(12 Ⅰ·Ⅱ, 15 Ⅲ·Ⅳ 참조). 기타의 국제분쟁의 평화적 해결을 위한 조약이 이 제도를 채용하고 있다. →브라이언평화조약, 상설국제위원회

전쟁방지방법촉진조약(戰爭防止方法促進條約) 〔英〕 General Convention to improve the Means of Preventing War 〔佛〕 Convention générale en vue de renforcer les moyens de prévenir la guerre 1931년 9월 국제연맹총회에서 채택된 연맹이사회가 취할 전쟁의 예방적 조치에 관한 조약. 연맹규약 11조의 구체적 실시방법과 구속력있는 전쟁방지조치를 규정하고 있다. 이 조약은 조약당사국상호간에 전쟁의 위협이 발생했을 경우 연맹이사회가 지정하는 保全的 措置(conservatory measures)에 복종할 의무를 부담시켰던 것으로 총회에서 의결한 후 각국의 調印을 요구했었다. 그러나 이 조약은 10개국의 비준을 얻어 발효키로 했었는데 이 조건을 충족시키지 못했었다. 이 조약은 분쟁당사국간의 전쟁상태에 이르지 않은 사태에 있어 어느 일방이 타국의 영토 또는 국제협정에 의한 武裝解除地帶에 침입한 경우에는 연맹이사회가 그 撤退를 확보하기 위해 구속력 있는 조치를 명할 수 있고(2), 前記의 사태가 발생하거나 또는 전쟁의 위협이 있을 경우에는 병력의 충돌을 피하기 위해 이사회는 양 분쟁당사국의 군대가 越境할 수 없는 경계선을 구획하여 이를 권고할 수 있고(3), 이사회가 필요하다고 인정하거나 또는 일방당사국이 요구한 경우에는 이사회는 군사적 조치의 실행을 현지에서 검사하는 위원을 임명해야 하고(4), 이사회가 취한 군사적 조치의 위반에 이어 전쟁이 발생한 경우에는 그 위반국은 규약 16조가 의미하는 전쟁에 호소한 것으로 추정된다는 것(5) 등을 규정했었다.

전쟁범죄(戰爭犯罪) 〔英〕 war crime 〔獨〕 Kriegsverbrechen 〔佛〕 crime de guerre 전쟁법에 위반한 행위. 제2차대전에 이르러 전쟁범죄는 침략전쟁의 不法化·犯罪化에 관련하여 새로운 종류의 전쟁범죄를 포함하게 되었다. 즉, 전쟁범죄는 ① 통상의 전쟁범죄, ② 평화에 대한 죄, ③ 人道에 대한 죄로 구별된다. →통상의 전쟁범죄, 평화에 대한 죄, 인도에 대한 죄

전쟁범죄인(戰爭犯罪人) 〔英〕 war criminals →통상의 전쟁범죄, 새로운 전쟁범죄

전쟁상태종결선언(戰爭狀態終結宣言) 〔英〕 proclamation terminating the state of war 교전국의 일방인 戰勝國이 공식적인 평화조약을 체결하기 전에 타방의 교전국인 패전국에 대하여 전쟁상태를 종결시킬 목적으로 일방적으로 행하는 선언. 이러한 의미의 전쟁상태종결선언은 그 절차가 구구할 뿐만 아니라 그 법적 효과에 관해서도 학설상의 대립이 있다. 이는 제1차대전후인 1921년 7월 2일 미국이 독일에 대하여 행한 전쟁상태종결선언이나 제2차대전후인 1947년 9월 16일 영국이 오스트리아에 대하여 행한 戰爭狀態終結通告, 그리고 1955년 1월 25일 소련이 독일에 대하여 행한 전쟁상태종결선언 등에서 보는 바와 같이 어떠한 이유로 인하여 평화조약이 체결되지 않을 때 행하는 것으로서 제1차대전후의 현상이고 이러한 방식으로써 행한 전쟁상태의 종결은 전통적인 국제관습에는 찾아 볼 수 없는 것이다. 그리고 과연 일방적인 전쟁상태종결선언으로써 국제법상의 전쟁상태가 확정적인 종료를 볼 수 있으냐에 대해서는 일방적인 전쟁상태종결선언을 전쟁종결의 한 방식으로 취급하는 학자도 있으나 대부분의 경우에는 전쟁상태종결선언 후에 평화조약을 새로이 체결하는 것으로 미루어 보아 전쟁상태종결의 일방적 선언은 일종의 豫約的 申請으로서 후일의 평화조약체결과 동시에 전쟁종료의 효과를 발생한다고 해석되므로 전쟁상태종결이 일방적 선언만으로는 전쟁상태를 확정적으로 종결시키는 것은 아니고 상대국의 동의가 있음으로써 그러한 효과가 발생한다고 보아야 한다. 그러므로 엄밀한 의미에 있어서는 일방적인 전쟁상태종결선언은 이를 선언한 국가의 국내법상의 문제이고 그 국가의 국내법상의 戰時諸法令이 失效한다는 것을 의미함에 불과하다. →전쟁의 종료

전쟁위험(戰爭危險) 〔英〕 war risk 〔獨〕 Kriegsgefähr 〔佛〕 risque de guerre 保險에서는 전쟁에 의한 손해를 일반적으로 전쟁위험이라고 한다. 통상의 損害保險 및 生命保險에 있어서는 특약이 없으면 보험자는 전쟁 기타의 변란으로 인하여 보험사고가 생긴 때에는 이 손해에 대하여 보상할 책임이 없다(商 660).

전쟁(戰爭)의 개시(開始) 〔英〕 commencement of war 전쟁은 전쟁의사의 明示的 表示(전쟁선언·최후통첩) 또는 默示的 表示(사실상의 敵對行爲)에 의해서 개시된다. 1907년의 헤이그 평

화회의의 開戰에 관한 조약은 1조에서 이유를 붙인 개전선언의 형식 또는 조건부개전선언을 포함하는 최후통첩의 형식을 가진 명료한 사전통고로써만 개전된다고 하여, 비록 개전이 일방당사국의 단독의사로 행하여지는 것일지라도 戰意(animus belligerendi)의 사전표시는 항상 명백하여야 한다는 開戰國際法(ius ad bellum)上의 개전방식을 규정하였고, 2조에서 전쟁상태는 지체없이 중립국에 통고되어야 하고 그 통고를 수령한 후가 아니면 중립관계는 설정되지 않는다고 명시하였다. 이 開戰에서 특히 문제가 되는 것은 사실상의 적대행위, 즉 實戰에 의해서도 전쟁이 개시되는가 하는 점인데 전기 조약은 明示的 戰意表示에 의한 합법적인 경우만을 인정하고 묵시적인 개전형식이나 국내적 포고만으로 하는 개전형식을 위법화하였으므로 이 조약의 당사국은 개전에 있어 반드시 명시적인 전의를 표시해야만 된다. 그러나 이 조약은 總加入條項을 포함하고 있어 그 적용범위가 제한되어 있다는 점과 실지대전에 있어서는 기습이라는 것이 고도의 군사적 가치를 지니고 있다는 점에서 흔히 야기되는 비조약당사국과의 관련, 또는 사실상의 이유에서 부득이 實戰이 인정되어 왔다. 제1차대전 이후 전쟁을 불법화하려는 국제사회의 확신이 고조되면서부터 일반적인 추세에 따라 로까르노條約, 不戰條約, 不侵略 및 調停에 관한 條約, 국제연합헌장 등이 침략행위나 평화의 파괴행위를 금지해 왔으므로 오늘날에 와서는 형태의 여하를 막론하고 開戰方式의 적법성의 문제는 거의 그 의의를 상실했다고 볼 수 있다. 개전의 효과에 관해서는 ① 외교관계의 단절, ② 조약의 실효(정치적·우호적 조약), 정지(비정치적 조약) 또는 發效(전쟁관계조약), ③ 敵國人의 퇴거 및 文民의 보호, ④ 訴訟能力의 정지(特定敵國人 제외), ⑤ 對敵去來의 금지 및 계약의 실효 또는 효력의 정지, ⑥ 敵産에 대한 조치, ⑦ 적상선의 특별취급 등이 전쟁관계법규 및 전쟁관례에서 詳規되어 왔다. 또한, 전쟁이 개시되면 교전국과 제3국간에는 중립법규가 적용되어 왔으나 전쟁이 불법화된 오늘날에 와서는 公平과 回避를 원리로 하는 중립법규는 크게 동요되기에 이르렀다. →선전, 최후통첩, 개전에 관한 조약, 부전조약, 침략

전쟁의사(戰爭意思) 〔英〕 intention of war 당사국들이 전쟁을 수행하고 있다는 의식 내지 인식을 말한다. 즉 전쟁이 성립하려면 무력충돌이 있는 것만으로는 불충분하고 실제로 전쟁의사가 있어야 하며, 정도가 심한 武力復仇와 전쟁을 구별하기 위한 중요한 기준 중의 하나가 바로 전쟁의사이다. 원칙적으로 전쟁의사는 宣戰布告나 最後通牒을 통하여 명시적으로 표시하여야 한다. 1907년 10월 18일 敵對行爲開始에 관한 헤이그 3協約은 명시적인 사전경고없이 적대행위를 할 수 없다고 한다.

전쟁(戰爭)**의 종료**(終了) 〔英〕 termination of war 戰爭의 개시가 양 당사자의 합의를 필요로 하지 않는데 반하여, 전쟁의 종료는 교전국의 일방이 완전히 멸망하여 사실상 전쟁이 종료하는 정복의 경우 외에는 양 당사자의 합의를 필요로 한다. 전쟁종료의 합의에는 명시적인 것과 묵시적인 것이 있는데, 전자는 講和條約(平和條約), 후자는 양 교전국이 강화조약을 체결하지 아니하고, 상호에 적대행위를 사실상 포기하고, 평시국제법에 기한 교통을 부활하는 경우이다. →휴전, 무조건항복, 전쟁상태종결선언

전쟁(戰爭)**의 포기**(拋棄) 〔英〕 renunciation of war 전쟁의 不法化. 전쟁에 관한 학설로서는 근세초에 그로티우스가 이룬 正戰學說, 즉 전쟁을 정당한 戰爭(bellum iustum)과 부정한 戰爭(bellum iniustum)으로 구별하면서 전쟁의 正當原因(iusta causa)을 구명하려던 제창이 그 후의 학자에게까지 승계된 예가 있었고, 실정법 특히 조약상 일정한 전쟁을 불법화한 것으로는 계약상의 채무회수를 위한 병력사용의 제한에 관한 조약(1907년), 브라이언平和條約(1913년~1914년) 등이 있으나 전쟁포기의 문제를 일반적인 문제로 취급한 것은 제1차대전 이후의 일이고, 그 중 중요한 것으로는 國際聯盟規約(1919년), 相互援助條約案(1923년, 미발효), 제네바의정서(1924년, 미발효), 로까르노조약(1925년), 不戰條約(1928년), 不侵略 및 調停에 관한 條約(1933년), 국제연합헌장(1945년) 등이 있다. 국제연맹규약에서는 연맹국간에 국교단절에 이를 우려가 있는 전쟁이 발생한 경우에는 전쟁에 호소하기 전에 仲裁裁判이나 司法的 解決 또는 연맹이사회의 심사에 부탁해야 하고(12), 판결에 성실히 복종하는 국가에 대해서 전쟁을 감행해서는 아니되고(13), 또한 연맹이사회의 보고서가 분쟁당사국의 대표자를 제외하고 다른 연맹이사회원 전부의 동의를 얻은 것인 때에는 해당 보고서의 권고에 응하는 분쟁당사국에 대해서 전쟁을 행하여서는 안된다고 하였다(15), 이상과 같이 규약은 일반조약의 형식으로 넓은 범위에서 전쟁을 제한하고 전쟁불법화를 위해 일대진전을 보인 것이었으나, 이러한 절차적 단계의 노력을 더욱 발전시켜 전쟁일반을 금지하고 國策手段으로서의 전쟁의 포기를 선언한 것은 不戰條約과 不侵略 및 調停에 관한 조약이었다. 국제연합헌장도 대체로 부전조약에 따라 모든 분쟁을 국제평화와 안전 그리고 정의를 위태롭게 하지 아니할 방

법으로 해결해야 하고(2 Ⅲ), 타국영토나 정치적 독립을 위태롭게 하는 방법으로 하는 무력위협이나 행사가 있어서는 아니되고(2 Ⅳ), 또한 분쟁은 평화적인 방도로 해결해야 한다 하여 그 절차를 詳規하고 있다(제6장). 그러나 自衛權에 기인하는 전쟁이나 국제제재로서의 전쟁은 국제법의 규제내의 것인 한 그 합법성이 허용된다.

전저당(轉抵當) 抵當權者가 그 저당권을 자기의 채무의 담보로 제공하는 것. 저당권을 被擔保債權으로부터 분리하여 저당권만을 담보로 제공하는 것이 허용된다면, 그것은 投下資本을 회수하고 저당권의 유통성을 확보하는 수단이 될 것이다. 구민법은 이것을 허용했었다(舊民 375). 그러나 민법은 저당권을 피담보채권으로부터 분리하여 처분하는 것을 금하였으므로(361), 저당권만을 담보로 제공하는 것은 할 수 없고, 오로지 피담보채권과 함께 入質할 수 있을 뿐이다. 따라서 민법하에서는 전저당은 저당권부채권의 入質에 불과하다. →전질

전 적(轉籍) 本籍을 현재의 장소로부터 다른 장소로 옮기는 것. 동일한 시·읍·면내의 전적은 허용되지 않는다(戶 114 Ⅰ 但). 전적은 호주의 권한에 속하며, 호적등본을 신고서에 첨부하여 轉籍地의 시·읍·면의 장에 신고하여야 하고(114 Ⅰ 本, 115), 시·읍·면의 장은 정당한 이유없이 그 신고의 수리를 거부할 수 없다(114 Ⅱ). 전적한 자의 호적은 말소하여 除籍簿에 편철한다.

전전세(轉傳貰) 전세권 위에 전세권을 설정하는 것. 즉, 전세권자가 자기의 전세권 위에 타인을 위하여 전세권을 설정하는 것이다. 전세권자는 設定行爲로 금지되지 않는 한, 전세권설정자의 동의없이 轉傳貰를 할 수 있다(民 306). 그 대신 전세권자는 무거운 책임을 지게 되어, 전전세를 하지 않았더라면 면할 수 있었을 불가항력으로 인한 손해에 대하여도 책임을 진다(308). 전전세는 전세권의 존속기간내에서만 할 수 있다(306 참조). 전전세의 전세금도 전세권의 그것의 한도내이어야 하느냐에 관하여는 견해가 대립되어 있다. 轉傳貰權者는 목적물에 대하여 전세권자로서의 모든 권리를 가진다. 다만 전전세권은 전세권의 존재를 기초로 하는 것이므로 전세권이 소멸하면 轉傳貰權도 소멸한다. →전세권, 전세금

전 정(轉定) 〔英〕 transmission 〔獨〕 Weiterverweisung →반정

전제군주제(專制君主制) 〔英〕 despotic monarchy 〔獨〕 despotische Monarchie 〔佛〕 monarchie despotique 군주가 국가의 통치작용을 행하는 權能의 전부를 장악하고 국가기관은 다만 군주의 권력집행기관에 불과한 제도. 이와 같은 政體는 17·18세기의 유럽 각국 및 오랫동안의 동양 각국에서 볼 수 있었다. 전제군주제에는 다시 군주의 독재적 권능이 神意에 기하고 있다고 하는 神政的(theokratisch) 君主制, 일대가족인 국민의 가장인 지위에 기하고 있다고 하는 家父長的(patriarchalisch) 君主制, 영토 및 국민이 군주의 세습재산으로 간주되는 家産的(patrimonial) 君主制가 있다. 유럽대륙에 있어서는 전제군주제는 等族(ständisch)君主制의 극복과 더불어 탄생되었다. 계몽전제군주제도 그 한 형태이다.

전제상정소(田制詳定所) 1444년(세종 26)에 설치된 토지·조세제도를 심의·제정하던 기관. 태조 이래의 損失踏驗法의 폐단으로 국고의 감소를 초래하여 1436년 田品九等(전국 8도를 3등으로 구분, 다시 2·3등의 도에서는 田地를 상·중·하의 3등으로 구분)을 제정하고, 貢法을 채용하여 이 기관에서 공법과 손실답험법을 절충한 年分法을 제정·실시하였다.

전 직(轉職) 어떠한 직위에 재직중인 공무원에 대해 職列을 달리하는 임명. 행정사무관을 검찰사무관에 임명하는 것이 그 예. 전직은 職列을 달리하는 임용이므로 직무의 내용이 완전히 다른 직위로 옮아가는 것이며, 따라서 직의 전문화에 대한 예외이다. 전직을 위하여는 소정의 시험을 거쳐야 한다(國公 5 v).

전 질(轉質) 〔羅〕 pignus pignoris 〔獨〕 Afterpfand 〔佛〕 sous-engagement, arrière-gage 質權者가 質權을 자기의 책임으로, 그 권리의 범위내에서 자기의 채무의 담보로서 다시 入質하는 것(民 336). 소액자본으로 영업을 하는 소전당포가, 손님으로부터 받은 質物을 다시 자본이 큰 대전당포에 입질하여, 자기의 고정된 자금의 유동을 꾀하는 재래의 관례에 따른 것이라고 한다. 원질권설정자의 승낙없이 할 수 있으나, 전질하지 않았다면 생기지 않을 불가항력으로 인한 손해에 대해서도 배상책임을 진다. 질권설정자의 승낙을 얻어서 하는 것을 承諾轉質이라 하고, 승낙없이 하는 것을 특히 責任轉質이라고도 한다. 전질의 성질에 관해서는 학설이 나뉘는데, 그 하나는 피담보채권과 더불어 質權이 담보로 제공되는 것이라고 하고, 다른 하나는 피담보채권과 분리하여 質物(또는 質權)을 재차 입질하는 것이라고 한다. 어느 설에 의하거나 原質權의 피담보채권은 轉質權의 내용에 대해서 간접으로 영향

을 미치어, 전질권의 피담보채권액은 원질권의 피담보채권액을 초과할 수 없고(→초과전질), 전질권을 실행하는 데는 원질권에 관해서도 변제기가 도래할 것을 요한다. 뿐만 아니라, 原質權의 피담보채권에 관해서 변제 기타의 처분이 금지된다. 그러나 그러기 위해서는 원채무자에 대한 통지 또는 원채무자의 승낙을 대항요건으로 한다(337). 양설의 주요 차이점은 전자에서는 전질권자가 원질권의 피담보채권에 의하여 우선변제를 받을 수도 있는데 대하여, 후자에서는 전적으로 質物에서 우선변제를 받을 수 있는데 그친다는 것이다.

전차금(前借金) 근로계약을 체결함에 즈음하여 또는 그 후에, 사용자로부터 차입하여, 장래의 임금으로 변제할 것을 약정하는 금전. 근로기준법은 사용자가 前借金 기타 근로할 것을 조건으로 하는 前貸債權과 임금을 상쇄하지 못한다고 규정하였다(28, 115). 근로자를 구속하여 착취하는 폐단을 억제시키기 위해서이다.

전차금상쇄금지(前借金相殺禁止) → 전차금

전체국가(全體國家) 〔英〕 totalitarian state 〔獨〕 totaler Staat 全體主義의 국가. 파시즘을 기본원리로 하는 국가. 국가 내지 민족을 전체사회로 결부하는 나머지, 국가 내에 국가가 간섭할 수 없는 생활영역은 인정되지 않는다. 나치스독일과 파시스트 이탈리아가 그 典型. →전체주의

전체의사(全體意思) →볼롱떼 드 뚜

전체주의(全體主義) 〔英〕 totalitarianism 個人主義에 반대하고 개인을 초월한 전체에다 가치의 근거를 인정하는 주의. 정치적으로는 自由主義·民主主義에 반대하는 절대주의·독재주의·국가주의·파시즘과 같다. 특히 독일의 나치스주의를 의미하는 용어로서 사용되었다. 舊소련적 정치체제의 원리도 反自由主義的이라는 의미에서 전체주의라고 할 수 있다.

전체주의적 법철학(全體主義的法哲學) 전체주의의 입장에서 서는 法哲學. 그 형은 나치스독일의 법철학에서 찾아 볼 수 있다. 이것은 빈더, 라렌츠(Larenz, Karl Rud Alfred) 등에 의하여 특히 체계적으로 주장되었으며, 슈미트(C. Schmitt), 퀼로이터 등이, 각각 차이는 있지만 대체로 같은 경향에 속한다. 혹은 민족공동체의 구체적 질서를 法이라고 하고 혹은 구체화된 민족정신으로서 법을 파악하는 등, 어느 것이나 모두 자유주의적 법치국가사상을 부정하고, 전체주의적인 指導者國家의 사상을 강조함으로써 나치스의 어용법철학으로서의 역할을 하였다.

전 치(轉致) 전정과 같다. →반정

전투경찰대(戰鬪警察隊) 間諜의 침투거부·포착·섬멸 기타의 대간첩작전 등을 수행하고 치안업무를 보조하기 위하여 지방경찰청장 및 대통령령이 정하는 경찰기관의 장 소속하에 둔 特別警察執行機關을 말한다(戰鬪警察隊設置法). 전투경찰대는 그 조직과 임무가 군대와 비슷한 점이 많으나, 그 구성원이 군인이 아니고 주된 기능이 치안의 유지라는 점에서 근본적으로 다르다.

전투법규(戰鬪法規) 전투에 관한 법규. 交戰法規(교전국 사이의 관계에 관한 법규) 가운데서 直接戰鬪에 관계되는 법규의 총체이다.

전투원(戰鬪員) 〔英〕combatant〔獨〕Kombattant〔佛〕combattant 1907년의 헤이그 제4호조약의 부속서인 陸戰의 法規·慣例에 관한 規則 3조는 交戰國兵力을 구성하는 것 중 전투를 그 本務로 하고 있는 인원만을 전투원이라 하고, 경리·위생·법무 등 각 부원은 전투원의 범주에 포함시키고 있지 않다. 그러나 일반적인 용어로서 전투원이라고 할 때는 교전국의 병력을 구성하는 인원의 전부를 말한다. 교전국의 병력은 正規兵力과 不正規兵力으로 구성되며 따라서 교전국이 정식으로 임명한 육·해·공군의 군인뿐만 아니라 民兵·義勇兵·적군의 침입을 받은 지방주민으로서 단체를 조직하여 지휘자를 선택할 시간의 여유없이 침입군에 저항하는 群民兵·軍艦 이외의 선박 또는 비군용항공기로서 정규군인이 탑승하여 지휘 또는 조종하며 軍艦旗 기타 군함 또는 군용항공기의 特殊記章을 붙인 것의 승무원 등도 전투원에 포함된다. 전투원은 다음에서 언급할 예외의 경우를 제외한다면 일반적으로 害敵手段을 행사할 자격, 즉 교전자격이 인정되어 敵交戰國에 사로잡힌 경우에는 포로로서의 대우를 받는다. 전투원으로서 교전자격이 인정되어 있는 군인일지라도 그 자격을 표시하는 제복을 벗고 害敵手段에 종사하다가 적에 사로잡힌 경우에는 포로의 대우를 받지 못하고 戰爭犯罪人으로서 처벌된다. 군함·군용항공기의 탑승원은 군함·군용항공기가 하나의 전투단위로서 일정한 표지로써 그 자격을 표시하고 있으므로 선내 또는 기내에 있는 한 개인적으로 그 자격을 표시해야 할 필요는 없다. 民兵·義勇兵에 있어서는 일정한 지휘자 아래서 먼거리에서 인식할 수 있는 고착된 특수기장을 달고 공공연히 무기를 휴대하여 전쟁의 法規慣例에 따라 적대행위를 할 경우에, 群民兵에 있어서는 공공연히 무기를 휴대하여

전쟁의 법규관례를 준수할 경우에 한하여, 적군에 사로잡혔을 때 포로로서의 대우를 받게 되는 것이다. 위생 및 종교요원은 적에 사로잡혀도 포로로 취급되지 아니하고 특별한 보호를 받는다. →부정규병력

전투정지(戰鬪停止) 〔英〕 suspension of arms 〔獨〕 Waffenruhe 〔佛〕 suspension d'armes 停戰이라고도 한다. 전쟁중 교전국군대의 합의에 의하여 부상자의 수용, 死者의 매장, 항복, 전투지대로부터의 철거, 휴전 또는 상관으로부터 이러한 사항에 관한 훈령을 받기 위한 목적으로 행해지며, 일시적·지방적 적대행위의 중지를 의미한다. 停戰은 보통 수시간 또는 수일에 한하여 좁은 지역의 소부대에 의하여 행해지며 地方的 休戰보다 더 좁은 지역의 정치적 목적이 없는 휴전인 것이다. 교전국의 일체의 지휘관은 戰鬪停止協定을 체결할 권한을 가지며 상관이나 다른 관청의 확인을 요하지 않는다. →휴전

전 형(銓衡) →공무원전형

전형계약(典型契約) 〔獨〕 typischer Vertrag 일상생활상 자주 반복되는 계약의 전형으로 민법이 정하는 14종류의 계약. 贈與·賣買·交換·消費貸借·使用貸借·賃貸借·雇傭·都給·懸賞廣告·委任·任置·組合·終身定期金·和解가 이것이다. 상법이 규정하는 운송·보험 등과 같이 특별법에 규정되어 있는 것도 있다. 각각 명칭을 가지고 있다는 데서 有名契約이라고도 한다. 그러나 실제생활에 있어서는 이와 같은 전형계약에 꼭 합치하는 계약만 체결되는 것이 아니고 당사자의 합의에 의하여 어떠한 내용의 계약도 자유롭게 체결할 수 있다(契約自由의 原則). 그리고 전형계약에 속하지 않는 계약을 非典型契約 또는 無名契約이라고 한다. 여러개의 전형계약의 내용이 혼합되든가 또는 전형계약의 내용과 전형계약 이외의 것이 혼합된 계약을 混合契約이라고 한다. 이런 종류의 계약을 법률상 어떻게 취급할 것이냐에 대하여 다툼이 있으나 굳이 전형계약에 부합하도록 할 필요는 없고 각 경우에 따라서 당사자의 의사에 맞고 사회적 타당성을 갖도록 해석하여야 할 것이며, 전형계약에 관한 규정도 이 한도내에서 유추적용하여야 할 것이다.

전환사채(轉換社債) 〔英〕 convertible bond 〔獨〕 Wandelobligation, Wandelschuldverschreibung 〔佛〕 obligation convertible en action 社債權者의 청구에 의하여 사채발행회사의 주식으로 전환할 권리가 인정된 사채. 사채와 주식의 중간적 성질을 가진 것으로서 회사성적의 장래성이 투명하지 않은 때에는 사채권자로서 이자를 받고, 회사의 업적이 향상되었을 때에는 주주로서 이익배당을 받을 수 있게 함으로써 회사의 자금조달을 용이하게 하고자 한 것이다. 一般社債의 발행은 이사회의 결의로 할 수 있으나(商 469), 전환사채의 발행에는 정관 또는 주주총회의 결의로 전환사채의 총수는 물론이고 전환의 조건(사채와 주식의 轉換의 비율), 전환으로 인하여 발행할 주식의 내용과 전환청구의 기간을 정하여야 한다(513Ⅱ). 전환사채도 사채이므로 일반사채와 같은 발행절차를 밟지만, 社債請約書에는 ① 사채를 주식으로 전환할 수 있다는 뜻, ② 轉換의 조건, ③ 전환으로 인하여 발행할 주식의 내용, ④ 轉換請求期間, ⑤ 주식의 양도에 관하여 이사회의 승인을 얻도록 정한 때에는 그 규정을 기재하여야 한다(514). 전환사채를 발행한 때에는 그것에 필요한 종류의 주식의 수를 미발행주식 중에 보류해 두어야 한다(513Ⅲ, 346Ⅱ). 전환사채를 발행한 경우에는 전환사채권자에게 전환으로 인하여 발행하는 주식에 대한 新株引受權을 인정한 것이므로 주주의 신주인수권은 여기에 미치지 못하고 다만 인수되지 않은 전환사채에 관하여만 신주인수권이 미친다. 전환은 사채권자가 청구의 의사표시를 한 때에 당연히 효력이 생기며 회사의 승낙을 필요로 하지 않는다(516, 350). 다만 이익 또는 이자의 배당에 관하여는 청구한 때가 속하는 영업연도말에 전환된 것으로 본다(516, 350). 전환으로 인하여 발행되는 新株의 發行價額은 전환사채의 발행가액으로 하되(516, 348), 株金額總額을 자본금으로 計入하고 나머지는 자본준비금으로 적립하게 됨은 일반원칙에 따라 당연하다.

전환율(轉換率) 〔英〕 conversion ration 轉換株式 또는 轉換社債의 전환에 의하여 발생되는 주식에 대한 비율. 전환조건의 하나로 정관 또는 주주총회의 결정으로써 정해지며(商 513Ⅱ), 주식청약서, 주권 또는 채권원부 등에 기재된다(514). 그 정하는 방법으로는 전환기간을 구분하고, 遞減하도록 정하여 전환을 촉진하는 방법, 신주의 발행·주식분할 등에 의한 전환에 의하여 발생하는 주식의 가치의 감소에 대응하고 자동적으로 전환율이 수정되게끔 하여 轉換者를 보호하는 방법 등이 있다.

전환주식(轉換株式) 〔英〕 convertible share or stock 〔獨〕 Wandelaktie 회사가 여러 종류의 주식을 발행하는 경우(商 344)에 다른 종류의 주식으로 전환할 수 있는 권리, 즉 轉換權이 인정된 주식. 이는 주주의 모집을 용이하게 하기 위한 제도로서 미국법에 따라 인정된 제도이다. 상법은 구상법과 달리 新株發行時 뿐만 아니라 會社設立時에도

전환주식을 발행할 수 있게 하고 있다. 회사가 전환주식을 발행하는 데는, 전환을 청구할 수 있다는 뜻과 轉換의 條件, 즉 전환될 주식과 이에 대하여 부여할 주식의 비율, 전환의 청구기간과 전환으로 인하여 발행한 주식의 수와 내용을 정관으로써 정하여야 한다(346 I). 그리고 회사는 정관에 정한 여러 종류의 주식의 수 중 전환으로 인하여 발행할 주식의 수는 전환청구기간내에 그 발행을 보류하여야 한다(346 II). 전환은 주주의 청구에 의하는 것이며, 청구서 2통에 주권을 첨부하여 회사에 제출하여야 한다(349). 전환의 청구가 있으면 당연히 전환의 효력이 생기며 회사의 승낙 등 다른 협력을 요하지 아니한다. 전환권은 일종의 形成權이기 때문이다. 전환으로 인하여 발행하는 신주식의 發行價額은 전환전의 주식의 발행가액으로써 한다(348). 전환의 효력은 각 주주가 청구를 한 때에 생기는 것이나, 이익이나 이자의 배당에 관하여는 청구를 한 때가 속하는 영업연도말에 전환된 것으로 본다(350). 전환으로 인하여 각종 주식의 발행주식수에 변경이 생기는데, 전환으로 인한 變更登記는 전환을 청구한 날이 속하는 달의 말일부터 본점소재지에서 2주간내에 하여야 한다(351).

절 가(絶家) 無後家와 같다. 구관습법상의 용어.

절대군주제(絶對君主制) 〔英〕 absolute monarchy 군주가 통치권을 그의 수중에 독점하는 군주제. 專制君主制라고도 한다. 근세민족국가의 성립과 더불어 유럽에 발생한 것이 그의 전형으로 간주된다. 군주는 법으로부터 해방된다, 군주가 의욕하는 것이 법의 힘을 가진다 등의 法諺이 그의 원리를 잘 표현한다.

절대권 · 상대권(絶對權 · 相對權) 權利의 내용이 특정의 법익을 직접으로 지배하는 것이고, 따라서 그 효력이 모든 사람을 의무자로 하여 이에 대항할 수 있는 것이 絶對權(〔獨〕 absolutes Recht 〔佛〕 droit absolu) 또는 對世權이고, 이에 대하여 그 내용이 특정인으로 하여금 특정의 법익을 결부시키는 것이고, 따라서 그 효력이 특정인을 의무자로 하여 이에 대해서만 대항할 수 있는 것이 相對權(〔獨〕 relatives Recht 〔佛〕 droit relatif) 또는 對人權이다. 物權 · 人格權 · 無體財産權 등은 전자의 전형이고, 債權은 후자의 전형이다. 권리에 대한 의무자의 범위에 의한 분류이며, 주로 私權에 관하여 행하여진다. 절대권에는 배타성이 있고, 상대권에는 이것이 없는 것이 특색이다.

절대다수(絶對多數) 〔英〕 absolute majority 선거나 의결 등에 있어서, 투표권자 내지 투표자의 과반수의 찬성을 필요로 하는 것. 국회가 탄핵소추를 의결하거나 국무총리 또는 국무위원의 解任建議를 의결함에는 재적의원과반수의 찬성이 있어야 하며(憲 63 II, 65 II), 국회는 통상적으로 재적의원과반수의 출석과 출석의원과반수의 찬성으로 의결한다(49). 憲法改正案에 대한 국민투표는 국회의원선거권자 과반수의 투표와 투표자 과반수의 찬성을 얻어야 한다(130 II). →특별다수, 단순다수, 의결정족수

절대적 금제품(絶對的禁制品) 〔英〕 absolute contraband 〔獨〕 absolute Konterbande 〔佛〕 contrabande absolue →전시금제품

절대적 무인행위(絶對的無因行爲) →유인행위 · 무인행위

절대적 법정형(絶對的法定刑) 〔獨〕 absolut bestimmte Strafdrohung →법정형

절대적 부정기형(絶對的不定期刑) 〔獨〕 absolut unbestimmtes strafurteil →부정기형

절대적 상고이유(絶對的上告理由) [1] 민사소송법상 그 사유가 있으면 언제든지 판결에 상고이유가 있는 것으로 되는 절차상의 중대한 사유로서 법이 열거한 것(394). 相對的 上告理由에 대한 말. 상고가 이유있다고 하기 위해서는 원판결에 憲法 · 法律 · 命令 또는 規則違反이 있고, 그 위반이 판결에 영향을 미칠 가능성이 있어야 하는데, 이 영향의 가능성은 절차상의 과오인 때는 판정이 곤란하므로 중대한 節次違反을 열거하여 그 사유가 있을 때에는 당연히 상고이유가 있는 것으로 하여, 그와 같은 판정의 노고를 덜기 위해 이를 인정하고 있는 것이다.

[2] 형사소송법상 상고이유 중 판결 후 형의 폐지나 변경 및 재심청구의 사유가 있는 때(383 ii · iii) 등은 중대한 것이고, 또 判決에 영향을 미침이 거의 명백하므로 판결에 영향을 미침과는 관계없이 절대적 상고이유로 하고 있다. 이에 대하여 판결에 영향을 미치는 때에 한하여 상고이유로 되는 사유, 예컨대 憲法 · 法律 · 命令 또는 規則違反이 있는 때(383 i), 중대한 사건에 있어서의 중대한 事實誤認(383 iv) 및 현저한 量刑不當을 相對的 上告理由라고 한다. →상고이유, 항소이유

절대적 상행위(絶對的商行爲) 〔獨〕 absolutes Handelsgeschäft 그 행위의 객관적 성질에서 항상 商行爲로 되는 행위, 즉 그 행위자가 상인인가 아닌가, 또 그 행위가 영업상 행해지는 것인

가 아닌가를 묻지 않고 언제나 상행위로 되는 행위이며, 客觀的 商行爲라고도 한다. 그 행위가 영업상 행해질 때에만 상행위로 되는 이른바 相對的 商行爲 또는 主觀的 商行爲에 대립되는 개념이다. 구상법(501)은 이를 인정하였으나, 상법은 이를 폐지하였다. 어떤 행위가 그 자체 영리성을 가진다고 할지라도 영업과 관계없이 單獨的·個別的으로 행해지는 한, 다른 일반의 행위와 구별할 필요가 없기 때문이다. 특히 상법을 실질적으로 기업적 생활관계에 특유한 법이라고 이해한다면 이를 인정하는 것은 불합리하다. 擔保附社債信託法에 의한 사채총액의 인수는 절대적 상행위로서 유일한 것이다(擔保社 23Ⅱ). →영업적 상행위, 부속적 상행위

절대적 속지법주의(絶對的屬地法主義) 〔國際私法上〕 種族法時代 이후 봉건시대에 諸侯가 각자의 영지를 할거하고 각각 독자적인 법률과 관습을 가져서, 자기의 영토 내에 있는 것은 사람이건 물건이건 모두 자기의 법률과 관습에 절대적으로 따르게 하였던 주의를 말한다. 이 주의 아래서는 國際私法이 발생할 여지가 없다.

절대적 의미(絶對的意味)**의 헌법**(憲法) 〔獨〕 Verfassung im absoluten Sinne 헌법의 각 조항은 평면적으로 同位에 있는 것이 아니고, 立體的·段階的 構造를 가지고 있으며, 같은 헌법조합 중에도 다른 조항보다 차원이 다른 상위의 조항이 있다. 이것을 절대적 의미의 헌법 또는 憲法의 憲法이라고도 한다. 이것은 슈미트(C. Schmitt)가 주장한 것이며, 절대적 의미의 헌법에 대응하는 것이 相對的 意味의 憲法이며, 전자의 변경은 바로 헌법의 파괴를 의미한다고 한다. 따라서 헌법개정의 한계의 기준이 된다.

절대적 정기행위(絶對的定期行爲) 〔獨〕 absolutes Fixgeschäft →정기행위

절대적 증거능력(絶對的證據能力) →증거능력

절대적 책임연령(絶對的責任年齡) →책임연령

절대적 친고죄(絶對的親告罪) 범인과 피해자와의 신분관계의 여하를 묻지 않고 항상 친고죄로 되는 범죄(예 : 强姦罪·死者名譽毁損罪). 相對的 親告罪에 대한다. →친고죄

절도죄(竊盜罪) 〔英〕 tealing, larceny 〔獨〕 Diebstahl 〔佛〕 vol 타인의 재물을 절취하는 죄(刑 329). 財物罪·領得罪이며 奪取罪이다. 본죄의 보호법익은 소유권이며, 부차적으로는 점유도 포함된다고 보아도 좋을 것이다. 夜間住居侵入竊盜(330), 特殊竊盜(331), 常習竊盜(332)의 경우에는, 형이 가중된다. 객체는 타인의 재물이며, 타인이 점유하는 자기의 재물은 本罪의 객체가 되지 아니한다(→권리행사방해죄). 또 객체가 되는 재물은 타인이 점유하고 있는 것에 한하며, 자기의 점유하에 있는 재물인 경우에는 橫領罪를 구성하고 절도죄는 성립되지 않는다. 동산 뿐 아니라 부동산도 本罪의 객체가 된다(多數說)(→권리의 절도). 절취란 점유자의 의사에 반하여 그 재물에 대한 사실상의 支配(占有)를 침해하여 자기 또는 제3자의 점유로 옮기는 것이다. 옮김으로써 본죄는 旣遂가 되고, 위법상태는 계속하더라도 本罪는 종료한다(→상태범). 故意 이외에 不法領得의 의사가 필요하므로 使用竊盜는 절도죄가 되지 않는다(多數說)(→불법영득의 의사, 사용절도). 그러나 자동차 등 불법사용(331의2)은 제외된다. 미수범은 처벌한다(342). 親族相盜例가 적용된다(344).

절차법(節次法) 〔獨〕 Verfahrensrecht 권리의 실질적 내용을 실현하기 위하여 취하여야 할 방법을 규율하는 법. 實體法에 대한 말. 실체법의 목적은 서로 대립하는 이해를 통제조화하고, 질서리에 진행시키는 절차법이 있음으로써 비로소 달성된다. 절차법은 수단적·기술적 성격을 가지고 있는 것이 보통이다. 통상으로는 訴訟 또는 裁判節次를 규율하는 法(민사소송법·형사소송법)을, 사건의 실체를 규율하는 實體法(民法·商法·刑法)에 대하여, 절차법이라고도 부른다. 이 경우에는 形式法이라고도 한다. 넓은 뜻에 있어서는 행정적인 節次規定(국세징수법 중의 절차규정), 민사상의 절차규정(호적법·부동산등기법)도 이에 포함되는데, 이에 관하여는 동일법전 중에 實體的 規定과 아울러 정하여진 것이 적지 않다.

절차상(節次上)**의 착오**(錯誤) 〔羅〕 error in procedendo 상고이유로서의 위반된 법령 중 訴訟法規違反을 말한다. 실체법규위반을 말하는 의율상의 착오에 대하는 말. 擬律上의 錯誤는 법령적용을 직책으로 하는 법원의 과오이므로 상고인이 상고이유로 삼지 않더라도 상고법원은 의당 직권으로 조사하여야 할 것인데 반하여(上告理由不拘束의 원칙), 절차상의 착오는 원칙으로 상고이유로 삼았을 때에 비로소 고려된다(民訴 401). 그러나 절차상의 착오라도 직권조사사항에 속하는 强行法規違反은 예외로 한다(394). 이 절차상의 착오 중에는 事實確定節次의 착오도 포함된다. 釋明義務의 불이행, 認定理由不備, 증거조사방식의 위법이 있으면 그로 인한

사실인정이 적법히 경유된 절차라 할 수 없으므로 상고심은 그 인정사실에 羈束되지 않는다. 그러나 飛躍上告에 있어서는 당사자가 事實確定問題에 대하여는 문제로 삼지 말자고 한 것이므로 이같은 사유는 상고이유로 할 수 없다(403). 형사소송에 있어서의 소송절차의 위반에 관하여는 소송절차의 법령위반을 보라.

절차상(節次上)**의 하자**(瑕疵) 행정행위와 관련하여 그 成立要件 또는 有效要件으로서 법률상 요구된 절차에 위반된 경우를 말하는 것이다. 이러한 절차상의 하자는 원칙적으로 무효이나, 단순히 행정의 편의를 도모하기 위한 절차를 위반한 경우라면 행정행위는 취소할 수 있음에 그친다는 것이 학설의 일반적인 견해이나 판례는 取消의 흠에 그치는 것으로 본다.

절차적 공권(節次的公權) 개인의 實體法的 公權의 보호를 실효성있게 하기 위한 절차법적 측면에서의 권리를 말하는 것으로서 그러한 권리의 대표적인 경우로 들 수 있는 것이 無瑕疵裁量行使請求權과 行政介入請求權 등이 있다. 그런데 이러한 권리는 절차적 공권이 아닌 실체적인 권리라는 견해가 주장되고 있으나, 소송의 심리과정에서 인정받게 되는 권리라는 측면에서 절차적 공권으로 보아야 할 것이다.

절차적 구제제도(節次的救濟制度) 행정심판이나 행정소송과 같이 瑕疵있는 行政作用으로 말미암아 권익의 침해를 받은 자가 관할 행정청 또는 법원에 그 행정작용의 취소·변경을 구하는 절차를 말한다. 이에 반하여 행정작용으로 말미암아 개인에게 발생된 손해를 보전하여 주는 제도를 實體的 行政救濟라고 한다.

절차적 규제(節次的規制) 오늘날 사전적인 權利救濟와 관련하여 그 중요성이 논의되는 것으로서 행정작용은 그 작용을 하기에 앞서서 聽聞 등의 방법으로 이해관계인에게 의견 등을 제시할 수 있도록 기회를 부여하여 그 적법성과 타당성을 보장하도록 하여야 하는 것으로서 이를 缺하게 되면 취소의 흠이 있는 것으로 된다.

절차형성행위(節次形成行爲) 소송의 절차의 형성에 직접적으로 관련되는 소송행위. 實體形成行爲에 대한 말이다. 公訴提起·上訴提起·證據調査의 신청 등이 그 예이다.

점두거래(店頭去來) 〔英〕 over-the-counter transaction 증권업자가 그 점두에서 하는 거래. 증권거래소가 개설하는 有價證券市場에서 하는 賣買去來에 대응하는 개념. 이것은 상장되지 아니한 유가증권과 상장된 유가증권에 관해서 행하여진다.

점 령(占領) 〔羅〕 occupatio 〔英〕·〔佛〕 occupation 〔獨〕 Okkupation, Besetzung 한 국가가 상대국의 영역 또는 준영역(信託統治地域·租借地)의 일부 또는 전부를 사실상 군의 권력하에 두는 것. 점령국은 점령지의 입법·사법·행정에 있어 일정한 권리·의무를 진다. 즉, 치안의 유지와 군사상의 필요에 따라 점령지의 법률을 개폐할 수 있으나, 군사상 절대적 지장이 없는 한 피점령국의 法令과 命令을 존중해야 한다. 또한 사법에 있어서도 점령지의 裁判所를 존중해야 한다. 점령지의 행정은 공공질서와 생활을 회복하고 확보하기 위한 것이어야 하며, 행정관리를 그 직에 잔류토록 요구하여 불응했을 경우 추방은 가하나 처벌할 수는 없다. 占領地의 주민은 점령군의 계엄령하에 있게 된다. 점령지의 재산취급은 公有財産과 私有財産을 구별하는데 공유재산도 부동산으로서 군사적인 성질의 것은 파괴·손상할 수 있어도 군사적 성질을 갖지 않은 것은 사용·수익할 수 있을 뿐이다. 특히 종교·자선·교육·학술에 관한 부동산은 私有財産의 경우와 같이 沒收의 대상이 되지 않는다. 公有財産인 동산은 압수 및 처분에 있어 제한이 완화된다. 그러나 사유재산은 비몰수를 원칙으로 하며 일시적인 사용의 경우로서 전쟁상 필요한 경우이면 배상할 필요가 없다. 또한 점령군은 租稅의 징수·貢納金의 제공·徵發을 명할 수 있는데 일정한 요건을 구비해야 한다(陸戰法規 49조 이하). 점령은 그 형태에 따라 ① 戰時占領, ② 平時占領, ③ 混合占領으로 구분되며, 각도를 달리하여 ① 敵對占領, ② 友好的 占領으로도 구분한다. →사유재산비몰수의 원칙, 징발, 공납금, 전시점령, 평시점령, 혼합점령, 적대점령, 우호적 점령

점수제(點數制) 〔英〕 mark system 〔獨〕 Strichsystem 累進制의 한 운영형태로서, 受刑者의 형기를 4기로 구분하여 수형자에게 各期에 일정한 책임점수를 부과하고, 그 책임점수를 자기노력에 의하여 소각함으로써 순차로 가장 하급인 제4급으로부터 제1급까지 진급됨에 따라서 처우를 점차 완화하는 제도. 이 제도는 1840년 알렉산더 마코노키(A. Machonochie)에 의하여 오스트레일리아의 노퍽(Norfolk)島에서 처음으로 실시된 것인데, 期間刑을 勞動刑으로 換置하여 그 노동능률을 점수에 의하여 측정함으로써 수형자의 자발적 노력을 꾀하고자 하는 제도이었다. 消却制라고도 하며, 考査制에 대한 말이다.

점용료(占用料) 公物使用權의 特許는 특정인에게 일정한 내용의 공물사용권을 설정하여 주는 것이기 때문에, 공물관리자가 공물의 特許使用의 대가로 징수하는 것을 말하는데, 이를 使用料라고도 한다. 점용료는 공물의 특별한 사용으로부터 받는 이익에 대한 대가일 뿐만 아니라, 특허사용관계는 상대방의 신청 또는 동의를 전제로 하여 성립하는 것이기 때문에 법률의 근거가 없는 경우에도 과할 수 있다. 점용료납부의무는 公物使用權으로부터 나오는 것이기 때문에 公義務의 성질을 가지며, 그 불이행에 대하여는 국세체납절차에 따르게 되는 것이 보통이다.

점 유(占有) 〔羅〕 possessio 〔英〕·〔佛〕 possession 〔獨〕 Besitz [1] 私法上 물건에 대한 사실상의 지배. 사실상의 지배라 함은 社會觀念上 물건이 어떤 사람의 지배내에 있다고 인정되는 객관적인 관계를 말한다. 점유권은 점유가 있는 때에 이에 기하여 생기는 권리이다(民 192Ⅰ). 민법은 실질적 권리인 本權(점유할 권리)의 유무를 일단 떠나서, 외계의 물건을 지배하는 상태를 보호하고 사회의 평화질서를 유지하기 위하여, 점유하고 있는 사실적 지배의 외형에 점유권이라는 물권을 인정하고, 여러가지의 법률효과를 부여하여 이를 보호하고 있다. 즉, 실질상의 無權利者가 물건을 점유하는 경우에는, 결국은 실질상의 권리자가 이기지만, 점유자가 임의로 물건을 반환하지 않는 한, 실질상의 권리자일지라도 자력구제는 허용되지 않으며, 本權의 訴로써 이것을 회복할 수밖에 없다. 외형적 지배를 보호하는 점유의 제도는 로마법 이래 어느 법규에서나 공통하게 인정되어 온 것인데, 현행의 占有制度는 로마法의 뽀세시오와 게르만법의 게베레의 양 요소의 交錯으로 이루어진 것이다. 점유가 성립하기 위하여는 물건에 대한 사실상의 지배만 있으면 족하고 그 밖에 어떤 특별한 의사는 불필요하다. 다만 사실상의 지배가 성립하기 위하여는 占有設定意思, 즉 물건에 대하여 사실적 지배의 관계를 가지려는 의사는 필요하다고 본다. 또 사실상의 지배라고 하는 것은 물건에 대하여 물리적으로 힘을 미치게 한다는 것과는 같지 않으며, 물리적으로 힘을 미치고 있어 점유로 인정되지 않는 경우가 있고(占有補助者), 반대로 물리적인 실력행사가 미치지 않아도 점유로 인정되는 경우가 있다(間接占有). →소지, 보관

[2] 형법상 재물(물건)을 사실상 지배하는 것. 所持 또는 管理라고도 표현한다. 형법상의 占有(Gewahrsam)는 민법상의 占有(Besitz)와 반드시 같지 아니하고 보다 현실적인 개념이다. 즉, 민법상의 間接占有는 형법상의 점유가 아니다. 그러나 반드시 필요로 하지 아니하고, 그 지배관계는 사회통념에 의하여 이해되어야 한다. 따라서 출타중인 자도 자택에 둔 물건에 대하여 점유를 가지고 있다. 그리고 점유에는 사실상 지배의 의사가 하나의 요소로 인정되는데, 이 의사는 시간적으로도 대상적으로도 포괄적인 것으로 족하고 오히려 물리적인 지배관계를 보충하는 점에 주된 의미가 있다고 보아야 할 것이다. 점유가 자기에 속하느냐의 여부는 특히 竊盜罪와 橫領罪(또는 占有離脫物橫領罪)와를 구별하는 데에 중요하다. 상점내의 상품은 보통 상점주가 점유한다는 견해와 점원과의 共同占有라는 견해가 있다. 봉함된 포장물을 위탁받은 경우에 관하여는 ① 委託物 전체에 대하여는 受託者가, 또 그 내용물에 대하여는 위탁자가 점유를 가진다는 견해, ② 내용물과 용기가 모두 위탁자의 占有로 보는 견해, ③ 그 모두를 구체적인 委託關係의 성격에 의하여 결정하되, 원칙적으로 수탁자의 점유라고 보는 견해로 나누어진다.

점유강취죄(占有强取罪) 暴行 또는 脅迫으로 타인의 점유에 속하는 자기의 물건을 强取하는 죄(刑 325Ⅰ). 본죄를 범하여 사람의 생명에 대한 위험을 발생하게 한 때(326)에는 刑을 가중한다. 폭행·협박은 상대방의 항거를 억압할 정도임을 요한다. 여기서의 점유는 權原에 의한 占有, 즉 적법한 原由에 기하여 그 물건을 점유할 권리있는 자의 점유를 의미한다고 보아야 한다. 왜냐하면 본죄는 이러한 점유의 기초가 되어 있는 本權을 보호하기 때문이다. 强取란 폭행·협박에 의하여 목적물의 점유를 취득하는 것을 말한다. 未遂犯은 처벌한다(325Ⅲ). →권리행사를 방해하는 죄

점유개정(占有改定) 〔羅〕 constitutum possessorium 〔獨〕 Besitzkonstitut 물건을 점유하는 자(인도에 있어서의 讓渡人)가 타인(인도에 있어서의 讓受人)을 위하여 間接占有를 설정하고 스스로 他主占有者로서 직접점유를 계속함으로써 인도가 된 것으로 하는 간편한 인도방법. 즉, 인도한 후에도 양도인이 계속 점유하고자 하는 경우에 물건을 양수인에게 인도하지 않고서 앞으로는 양수인을 위하여 점유한다는 의사표시를 함으로써 인도의 효력이 생기는 것이다(民 196Ⅱ, 189). 그 결과 직접점유자인 양도인은 占有媒介者가 되고, 양수인은 間接占有를 취득하게 된다(→간접점유). 예컨대 甲이 그의 소유물을 乙에게 매각하고, 곧 이어서 그 물건을 갑이 賃借하는 때에는 일단 매수인인 을에게 인도하였다가 다시 갑이 인도받는 불필요한 이중의 절차를 생략할 수 있게 된다. 讓渡擔保의 경우 등에 실익이 많다. →인도

점유권(占有權) 〔獨〕 Recht des Besitzes 〔佛〕 droit de possession 점유라는 사실을 법률요건으로 하여 생기는 物權(民 192~209). 다른 물권과 같이 물건의 지배로부터 적극적으로 어떤 이익을 얻을 것을 내용으로 하는 것이 아니라, 물건에 대한 사실적인 지배상태를 일단 권리로서 보호하여 私力에 의한 교란을 금함으로써 사회의 평화질서를 유지하려는 제도이며, 실질적 권리인 本權(占有할 권리(Besitzrecht))과는 준별된다. 다른 물권과의 공통성은 물건에 대한 支配權이라는 점에 그치고, 그 이외에는 법률적 성질이나 사회적 작용이 다르다. 현저한 차이점은 배타성과 우선적 효력이 없는 것이다. 점유권의 효력으로는 다음과 같은 것을 들 수 있다. ① 權利의 추정(200), ② 동산점유의 公信力(→선의취득), ③ 동산물권변동의 效力發生要件(188), ④ 取得時效의 기초(245, 246)(→취득시효), ⑤ 占有保護請求權(204~208), ⑥ 自力救濟權(209), ⑦ 果實取得權과 費用償還請求權(201~203).

점유기관(占有機關) →점유보조자

점유매개관계(占有媒介關係) 〔獨〕 Besitzmittlungsverhältnis 間接占有에 있어서, 간접점유자와 점유매개자를 결합시키는 관계를 말한다. 분설하면 다음과 같다. ① 간접점유자와 점유매개자 사이에 地上權·傳貰權·質權·使用貸借·賃貸借·任置 기타의 관계가 존재할 것(民 194), ② 점유매개자의 점유할 권리는 간접점유자의 권리로부터 전래한 것이고, 내용에 있어서 간접점유자의 권리보다 제한된 것일 것, ③ 간접점유자는 점유매개자에 대하여 返還請求權을 가질 것. ④ 점유매개자의 점유는 간접점유자의 우위를 인정하는 他主占有일 것, ⑤ 占有媒介關係는 반드시 유효한 법률관계임을 요하지 않는다(예 : 賃貸借關係終了後의 임대인과 임차인간의 관계). 점유매개관계가 단절되면 간접점유는 상실된다. →직접점유·간접점유

점유매개자(占有媒介者) →직접점유·간접점유

점유물반환청구권(占有物返還請求權) 〔獨〕 Anspruch wegen Besitzentziehung 점유자가 점유의 侵奪을 당한 때에 그 물건의 반환 및 손해의 배상을 청구할 수 있는 권리(民 204Ⅰ). 점유보호청구권의 일종으로서 物權的 返還請求權의 성질을 가진다(→점유보호청구권). 占有回收請求權이라고도 하며, 한편 占有回收의 訴라는 연혁적인 명칭도 있다. 이 반환청구권의 상대방은 현재 점유하고 있는 자이며 그 고의·과실을 필요로 하지 않는 것이 원칙이지만, 다만 侵奪者의 선의의 特定承繼人에 대하여는 행사할 수 없다(204Ⅱ). 그리고 간접점유자가 이 請求權을 행사할 때에는 그 물건을 점유자에게 반환할 것을 청구할 수 있고, 점유자가 그 물건의 반환을 받을 수 없거나 이를 원하지 않는 때에는 자기에게 반환할 것을 청구할 수 있다(207Ⅱ)(→간접점유). 점유침탈에 기한 返還請求權과 損害賠償請求權은 침탈을 당한 날로부터 1년내에 행사하여야 한다(204Ⅲ).

점유물방해예방청구권(占有物妨害豫防請求權) 점유자가 점유의 방해를 받을 염려가 있는 때에 그 방해의 예방 또는 손해배상의 담보를 청구하는 권리(民 206Ⅰ). 占有保護請求權의 일종으로서 物權的 妨害豫防請求權의 성질을 가진다(→점유보호청구권). 占有保全請求權이라고도 하며, 占有保全의 訴라는 연혁적인 명칭도 있다. 방해발생의 위험만 있으면 언제든지 행사할 수 있다. 그러나 공사로 인하여 방해를 받을 염려가 있는 경우에는 공사착수 후 1년을 경과하거나 또는 공사가 완성한 때에는 방해의 예방을 청구하지 못한다(206Ⅱ). 損害賠償의 擔保의 종류는 금전의 供託이 보통이겠지만 제한은 없다.

점유물방해제거청구권(占有物妨害除去請求權) 점유자가 점유의 侵奪 이외의 방법으로 점유를 방해당한 경우에 그 방해의 제거 및 손해배상을 청구할 수 있는 권리(民 205Ⅰ). 占有保護請求權의 일종으로서 物權的 妨害除去請求權의 성질을 가진다(→점유보호청구권). 점유보유청구권이라고도 하며, 占有保有(保持)의 訴라는 연혁적인 명칭도 있다. 이 청구권은 방해가 종료한 날로부터 1년내에 행사하여야 한다(205Ⅱ). 그러나 방해의 제거는 방해가 종료한 후에는 청구할 수 없을 것이므로 前記의 기간은 손해배상의 청구에만 적용된다. 방해제거청구권은 방해가 존재하는 동안은 언제나 행사할 수 있다. 그러나 공사로 인하여 방해를 받은 경우에는 공사착수 후 1년을 경과하거나 또는 그 공사가 완성한 때에는 妨害의 除去를 청구하지 못한다(205Ⅲ).

점유보유청구권(占有保有請求權) 점유물방해제거청구권과 같다.

점유보전청구권(占有保全請求權) 점유물방해예방청구권과 같다.

점유보조자(占有補助者) 〔獨〕 Besitzdiener, Besitzorgan 일정한 경우에 어떤 자가 물건에 대한 사실상의 지배를 하고 있더라도 그 물건의 점유자가 되지 못하고, 그 자와 특정의 관계에 서는

자만이 占有者가 되는 수가 있다. 이 때에 물건을 사실상 지배하고 있지만 점유자가 되지 못하는 자를 가리켜 점유보조자라고 하고, 그 점유자가 되는 자를 占有主라고 한다. 점유보조자는 또 占有機關이라고도 한다. 민법은 家事上, 營業上 기타 유사한 관계에 의하여 타인의 지시를 받아 물건에 대한 사실상의 지배를 하는 때에는 그 타인만을 점유자로 한다고 규정함으로써 점유보조자의 사실상의 지배를 보호하지 않는다(民 195). 이러한 경우에는 점유자로서의 보호를 점유주에게 주는 것이 적당하고 또 그것으로써 족하다고 인정되기 때문이다. 점유보조의 관계가 성립하려면, 첫째로 어떤 자(점유보조자)가 타인(占有主)을 위하여 물건에 대한 事實上의 支配를 행사하고 있어야 한다. 둘째로는 그 타인(점유주)의 지시에 따라야 할 관계가 존재하여야 한다. 여기서 지시에 따라야 할 관계라 함은 債權·債務의 對等的 關係가 아니라 사회적 의미에 있어서의 명령·복종의 종속관계를 말한다. 민법 195조는 가사상 또는 영업상의 관계를 예시하고, 기타 타인의 지시를 받는 유사한 관계에는 일반적으로 점유보조의 관계를 인정하는 것으로 하고 있다. 예컨대 가정부, 점원, 인부, 직무수행상 公文書를 다루는 공무원, 부모의 지시에 따라 家內의 물건을 다루는 家兒 등은 모두 점유보조자이다. 위와 같은 요건을 구비하면 물건을 사실상 지배하고 있는 점유보조자는 본인의 占有機關으로서 본인만인 점유권을 취득한다. 점유보조자는 점유자가 아니므로 점유권의 보호를 받지 못한다. 그러나 점유보조자도 점유자의 自力救濟權(209)은 행사할 수 있다고 하는 것이 통설이다(→ 자력구제).

점유보호청구권(占有保護請求權) 〔羅〕 interdictum possessionis 〔獨〕 Besitzschutzanspruch 〔佛〕 action possessoire 占有者가 占有를 방해당하거나 또는 방해될 염려가 있을 때에 방해자에게 방해의 제거를 청구하는 권리(民 204~206). 本權, 즉 점유할 수 있는 권리의 유무와는 관계없이 점유 그 자체를 보호하는 제도이며, 로마법의 뽀세시오(possessio)에 기한 訴權에 유래하는데서 占有訴權이라고도 한다. 그러나 그것은 연혁적인 명칭에 지나지 않으며, 점유보호청구권은 실체법상의 권리인 것이다. 그것은 점유권의 침해를 배제하여 완전한 점유상태를 회복하는 권리이므로 일종의 物權的 請求權이다(→ 물권적 청구권). 민법은 점유의 침해에 기한 損害賠償請求權까지도 점유보호청구권의 내용으로 하고 있으나, 손해배상청구권은 순수한 채권이지 물권적 청구권은 아니며, 편의상 함께 규정하고 있는 것으로 이해되고 있다. 점유보호청구권에는 占有物返還請求權·占有物妨害除去請求權·占有物妨害豫防請求權의 세 가지가 있다. 물건에 대한 사실상의 지배인 점유에 이러한 권리를 인정하는 것은 사회질서를 유지하기 위한 것이며, 정당한 권리자도 원칙적으로 自力救濟가 금지된다는 것을 전제로 하고 있다(→ 자력구제). 점유보호청구권에 기한 소를 占有의 訴라고 하고, 소유권과 같은 실질적 권리에 기한 소는 이를 本權의 訴라고 한다. 양자는 별개의 것으로 다루어진다(→ 점유의 소, 본권의 소). 점유보호청구권의 주체는 占有權者이다. 直接占有者는 물론이며, 間接占有者도 주체가 된다(207)(→ 직접점유·간접점유). 그러나 점유보조자는 점유보호청구권을 행사하지 못한다. → 점유물반환청구권, 점유물방해제거청구권, 점유물방해예방청구권

점유설정의사(占有設定意思) 〔獨〕 Besitzbegründungswille 물건에 대하여 事實的 支配의 관계를 가지려는 의사. 민법상 점유가 성립하기 위하여는 물건에 대한 사실상의 지배만으로 족하고, 그 밖에 어떤 占有意思가 있어야 하는 것은 아니다(192 Ⅱ). 그러나 사실적 지배가 성립하려면 적어도 사실상의 지배를 가지려는 의사는 필요하다고 하여야 할 것이다. 그러므로 잠자고 있는 사람의 주머니에 물건을 집어 넣어도 잠자고 있는 사람이 그 사실을 알지도 못하고 있으면 아직 事實上의 支配가 있다고 할 수 없으며, 잠을 깬 후에 그 물건을 지니어 두려고 마음먹었을 때에 비로소 사실상의 지배가 성립하고 따라서 占有가 성립한다. 이것은 물건에 대하여 사실상의 지배를 하려는 의사에 불과하다는 점에서, 占有의 개념에 관한 主觀主義를 취하는 法制에 있어서 점유가 성립하기 위하여 물건에 대한 사실상의 지배 이외에 요구되는 일정한 내용의 占有意思와 다르다(→ 점유의사). 점유설정의사는 일반적·잠재적인 것이면 되며, 명시적으로 표시될 필요는 없다. 그러므로 우편함에 투입된 우편물에 대하여는 사실상의 지배가 성립한다. 또한 이 의사는 법률행위에 있어서와 같이 법률효과의 발생을 의욕하는 의사가 아니라, 단순히 事實上의 支配를 하려는 의사를 가질 수 있는 한, 점유를 취득할 수 있다. 그리고 점유에 있어서는 代理가 있을 수 없다.

점유소권(占有訴權) 점유보호청구권과 같다.

점유의사(占有意思) 〔羅〕 animus possidendi 〔獨〕 Besitzwille 점유가 성립하기 위하여 필요한 의사. 즉, 점유를 성립시키는 주관적 요소. 占有의 心素라고도 한다. 처음에는 로마법에 관하

여, 물건에 대한 사실상의 지배 중에서 뽀세시오로 인정되는 것과 인정되지 않는 것을 구별하기 위한 표준으로 논의된 문제였으나, 후에 현대법의 문제와 혼동되어 논하여지게 되었다. 점유가 성립하기 위하여는, 물건에 대한 事實上의 支配(體素)만으로 족한 것으로 하는 입법주의를 점유의 개념에 관한 客觀主義라 하고, 이 밖에 특별한 意思(心素)를 필요로 하는 입법주의를 主觀主義라 한다. 우리 민법, 독일민법, 스위스민법은 전자에 따르고(民 192Ⅰ, 獨民 854, 瑞民 919 참조), 프랑스民法, 舊民法(日本民法)은 후자에 따르고 있다(舊民 180, 佛民 2228·2229). 점유의사는 어떠한 의사이냐에 관하여, 주관주의는 다시 세 가지 학설로 나누인다. 즉, 所有의 意思(animus domini)라고 하는 설(사비니), 소유자처럼 사실상 모든 방향으로 물건을 지배하는 意思(animus dominandi)라고 하는 설(윈트사이트), 자기를 위하여 물건을 소지하는 의사(animus rem sibi habendi)라고 하는 說(데른부르크)(舊民 180)이 그것이다. 점유의사에 대한 법률의 태도는 이를 존중하는 것으로부터 차츰 이를 경시하는 방향으로 발전하여 왔다. →점유, 심소, 점유설정의사

점유(占有)**의 소**(訴) 占有保護請求權을 행사하는 소. 이에 대하여 소유권·전세권 등의 실질적 권리에 기한 소는 이를 本權의 訴라고 부른다. 예컨대 소유자가 그의 점유물을 빼앗긴 경우에는 점유권에 기한 占有物返還請求의 訴와, 소유권에 기한 所有物返還請求의 訴를 제기할 수 있다. 전자가 점유의 소이고, 후자는 本權의 訴이다. 전자, 즉 점유의 소는 사회질서의 유지를 목적으로 하고 있는데 대하여 후자, 즉 본권의 소는 권리의 종국적 실현을 목적으로 하고 있으며, 양자는 전혀 平面을 달리한다. 따라서 양자는 아무런 관계가 없는 것으로 다루어지고 있는 것이 로마법 이래의 전통이다. 즉, 占有의 訴와 本權의 訴는 서로 영향을 미치지 않는다(民 208Ⅰ). 양자는 동시에 제기하여도, 또는 따로따로 제기하여도 상관없으며, 또한 한편에서 패소하더라도 다른 편을 제기할 수 있다. 그리고 점유의 소는 本權에 관한 이유로 재판하지 못한다(208Ⅱ). 독자의 존재이유를 가지는 점유의 소를 재판함에 있어서 본권에 관한 이유가 무시되는 것은 당연하다. 본권이 있음을 증명할 필요없고, 본권을 가지고 있음을 주장하여도 무의미하다.

점유이탈물횡령죄(占有離脫物橫領罪) 遺失物·漂流物 또는 타인의 점유를 이탈한 재물 또는 매장물을 횡령하는 죄(刑 360Ⅰ·Ⅱ). 본죄는 타인에 대한 委託關係를 전제로 하지 않는 점에서 다른 횡령죄와 다르다. 타인의 점유를 이탈한 재물이란 점유자의 의사에 기하지 아니하고 그 점유를 이탈한 물건을 말한다. 타인이 포기한 無主物은 점유이탈물이 아니다. 행위는 횡령인데(→횡령죄), 처음부터 不法領得의 의사로써 습득한 물건 또는 우연한 사정으로 점유케 된 물건에 대하여 領得의 意思로써 그 의사를 실현하는 행위(예 : 隱匿)가 있었을 때에 본죄를 구성한다. 親族相盜例의 준용이 있다(361).

점유주(占有主) 〔獨〕 Besitzherr →점유보조자

점유(占有)**할 권리**(權利) 〔獨〕 Besitzrecht, Recht zum Besitz →본권

점유회수청구권(占有回收請求權) 점유물반환청구권과 같다.

접견교통권(接見交通權) 신체구속을 당하고 있는 피고인·피의자·受刑者와 면회하고 서류 또는 물건을 접수할 수 있는 권리. 형사소송법에 있어서는 변호인 또는 변호인이 되려는 자는 피고인·피의자와 제한없이 接見·交通할 수 있는 권리가 인정되어 있다(34, 91). 변호인 또는 변호인이 되려는 자 이외의 자도 피고인·피의자와 접견·교통할 수 있으나, 법원은 도망하거나 또는 罪證을 인멸할 염려가 있다고 인정할 만한 상당한 이유가 있는 때에는, 접견을 금하거나 授受할 서류 기타 물건의 검열, 수수의 금지 또는 압수를 할 수 있다. 다만 의류·양식·의료품의 수수는 이를 금지 또는 압수할 수 없다(91). 수용자는 소장의 허가를 받아 접견할 수 있다(行刑 18).

접도구역(接道區域) 道路管理廳이 도로의 미관의 보존 또는 구조에 대한 損潰나 교통에 대한 위험을 방지하기 위하여 도로경계선으로부터 20m를 초과하지 아니하는 범위 안에서 지정·고시한 지역(道 50Ⅰ·Ⅱ). 접도구역 중 일정구역 안에서는 토지형질변경, 건축물 등 공작물의 신축·개축·증축, 竹木의 栽植이나 벌채를 행할 수 없으며, 그 외의 접도구역에 있어서는 이러한 행위는 도로관리청의 허가를 받아야 한다(50Ⅳ). 접도구역내에 있는 토지·竹木·시설 또는 건축물 기타 공작물의 소유자나 점유자는 도로의 구조나 교통의 안전에 대한 위험을 방지하기 위하여 필요한 조치를 하여야 하며, 도로관리청은 이를 명할 수 있다(50Ⅵ).

접속범(接續犯) 〔獨〕 fortgesetzte Delikt 시간적·장소적으로 극히 서로 근접한 조건하에서 여러 개의 같은 종류의 행위가 행하여진 때에, 전체를 포괄해서 관찰하여 단지 1회만 構成要件을 충족한 것으로 보아 1개의 범죄라고 하는 경우. 예컨대

한 창고로부터 쌀가마를 계속해서 여러 차례에 걸쳐 반출하여 착취하는 경우가 이에 해당한다. 접속범은 實質上 一罪이므로 구형법상의 連續犯과 구별된다. 현행형법하에서 연속범의 규정이 없음으로써 생기는 불편을, 接續犯理論의 확장에 의하여 해결할 수 있느냐가 문제가 된다.

접속선하증권(接續船荷證券) 〔獨〕 Anschlusskonnossement 通運送契約에 있어 제2 이하의 운송인이 자기의 운송구간에 관하여 운송관계를 규정하는 중간선하증권 대신에 발행하는 선하증권. 이는 通船荷證券과 관련하여 발행되는 것으로 독자적인 선하증권이 아니고 통선하증권의 附箋的 性質을 가지는 일종의 指示證券이다. → 통선하증권

접속수역(接續水域) 〔獨〕 adjacent zone, contiguous zone 국가가 외국의 명시 또는 묵시의 동의에 의하여, 自國領海에 인접하는 일정범위의 公海에 있어서, 관세·위생 등 특정사항에 관한 관할권의 행사가 인정되는 수역. 隣接水域·補充水域이라고도 한다. 현재 국제법하에 있어서는 영해 및 접속수역에 관한 협약에 의하여 비로소 인정되나 일반적인 국제법상의 제도로 인정하려는 주장이 강하다.

접 수(接受) 申請書·申告書·訴願狀 등과 같은 문서를 수령하는 사실행위. 문서의 단순한 수령행위라는 점에서 의사행위인 受理와 구별된다. 수리와 접수는 사실상 하나의 행위로 결합되는 경우도 있으나, 이론적으로는 서로 별개의 것이다. 受理나 却下는 접수를 전제로 함이 보통이다.

접수장(接受帳) 登記申請書의 授受의 전후를 기록하고 확정하기 위하여 調製되는 장부. 동일 부동산에 관하여 등기된 권리의 순위는 원칙적으로 등기의 전후에 의하여 정하여지므로(不登 5Ⅰ), 등기의 전후는 당사자의 이해에 중대한 영향을 미친다. 또한 등기의 전후는 申請授受의 전후에 의하여 정하는 것이 타당하므로(5Ⅱ), 접수장은 중요한 작용을 하는 것이다. 접수장에는 등기의 목적, 신청인의 성명 또는 명칭, 접수의 연월일과 접수번호를 기재하여야 한다(53).

접촉(接觸)**그룹** 〔英〕 contract group 옛날 유고슬라비아에서 빈발하는 民族 및 領土紛爭의 해결에 앞장서고 있는 미국, 영국, 독일, 프랑스, 이탈리아, 러시아 등 6개국을 통칭한다. 보스니아 內戰에 대한 UN측의 중재노력이 무산되자 1994년 8월 武力介入을 전제로 한 새 평화안을 만들어내 유고사태의 해결사로 자리잡았다. 최근에 세르비아의 코소보주에서 알바니아계-세르비아계 주민간의 충돌이 격화되자 활동을 재개했다.

정 관(定款) 〔英〕 memorandum of association, certificate of incorporation 〔美〕 articles of incorporation 〔獨〕 Satzung, Statut 〔佛〕 statut 법인의 조직·활동을 정한 根本規則(民 42·45, 商 178·204·269·433·543Ⅰ·584 등) 또는 그것을 기재한 書面(民 40·43, 商 179·270·289·543Ⅱ 등). 設立者·發起人 등 법인의 설립을 담당하는 자가 그것을 정하여 서면에 기재하고 기명·날인 또는 서명하여야 한다. 주식회사에서는 공증인의 認證을 받음으로써 효력이 생긴다(商 292). 정관에는 법인의 목적·명칭·본점과 지점의 소재지 등 法定의 조직에 관한 기본사항을 기재하여야 하며, 그 하나를 기재하지 않더라도 정관은 무효이다(絶對的 또는 必要的 記載事項)(民 40·43, 商 179·270·289·543Ⅱ 등). 법인의 기타의 규칙도 임의로 정할 수 있지만, 그것을 변경함에는 定款變更의 절차를 밟아야 한다(任意的 記載事項). 또 법정의 중요사항은 정관에 기재한 때에만 효력이 생긴다(相對的 記載事項)(民 41, 商 290·544 등). 권리능력없는 사단에 관하여도 그 근본규칙을 정관이라고 부르기도 한다(民 276Ⅱ 참조).

정관변경(定款變更) 〔英〕 alteration of memorandum 〔美〕 amendment of articles 〔獨〕 Statutenänderung 〔佛〕 modification des statuts 법인의 조직·활동의 근본규칙인 정관을 변경하는 것. 서면인 정관의 변경은 그것에 붙어 따르는데 지나지 않으며, 법인의 사무집행의 일부이다. 社團法人은 자체의 외부적 질서를 정하는 독립의 의사를 가지므로, 그 본질 및 법의 강행규정에 위반하지 않는 한, 정관을 변경할 수 있다. 사단법인의 정관은 事實의 變更에 의하여 당연히 변경되는 경우도 있으나(예 : 사원의 사망, 商 179 iii), 사단 자체의 의사로 변경하는 경우가 많다. 이 경우에는 신중한 절차를 밟아서 한다. 예컨대 非營利社團法人에서는 총사원의 3분의 2 이상의 동의와 주무관청의 허가(民 42), 人的會社에서는 총사원의 동의(商 204, 269), 物的會社에서는 주주총회 또는 사원총회의 특별결의(434, 585)를 필요로 한다. 財團法人의 定款은 자주적으로 변경할 수 없음이 원칙이지만, 그 변경방법을 정관에 정한 때에는 변경할 수 있으며, 또 재단법인의 목적달성 또는 그 재단의 보전을 위하여 적당한 때에는 명칭 또는 사무소의 소재지를 변경할 수 있다(民 45). 민법은 한 걸음 더 나아가, 재단법인의 목적을 달성할 수 없을 때에는 주무관청의 허가를 얻어 설립의 취지를 참작하여 그 목적 기타의

정관의 규정까지도 변경할 수 있는 길을 마련하고 있다(46). 정관에 정한 사항 중 등기된 것이 변경된 때에는 登記의 變更을 하여야 한다(52, 商 183·269·317Ⅲ).

정교사(正敎師) 소정의 자격증을 소지한 教師의 일종. 정교사는 1급과 2급으로 나뉘며, 각급 학교에 따라서 정교사가 되기 위한 자격이 다르다.

정규(定規)**의 병력**(兵力) 〔英〕 regular armies 〔佛〕 force régulière → 전투원

정근수당(精勤手當) 公務員(전투경찰·순경·경비교도·지원에 의하지 아니하고 임용된 하사와 병인 군인 및 비전임 전문직공무원은 제외)에 대하여 근속년수에 따라 1월과 7월에 지급하는 급여(公務員手當規程 7). 減俸 이상의 징계처분, 職位解除處分 또는 질병으로 인한 休職處分을 받은 때에는 그 처분기간에 따라 감액하여 지급한다. 정근수당은 근속년수에 따라 최저월봉급액의 50%에서 최고월봉급액의 100% 해당액을 지급한다(별표 2 참조).

정기간행물(定期刊行物) 동일한 題號로 연 2회 이상 계속적으로 발행하는 신문·통신·잡지 기타 간행물을 말한다(定期刊行物의 登錄 등에 관한 法律 2). 이러한 정기간행물을 발간하고자 하는 자는 題號, 種別 및 刊別, 발행인·편집인 및 인쇄인의 주소·생년월일·주소, 발행소의 소재지, 발행목적과 발행내용, 주된 보급대상 및 보급지역 등을 문화관광부장관에게 등록하여야 한다(7).

정기금채권(定期金債權) 〔獨〕 Rentenrecht 〔佛〕 rente 일정한 기간, 정기에 반복하여 금전 기타의 대체물을 급부시키는 것을 목적으로 하는 채권. 終身定期金·年金·定期給의 扶養料·地料 등이 그 예. 매기에 발생하는 채권은 그 기초인 정기금채권으로부터 유출하는 支分債權이고, 정기금채권은 이러한 지분채권을 낳는 기초인 채권, 즉 基本債權이다.

정기매매(定期賣買) 확정기매매와 같다.

정기보험(定期保險) 〔英〕 term insurance 〔獨〕 Risikoversicherung auf Leben, Versicherung auf kurze Zeit 〔佛〕 assurance temporaire 일정기간 내의 사망만을 보험사고로 하는 死亡保險. 해외여행자에 의하여 이용되는 일이 많다.

정기예금(定期預金) 〔英〕 fixed deposit 〔獨〕 feste Einlage 〔佛〕 dépôt à terme 任置期間을 예컨대 3월, 6월, 1년과 같이 확정하여, 그 기간 중은 예금자는 還給을 청구할 수 없는 예금. 은행은 이 기간중 支給準備를 할 필요가 없으므로 이율이 다른 예금보다 높다. 정기예금에 대하여는 정기예금증서가 교부되는데, 이는 證據證券인 동시에 免責證券이다. 정기예금의 기한의 이익은 당사자의 쌍방을 위하여 있다고 볼 것이다.

정기용선계약(定期傭船契約) 〔英〕 time charter 〔獨〕 Zeitcharter 〔佛〕 affrètement à temps 타인소유의 선박을 선장 및 선원과 함께 賃借하여 그 선장 및 선원의 노무를 공급을 받으며, 자기의 항해사업에 이용하는 계약. 상법에서는 이에 관한 직접적인 규정은 없다. 세계해운계의 실제에 있어서는 1905년 발틱·白海會議(Baltic and White Sea Conference)에서 규정되고, 1912년 및 1950년에 개정된 普通契約約款인 소위 Baltimecharter라고 약칭되는 표준형이 있다. 그 내용은 다음 네 가지를 주요항목으로 한다. ① 일정기간선박을 임대하는 總括約款(let and hire clause), ② 선박을 傭船者의 자유사용에 맡기는 處分約款(disposal clause), ③ 선박소유자가 고용한 선장·해원을 용선자의 지휘명령에 복종하게 하는 使用約款(employment clause) 및 용선자는 불만있는 선원의 교체를 요구할 수 있는 不滿約款(misconduct clause), ④ 항해비용은 용선자가 부담하는 純傭船約款(net charter clause) 등. 定期傭船契約의 법적 성질은 이를 기업의 임대차로 보는 설과 혹은 선박임대차와 노무공급계약의 混合契約으로 보는 설 등이 있으나, 정기용선자를 船舶賃借人에 준하여 취급하는데 있어서는 대체로 일치한다(商 766 참조). 정기용선자의 대외관계, 즉 제3자에 대한 관계는 定期傭船者의 명의로써 항해에 사용하게 되는 것이 보통이므로 정기용선자를 해상기업의 주체로 하여 선박임차인과 같은 지위를 인정하는 것이다(766).

정기증여(定期贈與) 매년·매월이라고 함과 같이 정기에 일정의 급부를 하는 증여(民 560). 특약이 없으면 贈與者 또는 受贈者의 사망으로 인하여 그 효력을 잃으므로, 終身定期金契約과 같은 결과로 된다.

정기총회(定期總會) → 주주총회

정기토지채무(定期土地債務) 〔獨〕 Rentenschuld 독일민법상 정기금의 급부를 목적으로 하는 土地債務(1199 이하). 보통의 토지채무가 일시에 일정액의 금전을 급부하는 것을 목적으로 하는 것과 다르다. 그리고 정기토지채무를 부담하는 토지의 소유자는 元本에 상당하는 消却金額을 일시에 지급하여 정기토지채무를 소멸시키는 消却權을 가진다. 농업금융을 위한 제도이나, 거의 행하여지지 않

는다.

정기행위(定期行爲) 〔獨〕 Fixgeschäft 일정한 시일 또는 일정한 기간내에 이행하지 않으면 목적을 달성할 수 없는 契約. 연하장의 인쇄와 같이 그 성질상 정기행위로 되는 것(絶對的 定期行爲)과 결혼식에 착용할 것이라는 것을 명시하고 예복을 주문한 경우와 같이 당사자의 의사표시에 의하여 정기행위로 되는 것(相對的 定期行爲)이 있다. 정기행위는 기한에 이행되지 않았으나 履行期에 이행하는 것은 가능하였던 것이므로, 관념상으로는 履行遲滯의 일종이지만, 이행기를 경과하면 이행은 무의미하게 되므로, 履行不能과 같이 취급하여, 催告없이 곧 해제할 수 있는 것으로 하였다(民 545). 상법은 더 나아가, 상인간의 確定期賣買의 경우에 이행기경과후 즉시 이행을 청구하지 않으면 계약을 해제한 것으로 본다(68). 정기행위 중에서 확정기매매가 가장 중요하다.

정기형(定期刑) 〔英〕 determinate sentence 〔獨〕 bestimmte Verurteilung 自由刑의 期間을 확정해서 선고하는 형. 不定期刑에 대한다. 현행법률은 정기형을 원칙으로 하고, 단지 소년에 대하여 相對的 不定期刑을 인정함에 불과하다(少 60). 물론 정기형에 있어서도, 집행의 단계에 들어가서 假釋放 등의 형태로 실제상의 신축성을 가지고 있다.

정기회(定期會) 법령에 의하여 일정한 시기에 집회되도록 된 合議體機關의 회의. 국회는 매년 1회 9월 10일에 정기회의 집회를 하되, 당일이 공휴일인 경우에는 그 익일에 집회한다(憲 47 I, 國會 4). 국회의 정기회에 있어서의 중요한 심의사항은 豫算案이다.

정 년(停年) 직원이 이에 이르면 그 職으로부터 당연히 물러나게끔 정해져 있는 연령. 대개 身分保障이 확고한 직에 대하여 노령자를 물러가게 하고 후진에게 길을 열어주기 위하여 이 제도가 인정된다. 현행의 정년에는 법관(法組 45iv), 검사(檢 41), 교원(敎公 47) 등에 인정되어 있다.

정 당(政黨) 〔英〕 political party 〔獨〕 politische Partei 〔佛〕 parti politique 국민의 이익을 위하여 책임있는 정치적 주장이나 정책을 추진하고 공직선거의 후보자를 추천 또는 지지함으로써 국민의 政治的 意思形成에 참여함을 목적으로 하는 국민의 자발적 조직(政黨 2). 우리 헌법은 정당의 설립은 자유이며, 複數政黨制는 보장된다. 정당은 그 목적·조직과 활동이 민주적이어야 하며 국민의 정치적 의사형성에 참여하는데에 필요한 조직을 가져야 한다. 정당은 법률이 정하는 바에 의하여 국가의 보호를 받으며, 국가는 법률이 정하는 바에 따라 정당의 운영에 필요한 자금을 보조할 수 있다. 다만, 정당의 목적이나 그 활동이 民主的 基本秩序에 위배될 때에는 정부는 憲法裁判所에 그 해산을 제소할 수 있고, 정당은 헌법재판소의 심판에 의하여 해산된다(8)라고 규정하였다. →정당법

정당국가(政黨國家) 〔獨〕 Parteienstaat 정치에 있어서 정당이 그 정치의 중심이 되고 있는 국가. 오늘의 모든 국가는 정당국가이다. 특히 민주국가의 의회정치는 정당에 의하여 형성되고 있다. 따라서 民主政治=議會政治=政黨政治와 같은 공식이 성립되게 된다. 민주국가에 있어서의 정당국가적 성격은 多數政黨制의 정당국가 또는 다원적 정당국가임을 그 특성으로 한다. 多元的 政黨國家에 있어서는 정당설립의 자유가 있고, 여러 정당에 의하여 서로 교체하여 가면서 정치를 행하는 것을 그 특색으로 한다. 정당국가에 있어서는 정당의 정책을 중심으로 그 정치가 운용되는 까닭에, 選擧에 있어서는 그것은 대표자의 선출로서의 의미를 가지는 것이 아니라, 정당의 정책에 관한 國民投票를 의미하게 된다.

정당내각(政黨內閣) 〔英〕 party cabinet 〔獨〕 Parteien-Kabinett, Parteiministerium 정당을 기초로 하여 조직된 내각. 의원내각제의 내각은 다 정당내각이다. 首班을 비롯하여, 閣員의 대부분이 정당소속원으로 구성된다. 의원내각제에 있어서는 閣員의 대부분이 국회의원의 신분을 겸하는 것이 보통이다. 대통령제에 있어서는 각원은 국회의원의 신분을 겸하지는 못하지만, 당원은 될 수 있는 경우에는 정당내각이 성립될 수 있다. 閣員의 소속정당이 단일정당일 경우는 單獨內閣, 복수일 경우에는 聯立內閣이라 한다.

정당방위(正當防衛) 〔英〕 self-defence 〔獨〕 Notwehr 〔佛〕 légitime défense 정당방위에 관하여는 형법과 민법이 규정하고 있다. 보통은 범죄 또는 불법행위가 되는 것이라도 違法性이 阻却되고 책임이 면제된다.

[1] 형법상 자기 또는 타인의 법익에 대한 현재의 부당한 침해를 방위하기 위한 상당한 이유가 있는 행위를 말한다(21 I). 違法性阻却事由의 하나이다. 정당방위의 요건으로는 ① 자기 또는 타인의 법익에 대한 현재의 부당한 침해가 있을 것. 法益이란 법에 의하여 보호되는 이익을 말하며, 타인의 법익은 개인적 법익에 한하지 않고 社會的 法益·國家的 法益

도 포함한다. 현재란 침해가 목전에 절박해 있거나 現時에 행하여지거나 아직 계속하고 있는 것을 말한다. 따라서 장래 또는 과거의 침해에 대하여는 정당방위가 성립하지 않는다. 不當이란 違法과 같은 뜻인데, 객관적으로 위법이면 족하고 침해자가 유책임을 요하지 않는다는 것이 통설이다(→객관적 위법성설, 주관적 위법성설). 通說의 입장에서는 책임능력없는 자의 행위라도 그것이 위법인 한, 이에 대한 정당방위가 성립될 수 있다. 侵害란 법익에 대한 공격으로서의 사람의 행위를 말하며(→대물방위), 作爲이든 不作爲이든 불문한다. ② 그 침해를 방위하기 위한 행위일 것. 防衛行爲는 침해자에 대한 것에 한한다. 방위하기 위한 행위가 되려면, 방위의 의사를 필요로 한다는 것이 통설이다. ③ 상당한 이유가 있을 것. 방위행위는 그 침해행위에 상당하는 것이어야 한다. →과잉방위, 오상방위

[2] 민법상 정당방위라 함은 타인의 불법행위에 대하여 자기 또는 제3자의 이익을 방위하기 위하여 부득이한 가해행위를 하는 것을 말한다(761Ⅰ). 緊急避難이나 自力救濟와 같이 불법행위의 違法性阻却事由의 하나. 민법상의 정당방위도 형법상의 그것과 거의 마찬가지이다. 다만 가해행위는 방위하려고 하는 불법행위자에 대한 반격에 한하지 않고 제3자에 대한 가해라도 좋다고 하는 것이 형법상의 정당방위와 다르다. 그리고 이 경우에는 피해자인 제3자는 불법행위자에 대하여 손해배상을 청구할 수 있다(761Ⅰ但).

정당성(正當性) 〔英〕 legitimacy 〔獨〕 Legitimität 〔佛〕 légitimité 正統性이라고도 한다. 合法性(〔獨〕 Legalität)에 대해서 쓰이는 말. 합법성의 원리는 법적 안전성을 중요시하며 成文法規의 엄격한 적용을 요구한다. 그러나 이것만을 고집해서는 사회관계에 대한 구체적 타당성을 잃게 되며, 움직이는 사회생활에 대한 적응성을 얻지 못하게 마련이다. 여기에 법을 그 문자에 구애받지 않고, 目的論的으로 활용하려는 요청이 나오게 된다. 이것이 정당성의 원리이다. 合法性을 견지한다는 것은 법의 생명이라고도 할 수 있다. 그러나 실제로는 법이 불법의 사실에 의해서 깨어지는 수가 있다. 뿐만 아니라 이 불법의 사실이라는 것이 항상 실질상의 邪惡이라고만 단정할 수 없는 경우도 있다. 원칙적으로 정당하여야 할 법적 결정이, 때로는 불합리한 법의 기계적인 적용에 불과한 경우가 있다. 이런 때에는 법을 變革해서라도 정당한 사리대로 처리하여야 한다고 하는 정당성의 요구가 합법성과 대립하여 대두하게 된다. 合法性과 正當性의 대립은 이리하여 실상 法內在的 正義와 法超越的 正義와의 상극으로 나타난다.

정당(政黨)**에 관한 규칙**(規則)〔軍政法令 제55호〕 정치적 활동을 행할 목적으로 3인 이상으로써 조직된 단체의 등록을 명함과 아울러 정치적 영향을 미칠 우려가 있는 활동을 은밀히 행할 것을 목적으로 하는 단체를 불법화하기 위하여 1946년 2월 23일자로 발하여진 軍政法令. 각 정당은 1946년 2월 28일까지 黨名·黨憲·黨員數 등을 기재한 서면을 등기우편으로 관할등록처에 제출하여야 하며(1 나, 다, 라), 모든 자산 및 회계에 관한 장부를 당사무소에 비치하여야 한다(2 나).

정당(政黨)**의 해산**(解散) 정당의 목적이나 활동이 민주적 기본질서에 위배될 때에는 정부는 憲法裁判所에 그 해산을 제소할 수 있고, 정당은 헌법재판소의 심판에 의하여 해산된다(憲 8Ⅳ). 이는 입헌민주정치 역시 다른 모든 정치체제와 마찬가지로, 그를 파괴하려는 적으로부터 그 자신을 보호할 권리를 가진다는 취지에서 유래하는 바, 헌법은 우리나라의 民主的 基本秩序에 유해하거나 국가의 존립에 위해가 되는 정당의 존립을 부인하면서도, 그 해산은 정치적으로 중립적인 헌법재판소의 신중한 審判節次에 의한 결정으로만 가능하게 하여, 정부의 일방적·자의적인 처분에 의한 政黨解散과 그로 인한 야당탄압을 금지한 것이다. 헌법재판소에서 정당해산을 결정함에는 재판관 6인 이상의 찬성이 있어야 한다(憲 113Ⅰ). 정부가 헌법재판소에 해산을 제소함에는 국무회의의 심의를 거쳐야 한다(憲裁 55). 政黨解散에 관한 請求書에는 해산을 요구하는 정당을 표시하고 청구의 이유를 기재하여야 한다(56). 정당의 해산을 명하는 결정이 선고된 때에는 당해 정당은 해산된다(59). 정당이 해산되어도 구헌법하에서와는 달리 그 정당소속의 국회의원이 신분에 영향이 없다.

정당(正當)**한 당사자**(當事者) 〔獨〕 richtige Partei 特定의 訴訟物에 관하여 원고 또는 피고로서 소송을 진행하여 本案判決을 구할 수 있는 권능 또는 자격(訴訟追行權 또는 當事者適格)을 가진 자. →당사자적격

정당(正當)**한 법**(法)**의 절차**(節次) 〔英〕 due process of law 正義觀念에 맞는 법절차와 법내용. 역사적으로 볼 때 마그나 카르타 39조 중의 국법에 의하지 않은 逮捕·拘禁·財産剝奪·法益剝奪·追放을 받지 아니한다라는 규정에 淵源하고 있다. 즉 國法(The law of the land)과 동의어라 한다. 정당한 법의 절차 또는 국법에 의하지 않고는 국민의 자유와 권리가 박탈되지 아니한다는 원칙은

식민지시대의 美洲에 英國人의 權利(rights of Englishmen)의 중요한 일부분으로서 도입되었으며, 그 후 합중국헌법 수정 5조, 14조 기타 각주 헌법에 규정되어 국민의 기본적 권리의 보장에 지대한 봉사를 하고 있는 원칙이 되고 있다. 영국에서는 이 조항은 전적으로 절차에 관한 制限規定으로 인정되었다. 왜냐하면, 영국은 국회법이 최고의 법이기 때문에 그 제정절차에 결함이 없으면, 이에 대하여 시비를 할 수 없다. 미국에 있어서 최초에는 영국과 같이 절차에 관해서만 적용되었으나, 1880년대부터 실질적으로 不當하게(unreasonably) 또는 正義에 위반하여 개인의 권리를 침범하는 법률 기타의 국가행위에 대하여도 적용되기 시작하였다. 그러면, 부당 또는 정의에 위반한다는 것은 구체적으로 무엇이냐 하는 것이 문제되는데, 이것은 개개의 경우에 있어서 법관이 판단하는 도리밖에 없으나, 최근에는 다시 節次的 制限規定으로만 해석하는 경향에 있다. 절차적으로는 私人의 權利나 自由에 영향을 미치는 국가행위에 대하여는 당해국가기관이 일반적 권한을 가질 것, 문제의 행위를 상대방인 私人에게 告知하고 이에 대하여 반대주장을 할 기회를 부여할 것, 권리의무를 판정하는 기관은 공정하게 구성될 것, 결정은 專斷的·恣意的(arbitrary)인 것이 아닐 것 등을 요구한다고 해석되고 있으나, 구체적으로는 비교적 탄력적으로 해석되고 있고 국가기관의 侵害에 대한 私權保護의 일반적·기초적 원리로서 극히 중요한 기능을 하고 있다. 이와 같은 영미법상 특유한 관념은 대륙법상의 개념인 法治主義나 罪刑法定主義와는 그 의 연혁 및 내용을 달리 한다. 우리 헌법 12조 1항이 이러한 정신을 받아 들이고 있는 것으로 보인다.

정당(正當)한 보상(補償) 〔英〕just (due) compensation 개인의 재산권을 공공필요에 의하여 收用·使用·制限한 경우에 피수용자에게 하는 손실보상의 기준의 하나로서, 被收用財産權이 가지는 경제적 가치의 충분하고 완전한 보상을 뜻한다고 보는 것이 통설의 견해. 제7차 개헌전의 헌법은 公用收用 등에 관한 정당한 보상을 규정하였었고 제8차 개정헌법에서는 공익과 관계자의 이익을 정당하게 衡量하여 법률로 정하도록 하였다(20Ⅲ). 현행 헌법은 법률로서 정당한 보상을 지급하도록 하고 있다(23Ⅲ). →상당한 보상

정당(正當)한 쟁의행위(爭議行爲) 헌법이 근로자에게 爭議權을 보장하고 있으므로, 정당한 쟁의행위에는 당연히 민사상·형사상의 면책이 인정된다. 정당한이라 함은 쟁의행위의 目的·態樣·手段에 있어서 사회통념상 정당한 범위에 속하는 것을 말하며 법으로 보장을 받는다는 뜻을 말한다. 예컨대, 구체적인 주장도 없이 오로지 사용자를 괴롭히기 위하여 행한 쟁의행위나, 경제적 지위의 향상이 아니라 순전히 정치적 목적의 달성을 주안으로 하는 쟁의행위라든지, 부당한 폭력행위나 파괴적인 쟁의행위(勞整 42)는 정당한 쟁의행위가 아니다. 民事上의 免責이라 함은 근로자가 동맹파업 등을 행하여 단체적으로 사용자에 대하여 債務不履行 내지는 契約違反으로 손해배상책임을 지지 않는 것은 물론, 제3자에 대해서도 不法行爲로 인한 손해배상책임을 지는 일이 없다는 것이다(3). 刑事上의 免責이라 함은 원래 그와 같은 근로자의 행위는 노동조합에 대해서는 契約違反의 유도로서 불법행위를 구성하고, 나아가서는 업무 내지 영업의 방해를 이유로 한 범죄를 구성하는 것이나, 정당한 쟁의행위에 대해서는 이를 묻지 않는다는 것을 말한다(4 참조).

정당행위(正當行爲) 형법 20조는 법령에 의한 행위 또는 업무로 인한 행위 기타 社會常規에 違背되지 아니하는 행위는 벌하지 아니한다라고 규정하면서, 그 표제를 정당행위라고 붙이고 있다. 違法性阻却事由를 규정하고 있음은 물론이다. 법령에 의한 행위라 함은 법률·명령에 의거한 권리행사 또는 의무이행으로서의 행위(예컨대, 死刑의 執行(刑 66 등)·親權者의 子에 대한 懲戒(民 915)·私人에 의한 現行犯人逮捕(刑訴 212) 등)를 말하며, 이러한 행위가 비록 구성요건에 해당할지라도 위법성이 조각됨은 당연하다. 다만 구체적으로 그 행위가 법령의 목적·취지에 합치하는 것이어야 하며, 권리의 남용인 때에는 위법성이 조각되지 않는다. 업무로 인한 행위란 정당한 업무에 기하는 행위를 말하며, 그 업무의 상당한 범위를 일탈하지 않는 한, 違法性이 阻却된다. 예컨대, 프로권투선수의 권투행위 등(→치료행위). 기타 社會常規에 위배되지 아니하는 행위란 實質的 違法性이 없는 행위이며, 이러한 의미에서 이는 일반적인 違法性阻却事由를 규정한 것이다.

정당화사유(正當化事由) 위법성조각사유와 같다.

정당(政黨)·후보자(候補者) 등의 공정경쟁의무(公正競爭義務) 선거에 참여하는 정당·후보자 및 후보자를 위하여 選擧運動을 하는 자는 선거운동을 함에 있어서 법을 준수하고 공정하게 경쟁하여야 하며, 정당의 政綱·政策이나 후보자의 政見을 지지·선정하거나 이를 비판·반대함에 있어 선량한 풍속 기타 사회질서를 해하는 행위를 하여서는 아니되는 의무를 말한다(公選 7). 이를 위하여 買收 및 利害誘導罪(230), 벽보 기타 선전시설 등에

대한 妨害罪(240), 虛僞事實公表罪(250) 등을 두어 이를 담보하고 있다.

정 리(廷吏) 〔獨〕 Gerichtsdiener, Gerichtsbote 〔佛〕 huissier audiencier 法官이 명하거나 대법원장이 정하는 사무를 집행하는 법원의 직원. 법원조직법의 개정으로 法廷警衛로 바뀌었다. →법정경위

정리관리인(整理管理人) 會社整理節次上 회사재산의 관리·회사업무의 경영·정리계획의 입안 등을 관장하기 위하여 법원에 의해서 선임되는 자이며, 파산절차에 있어서의 破産管財人에 해당한다. 회사정리법상으로는 관리인이라고만 하고 있으나, 다른 종류의 管理人(財産管理人)과 구별하기 위해서 정리관리인이라고 부르는 것이 좋을 것이다. 법원은 管理節次開始決定과 함께 1인 또는 수인의 관리인을 선임하지 않으면 안된다(會整 46). 관리인은 그 직무를 행하는데 적당하고 이해관계가 없는 자 중에서 선임하여야 하지만(94), 반드시 법률가에 한하지 않으며, 회계의 전문가나 경영실무가가 적당한 경우가 많을 것이다. 管理人이 법원의 허가를 얻어 法律顧問을 선임할 수 있는 것으로 되어 있는 것도 이것을 고려한 것이다(186). 또 1인에 한하지 않고 여러 사람이라도 좋고, 개인에 한하지 않고 신탁회사·은행을 선임할 수도 있다(94Ⅱ, 95). 관리인은 필요한 때에는 법원의 허가를 얻어서 管理人代理를 선임하여 직무를 대행시킬 수 있다(98). 整理節次 중 회사의 사업의 경영과 재산의 관리 및 처분을 하는 권리는 관리인에게 專屬하며(53). 또 회사의 재산에 관한 소에 있어서는 관리인이 當事者適格을 가진다(96). 관리인은 整理計劃을 작성하여 법원에 제출할 의무가 있으며(189), 또 정리계획이 인가되어서 효력이 생긴 때에는, 지체없이 그 계획을 수행하여야 할 책임이 있다.

정리계획(整理計劃) 〔英〕 reorganization plan 회사정리절차의 목표인 관계인의 몫과 회사사업의 정리재건의 조건을 정한 계획. 정리계획의 立案은 주로 정리관리인의 직무에 속하지만(會整 189), 회사와 신고한 整理債權者·整理擔保權者 및 株主도 스스로 법원에 제출할 수 있다(190). 이 정리계획에 있어서는 전부 또는 일부의 정리채권자·정리담보권자 또는 주주의 권리를 변경하는 조항과 共益債權의 변제에 관한 조항을 정하여야 한다. 또 계획에서는 營業讓渡나 財産讓渡, 영업이나 재산의 出資 또는 賃貸, 사업의 經營委任, 정관의 변경, 이사·대표이사나 監査의 변경, 資本減少, 新株나 社債의 발행, 合倂, 解散 또는 新會社의 설립에 관한 조항 기타 정리를 위하여 필요한 조항을 정할 수 있다(211~231). 계획의 제출이 있으면 법원은 위법·부당한 데가 있으면 수정명령을 할 수 있고, 또 전연 문제가 되지 않을 만한 것은 배제하지만, 그렇지 않으면 關係人集會에서 審理시킨다(192, 197, 199). 관계인집회의 심리를 거친 후 법원은 다시 계획안을 결의하기 위한 관계인집회를 기일을 정하여 소집한다(200). 채권자·담보권자 및 주주는 각각 같은 종류의 관계인마다 법원이 정한 분류에 따라(159), 組別로 결의한다(204). 계획안을 가결하기 위해서는, 整理債權者의 조에서는 의결권의 총액의 3분의 2 이상의 同意, 整理擔保權者의 조에 있어서는 정리담보권의 기한의 유예를 정하는 계획안에 관해서는 의결권을 행사할 수 있는 정리담보권자의 의결권의 총액의 4분의 3 이상의 동의로 좋으나, 감면 기타 권리에 영향을 미치는 규정을 하는 경우에는 전원의 동의가 있어야만 하며, 주주의 조에 있어서는 의결권을 행사할 수 있는 주주의 주식수의 과반수의 동의가 필요하다(205). 그러나, 정리계획으로 그 권리에 영향을 받지 않는 자는 의결권을 행사할 수 없으며(172 i), 破産의 원인인 사실이 있는 때에는 주주의 조는 결의에서 제외된다(129Ⅲ). 가결된 계획에 관해서, 법원은 내용이 공정·형평하고 또한 수행가능하고 또 결의가 성실·공정한 방식으로 행하여졌다고 인정되면 認可의 결정을 한다(233). 다른 한쪽의 관계인이 있는 조의 法定多數의 동의를 얻을 수 없었던 경우에도 법원은 그 관계인의 이익을 해하지 않도록 하는 處置를 강구하여, 계획을 인가할 수도 있다(234). 정리계획은 회사, 모든 정리채권자·정리담보권자와 주주, 정리를 위하여 채무를 부담하거나 담보를 제공하는 자와 新會社를 위하여 또 이들에 대하여 효력을 가지며(240), 정리채권자 등의 권리는 정리계획의 규정에 따라 변경되며, 종래의 권리는 그 한도에서 소멸한다(241, 242). 그러나, 주주는 정리절차에 참가하지 아니한 경우도 계획에 규정된 이익을 均霑한다(244, 262). 계획의 수행은 整理管理人이 담당하며, 신회사를 설립하는 경우는 발기인 또는 설립위원의 직무를 행한다(247). 그리고 정리계획의 수행상 일일이 다른 법률의 규정대로 하지 아니하여도 좋게끔 제마다 특례가 규정되어 있다(249~268). 계획이 수행된 때 또는 수행될 것이 확실하다고 인정되기에 이른 때에는 법원은 관리인의 신청 또는 직권으로 整理節次終結의 결정을 하고, 更生後의 회사는 비로소 회사의 본래의 모습을 되찾게 된다(271).

정리담보권(整理擔保權) 회사정리절차에 있어서, 절차개시당시 회사재산상에 존재하는 留置

權, 質權, 抵當權, 傳貰權 또는 優先特權으로 담보된 청구권을 특히 이렇게 부른다(會整 123). 이러한 담보권은 파산절차 또는 화의절차에 있어서는 別除權으로서 절차에 참가할 필요없이 행사할 수 있으며, 또 强制和議에 의하여 구속되지 않지만, 정리절차에 있어서는 이러한 담보권자도 관계인으로서 신고하여 절차에 참가시키고, 정리계획에 있어서 기한의 유예나 권리내용의 변경 등을 정하고 整理債權에 준하여 그 취급을 정하고 있다. 그러나 정리계획에서 기한의 유예를 정함에는, 整理擔保權者의 組에서 총액의 4분의 3의 다수로 가결할 수 있으나, 그 減免 기타 권리에 영향을 미치는 규정을 하기 위해서는 전원의 동의가 필요하다(205).

정리담보권자표(整理擔保權者表) → 정리채권자표

정리법원(整理法院) 회사정리절차를 행하는 법원. 整理事件은 회사의 본점의 소재지(외국에 본점이 있는 때에는 대한민국에 있는 주된 영업소의 소재지)를 관할하는 地方法院本院合議部의 관할에 전속하지만(會整 6), 그 법원은 현저한 손해 또는 지연을 피하기 위하여 필요하다고 인정하는 때에는 직권으로 사건을 회사의 영업소 또는 재산의 소재지를 관할하는 지방법원에 이송할 수 있다(7). 정리법원은 정리절차에 관해서 권한을 행사하는 외에, 이미 다른 법원에 係屬하는 회사의 재산관계소송의 移送을 청구하여 이를 심판할 수 있으며(71). 整理債權 또는 整理擔保權確定訴訟(148) 및 정리채권자표 등에 기한 强制執行에 관한 訴訟(245Ⅲ)에 관해서 전속관할을 가진다.

정리원인(整理原因) 회사정리절차의 개시를 신청할 수 있는 사유(會整 30). ① 주식회사에 있어서, 사업의 계속에 현저한 지장을 초래함이 없이는 辨濟期에 있는 채무를 변제할 수 없게 될 것. 채무초과로 되어 있지는 않더라도, 사업의 계속에 필요한 재산을 換價하지 않고서는, 辨濟資金을 얻을 수 없는 경우 등을 가리킨다. 이 원인에 기해서는 회사만이 정리의 신청을 할 수 있다. ② 회사에 破産原因인 사실이 생길 염려가 있을 때. 支給不能 또는 債務超過(破 116, 117)로 되어 있든가, 혹은 그렇게 될 위험이 있는 경우이며, 자본의 10분의 1 이상에 해당하는 채권을 가지는 債權者 또는 발행필주식의 총수의 10분의 1 이상에 해당하는 주식을 가지는 株主도 신청을 할 수 있다.

정리위원(整理委員) 화의절차에 있어서 和議債務者의 재산 기타의 조사, 和議開始에 관한 의견서의 제출에 의하여(和 21) 和議法院을 보조하고, 중요한 행위에 관한 의견의 진술(32Ⅱ)·화의채권자의 의결권의 조사(51) 및 이의권의 행사(52Ⅱ)·債權者集會에 있어서의 제반보고(52Ⅰ)에 의하여 和議管財人을 보조하며, 또 재산의 보고청구에 의하여 관재인을 감독하는 公的 機關. 그 주된 임무는 화의개시에 있어서 필요한 조사보고와 의견진술을 통하여 화의법원을 보조하는 것이다. 정리위원은 이와 같은 조사를 위하여 자기책임으로 鑑定人을 선임할 수도 있는데(21Ⅱ), 和議申請人은 이 조사를 거부할 수 없으며(22), 일반채무자나 이에 준할 자는 정리위원의 청구가 있으면 和議에 관한 필요한 설명을 할 의무가 있고(23), 만일 이에 위반하면 범죄로서 처벌된다(74). 정리위원은 和議開始決定과 동시에 선임된다. 법원의 감독에 따르며, 그 직무집행이나 보수 등에 관하여 대체로 破産管財人에 준하여 취급된다(25).

정리절차(整理節次) → 회사정리절차

정리채권(整理債權) 회사정리절차에 참가하여 정리계획에 기한 몫을 나누어 받을 수 있는 채권. 실질적으로 회사에 대하여 정리절차개시전의 원인에 기하여 생긴 財産上의 請求權(會整 102). 파산절차에 있어서의 破産債權에 상당한다. 그러나 파산법상으로는 재단채권으로 되어 있는 租稅(破 38ⅱ)도 원칙적으로 정리채권으로 취급된다(會整 122). 정리채권은 정리절차상 당연히 金錢化·現在化되는 것은 아니지만 관계인집회에 있어서의 의결권행사에 관해서는 금액으로 취급할 필요가 있으므로, 破産債權額의 결정과 같은 취지의 규정이 있다(113Ⅱ~118, 121). 정리채권은 정리절차에 의하지 않으면 변제 기타의 만족을 받을 수 없는 것이 원칙이며(112), 또 정리절차중에 신고하지 않으면 정리계획에서 고려되지 않으며 정리후의 회사는 이에 대하여 면책된다(241). 정리채권 중에는 일반의 채권 외에 조세와 같은 優先的 整理債權과 절차개시후의 이자나 벌금·과료와 같은 劣後的 整理債權이 있다.

정리채권자표(整理債權者表) 회사정리절차에 있어서 정리채권자의 신고에 기하여, 법원서기관 또는 서기가 작성하는 정리채권자의 성명과 주소, 채권의 내용과 원인, 의결권의 額, 우선권 있는 채권 또는 후순위채권이 있는 때에는 그 뜻을 기재한 표(會整 132). 破産節次에 있어서의 債權表에 상당한다. 정리채권의 조사의 결과도 채권자표에 확정된 채권에 관해서는 그 뜻도 기재한다(144). 確定된 債權에 관한 기재는 관계인 전원에 대하여 확정판결과 동일한 효력이 있다(145). 조사에 즈음하여 이의가 있었기 때문에 확정소송을 거친 때에는, 그 소송의 결과도 채권자표에 기재한다(153). 또 정리계획인가결정의 확정후, 계획의 조항을 기재하고(239), 그 기재는 회사, 新會社整理債權者, 整理擔保權者, 회사의 株主와 정리를 위하여 채무를 제공하거나 또는 담보를 제공하는 자에 대하여 확정판결과 동일한 효력이 있다(245). 그리고 정리담보권자에 관하여도, 마찬가지로 整理擔保權者表의 제도가 인정되어 있다.

정리해고(整理解雇) 일본의 노동법에서 사용하는 용어로 기업이 경영상의 어려움에 처했을 때 근로자를 집단적으로 해고한다는 뜻. 會社整理節次 등에 나오는 정리의 의미를 반영한 것이다. 그러나 우리 현행법은 정리해고 대신 雇傭調整이나 構造調整 등으로 표현하고 있다. 종전의 근로기준법에는 정당한 사유가 없으면 해고를 할 수 없다고만 규정되었지만 1998년 2월부터 시행되는 법에는 긴박한 경영상의 이유가 있을 경우에 한해 해고를 할 수 있다고 되어 있다(勤基 31 Ⅰ). 勞使政委員會는 정리해고라는 용어대신에 雇傭調整이라는 용어를 사용키로 했다.

정무장관(政務長官) 대통령 및 그 명을 받아 국무총리가 특히 지정하는 사무를 수행하는 院·部·處의 장관이 아닌 國務委員을 말한다(舊政組 18 Ⅰ). 이전에는 이를 無任所長官이라 하였다. 그 수는 2인 이내로 하는데, 제1정무장관은 국회와 정부와의 관계사항을, 제2정무장관은 여성정책사항을 관장했었다. 이 제도는 1998년 정부조직법개정으로 폐지되었다.

정무차관(政務次官) 〔英〕 parliamentary secretary, parliamentary under-secretary 내각책임제의 국가에서 국회와의 연락에 당하고 정책수립에 관여시키기 위하여 각 部省에 두는 차관. 내각 또는 장관과 진퇴를 같이 하는 이른바 政務官으로서 국회의원 중에서 임명되는 것이 통례. 事務次官에 대한 말(→사무차관). 제3차개정헌법하에서 우리나라에서도 인정되었었다가 1998년에 폐지되었다.

정무직공무원(政務職公務員) 국가 또는 지방자치단체의 공무원 중 선거에 의하여 취임하거나 임명에 있어서 국회(지방의회)의 동의를 요하는 공무원과 국무위원 및 차관 등 정치적 직에 있는 공무원. 經歷職公務員과는 다른 규율을 받으며 그 범위는 국가공무원법과 지방공무원법에서 정하고 있다(國公 2, 地公 2). 국가공무원법과 지방공무원법은 원칙적으로 特殊經歷職公務員에게 적용되지 않는다(國公 3, 地公 3).

정미칠조약(丁未七條約) 한일신협약과 같다.

정박기간(碇泊期間) 〔英〕 lay-days, lay-time 〔獨〕 Liegezeit 〔佛〕 staries 送荷人이 계약화물의 전량을 완전히 積付 또는 양륙할 동안 선적지 또는 양륙지에 정박을 청구할 수 있는 기간. 상호 약정한 후, 그 기간은 傭船契約書에 기재하고 운송인이 送荷人에 보증하게 된다. 이 계약상의 정박기간에 대한 보수는 운임에 포함되고 있다. 傭船契約을 체결한 경우 운송인은 운송품을 선적함에 필요한 준비가 완료된 때에는 지체없이 용선자에게 그 통지를 발송하여야 하고, 선적시기는 통지가 오전에 있은 때에는 그 날의 오후 1시부터 기산하고 오후에 있은 때에는 다음날 오전 6시부터 기산한다. 이 기간에는 불가항력으로 인하여 선적할 수 없는 날과 그 港의 관습상 선적작업을 하지 아니하는 날은 산입하지 아니한다(商 782 Ⅰ·Ⅱ).

정박료(碇泊料) 〔英〕 demurrage 〔獨〕 Liegegeld 〔佛〕 surestaries 傭船契約에 있어 선적 또는 양륙을 위하여 약정된 정박기간 경과후의 선박의 정박에 대하여 해상운송인이 용선자에 대하여 청구하는 금액. 해상운송인은 약정된 정박기간 동안은 정박의 의무를 부담하나, 約定期間의 경과후의 선적 또는 양륙에 대하여는 특약이 없는 경우에도 그 超過碇泊期間에 대하여 상당한 보수를 청구할 수 있다(商 782 Ⅲ). 형평의 견지에서 법정되어진 보수이며, 손해배상 또는 운임은 아니라는 설과 손해배상 또는 운임이라고 해석하는 설이 있다.

정 범(正犯) 〔獨〕 Täterschaft 基本的構成要件에 해당하는 행위, 즉 實行行爲를 행하는 것. 공범에 대한다. 실행행위를 행하는 자(正犯者)(Täter)의 뜻으로도 쓰인다. 행위자가 스스로의 손으로 실행행위를 행하는 경우는 물론 타인을 도구로 사용하여 범죄를 실행하는 경우(間接正犯)도 정범이다. 共同正犯은 여러 사람이 실행행위를 공동하여 행하는 경우이므로, 역시 정범이다(단, 넓은 뜻의 공범). 이에 대하여 敎唆犯과 從犯은 실행행위 그 자체를 행하는 것이 아니라 그 밖의 행위로써 실행행위에 가공하는 것이므로, 정범이 아니라 공범(좁은 뜻)이다. → 확장적 정범개념

정 법(正法) 〔英〕 richtiges Recht 법이 정당성을 가져야 한다는 것은 法哲學의 근본문제로 제기되고 있지만 正法論을 비판철학적 입장에서 수립한 학자는 슈타믈러이다. 그는 法實證主義에 반대하여 자유로이 의욕하는 인간의 공동사회가 사회적 이상이라면, 이러한 이상인 궁극목적에 합치하는 실

정법만이 正法이 된다라고 주장하였던 것인데, 이와 같이 이상을 문제삼은 점에서는 그의 주장은 법실증주의에 반대되고, 그리고 정법이 실정법의 특수형태라고 본 점에서는 自然法論과도 상이하다. 그는 사회적 이상이며 法의 궁극목적에 합치하는 정법의 근본원리로서 ① 상호존중의 원리, ② 참여의 원리를 들었고, 이것들은 곧 법이 법의 이념에 합치되는 조건이기도 하였다. 이러한 원리가 형식논리로서 그쳐질 것을 피하기 위하여, 그는 그가 전개한 正法을 하나의 소재의 形相으로서 파악했으며, 그러한 소재로서는 역사적인 법을 들 수 있다고 말하였다. 법의 모든 내용은 역사적 제약성과 상대성에 매몰되어 있다고 함으로써 내용가변한 자연법의 이론에까지 전개되었다. 그의 정법론의 형식논리성은 물론 비판되나 規範科學인 법학에다 의욕이라는 존재사실을 혼입시켰다는 켈젠의 猛打가 유명하다. 어떻든 정법론은 자연법의 재생의 계기가 되는 동시에 相對主義와 懷疑主義의 씨도 뿌렸던 것이다.

정 병(廷兵) 군사법원의 소속직원으로서 군사법원의 재판관의 명을 받아 소송관계자의 인도, 법정의 정돈, 기타 소송진행에 필요한 사무를 집행하며 憲兵인 하사관 및 병 중에서 관할관이 임명한다(軍法法 33). 일반법원의 法廷警衛에 해당한다.

정보공개법(情報公開法) 〔英〕 Freedom of Information Act(FOIA) 1966년에 미국에서 제정. 행정부는 개인의 청구에 대해 그가 점유하고 있는 情報를 공개해야 한다는 법. 원래 미국은 국민의 알 권리(right of know)에 관해서는 선진제국 가운데 진보적인 국가였다. 그러나 베트남전쟁과 워터게이트사건 등의 과정에서 알 권리가 저해됨으로써 보다 많은 정보의 공개를 바라는 여론이 높아져 1974년 닉슨대통령사임 후에 발전적인 개정이 이뤄졌다. 이 법에서는 외국인을 포함한 시민으로부터 情報公開의 청구가 있으면, 10일 이내에 응답해야 하는 것으로 되어 있다. 다만 대통령문서나 입법·사법관계문서, 국방·외교관계 비밀문서(classified documents), 인사상의 규칙이나 관행 등 정보 9개 항목은 情報公開免除項目(exception)으로 되어 있다. 정보공개법에 의해 학자, 연구인, 저널리스트 등의 활동이 용이해지고 새로운 역사적 진실이 밝혀지게 되었다. 州 차원의 정보공개법을 선샤인법(Sunshine Law)이라 하는데, 이는 이 법안이 플로리다주(Sunshine State)에서 최초로 제안된 데서 비롯된 말.

정보통신공사업분쟁조정위원회(情報通信工事業紛爭調停委員會) 설계·시공·감리 등 용역 또는 공사에 관계한 자간의 책임에 관한 분쟁, 發注者와 受給人간의 공사에 관한 분쟁, 受給人과 下受給人간의 공사의 下都給에 관한 분쟁, 수급인과 하수급인과 제3자간의 시공상의 책임 등에 관한 분쟁, 공사도급의 당사자와 보증인간의 보증책임에 관한 분쟁을 조정하기 위하여 정보통신부장관소속하에 설치된 위원회(情報通信工事業法 52). 위원회는 위원장과 부위원장 각 1인을 포함한 15인 이내의 위원으로 구성하고 위원은 정보통신부장관이 임명 또는 위촉하는 자로 한다(53 I·Ⅱ). 1998년 12월 법률 개정으로 폐지되었다.

정 복(征服) 〔英〕 conquest, subjugation 〔獨〕 Eroberung 〔佛〕 conquête 적국의 전영토를 병력에 의하여 완전히 점령하고 적국 또는 그 동맹국에 의한 저항을 완전히 분쇄하는 것. 이러한 경우에 점령국이 그 점령한 영토를 병합하는 것을 정복적 병합이라고 한다. 정복적 병합에 의하여 피점령국은 소멸하고 전쟁은 종료된다. 최근에는 그 예를 거의 볼 수 없으나 전쟁종료의 한 방식이다. 征服的併合이 성립하기 위해서는 정복의 사실과 병합의 선언이 필요하다. 이 중에 어느 것을 결하여도 국제법상의 효과를 발생하지 않는다. 정복의 사실은 저항하는 적의 병력이 완전히 정복국에 복종한 상태를 의미한다.

정 본(正本) 〔獨〕 Ausfertigung 법률에 규정이 있는 경우에(民訴 196Ⅱ·197Ⅱ·478~482·522, 公證 47 등) 권한을 가진 자가 원본에 의하여 작성하는 謄本으로서 법률상 외부에 대하여 원본과 동일한 효력이 부여된 것. 原本은 작성자가 일정한 내용을 표시하기 위하여 확정적인 것으로서 최초에 작성한 문서를 말하는데, 원본은 법률의 규정상 일정한 장소에 보존하여야 한다. 정본은 원본을 부여할 수 없는 경우에 그 원본을 보관하는 자(예 : 法院事務官 등, 公證人)가 외부에 대하여 원본을 소지함과 동일한 효력이 있는 것으로서 당사자 기타의 이해관계인에게 부여한다. 예를 들면 판결의 원본은 법원에 보관하고 당사자는 判決正本의 부여를 받음으로써 强制執行이 가능하게 된다(民訴 478). 정본에는 반드시 작성자가 정본이라고 기재하여야 한다. 공증인이 작성하는 公正證書의 경우에는 여러 개 사건을 列記하는 증서, 또는 여러 사람 각자에게 관계를 달리하는 증서에 관하여는 유용한 부분과 증서의 방식에 관한 기재를 抄錄하여 정본을 작성할 수 있으며, 이 抄錄正本인 사실을 기재하여 正本記載事項(公證 47)에 대신하게 되어 있다(48).

정 부(政府) 〔英〕 government 〔獨〕 Regierung, Gouvernement 〔佛〕 gouvernement 경우에 따라 그 의미하는 바가 다르다. ① 行政府(executive)만을 말하는 경우가 있다. 헌법 제4장 제2절의 행정부가 이에 해당한다. 이것이 가장 많이 사용된다. ② 국가 자체 또는 국가의 입법·행정·사법의 모든 기관을 종합해서 사용되는 경우가 있다. 大韓民國政府 또는 美合衆國政府라고 하는 경우가 이에 해당된다. ③ 행정부보다도 좁게 內閣(cabinet)을 의미할 때도 있다. 內閣責任制的 정부형태에서 政府不信任이라고 할 때가 그것이다.

정부간기관(政府間機關) 〔英〕 inter-governmental agencies 각 정부간 協約에 의해 성립되고(國際聯合憲章 57), 경제사회이사회와의 협정(63)에 의해 국제연합과 제휴관계를 맺은 전문기관. 非政府間組織과 구별된다.

정부간해사협의기관(政府間海事協議機關) 〔英〕 Inter-Governmental Maritime Consultative Organization, IMCO 1958년 3월 6일 제네바에서 서명, 동년 3월 17일에 발효한 政府間海事協議機關에 관한 條約에 기하여 설립된 정부간기관. 1948년 11월 18일 국제연합총회에 의하여 1959년 1월 13일에는 동기관총회에 의하여 국제연합 전문기관으로서의 지위를 승인받았다. 주요목적은 海上安全, 해운업 기타 기술적 문제에 관한 國際協力의 달성에 있다. 중요기관은 총회·이사회·해상안전위원회·사무국 등이 있다. 본부는 런던에 있다.

정부계약(政府契約) 〔美〕 public contract 公·私法의 2원적인 법체계를 부정하는 英美에서는 프랑스의 行政契約이나 독일의 公法契約과 같은 관념을 인정하지 않았다. 그런데 19세기 후반에 이르러 급격한 행정기능의 확대와 관련 행정목적을 달성하기 위한 수단으로서 행정주체와 사인 사이의 계약에 標準條項을 포함시키는 특수한 성질의 계약형태를 실현하고 있는데, 이를 정부계약 또는 公共契約이라고 한다. 표준조항은 정부의 감독권, 계약내용의 변경권, 해제권 등에 관하여 정하여지는 것으로서 정부계약의 계약조항에 포함되는 형식으로 되고 있다.

정부기록보존소(政府記錄保存所) 정부의 永久保存 및 準永久保存의 문서·인쇄물·서적·地籍圖·계획서·圖案·사진·마이크로필름·映寫필름·녹음기록 기타 중요한 기록물을 수집·관리 및 보존하기 위하여 총무처장관 소속하에 설치한 기관. 정부조직법에 의거한 부속기관으로서 이사관인 소장을 두고 하부조직으로서 記錄管理課와 技術管理課를 두게 되어 있다(政府記錄保存所職制 1~4 참조).

정부대표(政府代表) 〔英〕 government representative 국제회의 또는 국제기관에 정부를 대표하여 출석하는 자를 말한다. 조약의 체결을 위하여 파견되는 자를 특히 全權委員이라고 한다. 그 외에 國際司法裁判 또는 國際調停 등의 당사국으로서 정부를 대표하여 출석하는 자를 포함하는 때도 있다. 정부대표의 임명에 관하여는 政府代表 및 特別使節의 任命과 權限에 관한 법률에서 상세히 규정하고 있다.

정부위원(政府委員) 各部長官을 보좌하고, 국회에 출석하여 발언할 수 있는 정부소속의 공무원. 部·處·廳의 處長·次官·廳長·次長·室長·局長(外局의 局長 포함) 또는 部長 및 次官補와 외교통상부·행정자치부의 본부장은 정부위원이 된다(政組 10).

정부(政府)의 승인(承認) 〔英〕 recognition of government 한 국가내의 정부가 革命이나 쿠데타와 같은 비합법적 방법으로 변경된 경우에 다른 국가가 新政府를 그 국가의 대외적 대표기관으로 인정하는 것. 따라서 정부의 합법적인 변경은 그 국가의 국내문제이며 헌법상의 문제이므로 승인의 문제는 일어나지 않는다. 그러나 정부의 변경이 비합법적 방법의 형태로써 母國과의 무력투쟁을 거쳐 성취된 경우에 외국이 그 국가와 정상적 대외적 교섭을 하기 위하여서는 어느 정부가 그 국가의 正統政府인가를 결정할 필요가 있으며, 사실상 이러한 경우에 新舊政府의 교체시기가 불명확하여 식별하기 곤란하며 때로는 두 개의 정부가 존재하는 일이 있으므로 대외적 법률관계를 확정하기 곤란한 경우가 많다. 그러나 정부의 변경이 아무리 비합법적인 방법으로 성취되었다 하더라도 國家의 同一性(identity)은 지속하므로 국가의 국제법적 지위 그 자체에는 하등의 영향을 받지 않는다. 따라서 승인을 받은 신정부에 대한 구정부의 국제법상의 권리의무는 원칙적으로 승계된다. 정부의 승인은 國家의 承認과 유사한 점이 많으므로 양자를 혼동하기 쉽다. 실제로도 신국가의 승인은 동시에 신정부의 승인을 포함하고 또한 신정부의 승인은 신국가의 승인을 의미하는 이중성을 갖는 것이 보통이다. 그러나 기존국가의 신정부에 대한 승인이 이러한 이중적 의미를 가질 수 없음은 물론 국가의 동일성은 정부가 변경되어도 그대로 지속하는 것이 원칙이므로 명확히 구별하여야 한다. 특히 新政府에 대한 승인은 혁명이나 쿠데타에 의하여 성립한 정부에 하는 것이므로 정부의 政治的 形態라든가 이데올로기가 문제되어 승인국의 정책적 고려에 의하여 좌우되는 경우가 국가의 승인보다 더욱 많다. 비합법적으로 성립한 신정부가 승인을 받으려면 첫째, 實效的 政治權力의 확립, 둘째, 국제법을 준수할 의사와 능력이 있어야 하는 바, 대체로 국가승인의 경우와 유사하다. 헌법에 위반해서 성립한 事實上의 政府를 승인하지 않겠다는 주의는 1907년 에콰도르(Equador) 외상 또바르(Tobar)가 주장하였으므로 이를 또바르주의라고 한다. 이러한 正統性·合憲性은 승인의 일반적 요건에 속하는 것이 아니고 한 나라의 承認政策에 관계되는 사항에 불과하다. 이상의 일반적 요건이 구비되면 다른 나라는 신정부를 승인할 수 있으나 반드시 승인을 할 법적 의무가 없으며 國家承認의 경우와 동일하다. 일반적 요건이 구비되기 전에 하는 승인을 尙早의 承認이라고 한다. 이것은 불법이며 정통정부에 대한 불법간섭이 된다. 그리고 승인의 효과가 개별적·상대적이라는 점도 국가승인의 경우와 동일하며, 또한 승인의 형식 역시 국가승인의 경우와 동일하다. →국가의 승인

정부투자기관(政府投資機關) 정부가 納入資本金의 5할 이상을 출자한 기업체로서 한국방송공사법에 의한 한국방송공사, 한국산업은행에 의한 한국산업은행, 중소기업은행법에 의한 중소기업은행 및 한국수출입은행법에 의한 한국수출입은행, 은행법 2조에 의한 금융기관을 제외한다(政府投資機關管理基本法 2).

정부형태(政府形態) 국가의 권력구조가 어떠한 형태로 되어 있느냐 하는 것을 정부형태라고 한다. 政體라고도 한다. 정부형태는 국가형태를 전제로 한다. 國家形態란 그 국가의 기본질서가 군주를 중심으로 하느냐(君主國), 국민을 중심으로 하느냐(共和國) 하는데 따라서 결정되게 된다. 그러나 오늘의 거의 대다수의 국가는 공화국인 까닭에, 국가의 기본질서의 문제도 국민의 지배를 표준으로 하지 않고, 自由民主主義냐 共産主義냐 하는 것을 표준으로 하며, 또한 그 권력구조는 이러한 국가의 기준질서와 밀접한 관계가 있는 까닭에, 오늘에 있어서는 대체로 국가형태의 문제는 정부형태를 중심으로 하여 고찰하게 된다. 정부형태에는 입법과 행정과의 관계의 여하를 표준으로 하여 대체로 大統領制, 內閣責任制(또는 議院內閣制), 會議制(또는 회의의 政體)로 구별되게 된다. →정체

정 상(情狀) 具體的 犯罪에 있어서 구체적 책임의 경중에 영향을 줄 일체의 사정. 특히 형법 53조에서 犯罪의 情狀에 참작할 만한 사유가 있는 때라고 하는 경우의 정상은 구체적 책임비난을 감경할 사정을 의미한다. 따라서 정상으로서는 유혹·도발·사회적 불우·실직·극빈 등 犯人의 義務意識의 支配力을 적게 할 모든 주관적·객관적 사정을 아울러 고려하지 않으면 안된다. →작량감경

정시보험(定時保險) 〔英〕 time insurance 〔獨〕 Zeitversicherung 〔佛〕 assurance à temps 보험자의 책임의 始期와 終期를 일정한 시점으로써 정해 놓은 海上保險. 期間保險이라고도 하며 航海保險에 대한 것. 이것은 항해를 부단히 계속하는 선박이 어느 항해중에 보험사고가 일어났는가를 입증하기 어려운 데서, 선박보험에서 가장 많이 이용되고, 1년 또는 6개월을 기간으로 정하는 것이 보통이다. 또 定期保險에 있어서는 항해중에 보험기간이 경과한 경우에 추가보험료를 지급하고, 보험기간을 연장할 수 있다는 계약(繼續契約)을 두는 것이 일반적이다.

정식인수·약식인수(正式引受·略式引受) 환어음면에 인수 기타 이와 동일한 의의를 가지는 문자를 표시하고, 지급인이 기명날인 또는 서명함으로써 하는 어음인수를 正式引受라 한다(어음 25 I). 인수의 정규적인 방법이다. 이에 대하여 지급인의 기명날인 또는 서명만 하고 인수문구를 기재하지 않는 것을 略式引受라고 한다.

정식재판(正式裁判) 略式命令을 받은 피고인 또는 검사가 약식명령에 대하여 불복신청을 하였을 때 및 즉결심판을 받은 피고인이 이에 불복신청을 하였을 때 행하여지는 통상의 公判節次. 정식재판의 청구는 재판의 고지를 받은 날로부터 7일 이내에, 약식명령에 대하여는 그 명령을 한 법원에 서면으로 제출하고(刑訴 453 II), 즉결심판에 대하여는 경찰서장을 경유하여 판사에게 이를 송부하여야 한다(卽決 14). 이 청구는 제1심판결선고전까지 取下할 수 있으며(刑訴 454, 卽決 14 IV), 즉결심판에 대하여는 정식재판의 청구권을 포기할 수 있으나(卽決 14 IV), 약식명령에 대하여는 정식재판의 청구를 포기할 수 없다(刑訴 453 I 但). 정식재판에서는 不利益變更禁止의 原則의 적용이 없다.

정신박약(精神薄弱) 지능에 결격이 있는 것. 의학상의 용어는 精神發育制止症. 유전으로 인한 것이 다수이지만, 그 밖에 알콜중독 등에 의한 胚種損傷, 모태내에 있어서의 先天梅毒, 營養障害·중독 등으로 인한 태아손상, 출산시의 뇌손상, 출생후의 질환 및 幼少年時의 뇌손상 등이 원인으로 된다. 이상한 腦所見, 내분비기능의 장해, 代謝異常이 발견되는 일이 많다. 지능의 정도에 따라, 白痴·痴愚·魯鈍의 3종으로 나누인다. 또한 興奮型과 遲鈍型이 있는데, 전자는 거동불안·好爭性·자제력의 결여가 있어서, 상해사건 등을 일으키기 쉬우며, 후

자는 無爲하고 온순하지만, 게으르고 거짓말이 많고, 意思薄弱하여, 附和雷同 공범자로 되기 쉽다. 정신박약과 범죄와의 관계는 일찍부터 주목되고 있었지만, 현재에는 특히 소년비행과의 관계가 주장되고 있다.

정신병적 범죄인(精神病的犯罪人) 〔獨〕 psychotischer Verbrecher 정신병의 진행중 또는 그 결과로서, 정상이라면 처벌받을 행위를 범하는 죄. 형법은 責任無能力으로서 무죄를 규정하고 있으므로(刑 10 I), 이 명칭은 형법상의 개념이 아니라 刑事學上의 그것이다. 이 범주에는 정신분열증과 우울증 및 癲癎의 셋이 있는데, 롬브로조는 癲癎을 生來犯罪人과 결부시켰으나, 크레펠린(Emil Kraepelin) 이래 분열병의 위험성이 인정되었다. 원인으로는 內因的인 機能的 精神病과 外因的인 器質的인 것 및 중독에 의한 것이 구별된다. 강도의 알콜·마약·각성제의 남용은 분열병적인 정신장애를 초래한다. 후천적인 발병이므로, 환경의 불완전성에 의하여 일어나는 일도 있다.

정신병질적 범죄인(精神病質的犯罪人) 〔獨〕 psychopatischer Verbrecher 遺傳素質 위에 일어난 지속적이고 이상 또는 병적인 인격을 가진 범죄인. 최근에는 후천적인 腦傷害나 뇌염후의 人格變異에 의한 범죄인도 이에 포함시킨다. 그들은 정신구조에 있어서 正常한 悟性·감정·의지생활로부터의 현저한 偏倚를 보여주는, 생래적으로 이상한 인격구조를 가지며, 자신이 그 異常性에 괴로워하든가, 또는 사회가 그 때문에 해를 입는 것과 같은 성질의 것이다. 이 범죄인은 병(정신병)은 아니므로 형법의 대상으로 될 수 있는데, 異常性의 정도의 감정이 곤란하여, 보안처분이 적당하다. 특히 편집성·無情性·의지박약성·충동성의 범행 및 성욕적·중독적인 상습범행이 인정된다. →성격범죄인, 슈나이더의 10종분류

정신분석(精神分析) 〔英〕 psychoanalysis 〔獨〕 Psychoanalyse 무의식의 분석에 의하여 비합리적인 심리현상을 해명하는 이론 및 그 기술. 프로이드에 의하여 제창된 것으로, 실질적으로는 深層心理學과 汎性欲說의 두 개를 그 이론적 지주로 하고 있다. 인간의 근원적인 것으로서 생과 사의 본능을 가정하고, 전자는 性衝動의 에너지(리비도(libido))로서 나타난다고 생각하고, 심리현상을 모두 그 갈등으로 설명하였다. 이로부터 小兒性欲·에디푸스콤플렉스·去勢恐怖·罪惡感 등의 관념을 도출한다. 범죄도 에디푸스콤플렉스에 의하여 설명되며, 인류의 원시범죄는 父親殺害와 모친과의 近親相姦이었다고 하고, 범죄자는 이 적응과정에 장애가 있는 자라고 주장한다. 그리고 이 죄의 의식이 사람을 受罰欲에로 내닫게 하고, 刑을 받음으로써 정신적 평정을 회복하게 하므로, 형벌은 범죄에의 유혹으로는 되어도, 예방으로는 되지 않는다고 주장한다. 이에 대하여는 범죄원인에 관한 극단적인 환경설일 뿐만 아니라, 성욕을 중요시하고, 논리가 지나치게 독단이라고 하는 비판도 있지만, 인간행동에 있어서의 무의식의 기구를 중시하여 퍼스낼리티의 力學的 構想을 창조한 것은 탁월한 이론이며, 그 후의 심리학의 발전에 커다란 영향을 주었고, 추종자도 많다.

정신적 손해(精神的損害) 〔獨〕 Ideeller Schaden 〔佛〕 dommage morale →무형적 손해

정액보험(定額保險) 〔獨〕 Summenversicherung 보험사고의 발생으로 인한 實損害의 유무와는 관계없이 보험계약 당시에 정한 일정한 금액을 보험금액으로서 지급하는 보험. 生命保險이 이에 속한다. 이에 대하여 보험사고의 발생으로 인한 실손해액을 보험계약시에 정한 보험금액의 한도내에서 지급하는 것을 不定額(損害)保險이라 한다.

정액수당제도(定額手當制度) 業種(예컨대 운수업) 또는 業態(예컨대 신문기자·섭외사원·현장작업원 등)의 종류에 따라서 시간외근로의 시간을 확정하기 어려운 경우에 일정한 액수의 手當을 지급하는 제도를 말한다. 정액수당의 액이 근로자의 실제의 시간외근로에 대한 割增賃金보다 높은 경우에는 근로기준법 2조의 규정에 의해 유효하다고 해석되나 반대로 정액수당의 액이 실제의 할증임금보다 낮은 경우에는 근로기준법 22조·49조·55조의 규정에 반하게 되므로 위법·무효이다.

정 역(定役) 懲役과 禁錮는 둘 다 교도소내에 구치하는데, 징역은 定役에 복무하게 함에 대하여(刑 67) 금고는 그렇게 하지 않는 점에 차이가 있다(68). 정역이란 미리 정하여진 작업을 뜻한다. 작업은 受刑者의 연령·형기·건강·기술·성격·취미·직업과 장래의 생계 기타 사정을 참작하여 과한다(行刑 35). 그리고 금고와 구류형을 받은 자에게는 신청에 의하여 작업을 과할 수 있으며(38), 신청에 의하여 취업한 자는 정당한 사유가 없는 한 작업을 중지하거나 작업의 종류를 변경하지 못한다(行刑施 120).

정 의(正義) 〔羅〕 iustitia 〔英〕·〔美〕 justice 〔獨〕 Gerechtigkeit 정의는 인간이 사회생활을 하는데 있어서 마땅히 지켜야 할 生活規範의 이

념이다. 평등한 사회관계를 내용으로 하며 인간관계의 조화를 이룩하는 사회질서의 이념이므로 법과 불가분의 관계를 맺고 있다. 정의의 뜻이 학자에 따라 여러가지로 다르게 이해되어 왔고 현재도 일치되어 있지 아니하나, 전통적 사상에 의하면 정의는 인간의 인간에 대한 正當한 관계(hominis ad hominem proportio) 또는 각자에게 그의 몫을 가지게 하는 것(suum cuique tribuere)이라고 한다. 그와 같은 정당한 人間關係 또는 각자의 몫을 규정하는 정의의 개념은 다음과 같이 두 가지로 나누어 설명되고 있다. 즉, 交換的 正義(또는 等分的 正義, 平均的 正義)와 配分的 正義이다. 전자는 사법생활을 규제하는 질서의 근본이념으로서, 예컨대 손해배상 또는 有償契約에 있어서의 급부와 반대급부와의 관계 등과 같이 동등한 대가적 교환을 내용으로 하여 개인 대 개인관계의 조화를 이룩하는 이념이고, 후자는 공법생활을 규제하는 질서의 근본이념으로서, 예컨대 권리의 향유, 영예, 납세 등과 같이 국가와 국민 또는 단체와 그 구성원간의 관계를 비례적으로 조화시키는 이념이다. 이와 같이 배분적 정의는 단체 대 그 구성원의 관계이므로 곧 사회정의의 내용을 이룩하고 있다(→사회정의). 정의의 연원에 관하여는 그 견해가 일치되어 있지 아니하다. 신이 마련한 인간사회의 이념이라고 보는 견해와 인간이 生來的으로 타고난 이성의 명령 또는 禁令이라고 보는 견해와 주권자의 명령인 법만이 정의를 규정한다고 보는 견해 등이 있고, 그 외에 법과 정의를 분리시키거나 정의를 부인하는 견해도 있다.

정의감(正義感) 정의를 따르는 心素(animus)를 말하므로 정의의 인식과 혼동되어서는 아니된다. 정의는 보편타당한 사회질서의 근본이념이며 그 인식은 인간의 實踐理性의 작용에 속하는데 대하여, 정의감은 그 이성의 작용을 따르고자 하는 感性과 意志의 작용에 속한다. 理性은 인간이 자유로이 할 수 없는 초인간적이며 생래적인 悟性이며 인간이 그 지배를 받을 뿐 아니라 그 지배에서 벗어나지 못하는데 반하여, 의지는 인간이 자유로이 할 수 있으므로 정의를 안다는 것과 정의를 따른다는 것은 별개의 것이다. 그러나 의지는 어떠한 모양으로든지 이성의 지배에서 완전히 벗어나지 못하므로, 누구나 정의감을 말살할 수는 없다고 본다.

정적 안전(靜的安全) →동적 안전·정적 안전

정 전(正戰) 〔羅〕 bellum iustum 정당한 전쟁. 무엇이 정당한 戰爭인가에 관해서는 역사적으로 많은 변천을 경과하였다. →정전학설

정 전(停戰) 〔英〕 suspension of war 전투정지와 같다.

정전학설(正戰學說) 〔英〕 theory of just war 〔獨〕 Lehre vom gerechten Krieg 〔佛〕 doctrine de la guerre juste 전쟁을 정당한 전쟁과 부당한 전쟁으로 구별하는 학설. 일찍이 그리스의 아리스토텔레스와 로마의 키케로에서 볼 수 있었다. 예를 들면 키케로는 正戰에 두 가지 요소, 즉 정당한 형식에 의한 선언과 폭력에 호소하기에 충분한 이유가 필요하다고 하였으며, 충분한 이유로서 不正行爲에 대한 보복, 적의 驅逐, 당연한 것의 회복이라는 세 가지를 들었다. 正戰論이 본격적으로 이론화되기는 중세 그리스도교의 신학자에 의해서였다. 처음 그리스도교는 전쟁을 전적으로 부인하였었다. 그러나 이것은 세속적 권위와 타협할 수 없는 대립을 의미하며, 모든 병사가 영원한 벌을 받는 죄를 의미하였으므로 妥協이 발견되지 않으면 안되게 되었다. 특히 그리스도교가 로마의 국교로 되어 로마제국이 北方의 만족의 침입에 의하여 위협을 받게 되자 전쟁부정의 입장을 관철하는 것은 곤란하게 되었다. 여기에 그리스도교와 모순되지 않으면서 일정한 조건하에 전쟁을 정당화할 현실적 필요가 생겼다. 聖오거스틴(St. Augustine)이나 200년후 세빌의 이시도르(Isidore of Seville)가 명백히 키케로에 따라서 正戰論을 전개한 것은 이러한 사정에 연유하였던 것이다. 근세초의 국제법학자 빅토리아(Francisco Vittoria), 수아레스(Francisco Suárez), 겐틸리스, 그로티우스 등도 중세의 正戰論에 영향을 받아 이 학설을 精緻하게 전개하였다. 그러나 전쟁의 정당한 원인을 명확히 정의하는 것은 가장 곤란한 일이었고, 客觀的 正當化와 主觀的 正當化 사이의 충돌을 회피할 수는 없었다. 객관적 표준에 의하면 전쟁의 일방만이 정당할 수 있다. 그러나 교전국쌍방은 가장 엄격한 기준에 의해서도 자기를 정당화할 수 있다고 정직하게 믿을 것이다. 이리하여 正戰論의 구체적 적용의 문제와 관련하여 이른바 극복할 수 없는 無知(ignorantia invincibilis)라는 사고방식이 확대되어 갔다. 즉, 설사 부당한 원인에 의거하여 전쟁을 행하였을지라도 스스로 정당하다고 믿었고, 그것이 불가피적 사정에 의한 법률 및 사정의 무지에 입각한 경우에는 정당한 원인이 있는 것과 같이 보아야 한다는 것이었다. 극복할 수 없는 것이 허용될 수 있는 것으로 완화되었을 때에 正戰論의 실질은 거의 남은 것이 없게 되었다. 18세기에 들어와 주권국가로 구성된 유럽국제체제가 명확한 형태를 갖추게 되자 국가를 넘은 판정자가 존재하지 않는다는 이유에서 정전론의 현실적 타당성이 일반적

으로 부정됨에 이르렀다. 감히 판정을 내리는 경우 그것은 국가의 平等權과 獨立權을 침해하는 것이 되며, 양 교전국은 합법적으로 행동하는 것으로 간주되어야 한다는 것이다. 결국 패전국의 행위는 소급적으로 위법이 되는 것이며, 강자는 合法이 되고 약자는 不法이 되는 결과로 떨어진다. 이리하여 正과 不正을 판정할 수 없는 무차별전쟁관이 오늘날 지배적인 견해가 되고 있다.→전쟁

정정적 등기(訂正的登記) 등기가 實體的 權利關係와 합치하지 않는 경우에 이를 합치시키기 위하여 행하여지는 등기. 등기가 가지는 효력의 성질에 따른 분류로서, 創設的 登記에 대한 것이다. 更正登記와 回復登記는 언제나 정정적 등기이고, 또 抹消登記가 정정적 등기일 수도 있다.

정정판결(訂正判決) 형사소송법상 상고법원이 판결의 내용에 誤謬가 있음을 발견했을 때, 직권 또는 검사, 피고인 또는 변호인의 신청에 따라 이를 정정하는 판결(刑訴 400). 신청기간은 판결의 선고가 있는 날로부터 10일 이내이다. 정정의 판결은 辯論없이 할 수 있고 정정할 필요가 없다고 인정한 때에는 지체없이 決定으로써 신청을 기각한다(401).

정조의무(貞操義務) 〔佛〕 devoir de fidélité 부부가 서로 지고 있는 性的 純潔을 지켜야 할 의무. 민법은 이것을 적극적으로 규정하지는 않았지만 혼인의 본질상 당연히 인정되는 의무이며 간접적으로는 不貞行爲를 이혼원인으로 하고 있는 점에서도 알 수 있다(840 i). 따라서 그 반면에 서로 배우자에 대하여 정조를 지킬 것을 청구하는 권리를 가지며, 제3자가 이 권리를 부당하게 침해한 경우에는 不法行爲를 구성할 것이다. 父權的 色彩가 강했던 구법에서는 夫의 정조에 대하여는 매우 관대하여 처의 간통만을 이혼원인으로 하고 있었고(舊民 813 ii), 형법도 역시 처의 간통만을 범죄로 하였었다(舊刑 183). 그러나 현행법에 있어서는 이혼원인에 불평등은 없고(民 840), 또한 雙罰의 규정을 두고 있다(刑 241).

정조형(情操刑) 〔獨〕 Gesinnungsstrafe 정조란 反社會的 情操를 말하고, 사회적 위험성 또는 惡性과 같은 뜻이다. 정조형이라는 말은 新派刑法學, 특히 리스트가 형벌의 대상은 행위가 아니고 反社會的 貞操라고 주장한 데에 대하여, 舊派學者가 이를 비난하여 쓴 말이다. 즉, 구파학자는 말하기를, 리스트의 설은 행위를 기다리지 않고 반사회적 정조가 있다고 생각되는 때에 곧 형벌을 과하게 되어, 행위가 아니라 정조에 대한 형벌, 즉 情操刑을 인정하는 것이라 하였다. 그런데 독일의 나치스가 1935년에 발표한 나치스형법강령이 특히 범죄인의 공동체에 대한 誠實義務(Treupflicht)에 위반하는 정조에 대처하여야 할 것을 규정하게 되자 정조형은 형법상 더욱 부각되었지만, 이는 형법의 保障的 機能에 위기를 가져올 염려가 있다.

정족수(定足數) 〔英〕·〔佛〕 quorum 〔獨〕 Quorum 合議體가 활동하기 위하여 회의에 출석해야 할 일정한 필요한 수. 이에는 議事의 정족수와 議決의 정족수가 있다. 정족수는 합의체에 따라 다르다. ① 국회에 있어서의 의사정족수는 재적의원 5분의 1 이상의 출석이고(國會 73 I), 의결정족수는 원칙으로 재적의원과반수의 출석과 출석의원 과반수의 찬성이다(憲 49, 國會 109). 그러나, 헌법개정안의 의결과 같은 특수한 경우에는 재적의원 3분의 2 이상의 찬성을 요구하고 있다(→의결정족수, 의사정족수). ② 상법상 주주총회의 議事 또는 決議를 성립시키는데 필요한 주주의 최소한의 持株數를 말하며, 출석한 주주의 인원수와는 관계없이 그의 持株數에 의하여 정해진다. 정족수에는 의사정족수와 의결정족수의 구별이 있으나 議決定足數는 성질상 의사정족수를 전제로 하여 성립된다. 議事定足數는 법률에 특별한 규정을 둔 경우를 제외하고, 정관으로써 자유로이 정할 수 있으며, 이러한 정함이 없을 때에는, 출석한 주주의 의결권의 과반수와 발행주식 총수의 4분의 1 이상의 수로써 성립된다(商 368 I). 그리고 그 계산에는 無議決權株(370), 회사의 自己株式(369 II)의 수는 산입되지 아니한다(371 I). 議決定足數에 관하여는 특별결의·보통결의를 보라.

정 지(停止) 行政行爲의 집행을 일시적으로 유보하는 것. 행정행위는 처분청 또는 그 상급감독청에 의하여 그 집행이 정지되는 경우 외에는 爭訟에 의하여도 정지되지 않음이 원칙이다(行審 21, 行訴 23). 행정행위의 執行停止는 원래 이론적으로는 행정권의 작용일 뿐만 아니라, 공익목적을 위하여 행하여지는 행정처분의 실효성을 거두기 위한 것이다. 민법상 時效의 停止에 관하여는 그 항목을 보라.

정지가격(停止價格) 經濟統制의 필요상 물가등귀를 억제하기 위하여 일정한 현상에서 상승을 금지한 가격.

정지명령(停止命令) →집행정지명령

정지영장(停止令狀) →인정크션

정지(停止)의 효력(效力) 〔獨〕 Suspensivefiekt 〔佛〕 effet suspensif 상소의 제기에 의

하여 재판의 확정(形式的 確定)이 차단되는 것(民訴 471Ⅰ). 차단의 효력이라고도 한다. 확정력이 생기지 않기 때문에 그 집행도 정지되는 것이 원칙이다. 다만 항고는 即時抗告를 제외하고는 집행정지의 효력이 없으며, 법원이 필요있는 때에 결정으로 원재판의 집행을 정지할 수 있을 뿐이다(刑訴 409·410·416Ⅳ, 民訴 417·418). 형사소송법상 假納裁判의 집행은 상소제기에 의하여 정지되지 않으며(334Ⅲ), 재판의 부수적 효과(331~333)는 상소제기에 의하여 영향을 받지 아니한다.

정지조건(停止條件) 〔羅〕 condicio suspensiva 〔英〕 condition precedent 〔獨〕 aufschiebende Bedingung 〔佛〕 condition suspensive 그것이 성취할 때까지 法律行爲의 효력의 발생을 정지시키는 조건(民 147Ⅰ). 解除條件에 대하는 말. 합격하면 학자금을 급여한다 하는 경우의 합격하면과 같다. 정지조건의 성취의 효력은 소급할 수 없음이 원칙이나, 당사자의 特約으로 소급시킬 수 있다(147Ⅲ).

정 직(停職) 일정한 기간 직무의 집행을 정지시키는 懲戒罰의 하나. 일반적으로 국가공무원의 정직기간은 1월 이상 3월 이하의 기간이며, 정직자는 공무원으로서의 신분을 보유하나 그 직무에 종사하지 못하고 정직기간 중에는 봉급의 3분의 1만을 받는다(國公 80Ⅰ). 지방공무원도 위와 같다(地公 71Ⅰ).

정착물(定着物) 계속적으로 土地와 결합하여 사용되고, 그것과 분리하는 것이 사회·경제적으로 보아서 불능이라고 인정되는 독립의 물건. 다시 말하면 토지에 부착하여 있고, 또 토지에 부착시켜 계속적으로 사용하는 것이 그 물건의 거래상의 성질이라고 할 수 있는 물건이다. 토지의 정착물은 不動産이다(民 99Ⅰ). 그러나, 토지의 정착물은 모두 토지와 별개독립의 부동산이라고는 할 수 없고, 정착물 중에는 토지와는 독립의 부동산으로 취급되는 것(建物·樹木의 집단 등)도 있고, 그렇지 아니한 것도 있다. 수목은 일반적으로는 정착물이라고 할 것이나, 假植中의 것은 정착물이라고 할 수 없다(假植中의 수목, 石塔과 같은 것은 동산이다).

정착어업(定着漁業) 〔英〕 sedentary fishery 海底에 정착하고 있는 자원을 채취하거나, 또는 고정시설에 의하여 어류를 포획하는 것을 말한다. 1958년의 국제연합해양법회의는 이 각각에 대하여 특수한 제도를 인정하였다. 첫째, 이 회의에서 채택된 대륙붕에 관한 협약에 의하면 대륙붕의 해저 정착물은 해저광물과 같은 것으로 생각되어 연안국은 이것에 대하여 主觀的 權利를 행사할 수 있게 되었다. 둘째, 해저에 설치된 설비에 의한 어업은 연안국의 국민이 장기에 걸쳐 이것을 행해온 경우에는 연안국은 이 정착어업을 규제할 수 있다. 다만 타국민도 평등한 입장에서 이 활동에 참가하도록 허용하지 않으면 안된다. 이것은 역시 이 회의에서 채택된 어업 및 公海生物資源의 보존에 관한 조약에 규정되어 있다. → 대륙붕, 보존수역

정책실명제(政策實名制) 주요 정책회의와 각종 민원, 인허가와 관련된 모든 서류에 담당자 및 관리책임자 등의 이름을 의무적으로 기재함으로써 업무처리와 관련한 책임소재를 분명히 하기 위한 제도.

정 체(正體) 統治權의 행사방법을 표준으로 한 국가형태의 분류. 주권(통치권)의 소재를 표준으로 하는 國體에 대한 말. 정체는 여러가지 표준에 따라 구분되는데 그 중요한 것으로서는, 君主制와 共和制, 대표민주제(간접민주정)와 직접민주제, 단일제와 연방제, 立憲制와 非立憲制를 들 수 있는데, 현대에 있어서 가장 중요한 것은 입헌제와 비입헌제, 특히 서구적 민주제와 소비에트제의 구분이다. 우리나라의 헌법은 民主主義的 共和政體를 채택하고 있다. → 국제

정치결사(政治結社) 〔英〕 political association 〔獨〕 politischer Verein 정치적 목적을 위한 다수인의 계속적·조직적 결합(→정치단체). 정치결사에 대한 許可制는 인정되지 않지만(憲 21Ⅰ), 정당은 다른 정치결사와는 달라, 국민의 정치적 의사형성에 참여하는데 필요한 조직을 가져야 한다(8Ⅱ). 解散에 있어서도, 다른 정치결사의 경우와 정당의 경우와는 다르다. → 정당의 해산

정치경찰(政治警察) 〔獨〕 politische Polizei 〔佛〕 haute police 국가조직의 안전에 대한 장해 또는 그 위험의 제거를 위하여 행하여지는 警察作用을 말하며, 정치적인 집회·결사·언론·출판·행진·집단적 시위운동 등의 단속이 이에 속한다. 高等警察이라고도 한다. 또한 정치경찰은 그 성질상 비밀경찰의 성격을 띨 때가 있다. 특히 독재주의국가에 있어서는 정치경찰은 秘密警察임을 원칙으로 하고 있다. → 고등경찰

정치관여죄(政治關與罪) 軍人 또는 準軍人이 정치단체에 가입하거나 연설 또는 문서 기타의 방법으로 정치적 의견을 공표하거나 기타 政治運動을 함으로써 성립되는 군형법상의 범죄(軍刑 94). 2년 이하의 금고에 처한다. 군의 정치적 중립

을 견지하기 위하여 형벌로써 정치관여를 처벌하고 있다.

정치권(政治權) 參政權과 같은 말. 다만 참정권이란 용어가 군주주권 밑에서 군주의 정치에 참가한다는 의미로 해석되기 때문에 國民主權國家에 있어서는 주권이 국민에게 있으므로 국민이 직접 정치한다는 의미에서 정치권이란 용어가 타당하다고 주장하는 학자가 있다.

정치단체(政治團體) 정치활동을 행할 목적으로 조직된 단체. 軍政法令 제55호 정당에 관한 규칙은 정치적 활동을 행할 목적으로 단체 또는 협회를 조직하여 어떤 형식으로나 정치적 활동에 종사하는 자로써 된 3인 이상의 각 단체는 정당으로서 등록을 하게 되고, 정치적 영향을 미치기 쉬운 활동을 은밀히 행하는 단체 또는 협회는 금지하였다(1가). 제3차개정헌법하의 신문 등 및 정당 등의 등록에 관한 법률은 정당 기타 정치적 활동을 목적으로 하는 단체는 일정한 사항을 등록토록 하였다(3). 현행헌법하에서는 정당은 다른 정치단체와는 다른 특수한 지위가 인정되고 있다(8).

정치범(政治犯) →정치범불인도의 원칙

정치범불인도(政治犯不引渡)**의 원칙**(原則) 〔英〕 principle of non-extradition of political criminals 慣行上 및 條約上 정치범은 인도할 수 있는 범죄인에서 제외한다는 원칙. 19세기 중엽이래 대부분의 犯罪人引渡條約이 채택하고 있다. 그러나 정치범죄를 특정국가의 정치질서의 변경을 목적으로 하는 범죄라고 정의하면서도 구체적으로 그 개념을 파악하는 데는 정설이 없다. ① 政體의 변경, 분리독립, 외교상 또는 내정상의 정책변경을 목적으로 하는 범죄라는 설, ② 범죄의 동기가 이상과 같을 때의 범죄라는 설, ③ 정치적인 동기와 목적이 같았을 때에 한한다는 설, ④ 반역죄와 같은 일정범죄에 국한된다는 설 등 학설과 관행에 일치한 바가 없다. 더욱이 보통범죄와 경합된 이른바 相對的 政治犯罪 및 모든 국가의 정치형태의 변경을 목적으로 하는 반사회적 범죄에 있어서는 확립된 원칙을 찾아볼 수 없다. →범죄인인도, 벨기에조항

정치범죄(政治犯罪) 〔英〕 political crime 〔獨〕 politisches Delikt 〔佛〕 délit politique 정치범죄의 개념에 관하여 客觀說과 主觀說이 대립되어 있다. 전자는 법익이 국가의 기본적 질서인 범죄(예컨대 내란죄·외환의 죄)를 정치범죄라고 하고, 후자는 행위자의 의도가, 국가의 기본적 질서의 변혁에 있는 범죄(예컨대, 국정을 변란할 목적으로 행하여진 살인죄도 이에 해당한다)를 정치범죄로 한다. 정치범죄는 대부분 確信犯이므로 특별한 고려를 한다. 정치범은 國事犯 또는 政事犯이라고도 한다. →정치범불인도의 원칙

정치(政治)**스트라이크** 〔英〕 political strike 〔獨〕 politischer Streik 〔佛〕 grève politique 근로자의 경제적 지위의 향상보다도 정치적 목적의 달성을 주안으로 하여 행하여지는 스트라이크. 예컨대 특정내각의 퇴진, 특정한 입법 또는 정책의 요구나 반대를 목적으로 하는 爭議行爲가 이것이다. 이는 同情스트라이크의 경우와 마찬가지로 노동조합과 사용자와의 사이에 직접적이며 구체적 대립관계가 존재하지 않는 경우이기 때문에 정당한 쟁의행위로서의 보호를 받지 못하는 것이나, 정치적 목적이 경제적 목적에 부수되어 있는 경우에는 법에 규정된 정당한 목적을 일탈하지 않는 것이라고 볼 수 있다. 經濟스트라이크는 항상 정치스트라이크로 되는 경향이 있고 따라서 양자의 경계는 불명확하게 되는 수가 많기 때문이다.

정치망어업(定置網漁業) 일정한 수면을 구획하여 대부망·대모망·개량식대모망·낙망·각망·팔각망·소대망 및 주방렴 등의 漁具를 定置하여 水産動物을 포획하는 어업을 말한다(水産 8 Ⅰ i, 同施行令 8).

정치자금(政治資金) 당비, 후원금, 기탁금, 보조금, 후원회의 모집금품과 정당의 당헌·당규 등에서 정한 부대수입 기타 政治活動을 위하여 제공되는 금전이나 유가증권 기타 물건을 말한다(政治資金에 관한 法律 3 ii).

정치자금영수증제(政治資金領收證制) 1994년 3월의 정치자금에 관한 법률의 개정에 따라 도입된 정치자금정액영수증(쿠폰)제도. 이는 정치자금의 조달 및 사용을 양성화하여 투명한 자금으로 정당을 운영토록 하고, 자금제공자에 대해서는 익명을 철저히 보장하여 자금제공에 따른 불이익을 방지하자는 취지에서 도입된 제도이다. 定額領收證은 1만, 5만, 10만, 50만, 100만원권 등 5종으로 중앙선거관리위원회 관인이 찍힌 컬러지폐형으로 제작됐으며, 中央選管委에서 정당, 국회의원의 신청을 받아 발급한다(7).

정치자문회의(政治諮問會議) 종래 중요한 국가정책에 관하여 대통령의 자문에 응하게 하기 위해 政治諮問會議設置法(1963년 법률 제1494호)에 의하여 설치되었던 기관.

정치적 민주주의(政治的民主主義) 일반

적으로 經濟的 民主主義에 대하여 쓰는 말. 18세기로부터 19세기 초기의 민주주의를 지칭할 때가 많다. 개인주의·자유주의에 입각하여 各人의 자유와 평등 및 창의의 가치를 존중하되, 경제상의 평등과 사회적 약자 특히 無産大衆의 생활보장을 등한시 내지 의식적으로 무시하는 점에, 단순한 정치적 민주주의의 약점이 있다고 한다. →경제적 민주주의

정치적 분쟁(政治的紛爭) 〔英〕political disputes, political conflicts 〔獨〕politische Streitigkeit 〔佛〕différend politique 法律的 紛爭 이외의 분쟁. 非法律的 紛爭(non-legal disputes)이라고도 한다. 비법률적 분쟁을 정치적 분쟁이라고 호칭하는 것은 적당치 않다고 보는 학자도 있다. 원래 이러한 구별은 1899년의 헤이그 제1회 평화회의에서 議定된 국제분쟁의 평화적 해결에 관한 조약에서 법률적 성질의 문제에 관한 분쟁을 해결하는 데는 仲裁裁判이 가장 적당한 방법이라고 인정한 것에 있으며, 그 후 중재재판조약도 거의 법률적 분쟁과 그 외의 분쟁을 구별하여 전자만을 중재재판에 부탁하는 것을 규정하였다. 제1차대전후의 조약에서도 이러한 구별은 그대로 시인하여 법률적 분쟁만은 국제재판에 부탁하고 비법률적 분쟁·정치적 분쟁은 調停委員會에 부탁하는 것을 규정하게 되었다. 그리고 국제사법재판소규정에서 법률적 분쟁은 원칙으로 그의 관할사항으로서 동규정 38조 1항의 裁判規範이 적용되지만 당사국의 특별합의가 있는 경우에는 그 2항에서 형평과 선에 의하여 재판할 수 있게 하였다. 그러므로 양자의 성질적 차이는 실정법상 인정된 것이었다. 그런데 국제분쟁은 전부가 법률적 성질을 가지는 문제라고 하여 政治的 紛爭(非法律的 紛爭)을 부정하는 학파도 있다. 이상의 원칙에서도 당사국의 특별합의 또는 조약에 의하여 정치적 분쟁을 국제재판에 부탁할 수 있는 것은 물론이다. 정치적 분쟁이 무엇이냐는 것에 관해서는 지금까지 정의된 바 없다. 그러나 법률적 분쟁에 관해서 1925년의 로까르노仲裁裁判條約, 1928년의 一般議定書에서 규정되어 있으므로 그 법률적 분쟁에 해당치 않은 분쟁은 비법률적 분쟁으로서 정치적 분쟁에 해당한다고 볼 수밖에 없다. 그것은 소극적 정의이다. →법률적 분쟁, 형평과 선

정치적 사회단체 등(政治的社會團體等)**의 범위**(範圍)**에 관한 규정**(規程) 舊政治活動淨化法(2Ⅲ)의 규정에 의하여 정치적 사회단체 및 정치적 집회의 범위를 정함을 목적으로 하는 것이었다.

정치적 자유(政治的自由) 〔英〕political freedom 〔獨〕politische Freiheit 정치에 관한 또는 정치적 목적을 위한 자유. 특히 정치적 목적을 위한 언론·출판·집회·결사(그 중에서도 정당)·단체행동의 자유와 나아가서 參政權(특히 선거권)의 자유로운 행사가 중요하다. 民主政治(입헌민주주의 내지 자유민주주의)의 필수적인 전제조건. 참다운 정치적 자유가 실질적으로 보장되기 위하여는, 사회적·경제적·문화적 모든 영역에서, 모든 국민에게 기회의 균등이 현실적으로 부여되어야 한다. 정치적 자유는 질서유지 특히 민주적 기본질서의 유지를 위하여 內在的 制約을 받는다(8Ⅳ, 37Ⅱ).

정치적 중립(政治的中立)**의 원칙**(原則) 組合運動은 경제투쟁을 중심으로 하고, 정치투쟁에 기울어져서는 아니되며, 정치적으로는 특정정당으로부터의 지배를 받지 않고, 중립의 입장을 취하여야 된다는 것을 주장하는 원칙. 이는 雇傭條件의 개선을 주안으로 하는 노동조합주의의 전통적 정신이었던 것이나, 현재는 이 전통을 갖고 있는 영국보다도 오히려 미국의 여러 조합이 이러한 경향을 더욱 강하게 보이고 있다. 우리나라에서는 구노동조합법 12조에서 노동조합에 대한 정치활동 등의 금지를 규정하고 있었으나, 노동조합이 경제투쟁을 위주로 하면서, 그의 독자적인 목적을 달성하기 위하여 불가피적으로 필요로 하는 범위내에서 立法運動 등을 전개하는 것은 정치적 중립의 원칙에 위배되는 것이 아닐 것이다. 현재 우리나라 노동조합은 독자적으로 정치에 부분참여하고 있다.

정치적 책임(政治的責任) 고의·과실을 요건으로 하지 않고 정치적으로 지는 책임. 헌법과 법률에 위배된 행위로 인하여 지는 法的 責任에 대응하는 개념. 의원내각제에 있어서 국회가 내각에 대하여 불신임결의를 할 때, 반드시 법적 책임을 묻는 경우만이 아니고 정치적 책임을 묻는 경우도 있다. 또 국회가 閣員에 대하여 個別的 不信任決議를 하는 경우에도 정치적 책임을 묻는 수가 있다. 국회는 국무총리 또는 국무위원의 해임을 대통령에게 건의할 수 있다고 하였는데(憲 63Ⅰ), 이것도 정치적 책임을 추궁하는 경우이다. 법적 책임이 있을 경우에는 탄핵이 가능하기 때문이다.

정치적 통제(政治的統制) 〔英〕political control 〔獨〕politische Kontrolle 각각 권한을 가진 국가기관이 서로 억제·견제하여 권력의 집중을 방지하고 권력의 균형을 취하는 國家機能. 국가권력의 담당기관인 국회·정부·법원 및 선거인단이 선거권·불신임결의권·해산권·법률안거부권·탄핵권·법령심사권 등으로 서로 억제·견제하여 정치

적 통제기능을 발휘한다. 뢰벤슈타인은 고전적 삼권분립론을 비판하여, 국가권력을 그 기능면으로 보아 政策決定·政策執行 및 政治的 統制라는 3면에서 국가권력을 설명하여야 한다고 주장하였다.

정치적 행위(政治的行爲) → 정치적 활동

정치학(政治學) 〔英〕 political science 〔獨〕 Politik als Wissenschaft, politische Wissenschaft, Staatswissenschaft 〔佛〕 science politique 政治·政治現象을 연구의 대상으로 하는 학문. 정치는 국가에 관한 현상이라는 의미에서, 政治學은 國家에 始終하는 것이라 할 수 있다. 즉, 정치학은 넓은 뜻으로는 국가에 있어서 집중적으로 표현되어 있는 정치를 대상으로 하는 학문이다. 그러나 좁은 뜻으로는 정치학의 한 분과인 政治原論을 말한다. 넓은 뜻의 정치학에 정치원론 외에 정치철학·정치사상사·정치사·정치정책학 등의 각각 상이한 영역이 포함된다. 정치원론·정치사상사·정치사·정치정책학을 정치철학에 대하여 政治科學이라고 한다. 이와 같은 모든 정치학체계의 중핵이 되는 것은 정치원론이며, 따라서 이를 특히 정치과학이라고도 한다. 독일에 있어서는 정치학을 Staatswissenschaft 라고 하였으나, 점차 정치학이 國法學에서 분리되어 독자적인 영역이 확대됨으로써 요즘은 politische Wissenschaft 혹은 wissenschaftliche Politik로 표현하고 있다.

정황증거(情況證據) 〔英〕 circumstantial evidence 주요사실을 간접적으로 추측케 하는 사실(間接事實)을 증명하는 증거. 間接證據라고도 하며, 直接證據에 대하는 말이다. 예컨대 범행현장에 있는 指紋은 범행에 관한 정황증거가 된다. 영미법에서는 간접사실 그 자체를 정황증거라고 한다. 이 경우에는 정황증거는 증명의 대상이 되는 사실의 일종으로서 증거가 아니므로, 혼동하지 않도록 주의하여야 한다. → 간접증거

제권판결(除權判決) 〔獨〕 Ausschlussurteil 公示催告節次에서 신청인의 신청에 의하여 신청인의 이익으로 권리를 변경하는 효력을 가진 形成判決. 제권판결이 이유있을 때에는 무조건으로 또는 권리의 신고가 있을 때에는 절차를 중지하지 않고 판결을 할 수도 있으나 공시최고신청이유로 주장한 권리 또는 청구를 다투는 신고가 있는 때에는 신고인을 위하여 그 권리를 보류하고 除權判決을 선고한다(民訴 456). 제권판결은 판결의 취지에 의하여 판결로 그 권리를 보류하는 자 이외에 권리자가 없음을 확정하며 이해관계인이 가질 수 있는 권리를 소멸변경시키는 효력을 가진다. 증권 또는 증서의 제권판결에는 그에 대한 무효를 선고하여야 한다(467). 법원은 제권판결의 要旨를 신문지에 공고하여야 한다(460). 제권판결은 선고와 동시에 확정되며, 전술한 바와 같이 권리의 得喪變更이 발생한다. 그러나 신청인이 소지인이라는 사실이라거나 증서의 내용까지 확정되는 것은 아니다. 판결 후 판결의 취지와 상반되는 사실이 증명되어도 판결이 적법하게 취소되지 않는 한, 판결의 효력을 좌우할 수 없다. 제권판결은 선고에 의하여 확정되므로 상소하지 못한다(461Ⅰ). 그러나 절차 또는 판결에 부당한 하자가 있는 때에는 제권판결에 대한 不服의 訴를 제기할 수 있다(461Ⅱ). 이에 관하여는 그 항목을 보라.

제권판결(除權判決)**에 대한 불복**(不服)**의 소**(訴) 법률상 公示催告節次를 허가하지 아니할 경우, 公示催告의 기간을 준수하지 아니한 때, 作爲 또는 부정한 방법으로 제권판결을 받은 때 등 제권판결의 절차 또는 내용에 일정한 重大瑕疵(民訴 461Ⅱ)가 있을 때에 이해관계인이 신청인에 대하여 소의 형식으로 하는 불복신청. 제권판결에 대하여 상소는 이를 허용하지 않으나 부당한 하자를 가진 제권판결을 존치함은 허용될 바 아니므로 제권판결을 확정시킴과 동시에 불복있는 자는 소를 제기하여 除權判決의 失效를 청구할 수 있는 것으로 하였다(461Ⅱ). 불복의 소는 제권판결의 효력을 배제하는 판결을 구하는 形成의 訴이며 제권판결에 대한 유일한 불복신청의 방법이다. 불복의 소는 催告法院의 전속관할에 속한다(461Ⅱ). 불복신청이 이유가 있을 때에는 제권판결을 취소하는 판결을 한다. 이 소는 원고가 제권판결이 있음을 안 날로부터 1월의 불변기간내에 제기하여야 하며 제권판결선고의 날부터 3년을 경과하면 불복의 소를 제기하지 못한다(462).

제꼬리배당(配當) 〔英〕 bogus dividend 〔日〕 蛸配當 자산의 과대평가, 부채의 과소평가 등에 의하여 부정한 계산서류를 작성하여 이익이 없는데도 가공의 이익을 계상하여 배당하는 것. 違法配當이라고도 한다. 문어가 공복시에 제꼬리를 먹는다는 데서 나온 비유. 物的會社의 이익배당제도에서 생기는 病理現象으로서, 상법은 이러한 부당한 배당을 교정하기 위하여 회사채권자에게 주주에 대한 위법배당금을 회사에 상환할 것을 청구할 수 있게 하였다(462Ⅱ, 583). 위법한 배당을 한 이사는 회사에 대하여 연대하여 손해를 배상할 책임이 있고, 이사회의 결의에서 찬성한 이사도 같은 책임이 있으며(399, 567), 또한 형벌도 받는다(625iii).

제너럴 스트라이크 〔英〕 general strike 〔獨〕 Generalstreik 〔佛〕 grève gènérale 동일지

역이나 동일산업 또는 전국의 주요산업의 근로자가 동시에 공동으로 행하는 스트라이크를 말한다. 이에는 현재의 사회질서를 완전히 전복시키려는 革命的 제너럴 스트라이크, 同情스트라이크의 형태를 취하면서 규모를 넓혀가는 경제적 제너럴 스트라이크, 그리고 특정정책이나 입법의 변경을 요구하는 정치적 제너럴 스트라이크가 있다. 總同盟罷業 또는 總罷業이라고도 한다.

제네바의정서(議定書) 〔英〕 Geneva Protocol 〔獨〕 Genfer Protokoll 〔佛〕 Protocole de Genève 정식의 명칭은 國際紛爭의 平和的 處理議定書(〔英〕 The Protocol for the Pacific Settlement of International Disputes 〔佛〕 Le Protocole pour le Règlement Pacifique des Différends Internationaux). 1924년의 국제연맹총회에서 채택되었으며, 19개국이 이에 서명하였지만 영국의 반대로 불성립하였다. 이 의정서는 安全保障 및 軍縮에 관하여도 상세한 규정을 하고 있지만 국제분쟁의 평화적 처리에 주목할 만한 규정을 하였다. 국제분쟁의 평화적 처리의 방법으로서 상설국제사법재판소규정 36조 2항에 해당하는 분쟁에 있어서는 동재판소의 관할권이 당연히 또 특별한 합의없이 의무적이라는 것을 인정하고, 또한 國際聯盟規約 15조에 따라 정치적 분쟁이 이사회에 부탁되는 경우에 대하여 상세한 규정을 하였다. 즉 정치적 분쟁은 ① 먼저 이사회로 하여금 그의 해결에 노력케 하고, ② 그것이 성취되지 않으면 이사회는 분쟁당사국을 설득하여 그 사건을 중재재판 또는 사법재판에 회부케 한다. ③ 이것도 성공되지 않으면 당사국 일방의 요구에 따라, 필요하면 이사회의 알선으로 중재위원회를 구성하여 분쟁사건을 그의 중재재판에 회부한다. 이와 같이 본의정서는 해결형식으로 국제재판의 중요성을 인정하며 또한 최종적 방법으로 이사회의 권고적 결의에 의한 仲裁裁判의 해결을 강조하고 있다. 이것은 현재 국제연합의 안전보장이사회의 노력과 거의 동일한 방법으로서 주목된다.

제네바조약(條約) 〔英〕 Geneva Convention 〔獨〕 Genfer Konvention 〔佛〕 Convention de Genève 넓게는 제네바에서 체결된 일체의 조약을 말하지만, 일반적으로는 제2차대전 후 1949년 8월 12일에 체결된 戰爭의 被害者의 保護를 위한 제네바諸條約(Geneva Conventions for the Protection of War Victims)을 말한다. 이는 4개조약의 총칭으로 1949년 戰場에 있는 병력 중의 傷者와 病者의 상태개선을 위한 조약, 海上에 있는 병력 중의 傷者·病者 및 難船者의 상태개선을 위한 조약, 포로대우에 관한 조약, 戰時에 있어서의 文民의 보호에 관한 조약을 포함한다. 이상의 조약들은 總加入條項을 포함하지 않고 있으며, 전쟁이라는 명칭을 사용하지 않는 무력행사에도 적용을 기대한다는 점에 특징이 있다. →포로대우에 관한 조약, 적십자조약

제노사이드조약(條約) 〔英〕 Convention on the Prevention and Punishment of the Crime of Genocide 1948년 12월 9일 제3차 UN총회에서 채택된 集團殺害罪의 防止 및 處罰에 관한 條約으로서 민족적·국민적·인종적·종교적 집단의 전부 또는 일부에 대한 파괴를 목적으로 하는 集團殺害의 예방과 처벌에 관하여 규정하고 있다. →새로운 전쟁범죄, 인도에 대한 죄

제 도(制度) 〔英〕·〔佛〕 institution 〔獨〕 Institution 지속적이고도 공인된 사회생활의 구조. 이해관계 있는 개인의 확립된 行動의 形態(fixed behavior patterns of interested individuals)라고도 할 수 있다. 매우 넓게 慣習·習俗·道德·法律·政治·言語·社會 그 자체에 이르기까지 포함한다. 인류학·민속학·사회학·정치학·법률학·철학·종교학·경제학 등 각종의 입장으로부터 여러가지 각도에서 고찰되고 있다.

제도(법)이론(制度(法)理論) 〔佛〕 théorie d'institution 종래의 個人主義的 法理論 및 마르크스주의의 經濟的 決定主義를 배척하고, 사회 속에서 실현되는 다원적·계층적인 제도의 본원적인 사회적 의의를 강조하고, 여기에 법의 원천을 구하는 이론(여기에서 제도라 함은 어떤 사회환경하에서 공인된 지속적인 사회생활의 틀, 또는 사람들의 사회적 행동의 일정하게 확립된 型). 프랑스의 공법학자 오류에 의하여 창도되고, 르나르가 이를 계승하여 스콜라의 자연법을 기초로 하여 制度哲學을 전개하였다. 이것은 뒤기의 사회연대의 법리(→사회연대설)의 발전이기도 하며, 제도를 主權과 自由와를 가장 잘 결합하는 이념으로 본다.

제 령(制令) 일제시대에 당시의 조선에 시행되던 法形式의 하나로서 조선에 시행할 법령에 관한 건에 의거하여 조선총독이 법률을 요하는 사항에 관하여 발한 命令. 조선총독이 본국의 내각총리대신을 거쳐 일왕의 재가를 받아 발하되 임시긴급의 경우에는 이러한 사전절차를 밟지 아니할 수도 있었다. 정부수립후 이러한 제령은 당시의 헌법100조에 의하여 실효되거나 신법으로 대치되었으나 나머지도 舊法令整理에 관한 특별조치법의 정하는 바에 의하여 완전히 정리되었다.

제 명(除名) 〔英〕·〔佛〕expulsion 〔獨〕Ausschliessung 일반적으로 團體的 組織體에 있어서 그 구성원인 자격을 그 자의 의사에 반하여 박탈하는 것을 말한다.

[1] 국회 또는 지방의회 의원에 대한 懲戒의 일종인데, 가장 중한 것이다. 국회의원을 제명하는데 있어서는 재적의원 3분의 2 이상의 찬성이 있어야 하며(憲 64Ⅲ), 이 처분에 대해서는 법원에 제소할 수 없다(64Ⅳ). 법률에 명문의 규정은 없으나, 法理上 피제명의원이 재선된 경우에 그를 거절할 수 없다.

[2] 국제법상 국제기관으로부터 그 기관의 의사에 의하여 그 가맹국을 강제적으로 제외하는 것을 말한다. 가맹국이 스스로의 의사에 의하여 그 지위를 상실하는 경우는 脫退이다. 국제연합은 UN헌장의 원칙에 끝내 위반하는 국가를 제명할 수 있다(憲章 6). 이에는 UN총회와 5대상임이사국(美·英·러·佛·中)을 포함한 安保理事會의 다수결이 필요하며, 따라서 5대국은 원칙적으로 除名되지 않는다. 국제연맹에서는 제명의 당사국은 표결로부터 제외되었다(예컨대, 1939년의 소련의 제명이다).

[3] 사법상 구성원의 人的 要素를 중시하는 組合 또는 社團에 있어서, 어떤 특정한 자를 구성원으로 두어 두는 것이 심히 부적당한 경우에, 다른 조합원 또는 사원이 이 자를 제명하는 것이 인정된다. 예컨대 민법상의 조합, 합명회사, 합자회사, 각종의 협동조합 등에 있어서 인정된다(民 717ⅳ·718, 商 218ⅵ·220·269, 中協 21, 農協 33, 水協 37·38). 除名事由는 조합에 있어서는 단순히 정당한 이유있는 때라고 되어 있음에 불과하나, 회사에 있어서는 사원의 신용을 떨어뜨림에 충분한 중대한 의무위반의 사유가 열거되어 있으며 각종의 협동조합에 있어서도, 조합시설불이용·의무불이행 기타 정관으로 정하는 경우에 한정되어 있어, 부당하게 제명당하는 일이 없도록 배려되고 있다. 除名節次로서는 민법상의 조합에 있어서는 다른 조합원의 일치로써 하도록 되어 있으나, 이래서는 제명이 실질적으로 불가능한 일도 있으므로, 회사에 있어서는 다른 사원의 과반수의 결의에 기하여 訴로써 하고, 협동조합에 있어서는 총회의 特別決議로 할 수 있도록 되어 있다. 다만 이 경우에는 그 조합원에게 총회에서 변명할 기회를 주어야 한다. 제명으로 인하여, 사원 또는 조합원의 퇴사 또는 탈퇴의 효과가 발생하지만, 어느 경우에도 제명은 이것을 피제명자에게 통지하지 아니하면 그 자에게 대항할 수 없다.

제복착용권(制服着用權) 軍人·軍務員·警察公務員·矯導公務員·消防公務員·稅關公務員 등과 같이 특별한 사무를 담당하는 공무원이 가지는 소정의 제복·제모를 착용할 수 있는 권리를 말한다.

제사상속(祭祀相續) 상속의 중점을 선조의 제사에 두는 相續制度의 일종. 가장 오래된 상속제도이며, 다음에 身分相續의 시대를 거쳐 財産相續을 주로 하는 현재로 진화되어 왔다는 학설이 일반적으로 승인되고 있다. 우리나라에 있어서는 오늘날도 제사상속의 사상이 윤리상·습속상 남아 있을 뿐만 아니라 민법규정에 그 잔재를 볼 수 있다. 墳墓에 속한 1정보 이내의 禁養林野와 600평 이내의 墓土인 농지, 族譜와 祭具의 소유권은 제사를 주재하는 자가 이를 승계한다(1008의3).

제삼개발자(第三開發者) 再開發事業施行者로 지정된 地方自治團體·大韓住宅公社 또는 特殊法人이 이 소정의 기간내에 事業施行認可申請을 하지 않거나 인가를 받고도 사업에 착수하지 아니한 때, 천재·지변 기타의 사유로 긴급히 재개발사업을 할 필요가 있거나 재개발사업의 시행을 지연시킴으로써 현저히 공익을 저해한다고 인정될 때에 시장·군수 또는 구청장이 대통령이 정하는 요건을 갖춘 자에게 再開發事業施行者로 지정한 자를 말한다(都市再開發法 10).

제삼심(第三審) →심급

제삼자(第三者) 〔羅〕tertius 〔英〕third party 〔獨〕Dritter 〔佛〕tiers, tierce personne 當事者에 대하는 말. 어떤 법률요건에 관하여 이에 직접 관여하는 자가 당사자이고, 그 이외의 자가 제3자. 예컨대, 가옥매매계약의 매도인과 매수인은 그 당사자이고 借家人 등은 제3자이다. 그러나 당사자의 一般承繼人(相續人 등)은 당사자로서의 지위도 승계하므로, 제3자는 아니다. 제3자라는 말은 널리 당사자와 일반승계인을 제외한 모든 사람을 가리키는 경우도 있고(예 : 제3자가 행하는 詐欺 또는 强迫의 경우 또는 제3자를 위한 계약의 경우의 제3자(民 110, 539) 등), 이 중에서 당사자간의 어떠한 법률관계를 기초로 하여 새로이 법률상의 이해관계를 맺은 자만을 가리키는 경우가 있다(예 : 不動産讓渡의 虛僞表示가 있었던 경우에, 그 假裝讓受人으로부터 그 부동산을 매수한 자(108Ⅱ) 등). 따라서 후자의 경우에는 당사자간의 어떠한 법률관계의 존부에 따라 단순히 반사적 이익을 얻음에 불과한 자는 제3자가 아니다(예 : 1번저당권을 포기하는 虛僞表示가 있더라도, 그 이전부터 존재하는 2번저당권자는 108조 2항의 제3자는 아니며 따라서 포기의 유효를 주장할 수 없다).

제삼자개입금지조항(第三者介入禁止條項) 산업평화를 위하여 노사관계에 있어서 직접 근로관계를 맺고 있는 근로자나 당해 노동조합 또는 법령에 의하여 정당한 권한을 가진 자 이외에 대하여 ① 노동조합의 설립과 해산, 노동조합에의 가입·탈퇴, 사용자와의 단체교섭, ② 爭議行爲, ③ 노사협의회의 운영에 관하여 관계당사자를 조종·선동·방해 기타 이에 영향을 미칠 목적으로 개입하는 것을 금지한 조항(勞整 40). 금지조항위반에 대하여는 벌칙이 적용된다.

제삼자뇌물제공죄(第三者賂物提供罪) 公務員 또는 仲裁人이 그 직무에 관하여 부정한 청탁을 받고 제3자에게 뇌물을 供與하게 하거나, 供與를 요구 또는 약속하는 죄(刑 130). 본죄는 공무원·중재인이 스스로 뇌물을 授受하는 것이 아니라 제3자에게 가지고 가게 하는 것이다. 실질적으로 당해 공무원·중재인이 그것에 의하여 이익을 얻음에 틀림없겠으나(이러한 의미에서 間接收賂罪라고도 한다), 그 증명은 실제상 곤란하고 또 현실로 이익을 얻지 아니하여도 직무집행의 공정을 의심받을 만하므로, 이를 요건으로 하지 않는다. 그러나 한편으로 처벌의 범위가 불명확하게 되지 않도록, 不正한 請託을 받은 경우에 한하여 범죄가 성립하도록 한다. 제3자는 공무원·중재인인 본인 이외의 자를 말하며, 자연인이든 법인이든 법인격없는 단체이든 불문한다. 예컨대 관청의 외곽단체는 그 전형적인 예가 된다. →수뢰죄

제삼자(第三者)**를 위한 계약**(契約) 〔羅〕 pactum in favorem tertii 〔英〕 contract for the benefit of a third person 〔獨〕 Vertrag zugunsten Dritter, Vertrag auf Leistung an Dritte 〔佛〕 stipulation pour autrui 계약당사자의 일방(諾約者)이 제3자, 즉 당사자 이외의 자에 대하여 직접 채무를 부담할 것을, 상대방(要約者)에 대하여 약속하는 契約(民 539~542). 甲乙간의 계약으로 을이 제3자 병에게 대하여 1만원을 지급할 채무를 부담하려고 하는 따위의 약속을 하면, 丙은 그에게 대한 1만원의 청구권을 취득한다. 그러나 甲乙간의 계약이 제3자를 위한 계약이라고 하여도, 그 계약은 제3자 丙에게 채권을 취득시키는 것만을 내용으로 하는 것에 한하지는 않는다. 賣買에 있어서 대금을 제3자에게 지급할 것을 약속하는 일도 있는 것처럼 제3자를 위한 약속은 매매 등의 이른바 典型契約과 동렬에서 다루어지는 특수한 계약의 종류인 것이 아니라, 오히려 각종의 계약에 있어서 그 효과인 권리의 일부가 제3자에게 발생하는 특수의 형태에 지나지 않는다. 실제로 이러한 종류의 계약은 타인을 위한 보험·신탁·任置·운송·매매 등의 계약을 하는 경우에 흔히 행하여진다. 제3자의 권리는 그가 수익의 의사표시를 한 때에 발생하는데(다만 보험·신탁·供託의 경우에는 수익의 의사표시는 불필요하다), 일단 권리가 발생한 후에는 계약당사자는 이것을 변경하거나 소멸시킬 수 없다(民 541, 商 639, 信託 51). 그리고 제3자가 취득하는 권리의 내용은 要約者·諾約者간의 계약에 의하여 정하여지며, 그 권리는 당해 계약으로 인하여 발생하는 것이므로, 諾約者는 그 계약에 기한 抗辯으로 제3자에 대항할 수 있다(民 542). 要約者·諾約者간의 법률관계는 양자간의 계약내용에 의하여 정하여지지만, 요약자도 제3자에게 소정의 급부를 할 것을 諾約者에 대하여 청구하는 권리를 가진다고 보아야 할 것이다.

제삼자방지급(第三者方支給)**어음** 환어음의 지급인 또는 약속어음의 발행인 자신이 그 주소에서 지급을 하지 않고 第三者方에서 지급하기로 기재된 어음(어음 4·27·77Ⅱ, 手票 8). 第三者方支給이란 지급당사자와 지급장소를 포함한 개념으로 제3자에 의하여 제3자주소에서 지급되어야 하는 것이나, 지급인 자신의 그 제3자의 주소까지 가서 지급하는 것을 금하는 뜻은 아니다. 환어음의 지급인도 발행인이 아직 第三者方支給文句를 기재하지 않은 때 어음지급인의 주소에서 지급될 것인 때에는 인수를 함에 있어 제3자방지급의 기재를 할 수 있다. 이러한 기재를 하는 경제적 실익은 다음과 같다. ① 지급인의 거래은행을 지급담당자가 되게 함으로써 지급을 용이하게 현금운반의 번잡을 피할 수 있고 ② 지급장소를 發行人方 또는 발행인의 거래은행으로 하여 두면 지급인이 인수를 한 경우에 推尋債權은 마치 持參債權으로 변경된 것과 같은 결과가 되어 소지인 겸 발행인에게 편리하고, 발행인이 어음을 수취인에게 교부한 다음에는 지급인이 과연 만기에 어음금을 지급하는가의 여부를 감시할 수 있고, 만약 불지급의 경우에는 즉시 발행인 스스로 어음금을 상환하는 편의가 있다.

제삼자(第三者)**에 의한 재심청구**(再審請求) 행정소송의 판결에 대하여도 민사소송의 경우와 같은 일반적인 재심청구가 가능한 것은 물론이다. 그런데 행정소송에 있어서 특히 第3者效行政處分에 대한 취소판결의 효력은 소송당사자 이외의 제3자에게도 미치므로 제3자는 예측할 수 없는 불측의 손해를 입을 수 있다. 따라서 행정소송법은 제3자의 訴訟參加를 인정하고 있을 뿐만 아니라(16), 자기의 책임없이 소송참가를 못한 경우에도 보호하기 위하여 제3자에 의한 재심청구를 특별히 인정하고 있다(31).

제삼자(第三者)**의 변제**(辨濟) 〔英〕 performance of a third person 〔獨〕 Erfüllung der dritten Person 제3자가 자기의 이름으로 타인의 채무를 변제하는 것. 辨濟는 원칙적으로 채무자가 해야 하는 것이지만 채무자 이외의 제3자도 자기이름으로 타인의 채무를 변제할 수 있다(民 469). 履行補助者·履行代行者·代理人 따위에 의한 변제는 채무자에 의한 변제이며, 여기서 말하는 제3자의 변제는 아니다. 제3자가 채무자를 위하여 하는 채무변제의 원인은 채무자의 委任, 事務管理 또는 채무자에게 贈與하는 취지에서 하는 수가 있고, 제3자는 본래의 채무변제를 할 수 있는 외에 供託·代物辨濟도 할 수 있으나, 제3자가 자기의 채권으로 相計는 할 수 없다고 해석한다. 이와 같이 제3자도 변제를 할 수 있는 것이 원칙이지만 다음의 경우에는 제3자의 변제를 허용하지 않는다. ① 채무의 성질상 일신전속적인 것이어서 제3자의 변제가 허용되지 않는 때(469Ⅰ 但前). ② 당사자가 반대의 의사를 표시한 때(469Ⅰ 但後). ③ 이해관계 없는 제3자의 변제가 채무자의 의사에 반할 때(469Ⅱ). 여기에 이해관계있는 자라 함은 物上保證人, 담보물인 부동산의 제3취득자 따위처럼 변제를 함에 법률상의 이해관계를 가진 제3자이다. 保證人(→보증채무)·連帶債務者(→연대채무) 따위는 실질적으로는 타인의 채무를 변제하는 것이겠지만 채권자에 대하여 변제할 의무를 부담하는 것이어서 이 자들은 제3자가 아니다. 이 제3자가 하는 변제도 채무자가 하는 변제와 마찬가지 효력이 생기기 때문에 제3자가 정당하게 변제를 하였는데 채권자가 수령하지 않는다면 受領遲滯의 責任을 채권자가 지게 된다. 또 제3자가 변제를 하면 제3자는 채무자에게 求償權을 취득하고 이 구상권을 확실히 하기 위하여 代位制度가 인정된다.

제삼자(第三者)**의 소송담당**(訴訟擔當) 〔獨〕 Prozessführung eines Dritten, Prozessstandschaft 어떤 권리 또는 이익에 관하여 그 實質的歸屬主體 이외의 자가 자기의 이름으로 당사자로서 소송을 수행하는 것. 단지 소송담당이라고 불리는 경우도 있고 訴訟信託이라고 불리기도 한다. 법률의 규정에 의하는 경우(예 : 破産管財人)와 귀속주체의 수권에 의하는 경우(예 : 選定當事者)가 있다. 이 소송당사자가 받은 판결의 효력은 권리·이익의 귀속주체에 미친다(民訴 204Ⅲ). → 당사자적격, 소송신탁

제삼자(第三者)**의 소송수행권**(訴訟遂行權) → 제삼자의 소송담당

제삼자이의(第三者異議)**의 소**(訴) 〔獨〕 Exekutionsinterventionsklage, Widerspruchsklage 제3자가 强制執行의 목적물에 관하여 소유권 기타 집행을 방해할 실체상의 관계를 주장하여 집행의 저지·배제를 구하는 訴(民訴 509). 執行參加의 訴라고도 한다. 원래 강제집행은 오직 채무자의 재산에 대하여서만 시행되어야 할 것이지만 신속한 집행을 하는 나머지 과오로 채무자의 責任財産 이외의 재산에 대하여 위법인 집행이 시행되어 그 재산소유자의 권리를 침해하게 되는 수가 있다. 이와 같은 경우를 위하여 제3자에게 소로써 그 집행을 배제하는 구제방법을 인정한 것이다. 이 소의 성질에 관하여는 履行訴訟說·確認訴訟說·形成訴訟說 등 학설이 구구하다. 그러나 강제집행을 허용하지 않는다는 선언을 구하는 形成의 訴라고 해석하는 것이 통설이다. 이 소에 의하여 주장할 수 있는 異議原因은 제3자가 집행의 목적물에 대하여 소유권을 가지거나 또는 기타 목적물의 양도나 인도를 저지하는 권리(예 : 地上權)를 가지는 것이다(509Ⅰ). 강제집행으로 인한 권리침해를 뜻한다. 본소의 원고는 이의의 원인된 권리의 귀속자 또는 그 자를 위하여 권리를 관리하는 遺言執行者·破産管財人 등으로서, 채무명의에 채권자 또는 채무자로 표시된 자와 그 승계인 이외의 자이다. 피고는 채권자이다. 소제기는 일반의 방식에 의한다(226, 227). 본소는 집행이 종료된 후에는 제기할 수 없으나 집행후라도 제3자가 채권자에 대하여 不當利得·不法行爲의 소를 제기할 수 있음은 물론이다. 본소는 집행법원의 관할에 전속된다(509Ⅱ 本). 본소의 사물관할에 관하여서는 소송물의 가액을 기준으로 한다(法組 32Ⅱ ii). 따라서 소송물이 단독판사의 관할에 속하지 아니한 때에는 집행법원의 소재지를 관할하는 법원의 합의부가 이를 관할한다(民訴 509Ⅱ但). 이 소의 제기에 의하여 집행이 당연히 정지되지 않고 執行停止命令이 제출된 경우에 한하여 정지된다(507Ⅱ, 508Ⅰ, 509Ⅲ, 510).

제삼채무자(第三債務者) 채권자(甲)와 채무자(乙)가 있을 경우에, 그 채무자(乙)에 대해서 다시 채무를 지는 자(丙)이다. 주로 入質된 채권의 채무자(갑이 債權質權者, 을이 채무자, 병이 제3채무자)(民 349, 353Ⅲ), 압류된 채권의 채무자(갑이 압류채권자, 을이 채무자, 병이 제3채무자)(民訴 557 이하)를 가리키는 경우에 사용되고 있다.

제삼취득자(第三取得者) 擔保物權이 설정된 물건에 관해서 所有權 또는 用益物權을 취득한 제3자. 담보물권이 追及力을 가진 경우에는 담보물권자에 대해서 물적 책임을 지지만, 그것은 제3취득

자이기 때문에 채무를 지는 것은 아니다. 저당부동산의 제3취득자는 피담보채권을 변제하고 저당권의 소멸을 청구할 수 있다(民 364). 민법 364조에 규정된 제3취득자의 변제에는 遲延利子는 이행기일경과후 1년분만을 변제하면 되고(360 참조), 제3취득자는 채권의 변제기에 구애를 받지 않는 점(468 참조)에서, 단순한 제3자의 변제와 구별된다.

제삼파(第三派) 〔獨〕 Dritte Schule 〔佛〕 troisième école 〔伊〕 terza scuola 刑法上 이탈리아학파, 특히 롬브로조의 학파로부터 분리한 한 학파로서, 범죄의 성립에 있어서 생물학적 원인을 제한적으로 해석하여, 사회적 원인을 특히 강조하는 학파. 批評學派(scuola critica) 혹은 調和學派라고도 부른다. 이 학파에 속하는 사람으로는, 알리메나(Alimena), 바까로(Vaccaro), 까루나바레 등이 있다.

제소기간경과(提訴期間經過)**에 의한 취소**(取消) 채권자가 提訴命令에서 정한 기간을 徒過한 것을 이유로 하는 가압류명령·가처분명령의 취소. 채무자의 신청에 의해 변론을 거쳐 終局判決로 하여야 한다(民訴 705Ⅱ, 715). 그러나 채권자가 취소신청의 변론종결까지만 소를 제기하면, 취소를 면할 수 있다. 보전처분에 의한 浮動的 拘束狀態로부터 채무자를 해방하는 것이 이 취소제도의 취지라고 할 것인데, 입법론으로서는 절차를 보다 간소화할 필요가 있다.

제소명령(提訴命令) 本案訴訟의 係屬前에 가압류 또는 가처분명령이 발부되었을 때에 그것을 발한 법원이 채무자의 신청에 의하여 변론없이 상당한 기간내에 소를 제기할 것을 채권자에게 명하는 결정. 본안의 제소명령이라고도 한다. 채권자가 법원이 지정한 기간을 徒過하면 채무자의 신청에 의하여 변론을 거쳐서 終局判決로 가압류를 취소하여야 한다(民訴 705). 그러나 이 假押留取消申請의 변론이 종결될 때까지만 제소하면 취소를 면할 수 있다.

제소전(提訴前)**의 화해**(和解) 〔獨〕 Sühnevergleich, Gütevergleich 민사소송의 목적이 될 수 있는 분쟁에 대하여 화해하고자 하는 당사자가 제소전에 상대방의 보통재판적 소재지의 지방법원에 출석하여 행하는 화해(民訴 355). 소송방지의 화해, 卽決和解라고도 한다. 우리 법은 독일법과 달라 和解前置主義를 채용하지 아니하므로, 이 신청만으로써는 訴訟係屬이 생기지 않는다. 당사자 쌍방이 출석하였으나 화해가 성립되지 아니한 때 또는 당사자의 불출석으로 화해가 성립되지 않는 것으로 간주되는 때는, 당사자가 제소신청을 하면 화해신청한 때에 소가 제기된 것으로 간주된다(357, 358). 화해가 성립하면 和解調書를 작성한다(356). 이것은 確定判決과 동일한 효력이 있다(206). → 재판상의 화해

제시기간(提示期間) 어음 또는 수표의 소지인이 지급 또는 인수를 위하여 제시하여야 할 기간. 소지인이 이 기간내에 제시를 懈怠하면 전자에 대한 遡求權을 잃는다. ① 수표에 있어서는 발행지·지급지가 모두 국내인 경우에는 발행일자부터 10일 이내에 지급제시를 하며(手票 29), 이 기간을 지나면 소구권을 잃는다(39). 그러나 支給委託이 취소되지 않는 한 지급인은 발행인의 계산으로 지급할 수 있으므로(32Ⅱ), 실제에 있어서 대개 지급을 받을 수 있게 된다. ② 어음의 지급제시는 일정한 기간내에 하여야 하며(어음 34, 38, 77Ⅰ), 引受提示의 의무가 있는 어음은 일정한 기간내에 인수제시를 하여야 한다(21, 23).

제시증권(提示證券) 〔獨〕 Präsentationspapier 증권상의 권리를 행사하기 위하여는 증권소지인이 의무자에 대하여 그 증권을 제시하여야 하는 유가증권. 指示證券·無記名證券·選擇無記名證券이 이에 속한다. 일반채무에 있어서는 그 기한의 도래시부터, 또 불확정기한일 때에는 기한도래를 안 때부터, 채무자는 이행지체의 책임을 지는(民 387Ⅰ) 것이나, 지시증권·무기명증권과 같은 소위 流通證券에 있어서는 채무자가 채권자를 탐지하기 곤란할 뿐만 아니라, 그 권리행사에 있어서 증권과 상환하지 않고서는 할 수 없는 것이므로, 그 이행에 관한 기한이 정해져 있더라도 소지인이 현실적으로 그 증권을 제시하여서 이행을 청구하지 않는 한 채무자는 이행지체의 책임을 지지 않는다(商 65, 民 517). 이 경우에 증권의 제시는 청구의 요건이고 제시없는 청구에는 그 효력이 없다.

제안규정(提案規程) 1973년 7월 2일 대통령령 제6750호로 제정된 이 영은 국가공무원법 53조의 규정에 의하여 국가공무원의 창의적인 의견과 考案을 장려하고 계발하여 이를 정부시책에 반영함으로써 행정의 능률화와 경제화를 기하고, 공무원의 參與意識과 과학적 문제해결 능력의 증진 및 사기앙양을 위한 公務員提案制度에 관하여 필요한 사항을 규정하고 있다. 이 영에서 ① 제안이라 함은 정부의 모집에 응하여 제출하는 행정운영의 능률화와 경제화에 관련된 創意的 의견 또는 고안을 말하고, ② 創案이라 함은 심사결과 채택된 제안을 말하며, ③ 實施라 함은 채택된 제안의 내용을 실제로 적용하는 것을 말한다. 제안은 이를 자유제안·지정

제안·직무제안 및 추천제안으로 구분한다. 총칙(제1장), 중앙제안심사위원회(제2장), 제안의 제출 및 접수(제3장), 제안의 심사(제4장), 施賞(제5장), 권리의 국가승계(제6장), 創案의 사후관리(제7장), 보상(제8장), 자체 제안제도의 운영(제9장), 총칙(제10장) 등 10장 전문 47조와 부칙으로 되어 있다.

제왕규정(帝王規定) 〔獨〕 königlicher Paragraph 일반조항과 같다.

제이심(第二審) 사건을 심판하는 경우의 제1심의 상급의 審級. 판결절차에서는 抗訴審이고, 결정절차에서는 抗告審이다. →심급

제이조합(第二組合) 勞動組合이 분열하여, 탈퇴자가 별개의 노동조합을 결성하였을 때, 혹은 그 노동조합에 가입하지 않은 근로자가 그 조합에 대항하여 별개의 노동조합을 결성하였을 때, 최초의 노동조합(제1조합)에 대해서 후자를 제2조합이라고 한다. 이러한 제2조합의 성립을 방지하기 위해서, 클로즈드숍이나 유니언숍 협정이 이용된다. 또한 조합이 사용자와의 團體協約으로 당해조합만을 유일한 교섭상대로 한다는 뜻을 정하는 예가 많지만 團結權을 보장하는 헌법의 입장(33)으로 보아, 이미 분열되어 제2조합이 성립된 이상, 사용자가 이 협정을 이유로 하여 제2조합의 단체교섭을 거부하는 것은 不當勞動行爲가 된다. 또한 사용자가 제2조합의 결성을 지도하고 조성하는 행위도 부당노동행위가 되는 것이지만 그에 대한 증명은 용이한 일이 아니다.

제이종가축전염병(第二種家畜傳染病) 소, 말, 당나귀, 노새, 면양, 산양, 칠면조, 오리, 거위, 돼지, 개, 닭, 꿀벌 기타 대통령령으로 정하는 동물 등에게 발생하는 요네병·소유행열·소아까바네병·소이바라끼병·츄산병·말전염성동맥염·돼지전염성위장염·돼지오제스키병·돼지단독·돼지일본뇌염·돼지생식기호흡기증후군·돼지유행성설사·돼지위축성비염·닭마이코플라즈마병·닭뇌척수염·닭전염성후두기관염·닭전염성기관염·마렉병·닭전염성F낭병 기타 이에 준하는 질병으로 농림부령이 정하는 가축전염성질병(家畜傳染病豫防法 2).

제이차납세의무(第二次納稅義務) 납세의무자가 그의 납부할 조세를 납부하지 않거나, 납부불능인 경우에, 그와 일정한 관계에 있는 자가 그 조세에 대하여, 납세자에 갈음하여 부담하는 納稅義務(國稅基 2xi, 38~41). 제2차납세의무자로는 해산법인을 위한 청산인과 잔여재산의 분배 또는 인도를 받은 자(38, 地稅 20). 법인을 위한 무한책임사원(39, 地稅 22), 寡占株主를 위한 법인(40, 地稅 23), 사업양수인(41, 地稅 24) 등이 있다. 그의 납부는 민법상의 代位辨濟와 그 성질이 같다(→대위변제). 제2차납세의무자로부터의 조세징수절차는 납세의무자의 경우와 대체로 같다(國徵 12·13, 地稅 19 참조).

제이차적 저작물(第二次的著作物) 原著作物을 번역·편곡·변형·각색·영상제작 그 밖의 방법으로 작성한 創作物을 말하며 독자적인 저작물로서 보호를 받는다(著作 5).

제이파산(第二破産) 제1파산이 선고된 뒤 그 절차가 끝나기 전에 동일채무자에 대하여 개시되는 파산이다. 破産法은 파산재단의 범위에 관하여 고정주의를 채택하고 있으므로, 제1의 파산종결전에 있어서도 파산자는 자유재산에 관하여는 관리처분권을 가지며 새로운 경제활동을 할 수 있다. 그 결과 신파산원인이 발생하면 새로운 채권자는 제2의 파산선고를 구할 수 있는 것이다. 제2파산절차는 제1파산과는 별개로 진행된다. 제2파산재단이 제1파산재단에 흡수되지 않는 것은 고정주의상 당연한 것인데, 제2파산재단이 제1파산재단을 흡수하는 것도 아닌 것은 파산절차중은 파산재단소속재산의 파산자에의 귀속이 정지되는 것으로 해석되기 때문에 설명될 수 있다. 제2파산선고에 대해서는 제1파산선고후 새로이 발생한 破産原因(支給不能)만을 기초로 하고 제1파산의 파산원인을 참작할 것이 아니다. 우리 파산법에 있어서는 구채권자는 제2파산에도 참가할 수 있는가 어떤가에 대하여 아무런 규정이 없지만 일본파산법 97조 1항 후단은 구채권자를 제2파산재단에 대한 관계에는 別除權者에 준하여 취급하고 구채권자는 제1파산에서 변제받을 수 없는 채권액에 대해서만 제2파산에서 그 권리를 행사할 수 있게 되었다.

제이회사(第二會社) 회사정리법상 회사정리의 결과 그 회사에 갈음하여 새로이 설립되는 회사를 말한다. 동법에서 新會社라고 하고 있는 것이 바로 이에 해당한다. 회사정리법은 경우를 나누어서 이에 관한 간이한 설립절차를 인정하고 있다. 즉, 整理計劃 중에 제2회사의 설립에 관한 조항을 정할 수 있으나(會整 211Ⅱ), 각 경우의 법정기재사항 및 설립절차는 다음과 같다. ① 整理債權者·整理擔保權者·株主에 대하여, 새로이 아무런 대가도 제공시키지 않고, 구회사의 재산을 대가로 하여, 제2회사의 설립에 즈음하여 발행하는 주식전부를 인수시켜서 제2회사를 설립하는 때에는 정관에 기재하여야 할 사항 이외에, 정리채권자 등에 대한 주식의 배

정, 제2회사의 資本構成, 구회사로부터 제2회사에 이전되는 재산과 그 가격, 신회사의 이사·대표이사와 감사가 될 자 또는 그 선임방법·임기, 사채를 발행하는 때에는 사채모집에 관한 사항을 정리계획에 기재하여야 한다(226 I). 이 계획이 인가된 경우에는, 제2회사는 整理管理人이 정관을 작성하고, 정리법원의 인가를 얻은 후, 설립등기를 하는 것만으로써 회사가 성립하며, 상법이 요구하는 기타의 절차는 일체 필요하지 않다. 또 구회사의 재산은 제2회사성립시에 제2회사에 이전하고 이와 동시에 제2회사의 주식·사채를 배정받은 정리채권자 등은 제2회사의 주주·사채권자로 된다(259). ② 기타의 경우, 예컨대 정리채권자 등에 대가를 제공시켜서, 제2회사의 설립에 즈음하여 발행하는 주식전부를 인수시키는 경우, 그러한 자에게 대가를 제공시키거나 시키지 않고, 주식의 일부를 인수시켜서, 그 나머지 부분을 공모하는 경우 등에는 ①에서 든 사항 이외에, 새로운 現物出資에 관한 사항을 정리계획에 기재하여야 한다(226 II). 이 계획이 인가된 경우에는, 정리관리인이 발기인에 갈음하여 설립사무를 집행하고(247 II), 變態設立事項의 검사의 생략 기타의 간이절차가 인정되며, 설립무효의 소는 인정되지 않는다. 증권거래법에 의한 신고도 필요하지 않다. 정리채권자에게 대가를 제공시키지 않고 주식·사채를 인수시킬 때에는 이러한 권리자는 제2회사 성립시에 그 주주·사채권자로 된다. 이러한 자에게 대가를 제공시키고 주식을 인수시킬 때에는 인수가 없는 주식에 관하여는 授權資本의 2분의 1이 되는 이상, 그 수를 설립에 즈음하여 발행하는 주식총수로부터 공제할 수 있다(260, 265). 즉, 이 한도에서 資本確定의 原則의 예외가 인정되는 셈이다. ①②의 어느 경우에도, 계획의 규정에 의하여 제2회사의 주주·사채권자로 된 정리채권자 등은 권리자로 되어서부터 3년내에 신주권·신채권의 교부를 청구하지 않으면 그 권리를 잃고, 회사가 그 주식·사채를 취득한다(262). 그리고 구회사와 신회사의 실질적 동일성에 비추어, 허가·인가 등에 기한 권리의 승계, 조세채무의 승계, 퇴직수당 등에 관해서 특별규정이 있다(267~269).

제일심(第一審) → 심급

제일종가축전염병(第一種家畜傳染病) 소, 말, 당나귀, 노새, 면양, 산양, 칠면조, 오리, 거위, 돼지, 개, 닭, 꿀벌 기타 대통령령으로 정하는 동물 등에게 발생하는 우역·우패역·구제역·탄저·기종저·부루세라병·결핵병·불루텅병·리프트계곡열·럼프스킨병·가성우역·양두·수포성구내염·비저·말전염성빈혈·아프리카마역·아프리카돼지콜레라·돼지콜레라·돼지수포병·돼지텟센병·광견병·뉴캣슬병·가금콜레라·추백리·가금인플루엔자·부저병 기타 이에 준하는 질병으로서 농림부령이 정하는 가축전염성질병(家畜傳染病豫防法 2).

제자균분상속(諸子均分相續) 피상속인의 자녀간의 상속분을 균등으로 하는 共同·分割相續. 대부분의 입법례는 제자균분상속을 채용하고 있으며, 우리 민법도 이에 따르고 있었다(1009). 민법의 개정으로 효도상속제가 신설되어 부모를 부양한 자와 다른 자녀의 상속비율이 1.5대 1로 되었다.

제작물공급계약(製作物供給契約) 〔獨〕 Werklieferungsvertrag 당사자의 일방이 상대방의 주문에 응하여 자기의 재료로 제작한 물건을 공급하고, 상대방이 이에 대하여 보수를 지급하는 계약. 주문에 의한 가구·양복의 제조는 그 예. 제작의 점에서는 都給의 성질을 가지며, 제작물의 소유권을 보수를 받고 이전하는 점에서는 賣買의 성질을 가진다. 따라서 도급과 매매의 混合契約이며, 제작에 관하여는 도급의 규정을 적용하고, 공급에 관하여는 매매의 규정을 적용하여야 할 것이라고 한다.

제조(製造)**담배** 잎담배를 주원료로 하여 피우거나 씹거나 또는 냄새맡기에 적합한 상태로 제조한 것을 말한다(담배事業法 2 iv).

제재벌(制裁罰) 行政罰의 하나로 행정법상의 규정을 위반한 자에 과한다.

제 적(除籍) 어떤 자를 종래의 戶籍으로부터 제외하는 것. 신호적의 편제·사망·이혼·파양 등의 경우에 생긴다. 기재되어 있는 전원이 제적된 호적은 除籍簿에 편철된다.

제적부(除籍簿) 호주승계·無後 기타의 사유로 인하여 호주와 가족이 모두 제적되거나 전부를 말소한 호적을 호적부로부터 除綴하여 다시 일자순에 따라서 편철하여 매년 別冊으로 만든 장부(戶 14). 그 보관방법, 공개의 절차 등은 모두 戶籍簿에 관한 것과 동일하다. 제적부는 80년간 보존된다.

제정법(制定法) 〔羅〕 lex positiva 〔英〕 statute law 〔獨〕 Gesetzesrecht 〔佛〕 loi écrite 公的 立法機關에 의해 일정한 목적하에, 의식적으로 행해진 법정립행위를 거쳐 만들어진 법. 제정법의 규범은 일정한 문장으로 표현되므로, 成文法이라고도 불린다. 제정법이 입법작용에 의해 정립된 것인데 대하여, 관습을 기초로 하여 성립하는 慣習法 및 법원의 판례에 의하여 성립하는 判例法이 존재한다.

제정법이 성문법인데 대하여 관습법과 판례법은 不文法이다.

제조물책임(製造物責任) 〔英〕 Product Liability, Manufacturer's Liability 제조자로부터 소매상을 통하여 판매된 상품(제조물)에 어떤 결함 내지 하자가 있어 소비자나 이용자 또는 기타의 자가 인적·재산적 손해를 입은 경우에, 제조자가 부담하는 賠償責任을 말한다. 상품의 하자, 제조자의 과실, 상품의 하자와 손해배상 사이의 인과관계에 대한 立證責任은 소비자가 지나, 이 때에는 엄격한 증명을 필요로 하지 않고 상식적으로 보아 개연성이 높으면 인과관계를 추정하고 있다. 보통 상품의 하자는 제조 내지 검사에 있어 제조자의 과실에 의하는 경우가 많으므로 하자의 존재가 인정되는 경우에는 과실의 존재가 인정될 수 있다.

제주도(濟州道)**의 설치**(設置)〔1946년 7월 군정법령 제94호〕 종래 전라남도 관할구역에 속하였던 제주도를 전라남도로부터 분리시켜 새로이 제주도를 설치함을 주된 내용으로 하는 軍政法令. 전문 6조.

제 척(除斥) 〔英〕 exclusion 〔獨〕 Ausschliessung 〔佛〕 imcompatibilité [1] 權利의 除斥. 재단의 청산 등의 경우에 기간내에 신고를 하지 않은 채권자를 변제 또는 배당으로부터 제외하는 것(民 88·89, 破 234·247~249 등 참조).

[2] 法院職員의 除斥. 재판권행사의 공정을 담보할 목적으로 법관·서기관·서기·통역인 등의 법원직원이 사건의 당사자 또는 사건의 내용과 특수관계가 있는 경우에, 그 사건에 관하여 직무집행을 할 수 없는 것으로 하는 것. 除斥原因은 법률에 열거되어 있다(民訴 37, 刑訴 17). 제척의 효과는 법관이나 당사자가 알거나 모르거나 막론하고 당연히 발생한다. 제척의 원인이 있을 때 민사소송에서는 신청 또는 직권으로 제척의 재판을 하나(民訴 38), 형사소송에서는 忌避의 신청에 의하여 기피이유의 유무를 판단한다(刑訴 18 이하). 제척원인이 있는 법관이 관여한 민사판결에 대해서는 상소가 허용될 뿐 아니라(民訴 394 Ⅰ ii), 再審도 인정되나(422 Ⅰ ii), 형사판결에 대해서는 항소이유가 됨에 그친다(刑訴 361의5). 가사소송법상의 調停委員이나 公證人에게도 除斥原因이 정해져 있다(家訴 4, 公證 21).

제척기간(除斥期間) 〔英〕 limitation 〔獨〕 Ausschlussfrist 〔佛〕 délai préfix ① 일정한 권리에 관하여 법률이 정한 存續期間. 권리관계를 속히 확정시키기 위하여 정하여진다. 민법에는 일반적인 규정은 없으나 이론상 인정되고 있다. 消滅時效와 비슷한 제도이지만, 이와는 달라 중단이 없다(→시효의 중단). 다만, 정지에 관한 규정(특히 民 182)은 유추적용하여야 할 것이라고 한다(→시효의 정지). 제척기간이 경과하면 권리는 당연히 소멸하고, 따라서 당사자의 원용(→소멸시효의 원용)을 기다릴 필요없이 법원은 이를 재판의 기초로 삼아야 한다. 또 消滅時效利益의 抛棄와 같은 포기의 제도도 없다. 제척기간의 경과로써 권리가 당연히 소멸하므로 포기 여부의 여지가 없기 때문이다. 법률은 각개의 경우에 제척기간임을 明言하지 않으므로, 시효기간이냐 제척기간이냐에 관하여 의문이 생기는데, 조문에 時效라는 문자가 없는 때에는 제척기간으로 해석하면 된다(1024조 2항은 이에 대한 유일한 예외). 取消權(146), 占有保護請求權(204 Ⅲ, 205 Ⅲ), 매수인의 擔保責任追求權(573, 575 Ⅲ), 혼인·입양의 取消權(819 이하, 889 이하), 上訴權(民訴 366·395, 刑訴 358·374), 주주총회결의취소의 소의 제기권(商 376 Ⅰ) 등에 관한 규정은 제척기간의 예. ② 財團의 淸算의 경우에 일정한 기간을 정하여 채권의 신고를 최고하고, 신고하지 않은 채권자를 청산으로부터 제외하는 것을 제척이라 하고 그 기간을 제척기간이라고 부르는 일도 있다. 법인의 청산(民 88, 商 535)이나, 재산상속의 限定承認·財産分離(民 1032, 1045)의 경우, 파산에 있어서의 이의있는 채권의 제척(破 233~237, 245~249)은 그 예.

제출명령(提出命令) 〔獨〕 Vorlegungsbefehl 형사소송법상 법원이나 수사기관이 일정한 證據될 사건 또는 沒收할 물건을 지정하여 그 소유자·소지자 또는 보관자에 대하여 그 제출을 명하는 것(106 Ⅱ, 107, 219). 단순히 檢證을 위해서 물건을 제시케 하는 경우도 있지만, 법원·수사기관이 占有를 취득하면 압수의 효과가 발생한다. 제출명령에 따르지 아니하는 경우에는 법원 또는 수사기관은 압수할 수 있으며 제출명령을 거절할 수 있는 것은 일반적으로 압수를 거절할 수 있는 경우에 한하고, 자기가 형사소추를 당할 우려가 있다고 하여 거절하는 것은 인정되지 않는다. →압수

제한고의설(制限故意說) →고의설

제한공소주의(制限公訴主義) 控訴審을 事實審으로 하는 법제하에서 그 기초로 삼는 소송자료에 관하여 제1심의 소송자료를 기초로 하여 심판할 뿐 새로운 자료의 추가를 허용치 않고, 당사자의 更新權을 전혀 인정하지 않는 주의를 말한다. 覆審主義 및 續審主義에 대한다. 오스트리아 민사소송법은 이 주의를 채용한다.

제한군주제(制限君主制) 〔英〕 limited monarchy 〔獨〕 beschränkte Monarchie 〔佛〕 monarchie limitée 군주 외에 군주에 대해 독립적 지위에 있는 국가기관이 있어 군주권력이 법제도상 그 독립기관에 의해 제한되도록 되어 있는 政體. 立憲君主政體는 그 일종이다. → 절대군주제, 전제군주제

제한물권(制限物權) 〔獨〕 beschränktes Sachenrecht 일정한 목적을 위하여 타인의 물건에 대한 제한적 지배를 내용으로 하는 物權. 전면적 지배를 내용으로 하는 所有權과 대립된다. 민법상의 제한물권은 지상권·지역권·전세권 등의 用益物權과 유치권·질권·저당권 등의 擔保物權으로 나누어진다. → 타물권

제한선거(制限選擧) 〔英〕 restricted suffrage 〔獨〕 beschränktes Wahlrecht 〔佛〕 suffrage restreint 재산·납세·교육 또는 신앙 등에 의하여 선거권에 제한을 두는 선거. 普通選擧에 대응하는 개념. 근대초기 선거제도는 대개 제한선거제도이었으나, 민주주의 발달에 따라 현대에 와서는 제한선거는 거의 없어졌으며, 보통선거가 원칙이다.

제한연기명투표(制限連記名投票) 〔獨〕 beschränkte Stimmgebung 〔佛〕 vote limité 累積投票와 같이 소수대표제를 위한 투표방식의 하나이나, 누적투표와는 달리 다수의 기술적인 약화방법으로 쓰이는 방법. 즉, 이는 1선거구에서 3인 이상의 의원을 선출함을 전제로 하여, 선거인은 그 선거구의 의원정수에 미달하는 범위 안에서 複數의 投票權을 가지게 된다. 제한연기명투표제도는 영국의 러셀(John Russell)에 의하여 제안된 것으로서, 비록 영국에 있어서는 그 적용기간이 비교적 단기이기는 하였으나, 근대의 정당조직 및 구성에 커다란 영향을 미쳤다.

제한적 정범개념(制限的正犯概念) 〔獨〕 restriktiver Täterschaftsbegriff 타인을 개재시키지 않고 스스로의 손으로 직접 犯罪構成要件에 해당하는 행위를 하는 것만을 정범이라고 하는 정범개념. 限縮的 正犯概念·縮限正犯概念이라고도 하며, 擴張的 正犯概念에 대한다. 그러한 행위를 하는 자만을 정범자라고 보므로, 制限的 正犯者概念(restriktiver Täterbegriff)이라고도 부른다. 이 개념을 취하면 타인을 이용하는 행위를 하는 것은 모두 공범(좁은 뜻)이 되며, 만약 공범의 규정이 없다면 처벌 안되는 것이므로, 그것은 刑罰擴張事由를 정한 것이 된다. 그리고 간접정범을 정범으로 받아들이는 데에는 난관이 있다.

제한종류채권(制限種類債權) 〔獨〕 beschränkte Gattungsschuld 種類債權 중 그 종류에 관하여 다시 어떠한 제한이 있는 것. 예컨대, 경기미 100가마를 인도할 채무는 순수한 종류채권이지만, 특정창고안에 있는 경기미 100가마를 인도할 채무는 제한종류채권이다. 混合種類債權(gemischte Gattungschuld)·限定種類債權(begrenzte Gattungsschuld)이라고도 한다. 순수한 종류채권에서는 그 종류의 물건의 거래가 허용되고 있는 한 履行不能으로는 되지 않으나, 제한종류채권에서는 그 제한내에서 불능으로 되면(전례에서 그 창고안에 있는 경기미가 전부 소실하면) 이행능력으로 되는 점에 차이가 있다.

제한종속형태(制限從屬形態) 공범의 종속성

제한항소주의(制限抗訴主義) 抗訴審에서 更新權을 인정하지 않고, 원칙으로 제1심의 소송자료만을 기초로 하여 심판할 뿐으로, 신자료의 추가를 허용하지 않는 주의. 完全抗訴主義(覆審主義)에 대한 말. 완전항소주의는 항소심이 제1심과는 관계없이 스스로 소송자료를 모아서 제1심과는 별개로 사건의 심리를 다시 하는 覆審主義로서 갱신권이 무제한으로 인정된다. 제한항소주의는 제1심중심주의를 철저화하여 소송의 신속처리에는 적합하나, 반면 제1심의 소송자료를 필요 이상으로 증대시키고, 또한 심리를 고정화하기 때문에 事實審으로서는 부적당하다는 비판을 받는다. 이에 대하여 완전항소주의(복심주의)는 민사소송과 같은 유동적인 소송대상의 심리에는 적합하지만 심리의 중점을 제2심에 옮기게 되어 소송지연의 폐단을 가져온다. 어느 것이나 일장일단이 있으므로 어느 하나를 철저히 채용하고 있는 입법례는 적다. 우리 민사소송법의 續審制는 독일법에 따른 것으로서 제한항소주의(사후심)와 완전항소주의(복심)의 折衷的 形態라고 할 수 있으나, 갱신권을 인정하는 점에서는 오히려 후자에 속하고 있다. 또 형사소송법에서는 事後審査審을 원칙적 구조로 하므로 제한항소주의를 취하고 있다고 볼 수 있다.

제헌국회(制憲國會) 憲法을 제정하기 위하여 구성된 국회. 우리나라는 1948년 건국초 제헌국회가 구성되어 헌법이 제정되었었다.

조 건(條件) 〔羅〕 condicio 〔英〕·〔佛〕 condition 〔獨〕 Bedingung [1] 法律行爲의 효력의 발생 또는 소멸을 장래 발생할지 어떨지 불명한 사실의 成否에 매이게 하는 附款. 합격하면 학자금를 급여한다고 하는 경우의 합격하면(停止條件) 또

는 낙제하면 급여를 그만 둔다고 하는 경우의 낙제하면(解除條件)과 같다. 조건은 成否가 불확정한 점에서 장래 반드시 도래하는 期限과 다르다. 특수한 조건으로서는 不法條件 · 不能條件 · 隨意條件 · 法定條件 · 旣成條件 따위가 있으나 끝의 두 가지는 참다운 조건이 아니다. 법률행위에 조건을 붙이는 것은 원칙으로 당사자의 자유이지만 혼인이나 어음행위(어음 12 참조)와 같이 불확정한 법률상태가 생기는 것을 허용하지 않는 행위에는 조건을 붙일 수 없다. 또 單獨行爲에 조건을 붙이는 것은 상대방에게 불리하게 되므로 허용하지 않는 것이 원칙이다. →조건부권리

[2] 行政行爲의 附款의 하나. 조건의 관념이나 효과는 사법상의 법률행위에 있어서와 다름이 없다. 다만 공법상으로는 행정상 법률관계의 조속한 안정이 필요하므로 행정행위의 효력의 발생 또는 소멸을 좌우하는 조건은 그리 많지 않다. →부관

조건부고의(條件附故意) 〔獨〕 bedingter Vorsatz 보통은 未必的 故意와 같은 뜻으로 쓰이나, 그 말 자체는 반드시 一義的이 아니다. 예컨대, 살인의 고의에 관하여, 상대방의 행위 기타의 사정에 따라서는 그를 살해할 것을 결의하고 있는 경우에, 條件附殺害의 意思가 있다고 하여 고의를 인정하는데, 이 경우는 행위가 조건부임에 그치고 고의가 조건부인 때를 의미하는 미필적 고의가 아님은 물론이다.

조건부권리(條件附權利) 〔獨〕 bedingtes Recht 〔佛〕 droit conditionnel 條件의 成否未定의 사이에 있어서 당사자의 일방이 가지는 조건의 성취로 인하여 일정한 이익을 받을 것이다라고 하는 期待權. 민법은 이것을 권리로서 보호하고 조건부의무를 지는 상대방이 조건부권리자의 이익을 해하는 것을 금함과 동시에 조건부권리의무를 일반의 규정에 따라서 처분 · 상속 · 보존하고 또 담보로 제공하는 것을 인정했다(民 148, 149). 재산을 청산할 때에는 조건부권리의 평가에 관하여 특칙이 있고(民 1035, 商 259Ⅳ), 또 破産債權이 조건부권리인 때에는 파산법상 특별한 취급을 받는다(破 18, 91, 92, 238, 243, 247, 248 등).

조건부금제품(條件附禁制品) 〔英〕 conditional contraband 〔獨〕 relative Konterbande 〔佛〕 contrabande conditionnelle →전시금제품

조건부보석(條件附保釋) →보석

조건부석방(條件附釋放) 가석방과 같다.

조건부승인(條件附承認) 국제법상 承認은 원칙으로 무조건으로 행하여지나 조건부의 것도 있다. 이 조건은 승인의 代償으로 특별한 의무를 부담케 함에 그치고, 조건이 이행되지 아니하는 경우에도 승인의 효력에는 영향이 없으며, 다만 국제의무의 위반을 일으킴에 불과하다. →국가승인, 정부승인

조건부유언(條件附遺言) 條件이 붙여진 유언. 유언은 그 내용이 신분에 관한 행위와 같이 성질상 조건부로 할 수 없는 경우를 제외하고 조건부로 하는 것이 허용된다. 조건이 부가된 유언의 효력은 유언의 효력발생의 일반원칙에 불구하고 조건 성취 여하에 따르게 된다. 그러므로 停止條件附遺言에 있어서 그 조건이 유언자의 사망후에 성취한 때에는 그 조건성취한 때로부터 유언의 효력이 생기고(民 1073Ⅱ), 그 조건이 유언자의 사망전에 이미 성취되었다면 그 유언은 무조건이 된다. 또 解除條件附遺言에 있어서 그 조건이 유언자의 사망 후에 성취한 때에는 그 條件成就한 때로부터 유언의 효력은 소멸하고 그 조건이 유언자의 사망전에 이미 성취되었다면 그 유언은 효력을 발생할 수 없다.

조건설(條件說) 〔獨〕 Bedingungstheorie 因果關係에 관한 학설의 하나. 결과에 대하여 그것이 없었더라면 결과는 발생하지 않았으리라고 하는 관계(conditio sine qua non)가 있는 것은 모두 동등하게 인과관계가 있다는 설. 이 설에 의하면 인과관계의 범위는 무한히 넓어진다(→인과관계의 중단). →인과관계

조 계(租界) →거류지

조광권(租鑛權) 설정행위에 의하여 타인의 鑛區에서 광업권의 목적으로 되어 있는 광물을 채굴하며 이를 취득하는 권리(鑛 5Ⅱ)로서, 物權이며(52), 상속 기타 일반승계의 목적이 되는 외에는 권리의 목적으로 할 수 없다. →탄좌, 탄좌개발회사

조 례(條例) 헌법(117Ⅰ)에 의거하여 지방자치법이 인정한 自治立法의 한 형식으로서 지방의회가 제정하는 것으로서(地自 15). 법령의 범위 안에서 그 사무에 관한 사항을 제정할 수 있으나, 주민의 권리제한 또는 의무부과에 관한 사항이나 벌칙을 정할 때는 法律의 委任이 있어야 한다.

조 리(條理) 〔羅〕 naturalis ratio 〔獨〕 Natur der Sache 〔佛〕 nature des choses 사물의 본질적 법칙. 이른바 도리이며, 社會通念, 선량한 풍속 기타 사회질서, 신의성실의 원칙 등의 명칭으로 표현되는 일도 있다. 최광의로는 自然法과 동의로 사용되어, 실정법존립의 근거, 평가척도를 의미

하는 일도 있으나, 보통은 법의 흠결을 보완할 해석상·재판상의 기준을 의미한다. 민법 1조는 民事에 관하여 법률에 규정이 없으면 慣習法에 의하고 관습법이 없으면 조리에 의한다라고 규정함으로써, 민사재판에 있어서 성문법도 관습법도 없는 경우에 조리가 재판의 準據가 된다는 것을 明言했다. 이 조리가 법이냐 아니냐에 관하여는 異論이 있다.

조리상(條理上)**의 한계**(限界) 警察法規가 경찰작용의 특수성으로 말미암아 경찰권발동의 구체적인 한계에 관하여 규정하지 아니한 경우에도 경찰권의 발동에는 憲法理念과 경찰의 목적 및 성질에서 나오는 일정한 한계를 말한다. 경찰소극목적의 원칙, 경찰공공의 원칙, 경찰책임의 원칙, 경찰비례의 원칙 및 경찰평등의 원칙을 들 수 있다.

조리적용설(條理適用說)〔國際私法上〕 외국법이 불명한 경우에는 조리에 의해 재판해야 한다는 견해(江川·久保)를 말한다. 여기서 조리에 의해서 재판한다는 것은 반드시 문명국가에서 보편적으로 승인된 법의 일반원칙과 같은 추상적·보편적인 원칙에 의해서 해결해야 한다는 것은 아니며, 가능한 본래 적용하도록 되어 있는 외국법에 의한 해결과 가장 가까운 해결방법을 취해야 한다는 의미이므로 이를 近似法說이라고도 한다. 즉 내용불명과 외국법규의 흠결과는 개념상 구별해야 하나, 당해 외국법률체계에 따른 擴張選擇·類推解釋·慣習法 및 判例 등을 참작하여 近似法을 찾아 이것을 準據法上의 條理로서 적용해야 한다는 견해이다. 이 설이 가장 타당하다.

조리해석(條理解釋) 實定法規에 법의 흠결이 있는 경우, 조리에 따라 해석하는 것. 민법 1조는 조리에 의한 흠결보충을 인정한다. 조리를 실정법존립의 이념, 평가척도로 관념하고, 법의 흠결이 없는 경우에도 조리에 따라 해석하여야 한다고 주장하는 자도 있으나, 조리해석은 법규에 欠缺이나 疑義가 있는 경우만 한하는 것이 온당하다.

조명상속(祖名相續) 상속제도의 중점이 祖先의 이름을 단절함이 없이 승계해 나가는데 있다고 보는 것. 상속제도의 최고의 형태가 祖名相續이었는지, 祭祀相續이었는지는 法制史家 사이에 다툼이 있다.

조발성범죄(早發性犯罪) 〔獨〕 Frühkriminalität 범죄인의 경력을 보면, 그가 범죄인이 된 연령을 기준으로 하여, 두 유형으로 나누어진다. 첫째는 早發性犯罪人의 유형이고, 둘째는 遲發性犯罪人의 유형이다. 기준이 되는 연령은 18세전과 30세후로 나누는 것(리들), 25세를 경계로 나누는 것(슈툼플), 20세전과 30세후로 나누는 것(엑스너) 등의 견해가 있다. 이 분류는 다음과 같은 의미를 가지고 있다. 조발성범죄인은 범죄인적 인격의 표상이라고 생각되는 경우가 많다. 즉 소질적인 범죄경향이 있는 경우, 이것은 학교졸업후 취직해서 최초의 人生試鍊에 직면한 때에 나타나기 때문이다. 독일에서는 慣習犯罪人 가운데 73%가 21세전에 초범자였다는 것이 보고되어 있다. 따라서 이에 대한 형사정책적 대책은 특수한 주의가 요구되어 있다. 이에 반하여 30세후 초범자가 된 자는 전술한 관습범죄인 가운데 5%에 불과하다고 한다. 이들의 遲發性犯罪人인 관습범죄인은 사기·성적범죄 등에 있어서 비중이 높다. 이들은 소질적인 범죄경향이, 혹은 범죄능력에 있어서, 혹은 生物學的 生長에 있어서 구체화한 것이다. 기타의 지발성범죄인은 환경의 압도적인 지배에 의한 것이 많다.

조 법(助法) 節次法의 별칭. 主法인 실체법의 실현을 기하기 위한 절차를 규율한다는 의미에서 조법이라고 부른다. 그러나 實體法과 節次法 사이에 주종의 관계를 인정하는 것은 적당하지 아니하므로 조법이라는 용어를 사용하는 것도 적당하다고 할 수 없다. 그러므로 오늘날 이 용어는 그리 사용되지는 않는다.

조 사(調査)〔被疑者·參考人의〕 검사와 사법경찰관은 수사의 목적을 달성하기 위하여, 피의자 또는 피의자 아닌 자의 출석을 요구하여, 필요한 조사를 할 수 있다(刑訴 199 Ⅰ 本, 200 Ⅰ, 221). 이 조사는 임의적인 것이고 强制處分은 형사소송법에 특별한 규정이 있는 경우에 한하며, 필요한 최소한도의 범위안에서만 하여야 한다(199 Ⅰ 但·Ⅱ 참조).

조사관(調査官) 판사의 명을 받아 가사소송법에서 정한 家庭에 관한 사건의 심판과 조정 및 少年保護事件의 심판에 필요한 사항의 조사 및 기타 법령에 정한 사무에 종사하는 자(法組 54, 家訴 8, 少 11). 조사관은 법률가가 아니고 케이스 워커(case worker)이어야 한다. 그러므로 조사관은 교육학·심리학·정신의학·사회사업학에 대한 기초적 지식이 있어야 한다. 소년사건의 조사와 保護觀察을 임무로 하는 조사관은 소년법원의 주인공으로서 심리에 관하여 의견을 진술할 수 있다(少 25). 또한 해난심판법상 일반직국가공무원의 신분을 가진 조사관은 해난의 조사, 海難審判의 청구, 裁決의 집행 및 해난방지에 관한 사무를 담당한다(海審 16, 17).

조사위원(調査委員) 會社整理節次開始의

신청이 있은 경우에 법원에 의하여 선임되고, 신청의 허가여부를 판단하는데 필요한 사정, 회사의 업무 및 재산의 상태와 회사의 업무 및 재산에 관한 보전처분의 여부, 기타 정리절차의 개시에 필요한 사항에 관해서 조사한 뒤에 의견을 제출하는 직무를 가지는 자(會整 40 I). 조사위원을 두느냐의 여부는 법원의 裁量에 속하며 필수적으로 두어야 하는 것은 아니다. 이를 두는 경우에 그 인원수는 1인에 한하지 않으나, 조사에 필요한 학식·경험이 있는 자로서 이해관계가 없는 자이어야만 한다(40 II). 조사위원은 회사의 이사·감사와 지배인 기타의 사용인에 대하여 보고를 요구할 수 있고, 회사의 장부나 기타의 물건을 검사할 수 있으며(41), 이를 거부·허위의 보고를 하면 처벌된다(293). 조사위원이 되면 비용의 先給과 報酬를 받을 수 있음과 아울러(284 I), 선량한 관리자의 주의로써 그 직무를 행하지 않으면 안되므로, 이를 懈怠하여 이해관계인에게 손해를 입힌 때에는 그것을 배상할 책임이 있다(43).

조사(調査)**의 촉탁**(囑託) 민사소송법상 事實認定의 자료를 얻기 위하여, 證據調査의 보충으로(266), 또는 다만 당사자의 변론을 보충하고 소송관계를 명확히 하기 위하여(130 I v)(→석명권), 법원이 공무소·학교 그 밖의 단체 또는 외국공무소에 대하여 필요한 조사를 하여서 권고하도록 촉탁하는 것. 이는 鑑定의 囑託(314)과는 구별하여야 한다. 감정의 촉탁은 촉탁사항에 대하여 판단 의견을 요구하는 것이나, 이는 자기주변에 있는 자료로써 용이하게 결과를 얻을 수 있는 사항에 대한 보고를 요구하는 것이다. 형사소송법의 照會(199, 272)에 해당한다.

조사절차(照査節次) 〔佛〕 récolement 有體動産에 대한 강제집행에 있어서 채무자의 동산이 이미 어느 채권자를 위하여 압류되어 있는 경우에, 제2의 채권자로부터 위임을 받은 집행관이 먼저 압류한 집행관에게 압류조서의 열람을 구하여 물건의 照査(또 압류되지 아니한 물건 유무의 조사)를 행하고, 또 압류되지 아니한 물건이 있으면 이를 압류하여 추가압류조서를 이 집행관에게 교부하며 또한 압류할 만한 물건이 없으면 조사조서를 이 집행관에 교부하고 모든 압류물을 제2의 채권자를 위하여 競賣할 것을 청구하는 절차(民訴 549). 우리 법이 平等配當主義를 채택하면서도 이중압류를 허용하지 않기 때문에 취해진 조치이다. 이에 의하여 제2의 채권자의 執行委任은 먼저 압류한 집행관에 이전하며 압류한 물건은 강제집행을 신청한 모든 채권자를 위하여 압류한 것으로 본다(549 III). 執行力있는 正本을 가진 채권자의 배당요구는 이 절차에 의하지 않으면 안된다. →기록첨부

조산사(助産師) 의료인의 일종으로서 助産과 妊婦·解産婦·産褥婦 및 신생아의 보건과 양호지도에 종사하는 자(醫 2 II iv). 조산사가 되고자 하는 자는 일정한 자격을 가진 자로서 보건복지부장관의 면허를 받아야 한다(6).

조 서(調書) 〔獨〕 Protokoll 訴訟節次의 경과·내용을 공증하기 위하여 법원 그 밖의 기관에서 작성하는 公文書. 절차가 방식을 준수하여 행하여졌는가 아닌가, 그 내용은 어떠하였는가에 관하여 후일의 증거가 된다. 작성자·기재사항·방식 등은 각각의 조서에 관하여 法定되어 있다.

[1] 민사소송법상 조서는 원칙으로 절차에 참여하는 법원사무관 등이 작성하나, 執行節次에서는 집행관이 집행조서를 작성한다(民訴 500). 그 밖에 公證人도 조서를 작성한다. 조서에는 기재사항에 따라서 당사자의 구술신청을 기재한 조서(150 III), 辯論調書(141~147), 準備節次調書(254), 증거조사조서, 화해조서(206), 追加押留調書(549 II 참조), 競賣調書 등이 있다. 소송 또는 집행에 관한 조서는 동일사건에 관한 다른 소송서류와 함께 一件記錄(소송기록 또는 집행기록)에 편철된다. 그 밖에 파산절차(破 99, 177), 비송사건절차(14), 각종의 조정절차(家訴 59, 民事調停法 24)에서도 조서가 작성된다.

[2] 형사소송법상 조서는 원칙으로 참여한 법원서기관 등이 작성한다(刑訴 48). 공판기일의 소송절차에 관하여는 공판조서(51), 피고인·피의자·증인·감정인·통역인 또는 번역인의 신문에 관하여는 각 訊問調書(48). 검증·압수 또는 수색에 관하여는 검증조서·압수조서 또는 수색조서(49), 사형의 집행에는 執行調書(468)를 작성한다. 이 밖에 검사 또는 사법경찰관이 구술에 의한 고소 또는 고발을 받은 때에는 조서를 작성한다(237 II). 그리고 증거법상 법원 또는 법관의 조서(311)와 검사 또는 사법경찰관의 조서(312)는 그 證據能力에 차이가 있다.

조선경국전(朝鮮經國典) 조선개국초 태조 3년 5월에 判三司事 鄭道傳이 撰進한 私撰의 法典. 太祖가 嘆美하고 廐馬·綺絹·白銀을 賜하였다. 三峰集에 수록된 朝鮮經國典은 그 全文이 아니고 本文의 大序와 小序만 모은 것이므로, 本法典의 梗概만 엿볼 수 있다. 그에 의하면 序論으로 正寶位·國號·定國本·世系·敎書 등의 각항이 있다. 이하에 治典(吏典)·賦典(戶典)·禮典(禮典)·政典

(兵典)·憲典(刑典)·工典(工典)의 六典에 관한 總序와 六典內 각 항목의 小序만이 수록되어 있다. 그 내용이 廣求博採함과 그 문장이 莊重典雅함은 실로 六典規模의 결정으로 조선개국의 이상을 선포하고 典章制度의 細目을 명시한 것으로 볼 수 있다. 그 편별과 항목으로 보아 元의 經世大典을 참고하여 집약한 것으로 추측된다.

조선과도정부(朝鮮過渡政府)〔군정법령 제141호〕 1947년 5월 17일 군정법령 제141호는 조선과도정부입법의원에서 법률을 제정할 때까지 북위 38도 이남조선을 통치하는 입법·행정·사법부문 등 在朝鮮美軍政廳朝鮮人機關을 조선과도정부라고 호칭하기로 하였다.

조선과도정부입법의원(朝鮮過渡政府立法議院)〔1946년 8월 24일 군정법령 제118호〕 과도정부법률 제21호 朝鮮過渡立法議院의 창설에 의하여, 대한민국정부수립을 위한 총선거로 피선되는 의원이 취임할 때까지의 과도입법기관으로서 설치되었으며, 5·10선거의 결과로서 1948년 5월 19일 과도정부법률 제12호로써 동월 20일에 해산하였다.

조선내(朝鮮內)**에 있는 일본인재산권취득**(日本人財産權取得)**에 관한 건**(件)〔군정법령 제33호〕 1945년 8월 9일 현재로 일본정부·국민·법인·단체 또는 조합 등에 의하여 직접 또는 간접으로 그 전부 또는 일부가 소유되거나 관리되던 조선내에 있는 금·은·통화·유가증권 기타의 모든 재산의 所有權을 1945년 9월 25일자로 조선군정청에 귀속시키는 군정법령 제33호. 이 군정법령에 의하여 조선군정청에 소유권이 귀속된 재산은 군정청의 허가없이는 점유·이전 또는 훼손할 수 없으며, 이미 점유 또는 관리하고 있는 자는 그 관리에 관한 장부를 비치하고, 관리상태에 대한 보고서를 제출하여야 한다(3). 군정청에 소유권이 귀속된 이들 재산은 대한민국정부와 미합중국간의 재정 및 재산에 관한 최초협정에 의하여 대한민국 정부에 이전되었으며, 이것이 귀속재산처리법 2조 1항의 규정에 의하여 歸屬財産이 되었다. 전문 5조. → 대일재산청구권

조선농지령(朝鮮農地令) 1934년 10월 20일부터 시행된 制令 제5호로서 경작을 목적으로 하는 토지의 임대차에 관한 사항을 규정한 것이었다. 봉건적인 예속과 영세한 경지, 고율의 소작료, 소작권의 불안정 등 과거 우리나라의 소작제도는 소작인의 지위를 경제적·법률적으로 열위에 서게 하였고, 1930년대에는 소작농의 빈곤이 마침내 극에 달하여 민족운동·사회운동과 결부되어서 많은 小作爭議가 일어났다. 이에 위정당국은 소작관계의 입법을 통하여 소작쟁의의 합리적 조정 내지는 발생을 방지할 필요에 부딪쳐 1932년에는 소작쟁의의 조정절차를 규정한 朝鮮小作調整令을 제정하였고, 1934년에는 소작쟁의의 발생원인을 봉쇄하고자 소작관계 자체의 재편성을 내용으로 하는 조선농지령을 제정하게 되었던 것이다. 이 영은 당시 우리나라에 있어서 유일한 실체법인 소작법이었는데, 그 제정의 경위는 일본이 소작법의 제정을 꾀하여 중의원의 통과를 보고 귀족원에서 묵살되었던 小作法案을 우리나라에서 법제화시킨 것으로서 일본에서는 지주측의 반격으로 입법되지 못한 것을 우리나라에서 입법화하였다는 점이 법제사상 주목될 것이다. 이 令의 주요골자는 ① 경작을 목적으로 하는 토지의 임대차 및 請負耕作에 적용하게 하고(1, 2), ② 舍音 기타 小作地管理人을 둘 때에는 지주의 책임을 중하게 하였으며(3~5). ③ 소작기간은 원칙적으로 보통작물의 재배를 위한 것은 3년, 桑樹·果樹 등의 재배를 위한 것은 7년으로 하되(8), 소작인은 계약의 갱신을 청구할 수 있게 하여 소작인에게 배신행위가 없는 한 이를 거부할 수 없게 하였고(19), ④ 소작권은 당연히 상속하게 하였으며(11), ⑤ 소작권은 등기없이도 소작지상에 物權을 취득한 자에 대하여 대항할 수 있게 하였고(12), ⑥ 天災 등 불가항력으로 수확이 감소된 때에는 소작인은 소작료의 감면을 청구할 수 있게 하여 이 청구가 있을 때에는 지주는 이에 응할 의무를 지게 하였다(16). ⑦ 그리고 소작료의 액·지급시기, 감면의 표준, 소작기간, 계약의 갱신 등 소작에 관한 사항에 대하여 府(市)·郡·島 小作委員會에 판정을 구하게 하고 그 판정에 대하여 일정한 법률적 효력을 인정하였다(25~30). 다만, 지주의 강제권발동인 土地立入禁止處分·立稻假押留·假執行 등을 완화할 수 있는 방법을 규정하지 않았던 것은 입법상의 결함이었으며 여기에 지주측과의 타협의 면을 엿볼 수 있었다. 본령은 구농지개혁법 28조에 의하여 그 효력을 상실하였다.

조선민사령(朝鮮民事令) 1912년 制令 제7호(17차에 걸친 개정이 있었음). 일제하에서 조선인에게 적용되었던 民事에 관한 사항을 규정한 기본법규. 즉 이 영에 의하여, 민사에 관한 사항은 이 영 기타의 법령에 특별한 규정이 있는 경우를 제외하고는 일본의 민법·민법시행법·상법·手形法·小切手法·유한회사법·상법시행법·파산법·화의법·민사소송법·人事訴訟手續法·非訟事件手續法·민사소송비용법·民事訴訟用印紙法·집달리수수료규칙·경매법 등이 원칙적으로 依用되었었다. 이 영은 8·15 해방후에는 군정법령 제21호에 의하

여, 대한민국독립후에도 개정전의 헌법 100조의 규정에 의하여 그 효력을 지속하여 왔으나, 舊法令整理에 관한 特別措置法에 의한 구법령정리로 인하여 완전히 폐지되었다.

조선부동산등기령(朝鮮不動産登記令) 부동산등기법이 시행되기까지 우리나라에 적용된 부동산등기에 관한 절차를 규정하고 있었던 법. 1912년 조선총독부 制令 제9호로써 제정되었었으며, 수차의 개정이 있었었다. 이 영은, 이 영 그 밖의 법령에 특별한 규정이 있는 경우를 빼고는 일본의 不動産登記法을 의용하고 있었다. 우리 부동산등기법의 내용도 대부분은 이 영이나 일본의 부동산등기법의 내용과 같다.

조선사상범보호관찰령(朝鮮思想犯保護觀察令) 1920년 制令 제16호. 일제시대에 당시의 조선에 있어서의 사상범의 보호관찰을 규정한 근거법. 일본의 思想犯保護觀察法을 원칙적으로 의용하였다.

조선성명복구령(朝鮮姓名復舊令) 1946년 10월 23일 군정법령 제122호. 일제시대의 이른바 創氏制度에 의하여 일본식 氏名으로 변경된 조선성명의 복구를 선포하고 그 복구절차를 규정한 군정법령.

조선소작조정령(朝鮮小作調整令) 1932년 制令 제5호. 1933년 2월 1일부터 시행된 제령으로서 소작쟁의의 조정에 관한 사항을 규정하였었다. 과거 우리나라 농촌은 여러가지 소작제도의 積弊(→조선농지령)로 인하여 소작쟁의가 빈발하였고 이에 대한 정책의 제1보로서 소작쟁의가 빈발하는 도에 小作官을 배치하여 소작제도개선에 관한 지도·감독을 하게 하였으나 累年의 積弊는 용이하게 개선되지 아니하였다. 여기에 더하여 1930년 이래의 경제공황에 따르는 농산물가격의 하락과 부채의 증가 등으로 농민의 궁핍은 극에 달하고 소작쟁의는 격증하게 되어 이에 대한 정책으로서 조선소작조정령을 제정하게 되었던 것이다. 이 영은 ① 조정방법으로서 법원의 調停 및 勸解의 두 가지를 인정하되 勸解에 있어서는 府·郡·島小作委員會(이 위원회는 1933년 1월 19일의 通牒에 의하여 설치되었었다)의 권해를 주로 하게 하였고(12), ② 조정은 당사자의 신청 또는 법원의 직권(訴訟에 係屬된 사건에 한함)에 의하여 부하여졌으며(1, 10), ③ 조정의 신청이 있을 때에는 법원은 강제집행절차와 경매절차를 정지할 수 있었고(11), ④ 법원의 조정조항은 집행력이 있었으나 소작위원회 등의 권해는 집행력이 없었다(29). 本令은 구농지개혁법 28조에 의하여 그 효력을 상실하였다.

조선(朝鮮)에 시행(施行)할 법령(法令)에 관한 건(件) 1911년 법률 제30호. 한일합병후 일본이 당시의 조선에서 시행할 법령의 형식과 절차를 규정한 것이며 일본정부가 제정한 법률·칙령 이외에 制令을 인정한 根據法이다.

조선(朝鮮)에 있어서의 법령(法令)의 효력(效力)에 관한 건(件) 1910년 制令 제1호. 한일합병으로 조선총독부가 설치될 당시에 조선에서 그 효력을 상실할 일본법령과 한국법령을 당분간 조선총독이 발한 명령으로 효력을 존속케 함을 내용으로 한 것이었다.

조선(朝鮮)의 삼세(三稅) 조선시대의 稅制로써 田稅·大同·戶布 또는 田稅·大同·軍布를 말하는 바, 이를 보통 三稅라고 부른다.

조선철도(朝鮮鐵道)의 통일(統一)〔군정법령 제75호〕 私設鐵道를 국가의 소유로 통일함으로써 국내의 철도운수업을 완전히 國營化하기 위하여 1946년 5월 7일자로 발하여진 군정법령. 이 군정법령에 의하여 당시 사설철도회사로서 존재하던 조선철도주식회사·경남철도주식회사 및 경춘철도주식회사의 모든 재산은 수용되었으며, 피수용자는 그 수용으로 인한 손실보상의 청구를 동군정법령의 시행일로부터 60일 이내에 조선군정청운수부장에게 하도록 되었다(2, 3). 전문 8조.

조선총독부(朝鮮總督府) 1910년 8월 22일에 韓日合併條約이 체결되고, 동월 29일에는 이에 의거한 한국을 제국에 병합하는 건이라는 日王의 조서가 발하여져서 일본의 한국통치기관으로서의 조선총독을 둘 것이 선포되고 동일에 한국의 국호를 바꾸어 조선이라 칭하는 건(勅令 제318호) 및 조선총독부 설치에 관한 건(勅令 제319호)이 공포되었다. 조선총독부에는 조선총독·정무총감과 총독관방 및 8국 1부(司政局·財務局·殖産局·農林局·法務局·學務局·警務局·厚生局·企劃部)를 두고 있었다(1910년 칙령 제354호 朝鮮總督府官制).

조선총독부령(朝鮮總督府令) 일제시대에 조선총독이 직권 또는 위임에 의하여 발한 명령(朝鮮總督府官制 4). 制令의 하위법. 일정한 범위안에서의 벌칙규정을 둘 수 있었다. 1948년의 대한민국 헌법 제정후, 실효 또는 대치되지 아니한 것은 최종적으로 구법령정리에 관한 특별조치법에 의하여 정리되었다.

조선총독부중추원(朝鮮總督府中樞院) 일제시대에 조선총독부중추원관제(1910년 勅令 제

355호)에 의하여 조선총독에 소속하고, 조선총독의 자문에 응하는 기관이고 아울러 조선에 있어서의 舊慣과 制度를 조사함을 임무로 하였다. 의장(정무총감)·부의장 1인·고문 5인·參議 65인과 그 밖의 직원이 있었다.

조선형사령(朝鮮刑事令) 1912년 制令 제11호(10여차에 걸친 개정이 있었음). 일제하에서 조선인에게 적용되었던 형사에 관한 사항을 규정한 기본법규. 즉, 이 영에 의하여 형사에 관한 사항은 이 영 기타의 법령에 특별한 규정이 있는 경우를 제외하고는 일본의 형법·형법시행령·爆發物取締規則·통화 및 證劵模造取締法·印紙犯罪處罰法·형사소송법·형사소송비용법·형사보상법 등이 원칙적으로 의용되었었다. 이 영은 8·15해방후에는 군정법령 제21호에 의하여, 대한민국독립후에도 개정전의 헌법 100조의 규정에 의하여, 그 효력을 지속하여 왔으나, 구법령정리에 관한 특별조치법에 의한 구법령정리로 인하여 완전히 폐지되었다.

조선호적령(朝鮮戶籍令) 호적법이 시행되기까지 우리나라의 호적제도를 규율하고 있었던 법. 1922년 12월 18일 조선총독부령 제154호로써 제정되었으며 수차의 개정이 있었다. 戶口調査規則(建陽元年 勅令 제61호)·民籍法(隆熙 3년 法 제8호)을 경유하여, 朝鮮民事令의 제정으로 일본민법을 依用하게 되자, 이에 부응하고자 제정된 것이었다.

조성적 행정지도(助成的行政指導) 행정지도를 그 기능과 관련하여 분류할 때에 있어서 생활지도·직업지도·기업지도 등과 같이 일정한 秩序의 形成을 촉진하기 위하여 관계자에게 기술·지식 등을 제공하거나 조언을 하는 것과 같은 방식을 말한다.

조성행정(助成行政) 행정주체가 공공의 복리를 증진시키기 위하여 개인의 활동을 조성하는 자금·정보 등 수단을 供與하는 非權力的 行政作用을 말한다. 그 행위형식을 살펴보면, 행정행위의 형식에 의하여 행하여지는 것으로는 일정한 사업을 조성하기 위한 조세의 감면이 있고, 공법상의 계약의 형식에 의하여 행하여지는 것으로는 보조금의 교부가 있으며, 기타 行政指導와 私法行爲의 형식에 의하여 행하여지기도 한다.

조 세(租稅) 국가 또는 지방자치단체가 그 재력의 취득을 위하여, 반대급부없이 일반국민으로부터 강제적으로 부과·징수하는 課徵金. 조세는 국가 또는 지방자치단체가 과징하는 점에서 그 이외의 단체가 과징하는 조합비·회비 등과 구별되며, 과세단체의 재력의 취득을 목적으로 하는 점에서 罰金·科料·過怠料·沒收 등 처벌을 목적으로 하는 罰科金과 구별되고, 반대급부없이 과징하는 점에서 使用料·手數料 등과 구별되며, 일반국민으로부터 과징하는 점에서 특정공익사업에 특별한 이해관계가 있는 자로부터 과징하는 負擔金 등과 구별되고, 강제적으로 과징하는 점에서 사업수입·재산수입 등의 私法的 收入과 구별된다. 조세의 부과의 필요는 과세단체의 일반적 경비에 충당하려는 것에 있으나, 예외적으로 세액의 전부 또는 일부를 처음부터 특정용도에 충당시킬 것을 예정하는 것이 있는 바, 이것을 目的稅라고 한다(예 : 도시계획세). 조세는 금전으로써 납부함이 원칙이나, 예외적으로는 법령에 따라서 物納이 허용될 때도 있다(예 : 相續稅 및 贈與稅法 73). 조세의 種目과 稅率은 법률로써 정한다(憲 59).

조세감면(租稅減免) 납세의무가 확정된 것이 아니라 발생된 자에 대하여 법률이 정하는 특별한 사유가 있는 경우에 납세의무자의 出願에 따라 납세의무의 전부 또는 일부를 해제하는 行政行爲를 말한다. 납세의무의 전부를 면제하는 것을 조세의 免除 또는 免稅라고도 하고, 일부를 면제하는 것을 조세의 減輕 또는 減稅라고도 한다.

조세국가(租稅國家) 〔獨〕 Steuerstaat 국가의 주된 수입을 조세수입에 구하고 국가의 자기수입, 즉 재산수입 또는 사업수입에의 의존이 극소한 국가. 企業者國家 또는 所有者國家에 대한 개념. 현재 우리나라는 조세국가이다.

조세벌(租稅罰) 財政罰의 일종. 조세를 포탈하거나 조세에 의한 수입확보를 위한 각종의 財政命令에 위반한 자에 대하여 제재로서 과하는 벌. 一般行政罰과 같이 형사벌에 대하여 각종의 특수성을 가지고 있다. 실체적으로 국가의 수입을 확보하기 위하여 그 수입을 감손하는 행위를 처벌하는 것이며, 조세범에도 다른 법률에 특별한 규정이 없는 한 형법총칙이 적용되지만(刑 8), 조세 기타 법률에 특별규정이 많고 또한 특별규정이 없더라도 성질상 형법총칙의 규정이 배제될 때가 많으며, 국가의 수입보호를 목적으로 하는 관계로 원칙적으로 財産刑을 과한다. 과형절차는 조세범처벌절차법·관세법 등 형사소송법에 대한 특별법에 규정되어 있고 여기에서는 通告處分 등의 제도가 인정된다. → 재정벌

조세범(租稅犯) 財政犯의 일종. 조세에 관한 법률에 위반하는 행위. 조세범의 처벌과 그 절차에 관하여는 조세범처벌법과 조세범처벌절차법에 규정되어 있다.

조세법률주의(租稅法律主義) 租稅의 賦課는 반드시 법률에 의하여야 한다는 주의. 이른바 代表 없으면 課稅도 없다는 원칙의 표현으로서 근대국가는 모두 이것을 인정한다(憲 59). 그 의의는 조세의 종류 및 부과의 근거뿐만 아니라 납세의무자·과세물건·과세표준·세율을 국민의 대표로써 구성되는 의회의 법률로써 정함으로써 국민의 재산보장과 법률생활의 안전을 도모하려는 것이다. 그 예외로서 우리 국법상 다음의 두 가지가 있다. ① 地方稅는 지방자치단체가 과세권을 국가로부터 부여받고 지방세법이 그 일반적 규준을 정하나, 구체적인 것은 지방자치단체의 자치권에 기한 조례로써 정하여진다. ② 關稅는 그 특수성으로 보아 특정국가와 관세협상을 하거나 기본관세율의 100분의 50을 초과하지 아니하는 범위에서 關稅讓許를 할 수 있다(關稅 43의8).

조세보험(租稅保險) 〔英〕 fiscal insurance 유럽에 있어서는 어떤 특수한 경우를 대비한 조세부담에 대하여 보험을 드는 경우가 있다. 예컨대 다음 해의 조세부담에 변화를 미치거나 또는 조세가 폐지되는 일이 있는 경우, 이로 말미암아 손해를 입는 자를 상대로 하여 행하는 보험을 조세보험이라고 한다.

조세(租稅)**의 근거**(根據) 〔英〕 ground of taxation 국가 및 그 밖의 지방자치단체가 조세를 국민 또는 주민으로부터 강제적으로 또는 무보수의 관계에서 징수할 수 있느냐의 근거에 관하여 옛부터 여러가지 학설이 주장되어 왔다. 그 중에서 가장 유력한 것은 公需說, 利益說, 保險料說, 義務說 등인데 특히 오늘날에는 의무설을 중심적 학설이라고 해석하고 있다.

조세(租稅)**의 담보**(擔保) 조세의 징수를 확보하기 위한 담보. 直接法規에 의한 우선특권과 조세의 연기, 징수유예 등의 경우에 있어서의 담보제공을 말한다.

조세(租稅)**의 부과**(賦課) 납세의무의 내용을 확정하여 그 이행을 명령하는 行政處分. 조세중에는 납세의무가 직접 법률에 의하여 확정되고 특별한 확인행위·납부명령을 요하지 않고서 부과의 효과가 생기는 것도 있으나(예 : 인지세·등록세), 대부분의 조세는 課稅標準을 확정하고 세율을 결정하여 조세의 납부를 명령하는 행위가 있어야 구체적으로 납세의무가 발생한다. 부과라 함은 국가 또는 공공단체가 공과금을 특정인에게 할당하여 부담시키는 것을 말한다. 조세의 부과에 있어서는 먼저 납세의무의 내용을 확정하기 위한 조사가 행하여지며, 조사후에는 申告納稅制를 채택하여 이것에 준거하는 경우를 제외하고는 일정기간의 소득 등을 확인하는 과세표준의 결정이 필요하고 과세표준의 결정후에는 이에 세율을 적용하여 조세금액을 결정한다. 조세금액이 결정되면 납부를 명하는 행위를 하는데 이것은 일반적으로 書面(예 : 納稅告知書)에 의한다. 이러한 서면에는 조세금액·납부기일 및 납부장소를 기재하여 납세의무자에게 교부한다. 조세의 부과처분의 권한은 收稅官廳(國稅) 또는 稅務公務員(地方稅)이 가진다. → 조세의 징수

조세채무자(租稅債務者) 납세의무자와 같다.

조세체납처분(租稅滯納處分) → 국세체납처분

조세협정(租稅協定) 국가간의 2중과세방지를 위하여 체결되는 국제협정. 2개국간의 쌍무협정의 경우와 다수국간의 多者間協定에 의하여 해결을 도모하는 경우가 있다.

조수보호구(鳥獸保護區) 鳥獸의 보호번식을 도모하기 위하여 특히 필요가 있는 경우에 대통령령이 정하는 바에 의한 사업계획을 실행하기 위해 시·도지사가 설정하는 구역(鳥獸保護 및 狩獵에 관한 法律 4). 조수보호구를 설정한 때에는 지체없이 公示하여야 한다. 조수보호구의 설정으로 인하여 손실을 입은 자가 있는 경우에는 대통령이 정한 바에 따라 그 손실을 보상받게 된다.

조수보호원(鳥獸保護員) 서울특별시·광역시 또는 도에서 조수보호 및 수렵에 관한 업무를 담당하는 공무원을 보조하는 자를 말한다(鳥獸保護 및 狩獵에 관한 法律 5). 조수보호원은 시·도지사가 임명하며 政府勞賃單價基準의 범위 안에서 보수를 지급받고 조수의 보호 및 번식에 관한 주민의 지도·계몽, 수렵자의 지도, 조수보호구·특별보호지구·금렵구·수렵장의 관리, 기타 조수의 조사 등의 업무를 수행한다(同施行規則 9, 10).

조수학대행위(鳥獸虐待行爲) 鳥獸를 합리적인 이유없이 죽이거나 잔인한 방법 또는 타인에게 혐오감을 주는 방법으로 죽이는 행위, 조수에 대하여 합리적인 이유없이 고통을 주거나 상해를 입히는 행위 또는 합리적인 이유없이 조수의 생체에서 혈액·쓸개·내장 기타 생체의 일부를 채취하거나 채취하는 장치를 설치하는 행위(鳥獸保護 및 狩獵에 관한 法律 20의2)는 100만원 이하의 過怠料에 처하게 된다(30).

조 약(條約) 〔英〕 treaty 〔獨〕 Vertrag 〔佛〕 traité 국제법주체간에 국제법률관계를 설정하기 위한 明示的(문서에 의한) 合意. 따라서 조약은 雙方的 國際法律行爲이며, 단독의 의사표시에 의하여 법적 효과를 발생하는 一方的 法律行爲에 대응한 개념이다. 조약은 첫째, 국제법주체간의 합의이다. 이러한 합의를 할 수 있는 국제법주체는 국제법률행위를 행할 수 있는 자 특히 국제법상의 권리·의무를 자기의사로써 발생·변경·소멸시킬 수 있는 이른바 국제법의 능동적 주체에 한한다. 오늘날의 實定國際法下에서는 이러한 능동적 주체로서 국가가 있고, 한정적 의미에서 국제조직이 있다. 개인은 국제법상의 권리·의무를 향유함에 불과하고 스스로 그 권리·의무의 발생·소멸·변경 등의 국제법률관계의 설정에 참여할 수 없는 이른바 수동적 주체이며, 따라서 條約締結과 같은 국제법률행위의 능력이 없다. 이리하여 실정법상 조약이라고 하는 것은 결국 국가간, 국가와 국제조직간, 또는 국제조직상호간의 구속력 있는 합의라고 할 수 있다. 둘째, 조약은 국제법주체간의 문서에 의한 명시적 합의이다. 이러한 명시적 합의는 묵시적 합의인 慣習과 대응한다. 일반적으로 합의는 문서로써 작성될 때 가장 명시적이며, 후일의 분쟁을 피하기 위해서도 옛날부터 조약은 문서로서 작성하는 것이 원칙이다. 국제연합 국제법위원회의 조약법초안과 하바드조약안은 문서에 의한 국제약정만을 조약으로 규정하고 있다. 그러나 구두의 합의도 그것이 법적 구속력있는 합의인 한에서는 국제법상의 효력을 가질 가능성이 부인되지는 않는다. 조약이라는 용어는 넓은 뜻과 좁은 뜻의 두 가지 의의로 쓰인다. 넓은 뜻의 조약은 국제법주체간의 明示的 合意一般을 총칭한 것이며, 좁은 뜻의 조약은 조약 중에 특별히 구체적으로 條約(treaty)이라는 명칭이 붙은 것을 말한다. 그런데 조약의 법적 효력은 명칭 여하와는 관계가 없으며 조약에 적용될 실체법규에도 구별이 없다. 넓은 뜻의 조약에는 協定(pact, convention), 規約(covenant), 憲章(charter, constitution), 規程(statute), 協定(agreement), 決定書(act), 議定書(protocol), 宣言(declaration, 원래는 일방적 행위이나 현행법을 선언하거나 또는 법의 정립을 위한 합의에도 사용된다), 約定(arrangement, accord), 交換公文(exchange of note), 暫定協定(modus vivendi) 등이 있으며, 이 외에도 다른 여러가지 명칭이 있다. 조약은 여러가지의 기준에 의하여 구별된다. 형식을 기준으로 하는 경우, 다수의 국가가 참가하느냐, 2국 또는 특정국가가 참가하느냐에 따라, 一般條約과 特別條約으로 구별되고, 또 체약국 이외의 제3국의 가입을 인정하느냐의 여부에 따라서 開放條約과 閉鎖條約으로 구별할 수 있다. 내용의 면에서는 평화조약·방위조약·통상항해조약·재판조약·어업조약·범죄인인도조약 기타 많은 것을 들 수 있다.

조약비준(條約批准) 〔美〕·〔英〕 ratification 〔獨〕 Ratifikation 비준과 같다.

조약(條約)**의 가입**(加入) →가입(조약의)

조약(條約)**의 개정**(改正) 조약의 締結과 동일한 절차에 따라, 원칙으로 조약당사국 전부의 합의에 의하여 행하여지나, 조약에 따라서는 특별한 절차를 정하여 일정수의 국가의 동의만으로써 개정이 행하여지는 것을 인정하는 경우가 있다. 그 현저한 예로는 국제연합헌장을 들 수 있는데, 총회 또는 국제연합가맹국의 전체회의에서 3분의 2의 다수로 가결된 개정안을 안전보장이사회의 상임이사국을 포함하는 가맹국의 3분의 2가 批准한 때에 개정된다(國際聯合憲章 108, 109Ⅱ).

조약(條約)**의 등록**(登錄) 국제연합헌장 102조는 헌장의 발효후 가맹국이 체결하는 모든 條約 및 國際協定은 될 수 있는 대로 속히 사무국에 등록되고, 또한 사무국에 의하여 공표되어야 할 것(Ⅰ)과, 등록되지 않은 조약의 당사자는 국제연합의 어떠한 기관에서도 그 조약을 원용할 수 없다(Ⅱ)고 규정하고 있다. 조약의 등록·공표제는 원래 비밀조약의 체결을 배제하고 외교의 공개를 도모할 목적으로 국제연맹에서 처음 설정된 것인데, 위의 헌장규정은 윌슨대통령의 平和計劃 14항중 1항의 취지를 구체화한 국제연맹규약 18조에 약간의 수정을 가하여 답습한 것이다. 국제연맹규약 18조는 연맹국이 장차 체결할 모든 조약 또는 국제약정은 즉시 이를 사무국에 등록하고, 사무국은 가급적 속히 이를 공표하여야 한다고 규정하고 나아가서 이러한 조약 또는 국제약정은 등록이 완료될 때까지 구속력을 발생하지 않는다라고 하였다. 이 규정은 미등록의 조약의 법적 효력에 관하여 의문을 남겨 놓았기 때문에 해석상의 논쟁이 많았다. 국제연합헌장은 이러한 해석상의 疑義를 해결하여, 미등록의 효과는 조약의 효력발생에 영향을 주는 것이 아니며, 단지 국제연합의 어떠한 기관에 대해서도 그것을 원용하여 자기의 권리를 주장할 수 없도록 하였다. 條約登錄의 의무는 국제연합가맹국에게만 있다. 따라서 가맹국과 비가맹국간의 조약에서는 가맹국인 체결당사자에 등록의 의무가 있고, 비가맹국만을 당사자로 하는 조약에서는 당사자에 등록의 의무는 없으나, 비가맹국에 의한 자발적 등록을 환영하고 있다. 또 국제연합은 자신을 당사자로 하는 조약을 직무상 당연히 등록하고, 전문기관도 일정한 경우에는 등록을 하게

되어 있다. → 공표(조약의)

조약(條約)**의 성립요건**(成立要件) 조약당사자간의 의사의 합치가 유효하게 성립하기 위한 요건. ① 조약당사자에 조약체결의 능력이 있어야 한다. 국가는 원칙적으로 條約當事者能力이 인정되며 국제조직은 그 기본조약이 인정하는 범위내에서 한정적으로 능력을 가진다. 개인은 수동적인 국제법주체에 불과하므로 조약당사자의 지위에서 제외된다. ② 조약의 체결은 權限(條約締結權)을 가진 자에 의해야 한다. 일반적으로는 국가를 대표하는 행정수반이 조약체결권자가 되나 입법기관이 되는 국가도 있다. ③ 조약체결권자가 임명한 대표간에 하자없는 합의가 성립되고, ④ 조약의 내용은 가능하고 적법한 것이며, ⑤ 일정한 條約締結節次를 완료해야 한다. 이상의 조약성립요건의 내용은 조약의 유효성 및 무효성의 문제와 관련된다. → 조약체결

조약(條約)**의 소멸**(消滅) 〔英〕 termination of treaties 조약의 실시력과 강제력의 소멸을 의미한다. 첫째로 當事國의 合意에 의하는 경우로는 ① 조약의 체결시에 체약국의 소멸기한 또는 소멸조건을 규정하는 방법, ② 명시적인 조약폐지의 합의, 전조약과 저촉되는 신조약의 체결 등, 당사자간의 새로운 합의에 의하는 방법이 있다. 둘째로 一般國際法에 의한 消滅로는 ① 불가항력에 의하여 조약의 이행이 불능하게 된 경우, ② 조약의 당사국이 소멸하는 경우, ③ 일방당사국의 의무불이행에 대하여 타당사국이 조약의 폐기권을 행사한 경우에도 조약은 소멸한다. ④ 전쟁에 의하여서도 조약은 소멸하나, 전쟁이 모든 조약의 소멸원인이 되는 것이 아니며, 전쟁으로 인하여 효력이 발생하는 것(예 : 戰時法規 및 中立法規), 계속효력을 유지하는 것(예 : 領土割讓條約), 일시적으로 효력이 정지될 뿐인 것(예 : 通商條約), 그리고 소멸되는 것(일반적으로 정치적 성질의 조약) 등으로 나눌 수 있으므로 주의하여야 한다. ⑤ 事情變更으로 인한 조약의 소멸을 주장하였던 학자도 있으나 조약은 당사자간에 명시적 또는 묵시적인 합의없이 사정변경으로 소멸한다는 국제관행은 존재하지 않는다. → 사정변경의 원칙, 조약의 효력

조약(條約)**의 체결 · 비준**(締結 · 批准)**에 대한 동의**(同意) 조약의 체결 · 비준에 대한 국회의 동의. 조약의 체결 · 비준은 일반적으로 국가원수의 權限事項으로 되어 있으나, 이 권한을 이용하여 국가원수가 法規事項에 관여하려는 사례가 있었기 때문에 오늘날 민주국가는 모두 중요조약의 체결 · 비준에는 국회의 동의를 필요하게 함으로써 국가원수의 전횡을 방지하고 있다. 우리 헌법 60조 1항도 국회는 상호원조 또는 안전보장에 관한 조약, 중요한 국제조직에 관한 조약, 우호통상항해조약 · 주권의 제약에 관한 조약, 강화조약, 국가나 국민에게 재정적 부담을 지우는 조약 또는 입법사항에 관한 조약의 체결 · 비준에 대한 同意權을 가진다고 규정함으로써 이러한 조류에 따르고 있다. 조약에는 비준을 요하지 않고 체결로써만 효력이 발생하는 것도 있기 때문에 국회의 동의권은 조약의 체결 또는 비준을 그 대상으로 하고 있다. 국제법적으로는 조약의 체결 또는 비준이 국회의 동의를 얻지 못해도 그 효력발생에는 무관하나, 국내법적으로는 그런 경우 효력이 발생되지 않기 때문에 조약의 체결 · 비준에 대한 국회의 동의권을 條約의 國內的 效力發生의 요건이라 할 수 있다.

조약(條約)**의 폐기**(廢棄) 폐기(조약의)와 같다.

조약(條約)**의 효력**(效力) 유효하게 성립한 조약의 實施力(executory force), 조약의 목적내용인 권리 · 의무를 구체적으로 실행케 하는 법률상의 힘. 조약이 별단의 규정을 두지 않는 한, 조약의 실시력이 발생하는 始期는 원칙적으로 그 성립시이다. 조약의 효력범위는 당사국에 국한되며, 제3국에는 하등의 효력도 미칠 수 없다. 조약당사국간에는 조약을 성실하게 준수할 의무가 부과되는 것이므로, 만약에 당사국의 어느 일방이 타당사국의 합의없이 국내법률에 의하여 조약을 폐지하면 국제의무불이행에 대한 國家責任의 문제가 발생한다. 제3국에 대한 효력관계에 있어서는 제3국에게 의무를 과하거나 권리를 제한하는 경우이면 그 조약은 원칙적으로 무효이며 제3국의 이익을 내용으로 하는 경우에도 이는 단순한 반사적 이익으로 간주될 뿐이다. 다른 조약과의 효력관계에 있어서는 당사자가 동일한 한, 법의 일반원칙인 後法優先의 원칙 및 特別法優先의 원칙이 적용된다. 그러나 국제연합헌장과 모순되는 조약은 당사국간에만 유효하게 성립할 뿐 헌장에 대항할 수 없다(國際聯合憲章 103). 국제연합은 조약의 효력과 관련하여 조약의 등록제도를 마련하고 있다(102). → 조약의 등록

조약체결(條約締結) 국제법은 조약의 유효한 성립요건의 하나로 일정한 조약체결의 절차를 정하고 있다. 그러나 조약체결의 절차에 어떤 획일적 방식이 있는 것은 아니다. 조약을 체결하는 보통의 절차로서는 먼저 헌법상의 條約締結權(보통 원수)가 위임한 全權委員이 조약의 내용에 관해서 協議(交涉 negotiation)한다. 교섭의 결과 조약의 내용

에 의견이 일치하면 署名(調印)이 행하여진다. 서명은 전권위원이 조약의 내용에 관하여 합의를 보았다는 것을 증명하기 위한 행위로서, 서명에 의하여 조약의 내용은 확정된다. 보통의 조약은 서명만에 의해서는 성립하지 않고 다시 비준을 필요로 하는데, 비준을 요하지 않는 조약에 있어서는 서명만으로써 성립한다. 비준은 전권위원이 서명한 조약의 내용에 대해서 조약체결권자가 재검토하고 국가로서의 합의의 의사를 최종적으로 확정하는 행위이다. 비준은 내용이 확정된 조약에 대해서 행하는 것이므로, 조약내용의 전부에 대하여 가부를 결정하여야 하며, 특히 상대국의 동의가 없는 한, 일부의 修正批准이나 條件附批准은 할 수 없다. 비준에 의하여 조약은 확정적으로 성립한다. 그러나 비준만에 의해서는 조약은 아직 효력을 발생치 않으며 효력이 발생하기 위하여는 다시 비준서의 교환·기탁의 절차를 밟지 않으면 안된다. 그러나 조약에 따라서는 특히 시행의 일자를 따로 정하는 경우도 있고, 비준시를 시행의 시기로 하는 것도 있다. 최근의 조약체결방식은 주요한 조약을 제외하고는 대개 多邊條約에서 점차로 간략화하는 현상을 볼 수 있는데, 이러한 현상은 특히 국제기구에 있어서 나타나고 있다(예 : 國際勞動條約). → 조약

조 인(調印) 〔英〕·〔佛〕 signature 〔獨〕 Unterzeichnung 記名·署名이라고도 한다. 국제법상 조약당사국의 대표자가 조약의 내용에 관하여 합의를 이룬 것을 증명하기 위하여 서명하는 것을 말한다. 조인에 의하여 조약은 내용적으로 확정된다. 조약에 따라서는 조인만으로 성립하는 것도 있다. → 조약체결, 비준

조장행정(助長行政) 보육행정과 같다.

조 정(調停) 〔英〕·〔佛〕 conciliation 〔獨〕 Versöhnung [1] 민사상 분쟁해결을 위하여 제3자가 당사자간을 중개하여 화해·타협의 성립에 노력하는 것. 조정을 위하여 국가가 이를 처리하는 기관을 설치하고, 法定節次를 정하여 이용시키는 것이 조정제도이다. 조정은 당사자의 互讓에 의하여 법규의 구속을 떠나서 조리에 맞고 실정에 맞는 해결을 기하는 것이므로, 소송에 의한 해결이 시간·비용 등의 관계로 부적당하고 또 계속적인 관계에 있는 당사자간에서는 소송에 의한 일도양단적 해결보다도 원만한 해결이 요망될 때 적합한 제도이다. 현재 우리나라에서 인정되고 있는 민사상의 조정제도로서는 가사소송법에 의한 가사조정, 민사조정법에 의한 민사조정, 광업법에 의한 鑛害調停(鑛 97) 등이다. 조정이 당사자의 호양에 의한 타당한 결과에 달하지 못하고, 성립되지 못하면, 그 때까지의 모든 절차가 徒勞化할 뿐만 아니라, 조정제도가 무력화하므로, 민사조정에 있어서는 특히 조정에 갈음하는 결정을 하는 것이 일정한 요건하에서 인정되고 있다(民事調停法 30). 그러나 이러한 강제적 해결은 제도 본래의 취지에 반한다 할 것이므로, 그 재판이 있는 날부터 14일내에 즉시항고가 허용된다. 조정이 성립되었거나 또는 조정에 갈음한 재판에 대하여 불복이 없을 때에는, 裁判上의 和解와 동일한 효력이 있다(34, 36, 29).

[2] 노동법상 노동위원회에 의한 勞動爭議解決의 한 방법(勞整 53~61). 노동위원회는 조정을 위하여 조정위원회를 구성하고 이를 행한다. 斡旋과 달라서 조정위원회가 관계당사자 사이에 개입하여, 쌍방의 주장을 들어, 이것을 기초로 조정안을 작성하고 그 수락을 권고한다. 알선보다는 적극적이며, 다른 한편 仲裁와 달라서, 결국은 관계당사자의 임의수락을 전제로 하는 점에서 노사의 자주적 해결의 정신에도 적합하고, 가장 유효적절한 쟁의해결의 방법이다. 조정에 부치느냐 아니냐의 여부는 원칙적으로 당사자의 임의에 맡겨져 있으나, 예외적으로 强制調停制(調停强制)가 인정되어 있다. → 임의조정, 긴급조정

[3] 국제법상 국제분쟁의 평화적 해결방식으로서 제3자(개인, 국가 또는 국제기관)가 개입하여 분쟁의 사실을 명료히 하고 또 해결책을 제안함으로써, 구속성을 갖지 않는 判定(award) 또는 判決(judgement)을 모색하여 분쟁을 해결하는 절차. 해결조건이 권고적 성질을 가질 뿐이고 모든 분쟁의 해결에 타당한 방법이란 점이 仲裁裁判과 다르다. 반면에 조정을 위하여 설치된 위원회가 상설적이며 당사국의 일방의 부탁에 의하여 활동을 개시할 수 있는 점에서 중개의 방법과도 상이하다. 調停條約에 의하여 설립된 위원회로는 1899년의 국제심사위원회, 1911년의 혼합심사위원회, 1913년의 상설심사위원회가 있다. → 직접교섭, 거중조정, 주선, 중재재판, 혼합심사위원회, 국제심사위원회, 상설심사위원회

조 정(調整) 이해관계를 달리하는 행위·상태간에 객관적 견지에서 타당한 해결을 발견하는 것. 노동조합 및 노동관계조정법에서 말하는 조정은 이 뜻이다. 동법은 조정의 방법으로 調停·仲裁의 두 가지를 규정하고 있다.

조정강제(調停强制) 노동쟁의의 해결을 위해서 법률상 조정에 붙여지는 것이 강제되어 있는 것. 任意調停에 대하여 强制調停이라고도 하지만, 이 경우에도 조정안은 당연히 구속력을 가지는 것은 아니며, 단지 조정에 붙이는 것이 강제되어 있는 것

에 불과하므로 조정강제라고 하여야 할 것이다. 노동위원회는 관계당사자의 한쪽이 노동쟁의의 조정을 신청한 때에는 지체없이 조정을 개시하여야 한다(勞整 53).

조정관세(調整關稅) 산업구조의 변동 등으로 물품간의 稅率이 현저한 불균형 시정, 국민건강·환경보전·소비자보호, 국산개발된 물품 중 일정한 기간 보호, 농림축수산물 등 국제경쟁력이 취약한 물품의 수입증가로 국내시장이 교란되거나 산업기반을 붕괴시킬 우려가 있어서 이를 시정 또는 방지할 필요가 있는 경우에 부과하는 關稅(關稅 12의2). 조정관세의 적용을 받는 물품·세율 및 적용시한 등은 대통령령으로 정한다.

조정문제(調整問題)〔國際私法上〕 국제사법상 한 법률관계의 準據法과 다른 법률관계의 준거법이 다를 경우에 양자의 적용에서 생기는 모순과 부조화를 어떻게 해결해야 하느냐가 문제된다. 이것은 어떤 사실이 하나의 法律秩序에만 연결되지 아니하고 여러 법률질서에 연결되는 경우에 생기는 모순과 부조화의 조정·적응문제이므로 이것을 조정문제 또는 適應問題라고 한다.

조정소득금액(調整所得金額) 變動所得에 대한 평균과세에 있어서 과세의 기초가 되는 소득금액. 보통소득의 금액으로부터 각종의 공제를 하고(또 부족액이 있으면 변동소득의 금액으로부터 공제한다), 공제 후의 보통소득의 금액과 변동소득의 금액의 일정률에 상당하는 금액과의 합계액(혹은 공제 후의 변동소득의 일정률에 상당하는 금액)이 이에 해당한다. 평균과세는 이 조정소득금액에 대한 所得稅額의 계산으로부터 시작한다.

조정안(調停案) 노동법상 조정위원회가 작성하는 勞動爭議의 解決案. 조정위원회는 조정안을 작성하여 관계당사자에게 그 수락을 권고한다. 그러나 중재의 경우와는 달라서, 당사자를 구속하는 힘은 없으며, 임의의 수락에 의해서 당사자를 구속하게 된다. 또한 조정안에 이유를 붙여서 공표할 수 있으며 필요에 따라서는 신문 또는 방송에 의한 협력을 요청할 수도 있다(勞整 60).

조정(調停)**에 갈음하는 재판**(裁判) 조정은 당사자 상호간의 양보에 의함을 그 본질로 고집이나 근소한 의견의 相違로 인하여 성립하지 못할 가능성이 있다. 그러나 그렇게 되면 그때까지의 절차가 무위로 돌아갈 뿐 아니라 조정제도 자체가 무력화 되는 것을 피하기 어렵다. 그리하여 조정이 성립하지 않을 경우에 조정위원회가 조정조항을 작성하여 이를 당사자에게 송부하고, 이에 대하여 일정기간 내에 불복을 신청하지 않을 때에는 이에 복종한 것으로 擬制하는 제도가 고안되는 바 이 강제적 계기를 한걸음 추진시켜 조정에 갈음하는 것으로서 필요한 재판을 할 수 있는 제도가 民事調停法에 채용되었다(30). 이것이 조정에 갈음하는 재판제도이다. 이 재판은 결정이 아니고 즉시항고가 인정됨에 그친다. 그러나 조정에 이와 같은 형태로 강제적 요소를 도입하는 것은 부적당하고, 불복의 길을 卽時抗告에 한정하는 것은 위헌의 혐의가 다분히 존재한다는 설도 있으므로 이의 완화가 요청된다. →강제조정

조정(調停)**에 의하는 이혼**(離婚) 가사소송법에 의한 가사조정의 결과 이루어진 이혼. 協議上의 離婚이 성립되지 못하는 경우에는 조정의 신청을 할 수 있고 재판상의 이혼을 하고자 하는 자도 우선 조정의 신청을 하여야 한다(家訴 50Ⅰ). 조정이 성립되면 裁判上의 和解와 동일한 효력이 생긴다(59Ⅱ). 조정이 성립되지 않는 경우에는 이혼의 심판을 청구할 수 있다.

조정(調停)**에 의하는 파양**(罷養) 가사소송법에 의한 가사조정의 결과 이루어진 파양. 협의상의 파양이 성립되지 못하는 경우에 조정의 신청을 할 수 있고 裁判上의 罷養을 하고자 하는 자도 우선 조정의 신청을 하여야 한다(家訴 50). 조정이 성립되면 裁判上의 和解와 동일한 효력이 생긴다(59Ⅱ). 조정이 성립되지 않는 경우에는 파양의 심판을 청구할 수 있다.

조정위원(調停委員) [1] 민법상의 조정에 있어서, 조정장과 함께 조정위원회를 구성하는 민간인(民調 10, 家訴 53) 조정위원은 매년 미리 지방법원장(또는 가정법원장)이 특별한 학식과 덕망있는 자 중에서 위촉한 자나 또는 당사자의 합의에 의하여 선정된 자 중에서 조정장이 각 사건마다 지정한다(民調 10Ⅱ, 家訴 53Ⅱ). 조정위원은 대법원규칙이 정하는 바에 의하여 여비·일당·숙박비를 지급받는다(家訴 49, 民調 12).

[2] 노동법상 조정위원회를 구성하는 자. 노동위원회의 위원이나 특별조정위원 중에서 근로자·사용자·공익대표자 위원 1인씩을 위원장이 지명한다(勞整 55). 조정위원회의 위원장은 公益을 대표하는 위원이 된다(56).

조정위원회(調停委員會) [1] 민사상의 조정사건을 취급하는 기관. 법관인 조정장과 조정위원 2인 이상으로 조직된다(民調 8, 家訴 52Ⅰ). 위원회에 있어서의 절차는 調停長이 이를 지휘한다(家訴

49, 民調 11).

[2] 노동쟁의의 조정을 담당하는 勞動委員會의 특별한 위원회. 본래 노동쟁의의 조정은 노동위원회의 권한이지만, 노동위원회의 위원 전원이 이에 당하는 것은 아니고, 특별한 위원회를 구성하게 된다. 조정위원회는 당해 노동위원회의 위원 또는 특별조정위원 중에서 근로자·사용자·공익위원 각 1인씩의 조정위원으로 구성된다. 조정위원회의 위원장(公益委員이 된다)은 조정위원회를 소집하고, 관계당사자의 의견을 청취한 다음에, 조정안을 작성하여 관계당사자에게 수락을 권고한다. 조정위원회는 관계당사자로부터 諾否의 통지가 있으면 임무를 끝마치는 일시적인 위원회이지만, 관계당사자에 의하여 수락된 조정안의 해석이나, 그것의 이행방법 등에 관한 한, 요청에 따라서 그의 의견을 제시하여야 한다(勞整 55~60).

조정재판조약(調停裁判條約) 〔英〕 treaty of conciliation and arbitration 〔獨〕 Vergleichs- und Schiedsvertrag 〔佛〕 traité de conciliation et d'arbitration 국제조정과 국제재판을 합하여 규정한 조약. 이러한 조약은 一般條約으로서 국제분쟁의 성질에 따라 국제조정에 부탁할 사건과 국제재판에 부탁할 사건을 구별한다. 즉 법률적 분쟁은 사법적 해결을 하고, 비법률적 분쟁은 조정에 부탁하고 그 조정이 성취되지 않으면 중재재판에 부탁하도록 규정되어 있다. 국제분쟁의 평화적 해결에 관한 條約 또는 一般議定書는 거의 다 조정재판조약에 해당한다. → 국제재판, 조정

조정적 행정지도(調整的行政指導) 개인 또는 단체 사이의 이해대립 또는 과열경쟁 등으로 인하여 건전한 경제질서의 조성 등 일정한 行政目的의 달성에 지장이 있는 경우에 그 대립이나 경쟁의 조정을 위하여 하는 高權的 事實行爲로서의 행정지도를 말하는 것이다.

조정전치주의(調停前置主義) 민사상의 분쟁에 관하여는 반드시 우선 조정의 청구를 하고 조정이 성립되지 않은 경우에 비로소 심판을 청구할 수 있다는 주의. 우리나라에서는 家事調停에 관하여 이 주의를 채용하고 있다(家訴 50). 조정의 신청을 하지 않고 심판을 청구하더라도 부적법한 것으로서 각하되는 것이 아니고 가정법원(또는 지방법원)은 사건을 조정에 회부하여야 한다(50Ⅱ). → 가사심판

조정제도(調整制度) 노사간의 집단적 관계에서 勞使의 주장의 불일치로 노동쟁의가 발생했을 때 그 공정한 조정을 도모하여 노동쟁의를 예방하고 해결하려는 제도를 말한다(勞整 49). 현행 노동조합 및 노동관계조정법이 예정하고 있는 조정의 방식에는 노사의 자주적 해결원리에 의한 任意調停方式과 仲裁·緊急調整方式이 있다. 노사 쌍방 사이에 임의조정절차에 관한 합의나 단체협약이 있을 경우에는 그 절차에 따라 조정이 행해지나, 없을 경우에는 노동조합 및 노동관계조정법상의 조정절차에 따라 알선이 개시되고, 알선에 의해 분쟁이 해결되지 않으면 조정이 행해진다. 즉 알선과 조정의 개시는 강제적이다. 조정에 의해서도 분쟁이 해결되지 않을 때는 당사자의 신청을 전제로 하는 任意仲裁나 노동위원회의 결정에 의해 强制仲裁가 행하여진다. 緊急調整은 특수한 경우(76)에 해당한다.

조정조서(調停調書) 민사조정이나 가사조정에 있어서 조정에 대하여 사건의 경과를 명백히 하고, 특히 조정이 성립하였을 때에는 당사자간에 합의된 사항(調整條項)을 녹취하여 이를 명확히 하기 위하여 법원서기관 또는 서기가 작성하는 조서. 그 기재는 裁判上의 和解와 동일한 효력이 있다(民調 24, 家訴 59Ⅱ).

조정조약(調停條約) 〔英〕 treaty of conciliation 〔獨〕 Vergleichsvertrag 〔佛〕 traité de conciliation 국제분쟁을 당사국이 국제조정위원회에 부탁하여 해결하는 것을 약정한 조약. 그 조약에서는 일체의 분쟁 또는 일정한 분쟁을 대상으로 하여 규정하고 또한 위원회의 구성방법·권한, 조정절차에 관해서도 규정한다. 1차대전전에는 두 나라 사이에 조정에 한정된 조약이 예였지만, 최근에는 調停과 國際裁判을 합하여 약정하는 예가 많다. 그 예로서 1946년의 미국·필리핀간의 조정조약, 1925년의 로까르노조약, 1924년의 제네바의정서, 1928년의 일반의정서 등이다. → 국제분쟁의 평화적 처리, 국제조정위원회

조직규범(組織規範) 법규범에는 조직규범과 행위규범이 구별된다. 行爲規範은 인간의 행태를 규율하는 규범인데 대하여, 조직규범은 국가기관 또는 그 밖의 사회적 조직관계를 규율하는 규범이다. 헌법에 있어서 국회·대통령·법원에 관한 규정 등은 조직규범이며, 국민의 기본적 권리에 관한 규범은 행위규범이다.

조직법(組織法) 〔獨〕 Organisationsrecht 국가기관 또는 사회적 조직관계를 규율하는 법. 인간의 행태를 규율하는 行爲法과 대립되는 개념.

[1] 공법상으로는 국가의 정치적 기구·조직을 규율하는 법을 의미한다. 때로는 기본법·헌법과 동일한 의미로 사용된다.

[2] 상법상으로는 상거래의 기초 또는 수단에 관

한 조직을 규율하는 법을 의미한다. 상거래의 안전을 기하기 위해서는 확고한 수단 또는 기초가 필요하므로 상거래 자체에 관한 법에 있어서는 자유주의가 지배되나, 상거래의 수단 또는 기초에 관한 법에 있어서는 嚴格主義가 지배된다. 회사법·어음법 등의 일부가 조직법에 속하며 그 규정은 强行法規임을 특색으로 한다.

조차지(租借地) 〔英〕leased territory〔獨〕Pachtgebiet〔佛〕territoire donné à bail 넓은 뜻의 조차지는 두 나라의 조약에 의하여 한 나라가 타국으로부터 차용한 영토의 총칭. 이 경우 租貸國은 그 주권 및 통치권을 유보하며 조차국은 그 토지를 이용하는, 주로 사법적인 비정치적 조차지를 말한다. 이러한 종류의 예는 프랑스·이탈리아가 아프리카에 있어서의 영국·독일식민지의 항구 또는 河岸에 획득하였던 조차지, 베르사이유講和條約 363조에 의하여 독일이 체코슬로바키아에 讓許하였던 함부르크항 및 슈테틴항에 대한 조차지를 들 수 있다. 그러나 좁은 뜻의 조차지는 租貸國이 그 주권을 갖지만 租借國이 포괄적인 통치권을 행하는 정치적 조차지를 말한다. 이것은 조차국이 영토할양이라는 명의를 취할 것을 피하여 실제로는 그와 동일한 효과를 얻으려는 의도를 가지므로 가장된 領土割讓이라는 설도 있으나, 조차지는 완전히 조차국의 영토와 동일한 국제법상의 지위를 갖는 것은 아니다. 이 종류의 예는 1989년에 중국이 독일·러시아·영국·프랑스에 대여하였던 膠州灣·旅順·大連·九龍·廣州灣, 1903년 및 1904년 미국이 획득한 파나마운하지대, 쿠바·니카라과 영토내의 약간의 지점에서 얻은 조차지이다. 조차는 國際地役의 일종이라고 주장하는 학자도 있으나, 租貸國의 통치권이 전혀 배제되는 것을 원칙으로 하는 조차는 이와 구별하는 것이 정당하다. →국제지역

조체수불(繰替受拂) 國庫金의 지출방법의 일반원칙에 대한 예외의 하나로, 국고금을 지출할 때에는 현금을 교부하는 대신 한국은행을 지급인으로 하는 수표를 발행하거나, 國庫金代替手票를 발행하여야 하고, 한편으로는 수입금을 직접 사용하지 못하는 것이 원칙이다(豫會 14, 63). 그러나 법률에 특별한 규정이 있는 경우에는 예외다. 예를 들어 기업예산회계법 19조에 의하면 특별회계는 繰替使用할 수 있다. 다만, 회계정리상 필요한 때에는 다음 연도 1월 31일까지 반환하여야 함이 원칙이다.

조 합(組合) [1]〔羅〕societas〔英〕partnership〔獨〕Gesellschaft〔佛〕société 민법상의 조합. 2인 이상이 상호출자하여 공동사업을 경영할 것을 약정함으로써 성립하는 契約(民 703~724). 조합계약은 諾成契約이며, 각 조합원이 출자의무를 지고 이것이 서로 대가관계에 있으므로, 有償·雙務契約이다. 각 조합원이 하여야 할 출자는 금전 기타의 재산·노무 등, 요컨대 재산적 가치가 있는 것이면 무엇이든지 좋다. 사업은 영리를 목적으로 하는 것이든, 공익을 목적으로 하는 것이든 친목을 목적으로 하는 것이든 좋으나, 적어도 그 이익은 전원이 均霑하는 것이 아니면 안된다고 한다. 따라서 獅子組合은 민법에서 말하는 조합은 아니다. 또한 사업은 계속적인 것이든 일시적인 것(當座組合)이든 좋다. 사업은 이것을 공동으로 경영하는 것이 아니면 안된다고 해석하여지며, 따라서 匿名組合은 민법에서 말하는 조합은 아니다. 조합에 있어서는 공동의 목적을 위하여, 각 조합원이 협력할 채무(그 주된 것이 출자의무)를 서로 부담한다는 의미에서 雙務契約이라고 할 수 있지만, 보통의 쌍무계약과 달라 각 조합원의 채무는 모두 공동목적을 위하여 결합되어 있는 점에 특색이 있으며, 따라서 쌍무계약에 관한 一般的 規定은 조합에 적용되며 공동목적 때문에 일정한 제한을 받는다. 즉, 첫째로 同時履行의 抗辯에 관한 것인데, 각 조합원은 업무집행자로부터 출자를 청구당하면 자기 이외에도 출자를 하지 아니한 다른 조합원이 있어도 동시이행의 항변을 제출하지 못한다. 둘째로, 危險負擔에 관한 것인데, 한 조합원의 출자의무가 불능으로 되어도, 그 조합원이 조합관계로부터 탈퇴할 뿐이고, 다른 조합원간에서 조합관계는 존속한다. 조합은 공동목적을 가진 인적결합체로서 일종의 團體性을 가지며, 社團과 대비된다. 즉, 조합은 사단과 달라서 아직 團體的 單一性이 약하고 각 조합원의 개성이 강하다. 다만 공동의 목적을 가지고 있기 때문에 각 조합원은 이 목적 밑에 결합되어 그 목적을 위하여 필요한 범위에서 통제를 받음에 불과하다. 그리고 대외적으로는 사단이 법인격을 가짐(社團法人)에 대하여, 조합은 법인격을 가지지 않는 것이 보통이지만, 내부로부터 오는 단체의 유형과 법인격의 유무와는 반드시는 일치하지 않으며, 법인아닌 사단(권리능력 없는 사단)이 있는 반면에 법인인 조합(合名會社)도 있다. 조합에 있어서는 각 조합원이 업무집행의 권리의무를 가지며, 대외적 행위는 조합원 전원이, 또는 그 일부가 다른 조합원을 대리하여 하지 않으면 안된다. 또한 조합재산은 총조합원의 合有로 된다(704). 그리고 조합의 재산관계에 관하여는 조합재산·조합채무를 보라.

[2] 特別法上의 組合. 조합은 또한 각종의 공동목적수행을 위한 사단법인의 한 형태를 의미하는 말로

쓰이기도 한다. ① 공공적 사업수행을 위한 각종의 公共組合, ② 경제활동에 관한 사업수행을 위한 각종의 協同組合 등, ③ 근로자의 노동조건개선을 위한 노동조합, ④ 직원의 상호구제를 위한 共濟組合 등이 있으며, 모두 특별법에 의하여 인정된다. 이 밖에 특수한 것으로서 특별지방자치단체로서의 自治團體組合, 公社團으로서의 조합(예 : 농지개량조합) 등이 있다.

조합(협동)국가(組合(協同)國家) 〔英〕 corporate state 〔伊〕 stato corporativo 이탈리아의 파시즘이 실천한 國家形態. 勞資雙方을 官製組合으로 조직하여, 사실상은 자본가의 이익을 의미하는 생산의 이익을 그들의 이익에 우선시킬 것, 생산증대를 사회적 의무로 할 것 등을 정부는 양자에게 승인시켰다. 勞資間의 행정사무를 組合省이 담당하고 이것을 국가조직의 중심으로서 중시한 데서 이 명칭이 생겼다.

조합규약(組合規約)〔勞動組合의〕 노동조합도 일종의 社團인 이상 그 內部規約을 자유로이 정할 수 있는 것은 당연한 일이겠으나, 노동조합 및 노동관계조정법은 조합의 규약 중에 일정한 조항을 포함시킬 것을 요구하고 있다(14). 이에 반하는 조합은 노동조합 및 노동관계조정법상의 절차에 참여할 자격을 가지지 못하며, 양법에 규정된 구제를 받지 못한다(7). 이는 일반적으로 조합의 민주화를 확보하기 위한 것이라고는 하나, 그것의 當否에 대하여는 다툼이 있다. →법외조합

조합대리(組合代理) 민법상의 조합이 대외적으로 어떤 법률행위를 함에는 조합원 전원이 하지 않는 한, 일부의 조합원이 다른 전원을 대리하여 하지 않으면 안되는데, 이 代理權을 가지고 하는 조합의 대리. 대리권은 授權行爲(이론상 조합계약과 별개의 법률행위)로 인하여 발생하는 것이다. 따라서 이론상은 業務執行權의 소재와는 관계가 없을 터이지만, 실제상은 조합계약에서 업무집행권과 조합대리권을 상반하여 정하는 것이 보통이다. 민법은 이 점에 착안하여 업무집행자의 업무집행의 대리권을 추정한다(709).

조합보험(組合保險) 〔英〕 partnership insurance 조합원 전부가 피보험자가 되어 소속 조합원의 사망을 보험사고로 하고 그 사망에 의하여 받는 보험금을 가지고 조합사업에의 출자에 충당하는 것. 連生保險의 일종으로 조합사업의 존속 확보를 위하여 이용된다.

조합비(組合費) 노동조합의 財政運營을 위해 조합원들이 정기적(보통 매월)으로 갹출하는 비용을 말한다. 이 조합비는 규약으로 조합비를 납부하지 아니하는 조합원의 권리를 제한할 수 있다(勞整 22). 조합비의 액 · 지급시기 및 지급방법에 관하여는 원래 組合規約 속에 규정하도록 되어 있다(11 ⅸ). 그런데 조합비의 徵收方案으로는 check-off system을 사용하는 것이 일반적 관행이다. 여기서 check-off라 함은 사용자가 노동조합을 위하여 조합원인 근로자의 임금으로부터 조합비 기타 조합의 징수금을 공제하여 직접 노동조합에 인도하는 것을 말한다.

조합원자격(組合員資格) 노동조합은 원래 任意團體이므로, 조합이 그 조합원자격에 대하여 어떠한 제한을 가한다 하더라도 자유라고 볼 수 있는 것이지만, 우리나라의 노동조합 및 노동관계조정법은 건전한 조합을 육성한다는 견지에서, 조합원은 어떠한 경우에도 인종 · 종교 · 성별 · 정당 또는 신분에 의하여 차별대우를 받지 않는다고 하여(9), 이러한 것을 이유로 한 조합원자격의 박탈이 있어서는 아니된다는 것을 규정하고 있다. 사용자의 이익을 대표한다고 인정되는 자의 가입은 그것만으로는 직시적으로 御用組合化 또는 支配 · 介入이 있었다고 할 수는 없는 것이지만, 어용화의 우려성이 많기 때문에, 조합은 관리적 우위에 있는 자를 제외하는 것이 보통이다.

조합재산(組合財産) 〔獨〕 Gesellschaftsvermögen 보통은 민법상의 조합을 구성하는 조합원의 合有에 속하는 재산을 말한다. 조합원이 출자한 재산이 그 주요한 부분을 이루나, 그 밖에 각 조합원에 대한 출자청구권 · 조합의 공동사업으로 취득한 재산, 조합재산에서 생긴 過失 등도 이에 속한다. 조합재산은 조합원개인의 고유의 재산에 대하여는 어느 정도의 독자성이 있으며, 총조합원의 合有에 속한다(民 271, 704). 따라서 합유에 관한 271조 내지 274조의 적용을 받게 되는 결과, 조합원은 조합청산 전에 조합재산의 분할을 청구하지 못하며, 조합원 전원의 동의없이 조합재산에 대한 지분을 처분하지 못한다. 또한 조합원의 지분에 대한 押留는 그의 장래의 이익배당 및 持分의 반환을 받을 권리에 대해서만 효력이 있다(714). 또한 조합의 채권도 총조합원에게 合有的으로 귀속하며, 조합의 채무자는 그 채무와 조합원에 대한 채권과를 相計할 수 없다(715). 조합채무는 보통은 조합재산으로부터 변제되지만, 조합채권자는 직접으로 조합원의 개인재산에 집행할 수도 있다(712). 그 밖에, 법인격있는 특별법상의 조합의 재산은 법인의 재산으로서, 각 조합원의 재산으로부터 독립되어 있다.

조합전종자(組合專從者) 專從職員이라고도 하여 어떤 사용자에 고용되는 근로자로서 그 본래의 노동은 하지 않고 노동조합의 사무만을 하는 자. 보통 조합의 간부로 선출된 자로서 사용자와의 관계에 있어서는 休職이 되는 것이 상례이다. 조합전종자의 급여는 조합에서 지급되는 것이 원칙이나 사용자가 이를 지급할 경우에 조합에 대한 경리상의 원조로서 부당노동행위가 되느냐 또는 이와 같은 조합은 노동조합 및 노동관계조정법상의 勞動組合(2ⅳ)이라고 할 수 없다는 설에 관하여는 논쟁이 있다.

조합채무(組合債務) 보통은 민법상의 조합의 채무를 말한다. 이것은 결국은 각 조합원의 채무이며 각 조합원은 그 개인재산을 가지고 책임을 져야 하는 것이지만, 조합에는 각 조합원의 개인재산으로부터 어느 정도 독립한 組合財産이 있으므로, 실제상은 이것으로부터 변제된다. 그러므로 조합채무는 두 종류의 재산을 가지고 책임을 지는 두 가지의 채무인 성질을 가진다. 하나는 조합재산을 가지고 책임을 지는 合有的 債權이며, 다른 하나는 각 조합원에게 분할되고 각 조합원의 개인적 재산을 가지고 책임을 지는 分割的 債務이다. 따라서 채권자는 채권전액에 관해서, 전조합원을 상대로 하여 조합재산에 대하여 집행할 수도 있고, 각각의 조합원을 상대로 하여 각각의 조합원이 부담하는 분할된 數額에 관해서 각각의 조합원의 개인적 재산에 대하여 집행할 수도 있다. 뒤의 경우에는 채권발생당시에 損失負擔의 비율(民 711 참조)을 알지 못한 때에는 각 조합원에게 균분하여 그 권리를 행사할 수 있다(712). 그 밖에 法人格있는 특별법상의 조합의 채무는 법인의 채무이며 조합원은 보통 이에 대하여 출자금액을 한도로 하는 有限責任을 진다.

조합체(組合體) 동일목적 아래에 결합되어 있으나, 아직 단일적 활동체로서 단체의 체제를 갖추지 못한 여러 사람의 결합체. 合手的 組合이라고도 한다. 단체적 단일성이 약하고 성원의 개별성이 더 강한 점에서 법인이나 法人아닌 社團과 구별되며, 또 공동의 목적을 가지고 뭉친 결합체인 점에서 持分的 組合과 구별된다. 조합체가 조합재산을 소유하게 되는 경우를 合有라고 한다. 조합체는 법률의 규정 또는 계약에 의하여 성립하며(民 271 참조), 민법의 조합재산(704)의 경우의 조합체는 契約에 의하여 성립하는 예이고, 受託者가 數人있는 신탁재산(信託 45)의 경우의 조합체는 법률의 규정에 의하여 성립하는 예이다. 조합체는 그 존속기간을 정한 때에는 그 기간의 만료로써, 존속기간의 정함이 없는 때에는 언제든지 조합원의 합의로써 해산되며, 부득이한 사유가 있는 때에는 각 조합원은 조합체의 해산을 청구할 수 있고(民 720), 자기만이 조합체로부터 탈퇴하여 다른 조합원들만으로 조합체를 존속케 할 수도 있다(716, 717). →조합

족 보(族譜) 一家의 역사를 표시하고 家系의 연속을 실증하기 위한 冊簿. 系譜·譜牒·世譜·世系·世誌·家乘·家牒·家譜·姓譜라고도 한다. 족보는 同族의 여부나 동족간의 昭穆의 序 또는 촌수의 구별 등을 명확히 하는 것이기 때문에, 동족의 단결은 물론 상속·양자·혼인 등의 가능여부를 판별하는데 유용하다. 족보의 소유권은 제사를 주재하는 자가 이를 승계하며(民 1008의3), 압류가 금지된다(民訴 532).

존 속(尊屬) →친계, 존속친

존속력(存續力) 行政行爲는 유효하게 성립하고 효력요건을 갖추면 일정한 효력을 갖게 되는데, 이 중에서 不可爭力과 不可變力을 포함하는 관념을 말한다. 이때 불가쟁력이란 행정심판제기기간이 경과하게 되면 더 이상 행정행위의 효력을 다툴 수 없는 것을 말하며, 불가변력은 그 행정행위를 한 행정청도 직권으로 취소·변경함을 허용하는 힘을 말한다. 존속력 대신에 確定力이라는 용어를 쓰는 견해도 있으나, 이에는 많은 비판이 가해지고 있다.

존속살해죄(尊屬殺害罪) 〔獨〕 Aszendentenmord 〔佛〕 parricide 자기 또는 배우자의 직계존속을 살해하는 죄(刑 250 Ⅱ). 본죄는 객체가 존속이라는 점에서 보통살인보다 형을 가중하는 것인데(257Ⅱ, 258Ⅲ, 259Ⅱ, 260Ⅱ, 271Ⅱ·Ⅳ, 273Ⅱ, 276Ⅱ, 277Ⅱ, 283Ⅱ 참조), 적극적으로는 위헌(憲 11Ⅰ 참조)이 아니라 할지라도 입법론으로는 그 타당성에 대하여 의문이 있다(근래의 입법례에서 尊屬殺을 규정한 것은 거의 없으며, 독일은 1941년에 삭제하였다). 배우자 및 직계존속의 개념은 법률상, 즉 민법상의 그것을 말한다. 따라서 養子가 養親을(民 772), 또는 他家에 입양한 자가 實親을 죽인 경우에는 존속살인이 되지만, 認知 또는 準正 이전의 사생자가 그 생부를 죽인 경우, 또는 내연의 처나 부가 부나 처의 親을 죽인 경우에는 보통살인이 된다. 배우자의 직계존속이란 생존배우자의 그것을 말한다. 미수범(254) 및 예비·음모(255)를 처벌한다. →살인죄

존속친(尊屬親) 부모 또는 부모와 동등 이상의 항렬에 속하는 친족의 총칭. 卑屬親에 대한 개념. 부모·조부모와 같은 직계존속과 伯叔父母·從祖父母와 같은 傍系尊屬을 포함한다. 형제자매·종

형제자매와 같이 본인과 동일한 항렬에 있는 자는 존속친도 비속친도 아니다.

존속합병(存續合併) → 흡수합병

존엄사(尊嚴死) 〔英〕 death with dignity 죽음에 직면한 환자가 품위있는 죽음을 맞도록 하기 위하여 생명유지조치를 중지하는 것을 말한다. 消極的 安樂死라고도 부르며, 일종의 치료행위로 보아 違法性이 阻却된다고 보는 것이 다수설이다. 사람의 생명에 대한 권리는 사람의 자연적인 죽음과 인간다운 죽음에 대한 권리를 포함한다고 해야 한다. 뿐만 아니라 환자의 동의 또는 추정적 승낙이 없는 때에는 의사는 원칙적으로 치료행위를 할 수 없으며, 그의 의사에 반하여 생명과 고통의 연장을 강요할 수 없다. 또한 환자의 생명을 유지하여야 할 의사의 의무도 환자에게 소생이나 치료의 가능성이 소멸되고 死期가 임박하여 죽음을 피할 수 없게 된 때에는 인정할 수 없다고 해야 한다. 이러한 의미에서 사기에 임박한 환자에게 자연적인 사망을 맞이하도록 하는 존엄사도 위법성이 조각된다고 해석함이 타당하다. →安樂死

존재론적 자연법(存在論的自然法) 전통적 자연법론은 자연법의 형이상학적 존재를 주장하므로, 이를 존재론적 자연법이라고도 한다. →자연법론

종 가(宗家) 여러 대에 걸쳐서 분가를 낸 때에 그 많은 분가에서 그들의 本家를 가리켜서 하는 말. 종가는 본가로서 계속된 代數의 다소에 의하여 다시 大宗과 小宗으로 구별되기도 한다. 종가란 법률상의 용어가 아니고 宗法制의 영향을 받은 習俗上의 관념에 지나지 않는다. 옛날의 관습으로는 조상숭배와 관련하여 종가를 존중하고 보호하는 풍습으로 말미암아 종가의 단절을 가문의 불명예라 생각하여 宗家戶主가 男子孫 없이 사망한 때에는 분가들이 상의하여 사후입양을 반드시 하도록 되어 있었다. 또 종가호주는 종중의 재산을 소유하거나 그 관리를 위임받고 있었다. →지가

종가세(從價稅) →과세표준

종교법(宗敎法) 국가의 종교에 대한 관계를 정하는 법률 및 종교행정을 규율하는 법. 일반적으로 국가와 종교와의 관계는 敎國制·政敎合一制·國敎制·公認敎制·政敎分離制·宗敎排斥制로 나누어진다. 헌법은 종교의 자유라는 원칙하에 國敎를 인정하지 않고 정교분리제를 원칙으로 한다(憲20Ⅱ).

종교법인법(宗敎法人法) 일반적으로 종교단체의 그 목적달성을 위한 업무 및 사업의 운영을 위하여 법률상의 제재를 가하는 것을 목적으로 하고 종교법인의 설립·해산 및 단체 등에 관하여 규정하는 법. 종교법인은 법인이 된 종교단체를 말한다. 우리나라에 있어서 대표적인 것으로는 전통사찰보존법 같은 것이 이에 속한다.

종교(宗敎)**의 자유**(自由) 〔英〕 freedom of religion 〔獨〕 Glaubensfreiheit 〔佛〕 liberté religieuse 宗敎를 믿거나 믿지 아니하는 자유. 종교의 선택·변경의 자유, 무종교의 자유, 종교적 사상발표의 자유, 예배집회의 자유, 종교결사의 자유를 포함한다. 權利條項에서 보장되는 전통적인 自由權의 하나. 모든 국민은 종교의 자유를 가지며, 국교는 인정되지 아니하고, 종교와 정치는 분리된다(憲20). 그러나 종교의 자유도, 질서유지와 공공복리 또는 국가안전보장을 위하여 필요한 경우에는 법률로써 제한할 수 있다(37Ⅱ).

종교재판(宗敎裁判) 〔英〕 inquisition 가톨릭교회가 異端者에 대하여 행하는 재판. 1248년부터 행하여졌다. 고문·화형·재산몰수가 따랐고 가혹하기 짝이 없었다. 이단자 특히 유태인을 배척하고 信仰統一을 목적으로 하였으나, 정치적 의의도 내포하고 있었다. 트리엔트종교회의에서는 그것을 힘써 행할 것을 결의. →마녀재판

종 국(從國) 종속국과 같다.

종국등기(終局登記) 登記의 본래의 효력을 완전히 발생케 하는 등기. 단순히 권리의 보전을 목적으로 하는 豫備登記(假登記와 豫告登記)에 대한 것이다. 本登記라고도 부른다. 종국등기는 그 내용에 따라서 기입등기·변경등기·회복등기·말소등기로 나누어지고 또 그 형식에 따라서 주등기·부기등기로 나누어진다.

종국적 재판(終局的裁判) 〔獨〕 prozesserledigende Entscheidung 당해사건에 관하여 당해법원에서 소송절차를 종결시키는 재판. 中間(的)裁判에 대한 말이다. 예를 들면 민사소송법상의 訴狀却下命令, 항고심의 항고에 대한 결정, 競落許可決定, 종국판결, 형사소송법상의 유죄·무죄·면소·公訴棄却·관할위반 등의 재판과 같은 것이다. 종국적 재판이냐 중간(적)재판이냐의 구별의 실익은 독립하여 불복할 수 있느냐 하는데 있다. 왜냐하면 종국적 재판에 대해서만 독립적 불복방법이 인정되기 때문이다.

종국전(終局前)**의 재판**(裁判) 〔獨〕 laufende Entscheidung 소송의 종결에 이르기까지의 절차에 관한 재판. 中間裁判이라고도 하며 종국적 재판에 대한다. 민사소송법상의 중간판결(186)은 그 대표적인 예이다. 종국적 재판 후에 하는 재판(刑訴 487, 488, 489 등)도 이 분류에 넣어 생각할 수 있다. 종국전의 재판에는 원칙적으로 합목적성의 원리가 지배하며, 따라서 널리 그 철회·변경이 인정되고, 그 자체로서는 독립적 의의를 갖지 않으므로, 이에 대하여는 원칙적으로 上訴가 허용되지 않는다(民訴 362, 刑訴 403 참조).

종국판결(終局判決) 〔英〕 final judgment 〔獨〕 Endurteil 〔佛〕 jugement définitif 민사소송법상 당해심급에 있어서 사건의 전부(全部判決) 또는 일부(一部判決)를 완결하는 판결. 중간판결과 달라서 독립하여 上訴(抗訴·上告)의 대상이 된다(360, 392). 판례는 還送判決·移送判決(388, 389, 395, 406)을 중간판결로 보고 상고할 수 없다 한다. 그러나 이러한 판결이라도 그 심판을 마치고 떠나는 이상 종국판결로 보아서 독립하여 상소할 수 있다고 보는 것이 좋을 것이다. 형사소송법에서는 판결은 모두 종국판결이다.

종급부의무(從給付義務) 〔獨〕 Nebenleistungspflicht 회사의 사원이 出資義務 외에, 금전급부가 아닌 다른 반복적 급부를 하는 의무. 종급부는 작위·부작위 어느 것이든 좋은데, 카르텔통제회사의 사원에게 생산물의 제공의무나 競業避止義務를 부과하는 경우가 그 예이다. 우리 상법에서는 인정되지 않으나, 독일의 從給付株式會社는 금전 이외의 반복적인 급부의무를 과하고 있다(獨株式法 50).

종급부주식회사(從給付株式會社) 〔獨〕 Nebenleistungsaktiengesellschaft 定款의 규정으로써 주주에게 자본에 대한 출자 외에 금전 이외의 반복적인 급부의무를 과하는 회사(獨株式法 50). 주로 독일의 사탕무우주식회사(Rübenzuckeraktiengesellschaft)가 그 주주로 하여금 매년 생산하는 사탕무우를 회사에 급부시키는 필요에서 인정된 것이다.

종 기(終期) 〔羅〕 dies ad quem 〔獨〕 Endtermin 〔佛〕 terme final, terme extinctif 그 도래로써 법률행위의 효력이 소멸하게 되는 期限(民 152Ⅱ). 始期에 대립하는 용어이며, 예를 들면 매년말까지 매월 생활비 50만원을 지급한다는 경우의 매년말과 같다.

종(從)**된 권리**(權利) → 주된 권리·종된 권리

종(從)**된 행위**(行爲) → 주된 행위·종된 행위

종량세(從量稅) → 과세표준

종료미수(終了未遂) 〔獨〕 beendeter Versuch 실행미수와 같다.

종류주(種類株) → 수종의 주식

종류주주총회(種類株主總會) 數種의 주식이 발행되어 있는 경우, 일정한 사항에 관하여, 어느 종류의 주주의 의사를 결정하기 위하여 소집되는 종류주주의 총회. 株主平等의 原則에 대한 예외. 종류를 달리하는 주식의 주주간의 이해는 반드시 일치하는 것이 아니므로, 상법은 정관의 변경, 회사의 합병 또는 상법 344조 3항에 의한 권리에 관한 특별한 정함을 함으로써, 어느 종류의 주주에게 손해를 미치게 할 때에는 통상의 株主總會의 決議 외에, 그 종류의 주주총회의 결의를 요구하고 있다(商 435, 436). 결의는 출석한 주주의 의결권의 3분의 2 이상의 수와 그 종류의 발행주식총수의 3분의 1 이상의 수로써 하여야 한다(435Ⅱ). 소집·의사·결의 등에 관하여는 주주총회에 관한 규정이 준용되나, 無議決權株도 이 종류주주총회에 참가하는 점이 다르다(435Ⅲ).

종류채권(種類債權) 〔獨〕 gattungsschuld, Gattungsobligation 〔佛〕 obligation de genre 일정한 종류에 속하는 물건의 일정량의 급부를 목적으로 하는 債權. 맥주 1상자의 인도, 석유 10톤의 인도를 목적으로 하는 채권 등이 그 예. 목적물이 당초부터 개별적으로 특정되어 있지 않으므로, 不特定物의 인도를 목적으로 하는 채권이라 불린다. 그리고 특정물의 인도를 목적으로 하는 채권과 대립한다. 종류채권도 채무자가 이를 이행하려면, 특정의 물건을 선정하지 않으면 안되는데, 이 때에, 당해종류의 물건 중 어떠한 품질의 물건을 給付할 것이냐는 법률행위의 종류, 거래의 관습 또는 법률의 규정에 의하여 정하여진다(民 375Ⅰ). 채무자가 그 품질의 물건을 발송하는 등, 이행에 필요한 행위를 완료한 때, 또는 채권자의 동의를 얻어 이행할 물건을 지정한 때에는 종류채권의 목적물은 이 물건에 집중(특정)한다(375Ⅱ). 따라서 그 후에는 특정물의 인도를 목적으로 하는 채권과 동일한 규정에 따르게 된다(374, 462 등 참조).

종류채권(種類債權)**의 특정**(特定) 종류채권의 목적물은 구체적으로 정하여지지 않고 種類와 數量에 의해서만 추상적으로 정해져 있으므로 종

류채무를 실제로 이행하기 위해서는 정해진 종류의 물건 중에서 소정의 물건이 구체적으로 선정되어야 하는데, 이를 종류채권의 특정 내지 집중이라 한다. 民法에 규정된 특정의 방법으로서는 채무자가 하여야 할 모든 행위를 완료한 때, 즉 채무의 내용에 따라 변제의 제공을 하거나, 채권자가 부여한 指定權에 기하여 채무자가 특정의 물건을 지정·분리한 때 특정이 생긴다. 持參債務의 경우에는 목적물이 채권자의 주소에 도달하여 채권자가 언제든지 수령할 수 있는 상태에 놓여진 때에 특정이 있게 되며, 推尋債務에 있어서는 채무자가 인도할 목적물을 분리해서 채권자가 추심하러 온다면 언제든지 수령할 수 있는 상태에 두고, 이를 채권자에게 통지하면 특정하게 된다. 送付債務의 경우에는 제3지가 채무의 본래 이행장소인 때에는 지참채무와 같으나, 채무자가 호의로 본래 이행장소가 아닌 제3지에 송부하는 때에는 채무자가 목적물을 분리하여 그 제3지로 발송한 때에 특정이 생기게 된다. 목적물의 특정으로 종류채권은 特定債權으로 전환된다.

종모법(從母法) 노비간의 소생은 母의 上典에 계속되며, 또 良·賤간의 상혼의 소생은 처음에는 부모 중 한편이 賤일 경우에는 그 소생은 賤役을 가져 이른바 有入無出로 노비인구의 증가를 가져온 원인이 되었으나 조선 현종 때부터 약간의 완화가 있어 모가 良일 때에 한하여는 그 소생을 良으로 하였다. 그러나 이 완화책도 그 뒤 여러 번 번복을 보였으니 대개 노비인구가 감소하면 奴主에 손실이 되고, 노비인구가 늘어 양민인구가 줄면 국가의 재정 및 인적자원에 영향이 있기 때문이다.

종 물(從物) 〔獨〕Zubehör, Pertinenz 〔佛〕chose accessoire 계속적으로 어떤 물건(主物)의 이용을 돕기 위하여 그것에 부속된 물건(民 100 Ⅰ). 가옥에 대한 따로 된 庫房·광·다다미(疊)·建具, 농장에 있어서의 여러가지의 부속시설 등. 양자가 동일한 소유자에 속할 때에 이 관계가 성립한다. 從物은 主物의 구성부분(예:가옥의 덧문)이 아니라 독립한 물건이어야 한다. 이 개념의 實益은 종물이 주물의 처분에 따르게(100Ⅱ) 되는 점에 있다. 예를 들면, 主物(예:가옥)에 대하여 저당권을 설정하면, 그 효력은 從物(예:다다미·建具)에도 미친다. 설정후의 종물에 관하여는 저당권의 효력이 미치지 않는다고 하는 설이 있지만, 미친다고 해석하는 것이 타당하다. 그리고, 특약에 의하여 주물과 종물을 분리하여 처분하는 것도 무방하다.

종 범(從犯) 〔獨〕Beihilfe 〔佛〕complicité 타인의 범죄를 방조하는 것(刑 32Ⅰ). 幇助犯이라고도 하며, 共犯의 한 형식이다. 幇助라 함은 실행행위 이외의 행위로써 正犯의 실행행위를 용이케 하는 것을 말한다. 흉기의 대여 등의 물질적 방법에 의하든, 조언·격려 등의 정신적 방법에 의하든 불문한다. 방조행위는 정범의 실행행위 이전이나, 그 행위중에 있음을 요하고, 실행행위가 종료한 후의 방조(소위 事後從犯)는 종범이 아니다. 방조자는 정범의 실행행위를 인식하여 이를 방조한다는 의사가 있으면 족하고, 피방조자(正犯)는 방조를 받고 있다는 것을 인식할 필요는 없다(→편면적 종범). 피방조자(정범)의 실행행위를 필요로 하느냐에 관하여는 共犯獨立說과 共犯從屬性說에 따라 다르고, 또 후자의 입장에서는 그 실행행위가 어느 정도의 범죄성을 갖춤을 요하느냐에 관하여, 어느 종속형태를 채용하느냐에 따라 다르다(→공범의 종속성). 현행 형법은 어느 행위로 인하여 처벌되지 아니하거나, 過失犯으로 처벌되는 자를 방조하여 범죄행위의 결과를 발생하게 한 경우에, 방조의 예에 의하여 처벌하도록 규정하고 있다(34Ⅰ 참조). 종범의 형은 정범의 형보다 감경한다(32Ⅱ). 즉, 정범에 적용될 法定刑보다 감경한다. 단, 자기의 지휘·감독을 받는 자를 방조하여 범죄행위의 결과를 발생하게 한 자는 정범의 형으로 처벌한다(34Ⅱ. 特殊幇助).

종 법(宗法) 동성동본의 남계혈족단체를 宗族이라 칭하고, 그 구성원을 族人 또는 宗員이라 부르고, 族人의 대표자를 族長, 宗長 또는 門長이라 한다. 족장의 통솔관계, 족인의 협동관계 등의 관계를 규율하는 族內規律을 宗法이라 하는 것이다. 옛날에는 조상제사를 중심으로 종족이 단결하고 있었으며, 제사의 규율상 대종과 소종이 있었다. 大宗은 일가족 중 始祖를 계승하는 本系이고 이를 宗家라 부르고, 그 嫡長子孫이 世世相承하여 宗祧의 祭(종은 宗廟, 조는 遠祖의 廟)를 끊지 않는 것이다. 小宗은 大宗의 支派로, 支派의 祖를 시조로 하고, 그것을 世世相繼하는 支宗을 小宗이라 부른다. 大宗, 小宗은 각 嫡長子孫相承이 원칙이고, 嫡長男子孫이 없을 때는 嫡次子孫 이하가 繼後할 것은 물론이지만, 大宗은 小宗에 비하여 그 繼嗣를 중요시하기 때문에 大宗無後時는 族人의 支子로 승계시켜 단절을 방지하지만, 小宗無後時는 단절도 무방하므로 他小宗이나 大宗의 族人을 맞이할 필요가 없다. 大宗은 永久繼承의 本系이지만, 小宗은 四世를 한계로 한다. 즉, 支派의 祖로부터 五世, 즉 玄孫 이하는 一世를 내려갈 때마다 五世祖를 같이하는 四從兄弟와는 小宗關係를 끊고, 世世永久히 三從兄弟를 계통으로 하는 繼高祖의 宗으로 그친다. 小宗關係는 高祖父로부터 玄孫에 이르는 四世間, 즉 三從兄弟間에 한정되므로, 五世 이하는 一世를 내려갈 대마다 宗族에 이동이 생기는 것이다. 大宗은 공동선조를 모시는 남계혈족 전체를 지칭하며 본관과 성을 그 표지로 하고 있다. 즉, 동성동본자로써 혈족단체를 구성하는 전원을 同宗의 族人으로 인정한다. 宗法에 의하면 시조의 종조를 승계한 宗子(宗孫)는 祖宗의 제사를 主掌하고 종족을 統理하는 지위에 있다. 현재의 宗敎統理는 제사사항에 그친다.

종법제(宗法制) 종법제는 중국에 있어 周代에 부계사회가 확립함에 따라 성립하고, 그 뒤 漢·唐·宋 및 明 등의 한족의 역대왕조를 거치는 수천년 동안 도덕규범인 禮와 국가법제인 制나 律에 의하여 琢磨完成된 가족제도이다. 그것이 고려말에 유교의 한국도래에 따라 禮敎로 이입되고 점차로 중국의 법제가 한국에 계수됨에 이르러 법제화되어 완전히 한국에 移入되고 조선 500년 동안 신성불가침의 제도로서 고수되어 한국인의 완고한 習俗으로까지 되었다. 그 후 모든 사회면이 급격히 민주화되었으나, 한국가족제도는 여전히 종법제의 틀을 지금까지 못벗고 있는 실정이다. 종법제는 남계혈통계속주의를 그 기본원칙으로 하는 부계적 가족제도이어서, 그 밑에서는 남계혈족간에 있어서의 공동혈연의 의식이 강화되어 피차간에 本宗이라 부르며, 그 혈연의 원근을 불문하고 百代之親의 관념으로 일가로서 대할 뿐만 아니라, 一家간에는 가능한 한 一戶를 이루어 공동생활을 하기를 원하여 九世同居를 이상으로 하며 공동생활을 하지 않더라도 공동혈연의 의식으로써 협동하는 혈연단체인 가족단체를 형성하여, 국가 안에 小國을 이룩하여 배타적 단체로 나타난다. 종법제가 민주주의에 배치되는 가족제도임에는 틀림없으나, 민법도 종법제의 기초를 신분법의 기본구조로 계수하였다. 현행신분법이 비민주적 잔재를 지니고 있는 것도 그런데 기인한다.

종사제(從士制) 〔羅〕 comitatus 〔獨〕 Gefolgschaft 게르만민족에 있어서 게르만시대(5세기경까지)에 왕(rex), 수장(쁘린깹스) 또는 고급귀족과 자유인인 청장년자(從士)와 사이에 체결된 忠勤契約에 의하여 성립한 제도. 주인은 종사를 평시에 자기의 가택내에 수용하여 부양하였고, 從士는 전시에 주인친위의 임무를 수행하였다. 종사가 싸우는 것은 국가를 위한 것이라기보다 주인을 위한 것인 점에 종사제의 특이성이 있었다. 왕·수장·고급귀족은 다수의 종사를 거느리는 것을 위엄과 자랑으로 여겼으며, 종사로 되는 것은 대부분 귀족의 자제 및 자유민이었고, 그들은 自由民인 신분을 잃지 않고 忠勤契約에 의하여 주종관계에 들어간 것이다. 후에 중세의 봉건제도에 있어서의 家士制(Vasallität)의 기원을 이룬다. 家士의 신분은 꼬멘다치오(commendatio, 授手託身行爲)라고 부르는 엄격한 方式的 身分行爲에 의하여 설정되었다.

종속국(從屬國) 〔英〕 vassal state 〔獨〕 Vasallenstaat 〔佛〕 Etat vassal 宗主國과 附庸關係에 있는 국가. 附庸關係는 대체로 과도적이며 단일국가의 일부분이 점차로 독립하여 가는 과정에서 성립한다. 종속국의 외교능력은 보통 종주국의 국내법에 의하여 제한된다. 이 점은 피보호국의 외교능력이 保護國과의 조약에 의하여 제한됨과 본질적으로 다르다. → 종주국, 보호국

종속노동(從屬勞動) 〔獨〕 abhängige 〔獨〕 Arbeit 근대시민법하에서는 자유독립의 근로자라 할지라도 근대자본제 생산양식하의 근로관계에 있어서는 자기의 勞動力의 판매에 의한 생계비의 획득 이외에는 달리 방도가 없는 것이기 때문에, 실질적으로는 사용자에게 종속되지 않을 수 없다. 즉, 사용자와 근로자와의 관계는 근대법하에서 볼 때, 契約이라고 보아야 하고 또한 적어도 그 시초에 있어서는 양 당사자의 자유의사가 그 결합을 이루는 것이라고 볼 수 있는 것이지만, 그로 인하여 일단 발생한 관계는 이미 계약의 사상만으로는 해결할 수 없는 지배종속의 관계가 생기며, 독일의 학설에서 보는 바와 같은 종속노동이라고 하는 관념이 나오게 되는 것이다. 따라서 종속노동을 영위하는 자가 노동법상의 노동자이고, 노동법이라는 것은 종속노동에 종사하는 자의 여러 관계를 규율하는 법이라고 하는 정의가 내려진다. 그러나 종속이라고 하는 의미에 대해서는 사람에 따라서 약간의 차이가 있다.

종속노동관계(從屬勞動關係) 〔獨〕 abhängiges Arbeitsverhältnis → 종속노동

종속적 저작권(從屬的著作權) 스스로 창작한 것이 아니고, 기존의 저작물을, 혹은 번역, 혹은 改作, 혹은 편집, 혹은 원저작물과는 다른 기술에 의하여 미술적으로 복제함으로 말미암아 생기는 著作權, 제2차적 저작권이라고도 한다.

종속회사(從屬會社) 〔英〕·〔美〕 subsidiary corporation or company 〔獨〕 abhängige Gesellschaft 회사기업에 있어서 두 개의 회사사이에 지배와 종속의 관계가 있는 경우에 지배를 받는 회사를 말한다. 이를 또 子會社라고도 한다. 종속관계는 자본참가에 의하는 경우가 많으나, 經營委任, 營業賃貸借 등의 계약에 의하는 수도 있다. 콘체른 관계를 수반하는데 경제적으로는 지배회사와 동일기업체이나, 법률적으로는 별개기업체이다.

→친회사, 자회사

종 손(宗孫) 大宗 또는 小宗(→종법)에 있어서, 嫡長子孫으로서 宗統을 계승하여 祖宗을 奉祀하는 지위에 있는 자. 祀孫이라고도 하며 중국종법상으로는 宗子라고 한다. 종래의 입양은 주로 이 종손의 단절을 방지하는데 그 목적이 있었다. 원래 종손은 宗族統理權도 가졌으나, 오늘날에는 다만 祖宗의 제사를 主掌하는 권능만을 가질 뿐이며 따라서 종중을 대표할 권한도 없으며 중종재산에 관해서도 하등 특별한 권능을 가지지 못하는 것이 관습이다. 종래 명문사대부가의 종손은 대내·대외적으로 각별한 예우를 받았다. 宗孫의 家를 宗家라고 하며 종가의 가옥과 家廟·族譜·祭具 등은 宗孫에게 상속된다.

종신보험(終身保險) 〔英〕 whole life insurance 〔獨〕 lebenslängliche Todesfallversicherung 〔佛〕 assurance pour la vie entiére 피보험자가 사망할 때까지 보험계약의 효력이 존속하고, 그 사망의 경우에 보험금이 지급되는 생명보험. 정기보험과 함께 死亡保險의 일종이다.

종신정기금계약(終身定期金契約) 〔獨〕 life annuity 〔獨〕 Leibrentenvertrag 〔佛〕 contrat de rente viagère 당사자의 일방(定期金債務者)이 특정인(자기·상대방·제3자)의 終身까지 정기로 금전 기타의 물건을 상대방 또는 제3자에게 지급할 것을 약정함으로써 성립하는 계약(民 725). 정기에 지급하는 금전 기타의 물건을 定期金이라 한다. 정기금의 목적물은 보통 금전이지만 기타의 물건은 代替物임을 요한다. 비대체물은 정기적으로 반복하지 못하기 때문이다(726 참조). 여기서 정기로 지급한다 함은 매년·매월처럼 일정한 기간을 두고 규칙적으로 회귀하는 시기마다 지급함을 말하며, 매기의 지급은 항시 동일한 분량임을 요하지 않는다. 이 계약의 특색은 특정인의 종기(사망)까지 定期金債權이 존속하는 것이며, 이처럼 終期가 일찍 도래할지 늦게 도래할지 모른다고 하는 우연한 사실에 계약의 존속이 매어 있다는 점에서 일종의 射倖契約이라는 데에 있다. 이 정기금채무를 부담함에 있어서, 아무 대가도 받지 않고 증여로 할 경우는 無償契約이고, 外上債務·消費貸借債務 기타 넓은 뜻으로 원본을 수취하여 종신정기금으로 하는 경우는 有償契約이며, 제3자를 위하여 체결되는 경우는 제3자를 위한 계약이다. 따라서 이와 같은 경우는 종신정기금계약 이외에 각각의 계약에 관한 규정(예 : 매매·소비대차·증여 등)도 적용될 것이다. 또한 이 계약은 당사자의 의사의 합치만 있으면 성립하며, 하등의 방식도 필요치 않은 諾成·不要式의 契約이다. 정기금채무의 불이행에는 채무불이행의 일반원칙이 적용되지만, 특히 정기금채무자가 원본을 수취한 경우에는 정기금채권자는 催告없이 계약을 해제하여 원본의 반환을 청구할 수 있고, 또한 손해가 있으면 그 배상도 청구할 수 있다. 그러나 이미 수취한 정기금이 있는 경우에는 원본의 이자를 공제한 잔액을 정기금채무자에게 반환해야 한다(727). 특정인의 사망으로 종신정기금계약은 종료되지만, 그 사망이 정기금채무자의 귀책사유로 인한 때에는 정기금채권자 또는 그 상속인은 민법 727조에 의하여 계약해제·손해배상의 청구를 하든지 법원에 추정생존연한을 인정받게 할 수 있다(729Ⅰ). 종신정기금계약은 보험적 작용을 나타내는데, 실제로 사인간에 이용되는 일은 적다. 국민생명보험법·우편연금법 등에 의하여 공공의 제도로서 활용되고 있는 경우가 있다.

종신직(終身職) 懲戒處分 또는 刑事判決에 의하지 않고서는 정년·임기 등의 제약없이 종신 그 직을 보유할 수 있는 공직. 외국에서는 법관 및 군인 등에 종신직을 인정하는 예가 있으나, 우리나라의 현행법은 그것을 인정하지 않고, 다만 元帥만은 종신직으로 하고 있다(軍人事 8Ⅰ i).

종 심(終審) 〔獨〕 letzte Instanz 〔佛〕 dernier ressort 審級制度에 있어서 최종의 심급. 민사소송·형사소송 및 행정소송에 있어 모두 대법원이 상고나 항고에 대하여 종심으로서의 재판권을 가진다(法組 14, 憲 101Ⅱ 참조). 舊法에서는 고등법원이 단독판사의 상고에 대하여 종심으로서 심판권을 행사하였다.

종업원이익참가제도(從業員利益參加制度) 종업원이 사용자와의 명시 또는 묵시의 약정으로 예정된 기준에 따라서 기업수익의 일부의 분배를 받는 제도. 利益分配契約이라고도 한다. 프랑스에서 1820년경 처음으로 시도되었으며, 그 후 영국 같은 데서도 약 100년간 이용되었으나, 현재는 그리 이용되지 않는다. 임금의 불안정성이 생기기 쉬우며 근로자간에 이를 에워싼 대립관계가 생기기 쉬운 결함이 있어, 勞動組合의 발달이 충분치 못하던 시대의 소산이라고도 말한다. 우리나라에서는 구헌법 18조 2항의 利益分配均霑權으로 규정되었었으나 현행헌법에서는 이를 삭제하였다.

종업원지주제도(從業員持株制度) 〔英〕 employee stockownership 〔獨〕 Arbeiteraktie 〔佛〕 action ouvrière 회사가 그 종업원, 즉 직원 및 노동자에 대하여, 그 회사의 주식을 취득시켜, 회사의 출자자로서의 자격을 얻을 수 있게 하는 편의를 주는 제도. 이것을 從業員株式買入制度(employee stock purchase plans)라고도 한다. 이 결과 종업원이 취득하는 주식을 勤勞者株(employee stock, Arbeiteraktie, action ouvrière)라고 한다. 이 경우의 주식은 보통주 또는 우선주를 일반으로 하나, 소액의 의결권없는 從業員特殊株式(employee special stock)을 발행하는 경우도 있다. 취득시킬 주식의 조달은 증권시장으로부터 매입하는 것이 보통이며, 개별로 회사가 보유하는 金庫株(treasury stock)를 양도하거나 未發行株(unissued stock)를 발행하는 경우도 있다. 종업원의 주식취득에 대하여서는 다음과 같은 장려 내지 편의책을 쓰는 일이 많다. 즉, 종업원에게 新株引受權을 부여하거나, 종업원의 주식매입에 대하여 회사가 奬勵金(bonus)을 부여하거나, 회사가 주식대금의 일부를 부담하거나, 주식대금의 납입에 관하여 분할납입제를 채용하여, 임금중에서 일정액씩 차감하여 적립한다거나 한다. 제1차대전후, 미국·영국·독일 등 각국에서 채용되었고, 종업원도 기업이윤의 분배에 참가할 수 있게 하여, 勞資對立을 완화시키는 작용 등을 목적으로 한 것이다. 우리나라도 이를 도입하여 증권거래법심급 191조의 7은 우리사주조합원에 대한 優先配當을 규정하고 있다.

종적 공범(縱的共犯) 교사범과 같이 인과관계의 연장에 있어서 여러 명이 공동하는 경우를 종적 공범이라고 부르고, 共同正犯과 같이 인과관계의 넓이에 있어서 수인이 공동하는 경우를 橫的共犯이라고 불러, 양자를 비유적으로 대립시켜서 말한다.

종전처리(終戰處理) 제2차대전 종료에 의한 연합군의 占領에 수반되는 여러 사무의 처리. 연합군이 요구하는 노무, 용역, 시설 등의 제공. 그 비용의 支辨이 일본정부의 부담으로 되어 있다. 終戰處理費(종전처리사무비, 종전처리사업비, 종전처리업무비)는 전후 매년 일본정부의 예산에 計上되었다.

종족법주의(種族法主義) 〔獨〕 System der Stammes rechte 각 종족이 그 종족고유의 법률에 복종하는 주의. 중세의 이른바 야만시대에 행해진 주의이다. 5세기경에 이르러 이른바 蠻民, 즉 주로 게르만민족이 로마제국에 침입하여 각지를 정복하였으나, 각 종족은 그 종족고유의 법률에 복종하였다. 이 주의는 넓은 뜻의 屬人法主義이지만, 근세에 있어서의 속인법주의와는 달라, 일정한 영토에서 행해지는 법률이 그 영토에 속하는 사람에게 따르게 하며 다른 영토에서도 적용된다는 것은 아니고, 영토에 관계없이 각각 그 종족고유의 법률을 가지며 언제나 그 적용을 받았다. 이 주의는 각 종족이 점차로 혼재함에 따라서 자연히 소멸하였다.

종주국(宗主國) 〔英〕 suzerain state 〔佛〕 Etat suzerain 他國家를 自國에 종속시키고, 그 국가의 대외관계의 일부를 처리하는 국가. 즉 宗主權(Suzerainty)을 가지고 있는 국가를 종주국이라고 하며, 타국의 종주국 밑에 있는 국가를 從屬國 또는 附庸國이라 한다. 그리고 이 양자의 관계를 從屬關係 또는 附庸關係라 한다. 종주권의 최초의 형태는 봉건군주가 그 從者에 대하여 가지는 권리로 해석되었으나, 국제법상으로는 단일국가의 일부가 국내적으로 점차 분리 독립하여 신국가를 형성해 나가는 과정에 있어서 과도적으로 인정된 종주국의 권리이다. 따라서 종속국의 부용관계는 종주국의 국내법에 의하여 규정되므로, 종속국의 대외관계는 종주국의 국내법에 의하여 인정된 범위내에서만 처리할 수 있다. 이런 점에서 당사국과의 보호조약에 의해서 국제법상의 능력의 일부를 제한받는 被保護國, 즉 保護關係와 상이하다. → 종속국, 피보호국

종 중(宗中) 共同祖先의 제사의 계속, 분묘의 보존, 宗員(族人) 상호간의 친목·구조 및 복리의 증진을 목적으로 하는 종족단체. 권리능력 없는 사단이라 할 것이다. 宗法에 大宗·小宗이 있는 것과 같이 一宗族 전체를 포섭하는 大宗中이 있고, 그 안에 大小無數의 분파에 따라 무수의 종중이 있다. 支流宗中을 특히 門中이라고도 부른다. 宗員(族人)은 당연히 大小宗中의 宗員이 되며 탈퇴가 인정되지 않는다. 종법에 의한 百世不遷의 大宗에 속하는 대종중은 영원히 그 종원을 증가할 것이고, 五世則遷의 小宗에 속하는 종중은 五世 이상 遷易와 더불어 종원에 異動이 매 一世마다 생기게 된다. 즉, 遷易前의 三從兄弟는 新宗子의 四從兄弟가 되어 당연히 탈퇴가 되는 동시, 각 별개의 支派宗中을 창설하게 된다. 그러므로 이론상 五世則遷의 小宗은 영원히 그 종원은 現宗子의 삼종형제의 범위에 한정될 것이다. 그러나 실제관습은 遷易에 의한 종원의 이동을 인정치 않고, 종중의 신설도 극히 희귀하여 旣設宗中이 代代擴大하여 百世不遷의 大宗中과 같은 형태로 규율되고 있다. 一族(大宗) 또는 一派(小宗)의 자손이 서로 협의하여 종중재산의 관리방법을 규정하고, 목적사업을 설정하고, 宗會의 운영, 임원 기타 집행기관을 협정한 경우에, 동협정을 宗約 또는 宗規라 부르고 그 사무소를 宗約所라 한다. 관습에 의하여 규율된 기존종중단체의 구성과 운영을 확인하는 성질의 宗約이 원칙이지만, 종중 일부 有志가 따로 협의하여 종원의 가입, 재산의 갹출, 종원

상호간의 복리, 종중사업 등을 협정하는 宗約을 만들고, 宗約所를 신설하는 경우가 있다. 이러한 人爲的 宗約所는 임의친족단체이며, 자연발생적인 종중단체와는 성질을 달리하는 것이다. 현대에는 宗法에 의하여 宗孫은 祭祀主掌의 권능을 보유함에 그치므로, 종중이 사회단체로 활동함에는 종족 중의 대표자가 따로 선임되어야 한다. 이것을 族長 또는 門長이라 하는 것이다. 그러나 종중 스스로가 當事者能力과 登記能力을 가진다(民訴 48, 不登 30).

종중재산(宗中財産) 종중이 보유하는 재산. 종중재산의 중요한 것은 매장 내지 제사용의 토지·건물이나 祭費의 재원인 전답 또는 임야이며, 宗山과 位土로 크게 나눌 수 있다. 宗山은 조상분묘가 소재하는 장소로 同宗의 자손을 계속 매장하기 위하여 사용된다. 位土는 그 수익으로 조상제사용에 충당하기 위하여 제공된 토지를 말한다. 종중재산은 종중인 사회단체의 목적을 위한 재산이므로, 그 권리는 종중 자체에 귀속된다. 종중은 권리능력이 없는 사단이므로 부득이 종원 각자를 그 권리주체로 하는 수밖에 없다. 그러나 종중재산은 종원 각자가 자기이익을 위하여 그 持分比例로 사용수익할 수 있으나 지분의 분할과 양도는 종회의 결의에 의하여야 한다(民 276). 종중재산의 공동소유형태는 이를 總有라고 하여야 할 것이다(275).

종참가(從參加) 보조참가와 같다.

종합과세(綜合課稅) 各人의 소득 중 利子(예금이자 등 제외)配當, 부동산, 사업, 근로 및 기타 소득금액을 합산하여 과세하는 방법으로 예금이자 등에 원천징수만 하고 종합소득에 합산하여 종합과세를 하지 아니하는 分類課稅에 상대된 개념(所 15Ⅱ, 17~62, 144). 누진세율을 적용하고 일정한 공제를 하는 등 擔稅力에 따라 과세를 하는데에 적당한 방법이다.

종합금융회사(綜合金融會社) 기업에 대한 외자의 지원과 중·장기자금의 공급을 원활히 하게 하기 위하여 다음의 업무를 종합적으로 영위하는 주식회사로서 재정경제부장관의 인가를 받은 회사를 말한다(綜合金融會社에 관한 法律 2). 즉, 그 업무로는 ① 어음 및 총리령이 정하는 債務證書의 발행·할인·매매·중개·인수 및 보증, ② 설비 또는 운전자금의 投融資, ③ 유가증권의 인수·매출, 모집 또는 매출의 주선, ④ 외자도입, 해외투자 기타 국제금융의 주선과 외자의 차입 및 轉貸, ⑤ 채권의 발행, ⑥ 기업의 경영상담과 인수 또는 합병 등에 관한 용역, ⑦ 지급보증, ⑧ 이상의 업무에 부대하는 업무로서 재정경제부장관이 告示하는 업무, 또한 시설대여업법에 의한 시설대여업무, 증권투자신탁업법에 의한 증권투자신탁업무, 외국환관리법에 의한 외국환업무 및 신탁업법에 의한 금전신탁 이외의 신탁업무 등을 영위할 수 있다.

종합병원(綜合病院) 의사 및 치과의사가 의료를 행하는 곳으로서, 입원환자 100인 이상을 수용할 수 있는 시설을 갖추고 진료과목이 적어도 내과·일반외과·소아과·산부인과·진단방사선과·마취과·임상병리과 또는 해부병리과·정신과 및 치과가 설치되어 있고 각 과마다 필요한 전문의를 갖춘 醫療機關을 말한다(醫 3Ⅲ).

종합소득(綜合所得) 해당년도에 발생하는 이자소득·배당소득·부동산임대소득·사업소득·근로소득·일시재산소득과 기타 소득을 합산한 소득(所得 4Ⅰi). 源泉別所得에 대한 관념. 공평부담의 견지에서 분류소득세제로부터 종합과세제로 이행하기 위하여 도입된 소득관념이다. 종합소득은 납세의무자 개인을 중심으로 하는 관념이므로 생계를 같이하는 동거가족간의 資産所得(이자·배당·부동산임대소득)의 합산과는 구별하여야 한다(61).

종합유선방송(綜合有線放送) 영상(문자 및 정지화상 포함)·음성·음향 등을 유선전기통신시설을 이용하여 수신자에게 송신하는 다채널방송을 말한다. 이를 業으로 하는 종합유선방송국은 종합유선방송국시설과 전송선로시설 등의 종합유선방송국시설을 갖추고 프로그램공급업의 허가를 받은 자로부터 방송프로그램을 공급받아 종합유선방송을 송출하는 사업체를 말한다(綜合有線放送法 2).

종합재산세(綜合財産稅) 현재 토지에 과세하는 財産稅는 물건별로 되어 있어 동일인이 많은 토지를 소유하고 있더라도 누진세율이 적용되지 않는다. 이에 따라 정부는 현행 지방세법시행령을 개정, 물건별 과세대상을 소유주별로 변경, 종합적으로 과세하는 방안을 강구하고 있다. 특히 종합재산세제를 실시하기 위해서는 특정인이 어디에 어느 정도의 토지를 소유하고 있는가를 먼저 알아내야 하는데 현재 행정자치부가 이 작업을 벌이고 있다. 종합재산세제는 특히 부동산투기의 핵심적인 대책으로 평가되고 있다. 정부는 현재 재산세가 累進率構造로 되어 있으나 미흡한 것으로 판단, 과세대상별 세율격차를 확대하는 방안을 마련하고 있다. 종합재산세 세율의 범위는 課稅標準額이 3000만원 이하일 때에는 0.5%, 최고 5%로 하되 개인이나 법인·단체별로 유휴토지를 합산, 總稅額을 산출하여 이미 부과된 일반재산세액을 공제한 금액을 부과한다는 것.

종합토지세(綜合土地稅) 전국의 토지를 합산하여 누진과세하는 地方稅. 매년 6월 1일 현재 토지소유자가 10월 16일부터 10월 31일까지 관할 시·군·구청에 납부한다. 토지의 과다보유와 토지투기를 통한 불로소득을 막아 地價安定과 課稅衡平을 이루기 위해 1989년 5월 신설되어 1990년 1월 1일부터 시행되었으나 과표가 시가의 10~20%선에 불과해 소기의 목적을 거두기 어려워 과표를 공시지가 수준으로 올리는 방안이 강구되고 있다. 과세대상토지별 세율은 ① 주거용 토지나 대지, 법인소유 농지, 임야 등 종합합산과세대상 토지는 0.2%~5%까지 9단계, ② 백화점, 병원, 호텔, 상가, 사무용 빌딩 등 영업용 건축물이 딸린 별도합산과세대상토지는 0.3~2%까지 9단계, ③ 논, 밭, 골프장 등 分離課稅對象土地는 각각 다른 세율을 적용한다.

종 회(宗會) 우리나라 구관습상 親族會의 일종으로서 一族의 會合. 종회에 부의되는 사항은 종중의 제사, 종산, 종중재산, 종가의 양자 등이다. 그리고 회의에 列席하는 자는 회의사항에 관계있는 종중의 남자만이었고, 夫冠者는 이에 열석하지 못했다. 또 종회의 소집은 一族 중 항렬과 연령이 높은 남자가 한다.

죄 명(罪名) 犯罪類型에 붙여진 이름. 형사소송법상 죄명은 공소장의 필요적 기재사항이다(254Ⅲ ⅱ).

죄 수(罪數) 〔獨〕 Einheit und Mehrheit der Verbrechen 범죄가 한 개인가 또는 여러 개인가의 문제. 法條競合·想像的 競合·競合犯을 구별하는 데에 중요하다. 본죄의 單複을 결정하는 표준에 관하여는 범인의 의사·행위·피해법익(결과)·구성요건에 해당하는 사실 등의 그 어느 것에 의하느냐에 따라서, 의사설·행위설·법익(결과)설·구성요건해당회수설 등이 대립하고 있는데, 최후자가 유력하다. 이 견해에 의하면, 법조경합·경합범·접속범·집합범 등은 單純一罪이고, 상상적 경합은 數罪이나 다만 科刑上 一罪로 하는데 불과하다.

죄 질(罪質) 두 개의 범죄가 構成要件을 달리 하지만, 그 사이에 법익 또는 형사학적 성질의 공통성이 있을 때, 양자는 죄질을 같이 한다고 말한다. 예컨대 절도와 강도는 죄질을 같이 한다. 그러나 그 범위는 반드시 명확하지는 않다. 공소사실의 동일성에 있어서 죄질의 동일성을 필요로 한다고 하는 학설이 있다(罪質同一說).

죄형균형주의(罪刑均衡主義) 범죄의 형벌은 서로가 균형이 맞아야 한다는 주의. 이것은 프랑스 혁명사상의 뒷받침인 社會契約論과 三權分立論·북미의 權利章典의 형식·내용과 함께 인권선언을 낳았다.

죄형법정주의(罪刑法定主義) 〔英〕 principle of legality 〔獨〕 Grundsatz nulla poena sine lege 〔佛〕 principe de la légalité des délits et des peines 法律 없으면 犯罪 없고, 법률 없으면 刑罰 없다(nullum crimen sine lege, nulla poena sine lege)라는 라틴어의 표어로써 표시되는 근대형법의 대원칙으로서, 어떠한 행위가 범죄가 되고 또 그 범죄에 대하여 어떠한 형벌을 과하느냐는 미리 성문의 법률로써 규정해 두어야 한다는 주의. 이 主義의 人權擁護의 제도로서의 사상적 원천은 영국의 마그나카르타, 美國諸州의 권리선언, 프랑스의 인권선언에 있다. 또한 그 법률에 의하여 정하여져 있어야 한다는 것은 몽테스키외에 의하여 대표되는 三權分立의 사상에 의하여, 또 미리 정하여져 있어야 한다는 것은 포이에르바하의 心理强制說과의 합류에 의하여 성립하였다고 보아도 좋을 것이다. 하여튼, 그것은 국민의 자유와 권리를 정치권력의 恣意 내지 법관의 專斷으로부터 보장받으려는 노력의 결정이라고 보아야 할 것이다. 우리나라도 헌법 12조 1항 및 13조, 형법 1조 1항 등의 규정으로 미루어 죄형법정주의를 채택하고 있음을 알 수 있다. 죄형법정주의에 관하여는 다음의 네 파생적 원칙이 그 내용으로서 이해되고 있다. 즉, ① 慣習刑法의 排除. 형법의 법원은 성문법에 한하고, 관습법 내지 條理는 여기에서 배제된다. 즉, 처벌의 근거는 성문의 법률에 한한다. 다만 형법의 해석의 면에서는 관습내지 조리가 의미를 가진다(水利妨害罪, 不眞正不作爲犯에 있어서의 작위의무). ② 刑法의 不遡及. 형법은 소급효를 가지지 않는다. 즉, 행위후에 시행된 형벌법규에 의하여 시행전의 행위를 처벌할 수 없다(→사후법의 금지). 다만 행위가 명백히 不法(Unrecht)인 경우에는 부당하게 처벌되지 않으려는 죄형법정주의의 정신에 비추어, 이 원칙의 적용이 없는 것으로 본다. ③ 類推解釋의 禁止. 형법의 해석은 엄격함을 요하므로, 법문의 문언의 가능한 의미를 넘어서 법문의 규정이 없는 사실에 대하여 형법을 유추해서 적용함을 허용하지 아니한다. 다만 죄형법정주의의 정신에 비추어 피고인에게 불리한, 즉 형벌을 과하거나 가중하는 유추해석이 허용되지 않을 뿐이지, 피고인에게 유리한, 즉 형벌을 배제하거나 경감하는 유추해석은 상관없다. ④ 絶對的 不定期刑의 禁止. 형기를 전혀 불확정하게 하는 것은 인권보장의 면에서 허용되지 않는다.

죄형전단주의(罪刑專斷主義) 罪刑法定主義에 상대되는 개념. 법률로써 미리 범죄와 형벌을 규정하지 않고, 어떤 행위를 범죄라 하여, 이에 대하여 어떠한 형벌을 과할 것인가는 官憲이 임의로 결정할 수 있다는 사상을 말한다. 法治國家에 있어서는 죄형법정주의가 정치이념의 형법적 표현인데 반하여, 죄형전단주의는 專制國家에 있어서 정치이념의 형법적 표현이다.

주가수익률(株價收益率) 〔英〕price earning ratio(PER) 주가를 1주당 순이익으로 나눈 값. 수익력에 비해 주가가 몇 배인가를 표시함으로써 종목간 또는 국가간 株價水準의 비교를 가능케 하는 지표이다. 똑같은 시가 5,000원짜리 주식이더라도 A종목의 PER가 2배이고 B종목의 PER가 4배라면 B가 A보다 2배만큼 高評價됨을 의미한다. 이것이 지표로서의 신뢰성을 높이려면 기업이익의 적정한 산정이 뒷받침되어야 하고 이를 위해 신뢰성 있는 連結財務諸表의 작성, 숨김없는 영업실적의 공개 등 기업회계의 적정화가 전제되어야 한다.

주가순자산비율(株價純資産比率) 〔英〕price bookvalue ratio(PBR) 주가와 1주당 순자산을 비교한 수치. 보통 주가를 최근 決算財務諸表에 나타난 株當純資産으로 나눠 배수로 표시하므로 株價純資産倍率이라고도 한다. PBR이 1이라면 특정시점의 주가와 기업의 1주당 순자산이 같은 경우이며 이 수치가 낮으면 낮을수록 해당기업의 자산가치가 證市에서 저평가되고 있다고 볼 수 있다. 低PBR 株式은 기업인수 또는 합병의 대상이 될 가능성이 크다.

주가지수선물거래(株價指數先物去來) 증권시장에서 매매되는 전체 주식 또는 일부 주식의 주가를 하나로 묶어 산출한 주가지수를 매매대상으로 하는 선물거래로 주식시장의 시세변동에 따른 위험을 줄이기 위해 고안되었다. 장래 주가지수의 움직임에 대해 예상을 달리하는 시장참가자들이 거래소의 公開呼價方式에 의해 결정된 가격을 기준으로 거래를 하는데 보통 주가지수선물의 이론가격은 現物價格 + 金融費用 − 配當收入으로 표시될 수 있다. 정부는 1995년까지 관계법령제정 등 준비작업을 마치고 1996년부터 株價指數先物市場을 증권거래소내에 개설했다. 증권거래소는 주가지수선물거래에 이용할 지수의 채용종목수를 200개로 확정하고 지수 명칭을 韓國株價指數(KOSPI) 200으로 정했다.

주가현금(株價現金)**흐름비율**(比率) 〔英〕price cashflow ratio(PCR) 주식회사의 대차대조표에 나타난 社內留保金과 사외로 유출되지 않는 비용인 減價償却費의 합계를 그 회사의 現金흐름(cashflow)이라 한다. 이를 발행된 주식수로 나눈 것을 1주당 현금흐름이라 하고 특정시점의 주가를 1주당 현금흐름으로 나누어 백분율로 표시한 것이 주가현금흐름비율이다. 현금흐름은 회사의 이익잉여금이나 자본잉여금이 많으면 많을수록, 감각상각비가 클수록 많아지기 때문에 1주당 현금흐름은 회사의 自己資金力을 나타내는 지표라 할 수 있다. 따라서 주가를 1주당 현금흐름으로 나눈 PCR이 낮을수록 주가와 비교한 회사의 자기금융력이 큰 회사로 볼 수 있고 그만큼 財務安全性이 높으며 부도위험이 적은 기업이라 할 수 있다.

주거 · 신체수색죄(住居 · 身體搜索罪) 사람의 신체, 주거, 관리하는 건조물, 자동차, 선박이나 항공기 또는 점유하는 房室을 수색하는 죄(刑 321). 수색이란 사람 또는 물건을 발견하기 위한 행위이다. 형사소송법 109조 · 137조에 의거한 수색이 違法性을 阻却함은 물론이다. 미수범은 처벌한다(刑 322). → 주거침입죄

주거(住居)**의 불가침**(不可侵) 〔獨〕Unverletzlichkeit der Wohnung 〔佛〕inviolabilité du domicile 주거의 자유를 침해받지 아니하는 것을 말한다(憲 16). 侵害라 함은 거주자의 동의를 얻지 아니하고 또는 그 意思에 반하여 주거에 들어가는 것을 말한다.

주거(住居)**의 자유**(自由) 자신의 주거를 公權力이나 제3자로부터 침해당하지 아니할 권리를 말한다(憲 16). 그 내용은 住居의 不可侵과 令狀主義原則이다. 권리조항에 보장되는 전통적인 自由權의 하나. 주거에 대한 수색이나 주거에서의 압수에는 법관의 영장을 제시하여야 한다(16 後).

주거침입죄(住居侵入罪) 사람의 주거, 관리하는 건조물, 선박이나 항공기 또는 점유하는 房室에 침입하는 죄(刑 319 I). 특수주거침입(320)의 경우에 형을 加重한다. 本罪의 保護法益에 관하여 종래에는 이를 住居權이라고 보고, 특히 가장으로서의 지위에 있는 자가 가지는 주거의 출입 · 수색의 허락권이라고 해석하는 입장까지 있었으나, 근래에는 주거의 사실상의 평온이라고 보는 견해가 유력하다(通說). 주거란 사람의 起臥寢食에 사용되고 있는 장소를 말하며, 건조물인 경우에는 그 圍繞地도 포함한다. 사람의 주거란 자기가 그 공동생활의 일원이 아닌 주거를 말한다. 營造物이란 공장 · 극장 · 창고 등과 같이 주거용이 아닌 건조물을 말한다. 占有하는 房室이란 건조물 안의 사실상 지배 · 관리하는 한 구획을 말한다(예 : 아파트나 호텔의 방 하나, 빌

당내의 사무실). 침입이란 거주자(또는 관리자·점유자)의 의사에 반하여 들어가는 것을 말하며, 행위자의 신체의 전부가 들어 감으로써 旣遂가 된다. 미수범은 처벌한다(322).

주거환경개선사업(住居環境改善事業) 주거환경개선지구의 주거환경개선을 위하여 필요한 주택의 건설, 건축물의 개량, 공공시설의 정비, 소득원의 개발 등 都市低所得住民의 주거환경개선을 위한 임시조치법 6조의 규정에 의한 주거환경개선계획에 따라 행하여지는 사업을 말한다(2).

주거환경개선지구(住居環境改善地區) 도시계획구역안으로서 노후불량건축물이 밀집된 지역 또는 공공시설의 정비상태가 불량하여 주거환경이 열악한 지역으로서 주거환경개선의 촉진을 위하여 都市低所得住民의 주거환경개선을 위한 臨時措置法 3조의 규정에 의하여 지정된 지역을 말한다(2).

주계형사재판소(週季刑事裁判所) 영국에서 행해지고 있는 사법기관의 하나. 반역·중죄 및 경범죄에 관한 기소는 형식적인 고발장(訴狀)에 의거하여 심리하는데, 기소의 가치가 있는 범죄는 주계재판소, 순회재판소 또는 중앙형사재판소에서 陪審員이 동석한 가운데 하는 심리. 주계재판소는 해당 카운티 또는 버러에서 행해진 기소가능한 여러 범죄에 관해서 刑事裁判權을 가지고 있지만 어떤 범죄들은 이 재판권에서 除斥당하고 있는데 예컨대 반역죄, 살인죄, 폭행죄 및 야간절도죄 같은 것으로 종신징역에 처할 수 있을 만한 범죄 및 그 밖에도 상당한 중요성을 가지고 있는 범죄나 중혼죄와 같은 법률상의 어떤 곤란한 문제를 내포하고 있는 것 같이 보이는 범죄들이다. 다소 중요치 않은 기소 가능의 범죄는 略式審理가 가능하고 그와 반대로 법률상의 난점에 의거하여 순회재판소에 이송함이 가한 경우는 이송할 수 있다.

주관쟁의(主管爭議) 〔獨〕 Kompetenzs-treit 행정관청의 권한에 관하여 분쟁이 있을 때, 그 분쟁을 해결하는 절차. 權限爭議라고도 한다. 주관쟁의에는 특정사항이 서로 자기주관에 속한다고 하는 적극적 쟁의와 속하지 않는다고 하는 소극적 쟁의가 있다. 그 어느 경우에 있어서나 쌍방의 협의로써 해결되지 않으면 그 상급관청의 결정에 의하고, 상급관청이 동일하지 않을 때는 상급관청간의 협의에 의하며, 상급관청간의 협의가 이루어지지 않을 때는 행정각부간의 주관쟁의로서 국무회의의 심의(憲 89 x)를 거쳐 헌법재판소의 결정에 따를 수밖에 없다(111 I iv). →권한의 획정

주관적 공범개념(主觀的共犯槪念) →주관적 정범개념

주관적 구성요건요소(主觀的構成要件要素) 〔獨〕 subjektive Tatbestandselemente 행위의 특정한 목적·동기, 행위의사의 특수한 의미 내용 등의 주관적·내심적 사실이 구성요건의 요소로 되어 있는 경우(예컨대 目的犯에 있어서의 목적, 특히 目的的 行爲論의 입장에서 故意). 이것은 행위에 위법성을 주고 또는 위법성을 강하게 하는 것이므로 主觀的 違法要素라고도 한다.

주관적 법(主觀的法) 〔獨〕 subjektives Recht 〔佛〕 droit subjectif 실질적으로는 권리를 의미한다. 객관적 법에 대하여 쓰이는 말. 전통적인 법학은 권리를 법규범의 주관적 측면이라 하여 이렇게 부른다. Recht(獨), droit(佛), ius(羅) 등의 용어는 영어의 law(법), right(권리)의 두 가지 의미를 지니고 있으므로, 즉 객관적 법(〔獨〕 objektives Recht 〔佛〕 droit objectif)과 주관적 권리(〔獨〕 subjektives Recht 〔佛〕 droit subjectif) 등의 두 가지 뜻으로 갈라서 쓰인다.

주관적 병합(主觀的倂合) →공동소송

주관적 불능(主觀的不能) →객관적 불능

주관적 불법요소(主觀的不法要素) 주관적 위법요소와 같다.

주관적 상행위(主觀的商行爲) 〔獨〕 sub-jektives Handelsgeschäft →상대적 상행위

주관적 예비적 병합(主觀的豫備的倂合) 각 공동소송인에 관한 청구를 예비적으로 병합한 共同訴訟. 예를 들면 공작물의 흠에 기한 손해배상을 그 점유자 및 소유자를 공동피고로 하여 청구하면서 점유자에 대한 청구를 제1순위로 하고 그것이 이유없다 하여 기각되는 경우에 대비하여 제2순위로 소유자에게 청구하는 경우(民 758 참조). 이와 같은 倂合이 적법한가의 여부에 대하여서는 다툼이 있다.

주관적 위법성설(主觀的違法性說) 위법성의 의의에 관하여, 이를 주관적으로 이해하는 설. 법을 命令規範이라고 보고서 명령은 명령의 의미를 이해하고 이에 따라 의사결정을 할 수 있는 자, 즉 책임능력이 있는 자에 대하여서만 의의가 있으므로, 책임능력자의 행위라야만 비로소 명령으로서의 법에 위반한다. 즉 위법하다고 말할 수 있다고 주장한다. 이 설에 의하면 책임능력있는 자의 행위만이 위법일 수 있고, 따라서 그러한 자의 침해에 대해서만 正當防衛가 가능하게 된다. 客觀的 違法性說에 대한다.

주관적 위법요소(主觀的違法要素) 〔獨〕 subjektive Unrechtselemente 행위자의 주관적인 요소이면서 행위의 違法性을 창설 또는 증대시키는 요소. 주관적 위법성설의 입장에 의하면 주관적 요소가 이와 같은 기능을 가지는 것은 당연하지만, 客觀的 違法性說의 입장에 의하면 의문이 된다. 그러나 객관적 위법성설은 법의 평가기능이 명령기능에 선행한다고 하는 것이요, 평가의 대상을 객관적 요소에 한정한다는 것은 아니다. 따라서 이 입장에서도 주관적 위법요소의 존재가 가능하다. 주관적 위법요소를 가진 범죄로는 目的犯·傾向犯·表現犯을 든다. 또한 목적적 행위론의 입장에서는 故意도 주관적 위법요소(벨첼의 견해에 따르면 주관적 불법요소라고 하는 것이 정확하다)라고 한다.

주관적 쟁송(主觀的爭訟) 당사자의 권리·이익의 보호를 목적으로 하는 쟁송. 客觀的 爭訟에 대립되는 개념. 쟁송제도는 개인의 권리·이익의 보호와 동시에 법규의 정당한 적용을 목적으로 하나, 일반적으로는 개인의 권리·이익의 보호를 그 주목적으로 한다. 따라서, 쟁송의 대부분은 주관적 쟁송이며 객관적 쟁송으로서의 民衆爭訟과 機關爭訟을 제외한 여타의 모든 쟁송은 주관적 쟁송이다. 주관적 쟁송은 그 직접적인 이해관계인만이 제기할 수 있다. 법원은 법률적 쟁송을 그 고유의 관할로 삼고 있기 때문에(法組 2), 주관적 쟁송만이 법률적 쟁송으로서 법원의 심판대상이 된다.→객관적 쟁송

주관적 정범개념(主觀的正犯槪念) 〔獨〕 subjektiver Täterschaftsbegriff 행위자의 의사를 표준으로 하여 자기를 위하여 범죄를 행한다는 의사를 가지고 행위하는 것을 正犯이라고 하는 정범개념. 이에 대하여 타인을 위하여 한다는 의사를 가지고 행위하는 것이 共犯(좁은 의미)이 된다.

주관주의(主觀主義) 客觀主義에 대한 말. 여러가지 뜻으로 쓰여지지만, 대체로 물적 및 실재적인 것보다 심적 및 관념적인 것을 중시하고, 또는 사회적인 거래상의 입장보다 개인적인 입장을 중시하는 것과 같은 경향의 사고방법을 주관주의라 한다. →객관주의

[1] 민법상으로는 예컨대 占有의 성립을 위하여 객관적 요건만으로는 부족하고, 그 밖에 특별한 의사, 즉 주관적 요건을 필요로 하는 것과 같이, 주관적인 요소를 강조하는 입장을 주관주의라고 말한다.

[2] 형법상으로는 범죄의 고찰에 있어서 행위의 주체인 행위자의 성격·의사 등의 주관적 측면에 중점을 두는 입장을 말한다. 이 입장은 刑事責任의 근거를 범인의 반사회적 성격, 즉 社會的 危險性에 둔다. 주관주의는 행위자주의라고도 부르며, 신파의 중심사상의 하나일 뿐 아니라 신파를 대표하는 것으로 부르기도 한다. →신파

주 권(主權) 〔英〕 sovereignty 〔獨〕 Souveränität 〔佛〕 souverainité 여러가지 의미로 사용된다. 원래는 주권이라는 말은 국가권력의 최고독립성을 뜻하였다. 주권개념의 창설자 보댕은 국왕의 권력은 法王·封建領主·都市 등의 권력에 우월하며, 대내적 최고·대외적 독립의 주권이라고 설명하였다. 이 설은 근대초기의 專制君主制의 이론적 기초확립에 공헌했고, 그 후에 주권은 근대국가에 있어서의 불가결적 요소가 됨에 이르렀다. 단지 국가형태로서의 聯邦制가 나온 이래로 연방내의 持分國도 국가라 할 수 있을 것인가라는 문제와 관련하여 이와 같은 주권개념의 동요를 초래하였고, 또 多元的 國家論과 國際法優位論을 주장하는 사람은 주권을 부인하고 있다. 그러나 일반적으로 이 개념은 아직 유지되고 있다. 현재의 국제연합도 모든 가맹국의 주권평등의 원칙에 기초를 둔다고 한 것은 바로 이것을 명백히 선언한 것이다(憲章 2Ⅰ). 오늘날 주권개념은 국가의 최고의사 결정능력 내지 최고성을 가진 국가권력을 의미하고(예 : 國民主權), 혹은 통치권 그 자체를 의미할 때도 있다(예 : 領土主權).

주 권(株券) 〔英〕 share-certificate, stock-certificate 〔獨〕 Aktie, Aktienbrief 〔佛〕 titre d'action 株主權을 표창하는 유가증권(사원권적 유가증권). 주식은 주권을 통하여 動化되어 증권시장에서 매매거래된다. 주권은 주주권의 존재를 전제로 하여 발행되므로 設權證券·無因證券은 아니나, 주권에 법정사항을 기재해야 하기 때문에 要式證券이다(商 356). 그러나 본질적인 것이 아닌 사항의 흠결이 있어도 주권은 무효로 되지 않는다. 권면에 주주의 성명을 기재하느냐에 따라 記名證券과 無記名證券으로 구별하고 1매의 주권으로써 수개의 주주권을 표창할 수 있으므로, 1株券·10株券·100株券 등을 발행할 수 있으나 정관으로써 일정수 이상의 주식에 한정하는 것은 株式讓渡의 制限(355Ⅰ)이 되므로, 상법의 취지에 반한다(→주식양도). 주권은 회사의 성립후 또는 신주의 납입기일후 지체없이 발행해야 하고(355Ⅰ·Ⅱ). 기일전에 발행한 주권은 무효이고(355Ⅲ), 適期發行을 위반하거나 해태한 발행자에게는 손해배상책임 또는 과태료의 제재가 있다(355Ⅲ, 635Ⅰxix). 기명주권의 양도는 배서 또는 양도증서와 주권의 교부로써 하고(336), 무기명주권은 주식의 양도는 주권의 교부로써 한다. 주권을 상실한 경우에는 公示催告의 節次(民訴 446 이하)에 의하여 주권을 무효로 할 수 있고, 除權判決

을 얻어 주권의 재발행을 청구할 수 있다(商 360).

주권국가(主權國家) 〔英〕 sovereign state 〔獨〕 souveräner Staat 〔佛〕 Etat souverain 主權을 가진 국가. 주권이란 말은 옛날부터 여러 뜻으로 사용되고 중요한 논쟁의 대상이 되어 왔지만, 국제법상으로는 특히 다른 어떠한 국가의 권력하에도 복종하지 않는 것을 의미한다. → 주권

주권대체결제제도(株券對替決濟制度) 株券의 소유자가 그 소유의 주권을 증권회사에 예탁하고, 증권회사는 이것을 공동의 중앙기관에 재예탁하는 동시에, 주권의 소유자는 증권회사에, 증권회사는 중앙기관에 각각 계좌를 개설하고, 주식의 이전 및 담보권의 설정은 주권을 현실로 인도하지 않고 讓渡人(또는 담보권설정자)의 계좌로부터 讓受人(또는 담보권자)의 계좌로 일정한 數額을 對替(移替)함으로써 행하는 제도를 말한다. 즉 주식의 양도방식은 주권의 교부에 의하는 것이 원칙인데, 이것은 증권거래소에 의하여 지정된 일정한 주식에 관하여는 株式讓渡에 주권의 현실적인 수수를 요하지 않고 장부상의 移替만으로 간편하게 처리하는 방법이다. 이 제도는 근래 증권시장에서 주식의 거래가 대량으로 행하여짐에 따라 주권을 일일이 주고 받는데 따르는 번거로움과 위험을 피하기 위하여 고안된 것으로, 일찍이 유럽과 미국에서 실시되고 있고 우리나라에서도 1974년부터 실시되고 있다(證去 173). 즉 증권거래소의 전액출자로 설립된 증권예탁원만이 對替決濟義務를 영위할 수 있다(173의2).

주권론(主權論) 주권의 개념·내용은 여러 가지 복잡한 뜻을 가졌는데 근본적으로는 그 이데올로기적 성격이 주목된다. 주권의 근대적 개념은 16세기의 보댕에 의하여 처음으로 확립되었으며, 이 주권 개념이 君主를 중심으로 한 민족국가 결성의 이데올로기적 구실을 다하였다. 주권의 귀속주체를 둘러싸고 君主主權論, 루소의 人民主權論, 독일류의 國家主權說, 다원적 국가론자에 의한 국가주권의 否認論 등의 출현은 주권 개념의 역사성·이데올로기성을 표현한 것이다.

주권면책(主權免責) 행정상의 손해배상제도와 관련하여 英美에서 인정되던 法理로서, 국가는 배상책임을 지지 않는 것을 말한다. 주권면책의 법리는 국왕은 惡을 행할 수 없다는 원칙을 바탕으로 하고 있다. 그러나 제2차대전 후에는 영미에서도 이러한 원칙을 포기하여 국가의 賠償責任을 인정하고 있다.

주권발행전(株券發行前)**의 주식양도**(株式讓渡) 주식회사에서 주권의 발행 전에 주식을 양도하는 것을 말한다. 주권발행전에 주식이 양도되면 회사로서는 확정적인 주주명부의 작성, 주권발행 등의 사무를 원활히 추진할 수 없으므로 상법(335)은 주권발행전의 주식의 양도는 당사자간에는 유효하지만 회사에 대하여서는 효력이 없다고 규정하고 있다. 이에 대하여는 절대적으로 효력을 부인하는 것은 지나치고, 다만 회사에 대항할 수 없다고 해석하는 견해가 유력하다. 어쨌든 이 상태가 오래 계속되면 주주로선 불리하므로 회사는 성립후 또는 新株의 납입기일 후 지체없이 株券을 발행하지 않으면 안되게 하고 있다(商 355Ⅰ). 合理的 期間이 지나서도 회사가 주권을 발행하지 않을 때에는 주권발행전에도 주식의 양도를 회사에 대하여 대항할 수 있다고 본다.

주권불소지제도(株券不所持制度) 記名株式의 주주가 주권의 소지를 하지 아니하겠다는 뜻을 회사에 신고함으로써 회사가 그 신고된 주권을 발행하지 아니하는 제도를 말한다. 회사는 주권을 발행하여야 하는 것이 원칙이나, 기명주식의 주주에게 주권이 필요한 것은 주식을 처분할 때 뿐이고, 주주의 권리를 행사하기 위하여는 株主名簿의 名義改書가 되어 있는 한 주권의 소지가 불필요하다. 주권을 소지하고 있으면 도리어 도난·분실 등에 의하여 이를 상실할 위험이 많다. 더욱이 1984년 개정상법에서는 기명주식의 양도는 주권의 단순한 교부만에 의하여 행하여지므로 도난·분실 등의 경우에 주주의 권리가 상실될 위험이 더욱 커졌다. 그리하여 개정상법은 장기에 걸쳐 주권을 처분할 의사가 없는 고정주주의 이익을 고려하여 주권불소지제도를 채택하였다(商 358의2).

주권(株券)**의 선의취득**(善意取得) 株券을 취득한 소지인은 유통 도중에 도난·유실 등에 의하여 사실상의 권리이전이 단절된 경우에도 악의 또는 중과실이 입증되지 않는 한 원시적으로 권리를 취득하고 누구에 대하여도 株券返還義務를 부담하지 아니하는 것(商 359, 手票 21)을 말하며, 이 주권의 선의취득제도가 인정된 것은 주권소지인의 지위를 확실하게 하고 유통의 안전을 꾀하기 위한 것이다. 민법의 善意取得에 비하여 경과실이 보호되고 도품·유실물에 대한 예외가 없는 것이 다르다. 그러나 이 제도에 의하여 양도인의 무능력이나 기타의 하자가 치유되는 것은 아니다. 그리고 구상법에서는 취득자에게 회사에 대하여 인감을 조사하는 등의 진위조사의무를 과하여 선의취득을 제한하고 있었으나(舊商 229Ⅱ). 상법은 주권거래의 안전을 보호하기 위하여 이러한 제도를 두지 아니하였다.

주권재민(主權在民) 국민이 국가의 정치를 결정하는 최고권력을 가진다는 것. 國民主權이라고도 한다. 君主主權에 반대되는 말. 19세기의 民主主義 諸國의 헌법이 명시하고 있는 국가권력은 국민으로부터 나온다든가, 우리 헌법의 주권은 국민에게 있고 모든 권력은 국민으로부터 나온다(憲 1Ⅱ)고 하는 것은 모두 주권재민을 표명하고 있는 것이다.

주권재민설(主權在民說) →국민주권설

주금균일(株金均一)**의 원칙**(原則) 주식의 금액은 균일하여야 한다는 원칙(商 329Ⅲ). 액면주식인 한 신주발행의 경우에 있어서도 舊株와 新株와는 동일금액이어야 한다. 이 주금균일의 원칙이 株主平等의 原則을 인정하고 있는 실정법상의 간접적인 근거가 되는 것이기도 하다.

주금납입(株金納入) 〔英〕 calls on shares 〔獨〕 Einzahlung des auf die Aktie zu leistenden Betrags 〔佛〕 versement sur action 주식인수인이 인수한 주식에 관한 금전출자의무를 이행하는 것. 발행하는 주식의 총수가 인수되면 설립시에는 지체없이, 신주발행시에는 납입기일에, 인수한 주식의 발행가액의 전액(株金全額納入主義)를 납입해야 한다(商 295Ⅰ, 305Ⅰ, 421). 납입은 현금으로써 하여야 하고, 代物辨濟·更改는 인정되지 않으며, 相計로써는 회사에 대항하지 못한다(334). 그리고 모집설립이나 신주발행의 경우에는 납입가장의 폐풍을 방지하고 납입의 확실을 기하기 위하여, 납입장소를 株式請約書에 기재한 은행 기타 금융기관에 한정시키고(295, 305, 425). 변경할 때는 법원의 허가를 얻어야 한다(306, 425). 또한 납입금을 보관하는 은행 기타 금융기관은 그가 교부한 보관금에 관한 증명서에 기재된 보관금액에 대하여는 납입의 부실 또는 반환에 관한 제한이 있음을 이유로 하여 회사에 대항하지 못한다(318). 주식인수인이 납입을 하지 않을 때에는 모집설립의 경우는 강제집행은 물론 상법상의 失權節次를 취할 수 있고(307), 신주발행의 경우는 납입기일이 지나면 당연히 실권한다(423Ⅱ). 회사는 실권한 주식인수인에 대하여 손해배상을 청구할 수 있다(307Ⅲ, 423Ⅲ).

주금납입청구권의(株金納入請求權)**의 사정**(査定) 회사정리법상 회사의 정리절차에 있어서 회사의 발기인·이사에 대한 주식의 납입을 청구하는 권리를 간편하고도 신속하게 결정하는 절차(會整 73~77). 법문상으로는 株金納入請求權이라고 되어있으나 주금, 즉 액면주식의 권면액의 납입의 청구권 뿐 아니라 납입금액 전액의 청구권을 포함한다. 그리고 주식의 납입은 회사성립 또는 신주발행전에 행해지므로 이 납입청구권은 어느 것이나 발기인 또는 이사의 資本充實責任에 바탕을 두는 것에 한한다(商 321). 절차의 내용은 손해배상청구권의 사정의 절차와 동일하다.

주금(株金)**의 면제**(免除) 〔獨〕 Befreiung, Liberierung 미납입액면주식의 주금의 일부 또는 전부를 면제하고, 그 한도에 있어서 주금액을 감소하는 것. 종래 자본감소의 한 방법으로 인정되어 있었으나 오늘날에는 株金全額納入主義를 채용하고 있으므로 이 방법은 일체 인정되지 않는다.

주금전액납입주의(株金全額納入主義) 주식의 납입에 있어서 그 發行價額의 전액을 일시에 납입하는 주의를 말한다. 상법은 종래 分割納入主義를 채용하고 있었으나 실제상 미납입주금의 징수가 어렵고, 법률관계가 공연히 복잡하기 때문에 새 상법은 전액납입주의를 채용하고 있다.

주기적 급부(周期的給付) →회귀적 급부

주는 채무(債務) 〔佛〕 obligation de donner 특정물 또는 불특정물을 給付(인도·명도)하는 것을 목적으로 하는 채무. 하는 債務에 대립하는 개념. 直接强制를 할 수 있는 것을 특색으로 한다. →강제이행

주당순이익(株當純利益) 〔英〕 earnings per share(EPS) 當期純利益을 주식수로 나눈 값. 규모가 다른 기업의 수익성을 비교하는 것은 이익의 절대적 규모만으로는 불가능하기 때문에 주당순이익으로 收益性을 평가한다. 주당순이익은 기업의 수익성을 분석하는 중요한 수치로 이익예측에 이용될 뿐만 아니라 株價收益費率(PER) 계산의 기초가 된다. 주당순이익은 당기순이익 규모가 늘면 높아지게 되고 轉換社債의 株式轉換이나 증자로 주식수가 많아지면 낮아지게 된다. 주당순이익이 높다는 것은 그만큼 경영실적이 양호하다는 뜻이며 배당여력도 많으므로 주가에 긍정적인 영향을 미친다. 증권시장에서 블루칩으로 불리는 大型優良株의 주가가 고가이면서도 여전히 선호되고 있는 이유는 주당순이익이 높기 때문이다.

주(主)**된 권리**(權利)**·종**(從)**된 권리**(權利) 다른 권리의 효력을 담보하거나 증대하기 위하여 이에 종속되는 권리를 종된 권리(〔英〕 accessory right 〔獨〕 Nebenrecht 〔佛〕 droit accessoire)라 하고 從된 權利가 종속되어 있는 권리를 主된 權利(〔英〕 principal right 〔獨〕 Hauptrecht 〔佛〕 droit principal)라 한다. 예컨대, 담보물권은 피담보채권에 대해서, 地役權은 要役地所有權에 대해서, 利子

債權은 원본채권에 대해서, 각각 종된 권리가 되고, 피담보채권, 요역지소유권, 원본채권은 각각 주된 권리가 된다. 종된 권리는 그 발생 · 변경 · 소멸에 있어서 원칙적으로 주된 권리와 운명을 같이 한다. 예컨대 이자의 발생을 목적으로 하는 이자채권은 元本債權에 종속되어 있는 것으로서 원본채권 없이는 발생할 수 없고, 원본채권이 소멸하면 이것도 함께 따라 소멸한다. 그러나 종된 권리도 발생후 독립된 존재를 갖기에 이르면, 주된 권리가 소멸된 후에도 독립하여 존재할 수 있다. 예컨대 기본적 이자채권에 기하여 발생하는 支分的 利子債權은 일면 原本債權에 종속하여 그의 확장된 형태로서의 성질을 갖는 것이지만, 다른 면에서 이미 변제기에 도래한 경우에는, 이 지분적 이자채권은 원본채권에 대하여 강한 독립성을 갖는다. 어떠한 종류의 종된 권리가 어떠한 경우에 어떠한 정도의 독립성을 갖는가는, 각개의 권리에 관하여 구체적으로 결정하는 수밖에 없다.

주(主)된 행위(行爲) · 종(從)된 행위(行爲) 어떤 法律行爲의 효력이 발생하기 위해서 다른 법률행위의 존재를 필요로 하는 경우에 그 행위를 종된 행위(〔獨〕 Nebenakt 〔佛〕 acte accessoire)라고 하고, 그 전제가 되는 다른 행위를 주된 행위(〔獨〕 Hauptakt 〔佛〕 acte principal)라고 한다. 예컨대 저당권설정계약 · 보증계약 등은 채권 또는 대차계약의 존재를 전제로 하므로, 종된 행위이다. 종된 행위는 주된 행위와 법률적 운명을 같이 하는 것이 원칙이지만, 그 정도는 경우에 따라서 동일하지는 않다.

주등기(主登記) 독립하여 순위를 가지는 등기. 獨立登記(新登記)에 대하여 附記登記가 행하여졌을 때 그 독립등기를 특히 주등기라 한다(不登 6 I).

주 류(酒類) 酒精(희석하여 음료로 할 수 있는 것을 말하며, 불순물이 함유되어 직접 음료로 할 수는 없으나 정제하면 음료로 할 수 있는 粗酒精을 포함)과 알콜분 1도 이상의 음료(용해하여 음료로 할 수 있는 분말상태의 것을 포함하되, 약사법의 규정에 의한 의약품으로서 알콜분 6도 미만의 것을 제외)를 말한다(酒稅法 2). 여기에서 알콜분이란 원용량에 함유된 에틸알콜(섭씨온도 15도에서 1만분의 7,947의 비중을 가진 것을 말한다)을 말한다.

주류군(駐留軍) 평시에 우호관계하에서 타국영토에 체재하는 군대. 전시에 교전국군대가 일방적인 실력으로써 적국영토를 점령하는 형태로 외국군대가 존재하는 경우와는 다르다. 주류군의 駐留는 명백한 합의가 있어야 하며 보통 특별한 협정에 의하여 행해진다. 평시 우호관계하에서의 외국군대의 주류는 의례적으로 일시적인 방문의 목적으로서 행하여지는 일도 있고 공동방어의 목적하에서 일정기간 상주적으로 행하여지는 경우도 있다. 최근에는 集團的 安全保障의 목적을 위하여 각국군대가 국제적으로 조직되어 그 결과 서로 타국에 주류하는 경우가 많다. 전시에도 공동교전국간에서 행해지는 경우가 있다. 동의를 얻어 주류하는 주류군에게는 軍隊營舍의 불가침, 재판관할권의 면제 특히 형사재판권의 면제를 중심으로 하는 국제법상 일정한 治外法權이 인정된다. 그러나 군대구성원이 영사 외에서 행한 공무와 관계없는 범죄에 대하여서는 접수국이 재판관할권을 행사하는 것이 원칙이다. 군함 · 군용기내에서는 이 이상의 강한 물적 치외법권이 인정되고 있다. 그런데 제2차대전후부터는 군대주류에 따르는 모든 문제(형사재판관할권, 민사 및 배상청구, 출입국관리, 관세면제의 한계, 시설 및 토지사용, P.X. 기타 노무자처리)를 당사국간의 行政協定에서 상세히 규정하고 있으며 1951년의 군대의 지위에 관한 북대서양조약 당사자간의 협정, 1952년의 미일안전보장조약 3조에 의거한 미일행정협정 · 한미상호방위조약 4조에 의거한 1967년의 韓美行政協定 등이 그 대표적인 것이다. → 행정협정

주무관청(主務官廳) 관청은 국가의 의사를 결정하고 외부에 대하여 그 의사를 표시할 수 있는 국가기관을 의미하거니와, 모든 관청은 法律 또는 職制에 의하여 일정한 권한을 가지고 있다. 여기서의 주무관청은 관청의 일정한 권한에 착안하여 호칭하는 개념이다.

주무부장관(主務部長官) 특정사항에 관하여 권한을 가지고 있는 장관. 주무부장관은 그 담임한 직무에 관하여 직권 또는 위임에 의하여 部令을 발할 수 있다(憲 95). 그리고 소관사무를 통할하고 소속공무원을 지휘감독한다(政組 7 I).

주 문(主文) → 판결주문

주 물(主物) 〔獨〕 Hauptsache 〔佛〕 chose principale 從物에 대한 개념으로서, 종물이 부속되어 있는 물건을 말한다(民 100 I). 예컨대, 따로된 庫房 · 광 · 다다미(疊) · 建具 등에 대한 가옥, 여러가지의 부속시설에 대한 농장, 시계줄에 대한 시계, 노(櫓)에 대한 배와 같은 것이다.

주 민(住民) 지방자치단체의 구역내에 주소를 가진 자를 말한다. 국적 · 성 · 연령 · 행위능력의 여하를 불문하며, 어떤 행정행위나 등록 등 公證

行爲를 요하지 않는다. 주민은 법령의 정하는 바에 의하여 소속 자치단체의 재산과 공공시설을 이용하는 권리가 있고, 그 자치단체로부터 균등하게 행정의 혜택을 받을 권리를 가진다(地自 13Ⅰ). 또한 주민은 일정한 요건하에 당해 지방자치단체에의 參政權(선거권 · 피선거권)을 가진다(13Ⅱ). 주민등록법은 30일 이상 거주할 목적으로 일정한 장소에 주소 또는 거소를 가진 자를 주민으로 하여(6), 주민등록의 대상으로 하고 있다.

주민등록(住民登錄) 주민등록법의 규정에 의하여 시(서울특별시 · 광역시 제외) · 군 또는 구(자치구)의 주민을 등록하게 함으로써 주민의 주거관계를 파악하고 상시로 인구의 동태를 명확히 하여 行政事務의 적정하고 간이한 처리를 도모함을 목적으로 주민등록표에 작성하는 것. 시장 · 군수 또는 구청장은 개인별 및 세대별 주민등록표를 작성 · 비치하고, 세대별 주민등록표색인부를 비치 · 기록한다(7Ⅰ). 30일 이상 거주할 목적으로 일정한 장소에 住所 또는 居所를 갖는 자는 거소를 갖는 날로부터 14일 이내에 세대주, 세대를 관리하는 자 또는 본인이 신고를 하여야 한다(6, 11). 주민등록의 정확을 기하기 위하여 등록을 한 자가 이동을 할 때에는 구거주지와 신거주지간의 연결조치가 취하여진다(14, 14의2). 주민등록표의 기재 · 기재사항의 변경 · 말소 · 정정 등은 세대주의 신고에 의하여 행한다(8, 13, 14). 종전에는 주민의 등록제도로서 호적이외의 寄留制度가 있었으나 寄留制度를 폐지하고 주민등록제도를 새로 마련한 것이다. 공법관계의 주소는 주민등록지가 되는 것이 원칙이다(17의7Ⅰ).

주민등록증(住民登錄證) 주민등록법의 규정에 의하여 주민등록이 된 17세 이상의 자에게 관할 시장 · 군수 또는 구청장이 발급한 證票(住登 17의8Ⅰ)를 말한다.

주민세(住民稅) 지방자치단체인 市 · 郡의 주민이라는 것을 기준으로 하여 부과되는 人稅. 주민에는 자치단체내에 주소를 둔 개인과 법인 및 그 단체구역내에서 소득세 · 법인세 · 농지세의 납세의무가 있는 자가 포함된다(地稅 173). 개인에게는 一일정액의 균등할과 소득세액 또는 농지세액을 기준으로 하는 소득할(所得稅割)이, 법인에게는 균등할과 법인세액 또는 농지세액을 기준으로 하는 소득할(法人稅割)이 부과된다. 소득할은 개인 및 법인의 소득을 과세의 대상으로 하는 것으로서, 그 의미에서 주민세는 소득과세의 성격이 강하다고 하겠다.

주민참가(住民參加) 지방자치단체의 행정과정에 주민의 의사를 반영시키기 위한 法的 構造를 말한다. 주민참가의 기능으로는 지방행정의 민주화, 私權의 보장, 행정의 합리화를 들 수 있다.

주벽교정처분(酒癖矯正處分) 범죄의 원인이 銘酊에 있는 경우에 주벽을 교정할 필요가 있다고 인정되는 때에 형에 부가하여, 또는 형에 대신하여, 일정기간 酒癖矯正所에 수용하여 치료시키는 처분. 덴마크 · 독일 · 이탈리아 · 스위스 등에서 채용되고 있다.

주석학파(註釋學派) 〔獨〕 Glossatoren 11·12세기의 유럽에 있어서의 정신문화홍성과 북이탈리아에 있어서의 상공업발흥의 물결을 타고, 북이탈리아의 볼로냐에서 일어나서, 중세에 있어서의 최초의 본격적인 로마법연구를 부활시킨 학파. 로마법대전을 신성로마제국에 있어서 현실로 적용되어야 할 普通法으로서 절대시하였으며, 그 연구방법은 개개의 법문의 註釋(glossa)으로부터 출발하여 법의 전체계를 파악하려고 하는 것이었다. 오로지 개개의 법문 · 자구의 주석에 전념한 데서 주석학파라고 불린다. 그들은 로마법대전의 난해한 어구의 설명, 관계법문의 종합, 저촉하는 법문의 조화, 實例의 擧示, 각장의 要約(summa), 개념의 區別定立(distinctio) 등에 노력함으로써 帝의 法의 의미를 명백히 하였으며, 그 연구의 융성에 따라, 이탈리아 뿐만 아니라, 독일 · 프랑스 · 영국 등의 각지로부터 볼로냐에 와서 로마법을 수학하는 자가 많아, 1200년 전후에는 1만명에 달하였다고 하며, 이 유학생들은 그들의 고국에 돌아가 각지에 있어서의 법의 발전과 로마법의 전파에 중요한 역할을 하였다. 12세기초법의 明星 이르넬리우스(Irnelius)를 學祖로 하고, 그 후 2파로 분열되어 대치하였으나, 13세기 중엽에 이르러 아꾸르시우스(Accursius)가 標準註解(glossa ordinaria)를 저술하여 그들의 업적을 집대성하였다. 이 학파의 업적은 법의 체계적 · 역사적 연구를 결하고 또한 법의 실용화의 방면에도 이바지하는 점이 적다는 비난을 받지만, 그 정밀한 주석의 결과는 후대에 있어서의 체계적 · 역사적 연구의 발달을 위한 기초를 쌓았다고 할 수 있다. 법의 실용화의 사업은 後期註釋學派에 의하여 완성되었다. 중세에 있어서의 로마법 연구는 이후 후기주석학파에 의하여 계승되었다.

주 사(主事) 6급인 일반직사무계 국가 또는 지방공무원의 일반적인 직명. 職列에 따라 그 직렬을 표시하는 용어를 부여함으로써 구체적인 직명이 된다. 상사의 명을 받아 관할일반사무를 담당하며, 소속직원을 지휘 · 감독한다.

주사보(主事補) 7급인 일반직사무계 국가

또는 지방공무원의 일반적인 직명. 職列에 따라 그 직렬을 표시하는 용어를 부여함으로써 구체적인 직명이 된다. 행정주사보·감사주사보는 그 예. 상사의 명을 받아 소관 일반행정사무를 담당하며, 소속 직원을 지휘·감독한다.

주 선(周旋)　[1] 국제법상 주선(〔英〕good offices 〔獨〕gute Dienst 〔佛〕bons offices)이라 함은 國際紛爭을 제3국의 중매에 의하여 해결하는 방법. 제3국은 분쟁당사국의 한쪽의 의사를 다른쪽 당사국에 연락하든가 또는 직접교섭의 재개와 그 진보를 위하여 노력한다. 그렇지만 그 해결안에 관여치 않으며 따라서 본질상 권고적 역할을 하지 않는다. 그는 오직 중간에서 분쟁당사국간의 직접교섭에 의한 해결을 도와줄 뿐이다. →거중조정

[2] 상법상으로는 자기명의로 그러나 타인의 계산으로 법률행위를 인수하는 행위. 경제상의 대리 또는 간접대리라고도 한다. 이것을 인수하는 행위를 영업으로 하면 商行爲가 된다(46 xii). 위탁매매인·운송주선인·준위탁매매인의 행위가 이것에 해당한다.

주선상(周旋商)　주선에 관한 행위를 영업으로 하는 자(商 46 xii, 4). 상법상 위탁매매인·운송주선인·준위탁매매인의 3종이 인정된다. 3자의 구별은 종래의 목적인 행위의 차이에 의한 것으로 委託賣買業은 물건의 판매 또는 매입, 運送周旋人은 물건운송, 準委託賣買業은 그 밖의 모든 법률행위를 목적으로 한다. 이외의 점, 특히 제3자·위탁자와의 관계에 관하여는 공통의 원칙이 지배하고 있으며, 상법은 준위탁매매인에 대하여는 전면적으로, 운송주선인에 대하여는 특칙이 없는 한 위탁매매업에 관한 규정을 준용하도록 하고 있다(商 113·123·124).

주 세(酒稅)　酒類에 주세법에 의하여 부과하는 間接稅(酒稅法 1). 납세의무자는 주류를 제조하여 제조장으로부터 출고하는 자와 관세법의 규정에 의하여 관세를 납부할 의무가 있는 자로서 주류를 관세법의 규정에 의한 保稅區域으로부터 반출하는 자이다(1의2). 주세에 대한 課稅標準은 주정의 경우에는 반출하는 수량으로 하고 주정 외의 주류의 경우에는 제조장으로부터 출고하는 때의 가격으로 한다(19). 주세는 출고한 주류의 수량 또는 가격에 응하여 제조자로부터 징수하게 된다. 다만, 보세구역으로부터 반출하는 주류에 대하여는 반출한 수량 또는 가격에 따라 반출자로부터 징수한다(21).

주 소(住所)　〔羅〕domicilium 〔英〕·〔佛〕domicile 〔獨〕Wohnsity　[1] 실질적으로 생활의 근거가 되는 곳(民 18 Ⅰ). 즉, 어떤 사람의 일반 생활관계에 있어서 그 중심을 이루는 장소를 말한다. 주소의 설정·변경에는 定住의 사실 외에 그곳을 생활관계의 중심으로 하고자 하는 의사가 필요하다고 하는 설(主觀說)과 그러한 의사는 필요치 않다고 하는 설(客觀說)의 대립이 있는데, 후설이 다수설이다. 주소는 동시에 두 곳 이상 있을 수 있다(18 Ⅱ). 法人에 관하여는 주된 사무소 또는 본점의 소재지가 주소로 된다(民 36, 商 171 Ⅱ). 주소가 법률상 의미를 가지는 것은 재판관할(民訴 2), 섭외사법상의 준거법의 결정(涉私 2 Ⅱ, 7 Ⅱ, 11 Ⅱ, 14 등) 등에 관해서이다. 居所·假住所 등도 일정한 경우에는 주소로 본다.

[2] 공법상으로도 주소나 거소를 표준으로 하여 법률관계를 정할 때가 많다. 예컨대, 지방자치단체의 住民權, 각종의 선거권·피선거권, 납세의무가 주소를 성립요건으로 하는 것과 같다. 공법상의 주소는 다른 법률에 특별한 규정이 있는 경우를 제외하고는 주민등록법에 의해 한 住民登錄地가 되므로(住登 17의7), 공법상의 주소는 특별한 규정이 없는 限 한 곳에 한한다.

주소(住所)**의 소극적 저촉**((消極的抵觸)　무주소와 같다.

주소(住所)**의 저촉**(抵觸)　〔佛〕conflits des lois relatifs au domicile　한 사람이 동시에 수개의 住所를 가지거나 또는 어느 주소도 가지지 않는 것. 전자를 주소의 적극적 저촉·이중주소 또는 중복주소라 하고, 후자를 주소의 소극적 저촉 또는 무주소라 한다. 국제사법상으로는 당사자의 住所地法을 결정하여야 할 경우에 주소저촉의 해결이 필요하다. 이에 관하여는 여러가지 주의가 있지만 우리나라 섭외사법은 국적의 저촉의 경우에 관한 규정을 준용하고 있다(3 Ⅱ). 따라서 당사자가 둘 이상의 주소를 가지는 경우에, 그 중 하나가 내국주소인 때에는 한국의 법률로써 당사자의 주소지법으로 하고 모두가 외국주소인 때에는 최후에 취득한 주소에 의하여 주소지법을 정하게 된다. 또 무주소자에 관하여는 그 居所地法을 주소지법으로 본다(3 Ⅰ). 수개의 외국주소를 동시에 취득한 경우 또는 내외주소를 동시에 취득한 경우에 관하여는 섭외사법은 아무런 규정도 두지 않고 있다. 그러나 통설은 전자의 경우에 관하여 거소가 있는 주소를 그것이 없는 주소에 우선시키고, 거소조차 알 수 없는 때에는 최후의 거소가 있었던 주소를 우선시켜야 한다고 한다. 또 후자의 경우에 관하여는 내외국적을 동시에 취득한 때와 같이 내국주소를 우선시키도록 하는 것이 解釋論으로서는 타당하겠으나, 立法論으로서는 외국주소를

동시에 취득한 경우와 같이 다루어야 한다는 것이 통설이다. 요컨대 어떠한 관계에 의하여 당사자와 보다 밀접한 관계를 가지고 있다고 인정되는 편의 주소의 법률을 당사자의 주소지법으로 인정하여야 할 것이다.

주소(住所)**의 적극적 저촉**(積極的抵觸) 이중주소와 같다.

주소지법(住所地法) 〔羅〕 lex domicilii 당사자의 주소가 존재하는 장소의 법. 國際私法上 準據法의 하나로서 인정되고 있다. 영국이나 미국에 있어서는 주소지법이 屬人法으로서 인정된다. 우리나라 섭외사법에 있어서는 속인법에 관하여 本國法主義를 채용하고 있지만, 당사자가 무국적인 경우에는 주소지법이 본국법으로 대용된다(2Ⅱ). 또 채권양도의 제3자에 대한 효력에 관하여(14), 때로는 反定의 결과로서 주소지법이 적용되는 경우가 있다.

주소지법주의(住所地法主義) 〔英〕 doctrine of domicile 〔獨〕 System der Domizilrechte 〔佛〕 système de la loi du domicile 國際私法上 住所地法을 적용하는 주의. 두 가지의 의미로 사용된다. 즉 첫째, 특정의 섭외적 법률관계에 관하여 주소지법을 적용하는 주의를 의미한다. 예컨대 동산상속에 관한 주소지법주의 등이다. 다음에 주소지법으로써 屬人法으로 하는 주의를 의미한다.

주 식(株式) 〔英〕 share, stock 〔獨〕 Aktie 〔佛〕 action 주식회사의 자본의 구성단위로서의 金額의 뜻과 주주의 회사에 대한 권리·의무를 내용으로 하는 地位의 두 가지 뜻이 있다. 일반적으로 후자의 뜻으로 사용되어 주주권이라고도 한다. 그리고 株主權은 株券이라는 유가증권에 表彰되므로 주권을 주식이라고 부르는 경우도 있으나 상법상으로는 구별하고 있다. 주주는 회사에 대하여 자기가 가지고 있는 주식의 내용과 수에 따라 권리·의무를 지게 되고, 비율적으로 企業支配와 企業利潤에 참여하게 된다. 각 주식의 금액은 균일하여야 하며(商 329Ⅲ), 자본의 전부가 주식으로 분할되어 있어야 하고, 1주의 금액은 100원 이상이어야 한다(329Ⅳ). 그러므로 자본의 일부만을 주식으로 분할하는 것은 허용되지 않는다. 상법상 주식은 일정한 금액으로 표시하는 金額株에 한하나 입법례로서는 자본에 대한 분수적 비례로 표시하고 권면액이 없는 소위 無額面株(부분주·비례주)도 있다(미국·캐나다·일본 등). 주식은 회사설립·신주발행·선의취득에 의하여 원시적으로 취득되고, 합병·상속 등에 의한 법률상의 이전과 당사자의 계약에 의한 주식의 양도에 의하여 승계적으로 취득된다. 또 주식의 入質도 가능하다. 다시 주식은 그 이전 또는 失權節次에 의하여 상대적으로 소멸하고 會社의 解散과 株式消却에 의하여 절대적으로 소멸하나 주주의 퇴사는 인정되지 않는다. 또한 주식은 기명주식과 무기명주식으로 나누어지고 讓渡·入質·議決權의 행사 등의 경우에 그 취급을 달리한다.

주식감리종목(株式監理種目) 주가가 이상현상을 보여 시장관리상 필요하다고 인정할 경우 기준에 따라 증권거래소가 지정하는 것으로 일정한 제재조치가 따른다. 그 요건은 주가가 6일간 상한가의 5배 이상 오르거나, 12일간 상한가의 8배 이상 오르는 경우인데 정부정책상 商業合理化 종목으로 지정돼 있거나 은행관리종목 등은 이 요건에 해당되면 즉시 지정되고, 여타 종목은 사흘 연속 이런 상태가 계속되면 監理種目으로 지정된다. 감리종목으로 지정되면 5가지의 제재조치를 받게 된다. 즉, 가격제한폭(상하한가폭)이 절반으로 줄어들며, 新規信用供與의 중단, 주식매입시 委託證據金으로 현금 100%의 예납, 證券貯蓄計座에 의한 주식매입금지, 代用證券에서 제외 등이다. 해제요건은 지정 6일후의 주가가 6일 동안 하한가의 3배 이상 또는 12일 동안 하한가의 4배 이상 떨어지는 경우이다. 감리종목은 제재조치가 필요할 정도로 주가가 이상 급등한 종목이므로 투자자들은 신중하게 증권매입에 나서야 한다.

주식(株式) **기타 출자**(出資)**에 의한 지분**(持分) 株式, 有限會社의 사원의 지분 기타 인적회사나 조합에 있어서의 출자에 의한 지분을 말한다. 商法은 이들의 평가에 대하여 거래소의 시세있는 주식은 취득가액에 의하나, 결산기전 1월의 평균가격이 취득가격보다 낮을 때에는 그 時價에 의하고, 거래 기타의 필요상 장기간 보유할 목적으로 취득한 주식은 거래소의 시세의 유무를 불구하고 取得價額에 의하나, 발행회사의 재산상태가 현저하게 악화된 때에는 상당한 감액을 하여야 하며, 유한회사 기타의 회사에 대한 출자의 평가도 이와 같다(商 452ⅴ)고 규정하고 있다.

주식납입금보관증명(株式納入金保管證明) 發起人이나 理事의 청구에 의해 株式納入取扱銀行 또는 기타의 금융기관이 하는 납입금보관에 대한 증명(商 318Ⅰ, 425)을 말한다. 발기인이나 이사가 납입취급은행 또는 기타의 금융기관과 결탁하여 납입을 가장하는 행위에 의하여 資本의 充實이 해쳐지는 것을 방지하려는 목적에서 납입취급은행이나 기타의 금융기관은 증명한 보관금액에 대하여는 납입의 부실 또는 그 금액의 반환에 관한 제한이 있음을 이유로 하여 회사에 대항하지 못하게 하고 있다(318 Ⅱ, 425). 통설과 판례는 설립에 있어서는 납입금은 회사성립시까지 보관하여야 하고, 그 이전에 반환하여도 회사에 대하여 그것을 대항하지 못한다고 한다. 보관증명을 함에 있어서 전혀 자유가 없고, 권한을 결할 때에는 증명의 효력을 부정할 수 있다. 그러나 詐欺·强迫·錯誤 등을 이유로 하는 무효·취소의 주장을 인정하면, 보관증명을 한 은행 기타 금융기관이 책임을 면하는 것을 허용하는 결과가 되어 부당하므로 증명의 효력은 부정되지 않는다고 할 것이다.

주식매수청구권(株式買受請求權) 합병 또는 영업전부의 양도와 같은 주주의 이익에 중대한 관계가 있는 사항에 대하여 株主總會가 결의를 할 때 이에 대하여 반대하는 주주가 소유주식을 매수할 것을 청구할 수 있는 주주의 권리. 이 제도는 미국법상의 것으로서 일본의 개정상법에서도 이를 도입하고 있으나 우리 상법은 335조의6, 374조의2 등에서 규정하고 있다. 이 제도의 목적은 소수주주들의 投下資本回收를 보장함으로써 合倂 등을 원활히 진행시키려는데 있으나 그 대신 소수주주들이 그 권리를 부당하게 남용하여 회사기업의 경영을 위태롭게 할 우려도 없지 않다.

주식배당(株式配當) 〔英〕 stock dividend, share dividend 회사가 利益配當을 현금으로써 하지 아니하고 새로 발행하는 주식으로 하는 것. 미국법상의 제도로서 현행 상법은 이익배당총액의 2분의 1에 상당하는 금액을 초과하지 아니하는 범위에서 새로이 발행하는 주식으로 이익배당을 할 수 있도록 하고 있다(462의2 Ⅰ). 현금을 사내에 유보하고 주식의 시가를 저하시켜서 그 市場性을 증대시키는 등의 효과가 있다.

주식병합(株式倂合) 〔英〕 consolidation of shares 〔獨〕 Zusammenlegung der Aktien 수개의 주식을 합하여 소수의 주식으로 하는 회사의 행위. 상법상 주식의 병합이 인정되는 것은 자본감소의 방법으로서 주식수를 감소하는 경우(商 440 이하), 주식회사합병의 경우(530 Ⅲ)와, 액면 500원 미만의 주식을 액면 500원 이상의 주식으로 하는 경우(商施 16 Ⅱ) 등이다. 어느 경우나 주주총회의 特別決議(商 438·434, 商施 16 Ⅱ)에 의하여야 하고 채권자보호를 위한 이의절차가 필요하다. 병합의 비율은 자유이나 주주평등의 원칙에 위반할 수는 없다. 주식을 병합할 경우에는 회사는 1월 이상의 기간을 정하여 그 뜻과 그 기간내에 株券을 회사에 제출할 것을 공고하고, 주주명부에 기재된 주주와 질권자에 대하여는 각별로 그 통지를 하여야 하고, 병합의 효력은 원칙으로 그 주권제출기간 만료의 때에 발생한다(商 440, 441). 이 효력발생후, 舊株券 대신에 新株券을 교부하는 것이나 구주권을 회사에 제출할 수 없는 자가 있는 경우에는, 회사는 그 자의 청구에 의하여 3월 이상의 기간을 정하고, 이해관계인에 대하여 그 주권에 대한 이의가 있으면 그 기간내에 제출할 뜻을 공고하고 그 기간이 경과한 후에 신주권을 청구자에게 교부할 수 있도록 되어 있다(442). 병합에 적당하지 아니한 부분, 즉 端株의 제출이 없는 무기명주식에 대한 신주식은 이를 일괄경매하거나 또는 법원의 허가를 얻어 임의매각하여 그 대금을 종전의 주주에게 교부한다(443, 444).

주식분할(株式分割) 〔英〕 stock split-up 주식을 세분화하는 것. 즉 자본을 증가하지 아니하고서 發行畢株式의 총수를 증가하고 이를 주주에 대하여 그 지주수에 따라 부여하는 것이다. 이로 말미암아 각 주주의 실질적 지위는 변경하지 아니하나 高騰한 주식의 시가를 低落시켜 그 시장성을 높이기도 하여 주식의 유통성을 높이고 신주발행도 용이하게 되며, 또 합병의 준비공작으로서도 이용된다. 주식의 분할은 미국법상의 제도로서 일본개정상법도 이를 인정하고 있으나(일본개정상법 293의4), 우리나라 상법에서는 이를 인정하고 있지 않다. 주식의 분할은 원래 無額面株式에 대하여 실익이 있는 것으로서 권면액의 최저한에 관하여 법률상의 제한이 있는 액면주식에 관해서는 인정될 수 없는 것이다.

주식불가분(株式不可分)의 원칙(原則) 〔獨〕 Unteilbarkeit der Aktien 〔佛〕 indivisibilité des actions 1개의 주식을 세분하여 수인에게 分屬시킬 수 없다는 원칙. 상법에는 이에 관한 명문의 규정은 없으나 株金額均一의 原則을 채택하고 있으므로(商 329 Ⅲ), 당연한 결론이라고 말할 수 있다. 독일주식법은 이 원칙을 명문으로 규정하고 있다(獨株式法 8 Ⅳ). 이 원칙을 주주의 권리 중의 일부(예 : 의결권)를 분리하여 타인에게 귀속시킬 수 없는 원칙이라고 보는 자도 있다. 그러나 1개 또는 수개의 주식을 수인의 共有에 속하게 하는 것은 상관없다. → 주식의 공유

주식소각(株式消却) 〔英〕 retirement of shares 〔獨〕 Einziehung von Aktien 〔佛〕 amortissement des actions 특정의 發行畢株式을 소멸시키는 회사의 행위. 이에 의하여 특정주주의 권리가 소멸하고 또는 그 범위가 감축된다. 소각의 방법으로서는 주주의 의사에 관계없이 행하여지는 强制消却과, 그렇지 않은 任意消却이 있고, 또 대가의

지급이 있는 有償消却과 그렇지 않은 無償消却이 있다. 그리고 유상소각의 경우에 있어서 그 재원이 주주에게 배당할 수 있는 이익인 경우와 그렇지 아니한 경우가 있다. 어느 경우나 소각에 있어 株主平等의 原則에 반할 수 없다. 이익에 의한 소각은 보통 일정기간후 기업의 경제적 가치가 소멸할 회사에서 해산후의 청산절차를 간이하게 할 목적으로 행하여지나, 이와 목적을 달리하는 특수한 형태로서 償還株式이 있다. 이 경우에는 주주의 보호를 위하여 정관에 그 뜻의 규정을 하여야 한다(商 345Ⅱ). 이익에 의하지 않은 소각, 즉 자본감소의 수단으로서 행하여지는 경우는 자본감소의 규정에 따라 주주의 보호를 위하여 주주총회의 特別決議를 필요로 하고(438Ⅰ), 또한 회사채권자보호의 절차를 필요로 한다(438, 439). 소각의 효과로서는 발행필주식의 소멸이 생기나, 회사가 발행할 주식총수(授權資本)의 감소가 당연히 생기는 것은 아니다. 자본감소의 절차에 의한 경우에는 자본이 감소하는 것은 당연하나, 이익에 의한 소각의 경우에는 자본의 감소가 생기지 않는다. 또한 종전의 주식을 목적으로 하는 질권은 物上代位에 의하여, 소각에 의하여 주주가 받을 금전상에 존재한다(339).

주식양도(株式讓渡) 法律行爲에 의하여 주주권인 주식을 이전하는 것. 이에 의하여 주주가 주주의 자격으로 회사에 대하여 갖는 법률관계의 일괄적 승계가 생기고, 주주의 지위를 표창하는 주권이 교부된다. 구상법에서는 정관으로 양도를 금지 또는 제한할 수 있도록 되어 있던 것(讓渡制限株)을, 상법에서는 정관에 의하여서도 이를 금지하거나 제한하지 못하도록 하며(商 335Ⅰ), 주식의 자유양도성을 보장하고 있다. 이는 퇴사제도가 인정되어 있지 않은 주식회사에서는 주주로 하여금 그 투하자본의 회수를 쉽게 할 필요가 있기 때문이다. 이에 대한 예외로서는 법률상 權利主讓渡의 제한(319, 425), 주권발행전의 주식양도의 제한(335Ⅱ), 自己株式取得의 금지(341), 특별법에 의한 제한(예 : 銀 38) 등이 있다. 주식양도의 방법은 株券交付에 의한다. 주식의 양도는 정관에 정하는 바에 따라 이사회의 승인을 얻도록 할 수 있다. 이에 위반하여 이사회의 승인을 얻지 아니한 주식의 양도는 회사에 대하여 효력이 없다. 또한 주권발행전에 한 주식의 양도도 회사에 대하여 효력이 없다. 그러나 회사성립 후 또는 신주의 납입기일 후 6월이 경과한 때에는 그러하지 아니하다(商 335). 기명주식의 양도를 회사에 대항하기 위하여서는 名義改書를 하여야 한다(337). 또한 상법은 배서가 형식상 연속하는 한 소지인은 실질적 권리자임이 특히 명백하지 않더라도 정당한 권리자로 추정되어 이 자에게 의무를 이행하면 면책되도록 하고 있다(商 336Ⅱ, 어음 16Ⅰ). 資格授與的 效力을 전제로 하여, 권리자인 외관을 신뢰하고 주식을 취득한 자를 보호하기 위하여 수표에 있어서와 같은 善意取得을 인정하고 있다(359, 手票 21).

주식(株式)의 공유(共有) 주식은 1인의 단독소유에 속하는 것이 보통이나 1개 또는 여러 개의 주식이 여러 명의 共有에 속할 수 있다. 이런 경우를 주식의 공유라고 하는 바, 주주가 사망하여 여러 명의 유산상속인이 共同相續하는 경우 등에 볼 수 있다. 주식이 수인의 공유에 속하는 때에는 공유자는 주주의 권리를 행사할 자 1인을 정하여야 하며(商 333Ⅱ), 주주의 권리를 행사할 자가 없는 때에는 공유자에 대한 通知나 催告는 그 1인에 대하여 하면 된다(333Ⅲ). 그러나 납입은 언제나 공유자의 연대책임이다(333Ⅰ).

주식(株式)의 납입(納入) 〔英〕calls on shares 〔獨〕Einzahlung des auf die Aktie zu leistenden Betrags 〔佛〕versement sur action 주주 또는 주식인수인의 금전출자의무의 이행을 말하는 바, 주식을 수령한 자는 설립의 경우는 설립에 있어서 발행하는 주식총수의 수령이 있은 후 지체없이, 신주발행의 경우에는 납입기일에 대하여 그 주식의 發行價額의 전액을 납입함을 요한다(株金全額納入主義)(商 295Ⅰ, 305Ⅰ). 이 납입은 현실로, 즉 현금으로써 해야 하고, 또 상계로써 회사에 대항할 수 없다(334). 또한 모집설립 및 신주 발행의 경우에는 부정행위를 방지하고 납입의 확실을 기하기 위하여 납입을 하는 장소에 관하여 엄중한 제재가 가해진다(305Ⅱ·306·318). 募集設立의 경우에는 주식인수인이 납입을 하지 않을 때에는 발기인은 강제집행은 물론 失權節次도 취할 수 있다(307). 신주발행의 경우에는 신주인수인은 납입기일에 납입을 하면 납입기일의 다음날로부터 주주의 권리의무가 있고 기일까지 납입을 하지 않으면 失權한다(423).

주식(株式)의 명의개서(名義改書) 記名株式의 이전이 있는 경우 그 취득자의 성명과 주소를 주주명부에 기재하는 것. 기명주식의 양도는 주권의 배서 또는 주권과 양도증서의 交付로 하고 이것에 의하여 주식은 양도인으로부터 양수인에게 이전하고 그 이전은 당사자간 뿐 아니라 제3자에 대하여도 대항할 수 있다. 그러나 주식양도는 회사와의 관계를 떠나서 행하여지는 까닭에 회사로서는 각종의 通知를 하거나 利益配當을 함에 있어 현재의 주주를 확정하기가 어렵다. 이리하여 주주관계의 사무를 합리적으로 처리할 수 있게 하기 위하여 주주명부상의 名義改書制度를 두고 이 명의개서를 하지 않으면 회사에 대항하지 못하게 한 것이다(商 337). 주식양도의 경우 뿐 아니라 상속·합병 등으로 인한 주식이전의 경우도 같다. 명의개서는 주식취득자의 청구에 의하여 회사가 하는 것이며 회사가 명의개서의 청구를 받은 때에는 청구자의 형식적 자격만을 심사하여 이것에 응할 것이지 실질적 자격을 심사할 권한이 없다. 株券喪失의 경우에 紛失屆가 제출되거나 公示催告節次中이라도 적법한 주식취득자의 명의개서청구를 거절하지 못한다.

주식(株式)**의 반환**(返還)　〔獨〕Rückzahlung　주식회사에 있어서 자본을 감소하여 그 주식을 풀어놓은 금액을 持株數에 따라서 주주에게 반환하는 것. 주식의 반환은 회사재산을 감소하여 회사채권자를 해치므로 실질상의 자본감소의 방법으로서만 허용된다. 또한 減資額이 반환금액을 초과할 때에는 그 초과액은 資本準備金으로 적립된다(商 459 ii). 액면주식의 경우에 있어서 반환금액에 대응하는 권면액의 최저한(330) 및 주식금균일의 원칙에 의한 제약이 있으므로 이 방법을 이용할 수 있는 경우는 드물다.

주식(株式)**의 발행가액**(發行價額)　〔英〕issue price of shares 〔獨〕Ausgabebetrag der Aktien　法文上 두 가지 뜻으로 사용되고 있다. 첫째는 주식발행시 주식인수인이 회사에 납입할 주식의 대가로 예정된 가액이며(發行豫定價額), 이는 발기인 전원의 동의 또는 이사회의 결의로 결정하고 또 주식청약서에 기재하여야 한다(商 291 ii, 302 Ⅱ v, 416 ii, 420 iii). 둘째는 회사가 현실로 발행한 주식의 가액이며 주식인수인측에서 보면 引受價額이 된다(295 Ⅰ, 305 Ⅰ, 421). 또 경우에 따라서는 발행가액의 개념을 의제적으로 사용한 경우도 있다(348). 주식의 발행가액은 설립시에는 발기인전원의 동의(291), 신주발행시에는 이사회의 결의로 결정한다(416). 발행가액은 券面額을 내리지 못하는 것이 원칙이나(330 本) 예외적으로 신주발행의 경우에 일정한 요건하에 割引發行이 인정된다(417).

주식(株式)**의 배정**(配定)　〔英〕allotment of shares 〔獨〕Zuteilung der Aktien　주식회사의 募集設立 또는 株主의 發行에 있어 주식청약인의 청약에 대하여 주식의 인수여부 또는 인수주식수를 결정하는 행위. 주식청약인의 청약에 대한 회사측의 승낙의 의사표시이며 이로써 株式引受가 성립한다. 그러므로 주식청약인은 주식의 배정에 의하여 비로소 주식인수인의 지위를 취득하고 그 발행가액의 납입의무를 부담하게 된다(商 295, 305, 421). 배정의 의사표시는 서면으로 하는 것이 상례이지만 口頭에 의하더라도 상관이 없으며 배정에 관한 한 회사로서는 자유로이 할 수 있다. →배정자유의 원칙

주식(株式)**의 액면이상**(額面以上)**의 발행**(發行)　〔英〕issue at a premium 〔獨〕Überpariemission 〔佛〕émission audessus du pair　額面株式을 券面額 이상의 발행가액으로 발행하는 것. 그 액면초과액을 프리미엄이라 한다. 회사의 설립, 신주의 발행에 있어서 회사사업이 유리하여 주식응모자가 많은 경우에 행하여진다. 회사설립당시는 발기인전원의 동의로써 정하고(商 291 ii), 신주발행시에는 이사회의 결의로써 결정한다(416). 그러나 주식의 시장가액이 권면액을 훨씬 상회하고 있는 경우에 新株引受權이 없는 자에 대하여 액면 이상의 발행을 하지 아니할 때에는 구주주의 권리를 해하므로 이사의 책임이 생기고(399 Ⅰ), 주주에 의하여 신주발행이 유지될 수도 있다(424). 액면초과액은 자본에 計入되지 아니하고, 資本準備金으로 적립된다(459).

주식(株式)**의 입질**(入質)　주식을 質權의 목적으로 하는 것. 權利質의 일종이다. 회사는 발행주식 총수의 20분의 1을 초과하여 자기의 주식을 질권의 목적으로 받지 못한다. 그러나 회사의 합병 또는 다른 회사의 영업 전부의 양수로 인한 때와 회사의 권리를 실행함에 있어 그 목적을 달성하기 위하여 필요한 때는 예외다(商 341의2, 341). ① 記名株式의 入質. 기명주식의 입질에는 주권의 교부를 필요로 하며 그 질권을 제3자에게 대항하기 위하여는 주권의 점유를 계속하여야 한다(338). 기명주식상의 질권에는 略式質, 즉 단순한 주권의 교부로 질권을 성립시키는 것과 登錄質, 즉 질권설정자의 청구에 의하여 회사가 질권자의 성명과 주소를 주주명부에 기재하고 또 그 성명을 주권에 기재하는 방법에 의하는 것이 있다(340). 등록질권자는 주식의 소각·병합·전환이 있는 때에는 이로 인하여 종전의 주주가 받을 금전이나 주식에 대하여 종전의 주식을 목적으로 한 질권을 행사할 수 있으며(339), 이익 또는 이자의 배당, 잔여재산의 분배에 의한 금전으로부터 우선변제를 받을 수 있고(340 Ⅰ)(押留不必要), 채권이 기한미도래의 경우에는 회사에 대하여 그 금전을 공탁하도록 청구할 수 있으며(340 Ⅱ, 民 353 Ⅲ), 새로 발행되는 주식에 대한 주권의 교부를 회사에 대하여 청구할 수도 있다(商 340 Ⅲ). ② 無記名株式의 入質. 무기명주식은 무기명채권에 준하므로 민법의 원칙에 따라 채권자에게 주권을 교부함으로써 효력이 생긴다(民 351). 질권의 실행방법은

競賣法의 정한 바에 따른다.

주식(株式)**의 할인발행**(割引發行) 〔英〕 issue of shares at a discount 신주의 발행시 액면에 미달하는 價額으로 주식을 발행하는 것. 설립의 경우에는 資本確定 및 資本維持의 原則을 엄수하여 주식의 액면미달의 발행이 금지되어 있으나(商 330), 이 원칙을 고수하면 회사성립후의 자금조달이 곤란한 경우가 있을 것이므로 영국법의 제도를 계수하여 신주발행의 경우에 일정한 요건하에 액면미달의 가액으로 발행할 수 있게 하였다. 즉 신주발행의 경우에 할인발행을 하자면, ① 회사가 성립한 후 2년을 경과하였어야 하며, ② 할인발행의 여부와 최저발행가액의 결정을 주주총회의 특별결의로써 하여야 하며, ③ 법원의 인가를 얻어야 한다(商 417Ⅰ·Ⅱ, 非訟 86). 법원은 할인발행을 인가함에 있어 회사의 현황과 제반사정을 참작하여 최저발행가액을 변경하여 인가할 수 있으며, 또 그러기 위하여 회사의 재산상태 기타 필요한 사항을 조사하게 하기 위하여 檢査人을 선임할 수 있다(417Ⅲ). 할인발행의 허가를 얻은 신주의 발행은 인가를 얻은 날로부터 1월내에 하여야 하지만 법원은 인가함에 있어 그 기간을 연장해 줄 수 있다(417Ⅳ). 할인발행을 함에는 그 발행조건과 미상각액을 株式請約書에 기재하여야 하며(420ⅳ), 또 회사의 계산상, 액면미달금액의 총액을 대차대조표 자산의 부에 계상하여 주식발행후 3년내의 매결산기에 균등액 이상의 상각을 하여야 한다(455). 또 신주의 할인발행으로 인한 변경등기에는 未償却額을 등기하여야 한다(426).

주식인수(株式引受) 〔英〕 subscription for shares 〔獨〕 Aktienübernahme, Aktienzeichnung 〔佛〕 souscription d'action 주식회사의 설립 또는 신주의 발행의 경우에 회사에 출자할 것을 약정하여 주주가 될 지위를 취득하는 것. 주식인수의 방식·효과·법적 성질은 경우에 따라서 다르다. 주식의 인수는 회사의 설립시에 발행하는 주식의 총수를 발기인이 인수하는 경우(發起設立)와 그 일부를 모집하는 경우(募集設立)가 있다. ① 발기인의 경우는 서면에 의하여 인수하는데(商 293), 이것은 정관작성과 함께 회사를 성립시키는 設立行爲로서 그 성질은 합동행위이다. ② 주식청약인의 경우는 주식청약서에 의하여 청약을 하고(302), 발기인 또는 이사의 주식배정에 의하여 인수된다(303). 그 성질은 설립중의 회사 또는 회사에 대한 입사계약이다. 주식인수의 청약에 있어서는 眞意아닌 意思表示의 무효에 관한 민법의 규정(民 107Ⅰ 但)을 적용하지 아니하고(商 302Ⅲ), 또한 주식인수인은 회사의 성립 후 또는 創立總會에서 그 권리를 행사한 후에는 의사표시의 하자 또는 주식청약서의 요건의 흠결을 이유로 인수의 무효를 주장하거나 취소하지 못한다(320). 주식을 인수하면 비로소 株金納入義務가 생긴다.

주식인수(株式引受)**의 청약**(請約) 주주의 모집에 응하여 주주의 지위를 얻기 위하여 하는 의사표시. 法定事項을 기재한 주식청약서 2통에 주식청약인이 그 인수할 주식의 종류와 수 및 주소를 기재하고 기명날인 또는 서명하여야 한다(商 302Ⅰ, 425). 주식인수의 청약은 주식인수라는 입사계약의 청약이며, 이에 대한 승낙의 의사표시인 株式의 配定이 있으면 주식의 인수가 성립한다. 주식청약서가 요건을 흠결한 때에는 그 청약서에 의한 주식인수의 청약은 무효이지만, 設立登記後 또는 變更登記後 1년이 경과한 후에는 이것을 이유로 하여 주식인수의 무효를 주장하지 못하며, 사기·강박·착오를 이유로 하여 그 인수를 취소하지 못한다(320, 427). 등기전이라도 창립총회에 출석하여 그 권리를 행사하거나 신주발행시에 그 주식에 대하여 주주의 권리를 행사한 때에도 같다(320, 427).

주식청약서(株式請約書) 〔英〕 form of application for shares 〔獨〕 Zeichnungsschein 〔佛〕 bulletin de souscription 주주의 모집시에 주식청약인이 그 청약에 사용하는 증서. 發起人 또는 理事가 작성하며 회사조직의 대강 등 주주의 이해에 관계되는 중요한 사항을 기재하는 바, 특히 기재사항이 법정된 요식의 증서로서 그 요건이 흠결된 청약서에 의한 청약은 무효이다(302Ⅱ, 420). 주식인수의 청약을 함에는 주식청약서에 소정사항을 기재하여 청약자가 記名捺印 또는 서명하여야 한다. 주식청약서는 設立登記·新株發行으로 인한 변경등기신청서의 첨부서류이다(非訟 203, 205).

주식청약증거금(株式請約證據金) 주식회사의 설립 또는 신주발행시에 청약주식에 관하여 납입하는 일정한 금액. 株式引受의 請約을 증명하는 증거금인 동시에 인수주식의 납입을 하지 않는 경우에 이를 회사에서 몰수하는 위약금의 성질을 갖는다. 납입기일에는 납입금 중의 內入金으로 취급되어 주식인수인은 인수가액에서 증거금의 액을 공제한 금액을 납입하면 된다. 배정되지 아니한 주식에 대하여 납입한 증거금은 이자를 붙임이 없이 주식인수인에게 반환하면 된다.

주식합자회사(株式合資會社) 〔獨〕 Kommanditgesellschaft auf Aktien 〔佛〕 société en commandite par actions 무한책임사원과 주주로써 조직된 회사. 物的會社와 人的會社의 장점을 채택하

자는 것으로서, 외국에서 주식회사의 설립에 있어 免許主義를 택하고 있던 시대에 그 탈법수단으로 일시 이용되었던 것이나, 회사설립에 있어 準則主義가 채용된 후로는 거의 이용되고 있지 아니하다. 우리나라에 있어서도 그 이원적 조직때문에 오히려 번잡하여 그 실효성이 적었고, 그 수는 극히 적었었다. 따라서 상법에서는 주식합자회사의 제도를 폐지하였다.

주식회사(株式會社) 〔英〕 company limited by shares 〔美〕 stock corporation 〔獨〕 Aktiengesellschaft 〔佛〕 société anonyme, société par actions 社員인 주주의 출자와 권리의무의 단위로서의 株式으로 나누어진 일정한 資本을 가지고, 주주는 그 주식의 인수가액을 한도로 하는 출자의무를 부담할 뿐이며, 회사채무에 관하여 아무런 책임을 부담하지 아니하는 회사. 따라서 주식회사의 근본적 특색은 자본과 주식과 주주의 유한책임의 세 가지에 있다. 자본은 발행주식의 額面總額으로서(商 451) 회사가 보유할 재산액을 표시하는 것으로, 실제로 회사가 보유하고 있는 재산의 총액인 會社財産과는 다르다. 후자는 영업의 성적·물가의 등락 등에 의하여 항상 변동하는 것이나, 전자는 계산상의 數額으로서 일정한 절차를 밟지 아니하는 한, 일정 不動한 것이다. 자본은 회사채권자에 대한 최소한도의 담보액이며 회사신용의 기초이므로, 상법은 회사성립시는 물론이고 그 존속중에도 항상 자본에 상당하는 현실적인 재산을 회사가 보유하도록 노력하고 있다. 이것은 특히 자본의 3원칙, 즉 資本確定의 원칙, 資本維持의 원칙과 資本不變의 원칙에서 나타나고 있다. 주식회사의 자본은 주식으로 분할하여야 하므로(329Ⅱ), 주식은 자본의 구성분자인 금액을 뜻하기도 하나, 각 사원은 자기가 가지고 있는 주식금액의 자본액에 대한 비율로 회사사업에 참여하고 회사재산에 대한 몫을 가진다. 따라서 주식은 주주의 회사에 대한 권리의무의 단위, 즉 주주의 지위를 뜻하는 것이다. 주주는 회사에 대하여 출자의무를 부담하나, 이것은 그 주식의 인수가액을 한도로 하며 그 밖에는 아무런 의무도 부담하지 아니한다. 이를 株主有限責任의 原則이라 한다. 이러한 회사의 사원인 주주의 지위에는 일반적으로 개성이 없으므로, 누구라도 주주가 될 수 있고, 주주의 교체는 株式讓渡의 自由에 의하여 절대적으로 보장되며, 주식은 유가증권인 주권으로 표창되어서 거래계에 유통한다. 또 주주의 지위가 비개성적이므로 주주의 수가 자연적으로 많아진다. 또 주주는 일정액의 출자의무를 부담하는데 지나지 못하므로, 회사경영에 대한 참여권한도 자연히 제한되어서, 합명회사의 사원같이 당연히 業務執行權과 會社代理權을 가지지 못한다. 즉, 주식회사의 업무집행은 주주총회에서 선임된 이사로서 구성된 이사회에 맡겨지며, 그 이사는 주주 중에서 선임될 필요도 없다. 주주는 다만 주주총회에서의 議決權·이사의 법령 또는 정관에 대한 위반행위의 留止請求權(402)·회사를 위하여 이사의 책임을 추궁하는 대표소송을 제기하는 권리 등을 가질 뿐이고, 또 주주총회의 권한은 대단히 제한되어 있다(361). 주식회사에서는 이른바 기업의 소유와 경영의 분리가 사실상 뿐만 아니라 제도상에도 인정되어 있는 것이다.

주신문(主訊問) 〔英〕 examination in chief 증인신문방식에서 신청한 당사자가 먼저 증인을 신문하는 것. 直接訊問이라고도 한다(民訴 298Ⅰ, 刑訴 161의2). 주신문이 끝난 뒤에 반대당사자가 하는 反對訊問에 대한 말이다. 이러한 제도는 종래의 職權主義의 대륙식 소송구조에서 當事者主義의 영미식 소송구조로 옮아옴에 따라서 증인신문방식에서도 증인을 재판장이 먼저 신문하던 것으로부터 증인신문의 주도권이 당사자에 옮아가면서(交互訊問制度) 인정되게 된 것이다. 주신문을 하지 아니한 때, 재판장의 보충신문으로 이에 갈음시킬 수 있는가에 관해서는 다툼이 있다. 당사자의 신문이 중복된 때나 쟁점과 관계없는 때나 기타 필요한 사정이 있는 때에는 법원은 당사자의 신문을 제한할 수 있다(民訴 298Ⅳ). → 교호신문

주요사실(主要事實) 〔獨〕 Haupttatsache 법률효과의 발생에 직접 필요한 사실. 적용할 법규의 구성요건에 해당하는 사실로, 直接事實 또는 要件事實이라고도 한다. 주요사실을 간접적으로 推認시키는 사실인 間接事實(徵憑), 증거의 증거능력 또는 증명력을 명백히 하는데 역할을 하는 補助事實과 구별된다. 이 주요사실을 증명하기 위한 증거를 直接證據라 한다. 주요사실과 간접사실 내지 보조사실과의 구별은 辯論主義하에서 커다란 의미가 있다. 변론주의하에서는 주요사실은 당사자의 변론에 나타나지 않은 한, 판결의 기초로 채용할 수 없음에 대하여, 간접사실·보조사실은 당사자의 진술없이도 판결의 기초로 채용할 수 있다. 따라서 주요사실에 관한 한, 訴訟資料와 證據資料의 구별을 엄격하게 관철시킬 필요가 있는 것으로, 후자는 전자를 전제하여 그 眞否의 인정의 기초로 할 수 있음에 그치고, 이것을 보충하는 작용을 갖고 있는 것은 아니다. 따라서 예컨대 변제의 사실이 당사자의 변론에 나타나지 않는 한, 다른 사실에 관한 증인이 변제가 있다는 취지의 진술을 하고, 법원은 이를 신용할 수 있다 하여도, 변제에 의해 채무가 소멸하였다고 판

단할 수 없다. 특히 當事者訊問의 경우는 그의 진술은 증거자료가 됨에 그치고, 소송자료가 아닌 것에 충분히 주의하지 않으면 안된다. →요증사실

주위토지(周圍土地) 어떤 토지를 둘러싼 토지. 그 둘러싸인 토지와 公路 사이에 그 토지의 용도에 필요한 통로가 없는 경우에, 주위의 토지를 통행하거나 통로로 하지 않으면 공로에 출입할 수 없거나 또는 출입하기 위하여 과다한 비용을 요하는 때에는, 그 토지소유자는 그 주위의 토지를 통행할 수 있고, 필요한 경우에는 통로를 개설할 수 있다(民 219). 그러나 分割 또는 一部讓渡로 인하여 공로에 통하지 못하는 토지가 생긴 때에는 그 토지소유자는 공로에 출입하기 위하여 다른 분할자 또는 양수인의 토지만을 통행할 수 있다(220). 주위토지를 통행하거나 통로를 개설하는 경우에는 이로 인한 손해가 가장 적은 장소와 방법을 선택하여야 하며(219 I 但), 통행지소유자의 손해를 보상하여야 한다(219 II).

주의의무(注意義務) 〔獨〕 Sorgfaltspflicht [1] 민법상 일정한 정도의 주의를 하여야 할 의무. 고유한 의미의 의무가 아니다. 다만 그 위반, 즉 過失이 법률상의 책임 내지 불이익을 가져온다는 의미에 있어서 법률상의 의무로 된다고 한다. 어느 정도의 주의를 하여야 할 것이냐에 관하여는 민법은 善良한 管理者의 注意를 원칙적 표준으로 하고, 특히 주의의무를 경감하는 경우에는 그 사람의 구체적인 주의능력(自己財産과 동일한 주의(民 695), 자기재산에 관한 行爲와 동일한 주의(922), 固有財産에 대하는 것과 동일한 주의(1022))를 표준으로 한다.

[2] 형법상 과실에 특유한 規範的 要素. 주의의무에 위반하는 데에 과실의 본질이 있다고 한다. 주의의무의 표준에 관하여는 通常人을 표준으로 하는 客觀說, 행위자 본인의 주의능력으로 하는 主觀說 및 折衷說이 있다. →과실

주 장(主張) 〔獨〕 Behauptung 민사소송에 있어서 당사자가 자기에게 유리한 법률적 효과 또는 사실을 진술하는 것. 陳述이란 당사자가 법원에 대하여 법률효과 또는 사실의 존부에 관한 지식을 表白하는 訴訟行爲를 말하나, 주장은 그 중 특히 자기에게 불리한 사실의 존재를 고백하는 自白과 구별된다. 양자는 모두 법원에 대하여 소송자료를 제공하는 작용을 하는 점에서 동일하다. 주장은 지식의 표백이므로 성질상 확정적이 아니면 안되고, 條件이나 期限을 붙일 수 없다. 다만 假定的 主張은 소송절차의 불안정을 가져오지 아니하므로 허용된다. 법률효과에 관한 것인가에 의하여 법률상의 주장과 사실상의 주장으로 나누어진다. 전자 중 소송물인 법률효과의 존부에 관한 원고의 주장을 특히 請求라 한다. 주장은 법원에 대하여 하여야 하고 상대방에 대하여 할 필요는 없다. 따라서 상대방이 결석했을 때에도 유효하다. 당사자는 그 주장을 언제나 철회할 수 있으나, 자기에게 불리한 사실의 진술은 상대방이 이것을 援用한 뒤에는 재판상의 자백으로서의 효력이 생기므로 착오로 인하여 한 것임을 증명한 때에 한하여 취소할 수 있다(民訴 261). →자백

주장책임(主張責任) 〔獨〕 Anführungs- od. Behauptungslast 소송당사자가 권리 또는 법률관계의 존부를 주장하고, 자기에게 유리한 판결을 구하기 위하여 필요한 사실을 주장할 수 있는 責任 또는 負擔. 辯論主義를 채용하는 민사소송에서는 법원은 법률효과의 존부를 판단하는데 필요한 사실은 당사자의 주장에 의하여야 한다. 따라서 이와 같은 주장이 변론에 나타나지 않을 때에는 그 사실이 참작되지 않고 따라서 주장책임이 있는 당사자가 불리한 판결을 받게 된다. 그러나 職權探知主義가 적용되는 소송절차에서는 주장책임의 문제가 있을 수 없다(家訴 17, 行訴 26). 그런데 당사자가 유리한 판결을 얻고자 하면, 이러한 주장책임을 다 하여야 할 뿐 아니라, 그 사실의 진위가 불명할 때에는 입증하여야 한다. 그렇게 하지 않으면 그 주장사실은 존재하지 않는 것으로 판단되어 이를 주장할 당사자에게 불리한 판결이 내린다. 이처럼 주장책임은 立證責任과 표리관계를 맺고 있다. 그러므로 주장책임 분배도 立證責任分配의 原則에 의하게 된다. 그러나 반드시 주장책임 있는 곳에 입증책임이 따르는 것은 아니다. 예컨대 증명이 필요치 않는 경우(재판상 자백이나 현저한 사실)는 주장책임은 있어도 입증책임은 없는 경우이다. →입증책임

주재무관(駐在武官) 군사상 필요에 의하여 재외공관에 두는 武官. 주재무관은 군사에 관하여는 국방부장관의 지휘·감독을 받고, 기타 사항에 관하여는 당해 공관장의 지휘·감독을 받으며, 그 임명은 국방부장관이 한다(在外公館武官駐在令 2, 3).

주재판사(駐在判事) →시·군법원판사

주제사법(州際私法) 〔英〕 interstate law 〔獨〕 interlokales Privatrecht, interkantonales Privatrecht 〔佛〕 droit interprovincial 준국제사법과 같다.

주 주(株主) 〔英〕 shareholder, stockholder 〔獨〕 Aktionär 〔佛〕 actionnaire 주식회사의 사

원인 지위(株主權)로서의 주식의 귀속자, 실질적으로는 기업의 소유자로서 회사의 최고의사결정기관인 주주총회를 구성한다. 근래에는 기업의 소유와 경영의 분리가 이루어져 감에 따라 소위 주주의 사채권자화 현상이 현저해지나, 법적으로는 어디까지나 회사의 구성원이지 단순한 채권자는 아니다. 주주의 員數에는 최대한은 없고, 최소한에 관해서도 회사성립의 당시에 한해서만 3인 이상의 주주가 필요하다(商 288). 회사가 성립한 후에는 주식의 양도가 자유이고(335 Ⅰ), 주식회사에서는 주주가 1인이 되어도 해산의 사유는 되지 않으므로(517, 227 참조), 주주의 수가 3인 미만으로 감소하는 것은 물론, 주식의 전부가 1인의 수중에 집중되어 소위 一人會社(one man company)가 되어도 상관없다. 또한 상법에는 명문의 규정이 없으나, 한 개의 주식을 분할하여 그 일부에 대한 주주는 인정되지 않으나(株式不可分의 原則), 1개 또는 여러 개의 주식을 여러 사람의 공유에 속하게 하는 것은 상관없다(株式의 共有). 주주의 지위는 인적회사의 사원의 그것과 다르고, 물적 성질이 강하며, 그 책임은 회사채권자에 대한 직접책임이 아니고, 또 그가 가지는 주식의 인수가액을 한도로 한다(株主有限責任의 原則)(331). 또 주주는 주주인 자격에 의한 법률관계에 관하여는 그가 가지는 주식의 수에 따라서 평등한 취급을 받는 것을 원칙으로 한다(株主平等의 原則). 주식회사에서는 사원이 많고, 자본적으로만 회사에 관여하고 그 사이에 인적 신뢰관계가 없으며, 다수결원칙이 보편적으로 채택되므로, 특히 이 원칙이 중요한 의의를 갖는다.

주주권(株主權) 주주가 주식회사의 구성원, 즉 주주로서의 자격에서 가지는 권리의무를 발생하게 하는 법률관계를 주주권이라고 부르는 일이 있다. 그것이 共益權·自益權으로 대별되는 것은 社員權의 경우와 같고, 공익권으로서는 회사의 활동의 기초를 이루는 의결권 이외에 회사의 활동에 있어서의 위법행위의 발생을 방지하고 또는 배제하기 위한 각종의 감독권이 있고, 자익권으로서는 투자자로서의 주주 개인의 재산적 이익을 위하여 인정되는 利益配當請求權·殘餘財産分配請求權 이외에 투하자본의 회수를 위한 여러 권리 등이 있다. 학설상으로 의결권은 주주가 기관으로서 가지는 권한이고, 주주인 자격에서 가지는 권리가 아니라고 하고, 또는 공익권은 人格權이고, 주식은 이익배당청구를 목적으로 하는 조건부채권과 다름이 없다(株式債權說)고 하여, 주주권의 개념을 부정하는 설이 있다. 그러나 통설은 공익권의 권리성을 긍정할 뿐만 아니라, 자익권·공익권이라고 하는 성질이 다른 권리 및 출자의무까지도 포함하는 개념으로서는 주주권이라고 하는 개념보다도 주주인 지위라고 하는 개념을 사용하여야 한다고 하고 있다. 그리고, 상술한 주주의 권리는 사원인 지위에 기인한 것이므로, 독립하여 개별적으로 처분할 수 없고, 또 强行法規·固有權·株主平等의 原則에 반하지 않는 한 단체적 제약에 따르지만, 이미 구체적으로 발생한 것, 예컨대 특정된 이익배당금청구권은 채권자적 권리로서 독립해서 양도·처분할 수 있다. 그것은 보통의 채권과 같이 消滅時效로 인해서 소멸하기도 한다.

주주명부(株主名簿) 〔英〕 register of members 〔美〕 share register 〔獨〕 Aktienbuch 〔佛〕 liste des actionnaires 주주를 기초로 하여 株主와 株券에 관한 사항을 명백히 하기 위한 장부. 주권을 기초로 하는 株券臺帳과 다르고, 회사의 영업·재산의 상태를 명백히 하는 상업장부와 구별된다. 상법에 의하여 그의 작성·비치가 강제되며(396 Ⅰ), 주주와 회사채권자의 영업시간내의 열람에 제공되며(396 Ⅱ), 기재사항은 법정되어 있다(352). 기명주식의 양도의 대항요건(337), 기명주식의 등록질(340), 주주 또는 기타의 자에 대한 통지·최고의 주소(353), 이익배당·건설이자의 지급장소, 주주의 회사에 있어서의 권리행사 등에 중요한 의의가 있다. 그러나 無記名株式에서는 그러하지 않다. 회사는 의결권, 이익 또는 이자의 배당청구권, 신주인수권, 기타 주주 또는 질권자로서의 권리를 행사할 자를 확정하기 위하여, 3월을 초과하지 않는 일정한 기간내에, 株主名簿의 閉鎖를 하고, 주주명부의 기재변경을 정지할 수 있다(354 Ⅰ·Ⅱ). 그리고 주주 또는 질권자로서 권리를 행사할 일자에 앞선 3월내의 일정한 基準日을 정하여, 권리행사자를 확정할 수도 있다(354 Ⅰ·Ⅲ). 주주명부의 폐쇄 또는 기준일은 정관에 정함이 없을 경우는 2주일전에 공고를 하여야 한다(354 Ⅳ).

주주명부(株主名簿)**의 폐쇄**(閉鎖) 회사는 의결권, 이익 또는 이자의 배당청구권, 新株引受權 기타 주주 또는 질권자로서의 권리를 행사할 자를 확정하기 위하여 일정한 기간을 정하여 주주명부의 기재(名義改書, 質權의 등록, 信託의 고시 등)의 변경을 정지시킬 수 있는 바(商 354 Ⅰ 前), 이것을 주주명부의 폐쇄라고 한다. 종래의 주식의 名義改書停止라고 하는 것이 대략 이것에 해당하나 폐쇄기간중 회사는 주식의 명의개서 뿐만 아니라 질권의 등록(340) 또는 전환의 청구(349)도 거절할 수 있다. 폐쇄의 기간은 3월을 초과하지 못하며(354 Ⅱ). 이것을 초과한 폐쇄기간은 그 초과부분만이 무효이다. 폐쇄기간은 정관에 지정되어 있지 아니하는 경우에는 그 시기로부터 2주간전에 공고하여야 한다.

주주유한책임(株主有限責任)**의 원칙**(原則) 주주의 책임은 그가 가진 주식의 인수가액을 한도로 한다는 원칙(商 331). 주주는 일정한 출자의무액을 회사에 대하여 부담하는 이 외에는 아무런 의무를 지지 않는다. 이것은 주식회사의 본질인 것이며 정관 또는 주주총회의 결의에 의하여서도 이 원칙을 위반할 수 없다. 다만 株金額全額納入主義인 현행법하에서는 그 책임은 주주인수인으로서의 책임이라고 할 것이나 설립의 경우는 납입이 없음에도 불구하고 設立登記를 하거나 납입미필의 인수인이 주주로 되는 일도 있으므로, 주주로서의 책임이 남는 경우를 예상할 수도 있으나, 新株發行의 경우에는 납입기일에 납입이 없으면 당연히 실권되기 때문에 항상 주식인수인으로서의 책임뿐이라고 하겠다. 신주발행의 경우에 이사와 통모하여 불공정한 가액으로 주식을 인수한 자는 회사에 대하여 공정한 발행가액과의 차액의 손해배상의무를 부담한다고 보아야 하나, 이것은 법률적으로는 出資納入責任이라고 할 수 없다.

주주제안권(株主提案權) 上場社 주식 1% 이상을 6개월 넘게 보유한 주주가 주주총회 개시일 6주전에 자신이 원하는 안건을 株總에 상장토록 요청할 수 있는 권한. 주주제안서를 수령한 이사회는 이를 주총에 상정하고 해당 주주에게 이 안을 설명할 수 있는 기회를 반드시 주어야 한다. 최근 외국인투자자들은 주주로서의 권한을 확보하기 위해 이를 활용하는 경우가 늘고 있다.

주주총회(株主總會) 〔英〕 general meeting, meeting of shareholders 〔獨〕 General- od. Hauptversammlung 〔佛〕 assemblée générale 주주로 구성되는 회사최고의 필요상설기관이며, 상법 또는 정관에 정하는 사항에 관하여 결의를 할 수 있는 회의체형식의 意思決定機關이다. 권한은 회사내부의 의사결정에 한정되고 대외적 집행을 할 수 없을 뿐 아니라 의사결정에 있어서도 법령 또는 정관에 정하여진 사항에 한정되고 있다(商 361). 총회는 결산기마다 정기적으로 개최되는 定期總會(365 Ⅰ·Ⅱ)와 필요 있을 때에는 수시로 개최되는 臨時總會(365Ⅲ)의 두 가지가 있다. 그리고 해산전의 회사에서는 理事會(362), 청산중의 회사에서는 清算人會(362, 542)의 결정에 의하여, 대표이사 또는 대표청산인이 소집하는 것이 원칙이나, 임시총회는 발행주식총수의 100분의 3 이상에 해당하는 주식을 가진 소수주주에 의하여 소집되는 수도 있다(366). 단 종래와는 달리 監事는 총회소집권이 없다. 소집은 각 주주에 대하여 서면으로 의사일정을 기재한 통지를 회일로부터 2주간전에 발송하여야 하고, 무기명식주권을 발행한 경우에는 3주간전에 공고를 하여야 한다(363). 단 延會 및 續會의 경우에는 그렇게 할 필요가 없다(372Ⅱ). 결의에는 다수결의 원칙이 적용되며, 그 방식에 따라 普通決議와 特別決議가 있다(368Ⅰ, 434). → 의결권

주주총회결의무효확인(株主總會決議無效確認)**의 소**(訴) 주주총회의 결의의 내용이 법령 또는 정관에 위반됨을 이유로 결의무효확인을 청구하는 訴. 株主總會決議取消의 訴와는 달리 제소권자·제소기간에 제한은 없으나, 담보의 제공·소의 전속관할·변론의 병합·패소원고의 책임·결의무효의 등기에 관하여는 주주총회결의취소의 소와 같은 특별규정이 있다(商 380, 186~188, 190, 191, 377, 378). 그리고 결의무효확인의 소가 확정되면 그 既判力은 결의취소판결의 경우와 같이 제3자에게도 미친다(380, 190).

주주총회결의취소(株主總會決議取消)**의 소**(訴) 주주총회의 소집절차 또는 결의방법이 法令 또는 定款에 위반하거나 현저하게 불공정한 때 또는 그 결의의 내용이 정관에 위반한 경우에 주주·이사 또는 감사가 회사를 피고로 하여 제기하는 결의의 취소를 목적으로 하는 소. 총회의 소집절차·결의방법이 법령 또는 정관에 위반하거나 현저하게 불공정한 때 또는 그 결의의 내용이 정관에 위반한 것이 取消原因이며, 그 중요성이 비교적 경미하고, 시일이 오래되어 감에 그 판별이 곤란하므로, 제소기간은 결의일로부터 2월내로 제한되고 있다(商 376Ⅰ). 그 절차에 있어서 회사가 惡意의 疏明을 하여 청구를 하였을 경우에는 법원은 提訴株主에게 상당한 담보제공을 명하는(377Ⅰ) 외에 소의 전속관할, 변론의 병합 등에 관하여 특별규정이 있다(186, 188, 376Ⅱ). 취소판결이 확정되면, 그 기판력은 당사자가 아닌 주주·이사 등 제3자에게도 미치며(376Ⅱ, 190), 그 登記를 본점 및 지점소재지에서 하여야 한다(378). 원고가 패소한 때에는 기판력은 소송당사자간에만 미칠 뿐이고 제3자에 미치지 아니하며, 패소한 원고에게 惡意 또는 重大한 過失이 있을 때에는 회사에 대하여 손해배상책임을 부담할 수도 있다. 더욱이 특별이해관계인으로서 의결권을 행사하지 못한 주주는 특정한 경우에 부당결의의 취소 또는 變更의 訴를 제기할 수 있다(381Ⅰ).

주주평등(株主平等)**의 원칙**(原則) 〔獨〕 Grundsatz der gleichmässigen Behandlung der Aktionäre 〔佛〕 égalité entre actionnaires 각 주주는 주주의 자격에서 가지는 권리의무에 관하여 자

기가 가지는 주식의 수에 비례하여 평등한 대우를 받는다는 원칙. 이 원칙은 議決權・利益配當請求權・殘餘財産分配請求權・新株引受權 등에 관하여는 규정면에 나타나고 있으나(商 369 I, 418, 464, 538), 그것에만 한정되지 아니하며, 그 본질은 형평의 이념이 사단관계에 발현된 일반적인 사원평등의 원칙과 같다. 다만 주식회사에는 사원이 자본적으로만 회사에 관여하기 때문에 평등의 표준이 주식수에 있고(配分的 平等), 또한 주주간에 인적 신뢰관계가 없으며, 다수결의 원칙이 널리 인정되기 때문에, 이 원칙은 그 濫用으로부터 일반 주주를 보호하는데 중요한 의의가 있다. 이 원칙에 대한 예외는 數種의 株式의 발행과 같이 법이 허용하는 경우(344~346, 370), 또는 각 주주가 구체적인 취급을 승인한 경우를 제외하고는 허용되지 않으며, 이 원칙에 위반한 정관의 규정, 주주총회의 결의 및 업무집행행위는 무효이다.

주주표(株主表) 會社整理節次에 있어서, 주주의 주식신고에 기하여 법원사무관 등이 주주의 성명과 주소, 주식의 종류와 수를 기재하여 작성한 표(會整 132). 정리계획인가결정이 확정된 때에는 계획의 조항을 주주표에 기재하여야 한다(239).

주차장(駐車場) 자동차의 주차를 위한 시설로 도로의 노면 또는 교통광장의 일정한 구역에 설치되어 일반의 이용에 제공되는 路上駐車場, 도로의 노면 및 교통광장 외의 장소에 설치되어 일반의 이용에 제공되는 路外駐車場 및 주차장법 19조의 규정에 의하여 건축물, 골프연습장 기타 주차수요를 유발하는 시설에 부대하여 설치되어 당해 건축물・시설의 이용자 또는 일반의 이용에 제공되는 附設駐車場의 3종류가 있다(駐車場法 2).

주참가(主參加) 〔獨〕 Hauptintervention 係屬中의 소송목적의 전부 또는 일부를 자기를 위하여 청구하는 제3자가 원고・피고를 공동피고로서 본소의 제1심법원에 제기하는 소(日本民訴 60). 예컨대 甲乙간에 소유권존재확인의 소가 係屬中인데, 丙이 그 물건의 소유권이 자기에 있다고 하며 甲乙 양자를 공동피고로 하여 제기하는 소이다. 우리 민사소송법은 獨立當事者參加訴訟에 의하여 거의 같은 목적을 달할 수 있다고 보아 이 제도를 채택치 않았다.

주채무(主債務) 〔獨〕 Hauptschuld 보통은 保證債務에 의하여 담보된 채무(民 429, 430). 이를 부담하는 자를 보증인에 대하여 주채무자라고 부른다. → 보증채무

주취중 운전(酒醉中運轉) 술에 취한 상태에서의 운전을 말한다. 도로교통법상 운전면허를 받은 사람이라고 할지라도 술에 취한 상태에서는 자동차 등을 운전하여서는 아니된다. 경찰공무원은 교통안전과 위험방지를 위하여 필요하다고 인정하는 때에는 운전자가 술에 취하였는지의 여부를 측정할 수 있으며, 운전자는 이에 응하여야 한다. 운전이 금지되는 술에 취한 상태의 기준은 혈중 알콜농도 0.05% 이상으로 한다(道路交通法 41, 同施行令 31). 또한 交通事故處理特例法에 의해 음주운전에 의한 사고의 경우에는 피해자의 의사에 관계없이 공소를 제기하도록 되어 있다(3 II viii). 한편 술에 취한 상태에서 자동차 등을 운전한 사람과 음주측정에 응하지 아니한 사람은 2년 이하의 징역이나 500만원 이하의 벌금의 형으로 벌한다(道路交通法 107의2).

주택상환사채(住宅償還社債) 주택건설업자가 발행하는 채권으로서 일정기간이 지나면 주택으로 상환받을 수 있는 記名式保證社債이다(住宅建設促進法 27~30). 즉 건설회사에 그 회사가 분양하기로 예정한 아파트의 분양가 중 일부를 미리 내고 채권을 매입함으로써 우선분양을 받아두는 방식이다. 사채의 만기일은 발행일로부터 3년(住宅建設促進法施行令 27의4) 이내로 되어 있으나 대개 1년 6개월~2년 기한으로 발행된다. 아파트의 일반청약 때와 같이 請約預金加入者만이 사채를 매입할 수 있다. 발행가구수는 총분양 가구수의 50%가 상한이며 발행가격은 예상분양가의 60% 이하로만 발행할 수 있다. 원래 이 제도는 新都市建設로 인한 건설업체들의 자금난을 덜어주기 위해 도입되었다. 군포, 산본지구를 필두로 분당, 평촌 등지의 아파트에 적용되었었다. 그러나 이 제도는 여유자금이 있는 계층이 아니면 혜택을 볼 수 없게 되어 있어 無住宅者에 대한 주택공급확대라는 과제를 해결하는 것과는 거리가 멀다는 비난을 들어왔다. 정부는 전용면적 25.7평 이상의 주택을 대상으로 住宅償還社債의 발행지역을 1990년 10월부터 수도권 5개 신도시에서 전국으로 확대 적용하고 있다.

주 형(主刑) 〔獨〕 Hauptstrafe 〔佛〕 peine principale 독립하여 과할 수 있는 刑罰로서, 附加刑에 대하는 것이다. 현행형법은 사형・징역・금고・자격상실・자격정지・벌금・구류 및 과료를 주형으로 하고 있는 외에, 몰수도 예외적으로 주형이 될 수 있게 하였다(刑 41, 49). 반면에 주형인 자격상실과 자격정지의 名譽刑은 부가형적 성질을 갖고 있다.

준강간죄(準强姦罪) 사람의 심신상실 또는 항거불능의 상태를 이용하여 姦淫하는 죄(刑 299前). 幼年婦女姦淫罪를 준강간죄의 일종으로 보는 견해가 있다. 상해·치상·살인·치사(301, 301의2)의 경우에는 형을 가중한다. 心身喪失의 狀態라 함은 정신기능의 장애로 인하여 정상한 판단능력을 잃고 있는 것(예 : 백치)을 말한다. 抗拒不能의 狀態라 함은 물리적 또는 심리적으로 항거가 불가능하거나 또는 현저히 곤란하게 되어 있는 상태(예 : 신체가 결박되어 있거나 심히 공포에 떨고 있는 상태)를 말한다. 이용한다고 함은 행위자가 이러한 상태를 만드는 것이 아니다. 따라서 행위자가 마취제·수면제 등을 施用하여 상대방을 이러한 상태에 빠지게 하는 것은 폭행의 일종이며, 이러한 경우에는 강간죄의 문제가 된다(본죄가 된다는 반대설이 있음). 간음이라 함은 남성성기를 여성성기에 삽입하는 것을 말하며, 조금이라도 삽입하면 既遂가 된다. 미수범은 처벌하며(300), 고소가 있어야 公訴를 제기할 수 있다(306). → 강간과 추행의 죄

준강도죄(準强盜罪) 절도가 재물의 탈환을 항거하거나 체포를 면탈하거나 죄적을 인멸할 목적으로 폭행 또는 협박을 가하는 죄(刑 335). 事後强盜罪라고도 하며, 또 略取强盜罪를 포함해서 준강도죄라고 부르는 수도 있다. 본죄의 주체는 절도범인이다. 따라서 절도에 착수한 자를 말하며, 착수후가 아니면 본죄가 성립하지 않는다. 또한 目的犯이므로, 탈환거부 등의 목적달성 여부는 본죄의 성립에 영향을 주지 않는다. 폭행·협박은 절도의 기회(계속하여 추적되어 있는 경우를 포함)에 행하여짐을 요하나, 반드시 피해자에게 가하여짐을 요하지 않는다. 본죄의 미수범을 처벌하는데(통설), 그것은 폭행·협박행위의 既遂·未遂에 따라 정하여진다(다수설).

준강제추행죄(準强制醜行罪) 사람의 심신상실 또는 항거불능의 상태를 이용하여 추행을 하는 죄(刑 299). 幼年者醜行罪를 준강제추행죄의 일종으로 보는 견해도 있다. 상해·치상·살인·치사(301, 301의2)의 경우에는 형을 가중한다. 미수범은 처벌하며(300), 고소가 있어야 公訴를 제기할 수 있다(306). → 준강간죄, 강제추행죄

준거법(準據法) 〔羅〕 lex causae 〔英〕 proper law 〔獨〕 massgebendes Recht(Statut) 〔佛〕 loi applicable 國際私法에 의하여 어떤 법률관계에 적용될 법률을 그 법률관계의 준거법이라 한다. 예컨대 능력의 준거법은 당사자의 本國法, 채권양도의 제3자에 대한 효력의 준거법은 채무자의 住居地法에 의한다고 하는 경우와 같다. 이러한 각종의 법률관계의 준거법을 지정하는 법률이 곧 국제사법이다. 그리고 준거법은 각 실제문제에 대하여 법률효과의 존부를 판정하는 법률이기 때문에, 이것을 效果法이라고 부르는 학자도 있다. → 보조준거법

준거법설(準據法說) 국제사법상 법률관계 성질결정의 해결에 관한 견해 중, 법률관계의 성질은 그 법률관계에 적용될 법률에 의해서 결정되어야 한다는 견해를 말한다. 데파네(Despagnet), 볼프(Wolff) 등의 소수설이다. 이 견해에 따르면, 법률관계의 성질이 결정된 뒤에라야 비로소 알 수 있게 되는 법률관계의 준거법에 의해서 그 법률관계의 성질을 결정하게 되어 논리상 타당치 않다.

준거법주의(準據法主義) 國際私法上 회사의 國籍決定에 관한 학설 중, 회사의 설립에 있어서 준거한 법률이 내국법인가 외국법인가에 따라서 회사의 국적을 결정해야 한다는 견해를 말한다. 그러나 이 견해는 어떠한 회사가 내국의 법률에 준거하게 되는가를 완전히 해결하지 못했다는 비판이 있다.

준계약(準契約) 〔英〕 quasi-contract 〔佛〕 quasi-contrat 로마법에서 契約도 不法行爲도 아닌 사유로 인하여 계약과 비슷한 채권관계가 생길 때에는, 이것을 일괄하여 준계약이라고 하는 一群의 채권발생원인으로 생각하였다. 事務管理, 後見, 우연한 共有, 遺贈, 不當利得같은 것은 여기에 속하는 것으로 하였었다. 그 뒤에 어떤 것은 체계상 다른 부분에 들어 가게 되고, 프랑스민법은 사무관리와 非債辨濟만을 여기에 속하는 것으로 하였지만(佛民 1370 이하), 독일·스위스·일본 및 우리 민법은 이러한 관념을 인정하지 않았다.

준공동소유(準共同所有) 여러 명이 공동으로 所有權 이외의 財産權을 가지는 것. 민법은 일반적으로 준공동소유에 관하여 다른 법률에 특별한 규정이 없으면 공동소유에 관한 규정을 준용한다(278). 준공동소유에도 공동소유에서와 같이 準共有·準合有·準總有의 세 가지가 있다. 준공동소유가 인정되는 재산권의 주요한 것은 지상권·전세권·지역권·저당권 등의 민법상의 물권과 주식·광업권·저작권·특허권·어업권 등이다. 채권에 관하여도 준공동소유는 성립하나, 특히 채권의 준공유에 관하여는 채권편의 분할채권·불가분채권의 규정 등(408~410)이 먼저 적용되는 것을 주의해야 한다. → 공동소유

준공동해손(準共同海損) 〔獨〕 uneigentliche grosse Haverei 舊商法上 불가항력으로 인하여 發航港 또는 항해 도중에 정박하게 되었을 경우에 소비한 비용은 본래 共同海損은 아니지만 공동해손의 규정을 준용하였었다(舊商 799). 상법은 요크 안트워프규칙 및 영미법의 본을 받아 선박소유자만을 위한 제도라는 이유에서 이를 폐지하였다.

준공유(準共有) 〔獨〕 Quasimiteigentum 所有權 이외의 財産權의 공유. 준공동소유의 한 유형이며, 준공유에 관하여 다른 법률에 특별한 규정이 없으면 공유에 관한 규정을 준용한다(民 278)(→준공동소유). 채권에 관하여도 준공유는 성립하나, 민법은 다수당사자의 채권관계의 형태로서 分割債權關係와 不可分債權關係를 특별히 규정하고 있으므로(408~410), 그 규정이 먼저 적용됨은 물론이다.

준국제사법(準國際私法) 〔英〕 quasi private international law 〔獨〕 Quasi-Internationalprivatrecht 〔佛〕 quasi-droit international privé 한 나라 안에 있어서의 異法地域간의 사법의 저촉을 해결하는 법칙. 한 나라의 법률과 다른 나라의 법률과의 저촉에 관한 국제사법과는 달라, 한 나라 안에 있어서의 한 지방의 법률과 다른 지방의 법률과의 저촉을 해결하는 법률이다. 그 성질은 국제사법과 커다란 차이가 없기 때문에, 英美法系諸國에 있어서는 양자를 전혀 구별하지 않고, 獨佛法系諸國에 있어서는 일단 양자를 구별은 하나 국제사법의 원칙을 준국제사법에 준용하고 있다. 그러나, 국내의 異法地域간의 관계에 있어서는 本國法이라는 것이 있을 수 없으므로, 국제사법상 屬人法에 관한 사항에 있어서 본국법주의를 채용하는 국가에 있어서는 국제사법의 원칙을 그대로 준국제사법에 준용할 수는 없다. 이와 같은 속인법에 관한 사항에는 住所地法을 적용하는 주의, 당사자가 속하는 지역의 법률을 적용하는 주의 등이 있다. 여하튼 국제사법은 원래 준국제사법에서 발달된 것이며, 실질적으로 양자의 원칙이 거의 동일하다는 점에서, 오늘날 준국제사법을 국제사법의 범위 중에 포함시켜 연구하는 것이 일반적이다.

준군인(準軍人) 군인에 준하여 軍刑法의 적용을 받는 자. 軍務員, 軍籍을 가진 군소속기관의 學生·生徒, 士官候補生·下士官候補生 및 召集되어 실역에 복무중인 예비역·보충역·제2국민역인 군인, 병역법 57조의 규정에 의한 군적을 가지는 在營中인 학생 등이 포함된다(軍刑 1Ⅲ).

준금치산자(準禁治産者) 한정치산자의 구 민법상의 용어.

준기소절차(準起訴節次) 특정범죄에 대하여 고소나 고발이 있었음에도 불구하고, 검사가 不起訴處分을 하였을 때에, 고등법원이 고소인 또는 고발인의 裁定申請에 의하여, 사건을 관할지방법원의 심판에 付하는 결정을 하면, 그 사건에 대하여 공소의 제기가 있는 것으로 보는 절차(刑訴 260~265). 起訴獨占主義와 起訴便宜主義로부터 결과할지도 모르는 검사의 부당한 처분에 대처하기 위하여 두어진 제도이다. 독일 형사소송법상의 기소강제절차에서 시사를 받은 제도로서, 우리나라와 일본에서는 職權濫用罪에 관하여 이를 인정하고 있다. 고소인 또는 고발인은 검사로부터 공소부제기의 통지를 받은 때에는 10일내에 그 검사소속의 지방검찰청검사장 또는 지청장에 경유하여 그 검사소속의 고등검찰청에 대응한 고등법원에 그 당부에 관한 재정을 신청할 수 있고, 그 고등법원은 신청이 이유있다고 인정할 때에는 사건을 관할지방법원의 심판에 부하는 결정을 내린다. 이 경우에는 지정변호사(고등법원의 재정결정에 의하여 그 사건을 심판하게 된 지방법원이 그 사건에 대하여 공소의 유지를 담당케 하기 위하여 지정한 변호사)가 검사의 직무를 행한다.

준문서(準文書) 문서가 아닌 것으로서 現徵하기 위하여 만든 물건. 현징한다는 것은 사실을 명확히 할 목적으로 증거로 남긴다는 것을 뜻한다. 준문서는 엄격한 의미의 문서는 아니나, 문서에 유사하므로 書證에 관한 규정을 준용한다(民訴 335). 예컨대 경계표·사진·녹음기·각종번호표·도면·증거로 보존된 상품견본 등이다. 준문서는 성질상 檢證의 대상도 될 수 있기 때문에 서로 혼동할 우려가 있으나, 준문서는 처음부터 現徵하기 위하여 작성된 것인 점에서 차이가 있다.

준물권(準物權) 민법에 규정되어 있는 物權은 아니지만, 특별법에 의하여 배타적인 이용관계를 내용으로 하는 까닭에 물권으로 취급하는 권리. 예컨대 광업권·어업권 등은 물건을 목적으로 하는 것은 아니지만, 이를 물권으로 규정하거나 물권으로 간주하여 부동산물권에 관한 규정을 이에 준용한다. 無體財産權도 배타적인 지배권을 내용으로 하지만, 법률상 이를 물권과 달리 취급하고 있으므로 이를 準物權이라고 할 수 없다.

준물권행위(準物權行爲) 물권 이외의 권리의 변동을 직접 발생시키는 법률행위. 당사자 사이에 다만 채권·채무를 생기게 하는 債權行爲와 달라서, 직접적으로 권리변동을 일으킨다는 점에서 物權行爲와 비슷하므로 준물권행위라고 부른다. 즉,

물권의 설정·이전을 내용으로 하지 않는다는 점에서 물권행위와 다르지만, 권리관계에 직접적으로 변동을 일으켜 원칙으로 이행의 문제를 남기지 않는 점에서는 물권행위와 다를 것이 없다. 예컨대 債權讓渡, 채무의 免除 등의 경우가 그것이다. 이들의 경우에 있어서도 이론상으로는 채권행위가 존재하고(예컨대 채권의 매매), 이것을 원인으로 하여, 그의 이행으로서 당해 권리의 변동을 현실적으로 발생시키는 행위(예컨대 채권의 양도)가 행하여진다고 볼 수 있는 것이나, 이 경우의 그 당해 권리는 물권이 아니므로 그것을 물권행위라고 부를 수는 없는 것이다. 또한 그것은 당사자의 재산상의 권리관계를 직접적으로 변동하는 處分行爲라고도 할 수 있는 것이므로(이 점에서 물권행위와 비슷하다), 그 원인인 채권행위와는 구별된다. 그러므로 이것을 準物權行爲라고 부르는 것이다. 준물권행위에 있어서도, 물권행위에 있어서와 같이, 준물권행위 자체로서의 성립요건(의사주의·형식주의) 및 원인인 채권행위와의 관계(독자성·무인성) 등이 입법상 또는 해석상 문제가 된다. → 물권행위, 채권양도

준법률행위(準法律行爲) 〔獨〕 geschäftsähnliche Handlung [1] 사법상의 적법행위 중 意思表示(및 이것을 요소로 하는 법률행위) 이외의 것. 이것으로부터 발생하는 법률효과가 의사표시와 같이 행위자가 의욕한 것을 이유로 하여 발생하는 것이 아니라, 그것과는 관계없이 법률에 의하여 발생하는 것인 점에 있어서, 의사표시 내지 법률행위와 구별된다. 좁은 뜻의 法的 行爲(〔獨〕 Rechtshandlung im engeren Sinne)라고도 한다. 일정한 意識內容의 표현인 것을 본질로 하는 것(表現行爲)과 일정의 외형적인 행위를 본체로 하고, 일정의 의식 내지 정신작용을 요건으로 하는 경우(先占에 있어서의 소유의 의사(民 252), 事務管理에 있어서의 타인을 위하여 하는 의사(734))에도 그 정신작용은 종된 지위를 차지함에 불과한 것(非表現行爲)으로 대별된다. 전자에는 意思의 通知·觀念의 通知·感情의 表示가 포함된다. 후자의 예로는, 先占·遺失物拾得·事務管理 등이 있다. 이러한 행위를 의사표시 내지 법률행위와 구별하는 것은 주로 독일학자의 연구에 의한 것이다. 이러한 행위에는 의욕하였으므로 법률효과가 발생한다고 하는 의사표시의 본질이 결여되어 있다. 이것을 이유로 하는 의사표시의 통칙(行爲能力·錯誤·代理 등에 관한 규정)을 이러한 행위에 적용함에는 한번 음미해 볼 필요가 있다고 한다.

[2] 행정법상 확인·공증·통지·수리와 같이, 행위자가 그 효과를 의욕하기 때문이 아니라, 일정한 정신작용의 發現으로 법규에 기하여 효과를 발생하는 행위를, 의사표시의 요소로 하여 행위자의 효과의사에 기하여 효과를 발생하는 (법률행위적) 行政行爲에 대하여, 準法律行爲的 行政行爲라고 부른다.

준법률행위적 행정행위(準法律行爲的行政行爲) 〔獨〕 rechtshandlungsmässiger Verwaltungsakt 행정행위 중 효과의사 이외의 정신작용(예컨대 판단·인식·관념 등)의 표시를 구성요소로 하고, 그 법률적 효과는 행위자의 의사 여하를 불문하고 직접 법규의 정하는 바에 의하여 발생하는 행위. 효과의사를 구성요소로 하고, 그 법률적 효과가 그 효과의사의 내용에 따라 발생하는 法律行爲的 行政行爲와 대립된다. 준법률행위적 행정행위에는 부관을 붙일 수 없다. 준법률행위적 행정행위에는 確認·公證·通知·受理 등이 있다.

준법투쟁(遵法鬪爭) 〔英〕 law-abiding policy 爭議行爲로서의 怠業의 일종. 대별하면 2종류가 있다. ① 업무·시설관리법규 또는 근로기준법 및 그 시행규칙이 요구하고 있는 조건대로 작업을 실시하고 업무능률을 저하시키는 것. 예컨대 안전운전·점검투쟁 등, ② 시간외근로·휴일근로를 거부하거나(잔업거부 또는 정시퇴근 등), 또는 團體協約이나 就業規則으로 인정된 휴가를 일제히 취하는 경우(一齊賜暇 또는 集團缺勤 등)이다. → 집단결근, 잔업거부

준별제권자(準別除權者) 破産財團에 속하지 않는 파산자의 재산, 이른바 자유재산 위에 질권 또는 저당권을 가지는 파산채권자(破 88Ⅰ). 원래 別除權이란 파산재단에 속하는 재산상에 담보권을 가진 자를 가리킨다. 그러므로, 동일한 파산자의 재산이지만 파산재단에 속하지 않는 재산상에 質權이나 抵當權을 가지는 자는 당연히 별제권자라 할 수 있는 것이 아니다. 그러나 파산자의 재산으로부터 담보권에 기하여 확실히 변제를 받을 수 있는 점에서는 별제권자로서 파산채권을 가지는 자와 동일하기 때문에 다른 파산채권자에 대한 공평유지의 점으로부터 관찰하면 이와 같은 채권자에도 즉시 그 채권의 전액으로 배당에 가입시키지 않고, 그 擔保權에 의하여 변제를 받고 남은 잔액에 대해서만 파산절차의 배당에 가입시키는 것이 옳을 것이다. 그리하여 이와 같은 종류의 채권자에는 파산법 제2편 중 별제권에 관한 규정을 준용하게 하였기 때문에 이를 準別除權者라 칭하는 것이다(88Ⅱ). 유치권자·전세권자도 준별제권자인가 하는 점은 의문이다(84 참조).

준보증(準保證) 보통의 보증에서는 保證

債務와 주채무의 내용이 동일하여야 하는데, 보증채무의 내용이 주채무의 내용과 다르고 그 취지가 債權擔保인 때를 말한다.

준불법행위(準不法行爲) 〔佛〕 quasidélit 로마법에서는, 不法行爲의 성립은 특히 違法性이 강한 때에 한정한 것과 이것에 준하여 손해배상채무가 생기는 경우를 따로 규정하고 있었다. 예컨대 도로에 투하되거나 또는 낙하한 물건에 의하여 손해를 발생시킨 자의 책임, 여관의 피용자가 투숙객에게 준 손해에 관한 여관주인의 책임과 같은 것이 그것이다. 프랑스민법은 이것을 계승하여 不法行爲 및 準不法行爲라는 절을 두었으나, 오늘날 이 양자를 구별할 실익은 전혀 없기 때문에, 독일민법·일본민법·우리 민법은 이것을 인정하지 않는다.

준비금(準備金) 〔英〕 reserve, reserve fund 〔獨〕 Reservefonds 〔佛〕 réserve [1] 회사가 설정한 자본액을 초과하는 금액을 장래에 생길지도 모르는 필요에 대비하기 위하여 회사에 적립해 두는 금액을 말하며, 積立金이라고도 한다. 준비금은 회사자본과 같이 계산상의 수액으로서 자본액을 초과하여 유지 보존되어야 할 금액을 표시하는 것이지, 특정한 형태의 재산이 그만큼 보관된다는 뜻이 아니다. 즉, 준비금은 그 額數만큼 순재산이 분배되지 않고 보류되어야 할 구속인 것이며 자본과 더불어 貸借對照表의 자본의 부에 기재되어 이익산출상의 공제항목이 된다(商 462Ⅰ). 그리고 준비금은 자본의 결손전보에 충당하는 경우 외에는 사용할 수 없으며, 이 경우에도 계산상으로 그 액수가 감소하는데 불과하다(460). 준비금에는 상법의 규정에 의하여 적립하는 것과 정관 또는 주주총회의 결의에 의하여 적립하는 것이 있다. 전자를 法定準備金, 후자를 任意準備金이라고 한다. 준비금과 구별할 것에 不眞正準備金 또는 價格匡正項目이란 것이 있다. 법정준비금에는 利益準備金(458)과 資本準備金(459)의 구별이 있어 그 적립재원이 다르다. 또 대차대조표에 표시되지 않는 은닉된 준비금을 秘密準備金이라고 하는데 대하여, 대차대조표에 기재된 준비금을 공연의 준비금이라고도 한다.

[2] 공법상의 준비금에 관하여는 積立金을 보라.

준비금(準備金)**의 자본전입**(資本轉入) 〔英〕 capitalization of surplus reserve 회사의 계산상 준비금계정이 되어 있는 금액을 資本金計定으로 이체하는 것. 준비금이 법정준비금에 한하는가 임의준비금도 포함되는가에 관하여는 설이 갈린다. 준비금의 자본전입에 의하여 株式分割 또는 株式配當과 비슷한 경제적 효과가 생기며, 주식의 시장성을 높이고 신주의 발행을 손쉽게 하는 기능을 나타낸다. 준비금의 자본전입은 이사회의 결의나 정관으로 정한 주주총회의 普通決議에 의하여 한다(商 461Ⅰ). 이 결의는 언제든지 할 수 있으며, 결의를 한 때에 그 결의의 효력이 생기고 소정의 금액만큼 준비금이 감소하는 동시에 자본이 증가한다. 회사는 그 증가하는 자본액에 관하여 주주가 가지는 주식의 수에 따라 주식을 발행하여야 한다(461Ⅱ). 이것은 신주발행의 특수한 경우이므로 新株發行留止請求權·新株發行無效의 訴(424, 429)에 관한 규정은 유추적용된다고 보아야 할 것이다. 신주의 수는 정관규정의 범위내에서 정해져야 하며, 정관소정의 발행한도주식의 총수 중에 필요한 미발행주식수가 없거나 부족한 경우에는 먼저 정관변경을 하여 授權株式數를 정하여야 한다.

준비서면(準備書面) 〔英〕 preparatory pleadings 〔獨〕 vorbereitende Schriftsätze 당사자가 辯論에서 진술하고자 하는 사항을 예고적으로 기재하여 법원에 제출하는 서면. 변론은 당사자의 시간과 노력을 요하기 때문에 그 집약화를 기하려는 수단으로서 인정되고 있다. 지방법원합의부 이상의 상급법원에서는 반드시 이것으로 변론을 준비하는 것이 필요하나(民訴 246), 訴狀·上訴狀은 준비서면의 用을 겸한다(227Ⅱ, 368). 지방법원단독부사건에서는 준비서면의 제출이 필요치 않다. 다만 상대방이 준비하여 오지 않으면 진술할 수 없는 사항에 대하여서는 준비서면을 제출할 것이 요구되고 있다(246). 피고·피상소인의 본안의 신청을 기재한 준비서면을 특히 答辯書라 한다. 준비서면은 기일전에 상대방이 송달을 받고 응답할 준비를 하는데 필요한 기간을 두고 제출하여야 한다(247). 준비서면에는 일정한 기재사항이 法定되어 있지만(248), 그 목적에 비추어 형식상의 不備가 있다 하여도 실질적으로 변론의 준비의 목적을 달성하는 것이라면 그 효력에 영향이 없다. 당사자 스스로 소지한 문서를 인용했을 때는 그 등본을 첨부하는 것이 원칙이지만(249), 외국어의 문서라면 그 譯文도 첨부할 것을 요한다(252). 준비서면에 기재되지 않은 사실이라도 변론에서 절대로 진술할 수 없는 것은 아니지만, 상대방이 在廷하지 않는 경우에는 변론에서 주장할 수 없게 하였다(251). 이것은 상대방이 결석했을 때 예상외의 주장에 대하여 진술의 기회를 주지 아니하여, 이를 다투지 않은 것으로 자백한 것이라 간주되어 結審되는 것으로부터 보호코자 하는 취지이다. 출석한 당사자가 준비서면에 기재되지 아니한 사실을 주장하고자 한다면 속행기일의 지정을 구하고 그에 앞서 준비서면을 제출하게 되어 있다. 준비서면을 제출하고서 변론기일에 자신이 결석하여도 그 사항을 진술한 것으로 간주되고(137), 또 준비절차전에 제출한 준비서면에 기재된 사항은 준비절차에서 진술을 게을리하여도 변론에서 진술이 허용된다(259 Ⅲ). 또 피고가 本案에 관한 사항을 기재한 준비서면을 제출한 뒤 訴의 取下를 하려면 그의 동의를 요하게 하고 있다(239Ⅱ).

준비서면(準備書面)**의 교환**(交換) 辯論은 서면으로 준비하게 마련인데(단독판사가 심판하는 사건에서는 예외이다)(民訴 246, 245), 그것은 변론을 단시간안에 종결짓게 하기 위하여 법원 및 상대자로 하여금 변론에 임하기 전에 사건의 쟁점을 정리할 수 있고 따라서 거기에 대한 준비를 완전히 할 수 있도록 하려는 것이다. 그러므로, 訴狀·答辯書 기타의 공격방어방법을 기재한 서면은 변론전에 법원을 통하여 상대방에게 송달함으로써 피차간 교환하여야 되는 것이다. 이 교환이 잘 되지 않을 때에는 준비서면의 의의는 거의 상실된다. 준비서면의 교환제도는 準備節次制度와 더불어 민사변론을 신속히 하고 경제적으로 이끌어 가는데 커다란 도움을 준다. 오늘날 民事審理가 점차로 書面審理主義로 기울어 가는 경향에 있음에 비추어 준비서면의 교환제도는 더욱 중요하게 되었다.

준비절차(準備節次) 〔英〕 preparatory procedure 〔獨〕 vorbereitendes verfahren 〔佛〕 procédure préparatoire 합의법원의 사건에 관하여 합의체의 부담을 경감하고, 辯論 특히 證據調査를 집중적으로 하기 위하여 합의체의 일원인 受命法官이 주재하는 변론의 豫行節次. 준비절차는 합의법원 사건에만 적용되고 단독부사건에는 적용되지 않는다(民訴 253). 이와 같이 합의부사건에 관하여서만 인정된 이유는 계산 등 내용이 복잡한 사건은 수명법관이 쟁점을 정리하고 證據方法을 정돈 준비하는 것이, 법정에서 합의부가 하는 것보다 노력의 절약과 간편한 심리를 가능케 하여, 합의부심리의 노고를 덜고자 하는데 있다. 단독부사건에 인정되지 않은 것은, 單獨判事는 변론기일에 1인만으로서 심리하는 바이며, 준비절차에 의한 노력절감이라는 면이 별무하다는 것과, 단독부사건에는 그리 복잡한 사건이 많지 않다는데 있다. 준비절차에는 변론에 관한 규정이 準用되며(260), 그 진행은 대체로 변론절차에 준한다. 법원은 합의사건을 심리하는 경우에 필요하다고 인정하는 때는 합의부원에게 소송의 전부나 일부 또는 특정한 쟁점에 대한 변론의 준비절차를 명할 수 있다(253). 준비절차는 변론의 준비에 불과하므로 공개법정에서 할 필요는 없다. 준비절차의 목적은 訴訟資料의 수집 정돈에 있으므로, 당사자는 그 공격방어방법의 제출 및 상대방의 진술에 대한 응답을 완전히 하여서 변론에 있어서 변론의 윤곽 특히 증거조사를 요하는 쟁점을 명백히 하여 이에 대한 증거방법을 열거할 것이며, 受命法官은 충분히 그 訴訟指揮權을 행사하여 이에 적극협력하여야 한다(125～128, 130). 수명법관은 和解를 권고할 수 있다(135). 또 당사자는 수명법관의 면전에서 소의 취하(239), 재판상의 화해, 청구의 포기·認諾(206, 143, 149)을 할 수 있다. 준비절차의 목적은 변론의 준비에 그치고 직접 終局判決을 하는 것을 준비하는 것이 아니므로, 증거신청의 採否를 결정하거나 증거조사를 하는 것은 수명법관의 권한에 속하지 않는다. 또 수명법관은 소송지휘상의 재판을 할 수 있으나, 종국판결은 물론 사건에 관한 中間的 裁判도 할 수 없다. 준비절차에 있어서는 법원사무관 등으로 하여금 조서(→준비절차조서)에 단순히 절차의 경과뿐 아니라 당사자의 진술의 내용을 기재케 하며, 특히 증거신청을 명백히 함을 요한다(143, 149, 253). 조서에 기재되지 않은 사항은 원칙적으로 변론에서 주장하지 못한다(259Ⅰ本). 그러나 여기에는 몇 가지 예외가 있다(259Ⅰ但).

준비절차조서(準備節次調書) 준비절차에서 작성되는 조서. 법원사무관 등은 준비절차기일마다 입회하여 조서를 작성하여야 한다. 조서에는 준비절차에 있어서의 당사자의 주장·공격방어방법과 증거신청을 명확히 기재할 것을 요하는 이외에(民訴 248, 254), 辯論調書에 관한 규정이 준용된다(149). 준비서면에 기재되지 않은 사항은 원칙으로 변론에서 주장할 수 없다(251).

준 사(準死) 민사사와 같다.

준사기죄(準詐欺罪) 미성년자의 知慮淺薄 또는 사람의 심신장애를 이용하여 財物의 교부의 받거나, 재산상의 이익을 취득하거나, 또는 제3자로 하여금 재물의 교부를 받게 하거나, 재산상의 이익을 취득하게 하는 죄(刑 348Ⅰ·Ⅱ). 常習準詐欺(351)의 경우 형을 가중한다. 미성년자는 민법상의 미성년자(民 4)를 말하지만, 知慮淺薄한 미성년자에 한하여 본죄의 객체가 될 수 있다. 심신장애에는 심신미약 뿐만 아니라 심신상실도 포함된다는 견해와, 심신상실자로부터 재물의 교부를 받는 경우에는 절도죄가 되므로 심신상실은 포함되지 않는다는 견해가 대립되고 있다. 지려천박한 미성년자 또는 심신장애자를 欺罔하였을 경우에는 단순히 사기죄가 성립한다. 미수범은 처벌하며(刑 352), 親族相盜例의 준용이 있다(354).

준사무관리(準事務管理) 〔獨〕 unechte

Geschäftsführung ohne Auftrag 권리가 없음을 알면서 타인의 사무를 자기를 위한 의사로써 관리한 경우 權利者와 管理者와의 사이에 인정되는 관계를 말한다. 예컨대 타인의 물건을 자기물건으로서 함부로 고가로 매각하던가, 타인의 가옥을 무단히 임대하여 비싼 家賃을 받든가, 타인의 특허권을 무단히 실시하여 큰 이익을 얻은 경우다. 진실한 事務管理의 관계는 타인을 위하여 하는 의사를 가지고 관리한 경우가 아니면 인정되지 않지만, 자기를 위하여 하는 의사를 가지고 한 경우이므로, 사무관리에 준하는 관계라고 칭하는 것이다. 준사무관리는 본래는 不法行爲 또는 不當利得의 규정에 의하여야 할 터이지만, 본인의 청구를 용이하게 하고 그 입장을 보호하려는 취지에서 인정되는 것이다. 이러한 취지에서 명문이 없는 우리 민법의 해석으로서도 이것을 인정하려는 설이 유력하다(獨民 687Ⅱ에는 명문이 있다).

준사법기관(準司法機關) 행정기관의 일종이면서 準司法的 權能을 수행하는 기관. →준사법적 권능, 행정위원회

준사법적 권능(準司法的權能) 〔英〕 quasi-judicial power 주로 미국의 행정법상 발달한 개념으로서, 그 의의는 사용하는 자에 따라 다르다. 대체로 行政機關(특히 행정위원회)이 행정상의 분쟁의 판정(즉, 쟁송의 재결·결정 또는 쟁의의 조정) 또는 行政處分의 사전절차에 있어서의 결정(즉, 公聽·聽問에 있어서의 최후결정) 등의 법원의 사법작용에 준하는 작용을 하는 권능을 의미한다. 그 작용이 사법적 성질을 가지지만 일반사법작용이 아닌 의미에서 이와 같은 명칭으로 불린다. 행정기관이 이러한 권능을 행하는 데에는, 그 合憲性의 여부가 문제된다. 자본주의의 발달에 따르는 복잡한 사회·경제문제의 신속하고도 합리적인 처리를 위한 실제상의 필요에 의하여, 근래에는 그 합헌성을 인정하고 그 절차에 합리적인 規準을 설정하려고 하고 있다. 우리나라에서는, 紛爭의 判定節次(즉, 쟁송의 재결·결정 또는 쟁의의 조정)는 인정되고 있으나, 행정처분의 사전절차는 거의 그 예가 드물다.

준사법적 기능(準司法的機能) 〔英〕 quasi-judicial function →준사법적 권능

준사법적 절차(準司法的節次) →준사법적 권능, 행정절차

준상행위(準商行爲) 형식적 의미에서는 상행위는 아니나, 상행위에 관한 규정이 준용되는 행위. 상행위를 하는 자는 아니나 점포 등의 설비에 의하여 상인적 방법으로 영업을 하는 자와 상행위를 하는 것을 목적으로 하지 않는 소위 民事會社는 특히 商人으로 의제되고(商 5), 또 그 영업행위는 형식적으로 상행위에 해당하지 않더라도 상행위에 관한 규정이 준용되는 것이다(66).

준소비대차(準消費貸借) 당사자의 쌍방 중의 어느 편이 소비대차에 의하지 아니하고 금전 기타의 代替物을 급부할 의무가 있는 경우에 당사자가 그 물건으로써 소비대차의 목적으로 할 것을 약정하는 契約(民 605). 기존의 채무를 소멸시키고 기존채무에 관하여 소비대차와 동일한 효력을 일으키는 것을 목적으로 하는 계약이다. 賣買代金을 借金으로 고치는 따위가 그 예. 민법은 소비대차에 의하지 아니하고 부담한 채무라고 하고 있으나, 과거의 소비대차상의 채무에 관하여도 준소비대차계약을 체결하는 것은 무방하다고 하는 것이 종래의 판례이다. 준소비대차는 기존의 채무의 존재를 전제로 하므로, 既存債務가 존재하지 않거나 취소된 경우에는 성립하지 않는다. 반대로 준소비대차가 무효이거나 취소되면 종래의 채무는 소멸하지 않은 것으로 된다. 준소비대차는 그 성립의 요건이 다를 뿐, 소비대차로서의 효력은 보통의 소비대차와 같다. 준소비대차의 경우에 新舊債務가 동일성을 가지느냐는 擔保·消滅時效 등에 관하여 문제로 된다. 현재의 판례는 양자는 원칙으로 동일성을 잃지 않으며, 다만 당사자의 의사에 의하여 동일성을 상실시킬 수 있다고 한다.

준예산(準豫算) 국가의 豫算이 법정기간내에 성립하지 못하는 경우에 정부가 일정한 범위안에서 전회계연도 예산에 준하여 집행하는 暫定豫算, 즉 정부가 회계연도 개시 90일 전까지 예산안을 국회에 제출하면 국회는 회계연도 개시 30일 전까지 이를 의결하여야 하는데, 만약 새로운 회계연도가 개시될 때까지 국회에서 예산안이 의결되지 못한 때에는 정부는 그 예산안이 의결될 때까지 ① 헌법이나 법률에 의하여 설치된 기관 또는 시설의 유지·운영비, ② 법률상 지출의 의무가 있는 경비, ③ 이미 예산상 승인된 繼續費를 전년도 예산에 준하여 지출할 수 있는 바(憲 54Ⅱ·Ⅲ, 豫會 34), 이것이 준예산이다. 이미 집행된 준예산은 당해 회계연도의 예산이 성립되면 그 성립된 예산에 의하여 집행된 것으로 간주된다(豫會 34Ⅱ).

준 용(準用) 〔獨〕 entsprechende Anwendung 〔佛〕 application correspondante 어떤 사항에 관한 규정을 그것과 유사하기는 하나 본질이 다른 사항에 관하여, 필요가 있으면 약간의 수정을

가하면서 맞추는 것. 적용은 법이 규정하는 대로의 사항에 관하여, 즉 본질이 같은 사항에 관하여 法規를 맞추는 것으로서, 수정을 필요로 하지 않는다는 점에서 준용과 다르다. 준용은 입법기술상 요구되는 것으로서 같은 규정을 반복하지 않아도 되므로 법규의 간결을 기할 수 있다는 장점이 있으나, 반면 법규의 검색을 번잡하게 만들고, 왕왕 수정의 여부에 있어서 疑義를 일으키며, 해석을 분규시키는 단점도 있다. 또한 준용은 법규에 明定하여 있지 않은 때도 해석상 시도되는 경우가 있다. 이것을 법규가 스스로 명문으로 규정하고 있는 준용과 구별하여, 특히 類推適用이라고 부르는 경우가 있으나, 양자간의 정확한 구별은 없다. → 유추

준용하천(準用河川) 하천법의 규정의 일부를 준용하는 하천. 공공의 이해에 밀접한 관계가 있는 것으로서 대통령령으로 그 명칭과 구간이 지정된 하천(適用河川)에 흘러 들어가거나 하천으로 부터 갈라지는 물줄기 혹은 수면으로서 특별시장·광역시장 또는 도지사에 의해 지정된 것을 말한다(舊河 10, 同施行令 9). 신법의 제정으로 용어가 삭제되었다.

준위임(準委任) 법률행위 이외의 사무의 처리를 위탁하는 契約. 구법상의 개념. 財産管理·借賃支給의 催告·貸借對照表의 작성·축사를 하는 따위를 위탁하는 경우와 같다. 구민법은 법률행위를 함을 위탁하는 것을 엄격한 의미의 위임으로 하고, 법률행위가 아닌 사무의 위탁의 경우를 준위임으로 하였었으나(舊民 643, 656), 이와 같이 구별할 실익이 없으므로, 민법은 사무가 법률행위이냐 아니냐를 묻지 않고 통일적으로 규정하였다(680). → 위임

준위탁매매업(準委託賣買業) 〔獨〕 uneigentliches Kommissionsgeschäft 매매아닌 행위를 주선하는 영업. 자기의 명의로서 타인의 계산으로 매매를 영업으로 하는 자를 準委託賣買人이라 한다(商 113). 周旋業의 일종인데 주선의 목적이 물건의 매매(위탁매매업)와 물건운송(運送周旋業)이 아닌 점에서 구별된다. 준위탁매매업자에는 위탁매매인에 관한 규정이 준용되는데, 출판·광고의 주선, 임대차의 주선과 여객운송의 주선을 하는 자는 이에 속한다. 주선의 목적물에는 대체로 거래소의 시세가 없으므로, 개입에 관한 규정이 준용될 여지가 없다.

준입법(準立法) 〔英〕·〔美〕 by-law 학문상 行政立法과 동의어로서, 행정청이 장래에 향하여 적용되는 일반·추상적인 규범을 정립하는 작용인 행정권에 의한 입법을 말한다. 從位立法이라고 불리우기도 한다.

준입법기관(準立法機關) 行政機關이면서 준입법적 권능을 행사하는 기관. → 준입법적 권능, 행정위원회

준입법적 권능(準立法的權能) 〔英〕 quasi-legislative power 주로 미국의 행정법상 발달한 개념으로서, 그 의의는 사용하는 자에 따라 다르다. 대체로 행정기관(특히 행정위원회)은 規則制定 등의 국회의 입법작용에 준하는 작용을 하는 권능을 의미하는데, 그 작용이 입법적 성질을 가지지만 국회의 一般立法權의 작용이 아닌 의미에서 이와 같은 명칭으로 불린다. 장래의 사안에 대하여 일정한 기준을 설정한다는 데에 그 입법적 성질의 특징이 있는 것으로서, 대륙법적인 委任立法의 관념과는 성질이 다르다. 행정기관에 이와 같은 권능을 인정하는 데에는, 그 합헌성의 여부가 문제된다. 자본주의의 발달에 따르는 행정사무의 임기응변의 요구에 의한 실제상의 필요에 의하여 가지 가지의 이론으로 인정되어 왔고, 근래에는 규칙제정 등의 절차에 일정한 기준을 정하여 신중을 기하려고 하고 있다. 우리나라에서도 이 개념을 수입하여, 행정위원회의 規則制定權을 이와 같은 명칭으로 부르는 수가 많다.

준입법적 기능(準立法的機能) 〔英〕 quasi-legislative function → 준입법적 권능

준재심(準再審) 確定判決과 동일한 효력을 가지는 화해·포기 또는 認諾調書(民訴 206)에, 또는 卽時抗告로 불복을 신청할 수 있는 결정이나 명령에 민사소송법 422조 1항에 해당하는 사유있을 때에 허용되는 재심. 화해·포기 또는 認諾調書는 확정판결과 같은 효력이 있으므로 판결에 있어서와 같이 그 재심은 소에 의하여 개시할 것이나, 결정·명령에 대한 준재심에 있어서는 결정·명령에 대한 不服申請이므로, 그 재심도 소에 의하지 않고 신청으로 개시되고, 그 절차도 또 결정절차이다. 어느 것이든 재심의 소에 관한 규정의 준용이 있다(431).

준점유(準占有) 〔羅〕 quasi possessio iuris 〔獨〕 Rechtsbesitz 〔佛〕 quasi-possession 財産權을 사실상 행사하는 것(民 210). 즉, 占有를 수반하지 않는 재산권이 사실상 어떤 사람에게 귀속하는 것과 같은 외관을 나타내는 것을 말한다. 점유가 물건의 사실적 지배의 외형임에 대하여 준점유는 재산권의 사실적 지배의 외형이라고 할 수 있다. 物權·債權·無體財産權 등에 관하여 성립한다. 예컨대 예금통장과 인장을 소지하는 자는 예금채권의 준점유자이다. 다만 그 행사에 점유를 수반하는 소유권·지상권·전세권·질권·임차권 등에는 고유의 점유가 성립한다. 準占有制度를 인정하는 목적은 점

유제도를 인정하는 목적과 마찬가지로, 재산권의 사실적 지배의 질서의 유지에 있다. 준점유에는 점유의 규정이 일반적으로 준용되고 준점유의 효과 중 채권의 준점유자에 대한 선의의 변제가 주요한 것이다(470).

준점유강취죄(準占有强取罪) 타인의 점유에 속하는 자기의 물건을 取去함에 당하여 그 탈환을 항거하거나, 체포를 면탈하거나, 罪跡을 인멸할 목적으로 폭행 또는 협박을 가하는 죄(刑 325 Ⅱ). 본죄를 범하여 사람의 생명에 대한 위험을 발생하게 한 때(326)에는 형을 가중한다. 目的犯이다. 미수범은 처벌한다(325Ⅲ). → 권리행사방해죄, 준강도죄

준 정(準正) 〔英〕 legitimation 〔獨〕 Legitimation 〔佛〕 légitimation 婚姻外의 출생자에 대하여 婚姻中의 출생자로서의 신분을 취득시키는 제도. 민법은 혼인외의 출생자는 그 부모가 혼인한 때로부터 혼인중의 출생자로 본다(855Ⅱ)고 하여 이른바 혼인으로 인한 준정만을 규정하고 있지만, 그 밖에도 성질상 혼인중의 준정과 혼인해소후의 준정도 인정하는 것으로 해석되고 있다. ① 혼인으로 인한 준정은 부가 認知한 자가 있는데 부모가 혼인하면 그 자는 부모의 혼인으로 인하여 그 혼인시부터 혼인중의 출생자로서의 신분을 취득하는 경우이다. 婚姻準正이라고도 한다. ② 혼인중의 준정은 혼인외의 출생자의 모와 부가 혼인하고 그 후에 인지한 때에 그 인지시부터 혼인중의 출생자로 되는 경우이다. 認知準正이라고도 한다. ③ 혼인해소후의 준정은 혼인전의 출생자가 부모의 혼인중에는 인지되지 않고 있다가 그 혼인이 취소되거나 해소된 후에 인지됨으로써 혼인중의 출생자로서의 신분을 취득하는 경우이다. 준정의 효력은 소급하지 않고 준정시에 발생하며 승계순위에 관하여는 그 부모가 혼인한 때에 출생한 것으로 본다(989).

준중립(準中立) 〔羅〕 quasi-neutrality 非戰爭武力衝突(non-war armed conflict) 및 平和의 破壞(breaches of the peace)行爲가 발생하였을 경우, 이에 대응하는 중립의 개념으로서 전통적 의미의 전쟁에 대응하는 중립과 구별된다. 준중립의 지위는 확립된 일정한 내용을 갖지 않으며 관계분쟁의 특수사정에 따라 좌우된다. 國際聯合에 있어 집단적 안전보장체제는 통일적이고 조직적인 강제조치를 실시하게 되므로, 그 때의 무력사용은 침략국에 대한 것으로서 中立法規의 적용을 보지 않는다. 침략국은 제3국에 대하여 중립의무를 요구할 수 없으며 제3국에겐 중립의 의무가 발생하지도 않는다. 이러한 경우에 본래의 의미의 중립관계는 발생할 여지가 없고 따라서 제3국의 지위는 전통적 의미의 중립의 지위와 구별된다. 준중립의 상태가 안전보장이사회의 강제조치 또는 평화를 위한 통합결의의 발동으로 인하여 발생된 경우 가맹·비가맹국을 불문하고 그 준중립의 지위는 국제연합헌장의 규정(31~51), 평화를 위한 統合決議, 안전보장이사회 및 총회의 결정 또는 권고에 따라서 규율되어야 할 것이다. → 중립, 비교전상태

준총유(準總有) 소유권 이외의 재산권의 總有. 準共同所有의 한 유형이며, 준총유에 관하여 다른 법률에 특별한 규정이 없으면 총유에 관한 규정을 준용한다(民 278)(→ 준공동소유). 채권의 준총유(예 : 법인 아닌 사단인 부락단체가 山林原野에 대한 공동이용권에 관하여 채권을 취득한 때에는, 그 채권은 그 부락단체의 준총유에 속한다)에 있어서는 채권은 법인 아닌 사단에 1개의 권리로서 귀속하고 그 推尋 기타의 처분은 법인아닌 사단 자체가 이를 할 수 있음에 그치고, 그 추심하여서 얻은 것은 법인 아닌 사단의 총유에 속하며, 사단의 각 成員은 개인으로서는 그 채권에 관하여 직접 아무런 권리도 가지지 않는다(→ 총유채권관계).

준칙주의(準則主義) 〔獨〕 Normativsystem 法人設立上의 한 주의로서, 법이 미리 정한 일정의 요건에 준거하여 사단 또는 재단이 설립된 때에는 곧 法人格을 인정하는 주의. 행정기관의 인가를 필요로 하지 않는다. 다만 그 조직·내용을 공시하기 위하여 등기 또는 등록을 성립요건으로 하는 것이 보통이다. 회사에 관하여 특히 중요한 의의를 가지는 주의인데, 회사에 있어서는 회사의 설립이 자유로이 행하여졌던 自由設立主義의 시대에서, 한 회사마다 입법적으로 설립이 허가되었던 특허주의의 시대, 한 회사마다 행정적으로 설립을 인가하였던 許可主義의 시대를 거쳐, 오늘날에는 일반적으로 회사의 설립에 대하여 국가는 준칙주의의 태도를 취하고 있다. 우리나라에서도 회사에 관하여 준칙주의를 취하고 있다(商 172). 그 밖에 노동조합 등도 이 주의에 의하고 있다.

준필요적 공동소송(準必要的共同訴訟) 엄밀한 의미에서의 固有必要的 共同訴訟이나 類似必要的 共同訴訟은 아니나, 공동소송인의 각 청구가 동일한 사실 또는 법률관계를 기초로 하기 때문에, 그 한도에서 각 청구에 대하여 논리상 구구한 판단이 불가능한 경우가 있다. 예컨대 동일어음의 여러 명의 배서인에 대하여 상환청구를 한다든지, 債權質權者가 채무자와 제3채무자를 공동피고로 하여 질권

확인을 청구하는 경우와 같은 것이다. 학자에 따라서는 이 경우, 필요적 공동소송에 관한 민사소송법 63조를 준용할 것이라 하고, 이러한 경우를 준필요적 공동소송이라 한다. 그러나 이 학설은 판례나 통설의 지지를 받고 있지 못하다.

준합유(準合有) 소유권 이외의 재산권의 合有. 準共同所有의 한 유형이며, 준합유에 관하여 다른 법률에 특별한 규정이 없으면 합유에 관한 규정을 준용한다(民 278)(→준공동소유). 債權의 準合有(예 : 민법상의 조합이 공동으로 가지는 채권은 이 조합에 합유적으로 귀속하는 것으로 된다)에 있어서는 채권이 합유의 주체인 조합체의 各員에게 직접으로 귀속하지만, 이 각원에게 귀속하는 채권은 주체간에 있어서의 공동목적을 위한 인적결합관계를 반영하여 개별독립성을 가지지 않으므로, 그 채권은 각 조합원이 분할 청구하지 못하고 그 채권의 推尋 기타의 처분은 전원 공동으로써만 행하여지고, 그 추심한 것은 조합원의 합유에 속하고, 합유자는 채권상의 持分을 처분하지 못한다(272 참조). →합유채권관계

준합일공동소송(準合一共同訴訟) 合一確定의 법률상 보장은 되어 있지 않으나, 논리상이나 이론상으로 合一確定이 요청되는 공동소송을 말하며, 통상의 공동소송에 속한다.

준항고(準抗告) [1] 민사소송법상 受命法官 또는 受託判事의 재판에 대하여 불복이 있는 당사자가 受訴法院에 신청하는 異議(民訴 411). 항고는 법원의 결정 또는 재판장이 독립한 자격으로 한 명령에 대하여 하는 것으로, 수명법관이나 수탁판사의 재판은 직접 상급법원의 심사를 구하기에 앞서 수권을 한 수소법원의 감독에 복종하게 하는 것이 순서이다. 여기에서 이러한 법관의 재판으로서 수소법원이 스스로 하였다면 항고할 수 있는 종류의 것일 때, 수소법원에 이의신청을 시켜, 그 결정을 거치지 않으면 항고할 수 없게 하고 있다. 예컨대 증인에 대한 過怠料의 裁判(282, 304)과 같은 것이다.

[2] 형사소송법상 법관(裁判長 또는 受命法官)이 한 일정한 재판 또는 수사기관(검사 또는 사법경찰관)이 행한 일정한 처분에 대하여, 불복이 있을 경우에 그 법관소속의 법원 또는 그 직무집행지의 관할법원이나 검사의 소속검찰청에 대응한 법원에 대하여 그 재판 또는 그 處分의 取消나 變更을 청구하는 것(416, 417). 준항고는 상급법원의 심판에 의한 구제수단이 아니므로 본래의 의미에서의 上訴는 아니나 실질적으로 상소에 준한다고 생각되므로, 법은 이를 抗告의 장에 규정하고 그 절차에 관해서도 일반의 항고의 절차를 많이 준용하고 있다.

준해상선(準海商船) 해상법상의 선박은 아니지만 해상법 중의 一般航行法的 規定이 준용되는 선박. 短艇·櫓櫂船·公用에 제공된 국유 또는 공유선박을 제외한 일반항행선, 예컨대 탐험선과 같은 것에는 해상법의 규정이 준용된다(船舶法 29). 해상법상의 선박은 短艇·櫓櫂船(商 741)을 제외한 營利船에 한정되는 까닭이다(740).

준현행범인(準現行犯人) 現行犯人은 아니지만 일정한 조건을 구비함으로써 현행범인으로 간주되어, 현행범인으로서의 체포가 허용되는 것. 즉, ① 범인으로 呼唱되어 추적되고 있는 때, ② 장물이나 범죄에 사용되었다고 인정함에 충분한 흉기 기타의 물건을 소지하고 있는 때, ③ 신체 또는 의류에 현저한 證跡이 있는 때, ④ 누구임을 물음에 대하여 도망하려 하는 때 등의 경우를 준현행범인이라 한다(刑訴 211Ⅱ). 이 경우에는 현행범인과 같이 누구나 令狀없이 체포할 수 있다(212). →현행범인

준혈족(準血族) 법정혈족과 같다.

준 혼(準婚) 사실혼과 같다.

중가산금(重加算金) 국가 또는 지방자치단체에 대한 納稅義務者가 납기경과후 상당기간내에도 그 체납된 국세 또는 지방세를 납부하지 아니한 경우 과세권자가 加算金(체납세액의 100분의 5)에 다시 가산징수하는 금액. 납세의무의 이행을 촉구하면서 체납으로 인한 재정적 손실을 보전하는 수단이다. 가산금은 납기경과후 즉시 징수하는데 반하여, 중가산금은 納付期限이 경과한 날로부터 1월이 경과할 때마다 체납된 세액의 1천분의 12에 상당하는 加算金을 가산금에 가산하여 징수하게 되며 重加算金을 가산하여 징수하는 기간은 60월을 초과하지 못한다(國徵 22, 地稅 27Ⅰ·Ⅱ).

중간교도소(中間矯導所) 〔英〕 intermediate prison 〔獨〕 Zwischenanstalt 累進制에 있어서의 假釋放 전의 한 처우단계로서 反自由拘禁을 실시하는 교도소를 말하며 아일란드에서 최초로 시행한 제도이다. 중간이라 함은 교도소생활과 사회생활의 중간의 의미이며 본래 누진제의 한 단계로서 고안된 것이나, 현재에는 반드시 누진제와 결합되는 것은 아니며, 開放矯導所라고도 한다. 우리나라의 수원교도소가 이에 속한다. 중간교도소는 석방전에 비교적 자유로운 생활을 하게 함으로써 책임관념을 강화하고 자율적 훈련과 사회생활에의 馴化를 도모하여 사회복귀를 용이하게 하려는 것이다. →아일

란드제

중간기간(中間期間) 〔獨〕 Zwischenfrist 당사자 기타 소송관계인의 이익을 보호하기 위하여 법률이 일정한 기간의 유예를 주고자 정한 기간. 猶豫期間이라고도 한다. 예컨대 公示送達의 효력발생기간(民訴 181 I), 압류와 경매와의 중간기간(619, 620), 제1회공판기일의 유예기간(刑訴 269) 등이 있다.

중간배당(中間配當) 〔英〕 interim dividend [1] 파산절차에 있어서 일반의 채권조사의 종료 후(破 186), 파산재단소속의 재산전부의 換價전에 破産管財人이 배당하는데 정당한 금전이 있다고 인정할 때마다 행하는 배당을 말한다(228). 중간배당의 실시에는 감사위원의 동의, 또 감사위원이 없을 때에는 법원의 허가를 얻어야 하고(229), 파산관재인은 配當表를 작성하고 이에 일정한 사항을 기재할 것을 요하고, 이해관계인의 열람에 공하기 위하여 이를 법원에 제출하는 동시에 一方配當의 공고를 한다(230~232). 이 공고가 있은 날부터 기산하여 2주간이 당회의 배당에 있어서의 除斥期間으로 된다(233). 이 제척기간내에 배당표에 경정할 사유가 발생하였을 때는 管財人은 즉시 경정하여야 한다(235). 채권자는 배당표에 대하여 제척기간 경과후 7일 이내는 법원에 이의를 신청할 수 있고, 법원은 異議를 적당하다고 인정하면 경정을 명하는 결정을 한다. 이 이의신청기간경과후 또는 이의에 관한 결정이 있은 후 파산관재인은 감사위원의 동의 또는 법원의 허가를 얻어 배당률을 정하고 이를 배당에 참가할 각 채권자에 통지한다(237). 통지를 받은 破産債權者는 파산관재인에 의하여 배당을 받지 않으면 안된다(241). 또 이의있는 채권, 조건부채권, 別除權者의 채권에 관하여는 특별한 규정이 있다(233, 234, 242, 243). 强制和議의 제공이 있을 때에는 그것이 종료될 때까지 배당은 중지된다(239).

[2] 주식회사에 있어서 영업연도의 중간에서 예상되는 이익 또는 任意準備金을 배당하는 것. 영미법상은 이것이 인정되지만 우리 상법상은 이익배당을 매영업연도말에 하여야 하기 때문에 중간배당을 하지 못한다.

중간법(中間法) 〔佛〕 droit intermédiaire 프랑스 대혁명시대의 立法. 1789년 대혁명이 일어난 때로부터 1804년 프랑스민법전이 성립할 때까지의 15년간에 혁명정부가 제정한 모든 공법 및 사법을 총칭한 것이며 대혁명전의 古法(→ 앙샹·드로아)과 프랑스민법전(나폴레옹법전) 이후의 近代法(droit moderne)과의 중간에 위치한다고 하여 중간법이라 불린다. 중간법은 혁명정부가 제정한 대담한 혁신적 법제를 내용으로 하는 것이므로, 革命法(droit révolutionnaire)이라고도 불린다. 그것은 공법·사법을 통하여 자유·평등·박애라고 하는 대혁명의 이상을 그대로 구체화한 것으로, 古法이 反動的(공법은 전제적, 사법은 봉건적)임에 대하여 급진적 근대적인 점이 특색이다. 나폴레옹의 입법은 그러한 古法과 中間法과를 조화한 것이라고 인정되고 있다. 사법상 중간법을 통하여 혁신된 주요사항을 들면 다음과 같다. 封建制度의 폐지(1789년 8월 4, 7, 8, 11일 및 1790년 3월 15~28일 布告), 토지에 대한 絶對的 私有權의 인정(1792년 6월 18일, 8월 25일, 1793년 6월 10일 포고), 利子禁止法 폐지(1789년 10월 2~12일 포고), 모든 단결 및 단체행위의 금지(1791년 6월 14~17일 공포), 長子權 폐지, 균분상속제 실시, 代襲相續 인정(1791년 8월 8~15일 포고), 21세를 성년연령으로 정하고 성년자를 친권에서 해방(1792년 8월 28일 포고), 호적부의 정비, 혼인의 還俗, 이혼의 완화, 합의이혼의 허용, 별거제도의 폐지(1792년 9월 20일 포고), 私生子의 법적 지위개선(1794년 10월 25일 공포), 抵當法 제정(1795년 6월 28일 공포), 民法典起草委員會 구성(1793년 6월 25일) 등이다. 또한 이 중간법은 1804년의 민법전실시 이후에 있어서도 오랫동안 補充法으로서의 효력을 존속하고 있었다.

중간법인(中間法人) 公益法人도 營利法人도 아닌 법인. 공익과 영리의 두 가지를 같이 목적으로 하는 것은 영리법인이지, 중간법인이 아니다. 이 법인은 법인을 공익법인과 영리법인으로 분류하던 구민법하에서 존재의의를 가졌던 것이다. 그러나, 민법은 법인을 非營利法人과 營利法人으로 분류하고 있어, 구민법하에서 중간법인에 해당하던 것은 민법에서는 비영리법인에 포함되게 되었으므로, 중간법인의 개념을 따로이 인정할 實益이 없어졌다. 구민법하에서는, 동업자 내지 동일한 사회적 지위에 있는 자의 공통의 이익의 증진을 목적으로 하는 단체는, 특별법이 없으면, 법인이 될 수 없었으며, 權利能力없는 社團임에 지나지 않았다. 그와 같은 단체 중에서 특별법에 의하여 법인이 될 것이 인정된 것이 중간법인이었다.

중간생략등기(中間省略登記) 구민법하에서 甲·乙, 乙·丙 사이에 순차로 意思表示만으로 물권의 이전이 있은 경우에 갑으로부터 직접 병에게 이전된 것처럼 등기하는 방법을 가리켜서 부른 말. 등록세 기타의 세부담을 경감하고, 그 밖에 절차와 비용을 절약하기 위하여 널리 慣行되어 왔다. 구민법시대의 판례는 처음에는 이를 무효라 하고 또 공정증서원본 등의 不實記載罪(刑 228)가 된다고 하였으나, 뒤에는 중간자의 동의를 조건으로 하여 이를 유효한 것으로 인정하게 되었다. 등기공무원에게 실질적 심사권이 없는 이상 이 관례는 막을 수 없고, 이것을 무효로 함으로써 도리어 거래의 안전이 저해되기 때문이었다. 그리고 등기제도의 이상은 물권변동의 과정을 정확하게 반영하는데 있지만, 그것이 관철될 수 없는 때에는 현재의 권리관계를 나타내는 것으로 만족하지 않으면 안된다고 생각되었었다. 形式主義를 취하는 민법하에서는 意思主義를 취하던 구법하에서와 같이 물권이 甲·乙·丙으로 이전된 경우에 중간을 생략하고 甲으로부터 직접 병으로 이전등기를 한다는 의미의 중간생략등기는 개념상 성립할 수 없다. 그러나 甲乙간에 물권적 합의가 있었으나 등기를 하지 않은 채 을은 목적부동산을 명도받아 이를 사용·수익하다가, 을이 그 권리를 丙에게 양도한 경우에는, 병이 갑으로부터 등기의 이전을 받을 수 있느냐의 문제가 일어날 수 있다. 甲·乙·丙 3자의 合意로써라면 할 수 있다는 견해와, 을은 그 권리를 병에게 이전한 것이므로, 을이 가졌던 갑에 대한 登記請求權도 병에게 이전하는 것이고 따라서 병은 그의 권리로서 갑에게 등기청구를 할 수 있다고 하는 견해가 있다. 그리고 후자의 견해에 있어서도, 다시 을이 병에게 이전하는 권리가 단순한 채권이라고 생각하느냐 또는 물권적 효력을 가진 物權的 期待權이라고 생각하느냐에 따라, 債權讓渡의 對抗要件(을의 갑에 대한 통지 또는 갑의 승낙)을 필요로 한다고 생각하느냐 또는 그러한 대항요건이 불필요하다고 생각하느냐가 갈라진다.

중간선거(中間選擧) 〔美〕 mid-election, off-year election 미국에서는 대통령은 4년마다, 연방회의의 하원의원 전체와 상원의원 3분의 1은 2년마다 선거된다. 그러므로, 대통령이 선거되지 아니하는 해의 하원의원과 상원의원의 선거를, 中間選擧라 한다. 우리나라도 대통령이 선거되지 아니한 해의 통일주체국민회의에 의한 임기 3년의 국회의원정수의 3분의 1에 해당하는 국회의원선거는 일종의 중간선거라 하겠다(舊憲 40 I, 77).

중간선하증권(中間船荷證券) 〔英〕 local bill of lading 〔獨〕 Zwischenkonnossement, Teilkonnossement 通運送契約의 제1운송인만이 계약당사자로서 송하인 및 수하인에 대하여 권리의무를 부담하는 單獨通運送契約의 경우에 있어, 실제상 제1운송인은 자기의 운송담당구간을 한정하는 특약을 하고 下受運送人의 행위에 대하여는 책임을 부담하지 아니한다. 그러나 제1운송인은 운송물을 목적지에서 受荷人에게 인도할 의무를 지고 모든 수단을 다 할 의무를 부담하고 있으므로, 이러한 경우에 있어 선하증권소지인의 하수운송인에 대한 관계는 中間船荷證券에 의하여 규정된다. 하수운송인은 제1운송인에 대하여 자기가 부담한 운송관계를 규정한 중간선하증권을 발행하고, 이것을 선하증권소지인이 수령함으로써 하수운송인과 선하증권소지인의 구간운송관계가 확정된다. 즉, 단독통운송계약의 경우 중간운송인이 자기의 運送區間에 대하여 발행하는 증권이다.

중간예납(中間豫納) 內國法人으로서 각 사업년도(合併에 의하지 아니하고 새로 설립된 법인의 설립 후 최초의 사업연도를 제외)의 기간이 6월을 초과하는 법인이 당해 사업연도 개시일로부터 6월간을 중간예납기간으로 하여 당해 사업연도의 직전사업연도의 法人稅로서 확정된 산출세액에서 일정한 금액을 공제한 금액을 직전사업연도의 월수로 나눈 금액에 6을 곱하여 계산한 금액을 그 중간예납기간이 경과한 날부터 2월내에 대통령령이 정한 바에 따라 정부에 납부하여야 하는 법인세를 말한다(法人稅法 63).

중간운송주선인(中間運送周旋人) 여러 명의 운송주선인이 순차로 운송의 주선을 하는 경우에 운송중계지의 중계운송주선인 뿐만 아니라 도착지 운송주선인도 포함하는 제2 이하의 운송주선인. 제1운송주선인(發送地運送周旋人)과 제2 이하의 운송주선인간에는 운송주선계약이 있으나 運送物送荷人, 즉 위탁자와는 직접적인 법률관계가 없다.

중간위원회(中間委員會) 〔英〕 Interim Committee of the General Assembly 소총회와 같다.

중간(中間)**의 다툼** 〔獨〕 Zwischenstreit 민사소송의 심리중에 그 소송절차상의 사항에 관하여 당사자간에 생긴 다툼으로, 終局判決을 하기 위하여 판단할 필요가 있는 것. 예컨대 소송요건이나 개개의 소송행위의 적부와 같이 절차에 관한 사항인 점에서 本案에 관한 主張 또는 抗辯이 있을 때와 다르다. 중간의 다툼을 변론을 거쳐 판단할 때는 중간판결을 할 수 있다(民訴 186). 그러나 이와 같은 사항이라도 결정 또는 명령으로 재판하게끔 되어 있는 경우도 있다(31, 75, 128, 221, 236).

중간이자(中間利子) 장래에 일정한 給付를 할(예컨대 10년후에 10만원을 지급할) 채권의 현시의 價額을 산정하기 위하여, 그 급부의 가액에서 공제하여야 할 이자(10만원에서 10년간의 중간이자를 공제하는 것으로 된다). 破産의 경우에 기한

미도래의 채권의 현재의 가액을 산정할 때 등에 중간이자의 공제가 필요하게 된다. 산정방법에는 카르프초우식·호프만식·라이프니츠식 계산법의 3개가 있는데, 호프만식을 취하는 일이 많다(예 : 破 37 v).

중간재판(中間裁判) 종국전의 재판과 같다.

중간조치(中間措置) 〔英〕 interim measures 국제법상 재판소가 필요하다고 인정하는 경우에 각 당사국의 권리를 보전하기 위하여 취하는 假措置(國際司法裁判所規程 41). 재판소가 자발적으로 행할 수 있을 뿐 아니라 어느 일방 당사자의 요구에 의하여서도 행할 수 있다. 중간조치의 요구는 소송진행 중 어느 때든지 행할 수 있으며 다른 모든 사건보다 우선적으로 취급된다. 중간조치의 지시는 재판소의 本案管轄權의 유무와는 상관없이 행할 수 있으며, 또한 중간조치가 先決的 抗辯에 관한 상대방의 권한에 영향을 주지도 않는다. 중간조치가 지시된 경우, 재판소는 최종의 결정이 있을 때까지 이 사실을 당사국과 안전보장이사회에 즉시로 통고해야 한다(41Ⅱ). 그러나 중간조치의 구속력문제에 관하여는 확립된 의견이 없다. 중간조치가 취해진 재판사건은 영국·이란석유회사사건, 인터한델사건 등. →선결적 항변

중간착취(中間搾取) 거래의 당사자 사이에 개입하여 中間利得을 취하는 것. 특히 근로자와 사용자 사이에서 근로자가 받아야 할 몫을 일부 공제하여 이익을 취하는 경우를 말한다. 근로기준법 8조에는 누구든지 법률에 의하지 아니하고는 영리로 타인의 취업에 개입하거나 중간인으로서 이익을 취득하지 못한다고 규정하고 있다. 또한 職業安定法 32조에 근로자의 모집자 또는 모집에 종사하는 자는 명목의 여하를 불문하고 응모자로부터의 그 모집과 관련하여 금품 기타 이익을 취하여서는 아니된다는 것을 규정하고 있다. 有料職業紹介事業에 대해서는 그러하지 않지만 이는 필요가 있어서 생기는 것이기 때문에 중간착취라고 볼 수 없다.

중간최고가격(中間最高價格) 債務不履行 또는 不法行爲 후에 목적물의 시장가격이 변동한 경우에 불이행 또는 불법행위의 時와 손해배상청구의 時 사이에 있어서의 목적물의 최고가격. 예컨대, 800만원의 자동차가 소실한 때에, 그 후 동종의 자동차의 가격이 950만원으로 등귀하였다가 다시 하락하여 현재 850만원인 때에는 950만원이 중간최고가격이다. 손해배상액산정의 기준으로 할 수 있느냐에 관하여 판례는 동요를 거듭하였는데, 최초에는 언제나 중간최고가격을 표준으로 할 수 있다고 하였으나, 후에 견해를 고쳐 불이행후의 등귀는 원칙으로 표준으로 되지 않고, 다만 특히 등귀할 경제계의 사정이 있고, 채권자가 그 시기에 轉賣하였으리라는 것을 채무자가 알았거나 알 수 있었을 사정이 있는 경우에만 이것을 표준으로 할 수 있다고 한다.

중간판결(中間判決) 〔獨〕 Zwischenurteil 종국판결을 할 준비로서 복잡한 쟁의를 정리하는 의미에서 소송심리중에 문제가 된 개개의 실체상 또는 절차상의 사항을 해결하기 위하여 하는 確認的 性質을 가진 판결. 중간판결은 終局判決에 대하는 것인데, 종국판결을 하지 못할 형편인 경우에 한다(民訴 186). 중간판결을 하지 않고 판단을 종국판결의 이유 중에 미루어 버려도 무방한 것이다. 중간판결을 할 수 있는 사항으로서는 ① 독립된 공격·방어방법에 대하여 필요한 때, ② 중간의 다툼에 관하여 필요한 때, ③ 청구의 원인 및 數額에 관하여 다툼이 있을 때 먼저 원인을 긍정한 때(原因判決) 등이다. 중간판결을 한 때에는 법원은 이에 기속되어 이것을 전제하여 종국판결을 하지 않으면 안되고, 당사자도 이후 당해심급에서는 그 문제에 관하여 중간판결의 변론종결시 이전에 제출할 수 있었던 訴訟資料를 제출할 수 없게 된다. 그러나 중간판결 후에 새로이 발생한 사실은 주장할 수 있다. 중간판결에 대하여는 독립하여 上訴를 할 수 없기 때문에 종국판결에 대한 상소에서 불복을 신청할 수 있다(362). 중간판결에는 訴訟費用의 裁判을 하지 않는 것이 보통이나 사정에 따라 할 수도 있다(95).

중간확인(中間確認)의 소(訴) 〔獨〕 Zwischenfeststellungsklage, Inzidentfeststellungsklage 訴訟物인 권리관계의 선결문제가 되는 권리관계의 존부가 소송심리중에 문제가 되었을 때, 당사자의 일방이 그 소송절차를 이용하며 그 확인을 구하고자 제기하는 確認의 訴(民訴 237). 선결적 확인의 소 또는 부수적 확인의 소라고도 한다. 예컨대 이자의 지급에 관한 이행의 소송중에 당사자간에 原本債權의 존부에 관하여 다툼이 생긴 경우에 그 원본채권의 확인을 구하는 것과 같은 것이다. 先決問題는 그 소송의 판결이유 중에 판단되어도 旣判力이 생기지 않는 관계로(202Ⅰ), 당사자가 이에 관하여도 기판력에 의한 해결을 도모하려면, 이 소를 제기하여 이 판단을 終局判決의 主文 중에 명시할 것이 필요하다. 이 소는 원고나 피고 다 같이 제기할 수 있다. 원고가 제기할 때는 訴의 追加的 變更, 피고가 제기할 때는 反訴로서의 성질을 가진다.

중강요죄(重强要罪) 폭행 또는 협박으로

사람의 권리행사를 방해하여 사람의 생명에 대한 위험을 발생하게 하는 죄(刑 326 前). 조문의 표제에는 重權利行使妨害라고 붙여 있다. 강요죄의 結果的加重犯이며, 具體的 危殆犯이다. → 강요죄

중 개(仲介) [1] 상법상 타인간의 법률행위를 중매하는 것. 그 자체는 사실행위이나 이것을 인수하는 것은 營業的 商行爲에 속한다(46 xi). 상법상 중개의 형태는 ① 중개업에 있어서 유가증권의 매매, 해상보험, 해상운송의 거래관계의 행위(93), ② 주선업에 있어서 위탁매매업·운송주선업·준위탁매매업(101, 114, 113)의 행위, ③ 대리상에 있어서 중개대리(87)의 행위로 각각 나타난다. 그러나 좁은 뜻의 중개는 상법 93조 소정의 중개인의 행위를 말하며, 위탁자를 위하여 중개하는 행위가 商行爲인 경우에 그것을 영업으로 하는 자를 商事仲介人이라 하고, 상행위 이외의 혼인·취직·부동산의 매매 등의 행위를 중개하는 자를 民事仲介人이라 하는데, 민사중개인도 상법 46조 11호·4조에 의하여 상인자격을 갖는다. 중개에 관한 행위, 즉 중개계약은 영업적 상행위인 성질을 가지는 것이므로 有償契約일 것을 요하며, 그 성질은 委任이다.

[2] 국제법상의 중개(〔英〕 mediation 〔獨〕 Vermittelung 〔佛〕 médiation)에 관해서는 居中調停을 보라.

중개대리상(仲介代理商) 〔獨〕 Vermittelungsagent Vermittelungsvertreter 일정한 상인을 위하여 상업사용인이 아니면서 항상 그 영업부류에 속하는 거래의 중개를 하는 독립한 商人(商 87). 중개대리상은 본인을 위하여 法律行爲 아닌 사무의 위탁을 받는 자이므로, 이 대리상계약의 성질은 委任(民 680)이다. 타인을 위하여 중개하는 점에서 仲介人과 같으나, 불특정다수인을 위하여 하는 것이 아니고 특정상인을 위하여 중개하는 점에 있어서 상이하다. → 대리상

중개료(仲介料) 〔獨〕 Mäklerlohn 仲介人이 중개를 한데 대하여 받는 보수. 중개인은 상인이므로 특약의 유무를 불문하고, 그의 중개행위에 관하여 상당한 보수를 청구를 할 수 있다(商 61). 이 중개료에는 특약이 없는 한 교통비·통신비 등의 중개비용도 포함된다. 報酬請求의 시기는 중개인의 중개에 의한 계약이 성립한 때가 아니고, 계약서의 교부 또는 교환의 절차가 끝난 때이다(100 Ⅰ). 또 중개료를 청구하기 위하여는 중개와 계약의 성립에는 인과관계가 있어야 하며, 중개계약에서 예정된 것과 본질상 동일성을 가진 계약이 중개로 인하여 성립하여야 한다. 중개료는 당사자쌍방이 균분하여 부담하며(100 Ⅱ), 당사자간의 내부분담의 특약은 중개인의 동의없는 한, 중개인에게 대항할 수 없다.

중개업(仲介業) 〔英〕 brokerage 〔獨〕 Mäklergeschäft 〔佛〕 courtage 타인간의 商行爲의 중개를 하는 영업. 중개업은 타인간의 계약체결을 용이하게 하고, 시장의 형세, 상대방의 신용상태 등을 탐지하여 전문적 지식에 의한 조언을 제공하여 당사자의 투기를 조장하는 기능을 가진다. 상품·유가증권의 매매, 보험, 해상운송, 금융 등에 관한 중개업이 있다. 중개업은 상인의 영업을 보조하는 것이지마는 타인간의 계약성립을 주선할 뿐이고, 委託賣買業이나 締約代理商과 같이 스스로 당사자가 되거나 대리인이 되는 것은 아니다. 중개를 하는 점에서 仲介代理商과 유사하지만, 일정한 상인과 계속적 관계에 서는 것이 아니고 일반인을 위하여 중개하는 점에서 상이하다. 중개의 목적은 상행위에 한하고 그 이외의 중개업자는 民事仲介人이다(→ 민사중개인). 중개의 위탁자와 중개인간에 체결되는 중개계약은 중개라는 법률행위 아닌 사무의 위탁으로서 委任契約이다(民 680). 따라서 민법의 일반규정의 적용이 있으며, 상법은 특히 공평한 거래의 확립을 위하여 몇 가지 특칙을 두고 있다. 즉 당사자간의 분쟁을 피하기 위하여 쌍방에 대한 見品保管義務, 증거보전을 위한 계약증교부의무 및 중개인일기장의 등본교부의무, 유통의 활발을 위한 성명·상호묵비의무 및 이 경우의 거래의 확실을 위한 중개의무(商 95~99) 등을 과하고, 계약증의 교부·교환후에 중개료를 청구할 권리를 가지며, 중개료는 특약이 없으면 당사자쌍방이 균분하여 부담한다(100 Ⅱ).

중개인(仲介人) 〔英〕 broker 〔獨〕 Handelsmäkler 〔佛〕 courtier 타인간의 商行爲의 중개를 영업으로 하는 자(商 93). 중개의 인수를 업으로 하며, 商人이다(46 xi, 4). 상행위 이외의 행위의 중개를 영업으로 하는 민사중개인과 구별하기 위하여 商事仲介人이라고도 한다. 통속적으로 브로커라고 할 때는 양자를 다 포함한다. → 중개업, 민사중개인

중개인일기장(仲介人日記帳) 중개인이 그가 중개한 商行爲에 관한 일정사항을 기재하는 장부. 중개인은 일정한 장부를 작성하여 중개한 거래의 계약서에 게기한 일정사항을 기재하여야 한다(商 97 Ⅰ). 이것은 타인간의 거래에 관한 증거보전을 위한 것이므로 자기의 영업과 재산상황을 밝히는 商業帳簿와는 다르다. 각 당사자는 언제든지 자기를 위하여 중개한 행위에 관하여 중개인일기장의 등본교부를 청구할 수 있다(97 Ⅱ). 장부의 보존에 관하여

는 규정이 없으나 상업장부의 보존에 관한 상법 33조를 유추적용하여야 할 것이다.

중과실(重過失) 중대한 과실과 같다.

중과실교통방해죄(重過失交通妨害罪) 重大한 過失로 인하여 ① 육로·水路 또는 교량을 손괴 또는 불통하게 하거나 기타 방법으로 교통을 방해하거나, ② 궤도·등대 또는 표지를 손괴하거나 기타 방법으로 기차·전차·자동차·선박 또는 항공기의 교통을 방해하거나, ③ 사람의 현존하는 기차·전차·자동차·선박 또는 항공기를 전복·매몰·추락 또는 파괴하는 죄(刑 189Ⅱ). 과실교통방해죄보다 형이 가중된다.

중과실장물죄(重過失贓物罪) 重大한 過失로 인하여 장물을 취득·양여·운반 또는 보관하거나 이러한 행위를 알선하는 죄(刑 364 後). 경과실의 경우에는 처벌되지 않는다. →업무상 과실장물죄, 장물죄

중과실치사상죄(重過失致死傷罪) 중대한 과실로 인하여 사람을 사상에 이르게 하는 죄(刑 268 後). 과실상해죄·과실치사죄보다 형이 가중된다.

중국적(重國籍) 한 사람이 동시에 여러 개의 국적을 가지는 경우. 국적의 積極的 抵觸·2重國籍이라고도 한다. →국적의 저촉

중권리행사방해죄(重權利行使妨害罪) 강요죄, 점유강취죄와 그 미수범, 준점유강취죄와 그 미수범을 범하여 사람의 생명에 대한 위험을 발생하게 한 죄(刑 326). 結果的 加重犯이며, 具體的 危殆犯이다. 중강요죄·중점유강취죄·중준점유강취죄를 포괄한다.

중기저당(重機抵當) →건설기계저당

중 단(中斷) 여러 경우에 사용되지만 時效의 중단, 因果關係의 중단, 訴訟節次의 중단이 그 중요한 것이다.

중대(重大)한 과실(過失) 〔羅〕 culpa lata 〔英〕 gross negligence 〔獨〕 grobe Fahrlässigkeit 〔佛〕 loudre faute, faute grave [1] 민법상 善良한 管理者의 注意를 현저하게 결하는 것. →과실

[2] 형법상 주의의 태만(부주의)의 정도가 큰 것. 중과실의 경우에는 형이 가중되거나(刑 171後, 189Ⅱ後, 268後) 특히 처벌된다(364後). 어떠한 과실이 중과실이냐는 법률에 규정되어 있지 않다. 따라서 개개의 경우에 구체적인 사정을 종합하여 판단되어야 하지만 일반적인 規準으로서 다음의 몇 가지를 들 수 있다. 즉 ① 범죄사실의 인식이나 결과의 예견 및 회피가 용이할수록 과실은 크다. ② 의사의 긴장의 결여가 클수록 과실은 크다. ③ 주의능력이 높은 사람일수록 과실은 크다. ④ 認識있는 過失은 認識없는 過失보다도 일반으로 과실의 정도가 높다. ⑤ 기타 주의의무의 준수를 용이하게 기대할 수 있는 때일수록 과실은 크다.

중도매인(仲都賣人) 농수산물유통 및 가격안정에 관한 법률 23조, 39조의3 또는 39조의5의 규정에 의하여 開設者의 허가 또는 지정을 받아 농수산물도매시장 또는 농수산물공판장에 상장된 농수산물 또는 28조의 규정에 의하여 개설자의 허가를 받은 비상장농수산물을 매수하여 都賣去來를 하는 자를 말하며, 대통령령이 정하는 경우에 한하여 그 매수를 중개하는 영업을 할 수 있는 자를 말한다(農水産物流通 및 價格安定에 관한 法律 2ⅴ).

중 리(重利) 〔羅〕 anatocismus 〔英〕 compound interest 〔獨〕 Zinseszins 〔佛〕 anatocisme 辨濟期에 달한 이자를 원본에 산입하고 이에 대하여 또 이자를 낳게 하는 것. 複利라고도 한다. 특약으로 중리를 낳게 하는 것(約定重利)을 금지하는 법제도 있으나(예 : 獨民 2481Ⅰ), 우리 민법은 이를 금지하고 있지 않으므로 특약을 하면 유효하다. 다만 그 결과, 산입후의 원리합계와 산입전의 원본과를 비교한 초과액이 舊利子制限法의 제한에 위반하는 경우에는 그 제한초과액은 무효로 된다. 중리와 관련하여 문제가 되는 것은 이자가 연체된 경우에 이러한 특약이 없는 때이다. 지급기에 달한 利子債權은 독립한 존재로 되므로 이에 관하여 당연히 遲延利子(損害賠償)의 지급의무가 생기고, 이율은 약정이율이 있으면 그에 의하고 없으면 法定利率에 의한다고 할 것이다. 이 점에 관하여 구민법은 이자의 이자(지연이자)는 지급할 필요가 없다는 전제하에, 이자가 1년분 이상 연체하고 催告를 하여도 지급하지 않을 때에 채권자가 연체이자를 원본에 산입하는 것을 인정함에 그치고, 이것을 約定重利에 대하여 法定重利라고 불렀다(舊民 405 참조). 이것은 엄격한 의미에 있어서의 이자는 아니다. 이러한 규정이 없는 민법에서는 전술한 바와 같이 지연이자에 관한 일반이론에 따라 해결된다.

중 립(中立) 〔英〕 neutrality 〔獨〕 Neutralität 〔佛〕 neutralité 18세기 이후의 이른바 무차별전쟁관을 배경으로 하는 전통적 국제법의 체계하에서, 전쟁에 참가하지 않을 뿐 아니라 교전국 양

방에 대하여 公平(impartiality, Unparteilichkeit, impartialité)과 無援助의 태도를 유지하는 제3국의 국제법적 지위를 나타내기 위하여 사용된 말이다. 전통적 국제법의 체계하에서는 전쟁을 하는 것이 각국의 자유일 뿐 아니라 또한 다른 국가들 사이의 전쟁에 관여하는 것도 각국의 자유였다. 또 交戰國은 양방이 모두 평등하게 취급되었다. 그리하여 전쟁에 참가하지 않은 국가는 모두 中立國이라고 불리고, 교전국 양방에 대하여 공평과 무원조를 내용으로 하는 특별한 권리의무를 갖게 된다. 평시에는 부담하지 않는 이러한 특별한 권리의무를 규정하는 것이 바로 中立法規이다. 교전국 이외의 중립국간의 관계는 평시관계가 계속되며 교전국과의 관계에서는 일정한 의무, 즉 ① 默認의 의무, ② 防止의 의무, ③ 避止의 의무를 진다. 중립의 개념은 전쟁을 전제로 발생된 것이므로 그 법적 지위도 전쟁개념의 변질, 국제사회내의 정치적인 여러 조건에 따라 변화·발달한다. 즉 전쟁의 불법화 및 범죄화, 국제연합의 안전보장제도하에서는 적어도 이론상으로는 중립이 존재할 여지가 없다. 전통적인 중립에 대응하는 비전쟁무력충돌 내지는 평화의 파괴에 있어서의 準中立과 제2차대전 때부터의 非交戰狀態概念은 중립제도에 중대한 변화를 초래케 하였다. →중립국의 의무, 준중립, 비교전상태

중립국(中立國)**의 의무**(義務) 中立法規에 의하여 발생하는 교전국에 대한 중립국의 의무. 默認의 의무, 避止의 의무, 防止의 의무를 내용으로 한다. →묵인의 의무, 피지의 의무, 방지의 의무

중립명령위반죄(中立命令違反罪) 외국간의 교전에 있어서 중립에 관한 명령에 위반하는 죄(刑 112). 외국간의 교전에 있어서란 우리나라가 개입하지 않는 전쟁이 외국간에 행하여지는 경우를 말한다. 中立이란 우리나라가 교전국의 어느 쪽에도 가담하지 않는 입장에 서는 것을 말한다. 이 입장을 선언하는 것을 中立宣言이라고 하며, 이 경우에는 중립의 내용을 정하는 명령 또는 국제법상 확립되어 있는 중립의 원칙을 준수할 것의 명령을 발하는 것이 보통인데, 이것이 중립에 관한 명령이다. 이러한 중립에 관한 명령은 외국간의 현실적인 교전에 있어서 발하여지는 것이고, 이 명령에 위반함으로써 비로소 본죄를 구성한다. 그래서 본죄와 같은 형벌법규를 白地刑罰法規라 한다.

중립법규(中立法規) 〔英〕 law of neutrality 〔獨〕 Neutralitätsrecht 〔佛〕 droit de la neutralité 중립에 관한 국제법상의 규칙의 총체. 즉 전쟁에 관계있는 범위내에서의 교전국·중립국 사이의 권리의무관계를 규율하는 국제법규이다. 이 중립법규는 交戰法規와 합하여 이른바 戰時國際法을 형성한다. 종래는 거의 慣習國際法規의 형태로 성립되고 있었으나, 20세기에 들어서자 1907년의 헤이그평화회의에서 널리 成文化됨에 이르렀다. 이를테면 陸戰에 있어서의 중립국 및 중립인의 권리의무에 관한 조약(제5호 조약)과 海戰에 있어서의 중립국의 권리의무에 관한 조약(제13호 조약) 등이 그 가운데서 가장 중요한 것이다. 또 1909년의 런던선언도 중립법규의 중요한 부분을 성문화한 것이었으나 정식으로 효력을 발생하지는 못하였다. 1856년의 파리선언도 소수이긴 하지만 戰時禁制品의 제도를 규정하는 등 중립에 관한 중요한 규칙을 포함하고 있다. 중립국의 의무에 관한 1871년의 워싱턴의 三則이 있으나, 이것은 그 후에 전기한 1907년의 해전에 있어서의 중립국의 권리의무에 관한 조약속에 거의 그대로 채용되었다. →중립, 중립국의 의무

중립영역(中立領域)**의 불가침**(不可侵) 〔英〕 inviolability of the neutral territories 〔獨〕 Unverletzlichkeit der neutralen Gebieten 〔佛〕 inviolabilité des territoires neutres 중립영역을 전쟁목적에 이용할 수 없다는 것. 그러므로 交戰國은 중립영역을 전쟁목적에 이용하지 않아야 할 의무를 지고 있으며, 만약 이용할 때에는 중립침해가 된다. 또 중립국 자신도 이러한 이용을 방지할 의무를 지고 있으며, 이미 행해진 이용에 대해서는 救正을 요구할 의무를 지고 있기 때문에, 만약 중립국이 이러한 의무를 다하지 않을 때에는 중립위반이 된다. 이것의 내용에 관해서는 육전에 있어서의 중립국 및 중립인의 권리의무에 관한 조약과 해전에 있어서의 중립국의 권리의무에 관한 조약속에 다소간의 규정이 있다. 이를테면 중립영역에서 금지되는 행위에는 적대행위, 교전국의 군대나 탄약·군수품의 통과, 교전국을 위한 전투부대편성·募兵事務所의 설치, 교전국의 병력과의 통신을 위한 무선전신국이나 그 밖의 통신기계의 설치, 교전국군함의 24시간 이상의 정박, 전투력을 증가할 정도의 파손의 수리, 승무원이나 군수품의 보충 등이 규정되고 있다. 이상의 사태가 발생되면 교전국의 입장에서는 交戰法規의 위반을 의미하며 중립국의 입장에서는 中立義務의 위반이 된다. →방지의 의무

중립영역(中立領域)**의 비호**(庇護) 중립영역의 불가침으로 말미암아 交戰國의 병력은 원칙적으로 중립영역에 들어갈 수 없는 것이지만, 만약 한쪽의 교전국의 병력이 중립영역으로 피난하면 다른 한쪽의 교전국은 이것에 危害를 가할 수 없는 것이다. 이것을 중립영역에 의한 비호라고 말한다. 領

土에 의한 비호와 領水에 의한 비호로 나눌 수 있다. 전자에 관해서는 적에게 추격당하는 교전국군대의 피난을 중립국이 허용할 의무는 없으나 일단 허용한 경우에는 중립국의 방지의무의 결과로 무장을 해제하여 병력이나 군용재료는 일정한 장소에 留置함을 요한다. 후자에 관해서는 교전국의 선박이나 군함이 中立港에 피난할 수 있으나 군함이 24시간이 넘어도 출범하지 않은 경우에는 군함의 무장을 해제하여 군함과 승무원을 留置함을 요한다.

중립지대(中立地帶) 〔英〕 neutral zone 〔獨〕 neutrale Zone 〔佛〕 zone neutre 전쟁에 있어서 敵對行爲를 행할 수 없는 지역. 넓은 의미로 사용될 때에는 중립국의 영역까지도 포함해서 지칭하는 경우도 있지만 보통으로는 평시부터 조약으로써 戰爭時에 적대행위를 행할 수 없는 지역으로 특별히 규정된 지역을 말한다. 이러한 지역에 있어서는 비록 그 지역이 소속하는 국가 자신이 交戰國이 된 경우에도 그 국가와 적국이 다같이 그 조약의 당사국인 때에는 거기서 적대행위를 할 수 없는 것이다. 중립지대는 평시부터 무장을 해제하는 경우가 많으며, 國際平和나 國際交通의 확보를 위하여 설정되는 일이 많다. 이를테면 국경부근에 설정되거나 혹은 대치하는 병력 사이에 설정되는 것은 국제평화의 확보를 위한 것이고, 또 국제운하 · 국제하천 · 해협 등의 中立化는 국제교통의 확보를 위한 것이다. 최근에 와서 특히 중요성을 띠게 되는 것은 2개국 또는 수개국간의 병력충돌의 위험을 피하기 위해서나 혹은 이미 일어난 충돌의 계속과 발전을 방지하기 위해서 대치하는 병력 사이에(예 : 한국휴전선인근의 중립지대) 설정되는 중립지대이다. 이것은 戰爭防止方法促進條約이나 국제연합의 暫定措置 가운데서도 규정 혹은 예정되어 있기도 하다. → 무장해제지대

중미사법재판소(中美司法裁判所) 〔西〕 Corte de Justicia Centroamericana 1907년 중앙 아메리카의 5개국(니카라구아 · 온두라스 · 과테말라 · 코스타리카 · 엘살바도르)간에 체결된 조약에 기하여 1908년에 성립된 國際裁判所. 상설적인 국제재판소의 효시이다. 체약국의 국민은 조약위반 기타 국제적 성질을 가진 사건에 대하여 본국의 허가없이 다른 締約國政府를 상대로 행하는 제소가 인정되었다. 판결사건 중 5건은 개인의 제소로 성립한 사건. 1918년까지 존속하였다. → 개인, 국제사법재판

중방조(重幇助) 런던선언이 구별하고 있는 軍事的 幇助의 한 형태. 중방조의 경우에는 선박 및 선박소유자에 속한 화물을 몰수함에 있어서는 輕幇助의 경우와 동일하나, 敵貨 및 전시금지품인 中立貨가 몰수되고 승무원은 포로가 된다는 점이 경방조와 다르다. 동선언 46조에 의하면, ① 선박이 직접 전투에 참가하는 경우, ② 선박이 적국정부가 파견한 대리인의 명령 또는 감독하에 놓인 경우, ③ 선박이 전체로서 적국정부에 고용된 경우, ④ 현재 전적으로 적국군대의 수송 또는 정보의 전달에 종사하는 경우를 규정하고 있다. → 군사적 방조, 경방조

중복보험(重複保險) 〔英〕 double insurance 〔獨〕 Doppelversicherung 〔佛〕 assuarance cumulative 넓은 뜻으로는 여러 사람의 보험자가 각자 동일한 피보험이익에 대하여 보험사고가 같고 보험기간을 공통으로 하는 복수의 손해보험계약을 체결할 때의 보험. 이들 계약의 보험금액의 합계가 保險價額을 초과하지 않으면 수개의 유효한 一部保險이 병존할 뿐이다. 상법상 문제가 되는 것은 각 보험금액의 총액이 보험가액을 초과하는 경우이고, 이것을 좁은 뜻의 중복보험이라 한다. 따라서 人保險에서는 보험가액의 관념이 없으므로 중복보험의 문제는 일어나지 않는다. 또 중복보험은 그 계약성립시기에 따라 同時重複保險과 異時重複保險의 구별이 있다. 전자는 동일한 목적에 관하여 동시에 여러 개의 보험계약을 체결하여 그 보험금액이 보험가액을 초과한 보험이고, 후자는 순차로 여러 개의 보험계약을 체결한 것을 말한다. 또 여러 개의 보험계약의 일자가 동일한 때에는 그 계약이 비록 순차로 이루어졌어도 동시에 한 것으로 추정을 받고 있었다(舊商 632Ⅱ). 우리 상법은 중복보험의 경우 同時 · 異時를 불문하고 보험자는 보험금액의 비율에 따른 분담책임을 지고 또 자기의 보험금액의 한도내에서 연대책임을 지도록 比例主義를 原則으로 하여 연대주의를 가미하고 있다. 또 중복보험을 체결한 보험계약자는 각 보험자에 대하여 그 계약의 내용을 통지하여야 하고, 이것이 보험계약자의 사기로 인한 때에는 계약전부를 무효로 한다(商 672). 중복보험의 경우에 被保險者가 보험자 1인에 대한 권리를 포기하여도 다른 보험자의 권리의무에 영향을 미치지 않는다(673). 만일 그렇지 않다면 피보험자가 한 보험자와 통첩하여 다른 보험자를 해할 우려가 있다.

중복신문(重複訊問) 〔英〕 repetitious question 한번 신문하여 답변을 얻은 사항에 관하여 거듭 행하는 신문. 우리 형사소송법은 訴訟關係人의 본질적 권리를 해하지 아니하는 한도에서 이를 제한할 수 있다고 규정한다(299). 그러나 형식상으로 동일사항의 질문일지라도 그 목적이 다를 경우에는 허용되어야 할 것이고 특히 反對訊問에 있어서는 재삼

동취지의 신문을 행하여 완강한 증인을 굴복하게 하는 경우도 있을 수 있으므로 이를 완화하여야 할 것이다.

중복제소(重複提訴)의 금지(禁止) 訴訟係屬에 의한 효과로서 訴의 제기에 의하여 소송계속이 생기면 당사자가 동일한 사건에 관하여 중복해서 소를 제기할 수 없게 되는 것을 말한다(民訴 234). 여기서 同一事件이라 함은 당사자가 동일하고 청구가 동일한 것을 말한다. 한쪽의 소가 그 소송담당자를 당사자로 하고, 다른 한쪽의 소가 실질적 利益歸屬者(204 Ⅲ)를 당사자로 하는 경우에도 상대방이 동일하면 사건의 당사자는 동일하다고 보는 것이 판례와 통설이다. 또 판례와 통설은 금전 또는 대체물 채권의 일부에 관하여 소송계속 중 殘部請求에 대해 別訴를 제기하더라도 중복제소에 해당하지 않는다고 보고 있으며, 동일목적물에 관하여 동일인간에 履行의 訴와 確認의 訴가 제기되면 중복제소에 해당된다고 해석하고 있다. 그러나, 판결이유 중에서 판단될 뿐이고 旣判力이 미치지 아니하는 先決的 法律關係에 관하여는 소가 제기되더라도 동일사건이 아니므로 중복제소가 되지 않는다는 것이 통설의 입장이다. 중복제소는 소극적 소송요건이며 소송장애사유라서 법원은 수리한 소가 중복제소금지조항에 저촉되느냐의 여부를 직권으로 조사하여야 하고, 이 판단에 필요한 사실은 직권으로 탐지하여야 하며 중복제소금지에 저촉되는 소는 부적법·각하하여야 한다.

중복주소(重複住所) 이중주소와 같다.

중상해죄(重傷害罪) 사람의 신체를 상해하여 생명에 대한 위험을 발생하게 하거나 신체의 상해로 인하여 불구 또는 불치나 난치의 질병에 이르게 하는 죄(刑 258 Ⅰ·Ⅱ). 특히 중한 상해의 결과를 발생케 한 점에서 單純傷害보다 형을 가중한 것이며, 존속중상해(258Ⅲ)·상습중상해(264)의 경우에는 형이 가중된다. 본죄의 성격을 살피건대, 규정 형식상으로는 단순상해의 結果的 加重犯으로 보이나, 해석상 중상해의 고의범도 포함하는 것으로 본다. 생명에 대한 위험의 발생은 구체적인 위험의 발생을 필요로 한다. 불구는 현저한 또는 중대한 불구로 해석하는 것이 타당할 것이다.

중선거구(中選擧區) 大選擧區의 일종. 한 선거구에서 2인 이상의 당선인을 내는 선거구제를 대선거구제라 하는데, 그 선거구가 전국을 단위로 하지 않고 우리나라의 5공화국 때 국회의원선거의 경우처럼 중간지역을 단위로 할 때, 이를 中選擧區라 부르는 수가 있다.

중소기업은행(中小企業銀行) 중소기업은행법에 의하여 설립된 特殊銀行으로서 중소기업자에 대한 자금의 대출과 어음의 할인, 예금과 적금업무, 주무부장관의 승인을 얻어 행하는 중소기업자의 주식의 응모·인수 및 사채의 응모·인수·보증, 내·외국환과 보호예수, 지급승낙, 국고대리점, 정부·한국은행 및 기타 금융기관으로부터의 자금차입, 정부 및 공공단체의 위탁업무, 이상의 부대업무, 목적 달성을 위하여 필요한 업무로서 주무부장관의 승인을 얻은 것을 그 업무로 한다. 設立은 주무부장관의 인가를 받아 본점소재지에서 登記함으로써 설립한다(中小企業銀行法 7). 중소기업은행 資本金은 1조원으로 하되 그 중 2분의 1 이상을 정부가 출자하며 임원으로는 은행장을 포함한 전문이사, 이사와 감사를 둔다(24).

중소기업자(中小企業者) 중소기업의 육성을 위한 시책의 대상이 되는 자로서 業種의 특성과 상시근로자수, 자산규모, 매출액 등을 참작하여 그 규모가 대통령령이 정하는 기준 이하이고, 그 所有 및 經營의 실질적인 獨立性이 대통령령이 정하는 기준에 해당하는 기업을 영위하는 자를 말한다(中小企業基本法 2).

중소기업정책심의회(中小企業政策審議會) 중소기업에 관한 정책을 심의하기 위하여 대통령소속하에 설치된 심의기관으로서 대통령이 위촉하는 비상근위원 20인 이내로 구성된다(中小企業基本法 22, 同施行令 6, 1998.2 삭제). 지금은 폐지되었다. 중소기업정책심의회는 중소기업에 관한 시책전반에 관한 중요사항을 조사심의하여 그 결과를 대통령에게 건의할 수 있으며 직무수행상 필요한 경우에는 관계행정기관의 장에게 자료의 제출, 의사의 진술 등을 요구할 수 있다(22).

중소기업진흥공단(中小企業振興公團) 중소기업의 자동화·정보화·기술개발·異業種交流의 지원 및 사업전환·중소기업제품의 국내·외판로·연계생산·物流現代化·立地 지원과 관련 정보의 수집·보급과 조사 및 연구 등의 사업을 효율적으로 처리하기 위해 설립. 이사장은 중소기업청장의 제청으로 대통령이 임명하고 부이사장 및 이사는 이사장의 제청에 의해 산업자원부장관이 임면한다. 임기는 3년이고 감사의 임기는 2년으로 한다. 공단 내에 중소기업청장의 승인에 의해 중소기업제품판매회사를 설립할 수 있다.

중소기업협동조합(中小企業協同組合) 중소기업협동조합법에 의하여 설립되는 協同組合으로서 협동조합·사업협동조합·협동조합연합회·협동조합중앙회의 4종류가 있다(中協 3). 어느 것이나 협동조합으로서의 일정한 요건(상호부조의 목적, 임의가입·탈퇴, 의결권과 선거권의 평등)을 갖추어야 하고, 모두 出資組合(출자의무를 법정)이며, 지분의 양도에는 조합의 승인을 요하고 그 공유는 인정되지 않는다(19). 설립은 발기인이 창립총회후 정관·사업계획 등을 기재한 서면을 주무관청에 제출하여 설립인가를 얻어야 한다(28). 임원은 이사장 1인, 이사 5인 이상, 상무이사 1인과 감사 2인 이내로서 이사장·이사 및 감사는 총회에서 定款이 정하는 바에 따라 조합원 중에서 선출된다(43).

중앙공무원교육원(中央公務員敎育院) 5급 이상 공무원과 5급공개경쟁채용시험에 합격한 채용후보자의 훈련을 관장하게 하기 위하여 행정자치부장관의 소속하에 설치한 敎育機關을 말한다(公務員敎育訓練法 3).

중·소동맹조약(中·蘇同盟條約) 1937년의 중·소불가침조약에 대신하여 체결한 조약. 1945년 8월 14일 조인되었으며, 중·소양국은 향후 30년간 우호관계를 유지하고 日本軍國主義의 부활을 반대한다는 내용을 갖고 있다. 그러나 중국이 성립한 이후 1950년 2월 14일에는 中·蘇友好同盟相互援助條約을 체결하고 이에 대치하였다.

중소작(仲小作) → 전소작

중손괴죄(重損壞罪) 재물문서손괴죄·공익건조물파괴죄를 범하여 사람의 생명 또는 신체에 대하여 위험을 발생하게 하거나 사람을 사상에 이르게 한 죄(刑 368 Ⅰ·Ⅱ). 結果的 加重犯이다.

중실화죄(重失火罪) 중대한 과실로 인한 실화죄(刑 171 後). 失火罪보다 형이 가중된다.

중앙관청(中央官廳) 관청은 모두 法律 또는 職制에 의하여 일정한 지역적 관할을 가지고 있는 것인데, 그 지역적 관할이 전국토에 미치는 것을 중앙관청이라고 한다. 행정각부장관·법원행정처장 등이 그 예이다. → 중앙행정관청

중앙노동위원회(中央勞動委員會) 노동위원회의 일종. 이는 노동부에 설치된다(勞委 2). 근로자·사용자·공익대표의 각 7인 이상 20인 이하의 범위안에서 대통령령으로 정한다. 이 경우 근로자위원과 사용자위원은 同數로 한다. 調整的 權限으로서는 노동쟁의에 대한 조정 및 중재에 관하여, 판정적 권한으로서는 노동조합 및 노동관계조정법·근로기준법 기타 법령에서 정한 사항의 심사·결의 등에 관하여 2 이상의 서울특별시·광역시 또는 도에 걸친 것이거나, 전국적으로 중요하다고 인정되는 것을 관장한다(3). 특히 仲裁의 경우에는 지방노동위원회 또는 특별노동위원회의 중재재정을 再審할 수 있을 뿐만 아니라(勞整 69, 勞委 26), 不當勞動行爲의 판정·구제에 있어서도, 지방노동위원회 또는 특별노동위원회의 구제명령 또는 기각결정을 재심할 권한을 가지고 있으며(勞整 85, 勞委 26), 이러한 면에서는 지방노동위원회나 특별노동위원회의 상급심이 된다. 이 밖에 緊急調整(조정·중재)은 중앙노동위원회에서만 관장한다(勞整 76~80). 또한 중앙노동위원회는 노동위원회의 사무처리에 관한 指示權과 노동위원회의 운영과 기타 필요한 사항에 관한 規則制定權을 가지고 있다(勞委 24, 25). 그리고 중앙노동위원회에는 그 사무처리를 위하여 사무국이 설치된다. → 특별조정위원, 공익위원회의

중앙당(中央黨) 수도에 소재하는 정당의 본부로서 정당은 수도에 소재하는 中央黨과 국회의원지역선거구를 단위로 하는 地區黨으로 구성되며(政黨 3), 중앙당이 중앙선거관리위원회에 등록을 함으로써 성립한다(4 Ⅰ). → 지구당

중앙도매시장(中央都賣市場) 지방자치단체가 일용식료품 중 그 일부 또는 전부의 도매를 하기 위하여 산업자원부장관이 지정하는 지역을 業務區域으로 하여 시청소재지인 도시에 산업자원부장관의 허가를 받아 개설하는 도매시장(舊中央都賣市場法 2, 3). 농수산물도매시장법에 의하여 농수산물도매시장으로 대체되었다가 현재는 농수산물유통 및 가격안정에 관한 법률 제3장에 규정하고 있다.

중앙도시계획위원회(中央都市計劃委員會) 都市計劃의 결정과 기타 도시계획에 관한 중요사항을 심의하며 이에 관한 조사·연구를 하게 하기 위하여 건설교통부에 설치하는 위원회(都計 68)로 위원장·부위원장 각 1인과 위원 15인 이상 20인 이내로 구성된다(69).

중앙비(中央費) 〔英〕 central expenditure 중앙비라 함은 국가가 지출하는 경비를 말하며, 지방자치단체가 지출하는 地方費에 대한 것. 政務에 관한 경비 일체를 가리킨다.

중앙선거관리위원회(中央選擧管理委員會) 최상급의 선거관리위원회. 9인의 위원으로 구성되는데, 3인은 대통령이 직접 임명하고, 3인은 국회에서 선출한 자를, 3인은 대법원장이 지명한 자로 한다(憲 114 Ⅱ). 위원의 임기는 6년이며, 위원은 정당에 가입하거나, 정치에 관여할 수 없다(114 Ⅳ). 위원은 금고 이상의 형의 선고 또는 탄핵에 의하지 아니

하고는 파면되지 아니한다(114Ⅴ). 중앙선거관리위원회는 법령의 범위안에서 선거의 관리·國民投票管理 또는 政黨事務에 관한 規則을 제정할 수 있다(114Ⅵ).

중앙선거관리위원회규칙(中央選擧管理委員會規則) 중앙선거관리위원회가 법령의 범위안에서 選擧의 管理 등에 관하여 제정하는 규칙. 중앙선거관리위원회는 국회 및 정부와는 독립하여 공정한 선거 및 국민투표와 정당을 관리하는 기관이므로, 이에 어느 정도의 自律權을 인정하여 規則制定權을 부여하고 있다(憲 114Ⅵ).

중앙은행(中央銀行) 〔英〕 central bank 한 나라의 금융계의 중추를 이루는 은행. 銀行券發行의 독점권을 갖는 것을 통례로 하고, 은행의 은행으로서 다른 모든 은행의 예금수입, 지불준비금의 수탁, 금융기관에 대한 대출, 은행업무에 대한 특별통제를 하고 통화에 대한 국가의 정책을 시행하는 기관이 되며, 또 정부의 은행으로서 國庫金의 취급, 公債事務의 담당 등을 하는 것이 보통이다. 중앙은행이 이와 같은 지위를 보유하고 있기 때문에 각국마다 그것은 半官半民 내지 국유기관으로 되어 있고 정부의 감독하에 놓여 있다. 제2차대전후에는 영국·프랑스를 비롯하여 자본주의국에서도 중앙은행의 國有化가 널리 행하여졌다. 우리나라의 중앙은행은 한국은행이다. → 한국은행법

중앙집권(中央集權) 〔英〕 centralization 〔獨〕 Zentralisation, Konzentration 될 수 있는 한 많은 權力을 중앙에 집중하는 것. 보통 여기에는 두 가지 의미가 있다. 그 하나는 통치의 권능이 중앙에 통일되어 있다는 의미이며, 다른 하나는 행정상의 권한이 중앙관청에 통일되어 있다는 의미이다. 우리나라에서는 보통 전자의 의미로 사용되고 있다. 중앙집권에 반대되는 것이 地方分權이다. 민주주의를 위해서는 지방분권이 좋다고 하고 있으나 국가권능의 확대에 따른 國家事務의 증대 및 그의 신속한 처리는 중앙집권을 불가피하게 하고 있는 것이 세계 각국에 있어서의 공통한 현상이다.

중앙행정관청(中央行政官廳) 행정에 관한 국가의 의사를 결정하고, 그것을 외부에 대하여 표시·집행할 수 있는 權限을 가진 국가기관을 행정관청이라고 하며, 모든 행정관청은 일정한 지역적 관할을 가지고 있다. 이 지역적 관할이 전국에 미치는 것(예컨대 행정각부장관)이 중앙행정관청이고, 그 권한이 지역적으로 제한되고 있는 것을 地方行政官廳이라고 한다.

중앙행정조직(中央行政組織) 권한이 전국토에 미치는 행정기관의 조직. 地方行政組織에 대비되는 개념. 중앙행정조직 중에서도 보통행정기관에 관한 조직은 정부조직법이 규정하고 있고, 특별행정기관은 감사원법 기타 특별법이 규정하고 있다.

중앙형사재판소(中央刑事裁判所) 〔英〕 The Central Criminal Court 영국에서 행해지는 사법기관의 하나. 올드베리에 있는 중앙형사재판소는 런던과 미들색스 및 여러 국내 카운티(Home Counties) 중의 일부분에 관한 형사사건에 대하여 巡廻裁判所로서 일하고 있다. 위에 적은 법정의 재판관들은 왕립재판소지원의 재판관으로서 그 중 한 명은 각 재판소에 있어서 매기마다 순번제로 돌아가면서 참석하도록 되어 있으며 런던의 도시재판관과 평민 출신의 治安官(Common Seigeant)과 그 밖의 재판관 중의 1명은 런던시 재판소에서 선정한다.

중유기죄(重遺棄罪) 老幼·疾病 기타 사정으로 인하여 부조를 요하는 자를 보호할 법률상 또는 계약상 의무있는 자가 유기하여 그의 생명에 대한 위험을 발생하게 하는 죄(刑 271Ⅲ). 객체가 자기 또는 배우자의 직계존속인 경우에는 형이 가중된다(271Ⅳ). 單純遺棄罪에 대한 結果的 加重犯이며, 구체적인 위험의 발생을 필요로 한다. → 유기죄

중·일어업조약(中·日漁業條約) 1955년 일본의 어업자는 민간인으로 구성된 중·일 어업협의회를 만들 대표를 북경에 파견, 중국어업협회와 협정을 체결하였다. 동해와 황해에 어구를 설정하여 操船漁船數를 한정하고 또 해난시의 상호원조와 자료교환 등을 규정하였다. 이 협정은 부속의 왕복서간에서 일본측이 중국에 의하여 대륙연안에 설정된 底曳漁業禁止區域과 군사작전구역을 인정하였다. 이러한 구역의 설정 자체는 전통적 公海自由의 原則에 반한다는 비판을 들어 왔다. 그러나 이 협정은 1년마다 갱신하게 되어 있는 데 1958년 중국이 그 연장을 거부함으로써 실효하였다. 그 후 1963년 민간어업자들의 희망에 따라 잠정적으로 협정이 계속 시행되었다가, 1975년 6월 정부간 베이스로 실시한다는 원칙에 합의하였다.

중·일평화조약(中·日平和條約) 일본과의 平和條約을 체결하기 위한 샌프란시스코회의에는 국민정부와 중국정부의 수립 및 이에 대한 연합국태도의 불일치로 인하여 중국대표는 초청되지 않았다. 그러나 그 후 미국의 요망에 따라 일본은 國民政府를 상대로 1952년 4월 28일 평화조약을 체결하였다. 동년 8월 발효(일본과의 평화조약 26 참

조). 이 조약의 중국에 있어서의 적용범위는 국민정부의 지배하에 현재 있거나 또는 금후 들어갈 영역으로 되어 있다.

중 임(重任) 구헌법상 대통령은 1차에 한해 중임할 수 있었는데(舊憲 69Ⅲ), 현행헌법은 대통령의 임기를 5년으로 하고 중임할 수 없도록 하였다(憲 70). 대통령의 중임이라 함은 임기 5년인 대통령이 연속하여 그 지위를 보유함을 말한다. 이 점 중임과 연임에는 본질적 차이가 없다. 連任은 임명제공무원이 그 주요대상인데, 重任은 선거를 거쳐 재당선되어야 한다.

중 재(仲裁) 〔英〕 arbitration 〔獨〕 Schiedsgerichts barkeit 〔佛〕 arbitrage [1] 국제법상으로는 당사국간의 분쟁을, 그들이 선임한 제3자의 판단에 의하여 해결하는 것. 당사국이 제3자를 선임하는 점에서 國際司法裁判과 다르고, 그 판단이 구속력을 갖는 점에서 國際調整과 다르다. 반드시 법률적 분쟁의 해결에 한하지 않고, 또 법률적 판단 이외에 衡平과 善에 의하여 해결하는 수도 있다. → 미일중재위원회

[2] 노동법상에서는 勞動爭議調整의 일종. 이 중재는 ① 관계당사자의 쌍방이 함께 중재의 신청을 한 때, ② 관계당사자의 한쪽이 團體協約에 의하여 중재신청을 한 때, ③ 공익사업에 있어서 행정관청의 요구에 의하거나 노동위원회의 직권으로 중재에 회부한다는 결정을 한 때에 중재위원회에서 행하기로 되어 있다(勞整 62). 중재결정은 강제중재의 경우나 임의중재의 경우나 꼭 같이 당사자를 구속한다. 그리고 仲裁決定 또는 再審決定이 위법 또는 월권에 의한 것이라고 인정하는 경우에 한해서만 중앙노동위원회의 재심 또는 행정소송이 허용된다(69, 70). → 긴급조정

[3] 민사상 신민사소송법은 종전의 중재제도를 삭제하였으나, 판결에 의한 사법상의 분쟁해결의 만성적 지연현상에 비추어 商事紛爭을 간이·신속하게 해결하기 위하여 중재법을 제정하여 중재제도를 되살렸다.

중재감정계약(仲裁鑑定契約) 〔羅〕 Schiedgutachtenvertrag 소송물인 법률관계의 존부 자체가 아니라, 이를 판단함에 필요한 사실의 존부·내용에 관한 판단을 제3자에 위탁하여, 그 판단에 따르기로 약정하는 당사자간의 합의. 證據契約의 일종이다.

중재계약(仲裁契約) 〔佛〕 compromis 중재법상 당사자 사이에서 사법상의 법률관계에 관한 현재 또는 장래의 분쟁의 일부나 전부를 중재인의 판정에 의하여 해결하도록 하는 合意(仲裁法 1, 2). 당사자가 처분할 수 없는 법률관계에 관하여는 중재계약을 할 수 없다(2Ⅰ但). 특별합의서와 같다.

중재법원(仲裁法院) 〔獨〕 Schiedsgericht 私法上의 분쟁에 관하여 중재판정을 그 임무로 하는 중재인으로 구성되는 단독제 또는 합의제의 중재기관. 당사자의 합의에 의하여 국가기관인 법원에 가름하여 사법상의 분쟁을 판정하는 私法院이다. 合議制仲裁法院은 그 구성중재인의 과반수의 합의에 의하여 중재판정을 하며 그 의견이 가부동수인 때는 중재계약은 失效된다(仲裁法 11Ⅰ·Ⅱ).

중재사법재판소(仲裁司法裁判所) 〔英〕 Court of Arbitral Justice 〔獨〕 Der Schiedsgerichtshof 〔佛〕 La Cour de Justice arbitrale 1607년의 제2 헤이그평화회의에서 설립이 계획된 국제재판소. 이 재판소는 1899년의 제1회 헤이그평화회의에서 설립된 常設仲裁裁判所의 제도적 결함에 대한 대안이다. → 상설중재재판소, 상설국제사법재판소

중재위원회(仲裁委員會) 노동쟁의의 중재 또는 재심을 위하여 勞動委員會에 중재위원회를 둔다. 중재위원은 당해 노동위원회의 공익을 대표하는 위원 중에서 관계 당사자의 合意로 선정한 자에 대하여 그 노동위원회의 위원장이 지명하며, 중재위원회는 중재위원 3인으로 구성한다(勞整 64).

중재인(仲裁人) 〔英〕 arbitrator 〔獨〕 Schiedsrichter 〔佛〕 arbitre 仲裁節次에서 당사자간의 분쟁을 판정할 사람으로 선정된 제3자. 중재인의 선정방법 및 그 수는 당사자의 합의(仲裁契約)에 의하여 정하고, 합의가 없을 때에는 각 당사자가 1인의 중재인을 정한다(仲裁法 4Ⅰ·Ⅱ). 다만 商事仲裁에 있어서는 당사자간의 약정이 없거나 당사자의 의사가 분명치 않은 때는 중재인의 선정은 산업자원부장관이 지정하는 사단법인의 商事仲裁規則에 의하는 것으로 추정한다(4Ⅲ).

중재재정(仲裁裁定) 중재자가 내리는 판단. 노동법상에서 중재위원회가 내리는 중재재정은 團體協約과 동일한 효력을 갖는다(勞整 70Ⅱ). 또한 이는 서면으로 작성하여야 하며, 효력발생기일을 명시해야 한다(68). 구법에서는 仲裁判定이라고 하였다. → 중재

중재재판조약(仲裁裁判條約) 〔英〕 treaty of arbitration 기왕의 분쟁 또는 장래의 분쟁에 대해서 의무적 중재재판을 약정하는 2국 또는 수개국간의 조약. 중재재판조약에는 일반의 분쟁 또는 특종의 분쟁에 관하여 체결된다. 이 조약에서는 대

개 의무적 중재재판을 약정하는 동시에 付託節次와 재판절차에 관해서도 규정한다. 물론 常設仲裁裁判所에 부탁하는 것을 약정한 경우에는 그에 따른다. 그런데 대부분의 조약에서는 법률적 분쟁 특히 체약국간의 타조약의 해석에 관한 분쟁을 중재재판에 부탁하는 것을 약정하고 국가의 명예·독립·중대이해에 관한 문제는 제외하는 것이 예로 되어 있다. 중재재판조약과 유사한 형식은 어떤 조약 중의 조항으로서 그 조약의 해석에 관한 분쟁을 중재재판에 부탁할 것을 규정하는 예이다. 이것을 仲裁裁判條項(compromis clause)이라 하며 다수국간의 경제적 또는 전문적 성질을 가지는 조약에 있어서 그 예가 많다. →중재재판조항

중재재판조항(仲裁裁判條項) 〔英〕 compromis clause 중재재판 이외의 것을 주대상으로 하는 조약 중의 條目에 체약국간의 분쟁을 중재재판에 의하여 해결할 것을 약정한 조항. 이는 주로 그 조약의 해석 또는 적용에 관한 분쟁의 解決方法으로서 중재재판을 지정하는데, 그 대상분쟁사건을 한정치 않고 일반적으로 중재재판에 부탁하는 것을 정하는 경우가 있다. 전자를 특별중재재판조항이라 하고 후자를 일반적 중재재판조항이라 한다. 이에 대해서 仲裁裁判條約은 중재재판에 관한 단독적 조약이다. →중재재판조약

중재절차(仲裁節次) 〔獨〕 Schiedsrichterliches Verfahren 중재계약에 기해 중재인의 판단으로 분쟁을 해결하기 위해 행하는 절차. 중재절차에 관하여는 仲裁法에 규정되어 있다. 중재절차를 행하기 위해서는 仲裁契約이 선행되어 있어야 한다. 중재판정에 이르기까지의 절차는 당사자가 중재계약에서 임의로 정할 수 있으나, 정한 바 없으면 중재법에 의하고 이에 특별한 규정이 없으면 중재인이 정한다(仲裁法 7Ⅰ·Ⅱ). 상사중재절차에 관하여는 당사자간에 합의가 없거나 그 의사가 불명하면 산업자원부장관이 지정하는 사단법인의 商事仲裁規則에 의하는 것으로 추정된다(7Ⅲ).

중재조항(仲裁條項)**에 관한 의정서**(議定書) 1923년 9월 24일 제네바에서 서명되었고 영국과 프랑스·독일 그 외 유럽제국간에 맺은 議定書. 체약국은 상사거래 기타 민사사건에 있어서 체약국의 재판권에 복종하는 자간에 이루워진 仲裁契約 또는 仲裁裁判條項을 중재절차가 타국에서 행해진 경우에도 유효로 인정한다. 그 중재절차는 일반적으로 당사자의 의사에 따라 그 타국의 법률에 따를 것, 체약국은 그 법률에 의하여 절차를 용이하게 할 것, 또 그 집행을 보증할 것을 약정하며, 또 체약국의 법원에 중재계약 또는 중재재판조항에 기한 소송이 제기된 경우에는 법원은 각하해야 한다는 것을 약정한 것이다. →외국중재판단의 집행에 관한 조약

중재판정(仲裁判定) 〔獨〕 Schiedsspruch, Schiedurteil 중재계약에 의하여 중재인이 仲裁節次에서 당사자간의 사법상의 분쟁에 관하여 내리는 판정. 중재계약에 따로 약정이 된 때를 제외하고 중재인이 다수인 때는 그 과반수의 찬성으로 판정하나, 만일 판정에 관한 의견이 가부동수인 때에는 당해 중재계약은 그 효력을 상실한다(仲裁法 11Ⅰ·Ⅱ).

중재판정취소(仲裁判定取消)**의 소**(訴) 〔獨〕 klage auf Aufhebung des Schiedsspruchs 일정한 취소사유가 있는 경우 당사자로부터 仲裁判定에 대하여 통상의 법원의 판결에 의하여 이의 취소를 구하는 소. 중재판정의 취소사유는 중재법 13조 1항 1호 내지 5호에 규정되어 있다. 당사자는 이 訴를 중재판정에 대한 執行判決前에 하여야 한다(仲裁法 14Ⅱ). 집행판결후에 있어서는 당사자가 과실없이 집행판결절차에서 그 취소의 사유를 주장할 수 없었다는 것을 소명한 경우 외에는 중재법 13조 1항 5호의 사유가 아니면 중재판정취소의 소를 기소할 수 없다(15). 提訴期間은 그 취소사유를 안 날로부터 30일내 또는 집행판결이 확정된 날로부터 5년내이고 이는 모두 불변기간이다(16).

중 죄(重罪) 〔英〕 felony 〔獨〕 Verbrechen 〔佛〕 crime 輕罪·違警罪와 구별되는 罪種(三分主義). 현행형법은 이러한 구별을 인정하지 않고 있다. 프랑스형법은 범죄를 중죄·경죄 및 위경죄의 3종류로 나누어 범죄의 성립과 형벌의 적용에 여러가지 차별을 두고 있다. 예컨대 중죄의 미수는 모두 처벌하나 경죄의 미수는 특별한 규정이 있는 때에 한하여 처벌하고, 위경죄의 미수는 전혀 처벌하지 아니한다. 독일형법도 이와 유사한 구별을 하고 있으며, 영미법에는 重罪(펠로니)·輕罪(미스디미너)의 구별이 있다. →펠로니, 미스디미너

중 지(中止) 행정행위의 시행을 흠의 존재로 말미암아 일단 유보하는 것. 行政行爲의 적법성의 보장을 도모함과 아울러 행정의 통일성을 확보하기 위하여 상급감독청이 가지는 감독권의 발동으로 행하여짐이 보통이다. 停止와 대체로 같다.

중지미수(中止未遂) 〔獨〕 freiwilliger Rücktritt vom Versuch 〔佛〕 désistement volontaire de l'agent 未遂犯 가운데서, 범인이 자의로

실행에 착수한 행위를 중지하거나(중지에 의한 着手未遂) 그 행위로 인한 결과의 발생을 방지한(방지에 의한 實行未遂) 경우(刑 26). 보통은 중지범이라고 부르며, 넓은 뜻의 障碍未遂에 대한다. 自意로의 의의에 관하여, 제1설은 행위자의 의사와 전혀 관련이 없는 외부적 사정으로 인하여 미수가 된 경우를 제외하고는 내부적 동기로 인한 모든 경우를 뜻하는 것으로 해석한다. 제2설은 후회 등의 규범의식의 각성으로 인한 경우만을 뜻하는 것으로 해석하는데, 이 설에 의하면 중지미수가 인정될 범위가 너무 좁고, 제3설은 일반의 경험상 범죄의 장애될 만한 사정이 없고 범인이 이를 인식하지 않았음에도 불구하고 임의로 중지·방지한 경우를 뜻하는 것으로 해석한다(프랑크의 公式에 의하면, 임의성을 행위자의 주관적 입장에 표준을 둔다). 중지의 경우는 소극적으로 실행행위를 중단하면 족하나, 방지의 경우는 적극적으로 결과발생을 저지함을 요한다. →미수범

중지범(中止犯) 중지미수와 같다.

중징계(重懲戒) 군인이 軍律에 위반하거나 군풍기를 문란하게 하거나 그의 본분에 배치되는 행위를 한 경우에 과하는 징계처분의 일종. 輕懲戒에 대한 것. 罷免·降等·停職의 총칭(軍人事 57).

중첩적 채무인수(重疊的債務引受) →채무의 인수

중체포감금죄(重逮捕監禁罪) 사람을 逮捕 또는 監禁하여 가혹한 행위를 가하는 죄(刑 277Ⅰ). 尊屬重逮捕監禁(277Ⅱ)·특수중체포감금(278)· 常習重逮捕·監禁(279)의 경우에는, 형을 가중한다. 행위는 체포·감금을 하여 그 계속중에 가혹한 행위를 가하는 것이다. 가혹한 행위라 함은 학대보다 넓은 개념이며(→학대죄) 육체적 또는 정신적인 고통을 주는 모든 행위를 말한다. 미수범은 처벌한다(280). →체포죄, 감금죄

중합범(衆合犯) →집합적 범죄

중화민국민법(中華民國民法) 중국에서는 漢·唐의 입법이래 거의 변화·진보가 없었으며, 大淸律도 唐律의 모방이라 말하여지고 있다. 그 후, 淸朝政府는 근대국가의 통일법제정의 기운에 자극되어, 20세기 초기에 서구제국의 민법을 계수하여 民律草案을 완성하였으나 실시되지 않았으며, 이어 청조붕괴후, 광동정부와 북경정부의 양자에 의하여, 暫行的인 민법이 제정실시되었으나, 民國 17년 남경정부확립과 함께 치외법권철폐의 한 요건으로 국내법의 통일정비에 진력하게 되어, 民國 18년(1929)부터 19년 사이에 중화민국 민법 5편(總則·債·物權·親屬·繼承(相續))을 차례로 공포 실시하였다. 스위스민법을 가장 많이 본받았으며, 독일 및 일본의 민법을 본받은 부분도 적지 않다.

중화민국헌법(中華民國憲法) 중국에 있어서의 헌법제정의 운동은 청조말기에 시작되었다. 그러나 그것이 실현되기 전에 武漢革命이 일어남으로써(1911) 청조는 멸망해 버리고, 중화민국이 성립되었다. 그 후 수차의 정치적 변혁과 더불어 각종의 憲法的 成文法이 제정되다가 드디어 제2차대전후인 1947년에, 孫文의 三民主義·五權憲法의 원리에 입각한 중화민국헌법이 공포·실시되었다. 그 후 중국공산당이 중국본토를 강점하여 소위 중화인민공화국으로 발족하자(1949년 9월) 상기헌법은 실질적으로 국민정부의 근거지로 되어 있는 대만의 기본법이 되고 있다.

중 혼(重婚) 배우자 있는 자가 다시 혼인을 하는 것. 민법은 一夫一妻婚制度를 기본으로 하기 때문에 중혼을 금지한다(810). 민법은 혼인성립에 관하여 申告主義(→법률혼주의)를 채용하고(812) 따라서 중혼의 성립여부는 호적공무원이 확인할 수 있으므로(813), 중혼이 생기는 것은 호적취급상의 과오로 인하여 두번째의 혼인신고가 수리되거나 또는 이혼후 재혼하였을 때 이혼이 무효 또는 취소된 경우 따위이다. 이러한 경우에는 각 당사자, 그 배우자, 각 당사자의 직계존속, 4촌 이내의 방계혈족 또는 검사의 청구에 의하여 취소된다(818).

쥬디커쳐 액츠 〔英〕 Judicature Acts 裁判所構成法. 영국의 사법제도를 근본적으로 개혁하여 현재의 사법조직을 만들어 낸 법률. 정식명칭은 The Supreme Court of Judicature Acts, 1873, and 1875이며, 1875년 11월 1일부터 시행. 그 후 수차에 걸쳐 수정되었다. 그 중요한 개혁점은 종전의 보통법·에퀴티 그 밖의 모든 上級裁判所(superior court)를 통합하여 하나의 最高法院(Supreme Court of Judicature)으로 하고, 동일재판소가 보통법과 에퀴티를 모두 적용하여 재판하도록 한 것이다. 최고법원은 사법권을 행사하기 위해서는 抗訴院(Court of Appeal)과 高等法院(High Court of Justice)으로 나누어져 있다. 1873년의 법률에는 귀족원의 상고관할권을 폐지하고 항소원을 최고재판소로 할 것으로 되었던 것이나, 이 점에 관한 조문은 1875년의 법률에 의하여 그 효력이 정지되고, 1876년의 법률에 의해서 종국적으로 삭제되어, 貴族院의 상고관할권이 현재까지 존속되고 있다. 이 법률은 소송절차에 관해서도 합리화하였다.

즉결심판(卽決審判)　20만원 이하의 罰金 또는 拘留나 科料에 처할 범죄사건에 대하여 지방법원, 지원 또는 시·군법원의 판사(法組 34, 卽決審判에 관한 節次法 2)가 처리하는 절차. 그 절차에 관하여는 즉결심판에 관한 절차법이 있다. 이 절차에서는 관할경찰서장 또는 관할해양경찰서장이 관할법원에 즉결심판을 청구하게 되어 있고(3), 이 청구가 있을 때에는 판사는 원칙적으로 즉시 심판을 한다(6). 즉결심판에 대하여는 피고인은 선고·고지를 받은 날로부터 7일 이내에 정식재판청구서를 관할경찰서장에게 제출하여야 하고 경찰서장은 지체없이 판사에게 이를 송부하여야 한다(14). 정식재판의 청구에 의한 판결이 있을 때에는 즉결심판은 효력을 잃는다(15). 즉결심판으로 선고된 형의 집행은 경찰서장이 한다(18).

즉성범(卽成犯)　즉시범과 같다.

즉시강제(卽時强制)　〔獨〕 sofortiger Zwang　목전의 급박한 장해를 제거하여야 할 필요가 있는 경우에 미리 의무를 명할 틈이 없는 때 또는 그 성질상 의무를 명하여서는 목적을 달성하기 어려운 때에, 직접 국민의 신체 또는 재산에 실력을 가하여 행정상 필요한 상태를 실현하는 行政主體의 작용. 불심검문·강제격리·토지물건의 사용·家宅出入과 같은 것이 그 예. 의무불이행을 전제로 하지 않는 점에서 그것을 전제로 하는 行政上의 强制執行과 다르다. 이 즉시강제는 법치국가에서는 예외적 작용이므로 명백한 법적 근거가 있고 행정목적을 위하여 불가피한 경우에만 발동할 수 있고, 또 그 목적을 위한 최소한도내에서만 적법하다. 즉시강제의 법적 근거로는 각 單行法(예 : 마약법·전염병예방법·민방위기본법·검역법)에 규정이 있는 외에, 일반법으로서 경찰관직무집행법이 있다. 즉시강제를 행함에 있어서 법관의 영장이 필요한가에 관하여 학설이 갈리어 있으나, 즉시강제는 급박한 사태를 당하여 행정목적을 달성하기 위한 강제조치란 이유로 소극설이 다수설이다. 즉시강제에는 對人的 强制(불심검문·교통차단 등)·對物的 强制(유해물제거·領置 등)·對家宅强制(가택출입·가택수색 등)이 있다.

즉시범(卽時犯)　〔佛〕 délit instantané　일정한 法益의 침해 또는 그 위험이 발생함으로써 범죄사실이 완성하고(旣遂), 동시에 종료하는 것. 旣成犯이라고도 한다. 예컨대 살인죄. 狀態犯은 즉시범의 일종이다. → 계속범

즉시시효(卽時時效)　〔佛〕 prescription instantanée　善意取得(즉시취득)과 같다. 佛法系에서는 선의취득을 取得時效의 일종으로 보아 시효의 부분에 규정하고 있으나(佛民 2279) 시간의 경과를 요건으로 하는 것이 아닌 선의취득을 즉시시효라고 하는 것은 이론상 타당하지 않다.

즉시취득(卽時取得)　선의취득과 같다.

즉시항고(卽時抗告)　〔獨〕 sofortige Beschwerde　소송법상 일정한 不變期間內에 제기하여야 하는 항고. 재판의 성질상 신속히 확정시킬 필요가 있는 결정에 대하여 인정되는 不服申請方法이다. 이는 특히 제기기간을 정하지 않고 원재판의 취소를 구하는 실익이 있는 한 어느 때도 제기할 수 있는 普通抗告에 대하는 것이다. 원칙적으로 집행정지의 효력을 가진다(民訴 417, 刑訴 410). 즉시항고는 법률이 특히 인정한 경우에 한한다. 卽時抗告期間은 민사소송법(414)·非訟事件節次法(23)에서는 1주일간, 파산법(103Ⅱ)·화의법(7Ⅱ)·회사정리법(11)에서는 14일간, 형사소송법(405)에서는 3일간이다.

증　거(證據)　〔英〕 evidence 〔佛〕 Beweis 〔佛〕 preuve　재판을 하려면 당사자가 주장하는 사실유무를 확정하여야 하는 바, 법원에 대하여 이러한 사실 유무에 관한 확신을 주는 자료가 증거이다. 증거는 법관의 事實認定의 객관성을 담보하는 것이다. 소송법상 증거라는 말은 여러가지 의미로 사용되고 있다. ① 당사자가 법원에게 확신을 줄 수 있는 행동이라는 작용적인 의미, 즉 據證. ② 당사자가 법원의 확신을 얻으려고 그 조사를 신청하고 또는 법관이 그 五官(시·청·후·미·촉각)의 작용에 의해 조사할 수 있는 유형물이라는 유형적인 의미, 즉 證據方法. ③ 법원이 증거조사결과로 感得한 자료라는 무형적인 의미, 즉 증거자료. ④ 법원이 증거조사결과로 확신을 얻은 원인이라는 결과적인 의미, 즉 證據原因을 뜻한다. 증거의 종류에는 ① 직접증거와 간접증거. 直接證據란 요증사실을 직접으로 증명하는 증거임에 대하여, 間接證據란 요증사실을 증명할 재료인 사실을 증명하는 증거를 말한다. ② 본증과 반증. 本證이라 함은 주장하려는 요증사실의 성립 또는 존재를 증명하는 증거를 말한다. 이에 대해 反證이라 함은 본증에 의하여 증명하려고 하는 요증사실을 부정하는 사실을 증명하는 증거를 말한다. 辯論主義下에서는 증거로서 인정함을 요하는 것은 당사자간에 다툼이 있는 사실에 한하나(民訴 261), 職權探知主義下에서는 그 취지를 달리하여, 다툼없는 사실에 대하여도 증거로서 인정케 하여 객관적 진실을 발견케 한다(刑訴 310, 家訴 12, 行訴 26). 증거의 가치, 즉 증거력의 판단에 있어서는 현행법은 自由心證主義를 채택하고 있다(民訴 187, 刑訴 308).

증거가치(證據價值) 어떤 증거자료가 具體的 要證事實의 증명에 현실적으로 도움이 되는 정도를 말한다. 논리법칙이나 경험법칙에 반하여 상고이유가 되는 것을 제외하고는 법원의 자유심증에 따르도록 하는 것이 원칙이다. 證據力은 다시 형식적 증거력과 실질적 증거력으로 나뉘어지는데, 이는 특히 書證의 경우에 뚜렷이 나타난다.

증거결정(證據決定) 〔獨〕 Beweisbeschluss [1] 민사소송법상 당사자가 신청한 특정의 증거방법에 대하여 증거조사를 명하는 법원의 결정. 현행법에서는 證據申請의 채택 여부를 맞아 어떠한 법원의 처치가 필요한가에 관하여 아무런 明文이 없고, 신청에 기하여 증거조사를 함에는 특별한 재판의 형식을 요하지 않고 바로 조사할 수 있게 되어 있다. 그러나 이와 같은 경우에도 관념적으로는 당해 증거조사를 하는 사이에 일시 변론을 중지하는 뜻의 선언이 있다고 볼 수 있기 때문에, 그와 같은 訴訟指揮上의 裁判을 증거결정이라고 부른다면, 명시적이든 묵시적이든 증거조사를 함에는 그와 같은 결정이 선행된다고 볼 수 있다. 특히 증거조사를 위해 신기일을 정하는 경우나 受命法官・受託判事에 의한 증거조사를 행하는 경우는 명시적으로 그 취지의 결정을 하는 것이 보통이다. 證據分離主義를 취하는 법제하에서는 증거조사에 들어가는 단계로서 증거판결을 하고, 여기에 대하여 상소를 허용하나, 우리 법에서의 증거결정은 이와 같은 확정적 재판으로서의 성질이 없으므로 이에 대해 독립한 불복방법이 없다.

[2] 형사소송법상 특정한 證據方法에 대하여 증거조사를 하거나 증거조사의 신청을 각하하는 것을 정하는 재판. 형사소송법은 검사・피고인 또는 변호인의 증거신청에 대하여서만 법원이 증거결정을 하여야 한다는 것을 밝히고 있으나(刑訴 295), 법원의 직권으로 증거조사를 하는 때에도 마찬가지로 해석하여야 할 것이다(日本刑事訴訟規則 190 참조). 또 증거조사를 할 때에는 물론, 증거조사의 신청을 각하하는 경우에도 결정을 하여야 한다. 당사자에게 사전에 그 적부를 판단하고 이의신청을 하는 기회를 주기 위함이다. → 증거조사

증거결합주의(證據結合主義) 〔獨〕 Prinzip der Beweisverbindung 사실상의 주장과 증거조사를 두 단계로 분리하지 않고, 양자를 결합하여 일체로서 변론하는 주의. 證據分離主義에 대한 말이다. 현행 민사소송법은 변론을 보다 활기있고 기동성 있게 하기 위하여 이를 채택한다.

증거계약(證據契約) 〔獨〕 Beweisvertrag 당사자의 특정한 訴訟物에 있어서 그 사실관계를 어떻게 정할 것인지 또는 어떠한 방법으로 정할 것인지에 관한 합의를 말한다. 그 중 다툼이 있는 주요사실에 관하여 그 증거방법을 제한하거나 間接證據만에 제한을 할 때에는 法院의 自由心證主義와 모순이 되므로 무효로 인정된다. 그러나 당사자간에 자유로 처분할 수 있는 권리관계에 있어서는 그 존부 또는 내용을 일정한 사실을 전제로 하여 정하는 것은 간접으로 그 권리관계를 포기 또는 변경하는 처분 밖에 안되므로 그 판단에 직접관계 있는 사실의 존부를 약정하는 것(自白契約)은 유효한 것으로서 법관도 이에 구속되는 것으로 인정하여도 무방하다.

증거공통(證據共通)**의 원칙**(原則) 〔獨〕 Gemeinschaftlichkeit der Beweismittel 적법한 證據調査의 결과는 판결의 기본이 되는 변론에 나타난 것인 한 법원은 어느 당사자의 이익때문에도 事實認定의 자료로 할 수 있다는 민사소송법상의 원칙. 사실인정이 구구하게 되는 것을 피하고, 진실을 발견할 목적에서 인정되는 것이다. 이 점에 대해서는 명문은 없으나, 민사소송법 187조에 의하면 사실인정은 증거조사의 결과와 辯論의 全趣旨를 참작하여 자유심증으로 그 진부를 판단토록 하고, 어느 증거에 의하여 어느 사실을 인정할 것이냐는 점에 대하여는 아무 제한을 두고 있지 않으므로 이 條文으로부터 이러한 원칙을 연역할 수 있는 것이다. 이 원칙이 인정된 결과, 법원은 證據資料가 변론에 나타난 이상, 이를 제출한 당사자에게 불리한 사실을 인정하기 위해서나 또는 이것을 제출치 않은 당사자에게 유리한 사실을 인정하기 위해서나, 모두 이 증거자료를 이용할 수 있다. 따라서 일단 증거를 조사한 후에는 신청인도 일단 제출한 증거를 철회하는 데는 상대방의 동의가 있어야 한다고 해석할 것이다.

증거금(證據金) 계약을 체결할 때 수수되는 금전. 그 성질은 일정하여 있지 않으나, 적어도 成約締約金의 성질을 가지고(→ 체약금), 많은 경우에 있어서는 또한 違約金의 성질도 가진다. 주식청약증거금, 거래소에 관한 위탁증거금 및 매매증거금은 그 예.

증거금지(證據禁止) 〔佛〕 Beweisverbot 관련성도 있고 실체적 진실발견이라는 입증정책적 견지에서도 제한할 필요가 없는데도 불구하고, 진실발견이라는 소송법적 이익보다 우월하는 다른 이익을 위하여 證據로 하는 것이 금지되는 것. 예컨대 공무상 및 업무상의 비밀에 속하는 사실 또는 물건・장소에 대하여는 증언 또는 압수・수색하는 것을 금하고(刑訴 147, 149, 110~112), 自己負罪의

위험이 있는 경우라든가 일정한 근친자일 경우의 형사책임상 불이익한 증언의 거부권(148)을 인정하고 있는 것 등이 그것이다. 증거금지에 위반하여 획득된 증거의 證據能力은 원칙적으로 부정된다. 또한 증거가 위법하게 획득된 경우(예 : 영장을 요함에도 불구하고 영장없이 수집된 物的證據, 강요된 自白)도 증거금지의 문제로서 논하여지고 있는데, 그 경우의 증거능력의 문제에 관하여는 견해가 일치되어 있지 않다. → 증거능력

증거능력(證據能力) 〔獨〕 Beweisfähigkeit [1] 형사소송법상 일정한 證據方法이 엄격한 증명의 자료로 쓰여질 수 있는 일반적 가능성(法律的 資格), 바꾸어말하면 어떤 증거가 주요사실을 인정하는 자료가 될 수 있는 능력을 말한다. 따라서 자유로운 증명의 자료로 하기 위하여는 증거능력은 필요하지 않다. 증거능력은 증거의 실질적 가치인 證明力과 구별된다. 증거능력을 제한하는 이유는, 증명력이 확실치 않아서 오판으로 이끌 우려가 있는 것 및 위법한 증거수집행위를 하는 것 등을 정형화하여 제재·예방하기 위한 것이다. 나중의 경우는 특히 證據禁止로서 증거능력으로부터 구별하는 일도 있다. 형사소송법은 앞의 이유에서 自白 및 傳聞證據의 증거능력을 제한하고 있다(刑訴 309, 310의 2~316). 다만, 지방법원 또는 그 지원의 단독판사가 관할하는 사건으로 피고인이 공판정에서 자백한 사건은 간이공판절차에 의하게 되는 바, 이 경우에는 증거조사절차가 간이화되어 있고 書證에 대한 증거능력이 완화되어 있다(318의3). 명문규정은 없으나 그 사건에 관한 의사표시적 문서(예 : 공소장)와 같이 당연히 증거능력이 없는 것으로 해석되는 것이 있다. 왜냐하면 법관의 심증형성에 그릇된 영향을 줄 우려가 있기 때문이다. 또 당사자는 증거능력이 없는 증거의 조사에 대하여 이의신청을 할 수 있다(296 Ⅰ). 증거능력의 제한에는 절대적인 것(絶對的 證據能力, 예 : 자백의 임의성)과 상대적인 것(相對的 證據能力. 318 참조)이 있다.

[2] 민사소송법상 증거방법이 될 수 있는 적격(이에 대해 일정한 증거자료가 事實認定을 위하여 쓰일 수 있는 적격을 말한다는 유력한 반대설이 있다). 證據適格(Zulässigkeit eines Beweismittels)이라고도 한다. 증거조사의 결과가 구체적으로 법관의 확신에 영향을 미칠 수 있는 효과를 뜻하는 證據力(증거가치)에 대하는 말이다. 민사소송에서는 자유심증주의의 입장을 취하고 있기 때문에 증거능력에 아무런 제한을 인정치 않음이 원칙이다. 증인적격없는 자의 증언은 증거능력이 없다. 증거능력이 없는 것은 증거방법으로 채용할 수 없는 바, 이것을 採證의 기초로 하면 법령위반으로서 上告理由가 된다.

증거동의(證據同意) 증거능력이 없는 증거에 대하여 당사자가 증거로 함에 동의하는 것을 말한다. 증거능력이 없는 증거라 할지라도 당사자가 증거로 함에 동의하고 법원이 진정한 것으로 인정한 때에는 證據能力이 인정된다(刑訴 318). 즉 형사소송법 318조는 傳聞法則의 예외규정이라는 것이 대법원판례의 태도이나, 이 경우는 필요성과 신용성의 정황적 보장을 조건으로 하여 예외적으로 증거능력을 인정하는 경우가 아니며 당사자의 동의에 의해서 증거능력이 없는 전문증거가 증거능력을 취득하는 경우이므로 전문법칙의 적용이 배제되는 경우라고 해석하여야 한다. 증거동의의 본질은 反對訊問權의 포기이다. 동의할 수 있는 자는 당사자, 즉 검사와 피고인이다. 법원이 직권으로 수집한 증거에 대해서는 당사자 쌍방의 동의가 있어야 하나 당사자의 한쪽이 제출한 증거인 경우는 상대방의 동의가 있으면 된다. 변호인은 包括的 代理權이 있으므로 피고인의 의사에 반하지 않는 한 동의할 수 있다. 동의는 반대신문권을 포기하는 중요한 訴訟行爲이므로 동의의 의사표시는 법원에 대해서 하여야 한다. 동의의 대상은 증거능력이 없는 증거이다. 증거능력이 없는 전문증거는 陳述이냐 書證이냐를 불문하고 동의의 대상으로 되며, 서증의 사본도 동의의 대상으로 된다. 위법한 절차에 의하여 수집된 증거가 당사자의 동의에 의해서 증거능력이 인정되느냐에 관해서는 견해가 갈리고 있으나, 고문에 의한 자백, 증인선서를 결한 증언과 같이 그 위법의 정도가 극히 중대한 경우에는 당사자가 증거로 함에 동의하더라도 증거능력이 인정되지 아니한다. 簡易公判節次에서는 당사자의 이의가 없는 한 당사자의 증거동의가 의제된다(刑訴 318의3). 피고인의 출정없이 증거조사를 할 수 있는 경우에 피고인이 출정하지 아니한 때에는 피고인의 대리인이나 변호인이 출정한 경우를 제외하고는 피고인이 증거로 함에 동의한 것으로 간주한다(刑訴 318 Ⅱ). 이는 피고인의 不出廷으로 인한 소송의 지연을 구제하려는 데에 주된 취지가 있다.

증거력(證據力) 〔獨〕 Beweiskraft, Beweiswert 〔佛〕 force probante 證據方法의 實質的 價値, 바꾸어말하면 증거로서의 신빙력의 정도를 말한다. 증거가치 또는 증명력이라고도 한다. 증거방법이 주요사실을 인정하는 자료가 될 수 있는 능력을 증거능력이라 하고, 증거력은 이를 전제로 하여 그 증거방법의 신빙성의 정도를 가리키는 것이므로 양자는 엄격히 구별하여야 한다. 증거력은 법관의 자유로운 판단에 의하는 것이나(自由心證主義), 증거능력은 형식적으로 법정되어 있어 법관의 자유판단

을 허용하지 않는다. 형사소송법에서는 오로지 증명력이라고만 불린다. 특히 문서가 증거방법인 때의 그 증거력에 관해서는 형식적 증거력과 실질적 증거력을 보라.

증거물(證據物) [1] 민사소송법상 物的 證據, 즉 증거방법으로서의 문서 및 검증물을 가리킨다. 人的證據인 증인·감정인·당사자본인에 대하는 것이다.

[2] 형사소송법상의 증거물에 관하여는 物的證據를 보라.

증거물(證據物)**의 조사**(調査) → 검증, 증거조사

증거물(證據物)**인 서면**(書面) → 증거서류, 서증

증거방법(證據方法) 〔獨〕 Beweismittel 법관이 그 五官의 작용에 의하여 조사할 수 있는 유형물. 증거의 신청(民訴 262, 刑訴 294), 신청한 증거(民訴 263) 등이라고 하는 경우의 증거란 말은 이러한 증거방법의 의미이다. 그런데, 辯論의 全趣旨(民訴 187)란 유형물이 아니므로 증거방법은 아니다. 현행법상 人證으로서는 증인·감정인·당사자본인의 3종이 있고, 物證으로서는 문서·검증물의 2종이 있는데, 그 종류에 따라서 각각 조사의 절차를 달리하고 있다.

증거배제(證據排除) 〔英〕 strike-out evidence 조사할 증거가 증거로 할 수 없는 것일 때, 즉 證據能力이 없다든가 관련성이 없다든가 한 때에, 그 증거의 일부 또는 전부를 당해사건의 증거로 하지 않는 것. 증거의 배제는 이의신청 또는 직권에 의하여 決定으로 한다(刑訴 295, 296). 배제되는 증거는 인적증거이든 증거물이든 증거서류이든 이를 묻지 아니한다. 배제결정에 의하여 증거능력이 없는 증거를 조사한 절차위반이 고쳐지는가 아닌가에 관하여는 다툼이 있으나, 긍정적으로 해석하는 것이 타당할 것이다. → 증거조사

증거법(證據法) 증거의 증거능력 또는 증명력을 규정한 소송법의 일부. 형사소송법에서는 특히 공판의 장하에 증거의 1절을 두고, 證據裁判主義(刑訴 307), 自由心證主義(308)를 둠과 동시에, 자백의 증거능력·증명력(309, 310), 傳聞證據의 증거능력(310의2, 316) 및 당사자의 동의와 증거능력(318) 등을 규정하고 있다. 민사소송법도 그 2편 3장에서 증거에 관하여 규정하고 있다.

증거보전(證據保全) 〔獨〕 Sicherung des Beweises [1] 민사소송에 있어서 소송이 아직 법원에 係屬되기 전이거나 또는 이미 계속중이라도 아직 증거조사를 할 정도에 이르지 않을 때 제때까지 증거조사를 猶豫하면 증거방법을 사용하지 못할 염려가 있는 경우에, 본안절차와는 별도로 미리 그 증거를 조사하여 두는 절차(民訴 346 이하). 예를 들면 증인이 도망 또는 외국으로의 도망의 우려가 있거나, 검증물이 멸실 또는 변경될 염려가 있는 경우와 같다. 증거보전은 소송계속중에는 그 증거를 사용할 심급의 법원에 신청할 것이나, 제소전에는 신문을 받은 자나 문서소지자의 거소 또는 검증목적물의 소재지를 관할하는 지방법원에 신청하여야 한다(347 I). 다만 급박한 경우에는 제소후라도 보전할 증거물과 거리가 가까운 지방법원에 신청할 수 있다(347 II). 신청으로 개시하는 것이 원칙이나, 소송계속중에 법원이 필요하다고 인정할 때에는 직권으로도 개시할 수 있다(350). 보전할 증거방법에 관하여는 아무런 제한이 없다. 증거보전신청을 함에는 상대방의 표시, 입증할 사실, 증거, 증거보전사유 등을 명확히 하고, 證據保全事由를 소명하여야 한다(348). 이 절차에 의하여 한 증거조사의 결과를 본소송에서 이용하는 것이 이 절차의 목적이므로, 증거보전에 관한 기록은 본소송법원에 송부하여야 하고(353), 본소송의 소송기록의 일부로 한다. 또 증거보전의 비용은 본소송의 訴訟費用의 일부로 한다(354).

[2] 형사소송법상 수사기관은 증거를 수집·보전하기 위하여 각종의 强制處分을 할 권한이 있으므로(201 I, 215 참조), 피고인·피의자가 이와 대등한 입장에서 방어방법을 강구하기 위하여는 피고인·피의자에게도 자기에 이익되는 증거를 수집·보전하는 길이 열려져야 한다. 또 수사기관에게도 증인신문을 법관에 청구할 수 있는 길을 열어 줄 필요가 있다. 이와 같은 요청에 응하기 위한 제도가 證據保全節次로서, 이는 형사소송에 있어서의 당사자주의의 이념을 구현한 것이라 하겠다. 그리하여 형사소송법은 검사·피고인·피의자 또는 변호인은 미리 증거를 보전하지 아니하면 그 증거를 사용하기 곤란한 사정이 있을 때에는 공소제기의 전후를 불문하고 제1회 공판기일전에 한하여, 판사에게 압수·수색·검증·증인신문·감정을 청구할 수 있게 하였다(184). 이 청구는 서면으로 그 사유를 소명하여야 한다. 청구를 받은 판사는 그 처분에 관하여 법원 또는 재판장과 동일한 권한이 있다. 당사자는 법원의 허가를 얻어 그 처분에 관한 서류와 증거물을 열람 또는 등사할 수 있다(185).

증거보전청구권(證據保全請求權) 증거

의 보전을 청구할 권리를 말한다. 청구권자는 검사·피고인·피의자 또는 변호인이다. 증거보전을 청구함에는 서면으로 그 사유를 소명해야 한다(刑訴 184Ⅲ). 즉 證據保全請求書에는 ① 사건의 개요, ② 증명할 사실, ③ 증거 및 보전의 방법, ④ 증거보전을 필요로 하는 사유를 기재하여야 한다(刑事訴訟規則 92). 증거보전을 청구할 수 있는 것은 압수·수색·검증·증인신문 또는 감정이다. 청구를 받은 판사는 청구가 적법하고 필요성이 있다고 인정할 때는 證據保全을 해야 한다. 그러나 청구가 부적법하거나 필요없다고 인정할 때는 청구를 기각하는 결정을 해야 한다. 또한 증거보전을 청구받은 판사는 법원 또는 재판장과 동일한 권한이 있다(刑訴 184Ⅱ). 증거보전에 의하여 압수한 물건 또는 작성한 조서는 증거보전을 한 판사가 소속한 법원에서 보관한다. 증거보전절차에서 작성된 조서는 법원 또는 법관의 調書로서 당연히 증거능력이 인정된다.

증거분리주의(證據分離主義) 〔獨〕 Prinzip der Beweistrennung, Beweisinterlokut 사실상의 주장·변론과 분리하고, 증거판결에 의하여 증거를 조사하는 주의. 證據結合主義에 대한 말이다. 현행 민사소송법은 이 주의를 채택하고 있지 않다.

증거서류(證據書類) 起訴의 전후를 불문하고 당해 소송절차에 관하여 법원 또는 법관의 앞에서 법령에 의하여 작성된 소송서류로서 증거로 되는 것. 書證의 일종이며, 증거서류 이외의 서증은 증거물인 서면이다. 人的證據 및 物的證據에 대하는 말이다. 증거서류와 증거물인 서면과의 구별에 관하여 다수설은 서면의 의의만이 증거로 되는 것을 증거서류라 하고 서면의 의의와 동시에 그 존재·상태가 증거로 되는 것은 증거물인 書面이라고 보며, 서면의 작성자, 작성된 장소·절차의 여하를 불문한다. 이 견해에 의하면 당해 피고사건에 관하여 소송절차상 작성한 서면으로서 법원·법관이 작성한 것뿐만 아니라 검사·사법경찰관이 작성한 調書는 물론, 의사작성의 진단서 등 그 의미내용이 증거가 되는 것은 모두 증거서류가 된다. 그러나 형사소송법은 검사의 당사자적 성격을 철저히 하여, 당해소송의 公判準備 또는 公判期日에 있어서의 진술을 기재한 조서, 법원·법관의 검증·감정의 결과를 기재한 조서 및 증거보전절차에서 법관이 작성한 조서에 한하여 무조건 증거능력을 인정하고, 검사·사법경찰관이 작성한 서류는 원칙적으로 그렇게 하지 않고 있다(刑訴 311과 312를 비교하라. 318의3 참조). 이런 입법취지로 보아 증거서류와 증거물인 서면의 구별은 증거조사방식의 차이, 즉 증거서류의 조사는 要旨의 告知(또는 낭독)에 의하나, 증거물인 서면은 요지의 고지(또는 낭독) 외에 제시를 요하는 점(292)과 관련하여 目的論的으로 정해야 할 것이다. 따라서 증거서류는 첫머리에 작은 범위로 제한하여 해석하는 것이 타당하다. 다른 사건에 관한 것이라 하더라도 병합심리중의 법원·법관의 면전에서 작성된 것인 한 증거서류이며, 또 管轄違反의 法院에서 작성된 서류는 다시 관할권있는 법원에 사건이 係屬된 경우에도 역시 증거서류로서 취급된다(2). 증거서류와 증거물인 서면과의 구별은 경우에 따라서는 상대적이다. 예컨대 증인신문조서는 그 사건에 대하여는 증거서류이지만, 그 증인에 대한 僞證被告事件이 발생한 경우에는 증거물인 서면이다. →서증, 물적증거

증거신청(證據申請) 법원에 증거방법의 조사를 구하는 신청. 當事者主義의 原則으로부터 증거조사는 원칙적으로 당사자의 신청에 의한다(民訴 262, 刑訴 294). 당사자로부터 증거신청이 있으면 법원은 이에 대하여 결정을 하여야 한다(刑訴 295)(→증거결정, 증거배제). →증거조사

증거(證據)**에 관한 동의**(同意) →증거동의

증거원인(證據原因) 〔獨〕 Beweisgrund 법관의 심증을 확신으로 이끄는 원인(예 : 신용할 수 있는 증인의 證言, 진정한 문서의 내용 등). 증거자료만이 증거원인이 되는 것은 아니며, 또 증거자료의 전부가 증거원인이 되는 것도 아니다. 예컨대 증거조사의 결과로서 얻은 증거자료 외에 辯論의 全趣旨도 증거원인이 될 수 있으며, 반대로 신빙할 수 없는 증인의 증언이나 위조증서의 내용 등은 증거자료이지만 증거원인은 되지 않는다. 마찬가지로 피고인이 默秘하면 증거자료로 되지는 않지만, 그 태도는 증거원인으로 될 수 있다. →증거, 증거방법, 증거자료

증거(證據)**의 관련성**(關聯性) →관련성

증거(證據)**의 요지**(要旨) 有罪判決의 이유로서 명시하여야 할 한 항목(刑訴 323Ⅰ). 犯罪될 事實을 인정하는 자료가 된 증거의 요지를 말하며, 따라서 범죄될 사실 이외의 사실 예컨대 범죄의 일시(예외 : 특수절도죄·특수강도죄에 있어서의 야간)·장소, 量刑에 관한 사항 등에 관하여는 그 인정의 자료인 증거를 명시하지 아니하더라도 위법은 아니다. 유죄판결에 증거의 요지의 표시를 필요로 함은 법관의 事實認定의 합리성을 보장하고 또한 이를 비판하는 것을 가능하게 하기 위한 것이다. 따라서 증거의 요지는 범죄될 사실의 인정에 필요한 한

이를 표시해야 하며, 적어도 어떤 증거에 의하여 어떤 사실이 인정되어 있는가가 명백하지 않으면 안될 것이다. 다만 구법에서와 같이 개개의 증거의 내용을 구체적으로 표시할 필요는 없다(舊刑訴 360 I 참조). 만약 표시된 증거로부터 그 사실을 인정하는 것이 객관적으로 불합리한 경우에는 判決理由에 모순이 있는 때에 해당하여 抗訴理由가 된다(刑訴 361의5 xi).

증거인멸죄(證據湮滅罪) 타인의 刑事事件 또는 懲戒事件에 관한 증거를 인멸·은닉·위조 또는 변조하거나 위조 또는 변조한 증거를 사용하는 죄(刑 155 I). 피고인·피의자 또는 징계혐의자를 謀害할 목적이 있는 때(155 III)에는 형을 가중한다. 타인이란 자기 이외의 자이다. 그런데 자기의 사건에 관한 증거라도 동시에 타인의 사건에 관한 증거인 때에는 본죄의 객체가 된다. 형사사건 또는 징계사건에 관한 것이므로, 民事事件 또는 懲戒事件을 포함하지 않는다. 증거란 어떤 사실을 인정하는 데에 사용되는 자료를 말하며, 피고인·피의자 또는 징계혐의자에게 불이익한 것이든 이익되는 것이든 불문한다. 다만 증인은 제외된다(→증인은닉도피죄). 인멸이란 물리적 멸실 뿐 아니라 그 가치를 멸실·감소시키는 것도 포함한다. 타인을 교사하여 자기의 사건에 관한 증거를 인멸시키는 경우에, 本罪의 敎唆犯이 성립하는가에 관하여는 적극설과 소극설로 나누어진다. 친족·호주 또는 동거의 가족이 본인을 위하여 본죄를 범한 때에는 처벌하지 아니한다(155 IV).

증거자료(證據資料) 〔獨〕 Beweisstoff 법원이 證據方法을 조사한 결과 얻은 자료. 증언·감정의견·문서의 기재내용·검증의 결과 등이 이에 해당한다. 본래의 증거방법의 조사는 아니지만 公務訴, 학교, 기타의 단체 또는 외국공무소에 촉탁하여 얻은 調査報告(民訴 266, 刑訴 272)도 증거자료에 포함된다. 증거자료로부터 사실상의 주장의 당부에 관해 법관의 확신을 얻었을 때는 證據原因이 된다.

증거재판주의(證據裁判主義) 범죄사실의 인정은 증거에 의하여 하지 않으면 안된다고 하는 주의(刑訴 307). 특히 主要事實을, 적법한 증거조사를 거친 증거능력있는 증거에 의하여 증명하여야 한다는(→엄격한 증명) 주의를 말한다. 神判·當事者宣誓 등의 형식적 사항에 의하여 사실의 유무를 결정하는 주의 및 自白만으로 사실을 인정하는 주의에 대한 것이며, 개혁된 형사소송법의 한 특색이다.

증거조사(證據調査) 〔獨〕 Beweisaufnahme 법원이 증거방법으로부터 증거자료를 感得하는 행위. 즉, 증인·감정인(민사소송에 있어서는 또한 당사자본인) 등의 人的證據를 신문·청취하고, 문서·검증물 등의 物的證據를 閱讀·검사하는 소송상의 절차를 말한다.

[1] 민사소송에 있어서는 당사자의 신청에 의하여 증거를 조사하는 것이 원칙이고(民訴 262 I), 직권에 의한 증거조사를 보충적으로 인정한다(265). 다만 職權探知主義下에서는 당사자가 신청치 않는 증거에 대해서도 조사할 수 있다(家訴 17, 行訴 26, 破 101 II). 證據申請에는 증명할 사실을 표시하는 것뿐 아니라, 각종 증거방법에 관하여 특정한 사항을 명시하도록 요구하고 있다(民訴 262 I, 280, 315, 317, 336). 현행법은 證據分離主義를 인정하지 않고 證據結合主義를 채택하고 있으므로, 일종의 공격방어방법인 증거신청도 변론의 종결시까지 할 수 있다(136, 138, 259). 당사자가 신청한 증거로서 법원이 불필요하다고 인정한 것은 조사하지 않아도 좋다(263 本). 법원이 立證事項과 같은 방향으로 이에 심증을 얻고 있다든지, 시기에 늦은 탓으로 각하할 수 있다든지(138), 입증사항이 事案의 판단과 관계없다든지 또는 증거신청이 중복된다든지 하는 경우가 그 예이다. 그러나 입증자가 신청한 증거방법이 유일한 경우에 이것을 채용하지 아니하고, 그 점에 대하여 증명이 없다는 이유로 그에게 불리한 재판은 할 수 없다(263 但). 증거조사는 直接審理主義의 요청에 의하여 受訴法院이 그 법정에서 스스로 행하는 것이 원칙이나, 수명법관 또는 수탁판사가 법원 외에서도 할 수 있고(269 I), 외국에 있어서의 증거조사는 그 나라의 관할관청이나 외교사절 등에 촉탁할 수 있다(268 I). 증거조사에는 당사자에게 참여할 기회를 줄 것이나, 출석치 않는 경우에도 증거조사를 할 수 있다(267). 각종의 증거조사의 절차에 관하여서는 증인신문, 감정, 서증, 당사자신문을 보라.

[2] 형사소송법상 좁은 뜻으로는 公判期日의 증거조사를 말하지만, 넓은 뜻으로는 다른 증거방법으로 전환하여 공판기일에 증거조사를 하기 위한 공판기일 외의 증거조사도 포함한다(公判準備節次에서의 증거조사, 수사단계에서의 참고인신문 등). 공판기일의 증거조사는 첫머리절차에 계속하여 행하여진다. 증거조사는 당사자의 신청에 의하는 것을 원칙으로 하지만, 직권에 의한 증거조사도 보충적으로 인정되고 있다(295). 법원은 당사자의 證據申請에 대하여 결정을 하며(證據決定) 증거조사의 방식은 증인·감정인·통역인·번역인은 신문하고, 증거서류는 요지를 고지(또는 낭독)하고, 증거물은 제시하고, 證據物인 書面은 제시하고 또 요지를 고지(또는 낭독)한다(292). 재판장은 피고인에게 각 증거조사에 대한 의견을 묻고 권리를 보호함에 필요한 증거

조사를 신청할 수 있음을 고지하여야 하고(293), 또 당사자는 증거조사에 관하여 이의신청을 할 수 있다(296). → 증거신청, 직권증거조사

[3] 군사법원법상 증거조사는 형사소송법상의 그것과 대체로 같으나, 當事者主義를 철저히 하는 약간의 특칙을 두고 있다. 즉 검찰관이나 피고인은 증거조사의 처음에 증거에 의하여 증명할 사실을 밝혀야 하며(335, 336), 증거조사의 신청은 증거와 증명할 사실과의 관계를 명백히 하여 검찰관, 피고인의 순서로 하고, 미리 상대방에게 閱覽할 기회를 주어야 한다(339~341). 특히 피고인의 자백을 내용으로 하는 서류는 범죄사실에 관한 다른 증거를 조사한 후가 아니면 신청할 수 없다(342). 증거조사의 방법은 그 조사를 신청한 자가, 증거된 서류인 때에는 그 요지를 고지하거나 낭독하고 證據物인 때에는 이를 제시하여서 행한다(347, 348).

증거증권(證據證券) 〔獨〕 Beweisurkunde 재산법상 어떤 사실을 기재하여 그 권리·의무관계를 증명하는 증서이다. 證明證書라고도 한다. 원래 무형인 법률관계가 유형인 존재로 문서화함이 법률상 필요한 것이나, 무형의 권리와 유형의 증권과의 서로 관련된 관계에는 차이가 있는 것이다. 증거증권은 권리가 증권에 化體 또는 表彰되는 정도에 이르지 못하고 다만 권리를 증명함에 지나지 못하는 것이다. 그러므로 권리의 발생·행사·이전에 증권의 점유를 필요로 하지 않는 점에서 유가증권과 구별된다. 運送狀이나 借用證書가 그 예이며, 어디까지나 무형의 법률관계가 주가 되며 증서는 단지 증거방법에 불과하므로 만일 진정한 권리자가 아닌 증서소지인에게 의무를 이행하여도 면책되는 것은 아니다. 그러나 증거증권 중에는 免責證券의 성질을 가진 것도 많다. 또 단순한 증거증권은 유가증권이 아니지만 유가증권은 모두 증거증권이다.

증거항변(證據抗辯) 〔獨〕 Beweiseinrede 민사소송에서 당사자의 한쪽이 상대방의 證據申請에 대하여 그 不採用을 구하기 위하여 하는 이의의 진술. 그 신청이 부적법한 것, 증거능력이 없는 것, 증명력이 없는 것, 증거조사의 절차가 위법인 것을 진술하는 것 등이다. 공격방어방법의 일종으로서 원칙상 변론의 종결에 이르기까지 할 수 있다. 訴訟上의 抗辯의 일종이다. → 항변

증권감독원(證券監督院) 證券管理委員會의 지시·감독을 받아 유가증권의 발행을 촉진하고 그 관리와 공정한 거래의 철저를 기하며 증권관계기관의 감독과 검사를 통하여 건전한 資本市場을 육성하기 위하여 설립된 증권관리위원회의 하부기관을 말한다(舊證去 130 I). 증권감독원은 無資本特殊法人으로 한다(131). 감독원은 증권관리위원회의 지시·감독을 받아, 다음의 의무를 행한다. 즉 ① 유가증권발행인의 등록에 관한 사항, ② 유가증권 신고서에 관한 사항, ③ 증권거래법에 의하여 감독원의 검사를 받아야 할 기관에 대한 검사에 관한 사항, ④ 市場法人의 관리에 관한 사항, ⑤ 등록법인과 상장법인의 기업분석 및 기업내용의 공시에 관한 사항, ⑥ 유가증권시장 이외에서의 유가증권의 매매거래의 감독에 관한 사항, ⑦ 政府代行業務와 정부로부터 위임받은 업무, ⑧ 위의 ① 내지 ⑦ 이외에 증권거래법에 의하여 부여된 업무, ④ 위의 ① 내지 ⑧의 업무에 부수되는 사항(135) 등이다. 감독원에는 원장 1인과 부원장 2인, 부원장보 3인 이내를 두는데, 원장은 증권관리위원회의 위원장이 되며, 부원장 및 부원장보는 감독원장의 提請으로 재정경제부장관이 임명한다. 원장은 감독원의 업무를 총괄하고 감독원을 대표한다(133 I 내지 V). 법의 개정에 의해 증권감독원은 폐지되고 그 사무는 1999년부터 금융감독원으로 넘어갔다.

증권거래세(證券去來稅) 주권 또는 지분의 양도에 대하여 부과되는 국세로서의 流通稅(證券去來稅法 1). 증권거래소 및 대통령령이 정하는 場外仲介會社에서 양도되는 주권을 대체결제하는 경우에는 그 代替決濟會社, 그 밖에 증권회사를 통하여 양도하는 경우에는 그 證券會社, 기타의 경우에는 양도자를 납세의무자로 하되, 국내사업장을 가지고 있지 아니한 非居住者 또는 국내사업장을 가지고 있지 아니한 외국법인이 주권 등을 증권회사를 통하지 아니하고 양도하는 경우에는 당해 주권 등의 讓受人을 납세의무자로 한다(3). 稅率은 1000분의 5로 하되 대통령령이 정하는 바에 의하여 인하하거나 0의 세율로 할 수 있으며(8), 申告와 納付는 관할세무서장에게 한다(10).

증권거래소(證券去來所) → 한국증권거래소

증권거래준비금(證券去來準備金) 증권회사는 대통령령이 정하는 바에 의하여 유가증권의 去來代金과 賣買益(위원회가 정하는 有價證券評價益을 포함한다)에 비례한 증권거래준비금을 적립해야 하는데 이 적립금은 유가증권의 매매 또는 거래에 관하여 발생하는 損失의 補塡에 충당하는 외에 사용하지 못한다. 다만 금융감독위원회의 승인을 얻은 경우에는 예외로 한다(證去 40).

증권관리위원회(證券管理委員會) 유가증권의 발행·관리 및 공정한 거래와 증권관계기관,

즉 증권금융회사 · 증권업협회 · 증권예탁원 및 중개회사 · 名義改書代行會社 등의 감독에 관한 사항을 심의 · 의결하기 위하여 증권감독원에 설치한 기관으로서(舊證去 118) 한국은행총재, 한국증권거래소 이사장, 재정경제부차관 및 有價證券에 관한 학식과 경험이 풍부하고 덕망이 있는 자 중에서 재정경제부장관의 제청에 의하여 대통령이 임명하는 6인의 위원 등 9인의 위원으로 구성된다(119). 위원회의 회의는 재적위원 3분의 2 이상의 출석과 출석위원 3분의 2 이상의 찬성으로 의결하고(125Ⅱ), 의결사항은 즉시 재정경제부장관에게 보고하여야 한다(126). 1998년 법률 5521호에 의해 증권관리위원회는 폐지되고 金融監督院이 설립되었다. → 금융감독원

증권금융회사(證券金融會社) 증권거래소의 去來員(證券業者)에 대하여 증권투자에 필요한 증권금융업무를 함과 아울러, 유가증권시장에서의 매매거래에 필요한 자금이나 유가증권을 증권거래의 결제기구를 통하여 대부하는 것을 업무로 하는 주식회사(證去 145, 147). 재정경제부장관의 허가를 받아서 설립되며(145), 그 자본금은 발행된 주식의 총액이 20억원 이상이어야만 하고(146), 증권업자의 임원 및 직원은 그 常勤任員이 될 수 없다(149).

증권담당(證券擔當) 〔英〕 underwriting 정부 또는 지방자치단체가 공채를 발행하거나 또는 기업체가 주식이나 사채를 발행할 때에 금융기관 또는 증권업자가 발행자에 갈음하여 응모부족 등의 위험을 부담하는 것. 담당에는 買收(purchase)와 保證(underwriting)의 두 가지가 있다. 전자는 일반증권을 전액 일정한 發行價格을 정하여 공모하나 응모가 적을 때에는 담당업자 등이 잔액을 담당한다.

증권시장(證券市場) 〔英〕 stock exchange 주식 · 공채 등 유가증권의 거래를 공정히 원활하게 하기 위하여 商業資本을 풍부하게 공급할 목적으로 유가증권의 발행(發行市場) 및 매매(流通市場)를 하는 장소로서 증권거래법상으로는 한국증권거래소에 의하여 개설된 有價證券市場을 의미한다. 그 밖에 증권업협회가 개설한 協會仲介市場이 있고 공인된 시장 외에 場外市場 내지 店頭市場 등이 있다. 증권시장에는 거래원 조직이 있어 증권거래소에 등록한 증권업자로써 구성된다. 시장에서의 거래는 실물을 매매하는 實物去來와 空賣買를 행한 차액만을 결제하는 淸算去來의 두 가지가 있는데 오늘날에는 형식상 실물을 취급하기로 되었으나 시가의 55%를 證據金으로 하여 사실상 청산거래도 가능한 信用去來의 형식을 취하고 있다. 또 거래시장에는 면화 · 섬유 · 곡물 등의 상품을 매매하는 상품거래시장도 있으나 이것은 상품자본의 거래를 가리키는 것이며, 擬制資本을 취급하는 유가증권시장과는 성질이 다르다.

증권신탁(證券信託) 〔英〕 securitie trust 신탁회사가 유가증권의 신탁을 받음으로써 신탁의 목적에 따라서 3종으로 분류된다. ① 증권을 보관하여 증권소유에 기준하는 모든 사항을 대행하는 管理信託, ② 증권을 운영하여 이익을 수납하는 運用信託, ③ 틀림없이 유리한 신용증권의 매각을 하는 處分信託이 그것이다.

증권신탁사채(證券信託社債) 〔英〕 collateral trust bond 자기가 소유하는 다른 회사의 유가증권을 신탁 예입하여 발행하는 사채를 말한다. 持株會社에서만 사용한다.

증권업(證券業) 유가증권의 매매 · 위탁매매 · 매매의 중개 또는 대리, 有價證券市場 · 協會仲介市場 또는 이와 유사한 시장으로서 외국에 있는 시장에서의 매매거래에 관한 위탁의 중개 · 주선 또는 대리, 유가증권의 인수 · 매출 · 모집 또는 매매의 주선을 행하는 영업(證去 2Ⅷ)을 말한다. 증권업을 영위할 수 있는 자는 영업의 종류별로 재정경제부장관의 허가를 받은 株式會社이어야 한다(證去 28).

증권예탁결제제도(證券預託決濟制度) 주권의 소유자인 顧客이 그 소유의 주권을 預託者(대체결제회사에 계좌를 개설한 자, 증권회사 등)에 예탁(임치)하고, 예탁자는 이것을 합쳐서 공통의 중앙기관(證券預託院)에 재예탁하는 동시에, 주권의 소유자는 예탁자에, 예탁자는 중앙기관에 각각 計座를 개설하고 나서, 주식의 이전 및 담보권의 설정은 주권을 현실로 인도하지 않고, 양도인(또는 담보권설정자)의 계좌로부터 양수인(또는 담보권자)의 계좌로 양도(또는 담보설정)의 수량 만큼을 對替(移記)함으로써 행하는 제도를 말한다.

증권예탁원(證券預託院) 유가증권의 集中預託과 계좌간 대체 및 유통의 원활을 기하기 위하여 설립된 법인. 유가증권의 집중예탁업무, 유가증권의 계좌간 對替業務, 예탁원과 유사한 업무를 영위하는 외국법인과의 상호계좌설정을 통한 유가증권 예탁 및 계좌간 대체업무, 유가증권의 名義改書代行業務(유가증권에 대한 배당 · 이자 및 상환금의 지급대행업무와 유가증권의 발행대행업무 포함), 이외에 증권거래법 및 다른 법률의 규정에 의하여 부여된 업무, 이에 부수되는 업무, 유가증권의 보호예수업무 및 재정경제부장관의 인가를 받은 그 밖의 업무를 행한다(證去 173, 173의2).

증권은행(證券銀行) 〔英〕 security bank 주식·공채·사채의 발행 담당, 사업자금의 대출, 특히 有價證券의 매매를 주요업무로 하는 은행. 증권은행의 특색은 일반기업에 대하여 장기대부를 함과 동시에 證券金融을 취급하므로 위험성이 많아 이를 보충하기 위하여 일반업무와 겸영하고 있다. 그 資源을 얻으려면 自己資本金과 債券發行의 두 가지 방법이 있다. 독일의 투기은행, 프랑스의 동산은행, 영미의 금융회사·투자신탁회사 등이 이에 속한다.

증권저당(證券抵當) 〔獨〕 Briefhypothek 증권에 화체된 저당권. 이것에 의하여 저당권은 동산화하고, 그 거래는 유가증권으로서의 민활성·안전성을 취득하기 때문에 부동산의 투자가 극히 원활하게 된다. 독일민법은 증권저당을 원칙으로 하고, 등기에 의하여 공시할 뿐이고 증권화할 수 없는 것(登記抵當 Buchhypothek)을 예외로 한다(1166). 토지금융기관이 저당권을 취득하고, 이것을 소액의 증권저당으로 분할하여 팔 때에는 영세한 자금을 이끄는 작용을 하게 되는데, 우리나라에는 없다. 다만 담보부사채가 약간 유사한 제도라 할 수 있다.

증권적 유가증권(證券的有價證券) 〔獨〕 Skripturwertpapier 文言的 유가증권, 形式權的 유가증권 또는 公的 유가증권과 같다.

증권적 채권(證券的債權) 채권이 증권에 화체되어 그 성립·존속·양도·행사 등을 원칙으로 증권으로 하게 되는 채권. 채권의 양도성을 늘리고 채권거래의 안전을 꾀하기 위하여 고안된 것이다. 민법은 508조 내지 526조에서 증권적 채권에 관하여 지시채권, 무기명채권, 지명소지인출급채권, 면책증서에 관하여 규정을 두고 있다. 그러나, 증권적 채권의 대표적인 것이라고 할 수 있는 어음, 수표에 관하여는 어음법·수표법에 규정이 있고, 商業證券인 화물상환증·선하증권·창고증권·주권·채권 등에 관하여는 상법에 규정이 있으므로 민법의 규정이 적용될 여지가 거의 없고, 한편 이러한 각종의 상업증권을 제외하고 순전히 민법의 적용만을 받을 증권적 채권이란 아직 찾기 힘드므로, 그 규정의 실용성이 의심스럽다. 다만 유가증권의 통칙적 규정의 형식적 존재로서의 의미가 있을 뿐이다. 증권적 채권의 입질에 관한 민법 345조 내지 355조의 규정도 같은 의미에서 실효성이 적다고 하겠다.

증권제도(證券制度) 유가증권의 형태에 있어서 자본의 對替性을 인정하는 제도를 말한다. 증권제도는 주식회사의 조직 및 증권거래소가 발달한 이른바 證券資本主義時代의 산물이다. 그 특징은 광범위하나 일반적으로 자본을 동원할 수 있는 것, 자본의 소유자와 관리자를 분리시켜서 경영을 능률적으로 할 수 있는 것, 배당을 利子化시키는 것 등이다. 증권제도를 産業民主主義라고 부르는 자도 있으나 실제상으로는 대주주인 소수자본가의 수중으로 이익의 대부분이 독점되고, 경영도 그 지배하에 들어가는 경향이 농후하다.

증권투자보호기금(證券投資保護基金) 유가증권의 매매, 위탁매매, 유가증권의 중개 또는 대리, 유가증권시장·협회중개시장 또는 이와 유사한 시장으로서 외국에 있는 시장에서의 매매거래에 관한 위탁의 중개·주선 또는 대리의 증권업의 허가를 받은 증권회사는 고객으로부터 예탁받은 금전을 지급할 수 없는 상황에 대비하기 위하여 증권금융회사 중 위원회가 지정하는 증권금융회사에 적립한 기금으로 보호기금은 基本積立金과 매 회계연도 年間積立金으로 구분하여 적립한다(證去 69의2). 1998년에 폐지되었다.

증권투자신탁(證券投資信託) 불특정다수인으로부터 증권투자에 운용할 목적으로 자금을 受入하는 위탁자가 그 자금 등을 수탁자로 하여금 당해 위탁자의 지시에 따라 특정 유가증권에 대하여 投資·運用하고 그에 따른 수익권을 분할하여 불특정다수인에게 취득시킴을 목적으로 하는 것을 말한다(證券投資信託業法 2Ⅰ). 이 경우에 위탁자의 지시에 따라 수탁자가 신탁재산을 특정유가증권에 대하여 투자하고 運用하는 신탁으로서 그 수익권을 투자신탁의 수탁자에게 취득시키는 것을 목적으로 하는 것도 投資信託으로 보게 되며(3 참조), 누구든지 증권투자신탁업법에 의하지 아니하고는 현금 등의 재산을 납입받아 유가증권에 투자·운용하고 그 수익권을 분할하여 불특정다수인에게 취득시키는 업무를 행하는 것은 허용되지 아니한다(4).

증권투자회사(證券投資會社) 〔英〕 investment company 〔獨〕 Effektenanlagegesellschaft 〔佛〕 société de placement 오로지 또는 주로 有價證券에의 투자 및 그 관리를 목적으로 하는 회사. 넓은 뜻의 持株會社에 속하지만, 다른 기업의 지배를 목적으로 하는 것은 아니다. 1860년대에 비로소 영국에서 발생하고, 미국에서는 이것이 보급되어 있으며, 이를 단속하기 위하여 1940년에 證券投資會社法(Investment Companies Act)이 제정되었다. 그러나 우리나라에는 이러한 종류의 회사는 아직 존재하지 않는다.

증권회사(證券會社) 증권거래법에 의하여 증권업을 영위하는 자(證去 2Ⅸ). 증권회사는 영업의 종류별로 재정경제부장관의 許可를 받은 자본금이 대통령령이 정하는 금액 이상인 주식회사이어야 하며 증권회사가 외국에서 증권업을 영위하고자 할 때는 대통령령이 정하는 바에 따라 재정경제부장관의 허가를 받아야 한다(28). 그리고 그 상호에는 證券이라는 문자를 사용하여야 하며(62), 자기명의를 타인에게 대여한다든가 자기거래행위가 금지되며(44, 63) 그 밖에도 여러가지 엄중한 제한과 감독을 받는다.

증담보(增擔保) 擔保物權設定 후에 담보물의 부담력이 불충분하다고 하여, 그 피담보채권의 담보를 위하여 다시 담보의 목적물을 증가하는 것. 민법상 抵當權設定 후에 저당권설정자의 책임있는 사유로 인하여 저당물의 價額이 현저히 감소된 때에는, 저당권자는 저당권설정자에 대하여 그 원상회복 또는 상당한 담보제공을 청구할 수 있다(抵當物補充請求權)(民 362). 그러나 이 경우를 제외하고는 특약이 없는 한, 채권자(담보권자)는 증담보의 청구를 할 수 없다(담보물권의 불가분성도 청구의 근거로는 되지 않는다). 그러나 담보물의 가치저락의 경우에 대비하기 위하여 이 특약이 행하여지는 경우가 적지 않다. 부동산을 증담보하는 경우에는 별개의 등기가 행하여진다.

증뢰물전달죄(贈賂物傳達罪) → 증뢰죄

증뢰죄(贈賂罪) 〔英〕 bribery 〔獨〕 aktive Bestechung 〔佛〕 corruption active 형법 129조 내지 132조(수뢰·사전수뢰·제3자뇌물제공·收賂後不正處事·사후수뢰·알선수뢰)에 기재한 뇌물을 약속·공여 또는 供與의 의사를 표시하거나 혹은 이러한 행위에 供할 목적으로 제3자에게 금품을 교부하거나 그 정을 알면서 교부를 받는 죄(刑 133Ⅰ·Ⅱ). 贈賂物傳達罪라고도 한다. 정을 아는 제3자가 받은 뇌물 또는 뇌물에 供할 금품은 몰수하며, 그를 몰수하기 불능한 때에는 그 價額을 추징한다(134). → 수뢰죄, 뇌물죄

증 명(證明) [1] 〔獨〕 Beweis, Beweisführung 소송법상 법관은 係爭事實의 존재에 관하여 확신을 얻어 비로소 사실의 존재를 확정하는 것이 원칙인 바, 법관에게 이와 같은 확신을 얻게 할 목적으로 하는 당사자의 노력 또는 이에 따라 법관이 확신을 얻은 상태를 말하고, 법관에게 사실의 존재에 관하여 일견의 추측을 얻게 하는 疏明에 대한다. 증명에는 엄격한 증명과 자유로운 증명의 두 가지가 있다. 전자는 법률이 정한 證據方法에 의하여 법률로 정한 절차에 의해서 행하는 증명이고, 후자는 그 증거방법·절차에 대해 법률의 규정으로부터 해방된 증명이다. 양자가 다 같이 증명이기 때문에 확실성의 판단을 요하는 점에서, 단지 개연성의 판단으로 만족하는 소명과는 다르다. 이러한 구별은 형사소송법에서 널리 행해져 왔지만, 요즈음 민사소송법에서도 이 구별을 인정하는 설이 유력화하고 있다.

[2] 〔英〕 certification 〔獨〕 Beurkundung 공법상으로는 公證을 보라.

증명력(證明力) → 증거력

증명력(證明力)**을 다투기 위한 증거**(證據) 탄핵증거와 같다.

증명(證明)**의 필요**(必要) 소송법상 법규를 적용할 사실이 증명을 필요로 하는 것. 그 범위에 관하여는 要證事實을 보라.

증서대부(證書貸付) 은행이 借主에 차용증서를 차입시키고 행하는 대부. 가장 오래된 방법이나 오늘날에는 어음貸付가 많으며, 은행의 상업금융은 거의 이 방법을 취한다. 그러나 부동산저당 또는 장기대부에는 증서대부의 방법이 쓰이고 있다.

증서소송(證書訴訟) 〔獨〕 Urkundenprozeß 人證을 쓰지 않고 증서만을 증거로 하여 심판하는 訴訟節次. 구민사소송법 및 독일법에는 일정한 금액의 지급 그 밖에 대체물의 일정수량의 급부청구에 관하여 채권자에게 신속히 債務名義를 취득시키기 위하여 이를 인정하였으나 피고가 원고의 청구를 다투는 경우에는 통상의 소송절차로 다시 심판을 받을 권리가 보류된다. 현행법에서는 이 절차를 인정하지 않는다.

증서진부확인(證書眞否確認)**의 소**(訴) 〔獨〕 Klage auf Feststellung der Echtheit oder Unechtheit einer Urkunde 법률관계를 증명하는 서면(예컨대 유언서·정관·어음 등)의 眞否를 판결로 확정할 것을 구하는 訴(民訴 228). 書面眞否確認의 訴라고도 한다. 여기에 서면의 진부라 함은 서면의 내용이 서면 외의 법률상태와 합치하는가 않는가가 아니라, 당해 서면이 그 명의인에 의하여 작성된 것인가 아닌가를 말하는 것이다. 이와 같은 의미의 서면의 진부는 하나의 사실이지만, 법이 특히 예외적으로 이를 訴訟物로 하는 확인소송을 인정한 것으로, 그 내용이 되는 법률관계의 존부에는 다툼이 있는 경우에 한하여 허용된다.

증약체약금(證約締約金) → 체약금

증 언(證言) 證人의 陳述. 공동소송인 또는 공동피고인의 진술도 다른 당사자 또는 피고인에 있어서는 증언이다. 감정의견·문서의 기재내용·

검증결과 등과 같이 證據資料 중의 하나이다. 증언은 제3자가 실험한 사실의 보고이다. 따라서 제3자가 자기의 견문 그 밖의 知覺에 의하여 경험한 구체적인 사실이면, 그 자가 우연히 특별한 지식을 가지고, 또한 전문적 경험을 쌓았기 때문에 알 수 있었던 것도 증언이 된다. 이런 의미에서 감정증인의 진술은 증언이고 감정의견은 아니다. 이에 반하여 자기의 경험사실을 기초로 하여 의견이나 상상을 말하는 것은 본래의 증언은 아니고, 그것이 특별한 학식경험을 요하면 鑑定意見으로 된다.

증언거부권(證言拒否權) 증인이 법률상 일정한 사유에 기하여 그 증언을 거부할 수 있는 권리. 크게 두 가지 경우로 나누어 볼 수 있다 ① 자기 또는 근친자의 刑事責任에 관한 증언거부권의 경우. 누구든지 자기나 자기의 친족·호주·가족 또는 이러한 관계가 있었던 자, 혹은 法定代理人(증인의 후견인), 증인의 후견을 받는 자가 형사소추 또는 공소제기를 당하거나 유죄판결을 받을 사실이 발로될 염려있는 등의 경우에는 증언을 거부할 수 있다(刑訴 148, 民訴 285). 이른바 自己負罪(self-incrimination)의 强要禁止(憲 12Ⅱ 後)와 신분관계에 기한 情誼를 고려하여, 이러한 경우에는 사실의 증언을 기대하기 곤란하다는 사상에 기인한 것이다. ② 업무상 비밀에 관한 증언거부권의 경우. 변호사·변리사·공증인·공인회계사·법무사·행정사·의사·한의사·치과의사·약사·약종상·조산사·간호사·종교의 직에 있는 자, 이러한 직에 있던 자가 그 업무상 위탁을 받은 관계로 알게 된 사실로서 타인의 비밀에 관한 것 등은 증언을 거부할 수 있다. 다만 본인의 승낙이 있거나 중대한 공익상 필요있는 때에는 예외로 한다(刑訴 149, 民訴 286). 일정한 업무에 종사하는 자의 業務上 秘密을 보호함으로써 그 상대자인 위탁자를 보호하려는 취지이다. 형사소송법은 증언거부권의 행사를 실효성 있게 하기 위하여, 증인이 증언을 거부할 수 있는 자에 해당하는 경우에는 재판장은 신문전에 증언을 거부할 수 있음을 설명하여야 한다고 하며(160), 또 증언을 거부하는 거부자는 사유를 疏明하여야 한다(150, 民訴 287). 정당한 이유없이 증언을 거부하면 過怠料의 제재를 받는다(刑訴 161, 民訴 289). →진술거부권 ③ 국회에서의 증언·감정 등에 관한 법률에도 위의 민사소송법 285조·286조에 해당하는 경우와, 공무원 또는 공무원이었던 자가 그 職務上 秘密에 대하여서도 일정한 경우에 증언 등을 거부할 수 있는 규정이 있다(3, 4).

증 여(贈與) 〔羅〕donatio 〔英〕gift 〔獨〕Schenkung 〔佛〕donation 당사자의 일방(贈與者)이 무상으로 재산을 상대방(受贈者)에 수여하는 의사를 표시하고, 상대방이 이를 승낙함으로써 성립하는 계약(民 554~562). 諾成契約이며, 無償·片務契約의 전형. 증여의 성립에는 별단의 방식은 필요치 않지만, 서면에 의하지 아니한 증여는 아직 이행하지 아니한 부분에 한하여, 각 당사자가 해제할 수 있다(555, 558). 이것은 증여자에게 신중하게 고려시킴과 아울러 그 진의를 명확하게 하기 위하여서이다. 그리고 수증자가 증여자에 대하여 중대한 忘恩行爲를 한 때 또는 증여계약 후에 증여자의 재산상태가 현저히 악화되어 그 이행으로 인하여 생계에 중대한 영향을 미칠 경우에는 증여자는 아직 이행하지 아니한 부분에 한하여 해제할 수 있다(556~558). 증여계약이 성립하면 증여자는 受贈者에게 일정한 재산을 급부할 채무를 부담한다. 그리고 증여자는 원칙으로 담보책임을 지지 아니한다(559). 특수한 증여로서 負擔附贈與·現實贈與·定期贈與·死因贈與가 있다.

증여세(贈與稅) 국내에 주소를 둔 사람이 타인으로부터 증여를 받았을 때, 또는 국내에 주소를 두지 아니한 사람이 국내에 있는 재산을 증여받았을 때에 부과하는 조세(相續稅 및 贈與稅法 2). 납세의무자는 受贈者이되, 증여자도 연대납부의 책임을 진다(4Ⅱ·Ⅲ).

증 인(證人) 〔英〕witness 〔獨〕Zeuge 〔佛〕temoin 裁判權을 행사할 권한을 가진 법원 기타의 기관의 신문에 대하여, 자기가 과거에 실험하여 알게 된 사실을 진술하도록 명령받은 제3자. 그 진술이 證言이다. 민·형사사건에 있어서는 특히 법률규정이 있는 경우 외에는, 우리 사법권의 지배를 받는 자는 누구나 증인으로서 출석·선서·진술할 공법상의 의무를 지고 그 거부에 대해서는 제재를 받고, 선서했음에도 불구하고 허위의 진술을 한 때는 僞證罪로서 처벌을 받는다(刑 152).

[1] 민사소송법상 증인이 될 수 있는 자는 제3자에 한한다. 소송의 당사자나 그의 法定代理人은 당사자신문의 대상이 되고 증인능력이 없다. 공동소송인은 자기의 소송과 관계있는 사실에 관하여서는 증인이 될 수 없으나, 소송탈퇴자·보조참가인·訴訟告知를 받은 자·소송대리인 등은 증인이 된다. 재판권에 복종하는 자는 원칙으로 누구나 증인으로서 신문될 일반적 의무를 지나 공무원의 직무상의 비밀에 대해서 신문함에는 당해관청 또는 감독관청의 승인을 필요로 한다(275~278). 證人이 정당한 사유없이 출석치 않으면 拘引되는 외에 비용의 부담 및 과태료의 제재를 받는다(282~283). 증인은 원칙으로 진술·선서의무가 있고(285~288, 290~295),

이에 위반했을 때는 불출석의 경우와 같은 제재를 받는다(289, 297).

[2] 형사소송법상 증인은 특히 參考人과 구별된다. 참고인이란 수사기관에 대하여 자기가 실험한 사실을 진술하는 제3자(221)를 말한다. 법원은 법률에 특별한 규정이 없으면 누구든지 증인으로 신문할 수 있다(146). 그러나, 현재 당해사건에 관여하고 있는 법관·검사·서기관·서기 등은 그 지위에 있는 한, 당해사건의 증인이 될 수 없으며, 그 외에 당해사건의 변호인·보조인·대리인·피고인 등도 당해사건의 증인이 될 수 없다. 共同被告人도 증인이 될 수 없다는 것이 판례의 태도이다. 공무원 또는 공무원이었던 자는 공무상 비밀에 속한 사항에 관하여 證人義務가 제한되고(147), 또 자기보호 또는 가족적·신분적 정의의 보호 및 업무상 비밀의 보호에 관한 證言拒否가 인정된다(→증언거부권). 증인은 출석·선서·진술의 의무를 지며, 정당한 사유없이 소환에 응하지 아니하면 구인되고(152), 또 정당한 사유없이 소환에 응하지 않거나, 선서·증언을 거부하는 때에는 과태료·비용배상의 제재(151, 161)를 받는다. 그리고 증인은 여비·일당과 숙박료를 청구할 수 있다(168). →증언, 감정증인

증인능력(證人能力) →증인

증인신문(證人訊問) 〔獨〕 Zeugenvernehmung 〔佛〕 enquête 증인을 證據方法으로 하는 證據調査.

[1] 민사소송법상 증인신문을 신청하려면 입증할 신문사항과 증인될 자를 지정하여서 한다(民訴 262 Ⅰ·280). 증인이 채용되면 법원은 당사자의 표시, 신문사항의 요지, 출석하지 아니한 경우의 법률상 제재 따위를 기재한 召喚狀을 송달한다(281). 證人이 출석하였을 때에는 재판장은 人定訊問을 한 후 선서를 시켜서 신문에 들어간다(290). 증인은 신청한 당사자가 먼저 신문하고 다음에 다른 당사자가 신문한다(→교호신문). 재판장은 당사자의 신문이 끝난 뒤에 신문할 수 있다. 그러나 재판장은 필요하다고 인정되면, 위와 같은 차례에 구애를 받지 않고, 어느 때나 신문할 수 있다. 당사자의 신문이 중복된 때나, 쟁점과 관계없을 때나, 기타 필요한 사정이 있는 때에는 재판장은 당사자의 신문을 제한할 수 있다. 合議部員은 재판장에게 告하고 신문할 수 있다(298). 증인신문은 구술로 하고 또한 수인의 증인이 있을 때에는 격리하여 따로 따로 하는 것이 원칙이지만, 필요에 따라서는 뒤에 신문할 증인을 在廷케 할 수 있으며, 또 증인상호간의 對質을 명할 수 있다(300, 301). 증인은 원칙상 서류에 의하여 진술할 수 없으나 재판장의 허가가 있으면 예외로 한다(303).

[2] 형사소송법상 법원의 증인신문은 公判期日에 행하는 것(161의2)과, 공판기일전에 법원에서 행하는 것(273)과, 공판기일전에 법정 외에서 행하는 것(165)이 있다. 후 2자는 受命法官·受託判事로 하여금 행하게 할 수도 있다(167, 273Ⅱ). 증인신문은 人定訊問後 선서를 하고 위증의 벌 및 증언거부권을 고지한 후에 신문한다(156~161). 공판기일에 있어서의 증인신문은 원칙적으로 相互訊問의 방식에 의한다(161의2). 또 개별신문을 원칙으로 하나, 필요한 때에는 對質訊問을 할 수 있다(162). 그리고 당사자에게는 신문에 있어서 참여권·신문권이 인정된다(163). →교호신문

증인신문조서(證人訊問調書) [1] 형사소송법상 법원 또는 법관이 증인을 신문할 때에 작성하는 調書(刑訴 48). 공판기일에 신문하는 때에는 公判調書에 기재하면 족하다. 그러므로, 여기서 말하는 증인신문조서는 공판기일 이외의 것만을 가리킨다. 그 작성방식에 관하여는 조서를 보라. 증인신문조서는 傳聞法則에 의하여 원칙적으로 증거능력이 없으나(310의2), 형사소송법 311조에 의하여 증거로 할 수도 있다.

[2] 민사소송법상 受訴法院·受命法官·受託判事가 하는 증인신문에 관하여 작성된 조서(民訴 141, 149, 296)를 일반적으로 가리키고, 형사소송법에 있어서와 같은 구별은 없다.

증인은닉도피죄(證人隱匿逃避罪) 타인의 刑事事件 또는 懲戒事件에 관한 증인을 은닉 또는 도피하게 하는 죄(刑 155Ⅱ). 피고인·피의자 또는 징계혐의자를 謀害할 목적이 있는 때(155 Ⅲ)에는 형이 가중된다. 친족·호주 또는 동거의 가족이 본인을 위하여 본죄를 범한 때는 처벌하지 아니한다(155 Ⅳ). →증거인멸죄

지 가(支家) 宗家로부터 분리한 家를 종가에 대하여 부르는 말. 종가가 법률상의 용어가 아닌 것처럼 지가도 습속상의 관념에 지나지 않는다. 오늘날 법률상의 의의는 없다.

지가증권(地價證券) 농지개혁으로 매수한 농지의 보상금을 지급하는 수단으로서 정부에서 地主에게 교부하였던 유가증권. 그 액면은 買收農地의 補償額(舊農改 7)을 환산하여 해당하는 연도에 따라 그 농지에서 생산되는 主生産物의 수량으로써 몇石 몇斗 몇升으로 표시하였다. 증권에 대한 지급방법은 5년간 균분연부로 하여 매년액면농산물의 법정가격으로 산출한 통화를 지급하였다. 다만, 보상액이 少額이거나 정부가 인정하는 育英·敎化·

學術財團에 대한 보상은 일시불 또는 기간을 단축할 수 있었다(8). 地價證券의 유가증권으로서의 효력은 ① 귀속재산을 매수할 때에 이것으로써 그 대금을 지급할 수 있게 하여(舊農改施 24, 舊歸財施 4Ⅰ) 농지를 매수당한 地主로 하여금 다른 사업에 전환할 기회를 주게 하였고, ② 기업자금을 융자받을 때에 擔保(入質)로 제공할 수 있었으며, 이 경우에는 정부에서 융자의 보증을 하였고(舊農改 8, 舊同施 25), ③ 자유로이 양도할 수도 있게 하였다.

지 계(地契) 조선말기 토지의 소유권을 증명하는 公文書. 소재·평수·매매사유 등을 기입한 것이며, 가옥소유권을 증명하는 공문서를 家契라고 한 것에 대응한다. 지계는 發給官府와 발급대상에 따라 3종류가 있다. ① 국제조약에 의하여 정부에서 당해체약국에 대여하는 거류지에 대하여 발급한 것, ② 당해체약국의 이사관이 거류지내에서 거류민에게 발급한 것, ③ 일반인민에 대하여 토지소유권을 증명하는 문서로서 地契를 발급하기 위하여 光武 5년에 地契衙門을 신설하고 발급한 것. 이것은 일명 官契라 하며 충청, 강원 양도의 일부에 시행하다가 중지하고 말았다.

지구당(地區黨) 국회의원지역선거구에 조직된 정당의 중핵을 형성하는 조직체. 정당은 국회의원지역선거구총수의 10분의 1 이상에 해당되는 지구당을 가져야 하는 바(政黨 25) 지구당은 서울특별시, 광역시와 5개도 이상에 분산되어야 한다. 이에 두는 지구당수는 그 정당의 지구당총수의 4분의 1을 초과할 수 없다(26). 각 지구당은 30인 이상의 黨員을 가져야 하며(27), 위의 요건을 갖추지 못할 때에는 정당의 登錄을 취소한다(38).

지구환경금융(地球環境金融) Global Environment Facility(GEF) 지구의 환경보호를 위해 후진국에 금융지원을 해주는 국제기구로서 1991년 유엔環境開發會議의 결정에 따라 설립되었다. 후진국의 경우 환경보호를 하고 싶어도 施設投資를 할 재원이 없어서 이를 할 수 없다는 현실적 문제점을 해결하기 위한 기구다. 1993년말 현재 71개 회원국이 총 13억달러의 기금을 만들어 운영 중인데 1989년 기준으로 1인당 국민소득이 4000달러 미만인 개도국들을 대상으로 지구온난화방지·생물다양성보호, 국제수자원보호, 오존층 보호 등 4개 분야에 자금을 융자해 주고 있다. 미국 워싱턴에 있는 세계은행이 사무국 기능을 맡고 유엔개발계획(UNDP)이 執行業務를 맡고 있다.

지 급(支給) 특정인 또는 기관에 대하여 일정한 물건이나 금전을 出給하는 행위. 給付라고도 한다. 지급의무를 부과함을 내용으로 하는 행정처분을 支給下命이라 한다. 지급의무의 위반에 대한 행정상의 강제집행수단으로서 强制徵收가 있다.→급여, 강제징수

지급거절(支給拒絶) 어음법상 支給提示를 하였음에도 불구하고 지급을 받을 수 없었던 모든 경우를 말한다. 만기후의 遡求에 있어서 소구원인이 되는데(어음 43·77, 手票 39), 지급인이 적극적으로 거절한 경우뿐만 아니라 지급인의 부재 또는 주소불명 같은 경우도 포함한다(拒絶證書令 3Ⅰii). 일부지급의 경우에는 그 잔액만이 지급거절이 된다(어음 39Ⅱ, 手票 34Ⅱ).

지급거절증서(支給拒絶證書) 지급제시에 대하여 지급이 거절된 것(피제시자를 만날 수 없거나 제시장소가 불분명한 것을 포함)을 증명하는 拒絶證書(어음 44Ⅰ·77, 手票 39). 遡求權을 행사함에는, 이미 引受拒絶證書를 작성한 경우 및 거절증서작성면제의 경우(어음 44Ⅳ·46·77, 手票 42)를 제외하고는, 법정기간(어음 44Ⅲ, 手票 40) 내에 이것을 작성함을 요하고, 이를 태만히 하면 소구권이 소멸한다(어음 53·77, 手票 39).

지급담당자(支給擔當者) 〔獨〕Domiziliat, Zahlungsleister 〔佛〕domiciliataire 支給人·引受人 또는 약속어음의 發行人 등 지급할 자를 대신하여 지급사무를 담당한 자로서 증권면상에 지시된 자. 지급담당자는 豫備支給人과 다르며 지급인이 지급할 것을 전제로 하여 그 지급사무만을 담당하는 자이다. 지급담당자와 지급장소는 각각 별개의 관념이다. 그러나 실제로는 지급장소의 기재는 동시에 지급담당자를 표시하는 일이 많다. 어음법·수표법이 第三者方이라는 문구를 사용한 것은 지급담당자와 지급장소의 양자를 포함시킨 것이다(어음 4·22Ⅱ·27Ⅰ, 手票 8). 지급장소는 지급을 현실로 하는 장소이나, 반드시 지급인의 주소를 말하지 아니한다. 支給場所라는 문구하에 은행의 영업소명이 기재되어 있는 경우에는 그 영업소를 지급장소라 하고, 그 은행을 지급담당자라고 할 것이다. 또한 금융기관이 아닌 사람의 명칭이 기재되어 있을 경우에도 그 사람의 주소를 지급장소로 하고, 그 사람을 지급담당자라고 본다. 이에 반하여 A市 B洞 C番地와 같이 단순히 장소를 표시하는 기재가 있을 경우에는 지급인 또는 약속어음의 발행인이 스스로 그 장소에서 지급한다는 뜻인 단순한 지급장소의 지정이라고 보아야 할 것이다. 어음법·수표법상 第三者方 지급의 기재는 발행인이 할 수 있으나, 발행인이 이것을 기재하지 아니한 때에는 지급인도 인수를 함에 있어

서 기재할 수 있다(어음 27).

지급명령(支給命令) 〔獨〕Zahlungsbefehl 금전 기타의 代替物 또는 유가증권의 일정수량의 지급을 목적으로 하는 청구에 관하여 채권자의 일방적 신청이 있으면 채무자를 심문하지 않고 채무자에게 그 지급을 명하는 재판이다(民訴 432). 지급명령에 대해서는 채무자의 보통재판적소재지의 지방법원 또는 채무자의 사무소·영업소소재지의 지방법원이 專屬管轄權을 가진다. 지급명령에는 당사자, 법정대리인, 청구의 취지와 원인 따위를 기재하고 채무자가 지급명령송달을 받고서 2주일내에 이의신청을 할 수 있음을 부기하여야 한다(437). 지급명령에 대하여는 이의를 신청할 수 있으며(438Ⅱ), 지급명령은 이의의 범위안에서 효력을 잃고(439), 督促節次는 보통소송절차로 이행한다(444). 지급명령에 대해서 이의의 신청이 없을 때 또는 異議의 申請이 却下되었을 때에는 지급명령이 확정되며(445), 債務名義가 된다(519). →독촉절차

지급보증(支給保證) 수표의 지급인이 제시기간내에 수표가 제시될 것을 조건으로 하여 그 금액을 지급할 것을 약정하는 附屬的 手票行爲. 단순한 지급자격자에 불과하던 지급인이 이것에 의하여 지급의무자가 되는 점은 환어음의 인수와 비슷한 점이 있으나, 지급보증을 한 지급인이 절대적인 지급의무를 부담하는 것이 아니라, 수표의 발행인과 같은 遡求義務者가 되는 점이 환어음의 인수와 다르다. 수표가 一覽支給性을 갖고 또 그 유통기간이 단기인 지급증권이라는 성질에 의하여 그 피지급성을 높이기 위한 제도이다. 수표법은 統一條約 제2부속서 6조에 기하여 지급보증에 관한 규정을 두게 된 것이다. 이는 미국의 서티피케이션(certification), 영국의 마킹(marking)제도를 본딴 것이다(手票 53 이하). 지급보증은 지급인이 임의로 하는 일방적 채무부담행위이며, 수표의 표면에 지급보증 기타 지급을 하겠다는 뜻의 문자를 기재하고 일자를 부기하여 지급인이 기명날인 또는 서명한다(53Ⅱ). 支給保證行爲는 무조건이어야 하며 지급보증에 의하여 수표의 기재사항에 가한 변경은 기재하지 아니한 것으로 본다(54). 지급보증을 한 지급인은 모든 소지인에 대하여 상환의무와 흡사한 지급의무를 부담하는 바, 제시기간의 경과전에 수표의 제시가 있고 支給拒絶證書 또는 지급거절의 선언이 작성된 때에 지급의무를 부담한다(55). 지급보증이 있었다고 해서 수표의 발행인이 책임이 면제되는 것은 아니다.

지급보증수표(支給保證手票) 〔英〕certified cheque 발행인이 지급의 확실성을 거래은행으로 하여금 보증케 하는 수표. 이에 대하여 은행은 수표의 제시가 있는 때에는 반드시 지급해야 할 의무를 진다. 또 지급보증은 수표법상의 채무는 아니고 은행거래상 내려온 일종의 慣習法이다. 그리고 은행에 따라서는 지급보증을 받을 때 특별히 預金어음 또는 發行어음을 발행하는 일이 있다.

지급불능(支給不能) 〔英〕insolvency〔獨〕Zahlungsunfähigkeit 辨濟手段이 융통되지 않는 상황에 있기 때문에 일반채무를 순조로이 변제할 수 없는 상태를 말한다. 지급불능에 있어서는 직접 또는 간접으로 재산상의 채무의 변제수단으로 될 금전이 결핍되고, 입수의 방법도 없는 상황에 있을 것을 요한다. 자산은 결핍하여도 신용이나 노력·재능 등을 활용하면 타인으로부터 융통을 받을 수 있다면 지급불능인 것이 아니다. 다른 한쪽의 자산이 있어도 용이하게 換價할 수 없기 때문에 변제수단이 결핍된 경우에는 지급불능에 속한다. 이러한 점에서 단지 債務超過와 다르다. 지급불능은 변제수단이 계속적 흠결에 기할 것을 요한다. 예를 들면 은행의 임시휴업과 같이 변제에 있어서 일시적인 장애가 있거나, 예를 들면 1개월 뒤에는 봉급이 들어오는 것이 틀림없는 것과 같은 경우에는 단지 일시적인 지급이 뜻대로 되지 않는가 또는 지급의 일시중지가 되어도 지급불능은 아니다. 일반채무를 순조로이, 즉 그 履行期에 이르러 변제할 수 없을 것을 요한다. 금전채무가 아니라도 금전이 결핍되어 있기 때문에 급부의 목적물을 입수할 수 없는 경우도 지급불능에 포함된다고 보는 설이 유력해 가고 있다(종래의 통설은 지급불능은 金錢債務를 지급할 수 없는 경우에 한하여 생긴다고 한다). 이에 반하여 출연의무와 같이 채무자의 행위만을 목적으로 하는 채무는 그 불이행에 의해 손해배상채권으로 되지 않는 한, 지급불능의 문제는 생기지 않는다. 현재이행기에 있는 채무를 변제한 한, 장래 다액의 채무를 지급치 않을 것이라 예상되어도 지급불능이 아니다. 이행기에 있다 하더라도 취소·소멸시효·동시이행과 같은 抗辯權이 붙은 채무를 지급하지 않는 것이 지급불능으로 되지 않는 것은 물론이다. 일반의 채무를 변제할 수 없을 것으로, 특정의 채무가 이행불능으로 되었다든지, 혹은 채무자가 이를 다투기 때문에 변제되지 아니한 것은 지급불능이라 할 것이 아니다. 지급불능은 현행파산법상 일반적인 破産原因이다(破 116Ⅰ).

지급수단(支給手段) 〔獨〕Zahlungsmittel 화폐가 지닌 기능의 하나로서 商品流通의 발전에 따라서 상품양도와 그 가격의 실현에 시간적인 간격이 생기게 된다. 즉 외상매매가 행하여지게 된다. 이런

경우에 있어서 판매자는 채권자가 되고, 구매자는 채무자가 된다. 그리하여 화폐는 지급수단으로서의 구실을 지니게 된다. 지급수단으로서의 화폐기능에 포함되는 하나의 모순(즉, 화폐는 한편에서는 여러 지급이 相計되는 한 관념적으로 가치척도의 역할을 하며, 또 다른 한편 지급이 실제로 이루어지는 경우에 있어서는 교환가치의 독립적 존재로서 유통과정에 나타나는 모순)은 貨幣恐慌의 경우에 나타난다. 상품생산의 발달에 따라서 지급수단으로서의 화폐의 기능은 상품유통의 영역 이외에도 이루어지며, 화폐는 契約上의 일반적 상품이 된다.

지급(支給)**어음** 부기상의 용어로서 어음채무를 표시하는 負債科目의 명칭. 受取어음에 대한 것. → 수취어음.

지급위탁(支給委託) 금전의 지급을 타인에게 위탁하는 것. 환어음·수표는 지급인에 대한 지급위탁을 본체로 하고(어음 I ii, 手票 I ii), 이것에 의하여 지급인은 발행인의 계산으로 지급을 할 수 있는 권한을, 수취인은 자기명의로 지급을 수령할 수 있는 권한을 갖게 된다. 그러나 후자가 어음·수표관계의 문제인데 대하여, 전자는 資金關係上의 문제이다. 따라서 발행인이 지급인에 대하여 하는 지급위탁의 취소는 증권이 지급인에게 제시되기 전에 증권 외에서 위탁을 철회하는 것이며, 자금관계상의 문제에 불과하지만, 수표에서는 지급을 확실하게 하기 위하여 期間經過까지 철회의 효력이 생기지 않는 것으로 하여 그 被支給性을 확보하고 있다(手票 32). → 지급지시

지급유예(支給猶豫) 어음금의 지급이 당사자의 의사 또는 법률의 규정에 기하여 연기되는 것. 支給의 延期라고도 한다. 당사자의 합의에 의하여 지급을 연기하는 경우로서는 어음의 改書가 있다. 이 경우에는 新어음(延期어음)을 발행함으로써 구어음을 소멸시켜 마치 만기를 변경한 것과 동일한 효과를 거두게 된다. 그러나 또 어음내용을 고치지 않고 관계자간에서 지급유예의 특약을 맺을 수도 있다. 이 경우에는 어음관계에는 아무 영향이 없고, 다만 특약한 당사자에 지급유예의 人的抗辯이 생기는 데에 불과하다. 이 지급유예의 합의의 형식에는 제한이 없다. 그리고 특약을 체결함과 동시에 혹은 어음채무의 이행을 확보하기 위하여 신어음을 발행하여, 이를 채무자에게 교부하는 일도 있고, 혹은 어음상에 유예의 기재를 하는 일도 있다. 법률의 규정에 의한 경우로서는 전쟁·지진·공황 기타 한 나라의 전체 또는 어느 지방에 사변이 생겨 국가권력을 발동함으로써 어음채무의 지급을 유예하는 때이다(어음 54 참조). 이 지급유예에는 어음의 만기 자체가 연기변경되는 경우와, 만기 자체에는 변경없이 일정한 기간만 제시기간 및 拒絶證書의 作成期間이 연기되는 경우가 있다. → 모라토리움

지급인(支給人) 〔英〕 drawee 〔獨〕 Bezogener, Trassat 〔佛〕 tiré 환어음 또는 수표에 있어서 일정한 금액을 지급하도록 지정되어 있는 자. 수표의 지급인은 은행에 한한다(手票 3, 59). 발행으로 인하여 지급인은 자기의 이름으로 발행인의 계산에서 어음·수표금액을 지급할 권리를 취득한다. 이 권리는 지급을 할 수 있는 권리에 불과하고, 또 인수를 하지 아니한 지급인의 지급권리는 支給提示期間內에 한하며, 그 이후의 지급은 당연히는 발행인의 계산에 귀속시키지 못한다. 그러나 수표에 있어서는 그 지급권리는 支給委託의 취소가 없는 한, 기간경과후에도 존속한다(32 II). 지급인은 발행이 있음으로써 지급권리를 취득하지만, 그것으로 곧 어음·수표의 채무를 부담하는 것은 아니고, 換어음에 있어서는 지급인이 인수를 함으로써 주되는 채무자가 되며, 수표에 있어서는 支給保證을 함으로써 일정한 요건하에 지급의무를 부담하게 된다. 일반적으로 채무의 변제를 하는 자는 상대방의 변제수령권한에 대하여 조사하지 아니하면 변제로 인하여 면책될 수 없으나, 이러한 변제의 조사의무는 어음·수표 등에서는 현저히 경감되어 지급인이 만기에 지급할 때에 背書의 連續의 여부를 조사할 의무는 있으나, 소지인이 진정한 권리자인가 아닌가를 실질적으로 조사할 의무는 없다(어음 40, 手票 35). 지급인이 인수 또는 지급을 하는 것은 보통 발행인과 실질적으로 법률관계가 있기 때문이며 이것을 資金關係라고 한다. 그러나 이 자금관계는 어음·수표관계에는 영향을 미치지 아니하는 것이 원칙이다. 지급인의 기재는 어음·수표의 요건으로서(어음 1iii, 手票 1 iii), 일반적으로 사람의 명칭이라고 볼 수 있는 기재를 하면 족하고, 특정한 사람을 식별할 수 있는 한, 通稱, 雅號 등도 상관없다. 법인인 경우에는 법인의 명칭을 기재하면 족하고 대표자를 표시할 필요는 없다. 여러 사람의 지급인을 기재할 수 있는가에 대하여는 甲 및 乙과 같은 중첩적 기재는 유효하다. 그러므로 支給拒絶로 인한 遡求에 대하여는 전원의 지급거절이 있어야 하나, 引受拒絶로 인한 소구는 1인의 인수거절이 있으면 소구할 수 있다고 보는 것이 통설이다. 갑 또는 을과 같은 선택적 기재나, 先은 갑, 後는 을과 같은 순차적 기재는 어음관계의 단순성, 소구조건의 일정성을 해하므로 인정할 수 없다. 단순히 갑, 을과 같이 병기하였을 경우에는 이를 重疊的 記載로 볼 것인가 選擇的 記載로 볼

것인가에 대하여 이론이 있으나 전설이 타당하다고 보고 있다. 일반적으로 지급인과 발행인은 별개인이나 발행인 자신을 지급인으로 하여 기재하는 소위 當事者資格의 兼併을 인정하는 것은 어음이나 수표는 그 당사자의 개념이 극도로 형식화하고 있기 때문이며, 법에 명문은 없으나 지급인과 수취인이 동일인일지라도 가능하다 할 것이다.

지급장소(支給場所) 〔獨〕 Zahlstelle 지급을 할 장소로서 證券面上에 특별히 지정된 지급지내에 있는 지점을 말한다. 어음·수표의 지급은 환어음·수표의 지급인 또는 약속어음의 발행인의 영업소 또는 주소에서 행함이 원칙이나, 지급의 편의를 위하여 그 이외의 장소를 증권상에 지정하도록 하여 이를 지급장소로 할 수도 있다. 지급장소는 원칙적으로 지급을 할 지급인 또는 약속어음의 발행인을 대신하여 지급을 하는 자로서 증권면에 특별히 지정된 자인 支給擔當者와는 서로 다르다. 지급인 또는 약속어음의 발행인의 주소 이외의 장소를 지급장소로 지정한 것을 他地支給어음·수표, 또는 第3者方支給어음·수표라 하고, 지급인 또는 약속어음의 발행인의 주소를 지급장소로 지정한 것을 동지지급어음·수표라고 한다. 지급장소의 기재는 발행인 또는 지급인이 할 수 있다(어음 27). 지급장소는 지급지내의 일정한 지점을 지정하여야 하나, 은행의 상호만이 기재되고, 지급지역내에 그 은행의 영업소가 여러 개 있을 경우에 소지인에게 지급장소의 선택권을 준 選擇的 記載는 유효하다. 단순한 장소의 기재가 있을 경우에는 지급제시는 그 장소에서 지급인 또는 약속어음의 발행인 자신에게 하여야 하며, 拒絶證書도 이 자를 거절자로 하여 작성하여야 한다.

지급정지(支給停止) 〔獨〕 Zahlungseinstellung 辨濟의 수단이 융통되지 않기 때문에 일반적으로 채무의 변제를 할 수 없다는 뜻을 표명하는 채무자의 태도를 말한다. 지급정지는 독립의 破産原因은 아니지만, 지급불능을 추정하는 전제사실이 되어, 지급정지가 있는 이상 지급불능이 아님을 증명하지 않는 한, 파산선고의 원인으로 하고 있다(破 116Ⅱ). 실제의 결과로서는 프랑스법과 같이 지급정지 자체를 破産開始原因으로 하고 있는 것과 커다란 차이가 없다. 법률은 파산채권자에 엄격공평하고, 되도록 다액의 만족을 주려 하는 파산제도의 목적을 달성하기 위해 否認權이나 相計權의 행사에 관하여도 지급정지의 시점에 특별한 의의를 부여하는 것에 주의하지 않으면 안된다(64, 95). 지급정지는 채무자의 주관적 태도인 점에서 지급불능이 객관적 상태인 것과 다르다. 그것은 명시적으로 구술 또는 서면으로 표시되거나, 혹은 폐점·도망 등의 행위로 묵시적으로 표시되어도 된다. 변제수단이 융통되지 않는다는 인식이 원인을 이루는 경우에 한한다. 수중에 현금이 일시 결핍되는 것만으로는 이에 속하지 않는다. 또 일반의 채무에 관한 것일 경우가 아니면 안되기 때문에 특정의 채무에 대하여 그 존재나 履行期를 다투어 지급거절로 되어도, 지급정지라 할 수 없다. 단 그것이 지연의 구실에 불과한 경우이면 1개 채무의 지급거절이라도 지급정지라 인정할 것이다.

지급제시(支給提示) 〔英〕 presentation for payment 〔獨〕 Präsentation zur Zahlung 〔佛〕 présentation au paiement 어음 또는 수표의 소지인이 어음·수표를 支給人·引受人 또는 支給當事者에게 제시하여 지급을 청구하는 행위. 지급제시는 ① 인수인으로 하여금 지체의 책임을 지게 하며 인수인에게 어음법 28조 2항의 책임을 지게 하기 위하여, ② 전자에 대한 遡求權保全을 하기 위하여, ③ 一覽出給어음에 있어서는 만기를 정하기 위하여 필요하다. 제시자는 어음소지인 또는 그 대리인이다. 형식적인 자격은 없으나, 진정한 권리자 또는 그 대리인일 때에는 진실을 입증하여 제시할 수 있다. 그러나 단순한 점유자는 제시할 수 없다. 제시자는 지급인 또는 인수인이나 第3者方出給어음에 있어서는 그 제3자이다. 인수인 또는 약속어음의 발행인에게 지체책임을 지우기 위하여는 지급할 날 이후 3년의 소멸시효기간내에 제시하여야 한다. 償還請求權을 보전하기 위하여는 ① 確定日出給어음·發行日字後定期出給어음과 一覽後定期出給어음은 지급할 날 또는 이에 이은 2去來日내에 하여야 하고(어음 38Ⅰ, 77Ⅰiii), ② 一覽出給어음의 제시는 발행일로부터 1년내에 지급을 위한 제시를 하여야 한다(34). 지급제시의 장소는 지급지에 있어서의 지급인의 영업소 또는 주소이고 만약 지급장소의 기재가 있으면 그 장소에서 제시하여야 한다(4, 27). 그러나 예외로서 어음교환소에서 하는 제시도 지급제시의 효력을 가진다(38Ⅱ·83). 지급제시에는 완전한 어음을 현실로 피제시자에게 제시하여야 한다. 등본이나 보충전의 백지어음의 제시는 할 수 없다. 정당한 장소와 시기에 피제시자를 면회할 수 없을 경우에, 소지인이 필요하고 가능한 절차를 다한 한, 적법한 제시가 있었다고 해석한다.

지급제시금지(支給提示禁止) 어음의 성질상 지급제시를 절대적으로 금지할 수는 없으나, 일람출급어음에 관하여는 相對的 禁止가 인정된다. 즉, 발행인은 확정일 이전 또는 일정기간 이전에는 一覽出給어음의 지급제시를 할 수 없도록 정할 수 있다(어음 34Ⅱ, 77).

지급제시기간(支給提示期間) 遡求權의 保存要件으로 지급제시를 요하는 기간. 일람출급어음, 그 밖의 어음, 즉 確定日出給어음, 發行日字後定期出給어음, 一覽後定期出給어음인가에 따라서 다르며(어음 34, 38), 또 수표에 있어서는 특별한 규정이 있다(手票 29, 68 등). 不可抗力에 의한 연장이 인정된다(어음 34·44, 手票 47).

지급지(支給地) 〔英〕 place of payment 〔獨〕 Zahlungsort 〔佛〕 lieu de paiement 어음(수표)금액이 지급될 지역. 어음·수표법상 지급을 할 지역으로서 증권면에 기재된 지를 말하며 어음·수표의 요건의 하나로 되어 있다(어음 1ⅴ·75Ⅰⅳ, 手票 1ⅳ). 지급지는 지급장소와는 구별하여야 한다. 지급장소는 지급지내에 있어서 지급이 행하여질 장소(지점)이다. 지급지는 인수 또는 지급을 위한 제시, 전자에 대한 遡求權保全節次, 인수인의 債務履行 등의 據所가 된다. 지급지의 地라 함은 독립한 행정구역, 즉 시·읍·면 같은 것을 말하고 지급지로서는 적어도 이것을 미루어 알 수 있는 지역을 기재하여야 한다. 그러나 최소행정구역이 아니더라도 사회적으로 통용하는 일정한 지역을 표시하는 명칭을 기재하면(예 : 서울 청량리)된다. 지급지는 發行地와 반드시 동일한 地가 아니라도 상관없다. 지급지의 복수적 기재는 이를 인정치 않는 것이 통설이나, 수표의 경우에는 특칙이 있다(手票 2Ⅱ後). 지급지의 기재가 없는 경우 기재요건의 흠결로 무효가 되는 것이 아니고 이에 대하여는 보충규정이 있다. 즉, 특별한 표시가 없는 한 환어음·수표에는 지급인의 명칭에 附記한 地(어음 2Ⅲ, 手票 2Ⅱ前), 약속어음에는 발행지(어음 76Ⅲ)가 지급지로 간주되고, 수표는 지급인의 附記地가 없으면 발행지가 지급지로 간주된다(手票 2Ⅲ). 발행지의 기재의 흠결은 발행인의 명칭을 부기한 지로서 보충되므로 지급지의 기재의 흠이 보충된다.

지급지법(支給地法) 有價證券에 관하여 지급이 행해지는 장소의 법률. 국제사법상 하나의 準據法이 된다. 우리나라 섭외사법에 있어서는 수표지급인의 자격(涉私 35), 수표행위의 방식(36Ⅰ但), 환어음과 약속어음의 인수를 어음금액의 일부에 제한하는 여부와 소지인에게 그 일부지급을 수락할 의무가 있는 여부(39), 환어음과 약속어음의 상실 또는 도난의 경우에 하여야 할 절차(41) 등에 준거법이 되는 것으로 하고 있다.

지급지법주의(支給地法主義)〔國際私法上〕 증권상 행위의 효력의 준거법에 관한 견해 중 증권상 계약의 본질은 일정한 증권금액의 지급에 있는 것이므로 지급지를 證券上 行爲의 중심으로 본다는 이유에서 지급지의 법률에 의하여야 한다는 견해를 말한다.

지급지시(支給指示) 〔獨〕 Zahlungsanweisung 환어음 또는 수표를 발행하는 행위의 성질이 무엇인가에 대하여는 종래 학설이 일치하지 않고 있으나, 통설은 지급인의 승낙의 유무를 불문하고 제3자에 대하여 지급을 위탁하는 행위는 委任契約의 請約이나 代理權의 수수가 아니고, 독일민법 783조 이하에 규정하고 있는 소위 支給指示라고 한다. 지급지시는 指示人(der Anweisende)이 被指示人(der Angewiesene)에 대하여 指示受取人(der Anweisungsempfänger)에게 무조건으로 지급할 것을 최고하는 의사표시이다. 따라서 피지시인이 지시인의 계산에서 자기명의로 어음금액을 지급할 수 있는 권한과 수취인이 자기의 명의로 피지시인으로부터 어음금액을 수령할 수 있는 권한을 부여하는 二重的 授權(Doppelermächtigung)이라고 이해한다.

지급(支給)할 날 〔英〕 the day on which it is payable 〔獨〕 Zahlungstag 보통은 만기가 지급할 날이지만 만기가 법정휴일일 때는 그 후 제1거래일이 지급할 날이다(어음 72Ⅰ). 支給提示期間·支給拒絶證書作成期間의 표준이 된다(38Ⅰ, 44Ⅲ).

지능범(智能犯) 〔英〕 intellectual offence 〔獨〕 Intelligenzverbrechen 사기·횡령·배임·각종의 위조죄 등과 같이 범죄행위의 실행방법에 고도의 지능을 전제로 하는 범죄. 强力犯·暴力犯 등에 대한 관념으로서 범죄수사·형사학에서 사용되는 개념이다. 현대사회의 범죄상은 폭력으로부터 智力으로 그 형태를 이행하고 있다. 특히 근대적 기업경영에 관련하여 경제범죄에 그 많은 예를 볼 수 있다. →강력범

지단법인(地團法人) 사단법인·재단법인에 대하여 일정한 지역을 기초로 하는 법인이라는 뜻에서 지단법인이라는 말을 쓰는 일이 있다. 地方團體와 같다.

지 대(地代) 지료와 같다.

지대수용(地帶收用) 〔獨〕 Zonenenteignung 수용에 있어서, 공익사업에 직접 필요한 토지 이외에 부근일대의 토지를 아울러 수용하는 것. 超過收用이라고도 하며, 擴張收用과 더불어 사업에 필요한 최소한에 국한하여야 하며 수용의 예외적인 경우이다. 도시개량사업, 도로개량사업 등에 있어

서, 그 사업의 결과 부근일대의 地價가 騰貴할 것이 예상되는 경우에, 그 이익을 특정인에게 취득시키지 않고, 그 사업자에게 취득시켜 공익을 위하여 사용하도록 함과 같은 경우에 인정된다(土收 48 I, 都計 29 II). →수용, 확장수용

지도(指圖)**에 의한 인도**(引渡)　返還請求權의 양도에 의한 인도의 구민법상의 용어.

지도자원리(指導者原理)　〔獨〕 Führerprinzip　히틀러의 政治體制의 조직원리. 최고지도자의 무조건적 권위와 피지도자의 절대적 복종에 의한 계층질서를 의미한다. 나치스학자는 指導·信從과 명령·복종의 개념구별을 弄하여, 그의 獨裁的 機構의 본질을 숨기려고 하였다. →나치즘

지 령(指令)　지시와 같다.

지 료(地料)　地上權者가 토지사용의 대가로서 토지소유자에게 지급하는 금전 기타의 물건. 지료는 地上權의 요소는 아니다. 당사자의 협정으로 그 유무·종류·금액·지급기일 등을 결정할 수 있다. 지료에 관한 약정은 등기를 하여야 物權的 效力이 있다(不登 136). 지료액이 당사자의 협정으로 결정된 후에라도 물가변동 등 사정이 변경될 경우에는 양 당사자는 地料增減請求權을 행사할 수 있다(民 286). 지상권자가 2년 이상의 지료를 체납한 때에는 지상권설정자가 지상권의 소멸을 청구할 수 있다(287).

지료증감청구권(地料增減請求權)　지료를 결정할 때의 기초가 된 경제적 여러 사정에 변동이 생긴 경우에 당사자간에 특약이 없는 한, 부적당하게 된 지료를 一方的 意思表示에 의하여 장래에 향하여 증감시킬 수 있는 권리이다. 지상권설정자와 지상권자간에 지료액을 약정한 후에 있어서 토지에 관한 조세 기타 부담의 증감이나 지가의 변동으로 말미암아 그 지료액이 상당하지 않게 된 때에는 당사자는 그 증감을 청구할 수 있다(民 286). 이 청구권은 일종의 形成權이다.

지명경쟁계약(指名競爭契約)　競賣契約 중 경쟁에 참가할 수 있는 자를 제한하는 계약. 一般競爭契約에 대한 말. →경쟁계약

지명소지인출급증권(指名所持人出給證券)　지명소지인출급채권과 같다.

지명소지인출급채권(指名所持人出給債權)　〔獨〕 alternatives Inhaberpapier 〔佛〕 titre au porteur alternatif　권리자가 증권에 기재되어 있으나 동시에 소지인에게도 변제할 것을 기재한 채권. 구민법과 구상법에서는 記名式持參人拂債權·記名式持參人拂證券, 選擇持參人拂債權·選擇持參人拂證券, 選擇無記名債權·選擇無記名證券이라고도 불렀다. 상법상의 전형적인 유가증권 이외에는 그 실례는 극히 드물다. 수표법에는 전형적인 지명소지인출급채권을 규정하고 있고(手 5), 민법은 이를 無記名債權과 같은 효력이 있다고 규정하고(民 525), 상법상의 유가증권에도 준용된다(商 65).

지명수배(指名手配)　피의자에 대하여 拘束令狀이 발부되었으나, 거소가 불명한 경우에, 본적지·출생지·거주관계지·친족·지인 등을 지정하여 그 구속을 전국 또는 일정지역의 수사기관에 의뢰하는 것. 구속전에 이미 구속영장이 발부되어 있는 점에서 緊急拘束과 다르다.

지명증권(指名證券)　기명증권과 같다.

지명참가(指名參加)　〔羅〕 landatio actoris 〔獨〕 Urheberbenennung　물건의 直接占有者(예컨대 質權者나 賃借人)가 제소당한 경우에 따로 간접점유자가 있으면 그 간접점유자를 소환시켜 이를 소송에 들어오게 하며, 同人에게 소송수행을 맡기고 자기는 소송으로부터 탈퇴하는 제도(獨民訴 76). 우리 민사소송법에는 이러한 제도가 없으나, 일반적 訴訟參加 및 탈퇴에 관한 규정(72, 73)에 의하여 거의 동일한 목적을 달성한다.

지명채권(指名債權)　특정인을 채권자로 하는 채권. 指示債權·無記名債權 등과 같이 반드시 증권을 수반하며 또 채권자의 변경이 최초부터 예정되어 있는 채권과 구별하여 보통의 채권을 이렇게 부른다(民 450~452). →채권의 양도

지 목(地目)　土地의 주된 사용목적·용도에 따라 종류를 구분·표시하는 명칭. 田·畓·과수원·목장용지·임야·광천지·염전·垈·공장용지·학교용지·도로·철도용지·하천·제방·溝渠·溜池·수도용지·공원·체육용지·유원지·종교용지·사적지·묘지·잡종지로 구분하게 하고 있다(地籍 2 vi, 5 I). 지목을 변경하고자 할 때에는 60일내에 所管廳(시장·군수)에게 신청하여야 한다(20).

지 문(指紋)　〔英〕 finger print 〔獨〕 Fingerabdruck 〔佛〕 empreinte digitale　指頭의 內面에 隆起하는 수많은 선에 의하여 형성된 문양. 지문은 사람에 따라 다르고 또한 동일인의 지문은 일정불변하므로, 개인식별에 절대적 증명력이 있다. 수사에 이용된다.

지발성범죄(遲發性犯罪)　→조발성범죄

지방검찰청(地方檢察廳) 지방법원 및 가정법원에 대응하여 설치된 검찰청. 지방검찰청에는 검사장 · 차장검사 · 부장검사 · 검사를 두고, 그 임명자격은 법률로써 정한다(檢察 2, 3, 21~25, 30). 또한 지방검찰청에는 사무국과 필요한 부를 두고, 사무국과 부에는 과를 두며, 과의 설치와 분장사무는 대통령령으로 정한다(26. 檢察廳事務機構에 관한 規程 참조).

지방경찰(地方警察) 〔英〕local police 〔獨〕Ortspolizei 〔佛〕police locale 한 지방의 公安의 유지를 위하여 지방자치단체가 그 유지의 직권을 가지고 있는 경찰. 국가로부터 지방자치단체의 장에게 위임된 경찰을 가리키는 경우도 있다. 우리나라에는 中央集權的 國家警察만이 있고 지방경찰은 없다. → 자치체경찰

지방공공단체(地方公共團體) → 지방자치단체

지방공단(地方公團) 지방자치단체가 수도사업 · 공업용수도사업 · 궤도사업 · 자동차운송사업 · 가스사업 · 지방도로사업 · 하수도사업 · 청소위생사업 · 주택사업 등을 효율적으로 수행하기 위하여 필요한 경우 설립하는 公團을 말한다(地方公企業法 76 I). 設立認可節次는 地方公社의 경우와 같으며, 공사는 법인으로 하며, 출자도 지방공사의 경우와 같다(76 II). 공단에 이사장 · 부이사장을 포함한 이사 약간인과 감사를 두며 이사 및 감사의 수는 定款으로 정하고, 기타 사항은 지방공사의 경우와 같다. 공단은 지방자치단체의 장의 승인을 얻어 그 사업에 따른 수익자로 하여금 사업에 필요한 비용을 부담하게 할 수 있다(77).

지방공무원(地方公務員) 지방자치단체의 모든 공무원. 國家公務員에 대한 말. 지방공무원의 임용 · 신분보장 · 권리 · 의무 · 책임 등에 관하여는 지방공무원법이 규정하고 있다. 지방공무원은 經歷職公務員과 特殊經歷職公務員으로 나눈다(地公 2 I).

지방공사(地方公社) 지방자치단체가 수도, 공업용수도사업, 궤도사업, 자동차운송사업, 가스사업, 지방도로사업, 하수도사업, 청소 · 위생사업, 주택사업, 의료사업, 매장 및 묘지, 주차장, 토지개발, 시장, 관광 등 사업을 효율적으로 수행하기 위하여 필요한 경우에 설립하는 공사를 말한다(地方公企業法 49). 지방자치단체가 공사를 설립하고자 할 때에는 그 설립 · 업무 및 운영에 관한 기본적인 사항을 條例로 정하고, 이 조례에 공사의 定款을 첨부하여 행정자치부장관의 設立認可를 받아야 한다(49 II · III). 공사는 法人으로 하며(51), 공사의 자본금은 지방자치단체가 금액을 현금 또는 현물로 출자한다(53 I). 공사의 운영을 위하여 필요한 경우에는 자본금의 2분의 1을 초과하지 아니하는 범위 안에서 지방자치단체 이외의 자로 하여금 出資하게 할 수 있고, 增資의 경우에도 또한 같다(53 II). 공사에 사장 · 부사장을 포함한 이사 약간인과 감사를 두며, 이사 및 감사의 수는 정관으로 정한다(58). 사장 · 부사장 이사의 임기는 3년으로 하고, 감사의 임기는 2년으로 한다(59). 공사의 업무에 관한 중요사항을 결의하게 하기 위하여 공사에 이사회를 둔다(62). 한편 지방공사설립 인가기관과 설립단체의 장은 공사의 업무를 감독한다(73).

지방교부세(地方交付稅) 당해연도의 內國稅(國稅와 地方稅의 調整 등에 관한 法律 5조의 규정에 의하여 국가가 지방자치단체에 양여하는 금액은 제외) 총액의 100분의 13.27에 해당하는 액으로서 국가가 재정적 결함이 발생한 자치단체에 교부하는 금액을 말하는 바(地方交付稅法 2 i) 매년도의 기준재정수입액이 基準財政需要額에 미달하는 자치단체에 대하여 그 미달액을 기초로 하여 교부되는 普通交付稅와 기준재정수요액의 산정방법으로써 포착할 수 없는 특별한 재정수요가 있거나 보통교부세의 산정기일 후에 발생한 재해로 인하여 특별한 재정수요가 있거나 재정수입의 감소가 있는 경우 등에 해당할 때에 교부되는 特別交付稅가 있다(6, 9).

지방교육재정교부금(地方教育財政交付金) 지방교육의 균형적 발전과 정상적 운영을 하기 위하여 필요한 재원을 교부하는 交付金. 지방교육재정교부금법에 의하여 지방교육비의 재원이 부족한 지방자치단체에 교부하는데, 교부금의 종류로는 普通交付金과 特別交付金이 있다. 교부금의 재원은 ① 당해 연도의 의무교육기관의 교원봉급전액에 해당하는 액, ② 당해 연도의 內國稅總額의 1,000분의 118에 해당하는 금액을 합산한 액으로 하고, 보통교부금의 재원은 ①과 ②의 금액의 11분의 10에 해당하는 금액을 합한 금액으로 하고 특별교부금은 ②에 의한 금액의 11분에 1에 해당하는 금액으로 한다(3).

지방교환(地方交換) 어음교환소의 조합은행이 교환소소재지 외에 있는 은행의 委託을 받고 어음교환을 하는 것. → 어음교환

지방노동위원회(地方勞動委員會) 노동위원회의 일종. 서울특별시 · 광역시 또는 도에 설치되며, 당해 특별시 또는 도명을 사용한다. 노 · 사위원 및 공익위원 각 7인 이상 20인 이하의 범위안에

서 구성되며, 중앙노동위원회위원장이 위촉한다(勞委 6). 또한 지방노동위원회는 당해 서울특별시·광역시 또는 도의 행정구역에서 발생한 사건을 관장하며(3), 특히 仲裁와 不當勞動行爲의 판정·구제에 대해서는 初審의 절차를 담당한다. →중앙노동위원회

지방단체(地方團體) →지방자치단체

지방도(地方道) 지방의 간선도로망을 이루는 도로로서 관할도지사가 路線의 인정을 한 것(道 11, 15). 원칙적으로 도지사가 관리하고(22), 그 비용은 법률에 특별한 규정이 있는 경우를 제외하고는 도가 부담한다(22, 56).

지방문화원(地方文化院) 지역문화진흥을 위한 地域文化事業을 수행할 목적으로 설립된 법인으로 국가 및 지방자치단체는 지방문화원을 지원·육성하여야 한다(地方文化院振興法 2, 3).

지방법원(地方法院) 각급법원의 일종. 제1심법원으로서 심판권을 행사하는 것이 보통이나, 지방법원본원에만 두게 되어 있는 이른바 지방법원본원합의부에서는 抗訴審으로서도 심판권을 행사한다(法組 32Ⅱ). 1인의 판사가 사건을 심판하는 것이 원칙(7Ⅳ), 항소심의 경우나, 중요한 안건(민사에 있어서는 대법원규칙으로 정하는 사건, 형사에 있어서는 단기 1년 이상의 징역 또는 금고에 해당하는 사건 등)에 대해서는, 판사 3인으로 구성된 合議部에서 이를 심판한다(32). 지방법원장은 판사로 보하고, 관내사법행정사무를 총괄하게 하고 있다(29). 서울·인천·수원·춘천·대전·청주·대구·부산·창원·울산·광주·전주·제주지방법원이 있다(各級法院의 設置와 管轄區域에 관한 法律 2).

지방법원단독판사(地方法院單獨判事) 지방법원의 1人制裁判機關. 법률에 따로 규정이 없으면 지방법원의 심판권을 원칙적으로 행사한다(法組 7Ⅳ). 따라서 원칙적인 제1심 재판기관이며, 이 재판의 불복에 대한 상급법원은 地方法院本院合議部이다. 소송법상 지방법원단독판사가 심판하는 사건에 있어서는 법원의 허가를 얻은 때에는 당사자의 친족, 고용 기타 특별한 관계에 있는 자의 訴訟代理가 허용되며(民訴 80), 준비서면이나 준비절차에 의한 辯論準備를 필요로 하지 않는다는(民訴 246, 253) 데에 그 절차상 특색이 있다.

지방법원본원합의부(地方法院本院合議部) 우리나라는 四級三審制를 취하고 있는데 지방법원본원합의부는 그 중의 한 계급을 이루는 법원이다. 문자가 가리키고 있는 바와 같이 지방법원본원에 있는 합의부를 가리킨다. 따라서 지방법원지원에는 이를 둘 수 없다. 지방법원본원합의부는 지방법원단독판사의 판결에 대한 抗訴事件, 지방법원 단독판사의 決定, 命令에 대한 항고사건 따위를 제2심으로 심판한다(法組 32Ⅱ).

지방법원소년부(地方法院少年部) →지방법원소년부지원

지방법원소년부지원(地方法院少年部支院) 소년법에 의하여 벌금 이하의 刑이나 保護處分에 해당하는 소년의 형사사건을 관할하는 지방법원관내의 支院(法組 3Ⅱ, 少 4·50). 지방법원소년부지원을 소년법에서는 地方法院少年部라고 하고 있다(少 3Ⅱ).

지방법원장(地方法院長) 지방법원장은 지방법원에 두고, 그 법원과 소속지원, 시·군법원 및 등기소의 司法行政事務를 관장하며 소속 공무원을 지휘·감독한다(法組 29). 지방법원장은 판사로써 보한다(29Ⅱ). 지방법원장이 궐위되거나 유고시에는 수석부장판사가 그 권한을 대행한다(29Ⅳ). 지방법원장인 판사는 법 42조 1항 각호에 해당하는 자 중에서 임용된다(42Ⅱ). 지방법원장은 그 관할구역내에 한하여, 本院 또는 支院의 지방법원판사로 하여금 지원 또는 본원의 지방법원판사의 직무를 대리하게 할 수 있다(6Ⅱ). 지방법원장은 법무사를 징계할 수 있다(法務士法 48). 지방법원장은 집행관을 임명하고 감독한다(執行官法 3, 7). 지방법원장은 집행관을 징계할 수 있다(24).

지방법원지원(地方法院支院) 지방법원의 사무의 일부를 처리하게 하기 위하여, 그 관할구역안에 설치된 법원이다. 따라서 本院인 지방법원과 같은 심급을 이룬다. 그러므로 지방법원지원에도 본원의 경우와 마찬가지로 單獨判事는 물론 合議部도 있을 수 있다. 그러나 항소심으로서의 심판권을 행사하는 합의부는 둘 수 없다. 따라서 지방법원지원의 단독판사와 그 본원에만 두는 본원합의부와는 상하급심을 이룬다. 지방법원본원과 지방법원지원과는 각기 그 관할구역을 달리하기 때문에, 土地管轄이 서로 다르게 된다(民訴 1∼5, 刑訴 4∼8, 各級法院의 設置와 管轄區域에 관한 法律 참조). 지방법원지원에는 판사인 지원장을 둔다. 지원장은 소속지방법원장의 지휘에 의하여 지원과 시·군법원의 司法行政事務를 관장하며 그 소속공무원을 지휘·감독한다(法組 31).

지방변호사회(地方辯護士會) 변호사의 품위를 보전하고, 변호사 사무의 개선과 발전을 도

모하며 변호사의 지도와 감독에 관한 사무를 행하기 위하여, 지방법원관할구역마다 한 개씩 두는 辯護士會를 말한다(辯 49 I). 지방변호사회를 설립하고자 할 때에는 회원이 된 변호사가 회칙을 정하여 대한변호사협회를 거쳐 법무부장관의 인가를 받아야 한다(50). 변호사로서 개업하고자 대한변호사협회에 등록을 한 변호사는 入會하고자 하는 지방변호사회의 회원이 된다(53 I). 지방변호사회는 사법연수원의 위촉에 의하여 사법연수생의 변호사실무수습을 담당하고, 公務所에서 자문을 받은 사항에 관하여 회답하여야 하며, 법률사무 기타 이에 관련된 사항에 대하여 공무소에 건의할 수 있다. 지방변호사회는 변호사와 변호사 사이 또는 변호사와 위임인간에 직무상 분쟁이 있는 때에는 당사자의 청구에 의하여 이를 조정할 수 있다(57, 58, 59). 대한변호사협회 및 법무부장관의 감독을 받는다(60 I). 개정변호사법에 의해 종래의 변호사회는 폐지되고, 지방변호사회 규정이 신설된 것이다.

지방분권(地方分權) 〔英〕 decentralization 〔獨〕 Dezentralisation 행정조직을 權限配分關係를 표준으로 하여 분류함에 있어서 국가기관내부의 상하간이나 중앙지방간에 행하여지느냐 또는 국가와 독립한 법인격 있는 단체와의 사이에서 행하여지느냐에 따라서 權限分權과 自治分權으로 나눌 수 있다. 자치분권은 分權主義의 가장 발전된 형태이며 보통 지방분권이라 함은 이를 가리킨다. 우리나라도 이러한 의미의 지방분권에 입각하고 있다(憲 8장 참조).

지방세(地方稅) 지방자치단체가 부과하는 조세의 총칭. 지방자치단체는 법률이 정하는 바에 따라서 課稅權을 주민에게 행사할 수 있다(地自 126). 지방세법은 지방세의 세목·과세객체·과세표준·세율·부과징수에 관하여 필요한 사항을 條例로 정하도록 하고 있다(3). 지방세에는 특별시·광역시·도세 또는 시·군·구세가 있으며(1), 이들 각종세는 다시 普通稅와 目的稅로 구별된다.

지방양여금(地方讓與金) 지방자치단체의 재정기반을 확충하고 도로정비사업 등을 추진함으로써 지역간의 균형있는 발전을 도모하기 위해 국가가 國稅의 일부를 지방자치단체에 양여하는 금액을 말한다(地方讓與金法 1). 그 대상이 되는 사업은 도로정비사업, 농어촌지역개발사업, 수질오염방지사업, 청소년육성사업, 지역개발사업 등이다(4).

지방(地方)**의 사무**(事務) 국가의 사무에 대하여 지방자치단체가 행하는 사무를 가리키는 뜻으로 쓰이는 일이 있다. 이 경우에는 自治事務라고 하는 말과 대략 비슷한 뜻을 가진다. 그러나 때로는 지방적 이해에 관한 사무의 뜻에도 쓰인다. 이 뜻에 있어서의 지방의 사무는 지방자치단체가 행하는 것(固有事務와 團體委任事務) 이외에 지방자치단체의 기관에 위임하여 행하게 하는 것(機關委任事務)도 포함된다.

지방의회(地方議會) 지방자치단체의 議決機關. 헌법 118조 1항에서 지방자치단체에는 의회를 둔다고 규정하고 지방자치법 26조는 이를 확인하고 있다. 지방의회는 주민의 보통·평등·직접·비밀선거에 의하여 선출한다(地自 26의2). 條例의 제정 및 개폐, 지방예산의 심의·확정, 결산의 승인, 法令에 규정된 것을 제외한 사용료·수수료·분담금·지방세 또는 가입금의 부과와 징수, 기금의 설치·운용, 중요재산의 취득·처분, 공공시설의 설치·관리 및 처분, 법령과 조례에 규정된 것을 제외한 예산 외 의무부담이나 권리의 포기, 청원의 수리와 처리 기타 법령에 의하여 그 권한에 속하는 사항을 의결하게 된다(35).

지방의회의원(地方議會議員) 자치단체주민의 보통·평등·직접·비밀선거에 의해 선출되는 임기 4년의 名譽職 議員(地自 26의2, 31, 32). 지방의회의원으로 선출되고자 하는 경우에는 선거일 현재 계속하여 60일 이상 당해 지방자치단체의 관할구역안에 주민등록이 되어 있는 주민으로서 25세 이상의 자여야 한다(公選 16Ⅲ). 명예직인 지방의회의원은 의정자료의 수집·연구와 이를 위한 보조활동에 소요되는 비용을 보전하기 위해 매월 議政活動費를 받거나, 본회의 또는 위원회의 의결이나 의장의 명에 의하여 공무로 여행할 때 지급하는 여비, 회기중에 지급되는 會議手當을 받을 수 있으며(地自 32), 국회의원, 다른 지방의회의 의원, 헌법재판소 재판관, 선거관리위원회의원, 국가공무원법 제2조에 규정된 국가공무원 및 지방공무원법 제1조에 규정된 지방공무원 등의 직을 겸할 수 없다(33).

지방자치(地方自治) 지방적 행정사무를 지방주민 자신의 책임에서 자기의 기관으로 처리케 하는 것. 원래 自治란 관념은 자기의 일은 자기가 처리한다고 하는 사회적·윤리적 관념인데 이에는 住民團體와 團體自治의 두 유형이 있다. 전자는 주로 영국에서 발달한 제도로 주민 스스로의 의사에 의하여 자신의 책임하에 행하여지는 행정이며, 후자는 주로 독일 기타 유럽 대륙에서 발달한 제도로 국가로부터 독립한 자치단체의 존립을 인정하고, 될 수 있는 한 국가행정기관의 관여를 물리치고 단체 자신의 손에 의해서 행하여지는 行政이다. 양자는 행정조직의 민주화의 중요한 일환으로 기능하는 것이므로, 진정한 自治行政이 되기 위하여는 단체자치의 요소 뿐만 아니라 주민자치의 요소도 갖추지 않으면 안된다. 그러므로, 현대에 있어서는 양자 사이에 볼 수 있었던 전통적인 개념적·제도적 차이는 차츰 감소되는 경향에 있으며, 특히 이러한 경향은 大陸法系國家에서 현저하다. 우리나라는 헌법 8장에서 명문을 두어 지방자치를 보장하였고 그를 구체화한 것이 지방자치법이다.

지방자치단체(地方自治團體) 〔獨〕 Gebietskörperschaft 국가 아래서 국가영토의 일부를 구성요소로 하고 그 구역내의 주민에 대하여 국법의 범위내에서 지배권을 가진 단체. 공공단체의 일종이며 公法人이다(地自 3Ⅰ). 地方團體 또는 地團이라고도 한다. 국가와 동형인 統治團體의 성격을 가지고 있으며, 단순한 經濟團體인 것은 아니다. 종류로는 특별시와 광역시 및 도, 시와 군 및 구 등 2가지로 대별된다(地自 2).

지방자치단체(地方自治團體)**의 장**(長) 지방자치단체의 執行機關. 예컨대 도지사·서울특별시장·광역시장·시장·군수 등 지방자치단체의장의 선거방법에 관하여는 공직선거 및 선거부정방지법에 따른다. 지방자치단체의 自治事務를 처리함을 本務로 함과 동시에 국가 또는 자치단체로부터 위임받은 사무를 아울러 처리한다. 권한으로는 統轄代表權, 사무의 관리집행권, 감독권, 임면권, 규칙제정권 등이 있다(地自 92 내지 96).

지방자치단체조합(地方自治團體組合) 두 개 이상의 지방자치단체가 하나 또는 둘 이상의 사무를 공동으로 처리할 필요가 있을 때에 規約을 정하여 당해 지방의회의 의결을 거쳐 시·도는 내무부장관의, 시·군 및 자치구는 시·도지사의 승인을 얻어 설립하는 법인인 조합을 말한다. 다만 조합의 구성원인 시·군 및 자치구가 두 개 이상의 시·도에 걸치는 조합은 행정자치부장관의 승인을 얻어야 한다(地自 149). 지방자치단체조합에는 조합회의와 조합장 및 사무직원을 두며, 조합회의의 위원과 조합장 및 사무직원은 組合規約의 정하는 바에 따라 그 지방자치단체의 장은 조합회의의 위원 또는 조합장을 겸할 수 있다(150). 조합회의는 조합의 규약이 정하는 바에 따라 조합의 중요사항을 심의·의결하고, 조합장은 조합을 대표하며 조합의 사무를 統轄한다(151). 또 시·도가 구성원인 조합은 행정자치부장관의, 시·군 및 자치구가 구성원인 조합은 1차로 시·도지사, 2차로 행정자치부장관의 지도·감독을 받는다. 다만 조합의 구성원인 시·도 및 자치구가 두 개 이상의 시도에 걸치는 조합은 행정자치부장관의 지도·감독을 받으며, 또 행정자치부장관은 公益上 필요한 경우에는 조합의 설립·해산 또는 규약의 변경을 명할 수 있다(153). 조합의 規約을 변경하거나 조합을 해산하고자 할 경우에는 지방자치단체조합의 設立規定에 따르고, 조합을 해산한 경우에 그 재산의 처분은 관계 지방자치단체의 협의에 의한다(154).

지방적 구제(地方的救濟) → 국내적 구제

지방재정(地方財政) 지방자치단체가 그의 존립과 활동을 위하여 필요한 財力을 취득하고, 재정 및 수입·지출을 관리하는 작용을 말한다. 이는 국가로부터 부여된 전통적인 權限에 의한 작용이며, 지방재정에 관한 기본법으로 지방재정법과 지방세법 등이 있다. 현실적으로는 지방재정은 國家財政에의 의존을 벗어나지 못하고 밀접한 관련 아래 있다.

지방채(地方債) 지방자치단체의 항구적 이익이 되거나 또는 비상재해복구 등의 필요가 있는 때에 행정자치부장관의 승인을 받은 범위내에서 지방의회의 의결을 얻어 지방자치단체의 장이 발행하는 채권을 말한다. 이 경우 행정자치부장관은 대통령령이 정하는 바에 의하여 地方債發行計劃을 수립하여 관계 중앙행정기관의 장과 협의하여야 한다(地自 115Ⅰ).

지방항만(地方港灣) 指定港灣 이외의 항만으로서 서울특별시장·광역시장 또는 도지사가 그 명칭·위치 및 구역을 지정공고한 것(港灣法 2iii). 지방항만은 항만을 관할하는 서울특별시장·광역시장 또는 도지사가 관리한다(22). 항만에서는 일정한 행위가 금지되며 항만의 구역에 대하여는 항만법 외에 공유수면매립법·공유수면관리법·도시계획법·하수도법·도로법 등이 적용된다(11, 44).

지방행정(地方行政) 여러가지 의미를 가진다. ① 국가의 지방행정기관에 의하여 행해지는 국가의 행정. ② 지방자치단체에 의하여 행해지는 행정, 즉 地方自治行政. ③ 지방자치단체의 기관에 위임된 국가의 행정. 따라서 지방행정을 대분한다면 官治行政과 自治行政으로 나눌 수 있다.

지방행정관청(地方行政官廳) 지방관청과 같다.

지방행정기관(地方行政機關) 권한이 일부지역에 국한되어 있는 行政機關. 지방행정기관에는 지방국가행정기관과 지방자치행정기관의 구별이 있고, 또 보통지방행정기관과 특별지방행정기관의 구별이 있다.

지방행정조직(地方行政組織) 지방행정기관의 조직. 中央行政組織에 대비되는 개념.

지 배(支配)〔상법상〕 〔英〕control 주식회사에 있어서 理事의 任免을 좌우할 수 있는 지위에 있음을 말한다. 신상법하에서는 주주총회는 원칙으로 직접 경영에 참가하지 않으며 이사의 임면을 통하여 간접으로 경영방침을 지배하는데 그치게 되었으므로 특히 經營(management)의 개념과 구별하여 지배라는 개념이 쓰이게 되었다. 법률상으로는 이사의 임면은 주주총회에 의하여 행해지므로 소유와 경영의 분리가 행해지더라도 소유와 지배와는 분리되어 있지 않고 사실상의 소유와 지배의 분리의 현상이 생길 따름이다. 즉, 이사의 임면은 사실상 주주총회에서가 아니라 경영자인 이사에 의하여 행하여지는 이른바 經營者支配(management control)의 현상이 출현하고 있는 것이다.

지배 · 개입(支配 · 介入) 사용자측에서 근로자가 勞動組合을 조직 또는 운영하는 것을 지배하거나 개입하는 행위. 이러한 행위는 사용자의 不當勞動行爲로서 금지된다(勞整 81 iv). 노동조합을 사용자의 團結權侵害行爲로부터 보호하려는 의도인 것이다. 조합의 조직에 대한 지배 · 개입이라 함은 사용자 또는 그의 이익을 대표하는 자가 조합조직의 중심이 되거나, 혹은 그 준비과정에 있어서 조합의 自主性을 침해하는 따위의 영향력을 주는 것이다. 조합의 운영에 대한 지배 · 개입이라 함은 사용자의 이익을 대표하는 자가 조합임원이 되어 조합운영의 주도권을 쥐고 조합의 행정방침을 좌우하거나, 조합의 회합에 사용자의 이익대표자가 출석발언하고 조합운영방침을 비난하는 등, 조합의 운영에 영향력을 주는 것을 말한다. 사용자의 조합에 대한 경비원조는 가장 전형적인 경우인 것이기 때문에, 특히 법에서 규정함과 동시에, 근로자의 厚生資金 또는 경제상의 불행 기타 재액의 방지와 구제를 위한 기금의 기부와 최소한의 조합사무소의 제공 등의 예외규정을 두었다(81 iv). → 사용자의 부당노동행위

지배계약(支配契約) 상대방회사의 임원의 선임은 미리 자기의 승인을 받아야 한다는 조건을 붙여 상대방에게 물자 · 자금 그 밖의 경제상의 이익을 공급할 것을 정한 계약. 불공정한 競爭方法의 하나로서 금지된다.

지배권(支配權) 〔獨〕Herrschaftsrecht, Beherrschungsrecht 私權의 작용에 의한 분류의 일종으로 객체를 직접 지배하는 것을 작용으로 하는 私權. 청구권과는 달라서 권리의 목적인 이익을 享受하기 위하여 타인의 행위의 개입을 필요로 하지 않는 것이 특색이다. 物權 · 無體財産權이 그 適例. 친족권 중에도 이에 속하는 것이 있다(친권자의 자를 보호 · 교양할 권리, 居所指定權 등). 지배권을 침해하는 자가 있는 때에는 이에 대하여 손해배상청구권 및 방해제거청구권(물권적 청구권은 그 일례)이 생기는 것이 보통이다. 그리고 그 밖에 支配人의 代理權도 지배권(Prokura)이라 불린다.

지배범(支配犯) 〔獨〕Herrschaftsdelikte 正犯의 범위와 자격이 제한되어 있지 아니한 一般犯(Allgemeindelikte)에 있어서는 누구나 금지된 행위 및 결과를 지배함으로써 정범이 될 수 있다. 이것을 身分犯 또는 義務犯 또는 自手犯에 비해 특별히 지배범이라고 부른다. 이 지배범의 정범성 판단에는 Roxin이 창안한 범행지배의 기준, 즉 行爲支配 · 意思支配 · 機能的 犯行支配가 오늘날 널리 통용되고 있다.

지배인(支配人) 〔獨〕Prokurist 특정한 상인(영업주)의 기업에 종속하여 그 영업에 관한 재판상, 재판외의 모든 행위를 할 수 있는 권한을 가진 商業使用人이다(商 10 이하). 반드시 지배인이라는 명칭을 사용할 필요는 없으며 支配役 · 支店長 등의 명칭을 사용하여도 무방하다. 지배인이 아니면서 이러한 명칭을 사용한 경우(表見支配人)에 관하여는 거래안전을 보호하기 위하여 재판외의 행위에 관하여 지배인과 동일한 권한이 있는 것으로 본다(14). 지배인을 선임할 수 있는 자는 영업주 또는 그 代理人이다. 지배인은 다른 지배인을 선임하지 못한다(11 Ⅱ). 지배인의 終任事由는 代理權 또는 雇傭契約의 민법상의 소멸사유 외에 영업의 폐지 또는 양도이다. 그러나 영업주의 사망은 종임사유가 아니다(50). 선임과 그 대리권의 소멸은 등기사항이다(13). 지배인의 대리권(지배권)은 일정한 영업소의 일정한 영업에 미치며, 그 범위는 법률에 의하여 획일화되어 있어서 영업주가 이것에 제한을 가하더라도 선의의 제3자에 대항하지 못한다(11 Ⅲ). 이러한 넓은 지배권의 단독행사에서 생기는 남용의 폐단을 막기 위하여 共同支配人制度를 두어 營業主를 보호하고 있다(12)(→ 공동지배인). → 상업사용인

지배적 신분행위(支配的身分行爲) 자기의 신분에 의거하여 타인의 신상에 신분법적 지배를 행하는 법률행위. 身分行爲의 일종. 신분으로부터의 행위라고도 한다. 예컨대 戶主權을 행사하는 행위, 친권자로서의 행위, 후견인으로서의 행위, 친족회의 결의 등이다.

지배회사(支配會社) 〔獨〕 herrschende Gesellschaft, Kontrollgesellschaft 넓은 뜻의 親(母)會社. 從屬會社에 대한 개념. 다시 말하면, 甲회사가 乙회사에 대하여 자본적 지배력을 가질 때, 갑을 親會社, 을을 子會社(종속회사)라고 한다. 요컨대 콘체른조직에 있어서의 통제회사 또는 중간회사로서, 企業聯合을 통한 중소기업의 지배에 이용된다.

지 번(地番) 토지의 특정성을 가리키는 번호. 市·洞·里·路·街 또는 이에 준할 만한 지역을 지번구역으로 하고, 그 구역마다 起番하여 이를 정한다(地籍 2, 4). 토지대장의 등록사항의 하나이다(3). 등기부번호란에는 각 토지 또는 각 건물대지의 지번을 기재하게 된다(不登 16).

지 분(持分) [1] 〔英〕 quota 〔獨〕 Anteil 〔佛〕 part indivise 共有에 있어서 공유자가 가지는 몫. 이것은 다시 두개의 의미로 나눌 수 있다. 첫째로는 공유자가 공유물 전체에 대하여 양적으로 나눠 가지는 부분적 소유권을 의미하며, 이를 持分權이라고도 한다. 예컨대 지분의 포기(民 267), 지분의 처분(263)이라고 하는 경우에 있어서의 지분은 이 의미이다. 둘째로는 위와 같은 권리의 공유물 전체에 대한 비율을 의미한다. 이러한 의미로서의 지분은 공유관계의 발생원인에 의하여 정하여지는 것이며, 그 발생원인이 되는 법률의 규정 또는 법률행위에 의하여 그것이 정하여지지 않거나 불명확한 때에는 각 공유자의 지분은 균등한 것으로 추정된다(262Ⅱ). 공유자들은 그 지분에 따라서, 공유물 전부를 사용·수익할 수 있는 동시에(263), 관리비용 기타 의무를 부담한다(266Ⅰ). 상법은 船舶共有者간에 조합관계가 있는 경우에도 각 공유자는 船舶管理人인 경우 이외에는 다른 공유자의 승낙없이 그 지분을 타인에게 양도할 수 있음을 규정하였으므로(756), 선박공유자의 지분은 민법상의 공유의 지분과 같은 의미이다.

[2] 合有에 있어서 합유자가 가지는 몫. 합유에 있어서의 지분은 두 가지 뜻으로 생각할 수 있다. 그 하나는 조합관계로부터 생기는 각 합유자의 권리의무의 총체, 즉 조합체의 일원으로서의 지위를 의미하고, 다른 하나는 合有物에 대하여 각 합유자가 가지는 권리를 의미한다. 조합원의 지분의 양도라고 하는 경우의 지분은 전자의 의미이고, 후자의 의미의 지분에 지분에 관하여 민법은 전원의 동의없이는 그 지분을 처분하지 못하며, 그 지분에 관하여 분할을 청구할 수 없을 것으로 규정하였다(273).

[3] 〔英〕 share 〔獨〕 Anteil, Teilhaberschaft 〔佛〕 part social 사단인 법인의 구성원의 몫. 상법상의 회사에서는 合名會社·合資會社·有限會社의 사원에 관하여 사용되는 바(民 197, 222~224, 249, 276, 555~558), 이 의미의 지분은 그 대상인 재산이 법인인 회사의 재산이며, 그 구성원인 사원의 공유나 합유에 속하는 것이 아니므로, 공유재산이나 합유재산상의 지분과는 그 의미가 다르다. 이 의미의 지분에는 ① 사원이 그 자격에서 회사에 대하여 권리의무를 갖는 지위, 즉 이른바 社員權과, ② 회사가 해산하였거나 사원이 퇴사하였을 경우, 사원이 그 자격에서 회사에 청구하거나 또는 회사에 지급하여야 할 계산상의 數額을 말한다. 지분의 讓渡, 지분의 押留, 지분의 入質이라고 하는 경우의 지분은 전자의 의미의 것을 말한다. 다음 후자의 의미의 지분은 원칙적으로 출자액에 따라 정하여지며, 관념상의 수액으로서, 회사의 재산상태에 의하여 항상 변동하고, 회사가 해산하거나 또는 사원이 퇴사하여 비로소 회사에 대한 현실적 권리·의무로 된다. 持分의 還給이라고 하는 경우의 지분은 이 의미의 것을 말하며, 계산의 결과 적극인 경우도 있고 또는 소극인 경우도 있다. 적극인 경우에는 그 전액을 청구할 수 있으며, 이것은 그 출자의 종류에 불구하고 그 지분의 환급을 받을 수 있다(222). 그리고 농업협동조합·중소기업협동조합·수산업협동조합 등에 있어서도 회사의 사원의 지분과 동일한 조합원의 지분의 관념이 있으며, 탈퇴의 경우에는 지분의 환급을 청구할 수 있다(農協 34·127·163, 中協 22·69, 水協 39·106·139). 그러나 조합원은 지분을 공유할 수 없다(農協 25·127·163, 中協 19·69, 水協 28·106·139).

지분권(持分權) 共有者 또는 合有者가 공유물 또는 합유물에 대하여 가지는 권리. 즉 그것은 공유자 또는 합유자가 한 개의 소유권의 분수적인 일부분(예 : 2분의 1, 3분의 1)을 가지는 경우이며(통설), 이를 持分이라고도 한다. 민법과 상법은 지분권이라는 용어를 사용하지 않고 모두 持分이라는 용어로써 규정하고, 또 상법은 합명회사, 합자회사, 유한회사의 사원이 회사재산에 대하여 가지는 想像上의 비율을 지분이라는 용어로써 규정하고 있다. 공유자의 지분권은 양적으로는 소유권의 분수적 일부이지만, 질적으로는 완전한 獨立의 所有權이므로, 그 성질·효력에 있어서는 전혀 소유권과 같은 것이다. 즉 그 처분·상속·등기·인도 등은 모두 소유권에 준하며, 공유자의 1인이 그 지분을 포기하거나 상속인없이 사망한 때에는 그 지분은 다른 공유자에게 각각 그 지분의 비율로 귀속하며(民 267), 또 다른 공유자와의 대내관계에 있어서나 공유자 이외의 자에 대한 대외관계에 있어서나, 그 존재를 주장할 수 있으므로, 持分確認의 訴를 제기하거나 지분의 등기를 청구하거나 物權的 請求權을 행사할 수 있다. 그러나 합유자의 지분권은 공동목적을 위하여 구속되어 있으며 독립의 권리로서의 성질을 가지지 않기 때문에, 자유로 처분하지 못하고(273Ⅰ), 합유자의 일원이 사망하거나 또는 탈퇴하는 경우에는 그 조합원의 지분은 금전으로 반환하는 것이 원칙이다(719). 또 각 합유자는 단독으로 지분의 확인, 지분의 등기, 방해제거 및 합유물의 반환을 청구할 수 없다고 해석하여야 한다.

지분매수청구권(持分買受請求權) 船舶共有者 상호간에 인정되어 있는 지분의 매수를 청구할 수 있는 권리. 공유자 상호간의 이익보호를 위한 것이며, 선박공유자가 신항해를 개시하거나 선박을 대수선할 것을 결의한 때에는 그 결의에 異議가 있는 공유자는 다른 공유자에 대하여 상당한 가액으로 자기의 지분을 매수할 것을 청구할 수 있다(商 758). 또 선장이 선박공유자인 경우에 그 의사에 반하여 해임된 때에는 다른 공유자에 대하여 상당한 價額으로 그 지분을 매수할 것을 청구할 수가 있다(768 Ⅱ·Ⅲ). 더욱이 선박공유자의 지분의 이전 또는 그 국적상실로 인하여 선박이 대한민국의 국적을 상실할 때에는 다른 공유자는 상당한 대가로 그 지분을 매수하거나 그 競賣를 법원에 청구할 수 있다(757).

지분(持分)**의 압류**(押留) 조합원의 지분이나 人的會社의 사원의 지분을 압류하는 것. 지분은 재산적 가치를 가지지만, 지분의 양도에는 전조합원의 동의(民 272)나, 無限責任社員의 동의(商 197, 269)를 필요로 하므로 지분 자체의 換價는 그 동의를 얻지 않는 한 불가능하고, 장래 구체화하는 利益配當 또는 지분의 還給請求權에 효력을 미칠 수 있을 뿐이다(民 714, 商 223). 인적회사의 사원의 지분을 압류했을 때에는 지분압류권자는 채무자인 사원을 퇴사시키고 지분환급청구권의 轉付를 받을 권리를 가지고(224), 또 任意淸算의 방법의 결정에는 그 동의를 요하고(247 Ⅳ), 동의를 받지 않고 결정한 경우에는 재산처분의 취소를 법원에 청구하여 지분에 상당하는 금액의 지급을 청구할 권리를 가진다(249). 조합원의 지분을 압류한 경우에는 이와 같은 규정은 없으나 이에 준하여야 할 것이다.

지분(持分)**의 양도**(讓渡) 契約에 의하여 지분을 이전하는 것.

[1] 공유자의 지분(持分權)은 소유권의 分量的인 일부분이므로, 그 양도는 소유권의 양도와 성질을 같이 하고, 또 공유자는 자유로이 그 지분을 양도할 수 있다(民 263). 그러나 합유자의 합유물에 대한 지분은 합유자들의 공동목적을 달성하기 위하여 사용되어진 재산에 대한 것이므로, 그 공동목적에 의하여 통제되고, 따라서 그 지분을 양도함에는 다른 합유자 전원의 동의를 얻어야 한다(273Ⅰ). 그러나 조합원의 지분의 양도라고 할 때에는 개개의 합유물에 대한 지분의 양도가 아니라 조합원으로서의 지위 자체의 양도를 의미하는 것이 보통이다. 이러한 의미의 지분의 양도는 전조합원의 동의가 있는 경우에는 물론, 구체적으로 특정된 양수인에게 양도하는 것에 동의를 얻지 않더라도 組合契約이 개괄적으로 양도의 가능성을 인정한 때에는 각 조합원이 단독으로 양도하는 것도 허용된다고 해석하여도 무방할 것이다. 그리고 이러한 의미의 지분의 양도는 양도인의 탈퇴와 양수인의 가입을 의미한다.

[2] 상법상 합명회사·합자회사·유한회사의 사원의 지분의 양도는 사원으로서 갖는 권리·의무를 일괄하여 양도하는 것, 즉 社員權의 양도를 말한다. 이 지분의 양도에는 일부양도와 전부양도가 있다. 一部讓渡란 지분을 그 계산상의 數額에 있어 분할하여 그 일부를 양도하는 것을 말하며 양도인은 그 사원자격을 상실하는 것이 아니라, 단지 그 지분이 감소될 뿐이다. 그러나 全部讓渡의 경우에는 양도인은 사원자격을 상실(퇴사)하게 된다. 일부양도의 경우이건 전부양도의 경우이건 양수인이 사원인 경우에는 그 지분이 증가할 뿐이나 사원이 아닐 때에는 그 지분의 양수에 의하여 그 자가 입사한다. 인적회사의 유한책임사원이 지분을 양도함에는 다른 總社員의 동의를 필요로 한다(商 197, 269). 합자회사의 유한책임사원의 경우에는 전무한책임사원의 동의로써 족하며(276), 유한회사에 있어서는 원칙적으로는 정관변경의 경우의 特別決議를 필요로 하나 사원 상호간의 양도에 있어서는 이와 다른 정함을 할 수 있도록 되어 있다(556). 이것은 모두 이들 단체의 인적결합성·폐쇄성에 기인하는 것이며, 주식회사의 株式讓渡의 自由와는 반대적인 것이다. 지분을 양도하였을 때에는 인적회사에 있어서는 퇴사의 경우와 같이 등기전의 채무에 대하여 채권자에 대하여 사원으로서의 책임을 부담한다(225Ⅱ, 269).

[3] 농업협동조합 등 조합에 있어서의 조합원의 持分의 讓渡도 대체로 상기한 바와 같다. 조합원은 조합의 승인이 없으면 그 지분을 양도할 수 없으며, 지분의 양수인은 그 지분에 관하여 양도인의 권리의무를 승계한다. 그리고 조합원이 아닌 자가 지분을 양수하였을 때에는 가입의 예에 의한다(農協 25·127·163, 中協 19·69, 水協 28·106·139).

지분(持分)**의 입질**(入質) 人的會社 또는

有限會社의 사원의 지분을 질권의 목적으로 하는 것. 權利質의 일종인 바, 지분의 입질을 인정할 수 있느냐의 여부에 대하여는 학설이 나누어져 있다. 그러나 지분의 양도를 社員權의 讓渡로 이해하는 설에 있어서는 지분은 이익배당청구권, 잔여재산분배청구권 등을 포함한 재산적 가치있는 법률관계로서 하나의 유가물로 생각할 수 있다 하여, 그 입질도 역시 이를 인정한다. 지분의 입질을 특히 사원권 중 自益權만의 입질이라고 이해하는 견해도 있다. 유한회사의 사원의 지분에 대하여는 명문으로써 그 입질이 인정되어 있으며(商 559), 입질에 대하여는 지분의 양도에 관한 규정과 지분이전의 대항요건에 관한 규정이, 지분입질의 효력에 대하여는 주식질권의 物上代位에 관한 규정과 기명주식의 登錄質에 관한 규정(559, 560 I) 등이 준용되고 있다. 합명회사·합자회사의 무한책임사원의 지분의 입질에 대하여는 지분입질의 합의와 타사원의 동의(民 346, 商 197 참조)로써 성립한다. 합자회사의 유한책임사원의 지분의 입질에 대하여도 특별한 규정은 없으나, 그 양도에 관한 규정(276)을 유추해석하여 질권설정의 합의와 무한책임사원 전부의 동의로 입질은 효력을 발생한다고 한다.

지분적 조합(持分的組合) 한 개의 물건을 共有하는 여러 사람 사이의 관계. 여러 사람이 우연히 하나의 물건을 공동소유한다는 이외에는 여러 사람 사이에 아무런 結合關係가 존재하지 않는 것이므로, 실질에 있어 인적결합체가 아니다. 지분적 조합의 소유형태는 공유이다. →공유, 조합체

지분채권(支分債權) →기본채권

지상권(地上權) 〔羅〕 superficies 〔獨〕 Erbbaurecht 〔佛〕 droit de superficie 건물 기타 공작물이나 수목을 소유하기 위하여 타인의 토지를 사용하는 物權. 토지의 전면적 지배권인 소유권을 제한하여 일면적으로 지배하는 制限物權이며, 그 중의 用益物權에 속한다. 위의 목적은 토지임대차계약에 의하여도 달성할 수 있으나 그 효력에 있어서 양자 사이에 강약의 차가 있다. 종래 개인의 土地用益에 있어서 지상권에 의하는 것보다 토지소유자에게 유리한 賃貸借의 방법을 취하게 되어 지상권은 실효성이 적었다. 민법이 지상권의 효력을 구법에 비하여 대폭 강화하여 용익권자를 보호하려고 시도하였으나, 당사자로 하여금 지상권을 설정할 것을 강제하는 방도가 없어 그 실효성은 의문이다. 지상권의 존속기간에 관하여는 최단존속기간의 제한이 있어, 지상물의 종류에 따라 30년, 15년, 5년 이하로는 할 수 없다(民 280, 281). 지상권은 물권이므로 양도성·임대성이 있고 담보로 제공할 수 있다(이 점이 임차권보다 특히 유리). 지상권이 소멸한 때에는 지상권설정자는 언제나 또 지상권자는 일정한 조건하에 상대방에 대하여 지상물매수청구권을 행사하여 투하자본을 회수할 수 있다(283). 地料는 지상권의 요소는 아니나, 그 약정을 등기하면 지상권의 내용으로 되어 물권적 효력이 있다. →법정지상권

지상물매수청구권(地上物買受請求權) 지상권이 소멸한 경우나, 건물 기타 공작물의 소유 또는 식목·채염·목축을 목적으로 하는 토지임대차의 기간이 만료한 경우에, 일정한 요건하에 지상권자 또는 토지임차인(또는 轉借人)이 지상권설정자 또는 임대인에 대하여 상당한 가액으로 건물·수목 기타의 지상물의 매수를 청구하는 권리(民 283 II, 643, 644). 지상시설이 현존하고, 지상권자 또는 임차인(또는 전차인)이 계약의 갱신을 청구하였으나(契約更新請求權을 행사하였으나), 지상권설정자 또는 임대인이 계약의 갱신을 원하지 않는 때에 인정된다. 일종의 形成權이다. 따라서 이 권리를 행사하면 상대방의 승낙을 기다릴 필요없이 매매가 성립한 것과 동일한 법률관계가 생긴다. 임차인의 지위를 강화하여, 토지 및 건물 기타 지상시설의 이용관계를 유지시키고 나아가 건물 기타 지상시설의 사회경제적 효용의 완전한 발휘를 보장시키려는데 그 취지가 있다. 계약갱신청구권과 아울러 임차인보호라는 법률이상에 봉사한다. 지상권소멸의 경우에는 지상권설정자도 상당한 價額을 제공하여 지상시설의 매수를 청구할 수 있는데, 지상권자는 정당한 이유없이 이를 거절할 수 없다(285 II). →계약갱신청구권

지상봉쇄(紙上封鎖) 〔英〕 paper blockade 〔獨〕 Papier-Blockade 〔佛〕 blocus sur papier → 봉쇄

지 시(指示) 행정관청의 예방적 감독수단의 하나로 訓令이 있는데, 하급관청의 문의 또는 신청에 의하여 발하는 명령을 지령 또는 지시라고 한다. 대체로 훈령은 일반적 추상적인 內部規範의 성질을 가진 行政規則의 형식을 취하는 것이 원칙이고, 지시는 개별적 구체적인 지휘임을 원칙으로 한다.

지시문구(指示文句) 〔獨〕 Orderklausel 證券에 기재된 특정의 자 또는 그 자가 지정하는 다른 자를 권리자로 한다는 뜻의 문언. 甲앞 또는 그 지시인에게 지급하시오라고 하는 따위. 이러한 기재가 있는 것이 指示證券이며 배서에 의하여 輾轉流通하지만 어음이나 수표와 같은 것은 이러한 기재가 없어도 법에 의하여 당연히 지시증권이라고 인정된

다. 이와 같은 법정의 지시증권에 있어서는 지시문구가 없어도 배서양도하는 것을 보장하고 있으나, 발행인이 배서유통을 금하고자 하는 경우에는 어음면에 배서금지문구를 기재할 수 있다. 어음의 背書禁止(지시금지)를 할 수 있는 사람은 발행인과 배서인으로서 발행인이 하는 경우를 배서금지발행이라 이르고, 배서인이 하는 경우를 배서금지배서라 이른다. 지시금지를 하려면 指示禁止 또는 이와 동일한 의미를 가진 문언, 예컨대 배서금지의 문자를 기재하여야 한다. 배서금지의 어음은 지시증권이 아니므로 지명채권양도의 방법에 의하여서만 양도할 수 있게 된다(어음 11Ⅱ, 77). →지시증권

지시(指示)**에 의한 점유이전**(占有移轉) 〔獨〕Besitzanweisung 점유권의 양도를 함에 있어서 讓渡人이 그 물건을 占有代理人을 통하여 점유하고 있는 경우에 양도인이 대리인에게 그 이후로는 讓受人을 위하여 그 물건을 점유할 것을 명하여 양수인에게 점유권을 취득시키는 것. 예컨대 창고에 예치하고 있는 물건을 매매하고 나서 계속하여 예치할 때에 도로 찾은 뒤에 다시 예치하는 수고를 덜기 위하여 쓰인다. 양수인의 동의는 필요하나 대리인의 동의는 필요하지 않다.

지시증권(指示證券) 〔獨〕Orderpapier〔佛〕titre à ordre 증권상에 기재되어 있는 특정인 또는 그 자가 지시하는 자를 권리자로 하는 유가증권. 지시문구의 기재가 있어야 지시증권이 되는 것과 지시금지문구, 즉 배서금지문구가 없는 이상 법률상 당연히 지시증권이 되는 것이 있다. 후자를 法定의 指示證券이라 한다(예 : 어음, 수표, 화물상환증, 창고증권, 선하증권 등). 이에 대하여 전자를 任意的 指示證券이라 하는데 실제상 그 예가 거의 없는 것 같다. 법률상 당연한 지시증권에 관하여는 상법이나 어음법, 수표법에 상세한 규정이 있으나, 기타의 지시증권에 관한 규정은 상법과 동일내용의 규정을 민법에 중복하여 규정하고 있다.

지시채권(指示債權) 〔獨〕Orderforderung〔佛〕créance à ordre 특정한 자 또는 그 자로부터 指示(背書)에 의하여 권리의 이전을 받은 자에게 변제할 證券的 債權. 법률의 규정에 의하여 당연히 지시채권으로 되는 것도 있고, 그 밖에 민법상 임의로 지시채권을 성립시킬 수 있을 터이지만, 실제상 그 예가 거의 없다. 지시채권에 관하여는 동일내용의 규정이 민법과 상법(어음법·수표법을 포함)에 2중으로 규정되어 있는데, 상법의 적용을 받지 않는 지시채권이 실제상 거의 없다는 점을 생각하면, 민법의 규정의 필요성은 극히 의문이다.

지역권(地役權) 〔羅〕servitus praediorum〔英〕easement〔獨〕Grunddienstbarkeit〔佛〕servitude prédiale 甲地(要役地)의 이용가치를 증가시키기 위하여 乙地(承役地)를 일정한 방법으로 지배하는 물권(民 291). 예컨대 甲지를 위하여 물을 끌어간다든가, 乙지를 통행한다든가, 乙지에 일정한 건축을 못하게 한다든가 하는 따위의 권리와 같다. 相隣關係와 그 작용은 동일하지만 계약으로 설정하는 점에서 다르다. 소유자 이외에 지상권자·전세권자·임차권자(부정설 있음)도 설정할 수 있다(292 Ⅰ). 지역권은 실질적으로는 토지 사이의 관계이므로 요역지의 처분과 함께 지역권도 이전한다. 또 지역권은 요역지 전부를 위하여 승역지 전부를 이용하는 것이므로 불가분성을 가지며 共有·分割 등의 경우에는 관계자 전부에 대해서 효력을 가진다. →계속지역권, 표현지역권·불표현지역권

지역단체(地域團體) 〔獨〕Gebietskörperschaft 일정한 토지를 기초로 하여 존립하는 단체. 단체구성원의 범위는 일정한 지역에 의하여 정하여지며, 단체구성원 이외의 자도 그 구역내에 거주할 때에는 당연히 그 단체의 지배를 받는다. 그 토지의 구역을 領土라고 하므로 지역단체는 領土團體라고도 불린다. 국가와 지방자치단체가 그 대표적인 예이다.

지역대표제(地域代表制) 국민의 지역적 구성을 기준으로 하여 직업적 차별을 초월하는 대표자를 의회에 보내는 제도. 전국을 1개의 選擧團體로 하는 경우와 복수의 선거단체로 하는 것이 있는데 이것은 다시 小選擧制·中選擧制로 구별되기도 한다.

지역적 구속력(地域的拘束力)〔團體協約의〕→일반적 구속력

지역적 안전보장(地域的安全保障) →지역주의

지역적 협정(地域的協定) 〔英〕regional arrangements →지역주의

지역주의(地域主義) 〔英〕regionalism 일반적 국제평화기구 중에서, 평화 및 안전의 유지에 관해서 지역적 협정이나 기능을 조직적으로 고려에 넣는 것. 地域的 安全保障이라고도 한다. 國際聯盟規約(21)도 소극적으로 인정하고 있으나, 국제연합헌장은 특히 이를 위하여 8장에 규정하여, 적극적으로 이를 인정했다. 즉 국제연합의 목적과 원칙에 일치하는 것을 조건으로 하여 국제적 평화와 안전의 유지에 관한 사항으로 지역적 행동에 적당한 것을

처리하기 위하여(52Ⅰ) 지역적 협정 또는 기관을 인정하고, 그에 의하여 지역적 분쟁을 안전보장이사회에 부탁하기 전에 평화적으로 해결할 것을 장려하고 있다(52Ⅱ). 다만, 지역적 협정이나 기관에 의한 강제행위의 경우에는 사전에 안전보장이사회의 허가를 받을 것을 요한다(53Ⅰ). 5국조약, 북대서양조약, 全美相互援助條約, 아라비아국가연맹조약, 中·蘇聯盟條約 등은 모두 이에 속한다. 그러나 이들의 지역적 협정(최후의 것은 제외한다)에는 集團的 自衛權의 규정이 채용되어 있어 강제행동시 안전보장이사회의 사전의 허가를 필요로 하지 않기로 되어 있다. 또 중·소동맹조약과 같은 제2차대전의 樞軸國에 대비하는 것도 국제연합헌장의 다른 규정(53, 107)에 의하여 사전의 허가를 요하지 않는다고 해석된다. →집단적 안전보장, 집단적 자위권

지연배상(遲延賠償) 채무의 이행이 지연되었기 때문에 생긴 손해의 배상. 본래의 급부와 함께 청구하는 것으로서, 塡補賠償에 대립하는 관념. 借家人의 借家返還債務가 지연된 경우에 그 기간만큼의 家賃相當額의 배상을 하고, 금전의 지급이 지연된 경우에 지연이자를 지급하는 것 등이 그 예. 履行遲滯에 의한 손해배상은 원칙으로 지연배상이다. 지연배상청구권은 본래의 급부에 대한 채권의 확장인 성질을 가진다.

지연이자(遲延利子) 〔獨〕 Verzugszinsen 〔佛〕 intérêts moratoires 금전채무의 불이행의 경우에 손해배상으로서 법률상 당연히 지급하여야 할 금전. 채권액에 대한 일정한 비율로 지연의 기간에 비례하여 지급되기 때문에 이자라고 불리지만, 본질적으로는 이자가 아니라 債務不履行으로 인한 손해배상이다. 그 비율은 法定利率을 원칙으로 하지만, 만일 이것보다 고율의 約定利率의 약속이 있으면 이에 따른다(民 397Ⅰ). 예컨대 무이자로 1만원 빌리고 기한에 변제하지 않으면, 그때부터 연 5푼(商事이면 연 6푼), 연 1할의 이자부이면 역시 1할의 지연이자를 지급한다. 그리고, 금전채무의 불이행의 경우에는 채무자는 당연히 지연이자를 지급하지 않으면 안된다(397Ⅰ). 그 대신, 실제의 손해가 다액인 경우에도 지연이자만을 지급하면 되는 것을 원칙으로 한다(예외 : 705·958, 商 196·269 등). 違約金의 약속이 있으면 이에 따르지만, 이 경우에 민사상의 금전의 소비대차에서는 이자제한법의 제한을 받았었다(民 398, 舊利制 4).

지 적(地籍) 토지의 위치·형질 및 그 소유관계를 밝히는 제도. 지적법에 의하여 토지에는 1구역마다 地番을 붙이고 그 地目·境界 및 地籍을 정하는데, 이것들은 기타 일정한 사항과 함께 토지대장, 임야대장 등에 등록되어 지적을 명확히 한다.

지적공부(地籍公簿) 지적을 명확히 하기 위한 토지대장·지적도·임야대장·임야도 및 數値地籍簿로서 행정자치부령이 정하는 바에 의하여 작성된 대장 및 도면과 전산정보처리조직에 의하여 처리할 수 있는 형태로 작성된 화일을 말한다(地籍 2ⅰ). 지적공부는 소관청에 의해 地籍書庫에 비치·보관되며 군의 읍·면에는 지적공부에 의하여 토지대장부본 및 지적도부본과 임야대장부본 및 임야도부본을 작성·비치하고 상시 지적공부와 부합하도록 그 이동사항을 정리하여야 한다(8).

지적기술자(地籍技術者) 국가기술자격법에 의한 기술계 地籍測量資格者를 말한다. 지적측량은 지적기술자가 아니면 이를 할 수 없다. 다만 지적측량에 수반하는 사항으로서 대통령령이 정하는 사항은 국가기술자격법에 의한 기능계 지적측량자격자(지적기능자)도 할 수 있다. 그러나 행정자치부장관은 대통령령이 정하는 바에 따라 地籍測量業務의 일부를 지적측량을 주된 업무로 하여 설립된 비영리법인에게 대행시킬 수 있다(地籍 28Ⅰ·Ⅲ).

지적도(地籍圖) 토지대장에 등록된 토지에 대하여 토지의 소재·지번·지목·경계 등을 등록하는 地籍公簿(地籍 10).

지적위원회(地籍委員會) 土地登錄業務의 개선 및 지적측량기술의 개발·연구, 지적측량기술자 및 동기능자의 양성방안, 지적측량기술자와 동기능자의 징계, 지적측량적부심사청구의 재심사청구 등을 심의·의결하기 위하여 행정자치부장관소속하에 설치되는 위원회(地籍 42). 따라서 이 위원회는 심의기능과 의결기능을 아울러 가진다.

지적재산권(知的財産權) 〔英〕 intellectual property 문학·예술 및 과학작품, 연출, 예술가의 공연, 음반 및 방송, 발명, 과학적 발견, 공업의장, 등록상표·상호 등에 대한 保護權利와 공업·과학·문학 또는 예술분야의 지적 활동에서 발생하는 그 밖의 모든 권리를 말하는 바 크게 산업발전을 목적으로 하는 産業財産權과 문화창달을 목적으로 하는 著作權으로 분류된다. 이들 두 권리는 인간의 지적창작물을 보호하는 無體財産權이라는 점과 그 보호기간이 한정돼 있다는 점에서는 동일하지만 산업재산권이 특허청의 심사를 거쳐 등록해야만 보호되는 반면, 저작권은 출판과 동시에 보호된다는 점이 다르며 보호기간도 산업재산권은 10~20년 정도의 비교적 짧고(특허법 88조는 특허권의 존속기간은

出願日부터 20년을 경과할 수 없도록 하고 있다) 저작권은 사후 50년까지로 길다(著作 36). 최근에는 급속한 기술혁신에 따라 새로운 기술들이 속출, 산업재산권과 저작권 중 어느 부류에도 속하지 않거나 두 부류에 공통으로 속할 수 있는 분야가 나타나게 되었는데 가장 대표적인 것이 컴퓨터 소프트웨어이다. 지적재산권문제를 다루는 국제기구로 WIPO(世界知的財産權機構)가 있다. 최근에는 이를 둘러싸고 선진국과 개발도상국의 제도상 차이로 인한 국제적 마찰이 종종 일어났다. 1990년부터 특허청에서는 지적소유권을 지적재산권으로 용어를 바꾸기로 하였다.

지적측량사(地籍測量士) 지적기술자로 명칭이 바뀌었다.

지 점(支店) 〔英〕 branch office 〔獨〕 Zweigniederlassung, Filiale 〔佛〕 succursale 본점의 지휘를 받으면서도 부분적으로는 독립한 기능을 하는 營業所. 지점은 그것이 독립한 영업소라는 점에서 매점·출장소와는 구별이 되고 다음과 같은 법률상의 의미를 갖는다. 즉, ① 지점만을 독립적으로 營業讓渡의 대상으로 할 수 있다. ② 지점영업에 관하여서만 지배인을 선임할 수 있다(商 10, 13). ③ 商業登記의 효력을 결정하기 위한 독립적 단위가 되고, 지점에 있어서의 등기가 없는 이상 본점에 있어서의 등기를 지점거래에서 채용할 수 없다(34, 38). ④ 그러나 독립한 법인격을 전제로 하는 능력, 예컨대 訴訟能力 같은 것은 없다. ⑤ 지점에서의 거래로 인한 채무의 이행장소가 그 행위의 성질 또는 당사자의 의사표시에 의하여 특정되지 아니한 경우에는 특정물의 인도 이외의 채무의 이행은 그 지점이 이행장소로 보아진다(56). → 영업소

지점장(支店長) 지점의 영업주임을 표시하는 명칭. 상법상 支配人이라고 하는 것이며 그 지점의 영업에 관하여 영업주에 갈음하여 재판상·재판외의 행위를 할 수 있는 넓은 代理權을 가지고 있는 것이 보통이다. 그러나 지점장의 명칭을 붙인 것만으로는 상법상의 지배인이라고 할 수 없고, 때로 지점장 기타 지점의 영업주임임을 표시하는 명칭을 가진 자로서 대리권을 갖지 않은 상업사용인도 있을 수 있는 바, 상법은 이 경우에도 재판외의 행위에 관하여 선의의 제3자에 대하여는 지배인과 동일한 권한이 있는 것으로 보고 있다(14). → 지배인, 표현지배인

지정가격(指定價格) → 공정가격

지정공익사업(指定公益事業) → 공익사업

지정관할(指定管轄) 〔羅〕 forum mandati seu dele gationis 〔獨〕 Gerichtsstand kraft Auftrags, gerichtlicher bes timmter Gerichtsstand 〔佛〕 règlement des juges → 관할의 지정

지정대리(指定代理) 법정사실의 발생과 동시에 법률이 정한 특정인(보통은 상급관청)의 지정에 의하여 피대리행정관청의 권한의 전부를 그 지정을 받은 자가 대리하여 행사하는 것. 넓은 뜻의 法定代理에 속하나, 법정사실의 발생을 요건으로 하는 외에 법률이 정한 특정인의 지정에 의하여 대리인이 현실적으로 결정되는 점에서 좁은 뜻의 법정대리(補充代理)와 다르다. 지정대리도 법정대리의 경우와 같이 대리인의 명의와 책임하에서 피대리관청의 권한의 전부에 대하여 행하여지며, 피대리관청은 대리인을 지휘 감독할 수 없다. → 법정대리, 보충대리, 권한의 대리

지정문화재(指定文化財) 문화재 중 문화관광부장관이 文化財委員會의 심의를 거쳐 보물·국보 기타 중요 유형·무형문화재로 지정한 國家指定文化財(文化財保護法 4~13), 시·도지사가 관할구역 안에 문화재로서 국가지정문화재로 지정되지 아니한 문화재 중 보존가치가 있다고 인정되는 것을 지정한 市·道指定文化財 및 文化財資料 등이 있다(55 Ⅰ·Ⅱ). 문화관광부장관은 지정문화재의 관리자의 지정, 관리·보호에 관한 지시, 문화재의 現狀·관리·수리에 관한 조사 등을 할 수 있다. 일정한 경우를 제외하고는 지정문화재는 일반에게 공개한다.

지정변경권(指定變更權)〔保險契約者의〕 生命保險에 있어서 보험계약자가 보험수익자를 일방적으로 지정 또는 변경할 수 있는 권리(商 733 Ⅰ). 形成權의 일종. 생명보험계약자는 자신을 보험수익자로 할 수도 있고, 제3자, 즉 타인을 위한 보험계약을 체결할 수도 있는 바, 후자의 경우에 있어서는 보험수익자와의 감정 또는 신뢰관계의 추이에 따라 그 변경을 하게 되는 일이 생기므로 이 제도가 인정되고 있다. 保險契約者가 이 권리를 행사할 때에는 보험자에 대하여 변경 또는 지정의 통지를 하여야만 보험자에게 대항할 수 있다(734). 보험계약자가 지정권을 행사하지 아니하고 사망한 때에는 피보험자가 보험수익자로 확정되고, 變更權을 행사하지 아니하고 사망한 때에는 보험수익자의 권리가 확정된다. 그러나 약정이 있으면 보험계약자의 승계인이 그 권리를 행사할 수 있다. 그리고 보험수익자가 보험존속 중에 사망한 때에는 보험계약자는 다시 보험수익자를 지정할 수 있고, 이 경우에 지정권을 행사하지 아니하고 사망한 경우에는 보험수익자의 상속인을

보험수익자로 한다(733Ⅱ·Ⅲ). 보험계약자가 지정권을 행사하기 전에 보험사고가 생긴 경우에는 피보험자 또는 보험수익자의 상속인을 保險受益者로 한다(733 Ⅳ).

지정변호사(指定辯護士) →준기소절차

지정보세구역(指定保稅區域) →보세구역

지정상속분(指定相續分) 피상속인 자신이 또는 지정을 위탁받은 제3자가 지정한 상속분. 法定相續分에 대한 용어. 각국입법에 있어서는 생전행위에 의한 상속분의 지정을 인정하고 있으나 우리 민법은 이에 관한 명문을 두지 않으므로 피상속인은 生前行爲로써 상속분을 지정하거나 그 지정을 제3자에게 위탁할 수는 없다고 해석되고 있다. 유언에 의한 상속재산의 분할방법에 관한 민법 1012조의 규정은 상속분의 지정과는 직접 관계가 없다. →상속분

지정유언집행자(指定遺言執行者) 유언자가 직접 지정하거나 또는 지정의 위탁을 받은 제3자가 지정한 遺言執行者. 지정을 받은 자는 유언집행자의 수락여부를 유언자의 사망후에 지체없이 상속인에게 통지할 의무가 있으며, 상속인 기타 이해관계인은 지정된 자에게 상당한 기간을 정하여 그 기간내에 수락여부에 관한 확답을 催告할 수 있다. 이것은 유언집행자의 受諾與否가 불명한 경우에는 유언집행에 지장을 야기할지 모른다는 점을 고려한 조처이며, 기간내에 최고에 대한 확답을 받지 못한 때에는 그 취임을 승낙한 것으로 본다(民 1097).

지정전염병(指定傳染病) →전염병

지정통계(指定統計) 중앙행정기관·지방자치단체가 작성하는 통계 또는 그 밖의 기관에 위임하여 작성하는 통계로서 통계청장이 지정하여 고시하는 것(統計 3ⅱ). 중요한 통계의 통일과 정확을 기하기 위한 것. 지정통계를 작성하기 위한 조사(指定統計調査)는 통계법의 규정에 의하여 실시해야 하며(5Ⅰ), 그 실시에는 일정사항에 관하여 통계청장이 위임한다. 통계작성기관의 장은 그 통계조사를 실시하기 위하여 필요하다고 인정할 때에는 관계 각 행정기관 또는 지방자치단체나 그 밖의 기관의 장에 대하여 조사·보고 그 밖의 협력을 구할 수 있으며(19), 조사결과는 공표하여야 한다(15). 이제까지의 지정통계는 국세조사·인구동태조사·공업통계조사·상업통계조사·노동력조사 등 많다.

지정항만(指定港灣) 국민경제와 공공의 이해에 밀접한 관계가 있는 항만으로서 대통령령으로 그 명칭·위치 및 구역이 지정된 것(港灣法 2ⅱ). 지정항만은 해양수산부장관이 관리한다(22). 항만에서는 정당한 이유없이 항만에 유독물 또는 동물의 사체를 버리는 행위, 다량의 토석 또는 쓰레기를 버리는 등 항만이 깊이에 영향을 미칠 우려가 있는 행위, 기타 항만의 보전 또는 그 사용에 지장을 끼칠 우려가 있는 행위를 하여서는 아니된다(44).

지정후견인(指定後見人) 遺言에 의하여 후견인으로서 지정된 자. 遺言後見人이라고도 한다. 미성년자에 대하여 친권을 행사하는 부모는 유언으로 미성년자의 후견인을 지정할 수 있다. 그러나 법률행위의 代理權과 財産管理權이 없는 친권자는 후견인을 지정할 수 없다(民 931).

지 주(地主) 토지소유자 일반을 의미할 때도 있으나 보통은 토지를 빌린 자, 특히 小作人에 대한 관계에 있어서 토지를 빌려 준 土地所有者를 말한다.

지주회사(持株會社) 〔英〕 holding company 〔獨〕 Holdinggesellschaft 〔佛〕 société de participations 산하에 있는 子會社를 주식의 전부 또는 지배가 가능한 한도까지 보유하여 지배하는 회사. 자회사의 주식을 보유하고 그 기업을 관리하는 업무만 맡는 純粹持株會社와 직접 고유사업을 하면서 자회사를 지배·관리하는 混合持株會社(事業持株會社)의 2가지 유형이 있다. 넓은 뜻으로는 타회사에의 자본참가를 목적으로 하는 회사, 즉 參加會社(Beteiligungsgesellschaft)와 같은 뜻으로 사용되나, 보통은 資本參加에 의하여 다른 회사의 사업활동을 지배할 것을 주되는 사업으로 하는 회사를 말한다. 지주회사는 주식회사제도의 존재를 전제로 하여 다른 회사의 주식을 취득·보유함으로써 그 회사를 자기지배하에 두고 그 피지배회사가 다시 다른 회사의 주식을 보유하여 그것을 지배한다는 식으로 독점적 지배를 꾀하는 것이다. 따라서 지주회사는 이른바 피라밋형의 지배를 가능하게 하는 것이며, 소액의 자본으로 거대한 생산과 자본에 대한 獨占支配의 그물을 펼 수 있다. 지주회사제도는 트러스트나 콘체른형태에서 이용되며, 독점자본의 형성을 촉진한다. 따라서 각국에서는 독점을 목적으로 하는 지주회사의 설립을 금지하는 입법을 하는 경향이 있다.

지증권(枝證券) 有價證券의 아래에서 하나의 부분으로 발행되며, 유가증권소지인은 유가증권에 정하여진 조건에 따라 이를 떼어서 독립한 증권으로 행사할 수 있는 증권. 이 예로서는 공채 및 사

채(商 486)에 있어서의 이권이 있다. 이권은 무기명의 공채나 사채와 같은 채권증권에 접속되어 있는 것으로서, 각 이자지급기의 利子債權을 표창하는 無記名證券이다. 이권은 본체인 채권에서 분리하여 양도·처분할 수 있으며, 또 이자지급을 받는데는 이권만의 상환으로 족하며 채권 자체를 제시할 필요는 없다.

지진매매(地震賣買) 본래 地上權 또는 토지의 賃借權은 등기가 없으면 제3자에 대항할 수 없는 바 그것이 등기되는 일이 적음을 기화로 地代價상의 목적으로 대개는 가장적으로 행해지는 건물이 있는 토지의 매매를 말한다. 이 경우 새 지주로부터 불법점거를 이유로 하여 土地明渡의 청구를 받으면 차지인은 매매가 가장임을 증명하기 어려우므로 결국 건물을 제쳐놓거나 이 요구를 받아들일 수밖에 없다. 마치 건물의 기초가 지진으로 흔들리는 것과 비슷하므로 이 명칭이 생겼다.

지진약관(地震約款) 보험자가 지진으로 인한 손해에 대하여 塡補責任을 지지 않는다는 취지의 약관. 이와 같은 비상손해에 대한 면책은 보험사업으로서는 오히려 당연하며, 상법 660조도 이를 금지하는 취지가 아니라 하여 유효하게 해석된다.

지참채무(持參債務) →이행지

지 체(遲滯) 〔羅〕 mora 〔獨〕 Verzug 〔佛〕 demeure 의무의 이행을 정당한 사유없이 지연하는 것, 즉 채무자가 이행기에 이행하지 않거나 또는 채권자가 변제를 수령하여야 할 터인데도 불구하고 수령하지 않는 것. 전자를 履行遲滯 또는 債務者遲滯, 후자를 受領遲滯 또는 債權者遲滯라고 한다.

지 출(支出) 넓은 뜻으로는 어떤 목적을 위하여 금전을 지급하는 모든 경우를 말하나, 좁은 뜻으로는 국가 또는 공공단체가 그 직능의 수행을 위하여 경비를 지급하는 것을 말한다. ① 국가에 있어서는 재정경제부소속하의 예산청에서 豫算配定, 支出限度額通知, 각 중앙관서의 장의 支出官別 支出限度額指示, 각 중앙관서의 장 또는 그 위임을 받은 공무원(즉 財務官)의 支出原因行爲, 각 중앙관서의 장 또는 재무관의 支出官에 대한 지출원인행위관계서류의 송부를 거쳐, 지출관이 원칙적으로 현금을 교부하는 대신 한국은행을 지급인으로 하는 수표를 발행하거나 정부계정 상호간의 國庫金對替를 위하여 대체수표를 발행함으로써 행한다(豫會 56~72). ② 지방자치단체에 있어서는 지방자치단체의 장 또는 그 위임을 받은 공무원(즉 經理官)에 의한 지출원인행위, 경리관의 支出員에 대한 지출원인행위관계서류의 송부를 거쳐, 지출원이 원칙적으로 현금에 갈음하여, 그 지방자치단체의 금고에 대하여 지급명령을 발함으로써 행한다(地財 6장 참조).

지출관(支出官) 중앙관서의 장의 명령을 받아 재무관으로부터 지출원인행위관계서류의 송부를 받아서 출납기관(한국은행 또는 前渡資金出納公務員)에게 지출을 명령하는 공무원(豫會 61·114, 豫會施 43). 지출관 외에는 분임지출관·대리지출관·대리분임지출관이 있다(豫會 113, 豫會施 156). 지출관은 財務官 또는 現金出納의 직무를 서로 겸할 수 없다.

지출기관(支出機關) 국가 또는 공공단체의 경비를 지급하는 行政機關. 국가에 있어서는 지출사무의 관리기관은 각 중앙관서의 장이지만 실제의 지출기관으로는 支出官과 出納機關이 있다. 지출관은 財務官으로부터 지출원인행위관계서류의 송부를 받고 지출을 명하는 명령기관이며, 출납기관은 지출관이 발행한 수표 또는 정부계정의 對替手票의 제시에 따라 현금의 지급을 행하는 집행기관으로서 한국은행이 그것이다(豫會 59, 60, 61, 63, 72). 지방자치단체에 있어서는 지출사무의 관리기관은 지방자치단체이지만 실제의 지출기관으로는 명령기관으로서의 支出員과 집행기관으로서의 금고(원칙)·출납원(예외)이 있다(地財 51~55). 지출관과 출납기관의 직무는 서로 겸할 수 없다(豫會 70, 地財 57).

지출명령관(支出命令官) 지출관과 같다.

지출원(支出員) 經理官으로부터 지출원인행위관계서류의 송부를 받아서 出納機關(지방자치단체금고 또는 출납원)에게 지출을 명하는 공무원(地財 51~53). 국가의 예산·회계에 있어서의 支出官에 해당한다. →지출관

지출원인행위(支出原因行爲) 세출예산·계속비 및 국고채무부담행위에 의한 국가 또는 지방자치단체의 지출의 원인이 되는 계약 기타의 행위. 지출원인행위제도는 예산집행을 통제하기 위하여 인정된 것이다. 각 중앙관서 또는 지방자치단체의 장이 행하지만(豫會 58·59·60, 地財 49 I), 그 소속공무원에게 이를 위임할 수 있다(豫會 59, 地財 49 I 但). 각 중앙관서의 장 또는 그 위임을 받은 공무원을 財務官이라 하고(豫會 61), 지방자치단체의 장 또는 그 위임을 받은 공무원을 經理官이라 한다(地財 49 II). 지출원인행위는 법령(지방자치단체에 있어서는 條例·規則도 포함) 또는 배정받은 예산의 범위내에서 하여야 한다(豫會 58, 地財 49 II). 재무관은 다음 연도에 걸쳐 지출하여야 할 지출원인행위

는 할 수 없는 것이 원칙이나, 明示移越費에 대하여 예산집행상 부득이한 사유가 있을 때에는 사항마다 그 사유와 금액의 범위내에서 다음 연도에 걸쳐 지출하여야 할 지출원인행위를 할 수 있다(豫會 60). 지출원인행위관계서류는 지출관에게 송부하여, 지출관의 수표발행에 의하여 출납기관이 현금의 지급을 행한다(豫會 61 · 63 · 72, 地財 52).

지 페 〔獨〕 Sippe 古代 게르만 사회에 존재한 氏族團體. 공동의 시조로부터 나온 男系親의 일단이었으나, 타인을 단체에 가입시키거나(入族 Geschlechtsleite), 成員과 絶緣하는 일(放族 Entsippung)도 있었다. 지페는 게르만고대의 사회구성의 기본적 단위이며, 사람(自由人)은 지페에 속함으로써 사회의 일원이 될 수 있었다. 지페는 첫째로 平和團體이다. 지페의 成員相互間의 다툼은 지페의 내부에서 해결하여야만 되었다. 둘째로 相互扶助團體이다. 어떤 지페에 속하는 자가 다른 지페에 속하는 자로부터 침해를 받은 경우에는 피해자의 지페는 전원이 공동하여 復讐(페에데(Fehde) · 血讐(Blutrache))를 하고, 가해자의 지페는 공동하여 이에 응하여야 하였으며, 贖罪金(Busse)에 관하여도 성원간에 이것을 분담 또는 분배할 권리의무가 있었으며, 또한 성원을 위하여 후견인으로 되고, 소송상의 대리자 · 보조자 · 증인으로 될 의무를 부담하였다. 셋째로 지페는 군사상 · 경제상의 의의를 가진다. 게르만인의 군대는 지페단위로 편성되었으며, 토지의 분배나 定住도 지페단위로 행하여졌다. 게르만의 촌락단체는 원래 혈연단체인 지페가 定住와 더불어 地緣團體로 변화한 것이다. 지페의 조직은 어떤 지배자의 권력에 의하여 통솔되는 지배적 단체가 아니라 成員들이 평등한 입장에서 공동하여 조직하는 공동체, 즉 게노센샤프트이며, 지페는 게노센샤프트의 원형을 이루는 것으로 인정되고 있다. 게르만고대에서 프랑크시대로 이행함에 따라 男系親 뿐만 아니라 女系親도 친족에 가하여지게 되어, 씨족단체로서의 지페는 붕괴되어, 지페는 친족관계임에 불과하게 됨과 동시에, 사회구성의 기본적 단위는 지페로부터 家(家族團體)로 바뀌게 되었다.

지 폐(紙幣) 〔英〕 paper money 〔獨〕 Papiergeld 〔佛〕 papier-monnaie 국가에 의하여 강제통용력이 주어진 종이의 화폐. 本位貨幣인 금속화폐와 兌換할 수 있는가 없는가에 따라 兌換紙幣와 不換紙幣로 구별된다. 정부가 스스로 발행하는가, 정부의 인허에 따라 은행이 발행하는가에 따라 政府紙幣와 銀行券으로 나누어지는데, 어느 것이든지 강제통용력을 가지는 이상 화폐 따라서 금전으로써 금전채무의 변제에 충당된다.

지하수(地下水) 지하에 있는 물. 지하수는 토지의 구성부분이므로, 토지의 所有權이 이에 미친다(民 212). 따라서 ① 자연히 솟아나는 지하수는 그 솟아나는 토지소유자가 전용할 수 있고, 다만 계속적으로 솟아나서 타인의 토지 위로 흐르는 때에는 流水로 취급되는 까닭에 그 湧出地의 소유권의 내용과 독립한 것이 되며, 따라서 하류연안의 토지소유자의 이용권을 해하지 못하게 된다. ② 토지소유자는 그 토지를 파서 지하수를 이용할 수 있음은 물론이나, 지하수는 지하에서 서로 맥을 이루고 있는 까닭에, 어느 토지에 우물을 판 관계로 다른 곳에 있는 우물의 수량이 감소하거나 고갈될 수도 있다. 그러므로 民法은 일정한 경우에는 用水權者가 손해배상을 청구할 수 있고 특히 음료수 기타 생활상 필요한 用水에 장해가 있는 때에는 원상회복을 청구할 수 있음을 규정하였다(236). 민법은 地上水의 이용권에 관해서는 상린관계에 비교적 상세한 규정을 두었지만(221~236), 지하수의 이용권에 관해서는 위의 규정 이외에 별로 규정한 바 없다. 다만, 하천법에서는 하천에 인접한 구역에서 대통령령으로 정하는 기준 이상의 동력과 시설을 사용하여 지하의 流水를 채취함으로써 하천의 유량에 영향을 미칠 우려가 있을 때에는 하천관리청의 占用許可를 받게 하고 있다(河川 33). → 원천 · 수도사용권, 온천

지하수이용권(地下水利用權) → 원천 · 수도사용권

지휘관(指揮官)**의 항복**(降服)**과 도피**(逃避)**의 죄**(罪) 군형법상 지휘관이 그 할 바를 다하지 아니하고 적에게 항복하거나 부대 · 진영 · 요새 · 함선 또는 항공기를 적에게 방임하거나 敵前에서 그 할 바를 다하지 아니하고 부대를 인솔하여 도피하거나 또는 정당한 사유없이 직무수행을 거부하거나 또는 그 직무를 유기함으로써 성립하는 죄(軍刑 22~26). 미수 · 예비 · 음모를 처벌한다.

지휘권남용(指揮權濫用)**의 죄**(罪) 지휘관이 그 지휘권을 남용함으로써 성립되는 軍刑法上의 범죄. 그 유형으로는 불법전투개시죄(軍刑 18), 불법전투계속죄(19), 불법진퇴죄(20)가 있다. 각 미수범은 처벌한다(21). 指揮官이라 함은 중대 이상의 단위부대의 장과 함선부대의 장 또는 함정 또는 항공기를 지휘하는 자를 말한다(2ⅱ).

직 계(直系) → 친계, 직계친

직계급(職階給) 職階制의 원칙에 근거하여 직무와 책임의 정도에 따름을 원칙으로 한 급여. 즉 일체의 직을 직무의 종류 및 복잡도와 책임의 정도

에 따라서 職級에 결부하고, 동일직급에 속하는 직은 職務와 책임이 충분히 유사하므로 이에 동일한 폭의 봉급표를 적용하고, 직급의 상하의 서열에 의하여 급여의 체계를 구성하는 제도. 우리나라도 이 제도가 예정된다.

직계비속(直系卑屬) 子·孫과 같이 본인으로부터 나온 親族의 호칭. 直系尊屬에 대한 관념. 직계비속의 보호·교양은 인정의 근원이기도 하지만, 법률상으로도 직계비속에는 다음과 같은 효과가 인정된다. ① 직계비속에 대하여는 扶養의 의무가 있다(民 974 i). ② 호주승계 및 상속에 있어서는 相續權의 순위가 인정된다(984 i·ii, 1000 I i). ③ 미성년의 직계비속에 대하여는 親權上의 권리의무가 있다(913~927). →직계친, 비속친

직계제(職階制) 〔英〕 position classification 국가기관을 비롯한 대규모조직체에 있어서 그 조직의 요소가 되는 각 職位(post)를 그 職務의 종류·곤란도·책임도 등에 따라 분류하여 고정화·객관화하는 인사관리제. 職位分類制라고도 하며 階級制에 대치되는 개념. 직계제 아래에서는 각 직위는 현실적으로 그 자리에 있는 사람으로부터 분리되어 관념적으로는 무관계한 상태에 놓이는 것이 보통이다. 우리나라의 공무원법은 계급제에 입각하고 있으면서, 단계적으로 직계제에 접근하도록 규정하였다(國公 4, 24).

직계존속(直系尊屬) 부모·조부모와 같이 본인을 출산토록 한 친족. 直系卑屬에 대한 관념. 직계존속에 대한 孝養은 기본적인 윤리이지만, 법률상으로도 직계존속에는 다음과 같은 효과가 인정된다. ① 직계존속에 대하여는 扶養의 義務가 있다(民 974 i). ② 부부 또는 양친자의 한쪽이 다른 한쪽의 직계존속에 대하여 가한 또는 그로부터 당한 심히 부당한 대우는 이혼 또는 罷養의 원인이 된다(840 iii·iv, 905 ii·iii). ③ 직계존속에 대한 생명·신체에 관한 범죄는 일반적인 생명·신체에 관한 범죄보다 무겁게 처벌된다(刑 250 II, 257 II, 260 II, 271 II, 273 II, 277 II, 283 II 등). →직계친, 존속친

직계친(直系親) 혈통이 祖父母·父母·子·孫과 같이 위로부터 아래로 수직으로 연결되는 친족의 총칭. 傍系親에 대한 관념. 男系親·女系親을 묻지 않는다. 직계친이라는 관념은 보통의 경우 존속친·비속친의 구별과 결합하여 사용된다. 즉, 부모·조부모와 같이 본인을 출산하게 한 친족을 直系尊屬이라 하고, 子·孫과 같이 본인으로부터 출산된 친족을 直系卑屬이라 한다. 직계친은 친자라는 가장 기본적인 친족관계 및 그 연장이기 때문에 형제자매 및 그 연장인 방계친에 비하여 훨씬 강한 효과가 인정되고 있다(民 556 I i, 752, 932, 984, 986, 1000, 1072 I iii 등). 촌수의 여하를 묻지 않고 혼인을 무효로 한 것(815 ii) 및 서로 부양의 의무를 인정한 것(974 i) 등은 그 중 가장 주요한 효과이다. 인척에 관하여도 직계친(예컨대 처의 부모)과 방계친(예컨대 처의 형제자매)을 구별할 수 있다. 따라서 직계친이라 할 때에는 血族과 姻戚을 포함시킬 수 있다.

직 군(職群) 職務의 종류가 어느 정도 유사하고 그 책임과 곤란도가 각각 다른 職列의 군. 직무의 성질이 비슷한 수개의 직렬의 복합어. 행정직·세무·운수통계·사서·전산 및 감사직의 7개 직렬이 합하여 行政職이라는 직군이 된다.

직권남용죄(職權濫用罪) 직권남용죄(刑 123)·불법체포감금죄(124)·폭행가혹행위죄(125)·선거방해죄(128)가 이에 속한다. 또한 직권남용죄는 형법각칙 제7장 公務員의 職務에 관한 죄에 속한다.

직권등기(職權登記) 등기공무원이 직권으로써 하는 등기. 부동산등기법 72조의 更正登記, 동법 177조의 抹消登記와 같은 것.

직권면직(職權免職) 공무원 자신의 의사와는 관계없이 국가의 일방적인 의사에 의하여 공무원의 신분을 박탈하는 행위를 말한다. 이는 징계면직과 좁은 뜻의 직권면직으로 나눌 수 있다. 전자는 공무원의 신분을 박탈하는 징계수단으로서 罷免과 解任이 있으며, 후자는 공무원관계를 계속 유지할 수 없는 사유가 있어 국가의 일방적 의사에 의하여 공무원관계를 소멸시키는 單獨行爲로서, 그 사유는 職制와 정원의 개폐 또는 예산의 감소 등으로 廢職 또는 過員이 되었을 때, 휴직기간의 만료 또는 휴직사유가 소멸된 후에도 직무에 복귀하지 아니하거나 직무를 감당할 수 없는 때, 대기명령을 받은 자가 그 기간 중 능력 또는 근무성적의 향상을 기대하기 어렵다고 인정된 때, 轉職試驗에서 3회 이상 불합격한 자로서 직무수행능력이 부족하다고 인정된 때 등이다(國公 70).

직권명령(職權命令) 行政官廳이 발하는 명령 중에서 법률 또는 상급명령의 특별한 委任에 기하지 아니하고 직권으로 당연히 발할 수 있는 것. 현행법에는 행정관청이 그 직권으로 당연히 발할 수 있는 명령은 헌법·법률 또는 상급명령의 규정을 실시하기 위하여 필요한 사항을 정하는 소위 執行命令에 한하고(憲 75, 95 참조), 그 이외의 사항은 직권명령으로써 정할 수가 없다.

직권보석(職權保釋) → 보석

직권송달주의(職權送達主義) 送達을 직권으로써 행하는 立法主義. 當事者送達主義에 대한 말이다. 현행법은 원칙적으로 이 주의를 채택한다(民訴 161). 따라서 송달을 필요로 하는 경우는 법원서기관 또는 서기가 직권으로 행하며, 당사자의 신청을 기다릴 필요가 없고 또 당사자의 합의에 의하여도 송달을 방해할 수 없다. 다만 송달방법 가운데서 公示送達을 함에 있어서는 원칙적으로 당사자의 신청을 필요로 한다(179 I).

직권심리주의(職權審理主義) 〔獨〕 Instruktionsmaxime, Inquisitionsmaxime [1] 민사소송법상 법원이 당사자의 주장을 기다리지 않고, 또 이것에 구속되지 않고 적극적으로 직권으로써 필요한 사실탐지 및 직권으로써 證據調査를 행하는 주의. 전자를 강조할 때는 職權探知主義라고도 말하며, 辯論主義에 대한 말이다. 공익에 관한 사건(가사소송, 행정소송, 파산사건, 회계정리사건, 선거소송에 관하여 행하여지나(家訴 17, 行訴 26, 破 101, 會整 9, 國選 227), 보통의 소송에서도 이 주의가 행하여지는 수가 있다(→직권탐지). 이 주의하에서는 당사자는 소송의 운명을 좌우하지 못하며(특히 請求의 認諾은 인정되지 않는다), 당사자의 변론은 직권탐지의 보충에 불과하다. 따라서 소송자료를 늦게 제출하였다는 불이익(失權의 제재)은 면제되는 동시에 裁判上의 自白의 효력은 인정되지 않는다(家訴 12).

[2] 형사소송절차에서는 종래 이 주의에 따라 왔으나, 현행형사소송법은 구법에 비하여 辯論主義를 일층 강화하였다. →직권주의

[3] 행정소송상의 직권심리주의에 관하여는 職權主義를 보라.

직권위양(職權委讓) 일반적으로 어떤 기관의 권한을 다른 기관 또는 사람에게 옮기는 것을 말한다. 委讓된 權限은 위양된 자의 권한이 된다. 특히 행정기관의 권한을 행정기관이 아닌 법인인 민간단체에 위양하는 것을 직권위양이라고 한다.

직권조사(職權調査) 〔獨〕 Prüfung von Amts wegen [1] 민사소송법상 당사자의 抗辯에 의한 지적을 기다리지 않고, 또 당사자 사이에서 다툼이 있거나 없거나 관계없이, 소송상의 사항에 관하여 법원이 자진하여 고려하고 판단하는 것. 주로 訴訟條件 또는 개개의 訴訟行爲의 적법요건과 같은 소송제도의 유지에 필요한 공익적인 일정한 사항(職權訴訟事項)에 관하여 행하여진다. 예컨대 관할권, 당사자능력, 소송능력, 소병합의 요건, 불변기간의 준수, 기판력의 유무와 같은 것이다. 또 판결에 있어서 소전제인 구체적 사실에 대한 관계에서 대전제의 지위에 서는 法規나 經驗法則은 당연히 법원이 직권으로 조사할 사항이다. 직권조사사항에 관하여는 당사자의 합의 또는 포기에 의하여 조사를 방해할 수 없으며, 당사자의 이에 관한 주장은 법원의 조사를 촉구하는데 그치므로, 그 제출시기에 제한이 없다. 또 직권조사사항에 관하여는 職權審理主義가 채용되는 것이 원칙이다. 다만 任意管轄이나 確認의 利益과 같은 것은 예외이다.

[2] 형사소송법상 법원의 조사범위는, 제1심에 있어서는 전면적으로 인정되지만, 抗訴審에 있어서는 항소이유의 범위에 국한하나, 판결에 영향을 미친 사유에 관하여는 抗訴理由書에 포함되지 아니한 경우에도 직권으로 조사할 수 있다(364 I・II). 上告審에 있어서도 원칙적으로 상고이유의 범위에 국한하나, 383조 1호 내지 3호에 규정된 사유에 대해서는 상고이유서에 포함되지 아니한 때에도 직권으로 심판할 수 있다(384). 직권조사는 당연히 그 판단의 자료를 직권으로 수집하지 않으면 안되는 것은 아니므로, 이를 職權探知와 혼동하여서는 안된다. 후자는 당사자의 태도 여하에 불구하고 법원이 재판의 기초자료를 적극적으로 수집하는 것, 즉 직권을 가지고 증거의 수집 및 증거조사를 하는 것을 말한다. →직권조사사항

직권조사사항(職權調査事項) 직권조사를 하지 않으면 안되는 사항. 職權探知事項과 구별하여야 한다. 직권조사사항 중 중요한 것을 들어 보면, 管轄權(단 토지관할은 제외), 당사자능력, 소송능력 등이다. →직권조사

직권조정(職權調停) 직권으로써 조정에 회부하는 것. 受訴法院은 계속하는 민사사건에 관하여 직권으로써 民事調停에 회부할 수 있으나, 소송의 촉진을 고려하여 사건에 관한 爭點 및 증거의 정리가 완료한 후에 있어서는 당사자의 합의가 없는 때에는 이 한도가 아니다. →강제조정

직권주의(職權主義) 〔獨〕 Offizialprinzip [1] 형사소송법상 법원에 권한을 집중하는 주의로서, 當事者主義에 대한 것이다. 어떠한 점에 관한 권한인가에 따라 3종이 있다. 첫째, 한번 소송이 係屬된 이상 사건에 관하여 당사자의 처분을 허용하지 않으며, 법원의 재판에 의하여서만 사건을 종결시키는 주의이며, 不變更主義라고도 한다. 둘째, 증거에 관하여 당사자가 제출하는 것만으로는 만족치 않고 법원이 직권으로 증거조사를 행하는 주의로서, 職權探知主義 또는 職權審理主義라고도 한다. 셋째, 소

송의 진행을 당사자의 임의에 맡기는 일이 없이 법원이 직권으로 진행시키는 주의로서, 職權進行主義라고도 한다. 직권주의는 이 중의 하나 또는 전부를 말하며, 각각 정도의 차가 있으며, 각종의 색채를 갖는다. 직권주의는 國家訴追主義를 채용하는 것과 동일한 이유로 대륙제국의 형사소송에서 인정되었다. 그러나 현행형사소송법은 處分主義에까지는 이르지 못했지만, 당사자주의를 강화하고, 직권주의는 오히려 제2차적 지위로 후퇴했다. 형사소송법은 첫째의 점에 관하여 검사에게 公訴의 取消를 인정하나(255), 피고인의 어레인먼트는 인정하지 아니한다. 둘째의 점에 관하여 직권증거조사는 보충적으로 행하여지는데 불과하고(291, 295), 셋째의 점에 관하여 법원의 소송지휘권이 인정되고 있으나, 당사자는 이의를 신청할 수 있는 경우가 있다(279, 296, 270).

[2] 민사소송법에서는 소송에 관하여 법원이 자발적으로 행동을 할 수 있는 권능을 가진 주의로, 절차의 진행에 관하여는 職權進行主義, 소송자료의 수집에 관하여는 職權審理主義 또는 職權探知主義라고 한다.

[3] 행정소송에 있어서는 그 대상이 되는 사건이 직접 공익에 밀접한 관계가 있는 까닭에, 심리·재판의 객관적 타당을 기하기 위하여 각국법은 직권주의를 가미하고 있다. 우리나라 행정소송법은 職權證據調査, 당사자가 주장하지 않은 사실의 판단을 인정하고 있다(26).

직권중재(職權仲裁) 강제중재와 같다.

직권증거조사(職權證據調査) [1] 민사소송법상 직권으로 개시하는 증거조사를 말한다. 職權探知主義하에서는 일반적으로 인정되고 있으나(예 : 家訴 17, 行訴 26, 破 101 Ⅱ), 辯論主義하에 있어서의 증거조사는 당사자의 신청에 의함을 그 원칙으로 하고, 당사자가 신청한 증거방법에 의하여서 심증을 얻을 수 없거나 기타 필요하다고 인정한 경우에 보충적으로 직권으로써 증거를 조사할 수 있도록 하였다(民訴 265). 法規나 經驗法則의 존부에 관하여도 법원은 직권으로 감정을 명할 수 있으며(130 Ⅰ ⅳ), 기타 소송법상의 직권조사사항에 관하여도(訴訟要件) 직권으로 증거조사를 할 수 있다. 법원은 증거조사 이외의 필요한 조사를 공무소, 학교 기타의 단체 또는 외국공무소에 촉탁할 수 있다(266). 이것은 檢證과 鑑定에 대신하여 증거자료를 수집하는 것이다.

[2] 형사소송법상 종전에는 증거조사는 원칙적으로 직권에 의하였으나, 현행형사소송법에서는 辯論主義가 강화된 결과 종전과는 반대로 당사자의 신청에 의하는 것을 원칙으로 하고, 직권증거조사는 보충적으로 행하여지는데 불과하다(294, 295).

[3] 행정소송의 심리에 있어서는 법원은 필요한 경우에 직권으로 증거조사를 할 수 있다(行訴 26). 행정소송에 있어서의 職權主義의 발현이다. 대륙법계의 행정재판제도에 있어서는 고도의 직권주의가 인정되는 예도 있으나, 우리나라 행정소송법은 원칙적으로 일반의 민사소송의 변론주의에 의존하는 것을 전제로 하고 최소한도의 필요로서 이 제도를 인정하고 있다. → 증거조사, 직권주의

직권진행주의(職權進行主義) 〔獨〕 Amtsbetrieb, Offizialmaxime 소송의 촉진력을 법원에 부여하여, 節次의 진행을 도모하는 행위를 법원이 직권으로 행하고, 이에 관하여 당사자의 신청을 기다리지 않거나 또는 신청을 허용하지 않는 주의.

[1] 민사소송에서 만일 소송의 진행을 당사자의 자유에 방임하면 법원의 부담을 무겁게 하며, 전소송제도의 능률을 저하시키므로, 근래의 立法例는 모두 직권진행주의를 취하고 있다. 우리 민사소송법에서는 期日의 指定(152 Ⅲ) 및 送達(161)은 원칙적으로 직권으로 행하며, 또 기일의 변경은 최초의 기일을 제외하고 현저한 사유가 있는 때에 한하여 인정하며(152 Ⅳ), 합의에 의한 소송의 休止나 기간의 伸張 등을 인정하지 않고, 중단소송도 受繼를 하지 않는 경우에는, 직권으로 續行을 명할 수 있다(222).

[2] 형사소송에서는 절차의 진행도 실체의 심리도 모두 직권으로 행하는 것을 원칙으로 하였으므로, 특히 職權進行主義란 말은 사용되지 않는다. 실체의 심리에 있어서 당사자의 권한이 강화된 현행법하에서도 직권진행주의의 실질은 인정되고 있다.

직권취소(職權取消) 행정행위의 취소는 취소권을 발동하게 된 직접적인 동기에 따라 쟁송에 의한 취소와 직권에 의한 취소로 나눌 수 있는데, 직권에 의한 취소란 이해관계인의 신청과는 관계없이 행정행위의 취소권을 가진 자가 取消權의 發動으로 하는 취소를 말한다.

직권탐지(職權探知) 당사자의 태도 여하에 불구하고 법원이 판결의 기초자료를 적극적으로 수집하는 것.

[1] 민사소송에서는 辯論主義를 원칙으로 하기 때문에, 직권탐지는 예외이지만 職權審理主義를 채택하고 있는 절차에서는 채용되고 있다. 통상의 민사소송에서도 예컨대 치외법권·專屬管轄·除斥原因·2중소송의 금지 등과 같은 공익에 관한 사항에서는 이를 행하고 있다. 그러나 직권조사사항이라도 반드시 직권탐지가 행하여진다고는 할 수 없다. 예컨대 任意管轄이나 確認의 利益과 같은 것은 직권조사사

항이면서 직권탐지를 행하는 것이 아니기 때문이다.

[2] 형사소송에서는 이 용어는 그다지 사용되지 않는다. 사건의 실체에 관하여는 당사자의 증거조사의 신청에 의할 것을 원칙으로 하고, 법원은 필요하다고 인정할 때 職權證據調査를 함에 불과하므로 직권탐지는 보충적이다.

직권탐지주의(職權探知主義) 〔獨〕 Untersuchungsgrundsatz, Offizialgrundsatz 職權審理主義와 같은 뜻으로 사용되나, 그 가운데서 직권탐지의 면을 강조하는 경우에 사용되는 때가 많다.

직 급(職級) 〔英〕 class 직급이라 함은 職務의 종류·곤란성과 책임도가 상당히 유사한 職位의 군을 말한다. 동일한 직급에 속하는 직위에 대하여는 임용자격·시험·보수 기타 인사행정에 있어서 동일한 취급을 한다(國公 5ⅱ).

직능대표제(職能代表制) 국민의 각계각층의 이해관계자의 대표로 국회를 구성하는 제도. 국회의원이 국민의 일부층에서만 선출되기 때문에 국회가 정당한 國民代表라고 말할 수 없다는 데에 직능대표제를 주장하는 이유가 있다. 그러나 어떠한 합리적인 방법으로 직능대표를 선출하느냐가 기술상 곤란하다. 또 완전히 이해관계가 대립된 대표자들이 어떻게 타협하여 의견의 일치를 볼 수 있느냐도 문제된다. 아직 성공적인 직능대표의 국회는 보지 못하고 있다.

직능위원회(職能委員會) 〔英〕 Functional Commissions 國際聯合 經濟社會理事會에 부탁된 문제 또는 제안을 검토·보고 또는 권고함을 그 임무로 하는 기관. 위원은 이사회에서 선출되며, 위원회는 사무총장과 협의하여 전문가를 위촉할 수 있다. 중요한 위원회는 운수·통신위원회, 통계위원회, 인구위원회, 사회위원회, 인권위원회, 소수자보호에 관한 분과위원회, 부인의 지위에 관한 위원회 및 마약위원회 등이다.

직 렬(職列) 공무원의 직무의 종류가 비슷하고, 그 책임과 곤란성의 정도가 상이한 職級의 群을 말한다(國公 5 ⅷ). 행정기능의 다양화에 따라 공무원의 담당직무를 세분 전문화하기 위하여 새로 채용된 인사관리상의 제도.

직 류(職類) 동일한 職列내에서의 담당분야가 동일한 職務의 群(國公 5ix). 직무의 성질에 따라 직렬을 보다 세분화한 개념이며 임용자격, 시험 기타 인사행정이나 직위분류의 기초가 된다.

직률성(直律性)〔團體協約의〕 〔獨〕 Unabdingbarkeit 團體協約은 이른바 규범적 부분(조항)에 대하여서는 規範的 效力이 있기 때문에, 일반적인 근로계약으로써는 단체계약을 깨뜨릴 수 없다는 것을 단체협약의 직률성이라 한다. 특히 단체협약에 위반되는 근로계약은 무효인데, 그 무효로 된 부분과 근로계약에 정함이 없는 부분은 단체협약의 정하는 기준에 따르게 된다는 단체협약의 효력을 말하는 것이다. 그러므로, 직률성은 규범적 효력과 같은 것을 말하는 것이라고 할 수 있다. 노동조합 및 노동관계조정법 33조는 이에 대한 규정이다. →규범적 효력

직 무(職務) 공무원은 職列 또는 法令에 의하여 일정한 범위의 사무를 처리하는 것이니, 이 사무의 범위를 직무라고 한다. 직무는 토지의 구획에 의하여 또는 사무의 종류에 의하여 일정한 한계가 확정되는 것이지만, 그 한계내의 사무를 처리하는 것은 공무원의 권한인 동시에 의무이기도 하다. 권한인 점을 강조할 때에 職權이라고 할 수 있고 의무인 점을 강조할 때에 직무라고 말할 수 있다.

직무강요죄(職務强要罪) 공무원에 대하여 그 직무상의 행위를 강요 또는 저지하거나 그 직을 사퇴하게 할 목적으로 폭행 또는 협박하는 죄(刑 136Ⅱ)로 公務强要罪라고도 하며, 특수직무강요(144)의 경우에는 형을 가중한다. 단순공무집행방해죄가 현재의 직무집행에 당하여 폭행·협박이 행하여지는 데에 반하여, 本罪(前段)는 장래의 직무집행에 관하여 행하여진다는 데에 특색이 있다. 本罪(後段)는 目的犯이며, 폭행·협박의 결과 그 목적이 실현됨을 요하지 않는다.

직무관할(職務管轄) →직분관할

직무기간(職務期間) 행위기간중 법원이 하는 訴訟行爲에 대해 정해진 기간. 이는 固有期間에 대한 말이다. 그 예로서 판결선고기간(民訴 184, 192), 판결송달기간(196Ⅰ), 제1회변론기일지정기간(233), 기록송부기간(369, 395, 408) 등을 들 수 있다. 고유기간과 달라서 직무기간의 준수는 훈시적이며, 그 기간의 懈怠는 실권의 효과를 발생하지 않는다.

직무대리(職務代理) 관청의 권한, 즉 직무를 당해 관청 자신이 행사하지 않고, 이것을 다른 자로 하여금 대신 행사케 하는 것. 보통의 權限의 代理나 署理와 동일개념으로 사용된다. →권한의 대리, 서리

직무명령(職務命令) 국가공무원법 57조의

공무원은 직무를 수행함에 있어서 소속상관의 직무상의 명령에 복종하여야 한다라는 규정(다른 각종 공무원법에도 이러한 규정을 두고 있음)에 의하여 상관이 부하에게 내리는 명령. 모든 공무원은 직무상의 소속상관이 내리는 유효한 직무명령에 복종해야 한다. 직무명령이 유효한 것이 되기 위해서는 첫째로 그 명령의 내용이 소속상관의 權限에 속한 것이어야 하는 동시에 명령을 받는 자의 권한에 속한 것이어야 한다. 둘째로 그 직무명령의 內容이 헌법·법률 또는 상급명령에 위반되는 것이 아니어야 한다. 셋째로, 직무명령의 形式이 그 형식에 관한 법의 규정이 있을 때에는 그것을 구비해야 되는 것이다. 공무원이 복종해야 될 직무명령은 유효한 명령이어야 하거니와 만일 2 이상의 소속상관의 직무명령이 서로 저촉되는 경우에는 그 상관에 상하의 계급이 있을 때에는 상급의 것에 따르고, 상하의 계급이 없을 때에는 공무원 자신의 판단에 의하여 적법이라고 생각되는 것에 따르는 수밖에 없다. 공무원이 상관의 명령인 職務命令에 복종하는 의무는 절대적인 것이 못된다. 일반통설에 의하면 직무명령이 上級法令에 위반되고 그 위반된 사실이 중대하고도 명백한 경우에는 무효의 하자를 구성하는 것이므로, 외견상은 명령이 존재하고 있을지라도 당사자는 물론 제3자에 대해서도 아무런 구속력이 없다는 것이다. 따라서 복종의 의무가 없게 된다. 그러나 상관의 명령은 적법의 추정을 받는 것이고, 또 위반의 사정이 명백하지 않고, 중대하지도 않은 경우에는 취소의 원인이 될 따름이므로 상관 자신이 반성해서 취소하기까지는 그 명령에 복종하지 않으면 아니된다. 직무명령은 이른바 직무상의 독립을 가진 공무원, 즉 公務遂行에 있어서 누구의 지휘를 받지 않고, 자기의 독자적 견해로써 처리할 수 있는 공무원에 대해서는 있을 수 없다. 따라서 이러한 공무원은 직무명령을 하였을지라도 그에 복종할 필요가 없다. 판사·교원은 직무상의 독립을 가진 공무원의 일례이다.

직무발명(職務發明) 종업원·법인의 임원 또는 공무원이 그 직무에 관하여 발명한 것이 성질상 사용자·법인 또는 국가나 지방자치단체의 업무범위에 속하고, 그 발명을 하게 된 행위가 종업원 등의 현재 또는 과거의 직무에 속하는 발명을 말한다. 이 경우에 종업원 등이 특허를 받았거나 특허를 받을 수 있는 권리를 승계한 자가 특허를 받았을 때에는 사용자 등은 그 특허권에 대하여 通常實施權을 가진다(特許 39Ⅰ). 공무원의 직무발명은 국가가 승계하며, 국가가 계승한 공무원의 직무발명에 대한 특허권은 國有로 하는데, 이 경우 국유로 된 특허권의 처분 및 관리에 관하여 필요한 사항은 대통령령으로 정한다(39Ⅱ·Ⅳ·Ⅴ). 한편 종업원 등이 한 발명 중 직무발명을 제외하고는 미리 사용자 등으로 하여금 특허를 받을 수 있는 권리 또는 특허권을 승계시키거나 사용자 등을 위하여 專用實施權을 설정한 계약이나 근로규정의 조항은 이를 무효로 한다(39Ⅲ). 종업원 등은 직무발명에 대하여 특허를 받을 수 있는 권리 또는 직무발명에 대한 特許權을 계약 또는 근무규정에 의하여 사용자 등으로 하여금 승계하게 하거나 전용실시권을 설정한 경우에는 정당한 보상을 받을 권리를 가지며, 이 때 補償의 額을 결정함에 있어서는 그 발명에 의하여 사용자 등이 얻을 이익의 액과 그 발명의 완성에 사용자 등이 공헌한 정도를 고려하여야 하며, 종업원 등이 정당한 결정방법을 제시한 때에는 이를 참작하여야 한다. 또 공무원의 직무발명에 대하여 국가가 이를 승계한 경우에는 정당한 보상금을 지급하여야 하며, 이 경우 보상금의 지급에 대하여 필요한 사항은 대통령령으로 정한다(40).

직무범죄(職務犯罪) 공무원이 그 직권을 濫用 또는 懈怠함으로써 성립하는 범죄(예 : 직권남용죄). 공무원의 직무집행행위 그 자체가 범죄를 구성하는 경우이며, 직무에 관련하여 행해지는 범죄(예 : 收賂罪)와 구별된다. 그리하여 직무범죄의 성립에는 첫째 그 행위가 공무원의 權限內의 행위일 것, 둘째 행위자에게 형법상의 故意 또는 過失이 있음을 요한다.

직무영사(職務領事) 〔英〕 professional consul 〔獨〕 Berufskonsul 〔佛〕 consul de carrière 영사에는 직무영사와 명예영사의 2종이 있다. 직무영사는 일명 派遣領事(또는 專任領事)라고도 하며 영사사무를 그 本務로 하고 본국으로부터 파견된 영사로서 전임으로 영사사무에 종사한다. 名譽領事는 일명 選任領事라고도 하며 보통 접수국의 주민중에서 선임되고, 단지 영사사무를 위촉받은 영사를 말한다. 그런데 보통 영사라고 할 때에는 직무영사를 말한다. →영사, 명예영사

직무유기죄(職務遺棄罪) 공무원이 정당한 이유없이 그 직무수행을 拒否하거나 그 직무를 遺棄하는 죄(刑 122). 그 주체가 군의 지휘관인 경우에는 특별규정이 있다(軍刑 22~24). 공무원은 국민전체에 대한 봉사자로서(憲 7Ⅰ) 친절공정히 집무하여야 하며(國公 59, 地公 51), 법령을 준수하고 성실히 직무를 수행하여야 할 뿐 아니라(國公 56, 地公 48), 직무를 수행함에 있어서 소속상관의 직무상의 명령에 복종하여야 한다(國公 57, 地公 49)(→

공무원의 의무). 또한 공무원은 소속상관의 허가 또는 정당한 이유없이 직장을 이탈하지 못한다(國公 58 I, 地公 50 I). 그래서 국가·지방공무원법이나, 이 법에 의한 명령에 위반하거나, 직무상의 의무에 위반하거나, 직무를 태만하는 것은 懲戒事由가 된다(國公 78 i·ii, 地公 69 i·ii). 그 뿐 아니라 형법은 職務遂行拒否와 職務遺棄를 범죄로 규정함으로써, 성실한 직무수행을 강제하고 있다. 특히 직무유기가 되려면 故意가 있어야 한다는 것을 주의해야 할 것이다.

직무질문(職務質問) → 불심검문

직무집행권(職務執行權) 공무원이 가지는 자기가 담당하는 직무를 아무런 방해도 받지 아니하고 집행할 수 있는 권리를 말한다. 이를 방해한 자는 公務執行妨害罪를 구성한다.

직무집행영장(職務執行令狀) 〔英〕 mandamus → 맨데이머스

직무행위(職務行爲) 위법한 직무행위로 인하여 국가가 賠償責任을 지는데 있어서, 그 직무행위의 의미, 즉 내용과 범위가 문제된다. 우선 그 범위에 관해서는 權力作用만이 아니라 管理作用까지 포함한다는 견해와, 더 나아가서 사경제작용까지를 포함한다고 보는 입장이 있다. 그리고 그 내용에 관하여는 작위·부작위 또는 법률행위·사실행위를 가릴 것이 없다는 것이 일반적이나, 準法律行爲的 行政行爲 및 統治行爲 등의 경우는 논란이 있다.

직별조합(職別組合) 직업별노동조합의 약칭.

직분관할(職分管轄) 〔獨〕 funktionelle Zuständigkeit 행사하는 재판권이 상이한 관계로 인하여 정하여지는 법원의 관할. 職務管轄이라고도 한다. 예컨대 판결절차를 관할하는 법원(受訴法院)과 강제집행절차를 실시감독하는 법원(執行法院)으로 나눌 수 있고, 또 전자는 다시 이를 제1심법원, 항소심법원 및 상고심법원으로 나눌 수 있는 것과 같다(審級管轄).

직불(直拂)**카드** 〔英〕 debit card 직불카드회원과 신용카드가맹점간에 전자 또는 자기적 방법에 의하여 금융거래계좌에 이체하는 방법으로 물품 또는 용역의 제공과 그 대가의 지급을 동시에 이행할 수 있도록 신용카드업자가 발행한 증표를 말한다(與信專門金融業法 2vi). 따라서 발행주체는 은행이고 직불카드를 사용하려면 반드시 은행에 계좌가 있어야 한다. 직불카드의 가장 큰 장점은 현금을 가지고 다닐 필요가 없다는 점이다. 카드 하나만으로 物品이나 用役·代金을 결제할 수 있고 신용카드처럼 일정기간 후에 계좌를 정리할 필요도 없으며 이자나 수수료도 낼 필요가 없다. 직불카드는 병원, 백화점, 편의점, 주유소, 서점 등에서 신용카드거래가 부적합한 상품이나 서비스의 구입에 활용된다.

직선기선(直線基線) 〔英〕 straight base line 영해의 폭은 연안의 低潮線으로부터 측정하는 것이 원칙이나 연안선의 굴곡이 심하고 연안근거리에 沿하여 섬이 있는 곳에서는 적당한 여러 점을 직접으로 연결한 선으로부터 영해의 폭을 측정할 수 있다. 이것을 직선기선이라고 한다. 직선기선을 그을 때에는 연안의 일반적 방향으로부터 너무 떨어져서는 안되며, 또 그 내측에 있는 수역은 內水로서 영토와 십분 밀접하게 결부되지 않으면 안된다. 1951년 12월 18일자 국제사법재판소가 영국과 노르웨이간의 漁業紛爭事件에서 내린 판결은 이 직선기선의 방법을 인정하였고, 1958년 제네바 국제연합해양법회의에서 채택된 영해 및 접속수역에 관한 조약도 이 방법을 채용하고 있다. → 영해의 측정

직업공무원(職業公務員) 직업적으로 公務에 종사하는 공무원. 名譽職公務員에 대한 개념. 명예직공무원이란 대체로 선거에 의한 공무원으로서 공무의 담당이 임시적인 것을 말한다. 오늘의 공무원제도에 있어서는 명예직공무원을 예외로 하고 직업공무원을 원칙으로 하고 있다. 직업공무원을 대상으로 한 공무원제도를 職業公務員制라고 한다. 직업공무원제에 있어서는 공무원의 임용은 考試制로 하고, 그 신분을 보장하며, 정치로부터 정치적 중립성을 지키게 하는 것을 그 특색으로 한다. 우리나라의 공무원법도 이러한 직업공무원제를 그 내용으로 하고 있다.

직업범죄인(職業犯罪人) 〔英〕 professional criminal 〔獨〕 Berufsverbrecher 〔佛〕 criminel de profession 일반적으로 계획적이고 계속적인 동종의 범죄활동으로 그 생계의 전부 또는 일부를 유지하는 범죄인. 이들은 勞動嫌忌, 利欲, 범죄의 급속한 계속, 범죄의 종류와 실행형식의 특수화가 그 특징이라 할 수 있다. 非職業的 狀態犯罪人이 기회와 필요성에 응하여 가변적인데 반하여, 이들은 적극적이며 지능적이고 이들에게서 저능·정식박약 등은 볼 수 없다.

직업별노동조합(職業別勞動組合) 〔英〕 craft union 동일한 직업에 속하는 근로자의 노동조합. 예를 들면 木手組合·鐵工組合·鉛管工組合과 같다. 초기의 노동조합은 모두 직업별조합이었다.

그것은 숙련공만의 이익옹호단체가 되기 쉬우며, 배타적 보수적이어서, 근로자 전반의 이해에 무관심하다고 하는 비난이 있다. 産業別勞動組合이 생겨난 이유의 하나도 여기에 있다. 그러나 그 역사적 의의는 무시할 수 없는 것이어서, 현재도 여러 외국에서는 충분히 존재이유가 있다.

직업병(職業病) 근대적 공장제도의 발전에 따라서 원료의 취급, 직업의 작업환경, 노동수단 및 작업방법 등으로 불가피하게 생긴 업무상 질병. 이는 산업의 발달, 작업의 분화에 따라서 순차적으로 확대되어 간다. 근로기준법시행령 40조에서는 38종의 業務上 疾病을 기재하고 있다. 이러한 업무상 질환 내지는 재해는 災害補償의 대상이 된다. 산업안전보건법은 이러한 직업병을 유발시키는 유해업무에 대해 사업주로 하여금 근로자의 보호조치를 취하도록 하고 위반이 있을 경우에는 벌칙이 주어지게 된다(67).

직업선택(職業選擇)**의 자유**(自由) 자기가 원하는 바에 따라 어떤 직업이라도 자유로이 선택할 수 있는 자유. 영업의 자유, 즉 직업의 수행 내지 경영의 자유도 그 안에 포함된다. 봉건적인 신분제·세습제의 부정으로서 權利條項에서 보장되는 일이 많은 自由權의 하나. 우리 헌법은 15조에서 명문으로 이것을 보장하고 있다. 이 자유도 국가안전보장·질서유지 또는 공공복리를 위하여 필요한 경우에 한하여 법률로써 제한될 수 있으며, 제한한 경우에도 자유와 권리의 본질적 내용을 침해할 수 없다(37Ⅱ).

직업소개(職業紹介) 求職者와 求人者와의 사이의 雇傭契約의 성립을 알선하는 것(職業安定法 4). 무료직업소개사업은 서울특별시장·광역시장 또는 도지사의 허가를 받아야 한다(18). 기타 직업안정기관의 장은 필요하다고 인정하는 경우에는 초·중등교육법 및 고등교육법에 의한 각급 학교의 장이나 근로자 직업훈련촉진법에 의한 공공직업능력개발훈련시설의 장이 행하는 무료직업소개사업에 협력하도록 규정하고 있다.(15). 유료직업소개사업에 관하여는 국내는 시장·군수·구청장, 국외는 노동부장관에 등록을 요건으로 하며 그 요금은 雇傭政策審議會議의 심의를 거쳐 결정하도록 하고 있다(19).

직업안정기관(職業安定機關) 직업소개·직업지도·직업보도 등 직업안정업무를 수행하는 地方勞動行政機關을 말한다(職業安定法 4ⅰ). 구인자 또는 구직자의 신원증명 기타 조회에 관한 회보, 구인·구직에 관한 중계 또는 공보에 관한 업무에 대해 직업안정기관의 장의 요청이 있으면 시장·군수·구청장은 그 요청에 협력하여야 한다(7).

직업안정위원회(職業安定委員會) 직업안정과 고용촉진 및 실업대책에 관한 중요사항을 심의하기 위하여 노동부와 서울특별시·광역시·도에 설치되는 위원회로, 직업안정위원회의 명칭·위치·조직과 운영에 관한 필요사항은 대통령령으로 정하도록 되어 있었다(舊職業安定 및 雇傭促進에 관한 法律 5). → 고용정책심의회

직업지도(職業指導) 취직하고자 하는 자의 능력과 소질에 적합한 직업의 선택을 용이하게 하기 위하여 실시하는 職業適性檢査, 직업정보의 제공, 職業相談, 실습, 권유 또는 조언 등을 행하는 것을 말한다(職業安定法 4ⅲ). 새로 취직하려고 하는 자, 신체 또는 정신에 장애가 있는 자 기타 취직에 관하여 특별한 지도를 필요로 하는 자 등에 대하여 직업안정기관의 장이 행하며 필요한 경우에는 학생 또는 職業訓練生에게 작업지도를 실시할 수 있다(14, 15).

직 원(職員) 公私의 조직체에서 일정한 직무에 종사하는 자의 총칭. 職階制下에서는 국가 또는 지방자치단체에서 일정한 직위를 차지하고 있는 공무원을 말한다. 특수법인에 있어서는 임원에 대립된 개념으로도 쓰이며, 그 경우에는 간부급의 중요한 직위에 있지 않는 사원을 말한다.

직 위(職位) 〔英〕 position 1인의 공무원에게 부여할 수 있는 職務와 責任(國公 5ⅰ). 동일한 직류와 계급에 속하는 직위는 세분되며, 공무원의 임용은 일정한 직위에 대하여 행하여진다. 지방행정국장·행정과장 등은 직위이다.

직위해제(職位解除) 공무원에게 그의 직위를 계속 유지시킬 수 없다고 인정되는 사유가 있는 경우에 이미 부여된 직위를 解免하는 任用行爲의 일종. 직위해제사유는 다음과 같다. ① 직무수행능력이 부족하거나 근무성적이 극히 불량한 자, ② 징계의결이 요구중인 자, ③ 형사사건으로 기소된 자(國公 73의2Ⅰ). 위의 ②에 의하여 대기명령을 받은 자가 이 기간 중에 능력 또는 근무성적의 향상을 기대하기 어렵다고 인정되는 때에는 職權免職시킬 수 있다(70Ⅰⅴ). 직위가 해제된 자가 그 사유가 소멸된 때에는 지체없이 복직시켜야 한다(73의2Ⅱ).

직 인(職印) 合議制機關을 제외한 행정기관의 장, 예외적으로는 국무총리의 승인을 얻은 중앙행정기관의 각 차관·차장·국장 기타의 補助機關과 서울특별시의 부시장·국장 기타의 보조기관 및 소속중앙행정기관장의 승인을 얻은 중앙행정기관의

제1차소속기관과 道(광역시를 포함한다)의 국장 기타의 보조기관의 인장. → 청인, 관인

직장점거(職場占據) 〔英〕 work-in 〔獨〕 Fabrikbesetzung 勞動爭議의 당사자인 노동조합의 근로자가 파업에 즈음하여 사용자의 의사에 반하여 기업시설내에 체류하는 爭議行爲를 말한다. 따라서 직장점거는 파업의 실효성을 확보하기 위한 부수적 쟁의수단으로도 볼 수 있으며, 보통 직장에 체류하면서 연좌 또는 농성하는 형태를 취한다. 파업의 본질이 근로자가 근로계약상 부담하는 勞務供給義務의 불이행에 있으며, 그 수단과 방법은 근로자가 단결해서 그들이 가지는 노동력을 사용자에게 이용시키지 않는 것에 있다고 보는 입장에 선다면, 직장점거는 승인된 쟁의권행사의 범위를 일탈해서 사용자의 자유 및 소유권법질서를 침해하는 위법한 행위로서 법적 보호를 받지 못하게 된다. 즉 이러한 직장점거는 민사법적으로는 사용자의 조업의 자유 및 영업권을 침해할 우려가 있고, 사용자의 妨害排除請求權의 대상이 될 수 있으며, 형법적으로는 건조물침입죄 및 업무방해죄를 구성하게 된다. 그러나 기업별노동조합의 형태를 취하는 우리나라 및 일본에 있어서 노사교섭의 무대는 주로 企業이며, 일반적으로 교섭을 유효하게 행하기 위한 전제조건은 조합이 기업내의 노동력을 유효하게 통제하고 이들을 대표하고 있다는 사실을 증명하는 것이다. 또한 기업별노조에 있어서는 교섭의 장을 유지하기 위하여 또는 통제의 이완에 의한 교섭력의 불균형을 補整하기 위하여 직장을 조합의 유형·무형의 지배하에 놓아 조합의 통제하에 있지 않은 노동력에 의한 조업계속을 배제하는 것이 특히 중요한 의미를 갖게 된다. 職場占據를 하지 않으면 근로자의 정보부재, 노동조합이 근로자들을 통제할 수 없는 상황의 발생 및 사용자의 파업파괴공작으로 인하여 쟁의행위가 분쇄될 가능성이 있다. 그러므로 직장점거의 정당성에 대해서는 이러한 쟁의수단을 인정하지 않는 입장 및 이를 전면적으로 인정하는 입장도 있지만, 대부분의 일본의 학설 및 판례의 입장은 이를 제한적으로 인정한다. 따라서 직장점거에 의해 소유권의 본체인 기업시설을 파괴·황폐하게 하고 사용자 자신이 施設保持를 위하여 필요한 조치를 취하는 것을 방해하는 경우, 또는 본래 사용자측에 서는 자가 그 고유의 직무에 종사하기 위하여 시설 내에 출입하는 것을 저지하는 경우(排他的·全面的 占據)는 통상 위법하지만, 직장점거가 부분적이고 사용자 자신에 의한 조업이나 시설관리 및 이용행위를 용인하고 있는 경우(部分的·倂存的 占據)는 적법한 것으로 인정되고 있다. 한편 우리나라에서는 최근 이와 같은 입장에서서 직장점거를 용인하는 대법원판결이 등장하였다. 즉, 직장점거는 사용자측의 점유를 배제하지 아니하고 그 조업도 방해하지 않는 부분적·병존적 점거인 경우에 한하여 정당하다고 한다.

직장폐쇄(職場閉鎖) 〔英〕 lock out 〔獨〕 Aussperrung 사용자의 爭議行爲로서 노동법이 인정하는 유일한 것으로서 록 아우트 또는 工場閉鎖라고도 한다. 이는 노·사의 주장이 대립하는 경우에 사용자가 그의 주장을 관철하기 위하여 근로자를 공장으로부터 내쫓고, 그의 노무제공을 거부하는 쟁의행위이다. 직장폐쇄의 요건은 노동조합이 쟁의행위를 개시한 이후에만 사용자는 직장폐쇄를 할 수 있으며, 사용자가 직장폐쇄를 할 경우에는 미리 노동부장관 및 노동위원회에 각각 신고하여야 한다(勞整 46). 주로 怠業에 대항하는 수단으로 행하는 것이며, 직장폐쇄를 한 사용자가 受領遲滯로 되지 않는 것은 물론이다. 직장폐쇄는 방위적인 것이어야 하며, 만약 이를 근로자의 정당한 조합활동을 저해할 목적으로 행하거나 또는 집단적 또는 영구적 해고의 의도를 가지고 행하는 경우는 정당한 것으로 인정할 수 없다는 설이 유력하다.

직전법(職田法) 科田法 시행후 下三道(충청·경상·전라)에 귀족층의 토지집중이 확대되고 현직관리 중에도 科田이 있는 자와 없는 자를 公的으로 구별할 만큼 토지의 편재와 과전의 부족을 초래하여 그 타개책으로서 세조 11년(1465년)에 제정된 給田法. 종래 時·散의 관리에게 給田하여 세습화된 과전을 폐하고 현직관리에게만 職田을 급여하고 受田者가 경작자로부터 직접 收租케 하였으나 성종 원년(1470년)에 이르러서는 職田稅라 하여 관이 경작자로부터 징수하여 收租權者에게 지급하기로 되어, 하나의 現物祿俸으로 변질되었으며 명종 12년에는 직전은 사실상 지급할 수 없는 형편에 이르렀고 임진왜란 이후에는 완전히 자취를 감추어 버렸다.

직접강제(直接强制) 〔獨〕 unmittelbarer Zwang [1] 민사소송법상 집행기관이 그 執行力에 의하여 채무자의 의사에 구속되지 않고 강제로 권리의 내용을 실현하는 强制執行. 강제집행의 한 방법으로 代替執行, 間接强制에 대하는 말인데 이들은 강제집행을 그 사용하는 강제수단을 표준으로 하여서 본 구별이다. 채무자로 하여금 강제로 적극적 협력을 시킬 필요가 없고 그 신체 내지 자유의사에도 직접 압박을 가하지 않고도 되므로 근대법은 주는 債務의 강제이행이나 物權的 請求權의 강제실현에는 반드시 이 방법을 채용한다. 우리나라 법상에도 금전채무의 집행(民訴 525~688의2), 특정한 동

산이나 대체물의 일정한 수량의 인도청구권의 집행(689), 부동산이나 선박의 인도 또는 명도청구권의 집행(690)에는 모두 이 방법에 의한 강제집행을 취한다.

[2] 행정법상으로는 行政上의 强制執行의 한 수단으로서, 행정상의 의무의 불이행의 경우에 직접적으로 의무자의 신체 또는 재산에 실력을 가함으로써 행정상 필요한 상태를 실현하는 작용. 의무불이행을 전제로 하는 점에서, 그것을 전제로 하지 아니하는 卽時强制와 구별된다. 직접강제는 代執行과 執行罰보다 의무내용을 실현시키는 점에서는 가장 효과적이지만, 신체의 자유 또는 재산에 대한 중대한 제한인 까닭에, 우리나라에서는 각 單行法規(出管 46, 海軍基地法 7, 防禦海面法 7)에 규정되어 있는 이외에는 원칙적으로 금지되어 있다.

직접관리(直接管理) 국제법상 間接管理에 대응하는 개념. 占領國이 피점령국을 관리함에 있어 피점령국의 정부를 통하지 않고 직접 관리하는 방식이다. →간접관리

직접교섭(直接交涉) 〔英〕 negotiation 국제분쟁을 평화적으로 해결하기 위한 당사국간의 外交交涉. 직접교섭은 분쟁해결의 제1차적 방법으로서, ① 쟁점에 대한 인정을 각각의 분쟁당사국이 행하고 ② 분쟁의 조정 및 조절을 당사국의 辨證과 辯論에 의존하는 점에 특징이 있다. 북대서양조약 4조는 직접교섭의 의무를 규정한 것으로 해석되나 국제연합헌장 33조 1항의 규정은 평화적 해결의무에 대한 방식을 제시한 것이지 직접교섭이 선행되어야 한다는 순위를 정한 것은 아니다. 그러므로 특별한 조약상의 의무가 없는 한 분쟁당사국이 반드시 직접교섭을 통하여 분쟁을 해결할 의무는 없다. →국제분쟁의 평화적 처리, 거중조정, 조정, 국제재판, 주선

직접국가행정(直接國家行政) 〔獨〕 unmittelbare Staatsverwaltung 국가 스스로가 그 기관에 의하여 행정을 하는 것. 委任行政 및 間接國家行政에 대하는 말이다.

직접기관(直接機關) 국가조직의 근간을 이루는 중요한 기관. 그 법률적 표준에 관해서는 이설이 많다. 혹은 그 지위가 직접 헌법에 의하여 설치된 기관, 혹은 그 지위가 누구에게도 예속되지 않는 기관이 직접기관이라고 한다. 통설은 前說을 취하며, 직접기관은 직접 국가의 기본법에 의하여 설치되는 국가기관이라고 봄이 타당하다. 이리하여 직접기관은 국가의 통치조직의 기본을 이루는 것으로서 국가의 政體는 그에 의하여 결정되지 않을 수 없게 된다. 직접기관은 다시 原始機關과 代表機關으로 구별될 수 있다. 조직법상 자기의 고유한 권한을 가진 자와 본래는 다른 직접기관에 속하는 권한을 대리행사하는 자와의 구별이 있다고 하여, 전자는 國民이고, 후자는 國會라는 것이다. →간접기관

직접대리(直接代理) 〔獨〕 unmittelbare Stellvertretung 間接代理에 대한 용어이며, 대리인의 대리행위의 법률효과가 직접 본인에게 귀속되는 보통의 대리.

직접모집(直接募集) 社債를 발행하고자 하는 회사가 스스로 직접 공중으로부터 사채권자를 모집하는 것. 상법은 이것을 중심으로 하여 규정하고 있으나 우리나라에서는 社債募集이 활발하지 못하여 그다지 이용되지 않고 있다. 그 절차로서는 집단적 계약처리의 편의와 공중보호의 취지에서 신청은 반드시 모집자가 작성한 社債請約書에 의하도록 하고 있다(商 474).

직접민주정치(直接民主政治) →직접민주제

직접민주제(直接民主制) 〔英〕 direct democracy 〔獨〕 unmittelbare Demokratie 〔佛〕 démocratie directe 民主主義의 본질은 국민이 국민을 지배하는 정치, 즉 治者와 被治者의 自同性을 실현하게 하는 정치라는 데에 있다. 따라서 민주주의의 이 이념을 그대로 실현하기 위해서는 국가의 모든 문제에 대하여 모든 국민이 낱낱이 투표로써 그것을 결정하게 하는 것이 이상적이다. 이와 같이 국가의 모든 문제에 대하여 국민이 직접으로 그것을 결정하게 하는 정치를 直接民主制라고 한다. 직접민주제의 기원은 고대 그리스의 도시국가에서부터였다. 이러한 都市國家에 있어서는 인구가 만명으로부터 만5천명 밖에 되지 않았던 까닭에 모든 국민이 정치에 직접으로 참가하는 것은 그다지 곤란한 일은 아니었다. 그러나 방대한 인구를 가진 오늘의 國民國家에 있어서는 모든 국민이 직접으로 정치에 참가한다는 것은 불가능한 일이 아닐 수 없다. 따라서 이러한 이유로 인하여 오늘의 국가에 있어서는 代議制를 원칙으로 하고, 이러한 대의제를 보충하는 의미에서 직접민주제의 요구를 채용하고 있다. 대의제의 국가에 있어서 직접민주제의 도입은 다음의 두 가지 경우로 구별되고 있다. ① 미국헌법의 대통령제의 경우에서 볼 수 있는 바와 같이 행정권의 수반인 대통령을 국민이 직접으로 선출케 하는 경우. 이러한 경우에는 그 민주제의 요소는 의회에 있는 것이 아니라 대통령에게 있는 것으로 간주된다. ② 헌법의 개정 또는 그 밖의 극히 중요한 사항에 대하여 國民投票制를 채용하는 경우. 政黨國家에서는 정당

을 통한 국민의 정치참여가 직접민주제의 대용물로 간주된다. →간접민주제

직접발안(直接發案) →이니셔티브

직접발행(直接發行) 社債募集의 한 형태. 직접모집의 뜻으로 쓰이는 경우가 있으나 間接發行에 대하는 말로서 직접모집과 매출발행을 포함하여 직접발행이라고 하는 일도 있다. 후자는 起債會社가 스스로 직접 公衆에 대하여 발행절차를 취하는 경우이다.

직접선거(直接選擧) 〔英〕 direct election 〔獨〕 direkte(unmittelbare) Wahl 〔佛〕 suffrage direct 선거인이 당선인을 직접 지명하는 선거제도. 間接選擧에 대응하는 개념. →간접선거

직접세(直接稅) 〔英〕 direct tax 〔獨〕 direkte Steuer 〔佛〕 contribution directe 법률상의 納稅義務者와 실제의 租稅負擔者가 일치하는 조세. 따라서 조세부담이 납세의무자로부터 다른 사람에게 轉嫁되는 것을 법률상 예상하고 있지 아니하는 조세이다. 간접세에 대한 말. 그러나 직접세와 간접세의 구별의 표준에 관하여는 학설이 일치하지 아니한다. ① 직접세는 법률상의 납세의무자와 실제의 조세부담자가 일치하는 조세로서 조세부담의 轉嫁가 예상되지 아니하는 조세이며 간접세는 법률상의 납세의무자와 실제의 담세자가 다르고 조세부담의 전가가 예상되는 조세라는 설, ② 직접세는 재산과 수익에 대한 조세이며 간접세는 행위에 대한 조세라는 설, ③ 직접세는 납세의무자의 擔稅力을 직접으로 표현하는 것을 課稅物件으로 하는 조세이며 간접세는 납세의무자의 擔稅力을 간접으로 표현하는 것을 과세물건으로 하는 조세라는 설, ④ 직접세는 계속적인 효력을 가지는 조세대장에 의하여 계속적인 목적물에 대하여 과하는 조세이며 간접세는 그렇지 않은 조세라는 설 등이 있다. 이들은 양자의 주된 특색을 들고 있지만 법률상의 구별표준으로 하기는 곤란하다. 입법에 의하여 해결하는 수밖에 없다(憲 59). 직접세로는 소득세·법인세·상속세 등이 있고, 간접세로는 주세·부가가치세·특별소비세·인지세 등이 있다.

직접소비세(直接消費稅) →소비세

직접신문(直接訊問) 주신문과 같다.

직접심리주의(直接審理主義) 〔獨〕 Grundsatz der Unmittelbarkeit [1] 민사소송법상 변론의 청취 및 증거조사를 受訴法院이 스스로 직접 행하는 소송심리주의. 직접주의라고도 한다. 間接審理主義에 대한 말이다. 이 주의는 수소법원이 중개기관의 매개에 의하지 않고, 직접으로 진술의 요령, 사실의 진상을 포착할 수 있는 장점이 있다. 口述主義와 결합됨으로써, 소송자료의 수집에 대해 그 특색을 발휘할 수 있다. 구술심리도 다른 매개에 의하여 행할 때에는 간접적이며(民訴 284·377 Ⅱ 참조), 서면에 의한 진술이라도 수소법원이 행할 때에는 직접이다(예:137). 민사소송의 판결절차에서는 당사자의 변론(신청, 진술 등)은 수소법원의 면전에서 행하여져야 하고, 판결은 변론에 관여한 법관만이 할 수 있으므로(189 Ⅰ), 원칙적으로 직접심리주의를 채택하였다고 할 수 있다. 그러나 법관의 경질이 있는 경우(189 Ⅱ), 準備節次가 있었던 경우(258), 抗訴審에서 변론을 행하는 경우(377)에는 다만 종전의 변론의 결과 또는 준비절차의 결과를 진술시키는데 그치므로, 형식적으로 직접심리주의의 요구를 만족시키는 것이라 할 것이다. 증거조사도 변론기일에 수소법원이 스스로 행하는 것을 원칙으로 하나(269 Ⅰ), 부득이한 경우에는 간접심리주의를 채용하고 있다(268, 269 Ⅱ, 284, 345).

[2] 형사소송법상 넓은 뜻으로는, 법원은 공판정에서 직접조사한 증거만을 재판의 기초로 하는 주의와 사실의 증명에 대하여는 될 수 있는 한 범죄사실에 직접적인 증거에 의하는 주의와를 포함하는 것이지만, 공판의 원칙으로서는 보통 전자의 의미로 사용되며 후자는 공판의 원칙이라기보다 오히려 證據法上의 原則이다. 형사소송에서는 특히 피고인에게 증거에 대하여 직접변명의 기회를 주기 위하여 중요하다. 우리 형사소송법도 개정후 법관의 경질이 있는 때에는 공판절차를 갱신하여야 하고(刑訴 301), 傳聞證據는 원칙적으로 증거능력을 제한함으로써(316) 직접심리주의를 취하고 있다.

직접점유·간접점유(直接占有·間接占有) 점유자와 물건사이에 타인이 개재하여 그 타인의 占有에 의하여 매개되어서 점유하는 것이 間接占有(〔獨〕 mittelbarer Besitz), 타인의 개재없이 물건을 직접으로 지배하거나 또는 占有補助者를 통하여 지배하는 것이 直接占有(〔獨〕 unmittelbarer Besitz). 예를 들면 임대인의 점유는 간접점유이고 임차인의 그것은 직접점유이다. 간접점유가 성립하려면 점유매개자가 물건을 점유할 것(점유보조자와 다른 점)과 간접점유자와 점유매개자 사이에 지상권·전세권·질권·사용대차·임대차·任置 기타의 관계, 즉 물건의 반환청구권의 존재를 전제로 하는 점유매개관계가 존재할 것을 필요로 한다(民 194). 이러한 관계가 없는 도난에 있어서의 피해자와 절도사이에는 간접점유는 성립하지 않는다. 간접점유도 점유이

므로 원칙적으로 占有保護請求權(207)을 비롯한 점유권의 모든 효력이 인정된다. → 점유매개관계

직접조사(直接調査) 行政調査는 넓게 볼 때 직접적인 實力行使로 이루어지는지의 여부에 따라 직접조사와 간접조사로 나눌 수 있는데, 직접조사란 직접적으로 사람의 신체 또는 재산 등에 실력을 가함으로써 행정상 필요한 자료나 정보를 수집하는 경우를 말한다. 답변이 강요된 질문을 한다거나 가택 또는 신체를 수색하는 것 등은 그 예이다.

직접증거(直接證據) 〔獨〕 unmittelbarer Beweis 〔佛〕 preuve directe 소송상 적용할 法條의 構成要件에 해당하는 사실(주요사실 또는 직접사실)의 存否를 증명하기 위한 증거. 間接證據에 대한 말. 예를 들면 대금청구사건에 있어서 소비대차계약의 체결을 증명하는 借用證이나, 살인죄에 있어서 현장을 직접 목격한 증인.

직접지급(直接支給) 사용자가 임금을 직접 근로자에게 지급하는 것(勤基 42, 船員 48). 미성년인 근로자도 독립하여 임금을 청구할 수 있는 바 親權者 또는 後見人은 미성년자의 임금을 대리하여 수령해서는 안된다(勤基 66). 근로기준법 42조의 직접과 관련하여서는 근로자 본인의 대리인에 대한 지급은 금지되나 使者에 대한 지급은 허용된다는 것이 통설이다.

직접청구(直接請求) 민주주의 국가에 있어서의 국가활동의 기본적 방식은 代議制度를 채용하는 데에 있다. 즉 국민은 자신이 선택한 대표자로 구성되는 대의기관을 통하여 간접으로 국가의 意思決定에 참여하게 되는 것이다. 특히 중요한 국사활동에 대하여는 국민이 직접으로 국가의사를 결정하고 있는데, 이를 일반적으로 직접청구라고 한다. → 직접민주제

직접침략(直接侵略) 〔英〕 direct aggression → 간접침략

직접효과설(直接效果說) 契約解除의 효과에 관한 학설의 하나. 해제의 효과는 계약의 소급적 소멸이며, 따라서 미이행의 채무는 당연히 소멸하고, 이미 이행한 것은 不當利得이 되어 原狀回復義務가 발생한다고 한다(通說). → 해제, 간접효과설

직 제(職制) 行政機關의 조직·구성원·직무분담 등을 규정하는 법규. 행정각부·처·청·국의 직제는 그 예이다. 직제는 대통령령의 형식으로 됨이 일반적이다(政組 2 I, 8). 組織法의 일종. → 조직법

직종별조합(職種別組合) 직업별조합과 같다.

진단서(診斷書) 의료사업에 종사하는 의사·치과의사 또는 한의사가 자신이 진찰한 환자의 病狀을 기재한 증명서. 의사 등은 정당한 요구가 있으면 진단서의 교부를 거부할 수 없고, 또 의사 자신이 진찰하지 않고는 진단서를 교부하지 못한다(醫療 18).

진 사(陳謝)〔國際法上〕 國際責任을 해제하는 수단의 하나로, 국제위법행위의 주체인 국가 또는 국제기관이 피해주체에 대하여 사죄의 뜻을 표명하는 것을 말한다. 넓은 의미로는 국기에 대한 경례, 위반행위의 부인, 책임자의 처벌, 위반행위를 되풀이하지 않겠다는 서약 등도 이에 포함된다. 진사는 국가의 명예·신용·위신 등이 손상된 것과 같이 정신적인 손해의 구제에 이용되는데, 보통 구두나 서면에 의하나, 소위 陳謝使節을 파견하는 경우도 있다.

진 술(陳述) [1] 형사소송법상 이른바 供述을 뜻하는 경우도 있고(예 : 289), 사실상 또는 법률상의 의견을 말하는 것(좁은 뜻의 진술)을 의미하기도 하며, 또 이 양자를 포함하는 뜻으로 쓰이기도 한다.

[2] 민사소송법상 당사자가 법원에 대하여 하는 知識의 表白. 권리 또는 법률관계의 존부에 관하여 하는 법률상의 진술과 사실의 존부에 관하여 하는 사실상의 진술로 나누어진다. 또 자기에 유리한 내용의 진술, 즉 主張과 자기에 불리한 내용의 진술로 나누어지고, 후자는 상대방의 주장과 일치하는 경우에는 自白이 된다. 處分(權)主義 및 辯論主義下에서는 이러한 진술은 그 내용에 따라 각각 중요한 소송법상의 효과를 낳는다(예컨대, 청구의 포기, 청구의 認諾은 소송을 완결시키고, 주요사실에 관한 진술이 변론에 나타나지 않는 한 법원은 이를 참작할 수 없다). 어떤 주장사실이 부정되는 것을 염려하여 미리 이것과 양립하지 않는 다른 사실을 가정적(예비적)으로 진술하는 것은 상관없으며, 법원은 豫備的 相計의 抗辯의 경우를 제외하고는 어느 진술을 채용하여 재판하여도 좋다. → 주장, 자백

진술거부권(陳述拒否權) [1] 형사소송법상 피고인·피의자·증인·감정인이 신문 또는 질문에 대하여 진술을 거부할 수 있는 권리. 증인에 관하여는 진술거부권은 證言拒否權과 일치한다. 헌법 12조 2항 후단은 형사상 자기에게 불리한 진술을 강요당하지 아니한다고 하여 이를 보장하고 있다. 證人·鑑定人은 일정한 경우에 한하여 진술거부권이

인정되고 있지만(刑訴 148, 149, 177), 피고인은 공판정에서의 각개의 신문에 대하여 진술을 거부할 수 있으므로(289), 모든 신문에 대하여 진술거부권을 갖는 것으로 된다. 피의자는 엄격한 의미에서는 당사자가 아니고 조사의 대상이 됨에 불과하지만, 검사 또는 사법경찰관이 수사상으로 피의자진술을 들을 때에는 미리 그 진술을 거부할 수 있음을 알려야 하게 되어 있으므로(200Ⅱ), 피의자도 진술거부권을 가진다고 할 수 있다. → 묵비권

[2] 민사소송법상 당사자가 상대방이 주장한 사실을 명백히 다투지 아니한 때에는 그 사실에 관한 擬制自白의 불이익을 받는다(民訴 139). 증인의 진술거부에 관하여는 證言拒否權을 보라.

진술기재서(陳述記載書) 진술자 이외의 자가 진술을 기재한 서면. 진술자의 서명 또는 날인이 있어야만 陳述書와 동일한 취급을 받게 된다(刑訴 313Ⅰ).

진술서(陳述書) 형사소송법상 진술자가 자필로써 그 진술을 기재한 서면. 이는 陳述記載書와 달라 진술자의 서명 또는 날인이 없더라도 證據能力이 인정된다(刑訴 313Ⅰ).

진술조서(陳述調書) 검사 또는 사법경찰관이 피의자 아닌 자(參考人)의 진술을 기재한 調書를 말한다. 검사가 작성한 진술조서는 형사소송법 312조 1항, 사법경찰관이 작성한 진술조서는 313조 1항에 따라 진술자의 진술에 의하여 성립의 眞正이 증명된 때에 한하여 證據能力이 인정된다.

진술증거 · 비진술증거(陳述證據 · 非陳述證據) 범죄의 흔적이 사람의 知覺에 남아서 그것이 표현 · 진술되어 법원의 지각에 이르는 것을 진술증거, 사람의 지각 이외에 남아서 법원이 그 물건을 다시 지각하여야 하는 것을 비진술증거라 한다. 인적증거 · 물적증거의 구별과 일치하지는 않는다. 인적증거이면서 비진술증거인 것이 있고(예 : 신체검사를 받는 사람), 물적증거이면서 진술증거인 것도 있다(예 : 진술서). 진술증거에 관하여만 傳聞證據와 自白의 證據能力의 제한이 있는 점에서 이 구별의 실익이 있다.

진실의무(眞實義務) 〔獨〕 Wahrheitspflicht 當事者辯論主義에 아래에서는 재판의 기초가 되는 소송자료의 수집이 전적으로 당사자의 책임하에 놓여 있지만, 여기서 당사자는 진실의무를 지는 바, 자기가 不眞實하다는 것을 알면서 부진실한 사실을 주장하거나 거짓된 증거를 제출하여서는 안되고, 진실에 반한다는 것을 알면서 상대방의 주장사실을 다투거나 反論을 제출하여서도 안되는 것을 말한다. 독일과 오스트리아에서는 이 진실의무를 명문으로 규정하고 있다. 명문규정이 없는 우리나라에서도 통설은 진실의무를 법률상의 의무로 이해하고 文書成立의 부인에 대한 제재(民訴 334), 虛僞陳述에 대한 제재(342) 등이 진실의무의 존재를 전제로 한 규정들이라고 보고 있다. 그러나 진실사무를 법률상의 의무로서 인정한다고 하더라도 그 위반에 대한 법적 효과는 극히 미약하다. 진실의무위반에 대한 제재로서는 효과없음을 알면서 공격 또는 방어의 방법을 제출한 당사자에게 이로 인해 발생한 訴訟費用의 부과(90), 소송상의 진실의무의 위반으로 민법상의 불법행위를 구성할 경우의 損害賠償債務의 부담(民 750), 소송당사자가 허위의 주장이나 항변으로써 법원을 기망하여 불법하게 재산상의 이익을 취한 경우 사기죄의 성립(刑 347) 등을 들 수 있다.

진압경찰(鎭壓警察) 이미 발생한 경찰상의 위해를 제거하기 위한 警察作用을 말한다. 범죄의 제지, 범죄의 진압 · 수사 및 피의자의 체포 등이 그 예이다.

진의(眞意) **아닌 의사표시**(意思表示) 심리유보와 같다.

진정목적범(眞正目的犯) → 목적범

진정부작위범(眞正不作爲犯) 〔獨〕 echtes Unterlassungsdelikt 不作爲犯의 일종이며, 처음부터 부작위(→ 작위 · 부작위)의 형식으로 구성요건이 규정되어 있는 범죄. 純正不作爲犯이라고도 하며, 不眞正不作爲犯에 대한다. 예컨대, 해산하지 아니한 죄(刑 116), 퇴거요구를 받고 응하지 아니한 죄(319Ⅱ) 등이 이에 해당한다. → 부작위범

진정신분범(眞正身分犯) → 신분범

진정필요적 공동소송(眞正必要的共同訴訟) → 고유필요적 공동소송

진통설(陣痛說) 태아가 사람이 되는 時期, 즉 사람의 始期에 관하여 규칙적인 진통을 동반하면서 태아가 태반으로부터 분리되기 시작하는 때, 다시말하면 분만이 개시된 때라고 하는 학설. 分娩開始說이라고도 한다. 형법하에서는 영아살해죄의 객체가 분만중 또는 분만직후의 영아이므로, 그 해석상 분만작용중에, 따라서 분만이 개시되면, 이미 형법상의 사람이 존재하게 된다는 이유에서 이 설이 통설이 되어 있다. 구형법하에서는 태아의 신체의 일부가 모체로부터 노출한 때를 사람의 시기라고 보는 一部露出說이 통설이었다. → 살인죄, 낙태죄

진화방해죄(鎭火妨害罪) 화재에 있어서 진화용의 시설 또는 물건을 은닉 또는 손괴하거나 기타 방법으로 진화를 방해하는 죄(刑 169). 公共危險罪이다. 화재의 원인 여하를 불문하나, 공공의 위험을 발생하고 또는 발생할 정도의 화재임을 요한다. 행위는 소방의 장해가 되는 일체의 행위를 의미하며, 作爲에 의하거나 不作爲에 의하거나를 가리지 않는다. 본죄의 성립에는 진화의 방해가 될 만한 행위를 함으로써 족하고 현실적으로 진화가 방해되었음을 요하지 않는다.

질 권(質權) 〔羅〕 pignus 〔英〕 pledge 〔獨〕 Pfandrecht 〔佛〕 nantissement, gage 채권의 담보로서 채무자 또는 제3자(物上保證人)로부터 받은 목적물을 채무의 변제시까지 유치하고, 변제가 없을 때에는 그 목적물에 의하여 우선변제를 받는 擔保物權(民 329~355). 저당권과 더불어 約定擔保物權의 하나이고 물적신용의 수단인데, 저당권과의 기본적인 차이는 담보권자에게 목적물의 점유를 이전하는 점에 있다(330, 332). 질권의 목적물은 양도할 수 있는 것이어야 하고, 동산과 부동산의 사용·수익을 목적으로 하는 권리 이외의 財産權 등이다(345 참조). 그러나 질권은 원래 동산에 관해서 발달한 제도이고, 민법의 규정도 動産質에 관해서 가장 그 입법의 취지를 관철하고 있다. 구민법에는 不動産質도 있었으나, 질권자에게 목적물의 用益權까지도 주는 것이므로 그것은 금융기관에 있어서는 불편하고, 또 거의 이용되지 않았다. 그래서 민법은 부동산의 사용·수익을 목적으로 하는 권리와 더불어 부동산을 질권의 대상으로부터 제외하였다. 권리질 중 債權質·株式質은 유치적 기능은 적으나, 換價에 편리하기 때문에 중요한 경제적 의의를 갖는다. 질권은 어느 것이나 우선변제를 받는 방법이 원칙적으로 경매이고, 流質契約은 금지되어 있고(339), 또 物上代位性이 있다는(342) 것도 다른 담보물권과 같으며, 또 질권자는 그 질물을 가지고 자기의 채무의 담보로 轉質할 수 있다(336). →동산저당, 동산질, 권리질

질 문(質問)〔國會에 있어서의〕 〔獨〕 Interpellation 〔佛〕 interpellation 국회가 정부에 대하여 국정처리상황에 관한 설명을 요구하고 그 소신을 묻는 것. 국회나 그 위원회는 그 의결로 국무총리·국무위원 또는 정부위원을 국회나 그 위원회에 출석케 하여 답변을 요구할 수 있다(憲 62Ⅱ). 국회나 그 위원회의 요구가 있을 때에는 국무총리·국무위원 또는 정부위원은 출석·답변하여야 하며, 국무총리 또는 국무위원이 출석요구를 받은 때에는 국무위원 또는 정부위원으로 하여금 대리하여 출석·답변하게 할 수 있다(憲 62Ⅱ, 國會 121Ⅲ). 국회나 그 위원회가 국무총리·국무위원 또는 정부위원의 출석·답변을 요구한 경우에 질문을 하고자 하는 의원은 미리 질문의 요지와 소요시간을 기재한 質問要旨書를 의장에게 제출하여야 하며 의장은 늦어도 질문시간전 48시간까지 그 질문요지서가 정부에 도달되도록 송부하여야 한다(國會 122의2). 국무총리·국무위원 또는 정부위원이 출석요구에 의한 것이 아니고 자진하여 출석·발언하는 경우에 질문함에 있어서는 위의 제한을 받지 아니한다(憲 62Ⅰ).

질문표(質問表) 〔獨〕 Fragebogen 보험契約者는 보험계약체결 당시에 중요한 사실을 고지하고 중요한 사실에 관하여 부실한 고지를 하지 아니하는, 告知義務를 진다(商 651). 구체적으로 중요한 사항이 무엇이냐에 대하여는 각종의 保險에 따라 다르고, 보험에 관한 지식·경험이 적은 일반대중은 그 사항을 잘 알 수 없는 것이 보통이다. 따라서 이러한 불편을 제거하기 위해서 실제거래계에서는 보험자는 보증청약서 등의 서면에 질문란을 두고 고지를 요하는 사항을 게시하여 보험계약자에게 이에 대한 답을 기입시키는 방법을 취하고 있다. 이것을 質問表라고 한다(獨保險法 18, スイス保險法 4 참조). 우리나라 상법에는 이 질문표의 효력에 대한 규정은 없으나 질문표의 기재사항에 대하여 그대로 고지하면 악의의 묵비가 있는 경우를 제외하고는 告知義務를 다한 것으로 추정받는다.

질병보험(疾病保險) 〔英〕 sickness insurance 피보험자가 질병에 걸린 경우에 일정한 금액 또는 요양의 급여를 약정하는 보험. 人保險에 속하지만, 질병(또는 그 결과인 사망)을 보험사고로 하는 점에서 직접 생명을 보험사고로 하는 生命保險과 구별된다. 신체에 관한 보험인 점에서 傷害保險과 그 종류를 같이 하지만, 상해보험은 신체의 완전성을 해하는 것을 보험사고로 함에 대하여, 질병보험은 신체의 건강을 해하는 것을 보험사고로 하는 점이 다르며, 그 원인이 전자는 주로 외부로부터의 급격한 사고로 인한 경우가 보통임에 대하여, 후자는 피보험자의 내부적인 원인에 의하여 또는 외부로부터의 사고와 경합적인 내부적인 원인에 기인하는 경우가 통례이다. 보험사고가 발생하면 보험자는 요양의 비용을 지급하거나 직접 요양을 시키기 위하여 藥劑의 교부·진찰·수술·간호 등 이른바 現物·用役의 급여를 한다. 급여의 방법은 생명보험이 定額保險인데 대하여 질병·상해의 보험은 약정한 대로의 정액을 급여하는 경우도 있으나 질병의 정도에 따라서 급여되는 不定額保險의 형식을 취하는 경우도 있다. 상법은 질병보험에 관한 직접의 규정을 두

지 아니하였으나, 인보험에 관한 통칙과 신체에 관한 보험의 전형인 상해보험의 규정이 있으므로 이를 준용할 것이라고 해석한다. 질병보험의 특수한 것으로서는 전염병보험·정신병보험 또는 수술보험 등이 있고, 이와 유사한 것으로서는 피보험자의 질병·부상·사망 또는 분만 등을 보험사고로 하는 건강보험, 생명보험에 부수되어 행하여지는 廢疾保險 등이 있다.

질서벌(秩序罰) 〔獨〕 Ordnungsstrafe 법률상의 질서를 유지하기 위하여 법령상의 의무위반에 대하여 과하는 過怠料의 총칭. 행정상의 질서를 유지하기 위하여 과태료를 과하는 행정상의 질서벌(辯 72·95, 法務士 48, 商工會議所法 51Ⅱ)과 민사상·소송법상의 질서를 유지하기 위하여 과태료를 과하는 민사상·소송법상의 질서벌(民 97, 戶 130~133, 民訴 273·283, 刑訴 151·161)이 있다. 이 과태료는 刑罰이 아니므로(刑 41 참조), 형법총칙·형사소송법규의 적용이 없고, 각 법률에 특별한 규정이 없는 한 非訟事件節次法의 규정(247~250)에 의하여 과하여진다. 질서벌은 지방자치단체의 條例로써 정하여 지방자치단체의 장이 과하여, 滯納處分의 예에 따라서 징수하는 과태료(地自 20)에서도 그 예를 찾아볼 수가 있다. → 질서범, 과태료, 행정범

질서범(秩序犯) 秩序罰을 과하게 되는 非行, 즉 행정상·민사상·소송법상의 의무를 懈怠하는 행위. 질서범은 이와 같은 의무의 단순한 해태인 점에서 직접 사회공익을 침해하는 데까지 이르는 行政犯과 구별된다. 그러나 같은 행위에 대하여도 형벌이 과하여지기도 하고 과태료가 과하여지기도 하여 입법은 반드시 통일되어 있지는 않다. → 질서벌

질서유지(秩序維持) 개인이 다른 개인 또는 공공의 질서를 침범하지 못하게 하는 것. 민주주의사회에 있어서는 개인의 권리를 존중하는 것이 기본이지만, 어떤 개인의 權利行使가 타인의 권리 또는 공공의 질서의 침해가 될 경우에는 그 행사는 조절되어야 한다. 여기에 질서유지가 필요한 바, 이는 소극적 성질을 가지고 있다. 헌법은 국민의 基本權을 보장하고 국가권력에 의한 침해를 금지하고 있으나, 다만 국가안전보장·질서유지와 공공복리를 위하여 필요한 경우에는 법률로 국민의 기본권을 제한할 수 있다 하였다(37Ⅱ).

질서유지인(秩序維持人) 어떠한 집회나 시위에 있어서 주최자를 보좌하여 집회 및 시위의 질서를 유지하게 할 목적으로 임명한 자(集示 2iv). 주최자는 18세 이상의 자를 秩序維持人으로 임명하여 질서유지인은 완장을 착용하여 참가자 등이 알 수 있도록 하여야 한다(14, 15).

질서행정(秩序行政) 사회공공의 안녕질서를 유지하기 위하여 국가의 통치권에 기하여 하는 權力的 行政作用. 給付行政에 대한 말로 쓰인다.

집권주의(集權主義) → 중앙집권

집단결근(集團缺勤) 단체협약·취업규칙 또는 법령으로 인정된 휴가를 동일직장에서 일제히 행함으로써 업무의 운영을 저해하고 또는 능률을 저하시키는 爭議行爲. 일종의 遵法鬪爭으로서 행하여진다.

집단계약(集團契約) 〔獨〕 Gesamtvertrag 〔佛〕 contrat collectif 집단적으로 체결되는 契約. 즉 계약의 한쪽 또는 다른 한쪽이 단체이며 그 대표자에 의하여 체결되는 계약. 예컨대 파업한 근로자단체와 공장주간의 분쟁해결로서 체결되는 계약 등이다. 단체측은 대표자가 전원을 위하여 교섭을 하게 되는 것이나, 대표자는 선거 그 밖의 방법으로써 결정되며 전원의 대리인은 아니다. 대표자의 행동에 의하여 전원이 구속을 받게 되는 점에 집단계약이 단순한 다수개인이 공동으로 하는 계약과 상이하다. 그러나 또한 이러한 집단이, 예컨대 현재의 임금 1할인상 등과 같이 단체원 각자가 즉시 권리의무를 취득하는 것 뿐만 아니라, 그 공장의 임금의 율을 결정하여 취업조건의 대략을 결정하는 것과 같이 그 공장에서 행해질 一般的 規範을 정하는 경우에는 이에 의하여 장래 이 단체원으로 되는 자가 고용되는 경우에 있어서의 개별적 계약의 내용을 결정하는 결과가 된다. 말하자면 사용자와 근로자단체가 공장의 자주적 입장을 행하게 되는 것과 같은 효력을 가진다. 그리하여 이 뒷부분의 내용을 가지는 것을 특히 團體協約이라고 부르며 이것은 계약이라기보다는 노·사간에 정립되는 自治法規라고 해석하는 입장이 많다. 여하튼 집단계약은 민법이론으로써는 설명하기 곤란한 이론을 포함하고 있기 때문에 그 대표적인 것인 단체협약에 관하여 노동법에서 특히 논의되고 있다.

집단범(集團犯) → 집합적 범죄

집단보장(集團保障) 집단적 안전보장과 같다.

집단살해죄(集團殺害罪)**의 방지**(防止) **및 처벌**(處罰)**에 관한 조약**(條約) → 제노사이드 조약

집단소송(集團訴訟) 〔英〕 class action 〔獨〕 Verbandsklage → 단체소송

집단적 안전보장(集團的安全保障) 〔英〕 collective security 〔佛〕 sécurité collective 국가의 안전을 상호간에서 집단적으로 보장하는 것. 軍費 등에 의하여 국가가 개별적으로 자국의 안전을 도모하는 것과 다르며, 또 제3국에 대하여 타국과의 同盟으로 안전을 도모하는 것(19세기에 예가 많다)과도 다르다. 세계 또는 그 대다수의 국가가 조약상 조직으로 결합하여 상호간에 전쟁 기타 무력행사를 금지하며 국제분쟁의 평화적 처리를 정하고, 그것에 반하여 충돌이 생겼을 때에 위반국·침략국에 대하여 다른 모든 나라가 협력하여 組織的 强制措置를 가한다. 위반행위, 침략행위의 방지·진압을 꾀하며 국가상호의 안전을 보장한다. 국제연맹·국제연합 등은 그 전형적인 예이다. 지역적 협정·지역적 기관에 의하는 안전보장도 지역적 집단안전보장으로서 넓은 뜻의 집단적 안전보장에 속한다. 그러나 이때는 관계국 외에 대한 공동방위를 그 중요한 목적의 하나로 하는 것이 보통이다. 때로는 2국간의 조약에 의한 안전보장을 이 용어로 부르나, 본래의 의미의 것은 아니다. → 안전보장, 지역주의

집단적 자위권(集團的自衛權) 〔英〕 right of collective self-defense 〔佛〕 droit de légitime défense collective 한 나라가 무력공격을 받았을 때 이와 밀접한 관계에 있는 타국이 그 피공격국을 원조하고 공동하여 방위하는 권리. 이 타국 자체에 대하여서는 현실의 무력공격이 있을 것을 필요로 하지 않는다. 국제연합헌장 51조에 의하여 인정된 권리로서 安全保障理事會가 유효한 조치를 취할 때까지 개별적 자위권과 함께 집단적인 자위권을 행사할 수 있다. 전자는 본래의 자위권이지만 후자는 종래의 국제법상의 의미에 있어서의 자위권과 다르다. 집단적 자위권은 地域的 協定에 의하는 강제행동이 안전보장이사회의 사전의 허가를 요하는 제한으로부터, 필요한 경우에 그 허가없이도 강제행동을 발동할 수 있게 하려는 동기에서 생긴 것이다. 따라서 지역적 협정에는 이 집단적 자위권의 규정이 채용되고 있는 것이 원칙이다. 그러나 이 권리를 행사하기 위해서는 반드시 지역적 협정을 필요로 하는지에 관해서는 학설이 나누어진다. 그러나 이 협정에 의하여 集團的 自衛權에 의한 원조를 받을 권리가 생기는 것, 환언하면 집단적 자위가 의무로 되는 것은 확실하다. 국제평화 및 안전에 관한 연대성이 고조됨에 따라 인정되는 권리인 동시에 국제정치정세와 결부하여 일반적 집단보장체제를 분열시킬 위험성도 가지고 있다.

집단조치위원회(集團措置委員會) 〔英〕 Collective Measures Committee 1950년 11월 3일 국제연합의 제5차총회에서 채택한 平和를 위한 統合決議에 기하여 설립된 위원회. 1951년 3월 5일부터 업무를 시작하였으며 國際聯合憲章의 목적 및 원칙에 따라 국제평화와 안전의 유지·강화를 위한 방법을 검토하고 그 결과를 안전보장이사회 및 총회에 보고하는 임무를 담당한다. 1954년 총회에서는 필요하다고 생각되는 동안 동위원회의 존속을 결의하였다. → 집단적 안전보장, 강제조치

집단집행주의(集團執行主義) 〔獨〕 Gruppenvollstreckungsprinzip 强制執行에 있어서 집행채권자의 집행개시후 일정기간내에 배당요구를 한 채권자를 한 무리로 하여 그 후에 집행에 착수한 자보다도 우선시키는 주의. 群團優先主義라고도 한다. 우연한 한걸음의 차로 순위를 정하는 優先配當主義를 완화시키는 동시에 획일적인 平等配當主義를 제한하는 것으로서 양 주의의 중간자라고도 할 수 있다. 입법례로서는 1889년의 스위스의 채무추심 및 파산에 관한 연방법이 있으며, 30일씩으로 기간을 구획하여 그 사이에 집행에 참가한 채권자를 각각 한 무리로 하여 순차로 우선권을 인정하고 그 한 무리내에서는 평등하게 배당하게 되어 있다. 독일에서도 이 주의에 의한 입법이 기도된 일이 있다(1931년의 독일 민사소송법개정초안).

집단혼(集團婚) 〔英〕 group-marriage 〔獨〕 Gruppenehe 역사상 존재하였다고 생각되는 한 무리의 남자와 한 무리의 여자간의 集合的 婚姻關係. 團體婚 또는 群婚이라고도 한다. 사회적 여러 조건의 발전에 따라서 점차 일부다처혼 또는 일처다부혼을 거쳐 일부일처혼으로 발달하여 왔으며, 오늘날 집단혼은 거의 자취를 찾아 볼 수 없다.

집배송단지(集配送團地) 다수의 유통업자 또는 제조업자가 集配送센터를 함께 설치하여 집배송시설 및 이와 관련된 업무시설의 전부 또는 일부를 공동 사용할 수 있도록 조성한 단지를 말한다(流通産業發展法 2).

집정부제(執政府制) 〔獨〕 Direktorialregierung 스위스연방의 정부형태. 연방의 최고권력기관으로서 연방회의가 있고 이것은 하원인 國民議會와 상원인 等族議會로 구성된다. 연방정부는 연방의회에서 선출한 7人執政(Direcktor)으로 구성되고 이것은 최고집행기관이다. 연방정부는 연방의회에 종속하며, 연방정부의 의장은 1년의 임기로 매년 교체되며, 명목상 대통령이 의례적 권한을 행사한다. 연방의회와 연방정부간에는 불신임결의 또는 해산의 제도가 없다.

집중심리주의(集中審理主義) 〔獨〕 Konzentrationsgrundsatz 審理에 2일을 요하는 사건은 연일 계속하여 심리해야 한다는 원칙을 말한다. 繼續審理主義라고도 한다. 집중심리주의는 법관이 신선하고 확실한 심증에 의하여 재판을 할 수 있을 뿐 아니라, 소송의 촉진과 신속한 재판을 실현하고자 하는데 그 취지가 있다. 집중심리주의는 職權主義에서는 강조할 필요가 없고, 當事者主義에서만 문제된다는 견해도 있다. 그러나 신선하고 확실한 心證에 의한 신속한 재판은 당사자주의와 직권주의를 불문하고 요청되는 이념이라고 해야 한다. 직권주의를 원칙으로 하는 독일형사소송법이 우리보다 집중심리주의를 더욱 철저히 실현하고 있는 것이 바로 이를 증명한다고 할 수 있다. 형사소송규칙이 판결선고를 辯論終結日로부터 14일 이내로 제한하고 있는 이외에(刑訴規 146), 형사소송법에 집중심리주의를 직접 규정한 것은 없다. 집중심리주의의 실현을 위해서는 당사자 특히 피고인의 공판에 대한 준비활동이 충분히 보장될 것을 전제로 한다. 이를 위하여는 피의자에 대한 國選辯護人制度의 확대와 변호인의 搜査參與權의 보장 및 證據開示權을 인정하지 않으면 안된다.

집합명령위반죄(集合命令違反罪) 법률에 의하여 구금된 자가 천재·사변 기타 법령에 의하여 잠시 解禁된 경우에 정당한 이유없이 그 집합명령에 위반하는 죄(刑 145Ⅱ). 본죄는 眞正不作爲犯이며, 繼續犯이다. 천재·지변 기타 사변으로 인하여 교도소·소년교도소 또는 구치소에 수용된 자가 일시 석방된 경우에, 석방 후 24시간내에 교도소·소년교도소·구치소 또는 가까운 경찰서에 출석하지 않는 때에는 형법 145조에 의하여 처벌한다(行刑 16).

집합물(集合物) 〔羅〕 universitas rerum distantium 〔獨〕 Sachinbegriff, Gesamtsache 〔佛〕 universalité 개개의 물건이 그 독자의 개성을 유지하면서, 단일한 경제적 목적을 위하여 집합하여 거래상 일체로 취급되는 것. 예를 들면 도서관의 장서 전체, 상점의 상품 전체, 한 무리의 가축, 공장과 그 안에 있는 기계, 회사의 총재산 등이다. 형태가 단일한 合成物과는 달라 본래는 법률상 한개의 물건으로 취급되지 않는다. 그러나 거래상의 요구에 따라 특별법에 의하여 이것을 한개의 재단으로 취급하는 財團抵當의 제도가 생겼으며, 이 밖의 경우에도 개개의 물권 외에 집합물상의 물권을 인정하려고 노력하는 학설이 적지 않다.

집합범(集合犯) 構成要件의 성질상 동종류의 행위가 반복될 것이 예상되는 범죄. 常習犯·職業犯·營業犯이 이에 속한다. 이 경우에는 수개의 행위가 있어도 1죄를 구성할 뿐이다. 예컨대, 도박상습자가 도박행위를 한 때에는 수회에 걸쳐서 도박행위를 한 경우 1개의 상습도박죄(刑 246Ⅱ)로서 처벌된다. 또 음란한 도화를 수회에 걸쳐서 판매하여도 판매라는 개념은 반복적인 有償의 讓與行爲를 예상하므로, 역시 포괄적으로 1개의 음화판매죄(243)가 성립함에 불과하다. 그리고 필요적 공범의 한 형식으로서의 集合的 犯罪(衆合犯)를 집합범이라고도 한다.

집합보험(集合保險) 〔獨〕 Versicherung für einen Inbegriff von Sachen 1개의 보험계약에 있어서 보험의 목적이 경제적으로 독립한 다수의 물건의 집합체인 보험. 個別保險에 대한 말. 즉 보험계약의 객체의 單複에 의하여 집합보험과 개별보험을 구별한다. 학설에 따라서는 다수의 보험계약을 하나의 보험증권에 列記한 경우를 집합보험이라고 하는 것도 있다. 집합보험은 火災保險에만 특별한 것은 아니나, 유체물을 목적으로 하는 화재보험에서 많이 이용되고 있는 데서 법은 화재보험에 대하여만 규정하고 있다(商 686, 687). 집합보험은 그 목적이 특정되어 있는 特別保險과 목적의 일부 또는 전부가 특정되어 있지 않고, 그 특정의 방법 및 표준이 정해져 그 한도내에서 보험계약이 유지되는 一般保險(總括保險)의 구별이 있다. 집합보험의 경우에는 피보험자의 가족과 사용인의 물건도 보험의 목적에 포함된 것으로 하고, 또 그 보험은 그 가족 또는 사용인을 위하여서도 체결된 것으로 본다(686). 특히 일반보험의 경우에는 그 목적에 속한 물건이 보험기간중 수시로 교체된 경우에도 보험사고발생시에 현존한 물건은 보험의 목적에 포함된 것으로 한다(687).

집합재산(集合財産) 〔獨〕 Gesamthandsvermögen 어떤 주체에 속하는 총재산을 一般財産이라고 하고, 특정의 목적에 구속되어 타재산에서 어느 정도 독립한 일체를 이루고 있는 재산을 特別財産이라고 하는데, 이 특별재산 중 1인의 주체에 속하는 것이 아니고 수인의 주체에 속하는 것을 특히 집합재산이라고 한다. 조합재산(民 704)·공동상속재산(1006) 등이 그 예. 이와 같은 경우에는 여러 명의 주체간에 어떠한 인적결합관계가 있으며, 집합재산의 관리는 이 인적결합관계를 규율하는 규범에 따라서 하는 일이 많다.

집합적 간섭(集合的干涉) 〔英〕 collective intervention 〔獨〕 Kollektivintervention 〔佛〕 intervention collective 다수국가에 의하여 공동적으로

행하여지는 간섭. 한 국가가 독자적으로 행하는 個別的 干涉과 전적으로 동일한 규율을 받는다. 따라서 引渡에 기한 간섭 등도 일반적으로 적법시되지 않는 한 집합적으로 행하여도 적법이 아니다. 그러나 집합적 간섭은 제1차대전후 여러가지 조약에 의하여 國際的 制度로서 조직화되었다. 가장 중요한 것은 안전보장에 관한 것으로서 집합적 보장에 의하여 특정국가의 안전을 타국가의 침해로부터 보호하려 한다. 제2차대전후 집단적 보장(→집단적 안전보장)이라는 말이 널리 사용되고 있으며 오늘날 국제연합은 이 제도를 支柱로 한 것이다.

집합적 범죄(集合的犯罪) 〔獨〕 Konvergenzdelikt 범죄의 성립에 다수의 행위자가 동일방향(목적)에로 향하여 공동할 것을 필요로 하는 범죄. 必要的 共犯의 일종이며 對立的 犯罪에 대한다. 集合犯·衆合犯·共行犯·集團犯이라고도 한다. 예컨대 내란죄·소요죄. 집합적 범죄, 특히 내란죄의 규정은 집단범죄 내지 군중범죄의 특질을 고려하여, 집단적 행동에 관여한 자를 그 관여의 형태와 정도에 따라 처벌하려고 한다. 집합적 범죄는 그 자체가 독립된 범죄유형이며, 형법총칙의 공범규정의 적용이 없다.

집행계약(執行契約) 현재 또는 장래에 있어서의 특정한 强制執行을 법이 정하는 보통의 형태·경과와 다소 다르게 할 것을 목적으로 하는 집행관계자간의 합의. 크게 분류하면 執行擴張契約과 執行制限契約이 있다. 전자는 집행채권자에게 유리하게 법정의 집행요건을 감경하고(예를 들면, 집행력 있는 正本의 불필요를 약정하거나, 채무명의송달의 불필요를 약정하는 등), 집행방법·정도를 확대하는 것(예를 들면 인적집행을 인정하거나, 압류금지물의 압류를 허용하는 등)이며, 후자는 채무자에게 유리하게 법정의 집행개시요건을 가중하는 것이다(예를 들면 집행가능성을 제한하며 집행의 목적물·순서를 한정하고 집행의 정도·방법을 지정하는 등). 집행확장계약은 집행기관의 법정권한과 저촉되며 법이 채무자에게 부여하는 보장을 빼앗는 것이므로 원칙상 허용되지 않으나, 執行制限契約은 널리 허용된다. 일반적인 집행제한계약은 실체상의 청구의 속성(책임)을 변경하거나 채권자의 作爲·不作爲를 약정하는 순수한 민법상의 계약으로 보아야 할 것이 많다. 그리고 그 위반은 請求異議의 訴(民訴 505)에 준하여 구제를 받아야 될 것이다. 그 밖에 실체법상의 구제수단으로서 손해배상을 청구할 수 있음은 물론이다. 그런데 판례는 집행방법에 관한 이의(504)에 의하여서만 구제를 받을 수 있다고 본다. 이러한 판례의 태도는 집행계약을 집행법상의 효과발생을 목적으로 하는 합의로 보는 것으로서 이론상 수긍하기 어렵다.

집행관(執行官) 〔獨〕 Gerichtsvollzieher 〔佛〕 huissier 公務訴로서의 지방법원 및 그 지원에 소속되어 법령이 정하는 바에 따라 재판의 집행, 서류의 송달 기타의 사무에 종사하는 單獨制의 독립기관(法組 55). 따라서 집행관은 단순한 법원이나 법관의 보조기관은 아니고, 法定職權을 그 독자적 책임하에서 행사하는 기관이다. 집행관은 당사자의 위임에 의한 告知 및 催告, 동산의 競賣, 拒絶證書의 작성 등 사무를 처리하고 법원 및 검사의 명령에 의하여 서류와 물품의 送達, 罰金·過料·過怠料·追徵 또는 公訴에 관한 訴訟費用의 裁判의 執行 및 몰수물의 매각, 영장의 집행 등의 사무를 처리할 의무를 진다(執行官法 4, 5). 집행관의 채권자에 대한 관계에 관하여는 집행관은 사법상의 도급·고용이나 위임관계에 있는 순수한 개인 또는 대리인이라 하는 私法關係說·委任關係說과 개인과 국가기관과의 소송법상의 관계라고 하는 公法關係說·公務關係說의 대립이 있는데 후설이 다수설이다. 강제집행에 관한 위법한 집행행위 및 집행위임의 거부에 관하여서는 집행의 방법에 관한 이의의 방법에 의하여 상급기관인 집행법원의 감독과 시정을 받는다. 집행관은 집행관법의 정하는 바에 의하여 소속지방법원장이 任免한다(法組 55Ⅰ). 집행관의 임명자격은 10년 이상 법원·마약수사 또는 검찰청주사보 이상의 직에 있던 자이어야 된다(執行官法 3). 집행관은 국가로부터 봉급을 받지 않고 위임을 받은 직무에 관하여 大法院規則(執行官法施行規則)이 정하는 바에 의하여 수수료를 받으며 또 替當金의 변제를 받아(19) 수입으로 하므로, 보통 형식상의 공무원과 다르다. 집행관의 지위를 공무원에 준하는 것으로 본다면, 헌법 29조에 비추어 국가가 손해배상책임을 져야 할 성질의 것이다.

집행권(執行權) 〔英〕 executive, executive power 〔獨〕 vollziehende Gewalt 〔佛〕 exécutive, pouvoir exécutif [1] 가장 넓은 의미로는 立法權에 대하는 개념으로 行政權과 司法權을 포함하나, 넓은 의미로는 입법권 및 사법권에 대하는 개념으로 법률을 집행하는 국가통치권의 권능을 의미하며 행정권과 같다. 미국헌법은 대통령의 권한으로서 이 용어를 사용하고 있다. 집행권·집행작용·집행부와 행정권·행정작용·행정부와를 구별하는 때에는 전자가 政治的 執行作用을, 후자가 技術的 行政作用을 의미하는 일이 있으며, 또한 특히 미국에서는 집행작용이 전통적으로 대통령의 권한에 속하였던 군사·외교·내정·공무원의 임면 등을 의미하는데 대하여 행정위원회 등에 의한 새로운 행정분야를 행정이라 부르기도 한다.

[2] 강제집행을 하는 권한, 즉 强制執行權(〔獨〕 Vollstreckungsgewalt)의 약칭. 권리자가 그 실력으로 자기의 권리만족을 얻는 이른바 자력구제 내지 자력집행이 금지되는 곳에서는 국가가 집행권을 독점하게 되고, 强制執行請求權은 집행권을 가지지 않은 사인이 이 독점적인 국가의 집행권의 발동을 구하는 권리로서 구성된다. 이 의미의 집행권은 민사재판권의 한 내용을 이룬다. 또한 형사소송에 있어서 확정된 형의 집행을 하는 국가의 권능을 집행권이라고 하는 일도 있다.

집행기간(執行期間) 가압류명령 또는 가처분명령은 그 재판의 宣告(判決)나 送達(決定)이 있은 날로부터 14일을 경과한 때에는 집행할 수 없게 된다(民訴 708Ⅱ, 715). 따라서 채권자로서는 이 기간내에 집행을 하여야 한다. 이 기간을 집행기간이라고 한다. 이와 같이 집행에 기간을 한정한 것은 명령을 받고 14일이나 방치하는 태도 자체가 긴급한 필요에 응하는 假押留·假處分制度와 모순될 뿐만 아니라 가압류명령이 발부된 이후에 사정이 변경되고 나서 집행에 착수하려고 하는 것을 예방하려고 하는 것이다.

집행기관(執行機關) [1] 법인에 있어서 의결기관 또는 의사기관에 대하여 그 의결 또는 의사결정을 집행하는 기관을 말한다. 理事機關이라고도 한다. 예를 들면 비영리법인의 이사, 회사의 업무집행사원(합명회사에 있어서는 원칙으로 전사원, 합자회사에 있어서는 무한책임사원, 유한회사에 있어서는 이사), 주식회사의 이사회 등이 그것이다.

[2] 공법상 ① 가장 넓은 의미에서는 입법기관에 대하여 행정기관·사법기관을 의미할 수도 있으나, 보통은 行政機關만을 가리킨다. 지방자치단체의 경우에도 이러한 보통의 뜻으로 사용된다. ② 좁은 의미에서는 행정기관에 의하여 명령된 국가의사를 실력으로써 국민에 대하여 강제하고, 그 상태를 실현하는 기관(예 : 경찰공무원·세무공무원·집행관과 같은 것).

[3] 민사소송법상 채권자의 신청에 기하여 强制執行을 실시할 직무를 가지는 국가기관. 집행관·집행법원 및 수소법원의 세 가지가 있다. 집행관과 집행법원이 원칙적 집행기관이고 수소법원은 예외적인 집행기관이다. 집행관은 獨立單獨制인 국가기관이며 법원이나 법관의 보조기관(하급기관)은 아니다. 집행관에 의한 강제집행을 法文은 집행의 위임에 의한 것이라고 하고 있지만 사법상의 위임관계는 아니고 집행의 신청이라는 뜻으로 해석하여야 할 것이다(→ 집행위임). 집행관은 민활하고 물리적인 행동을 필요로 하는 집행행위에 주로 참여하며 원칙적인 집행기관으로 되어 있기는 하지만 특별한 규정이 있는 결과 유체동산에 대한 집행(527~556), 指示債權의 압류 및 이것을 뺏는 행위(566), 金錢債權 외의 특정물의 인도청구(689, 690)에 관하여 집행기관으로서 활동하는 동시에 특정한 행위에 협력하는데 지나지 아니한다(576, 619Ⅱ, 624~630, 664~666). 집행법원은 집행행위 및 이에 협력하는 법원이다. 그 관할·권한에 관하여는 執行法院을 보라. 또 受訴法院, 즉 소송이 係屬하여 채무명의를 성립시킨 법원을 편의상 집행기관으로 하는 수가 있다. 다시 말하자면 작위·부작위에 관한 청구에 대한 집행과 같이 집행할 청구권과 집행방법과의 사이에 재량판단이 필요한 것은(692, 693) 수소법원의 직분이다. 이 職分管轄은 절대적 강행성이 있으므로 이것에 위반한 집행행위는 취소신청을 기다릴 것 없이 당연히 무효로 된다. 그 외에 경찰(496Ⅱ), 국군(496Ⅱ, 515), 外國公務所(516Ⅰ), 본국영사(516Ⅱ), 또는 등기공무원(611, 651, 661, 677Ⅳ, 710, 719Ⅲ)이 집행을 원조 또는 공조하는 일이 있다.

집행기록(執行記錄) 〔獨〕 Vollstreckungsakte 强制執行에 관하여 집행기관이 작성한 서류(예를 들면 執行調書, 送達調書) 및 집행당사자에 의하여 집행기관에 제출된 서류(예를 들면, 執行委任書) 등을 편철해 놓은 것. 강제집행에 있어서 이해관계를 가진 자는 집행기록의 열람 및 기록 중에 존재하는 서류의 등본을 교부하도록 요구할 수 있다(民訴 498). 또한 강제경매·강제관리의 신청이 중복할 때에는 제2의 신청은 제1신청사건의 기록에 첨부함으로써 배당요구의 효력이 발생한다(604).

집행당사자(執行當事者) 〔獨〕 Vollstreckungsparteien, Parteien der Zwangsvollstreckung 강제집행을 요구하는 자(執行債權者), 이것을 받는 자(執行債務者)의 총칭. 판결절차에서 대립되는 양 당사자를 원고·피고라고 부름에 반하여 강제집행절차에서는 능동적 당사자를 채권자, 수동적 당사자를 채무자라고 부른다. 강제집행절차는 판결절차의 시간적 연장이라고 하지만 이 양 절차의 당사자는 반드시 동일한 입장에 서는 것은 아니다(本案訴訟에서 승소한 원고가 소송비용을 부담하게 된 경우(民訴 91), 집행력이 原被告 이외의 제3자에도 미치는 경우). 집행당사자도 판결절차의 원피고의 경우와 같이 當事者能力을 필요로 한다. 집행소송능력에 관하여는 나누어서 생각하여야 한다. 집행소송능력은 채권자에게는 언제나 필요로 하나 채무자는 언제든지 소극적 당사자로 始終하기 때문에 단순히 집행을 受忍함에 그칠 때에는 필요하지 않다. 그러나 집행요건으로서 제3채무자와 채무자에게 명령의 송달이 필요한 경우(561Ⅱ), 채무자의 審問이 필요한 경우(574Ⅱ), 執行方法에 관한 이의(504) 등과 같이 집행에 관하여 채무자의 적극적 협력이 요구되거나 또는 자기의 이익을 추궁하기 위하여 적극적 참여가 필요할 때에는 그 개개의 집행행위에 관하여 집행소송능력이 필요하다. 채무명의의 성립후 집행당사자의 변경이 생길 때가 있다(승계관리권의 상실 등). 채권자에게 변동이 있을 때에는 집행전후를 불문하고 항상 承繼執行文의 부여를 받지 않으면 집행을 개시 속행할 수 없다. 채무자에게 변동이 있을 때에는 집행개시전이면 승계집행문을 요하나 집행개시후에는 사망에 의하여, 채무의 승계가 행하여졌다면 유산에 대하여 집행을 속행할 수 있다(512). 상속인이 상속을 승인하기 이전이라도 무방하다. 채무자에게 알려야 할 집행행위를 실시할 경우에 상속인이 없거나 상속인의 소재가 분명하지 아니한 때에는 상속인을 위하여 특별대리인을 선임한다(512Ⅱ).

집행력(執行力) 〔獨〕 Vollstreckbarkeit

[1] 민사소송법상 집행력의 개념에는 廣狹 두 가지가 있다. ① 좁은 뜻의 執行力이라 함은 판결내용을 국가의 강제력에 의하여 실현하는 힘을 말한다. 이러한 의미의 집행력은 모든 確定判決에 대하여 존재하는 것이 아니고, 履行判決에 한한다. 이행판결이 집행력을 갖는 근거에는 학설이 갈려 있다. 그것은 비단 履行義務의 확인뿐만 아니라 이행명령을 포함하고 있기 때문이라는 설과, 이행판결에 이행명령의 존재를 부인하고 이행판결의 집행력은 이행의무가 공권적으로 확정된 당연한 효과라고 보는 설이 있는데, 후설이 점차 유력해지고 있다. 그런데 이행판결이라도 청구권의 성질상 강제집행에 적합하지 않은 것은 집행방법이 없으므로 집행력도 없다(예를 들면 부부의 동거를 명하는 판결 또는 소설을 쓰는 채무를 인정하는 판결). 이에 반하여 確認判決이나 形成判決이라도 소송비용의 점에서는 비용액 확정결정과 같이 집행력을 가진다. 또한 집행력은 확정판결에 한하지 않고 가집행선고가 붙은 미확정판결이나 가집행선고 있는 支給命令(民訴 469), 판결로한 가압류·가처분명령(707, 715)에도 존재한다. 외국법원의 확정판결(476, 477)에 대하여 집행력을 인정하려면 本國法院에서의 집행판결이 필요하다. ② 넓은 뜻의 執行力이라 함은 널리 강제집행 이외의 방법으로 판결내용에 적합한 상태를 실현할 수 있는 효력을 의미한다. 예를 들면 호적·상업등기·부동산등기 따위의 신청을 한다든지 또는 집행기관에게 집행의 정지 또는 취소를 구함과 같은 것이다(510 i·ii). 이 의미의 집행력은 확인판결이나 형성판결에 관하여도 생길 수 있다. 따라서 필요하다면 형성판결 내지 확인판결에도 假執行宣告를 붙일 수 있다.

[2] 형사소송법상 집행을 요하는 유죄판결은 그 확정에 의하여 집행력이 생기는 것이 원칙이다(刑訴 459, 예외 : 409·419·334·477).

[3] 행정법상으로는 행정행위의 내용을 행정청 자체의 강제력으로써 실현할 수 있는 효력. 법원에 의한 債務名義 등을 얻음이 없이 행정청의 명의로써 집행할 수 있는 효력이라는 점에서 自力執行力(행정행위의 債務名義的 機能)이라고도 한다. 집행력은 의무를 과함을 내용으로 하는 행정행위에만 인정됨이 그 성질상의 귀결이다. 또 오늘날의 사법국가적 헌법구조 아래에서는 집행력은 행정행위의 본질에 고유한 내재적인 것이라기보다는 그것을 특히 인정하는 실정법의 규정에 의존하는 것이라고 할 수 있다. → 행정행위의 효력, 공정력

집행력(執行力)**있는 정본**(正本) 〔獨〕 vollstreckbare Ausfertigung 판결 기타 채무명의의 정본의 끝에 집행문을 부기한 것으로서 채무명의에 執行力의 존재를 공증한 것. 强制執行의 개시에는 채무명의의 존재만으로는 부족하고 또한 집행력있는 정본을 필요로 한다. 집행력이 있는 정본이 있는 한, 그것이 판결정본과 相違되거나 또는 訴의 取下로써 이미 실효된 판결에 기인된 집행이라 할지라도 그 집행은 적법하다. 그러나 집행기관은 정본 자체의 기재상 그 채무명의의 부존재가 분명한 때에는 그 집행신청을 거부하여야 한다. 이것을 무시한 집행행위는 당연히 무효이다. 집행력 있는 정본은 모든 債務名義에 대하여 필요하며 당사자의 합의에 의하여 이 요건을 배제할 수 없다. 단지 가집행선고있는 지급명령(民訴 521)·가압류명령·가처분명령에 대하여서는 당사자의 승계가 있는 경우 이외에는 집행문의 부기가 필요치 않으며(708, 715), 법률이 특히 집행력 있는 채무명의와 동일한 효력을 부여한 것(검사의 집행명령 523), 재판의 부수적 집행으로 채권압류명령에 의하여 채권증서를 빼앗는 집행(567)과 부동산인도명령(647Ⅲ) 따위를 집행하는 데에는 執行文이 필요하지 않다. 권한있는 기관에 의하여 부여된 집행력있는 정본은 全國法院의 관할구역내에 그 효력이 있다(487). 보통 1통이 되나 특히 필요할 때에는 數通의 집행력 있는 정본을 얻어 수개의 지역 또는 수개의 방법으로 동시에 강제집행할 수도 있다(488). 그러므로 수통의 집행력 있는 정본이 필요할 때도 있고 부여된 정본을 분실하거나 또는 당사자에게 승계가 있을 때에는 새로운 정본이

필요할 때도 있다. 채권자는 이와 같은 사정을 소명하고 집행력 있는 정본의 수통의 부여 또는 재부여를 청구할 수도 있다(485). 채권자는 집행신청을 할 때에는 집행력 있는 정본을 집행기관에 제출하여야 한다(494, 602 I, 667). 이 정본에 표시된 청구와 집행비용의 전부를 실현한 뒤에는 辨濟證據로서 또는 2중집행을 당할 위험을 모면하게 하기 위하여 집행기관은 그 정본을 채무자에게 교부하여야 된다(494, 598 II, 658). 또한 민사소송법 510조 1호에 소위 執行力 있는 裁判의 正本이란 넓은 뜻의 집행력의 뜻으로서 집행력 있는 정본을 의미하는 것은 아니고, 다만 집행할 수 있는 재판이면 좋다.

집행명령(執行命令) 〔獨〕Ausführungsverordnung 上位法令을 집행하기 위하여 필요한 사항을 정하는 法規命令의 일종. 委任命令에 대립되는 개념. 집행명령은 상위법령에 없는 새로운 입법사항을 규정할 수 없다. →위임명령, 법규명령, 대통령령, 총리령, 부령

집행명의(執行名義) 채무명의와 같다.

집행문(執行文) 〔獨〕Vollstreckungsklausel 債務名義의 執行力의 현존 또는 집행력의 내용(명의인이나 목적물)을 공증하기 위하여 법원서기관 등(民訴 478 II)이 채무명의의 정본 끝에 부기하는 공증문서. 執行證書에 대하여는 그 증서를 보존하는 공증인이 부여한다(522 I). 특허법 166조에 의하여 채무명의로 보는 결정에 대하여는 특허심판원 공무원이 집행력있는 정본을 부여한다(特許 166). 재판기관과 집행기관을 완전히 분리하는 법제하에서 집행기관이 채무명의의 실질적 조사를 하지 않고 곧 집행에 착수할 수 있게 하기 위하여 이 제도가 인정된다. 집행문에는 일정한 방식 및 기재사항이 있다(民訴 479 II, 481 II, 482 III, 485 III, 470 II). 執行文付與에 있어서는 채무명의가 유효하게 존재하는지 아니하는지(유효한 문서가 있는지, 집행력이 현존하는지) 조사한다. 특히 판결이 채무명의인 때에는 판결이 확정되었거나 또는 假執行宣告가 붙은 경우 이외에는 부여하여서는 안된다(480 I). 법원사무관 등이 이 집행문을 부여할 때에 판단을 내리기 곤란한 경우에 재판장의 명령을 요건으로 하는 수가 있다. ① 債務名義의 내용상 이행의무가 조건에 걸려 있을 때(480 II), ② 채무명의에 표시된 당사자 이외의 자를 위하여 또는 그 자에 대하여 집행문부여신청이 있을 때(481), ③ 執行文의 부여를 수통 청구하였을 때(485 I) 등이 그것이다. 위 ①②③의 요건은 實體法에 관한 문제이기 때문에 사무관 등의 판단에만 위임하는 것은 부적당하다 하여 특히 재판장의 내부적 허가·지시를 받도록 하였다(482 I, 485 I). 사무관 등이 집행문부여를 거절하였을 때에는 채권자는 사무관소속의 법원에 이의를 할 수 있으며(209), 일정한 경우에는 채무자를 피고로 하여 執行文付與의 訴를 제기할 수 있다(483). 또한 집행문이 부여되었을 때에는 부여의 형식적·실질적 요건의 흠결을 이유로 하여 채무자는 이의를 신청할 수 있으며(484), 조건의 성취·승계의 존재(實體上 要件의 欠缺)를 다투어 집행문부여에 대한 이의의 소를 제기할 수 있다(506). 이 양자는 병존하는 불복방법이며 이의신청이 각하 또는 기각되어도(旣判力이 없음) 이의의 소를 제기할 수 있으며(506 但), 이의의 소를 제기한 후라도(다만 판결후는 불가) 이의신청에 의하여 유리한 재판을 받을 수 있다. 공증인이 부여기관인 경우에 그 구제의 관할에 관하여는 특칙이 있다(522 II·III).

집행문부여(執行文付與)**에 대한 이의**(異議) 집행문부여의 처분에 대하여 채무자로부터 부여기관인 법원사무관 등의 소속법원에 그 시정을 구하는 신청(民訴 484). 집행문이 사무관 등의 주장되는 의견아래 부여된 경우는 물론이거니와 재판장의 명령을 받고서 부여되었다든지 집행문부여 거절에 대하여 채권자가 普通抗告를 한 결과 항고법원의 명령에 의하여 부여된 경우일지라도 상관없다. 집행문의 부여를 위법으로 하는 모든 사유는 이의의 원인이 된다. 이의의 시기에 제한은 없으나 집행문이 부여된 뒤라면 집행이 실지로 개시되기 전이라도 할 수 있다. 그러나 그 집행정본에 의하여 집행이 완료된 뒤라면 이의할 이익이 없다. 그리고 채권자가 執行文付與의 訴에 의하여 집행문을 받았다든지 또는 채무자가 집행문부여에 대한 이의의 소에서 부여가 적법하다고 확정되었을 때에는, 그 판결의 旣判力에 의하여 이 방법에 의한 구제는 인정되지 않는다. 이에 반하여 이 이의가 배척된 후라도 집행문부여에 대한 異議의 소를 제기하는 것은 무방하다(506 但). 이 이의는 민사소송법 209조의 이의와 같은 성질의 것이므로 법원은 任意的 辯論을 거쳐 결정으로 재판한다. 채무자가 이 이의를 신청하였다고 집행이 당연히 정지되는 것은 아니다. 이의를 인용한 재판정본을 執行機關에 제출하여야 비로소 집행은 정지·취소된다(510 i, 511). 그러므로 이 이의에 대하여 위 결정이 있을 때까지 재판장은 당사자의 신청에 의하여 또는 직권으로 執行停止假處分을 명하여야 한다(484 II). 이 가처분은 이의에 대한 재판이 있을 때까지만 효력이 있다.

집행문부여(執行文付與)**에 대한 이의**(異議)**의 소**(訴) 〔獨〕Vollstreckungsgegenklage gegen Erteilung der Vollstreckungsklausel, Klage auf Unzulässigkeit der Zwangsvollstreckung aus der Vollstreckungsklausel → 집행문, 집행문부여에 대한 이의

집행문부여(執行文付與)**의 거절**(拒絶)**에 대한 이의**(異議) 법원사무관 등이 집행문의 부여를 거절한 경우에 채권자가 그 시정을 구하기 위하여 그 법원사무관 등이 소속하는 법원에 대하여 하는 異議申請(民訴 209). 이의에 대하여는 법원에서 결정으로 재판한다. 이의가 배척된 때에는 신청인은 항고할 수 있다. 그리고 이의를 인정할 때에는 집행문의 부여를 명한다. 다만 채권자가 민사소송법 483조 소정의 필요한 증명을 하지 못하여 집행문의 부여가 거절되고 또는 거절될 것이 예상될 경우에는 채권자는 채무자로 될 자를 피고로 하여 執行文付與의 訴를 제1심 受訴法院에 제기할 수 있다(483). → 집행문부여에 대한 이의

집행문부여(執行文付與)**의 소**(訴) 〔獨〕 Klage auf Erteilung der Vollstreckungsklausel 채권자가 집행문의 부여를 받기 위하여 條件의 成就 또는 承繼의 事實을 증명하지 않으면 안됨에도 불구하고(民訴 480Ⅱ, 481) 이러한 증명을 할 수 없을 경우에 채권자에게 부여된 구제수단이며 채권자가 소로써 이들 사실을 주장하여 집행문의 부여를 구하는 것(483). 소의 성질에 관하여는 학설이 나뉘어 있다. 채무명의에 표시된 청구권에 기한 履行의 訴라고 해석하는 학설, 이 판결에 의하여 집행문을 부여할 수 있는 상태를 발생하는 形成의 訴라고 보는 학설과 집행력의 현존의 확인을 구하는 確認의 訴라고 보는 학설이다. 이 확인소송설은 집행문의 부여가 반드시 本訴判決에 의하지 않고도 가능하다는 것을 이유로 삼는다. 이 소의 원고는 집행문을 받으려는 채권자이고 피고는 채권자에 대하여 집행문의 부여가 구해질 사람이다. 이 소는 채권자가 조건성취와 승계사실을 증명하기 위한 증명서를 가지고 있지 않거나, 가지고 있다 하더라도 부여를 거절당한 경우에 제기할 수 있다. 관할은 판결에 대하여는 제1심 수소법원의 專屬管轄이며(483, 524), 가집행선고 있는 支給命令에 대하여는 지급명령을 발한 지방법원이며(521Ⅲ), 執行證書에 대하여는 채무자의 普通裁判籍이 있는 地의 법원 또는 이 법원이 없는 때에는 민사소송법 9조의 규정에 따라 채무자에 대하여 소를 제소할 수 있는 법원이다(522Ⅳ). 심리는 일반절차와 다름이 없고 청구를 인용하는 판결이 확정되면 서기관 등 공증인은 재판장 또는 법원의 명령을 기다리지 않고 집행문을 부여한다. 이 때에는 집행문을 부여하라는 판결이 있었다는 뜻을 집행문에 기재한다. 이 소에 있어서 피고가 방어방법으로서 채무명의에 표시된 청구권 자체의 소멸을 抗辯으로서 주장할 수 있는가, 즉 이러한 사항은 별도로 請求異議의 訴를 제기하여 주장하지 않으면 안되는가의 여부에 관하여는 다툼이 있다. → 집행문

집행방법(執行方法)**에 관한 이의**(異議) 〔獨〕 Erinnerung gegen die Art und Weise der Zwangsvollstreckung 강제집행의 방법 또는 집행할 때에 집행관이 준수할 집행절차에 관하여 채권자·채무자 또는 이해관계를 가진 제3자가 하는 不服申請(民訴 504Ⅰ), 또는 집행관이 執行委任을 거부하거나 집행행위의 지체 또는 집행관이 계산한 수수료에 관하여 이의가 있을 때에 하는 異議申請(504Ⅲ). 異議의 원인의 되는 사유는 집행요건의 흠결, 집행절차상의 위법 등이다. 執行法院의 집행행위에 대하여 이 이의를 신청할 수 있느냐에 관하여는 논쟁되고 있으나, 이에 대하여는 卽時抗告(517)만 할 수 있고 집행방법에 관한 이의에는 의할 수 없다고 해석하여야 한다(판례는 당사자의 審問有無에 의하여 구별한다. 즉 심문이 있었을 때에는 卽時抗告에 의하여 구제를 요구하여야 하며 심문이 없었을 때에는 이 방법에 의할 수 있다고 한다). 집행방법에 관한 이의는 집행관의 위법한 집행행위가 존속되어 있는 한 언제든지 구술 또는 서면으로 할 수 있다(150). 관할은 집행처분이나 집행행위를 실시한 地를 관할하는 지방법원의 專屬管轄이다(503Ⅱ, 524). 이의에 대한 재판은 임의적 변론을 거쳐서 한다(503Ⅲ). 이의의 신청에 의하여 집행이 당연히 정지되는 것은 아니나 異議者를 위하여 집행정지의 가처분(執行停止命令)을 하는 것이 인정된다(504Ⅱ, 484Ⅱ).

집행벌(執行罰) 〔獨〕 Exekutivstrafe, Ungehorsamsstrafe 行政上의 强制執行의 일종으로서, 행정상의 부작위의무·비대체적 작위의무의 이행을 강제하기 위하여 과하는 벌. 일정한 기간내에 의무를 이행하지 않으면 일정한 過怠料를 과하겠다는 뜻을 예고함으로써 심리적 압박을 가하여 그 의무의 이행을 간접적으로 강제한다. 强制罰이라고도 한다. 집행벌은 장래에 향하여 의무의 이행을 강제하기 위한 수단인 점에서 과거의 의무위반에 대한 제재인 行政罰과 다르며, 간접적 강제인 점에서 직접적·실력적 사실작용인 代執行·直接强制와 다르다. 집행벌은 의무의 이행이 있을 때까지 반복하여 과할 수 있고, 반면에 강제의 필요가 소멸했을 때에는 이행기간 경과 후에라도 과할 수 없는 점에 특색이 있다. 우리나라에는 이와 같은 집행벌의 성격을 가진 것으로서 건축법 83조의 履行强制金을 들 수 있다.

집행법원(執行法院) → 관할집행법원

집행보전절차(執行保全節次) 가압류 및 가처분의 총칭. 강제집행의 보전을 목적으로 하는 특별민사소송절차로서 保全訴訟이라고도 한다. 민사소송법 제7편 제4장에 규정되어 있다.

집행부정지원칙(執行不停止原則) 어떠한 行政處分에 대하여 행정심판 또는 행정소송이 제기된 경우 당해 처분 등의 효력이나 그 집행 또는 절차의 속행에 대하여 영향을 주지 않도록 하는 것을 말한다. 다만 행정심판법(21)과 행정소송법(23)은 예외적인 경우에 공익과 사익의 적절한 조화를 위하여 처분상대방이 회복할 수 없는 손해를 입을 우려가 있는 경우에는 執行停止를 인정하고 있다.

집행비용(執行費用) 〔獨〕 Kosten der Zwangsvollstreckung 강제집행의 준비·실시를 위하여 채권자에게 발생된 비용. 예를 들면 집행관의 수수료(執行官手數料規則에 의함), 집행신청의 貼用印紙, 채무명의송달에 관한 비용, 집행문부여에 관한 비용, 압류한 목적물의 보존 또는 관리비용(民訴 534, 677Ⅲ) 등이다. 따라서 채권자가 임의·고의·과실로 지출하게 된 비용은 이에 포함되지 않는다(예 : 無用의 송달비용, 중복압류비용 등). 집행비용은 강제집행에 필요한 부분에 한하여 채무자의 부담으로 하고 그 집행에 의하여 변상을 받는다. 채권자는 집행비용이 채무자로부터 추심되기 전에 집행비용을 執行機關에 예납한다. 예납이 없으면 집행기관은 집행의 신청을 각하하거나 집행절차를 취소할 수 있다(106Ⅱ, 513의2Ⅱ)(예외: 119Ⅰ·Ⅱ에 의한 소송의 구조를 받은 경우). 채권자가 집행을 완료한 뒤에 그 집행의 기본된 債務名義가 실효되었다면 소급하여 그 집행에 의한 상태가 원상으로 복구되어야 할 것은 법률상 정당한 요구일 것이다. 강제집행의 기본된 판결이 상소 또는 재심의 결과 취소되었다든지 確定判決과 동일한 효력 있는 調書 등이 準再審에서 취소된 때에는 강제집행에 의하여 채권자가 취득한 것을 채무자에게 반환할 것임은 물론이요 집행비용은 변상하여야 한다(513Ⅱ).

집행위임(執行委任) 〔獨〕 Auftrag an den Gerichtsvollzieher 집행관에 대한 강제집행의 신청. 法文에는 委任이란 말을 쓰나(民訴 494, 495) 집행관은 채권자의 수임인은 아니고 국가의 執行機關이다(→ 집행관). 이 위임이 있으면 집행관은 정당한 이유가 없으면 거절할 수 없으므로(504Ⅲ), 민법상의 위임관계가 있는 것은 아니고 국가기관에 대한 공법상의 申請이다. 집행위임을 할 때에는 채권자가 집행관에게 집행력 있는 정본을 교부하여야 한다(495). 집행위임이 되면 집행관은 債務名義에 표시된 청구권의 강제집행을 행할 권한이 있다(495).

집행유예(執行猶豫) 〔英〕 reprieve 〔獨〕 bedingte Verurteilung 〔佛〕 sursis à l'exécution 刑의 宣告는 하면서도, 정상을 참작하여 형의 집행을 일정한 기간 유예하고 그 기간을 무사히 경과하면 형의 선고를 실효케 하는 제도. ① 3년 이하의 懲役 또는 禁錮의 형을 선고할 경우에 형법 51조(→ 형의 양정)의 사항을 참작하여 그 정상에 참작할 사유가 있는 때에는, 금고 이상의 형의 선고를 받아 집행을 종료한 후 또는 집행이 면제된 후로부터 5년을 경과하지 아니한 자가 아닌 한, 1년 이상 5년 이하의 기간 형의 집행을 유예할 수 있다(刑 62Ⅰ). 형의 집행을 유예하는 경우에는 保護觀察을 받을 것을 명하거나 社會奉仕 또는 受講을 명할 수 있다. 이에 대한 집행은 유예기간내에 한다(62의2). ② 집행유예의 선고를 받은 자가 유예기간중 금고 이상의 형의 선고를 받아 그 판결이 확정된 때에는 집행유예의 선고는 효력을 잃는다(63). ③ 집행유예의 선고를 받은 후, 금고 이상의 형의 선고를 받아 집행을 종료한 후 또는 집행이 면제된 후로부터 5년을 경과하지 아니하였다는 사실이 발각된 때에는, 집행유예의 선고를 취소한다(64). 62조의2의 규정에 의하여 보호관찰이나 사회봉사 또는 수강을 명한 집행유예를 받은 자가 준수사항이나 명령을 위반하고 그 정도가 무거운 때에는 집행유예를 취소할 수 있다(64Ⅱ). ④ 집행유예의 선고를 받은 후, 그 선고의 失效 또는 取消됨이 없이 유예기간을 경과한 때에는 刑의 선고는 효력을 잃는다(65). 예컨대 금고 이상의 刑의 선고를 받아 執行을 종료한 후 또는 집행이 면제된 후로부터 5년을 경과하여야 한다. 이 기간 내에는 집행유예를 다시 할 수 없다. 따라서 집행유예기간 중에는 집행유예를 할 수 없다. 이러한 집행유예의 제도는 원래 自由刑, 특히 短期自由刑의 폐해를 피하기 위하여 특별한 의의를 가지는 것으로 생각되어 왔는데, 이와 더불어 형의 집행을 유예함으로써 본인의 개선을 촉진한다는 적극적인 작용도 가진다고 한다.

집행장애(執行障碍) 일반적 집행개시요건이 구비되어 있음에도 불구하고 强制執行節次 전체의 개시 또는 속행을 방해하는 사유. 이는 집행 전체에 대하여 말하는 것으로 개개의 집행행위에 관한 특별한 장애사유(예 : 압류의 제한)와 구별된다. 집행장애가 되는 사유로는 채무자의 破産(破 15, 61Ⅰ), 和議節次의 개시(和 40), 채무자가 주식회사인 경우에는 會社整理節次의 개시(會整 67Ⅰ) 등이 있다. 집행장애는 집행기관이 집행할 때 직권으로 조사하도록 되어 있으며 이를 발견하면 집행의 개시속행은 삼가야 한다. 집행채권이 압류 또는 가압류된 경우에 집행장애가 되느냐에 관하여는 다툼이 있다.

집행적 사실행위(執行的事實行爲) 행정상의 사실행위는 법령 또는 행정행위의 집행으로서 행하여지는 것인지의 여부에 따라 執行的 事實行爲와 獨立的 事實行爲로 나뉘어진다. 집행적 사실행위란 代執行의 실행이나 경찰관의 무기사용과 같이 일정한 행정행위 또는 법령의 집행수단으로서 행해지는 경우를 말한다.

집행정지(執行停止)〔行政處分의〕 행정처분에 대하여 항고쟁송이나 항고소송이 제기되었을 경우에, 당해 행정처분의 집행을 어떻게 취급하느냐는 立法政策의 문제이다. 우리나라 현행법은 독일의 입법례에 따라 처분의 집행을 정지하지 않는 원칙을 전제로 하고 있다(行審 21, 行訴 23). 그러나, 이 원칙을 관철할 때에는 상대방에게 회복할 수 없는 손해를 끼칠 우려가 있으므로, 예외적으로 집행정지를 인정한다. ① 처분이나 그 집행 또는 절차의 속행으로 인하여 생길 회복하기 어려운 손해를 예방하기 위하여 긴급한 필요가 있다고 인정할 때에는 裁決廳이나 本案이 계속되고 있는 법원은 당사자의 신청 또는 직권에 의하여 처분의 효력이나 그 집행 또는 절차의 속행의 전부 또는 일부의 정지를 결정할 수 있다(行審 21Ⅱ, 行訴 23Ⅱ). 그러나 재결청 또는 법원은 집행정지의 결정을 한 후에 집행정지가 공공복리에 중대한 영향을 미치거나 그 정지사유가 없어진 때에는 당사자의 신청 또는 權原에 의하여 決定으로써 집행정지의 결정을 취소할 수 있다(行審 21Ⅳ, 行訴 23Ⅲ).

집행정지명령(執行停止命令) 〔獨〕 Anordnung zur Einstellung der Zwangsvollstreckung 强制執行節次 또는 개개의 집행행위의 일시적 정지 또는 이미 행한 집행행위의 취소를 명하는 재판. 강제집행의 지연 또는 방해를 하기 위하여 상소·재심·가집행선고있는 판결에 대한 상소·가집행선고 있는 지급명령에 대한 이의·청구이의의 소·집행문부여에 대한 異議 및 집행문부여에 대한 이의의 소·제3자이의의 소·집행방법에 관한 이의가 있다고 당연히 집행을 정지하지는 않으나, 한쪽 이의자의 이익을 고려하여 담보를 제공하게 하거나 담보를 제공하게 하지 아니하고 이의가 완결될 때까지 집행의 정지·취소·속행에 관하여 假處分을 명할 수 있도록 한다(民訴 473, 474, 484, 505~507). 이 재판이 執行停止命令이다. 채무자 또는 제3자가 이러한 재판을 얻었을 때에는 그 정본을 집행기관에 제출하여 현실로 집행의 정지 또는 취소를 구하여야 한다(510, 511). 집행정지명령을 발하는 법원은 원칙으로 受訴法院이나 급박한 때에는 재판장이 할 수 있다. 또 때로는 재판장에게만 이 권한이 인정되어 있는 경우도 있다(484). → 강제집행의 정지

집행조서(執行調書) 〔獨〕 Protokoll des Gerichtsvollziehers 강제집행시행에 관하여 執行機關 특히 집행관이 작성하는 조서. 집행관은 집행행위마다 조서를 작성하여야 한다(民訴 500). 압류조서·경매조서 등이 주요한 것이다. 집행조서의 작성은 공증적 행위에 그치는 것이 원칙이다.

집행주의(執行主義) 〔獨〕 Exekutionssystem 船舶所有者責任制限의 한 형태. 독일(獨商 486) 및 스칸디나비아제국이 취하고 있는 立法主義이며, 선박소유자의 책임은 당연히 海産에 제한되는 물적 유한책임이고, 채권자는 당해 해산에 대하여서만 강제집행을 할 수 있을 뿐 陸産에는 미치지 않는다. 이것은 航海主義이다.

집행증서(執行證書) 〔獨〕 vollstreckbare Urkunde 公證人이 그 권한내에서 成規의 방식에 의하여 작성한 증서로서 일정한 금액의 지급이나 다른 대체물 또는 유가증권의 일정수량의 지급을 목적으로 하는 청구에 관하여 채무자가 즉시 强制執行을 받는다는 승낙을 기재한 것. 그러한 公正證書는 債務名義로서(民訴 519) 많이 이용된다. 그 집행에 관하여는 집행문의 부여기관, 집행문부여에 관한 구제, 請求異議의 소의 원인에 관한 특칙이 있다(522).

집행지휘(執行指揮) 裁判의 執行을 지휘하는 것. 형사재판의 집행은 그 재판을 한 법원에 대응한 검찰청검사가 지휘한다. 다만 재판의 성질상 법원 또는 법관이 지휘할 경우에는 예외로 한다(刑訴 460Ⅰ). 예외의 경우로서 구속영장, 압수·수색영장에 관하여는 법관이 지휘할 수도 있다(81Ⅰ但, 115Ⅰ但). 또 상소의 재판 또는 상소의 취하로 인하여 하급법원의 재판을 집행할 경우에는 상소법원에 대응한 검찰청검사가 지휘한다. 단 소송기록이 하급법원 또는 그 법원에 대응한 검찰청에 있는 때에는 그 검찰청검사가 지휘한다(460Ⅱ). 재판의 집행지휘는 裁判書 또는 재판을 기재한 調書의 등본 또는 초본을 첨부한 서면으로 하여야 한다. 다만 형의 집행을 지휘하는 경우 외에는 재판서의 원본·등본이나 초본 또는 조서의 등본이나 초본에 인정하는 날인으로 할 수 있다(461). → 재판의 집행

집행참가(執行參加)의 소(訴) 〔獨〕 Exekutionsinterventionsklage 제삼자이의의 소와

같다.

집행처분(執行處分) 〔獨〕 Vollstreckungsmassregel 강제집행중에 행하여지는 개개의 執行行爲를 말하여 강제처분(民訴 473)과 같은 뜻. 강제집행의 정지·취소에 관한 법률의 조문에 있어서는 집행처분(507Ⅱ, 509Ⅲ, 510, 511)이라고 규정되어 있는 바 이는 기존의 執行行爲의 뜻으로 사용된다. →집행행위

집행청구권(執行請求權) 강제집행청구권과 같다.

집행판결(執行判決) 〔獨〕 Vollstreckungsurteil [1] 민사소송법상으로 외국법원의 確定判決로써 강제집행을 하여도 좋다는 것을 선고하는 판결(民訴 476). 민사소송법 203조 소정의 요건을 구비한 확정외국판결이라 할지라도 당연히 執行力이 인정되는 것은 아니고 국내법원의 집행판결에 의하여 비로소 집행력이 생긴다. 집행판결의 채무명의가 기본된 외국판결이냐 또는 집행판결 자체이냐에 관하여는 여러가지 학설이 있으나 집행판결이 외국판결 등의 내용을 再錄한 것이면 집행판결만으로써 충분하나 그렇지 않을 때에는 양자가 하나로 합쳐 채무명의가 된다고 보는 것이 좋을 것이다. 집행판결을 구하는 소송의 성질에 관하여는 외국판결에서 확정된 실체법상의 권리에 의하여 다시 이행청구를 하는 것이라는 履行訴訟說과 집행의 선고를 공법적 청구권의 주장에 의하여 외국판결에 집행력의 부여를 구하는 形成訴訟說 등 양설이 있는데 후자가 통설이다. 집행판결을 구하는 소의 당사자는 외국판결의 당사자, 승계인 기타 旣判力의 확장이 인정되는 범위의 제3자들이다. 외국판결에 대하여 집행판결을 구하는 소에 있어서는 법원은 외국법원의 판결이 확정된 것을 증명하지 아니한 때와 외국판결의 승인의 요건(203)을 구비하지 아니한 때에는 그 소를 각하하나 외국판결의 실체적 당부는 조사할 수 없다(477). 또한 관할법원에 관하여서는 민사소송법 476조 2항에 규정이 있다. 이 재판적은 專屬管轄이다(524). 事物管轄은 제소 당시에 소송물의 가격에 의한다.

[2] 중재법상으로는 仲裁判定으로서 강제집행을 하여도 좋다는 것을 선고하는 판결(仲裁法 14Ⅰ). 중재판정은 당연히 執行力이 생기는 것이 아니고 법원의 집행판결이 있어서 비로소 집행력이 생긴다.

집행행위(執行行爲) 〔獨〕 Vollstreckungshandlung 强制執行의 목적을 달성하기 위하여 집행기관이 채무자 기타의 제3자에 대하여 강제력을 행사하고 일정한 법률상의 효력을 발생시키기 위하여 행하는 행위. 押留·換價處分 등이 그 예이다. 집행관이 행하는 것은 사실행위가 수반되는 것이 보통이나 집행법원의 행위는 관념적 재판의 형식으로 행하여진다(예 : 압류명령, 移付命令). 집행행위는 강제집행의 정지·취소의 관계에서는 法文上 執行處分(民訴 507Ⅱ, 509Ⅲ, 511) 또는 强制處分(473Ⅰ)이라고도 불린다. →강제집행

집행형(執行刑) 刑의 집행단계에 있어서 현실로 집행되는 형. 宣告刑은 재판의 선고시에 특정된 형이요, 장차 집행의 단계에 있어서 집행될 형이고, 원칙적으로 執行刑과 일치한다. 그러나 형의 집행단계에 있어서는 선고형은 行刑의 효과에 의하여 현실로 수정을 받는 경우가 있다. 假釋放은 그 예이다.

집 회(集會) 〔英〕 assembly 〔獨〕 Versammlung 〔佛〕 réunion 다수인이 특정한 공동목적을 위하여 일시적으로 일정한 장소에 회합하는 것. 집회의 자유는 언론·출판의 자유 및 결사의 자유와 함께 민주국가에 있어서의 基本的인 自由의 하나이다.

집회(集會)**의 자유**(自由) 〔英〕 freedom of assembly 〔獨〕 Versammlungsfreiheit 〔佛〕 liberté de réunion 다수인이 특정한 공동목적을 위하여 일시적으로 일정한 장소에 회합하는 자유. 넓은 뜻으로는 示威의 자유를 포함한다. 權利條項에서 보장되는 전통적인 자유권의 하나. 모든 국민은 집회의 자유를 가진다(憲 21Ⅰ). 許可制는 인정되지 않는다(21Ⅱ). 집회 및 시위에 관한 법률은 집회 및 시위의 방해금지, 금지되는 집회 및 시위, 옥외집회 및 시위의 신고 등을 규정하고 있다.

징 계(懲戒) 特別權力關係에 따라 부담하는 의무에 위반이 있는 경우에 그 특별권력관계의 질서를 유지하기 위하여 과하는 제재. 징계는 특별권력관계내부에서 성립한 특별권력에 의하여 그 특별권력관계의 질서유지를 위하여 과하여지는 것이라는 점에서, 一般統治權에 의하여 국가사회의 일반적 질서를 유지하기 위하여 과하는 刑罰과 다르다. 그러므로 동일한 행위에 대하여 징계와 형벌이 병과되어도 一事不再理의 原則에 반하지 않는다. 일반직국가공무원 및 지방공무원에 대한 징계는 파면·해임·정직·감봉 및 견책의 5종이다(國公 79, 地公 70, 교육공무원의 경우도 같다). 징계는 소속기관장의 요구로 징계위원회의 의결을 거쳐 징계위원회가 설치된 소속기관의 장이 행하되, 국무총리 소속하에 설치된 懲戒委員會(국회·법원·헌법재판소 및 선거관리위원회에 있어서는 해당 중앙인사관장기관에 설치된 상급징계위원회를 말한다. 이하 같다)에서 행

한 懲戒議決에 대하여는 중앙행정기관의 장이 행한다. 다만, 파면과 해임은 징계위원회의 의결을 거쳐 각 임용권자 또는 임용권을 위임한 상급감독기관의 장이 이를 행한다(國公 82, 公務員懲戒令 7·11·18). 지방공무원은 人事委員會의 의결을 거쳐 임용권자가 행한다(地公 72Ⅰ). 법관·검사·교원 등과 같이 특히 강한 신분보장이 요구되는 공무원에 대한 징계는 일반직국가공무원에 대한 경우와는 달리 별도의 징계기관에서 엄격한 절차적 요구에 따라 행하여진다. 징계에 대하여 불복이 있는 자는 징계처분 사유설명서를 받은 날로부터 30일 이내에 訴請審查委員會에 심사청구를 할 수 있다(國公 76Ⅰ, 地公 67Ⅱ).

징계권(懲戒權) 〔獨〕 Züchtigungsrecht [1] 特別權力關係 기타 공법상의 특별한 감독관계의 질서를 유지하기 위하여 질서문란자에 대하여 懲戒罰을 과할 수 있는 권력. 넓은 의미의 징계권에는 소극적인 가택권적 기율권(시립운동장·국립도서관 등의 경우)과 적극적인 징계권(공무원·학생·소년원생 등의 경우)을 총칭하나, 좁은 의미에서는 적극적인 징계권만을 의미한다. 징계권은 특별권력관계의 내부에서 성립하는 특별권력이라는 점에서 일반통치관계에서 성립하는 일반통치권인 刑罰權과 구별된다. 징계권이 어느 범위까지 미칠 것인가에 대하여는 의견이 일치하지 아니한다. 당해 특별권력관계가 법률의 규정에 의하여 설정되었을 때에는 그 법률이 정하는 범위안에서, 법률에 정한 바가 없으면 조리상 인정되는 범위안에서 행하여져야 한다. 상대방의 동의에 의하여 설정되었을 때에는 그 특별권력관계로부터 배제하여 그로부터 받는 이익을 박탈함을 한도로 하여야 한다는 것이 통설이다. →징계

[2] 민법상 親權의 한 내용. 징계방법에는 2종이 있다. 하나는 子를 보호교양하는데 필요한 범위안에서 親權者 스스로가 질책·감호 등에 의하여 징계행위를 하는 것이고, 다른 하나는 법원의 허가를 얻어서 感化·矯正機關에 위탁하는 것이다(民 915). 징계권의 남용은 곧 親權濫用이 되며 親權喪失의 원인이 될 수 있다(924).

징계벌(懲戒罰) 징계와 같다.

징계사건(懲戒事件) 징계사유에 해당함으로써 징계절차에 회부할 수 있는 또는 회부된 사건. 징계사건에 따라 관할 懲戒委員會를 달리한다.

징계사유(懲戒事由) 징계처분을 할 수 있는 원인이 되는 사유. 징계처분은 피징계자에 대한 不利益處分의 하나이기 때문에, 징계사유는 법령에 의하여 엄격히 규제됨이 보통이다. 일반직국가·지방공무원의 징계사유는 ① 국가공무원법 또는 지방공무원법이나 그에 의한 명령에 위반한 때, ② 직무상의 의무에 위반하거나 직무를 태만히 한 때, ③ 직무의 내외를 불문하고 그 체면 또는 위신을 손상하는 행위를 한 때이다(國公 78, 地公 69). 법관·검사·교육공무원 등 특정직공무원의 징계사유는 각 해당특별법에 규정되어 있다(法官懲戒法 2, 檢事懲戒法 2).

징계위원회(懲戒委員會) 국가공무원법상 공무원의 징계에 관하여 의결하는 기관. 공무원의 징계는 원칙으로 징계위원회의 의결을 거쳐 任命權者가 행하는 것이 상례이다(國公 82).

징계주의(懲戒主義) 破産宣告를 받아서 채무를 완제하지 못한 자에게는 일정한 신분상의 불이익한 효과를 주어서 그것을 징계하며, 간접적으로 채무의 완제를 강제하려고 하는 것. 우리 현행 파산법은 원칙적으로 이 주의를 채택치 않고 있다. 그것은 파산은 반드시 道義上 비난할 수 있는 행위에 기한 것에 한하지 않고 오히려 경제계의 변동이나 불황에 유래하는 경우가 많고, 특히 미성년자의 영업을 親權者·後見人이 경영하여 실패하여도 미성년자가 파산자로서 책임을 져야 한다는 것은 도의상 있을 수 없는 일이고, 또 파산이 다른 원인으로부터 불가피하게 생기는 이상 징계주의는 채무자에 파산을 두렵게 하는 결과 재산상태의 악화를 은폐하는 임시변통적인 처치를 하여 오히려 채권자의 손실을 많게 하는 점을 고려한 것이다. 그러나 다른 법령상 아직 公私의 여러 자격의 상실사유로 하고 있는 경우가 많다. 즉 私法上 후견인(民 937), 유언집행자(1098) 등이 될 수 없고 公法上 공무원, 공증인에 대하여서는 파산은 결격사유가 된다. 여기에서 파산법에는 이런 공사자격의 회복으로서의 復權에 관한 규정이 있다(破 358 이하). 따라서 간접적인 형태이기는 하나 징계주의적 요소가 잔존한다 할 수 있다.

징계처분(懲戒處分) →징계

징계해고(懲戒解雇) 중대한 직장질서·계약의무위반에 대한 제재로서의 근로자의 解雇. 이러한 경우에는 퇴직금을 지급하지 않는 것이 보통이다. 團體協約이나 就業規則에서 그 요건·절차를 정하고 있지 않을 경우에는 징계해고를 할 수 없다는 설이 유력하며, 규정을 두고 있는 경우에도 그것에 위반한 해고는 무효이다.

징 발(徵發) [1] 국내법상으로는 민사상의 매매·임차 등 보통의 수단으로써는 軍의 경제적 수요를 충족시키기 어려울 때에, 보상을 지급하고 개

인에게 권력적으로 경제적 부담을 과하는 行政行爲. 징발은 전시·사변에 있어서 행하게 되는 것이 원칙이며, 예외적으로 평시에도 할 수 있다. 징발의 근거법으로는 徵發法이 있으며 과거의 징발에 관한 특별조치령에 대치되었다(徵發法附則 Ⅱ). 동법은 전시·사변 또는 이에 준하는 비상사태 기타 군작전상 긴절한 경우에 그 작전수행을 위하여 필요로 하는 토지·물자와 시설 또는 권리를 징발하고 이에 대한 보상을 지급함에 관한 규정을 두고 있다(徵發法 19~24의4).

[2] 국제법상 徵發(〔英〕 requisition 〔獨〕 Requisition 〔佛〕 réquisition)은 보통 점령자가 적지의 개인 또는 시·읍·촌에서 군사적 필요때문에 물품 및 노무의 공급을 요구하는 것. 점령국의 일반적 수요가 아니라 점령군의 수요를 충족시키기 위한 것이어야 하며 지방의 資力에 대응할 것, 또한 본국에 대한 군사행동을 취하게 하는 성질의 것이 아닐 것을 그 요건으로 한다. 징발절차로서는 점령군 지휘관의 허가가 있고, 가능한 한 빨리 현금을 지급하든가 영수증을 교부하고 사후에 조속히 대가를 지급해야 한다. 海戰에 있어서도 무방어의 항구·도시·촌락 등에 대한 징발이 인정되고 이에 불응할 때는 포격을 할 수 있다. 요건 및 절차는 점령군의 경우와 대체적으로 같다. 交戰國이 자국영역내의 중립국 선박·철도재료 등 교통기관을 징발할 때도 있다. →몰수, 공납금

징발보상증권(徵發補償證券) 徵發財産에 대한 보상금으로 국가의 재정형편상 부득이한 경우에 지급하는 증권(徵發法 22의2). 10년의 범위안에서 기간을 정하여 일시 또는 분할상환하여야 하며, 償還金에 대한 이율과 상환금의 지급절차 및 증권시액면가액은 대통령령으로 정하되, 이율은 법정이자율 이상으로 한다.

징 병(徵兵) 병역법이 정하는 바에 따라 국가가 兵役義務者를 강제로 모아서 일정한 기간 병역에 복무시키는 것. 징병의 대상자는 매년 1월 1일부터 12월 31일까지의 사이에 19세가 되는 자인바(兵役 11) 지방병무청장은 매년 다음해에 징병검사를 받아야 할 자를 조사하고 兵籍簿 등을 작성하여 징병검사를 받게 하여야 한다(10).

징병검사(徵兵檢査) 지방병무청장이 지정하는 일시 및 장소(지방병무청 또는 군병원)에서 兵役義務者가 만 19세에 달하는 해에 병역을 감당할 수 있는지의 여부를 판정받는 것을 말한다(兵役 11 Ⅰ). 징병검사를 받아야 할 사람이 이를 받지 아니하거나 징병검사가 연기된 사람으로서 그 연기사유가 소멸되는 사람은 그 해 또는 그 다음 해에 징병검사를 받아야 하며(11 Ⅱ), 징병검사는 외과·내과 등 신체의 모든 부위에 대한 검사 및 필요에 따른 임상병리검사·방사선촬영 등의 身體檢査와 필요한 경우에 실시되는 人性檢査를 포함한다(11 Ⅲ·Ⅳ).

징 빙(徵憑) →간접사실

징 수(徵收)〔租稅의〕 보통은 租稅의 賦課와 收納을 포함한 개념이나 수납과 같은 의미로 사용할 때도 있다. 조세를 징수함에는 법적 근거가 있어야 한다(豫會 48). 조세는 납부기일에 징수하는 것이 원칙이나 예외로 납기전징수와 徵收猶豫가 있다(國徵 14·15, 地稅 26·41~44). 납세의무는 납세의무자가 납부기일에 납부함으로써 소멸하나 公賣의 중지, 부과의 취소, 결손처분 등에 의하여도 소멸한다(國稅基 26·27, 地稅 30의2·3). 徵收에 관한 사무는 재정경제부장관이 총괄하고, 각 중앙관서의 장이 관리한다(豫會 49). →징수기관, 세입징수관, 강제징수

징수기관(徵收機關)〔조세의〕 넓은 뜻으로는 租稅를 징수하는 기관을 총칭하나 좁은 뜻으로는 수납기관을 제외한 개념. 국가에 있어서는 원칙으로 각 중앙관서의 장이 징수기관이고(豫會 49), 지방자치단체에 있어서는 원칙으로 지방자치단체의 장이 징수기관이다(地財 44 Ⅰ), 징수기관은 收納機關을 겸할 수 없다(豫會 53, 地財 46). →세입징수관

징수의무자(徵收義務者) 納稅義務者로부터 법률이 정하는 바에 의하여 세금을 징수하여 이것을 납부할 의무를 지는 자. 源泉徵收의 조세에 있어서의 소득의 지급자가 그 예. 납세의무자와 실제상의 조세부담자가 일치하지 않는 경우(間接稅)의 그 납세의무자의 의미로 사용되는 수도 있다(→납세의무자). 징수의무자가 징수·납부하여야 할 세금을 징수·납부하지 않는 경우에는 强制徵收를 당한다.

징 역(懲役) 〔獨〕 Zuchthausstrafe 受刑者를 교도소에 구치하여 定役에 복무하게 하는 自由刑의 일종(刑 41 ii, 67). 정역에 복무하게 하는 점에서 禁錮·拘留와 구별된다. 자유형 중에서 가장 대표적인 지위를 차지하고 있는 것인데, 無期와 有期로 구별되며, 유기징역은 1월 이상 15년 이하이지만, 형을 가중할 경우에는 25년까지 할 수 있다(42). 반대로 減輕할 때에는 그 형기의 2분의 1로 내릴 수 있다(55 Ⅰ iii). 18세 미만의 소년에 대해서는 무기징역형을 과하지 아니하며(少 59), 또 소년이 法定刑 장기 2년 이상의 유기징역형에 해당하는 경우에는 不定期刑을 선고한다(60). 징역형의 집행

에 관해서는 형사소송법에 규정이 있다(462, 470, 471, 473~475).

징 용(徵用) 戰時·事變 또는 이에 준하는 비상사태에 있어서 보통의 수단으로써는 군작전상 필요한 인적자원을 확보하기 곤란할 때, 補償을 지급하고 개인에게 권력적으로 필요한 역무부담을 과하는 行政行爲.

징용권(徵用權)〔國際法上의〕 교전국이 軍隊, 兵器, 食糧 등을 수송할 목적으로 자국의 항만 내에 있는 중립선박을 압수하여 운임을 先給하고 선박과 선원을 강제로 사용하는 권리. 이는 중세에서 유래되어 프랑스의 루이 14세가 가장 많이 행사하였다고 하나, 17세기에 들어와 각국은 자국선박의 보호와 외국무역의 안전을 위하여 징용권을 포기하는 내용의 조약을 체결하기 시작하여, 18세기를 거쳐 19세기에 이르러 징용권이 행사되지 않게 됨에 따라 이 권리를 부정하는 학자가 증가하여, 1898년의 국제법학회에서는 徵用權은 폐지되었다고 하였다. 그러나 징용권의 자취가 완전히 사라지지 않고 현재에는 그 본래의 의미와는 달리 非常徵用權으로서 전쟁의 필요상 불가피한 경우에 자국 또는 적국의 영역내에 있는 중립재산을 손해의 배상을 조건으로 파괴 또는 사용하는 권리를 인정하고 있다. →비상징용권

징 집(徵集) 국가가 統治權의 발동으로 징병적령자에 대하여 징병검사를 행한 후 현실적으로 現役에 복무할 의무를 과하는 처분(兵役 5, 15~25). →소집

ㅊ

차 관(次官) 政務職國家公務員으로서 소속장관을 보좌하여 그 소관사무를 처리하며, 소속공무원을 지휘·감독한다(政組 7Ⅱ). 행정각부에 1인의 차관을 둔다(26Ⅱ). 차관은 장관이 事故가 있을 때에는 그 직무를 대행한다(7Ⅱ).

차 관(借款) 외국정부 또는 이에 준하는 공적기관으로부터 資金을 차입하는 것. 차관의 임차기간은 비교적 장기이며 자금의 사용목적이 엄격히 제한되어 있는 것이 보통이다. 차관으로서 대표적인 것은 제2차대전후 파운드(磅)의 交換性을 회복시키기 위한 영국의 미국으로부터의 약 37억 5천만달러의 차관이다. 우리나라에 있어서는 경제의 자립과 그 건전한 발전 및 국제수지의 개선을 위하여는 외국자본이 중요한 위치를 차지할 것이므로, 처음으로 차관에 대한 지불보증에 관한 법률을 제정하였었고, 그 다음에 이에 대체된 外資導入法을 제정하여 일정한 사업을 위한 차관에 있어서는 정부가 그 원리금의 상환에 대한 支拂保證을 하도록 하였다. 현재 외국인투자촉진법이 시행되고 있다.

ㅊ

차관매매(借款賣買) 개발도상국에 빌려준 돈을 회수하기 어렵게 된 외국은행들 사이에 빚을 사고파는 신종 金融去來, 예컨대 브라질에 많은 돈을 빌려주고 칠레에는 소액을 빌려준 은행이 그 반대입장에 있는 은행과 서류상으로 빚을 맞바꾸는 것. 남미의 외채대국들이 최근 잇따라 外債償還延期를 일방적으로 선언함에 따라 서방의 은행들은 위험부담을 덜기 위해 차관을 균형있게 분산시킬 필요를 느껴 이러한 거래가 일어났다. 거래서 차관액면가는 채무국의 신용상태와 정치상황 등을 감안해 할인된 가격으로 정해지게 되는데 브라질은 실제 차관액의 75%, 칠레가 69%, 폴란드는 42%, 루마니아 90%, 수단이 14%선에서 각각 거래되었었다.

차금(差金)**의 수수**(授受) 轉賣還買에 의하여 대금상의 차액, 즉 매매차손금 또는 차익금을 계산하여 수수하는 것. 유가증권시장에서의 매매거래 중 청산거래 및 보통거래의 결제의 방법이다.

차단녹지(遮斷綠地) 대기오염물질·수질오염물질·소음·진동·악취 등 환경오염발생원이 밀집되어 있는 지역이나 가스의 폭발·유출 등으로 인한 재해의 발생우려가 높은 지역으로부터 사람이 생활하는 지역에 미치는 환경상의 영향을 최소화하기 위하여 설정된 자연환경보전법상의 수림대를 말한다.

차단적 효력(遮斷的效力) 정지의 효력과 같다.

차등선거(差等選擧) 각 선거인의 선거권에 차등을 두어 각 선거인의 선거권이 평등하지 않은 선거제도. 平等選擧에 대응하는 말. 등급선거·복수투표 등이 이 예에 속한다. 차등선거는 평등의 원칙에 위배되므로 현대의 선거는 다 평등선거이다. →평등선거

차별관세(差別關稅) 關稅는 평등하게 부과하는 것이 원칙이나 특정국의 물품과 특정국가의 선박에 의해 입하되는 물품에 대해 다른 관세율을 적용할 때가 있는데 이를 차별관세라 한다. 차별관세는 보통 특정지역과는 무역촉진이나 통상조약을 유리하게 유도하는 교섭수단으로 많이 활용된다. 또 부당한 貿易規制 등을 못하게 하는 예방수단으로도 이용된다. 최근에는 GATT에 의한 협정 등으로 차별관세가 점차 감소되고 있다.

차별대우(差別待遇)**의 금지**(禁止)〔勤勞者의〕 사용자가 그 고용하는 근로자를 차별적으로 취급하는 것을 금지하는 것. 사용자는 근로자의 성별·국적·신앙 또는 사회적 신분 등을 이유로 하여 근로조건에 관한 차별적인 처우를 하지 못한다(勤基 5)(→균등처우). 또한 근로조합활동을 약체

화시키는 의도로 조합활동에 간여한 자나 전체행동에 참가한 자를 해고하거나, 다른 근로자에 비해서 불이익을 주는 것을 不當勤勞行爲의 형태로서 금지하고 있다(勞整 81)(→사용자의 부당노동행위). →불이익처우

차 압(差押) 압류의 구법상의 용어.

차양자(次養子) 兄亡弟及의 제도가 배척된 관계로 형제의 항렬에서 양자를 취할 수 없는 것이 宗法이었다. 그러므로 嗣子가 早死한 경우 그 자가 없을 때에 亡嗣子와 동렬에 있는 남자를 양자로 하였을 때의 그 입양자가 차양자인바, 차양자의 生子를 기다려 亡嗣子의 繼後子로 하고 그 제사를 계속시킨 것이다. 제사상속과 재산상속이 모두 차양자를 통하여 차양자의 자에게 傳繼된 것이다. 白骨養子와 같이 한국의 독특한 제도로 조선중엽에 禮論에 의하여 안출된 변칙이며, 昭穆之序에 대한 예외이다. 현행법에서는 따로 이 관념을 인정할 필요는 없다.

차 임(借賃) 〔英〕 rent 〔獨〕 Mietzins, Pachtzins 〔佛〕 loyer 임대차에 있어서 임차물사용의 대가로서 지급되는 금전 그 밖의 물건. 토지의 경우에는 地代, 가옥의 경우에는 家賃이라고 하나 민법에 있어서는 지상권의 경우에는 地料(民 286, 287), 임대차에 있어서는 借賃(618, 628)이라는 용어를 사용하고 있다. 차임의 많고 적음은 계약에 의하여 자유로이 정할 수 있는 것이 원칙이나, 한번 정해진 차임이라도 그 후의 사정의 변경에 의하여 증감되는 경우가 적지 않다(→차임증감청구권). 차임지급시기는 특약이 없는 한 後給으로 한다. 즉 동산·건물이나 대지에 대하여는 매월말에, 기타 토지에 관하여는 매년말에, 수확기있는 것에 관하여는 그 수확후에 지체없이 지급되어야 한다(633). 민법은 임대인의 차임청구권 등을 보호하기 위하여 법정질권과 법정저당권의 제도를 두고 있다(648~650). 차임을 지급하지 않는 때에는 解止原因이 될 것은 물론이나, 民法은 특히 건물 그 밖의 공작물 등의 임대차의 경우에는 차임연체액이 2기의 차임액에 달하는 때에 비로소 계약을 해지할 수 있는 것으로 하고 있다(640). 또한 轉貸借의 경우에는 전차인은 전대인에 대한 차임의 지급으로써 임대인에게 대항하지 못한다(630).

차입금의존도(借入金依存度) 총재산(부채 및 자본 합계)에서 차지하는 차입금비중을 백분율로 표시한 財務指標. 장·단기차입금과 기타 차입금·사채 등을 합한 값을 총자산으로 나누어 100을 곱해 산출한다. 기업재무구조의 건실도와 수익성을 가늠하는 지수로 활용된다. 100 이하에서 그 수치가 낮을수록 해당기업의 재무구조와 수익성 및 자산구성 등은 좋은 것으로 평가된다. 제조업의 평균차입금의존도는 1991년 기준 44.6으로 미국의 29.4, 1990년 기준 일본의 33.0, 대만의 24.9보다 매우 높다.

차입성 가수금(借入性假受金) 기업들은 대부분 자금을 외부에서 차입하고 있다. 그러나 금융기관이 아닌 일반 개인으로부터 차입을 한 경우에는 세금이 문제된다. 돈을 빌려준 사람의 이름을 밝히고 지급이자의 25%를 원천징수해야 하기 때문이다. 이 경우 대부분의 기업들은 錢主의 이름을 밝히기를 꺼릴 수밖에 없다. 전주의 이름을 밝히면 급전조달창구가 완전히 봉쇄되기 때문이다. 이에 따라 기업은 사실상 외부에서 자금을 차입했으면서도 사장이 일시 여유자금을 준 것처럼 장부를 정리하는 경우가 많은데 이같은 가수금을 借入性 假受金이라 한다.

차임증감청구권(差賃增減請求權) 차임의 약정후 임대인 또는 임차인이 차임의 증액 또는 감액을 청구하는 권리. 민법이 정하는 것은 다음의 두 가지 경우가 있다. 즉 첫째 임차물의 일부가 임차인의 과실없이 멸실 기타의 사유로 인하여 사용·수익할 수 없는 때에는 임차인은 그 부분의 비율에 따라서 감액청구를 할 수 있다(627 I). 이러한 경우에는 이론적으로는 오히려 당연히 감액되어야 할 것이다. 둘째는 임대물에 대한 公課負擔의 증감 그 밖의 경제사정의 변동으로 인하여 약정한 차임이 상당하지 않게 된 때에는 당사자는 장래에 대한 차임의 증감을 청구할 수 있다(628). 公平의 觀念에 입각한 규정이며, 신의칙에 의한 사정변경의 원칙의 적용례이다. 어느 경우에 있어서나 차임증감청구권의 법률적 성질은 일종의 形成權이며, 당사자의 청구가 있으면 차임은 당연히 상당액으로 증감된다. 당사자간에 상당액에 관하여 다툼이 있어 법원이 이것을 확정하는 경우에도 판결 이후로부터가 아니라 증감청구가 있은 때로부터의 차임이 확정된다고 한다. 그런데 증감청구가 있은 때부터 법원의 확정이 있을 때까지 차임은 불명하지만, 그 사이에는 임대인·임차인은 증액이 문제로 되어 있는 때에는 종래의 額, 감액이 주장되어 있는 때에는 객관적으로 보아 부당하지 않으면 그 주장액을 일체 제공·공탁하여 두면 借賃不支給을 이유로 해지할 수 없다고 해석하여야 할 것이다.

차장검사(次長檢事) 檢事의 職名의 하나. 차장검사는 지방검찰청과 대통령령이 정하는 지청에 둔다. 소속장을 보좌하며, 소속장이 사고가 있

을 때에는 그 직무를 대리한다(檢察 23Ⅱ).

차 지(次知) 次知는 속어로 代人 또는 代身의 뜻. 형벌을 받음에 있어 上典을 대신하여 노비가, 가족을 대신하여 父兄이 형벌을 받기 위하여 囚禁하는 경우를 次知囚禁이라 한다. 이를 代囚 또는 替囚라고도 부른다. 조선 太宗 15年 8月條에 經濟六典元典에 次知囚禁의 조항이 있었음을 밝히고 있으며, 經國大典刑典囚禁條에도 違避公事者 囚家僮이라 하여 家僮替囚를 인정하고 있다. 그러나 肅宗 43년에는 子弟를 위하여 父兄이 代囚하는 자가 허다하니 일체 금단하라는 교서를 내린 바 있다. 이는 奴屬替囚가 아니라 父兄替囚는 長幼와 尊卑의 질서를 문란케 한다는 점에 이유가 있었던 것 같다. 英祖 37년에도 推治에 있어 此後以父代子 以兄代弟 正妻推治 次知之名一切禁斷이라 하여 父兄次知囚禁을 금지하고 있으며, 正祖 12년 비변사등록에는 近來次知囚禁之法 奴屬外 親屬及正妻 或有越法囚禁之事乎, 此後 因其夫替囚正妻, 因其子與弟替囚父與兄嚴禁一款의 傳教를 내렸고 大典通編刑典囚禁條에 次知囚禁嚴禁을 규정하였다.

착각방위(錯覺防衛) →오상방위

착각범(錯覺犯) →환각범

착각피난(錯覺避難) →오상피난

착수미수(着手未遂) 〔獨〕 unbeendeter Versuch 〔佛〕 infraction tentée 범죄의 실행에 착수하였으나 그 실행행위 자체를 종료하지 아니한 경우. 예컨대, 상대방을 죽이려고 총을 조준하고서 방아쇠에 손이 닿자마자 체포된 경우이다. 未終了未遂라고도 부른다. 實行未遂에 대한다. →실행의 착수, 미수범

착 오(錯誤) 〔羅〕 error 〔英〕 mistake 〔獨〕 Irrtum 〔佛〕 erreur 주관적 인식과 객관적 사실이 일치하지 않는 것. 법이 일정한 의사에 기한 행위를 필요로 할 때에 착오가 있다면, 그 행위자는 법이 요구하는 의사를 가지지 못하게 되는 수가 있으며 따라서 그 행위의 법률적 효과에 영향을 미치게 된다. 특히 私法上의 의사표시와 刑法上의 故意에 관한 錯誤가 중요하다.

[1] 민법상 의사표시에 있어서 내심의 의사(內心의 效果意思)와 표시의 내용(表示上의 效果意思)이 일치하지 않는 것을 표의자자신이 알지 못하는 것. 그 불일치를 표의자자신이 알지 못한다는 점에서 그것을 알고 있는 非眞意表示(心裡留保)나 通情虛僞表示와 구별된다. 착오에는 세 가지 종류가 있다. ① 表示上의 錯誤(표시행위 자체를 잘못하는 경우), ② 內容上의 錯誤(표시행위의 의미를 오해하는 경우), ③ 動機(연유)의 錯誤(의사표시를 하는 동기에 틀림이 있는 경우). 그러나 민법은 착오의 態容에 의하지 않고, 내용의 중요한 부분에 착오가 있는 때에는 취소할 수 있다고 규정한다(109Ⅰ本). 내용의 중요한 부분이라 함은 그 착오가 없으면 본인이 의사표시를 하지 않았을 뿐만 아니라, 보통 일반인도 하지 않았으리라고 생각되는 객관적 중요성을 말한다. 그러나 착오가 표의자의 중대한 과실로 인한 때에는 취소하지 못한다(109Ⅰ但). 중대한 과실이라 함은 표의자의 직업, 행위의 종류 등을 참작하여 보통일반인이 가져야 할 주의를 지나치게 缺하였음을 말한다. 또한 착오로 인한 의사표시의 취소는 선의의 제3자에게 대항하지 못한다(109Ⅱ). 거래의 안전을 기하기 위함이다. 착오의 적용범위는 財産行爲에 한하고 身分行爲에는 적용되지 않는다(815, 883 참조). 그러나 재산행위 중에서도 행위의 외형에 신뢰하여 대량·신속하게 이루어지는 상법상의 거래에 있어서는 착오의 법리가 배제되는 수도 있다(예 : 商 320, 427).

[2] 형법상 행위자가 인식한 바와 객관적 실재가 일치하지 않는 것. 착오는 不知와 誤認을 포함한다. 형법에서는 어떠한 착오가 있으면 고의(책임)를 조각하느냐가 문제가 된다. ① 事實의 錯誤. 범죄사실에 관한 착오를 말한다. 그 가운데서 착오가 객체의 성질에 관한 경우를 客體의 錯誤(目的의 錯誤), 방법에 관한 경우를 打擊의 錯誤(방법의 착오), 인과관계에 관한 경우를 因果關係의 錯誤라고 한다. 또 사실의 착오는 착오가 동일한 구성요건의 범위내의 구체적 사실에 관해서이냐, 상이한 구성요건 사이에 걸치느냐에 따라 具體的 事實의 錯誤와 抽象的 事實의 錯誤로 나누어진다. 어떠한 사실의 착오가 고의를 조각하느냐에 관하여, 고의가 성립하기 위하여는 행위자가 인식한 바와 실제로 발생한 사실이 구체적으로 부합할 것이 필요하다고 하는 具體的 符合說, 결정의 구성요건의 범위내에 있어서 인식과 사실이 부합하면 고의의 성립을 인정하는 法定的 符合說(構成要件的 符合說), 인식과 사실이 추상적으로 부합하면 족하다고 하는 抽象的 符合說이 있다. ② 法律의 錯誤. 행위가 법상 허용되지 않는 것을 모르거나 또는 허용된다고 오신하는 것. 따라서, 법률의 착오는 위법성의 의식이 없는 경우이다(→위법성의 의식). 현행형법은 법률의 착오에 관하여 16조에서 자기의 행위가 법령에 의하여 죄가 되지 아니하는 것으로 오인한 행위는 그 오인에 정당한 이유가 있는 때에 한하여 벌하지 아니한다라고 규정하고 있다. 그래서 법률의 착오가 있어도(즉 위법성의 인식

이 없어도, 그에 대한 정당한 이유가 없는 때에는 반드시 벌해야 할 것이므로 현행법의 해석상은 準故意說이나 可能性說(→위법성의 의식) 내지 責任說의 입장이 타당하리라고 본다. 그리고 종래의 학설에서는 착오를 사실의 착오와 법률의 착오로 나누는 것이 보통이었으나, 근자에는 이 구별이 부정확하다고 하여 사실의 착오를 構成要件的 錯誤, 법률의 착오를 禁止의 錯誤 또는 違法性의 錯誤라고 불러야 한다는 주장이 유력해지고 있다(→금지의 착오, 구성요건적 착오).

[3] 형사소송법상 원심판결에 대하여 법령의 적용에 착오가 있을 때에는 飛躍的 上告理由(372 i)가 된다. 法令適用의 錯誤라 함은 擬律의 錯誤라고도 말하며, 일반적으로 일정한 사실에 대한 실체법의 적용을 잘못한 경우이나, 넓게는 절차법 적용의 착오도 포함된다. 다만 사실인정에 착오가 있으므로 법령의 적용이 달리되는 경우는 이에 해당하지 아니한다(事實誤認).

착탄거리설(着彈距離說) 이탈리아의 학자 아주니(Azuni)가 1794·5년경 주창한 영해 3해리설. →삼해리설

참 가(參加) 어떠한 법률관계에 제3자가 가입하는 것. 係屬中의 민사소송절차에 당사자 이외의 자가 참여하는 訴訟參加, 조정절차에 하는 참가(民調 16, 家訴 49), 어음에 遡求原因이 생겼을 때 특정의 소구의무자에 대한 소구를 저지하기 위하여 지급인 이외의 자가 대신 인수(參加引受) 또는 지급(參加支給)을 하는 어음상의 참가 등 여러가지 경우가 있다.

참가승계(參加承繼) 소송물의 양도에 의한 승계인이 소송참가를 하고 前主인 당사자의 소송을 승계하는 것(民訴 72, 74). →소송승계

참가인(參加人) [1] 민사소송법상 타인간에 係屬된 소송에 참가하는 제3자. 소송참가의 종류에 따라서 補助參加人, 當事者參加人의 구별이 있다. →소송참가, 보조참가, 당사자참가, 독립당사자참가

[2] 상법상의 참가인(〔英〕 person intervening 〔獨〕 Intervenient)은 어음에 참가하는 자. 참가의 종류에 따라 參加引受人과 參加支給人이 있으며, 어음의 기재상 참가할 것으로 예정된 자가 하는 경우와 그렇지 않은 순수한 제3자가 하는 경우가 있다. 전자를 豫備支給人, 후자를 좁은 뜻의 參加人이라고 한다. 예비지급인을 지정할 수 있는 자는 발행인, 배서인, 보증인이며(어음 55 I), 예비지급인 및 참가인이 될 수 있는 자는 인수인을 제외하면 제한이 없다. 따라서 제3자는 물론 發行人·支給人·背書人·保證人 등의 이미 어음채무를 부담한 자도 참가인·예비지급인이 될 수 있다.

[3] 행정쟁송법상 심판결과에 대하여 이해관계 있거나 법원의 소송결과에 따라 권리 또는 이익의 침해를 받을 경우에 계속중에 있는 행정심판이나 행정소송에 참가하는 제3자(行審 16, 行訴 16).

참가인수(參加引受) 〔英〕 acceptance by intervention, acceptance for honour 〔獨〕 Ehrenannahme 〔佛〕 acceptation par intervention 환어음에 있어서 引受拒絶 등으로 만기전에 遡求原因이 발생하였을 경우, 이 만기전의 소구를 저지하기 위하여 지급인 이외의 자가 遡求義務者 중의 어떤 자(被參加人)를 위하여 어음의 지급을 할 것을 약속하는 어음행위(어음 56~58). 이를 榮譽引受라고도 한다. 참가인수가 인수의 일종인가 또는 상환의무의 인수인가에 대하여서는 종래 논쟁이 있었으나 현행법하에서는 償還義務의 인수라고 함이 통설로 되어 있다. 그 이유는 참가인수가 상환의무자를 위하여서만 인정되고 인수인을 위한 참가인수는 인정되지 않으며(55 II), 그 의무가 상환의무자와 동일한 의무로 되어 있기(55 I) 때문이라고 한다. 참가인수는 어음소지인이 만기전에 遡求權을 가지는 모든 경우에 할 수 있으나, 인수제시금지의 어음에 대해서는 인정되지 아니한다(58 I). 위의 요건이 구비되더라도 소지인은 원칙으로 참가인수를 거절할 수 있다(56 III). 자기가 신용하지 아니하는 제3자의 참가에 의하여 소지인이 소구권을 상실함은 부당하기 때문이다. 다만 지급지에 있는 예비지급인의 기재가 있는 경우에는 그 자의 참가를 거절할 수 없다. 그리고 참가인수의 방식으로서는 어음 자체에 기재하여야 하며(57) 參加引受라는 내용과 피참가인을 표시하고 참가인이 이에 기명날인을 함으로써 한다. 어음금액의 일부에 대한 참가인수는 인정되지 아니한다. 참가인수의 효력으로서는 참가인수인은 어음소지인 및 피참가인의 후자에 대하여 피참가인과 동일한 어음상의 의무를 부담하며(58 I), 참가인수가 있을 경우 피참가인 및 그 후자에 대한 만기전의 遡求는 소멸된다(56 II·III). 그러나 피참가인의 전자는 이에 의하여 상환의무를 면할 수 없으며 또 참가지급을 한 후는 피참가인도 이에 대하여 상환의무를 부담한다.

참가적 공동소송(參加的共同訴訟) 참가에 의한 공동소송. 민사소송에 있어서의 共同訴訟參加를 말한다(民訴 76).

참가적 사채(參加的社債) 〔英〕 partici-

ㅊ

pating bonds 미국법상의 社債形態의 하나로서 일정률의 이자지급 외에 회사에 이윤이 있는 경우에 그 이윤의 분배에도 참가할 수 있는 사채를 가리킨다. 우리나라에서는 인정되지 아니한다.

참가적 우선주 · 비참가적 우선주(參加的優先株 · 非參加的優先株) 參加的 優先株(〔英〕 participating perference share, participating preferred stock)는 이익이나 이자배당 또는 잔여재산 분배 등에 있어, 우선적 지위가 인정되어 있는 優先株의 일종으로서 일정률 또는 일정액의 우선배당 또는 잔여재산의 분배를 받는 것 외에 다시 그 이상 이익 또는 잔여재산이 있을 때에는 보통주와 함께 그 이익배당 또는 잔여재산의 분배에 참가하는 것을 말한다. 참가의 방법으로서는 우선배당 또는 분배후 보통주가 그것과 동률 또는 동액의 배당 또는 분배를 받아도 아직 잔여가 있을 때에 비로소 보통주와 평등하게 참가하는 單純參加, 우선배당 또는 분배후 바로 보통주와 평등하게 참가하는 卽時參加와 그 이외의 特殊參加가 있다. 非參加的 優先株(〔英〕 nonparticipating preference share, non-participating preferred stock)는 위의 일정률 또는 일정액 이상의 배당 또는 분배에 참가하지 못하는 우선주를 말한다. → 우선주

참가적 효력(參加的效力) 〔獨〕 Interventionswirkung 민사소송법상 補助參加人 또는 소송고지를 받은 자에 대하여 생기는 판결의 효력을 말한다(民訴 71, 79). 보조참가인은 자기의 소송을 수행하여 판결을 받는 것이 아니므로, 被參加人과 상대방과의 사이의 판결의 효력(旣判力 · 執行力)은 보조참가인에게는 미치지 않으나, 피참가인을 보조하여 이것과 소송수행을 공동으로 한 관계상, 피참가인의 패소의 경우에 그 책임을 피참가인에게만 轉嫁하며, 판결 중의 敗訴理由가 피참가인의 소송수행이 불완전하기 때문이라는 주장을 못하게 하는 것이 공평하다. 뒷날 參加人 · 被參加人 사이의 소송으로 동일한 점이 문제된 때, 전의 패소판결의 인정과 모순되는 재판이 내리지 않게 하기 위하여 그 효력을 인정한 것이다. 참가인에게 피참가인의 敗訴에 대한 공동책임을 인정하는 것이 오히려 불공평한 경우에는 예외가 인정된다(71). 이러한 통설적 입장에 대하여 참가적 효력을 인정하지 않고, 민사소송법 71조에 규정된 참가인에 대한 판결의 효력도 판결의 旣判力의 확장에 지나지 않는다는 견해가 있는데 이를 判決效力說이라 한다.

참가지급(參加支給) 〔英〕 payment by intervention, payment for honour 〔獨〕 Ehrenzahlung 〔佛〕 paiement par intervention 만기의 전후를 불문하고 어음의 遡求原因이 발생하였을 경우에 遡求를 저지하기 위하여 支給人 · 引受人 또는 약속어음의 發行人 이외의 자가 하는 지급(어음 59~63, 77 Ⅰ v). 만기가 되거나, 만기전이거나를 불문하고, 어음의 만기전후의 소구원인의 발생과 거절증서의 작성(면제된 경우나 파산된 경우에는 不要)이 참가지급의 요건이다. 참가지급은 지급거절증서 작성기간의 翌日까지 할 수 있으므로(어음 59Ⅲ), 이 기간을 경과하면 단순히 제3자로서의 지급은 될지라도 참가지급은 될 수 없다. 참가지급은 參加引受와 달라서 모든 소지인이 거절할 수 없다. 만일 이를 거절하면 그 지급으로 인하여 의무를 면할 자(피참가인) 및 그의 후자에 대하여 遡求權을 잃는다(61). 또한 지급지에 주소를 둔 참가인수인이 있거나 또는 지급지에 있어서 예비지급인의 기재가 있을 경우에는 소지인은 이들의 전원에게 어음을 제시하고 참가지급이 거절된 경우에는 거절증서 작성기간의 최후일의 익일까지 지급거절증서의 작성을 요하며, 만일 이를 해태하게 되면 예비지급인을 지정한 자 또는 피참가인 및 그 후의 배서인에 대한 소구권을 잃는다(60). 참가지급을 하려는 자가 수인이 있을 경우에는 가장 다수자의 의무를 면하게 하는 자가 우선하고, 사정을 알면서 이에 위반하여 참가지급을 한 자는 의무를 면할 수 있었던 자에 대한 遡求權을 잃는다(63Ⅲ). 참가지급의 방식은 피참가인을 표시하고 그 領受를 증명하는 기재를 하여야 한다(62Ⅰ前). 거절증서를 작성시킨 때에는 이것도 어음과 같이 참가지급인에게 교부하여야 한다(62Ⅱ). 피참가인의 기재가 없을 경우에는 발행인(약속어음에 있어서는 제1배서인)을 위하여 지급한 것으로 본다(62Ⅰ後). 참가지급이 있으면 소지인의 어음상의 권리는 소멸하고, 피참가인의 후자도 모두 遡求義務를 면한다(63Ⅱ). 참가지급인은 피참가인과 그의 어음상의 채무자에 대하여 어음으로부터 생기는 권리를 취득한다. 그러나 다시 어음에 배서할 수는 없다(63Ⅰ). 이는 법률의 규정에 의한 原始取得이므로 참가지급인은 그 채무자가 소지인 또는 피참가인에 대하여 가지는 人的抗辯의 對抗을 받지 아니한다.

참고인(參考人) → 증인

참심원(參審員) 〔獨〕 Schöffen 〔佛〕 échevin 參審制에 있어서 직업적 法官과 함께 재판의 합의를 하는 자. 국민 중에서 선거 또는 추첨에 의하여 선출된다. → 참심제

참심제(參審制) 〔獨〕 Schöffengericht 〔佛〕

échevinage 선거 또는 추첨에 의하여 국민 중에서 선출된 사람(參審員)이 직업적인 법관과 함께 합의체를 구성하여 재판하는 제도. 陪審制는 배심원이 법관으로부터 독립하여 판정을 내리는 점에서 참심제와 다르다. 배심제는 영미에서 발달하였음에 대하여, 참심제는 독일에서 발달하였다. 현재도 區裁判所(Amtsgericht)에서 인정된다.

참여자(參與者) 執行實施에 당하여 저항을 받거나 채무자의 주거에서 집행실시함에 당하여 채무자나 성장한 그 친족, 고용인을 만나지 못한 때에 執行官이 주인으로 참여시키는 성년자 2명이나 서울특별시의 구청 또는 동직원, 시·읍·면직원 또는 경찰관 1명을 말한다.

참의원(參議院) 兩院制 국회에 있어서의 上院에 해당하며 民議院과 같이 국회를 구성하는 一院. 우리나라에 있어서의 참의원제도는 헌법의 명문상으로는 제1차개헌부터 제5차개헌전까지 존재하였으나 실질적인 기능을 발휘하기는 제3차개헌 이후이었다. 제5차개헌 이전의 우리 헌법에 의하면 참의원도 民議院과 같이 국민의 보통·평등·비밀투표에 의하여 선거된 의원으로써 조직되지만, 그 권한과 의원의 임기·정수·개선방법·선거구 등은 민의원의 그것과 달랐었다(異別組織의 原則). 또 참의원에 있어서는 민의원에서와 같은 해산제도는 적용되지 않고 긴급집회제도를 갖는 점이 특색이었다(舊憲 35의2 Ⅱ 참조). → 양원제, 민의원

참전군인등(參戰軍人等) 한국전쟁 등의 전투에 참전하고 전역된 군인, 병역법 또는 군인사법에 의한 현역복무중 1964년 7월 18일부터 1973년 3월 23일까지 사이에 월남전에 참전하고 전역된 군인, 6·25사변 등의 전투에 참전하고 퇴직한 경찰공무원, 기타 6·25사변 등의 전투 또는 1964년 7월 18일부터 1973년 3월 23일까지 사이에 월남전에 참전한 사실이 있다고 국방부장관이 인정한 자 등을 말한다(參戰軍人 등 支援에 관한 法律 2).

참정권(參政權) 〔英〕 political rights 〔獨〕 politische Rechte 〔佛〕 droits politiques 누구든지 選擧人團(국가기관으로서의 국민)에 참가하거나, 공무원이 될 수 있는 국민의 기본권. 전자를 보통 選擧權, 후자를 公務擔任權이라고도 한다. 그러나, 여기에 선거권이라 함은 투표권과는 구별되어야 한다. 投票權이란 선거인단에 참가한 국민이 선거인단이 가진 선거권을 그 구성분자로서 행사하는 권한에 불과하며 투표권 자체가 국민의 기본권인 참정권이 아니다. → 정치권

참최친(斬衰親) 五服 중 가장 중한 服으로서 3년(만 2년) 喪期의 斬衰服을 입는 사이의 친족. 그 범위는 父·夫·嫡長子·媤父이다.

참칭상속인(僭稱相續人) 僭稱戶主承繼人과 僭稱財産相續人을 포괄하여 부르는 말.

참칭재산상속인(僭稱財産相續人) 법률상 상속권이 없는데도 불구하고 사실상 財産相續人으로서의 지위를 보유하는 자. 상속인이 아닌 자가 고의로 상속재산을 점유한다든가 상속결격자가 상속인으로 된 경우 등이다. 진정한 상속인은 이에 대하여 相續回復請求의 訴를 제기할 수 있다.

참칭호주(僭稱戶主) 호주승계를 할 권리가 없음에도 불구하고 사실상 호주승계의 효과를 보유하는 자. 眞正한 戶主에 대한 용어. 법률상 호주승계를 할 권리가 있는 자는 호주승계권의 침해를 안 날로부터 3년, 승계가 개시된 날로부터 10년 이내에 戶主承繼回復의 訴를 제기할 수 있다(民 982).

참칭호주상속인(僭稱戶主相續人) 참칭호주와 같다.

창 고(倉庫) 〔英〕 warehouse 〔獨〕 Lagerhaus 〔佛〕 magasin 물건을 보관·저장하는데 사용되는 不動的 工作物(設備). 부동성이 있어야 하므로 동적 성질을 띤 금고, 소량의 물건을 일시보관하는 주택, 사무소는 창고가 될 수 없으나, 공작물이라고 반드시 가옥(건조물)일 필요는 없다. 지붕이 있든 없든 그 창고가 창고업자 자신의 소유이든 賃借한 것이든 상관없다. 官設 保稅倉庫·농업창고·냉장창고와 같은 特別倉庫에 대하여 창고업자의 창고를 普通倉庫라 하며, 보통창고는 그 기능에 따라서 생산창고·항만창고·도시창고 등으로 분류할 수 있다.

창고업(倉庫業) 〔英〕 warehousing 〔獨〕 Lagergeschäft 〔佛〕 commerce de magasinage 타인의 수요에 응하여 유상으로 창고에 물건을 보관하는 사업(貨物流通促進法 2 ix, 商 155). 물건의 任置의 引受를 목적으로 하는 것으로 기본적 상행위에 속하며(商 46 xiv) 그 주체인 창고업자는 상인이다(4). 창고업을 영위하고자 하는 자는 건설교통부령이 정하는 신청서에 사업계획서를 첨부하여 건설교통부장관에게 등록하여야 한다(貨物流通促進法 39). 창고란 물건의 滅失 또는 毁損을 방지하기 위한 보관설비 또는 보관장소를 말한다(2 ix). 보관의 목적물은 타인의 물건이므로 자기의 상품이나 부동산은 제외된다. 또 일정한 가치의 표상물인 有價證券이나 貨幣같은 것의 보관은 은행업무에 속하는 것

으로서 제외된다. 창고업자는 물건의 보관저장에 적합한 설비를 갖추고, 대량의 상품을 전문적으로 보관하므로 이를 이용하는 일반상인의 경비·시간을 절약하고 도난·화재 등의 위험을 방지·경감할 수가 있으며, 대량거래를 원활·신속하게 실현시켜 준다. 특히 任置物返還請求權을 표창하는 창고증권을 이용할 때에는 보관중의 물건을 용이하게 賣買·入質 등 처분할 수 있으므로, 물건의 死藏·移轉에서 오는 손실이나 비용을 덜어주고 금융의 길을 열어주게 되어 결국 물건의 수급조절·가격조절을 하게 된다. 동적·공간적으로 상품의 가치를 높여 주는 운송업과 더불어 정적·시간적으로 상품의 가치를 높여주는 창고업은 오늘날의 대량적 상품거래를 원활·확실·신속히 실현시켜 주는 매우 중요한 補助商인 것이다. 창고임치계약은 민법상의 任置契約의 일종이므로, 그 법적 성질은 諾成契約(民 693)이다. 창고업자는 受置物에 대하여 선량한 관리자의 주의로 보관하고 任置人에게 반환할 의무를 부담하며, 자기 또는 사용인이 任置物의 보관에 관하여 주의를 解怠하지 아니하였음을 증명하지 아니하면 임치물의 멸실 또는 훼손에 대하여 손해배상의 책임을 진다(商 160). 또 창고업자는 임치인의 청구가 있으면 창고증권을 교부하여야 하고(156Ⅰ) 임치인 또는 창고증권소지인이 요구하는 임치물의 검사 또는 견품의 摘取에 응하고 보존에 필요한 처분을 허용하여야 하며(161) 임치기간의 특약이 없으면 부득이한 사유가 없는 한, 임치물을 받은 날로부터 최단 6개월은 보관하여야 한다(163, 164). 창고업자는 보관목적물인도청구권이 있고 임치물을 출고할 때는 보관료 기타의 비용과 替當金의 지급을 청구할 수 있으며(162), 각종 채권에 관하여 민상법의 일반규정에 의한 留置權(民 320, 商 58)을 갖고, 임치인 또는 창고증권의 소지인이 임치물의 수령을 거부하거나 또는 受領不能의 경우에는 상인간의 매매의 경우에 준하여 임치물의 供託權 및 競賣權을 갖는다(商 165, 67Ⅰ·Ⅱ).

창고임치계약(倉庫任置契約) 〔獨〕 Lagervertrag 창고업자가 타인의 물건을 창고에 보관하는 것을 인수하는 계약. 이 임치계약은 기본적 상행위에 속하고(商 46 xiv) 계약당사자는 창고업자와 任置人이다. 창고임치계약은 민법상의 임치계약의 일종으로 그 법적 성질은 諾成契約(民 693)이며 원칙적으로 有償契約이므로 반대의 의사표시가 없는 한 임치인은 보관료 기타의 비용과 替當金을 지급하여야 한다(商 162). 창고임치계약의 효과에 관하여는 특약이나 다른 법령의 특별한 규정이 없는 한, 임치에 관한 민상법의 일반규정이 적용되지만, 상법은 창고업자의 권리의무에 관해서 약간의 특칙을 두고 있으며(156 이하), 구체적인 계약규정은 倉庫任置約款으로 정해져 있는 것이 보통이다.

창고증권(倉庫證券) 〔英〕 warehouse receipt, warehouseman's certificate, warrant 〔獨〕 Lagerschein 〔佛〕 récépissé warrant 창고업자에 대한 任置物返還請求權을 表彰하는 유가증권. 창고업자가 아니면 이를 발행할 수 없다(貨物流通促進法 44, 1999년 1월 삭제되었다). 구상법상은 預證券과 質入證券 및 倉荷證券을 통칭하는 講學上의 용어이었으나, 상법은 창고증권만의 규정을 두고 있다(商 156). 또 창고업의 실무에서 많이 이용되고 있는 荷渡指示書는 법정증권은 아니나, 일종의 유가증권으로 보아 통설은 넓은 뜻의 창고증권에 포함시키고 있다. 임치중의 물건의 讓渡·入質은 창고증권에 의하여 하므로, 금융의 길을 열어 주고 거래를 용이하게 하는 작용을 한다. 창고증권은 불완전 유가증권으로서 법률상 당연한 指示證券(130, 157)·要式證券(156Ⅱ)·文言證券(131, 157)·要因證券·引渡證券(133, 157)·處分證券(132, 157)·提示證券·相換證券(129, 157)의 법률적 성질을 가지고 있다. 창고업자는 임치인의 청구가 있으면 일정한 형식을 갖춘(156Ⅱ) 창고증권을 작성하여 교부하여야 한다(156Ⅰ). 그리고 창고증권소지인은 자기의 비용부담으로 구증권을 반환하고 임치물을 분할하여 각 부분에 대한 여러 통의 창고증권을 교부받을 수 있다(158). 倉庫業者와 證券所持人과의 채권관계는 倉庫證券上의 기재문언에 따라서 결정되는데(131, 157)(채권적 효력) 창고증권은 要因證券이므로 창고업자가 空券을 발행하거나 증권기재의 임치물과 실제로 임치한 물건과 相違하는 경우에는 문제가 되어 학설은 나누어져 있다(→공권). 또한 창고증권에 의하여 임치물을 받을 수 있는 자에게 창고증권을 교부한 때에는 그 교부는 임치물 위에 행사하는 권리(예컨대 소유권, 질권)의 취득에 관하여 任置物을 인도한 것과 동일한 효력을 갖는다(133, 157)(물권적 효력). 창고증권에 물권적 효력이 있으므로 창고증권이 발행된 임치물을 처분하는 데는 창고증권으로써 하여야 하나(133, 157) 증권에 의하지 않고 직접 임치물이 처분된 경우에도 그것이 善意取得의 요건(民 249)을 충족한다면 증권에 의한 처분에 우선한다.

창당준비위원회(創黨準備委員會) 정당 창당을 위하여 發起人으로 구성되는 준비위원회(政黨 7)로서 중앙당의 창당준비위원회와 지구당의 창당준비위원회의 두 가지가 있다. 전자는 발기인 20인 이상이 있어야 하고, 후자는 10인 이상의 발기인이 있어야 한다(5). 전자는 중앙선거관리위원회에 신고함으로써 활동을 개시할 수 있다(8). 창당준비가 완료한 때에는 당해 선거관리위원회에 등록을 신청해야 한다(11).

창립주의(創立主義) 〔獨〕 Konstruktionsprinzip 주식회사의 설립에 관한 영미법상의 立法主義로서 정관의 작성과 일정한 관청에의 신고 또는 등기로써 회사가 성립하고, 회사가 발행하는 株式總數의 引受 또는 株金納入을 요하지 않는 設立主義. 授權資本制度의 전제가 되고, 대륙법계의 總額引受主義 또는 資本確定主義에 대하는 것이다. 보통법의 원칙이지만 미국에서는 州에 따라 수권자본의 일부에 대한 인수 또는 납입을 성립요건으로 하는 것도 있고, 미국에서는 7인의 설립인에 의한 각 1주 이상의 인수를 요건으로 한다. 이와는 달리 開業要件으로서 일정수의 주식의 인수 또는 납입을 요구하는 경우도 있다. 우리나라에서는 授權資本制를 채택하고 있지만 구법상의 資本確定의 原則을 가미하여 회사의 설립시에 발행하는 주식(發行資本)의 총수는 회사가 발행할 주식의 총수(授權資本)의 4분의 1 이상이어야 하므로(商 289Ⅱ) 일종의 절충적인 것으로서 완전한 창립주의를 채택한 것은 아니다.

창립총회(創立總會)〔會社의〕 〔英〕 organization meeting 〔獨〕 konstituierende Generalversammlung 〔佛〕 assemblée générale constitutive 주식회사의 募集設立의 경우에 주식인수인으로써 구성되는 설립중의 회사의 의결기관. 各株에 대한 주금의 납입과 현물출자의 이행을 종료한 때에는 발기인에 의해서 지체없이 소집되고(商 308Ⅰ), 株主總會의 전신이므로 그 소집절차, 소집지, 주식인수인의 의결권, 의사, 결의의 취소·무효의 訴 등에 관하여는 주주총회에 관한 규정이 준용된다(308Ⅱ). 그러나 그 결의방법은 특히 엄격하여 출석한 주식인수인의 의결권의 3분의 2 이상이며, 인수된 주식의 총수의 과반수에 해당하는 다수로써 하여야 한다(309). 그 권한은 발기인의 회사창립에 관한 사항(株式의 引受·納入의 제반상황, 변태설립사항의 실태)의 서면에 의한 보고를 받는 것(311), 이사와 감사의 선임(312), 이사·감사·검사인의 보고에 기한 설립경과의 조사(313), 정관변경 또는 설립폐지의 결의(316)를 함으로써 설립감독을 하는 등, 설립에 관하여 결의를 요하는 일체의 사항에 미친다. 또한 新設合併의 경우에도 창립총회가 존재하나, 채권자보호절차(232), 주식합병 또는 端株의 처리(443) 종료후 설립위원에 의하여 지체없이 소집할 것(527Ⅰ) 및 정관변경은 합병계약의 취지에 위반하여 결의할 수 없는 것(527Ⅱ)을 제외하고는 설립의 경우와 동일하다(527Ⅲ).

창설(創設)**의 소**(訴) 형성의 소와 같다.

창설적 등기(創設的登記) 그것이 행하여짐으로써 새로이 부동산물권의 변동이 생기는 등기. 形成的 登記라고도 한다. 등기가 가지는 효력의 성질에 따른 분류로서 訂正的 登記에 대한 것이다. 記入登記 중 이전등기와 설정등기, 좁은 뜻의 변경등기는 언제나 창설적 등기이고 또 말소등기가 창설적 등기일 수도 있다.

창설적 신고(創設的申告) → 신고

창설적 효과설(創設的效果說)〔國家承認의〕〔英〕 constructive view of recognition → 국가의 승인

창설처분(創設處分) 형성처분과 같다.

창설판결(創設判決) 형성판결과 같다.

창업비(創業費) 〔英〕 preliminary or organization expenses 〔獨〕 Kosten der Einrichtungen, Organizationskosten 〔獨〕 frais de premier éstablissement 회사의 설립 및 창업에 요하는 비용. 예컨대 정관 또는 사업예견서의 작성비·주주모집비·주식납입취급수수료·통신비·諸事務費·창립총회비·주권인쇄비·설립등기의 등록세 등과 같은 것으로서 회사성립후 영업개시까지의 개업준비비용과는 다르다. 창업비는 회사에서 지출한 비용으로서 실제상은 손실이 되는 것이나, 이것을 일시에 償却시키면 이익배당이 곤란하게 된다. 그러므로 손익계산의 필요상 특히 대차대조표의 자산의 部에 계상하되, 자본의 충실을 꾀하여 법정기간내에 분할하여 償却하도록 하였다. 이것을 移延資産計定이라 한다. 상법상은 창업비의 항목을 회사가 부담할 설립비용, 발기인이 받을 보수 및 설립등기에 지출한 세액에 한정하고(商 453Ⅰ, 583), 동시에 회사성립후 또는 건설이자를 배당하는 때에는 그 배당을 마친 후 5년내의 매결산기에 균등액 이상의 상각을 하도록 하였다(453Ⅱ, 583).

창하증권(倉荷證券) 〔英〕 warehouse receipt 〔獨〕 Lagerschein 〔佛〕 warrant 併用主義를 취했던 구상법상의 창고증권의 일종. → 창고증권

채굴권(採掘權) 광업권의 내용. → 광업권

채 권(債券) 〔英〕 bond certificate, debenture certificate 〔獨〕 Anleibeschein 社債를 표상하는 유가증권. 社債券이라고도 함. 사채권자의 권

리를 표상하는 것으로서(소위 債權的 證券) 금전의 지급을 목적으로 하는 금전채권적 유가증권에 속하며 그 규정의 적용을 받는다. 채권의 발행은 사채 전액의 납입이 완료한 후가 아니면 이를 발행하지 못하고 그 방식은 법정되어 있다(商 478). 그 종류에는 記名式과 無記名式이 있다. → 기명사채, 무기명사채

채 권(債權) 〔羅〕 obligatio 〔獨〕 Obligation, Forderung 〔佛〕 obligation, droit de créance 특정인(채권자)이 다른 특정인(채무자)에 대하여 일정한 행위(給付)를 청구하는 것을 내용으로 하는 권리(다만 자연채무까지도 포함시키기 위하여는 채무자의 급부를 수령하는 것이 법률적으로 정당시되는 권리라고 할 것이다). 借主에 대하여 貸金의 반환을 청구하는 貸主의 권리, 勞務者에 대하여 노무를 청구하는 사용인의 권리 등이 그 예. 물권과 더불어 재산권의 二大種別을 구성한다. 양자의 근본적 차이는, 물권이 물건에 대한 지배권으로서 배타성을 가지는데 대하여, 채권은 사람에 대한 청구권으로서 배타성이 없는 점에 있다. 그리고 이 차이로부터 물권은 현존하는 특정한 독립의 물건 위에만 성립하는데 대하여, 채권은 장래 생기는 것, 특정하지 않은 것, 또는 독립한 존재를 가지지 못하는 것에 관하여도 성립한다. 따라서 채권의 종류는 거의 무한하며 복잡한 거래의 수요에 응할 수 있다. 또 동일한 물건에 관하여 물권과 채권이 성립하면 물권이 우선한다. 채무자가 채무를 이행하지 않는 때에는, 채권자는 원칙으로서 그 强制履行을 구하거나 또는 손해배상을 청구할 수 있다(→ 채무불이행). 또한 일정한 요건하에, 債權者代位權과 債權者取消權을 행사할 수 있다. 채권발생의 원인으로는 契約과 不法行爲가 가장 주요한 것이지만, 사무관리 · 부당이득도 그 원인이고 단독행위도 원인이 될 수 있다(예: 遺言).

채권관리(債權管理)**에 관한 사무**(事務) 國家債權에 대하여 채권자로서 행할 채권의 보전, 행사, 내용변경 및 소멸에 관한 사무 중 국가를 당사자로 하는 소송에 관한 법률에 의하여 법무부장관의 권한에 속하는 사무, 법령의 규정에 의하여 滯納處分을 집행하는 자가 행하는 사무, 변제의 수령에 관한 사무 또는 물품관리법의 규정에 의한 동산의 보관에 관한 사무 이외의 사무를 말한다(國家債權管理法 2).

채권계약(債權契約) 〔獨〕 Schuldvertrag, obligatorischer Vertrag 채권의 발생을 목적으로 하는 계약. 채권행위의 대부분을 차지한다. 物權契約에 대한다.

채권관계(債權關係) 〔獨〕 Schuldverhältnis 당사자의 일방에 대하여는 채권, 타방에 대하여는 채무로 나타나는 법률관계.

채권법(債權法) 〔獨〕 Obligationenrecht, das Recht der Schuldverhältnisse 〔佛〕 droit des obligations 채권관계를 규율하는 법규의 전체. 물권법과 함께 재산법에 속한다. 그 주요한 法源은 민법 제3편이지만 민법의 다른 편이나 다른 법률에도 채권에 관한 규정이 다수 있다. 채권법의 특질은 ① 물권법과 달라 제3자에게 영향을 미치는 바가 적으므로 任意規定인 것을 원칙으로 하고, ② 지방적 · 민족적 색채가 희박하여 원칙적으로 보편성을 가지고 ③ 信義誠實의 원칙에 의하여 지배되는 점 등이다.

채권양도(債權讓渡) 〔獨〕 Abtretung od. Übertragung der Forderung 〔佛〕 transport ou cession de la créance 채권을 그 내용의 동일성을 변하게 하지 않고 이전하는 계약. 채권은 법률상 당연히(예: 賠償者의 代位 · 辨濟者의 法定代位) 또는 法院의 명령(예: 轉付命令)이나 유언에 의하여도 이전하지만 채권양도는 특히 계약에 의한 이전만을 지칭한다. 채권양도의 법률적 성질은 準物權行爲이다(→ 준물권행위). 원래 채권을 채권자와 채무자간의 法鎖라고 생각한 로마법에서는 채권양도는 인정되지 않았으나, 근세사회에 있어서의 경제적 요구는 채권을 1개의 재산으로서 거래계에 유통시키기 위하여 채권양도의 제도를 발달시켰다. 그러나 채권은 물권과 달라서 각각 그 거래관계의 특이성을 반영하여 개별성을 가지므로, 일반의 채권(指名債權)에서는 양도가 허용되지 않는 경우가 있고 또한 그 양도도 반드시 안전하지는 못하다(民 449～452). 여기에서 근대법은 證券的 債權(無記名債權 · 指示債權 · 指名所持人出給債權)의 제도를 안출하여, 한편에서 그 양도를 확실한 것으로 하는 동시에 다른 편에서 그것을 변제하기 쉽도록 하여서 채권의 유통성을 확대하였다(508～526). 지명채권의 양도는 계약만으로 채권이전의 효과가 생기지만, 채무자 기타 제3자에게 대항하기 위하여는 채무자에의 통지 또는 승낙이 필요하다(450～452). 지시채권의 양도는 그 증서에 背書하여 讓受人에게 교부하는 방식으로(508), 무기명채권 및 指名所持人出給債權의 양도는 그 증서의 교부만으로써 한다.

채권양도금지계약(債權讓渡禁止契約) 채권자와 채무자와의 합의로써 채권의 양도를 금지하는 계약. 이 계약이 있는데도 불구하고 채권양도

를 행한 경우 그 양도는 무효로 된다. 다만 그 합의는 선의의 제3자에 대항할 수 없다(民 499).

채권(債權)**의 내용**(內容) →채권의 목적과 같다.

채권(債權)**의 목적**(目的) 채권의 내용인 채무자의 행위, 즉 급부. 채권의 목적은 당사자의 의사에 의하여 자유로 정할 수 있고 物權과 같이 법률상 일정한 종류에 한정되는 일은 없으나 다만 그 목적은 ① 적법한 것일 것, ② 가능한 것일 것, ③ 현재 확정되어 있든가 또는 후에 확정될 수 있는 것임을 필요로 한다. 그리고 채권의 목적은 채권자에 대하여 합법적이고 또한 정당한 이익을 주는 것이 아니면 안되지만, 이 이익은 반드시 金錢으로 價額을 산정할 수 있는 것임을 요하지 않는다(民 373).

채권(債權)**의 소멸**(消滅) 〔英〕 extinction of claim 〔獨〕 Erlöschen der Schuldverhältnisse 채권의 목적이 달성되거나 혹은 다른 원인으로 채권이 객관적으로 그 존재를 잃는 것. 채권소멸의 원인은 권리소멸의 일반적 사유로 인한 소멸과 민법이 특히 규정하는 소멸사유의 2종으로 대별할 수 있다. 權利消滅의 일반적 사유로 인한 것으로서는 消滅時效나 終期의 도래로 인한 소멸, 채권을 발생시킨 기본인 법률관계의 소멸, 즉 해제조건의 성취, 계약의 解除나 解止, 법률행위의 취소 기타 채권의 소멸을 목적으로 하는 계약으로 인한 것 등을 들 수 있다. 다음에 민법이 채권소멸의 특수한 원인으로서 규정하는 것은 辨濟·代物辨濟·供託·相計·更改·免除 및 混同의 7종이다. 이 밖에 채권법의 특수한 소멸원인으로서 채무자의 책임없는 사유로 인한 履行不能이 있다.

채권(債權)**의 압류**(押留) 〔獨〕 Geldvollstreckung on Forderung 債務者가 가진 채권에 대하여 强制執行을 개시하는 집행법원(民訴 557) 또는 집행관(566)이 행하는 집행행위. 집행법원이 제3채무자에 대하여 그 지급을 금하고 채무자에 대하여는 그 처분을 금하는 押留命令을 하는 것이 원칙이나(577), 다만 어음·手票 기타 背書로 이전할 수 있는 증권에 의한 채권의 압류를 실시하는 유체동산의 압류와 같이 집행관이 이를 점유한다(566). 압류된 채권은 推尋命令·轉付命令 등 기타의 換價命令에 의하여 換價되어 집행권자의 채권만족에 충당된다. 집행의 목적이 되는 채권에는 여러 종류가 있으나 그 중에서 우리들의 일상생활상 가장 중요한 것은 금전의 지급을 목적으로 하는 채권이다.

채권(債權)**의 준점유자**(準占有者) 사실상 채권을 행사하는 자. 사실상 채권을 행사하여 辨濟를 청구하는 자가 과연 진실의 채권자이냐의 여부를 확인한 연후가 아니면 변제할 수 없다고 하면, 거래의 動的 安全·迅速化의 이념에 반하게 된다. 그래서 민법은 채권의 準占有者에 대하여 변제를 한 때에는 그 변제는 유효하다고 규정하고 있다(民 470). 그 취지는 外觀에 대한 신뢰의 보호에 있으므로, 위의 규정에서 말하는 이른바 채권의 準占有者라 함은 진실의 채권자인 것과 같은 외관을 갖추고 있는 자를 말한다고 해석함이 타당할 것이다. →준점유

채권자대위권(債權者代位權) 〔佛〕 action subrogatoire, action oblique, action indirecte 채권자가 자기의 채권을 보전하기 위하여 채무자의 권리를 행사하는 권리(民 404). 채권의 對外的 效力의 하나이며, 代位訴權 또는 間接訴權이라고도 한다. 채무자가 자기의 채무자, 즉 제3채무자에 대한 권리를 행사하지 않고 따라서 그 권리가 시효로 인하여 소멸할 염려가 있는 경우에 채권자가 時效中斷의 절차를 취하는 것과 같은 것이 그 예. 채권자에게 이러한 권리를 행사시킴으로써 변제를 받기 위한 종국의 실질적 기초를 형성할 채무자의 재산의 유지 충실을 꾀하는 것이, 민법이 채권자대위권을 인정한 본래의 취지이다. 이 권리행사의 요건은 첫째로 債權保全의 필요가 있을 것이다. 따라서 통례는 채무자가 無資力이어서 채권자 전원에게 변제할 능력이 없음에도 불구하고 자기의 권리를 행사하지 않는 때에 행사하게 된다. 다만, 판례는 특정채권의 보전을 위하여 필요가 있을 때에는 채권자는 이 권리를 행사할 수 있다고 한다. 예컨대 賃借人에 대하여 가지는 賃貸借上의 채권에 기하여, 賃貸人이 임차인의 소유권에 기한 妨害除去請求權을 代位行使하는 경우가 그것이다. 둘째로, 원칙으로 채권자의 채권이 이행기에 있을 것을 요한다. 재판상의 代位(非訟 45) 및 보전행위(民 404Ⅱ 但)의 경우는 예외이다. 셋째로, 채무자가 당해의 권리를 행사하지 않는 경우에 한한다. 다음은 그 권리행사의 방법인데 채권자는 자기의 이름으로 또한 대위권자로서 채무자에 속한 권리를 행사한다. 그리고 학자들은 소송상의 청구에 한하지 않고, 재판 외에서의 형성권의 행사(취소·해제·해지)나 부동산의 保存行爲도 할 수 있다고 해석한다. 代位權을 행사한 때에는 이를 채무자에게 통지하여야 하는데 채무자가 이 通知를 받은 후에는 채무자는 그 권리를 처분하여도 이로써 채권자에게 대항할 수 없다(民 405, 非訟 84 Ⅱ 참조). 대위권행사의 사법상의 효과는 직접 채무자에게 귀속한다. 채권자가 대위권의 행사로서 제기한 소송의

판결의 旣判力은 채무자에게도 미친다는 것이 통설이며 타당하다고 생각된다(判例同旨).

채권자주의(債權者主義)〔危險負擔의〕 → 위험부담

채권자지체(債權者遲滯) 〔羅〕 mora creditoris 〔獨〕 Verzug des Gläubigers 〔佛〕 demeure du créancier 채무자의 履行의 提供이 있음에도 불구하고, 채권자가 그 이행을 받을 수 없거나 받지 않는 것. 受領遲滯라고도 한다. 채무의 이행에 관하여 적극적인 受領行爲를 필요로 하지 않는 것에 있어서는 채권자지체의 문제가 생길 여지가 없으나 많은 경우에 있어서, 채무를 이행함에는 채권자의 수령행위를 필요로 하는데 이러한 경우 채권자가 수령을 하지 않으면 채무자는 변제를 완료할 수 없게 된다. 그래서 민법은 일방 供託에 의하여 채무자가 단독으로 채무를 면할 수 있을 것으로 함과 동시에 한편으로, 채권자지체의 제도를 인정하여 채무자의 책임의 경감 내지 채권자의 책임을 인정하려고 하였다(民 400~403). 채권자의 수령거절 또는 수령불능이 그 책임이 없는 사유에 기하는 경우에도 채무자는 불이행에 기한 책임을 면하고(461), 約定利子는 발생을 그치고(402), 채무자의 주의의무는 경감되고(401), 위험부담이 채권자에게 移轉하고(538 I 後), 채권자지체로 인하여 목적물의 보관 또는 변제의 비용이 증가된 때에는 채무자는 그 비용의 증감액을 채권자에게 청구할 수 있는 것(403) 등의 효과가 발생한다. 다만 소수설은 채권자지체의 효과를 이상에 한정함에 대하여, 최근의 다수학설은 信義則上 채권자에게 수령의무가 있다고 하고 그 결과 채권자지체를 일종의 債務不履行으로 이해하여 채권자에게 책임있는 사유가 있을 때에는 손해배상책임이 발생하고 또한 채무자는 계약을 해제할 수 있게 된다고 주장한다.

채권자집회(債權者集會) 〔獨〕 Gläubigerversammlung [1] 破産法上 파산의 수행에 관하여 채권자의 공동의 의사를 표명시키고 그 공동의 이익을 절차상 반영시키기 위해 설치된 기관이다. 채권자집회는 재단의 관리기관의 임면에 관한 권한(破 157, 169, 170), 재단의 관리 · 환가에 관한 중요한 처치에 대한 권한(183, 188, 195, 196), 强制和議에 관한 권한(278, 279), 그 밖에 파산자나 이에 준할 자로부터 설명을 듣고(143), 管財人으로부터 계산보고를 받을 권한(158) 등을 가진다. 이 집회는 파산관재인 · 감독위원 · 총채권의 5분의 1 이상에 해당하는 額을 가진 파산채권자의 신청 또는 직권에 의하여 소집된다(160). 참석할 수 있는 자는 법원측 외에 파산채권자, 그 대리인, 파산자, 파산관재인, 감사위원 등인데 强制和議를 위한 채권자집회에는 특칙이 있다(271). 채권자집회는 법원이 지휘하며(162) 결의는 출석파산채권자의 과반수로써 그 채권액이 출석채권자의 총채권액의 반액을 초과하는 자의 동의에 의하여 성립하는 것을 원칙으로 하나(163), 강제화의를 위한 결의에는 頭數는 동일하나 신고채권액의 4분의 3 이상의 자의 동의가 있어야 한다(278). 결의시의 의결권의 산정에 관하여는 확정채권은 항상 그 額에 의하나, 미확정채권, 정지조건부채권, 장래의 청구권 또는 別除權의 예정부족액에 관하여 異議가 있은 때는 법원이 의결권행사여부 및 그 額을 정한다(166). 또한 강제화의를 위한 채권자집회에서는 의결권을 행사할 수 없는 자가 정하여져 있다(285~289, 291). 결의가 성립되면 그 효력이 모든 파산채권자를 구속하나 법원은 파산채권자의 일반적 이익에 반한다고 인정할 경우에는 결의의 집행을 금지할 수 있다(168).

[2] 和議法에서는 채무자가 제공한 화의의 가결에 관하여 결의하기 위한 채권자단체의 의사발표기관을 말한다. 그 기일은 和議開始決定과 동시에 정하여진다(和 27). 파산법상의 채권자집회와 달라서 和議節次에 참여하기 위하여서의 결의를 하든가, 보고를 받든가 하는 일은 없으며 화의절차에서는 채권확정절차가 없는 것에 대응하여 의결권에 관한 조사는 和議管財人 및 정리위원의 책임으로 된다(51). 和議의 가결은 强制和議의 결의와 성격을 같이 하므로 그 규정이 준용된다(53).

[3] 舊商法上 特別淸算의 경우에 있어서 회사채권자의 총의를 결정하는 채권자단체의 의결기관을 말한다. 상법에 있어서는 특별청산제도를 廢棄하였으므로 債權者集會가 없어져서 이제는 더 논의할 의의가 없게 되었다. → 관계인집회

채권자 · 채무자(債權者 · 債務者) 타인(채무자)에 대하여 일정한 행위(給付)를 할 것을 청구할 수 있는 자가 채권자(〔獨〕 Gläubiger 〔佛〕 créancier)이고 타인(채권자)에 대하여 일정한 행위를 하여야 할 의무(급부의무)를 지는 자가 채무자(〔獨〕 Schuldner 〔佛〕 débiteur)이다. 그리고, 민사소송법에 있어서 특수한 의미를 가지는 것에 관하여는 執行當事者를 보라.

채권자취소권(債權者取消權) 〔羅〕 actio pauliana 〔獨〕 Gläubigeranfechtungsrecht 〔佛〕 action révocatoire, action paulienne 債務者가 故意로 그 재산의 감소를 초래케 하여, 채권자에게 有害 · 불이익으로 되는 법률행위, 즉 詐害行爲를 한 경우에 채권자가 그 법률행위의 效力을 否認(취소)

하고 감소한 재산의 회복을 재판상 청구하는 권리(民 406). 채권의 대외적 효력의 하나이며, 이러한 권리를 인정한 취지는 債權者代位權과 마찬가지로 채권의 변제를 받기 위하여서의 종국의 실질적 기초를 형성하는 채무자의 재산의 유지를 도모하기 위한 것이다. 로마의 법무관 빠울루스가 창시한 것이라고 전하여지므로 빠울루스의 訴權이라고도 불리고, 또 廢罷訴權·詐害行爲取消權이라고도 한다(파산법상의 부인권은 같은 취지의 보다 강력한 권리이다). 채권자취소권의 요건으로서는 채무자의 재산의 감소를 가져오는 재산상의 법률행위에 의하여 채권자를 해하였을 것, 즉 詐害行爲(贈與·債務負擔行爲 등, 부동산의 時價에 의한 賣却이나 기존채무의 변제는 포함되지 않는다)에 의하여 채권자를 害하였을 것이라고 하는 객관적 요건과 채무자·詐害行爲의 상대방(受益者)·轉得者의 악의, 즉 이들이 채권자를 害하는 사실을 알았었다고 하는 주관적 요건(다만 전득자가 선의인 때에는, 수익자로부터 이득을 반환시킨다)과를 필요로 한다. 이 권리의 행사는 채권자가 자기의 이름으로 반드시 법원에 대하여 訴에 의하여 하지 않으면 안된다. 이 訴의 성질 및 상대방에 관하여는 說이 나누어지는데 통설·판례는 그 행위를 취소하고 또한 필요한 재산(일부의 반환만으로도 충분한 때에는 그만큼의 가액)의 반환을 청구하는 訴(履行의 訴)이고, 그 피고는 언제나 재산을 회복 당하는 상대방이라고 한다. 취소의 효과는 총채권자의 이익으로 돌아가고 채무자의 일반재산이 증가하는 결과로 된다. 취소권을 행사한 채권자가 優先的 地位를 취득하는 것은 아니다.

채권자평등(債權者平等)**의 원칙**(原則) 〔獨〕 Prinzip der Gleichbehandlung des Gläubigers 한 사람의 채무자에 대하여 다수의 채권자가 있는 경우에 모든 채권자는 채무자의 총재산으로부터 平等하게 辨濟를 받는 것이며 그 채권발생의 원인 또는 채권발생의 시기의 전후에 따라서 채권의 효력에 차별을 두지 않는다는 원칙. 채무자의 총재산으로써 총채권자의 채권을 변제할 수 있는 때에는 채권자평등의 원칙은 별반의 의미가 없는 것이라 하겠으나, 채무자가 파산한 때 또는 共同執行(채무자의 재산에 대하여 强制執行을 하여 여러 명의 채권자에게 배당하는 경우)을 하는 경우와 같이 채무자의 총재산이 총채권자의 채권의 합계액에 미달하는 경우에 비로소 이 원칙은 그 효과를 발휘하게 되며, 각 채권자는 채권액에 따라 按分比例的으로 辨濟를 받게 되는 것이다. 그러나 채권자평등의 원칙의 적용에 있어서도 다음과 같은 예외가 있다. ① 質權·抵當權과 같은 約定擔保物權이 설정되어 있는 때에는 質權者 또는 抵當權者는 그 담보물권의 목적으로 되어 있는 채무자의 특정재산에 대하여는 일반채권자보다 우선하여 변제를 받는다. ② 留置權 기타의 法定擔保物權(예: 선박채권자의 우선특권)이 성립되는 경우에는 법률상 당연히 일반채권보다 우선하게 된다.

채권적 전세(債權的傳貰) → 전세

채권적 효력(債權的效力) → 물권적 효력·채권적 효력

채권조사회(債權調査會) 破産債權이 신고되고, 채권표가 작성되면 파산법원은 채권조사를 위한 기일을 열어서 파산채권의 존재·액수·순위 등에 관하여 파산관재인·파산채권자 등에게 異議를 진술할 기회를 준다. 이 기일의 인적요소에 착안하여 이를 채권조사회라 부른다. 법전상의 용어가 아니고 講學上의 용어이다. 채권조사기일에는 일반조사기일(破 132 I i)과 특별조사기일(207~210)이 있다. 전자는 신고채권에 대하여 일반적으로 또 공통적으로 정하는 기일이고 후자는 신고기간경과후에 신고하여 一般期日에 닿지 아니하는 채권이나 신고기간 뒤에 다른 채권자의 이익을 해치는 것 같은 申告事項의 變更을 가한 채권에 대하여 특별히 정한 期日이다.

채권증권(債權證券) 〔獨〕 obligationsrechtliches Wertpapier 채권을 表彰하는 有價證券. 物權證券에 대하는 말이다. 어음·수표·화물상환증·상품권이 그 예이다. 그 중 물건의 인도를 청구하는 채권을 표창하는 것(예: 화물상환증·창고증권·상품권)을 物件證券이라 하고, 일정한 금전의 급부를 청구하는 채권을 표창하는 것(예: 어음·수표·채권)을 금전증권이라 한다. 貨物相換證·船荷證券·倉庫證券 등은 이것을 인도하면 이에 기재된 물건 자체를 인도한 것과 동일한 물권적 효력을 발생하는 것이므로(商 133, 820, 157) 이를 특히 물권적 유가증권 또는 引渡證券이라 한다. 그러나 이들도 일종의 증권으로 다만 物權的 效力을 발생할 뿐 물권 자체를 표창하는 물권증권과는 다른 것이다. 그러나 一說은 어음·수표·사채·상품권 등 순수히 채권을 표창하는 유가증권을 債權的 有價證券이라 하고 물권을 표창하는 유가증권을 物權的 有價證券이라 하고 화물상환증과 같이 물권적 효력을 가진 유가증권을 따로 인도증권으로 구별하는 설이 있다.

채권증서(債權證書) 〔獨〕 Schuldschein 채권의 성립을 증명하는 서면. 통상의 채권인 指名債權에 있어서는 단순한 증명서류에 그치지만, 증권

적 채권에 있어서는 채권과 증서와는 불가분의 관계에 있다. 채권이 소멸하면 당초 채권증서를 교부한 목적도 소멸하므로 채무자는 不當利得返還請求權에 의하여서도 당연히 그 반환을 청구할 수 있다. 그러나 민법은 일반적으로 채무자 이외의 辨濟者에게도 이 반환청구권을 인정하고 있다(民 475).

채권질(債權質) 〔獨〕 Forderungspfandrecht 債權을 목적으로 하는 질권. 權利質의 하나이다. 채권이 재화로서 경제적으로 優越的 地位를 차지하는 오늘날에는 채권질의 기능이 크다. 특히 그것은 증권화한 채권(지시채권·무기명채권)에 있어서 현저하다. 債權質權設定은 채권양도의 방법에 의하므로(民 346) 채권의 종류에 따라서 다르다. 즉 指名債權에서는 채권증서가 있으면 그것을 질권자에게 교부하고, 없으면 의사표시만으로 설정되는데(347) 그 對抗要件으로서 제3채무자에 대한 통지나 또는 그의 승낙을 필요로 한다(349). 지시채권에서는 증서에 배서하고 교부함으로써(350) 무기명채권은 증서를 교부함으로써(351) 質權設定의 효력이 생긴다. 指名所持人出給債權은 무기명채권의 예에 따른다(525). 채권질이 설정되면 入質債權에 관해서의 변제·포기 등의 처분이 금지된다(352). 質權者는 입질채권을 직접 청구하거나 민사소송법의 규정에 의하여 우선변제를 받을 수 있다(民 353·354, 民訴 544~546·557 이하). 채권질은 動產質과 같이 목적물을 빼앗아서 그 점유를 채권자에게 옮김으로써 채무자에게 심리적 압박을 가하여 변제를 간접으로 강제하는 작용(留置的 效力)은 약하나, 그 換價·우선변제의 방법이 간단하므로 현대사회에서 중요한 작용을 한다.

ㅊ

채권침해(債權侵害) 〔獨〕 Forderungsverletzung 채권의 내용의 실현을 불가능하게 하거나 또는 곤란하게 하는 것. 채무자에 의한 채권침해의 경우는 債務不履行의 문제로서 해결되지만, 채무자 이외의 제3자에 의한 채권침해가 不法行爲로 되느냐 어떠냐는, 즉 채권의 불가침성의 유무의 문제는 채권에 물권과 같은 배타성이 없는 것과 관련하여 한 때 매우 다투어졌다. 그러나 채권도 권리로서 보호되는 이상 위법한 채권침해가 불법행위로 되는 것은 판례·학설이 인정하고 있다.

채권표(債權表) 〔獨〕 Konkurstabelle 債權調査期日에 조사를 받을 채권을 특정하고 그 조사를 준비하는 동시에 조사결과인 채권의 확정여부를 명백히 하고 배당의 기초로 하기 위하여 法定事項(破 202)을 기재한 서면. 법원서기관 또는 서기가 작성하고 법원에 비치하여 이해관계인이 열람할 수 있도록 한다(203). 채권조사기일에는 채권표의 기재사항만이 조사되며(204), 그 조사의 결과는 채권표에 기재된다. 그런데 이 기재는 법원의 권한이지만 기재 자체는 단순한 公證行爲로 재판이 아니다. 그러므로 기재행위에 대하여는 卽時抗告를 할 수 없다. 채권표는 역시 조서의 구성부분을 이루기 때문에 이에 판사나 서기의 署名捺印을 요한다. 확정채권에 관한 채권표의 기재는 파산채권자 전원에 대하여 確定判決과 같은 효력이 있다(215). 그런데 여기에 전원이란 신고한 채권자인가 아닌가, 또 기일에 출석하였는가 아닌가, 또 기일에 있어서 異議를 진술하였는가 아닌가를 불문한다. 破產者가 이의를 진술하지 않을 때에는 파산자에 대하여도 확정판결과 동일한 효력이 있다(259Ⅰ). 파산종결후에는 이의를 진술하지 않는 파산자에 대하여 債務名義가 된다(259Ⅱ). 이와 같이 채권표에의 확정의 기재는 확정판결과 동일한 효력이 생기기 때문에 破產管財人이나 파산자 및 파산채권자는 확정판결에 대한 것과 동일한 방법(판결의 경정, 準再審, 請求異議의 訴) 이외에 다른 방법으로 不服申請을 할 수 없다 할 것이다.

채권행위(債權行爲) 행위자간에 채권·채무의 관계를 발생시키는 법률행위. 雇傭·賣買·賃貸借·贈與·債權的 遺贈 등이 그 예인데 그 대부분이 계약이고, 계약이 아닌 채권행위는 채권적 유증 이외에 그 예는 드물다. 직접 物權變動을 일으키는 물권행위에 대한 말.

채권회계(債權會計) 국가 또는 지방자치단체가 그의 債權을 관리하는 작용을 말한다. 채권이란 금전의 지급을 목적으로 하는 국가나 지방자치단체의 권리를 말하며 債權의 管理機關은 그의 소관에 속하는 채권을 관리하는 기관을 말하는 것으로서 각 중앙관서의 장이 된다. 국가의 채권회계에 관한 일반법으로는 國家債權管理法이 있고 지방자치단체의 채권회계에 관한 일반법으로는 지방재정법이 있다.

채 노(債奴) 〔獨〕 Schuldknechtschaft 채무자가 辨濟를 할 수 없기 때문에 채권자의 지배에 복종하여 노역 등에 따르는 것. 인신책임의 일종이며 生殺까지 포함하는 人身執行이 약화된 형태. 로마·古독일 등 각지에 존재하였으나 책임이 재산에 한정되게 됨에 따라 소멸하였다.

채 무(債務) 특정인을 위하여 作爲 또는 不作爲를 하거나 또는 일정한 금전을 급부해야 할 의무. 예컨대 일정한 금전을 차용하고 있는 자가 그 원금 및 이자를 대주에게 지급해야 할 의무.

채무가입(債務加入) 〔羅〕 intercessio 〔獨〕 Schuldbeitritt 로마법상 널리 타인의 채무에 제3자가 가입하는 경우를 총칭하며, 保證과 같은 併存的 加入 및 채무자의 교체에 의한 更改와 같은 면책적 가입이 있었다. 근대법에 있어서는 連帶, 보증, 更改, 제3자의 物上擔保設定, 併存的 債務引受 등으로 나누어졌다.

채무구류(債務拘留) 〔獨〕 Schuldhaft, Personalarrest →인적집행

채무면제(債務免除) 〔羅〕 acceptilatio 〔獨〕 Erlass 〔佛〕 remise de la dette 채권자가 채무자에 대한 의사표시에 의하여 채무를 소멸시키는 것(民 506). 채권의 포기이다. 그 법률적 성질은 우리 민법상으로는 단독행위이다. 그러나 입법예는 대부분 債務免除를 계약으로 하고 있다(獨民 397, 瑞債 115, 佛民 1285·1287). 채권과 같이 의무자와의 사이에 긴밀한 관계를 일으키는 권리에 있어서는 물권과 달라서 의무자의 의사에 반하여 이를 포기하지 못한다고 함이 타당하다. 면제는 채권자의 자유이지만 면제로 인하여 정당한 이익을 가진 제3자를 해하는 때에는 그 제3자에게 대항하지 못한다(民 506 但).

채무면제주의(債務免除主義) 법원의 명령에 의하여 일정한 조건을 갖춘 破産者에게는 그 완비할 수 없는 잔여의 채무를 면제하여 다시 새 기업가로서 갱생할 수 있게 하는 주의. 우리나라 파산법(339~357)은 이 주의를 채용한다. →면책주의

채무명의(債務名義) 〔獨〕 Schuldtitel, Vollstreckungstitel 일정한 私法上의 이행의무의 존재를 증명하고 법률이 强制執行에 의하여 실현할 수 있는 집행력을 인정한 공증문서. 執行名義라고도 한다. 채무명의는 주로 재판서 및 이에 준하는 효력을 가진 조서이나, 공증인이 당사자의 진술에 의하여 작성한 증서인 경우도 있다(執行證書). 이와 같이 채무명의는 집행절차의 기본이 되므로 집행에 착수하기 전에 그 형식적 효력을 공증기관으로 하여금 조사 公證하게 한다. 그리고 집행절차기관을 권리확정절차의 기관으로부터 분리시키고 집행기관으로 하여금 실체적인 청구권의 존부에 관한 조사부담을 면제하여 신속·안전하게 집행에 착수 속행할 수 있게 하기 위하여 이러한 제도가 필요한 것이다. 요컨대 債務名義制度는 첫째로 위법집행을 방지함으로써 채무자를 보호하고 둘째로는 신속한 집행을 보장함으로써 부당하게 강제집행을 막아내려고 하는 반대이해관계인의 책동을 예방할 수 있는 합리적인 제도라 할 수 있다. 민사소송법 469조에 의하면 확정된 종국판결(이행판결)이나 假執行宣告있는 종국판결을 채무명의의 대표적 존재로 인정한다. 그 밖에 抗告로만 불복할 수 있는 재판, 즉 결정 또는 명령, 假執行宣告있는 지급명령, 집행증서(519), 재판상의 和解調書, 請求의 認諾調書(206), 금전지급 기타 의무를 명하는 심판(家訴 41)을 채무명의로 인정한다. 또 외국판결은 집행판결을 얻어야 비로소 채무명의가 된다(民訴 476). 다른 법률에서도 개별적으로 채무명의를 인정한다(각종의 조정절차에서 성립된 조정조서(家訴 59Ⅰ, 勞整 61, 民調 28). 채권표(破 215), 정리채권자표와 정리담보권자표(會整 145), 검사의 집행명령(非訟 249, 辯 72Ⅱ, 刑訴 477, 卽決 17Ⅰ 등). 채무명의에 집행문이 부기되면 집행력있는 정본이라 하고 이것이 강제집행의 기본이 된다(民訴 478).

채무불이행(債務不履行) 채무자가 채무의 내용에 좇은 履行을 하지 않는 것. 不法行爲와 함께 위법행위로 된다. 채무의 내용에 좇은 이행을 하지 않는다고 함은 법률의 규정, 계약의 취지, 去來慣行, 신의성실의 원칙 등에 비추어 적당한 이행을 하지 않는 것을 말한다. 채무불이행에는 履行遲滯, 履行不能 및 不完全履行의 세 경우가 있다. 어느 경우에도 채무자의 책임이 발생하기 위하여는 원칙으로서 채무자의 책임있는 사유(채무자 자신의 고의·과실뿐만 아니라 이행보조자의 고의·과실 기타 신의칙상 채무자의 고의·과실과 同視하여야 할 사유를 포함한다(民 39, 391 참조))에 기할 것을 요한다. 그리고 이 경우에 있어서의 擧證責任은 채무자에게 있고, 채무자는 채무불이행이 그의 책임이 없는 사유에 기하는 것을 증명하지 않는 한 책임을 진다고 해석하는 것이 오늘날의 판례·통설이다. 채무불이행의 경우에는 채권자는 채무의 강제이행을 청구할 수 있고(389), 또한 채무자에 대하여 損害賠償을 청구하거나(390), 계약의 해제를 할 수 있다(544~546). 금전채무에 관하여는 그 不履行은 언제나 履行遲滯만을 발생시키고 더욱이 과실이 없음을 항변할 수 없고, 특약 또는 법률에 특별한 정함이 없는 한, 法定利率에 상당하는 손해배상을 함을 요하고, 약정이율이 법정이율을 초과할 때에는 그 約定利率에 따라 배상액을 계산하지 않으면 안된다(397).

채무상환비율(債務償還比率) 〔英〕 debt service ratio(DSR) 한 나라의 연간 총수출액(서비스 포함)에 대한 年間債務償還額의 비율. 연간 공적 대외채무상환액을 D, 연간 총수출액을 S라 하고 $D/S \times 100\%$로 표시한다. 컨트리 리스크를 평가하는 기준의 하나로 일반적으로 그 비율이 20%

ㅊ

를 넘으면 외화사정이 매우 나쁘다고 판단하여 융자대상으로 부적격판정을 받는 경우가 많게 된다.

채무약속(債務約束) 〔獨〕 (abstraktes) Schuldversprechen 채무를 부담하는 원인과 구분하여, 독립하여 채무를 부담할 것을 약속하는 無因債務契約. 독일 민법은 같은 無因契約인 채무의 承認과 더불어 원칙으로 서면에 의하도록 하고 이를 인정하고 있다(780~782). 매매 기타의 원인으로부터 독립하여 있으므로 이러한 원인을 결하는 때에도 채무는 유효하게 성립하고 다만 당사자간에 不當利得返還債務를 발생시킬 뿐이다. 따라서 그 채무를 讓受한 제3자는 영향을 받지 않는다. 또한 당사자간에 있어서도 債務約束에 의하여 정산한 관계를 소급하여 재청산할 필요가 없다. 이러한 점 등에 이 제도의 實益이 있다. 우리 민법은 이 제도를 인정하지 않지만 계약에 의하여 할 수 있다고 해석된다.

채무(債務)**와 책임**(責任) 〔獨〕 Schuld und Haftung 債務라 함은 채무자가 채권자에 대하여 일정한 給付를 하여야 할 의무를 말하고, 책임이라 함은 채무자가 채무를 이행하지 않는 경우에 채권자가 채무자의 재산 또는 그 밖의 목적물로부터 강제적으로 채권의 만족을 얻을 수 있는 법률관계를 말한다. 즉 일정한 급부를 하여야 한다고 하는 法律的 當爲(rechtliches Sollen)가 채무이고, 채무불이행의 경우를 위하여 채무자의 재산 등이 채무이행에 代充(Einstehen)(擔保)되기로 되어 있는 것이 책임. 바꾸어 말하면 책임이라 함은 채무자의 재산 등이 債權者의 攻擊力(Zugriffsmacht)에 따르고 있는 것을 의미한다. 채권자의 공격력은 强制執行이나 담보물권의 실행에 의하여 실현된다. 이와 같은 구별은 게르만법에 유래하는 것인데 게르만법에 있어서는 채권의 내용은 채무자에 대하여 일정한 급부를 청구하는 것이고 채무자가 이행하지 않을 때의 일은 채권계약과는 별개의 계약에 의하여 정하여지고 이것을 책임이라고 하여 채무와 책임은 별개의 내용을 가지고 있었다. 그러나 로마법에 있어서는 채무의 강제는 채무의 일면에 지나지 않는 것으로서 채무속에 당연히 책임도 포괄된다고 생각되었고, 근대법에 있어서도 로마법의 계수 이래, 채무자의 일반재산이 강제집행의 대상으로 되는 것은 채권의 효력이라고 일반적으로 생각되어 채무와 책임의 구별을 인정하지 않는 思想이 널리 행하여졌다. 따라서 우리 민법상 이 구별을 인정할 수 있느냐 어떠냐는, 해석상 논의가 있는데, 현행법상에 있어서도, 예컨대, ① 책임만 있고 채무가 없는 경우(物上保證人 · 抵當不動産의 제3취득자 등), ② 책임이 한정되어 있는 경우(一 유한책임 · 무한책임), ③ 채무만 있고 책임이 없는 경우(강제집행을 하지 않는다는 특약이 있는 채무 등)와 같이 채무와 책임의 분리가 일어나는 경우가 있다고 하여 양자의 구별을 인정하는 학설이 많아지는 경향을 보여주고 있고, 판례도 이것을 인정하기에 이르렀다.

채무(債務)**의 내용**(內容) 債權의 목적 또는 채권의 내용과 같은 뜻으로 쓰이는 것이 보통이지만, 특히 채무의 履行은 채무의 내용에 좇아 하여야 한다고 하는 의미로 쓰이는 경우가 있다(民 390, 460). 이 경우에는 그 채무에 관하여 정하여진 시 · 장소 · 내용 등을 형식적으로 해석하여 이에 따를 뿐만 아니라 그 채무의 종국의 목적을 생각하고, 일반거래의 관행을 고려하여 信義誠實의 原則에 따라서 이행하여야 한다고 하는 의미이다(2 I).

채무(債務)**의 승인**(承認) 넓은 뜻으로는 채무자가 채무를 부담하고 있다고 하는 것을 인정하는 관념의 통지(時效의 中斷의 事由인 承認(民 168 iii, 247 II)은 이에 속한다)까지를 포함하지만, 좁은 뜻으로는 채무의 존재를 인정하고 이에 구속된다는 뜻의 의사표시만을 가리킨다. 다만, 이 중에도 여러가지 있으며, 단지 채권자의 立證을 필요로 하지 않는다고 하는 의미만을 가지는 것, 채무자가 채무의 존재를 다투지 않는다고 하는 의미의 것(英法의 IOU(I owe you)는 이에 해당한다) 또한 채무의 存否 · 數額 등이 불명한 경우에 이를 確定的인 債務로서 효력을 가지게 하는 의미의 것(독일법의 schulderkenntnis가 이에 해당한다) 등이 있다. 최후의 경우는 특히 무인의 채무승인이라고 일컬어지며, 채무약속과 마찬가지로 無因債務를 발생시킨다. 우리 민법에도 규정은 없지만 어떤 종류의 것도 인정할 수 있다고 생각되고 있다.

채무인수(債務引受) 〔獨〕 Schuldübernahme 〔佛〕 cession de dette 채무를 그 동일성을 잃지 않은 債務引受人에게 이전하는 계약. 로마법에서는 채권관계를 채권자와 채무자를 맺는 法鎖라고 생각하였기 때문에 채무가 그 동일성을 잃지 않고 이전하는 것은 인정되지 않았다. 따라서 채무인수의 제도는 존재하지 않았고 채무자의 교체로 인한 更改에 의하여 실제의 요구에 응하였음에 불과하였다. 그러나 근세법은 去來實情의 요구에 따라서 채권이 독립한 財貨로서 인정되게 되자 이를 인정하였고 우리 민법도 종래의 학설 · 판례상으로 인정하여 오던 것을 명문으로 규정하였다(民 453~ 459). 그 방법은 채권자 · 채무자 · 인수인의 三面契約으로 할 수 있음은 말할 나위도 없고, 채무자의 의사에 반하지 않는 한 債權者와 引受人과의 계약으로 할

ㅊ

수 있으며(453) 또 채무자와 인수인과의 계약으로도 할 수 있는데 이 때에는 채권자의 승낙에 의하여 그 효력이 생긴다(454). 인수의 효과로서 채무는 그 동일성을 잃지 않고 引受人에게 이전하고 채무자는 채무를 면하고, 인수인은 채무자가 가졌던 모든 抗辯權을 受繼한다(458). 담보물권·보증채무에 관하여는 채무자가 설정한 담보물권을 除하고는 이전하지 않는다(459 本). 그러나 보증인이나 물상보증인이 동의한 경우에는 보증채무나 擔保物權이 移轉한다(459 但). 신채무자의 자력 여하는 物上保證人이나 保證人에게 중대한 이해관계가 있기 때문이다. 채권자와 인수인간의 계약으로 인수인이 채무자의 채무와 동일내용의 채무를 병립하여 부담하고, 채무자는 여전히 채무를 면하지 않는 것을 본래의 債務引受(면책적 채무인수)(〔獨〕 befreiende Schuldübernahme)에 대하여 重疊的(첨가적 또는 병존적) 債務引受(〔獨〕 kumulative Schuldübernahme)라 한다. 免責的 債務引受냐 重疊的 債務引受냐는 각 경우에 관하여 당사자의 의사해석으로 정하여진다. 의사를 해석하여도 분명치 않을 때에는 중첩적 채무인수라고 해석함이 적당할 것이다. 왜냐하면, 현행거래의 실제는 채권담보를 위하여 인수계약이 행하여지는 것이 보통이기 때문이다. 이행의 인수와의 구별에 관해서는 그 항목을 보라.

채무자(債務者) → 채권자, 채무자, 집행당사자

채무자주의(債務者主義) → 위험부담

채무자지체(債務者遲滯) 〔羅〕 mora debitoris 〔獨〕 Schuldnerverzug 〔佛〕 demeure du débiteur 이행지체와 같다.

채석권(採石權) 타인의 토지에서 암석을 채취하는 他物權. 地上權에 관한 규정이 준용된다(民 239, 290 참조).

채무적 효력(債務的效力)〔團體協約의〕〔獨〕 obligatorische Kraft 단체협약도 노사간의 계약의 일종이기 때문에, 規範的 效力 이외에 계약으로서의 효력이 있다. 이를 채무적 효력이라고 한다. 이는 근로조건 기타 근로자의 대우에 관한 사항 이외의 것에 대해서 생긴다(平和義務). 채무적 효력을 침해한 당사자는 상대방에 대해서 손해배상의 의무를 진다. 解止(民 543 참조). 同時履行의 抗辯權(536)의 규정이 적용되는가의 여부에 대해서는 異論이 있다.

채무초과(債務超過) 〔獨〕 Überschuldung 채무초과란 채무자의 재산으로써 채무를 완제할 수 없을 것, 환언하면 消極財産(負債)이 積極財産(資産)을 상회하는 것을 말한다. 채무초과는 지급불능이나 지급정지와 달라서 신용이나 노력·재능 등 채무자의 주관적 능력을 참작함이 없이 오로지 재산만은 표준으로 한 관념이다. 예를 들면 多額의 在外資産이 있어도 전쟁 등으로 급히 처리할 수 없을 때와 같이 채무초과는 아니나 지급불능인 경우가 있고 또 반대로 예를 들면 채무자의 才幹을 신용하며 돈을 빌려 줄 사람이 있는 때와 같이 채무초과인데 지급불능이 되지 아니한 경우가 있다. 그런데 채무초과인가 아닌가는 적극재산·소극재산과 같이 그 현실의 가액으로 평가하며 이를 정할 것을 요한다. 즉 일방에는 적극재산은 처분가액을 보지 않으면 안되고 타방 소극재산에서는 기한미도래의 채무도 넣는 대신 자본금이나 제준비금은 차변으로부터 제외할 것은 물론이다. 채무초과는 법인이나 상속재산에 대한 파산원인이다. 법인에 있어서는 지급불능과 아울러 중첩적인 파산원인이지만 상속재산에는 유일의 파산원인이다(破 117Ⅰ, 119). 다만 존립중의 합명회사나 합자회사는 支給不能만이 파산원인이고, 채무초과는 제외된다(117Ⅱ). 이것은 이러한 人的會社에 있어서는 무한책임사원의 인적신용이 회사의 변제능력의 구성요소가 되어 있기 때문이다. 그러나 이러한 인적회사에도 이미 청산절차에 들어서면 잔여재산의 分配가 주안이 되어 무한책임사원의 신용을 이제 현실적으로 기대할 수 없게 되고, 또 채무초과의 사실이 있는 이상은 청산절차보다도 한층 엄정한 파산절차에 의하는 것이 타당할 것이라는 견지에서 우리 파산법은 淸算中의 합명회사나 합자회사에 대해서는 법인에 관한 일반원칙에 따라 지급불능 이외에 채무초과도 또 破産原因으로 삼고 있다 할 것이다.

채용후보자명부(採用候補者名簿) 採用試驗에 합격한 자를 시험실시기관의 장이 국회규칙·대법원규칙·헌법재판소규칙·중앙선거관리위원회규칙 또는 대통령령이 정하는 바에 따라 등재한 명부(國公 38)로 5급공무원 공개경쟁채용시험에 합격한 자의 명부의 有效期間은 5년이며 그 밖의 명부의 유효기간은 2년으로 된다. 시험실시기관의 장은 名簿에 登載된 채용후보자를 관련규정에 따라 임용권 또는 임용제청권을 갖는 기관에 추천하고 임용권자 또는 임용제청권자가 추천받은 採用候補者를 任用한 때에는 즉시 그 결과를 시험실시기관의 장에게 통보하여야 한다(39).

채종림(採種林) 우량한 造林用種子를 채취하기 위하여 특히 지정된 삼림. 그 지정은 시·도지사 또는 지방산림관리청장이 한다(山 49). 採種林

의 구역내에서는 시·도지사 또는 지방산림관리청장의 허가없이는 立木竹의 채벌, 임산물의 掘取, 가축의 放牧 기타 토지의 형질을 변경하는 행위를 하지 못한다(52, 62). 이로 인하여 산림소유자 등의 보통의 손실은 대통령령이 정하는 바에 의하여 보상하여야 한다.

채풀테펙 협정(協定) 〔英〕 Act of Chapultepec 1945년 3월 3일 제2차대전의 말기에 멕시코의 멕시코시티에서 행한 戰爭과 平和의 여러 문제에 관한 美洲會議에서 미주제국간에 채택된 선언의 형식에 의한 국제협정. 상호원조와 미주연대성에 관한 선언이라 정하고 前文 외에 선언과 권고를 포함한 3부로 되어 있다. 전문은 미주제국민의 국제관계에 관한 여러 원칙, 특히 미주제국이 여태까지 채택한 국제법상의 여러 원칙을 확인하고 평화와 전쟁의 문제에 관한 미주대륙의 連帶性과 안전보장의 원칙을 천명하고, 그것을 받아서 제1부의 선언은 아메리카제국에 대한 공격에 관한 연대성 및 공동으로 취할 여러 수단 등을 규정하고 제2부에서는 전쟁종료후 침략에 대항할 共同手段을 규정하는 조약의 체결을 권고하고 있다. 제3부는 이 선언과 권고가 국제평화와 안전에 관한 지역적 협정으로서 닥쳐올 일반국제기구의 목적과 원칙에 적합해야 할 것을 규정한다. 이 채풀테펙 협정과 관련하여서 국제연합헌장에는 集團的 自衛權의 규정이 있고 또 이 협정의 권고가 全美相互援助條約으로서 실현되었다.

책문권(責問權) 〔獨〕 Rügerecht 민사소송법상, 법원 또는 상대방의 절차법규의 위배, 특히 방식에 적합하지 않은 訴訟行爲에 대하여 異議를 진술하고 그 위법을 주장하는 당사자의 권능. 민사소송법에 있어서 訓示規定이 아닌 效力規定에 위배된 소송행위는 무효이나 이것을 전제하여 절차가 상당히 진행한 뒤에 모든 위배를 무효로 하여 그것을 다시 되풀이하지 않으면 안된다면 절차는 불안정하게 된다. 그런데 효력규정 가운데도 주로 당사자의 利益保護를 위하여 존재하는 규정 예를 들면 訴提起의 방식, 訴訟參加나 訴訟告知의 방식, 소환·송달·절차의 중단·중지, 증거조사의 방식이나 선서에 관한 규정, 즉 임의규정의 위배는 이로 인하여 불이익을 받는 자가 그 責問權을 포기하여 감수하는 이상, 굳이 이것을 무효로 할 필요는 없다. 적극적으로 책문권의 포기가 없어도 당사자가 그 위배를 알고 또는 알 수 있었음에도 불구하고 지체없이 이의를 진술하지 않을 때에는 법은 책문권을 상실한 것으로 하여 절차의 원활과 訴訟經濟를 도모하고 있다(民訴 140). 遲滯의 유무는 각 경우에 법원이 결정한다. 이에 반하여 공익상 절대로 준수하여야 할 규정, 예를 들면 법원의 구성, 법관의 除斥, 전속관할, 당사자능력, 소송능력, 公開主義, 不變期間의 준수, 판결의 선고나 확정에 관한 규정과 같은 강행규정의 위배에 관하여서는 책문권의 포기도 상실도 인정되지 않는다(140 但).

책 부(責付) 피고인을 친족 기타의 자에게 부탁하고 拘束의 執行을 정지하는 구형사소송법(118)상의 제도. 형사소송법은 이를 폐지하고 이에 대신하는 것으로서 피고인을 친족·보호단체 기타 적당한 자에게 부탁하거나 피고인의 주거를 제한하여 구속의 집행을 停止하는 제도를 두고 있다(101). → 구속의 집행정지

책 임(責任) [1] 보통 責任(〔獨〕 Verantwortlichkeit 〔佛〕 responsabilité)이라 함은 넓은 의미(도덕적 책임·종교적 책임·정치적 책임 등에 대립되는 법률적 책임의 뜻)로는 법률적 불이익 또는 제재를 받는 것을 말하고 좁은 의미로는 위법한 행위를 한 자에 대한 법률적 제재로서 民事責任과 刑事責任으로 구분된다. 민사책임은 위법한 행위로 인하여 타인에게 끼친 손해를 배상하여야 할 대개인적 책임이며, 형사책임은 위법한 행위로 인하여 사회의 질서를 문란하게 한 데 대한 사회적 제재(刑罰)를 받아야 할 대사회적 책임이다. 미발달의 사회에 있어서는 양 책임은 분화되지 않았으나(贖罪金·復讐 등이 그 예) 후에 점차로 분화하여 민사책임은 행위자의 주관에 중점을 두지 않고(故意와 過失을 구별하지 않으며 無過失責任도 인정한다) 발생한 결과를 계량하여 오로지 그 塡補를 목적으로 하는 데 대하여, 형사책임은 행위자의 주관을 책임의 기초로 하여(과실을 벌하는 것은 예외) 결과의 발생에 중점을 두지 않고(未遂犯도 처벌한다) 장래의 범죄의 예방에 중점을 둔다. 다만 민사책임과 형사책임의 분화의 경향에 관한 학설에는 각종의 色調가 있다. 형법상의 책임에 관하여는 형사책임을 보라.

[2] 債務(〔獨〕 Schuld)에 대한 책임(〔獨〕 Haftung)으로 사용될 때의 책임이라 함은 일정한 재산이 채무에 代充되기로(擔保로) 되어 있는 것. 다시 말하면 채무가 이행되지 않는 경우에 그 채권의 실질적 만족을 얻게 하기 위하여 일정한 재산이 擔保로 되어 있는 것을 말한다. 채무가 일정한 급부를 하여야 한다는 法律的 當爲(rechtliches Sollen)를 본질로 함에 대하여 책임은 이 당위를 강제적으로 실현하는 수단에 해당한다. 법률이 미발달한 시대에 있어서는 모든 채무에 책임을 수반하는 것은 아니었으나(채무와 책임의 관념을 구별한 것은 게르만법에서였다) 오늘날에 있어서는 채권은 원칙으로 채무자의 一般財産을 담보로 하고 있으며 양자는 긴밀한

결합관계에 서게 되었으므로 양자를 구별하는 實益은 적다. 그러나 오늘날에 있어서도 예외적이기는 하지만 실정법상으로 ① 책임만 있고 채무는 없는 경우(물상보증인, 담보부동산의 제3취득자 등), ② 책임이 한정되어 있는 경우(相續의 限定承認, 전당포의 질권, 受託者의 수익자에 대한 책임(信託 2) 등과 같은 특정의 재산에 한하는 有限責任, 합자회사의 有限責任社員 · 주식회사의 주주 등과 같은 일정액을 한도로 하는 유한책임 등) 및 ③ 채무만 있고 책임이 없는 경우(强制執行을 하지 않겠다는 뜻의 특약을 한 채무 등)가 있다. → 채무와 책임

책임감리(責任監理) 국가 · 지방자치단체 · 政府投資機關管理基本法 2조의 규정에 의한 정부투자기관 기타 대통령령이 정하는 기관이 발주하는 일정한 건설공사에 대하여 건설기술관리법 28조의 규정에 의한 監理專門會社가 당해 공사의 설계도면 기타 관계서류의 내용대로 시공되는지의 여부를 확인하고, 품질관리 · 공사관리 및 안전관리 등에 대한 기술지도를 하며, 發注者의 위탁에 의하여 관계법령에 따라 발주자로서의 감독권한을 대행하는 것으로서 책임감리는 이를 공사감리의 내용에 따라 대통령령이 정하는 바에 의하여 전면책임감리 및 부분책임감리로 구분한다(建設技術管理法 2 ix).

책임능력(責任能力) 〔獨〕 Zurechnungsfähigkeit 違法行爲로 인한 民事責任 · 刑事責任을 질 수 있는 능력.

[1] 민법상의 책임능력은 不法行爲能力이라고도 하며 법률상의 책임을 辨識하기에 족한 精神能力을 말한다. 책임능력은 일반적 불법행위의 성립요건의 하나이며 따라서 이것이 없는 미성년자 또는 心身喪失者는 불법행위로 인한 손해배상책임을 지지 않는다(民 753, 754). 책임능력은 법률행위의 有效要件인 意思能力을 책임의 면에서 보아서 파악한 개념이지만 의사능력보다는 약간 높은 정신능력으로 인식되고 있으며 未成年者에 관해서 말하면, 대체로 12세 전후부터 책임능력이 있는 것으로 취급된다.

[2] 형법상 책임능력의 의의에 관하여는 도의적 책임론과 사회적 책임론에 따라, 그 견해가 다르다. 道義的 責任論은 책임능력을 책임의 전제가 되는 능력, 즉 유책하게 행위할 능력(犯罪能力)이라고 이해하고 따라서 是非를 辨別하여 이에 따라 행동할 능력이라고 설명한다. 이에 대하여 社會的 責任論은 책임능력이란 형벌능력이요 보통인에 대한 보통의 사회방어처분으로서의 형벌에 적응하는 성질(형벌적응성)이라고 주장한다. 현행형법은 책임능력을 적극적으로 규정하지 않고, 그 阻却 또는 低減에 관하여 소극적으로 규정하고 있다(9~11). 다만 반대해석에 의해서 사물을 변별할 능력 및 의사를 결정할 능력을 가리키고 있음을 알 수 있다(10 참조). → 형사미성년자, 심신장애자, 농아

책임무능력(責任無能力) 〔獨〕 Schuldunfähigkeit 정신기능의 未成熟 또는 障碍로 인하여 형사책임을 질 능력이 없는 상태. 현행형법은 책임무능력의 경우로서 刑事未成年(9) · 心身喪失(10 Ⅰ)을 규정하고 있으며 책임무능력의 행위는 벌하지 않는다. → 책임능력

책임보험(責任保險) 〔英〕 liability insurance 〔獨〕 Haftpflichtversicherung 〔佛〕 assurance de responsabilité 피보험자가 제3자에 대하여 일정한 財産的 給與를 할 책임을 부담함으로써 입을 손해를 보상해 줄 것을 목적으로 하는 손해보험(商 719). 이것은 직접 피보험자에게 발생한 손해를 補償하는 것이 아니고, 피보험자의 책임에 들어갈 사고로 인하여 제3자에게 발생한 손해를 배상함으로써 입는 이른바 간접손해를 보상하는 것을 목적으로 하는 보험이다. 오늘날 사회구조가 복잡하여지고 각 방면에서 사업주 등에 無過失責任이 인정됨에 따라 그 중요도가 증가하고 있다. 또 보험사고로 인하여 피보험자가 입는 손해는 피보험자에게 속하는 구체적인 물건이 아니고, 피보험자의 전재산관계이므로 책임보험은 物件保險이 아니고 財産保險의 일종이다. 책임보험계약에 있어서의 피보험이익은 피보험자가 제3자에 대한 재산적 급여를 하는 책임을 지는 사실이 발생하지 아니하는 것에 대하여 가지는 경제적 이익이며 그 가액을 산정하기는 곤란하므로, 보험가액은 원칙으로 존재하지 않고 보험료를 산출하기 위하여 보험자의 보상책임의 최고한도인 保險金額은 정하여진다. 보험사고로서는 계약에 정한 사실로 인하여 피보험자가 제3자에게 賠償責任을 지는 것이다(719). 이 제3자에 대한 책임은 직접 법률의 규정에 기한 것이든 불법행위 또는 계약에 기한 것이든 불문하나 민사상의 책임에 한한다. 또 영업책임보험의 경우에는 피보험자의 대리인 또는 사업감독자의 제3자에 대한 책임도 이에 포함된다(721). 보험자는 피보험자가 제3자에 대하여 辨濟 · 承認 · 和解 또는 재판으로 인하여 확정된 채무(723)와 같이 피보험자가 보험사고로 인하여 부담하는 책임은 물론 ① 被保險者가 제3자의 청구를 방어하기 위하여 지출한 비용, ② 재판의 집행을 면하기 위한 부담의 담보의 제공 또는 供託費用을 보상하여야 한다(720). 이것은 일종의 손해방지비용에 속한다. 그러나 法定免責事由(659, 660)와 특약이 있는 경우에는 그 한도내에서 보상책임을 지지 않는다. 보험자와 제3자인 피해자와는 직접적인 관계가

없으나 상법은 피해자인 제3자의 권리를 보호하기 위하여 특별규정을 두고 있다. 즉 보험자는 피보험자가 책임을 질 사고로 인하여 생긴 손해에 대하여 제3자가 그 배상을 받기 전에는 보험금액의 전부 또는 일부를 피보험자에게 지급하지 못하며 또 보험자는 보험계약자에게 통지를 하거나 보험계약자의 請求가 있으면 제3자에게 보험금액의 전부 또는 일부를 직접 지급할 수 있다(724). 또 保管者의 責任保險의 경우에는 물건의 소유자는 보험자에 대하여 직접 그 손해의 보상을 청구할 수 있다(725).

책임설(責任說) 〔獨〕 Schuldtheorie 위법성의 의식은 고의의 요소가 아니라 고의와 독립된 책임요소라고 하는 설. 故意說에 대한다. 이 설에 의하면 위법성의 意識의 欠缺(즉 禁止(법률)의 錯誤)의 경우에 고의의 성립에는 영향이 없고, 다만 그것이 회피불가능한 때에는 책임이 조각되지만 회피가능한 때에는 책임이 감경될 수 있을 뿐이라고 한다. 그래서 違法性의 의식가능성이 있을 때에 고의의 책임을 진다는 의미에서 違法意識可能性說과 그 결론이 같게 된다. 참고로 故意說·責任說의 용어는 벨첼이 처음으로 사용하였다고 한다. →목적적 행위론, 위법성의 의식, 착오

책임(責任)**없는 채무**(債務) 〔獨〕 Schuld ohne Haftung →자연채무, 채무와 책임

책임연령(責任年齡) 刑事責任을 질 수 있는 연령. 형법은 획일적으로 14세를 책임연령으로 하고 있다. 즉 14세되지 아니한 자(→형사미성년자)는 책임무능력자로서 處罰되지 않는다(9). 그래서 이 14세를 절대적 책임연령이라고 한다. 그리고 少年法은 20세 미만자를 소년이라 하고(2 前), 책임능력있는 소년에 대하여도 필요하면, 刑罰 대신에 保護處分을 과하도록 한다. 그래서 이 20세를 상대적 책임연령이라고 한다.

책임(責任)**있는 사유**(事由) 귀책사유와 같다.

책임재산(責任財産) 특정한 청구에 대한 强制執行에 의하여 채권자에게 만족을 줄 수 있는 재산. 金錢執行에는 원칙으로 집행당시에 채무자에 속하는 모든 재산이 책임재산이지만, 不融通物이나 押留禁止財産은 제외된다. 有體物의 인도나 권리이전의 청구에 대한 강제집행에는 채무자의 점유물 또는 제3자에 대한 引渡請求權이 그것이다. 또 작위나 부작위를 목적으로 하는 청구의 집행에는 代替執行에 의한 비용 혹은 간접강제에 의한 배상을 推尋하는 관계로 금전집행과 같이 채무자의 모든 재산이 책임재산이 된다.

책임전질(責任轉質) →전질

책임정치(責任政治) 〔英〕 responsible government 넓은 뜻으로는 국가기관이 국민에 대하여 책임을 지는 정치. 國民主權의 당연한 歸結이다. 좁은 뜻으로는 내각책임제하에서 정부가 의회에 대하여 시정의 책임을 지고 그 존립이 의회 특히 하원의 신임에 의존하는 정치방법. →정당내각

책임조각사유(責任阻却事由) 〔獨〕 Schuldausschliessungsgrund 형법상 범죄의 성립요건의 하나인 責任(→형사책임)의 성립을 배제하는 사유. 넓은 뜻으로는 ① 責任無能力 ② 錯誤 ③ 期待可能性이 없는 것을 말하나 좁은 뜻으로는 ③에 한한다. 후자에는 현행형법상 강요된 행위(12), 과잉방위·피난·自救의 일부(21Ⅱ·Ⅲ, 22Ⅲ, 23Ⅱ)가 속한다. 緊急避難(22Ⅰ)을 책임조각사유로 볼 것인가에 대하여는 설이 갈라진다.

책임조건(責任條件) 〔獨〕 Zurechenbarkeit der Tat 책임(→형사책임)이 성립될 조건인 故意 및 過失. 고의를 원칙으로 하고 과실을 예외로 하고 있다(刑 13, 14). 고의·과실을 오로지 심리적 의미로 이해하는 설을 心理的 責任論이라 하고, 다시 규범적 의미까지도 인정하는 설을 規範的 責任論이라 한다. 책임조건은 이를 책임형식 또는 책임요소라고도 한다.

책임준비금(責任準備金) 〔獨〕 Deckungsfonds 保險會社가 부담한 보험계약상의 책임을 수행하기 위하여 적립하는 준비금. 人保險에서는 보험료적립금과 미경과보험료로 나누인다. 保險料積立金이라 함은 생명보험료를 보험료기간(1년)으로 분할하여 매년 평균한 이른바 평균보험료를 지급하는 결과, 후년일수록 사망률이 늘어감에 따라서 산출되는 이른바 自然保險料에 비하여 초년에는 필요 이상의 보험료를 지급하게 되므로 그 필요액을 넘는 부분은 후년도의 보험수익자를 위하여 이를 積立하여야 하는 금액을 가리킨다(保險 98). 소정사유로 인하여 보험금액의 지급을 요하지 아니하게 된 때에는 不當利得이 되므로 보험계약자에게 이를 반환하여야 한다(商 736). 損害保險은 보통 그 기간이 단기간에 또 위에 설명함과 같은 사정이 없으므로 보험료적립금 또는 그 반환에 관한 규정이 없고 다만 未經過保險料만으로 책임준비금이 된다. 보험계약의 종류에 따라서 보험료와 책임준비금산출방법서(保險 5Ⅲiv)에 의하여 계산하고 이를 따로 작성한 帳簿에 기재하여야 한다(98).

책임형법(責任刑法) 형벌의 量 및 質을 결정하는 경우에 행위에 대한 행위자의 책임의 정도를 기초로 하는 형법. 예컨대 고의와 과실에 대하여 보건대 故意는 책임성이 크기 때문에 형벌은 중하고, 過失은 책임성이 약하므로 형벌은 경하다. 행위에 대한 책임이 없으면 형벌은 피하지 못한다.

챠터 파티 〔英〕 charter party 傭船契約 또는 傭船契約書의 영어. 라틴어의 carta partita (분할된 증서)에 기원한다. 英法上 챠터 파티라고 할 때에는, 이 밖에 船舶賃貸借(→선박임차인)를 포함한다.

처(妻) 婚姻關係에 있는 여자. 혼인으로 인하여 妻의 신분을 얻으며 혼인의 무효·취소 또는 혼인의 해소(夫의 사망 또는 이혼)로 처의 신분을 잃는다. 보통 혼인신고를 하여 夫의 戶籍에 入籍된 법률상의 처만을 의미하며 사실혼상의 처는 특별한 경우 외에는 포함하지 않는다. 구민법은 처를 무능력자로 취급하였지만(舊民 14) 현행민법에서는 그러한 제도를 인정하지 않는다. →부

처단형(處斷刑) 法定刑에 법률상 및 재판상의 加重減輕이 가하여짐으로써(→가감례) 구체적인 처단의 범위가 획정된 형. 宣告刑은 처단형의 범위에서 量定되어 구체적으로 선고된다.

처벌규정(處罰規定)**의 위임**(委任) 위임명령의 한계에 관한 문제로서 처벌규정을 법규명령에 위임할 수 있는가에 관한 문제를 말한다. 이에 관하여 구체적으로는 處罰對象인 행위의 설정(構成要件)과 그 행위에 대한 처벌에 관한 규정으로 나누어 볼 수 있다. 우선 처벌대상인 행위의 설정에 관하여 母法이 처벌대상인 행위의 구체적 기준을 정하여 위임하는 것은 가능하다는 것이 일반적이다. 그리고 처벌에 관하여는 모법에서 처벌의 상한과 하한을 정하여 委任하는 경우가 가능하다고 한다.

처벌조건(處罰條件) →객관적 처벌조건

처 분(處分) →행정처분

처분관서(處分官署) 어떤 사항에 관하여 결정을 하여 이를 대외적으로 표시하였거나 할 수 있는 官署를 말한다(請願 2ⅱ).

처분명령(處分命令) 국가가 국민 또는 국가의 기관에 대하여 일정한 행위를 하여야 할 취지를 명령하거나 일정한 행위를 하는 것을 금지하는 처분. 指示處分과 같다.

처분상 일죄(處分上一罪) →과형상일죄

처분(處分)**의 변경**(變更) 일단 행한 행정행위의 내용을 변동시키는 행위. 행정행위의 성립상의 瑕疵로 인한 경우와 사후의 事情變更에 의한 경우가 있다. 처분청 또는 상급감독청에 의하여 행하여질 수 있다. 行政訴訟法 4조 1호는 …처분 등을 취소 또는 변경이라고 규정하고 있으나, 권력분립제와의 관련 아래 법원이 행정행위의 적극적 변경을 할 수 없으며, 一部取消라는 뜻에서의 변경을 할 수 있음에 그친다고 봄이 통설이다. 행정행위의 변경에는 설혹 瑕疵에 의한 경우라도 법적 생활의 안전을 도모한다는 의미에서 일정한 한계가 있다(行訴 28 참조). →행정소송

처분(**권**)**주의**(處分(權)主義) 〔獨〕 Parteibetrieb, Dispositionsprinzip [1] 민사소송법상 당사자가 스스로 소송의 해결을 도모하고 소송을 처분할 수 있는 주의. 예컨대 訴의 取下, 請求의 抛棄, 訴訟上 和解를 할 수 있는 것 및 소송상 자기에게 부여된 권리, 예를 들면 上訴權·責問權을 포기할 수 있는 것을 인정하는 주의. 넓은 의미에 있어서는 辯論主義의 내용을 이룬다. 우리 민사소송법은 이 주의를 원칙으로 하고 있다. 또한 이른바 당사자주의, 즉 訴訟은 당사자의 신청에 의하여 개시되고 법원은 심판의 신청과 다른 사항에 대해 판결할 수 없고, 신청한 범위 이상의 판결을 해서는 안되는(民訴 188) 주의도 처분권주의에 포함되는 것이 보통이다.

[2] 형사소송법에서는 국가의 刑罰權의 실현이라는 형사사법에 대한 국가의 이익이 중대하고 또 실체적 진실의 발견이라는 근본이념때문에 당사자주의에 근거를 두는 이러한 처분권주의는 원칙으로 인정되지 않는다. 특히 피고인의 처분, 예컨대 영미의 어레인먼트(起訴事實認否節次)는 인정되지 않는다. 다만 예외적으로 피고인의 이익으로 되는 처분이 인정되고 있을 뿐이다. 예컨대 공소의 취소(刑訴 255), 上訴의 抛棄·取下(349 이하) 등이다.

처분증권(處分證券) 〔獨〕 Verfügungspapier 證券에 기재된 물건에 관한 처분은 그 증권을 가지고 하지 않으면 안되는 유가증권. 화물상환증과 같이 그 증권의 교부에 物權的 效力을 인정하는 것(商 133)은 이 효력의 결과이고, 그 증권이 작성·발행된 때에는 운송물의 처분(讓渡·入質 등)에 있어서 그 증권으로써 하여야 한다(132). 이러한 효력을 가지는 처분증권은 이 이외에 倉庫證券(157)·船荷證券(820)이 있는데 이것은 物權的 有價證券의 反面이다. 그러나 처분증권이 존재하는 것은 그 물건의 처분권을 제한하고 있을 뿐인 것이므로 이에 위반하여 직접 물건을 처분한 경우에 그 처

ㅊ

분까지도 무효로 하는 것은 아니다. 판례는 물건의 善意取得과 증권의 인도에 의한 선의취득이 경합하는 경우 전자가 우선한다고 한다. 이것은 증권의 유통보호의 면에서는 불합리하나 물건 자체의 流通保護의 면이 보다 중시되어야 한다는 견해이다.

처분청경유주의(處分廳經由主義) 行政審判에 있어서 심판의 청구는 피청구인인 행정청, 즉 처분청 또는 不作爲廳을 거쳐서 제기하여야 하는 것을 말한다. 이러한 처분청경유주의를 취한 것은 처분청에게 반성과 시정의 기회를 부여함과 동시에 당해 審判請求에 대한 답변서를 신속히 작성할 수 있도록 함으로써 청구인의 편의를 도모하려는 것이다.

처분행위(處分行爲) 〔獨〕 Verfügungsgeschaft ① 管理行爲에 대립하는 관념. 재산의 현상 또는 그 성질을 변하게 하는 事實的 處分行爲(가옥을 破毁하는 것 등) 및 재산권의 변동을 일으키는 법률적 처분행위(가옥의 매각·주식의 入質 등)를 포함한다. 민법은 행위능력이나 권한을 정함에 있어서 종종 이 관념을 사용한다(6, 149, 177, 619 참조). ② 債務負擔行爲(Verpflichtungsakt)에 대립되는 관념으로 사용될 때에는 재산적 가치를 이전할 채무를 발생시킬 뿐인 행위(채무부담행위)에 대하여 직접 이것을 이전하는 효과를 발생시키는 행위를 말한다. 예컨대, 가옥의 매매에 있어서 家屋移轉債務·代金支給債務를 발생시키는 賣買契約은 전자이고, 가옥소유권의 이전, 금전소유권의 이전을 하는 행위는 후자이다. 物權行爲에 유사한 관념이라 할 수 있다.

ㅊ

처 소(處所) 어음·수표의 遡求義務者의 명칭에 부가한 장소. 소구의무자에 대하여는 소구의 통지를 해야하며 이를 태만히 하면 損害賠償責任을 발생케 하나, 처소의 기재가 없거나 그 기재를 판독하기 곤란한 자에 대해서는 통지가 필요하지 않다(어음 45Ⅲ, 手票 41Ⅲ).

처(妻)의 가사대리권(家事代理權) →가사채무

처 족(妻族) 夫편에서 보아 妻편의 친족을 가리키는 말. 인척의 일종이며 夫族에 대한 말.

척관법(尺貫法) 예전부터 우리나라에서 쓰여내려온 度量衡의 체계. 度는 尺(地籍에 관하여는 步 또는 坪), 양은 되(升), 衡은 貫을 기본으로 한다. 척관법은 도량형을 작성기준으로 채택한 계량법(현재의 計量 및 測定에 관한 법률)의 제정으로 폐지되었다.

척재관(隻在官) 隻은 相對方, 즉 소송상 告者, 즉 元告(原告)에 대한 피고를 隻이라 한다. 원·피고는 필요적인 對偶이므로 척이라 한 것이다. 隻이 피고의 의미를 가진 단어이므로 피고를 元隻 또는 原隻이라 하고, 一隻이라 하면 피고를 말하는 경우와 原被告의 어느 일방을 의미하는 경우가 있다. 척재관은 피고가 거주하는 官府, 즉 訴訟을 심리할 수 있는 法司, 즉 옛날에 있어서의 군현의 지방관아를 지적한 것이다. 經國大典 刑典 聽理條에 凡訟一隻在方則就訟於隻在官京法司勿爲推提이라 하여 민사적 소송은 피고소재의 지방관부에서 심리할 것을 규정하여, 현대 민사소송의 대원칙인 피고재판적 소재법원의 管轄主義와 비슷한 소송관할의 원칙이 확립되어 있었던 것이다.

척 제(滌除) 〔佛〕 purge des hypotheques 舊民法上 저당부동산의 소유권 또는 지상권·영소작권을 취득한 제3자가 저당권자에게 일정한 금액(그 부동산의 평가액)을 지급하거나 供託하고, 그 抵當權을 소멸시키는 제도(舊民 378~386)로서 제3 취득자를 보호하는 제도이나 저당권자가 그 금액으로 만족하지 않을 때에는 增加競賣를 하지 않으면 안되기 때문에 저당권자로서는 몹시 불이익하다는 점에 비추어 1955년의 개정 民法은 이 제도를 폐지하였다.

천부인권설(天賦人權說) 〔英〕 theory of natural rights 18세기 自然法思想의 기초이론. 이 사상의 대표자는 로크이다. 이에 의하면 인간은 나면서부터 불가침·불가양의 자유와 평등의 권리를 가지고 있다. 따라서 현실의 사회생활에 있어서의 국가적 지배는 개인의 이러한 權利에 의한 지배계약에 의하지 않으면 안된다. 따라서 지배자가 이 계약에 위반하여 개인의 自由를 侵害할 때에는 개인은 여기에 대하여 대항할 권리가 있다는 것이다. 로크의 이러한 사상은 영국의 市民革命에 큰 영향을 끼쳤고, 따라서 오늘에 있어서는 자유권적 기본권의 정신적 기초로 기능하고 있다.

천성계약(踐成契約) 요물계약과 같다.

천연과실(天然果實) 〔羅〕 fructus naturales 〔獨〕 natürliche Früchte 〔佛〕 fruits naturels →과실, 원물

천연기념물(天然紀念物) 우리나라의 역사상·학술상 또는 觀賞上 價値가 큰 동물·식물·광물 중에서 문화관광부장관이 문화재위원회의 심의를 거쳐 지정한 것(文化財 6). →기념물, 문화재

철 도(鐵道) 鐵의 軌道를 부설하고, 그 위

에 차량을 운전하여, 여객과 화물을 운송하는 설비(鐵道法 2). 국영철도 · 사설철도(공영철도 · 사영철도)와 전용철도가 있고, 그 외에 索道 · 軌道事業法에 의한 궤도가 있다. 전용철도 이외의 것은 일반공중의 用에 供하여지는 것으로서 公企業의 성질을 가지며 국가가 직영하거나 국가로부터 特許를 받은 자만이 경영할 수 있다. 전용철도는 일정한 경우에 한하여 공적 성질을 가지며 일정한 법적 취급을 받는다.

철도용지(鐵道用地) 철도노선에 인접한 일정한 거리내의 지역. 철도용지내에서는 철도직원의 승낙없이 통행하거나 출입할 수 없다(鐵道法 78).

철 회(撤回) 〔英〕 revocation 〔獨〕 Widerruf 아직 종국적인 法律效果가 발생하지 않은 의사표시를 그대로 저지하여 종래 효과가 발생하지 않게 하거나 일단 발생한 意思表示의 效力을 장래적으로 소멸시키는 표의자의 일방적 의사표시. 철회는 取消와 흡사하나, 취소처럼 일정한 원인에 따라서 의사표시의 효과를 遡及的으로 없애버리는 것이 아니라, 다만 장래에 향하여서만 그 효과를 잃게 한다는 점에서 양자는 근본적으로 다르다.

[1] 民法에서는 의미상 撤回에 해당하는 것을 取消라고 부르기도 한다. 예컨대 法定代理人은 미성년자에게 준 영업의 허락을 취소할 수 있다고 규정하고 있는데(民 8Ⅱ) 이 경우 許諾의 效力은 일단 발생하였지만 장래에 향하여 허락의 효력을 저지시킨다는 의미로서 許諾의 撤回이다. 철회는 일방적 의사표시에 의하여 효력이 발생하는 形成權의 행사이므로 의사표시에 의하여 당사자간에 권리의무가 발생한 후에는 이미 철회는 허용되지 않는다(예: 382Ⅱ, 527, 543Ⅱ). 그러나 다만 그 의사표시가 그것만으로써는 권리의무를 생기게 하지 못할 때에는 그것에 기하여 법률행위가 행하여질 때까지는 철회할 수 있다. 예컨대, 법정대리인의 미성년자에게 준 동의와 허락의 취소(7), 무능력자의 상대방의 철회권(16), 無權代理行爲의 상대방의 철회권(134), 유언의 철회(1108, 1110) 등. 계약의 청약도 이와 비슷하지만, 상대방의 지위를 보호하기 위하여 일정한 제한이 가하여진다(527, 529, 679). 그리고 철회가 허용되지 않는 경우에도 그 의사표시에 관하여 取消原因이 있을 때에는 취소할 수 있다(1024Ⅱ 참조).

[2] 公法上으로는 瑕疵없이 완전유효하게 성립한 行政行爲에 대하여 사후에 발생한 새로운 사유에 기하여 그 효력을 장래에 향하여 소멸시키는 별개의 행정행위를 말한다. 行政行爲의 廢止라고도 한다. 행정은 항상 공익에 적합하여야 하므로, 행정행위가 공익에 적합하게 행하여진 후에도 새로운 사정의 발생으로(예컨대 事情變更의 原則) 그것이 공익에 적합하지 않게 될 때에는 그 행위의 철회는 원칙적으로 가능한 것이다. 최근에 와서는 利益衡量의 原則에 따라 侵益的 處分의 경우에는 철회가 자유로우나 授益的 處分의 경우에는 철회가 엄격히 제한된다. → 취소

철회권(撤回權)**의 유보**(留保) 〔獨〕 Widerrufsvorbehalt 行政行爲의 주된 意思表示에 부가하여 특정한 경우에 행정행위를 철회할 수 있는 권한을 유보하는 행정권의 의사표시. 행정행위의 附款의 하나. 取消權의 留保라고도 한다. 철회권의 유보에는 철회사유를 한정하여 행할 때도 있고 그러한 한정없이 행할 때도 있는데 후자의 경우에는 상대방에게 책임이 있는 경우를 제외하고는 條理上 일정한 한계가 있는 것으로 그 한계를 넘어 기득의 권리 · 이익을 침해하면 위법이 된다는 것이 통설이다. → 부관

첨가적 채무인수(添加的債務引受) 〔獨〕 kumulative Schuldübernahme → 채무의 인수

첨 부(添附) 〔羅〕 accessio 〔英〕 accretion 〔獨〕 Akzession 〔佛〕 accession [1] 민법상은 附合 · 混和 · 加工의 3자를 합하여 보통으로 첨부라고 한다. 첨부는 소유권의 原始取得의 원인이다. 첨부가 소유권취득의 원인으로 되는 근거는 소유자를 달리하는 수개의 물건이 결합하여 사회경제상 1개의 물건으로 보이게 되거나 또는 소유자 이외의 자에 의하여 가공되어서 새로운 물건이 생긴 때에는 이것을 원상으로 돌리는 것은 비록 불가능은 아니더라도 사회경제상의 입장에서 보아 심히 불이익한 일이므로 어느 한편의 소유에 귀속시키려는데 있다. 소유권은 원칙으로는 큰 가치를 제공한 자가 새로운 물건의 所有權을 원시적으로 차지하며 손실을 받은 상대방은 不當利得의 求償을 하게 된다(民 256~261).

[2] 국제법상 국가가 沿岸의 토지확장 또는 그 領水內에 있는 토지의 발생으로 인하여 領土를 취득하는 것. 이는 국가가 연안의 토지축소 또는 영수내에 있는 토지의 소멸로 인하여 영토를 상실하는 소멸과 대조되는 관념이다. 자연적으로 행하여지는 경우가 많으며, 인공적으로 행하여지는 경우도 없는 것은 아니다. 단, 최근의 人工島에 관한 국제적 지위는 금후의 발달에 의존된다. 첨부가 행하여지는 경우에는 領海의 범위를 측정하는 基線이 변경된다. 국제하천연안의 토지의 확장 또는 국경하천내에 있는 토지의 발생으로 인하여 첨부가 행하여지는 경우에도

경계선이 변경되는 수가 있다. 이러한 경우에는 첨부로 인하여 영토가 증가될 뿐만 아니라 이에 따라 영역 전체도 증가된다. 기타의 여러 경우에는 첨부로 인하여 영토가 증가되는 동시에 그만큼 領水가 감소되므로 영역 전체는 증가되는 것이 아니다. → 인공도

첩(妾) 法律上의 妻 또는 사실상의 처가 아니라 주로 帶妻의 남성으로부터 경제상의 원조를 받고 이와 性的 結合關係를 계속하는 여자. 성적 결합이 계속적이고 상대방의 개성이 중요시되는 점에서 妾關係는 단순한 私通野合과는 다르다. 첩은 別家, 小室, 小家, 側室 등으로도 불리운다. ① 역사적으로 보아서 율령법상 첩도 배우자이며 그 수에는 제한이 없었고, 그 지위는 처의 지위에 준한 것이었다. 설문에 妾不聘이라 하고, 禮記 內則篇에 聘則爲妻奔則爲妾, 左氏傳에는 妻爲正適 妾爲副貳라고 하고 있는 것과 같이, 처는 혼례를 통하여 찾은 것이지만 첩관계에는 형식이 필요 없고 첩관계의 체결이나 해소는 사실상 합의로 충분하였던 것이다. 그러나 율령법은 첩을 夫의 친족으로 하고 夫의 유산상속의 권한을 부여하였고 처와 같이 간통죄의 성립을 인정하였다. 첩자녀는 嫡子女에 비하여 상속분에 있어 일정률을 減給하였으며 첩자녀 중에는 良妾子女 賤妾子女의 구별이 있었다. 經國大典 禮典 奉祀條에는 若嫡長子 無後則衆子, 衆子無後則妾子奉祀라 하여 妾子에게 祖上奉祀의 권한을 주었고 經國大典 刑典私賤條에는 父母奴婢承重子加五分之一 衆子平分, 良妾子女七分之一, 賤妾子女十分之一이라 하여 감축된 상속분도 받을 수 있었던 것이다. 조선말기의 형법대전도 첩관계를 공인하고 그 64조 7호에서 妻二等, 妾四等을 규정하고 있으며, 일제초기에도 첩관계가 공인되어 호적에 妾과 庶子가 등재되었음은 물론 재산상속에도 소정의 관습에 의한 권리를 보유하고 있었다. 이와 같이 이 무렵에도 종전의 관습에 따라 妾이 공인되었으나 1915년 8월 7일 通牒 제24호로 妾의 入籍을 금지함으로써 법률상 一夫一妻制가 비로소 성립되었다. 그리고 1943년 조선고등법원은 蓄妾은 특별한 사정이 없는 한 本妻에 대한 중대한 모욕이 된다고 판시함으로써 비로소 원칙적으로 蓄妾이 재판상의 이혼원인이 된다고 선언하였는데, 이것은 첩제도에 대한 역사적인 전기를 이룬 것이라고 할 수 있다. ② 그러나 오늘날에 있어서도, 사실상의 첩은 아직도 우리 사회에는 엄연히 존재하고 있는 바, 민법상으로는 첩에 대하여 아무런 법적 지위도 인정되어 있지 않으며 본래 첩의 출생자를 庶子(첩의 자손은 庶孼)라고 하고 있었던 명칭도 없애 버렸다. 현행법상 첩에 관해서 생길 수 있는 법률관계로서는 다음과 같은 것을 들 수 있다. ㉠ 夫의 蓄妾은 부정한 행위로서 재판상의 이혼원인이 된다(民 840 i). ㉡ 첩의 子는 첩이 배우자로서의 지위를 가지지 않는 결과, 혼인외의 출생자로서 일반의 혼인외의 출생자(私生子)와 같은 취급을 받는다. 그러나 첩관계의 존재는 認知의 訴에 있어서 부자관계의 입증을 매우 용이하게 한다. ㉢ 이른바 妾契約은 선량한 풍속 기타 사회질서에 반하는 것으로서 무효이다. 하기야 그 계약에 부수하는 생활비, 子의 養育費의 공여약속이나 關係斷絶金의 약속 따위는 그 한도에서 유효하다는 유력한 견해가 있다.

첩 정(牒呈) 公文書의 일종. 正字通에 牒. 官府公務曰牒이라 하여 牒字에 官文書의 의미가 있고, 呈은 하부에서 상부에 올리는 것을 말하므로 牒呈은 하부관청에서 상부관청에 보고하는 문서를 말한다. 특히 지방관청에서 중앙관청에서 보고하는 공문서가 첩정이다. 經國大典 禮典에 牒呈式과 解由牒呈式이 규정되어 있다.

청공법(靑空法) 〔英〕 Blue Sky Law 미국의 州가 州내의 有價證券의 판매를 단속하고 投資者를 보호하기 위하여 제정한 법률. 아득히 넓은 하늘과 같이 아무런 근거없이 투기적 기도하에 발행되는 증권의 모집·판매를 금할 목적으로 제정되었으므로 이 명칭이 생겼다. 1911년에 캔사스(Kansas)주가 제정한 有價證券法을 효시로 하여 1933년의 聯邦有價證券法이 제정되기까지에, 네바다(Nevada)주를 제외한 47주와 하와이(Hawaii)가 유가증권법을 제정함에 이르렀다. 단 델러웨어(Delaware)주는 1931년에 제정하였다가 1953년에 폐지하였다. 현존하는 47주의 유가증권법의 대부분은 다음의 3사항의 전부 또는 일부를 그 내용으로 한다. ① 유가증권의 판매업무에 종사하는 자의 등록. 이것은 브로커(broker)·딜러(dealer)·에이전트(agent)·투자고문의 등록을 규정하고 法定缺格者 및 不正行爲者를 배제하며 등록한 자의 활동을 감시하고, 결격자로 된 자 및 不正行爲를 한 자의 등록을 취소하는 제도. ② 유가증권의 등록. 증권의 성질에 의하여 등록이 면제되어 있는 유가증권의 판매 및 특히 면제되어 있는 거래에 의한 유가증권의 판매를 제외하고 발행회사 또는 등록 딜러가 유가증권을 등록한 후가 아니면 주내에서 판매함을 금지하는 제도. ③ 詐欺的 또는 사기의 우려있는 유가증권의 거래에 관한 증인의 喚問·장부의 검사 등의 조사를 하게 하고 법원에 인정크션을 구하고 사기행위자를 起訴하는 권한을 부여하는 제도. 1933년에는 州外에서 州內로 투자하는 사기적 유가증권의 판매자 및 거래를 방지하기 위하여 연방법이 제정되었고 1954

년에는 내용이 상이하여 불편이 많은 각주의 법을 통일하고자 민간에 통일화운동이 일어나, 이미 통일 유가증권법안이 발표되었다. 1933년의 聯邦有價證券法(Securities Act)과 1934년의 聯邦證券去來法(Exchange Act)은 우리나라 證券去來法의 제정에 있어서 母法이 되었다.

청 구(請求) 〔獨〕 Anspruch 〔佛〕 prétention 상대방에게 일정한 행위를 요구하는 것. 그 성질은 意思의 通知이다. 청구를 내용으로 하는 권리를 請求權이라 한다.

[1] 민법상에서는 이행의 청구(예: 416), 손해배상의 청구(예: 390) 등 일정한 私法上의 行爲를 요구하는 것에 한정하는 것이 원칙이겠으나, 소멸의 청구(287, 324Ⅲ), 대금감액의 청구(572Ⅰ), 地料增減의 請求(286), 차임감액의 청구(627), 차임증감의 청구(628), 차임인의 買受請求(643, 646), 轉借人의 매수청구(644Ⅱ) 등 形成權의 행사이며 상대방의 행위를 요구하는 것이 아닌 것에도 사용되고 있다.

[2] 민사소송법상 원고가 訴로써 그 當否에 관하여 법원의 심판을 구하는 피고와의 관계에 있어서의 일정한 법률적 주장. 청구라는 말은 私法上의 청구에 유래한 것인데, 타인에게 이행을 요구하지 않는 確認의 訴나 形成의 訴가 나타나기에 이르러, 다른 의미를 갖게 되었다. 예를 들면 원고가 피고에 대한 자기의 채무의 不存在를 주장하는 소극적 확인의 訴에서는 그 주장, 離婚의 訴에서는 일정한 이혼원인의 주장이 청구가 된다. 청구는 법률적으로 그 당부를 판단할 수 있는 일정한 권리 또는 법률관계의 주장이어야 한다는 것이 원칙이다. 사실의 존부는 證書眞否確認의 訴(民訴 228), 사실상 혼인관계존부확인청구(家訴 2Ⅰ나류ⅰ)에 있어서 예외적으로 허용된다. 청구의 내용인 권리관계를 소송물 또는 소송의 목적이라고 한다. 원고는 그 청구를 청구의 취지 및 청구의 원인에 의하여 특정하여야 하며(民訴 227Ⅰ), 법원은 원칙적으로 그 당부에 관하여서만 판단하여야 한다(188). 청구의 당부, 즉 청구의 인용 또는 기각을 주문으로 하는 판결이 본안판결이며, 그 旣判力은 소송물인 권리관계의 존부에 관하여 발생하는 것이 원칙이다(202Ⅰ). 청구의 단일성 및 청구의 동일성을 결정하는 기준에 관하여 청구의 내용인 實體法上의 權利(請求權·形成權)의 단일성·동일성에서 구하는 舊訴訟物論과 그 밖의 어떠한 것에서 구하는 新訴訟物論이 대립되어 있다. 양설의 주요한 대립점은 동일한 목적을 가진 수개의 실체법상의 청구권 또는 형성원인(형성권)이 경합되었을 때, 구소송물론에서는 청구권 또는 형성권의 수만큼의 청구를 인정함에 대하여 新訴訟物論은 이러한 권리를 모두 포함한 단일, 1개의 청구라고 보는 점에 있다.

청구권(請求權) 〔獨〕 Anspruch 私權의 作用에 의한 분류의 일종으로, 타인의 행위(作爲 또는 不作爲)를 요구하는 것을 작용으로 하는 사권. 支配權과 달라, 권리의 목적인 이익을 享受하기 위하여 타인의 행위를 필요로 하는 것을 특색으로 한다. 채권이 그 주요한 것이지만 物權的 請求權도 이에 속한다. 재산권뿐만 아니라, 신분권 중에도 청구권에 속하는 것이 있다. 혼인외의 출생자의 認知請求權(民 863) 부부상호간의 同居請求權(826) 등이 그 예이다.

청구권(請求權)**의 경합**(競合) 〔獨〕 Anspruchskonkurrenz 하나의 사실에 의해서 경제적 목적을 같이 하는 2개 이상의 청구권이 동시에 존재함을 말한다. 連帶債務·保證債務·使用者와 監督者의 賠償責任(民 755, 756) 등도 그 하나의 예이다. 그러나 이 관념이 특히 문제가 되는 것은 동일한 당사자간에서 동일한 생활사실이 다수의 청구권을 일으키는 요건을 갖추는 경우이다. 예컨대 賃借人이 賃借物을 故意 또는 過失로 인하여 멸실한 경우에 그 행위가 채무불이행과 불법행위의 양쪽의 요건을 갖출 때에는 각각의 것을 원인으로 하여 두 가지의 손해배상청구권이 발생한다고 볼 것인가(경합을 인정하는 견해=請求權競合說), 당사자의 관계 또는 행위의 모습 등에 의해서 판단하여 어느 한 쪽만이 발생한다고 볼 것인가(경합을 인정하지 않는 견해=法條競合說에 의해서 대표된다)가 독일보통법 이래로 다투어져 왔다. 종래의 다수설(판례도 또한 같다)은 請求權競合說을 취하고 있으나, 근래에 이르러 청구권의 경합을 인정하지 않는 견해가 소수이기는 하지만 유력하게 주장되고 있다(프랑스에서는 이 설이 오히려 유력). 청구권경합설에 의할지라도 하나의 청구권이 실현되면, 다른 청구권은 그 존재의의를 상실하여 소멸하는 것은 물론이지만, 경합하는 다수의 청구권의 하나에 관하여 법률이 그 책임조건을 경감하고 있는 경우(예: 失火責任에 관한 法律, 商 136) 등에는 다른 청구권을 어떻게 취급할 것이냐가 문제된다(→실화). 그리고 청구권의 경합은 債務不履行과 不法行爲에 관해서 뿐만 아니라, 부당이득반환청구권·물권적 청구권 등에 관해서도 문제로 된다. 예컨대 도난의 경우에는 소유자의 소유물반환청구권(占有物返還請求도 할 수 있음은 물론)·부당이득반환청구권·불법행위에 기한 손해배상청구권 등이 경합한다.

청구권적 기본권(請求權的基本權) 主觀的 公權의 일종으로 청구권적 기본권을 국민이 적극적으로 국가에 대하여 특정한 행위를 요구한다든가 국가의 보호를 요청한다든가 하는 것을 말한다. 청구권적 기본권은 학자에 따라서는 수익권, 권리보호청구권, 구제권적 기본권, 권리를 보장하기 위한 인권 등으로 불려지고 있으나, 이는 엘리네크(Jellinek)가 말한 국민의 적극적인 지위에서 나오는 受益權을 생존권적 기본권과 청구권적 기본권으로 나누어 후자의 국가에 대한 積極的 請求權만을 말하는 것이다. 청구권적 기본권이라는 용어는 국가에 대한 적극적인 청구권이란 의미이다. 또한 청구권적 기본권은 국가에 대하여 특정한 행위를 요구한다든가 국가의 보호를 요청한다든가 하는 積極的 公權이다. 청구권적 기본권은 국가내적인 권리이기 때문에 헌법에 의하여 권리가 형성되고 법률에 의하여 구체화되는 것이다. 이 점에서 헌법은 청구권적 기본권을 實定權으로서 보장한 것이며 이는 모든 국가권력을 구속한다. 우리 헌법에서는 청구권적 기본권에 관해 명문으로 청원권(憲 26), 재판을 받을 권리(27), 형사보상청구권(28), 국가에 대한 손해배상청구권(29), 범죄피해구조청구권(30), 헌법소원권(111 Ⅰ v)을 규정하고 있다. 이 밖에도 자유권적 기본권의 보장을 위하여 拘束適否審査請求權·재산상 손실보상청구권 등이 보장되고 있다.

청구권자금(請求權資金) 대한민국과 일본국간의 재산 및 청구권에 관한 문제의 해결과 경제협력에 관한 협정 1조 1항의 규정에 의하여 일본국으로부터 받은 無償資金·借款資金 및 원貨資金을 말한다(舊請求權資金의 運用 및 管理에 관한 法律 2 Ⅲ). 이 청구권자금은 대한민국정부와 대한민국국민 외에는 이를 사용할 수 없고(3) 정부는 청구권자금의 운용·관리에 관한 중요사항을 심의·의결하기 위하여 국무총리소속하에 請求權資金管理委員會를 두게 되어 있었다(7).

청구보석(請求保釋) → 보석

청구(請求)의 기초(基礎) 訴의 변경이 허용되기 위해서는, 청구의 기초에 변경이 없을 것이 요구되지만(民訴 235 Ⅰ 本) 청구의 기초의 개념에 대해서는 議論이 구구하다. 즉, 사건의 동일인식을 표시하는 基本的 事實이라는 설, 청구의 원인을 이루는 사실을 포함하는 구체적인 社會現象이라는 설, 청구의 실질적 목적인 그 소에 의하여 원고가 추구하려는 經濟的 利益이라는 설, 청구를 법률적 주장으로 구성하기 전의 사실적인 利益紛爭 자체라는 설 등이다. 그러나 그 어느 설도 소의 실질적인 목적을 달성하기 위해, 소의 변경을 허용하는 합리적 한계를 추상적으로 나타내는 관념으로서, 그 동일성의 판단은 개개의 경우에 상대적·구체적으로 할 수밖에 없다. 판례도 통일적인 정의를 명백히 정하지 못하고, 개개의 구체적인 사건에 대해 청구의 기초의 변경의 유무를 판단함에 그치고 있다. 다른 원인에 기해 同一物의 인도나 동일내용의 형성을 목적으로 하는 경우 어음청구를 그 원인인 대금청구로 변경하는 경우 原本請求와 利子請求 등은 청구의 기초에 변경이 없는 예로서 들 수 있다(新訴訟物論에 의하면 위의 說例 등은 청구 자체가 동일한 것이라 한다). → 소의 변경

청구(請求)의 동일성(同一性) 請求(소송상의)는 訴의 본질적 내용인 원고의 權利主張인데, 이것이 특정되어 비로소 全訴訟의 주제가 정하여진다. 당해 소송에서의 청구는 어떠한 것인가, 그것이 1개인가 수개인가 동일한가 별개인가 등은 관할, 訴의 변경, 청구의 병합의 유무나 2중(중복) 소송금지, 訴의 取下에 의한 再訴의 금지, 기판력의 객관적 범위 따위의 문제를 판정함에 특히 중요하다. 이러한 의미의 청구의 동일성은 訴狀의 記載要件인 청구의 취지와 청구의 원인에 의하여 정하여진다. 그러나 신소송물론에서는 청구의 동일성은 주로 請求의 취지만에 의하여 정하여진다고 한다.

청구(請求)의 변경(變更) 〔獨〕 Anspruchsänderung 소의 변경과 같다.

청구(請求)의 병합(倂合) 〔獨〕 Anspruchshäufung, objektive Klagenhäufung 민사소송법상 동일한 소송절차에서 심판되어야 할 請求가 여러 개 존재하는 상태. 訴의 客觀的 倂合이라 한다. 청구의 병합은 ① 원고가 최초부터 1개의 訴로써 여러 개의 청구를 하였을 때(병합의 전형적 형태이다), ② 原告가 소송중에 訴의 변경에 의하여 신청구를 추가하였을 때, ③ 被告가 反訴를 제기하였을 때, ④ 법원이 여러 개의 청구의 변론의 병합을 명하였을 때와 같은 경우에 발생한다. 병합되는 각 청구는 동종의 소송절차에 의할 수 있는 것이면 되고(民訴 230) 그 사이에 관련성이 있을 것으로 필요로 하지 않는다. 특히 專屬管轄의 규정이 있는 경우를 제외하고는 병합되는 청구의 하나에 대해 관할권 있는 법원에 병합청구의 裁判籍이 인정된다(22, 28). 事物管轄은 소송물의 가액을 합산하여 정한다(24). 병합의 형태에는 ① 각 청구에 관하여 각각 심판을 구하는 것(單純倂合, 竝位的 倂合), ② 여러 개의 청구의 하나가 인용되면 다른 청구에 관하여는 심판을 구하지 않는 것(選擇的 倂合. 다만 新訴訟物

論에서는 이와 같은 병합의 모습을 인정하지 않는다), ③ 제1위의 請求가 認容되면, 次位의 請求에 관하여는 심판을 구하지 않는 것(豫備的 倂合)이 있다. 청구의 병합이 적법하면 각 청구의 변론 및 증거조사는 동일기일에 공통적으로 행한다. 법원은 병합심리가 오히려 부적당하다고 인정할 때에는 변론의 분리를 명할 수 있다(131). 終局判決도 동시에 1개의 전부판결로써 하는 것이 원칙이나, 그 중 한 청구에 대하여 심리가 끝나면 일부판결을 할 수 있다(185). 그러나 선택적 병합이나 예비적 병합의 경우에는 반드시 全部判決을 하여야 한다.

청구(請求)**의 원인**(原因) 〔獨〕 Klagegrund 민사소송법상 원고가 청구를 특정하기 위하여 訴狀에 기재하는 사실관계. 청구의 취지만으로는 반드시 청구가 특정되는 것이 아니므로(確認의 訴에서는 별문제이나 履行의 訴나 形成의 訴에서는 청구의 취지만으로써는 어떠한 청구권에 의하는가 또는 어떠한 形成原因에 기하는 것인가 확정되지 않는다) 이것을 보조하기 위해서는 청구의 원인이 필요하다(民訴 227). 청구는 일정한 권리 또는 법률관계의 주장으로서 이를 특정하려면 물권·친족관계·상속권과 같은 排他的 權利關係에서는 주체 및 내용을 표시하면 족하나, 청구권이나 형성권에 관하여는 그 발생원인도 구체적으로 표시할 필요가 있다. 예를 들면 동일물의 引渡請求도 소유권·점유권 또는 賣買 기타의 계약에 의하는가에 의하여 각각 별개의 청구로 된다. 청구의 원인인 사실은 청구를 특정식별하는 표준으로서 청구의 병합 또는 변경의 유무(230, 235), 소송사건의 동일성(234, 240), 기판력의 객관적 범위(202Ⅰ) 등을 판정하는데 중요하다. 그러나 청구를 실체법상의 청구권마다 分斷하지 않는 이른바 新訴訟物論에 의하면 대체로 청구의 취지에서 급부의 내용을 특정하면 동시에 청구도 특정되기 때문에, 청구의 원인의 필요성은 매우 적게 된다. 단지 금전이나 대체물의 이행청구에 있어서는 동액의 금전의 이행을 주장하는 경우에도 별개의 청구로 될 경우가 있기 때문에(예를 들면 작년 貸與한 금전의 반환청구와 금년에 대여한 매매대금의 지급청구), 청구를 식별 특정하기 위해 청구원인의 기재가 필요하다 한다. 그리고 청구의 원인이라는 말은 原因判決(186 後)을 하는 경우의 금액을 도외시한 請求權 자체를 가리키는 것으로 쓰이기도 하고, 또 피고의 抗辯事實과 대응하는 의미에서 원고가 주장·입증할 책임을 지는 사항을 의미하는 경우도 있다.

청구(請求)**의 인낙**(認諾) 〔獨〕 Klag(e)-anerkenntnis 민사소송법상 피고가 소송상 원고의 청구로서의 권리주장을 전면적으로 긍정하는 진술. 원고의 請求의 抛棄에 대한 말이다. 認諾은 원고의 청구 그 자체를 긍정하는 진술이라는 점에서 자기에 불이익한 사실을 긍정하는 진술인 자백과 구별된다. 인낙은 그 소송의 변론 또는 준비절차에서의 진술이어야 하며 재판 외에서 진술하는 것은 직접 소송법상의 효력이 없다. 청구를 직접 무조건으로 인정하는 진술이면 족하고 이 진술을 하는 피고의 의사여하는 아무 상관이 없다. 명백히 이유없는 청구라도 인낙이 가능하다. 왜냐하면 피고가 인낙한 이상, 원고는 그 청구에 이유를 붙일 필요가 없기 때문이다. 그러나 원고의 청구 그 자체가 법률상 존재할 수 없는 것일 때(예: 법률이 인정치 않는 물권이나 신분관계의 주장)는 별문제이다. 그리고 職權調査主義에 의하여 심리되는 家事訴訟에서는 인낙을 하여도 효력이 발생하지 않는다(家訴 17). 인낙이 있으면 법원이 내려야 할 청구의 當否에 관한 판단 그 자체는 필요하지 않고, 따라서 認諾의 진술을 기재한 조서는 確定判決과 동일한 효력을 갖는다(民訴 206). 따라서 원고의 청구대로의 피고패소판결이 있었던 것과 같으며 소송은 종료되고 조서는 청구에 관하여 旣判力이 생길 뿐 아니라, 이행청구이면 認諾調書는 집행력이 생기고 원고는 이에 의하여 강제집행을 할 수 있다(520). 조서가 성립한 뒤에는 認諾의 무효를 주장할 수 없다. 또한 확정판결에 대한 재심사유에 해당하는 사유가 있을 때에 한하여 재심의 소에 준하여 독립의 소에 의해 조서의 취소와 종결된 사건의 재심판을 구할 수 있다(431)(→준재심).

청구(請求)**의 취지**(趣旨) 〔獨〕 Klagantrag 민사소송법상 청구의 원인에 의하여 결정되는 訴訟物인 권리 또는 법률관계 중 어떠한 범위 또는 형태의 판결을 구하는가를 명백히 표시하는 訴의 결론에 해당하는 부분. 청구의 원인과 같이 訴狀의 必要的 記載事項이 된다(227Ⅰ). 원고의 청구를 인용하는 판결의 주문에 대응하는 것이 통례이다. 예를 들면 履行의 訴에서는 피고는 원고에 대하여 금 몇만원을 지급하라라는 판결을 구한다든가 確認의 訴에서는 어떠한 물건은 원고의 소유임을 확인한다라는 판결을 확인한다라는 판결을 구한다든지, 形成의 訴에서는 원고와 피고와를 이혼한다라는 판결을 구한다와 같은 형식으로 표현된다. 청구의 취지는 원고의 청구의 내용(소송물)이나 범위를 특정시킴에 있어서 중심적인 역할을 하지만, 청구의 취지만으로 특정할 수 없을 때에는 청구의 원인의 도움을 받아야 한다. 어떠한 경우에 청구의 원인의 도움을 받을 필요가 있는가에 대해서는 請

求의 原因, 청구를 보라.

청구(請求)**의 포기**(抛棄) 〔獨〕 Klagverzicht 민사소송법상 원고가 그 청구, 즉 訴訟物인 權利主張을 전면적으로 부정하는 진술. 그 소송의 변론 또는 준비절차 중에서 진술하여야 한다. 재판 외에서의 진술은 그것이 권리의 포기, 채무의 면제로 인정되는 경우는 있을지라도 소송법상의 효과가 발생하는 것은 아니다. 법원에 대한 진술이므로 피고가 불출석한 경우에도 할 수 있다. 소송물 자체에 대한 진술이어야 하므로, 그 판단의 전제가 되는 사실이나, 법률효과에 관하여 하는 불리한 진술은 裁判上의 自白이나 權利自白은 될지언정 청구의 포기는 안된다. 청구의 포기와 訴의 취하는 모두 소송을 종결시키는 점에서 비슷하나, 그 요건 및 효과에 있어서 차이가 있다. 요건상으로 본다면 전자는 심판의 대상인 청구 자체에 관한 진술이고, 후자는 심판의 신청을 撤回하는 행위이며 효과상으로 본다면 전자는 청구의 棄却判決과 같은데 대하여 후자는 청구의 却下判決에 해당한다. 청구를 포기하면 포기의 진술을 조서에 기재하게 되는데 이로써 소송은 종료된다. 抛棄調書는 確定判決과 동일한 효력이 있으며(206) 따라서 기판력이 발생한다. 그 조서에 재심사유가 있는 경우에는 再審節次에 준하여 재심을 제기할 수 있다(→준재심). 職權調査主義에 의하여 심리되는 가사소송사건(家訴 2 i)에 있어서는 청구의 認諾은 있을 수 없으나(17) 청구의 포기는 가능하다 할 것이다.

청구이의(請求異議)**의 소**(訴) 〔獨〕 Vollstreckungsgegenklage 强制執行에서 채무명의에 표시된 請求權 자체에 관한 실체법상의 원인을 이유로 하여 그 채무명의에 의한 집행을 일시적 또는 영구적으로 허용하지 않는다는 선언을 구하는 訴. 채무명의의 집행력을 배제하거나 또는 執行力을 저지하기 위한 구제방법으로서 인정되는 訴이다(民訴 505). 그 성질에 관하여는 이행소송설, 형성소송설, 확인소송설 등 학설이 구구하나 집행력의 배제를 목적으로 하는 것이므로 소송상의 形成의 訴로 보는 설이 통설이다(異說도 있음). 강제집행의 요건으로서는 채무명의에 청구권의 존재가 公證되어야 하고 집행되어야 할 사법상의 청구권이 현실로 존재할 것은 그 요건이 아니다. 그러므로 채권자가 이미 청구권을 갖지 않게 되었음에도 불구하고 집행이 행하여지는 수도 있다. 그와 같은 경우에 채무자의 구제를 위하여 이 訴가 인정되는 것이나 그 異議原因은 채무명의에 의하여 확정된 사법상의 청구권 자체에 관한 것이어야 한다. 판결로써 확정된 사법상의 청구권 자체에 관한 경우에는 민사소송법의 규정에 따라 적어도 그 원인이 이의를 주장하여야 할 변론종결후에 생긴 것이라야 한다(505 Ⅱ). 따라서 사실심의 최종변론후에 발생된 抗辯만이 본소의 사유가 된다 하겠다. 이를테면 旣判力의 時的 效力의 한계점과 부합시키려는 취지이다. 집행증서에는 기판력이 없으므로 그 이의사유에 아무 제한이 없다(522 Ⅲ). 그러나 청구의 認諾調書·재판상의 和解調書도 확정판결과 동일한 효력이 있으므로 항고할 수 있는 결정·명령과 더불어 조서 내지 재판성립 이후의 사유라야 本異議事由가 된다. 채무자가 수개의 이의원인을 가지고 있을 때에는 모두 동시에 주장하여야 된다(505 Ⅱ後). 동시에의 의의에 관하여서는 다툼이 있으나 사실심의 최종변론시까지 발생된 모든 이의원인을 이 소송에서 모두 주장하여야 한다는 취지로 해석된다. 그리하여 여기서 주장하지 아니한 원인에 의하여는 제2의 異議의 訴를 제기하지 못하게 하는 것을 明定하는 것이다. 이 訴의 관할은 채무명의가 판결인 때에는 제1심재판법원의 專屬管轄이다(505 Ⅰ, 524). 假執行宣告 있는 지급명령은 그 명령을 발한 법원의 관할에 속하며(521 Ⅲ), 집행증서에 대하여는 채무자의 普通裁判籍이 있는 地의 법원 또는 이 법원이 없는 때에는 민사소송법 9조의 규정에 따라 채무자에 대하여 訴를 제기할 수 있는 법원의 관할에 속한다(522 Ⅳ). 본소의 심리절차는 一般判決節次와 같다. 본소는 이의있는 청구에 대하여 채무명의가 성립하고 존속하는 동안은 언제든지 제기할 수 있다. 집행개시전이라도 제기할 수 있다. 전체로서 집행종료후는 제기할 수 없으나 개개의 집행종료후에도 전체로서 끝나지 않을 때에는 또한 제기할 수 있다. 本訴의 제기는 이미 開始된 집행의 속행을 방해하지 않으나 受訴法院은 응급적 구제로서 執行停止命令을 발할 수 있다(507 Ⅱ).

청구인적격(請求人適格) 行政審判에 있어서 심판청구의 청구인이 되어 판결을 받을 수 있는 법적 자격을 말하는 바, 당해 처분이나 부작위의 직접 상대방 뿐 아니라 第3者效的 行政處分의 경우에는 제3자도 당해 행정심판을 청구할 법률상 자격을 갖는다. 따라서 ① 取消審判의 청구인적격은 ㉠ 구체적인 처분의 취소나 변경을 구할 법률상 이익이 있는 자나 ㉡ 無效 등 確認審判의 청구인적격은 처분의 효력의 유무나, 존재 여부에 대한 확인을 구할 법률상 이익을 가지는 자가 ② 의무이행심판의 청구인적격은 拒否處分이나 不作爲에 대하여 일정한 처분을 구할 법률상 이익을 가지는 자가 각각 청구인적격을 가지게 된다.

청구적격(請求適格) 〔獨〕 Rechtsschutz interesse 소송상의 청구에 관해 本案判決을 일명

訴의 利益이라고도 한다. 청구적격에 관한 일반적인 판단기준으로서는 ① 청구가 구체적 권리 또는 법률관계에 관한 것이어야 하며(따라서 단순한 사실의 존부, 추상적인 법률문제, 재판상 청구할 수 없는 자연채무, 재판 외에서 일방적으로 행사할 수 있는 形成權은 請求適格이 없다), ② 법률 또는 계약에 의하여 제소가 금지되어 있지 않아야 하고, ③ 訴 이외의 다른 적절한 법률상의 구제수단이 없어야 한다.

청렴의무(淸廉義務)　公務員은 직무와 관련하여 직접 또는 간접을 불문하고 사례·증여 또는 향응을 받을 수 없으며, 職務上의 관계 여하를 불문하고 그 소속 상관에게 증여하거나 소속 공무원으로부터 증여를 받아서는 아니되는 것을 말한다(國公 61). 公職者倫理法은 공무원의 청렴의무의 제도적 확보를 위하여 일정한 공무원의 재산등록과 공개에 관하여 규정하고 있다(제2장). 이 의무의 위반은 징계사유가 될 뿐만 아니라, 刑事上의 贈·收賂罪를 구성한다.

청　문(聽聞)　〔英〕 hearing　行政機關이 규칙의 제정, 行政處分, 爭訟의 재결 또는 결정을 행함에 있어서 처분의 상대방 기타의 이해관계인 및 제3자의 의견을 듣기 위하여 취하는 절차. 公聽·公聽聞이라고도 하고 聽聞이라고도 쓴다. 準司法的 節次의 성질을 가진다. 원래 미국행정법상으로 발달한 제도이다. → 공청회

청　부(請負)　都給의 구민법상의 용어.

청부소작(請負小作)　소작농이 수확물을 전부 지주에게 바치고 그 대신 일정한 보수를 받는 소작관계. 請負小作關係에 있어서의 계약의 내용은 都給인 것으로 소작인은 일정농지의 경작을 할 채무를 부담하고 토지소유자는 그 일의 완성에 대하여 일정한 보수를 지급할 채무를 부담하였다. 과거 우리나라에 있어서 이와 같은 청부소작은 轉小作과 함께 원칙적으로 금지되었다(朝鮮農地令 13, 1). 농지개혁후에는 어떠한 형태의 小作도 원칙적으로 금지되었으나(舊農地改革法 17) 사실상 약간의 小作이 행하여지고 있으며 그 형태는 여러가지가 있으나 이 請負小作의 형태가 많은 것 같다.

청　산(淸算)　〔英〕·〔佛〕 liquidation 〔獨〕 Liquidation　解散에 의하여 본래의 활동을 정지한 법인(淸算法人이라 한다) 기타의 단체의 뒷처리를 하기 위하여 재산관계를 정리하는 일. 파산에 의하여 해산한 때에는 파산법의 절차에 따른다.

[1] 非營利法人의 경우에는 이사가 없어지고 청산인이 그것에 갈음하여 청산사무를 집행한다(民 80~96). 먼저 해산하면 청산인은 그 취임후 3주간 내에 解散登記를 하고 주무관청에 신고하여야 한다(85, 86). 다음에 現存事務를 종결하고, 채권의 추심 및 채무의 변제를 한다(87 I i·ii). 채무를 변제하기 위하여 채권자는 일정한 기간내에 그 채권을 신고하라고 공고한다(88). 청산중에 법인의 재산보다도 채무가 많다는 것이 분명하게 된 때에는 청산인은 破産宣告를 신청하고(93), 또 재산정리의 결과 잔여재산이 있으면 그것을 일정한 귀속권리자에게 인도한다(87 I iii). 歸屬權利者가 정해지지 않는 경우에는 국고가 귀속권리자가 된다(80 Ⅲ). 청산이 종결한 때에는 청산인은 그것을 등기하고 주무관청에 신고하여야 한다(94).

[2] 회사가 合併 또는 破産 이외의 원인으로 해산한 경우에 그 회사의 모든 법률관계를 종결하고 殘餘財産을 분배하는 절차를 청산이라고 부른다. 합병한 경우에는 회사재산은 포괄적으로 다른 회사에 승계되므로, 그리고 파산의 경우에는 파산법에 의하여 파산재단의 換價와 배당이 이루어지므로 청산절차는 필요없다. 회사가 해산하여 청산절차에 들어가면 회사는 그 본래의 영업능력을 상실하게 되나, 기존의 법률관계를 결제처리하는 범위내에서는 그 법인격이 존속할 것이 필요하며 이 까닭에 법은 회사가 해산된 후에도 淸算의 목적범위내에서 존속하는 것으로 보고 있다(商 245, 269, 542 I, 613 I). 이와 같이 청산중 존속하는 회사를 청산회사라고 한다. 회사의 청산방법에는 任意淸算과 法定淸算이 있다. ① 임의청산은 정관 또는 총사원의 동의로 정하는 방법에 의한 청산이며 합명회사와 합자회사에만 허용된다(247, 269). 임의청산이 인적회사에만 인정되는 이유는 이러한 회사에 있어서는 해산후에도 사원이 직접 회사채무에 대하여 책임을 지고(267 I, 269), 또 사원상호간에 신뢰관계가 있으므로, 이와 같은 자율적 청산방법을 허용하여도 회사채권자나 일부의 사원이 피해를 받을 염려가 없기 때문이다. ② 법정청산은 법이 정하는 방법에 의하여 하는 청산이고 모든 종류의 회사에 관하여 규정되고 있다(250~265, 269, 531~542, 612, 613). 구상법은 株式會社의 청산방법으로 일반의 법정청산 이외에 특별한 경우에 법원의 엄중한 감독하에 진행되는 특별청산의 제도를 규정하였으나(舊商 431~ 456) 商法은 이를 폐지하였다. 이 이외에 상법은 외국회사에 대한민국에 설치된 영업소가 법원의 폐쇄명령에 의하여 또는 자율적으로 폐쇄하는 경우의 청산절차도 규정하고 있다(商 620).

[3] 特別法上의 조합에 관해서도 해산의 경우에 청산을 행하지만 다소의 특별규정이 있는 것을 제외

하고는 민법의 규정이 준용된다(農協 86 등). 민법상의 組合에 관하여서도 해산의 경우에 있어서의 조합재산의 정리의 의미에서 淸算이라는 관념을 인정한다(民 721～724).

청산금(淸算金) 換地淸算의 목적으로 지급되고 또 징수되는 금전(土地區劃整理事業法 68). →환지청산, 환지처분

청산법인(淸算法人) 解散에 의하여 청산을 하는 과정중에 있는 법인. 法人은 해산하면 목적인 사업을 계속할 수 없게 되지만, 청산사무를 수행하는데 필요한 범위내에서 권리의무능력을 가지며 청산 또는 파산의 절차를 종료한 때에 완전히 권리의무능력을 상실한다(民 81, 破 4). 청산법인 중에서 회사를 특히 淸算會社라고 부른다.

청산소득(淸算所得) 法人이 解散하는 경우에 그 잔여재산의 가액이 해산 당시의 納入株式金額 또는 출자금액과 적립금의 합계금액을 초과할 때의 그 초과금액. 내국영리법인의 청산소득에 관하여는 일정한 경우 외에는 법인세를 부과한다(法人稅法 2Ⅰii, 78 이하). 법인합병의 청산소득의 금액은 피합병법인의 주주·사원 또는 出資者가 합병법인으로부터 받는 그 합병법인의 주식·출자의 가액 기타 자산의 총합계액에서 피합병법인의 합병일 현재의 자기자본의 총액을 공제한 금액으로(80Ⅲ), 법인해산의 경우 청산소득금액은 잔여재산의 가액에서 해산일 현재의 納入資本金 또는 출자금과 잉여금의 합계금액을 공제한 금액으로 한다(79Ⅱ).

청산인(淸算人) 〔英〕 liquidator 〔獨〕 Liquidator, Abwickler 〔佛〕 liquidateur 회사, 민법상의 法人, 조합 등의 단체가 해산하여 청산을 하는 경우에 그 淸算事務를 집행하는 자(→청산).

[1] 非營利法人이 해산하는 때에 청산인이 되는 것은 첫째로 정관 또는 總會의 決議로 정한 자이고, 둘째로 그와 같은 자가 없는 때에는 원칙적으로 理事이지만(民 82), 셋째로 해산한 때에 이사도 없고 청산인이 될 자가 결정되지 않은 경우에는 법원이 선임한다(83). 청산인과 법인의 관계는 이사와 마찬가지로 委任이지만 청산이 제3자에 미치는 영향이 큼에 비추어, 중요한 사유가 있는 때에는 법원은 청산인을 解任할 수 있도록 하였다(84). 청산인은 청산사무를 집행하고 법인을 대표하는 직무권한을 가진다(87). 그런데 민법은 조합에 관하여서도 그 청산사무를 집행하는 자를 청산인이라고 부른다(721 이하). 그리고 그 職務權限은 법인의 청산인과 동일하다고 하지만(724Ⅰ) 그 성질은 조합의 사무집행자이되 법인의 대표기관으로서의 성질을 가지는 것이 아님은 물론이다.

[2] 會社의 淸算人은 정관의 별도규정에 의하거나(商 531Ⅰ後, 613Ⅰ), 사원 또는 총회의 결의에 의하여(251Ⅰ, 287 本, 531Ⅰ後, 613Ⅰ) 선임된다. 그러나 이러한 選任이 없을 경우에는 해산전의 회사의 업무집행사원 또는 이사가 당연히 청산인이 되며(251Ⅱ, 287 後, 531Ⅰ本, 613Ⅰ), 이를 法定淸算人이라고 부른다. 이상의 모든 청산인이 없을 경우 또는 법원의 명령이나 판결에 의하여 해산한 때 등 특정의 경우에는 법원이 청산인을 선임한다(252, 269, 531Ⅱ, 542Ⅰ, 613Ⅰ). 법원이 선임한 이외의 청산인은 사원이나 총회의 결의에 의하여 해임할 수 있고(261, 269, 539Ⅰ, 613Ⅱ), 특정의 경우에는 이해관계인·소수주주 또는 단독사원의 청구에 의하여 법원이 이를 해임할 수 있다(262, 269, 539Ⅱ, 613Ⅱ). 청산인의 員數는 1인 이상이면 되고, 임기에도 제한이 없으나, 주식회사에 있어서는 淸算人會制度를 취하고 있으므로(542Ⅱ, 390～393), 2인 이상이 있어야 한다. 청산인은 청산의 목적내에 있는 모든 사무를 집행할 수 있다. 그 중에서도 법이 특히 규정하는 중요한 청산사무는 ① 현존사무의 종결, ② 채권의 推尋과 채무의 변제, ③ 재산의 換價處分, ④ 잔여재산의 분배 등이다(254Ⅰ, 269, 542Ⅰ, 613Ⅰ). 현존사무의 종결을 위하여 필요한 범위내에서는 새로운 거래도 할 수 있다. 그리고 주식회사와 유한회사에 있어서는 일정한 催告期間 중에는 채무의 변제를 금지하고 그 기간경과후에 알고 있는 채권자와 신고한 채권자에게 변제하여야 하며, 이에서 누락된 채권자는 잔여재산에 대하여서만 변제를 청구할 수 있다(535～537, 613Ⅰ). 청산사무가 종결된 때에는 청산인은 결산보고서를 작성하여 그 승인을 구하고(263, 269, 540, 613Ⅰ), 淸算終結의 登記를 하여야 한다(264, 269, 542Ⅰ, 613Ⅰ).

[3] 特別法上의 조합에 관해서도, 청산인에 관하여 이상과 거의 같은 규정을 두고 있는 이외에 민법의 규정을 준용하고 있다(農協 86 등). 민법상의 조합이 해산한 때에는 淸算은 총조합원공동으로 또는 총조합원의 과반수로써 선임한 자가 청산인의 직무를 행한다(民 721). 그리고 청산인의 직무 및 권한에 관하여는 非營利法人의 규정이 준용된다(724Ⅰ).

청산인회(淸算人會) 〔英〕 board of liquidators 株式會社의 청산절차에 있어서 모든 사무의 의사결정은 청산인회의 결의에 의하기로 되어 있다. 이것은 상법이 이사회에 관한 규정을 신설하고 이를 청산인에 준용하고 있음에 인한다(542Ⅱ, 390～393). 청산인회는 청산인 전원으로 구성된다. 구성인원수에 관한 법의 규정은 없으나 회의체의 본

질에 비추어 적어도 2인 이상의 청산인이 있어야 한다는 것이 통설이다. 그러나 이사회의 정원이 3인 이상인 점을 유추하여(383Ⅰ) 청산인도 3인 이상을 요한다는 설도 있다. 회의의 소집과 결의방법, 議事錄의 작성 기타의 절차는 이사회의 그것에 준한다(542Ⅱ, 390~393). 일반의 청산인은 청산인회의 구성원으로서 결의에 참가하는 지위를 가질 뿐이고 청산인회의 결의는 代表淸算人이 이를 집행하고 또한 회사를 대표한다. 주식회사 이외의 회사의 청산에 있어서 수인의 청산인이 있을 경우에는 청산인의 직무에 관한 행위는 그 과반수의 결의로 정하기로 되어 있고(254Ⅱ, 269, 613Ⅰ), 따라서 일종의 회의체를 예상할 수 있으나 이것은 商法에서 말하는 청산인회는 아니다.

청산회사(淸算會社) 會社는 解散하여도 즉시 소멸하는 것이 아니고 기존의 법률관계를 整理決濟하는 청산절차가 종료할 때까지는 그 法人格이 존속하는 것이며 이와 같이 청산중 존속하는 회사를 청산회사라고 부른다. 청산회사의 법적 성질에 관하여는 법의 규정에 의하여 존속이 擬制되는(商 245 참조) 독특한 존재라고 보는 설도 있으나, 통설은 해산전의 회사와 동일한 회사이고 다만 그 목적이 청산의 범위내로 한정된 것에 불과하다고 보고 있다. 따라서 해산전의 회사의 법률관계는 해산으로 인하여 원칙적으로 변경되지 아니하고 해산전의 회사에 적용되는 법률의 규정도 원칙적으로 그대로 청산회사에 적용되는 것이며, 다만 청산의 목적에 비추어 영업을 전제로 하는 규정은 적용이 배제된다. 그러므로, 商人性·商號·社員의 出資義務와 책임·株式讓渡·總會·監事 등에 관한 규정은 청산회사에도 적용되나 지배인·사원의 업무집행권·競業避止義務·이익배당청구권·이사 등에 관한 규정은 적용될 수 없고 또 사원의 퇴사도 인정되지 아니한다.

청소년보호위원회(靑少年保護委員會) 청소년보호에 관한 업무를 수행하고 청소년유해환경으로부터 청소년을 보호하기 위한 각종 시책을 시행하기 위하여 문화관광부장관 소속하에 설치된 기관(靑少年保護法 27). 위원회는 위원장 1인을 포함한 13인 이내의 위원으로 구성한다(29Ⅰ).

청 약(請約) 〔英〕offer〔獨〕Antrag, Angebot, Offerte〔佛〕offre, pollicitation 그에 응하는 承諾과 결합하여 일정한 契約을 성립시킬 것을 목적으로 하는 일방적 의사표시. 청약만으로는 계약이 성립하지 않으므로, 법률행위가 아니라 법률사실이다. 承諾만 있으면 계약은 성립하는 것이므로, 청약을 할 손님을 끌어댕기려고 하는 이른바 請約의 誘引과는 다르다. 請約은 일반 불특정인에 대하여 행하여져도 좋다(예: 懸賞廣告). 청약은 상대방이 승낙을 하기 전에도 함부로 철회하는 것은 허용되지 않는다(民 527 請約의 拘束力). 즉, 승낙기간을 정한 청약은 그 기간 동안은 철회할 수 없고(528Ⅰ) 승낙기간을 정하지 않은 때에는 상당한 기간 동안 撤回할 수 없다(529). 청약의 상대방의 신뢰를 유지하여 거래의 안전을 기하기 위해서이다. 승낙자는 물론 청약이 승낙과 합하여 계약을 성립시키는 효력(承諾適格)을 가지는 동안에 승낙을 하여야 한다. → 체약강제

청약(請約)**의 유인**(誘引) 〔英〕invitation of offer〔獨〕Einladung zu Offerte 타인으로 하여금 자기에게 청약을 하게 하려는 意思의 通知. 청약이 상대방의 승낙과 합하여 계약을 성립시키는 것과 달라서 상대방의 意思表示(이것이 청약으로 된다)에 대하여 청약의 유인을 한 자가 다시 승낙을 하여야 비로소 계약이 성립한다. 따라서 誘引者는 상대방의 의사표시에 대하여 아직도 諾否를 결정하는 자유를 가진다. 貸家라고 하는 표시, 기차의 시간표의 게시, 傭人廣告, 正札을 붙인 상품의 진열 등이 그 예인데, 청약과의 구별이 곤란한 일이 많다. 그 구별의 표준은 대체로 그 행위가 계약의 내용을 표시하고 있느냐 어떠냐, 契約의 당사자가 누구라도 상관이 없는 성질의 것이냐 어떠냐, 去來의 慣習은 어떠하냐 등에 의한다.

청 원(請願) 〔英〕petition〔獨〕Petition〔佛〕pétition 국가기관에 대해서 희망을 진술하는 것. 국민의 請願權은 현대 각국헌법에서 거의 빠짐없이 보장받고 있고 우리 헌법에서도 같다(26). 受益權의 하나. 청원사항은 단지 소극적으로 불평의 구제에 그칠 것이 아니라 적극적으로 국가에 대해서 희망을 진술함도 포함된다. 청원의 대상이 되는 국가기관도 원칙적으로 제한이 있을 수 없고 행정기관·입법기관은 물론, 법원에 대해서도 할 수 있지만 헌법상 인정된 국가기관의 權限을 침해하는 청원은 허용될 수 없다. 국민의 청원권을 규정하고 있는 헌법 26조 1항은 法律이 정하는 바에 의하여라는 문구가 삽입되어 있어서 청원사항·청원절차와 청원의 대상이 되는 국가기관을 법률로써 제한할 수 있으나 청원의 성격 자체로부터 모든 내재적 한계를 벗어난 청원을 법률로써 제한하는 것은 무효하지만, 그 한도를 넘어서 법률로써 제한하면 그 법률은 위헌이 될 것이다. 헌법에 의하면 청원은 반드시 문서로써 하여야 하고 국가기관은 이를 수리하여 심사할 의무만 지고 재판을 해 줄 필요가 없는 점에서 訴願

裁判과 차이가 나지만, 청원법은 처리의 결과를 통지해 주게 하였다. 청원에 관해서는 청원법 외에 국회법·지방자치법·교육법 등에 개별적인 규정이 있다.

청원경찰(請願警察) 특정한 기관이나 개인이 그의 시설이나 기관의 경비를 위하여 경찰관의 배치를 요구한 경우에 그 受益者의 부담으로 요구받은 경비임무를 담당하는 경찰. 우리나라에서는 1962년 4월 청원경찰법의 제정·공포로써 제도화되었다. 警察權의 발동은 국가의 통치권에 의하여 능동적으로 행하여지는 것이나, 청원경찰의 경우는 경찰권은 개인 등의 신청에 의하여 피동적으로 발동된다. 따라서 實質的 意味의 警察에는 속하지 않는다.

청원산림보호직원(請願山林保護職員) 山林所有者 또는 관리자의 請願에 의하여 산림의 피해방지와 보호·육성을 지도 감독케 하기 위하여 두는 자. 청원산림보호직원은 그 배치된 지역을 관할하는 시장·군수·자치구의 구청장·영림서 관리소장 또는 대통령령이 정하는 청원한 기관의 장의 감독을 받아 그 보호지역 안에서 산림서기의 職務를 행한다(請願山林保護職員配置에 관한 法律 4). 산림보호직원에 대한 경비는 대통령령이 정하는 바에 의하여 예산의 범위 안에서 국가가 일부를 부담한다.

청원작업(請願作業) 禁錮·拘留刑을 받은 자에게 신청에 의하여 부과하는 작업(行刑 38). 형법에 있어서 금고, 구류형은 교도소에 구치하고 定役을 과하지 않는다(刑 68).

청 인(廳印) 의결기관, 자문기관 기타 합의제기관의 印章. 사무관리규정에 의하면 의결기관·자문기관·기타 합의제기관은 廳印을 가지되 자문기관은 필요한 경우에 한하도록 하고 있다(35 Ⅱ). → 직인, 관인

청취서(聽取書) 피의자·피고인 그 밖의 임의의 진술을 수사기관이 수록한 서면. 刑事訴訟法上 법령에 의하여 작성되었거나(검증조서·감정조서 등) 그렇지 않거나를 막론하고 다같이 證據能力이 제한된다(刑訴 312).

체감투표(遞減投票) 〔獨〕 System der Rangordnungsziffer 〔佛〕 vote gradué 大選擧區連記名投票制에 있어서 순서에 따라 후보자의 득표를 점차 체감시키는 제도. 少數代表制의 일종이다.

체계간법(體系間法) 〔佛〕 droit intersystématique 아르망종(Arminjon)에 의해 주장된 國際私法의 별칭.

체납처분(滯納處分) → 국세체납처분

체납처분비(滯納處分費) 체납처분절차에 있어서의 재산의 押留·保管·運賃·公賣에 든 비용 또는 통신비. 주된 조세채권에 부수하는 附帶債權의 일부로서 징수순위 중 가장 우선하는 것이다(國徵 4).

체당금(替當金) 타인에 갈음하여 행한 出捐. 타인에 갈음하여 그 債務를 辨濟한 경우(이른바 제3자의 변제의 경우)와 타인에 갈음하여 채무를 부담하고 그것을 履行한 경우를 포함한다. 그 타인에 委託되어 替當한 경우에는 위임사무처리의 비용으로서 그 상환을 청구할 수 있고(民 688), 그 위탁을 받지 않았을 경우에는 事務管理에 요한 비용으로서 그 상환을 청구할 수 있음(739)이 일반적인 원칙이지만 여러가지의 特則이 있다. 범위 또는 요건에 관한 특칙(商 55, 139, 162, 794 등), 留置權을 발생시키는 특칙(120, 147), 단기소멸시효의 특칙(民 164 i) 등이 주요한 것. 당사자가 豫納하지 않은 裁判費用(증인의 여비·일당 등)을 국고가 替當한 경우의 상환에 관하여는 특칙이 있다(民訴 122, 民訴費 12). 또 집행관은 일정한 직무에 관해서는 체당금의 변제를 받는다(執行官法 19).

체대적립금(滯貸積立金) → 대손준비금

체비지(替費地) 토지구획정리사업의 시행자가 換地計劃을 정함에 있어서 토지구획정리사업비의 일부를 충당하기 위하여 매각할 목적으로 換地에서 제외하는 토지를 말한다. 일정한 토지가 체비지로 지정되면, 그 토지의 소유자가 당해 토지에 대한 처분·사용·수익권을 상실하고 형식상의 소유권을 유보하는데 그치며, 체비지는 換地處分이 끝날 때까지 체비지로서의 성질을 유지하며 당해 사업시행자의 처분·관리권 내에 있게 된다.

체선료(滯船料) → 정박료

체 소(體素) 〔羅〕 corpus 心素에 대립하는 말. → 심소

체약강제(締約强制) 〔獨〕 Kontrahierungszwang, Vertragszwang 계약의 체결이 법령에 의하여 강제당하는 것. 근대법은 契約自由의 原則을 채택하고 있지만 근대에 이것을 제한하여 법률상 계약의 체결을 강제하는 일이 증가하여 왔다. 여기에는 ① 철도운송사업(鐵道法 20), 철도소운송업(鐵道小運送業法 8) 등의 공익적·독점적 사업이나, 공증인(公證 4), 집행관(執行官法 14), 의사(醫 16)

등의 공공적 직무에 관한 應需義務, ② 地上權, 傳貰權 및 부동산의 임대차에 있어서의 地上物買收請求權, 附屬物買收請求權 등과 같이 상대방의 승낙없이 한쪽의 의사표시로 계약을 성립시키는 것 등 각종의 형태가 있다.

체약금(締約金) 〔羅〕 arrha 〔英〕 earnest money 〔獨〕 Draufgabe 〔佛〕 arrhes 契約締結에 즈음하여 당사자의 일방으로부터 상대방에게 교부되는 금전 기타의 有價物. 舊民法은 手附라는 말을 쓰고 있었으나 민법은 이에 해당하는 용어를 쓰고 있지 않으므로 일부의 학자들이 창안한 용어이다. 契約金·約條金品이라고 부르는 학자도 있다. 賃貸借나 都給 등에 있어서도 교부되는 경우가 적지는 않지만 매매의 경우에 교부되는 일이 많다. 민법은 매매의 당사자의 일방이 상대방에게 체약금을 교부한 경우에는 당사자의 일방이 계약의 이행에 착수할 때까지 교부자는 이를 포기하고, 수령자는 그 배액을 상환하여 매매계약을 해제할 수 있다고 규정하고(民 565) 이를 有償契約 일반에 준용하고 있다(567). 이와 같이 해제권유보의 의미를 가지는 체약금은 解約締約金(解約金)이라 불리는데, 체약금에는 이 밖에, 계약성립의 증거로 되는 證約締約金(모든 체약금은 적어도 이 성질을 가진다), 계약성립의 요건으로 되는 成約締約金(현재 이러한 체약금을 인정하는 입법례는 없으며, 근대제국의 입법례라는 관점에서 볼 때는 중요한 것은 아니다), 교부자가 계약상의 채무를 이행하지 않는 경우에 상대방이 이를 몰수해 버릴 수 있는 違約締約金(違約罰로서 간접으로 계약의 이행을 강제하는 작용을 하는 것으로, 항간의 賣買契約書에서 그 예를 많이 볼 수 있다)과 같이 여러가지 목적의 것이 있다. 민법은 종래의 관습에 따라 당사자간에 다른 약정이 없는 한, 체약금은 解約締約金으로 취급하며, 이와 다른 효력을 가지는 체약금임을 주장하고자 하는 자는 다른 約定이 있은 것을 주장 입증할 책임을 지도록 하였다. 체약금은 계약이 이행된 때에는 대금의 일부로 된다.

체약대리상(締約代理商) 〔獨〕 Abschlussagent 일정한 상인을 위하여 상시 그 영업부류에 속하는 거래의 대리를 영업으로 하는 독립한 상인(商 87). 본인인 商人의 이름으로 그 영업거래에 속하는 계약을 代理締約하는 자이며, 이 대리상계약의 성질은 委任(民 680)이다. →대리상

체육훈장(體育勳章) 훈장의 하나. 체육발전에 공을 세워 국민체육향상과 국가발전에 기여한 공적이 뚜렷한 자에게 수여되는 훈장으로 5등급으로 한다(賞勳法 9, 17의4).

체크 오프 〔英〕 check off 勞動組合의 조합비 징수방법의 하나로서 사용자나 조합원인 근로자의 賃金으로부터 조합비 기타 조합의 징수금을 공제하여 직접 노동조합에 인도하는 것을 말한다. 미국에서 유래된 제도로 근로조합과 사용자가 서면으로 組合費控除를 협정하는 것에 의한다. 이것에 대해서는 임금의 全額拂 원칙의 예외를 규정한 근로기준법 42조 1항 단서에 의해 단체협약 내에 규정하였더라도 어떠한 형태로든지의 조합원의 동의가 필요하다는 견해와, 團體協約의 check off 조항은 조합보장조항이기 때문에 근로기준법 42조와는 관계가 없다는 견해가 대립되고 있다.

체 포(逮捕) 〔英〕 arrest 〔獨〕 Festnahme 〔佛〕 arrêt [1] 형사소송법상 수사기관 또는 私人이 피의자의 신체를 拘束·引致하여 일정기간 유치하는 것. 强制處分의 일종이다. 따라서 영장주의가 적용되며, 헌법은 현행범인인 경우와 장기 3년 이상의 벌에 해당하는 죄를 범하고 逃避 또는 證據湮滅의 염려가 있을 때를 제외하고는 검사의 요구에 의하여 法官이 발부한 영장을 제시하지 않고는 체포하지 못한다고 규정하고 있다(憲 12Ⅲ). 이에 따라 형사소송법도 영장에 의한 구속(刑訴 201 이하), 현행범인의 체포(211~214)에 관하여 규정하고 있는데, 令狀없이 체포할 때에는 일정한 기간내에 영장을 발부받아야 한다. →구속, 현행범인체포

[2] 刑法上의 체포에 관하여는 逮捕罪를 보라.

체포·감금죄(逮捕·監禁罪) 사람을 逮捕 또는 監禁함으로써 성립하는 범죄(刑 276Ⅰ)를 말한다. 本罪는 사람의 신체적 활동의 자유 특히 장소선택의 자유를 보호법익으로 하는 범죄이다. 여기서 장소선택의 자유라 함은 居處變更에 대한 의사활동의 자유를 말한다. 그러나 그것은 일정한 장소에 거주할 자유가 아니라 그 곳에서 떠날 자유를 의미한다. 刑法 29장의 체포와 감금의 죄의 기본적 구성요건은 체포·감금죄(刑276Ⅰ)이다. 체포·감금죄에 대한 가중적 구성요건으로는 尊屬逮捕·監禁罪(刑 276Ⅱ), 常習逮捕·監禁罪(刑 279), 逮捕·監禁致死傷罪(刑 281)가 있다. 존속체포·감금죄는 신분으로 인하여 책임이 가중되는 가중적 구성요건이고, 상습체포·감금죄는 상습성을 근거로 책임이 가중되는 구성요건이다. 이에 대하여 重逮捕·監禁罪는 행위방법의 결합에 의하여, 特殊逮捕·監禁罪는 행위의 樣相(Modalität)에 의하여, 또 逮捕·監禁致死傷罪는 결과적 가중범이기 때문에 각 불법이 가중되는 加重的 構成要件이다. 본죄의 객체에 대해

서는 ① 극단적으로 넓게 해석해서 모든 자연인이 본죄의 객체가 된다는 견해와 ② 극단적으로 좁게 해석해서 현실적으로 행동의 의사가 없는 자는 모두 본죄의 객체가 아니라는 견해가 있다. 그러나 자연적·잠재적 의미에서 행동의 의사를 가질 수 있는 자연인은 모두 본죄의 객체가 된다는 것이 통설이다. 그러므로 精神病者·酩酊者·睡眠者·不具者는 본죄의 객체가 되지만 이전의 자유를 가지지 못하는 幼兒에 대하여는 본죄가 성립할 수 없다고 해야 한다. 본죄는 미수범을 처벌한다. 언제 체포·감금이 旣遂에 이르는가에 대하여는 견해가 대립되고 있다. 즉 ① 逮捕·監禁의 罪는 사람의 행동의 자유를 보호하기 위한 것이므로 행동의 자유가 침해된 때, 즉 피해자의 의식이 침해된 때에 비로소 기수로 된다는 견해도 있으나 ② 본죄는 객관적으로 피해자의 잠재적인 행동의 자유를 침해한 사실이 있으면 기수가 되며, 피해자가 현실로 자유박탈에 대한 인식을 하였는가는 본죄의 성립에 영향이 없다고 해석하는 것이 다수설이다. 본죄는 繼續犯이므로 피해자를 체포·감금함으로써 본죄는 기수에 이르지만 자유가 회복되어야 본죄는 종료한다. 사람을 체포한 자가 감금까지 한 때에는 포괄하여 하나의 감금죄가 성립될 뿐이다. 체포와 감금은 같은 성질의 범죄로서 그 양태만을 달리하는 것이기 때문이다. 체포·감금의 수단으로 폭행 또는 협박한 때에는 본죄만 성립하며 暴行罪 또는 脅迫罪가 별도로 구성되는 것은 아니나, 감금 중에 행한 폭행·협박이 금지상태를 유지하기 위한 것이 아닌 때에는 本罪와 競合犯의 관계에 있다고 해야 한다. 감금 중에 범한 强姦·傷害·殺人의 罪도 같다. 판례는 감금이 동시에 强姦의 수단이 된 때에는 兩罪가 想像的 競合이 된다.

체포죄(逮捕罪) 사람을 체포하는 죄(刑 276 I 前). 그 本質은 사람의 신체적 활동의 자유를 침해하는 데에 있으며, 감금죄와 그 죄질이 같으므로 동일조항에 규정되어 있다. 尊屬逮捕(276 II)·重逮捕(277 I 前)·尊屬重逮捕(277 II)·특수체포(278)·상습체포(279)의 경우에는 형을 가중하고, 逮捕致死傷(281)의 경우에는 傷害罪와 비교하여 중한 형으로 처단한다. 객체인 사람은 자연인을 말하며 責任能力·行爲能力은 물론 意思能力의 유무도 불문한다(단, 갓난아이는 제외될 것이다). 체포란 사람의 신체에 대하여 직접적이고 현실적인 구속을 가하여 활동의 자유를 박탈하는 것을 말한다. 物理的 方法(예: 결박 등)에 의하든 心理的 方法(예: 협박)에 의하든, 작위이든 부작위이든, 또는 第三者(예: 헌병·경찰관)를 이용하든 불문한다. 본죄는 체포에 의한 自由剝奪이 다소의 시간 동안 계속된 때에 완성(旣遂)되고(따라서 일시적인 자유박탈에 그친 때에는 본죄의 미수범이 될 뿐이다), 다시 자유가 회복된 때에 종료한다. 이러한 의미에서 본죄는 繼續犯이다. 체포에 이어서 감금한 경우에는 체포감금죄의 單純一罪이다. 특히 私人에 의한 현행범인의 체포는 형사소송법 212조, 형법 20조에 의하여 위법성이 조각된다. 未遂犯은 처벌한다(280).

체 형(體刑) 〔獨〕 Körperstrafe 〔佛〕 peine corporelle 정확히는 身體刑의 뜻이지만 자유형을 가리키는 通俗語로서 사용되는 일이 많다.

초고속정보통신기반(超高速情報通信基盤) 實時間으로 動映像情報를 주고 받을 수 있는 수준 이상의 고속·대용량의 정보통신망과 이에 접속되어 이용되는 각종 정보통신기기·소프트웨어 및 데이터베이스 등을 말한다(情報化促進基本法 2 v).

초고속정보통신망(超高速情報通信網) 공공기관·대학연구소·기업은 물론 전국의 가정까지 첨단 광케이블망으로 연결함으로써 音聲資料·映像 등 다양한 대량의 정보를 수십 내지 수백 기가 bps급의 초고속으로 주고 받는 最尖端通信시스템으로 현재 미국(인포메이션 슈퍼하이웨이), 일본(신사회 자본건설), 유럽(고속행정통신망), 캐나다(캐나디언 슈퍼 하이웨이), 싱가포르(IT-2000) 등 선진국들이 최우선과제로 삼고 있으며, 우리나라도 1994년 4월 14일 超高速情報通信시스템(information super highway) 구축계획을 확정 발표했다. 이에 따르면 2015년까지 45억원이 투입되며, 총리를 위원장으로 17개 부처와 민간기업이 참여하여 추진하게 된다. 초고속정보통신망은 방송과 통신의 결합을 가속화하고 컴퓨터통신, 가전, 오락, 출판산업 등을 중심으로 산업전반에 知的인 변화를 초래하게 되며 또한 遠隔醫療, 遠隔教育, 電子民願, 電子新聞, 映像新聞, 전자도서관, 在宅勤務, 주문형비디오(VOD) 등이 활성화되어 국민생활에 엄청난 변혁이 일어난 것으로 보인다. 한편 국내 초고속정보망이 구축되어 미국, 일본 등 선진국과 접속이 이루어지게 되면 최신정보에 쉽게 접근할 수 있는 장점도 있지만 자칫 정보를 大量創出하는 선진국에 문화적으로 예속될 우려도 지적되고 있다.

초과근무수당(超過勤務手當) 定規의 근무시간을 초과해서 근무한 자에 대해서 지급되는 수당. 1일에 8시간, 週 44시간을 초과하여 당사자간의 합의로 1주일에 12시간 한도로 연장근무한 대가로서 지급되는 수당이다. 연장근무수당은 통상임금의 100분의 50 이상이다. 휴일근무에 대해서도 동일하다(勤基 49~56). 공무원수당규정에서도 규정된 근무시간 외에 근무한 자에 대한 시간외근무수당을, 매시간에 대하여 당해 공무원에게 적용되는 기준호봉의 봉급액의 7할의 192분의 1의 15할을 지급한다고 규정하고 있다(15Ⅱ).

초과방위(超過防衛) → 과잉방위

초과보험(超過保險) 〔英〕 over insurance 〔獨〕 Überversicherung 〔佛〕 surassurance 損害保險에 있어서 약정한 保險金額이 보험가액을 초과하는 보험. 손해보험은 보험의 목적에 대하여 보험사고가 발생함으로써 피보험자가 입는 손해를 보상하는 것을 내용으로 하고 피보험이익이 존재할 것이 保險契約의 有效要件으로 되어 있다. 따라서 보험금액이 보험가액을 초과할 때 그 초과부분에 관하여는 피보험이익이 존재하지 않고, 투기에 의하여 도박적 행위 등 불법행위에 악용될 우려가 있어 그 초과부분은 당사자의 선의·악의를 불문하고 무효로 하는 입법예도 있으나(舊商 631), 상법은 현저한 초과액에 대하여 減額을 청구할 수 있도록 하고, 보험계약자의 詐欺로 인하여 체결된 때에는 초과부분 뿐 아니라 그 전부를 무효로 한다(商 669Ⅰ·Ⅳ). 초과보험의 유무를 결정하는 경우의 보험가액은 원칙적으로 계약당시의 가액에 의하고(669Ⅱ) 법정의 保險價額不變更主義가 적용되는 경우에는 그 불변의 보험가액(689, 696~698) 또 旣評價保險의 경우에는 協定保險價額(670)이다. 계약성립시에는 초과보험은 아니었으나, 그 뒤 보험가액의 저하에 의하여 보험금액이 이를 초과하게 된 때에도 보험료와 보험금액의 감액을 청구할 수 있다(669Ⅲ). 초과보험의 문제는 보험가액이라는 관념을 넣을 여지가 없는 人保險에서는 일어나지 않는다.

초과소유부담금(超過所有負擔金) 舊宅地所有上限에 관한 法律 7조의 규정에 의한 상한면적을 초과하여 소유하는 택지 또는 8조의 규정에 의하여 소유가 금지되어 있는 자가 소유하는 택지에 대하여 국가가 부과·징수하는 부담금을 말한다(舊宅地所有上限에 관한 法律 2ⅳ). 부담금은 건설교통부장관이 부과 징수한다(27Ⅰ). 징수된 부담금은 토지관리 및 지역균형개발특별회계법에 의한 토지관리 및 지역균형개발특별회계에 귀속한다(32). 최근의 어려운 경제여건하에서 택지의 초과소유부담금은 개인·기업 등 택지소유자의 경제적 부담을 가중시키는 문제점을 해소해주기 위해 폐지되었다(1998.9).

초과수용(超過收用) → 지대수용

초과압류(超過押留) 執行債權의 만족과 집행비용의 변상에 필요한 한도를 넘은 압류. 動産에 대한 강제집행에서는 이를 금지한다(民訴 525Ⅱ).

초과전질(超過轉質) 질권자가 그의 피담보채권의 액보다도 다액의 채무에 관해서 전질을 하는 것. 原質權設定者의 승낙이 없으면, 초과부분에 대해서는 轉質權은 성립하지 않는다. 그러나, 轉質權者가 선의취득의 요건을 구비할 때에는 전액에 관해서 質權이 성립한다. 이 경우의 전질권설정자의 행위는 原質權設定者에 대한 불법행위로 될 뿐만 아니라 횡령죄로 될 수 있다.

초과정박기간(超過碇泊期間) 傭船契約에 있어서 傭船者가 정박기간내에 船積 또는 揚陸을 끝마치지 않고 그 기간을 연장하는 경우의 기간. → 정박료

초과피난(超過避難) → 과잉피난

초 범(初犯) 범죄로서 처벌된 일이 없는 자가 犯法하여 징역 또는 금고에 처해지는 경우. 再犯·累犯에 대립하는 명칭이나 형법상의 용어가 아니라 강학상의 용어이다.

초법적 정의(超法的正義) 法內在的 正義에 대하는 말로서 기존 실정법 질서에 내재하는 법이념을 비판하고 그 부당성을 비난할 수 있는 고차원적인 이념을 超法的 正義 또는 法超越的 正義라고 한다. 법내재적 정의가 법의 强制力에 의하여 보장되어 있는데 반하여 초법적 정의는 사회적 실력에 의하여 지지되어 실정법을 비판하는 정의의 이념이며 實定法秩序를 개정 또는 파괴하는 동력이 된다. → 법내재적 정의

초 본(抄本) 原本의 일부만을 발췌하여 등사한 서면. 말하자면 謄本을 간략하게 한 것으로, 원본 중의 필요한 부분의 증명을 위하여 작성된다. 戶籍抄本(戶 12), 登記簿抄本(不登 21), 소송기록의 초본(民訴 151, 刑訴 46) 등과 같다. 공무원이 직무상 작성하고 원본과 相違없다고 하는 뜻의 증명을 붙인 認證抄本과 그렇지 않은 것이 있다.

초서혼(招壻婚) 〔英〕 matrilocal residence 혼인관계에 있어 家女가 出嫁하지 아니하고 女家에서 男을 맞아들여 女夫로 하는 혼인. 娶嫁婚에 대한 말. 데릴사위, 率壻婚, 預壻婚, 壻入婚, 贅壻 등으로도 불린다. 이것은 일반적으로 모계사회에서 볼 수 있다고 주장되고 있는 바, 高句麗婚俗에 其俗作婚 言語旣定 女家作小屋於大屋後 名壻屋 운운한 기사도 일종의 招壻婚俗으로 볼 수 있다. 文公家禮에 以女招壻曰入贅 俗曰入舍라고 한 것도 그것이

며, 招壻婚은 일반서민사이에 널리 행하여져 있었다. 목적은 女家에 남자가 없어 가산의 관리, 부모의 侍養 등을 얻기 위한 경우와 남자가 있어도 병약 또는 방탕하여 女夫의 勞役을 얻어 생계를 유지하기 위한 경우에 있다고 본다. 招壻婚姻을 한 후에 역시 離壻問題가 일어날 수 있었다. 明律戶婚律에는 逐壻行爲를 처벌하고 있다. 현행민법상의 入夫婚姻(民 826 iii 但)과 壻養子(舊民 876)는 招壻婚의 일종이라 할 수 있을 것이다.

초야권(初夜權) 〔羅〕 ius primae noctis 〔佛〕 droit du seigneur 婚姻第一夜에 신랑 이외의 남자가 신부와 동침하는 권리. 중세 유럽에서 領主가 家臣의 부인에 대하여 이 권리를 행사하였다고 하나, 확실한 자료는 없다. 오히려 無法한 영주의 非行에 속하고 권리로는 볼 수 없다고 해석되고 있다. 398년의 종교회의가 婚姻當夜의 금욕을 명한 사실이 초야권의 관습의 존재를 逆推케 하였다고 생각된다.

초 지(草地) 多年生改良牧草의 재배에 이용되는 토지 및 사료작물 재배지와 牧道進入道路·畜舍 및 부대시설을 위한 토지를 말한다(草地法 2 i). 초지조성의 허가는 시장·군수에게, 신청지가 2개 이상의 시·군·자치구에 걸쳐 있는 경우에는 신청면적이 가장 많이 포함되어 있는 지역을 관할하는 시장·군수에게 한다(5).

초지조성단비(草地造成單費) 草地 1헥타르 조성에 필요한 비용으로서 농림부장관이 매년 산출·고시하는 비용을 말한다(草地法 2 vi).

촉법소년(觸法少年) 12세 이상 14세 미만의 소년으로서 刑罰法令에 저촉되는 行爲(가벌적 행위 중 범죄적 위험성, 즉 비행성이 있는 행위)를 한 자(少 4 I ii). 즉, 형사미성년자이기 때문에 범죄에 해당하는 행위를 하였으면서도 형벌이 과해지지 않는 형사책임능력이 없는 소년을 말하며 法令違反少年이라고도 한다. 보호처분을 원칙으로 한다(4 I ii, 32, 53). 촉법소년은 犯罪構成要件該當性·違法性이 있다는 점은 犯罪少年과 동일하고, 다만 책임이 없는 행위라는 점에서 相違한 것인데 소년법 및 비행의 조기발견의 취지로 보아 보다 개별적인 처우, 즉 보호조치를 요청하게 된다(兒童福祉法 11 참조).

촉 탁(囑託) [1] 대등한 지위에 있는 관청간에서 행하여지는 委任. 예를 들면 국세징수법에 …을 압류한 때에는 압류의 등기 또는 등록을 관계관청에 촉탁하여야 한다(45 I·II·III, 46 I, 51 I 참조)라고 규정한 것이 그것이다. 이러한 촉탁은 어느 관청의 직무상 필요한 사무가 타관청의 권한에 속하고 있기 때문에 그것을 자신이 행할 수는 없고, 부득이 타관청에 촉탁하여 목적을 달성하려고 할 때에 생기는 것이다. 권한의 촉탁도 법령의 규정이 있는 경우에 한하여 행하여 질 수 있는 동시에 그것이 法上의 要件을 구비하고 있는 이상 촉탁을 받은 관청에서 그것을 거부할 수는 없다.

[2] 特定人이 특정한 국가사무를 수행할 것과 이에 대하여 국가가 그 자에게 반대급부를 제공할 것을 약정하는 국가와 私人간의 私法上 契約. 이러한 사인은 포괄적인 근무의무를 지는 것이 아니므로 공무원이 아니다. 따라서 공무원이 부담하는 특별한 의무도 지지 아니하며, 특별한 身分保障도 받지 못한다.

촉탁등기(囑託登記) 법원 그 밖의 官公署가 등기소에 囑託하여서 하는 등기(不登 27·32~36, 非訟 147). 등기는 당사자의 신청에 의하는 것이 원칙이고, 촉탁등기는 법률의 규정이 있을 때에 행하여진다(→신청주의). 豫告登記(不登 4), 競賣申請의 등기(民訴 611), 破産의 등기(破 109~112) 등은 그 예이다.

촉탁살인죄(囑託殺人罪) →동의살인죄

촉탁징수(囑託徵收) 징수에 있어서 지방자치단체의 징수금을 납부 또는 납입할 자의 재산이 다른 지방자치단체에 있는 때에는 세무공무원이 그 住所地 또는 재산의 소재지의 세무공무원에게 촉탁하여 징수하는 것. 이 경우 囑託에 관한 사무·송금에 요하는 비용 및 체납처분비는 촉탁을 받은 자가 속하는 지방자치단체의 부담으로 하고, 징수한 지방자치단체의 징수금에서 ① 지방자치단체의 징수금에서 滯納處分費를 뺀 금액에 대통령령이 정하는 비용을 곱하여 산정한 금액과 ② 체납처분비를 뺀 나머지 금액을 촉탁한 세무공무원에 속하는 자치단체에 송금하여야 한다(地稅 56).

촌(寸) 친족상호간의 혈통연결의 遠近의 차를 측정하는 단위. 親等이라는 말이 사용되기도 한다(民 985 I, 1000 II). 寸의 原意는 손의 마디라는 뜻이다. 촌수가 적으면 많은 것보다 近親임을 의미한다. 또 寸字는 친족의 指稱語로 사용되는 경우도 있다(예: 叔父를 三寸, 從兄弟를 四寸이라고 일컫는 것). 그러나 직계혈족에 관하여는 촌수로써 대칭하지 않는 것이 관습이다. 촌수를 계산하여 친족간의 원근을 측정하는 입법주의를 世代親等制라 한다. →촌수계산법

촌 수(寸數) →촌

촌수계산법(寸數計算法) 민법상의 촌수계산법은 直系親이나 傍系親을 물론하고 친족상호간의 세대수를 계산하여 촌수를 산정한다. 직계친족간에 있어서는 세대수를 계산하여 촌수를 산정하고 傍系親族간에 있어서는 최근친인 共同始祖(最近同源)에서 각자에 이르는 世數를 각각 계산하여 그 합계를 친족상호간의 촌수로 한다. 민법은 촌수계산에 관하여 다음과 같은 규정을 두고 있다. ① 직계혈족은 자기로부터 그 직계존속에 이르고 자기로부터 직계비속에 이르는 世數로써 촌수를 정한다(770Ⅰ). ② 傍系血族은 자기로부터 同源의 직계존속에 이르는 世數와 그 동원의 직계존속으로부터 그 직계비속에 이르는 세수를 통산하여 그 촌수를 정한다(770Ⅱ). ③ 인척은 배우자의 혈족에 관하여는 배우자와 그 혈족과의 촌수에 따르고, 혈족의 배우자에 관하여는 자기와 그 혈족과의 촌수에 그 혈족으로부터 그 직계비속에 이르는 世數를 가산하여 그 촌수를 정한다(771). ④ 養子와 養父母 및 그 혈족·인척 사이에 촌수는 입양시로부터 혼인중의 출생자의 경우와 동일한 것으로 본다(772Ⅰ). ⑤ 양자의 배우자·직계비속과 그 배우자는 양자의 親系를 기준으로 하여 촌수를 정한다(772Ⅱ).

총가입조항(總加入條項) 〔英〕 general-participation clause 〔獨〕 Allbeteiligungsklausel 連帶條項 또는 共同條項이라고도 한다. 交戰國의 전체가 조약의 가입국이 된 전쟁에 한하여 그 조약을 적용할 수 있다고 규정한 조약(陸戰의 法規·慣例에 관한 條約 2 참조). 제1차대전 전에 체결된 전쟁에 관한 여러 조약은 총가입조항을 포함하고 있다. 다수국이 참가한 전쟁에 있어서 1국이라도 비가입국이 있으면 그 條約은 전쟁 전체에 효력을 발생하지 않는다. 제1차대전시 헤이그 諸條約이 적용되지 못한 이유도 총가입조항 때문이었다. 총가입조항을 가진 조약으로는 육전의 법규·관례에 관한 조약, 상트피터스부르크 선언, 공폭금지선언, 육전에 있어서의 중립국 및 중립인의 권리·의무에 관한 조약 등이 있으나 제1차대전 이후에는 헤이그條約에 가입하지 않은 신생국의 증가로 조약적용의 기회는 한층 감소되었다. 그러므로 전쟁법에 관한 여러 조약은 총가입조항을 폐지하는 경향에 있다. 1949년의 제네바 여러 조약은 총가입조항을 두고 있지 않을 뿐 아니라 非締約國과의 관계에 대한 규정까지 포함하고 있다(3Ⅱ). →조약의 효력

총계예산주의(總計豫算主義) 歲入과 歲出은 모두 예산에 편입하여야 한다는 원칙을 말한다. 이 원칙은 국가의 모든 수입·지출을 예산에 편입함으로써 收支의 균형을 도모하고, 예산을 통하여 國會 내지 國民의 비판·감독을 쉽게 하려는 것이다.

총괄보험(總括保險) 〔英〕 general policy 〔獨〕 Pauschalversicherung 〔佛〕 assurance intégrale 보험의 목적인 물건 또는 사람의 교체를 인정하여 총괄적으로 다루는 보험. 보험의 목적이 복수인 점에서 集合保險과 비슷하지만, 집합보험과 다른 점은 집합을 구성하는 내용의 교체성이 인정되는 것과, 보험의 목적이 특정된 때에 비로소 보험관계가 생긴다는 것이다. 一般保險 또는 包括保險이라고도 하며 이에 대하여 특정물에 대한 일반적인 보험을 特別保險이라고 한다.

총괄저당(總括抵當) 공동저당과 같다.

총괄준거법(總括準據法) 포괄준거법과 같다.

총괄지정(總括指定) 〔獨〕 Gesamtverweisung 國際私法上 準據法으로서 지정되는 법률에는 단순한 실질법뿐만 아니라 저촉규정까지도 포함된다고 하는 지정. 일반적으로 국제사법의 지정을 총괄지정이라고 보는 견해도 있지만, 이 견해는 다수의 학설에 의하여 배척되고 있다. 총괄지정을 근거로 하여 反定主義를 주장하는 견해도 있다. →반정

총돈수(總噸數) 〔英〕 gross tonnage 〔獨〕 Bruttotonnengehalt 〔佛〕 jauge brute 總積量을 톤(353분의 $1000m^3$)으로 표시한 것으로 선박등기·선박등록·선박국적증서의 교부·선박안전법의 적용 등에 대하여 표준이 된다(商 745, 船舶法 14, 船舶安全法 1의2).

총리령(總理令) 국무총리가 그 擔任하는 職務에 관하여 직권 또는 특별한 위임에 의하여 발하는 명령(憲 95). 이에는 두 가지가 있다. 하나는 법률 또는 대통령령의 위임에 의한 총리령이고 다른 하나는 職權으로서 발하는 총리령이다. 전자를 委任命令이라 하고 후자를 職權命令이라 한다. 위임명령은 법률 또는 대통령령의 위임에 의해서 발하는 명령이므로 위임된 범위내에서는 국민의 권리의무에 관한 새로운 사항도 규정할 수 있다. 그리고 직권명령은 법률 또는 대통령령을 집행하기 위하여 발하는 執行命令이다. 따라서 여기서는 국민의 권리·의무에 관한 새로운 사항을 규정할 수 없다.

총무처(總務處) 국무회의의 의안정리 및

서무, 法令 및 條約의 공포, 공무원의 인사관리, 행정기관의 조직 및 정원의 관리, 행정의 개선과 실태의 평가, 상훈, 공무원연금, 공무원교육훈련의 제도 및 계획, 정부청사의 수급 및 관리에 관한 사무를 관장하게 하기 위하여 국무총리 소속하에 설치된 기관(舊政組 24). 政府組織法의 개정으로 行政自治部에 흡수·통합되었다.

총 부(冢婦) 嫡長子가 亡父를 승계한 후에 無後로 身死한 경우, 그 嫡長子의 妻를 冢婦라 칭한다. 嫡長子가 奉祀하다가 사망한 경우에는, 총부의 지위를 인정하지 않는 것이 관례였다. 총부는 종신 그 夫의 유산을 상속하고 祭主로서의 권한을 행사한 것이다. 총부의 이 지위는 子가 없는 관계로 취득하는 지위이므로, 立後함으로써 그 지위를 상실하게 되는 고로, 자녀없는 遺妻가 立後를 원치 않고 총부의 지위를 보유하고자 하여 祖先絶祀의 우려가 생기게 된 것이다. 그러므로 續大典은 특별히 禮典 奉祀條에 長子死無後更立他子奉祀則 長子之婦 毋得以冢婦論이라 규정하여 奉祀子를 남자로 한정하고 있다. 承家繼統과 祭祀의 奉行과의 불가분의 관계를 인정하고 婦女奉祀를 배격한 것이다.

총사직(總辭職) 〔英〕 general resignation 〔獨〕 Rücktritt des ganzen Kabinetts 〔佛〕 démission en bloc → 내각총사직

총선거(總選擧) 〔英〕 general election 〔獨〕 allgemeine Wahl 〔佛〕 élection générale 議員 전부를 바꾸기 위한 선거. 의원내각제에 있어서는 의회의 解散의 경우에 실시하나, 대통령제에 있어서는 원칙적으로 임기만료 때에 실시한다.

총액인수(總額引受) 社債募集의 형태 중 특정인이 起債會社와의 계약에 의하여 사채총액을 포괄적으로 인수하는 것. 이 방법에 의하면 社債는 신속히 성립하여 자금은 즉시로 입수된다. 공중을 상대로 하지 아니하므로 社債請約書를 필요로 하지 아니한다(商 475). 擔保附社債의 경우에도 그 수탁회사 또는 제3자로 하여금 사채총액을 인수케 할 수 있다. 引受人은 보통의 경우 취득한 채권을 기회를 보아 다시 公衆에게 매출하여 인수가액의 차액을 利得한다. 따라서 간접발행의 한 방법이라고 할 수도 있다. 이와 같은 발행위험을 부담하는 행위(→유가증권의 인수)는 證券業者에 한해서 이를 할 수 있다(證去 2Ⅴ).

총액임금제(總額賃金制) 노동부가 1992년 賃金交涉指導指針을 통해 발표한 임금정책. 근로자가 1년간 공식적으로 받는 기본급, 통상적 수당, 정기적 상여금, 연월차수당 등을 합산해 12로 나눈 액수가 1개월의 총액임금인데 이를 기준으로 勞使가 賃金引上率을 결정하게 하는 제도. 연장근로수당이나 야간근로수당, 휴일근로수당 등과 경영성과에 따라 지급되는 성과급적 상여금, 식사·피복 등의 현물급여, 일·숙직비 등은 총액임금에서 제외된다. 정부가 이 제도를 실시하려는 이유는 임금체계를 합리화해 각종 명목의 수당 신설로 인한 임금의 편법인상을 막고 高賃金業種의 임금인상을 강력히 억제하려는 것으로 獨寡占企業, 국·공영기업, 언론사 등 300여개 업체를 중점 관리대상으로 하고 있다. 그러나 중점관리대상으로 지정된 언론사, 공공기관, 노조 등은 이 제도가 정부의 임금통제책일 뿐만 아니라 헌법에 보장된 평등권, 자율적인 團體交涉權을 침해하고 있다는 이유로 강력히 반발하고 있다. IMF관리체제 이후 많은 기업체에서 시행하고 있다. 일명 年俸制라고 한다.

총영사(總領事) 〔英〕 consul-general 〔獨〕 Generalkonsul 〔佛〕 consul général 최상급의 영사를 말한다. 총영사는 다수영사의 상관으로서 이들 영사의 管轄區域의 전체를 관할한다. 그 외에 타 영사보다 비교적 넓은 관할이나 중요한 관할구역을 가지기 때문에 總領事를 두는 경우도 있다. →영사

총영사관(總領事館) →공관, 재외공관

총 유(總有) 〔獨〕 Gesamteigentum 〔佛〕 propriété collective 法人이 아닌 社團의 사원이 집합체로서 물건을 소유하는 共同所有의 형태(民 275). 總有는 그 기초인 법인아닌 사단에 있어서의 성원의 총합체가 하나의 단일적 활동체로서 단체의 체제를 갖추고 있음에 반하여 合有者들은 단체로서의 체제를 갖추지 못하고, 따라서 단체적 단일성을 가지지 아니한 점에서 合有와 구별된다. 또 共有에 있어서는 소유권이 양적으로 수인에게 분속되지만, 총유에 있어서는 목적물의 관리·처분 등의 권능은 일체로서 사원의 총합체인 사단 자체에 속하고, 그 사용·수익 등의 권능은 각 사원에게 귀속하여, 양자가 단체적 통제하에 유기적으로 결합하여 하나의 소유권을 이루는 점에서 共有와 구별된다. 즉, 사단의 定款 기타의 규약에 정한 바가 없는 때에는 총유물의 관리 및 처분은 社員總會의 결의에 의하고(276Ⅰ), 각 사원은 정관 기타의 규약에 좇아 총유물을 使用·收益할 수 있는 것이다(276Ⅱ). 總有에 있어서는 단체적인 결합관계를 본체로 하는 것이므로 각 社員은 이 단체의 일원인 지위를 취득·상실함에 따라서 당연히 목적물의 總有者로서의 권리의 무도 취득·상실한다(277).

총유적 채권관계(總有的債權關係) 법인 아닌 사단, 예컨대 特殊地役權(總有的 土地用益權)의 주체인 부락과 같은 게노센샤프트의 성원이 집합체로서 채권을 행사하고 채무를 이행하는 채권관계(예: 부락이 총유적으로 용익하는 임야의 借賃債務). 민법의 다수당사자의 채권관계와는 달라, 개개의 성원에게 개별적으로 채권·채무가 귀속하는 것이 아니라 법인아닌 사단에 총유적으로 귀속한다. 合有債權關係와 함께 共同債權關係의 일종. 채권·채무의 準總有關係로서 총유에 관한 규정이 준용된다(民 278). →총유

총유적 토지용익권(總有的土地用益權) →특수지역권

총 의(總意) →볼롱떼 제네랄

총적량(總積量) 〔獨〕 Bruttoraumgehalt 〔佛〕 jauge brute 선박의 톤수는 선박의 개성 특히 積載能力을 표시한다. 이것은 선박의 용적을 표시하는 총적량(총톤수)으로서 선박의 내부의 總容積이다. 즉, 서양형선박의 二重底 이외의 蔽圍부분의 총용적과 같다.

총채권자(總債權者) 不可分債務와 같이 1개의 채무관계에 여러 명의 채무자가 있을 때에 그 채권자 전체를 총칭하여 총채권자라고 말할 때가 있다(民 409).

총체적 불법구성요건(總體的不法構成要件) 犯罪構成要素 중 責任要素와 객관적 처벌요건을 제외하고 적극적으로 不法을 근거지우는 성문화된 構成要件標識와 소극적으로 불법을 배제하는 성문화된 또는 성문화되지 않은 정당화사유를 모두 총괄하는 구성요건 개념을 말한다. 이것은 消極的 構成要件標識理論에서 주창된 것이다. 여기에서는 구성요건과 위법성이 혼합되어 하나의 총체적 구성요건을 이루며, 따라서 이 구성요건 개념은 불법판단에 본질적인 모든 표지들, 즉 적극적 또는 소극적, 성문 또는 불문의 作爲 및 不作爲의 모든 標識들을 포함한다. 이 총체적 불법구성요건의 기능은 구체적인 형사사례에서 적법과 불법의 한계를 최종적으로 확정지울 수 있다는 점에 있다. 그리고 체계적으로는 총체적 불법구성요건과 책임으로 범죄가 구성되는 2단계 犯罪體系가 형성된다.

총 포(銃砲) 권총·소총·기관총·포·엽총 그 밖의 금속성탄환을 쏠 수 있는 장약총포와 공기총 중에서 대통령령으로 정한 것을 말한다(銃砲·刀劍·火藥類 등 團束法 2 I) 총포의 제조·판매·소지를 위하여는 관할행정관청의 허가를 받아야 한다(4, 6, 12). 총포를 사용한 사격행위는 법률에 특별한 규정이 있는 경우 이외에는 오직 사격장에서만 할 수 있다(射擊 및 射擊場團束法 4).

총 회(總會) 〔英〕 general meeting 〔獨〕 Generalversammlung 〔佛〕 assemblée générale 넓은 뜻으로는 모든 단체에서 그 단체원의 會合을 총회라고 한다. 그러나 법률상 중요한 것은 사단의 구성원 전원으로 조직되어 그 사단의 종합적 의사를 결정하는 最高議決機關인 지위를 가지는 것이다. 그 중에서 주식회사의 株主總會, 非營利社團法人, 有限會社의 사원총회, 특별법에 의한 조합의 조합원 총회 등이 현저하다. 법인이 아닌 사단에 있어서도 社員總會가 최고의결기관인 것은 사단법인에 있어서와 마찬가지이다(民 276 I 참조). 그 밖에 國際聯合總會에 관하여는 그 항을 보라. →사원총회

총회(總會)**꾼** 종래 소수의 주식을 취득한 후 株主總會에 출석하여 장시간 발언을 하거나 소란을 피우는 등 의사를 방해하고 이를 삼가하는 대가로 회사로부터 금품을 제공받고 또는 임원과 결탁하여 紛飾決算書類의 승인, 임원의 선임, 회사의 부실경영의 은폐를 꾀하기 위하여 다른 주주의 정당한 발언을 제지하고 그 대가로 이익을 공여받는 자를 말한다. 이를 규제하기 위하여 1984년 개정상법은 주주의 권리행사와 관련하여 회사가 재산상의 이익을 공여하는 것을 금지하는 규정을 신설하였다(商 467의2).

최 고(催告) 〔獨〕 Mahnung 〔佛〕 avertissement 일정한 행위를 할 것을 타인에게 요구하는 通知. 그 성질은 상대방있는 일방적 의사의 통지이며, 최고가 규정되어 있는 경우에는 법률의 규정에 따라 직접적으로 일정한 法律效果가 주어진다. 催告는 크게 나누어 두 가지가 있다. ① 의무자에 대하여 의무의 履行을 최고하는 경우. 채권자가 채무자에 대하여 하는 이행의 청구가 그 適例인데, 만약 채무자가 최고에 응하지 않는 경우에는 履行遲滯(民 387 II, 603 II), 시효의 중단(174), 계약해제권의 발생(544) 등의 효과가 생긴다. ② 권리자에 대하여 권리의 행사 또는 신고를 최고하는 경우, 만약 권리자가 최고에 응하지 않는 경우에는 그 효과로서 권리행사의 제한을 받는다. 이러한 경우로서는 무능력자의 행위에 대한 追認의 최고(15), 無權代理行爲에 대한 追認의 최고(131), 계약해제권의 행사여부에 대한 최고(552), 매매의 일방예약에 있어서의 賣買完結의 최고(564 II·III), 선택권행사의 최고(381), 遺贈의 승인 및 포기의 최고(1077), 상속인 기타 이해관계인이 하는 유언집행자의 지정에 관한

최고(1094Ⅱ), 법인의 청산절차에 있어서 淸算人이 하는 채권신고의 최고(88Ⅰ, 89), 한정승인절차에 있어서 한정승인자가 일반상속채권자 및 유증자에 대하여 하는 권리신고의 최고(1032), 相續人이 없는 경우에 있어서 상속재산관리인이 일반상속채권자 및 遺贈者에 대하여 하는 權利申告의 최고(1056) 등이 있다.

최고가격(最高價格) 국민생활과 국민경제의 안정을 위하여 필요하다고 인정될 때에 정부가 특히 긴요한 물품의 가격, 부동산 등의 賃貸料 또는 용역의 대가에 대하여 지정하는 가격의 최상한치를 말한다(物價安定에 관한 法律 2Ⅰ). 정부는 최고가격을 생산단계별, 도매단계·소매단계·거래단계별 및 지역단계별 유지할 필요가 없다고 인정할 때에는 이를 지체없이 폐지하고(2Ⅲ), 위의 지정이나 폐지는 지체없이 告示하여야 한다(2Ⅳ). 이 최고가격은 부당이득세법상의 政府決定價格으로 보게 하고 있다(23).

최고가경매인(最高價競買人) 〔獨〕 Meistbietender 競買申請人 중에서 최고의 경매가격을 신청한 자. 이 사람이 競落人이 된다. 有體動産에 대한 집행은 최고가경매인이 신청한 가격을 3회호창한 후에 결정하여야 하고(民訴 540Ⅰ), 부동산에 대한 강제경매에서는 최고가경매인의 성명과 그 가격을 호창후에 경매종결을 告知하여야 하기로 되어 있다(627Ⅰ). 그 성명은 경매조서에 기재되어야 한다(628Ⅰ viii). 이 조서에는 최고가경매인이 기명날인하여야 한다(628Ⅱ). 최고가경매인은 집행법원소재지에 주거와 사무소가 없는 때에는 그 소재지에 假住所를 선정하여 법원에 신고하여야 한다(630).

최고가입찰인(最高價入札人) 입찰절차에서 최고의 가격으로 入札한 자. 最高入札者가 2인 이상이면 執行官은 그들로 하여금 추가입찰을 시켜서 최고입찰자를 정한다(民訴 665Ⅱ). 최고입찰자가 민사소송법 625조에 의한 담보를 제공하지 아니하면(이 점이 강제경매에서 모든 경매인에게 담보를 세우게 하는 것과 다르다), 다음 순위의 入札人을 최고가입찰인으로 한다. 이 때에 먼저 호창을 받은 자는 그 입찰가격과 다음 순위의 입찰가격과의 차액을 부담하게 한다(666). 이 負擔義務者에 대하여는 이로 인하여 배당을 받을 수 있었던 자가 그 부담액의 지급을 청구할 수 있다. 최고가입찰인에게 경락을 허할 것이냐의 여부는 競落期日에 법원이 결정한다.

최고발행법(最高發行法) 일반적으로 兌換權 발행액과 兌換準備 사이에 일정한 균형을 보유하도록 법률로써 규정되어 있는 것. 발권제도에서 보는 바와 같이 태환준비의 제한이 없는 것을 최고발행법이라고 한다.

최고(催告)**의 항변권**(抗辯權) 債權者가 保證人에 대하여 채무의 이행을 청구한 경우에, 주채무자에게 辨濟資力이 있다는 사실 및 그 집행이 용이할 것을 증명하여 보증인이 할 수 있는, 먼저 주채무자에게 청구하라고 하는 抗辯權(民 437), 檢索의 抗辯權과 함께 보증채무의 보충성에 기하는 항변권이다(→보증). 이 항변에도 불구하고 채권자가 주채무자에 대하여 청구를 해태하였기 때문에 전부나 일부의 변제를 받지 못한 때에는 懈怠하지 않았으면 받을 수 있었을 한도에서 보증인은 그 의무를 면한다(438). 그러나 채권자는 口述辯論의 종결전에 한번이라도 위의 청구(催告)를 하면 되므로, 이 항변권은 그리 유력한 것은 못된다. 그리고 연대보증인은 이 항변권이 없으며(437 但), 보통의 보증인도 主債務者가 파산한 경우 등에는 이 항변권을 행사할 수 없다.

최대봉사(最大奉仕)**의 원칙**(原則) 일정한 團體가 그 사업에 있어서 특정한 組合員 또는 회원만의 이익을 목적으로 하는 것이 아니라, 구성원 전체를 위하여 차별없이 최대의 봉사를 한다는 원칙. 그 사업이 특정한 조합원의 이익을 목적으로 행하여진다면 협동조직의 본질에 위배되는 것이기 때문에 이를 방지하기 위한 원칙이다(農協 5Ⅰ). 協同組合의 원칙의 하나이다.

최대선의(最大善意)**의 계약**(契約) 〔英〕 uberrimae fidei(utmost good faith) contract 〔佛〕 contrat de bonne foi 保險契約은 最大의 善意(utmost good faith) 또는 특별한 信義(besondere Treue)의 계약, 즉 善意契約이라고 한다. 이것은 모든 법률행위가 신의성실을 원칙으로 하여 선의를 요구하지 아니하는 행위가 있을 수 없지만(民 2) 보험계약의 경우에는 특히 그 위험선택에 있어서 불량보험의 침입을 방지하기 위해서는 부득이 보험계약자에 대하여 최대의 선의와 특별한 신의를 요구하게 되는 것이다(英海上保險法 17, 프로이센普通國法 2024). 예를 들면, 가입자편의 告知義務·위험증가통지의무·손해방지의무 등과, 보험수익자 등의 事故招致, 보험계약자의 사기로 인한 超過保險·重複保險을 단속하는 등이 모두 선의계약성에 기인하는 것이다.

최량증거(最良證據)**의 법칙**(法則) 〔英〕 best evidence rule 英美證據法上의 원칙으로서 최량의 증거가 제출가능한 이상 그것이 제출되지 않으면 안된다고 하는 법칙. 그렇지만 그 실제의 적용은 금일에는 주로 문서의 내용을 증명하는 경우에 한정되어 문서의 내용을 증명함에는 原本을 제출하고, 원본의 제출불능이 입증된 경우에만 謄本을 제출할 수 있다는 법칙이라고 하고 있다. 우리 형사소송법에는 이와 같은 법칙이 없으므로 문서의 내용을 증명함에 있어서는 어떠한 증거에 의하여 증명하여도 상관없다. 다만 문서의 내용의 증명에 있어서는 그 문서 자체에 가장 강한 證明力이 있으므로 우리나라에서도 文書 자체를 제출하는 것이 보통이다.

최소시장접근(最少市場接近) 〔英〕 minimum market access 1993년말에 타결된 우루과이라운드(UR)에서 확립된 市場開放原則의 하나. 식량안보나 환경보호차원에서 일부 품목에 대해 시장을 굳게 닫아놓았던 국가들이 關稅化開放을 이행할 때까지 또는 개방초기에는 高率關稅를 부과함으로써 사실상 수입을 제한하는 것을 막기 위해 國內消費量에 대한 일정부분을 반드시 수입하도록 의무화한 것을 말한다.

최우선주(最優先株) 〔英〕 pre-preference stock 보통 우선주보다 더 높은 特權을 가지는 優先株를 말한다. 따라서 이익배당에 있어서도 보통 우선주에 앞서서 받게 되지만 현행법은 이를 인정하지 않는다.

최저경매가격(最低競賣價格) 〔獨〕 geringstes Gebot, Mindestgebot 부동산의 强制競賣에 있어서 법원이 鑑定人에게 평가하도록 한 가격(民訴 615, 678). 법원이 경매부동산에 대하여 상당한 값이라고 인정하여 정한 최저경매가격 미만으로는 競落을 허가하지 않는다. 그 취지는 시가보다 廉價로 평가하여 당사자에게 손해가 생기는 것을 방지하기 위해서이다. 法定賣却條件의 하나이며 이 점은 强行規定이므로 이해관계인의 합의가 있어도 폐할 수 없다(622). 競賣期日의 공고 중에 기재(618 vi)되나 경매기일에 이 가격 이상으로 競落을 신고하는 자가 없는 때에는, 신경매기일을 정하여야 하며 이 때에 법원은 최저경매가격을 상당히 低減할 수 있으나(631 I) 경락에 의하여 소멸되는 압류채권에 우선하는 부동산상의 부담을 변제하고 잉여가 있을 한도에서 정하지 않으면 안된다. 최저경매가격으로 押留債權者의 채권에 우선하는 부동산의 모든 부담과 절차비용을 변제하면 잉여가 없을 때에는 압류채권자는 미리 잉여있는 가격을 정하고 그 가격에 응하는 競買人이 없는 때에는 그 가격으로 매수할 것을 신청하고 충분한 담보를 제공해야 하며 그렇게 하지 아니하면 경매절차는 취소된다(616). 이와 같은 제도는 전술한 바와 같이 부동산이 부당하게 염가로 競落되는 것을 방지하고 채무자를 보호하는 동시에 부동산의 가격에 영향이 미치는 것을 방지하기 위한 것이다.

최저연령(最低年齡) 근로자로서 사용할 수 있는 法律上의 최저연령. 근로기준법상 원칙적으로 15세이나, 의무교육에 지장이 없는 한 지정된 직종에 한해서는 노동부장관의 就職認許證에 의하여 예외로 취업할 수 있다(勤基 62). → 소년근로자

최저임금(最低賃金) 〔英〕 minimum wage 〔獨〕 Mindestlohn 〔佛〕 salaire minimum 契約自由의 原則하에서는 임금액수가 노사간에서 자유로이 결정된다는 것을 예정한다. 그러나 이를 내버려두면 勞動組合의 힘이 강력한 경우를 제외하고는 사실상 사용자의 일방적인 결정으로 되어, 임금은 점점 저하되어 가고 근로자가 최저한도의 생활을 영위할 수 없을 정도로 떨어져 버릴 가능성이 있다. 그래서 최저의 임금을 법정하고 사용자는 그를 下廻하는 임금으로는 근로자를 사용할 수 없다는 제도가 각국에서 채택되었다. 우리나라에서는 最低賃金法이 제정(1986. 12. 31. 법률 제3927호)됨으로써 도입되었으며, 이 법의 적용범위는 근로기준법의 적용범위와 동일하게 하였다. 최저임금은 사업의 종류별로 정하도록 하고, 그 결정기준은 근로자의 생계비, 유사근로자의 임금 및 노동생산성을 고려하여 결정하도록 하였으며 그 결정단위는 月給·週給·日給으로 정하되, 시간급으로 이를 표시할 수 있도록 하였다. 최저임금은 노동부장관이 최저임금심의위원회가 심의·의결한 최저임금안에 따라 매년 결정하여 구성하고 最低賃金審議委員會는 노·사 공익 대표 각 9인으로 구성하고 2인의 상임위원을 둘 수 있도록 하였다(最低賃金法 12~14).

최저한세제도(最低限稅制度) 最低限稅制란 정책적인 지원목적에 의해 세금이 감면되는 경우에도 국민으로서 기본적으로 납부하여야 하는 최소한의 세금을 말한다. 법인의 경우 각종 租稅減免혜택을 받고 남은 세금이 감면전 과표의 12%에 못미치게 되더라도 최소한 12%의 세금을 내야 한다. 개인은 사업소득에 한해 기본적으로 감면전 세액의 30%를 내도록 하고 있으며 양도소득세의 경우 1년간 세액을 기준으로 減免規模가 3억원을 넘지 못하도록 돼 있다. 이 제도는 종전에 租稅減免限度를 정한 租稅支援限度制가 유명무실해짐에 따라 1989년 도입된 것으로 1991년부터 적용되고 있다.

최종결정서(最終決定書) 〔英〕 final act 〔獨〕 Schlussakte 〔佛〕 acte finale 決定書(act)에는 단순히 결정서라는 것도 있고, 一般決定書 또

는 最終決定書(final act)라는 것도 있다. 최종결정서는 보통 국제회의에서 조약이 작성된 경우 그 조약을 포함한 그 회의의 정식의사록을 의미하는 것이다. 결정서에는 조약의 실질을 포함하는 경우도 있고 그렇지 않은 경우도 있다. 예컨대 빈會議最終決定書는 실질적인 조약이다. → 일반결정서

최종발언권(最終發言權) 최종진술권과 같다.

최종진술권(最終陳述權) 형사소송법상 변론으로 피고인과 변호인이 최종으로 진술하는 권리. 형사공판절차에 있어서 증거조사가 끝나고, 재판장은 검사의 의견을 들은 후 피고인 또는 변호인에게 최종의 의견을 진술할 기회를 주어야 한다(刑訴 303). 최종진술의 기회는 피고인 또는 변호인의 일방에 이를 부여하면 충분하다는 견해가 있으나 쌍방에 다 부여함이 타당하다. 最終陳述이라 하더라도 그 진술이 중복된 사실이거나 그 소송에 관계없는 사항인 때에는 진술인의 本質的인 權利를 해하지 아니하는 한도에서 이를 제한할 수 있다(299).

최혜국대우(最惠國待遇) 〔英〕 most-favored nation treatment 通商, 關稅, 航海 등 2국간의 관계에 대하여 제3국에 부여하고 있는 여타의 조건보다 불리하지 않은 대우를 해주는 것. 이것은 通商航海條約 등 2국간의 조약·협정으로 결정되는 수도 있으나 GATT 조약국에는 자동적으로 供與된다. 또 제3국과 더욱 유리한 최혜국대우를 맺으면 그 효력은 다른 最惠國待遇國에도 적용된다.

최혜국민조항(最惠國民條項) → 최혜국조항

최혜국조항(最惠國條項) 〔英〕 mostfavored nation clause 〔獨〕 Meistbegünstigungsklausel 〔佛〕 la clause de la nation la plus favorisée 條約當事國의 일방이 자국영역내에서, 제3국 또는 제3국민에 대하여 부여하는 대우를 타방의 당사국 또는 그 국민에게도 부여할 것을 약정한 조항. 2국간의 通商航海條約 등에 규정되는 일이 많다. 예컨대 1957년 10월 7일의 한미우호통상 및 항해조약은 22조에서 내국민대우에 관한 규정(Ⅰ)과 아울러 最惠國待遇에 관하여 규정하고 있다(Ⅱ). 동 규정에 의하면 최혜국대우라 함은 한 締約國의 영역내에서 부여되는 대우로서, 어느 제3국의 국민, 회사, 생산품, 선박 또는 기타의 대상에게, 사정에 따라 같은 상황하에 그 영역내에서 부여되는 대우보다 불리하지 않은 것을 말한다고 정의되어 있다. 자국민 또는 내국민대우가 내외국민의 무차별대우임에 대해서 最惠國民待遇는 자국내에 있어서의 여러 외국인간의 무차별대우를 의미한다. 最惠國(民)待遇條項의 적용에 있어서는 무조건주의와 조건주의가 있는데, 최근에는 일반적으로 無條件主義가 채용되고 있다. 전기 한미우호통상 및 항해조약도 무조건주의에 입각하고 있다(前文). → 내국민대우

최후(最後)의 배당(配當) 破産管財人이 파산재단 전부의 換價를 끝마쳤다고 인정할 때 하는 배당. 가치가 없기 때문에 환가치 아니한 재산은 남겨두어도 무방하다. 中間配當없이 최초로부터 행하는 경우도 있을 수 있다. 최후의 배당을 함에는 감사위원의 동의 외에 법원의 허가를 요한다(破 244). 최후의 배당도 대체로 중간배당과 동일한 절차를 취하지만 淸算의 결말을 짓는 관계상 다음 네 가지 특칙이 정해져 있다. 첫째, 除斥期間에 있어서는 배당의 공고가 있은 날부터 기산하여 14일 이상 30일 이내에 법원이 이를 정하고 이 결정에 대해서는 不服申請을 할 수 없다는 것(245), 둘째, 최후의 배당에는 각 채권자에 대한 구체적인 배당액을 정하여 통지할 것(246), 셋째, 정지조건부채권이나 또는 장래의 채권이 제척기간내에 조건의 성취 등에 의하여 행사할 수 있는 상태에 이르지 못하면 終局配當으로부터 除斥되고(247) 이 때까지 그 채권자를 위하여 任置한 배당액도 다른 채권자의 배당을 위하여 충당할 수 있다는 것(250), 넷째, 채권에 대해 訴訟이나 또는 訴願이 終結되지 아니하였기 때문에 賃置한 종래의 배당액 및 새로 이에 대해 배당할 금액 및 영수를 위하여 출석치 아니한 채권자의 배당액은 관재인의 변제책임을 면하기 위하여 供託하여야 한다는 것이다(252). 최후의 배당실시후에 破産管財人은 계산보고를 위하여 소집되는 채권자집회에 있어서 계산보고를 하지 않으면 안된다(158). 이 집회에서 換價하고 남은 재산의 처분방법에 대하여 결의를 하지 않으면 안된다(253). 이 債權者集會가 종결되었을 때에는 법원의 破産終結決定에 의하여 파산절차는 종료한다(254).

최후통첩(最後通牒) 〔英〕·〔佛〕 ultimatum 〔獨〕 Ultimatum 紛爭當事國의 일방이 상대방에 대해서 분쟁중인 사건에 관한 최후적인 요구를 제출하고 만약 그것이 일정기간(24시간 또는 48시간이 通例)내에 容認되지 않을 경우에는 자유행동을 취할 것이라는 의사의 통고. 이러한 통첩에는 자국이 취할 태도를 명시하는 경우와 그렇지 아니한 경우가 있고 태도를 명시하는 경우에는 국교단절이나 무력행사의 위하를 포함하는 예가 있는가 하면 그렇지 아니한 것도 있으나, 여하간에 자국의 자유행동이 취해지리라는 뜻의 조건이 부기된 의사표시이다.

전쟁의 개시와 중요한 관련이 있는 것은 條件附宣戰을 포함해서 사전에 통고하는 최후통첩이다. 명시적인 戰意의 표시인 이 최후통첩에 제시되는 조건에 대해서는 상대국의 無條件容認이 요청되는 것이므로, 만일 상대국이 완전승복을 거부할 경우에는 소정기간의 경과와 더불어 자동적으로 전쟁이 개시된다. 1907년의 開戰에 관한 條約은 조건부선전을 포함하는 최후통첩을 전쟁개시의 형식으로 인정하고 있다. 이 경우에 있어서의 전쟁상태와 중립관계의 설정요건 및 그 효과는 宣戰의 경우와 같다. →선전, 개전에 관한 조약

추가경정예산(追加更定豫算) 예산의 성립 후에 생긴 사유로 인하여 이미 성립된 예산에 변경을 가하는 예산. 구재정법에서는 追加豫算과 更正豫算을 구별하여 각각 인정하였었으나, 憲法(56)과 豫算會計法(33)은 이를 포괄하여 추가경정예산으로 하고 있다. 추가경정예산안의 제출은 修正豫算案의 제출과는 다르다. 즉, 후자는 행정부가 예산안을 국회에 제출한 후 예산이 성립되기 전에 부득이한 사정으로 예산안의 일부를 수정하는 것임에 대하여 전자는 예산이 성립된 후에 그 豫算에 變更을 가하는 것이다. 추가경정예산은 반드시 국회의 同意를 얻어야 한다.

추가기소(追加起訴) 刑事事件이 법원의 제1심에 係屬 중 검사가 그 사건과의 併合審理를 구하는 것을 명시하여 동일피고인의 다른 범죄를 법원에 起訴하는 것. 그 방식은 일반의 기소의 경우와 같으며, 추가기소의 기록은 편의상 계속 중의 사건의 기록 가운데 편철된다. 추가기소가 있으면 보통 辯論의 併合이 행하여진다.

추가담보(追加擔保) 은행이나 보험회사에 담보물을 제공하고 대부를 받는 경우에 그 담보물의 가액의 하락으로 借入金과의 비율이 축소되었을 때 은행이나 보험회사가 새롭게 요구할 수 있는 담보.

추가배당(追加配當) 〔獨〕 Nachtragsverteilung 最後의 配當에 있어서의 배당액의 통지후 새로이 배당에 충당할 만한 상당한 재산이 있게 되었을 때 행하여지는 배당. 추가배당할 재산은 ① 異議있는 채권에 대한 配當額으로 供託하여 놓은 금액이 이의소송에서 채권자의 敗訴로 된 결과 다른 채권자에 배당할 수 있게 되었을 때, ② 管財人의 錯誤 등으로 인하여 재단채권자에 변제하거나 또는 破産債權者에 배당되었는데 그것이 반환되었을 때, ③ 파산재단 소속재산이 새로 발견되었을 때 그 재산으로 구성된다. 이러한 추가배당은 파산종결결정후에도 행할 수 있다(破 255). 추가배당은 법원의 허가를 얻어 管財人이 행한다. 그런데 감사위원의 임무는 이미 종료되었으므로 그 동의를 얻는 것은 불필요하다. 추가배당에 있어서는 새로이 배당표를 작성치 않고 최후의 배당에 관한 배당표를 기준으로 한다(256). 그러나 관재인이 추가배당의 허가를 받았을 때는 지체없이 배당할 금액을 공고하고 또 각 채권자에 대한 배당액을 정하여 그 통지를 발할 것을 요한다(255). 이와 같이 하여 추가배당을 마치면 管財人은 지체없이 계산보고서를 만들어 이를 법원에 제출하여 그 인가를 신청할 것을 요한다(257). 그런데 최후의 배당에 있어서는 債權者集會에 있어서 計算報告를 할 것을 요하여도 추가배당에 있어서는 그 필요없이 단지 계산보고서를 법원에 제출하여 그 허가를 얻는 것으로 족한 것이다.

추가적 공동소송(追加的共同訴訟) 〔英〕 patent of addition 〔獨〕 Zusatzpatent 特許權者 또는 特許出願者가 그 발명을 개량 또는 확장하여 그것이 신규의 발명으로서 독립된 특허권을 받을 수 있는 경우에 그 독립된 특허권을 받은 것에 갈음하여 받는 특허권. 구특허법에는 발명자를 우대하기 위하여 이 제도를 인정하고 특허료를 싸게 하여 追加特許權은 原特許權에 부수하고 따라서 존속기간도 원특허권의 殘存期間으로 하고 이전도 함께 하도록 되었었으나 현행법은 이를 인정하지 않고 있다.

추가적 소(追加的訴)**의 변경**(變更) 소의 변경의 한 형태로, 원고가 訴訟係屬中에 그 소송절차에 병합하여 피고에 대한 새로운 청구를 종래의 청구에 추가하는 경우. 交換的 訴의 변경과 달라서 구청구를 소멸시키지 않고, 따라서 소의 취하를 수반하지 않는다. 추가적 소의 변경에 의하여 구청구와 신청구 사이에 경우에 따라 單純·選擇的·豫備的 併合이 생긴다.

추가특허(追加特許) 〔英〕 patent of addition 〔獨〕 Zusatzpatent 特許權者 또는 特許出願者가 그 발명을 개량 또는 확장하여, 그것이 신규의 발명으로서 독립된 특허권을 받을 수 있는 경우에, 그 독립된 특허권을 받는 것에 갈음하여 받는 特許權. 구특허법에서는 발명자를 우대하기 위하여 이 제도를 인정하고 특허료를 싸게 하여 추가특허권은 원특허권에 부수하고 따라서 存續期間도 원특허권의 잔존기간으로 하고 이전도 함께 하도록 되었었으나, 현행법은 이를 인정하지 않고 있다.

추가판결(追加判決) 〔獨〕 Ergänzungsurteil 민사소송법상 法院이 청구의 일부에 관하여 판결을 脫漏한 경우에 그 脫漏部分에 대해서 하는 판결. 補充判決이라고도 한다. 판결의 탈루는 판결

할 사항(특히 訴 또는 上訴로써 심판을 신청한 청구)에 관해서만 있을 수 있다. 그러므로 재심사유가 되는 攻擊防禦方法에 대한 판단의 遺脫과는 다르다(民訴 422 I ix). 이 脫漏된 부분은 그 법원에 係屬된 것으로 보기 때문에(198 I) 종래의 법원이 직권 또는 당사자의 신청에 의하여 재판한다. 추가판결은 일부판결후의 結末判決과 같이 전판결과는 독립무관계한 것이므로, 추가 또는 보충으로서의 성질은 희박하다. 추가판결은 본판결과 독립하여 상소의 대상이 되며 또 확정된다. 다만 必要的 共同訴訟과 같이 청구의 일부에 관하여 일부판결을 할 수 없는 경우에는 본판결에 의하여 전소송이 종결한 것이 되므로 추가판결의 여지는 없고, 본판결에 대한 上訴 또는 再審으로써 그 瑕疵를 주장하여 시정을 받아야 한다. 假執行宣告의 신청에 관하여 판단을 脫漏한 때에도 추가판결을 할 수 있다. 소송비용의 재판을 탈루한 때에는 그 추가재판은 결정으로 행하여진다(198 II, 104).

추계과세(推計課稅) 帳簿가 없는 사업자의 수입과 소득을 간접적으로 산출해 세금을 산정·부과는 것을 말한다. 장부를 기재하지 않는 사업자에 대해서는 수입이 얼마인지를 직접 확인할 수 없으므로 국세청이 나름대로 조사를 벌여 수입규모를 推定한다. 附加價値稅의 경우에는 세무공무원이 업소에 직접 나가 매상을 확인하는 立會調査를 통해 외형매출액을 가늠하는 방식이 많이 쓰인다. 입회조사에서는 진짜 매상장부를 찾아내는데 주력하고 여의치 않으면 매상현장을 일일이 지켜보면서 기록하는 작업을 벌인다. 所得稅의 경우 수입금액에서 비용을 제외한 소득이 얼마인지를 산출하는 기준인 標準所得率을 정해놓고 있는데 이것도 추계과세수단의 하나이다.

추계조사결정(推計調査決定) 課稅標準을 계산함에 있어서 필요한 장부와 증빙서류가 없거나 중요한 부분이 미비 또는 허위인 때, 기장의 내용이 시설규모, 종업원수, 원자재상품, 제품시가, 각종 요금 등에 비추어 허위임이 명백한 때 및 기장의 내용이 원자재사용량, 전력사용량 기타 조업상황에 비추어 허위임이 명백한 때 등의 사유가 있어서 과세표준확정신고결정, 실지조사결정, 서면조사결정 등을 할 수 없을 경우에 한하여 所得標準審議會의 심의를 거쳐 정부가 정하는 推計方法에 따라 행하는 과세표준과 세액의 결정(所得稅法 80, 施行令 142 이하)을 말한다.

추관지(秋官志) 朝鮮時代 정조 5년 刑曹判書 金魯鎭이 部官 朴一命에게 위촉하여 刑曹와 刑官에 관련된 옛기록을 엮어 편찬한 형사와 쟁송 등에 관한 實體法과 節次法을 겸한 法運用書를 말한다. 秋官은 禮曹와 그 관리를 뜻하는 春官에 상대되는 것으로 刑曹와 刑官을 의미한다. 秋官志는 조선왕조의 재판 관장사무 및 판결과 처형에 관한 절차와 관리를 조선왕조의 여러 法典과 역대 왕조의 傳教·教旨 등을 바탕으로 하여 통일적이고 체계화시켜 편찬한 것이다. 구성은 5부로 나뉘어 總部, 詳覆部, 考律部, 禁掌部, 掌隷部로 되어있다. 수록된 자료들은 국초의 것도 있으나, 주로 倭亂·胡亂 이후인 孝宗祖 이후의 것들이다. 이 秋官志가 편찬됨으로써 刑官들이 사법절차 및 사법사무 등 사법운용 전반에 걸친 준칙이 정하여져 刑官들이 聽訟 등의 訴訟業務執行을 함에 보다 통일적이고 체계있는 事件審理 및 판결을 하게 되었다.

추급효(追及效) 〔佛〕 droit de suite 일정한 물권의 목적물이 轉嫁하여 어떤 사람의 수중으로 들어가더라도 그 소재에 좇아 물권을 주장할 수 있는 힘. 물권의 한 효력이라고 생각할 수 있으나 성질상 優先的 效力 또는 物權的 請求權 속에 포섭된다.

추 방(追放)〔外國人의〕 〔英〕 expulsion 외국인을 강제적으로 退去시키는 것. 국제법상 일정한 규칙이 없으며 국가의 자유재량에 좌우된다. 그러나 하등의 이유없이 국가가 전단적으로 외국인을 추방함은 허용되지 않는다(世界人權宣言 9). 이유없는 추방으로 외국인의 권리가 침해되면 외국인은 본국의 외교적 보호에 호소할 수 있다. → 외국인

추상적 경과실(抽象的輕過失) 〔羅〕 culpa levis in abstracto 輕過失과 같고 具體的 經過失에 대하여 특히 이렇게 부르는 자도 있으나 현행법상 그 필요는 없다. → 과실

추상적 과실(抽象的過失) 〔羅〕 culpa in abstracto 당해 직업 또는 계급에 속하는 사람으로서, 사회의 공동생활상 당연히 요구되는 객관적인 주의를 결하는 과실. 具體的 過失에 대립하는 말이며, 輕過失과 重過失로 나누인다. → 과실

추상적 부합설(抽象的符合說) 사실의 錯誤(→ 착오)에 관한 학설의 하나. 大는 小를 겸한다는 원칙을 적용하여 犯罪事實의 인식과 범죄사실의 발생이 추상적으로(즉, 構成要件의 구체적 내용을 추상하여) 부합하는 한도에 있어서 고의(기수)의 성립을 인정한다. 즉 ① 輕한 범죄(예: 財物損壞罪)의 고의로써 重한 결과(예: 傷害)를 발생케 한 경우에는 輕한 범죄의 결과가 발생한 것은 아니지만 輕한

범죄의 故意旣遂犯(재물손괴죄의 기수범)의 성립을 인정하고 이것과 重한 결과에 대한 과실범(過失傷害罪)과의 想像的 競合이 된다. 이와 반대로 ② 重한 범죄(예: 傷害罪)의 고의로써 輕한 결과(예: 財物損壞)를 발생케 한 경우에는 輕한 결과에 대한 인식이 없지만 輕한 결과에 대한 고의범(재물손괴죄)의 성립을 인정하고 이것과 重한 죄의 미수범(상해미수죄)과의 想像的 競合이 된다. 그런데, 이 설에 대하여는 고의가 없거나 기수가 되지 안했음에도 불구하고 고의 또는 기수를 인정한다는 비판이 있다.

추상적 사실(抽象的事實)**의 착오**(錯誤) → 착오, 객체의 착오, 타격의 착오, 법정적 부합설, 추상적 부합설

추상적 소권설(抽象的訴權說) → 소권

추상적 위태범(抽象的危殆犯) → 위태범

추심금(推尋金)〔國際法上의〕 〔英〕·〔佛〕 contribution 〔獨〕 Kontribution 점령자가 군사적 필요에 의하여 적지의 개인 또는 시·읍·면으로부터 정규의 과세규칙에 의하지 않고 징수하는 금전. 군의 需要 또는 점령지 행정의 필요를 위하여만 징수함을 요한다(陸戰規則 49~52). 海戰에서는 추심금을 징수하지 못한다. 추심금을 지급하지 않는다고 하여 무방비의 항구·도시·촌락·주택·건물을 포격함은 허용되지 않는다(戰時海軍力으로써 행하는 砲擊에 관한 條約 4).

추심명령(推尋命令) 〔獨〕 Überweisungsbeschluss zur Einziehung 債務者가 제3채무자에게 대하여 가지고 있는 債權을 代位의 절차(民 404, 405) 없이 채무자에 대신하여 직접 추심할 권리를, 집행채권자에게 부여하는 집행법원의 결정. 구법에서는 取立命令이라 하였다. 추심명령이 있는 때에는 압류채권자는 일반대위절차 없이 피압류채권의 지급을 받게 되는 것이다(民訴 563Ⅱ). 채권에 대한 강제집행에 있어서의 原則的 換價方法인 移付命令의 일종으로 轉付命令에 대한 말이다. 그 신청은 押留命令의 신청과 동시에 또는 그 후에 집행법원에 대하여 한다. 추심명령은 직권으로 제3채무자와 채무자에게 송달하고 채권자에게 그 송달한 것을 통지하여야 한다. 이러한 추심명령의 효력은 제3채무자에게 송달하였을 때에 생긴다(563Ⅳ, 561Ⅲ). 推尋命令의 신청인지 轉付命令의 신청인지 분명치 않을 때에는 추심명령의 신청으로 해석하여야 할 것이다. 추심명령의 효력으로서는 ① 압류채권자는 채무자에 갈음하여 推尋權을 취득한다. 추심권의 범위는 추심의 목적달성에 필요한 재판상 또는 재판 외의 행위에 한하므로 債權推尋行爲를 벗어난 免除·和解·期限猶豫·債權讓渡 따위는 못한다. 추심명령의 효력은 채권의 전액에 미친다. 다만 채무자보호를 위하여 집행법원은 채무자의 신청에 의하여 압류채권자를 심문하여 압류액을 그 채권자의 요구액에 제한하고 그 제한부분에 한하여 다른 채권자의 배당요구를 인정치 않음으로써 압류권자는 독점적 만족을 꾀할 수 있다(565). 또 채권자는 적당한 시기에 推尋하여야 한다(그 違反에 대하여는 572, 583). ② 채무자는 여전히 피압류채권의 주체이며(이 점에 있어서 轉付命令과 다르다) 위험부담의 책임을 진다. 따라서 제3채무자가 無資力인 때에는 그 손실은 채무자가 부담한다. 다만 채무자는 채권증서(567)와 담보물을 채권자에게 인도할 의무가 있다. ③ 제3채무자는 여전히 채무자의 채무자이며 압류채권자에 대하여 지급의무를 지고 채무자에 대한 모든 抗辯을 주장할 수 있다.

추심(推尋)**어음** 채권을 추심하기 위하여 발행하는 어음. 보통 채권자가 채무자를 지급인으로 하고 자기 또는 자기의 채권자인 제3자를 受取人으로 하여 환어음을 발행하고 은행에 그 추심을 위탁한다. 수취인이 발행인의 채권자인 경우에는 채권의 추심과 채무의 변제가 동시에 실행되는 점에서 편리하다.

추심위임배서(推尋委任背書) 〔英〕 indorsement for collection 〔獨〕 Prokuraindossament, Vollmachtsindossament 〔佛〕 endossement de procuration 추심위임배서는 증권상의 권리를 행사할 권한을 주기 위하여 그 취지를 기재한 背書로서 숨은 추심위임배서에 대하여 공연한 추심위임배서라고 하며 또 이를 代理背書 또는 委任背書라고도 한다. 법은 어음·手票에 관하여만 규정하고 있으나(어음 18·77Ⅰi, 手票 23), 다른 指示證券에도 준용될 수 있을 것이다. 배서의 방식은 회수를 위하여·추심을 위하여·대리를 위하여 등의 문자를 附記하고 배서인이 기명날인하여 피배서인에게 증권을 교부하면 되고 기명식이건 백지식이건 무방하다. 추심위임배서의 효력으로서는 어음(手票)상의 권리 자체를 이전하는 讓渡背書와는 달라서 어음(手票)상의 권리 자체는 당연히 배서인에 속하고, 피배서인은 배서인의 대리인의 지위에 서서 배서인의 이름으로써 어음(手票)上의 권리를 행사할 수 있는데 지나지 않으며, 그 대리권의 범위는 代理權에 기한 어음(手票)상의 권리행사에 필요한 모든 재판상, 재판외의 권한 예컨대 인수 또는 지급을 위한 제시·遡求·어음(手票)금의 수령·배서인의 소송대리인으로서 하는 소제기 등이며(어음 18Ⅰ·77Ⅰi, 手票 23Ⅰ),

다른 자에게 다시 추심위임배서를 할 수 있고, 그러한 추심위임의 취지를 기재하지 않더라도 추심위임배서로서의 효력만이 생긴다(어음 18Ⅰ·77Ⅰi, 手票 23Ⅰ但). 그러나 推尋委任背書에는 피배서인으로 하여금 어음(手票)상의 권리를 대리행사케 할 실질적인 대리권부여적 효력과 그 내용의 자격수여적 효력 및 면책적 효력이 있고, 또 피배서인이 배서인의 이름으로써 권리행사를 하기 때문에 피배서인으로부터 청구를 받은 채무자는 배서인에 대하여 가지는 人的抗辯으로써 대항할 수 있으나, 피배서인에 대한 인적항변으로써는 대항할 수 없으며(어음 18Ⅱ·77 Ⅰi, 手票 23Ⅱ), 이 점이 入質背書와 다르다. 그리고 피배서인은 어음을 처분할 권한이 없기 때문에 어음채권의 양도·면제·포기 등은 할 수 없고 따라서 피배서인은 讓渡背書를 할 수 없으니 추심위임배서에는 어음(手票)상의 권리를 피배서인에게 이전하는 권리이전적 효력이 없음은 물론 피배서인이 자기의 이름으로 권리를 행사할 수 없어 擔保的 效力도 없다.

추심채무(推尋債務) 〔獨〕 Holschuld 〔佛〕 dette quérable 채무자의 住所 또는 營業所에서 이행되어야 하는 채무. 持參債務에 대립하는 관념(그 밖에 따로 送付債務를 구별하는 학자가 있다). 민법은 지참채무를 원칙으로 하므로(民 467Ⅱ), 특별한 규정(예: 516), 관습 또는 특약이 있는 경우에만 추심채무로 된다. 이 채무에서는, 채권자편에서 추심하러 오지 않는 이상, 변제하지 않아도 債務不履行으로는 되지 않는다.

추심화환(推尋貨換) 隔地賣買에 있어서 양도인이 대금채권을 추심하기 위하여 매매의 목적물을 표창하는 運送證券(貨物相換證·船荷證券)을 첨부하여 발행한 환어음. 격지매매의 매도인은 매수인을 지급인으로 하고 대금액을 어음금액으로 한 환어음을 발행하여 이에 화물상환증 또는 선하증권을 첨부하여 매도인주소의 은행에 推尋委任背書를 하여 추심을 위하여 교부한다. 은행은 매수인의 주소에 있는 자기의 지점 또는 거래은행에 어음과 운송증권을 송부하여 매수인에게 어음을 제시케 한다. 매수인이 지급하였을 때에는 지급과 상환하여 은행으로부터 貨物相換證 또는 船荷證券의 교부를 받아 운송인으로부터 매매의 목적물을 받고 은행은 매수인이 지급한 금액을 매도인에게 교부한다. 만약 매수인이 지급하지 않는 때에는 은행은 어음과 貨物相換證 또는 船荷證券을 매도인에게 반환한다.

추 완(推完) 〔獨〕 Konvaleszenz, Nachholung [1] 민법상 필요한 요건을 구비하지 않기 때문에 효력이 생기지 않는 法律行爲가, 뒤에 요건이 갖추어져서 유효하게 되는 것. 독일民法(185)이 처분권없이 행하여진 處分行爲는 뒤에 처분자가 처분권을 취득함으로써 소급하여 유효하게 된다고 규정하는 것은 그 예. 無權代理行爲의 追認도 이에 해당한다. 그리고 불완전이행의 추완에 관해서는 不完全履行을 보라.

[2] 민사소송법상 不變期間을 도과한 당사자가 그 懈怠가 자기의 책임에 돌릴 수 없는 사유에 기하는 것을 이유로 하여 기간내에 행하여야 할 행위를 그 이후에 행하는 것. 예를 들면 抗訴提起期間後에 抗訴를 제기하는 것과 같은 것이다. 책임에 돌릴 수 없는 사유라 함은 통상인의 주의로써는 회피할 수 없다고 인정할 만한 사유를 뜻하고, 반드시 不可抗力의 경우에 한하지 않는다. 추완이란 懈怠된 訴訟을 하는 것이고, 그 때에 추완의 사유를 말하면 되지, 독립하여 추완의 신청을 할 필요는 없다. 추완이 인정되면 이후에는 적법한 소송행위가 있은 것으로서, 본안의 심리에 들어가게 되는데, 추완사유의 유무에 관해서는 중간의 다툼으로서 中間判決을 할 수도 있다. 추완사유가 없으면 직접 그 소송행위가 부적법한 것으로 각하되게 되어 있다. 추완은 장애사유가 그친 뒤 2주일내에 하여야 한다(160).

[3] 형사소송법상 무효원인을 제거·보정하는 補完的 追完과 不變期間의 懈怠의 경우에 효력을 인정하는 단순한 추완이 있다. 전자에 관하여는 친고죄에 있어서의 告訴의 追完, 변호인선임의 추완이 문제되고, 후자에 관하여는 상소권회복의 규정이 있다(刑訴 345).

추 인(推認) 〔羅〕 ratihabitio, confirmatio 〔獨〕 Genehmigung, Bestätigung 〔佛〕 ratification, confirmation [1] 민법상은 法律行爲의 瑕疵(缺點)를 사후에 이르러 보충하여 완전하게 하는 것. 세 경우가 있다. ① 取消할 수 있는 行爲의 追認(民 143). 취소할 수 있는 행위에 의하여 발생한 불확정한 효력을 취소할 수 없는 것으로 확정하는 單獨行爲. 그 본질은 取消權의 포기이다. 추인을 할 수 있는 자는 취소권자이다. 그리고 취소할 수 있는 행위에 관하여 일정한 사유가 발생한 때에는, 추인한 것으로 본다(法定追認). ② 無權代理行爲의 追認(130, 133). 무권대리행위에 관하여, 대리권이 있어서 행하여진 것과 동일한 효력을 발생시키는 것을 목적으로 하는 單獨行爲. 전자와는 달라 무효인 행위를 유효로 하는 성질을 가진다. 無權代理行爲의 추인에도 소급효가 있다. ③ 무효행위의 追認(139). 무효행위는 추인에 의하여 이를 유효로 할 수 없다. 그러나 무효원인이 없어진 후에 당사자가 그 법률행위가 무효인 것을 알고 이를 追認한 경우에는 민법은 편의상 이것을 새로운 행위를 한 것으로 본다. 즉 이 경우의 추인은 무효행위를 사후에 유효로 하는 것이 아니라 외형적으로 추인의 형태를 취하는 새로운 행위이다. 따라서 새로운 행위를 하는 경우와 동일한 요건을 갖추어야 한다. 무효행위의 추인에는 遡及效가 없다.

[2] 민사소송법상 訴訟能力·法定代理權·訴訟代理權의 欠缺이 있는 경우의 소송행위는 무효이지만 능력을 취득한 본인, 적법한 授權을 받은 대리인이 소송중에 추인하면 행위시에 소급하여 효력을 낳는다(民訴 56, 88, 394Ⅱ). 이와 같이 추인에 의하여 유효로 될 여지가 있으므로, 법원은 遲延으로 인하여 손해가 생길 염려가 있는 때에는 후일에 추인을 조건으로 하여 일시 訴訟行爲를 하게 할 수 있다(55, 88).

추적권(追跡權) 〔英〕 right of hot pursuit 〔獨〕 Recht der Nacheile, Verfolgung 〔佛〕 droit de poursuite, droit de suite 연안국의 군함 또는 경찰선이 그 領水에 있어서 연안국의 법령에 위반한 외국선박을 공해에까지 추적할 수 있는 권리이다. 추적은 違反船이 領水에 있을 때에 개시되는 것을 요하며 또한 계속되는 것을 요한다. 추적권은 被追跡船이 본국 또는 외국의 영해내에 들어갔을 때에 소멸한다. 追跡에 관해서는 제1회법전편찬회의의 영해에 관한 조약안 11조에 상세한 규정이 있다. 추적의 방법에 대하여 조약안 2항에는 다음과 같이 규정되어 있다. 추적선이 위치, 각도의 결정 기타의 수단에 의하여 피추적선 또는 그 短艇의 하나가 영해내에 있는 것을 확인하고, 또한 정선신호를 발하고 추적을 시작한 것이 아니면 추적은 개시된 것으로 보지 않는다. 停船命令은 피추적선이 볼 수 있으며 들을 수 있는 거리에서 발하여질 것을 요한다. 또한 공해에 있어서 나포하였을 경우에는 그것을 被拿捕船의 旗國에 통지하지 않으면 아니된다. 학설상으로는 조약 또는 관습에 의하여 接續水域이 인정되고, 이 수역내에서의 포획권이 승인된 이상이 권리를 실효화하기 위하여 접속수역내에서 개시되는 추적권을 인정하는 것이 타당하다.

추 정(推定) 〔獨〕 Vermutung 〔佛〕 présomption ① 명확하지 않은 사실을 일단 있는 것으로 정하여 法律效果를 발생시키는 것. 법은 통상적으로 法律關係 또는 사실이 명확하지 아니한 경우에 있어서 일반의 경우에 존재한다고 생각되는 상태를 표준으로 하여 그것에 기하여 일단 법률관계 또는 사실에 대한 판단을 내려서 법률효과를 발생시키고 당사자간의 분쟁을 회피시키는 경우가 있는 바, 이렇게 하여 이루어진 판단을 추정이라고 말한다. 예를 들면 각 共有者의 持分을 균등한 것으로 추정하는(民 262Ⅱ) 등은 그것이다. 그러나 당사자는 反論을 들어서 그 추정을 전복시킬 수 있다. 즉, 전례에 있어서 당사자가 각 공유자의 持分이 균등하지 않다고 반대의 사실을 입증하면 추정의 효과가 저지된다. 이 점에 있어서 法規上의 본다와 다른 것이다. 즉 본다의 경우는 反證을 들어도 일단 발생한 법률효과는 顚覆되지 아니하나, 추정의 경우는 반증에 의하여 일단 발생한 법률효과도 전복되는 것이다. ② 소송법상 간접사실의 존재의 입증에 의하여 직접사실의 존재가 추측되는 것. 그 때문에 직접사실의 거증책임이 전환되는 경우를 법률상의 추정이라 하고(상대방은 本證에 의하여 이것을 전복시킨다), 轉換되지 않는 경우를 사실상의 추정이라 한다(상대방은 反證에 의하여 이것을 전복시킨다), 本證에 의하여도 反證에 의하여도 전복시킬 수 없는 때에는 擬制이고 실체법상의 요건의 변경이다.

추정승계인(推定承繼人) 현상대로 相續이 개시된다고 가정하는 경우에 승계인이 될 자. 예컨대 어떤 사람에게 妻와 子女와 兩親·兄弟가 있다면 그 추정재산승계인은 처와 자녀이다. 추정승계인이 가지고 있는 승계권은 일종의 期待權이다. 그것은 단순한 기대 또는 희망에 불과하고 확정적인 지배권은 아니다. 先順位承繼人의 출현으로 인하여 기대가 깨뜨러지는 경우도 있고 승계결격으로 인하여 희망이 소멸되는 경우도 있다. 그러나 결격사유가 없는 한 박탈당할 수 없다는 보장만은 있기 때문에 역시 권리라고 할 수 있을 것이다.

추정승계인제도(推定承繼人制度) 訴訟係屬中 당사자가 상대방 당사자에게 係屬物의 양도사실을 진술하지 아니한 때는 辯論終結 후에 승계된 것으로 추정하여 既判力과 執行力을 미치게 하는 제도를 말한다(民訴 204 Ⅱ).

추정신탁(推定信託) 〔英〕 implied trust 법률 또는 법원의 추정에 따라 성립하는 신탁. 영미법에서 당사자가 信託設定의 의사를 표시하지 않더라도 그 행위에 따라 신탁설정의 의사가 있다는 법원의 추정에 의하여 신탁이 성립하는 일이 있다.

추정적 동의(推定的同意) 추정적 승낙과 같다.

추정적 부인(推定的否認) 민사소송법상 당사자가 상대방이 주장한 사실에 대하여 不知라고 진술하게 되며 그 사실을 다툰 것으로 추정하게 되는 바(民訴 139Ⅱ) 이를 추정적 부인이라고 한다.

추정적 승낙(推定的承諾) 〔英〕 mutmassliche od. vermutete Einwilligung 현실로 피해자의 승낙이 없어도 피해자가 그 사정을 알았다면 당연히 승낙하였으리라고 객관적으로 추정되는 경우, 예컨대, 不在인 隣家의 화재를 소화하기 위하여 문을 깨뜨리고 들어가는 경우이다. 이러한 경우는 현실의 승낙이 있는 경우에 준하여 위법성이 조각되는 것으로 본다(→피해자의 승낙). 그리고 민법상으로도 不法行爲가 되지 않는다.

추정적 호주상속인(推定的戶主相續人) 피상속인의 가족인 直系卑屬으로서 구민법 970조의 규정에 의하여 최선의 순위에 있는 자를 말한다. 추정이라고 하는 이유는 호주상속이 개시하고, 상속인이 확정될 시기까지는 상속인의 사망·廢除(舊民 975) 등의 사정이 발생하여 실제로 상속할 수 없는 경우가 있기 때문이다(973, 975~979, 982). 현행민법은 추정호주상속인 규정을 삭제하였다.

추 징(追徵) 犯人 이외의 자의 소유에 속하지 아니하거나 범죄후 범인 이외의 자가 情을 알면서 취득한 다음의 물건, 즉 ① 범죄에 제공하였거나 제공하려고 한 물건, ② 犯罪行爲로 인하여 生하였거나 이로 인하여 취득한 물건, ③ 이들의 대가로 取得한 물건의 전부 또는 일부를 몰수하는 경우에 있어서 그것을 몰수하기 불능한 때에는 그 價額을 추징한다(刑 48Ⅱ 참조). 이것은 범죄와 관련된 부정한 이익을 범인의 손에 남겨두지 않으려는 데에 있다.

추 탈(追奪) 타인으로부터 權利移轉을 받은 자가 이전자에게 정당한 권리가 없기 때문에 진정한 권리자가 자기의 권리를 주장하고 권리의 이전을 받은 자에 대하여 追及하는 등 그 권리를 박탈하는 것을 말한다.

추탈담보(追奪擔保) 〔獨〕 Haftung wegen Eviktion 〔佛〕 garantie contre l'éviction 매매의 목적인 권리에 瑕疵가 있는 경우에 賣渡人이 부담하는 擔保責任(民 570~579). 물건에 하자가 있는 경우에 매도인이 부담하는 瑕疵擔保라는 용어에 대립하여 쓰여진다. 買受人이 매도인으로부터 이전받은 권리가 후에 진정한 권리를 가진 제3자에 의하여 奪回된 경우의 책임이라는 의미에서, 로마법 이래 사용되어 온 용어이지만 민법이 인정하는 책임은 추탈의 경우에 한하지 않으므로 권리의 하자에 대한 擔保責任이라고 하는 것이 타당하다. 이 담보책임은 매매의 목적인 권리의 전부 또는 일부가 타인에게 속하기 때문에 매도인이 이를 매수인에게 이전할 수 없는 경우, 수량을 지정한 매매의 목적물이 부족한 경우와 매매목적물의 일부가 계약당시에 이미 멸실된 경우, 목적물 위에 地上權 기타의 권리에 의한 이용의 제한이 있는 경우, 목적인 부동산을 위하여 地役權이 있다고 하여 매매하였는데 실제로는 존재하지 않은 경우, 제3자가 가지고 있는 抵當權·傳貰權 등의 행사로 인하여 매수인이 그 소유권을 잃은 경우, 저당권의 목적이 되어 있는 地上權이나 전세권이 매매의 목적인 경우에 저당권의 행사로 인하여 매수인이 이를 잃은 경우 등에 인정되며 매수인은 그 선의·악의 또는 하자의 대소에 따라 매도인에 대하여 解除·代金減額請求·손해배상청구의 전부 또는 그 중 어느 것을 할 수 있다.

추 행(醜行) 추행의 개념에 관해서는 ① 性欲의 흥분·자극 또는 만족을 목적으로 하는 행위로서 건전한 상식있는 일반인의 수치·혐오의 감을 느끼게 하는 일체의 행위라는 견해와 ② 일반인에게 性的 羞恥心이나 혐오의 감정을 일으키게 하는 일체의 淫亂行爲라는 견해로 나누어진다. 전자에 의하면 주관적으로 성욕을 자극·흥분·만족할 목적과 객관적으로 일반인의 성적 수치심을 해하여 선량한 성적 도덕관념에 반하는 정도의 행위가 있어야 하고, 이른바 傾向犯의 일종이라 하게 된다. 그러나 性欲을 자극·흥분·만족할 목적이라는 주관적 요소를 요할 때에는 혐오 또는 호기심에서 수치심을 주는 음란행위를 하더라도 본죄에 해당될 수 없고, 개인의 성적 자유의 보호가 행위자의 주관적 경향이나 목적에 의하여 좌우된다는 불합리성이 있으므로, 주관적인 動機·傾向·目的 등은 醜行의 요건이 아니라고 함이 타당하다. 그러므로 추행이란 객관적으로 일반인에게 성적 수치와 혐오의 감정을 일으키게 하는 일체의 행위를 말하며, 상대방을 나체가 되게 하거나 여자의 陰部를 손으로 만지거나 손가락을 넣는 행위는 여기의 추행에 해당하게 된다. 추행은 객관적으로 性的 感情을 침해하는 행위일 것을 요하므로 그것은 性的 自由를 침해하는 중요한 행위에 제한되어야 한다. 즉 그것은 性的 羞恥感 내지 性的 道德感情을 현저히 침해하는 것이어야 한다. 따라서 여자의 손이나 무릎을 만지는 경우는 물론, 옷을 입고 있는 여자의 옷 위로 가슴을 만지거나 성기를 쓰다듬는 것만으로는 여기의 추행에 해당한다고 할 수 없다.

축산업협동조합(畜産業協同組合) 養畜家가 생산력의 증진과 그들의 경제적·사회적 지위의 향상을 도모하기 위하여 축산업협동조합법에 의하여 설립하는 법인. 地域別組合과 業種別組合 및 이들 조합의 공동이익의 증진과 건전한 발전을 도모하기 위하여 조합을 회원으로 하여 구성되는 中

央會가 있다(畜産業協同組合法 3). 조합원의 가입·탈퇴는 자유이나(26, 27, 103, 133) 조합원이 되고자 할 때에는 出資하여야 하며, 持分의 보호에는 조합의 승인을 요한다(22, 26 등). 조합과 중앙회는 생산 및 생활지도, 복리후생, 購買 및 販賣, 보관, 신용사업 등을 할 수 있다(53, 102, 123). 조합과 중앙회는 그 업무에 있어서 구성원을 위하여 차별없이 최대로 봉사함을 목적으로 하고(6), 公職選擧에 있어서 특정정당을 지지하거나 특정인을 당선되게 하거나 당선되지 못하게 하는 일체의 행위를 하여서는 아니된다(7).

축소해석(縮小解釋) 〔羅〕 interpretatio restrictiva 〔獨〕 restriktive Interpretation 〔佛〕 interprétation restrictive 법의 해석에 있어서 法文의 의미를 통상의 경우보다 좁게 엄격하게 해석하는 것. 制限解釋이라고도 한다. 擴張解釋에 대립한다. 법의 해석은 개개의 법규 또는 법의 전체목적에 따라서 정하여져야 하는 것이므로, 특히 축소해석이라고 하는 해석방법이 독립하여 존재하는 것은 아니고 올바른 해석의 결과로서 축소해석이 생기는데 불과하다.

축한정범개념(縮限正犯槪念) → 제한적 정범개념

춘프트 〔獨〕 Zunft 독일 중세의 同業 길드. →길드

출납공무원(出納公務員) 법령의 정하는 바에 의하여 현금 또는 물품을 출납·보관하는 공무원(豫會 104, 物管 10, 軍需 6Ⅲ). 중앙관서의 장 또는 그 위임을 받은 공무원이 임명하며(豫會 105, 物管 10, 軍需 6Ⅱ), 중앙관서의 장 또는 그 위임을 받은 공무원은 필요하다고 인정할 때에는 代理出納公務員 또는 分任出納公務員을 임명할 수 있다(豫會 113Ⅱ, 物品 12, 軍需 7). 현금을 출납·보관하는 공무원을 現金出納公務員이라 하며 물품을 출납·보관하는 공무원을 物品出納公務員이라 한다. 출납공무원은 재정보증 없이는 그 직무를 담당할 수 없다(豫會 123, 軍需 9). 출납공무원과 그 대리 또는 분임자가 그 보관에 속하는 현금 또는 물품을 망실·훼손하였을 때에는 변상의 책임이 있다(豫會 122, 物管 46, 軍需 28, 會計關係職員 등의 責任에 관한 法律 4). →물품출납공무원, 출납공무원의 변상책임

출납공무원(出納公務員)**의 변상책임**(辨償責任) 출납공무원(그 대리 또는 分任者 포함)이 그 보관에 속하는 현금 또는 물품을 망실·훼손하였을 경우에 선량한 보관자의 주의를 태만히 하지 아니한 증명을 하지 못하였을 때 부담하는 변상책임(豫會 122, 物管 46, 軍需 28, 會計關係職員 등의 責任에 관한 法律 4). →출납공무원, 회계관계직원, 공무원의 변상책임

출납기관(出納機關) 국가 또는 공공단체의 경비를 支出官·支出員 등의 지급명령에 따라 지급하는 집행기관. 국가에 있어서는 한국은행이나 체신관서 예외로 前渡資金出納公務員이, 지방자치단체에 있어서는 원칙으로 金庫, 예외로 出納員이 출납기관이다(豫會 63·65·66, 地財 42·52~54). 예산회계법은 財務官·支出官·出納機關의, 지방재정법은 경리관·지출원·출납기관의 직무분리를 요구하고 있다(豫會 70, 地財 57). →지출기관, 회계관계직원의 변상책임

출납기한(出納期限) 1會計年度에 속하는 세입·세출의 출납에 관한 사무의 완결기한. 예산회계법에 있어서는 다음 해 회계연도의 3월 10일까지로 되어 있다(4). 예산회계법시행령에는 出納事務의 정리기한에 관하여 상세히 규정되어 있다(5~7). →출납정리기한

출납정리기한(出納整理期限) 회계연도에 속하는 세입·세출의 출납에 관한 사무의 정리기한. 豫算會計法에 출납기한(다음 해의 3월 10일까지)을 규정하여 놓고(4), 예산회계법시행령에 그 사무의 구체적인 정리기한을 규정하고 있다(5~7). 출납정리기한은 원칙적으로 다음 해의 1월 10일까지이다. 다만, 지출관의 정부계정 상호간의 國庫金對替를 위한 지출의 경우, 한국은행의 세출금지급의 경우, 前渡資金出納公務員에게 지출된 세출의 返納金戾入의 경우, 한국은행의 세입금수납의 경우로서 정부계정 상호간의 國庫金對替에 의하여 세입금을 수납하는 경우와 출납공무원으로부터 그 수납한 세입금의 납입을 받는 경우 등에 있어서는 1월 15일까지 할 수 있다(5Ⅲ 但, 6 但, 7 但). 지방자치단체의 출납을 다음 연도 2월말로써 폐쇄한다(地財 4). →출납기한

출 생(出生) 태아는 출생에 의하여 자연인으로서 권리능력을 취득한다(民 3). 즉, 權利能力의 始期는 出生이다. 따라서 태아에는 권리능력이 없다. 세법상은 태아가 난 뒤에 사망하였느냐 死産이냐에 의하여 상속순위가 달라지는 일이 있으므로, 출생의 표준시기가 문제로 되는데 민법에서는 출생의 완료, 즉 태아가 살아서 모체로부터 全部 露出하는 것을 가지고 출생으로 하는 것(全部露出說)이 통설이다. 이에 대하여 형법에서는 殺人罪와 落胎罪를

구별하기 위하여 그리고 過失致死罪(刑 267)는 있어도 過失落胎罪는 없기 때문에 이것이 문제로 되는데, 여기에서는 分娩의 개시, 즉 진통의 개시가 있으면 출생으로 하는 것(陣痛說)이 통설로 되어 있으며 그 후에 살해하면 殺人罪로 된다. 出生이 있은 때에는 1월 이내에 출생지 또는 본적지의 시·읍·면장에게 신고하지 않으면 안된다(戶 49~59). 신고의무자는 父·母·戶主·同居하는 친족·分娩에 관여한 의사 등의 순이다(51).

출생지주의(出生地主義) → 생지주의와 같다.

출 석(出席) 口述辯論期日·證據調査期日·판결선고기일 그 밖의 법원에 소환된 기일·파산법상의 채권자집회 기일·배당표 배정기일 등에 법원에 나아가서 심리 그 밖의 절차에 출석하는 것. 출석하지 않을 때에는 여러가지 불이익을 받으며, 또 증인으로 소환되어 정당한 이유없이 출석하지 않으면 拘引되든가 벌금·구류처분을 받게 된다.

출석거절권(出席拒絕權) 出席을 요구받은 자 또는 출석의무가 부여된 자가 출석을 거절하는 권리. 수사기관의 임의출석요구는 거절할 수 있다. 召喚狀에 의하여야 할 경우에 소환장의 방식을 결한 경우에는 출석거절권이 있다.

출석명령(出席命令) 형사소송법상 다음의 두 가지 뜻으로 쓰인다. ① 법원이 필요한 때에 지정한 장소에 피고인의 출석을 명하는 재판(刑訴 79). 구법은 이를 出頭命令이라 했다. 召喚과 비슷한 强制處分이지만, 召喚狀에 해당하는 영장을 필요로 하지 아니하는 점이 소환과 다르다. 급속을 요하는 경우에는 재판장이 스스로 할 수 있고, 또는 合議部員으로 하여금 하게 할 수도 있다(80). ② 검사 또는 사법경찰관이 수사에 필요한 때에 피의자 또는 피의자가 아닌 자(참고인)의 출석을 요구하는 것(200, 221). 舊法은 이를 召喚이라 하였다. → 소환

출석의무(出席義務) 法院 또는 法官이 발행하는 召喚狀에 따라 피고인·증인·감정인 등의 소환장에 지정된 장소로 그 지정기일에 출석할 의무를 말한다. 피고인은 제1심 심판기일에는 원칙으로 출석할 의무가 있다. 출석의무를 진 자가 출석하지 않을 경우는 구인되거나 제재를 받는다(刑訴 76, 98, 102, 151, 153, 276, 306, 365).

출소기간(出訴期間) 〔獨〕 Anfechtungsfrist 행정소송법상 出訴期限과 동의어로 쓰이는 수도 있으나 행정처분의 취소 또는 변경을 구하는 소송을 제기할 수 있는 法定期間을 지칭하는 것이 통례이다. 이 기간은 行政處分의 효력을 조속히 확정시킬 필요와 상대방의 권리보호의 요청과의 조화를 고려하여 결정된다. 행정소송법에 의하면 행정심판을 거쳤을 경우와 그렇지 아니한 경우에 따라서 출소기간이 구별된다. 행정심판을 거쳤을 경우에는 재판서의 正本의 送達을 받은 날로부터 60일 이내에 제소하여야 하고(行訴 20 Ⅰ), 행정심판을 제기하지 아니하거나 그 재판을 거치지 아니하는 사건에 대한 訴는 처분이 있음을 안 날부터 90일을, 처분이 있은 날부터 1년을 경과하면 이를 제기하지 못한다. 다만, 정당한 사유가 있는 경우에는 그 사유가 소멸되어 객관적으로 처분있음을 알 수 있는 때부터 180일 이내에 제기하면 된다(20 Ⅱ). 이 기간은 不變期間이므로(20 Ⅲ). 법원은 직권으로써 이를 신축할 수 없고, 다만 원격지에 주소·거소를 둔 자를 위하여 附加期間을 정할 수 있으며(民訴 159 Ⅱ), 또한 당사자가 그 책임을 질 수 없는 사유로 인하여 이 기간을 준수할 수 없었던 경우에는 그 사유가 종료된 후 2주기간내에 懈怠한 소송행위를 追完할 수 있을 따름이다(160). 특별법에는 상이한 출소기간을 규정하고 있는 예도 있다(각종 選擧訴訟에 관한 법규).

출소기한(出訴期限) 〔英〕 limitation 어떠한 권리를 일정한 기간 행사하지 아니하면, 그 권리 자체는 소멸하지 않지만 이에 대하여 제소할 수 없게(訴權의 소멸) 하는 제도 혹은 그 기간. 실체법상의 권리가 소멸하지 않는 점에서 消滅時效와 다르다. 그러나 프랑스법에서는 소멸시효는 소권을 소멸시키는 것으로 명시되고 있다. 출소기한이 徒過되어 소권이 소멸된 권리는 일종의 自然債務로 된다. → 출소기간

출 연(出捐) 〔獨〕 Zuwendung 〔佛〕 disposition 어떤 자가 그 의사에 기하여 재산상의 손실을 일으킴으로써 타인의 재산을 증가시키는 것. 재산상의 손실은 현실의 出費이든 의무의 부담이든을 묻지 않는다. 민법은 어떤 경우에는 출연이라고 하지만(43 등), 다른 경우에는 出財라고도 한다(425, 426 등). 출연을 하는 것을 出捐行爲라고 한다. → 유상계약·무상계약

출연재산(出捐財産) 일반적으로 당사자의 일방이 그 의사에 좇아서 재산상의 손실을 봄으로써 상대방을 이득시키는 것을 출연이라 하며 출연하는 행위, 즉 出捐行爲에 의하여 제공된 재산을 출연재산이라 한다. 민법은 특히 財團法人의 설립을 위하여 출연된 재산에 관하여 출연재산이라는 용어를 쓰고 있는데, 生前處分으로 재단법인을 설

립하는 때에는 出捐財産은 법인이 성립된 때로부터 법인의 재산이 되고, 유언으로 재단법인을 설립하는 때에는 출연재산은 유언의 효력이 발생한 때로부터 법인에 귀속한 것으로 보고 있다(48). 그러나 법인이 성립한 때로부터 법인에 귀속한다고 하는 것은 출연재산이 부동산인 경우에 등기없이 당연히 부동산소유권이 법인에게 이전된다는 뜻이냐, 또는 법인의 성립 또는 유언의 효력발생으로써 법인에게 귀속되는 것은 財産移轉請求權뿐이고 부동산소유권이 현실로 이전함에는 등기를 요하느냐에 관하여, 견해가 대립되어 있다.

출원공개(出願公開) 工業所有權의 출원이 있은 경우에, 그 출원사실을 특허공보에 게재하는 특허청의 행정행위. 特許의 출원이 있는 경우에 심사관은 그 출원에 대하여 심사한 결과 특허출원을 거절할 이유가 없을 때에는 출원공개의 결정을 하여야 하고, 이 결정이 있을 때에는 특허청은 일정한 사항과 출원요지를 특허공보에 게재하여야 한다(特許 64Ⅰ·Ⅱ, 實用 72). 공개를 하는 까닭은 일반인에게 출원이 있었다는 것을 주지시켜 특허이의신청의 기회를 주도록 하자는데 그 목적이 있다(特許 69, 實用 72). 출원공개가 있은 때에는 그 출원한 발명은 출원공개가 있은 날부터 業으로서 그 특허출원된 발명을 실시할 권리를 독점한다(特許 65Ⅰ, 實用 72). 그러나 出願公開後에 출원의 포기·무효·취하가 있은 때, 거절사정이 확정된 때에는 특허권의 효력은 처음부터 발생하지 아니한 것으로 본다(特許 65Ⅵ, 實用 72). →특허공보

출입국관리공무원(出入國管理公務員) 出入國港에서 출입국관리업무에 종사하는 공무원으로서 대한민국 국민 및 외국인은 대한민국에 입국하거나 출국하고자 할 때에는 출입국항에서 출입국관리공무원의 출입국심사를 받아야 한다(出入國管理法 3, 6, 11, 24). 출입국관리공무원은 출입국관에 관한 범죄에 대하여는 司法警察官吏의 직무를 행한다(司法警察官吏의 職務를 행할 자와 그 職務範圍에 관한 法律 3Ⅴ).

출입금지(出入禁止) 假處分命令에 의하여 주거, 건물(店鋪), 토지(주로 농지) 등 일정한 係爭物에 출입하는 것을 금지하는 것. 이를 立入禁止라고도 한다.

출입항세(出入港稅) 〔英〕 entrance and clearance 어떤 항구에 출입하는 선박의 톤수 또는 吃水에 따라서 과하는 세금.

출 자(出資) 〔英〕 contribution 〔獨〕 Einlage 〔佛〕 apport 事業을 經營하기 위한 자본으로서 금전 기타 재산·노무 또는 신용을 법인 또는 조합에 제공하는 것. 경우에 따라서는 제공되는 재산 등을 말할 때도 있다. 법전상 출자란 말은 각종의 회사·匿名組合·민법상의 조합·증권거래법상의 證券去來所 등에서 쓰이고 있으나(商 78·179·222·272·543, 民 703, 證去 76의3). 주식회사의 株金의 납입도 이에 해당한다. 출자의 종류는 財産出資·勞務出資·信用出資가 있는데 회사의 무한책임사원이나 조합원에 대하여는 모든 출자가 인정되나, 有限責任社員·주주·유한회사의 사원·匿名組合員 등에 대하여는 財産出資만이 인정된다. 출자의무는 사원·조합원 등의 자격에 당연히 수반되는 것으로, 출자의무 없는 자는 없다.

출자인수권(出資引受權) 유한회사의 資本增加의 경우에 우선적으로 출자를 인수할 수 있는 권리(商 588). 주식회사에 있어서의 新株引受權에 해당한다(418). 유한회사의 사원은 원칙적으로 증가할 자본에 대하여 그 持分에 따라서 출자의 인수를 할 권리가 있으며, 이것을 사원의 法定引受權이라 한다. 그러나 예외적으로 자본증가의 결의에 있어(586 iii) 또는 사원총회의 특별결의로써 장래의 자본증가에 있어(587) 특정한 자에 대하여 출자인수권을 부여할 수 있다. 유한회사에 있어서 사원에게 出資引受權이 인정되어 있는 것은 유한회사가 폐쇄적·상호신뢰관계에 있는 사원으로 구성되는 회사이므로, 사원으로 하여금 출자를 인수시키는 것이 적당하기 때문이다. 이 출자인수권은 인수의무를 수반하는 것은 아니다. 그러므로 출자인수권을 보유하는 자가 인수를 하지 아니할 때에는 회사는 그 외의 자에게 인수를 시킬 수 있으나 단지 광고 기타 방법에 의하여 引受人을 公募할 수는 없다(589Ⅱ).

출 재(出財) →출연

출 판(出版) 〔英〕 the press 〔獨〕 Presserzeugnis 文書·圖畫·寫眞·彫刻 등 문자나 상형에 의한 사상의 발표. 사상발표의 수단은 언론에서 출판에로 그 중요도가 變轉되어 나왔다. 사상의 자유로운 발표는 민주주의 존립의 기초라고 할 수 있기 때문에 근대민주국가에서는 다 같이 出版의 自由를 보장하고 있다. →출판의 자유

출판권(出版權) 〔獨〕 Verlagsrecht 〔佛〕 droit d'édition 어떤 著作物을 인쇄·간행할 수 있는 독점적이고 배타적인 권리로 당해 저작물의 한 형태이다. 저작권법은 저작권자가 출판자에 대하여 설정행위에 의하여 부여하는 권리도 뜻한다. 이 뜻

에 있어서의 출판권은 저작물을 원작 그대로 인쇄술 그 밖의 기계적 또는 화학적 방법에 의하여 文書 또는 圖畵로서 複製하고, 이것을 발매하는 獨占權(著 54)이다. 또 출판권자는 그 설정행위에 특약이 없는 한 출판에 필요한 물건을 받은 날로부터 9월 이내에 출판할 의무를 지며 맨처음 출판한 날로부터 3년간 出版權을 보유한다(55, 57).

출판계약(出版契約) 〔英〕 publishing agreement 〔獨〕 Verlagsvertrag 〔佛〕 contrat d'édition 著作權者와 出版者간의 저작물출판에 관한 계약. 저작물을 출판하는 권리는 원칙적으로 저작권자에게 전속하기 때문에(著 14), 타인의 著作物을 출판하는 자는 저작권자와의 계약에 의하여 출판의 권능을 취득하고 또는 출판에 관한 정함을 할 필요가 있다. → 출판권

출판물명예훼손죄(出版物名譽毁損罪) 사람을 비방할 목적으로 신문·잡지 또는 라디오 기타 출판물에 의하여 사실을 적시하여 그의 명예를 毁損하는 罪(刑 309 Ⅰ). 허위의 사실을 摘示하는 경우(309 Ⅱ)에는 형을 가중한다. 본죄는 출판물 등이 광범위로 전파되는 점을 고려하여 보통의 명예훼손죄보다 형을 가중한 것이며 사람을 비방할 목적, 즉 남을 헐뜯어서 욕할 목적이 없는 한 출판물 등에 의하여도 보통의 명예훼손죄를 구성할 따름이다. 본죄는 피해자의 明示한 의사에 반하여 公訴를 제기할 수 없다(312 Ⅱ)(→반의사불론죄). →명예훼손죄

출판(出版)**의 자유**(自由) 〔英〕 freedom of press 〔獨〕 Pressfreiheit 〔佛〕 liberté de la presse 출판에 의하여 사상을 발표하는 자유. 言論의 自由의 가장 중요한 것. 권리조항에서 보장되는 전통적인 자유권의 하나. 모든 국민은 출판의 자유를 제한받지 아니한다(憲 21 Ⅰ). 출판이란 문서·도화·사진·조각 등과 같이 문자 및 그 밖의 상형에 의한 사상의 발표를 말한다. 현행 헌법에서는 구헌법과는 달리 출판에 대한 허가제 또는 검열제의 금지를 명문으로 규정하였다(21 Ⅱ). 출판의 자유의 본질에 비추어 許可制·檢閱制의 창설은 제한된다.

출회송달(出會送達) 송달을 받을 자를 만난 장소에서 하는 送達. 相逢送達이라고도 한다. 송달을 받을 자가 우리나라 안에 주소·거소·영업소 또는 사무소를 가지는 것이 분명하지 아니할 때에, 또는 주소·거소·영업소 내지 사무소를 가진 자가 송달받기를 거부하지 않을 때에 할 수 있다(民訴 170 Ⅰ·Ⅱ). 법원서기관 또는 서기가 그 사건 때문에 법원에 출석한 자에게 직접하는 송달도 일종의 출회송달이다.

충돌규칙(衝突規則) 저촉규정과 같다.

충돌규칙적 지정(衝突規則的指定) 저촉규정적 지정과 같다.

충돌약관(衝突約款) 〔英〕 collision clause, running down clause(R. D. C.) 선박충돌로 인한 손해배상의무의 부담으로 말미암아 입는 손해의 塡補를 약정하는 海上保險의 약관. 이것은 책임보험에 속하고 따라서 선박보험의 보험자는 특약이 없는 한 당연히 선박충돌로 인한 손해보상의 損害塡補를 부담하지 아니하므로 이 약관을 보험계약에 삽입하게 된다.

충돌지법(衝突地法) 선박이 충돌한 장소의 법률. 국제해상법에 있어서 하나의 準據法이 되고 있다. 우리 섭외사법은 開港·河 또는 領海에서의 선박충돌에 관한 책임은 충돌지법에 의하기로 하고 있다(45).

충성심사(忠誠審査) 〔英〕 loyality test 1947년의 忠誠審査令(loyality order)에 의하여 행한 미국공무원에 대한 사상조사. 연방인사위원회의 충성심사국에 의하여 파괴사상 및 공무원이 관련된 단체가 심사되며, 충성을 맹서하지 않는 자 또는 불충성으로 추정되는 자는 원칙으로 공직에서 추방한다. 제2차대전 후의 중요한 것이다. 그 심사의 범위는 공동단체·민간회사·학교 등 사회 여러 분야를 포함한다.

취가혼(娶嫁婚) 〔英〕 patrilocal residence 혼인과 동시에 妻가 夫의 집단에 들어가는 혼인. 이것은 父系社會와 밀접한 관계가 있는 경우가 많으나, 멜라네시아의 르로브리안드 섬과 같이 모계사회에서도 娶嫁婚인 경우가 있다. 우리나라에서는 오래전부터 취가혼을 원칙으로 하고 있다.

취급제한유독물(取扱制限有毒物) →특정유독물

취득세(取得稅) 부동산·차량·건설기계·立木·항공기·토지·선박을 과세물건으로 하는 도·시·군의 普通稅(地稅 104~121). 과세표준은 취득 당시의 가액으로 하고 그 세율은 원칙으로 취득물건의 가액 또는 연부금액의 1000분의 20이다.

취득시효(取得時效) 〔羅〕 praescriptio acquisitiva, usucapio 〔獨〕 Ersitzung 〔佛〕 prescription acquisitive 타인의 물건을 일정기간 계속하여 점유하는 자에게 그 소유권을 취득하게 하고

또는 소유권 이외의 財產權을 일정한 기간 계속하여 사실상 행사하는 자에게 그 권리를 취득하게 하는 제도. 구민법은 取得時效와 消滅時效는 어느 것이나 일정한 사실의 일정기간의 계속에 대하여 법률효과가 부여된다고 하는 점에서 공통하고, 그 근본의 존재이유에도 공통한 바가 있다고 하여 양자를 하나의 제도로 통일하여 모두 총칙편에 규정하였으나 민법은 양자의 성질과 연혁에 착안하여 취득시효에 관하여는 소유권취득의 원인으로 물권편에 규정하고(民 245~247) 이를 소유권 이외의 재산권에 준용하고(248) 소멸시효에 관하여는 일반적인 權利消滅의 원인으로 총칙편에 규정하였다(162~184). 소유권의 취득시효의 요건은 다음과 같다(245, 246). ① 소유의 의사로써 점유하고 있을 것(自主占有), ② 그 점유가 平穩·公然하게 행하여진 것일 것, ③ 그 점유가 일정한 기간 계속할 것. 그 기간은 ㉠ 부동산의 경우에 이미 소유자로 등기되어 있지 않은 때에는 20년이고, 시효기간이 만료한 후 登記를 하여야 한다. 등기가 이미 되어 있을 경우에는 10년이고, 그 점유는 선의·무과실임을 요한다. ㉡ 동산의 경우에는 점유가 선의이고 과실이 없을 때에는 5년, 점유가 선의·무과실이 아닐 때에는 10년이다. 이상 세 가지 요건은 소유권 이외의 재산권의 취득시효에 準用되므로(248), 그 取得時效期間은 부동산물권의 경우에는 권리자로서 미리 등기가 되어 있느냐 어떠냐에 따라 10년과 20년, 동산물권의 경우에는 선의·무과실이냐 어떠냐에 따라서 5년과 10년이다. 다만 이 경우에 점유라는 요건은 점유를 수반하는 권리(예: 地上權·質權)에 있어서는 점유이고, 점유를 수반하지 않는 권리(예: 無體財產權)에 있어서는 準占有이다. 동산소유권의 취득시효는 동산소유권의 선의취득과 유사하다. 그러나 전자는 기간의 경과를 요소로 함에 반하여 후자는 이를 요소로 하지 않고 또 전자는 목적물의 점유취득의 원인을 가리지 않으나 후자는 거래행위로 인하여 목적물의 점유를 승계취득한 경우에 한한다는 점에 있어서 양자는 다르다. 취득시효는 재산권에 한하여 적용되고 신분권에는 적용되지 않으며, 직접 법률의 규정에 의하여 성립하는 재산권(예: 占有權·留置權)과 법률에 의하여 시효취득이 금지된 재산권(예: 294)은 취득시효의 목적이 될 수 없고, 또 재산적 지배권이 아닌 청구권(예: 債權)과 형성권(예: 取消權·解除權) 및 점유를 수반하지 않을 뿐 아니라 그 準占有라는 것도 생각하기 어려운 물권(예: 抵當權) 등은 그 성질상 취득시효가 인정되지 않는다. 전세권은 사실상 그 경우가 극히 드물기는 하지만, 이론상 時效取得을 인정하여야 한다는 견해가 유력하다. 취득시효의 요건을 갖추면 권리취득의 효력이 확정적으로 일어나고, 취득시효로 인한 권리의 취득은 原始取得이며 취득시효에 의한 권리취득의 효력은 점유를 개시한 때에 소급한다(247 I).

취득시효기간(取得時效期間) 취득시효의 완성을 위하여 필요한 기간. 부동산(국유재산 중 잡종재산포함)의 경우에는 그 점유자가 미리부터 소유자 또는 소유권 이외의 재산권의 주체로서 등기되어 있는 때에는 10년(登記簿取得時效) 그렇지 않은 때에는 20년(一般取得時效)이고(民 245, 248), 동산의 경우에는 점유가 선의·무과실인 때에는 5년(善意取得時效) 그렇지 않은 때에는 10년(一般取得時效)이다(246, 248). →취득시효

취득지법(取得地法) 유가증권은 취득한 장소의 법률. 國際私法上 하나의 準據法이 된다. 우리나라 섭외사법은 무기명증권의 취득에 관한 사항에 있어서 준거법이 되는 것으로 하고 있다(31).

취립금(取立金) 〔英〕 contributions 공납금과 같다.

취립채무(取立債務) 추심채무와 같다.

취 소(取消) 〔獨〕 Anfechtung 〔佛〕 rescision [1] 민법상 원칙적으로 무능력, 의사표시의 착오 또는 意思表示의 瑕疵를 이유로 하여 일단 발생한 법률행위의 효력을 후에 表意者 기타의 특정인이 행위시에 소급하여 소멸시키는 것. 매매계약을 체결한 후에 錯誤(民 109)나 詐欺·强迫(110) 또는 無能力者(5, 10, 13)임을 이유로 하여 취소(140)하는 것은 그 예. 취소할 수 있는 행위도 취소되기까지는 유효하므로, 취소될 때까지는 모든 사람은 그 행위를 일단 유효로 취급하여야 한다. 또한 취소권이 抛棄되거나(追認), 除斥期間의 경과로 소멸하면 취소할 수 있는 행위는 완전히 유효한 것으로 확정된다. 그러나 취소되면 그 법률행위는 처음부터 무효이었던 것으로 되고(141) 당사자간에 일단 발생한 權利義務는 처음부터 발생하지 않았던 것으로 된다(→무효). 취소할 수 있는 자(취소권자)는 무능력자, 錯誤 또는 하자있는 의사표시를 한 자, 그 대리인 또는 承繼人이다(140). 취소의 의사표시는 單獨行爲이며 또 특별한 방식도 필요하지 않다. 다만 상대방이 확정되어 있는 경우에는 상대방에 대한 의사표시로 하여야 한다(142). 취소의 효과는 그 행위가 처음부터 무효인 것으로 취급된다. 그러나 이상의 원칙에 대하여 여러가지의 예외가 있다. 특히 법원에 訴求하여 취소를 하는 것(예: 혼인·입양의 취소)(816~823, 884~897). 주주총회결의취소의 소(商 376~378), 취소의 효과를 일정한 자에 대하

여 주장할 수 없는 것(예: 詐欺에 의한 취소)(民 110 Ⅲ) 취소의 효과가 遡及하지 않는 것(예: 혼인·입양의 취소)(824, 897) 따위가 그 예이다. 그리고 민법은 취소를 철회의 의미로 사용하거나 (7, 1024) 법원의 행위에 관하여 사용하거나 한다 (11, 14, 29, 77 Ⅰ 등). 이러한 경우에는 상술한 이론은 적용되지 않는다.

[2] 행정법상 取消는 넓은 뜻으로는 行政行爲의 效力을 상실시키기 위한 별개의 행정행위를 총칭한다. 이에는 좁은 뜻의 取消·無效宣言·撤回의 세 가지가 포함된다. 좁은 뜻의 취소는 일단 유효하게 성립한 행정행위에 대하여 그 성립에 瑕疵(무효원인이 아닌 단순한 하자)가 있음을 이유로 권한있는 기관이 그 법률상의 효력을 원칙으로 기왕에 소급하여 상실시키기 위하여 행하는 독립한 행정행위이다(→취소할 수 있는 행정행위). 무효선언은 처음부터 무효인 행정행위의 무효임을 확인·선언하는 행위로서 일단 유효하게 성립하였던 행정행위의 효력을 상실시키는 것을 목적으로 하는 形成行爲인 좁은 뜻의 취소와는 다르다. 撤回는 아무런 瑕疵없이 성립한 행정행위에 대하여 사후에 이르러 효력을 그 이상 존속시킬 수 없는 새로운 사정이 발생하였기 때문에 장래에 향하여 그 행위의 효력을 상실시키기 위하여 하는 행위로서, 좁은 뜻의 취소와는 그 취소 또는 철회를 할 수 있는 자·원인·효과 등에 차이가 있다(→철회). 좁은 뜻의 취소는 정당한 권한을 가진 행정청(처분청·감독청) 또는 법원(관할고등법원·대법원)이 그의 직권 또는 일정한 자의 청구에 의하여 하며 행정행위가 위법 또는 부당한 경우에는 원칙적으로 이를 할 수 있는 것이나, 행정행위의 公定力에 의한 법률관계의 累積化에 비추어 취소하여야 할 공익상의 필요가 있어야 하고 특히 羈束裁量에 의한 취소, 공공복리를 해하게 될 취소, 確定力있는 행위의 취소 등은 자유롭지 못하며 그 효과는 원칙적으로 기왕에 소급하는 것이지만 하자가 당사자에게 책임있는 경우(사기·강박 기타 부정수단에 의한 경우) 이외에는 당사자에게 불이익되게 기왕에 소급하지 않는다고 함이 옳다.

취소권(取消權) 法律行爲(意思表示)를 취소할 수 있는 권리. 일종의 形成權이다. 私法上으로는 법률이 정하는 일정한 경우에(民 5 Ⅱ, 10, 13, 109, 110 등) 일정한 자(취소권자)가 취소할 수 있다(140). 취소권은 追認할 수 있는 날로부터 3년내에, 법률행위를 한 날로부터 10년내에 행사하여야 한다(146). 이 기간은 除斥期間이다.

취소권(取消權)**의 유보**(留保) 철회권의 유보와 같다.

취소소송(取消訴訟) 抗告訴訟의 가장 대표적인 형태로서, 행정청의 위법한 처분이나 裁決의 取消 또는 變更을 구하는 소송을 말한다. 취소소송은 행정청의 위법한 처분의 전부 또는 일부의 취소 또는 변경을 구하는 내용을 원칙으로 하며, 위법한 재판의 취소 또는 변경은 당해 재판 자체에 고유한 위법이 있음을 이유로 하는 경우에만 허용된다. 拒否處分에 대한 취소의 경우에는 간접강제를 허용하는 등 현행법이 特則을 인정하고 있다(行訴 30 Ⅱ, 34). 취소소송은 취소사유인 瑕疵있는 처분이나 재판에 대한 것이 보통이나, 무효인 행정행위에 대하여 無效宣言의 뜻에서의 취소를 구하는 것도 가능하다. 이러한 취소소송은 행정청의 구체적인 행위의 적부를 다투게 함으로써 公權力의 위법한 행사에 의해 침해로부터 私人의 권리와 이익을 보호한다는 의미를 가지고 있는 것이다.

취소심판(取消審判) 行政審判의 대표적인 유형으로서 행정청의 위법 또는 부당한 公權力의 행사 또는 그 거부나 그 밖에 이에 준하는 행정작용으로 인하여 權益을 침해당한 자가 그 취소 또는 변경을 구하는 행정심판을 말한다. 이러한 취소심판의 목적은 공정력이 있는 처분의 효력을 취소하는데 있으며, 일정한 除斥期間내에 심판청구를 해야 한다.

취소(取消)**할 수 있는 행위**(行爲) 〔英〕 voidable act 〔獨〕 anfechtbares Rechtsgeschäft 〔佛〕 acte annulable 일단 유효이기는 하지만, 意思表示에 錯誤 또는 하자가 있거나 무능력자의 행위임을 이유로, 表意者 기타 특정한 자가 취소하면 처음부터 효력이 없었던 것으로 되는 법률행위. 無能力者의 法律行爲(民 5~17 참조). 착오로 인한 법률행위(109), 사기·강박으로 인한 법률행위(110) 등이 그 예. →취소

취소(取消)**할 수 있는 행정행위**(行政行爲) 그 성립에 瑕疵(無效原因이 아닌 단순한 하자)가 있음에도 불구하고 그 公定力의 결과 권한있는 행정청(處分廳·監督廳) 또는 法院(관할행정법원·대법원)의 취소가 있을 때까지는 유효한 행위로서 그 효력을 지속하는 行政行爲. 장래 권한있는 기관에 의하여 취소될지도 모르는 不確定的 效力을 가지고 있는 점에서 완전히 유효한 행정행위와 다르며, 그 효력 상실이 특정한 행위를 기다려서 비로소 발생하여 그 때까지는 누구도 그 효력을 부인하지 못하는 점에서 무효인 행정행위와 다르다. →취소, 무효인 행정행위, 항고소송

취업규칙(就業規則) 〔獨〕 Arbeitsordnung, Fabrikordnung 〔佛〕 règlement d'atelier 使用者

가 그의 직장에 있어서의 근로자의 就業條件이나 그에 복종하여야 할 규율제재 등에 관해서 정해 놓은 규칙. 團體協約의 일반적 규정에 의거하여 근로시간·임금 등의 근로조건에 관한 구체적 규준을 정하는 수도 있고, 단체협약이 없는 경우에는 널리 勤勞條件을 정하는 경우도 있다. 사용자의 단순한 직장관리권에 의거한 직장규율 이상의 것을 포함하는 경우가 많다. 근로기준법은 常時 10인 이상의 근로자를 사용하는 사용자에게 취업규칙의 작성 및 신고의무를 정하는 외에, 그 작성에는 노동조합 또는 근로자의 과반수의 의견을 들어야 된다고 하였으며, 또한 법령·단체협약 및 근로계약과의 관계를 규정하여(勤基 96~100), 이를 직장에 있어서의 自治法規와 같이 취급하고 있다. 그러나 이는 본래, 사용자가 일방적으로 정하는 것이기 때문에 법규라고는 볼 수 없고, 단지 직장에 있어서의 事實인 慣習(民 106)에 의해서, 각개의 근로계약의 공통의 내용이 될 수 있다는 것에 불과하다는 설도 있다.

취업시간(就業時間) 근로시간과 같다. → 8시간노동제

취업제한(就業制限) 근로자가 과도하고 부적당한 노동으로 인하여, 그의 생명·건강·정신 등에 받는 위해를 방지하기 위하여 법률상 강행되는 취업의 제한. 근로기준법에 규정되어 있다. 자격 등에 의한 就業制限(産業安全保健法 47). 여자·소년근로자(勤基 63), 근로시간(49, 58, 67) 등에 대한 제한이 있다.

취 적(就籍) 無籍者가 호적에 기재되는 것. 새로이 一家의 호적이 설치되는 경우와 기존의 戶籍에 들어 가는 경우가 있다. 출생신고를 懈怠하였기 때문에 無籍인 경우에는 출생신고의무자에 의한 출생신고로써 동일한 목적을 달성할 수 있지만(戶 51), 신고의무자가 이미 생존하지 않거나 또는 본인이 스스로 호적을 가지고자 하는 경우에는 就籍節次를 밟아야 할 것이다. 취적의 신고는 就籍地를 관할하는 지방법원의 허가 또는 확정판결이 있은 후 1월내에 취적지에서 본인이 하여야 한다. 가족의 취적의 경우에는 본인이 就籍許可의 재판을 받고서도 신고를 懈怠하는 때에는 그 자가 가족으로 될 호주가 신고의무를 진다(118). 就籍申告에는 호적의 기재사항(15) 이외에 就籍許可의 연월일을 기재하도록 되어 있다(116). 재외국민의 취적에 관하여는 在外國民就籍·戶籍訂正 및 戶籍整理에 관한 임시특례법(1973년 法 제2622호)이 있다.

취직인허증(就職認許證) 15세 미만자는 원칙적으로 근로자로 사용하지 못하나, 노동부장관이 발행하는 취직인허증을 소지한 자는 예외적으로 취업할 수 있다. 이 認許證은 본인의 신청으로 의무교육에 지장이 없는 한 직종을 지정하여 발행할 수 있다(勤基 62). → 소년근로자

취효적 소송행위(取效的訴訟行爲) 〔獨〕 Entwirkungshandlung 法院에 대해 특정의 재판을 요구하는 행위(즉 신청) 및 이를 여유있게 하기 위해 자료를 제공하는 행위(즉 주장 및 입증)를 말한다. 법원은 취효적 소송행위는 재판이 있을 때까지 원칙적으로 자유롭게 철회할 수 있으나, 상대방이 이 소송행위를 이용하려는 태도를 취하였을 때는 그의 동의를 요하며(예: 訴取下에 있어 民訴 239), 상대방의 방어활동에 방해가 되거나 訴訟節次의 안정을 해치는 경우에는 撤回의 자유가 제한된다. 소송절차의 안정을 위해 취효적 소송행위는 表示主義·外觀主義에 따르므로 민법총칙의 의사표시의 하자에 관한 규정이 준용되지 않는다.

측 량(測量) 지도 및 연안해역기본도의 제작과 測量用 사진의 촬영을 포함한 토지 및 연안해역의 측량을 말하는 바, 여기에는 기본측량과 공공측량 및 일반측량이 있다(測量法 2). 기본측량이란 것은 모든 측량의 기초가 되는 측량으로서 건설교통부장관의 명을 받아 국립지리원장이 실시하는 것을 말하고, 公共測量은 대통령령이 정하는 바에 의하여 건설교통부장관이 지정하는 측량을 제외하고 기본측량의 측량 중 국가·지방자치단체·정부투자기관관리기본법 2조의 규정에 의한 정부투자기관과 대통령령이 정하는 기관이 실시하는 측량을 말한다. 그리고, 一般測量은 기본측량 및 공공측량 외의 측량으로서 대통령령이 정하는 바에 의하여 건설교통부장관이 지정하는 측량을 제외한 것으로 한다.

측량작업기관(測量作業機關) 측량계획기관의 指示 또는 委任에 의하여 측량에 관한 작업을 실시하는 자를 말한다. 측량계획기관이 그가 계획한 측량을 직접 실시할 때에도 또한 같다(測量法 2 v, vi).

측량협회(測量協會) 측량기술자의 품위보존과 측량에 관한 기술의 향상 및 측량제도의 건전한 발전에 기여하기 위해 측량기술자를 회원으로 하는 法人으로 측량협회를 설립한다(測量法 54). 협회에는 회장 1인과 부회장 2인을 포함한 13인 이내의 이사와 1인의 감사를 둔다. 부회장 중 1인은 常勤으로 한다(施行令 28).

치료행위(治療行爲) 치료의 목적으로 의

학상 일반적으로 승인된 수단·방법으로써 기술적으로 올바르게 시행된 醫療的 處置(예: 수술). 치료행위의 적법성에 관하여는 異論이 없으나, 그 이유에 대해서는 傷害罪의 구성요건에 해당하지만 정당행위로서 또는 피해자의 승낙에 의하여 위법성이 조각된다고 보는 견해와 그것은 건강을 훼손한 질병을 제거함으로써 건강을 회복하는 처치이므로 처음부터 상해죄의 구성요건에 해당하지 않는다고 보는 견해가 있다. → 상해죄

치안법원(治安法院) 〔佛〕 justice de paix 종래 인정된 單獨制의 少額의 소송에 관하여 제1심의 재판을 하고, 또 형사에 관하여는 違警罪를 재판할 권한을 가졌다. 최하급의 법원. 프랑스의 justice de paix는 少額의 사건에 관하여 간이·신속한 절차로써 조정 또는 재판을 하는 법원의 명칭으로 治安判事(jude de paix)로써 구성된다.

치안유지법(治安維持法) 1925년 勅令 제175호. 치안유지법을 조선, 대만 및 사할린에 시행하는 件에 의하여 당시의 조선에 시행을 보게 된 일본의 법률. 國體를 변혁함을 목적으로 하는 결사, 국체를 부정하거나 神宮 또는 왕실의 존엄을 모독할 사항을 유포함을 목적으로 하는 결사, 私有財産을 부인함을 목적으로 하는 결사 등의 處刑과 그 科刑節次를 규정하였었으며 우리나라의 독립운동에 종사하던 수많은 애국지사들이 이 법률에 의하여 투옥·처형되었다.

치안판사(治安判事) 〔英〕 justice of the peace 〔佛〕 juge de paix ① 英·美에서 하급재판소의 略式裁判의 권한을 가지는 재판관·형사사건의 예비심문을 하고 체포·수색·압수 등의 영장을 발부한다. 도회지에서는 매지스트레이트(magistrate)라고도 함. ② 프랑스에서 치안재판소를 구성하는 1인제의 재판관이다.

치외법권(治外法權) 〔英〕 exterritoriality, extraterritoriality, extrality 〔獨〕 Extraterritorialität 〔佛〕 exterritorialité 國際法上 治外法權이라 함은 외국인이 在留하고 있는 국가의 국내법으로부터 면제되고 본국법에 따르는 것을 말한다. 屬地主義法制度의 발전과 더불어 외국인은 駐在國의 국내법에 따르는 것이 원칙이나 속인주의의 의미로 특정인에 대하여 접수국의 법규적용으로부터의 면제권을 부여하고 있다. 치외법권은 接受國의 재판권, 경찰권 및 과세권으로부터의 면제를 내용으로 한다. 형사 또는 民事上의 재판권에 連繫된 外交使節은 접수국의 법규에 따르지 않고 본국법에 따른다는 것이며 법적 책임의 면제를 인정하는 것은 아니다. 따라서 접수국에서 치외법권을 향유할 수 있는 자가 자발적으로 이를 포기하는 예외의 경우도 있다. 단순한 영리적인 사항에 관한 재판권에는 따르는 것이 보통이며 私人의 자격으로는 접수국의 재판당국에 소송을 제기할 수 있다. 따라서 裁判權에서의 免除란 다만 접수국의 재판절차에 따르지 않고 면제되는데 지나지 않는다. 과세권으로부터의 면제는 소득세 등 직접세로부터의 면제를 의미한다. 이러한 치외법권을 향유할 수 있는 자는 외국원수와 외교사절이다. 외국원수 및 외교사절이 치외법권을 향유하는 것은 일반국제관습법에 의하여 광범하게 인정되고 있으나 領事·외국에 주둔하는 軍隊·外國領域內에 駐留하는 군함 등은 당사국간에 상호 합의한 조약(領事協約 또는 駐屯軍地位協定)으로 인정된 제한적인 치외법권을 향유한다. 영사재판을 인정하는 국가에 在留하는 외국인은 접수국의 재판권으로부터 면제되고 자국의 영사재판관을 통한 자국법규에 의한 재판을 외국에서 받게 되나 현재에는 領事裁判制度가 인정되지 않으므로 일반외국인의 치외법권의 향유는 존재하지 않는다. 최근에는 국제연합 및 국제연합전문기구의 직원도 국제공무원으로서 外交特權을 향유할 자격을 가진 것으로 인정되고 있다. → 외교사절의 특권, 외국인, 영사재판

치 우(痴愚) 미국에서는 知能指數 25~50, 독일에서는 35~75의 精神薄弱을 말한다. 3~7세의 지능단계로 간단한 학습능력 밖에 없으며, 추리판단은 부정확하고 성욕의 발달은 늦어져 있지만 억제력이 없고 충동적 倒錯的 性行動으로 나가는 일도 있다. 易變的 性格으로 被暗示性이 강하므로 경미한 범죄 또는 공범적 행위의 위험이 있다.

칙 령(勅令) 日本舊憲法 9조에 의거한 獨立命令. 즉 일본왕이 發하는 명령이기는 하나 법률을 요하는 사항을 규정할 수 있었다. 따라서 조선에 시행할 목적으로 제정된 勅令(朝鮮에 施行할 法令에 관한 件 5)은 우리나라에서는 형식적 의미의 법률에 해당하는 경우가 많았다. 1948년 대한민국憲法 100조에 의하여 효력이 상실되거나 그 후 우리나라 법률에 대치되지 아니한 것은 舊法令整理에 관한 특별조치법에 정하는 바에 의하여 모두 失效되었다.

칙 법(勅法) → 꼰스띠뚜치오

칙법휘찬(勅法彙纂) 〔羅〕 Codex → 로마법대전

친 가(親家) 妻가 혼인으로 인하여 夫의 가에 入籍한 경우에 종전에 속하고 있었던 家를 가

리켜서 하는 말. 처는 혼인의 취소 또는 이혼으로 인하여 친가에 復籍하는 것이 원칙이고, 夫가 사망한 경우에는 친가에 복적할 수 있다. 이러한 모든 경우에 친가가 廢家 또는 無後家로 되어 있는 때에는 그 家를 復興할 수도 있고 一家創立을 할 수도 있다(民 787).

친가복적(親家復籍) 이혼 기타의 사유로 인하여 妻(入夫婚姻의 경우에는 夫)가 친가에 복적하는 것. 직계비속이 따르는 경우에는 親家復籍을 할 수 없고 新戶籍이 편제된다(民 787, 戶 19의2).

친 계(親系) 〔佛〕 ligne de la parenté 친족관계를 血統連絡의 형태에 따라서 系統的으로 본 여러가지의 系列. 관점에 따라서 다음과 같은 4종의 계열을 생각할 수 있다. ① 男系와 女系. 남자만에 의하여 맺어진 관계를 남계라 하고, 그렇지 않은 관계를 여계라 한다. 이 구별은 沿革上 중요한 의의를 가진 적도 있었지만 현행민법상으로는 남녀의 性에 따라서 그 지위에 차이를 인정하는 경우는 있을지라도 男系·女系에 따른 차별은 인정하지 않는다. ② 父系와 母系. 부계혈족과 모계혈족의 두 계열로 나누는 경우이다. ③ 直系와 傍系. 혈통이 수직으로 연락된 관계를 直系(예컨대 친자)라 하고 공동의 先祖에서 분기된 두 親族系列에 속하는 자 상호의 관계를 傍系(예컨대 兄弟姉妹·從兄弟姉妹)라 한다. ④ 尊屬과 卑屬. 자기 또는 자기와 동일한 세대에 있는 자(예컨대 兄弟姉妹·配偶者)를 표준으로 하여 위의 세대에 속하는 자를 존속이라 하고 아래의 세대에 속하는 자를 비속이라 한다.

친고죄(親告罪) 〔獨〕 Antragsverbrechen 公訴提起에 피해자 기타 법률이 정한 자의 고소 또는 고발을 필요로 하는 범죄. 친고죄에 관하여 告訴나 告發이 없음에도 불구하고 기소한 때에는 공소제기의 절차가 법률의 규정에 위반하였다는 것으로서 公訴棄却의 판결을 하여야 한다(刑訴 327 ii). 이와 같이 친고죄에 있어서는 고소나 고발은 訴訟條件이다. 그러므로 기소전의 수사행위는 고소·고발없이도 할 수 있는 것이다. 친고죄를 인정한 이유는 첫째는 피해자의 명예를 고려하자는 것이고(예: 强姦罪), 둘째는 죄질이 경미하므로 피해자의 처분에 의존하여 처벌여부를 결정하자는 것이다(예: 侮辱罪). 친고죄에는 상대적 친고죄와 절대적 친고죄가 있다. 전자는 범인이 일정한 신분을 가지는 경우에 한하여 친고죄가 되는 것을 말하며(刑 328 Ⅱ), 후자는 범인의 신분 여하에 관계없이 일반적으로 친고죄가 되는 경우를 말한다. 强姦罪 등은 絶對的 親告罪이다. → 고소불가분의 원칙, 고소

친 권(親權) 〔英〕 right and duties of the parents 〔獨〕 elterliche Gewalt 〔佛〕 puissance paternelle 부모가 未成年인 子를 위하여 가지는 신분상·재산상의 保護敎養을 내용으로 하는 권리의무의 총칭. 대가족제도하에서는 家를 통솔하는 것은 家長權이었으며 親權이나 夫權은 그 속에 흡수되고 있었지만 대가족제도의 붕괴와 더불어 친권은 家長權과는 독립적으로 子에 대한 어버이의 권리로서 관념되게 되었다. 개정된 민법에서는 부모는 미성년자인 子의 친권자가 되고(909 Ⅰ), 다만 부모의 일방이 친권을 행사할 수 없을 때에는 다른 일방이 이를 행사한다(909 Ⅲ). 친권은 부모가 혼인중인 때에는 부모가 공동으로 이를 행사한다. 그러나 부모의 의견이 일치하지 아니하는 경우에는 당사자의 청구에 의하여 가정법원이 이를 정한다(909 Ⅱ). 혼인외의 子가 認知된 경우와 부모가 이혼한 경우에는 부모의 협의로 친권자를 정하여야 하고 협의할 수 없거나 협의가 이루어지지 아니하는 경우에는 당사자는 가정법원에 그 지정을 청구하여야 한다(909 Ⅳ). 가정법원은 子의 이익을 위하여 필요하다고 인정되는 경우에는 子의 4촌 이내의 친족의 청구에 의하여 친권자를 다른 一方으로 변경할 수 있다(909 Ⅳ). 子의 신분상에 관한 권리의무로서는 보호·교양의 권리의무(→ 보호·교양권), 居所指定權, 懲戒權이 있고, 子의 재산에 관한 권리의무로서는 子의 재산에 대한 관리권(916), 子의 재산행위에 대한 대리권(920 本)이 있다. 그러나 재산행위라도 그 子의 행위를 목적으로 하는 채무를 부담할 경우에는 子 자신의 동의가 필요하다(920 但). 그리고 친권자와 그 子 사이에 利害相反되는 행위를 함에 있어서는 친권자는 법원에 그 子의 特別代理人의 選任을 청구하여야 하며, 친권자가 그 친권에 따르는 여러 명의 子 사이에 이해상반되는 행위를 함에 있어서는 법원에 그 子의 일방을 위한 특별대리인의 선임을 청구하여야 한다(921).

친권공동행사(親權共同行使)**의 원칙**(原則) 1977년의 民法 개정 전에는 친권자는 未成年者인 子와 家를 같이 하는 父가 제1차로 되고, 父가 없거나 기타 친권을 행사할 수 없는 때에는 제2차로 子와 家를 같이 하는 母가 親權者가 되었다. 그러나 1977년의 개정에서는 이러한 차별을 두지 않고 부모가 공동으로 행사할 수 있게 하였다. 단 父母의 의견이 일치되지 않는 경우는 父가 행사하도록 되어 있었다. 그 후 1990년 민법 개정에서는 부모의 의견이 다를 경우 당사자의 청구로 家庭法院이 결정하도록 되었다. 친권자를 1차로 父가, 그리고 2차를 母가 되도록 한 것은 과거의 家長制의 유습인 바,

이 親權共同行使의 원칙을 현대적 의미에서 남녀평등사상을 구체화시킨 것이라 볼 수 있다. 父母가 친권을 공동으로 행사한다는 것은 친권의 행사가 부모 공동의 의사에 기인함을 필요로 할 뿐이며, 행위 자체가 부모 쌍방의 명의로 되어야 한다는 것을 의미하는 것은 부모의 法定代理人으로서의 대리 또는 동의의 효과는 생기지 않는다.

친권남용(親權濫用) 親權者가 친권의 본질에 위배되게 그것을 행사하는 것. 親權喪失宣告의 원인이 된다. → 친권상실

친권대행(親權代行) 親權者가 그 친권에 따르는 子에 갈음하여 그 子에 대한 친권을 행사하는 것. 현행 민법상 未成年者라도 혼인하면 성년에 달한 것으로 보기 때문에 910조가 적용될 수 있는 것은 미성년자인 부모가 혼인하고 있지 않은 경우에 한한다(910).

친권사퇴(親權辭退) 親權者가 친권의 행사를 자발적으로 포기하는 것. 민법은 친권의 전부사퇴를 인정하지 않고 그 일부, 즉 법률행위의 대리권과 財産管理權의 사퇴만을 인정하며 또한 친권을 사퇴하고자 하는 경우에는 정당한 사유를 들어서 법원의 허가를 얻도록 하고 있다. 辭退의 사유가 그치면 법원의 허가를 얻어 다시 그 권리를 회복할 수 있다(927).

친권상실(親權喪失) 친권이 소멸하는 것. 일반적으로는 子의 사망·성년도달(絶對的 消滅), 친권자의 사망, 子의 入養·罷養·離婚·認知 또는 認知取消, 친권상실선고, 親權辭退(相對的 消滅) 등의 모든 경우를 포함하지만, 민법은 특히 친권상실의 선고와 대리권·관리권상실의 선고의 경우만을 친권상실로서 규정하고 있다(924, 925).

친권상실선고(親權喪失宣告) 일정한 사유가 있는 경우에 법원이 親權者에게 친권을 박탈할 것을 내용으로 하는 선고. 全部剝奪의 경우와 一部剝奪의 경우가 있다. 즉 친권자에게 親權濫用 또는 현저한 비행 기타 친권을 행사시킬 수 없는 중대한 사유가 있는 때에는 子의 친족 또는 檢事의 청구에 의하여 친권의 전부를 박탈할 수 있고(民 924), 친권자가 관리의 부주의로 인하여 子의 재산을 위태롭게 한 때에는 子의 친족의 청구에 의하여 친권 중 法律行爲의 代理權과 財産管理權만을 박탈할 수 있다(925). 그러나 이러한 모든 경우에 그 선고원인이 소멸한 때에는 본인 또는 친족의 청구에 의하여 법원은 다시 失權의 회복을 선고할 수 있다(926).

친권(親權)의 제한(制限) 친권에 따르는 子와 親權者 자신 사이, 또는 그 친권에 따르는 子들 사이의 이해가 충돌하는 경우는 친권자에게 공정한 친권의 행사를 기대할 수 없다. 그래서 민법은 이해상반행위에 대해서 警戒的 規定을 두어(民 927), 이러한 경우 친권자의 법정대리권을 제한하고 특별대리인을 가정법원에 신청하게 하고 있다. 이때 이해상반행위를 무엇으로 할 것인가를 판례에서 살펴보면 다음과 같다. 즉, ① 이해상반행위로 인정된 사례는 ㉠ 친권자가 자기의 채무에 관하여 미성년자인 子를 대리하여 중첩적(倂存的) 인수계약을 한 행위, ㉡ 친권자의 債務에 관하여 미성년자인 子를 연대채무자로 한 행위, ㉢ 친권자가 자기의 채무를 위하여 미성년자인 子의 不動産을 담보에 제공한 행위, ㉣ 친권자가 子의 재산으로 자기의 채무를 消却하는 행위, ㉤ 친권자가 자기의 채무를 子에게 전가하기 위하여 子를 대리하여 한 경개계약, ㉥ 合名會社社員이 자기의 친권에 따르는 미성년자를 그 회사에 새로 입사시키는 행위에 대하여 동의를 준 행위, ㉦ 子를 대리하여 子의 대금채권을 포기하고 그 채무자의 친권자에 대한 채권을 면제시킨 행위 등이고 ② 이해상반되지 않는 것으로 인정된 사례는 ㉠ 친권자가 子의 재산을 친권자의 妻에게 증여한 행위, ㉡ 친권자가 미성년자인 子에 갈음하여 根抵當權設定契約을 맺은 행위, ㉢ 미성년자인 子가 친권자로부터 단순히 증여를 받은 행위, ㉣ 친권자가 자기의 자금을 얻기 위하여 미성년자인 子의 대리인으로서 맺은 消費貸借契約, ㉤ 친자 공동으로 한 경매신청, ㉥ 친권자가 그 子를 대리하여 子와 함께 合名會社를 설립한 행위 등이다.

친권자(親權者) 親權을 행사할 권리와 의무를 가지는 자. 민법상 친권은 부모가 공동으로 행사하고 다만 부모의 의견이 일치하지 않을 때는 당사자의 請求에 의하여 家庭法院이 이를 정한다(909Ⅱ).

친 등(親等) 〔英〕 degree of consanguinity 〔獨〕 Verwandschaftsgrad 〔佛〕 degré de parenté 촌과 같다.

친생부인(親生否認)의 소(訴) 혼인중의 출생자의 推定을 받은 子에 대하여 혼인중의 出生子인 것을 부인하는 소송. 이 訴는 원칙적으로 부부일방이 할 수 있고(民 846) 다만 예외로서 夫 또는 妻가 금치산자인 경우에 그 後見人이 親族會의 동의를 얻어서 否認의 訴를 제기할 수 있으며(848 Ⅰ), 후견인이 부인의 소를 제기하지 않은 때에는 禁治産者인 夫가 금치산선고의 취소가 있은 뒤에

부인의 訴를 제기할 수 있다(848Ⅱ). 그리고 夫 또는 妻가 유언으로 부인의 의견을 제시한 때에는 遺言執行者가 부인의 의견을 표시할 때에는 유언집행자가 부인의 소를 제기하여야 하고(850), 夫가 子의 출생전 또는 출생을 안 날로부터 1년내, 그 출생한 날로부터 5년내에 사망한 경우에는 夫 또는 妻의 직계존속이나 직계비속이 부인의 訴를 제기할 수 있다(851). 친생부인의 소는 夫 또는 妻가 다른 일방을 상대로 하여 그 사유가 있음을 안 날로부터 1년내, 그 출생한 날로부터 5년내에 제기하여야 한다. 이 경우 상대방이 될 자가 사망한 때에는 그 사망을 안 날로부터 2년내에 검사를 상대로하여 친생부인의 소를 제기할 수 있다(847). 부인의 訴는 夫 또는 妻가 子의 출생을 안 날로부터 1년내, 그 출생한 날로부터 5년내에 제기하여야 한다(847Ⅰ). 夫가 금치산자인 경우에는 금치산선고의 취소가 있은 날로부터 1년내에(848Ⅱ), 夫 또는 妻가 사망함으로써 夫의 直系尊屬이나 直系卑屬이 訴를 제기하는 경우에는 그 사망을 안 날로부터 1년내에 제기하여야 한다(847Ⅰ). 夫가 금치산자인 경우에는 금치산선고의 취소가 있은 날로부터 1년내에(848Ⅱ), 夫가 사망함으로써 夫 또는 妻의 직계존속이나 직계비속이 訴를 제기하는 경우 그 사망을 안 날로부터 2년내에 제기하여야 한다(851). 否認權은 子의 출생후에 親生子임을 승인한 자는 부인의 소를 제기하지 못한다(852). 親生子의 승인은 否認訴訟終結 후에도 할 수 있지만 친생자의 승인이 詐欺 또는 强迫으로 인한 경우 취소할 수 있다(854). 친생부인사건은 가정법원의 관할에 속한다(家訴 2Ⅰ).

친생자(親生子) 父母와 혈연관계가 있는 子. *法定子*에 대하는 말이다. 친생자는 혼인관계가 있는 부모로부터 출생한 子와 혼인관계가 없는 부모로부터 출생한 子의 두 가지로 나눌 수 있다. 전자는 혼인중의 出生子라 하고, 후자를 혼인외의 出生子라고 한다.

친생자관계존부확인(親生子關係存否確認)**의 소**(訴) 일반적으로 *身分關係確認事件*이라고도 불리는 소송사건의 일종으로서 특정인간에 친자관계의 *存否*에 관하여 다툼이 있는 경우에 그것을 확정함을 목적으로 하는 소송. 민법 844조의 추정은 받지만 그 추정이 사실에 반하는 경우에 원칙적으로 夫에게만 인정되고 있는 親生否認의 訴나 위의 민법 844조의 규정이 競合하는 경우에 어느 쪽의 夫의 子이냐를 결정하기 위해서 인정되는 父를 정하는 訴와도 다르다. 이 訴는 특정인간에 있어서의 친생자관계, 특히 기존의 것으로서의 법률상의 친자관계 그 자체이다. 당사자일방이 사망한 때에는 그 사망을 안 날로부터 2년내에 檢事를 상대로 하여 訴를 제기할 수 있다(865Ⅱ). 이 소의 원고는 부를 정하는 소를 제기할 수 있는 자(845), 親生否認의 訴의 제기권자(846, 848, 850, 851), 認知에 대한 이의소송제기권자(862), 認知請求의 訴의 제기권자(863)이며, 피고는 訴가 부모 또는 子로부터 제기된 때에는 그 상대방인 子 또는 부모이고, 제3자로부터 제기된 때에는 부모와 子의 쌍방이다. 이 訴에 있어서의 청구를 인용하는 심판 또는 청구를 기각하는 심판은 그 내용에 따라서 당해 친자관계의 존부를 既判力으로써 확정한다. 이 審判의 既判力은 제3자에게도 미치는 것으로 본다. 심판에 의하여 확정된 친자관계가 호적의 기재와 합치하지 않을 때에는 승소한 원고 또는 피고는 당해심판확정의 날로부터 1월 이내에 호적정정의 신청을 하지 않으면 안된다(戶 123). 친생자관계존부확인사건은 가정법원의 관할에 속한다(家訴 2Ⅰ가(1) ⅳ).

친생자추정(親生子推定) 妻가 혼인중에 胞胎한 子를 夫의 子로 추정하는 것. 母가 妻이어야 한다는 것은 민법이 申告婚主義를 채용하고 있기 때문에 문제가 없지만, 혼인중에 포태한 子라야 한다는 것은 직접 증명하기가 곤란하므로 민법은 혼인성립일로부터 200일후 또는 혼인관계종료일로부터 300일내에 출생한 子는 혼인중에 포태한 것으로 보고, 妻가 혼인중에 포태한 子는 우선 夫의 자로 추정한다(844). 이렇게 하여 추정된 자는 親生否認의 訴에 의하여 부인되지 않는 한 혼인중의 출생자로서의 지위를 잃지 않는다.

친 자(親子) 1촌의 직계혈족. 혈연으로 인한 實親子와 擬制에 의한 *法定親子*가 있다. 친자관계로부터 생기는 효과 중 가장 중요한 것은 親權과 相續權이다.

친자관계사건(親子關係事件) → 친생자관계존부확인의 소

친 족(親族) 婚姻과 血緣을 기초로 한 사람과 사람과의 관계를 친족관계라 하고 그 사람을 서로 친족이라 한다. 자연적인 의미에서는 이러한 관계는 무한히 확대하지만 우리 민법은 특히 ① 8촌이내의 혈족, ② 4촌이내의 인척, ③ 배우자만을 친족이라 하고 있다(777). 입법례로서는 독일민법이나 프랑스민법과 같이 친족 자체의 범위를 일반적으로 한정하지 않고 근친혼·부양의무·상속 등 구체적 법률관계에 따라서 친족관계의 범위를 정하는 것이 보통이다. 친족은 血族·姻戚·配偶者로 구별할 수도 있고 또 直系·傍系·尊屬·卑屬으로 구별되기도 한다. 친족관계는 출생·혼인·입양·

인지 등으로 인하여 발생하고 사망·혼인 또는 입양의 취소나 해소 등으로 인하여 소멸한다. 친족이기 때문에 인정되는 효과는 극히 여러가지다. 즉 특정의 친족은 扶養(974), 承繼(984 이하), 婚姻禁止(809) 등의 관계에 놓이게 되는 이외에 刑法上으로는 犯人隱匿罪·窃盜罪 등에 있어서 특별한 지위를 인정하고(刑 151 이하, 329 이하), 재판상으로는 除斥·證言拒否 등의 사유가 되는(民訴 37 이하·285, 刑訴 17 이하·148) 등 여러가지 효과가 인정되고 있다.

친족관계(親族關係) → 친족

친족권(親族權) 〔獨〕 Familienrecht 〔佛〕 droit de famille 특정의 신분관계를 가지는 자 사이의 신분적 이익을 내용으로 하는 권리. 예컨대 戶主權·親權·夫權과 같다. 身分權이라고도 한다.

친족법(親族法) 〔英〕 law of domestic relations 〔獨〕 Familienrecht 〔佛〕 droit de famille 민법의 일부로서 親族 또는 家族 등의 신분관계 및 그 신분관계에 따르는 권리·의무를 규정한 법규. 친족법은 모두가 夫婦·親子·戶主·家族 및 親族 등의 인간본연의 결합관계에 관한 法이므로 타산적·우발적 결합관계에 관한 재산법에 비하여 많은 특색을 가지고 있는데 특히 민족적·지방적 습속 또는 관습이 존중되고 비합리적·연혁적인 것이 가장 큰 특색이다. 친족법은 民法典의 제4편에 규정되어 있고 767조 내지 996조에 걸쳐서 230개조로 되어 있다.

친족상도례(親族相盜例) 直系血族·配偶者·同居親族·戶主·家族 또는 그 配偶者간에 절도죄 및 그 미수범을 범한 때에는 그 형을 면제하고(刑 344, 328 Ⅰ), 기타의 친족간에 범한 때에는 親告罪로 하는 것을 말한다(344, 328 Ⅱ). 그러한 신분관계가 없는 공범에 대하여는 親族相盜例의 적용이 없다(344, 328 Ⅲ). 친족상도례는 법률은 가정에 들어가지 않는다라는 생각에 기한다. 따라서 목적물의 소유자·점유자의 쌍방과 행위자와의 사이에 그러한 신분관계가 있음을 요한다(통설. 단, 소유자와 행위자 또는 점유자와 행위자와의 사이에 있음을 요한다는 설도 있다). 그 형을 면제하는 사유에 관하여는 人的處罰阻却事由라고 보는 것이 통설이다(責任阻却事由 또는 違法性阻却事由라고 보는 설도 있다). 친족상도례는 詐欺罪·恐喝罪·橫領罪·背任罪·權利行使妨害罪에 준용한다(354, 365, 328). → 장물죄

친족회(親族會) 특정의 사람 또는 家를 위하여 중요한 사항을 의결하는 親族的 合議機關. 우리나라에서는 종래 이러한 성질의 것으로서 宗會와 門會가 있었다. 민법상의 친족회는 회의를 요하는 사건이 생길 때마다 법원에 의하여 조직·소집되고 의결이 끝나는 것과 동시에 소멸한다. 그러나 무능력자를 위한 친족회는 그 무능력의 사유가 종료할 때까지 계속되는 常設機關이다(965). 친족회원은 3인 이상 10인 이하이며 친족회에는 대표자 1인을 두는데 친족회원 중에서 호선하고 그 대표자는 訴訟行爲 기타 외부에 대한 행위에 있어서 친족회를 대표하도록 한다(961). 後見人을 지정할 수 있는 친권자는 미성년자의 친족회원을 선임할 수 있다(962). 이러한 지정이 없거나 정원미달인 때에는 법원이 본인 그 法定代理人 또는 친족이나 이해관계인의 청구에 의하여 친족 또는 본인이나 그 家에 연고있는 자 중에서 이를 선임한다(963). 그러나 어떠한 경우에도 미성년자, 禁治産者, 限定治産者, 破産者, 資格停止 이상의 형의 선고를 받고 그 형기중에 있는 자, 법원에서 해임된 법정대리인, 또는 친족회원, 행방이 불명한 자, 본인에 대하여 소송을 하였거나 하고 있는 자 또는 그 배우자와 직계혈족은 친족회원이 되지 못한다(964 Ⅱ, 937). 親族會員은 정당한 사유가 있는 때에는 법원의 허가를 얻어서 사퇴할 수 있다(970, 家訴 2 Ⅰ 나 (1) 24). 그리고 친족회원에게 그 임무에 관하여 부정행위 기타 적당하지 않은 사유가 있는 때에는 법원은 직권 또는 본인, 그 법정대리인, 본인의 친족이나 利害關係人의 청구에 의하여 그 친족회원을 改任 또는 해임할 수 있다(民 971 Ⅰ). 친족회는 소집에 의하여 성립하고(民 966), 親族會議事는 회원의 찬성으로 결정한다(967 Ⅰ). 친족회원은 친족회에 참석하여 결의함에 있어서 선량한 관리자의 주의로써 하여야 한다(973, 681). 친족회가 결의할 수 있는 권한은 극히 많지만 후견사무의 감독(941~945, 950, 951, 957), 일정한 신분행위에 대한 관여(808, 835, 868, 869, 872)로 대별할 수 있다. 친족회가 결의를 할 수 없거나 결의를 하지 않은 때에는 친족회의 소집을 청구할 수 있는 자가 결의에 갈음하는 재판을 청구할 수 있다(969). 그리고 친족회의 결의에 대하여는 2월내의 친족회의 소집을 청구할 수 있는 자가 異議의 訴를 제기할 수 있다(972).

친 척(親戚) 친족과 같다.

친회사(親會社) 〔英〕·〔美〕 parent corporation or company 〔獨〕 Muttergesellschaft 會社企業에 있어서 2개회사 사이에 지배와 종속의 관계가 있는 경우에 전자를 支配會社 후자를 從屬會社라 하는데 지배회사를 친회사, 종속회사를 子會社라

고도 한다. 자본참가라든가 의결권다수 또는 각종의 계약(예: 이익협동계약·경영관리계약·영업임대차계약 등)에 의하여 親會社가 子會社를 지배하게 된다. 이에는 콘체른관계를 수반하게 되는데 법률상은 친회사와 자회사는 별개의 인격을 가지나 경제적으로는 일체를 이루게 된다. 친회사 중 다른 회사의 주식을 소유하여 지배하는 것을 持株會社라 한다.

칠메르식계산법(式計算法) 〔獨〕 Zillmersche Methode 保險料積立金의 계산방법의 하나. 순보험료식과 달라 순보험료 중, 후년도의 위험을 위하여 蓄積할 금전 중, 그 일부만을 적립하고 그 일부를 新契約의 비용에 충당하고, 이것을 수년에 걸쳐서 점차 상환하는 방법.

칠출삼불거(七出三不去) 律令法上 夫가 일방적 의사로 妻를 이혼하는 것을 棄妻라 하고 각종의 기처의 원인을 七出 또는 七去라 하였다. 그러한 원인이 있어도 이혼할 수 없는 경우의 세 가지를 三不去 또는 三不出이라고 하였다. 七出은 儀禮, 大戴禮, 孔子家語 등에 보편적 원리로 채택되어 있는 聖訓이다. 大戴禮本命篇에 婦有七去, 不順父母去, 無子去, 淫去, 妬去, 有惡疾去, 口多言去, 竊盜去, 又有三不去, 有所取無所歸不去, 與共更三年喪不去, 前貧賤後富貴不去라 한 것이 바로 그것이다. 이 전통을 받아서 唐律이 법제화하여 戶婚律에 諸妻無七出及義絶之狀而出之者徒一年半雖犯七出有三不去而出之者杖一百追還合若犯惡疾及姦者不用此律이라 하고, 明律은 唐律을 그대로 계수하고 있어 모두 妻를 보호하는 면에서 규정한 것이다. 우리나라에서도 이 규정이 계수되었으며 본조에 해당하는 죄를 疏薄正妻罪로 하여 婢妾이나 妓妾과 愛欲에 빠진 자를 처벌하여 온 실례가 많다. 七出三不去는 조선말기까지의 이혼원인이었고 현행의 민법제도는 이를 일체 인정치 않고 재판상 이혼만이 가능하다. →기처

침 략(侵略) 〔英〕 aggression 〔獨〕 Angriff 〔佛〕 agression 적극적인 공격. 國際紛爭을 평화적인 해결절차에 부탁할 것을 거절하고 전쟁에 호소하거나 또는 國策으로서의 이익의 적극적인 증진을 위해서 타국영토에 침입하거나 또는 이를 공격하는 것. 즉 一國이 他國으로부터 도발됨이 없이 그 타국에 대해서 무력공격을 가하거나 정당한 이유(自衛權의 행사 또는 국제법상의 의무에 기인하는 행위)도 없고 또한 분쟁을 평화적으로 처리할 여지가 충분함에도 불구하고 이를 시도함이 없이 무력공격을 감행하는 類의 것이 침략(直接侵略)이 되는 것이다. 모든 경우에 타당할 침략의 일정한 법적 정의를 내린다는 것은 오늘날과 같은 착잡한 국제관계에서는 어려운 일이고, 또한 이데올로기의 형태를 지닌 間接侵略의 방식이 혼용된 각종의 전략·전술이 구사되고 있는 지금에 있어서는 그 기준의 설정마저 어려운 문제에 속해 버리고 만 것이다. 1924년의 제네바 의정서는 그것에 列記된 분쟁의 평화적인 처리절차를 위반하여 전쟁에 호소하거나 또는 그 절차의 결과로서 국제기관의 결정이 있는데 대해 이를 위반하고 敵對行爲를 감행하는 것을 침략이라고 보는 형식적인 정의를 내렸고, 1933년의 침략정의조약은 ① 타국에 대해서 開戰宣言을 행하는 것, ② 宣戰의 유무를 막론하고 무력으로써 타국영토에 침입하는 것, ③ 宣戰의 유무를 막론하고 군에 의한 타국의 영토·선박 또는 항공기를 공격하는 것, ④ 타국의 연안 또는 항구에 대해서 海上封鎖를 행하는 것, ⑤ 국내에서 편성한 武裝部隊로써 타국영역내에 침입하는 자를 지지하는 것, 또는 피침입국의 요구가 있음에도 불구하고 이들 무장부대에 대한 모든 援助와 保護를 억제하기 위한 자국영내에서의 가능한 조치를 취함을 거절하는 것 등을 열기하여 행위의 실체에 관해 정의를 내렸었다. 不戰條約이나 國際聯合憲章이 침략전쟁을 금지한 바에 따라 각국 헌법이 침략전쟁을 금지한 예도 있으나(憲 5 참조) 결국 침략이란 개별적 또는 집단적인 자위권 이외의 또는 국제연합의 權限機關의 결정이나 권고에 따르는 이외의 어떠한 이유나 목적을 위한 강력적인 위협 또는 강력의 사용이라고 볼 수 있다. 최근 直接侵略과 間接侵略의 구별이 국제정치상 특히 유의되고 있다.

침략정의조약(侵略定義條約) 〔英〕 Convention defining aggression 〔佛〕 Convention de définition de l'agression 1933년 7월 런던에서 체결된 이 조약은 ① 타국에 대해서 開戰宣言을 행하는 것, ② 開戰宣言의 유무를 막론하고 무력으로써 타국영역에 침입하는 것, ③ 開戰宣言의 유무를 막론하고 1국의 육해공군에 의한 타국의 영역·선박 또는 항공기를 공격하는 것, ④ 타국의 연안 또는 항구에 대해서 海上封鎖를 행하는 것, ⑤ 자국영역 내에서 편성되어 타국에 침입한 무장부대를 지원하는 것, 또는 피침입국의 요구가 있음에도 불구하고 이들 武裝部隊에 대한 모든 원조와 보호를 억제하기 위하여 자국영내에서 할 수 있는 일체의 조치를 취하기를 거절하는 것 등의 다섯가지 경우를 침략으로 규정하였다(2). 또한 침략자의 정의에 있어서는 1국의 國內事態(예컨대 정치적·경제적 또는 사회적인 기구나 시설상의 결함 및 罷業, 革命, 反革命 또는 內亂으로부터 발생하는 騷擾), 또는 일국

의 國際行爲(예컨대 국가와 국민의 물질적 또는 정신적인 권익의 침해 또는 상해의 위험, 외교·경제·금융관계의 단절, 경제상·금융상 기타의 약속에 관한 분쟁, 국경분쟁) 등으로써 침략행위를 정당화할 수도 없고 그와 동시에 위에 例證한 사태 속에 포함될 수 있는 국제법의 침해를 정당화하는 것도 아니라고 하였다(附屬書 2). 행위의 실체에 관한 이와 같은 사실적·군사적인 정의 또는 동일의 내용을 포함한 조약으로서는 군비축소위원회의 준비위원회가 작성한 侵略의 定義에 관한 正文에 따라 동일한 명칭과 동일한 내용으로 구소련이 각국과 체결한 침략정의조약을 들 수 있는데, 이에는 아프가니스탄·에스토니아·핀란드·이란·네덜란드·루마니아·터키 및 구소련 사이에 조인된 조약(1933년 7월 3일)과 루마니아·체코슬로바키아·유고슬라비아·터키·구소련 사이에 조인된 조약(1933년 7월 4일), 그리고 리투아니아와 구소련 사이에 調印된 조약(1933년 3월 5일) 등의 세 가지가 있다.

침묵무역(沈默貿易) 賣買手段이 아직 발달하지 못했던 미개사회에서 물물교환을 행하던 조직의 하나. 일정한 장소에서 한 쪽의 부락민이 와서 그 물건을 놓고 감으로써 침묵 속에 교역하던 제도.

침묵제(沈默制) 〔英〕 silent system 雜居制下에서의 交談禁止拘禁制度. 오번制하에서는 주간의 雜居時에 受刑者 상호간의 악영향의 감염을 방지하기 위하여 交談을 금지하였으므로 오번制를 침묵제라고도 부르게 된 것이다. → 오번제

침 입(侵入)〔國際法上의〕 〔英〕·〔佛〕 invasion 〔獨〕 Invasion 보통의 國家의 正規의 병력인 軍 또는 경우에 따라서는 무장한 私的團體가 국경을 넘어서 타국의 영토에 진입하는 것. 전시에 있어서 군대의 敵領土에의 침입은 그 영토의 다만 일시적인 지배를 의미하므로 적 영토의 계속적인 지배인 점령과는 구별된다. 敵軍에 대한 이른바 적대행위도 침입시와 점령시 각각에 따라 法的 效果가 다르게 되는 것이다.

침해범(侵害犯) 〔獨〕 Verletzungsdelikt 구성요건의 내용으로 되어 있는 행위의 실현에 의하여 법익이 현실로 침해되는 것을 필요로 하는 범죄. 예컨대 殺人罪·傷害罪 등이다. 침해범은 實害犯이라고도 하며 危殆犯에 대하여 사용되는 관념이다.

침해형법(侵害刑法) 나치스 시대에 이른바 意思刑法의 입장에서 종래의 형법을 부르는데 사용한 명칭. 종래의 형법은 侵害的 結果의 발생을 기다림으로써 비로소 범죄인과 투쟁한다고 하는 뜻에서 이와 같이 부른다.

ㅋ

카논법(法) 〔羅〕 ius canonicum 〔英〕 canon law 〔獨〕 kanonisches Recht 〔佛〕 droit canonique 가톨릭교회의 成文法 및 不文法을 총칭하여 카논법이라고 한다. 카논이라 함은 원래 그리스도교적 신앙 및 行爲의 條規를 의미하고, 중세 이후는 모든 교회의 법규를 의미한다. 현행 카논법의 성문법원으로서는 1917년에 공포된 教會法典(Codex Iuris Canonici)이 있고, 不文法源으로서는 관습, 형평에 의한 법의 일반원칙, 여론 및 교회법학자들의 학설이 있다. 관습이 법의 효력을 가지게 되려면, 교황이 그 관습을 구체적으로 원용하거나, 적어도 교황의 인정을 받아야 한다(Can. 25). 또한 慣習法은 여하한 경우에도 神法·자연법 및 교회가 제정한 성문법에 저촉될 수 없다(Can. 27 Ⅰ). 教會裁判所의 판례는 다만 당해사건에 대한 상대적 효력이 있을 뿐이며 法源이 되지 못한다는 점에 유의하여야 한다(Can. 17 Ⅲ). 카논법의 기원은 그리스도의 언행록인 성경과 성전에서 유래한 신법 및 교회가 가진 입법권에 의거하여 정립한 人定法에서 시작되었다. 최초로 간행된 교회법령집으로서는 1140년경에 편찬된 그라띠아누스법령집이 있었고, 그 후 역대교황의 입법활동과 법령집의 편찬이 있었으나, 그 중에서도 특히 16세기에 성립된 教會法大典(Corpus Iuris Canonici)과 1917년에 공포한 현행교회법전은 교회의 종합법전으로서 그 의의가 크다. 카논법이 歐美法制에 미친 영향에 관하여는 구미법문화가 그리스도교 사상을 그 기본사상으로 하여 형성 발전되었다고 하는 학자들이 일치된 정견이 증언하는 대로 公私法뿐만 아니라 법의 일반이론과 國際法規에까지 큰 영향을 미쳐 왔으며, 그 중에서도 私法 특히 親族法에 지대한 영향을 미쳐 왔다(註 : Can.은 Codex Iuris Canonici의 약어). → 교회법

카논법식 친등제(法式親等制) 共同始祖를 기점으로 하여 世代數를 계산하여, 문제로 되는 2인의 세대수가 같은 경우에는 그 수를, 다른 경우에는 수가 많은 편을 촌수로 하는 교회법독자의 계산법을 말한다. 예컨대, 甲과 乙이 從兄弟이면, 조부 丙으로부터 세어서 2촌, 갑과 을이 伯父, 姪이면, 갑의 父인 병으로부터 세어서 을에 이르는 수, 즉 2촌이 갑을 양자의 관계를 표시한다. 이에 대하여, 우리 민법과 같이 兩人으로부터 공동시조에 이르는 세대수를 합산한 계산법은 로마법식 친등제라 불린다. 교회법에서는 血族은 3촌, 혼인은 2촌까지 婚姻障碍로 된다. 따라서 로마법식에서는 사촌의 종형제자매도 카논법식에서는 2촌이기 때문에, 그 혼인은 무효이다.

카라칼라의 칙법(勅法) 〔羅〕 Constituto Antoniniana Caracalla 212년 로마의 카라칼라帝가 공포한 로마시민권을 로마 영토 내의 전자유인에게 부여한 칙법을 말한다. 이로 인해 市民法과 萬民法의 구별이 없어지고 로마법은 世界法으로 되었다.

카롤리나법전(法典) 〔羅〕 Constitutio Criminalis Carolina 〔獨〕 Peinliche Halsgerichtsordnung Karls V. 독일에 있어서의 로마法繼受時代에 제정된 형사입법 중, 최대·유일의 통일적 형사법전(1532년 공포). 전부 219조. 약 3분의 2가 절차규정, 나머지가 실체규정이다. 범죄의 종류·형벌의 방법에 관한 규정은 아직 살벌하여 중세적이지만, 公刑罰을 확립하고, 책임·미수 등의 점에 있어서 형법의 사법적 견해에 기한 客觀主義를 버리고, 糾問主義를 확립하는 등, 근세초기의 절대주의국가의 刑事法의 전형을 보여주고 있다. 18세기에 이르기까지 독일형법의 기초를 이루고 있었다.

카르텔 〔英〕·〔佛〕 cartel 〔獨〕 Kartell 동일업종의 기업상호간에서, 경쟁을 피하기 위하여 협정을 체결하고, 가격의 유지·인상, 생산의 제한, 판로의 제한 등을 하는 企業聯合, 카르텔의 형성은 契約의 自由를 통하여 행하여지지만 카르텔 그 자체

는 自治的 法規範(카르텔협정)에 의한 자유경쟁의 제한·정지를 의미하는 독점이다. 자유경제가 고도로 발달되어 있는 선진제국에서는 국가가 공황대책이나 국방대책으로서, 카르텔을 조성하기 위하여, 법적 규제를 강구하는 일이 있고, 또 카르텔은 국민경제의 민주적이고 건전한 발달을 저해하는 것으로서 법이 금지하는 경우도 있다.

카르텔조성법(助成法) 國策的 見地에서 카르텔을 조성하기 위한 법률의 일반적 호칭. 제1차대전 후의 공황에 즈음하여 업계의 자치적 통제만으로는 불충분하여 국가권력의 발동이 요청됨으로써 이와 같은 법률이 제정되기에 이르렀다. 그 내용은 아웃사이더(out-sider)에 대한 協定遵守의 명령을 정하는 반면에 일정한 團束規定(공익에 위반하는 협정의 취소·변경 등)을 둔 것.

카르프초우식 계산법(式計算法) 〔獨〕 Carpzowsche Methode 期限未到來의 무이자기한부 채권의 현재에 있어서의 債權額算定의 한 방법으로, 銀行割引이라고도 한다. 원본인 명의액(권면액)에서 이 액에 대한 現在時 이후 辨濟期에 이르기까지의 법정이자를 공제하는 방법에 의한다. 즉 권면액을 S, 변제기까지의 연수를 n, 할인율(법정이율)을 d라고 하면, 채권의 現在價 P는 $P=S(1-nd)$라고 하는 식에 의하여 산출된다. 계산의 간편을 그 장점으로 하지만, 券面額을 기초로 하여 할인하기 때문에, 할인액이 과대하여진다는 결점이 있다. 이 방법은 어음割引 등에 관하여 널리 사용되지만, 파산법은 이를 취하지 않고, 호프만식계산법에 의한다(37 v). →호프만식 계산법

카리스마적 지배(的支配) 〔獨〕 charismatische Herrschaft 웨버가 주장한 지배유형의 일종. 首長의 단체성원에 대한 지배의 타당근거는 그의 예언자 내지 영웅으로서의 초인적·모범적 자질(카리스마)에 대한 成員의 信仰에 기한다. 이와 같은 지배는 합법적으로도, 또한 傳統에 의하여서도 기초지울 수 없는 權威에 의존하는 비일상적인 것이므로 대내적 또는 대외적 위기의 경우에 나타나서, 언제나 傳統破壞的인 작용을 한다. 그러나 카리스마는 혈통이나 관직 속에 일상화되어 세습카리스마나 관직카리스마로 변모하는 일이 많다. →합법적 지배

카스트 〔英〕 caste 氏姓·種姓. 고대사회에서 발견할 수 있는 封鎖的 階級制度의 현저한 일종. 특히 이것을 명확히 보여 주는 대표적인 것으로 인도의 마누법전이 있다. 본법전은 인도사회에 있어서의 브라만(Brahman)(波羅門—승려), 크샤트리야(Kshatriya)(刹帝利—왕족·무사), 바이샤(Vaisya)(吠舍—농공상의 서민), 수드라(Sudra) (首陀羅—천민)의 4신분의 대립(四姓制)과 僧侶階級의 상대적 우위에 입각하여, 비교법상 다른 어떠한 法系에서도 찾아 볼 수 없는 준엄한 계급적 차별을 보여 주고 있다. 職業의 世襲, 동일 카스트의 성원만의 통혼, 식사의 공동 등 매우 제약이 엄격하다. 고대의 4종의 카스트가 다시 복잡화하여, 금세기 초기의 조사에서는 2378의 카스트의 존재를 헤아릴 수 있었다고 한다. 征服民族이 종족의 순결을 유지하여 被征服民族 속으로 자기가 몰입·흡수되는 것을 방지하기 위한 제도이나, 인도사회의 진보를 저지하여 그 停滯性을 초래한 원인이 되었다.

카우사 〔羅〕 causa 法律行爲가 다른 어떤 원인이 있는 경우, 그 原因의 존재·부존재가 그것으로 인한 법률행위에 어떠한 영향을 주는가 하는 것이 문제되는 바, 이 경우의 원인을 말한다. 예를 들면 물건의 給付라는 행위가 債權을 원인으로 하여 그 履行으로서 행하여지는 것과 같다.

카운터 퍼처스 〔英〕 counter purchase (CP) 플랜트 등 대형상품을 수출할 경우에 수출액의 일정 비율만큼 상대국 제품을 구입하는 것을 말한다. 만성적인 外貨不足으로 고민하는 東歐諸國이 자국제품의 수출촉진책으로 이용하고 있으나 원유판매 부진으로 인도네시아도 1981년에 일부 채용, 의무화하였다. 일반적으로 CP비율은 50% 전후이지만 100%를 넘는 경우도 있다. 輸出契約과 별도로 하는 것이 원칙이다.

카이로 선언(宣言) 〔英〕 Cairo Declaration 제2차대전중 1943년 11월 27일에, 미국·영국·중국의 3국 원수가 이집트의 카이로에서 일본문제에 관하여 행한 共同宣言이고, 주로 일본의 領土問題에 관한 聯合國의 방침을 명백히 한 것. 전세가 연합국에 유리하게 전개되어 갈 무렵에, 공식으로 한 연합국의 최초의 결정이다. 전쟁수행의 결의 및 對日作戰에 관한 협정의 성립을 밝힌 후, 일본의 영토에 관하여 대서양헌장의 원칙을 물려받아 일본의 침략을 저지하고 처벌하지만, 영토확장의 의사는 없다고 하였다. 제1차대전후 일본이 빼앗은 태평양 여러 섬의 박탈, 만주·대만 등의 중국에의 반환, 모든 占領地域으로부터의 일본세력의 驅逐, 특히 한국의 독립을 밝혔다. 반환·구축·독립 등의 말을 사용한 것은 영토불확장의 원칙과 조화시키기 위해서이다. 마지막으로 이상의 목적을 위하여 연합국이 공동하여 어디까지나 일본의 무조건항복을 요구한다고 선언하고 있다. 카이로선언의 領土條項은 그 후 포츠담선언(8)에 채용되어서 일본이 수락하

고, 1951년 일본과의 平和條約에서 실현되었다.

카텔선(船) 〔英〕 cartel ship 〔獨〕 Kartellschiff 〔佛〕 navire de cartel 戰時에 포로의 교환, 적과의 공적 통신의 수송, 군사의 파견 등 교전국간의 교통을 위하여 사용되는 선박. 慣習國際法上 不可侵한 것이고, 이를 공격·나포 또는 몰수할 수 없다. 다만 딴 승객이나 화물을 수송하고, 전투용의 무기·탄약을 적재한 때에는, 보호되지 않고 나포 또는 몰수할 수 있다.

카피티스 데미누치오 〔羅〕 capitis deminutio 로마법상 사람이 가지고 있는 법상의 신분, 자유의 신분, 시민의 신분, 가족의 신분에 관하여 생기는 변동, 즉 人格을 말하는 바, 이러한 신분의 상실을 人格大消滅(自由身分)·人格中消滅(市民身分)·人格小消滅(家族身分)로 구분하였다.

칼보조항(條項) 〔英〕·〔佛〕 Calvo clause 어떤 나라와 외국인과의 契約上의 金錢債務(공채 그 밖의 것)에 관하여 그로부터 생긴 분쟁을 그 국가의 법원에 의하여 해결하기로 하고 국제적 청구의 대상으로 하지 않을 것을 약속하는 조항. 19세기 중엽에 라틴아메리카 여러 나라가 이 종류의 채무의 지급을 정지하였을 때 債權者의 본국인 유럽 여러 나라가 지급을 강요하고 이 때문에 병력을 사용한 일도 있다. 이러한 强要를 예방하기 위하여 라틴아메리카 여러 나라는 외국인과의 계약 중에 위와 같은 조항을 삽입하였다. 이 조항은 아르헨티나의 국제법학자 칼보(Carlos Calvo)가 제창한 데서 칼보조항이라는 명칭이 붙었다. →드라고주의

캐롤라인호사건(號事件) 〔英〕 case of the Caroline 〔佛〕 cas du Caroline 國際法上의 自衛權이 문제된 영·미간의 분쟁사건. 1837년 캐나다 반란에 즈음하여 叛徒들이 미국령 외 네비 아일란드(Nevy Island)를 점거하고 캐롤라인호로써 英영토의 침입을 준비하였다. 이에 캐나다정부는 英軍을 파견, 同船을 급습하여 나이아가라 폭포로 추락시켰고, 그 결과 수명의 미국인 사상자를 내었다. 동사건에 임하여 영국은 자위권의 발동이라고 주장하였으나, 미국은 긴급하고 절박하여 다른 수단이 없으며 또한 숙고할 시간적 여유가 없을 때에 한하여 自衛權이 정당화될 수 있는 것이므로 영국의 행동은 영토권의 침해라고 항의하였다. 결국 영국의 領土權侵害에 대한 陳謝로 해결되었다. →자위권

캐쥬이스틱 메소드 〔英〕 casuistic method 古代法典의 규정형식으로서 흔히 볼 수 있는 解疑式(決疑式) 方法. 古代法은 일반적으로 先例·관습법의 類를 편찬하는 것이므로, 규정의 방식이 예시적·실제적·경험적·특수적·구체적이고, 특정사건에 卽應하여 성립한 것과 같은 규정을 싣는 것이 보통이므로, 현실을 반영하여 구체적 타당성이 풍부하고, 따라서 법과 현실과의 사이에 분리가 없는 것이 특징이다. 반면 근대법에 있어서와 같이 일반적 예측가능성이 미흡하다는 결점이 있다.

커미션 〔英〕 commission 委託賣買業에 있어서, 委託賣買人이 그 주선행위에 관하여, 특약의 유무를 불문하고 당연히 위탁자로부터 취득하는 보수(商 46 xii, 61, 119). 口錢 또는 委託手數料라고도 한다. →구전, 위탁수수료

케이스 메소드 〔英〕 case method 구체적 사례를 기초로 하여, 그것으로부터 歸納的으로 법의 원칙을 발견시키는 法學敎育의 한 방법. 판례법주의를 근간으로 하는 英美法系國에 있어서는 최적·불가결한 것이다. 法學校에 있어서 적당한 케이스 북(판례집)을 학생들로 하여금 연구시키고, 교수와 학생간의 토론에 의하여 歸納的으로 법의 해석이나 이론에 관하여 교육시키는 이 방법이 채용되게 된 것은 1871년에 하버드대학에서 랭델교수가 契約法에 관하여 처음으로 시도한 것이 그 시초이며, 그 후 전미국을 풍미하기에 이르렀다. 그의 이름을 따서 Langdell method라고도 한다. 그 후 이것을 개선하여 問題式方法(problematic method)도 제창되어, 법의 발견에 즈음하여 사회적 사실에도 눈을 돌리도록 개량되었다. 우리나라와 같은 法典國에 있어서도 判例의 중요성이 높아가고 또한 자유법사상의 영향도 있어 케이스 메소드의 필요가 역설되고 있다. 法的 思惟 및 法的 技術의 습득에 있어서 가장 적합한 교육방법이다. 법을 旣成의 체계로서 演繹的으로 이해하는 교육은 케이스 메소드에 의한 歸納的 方法을 가미함으로써 비로소 완전한 것으로 되기 때문이다.

케이스 워크 →소셜 케이스 워크

케언스 그룹 〔英〕 Cairns Group 농산물 수출국 중에서 농산물수출보조금을 지급하지 않는 나라들의 모임. 우루과이라운드가 시작되기 한 달 전인 1986년 8월에 공정하고 자유로운 世界農産物貿易體制를 확립한다는 목적으로 결성되었다. 오스트레일리아의 케언스에서 첫모임을 가져 케언스그룹이란 이름이 붙게 됐다. 케언스그룹은 우루과이라운드에서 극히 일부를 제외한 農業補助金 및 農産物輸出補助金의 완전철폐와 非關稅障壁의 關稅化를 적극적으로 주장해 상당한 보조금을 지급하고 있어 이를 적극적으로 수용하기 어려운 유럽공동체(EC) 등과

ㅋ

큰 견해 차이를 보이고 있다. 케언스그룹의 최종목표는 농산물의 생산과 판매에서 補助金과 關稅 등 인위적인 조절작용을 완전배제한 農産物價格의 완전자유화이다. 회원국은 오스트레일리아, 캐나다, 뉴질랜드, 아르헨티나, 브라질, 우루과이, 칠레, 콜롬비아, 인도네시아, 말레이시아, 필리핀, 태국, 헝가리, 피지 등 14개국.

켈룩 · 브리앙조약(條約) 〔英〕 Kellog-Briand Pact 부전조약과 같다.

켐조항(條項) 〔英〕 Kem-clause 구소련 및 그 衛星國에 대하여 戰略物資, 軍需品 및 이들의 제조에 사용되는 여러 물자를 수출하는 국가에 대하여 미국이 경제원조를 정지할 뜻을 규정한 법률. 1951년 제3차 추가예산안의 부가조항으로 켐 상원의원에 의하여 제안되고, 동년 6월 2일 대통령의 서명을 얻어 제정되었다. 이 法律制定의 직접의 원인은 영국의 對中國 고무수출이었으나, 그것이 금지되고 또 국제연합총회에서 對中國 戰略物資禁輸案이 가결됨으로써, 동년 6월 14일부터 90일간 적용이 정지되고, 다시 동년 10월 26일 배틀법이 제정됨에 이르러 폐지되었다.

코 란 〔英〕·〔獨〕 Koran 〔佛〕 Coran 이슬람교의 聖典. 敎祖이며 대예언자인 마호메트가 죽을 때까지 23년간 매년 일정한 吉日에, 메카와 메디나에서 천사 가브리엘(Gabiel)을 매개자로 하여 神 알라(Allah)로부터 받았다고 말하여지는 신의 말(天啓)을 集錄한 것으로, 아라비아어로 기록되어 있다. 그 語義는 吟誦을 의미한다. 당초 그 대부분은 口傳에 의하여 전해지고 있었으나, 후에 성문화되어, 3세칼리프 오트만(Othman)(在位 644~656)의 대에 定本이 완성되었다. 이후는 聖典으로서 절대적 권위가 부여되어 한 마디의 變改도 허용되지 않았을 뿐만 아니라, 외국어역까지도 神意에 반한다고 하는 이유로 오랫동안 나타나지 않았다(라틴어역 1698년, 영역 1734년, 기타). 내용적으로 보면 전 114장(10만어 · 33만자) 중에 宗敎 · 道德 · 法律 · 政治에 관한 여러 규범을 雜然하게 수록한 경전 · 법전이며, 마호메트의 언행록, 마호메트의 사후에 출현한 법학자의 저작과 함께, 이슬람법의 주요 법원을 이룬다.

코러스 外國換銀行이 換賣買의 편의를 위하여 외국은행과의 사이에 일정한 去來契約을 행하는 것. 이 계약을 코러스계약, 상대방의 은행을 코러스폰덴트(correspondent), 줄여서 코러스은행이라 한다.

코르푸도사건(島事件) 〔英〕 Corfu Island Affair 1923년 8월 이탈리아의 장교가 그리스영토내에서 암살된데 대하여 이탈리아정부가 코르푸도를 폭격하고 점령함으로써 보복한 사건. 이탈리아는 동행위가 復仇이므로 國際聯盟規約에 위반되지 않는다고 주장하였다. 국제연맹이사회가 임명한 法律家委員會(Committee of Jurists)는 戰意를 결한 무력행사에는 국제연맹규약 12조 내지 15조에 위반되는 경우와 그렇지 않은 경우가 있는바, 어느 경우에도 聯盟理事會가 결정해야 한다는 취지를 보고하였다. 연맹규약은 평화적 해결수단을 거치지 않고 전쟁에 호소함을 금지하고 있으므로, 이 보고는 당사국의 전의가 전쟁유무의 결정적 기준이 될 수 없으며 국제기관은 당사국의 의사에 반하더라도 전쟁의 존재를 결정할 권한을 향유함을 인정한 것이라고 해석될 수 있다. 실제로는 연맹이사회가 동권한을 행사하지 않고 애매한 태도를 취하고 말았다.

코르푸해협사건(海峽事件) 〔英〕 Corfu Channel Case 1946년 9월 13일 英國海軍은 알바니아의 반대에도 불구하고 북방 코르푸해로에서 水雷掃海作業을 수행, 동년 10월 23일에는 4척의 영국군함이 코르푸해로를 통과도중 알바니아의 領海인 산다(Sanda)만 外海에서 수뢰에 맞아 구축함 사마레즈(Samarez)호와 볼라쥬(Bolage)호가 중대한 손실을 입고 44명이 사망. 안전보장이사회는 1947년초에 이 사건을 심의하고 동년 4월 9일 영국과 알바니아 정부는 즉시 분쟁을 규정에 따라서 재판소에 提訴하여야 한다(贊 8, 棄 3)는 권고결의를 행하였다. 이어 1947년 5월 22일 영국은 國際司法裁判所에 동사건을 제소, 동년 7월 2일 알바니아정부는 서신을 통하여 영국의 일방적인 제소는 위법이나 소송에 응할 용의가 있다고 의사를 표시했다. 그러나 알바니아가 裁判管轄權에 관한 先決的 抗辯을 제출하자 재판소는 알바니아가 서신을 통하여 명백히 재판관할권을 수락하였으므로 특정한 표시형식을 요하지는 않는다는 이유에서 선결적 항변을 기각하였다(15 대 1). 동 기각판결이 있은 1948년 3월 25일 양국은 특별합의에서 ① 동사건에 관한 알바니아의 국가책임 존부 및 배상지급의 의무여하, ② 영국의 掃海作業이 국제법상 알바니아의 주권을 침해하였는지의 여부 및 補償義務 여하의 문제를 본안의 판결사항으로 결정하였다. 1949년 4월 9일 재판소는 本案(merit)의 판결에서 ① 領土內에서 발생한 범죄행위에 대하여 영토국이 취할 사전 · 사후조치의 의무를 인정하고 알바니아의 영국에 대한 국가책임과 損害賠償支給을 인정하였으며, ② 영국해군에 의한 無害通航을 인정하였으나(14 대 2)

소해작업으로 인한 영국의 알바니아주권침해를 인정, 그러나 보상의 필요성은 부인하는 판결을 내렸다(전원일치). 賠償額決定에 관한 재판에서는 알바니아의 불참에도 불구하고, 알바니아는 843,947 파운드의 배상액을 영국에 지급하라고 판시하였다(1949년 12월 5일). 그러나 현재까지 알바니아는 동판결을 이행치 않고 있다. 이 사건은 國家責任, 訴訟節次, 無害通航, 國際海峽 등의 허다한 법률문제를 다룬 사건이다.

코먼 로 〔英〕 common law 원래 가톨릭교에 있어서 각 교회에 특수한 法 및 敎皇에 관한 법과 구별된, 교회의 一般法(ius commune)의 전용으로, 특수법에 대한 일반법을 의미하지만, 특히 영국에서는 통상재판소, 즉 보통 코먼로재판소라고 불리는 것이 취급하는 일반국내법을 의미하고, 地方慣習法·敎會法·商慣習法, 에퀴티와 대립된다. 넓은 뜻에서는 대륙법계와 구별되는 영미법계에 속하는 법제, 특히 이 법제 중의 不文法, 즉 판결 및 소수의 權威的 著書(books of authority)에 의하여 표현되는 이른바 제정되지 않은 법을 의미하고, 또한 때로는 古時代(특히 영국에 있어서)의 불문법을 가리키는 일도 있다. 그 특색으로서는 계속성·강인성 등 외에, 陪審制·法至上主義(rule of law)(→법의 지배) 및 先例拘束力의 原則이 있다. →에퀴티

코멘다 계약(契約) 〔羅〕 commenda 10세기경부터 널리 행하여진 海上貿易上의 계약. 금전·상품의 소유자인 자본가와 航海貿易의 재능있는 기업자와의 계약에 의하여 1항해마다 이익분배함을 내용으로 한다. 이 계약이 후에 영업자 자신도 자본의 일부를 출자하는 콜레간띠아(collegantia)로 변하고 이것이 다시 合資會社와 匿名組合의 형식으로 갈렸다.

코미스코 國際社會主義者會議評議會(Committee of the International Socialists Conference: COMISCO)의 약칭. 1947년 벨기에의 안트워프에서 19개국 사회민주주의정당이 모여 행한 회의로서 코민테른에 대항하기 위하여 결성되었다. 그 전년 英國勞動黨의 주창으로 런던에 설립된 國際社會主義情報連絡局이 발전한 것이다. 제2 인터내셔널(→코민테른)의 계통에 속한다. 총회·서기국·상설위원회·집행위원회로 구성된다. 1948년 동 유럽의 4국이 탈퇴하고 1950년 日本社會黨의 가입이 인정되었다.

코민테른 〔英〕 Comintern, Communist International 1919년 모스크바에서 결성된 공산당 및 공산주의단체를 결합한 國際組織. 마르크스주의자의 국제적 조직으로서 1889년 설립된 제2 인터내셔널이 제1차대전으로 붕괴하자 이를 계승하여 나타난 것이 코민테른이므로 제3 인터내셔널이라고도 한다. 각국프롤레타리아혁명운동의 발전, 민족해방의 투쟁, 파시즘과의 투쟁을 행하였지만 구소련이 미국 및 영국을 도와 전쟁에 참가한 제2차대전중 1943년 5월 15일 해산되고 말았다. →코민포름

코민포름 〔英〕 Cominform, Communist Information Bureau 제2차대전중 코민테른이 해산되고, 戰後 美·蘇간에 대립이 격화됨을 배경으로 성립한 共産黨의 국제적 조직. 1947년 9월 폴란드의 수도 바르샤바에서 소련·유고슬라비아·불가리아·루마니아·헝가리·폴란드·체코슬로바키아·프랑스·이탈리아 등 9개국 공산당대표가 회의를 개최하고 설립한 情報交換機關으로서의 共産黨情報局이다. 그 후 유고슬라비아는 제명되었으며, 본부는 베오그라드에서 부카레스트로 이전하였다. →코민테른

코 콤 對共産圈輸出統制調整委員會(Coordinating Committee for Export Control to Communist Area: COCOM)의 약칭. 北大西洋條約加盟國인 15개국이 구소련권 제국에 대한 輸出統制를 조정하기 위하여 1949년에 설치한 위원회이다. 본부는 파리에 있다. 그러므로 파리위원회라고도 하며, 그 輸出統制用의 리스트를 파리 리스트라고 한다. 우리나라는 정식 코콤회원국은 아니나 1987년 9월 한·미간 전략물자수출입통제제도에 관한 양해각서에 서명하고 1989년 3월 국회가 同 양해각서에 동의함으로써 코콤협력국이 되어 코콤회원국가와 유사한 의무를 현재 부담하고 있다. 그러나 공산권 국가의 해체에 따라 1992년 4월 24일 파리회의에서 코콤을 코콤協力機構로 해체·확대하여 구동구권국가의 資本主義化에 협력하기로 결정하였다.

코트 오브 킹즈 벤취 〔英〕 Court of King's Bench 영국의 王座法院. 보통법원의 首位로서 하급법원에 대하여 감독권을 가졌다. 1873년의 법원조직법에 의하여 고등법원의 王座部가 되었다.

코퍼레이션 〔英〕 corporation 法人, 會社. 널리 법인의 의미로 쓰이며, 법인은 눈에 보이지 않고, 손으로 만질 수 없는, 법의 思惟 속에서만 존재하는 擬制的 存在라고 생각되고 있다. 법인은 그 목적에 따라 우선 公法人(public corporation)과 私法人(private corporation)으로 대별되며, 전자는 다시 정부의 활동의 일부를 행하는 政府法人(government corporation)과 地方自治團體(municipal corporation)로 나뉘며, 후자는 다시 자선·종교·교육·사회사업 등을 행하는 非營利法人(non-profit corporation)과 營利法人, 즉 會社(business corporation)로 나누어지는 것이 통례이다. 회사의 전형적인 것은 株式會社(stock corporation)이며, 따라서 corporation이라는 말은 미국에서는 회사 특히 주식회사를 가리키는 일이 많다. 이것은 영국의 company에 해당한다.

콘도미니엄〔國際法上〕 〔羅〕 condominium 동일한 영토상에 둘 이상의 국가가 동등하게 國家機能을 집단적으로 수행하는 것을 말한다. 같은 영역에 의한 지배에는 ① 支配範圍를 확정하는 경우, ② 일방당사국에 委任하는 경우, ③ 당사국간의 條約에 의해 설정된 공동기구에 의하는 경우가 있다. 이는 領土主權 제일의 원칙으로 보면, 領域權의 制限形式이라 하겠다. 코임페이움이라고도 한다.

콘솔라토 델 마레 〔佛〕 Consolato del mare 12세기 내지 14세기 스페인의 바르셀로나를 중심으로 편찬된 海商法典을 말한다. 이탈리아·프랑스 등의 海事裁判所에서 적용되었는데, 특히 國際慣習法上으로는 戰時海上私有財産의 포획에 관한 규칙과 관련하여, 프랑스·러시아의 自由船·自由貨主義에 대립되는 개념으로, 소유권주의를 의미한다. 이에 따르면 적선 및 敵船 내의 敵貨는 포획·몰수되고 적선 내의 中立貨는 소유자에게 반환되며, 중립선 및 중립선 내의 중립화는 포획·몰수할 수 없으나, 중립선 내의 敵貨는 포획·몰수할 수 있다.

콘스탄티노플 해협(海峽) 〔英〕 Straits of Constantinople 地中海와 黑海를 연결하는 국제화된 해협으로서, 다다넬즈해협, 마르모라해협, 보스포러스해협을 총괄하여서 말한다. 그 통과의 자유는 예전부터 때때로 중요한 국제문제가 되었다. 제1차대전후 1923년의 로잔느해협제도조약(당사국은 터키, 영국, 프랑스, 이탈리아, 일본, 루마니아, 불가리아, 유고슬라비아, 그리스의 9개국), 현재에는 1936년의 몽트뢰海峽制度條約(Montreux Convention)(당사국은 이탈리아대신에 구소련이 가입한 9개국)이 규정한다. 몽트뢰조약에서는, 통과와 항행의 자유가 전보다 제한되어 항공기의 통과는 일반적으로 인정되지 않으며 군함의 통과도 많은 제한을 받았다. 兩岸의 무장해제, 국제적인 관리를 위한 海峽委員會도 폐지되었다. 이와 같이 하여 해협의 통과는 현저히 제한되고 일방 沿岸國 터키의 주권이 대폭적으로 회복되었다. → 해협

콘스피러시 〔英〕 conspiracy 共同謀議罪. 英美法에서는 위법한 행위를 행하는 것 또는 본래 합법적인 행위를 위법한 방식으로 행하는 것에 관한 2인 이상의 합의가 있으면, 外部的 行爲를 기다리지 않고 공동모의죄가 성립한다. 보통법상의 輕罪(미스디미너)이다. 合意의 내용이 된 행위가 아니어도 좋으나, 어떠한 外部的 行爲를 필요로 하는 制定法도 있다.

콘시더레이션 〔英〕 consideration 約因, 대가, 英美契約法上 계약상의 債務의 대가로서 제공되는 作爲·不作爲, 법률관계의 설정·변경·소멸, 또는 약속, 영법상 법률상의 有價約因(valuable consideration)은 혹은 일방의 당사자에 발생하는 어떠한 권리·이익, 혹은 상대방이 한 不作爲, 그가 입은 불이익 또는 손실, 혹은 부담한 책임일 수 있다는 정의가 유명하다. 捺印證書(디드)에 의하지 않는 單純契約(simple contract)은 이 約因이 있음으로써 비로소 유효하게 된다. 현재에 와서는 約因理論에 대하여 수정을 가하여야 한다는 의견이 높다.

콘체른 〔獨〕 Konzern 〔英〕 concern 법률상으로는 독립한 여러 기업이, 경제적으로는 공동의 통제에 따르고 있는 거대한 企業合同. 가장 전형적인 형태는 持株會社를 中核體로 하고, 그 자본에 의한 통제에 다수의 각종 분야의 기업이 예속하고 있는 경우이지만, 콘체른의 지배관계는 자본적 지배뿐만 아니라, 契約關係 및 人的關係(임원겸임·임원의 교환 등)를 통하여서도 행하여진다. 獨占禁止法 등을 제정하여 콘체른을 금지하는 입법례도 있다(예: 獨占規制 및 公正去來에 관한 法律).

콘코르다트 〔羅〕 concordia 〔英〕·〔佛〕 concordat 〔獨〕 Konkordat 和親條約이라고도 한다. 로마교황청과 여러 나라와의 사이의 宗敎上의 사항에 관한 약정. 학교교육·혼인 등, 정치와 종교, 國家와 敎會의 쌍방에 관계되는 사항(정치혼합문제)에 관하여, 양자의 관할범위를 정함을 내용으로 한다. 前大戰後 격증하여, 신콘코르다트 시대를 現出하였다. 교황청도 국제법상의 주체이기 때문에, 통설은 콘코르다트도 국제조약의 일종이라고 본다. → 바티칸시국

콘트랙트 〔英〕 contract ① 계약. ㉠ 영국에서는 보통 다음과 같이 정의하고 있다. 즉 계약이라 함은 적어도 2인 이상의 당사자간에 행하여진 合意(agreement) 또는 引受(undertaking)로서, 그 위반에 대하여는 損害賠償請求의 소송을 제기할 것이 허용되고, 또한 위의 합의 또는 인수에 있어서는 당사자의 1인 또는 그 이상의 자가, 명시 또는 묵시적으로, 다른 상대방의 요구에 의하여 또는 그 이익을 위하여, 어떤 행위를 하지 않을 것을

약속하는 것이며, 그 약속은 有價約因(valuable consi-deration)(→콘시더레이션)을 대가로 하여 제공되거나 또는 지정의 형식으로 표현됨을 요한다. ㉡ 美國法律協會(아메리칸 로 인스티튜트)는 계약을 하나 또는 일련의 약속으로, 그 위반에 대하여는 법이 구제수단을 부여하거나, 또는 법이 그 이행을 어떤 방법으로 의무로서 인정하는 것이라고 정의한다. ㉢ 미국연방헌법 중의 이른바 契約條項(contract clause)에 있어서의 계약은 보통의 의미의 계약뿐만 아니라, 계약본래의 성질을 가지고, 信義에 기한 相互的 債務를 포함하는 모든 證書·條令·法律 등 일체의 것을 의미한다. ② 契約書.

콜 론 〔英〕 call loan 短期融通金(舊短期金融業法 3). 短資라고도 한다. 현재 콜론은 재정경제부가 인정한 공식적인 仲介機關을 매개로 하거나 당사자간의 合意에 의한 거래에 따르며 이자율도 자유시장경제원리에 따른다. →콜머니

콜롬보 플랜 〔英〕 Colombo Plan 동남아시아의 經濟開發計劃으로 1950년 1월 콜롬보에서 개최된 영연방외상회의에서 제창되었다. 콜롬보계획의 技術援助計劃은 1950년 7월부터, 공동개발계획은 1951년 7월부터 6개년, 18억 6,800만 파운드의 자금에 의한 농업·운수·광공업·동력 등의 개발계획으로서 발족하였으며 당초의 구성원은 영국·캐나다·오스트레일리아·뉴질랜드·인도·파키스탄·스리랑카·말레이지아 및 영령 보르네오의 英연방구성국만으로 이루어졌었다. 그 후 점차 영연방 이외의 다른 나라도 가입하여, 현재 상호원조를 원칙으로 하여 원조를 받는 측과 제공하는 측은 평등의 입장에 서서, 하등의 정치적·군사적 조건을 붙이지 않는 것이 특색이다. 그러므로 이 계획을 추진하기 위한 中央統制機關도 없으며, 상설의 事務局도 없다. 다만 계획의 검토와 권고를 행하기 위하여, 참가국대표에 의한 자문위원회를 가질 뿐이다. 한국은 1961년부터 옵서버로 참가하다가 1969년에 정식으로 가입하였다.

콜 머니 〔英〕 call money 콜론을 借主側에서 본 것. →콜론

쿠데타 〔獨〕 Staatsstreich 〔佛〕 coup d'État 정치권력을 가진 자나 權力階級에 속하는 자가 스스로의 지배를 강화하기 위하여 또는 권력탈취를 위하여, 非合法的 無力行使를 통해 정부를 변경시키는 것을 말한다. 이는 일반국민에 의하여 추진되지 아니하고, 권력자 또는 그 일부에 의하여 추진되는 점에 특색이 있다. 國際法上 쿠데타는 국가의 동일성에 변경을 가져오지는 않으나, 이러한 비합법적 수단에 의하여 변경된 정부가 그 국가를 대표하기 위해서는 새로이 政府承認을 받아야 한다. 쿠데타의 예로는 1799년 나폴레옹 1세의 쿠데타, 1851년 나폴레옹 3세의 나치스의 國民革命 등이 있고, 1932년 일본의 5·15사건이나 1936년의 2·26사건 등도 이러한 색채를 띠고 있다. 그러나 體制의 기본적인 원리가 파괴되지 않는 한 革命과 구별되지만, 실제의 武力行使가 쿠데타냐 혁명이냐를 구별하는 것은 어려운 문제이다.

쿼 워란토 〔羅〕·〔英〕 quo warranto 權限開始令狀. by what authority, 즉 어떠한 權限에 의해서라는 의미의 말. 令狀의 서두의 문자를 따서 그 영장 내지 소송의 명칭으로 한 것. 官公職·特權(예 : franchise) 기타의 권리(예 : liberty)를 보유 또는 행사하고 또는 不法으로 보유 또는 침탈한 자에 대해서 그 자가 어떠한 권한에 의해서 그 官公職 또는 권리의 보유를 주장하는가를 증명할 것을 명하는 令狀, 또는 그 영장에 기한 소송을 가리킨다. 또 特權의 불사용 또는 남용을 한 자 또는 官公職의 남용자에 대해서도 이 영장이 발급되어 이 소송이 개시되었다. quo warranto는 장시간을 요하는 訴訟節次였으므로, 점차 사용되지 않게 되어 이것에 갈음하여 information in the nature of a writ of quo warranto라는 형식적으로는 刑事訴訟節次이며, 실질적으로는 민사소송절차인 소송절차가 사용되게 되었다. 이것은 영국은 물론 미국에서도 널리 행하여지고 있으며 地方自治團體 기타 법인의 권한의 심사 또는 불법으로 지방자치단체의 공직을 보유하고 있는 자를 訴追할 경우 등에 사용되고 있다.

쿨 파 〔羅〕·〔英〕 culpa 로마법에 있어서 계약상의 의무를 이행함에 있어 자기 행동의 결과를 예견하여야 할 것임에도 불구하고 그것을 예견하지 못한 債務者의 不注意, 즉 過失을 말한다. 유스티니아누스제 때부터 과실을 重過失(故意와 동일시함)과 경과실로 구분하고, 輕過失을 다시 具體的 輕過失(구체적으로 채무자가 자기의 물건에 대하여 기울여야 하는 통상의 주의를 缺하는 過失)과 抽象的 經過失(추상적으로 선량한 사람 또는 주의 깊은 家長의 주의를 결하는 과실)로 구분하였다.

큐리아 레지스 〔羅〕·〔英〕 Curia Regis 王會, 國王裁判所라는 의미의 라틴어. 노르만왕조에 있어서, 국왕의 보필자였던 일단의 관리를 Curia Regis라 불렀던 것이나 국왕의 直屬受封者(tenant in chief)가 그의 봉건적 의무로서 소집되어 구성한 회의도 역시 그렇게 불렀다. 후자는 大會議(Magnum Concilium or Magna Curia), 전자는 小會議(Lesser Curia)라고 불렀으며, 이들은 모두 왕의 보필자로서 입법·사법·행정을 맡아보았다. 대회의는 그 후 貴族院과 國會로 발전하였고, 소회의로부터는 각종의 중앙관청과 중앙재판소로 나뉘게 되었다.

크레디트 카드 〔英〕 credit card 소비자가 현금이나 수표 등을 사용하지 않고 상품을 구입하는 信用販賣制度 또는 이에 쓰이는 카드를 말한다. 즉 카드회사가 발행하는 카드 소지인이, 카드를 제시하고 카드회사의 가맹점에서 상품이나 서비스 등을 구입하고, 賣上傳票에 서명을 하면, 가맹점은 매상전표를 매월 일정일에 정리하여 카드회사에 송부하며, 카드회사는 매상전표에 의거하여 각 카드 소지인의 去來銀行을 통하여 그 구입금액의 지급을 받고, 가맹점에 대하여는 카드 매상대금을 그 去來銀行計定으로 납입 입금하는 방식을 사용한다. → 신용카드

크로스·이그재미네이션 〔英〕 cross-examination → 교호신문

크리크스레종 → 교전조리

클라크 라인 〔英〕 Clark Line → 방위수역

클래스 액션 〔英〕 class action 美國聯邦地方法院規則(Federal rules of civil procedure) 23조에 의해 인정되는 제도로서, 다수의 소비자나 투자가 등이 청구원인 또는 쟁점을 공통으로 하는 소액의 損害賠償請求權을 가지는 경우, 그 被害者集團에서 스스로 대표자가 되어 전원의 청구액을 청구하여 일거에 피해자 전원의 권리를 실현시키고자 하는 集團訴訟制度이다. class action이 인정되기 위해서는 ① 전원에게 공통되는 法律上·事實上의 문제가 있을 것, ② 그 class에 속하는 1인 또는 수인이 자기 class 및 전원을 위하여 스스로 提訴할 것, ③ 法院이 提訴者의 대표자격을 심사하여 class action으로서 유지된다는 취지의 결정을 할 것, ④ 공통이해관계자 전원에게 訴訟告知를 하여 소송관여의 기회나 class로부터의 제의를 신청할 수 있는 기회가 주어질 것 등의 요건이 충족되어야 한다. 판결의 효과는 유리·불리를 불문하고 class 전원에게 미친다.

클레이톤법(法) 〔美〕 Clayton Act 1914년에 美國聯邦議會가 제정한 셔먼법의 補充立法. 반트러스트법의 하나. 競爭을 감소시키고, 독점을 발생시키는 價格差別·專屬去來協定·持株會社 기타의 자본참가·임원겸직 등의 금지를 주된 내용으로 하며, 전문 26개조로 되어 있다. 동법은 그 후 1936년 買受人간의 경쟁을 감소시키는 대량판매업자의 행위를 제한하는 로빈슨 패트먼수정 및 1950년의 合倂·營業讓渡 등의 방법에 의한 독점체의 형성을 금지하는 세일러 수정에 의하여 개정을 받고 있다.

클로즈드 숍 〔英〕 closed shop 넓은 뜻으로는 유니언 숍까지도 포함시켜서 오픈 숍과 대립되는 것이지만, 보통은 이미 勞動組合에 가입되고 있는 자만이 채용되며, 除名 혹은 脫退 등으로 인하여 組合員資格을 상실한 자는 해고되는 공장사업장을 의미한다. 사용자와 노동조합과의 사이의 협정에 의해서 성립한다. 금세기초부터 미국에서 특히 문제가 된 것으로서 사용자의 人事權을 침해하는 것이 아닌가, 비조합원의 단결하지 않는 자유, 부당하게 일을 박탈당하지 않는 자유를 침해하는 것이 아닌가가 문제가 되었었다. 조합측은 勤勞者가 使用者와 대등한 입장에 서서 교섭하려면, 전근로자가 일체가 되어야 할 필요가 있는 것이며, 이를 위해서는 어느 정도의 團結强制도 불가피하다는 것을 주장한다. 미국에서는 주에 따라서 클로즈드 숍에 대한 태도에 약간의 차가 있었던 것이지만, 와그너법 이래, 그의 적법성이 확인되었다. 그러나 태프트·하틀리법은 이를 금지하여 현재에 이르고 있다. 우리나라에서는 직업별노동조합이 거의 없고, 產業別勞動組合도 미발달상태에 있기 때문에, 클로즈드 숍의 실례는 거의 없는 형편이다. 그 적법성에 관해서는 헌법 33조의 團結權이 당연히 클로즈드 숍을 용인하는가의 여부에 관해서 異論이 있다. → 유니언 숍, 오픈 숍, 단결의 강제

클린 핸즈 〔英〕 clean hands 더럽지 않은 손의 원칙. 에퀴티의 法諺(maxim) He who comes into equity must do so with clean hands, 즉 衡平法裁判所에 出所하는 자는 깨끗한 손을 가지고 와야 한다의 원칙. 형평법재판소는 이른바 양심의 재판소이기 때문에 피고에 대하여 공정치 않거나 혹은 가혹한 짓을 한 原告에 대하여서는 구제를 하여 주지 않는다. 예컨대 성년자라 속이고 受託者로부터 주식의 인도를 받은 미성년의 受益者는 그 인도가 미성년자에 대하여 행하여진 것임을 이유로 무효라고 하여 주식의 再引渡를 청구할 수 없다.

키비타스 〔羅〕 civitas 다의적으로는 로마법상 국가 특히 로마의 도시국가나 로마市民權을 말한다. 게르만법상으로는 게르만인의 政治生活의 기초단위로 소규모 國家的 結合體를 말한다.

키토선언(宣言) 〔西〕 Declaracion de

Quito 1984년 1월 13일 에콰도르 수도 키토에서 열린 라틴아메리카·카리브 經濟會議에서 채택된 선언. 라틴아메리카 經濟機構(SELA)와 유엔 라틴아메리카經濟委員會(CEPAL)의 후원으로 소집된 이 회의에 참석한 33개국 대표들은 라틴아메리카 경제정체의 중요한 원인이 선진국측에 의한 保護主義와 高金利 등의 정책이라 비난하고 총액 3,100억달러(1984년말 현재 3,600억달러)에 달하는 라틴아메리카제국의 債務支拂은 계속하겠지만 경제정체가 계속되어 상환이 불가능해질 경우에는 선진국의 협력을 얻을 것과 民族自決權 옹호, 經濟差別의 반대 등을 제창했다.

킹스턴체제 금 1온스당 35달러를 기초로 한 브리튼우즈 國際通貨體制는 실질적으로 1971년 8월 금·달러 교환정지로 붕괴되었으나 금의 공정가격 철폐 등이 선진공업국들간에 정식 합의된 것은 1976년 1월의 IMF 잠정위원회에서였다. 동위원회가 자메이카의 킹스턴에서 열렸던 데서 새로운 國際通貨體制를 흔히 킹스턴體制라 한다. 킹스턴에서는 金公定價格의 철폐 이외에 變動換率制가 종래의 固定換率制와 아울러 각국의 선택대상이 됨으로써 정식 인정되었다는 것이 특색이다. ① 금의 공정가격을 폐지한다. ② 각국은 플로트(float : 變動換率)제, 固定制 등 어떠한 환율제도를 채택할 것인가를 협정발표 후 30일 이내에 IMF에 제출한다. ③ 85%의 찬성투표로 상하 변동폭이 각 2.25%인 안정적이며 조정가능한 환율제로 복귀할 수 있다. ④ 通貨價格基準의 표시는 원칙적으로 SDR로 하고 금이나 달러 등에 의한 표시는 인정하지 않는다. ⑤ IMF 증자 중 25%를 금으로 불입하여야 한다는 규정은 폐지한다. ⑥ 32.5%의 IMF증자를 한다. 이밖에, 당면한 조치로서 ① IMF 보유금의 6분의 1을 출자국에 반환하고 다시 6분의 1을 시장에서 매각하여 그 매각이익으로 特別信託基金을 창설한다는 것과 ② 중앙은행의 금거래를 자유화한다는 점에서도 합의하였다.

ㅌ

타격(打擊)의 착오(錯誤) 〔羅〕 aberratio ictus 手段에 어긋남이 생겨서 의도한 客體 이외의 객체에 결과를 발생케 한 경우이며, 方法의 錯誤라고도 한다. 예컨대, ① 甲을 살해할 의사로써 갑을 향하여 발포한 바 갑이 아니라 옆에 있던 乙이 사살되거나(具體的 事實의 錯誤) ② 갑집의 유리창을 깨뜨릴 의사로써 돌을 던졌던 바 돌이 빗나가서 그 옆에 있던 을에게 맞아 부상케 한(抽象的 事實의 錯誤) 경우이다. → 착오

타관송치(他管送致) 검사가 사건이 그 소속검찰청에 대응한 법원의 관할에 속하지 아니한 경우에, 사건을 서류와 증거물과 함께 管轄法院에 대응한 검찰청 검사에게 송치하는 처분(刑訴 256, 258). 이것은 起訴·不起訴處分을 그 사건의 관할법원에 대응한 검찰청검사로 하여금 행하게 하도록 하는 취지이다.

타물권(他物權) 〔羅〕 ius in re aliena 타인의 물건 위에 성립하는 물권. 원칙적으로 制限物權과 동일하나, 제한물권은 경우에 따라서는 자기물건 위에 성립할 수 있는 점(所有者抵當權)이 상이하다. 所有者抵當制度는 독일 민법이 인정하고 있으며, 近代抵當權의 하나의 특질을 이루고 있다(獨民 1163, 1173, 1177 참조). 민법은 傳統的 理論에 따라 이를 인정하지 않는다. 다만 소유자가 자기소유부동산 위에 抵當權을 가지는 상태는 혼동의 예외로서 생길 수 있을 뿐이다(民 191).

타유공물(他有公物) → 자유공물

타익신탁(他益信託) → 자익신탁·타익신탁

타인(他人)을 위하여 하는 보험계약(保險契約) 〔英〕 policy for whom it may concern 〔獨〕 Versicherung für fremde Rechnung 〔佛〕 assurance pour compte d'autrui 保險契約者가 타인을 보험의 受益者(손해보험의 피보험자, 人保險의 보험수익자)로 정하여 그 타인을 위하여 자기의 이름으로 체결하는 보험계약. 그 성질은 민법상의 제3자를 위한 契約(民 539)에 속한다고 하겠지만, 이와 다른 점은 그 제3자(타인)가 收益의 意思表示를 요하지 아니함은 물론, 수익자인 타인이 특정되어 있지 아니하여도 무방한 것이다. 도리어 타인을 위한 보험의 기원은 海上運送人이 장래에 보험사고가 발생할 당시 船荷證券의 정당한 소지인을 위하여 체결하는 불특정한 타인을 위한 海上保險이 관행되었다. 人保險에 있어서도 근래는 기업의 경영주가 보험계약자가 되고 그 종업원을 피보험자로 하고 종업원의 처자 등을 保險受益者로 하는 단체보험의 형식이 성행된다. 타인을 위한 인보험의 경우에는 보험계약자가 그 타인을 지정 또는 변경할 권리가 부여되어 있으며, 이에 관하여 법은 상세한 규정을 두었다(商 733, 734, 739).

타인(他人)의 권리대상(權利對象)이 된 자기물건(自己物件) 자기의 소유에 속하는 물건이라도 압류 또는 기타 강제처분을 받거나 타인의 權利 또는 보험의 目的物이 된 때에는 타인의 물건으로 간주한다(刑 176).

타인(他人)의 비밀누설죄(秘密漏泄罪) 家事訴訟法에 의하여 조정위원 또는 그 職에 있던 자가 정당한 사유없이 그 직무수행중에 알게 된 타인의 비밀을 누설함으로써 성립하는 죄. 이에 대하여는 2년 이하의 징역 또는 100만원 이하의 벌금에 처한다. 親告罪이다(家訴 71Ⅱ).

타인(他人)의 생명(生命)의 보험(保險) 〔獨〕 Versicherung auf fremdes Leben 〔佛〕 assurance sur la vie d'un tiers 자기 이외의 자를 被保險者로 한 경우의 보험을 타인의 생명에 관한 보험이라 한다. 이 보험을 무제한 인정하면 도박화할 우려가 있고 또 피보험자의 생명을 해할 위험이 있으

므로, 상법은 同意主義를 채용하여 사망보험 또는 混合保險으로서 그 피보험자가 保險受益者가 아닌 경우에는 그 타인인 피보험자의 동의를 요하도록 하고 있고(731 I), 심신상실자 · 15세미만자 · 심신박약자 등 자율적인 동의를 할 수 없는 자를 피보험자로 하는 보험은 이를 금지하고 있다(732). 피보험자의 동의는 보험계약에서 생긴 권리를 보험사고발생 전에 讓渡하는 데도 필요하고(731 II), 또 被保險者와 保險受益者가 동일인이기 때문에 본래 이 동의를 필요로 하지 않는 경우에도 그 보험수익자로부터 권리를 양수한 자가 다시 권리를 양도할 때에는 동의가 있어야 하며, 자기의 생명의 보험계약인 때에도 보험수익자가 그 권리를 양도함에는 피보험자의 동의가 있어야 한다. → 타인을 위하여 하는 보험계약

타입대(他入貸) 기업이나 금융기관 등이 약속어음이나 당좌수표를 자금이 모자라 결제하지 못할 때 은행이 빌려주는 하루짜리 緊急어음. 기업의 當座貸出限度가 꽉차면 기업이 발행한 약속어음이나 당좌수표가 支給提示되어도 이를 결제하지 못하게 되는데 이때 여유자금도 모자라 결제금액을 입금하지 못하면 부도낼 수밖에 없게 되며 그럴 경우 은행은 不渡防止를 위해 당좌대출한도를 초과해 돈을 빌려주는데, 이때 기업은 다른 은행 발행의 당좌수표(당좌권)를 담보로 제공하고 그 다음날 빌린 돈을 갚아야 한다. 이처럼 他店券을 맡기고 돈을 빌린다고 하여 타입대라 부른다.

타임 스터디 〔英〕 time study 근로자의 작업을 要素作業別로 스톱 위치로 측정하여 일정한 작업에 필요한 標準勤勞時間을 산출해 내는 것, 또는 그 연구방법을 말한다. 19세기말 미국에서 비롯된 이후 근로자의 반대에 직면하면서도 미국은 물론 각국의 기업에서 채용되었다.

타주점유(他主占有) → 자주점유 · 타주점유

타지지급(他地支給)**어음** → 동지지급어음 · 타지지급어음

타지출급(他地出給)**어음** 지급지와 지급인의 주소지가 다른 환어음 또는 지급지와 발행인의 주소지가 다른 약속어음으로 引受提示와 인수인의 제3자방 출급기재에 대하여는 별도로 규정하고 있다(어음 22 II, 27 I).

타지할인(他地割引)**어음** 〔英〕 domicile discount bill 어음할인을 하는 은행의 소재지 이외의 지역을 지급지로 하는 할인어음을 말하는 바, 은행은 지급지의 支店 또는 다른 지점에 이 거래를 의뢰하지 않으면 안된다. 따라서 수수료와 비용을 요하고, 同地割引어음보다도 할인료가 高率이다.

탁상이혼(卓床離婚) 별거와 같다.

탁송수하물(託送手荷物) 旅客運送契約에 있어서 운송인 등이 여객으로부터 인도를 받고 운송하는 수하물. 그 운송은 여객운송에 부수하는 것이라 하여 운송인이 運送賃을 청구하지 않을 때에도 물건운송인과 동일한 책임을 진다(商 149). 운송임 등에 대하여 留置權의 대상이 된다(120, 民 320).

탄력관세(彈力關稅) 〔英〕 flexible tariff 국내산업보호와 물가안정 등을 위해 정부가 국회의 위임을 받아 일정 범위내에서 관세율을 인상 또는 인하할 수 있는 권한을 갖도록 한 관세제도. 우리나라에서는 1969년부터 이 관세제도를 채택하고 있는데 相計關稅, 報復關稅, 反덤핑關稅, 調停關稅 등이 있다.

탄소세(炭素稅) 지구온난화의 주범인 이산화탄소를 발생시키는 석유와 석탄 등 화석에너지와 이를 사용하는 발전소의 전기에 대해 부과하려는 세금. 이 돈은 地球溫暖化防止 및 에너지節約硏究基金으로 쓰여질 예정이다. 유럽共同體(EC)가 처음으로 마련해 실시하려고 하는 이 탄소세는 석유의 경우 1993년부터 사용량 1배럴당 3달러씩 부과하고 이후 매년 1달러씩 인상해 오는 2000년에는 배럴당 10달러를 징수하도록 규정하고 있다. 탄소세가 부과되면 2000년에는 1990년에 비해 화석연료를 사용하는 발전소의 비용은 평균 58% 오르고 가정용 난방비는 16%, 자동차 휘발유값은 6%의 인상효과를 가져올 것으로 EC 전문가들은 추산하고 있는데 이에 따라 소비가 줄어들어 이산화탄소 방출량이 감소될 것으로 예상된다. 그러나 사우디아라비아 등 주요산유국이 거세게 반발하고 있어 시행에 많은 난관이 예상된다. 미국과 일본은 아직 탄소세 賦課措置에 동참하지 않고 있지만 이산화탄소 發生抑制技術이 개발되면 EC처럼 탄소세 부과조치를 취할 것으로 보인다.

탄식행위(呑食行爲) 〔英〕 bucketing 유가증권시장에서의 매매거래의 受託者인 증권거래소의 거래원이 유가증권시장에서 그 집행, 즉 賣買去來를 하지 아니하고 자기가 그 상대편이 되거나 상대편의 대리인이 되어 매매를 성립시키는 것. 증권거래법상의 용어로는 虛僞賣買라고 한다. 위탁을 둘러 마셔서(呑) 시장에 내어 놓지 않는 것이므로 이 명칭(일본어로는 呑行爲라고 한다)이 있다. 위탁매매인의 介入權 행사와 비슷하지만, 증권거래법은 이

를 금지하고 있으며, 그 위반에 대해서는 벌금 이외에 登錄取消·去來停止 등의 제재가 가하여 진다(證去 86, 1998년 12월 삭제). 그 이유는 呑食行爲에 있어서는 위탁의 집행이 거래소에서 행하여지지 않는 결과, 去來稅와 賣買手數料의 포탈로 되고 또 시장에 있어서의 공정한 시세의 형성을 방해하고 나아가 위탁자와 시세의 승부를 다투는 결과로 되어서 委託者를 해할 우려가 있는 따위이다. 이와 같이 탄식행위가 금지되어 있는 결과 自轉賣買라는 것이 행하여진다.

탄 핵(彈劾) 〔英〕 impeachment 〔獨〕 Anklage 〔佛〕 accusation 一般法院에 의해서는 訴追가 곤란한 정부의 고급공무원 또는 법관과 같은 身分保障이 되어 있는 공무원이 직무상 중대한 非違를 범한 경우에 國會의 訴追에 의하여 이를 처벌하거나 또는 파면하는 제도. 이 제도는 먼저 영국에서 발생하여 그 후 여러 국가에 의하여 繼受되었으나 그 내용과 절차는 반드시 일정한 것은 아니다. 예컨대 영국에서는 형벌까지 과할 수 있는데 비하여(프랑스·멕시코도 마찬가지이다), 미국에서는 파면함에 그치며, 또 보통의 경우는 하원이 訴追하고 상원이 審判하는 것이나 때로는 심판을 법원이 담당하는 경우도 있다(독일의 바이마르 헌법하의 國事裁判所와, 이탈리아 1848년헌법하의 고등법원). 우리 憲法도 대통령·국무총리·국무위원·행정각부의 장·헌법재판소재판관·법관·중앙선거관리위원회위원·감사원장·감사위원 기타 법률이 정하는 공무원이 그 職務遂行에 관하여 헌법 또는 법률에 위배하였을 때, 국회의 소추(국회의원 3분의 1 이상의 발의로 그 재적의원과반수의 찬성에 의한 의결, 대통령에 대하여는 재적의원과반수의 發議와 재적의원 3분의 2 이상의 찬성으로 의결)에 의해 헌법재판소가 심판하는 彈劾制度를 규정하고 있다(憲 65, 111).

탄핵심판위원회(彈劾審判委員會) 구헌법상의 彈劾事件을 심판하기 위한 國家機關(憲 62 Ⅰ). 대법원장을 위원장으로 하고 대법원판사 3인과 국회의원 5인의 위원으로 구성하였다(62Ⅱ本). 탄핵결정에는 구성원 6인 이상의 찬성이 있어야 한다(62Ⅲ). 彈劾決定은 공직으로부터 罷免함에 그친다(62Ⅳ 本). 그러나, 이에 의하여 민사상이나 형사상의 책임이 면제되지는 아니한다(62Ⅳ 但). 현행헌법에서는 국회를 訴追機關으로 하고(憲 111), 헌법재판소를 審判機關으로 하여, 탄핵심판위원회는 없어졌다.

탄핵재판소(彈劾裁判所) 제3차개정전 헌법에서 彈劾事件을 심판하던 기관. 부통령이 재판장의 직무를 행하고 대법관 5인과 參議院議員 5인이 심판관이었다(47 本). 다만, 대통령과 부통령을 심판할 때에는 대법원장이 재판장의 직무를 행하게 되어 있다(47 但). 그러나, 제3차 개헌에 의하여 憲法裁判所를 신설함과 동시에 탄핵재판소는 폐지하고 신설된 헌법재판소로 하여금 탄핵사건을 심판하게 하였다. 그러나 제5차 개정헌법은 헌법재판소를 폐지하고, 彈劾審判委員會를 두어 이로 하여금 탄핵사건을 심판하게 하였으나 현행헌법(제9차 개정헌법)은 헌법재판소가 탄핵사건을 심판하게 하였다(憲 111 Ⅰ ii). → 탄핵심판위원회

탄핵적 수사관(彈劾的搜査觀) 訊問的 搜査觀에 상대되는 개념으로, 수사절차의 當事者主義化를 강조하는 수사관을 말한다. 즉, 수사기관은 공판단계에서는 검사를 대표로 하여 당사자의 지위에 서게 되는데, 이 경우 당사자 대립구조를 엄격히 관철하면, 수사의 단계에서 檢事·司法警察官이 처분의 당사자인 피의자에 대하여 수사·체포·압류·구금 등 强制處分을 행하는 권한을 가진다는 것은 의문이라는 입장이다. 이러한 측면에서 수사기관의 권한강화를 억제하는데 도움이 된다 하여 지지하는 자가 많다. 그러나 彈劾的 搜査觀으로는 수사활동이 곤란하여 범인의 처벌이 확보되지 않는다고 이를 반대하는 입장, 또는 탄핵적 수사관의 자유주의적 성격에 찬동하면서도 수사를 단순히 公判準備로서 파악하려고 한다는 점에서 비판하는 입장 등도 있다.

탄핵주의(彈劾主義) 〔獨〕 Akkusationsprinzip 〔佛〕 procédure accusatoire 형사소송법상 재판기관 이외의 자의 訴追를 기다려 소송을 개시하는 주의. 혹은 국가기관 이외의 자의 소추를 기다려 소송을 개시하는 주의로 한정하는 수도 있다. 전자의 의미로 이해하면 國家訴追主義도 포함하나, 후자의 의미로 이해하면 被害者訴追主義와 公衆訴追主義만으로 된다. 소송개시후 소송을 제기한 자가 당사자로 되는가는 우선 별개의 문제이나, 소송을 제기한 자가 당사자로 되는 것이 통상이므로, 법원과 적극·소극의 양 당사자의 3주체에 의하여 구성되는 소송의 형식도 彈劾訴訟이라고 하는 경우가 많다. 이상 어느 의미에서이건 탄핵주의는 糾問主義에 대한 관념이다.

탄핵증거(彈劾證據) 陳述證據의 증명력을 다투기 위한 증거. 형사소송법 318조의2는 공판준비 또는 공판기일에서의 被告人 또는 피고인 아닌 자의 진술의 증명력을 다투기 위한 증거에 관하여는 傳聞法則의 적용을 일반적으로 배제하고 있다. 다만

ㅌ

그 범위에 관하여는 해석상 다툼이 있다. 제1설은 영미법의 입장에서, 형사소송법 318조의2는 자기모순의 진술에 한하여 적용된다고 한다. 自己矛盾의 陳述이란 증인 기타의 자가 법정에서의 진술과 相異한 진술을 法廷外에서 하였던 것을 말한다. 제2설은 자기모순의 진술에 한정되지 않으나, 증인의 신빙성만에 보조사실을 입증하는 증거에 한하며, 설령 증인의 信憑性을 탄핵하기 위한 것이라도 그 사실이 주요사실 또는 이에 대한 간접사실인 때에는, 법원이 전문증거에 의하여 사실상 심증을 형성하는 것을 방지하기 위하여, 전문법칙은 배제되지 않는다고 한다. 제3설은 본조를 文理解釋하여, 증명력을 다투기 위한 증거로서는 널리 傳聞證據를 사용할 수 있다고 한다. 證明力을 다투기 위한 증거에는 감쇄된 증명력을 유지하기 위한 증거(回復證據)도 포함하는 것으로 해하여진다. 공판정외의 진술도 본조에 의하여 다툴 수 있다. 임의성이 없는 피고인의 진술(특히 자백)은 彈劾證據로도 사용할 수 없다는 것이 다수설이며, 또 증명력을 다투기 위한 증거의 조사방식에 관하여는 통상의 證據調査의 절차·방식에 의하여는 한다는 견해와 공판정에서의 조사는 필요하나 반드시 法定의 節次를 요하지 않는다는 견해가 있다.

탈리오의 법칙(法則) 〔羅〕 lex talionis 〔英〕 law of retaliation 同害報復의 법칙. 상해죄에 관하여, 눈(目)에는 눈을, 이(齒)에는 이를(An eye for an eye, a tooth for a tooth)이라는 말로 표현되듯이, 피해자가 입은 해와 동일한 해를 가해자에게 가함으로써 보복케 하는 법칙이며, 원시미개인의 社會規範 중에서 볼 수 있는 정의관념의 원시적 표현인데 무제한한 復讐를 허용하던 단계보다 한 걸음 전진한 문화단계에서 나타난 법칙이다. 應報의 原則의 가장 소박한 형태를 이루는 것이다. 加害와 復讐의 균형을 취하여 응보적 정의감정을 만족시키려는 이 법칙에서는 그것으로써 사투를 종결시키려는 것이므로 가해자측에서의 재복수는 허용되지 않는다. 그와 같은 私人의 손에 의한 同害報復의 정의관은 초기의 형법사상의 저류를 이루고 있었다. → 응보형론

탈법신탁(脫法信託) 법령의 禁止規定에 직접으로는 위반하지 않으면서도 信託을 이용하여 금지에 위반하는 것과 마찬가지의 효과를 거두려고 하는 것. 예컨대 토지소유자가 금지된 자를 수익자로 하여 土地所有權을 受託하여 토지소유와 동일한 이익을 주는 따위. 탈법신탁은 脫法行爲 일반의 경우처럼 무효이다(信託 6).

탈법행위(脫法行爲) 넓은 뜻으로는 法令의 禁止規定을 潛脫하는 행위를 말하며, 좁은 뜻으로는 강행규정의 금지를 잠탈하는 행위를 말한다. 즉, 강제규정이 금하고 있는 것을 회피하는 수단으로서 다른 적법행위의 방식을 빌려서 이것을 면하고자 하는 행위이다. 예컨대 舊利子制限法의 제한을 초과하는 高利를 얻기 위하여 禮金·割引金·手數料 등의 명목을 붙인다거나, 연금법이 금지하는 연금의 양도나 담보를 위임의 형식을 통하여 잠탈하려고 하는 것과 같은 것이 그것이다. 탈법행위는 법률에 명문이 없는 경우에도 무효이지만, 强行規定의 실효를 확보하기 위하여 이를 명문으로 금지하는 예도 적지 않다(예 : 舊利制 2·3, 公年金 32, 舊農改 17). 그러나 强行規定에 위반하는 것 같이 보이는 결과를 일으키는 행위일지라도, 그 강행규정의 취지가 널리 이를 회피하는 수단까지도 금할 정도의 의의가 없는 것일 때에는 그 행위를 탈법행위라고 하여 무효로 할 것은 아니다. 예컨대, 動産의 讓渡擔保에 관한 효력이 인정되고 있는 것이 그것이다. 과거에는 양도담보가 通情虛僞表示이므로 무효라는 설, 또는 점유를 이전하지 아니하는 動産의 讓渡擔保는 質權에 관한 占有改定의 금지규정(民 332)과 流質契約의 금지규정(339)에 위반하는 탈법행위이므로 무효라는 설 등이 있었으나, 오늘날에는 판례나 학설이 모두 양도담보의 유효성을 인정하고 있다.

탈법행위금지규정(脫法行爲禁止規定) 법의 금지규정을 형식적으로 지키면서 실질적으로 위반하는 것을 방지하기 위하여 그 금지를 정한 규정.

탈베크의 규칙(規則) 양국 사이에 하천이 흐르고 이 하천상에 國境線劃定을 위한 양국간의 특별합의 또는 관습이 존재하지 않을 경우에 이 하천이 항행이 가능한 것이면 可航路의 中央線(〔獨〕 Talweg)을, 航行이 불가능한 하천이면 하천의 兩岸으로부터의 중앙선에 국경을 획정한다는 일반국제법상의 규칙. 이때 중앙선을 탈베크라고 한다. → 국경, 영수

탈 세(脫稅) 〔英〕 evacation of taxes 租稅負擔을 합법적 수단으로 회피하려는 것. 그 회피방법에는 여러가지 있으며 합법적 수단에 의한 租稅의 轉嫁 같은 것은 합법적인 탈세의 일종이기는 하나 통상 탈세라고 하는 것은 개인적인 방법으로 세율에 의하여 금지된 酒稅負擔의 회피방법을 가리킨다.

탈취권(奪取權) → 개입권

탈취죄(奪取罪) 財物에 대한 타인의 占有를 배제하여 이를 자기 또는 제3자의 占有로 옮기는 죄의 총칭. 領得罪의 일종이며 타인의 점유의 배제를 동반하지 않는 橫領罪에 대한다. 절도·강도·사기·공갈의 죄가 이에 속하고 각각 탈취의 형태(절취·강취·편취·갈취)에 따라 구별된다. 또한 탈취죄는 다른 관점에서, 소유자 기타 일정한 자의 의사에 기하지 않고 재물을 영득하는 죄로서, 瑕疵있는 意思에 기하여 재물을 영득하는 편취죄에 대한다. 이 경우에는 절도·강도·횡령·장물의 죄를 포함한다.

탈퇴수당금(脫退手當金) 선원보험법상의 保險給與의 일종. 즉, 3년 이상 15년 미만 피보험자였던 자가 사망한 때, 또는 그 자격상실시 다시 被保險者로 되지 아니하고 1년 6월을 경과한 때에 정부가 지급하는 일정한 금액의 급여(45, 46). 폐질연금을 받을 권리를 가진 자에게는 탈퇴수당금을 지급하지 아니한다(47).

태 아(胎兒) 〔羅〕 nasciturus 〔英〕 unborn child, child en ventre sa mère 〔獨〕 Leibesfrucht, Embryo 〔佛〕 enfant conçu [1] 母의 태내에 있으며 아직 출생하지 않은 者, 즉 受胎後 출생에 이르기까지의 子. 민법상 원칙으로 권리능력이 없으나(民 3), 不法行爲·相續·遺贈에 관하여는 胎兒는 이미 출생한 것으로 본다(762, 1000 Ⅲ, 1064). 이러한 사실들이 발생한 때에 아직 태아였던 자의 권리능력을 부정하면 태아에게 매우 불공평한 결과로 되기 때문이다. 태아는 살아서 출생한 경우에는 遡及하여 태아였던 때로부터 권리능력을 가졌었던 것으로 간주되므로, 태아인 동안의 권리취득은 불확정한 것으로 된다.

[2] 형법상은, 규칙적인 진통이 시작되기 전의 子를 말한다(→진통설). 진통전에 인공적으로 모체 밖으로 배출하거나 모체안에서 살해하면 落胎罪가 되고, 진통후에 살해하면 殺人罪(보통살인죄 또는 영아살해죄)가 된다.

태 업(怠業) 〔獨〕 soldiering 勞動組合의 통제하에 표면적으로 취업을 하면서도 집단적으로 노동능률을 저하시키고 열악한 작업을 함으로써, 사용자에게 손해를 주는 爭議行爲. 태업은 실제상 同盟罷業에 관한 제한을 회피할 목적으로 행하여지는 경우가 많다. 즉 단체협약으로 동맹파업에 대해서 어떠한 제한이 가하여진 경우라든지, 동맹파업 그 자체가 사회여론에 나쁜 영향을 주는 사태하에 놓여 있는 경우에는 동맹파업을 피하고 이에 대신해서 태업을 행하는 경우가 있게 될 것이다. 태업의 형태는 보통 적극적인 것과 소극적인 것으로 구별되며 그의 위법성도 이 구분에 의하여 논의된다. 기계설비에 손해를 주는 행위 등이 전자에 속하고 殘業拒絶 등이 후자에 속한다. 법률적 견지에서 본다면 소극적인 것은 합법적인 것이지만 적극적인 것은 비합법적인 것이라고 보는 것이 보통이다. 근로자가 자기의 노력을 아껴서 충분히 발휘하지 않는 것은 정당한 권리인 것이며 이는 정상한 동맹파업과 마찬가지로 합법적인 것이지만, 기업자의 재산을 損壞하는 행위는 합법성의 한계를 逸脫한 것이라고 볼 수 있기 때문이다. 이 쟁의행위는 이용도가 많은 쟁의행위다.

태평양경제협력회의(太平洋經濟協力會議) 〔英〕 Pacific Economic Cooperation Conference (PECC) 정부·경제계·학계인사로 구성된 민간주도의 국제적 태평양 관계 포럼. 1993년 3월 미국, 오스트레일리아 등 20개국으로 조직되었다. 總會, 상임위원회 및 7개의 특별분과위원회가 있으며 가입국마다 정부·경제계·학계인사로 구성된 위원회가 있다. 그리고 개발도상국 학자들의 PECC활동을 지원하기 위해 필요한 資金을 연차적으로 조성하는 PECC 센트럴 펀드가 설립되어 있다.

태평양경제협의회(太平洋經濟協議會) 〔英〕 Pacific Basin Economic Council(PBEC) 태평양 연안지역 국가간의 경제협력과 지역사회 발전을 목적으로 1967년 설립된 民間經濟協力機構. 總會와 理事會, 運營委員會로 구성되어 있으며 14개 국별위원회와 태평양경제협력특별위원회, 농산물특별위원회, 해외투자특별위원회 등 3개 특별위원회가 있다. 1968년부터 매년 연차총회를 개최하고 있으며 한국, 미국, 일본, 호주 등 20개 국가가 참여하고 있다. 태평양연안 域內 유일의 다국간 민간경제협력기구이다.

태평양방위기구(太平洋防衛機構) 〔英〕 Pacific Area Treaty Organization(PATO) 미국을 중심으로 구상된 태평양지역에 있어서의 反蘇同盟機構. 太平洋反共同盟의 구상은 1949년 장개석·퀴리노 회담에서 제창되었으나 英연합제국의 반대로 실현되지 못하였다. 그러나 미국의 극동정책이 적극화됨에 따르는 앤저스·동남아집단방위조약·美比相互防衛條約, 미일상호방위조약·한미상호방위조약 등 태평양반공방위기구의 구상을 착착 포진하고 있다.

태평양상호안전보장조약(太平洋相互安全保障條約) 앤저스와 같다.

E

태프트·하틀리법(法) 〔英〕 Taft-Hartley Act, Labor Management Relations Act 1947년 제2차대전후의 대대적인 同盟罷業의 파동을 받고, 노동조합운동 장려정책에 약간의 전환을 표시하고 노사의 세력과 교섭력의 대등성유지의 견지에서 와그너법을 수정하여 제정된 법. 이 법이 근로자의 團結權·團體交涉權·爭議權을 보장하고, 단체교섭의 단위 기타 단체교섭의 기준을 제공하고, 사용자의 不當勞動行爲에 대한 구제를 인정하고 있는 점 등은 종래의 것(와그너법)과 변함이 없다. 그러나 연방공무원·정부기업종업원의 스트라이크금지, 대규모 스트라이크의 80일간의 중지명령, 유니언 숍의 대폭제한, 2차적 보이콧과 관할쟁의의 금지, 단체교섭절차의 제한, 조합임원에 대한 공산주의자 내지는 破壞分子가 아니라는 취지의 宣誓 등 와그너법의 입장을 상당히 수정하였다.

태 형(笞刑) 〔英〕 whipping 〔獨〕 Prügelstrafe 〔佛〕 peine des verges 매(笞杖)로 범인의 신체를 구타하는 형벌. 身體刑의 일종이며, 신체에 고통을 줌으로써 범인으로 하여금 다시 범죄를 범하지 않도록 하는 것을 목적으로 한다. 18세기경까지는 동양에서나 서양에서나 태형이 집행되어 왔던 史實이 있지만, 刑罰觀의 변천과 인도주의사상의 영향을 받은 오늘날에 와서는 과거의 유물로 되어 버렸다. 영국에서도 1948년까지 태형을 인정하고 있었으나 그 후 폐지되었다.

태 환(兌換) 〔英〕 conversion 은행권은 발행은행이 그의 발행권자의 교환으로 액면 화폐액을 지급한다는 약속을 표시한 어음에 불과하다. 따라서 은행권이 발행은행에 제시되어 支給請求가 있으면 은행은 화폐로써 결제하지 않으면 안된다. 이러한 결제를 태환이라고 한다.

태환은행권(兌換銀行券) 發券銀行인 특정은행이 발행한 일정한 화폐액을 표기한 증표인바 소지인이 요구하면 즉시 그 액의 本位貨幣를 지급할 취지를 약속하는 증권. 원래 은행이 발행하는 일종의 약속증권으로 일정금액의 지급을 약속하는 무기한의 一覽出給式無記名證券이다.

태환제도(兌換制度) 〔英〕 convertibility 태환은 요구가 있으면 언제든지 즉시 화폐를 本位貨幣로 바꿀 수 있는바 이에 관한 제도를 태환제도라고 한다. 오늘날에 있어서 兌換의 保證은 화폐정책 또는 대외적 의의를 가짐에 그친다.

택일적 고의(擇一的故意) 〔羅〕 dolus alternativus 不確定的 故意의 하나이며, 예컨대 甲·乙 가운데의 어느 쪽이든 한쪽을 살해할 의사로써 발포하는 경우와 같이, 갑·을 어느 쪽을 살해하느냐에 대하여는 불확정이지만 그 어느 쪽의 사람을 살해할 의사가 있으므로 殺人의 고의가 인정된다. → 고의

택지소유상한제(宅地所有上限制) 국민주거생활의 기초가 되는 택지에 대해 그 소유할 수 있는 면적의 상한을 정하고 초과소유분에 대해 超過所有負擔金을 부과함으로써 모든 국민이 택지를 고르게 소유할 수 있도록 유도하고 宅地供給을 촉진하여 국민들의 주거생활 안정을 도모하기 위한 제도. 1990년 3월 이후부터 서울특별시 등 6대 도시(특별시, 광역시)의 도시계획 구역안의 택지를 원칙적으로 개인의 경우는 1가구당 660평방미터를 초과 소유할 수 없고 法人은 宅地를 소유하지 못한다. 1998년 9월에 폐지되었다.

택지초과소유부담금(宅地超過所有負擔金) ① 개인이 200평 이상의 택지를 갖고 있거나, ② 법인이 택지를 갖고 있는 경우 및 ③ 택지취득을 허가받거나 취득사실을 신고할 때 제출한 사용계획서에 따라 이용, 처분하지 않을 경우에 부과되는 부담금. 토지초과이득세법이 시행되기 전부터 200평 이상의 택지를 소유하고 있는 경우에는 1992년 3월 1일까지 부담금을 부과하지 않았으나 택지를 소유하고 있지 않은 개인이 택지가 200평이 넘는 주택을 허가받아 취득한 때에는 취득일로부터 부담금이 부과되었다. 또한 초과소유부담금은 6월 1일을 기준으로 하여 매년 정기적으로 부과되나 부과대상이 되는 택지를 처분한 경우에는 그 기준일을 기준으로 하며, 使用計劃書대로 이용·개발하지 아니한 택지에 대하여 구청장이 대리개발자를 지정한 경우에는 그 지정일을 기준으로 하여 상한규모를 넘어 택지를 가지고 있는 기간에 대하여 부담금을 수시로 부과하게 된다. 1998년 9월에 폐지되었다.

터 부 〔英〕 taboo 〔獨〕 Tabu 폴리네시아(Polynesia)어의 tapu(禁止된 것)에서 나온 말. 일정한 행위, 특정한 사물과의 접촉, 특정의 상태에 있는 인간과의 접근 등이 超自然的 힘에 의하여 질병·불행·죽음 등을 초래한다고 생각되는 경우, 이들을 터부라고 한다. 원시인에 있어서는 사물은 무성격한 원인·결과의 連鎖가 아니라 그 자체 무섭다, 無氣味하다, 神聖하다, 또는 불결하다고 하는 따위의 성격을 가진 것으로 느껴지는 데에, 터부가 생기는 根源이 있다고 할 수 있다. 터부의 대상으로서는 死者, 월경이나 임신중의 여성, 추장의 소지품, 월식, 산악, 삼림 등 여러가지가 있다. 또한 어

떤 事物 또는 사물의 持定의 狀態가 그대로 터부로 되는 경우도 있으며, 승려나 추장의 지정에 의하여 터부로 되는 경우도 있고, 터부와 접촉한 것이 파생적으로 터부로 되는 경우도 있다. 터부는 본래적으로는 원시인의 독자의 멘탈리티(mentality)로부터 이해하지 아니하면 안되나, 그것이 사회질서의 유지에 대하여 가지고 있는 목적론적 의의도 간과할 수 없다. 터부는 그 자체 비합리적인 것이지만, 동시에 미개사회의 道德的 規範으로서의 측면을 가지고 있다. 물론 모든 터부가 사회질서 유지의 목적을 가지는 것으로 이해할 수는 없으나, 종종 그것은 추장의 支配權이나 財産權을 옹호하고, 남녀간의 관계를 規整한다고 하는 의미를 가지고 있는 것도 부정할 수 없다.

테넌트 〔英〕 tenant 부동산보유자 · 借地人 · 領民. 不動産權(estate)을 보유하는 사람. 영국에서는 이론상 모든 부동산은 직접 또는 간접으로 왕으로부터 보유가 허용되어 있기 때문에, 모든 부동산은 保有態樣(tenure)에 의하여 보유되어 있다고 할 수가 있다. 定期不動産權保有者(tenant for years), 즉 借地人을 뜻하는 경우도 많다. 또한 領主(lord)에 대하여 領民을 가리키는 일도 흔히 있다.

테뉴어 〔英〕 tenure 不動産保有條件(형태). 영국에서는 이론상 부동산의 소유는 국왕에 한정되고 국민은 모두 국왕으로부터 직접 또는 영주를 통하여 간접으로 수여되어 있는 것이다. 따라서 로마법적인 의미에서의 소유권자라는 관념이 없고, 이른바 不動産保有者(tenant)에 불과하고, 그 자의 권리의 범위가 不動産權(estate)이고 그 보유의 조건 또는 態樣, 즉 어떠한 代償인 奉仕(service)를 하고 토지를 수여받고 있는 것이냐를 표시하는 것이 테뉴어이다. 따라서 부동산의 수여는 당연히 그 대상으로서 어떤 종류의 부담 또는 봉사를 수반하고 그 不履行은 失權(forfeiture)의 원인이 되는 것이다. 군사적 · 종교적 · 비군사적 등의 종류가 있었으나 현재에 와서는 약간의 예외를 제외하고는 free and common socage로 통일되어 있다.

토렌스식 등기법(式登記法) 〔英〕 Torrens system 토렌스(Sir Robert Torrens)가 창안한 不動産登記制度. 1858년에 남오스트레일리아주에서 처음으로 제정되어, 그 후 오스트레일리아제주, 영국 · 미국의 많은 주, 프랑스식민지 등에 채용되었다. 이에 의하면, 保存登記時에 2통의 증서를 작성하여, 그 하나를 소유자에게 교부하고 다른 하나를 登記簿에 편성한다. 그 후의 物權變動에는 소유자가 가지고 있는 증서(일종의 地券)를 권리변동의 증서와 함께 등기소에 제출하고, 등기소에서는 등기부와 지권에 權利變動의 내용을 기입하여 地券은 권리자에게 교부한다. 즉, 등기와 동일내용의 지권이 권리자의 수중에 있는 점이 특색이다. 또한 등기는 물권변동의 효력요건이며, 公信力이 인정된다. 그리고 등기에 의하여 입은 손해에 대한 보상제도가 있다.

토바르주의(主義)〔國際法上〕 〔英〕 Tobar Doctrine 政府承認要件에 관한 에스트라다주의에 상대되는 개념으로, 1907년 에콰도르외상 토바르(Tobar)가 주장한 헌법의 정통성을 기준으로 하여, 혁명이나 쿠데타 등 헌법에 위반하여 중앙정부를 전복시키고 성립한 사실상의 정부는 승인하지 않으며, 또 合憲的 節次에 의하여 국가원수가 선출될 때까지 承認을 하여서는 안된다는 주의를 말한다.

토 지(土地) 〔羅〕 praedium 〔英〕 land 〔獨〕 Grundstück 〔佛〕 fonds de terre 토지는 그 자연적 특질에 의하여 그 定着物과 함께 부동산으로 되고(民 99 I), 동산과 여러가지의 점에서 대립된다. 특히 중세에 있어서는 토지가 사회 · 정치조직의 기초를 이루고 있었으므로 많은 구속이 있었으나, 근대에 들어와 公法的인 負擔이 정리되어 私所有權이 확립되었다. 현재는 토지소유자는 법률의 범위내에서 그 소유지의 使用 · 收益 · 處分을 할 수 있으나(211), 근래 그 제한은 증가하고 있다(→소유권). 또한 토지의 所有權은 정당한 이익있는 범위내에서 토지의 상하에 미치나(212), 이것에 관하여도 광업법의 적용을 받는 地中의 미채굴광물은 광업권의 목적이 되므로 토지소유권의 객체로부터 제외되며(鑛 2,3,7), 지하수 특히 온천에 관습상 독립의 권리가 인정되는 일이 있는 외에, 그 행사가 權利濫用으로서 제한되는 일이 적지 않다. 토지는 소유자가 사용 · 수익하는 외에, 地上權 · 地役權 · 傳貰權 · 賃借權에 의하여 타인이 사용수익할 수 있다. 그리고 隣地와의 사이에는 相隣關係가 생긴다. 토지에 관하여는 토지등기부가 설치되고(不登 14)(→등기부), 등기가 물권변동의 효력발생요건으로 된다(民 186). 등기부의 토지표시의 기초로 되는 것은 토지대장이며, 토지의 개수는 토지대장의 기재에 의하여 결정된다(→일필).

토지개발(土地開發) 일정한 생활공간의 형성에 필요한 토지의 효용을 증진하기 위하여 적극적으로 토지의 形質을 개선 · 정비하는 작용을 말한다. 垈地로서의 효용증진을 도모하기 위한 土地區劃整理事業, 도시기능의 회복과 토지의 효율적인 고도이용을 도모하기 위한 都市再開發事業, 造林 · 草地造成 및 砂防 등을 위한 산촌개발, 미간지를 개발함으로써 농지를 확대하기 위한 농지개발 및 공업용지를 효율적으로 확보하기 위한 産業用地開發 등이 그 예에 속한다.

토지거래허가제(土地去來許可制) 투기 억제를 위해 건설교통부장관이 특정지역을 국토이용관리법상 去來規制地域으로 지정하는 제도. 투기가 나타나거나 우려되는 지역을 대상으로 하며 이 지역에서 일정 면적 이상의 토지를 거래하려면 계약 전에 시장·군수 또는 구청장의 허가를 받아야 한다. 허가를 받지 않으면 契約無效와 함께 刑事處罰을 받는다. 토지거래허가지역에서는 매매가격이 공시지가의 120%를 넘을 수 없으며 매입자가 실수요자임을 증명해야 거래가 이루어진다.

토지계획(土地計劃) 行政主體가 인간생활의 공간적 기초인 土地의 합리적이고 효율적인 개발·이용·보전에 관한 목표를 설정하고, 그에 관련된 行政手段의 종합·조정을 통하여 목표로 제시된 장래의 일정한 시점에 일정한 생활공간을 형성하기 위한 활동기준의 설정을 말한다. 이는 그 내용에 따라 土地建設綜合計劃, 國土利用計劃, 都市計劃 등으로 나눌 수 있다.

토지공개념(土地公槪念) 토지가 公共財로 인식되면서 土地所有權 絶對思想에 대한 변화가 요구되기에 이르렀다. 우리나라 헌법 122조도 국가는 법률이 정하는 바에 따라 토지소유권에 제한과 의무를 과할 수 있도록 규정하고 있다. 또 민법 2조는 개인의 소유권이라도 권리는 남용하지 못하도록 하고 있으며 동법 212조에서는 개인의 소유권이라도 정당한 이익이 있는 범위내에서 행사해야 한다고 규정하고 있다. 토지는 모든 국민의 생활기반이기 때문에 다른 소유권과는 달리 공공적 의의가 크므로 여러 나라가 이와 같이 土地所有權에 제한을 가하고 공적인 의의를 부여하고 있다. 우리나라에서도 1977년 이래 이에 대한 논의가 계속되다가 1989년 宅地所有上限에 관한 法律(1998년 9월 폐지), 土地超過利得稅法, 開發利益還收에 관한 법률 등 세 종류의 토지공개념 관련법률이 제정되었다. 그러나 1994년 들어 건설교통부는 택지초과소유 및 개발부담금을 낮추는 외에 농지의 소유와 거래를 대폭 완화하기로 결정, 土地槪念은 다시 완화되게 되었다.

토지공영제(土地公營制) 1977년부터 정부가 시행해온 제도. 안산 新都市와 같이 신규 개발사업추진에 따른 지가상승을 막고 토지투기를 억제하기 위해 개발대상 지역을 정부 또는 그 대행기관이 모두 매입한 후 개발이 끝난 뒤 이를 적정가격으로 실수요자에게 매각한다. 이 제도의 주요목적은 地價上昇 억제, 土地投機 억제, 開發利益 균배와 회수 등에 있다.

토지관할(土地管轄) 〔獨〕 örtliche Zuständigkeit 〔佛〕 compétence territoriale 職務管轄과 事務管轄을 같이하는 다수 법원간에 지역적 표준에 의하여 사무를 분장시키기 위하여 정해진 관할. 즉 한국내에 있어서 각 법원의 관할구역을 法定하고(各級法院의 設置와 管轄區域에 관한 法律), 그 구역내의 어느 지점과 인적·물적으로 일정한 관계를 가지는 사건을, 그 구역을 관할하는 법원으로 하여금 처리케 한다. 사건과 관계있는 지점을 裁判籍이라 하며 때로는 토지관할 그 자체도 재판적이라는 말로 쓰인다.

[1] 민사소송법상 裁判籍(토지관할)은 피고의 주소, 그 밖의 여러가지 사정(예 : 영업소소재지·의무이행지·불법행위지)에 의하여 정해지며, ① 普通裁判籍과 特別裁判籍, ② 人的裁判籍과 物的裁判籍 등의 구별이 있다. 인적재판적은 당사자 특히 피고인과의 관계에서(民訴 1, 8～10, 11) 물적재판적은 소송의 목적인 권리관계와의 관계에서(6, 7, 12～21), 각각 인정되는 재판적이다.

[2] 형사소송법상 토지관할은 범죄지 또는 피고인의 주소, 거소 또는 현재지에 의한다(4Ⅰ). 주소·거소는 민법상의 관념에 의하며(民 18, 20), 現在地라 함은 임의 또는 적법한 강제에 의하여 현재하는 장소를 말한다. 범죄지에 관하여는 犯罪地의 裁判籍을 보라. 그 외 국외에 있는 대한민국의 선박 또는 항공기내에서 범한 죄에 대하여는 선적지·機籍地 또는 범죄후의 선착지·기착지도 또한 토지관할권이 있다(刑訴 4Ⅱ·Ⅲ). 법원은 피고인의 신청이 없으면 토지관할에 관하여 관할위반의 선고를 하지 못한다. 이 신청은 피고사건에 대한 陳述前에 하여야 한다(320).

[3] 군사법원법상 토지관할은 범죄지 또는 피고인의 현재지에 의한다. 즉 군사법원이 설치되는 부대의 作戰地域·管轄地域 또는 警備地域內에 현재하거나 그 지역내에서 죄를 범한 자에 대하여서 재판권을 가진다(11Ⅰiii 本). 그러나 피고인 소속부대의 군사법원이 그 지역안에 있거나 그 피고사건이 타군 군사법원의 관할에 속하는 경우에는 예외이다(11Ⅰiii 但). 군사법원은 피고인의 신청이 없으면 관할위반의 선고를 하지 못하며 이 신청은 피고사건에 대한 陳述前에 하여야 한다(374).

토지구획정리사업(土地區劃整理事業) 垈地로서의 효용증진과 공공시설의 정비를 위하여 실시하는 토지의 교환·分合 기타의 구획변경, 指目 또는 형질의 변경이나 공공시설의 설치·변경에 관한 사업(土地區劃整理事業法 2Ⅰi). 이러한 토지구획정리사업과 병행하여 시행하는 건축물 기타의 工作物 또는 물건의 설치·관리 또는 처분에 관한 사업이나 埋立에 관한 사업은 토지구획정리사업으로 擬制된다(2Ⅱ). 토지구획정리사업은 도시계획법 12조에 의하여 결정된 도시계획구역 또는 국토이용관리법에 의한 준도시지역의 토지에 대해서만 시행할 수 있다(3). 토지구획정리사업을 시행할 수 있는 자는 토지소유자·토지구획정리조합·대한주택공사·한국토지공사·지방자치단체 및 국가이다(6~8). 토지구획정리사업의 절차는 사업의 중요성과 관계자의 이해의 조정의 필요성에 비추어 토지구획정리사업법에 상세한 규정을 두고 있다. →환지계획, 환지처분, 환지청산

토지구획정리조합(土地區劃整理組合) 일정한 지역내의 토지구획정리조합을 행할 목적으로 토지구획정리사업법이 정하는 바에 의하여 설립된 공공조합·토지구획정리사업을 시행할 수 있는 자는 토지구획정리조합 이외에도 토지소유자·대한주택공사, 한국토지공사·지방자치단체·국가 등이 있으나, 이들 중에서 가장 원칙적인 사업시행자는 土地所有者와 土地區劃整理組合이다. 토지구획정리조합은 토지계획정리사업시행지구 안의 토지소유자 7인 이상이 정관과 사업계획을 정하여 건설교통부장관의 설립인가를 받아 30일 이내에 주된 사무소의 소재지에서 일정한 사항을 등기함으로써 성립한다(土地區劃整理事業法 16~18). 조합의 시행지역 안의 토지소유자는 당연히 조합원이 된다(21). 조합에는 의결기관으로서 조합원으로 구성되는 총회와 집행기관으로서 총회가 선임하는 조합장·이사·감사 등의 임원이 있다(22, 25, 26). 組合은 토지구획정리사업을 행할 수 있음은 물론, 토지구획정리사업에 필요한 비용에 충당하기 위하여 조합원에게 경비를 賦課·徵收할 수 있고 부과금·과태금의 납부태만자가 있을 때에는 시장·군수에게 그 징수를 위촉할 수 있으며 필요할 경우에는 자금을 借入할 수 있다(28~30).

토지대장(土地臺帳) 〔英〕 cadaster 〔獨〕 Kataster 〔佛〕 cadastre 토지의 所在·地番·地目·面積, 所有者의 주소·주민등록번호·성명 또는 명칭, 토지등급 또는 기준수확량 등을 등록하여, 토지의 상황을 명확하게 하는 장부. 地籍公簿의 일종으로서 서울특별시·광역시·시 또는 군에 비치한다(地籍 8). 토지의 사실상의 상황을 명확하게 하는 것인 점에서, 등기소에 비치되어 토지에 관한 권리관계를 공시하는 土地登記簿와 구별된다. 이 두 장부는 서로 그 기재내용에 있어 일치될 것이 요청되므로 부동산의 상황에 변동이 생긴 때는 먼저 臺帳登錄을 변경한 후에 등기부를 변경하게 된다. 그러나 권리 그 자체의 변동에 관하여는 등기부를 기초로 하고 토지대장을 이에 따르게 하여야 할 것이다(不登 56). 不動産登記의 이상을 실현하려면 먼저 토지대장과 가옥대장의 정비가 필요하다.

토지등기부(土地登記簿) →부동산등기부

토지부담(土地負擔) 특정한 공익사업의 목적을 위하여 특정한 토지에 과하여지는 공법상의 제한. 公用使用의 일종. 손해예방·하천공사의 필요에 의하여 하천부근의 토지에 가하여지는 소유권의 제한(河 10)이 그 예. →공용사용, 공용제한

토지세목고시(土地細目告示) 土地收用을 위한 절차의 하나인 사업인정의 한 내용. 건설교통부장관이 事業認定을 한 때에는 그 뜻을 起業者·토지소유자·관계인 및 관계도지사에게 통지하고, 起業者의 성명·명칭, 사업의 종류, 사업지 및 수용·사용할 토지의 세목을 관계 서울특별시·광역시 또는 도에서 발행하는 公報에 고시한다(土收 16Ⅰ). 과거에는 사업인정의 다음 단계의 절차로 토지세목의 공고·통지의 제도가 별도로 있었으나, 1971년 토지수용법의 개정으로 사업인정절차의 일부로 흡수하여 收用節次가 간소화 되었다. 이 토지세목고시에 의하여 수용할 목적물의 범위가 확정된다. →토지수용, 사업인정

토지수용(土地收用) 〔英〕·〔佛〕 expropriation 〔獨〕 Enteignung 특정한 공익사업을 위하여 법률이 정하는 바에 의하여 강제적으로 土地所有權 등을 취득하는 것. 각 법률에 특별한 규정이 있는 경우(都計 5~9, 鑛 84·85, 河 35, 道 49의 2 등) 이외에는 일반적으로 土地收用法에 의한다. 土地收用을 할 수 있는 사업은 공익사업으로서 일정한 것에 한한다(土收 3). 토지수용의 목적이 될 수 있는 것은 토지에 관한 소유권 기타 권리, 立木·건물 등에 관한 소유권 기타 권리, 광업권·어업권·물의 사용에 관한 권리 등이다(2). 토지수용의 절차에는 略式節次(26·27, 水産 64~66 등)와 普通節次가 있다. 보통절차는 사업의 인정, 토지·물건조서의 작성, 협의, 재결의 4단계에 의한다. ① 起業者는 건설교통부장관으로부터 사업의 인정을 받아야 한다. 사업인정고시일로부터 1년 이내에 협의가 성립되거나 기업자가 土地收用委員會에 대한 재결을 신청하지 아니할 때에는 그 기간만료일의 다음날에 사업인정은 효력을 상실한다(17). ② 事業認定이 있으면 사업자나 수용할 목적물의 내용을 조사하여 조서를 작성하여야 하며, 이를 土地·物件調書라 한

다. ③ 事業認定의 고시가 있은 후 사업자는 그 토지에 관하여 권리를 취득하거나 소멸시키기 위하여 대통령령이 정하는 바에 의하여 그 토지소유자 및 관계인과 협의하여야 한다(25Ⅰ). 협의가 성립하면 수용절차는 이로써 종결한다. ④ 協議가 불성립 또는 불능인 때에는 사업자는 사업인정고시 후 대통령령이 정하는 바에 의하여 1년 이내에 토지수용위원회에 재결을 신청할 수 있다(25Ⅱ). 이 裁決은 협의의 성립과 같은 효력이 있으며, 이에 불복이 없으면 收用節次는 이로써 종결한다. 협의의 성립, 재결(토지수용위원회의 재결, 이의신청의 재결, 행정소송의 판결)의 확정이 있을 때에는 사업자는 補償金의 지급을 조건으로 하여 收用의 시기에 토지 기타 물건에 대한 소유권 기타 권리를 취득하고 이와 양립할 수 없는 당해 토지·물건에 대한 일체의 권리는 소멸된다. 그 보상은 完全補償을 원칙으로 한다. 피수용자에게는 보상청구권 외에 물건이전료청구권(49)·수용청구권(48)·환매권(71) 등을 부여하여 土地收用法은 공익과 사익의 조절에 노력하고 있다.

토지수용위원회(土地收用委員會) 토지의 수용 또는 사용에 관한 재결을 하기 위하여 설치된 裁決機關. 合議制機關으로서 영·미식인 行政委員會의 성격을 가진 기관이다. 건설교통부에 설치된 중앙토지수용위원회와 서울특별시·광역시 및 도에 설치된 지방토지수용위원회가 있다(土地 28). 위원장 1인과 위원 8인으로써 조직되는데, 중앙토지수용위원회의 위원장은 건설교통부장관이, 지방토지수용위원회의 위원장은 당해 시·도지사가 된다(30, 30의2). 중앙토지수용위원회는 토지의 수용 또는 사용에 관한 사항 중 국가 또는 서울특별시·광역시나 도가 起業者인 事業과 收用 또는 使用할 토지가 2 이상의 도 또는 서울특별시·광역시와 도의 구역에 걸친 사업에 관한 것을 관장하며, 지방토지수용위원회는 토지의 수용 또는 사용에 관한 사항 중 이상의 것 이외의 사업에 관한 것을 관장한다(35, 29). 토지수용위원회는 起業者와 土地所有者 또는 關係人과의 협의(→토지수용)가 이루어지지 않을 때에 하는 裁決申請에 의하여 심의를 개시하고(25), 일정한 심의절차를 거쳐 재결한다(36~42). 이 재결에 대하여 기업자·토지소유자 또는 관계인의 불복이 없을 때에는 수용절차는 종결되고, 협의가 성립한 때와 같이 土地物件의 수용의 효과가 발생한다.

토지수용(土地收用)**의 협의**(協議) 토지수용의 보통절차의 한 단계로써, 事業認定의 고시가 있은 후 수용할 토지의 범위·수용시기 및 손실보상 등에 관하여 기업자와 토지소유자(또는 관계인)와의 사이에 행하여지는 交涉行爲. 협의의 결과 성립하는 합의의 법률상의 성질에 관하여는 公法上의 계약으로 보는 견해와 私法上의 계약으로 보는 견해로 나누어져 있으나 전자가 통설이다. →토지수용

토지제한(土地制限) 적정한 생활공간 형성을 위하여 특정한 토지에 대하여 과하여지는 公用制限을 말한다. 생활공간의 기반인 토지는 비생산적이고 非對替的인 반면에 다목적성을 가지고 있기 때문에, 자의적인 이용을 제한할 필요가 크기 때문에 토지제한이 중요한 의미를 가진다.

토지채무(土地債務) 〔獨〕 Grundschuld 독일민법상, 抵當權에 유사한 토지소유권의 부담이지만(1191 이하), 법률상 채권과는 별개로 일정액의 금전의 지급을 담보하는 점이 抵當權과 다르다. 더욱이 토지채무도 통상은 債權擔保를 위하여 설정되며, 일반적으로 저당권의 규정이 준용된다. 채권은 소멸하여도 토지채무는 소멸하지 않으나, 토지소유자는 不當利得으로서 토지채무의 반환을 청구할 수 있다.

토지초과이득세(土地超過利得稅) 각종 유휴토지가 주변의 개발이나 사회경제적인 요인으로 正常地價가 상승률을 초과하여 상승한 경우, 그 소유지가 얻는 이득의 일정분을 토지의 보유단계에서부터 세금으로 환수함으로써 지가상승을 기대하는 토지의 투기행위를 근본적으로 방지하기 위한 제도이다.

토지초과이득세(土地超過利得稅)**와 개발이익환수제도**(開發利益還收制度)**의 차이**(差異) 양 제도는 지가상승으로 인한 이득의 일정분을 환수한다는 점에서는 동일하지만, 개발이익환수제의 경우 토지형질변경사업, 골프장건설 등 개발사업을 시행하는 사업자로부터 開發負擔金을 환수하는 반면, 토지초과이득세제는 지가상승에 따른 이득에 대해 개별토지소유자에게 토지초과이득세를 부과한다는 점에서 차이가 난다. 또한 전자는 관할 지방자치단체장이, 후자는 관할세무서장이 각각 부과하게 된다는 점에서도 차이가 난다.

토지평가사(土地評價士) 國土利用管理法 29조의2에 의하여 건설교통부장관이 실시하는 토지평가사시험에 합격하여 그 免許를 받은 자. 토지평가사는 국토이용관리법에 의한 토지이용계획의 원활한 수행을 도모하기 위하여 건설교통부장관의 위촉에 의하여 基準地價의 조사·평가와 기준지가가

고시된 지역 안에서 買收 또는 收用할 토지 기타 권리를 평가한다(29). 1989년 4월 地價公示 및 土地 등의 評價에 관한 법률의 제정으로 폐지되었다. → 감정평가사

토지평가위원회(土地評價委員會) 地價公示 및 鑑定評價에 관한 중요사항을 심의하기 위하여 건설교통부장관 소속하에 토지평가위원회를 두어 토지평가에 관한 법령안의 입안, 표준지의 선정 및 관리지침, 표준지의 가격, 감정평가준칙의 제정 또는 개폐에 관한 사항, 수수료의 요율 및 실비의 범위에 관한 사항, 기타 건설교통부장관이 부의하는 사항을 심의하게 하고(地價公示 및 土地 등의 評價에 관한 法律 12 I), 감정평가업자의 표준지 조사・평가에 관한 사항, 공시지가의 적용방법에 관한 사항, 기타 시장・군수 또는 구청장이 부의하는 사항에 관하여 시장・군수・구청장의 자문에 응하게 하기 위하여 시・군・구의 地方土地評價委員會를 두고 있다.

토테미즘 〔英〕 totemism 〔獨〕 Totemismus 〔佛〕 totémisme 血族關係에 있는 무리의 사람들이 스스로를 특정종류의 鳥・獸・초목 기타 자연물과 동일의 祖先을 가지고 있다고 관념하여, 그것(즉 토템(totem))과 긴밀한 관계를 유지하면서 생활하는 것과 같은 사회제도를 말한다. 토템미즘은 현재에도 오스트레일리아, 아프리카, 남북아메리카 등의 미개인들에게서 볼 수 있다. 토템미즘은 농경・목축의 민족에는 볼 수 없으며, 어느 정도의 고도의 수렵생활에서 볼 수 있다. 토템은 鳥獸가 보통이지만, 식물・달・구름 등일 때도 있다. 그러나 그것은 터부와 같이 특정의 個物이 아니라, 그 종류 전체에 걸치는 것이 특색이다. 토테미즘의 사회의 成員은 자기는 토템의 자손이며, 그 종 전체와 親緣關係에 선다고 믿고 있다. 따라서 토템은 흔히 씨족의 이름으로 되고, 씨족의 記章으로서 상징되는데, 그것은 단지 외적 구분에 관한 것만은 아니고, 결혼・식사의 규칙, 전쟁이나 수렵의 태세 등, 생활의 내부까지 規整하고 있는 것이다. 그러므로 토테미즘은 狩獵民族의 구체적인 생활체험 속에서 생긴 토템과의 친근감에 의하여 형성된 제도로 생각된다. 토테미즘은 族外婚과 결부되는 일이 많다. → 터부

토 트 〔英〕 tort 不法行爲. 이 말은 본래는 그리고 가장 넓은 뜻으로는 위법한 행위, 부정한 행위를 가리키는 것이다. 그러나 현재 법률상 보통으로 쓰이는 용법에서는 不法行爲, 즉 계약에 의하여 발생한 권리를 계약당사자가 침해하는 경우를 제외하고, 권리를 침해하는 위법한 作爲 또는 不作爲를 말한다. 불법행위를 편의상 3종으로 나누어 보면, 첫째는 이른바 對世權(ius in rem)의 侵害, 그 둘째는 개인이 다른 개인에 대하여 부담하는 법률상의 의무의 위반, 그 셋째는 개인이 사회에 대하여 부담하는 법률상의 의무의 위반이라고 할 수 있을 것이다. ① 對世權의 침해에 의한 불법행위는 사람의 신체・명예・자유 등을 침해하는 행위, 부동산이나 有體 또는 無體의 동산 등을 침해하는 행위이다. ② 개인이 개인에 대하여 부담하는 법률상의 의무위반으로 인하여 구성되는 불법행위는 사기 또는 과실 등이 있다. ③ 개인이 사회에 대하여 부담하는 법률상의 의무의 위반으로 인하여, 어떤 개인이 특히 손해를 입은 경우에는 그 개인에 대하여 불법행위가 성립한다. 過失 및 不法行爲(뉴슨스)가 이에 해당한다. 불법행위의 일반적 구제방법은 금전배상이지만 불법행위의 모습에 따라서는 금전배상에 부가하여 自力除去(abatement), 禁止命令(인정크션) 등도 부여된다.

통고처분(通告處分) 租稅에 관한 犯則事件의 증빙조서에 의하여 그 범칙의 心證을 얻은 때에, 罰金 또는 科料에 상당하는 금액, 沒收에 해당하는 물품, 추징금에 상당하는 금액, 서류송달・압수물건운반보관의 비용 등을 일정한 장소에 납부 또는 납부신고할 것을 통고하는 국세청장・지방국세청장・세무서장・세관장의 行政處分(稅罰節 9, 關稅 227 이하). 犯則者가 그 통고에 복종하여 그 처분의 내용을 이행할 때에는 그 처분은 확정판결과 동일한 효력을 발생하며 따라서 동일한 사건에 관하여는 다시 訴追되지 아니한다(稅罰節 11, 關稅 233). 범칙자가 이에 복종하지 않을 때에는 그 처분은 효력을 상실하며 해당 관청은 고발의 절차를 취하여 보통의 형사소송절차에 이행시킨다(稅罰節 12, 關稅 200). 通告處分制度는 이와 같이 정식재판의 전단계로서, 절차의 간이신속과 비용절약을 주안으로 하며 당사자의 복종을 조건으로 하고 있는 점에서 卽決審判制度와 비슷하지만, 정식재판청구권은 피고인에게 있는 점 등에서 통고처분과 다르다. 종래에는 조세 및 전매에 관한 범칙사건에 대하여만 통고처분제도가 있었으나 현행법상으로는 출입국관리사범과 교통사범에 대하여도 인정되고 있다.

통과화물(通過貨物) 외국에서 수입되어 단순히 국내를 통과하는데 그치고 다시 외국에 수출되는 화물을 말하는데, 이 화물에 대하여는 關稅를 과하지 아니한다. 외국에서 물건이 수출된 경우에, 그 화물이 국내를 통과하여 다시 외국에 수출될 것인지는 불확실한 것이며, 그러한 불확실한 상태는 開港에서 국내를 통과하여 다른 保稅倉庫에

移庫하는 때 또는 1保稅倉庫에서 국내를 거쳐 다른 보세창고에 移庫하는 때에 특히 현저하다. 통과화물이 지정기관 내에 운송목적지에 도달하지 아니하면 즉시 關稅義務가 성립하게 된다.

통 모(通謀) 상대방과 사전에 의사의 연락을 하는 것. 發意者는 어느 쪽이라도 좋다. 또 의사의 연락은 직접적이건 간접적이건 이를 불문한다. 刑法은 외국과 통모하여 대한민국에 대하여 戰端을 열게 하거나 외국인과 통모하여 대한민국에 抗敵하는 것을 外患誘致罪로서 벌하고 있다. 일정한 범죄를 범하려고 모의하는 것은 보통 共謀라고 한다.

통모가장납입(通謀假裝納入) 발기인이 납입취급은행과 공모하여 하는 납입가장행위로서, 발기인이 은행으로부터 납입금전액에 해당하는 금액을 차입하여 이것을 회사의 예금으로 이체하여 株金의 납입에 충당하지만, 그 차입금을 변제할 때까지는 그 예금을 인출하지 않을 것을 약정하는 것이다(일본에서는 預合이라 한다). 상법은 이를 방지하기 위하여 납입취급은행이 납입금의 보관증명을 교부한 때에는 그 증명한 금액에 관하여는 납입이 없었다는가 또는 반환에 관한 제한이 있음을 이유로 하여 회사에 대항할 수 없도록 하였다(商 318). 發起人代表가 개인 자격으로 납입취급은행으로부터 납입금전액에 해당하는 금전을 차입하여 납입을 하고, 회사의 성립후에 이를 인출하여 차입금을 변제하는 것도 이와 비슷하다.

통산주의(通算主義)〔國際私法上〕 取得時效의 準據法의 적용범위와 관련하여 시효기간의 계산에 관한 학설 중, 오직 신소재지만을 기준으로 삼아야 한다는 견해(Frankenstein, Zitelmann)를 말한다. 취득시효에 관하여 목적물의 所有地法主義를 취하는 섭외사법의 입장에서 보면 어떠한 소재지에서건 시효완성 당시의 소재지법이 요구하는 기간 동안 占有 계속의 여부가 중요한 것이므로 이 견해가 타당하다.

통상군비위원회(通常軍費委員會) 〔英〕 Commission on Conventional Armaments → 군비축소위원회

통상대차대조표(通常貸借對照表) 회사는 설립할 때, 다른 상인은 개업할 때 대차대조표의 작성을 요하며, 그 후 회사는 매결산기, 다른 상인은 매년 1회 일정한 때에 작성함을 요한다. 전자는 開業貸借對照表, 후자는 年度(기말·영업기)貸借對照表라고 한다. 영업의 계속중에 작성되며, 따라서 企業成績의 표시가 문제가 되기 때문에 기재된 재산의 종류, 평가의 기준이 非常貸借對照表와 다르다.

통상배서(通常背書) 보통은 推尋委任背書·入質背書에 대하여 양도배서를 말하나(고유배서), 양도배서 중에서 무담보배서·배서금지배서·後背書·還背書 등의 특수한 배서가 아닌 것을 말하는 경우도 있다.

통상사용권(通常使用權) 商標權者가 자기의 등록상표를 타인에게 사용하게 함으로써 발생하는 登錄商標使用權을 말한다. 이 경우 상표권자는 타인과의 통상사용권의 설정을 등록하여야 하는데, 통상사용권자는 등록의 범위 내에서 그 등록상표를 상표권자와 같이 사용할 수 있는 권리를 가지며, 통상사용권은 상속 기타 일반승계의 경우를 제외하고는 이를 이전할 수 없고, 이전할 경우에는 등록이 없으면 제3자에게 대항하지 못한다. 또 상표권자(전용사용권에 관한 통상사용권에 있어서는 상표권자 및 전용사용권자)의 동의를 얻지 아니하면 그 通常使用權을 목적으로 質權을 설정할 수 없다(商標法 57, 58).

통상실시권(通常實施權) 專用實施權 이외의 特許實施權의 총칭. → 특허실시권, 전용실시권

통상(通常)의 전쟁범죄(戰爭犯罪) 〔英〕 conventional war crimes 제2차대전후 전쟁범죄의 개념에 새로운 전쟁범죄, 즉 人道에 대한 罪와 平和에 대한 罪가 포함됨으로써 종래의 의미에 있어서의 전쟁범죄를 지칭하는 말. 통상의 전쟁범죄는 일단 개시된 전쟁에 있어 전투법규에 위반한 행위를 말한다. 전쟁 그 자체의 개시 및 수행에 관한 범죄는 새로운 전쟁범죄에 해당한다. 전투법규위반행위의 유형에는 ① 交戰國의 병력에 속한 자에 의한 전투법규위반행위, 즉 현존하는 일체의 전쟁법규 및 國際慣行에 대한 위반으로서 개인적으로 책임이 추궁되며 비록 상관의 명에 의한 행위일지라도 단지 형벌경감의 사유가 될 수 있을 뿐이다. ② 병력에 속하지 않은 자에 의한 敵對行爲. 점령이 완료된 후 점령지의 주민이 행하는 적대행위는 전쟁범죄를 구성한다. ③ 戰時叛逆, ④ 전장에서 전리품을 취득하는 漂盜(marauding)行爲, ⑤ 전쟁법규의 위반이 아니므로 고유한 의미의 전쟁범죄는 아니나 交戰國이 자기의 안전을 위하여 전쟁범죄로서 처벌하는 間諜行爲 등이 있다. → 새로운 전쟁범죄, 전시반역

통상임금(通常賃金) 이는 소정 근로시간 근로한 경우에 지급되는 통상의 임금을 뜻하는 것으로서, 시간외근로·야간근로·휴일근로(勤基 55)와 유급휴일근로(54)에 대한 加給賃金과 有給休暇

시에 지급될 賃金 또는 有給休暇日에 노동한 경우에 있어서의 임금(56~59)을 산출하는 표준이 된다. 이 통상임금은 기본급료만이 아니라 團體協約이나 근로계약에 의하여 근로의 대가로서 근로자에게 지급하여야 할 임금의 전부를 포함시킨 개념으로서, 가족수당이나 물가수당 등 전근로자에게 예외없이 지급되는 것은 전부 포함하여야 한다. 그러나 賞與金이나 祝儀金 등과 같이 임시로 지급되는 것은 포함하지 않는 것이 보통이다. → 가급임금, 유급휴일

통상재판정(通常裁判廷) → 재판정

통상총회(通常總會) 社團法人에서 적어도 매년 1회 이상 개최하여야 하는 社員總會(民 69). 일정한 때에 소집되는 점에서 臨時總會와 다르다. 통상총회는 이사가 소집하며 소집의 시기는 정관 또는 총회에서 결정하나 이것으로 결정하지 않는 경우에는 이사가 결정한다. 주식회사의 주주총회 또는 유한회사의 사원총회의 定期總會를 통상총회라고 하는 일도 있다.

통상청산(通常淸算) 舊商法은 주식회사의 청산절차에 있어서 일정한 경우에는 법원의 적극적 감독하에 진행되는 特別淸算制度를 두었었고(舊商 431~456). 이와 구별하는 의미에서 일반의 法定淸算制度를 통상청산이라고 불렀다. 그러나 상법은 특별청산제도를 인정하지 아니하며, 따라서 이와 대치하는 뜻인 통상청산의 개념도 필요없게 되었고 통상청산은 곧 法定淸算을 의미하게 되었다.

통상항해조약(通商航海條約) 〔英〕 treaty of commerce and navigation 〔獨〕 Handelsvertrag 〔佛〕 traité de commerce et navigation 주로 友好關係에 있는 국가간에 通商과 航海에 관한 동일한 권리·의무를 설치하는 조약. 보통 당사국의 국민의 입국·거주·영업 등에 관하여 규정하며 領事의 교환도 규정하는 경우가 있다. 이 조약에 관해서 특히 주의할 것은 最惠國(民)條項 및 내국민대우조항인데 거의 모든 통상항해조약은 이들 조항을 포함하고 있다(예 : 韓美友好通商 및 航海條約 22).

통선하증권(通船荷證券) 〔英〕 through bill of lading 〔獨〕 Durchkonnossement 〔佛〕 connaissement direct 通運送契約에 있어서 최초의 운송인인 선박소유자가 전운송구간에 관하여 발행하는 선하증권. 連絡船荷證券이라고도 한다. 최초의 운송인인 선박소유자만이 기명날인하는 방식(단독통선하증권)과 중간의 운송을 담당하는 전선박소유자가 기명날인하는 방식(공동통선하증권)이 있다. 전자의 경우는 中間船荷證券 또는 接續船荷證券이 발행된다. 통선하증권에는 제2 이하의 운송을 담당하는 船名의 표시가 없으나, 선하증권의 성질을 가지는 것으로 취급된다.

통수권(統帥權) 군의 최고사령관으로서 군을 지휘·통솔하는 권한. 軍令權이라고도 한다. 민주국가에 있어서는 통수권을 軍政權으로부터 분리시키지 않는 것(兵政統合主義)이 원칙이다. 통수권을 군정권으로부터 분리시키면, 군이 정치로부터 해방되어 軍國主義에 흐르기 쉽다. 헌법은 통수권을 대통령에게 부여하고(74), 군사에 관한 중요사항 등을 국무회의의 審議事項으로 하는 동시에(89), 국가안전보장회의를 국무회의에 대한 先議機關으로 하고(91), 대통령의 군사에 관한 행위에 국무총리와 국방부장관인 국무위원이 부서케 하는(82) 등 兵政統合主義를 채택하고 있다. → 병정통합주의

통신위원회(通信委員會) 전기통신사업의 공정한 경쟁환경의 조성 및 電氣通信役務 이용자의 권익보호에 관한 사항의 심의와 전기통신사업자간 분쟁의 裁定을 하기 위하여 정보통신부에 설치된 위원회. 위원회는 위원장 1인을 포함한 9인 이내의 위원으로 구성하되 위원 중 1인은 常任으로 한다(電氣通信基本法 37).

통신(通信)**의 비밀**(秘密) → 통신의 자유

통신(通信)**의 자유**(自由) 〔獨〕 Briefgeheimnis 〔佛〕 secret des lettres 법률에 의하지 아니하고는 통신의 비밀을 침해받지 않는 자유(憲 18). 權利條項에서 보장되는 전통적인 자유권의 하나. 이 자유도 자유권일반과 같이 질서유지 등을 위하여 필요한 때에는 법률로써 제한할 수 있는 바(37Ⅱ), 이에 관한 현행법으로는 임시우편단속법이 있다.

통신판매(通信販賣) 상품의 판매업자 또는 用役(일정한 시설을 이용하거나 용역의 제공을 받을 권리를 포함)을 有償으로 제공하는 것을 업으로 하는 자가 우편 기타 산업자원부령이 정하는 방법에 의하여 계약의 청약을 받거나 계약을 체결하여 상품을 판매하거나 용역을 제공하는 것을 말한다(訪問販賣 등에 관한 法律 2vi).

통 역(通譯) 법정의 용어는 국어이므로 외국어에 의한 진술은 이것을 국어로 통역한다(法組 62, 民訴 133Ⅰ前, 刑訴 180). 국어에 통하지 아니하는 자(民訴 133Ⅰ前, 刑訴 180)란 외국인을 말함이 아니며, 외국인이라도 국어가 통하면 국어를 사

E

용하게 한다. 聾者 또는 啞者의 진술에도 통역이 인정된다(民訴 133 I 後, 刑訴 181). 통역을 하는 자를 통역인이라 한다.

통역인(通譯人) 법원으로부터 통역의 명을 받은 자. 통역인에 관하여는 鑑定人에 관한 규정이 준용된다(民訴 133 II, 刑訴 183). 선서한 통역인이 허위의 통역을 하면 虛僞通譯罪(刑 154)가 성립한다. 통역인에게도 法官의 除斥·忌避·回避에 관한 규정이 준용된다(刑訴 25).

통운송계약(通運送契約) 〔獨〕 Durchfrachtvertrag 〔佛〕 transport maritime successif 海上運送人이 자기 담당구간의 운송뿐 아니라 전구간의 운임을 받고 이것과 연락하는 다른 운송인의 運送手段(선박·철도·자동차·항공기 등)에 의하여 목적지에 이르기까지의 전운송을 引受하는 계약. 복수운송인의 연락운송인 점에서 상법상의 順次運送人(138)과 유사하고, 복수의 운송수단에 의한 운송이라는 점에서 積替約款附單純運送에 가까우나 통운송계약은 하나의 계약에 의하여 처음부터 사람과 운송수단의 복수가 예정되어 있는 점에 그 특이성이 있다. 連絡運送契約이라고도 한다.

통운송장(通運送狀) 여러 명의 운송인이 순차로 운송을 인수하는 경우에 제1의 운송에 대하여 교부된 운송장으로서 제2 이하의 운송이 인계될 때에(順次運送), 그 운송장을 특히 通運送狀 또는 連絡運送狀이라 한다.

통일법(統一法) 세계인류사회의 보편적인 관계를 규율하기 위하여 입법된 각국통일의 共通法. 좁은 뜻의 세계법. 실질적으로는 19세기에 시작된 것이지만 본격적으로는 1930년의 어음에 관한 제네바조약이 그 효시이다. 商去來의 실제적 편의 및 보편적 합리성의 요구로 말미암아 상법에 있어서 많은 통일법이 실현되어 왔으나, 交通·通信·著作權 등에 관하여도 통일법의 제정이 준비되고 있다.

통일(統一)**어음법**(法)·**수표법**(手票法)

[1] 統一어음法. 1912년 네덜란드의 헤이그에서 개최된 萬國어음法統一會議에서 30개국대표위원에 의하여 결의된 환어음·약속어음의 통일에 관한 조약(31개조)과, 독일법에 英法을 가미한 환어음·약속어음 통일규칙(80개조)이 있는데, 영미의 조약불참가, 제1차대전의 발발로 인한 각국의 비준의 지연으로, 그 효력을 발하지 못한채, 후일의 통일법안의 기초안이 되었다. 1930년 스위스의 제네바에서 31개국 대표위원에 의하여 3개조약으로 성립된 환어음 및 약속어음에 관한 통일법이 있다. ① 환어음·약속어음에 관한 통일법을 제정하는 조약 및 제1·제2부속서. 이것은 체약국들이 제1부속서에 정한 78개조의 통일법을 자국의 영역내에 시행할 것을 약정한 것이고, 제2부속서는 통일법의 採用强制主義에 의한 批准의 곤란을 완화하기 위하여 채용된 留保條項(23개조)이다. ② 환어음·약속어음에 관한 법률의 어떤 저촉을 해결하기 위한 조약. 이것은 국제어음법을 정하는 조약으로서 본조약의 1조 내지 11조가 국제어음법의 규정에 충당된다(→ 국제어음법·手票法). ③ 환어음·약속어음에 있어서 印紙法에 관한 조약. 이것은 인지세법위반은 어음행위의 효력 또는 이로부터 발생하는 권리행사에 영향이 없다는 취지를 정한 것.

[2] 統一手票法. 1931년 제네바에서, 전년의 어음법통일회의와 같은 형식하에 수표법통일회의가 개최되어 후기 3조약이 성립되었다. 독일·프랑스·이탈리아·일본 등 27개국이 가맹조인하였으나 주요국 중 가맹치 않은 것은 어음법통일조약에 있어서와 같이 영미 및 영미법계의 나라이다. 그러나 영국은 印紙稅에 관한 조약에만 가맹했다. ① 수표에 관한 통일법을 제정하는 조약 및 제1·제2부속서. 제1부속서(57개조)는 통일수표규정, 제2부속서(31개조)는 留保條項을 정한다. ② 수표에 관한 법률의 어떤 저촉을 해결하기 위한 조약. ③ 수표에 있어서 인지법에 관한 조약. 우리나라 어음法·手票法은 이 통일법에 기해 제정되었다.

통일임금(統一賃金) 職業別 또는 産業別의 노동조합이 다수의 기업 또는 기업자 단체와 협정한 동일한 기준의 임금. 이로써 노동조합은 임금을 표준화하고 조합원의 임금에 대하여 利害를 공통하게 함으로써 단결을 기할 수 있다고 한다.

통일주체국민회의(統一主體國民會議) 국민의 總意에 의한 국민적 조직체로서 조국통일의 신성한 사명을 가진 국민의 主權的 受任機關(舊憲 35). 통일주체국민회의는 통일정책심의권, 대통령선거권 및 국회의원정수의 3분의 1에 해당하는 수의 國會議員選擧權을 가진다(38, 39, 40) 통일주체국민회의는 국민의 직접선거로 선출된 대의원으로 구성되고, 대의원의 수는 2000인 이상 5000인 이하의 범위안에서 법률로 정하며, 대통령이 의장이 된다(36). 대의원은 정당에 가입할 수 없으며, 국회의원과 법률이 정하는 공직을 겸할 수 없고, 임기는 6년이다(37 III·IX). 통일주체국민회의의 조직·운영 기타 필요한 사항은 법률로 정한다. 제8차 개정헌법으로 폐지되었다.

통정매매(通情賣買) 馴合賣買라고도 한

다. 증권거래소에 있어서 자기가 하는 賣渡 또는 買受와 동시에 그것과 동가격으로 타인이 당해 유가증권을 각각 매수 또는 매도할 것을 미리 그 자와 통정한 후, 當該賣渡 또는 買受를 하는 것. 이러한 賣買去來는 시세조종의 수단으로서, 매매거래의 상황에 관해서 타인을 오해시킬 목적으로 행하여지고, 건전한 공정시세의 형성을 저해하므로 금지되어 있다(證去 105). 1997년 삭제.

통정허위표시(通情虛僞表示) →허위표시

통 제(統制) 자유방임의 행위 또는 상태에 대하여 자치적 또는 국가권력적인 수단에 의하여 조절을 가하여 일정한 질서를 유지하는 작용. 법률적 개념으로서는 적극적으로 국민의 경제·사회·문화의 각 생활질서를 규제하여 그 조화적 발달을 도모하기 위하여 국가권력에 의하여 사인의 자유로운 활동에 관여하는 행정작용으로서, 秩序行政·給付行政 등의 다른 행정작용과 구별된다. 規制라고도 하는데 경제와 환경에 관하여 가장 널리 행하여진다. →통제경제법

통제가격(統制價格) →공정가격

통제경제(統制經濟) 〔英〕 controlled economy 통상적으로 어떤 국가의 경제 전체 특히 개인의 기업활동이 원칙적·일반적으로 통제되어 있는 經濟體制를 의미한다. 自由經濟에 대한 말. 이에는 구소련 및 그 위성국가들의 이른바 社會主義的 經濟體制와 모든 국가에서 볼 수 있는 전시통제경제체제가 포함된다. 그러므로 이는 자유경제체제를 기반으로 하는 국가의 평상시에 있어서의 개별적인 經濟統制(管理經濟)와는 다르다. →자본주의

통제경제법(統制經濟法) 統制經濟體制를 성립시키고 있는 법. 경제를 통제하는 법의 의미로서의 經濟統制法과 거의 같은 뜻으로 사용되는 경우도 있으나, 일반적으로는 통제경제법은 경제 전체 특히 기업활동이 일반적·원칙적으로 통제되어 있는 통제경제체제를 전제로 하여 이를 성립시키고 있는 법으로 사용된다. →경제통제법

통제단체(統制團體) 일정분야의 업자에 대해서 통제를 행하는 단체. 自治的 統制를 행하는 것(카르텔, 신디케이트를 실시하기 위한 단체. 사적 통제단체라고 한다)과 국가적 통제단체의 실시를 담당하는 것(日帝下의 農業會·水産業會 등)이 있으나, 현재 우리나라에는 이에 해당하는 단체가 없다.

통제법(統制法) 통제를 실시하기 위한 법을 총칭하는 개념. 經濟統制法을 주로 하고 그 약칭으로 사용하고 있는 경우도 있으나, 文化統制에 관한 법을 의미할 때도 있다.

통제허가(統制許可) 國民經濟의 건전성을 유지하기 위하여 일반적인 금지를 특정한 경우에 해제하고 적법하게 이를 행하게 하는 행위로 인하여 발생한 이익은 특단의 사정이 없는 한 反射的 利益으로 취급된다.

통제협정(統制協定) 동종업자가 自治的 統制를 위하여 행하는 협정. 카르텔協定을 말한다. 오늘날 獨占規制 및 公正去來에 관한 法律(19)에 의해 不當한 共同行爲로 규제되고 있다. 즉, 산업합리화, 연구·기술개발, 불황극복, 산업구조의 조정, 중소기업의 경쟁력강화 또는 거래조건의 합리화를 위한 경우로서 대통령령이 정한 바에 의하여 공정거래위원회의 인가를 받은 경우가 아닌 한 ① 가격을 결정·유지하는 행위, ② 상품 또는 용역의 거래조건이나 그 대금 또는 대가의 지급조건을 정하는 행위, ③ 거래지역 또는 거래상대방을 제한하는 행위 등은 공정거래위원회에 의해 시정조치의 명령을 받게 되고 이러한 내용의 약정 등은 사업자간에 있어서는 無效로 된다(19, 21).

통 지(通知) 〔英〕 notice 〔獨〕 Mitteilung 자기의 意思 또는 어떤 사실을 타인에게 알리는 행위.

[1] 私法上의 통지는 자기의 의사를 나타내는 意思通知와 어떤 사실을 나타내는 觀念通知로 나누어진다. 그 어느 것을 막론하고 그 효과는 행위자의 의도와는 관계없이 법률의 규정에 의하여 직접 생긴다. 이 점이 의사표시와 다른 점으로서 특히 주의를 요한다. →준법률행위

[2] 行政廳의 의사 또는 특정한 사실 등을 타인에게 알리는 행위. 행정청의 觀念表示行爲로서의 準法律行爲的 行政行爲. 법률상의 효과는 통지를 요구한 각 법령에 의하여 결정된다. 節次上의 요건이 되는 경우와 단순히 주의적·통고적인 것에 그치는 경우가 있다.

통지예금(通知預金) 〔英〕 deposit at notice 預金者가 언제든지 返還을 청구할 수 있지만 반환을 청구할 때에는 일정한 기간전에 豫告하여야 하는 예금. 一般銀行에 있어서의 전형적인 예금의 일종. 예고기간은 당해 예금계약에서 정하여지나 보통 2일 또는 3일이다. 利子는 비교적 고율이며, 많은 액수의 금전을 短期間預入하는 경우에 이용된다.

통지의무(通知義務)〔保險의〕 보험계약자 또는 被保險者가 보험자에 대하여 일정한 사항을 통

ㅌ

지하여야 하는 의무. 이에는 보험사고발생의 통지의무(商 657)와 위험변경증가의 通知義務(652)의 두 가지가 있다. 이 의무를 懈怠하면 보험계약자 또는 피보험자가 불이익을 받게 된다.

통 첩(通牒) 〔英〕·〔佛〕 note 〔獨〕 Note

[1] 국제법상으로는 국가의 일방적 의사표시를 내용으로 하는 문서. 보통은 다만 국가의 태도 또는 정책을 표시하거나 사실을 통지하기 위하여 사용된다(예 : 最後通牒). 때로는 請約의 의사표시를 포함하고 상대국의 승낙의 의사표시를 요구하는 때가 있다. 상대국이 또한 통첩으로 승낙의 의사표시를 할 때에는, 이들 두 통첩으로 국가간의 합의가 성립된다.

[2] 행정법상으로는 行政官廳이 소속 기관·직원 또는 지방자치단체 등에 대하여 어떤 사항을 通知하는 형식. 訓令의 성질을 가지는 경우가 많다.

통치권(統治權) 〔英〕 powers of sovereignty 〔獨〕 Herrschaftsgewalt 국민 및 국토를 지배하는 국가의 권력. 국가의 3대요소 중의 하나. 통치권은 주권과 다르다. 主權이 국가의사를 결정하는 원동력인데 비하여, 통치권은 주권이 결정한 국가의사를 실현하기 위하여 필요한 권력이다. 國家權力이라고 할 때에는 주로 이 통치권을 말한다. 통치권은 국가에 전속하는 권력으로서 무조건적인 권력이나 單一不可分은 아니며 또 무제한의 권력은 아니다. 국가는 통치권을 국민 전체의 복리를 위하여 행사할 의무를 지며, 이 의무가 이행되지 않을 때에는 그 담당자는 주권자에 대하여 책임을 져야 한다. 통치권은 그 실질적 내용에 따라 자주조직권·영토고권·대인고권으로, 그 형식적 내용에 따라 입법권·행정권·사법권으로 분류될 수 있다. → 주권

통치행위(統治行爲) 〔英〕 act of state, political questions 〔獨〕 Regierungsakt 〔佛〕 acte de gouvernement 고도의 政治性을 띤 국가행위 또는 국가적인 이해를 직접 대상으로 하는 國家行爲로서 쟁송의 대상으로 하기에 부적당한 성질의 것. 통치행위와 일반 行政行爲와의 구별기준에 관하여는 설명하는 바가 구구하나, 통치행위란 입법의 하위에 위치하는 단순한 법집행적인 작용이 아니라 국정의 기본방향을 제시하는 것과 같은 고차원의 國家作用을 말한다고 할 수 있다. 통치행위에 대하여는 司法審査가 일반적으로 배제된다. 통치행위의 한계는 구체적인 작용에 내포된 법적 측면과 정치적 측면과의 比較衡量 및 거기에 깃들어 있는 정치성의 도에 따라 가능한 한 제한적으로 결정할 문제이다. → 행정

통 칙(通則) 일정한 法典 전체에 대하여 그 적용을 받게 되는 총칙에 대하여 그 각 부분에 있어서 章·節을 통하여 적용되는 規則을 말한다. 예컨대 형사소송법 제3편 제1장에 통칙이라고 명기되어 있는 것은 上訴·公訴·上告·抗告 등 전부에 적용되는 법칙을 규정하는 것과 같다.

통 할(統轄) 상급자가 하급자의 행위를 일반적으로 지휘·조정하는 것. 總轄이라고도 한다. 상급의 행정기관이 하급의 행정기관에 대한 경우와 기관장이 소속직원에 대한 경우에 다 같이 사용된다. 國務總理는 행정에 관하여 대통령의 명을 받아 행정각부를 統轄하는 바(憲 86Ⅱ), 이는 상급행정기관의 하급행정기관에 대한 통할에 속한다.

통합방위(統合防衛) 적의 침투·도발이나 그 위협에 있어서 각종 國家防衛要素를 통합하고 지휘체제를 일원화하여 국가를 방위하는 것(統合防衛法 2ⅰ). 국무총리 소속하에 中央統合防衛協議會를 두고 특별시장·광역시장·도지사 소속하에 특별시·광역시·도 통합방위협의회를 시장·군수·구청장 소속하에 시·군·구 통합방위협의를 둔다(5). 통합방위본부는 합동참모본부에 두고 통합방위정책의 수립·조정, 통합방위대비태세의 확인·감독, 통합방위작전 상황의 종합분석 및 계획의 수립과 그 시행의 조정·통제, 통합방위 관계기관간의 업무협조 및 사업집행사항의 협의·조정 등의 사무를 分掌한다(8).

통행권(通行權) 안도권과 같다.

통 화(通貨) 〔英〕 currency 〔獨〕 Geld 〔佛〕 monnaie 强制通用力을 가진 화폐. 일반적으로, 그 用法은 일정하지 않으나, 강제통용력을 가진 화폐, 즉 法貨를 말하는 것이 통례이다(刑 207~213, 民 376). 주조화폐 외에 지폐 및 은행권을 포함한다(刑 207 참조). 강제통용력이 무제한인가 제한적인가에 따라 無制限法貨(完全法貨)와 制限法貨(不完全法貨)로 구분된다. 우리나라에 있어서는 한국은행이 발행한 한국은행권이 유일한 法貨로서 공사일체의 거래에 무제한으로 통용된다(韓銀 48). 다만 한국은행은 정부의 승낙을 얻어 대한민국내에서 주화를 발행할 수 있다(53).

통화개혁(通貨改革) 〔英〕 revolution of currency 통화개혁(또는 화폐개혁)은 그 국내물가의 안정을 화폐안정에 두고, 貨幣의 價値를 인위적·통제적으로 안정시킴과 아울러 경기를 회복시키는데 그 의의가 있다. 제2차대전 후 9개국이 통화개혁을 단행하였는데 그 기본적인 성격은 대체로 3개 유형으로 나눌 수 있다. ① 一部交換 및 殘餘封

鎖로, 이것은 화폐의 일부만을 교환해주고 나머지는 예금으로 일정기간 또는 영구히 동결하는 방식이다. 이와 같은 舊貨를 봉쇄하는 것은 국가에 따라 다르나 주로 過剩購買力을 감축시켜 인플레를 막기 위한 수단이다. 통화개혁의 현대적인 개념은 제2차대전 후 戰時인플레를 수습하기 위하여 실시된 여러 국가의 실례에서 집약되고 있으니 만큼 인플레방지의 효과적인 수단인 이 방식은 크게 중요한 뜻이 있다. 서부 독일에서 실시한 마르크貨의 개혁은 경제안정과 산업부흥을 성취한 계기가 되었는데 봉쇄된 구매력을 施設投資로 유도하여 자본부족을 해결함에 있어서 큰 역할을 다하였다. ② 사용가치의 引下 또는 評價引下(devalution)는 외국통화와의 비교가치를 내리는 것을 말한다. 국내 인플레가 격화되어 通貨價値가 떨어짐으로써 대외적인 신용이 저하되었을 때 평가인하의 압력을 받게 된다. 따라서 넓은 뜻으로 말한다면 우리나라에서 여러 차례 있었던 換率의 인상은 美貨에 대한 원화가치의 인하이므로 실질적인 사용가치의 인하라고 할 수 있다. ③ 呼稱價値의 引下(denomination)로 이 방식은 통화의 名目價額의 변경을 말한다. 이것은 평가인하와 같이 실질적인 가치변동을 수반하지 않고 호칭을 변경함에 그치므로 통화의 還收나 과잉구매력을 삭감하는 것과 관계가 없다. 통화팽창으로 단위가 크게 늘어나 流通去來에 지장을 미칠 경우 통화의 呼稱單位를 줄여 경제활동의 불편을 제거하기 위하여 취하여진다. 우리나라에 있어서는 해방 후 두 차례의 통화개혁을 단행했는데 그 하나는 1953년 2월 15일 緊急通貨措置令(緊急命令 13)에 의한 것으로서 전쟁의 수행에 따라 재정적자 및 신용의 팽창으로 인한 인플레를 억제하기 위하여 단행되었는바 貨幣單位를 100분의 1로 인하하는 동시에 동결한 預金을 단계적으로 해제하여 구매력을 삭감시키고, 통화의 표시가격을 줄여 통화에 대한 국민의 신용도를 회복하는데 그 의도가 있었다. 두번째는 1962년 6월 10일에 공포된 緊急通貨措置法(法 제1088호)에 의한 것으로서 그 성격은 환제도에서 원제도로 전환하였고, 호칭단위가 10분의 1로 내린 점으로 보아서는 呼稱價値의 인하에 속한다. 그러나 음성자금을 장기산업자금으로 유도하고 5개년계획에 필요한 국내자본의 조달에 그 목표를 두었으므로 단순히 통화팽창으로 인한 인플레를 예방하기 위한 소극적 수단만 아니라 호칭인하와 일부교환 및 잔여봉쇄의 두 방법을 혼합한 것이라고 해석된다.

통화불(通貨拂)〔賃金의〕 → 임금통화불의 원칙

통화안정증권(通貨安定證券) 通貨價値의 안정을 위하여 한국은행이 발행하는 증권. 그 발행권은 한국은행에만 있고, 그 발행한도액은 금융통화운영위원회가 통화정세를 감안하여 설정하는 한도내에서 발행한다(韓國銀行通貨安定證券法 2). 통화안정증권은 무기명으로 하되, 割引의 방법에 의하여 발행한다(3, 4). 그 소멸시효기간은 滿期償還日로부터 3년이다(6). 통화안정증권은 公示催告節次에 의하여도 실효되지 아니한다(7, 民 521).

통화(通貨)**에 관한 죄**(罪) 〔英〕 coinage offences 〔獨〕 Münzverbrechen 〔佛〕 fausse monnaie 행사할 목적으로 통화를 僞造·變造하거나, 위조·변조한 통화를 행사·수입·수출 또는 취득하거나, 通貨類似物을 제조함으로써 성립하는 범죄를 말한다. 통화는 경제생활에 있어서 유통거래의 기초를 이루고 있으며, 경제활동은 통화를 중심으로 이루어지고 있다. 따라서 통화에 대한 공공의 신용을 유지하는 것은 경제생활의 불가결한 기초가 된다. 통화에 관한 죄는 文書僞造罪의 특수한 경우에 해당한다고 할 수 있다. 따라서 통화에 관한 죄가 성립하는 때에는 문서위조죄는 별도로 성립하지 않는다. 형법은 통화를 위조·변조·행사하는 죄를 기본적 구성요건으로 하되 내국통화, 내국유통 외국통화 및 외국유통 외국통화로 구별하여(刑 207 Ⅰ내지 Ⅲ) 처벌에 차이를 두고 있다. 이 이외에 수정적 구성요건으로서 僞造通貨取得罪(208), 위조통화취득후 지정행사죄(210) 및 통화유사물제조등죄(211)를 규정하고 있다. 그리고 210조의 죄를 제외한 모든 죄의 미수범(212)과 207조 1항 내지 3항의 죄의 豫備·陰謀(213)도 처벌한다. 통화에 관한 죄에 있어서는 외국인의 國外犯도 처벌되며(215), 刑法의 장소적 적용범위에 있어서 世界主義가 채택되고 있다. 따라서 행위자의 국적이나 주소는 본죄의 처벌에 영향이 없다. 통화에 관한 죄의 保護法益이 무엇인가에 대하여는 견해가 대립되고 있다. ① 다수설이 본죄의 보호법익을 통화에 대한 거래상의 신용과 안전이라고 해석함에 반하여, ② 국가의 貨幣主權이라는 국가적 법익과 통화의 진정에 대한 공공의 신용이라는 사회적 법익을 포함한다고 해석하는 견해와, ③ 국가의 貨幣主權과 通貨에 대한 사회적 신용뿐만 아니라 재산상태의 위험도 본죄에 의하여 보호받는다고 하는 견해가 있다. → 세계주의

통화유사물제조죄(通貨類似物製造罪) 판매할 목적으로 내국 또는 외국에서 통용하거나 유통하는 화폐·지폐 또는 은행권에 유사한 물건을 제조·수입 또는 수출하거나 그러한 물건을 판매하는 죄(刑 211 Ⅰ·Ⅱ). 미수범은 처벌한다(212). 외

국인의 국외범에 형법을 적용한다(5).

퇴거불응죄(退去不應罪) 사람의 주거, 간수하는 邸宅·建造物이나 船舶 또는 점유하는 방실에서 퇴거요구를 받고 응하지 아니하는 죄(刑 319 Ⅱ). 不退去罪라고도 하며 眞正不作爲犯이다. 불퇴거란 처음에 적법하게 또는 과실로 들어 갔으나 요구를 받고 퇴거하지 아니하는 것을 말한다. 미수범은 처벌한다(322). 퇴거요구에 응하지 아니함으로써 바로 本罪의 기수가 되므로 본죄의 미수범은 상상하기 어렵다는 것이 通說이나 퇴거요구를 받고 퇴거에 필요한 시간이 경과했음에도 불구하고 퇴거하지 아니함으로써 비로소 본죄의 旣遂가 된다고 본다. → 주거침입죄

퇴도지매매(退賭地買賣) 賭地의 還退賣買. 退賭地買賣의 규칙은 續大典戶典買賣限條에 退賭地買賣以十年爲限 滿十年還退 五年以後卽半價還退·若準本價則雖一·二年亦許還退라고 규정하여, 10년기한으로 경작권을 賣渡하고 10년이 지나면 무상으로 토지의 반환을 받고, 5년이면 대금의 반액을 지급하고, 1, 2년이면 전액에 준하여 지급하고 반환을 받는 것이다. 退賭地賣買는 文記로 작성되며, 퇴도지매매의 문구가 반드시 명기되고 還買期限은 명시되는 경우와 없는 경우가 있다.

퇴 사(退社) 〔英〕 retirement 〔獨〕 Austritt 〔佛〕 retraite 회사존속중 어느 사원의 사원인 지위가 절대적으로 소멸하는 것을 말한다. 入社에 대한 개념으로서 회사소멸에 의하여 사원인 지위가 소멸되는 것, 또는 持分全部의 讓渡 등에 의하여 이것이 상대적으로 소멸하는 것과 구별된다. 원래 人的會社에 있어서는 사원의 인적결합관계의 중요성에 비추어, 자발적인 退社를 인정하고 또한 信賴를 상실한 사원의 타율적인 退社를 인정할 필요가 있게 된다. 그러므로 물적회사에 있어서는 퇴사는 인정되지 아니한다. 퇴사의 사유로는 사원의 단독행위로 인한 퇴사(商 217), 持分押留債權者에 의한 退社(224Ⅰ) 및 法定事由(총사원의 동의, 사망, 정관에 정한 사유의 발생, 파산, 금치산, 제명(218), 회사계속의 부동의(229), 설립무효의 경우에 회사를 계속할 때 어느 사원에 관하여 무효의 원인이 있는 것(194Ⅱ))의 발생으로 인한 退社 등이 있다. 退社의 결과 사원은 사원인 지위를 상실하게 되고 그 대신 그 持分의 還給을 받을 수 있게 된다. 지분의 계산은 원칙적으로 退社當時의 회사재산상황에 따라 결정되는 것이며(195, 民 719, 예외 : 商 221), 그 결과 持分이 적극인 경우에는 그 환급을 청구할 수 있게 되고, 반대로 지분이 소극인 경우에는 그 금액을 납입하여야 한다. 사원의 퇴사는 등기사항의 변경이므로 이것을 등기하여야 한다(183, 220Ⅱ). 그리고 持分의 還給에 의하여 회사재산은 감소되므로 회사채권자의 보호를 위하여 퇴사원은 退社登記前의 회사채무에 대하여 등기후 2년간 책임을 부담한다(225Ⅰ). 또한 退社員에게는 자칭사원으로서의 책임을 면하게 하기 위하여, 그의 성명이 회사의 상호 중에 사용된 경우에 그 폐지의 청구권이 인정되어 있다(226).

퇴 정(退廷) 법정에서 나오는 것. 對審을 공개하지 않는 경우 또는 법정에 있어서의 법원의 職務執行을 방해한 자, 또는 부당한 행위를 하는 자에 대하여는 재판장은 법정경찰권을 행사하여 퇴정을 명할 수 있으며, 경우에 따라서는 피고인의 퇴정도 명할 수 있다(刑訴 281, 297, 330).

퇴직금(退職金) 근로자가 퇴직하는 경우에, 使用者가 지급하는 금전 기타의 給付. 근로기준법 34조에서는 퇴직하는 근로자에게 계속근로연수 1년에 대해서 30일분 이상의 平均賃金을 지급할 수 있는 제도를 설정하여야 한다고 규정하였다. 1년미만의 기간을 근무한 근로자에게는 필요없다. 이 퇴직금의 액수는 일반적으로 團體協約이나 就業規則 등에서, 근속년수에 따라서, 누진적으로 정하여지는 것이 보통이나, 우리나라에서는 이것이 잘 실행되지 않고 있는 실정이므로, 이의 강력한 시행을 뒷받침하기 위하여, 근로기준법에서 퇴직금제도를 특별히 규정한 것이다. 이 퇴직금이 사용자의 은혜에 불과한 것이냐, 혹은 勞動에 대한 對價이냐에 관한 논쟁이 있으나, 후설이 점차로 유력해지고 있다.

퇴직급여(退職給與) 公務員年金法上의 급여의 일종. 공무원이 20년 이상 재직하고 퇴직하였을 때에 특히 본인이 퇴직연금일시금을 청구한 경우를 제외하고 그가 사망할 때까지 지급하는 退職年金(46)과, 공무원이 20년 미만 재직하고 퇴직하였을 때에 지급하는 退職一時金(48)의 두 가지가 있다. 퇴직연금의 액은 보수연액의 100분의 50에 상당하는 액으로 하고, 재직기간이 20년을 초과할 때에는 그 초과하는 매 1년에 대하여 報酬年額의 100분의 2에 상당하는 금액을 가산한 액으로 하되, 퇴직연금의 액은 보수연액의 100분의 76을 초과하지 못한다(46Ⅳ). 퇴직연금일시금의 액은 재직기간이 1월 이상 5년 미만인 자에 대하여는 퇴직한 날이 속하는 월의 報酬月額에 在職年數를 곱한 금액으로 하고 5년 이상 20년 미만인 자에 대하여는 퇴직한 날에 속하는 보수월액에 재직연수를 곱한 액의 100분의 150에 상당하는 금액에다 재직연수에

서 5년을 공제한 연수의 매 1년에 대하여 퇴직한 날이 속하는 달의 보수월액에 재직연수를 곱한 금액의 100분의 1에 상당하는 금액을 가산한 금액으로 한다(48Ⅱ, 46Ⅴ).

퇴직소득(退職所得) 퇴직으로 인하여 발생하는 소득으로서 급여소득자가 받는 일시상여금 및 퇴직급여, 그 밖에 이와 같은 성질을 가진 給與를 말한다. 소득세의 과세표준의 하나로 소득 신청상 특별한 고려가 가해진다(所得稅法 4ⅱ).

퇴직연금(退職年金) 공무원이 20년 이상 재직하고 퇴직한 때에 당해 공무원이 사망할 때까지 지급되는 연금으로 본인이 원하는 때에는 퇴직연금에 갈음하여 退職年金一時金을 지급하거나 20년을 초과하는 재직기간중 본인이 원하는 기간에 대하여는 그 기간에 해당하는 퇴직연금에 갈음하여 退職年金控除 一時金을 지급하게 된다(公年金 46Ⅰ). → 퇴직급여

퇴직예고제(退職豫告制) 生産職勤勞者의 빈번한 離職이 생산성을 떨어뜨리고 조업의 안정성을 해친다는 이유로 퇴직하기 일정기간 전에 퇴직사실을 반드시 회사에 통고하도록 하는 제도. 1992년 9월초 중소기업중앙회 대구경북지회가 중앙회에 입법화 추진을 건의한 것을 계기로 논란이 가열되었다. 중소기업측은 현행 勤勞基準法이 해고예고만 의무화하는 등 상응한 의무를 근로자에게는 부과하지 않아 형평에 어긋나며 부당한 스카우트나 집단사표 같은 불건전한 관행을 막기 위해서도 퇴직예고제 도입이 필요하다고 주장한 반면 노총측은 근로기준법의 입법취지가 사회경제적 약자인 근로자의 보호에 있는 만큼 퇴직예고제 도입은 부당하며 퇴직금정산 때 불리하게 만드는 등 악용소지가 많다고 주장했다. 또 직업선택의 자유를 제약하기 때문에 위헌이라는 지적도 있다. → 정리해고제

퇴직위로금(退職慰勞金) 理事였던 자에 대하여 회사로부터 재임중의 직무집행에 대한 보수로서 지급되는 금액. 定款에 따로 규정이 없는 한 株主總會의 결의로써 이를 정한다(商 388, 570).

퇴직일시금(退職一時金) 공무원이 20년 미만 재직하고 退職한 때에 지급되는 것으로서 그 금액은 재직기간이 1月 이상 5年 미만인 자에 대하여는 퇴직하는 날이 속하는 달의 보수월액에 재직연수를 곱한 금액으로 하고, 5년 이상 20년 미만인 자에 대하여는 별도의 계산방법(公年金 46Ⅲ)에 의해 산정된 금액으로 한다(48).

투기매매(投機賣買) 投機購買·投機賣却과 그 실행행위를 총괄한 명칭. 取得對價와 讓渡對價의 차액을 이득할 목적으로 하는 재화의 매개행위인데, 행위 자체에 영리성이 농후하기 때문에 구상법에서는 絶對的 商行爲로 인정되었으나(舊商 502ⅰ·ⅱ). 상법은 영업으로서 하지 않는 한 이를 상행위로 인정하지 않는다(商 46ⅰ).

투기우려지역(投機憂慮地域) 땅투기가 예상돼 國稅廳에서 특별관리하는 지역을 말한다. 개발 또는 개발예정지역, 그린벨트의 해제가 기대되는 지역, 농업진흥지역으로 지정되지 않은 도시인근지역 등이 주대상지역이다. 투기우려지역으로 告示되면 국세청은 전담관리직원을 해당지역에 배치해 부동산 관련정보를 수집하고 일주일이나 한달 단위로 부동산 거래동향을 파악한다. 부동산중개업소의 증감상황과 이동, 무허가 중개업소의 동향, 위장증여, 가등기·미등기양도 등에 대한 정보를 수집한 후 投機去來 조짐이 보이면 즉시 조사반이 현지에 투입된다. 조사결과 脫法去來가 적발되면 인적사항과 재산상황 등을 파악해 特別稅務調査를 실시한다. 국세청은 1992년에 처음 부동산 투기우려지역을 지정한 이후 몇차례 조정한 바 있다.

투기주주(投機株主) 株價의 변동에 의한 투기적 이득을 목적으로 株式을 취득·보유하는 자. 投資株主·企業者株主와 더불어 주식의 취득 내지는 보유의 목적의 주관적 표준에 따른 경제상의 분류로서 보통 證券去來所에서의 거래를 주로 한다.

투자상담사(投資相談士) 증권회사의 임원(대표권이 있는 임원을 제외한다) 및 직원 중 회사를 위하여 유가증권의 賣買나 有價證券市場에서의 매매거래의 위탁을 권유하는 행위를 하거나 고객을 위하여 投資에 관한 相談 등을 하는 자를 말한다(證去 65Ⅰ. 1998년 12월 삭제). 구증권거래법(67)에서는 투자상담사를 證券外務員으로 부르고, 외무원에게 소속증권회사의 대리권을 인정하고 있었으나 개정되었다. 투자상담사는 대통령령이 정하는 바에 의하여 證券業協會에 등록을 하여야 하며, 등록을 하지 않으면 그 직무를 행하지 못하는데, 투자상담사는 대통령령이 정하는 자격을 가진 자라야 한다(65Ⅱ·Ⅲ, 同施行令 41). 登錄에는 결격요건이 있고, 증권회사에 일정한 報告義務가 과하여지고 있는 바, 증권감독원은 法令違反 등의 경우에 등록취소 등의 처분을 행할 수 있다(66, 68, 69). 1998년 12월 법의 개정으로 폐지되었다.

투자세액공제(投資稅額控除) 신기술개발, 생산성 향상, 에너지절약 등 특별히 국가적 관

점에서 투자를 촉진할 필요가 있는 사업분야에 투자했을 때 投資額의 일정비율에 해당하는 금액을 算出稅額에서 공제해 주는 제도. 우리나라는 조세특례제한법에 투자세액공제의 혜택을 받을 수 있는 사업분야와 控除額을 규정하고 있는데 그 대상이 되는 사업분야는 중소기업, 기술 및 인력개발, 국제자본거래, 투자촉진, 기업구조조정, 금융기관구조조정, 지역간의 균형발전, 공익사업지원, 저축지원, 국민생활의 안정 등을 위한 것 등이다.

투자은행(投資銀行) 〔英〕 investment bank 證券投資, 즉 유가증권의 引受業務를 담당하는 금융기관. 미국에서 발달하였으며, 우리나라에서는 유가증권의 인수를 업무로 하는 증권업자가 이에 해당한다. 미국에서 투자은행이 통상의 상업은행과 분리하여 독립한 것은 1933년의 긴급은행법에 의하여 증권업과 은행업의 분리가 행해진 이후였다.

투자자문업(投資諮問業) 有價證券의 가치 또는 유가증권에 대한 投資判斷, 즉 투자대상이 되는 유가증권의 종류·종목·수량 및 가격과 매매의 구분·방법 및 시기 등에 대한 판단에 관하여 구술, 문서 기타의 방법으로 조언을 하는 영업을 말한다. 다만, 불특정다수인을 대상으로 하여 발행되는 간행물 등에 의한 조언으로서 대통령령이 정하는 것을 제외한다(證去 2Ⅹ). 투자자문업을 영위하고자 하는 자는 재정경제부장관에게 등록한 회사이어야 한다(70의2).

투자저당(投資抵當) 〔獨〕 Anlagehypothek 債權의 擔保보다도 투자의 매개를 주된 목적으로 하는 抵當權. 채권의 이행을 확보하는 것보다, 오히려 투자의 대상으로 생각되기 때문에, 그 確實性과 流通性이 특히 보증되지 않으면 안된다. 따라서 법률적 특색으로서는, 첫째로 저당권을 될 수 있는대로 채권으로부터 독립시켜 債權에의 附從性에 의하여 그 효력에 영향이 없도록 하고(채권에의 附從性으로부터의 해방), 둘째로 저당권의 처분을 되도록 간이·신속하게 행할 수 있도록 하는 것이다. 그 수단으로서, 등기의 公信力의 승인, 所有者抵當, 저당권의 증권화, 저당권의 순위의 확정 등의 제도가 이용되고 있다. 독일 민법의 保全抵當은 채권의 담보를 주된 목적으로 하지만 그의 流通抵當은 유통에 적합하여, 투자저당으로서 이용된다. 우리 민법에서는 인정되지 않고 있다.

투자주주(投資株主) 여유자금의 투자방법으로서 주식을 취득·보유하는 자. 주주의 종류는 경제적으로는 大株主·小株主, 投資株主·投機株主·企業者株主로 분류할 수 있는데, 대주주·소주주가 주식소유의 대소라는 객관적 표준에 의한 구별인데 대해서, 투자주주·투기주주·기업자주주는 주식의 취득 또는 보유의 목적이란 주관적 표준에 의한 구별인 것이다. 투자주주는 주로 이익배당에 의한 수익을 목적으로 하는 자이며, 실제로는 소위 소주주의 대부분은 투자주주나 투기주주로서 나타나게 마련이고, 會社企業의 지배 또는 경영에 관해서 관심도 가지지 않고, 따라서 보통 그 議決權도 행사하지 않는다.

투 표(投票) 선거에 있어서 選擧人이 누구를 당선인으로 하겠는가에 대한 선택의 의사표시. 선거의 성질에 따라서는 擧手·起立 등에 의한 투표도 있으나, 보통으로는 서면에 의한 것만을 의미한다. 또 어떤 사항에 대한 국민 또는 주민의 贊否의 의사표시를 투표라고 부르는 경우도 있고(예 : 憲法改正의 국민투표), 合議體(예 : 國會)의 의사결정절차에 있어서 그 구성원들의 서면에 의한 의사표시(표결)도 널리 투표라고 한다. 선거에 있어서 투표방법은 구두에 의한 경우도 있으나(口頭投票), 투표의 정확을 기하고 비밀을 보장하기 위하여 서면에 의하는 것이 원칙이다(書面投票). 또 선거인이 투표용지에 후보자의 성명을 自書하는 방법(自書投票)과, 미리 투표용지에 인쇄되어 있는 후보자의 성명에 기표하는 방법(記標投票)이 있다. 투표는 지정된 투표일에 지정된 투표소에서 본인이 직접 출두하여 행하는 것이 원칙이나, 예외적으로 그것이 사실상 불가능한 유권자의 편의를 위하여 인정된 이른바 不在者投票도 있다.

투표관리자(投票管理者) 투표에 관한 事務를 담당하는 자. 선거권자 중에서 선거관리위원회가 선임한다(舊國選 93 Ⅷ).

투표구(投票區) 투표의 목적을 위하여 선거구 내에 두는 구분. 선거인은 그 등록된 選擧人名簿에 기재되어 있는 주소에 속하는 구의 투표소에서 투표한다. 투표구는 시·읍·면의 구역에 의하는 것이 원칙인데 그것이 또 여러 투표구로 나누어지는 일도 있다(舊國選 17).

투표구선거관리위원회(投票區選擧管理委員會) 公職選擧 및 選擧不正防止法에 의한 투표구에 대응하여 설치되는 선거관리기관(選委 2). 7인의 위원으로 구성. 투표구선거관리위원회는 최하급선거관리위원회로서 投票管理에 관한 사무를 관장한다.

투표기표주의(投票記標主義) 投票自書主義에 대한 것으로서 투표용지에 선거인이 스스로

투표하려는 후보자의 성명을 기입하는 것이 아니라, 후보자의 성명을 미리 인쇄하여 마련된 투표용지에 일정한 표를 함으로써 투표하는 방법. 공직선거 및 선거부정방지법상 우리나라의 大統領選擧·國會議員選擧 및 國民投票 投票記標主義에 의하며, 기표는 투표용지에에 기표를 하는 때에는 ㊉ 표가 각인된 투표용구를 사용하여야 한다. 다만 居所投票者가 거소투표를 하는 경우에는 ○표를 할 수 있다(公選 150). → 투표

투표소(投票所) 투표를 행하는 장소. 투표구선거관리위원회는 선거일 전일까지 투표구마다 투표소를 설치하여야 한다. 兵營에는 투표소를 설치하지 못한다. 투표소에는 記標所·투표함·선거관리위원회위원 및 참관인의 좌석 기타 투표관리에 필요한 시설을 설비하여야 한다(公選 147). 투표소는 설거일 오전 6시에 열고 오후 6시에 닫는다(155 I). 부재자투표소는 부재자투표기간 중 매일 오전 10시에 열고 오후 4시에 닫는다(155 II).

투표(投票)**의 자유**(自由) → 임의투표

투표인(投票人) 投票權이 있는 자로서 투표인명부에 등재된 자를 말한다(國民投票法 2).

투표자서주의(投票自書主義) 선거인이 투표하려는 후보자의 성명을 스스로 투표용지에 기재함으로써 하는 투표제도. 이는 投票記標主義, 즉 선거인은 투표용지에 미리 인쇄된 후보자의 성명밑에 일정한 표를 함으로써 투표하는 제도에 대한 것인 바, 無教育者의 투표를 실질적으로 제한하게 된다는 단점이 있는 반면에, 투표의 정확을 기할 수 있는 장점을 가진다. 우리나라의 국회의원선거, 대통령선거 및 국민투표는 投票記標主義에 의한다.

투표지(投票紙) 選擧人에 의하여 선거권이 행사된 투표용지. 투표용지에 소정의 記標 또는 自書가 된 것이 보통이나, 기표 또는 자서를 하지 아니한 投票紙도 있을 수 있다. 투표지와 투표용지의 구별을 時差에 구하는 견해와 선거인의 행위에 구하는 설이 있으나, 소정의 투표과정을 마침으로써 투표용지도 투표지가 된다.

투 하(投下) 〔英〕 jettison 〔獨〕 Seewurf 〔佛〕 jet 선장이 船舶 및 積荷의 공동위험을 면하기 위하여 적하를 해중에 투기하는 것. 共同海損의 요건에 합당할 때에는 그 손해를 선박·적하에 관한 이해관계인이 분담한다(商 832, 833).

트러스트 〔英〕·〔佛〕 trust 〔獨〕 Trust 여러 개의 동일업종의 기업이 시장지배의 목적으로 공동·통일된 지배하에 결합하고, 법률상 또는 경제상의 통일체를 형성하는 기업결합의 한 형태. 市場支配를 목적으로 하는 점에서 카르텔과 같으나, 構成企業이 그 법률상 또는 경제상의 독립성을 잃는 점에서 이와 다르다. 이 형태는 1880년대 미국에서 시작되고 그 명칭도 信託(trust)을 이용한데서 생겼다. 즉, 각 가맹기업의 주주가 지배에 필요한 수의 주식을 受託者團(board of trustees)에 이전하고, 수탁자가 주주가 되어서 가맹기업을 지배함으로써 시장지배를 하였다(고유의 트러스트). 그 후 반트러스트법의 진전과 함께 持株會社·合倂·營業讓渡·役員兼任·利益共同體 등의 이에 대신하는 기업결합형태가 발생하였으나, 처음에 말한 바와 같이 이러한 기업결합 일반을 트러스트라고 하는 일이 많다. 유럽에서 카르텔 등의 企業聯合에 대비하여 트러스트라고 하는 경우는 주로 이 의미이다. 다시 이상과 같은 의미의 트러스트 뿐만 아니라 카르텔 등의 기업연합을 포함하여 독점적인 넓은 뜻의 기업합동일반을 트러스트라고 하는 경우도 있다. 반트러스트법이라고 하는 경우의 트러스트는 이 의미이다.

트러스트 리시트 〔英〕 trust receipt 영미에서 商業實務上 관습적으로 발달한 제도로, 荷換어음去來에 있어서 매수인이 은행으로부터 운송품에 관한 船積書類, 즉 運送證券을 수령하였다는 것을 증명하는 동시에 일정한 사항을 약정한 증서를 말한다. 貨換어음을 할인한 은행은 그 어음 및 그것에 첨부된 운송증권 등을 買受人所在地의 지점 또는 거래은행에 송부하는데, 이 송부를 받은 은행은 원칙적으로 그 어음이 D.P.어음의 경우에는 매수인에 의하여 지급될 때까지는 운송증권 등을 매수인에게 교부할 수 없지만, 은행이 운송증권 등을 보관하고 있어도 의미가 없으므로 은행은 매수인에게 운송품의 보관·매각을 위탁하고, 매수인으로 하여금 은행을 受託者로 운송품 또는 그 매각대금을 보관하게 한다는 것을 입증시키는 증서를 제출하게 하는 경우가 있는데 이 증서가 트러스트 리시트이다. 이것을 제출한 효과로서, 매수인은 은행에 대하여 일정한 장소에서 일정한 상태로 運送品을 보관하고 또는 운송품의 매각대금을 은행에 납입하는 의무를 부담한다. 輸入擔保物保管證·換어음擔保物保管證이라고도 한다.

트레스패스 〔英〕 trespass 不法侵害, 侵害訴訟, 현실의 폭력 또는 법률이 그의 존재를 인정하는 폭력을 사용하여, 사람의 신체 또는 재산에 관한 권리를 침해하는 不法行爲. 때로는 그 불법행위에 기한 소송을 가리킬 때도 있다. ① trespass to person. 사람의 신체에 대한 暴力行使. assault · battery · imprisonment 등은 이 성질을 가지는 불법행위이다. ② trespass to land. 土地侵入 기타 토지의 점유에 대하여 부당한 직접적인 간섭을 하는 행위. 점유자의 허가 기타 정당한 면책사유 없이 행한 때에는, 故意 · 過失 및 손해의 발생이 없는 때라 할지라도 不法行爲가 된다. 예전에는 이것을 Trespass quare clausum fregit 또는 단순히 Breach of close라 불렀다. ③ trespass to goods. 타인이 점유하고 있는 有體動産에 대하여 탈취 기타 부당한 직접적인 간섭을 하는 행위. 정당한 면책사유가 없는 한 불법행위가 된다. 타인의 점유중에 있는 유체동산을 탈취하는 不法行爲를 특히 trespass de bonis asportatis라 한다. ④ trespass ab initio. 법률이 인정한 권한에 기하여 타인의 토지에 들어간 자가 그의 권한을 남용한 때에는 그 행위는 물론, 최초의 들어가는 행위 자체도 그 許可가 없었던 것과 마찬가지로 소급적으로 불법침해가 된다. 그 권한이 법률이 인정한 것이 아니고 當事者간의 契約에서 유래한 것일 때에는 남용이 있었을 때부터 不法行爲가 성립하는데 지나지 않는다. ⑤ trespass on the case. action on the case에 의해서 구제되었던 불법행위의 총칭.

트레이드 유니어니즘 노동조합주의와 같다.

트루먼선언(宣言) 〔英〕 Truman Doctrine [1] 1947년 3월 12일 미국의 트루먼대통령이 그리스 · 터키에 대한 군사원조에 관하여 요청한 외교정책상의 주의. 제2차대전후 미 · 소의 대립을 배경으로 하여 자유우방이 공산주의의 위협에 대하여 싸울 의사를 밝힌 것으로, 마셜 · 플랜과 결합하여 北大西洋條約으로 발전하였다. 건국이래 유럽에 대한 불개입을 국시로 하고 먼로주의를 제창하여 온 미국 외교정책의 轉換이었다.

[2] 〔英〕 Truman Proclamation 1945년 9월 28일 트루먼대통령이 행한 保存水域에 관한 선언과 대륙붕에 관한 선언을 말한다. → 보존수역, 대륙붕, 접속수역

트루먼주의(主義) → 트루먼선언

트리즌 〔英〕 treason 叛逆罪 · 忠誠違反을 의미하는 말. 大逆罪(high treason)와 小叛逆罪(petit treason)로 나누어진다. 전자는 국왕에 대한 叛逆罪이고, 후자는 남편 · 領主 · 主人 · 僧正 등 손위의 사람을 침해하는 행위를 말하는데 이 소반역죄는 1828년에 폐지되고, 보통의 謀殺(murder)로 규율되게 되었다. 중세에 있어서 국왕은 교회 및 봉건영주에 대하여 그 세력을 확장하기 위하여—大逆罪에는 승려의 특권이 인정되지 않았으며 범인의 재산은 국왕에 귀속한다—대역죄의 범위는 극단적으로 확대되었으나, 1351년의 Statute of Treason에서 7개의 행위에, 다시 1832년의 법률에서 5개의 행위에 한정되었다. 즉 ① 國王 · 女王 · 皇太子에게 위해를 가하려고 기도한 자. ② 王妃 · 未婚의 長皇女 · 皇太子에게 폭행을 가한 자. ③ 국내에서 국왕에 대하여 전쟁을 일으킨 자. ④ 국내에서 국왕의 적에게 편든 자. ⑤ 직무집행중의 大法官 · 藏相 · 裁判官을 살해한 자. 재판소는 특히 ①과 ③의 해석을 확장하여, 準大逆罪(constructive treason)로서 국왕에 대한 모든 범행을 처벌하려고 하였다. 그러나 陪審은 이에 반대하여, 무죄판결을 내리는 일이 많았다. 1795년의 법률에서는 이에 대처하여 그 대부분을 叛逆罪로 하였으나 1848년의 법률에서는, 이들의 대부분은 叛逆罪的 重罪(treason-feloney)로 되었다. 반역죄의 刑은 처음에는 썰매 모양의 들것(hurdle)에 태워서, 산 채로 배를 가르고 교수한 후에 참수하고 四裂하는(quartering) 극형이었으며, 여자의 경우에도 火刑에 처하였었지만, 차차 완화되어 1870년에는 교수될 뿐 재산몰수도 폐지되었다. 미국에서는 헌법 3조 3항에서 합중국에 대한 叛逆罪는 합중국에 대하여 전쟁을 일으키는 행위, 또는 합중국의 적을 원조함으로써 이에 편드는 행위에 한한다고 규정하고 있다.

특권료(特權料) 特許企業者가 당해 사업의 경영에 있어서 독점적 이익을 얻게 되는 경우에, 그 이익에 대한 보상으로 지급하는 금전 기타의 물건을 말하는데, 이에 公納金 또는 補償金이라고도 한다. 특권료는 법령에 의하여 직접 정하여지는 경우와, 특허의 附款으로 특허명령서에 의하여 과하여지는 경우가 있다.

특담분손담보 · 특담분손부담보(特擔分損擔保 · 特擔分損不擔保) 特擔分損擔保(〔英〕 with average(W.A.), all risks(A/R))라 함은 상법의 규정 또는 특별한 約款에 의한 除外例 이외에는 全損, 共同海損, 單獨海損을 묻지 아니하고 海難으로 인한 손해의 전부에 관하여 보험자가 보상책임을 지는 것을 정하는 海上保險의 약관. 영국의 관례를 본받아 인정되고 있으며 보험자의 책임이 최대인 것이다. 이에 대하여 特擔分損不擔保(〔英〕 free of particular average(F.P.A))는 보험자가 원칙적으로 共同海損에 관해서만 보상책임을 지고 單獨海損에 관해서는 책임을 지지 않는 약관. 그러나 동시에 이 약관에 있어서도 선박의 침몰 · 화재 · 좌초 · 충돌 등에 기인하는 손해에 대하여는 책임을 진다는 런던約

款(London clause)이 삽입되어 있는 것이 보통이다.

특명전권공사(特命全權公使) 〔英〕 minister plenipotentiary and envoy extraordinary 〔獨〕 ausserordentlicher Gesandte und bevollmächtigter Minister 〔佛〕 envoyé extraordinaire et ministre plénipotentiaire 국가를 대표하여 외교교섭을 하기 위하여 외국에 파견되는 外交使節 중 제2의 계급을 말하며 보통 公使라고 약칭한다. 명예와 석차에 있어서 特命全權大使 다음이며, 辨理公使와 代理公使에 우선한다. 국가의 원수로부터 다른 국가의 원수에게 파견된다. 국내법상으로서는 공사관의 장이며 외무부장관의 명을 받아 外交條約 기타 사무를 관장하며, 공사관소속 부하공무원을 지휘감독한다. 공사는 대개 외교직공무원이다. → 외교사절

특명전권대사(特命全權大使) 〔英〕 extraordinary and plenipotentiary ambassador 〔獨〕 ausserordentlicher und bevollmächtigter Botschafter 〔佛〕 ambassadeur extraordinaire et plénipotentiaire 국가를 대표하여 외교교섭을 행하기 위하여 외국에 파견되는 外交使節의 제1계급이다. 직무와 특권은 마찬가지지만 명예와 석차에 있어 다른 외교사절에 우선한다. 보통으로 大使 또는 全權大使라고 약칭한다. 국가의 원수로부터 다른 국가의 원수에 파견된다. 국내법상으로는 대사관의 장이며 外交通商部長官의 명을 받아 외교조약 기타 사무를 관장하며 대사관소속 부하공무원을 지휘감독한다. 大使는 대개 외교직공무원이다. → 외교사절

특별거중조정(特別居中調停) 거중조정의 일종이며 이는 평화파괴의 우려가 있는 중대분쟁이 발생한 경우에 분쟁당사국이 각기 1국을 선출하여(公添國이라 함) 兩選出國으로 하여금 직접교섭을 하게 하는 것(國際紛爭平和的 處理條約 8Ⅱ). 그 교섭중 분쟁당사국은 일체의 직접담판을 중지하고 제3자인 선출국이 분쟁을 해결하는 방법이다. 이것은 紛爭當事國間의 직접담판으로 인한 감정의 충돌을 회피케 하는데 있다. 委託期間은 원칙적으로 30일을 초과할 수 없다. 그 조정이 실패로 된 경우에도 그 選任國은 기회있는 대로 조정역할을 할 공동의 의무가 있다(8Ⅵ). → 거중조정

특별결의(特別決議)〔株主總會의〕 普通決議보다 엄격한 요건에 따라 행하여지는 결의. 주주총회에서는 발행주식의 총수의 과반수에 해당하는 주식을 가진 주주의 출석으로(定足數), 그 의결권의 3분의 2 이상의 다수로써 하는 결의이다(商 434). 定款으로서도 이 요건을 輕減하지 못한다. 출석한 주주가 위의 정족수에 차지 않는 경우에도 구상법에서와 같은 假決議(舊商 343Ⅱ～Ⅳ)의 방법은 인정되지 아니한다. 특별결의를 요하는 사항은 주주에 대하여 중대한 사항으로서 다음과 같다. 정관의 변경(商 433, 434), 영업의 전부 또는 중요한 일부의 양도(374 i), 영업전부의 임대 또는 경영위임, 손익공통계약 기타 이에 준할 계약의 체결·변경 또는 해약(374 ii), 다른 회사의 영업전부의 讓受契約(374iii), 사후설립(375), 이사 또는 감사의 해임(385Ⅰ, 415), 轉換社債의 발행(513), 자본의 감소(438), 회사의 해산(518), 회사의 계속(519), 회사의 합병(522), 설립위원의 선임(175Ⅱ) 등이다. 有限會社의 특별결의는 총사원의 반수 이상이며, 총사원의 결의권의 4분의 3 이상을 가지는 자의 동의로써 하는 결의이고(585), 특별결의에 의할 사항은 대체로 株式會社의 경우와 같다(556Ⅰ, 576, 584, 587, 598, 609, 610).

특별경찰집행기관(特別警察執行機關) 특별한 분야의 경찰작용에 관한 집행기관을 말한다. 그 예로는 消防公務員·海洋警察隊·戰鬪警察隊 및 憲兵 등을 들 수 있다.

특별공무원불법체포감금죄(特別公務員不法逮捕監禁罪) 裁判·檢察·警察 기타 인신구속에 관한 직무를 행하는 자 또는 이를 보조하는 자가 그 직권을 남용하여 사람을 체포 또는 감금하는 죄(刑 124Ⅰ). 行爲者의 身分, 즉 이른바 특별공무원이라는 신분으로 말미암아 보통의 逮捕監禁罪(276)보다 형이 가중되는 身分犯이다. 기타 인신구속에 관한 직무를 행하는 자란 교도소장·소년원장·감호시설의 장 및 산림보호에 종사하는 공무원 등을 말하고(→특별사법경찰관리), 보조하는 자란 법원·검찰청의 서기·서기보와 같이 그 직무상의 보조자의 지위에 있는 자를 말하며 단순한 사실상의 보조자를 의미하는 것은 아니다. 행위는 직권을 남용하여 사람을 체포 또는 감금하는 것이므로, 직무 외에서 범한 때에는 통상의 체포·감금죄를 구성한다. 未遂犯은 처벌한다(124Ⅱ). → 체포감금죄

특별공무원폭행가혹행위죄(特別公務員暴行苛酷行爲罪) 재판·검찰·경찰 기타 인신구속에 관한 직무를 행하는 자 또는 이를 보조하는 자가 그 직무를 행함에 당하여 刑事被疑者 또는 기타 사람에 대하여 폭행 또는 가혹한 행위를 가하는 죄(刑 125). 기타 사람이란 형사피고인·증인·참고인 등을 말한다. 가혹한 행위에 관하여는 重逮捕監

禁罪를 보라. → 특별공무원불법체포감금죄

특별관습법(特別慣習法) 한정된 지방 또는 특정인간의 慣行 또는 確信에 따라 성립한 관습법. 원칙적으로 법원의 직권조사사항이기는 하나 그 存否不明의 불이익은 주장하는 당사자에게 돌아가기 때문에 이것을 증명하지 않으면 안된다.

특별관청(特別官廳) 행정관청의 일종. 그 권한이 비교적 특수적·한정적으로 정하여져 있는 행정관청. 普通官廳에 대한 말. 地方國稅廳長·地方鐵道廳長·地方警察廳長 등이 그 예이다.

특별권력관계(特別權力關係) 〔獨〕 besonderes Gewaltverhältnis 특별한 법률상의 원인(법률의 규정 또는 당사자의 동의)에 기하여 公法上의 특정한 목적에 필요한 한도내에서, 포괄적으로 당사자의 일방이 타방을 지배하고 타방이 이에 복종하는 것을 내용으로 하는 二主體간의 관계. 國家·公共團體와 공무원과의 관계와 같은 것이 그 예이다. 그 법률의 규정 또는 당사자의 동의에서 합리적으로 추측할 수 있는 범위내에서 법치주의의 원리의 적용이 배제되고, 일방은 타방에 대하여 개개의 법적 근거없이도 그 包括的 支配權에 기하여 명령·강제·징계할 수 있는 권능을 가진다. 근래에는 특별권력관계를 부정하는 견해가 유력하다.

특별노동위원회(特別勞動委員會) 노동위원회의 일종. 특히 필요한 경우에 그 설치목적이 된 특정한 사항을 관장하기 위하여 당해 특정사항을 관장하는 중앙행정기관 또는 그 소속기관에 설치된다(勞委 2, 3). 勞·使委員과 公益委員으로 구성되며, 위원의 수는 각 7人 이상 20人 이하의 범위 안에서 각 노동위원회의 업무량을 감안하여 대통령령으로 정한다(6). 중재와 不當勞動行爲의 판정·구제에 대해서는 初審의 절차를 담당한다(勞整 81, 85).

특별누범(特別累犯) 〔佛〕 récidive spéciale 前犯과 後犯이 그 죄질을 같이하는 경우의 누범을 말한다. 一般累犯에 대한다. → 누범

특별다수(特別多數) 〔英〕 special majority, qualified majority 選擧나 議決 등에 있어서, 투표권자 내지 투표자의 특별한 다수의 찬성을 필요로 하는 것. 국회가 의원을 除名하거나 憲法改正案을 의결함에는 재적의원 3분의 2 이상의 찬성을 얻어야 하며(憲 64Ⅲ, 130Ⅰ) 再議에 붙여진 법률안을 법률로서 확정시키기 위하여는 재적의원 과반수의 출석과 출석의원 3분의 2 이상의 찬성을 얻어야 하는 것 등이 그 예(53 Ⅳ). → 단순다수, 절대다수, 의결정족수

특별담보·일반담보(特別擔保·一般擔保) 하나의 채권내용의 실현을 다른 債權의 그것보다도 더 확보하기 위하여, 그 채권을 위하여 특정의 물건 또는 권리에 대한 물권이라는 형식으로 부여된 우선적 지위를 특별담보라 하며, 擔保物權이 이에 속한다. 또 이 담보의 목적으로 되어 있는 특정의 재산을 가리키는 일도 있다. 그리고 채무자의 재산 중 특별담보의 목적으로 되어 있는 것 및 押留가 허용되지 않는 것을 제외한 채무자의 전재산, 즉 일반재산이 담보로 되어 있는 경우를 일반담보라 한다. 또 이 일반담보의 목적으로 된 재산을 가리키는 때도 있다. 이러한 일반담보는 우리의 법제도상 특별히 擔保設定行爲를 하지 않더라도 당연히 생기고 또 채권의 효력으로서 파악되고 있으니까, 좁은 뜻에서는 담보라고는 할 수 없다.

특별당좌예금(特別當座預金) 〔英〕 special current deposit 예금자가 언제라도 통장으로써 반환을 청구할 수 있는 예금. 보통은행의 전형적 예금의 하나로 보통예금이라고도 한다. 당좌예금이 金錢出納의 편의를 위하여 수표로써 환급되는 것과는 달라서 통상저축의 목적에 이용되는 바 계속하여 예입·환급을 하기 때문에 통장이 사용된다. 예금통장은 단순한 證據證券으로서 유가증권은 아니지만 예금인출시에는 은행에 제시함을 요한다.

특별대리인(特別代理人) 〔獨〕 besonderer Pfleger, besonderer Vertreter [1] 민법상 넓은 뜻으로는 대리권의 범위가 어떤 특정의 사항에 한정되어 있는 대리인을 가리키는 경우도 있어, 이 때에는 一般代理人에 대하여서 사용된다. 그러나 보통은 親權者와 子 사이의 신분상·재산상의 실질적 이익상반행위에 관하여 子를 대리하는 자(847, 921), 법인과 이사 사이의 실질적 이익상반사항에 관하여 법인을 대표하는 자(64) 등과 같이, 代理人 내지 代表者의 代理權 내지 대표권이 제한되는 특수한 경우에 그것에 갈음하여 선임된 대리인을 특별대리인이라고 부른다. 따라서 특별대리인에는 包括的인 代理權이 없다.

[2] 민사소송법상의 특별대리인은 특정의 소송에 관하여 법률상 또는 사실상 소송을 할 수 없는 당사자를 위하여 法院이 선임하는 임시의 법정대리인을 말하고 다음의 3종이 있다. ① 法定代理人이 없거나 법정대리인이 대리권을 행사할 수 없는 경우에 소송의 지연으로 인하여 손해가 있음을 염려하여 소송무능력자를 위하여 선임되는 특별대리인(民訴 58), ② 證據保全節次에 있어서 상대방을 지정할 수 없는 경우에 상대방인 사람을 위하여 선임된 특별대리인(349), ③ 强制執行에 있어서 상속재산 또는 相續

人을 위하여 선임되는 특별대리인(512Ⅱ).

특별방식(特別方式)**에 의한 유언**(遺言) 질병 그 밖의 급박한 사유로 인하여 보통의 방식에 의한 遺言을 작성하기 어려운 경우에 그 요건을 완화하여 유언의 성립을 용이하게 한 유언. 우리나라에 있어서는 口授證書遺言이 이에 해당한다. 그러나 이에 관하여는 상당히 엄격한 절차가 필요하므로(民 1070), 그 實效性이 의문된다. →구수증서 유언

특별배임죄(特別背任罪) 형법상의 배임죄에 대하여 특별관계에 서는 배임죄. 상법에 회사의 發起人·理事 기타의 임원 등의 특별배임죄(商 622), 사채권자집회의 대표자 등의 특별배임죄(623)가 규정되어 있다.

특별범(特別犯) 〔獨〕 Sonderdelikt 범죄는 누구라도 이를 범할 수 있으므로 犯罪主體로서의 특별한 성질을 요건으로 하지 않으나 예외로 주체의 특별한 법률적 성질을 요건으로 하는 경우가 있다. 尊屬殺人罪 또는 强姦罪를 범한 자와 같은 身分犯의 중요한 예.

특별법(特別法) →일반법·특별법

특별법우선(特別法優先)**의 원칙**(原則) 동일한 관계에 적용될 법으로서 일반법과 특별법이 경합하는 경우에, 특별법이 일반법에 우선하여 적용되고, 一般法은 보충적으로만 적용된다는 원칙. →일반법·특별법

특별법원(特別法院) 〔英〕 special court 〔獨〕 Sondergericht, Ausnahmegericht 〔佛〕 tribunal exceptionnel 일반적으로 司法權을 행하는 법원(일반법원·통상법원)의 계통 외에 서서 특수한 신분을 가지는 자 또는 특수한 종류의 사건만에 관하여 재판권을 행사하는 司法法院. 특별법원에는 최고사법법원으로부터도 독립된 지위를 가지는 경우가 있는 바, 우리 헌법은 전자에 속하는 軍事法院과 후자에 속하는 憲法裁判所가 있다(110, 6장). 그러므로 우리 헌법 아래에서는 과거의 대륙적 행정국가에서 볼 수 있었던 것과 같은 특별법원으로서의 行政裁判所를 설치할 수 없게 되었다. 그러나 一般下級法院의 일종으로서 행정법원·노동법원 등을 창설하는 것은 가능하다 할 것이다(憲 27Ⅰ, 101Ⅱ 참조). 그러나 1998년에 行政法院과 特許法院이 설치되었다.

특별변호인(特別辯護人) 辯護士가 아닌 자로서 대법원 이외의 법원에 의하여 변호인으로 선임된 자. 특별한 사정이 있을 때 법원이 이를 허가하는 것이며(刑訴 31 但), 소송법상의 권한은 일반의 변호인과 다름이 없다. 法律審인 上告審에 있어서는 변호사아닌 자를 변호인으로 선임할 수 없다(386). 그리고, 군사법원상으로도 그 의의는 형사소송법상의 그것과 같다. 다만 제1심 군사법원에서만 특별변호인이 허가된다(軍法法 60).

특별보험(特別保險) 특정된 물건 또는 사람에 대하여 체결되는 보통의 보험으로서, 불특정한 물건 또는 사람에 대하여 총괄적으로 체결되는 이른바 總括保險·包括保險 또는 一般保險에 대립되는 관념이다. 이는 보험의 목적의 특정여부를 표준으로 하는 분류이다. 이와 구별할 것은 個別保險으로서 보험의 목적의 수에 따라서 분류되는 것이며 集合保險에 대하는 관념이다. 보통의 경우에는 보험목적인 물건 또는 사람이 계약당시에 특정되어 있으므로, 특별보험에 속하며 또 그 수가 單數이므로 개별보험에 속한다.

특별보험약관(特別保險約款) 〔獨〕 besondere Versicherungsbedingungen 〔佛〕 conditions spéciales d'assurance 普通保險約款에 대하여 특별하게 작성된 特約條款. 예를 들면 해상보험의 보험사고의 범위는 너무 광범하므로 그 범위를 구체적으로 명시하여 보험자의 책임한도를 제한하는 동시에 保險契約者로서는 보험의 목적물인 선박이나 積荷의 價額이 막대하므로 그 보험료를 절약하기 위하여 다음과 같은 특별약관에 의하는 것이 통례이다. ① 特擔分損擔保(分損擔保)(W.A.: with average, A.R.: all risks). 보험자는 모든 손해에 대하여, 즉 全損은 물론 分損도 이를 보상한다. 따라서 보험료는 가장 고액이다. ② 特擔分損不擔保(單獨海損不擔保)(F.P.A.: free from particular average). 보험자는 全損·共同海損·救助料 등에 관하여는 책임을 지지만, 기타의 단독해손에 대하여는 책임을 지지 아니한다. ③ 全損만의 擔保(T.L.O.: total loss only, F.A.A.: free of all average). 보험자는 전손의 경우에만 책임을 지고 공동해손·단독해손 등 전손 외의 경우에는 책임을 지지 아니한다. 따라서 보험료는 가장 소액이며 船舶保險에는 이것이 보통이다.

특별부담(特別負擔) 특정한 공익사업과 특별한 관계에 있는 자에 대하여 그 관계에 따라 과하는 人的 公用負擔을 말한다. 그 공익사업과의 관계가 어떠한 것인지에 따라 受益者負擔·原因者負擔 및 損傷者負擔으로 나눌 수 있으며, 특별부담은 금전지급의무인 것이 보통이다. →일반부담

E

특별사면(特別赦免) 〔獨〕 Begnadigung 〔佛〕 grâce 사면의 일종. 特赦라고도 한다. 형의 선고를 받은 특정한 자에 대하여 법무부장관의 상신으로 국무회의의 심의를 거쳐 대통령이 행한다(赦 3 ii, 憲 79·89 ix). 특별사면은 형의 집행을 면제하는 것이 원칙이나, 특별한 사정이 있을 때에는 이후 형의 선고의 효력을 상실시킬 수 있다(5 I ii). 특별사면은 刑의 선고로 인한 旣成의 효과에는 영향을 미치지 아니한다(5 II). →사면, 일반사면

특별사법경찰관리(特別司法警察官吏) 경찰관리 이외에, 森林·海事·전매·세무·군수사기관 기타 특별한 사항에 관하여 사법경찰관리로서의 직무를 행하는 자(刑訴 197). 司法警察官吏의 직무를 행할 자와 그 직무범위에 관한 법률에서 이를 구체적으로 규정하고 있다(예: 교도소장·소년원장 및 出入國管理에 종사하는 공무원(3), 산림보호에 종사하는 공무원(4) 등).

특별사절(特別使節) 정부대표 및 특별사절의 임명과 권한에 관한 법률에 의해 외국에서 행하여지는 주요의식에 참석하거나 특정한 목적을 위하여 정부의 입장과 인식을 外國政府 또는 國際機構에 전하거나 외국정부 또는 국제기구와 교섭하거나 국제회의에 참석할 수 있는 권한을 가지는 자를 말한다. 대통령은 특별사절에 대하여 필요하다고 인정하는 경우에는 외교통상부장관의 제청에 따라 국무회의의 심의를 거쳐 특명전권대사 또는 대사의 對外職名을 지정할 수 있다(政府代表 및 特別使節의 任命과 權限에 관한 法律 5의2).

특별상고(特別上告) 舊法上에 있어서 민사사건에서 고등법원이 上告審으로서 선고한 終局判決에 대하여 대법원에 하는 上訴(特別). 헌법위반이나 판례위반의 경우 판결의 확정력이 차단됨이 없이 대법원에 상소할 수 있었다. 현행법은 上告審을 일원화하면서 이 제도를 없앴다(法組 14 i).

특별상소(特別上訴) 대법원이 법령 등이 헌법에 적합한지의 여부를 결정하는 점에 있어서의 終審法院이라야 한다는 점에 근거하여(憲 107) 통상의 불복신청의 방법이 없거나 또는 그것이 다해버린 재판이라도 법령 등의 合憲性에 관한 판단이 부당함을 이유로 하여 대법원에 대하여 할 수 있는 不服申請. 민사소송법에는 판결에 대한 특별상고(393)와 결정·명령에 대한 특별항고(420)가 있고 刑事訴訟法에는 특별항고만 있다.

특별소비세(特別消費稅) 특정한 물품의 販賣 또는 搬出이 있을 때 또는 특정한 장소에의 입장행위 및 특정한 장소에서의 유흥음식행위에 대하여 부과되는 소비세. 투전기·오락용사행기구, 골프용품, 수렵용 총포류 등 제1종 과세물품의 세율은 100분의 30이며, 냉장고, 전기세탁기, 그랜드형 피아노, 커피·코코아 등 제2종 과세물품의 세율은 100분의 15, 청량음료·기호음료·자양강장품 등 제3종 과세물품의 세율은 100분의 10 등 과세물품의 종류에 따라 세율을 각기 달리한다(特別消費稅法 1 II).

특별소송절차(特別訴訟節次) 민사소송법상 그 규정 중에서 어떤 부분의 적용을 배척·제한하거나 또는 예외규정에 따라 행하여지는 소송절차. 特別節次에는 특수한 권리에 관한 간이절차로서의 독촉절차와 특히 신중을 기하여야 할 인사관계에 관한 人事訴訟節次 등이 있다. 간이집행절차로서 집행증서에 기인하는 집행절차, 경매법에 따른 경매, 다수의 채권자를 평등히 보호하는 절차로서의 破産節次가 있다.

특별수권(特別授權) 한정치산자·법정대리인·소송대리인이 유효하게 소송을 추행하는 경우에도 일정한 주요 訴訟行爲에 대하여는 법정대리인 또는 본인으로부터 각각 그 권한의 부여를 요하는 바(民訴 52, 82 II), 이 권한의 부여행위를 특별수권이라고 한다.

특별수익분(特別受益分) 共同相續人 중의 어떤 자가 피상속인으로부터 증여 또는 유증에 의하여 받은 재산의 量額. 相續分의 산정에 있어서는 상속인이 피상속인으로부터 받은 특별수익분을 법정된 상속분의 일부 또는 전부로서 계산하게 된다. 민법이 특별수익분의 상속분계산상의 반환의무를 인정한 취지는 상속인의 二重利得을 방지함으로써 상속재산의 분배상 공평을 기하기 위한 것이고, 그 방법에 있어서는 기왕의 贈與에 관하여는 증여액만을 충당계산함으로써 現物返還의 불편을 피하고자 함에 있다. 그러나 受贈·受遺財産이 상속분을 초과하는 경우에는 그 초과분의 반환은 인정하지 않는다(民 1008). 예컨대 分家한 次男에게 1500만원을 생계의 자본으로 증여하고 사망한 父에게 상속재산이 4500만원 있었다고 한다. 그리고 그에게는 長男·次男·三男이 있었으나 장남·3남에게는 아무런 증여도 하지 않았다고 하면 각자의 상속분은 상속재산을 4500만원에 1500만원을 가산한 6000만원으로 보고, 이것을 3등분한 2000만원이 된다. 그러나 차남은 이미 1500만원의 贈與를 받은 바 있기 때문에 차남이 相續分으로서 취득할 수 있는 액은 500만원에 불과하다.

특별연고자(特別緣故者)**에 대한 분여제도**(分與制度) 相續人이 없는 경우 피상속인과 생계를 같이하였거나, 被相續人의 요양·간호를 한 자 또는 기타 피상속인과 특별한 연고가 있던 자에게 相續財産의 전부나 일부를 나누어 줄 수 있는 제도를 말한다. 이 제도는 1990년 민법 일부개정에서 신설되었다. 1990년 개정 전에는 相續人搜索公告가 있은 후 공고기간 내에 상속권을 주장하는 자가 없는 때에는 상속재산을 국가에 귀속하도록 하고 있어서, 事實婚配偶者나 사실상의 養子와 같이 피상속인과 생계를 같이하고 있거나 피상속인의 요양간호를 한 자 등은 법률상 상속인이 아니므로 피상속인의 재산을 상속할 수 없었다. 그래서 개정법은 1057조의2를 신설하여 위와 같은 특별연고자를 상속받을 수 있게 하였다. 1057조의 기간 내에 相續權을 주장하는 자가 없는 때에는 가정법원은 피상속인과 생계를 같이하고 있던 자, 피상속인의 요양간호를 한 자, 기타 被相續人과 특별한 연고가 있던 자의 청구에 의하여 相續財産의 전부 또는 일부를 分與할 수 있고, 이 청구는 1057조의 기간만료 후 2월 이내에 해야 한다. 특별연고자라고 하기 위해서는 실질적·구체적으로는 연고관계가 깊은 자라야 할 것이다. 구체적으로는 사실혼의 처, 사실상의 양자, 장기간의 피상속인의 요양간호에 종사한 자 등이 이 범주에 들어갈 것이고, 그 밖에 먼 친척이나 친구의 자식으로서 被相續人이 각별히 돌보던 사람도 포함될 수 있을 것이다. 특별연고자에게 상속재산을 분여하려면, 우선 청구인이 특별연고자로 인정되어 가정법원이 財産分與를 함이 상당하다고 인정한 경우가 아니면 안된다(家訴 2Ⅰ 나 (1) 35). 財産分與의 청구가 認容되면 청구인에게 상속재산의 전부 또는 일부가 분여된다. 상속재산 중 現物이 分與되는 것이 보통이겠지만, 이를 換價하여 그 대금을 분여하는 것도 가능하다.

특별예방설(特別豫防說) 〔獨〕 Spezialpräventionstheorie 〔佛〕 théorie de prévention spéciale 刑罰의 목적에 관한 설이며, 一般豫防說에 대한다. 형벌의 효과를 일반인이 아니라 범인에게서 거두려는 생각인데, 刑罰은 범인이 다시 범죄에 빠지는 것을 예방하는 것을 목적으로 한다는 주장이다. 이 설에 있어서는 형벌을 범인의 개성에 적응시키기 위하여 刑罰의 個別化가 강조된다. 특별예방설은 범인을 개선하여 다시 범죄에 빠지지 않는 선량·성실한 국민으로 교육한다는 의미에서는 敎育刑論과 결부된다. →목적형론, 교육형론

특별우선특권(特別優先特權) 채무자의 특정한 재산에 대해 다른 一般債權에 우선할 수 있는 특권. 一般의 優先特權에 대립하는 바 동산의 우선특권과 부동산의 우선특권을 포함한다. 파산에 있어서는 別除權으로 보호된다.

특별원호(特別援護) 除隊軍人·傷痍軍警·戰歿軍警 기타의 국가유공자나 그 遺族 등과 같이 국가적인 임무의 수행 또는 국가에 유공한 특정한 행위와의 관련아래 생활상의 곤란을 겪게 된 자에 대한 원호를 목적으로 수행되는 社會保障行政을 말한다. 이는 국가유공자예우 등에 관한 법률이 정하는 바에 의하여 시행되는 바, 그 중요한 내용으로는 보상금지급·교육보호·취업보호·의료보호·貸付 등이 있다.

특별위원회(特別委員會) 국회에 있어서 특히 필요가 있다고 인정되는 案件을 심사하기 위하여 특별히 설치할 수 있는 위원회(國會 44). 특히 예산안과 결산을 종합심사하기 위하여 豫算決算特別委員會를 두게 되어 있다(45). 특별위원회는 그때그때 付託된 안건의 심사를 그 본질적 임무 내지 권한으로 하는 점에서 所管과 職務가 미리 규정되어 있는 常任委員會와 구별된다. 특별위원회를 구성하는 특별위원은 의장이 상임위원 중에서 선임한다. 다만 예산결산특별위원회의 위원은 교섭단체소속의원 수의 비율과 상임위원회의 의원 수의 비율에 의하여 선임하되 50인을 초과하지 못한다(48Ⅴ). 委員長은 위원회에서 互選하고 본회의에 보고한다(47). 그리고 특별위원은 그 위원회에 회부된 안건이 국회에서 의결될 때까지 존속한다(44Ⅲ). 이 점에서 2년간 재임하는 상임위원회 위원과 구별된다(40 참조). 地方議會에 있어서도 조례가 정하는 바에 의하여 특별위원회를 설치할 수 있다(地自 50).

특별자금(特別資金) 1회계연도내에 전부 소비해 버리지 아니하고 특정한 용도나 목적에 충당할 목적으로 보유하는 자금. 국가의 재정상 필요한 경비는 원칙적으로 매 회계연도마다 국민으로부터 徵收하여야 하고 특별한 자금을 보유함은 허용되지 아니하는 것이나, 국가가 사업을 경영하거나 기타 특별한 사유가 있을 때에는 특히 그것을 위한 자금을 보유하지 아니하고는 원활한 事業經營을 할 수 없으므로, 법률로써 특히 정한 경우에 한하여 국가는 특별한 자금을 보유할 수 있게 하였다(豫會 115).

특별재보험(特別再保險) 〔獨〕 Spezialrückversicherung 原保險者가 위험의 轉嫁 또는 分散을 인정하는 경우에 그 때마다 다른 보험자(再保險者)와 개별적으로 체결하는 재보험. 特定再保險이라고도 한다. 이 경우에는 원보험자가 체결하는

재보험계약은 의무적으로 하는 것이 아니고, 임의로 하는 것이므로 이것을 任意的 再保險이라고도 한다. 이에 대하여 원보험자와 재보험자가 담보할 위험과 기타의 조건에 관하여 총괄적으로 보험계약을 체결하고(總括保險 또는 一般保險) 원보험자가 그 조건에 합치하는 원보험계약을 체결하면 이 계약에 관하여는 자동적으로 재보험관계가 생기는 경우를 一般再保險·包括再保險 또는 總括再保險이라고도 한다. 특별재보험의 경우에는 개개의 재보험을 체결하여야 하므로 그 절차가 번잡하다. 이에 대하여 일반재보험은 總括保險 특히 豫定保險의 형식을 취하므로 절차의 번잡을 피할 수 있으나, 원보험자의 필요여부를 불문하고 의무적으로 재보험관계가 생긴다는 불리가 수반된다고 할 것이다.

특별재산(特別財産) 〔獨〕 Sondervermögen 특정한 목적 밑에 결합되어 있고 그 소유자의 다른 재산으로부터 어느 정도까지 독립한 통일적 존재를 가지는 재산. 目的財産이라고도 한다. 조합재산·상속재산·신탁재산·영업재산·기업재산·海産·財團抵當의 목적인 각종의 재단 등이 그 예. 다만, 그 單一性 내지 獨立性에는 종류에 따라 강약이 있다. 가끔 1개의 물건으로 취급되어 단일의 권리의 목적으로 되는 일도 있기는 하지만(工抵 14, 鑛抵 5), 보통은 1개의 권리의 목적으로 되지 않고, 개개의 점에서 독립적인(소유자의 타재산과 구별되는) 취급을 받음에 불과하다.

특별재판소(特別裁判所) 특별법원과 같다.

특별재판적(特別裁判籍) 〔獨〕 besonderer Gerichts stand 특별한 종류의 민사소송사건에 대해서 인정되는 재판적. 普通裁判籍에 대하는 말. 특별재판적에는 보통재판적과 경합되어 인정되는 경우와, 보통재판적의 예외로서 전속적인 것이 있으며(家訴 22, 商 186), 또 다른 사건과는 관계없이 그 사건에 대해서만 인정되는 獨立裁判籍과 다른 사건과의 관계에서 정해지는 關聯裁判籍이 있다. 민사소송법 6조 내지 21조는 보통재판적과 경합하는 독립재판적의 예이고, 22조는 보통재판적과 경합하는 관련재판적의 일예이다. 보통재판적과 특별재판적이 경합하는 때에는 원고는 그 어느 법원에도 제소할 수 있다.

특별재판정(特別裁判廷) → 재판정

특별조약(特別條約) 〔英〕 particular treaty 〔佛〕 traité particulier 형식을 기준으로 조약을 구분할 때, 다수의 국가가 참여하는 다수국가간조약(一般條約·多邊條約)에 상대되는 개념으로, 두 나라 또는 몇몇 국가만이 참여하는 조약을 말한다. 特殊條約(雙務條約)이라고도 한다.

특별조정위원(特別調停委員) 중앙노동위원회와 地方勞動委員會에서 행하는 노동쟁의의 調停·仲裁에 공익위원·근로자위원·사용자위원과 함께 참여하는 위원. 調停을 행하는 조정위원회는 당해 노동위원회의 위원이나 특별조정위원 중에서 사용자를 대표하는 자, 근로자를 대표하는 자, 공익을 대표하는 자 중에서 그 노동위원회의 위원장이 지명하는 각 1인으로 구성되나 노동자를 대표하는 위원은 사용자가, 사용자를 대표하는 노동위원은 노동조합이 각각 희망하는 노동위원 중에서 지명하여야 한다. 다만, 회의 3일전까지 관계 대상자가 희망하는 위원의 명단제출이 없을 때에는 당해 위원은 위원장이 따로 지명할 수 있다. 중재를 행하는 仲裁委員會는 당해 노동위원회의 공익을 대표하는 위원과 공익을 대표하는 특별조사위원 중에서 관계당사자의 합의로 선정한 자에 대하여 그 노동위원회의 위원장이 지명하는 3인으로 구성된다(勞整 64). 노동쟁의의 조정을 위하여 노동위원회에 조정위원회를 둔다(55). 특별조정위원은 노동위원회의 公益을 대표하는 위원 중에서 勞動組合과 使用者가 순차적으로 배제하고 남은 3人 내지 5人 중에서 노동위원회의 위원장이 지명한다. 다만, 관계당사자가 合意로 당해 勞動委員會의 委員이 아닌 자를 추천하는 경우에는 그 추천된 자를 지명한다(72).

특별지방자치단체(特別地方自治團體) 보통지방자치단체인 서울특별시·광역시·도·시·군·구 외에 특정한 목적을 수행하기 위하여 별도로 설치되는 자치단체(地自法 2Ⅲ).

특별지방행정기관(特別地方行政機關) 특정한 중앙관청에 소속하여, 당해 관할구역내에 시행되는 그 중앙관청의 권한에 속하는 특수한 행정사무를 관장하는 국가의 지방행정기관. 어느 특정한 중앙관청에 소속하지 않고, 당해 관할구역내에서 시행되는 일반적인 국가행정사무를 관장하는 普通地方行政機關에 대응한다. 지방건설관서·지방세무관서·지방교통관서·지방체신관서·營林官署·경찰서 등이 그 예이다. 법률 또는 대통령령이 정하는 바에 따라 설치된다(政組 3Ⅰ).

특별징수(特別徵收) 地方稅를 그 징수에 있어서 그 징수의 편의를 가진 자로 하여금 징수시키고 그 징수한 세금을 납입케 한다는 것(地稅 1Ⅰviii). 普通徵收와 상대되는 관념. 특별징수를 하는 지방세는 지방세법에 의하여 개별적으로 지정되어 있다. 특별징수의 의무를 부담하는 업자 등을 특별징수의무자라고 한다. 특별징수에 의하여 납세의무는 소멸된 것이 아니므로 납세의무자의 不納分에 대하여 특별징수의무자는 求償權을 가진다.

특별청구권재판소(特別請求權裁判所) 〔英〕 special claims tribunal 2국 또는 다수국간의 條約에 의하여 賠償 또는 補償請求權 기타 조약의 규정하는 분쟁을 해결하기 위하여 설립되는 특별재판소. 1951년의 對日平和條約에서 條約의 解釋 또는 실시에 관한 분쟁의 해결방법으로서 특별청구권재판소에 부탁하는 것을 규정한 것, 1919년의 베르사이유조약에 의한 혼합중재재판소, 1921년의 美·獨協定에 의한 혼합청구위원회 등은 그 성질로 보아 특별청구권재판소이다. → 혼합중재재판소

특별판공비(特別辦公費) 그 歲出豫算의 費途에 관하여 節의 구분이나 사용내역의 명시가 없이, 주로 특정한 기관의 장의 재량에 의한 지출이 인정되는 豫算科目의 명칭. 일반적으로 분기별 또는 월별 포괄지출의 형식으로 지출되며, 每用途마다의 支出原因行爲를 요하지 아니한다.

특별합의서(特別合意書) 〔獨〕 compromis 이미 발생한 특정의 國際紛爭을 국제재판에 부탁하기로 약속한 국가간의 합의. 國際裁判의 의무가 없는 경우에 필요한 절차이다. 분쟁의 목적, 준비서면의 방식, 제출기간 등을 정한다. 중재재판의 경우에는 이것을 仲裁契約이라고도 하며, 재판관선임의 방법, 開廷地 등에 관하여도 정한다.

특별항고(特別抗告) [1] 민사소송법상 불복을 신청할 수 없는 決定이나 命令에 대하여, 재판에 영향을 미친 憲法 또는 法律의 違反이 있음을 이유로 하는 때에 한하여 대법원에 불복하는 것(民訴 420). 이 항고의 제기기간은 1주일로 한다. 이 기간은 불변기간이다.

[2] 형사소송법상 고등법원의 抗告棄却의 결정에 대하여 大法院에 하는 卽時抗告(361의4 Ⅱ).

[3] 군사법원의 결정에 대하여 불복이 있으면 즉시항고의 규정이 있는 경우에 한하여 항고를 할 수 있다.

특별행정심판(特別行政審判) 행정심판 중 재판에 의한 처리가 온당하나, 그 전문성·기술성 등으로 인하여 행정심판에 의하는 것들을 말하며, 特許審判·海難審判 등이 그 예이다. 이러한 것들은 하급법원의 재판에 갈음하는 성질을 갖는 것이 보통이므로 심판절차는 司法節次에 가까우며, 그 재결에 대한 불복신청은 보통 대법원이 담당한다.

특별협정(特別協定) 〔英〕 special agreement 국제연합의 군사적 조치를 위하여 가맹국의 군대를 확보할 목적으로 안전보장이사회와 가맹국(또는 가맹국군)간에 체결하기로 豫定된 條約. 이 조약은 가맹국이 제공할 병력의 수와 종류, 그 출동준비의 정도, 일반적 배치를 정하며, 나아가서 加盟國이 제공할 편익과 원조의 성질을 규정하기로 되었다(憲章 43). 이 특별협정은 5대국의 의사불일치로 인하여 지금까지 하나도 성립되지 않았다. 한국전쟁에서는 兵力組織을 위한 이 특별협정이 성립되지 않은 관계상 헌장 42조의 군사적 조치에 관해서 권고의 결의를 채택하고, 이 결의를 이행하는 가맹국의 개별행동에 의뢰하지 않으면 안되게 되었던 것이다. → 국제연합군

특별형법(特別刑法) 형법전 이외의 형벌법규의 총체. 普通刑法(일반형법)인 刑法典에 대하는 명칭이다. 그 적용범위의 규준에 따라 時間的 特別刑法(한시법 내지 임시법(예 : 벌금등임시조치법))·地域的 特別刑法(지방자치단체의 조례)·對人的 特別刑法(예 : 군형법)·對物(對事項)的 特別刑法(행정형법과 사법형법적 성질의 것(예 : 경범죄처벌법·국가보안법·폭력행위 등 처벌에 관한 법률))으로 구별할 수 있다(물론 어떤 특별형벌법규가 이들의 여러가지의 성격을 중복하여 지닐 수 있다). 그리고 특별형법에 특별한 규정이 없는 한, 一般法인 형법총칙의 적용을 받는다(刑 8). → 형법

특별회계(特別會計) 一般會計에 대한 개념. 특수한 목적을 위한 수입·지출을 일반회계로부터 분리하여 독립적으로 경리하는 회계. 국가 또는 지방자치단체의 회계는 이를 一般會計와 特別會計로 구분하며(豫會 9 Ⅰ, 地財 5 Ⅰ), 국가 또는 지방자치단체의 일반적인 활동에 관한 세입·세출을 포함하는 일반회계를 원칙으로 한다(豫會 18, 地財 29 Ⅱ). 특별회계는 국가가 특정한 사업을 운영할 때(事業特別會計), 특정한 자금을 보유하여 운용할 때(資金特別會計), 기타 특정한 세입으로써 특정한 세출에 충당함으로써 일반의 歲入·歲出과 구분하여 경리할 필요가 있을 때(經理特別會計)에 한하여 법률로써 설치한다(豫會 9 Ⅱ, 地財 5 Ⅱ). 우리나라에는 기업회계예산제도를 비롯하여(豫會 10) 많은 특별회계제도가 있으며, 현대 각국에는 특별회계가 증가하여 가는 경향에 있다. → 일반회계

특별휴가(特別休暇) 公務員(또는 勤勞者)에 대한 휴가의 일종. ① 본인이 결혼하거나 기타 경조사가 있을 때에는 7일 내지 1일, ② 방송통신대학재학중의 공무원에 대하여는 본인의 年暇日數

를 초과하는 출석수업기간, ③ 勳章을 받거나 모범공무원으로 선발된 경우에는 6일이내, ④ 특히 여자공무원의 경우에는 그 출산전후를 통하여 60일 이내 기간의 출산휴가 및 매생리기마다 1일의 여성보건휴가를 許與한다(國家公務員服務規程 20, 勤基 60) → 생리휴가, 산전후휴가

특별희생(特別犧牲) 公益과 私益의 조정 보상인 損失補償은 타인의 재산권에 대한 특별한 희생이 있어야 하는 바, 이 때 특별희생이란 일반적으로 균등하게 과하여진 것이 아닌, 특정인에게 불균형하게 과하여진 權益의 剝脫을 뜻한다. 다른 말로 표현하면 사회적 제약을 넘어선 손실이라고 할 수 있다. 그런데 문제는 財産權에 대한 사회적 제약과 특별한 희생을 어떻게 구별해 내느냐 하는 것인데, 이에 관하여는 많은 견해의 대립이 있다. 즉 形式的 基準說과 實質的 基準說 등이 있고, 실질적 기준설에는 다시 保護價値說 · 受忍限度說 · 私的效用說 · 目的違背說 · 社會的 制約說 · 狀況拘束說 등이 있다. 그러나 일반적인 견해는 양설을 절충하여 설명하고 있다.

특 사(特赦) 舊法上의 용어이며, 特別赦免과 같다.

특수감금(特殊監禁) 團體 또는 多衆의 위력을 보이거나 위험한 물건을 휴대하여 사람을 체포하거나 감금하여 가혹한 행위를 하는 것(刑 278)을 말한다.

특수강도죄(特殊强盜罪) 야간에 사람의 주거 · 간수하는 저택 · 건조물이나 선박 또는 占有하는 房室에 침입하여, 또는 흉기를 휴대하거나 2인 이상이 합동하여 강도죄를 범하는 것(刑 334). 前罪를 야간주거침입강도죄라고도 한다. 상습범의 경우에는 형을 가중한다(341). 未遂犯(342) 및 예비 · 음모(343)를 처벌한다. → 야간주거침입절도죄, 특수절도죄, 합동범

특수경력직공무원(特殊經歷職公務員) 經歷職公務員 외의 공무원을 말하며 그 종류에는 選擧에 의하여 취임하거나 임명에 있어서 國會의 동의를 요하는 공무원, 감사원의 원장 · 감사위원 및 사무총장, 민주평화통일자문회의의 사무총장, 국회의 사무총장 및 차장, 헌법재판소의 재판관 및 사무처장, 중앙선거관리위원회의 상임위원 및 사무총장, 국무총리, 국무위원, 처의 처장, 각부 · 처 · 청의 차관 또는 차장, 청장(통계청장, 기상청장 및 경찰청장과 중앙행정기관이 아닌 청의 장을 제외한다), 국무조정실장, 서울특별시장, 광역시장, 도지사, 차관급 상당 이상의 보수를 받는 비서관, 국가정보원의 원장 및 부원장, 기타 다른 법령이 정무직으로 지정하는 공무원 등의 政務職公務員과 국회수석전문위원, 감사원 사무차장 및 서울특별시 · 광역시 · 도선거관리위원회 상임위원, 국가정보원 기획조정실장, 각급 노동위원회 상임위원, 해양안전심판원의 원장 및 심판관, 비서관 · 비서 기타 다른 법령이 별정직으로 지정하는 공무원 등의 別定職 公務員, 국가와 채용계약에 의하여 일정한 기간 연구 또는 기술업무에 종사하는 과학자 · 기술자 및 특수분야의 전문가 등의 契約職公務員 및 단순한 노무에 종사하는 雇傭職公務員 등이 있다(國公 2Ⅲ, 地公 2Ⅲ).

특수공무방해죄(特殊公務妨害罪) 團體 또는 多衆의 威力을 보이거나 위험한 물건을 휴대하여 공무집행방해죄 · 직무강요죄 · 법정모욕죄 · 국회의장모욕죄 · 공무상비밀표시무효죄 · 공용서류무효죄 · 공용물파괴죄 · 공무상보관물무효죄 및 後 4죄의 未遂犯을 범하는 것(刑 144Ⅰ). 本罪를 범하여 공무원을 死傷에 이르게 한 경우에는 刑을 가중한다(144 Ⅱ). → 특수폭행죄

특수교사(特殊敎唆) → 교사범

특수교육(特殊敎育) 국가 및 지방자치단체가 신체적 · 정신적 · 지적 장애 등으로 인하여 특별한 교육적 배려가 필요한 자를 위한 학교를 설립하여 경영하는 교육으로 국가 및 지방자치단체는 이들의 교육을 지원하기 위하여 필요한 施策을 수립하여 실시하여야 한다(敎 18). → 특수학교

특수국제법(特殊國際法) 〔英〕 particular international law 〔佛〕 droit international particulier 2國 혹은 數國간에 조약이나 관행에 의해서 만들어지고, 2국 또는 수개국에 대하여서만 拘束力이 있는 國際法規를 말한다. → 조약, 국제법

특수귀가(特殊歸家) 입영신체검사 결과 현역복무에 적합하지 아니하거나 疾病 또는 心身障碍로 15일 이상의 치유기간이 필요하다고 인정되는 현역입영대상자에 대해 입영부대의 장이 행하는 귀가조치(兵役 17).

특수농업협동조합(特殊農業協同組合) → 전문농업협동조합

특수도주죄(特殊逃走罪) 수용설비 또는 기구를 손괴하거나 사람에게 暴行 또는 脅迫을 가하거나 2인 이상이 합동하여 도주죄를 범하는 것(刑 146). 未遂犯은 처벌한다(149). → 합동범

특수도서관(特殊圖書館) 障碍人 기타 대

통령령이 정하는 자에게 학습·교양·조사·연구 및 문화활동 등을 위한 도서관봉사를 제공함을 주된 목적으로 하는 도서관을 말한다(圖書館 및 讀書振興法 2 viii).

특수방조(特殊幇助) → 종범

특수법인(特殊法人) 넓은 뜻으로는 特別法에 의하여 설치되는 법인. 國策上 또는 공공의 이익을 위하여 설치된다. 그러나 좁은 뜻으로는 公法上의 법인과 회사형태의 법인(→특수회사)은 특수법인에서 제외된다. 한국은행·한국가스공사 등이 여기에 속한다. 임원은 정부가 임명할 뿐만 아니라, 정부의 특별한 감독을 받는다.

특수불법행위(特殊不法行爲) 민법 750조가 규정하는 一般不法行爲의 성립요건과는 다른 특수한 성립요건이 정하여져 있는 불법행위를 말한다. 이 경우에는 자기의 고의·과실에 의함이 없이 발생한 손해에 대해서도 賠償義務가 인정된다. 민법이 규정하는 특수불법행위에는 책임무능력자의 감독자의 책임(民 755), 사용자의 책임(756), 공작물 등의 점유자·소유자의 책임(758), 동물점유자의 책임(759), 共同不法行爲者의 책임(760), 그리고 都給人의 책임(757) 등이 있다. 특별법상의 특수불법행위에 대해서는 국가배상법·독점규제 및 공정거래에 관한 법률·자동차손해배상보장법 등에서 규정하고 있다. ① 責任能力이 없기 때문에 책임무능력자가 그의 위법행위에 대한 배상책임을 부담하지 않는 경우에도, 그 책임무능력자를 감독할 法定義務있는 자(친권자·후견인 등)와 감독의무자에 갈음하여 무능력자를 감독하는 자(유치원원장·정신병원의 의사 등)는 그 감독을 게을리하지 않았음을 입증하지 못하면 배상책임을 부담한다(755). 따라서 미성년자나 禁治産者에게 책임능력이 있어서 스스로 불법행위책임을 지는 경우에는, 비록 감독의무자의 감독에 과실이 있었다고 하여도 감독자가 책임을 지지 않는다.

특수손괴죄(特殊損壞罪) 團體 또는 多衆의 위력을 보이거나 위험한 물건을 휴대하여 재물문서손괴죄·公益建造物破壞罪를 범하는 것(刑 369). 미수범은 처벌한다(371). →특수폭행죄

특수적 악의(特殊的惡意)**의 항변**(抗辯) →일반적 악의의 항변

특수절도죄(特殊竊盜罪) 야간에 門戶 또는 墻壁 기타 建造物의 일부를 損壞하고 사람의 주거, 看守하는 저택·건조물이나 선박 또는 점유하는 房室에 침입하여 타인의 재물을 절취하는 죄 및 흉기를 휴대하거나 2인 이상이 합동하여 타인의 재물을 절취하는 죄(刑 331). 前罪를 重夜間住居侵入竊盜罪라고도 한다. 상습범인 경우에는 형을 가중한다(332). 휴대한다고 함은 몸에 지닌다는 뜻이며, 상대방에게 이를 인식시킬 필요는 없다. 미수범은 처벌한다(342). 親族相盜例의 準用이 있다(344). →절도죄, 야간주거침입절도죄, 합동범

특수조약(特殊條約) 〔英〕 particular treaty 〔佛〕 traité particulier →일반조약, 개방조약

특수주거침입죄(特殊住居侵入罪) 團體 또는 多衆의 위력을 보이거나 위험한 물건을 휴대하여 주거침입죄·退去不應罪를 범하는 것(刑 320). 미수범은 처벌한다(322). →특수폭행죄

특수지역권(特殊地役權) 어느 지역의 주민이 集合體의 관계로 각자가 타인의 土地에서 草木·野生物 및 土砂의 採取, 放牧 기타의 수익을 하는 권리(民 302). 권리자는 目的土地를 점유를 수반함이 없이 특정의 편익(초목·야생물 및 토사의 채취, 방목 등)을 위하여 이용할 뿐이며, 소유자도 소유권의 행사가 저지되는 것이 아니라 단지 편익을 제공할 의무(채취·방목 등을 忍容할 의무)를 부담할 뿐이라는 점에서 地役權과 비슷하지만, 편익을 받는 것은 土地(要役地)가 아니라, 어느 지역의 주민, 즉 사람이라고 하는 점에서 이와 다르며, 따라서 그 성질은 일종의 人役權이다. 또한 이 권리는 한 개인에게만 속하는 것이 아니라, 일정의 지역의 주민전체(일종의 法人 아닌 社團)에게 總有的으로 귀속한다. 集合體의 關係라 함은 그 뜻이다. 따라서 이 권리의 행사로서 목적물을 사용·수익할 권능은 주민 각자에게 속하지만, 이 권리 자체의 관리·처분의 권능은 주민의 전체에 속한다. 이와 같이 이 권리는 부락의 주민들이 山林·原野 등에 대하여 가지는 일종의 人役權인 總有的 利用權이므로, 이를 특수지역권이라고 부르는 것은 부당하고, 권리의 내용을 나타내려면 總有的 土地用益權이라고 부르는 것이 좋을 것이다. 이 總有的 土地利用權이라는 말은 주민 전체에 속하고 있는 利用權을 가리켜서 쓰일 수도 있고, 각 주민이 사단(부락)의 一員으로서 가지는 권리만을 가리켜서 쓰일 수도 있다. 전자는 관습 또는 계약에 기하여 취득되며 후자는 주민인 지위의 得喪에 따라서 당연히 취득·상실되며, 그 양도성·상속성은 人役權으로서의 성격과 總有的 歸屬性으로부터 부정된다. 또한 토지소유권과의 이용의 조절에 관하여는 地役權에 관한 규정을 準用하고(302), 권리가 주민에게

총유적으로 귀속하는 관계에 관하여는 總有에 관한 규정을 준용하지만(278), 민법의 규정과 다른 관습이 있으면 관습이 우선하며, 민법의 규정이 없는 점에 관하여는 慣習에 의한다(302, 275Ⅱ 참조). 일정한 지역의 주민이 집합체의 관계로 일정한 토지를 사용·수익하는 형태에는 그 목적토지의 所有權이 주민 전체의 총유에 속하는 경우와 타인(국가 기타의 公法人, 私法人 또는 개인 등)의 소유에 속하는 경우가 있는데, 總有的 土地用益權은 후자이다. 위의 두 형태의 어느 것이나 모두 자연경제에 의존하는 농어촌민에게 땔나무, 가축의 먹이 등 생활자료를 확보해 주는 중요한 사회적 작용을 가지는 것인데, 근대적인 所有權과 다르기 때문에 정리되는 경향에 있으며, 중요한 문제를 이루고 있다.

특수직보험(特殊職保險)　軍人 및 船員 등과 같이 특수업무에 종사하는 자에 대한 보험의 실시를 통하여 본인과 그 가족의 생활안정 및 복리증진을 도모하려는 社會保險을 말한다. 군인보험법에 의한 軍人保險과 선원보험법에 의한 船員保險의 두 가지가 인정되고 있다.

특수체포감금죄(特殊逮捕監禁罪)　團體 또는 多衆의 威力을 보이거나 위험한 물건을 휴대하여 尊屬逮捕監禁罪(刑 276Ⅰ·Ⅱ)·尊屬重逮捕監禁罪(277Ⅰ·Ⅱ)를 범하는 것(278). 미수범은 처벌한다(280). → 특수폭행죄

특수폭행죄(特殊暴行罪)　團體 또는 多衆의 威力을 보이거나 위험한 물건을 휴대하여 존속폭행죄를 범하는 죄(刑 261). 집단적 위력을 보이거나 위험한 물건을 가지고 폭행하는 경우에, 형을 가중하는 것이다(144·278·284·369, 暴力行爲 등 處罰에 관한 法律 3Ⅰ 참조). 常習犯인 경우에는 형을 가중한다(刑 264). 團體라 함은 공동목적을 가지는 다수자연인의 계속적 결합체를 말한다. 多衆이라 함은 다수자연인의 단순한 집합을 말한다. 단체와는 달리 동일장소에 현실로 집합해 있어야 한다. 그 人員數는 단체와 같이, 집단적 위력을 보일 수 있을 정도의 다수임을 요한다(물론 騷擾罪에 있어서의 다중과 같이, 한 지방의 평온을 害할 정도의 다수임을 요하지 않는다). 위력을 보인다고 함은 사람의 의사를 제압할 만한 세력을 상대방에게 인식시키는 것을 말한다. 그 방법은 단체임원의 직함이 있는 명함을 보이는 것과 같이 시각에 작용시키든, 다중의 대표자로서 왔다고 말하는 것과 같이 청각에 작용시키든, 시각장애자에게 점자를 만지게 하는 것과 같이 촉각에 작용시키든 불문한다. 危險한 物件이라 함은 총검 등의 무기는 물론이요 쇠망치·곤봉 등과 같이 사람의 생명·신체에 해를 가하는 데에 사용될 수 있는 물건을 말한다. 휴대한다고 함은 몸에 지닌다는 뜻이며, 그 휴대를 상대방에게 인식시킬 필요는 없다.

특수학교(特殊學校)　신체적·정신적·지적 장애 등으로 인하여 특수교육을 필요로 하는 자에게 유치원·초등학교·중학교에 준한 교육과 그 실생활에 필요한 지식·기능을 가르침을 목적으로 하는 학교(初·中等教育法 55). 고등학교 이하의 각급학교에는 필요한 경우 특수교육을 필요로 하는 학생을 위하여 특수학급을 둘 수 있다(57).

특수협박죄(特殊脅迫罪)　團體 또는 多衆의 威力을 보이거나 위험한 물건을 휴대하여 (존속)협박죄를 범하는 것(刑 284). 常習犯인 경우에는 형을 가중한다(285). 미수범은 처벌한다(286). → 특수폭행죄

특수회사(特殊會社)　기업에 대한 국가의 개입, 지도를 목적으로 하는 특수한 會社企業形態. 국가적 견지에서 私企業의 자유활동에만 일임할 수 없는 사업에 대하여 사적인 회사기업형태를 유지시키면서 그 조직이나 운영에 대하여 국가가 적극적인 보호와 감독을 하는 회사이다. 한국도로공사(韓國道路公社法)·한국종합화학공업주식회사(韓國綜合化學工業株式會社法) 등이 있다.

특　약(特約)　당사자간의 특별한 合意. 법률은 특약이 없는 보통의 경우를 규율하는 法規를 설정하는데 특약이 있을 때에는 그 규정을 적용하지 않고 특약에 따라서 할 경우가 많다.

특유재산(特有財産)　원래는 로마의 家長이 그 권력에 복종하는 家子나 奴隷에게 자유로운 使用收益權을(뒤에는 處分權도) 준 재산을 의미한다. 현대법에 있어서는 모든 개인은 권리능력을 가지고 있는 만큼 妻나 子가 자기의 고유재산을 소유할 수 있는 것은 당연하며 특별재산이라는 개념은 이미 의미가 없다. 우리 민법에서는 夫婦別産制를 채용하여 夫婦의 일방이 혼인전부터 가진 고유재산과 결혼중 자기의 명의로 취득한 재산은 그 특유재산으로 하고, 그것은 부부가 각자 관리·사용·수익할 수 있도록 하였다(民 830, 831).

특임공관장(特任公館長)　외교수행상 필요한 경우에 外交官으로서의 자질과 능력을 구비한 자로서 특별히 임용된 재외공관의 장으로 외무공무원의 일종. 특임공관장은 신규채용에 있어 외교직 공무원과 다를 뿐 외무공무원법의 여타 규정을 적용하고(2Ⅲ), 在外公館長으로서 통산 12년간 재직

한 경우 당연퇴직하며 재외공관장의 직위에서 면하게 된 후 1년내 새로운 補職을 받지 못한 경우에도 당연퇴직한다(21 Ⅱ · Ⅲ).

특정건축물(特定建築物)　무허가건축물 및 위법시공건축물을 말하는 바, 無許可建築物이라 함은 건축법 5조의 규정에 의한 건축허가를 받지 아니하거나 신고를 하지 아니하고 건축한 건축물을 말하고 違法施工建築物은 건축법 5조의 규정에 의한 건축허가를 받거나 신고를 하고 건축한 건축물로서 동법의 규정에 적합하지 아니하여 동법 18조의 규정에 의한 사용승인을 마치지 아니한 건축물을 말한다.

특정공무원범죄(特定公務員犯罪)　형법 129조 내지 132조(贈收賂에 관한 罪)의 죄, 회계관계직원 등의 책임에 관한 법률 2조 1호 · 2호 또는 4호(1호 또는 2호에 규정된 자의 補助者로서 그 회계사무의 일부를 처리하는 자에 한한다)에 규정된 자가 國庫 또는 地方自治團體에 손실을 미칠 것을 인식하고 그 직무에 관하여 범한 형법 355조의 죄, 特定犯罪加重處罰 등에 관한 法律 2조 및 5조의 죄를 말한다(公務員犯罪에 관한 沒收特例法 2 i).

특정금전채권(特定金錢債權)　금전을 特定物로 하여 給付의 목적으로 하는 채권. 예컨대 진열의 목적으로 특정한 화폐를 급부한다든가 또는 封金으로서의 운송을 위탁하는 경우와 같다. 金錢債權으로서의 특질이 없으므로, 오히려 특정물의 인도를 목적으로 하는 채권이라고 보아야 할 것이다. →금전채권

특정유독물(特定有毒物)　그 危害의 정도가 특히 크다고 인정되는 유독물로서 대통령령이 정하는 指定基準에 따라 환경부장관이 정한 것으로 취급제한유독물을 말한다(有害化學物質管理法 2 iii). 유해물영업자가 아닌 자가 특정유독물을 사용 · 소지, 양도 또는 양수하고자 하는 경우에는 총리령이 정하는 바에 따라 品目別로 환경부장관의 사용허가를 받아야 하고, 사용허가를 받은 자는 그 허가받은 사용목적 외에 이를 사용할 수 없게 된다(20).

특정물 · 불특정물(特定物 · 不特定物)　구체적인 거래에 있어서 당사자가 물건의 개성에 착안하여 거래한 물건을 特定物(〔獨〕 bestimmte Sachen 〔佛〕 choses detérminées), 단순히 종류에 착안하여 그 개성을 묻지 않고 거래한 물건을 不特定物(〔獨〕 unbestimmte Sachen 〔佛〕 choses indetérminées)이라 한다. 예를 들면, 이 쌀의 매매는 특정물의 매매이고, 쌀 한 가마의 매매는 불특정물의 매매이다. 代替物 · 不代替物의 구별과 비슷하지만 代替 · 不代替는 거래상의 객관적 구별임에 대하여 특정 · 불특정은 구체적 거래에 있어서의 당사자의 주관적 구별인 점이 다르다. 실제에 있어서는 양자는 대체로 일치하지만, 代替物로 이 쌀이라고 지정하면 특정물로 되고, 不代替物도 단순히 말 백필이라고 하여 거래하면 불특정물로 될 수 있다. 구별의 실익은 주로 채권의 효력에 관하여 생긴다(民 374~378, 462, 467, 570 이하 등).

특정물채권(特定物債權)　특정물의 인도를 목적으로 하는 채권으로서, 특정물의 점유 뿐만 아니라 소유권의 이전까지 포함한다. 種類債權이나 選擇債權에서 목적물이 특정된 때에는 그때부터 특정물채권이 된다. 특정물채권의 채무자는 그 물건을 인도하기까지 善管注意義務를 지게 된다(民 374). 채무자가 선관주의의무를 게을리하여 목적물을 멸실 또는 훼손케 한 때에는 손해배상의 책임을 진다(390). 그러나 채무자가 선관주의의무를 다했음에도 불구하고 손해가 생긴 때에는 채권자의 위험으로 되며, 선관주의의무를 다하였다는 立證責任은 채무자가 진다. 당사자의 특별한 약정이 없는 한 특정물의 인도는 債權이 성립할 당시에 그 물건이 있었던 장소에서 행한다(467). 특정물을 인도할 때까지 생긴 天然果實의 귀속에 대해 특정물채권자가 過失收取權을 가진 경우에는 인도의 이행기까지 과실을 수취할 수 있고, 이행기 이후의 과실은 목적물과 함께 채권자에게 인도하여야 한다고 해석하는 것이 일반적이다.

특정승계인(特定承繼人)　〔獨〕 Singularsukzessor, Einzelnachfolger　個別的인 原因에 기하여 전주로부터 개개의 권리 · 의무를 승계하는 자. 單一原因에 기하여 前主의 모든 권리 · 의무를 일괄하여 취득하는 包括承繼人에 대하는 개념이다. 특정승계인은 포괄승계인과는 달리, 승계받을 권리 자체에 부담되어 있는 제한 이외에는 그것을 이전받지 아니한다. 相續 · 會社合併 · 包括遺贈 등의 경우를 제외한 보통의 매매에 의한 權利承繼人과 같은 것은 모두 여기에 속한다.

특정유증(特定遺贈)　〔獨〕 Vermächtnis 〔佛〕 legs particulier　특정된 물건 · 권리 또는 일정액의 금전과 같은 구체적인 재산을 목적으로 하는 유증. 包括遺贈에 대한 용어. 유언의 효력발생과 동시에 受遺者는 목적물의 급여청구권을 취득하고 상속인이 유증의무를 이행함으로써 목적물은 수유자에게 귀속한다(債權的 效力).

특정지역고시(特定地域告示)　국세청이 投

機地域을 지정·고시하는 것. 특정지역으로 고시된 지역내의 不動産去來에 대해 양도세·상속세·증여세 등이 중과된다. 즉 一般地域의 경우는 행정자치부 시가표준에 의해 매매한 차액에 대해 양도세가 과세되지만 특정지역으로 고시된 지역은 국세청 기준시가에 의한 양도차액이 과세기준이 되므로 그만큼 세금이 무거워진다. 국세청의 기준시가는 각 세무서를 통해 조사, 작성된다. 국세청은 특정지역 고시와 기준시가를 1년에 한번 거래시가를 감안, 재조정하는데 가격급등이 우려되는 지역은 수시로 조정한다.

특정채무(特定債務)　물건의 引渡債務에 있어서 인도하여야 할 물건은 어떤 특정한 물건으로 정해져 있어야 하는 바, 인도할 물건을 특별히 지정하는 것을 말한다. 選擇債權일 때에는 특별한 결정이 없는 경우에는 원칙상 채권자가 선택의 의사표시를 하였을 때에 특정되며(民 382), 持參債務일 때에는 채무자가 채권자의 주소로 지참하였을 때, 推尋債務일 때에는 채무자가 언제라도 인도할 수 있도록 채권자에게 그 취지를 통지하였을 때에 특정된다(460).

특정횡선수표(特定橫線手票)　〔英〕 special crossing 〔佛〕 barrement special　횡선수표의 하나로 수표의 표면에 2행의 평행선을 긋고 그 선내에 특정한 은행의 명칭을 기재한 것(手票 37 Ⅱ·Ⅲ). 그 지급인은 被指定銀行 또는 피지정은행이 추심을 위임한 다른 은행에 대해서만, 만일 피지정은행이 支給人일 때에는 자기의 거래처에 대하여만 지급할 수 있다(38Ⅱ). 이것을 위반하였을 때에는 지급인은 수표금액을 한도로 하는 損害賠償責任을 진다(38Ⅴ).

특 허(特許)　〔獨〕 Konzession, Verleihung　특정인을 위하여 특정한 권리를 설정하는 設權的·形成的 行政行爲. 법령상 용어로는 特許·許可·免許·認可·認許 등으로 혼용되고 있다. 공기업의 특허, 토지수용권의 설정, 광업허가, 어업면허 등이 특허의 예이다. 특허는 이와 같이 권리를 설정하는 행정행위라는 좁은 뜻의 개념 외에 能力設定行爲(예 : 공공조합의 설립행위)·包括的 法律關係設定行爲(예 : 공무원 任命·歸化許可)를 포함하여 넓은 뜻으로 사용되는 수가 있다(다만 공무원임명행위 등을 계약이라고 보는 학설도 있다). 그 밖에 특허청이 행하는 특허는 성질에 있어 일종의 確認的 行政行爲라고 보는 것이 보통이나, 이를 일반의 設權處分으로서의 특허로 보는 견해도 있다. →許可

특허공동협정(特許共同協定)　〔英〕 patent pool　여러 특허권자가 서로 特許權을 개방하고 상대방의 특허권으로부터 받는 계약을 제거하는 협정. 통상은 제3자(단체 등)에게 특허권을 양도하고 각 양도자가 이 제3자로부터 모든 특허발명의 실시허락을 받는 방법에 의한다. 부당한 去來制限이라는 이유로 규제되기도 한다.

특허공보(特許公報)　大統領令으로 정하는 특허발명에 관하여 필요한 사항을 기재하는 특허청 발행의 공보(特許 66). 出願公開의 결정이 있으면 특허청은 출원요지를 특허공보에 게재한다(66). 特許에 관한 公示送達은 관보·특허공보에 의한다.

특허권(特許權)　〔英〕 patent-right 〔獨〕 Patentrecht 〔佛〕 droit de brevet d'invention　특허법·실용신안법·의장법에 의하여 특허권자가 독점적·배타적으로 발명·실용신안 또는 의장에 관하여 가지는 支配權. 특허를 받을 권리와 다르다. 無體財産權의 성질을 가지는 私權으로서 이른바 工業所有權의 하나이다. 특허권은 특허를 받거나 등록을 함으로써 완전한 효과를 발생한다. 즉, 특허권자는 그 특허권에 관하여 전용실시권을 설정받은 자가 없는 한 業으로서 그 특허발명을 실시할 권리를 독점한다(94). 특허권의 존속기간은 특허권의 설정등록이 있는 날부터 특허출원일 후 20년에 되는 날까지로 한다(88). 특허권자는 특허권의 침해자에 대하여 손해배상청구권 외에 신용회복·침해행위금지 등의 청구권을 가진다(126~132). 침해자는 다시 特許權侵害罪의 처벌을 받는다(225~232).

특허기업(特許企業)　行政主體의 企業經營權設定行爲(공기업의 특허)에 의하여 설립·경영되는 공기업. 그 기업이 公企業이고 경영권이 행정주체에 속하는 기업인 점에서, 私企業 특히 그 가운데서도 행정주체의 특별한 보호를 받는 保護企業과 구별된다. 한국조폐공사·한국은행·대한주택공사 등의 사업, 사립학교 등이 그 예이다. →공기업의 특허

특허등록(特許登錄)　特許權에 관한 사항을 특허원부에 기재하여 公示하는 등록. 특허권은 設定의 登錄에 의하여 발생한다(特許 87). 특허권의 移轉·抛棄에 의한 消滅·處分·制限이나, 특허권을 목적으로 하는 질권의 설정·이전·소멸 또는 그 처분의 제한은 상속 기타 일반승계의 경우를 제외하고는 등록없이는 그 효력을 발생하지 않으며(101), 特許實施權의 경우에도 대체로 이와 같다(118Ⅲ).

특허료(特許料)　特許出願人 또는 特許權

의 登錄을 받은 자가 납부하는 특허증명의 독점에 대한 보상적 금액으로서 특허료를 납부하여야 한다(特許 79). 旣納한 특허료는 반환하지 아니한다(84). 특허권자는 특허료납부기간 경과후 6월에 한해 추가납부할 수 있다(81).

특허(特許)**를 받을 권리**(權利) 산업에 이용될 수 있는 신규의 發明·技術考案 또는 意匠을 고안한 자가 그에 대한 특허를 받을 수 있는 권리. 국가에 대하여 특허를 청구할 수 있음을 내용으로 하는 公法上의 債權에 그치지 않고, 특허를 받은 것을 정지조건으로 발명의 이용을 독점하는 사법상의 절대권인 점에서 特許權과 다름 없다. 따라서 이 권리의 이전이 가능하며(特許 37Ⅰ), 이 권리의 침해자에 대하여 損害賠償·侵害行爲禁止 등을 청구할 수 있다(126～132 참조). 국가는 특허를 출원한 증명이 國防上 또는 公益上 필요한 것일 때에는 특허를 하지 아니하거나 특허를 받을 권리를 수용하거나 제한을 가하여 특허할 수 있다(41).

특허명령서(特許命令書) 〔獨〕 Konzessionsurkunde 公企業의 特許를 함에 있어서 특허관청이 特許處分의 附款으로서 특허기업자의 의무를 정한 명령서. 보통 特許의 유효기간, 공사의 착수 및 준공의 기한, 공사설계의 방법, 기업경영의 조건, 감독의 방법 기타 기업자의 의무 등을 정한다. 법률에 저촉되지 아니하는 한도에서만 효력이 있다. 許可命令書라고도 하지만 성질상으로는 양자는 다른 것이다.

특허법원(特許法院) 특허법원에는 판사를 두며, 여기에 배치할 판사의 수는 대법원규칙으로 정한다(法組 5). 특허법원에는 特許法院長을 두며 판사로써 보한다. 특허법원장은 그 법원의 司法行政事務를 관장하며 소속공무원을 지휘·감독한다. 특허법원에는 部를 두고 部에는 부장판사를 둔다. 특허법원의 심판은 판사 3인으로 구성된 合議部에서 행한다(7 Ⅲ). 특허법원은 특허법 186조 1항, 실용신안법 55조, 의장법 75조 및 상표법 86조 2항이 정하는 제1심사건과 다른 법률에 의하여 특허법원의 권한에 속하는 사건 등을 심판한다(28의4).

특허보세구역(特許保稅區域) → 보세구역

특허사정(特許査定) 發明者의 특허출원에 대하여 그 발명의 사실을 확인하는 특허청의 행정행위. 이와 같이 사정은 確認的 處分으로 보는 것이 통설이지만 設權處分이라는 설도 있다. 出願公告에 대한 이의신청이 있을 때에는 심사관은 이의신청서부본을 출원인에게 송부하고, 기간을 정하여 이에 대한 답변서의 제출기회를 주어야 하며(特許 70Ⅱ), 심사관은 異議申請期間 및 위의 答辯書提出期間이 경과한 후에 이유를 붙인 문서에 의한 결정을 하여야 한다(74). 異議決定에 대하여는 불복신청을 할 수 없다. 심사관은 특허출원에 대하여 거절이유를 발견할 수 없는 때에는 특허사정을 하여야 한다(66).

특허상호실시협정(特許相互實施協定) 〔英〕 cross licencing agreement 特許權者가 서로 특허권을 개방하여 상대방의 특허권을 이용하도록 하는 협정.

특허실시권(特許實施權) 特許權을 가진 자 이외의 자가 特許發明을 실시할 수 있는 권리. 특허권 자체를 이전시키지 아니하고 설정할 수 있으며, 하나의 특허권에 수개의 실시권을 설정할 수도 있다. 실시권은 특허권자와 타인과의 합의에 의하여 당연히(法定實施權) 또는 법률에 의거한 행정행위에 의하여(强制實施權)도 발생한다. 이들 중에서 許諾實施權은 특허권자 자신이 인정한 것이기 때문에(特許 100Ⅰ), 特許權의 효력의 제한으로서 중요한 것은 특허권자의 의사와는 관계없이 발생된 실시권인 법정 또는 강제실시권이다. 現行特許法上의 법정실시권으로는 직무발명의 경우의 通常實施權(39Ⅰ), 선사용자의 통상실시권(103), 무효심판청구등록 전의 권리자의 통상실시권(104) 및 의장권의 존속기간만료후의 통상실시권(105)을 들 수 있고, 강제실시권으로는 국방상 필요한 때 정부에 의한 특허발명의 실시가 있다(106Ⅰ).

특허실시의무(特許實施義務) 特許權者의 특허발명의 실시의무. 국가가 발명자에게 특허권을 인정하는 것은 단순히 發明者를 보호하기 위한 것일 뿐만 아니라, 일반에게 발명을 보호·장려하고 그 이용을 도모함으로써 기술의 발전을 촉진하여 산업발전에 이바지하려는 목적도 있으므로(特許 1), 특허권자는 特許發明을 실시하여야 할 의무도 있는 것이다. 特許法은 특허권자가 특허를 받은 후에 계속하여 3년 이상 정당한 사유없이 그 발명을 국내에서 실시하지 아니하는 경우 또는 특허발명의 실시가 공익상 특히 필요한 경우에는 특허권자와 통상실시권의 허락에 관해 협의할 수 있고 협의가 이루어지지 못할 경우에는 특허청장에게 통상실시권 설정에 관한 裁定을 청구할 수 있도록 규정(特許 107)하여 간접적으로 특허의 실시의무를 규정하고 있다.

특허심사(特許審査) 特許의 出願에 대하

여 審査官이 사정을 하기 위하여 행하는 심사(特許 57). 심사는 사정을 위한 필요적 요건이다. 심사관이 심사한 결과 特許出願을 거절할 이유가 있다고 인정할 때에는 기간을 지정하여 의견제출의 기회를 준 후에 査定을 하고(63), 거절할 이유가 없다고 인정할 때에는 특허공보에 게재하여 出願公告를 하고(64), 공고일로부터 3월이 경과한 후(그 기일내에 이의신청이 있을 때에는 그에 대한 결정을 하고)에 사정을 한다(69, 92). → 특허사정

특허심판(特許審判) 特許權에 관한 쟁송을 판정하는 절차. 특허의 무효심판(特許 133), 특허권의 권리범위확인심판(135), 통상실시권의 許與審判(138) 및 訂正審判(136)에 관한 사항에 대하여 청구할 수 있는데, 특허 등의 무효심판에 대한 심판청구는 이해관계인 또는 審査官이 할 수 있고(133 Ⅰ, 134 Ⅰ, 137 Ⅰ), 그 이외의 심판청구는 특허권자 또는 이해관계인만이 할 수 있다(135 Ⅰ). 審判請求는 소정의 기간 안에 특허청에 심판청구서를 제출함으로써 하는 바, 심판청구가 있으면 특허청장은 심판관으로 하여금 이를 심사하게 하여야 한다(143). 審判은 3인의 심판관의 합의에 의하여 하며, 동합의체의 합의는 과반수에 의하여 결의하되 심판의 합의는 공개하지 아니한다(146). 심판관에게 심판의 공정을 해할 사유가 있다고 인정되는 때에는 당사자나 참가인은 이를 기피할 수 있다(150). 審判節次에 있어서는 職權證據調査主義·職權審理主義 및 職權進行主義가 인정된다. 심판은 이유를 붙인 審決로써 종결되는데(162), 심결은 심리종결통지를 한 날로부터 20일 이내에 하도록 하여야 한다(162 Ⅴ).

특허원부(特許原簿) 特許登錄을 하기 위하여 특허청에 비치되어 있는 公簿. 즉, 특허청에 특허원부를 비치하여, 特許權·專用實施權 및 通常實施權 또는 이를 목적으로 하는 질권의 설정·보존·이전·변경·소멸·처분의 제한 기타 법령에 정한 사항을 등록한다(特許 85).

특허이의(特許異議)**의 신청**(申請) 공업소유권 등의 특허 또는 등록의 출원공고가 있는 경우에 그 출원에 대하여 이의가 있음을 특허청에 신청하는 爭訟行爲(特許 69, 實用新案法 47, 商標法 25). 특허청은 출원공고와 동시에 출원서류 및 부속물을 특허청이 정하는 장소에서 2개월 동안 公衆에게 열람시켜야 한다(特許 66Ⅲ). 특허의 등록공고가 있을 때에는 누구든지 그 등록공고일로부터 3월 이내에 특허청에 이유를 기재한 特許異議申請書를 제출하여 이의신청을 할 수 있다(69 Ⅰ). 특허이의의 신청을 한 자가 그 이유를 정정하고자 하거나 증거방법을 추가제출하고자 하는 경우에는 늦어도 이의신청의 기간이 경과된 후 30일 이내에 하여야 한다(70). 이의신청이 있을 때에는 審査官은 이의신청서부본을 출원인에게 송부하고, 기간을 지정하여 이에 대한 答辯書의 제출기회를 주어야 하며(70 Ⅱ), 이의신청기간 및 답변서제출기간이 경과한 후에 이유를 붙인 文書에 의한 결정을 하여야 한다(74).

특허주의(特許主義) 〔獨〕 Oktroisystem 社團 또는 財團에 대하여 法人으로서의 인격을 부여함에 있어서 국가의 개별적인 特許를 필요로 하는 법인설립상의 立法主義. 특허의 방법에는 군주의 특허에 의하는 경우와 의회의 특별의 입법에 의하는 경우가 있다. 근대시민사회 성립당시 이것을 극력 조장하기 위하여 개인자치의 사상이 강하게 지지되었는데, 그것은 과거의 봉건적 구속에서 사람들을 해방하기 위하여 필요한 요구였다. 그리고 봉건적 구속은 사람들의 신분적 결합 속에 가장 강력한 지반을 가지고 있었으므로, 그것을 무너뜨리고 근대시민사회를 건전하게 성장시키기 위하여는 국가라는 包括的 團體 이외에는 중간적 단체를 될수록 배제하고, 극력 개인의 자유로운 계약에 의한 개인의 발전과 활동의 길을 열어, 개인이 자유로이 그 능력을 발휘하는 것을 조장하는 것이 요망되었다. 그래서 국가생활상 부득이 필요한 경우에만 단체의 주체성을 승인하는 방침을 취하였다. 이것이 特許主義를 인정하는 사회적 기초이다. 따라서 처음에는 주식회사의 설립에 관하여 일반적으로 특허주의를 취하였으나, 나중에는 법인의 설립을 자유로이 인정하는 방향으로 흘러왔다. 우리나라에서는 오늘날 회사에 관하여는 準則主義, 非營利法人에 관하여는 許可主義를 취하고 있어, 한국은행·공사·협동조합 등의 특수법인에 관하여서만 특별의 입법에 의한 특허주의가 행해지고 있다.

특허증(特許證) 特許의 査定 또는 審決이 확정되었을 때에 이를 특허원부에 등록한 연후에 발급하는 증명서(特許 86).

특허처분(特許處分) 公企業 特許의 원칙적인 형식으로 법률에 의거한 行政行爲에 의하여 이루어지는 公企業의 特許를 말한다. 수도사업의 인가 및 농수산물도매시장의 개설허가 등은 그 예이다. 특허처분은 공기업의 특허를 받고자 하는 자의 출원에 의하여 행하여지는 것이며, 출원없이 행하여진 특허는 법령에 특별한 규정이 없으면 절차상의 요건에 결함이 있는 행위로서 원칙적으로 무효가 된다.

특허청(特許廳) 산업자원부에 소속되어 특허·실용신안·의장 및 상표에 관한 사무와 이에 대한 심사·심판사무를 관장하는 중앙행정기관(政組 37Ⅴ).

특허출원(特許出願) 産業에 이용할 수 있는 신규의 발명을 한 자가 국가에 대하여 그 특허를 요구하는 행위. 書面에 의하여 한다(特許 42 참조). 審査官은 출원을 거절할 이유가 있다고 인정할 때에는 그 이유를 出願人에게 명시하고 기간을 정하여 의견서제출의 기회를 주어야 한다(63). 심사관이 특허출원을 거절할 이유를 발견하지 못하면 出願公告를 할 것을 결정하여야 한다(66).

특허회사(特許會社) 公企業의 特許를 받은 회사. 즉, 행정주체가 공기업의 경영권의 전부 또는 일부를 어느 회사에게 부여할 때 그 經營權을 가진 회사. →특허기업, 공기업의 특허

특혜관세(特惠關稅) 〔英〕 preferential duties 〔獨〕 Bevorrechtigterzölle, Begünstigungszölle 〔佛〕 droits privilégiés 양국간의 교통·무역의 긴밀화와 정치관계의 우호화를 위하여 한 나라가 특정국의 輸出入貨物에 한하여 면제 또는 인하하여 과하는 관세. 상대국과의 協定에 의하여 상호적으로 인정하는 수도 있으나, 한 나라의 제도로써 施行하는 것이 보통이다(關稅 14, 43의 8). 특수한 국가 사이에 행하여지나, 식민지관계에서 행하여지는 예가 많다. →최혜국조관

티 비 〔英〕 treasury bill(TB) 미국 國債의 일종으로 재무부가 발행하는 短期證券으로 달러표시 채권 중 신용도가 높아 破産危險이 거의 없다. 금리도 가장 낮아 각종 채권의 금리를 산정하는데 기준(指標債券)이 된다. 유럽에서는 리보(런던은행간 금리)를 기준으로 한다. 리보는 TB보다 0.4~0.5%포인트 가량 높다. 만기는 91일, 182일, 365일 등 1년 이하로 先利子割引方式으로 발행되며, 이때의 할인금액은 시장여건에 따라 경매에 의해 결정된다. 수익률은 다소 낮지만 이자소득에 대한 주세(州稅) 및 지방세가 면제되고, 공급량도 많아 세계 최대규모인 미국 채권시장에서 가장 큰 비중을 차지한다.

티 유 시 Trade Union Congress(T.U.C) 영국 노동조합회의의 약칭. 1850년 이후 職業別로 발달한 영국의 노동조합은 그 당초부터 외부에 대하여 강한 활동을 할 필요에서부터 직업별의 대립을 초월하여 조합운동의 횡적인 연락의 필요성을 절감하게 되어, 1864년에는 T.U.C.가 성립되고, 1868년에는 이것이 상설로 되어 오늘에 이르고 있다. 이는 中央執權的인 조직이 아니고 참가조합도 반드시 대회의 결의에 따를 의무는 없고 완전한 자치권이 인정되어 있다. 그 조직이 광대한 점에서 본래의 勞動組合으로서의 임무 이상으로 영국의 정치·경제·외교의 면에서 거대한 역할을 하고 있으며 특히 勞動黨의 지주가 되어 있다.

ㅍ

파가저택(破家瀦宅)　패륜자 등의 죄인의 집을 헐고 그 터전에 물을 대어 못을 만들도록 하는 형벌.

파견영사(派遣領事)　〔佛〕 consul émissif 직무영사와 같다.

파　기(破棄)　〔獨〕 Aufhebung　事後審法院이 상소이유가 있다고 인정하여 원판결을 취소하는 것. 취소후의 조치에 따라서 破棄還送, 破棄移送, 破棄自判으로 구분된다. 舊法에서는 破毁라고 하였다.

파기이송(破棄移送)　事後審法院이 원심판결을 파기함과 동시에 원심법원 이외의 법원에 직접 이송하는 것.

[1] 민사소송법상 상고법원이 원심판결을 파기하는 경우에 사건을 환송하느니보다도 원심법원과 동등한 다른 법원에 사건을 심리시키는 것이 편리하다고 생각할 때에는 사건을 원심법원과 동등한 다른 법원에 이송한다(民訴 406 I). 이 이외에 제1심의 專屬管轄違背를 발견하였을 때에 破棄自判의 내용으로써 제1심판결을 파기한 사건을 관할법원으로 移送하는 경우가 있다(407, 389). 항소심에서도 관할위반을 이유로 제1심판결을 취소한 때에는 항소법원은 판결로 사건을 관할법원에 이송하여야 한다(389).

[2] 형사소송법상 항소법원은 관할의 인정이 법률에 위반됨을 이유로 원심판결을 파기하는 때에는 판결로써 사건을 管轄法院에 이송하여야 함이 원칙이고(刑訴 367), 上告法院은 관할의 인정이 법률에 위반됨을 이유로 원심판결 또는 제1심판결을 파기하는 경우에는 판결로써 사건을 관할권있는 법원에 이송하여야 하고(394), 그 이외에 원심판결을 파기할 경우로서 自判하지 않는 때에는 판결로써 사건을 원심법원과 동등한 다른 법원에 이송하여야 한다(397).

[3] 군사법원법상의 破棄移送은 형사소송법의 그것과 같이 관할인정이 법률에 위반됨을 이유로 原審判決을 파기하는 때에는 판결로써 사건을 관할군사법원에 이송하도록 하고 있다(軍法法 434).

파기자판(破棄自判)　事後審法院이 상소이유가 있다고 인정하여 원심판결을 파기하고 사건에 대하여 스스로 재판하는 것. 破棄還送 또는 破棄移送에 대한다.

[1] 민사소송법상 파기자판은 다음 두 가지 경우에 한다. 첫째, 확정된 사실에 관하여 법령의 적용을 그릇한 것을 이유로 하여 원심판결을 파기한 경우에, 사건이 그 사실을 기초삼아 재판을 하기에 충분하게 성숙되어 있는 경우(民訴 407 i). 둘째, 사건이 통상법원의 권한에 속하지 아니한다는 것을 이유로 파기한 경우이다(407 ii). 그리고 上告審은 그 기능이 法律審인만큼 항소심과는 반대로 파기자판은 오히려 예외적인 현상이다. 이 의미의 자판은 원판결에 갈음하는 재판을 말하는 것이므로 반드시 사건을 종국적으로 결정지우는 것이 아니라 다음과 같은 예외의 경우도 있다. 즉, 제1심소송절차에 중대한 흠이 있어서 이것을 기초로 하여서는 상고심판결을 할 수 없고 제1심으로부터 다시 심리시키는 것이 적당하다고 인정될 경우라든지, 訴(제1심)를 却下하였거나 또는 專屬管轄에 위반한 제1심판결을 취소하지 않고 이것을 인용한 항소심판결을 파기하는 경우 등이다(388, 389).

[2] 형사소송법상 항소법원은 항소이유있다고 인정한 때에는 원심판결을 파기하고 다시 판결을 하여야 하고(刑訴 364 VI), 상고법원은 원심판결을 破棄한 경우에 그 소송기록과 원심법원과 제1심법원이 조사한 증거에 의하여 판결하기 충분하다고 인정한 때에는 피고사건에 대하여 직접판결을 할 수 있다(396 I).

[3] 군사법원법상 고등군사법원은 원심판결을 파기하는 경우에 그 소송기록과 原審軍事法院 또는 고

등군사법원에서 조사한 증거에 의하여 판결하기 충분하다고 인정한 때에는 피고사건에 대하여 직접 판결할 수 있다(軍法法 435).

파기판결(破棄判決) 〔獨〕 kassatorisches Urteil [1] 민사소송에서는 上告法院이 상고이유가 있다고 인정하여 上告의 대상이 된 원심판결을 파기하는 판결. 파기후의 사건에 대한 조치에 따라 破棄還送, 破棄移送, 破棄自判으로 나누어진다.

[2] 형사소송법상 항소심에서는 抗訴理由있다고 인정한 때, 상고심에서는 上告理由가 있는 때에는 판결로써 원심판결을 파기하여야 한다(刑訴 364Ⅵ, 396). 파기후의 조치와의 관계로 파기판결은 破棄自判(364Ⅵ, 396), 破棄還送(366, 393, 395, 397) 및 破棄移送(367, 394, 397)의 3종으로 나누어진다. 피고인의 이익을 위하여 原審判決을 파기하는 경우에 파기의 이유가 상소한 공동피고인에게 공통되는 때에는 그 공동피고인에게 대하여도 원심판결을 파기하여야 한다(364의2, 392 共同破棄). 상고심의 파기판결에서의 법령해석에 관한 판단은 당해사건에 관하여 환송 또는 이송을 받은 하급심을 羈束한다(法組 8). 이는 심급제도를 인정하는 본래의 취지에서부터 오는 것이고 판결의 確定力의 문제는 아니다. → 파기자판, 파기환송, 파기이송

파기환송(破棄還送) 事後審法院이 종국판결에서 원심판결을 파기한 경우에 다시 심판시키기 위하여 원심법원으로 사건을 還送하는 것.

[1] 민사소송에서는 상고심에서 상고가 이유있다하여 파기할 때, 自判하는 경우(民訴 407)를 제외하고는 還送하는 것이 원칙이며, 다만 이에 갈음하여 원심법원과 동등한 다른 법원에 이송하는 경우가 있을 뿐이다. 환송으로 인하여 사건은 다시 原審級에 係屬되므로, 원심법원은 새로 변론을 열고 판결한다. 이 경우에 파기의 이유인 상고심의 법률상·사실상의 판단에 기속된다(406Ⅱ, 法組 8). 이 羈束力을 보장하기 위하여 원판결에 관여한 법관은 환송후의 재판에 관여할 수 없다(民訴 406Ⅲ). 항소심에 있어서도 訴가 부적법하다고 각하한 제1심판결을 취소한 경우에는 抗訴法院은 사건을 제1심법원에 환송하여야 한다(386). 문제는 파기환송(또는 이송)판결의 법적 성질을 中間判決로 볼 것인가 종국판결로 볼 것인가 하는 것인데, 학자는 후설을 따르고 있으나, 우리 대법원은 前說을 좇고 있다.

[2] 형사소송법상 항소법원은 公訴棄却 또는 管轄違反의 재판이 법률에 위반됨을 이유로 원심판결을 파기하는 때에는 판결로써 사건을 원심법원에 환송하여야 하고(刑訴 366) 上告法院은 적법한 공소를 기각하였다는 이유로 원심판결 또는 제1심판결을 파기하는 경우에는 판결로써 사건을 원심법원 또는 제1심법원에 還送하여야 하며(393), 또 管轄違反의 인정이 법률에 위반됨을 이유로 원심판결 또는 제1심판결을 파기하는 경우에는 판결로써 사건을 원심법원 또는 제1심법원에 환송하여야 하고(395), 그 이외에 원심판결을 파기한 경우로서 自判하지 않는 때에는 판결로써 사건을 원심법원에 환송하여야 한다(397).

파나마선언(宣言) 일반적으로 敵國船舶의 공격·나포 기타 적대행위는 특별한 조약상의 규정이 없는 한, 公海 및 교전국의 領水內에서만 가능하다. 1939년 9월 9일 汎美會議에서 행한 파나마선언은 미주 100마일내지 300마일의 海面에 상선항행을 위한 안전수역을 설정하고 그 수역내에서는 교전국선박에 의한 상선의 임검·나포 기타의 적대행위를 저지토록 하였으나 영국 및 타교전국의 승인을 얻지 못하였다. → 포획, 안전수역

파렴치범(破廉恥犯) 破廉恥的 情操(ehrlose Gesinnung), 즉 도덕적으로 비열한 충동으로 인해서 행하여지는 범죄. 예컨대 살인죄, 재산죄, 방화죄 등이다. 형법의 규정을 보면, 파렴치범에는 주로 징역형을, 비파렴치범(예컨대 정치범, 과실범 등)에는 주로 禁錮刑을 과하는 경우가 많다. 파렴치범에 징역형을 과하여 교도소내에서 강제노역에 종사하게 하는 것은 노동을 천시하고 고통스러운 것이라고 본 까닭이며, 비파렴치범에 금고형을 과하여 노동을 강제하지 않는 것은 그것이 존경할 만한 動機(ehrenhafte Beweggründe)로 부터 행하여진 범죄로서 이른바 명예적 구금이라는 사상에 기인한 것이다. → 단일형주의

파리규약(規約) → 부전조약

파리선언(宣言) 〔英〕 Declaration of Paris 〔獨〕 Pariser Deklaration 〔佛〕 Déclaration de Paris 1856년 크리미아전쟁의 강화회의인 파리회의에서 채택한 해상의 戰時法規에 관한 선언을 말한다. 현재는 보편적인 국제법이 되었는데, 그 주요내용은 ① 捕獲私船의 폐지, ② 戰時禁制品을 제외한 敵船 내의 중립화물의 보호, ③ 전시금제품을 제외한 중립선내의 積貨의 보호, ④ 封鎖는 실효적이어야 한다는 원칙 등 中立商業을 보호하기 위한 원칙을 선언하였다. → 런던선언, 봉쇄, 꼰솔라또 델 마레주의, 포획

파리 코뮌 〔佛〕 Commune de Paris 1871년 3월 18일부터 5월 28까지 파리에 수립된 革命政權을 말한다. 普佛戰爭에 패배한 후 소시민·노

동자로 구성된 國民軍이 파리에서 대의원을 선출하여 自治政府를 조직하여 빈곤계층의 요구를 실현하려 하였으나, 피의 1주일로 불리우는 정부군과의 대전투의 패배로 붕괴되었다.

파리협정(協定) 1954년 8월 30일 프랑스의 비준거부로 유럽방위공동체조약이 유산되자 서유럽 9개국가 외상회의에서 토의, 1954년 10월 23일에 조인된 對獨逸關係의 협정, 서독군의 서독일방위체제에로의 편입, 나토와의 관계 등을 포함하고 있다. →유럽방위공동체, 나토

파 면(罷免) 징계절차를 거쳐 국가의 일방적 의사에 의하여 공무원관계를 소멸시키는 行政處分(國公 78·79, 地公 69·70, 敎公 51, 軍人事 57). 징계의 일종이라는 점에서 職權免職(國公 70, 地公 62, 敎公 53, 檢事懲戒法 3)과 구별된다. 공무원의 파면은 공무원의 신분을 보장하기 위하여 관할 징계위원회의 의결을 거쳐야만 하게 하였다(國公 82). 파면을 받은 자는 그 때부터 5년을 경과하지 아니하면 다시 공무원으로 임용될 수 없다(33 I vii).

파밀리아 〔羅〕 familia 로마법상 다음과 같은 의미를 가진다. ① 家. 고대의 로마법상 家長(빠떼르 파밀리아스)과 그 권력에 복종하는 전원(家母 (mater familias), 家男 (filii familias), 家女 (filiae familias), 기타의 卑屬 및 그 배우자)의 집합체(그리고 일찍이는 노예·노예의 지위에 있는 자기타 일반재산까지도 포함하였다)로서, 家長의 權力을 중심으로 하여 국가적 구성을 가지며, 家長은 가족의 범죄에 대한 裁判刑罰權까지도 가졌다. 그리고 고대 로마에 있어서는 家는 법률상뿐만 아니라 종교상의 단위도 구성하고 있었다(→ 빠떼르 파밀리아스, 아그나치오, 꼬그나치오). ② 나중에는 그 내용이 차츰 분화되어, 家長의 재산의 총체, 동일가장의 권력에 복종하는 노예의 一團, 家長과 그 권력에 복종하는 자유인의 一團, 宗族(→아그나치오, 겐스) 등을 의미하게 되었다.

파밀리엔피데이코미스 〔獨〕 Familienfideikommiss 독일고유법상의 제도로서 일종의 家族世襲財産. 이것은 불가양·불가분이며 특별한 相續法(單獨相續主義)에 따른다. 그 설정은 유언 또는 生前行爲로써 행하여지며, 목적물은 원래 그리고 통례로 土地이다. 이 제도는 독일 이외의 제국에 있어서의 유사한 제도(예 : 스페인의 Majorat나 프랑스의 substitution)와 함께 중세 이래, 특히 16~ 17세기에 널리 행하여졌으나 18세기 이래의 제국의 입법에서는 이러한 제도는 귀족의 특권을 옹호하는 것이라 하여 폐지의 운명에 놓이게 되었다. 독일에서는 민법은 이 제도를 철폐하지 아니하였으나(獨民施法 59), 바이마르헌법의 규정(155) 이래 이 제도의 폐지는 란트法上 실현을 보기에 이르렀다.

파 보(派譜) → 족보

파 산(破産) 〔英〕 bankruptcy 〔獨〕 Konkurs 〔佛〕 faillite 어떠한 사람이 경제적으로 파탄하여 그의 辨濟能力으로서는 총채권자의 채무를 완제할 수 없는 상황에 이르렀을 때 이에 대처하기 위한 法律的 手段으로서 강제적으로 그의 전재산을 관리·換價하여 총채권자에게 공평한 금전적 만족을 주는 것을 목적으로 하는 재판상 절차. 원래 채무자가 모든 채권자에 대하여 채무를 완제할 수 있으면 각 채권자는 보통의 권리보호방법으로 만족을 얻으면 충분하나 다수의 채권자가 경합하여 변제에 충당하여야 할 자산이 부족할 때에는 특별한 私權保護의 절차가 필요하다. 파산절차는 이와 같은 요청에 대응하기 위한 것이다. 이러한 절차를 상인에 대하여서만 인정할 것인가, 일반인에 대하여도 인정할 것인가에 따라 商人破産主義와 一般破産主義가 대립된다. 프랑스법계국가(일본구파산법)가 전자의 입장을 채택하고 있고 독일법계국가가 후자의 입장을 따르고 있다. 우리 파산법은 후자의 입장이다. 파산절차의 개시는 지급불능과 채무초과를 그 원인으로 한다(破 116, 117, 119). 강제집행절차를 個別的 執行節次라 한다면 파산절차는 一般的 執行·總括的 執行이라 할 수 있다. 입법례에 따라서는(오스트레일리아·미국), 채권자의 복수의 신청을 파산선고의 요건으로 하고 있으나, 우리 파산법에서는 다수 파산채권자의 존재를 관념적으로 전제하고 있지만 그를 요건으로 하고 있다고 인정키 곤란하다. 파산법에서는 채무자의 재산관계를 근본적으로 명백히 하여 최종적·종국적으로 청산하기 위하여 실체적·절차적인 각종의 특별규정을 두고 破産債權者의 공평한 변제를 꾀하고 있다. 파산절차는 파산선고절차와 파산선고후의 절차로 양분된다. 전자의 절차는 당사자의 신청 또는 법원의 직권으로 개시되는데 이는 법원이 파산선고의 요건의 존부를 조사하고 이것이 갖추어져 있을 때에는 파산을 선고하는 절차이고, 후자의 절차는 파산채권의 신고·조사를 행하고 그 확정을 꾀하는 절차, 파산재단을 관리·환가하여 파산채권자에 배당하는 절차, 强制和議의 절차를 포함한다. 파산절차의 성질에 관해서는 非訟事件說, 訴訟事件說, 비송사건도 소송사건도 아닌 특수한 사건이라 보는 折衷說 등 3설이 대립되어 있는데, 소송사건설이 통설이다. →파산법

파산관재인(破産管財人) 〔英〕 trustee in

bankruptcy 〔獨〕 Konkursverwalter 〔佛〕 syndic de la faillite 破産財團에 속하는 재산의 관리를 행하는 파산절차상의 공공기관. 否認權을 행사하여 파산재단을 증식하고 재단소속재산을 관리·처분하여 금전으로 換價하며 일방 債權調査에 있어서는 부당한 파산채권의 주장에 대하여 이의를 진술하며, 정당히 배당에 가입할 자격이 있는 채권자에 대하여는 財團換價金을 배당하는 등 파산절차에 있어서 중추적인 임무를 담당한다. 그 지위에 관하여는 파산채권자 또는 파산자의 대리인이라는 설(代理說), 목적재산으로서의 파산재단의 대표기관이라 보는 설(財團代表說), 공공기관이라 보는 설(職務說) 등이 대립되어 있다. 破産管財人은 행위능력을 가진 자연인중에서 파산자 이외의 자로부터 1인 또는 2인 이상을 법원이 선임한다. 한번 선임된 자는 정당한 이유가 없으면 사임할 수 없다(破 147, 148, 150). 數人이 있을 때에는, 職務執行은 공동으로 하는 것이 원칙이나 허가를 얻어 직무를 分掌할 수 있다(153). 직무집행은 선량한 관리자의 주의로써 하여야 하며 이 주의를 게을리하면 이해관계인에 대하여 연대하여 손해배상책임을 진다(154). 파산관재인은 일반적으로 파산법원의 감독을 받을 뿐 아니라, 일정한 사항을 행하려면 감사위원의 동의, 채권자집회의 결의 또는 破産法院의 허가를 얻어야 한다(151, 187, 188). 파산절차의 해지, 파산관재인의 사임(150), 해임(157) 또는 사망에 의하여 파산관재인의 임무는 종료된다. 임무가 끝나면 채권자집회에 계산의 보고를 하여야 하며, 이 보고에 대하여 파산자, 파산채권자 또는 후임파산관재인이 異議를 진술치 않으면 승인한 것으로 간주한다(158). 또 임무가 종료된 뒤라도 급박한 경우에는, 緊急處分을 할 의무가 있다(159). 또한 파산관재인은 직무수행에 필요한 비용의 先給 및 報酬를 받을 수 있다(156). 破産收賄罪에 대하여는 파산법 372조에 의하여 5년 이하의 징역 또는 5천만원 이하의 벌금에 처한다.

파산능력(破産能力) 〔獨〕 Konkursfähigkeit 破産宣告를 받고 파산자로 될 수 있는 능력. 집행채무자로서의 민사소송법상의 當事者能力에 상당하지만, 일반적 집행의 결과 파산자는 그 전재산의 관리권을 상실하고 사업을 계속할 수 없게 되는 관계상 이를 허용할 것인가 어떨 것인가 하는 점에서 특별한 고려를 요한다. 自然人은 모두 파산능력을 가지며 상인·비상인의 구별에 의하여 아무런 차이가 없다(一般破産主義). 자연인의 파산능력은 사망에 의하여 소멸되지만, 사망한 뒤에도 유산이 상속인의 固有財産과 혼합되어 있지 않을 때에는 아직 그 주체성의 殘映에 기하여 파산능력이 인정된다(破 121). 私法人은 영리법인이나 비영리법인이나를 불문하고 파산능력이 있다. 해산후 청산중의 私法人에게 파산능력이 있는 것은 명백하다(4). 외국인·외국법인은 相互主義의 留保下에 파산능력이 있다(2)(이에 대하여 유력한 반대설이 있다). 법인 아닌 사단·재단으로서 대표자 또는 관리인이 있는 것(民訴 48)도 파산능력이 있다고 해석된다. 公法人에 대하여, 먼저 국가나 지방공공단체는 本源的인 통치단체로서 파산에 의하여 재산관리권을 상실한다는 것은 통치의 운영을 방해하기 때문에 파산능력이 인정되지 않는다. 현재의 공공기업체인 주택공사 등도 국유재산을 관리 운영함을 목적으로 하여 그 경제는 국가의 예산과 직결되어 있는 점에서 국가의 분신이라 인정되기 때문에 파산능력을 갖지 않는다 이해할 것이고, 이에 반하여 公共組合 예를 들면 농업협동조합 등에 대하여는 파산능력을 인정하여도 무방하다.

파산범죄(破産犯罪) 破産節次上의 범죄. 파산의 목적을 확실하고 충분히 달성하기 위하여는 관계인의 破産財團을 감소시키거나 또는 채권자간의 公平을 害하고 그 밖에 신속공정한 파산절차의 운영을 방해하는 것 같은 행위를 禁壓할 필요가 있다. 여기에 법은 이와 같은 종류의 不正行爲를 범죄로서 처벌하게 된 것이다. 파산법 중의 벌칙규정이 이런 것으로, 그 刑도 상당히 엄중하다. 파산범죄에도 형법총칙규정이 적용되고 이에 의한 처벌도 형사소송법에 의해 검사의 訴追를 기다려 형사법원이 심판하며, 파산절차를 행하는 파산법원의 관할에 속하지 않는다. 파산범죄의 유형으로서는, 詐欺破産罪(破 366), 過怠破産罪(367), 準債務者의 破産罪(368), 제3자의 詐欺破産罪(370), 監守違反 또는 住居地離脫罪(369), 說明義務違反罪(374), 破産收賄罪(372), 破産贈賄罪(373) 등 여러가지가 있다.

파산법원(破産法院) 〔獨〕 Konkursgericht 파산사건에 관하여 법원이 행할 권한을 행사하는 법원. 파산절차의 개시·종결, 破産管財人의 선임감독, 채권자집회의 소집, 채권조사기일의 시행, 파산자에 대한 강제처분 등을 담당한다. 지방법원의 職分管轄에 속하고(破 96, 97), 토지관할에 관하여는 제1차적으로 채무자가 영업자로서 영업소를 가지는 경우에는 주되는 영업소(본점)의 소재지를 관할하는 법원이고, 영업소를 가지 아니하는 때에는 채무자의 普通裁判籍所在地를 관할하는 법원이며(96), 제2차적으로 財産所在地를 관할하는 법원이다(98).

파산선고(破産宣告) 〔獨〕 Konkurseröffnung 破産의 申請을 인용하여(예외적으로 직권으

로) 파산의 개시를 명하는 재판(決定). 그 사건은 ① 파산원인인 사실이 존재하고, ② 채무자에 파산능력이 있고, ③ 파산장애가 없고, ④ 적법한 파산신청이 있는 것 등이다. 그러나 예외적으로 職權으로 파산이 선고되는 경우가 있다(和 9). 破産申請을 할 수 있는 자는 채권자 및 채무자 자신, 법인에 있어서는 그 기관, 상속재산에 있어서는 상속채권자, 受遺者 이외의 상속인, 상속재산관리인, 유언집행자 등이다(破 122~126). 관할법원은 파산신청을 받으면, 결정절차에 의하여 職權調査를 하고 전기요건의 유무를 조사하여 그 구비를 인정하면 파산선고결정을 한다. 이 결정에 대해서 이해관계인은 즉시항고할 수 있지만(103) 破産決定에 대하여 항고가 있어도 선고의 효력은 정지되지 아니한다. 파산선고의 효과로서 채무자는 파산자로 각인되어 그 재산에 대한 管理·處分權을 상실하고, 이에 의하여 파산재단이 성립되며 그 전재산은 파산재단에 들어 가게 되고, 또 채권자는 파산자에 대하여 그 권리를 실행할 수 없게 되어 파산절차에의 참가가 강제되게 된다. 따라서 파산재단에 속하는 재산에 대한 관리·처분권을 파산관재인이 가지게 된다. 이와 같은 효력은 선고를 한 때로부터 발생하므로(1) 破産決定書에는 파산선고의 연월일시를 기재할 것을 요한다(131). 선고와 동시에 법원은 파산관재인을 선임하며, 일정한 사항을 공고하고 또 알려진 채권자·채무자 및 파산재단에 속하는 재산의 소지자에 대하여는 따로 送達하며(132, 133), 破産犯罪의 수사기회를 주기 위하여 검사에게 통지하여야 한다(134). 최초로부터 破産財團이 파산절차의 비용도 빼어 낼 수 없을 때에는 파산선고와 동시적으로 폐지의 결정을 하지 않으면 안된다. 파산결정은 항고심에서 취소될 수 있는데 이 때에 있어서 파산선고는 소급하여 효력을 잃으므로 선고할 때와 逆이 되는 조치를 하지 않으면 안된다.

파산수회죄(破産收賄罪) 破産管財人 또는 감사위원이 그 직무에 관하여 뇌물을 수수·요구 또는 약속한 경우 또는 파산채권자 및 그 대리인 또는 이사나 이에 준하는 자가 債權者集會의 결의에 의하여 뇌물을 수수·요구 또는 약속함으로써 성립하는 죄. 처벌은 5년 이하의 징역 또는 5천만원 이하의 벌금에 처한다(破 372).

파산예방(破産豫防)**을 위하여 하는 화의**(和議) 〔獨〕 Vergleich zur Abwendung des Konkurses 화의법이 규정하는 화의. 파산법의 強制和議에 대하여 파산 외의 강제화의라고도 한다. → 화의

파산외(破産外)**의 강제화의**(强制和議) 〔獨〕 Zwangsvergleich ausserhalb des Konkursverfahrens 破産豫防을 위하여 하는 화의를 말한다. → 화의

파산원인(破産原因) 〔獨〕 Konkursgrund 破産宣告의 실질적 요건으로서 채무자가 總債權者에 그 채무의 전부를 이행할 수 없는 상태, 즉 법률이 파산을 필요로 할 정도로 채무자의 경제상태가 악화되었다고 인정되는 요건. 이러한 파산원인을 정하는 방법으로는 영미법계의 列擧主義와 대륙법계의 概括主義와의 대립이 있다. 전자는 破産行爲라 하는 수개 유형의 행위를 열거하여 놓고 채무자에게 그 중 어느 하나에 해당하는 행위가 있었을 때는 파산선고를 하게 되는 것이고, 후자는 파산원인을 오히려 일정한 包括的 概念—지급불능, 지급정지, 채무초과—을 가지고 정하는 입장이다. 商人破産主義를 취하는 프랑스법에서는 지급정지를 파산원인으로 하지만, 一般破産主義인 우리 파산법은 독일법에 따라 일반적으로 지급불능을 파산원인으로 하고, 지급정지는 이를 추정하는 것으로 함에 그치며, 法人에 있어서는 채무초과도 아울러 파산원인으로 하고, 또 상속재산에 있어서는 債務超過만을 파산원인으로 한다(破 116, 117, 119).

파산(破産)**의 취소**(取消) 破産宣告의 결정이 이에 대한 不服申請에 의하여 취소되고, 당해 채무자에 대해 파산선고가 처음부터 없었던 것과 같아지는 것. 파산결정에 대하여는 이해관계인은 즉시항고할 수 있기 때문에(破 103). 이에 기하여 抗告法院이 파산결정을 취소할 수도 있고, 또 항고할 기회에 원심인 파산법원이 이른바 再度의 考案에 기한 更正(民訴 416 I)으로써 파산결정을 취소할 수도 있다. 破産開始의 요건인 破産能力이나 破産原因에 대해서는, 항고인은 그 당초로부터의 欠缺은 물론 파산선고 뒤에 있어서의 소멸을 주장할 수 있다. 그런데 이와 같은 요건이 구비되었는가의 여부는 抗告가 있는 경우에는 항고심의 재판시를 표준으로 하여 결정할 것이다. 이에 반하여 신청채권자의 債權이 辨濟 등에 의하여 소멸되었어도 일단 선고된 파산을 취소할 수 없다. 파산취소결정이 확정되면 파산선고는 처음부터 없었던 것과 같아지고 법률상 이에 붙은 여러 효과는 소멸한다. 파산의 취소는 破産廢止와 달라 그 효과가 소급적이다. 따라서 채무자는 파산선고를 받지 않은 것으로 되기 때문에 그의 파산자로서 받은 신분상의 구속으로부터 해방되고, 公私의 자격도 잃지 않는 것으로 된다. 또 자기의 재산에 관하여 管理處分權도 잃지 않은 것으로 되어, 파산선고 뒤에 파산자가 하거나 또는 파산자에 대하여

한 법률행위도 소급적으로 유효하게 된다. 破産取消決定이 확정된 경우에는 파산선고의 경우에 준하여(破 146) 이를 공고하고, 이해관계인에 대하여 서면을 송달할 것이 필요하다.

파산자(破産者) 〔英〕 bankrupt 〔獨〕 Gemeinschuldner 〔佛〕 failli ① 파산선고를 받고 현재 그 자에 대하여 破産節次가 진행되고 있는 자. 파산자는 파산재단에 속하는 재산을 관리·처분할 권능을 상실하며(破 7), 그와 같은 재산에 관하여 파산자가 행한 또는 이에 대하여 행하여진 法律行爲는 원칙적으로 무효이다(44~49). 그러나 行爲能力이나 訴訟能力이 제한되는 것은 아니다. 따라서 재산에 관한 것이 아닌 의무를 이행하거나 소송을 수행할 수 있고 또 새로 취득한 재산에 기하여 新事業을 시작하여도 무방하게 되어 있다. 그런데 파산자는 파산절차의 목적달성 그 밖의 이유때문에 일신상 몇 가지 제한을 받고 있는데, 그것은 ㉠ 파산자 그 대리인 또는 그 이사 및 이에 준할 자는 破産管財人·監査委員 또는 債權者集會의 청구에 의하여 파산에 관하여 필요한 설명을 할 의무가 있다(143). ㉡ 법원이 필요하다고 인정하면 파산자를 拘引하고 또는 監守시킬 수 있고(138, 139 I), 감수를 명령받은 파산자는 법원의 허가를 얻지 아니하면 외부사람과 면접 또는 통신할 수 없다(140). ㉢ 파산자는 법원의 허가가 없으면 주거지를 떠날 수 없다(137). ㉣ 법원은 통신관서에 대하여 파산자에게 오는 우편물·전보를 파산관재인에 배달할 것을 촉탁하여야 하며 파산관재인은 이를 開披할 수 있다(180)는 것 등이다. ② 전에 파산선고를 받고 아직 파산법 제3편의 復權規定에 의해 복권되지 아니한 자를 말한다. 민법 937조, 국가공무원법 33조 등에 파산자라 하는 것은 이러한 의미이다. 懲戒主義 立場에 있었던 지난 시대의 파산법에 있어서는 파산을 죄악시하여 이러한 의미의 파산자에 범죄자와 같은 懲罰을 과하기 위하여 榮譽權이나 公民權을 박탈하는 동시에 이에 의해 파산을 방지하려는 생각이 강하였다. 그러나 현행파산법은 비징계주의입장에서 파산자로부터 公法上 또는 私法上 자격을 박탈하는 직접적인 규정을 두지 않고, 다만 타법령상 파산되면 공사의 여러 자격을 상실하게 하는 불이익을 받게 하고 있다. → 파산

파산장애(破産障碍) 〔獨〕 Konkurshindernis 파산선고의 요건이 구비되었음에도 불구하고 파산선고를 방해하는 사정. 和議開始決定 또는 和議의 신청, 회사정리개시명령 등이 그 사정에 해당한다. 이에 반하여 파산재단의 결핍, 즉 파산절차의 비용조차 빼기에 부족할 때는 우리 파산법에서는 파산장애로 하지 않고 차라리 파산원인이 있으면 파산선고와 동시에 파산폐지의 결정을 하여야 한다(破 135).

파산재단(破産財團) 〔英〕 property divisible (or available) for distribution amongst creditors 〔獨〕 Konkursmasse 〔佛〕 actif de la faillite 파산절차에서 配當에 의해 총파산채권자에 변제될 파산자의 재산. 관념상 法定財團·現實財團의 구별이 있다. 후자는 현실적으로 파산재단으로서의 관리기구에 속하고 있는 재산임에 대하여 전자는 이에 속하여 할 재산을 말한다. 법정재단의 범위는 파산선고시에 파산자에 속하고 또 압류가능한 국내에 있는 모든 재산이다(破 3, 6). 재산이란 적극재산, 즉 자산의 의미로 채무는 포함하지 않는다. 제3자의 재산이 현실재단 중에 있을 때에는 제3자는 還取權을 행사하여 재단으로부터 이를 還取할 수 있다. 파산자는 파산선고에 의하여 파산재단을 관리·처분할 권한을 상실하고 그 권한은 파산관재인에 專屬한다(7). 그러므로 破産管財人은 취임후 곧 재산의 점유·관리에 착수하여야 한다(175). 그 관리방법에 관하여는 파산법 176조 이하에 상세한 규정이 있다. 관재인은 일반의 채권조사가 종료하기를 기다려 배당을 위하여 재단을 換價하여야 하며, 그 방법에 관하여는 원칙으로 관재인에 일임되어 있으나 환가의 적정타당을 기하기 위하여 약간의 제한적 규정이 설치되어 있다(186~194). 재단의 管理 및 換價에 관하여 발생하는 소송 및 파산에 의하여 중단된 선고당시에 係屬되는 소송에 관하여는 파산관재인에게 當事者適格이 있다(152).

파산절차(破産節次)**의 해지**(解止) 파산절차가 종료되고 파산자가 破産財團의 관리처분의 권능을 회복하는 모든 경우의 총칭. 민사소송법 217조, 218조와 파산법 63조, 78조에서 사용되는 용어이다. 파산선고결정이 卽時抗告의 결과로 취소되고 그 취소결정이 확정된 경우(파산의 취소), 채권조사를 끝내고 관재인이 배당을 수회에 걸쳐 행함으로써 그 최후의 配當이 끝나 債權者集會에 계산보고되어 법원이 종결결정을 한 경우(최후의 배당) 파산자가 파산적 청산에 갈음하여 자기의 재산정리계획에 기한 변제방법을 세워 법원에 和議의 제공을 신청했을 때, 이에 대한 채권자집회의 법정다수의 찬성과 법원의 허가를 얻었을 때(强制和議), 파산선고 뒤에 재산의 가치가 증대되었기 때문에 파산절차에 의하지 아니하더라도 충분한 만족을 얻을 수 있는 경우나, 반대로 파산재단이 빈약하여 파산절차의 비용조차 빼기 곤란하여 파산절차에 의할 것을 포기할 경우(破産廢止) 등이다.

파산종결결정(破産終結決定) 관재인의 최후의 배당에 의하여 파산이 종결될 때에 破産法院이 하는 결정으로서 이에 의하여 파산절차를 종결시키는 것(破 254). 그 시기는 債權者集會가 종결한 때이다. 그리고 파산종결 결정을 한 때에는 그 주문 및 이유의 요령을 공고할 것을 요한다. 이 결정에 대하여는 불복신청할 수 없다. 또 파산종결결정이 되었을 때에는 파산종결의 登記 및 증거의 囑託, 主務官廳에 대한 통지와 아울러 우편관서에 대한 촉탁 취소를 할 것이다(111, 114, 115).

파산증회죄(破産贈賄罪) 破産管財人·監査委員·破産債權者나 그 대리인 또는 이사나 이에 준하는 자에게 뇌물을 약속 또는 제공하거나 제공의 의사를 표시함으로써 성립하는 죄. 처벌은 3년 이하의 징역 또는 3천만원 이하의 벌금에 처한다. 파산증회의 죄를 범한 자가 자수한 때에는 그 형을 감경 또는 면제한다(破 373).

파산채권(破産債權) 〔英〕 debts provable in bankruptcy 〔獨〕 Konkursforderung 〔佛〕 créance 파산절차에서 그 채권을 신고하고 破産財團으로부터 공평한 共同辨濟를 받을 수 있는 채권. 파산채권이 되려면 그 요건으로서 ① 재산상의 청구권으로서 金錢債權이든지 또는 금전으로 평가할 수 있는 청구권일 것(따라서 파산자의 개인적 행위 또는 不行爲나 혹은 제3자의 재산의 인도청구권은 여기의 재산상의 청구권이 아니다(破 14)). ② 對人的 請求權, 즉 채권에 한한다(따라서 物權的 請求權은 還取權으로서 행사될 수 있어도 파산채권은 될 수 없다). ③ 강제할 수 있는 권리일 것(따라서 자연채무와 같이 强制執行할 수 없는 채권은 파산채권이 아니다). ④ 적어도 채권발생의 원인이 破産宣告前에 발생할 것일 것(따라서 파산선고 뒤에 생긴 신채권자는 파산채권자가 아니다) 등을 필요로 한다. 期限附인 채권은 파산선고 당시 그 기한이 도래하지 아니한 것이라도 파산채권임에 다름없다. 이 때에는 파산선고시에 변제기가 도래된 것으로 간주한다(16). 파산채권은 동일순위로 그 채권액에 응하여 파산절차에 의해 配當이 주어지는 것이 원칙이지만, 채권의 성질상 또는 다른 채권자와의 공평상 우선적 파산채권·일반파산채권·후순위파산채권으로 구분된다. 優先的 破産債權은 파산재단에 속하는 재산에 대하여 일반우선권이 있는 채권(32)이고 後順位破産債權은 파산법 37조에서 열거하고 있는 바이다. 期限附無利子債權은 호프만식계산법에 의하여 중간이자를 빼낸 額을 일반파산채권으로 한다. 그 빼낸 中間利子는 법인·상속재산의 경우에만 후순위파산채권으로 하고 다른 경우에는 파산채권으로 삼지 않는다. 파산채권은 파산절차에 의하여 파산재단으로부터 공동적·비례적 만족을 얻는 이외에 적극적으로 행사할 수 없다(15). 그러나 파산채권자가 別除權者이거나 相計權者인 경우는, 이러한 권리를 행사함에는 파산절차에 의할 필요가 없다(86, 89). 파산채권은 소정의 형식에 의하여 破産法院에 신고하여야 하고(201), 채권확정절차를 경유하여 확정되는 것으로서 채권표에 기재된 것만이 배당을 받을 수 있다(214).

파산채권(破産債權)**의 확정**(確定) 신고한 파산채권이 진정으로 파산절차에서 배당을 받을 자격이 있는가를 확정하는 것. 채권조사기일에 破産管財人이나 다른 破産債權者 속에서 이의가 없을 때는 파산자의 異議陳述與否를 불문하고 파산채권의 額·優先權 및 劣位的 部分과의 구분은 확정된다(破 213). 일단 이의가 있어도 그 후에 철회하면 같다. 법원은 조사의 결과를 債權表에 기재하지만(214) 확정된 내용의 채권표에의 기재는 파산채권자의 전원에 대하여 확정판결과 동일한 효력을 가진다(215). 다만 채권표를 채무명의로 하여 파산자에 强制執行하려면 파산자의 이의가 없어야 한다. 이에 반하여 파산관재인 또는 다른 채권자의 이의가 있을 때에는 채권은 확정되지 않는다. 이 경우에는 訴로서 異議를 배척하여야 한다(→파산채권확정소송). 그런데 소송에 의하여 이의를 제거함에는 이미 집행력있는 채무명의나 또는 종국판결이 있는 채권, 즉 有名義債權과, 집행력 있는 채무명의나 또는 종국판결이 없는 채권, 즉 無名義債權과의 두 가지로 구별하여 그 취급을 달리하고 있다. 無名義債權者에 있어서는 이의를 제거하기 위하여 被異議者인 파산채권자로부터 자진하여 이의자에 대하여 訴를 제기하고 그 채권의 확정을 구할 것을 요한다. 이에 대해 有名義債權의 경우에는 이의자는 채권자에 대해 파산자가 할 수 있는 소송절차에 의해서만 그 이의를 주장할 수 있다(221). 이와 같이 하여 소송으로써 배척하지 못하면 配當으로부터 除斥된다(233).

파산채권자(破産債權者) 〔獨〕 Konkursgläubiger 〔佛〕 créancier dans la masse 실질적 또는 객관적 의미에서는 자기의 파산청산에 의하여 만족을 받는 破産債權의 주체이고 형식적 또는 주관적 의미에서는 자기의 파산채권을 신고하여 破産節次에 참가하는 자. 실질적 의미의 채권자도 파산절차에 참가하지 않는 한 형식적 의미의 채권자로 되지 않는 반면, 실질적으로는 파산채권자가 아니라도 채권을 신고하면 절차상으로는 파산채권자인 것이다. 그런데 파산채권자에 있어서 그들 상호간의 관계와, 파산채권자의 破産財團에 대한 관계가 파산법상의 근본문제를 이룬다. 전자에 있어서는 총파산채권자는 파산재단에 관하여 평등히 취급되고, 그 관리처분에 관하여 共同利益을 가지므로 하나의 이익단체를 이룬다고 생각된다(→ 파산채권자단체). 후자에 있어서는 파산채권자단체가 파산의 효과로서 破産財團上에 어떤 실체상의 권리(예컨대 채권)를 취득하는 것이라고 보는 설과, 하등 實體的 權利를 취득치 않고 그 파산재단으로부터 배타적 또는 공동적으로 변제받는 것은 오직 訴訟法的 關係에 불과하다고 하는 설이 있는데 후자가 통설이다.

파산채권자단체(破産債權者團體) 〔獨〕 Gläubigerschaft 〔佛〕 masse des créanciers 破産宣告에 의하여 破産債權者로써 이론상 형성되는 것으로 생각되는 단체. 파산채권자는 파산재단에 관하여 평등한 취급을 받으며 그 占有·管理·換價에 공동의 이익을 가지므로, 파산선고후에 하나의 이익단체를 이룬다고 보는 것이 파산채권자, 파산관재인, 감사위원의 지위, 재단의 管理處分權, 否認權의 歸屬行使 등을 통일적으로 설명하는데 편리하므로 다수설은 그와 같은 단체를 상정하는 것이다. 이 단체의 성질에 관하여는 法人說·組合說의 두 설이 대립되어 있다. 제1설은 이 단체는 법인은 아니나 그 자격으로 訴求하고 또는 소구당하는 일종의 사단이며, 파산관재인·감사위원·채권자집회 등은 이 단체의 기관이라고 하는 설이다. 이에 대해 제2설은 파산채권자상호간의 관계는 訴訟的 法律關係, 즉 공동소송·공동집행의 관계에 있고, 관재인·감사위원 및 채권자집회는 이것을 실시하는 공공기관이라 본다. 그러나 근래에 보면 그 단체성을 부인하는 설이 유력해 가고 있다. 이 설에 의하면 파산채권자를 실질적 의미에서 말한다면 현실적으로 단체구성원의 범위가 불확정하고, 형식적 의미에서 본다면 파산채권자 사이에서 상호의 반발성이 있으므로 결합통일을 인정하기가 곤란하기 때문에 법률적 의미에서의 團體性이 부정된다는 것이다.

파산채권확정소송(破産債權確定訴訟) 債權調査期日에서 다른 파산채권자 또는 파산관재인으로부터 異議가 있기 때문에 확정하지 못한 파산채권에 관하여 그 채권자가 이의자를 상대로 제기하는 訴로서 파산채권의 확정을 목적으로 하는 것. 이 소송은 파산법원의 관할에 전속하는데(破 218), 이는 파산법원이 통상법원으로서 심판하는 의미이고 파산절차의 일환으로 심판하는 취지는 아니다. 그리고 訴價는 배당예정액을 표준으로 하여 정한다(225). 채권확정소송에 있어서는 이미 집행력있는 債務名義나 또는 종국판결이 있는 채권, 즉 有名義債權인가, 집행력 있는 채무명의나 또는 종국판결이 없는 채권, 즉 無名義債權인가에 따라 그 법률적 취급을 달리한다. 無名義債權者에 있어서는 이의를 제거하기 위하여 破異議者인 파산채권자가 자진하여 이의자에 대해 訴를 제기하고 그 채권의 확정을 구할 것을 요한다. 이에 반하여 有名義債權者의 경우에는 파산자가 할 수 있는 소송상의 절차에 의해서만 이의를 주장할 수 있다. 그런데 채권표에 기재된 사항에 관하여서만 이 訴가 인정되며(220) 그 판결은 파산채권자의 전원에 대하여 효력이 발생한다. 소송의 결과는 債權表에 기재된다(222). 이 소송에서 이의를 진술한 자가 승소하면 起訴 또는 受繼後 임치되고 또는 최후의 배당을 할 때 공탁된 배당액을 수령할 수 있고, 敗訴하면 그 배당액은 다른 채권자의 배당에 충당하게 되어 그를 위해서는 배당표의 更正(235) 또는 추가배당이 행해진다(255). 관재인이 아니라 파산채권자가 이의를 진술하였을 때에는 패소의 경우의 소송비용을 개인적으로 부담할 것을 각오하지 않으면 안될 것이지만 다행히 승소하면 재단도 이익을 받았다 할 것이므로 그 한도에서 지출된 訴訟費用을 재단채권으로서 재단으로부터 償還시킬 수 있다(224).

파산폐지(破産廢止) 〔獨〕 Einstellung des Konkursverfahrens 破産宣告에 의하여 일단 개시된 파산절차를 그 목적을 달성하지 못한 채 중지하는 것. 强制和議와 같이 파산적 청산에 대신하여 채권자에 변제계획이 정하였기 때문에 종결하는 것이 아니고, 또 파산선고결정의 확정전에 소급적으로 파산의 효력이 소멸하기 때문에 파산절차를 解止하는 파산의 취소와도 달라 장래에 향하여 파산절차를 중지시키는 것이다. 廢止는 언제나 破産法院의 결정에 의하여서 하지만, 채권자의 동의에 의한 폐지(파산폐기에 의한 폐지)와 재단부족에 의한 폐지(비용부족에 의한 폐지)로 구분된다. 전자는 신고파산채권자의 전원이 파산폐지에 동의한 경우에 파산자의 신청에 의하여 법원이 폐지결정을 한다(破 319). 그 절차에 관하여는 파산법 319조 내지 324조에 규정이 있다. 후자는 파산재단으로서 파산절차의 비용을 상환하기에 부족할 때 법원의 결정으로서 하는 것으로서 파산선고와 동시에 하는 同時廢止(135)와 파산선고후에 하는 異時廢止(325)가 있다. →파산장애

파상파업(波狀罷業) 동맹파업 형태의 하나로 통일적 요구를 쟁취하기 위한 전술로 동일한 산업 또는 동일한 지역 내의 기업체들의 勞動組合이 마치 파도가 밀려오는 것처럼 연이어서 계속하여 행하는 파업을 말한다.

파생금융상품(派生金融商品) 〔英〕 derivatives 장래의 환율이나 이자율·주가 등의 변동으로 인한 손실위험을 방지하기 위한 金融去來商品. 미래에 환율이나 금리가 어떻게 변할지 모르기 때문에 일정기간후 일정환율이나 이자율로 돈을 사고 팔겠다는 식으로 去來契約을 맺는 것이다. 그러나 손실위험을 방지하기 위해 출발한 파생금융상품에 단기차익을 노린 투기성자금이 대거 유입되면서 1986년 1조달러에 불과하던 세계시장규모가 1993년에 12조달러로 급팽창했다. 종류도 先物換(forwards), 先物(futures), 옵션(options), 스와프(swaps) 등의 기본상품 외에 應用商品까지 합치면 약 1200개에 달한다. 시장규모가 커지면서 정확한 환율금리 전망으로 막대한 이익을 보는 투자자들이 있는 반면에 예측실패로 엄청난 손실을 보는 이들도 크게 늘고 있다.

파시즘 〔英〕 fascism 〔獨〕 Faschismus 〔佛〕 fascisme 〔伊〕 fascismo 좁은 뜻으로는 이탈리아의 무솔리니(Benito Mussolini)를 수령으로 하였던 獨裁的 國家社會主義를 말하고 넓은 뜻으로는 히틀러의 나치즘도 포함하여 민족 또는 국가의 초월적 권위나 지도자독재를 고취하였던 20세기의 右翼 全體主義를 뜻한다. 이탈리아의 國家至上主義와 나치스의 民族絶對의 思想은 그 구체적인 정치의 향을 달리하고 있긴 하지만 독재자를 정점으로 하여 권위적인 階層秩序를 확립하였던 점, 개체보다 공동체의 우월을 주장하였던 점 및 철저한 强力主義로써 개인의 자유를 말살하였다는 점에서 그 基底를 같이하고 있다. 파시즘의 법학상 또는 정치학상 대표자로는 이탈리아의 로꼬(Alfredo Rocco), 젠띨레(Giovanni Gentile), 독일의 로젠베르크(Alfred Rosenberg), 슈미트(Carl Schmitt) 등을 들 수 있다. → 나치스

파 양(罷養) 養親者關係를 해소시키는 행위. 파양은 당사자간의 합의에 의하여 이루어지는 경우(→ 협의상의 파양)와 당사자 일방으로부터 제기한 재판에 의하여 이루어지는 경우(→ 재판상의 파양)가 있다. 어느 경우에 있어서나 파양이 되면 양자는 양친의 婚姻中의 출생자로서의 신분을 상실하고 그 당연한 효과로서 모든 法定血族關係는 소멸하며(民 776), 양자가 生家에 復籍하는 것도 당연하다(786).

파양원인(罷養原因) 재판에 의하는 파양을 청구함에 있어서 인정되고 있는 法定의 사유. → 재판상의 파양

파양청구소송(罷養請求訴訟) → 재판상의 파양

파 업(罷業) 파업은 근로자가 집단적으로 노무제공을 거부함으로써 업무운영을 저해하는 가장 전형적인 爭議手段이다. 이러한 파업은 여러가지로 구분된다. 期間을 기준으로 무기한파업·시한파업·파상파업으로, 參加範圍를 기준으로 전면파업·일부파업·부분파업·지명파업·순회파업으로, 意圖를 기준으로 관철파업·시위파업·항의파업·경고파업 등으로 구분할 수 있다.

파업권(罷業權) 쟁의권의 한 내용. → 쟁의행위, 정당한 쟁의행위

파업자금(罷業資金) 〔英〕 strike fund 同盟罷業에 대비하여 노동조합이 미리 적립하여 두는 자금. 동맹파업 등의 쟁의행위가 행하여지면 이 자금으로부터 爭議行爲에 대한 비용이 지출되며, 또 조합원에게는 생활자금이 지급되는 것이 보통이다.

파업파괴(罷業破壞) → 스트라이크 파괴자

파워 폴리틱스 〔英〕 power politics 〔獨〕 Machtpolitik 權力政治 또는 힘의 정치. 조직화된 권력을 지주로 하여 힘에 의한 지배를 목적으로 하는 정치. 國際政治에 있어서는 강대한 무력에 의하여 힘의 입장을 확립하여 그 국가적 이익을 신장하려고 하는 對外政策을 말한다.

파탄주의(破綻主義) 혼인관계의 파탄을 離婚의 근거로 하는 사상. 目的主義라고도 한다. 婚姻有責主義에 대하는 용어. 역사적으로 볼 때 각국의 법제는 배우자의 일방에 婚姻義務違反이 있을 경우에 한해서만 이혼을 인정하였던 것이다. 그러나 인간혼인의 복잡화는 이러한 有責主義만으로는 참을 수 없게 되었다. 혼인파탄은 당사자의 과실만에 의해서 생기는 것이 아니다. 여기에서 유책적 원인뿐만 아니라 무책적 원인이라 할지라도 혼인을 파괴한 사실은 모두 이혼원인으로 인정하여야 한다는 경향이 생겼다. 이것이 곧 파탄주의이다. 우리나라에 있어서도 舊法에서는 이혼원인에 관해서 列擧主義를 취함으로써 원칙적으로 유책주의에 의하고 있었지만 현행법에서는 파탄주의를 채용하고 있다(840 vi). → 혼인유책주의

파트 퍼포먼스 〔英〕 part performance 계약의 일부이행. 一部履行의 法理(doctrine of part performance)라 함은 방식을 갖추지 않은 契約(예컨대, 詐欺防止法(Statute of Frauds)에 의하여 요구되고 있음에도 불구하고 서면에 의하지 않고 있는 경우)을 일방당사자가 이미 일부이행을 한 경우에는, 상대방은 방식의 欠缺을 가지고 抗辯으로 삼지 못한다는 것으로서, 에퀴티가 형평의 입장에서

인정한 法理이다. 이것은 특히 일부이행을 한 당사자에게 現狀回復을 줄 수 없을 경우에 적용되는 것이다.

파행혼(跛行婚)〔國際法上〕 동일한 남녀관계가 어떤 나라에서는 婚姻關係로서 인정되더라도 다른 나라에서는 혼인관계로서 인정되지 않는 경우를 말한다.

파 혼(破婚) 약혼해제와 같다.

파훼문구(破毁文句) 〔獨〕 kassatorische Klausel 換어음에 있어서 支給複本에 기재하는, 이 복본의 지급으로 인하여 다른 복본은 무효로 된다는 뜻의 문구를 파훼문구라 한다. 복본의 각통은 동일한 권리관계를 表彰하고 동일한 목적을 달성하기 위한 數通이므로(→복본) 1통에 대한 지급이 있으면 다른 복본은 당연히 무효가 된다(어음 65Ⅰ, 手票 49Ⅰ). 그러므로 파훼문구는 無益的 記載事項의 하나이다.

판 결(判決) 〔英〕 judgement, decree, sentence 〔獨〕 Urteil 〔佛〕 jugement, arrêt [1] 민사소송법상 판결은 재판의 일종으로서 법원이 원칙적으로 辯論을 경유하여(124Ⅰ, 예외 114, 205, 383, 399, 400). 법정의 방식을 구비한 서면(判決原本)을 작성하고, 이에 의하여 선고를 함으로써 성립한다(判決의 宣告). 보통의 소송에 있어서는 원고의 청구의 適否(訴訟判決) 또는 當否(本案判決)의 판단은 판결에 의하여 하는 것이 원칙이다. 판결은 변론에 관여한 법관이 행하는데(189), 당사자가 本案의 신청에 의하여 심판을 요구한 사항(請求)에 관하여서만 할 수 있으며(188), 또 하여야 한다. 청구의 일부를 遺脫했을 때는 追加判決을 하여야 한다. 판결의 선고후, 재판장은 판결원본을 법원사무관 등에게 즉시 교부하고 법원사무관 등은 그 판결선고일자와 영수일자를 부기하고 날인하여야 한다(195). 법원사무관 등은 판결을 영수한 날부터 2주일내에 당사자에게 송달하여야 한다(196). 이 送達은 판결의 成立要件이 아니며 판결에 대한 상소기간의 진행개시의 기산점이고(366, 395) 또 執行開始의 요건이 된다(490Ⅰ). 판결에 違算·誤記 기타 이에 유사한 오류가 있을 때에는 언제든지 판결을 更正할 수 있다(197)(→경정결정). 판결은 그 내용 및 효력에 따라서 確認判決·形成判決·履行判決로 구분되고 또 소송절차에 대한 관계로부터 사건의 전부(全部判決) 또는 일부(一部判決)로 완결하는 終局判決과 종국판결을 하는 준비를 하며 심판을 整序하는 목적으로 행하는 中間判決로 구별된다. 판결에 대한 상소수단은 抗訴·上告이며, 결정·명령에 대한 異議 또는 抗告와 구별된다. 상소를 불허하는 경우는 선고와 동시에, 상소를 허용하는 경우는 상소기간의 도과 또는 상소권을 포기하면 상소기간 만료시에 확정된다. 판결이 확정되면 旣判力·執行力·形成力이 발생한다.

[2] 형사소송법상 판결은 법원의 재판이며 원칙으로 口頭辯論에 의거하여야 한다(37Ⅰ). 판결은 모두 종국재판이며 중간판결은 존재하지 않는다. 판결은 주로 實體的 裁判이나(321, 325) 免訴(326)·公訴棄却(327)·管轄違反(319, 320)의 판결은 형식적 재판이다. 판결에 대한 상소방법은 抗訴(357)·上告(371)이다. 再審·非常上告는 판결에 대하여서만 허용된다(420, 421). →결정, 명령

판결법원(判決法院) 특정한 사건에 관하여 판결하는 법원(民訴 394Ⅰ). 법원조직법의 규정에 따라서 구성되지 않았을 때에는 上告理由가 된다. 형사소송에서는 公訴理由가 된다.

판결사실(判決事實) 〔獨〕 Urteilstatbestand 民事의 판결서의 구성부분의 하나로 당사자 쌍방이 口述辯論의 요령을 분명히 하고, 사실 및 쟁점을 명확히 하는 것(民訴 193Ⅰii·Ⅱ). 민사소송에 있어서는 辯論主義가 행해지고, 事案의 내용은 당사자의 변론을 통해서만 밝혀지므로 법원은 판결을 함에 있어서 먼저 이를 확인한 후에 이를 기초로 하여 판결이유가 되기까지의 과정을 표시할 필요가 있기 때문에 요구된다. 抗訴審判決에는 제1심판결의 이유의 인용이 허용된다(390).

판결서(判決書) 판결을 기재한 裁判書.

판결선고전구금일수(判決宣告前拘禁日數)**의 통산**(通算) 판결의 선고를 받기 전에 구금된 일이 있는 경우에 그 구금일수의 전부 또는 일부를 刑期에 산입하는 것. 판결선고전의 구금은 그 법적 성질로서는 自由刑 그 자체가 아니라 할지라도, 그 실질에 있어서는 피고인에 대한 자유의 박탈인 것이다. 따라서 법은 일정한 요건을 구비한 경우에는 구금일수를 本刑에 통산하는 것을 인정하였다. 구금일수의 본형통산에 관하여는 입법상 세 가지 주의가 있다. 그 하나는 법관의 자유재량에 일임하는 裁定通算主義요, 그 둘은 반드시 통산하여야 하는 法定通算主義이며 그 셋은 피고인의 행위 또는 懈怠에 의하여 구금을 초래한 것인가에 따라 재정통산과 법정통산을 구별하는 折衷主義이다. 우리 형법은 법정통산주의를 채택하여 반드시 판결선고전의 구금일수는 그 전부 또는 일부를 유기징역·유기금고·벌금이나 과료에 관한 유치 또는 拘留에 산입하도록 하였다(刑 57Ⅰ). 이 경우에는 구금일수의 1일은 懲

役·禁錮·罰金이나 科料에 관한 留置 또는 拘留의 기간의 1일로 계산한다(57Ⅱ). 假釋放의 경우에는 형기에 산입된 판결선고전구금일수는 집행을 경과한 기간에 산입한다(73Ⅰ). 상소제기후 판결선고전구금일수의 算入에 관하여는 형사소송법 482조에 규정이 있다.

판결원본(判決原本) 〔獨〕 Urteilsurschrift 판결을 표시하기 위하여 확정적으로 최초에 작성한 서면으로 判決書와 같은 뜻. 민사소송법상 판결원본에는 주문(判決注文), 청구의 취지(또는 上訴의 취지), 이유(判決理由), 당사자와 법정대리인, 변론종결연월일 및 법원을 기재하고 판결을 한 법관이 서명·날인하여야 한다(193). 구법은 사실 및 쟁점을 摘示토록 하였으나, 개정법률에서는 訴訟經濟를 고려하여 청구의 취지만을 적도록 한 것이다. 이유의 기재에서는 주문이 정당함을 인정할 수 있는 한도에서 당사자의 주장과 기타의 공격 또는 방어방법의 전부에 관하여 판단을 표시할 것이다(193Ⅱ). 변론종결일은 既判力의 時的限界를 규정짓는 기준이 되기 때문에 그 기재를 요구하는 것이다. 판결원본은 선고후 법원사무관 등에게 교부하면 법원사무관 등이 보존한다(195). 제1심판결의 원본은 訴訟記錄에 편철하고 상소·이송의 경우에는 다른 법원으로 送付된다. 그리고 抗訴審·上告審의 판결원본은 그 審級의 법원에 보존된다(392, 396, 408). 형사소송법에서는 재판서(재판조서)의 원본이라는 말이 사용되며(46) 판결원본이라는 말은 사용되지 않는다. → 재판서

판결(判決)**의 경정**(更定) 〔獨〕 Berichtigung des Urteils 判決 중에 명백한 표현상의 誤謬·不備가 있는 경우에 그 판결 전체의 실체를 해하지 않는 범위내에서 이를 정정·보충하는 것. 예를 들면 이유를 보면 主文은 긍정적이어야 할 것인데 부정적으로 표시하였든지 또는 數額의 계산결과가 틀린 것과 같은 경우이다. 경정은 본판결을 한 법원이 上訴提起後이든, 判決確定後이든 불문하고 언제든지 신청 또는 직권에 의해 결정으로써 한다(民訴 197Ⅰ). 경정결정은 본판결의 부수적 행위이므로 그 오류유무는 그 법원이 스스로 판단하여야 한다. 따라서 상급법원은 원판결을 변경할 수는 있으나 경정은 못하는 것이다. 경정결정은 본판결과 일체가 되는 재판이므로 그 효력은 本判決時로 소급된다. → 경정결정, 판결의 정정

판결(判決)**의 공시**(公示) 〔獨〕 öffentliche Bekanntmachung des Urteils 피해자의 이익을 위하여 법원이 필요하다고 인정할 때에는, 피해자의 請求가 있는 경우에 한하여, 피고인의 부담으로 판결공시의 취지를 선고할 수 있다(刑 58Ⅰ). 특히 피고사건에 대하여 무죄 또는 免訴의 판결을 선고할 때에는 判決公示의 취지를 선고할 수 있다(58Ⅱ). 피고인의 인권옹호를 기하려는 입법취지에서 나온 제도이다. → 무죄판결의 공시

판결(判決)**의 무효**(無效) 〔獨〕 Nichtigkeit des Urteils 판결이라고 하려면 법관이 그 職務에 관하여 선고한 것이어야 하며 그 이외의 것은 판결의 外觀을 구비하고 있어도 판결은 아니다(판결의 不存在. 예를 들면 판결의 草稿, 사법연수원생이 작성한 판결). 누구라도 판결의 부존재는 무시할 수 있다. 이에 반하여 적어도 판결인 이상 그것은 公權的 判斷이므로, 그 내용 또는 절차에 하자가 있다손 치더라도 당연히 무효는 아니다. 上訴·再審의 사유가 있어도 이에 의하여 취소되지 않는 한 유효인 것으로 취급되어야 한다. 그러나 판결이 확정되어도 그 내용에 적합한 효력(既判力·執行力·形成力)을 발휘할 수 없는 예외의 경우가 있다. 이것을 판결의 무효라고 한다. 사망한 당사자 또는 治外法權을 가지는 자에 대하여 내린 판결이나, 부부를 당사자로 하지 아니하고 離婚判決을 한 때와 같이 절차상의 하자때문에 판결이 무효가 되는 경우와, 민법상 인정되지 않는 물권을 확인하거나 그 설정을 명하는 판결 또는 이미 協議離婚이 되어 있는 부부를 이혼하는 판결 따위와 같이 판결의 내용상의 하자때문에 무효가 되는 경우가 있다. 이 의미에서의 無效判決은 非判決과 달라 판결로서 존재하는 것이며, 따라서 상소의 대상이 될 수 있고 또 그 확정에 의하여 소송은 종결된다. 그런데 학설에 따라서는 민사소송법이 규정한 재판의 公正理念을 보장하는 모든 제도를 유감없이 활용한다면 무효판결은 상상할 수 없다하여 이를 부인한다.

판결(判決)**의 부수적 효력**(附隨的效力)

[1] 민사소송법상 確定判決 본래의 효력 외의 효과. 특별법에 의하여 또는 당사자와 제3자간의 實體法上의 특별한 관계에 기하여 생긴다. 판결의 종된 효과 또는 附從的 效果라고도 한다. 參加的 效力, 넓은 의미의 집행력 따위가 이에 속하지만 그 밖에 민법 기타의 법률에 의하여 確定判決에 특별한 효과가 인정되고 있는 경우가 있다. 예컨대 중단된 시효의 진행(民 178Ⅱ), 단기시효가 10년의 시효기간으로 되는 것(165) 따위가 있는데, 이러한 것은 확정판결의 존재라고 하는 사실을 구성요건으로 하는 법률효과에 지나지 않는 것으로, 法律要件的 效果라든가 構成要件的 效果라고도 불린다. 또 직접 既判力을 받지 않는 제3자가 당사자 사이의 판결에 의하여

반사적으로 이익 또는 불이익을 받는 경우가 있는데, 이러한 효과를 反射的 效果라고도 하지만 이와 같은 효과를 인정할 것인가 아닌가에 대하여서는 다툼이 있다.

[2] 형사소송법상 판결의 부수적 효력으로서는 기존의 강제처분관계에 대한 효과가 중요하다. ① 무죄, 免訴, 형의 宣告猶豫, 형의 執行猶豫, 公訴棄却 또는 벌금이나 科料를 과하는 판결이 선고된 때에는 구속영장은 효력을 잃는다(刑訴 331). 따라서 이 경우에는 피고인을 즉시 석방하여야 한다. ② 압수한 서류 또는 물품에 대하여 몰수의 선고가 없는 때에는 압수를 해제한 것으로 간주한다(332). 押收解除의 효력발생시기는 判決確定時이다.

판결(判決)**의 선고**(宣告) 〔英〕 rendition of judgement 〔獨〕 Urteilsverkündung 〔佛〕 prononcé d'un jugement, prononciation d'un arrêt

[1] 민사소송법상 판결을 알리는 방식. 구법에서는 判決의 言渡라고도 하였다. 판결은 선고에 의하여 대외적으로 성립되고, 또 그 효력이 발생한다(民訴 190). 宣告는 변론종결의 날로부터 2주일내에 하여야 한다. 번잡한 사건이나 기타 특별한 사정이 있을 때에도 4주일을 넘지 못한다(192Ⅰ). 그리고 제1심판결의 선고는 提訴日로부터 5월 이내에 하도록 한다. 항소심 및 상고심에서는 기록의 송부를 받은 날로부터 5월이다(184). 물론 이 규정들도 직무상의 訓示規定이므로 이 규정에 위반된 판결의 선고도 위법은 아니다. 다만 구민사소송에 관한 임시조치법 4조는 이 제소일로부터 선고일까지의 기간의 준수를 독려하기 위하여 訴訟遲延理由書를 요구하였었다. 선고는 공개한 법정에서(憲 109, 法組 57Ⅰ) 판결원본에 의하여 재판장 또는 합의부원이 主文을 낭독하고 필요한 때에는 이유의 요지를 설명하여야 한다(民訴 191). 선고는 이미 성립된 판결을 외부에 발표하는데 불과하므로 변론에 관여하고 判決原本에 서명날인한 법관이 아니라도 할 수 있다(189 참조). 선고기일은 적법하게 당사자에게 告知하고 당사자를 召喚하여야 하나, 당사자가 재정하지 않더라도 선고는 할 수 있다(192Ⅱ). 判決宣告節次가 어긋난 때라도 선고가 있는 이상 당연히 무효는 아니고 당사자는 이에 대하여 上訴할 수 있을 뿐이다(387). 이에 반하여 선고가 없던가 또는 이것을 公證하는 조서가 무효인 때에는 판결은 성립하지 않는 것이므로 上訴의 대상이 되지 않는다.

[2] 형사소송법상으로도 판결을 알리는 것을 말하며 決定 또는 命令의 告知와 구별된다. 판결의 선고는 공판정에서는 裁判書(判決書)에 의하여야 하고 기타의 경우에는 재판서의 謄本의 送達 또는 다른 적당한 방법으로 하여야 한다. 다만 법률에 다른 규정이 있는 때에는 예외로 한다(42). 판결은 선고에 의하여 성립하고 효력을 발생한다. 판결의 선고는 재판장이 하며, 주문을 낭독하고 이유의 요지를 설명하여야 한다(43). →선고

판결(判決)**의 정정**(訂正) 형사소송법상 上告審의 판결의 내용에 오류가 있음을 발견한 때에 上告法院이 직권 또는 검사·상고인이나 변호인의 신청에 의하여 판결로써 訂正하는 것(400Ⅰ). 내용의 정정인 점에서 단순히 오기의 정정인 判決의 更正과 다르다. 판결정정의 신청은 판결의 선고가 있은 날로부터 10일 이내에 신청의 이유를 기재한 서면으로 하여야 한다(400Ⅱ·Ⅲ). 정정의 판결은 변론없이 할 수 있고 정정할 필요가 없다고 인정한 때에는 지체없이 決定으로 신청을 棄却하여야 한다(401). 상고심의 판결은 訂正申請의 기간이 경과한 때 또는 정정의 판결 혹은 신청을 기각하는 결정이 있은 때에 확정한다. →판결의 경정

판결(判決)**의 탈루**(脫漏) 法院이 請求의 일부에 관하여 판결에서 응답할 것을 망각한 것. 판결의 탈루는 판결할 사항, 즉 訴 또는 上訴로써 심판을 신청한 청구에 관하여서만 있을 수 있다. 따라서 재심사유가 되는 攻擊防禦方法에 대한 판단의 遺脫과는 성질이 다르다(民訴 422Ⅰ). 이 탈루된 청구부분은 종전대로 그 법원에 係屬된 것으로 보기 때문에(198Ⅰ) 종래의 법원이 직권 또는 신청에 의하여 재판한다. 그 탈루된 부분에 대해서는 본판결과는 관계없이 추가판결을 내려서 사건을 완결한다. 訴訟費用의 裁判의 脫漏에 관해서는 그 항목을 보라.

판결(判決)**의 이유**(理由) 〔獨〕 Entscheidungsgründe, Gründe des Urteils [1] 민사소송에 있어서 판결의 기초가 되는 사실자료를 기본삼아 증거에 의하여 係爭事實을 인정한 뒤 법률의 해석적용을 명백히 하고 주문(判決主文)에 나타난 판단의 경로를 표시하는 부분(民訴 193Ⅰiv). 이유에는 주문이 정당함을 인정할 수 있는 한도내에서 당사자의 주장과 기타의 공격 또는 방어방법의 전부에 관한 판단을 표시할 것을 요한다(193Ⅱ). 1961년 9월 1일의 개정법률에 의하면, 訴訟經濟를 위하여 判決書에 사실과 쟁점을 摘示하지 않게 하였으므로, 이유의 기재에서 구법상의 사실과 쟁점에 대한 표시까지 겸하게 되는 셈이다. 主文은 간단하므로 어떠한 訴訟物에 관하여 판결을 할 것인가를 명백히 하기 위하여는 판결이유도 참작하여야 할 것이다. 그러나 旣判力은 주문에 포함된 것에 한하여 발생하고, 판

결이유부분에 관하여는 발생하지 않는 것이 원칙이다(다만 相計의 抗辯은 그 예외이다)(202).

[2] 형사소송에 있어서도 민사소송에 있어서와 같은 의의이며, 주문에 나타난 판단의 논리적 과정을 표시한 부분. 上訴를 불허하는 결정 또는 명령을 제외하고는 모든 재판에 이유를 명시하여야 한다(刑訴 39). 유죄판결에 관하여는 특히 범죄될 사실, 證據의 要旨와 법령의 적용을 명시하여야 하며 법률상 범죄의 성립을 阻却하는 이유 또는 형의 가중·감면의 이유되는 사실의 진술이 있은 때에는 이에 대한 판단을 명시하여야 한다(323). 판결의 이유를 붙이지 아니하거나 이유에 모순이 있는 때에는 抗訴理由가 된다(361의5 xi)(→이유불비, 이유모순).

판결전 조사제도(判決前調査制度) 刑事節次에 있어서 有罪가 인정된 자에 대하여 판결을 선고하기 전에 그 인격과 환경에 관한 상황을 조사하고 이를 量刑의 기초자료로 이용하는 제도를 말한다. 원래 이 제도는 미국에서 프로베이션제도의 발전과 함께 保護觀察官에게 피고인에 대한 과학적 조사를 의뢰하여 이를 기초로 법관의 판결을 선고한 데에서 유래한 것이다. 오늘날 大陸法系國家에서도 이의 채택이 적극적으로 고려되고 있다.

판결절차(判決節次) 〔獨〕 Urteilsverfahren Erkenntnisprozess 형식적으로는 訴에 의하여 개시되고 판결에 의하여 완결되는 訴訟節次. 실질적으로는 판결에 의하여 구체적인 법률효과의 확정(원고의 청구의 당부의 확정)을 목적으로 하는 소송절차. 판결절차는 訴의 제기에 의하여(民訴 226) 개시되고, 소장의 송달, 준비서면의 교환, 준비절차, 변론(증거조사를 포함한다)을 경유하여 판결의 확정으로서 종결되는 것이 보통이나 예외적으로 訴訟上의 和解, 청구의 抛棄, 청구의 認諾(206), 訴·上訴의 取下(239, 363, 395)에 의하여서도 종료된다. 민사소송절차 중 가장 주요한 것으로서 민사소송법은 이것을 주안으로 하여 규정하고 있다. 독촉절차·강제집행절차·집행보전절차 등이 판결절차에 대한 다른 소송절차이다. 민사소송법 387조에서의 이른바 判決의 節次란 단순히 판결의 성립과정으로서의 원본의 작성, 선고 등의 절차를 가리킨다.

판결정본(判決正本) 〔獨〕 Urteilsausfertigung 判決原本을 기본으로 하여 작성하고 이것을 완전히 轉寫한 서류로서 판결의 효력을 발휘하는데 있어서 원본과 동일한 효력이 있는 것. 법정의 경우(民訴 196Ⅱ, 197Ⅱ, 391, 408, 478)에 법원사무관 등이 작성한다. 집행문이 붙어서 强制執行의 기본이 되는 것을 특히 執行力있는 정본이라 한다. →정본, 집행력있는 정본

판결주문(判決主文) 〔獨〕 Urteilsformel 판결의 결론적 부분.

[1] 민사소송상의 終局判決이라면 訴의 却下 또는 청구의 당부의 판단을 표시한다(民訴 193Ⅰii). 주문의 용어는 간결함과 동시에 일의적으로 명확할 것을 요한다. 예컨대 급여의 목적물의 선택권이 누구에 있는가 주된 청구와 이에 갈음하는 代償請求에 대해서 판결하는 경우에는 후자가 어떠한 조건하에서 현실화할 것인가를 특히 명시할 필요가 있다. 소송비용의 재판(95), 假執行宣告(199)도 판결주문에 게재된다. 또 판결의 기판력은 원칙적으로 주문에 게재된 판단에 관하여서만 발생한다(다만 相計의 抗辯에 관하여는 예외)(202).

[2] 형사소송법에서는 관할위반, 공소기각, 면소, 무죄, 형의 면제, 형의 선고, 형의 선고유예 및 소송비용을 표시하는 부분을 말한다. 판결을 선고함에는 반드시 主文을 낭독해야 한다(民訴 191, 刑訴 43).

판결청구권(判決請求權) 〔獨〕 Urteilsanspruch 訴에 의하여 판결을 요구하는 권리. 訴權의 별칭. →소권

판단여지설(判斷餘地說) 행정법규가 행정행위의 요건을 不確定概念에 의하여 정하고 있는 경우에 그 불확정개념을 다수의 판단간에 선택의 여지가 있는 裁量概念(法規裁量)이 아니라 유일하고도 정당한 결정을 내려야 할 法概念이라고 보고, 그에 대한 판단은 사법심사의 대상이 될 법률문제로 보는 것을 말한다. 다만 일정한 경우에 행정청의 판단에 대하여 법원은 이를 존중하여야 한다. 판단여지설이 要件裁量說과 구별되는 것은 요건재량설의 경우는 불확정개념이 처음부터 사법심사에서 배제되는 재량개념인데 대하여, 판단여지설의 경우는 불확정개념이 재량개념이 아닌 법개념으로서 전면적인 사법심사의 대상이 될 법률문제로 보고, 다만 일정한 경우 不確定法概念에 대한 행정청의 법해석이 법원의 그것에 우선하게 된다는 점에 있다.

판덱텐(법(法)) 〔獨〕 Pandekten (Pandektenrecht) ① 본래는 學說彙纂을 가리킨다. ② 로마법의 繼受가 행하여진 국가, 그 중에서도 독일에서는 로마법계의 私法, 즉 게마이네스 레히트를 말하는데 이 게마이네스 레히트는 본래의 로마법을 교회법·독일고유법에 의하여 수식한 것이라는 것을 표시하려고 하는 경우에는 특히 판덱텐의 근(현)대적 관용(usus mod-ernus Pandectarum)이라는 칭호로도 사용된다. 이러한 판덱텐(법)의 연구는 18세기의 自然法思想에 의하여 일시 중단되었으

나, 19세기 이래 융성하였으며 현대 독일민법학에 있어 큰 기초를 쌓았다.

판덱텐의 근(현)대적 관용(近(現)代的慣用) 〔羅〕 usus modernus(hodiernus) Pandectarum → 판덱텐(법)

판 례(判例) 〔英〕 precedents 〔獨〕 Gerichtsgebrauch 본래는 재판의 先例를 말하고(法組 17iii 참조), 判決로서 되풀이된 것을 가리킨다. 그러나 판결로서 되풀이 되면 여기에 抽象的인 法則이 발생하게 되는데 이 법칙, 즉 재판·판결에 의하여 명백히 되어 장래에 있어서 준수되는 規範도 판례라고 한다(→ 판례법). 그리고 다만 1회의 판결이라도 거기에 합리성이 존재하는 한, 장래에 있어서의 규범인 가치를 가지므로, 판례라고 불릴 때가 있다.

판례법(判例法) 〔英〕 case law, judgemade law 〔獨〕 Judikaturrecht 判例를 法源으로 인정하는 경우에 판례의 형태로 존재하는 법을 판례법이라 한다. 영미법계에서는 판례가 가장 중요한 법원이며 판례법의 국가라고 말하여지고 있지만, 成文法을 중심으로 하는 우리나라에 있어서는 판례를 法源으로 인정할 것이냐 아니냐에 관하여 다툼이 있다. 우리나라에 있어서는 상급심의 판단은 그 사건에 관하여서만 하급심을 구속하며(法組 8). 대법원의 판례변경은 엄격히 절차적으로 제한되어 있다는 점(7 Ⅰ iii)에서 판례의 法源性을 인정할 수 있겠다.

판례집(判例集) 법원의 재판을 集錄한 것. 사실상의 先例도 될 뿐만 아니라 학문상으로도 중요한 연구자료가 된다. 더욱이 不文法國家에서는 法源에 관한 제1차적 권위서가 됨을 주의해야 한다(→ 선례구속력의 原則). 우리나라에서는 법원행정처에 의하여 大法院判決集이 간행되고 있는데, 이는 대법원의 판결 중에서 중요한 것을 집록한 것이다.

판매조합(販賣組合) 조합원의 생산물을 가공하거나 또는 가공하지 않고 판매하는 협동조합. 종전의 山林組合法은 이 명칭의 조합을 규정하고 있었으나 오늘날의 각 협동조합법은 특히 이 명칭을 쓰지 않고 각 協同組合의 사업내용으로서 규정한다. → 협동조합

판매죄(販賣罪) 형법이 특히 금지하고 있는 목적물을 有償으로 타인에게 교부함으로써 성립하는 범죄의 총칭. 아편·아편흡식기 등의 판매죄(刑 198, 199), 인지·우표유사물판매죄(222), 음화반포·판매죄(243), 통화유사물판매죄(211) 등은 목적물의 유포로 인한 公益侵害를 본질로 하기 때문에 무상분포나 단순한 공개도 동일한 취급을 받는다.

판매(販賣)**카르텔** 제품판매에서 생기는 경쟁을 없애기 위한 카르텔, 販賣價格을 통제하는 카르텔과 판로를 통제하는 카르텔이 있는데 제품의 공동판매를 하는 共同販賣카르텔이 가장 중요하다.

판무관(辦務官) 全權大使 또는 全權公使를 파견하지 않은 조약국에 파견되어 대개 국가 또는 정부 전체를 대표하지 아니하고 각 사항에 한하여서만 대표하는 外務官을 말한다.

판 사(判事) 大法院을 제외한 각급법원의 법관. 大法官에 대한다. 판사는 보직에 따라 지방법원판사·가정법원판사, 고등법원장·특허법원장·행정법원장·지방법원장·가정법원장인 판사 및 고등법원부장판사·특허법원의 부장판사, 지방법원과 가정법원의 부장판사 및 고등법원판사 등으로 나눌 수 있고 각기 그 임명자격이 다르게 되어 있다. 지방법원판사가 되려면 사법시험에 합격하여 사법연수원의 소정과목을 畢하거나 그 밖에 檢事나 辯護士의 자격이 있어야 한다. 판사는 대법원장이 임명하고 직위를 부여한다(憲 104Ⅲ, 法組 44). 판사는 헌법과 법률에 의하여 그 양심에 따라 독립하여 심판한다(憲 103). 판사의 임기는 10년으로 하며, 그 任用節次와 같은 방법에 의하여 연임될 수 있다(法組 45Ⅲ). 대법원장의 정년은 70세, 대법관의 정년은 65세, 고등법원장 및 사법연수원장인 판사의 정년은 63세이다(憲 105Ⅳ, 法組 45Ⅳ). 법관은 彈劾 또는 형벌·징계처분에 의하지 아니하고는 罷免·停職·減俸 또는 불리한 처분을 받지 아니한다(憲 106Ⅰ). 판사가 중대한 심신상의 장해로 직무를 수행할 수 없을 때에는 법률이 정하는 바에 의하여 퇴직하게 할 수 있다(憲 106Ⅱ, 法組 47). 판사의 징계를 위하여 대법원에 法官懲戒委員會를 둔다(48). 법관징계위원회는 위원장 1인, 위원 6인으로 구성하고 예비위원 4인을 두는데, 위원장은 대법관 중에서 대법원장이 임명한다(法官懲戒法 4Ⅱ, 5Ⅰ). 판사는 재직중 정치운동 등에 참여하지 못한다(法組 49). 판사의 보수는 법률로써 정한다(46Ⅱ). 위에서 본 모든 제도들은 司法權의 獨立을 보장하기 위한 것이다.

팔시간노동제(八時間勞動制) 1일의 근로시간을 8시간으로 하는 것. 임금인상과 함께 19세기 특히 그 후반이래 노동운동의 주요목표로 되었었으며, 베르사이유講和條約의 노동편에서도 이 원칙이 정하여졌었다. 근로기준법도 이 원칙을 채용하고 있다(勤基 49Ⅱ). 그러나 상당한 예외를 인정하고 있다(50, 51, 58, 61).

패 소(敗訴) 訴訟當事者의 일방이 자기에게 불리한 재판을 받는 것. 원고가 청구기각의 판결을 받고, 피고가 청구인용의 판결을 받은 것과 같다. 패소의 당사자는 訴訟費用을 부담하는 것이 원칙이다(民訴 89). 다만, 행정소송의 경우에는 청구인용으로 인한 공익의 피해가 더 크다고 판단되면 실체관계와 달리 원고패소판결 형식의 사정판결을 하게 되는 바, 이러한 事情判決은 실질적인 패소가 아니라 利益衡量上 행하여지는 것에 불과하다.

패 지(牌旨) 일반적으로 지위나 신분이 있는 자가 비천한 자에게 권한을 부여하는 文書. 좁은 뜻으로는 패지는 노비에게 土地·家屋·奴婢 등의 매매, 典當을 할 것을 명하는 문서를 말한다. 그러므로 그 문서는 賣渡나 典當의 권한을 부여한 위임장적 성질을 띠고 있다고 볼 수 있다. 관습상 노비가 그 권한을 결정적으로 행사할 수 있는 것이 아니고, 이것을 제시하고 買受者를 구하고 願買者가 있으면 그 패지를 교부하고 그 사실을 주인에게 보고하는 동시 그 승낙을 얻어 자기이름으로 放賣文記를 작성하여 舊文記에 첨부하여 대금과 상환하여 매수인에게 교부함으로써 매매가 완료된다. 그러므로 패지에는 목적물의 소재가 명시되고 賣渡 또는 전당의 의사표시가 있으며, 典當인 경우는 차용금액이 역시 명시된다. 패지제도가 발생한 이유는 상당한 지위에 있는 자가 自己名義로 재산을 처분하는 것을 혐오하는 관습에서 기인된 것이다.

팽창주의(膨脹主義) 파산선고 당시의 파산자의 재산뿐만 아니라 파산절차중 利得한 재산까지 破産財團에 흡수시키는 주의. 固定主義(비팽창주의)에 대한 말이다. 일찍이 오스트리아·프랑스·일본구상법이 채택한 바이나, 파산법은 이를 취하지 않고 있다. 이 주의는 파산재단을 증식하고, 파산채권자에 되도록 많은 변제를 얻게 할 수 있고 新得財産의 낭비 또는 隱匿을 방지할 수 있는 외에, 또 중복하여 제2 이하의 파산을 개시할 필요없는 등의 장점을 갖고 있다. 그러나 이 주의에 의하면 파산선고후에 새로 생긴 채권자의 보호가 전혀 결여되어 있다. 왜냐하면 파산선고후에 취득한 재산은 점차 재단에 흡수되어 버리고 말았기 때문이다. 또 이 주의에 의하면 파산절차중은 파산자는 새로 사업을 개시하여 경제적 활동을 할 수 없다. 따라서 생활의 곤란을 가져오고 또 破産節次를 연장시키는 결점이 있다.

퍼로울 〔英〕 parole 保護觀察과 결부된 假釋放. 가석방은 受刑者의 사회복귀를 촉진하기 위하여 형사정책상 매우 중요한 것인데, 그 기능을 충분히 발휘하기 위하여는 보호관찰과 결부되는 것이 필요하다. 이 제도는 英·美에서 발달한 것이다.

퍼블릭 코퍼레이션 〔英〕 public corporation 독립의 法人格을 가진 公共的 企業體. 公有會社로 번역되는 때도 있다. 국영사업·公企業의 자주합리화, 私企業의 사회화 등의 요청을 충족하기 위한 특수의 기업형태. 그 성격·형태는 여러가지인데, 공공적 소유·공공적 지배·경영의 자주성에 의하여 특색이 나타난다. 미국의 政府所有會社(government-owned corporation), 영국의 公企業트러스트(public utility trust), 우리나라의 공공기업체 등의 공법상의 법인, 특수회사, 특수법인 등도 이에 속한다.

퍼스널 액션 〔英〕 personal action 영미법상의 人的訴訟. 로마법에는 對人訴訟(→ 악치오인 뻬르소남)이라는 것이 있어서 피고가 계약 또는 불법행위에 의해서 부담한 의무의 추구를 행함에 있어 사용되었다. 이와 마찬가지로 예전에 보통법에 있어서도 人的訴訟이라는 것이 物的訴訟(리얼 액션)에 대한 것으로서 인정되고 있었다. 물적소송이 오로지 不動産(리얼 프로퍼티)에 관하여, 特定不動産 그 자체의 반환·회수를 목적으로 하여, 말하자면 물건에 대해서 행하여진 소송인데 반하여 인적소송은 특정인에 대해서 제기되는 소송이며, 그 특정인이 계약 또는 불법행위에 의해서 채무 또는 의무를 부담하고 있을 때, 채권자 또는 권리자가 그것을 강행하기 위해서 제기하는 소송이다. 소송이 物的訴訟과 人的訴訟으로 구분되어 있었기 때문에 전자에 의해서 회복되는 것이 부동산(real property)이라 불리고, 후자에 의해서 강행되는 것이 동산(personal property)이라 불리게 되었다.

퍼스널 프로퍼티 〔英〕 personal property → 리얼 프로퍼티·퍼스널 프로퍼티

페리초안(草案) 〔伊〕 Progetto Ferri 1921년 이탈리아의 刑法草案. 페리의 지도하에 작성된 것이므로, 페리초안이라고 한다. 이 초안은 新派理論, 實證主義의 이론으로서 일관되어 있다. 즉 責任觀念과 刑罰觀念을 부정하여 책임 대신에 위험한 성격을, 형벌 대신에 제재를 두어 범죄인의 성격을 표준으로 한 처치에 의하여 社會防衛의 효과를 거두려고 하고 있다. 이 초안은 1922년 파시스트 정권수립에 의하여 매장되었으나, 1926년의 구소련형법은 이 정신을 繼受하고 있다.

페에데 〔獨〕 Fehde 게르만 古代에 있어서, 생명·신체·재산·명예 등 개인의 법익이 침해

된 경우에는, 피해자가 속하는 지페는 가해자가 속하는 지페에 대하여 복수를 행하는 권리 · 의무가 있었으며 한편으로 가해자가 속하는 지페는 가해자를 방위하여 복수에 응할 의무가 있었다. 그리고 이러한 적대관계에 대하여는 까뷔따스는 절대 간섭하지 아니하였다. 즉, 페에데의 본질은 公刑罰이 확립되기 이전의 단계에 있어서 공형벌에 대신하여 행하여진 합법적인 복수였다. 즉, 페에데의 본질은 지페의 소멸후에는 각 개인간에 행하여졌다. 페에데는 프랑크시대에는 국왕이 한편에서는 公刑罰의 확립에 노력함과 아울러 다른 한편에서는 페에데의 행사를 제한하였으므로 감소하였으며, 그 후 중세기에 다시 성행하였으나 중세말엽에는 법률상 엄격히 금지되어 거의 자취를 감추었다.

팩터링제도(制度) 〔英〕 factoring system 팩터링이란 賣出債權引受業을 말하며 팩터링제도는 이를 위한 금융제도를 뜻한다. 신용에 의한 商去來를 보장하는 금융제도의 하나로 미국, 영국, 일본 등 선진제국에서 오래 전부터 보급되어 왔다. 채권인수를 담당하는 회사는 신용상태가 좋은 물품구입자 대신에 물품대금을 매출자에게 지급해 주는 업무외에도 先貸를 하고 업체의 신용조사, 보증업무, 매출기업의 회계관리, 상품개발을 유도하고 在庫金融도 해준다. 이 제도가 있으면 매출자나 매입자 모두 큰 부담없이 외상거래를 할 수 있다. 1980년 이래 우리나라에도 도입되어 가전제품 등 일부 상거래에 이용되고 있다.

펜실바니아제(制) 〔英〕 Pennsylvania system 晝夜間獨居拘禁制를 말한다. 미국 펜실바니아주 필라델피아시에서 1821년부터 1829년 사이에 펜실바니아 주법에 의하여 설치된 제도이기 때문에 펜실바니아제 또는 필라델피아제라고 부른다. 이 제도는 1796년경 필라델피아의 퀘이커교도(Quaker)의 회합에서 논의되어 구체화된 것인데, 범죄인은 정신적 퇴폐자이므로 먼저 그 정신적 퇴폐성을 제거하고 건실한 인간으로 되돌아가게 하지 않으면 아니되고 그러기 위해서는 범죄인 스스로의 精神的 · 贖罪的 수양이 필요하다는 데에서 엄격한 독거구금제로서 창안된 것이다.

ㅍ

펠로니 〔英〕 felony 重罪. 보통법에 있어서 부동산 및 동산의 失權(forfeiture)을 수반하는 범죄. 형벌은 거의 사형(사형이 중죄의 요소라고 생각되었을 정도)이었다. 謀殺(murder) · 故殺(manslaughter) · 强姦(rape) · 鷄姦(sodomy) · 强盜(robbery) · 窃盜(larceny) · 放火(arson) · 夜間窃盜(burglary) · 重傷害(mayhem) 등이다. 1870년 失權法(Forfeiture Act)이 폐지되면서부터는 制定法에서 중죄가 규정되게 되었다. 그리하여 범죄의 범주로서의 重罪는 叛逆罪(treason)보다는 가볍고 輕罪(미스디미너)보다 무거운 죄이다. 미국에서는 실권이나 몰수는 없지만 보통법에서 중죄로 되어 있는 것은 중죄로 되어 있는 외에 영국의 제정법 또는 보통법이 경죄로 다루고 있는 것의 약간을 중죄의 범위에 넣는 州도 있다. 또한 미국에서는 제정법에 따라서는 사형 또는 주형무소구금, 사형 또는 중노동구금, 사형 또는 1년 이상의 구금의 형이 法定刑으로서 규정되어 있는 것을 중죄라고 정의를 내리고 있는 것도 많다. 중죄와 경죄의 구별은 중죄에서는 正犯과 從犯이 처벌되지만, 輕罪에는 정범만이 처벌되고, 중죄를 범함에 즈음하여 사람을 죽이면 謀殺(murder)이지만, 경죄의 경우이면 故殺(manslaughter)이며, 重罪犯人에게는 체포에 영장을 요하지 않지만, 경죄인 때에는 필요한 경우가 있고 중죄이면 정식 公訴狀(indictment)을 요하는 등의 점에 있어서 중요하다.

편면적 공동정범(片面的共同正犯) 〔獨〕 einseitige Mittäterschaft 共同實行者의 일부의 자에게만 공동실행의 의사가 있고, 다른 사람에게는 이를 缺하는 것. 통설은 共同正犯이 성립하기 위하여는 공동자의 상호적인 의사의 연락을 필요로 하므로 편면적 공동정범은 공동정범이 아니라고 본다. 예컨대, 甲은 乙이 丙을 죽이는 것을 알고서 공동실행할 의사로서, 그러나 을에게는 그 공동의 의사없이 양자가 병에 대하여 발포한 결과, 병이 을의 탄환에 맞아서 사망한 경우에, 갑은 결과에 대하여 旣遂의 책임이 없게 된다. → 공동정범

편면적 공범(片面的共犯) 〔獨〕 einseitige Teilnahme 편면적 공범에는 片面的 共同正犯과 片面的 從犯의 둘이 있다.

편면적 종범(片面的從犯) 〔獨〕 einseitige Beihlife 종범에 있어서 공동하여 범죄를 행하는 의사가 幇助者에게만 있고 被幇助者(正犯者)에게는 없는 경우를 말한다. 통설은 종범에 있어서 방조자가 정범의 실행행위를 인식하여 이를 방조할 의사가 있으면 족하고, 正犯者는 방조를 받고 있다는 것을 인식할 필요가 없다고 하여, 편면적 종범도 從犯이라고 본다. 예컨대, 甲이 절도를 행하는 것을 알고, 그 발각을 막기 위하여 乙이 망을 본 경우에는 갑이 을의 행위를 모른다고 할지라도, 을의 망보기 행위는 갑의 窃盜의 종범이 된다. 片面的 幇助犯이라고도 한다. → 종범

편무계약(片務契約) 당사자의 일방만이

채무를 부담하거나 또는 쌍방이 채무를 부담하더라도 그 채무가 서로 대가적 의미를 갖지 않는 계약. 典型契約 가운데서 贈與·使用貸借·懸賞廣告가 이에 속한다. 消費貸借·委任·任置도 무상인 때에는 역시 편무계약이다. 同時履行의 抗辯權이나 위험부담의 문제가 생기지 않는 점에서 雙務契約과 구별된다. → 쌍무계약

편무예약(片務豫約) → 예약

편무최혜국조관(片務最惠國條款) 무역을 함에 있어 문명국과 미개국 또는 약소국간에 이루어지는 보편적인 最惠國條款을 말한다.

편의소송(便宜訴訟) 〔獨〕 Konventionalprozess 사건마다 심판의 방법을 재판기관이나 당사자가 자유로이 결정할 수 있는 소송. 任意訴訟이라고도 한다. 현재의 國家裁判權의 행사로서의 소송에서는, 재판의 적정·공평과 소송처리의 신속·능률의 견지에서 소송절차는 법규에 의하여 획일화되어 편의소송은 허용되지 않는다.

편의소추(便宜訴追) 형사소송에 있어서 법률의 明文에 의하여 범죄가 인정되고 이에 대하여 公訴를 제기할 조건이 구비되어 있는 때에도 공익상 소추의 필요 여부에 따라서 소추하거나 하지 아니하는 제도를 便宜訴追(刑訴 247) 또는 起訴便宜主義라고도 부른다.

편의재량(便宜裁量) 〔獨〕 Ermessen der Zweckmässigkeit 구체적인 경우에, 무엇이 행정의 목적에 적합한가 무엇이 공익에 합치하는가의 문제에 관한 행정청의 재량. 合目的的 裁量 또는 公益裁量이라고도 하며, 法規裁量에 대한 관념. 이 재량권의 범위내에서 행한 행위는 설사 그 재량을 잘못 하였을지라도 원칙적으로 행정상 부적당한 결과를 발생하는데 그치고(→ 부당처분), 당해 행위를 위법화하는 것은 아니며(→ 위법처분), 따라서 그 재량의 당부의 판단은 법원의 권한에 속하지 않고, 주로 행정기관의 권한에 속한다. 다만, 편의재량과 법규재량을 법본질적으로 구별될 수 있는 성질의 것이 아니라 법의 구속정도에 따르는 상대적인 것에 불과한 것으로 보는 것이 통설과 판례의 입장이다. 또, 근자에는 예외적으로 그 부당이 현저한 경우에는 위법으로서 법원의 심판대상이 될 수 있다는 견해가 유력하다. → 자유재량

편익관세(便益關稅) 條約의 특별규정에 의하여 편익을 받지 아니하는 나라로부터 수입되는 생산물에 대하여 다른 나라와의 조약의 특별규정에 의한 편익의 한도내에서 부과하는 低率의 關稅(關稅 14, 施行令 4의26).

편철필증(編綴畢證) 申請書編綴簿에 편철을 완료한 경우에 등기공무원이 등기권리자에게 교부하는 편철완료의 증명서(不登 83). 등기부의 전부 또는 일부가 멸실한 경우에 신청서편철부는 등기부에 갈음하는 작용을 하는데, 이 편철필증은 그 경우에 登記畢證의 기능을 말한다. 새로운 등기부가 작성되면 이 편철필증을 제출하여 등기필증의 교부를 받아야 한다(85).

편취죄(騙取罪) 타인의 점유하에 있는 재물을 그 점유자의 하자있는 의사에 기하여 영득하는 죄. 詐欺罪·恐喝罪가 이에 속한다. 領得罪의 일종이지만, 그 의사에 반하여 영득하는 奪取罪에 대한다.

평가규범(評價規範) 〔獨〕 Bewertungsnorm 객관적 위법성설이 違法性의 판단의 기초에 있다고 하는 규범. 즉 법은 명령·금지를 하기 위하여는 그 논리적 전제로서 먼저 무엇이 허용되고 무엇이 허용되지 않느냐를 평가하지 않으면 안된다. 따라서 법은 決定規範으로서 기능하기 전에 먼저 평가규범으로서 기능함을 요한다. 이러한 법의 평가규범의 면에 의하여 부정적인 價値判斷을 받는다는 것이, 바로 위법성을 띠고 있다는 것이다. 그리고 결정규범에 반하는 것은 책임능력자의 행위에 한정하나 평가규범에 의하여 평가를 받는 것은 이에 한정하지 않는다고 주장한다. 이와 같이 위법성과 책임과의 분리를, 평가규범과 결정규범과의 분리에 대응시키는 것은 메츠거에 의하여 시도되었으며 客觀的 違法性說을 기초지운다고 한다.

평가익(評價益) 財産評價를 행한 결과 장부상 나타나는 이익. 이와 같은 평가익은 투기적인 불확정한 이익이므로 이를 허용함은 기업의 건전성을 위태롭게 할 뿐만 아니라 선의의 채권자를 해치는 것이다. 상법상 流動資産 및 固定資産에 대한 평가익의 산출이 가능하다(31).

평 결(評決) → 합의, 뷔딕트

평균보험료(平均保險料) 〔英〕 average premium 〔獨〕 Durchschnittsprämie 生命保險에 있어서 보험료를 契約期間에 의하여 매년 평균해서 일정액의 보험료로 한 것. 예컨대 사망보험에서 자연보험료를 징수하면 실제생활의 수요에 반하기 때문이다. → 보험료적립금

평균인(平均人) 〔英〕 average man 〔獨〕 Durchschnittsmensch 〔佛〕 l'homme moyen 보

통인(common man)·일반인·통상인 등 여러가지 표현이 있으나, 글자의 뜻대로 사회에 있어서의 보통의 평균적인 判斷 및 行爲의 능력을 가진 사람을 말한다. 법은 현실적 실천을 목적으로 하는 規範이므로, 도덕규범과는 달리 보통인이라면 누구라도 할 수 있는 것을 규정한다. 평균인이란 법적 견지에서 볼 때는 법이 대상으로 하는 인간이다. 그러므로 법은 평균인을 예상한다라고 하는 의미에 있어서의 法的 責任 등을 판단하는 척도가 된다. 예컨대 과실책임의 경우에 있어서 평균인이면 당연히 주의했을 것이다라는 것을 規準으로 하고, 그런데도 불구하고 그와 같은 주의의무를 태만히 한 경우에 생기는 期待可能性의 표준도 평균인에 두는 것이 보통이다.

평균임금(平均賃金) 근로기준법상 이를 산정하여야 할 사유가 발생한 날 이전 3월간에 당해 근로자에 대해서 지급된 임금의 총액을 그 기간의 총일수로 나눈 금액을 말한다(勤基 19). 퇴직금(34)·휴업수당(45)·재해보상(82, 83, 85~88)·취업규칙에 의한 減給(96) 등의 경우에 평균임금을 산정할 필요가 생긴다.

평균적 정의(平均的正義) 〔羅〕 iustitia commutativa 〔英〕 rectificatory justice 〔獨〕 ausgleichende Gerechtigkeit 〔佛〕 justice rectificatrice →정의

평 등(平等) →법앞의 평등

평등권(平等權) 모든 사람은 법앞에 평등하다는 것이 그 권리의 내용이다. →법앞의 평등

평등배당주의(平等配當主義) 〔獨〕 Ausgleichsprinzip 금전집행에 있어서 압류채권자에 우선권을 인정하지 아니하고, 압류채권자 및 집행에 참가한 채권자는 그 채권액에 비례하여 평등하게 변제를 받을 수 있도록 하는 주의. 優先配當主義·集團配當主義에 대한 말이다. 프랑스민사소송법이 채용하는 주의로서 일본법이나 우리나라 법에서도 마찬가지이다. 이 주의가 이유로 하는 점은 ① 채권자는 實體上 平等이고, 채무자의 재산은 총채권자의 일반담보가 되므로, 무담보채권자가 押留質權 기타의 우선권을 취득하는 것은 債權者平等의 原則에 반한다. ② 優先主義의 논거로서 권리의 실행에 열심인 자가 우선적 지위를 차지하는 것은 당연하다는 것을 들 수 있으나, 먼저 집행에 착수한 자가 반드시 권리실행에 열심이라고는 말할 수 없다. 債務名義의 종류, 집행기관의 사무의 繁閑 등, 우연한 사정에 좌우되는 일이 적지 아니하다. ③ 우선주의를 인정한다면 채권자가 용서없이 집행하는 경향을 조장하고 채무자에 대하여 가혹하다는 등이다. 평등배당주의에 대하여는 집행을 지연시키고 또 불확실하게 하며, 다른 채권자의 配當加入에 대비하기 위하여 압류의 범위를 팽창시킨다는 비난을 가한다. 우리나라에서도 立法論으로서는 우선주의를 주장하는 사람도 있지만, 執行力있는 正本을 가진 자에게만 배당요구를 허용함으로써 무제한한 평등배당주의를 수정하여야 한다는 논의가 유력하다.

평등상속(平等相續) 균분상속과 같다.

평등선거(平等選擧) 〔獨〕 gleiches Wahlrecht 〔佛〕 suffrage égal 각 선거인이 가지는 選擧權의 효과가 평등한 선거제도. 재산·교육·납세 등에 의해서 선거권의 효과에 차등을 두는 제도인 不平等(差等)選擧와 구별된다. 직접·비밀·보통선거와 아울러 평등선거는 입헌국가에서의 선거제도상 가장 중요한 원리의 하나이다. 우리 헌법도 국회의원에 평등선거를 선언하고 있다(41 Ⅰ). →불평등선거

평등원칙(平等原則) 행정법에 있어서 평등의 원칙은 條理의 내용으로 보는 것이 일반적인데, 행정작용에 있어서 특별한 합리적인 사유가 없는 한 상대방인 국민을 평등하게 처우하여야 한다는 것을 말한다. 다만 최근에는 헌법의 具體化 法으로서 행정법의 일반원칙으로 보는 견해도 있다. 이러한 평등의 원칙은 行政作用의 모든 영역에 적용되는 것인데, 특히 行政裁量의 영역에 그 의의를 가진다. 이는 평등의 원칙이 재량권을 한계지우는 기능을 하기 때문이다. 異見도 있으나, 행정의 自己拘束의 법리의 근거 및 行政規則의 法規로의 매개근거가 된다고 하겠다.

평수구역(平水區域) 航海區域의 하나. 湖川·港內 및 선박안전법시행령에 구체적으로 열거된 구역이 이에 속한다(41). 호천·항만과 해상의 분계점은 이 구역에 의하고 이 구역을 항해하는 선박은 內水船이라 부르며 陸上運送에 관한 규정이 적용된다(商 125).

평시국제공법(平時國際公法) 평시국제법과 같다.

평시국제법(平時國際法) 〔英〕 international law in time of peace 평화시의 국제법. 전쟁시의 國際法(戰時國際法)에 대응한다. 양자가 합해서 국제법의 전체를 형성한다. 평시국제법은 단순히 평화시에 행하여질 뿐 아니라 전쟁시라도 중립국 상호간은 물론 중립국과 交戰國간에서도 중립법규의 범위 외에서는 의연히 행하여진다. 평시국제법은

ㅍ

국제법의 중요한 기본적 부분이다. 국가간의 관계도 본래는 평화를 정상적인 관계로 하는 것이다. 전쟁이 있을 때라도 이에 관계없는 한도내에서 평시국제법이 행하여진다는 점을 보면 그것은 명백하다. → 국제법, 전시국제법, 중립법규

평시봉쇄(平時封鎖) 〔英〕 pacific blockade 〔獨〕 Friedensblockade 〔佛〕 blocus pacifique 평시에 행하는 봉쇄. 復仇의 수단으로 행하여지는 경우가 많다. 봉쇄는 상대국에 통지하고 실제에 있어 선박의 교통을 차단할 수 있는 해군력을 배치함으로써 성립한다. 봉쇄된 국가의 선박이 封鎖線을 侵破(→봉쇄침파)하면 동선박을 나포하여 압류할 수 있으되 沒收는 금지되므로 봉쇄가 종료된 후에는 반환하여야 한다. 그러나 제3국의 선박은 몰수는 물론 억류도 행할 수 없다. 復仇의 수단으로 행하여진 평시봉쇄는 상대국의 불법행위가 중지되고 그에 대한 救正이 성취되었으면 해제하여야 한다. 전쟁에 이르지 않는 일반적인 무력행사까지 금지하고 있는 현재, 상대국에 대하여 일방적인 무력행사를 취하는 平時封鎖行爲도 당연히 금지되어야 할 것이다(國際聯合憲章 2Ⅳ 참조). →복구, 봉쇄

평시점령(平時占領) 〔羅〕 occupatio pacifica 〔英〕 pacific occupation 평시에 조약이행의 保障·復仇·干涉 등의 수단으로서 행하는 점령. 헤이그陸戰法規를 준용하나 실정에 부합되지 않는 점이 많다. →점령

평화(平和)를 위한 단결결의(團結決議) 〔英〕 Uniting for Peace Resolutions 1950년 11월 2일 제5회 국제연합총회에서 채택된 결의로서 安全保障理事會가 拒否權으로 인하여 활동할 수 없을 때, 총회가 침략방지의 권고를 할 수 있음을 명백히 한 것. 기타 중요사항으로서 평화에 대한 위협을 현지에서 감시하는 平和觀察委員會, 집단안전보장조치의 강화를 연구하는 集團措置委員會를 설치하여 가맹국에 대하여 총회 또는 안전보장이사회의 권고에 응하여 국제연합부대로서 활동하는 군대의 유지를 권고하고 있다. 구소련 등 5개국은 이 결의에 반대하였다. 이 결의는 한국전쟁의 경험에 비추어 총회의 권한을 강화한 것인데 1956년의 수에즈분쟁, 헝가리동란, 1958년의 中東紛爭에는 긴급특별총회가 개최되어 상당한 성과를 거두었다.

평화선(平和線) 〔英〕 Peace Line 1952년 1월 18일의 大韓民國隣接海洋의 主權에 대한 대통령의 선언에 의하여 설정된 것으로서, 세칭 이승만라인을 말한다(國務院告示 제14호). 이 선언은 전문과 4개항의 조문으로 구성되어 있다. 前文에서는 이 선언이 확정된 국제적 先例에 의거하고 국가의 복지와 방어를 보장하는 요구에 의한 것임을 명백히 하였다. 즉, 평화선은 이른바 맥아더라인에 대치할 목적으로 설정된 것이므로, 일본과의 관계에 있어서 어업분쟁의 가능성을 미리 봉쇄하기 위한 의미를 가진 것이며, 더 나아가 이른바 클라크라인에 대치된 일종의 防衛水域의 성격을 겸한 것이다. 1항에서는 한반도와 그 부속도서의 隣接海洋에 존재하는 海棚(大陸棚)에 대하여 그 심도 여하를 불문하고 대한민국의 주권을 보존·행사한다는 것을 선언하였다. 2항에서는 자연자원 특히 魚族의 지속적 생산성을 확보하기 위하여 인접해양에 대한 주권을 선언하고 한국의 주도권에 의한 保存水域의 설정을 言明하였다. 3항에서는 전 2항의 목적을 달성하기 위하여 설정한 경계선을 緯度와 經度로서 명시하였다. 또한 이 경계선이 과학의 발달과 보조를 같이 하여 새로운 정세에 합치하도록 수정될 수 있음을 말하고 그것에 신축성을 부여하였다. 끝으로 4항에서는 상기 수역상의 航行自由를 방해하지 않는다고 선언하여 현대 公海自由의 原則과의 조화를 기도하였다. 평화선은 원래 국제법상의 견지에서만 설정된 것이 아니다. 장구한 시일의 일본에 의한 韓國强占이라는 역사적·정치적 배경을 무시하고는 이해할 수 없는 것이다. 그러나 국제법상으로도 일본측이 주장한 바와 같은 불법적인 것으로 단정하는 것은 잘못이다. 1958년 제네바海洋法會議에서 채택된 어업 및 공해생물자원의 보존에 관한 협약 7조에 의하면 연안국은 일정한 경우에 일방적인 보존조치를 취할 수 있게 되었다. 다만 이와 같은 보존조치를 정당화하는 사유로서, ① 그 조치의 긴급성, ② 그 조치의 과학적 타당성, ③ 외국어부에 대한 평등대우를 요구하고 있을 뿐이다. 일본은 과거 한국강점시대에 朝鮮漁業令을 발포하여 현 평화선에 비슷한 트롤어업금지구역을 설정한 사례도 있다. 일본이 이와 같은 獨占水域을 필요로 하였다면, 그 남획으로부터 어족을 보호하고 지속적 적정생산성을 유지하기 위한 水域의 설정이 독립된 한국에게 더욱 절실히 필요한 것임을 말할 것도 없다. 일본에 대한 관계에 있어서는 平和線은 대한민국과 일본국간의 漁業에 관한 협정에 의하여 어업에 관한 水域으로 수정되었다. →접속수역, 방위수역, 대륙붕

평화(平和)에 대한 죄(罪) 〔英〕 crime against peace 〔佛〕 crime contre paix 평화에 대한 죄라 함은 侵略的 戰爭이나 국제법·조약·협정·서약에 위반되는 전쟁을 계획하며 준비·개시·실행하며, 또한 이러한 행위를 달성하기 위하여 공동의 계획이나 모의에 참가한 것을 의미한다(國際

軍事裁判所條例 6, 極東國際軍事裁判所條例 5). 바꾸어 말하면 침략전쟁이나 국제법 위반의 전쟁을 발기함으로써 평화를 파괴한다는 이유로서 이것을 평화에 대한 죄라고 한다. 평화에 대한 죄를 전쟁범죄로서 처벌하는 것은 종래에 선례가 없었으며 제2차 세계대전후에 새로이 된 戰爭犯罪의 개념이다. →새로운 전쟁범죄

평화의무(平和義務) 〔獨〕 Friedenspflicht 團體協約의 存續期間中은 협약에 정해져 있는 조항에 관하여는 분쟁을 피하여 그 내용의 개정을 목적으로 하는 罷業, 職場閉鎖 등의 쟁의행위는 하지 아니한다는 노사양당사자의 기본적인 의무. 협약 중에 규정되어 있지 아니한 사항과 협약에 규정되어 있는 것과 무관한 사항에 관하여 쟁의를 행하는 것은 자유이다. 소위 絶對的 平和義務, 즉 단체협약의 유효기간중은 여하한 사항에 관한 것이든 일체 쟁의에 호소할 수 없다는 약정 내지 의무가 법률상 유효한 약정 내지 의무인가에 관하여는 학설상의 대립이 있다. 평화의무에 위반하여 노사당사자의 어느 일방이 爭議行爲를 하였을 경우는, 그는 협약위반으로서의 손해배상의 책임을 져야 할 것이다. →평화조항

평화적 변경(平和的變更) 〔英〕 peaceful change 현재의 國際法關係(특히 條約關係)를 평화적 수단에 의하여 현실의 국제사정에 맞도록 변경하는 것. 국제법에 의해서 보장되고 있는 현상은 반드시 언제나 적정한 것이라고는 말할 수 없다. 당사국일방의 强迫에 의하여 형성된 것도 있고, 또 당초에는 어느 정도의 정당성이 있었다 하더라도 그 후의 政治情勢의 변화에 따라 현실과의 갭이 생겨 그 現狀을 그대로 인정하는 것이 부당한 경우가 있다. 이러한 경우에 그것을 평화적 방법에 의하여 변경하고 현실과의 조화를 꾀하는 것은 國際法秩序를 위해서 꼭 필요한 일이다. 그 방법으로서 일반적으로 인정되고 있는 것은 조약당사국의 합의에 의한 변경이다. 사정변경을 이유로 당사국의 일방이 조약을 폐기할 수 있다는 이른바 事情變更의 原則은 확립된 국제법상의 원칙은 아니다. 그러나 합의에 의하여 평화적으로 변경한다는 것은 대개 利害相反으로 인해서 그 성공을 기할 수 없는 것이 실정이므로 평화적 변경을 위해서는 어떤 제3자, 특히 국제기관이 그것을 촉진하는 절차를 마련할 것이 필요하다. 이러한 점을 고려하여 國際聯盟規約 19조에서 총회는 그 적용이 부적당하게 된 조약의 재검토 및 그 존속이 세계의 평화를 위태롭게 할 우려가 있는 국제사태의 심의를 언제든지 勸告할 수 있다고 규정되었다. 그러나 실제로는 국제연맹이 이 규정을 적용한 일은 없었다. 국제연합헌장은 직접으로 조약의 재검토를 규정하지는 않았으나, 14조는 포괄적으로 평화적 변경의 조치를 인정하고 있는 것으로 해석되고 있다. →사정변경의 원칙

평화적 인민(平和的人民) 〔佛〕 population pacifique 交戰國의 병력에 속하지 않는 자. 직접 공격·살상할 수 없으나 간접적으로 살상을 받는 수가 있다. 보통은 포로가 될 수도 없으나, 작전행동의 실행, 병력의 안전, 점령지의 안녕질서에 필요한 때에는 포로로 하거나 특별한 단속을 할 수 있고 또한 군사상·정치상 중요한 지위에 있는 자는 포로로 하는 수가 있다. 평화적 인민의 敵對行爲는 戰時重罪가 된다.

평화조약(平和條約) 〔英〕 peace treaty 〔獨〕 Friedensvertrag 〔佛〕 traité de paix 강화조약과 같다.

평화조항(平和條項) 〔獨〕 Friedensklausel 勞使간에 발생하는 분쟁을 평화적으로 처리할 것을 약정하고 만약에 분쟁이 발생하였을 때에는, 이를 평화적으로 처리하기 위하여 약정한 절차를 밟고 난 후가 아니면 爭議行爲를 할 수 없다는 것을 단체협약 중에서 규정한 것을 말한다. 일반적으로 평화조항에서는 노사간의 분쟁을 쟁의에 호소하기 전에, 먼저 노동위원회의 조정이나 또는 기타의 노사당사자가 임의로 정한 紛爭處理機關의 조정을 거치지 않으면 쟁의행위를 하지 아니한다거나 또는 쟁의행위를 함에 있어서는 일정일시 전에 상대방에게 통고한 후가 아니면 쟁의행위를 할 수 없는 것으로 정하고 있는 것이 보통이다. 그러므로 평화조항에 위반하는 쟁의행위는 協約違反의 쟁의행위로서의 문제를 발생케 한다. →채무적 효력

평화회의(平和會議) →헤이그평화회의

폐 가(廢家) 戶主가 임의로 그 家를 廢棄하는 것. 그 폐기된 家를 가리키는 경우도 있다. 호주가 폐가하여 他家에 입적하는 경우에는 가족도 그 타가에 入籍한다(民 795). 민법상으로는 一家創立 또는 分家로 인하여 호주된 자가 타가에 입양하려는 경우(793) 또는 女戶主가 타가에 혼인하려는 경우(794)에 한하여 폐가를 인정하고 있으나, 해석상 本家相續의 경우에도 당연히 인정하여야 할 것이다. 폐가는 입양의 취소 또는 罷養으로 인하여 생가에 復籍하고자 하는 자(786Ⅰ), 夫의 사망후나 혼인의 취소 또는 이혼으로 인하여 친가에 복적하고자 하는 자(787Ⅱ)에 의하여 復興될 수 있다.

폐가부흥(廢家復興) →폐가

ㅍ

폐광지역진흥지구(廢鑛地域振興地區) 산업자원부장관이 폐광지역 중 다른 산업의 유치가 곤란한 지역의 경제를 진흥시키기 위하여 필요한 경우 도지사의 신청을 받아 지정한 곳(廢鑛地域開發支援에 관한 特別法 3Ⅰ). 도지사는 진흥지구의 環境保全 및 폐광으로 인한 환경오염을 해소하기 위한 계획을 수립 이를 반영하여야 하고 관계행정기관의 장의 의견을 들은 후 지방환경보전자문위원회의 심의를 거쳐야 한다(5Ⅰ·Ⅱ). 진흥지구의 지정요건은 ① 1988년도 1인당 산업생산 중 광업점유율이 100분의 50 이상인 시·군안에 있는 지역, ② 1988년도 석탄생산량이 전국 석탄총생산량의 100분의 3 이상의 시·군안에 있는 지역, ③ 1995년도 석탄 생산량이 1988년도 석탄생산량보다 100분의 40 이상 감소한 시·군안에 있는 지역이어야 한다(施行令 3). 진흥지구의 지정은 석탄산업의 사양화로 인하여 낙후된 폐광지역의 경제를 진흥시켜 지역간의 균형있는 발전과 주민의 생활향상을 도모하는데 목적이 있다. 특히 폐광지역 중 특히 열악한 지역으로서 대통령령이 정하는 지역에서는 카지노업을 허가해주고 있다. 허가기간은 3년이다(15).

폐 기(廢棄)〔條約의〕 〔英〕 denunciation 〔佛〕 dénonciation 한 당사국의 의사에 의하여 조약의 효력을 상실케 하는 것. 조약의 폐기사유로서 다음의 세 가지 경우를 들 수 있다. 첫째로, 權利의 拋棄이다. 권리를 갖는 자는 일방적으로 그것을 포기할 수 있으며, 조약에 인정된 권리에 관해서 그 권리를 갖는 당사국이 포기하는 경우에는 그 권리에 관한 한 條約은 효력을 상실한다. 둘째로 告知이다. 조약의 고지는 조약의 효력을 상실케 한다는 일방적인 通知인데, 조약 가운데는 일방당사국의 고지에 의하여 조약이 消滅할 것을 정하고 있는 것이 있다. 이러한 경우에는 고지에 의하여 조약이 폐기된다. 셋째로 條約의 違反이다. 한 당사국이 조약에 위반할 때에는 다른 당사국은 그 조약을 폐기할 수 있다. 조약의 위반은 당연히 효력을 상실케 하는 것이 아니라, 다른 당사국에 폐기의 권리를 갖게 한다. →조약의 소멸, 조약의 효력

폐기물(廢棄物) 쓰레기·燃燒滓·汚泥·廢油·廢酸·폐알카리·동물의 사체 등으로서 사람의 생활이나 사업활동에 필요하지 아니하게 된 물질을 말하며(廢棄物管理法 2ⅰ). 이 중에서 사업활동에 수반하여 발생하는 汚泥·폐유·폐산·폐알카리·폐고무·폐합성수지 등 환경 및 국민보건에 유해한 물질로서 대통령령이 정하는 물질을 特定廢棄物로 그 밖의 물질은 一般廢棄物로 보게 된다.

폐쇄적 구성요건(閉鎖的構成要件) 〔獨〕 Geschlossene Tatbestände 법률이 범죄형태에 관한 개개의 징표를 남김없이 기술해 놓음으로써 금지의 실질이 폐쇄·완결되어 있는 구성요건을 말한다. 罪刑法定主義의 법률확정성의 요구는 바로 구성요건의 폐쇄성을 요구하고 있기 때문에 거의 대부분의 구성요건은 폐쇄적 구성요건에 해당한다.

폐쇄해론(閉鎖海論) 〔羅〕 Mare Clausum 영국의 셀덴의 저서. 1618년에 쓰여 졌으며 1635년에 公刊되었다. 그로티우스의 自由海論을 반박하기 위하여 쓴 것이며, 국가가 일정한 해양을 영유하여야 한다는 것을 주장한 것. 자유해론의 반박서는 이 이외에도 많이 나왔으나 본서가 그 중 중요한 것이다. →자유해론

폐수배출시설(廢水排出施設) 수질오염물질·公共水域에 배출하는 시설물·기계·器具 기타 물체로써 환경부령으로 정하는 것을 말한다. 다만 해양오염방지법 2조의 규정에 의한 선박 및 해양시설을 제외한다(水質環境保全法 2).

폐 제(廢除) 〔獨〕 Enterbung, Entziehung des Pflichtteils 〔佛〕 exhérédation 상속인을 廢除하는 것. 상속인에게 피상속인에 대한 모욕·학대 또는 현저한 비행 등 일정한 원인이 있는 경우에 피상속인의 요구에 의하여 상속인의 자격을 박탈하는 제도는 독일·프랑스·일본 등에서 인정되고 있다. 우리나라에서는 廢嫡이라는 말로서 조선시대에 인정된 史實이 있으나 현행법에서는 인정한 바 없다.

폐지처분(廢止處分) 넓은 뜻에 있어서는 消滅處分과 같은 뜻. 즉 기존한 법률상의 상태를 소멸시키는 처분·면제처분·제권처분·취소 또는 철회처분을 가리킨다. 예컨대 共用廢止·許可의 取消 따위.

폐질보험(廢疾保險) 질병 또는 상해로 인하여 신체의 전체 또는 일부가 活動力을 상실하였을 경우 그 손해에 대하여 일정한 표준에 의한 보험금을 지급하는 보험. →보험

폐질수당금(廢疾手當金) 선원보험법상의 保險給與의 일종. 즉, 피검사자의 자격상실전 6년간에 3년 이상 피보험자이었던 자의 자격상실 전에 발생한 질병 또는 부상 및 이로 인하여 발생한 질병이 일정한 기간내에 治癒된 경우 또는 치유되지 아니하였으나 그 기간을 경과한 경우에 있어서 폐질의 상태에 있는 자에게 정부가 一時金으로서 지급하는 일정한 금액의 급여(39). 그 금액은 피보험자였던 전기간의 평균보수월액의 7월분에 상당하는 금액이다

(40Ⅲ). 養老年金을 받을 권리를 가진 자에게는 폐질수당금을 지급하지 아니한다(44).

폐질연금(廢疾年金) 선원보험법상의 보험급여의 일종. 즉, 피보험자의 자격상실전 6년간에 3년 이상 피보험자이었던 자의 자격상실전에 발생한 질병 또는 부상 및 이로 인하여 발생한 질병이 일정한 기간내에 治癒된 경우 또는 치유되지 아니하였으나 그 기간을 경과한 경우에 있어서 일정한 폐질상태에 있는 자에게 그 자가 死亡할 때까지 정부가 지급하는 일정한 금액의 급여(39). 廢疾年金의 지급을 받을 자가 사망한 경우에는 일정한 금액의 일시금을 그 遺族에게 지급한다(41). 폐질연금을 받을 만한 폐질의 상태에 해당하지 않게 된 때에는 폐질연금의 지급을 정지한다(43).

폐치분합(廢置分合) 지방자치단체의 新設 또는 廢止를 수반하는 구역변경을 말한다. 이는 ① 하나의 지방자치단체를 둘 이상의 지방자치단체로 나누는 分割, ② 하나의 地方自治團體의 일부 구역을 나누는 새로운 지방자치단체를 설립하는 分立, ③ 둘 이상의 지방자치단체를 합하여 하나의 지방자치단체를 만드는 合體, ④ 지방자치단체를 다른 지방자치단체에 폐지·흡수시키는 編入으로 나눌 수 있다(地自 5).

폐파소권(廢罷訴權) 채권자취소권과 같다.

폐 회(閉會) 국회가 회기의 종료로 그 활동을 종료하는 것을 말한다. 국회의 폐회 중에도 본회의의 의결이 있거나 국회의장 또는 상임위원장이 필요하다고 인정할 때, 在籍議員 4분의 1 이상의 요구가 있을 때 상임위원회는 개회한다(國會 52 但). 또한 국회운영위원회를 제외한 상임위원회는 폐회중 최소한 월 2회 정례적으로 개회한다(53Ⅰ 前). 또 국회는 그 의결로 의원의 사직을 허가할 수 있는데, 폐회 중에는 의장이 이를 허가할 수 있다(135Ⅰ). 한편 지방의회의 경우에도 閉會는 지방회의가 의결로 이를 정한다(地自 41Ⅰ).

포 격(砲擊) 〔英〕·〔佛〕 bombardment 〔獨〕 Bombardment 대포에 의한 공격으로서 전시국제법상 적법한 공격수단이나 일정한 제한이 있다. 우선 防守되지 않은 도시·촌락·주택·건물에 대한 포격이 금지된다. 防守地域에 대해서는 무차별 공격이 인정되나 이 경우에 있어서도 종교·기예·학술 및 자선의 용도에 제공되는 건물, 역사상의 기념건조물, 病院 및 傷病者의 수용소는 군사상의 목적에 사용되지 않는 한 될 수 있는대로 손해를 면하도록 필요한 일체의 수단을 다하여야 한다. 그 지역의 주민은 그러한 建造物을 특수한 記章으로써 표시할 의무를 진다. 둘째, 공격지휘관은 군사상 부득이한 경우를 제외하고는 포격을 개시하기 전에 그 뜻을 地方官憲에게 통고하기 위하여 할 수 있는 일체의 수단을 다하여야 한다. 따라서 군사상 부득이한 경우에는 豫告할 필요가 없는 것으로 해석된다. 1907년에 서명된 戰時 해군력에 의한 포격에 관한 조약 3조에 의하면 防守되지 않은 항구·도시·부락·주택 또는 건물은 지방당국이 그 부근에 있는 해군의 목전의 수요를 충당하기 위하여 필요한 양식 또는 군수품의 徵發을 정식 催告에 의해 명령되었음에도 불구하고 이에 응함을 거부한 때에는 명시의 통고를 한 후 이를 포격할 수 있다. 위의 징발은 지방의 資力에 상응하는 것이어야 한다는 것이다. → 군사목표주의

포 고(布告) ① 비상사태에 있어서 일정한 국가기관이 국민에게 명령을 공포하는 형식. 계엄사령관의 포고가 이에 해당한다. ② 一國이 상대국에 대하여 開戰通告를 하였음을 내외에 발표하는 것을 宣戰布告라고 한다(憲 73, 89).

포괄근보증제(包括根保證制) 금융기관과 거래하는 連帶保證人이 책임져야 할 보증에는 特定債務保證·限定根保證·包括根保證 등 3가지가 있는데, 포괄근보증은 이 가운데 보증의 범위가 가장 광범위한 것으로 자신이 보증을 선 해당거래뿐 아니라 채무자가 앞으로 하게 될 모든 거래까지 책임지는 제도다. 연대보증인이 대출을 보증할 때 원칙적으로는 해당거래에 대해서만 책임지는 특정채무보증을 하도록 되어있으나 대부분의 은행은 채권확보를 위해 포괄근보증을 내용으로 하는 約定書를 사용하고 있다.

포괄근저당(包括根抵當) 기본계약없이 당사자 사이에서 발생하는 현재와 장래의 모든 채권을 일정한 한도액까지 담보하는 根抵當을 말한다. 포괄근저당은 계속적 상품거래에서도 이용되지만 주로 은행거래에서 관용되고 있다. 이러한 포괄근저당의 유효성에 관하여는 당사자 사이의 일체의 채권을 담보한다는 따위의 포괄근저당은 附從性을 갖추지 못하기 때문에 무효이지만, 은행이 설정·이용하는 정도의 포괄근저당은 유효하다는 制限的 有效說과, 抵當權의 附從性을 인정함이 타당하다는 유효설이 대립하고 있다.

포괄상속주의(包括相續主義) 일정한 기간에 있어서 특정인의 모든 권리의무가 相續에 의하여 포괄적으로 승계되는 것으로 하는 주의. 개개의 권리의무를 개별적으로 동시에 승계하는 것으로 하

는 個別的 相續主義에 대응한다. 전자는 로마법에서 시작하여 우리나라 민법이 채용하는 바이고(民 995, 1005), 후자는 독일고유법에서 시작하여 오늘날 영미법에 의하여 유지되고 있다.

포괄승계(包括承繼) 〔獨〕 universalsukzession, Gesamtnachfolge 단일원인에 기하여 前主의 모든 권리·의무를 전체로서 일괄하여 승계하는 것. 承繼取得의 일종으로 一般承繼라고도 한다. 개개의 권리·의무를 개별적인 원인에 기하여 승계하는 소위 特定承繼에 대하는 개념이며 따라서 승계자도 포괄승계인·특정승계인으로 구별하여 부른다. 포괄승계의 경우로는 상속(民 1005)·회사합병(商 235)에 의하여 상속인 및 합병회사가 피상속인 및 합병전의 회사의 권리·의무를 포괄적으로 승계하는 것이 그 適例이다. 포괄승계에 있어서 포괄승계인은 법률상 거의 前主와 동일시되므로, 개개의 권리의무를 전부승인한다고 보는 것보다는 차라리 前主의 법률상의 지위를 그대로 승계한다고 보는 것이 적절하다. 그러나 一身專屬權이나 一身專屬義務와 같이 성질상 그 승계가 허용되지 않는 것은 물론 이에서 제외된다.

포괄승계인(包括承繼人) → 포괄승계

포괄유증(包括遺贈) 〔獨〕 Erbeinsetzung 〔佛〕 legs (à titre) universel 상속재산의 전부 또는 일정한 비율액으로서 하는 유증. 예컨대 내연의 처에게 상속재산의 3분의 2를 준다든가 女息에게 자식과 동일한 비율의 상속재산을 준다든가 하는 경우이다. 特定遺贈에 대한 용어. 민법은 包括的 受遺者는 상속인과 동일한 권리의무를 가지는 것으로 하고 있다(1078). 따라서 유언으로써 정한 비율의 재산상속인이 한 사람 증가하였다고 생각하면 좋다. 즉 유언자의 일신에 전속한 권리의무를 제외하고 그 재산에 속한 모든 권리·의무를 승계한다(1005). 이 승계는 遺言의 效力發生과 동시에 당연히 발생한다(物權的 效力). 또 포괄유증의 승인 또는 포기에 관하여는 재산상속의 承認 또는 抛棄에 관한 규정이 적용되고 재산상속인과의 사이에서는 상속재산의 분할에 관한 규정 등이 적용된다.

포괄이전(包括移轉)〔保險契約의〕 보험회사가 保險契約의 전부 또는 일부를 포괄하여 다른 보험회사에 이전하는 것. 인정하는 이유는 회사의 해산 또는 사업의 일부를 폐지하는 경우에 보험계약을 청산하는 번잡을 피하는데 있다. 그러므로 營業讓渡는 인정하지 아니한다(保險 117, 133). 보험업법은 보험계약의 포괄이전에 관하여 여러가지 특칙을 두고 있는데 요건은 準備金算出의 기초가 동일한 보험계약에 한하고, 보험계약자에 대한 催告의 절차(공고)를 하여야 하고 契約移轉을 하면 공고하여야 한다(117~118, 122). 효과로서는 보험계약상의 권리의무는 이전을 받는 회사에 이전하고 이전을 받는 회사가 相互會社인 경우는 보험계약자가 그 회사에 입사한다(124). 이 경우에 보험계약자를 단체적으로 취급하고 따라서 보험계약자에게 異議申請의 기회가 주어진다(118).

포괄적 관세화(包括的關稅化) 〔英〕 comprehensive tariffication 예외없는 관세화와 같은 뜻으로 쓰이는 말. 무역장벽을 없애고 國際貿易을 활성화하기 위해 각국의 다양한 비관세장벽을 관세형태로 통합시키되 각각 사정에 따라 약간의 융통성을 주는 것으로 우루과이라운드의 출발점이 된 개념이다. 포괄적인 관세화의 구체적인 수단으로는 3가지가 있다. 첫째, 기존의 수입이 제한되고 있는 품목에 대해 국내외 가격차이 만큼을 關稅相當値란 명목으로 관세를 붙여 부과한다. 둘째, 자국경제에 미치는 영향이 크고 국내수요량의 3% 미만이 수입되는 품목에 대해서는 최소한의 시장만이라도 개방한다(最少市場接近方式). 셋째, 제한적으로 수입되고 있는 품목에 대해서는 현수준의 수입물량을 보장한다(現行市場接近方式).

포괄적 수유자(包括的受遺者) 〔佛〕 légataire (à titre) universel 包括遺贈을 받은 자. 재산상속인과 동일한 권리의무를 가진다(民 1078). → 포괄유증

포괄적 유증(包括的遺贈) 포괄유증과 같다.

포괄적 일죄(包括的一罪) 좁은 뜻의 포괄적 일죄란 構成要件으로서 여러 종류의 행위가 규정되어 있으나, 그것들이 결국 한 개의 구성요건의 여러 종류의 형태에 해당하는 일련의 행위가 포괄적으로 단순한 1죄라고 되는 경우를 말한다. 예컨대 체포하여 감금한 경우(刑 276 I), 뇌물을 요구하고 약속하여 收受한 경우(129 I) 등이 이에 해당한다. 또한 포괄적 일죄란 말은 넓은 뜻으로는 結合犯·集合犯·接續犯 등도 포함하여 여러 행위가 일괄하여 1죄라고 되는 경우를 총칭하는 데에 사용되기도 한다.

포괄준거법(包括準據法) 〔獨〕 Gesamtstatut 일정한 범위의 사항에 대하여 통일적으로 적용되는 준거법. 이에 대하여 개개의 사항에 따라서 적용되는 준거법을 個別準據法이라 한다. 예컨대 상속재산의 준거법은 전자에 속하고 개개의 물건에

대한 物權의 準據法은 후자에 속한다. 양자가 충돌하는 경우에는 언제나 개별준거법이 포괄준거법에 이긴다. 예컨대 상속재산의 구성과 이전에 관하여는 피상속인의 本國法에 의하지만(涉私 26) 그 개개의 재산의 고유의 준거법이 상속재산으로 인정하지 않는 경우에는 그 재산은 상속재산에서 제외하여야 하고 또 그 이전도 고유의 준거법에 의하지 않으면 실현될 수 없다(12). 학자들은 이 이론을 個別準據法은 포괄준거법을 깨뜨린다고 표현하고 있다.

포괄적 집행(包括的執行) 個別的 執行에 상대되는 개념으로 채무자의 전재산에 대하여 총괄적으로 행하여지는 집행으로 一般的 執行이라고 한다. 현행법에 있어서는 破産節次가 이에 해당한다.

포기조서(拋棄調書) 청구의 포기를 기재한 조서. 이 조서는 請求棄却의 판결과 동일한 효력을 가진다(民訴 206). → 청구의 포기

포도청(捕盜廳) 관청의 하나로 漢城府의 경찰행정의 執行機關으로 좌·우 포도청에 각기 포도대장을 두어 도둑을 잡고 순라를 돌게하던 조선시대의 기관.

포 령(包領) → 위요지

포 로(捕虜) 〔英〕 prisoners of war 〔獨〕 Kriegsgefangener 〔佛〕 prisonnier de guerre 전시 敵에게 체포된 경우에 군사적 이유로 자유를 박탈당하는 사람. 俘虜라고도 한다. 범죄때문이 아니며 범죄인으로서도 아니다. 따라서 포로는 국제법에 의하여 일정한 대우를 받게 된다. 이 대우는 慣習國際法에 의하여 대략 확정되어 있으나 1907년의 헤이그 제4호조약의 부속서인 陸戰의 법규·관례에 관한 규칙은 이것을 명문으로 규정하고(4~20), 다시 제1차대전의 경험에 비추어 이를 수정·증보한 1929년의 捕虜의 狀態改善에 관한 제네바조약은 이에 대한 상세한 규정을 두었으며, 제2차대전후인 1949년의 제네바제3조약 포로의 대우에 관한 조약은 더욱 자세한 保護規定을 두고 있다. 포로로 취급되는 사람은 군에 속하지 않는 종군자(전투원과 비전투원을 포함), 군에 속하지 않는 종군자(新聞通信員·酒保人·用達人 등)로서 군관헌의 증명서를 가진 자, 군사상이나 정치상의 중요지위에 있는 자(元首·大臣·外交使節 등)이다. 일반의 평화적 인민은 억류되는 일은 있으나 포로로는 되지 않는다. 포로의 대우로서는 일반적으로 인도적인 취급 특히 폭행·모욕·공중의 호기심으로부터의 보호가 요구된다. 포로에 대한 復仇도 금지된다. 포로는 그 收容國 政府의 권한내에 속하며 그 본국군 또는 동맹국군에 복귀하지 못하게 일정한 장소에 억류·감시되고, 장교를 제외한 포로는 그 계급·기능에 따라 과도하지 않고 作戰行動에 관계없는 노동에 사용되어 공정한 임금을 받는다. 수용국은 포로를 給養하여야 할 의무가 있으며 식량·피복·침구에 대해서는 원칙적으로 수용국 군대와 대등한 대우를 받는다. 포로는 수용국의 국법·軍律에 복종해야 하며 위반자는 처벌된다. 탈주한 포로는 그 본국군에 도달하기 전 또는 수용국이 지배하는 지역을 이탈하기 전에 다시 체포된 때에는 처벌되나 탈주에 성공한 후 다시 포로로 된 자에 대해서는 전의 탈주에 관해 처벌할 수 없다. 交戰國은 戰爭開始와 더불어, 중립국은 그 영토에 포로를 수용했을 때, 捕虜情報局을 설치하지 않으면 안된다. 포로정보국은 포로에 관한 일체의 조회에 응해야 하며 포로의 억류·이동·선서해방·교환·탈주·입원·사망 기타 포로에 관한 개인표를 작성함에 필요한 정보를 당해국 관헌으로부터 받는다. 또 포로정보국은 교환·해방된 포로 또는 탈주·사망한 포로의 남긴 일체의 개인용품·有價物·信書 등을 수집·보관하여 이를 관계자에게 송부할 의무를 진다. 포로수용국은 慈善行爲의 매개자로서 봉사할 목적으로 법률에 의해 정식으로 설치된 捕虜救恤協會 및 그 정당한 위임을 받은 대리인에 대해 군사상의 필요 및 행정상의 규칙이 허용하는 범위내에서 포로의 방문, 救恤品의 분배 등에 필요한 일체의 편의를 제공하지 않으면 안된다. 포로는 그 전쟁중 본국 및 동맹국에 재복무하지 않을 것을 선서했을 때 또는 포로교환규약이 성립되었을 때에는 전쟁중일지라도 해방될 수 있으나 일반적으로 평화회복시(제네바 제3조약에 의하면 실제의 敵對行爲의 종료시)에 해방되는 것이 원칙이다. 단 한국전쟁에서 본바와 같이 포로의 强制送還과 自由送還의 어느 것이 원칙이냐 하는 문제는 학설상 논쟁되고 있다.

포로대우(捕虜待遇)**에 관한 조약**(條約) 〔英〕 The Geneva Convention relative to the Treatment of Prisoners of War 제2차대전후 1949년 8월 12일 제네바에서 체결된 4개의 戰爭法規 중의 하나(→제네바제조약). 포로에 관한 일반법규로서는 1907년의 陸戰의 法規·관례에 관한 규칙과 1929년의 포로대우에 관한 조약이 있으며 1949년의 동조약은 국제적십자위원회가 개정을 준비하여 성립한 것이다. 동조약의 효력은 1950년 10월 21일에 발생. 총 6편 143조로 되어 있다. 동조약의 구체적인 내용은 포로를 보라. → 제네바제조약, 전투원, 전쟁법규

포로(捕虜)**에 관한 죄**(罪) 軍人 또는 準

軍人이 포로를 도주케 하거나 탈취 등의 행위를 함으로써 성립되는 군형법상의 범죄(軍刑 14장). 그 유형으로는 ① 捕虜罪(86). 적에게 포로가 된 자로서 우군부대 또는 진지로 귀환할 수 있음에도 불구하고 귀환할 적절한 행동을 하지 아니하거나 또는 다른 우군포로로 하여금 귀환하지 못하게 한 때에 성립한다. 미수범은 처벌한다(91). ② 看守者의 체포도주원조죄(87). 포로를 간수 또는 호송하는 자가 그 포로를 도주하게 한 때에 성립한다. 미수범은 처벌한다(91). ③ 捕虜逃走援助罪(88). 포로를 도주하게 하거나 포로를 도주시킬 목적으로 포로에게 기구를 供與하거나 기타 그 도주를 용이하게 하는 행위를 한 때에 성립한다. 미수범은 처벌한다(91). ④ 捕虜奪取罪(89). 포로를 탈취한 때에 성립한다. 미수범은 처벌한다(91). ⑤ 逃走捕虜庇護罪(90). 도주한 포로를 은닉하거나 비호한 때에 성립된다. 미수범은 처벌한다(91). ②③④⑤의 범죄는 일반내외국인에게도 적용한다(1Ⅳ).

포로정보국(捕虜情報局) 〔英〕 bureau of information relative to the prisoners of war 〔獨〕 Auskunftsstelle über die Kriegsgefangenen 〔佛〕 bureau de renseignements sur les prisonniers de guerre →포로

포르고사건(事件)〔國際私法〕 〔佛〕 Làffaire Forgo 프랑스에 사실상의 주소를 가진 바바리아(Bavaria)인인 私生子 포르고가 프랑스에 동산을 남기고 사망하였을 때의 動産相續問題에 관해서 프랑스 국제사법에 의하면 바바리아법에 의하고, 바바리아 국제사법에 의하면 프랑스법에 의하여야 하였던 것이나 프랑스 破棄院은 바바리아법으로부터의 送致를 인정하고 준거법으로서 프랑스법을 적용한 사건을 말한다. 이 사건 이후, 反定論은 국제사법에 있어서 기본문제의 하나로 취급되었다.

포 섭(包攝) 〔獨〕 Subsumtion 한 사안의 복잡한 전체 사실에서 法律的으로 중요한 요소를 이끌어내고 이를 확정한 후(事實確定), 해당 법조를 해석하여 양자간의 합치여부를 판단하는 법률가의 작업을 말한다. 이 포섭은 흔히 법관이 새로 판단해야 할 사실을 이전에 이미 관련되는 법률에 적용해보았던 사안과 비교·일치시키는 방법으로 행하여진다. 그런데 이 포섭은 해석과 다르다. 즉 解釋이란 법조문의 내용을 다른 개념을 통해 보다 상세하게 설명하는 것을 말하는 바, 해석은 法文의 내용을 분명히 하고 그 윤곽과 한계를 밝힘으로써 법규의 구체화에 기여한다. 이 해석은 언제나 포섭에 앞서 행하여진다. 포섭에 앞서 보통 적용해야 할 법규정의 의미가 해석에 의해 먼저 확정되어야 하므로 해석은 포섭의 전제이기도 하다.

포섭(包攝)**의 착오**(錯誤) 〔獨〕 Subsumtionsirrtum 자기의 행위를 구성요건에 포섭시키는데에 관한 착오. 그 가운데에는 자기의 행위가 구성요건에 해당하느냐 또 어느 구성요건에 해당하느냐를 모르는 경우와 해당하는 구성요건을 오인하는 경우(예컨대, 절도죄에 해당할 행위를 占有離脫物橫領罪에 해당한다고 오해한 때)가 있다. 이 착오는 고의를 阻却하지 않는다. 다만 포섭의 착오의 결과 위법성의 의식이 없는 경우에는 법률의 착오의 문제가 된다(→위법성의 의식). →착오

포스드코르브(POSDCORB) 귤릭(L. Gulick)의 이른바 7개의 중요한 행정의 내용인 각 행위의 영어머리글자를 조합한 것인 바, 그 내용은 計劃(planning)·組織(organizing)·人事(staffing)·指揮(directing)·調整(coordinating)·報告(reporting) 및 豫算(budgeting)이다. 이들은 현대 행정의 불가결한 내용을 이루는 것이나, 이들 가운데에는 종전 행정의 범위안에 속한다기보다는 政治權力의 운용에 보다 밀접한 관계를 가졌던 것이 적지 않다.

포스트글로사토렌 〔獨〕 Postglossatoren →후기주석학파

포 장(褒章) 훈장의 다음가는 勳格으로서 대통령이 수여하는 포장의 종류로는 건국포장·국민포장·무공포장·근정포장·보국포장·예비군포장·수교포장·산업포장·새마을포장·문화포장·체육포장 등이 있다(賞勳法 19). 포장의 수여는 오로지 본인에 한하며 그 밖의 어떠한 특권도 허용되지 않는다(憲 11Ⅲ).

포장물(包藏物) →매장물

포 주(抱株) 회사가 그 계산으로 자기 또는 타인명의로서 자기의 주식 또는 지분을 취득하거나 質權의 목적으로 이를 받는 것. 이른바 自己株式取得의 한 경우인데 이에 대하여는 刑罰의 제재가 있다(商 625ⅱ).

포츠담선언(宣言) 〔英〕 The Potsdam Declaration, Proclamation of the three powers, the United States, Great Britain and China 1945년 7월 26일, 미국·영국 및 중화민국이 포츠담에서 일본에 항복의 기회를 주기 위하여 항복의 조건을 약정·선언한 것. 그 후 구소련도 이에 가입하였다. 동년 8월 14일, 일본은 이를 수락하고 9월 2일에

일본의 대표가 서명한 降伏文書에 의하여 그 취지가 표시되었다. 선언은 13항으로 되어 있으며, 특히 6항 이하에 있어서 軍國主義的 權力 및 勢力의 제거(Ⅵ), 전쟁능력의 파괴 및 평화안전과 정의의 신질서가 확립될 때까지의 일본점령(Ⅶ), 카이로선언의 이행과 영토의 제한(Ⅷ), 군대의 武裝解除 및 歸還(Ⅸ), 전쟁범죄인의 처벌과 민주주의의 부활강화 및 기본적 인권의 확립(Ⅹ), 공정한 實物賠償, 평화산업유지와 군수산업의 폐지, 장래의 무역참가(Ⅺ), 전기 여러 목적달성 및 일본국민의 자유롭게 표명된 의사에 의한 평화적이며 책임있는 정부의 수립을 조건으로 하는 점령군의 철수(Ⅻ) 등이 선언되어 있다. 이상은 모두 연합군점령하의 日本統治의 지도원리로 되었다. → 무조건항복

포츠담협정(協定) 〔英〕Potsdam Agreement 1945년 7월 17일부터 8월 2일까지에 걸쳐, 베를린 교외 포츠담에서 트루먼, 애틀리(7월 28일 이전은 처칠), 스탈린의 미·영·소 3巨頭會談이 열려, 전후 유럽의 처리 및 對日戰終結에 관한 여러 문제가 협의되었는데, 이 때 유럽의 戰後處理에 관하여 성립한 협정. 이 협정은 外相理事會의 설치를 규정한 제1장을 비롯하여 21장 2부속서로 되어 있고, 독일·이탈리아 기타의 구 적국과의 강화조약안은 미국·영국·프랑스·소련의 외상이사회에 의하여 기초되고 그 最後案決定에 관하여서는 이들 4대국의 완전한 의견의 일치를 필요로 한다고 규정하고 있다.

포츠머스강화조약(講和條約) 〔英〕Peace Treaty of Portsmouth 〔佛〕Traité de paix de Portsmouth 러일전쟁의 강화조약. 미국의 대통령 루스벨트(Theodore Roosevelt)의 알선으로 講和會議가 포츠머스에서 열리고 1905년 9월 5일에 체결되었다. 조약의 중요한 내용은 한국에 있어서의 일본의 우월적 지위의 확인, 요동반도租借權과 남만주철도의 일본에의 양도, 러시아군의 만주철퇴, 만주에 있어서의 문호개방, 사할린남부의 일본에의 讓渡 등이다.

포켓 비토 〔英〕pocket veto 행정수반(군주·대통령)이 의회로부터 移送되어 온 법률안을 거부하려고 할 때에 의회가 폐회 또는 그 의원의 임기가 만료되어 그것을 還付할 수 없기 때문에 그것을 환부하지 아니함으로써 법률안이 폐기되는 것. 保留拒否라고도 한다. 미국에 있어서는 대통령이 연방의회로부터 이송되어 온 법률안을 10일 이내에 환부하지 않을 때에는 그 법률안은 법률로서 확정되지만, 다만 연방의회의 폐회로 인하여 이를 還付할 수 없을 때에는 그것을 환부하지 아니하고 보류하고 있으면 그 法律案은 廢棄된다. 우리나라에서는 대통령이 국회로부터 이송되어 온 법률안에 이의가 있을 때에도 국회에 대하여 15일 이내에 그 재의를 요구하지 아니할 때에는 그 법률안은 법률로서 확정되며(憲 53Ⅴ), 그 再議要求는 국회의 폐회중에도 가능하므로(53Ⅱ), 미국에서와 같은 pocket veto는 인정되지 않는다. 다만, 국회의원의 임기가 만료된 때에는 會期不繼續의 原則이 적용되므로(51但) 예외적으로 pocket veto가 인정된다고 해석된다. 이 경우 법률안을 의결한 국회와 재의할 국회는 다른 국회이어서 엄격한 의미의 再議라는 말이 성립할 수 없기 때문이다. → 법률안거부권

포탈범(逋脫犯) 〔獨〕Hinterziehung → 조세범

포터협약(協約) 드라고우·포터 協約의 약칭. → 계약상의 채무회수를 위한 병력사용의 제한에 관한 조약

포 획(捕獲)〔船舶의〕 〔英〕·〔佛〕capture 〔獨〕Wegnahme 戰時 交戰國軍艦이 해상에서 적국 또는 중립국의 선박(특히 商船)을 나포하는 것. 포획을 위하여 정선·임검·수색·나포·포획심판소의 검정 등의 절차를 필요로 한다. 이러한 절차를 총칭하여(때로는 나포만을) 선박의 포획이라 한다. 포획되는 선박은 적국선박 전부이나, 다만 연안어업·지방항행에 종사하는 선박, 종교·예술·박애의 임무를 수행하는 선박, 병원선, 카텔선 등은 제외된다. 중립선박은 특별이유가 있는 경우에 한하여 포획된다. 戰時禁制品의 수송, 封鎖侵破, 군사적 방조 기타 스스로 적극적인 적대행위를 개시한 경우, 臨檢·搜索에 저항하는 경우, 선박의 소유자가 포획을 면하기 위하여 선적을 적국에서 중립국으로 옮긴 경우, 항행중 또는 封鎖港內에 있는 동안에 船籍을 옮긴 선박 등은 포획된다. → 몰수

포획금(捕獲金) 〔英〕prize money 捕獲物을 매각하여 취득한 금액의 일부로서 포획에 참가한 자에게 분배되는 것. 현재에는 거의 행하여지지 않으나 영국에서는 예전에 나포에 참가한 자가 포획물매각에 의한 收得金의 일부를 권리로서 취득하였다. → 포획

포획물(捕獲物) 〔英〕prize 〔獨〕Prise 〔佛〕prise 交戰國의 군함이 해상에서 나포하고 포획심판소의 검정에 의하여 획득이 확정된 물건(일반의 敵私船과 그 중의 敵貨物, 몰수하여야 할 中立船 및 貨物 등). 단순히 나포하는 물건, 檢定의 결

과 몰수할 수 없는 물건, 戰利品 등과는 상이하다. 포획물은 원칙적으로 審判所가 있는 항구에 송치하여야 하며 예외로서 파괴할 수 있을 뿐이다. 포획물은 포획자가 속하는 교전국의 검정에 의하여 몰수가 확정되며 자유처분할 수 있게 된다.

포획사관(捕獲士官) 〔英〕 prize officer 전시 교전국의 군함이 敵船 또는 中立船을 나포한 경우에 군함에서 나포된 선박에 승선시키는 士官. 포획심판소가 있는 항구에 그 선박을 송치하는 일에 종사한다. → 포획

포획사선(捕獲私船) 〔英〕 privateer 〔獨〕 Kaperschiff 〔佛〕 corsaire 교전국 또는 중립국의 私船으로서 교전국 일방의 捕獲特許狀을 얻어 적대행위에 참가하고 특히 적의 상선포획에 종사하는 武裝私船(船主가 임명하는 직원이 지휘하며 포획물은 선주의 소유로 귀속한다). 15~18세기경에는 성행하였으나 19세기에 와서는 실제로는 행하여지지 않게 되고 1856년의 파리선언에 의하여 정식으로 폐지되었다. 이 포획사선의 폐지는 현재 국제법상의 원칙으로 확립되었다. → 파리선언, 포획, 포획특허장

포획심판소(捕獲審判所) 〔英〕 prize court 〔獨〕 Prisengerichtshof 〔佛〕 cour de prise 捕獲審檢所라고도 한다. 해상포획의 효력을 확립하기 위하여 설치되는 교전국의 특별재판소. 敵私船과 그 積貨, 中立船과 그 積貨는 일정한 경우 교전국이 해상에서 포획할 수 있다. 이러한 포획은 교전국 군함이 해상에서 포획 즉시 효력이 발생하지 않고 포획심판소의 재판, 즉 檢定에 의하여 비로소 효력이 확정된다. 해상포획에 관하여서는 法規解釋·事實認定 등에 대하여 복잡한 문제가 발생하기 쉽고 현장의 海軍士官에 일임하기보다 전문기관의 신중한 검정을 도모하는 취지에서 확립된 관습이다. 포획심판소(보통 2심제, 구성도 각국이 相異)는 交戰國國內法에 의하여 설치되고 원칙적으로 국내법이 적용된다. 이에 관한 국내법은 국제법의 원칙에 따를 것이 요구되므로 실질적으로는 국제법과 거의 동일하다. 독일은 國內法適用을 明言하고 영국은 國際法適用을 채택하나 국제법과 국내법이 저촉되면 국내법을 우선 적용하므로 결국 국내법을 적용하게 된다. 각국의 차이점은 국제법을 어느 정도까지 국내법으로서 수용하느냐에 있다. 심판소의 설치장소는 교전국영역, 교전군대의 점령지역에 한정되고 중립국영역 또는 그 영해에 있는 선박내에서 설치할 수 없다. 이 경우 중립국은 방지할 의무가 있다. 포획심판소는 국내기관이므로 공평·엄정을 결하기 쉬워 국제법에 위반하는 국내법적용의 가능성이 介在한다. 이에 관한 분쟁을 해결하기 위하여 국제적인 포획심판소의 필요성을 통감하여 1907년 헤이그평화회의에서 각 교전국의 포획심판소에 대하여 상급심인 國際捕獲審判所의 설치에 관한 조약을 입안하여 서명하였으나 결국 批准을 얻지 못하였다.

포획특허장(捕獲特許狀) 〔英〕 letter of marque 〔獨〕 Kaperbrief 〔佛〕 lettre de marque 捕獲私船에 부여되는 특허장. 교전국 또는 중립국의 私船은 옛날에는 교전국으로부터 이를 받아 적상선의 포획에 종사하였다. → 포획사선, 포획

폭군방벌론(暴君放伐論) 16세기 기독교도에 의한 革命理論이다. 여기에는 프로테스탄트(新派)와 가톨릭(舊派)의 그것이 구별되고 있다. 전자를 대표한 이론가는 하트만(Hatmann), 테오도르 베자(Theodor Beza), 필립 드 쁘레시 모르네(Philippe de Plessis-Mornay) 등이며, 후자를 대표한 이론가는 부셰(Bourcher), 루소, 마리아나(Mariana) 등이다. 이들의 이론에 의하면 君主는 人民의 권리를 존중하는 경우에 있어서만 지배자의 자격이 있지, 그렇지 않은 경우에는 그는 폭군으로서 인민은 그를 방벌할 권리가 있다는 것이다. 따라서 이 이론은 로크의 天賦人權說과 결합되어 자연법상의 反抗權의 이론으로 발전하고 있다.

폭 동(暴動) 〔英〕 riot 〔獨〕 Aufstand 〔佛〕 émeute ① 내란에까지 이르지 않는 소요. 이를 일으킨 私人의 총체를 暴徒라고 한다. ② 형법상은 內亂罪를 구성하는 행위. 다수인이 결합하여 한 지방의 평온을 害하는 정도의 폭행 또는 협박을 하는 것.

폭 력(暴力) 〔英〕·〔佛〕 violence 〔獨〕 Gewalt 물리적 강제력을 말하며 일반적으로는 그것이 不當 또는 不法하게 행사된 경우를 가리킨다. 물리력의 행사를 폭행이라고 한다. 형법 12조에 규정된 폭력에 관하여는 강요된 행위를 보라. 또 동법 324조의 標題에 있는 강요는 폭행뿐 아니라 협박도 포함한 뜻이다(→ 강요죄). 폭력행위 등 처벌에 관한 법률은 폭력행위에 관하여 아무런 정의를 하지 않고 있으며, 다만 상해·폭행·逮捕監禁·협박·주거침입·강요(폭력에 의한 권리행사방해)·공갈 및 손괴를 처벌대상으로 하고 있다. 폭력행위로서의 쟁의행위는 노동조합 및 노동관계조정법상 금지되는데(42 I), 그 한계에 관하여는 문제가 있다.

폭력(暴力)**에 의한 권리행사방해죄**(權利行使妨害罪) 강요죄와 같다.

폭리죄(暴利罪) → 부당이득죄

폭리행위(暴利行爲) 〔獨〕 Wucher 〔佛〕 lésion 타인의 窮迫·輕率·無經驗 등의 약점을 틈타서 부당한 이익을 꾀하는 행위. 궁박·경솔·무경험 등은 행위당사자의 사회적 지위, 직업 기타 법률행위 당시의 구체적 상황 등을 고려하여 판단할 문제이다. 不當한 利益이라 함은 일반사회통념상 정당한 이익을 현저히 초과하고 있는 경우로서 사회적 공정성을 결한 것을 말한다. 이러한 행위는 법률의 보호를 받지 못한다. 自由競爭을 최고의 이상으로 하는 법률사상으로는 暴利行爲도 반드시 무효로 되지는 않겠으나, 이러한 사상이 붕괴되어 법률행위의 윤리성과 공정성이 강조되는 오늘날의 법률에 있어서는 폭리행위는 사법상 무효로 된다. 이러한 법률행위가 사회적 타당성을 결한 不公正한 行爲인 것은 물론이나 종래에는 이에 관한 직접적 규정이 없었으므로 학설과 판례에 의하여 舊民法 90조(公序良俗에 반하는 법률행위)에 해당한다고 해석되어 이를 무효로 하였으나, 민법은 특별히 이에 관한 명문의 규정을 두고 있다(104). 또한 金錢貸借의 利子에 관하여는 특별히 舊利子制限法에서 제한을 가하고 있었다(1, 2). → 부당이득죄

폭발물사용죄(爆發物使用罪) → 폭발물에 관한 죄

폭발물(爆發物)**에 관한 죄**(罪) 전쟁·천재 기타 사변에 있어서 폭발물을 사용하여 사람의 생명·신체 또는 재산을 害하거나 기타 公安을 문란케 하는 죄 및 전쟁 또는 사변에 있어서 정당한 이유없이 폭발물을 제조·수입·수출·授受 또는 所持하는 죄(刑 119~121). 本罪의 保護法益은 공공의 안전(精謐)과 일반공중의 생명·신체 또는 재산의 안전이다. 폭발물이라 함은 화학적 기타 원인으로 급격한 연소·폭발의 작용을 일으키어 사람의 생명·신체·재산을 살상할 수 있는 고형 또는 액체의 물질을 말한다. 그러나 소총실탄의 발사는 이에 포함되지 않는다. 前罪를 범할 목적의 豫備·陰謀 및 煽動을 처벌하며, 단 前 2자에 있어서 그 목적한 죄의 실행에 이르기 전에 자수한 때에는 그 형을 減輕 또는 免除한다(120).

폭발물파열죄(爆發物破裂罪) 火藥·汽罐 기타 폭발성있는 물건을 파열하게 하여 건조물·기차·전동차·자동차·선박·항공기·鑛坑 기타의 물건을 손괴하는 죄(刑 172Ⅰ). 폭발성있는 물건이란 그것 자체로서 급격하게 파열하는 성질의 물건을 말하며, 본죄와 폭발물사용죄(119)는 想像的 競合의 관계에 선다. 본죄는 방화의 예에 의한다. 미수범(174) 및 예비·음모(175 本)를 처벌한다. 단, 후 2자에 있어서 그 목적한 죄의 실행에 이르기 전에 자수한 때에는 그 형을 減輕 또는 免除한다(175 但).

폭 행(暴行) 형법전에 있어서의 폭행이란 말은 여러가지 의미로 사용되고 있다. 즉, ① 가장 넓은 뜻으로는 그것이 사람에 대한 것이든 물건에 대한 것이든 일체의 有形力의 행사를 의미한다. 예컨대 騷擾罪(刑 115)·多衆不解散罪(116)에 있어서의 폭행을 말한다. ② 넓은 뜻으로는 사람에 대한 직접 또는 간접의 유형력의 행사를 의미한다. 예컨대 公務執行妨害罪(136Ⅰ)·特殊逃走罪(146)에 있어서의 폭행을 말한다. ③ 좁은 뜻으로는 사람의 신체에 대한 유형력의 행사를 의미한다. 예컨대 暴行罪(260Ⅰ)·强要罪(폭력에 의한 권리행사방해죄)(324)에 있어서의 폭행을 말한다. ④ 가장 좁은 뜻으로는 상대방의 항거를 현저히 곤란케 할 정도의 유형력의 행사(예 : 强姦罪(297)·强制醜行罪(298)에 있어서의 폭행) 또는 상대방의 반항을 억압할 정도의 유형력의 행사(예 : 强盜罪(333)·準强盜罪(335)에 있어서의 폭행)를 의미한다. → 폭행죄

폭행가혹행위죄(暴行苛酷行爲罪) 특별공무원폭행가혹행위죄와 같다.

폭행죄(暴行罪) 사람의 신체에 대하여 폭행을 가하는 죄(刑 260Ⅰ). 본죄의 보호법익은 신체의 건재이며, 尊屬暴行(260Ⅱ)·特殊暴行(261)·暴行致死傷(262)·常習暴行(264)의 경우에는 형을 가중한다. 객체는 타인의 신체이다. 폭행이란 사람의 身體의 健在를 害할 有形力의 행사를 말하며, 이때 유형력을 보통 物理的으로 이해한다. 그래서 예컨대 고함으로써 사람을 놀라게 하는 경우는 음파로서의 물리력을 행사한 것이므로 폭행이 되지만, 언어의 의미내용으로써 사람의 공포심을 일으키는 경우는 협박이 된다. 그리고 유형력의 행사는 사람의 신체에 대하여 가하여짐으로써 족하고, 반드시 사람의 신체에 접촉함을 요하지 않는다. 故意는 폭행의 의사에 한한다. 본죄는 피해자의 명시한 의사에 반하여 논할 수 없다(260Ⅲ)(→ 반의사불론죄).

표 결(表決) 어떤 안건의 可否에 관해서 그 구성원의 意思表示에 의하여 합의체의 의사를 결정하는 것. 일반적으로 표결은 다수결의 원리에 의한다. 국회는 헌법 또는 법률에 특별한 규정이 없는 한 재적의원 과반수의 출석과 출석위원 과반수의 찬성으로 의결한다(憲 49 前, 國會 109). 만약 가부가 동수인 경우에는 부결된 것으로 본다(憲 49 後). 그러나 法律案의 再議에 있어서는 재적의원 과반수의 출석과 출석의원 3분의 2 이상의 찬성이 필요하

며(53Ⅳ), 헌법개정안에 있어서는 재적의원 3분의 2 이상의 찬성이 필요하다(130Ⅰ). 표결방법은 의장이 의원으로 하여금 기립하게 하거나 또는 전자투표기를 사용하여 행하며, 의장의 提案 또는 의장의 動議로 국회의 의결이 있을 때에는 기명 또는 무기명투표로서 표결할 수 있다(國會 112). 표결이 끝났을 때에는 의장은 그 결과를 선포한다(113).

표결권(表決權) 어떤 사건의 찬부에 관하여 합의체의 의사를 결정하는 표결에 참가하여 투표할 수 있는 권한. 合議體(예: 국회)의 구성원(예: 국회의원)은 원칙적으로 표결권을 가진다(國會 112 참조). → 표결

표 도(漂盜) 〔英〕 marauding → 통상의 전쟁범죄

표류물(漂流物) ① 점유자의 占有를 이탈하여 해상 또는 하천에 떠 있거나 떠내려 가고 있는 물건(水難救護法 2 ⅴ). 점유를 離脫하여 해양 또는 하천에 가라앉은 물건은 沈沒品이며(2 ⅵ), 표류물과 구별된다. 표류물이나 침몰품은 遺失物이지만 특히 수난구호법이 적용된다(→ 유실물). 수난구호법에 의하면 표류물 또는 침몰품을 습득한 자는 이를 지체없이 구청장·시장·군수에게 인도하여야 한다. 그러나 소유자가 분명한 경우에는 拾得日로부터 7일이내에 한하여 직접 소유자에게 인도할 수 있다(28). 구청장·시장·군수는 인도받은 물건을 보관하고, 소유자에게 인도할 것을 공고하여야 한다(29). 공고일로부터 1년의 기간내에 소유자가 인도를 청구하지 않거나 또는 인도청구포기의 의사표시를 한 때에는 구청장·시장·군수는 기간을 정하여 물건을 인도받을 것을 습득자에게 告知하여야 한다(31). 습득자가 습득물의 인도를 받으면 그 소유권을 취득하게 된다. 소유자는 漂流材木에 있어서는 그 가격의 15분의 1, 기타의 漂流物에서는 10분 1, 沈沒品인 때에는 3분의 1에 상당하는 금액의 보수와, 공고·보관·공매·평가의 비용을 납부하고 물건의 인도를 받게 된다(30). 보수금액은 습득자에게 지급된다(32). 습득자가 위와 같은 수난구호법이 정하는 절차를 밟지 않고서 표류물 또는 몰수품을 제3자에게 양도한 경우에는 讓受人은 일정한 요건하에 善意取得을 하게 되지만, 이에는 표류물 또는 침몰품의 소유자의 보호를 위한 특칙이 있음을 주의하여야 한다(→ 선의취득). ② 습득자가 표류물을 횡령하면 占有離脫物橫領罪(刑 360Ⅰ)가 된다.

표시의사(表示意思) 〔獨〕 Erklärungswille 효과의사를 외부에 표시하려는 의사. 의사표시 성립의 요건으로 效果意思와 表示行爲 외에 가하는 제3의 요소이며, 표시행위를 할 때에 자기가 일정한 효과의사를 발표하는 행위를 한다는 것에 대한 의식이다. 표시의사는 효과의사와 표시행위를 심리적으로 매개하는 것으로서 인정되고 있는데, 이것을 구태여 의사표시의 요소로 볼 필요가 있느냐 없느냐에 관하여서는 肯定說과 否定說이 갈라져 있다. 긍정설은 예컨대, 擧手가 買受의 효과의사를 표시하는 행위로서 인정되고 있는 거래소에서 사려는 효과의사를 가지고 있는 자가 우연히 친구를 부르기 위하여 손을 든 경우에 그것은 표시의사가 없으므로 의사표시는 성립하지 않는다고 한다. 그러나 대부분의 학자들은 이러한 경우에도 그 意思表示의 效力은 표시의사의 유무에 따라서 좌우될 것이 아니라, 오직 효과의사에 부합하느냐 않느냐에 따라서 결정하면 된다고 한다. 즉, 부합하면 그것은 표시행위 속에 포함되어 버려서 따로 표시의사라는 것을 인정할 필요가 없게 되고 부합하지 않으면, 錯誤의 問題가 생길 따름이라고 한다. → 의사표시

표시주의(表示主義) → 의사주의·표시주의

표시행위(表示行爲) 〔獨〕 Erklärungsakt 효과의사를 외부에 표현하는 행위. 의사표시가 법률효과를 발생하기 위하여서는 먼저 타인으로 하여금 자기의 효과의사를 推斷시킬 만한 행위가 수반하지 않으면 안된다. 이러한 효과의사의 존재를 추단시킴에 족한 표시가치를 가진 적극·소극의 모든 행위를 표시행위라고 한다. 그것은 언어·문자·거동 등에 의하여 행하여지는 明示의 意思表示일 수도 있고, 침묵에 의하여 행하여지는 默示의 意思表示일 수도 있다. 그러나 그 어느 것을 막론하고 표시행위일 수 있기 위하여서는, 의식있는 거동임을 필요로 하며, 따라서 수면중의 행위나 抵抗할 수 없는 강제를 받고 있는 동안의 행위 같은 것은 표시행위로서의 가치는 없다. 그러나 要式行爲에 있어서는 일정한 방식을 갖춘 명시의 의사표시가 아니면, 법률효과를 가져오지 못한다. 예컨대, 혼인의 성립(民 812), 定款의 작성(40), 遺言의 방식(1065), 수표의 발행(手票 1, 2) 등.

표준보수(標準報酬) 船員保險에 있어서의 보험료 또는 보험급여의 額을 정하기 위한 기초가 되는 보수액(船員保險法 5Ⅰ). 그 액에 관하여는 대통령령으로 정한다(5Ⅲ).

표준소득률(標準所得率) 事業帳簿가 없거나 영수증을 보관하지 않아 정확한 소득을 알 수 없는 사업자의 소득을 추정하기 위해 정한 비율이다. 세무서는 신고된 총수입액에 業種마다 정해진 소득

률을 곱해 나온 액수를 그 사업자의 소득으로 인정한다. 해당 사업자들은 표준소득률에 따른 소득 이상을 신고하고 세금을 내면 뚜렷한 脫稅證據가 없는 한 稅務調査를 받지 않게 된다.

표준임금(標準賃金) 〔英〕 standard wage rate 標準勤勞者, 즉 연령 30세, 가족수 2·5인을 거느린 근로자의 임금의 業種別 平均賃金. 최저임금을 정하는 경우의 한 자료가 되는 것이지만 우리나라는 아직 最低賃金制度가 실시되지 않고 있기 때문에 법률적으로는 직접 문제되지 않는다. 平均賃金과는 다르다.

표준자오선변경(標準子午線變更)**에 관한 건**(件) 1954년 대통령령 제876호. 1954년 3월 21일 오전 0시부터 동경 127도 30분을 표준자오선으로 정하였었다. 그러나 1961년 법률 제676호로써 공포된 표준자오선변경에 관한 법률에 의하여 1961년 8월 10일부터 동경 135도선을 標準子午線으로 정함으로써 本令은 폐지되었다. → 표준자오선변경에 관한 법률

표준지선정원칙(標準地選定原則) 표준지는 토지의 이용상황이나 주변환경 기타 自然的·社會的 條件이 유사하다고 인정되는 일단의 토지 중에서 대표성이 있는 토지를 선정하게 되는데 그 원칙은 다음과 같다. 첫째, 표준지는 대표성·중요성·안정성·확정성이 있는 토지를 선정한다. 여기서 代表性있는 土地란 토지의 이용상황·형상·면적 등이 표준적인 토지를, 安全性있는 土地란 해당 표준지선정대상지역의 일반적인 용도에 적합한 토지로서 그 이용상태가 일시적이 아닌 토지를 말하고 確定性있는 土地란 다른 토지와의 구분이 명확하고 용이하게 확인할 수 있는 토지를 말한다. 둘째, 표준지는 課稅對象筆地를 대상으로 선정한다. 다만, 국·공유의 토지가 잡종재산이거나 여러 필지로서 일단의 넓은 지역을 이루고 있는 경우에는 국·공유지에서도 표준지를 선정한다. 셋째, 표준지는 당해 지역안의 토지의 일반적인 이용상황으로 보아 표준이 되는 면적의 토지를 선정한다.

표현대리(表見代理) 〔獨〕 Scheinvollmacht 無權代理, 즉 대리권이 없는 자가 代理人이라 칭하고 행위를 한 경우 중에서 그 자와 본인과의 사이에 특수한 관계가 있기 때문에 민법이 본인에게 책임을 지워 상대방을 보호하고자 하는 것. 代理制度의 운용의 원활과 거래의 안전을 도모하는 제도로서 중요하다. 이에는 세 개의 경우가 있다. ① 본인이 그 자에게 대리권을 수여하였다는 뜻을 제3자에 대하여 표시한 경우(民 125). ② 어떤 범위의 대리권이 있는 자가 그 권한을 넘은 법률행위를 한 경우(126). 토지에 抵當權을 설정하는 대리권을 부여받은 대리인이 그 토지를 매각한 경우와 같다. 판례는 대리권이 있기만 하면 족하고 그 행위와 동종의 대리권이 있을 필요는 없다고 한다. ③ 代理權消滅後에 대리인이 행위를 한 경우(129). 이상의 세 경우에 표현대리가 성립하려면 상대방이 선의·무과실, 즉 無權代理人에게 대리권이 있다고 믿고 또한 그렇게 믿는데 관하여 과실이 없을 것을 요한다. 표현대리의 효과로서는 상대방은 본인에 대하여 유효한 대리행위로서의 효과를 주장할 수 있지만, 표현대리도 무권대리의 일종이므로 무권대리로서 처리할 수도 있다. 그리고 表見代理人이 본인에 대하여 일반원칙에 따라 不法行爲의 책임을 짐은 물론이다.

표현대표이사(表見代表理事) 代表理事는 아니지만 사장·부사장·전무·상무 등 보통 회사대표권을 가진 사람으로 인정될 명칭을 붙인 이사. 대표이사 이외의 이사는 법률상 회사를 대표할 권한이 없지만 外觀主義와 去來安全의 필요상 이러한 명칭을 가진 이사의 행위에 대하여는 회사는 선의의 제3자에 책임을 지게 하고 있다(商 395·567, 保險 66). 등기(商 317 Ⅱ ix)와 이의 공고후에도 적용이 있으므로 상업등기 公告의 效力의 原則(37)에 대한 예외를 이룬다. 어떠한 명칭이 그러한 것인가에 관하여 상법은 이를 예시하고 있으나(395), 결국 명칭과 대표권과의 결합에 관한 일반관행을 표준으로 할 것이다. 이 경우에도 회사의 승낙없이 表見的인 명칭을 사용한 자의 행위에 대하여는 회사에게 책임이 없음은 물론이다.

표현상속인(表見相續人) 참칭상속인과 같다.

표현지배인(表見支配人) 경영활동상 본점 또는 지점의 영업주임자임을 나타내는 명칭을 붙인 商業使用人으로서 지배인이 아닌 자를 말한다. 즉 지점장·지점주임·지점장대리 등의 명칭을 붙인 자는 외관상 지배인으로 보기 쉬운 까닭에 그가 근무하는 본점 또는 지점의 재판 외의 경영활동에 관하여는 지배인과 동일한 權限이 있는 것으로 본다(商 14 Ⅰ). 왜냐하면 이러한 자와 거래한 제3자가 一般表見代理(民 125, 126)의 적용에 의해서만 구제를 받는다면 불측의 손해를 입을 염려가 있기 때문이다. 이러한 표현지배인의 책임을 인정한 것은 선의자를 보호하고자 하는 것이므로 惡意의 第三者는 그 보호를 받지 못한다(商 14 Ⅱ).

표현호주(表見戶主) 참칭호주와 같다.

표현범(表現犯) 〔獨〕 Ausdrucksdelikt 행위가 행위자의 일정한 심리적 과정 또는 상태의 표현으로서 나타나는 경우에 범죄가 되는 것. 예컨대 僞證罪(刑 152 I)는 표현범인데 위증죄에서 말하는 허위의 供述이란 본인의 기억에 반하는 陳述이며, 주관적인 심리상태에 의하여 위법성의 존부가 결정된다. 그래서 이러한 심리적 측면을 主觀的 違法要素라고 한다.

표현(表現)**의 자유**(自由) 사상발표의 자유와 같다.

표현지역권·불표현지역권(表現地役權·不表現地役權) 지역권의 내용의 실현이 외부로부터 인식되는 외형적 사실을 수반하는 것이 표현지역권. 예컨대 통행지역권, 地表를 통하여 引水하는 引水地役權 따위. 이러한 외형적 사실을 수반하지 않는 것이 불표현지역권. 예컨대 2층을 건축하지 아니할 부작위의 지역권, 지표에 나타나지 아니한 도랑을 통하여 인수하는 地役權 따위. 표현지역권만이 取得時效로 취득되는 점에 양자의 구별이 실익이 있다(民 294).

푸날루아혼(婚) 〔英〕 punaluan marriage 〔獨〕 Punalua-Ehe 하와이원주민간에 존재하였던 婚姻의 형태. 자매 또는 종자매들의 일단은 그들의 형제를 제외한 一團의 夫의 공동의 처이었다. 이들의 남자가 서로 푸날루아(punalua)(친밀한 사이라는 뜻)라고 부른데서부터 이러한 이름이 있다. 또 어떤 경우에는 兄弟 또는 從兄弟의 일단이 그 자매가 아닌 일단의 妻를 가지고 그 여자들도 서로 푸날루아라고 불렀다. 그 특질은 요컨대 일정한 가족군 내에서 夫와 妻를 서로 共有하는 것이나, 血族婚禁止의 사상이 도입되어 행하게된 점에 있어서 가족제도의 발달과정에 있어서는 유럽·아시아·아메리카의 각 종족에도 존재한 婚姻形式이라고 모르간에 의하여 주장되고 있다.

풀 평준가격제(平準價格制) 다수사업자의 각각 다른 판매대금을 합산하여, 單一平均價格으로 판매하는 제도. 이를 실시하기 위한 一手買受販賣機關(特殊會社 등)이 설치되는 경우가 많다. 가격정책상 제2차제품의 가격에 제1차제품의 구구한 가격이 영향을 주는 것을 막기 위하여 채택되는 경우가 많다. 價格調整費를 교부하고 판매가격을 저하시켜서 제2차제품 이하의 저가격을 확보하기 위해서도 사용된다.

품 계(品階) 職品과 官階를 말하는 것으로 순위는 정1품·종1품의 차례로 정9품·종9품까지 18등급이 있다.

품위유지(品位維持)**의 의무**(義務) 공무원은 직무의 내외를 불문하고 그 품위를 손상하는 행위를 하여서는 아니될 의무를 말한다(國公 63). 이 의무는 公職의 체면·위신·신용을 유지하기 위한 것으로, 축첩·도박·아편흡식·알콜중독 등과 같이 公職의 체면에 직접적인 영향이 있는 경우를 제외하고는 공무원의 사생활에까지는 미치지 아니한다.

품질경영(品質經營) 工産品을 제조·공급(조립·가공 및 시설설치를 포함)하는 업체가 고객이 원하는 품질의 공산품을 제조·공급하기 위하여 최고경영자가 설정한 品質目標를 달성할 수 있도록 전임원 및 직원이 체계적으로 품질을 설계·관리·개선하고 보증하는 經營活動을 말한다(品質經營促進法 2 i).

품질보증체제(品質保證體制) 企業이 품질을 보증하기 위하여 인적·물적 자원을 동원하고 이를 배분·관리하는 責任 및 그 운영절차 등이 고객이 원하는 품질의 공산품을 제조·공급할 수 있는 체제를 말한다(品質經營促進法 2 ii).

풍속경찰(風俗警察) 〔獨〕 Sittenpolizei 사회공중의 선량한 풍속에 유해한 영향을 미칠 행위를 단속하거나 방지함을 목적으로 하는 경찰. 청소년의 유해약물인 담배·술 등의 금지(青少年保護法 2), 福票發行·懸賞 기타 射倖行爲 등의 금지 및 광고물의 단속 등과 같은 것이 그의 예이다.

풍속범(風俗犯) 〔獨〕 Sittlichkeitsverbrechen 〔佛〕 attentats aux moeurs 性欲을 원인으로 하는 범죄 또는 성도덕에 반하는 범위를 말하는 일반적인 개념. 우리 형법의 풍속을 害하는 죄가 이에 해당한다. 풍속범은 ① 淫亂物件頒布罪(刑 243), 淫亂物件製造罪(244), 公然淫亂罪(245) 및 淫行媒介罪(242)와 같이 社會的 法益으로서의 성질서를 보호하는 죄, ② 간통죄(241) 및 구형법에서의 重婚制(184)와 같이 가정의 혼인생활을 보호하는 동시에 사회의 선량한 풍속을 보호하는 죄, ③ 强姦罪·强制醜行罪 등(刑 297~306)과 같이 개인의 성적 자유 내지 정조를 보호하는 죄의 세 가지로 나눌 수 있다. 풍속범을 범한 자 가운데에는 病的人格者가 적지 않으며 그 처우를 어떻게 하는가는 刑事政策上 중요한 과제이며 전후 폐지된 독일형법 24조(k)는 위험한 풍속범에 대한 保安處分으로서 去勢를 규정하고 있다.

풍속영업(風俗營業) 食品衛生法 21조 1항

3호의 규정에 의한 식품접객업 중 대통령령으로 정하는 영업, 公衆衛生管理法 2조 1항의 규정에 의한 숙박업·이용업·목욕장업 중 대통령령으로 정하는 영업 및 유기장업 중 대통령령으로 정하는 영업, 音盤 및 비디오物에 관한 법률 2조의 규정에 의한 음반 또는 비디오물의 판매업과 대여업 또는 대통령령으로 정하는 만화대여업·무도학원업·무도장업·기타 선량한 풍속을 해하거나 청소년의 건전한 육성을 저해할 우려가 있는 영업으로 대통령령이 정하는 영업중의 하나에 해당하는 영업을 말한다(風俗營業의 規制에 관한 法律 2).

풍속(風俗)을 해(害)하는 죄(罪) 性秩序내지 건전한 性的 風俗을 침해하는 것을 내용으로 하는 범죄(형법각칙 22장). 姦通罪·淫行媒介罪·음란물건반포죄·음란물건제조죄·공연음란죄가 이에 속한다. →풍속범

풍치지구(風致地區) 도시계획구역내에서, 당해 지역내의 토지의 形質變更, 공작물의 신축·개축·증축·대수선·除却, 물건의 부가·增置·竹木土石類의 채취 기타 풍치유지에 영향을 줄 우려가 있는 행위를 금지 또는 제한하기 위하여 건설교통부장관이 도시계획으로 결정하는 지구(都計 18).

프라이머 페이시 〔羅〕·〔英〕 prima facie 영미법상 일견한 바로는 一應의 또는 推定的의 뜻. at first sight 또는 on the face of it라는 뜻의 라틴어. 反證에 의하여 轉覆되기까지는 우선 정당하다, 합리적이다, 또는 사실이다라는 등으로 추정된다고 하는 뜻. prima facie evidence란 一應의 證據, 즉 상대방이 反證에 의해서 전복하지 않는 한, 어떤 사실의 증명을 위해서 우선 충분하다고 인정되는 증거를 말한다. 또 prima facie case(우선 유리한 사건)는 신청한 대로 우선의 증명있는 사건, 즉 소송당사자의 일방이 그가 주장하는 訴訟原因 또는 抗辯을 우선 증명을 하지 않는 한 승소가 되는 상태에 있을 경우에 그 당사자가 prima facie case를 가진다고 한다.

프라이버시 〔英〕 privacy 人格權의 하나로 순전히 私生活에 관한 사항으로서 보호되는 개인의 이익을 말한다. 우리 헌법 17조도 모든 국민은 사생활의 비밀과 자유를 침해받지 아니한다고 규정하고 있는 바, 프라이버시의 침해는 不法行爲(民 750)를 구성하지만, 이는 특히 보도·표현의 자유와의 충돌과 관련하여 진실한 사실로서 오로지 公共의 利益에 관한 때(刑 310)의 한계문제가 발생하는 경우가 많다.

프랑스과학학파(科學學派) 〔佛〕 école scientifique 프랑스 註釋學派에 대하여 그 법전의 해석에만 전념하는 태도를 비판하면서 성립한 학파. 法과 法規와를 구별하면서 법의 개념을 과학적으로 구성하고 법에 있어서의 과학과 기술을 구별하는 비판적 태도를 취하는 점에서 과학학파라고 칭하였다. 19세기말에는 과학학파는 註釋學派를 압도하였다. 학파의 분류로서는 포괄적이어서 쥬르당(Jourdan)을 비롯하여 오류, 제니, 듀기 등까지도 이 학파에 속한다고 한다.

프랑스민법(民法) 〔佛〕 Code civil des Français 나폴레옹의 주재하에 편찬되어 1804년에 공포된 프랑스의 민법전, 나폴레옹법전이라고도 불리운다. 近代成文民法典으로서 프로이센보통국법에 뒤이은 것이며, 統一法典으로서는 최초의 것. 혁명전의 프랑스는 주로 남부의 로마법이 행하여진 지방(成文法地帶)과 북부의 관습법이 행하여진 지방(慣習法地帶)으로 나누어져 통일법전은 없었다. 혁명정부는 혁명정신에 기한 개개의 單行法(평등분할상속, 혼인법의 세속화, 토지해방 등)을 제정하였으나(中間法이라고 불린다), 1791년의 헌법에서 통일민법전을 편찬하기로 정하고, 그 후 민법 63장이 하나씩 단행법으로 제정되고 합하여 1법전으로 되었다. 3편(人·物權·財産取得) 2281조. 자유평등의 사상으로 일관하며 근세자유주의입법의 선구로서 많은 나라의 민법의 모범으로 되었으며, 일본의 구민법의 母法으로도 되었다. 용어는 간결하고도 민중적이어서, 독일민법전이 논리적·학술적인 것과 대조를 이루며, 처음부터 판례에 의한 해석과 입법에 의한 보충의 여지를 남겼으나 사실에 있어서도 判決과 學說의 활약이 눈부시었으며 自由法學이 융성하게 되는 계기가 되었다. 보충적 입법도 또한 100회 이상에 달하며 오늘날도 아직 생명을 가지고 있으나 근래 전면적 개정의 준비가 진행되고 있다.

프랑스상법(商法) 실질적으로는 나폴레옹 商法典(Code de commerce)(1807년 9월 15일) 외에 많은 특별법으로 성립되어 있다. 중세에 있어서 商人團體가 설립한 特別海陸商事法院이 그 단체의 관습을 적용하여 점차 商慣習法이 성립하고 이것이 국가의 규정을 받게 되었다. 16세기말엽부터 프랑스의 상업은 현저하게 발달하여 루이14세에 의한 최초의 상사입법인 商事勅令(Ordonnance sur le commerce, 1673년) 및 海事勅令(Ordonnance de la marine, 1681년)이 제정되었다. 18세기말의 프랑스혁명은 국내관세의 禁壓 및 특권적 직업조합의 폐지를 가져왔고, 영업자유의 정신이 근세입법의 기초가 되었다. 이 때에 民法典에 이어서 상법전이 제정

되었다. 이는 前記 2勅令을 기초로 한 최초의 商法典으로서 그 후의 각국입법의 모범이 되었다. 4편 648조로 되어 있는데 파산 및 상사재판권의 규정을 포함하며 陸商의 규정은 빈약하였다. 그러나 그 후 제정된 많은 특별법이 이를 보충 변경하여 금일에 이르렀다.

프랑스제사공화정헌법(第四共和政憲法) 제2차대전후 프랑스임시정부는 新憲法의 제정에 착수하였다. 1946년 4월 19일의 제1초안은 동년 5월 5일의 國民投票에서 부결되었기 때문에, 다시 제2의 헌법 제정의회가 소집되어 헌법위원회가 설치되었으며, 동년 9월 29일 헌법제정회의를 통과한 헌법안은 10월 13일의 국민투표에서 가결되고, 여기에 제4공화정헌법이 성립하였다. 이것은 대체로 제3공화정헌법과 동일하나 社會國家의 理念을 강조하고 사회권 내지 경제권을 보장하며 國際主義를 강조하며, 프랑스연합에 관하여 규정한 점 등에 특색이 있다. 그가 선택한 내각책임제는 群小政黨分立에 의하여 정국이 극도로 혼란하여져서 약체정부로 신음하였다. 1958년 알제리아문제로 드골(De Gaulle)이 재등장한 후, 동년 9월 28일에 제5공화정헌법이 국민투표에서 압도적 다수로써 가결됨으로써 제4공화정헌법은 종말을 지었다.

프랑스제삼공화정헌법(第三共和政憲法) 普佛戰爭의 결과, 나폴레옹 3세의 제2제정이 종말을 告하고 제3공화정이 성립된 후, 그 基本法으로서 제정된 3개의 법률, 즉 公權力의 조직에 관한 법률(1875년 2월 25일)·元老院의 조직에 관한 법률(동년 2월 24일)·공권력상호간의 관계에 관한 법률(동년 7월 16일)이 이에 속한다. 1940년 6월 독일의 침입으로 제3공화정이 붕괴함과 더불어 폐기되었다.

프랑스제오공화정헌법(第五共和政憲法) 〔佛〕 Constitution de la République Française 1958년 5월의 알제리아주재 프랑스군의 반란으로 이른바 제4공화국이 쓰러지고 새로이 드골(De Gaulle)의 지도하에 기초되고 國民投票(1958년 9월 28일)에 의하여 확정된 현재의 프랑스헌법. 1958년 10월 5일에 공포되어 시행되었다. 드골의 지론대로 정부가 불안정한 부진정한 議院內閣制를 지양하여 강력한 정부를 모토로 하는 大統領中心制的 憲法이다. 따라서 의회의 회기가 제한되고 의원직과 행정직과의 겸직을 금하는 등 의회의 권한을 대폭 약화시키고 있다. 그 밖에 대통령은 비상대권 등 立憲政體에서는 보기 드문 강대한 권한을 가지고 있다.

프랑스제일공화정(第一共和政) 1791년의 헌법에 의한 立憲君主制가 실패하고 1792년 루이16세(Louis XVI)가 처형된 후로부터 1804년 나폴레옹 1세(Napoleon I)의 황제등극에 이르기까지의 共和制. 그 동안 프랑스는 국가안전위원회에 의한 공포정치, 5執政官政治(Directory), 3統領政治(Consulate)를 거쳤다.

프랑스주석학파(註釋學派) 〔佛〕 l'école de l'éxegèse 나폴레옹法典의 성립 이후 19세기말에 이르기까지의 프랑스의 私法學界를 지배한 전통적 법학. 극단적인 法實證主義의 입장에 서서 민법전의 주석에 전념하였다. 대체로 독일에 있어서의 概念法學에 해당한다. 그 창시자는 데르방꾸르·쁘루동, 뚜리에, 그 완성자는 듀랑똥, 오브리, 로우 등. 프랑스의 자본주의가 발달함에 따라 그들의 역할은 끝나고, 살레이유, 제니 등의 自由法學派, 뒤기를 대표자로 하는 프랑스科學學派에 의하여 비판받았다.

프랑스해사조령(海事條令) 〔佛〕 Ordonnance de la marine 1681년 루이 14세에 의하여 제정된 法典. 루이 14세의 오르도낭스이다. 海法의 영역에 있어서의 최초의 포괄적 법전이며, 그 후의 유럽제국의 海法에 큰 영향을 미쳤다.

프랑스헌법(憲法) 프랑스는 1789년 구제도를 타도하여 人權宣言을 선포하고 1791년에 최초의 헌법을 제정한 이래 수많은 헌법을 제정했었는데, 그 중에서 제3공화국의 헌법(1875년 2월 24일, 동월 25일 및 동 7월 16일의 3개의 법률)이 가장 긴 수명을 가졌다. 이 헌법은 1940년 6월 독일의 침입으로 인해 소멸했었으나, 1944년의 본토해방후 1946년 10월에 제4공화국의 헌법이 국민투표에 의하여 제정되기에 이르렀다. 그러나 이 제4공화국헌법도 1958년 5월 알제리아주둔 프랑스군의 반란으로 제4공화국이 쓰러지고 제5공화국이 성립함과 동시에 憲法도 새로이 제정되었다. 그것이 드골의 지도하에 기초되고 1958년 9월 28일에 國民投票에 붙여져 확정된 이른바 제5공화국헌법이다. → 프랑스제3공화정헌법, 프랑스제4공화정헌법, 프랑스제5공화정헌법

프랑스형법(刑法) 1810년에 제정·공포된 刑法典(Code pénal)이 아직도 현행법이다. 이 법전은 나폴레옹1세의 치하에서 제정되었으므로, 나폴레옹형법전이라고도 부른다. 1810년의 형법전은 1791년에 제정된 형법전이 너무나 진보적이고 관대했기 때문에, 격동기인 당시의 사회적 요청에 대응하기 위하여 새로 제정된 것이다. 따라서 이것은 앞것에 비하여 현저히 反動的인 立法이었다. 1810년

의 형법전은 罪刑法定主義, 刑罰의 一身性 등의 내용면 뿐 아니라 입법기술상으로도 우수했으므로 19세기 刑事立法의 모범이 되었다. 그런데 이 형법전은 제정후 최근에 이르기까지, 많은 법령에 의하여 수시로 개정되어 왔다.

프랑크의 공식(公式) 〔獨〕 Franksche Formel 中止未遂와 障碍未遂와의 구별에 관한 프랑크의 공식. 즉 비록 자기가 완수할 수 있을지라도, 완수할 것을 원하지 않는다(Ich will nicht zum Ziele kommen, selbst wenn ich es könnte)라고 생각하고서 그만 둔 경우에는 中止未遂이고, 이에 대하여 비록 자기가 완수하려고 원해도 완수할 수 없다(Ich kann nicht zum Ziele kommen, selbst wenn ich es wollte)라고 생각하고서 그만 둔 경우에는 障碍未遂라고 한다. →중지미수, 장애미수

프래그머티즘의 법학(法學) 〔英〕 pragmatic jurisprudence 法의 목적을 社會의 實利에 두고 사회의 이익을 衡量하고 그 상호간의 평균 내지 조화를 위한 기술이 법이라고 주장하는 미국의 實用主義의 法學. 영국의 벤덤·밀 등의 實利主義思想을 계승한 것이라 볼 수 있으나, 미국의 프래그머티즘철학의 창시자인 제임스·듀이 등의 철학을 법학에 도입하여 완성한 것으로 홈즈·파운드·카도조 등이 그 대표적 이론가다. 미국의 법사상은 영국과 유럽대륙의 영향으로 自然法論과 歷史法學이 결합되어 법의 보편적 가치와 역사적 제약성의 탐구에만 몰두하였던 것이나, 이러한 법에 대한 가치판단의 絶對的 規準의 認識可能性에 대하여 의심하고, 그러한 규준을 실천적 효용, 즉 실리에서 찾으려고 하여 프래그머티즘철학을 도입하였던 것이다. 인간이 사회생활을 영위함에 있어서 생기는 인간상호간의 목적 및 利害關係의 충돌은 다양한 것이며, 이러한 충돌을 모순없이 통일적으로 완전히 해결한다는 것은 독재사회가 아니면 불가능하므로, 민주사회에 있어서는 그렇게 해결하지 않고 최소의 희생을 목적으로 여러 사회적 목적과 이해관계의 조절을 위한 實用的 技術을 法이라 규정하였다. 이러한 법학은 더욱 발전하여 現實主義法學을 낳게 하였던 것이다. →네오 리얼리즘

프랜차이즈 〔英〕 franchise 選擧權, 參政權, 公民權을 말한다.

프러베이션 →보호관찰

프레셔 그룹스 〔英〕 pressure groups 壓力團體라고 번역되며 특히 입법에 즈음하여 自己集團이 원하는 특수이익의 실현을 위하여 국회의원, 정당 기타의 政治權力에 대하여 압력을 행사하는 단체. 미국의 정치법률용어로부터 수입된 말이다. 로빙(lobbying)團體라고도 부른다. 자본가단체·노동조합·농업단체·부인단체·재향군인단체 등이 그 예. 정당과의 차이는 ① 정치상의 人事나 統制를 중요시하지만 직접 개입하지 아니하는 점, ② 정책에 탄력성이 없고 特殊利益의 목적에 고정되어 있는 점 등인데 그 때문에 어떠한 정당의 후보자나 강령과도 결합하는 반면에, 반대파의 당선을 고려하여 결정적인 태도를 보이지 않는 것이 보통이다. 프레셔 그룹스가 대두한 것은 20세기 이후인데, 그 조건은 資本主義의 발달에 따르는 代議制가 취하고 있는 地域代表制에 대한 직능적 이익의 불일치, 정당의 과두제화와 부패 및 정부통제의 확대화라고 한다. 압력단체의 존재는 請願權(憲 26)이 인정되고 있는 이상, 하등 위법한 행위가 아니다. 그러나 압력단체와 입법과정의 간에 汚職的 金錢去來의 존재를 의심케 하는 사실이 많은 현재에 있어서는 입법이 어떠한 특수이익의 압력하에 행하여지고 있는가를 크게 주의할 필요가 있다.

프레시던트 〔英〕 precedent 先例. 후일 동일 또는 유사한 사건의 판결을 함에 있어서, 그 先例로서 拘束性을 가지는 判決例를 말한다. 보통법상, 에퀴티상의 여러 원칙은 재판소에 의해서 확립된 선결례 중에서 찾을 수 있다고 한다. 이른바 上位裁判所(superior courts), 예컨대 貴族院(House of Lords)의 판결은 귀족원 자신을 포함해서 모든 재판소를 구속하며, 控訴院(Court of Appeal) 및 高等法院(High Court)의 諸部(King's (Queen's) Bench Division; Chancery Devision; Probate, Divorce and Admiralty Division)의 판결은 그보다 하급인 여러 재판소를 구속한다. 이에 반하여 下位裁判所(inferior courts)의 판결에는 구속성이 없다. 이와 같은 선례의 구속력을 先決例의 拘束力(binding force of the precedent)이라 하며 또 이와 같은 원칙을 先例拘束力의 원칙이라 한다.

프레퍼런시얼 숍 〔英〕 preferential shop 숍協定의 하나. 일정한 노동조합의 조합원은 그 이외의 자보다 유리하게 취급하는 것. 예컨대 우선적으로 채용되며 또한 人員整理의 필요가 있는 경우에는 우선 다른 자가 해고되는 것 등이다.

프로이센보통국법(普通國法) 〔獨〕 Allgemeines Landrecht für die preussischen Staaten (ALR). 프리드리히대왕의 치하에서 1794년에 공포된 法典이며, 게마이네스 레히트와 독일고유법과의 부조화를 없애기 위하여 편찬되었다. 그 내용은

민법적인 규정이 주이나 공법·사법에 걸쳐, 2편 43장, 17000조를 넘는다. 최초의 근대적 법전인 프랑스民法에 앞서기 겨우 10년이지만 국가의 계급적 구성, 사적 생활에 대한 국가의 후견적 간섭 등의 사상을 기본으로 하며, 18세기의 絶對王制를 대표하는 법전이라 할 수 있다. 독일민법의 성립까지 약 1세기 동안 행하여졌다.

프로이센왕국헌법(王國憲法) 1848년 2월의 프랑스혁명의 영향을 받아, 동년 12월 5일 프로이센왕은 헌법을 欽定·公布하였으며, 1849년 4월에 프로이센의회에의 等級選擧制가 규정되었다. 1850년 1월 31일에 새로운 헌법전이 공포되었으며, 이 헌법전은 약간의 개정을 거치면서 1918년의 독일혁명까지 프로이센왕국의 기본법이었다. 군주주권을 표방하는 반동적·보수적인 欽定憲法으로서 外見立憲主義를 채택하였다.

프로히비션 〔英〕 prohibition 禁止令狀이라고 번역된다. 상급법원이 발하는 영국의 大權令狀(prerogative writ)의 하나로서, 하급법원 또는 행정청에 대하여 관할권이 없음을 이유로 특정한 행위를 그 이상 계속하지 못하게 하는 보통법상의 영장. 행정청의 準司法的 行爲에 대한 사법심사의 방식으로서 미국의 주에서 많이 활용된다. → 맨데이머스, 서시오레어라이, 영장

프롤레타리아트 〔英〕 proletariat 라틴어의 프롤레타리아에서 유래. 국가에 많은 공헌을 한 사람으로 고대 로마시대의 최하층계급을 가리켰다. 오늘날에는 브르조아지에 대항하고 勞動力을 소유하면서 생산수단을 갖지 아니하는 勞動者階級을 가리킨다.

프롤레타리아독재(獨裁) 〔獨〕 Diktatur des Proletariats 資本主義에서 共産主義에로의 과도기에 있어서 자본가계급을 타파하고, 프롤레타리아계급의 안정을 목표로 국가세력을 장악한 프롤레타리아계급이 행하는 政治形態를 말한다.

프롤레타리아혁명(革命) 〔英〕 proletarian revolution 社會主義革命이라고도 부르며 資本主義體制를 전복하고 사회주의를 건설한다는 목표로서 프롤레타리아트가 국가권력을 장악하는 것. 예컨대 러시아의 10월 혁명이 그 典型이다.

프리 리스트 〔英〕 free list 런던선언에서 자유품으로서 구체적으로 제시된 물품표. 自由品은 이를 전시에 교전국이 戰時禁制品으로 하지 못한다고 정하여진 물품이다. → 전시금제품, 런던선언

프리미엄 〔英〕 premium 〔獨〕 Prämie 〔佛〕 prime → 액면초과액

프리탈룩스동맹(同盟) 프리탈룩스(Fritalux)는 베네룩스(Benelux) 3국(벨기에, 네덜란드, 룩셈부르크)에서 프랑스와 이탈리아를 합한 5국의 합성어. 프리탈룩스동맹은 이 5국의 經濟同盟이다. 5국간의 通貨流通과 국제지급의 제한을 철폐하고, 단일경제 블록의 형성을 목적으로 한다. 제2차대전 후의 베네룩스동맹이 발전한 것으로서 西歐經濟統合을 목표로 하는 것이다.

프리트로지히카이트 〔獨〕 Friedlosigkeit 게르만古法에 있어서의 法的保護剝脫制度로, 平和喪失의 뜻. 법의 궁극적 목적은 평화에 있다고 하고 가벌적 위법행위를 平和破壞(Friedensbruch)로 하였다. 특히 부족 전체의 평화의 파괴를 가져오는 것으로서 反逆罪·瀆神罪 등을 범한 범죄자에게는 프리트로지히카이트에 따르게 하였다. 범인은 법상실·法外의 상태에 빠지고 妻는 寡婦, 子는 孤兒로 되고 재산은 국고에 귀속하며 자신은 인격상실자로서 이리(Wolf)라고 불리고 누구도 이 자를 살해하는 자유를 가졌었다.

프리홀드 〔英〕 freehold 自由保有權. 영국법상 부동산보유권 중에서 가장 중요한 것. 봉건적인 부동산보유형태로 부동산보유조건(테뉴어)인 봉사(役務·負擔)의 내용이 자유인에게 적당한 것, 부끄럽지 않은 것이라고 하는 것이 原意이다. 현재에는 自由保有權으로서 다음의 3종이 있다. ① 單純封土權(estate in fee simple). 不動産保有權으로서 가장 강대한 것으로 양도도 자유, 상속도 가능, 상속인의 범위도 한정되지 않는다. ② 限定封土權(estate in fee tail). ①과는 달리 상속인이 권리자의 直系卑屬의 범위에 한정된다. ③ 生涯權(extate for life). 권리자의 일생 동안 또는 타인의 일생 동안(estate pour autre vie) 존속하는 것으로 상속은 불가능하다.

플레비지트 〔英〕 Plebiscite 〔獨〕 Plebiszit 헌법상 제도화되어 있지 아니한 憲法現實的인 것으로, 통치권자가 특정한 사안에 대하여 국민의 의사를 묻거나 새로운 통치질서의 정당성이나 집권자의 계속집권 여부에 관하여 신임을 묻는 國民決定制이다. 플레비지트는 레퍼렌덤과 마찬가지로 國民投票라는 형식을 띠면서도(따라서 레퍼렌덤과의 엄격한 구별이 곤란함) 실질적으로는 專制的 支配를 정당화하는 수단으로 악용되는 경우가 없지 아니하다. 아무튼 플레비지트는 국민투표로써 領土의 귀속이나 집권자에 대한 신임을 확인하는 경우가 그 대표

적인 경우이다. 하지만 독재자가 執權의 正統性을 보완하기 위하여 실시하는 국민투표제는 독재를 은폐하기 위한 위장수단에 불과하다. 이러한 수단을 이용한 독재를 특히 國民投票制的 獨裁制(plebiscitary dictatorship)라 한다. → 레퍼렌덤

피감호부녀간음죄(被監護婦女姦淫罪) 업무·고용 기타 관계로 인하여 자기의 보호 또는 감독을 받는 부녀에 대하여 僞計 또는 威力으로써 간음하는 죄(刑 303Ⅰ). 親告罪이다(306).

피 고(被告) 〔英〕 defendant 〔獨〕 Beklagter 〔佛〕 défendeur 민사소송에서 訴를 받은 측의 當事者. 제1심 소송에 있어서 수동적 당사자의 명칭으로 原告에 대한 말이다. → 피고인

피고인(被告人) 〔英〕 accused 〔獨〕 Angeschuldigter, Angeklagter 〔佛〕 accusé 형사사건에 관하여 刑事責任을 져야 할 자로 공소가 제기된 자 또는 공소가 제기된 것으로 취급되는 자. 따라서 公訴狀에 피고인으로 기재된 자에 한하지 않으며 진정한 범인인가 아닌가는 관계없다. 공소제기 전에는 被疑者이며 피고인은 아니다. 피고인은 檢事와 대립하는 소송주체로서 검사의 공격에 대하여 스스로 방어하는 지위를 가지며(當事者로서의 지위) 또 피고인의 임의의 진술은 증거로 되므로 人的 證據方法의 일종이며(刑訴 309, 317) 그 신체는 검증의 대상이 되므로 物的 證據方法의 일종이기도 하다(140)(증거방법으로서의 지위). 다시 피고인은 스스로 소환·구인·구금 등 강제처분의 객체가 되고 그 신체와 그가 소유 또는 점유하는 물건은 압수·수색을 당한다(節次의 對象으로서의 지위). → 피고

피고인신문(被告人訊問) 〔獨〕 Vernehmung der Angeklagter 형사소송법상 公判準備 또는 公判期日에 피고인의 陳述을 청취하는 절차. 재판장은 피고인에게 그 이익되는 사실을 진술할 기회를 주어야 하고(286), 검사와 변호인은 순차로 피고인에게 대하여 公訴事實과 情狀에 관한 필요사항을 직접 신문할 수 있으며(287Ⅰ), 재판장은 이 신문이 끝난 뒤에 신문할 수 있다(287Ⅱ). 피고인은 각개의 訊問에 대하여 진술을 거부할 수 있다(289)(피고인의 陳述拒否權). 다만 피고인에게 이와 같이 진술거부권이 인정되어 있고, 또 피고인은 증거방법으로서보다 당사자로서의 지위가 중복·강화되어 있는 현행법에서는 피고인신문은 그렇게 중요한 의의를 갖지 않는다.

피고인(被告人)**의 동일성**(同一性) 訴訟節次의 전후를 통하여 피고인이 동일하여야 하는 것. 피고인이 동일성은 事件同一性의 한 요건이 된다. 피고인의 교체는 당연히 새로운 公訴提起를 필요로 한다.

피구금부녀간음죄(被拘禁婦女姦淫罪) 법률에 의하여 拘禁된 부녀를 監護하는 자가 그 부녀를 간음하는 죄(刑 303Ⅱ). 피구금부녀자를 감호자가 간음한 경우에, 폭행·협박은 물론이요 僞計·威力에 의하지 아니한 때에도 범죄를 구성하는 점에 특색이 있다. 피해자의 승낙이 있는 때에도 本罪의 성립이 있다고 본다. 법률에 의하여 구금된 부녀란 確定判決에 의하여 복무중인 자, 노역장에 유치된 자, 확정판결 이전의 令狀拘束 또는 緊急拘束된 형사피의자나 피고인 등을 말한다. 親告罪이다.

피난항(避難港) 〔英〕 harbour of refuge 〔獨〕 Zufluchtshafen 선박이 海難에 遭遇하였을 때에 피난하는 항구. 항만은 일반적으로 피난항이 될 수 있는 것이지만 특히 이 목적을 위해서 구축된 것도 있다.

피데이꼬미숨 〔羅〕 fideicommissum 로마법에 있어서의 信託遺贈. 유언자가 자기가 신뢰하는 상대방에게 자기의 사후, 특정의 제3자에게 공여할 것을 위촉하여 자기의 재산의 일부나 전부 또는 특정물을 信託處分하는 행위. 처음에는 신탁자의 사후에 受託者가 사자의 신탁을 실행하느냐 않느냐는 오로지 信義의 문제에 지나지 않았지만(fideicommissum)(신탁에 위탁된 것이라 불리는 까닭이다), 아우구스뚜스 이후 차츰 特別審理節次에 의하여 신탁을 실행하지 않는 자에게 제재가 가하여지게 됨에 따라 유효하게 행하여지게 되었다.

피보험이익(被保險利益) 〔英〕 insurable interest 〔獨〕 Versicherungsinteresse, versicherbares Interesse 〔佛〕 intérêt d'assurance 損害保險契約의 피보험자가 보험의 목적에 대하여 보험사고가 생기지 아니함으로 인하여 손해를 받지 아니하게 되는 이익. 바꾸어 말하면 보험사고가 생기면 손해를 받게 되는 경제적 관계라고 할 수 있다. 보험은 이 이익을 잃을 때를 예상하여 그 손해를 보상하기 위한 제도이다. 그러므로 이익(피보험이익)이 없으면 보험(손해보험)도 없을 것이며, 따라서 피보험이익은 손해보험의 목적으로 되어 있다(商 668). 賭博은 새로운 利害關係를 설정하고자 함에 있는데 대하여, 보험은 이같이 이미 존재한 이익을 계약의 전제로 하고 있는 점이 다르다. 피보험이익은 경제상(금전으로 산정할 수 있는) 이익이므로(668), 人保險에는 이 관념이 없고 따라서 손해보험의 한 특색으로 되어 있다. 피보험이익의 價額을 保險價額이

라 하며, 보험금액과 관련하여 全部保險, 一部保險, 超過保險, 重複保險 등의 문제가 생기는 것도 손해보험의 특색이다. 그러나 손해보험에서도 피보험이익의 존재는 절대적 요건이 아니다. 즉, 이것이 객관적으로는 존재하지 아니하나 주관적으로만 존재하는 때에도 사기로 인한 것이 아닌 한 유효하다(669, 672 참조). → 보험가액

피보험자(被保險者) 〔英〕 insured, assured 〔獨〕 Versicherter 〔佛〕 assuré 보험계약의 당사자는 아니지만 보험계약의 중요한 관계자로서 손해보험에서는 피보험이익의 주체로서 손해의 보상(保險金額)을 받을 자로 정하여진 자. 人保險에서는 다만 그 자의 생명·신체에 관하여 보험이 붙여진 자로서, 보험금액지급의 청구권이 없다. 이같이 피보험자의 개념이 損害保險과 人保險에 따라서 다르나 兩保險에서 같이하고 있는 점은 그 자의 재산 기타의 이익 또는 생명·신체가 어떤 위험밑에 놓여 있다는 것이며, 따라서 告知義務(商 651)와 通知義務(652, 657) 등은 兩保險에서 공통되는 피보험자의 의무이다. 손해보험에서는 이 외에 손해방지의무를 피보험자에게 지우고 있다(680). 보험계약자가 피보험자를 겸하지 아니하는 경우를 손해보험에서는 타인을 위한 보험(639), 人保險에서는 타인의 생명·신체의 보험(731, 739)이라 하고, 이에 반하여 양자를 겸하는 경우를 자기를 위한 보험(손해보험의 경우) 또는 자기의 생명·신체의 보험(인보험의 경우)이라고 한다. 타인의 생명·신체의 보험에 있어서 타인(피보험자)의 사망·상해 등을 보험사고로 하는 경우에는 타인을 해할 위험이 있으므로 피보험자의 동의를 요하게 하였다(731, 739). 피보험자 아닌 자에게 보험계약상의 권리를 양도하는 경우에도 마찬가지이다.

피보호국(被保護國) 〔英〕 protected state 〔獨〕 protegierter Staat 〔佛〕 État protecteur 타국가의 보호하에 있는 국가. 이때에 보호를 부여하는 他國家를 保護國(protecting state)이라 하고 보호국과 피보호국과의 관계를 보호관계(〔英〕 protectorate 〔佛〕 protectorat)라고 한다. 보호관계는 원칙적으로 보호조약에 의하여 설정된다. 보호국이 전적으로 피보호국의 외교권을 장악하였을 때에는 피보호국은 국제법상의 權利能力은 있으나 行爲能力은 없는 것으로 해석된다. 그러나 국내법을 기초로 하여 성립되는 附庸關係와는 달라 보호관계는 보통 조약적 합의에 의해서 인정되는 것이므로 조약에 의하여 제한되지 않는 한도내에서는 피보호국도 스스로 外交關係를 처리할 수 있는 것이다. 보호관계의 구체적인 내용은 각 保護條約에 따라 규정되므로 이를 일반적으로 설명할 수 없으나 합의가 從屬關係의 기초로 되어 있기 때문에 合意에 의하여 제한되지 않는 한 피보호국 스스로 외교관계를 처리할 수 있을 뿐만 아니라 특히 합의되지 않는 한 보호국과 타국간에 체결된 조약은 당연히 피보호국에 적용되지 않으며 또한 보호국이 전쟁을 개시하여도 피보호국은 자동적으로 전쟁에 참가하지 않는다. 보호관계의 설정은 일시적인 경우가 많다. 과거에 植民國家들이 식민지획득의 한 방식으로 이용해온 것이며 강대국이 약소국을 자기의 권력하에 두고 차후에 合併을 기도하고 약소국 또는 제3국의 반대를 고려하여 우선 제1단계로서 보호관계를 설정하고 적당한 시기에 합병을 단행코자 하는 것이다. 한편 이상과 같은 국제적 보호관계와 구별되는 것으로서 植民的 保護關係(colonial protectorate)라는 제도가 있다. 이는 유럽 제국이 아프리카·인도 등의 원주민부족에 대하여 설정한 보호관계로서 원주민의 추장과 條約을 체결하고 友護 및 通商 등을 규정함과 동시에 원주민부족에 대하여 보호를 부여할 것을 체결한 조약이다. 따라서 국제적인 보호관계에 있어서는 보호를 받는 대상이 국가임에 반하여 식민적 보호관계에 있어서는 원주민의 부족에 불과하다는 점이 다르다. 피보호국의 예로서 일본의 韓國併合(1905년~1910년)을 비롯하여 과거에는 상당히 많은 예가 있었다. 그 후 점차 독립하여 현재에 있어서는 피보호국으로서 남아 있는 것 중에서 가장 유명한 것은 안도라(Andora)인데 1278년 이래로 스페인과 프랑스 양국의 보호를 받고 있다. → 종속국

피보호자(被保護者) 〔英〕 protected person 무력충돌 또는 占領에 있어 紛爭當事國 또는 점령국의 권력내에 있는 자로서 그 국가의 국민이 아닌 자. 被保護者는 점령군에 의한 명예·신체의 존중, 정보의 강제금지, 잔학행위의 금지, 군사상의 이용금지, 인질의 금지, 생활보장(陸戰法規 44~46·52, 戰時文民保護에 관한 제네바條約 27·31~34) 등의 보장을 받는다. → 점령

피상속인(被相續人) 〔獨〕 Erblasser 相續人에 대한 관계에 있어서 상속당하는 자, 즉 상속인의 상속하는 권리·의무의 종전의 주체를 말하며 自然人에 한한다.

피선거권(被選擧權) 〔獨〕 Wählbarkeit 〔佛〕 éligibilité 선거에 있어서 當選人이 될 수 있는 자격. 被選資格과 같은 내용의 말. 보통 선거권보다는 그 요건이 가중된다. 우리나라에서는 국회의원의 선거에 있어서는 25세 이상의 국민은 피선거권을 가지며(憲 25, 公選 16Ⅱ), 대통령의 선거에 있

어서는 국회의원선거권이 있고 선거일 현재 국내에 5년 이상 거주하고 있는 40세 이상의 국민은 피선거권이 있다(憲 67 Ⅳ, 公選 16Ⅰ). 그러나 이들도 일정한 缺格事由에 해당될 때에는 피선거권이 박탈된다(公選 19).

피용자발명(被用者發明) 피용자, 법인의 임원 또는 公務員이 그 직무에 관하여 한 발명으로서 성질상 사용자, 법인 또는 직무를 執行하게 하는 자의 업무에 속하고 또 그 발명을 하게 된 행위가 피용자, 법인의 임원 또는 공무원의 임무에 속하는 것(特許 39Ⅰ). 이 경우에 피용자, 법인의 임원 또는 공무원이 特許를 받았거나 특허를 받을 권리를 양수하여 특허를 받았을 때에는 사용자, 법인 또는 직무를 집행하게 한 자는 그 발명에 대하여 法定實施權(→특허실시권)을 가진다(39Ⅱ). 그렇지 아니한 발명에 대하여는 미리 契約으로 사용자, 법인 또는 직무를 집행하게 하는 자에게 특허권을 양도할 것을 약정하여도 무효다(39Ⅲ).

피용자특허(被用者特許) →피용자발명

피의사실공표죄(被疑事實公表罪) 검찰·경찰 기타 범죄수사에 관한 직무를 행하는 자 또는 이를 감독하거나 보조하는 자가 그 직무를 행함에 당하여 知得한 피의사실을 공판청구전에 공표하는 죄(刑 126). 本罪의 保護法益은 피의자의 명예 및 국가의 범죄수사권의 원활한 행사이다. 公表는 불특정 또는 다수인에게 그 내용을 알리는 것이다. 1인의 신문기자에게 고지하는 경우 또는 비밀을 保持할 법령상의 의무있는 자가 신문기자의 기록열람을 묵인한 경우도 신문의 특성으로 보아 공표(作爲 또는 不作爲)가 될 수 있을 것이다. 형사소송법에는 검사 기타 직무상 수사에 관계있는 자의 비밀엄수 등에 관한 주의규정(198)을 두고 있고 소년법에서도 조사·심리중에 있는 형사사건에 대한 報道禁止에 관한 특별한 규정(68)이 있다.

피의자(被疑者) 〔英〕suspect 〔獨〕Beschuldigter 〔佛〕prévenu 범죄의 혐의를 받아 수사기관에 의하여 수사의 대상으로 되어 있는 자로서 아직 公訴의 提起를 당하고 있지 않는 자. 공소의 제기를 받은 후는 被告人이라 불린다. 피의자는 엄격한 의미에서 소송당사자가 아니고 조사의 객체로서의 색채가 강하나(예컨대 각종의 强制處分의 受忍義務), 수사단계에 있어서의 인권옹호 및 장차 소송주체로서 활동한다는 준당사자적 지위에서 예컨대 陳述拒否權(刑訴 200Ⅱ)·辯護士選任 및 選任依賴權(30Ⅰ, 87, 90, 209)·證據保全請求權(184) 등의 여러 권리를 인정하고 있다. →구속적부심사청구권

피의자신문(被疑者訊問) 수사기관, 즉 검사 또는 사법경찰관이 피의자의 출석을 요구하여 진술을 듣는 것을 말한다(刑訴 200Ⅰ). 수사기관이 피의자를 신문하는 경우에는 미리 피의자에게 陳述拒否權을 고지하여야 한다(200Ⅱ). 수사기관은 먼저 피의자임에 틀림없음을 확인하는 人定訊問을 하고 범죄사실과 정상에 관한 필요사항을 신문하여야 하며 피의자에게 이익되는 사실을 진술할 기회를 주어야 한다(241, 242). 수사기관은 그 訊問內容을 조서에 기재하여야 한다(244Ⅰ). 피의자신문조서에 기재된 피의자의 진술은 일정한 요건하에 증거능력이 인정된다(312).

피인지자(被認知者) 인지를 받는 자는 혼인 외의 출생자를 말한다. 그러나 만약 다른 사람의 親生子의 推定을 받고 있는 경우에는 戶籍上의 父로부터 부인된 후가 아니면 인지할 수 없으며, 친생자의 추정을 받지 않는 혼인중의 출생자인 경우에는 親生子關係不存否確認의 訴(民 865)에 의하여 호적상의 父가 親生父가 아니라는 것이 확정된 후가 아니면 인지신고가 수리되지 않는다. 그리고 다른 사람이 이미 認知하고 있는 경우에는 인지에 대한 異議의 訴를 제기하여 확정판결이 난 다음에 인지신고를 하여야 할 것이다. 子가 미성년자이거나 성년자이거나 불문하고 인지할 수 있다. 그러나 인지는 친생자관계가 생겨서 여기에 여러가지 권리·의무를 발생하게 하므로, 성년자일 경우에는 그 의사를 존중하여 그 의사를 묻는 것이 타당할 것이다. 사망한 子를 인지하는 것은 인지를 남용하여 인지자가 상속의 이익을 꾀하는 일이 있으므로 원칙적으로는 안되나, 사망한 子에게 直系卑屬이 있는 때에는 인지할 수 있다(857). 父는 胞胎中에 있는 子에 대하여도 인지할 수 있다(858). 인지가 있게 되면 그 子의 출생시에 소급하여 효력이 발생하게 된다(860).

피지(避止)**의 의무**(義務)〔國際法上의〕 〔英〕·〔佛〕abstention 〔獨〕Zurückhaltung 自制의 義務 혹은 回避의 의무라고도 말한다. 중립국이 전쟁수행에 관계있는 직접 또는 간접의 원조(이를테면 병력·무기·공채 등의 공급)를 交戰國의 어느 일방에도 제공해서는 안될 의무이다. 默認의 義務, 防止의 義務와 더불어 중립국의 중요한 의무의 하나이지만 그 가운데서도 가장 복잡한 것일 뿐 아니라 또한 이 피지의 의무는 종래 이 中立法規의 중심적 요소를 차지하는 것이다. 이것을 전기한 묵인의 의무, 방지의 의무와 더불어 중립의 기본적 의무의 하나로서 열거하는 학자도 있으나 이러한 여러 의무는

모두 특정한 구체적 행위를 내용으로 하는 하나의 의무는 아니고 多數의 同種의 의무를 포괄적으로 총칭하는 관념으로 보아야 한다. → 중립국의 의무

피참가인(被參加人) 민사소송법상 또는 행정소송법상(行訴 16) 타인간의 소송계속 중, 그 소송의 결과에 관하여 이해관계를 가진 제3자가 당사자의 일방을 보조하기 위하여 그 소송에 참가하는 것을 補助參加(民訴 65)라고 하는데 이 참가하는 제3자를 보조참가인이라 하고, 보조받는 원고 또는 피고를 피참가인 또는 주된 당사자라고 한다. 보조참가나 共同訴訟參加를 하는 경우에는 참가인은 참가신청의 취지에 있어서 누구를 위하여 참가하는가를 밝힐 필요가 있다.

피청구인(被請求人) 行政審判에 있어서 심판청구를 제기받은 상대방인 당사자를 말한다. 행정심판의 피청구인은 당해 심판청구의 대상인 처분을 한 處分廳 또는 不作爲를 한 不作爲廳이 되는 것이 원칙이나, 처분이나 부작위가 있은 뒤에 그에 관한 권한이 다른 행정청에 이전되거나 승계된 때에는 새로이 그 권한을 승계한 행정청이 피청구인이 된다(行審 13).

피케팅 〔英〕 picketing 〔獨〕 Streikpostenstehen 스트라이크·보이콧 기타의 爭議行爲를 하는 경우에 이를 스트라이크 파괴자나 탈락자로부터 방위하기 위하여, 근로자가 공장·사업장·상점의 입구 등에서 행하는 警戒·追隨 등의 행위를 말한다. 따라서 피케팅은 그 자신 독립의 쟁의행위는 아니며, 다른 쟁의행위에 대한 보조수단의 역할을 한다. 또한 피케팅은 쟁의행위의 당사자인 사용자 이외의 제3자에 대한 積極的 行爲이다. 그렇기 때문에 관계근로자가 일사불란하게 쟁의행위를 결행하고, 근로자 전체의 連帶意識이 강하고, 파업이 파괴될 염려가 없으면 피케팅은 아무 필요가 없는 것이다. 스트라이크가 노동력의 정지로 스스로의 요구를 관철할 것을 목적으로 하는 이상, 사용자가 雇傭한 대체근로자를 근로자측에서 배제한다는 것은 그의 효과를 확보하기 위한 불가결의 수단이라고 하겠다. 현재 여러 나라에서는 이러한 피케팅이 스트라이크에 부수되는 것으로서 합법시되고 있으나, 사용자의 財産權保護의 견지에서 여러가지의 제한을 붙이고 있으며 그 한계는 일반적으로 엄격한 평화적 피케팅에 한정되는 경향이 강하다. 즉, 平和的 說得의 범주를 넘어서는 안된다는 것이 세계의 통칙으로 되어 있다.

피 켓 〔英〕 picket 〔獨〕 Streikposten 피케팅을 하는 자.

피터대제만내수화선언(大帝灣內水化宣言) 러시아의 피터大帝灣은 블라디보스톡 전면에 있는 灣으로서 灣口가 100해리에 달한다. 구소련은 1957년 7월 이것을 歷史的 灣이라고 하여 내수화를 선언하였다. 이에 대하여 일본은 구소련이 일찍이 이것을 역사적 만으로 주장한 바 없고 또 일본은 戰前부터 이곳에서 장기에 걸친 어업실적을 갖고 있다는 것을 이유로 하여 항의를 제출하였다. 영국과 미국도 이에 항의하였었다.

피항소인(被抗訴人) 항소인의 상대방, 항소인의 원심에 있어서의 상대방, 원심의 受繼者 등을 말한다. 附帶抗訴를 제기한 때에는 피항소인은 附帶抗訴人을 겸하는 것이 된다.

피해자(被害者) 불법행위 또는 범죄에 의하여 침해 위협된 法益의 주체. 민사상으로는 손해배상의 청구권을 가지며 형사소송법상으로는 告訴를 할 수 있다. → 피해자의 승낙, 친고죄

피해자소추주의(被害者訴追主義) 〔獨〕 Privatklageprinzip 형사소송절차가 피해자의 탄핵으로 인하여 비롯하는 주의. 즉, 피해자가 소추하는 주의이며, 私人訴追主義의 하나이다. 멀리 게르만시대에 행하여졌었는데, 독일에서는 현재에도 國家訴追主義와 함께 일정한 범죄에 대하여 이것을 인정하고 있다. 그러나 우리나라의 법은 전연 이것을 인정하고 있지 않다. → 사인소추주의

피해자(被害者)의 동의(同意) → 피해자의 승낙

피해자(被害者)의 승낙(承諾) 〔英〕 consent of the victim 〔獨〕 Einwilligung od. Einverständnis des Verletzten 〔佛〕 consentement de la victime ou de la parite lésée [1] 처분할 수 있는 자의 승낙에 의하여 그 法益을 훼손한 행위는 법률에 특별한 규정이 없는 한 벌하지 아니한다(刑 24). 이와 같이 피해자의 승낙을 違法性阻却事由의 하나로서 규정하고 있다. 법익은 승낙자가 처분할 수 있을 것임을 요하므로 사회적·국가적 법익은 포함되지 않는다. 승낙은 판단능력있는 자의 眞意에서 나온 사전의 것이어야 한다. 따라서 幼兒나 정신병자의 승낙, 협박이나 기망에 기한 승낙, 농담의 승낙, 사후의 승낙 등은 여기의 승낙이 되지 않는다. 또한 그 승낙은 상당한 이유가 있는 것임을 요한다고 해석된다(예컨대 수혈을 위한 혈액의 채취). 법률에 특별한 규정이 있는 경우란 同意殺人罪(252 Ⅰ)·同意落胎罪(269 Ⅱ) 등이며, 여기서의 승낙이 위법성조각사유가 아님은 물론이고 다만 형벌이 감경될 따

름이다. 그리고 피해자의 승낙이 없을 것이 명시적 또는 묵시적으로 구성요건의 내용으로 되어 있는 범죄(예컨대 窃盜罪·住居侵入罪 등)에 있어서는 승낙이 있으면 처음부터 構成要件該當性이 없으므로 위법성조각이 문제될 여지가 없다. → 추정적 승낙

[2] 민법상으로는 加害行爲의 위법성이 조각되어 손해배상책임은 발생하지 않는다. 民事上에 있어서는 당사자의 합의를 중시하므로 형법상 위법성을 조각하지 않는 경우에도(예컨대, 결투의 합의), 민사상은 반드시 책임을 발생하지 않는다고 이해하여야 할 것이다.

필리핀헌법(憲法) 필리핀은 스페인의 식민지였었으나, 1898년 12월의 미국·스페인 전쟁의 결과 파리조약에 의해 미국에 할양된 뒤, 미국의 통치하에서 차츰 自治權을 확대하다가 드디어 1935년에 독립한 공화국이 되었다. 그 때에 성립한 헌법에 의하면, 立法權은 국회(양원제)에 行政權은 대통령(국민의 선거에 의한다)에, 司法權(法律審査權을 수반한다)은 법원에 각각 부여되어 그들 상호의 관계는 미국형의 대통령제와 비슷하다.

필요비(必要費) 〔獨〕 notwendige Verwendungen 〔佛〕 dépenses nécessaires 물건의 본래의 성질 또는 상태를 유지하기 위한 비용, 또는 물건 위의 권리를 보유함에 있어서 당연히 지출하여야 하는 비용. 有益費나 奢侈費에 대응하는 개념이다(→ 유익비). 가옥의 수선비, 부동산에 관한 조세, 동물의 飼養費 등은 그 예이다. 민법에서는 물건의 멸실훼손을 방지하기 위한 비용, 즉 保存費가 그 주요한 것으로서 예시되어 있다(203 I). 필요비는 통상의 필요비와 특별한 필요비로 나누어진다. 전자는 물건 또는 물건 위의 권리가 존재하는 통상의 과정에서 필요로 하는 비용이며, 후자는 천재 기타 일반적으로 예기할 수 없는 사정으로 인하여 지출하게 된 비용이다. 타인의 물건에 관하여 필요비를 지출한 때에는 그 償還을 청구할 수 있는 것이 원칙이다. 그러나 각 경우에 따라 다소 그 범위를 달리하며, 필요비의 全額을 청구할 수 있는 경우(325 I, 626 I), 특별한 필요비만의 償還을 언제나 청구할 수 있는 경우(203 I 但, 367, 594 II), 통상의 필요비의 상환도 청구할 수 있는 경우(203 I, 367, 594 II), 통상의 필요비를 언제나 부담하여야 하는 경우(611 I) 등이 있다. 필요비 상환의 시기는 물건의 반환 또는 인도시임을 보통으로 한다. 費用支出者는 目的物上에 留置權을 갖는다.

필요사무(必要事務) 지방자치단체가 법령상 의무로서 행함을 요하는 사무. 隨意事務에 대한 것. 委任事務의 대부분은 필요사무이다.

필요적 공동소송(必要的共同訴訟) 〔獨〕 notwendige Streitgenossenschaft 語源的으로 말하여 공동소송의 형태를 취할 것이 필요한 경우, 즉 어느 권리관계에 관하여 판결을 구하는데 반드시 여러 명이 一體로서 원고 또는 피고로 되지 않으면 안되는 소송을 가리킨다(이를 固有 또는 眞正必要的共同訴訟이라고 한다). 당사자는 여러 명인데, 청구가 하나뿐인 소송이다. 재산권 또는 이에 대한 관리기능 또는 訴訟遂行權能이 여러 사람에게 합유적으로 귀속되고 있는 경우에는, 소송상으로도 그 여러 사람이 공동으로 하지 않으면 그 권리를 주장할 수 없다. 예를 들면 組合財産에 관한 소송은 조합원 전원이, 공동광업권에 관한 소송은 공동광업권자 전원이 당사자가 되어야 비로소 소송상 문제가 될 수 있다. 여러 명의 수탁자가 있는 信託財産에 관한 소송, 여러 명의 破産財産人이 있는 破産財團에 관한 소송, 여러 명의 選定當事者가 수행하는 소송 등도 이에 속한다. 그러나 반드시 공동소송으로 始終할 것을 요구하지 않기 때문에 개별적으로 소구하거나 또는 소구받는 것은 가능하나, 공동소송을 택한 이상 공동소송인 사이의 판결이 구구할 수 없는 법률상 요구가 있는 경우도 포함하며, 이것을 類似 또는 不眞正必要的 共同訴訟이라고 한다. 법은 이것을 소송의 목적이 공동소송인에 대하여 합일적으로만 확정되어야 할 경우라고 보아서(民訴 63), 合一確定訴訟이라고 한다. 이 合一確定의 要求라 함은 소송의 목적에 관하여서의 공동소송인의 1인과 상대방과의 사이의 판결이 당연히 다른 공동소송인에게도 그 효력이 미치는 관계에 있기 때문에 공동하여 소송하는 이상 각인에 대하여 개별적인 판결을 할 수 없는 경우를 말한다. 예를 들면 수인이 제기하는 會社合併無效의 訴(商 236, 240), 總會決議取消의 소(376)와 같다. 단순히 동일한 사실이나 권리관계에 기초되어 있기 때문에 논리상 구구한 결과가 공동소송인 사이에서 나올 수 없다는 것만으로 合一確定訴訟이라 할 수 없다고 보는 것이 통설이다(準必要的共同訴訟을 보라). 필요적 공동소송에 있어서는 판결의 기초자료를 같이 하여서 소송의 진행을 꾀하지 않으면 안되는 관계상, 공동소송인 사이에 연합관계를 인정하게 된다. 따라서 유리한 행위는 공동소송인의 1인이 하여도 전원을 위하여 효력을 낳고 불리한 행위는 전원이 공동으로 하지 않으면 본래의 효력을 낳지 않는다(民訴 63 I). 그러나 공동소송인의 1인에 대한 상대방의 訴訟行爲는 전원에 대해서 유리·불리를 불문하고 효력을 낳는다(63 II).

필요적 공범(必要的共犯) 〔獨〕 notwendige Teilnahme 범죄가 성립하기 위하여는, 반드시 2인 이상의 자의 공동행위를 필요로 하는 것. 통상의 共犯(任意的 共犯)에 대한다. 필요적 공범에는 集合的 犯罪(衆合犯, 예 : 내란죄 · 소요죄)과 對立的 犯罪(對向犯, 예 : 간통죄 · 뇌물죄)가 있다. 형법각칙은 원칙적으로 사람이 단독으로 구성요건을 실현하는 것을 예정하여 규정되어 있으며 필요적 공범은 예외이다. 필요적 공범은 그 자체가 독립된 범죄이며 총칙의 공범규정이 적용되지 않는다.

필요적 변론(必要的辯論) 〔獨〕 notwendige od. obligatorische mündliche Verhandlung 민 · 형사소송에 있어서 판결은 원칙으로 반드시 변론을 거쳐 또 거기에 나타난 訴訟資料만을 그 기초로 채용하여야 하는 바(民訴 124, 刑訴 37Ⅰ), 이 경우의 변론을 필요적 변론이라 한다. 따라서 판결은 필요적 변론에 기한 판결이라는 특징을 띤다. 이 점이 決定 · 命令에 있어서 변론을 거치느냐 않느냐가 임의적이고, 따라서 그것이 任意的 辯論에 기한 재판이라고 하는 것과 다르다. 결정 · 명령보다 중요시되는 판결절차에 관하여, 口述主義를 철저히 할 것임은 말할 것도 없다. 다만 현행법상 변론을 거치지 아니하고 판결을 할 수 있는 경우도 예외적으로 인정되어 있다. 상고사건에 대한 本案判決이나(民訴 400, 刑訴 390), 訴 · 抗訴 · 上告 등의 却下와 같은 訴訟判決(民訴 205 · 383 · 399, 刑訴 364Ⅴ · 390)이 그렇다. 필요적 변론의 기일에 당사자가 불출석하면 변론의 解怠로 취급된다. 그리고 민사소송법 중의 변론에 관한 규정은 모두 필요적 변론을 주안으로 한 것이라고 할 수 있다. → 임의적 변론

필요적 변호(必要的辯護) 피고사건을 심리하기 위하여 필요조건인 변호. 즉 辯護人이 없으면 公判을 개정할 수 없는 경우를 말한다. 任意的 辯護에 대한 관념이다. 그러나 어느 것이든 형식적 변호에서 문제된다. 필요적 변호의 범위는 소송법상의 문제로서, 현행법은 사형 · 무기 또는 단기 3년 이상의 징역이나 금고에 해당하는 사건(法定刑을 표준으로 한다)을 심리하는 경우는 변호인없이 개정하지 못하게 하였다(刑訴 282). 변호인을 필요로 하는 것은 심리의 경우이며 단지 판결의 선고, 人定訊問, 변론의 재개의 결정 등 만을 하는 경우에는 불필요하다고 본다. 필요적 변호의 경우 변호인이 없거나 또는 있어도 출석하지 아니한 때에는 법원은 職權으로 변호인을 선정하여야 한다(283). 그리고, 군사법원법상으로는 모든 피고사건에 필요적 변호를 인정한다. 변호인이 없는 때에는 군사법원은 직권으로 國選辯護人을 선정하여야 한다(軍法法 62). 변호인이 없으면 군사법원은 원칙으로 개정하지 못한다.

필요적 보석(必要的保釋) → 보석

필요적 환송(必要的還送) 抗訴審이 제1심의 판결을 부당하다고 하여 취소한 경우 그 사건을 반드시 제1심에 환송하여야 하는 경우를 말한다.

[1] 민사소송법상 訴를 부적법하다고 却下한 제1심판결을 취소한 경우가 이에 해당하는데(民訴 388), 이 때에는 本案審理를 하지 않았으므로 환송을 하지 않으면 事實審의 심리가 제1심에서 그치게 되어 당사자의 審級의 이익이 상실되기 때문이다.

[2] 형사소송법상 公訴棄却 또는 管轄違反의 재판이 법률에 위반됨을 이유로 원판결을 파기하는 경우가 이에 해당한다(刑訴 366).

ㅎ

하급경찰관청(下級警察官廳)　警察署長은 지방의 하급보통경찰관청으로서 특별시장·광역시장 또는 도지사의 지휘·감독을 받아 관할구역 내의 치안에 관한 사무를 掌理하고 소속경찰공무원을 지휘·감독한다(警察法 2Ⅰ·Ⅱ).

하급법원(下級法院)　〔英〕inferior courts 법률에 의하여 설치되는 사법관청으로 사법권 행사의 審級關係 및 사법행정상의 관계에서 대법원의 하위에 두는 것. 현행법상으로는 법원조직법(3) 및 각급법원의 설치와 관할구역에 관한 법률에 의하여 설치되어 있다. 高等法院·特許法院·行政法院·地方法院·家庭法院 등의 5종류가 있다.

하급소유권(下級所有權)　〔獨〕Untereigentum　→분할소유권

하는 채무(債務)　〔佛〕obligation de faire 特定物 또는 不特定物을 주는 것을 목적으로 하는 채무(주는 채무)에 대하여, 기타의 행위를 하는 것을 목적으로 하는 채무를 말한다. 가옥을 허무는 것, 공장에서의 노동, 연주 등을 하는 채무와 같다. 주는 채무와 구별하는 실익은 강제이행의 방법에 관해서이다. 즉, 주는 채무에 있어서는 直接强制가 허용됨에 반하여, 하는 채무에 있어서는 代替執行이나 間接强制 밖에 허용되지 않는다. →강제이행

하도급(下都給)　受給人이 자기가 인수한 일의 완성을 다시 제3자(下受給人 또는 下請人)에게 도급시키는 것. 보통 下請이라고도 한다. 도급은 일의 완성이 목적이므로 원칙적으로 하도급이 허용되고 실제로도 널리 행하여지는데, 건설산업기본법은 一括下都給을 원칙적으로 금지하고 있다(29). 하도급인은 이행보조자이므로 그 행위에 대하여는 수급인이 책임을 진다.

하도급거래(下都給去來)　원사업자가 수급사업자에게 製造委託(가공위탁을 포함한다. 이하 같다)·修理委託 또는 建設委託을 하거나 원사업자가 다른 사업자로부터 제조위탁·수리위탁 또는 건설위탁을 받은 것을 수급사업자에게 다시 위탁을 하고, 이를 위탁받은 수급사업자가 위탁받은 것을 제조 또는 수리하거나 시공하여 이를 원사업자에게 납품 또는 인도(또는 납품)하고 그 대가(하도급대금)를 수령하는 행위를 말한다(下都給去來公正化에 관한 法律 2).

하도지시서(荷渡指示書)　〔英〕delivery order〔獨〕Konnossementsteilschein　船荷證券이 발행되어 있는 운송물에 관하여 그 인도를 지시하는 증권. 운송물의 分割讓渡에 이용된다. 선하증권소지인이 발행하는 경우와 선박소유자가 발행하는 경우가 있다. 전자는 선박소유자 또는 揚陸港의 荷物取扱人에 대하여 운송물의 인도를 지시하는 것으로서 선박소유자 또는 하물취급인이 그 증권상에 기명날인하지 않는 한 이 증권의 소지인은 운송물의 인도를 청구할 수 없다. 후자는 선박소유자가 선장 등의 자기의 履行補助者에 대하여 운송물의 인도를 지시하는 것으로서 이 증권의 소지인은 선장 등에 대하여 화물의 인도를 청구할 수 있다. 하도지시서는 일종의 지시증권이나 운송물채권을 표창하는 것이 아니므로 선하증권은 아니다.

하 명(下命)　〔獨〕Befehl　作爲·不作爲·給付·受忍을 명하는 행정행위. 이 중에서 부작위를 명하는 행정행위를 특히 禁止라고 한다. 법규에 의한 直接下命(法規下命)과 행정행위에 의한 하명(下命處分)이 있다. 보통 하명이라 할 때에는 후자를 말한다. 하명의 受命者는 하명의 내용에 따른 공법상의 의무를 지며, 그 義務不履行에 대하여는 행정상의 강제집행의 방법에 의하여 의무의 이행을 강제하고 의무위반에 대하여는 벌칙을 적용하여 처벌한다.

하물수령증(荷物受領證)　운송인이 하물

의 수령을 확인하여 送荷人에게 교부하는 증서. 내국항간의 해상운송에 있어서는 정식의 船荷證券보다 하물수령증을 발행하는 것이 편리하며 널리 이용된다. 이는 엄격한 要式證券은 아니나 경제적으로는 유가증권으로 선하증권의 규정이 준용된다. 그러나 그의 본질은 운송인이 화물의 수령을 확인하는 증명서로서 운송계약의 내용은 受領證의 기재와는 관계없이 운송인과 송하인간의 계약에 의한다. 따라서 하물수령증은 處分證券이 아니며 계약당사자인 송하인은 운송물의 반환청구권을 가지며 운송인 또는 運送周旋人이 送荷人의 지시에 반하여 운송물을 인도하였을 때에는 그 책임을 면할 수 없다.

하바나헌장(憲章) 〔英〕 Havana Charter 1948년 3월 24일 쿠바의 수도 하바나에서 53개국에 의하여 서명된 국제무역기관의 기초를 이루는 조약. 비준하는 국가가 없어 미발효인 채로 있다. 제2차대전후의 美英金融交涉이 시작되어, 미국은 무역장해의 체감, 差別待遇의 제거를 원칙으로 하는 세계무역 및 고용의 확장에 관한 제안을 영국 기타의 국가에 승인시키고, 이것을 條文化한 試案을 기초로 하여 1946년 11월 런던에서, 1947월 8월 제네바에서 각각 제1회, 제2회의 예비회의를 개최하고, 최후의 제네바 草案을 기초로 동년 11월 1일부터 60개국 참가하에 하바나에서 본회의를 개최하여, 본초안의 서명을 보았다. → 국제무역기관

하수운송(下受運送) 1인의 운송인이 전구간의 운송을 인수하되 자신이 전구간의 운송을 실행하지 않고 그 일부 또는 전부를 다른 운송인으로 하여금 운송시키는 것. 順次運送의 한 형태. 제1의 운송인은 元受運送人이라 하고 제2 이하의 운송인을 下受運送人이라 한다. 이 하수운송의 경우에는 하수운송인은 원수운송인의 이행보조자에 지나지 않으며 따라서 원수운송인만이 계약의 당사자가 된다. 그러므로 하수운송인과 송하인간에는 직접 법률관계는 생기지 않는다.

하수운송주선(下受運送周旋) 〔獨〕 Unterspedition 운송주선인이 全區間運送의 주선을 인수한 후 그 전부 또는 일부에 대하여 자기의 계산으로 다른 운송주선인을 이행보조자로서 사용하는 경우. 하수운송주선은 順次運送周旋 · 部分運送周旋과는 다르다.

하 원(下院) 〔英〕 lower house 〔美〕 house of representative 〔獨〕 Unterhaus 〔佛〕 chambre basse 兩院制 의회에 있어서 국민의 선거에 의하여 구성되는 의원. 上院 또는 參議院에 대한 개념. 상원 또는 참의원보다 국민대표기관성이 강하며, 예산 기타 법률안의 심의나 국정의 운영에 있어서 법률상 또는 사실상 상원 또는 참의원에 우월하는 지위를 가지는 것이 보통이다.

하이어라키 〔英〕 hierarchy 〔獨〕 Hierarchie 〔佛〕 hiérarchie 계통 · 체통 · 계층 또는 位階秩序라고 번역된다. 원래는 중세에 있어서의 성자 · 승려의 지배를 의미하였으나, 후에 승려의 職階制度를 의미하게 되었다. 이것이 다시 일반화되어 봉건제사회 등에 있어서의 상하의 차별의 엄격한 段階的 秩序를 지칭하는 것으로 쓰여진다.

하이 코트 오브 저스티스 〔英〕 High Court of Justice 영국의 고등법원. 영국의 裁判所構成法(주디커쳐 액트)에 의하여 설치된 고등법원(Supreme Court of Judicature)의 일부로서 잉글랜드와 웨일즈를 통하여 런던에 하나 있다. 종래의 각종의 재판소를 통합한 것으로, 보통법재판소의 관할을 계승하여 보통법상의 사건을 취급하는 King's or Queen's Bench(王座部)와 衡平法裁判所의 관할을 계승한 Chancery Division(衡平法部)과 遺言檢認 · 婚姻離婚 · 海事事件을 취급하는 Probate, Divorce and Admiralty Division으로 나뉜다.

하 자(瑕疵) 〔羅〕 vitium 〔獨〕 Mangel, Fehler 〔佛〕 vice, défaut 흠이 있는 것. 법률 또는 당사자가 예상하는 상태가 존재하지 않는 경우에 널리 쓰여진다. 瑕疵擔保, 하자있는 占有, 하자있는 의사표시, 행정행위의 하자 등이 그 예. → 하자담보, 하자있는 점유, 하자있는 의사표시, 행정행위의 하자

하자담보(瑕疵擔保) 〔獨〕 Gewährleistung wegen Mängel der Sache 〔佛〕 garantie contre les vices de la chose 매매 등의 有償契約에 있어서, 그 목적물 자체에 매수인 등의 수령자가 과실없이 알지 못하는 하자가 있는 경우에 매도인 등의 인도자가 부담하는 擔保責任(民 580, 567). 매수한 건물에 외부로부터 발견할 수 없는 물질적인 결점이 있는 경우, 매수한 자동차에 외부로부터 용이하게 발견할 수 없는 성능상의 장애가 있는 경우 등이 그 예. 하자라 함은 목적물이 보통 가진다고 기대되는 성질 또는 특히 매도인이 목적물에 관하여 있다는 것을 보증한 성질을 결하기 때문에 목적물의 사용가치 또는 교환가치를 감소함을 말한다. 매수인이 瑕疵가 있는 것을 과실없이 알지 못한 때에는, 매도인에 대하여 손해배상을 청구할 수 있으며, 하자때문에 매매의 목적을 달성할 수 없는 때에는 계약을 解除할 수 있다. 상인간의 매매에 있어서는 이 밖에 代金減額의 청구를 할 수 있는데, 매수

인은 목적물을 수령한 후 지체없이 이를 검사하고 하자를 발견한 때에는 즉시 매도인에게 그 통지를 발송하지 아니하면, 매도인의 책임을 묻지 못한다(商 69). 구민법하에서는 不特定物의 경우에 매도인의 瑕疵擔保責任이 생기느냐의 여부에 관하여 규정이 없었으므로, 논의가 있었으나 민법은 불특정물의 매매의 경우에도 매매후 특정되어서 급부된 목적물에 하자가 있을 때에는, 매도인의 하자담보책임을 물을 수 있도록 하였다(581Ⅰ). 이 경우 買受人은 하자없는 완전한 물건을 청구할 수도 있다(581Ⅱ). 매수인은 해제·손해배상의 청구 및 불특정물의 경우에 있어서의 완전한 물건의 청구는 어느 것이나, 매수인이 하자를 발견할 날로부터 6월 이내에 행사하지 않으면 안된다(582). 그러나 상인간의 매매의 경우에 관하여는 특칙이 있다(商 69).

하자(瑕疵)**의 명백성**(明白性) 행정행위에 하자가 있는 경우에, 無效인 행정행위인지 取消할 수 있는 행정행위인지 그 구별이 문제가 되는데, 일반적인 견해는 重大·明白說에 따라 행정행위에 특히 중대·명백한 하자가 있는 경우에만 무효인 행정행위로 인정한다. 이 때 하자의 명백성에 관하여 많은 견해의 대립이 있는데, 통설적인 견해는 통상인의 정상적인 認識能力을 기준으로 하여 객관적으로 그것이 하자임을 판단할 수 있는 경우에 명백한 하자라고 본다.

하자(瑕疵)**의 승계**(承繼) 하자의 승계란 둘 이상의 行政行爲가 일련의 절차로 연속하여 행하여지는 경우에 後行行爲 그 자체에는 하자가 없어도 先行行爲에 하자가 있게 되면 그 선행행위의 하자가 후행행위에 승계되는 것을 말한다. 이러한 하자의 승계의 인정은 행정행위의 不可爭力과 관련하여 선행행위의 효력을 다툴 수 없게 된 경우에도 그 하자의 승계를 이유로 후행행위의 효력을 다툴 수 있다는 실익이 있다. 하자의 승계에 있어서 先·後行爲가 결합하여 1개의 효과를 완성하는 경우는 그 승계가 인정되나, 선·후행위가 독립하여 별개의 효과를 목적으로 하는 경우는 當然無效의 경우만 승계가 인정된다는 것이 일반적인 견해다. 그런데 최근에는 하자의 승계를 선행행정행위의 후행행정행위에 대한 拘束力 문제로 보는 견해도 있다.

하자(瑕疵)**의 중대성**(重大性) 행정행위에 하자가 있는 경우에 無效인 행정행위인지 取消할 수 있는 행정행위인지 그 구별이 문제가 되는데, 일반적인 견해는 중대·명백설에 따라 행정행위에 특히 중대·명백한 하자가 있는 경우에만 무효인 행정행위로 인정한다. 이 때 하자의 중대성을 어떻게 판단할 것인가에 관하여 법규를 能力規定과 命令規定으로 구별하여 전자의 위반을 중대한 하자로 보는 견해와, 법규를 强行規定과 非强行規定으로 구분하여 전자의 위반을 중대한 하자로 보는 견해가 있다. 그러나 일반적인 견해는 능력규정·강행규정과 같은 법규위반을 전제로 하면서, 구체적인 사정 아래서는 당해 행정행위의 근거·법규와 관계이익을 참작하여 판단하여야 한다.

하자(瑕疵)**의 치유**(治癒) 행정행위에 하자가 있는 경우에 法治主義의 요청을 관철하기 위해서는 행정행위가 無效 또는 取消되어야 한다. 그러나 행정행위의 무효·취소는 법률생활의 안정이나 상대방의 기득 및 신뢰에 중대한 영향을 주게 된다. 그리하여 행정행위의 무효·취소로 인하여 얻게 되는 이익보다 더 큰 사회적 이익이 있는 경우에 하자있는 행정행위의 효력을 유지할 필요가 있는데, 여기에는 행정행위의 하자의 치유와 無效인 行政行爲의 轉換이 있다. 이 중 하자의 치유란 취소할 수 있는 행정행위에만 인정되는 것으로서(무효인 경우는 인정된다는 소수의 견해도 있음), 행정행위가 성립당시에 要件不備로 인한 하자를 지녔더라도 사후에 그 요건이 보완되거나 또는 그 행위를 취소할 필요가 없어진 경우에 종전의 하자를 이유로 그 효력을 다툴 수 없게 하는 것을 말한다.

하자(瑕疵)**있는 소송행위**(訴訟行爲) 소송행위가 節次規定에 위반한 경우를 말한다. 예를 들어 소송행위에 行爲意思나 능력·권한이 欠缺되었거나, 소송행위가 일정한 기간 또는 방식을 따르지 않은 경우이다. 하자있는 소송행위는 일반적으로 그 효력이 발생하지 않으나 법원의 補正命令에 의한 보충이나 당사자의 追認 또는 追完에 의해 하자가 제거될 수도 있으며, 하자의 치유에 의해 유효한 것으로 취급될 수도 있다. 재판 이외의 법원의 소송행위에 하자가 있는 경우에는 원칙적으로 무효이나 법원의 소송행위가 소송법규에 위반하더라도 실질적인 목적이 달성되었으면 유효하다고 인정되는 경우가 있으며(民訴 175Ⅲ), 訓示規定(예: 終局判決의 선고기간에 관한 民訴 184)의 위반은 무효로 되지 않는다.

하자(瑕疵)**있는 의사표시**(意思表示) 타인의 부당한 간섭, 즉 詐欺나 强迫에 의하여 행하여진 의사표시. 이 경우에는, 表示行爲에 상당하는 效果意思는 결여되어 있지 않으나 그 의사를 결정하기에 이른 동기가 자유롭지 못하고 타인의 부당한 간섭을 받아서 한 것이다. 이 점에서 효과의사 자체를 결여하고 있는 의사의 欠缺과 다르다. 즉, 전자는 의사와 표시와의 사이의 불일치는 없으나, 의사결정의 동기가 부자유한 경우이고 후자는 의사결정의 동기는 자유로우나 의사와 표시가 불일치하는 경우이다. 하자있는 의사표시에 있어서도 표의자를 보호하여야 할 필요가 있는 것이므로, 表意者는 일정한 요건하에서 이를 취소할 수 있다(民 110, 140).

하자(瑕疵)**있는 점유**(占有) 하자있는 점유라고 할 때의 하자는 惡意·過失·强暴·隱秘·不繼續 등 완전한 점유로서의 효과의 발생을 방해하는 모든 사정을 말한다. 이러한 하자가 없는 점유가 하자없는 점유이다. 하자있는 점유는 取得時效(民 245 이하)·善意取得(249) 등에서 불이익을 받는다. 점유자는 소유의 의사로 善意 및 公然하게 점유한 것으로 추정된다(197 I).

하 천(河川) 물이 흐르도록 되어 있는 토지의 구조. 사회관념상 하천이라 하는 것은 모두 하천법의 적용을 받는 하천이 아니며, 하천법에서 하천이라 함은 공공의 이해에 밀접한 관계가 있는 流水의 系統으로서 그 수계의 하천구역과 하천부속물을 포함하는 것을 말한다(河 2 I i). 하천은 국가하천, 지방1급하천, 지방2급하천으로 구분되고, 국유를 원칙으로 한다. 다만 지방2급하천으로서 하천공사 등으로 하천에 편입되는 토지에 대한 보상을 하고 이를 국유로 하는 경우를 제외하고는 그러하지 아니하다(3). 행정기관의 장은 다른 법률에 의하여 하천구역 안에서 권리를 設定하거나 기타의 처분을 하고자 할 때에는 미리 관리청과 협의하거나 그 승인을 받아야 한다(5). 관리청은 하천법 33조의 규정에 의한 허가를 받은 자로부터 流水使用料, 토지의 占用料, 토석·모래·자갈 등 하천산출물의 採取料 기타의 하천사용료를 징수할 수 있다(38). →수리권, 용수권

하천공사(河川工事) 하천의 流水로 인하여 생기는 공공의 이익을 증진하거나 유수로 인한 피해를 제거 또는 경감하게 하기 위하여 행하여지는 하천의 신설·개축 또는 보수에 관한 공사를 말한다(河 2 I iv).

하천관리위원회(河川管理委員會) 하천관리에 필요한 중요한 사항을 심의하고 流水使用에 관한 분쟁을 조정하기 위하여 건설교통부에 중앙하천관리위원회를 두고, 시·도에 지방하천관리위원회를 둔다(河 60).

하천구역(河川區域) 대홍수 기타 이상한 天然現象에 의하여 일시적으로 그 상황을 나타내고 있는 토지를 제외한 하천의 물이 계속하여 흐르고 있는 토지 및 지형과 당해 토지에 있어서의 草木生長의 상황 기타의 상황이 하천의 물의 흐름이 미치는 부분으로서 매년 1회 이상 물이 흐른 形迹을 나타내고 있는 토지의 구역, 하천부속물의 부지인 토지의 구역, 하천관리청이나 그 許可 또는 委託을 받은 자가 설치한 제방이 있는 곳에 있어서는 그 제외지(제방으로부터 하심측의 토지) 또는 대통령령으로 정하는 이와 유사한 토지의 구역 중 전기한 첫번째 구역과 일체로 하여 관리할 필요가 있는 토지로서 관리청이 지정하는 토지의 구역 등을 말한다(河 2).

하천대장(河川臺帳) 하천에 관한 사실 및 법률관계를 명백히 하는 公簿로서 河川現況臺帳 및 水利臺帳으로 구분된다. 당해 하천의 관리에 속하는 관리청이 이를 작성하고 보관함을 요한다(河 14).

하천부속물(河川附屬物) 河川管理에 필요한 댐·하구언·제방·호안·수제·복갑문·수문·수로수도·예선도·관측시설 기타 하천법에 의하여 설치된 시설 또는 공작물로서 하천법의 규정에 의한 하천의 관리청 이외의 자가 설치한 시설 또는 工作物에 관하여는 관리청이 당해 시설 또는 공작물을 하천부속물로 관리하기 위하여 당해 시설 또는 공작물설치자의 동의를 얻는 것을 말한다(河 2).

하 청(下請) 下請 또는 下都給이라 함은 수급인(元受給人)이 맡은 일의 전부나 일부를 다시 제3자가 下受給人으로서 맡는 것을 말한다. 일의 성질이나 당사자의 의사에 의하여 금지되지 않는 한, 수급인은 이러한 하도급 내지 하청을 이용할 수 있다. 하도급은 元受給人과 下受給人 사이의 都給契約이므로 하수급인이 원도급인에 대하여 직접 권리·의무를 갖지는 않는다. 그러나 하수급인은 일종의 이행보조자이므로 원수급인은 일의 완성에 관하여는 下受給人의 행위에 관하여서도 책임을 져야만 한다.

하터법(法) 〔美〕Harter Act 선박소유자가 船荷證券에 삽입하는 免責約款의 제한을 정한 미국의 연방법(1893). 1888년 브뤼셀國際商法會議의 결의에 따라 堪航能力擔保義務, 積荷의 보관·인도 등의 의무 및 선원 기타의 사용인의 중과실로 인한 손해에 관하여는 면책약관을 무효로 한다.

학 교(學校) 敎育을 실시하기 위하여 법률에 의하여 설치된 시설. 국가 및 지방자치단체가 설립·경영하는 것을 국·공립학교, 사법인 또는 개인이 법령이 정하는 바에 따라 설립·경영하는 것을 私立學校라 한다(初·中等敎育法 3). 敎育監 또는 敎育部長官의 지휘·감독을 받으며(6), 그의 교육내용은 법률(또는 대통령령)로서 정한다. 학교의 종

류로는 ① 유치원, ② 초등학교·공민학교, ③ 중학교·고등공민학교, ④ 고등학교·고등기술학교, ⑤ 특수학교, ⑥ 각종학교(2), ⑦ 대학, ⑧ 산업대학, ⑨ 교육대학, ⑩ 전문대학, ⑪ 방송대학·통신대학 및 방송통신대학, ⑫ 기술대학(高等教育法 2) 등이 있다.

학교교육(學校教育) 學校에서 행하는 교육. 우리나라의 교육은 학교에서 뿐 아니라 가정에서도(家庭教育) 정치·경제·사회·문화의 모든 영역에서도(社會教育) 항상 강력히 실현되어야 하며, 公民·科學·實業과 師範의 教育은 특히 중시되어야 한다고는 하지만 교육에서 가장 중심이 되고 있는 것은 학교교육이다. 교육을 위한 학교의 설립·경영은 법령이 정하는 바에 따라서 해야 하며, 공인된 학교에서 교육을 받은 자는 國·公·私立의 구별없이 동등한 자격을 인정받으며 학교는 국가 또는 지방자치단체의 감독을 받는다. 학교교육 중 적어도 初等教育은 의무적이고 무상이며(憲 31 Ⅱ·Ⅲ, 教 8, 初·中等教育法 12), 국민은 누구나 능력에 따라 수학할 기회를 균등하게 보장받는다. 학교교육의 내용은 법령의 정하는 바에 따른다.

학교도서관(學校圖書館) 고등학교 이하의 각급학교와 이에 준하는 각종 학교에서 교원과 학생의 교수·학습·학습활동을 지원함을 주된 목적으로 하는 圖書館 또는 圖書室을 말한다(圖書館 및 讀書振興法 2).

학교법인(學校法人) 사립학교만을 설치·운영함을 목적으로 私立學校法에 의하여 설립되는 법인을 말한다(私立學校法 2Ⅱ). 공공단체 이외의 법인(학교법인을 제외) 또는 私人도 사립학교를 설치·경영할 수 있는데, 특히 이들을 私立學校經營者라고 한다(2Ⅲ). 그런데 초등학교·중학교·고등학교·대학, 사범대학, 개방대학·전문대학, 대학·개방대학 또는 전문대학에 준하는 각종 학교 등의 사립학교는 학교법인이 아니면 설립할 수 없다(3). 학교법인은 그 설치·경영하는 사립학교에 필요한 시설·설비와 당해 학교의 경영에 필요한 財産을 갖추어야 한다(5Ⅰ). 학교법인을 설립하고자 하는 자는 일정한 재산을 出捐하고 일정한 사항을 기재한 定款을 작성하여 대통령령이 정하는 바에 의하여 教育部長官의 許可를 받아야 하고(10), 設立登記를 함으로써 설립된다. 그런데 학교법인은 그가 설치한 사립학교의 교육에 지장이 없는 한, 사립학교의 경영에 충당하기 위하여 수익을 목적으로 하는 사업을 할 수 있다(6Ⅰ). 학교법인에는 임원으로서 7인 이상의 이사와 2인 이상의 감사를 두며 이사는 理事會를 구성하고, 이사장은 이사회의 의장이 된다(14, 15). 이사회의 의사는 定款에 특별한 규정이 없는 한, 在籍理事 과반수의 찬성으로 의결된다. 국가 또는 지방자치단체는 교육의 진흥상 필요하다고 인정할 때에는 대통령령 또는 지방자치단체의 條例가 정하는 바에 의하여 학교법인에게 보조금을 교부하거나 기타 원조를 할 수 있고, 감독청은 지원을 받은 學校法人에 대하여 업무 또는 會計狀況 등에 관하여 감독을 하는 권한을 가진다(43). 한편 학교법인에 대하여서는 私立學校法에 특별한 규정이 있는 경우를 제외하고는 민법의 법인에 관한 규정이 준용된다(9, 13, 27, 42).

학교폐쇄명령(學校閉鎖命令) 학교(각종학교를 포함한다)가 법령에 의한 명령을 위반한 때, 법령에 의한 監督廳의 명령을 위반한 때 3개월 이상 수업을 하지 않은 때에 감독청이 학교의 폐쇄를 명하는 것(初·中等教育法 65, 高等教育法 62).

학대죄(虐待罪) 자기의 보호 또는 감독을 받는 사람을 학대하는 죄(刑 273Ⅰ). 尊屬虐待(273Ⅱ)의 경우에는 형을 가중하고 虐待致死傷(275)의 경우에는 傷害罪와 비교하여 중한 형으로 처단한다. 학대라 함은, 苛酷한 행위(125, 277)보다 범위가 좁고, 생명·신체의 안전을 위태롭게 할 육체적인 고통을 주는 처우이며 폭행 이외의 것을 말한다. 예컨대 사람이 일상생활을 영위함에 있어서 보통 필요로 하는 정도의 住食을 급여하지 않는다든가, 필요로 하는 정도의 휴식·수면 등을 허용하지 않는 것(예: 과로 내지 혹사하는 것) 등을 말한다.

학 령(學齡) 義務教育을 실시함에 있어서 자녀를 가진 보호자가 就學을 시켜야 할 연령. 자녀가 6세가 된 翌日 이후의 최초학년초부터 12세가 되는 날이 속하는 학년말까지의 6년간이다(初·中等教育法 13). 이 연령에 달한 아동을 學齡兒童이라 한다. 학령아동을 가진 보호자는 아동에게 초등교육을 받게 할 의무가 있다. 보호자에게 곤란한 사정이 있을 때에는 소속 시·군 및 자치구로 하여금 교육비를 보조하게 하는 補助制度가 있다(16). → 의무교육, 초등학교

학령아동(學齡兒童) → 학령

학리해석(學理解釋) 〔羅〕 interpretatio doctrinalis 〔英〕 doctrinal interpretation 학리적인 입장에서 하는 법의 해석. 有權解釋에 대하는 말. 따라서 無權解釋이라고도 한다. 학리해석은 주로 학설로서 나타나며, 로마제정시대에는 법으로서의 효력이 부여되었었으나(→ 학설법), 오늘에 있어

서는 그 자체로서의 구속력은 없다. 학리해석은 다시 文理解釋과 論理解釋으로 구분된다.

학문(學問)**의 자유**(自由) 〔英〕 academic freedom 〔獨〕 Freiheit der Wissenschaft, akademische Freiheit 〔佛〕 liberté de l'étude 硏究의 自由, 즉 임의의 과제를 선정하여 결과를 추구하는 자유 및 연구의 결과를 발표하는 자유를 의미한다. 사상의 자유, 표현의 자유의 일부로도 볼 수 있으나 憲法이 특히 항목을 설정하여 이것을 보장하고 있는 것은 학문 그 자체가 가지는 객관성의 요구때문에 이것에 대하여는 특별한 자유가 필요하기 때문이다. 그리고 이러한 이유에서 학문의 중심인 大學의 自治가 특히 요청된다. 서구에 있어서는 학문의 자유는 사상 내지 언론의 자유와 상반하여 또는 그 내용으로서 주장되어 왔는데, 특히 학문의 자유로서 주장되게 된 것은 17세기의 영국에서 베이컨(Bacon)이나 밀턴(Milton)에 의해서라고 한다. 모든 국민은 학문의 자유를 가지지만(憲 22Ⅰ), 秩序維持 등을 위하여 필요한 경우에 법률로써 제한될 수 있다(37 Ⅱ). → 학원의 자유, 대학의 자유

학 사(學士) 學位의 일종. 대학 · 사범대학 및 교육대학의 定員內의 학생으로서 소정의 전과정을 이수하고, 일정한 시험에 합격한 자(즉, 대학졸업자)에게 총장 또는 학장이 수여하는 學位(高等敎育法 35).

학설법(學說法) 學說이면서 法源으로서의 가치를 인정받는 것. 로마에서는 법의 주요한 부분이 학설을 통하여 발달하였으나, 오늘날에 있어서는 학설 그 자체를 법으로 보는 것은 부정된다. 그러나 立法, 특히 裁判을 함에 있어서 권위있는 학설이 법의 정립이나 적용에 미치는 영향은 크다. 成文法이 제정되어 있더라도, 법의 목적에 맞는 적정한 해석을 가하지 않으면, 법으로서의 기능을 발휘할 수 없는 것이 많으므로, 학설은 해석의 작용을 통하여 끊임없이 법을 세련케 하는 역할을 하고 있다고 말할 수 있다.

학설휘찬(學說彙纂) 〔羅〕 Digesta → 로마법대전

학술원(學術院) 學術發展에 현저한 공적이 있는 과학자를 우대 · 지원하고 학술연구와 그 지원사업을 행함으로써 학술발전에 이바지하게 함을 목적으로 하는 기관(大韓民國學術院法 1), 학술원의 회원 정수는 150인으로서 임기는 4년으로 하되 連任할 수 있다(3, 5). 院에는 회장 · 부회장(각 1인)과 총회가 있고, 部에는 部會長과 部會가 있으며, 分科會에는 분과회장과 분과회가 있다(8, 10, 11)

학 원(學院) 私人이 다수인에게 30일 이상의 敎習課程(교습과정의 반복으로 교습일수가 30일 이상이 되는 경우를 포함)에 따라 지식 · 기술(기능을 포함) · 예능을 교습하거나 30일 이상 학습장소로 제공하는 시설로서 교육법 기타 법령에 의한 학교, 도서관 및 박물관, 사업장 등의 시설로서 소속 직원의 硏修를 위한 시설, 사회교육법 21조의 규정에 의하여 시설된 社會敎育施設, 사회교육법 26조의 규정에 의하여 학교에 부설한 시설, 職業訓練基本法에 의한 직업훈련시설 기타 사회교육에 관한 다른 법률에 의하여 설치된 시설 등을 제외한 시설을 말한다(學院의 設立 · 運營에 관한 法律 2).

학원(學園)**의 자유**(自由) 대학 기타 일체의 學園의 자유. 연혁적으로 보아, 學問의 自由의 主體는 대학을 위시한 고등학술연구기관 및 그 소속자라고 생각되었으며, 따라서 학문의 자유는 大學의 自由와 같은 의미로 사용되었다. 그러나 학문은 이러한 고등교육기관에서만 행하여지는 것은 아니기 때문에, 학문의 자유의 일부로서 대학 뿐만 아니라 일체의 학원에서의 자유가 보장되어야 할 것이다. 그러나 학원의 자유가 가장 실질적 문제가 되는 것은 대학에서임은 물론이다. 다음 학원의 자유에 관하여는 그것과 경찰과의 관계, 다시말하면 경찰권의 학원내사건에의 개입이 각국에서 여러가지 어려운 문제를 야기시키고 있다. 또 학원 특히 대학의 조직 · 인사 · 관리 등의 自主性의 限界도 문제되는 경우가 많다. → 대학의 자치, 학원의 자유

학 위(學位) 학술연구를 表彰하는 칭호. 우리나라에는 學士 · 碩士 · 博士 · 名譽博士의 4종이 있다(舊敎施 122, 高等敎育法附則 8 참조). 학위는 총장 또는 학장이 수여하되, 학사 · 석사 또는 박사 학위수여예정자 명부를 교육부장관에게 제출하여 교육부에 登錄하여야 한다(高等敎育法 35).

학 점(學點) 대학과 대학원에서의 課程履修의 단위. 1주당 1시간씩 1학기간의 강의를 1학점으로 인정하는 것이 원칙이다(실습 · 실험 · 체육 등은 예외)(舊敎施 120Ⅰ). 대학을 졸업하거나 대학원을 수료하고 碩士學位論文을 제출하기 위하여는 법령이 인정하고 있는 학점을 취득하여야 한다(120, 121).

한계규정(限界規定) 〔獨〕 Abgrenzungsnorm, Grenznorm 완전쌍방적 저촉규정과 같다.

한계법(限界法) 〔獨〕 Grenzrecht 프랑켄슈타인(Frankenstein)에 의하여 주장된 國際私法의 별칭. 국제사법은 각국의 法秩序가 지배하는 범

위를 한계지우는 법이라는 것을 그 이유로 한다.

한국공업규격(韓國工業規格) → 한국산업규격

한국과학기술원(韓國科學技術院) 과학기술분야에 관한 심오한 이론과 실제적인 응용력을 갖춘 고급과학기술인재의 양성과 국책적 중·장기연구개발 및 기초·응용연구와 다른 연구기관이나 산업계 등에 대한 硏究支援을 하기 위하여 한국과학기술원법에 의하여 설치된 法人格있는 교육 및 연구기관. 이사장 및 원장 각 1인을 포함한 15인 이내의 이사와 1인의 감사를 두고(6), 教員으로 교수·부교수·조교수와 강사를 두며, 과학기술에 관한 연구를 위하여 硏究員을 두고(15), 동기술원의 소정의 학위과정을 마친 자에 대하여는 博士·專門碩士·碩士의 학위를 수여한다(14, 17).

한국기술사회(韓國技術士會) 기술사의 技術發展과 업무의 개선 및 품위의 보전을 도모하기 위하여 설립된 법인(技術士法 14). 사무소소재지에서 설립등기함으로써 성립한다. 그 회원은 기술사등록을 마친 자로서 관계기관의 자격정지 또는 기술사시험 합격의 取消·處分을 받지 않은 자이다(15).

한국노동교육원(韓國勞動敎育院) 중립적이고 공신력 있는 교육을 실시하여 民主的 勞使關係를 정립하고 산업평화를 이룩함으로써 노사공존공영이념을 구현하고 국민경제발전에 이바지함을 목적으로 설립된 법인(韓國勞動敎育院法 1, 2). 노동교육원은 노사관계당사자에 대한 노사교육 및 홍보와 그 부대사업, 교육원 외의 자가 행하는 노사교육사업에 대한 지원, 노사교육프로그램 및 교재의 개발과 보급, 노사교육강사의 확보 및 양성, 건전한 노사관계 정착을 위한 대국민홍보 및 상담, 각종 노사교육의 委託 및 受託, 해외연수과정의 개발·운영 및 노사관계에 대한 국제협력사업 및 그 부대사업 등의 사업을 시행한다. 노동교육원의 임원은 원장 및 사무총장 각 1인을 포함한 15인 이내의 이사와 감사 1인으로 한다(7).

한계농지(限界農地) 시·도지사가 농지를 효율적으로 이용·보전하기 위하여 지정한 농업진흥지역 밖의 농지 중에서 營農條件이 불리하여 생산성이 낮은 농지를 말하는데 그 기준은 대통령령으로 정한다.

한국마사회(韓國馬事會) 경마의 공정한 시행과 원활한 보급을 통하여 馬事의 진흥 및 축산의 발전에 이바지하기 위한 사업을 효율적으로 수행하기 위하여 설립(韓國馬事會法 18 참조). 법인으로 하며 주된 사무소의 소재지는 정관으로 정한다(19, 20).

한국발명진흥회(韓國發明振興會) 발명진흥에 대한 조사·연구, 産業財産權 기술정보자료의 수집·분석 및 보급, 특허관리요원의 양성, 특허·실용신안·의장·상표공보의 보급, 특허청장이 발명의 진흥에 관하여 위탁한 사업 등을 체계적·효율적으로 추진하고 發明家의 이익증진을 도모할 수 있는 사업을 행하기 위하여 설립된 법인(發明振興法 33, 32).

한국법전(韓國法典) 정식 명칭은 현행한국법전. 隆熙 4년 6월 15일 현재 한국에 시행하는 법령을 총망라한 근대적 법전. 그 내용은 法令의 종별에 의하여 15편 78장 72절로 분류된다. 편별을 보면 제1편 國制, 제2편 典禮, 제3편 公文式 기타, 제4편 官制, 제5편 官規, 제6편 民事 刑事, 제7편 財政, 제8편 農商工, 제9편 地方制度, 제10편 警察衛生, 제11편 教育, 제12편 軍制, 제13편 關稅 海事, 제14편 條約, 제15편 委任行政 등이다.

한국보험공사(韓國保險公社) → 保險監督院

한국산업규격(韓國産業規格) 공업진흥청장이 산업표준심의회의 심의를 거쳐 제정한 산업표준의 제정(産業標準化法 10, 4).

한국산업단지공단(韓國産業團地公團) 산업단지에 대한 관리업무를 효율적으로 수행하고, 입주기업체를 원활히 지원하기 위해 설립된 法人. 주된 사무소의 소재지에서 設立登記를 함으로써 성립한다(工業配置 및 工場設立에 관한 法律 45의3). 업무는 산업자원부장관의 지도·감독을 받는다(45의11).

한국생산성본부(韓國生産性本部) 아시아 生産性機構의 설립으로 아시아 회원국들이 아시아 생산성회의(동경)에서 동기구의 취지 및 목적에 따라 1957년 財團法人으로 설치한 기관. 회원국은 이와 비슷한 기관을 저마다 두고 있다. 일본의 생산성기구, 대만의 생산성무역센터, 인도의 전국생산성심의회, 파키스탄의 산업개발연구소, 태국의 산업성 등의 官民團體를 두고 있다.

한국선박(韓國船舶) 대한민국의 國籍을 가지는 선박. 선박의 국적을 정하는 기준에 관하여는 입법례가 나누어지고 있으나, 한국은 원칙적으로 所有者國籍主義를 취하고 있다(船舶法 2). 즉, 한국선박이 됨에는 ① 國有 또는 公有의 선박, ② 대한민국국민이 소유하는 선박, ③ 대한민국에 본점을 둔 상사회사로서 합명회사는 사원의 전원, 합자회사는 무한책임사원의 전원, 주식회사와 유한회사는 理事의 전원이 대한민국국민인 경우에 그 회사가 소유하는 선박, ④ 대한민국에 주된 사무소를 둔 법인으로서 그 대표자(공동대표인 경우에는 그 전원)가 대한민국국민인 경우에 그 法人이 소유하는 선박이어야 한다. 대한민국선박의 國籍을 취득함에는 그 소유자는 등기를 한 다음(20톤 미만의 선박은 등기를 요하지 않는다), 船舶原簿에 등록을 하고 船舶國籍證書를 교부받아야 한다(8, 20). 등기를 요하지 않는 非登記船 가운데, 5톤 미만의 선박과 端舟·櫓櫂船 등은 船籍證書의 교부를 받아야 한다(船籍證書令 1 但). 외국에서 선박을 취득한 자는 그 취득지에서 대한민국 영사에게 假船舶國籍證書의 교부를 신청하여야 한다(船舶法 9). 대한민국선박은 대한민국 국기를 게양할 수 있고 不開港場에 기항할 수 있으며, 여객과 물품의 운송에 종사하고(船舶法 4~7), 선박장려금의 교부를 받을 수 있다.

한국소비자보호원(韓國消費者保護院) 소비자보호시책의 효과적인 추진을 위해 설립된 법인으로서 원장과 부원장 각 1인을 포함한 10인 이내의 理事와 監事 1인을 두고 이사 3인은 상임으로 하고 그 외는 비상임으로 한다(消費者保護法 31). 한국소비자보호원의 업무는 ① 소비자의 불만처리 및 피해구제, ② 소비자보호를 위하여 필요한 경우 物品 및 用役의 규격·품질·안전성 등에 관한 시험·검사 또는 조사의 실시, ③ 소비자보호와 관련된 제도와 政策의 연구 및 건의, ④ 소비생활의 합리화 및 안전을 위한 각종 情報의 수집과 제공, ⑤ 소비자보호와 관련된 教育 및 弘報, ⑥ 국민생활의 향상을 위한 종합적인 조사·연구, ⑦ 기타 소비자보호관련 업무 등이다(28). → 소비자보호법

한국수자원공사(韓國水資源公社) 수자원을 종합적으로 개발·관리하여 생활용수 등의 공급을 원활하게 하고 수질을 개선함으로써 국민생활의 향상과 공공복리의 증진에 이바지하기 위하여 설립된 法人으로 자본금은 5조원이다. 하수도에 관한 업무가 환경부로 이관됨에 따라 한국수자원공사가 시행하는 하수종말처리시설건설에 관한 실시계획의 승인권자를 건설교통부장관에서 환경부장관으로 변경하였다. 자본금은 국가·지방자치단체 또는 한국산업은행이 출자하되 국가가 100분의 50 이상을 출자하여야 한다(韓國水資源公社法 4).

한국은행(韓國銀行) 은행권 발행을 독점하고 금융시장의 중추를 이루고 國庫金의 출납 등을 행하는 한국의 중앙은행. 한국은행법(1950년 法 제138호) 기타 정식으로 비준된 금융·통화에 관한 국제협정을 포함하는 법령과 정관에 의하여 운행되는 자본없는 特殊法人이다. 효율적인 通貨信用政策의 수립과 집행을 통하여 물가안정을 도모함으로써 국민경제의 건전한 발전에 이바지함을 목적으로 하고(韓銀 1), 오로지 국가목적을 위하여 운영된다. 최고기관에 金融通貨委員會가 있고 그 정하는 방책에 따라 총재가 業務를 執行한다(12, 34). 임원에는 총재(재정경제부장관의 제청에 의하여 대통령이 임명)·부총재·부총재보(총재가 임명)·감사(재정경제부장관의 추천으로 대통령이 임명)가 있으며(43), 업무는 은행의 은행으로서의 각종의 업무 외에 정부에의 무담보대부, 국채의 응모·인수(73, 75), 국고금의 취급(71), 통화안정증권의 발행(69), 그 밖에 通貨金融에 관한 국가의 사무를 취급하고, 정부의 은행으로서의 기능을 다하며 은행권의 발행권을 독점한다(47).

한국자원재생공사(韓國資源再生公社) 재활용가능자원의 수집·매입과 유·무상공급, 폐기물재활용시설의 설치·운영, 재활용가능자원의 비축기지와 폐기물재활용단지의 설치·운영, 폐기물의 발생억제와 재활용촉진을 위한 기술의 개발·보급, 재활용가능자원의 수집·이용 등 재활용산업에 대한 지원, 재활용가능자원의 수요공급실태조사와 폐기물유통정보의 제공 및 거래알선, 폐기물의 감량화 및 재활용촉진을 위한 對國民弘報, 기타 정부로부터 폐기물의 처리와 재활용을 위하여 위탁받은 업무 등을 효율적으로 수행하기 위해 설립된 것으로 재활용가능한 폐기물의 資源化를 촉진하고 나아가 環境保全에 기여함을 목적으로 한다(韓國資源再生公社法 17, 1 참조). 無資本特殊法人으로 한다(2).

한국잠정공업규격(韓國暫定工業規格) → 한국공업규격

한국전력공사(韓國電力公社) 電源開發을 촉진하고 電氣事業의 합리적인 운영을 기함으로써 전력수급의 안정을 도모함과 아울러 국민경제발전에 이바지하게 할 목적으로 설립된 法人으로 그 자본금은 6조원으로 하되 정부가 100분의 51 이상을 출자한다(韓國電力公社法 4).

한국전쟁(韓國戰爭) 〔英〕 Korea War, Korean Conflict 韓國事變이라고도 한다. 1950년 6월 25일 새벽 북한괴뢰의 군대가 38선을 돌파하고 대한민국에 침입함으로써 개시되었다. 국제연합의 안전보장이사회는 그날 미국정부의 제소에 의하여 審議한 결과 북괴의 무력공격을 평화의 파괴로 규정

하고 敵對行爲의 즉시정지, 북괴군대의 철퇴를 요구하는 勸告決議를 채택하였다. 그러나 북괴가 적대행동을 계속한 결과 미국의 트루만대통령은 6월 27일 自國의 空·海軍에 대하여 대한민국을 원조하라고 명령하는 동시에 대만을 무력충돌의 圈外에 둔다는 이유로 同島에 제7함대를 파견하였다. 같은 날 안보이사회는 國聯加盟國이 북괴의 무력공격을 격퇴하고 한국에 있어서의 國際平和와 안전을 회복하기 위하여 필요한 원조를 대한민국에 제공하도록 권고하였다. 다시 이사회는 7월 7일의 권고결의에서 미국군사령관 밑에 통일지휘권을 설정할 것을 요청하고 또한 참전제국의 國旗와 더불어 國聯旗의 사용을 인정하였다(이상 3차의 결의에 구소련은 결석). 國聯軍이 10월 9일 38선을 돌파하고 북진하자 10월 25일 중국정권은 의용군의 형태로 人海戰術을 벌려 전쟁은 중대한 국면에 돌입하였다. 이에 대하여 國聯總會는 1951년 2월 1일 미국의 제안에 의하여 중국정부가 한국의 침략자에게 직접적인 원조를 주고 한국에서 침략에 종사하고 있다고 단정하여 중국 및 북괴의 지배하에 있는 여러 지역에 대하여 무기의 禁輸를 결의하였다. 1951년 6월 23일 國聯 소련대표 말리크가 휴전을 시사한 후 7월 10일 개성에서 休戰會談이 개최되었다. 10월 25일 이 회담은 판문점으로 옮아 왔다. 이 휴전회담의 난관은 1949년의 포로대우에 관한 제네바조약의 해석에 있어서 공산측이 주장하는 强制送還主義와 國聯側이 주장하는 自由送還主義가 대립한 것이다. 1953년 3월 6일 소련수상 스탈린이 사망하자 사태는 새로운 전기를 맞이하였다. 4월 10일 傷病捕虜交換協定, 다음 6월 8일 포로교환협정, 마지막으로 7월 27일 休戰協定이 성립하였다. 그러나 휴전협정은 그 무력발생후 3월 이내에 쌍방의 대표자로 구성된 고급정치회의를 소집하고 한국문제의 평화적 해결 등 여러 문제를 협정하기로 하였으나 高級政治會議는 결국 실현되지 않았다. 관계주요국은 1954년 4월 26일부터의 제네바회의에서 인도네시아문제와 더불어 한국문제를 의제로 하였으나 후자에 관해서는 아무런 성과도 보지 못하였다.

한국조폐공사(韓國造幣公社) 화폐·은행권·국채·복표·수입인지 그 밖에 증권을 제조함을 목적으로 韓國造幣公社法(1953년 法 제215호)에 의하여 설립된 公法人. 자본금 150억원인 바 전액정부가 출자한다(4). 임원으로 사장·부사장·이사·감사를 두며, 재정경제부장관의 감독을 받는다.

한국증권거래소(韓國證券去來所) 有價證券의 공정한 가격의 형성과 안정 및 그 유통의 원활을 기하기 위하여 설립된 法人으로서(證去 71) 유가증권시장의 개설업무·유가증권의 경매업무·유가증권시장의 개설에 수반되는 부대업무, 유가증권의 上場에 관한 업무, 상장법인의 공시에 관한 업무를 행한다(73).

한국토지공사(韓國土地公社) 土地資源의 효율적인 이용을 촉진하고 국토의 종합적인 이용·개발을 도모하여 건전한 국민경제의 발전에 이바지함을 목적으로 한국토지공사법에 의해 설립된 법인. 자본금은 5조원으로 하고 전액을 정부가 출자한다(韓國土地公社法 1, 2, 4). 토지공사의 이익과 사장의 이익이 상반되는 사항에 대하여는 사장이 공사를 대표하지 못하며 감사가 공사를 대표한다(7). 건설교통부장관은 공사의 經營目標達成을 위하여 필요한 범위안에서 공사의 업무를 지도·감독한다(25).

한국휴전협정(韓國休戰協定) → 한국전쟁, 휴전

한미상호방위조약(韓美相互防衛條約) 〔英〕 Korean-American Mutual Defence Agreement 1953년 7월 韓國休戰協定이 성립되자 이 새로운 사태에 대처하기 위하여 미국에 의한 한국의 防衛를 주목적으로 체결된 조약. 1953년 10월 1일 워싱턴에서 서명, 다음 1954년 11월 17일 역시 워싱턴에서 비준서교환, 그 날로 효력이 발생하였다. 이 조약의 주요한 내용은 다음과 같다. ① 당사국 중 어느 1국의 政治的 獨立 또는 안전이 외부로부터의 무력공격에 의하여 위협을 받고 있다고 어느 당사국이든지 인정할 때에는 언제든지 당사국은 서로 협의한다(條約 2). ② 각 당사국은 다른 당사국에 대한 태평양지역에 있어서의 무력공격을 자국의 平和와 安全에 대한 위협이라고 인정하고 공통의 위험에 대처하기 위하여 각자의 헌법상의 절차에 따라 행동할 것을 선언한다(3). ③ 한국은 相互의 合意에 의하여 한국내 및 그 주변에 미육해공 3군을 배치할 권리를 미국에 부여하고 미국은 이 권리를 수락한다(4). 이 한미상호방위조약은 많은 취약점을 지니고 있으며, 특히 1960년의 新美日安全保障條約의 事前協議條項에 의하여 미군이 한국방위를 위하여 출동함에는 제한을 받게 되었다.

한미소포우편협정(韓美小包郵便協定) 〔英〕 Parcel Post Agreement between the Republic of Korea and the United States of America 1949년 2월 17일 서울과 동년 4월 13일 워싱턴에서 署名하고, 한국은 동년 7월 1일에, 미국은 동년 11월 1일에 각각 批准發效한 條約. 이 협정에는 시행규칙이 있으며 세목은 상호합의에 의하여 수시로 수정할 수 있도록 되어 있다.

한미영사협약(韓美領事協約) 대한민국과 미국간에 체결된 영사에 관한 個別條約이다(1963년 12월 19일 발효, 1964년 1월 7일 공포). 이 협약은 전문 및 18개조로써 구성되어 있으며, 영사관의 임명, 직무, 특권 및 면제, 해임 또는 퇴거, 그리고 領事의 주요한 직무로서 자국민의 이익보호, 유산관리, 선박 및 항공기의 臨檢 및 보호 등에 관한 여러 규정을 두고 또한 영사사무소의 토지 및 건물의 소유·점유 등에 관한 규정도 아울러 포함하고 있다. 협약의 주요한 내용은 다음과 같다. ① 領事의 임명 및 파견. 각 締約當事國은 영사대표를 타방당사국에 파견할 권리를 가지며, 접수국은 이에 이의가 없는 한 이를 접수한다. 또한 外交官은 영사관을 겸임할 수 있다(1Ⅰ·Ⅱ). ② 영사관의 직무. 領事官이 그의 영사구역내에서 수행하는 주요한 직무는 ㉠ 공증업무, ㉡ 자국민의 보호, ㉢ 유산의 관리 및 ㉣ 선박(항공기 포함)의 臨檢 및 保護 등(4, 5, 6, 7)이나 이 협약에서 명시하고 있는 직무는 주요한 것에 해당하며, 그의 직무는 포괄적인 것으로서 접수국이 적당하다고 인정되는 기타의 업무도 집행할 수 있다(8). ③ 영사사무소의 不可侵. ㉠ 사무소의 불가침. 영사목적만을 위하여 전용되는 영사사무소는 불가침으로서 接受國의 경찰 또는 기타의 관리가 침입할 수 없다. 그러나 영사관의 동의를 얻은 경우 또는 화재·지변과 같은 불가피한 경우나 폭행죄가 범행된 경우에는 예외로 한다(3Ⅰ). 영사사무소내에 있는 公文書는 불가침이며, 公用의 행낭 및 기타의 公用容器에 의하거나 또는 公共通信施設에 의하여 발송 및 접수되는 공문서도 또한 불가침이다(9Ⅱ). ㉡ 기타의 權利. 영사관은 통신에 관한 모든 공공수단을 사용하여 통신하는 권리를 가진다(9Ⅰ). 또한 접수국에서 영사목적을 위하여 필요한 토지 및 건물을 취득·소유 또는 보유할 권리와 그러한 토지에 건물을 축조할 권리를 갖는다(2). ④ 治外法權. ㉠ 裁判管轄權의 면제. 영사관은 공무로 인한 행위에 관하여 접수국의 재판관할권으로부터 면제된다(10Ⅰ). 영사관은 서류의 제시 및 공무사항에 관한 증거의 제공으로부터 면제된다. 증언의 면제는 허용되지 않으나, 접수국 당국은 영사관의 公務執行에 방해가 없도록 하기 위한 조치를 취하여야 한다(10Ⅱ). 또한 영사관은 접수국내에서 체포 및 소추로부터 면제된다. 단 1년 이상의 身體刑에 해당하는 범죄행위인 경우에는 제외(10Ⅲ). ㉡ 課稅로부터의 면제. 영사관이 공공목적으로 수입하는 물품과 영사의 개인용으로 수입하는 물품은 과세로부터 면제된다(11). 또한 領事官은 모든 조세의 부과로부터 면제된다(12). ㉢ 치외법권의 人的範圍와 制限. 이상의 치외법권은 領事雇傭人과 영사관 및 영사고용인의 가족에게도 인정된다. 그러나, 영사관 또는 영사고용인이 접수국의 국민이거나 또는 영주권을 가진 경우, 접수국에게 영리를 목적으로 私的事業에 종사하는 경우, 또는 파견국의 전임공무원 또는 고용인이 아닌 경우 등에는 치외법권이 인정되지 아니한다. ⑤ 保險. 파견국이 소유하는 영사관의 모든 차량(선박·항공기 포함)과 영사관·영사고용인 및 그들의 가족이 소유하는 모든 차량은 제3자에 대한 危險保險에 가입되어야 한다(13). ⑥ 紛爭의 해결. 이 협약의 해석 또는 적용에 관한 분쟁으로서 외교교섭의 방법에 의하여 해결되지 아니하는 것은 이를 국제사법재판소에 제소한다(16). → 영사, 외교사절의 특권

한미우호통상(韓美友好通商) **및 항해조약**(航海條約) 〔英〕 The Treaty of Friendship, Commerce and Navigation between the Republic of Korea and the United States of America 대한민국이 1948년에 독립한 후 이 종류의 조약으로서는 최초로 체결한 것. 1956년 11월 28일 서울에서 서명, 1957년 10월 7일 서울에서 批准書交換, 동년 11월 7일 효력발생. 전문과 25개 조문으로 구성되며 이 밖에 이 조약과 불가분의 일부로 인정되는 하나의 議定書가 있다. 이 조약은 양국간의 통상·거주·항해 등에 관하여 서로 最惠國待遇 및 內國民待遇를 부여하기로 규정하였다. 다만 이 조약의 最惠國民待遇規定은 關稅貿易一般協定(GATT)에 의거하여 부여되는 특별편익에는 적용되지 않기로 되었다(구한국시대 1882년에 역시 미국과 최초로 체결된 평화·우호·상업 및 항해에 관한 조약에는 미국민에 대한 치외법권적 규정이 들어 있었음을 상기하라). 이 조약은 내국민대우의 정의를 규정하였고(22), 또 이 조약의 해석 또는 적용에 관한 분쟁으로서 外交交涉에 의하여 해결되지 않는 것은 원칙적으로 국제사법재판소에 부탁하도록 규정하였다(24). 이 조약의 기한은 10년, 그 후 어느 때라도 1년전의 문서에 의한 豫告로써 이 조약을 체결시킬 수 있다(25). → 내국민대우, 최혜국민대우

한미재정재산협정(韓美財政財産協定) 1948년 9월 한국정부와 미국정부간의 財政 및 財産에 관하여 서울에서 조인된 대한민국의 수립 후 최초로 체결된 國際條約으로 미군정시대에 군정당국의 관리하에 있던 재정 및 재산을 대한민국 정부에 이양할 것을 내용으로 한다.

한미합동위원회(韓美合同委員會) The Joint Committee between the R.O.K. and U.S.A. 한미행정협정의 실시상 필요한 사항에 관하여 이의하는 기관(韓美行政協定 29). 한미쌍방의 대표자 각

1명으로 조직하며, 각 대표자는 1명 또는 그 이상의 代理人과 職員을 가진다(29Ⅱ). 합동위원회는 한미 대표의 한쪽에서 요청하면 언제나 회합하게 된다. 합동위원회에서 문제를 해결할 수 없을 경우는 한미양국정부로 이관하게 된다(29Ⅲ).

한미행정협정(韓美行政協定) Administrative Agreement under Article Ⅳ of the Mutual Defense Treaty between the Republic of Korea and the United States of America, Regarding Facilities and Areas and the Status of United States Armed Forces in the Republic of Korea and Related Documents. 1950년 6월 25일, 1950년 6월 27일 및 1950년 7월 7일의 국제연합안전보장이사회의 諸決議와 1953년 10월 1일에 서명된 韓美相互防衛條約에서 한국의 영역 및 그 부근에 미군을 배치시키게 됨에 따라(4), 필요한 세부절차 등을 정한 한미간의 行政協定(1966년 7월 9일 서명, 1967년 2월 9일 발효). 미군의 주둔에 필요한 시설과 구역의 제공·반환·경비 및 유지(2~6), 미군·그 구성원·군속 및 그 가족의 출입국(8), 관세 기타 과세(9~14), 선박 등의 기착(10), 雇傭員의 채용(17), 외환관리(18, 19), 형사재판권(22), 불법행위에 대한 청구권(23) 등 지위에 관한 규정과 협정운용상의 상호협의를 위한 합동위원회의 설치(28) 등을 규정하고 있다. 협정은 相互防衛條約이 유효한 동안 효력을 가진다(31). 이 협정을 국내에 시행하기 위한 방법으로는 韓美行協의 실시에 따른 관세 등의 임시특례법(1967년 法 제1898호), 한미행협의 시행에 관한 형사특별법(1967년 法 제1903호), 한미행협의 시행에 따른 국가 및 지방자치단체의 재산의 관리와 처분에 관한 법률(1967년 法 제1905호) 등이 있다. → 소파협정

한반도(韓半島)**에너지개발기구**(開發機構) KEDO 한·미·일 등 3개국 정부가 北美제네바核合意에 따른 북핵문제의 전반적인 해결목표를 지지하고 核合意履行에 필요한 조치를 취하는데 협력하기를 바라면서 설립하기로 합의한 기구를 말하며 KEDO의 설립목적은 약 1천메가와트 용량의 한국표준형 경수로 2기로 구성되는 對北韓輕水爐支援事業과 관련한 재원조달과 공급, 그리고 대북한대체에너지공급 등 북미핵합의문의 목적을 수행하기 위해 필요한 기타 조치의 이행을 위한 것이다. KEDO는 북한측이 북미간 基本合意文上의 의무사항을 완전히 이행토록 하는 것을 목표로 그 목적을 수행해야 하는 바, KEDO의 기능에는 사업의 평가 및 관리, 회원국으로부터의 자금수령, 북한으로부터의 상환, 관련협정 및 계약의 체결 등이 포함된다. KEDO의 활동은 북한이 KEDO와 체결한 협정을 준수할 것과 북미 기본합의문에 일치하는 방법으로 행동할 것을 그 조건으로 삼고 있다. 이같은 조건이 충족되지 않을 경우 KEDO는 적절한 조치를 취할 수 있다. KEDO는 북한에 이전되는 核物質·裝備 및 技術이 전적으로 輕水爐事業을 위해서만, 그리고 평화적 목적으로만 안전하게 이용되도록 북한으로부터 공식적인 보장을 받아야 한다. KEDO는 회원국과 일반회원국으로 구성되며 원회원국은 한·미·일 3국이며, 일반회원국은 KEDO에 지원을 제공하는 국가로서 집행이사회의 승인을 얻은 국가로 구성된다. KEDO의 조직은 執行理事會·總會·事務總長과 事務次長 등 직원 및 諮問委員會로 구성되며 이 중 가장 중요한 기관은 최고의사결정권한을 갖고 있는 집행이사회다. 집행이사회는 원회원국인 한·미·일 대표 각 1명으로 구성되며 이들 3명의 대표 중에서 2년 임기의 의장을 선출토록 규정하고 있다. 집행이사회의 모든 결정은 3국 전원합의를 통해 이뤄진다. 자문위원회는 輕水爐事業諮問委員會, 代替에너지供給事業諮問委員會 등으로 구성된다. 각 회원국은 적절한 자금제공 등으로 KEDO에 자발적으로 기여한다. 그같은 기여금은 KEDO뿐 아니라 KEDO의 계약자에게도 제공할 수 있다. 회원국은 KEDO의 목적수행을 지원할 수 있는 물품이나 용역, 장비 및 시설을 KEDO나 그 계약자에게 제공할 수 있다.

한불상표협정(韓佛商標協定) 1961년 2월 1일에 발표된 한국과 프랑스 양국간에 있어서 한쪽의 國家內에 住所 또는 營業所를 가지고 있지 않으면서 그 국가내에서 상표의 出願登錄 또는 更新을 하고자 하는 상대편국가의 자연인 또는 법인의 여러 권리를 명확히 규정한 협정. 이 협정에 의하여 프랑스는 한국인에게 프랑스내에서 프랑스 법규에 의하여 프랑스인에게 주는 利益과 동일한 대우를 주는 한편, 한국도 한국내의 프랑스인에게 동일한 이익과 대우를 주도록 되었다.

한시법(限時法) 〔獨〕 Zeitgesetz 〔佛〕 loi temporaire 일정한 유효기간을 정하여 제정된 법률. 일정한 기간이 처음부터 정하여지든 사후적으로 정하여지든 불문한다. 넓은 뜻으로는 그 내용이 일시적 사정에 대응하기 위한 법률(臨時法)도 포함한다. 그런데 형법 1조 1항은 범죄의 성립과 처벌은 행위시의 법률에 의한다라고 규정하면서, 동조 2항 前段은 犯罪후 법률의 변경에 의하여 그 행위가 범죄를 구성하지 아니하(는)… 때에는 新法에 의한다라고 규정하고 있다. 그래서 어떤 행위를 처벌하는 법률이 없게 된 경우에는 이제는 이를 처벌할 수 없고 소송법상으로는 免訴의 판결을 선고하여야 한

ㅎ

다(刑訴 326 iv). 그렇다면 일정기간의 경과(또는 일시적 사정의 소멸)로 인하여 刑罰法規(限時法)가 소멸(폐지)된 경우에도 그 유효기간중의 위반행위를 처벌할 수 없느냐의 문제가 일어난다. 이것이 소위 한시법의 문제이며, 說이 나누어져 있다. 즉 ① 限時法인 한, 그 유효기간 경과후도 기간내의 행위에 대하여는 항상 처벌해야 한다는 설. 그렇게 하지 않으면 유효기간이 끝날 무렵이 됨에 따라 사실상 처벌의 가능성이 희박해져서 벌칙이 무의미하게 된다는 것을 근거로 삼는다. ② 당해 법률에 특별한 규정이 없는 한, 형법 1조 2항에 의해서 처벌할 수 없다는 說. ③ 법률의 변경에 의한 犯罪不構成이, 그 행위의 可罰性에 관한 국가의 법률적 견해의 변경으로 인한 경우와 단지 사실관계의 변화로 인한 경우로 구별하여, 전자의 경우에는 유효기간내의 행위도 不可罰이 되나 후자의 경우에는 가벌성을 잃지 않는다는 說(動機說. 판례는 法律理念의 변경이냐에 따라 구별한다). 그런데 ①說에 대하여는 특별규정을 둠으로써 간단히 구제될 것을 명문의 규정(刑 1)에 반하는 해석을 하는 것은 타당하지 않다는 비판이, 또 ③說에 대하여는 두 경우의 구별은 매우 상대적인 것이므로 法的 安定性을 해한다는 비판이 있다.

한의사(韓醫師) 韓方醫療와 韓方保健指導에 종사하여 국민보건의 향상을 도모하고 국민의 건강한 생활확보에 기여함을 임무로 하는 의사(醫 2 Ⅱ iii). 한의사가 되려는 자는 한방의학을 전공하는 대학을 졸업하고 韓醫學士의 학위를 받은 자로서 韓醫師國家試驗에 합격한 후 보건복지부장관으로부터 免許를 받아야 한다(5). 한의사는 의료법상 각종의 감독을 받고 권리·의무를 가진다(48~54). → 의사

한일기본조약(韓日基本條約) 1965년 12월 18일 조약 제163호로 발효된 한일양국의 國交設定을 위한 基本條項을 정한 대한민국과 일본국간의 기본관계에 관한 조약을 말한다. 기본조약은 외교관계의 개설, 한일합병조약 등 구조약의 무효, 한국정부의 지위, 국제연합헌장의 여러 원칙의 준수, 통상무역의 회복, 민간항공의 개설, 批准에 대하여 규정하고 있는데 前文과 7개 조항으로 되어 있다. 이에 앞서 1965년 6월 22일 본조약과 청구권 및 경제협력관계, 재일한국인의 法的 地位 및 대우관계, 어업관계, 문화재관계의 4개 협정을 포함하는 관계문서의 正式調印이 행해졌다. → 한일협정

한일수호조규(韓日修好條規) 일명 丙者修好條規. 근대 국제법적 토대 위에서 외국과 맺어진 최초의 조약. 일본은 明治維新 이래 한·일 양국의 국교조정을 요구함에 한국은 극단의 攘夷鎖國主義 및 일본 征韓論에 대한 경계와 청나라에 대한 사대관계 등으로 이에 응하지 않았으나 1875년 9월 雲揚號 사건을 계기로 급속히 이 조약의 체결을 보게 되었다. 전문 12조. 한국의 독립국임을 인정함을 초두로 국교, 무역사무의 개요, 개항문제, 항해의 협조 등을 대원칙으로 하는 修好의 회복에 목적을 둔 條約이다.

한일신협약(韓日新協約) 丁未 7條約이라고도 한다. 1907년(光武 11년) 7월 24일에 체결되었으며, 제2차 韓日協約으로 성립한 統監의 지휘·감독권을 한층 강화하고 일본인관리의 채용을 약속한 조약. 내용은 行政全般에 대한 統監制 실시(1), 일본인관리임명(5). 統監의 승인없는 외국인관리의 채용금지(6) 등 7개조이다. 동 조약의 시행세칙인 비밀조치서에는 한국군대의 해산, 사법권의 위임, 각 次官의 일본인 채용, 警察權의 위임 등을 규정하였다. 동협약으로 한국의 정치 전반이 일본의 손아귀에 넘어간 것이다. → 한일협약, 한일합병조약

한일어업공동위원회(韓日漁業共同委員會) 대한민국과 일본국간의 漁業에 관한 協定에 의거하여 동협정의 목적을 달성하기 위하여 동협정 7조에서 정하고 있는 임무를 수행하기 위하여 한국과 일본국간에 설치·유지되는 漁業委員會(6 Ⅰ). 위원회는 2개의 國別委員部로 구성되고, 각국별위원부는 한일양국정부가 각각 임명하는 3인의 위원으로 구성되며, 위원회의 모든 결의·권고 및 기타의 결정은 국별위원부간의 合意에 의하여서 행한다(6 Ⅱ·Ⅲ). 위원회는 그 회의의 운영에 관한 규칙을 결정·수정할 수 있다(6Ⅳ). 위원회는 매년 적어도 1회 회합하고 또 그 외에 일방의 국별위원회의 요청에 의하여 회합할 수 있다(6Ⅴ). 위원회는 제1회 회의에서 회장 및 부회장을 相異한 국별위원부에서 선정하며 그 임기는 1년이다. 국별위원부로부터의 의장 및 부의장의 선정을 매년 각 締約國이 그 지위에 순번으로 대표되도록 하게 되어 있다(6Ⅵ). 위원회의 公用語는 한국어 및 일본어이며 제안 및 자료는 어느 공용어로도 제출할 수 있으며 필요에 따라 영어로 제출할 수도 있다(6Ⅶ). 위원회 밑에 그 사무를 수행하기 위한 常設事務局이 설치된다(6Ⅷ). 위원회의 共同警備는 양 체약국이 부담하는 분담금에 의하여 위원회가 지불하며, 위원회는 공동경비를 위한 자금의 지출을 위임할 수 있다(6Ⅸ·Ⅹ). 위원회는 協定에 규정된 제반 주요사항에 관하여 기타 협정의 실시에 따르는 기술적인 여러 문제에 대하여 검토하고 필요한 때에는 締約國이 취할 措置에 대하

여 권고한다. 위원회가 매년 연차적으로 검토하고 양 체약국에 권고할 수 있는 사항으로 규정된 것은 다음과 같다(7Ⅰ). ① 어업자원의 과학적 조사, 共同規制水域 안에서의 規制措置, ② 공동자원조사수역의 범위, ③ 잠정적 어업규제조치에 관한 사항에 대한 검토 및 결과에 의거하여 취할 조치(당해규제조치의 수정 포함), ④ 操業安全과 질서유지, 海上事故에 관한 일반적 취급방침, ⑤ 협정위반에 관한 동등한 刑의 細目制定, ⑥ 협정실시에 따르는 기술적인 여러 문제, 양 체약국정부는 위원회가 연구·검토한 끝에 행하는 권고를 가능한 한 존중하여야 한다(7Ⅲ).

한일의정서(韓日議定書) 일본과 러시아 양국간에 戰雲이 짙어가고 미국·영국·이탈리아·러시아의 列强이 거류민보호라는 구실하에 서울에 군대를 파견하게 되자 일본이 러시아에 대한 宣戰과 동시에 한국의 日本隸屬化를 위하여 강제체결한 한일간의 조약. 1904년(光武 8년) 2월 23일에 체결되었으며 施政改善에 관한 간섭(同議定書 1). 독립 및 영토보전에 관한 간섭(3), 군사상의 권리(4) 등 6개조로 되어 있다. 이는 한국의 독립과 영토보전을 보장한다는 구실하에 ① 한국에 대한 내정간섭, ② 외교권침해, ③ 군사요지의 점유를 노린 일본의 한국보호국화 정책의 제1보를 의미하였다. → 한일협약

한일통상협정(韓日通商協定) 대한민국과 일본과의 貿易協定. 1953년 4월 1일 발효된 것으로 양국간의 무역을 확대하고, 되도록 많은 양의 상품을 거래하기 위하여 1년을 기간으로 하는 무역계획을 수립하고, 무역을 政府系統의 것과 民間系統의 양자를 통하여 행할 것, 피차간의 거래는 최소한도 계획된 貿易商品庫까지 허가할 것을 약정한 협정으로 그 후 여러 번 개정되어 현재에 이르고 있다.

한일합병조약(韓日合併條約) 조선왕조에 종말을 告하고 일본제국주의가 한국침략을 완성한 조약. 1910년(隆熙 4년) 8월 22일 체결되었으며 전 8개조로 된 동조약은 일본이 한국내에서의 일체의 統治權을 완전히 또 영구히 讓與받으며(1), 합병을 승낙한다(2)는 뜻을 명문화하고 있다. 이로써 일본은 한국침략을 시도한 이래 韓日議定書, 양차에 걸친 韓日協約, 韓日新協約 등을 거쳐 식민지화를 완성한 것이다. 동년 8월 29일 일본정부는 詔書로써 한국을 帝國에 병합하는 건 및 한국의 國號를 改하여 조선이라 칭하는 건을 발포하여 한일합병에 대한 국내적 사후처리를 감행하였다. → 한일의정서, 한일협약, 한일신협약

한일협약(韓日協約) 제1차한일협약, 제2차한일협약이 있다. ① 제1차한일협약은 日露戰爭에서 戰勢가 유리하게 된 일본이 韓日議定書의 내용으로 만족하지 않고 한국의 식민지화 내지는 병합을 목적하여 특히 外交權과 財政權을 박탈해간 조약. 한일의정서조인의 6개월후인 1904년(光武 8년) 8월 22일에 체결되었다. 3개조로 되어 있으며 재무에 관한 사항(同協約 1), 외교에 관한 要務(2), 특히 외국과의 조약체결(3)에 있어서의 자문을 규정하고 있다. 일본은 이 협약을 통하여 顧問政治를 추진하였으며 韓日合邦을 목적하였던 것이다. ② 제2차한일협약은 乙巳保護條約 또는 5條約이라고도 한다. 日露戰爭에서 승리한 일본이 한국내에서의 외국의 세력을 완전히 제거하고 외교권의 접수 및 日本統監의 駐在를 통하여 보호관계의 수립을 목적한 조약. 1905년(광무 9년) 1월 17일에 체결되었으며 전 5개조. 내용은 일체의 외교사항 및 재외국민에 대한 관할권의 박탈(同協約 1), 조약체결권의 완전박탈(2), 외교사항 및 영사업무처리를 위한 統監制와 理事官制度(3) 등이다. 이 조약으로 한국의 내정은 일본통감의 손에 들어갔으며 재외한국외교기관은 폐지되고 주한외국공관도 문을 닫고 말았다. → 한일의정서, 한일신협약

한정능력자(限定能力者) 〔獨〕 beschränkter Geschäftsfähiger 독일민법은 무능력자를 絶對無能力者(7세 미만의 자 및 정신병으로 인한 禁治産者)와 限定能力者로 나누어, 전자의 행위는 無效, 후자의 행위는 取消할 수 있을 것으로 하였다(104 이하, 114). 미성년자, 심신박약·음주벽·낭비로 인한 금치산자와 假後見에 附하여진 자가 이에 속한다. 우리 민법의 무능력자는 규정상은 모두 한정능력자이다.

한정승인(限定承認) 〔佛〕 acceptation sous bénéfice d'inventaire 相續에 의하여 얻은 재산의 한도에서 피상속인의 채무 및 遺贈을 변제할 것을 留保함으로써 상속을 승인하는 상속인의 의사표시. 單純承認에 대한 용어. 민법은 단순승인을 원칙으로 하지만, 被相續人의 채무가 상속재산을 초과하는 경우에도 그 전부를 승계한다는 것은 가혹하므로 상속인은 상속으로 인하여 취득한 재산의 한도에서 피상속인의 채무와 유증을 변제할 것을 조건으로 상속을 승인할 수 있음을 인정하였다(1028). 그러나 한정승인도 상속을 승인하는 방식이므로 피상속인의 채무와 유증을 변제하고도 잔여가 있으면 그것은 상속인에게 귀속한다. 한정승인의 의사표시는 3개월의 熟慮期間內에 상속재산의 목록과 가액을 법원에 신고함으로써 하며(1030, 家訴 2Ⅰ(나)(1) 28, 家訴規 75·76), 상속인이 數人있는 때에는 각

상속인은 그 상속분에 응하여 취득할 재산의 한도에서 한정승인을 할 수 있다(民 1029). 상속인이 한정승인을 하면 상속재산을 특별재산으로 하여 일종의 淸算을 행하게 된다. 즉, 한정승인자는 한정승인을 한 날로부터 5일내에 상속채권자와 受遺者에 대하여 한정승인의 사실과 2개월 이상의 기간을 정하여 그 기간내에 그 채권 또는 受贈을 신고할 것을 公告하여야 하며(1032), 그 신고기간이 만료하기까지는 상속채권자와 受遺者에 대하여 辨濟를 거절할 수 있다(1033). 신고기간이 만료하면 그 기간내에 신고한 채권자와 한정승인자가 알고 있는 채권자에 대하여 상속재산으로써 각 채권액의 비율로 변제하여야 하되, 優先辨濟權을 가지고 있는 채권자를 특히 보호하여야 하며(1034), 또 변제기에 이르지 않는 채권에 대하여도 그 채권액의 비율로 변제하여야 한다(1035). 그리고 受遺者를 상속채권자와 동순위로 하면 상속채권자를 詐害할 목적으로 유증이 행하여질 염려가 있으므로 상속채권자에 대한 변제를 완료한 후가 아니면 수유자에게 변제할 수 없도록 하고 있다(1036). 또한 特別擔保權을 가지고 있는 경우를 제외하고 신고기간내에 신고하지 않은 상속채권자 또는 受遺者로서 한정승인자가 알지 못한 자에 대하여는 전기의 변제절차후 상속재산의 잔여가 있는 경우에 한하여 변제하여야 할 따름이다(1039). 이상과 같은 절차에 위반함으로써 相續債權者나 受遺者에게 변제할 수 없게 된 때에는 한정승인자가 그로 인하여 발생한 손해를 배상하여야 하며, 또 변제를 받지 못한 상속채권자나 수유자는 그 사정을 알고 변제를 받은 상속채권자나 수유자에 대하여 求償權을 행사할 수 있다(1038). → 상속의 승인

한정위헌결정(限定違憲決定) 실정법상의 용어는 아니나 헌법재판소의 위헌 여부판단 중 變形判決로서 一部違憲決定에 속하며, 單純違憲이 아닌 위헌적 제한해석의 결정을 말한다. 한정합헌결정이 合憲的 制限解釋의 결정으로서, 일반적으로 어떤 법률에 대한 여러 갈래의 해석이 가능할 때에는 원칙적으로 헌법에 합치되는 해석을 하여야 하는 까닭에, 違憲的 解釋도 가능할 경우에는 ……이와 같이 해석하는 한도내에서만 헌법에 위반되지 않는다는 決定主文을 내리는 반면, 한정위헌결정은 어떤 법률이 위헌선언이나 불합치선언처럼 전면적으로 위헌은 아니지만, 合憲決定을 내리기에는 위헌적 해석의 정도가 강할 경우에, ……이와 같이 해석할 경우에는 헌법에 위반된다는 결정주문을 내리는 것을 말한다(예: 憲法裁判所決定 89 헌가 97, 國有財産法 5조 2항의 違憲審判 참조).

한정이혼(限定離婚) 별거와 같다.

한정종류채권(限定種類債權) 제한종류채권과 같다.

한정책임능력(限定責任能力) 〔獨〕 verminderte Zurechnungsfähigkeit 〔佛〕 responsabilté atténuée 정신기능의 장애 또는 미성숙으로 인하여 책임능력이 제한되어 있는 상태. 責任能力과 責任無能力과의 중간영역이다. 현행형법은, 한정책임능력의 경우로서 心神微弱(10 Ⅱ)·聾啞(11)를 규정하고 있으며, 한정책임능력자의 행위는 형을 減輕한다. → 책임능력

한정치산자(限定治産者) 〔佛〕 demi-interdit 心神薄弱 또는 자기나 가족의 생활을 窮迫하게 할 염려가 있는 낭비벽때문에 본인, 배우자, 4촌이내의 친족, 후견인 또는 검사의 청구에 의하여 법원으로부터 한정치산자선고를 받은 후(民 9, 家訴規 32~37). 한정치산자에는 보호기관으로서 後見人을 붙인다(民 929). 한정치산자는 무능력의 일종인데, 그 行爲能力의 제한은 미성년자의 그것과 전적으로 같다(民 10, 5~8). 한정치산의 원인이 소멸하면 일정한 자의 청구에 의하여 법원은 그 선고를 취소한다(民 11, 家訴規 38, 33, 37).

한정합헌결정(限定合憲決定) 실정법상의 용어는 아니나 헌법재판소의 위헌 여부 판단 중 變形判決의 하나로, 단순합헌이 아닌 합헌적 제한해석의 결정을 말한다. 이 때 위헌결정을 하지 않는 것은 일반적으로 어떤 법률에 대한 여러 갈래의 해석이 가능할 때에는 원칙적으로 헌법에 합치되는 해석, 즉 合憲解釋을 하여야 하기 때문이다. 이러한 한정합헌결정의 효과를 살펴보면 한정합헌결정이 그 한도 내에서 헌법재판소법 47조 1항에 따라 당해 사건을 떠나 널리 법원 기타 국가기관 및 지방자치단체를 기속하느냐의 여부는 별론으로 하고 제청법원은 적어도 제청당사자로서 限定合憲審判(決定)의 기판력을 받을 뿐만 아니라 헌법 107조 1항의 규정상 제청법원이 본안심판을 함에 있어서 헌법재판소의 심판에 의거하게 되어 있는 이상 위 헌법규정에 의하더라도 제청법원을 구속한다고 할 것이므로 이 점에서 單純合憲 아닌 合憲解釋 내지는 合憲的 制限解釋의 필요성은 인정된다.

한축적 정범개념(限縮的正犯槪念) → 제한적 정범개념

할부금융(割賦金融) 물건매매계약에 의하여 賣渡人(기업에 한하되 주택매매에 있어서는 개인을 포함한다) 및 買受人과 각각 약정을 체결하여 매수인에게 융자한 물건구매자금을 매도인에게 지급하

ㅎ

고 매수인으로부터 그 원리금을 분할하여 상환받는 형식의 금융을 말한다(與信專門金融業法 2 xiii).

할부급매매(割賦給賣買) 분할지급약관부 매매와 같다.

할수주(割水株) 〔英〕 watered stock 株式會社의 설립, 新株의 발행, 合併 등의 경우에 현물출자의 목적물 기타 회사가 취득하는 재산을 고의로 과대평가하여 그 평가액을 주식의 발행가액으로 나눈 수의 주식을 발행하는 경우의 주식을 말하는 것으로, 이는 실질적으로는 발행가액에 상당한 출자가 없는 것이므로 資本充實의 原則에 반하고 회사채권자에게도 손해를 끼치며 또한 다른 金錢出資를 한 주주의 이익을 해하므로 상법은 이를 엄격하게 규제하고 있다.

할 양(割讓)〔領土의〕 〔英〕·〔佛〕 cession 〔獨〕 Zession 국가간의 합의에 의하여 그 영역의 일부를 이전하는 것. 割讓地의 인민의 일반투표를 조건으로 하는 때가 많으며 특히 최근에 현저하다. 그리고 제3국의 동의를 필요로 하지 않는다. 할양에 의한 할양지의 권리의무의 상속에 관하여는 행정적 권리의무는 상속되지만 부채에 관하여는 규정이 없다. 割讓地人民의 국적은 특별한 규정이 없는 한, 讓受國의 國籍을 취득한다. 그러나 최근에는 주민에게 國籍選擇權을 부여하는 경향이 현저하다.

할 인(割印) 분리되는 두 개의 서류가 서로 관련이 있다는 것을 확증하기 위하여 두 개의 서류에 걸쳐서 하나의 인장을 찍는 것, 또는 그 印影. 문서의 증명 등에 많이 쓰인다. 동일서류의 數葉間의 連接을 증명하는 契印과는 다르다.

할인발행(割引發行) 株式·社債·公債 등을 권면액미달의 價額으로 발행하는 것. 특히 주식의 할인발행에 관하여는 상법에 자세한 규정이 있다(330, 417). → 주식의 할인발행.

할인(割引)**어음** 할인된 어음. 할인어음의 소지인인 은행이 자금회수를 위하여 다른 은행 특히 국가의 중앙은행에 의하여 재할인되는 어음을 再割引어음이라 한다. → 어음할인

할인화물환(割引貨物換) 먼거리에서 매매하는 매도인이 대금추심을 위하여 발행한 환어음에 매매의 목적물에 관한 運送證券을 첨부하고, 은행에서 할인을 받아 지급기일 전에 대금을 회수할 수 있는 것을 말한다. 推尋貨物換에 대하는 개념.

할인화환(割引貨換) 隔地賣買에 있어서 매도인이 대금채권으로 금전을 융통하기 위하여 매매의 목적물을 表彰하는 有價證券(貨物相換證·船荷證券)을 첨부하여 발행한 환어음. 매도인은 이것으로써 은행으로부터 할인을 받아 대금지급 기일전에 그 회수를 할 수 있게 된다. → 화환어음

할증임금(割增賃金) 사용자는 연장시간근로(勤基 52, 58, 67)와 야간근로(하오 10시부터 상오 6시까지의 근로) 또는 휴일근로에 대하여는 통상임금의 100분의 50 이상을 가산하여 지급하여야 하는데(勤基 55, 船員法 60), 이 때 가산된 임금을 일컫는 말이다. 加算賃金 또는 加給賃金이라고도 한다. 근로기준법 55조는 연장시간근로의 경우로 제52조를 규정하고 있지만, 구근로기준법 43조는 1990년 1월 13일 개정으로 삭제되어 산업안전보건법 46조로 규정되었고, 구근로기준법 43조가 빠진 것은 단순한 착오에 불과하므로, 이 경우에도 55조가 적용되어 割增賃金이 지급되어야 할 것이다. 또한 연장시간근로가 야간근로와 겹치는 경우에는 연장근로수당과 야간근로수당을 함께 지급해야 하고, 연장시간근로와 휴일근로가 겹치는 경우(휴일에 기준 근로시간 이상을 근로하는 경우)에도 연장근로수당과 휴일근로수당을 함께 지급해야 한다. 할증임금의 산정기초금액인 通常賃金에 대해서는 근로기준법시행령 28조가 규정하고 있다. 원래 할증임금제도는 사용자에게 경제적 부담을 주어 법정근로시간 이상의 長時間勤勞를 방지하려는데 목적이 있으나, 우리나라에서는 현실적으로 임금수준이 낮기 때문에 低賃金을 보충하기 위한 수단으로 이용되고 있다.

함무라비법전(法典) 〔英〕 Code of Hammurabi 〔獨〕 Hammurabi's Gesetz 〔佛〕 Code d'Hammourabi 고대 바빌로니아의 함무라비왕(재위 기원전 1728~1688)이 만년(統治 38년)에 제정한 법전으로, 1901년말 프랑스탐험대에 의하여 수사에서 발견되었으며, 완전한 원형으로 현존하는 법전으로서는 最古의 것. 루브르박물관에 소장되어 있다. 높이 2.25미터의 石柱法(揭示法)으로 왕이 샤마슈신으로부터 법전을 받는 그림이라고 생각되는 부조를 하였으며 法神授思想이 나타나 있다. 전문·후문을 갖추고 있으며, 본문은 설형문자로 기록되어 있고, 282조의 법문은 캐쥬이스틱 메소드로 규정되어 있다. 법문의 배열은 엄밀하지는 않지만 대체로 체계적이다. 계급적 법제도·神判·同害刑 등 고대적 잔재를 남기고 있기는 하지만, 농경사회의 법 외에 商業社會의 去來法을 포함하고 있는 것, 실체적 규정 특히 사법규정이 대부분을 차지하고 절차적 규정이 극히 적은 것. 종교적 색채의 규정이 적은 것 등은 고대법보다도 진보한 후대의 법의 성격을 보여

주고 있어 중요하다. 슈메르법(→슈메르법전)과 아카드법을 절충하면서 종전의 制定法을 종합·발췌하여 제정한 편찬물이며, 후대의 바빌로니아법·앗시리아법(→앗시리아법서(법전)) 등의 설형문자법에 중대하고도 영속적인 영향을 주었고, 한편, 12표법·헤브라이법과의 사이에도 역사적 연관의 존재를 생각할 수 있으며, 이들과의 비교법적 연구에 있어서도 매우 귀중한 자료이다.

함정수사(陷穽搜査) 수사기관이 詐術(trick)·計略 등을 써서 범죄를 유발하여 범죄인을 검거하는 수사방법. 종래 대륙법계의 나라에서는 함정수사에 의한 범죄행위자가 형사책임을 지는 것은 당연한 것으로 하고, 오히려 함정수사를 행한 수사기관 자체의 刑事責任 여하라는 문제에 논의가 집중되었다(→아쟝·쁘로보까뙤르). 이에 대하여 특히 미국에서는 범행자에게 일정한 조건하에서 陷穽의 抗辯을 인정하고 있다(→함정의 항변). 함정수사에 관하여는 실체법상 및 소송법상 다음과 같은 점이 문제된다. 첫째, 함정수사의 적법여부에 관하여는 견해가 셋으로 갈리어 아직 학설·판례의 일치를 보지 못하고 있다. 즉, 이를 위법하다고 하는 消極說, 적법하다고 하는 積極說과, 함정에 의하여 비로소 범죄의 의도를 발생한 경우에만 위법하고 그 이외의 함정수사는 적법하다는 折衷說 등이 있다. 둘째, 범죄행위자의 형사책임에 관하여도 無罪說, 有罪說 및 折衷說의 세 견해가 다투어지고 있다. 그런데 형법상은 구성요건에 해당하는 행위가 있으면 違法性 또는 責任의 阻却事由가 없는 한 범죄의 성립이 있다고 해하여야 할 것이기 때문에 함정수사의 적법·위법에 불구하고 범죄의 성립을 인정하는 유죄설이 타당하다. 셋째, 수사기관의 형사책임은 일반적으로는 아쟝·쁘로보까뙤르의 이론에 의하여 해결할 것이며, 경우에 따라서는 敎唆犯 또는 從犯으로서 책임을 지는 일이 있다. 끝으로 함정수사에 있어서 미끼로 쓰이는 사람의 형사책임은 함정수사를 違法하다고 보는 입장과 그것을 적법하다고 보는 입장에 따라 다르다. 즉, 전자의 입장에서는 미끼로 쓰이는 사람 자신의 행위도 위법으로 되고, 다만 自己行爲의 違法性의 인식을 결한 경우에는 그 오인에 정당한 이유가 있는 때에 책임이 조각된다고 해한다(→착오). 후자의 입장에서는 수사기관의 수족으로 되어 범죄의 검거에 협력하는 범위내에서는 미끼로 쓰이는 사람 자신의 행위의 違法性도 阻却된다고 해석하고 있다.

함정(陷穽)**의 항변**(抗辯) 〔英〕 defense of entrapment 미국에서 행위자의 犯罪意圖가 함정에 빠지게 하는 측에 의하여 발생되고 또 함정에 빠지게 하는 측에 官憲이 관여한 경우에 허용되는 無罪의 抗辯. 범죄 의도가 함정에 빠지게 하기 전부터 본인에게 있은 경우에는 함정에 빠지게 되었다는 것은 항변이 되지 않으며 이를 단순한 陷穽(mere entrapment)이라고 부른다.

합 당(合黨) 정당의 合倂. 吸收合倂과 新設合倂이 있을 수도 있는데, 구헌법은 국회의원이 그 임기 중 黨籍을 이탈·변경한 때는 국회의원의 자격을 상실하게 규정하되 합당으로 인한 경우에는 예외를 인정한 바 있고 현행정당법에는 신설합당이나 흡수합당의 경우 합당을 하는 정당들의 代議機關이나 그 受任機關의 합동회의의 결의로써 합당할 수 있으며 이를 중앙선거관리위원회에 등록 또는 신고함으로써 성립한다(4의2).

합동범(合同犯) 2인 이상의 합동하여 죄를 범하는 것. 現行刑法(典)에서는 特殊窃盜(刑 331Ⅱ)·特殊强盜(334Ⅱ)·特殊逃走(146)에 규정되어 있으며 형을 가중한다. 합동범에 관하여는 ① 총칙상의 공동정범과 동일하게 해석하고 加重的 共同正犯으로서 특별죄라고 이해하는 설, ② 합동범은 공동정범과 공모공동정범의 이론이 함께 포함되었으므로 합동범의 경우에만 공모공동정범이 성립한다는 설, ③ 합동범을 2인 이상 현장에서 공동하여 범한 자로 해석하고 여기서는 共謀共同正犯이 성립하지 않는다는 설로 나누어진다. 판례는 합동범의 경우 ③설을 취한다.

합동법률사무소(合同法律事務所) 公證認可合同法律事務所. 변호사법에 의해 대법원 소재지에서는 5인 이상, 고등법원·지방법원·지원소재지에서는 3인 이상의 변호사가 합동하여 법률사무에 종사할 것을 약정하고 규약을 작성하여 법무부장관의 認可를 받아 개설하는 법률사무소를 말한다(辯 48의3). 그런데 5인 이상의 경우에는 3인, 3인 이상의 경우에는 1인 이상이 10년 이상 ① 판사·검사·변호사, ② 판사·검사 또는 변호사의 자격이 있는 자로서 국가기관, 국·공영기업체, 정부투자기관 기타 법인에서 법률에 관한 사무에 종사한 자, ③ 판사·검사·변호사의 자격이 있는 자로서 공인된 대학의 법률학조교수 이상의 職에 있던 자 중 하나의 직에 있던 자라야 한다(48의4, 法組 42). 합동법률사무소는 公證人法에 의한 公證事務를 행할 수 있다(辯 48의2). 공증에 관한 문서는 합동법률사무소명의로 작성하고 대표자 또는 대표자가 지명한 구성원이 서명날인하여야 한다(48의5).

합동참모본부(合同參謀本部) 원래는 국방부장관의 軍令施行을 보좌하는 기구였으나 1990

년 7월 군 구조개편에 따른 國軍組織法 개정으로 그 내용이 대폭 바뀌었다. 법 개정에 따라 1990년 10월 1일 새로이 발족한 합동참모본부는 이른바 統制型 合參議長制를 택하여 육·해·공군 3군의 작전지휘권, 즉 軍令權을 행사하는 막강한 기구가 되었다. 이러한 군조직 개편 움직임은 盧泰愚정권 출범 직후에 시작되어 8·18企劃團에 의해 비밀리에 추진되어 오다가 3당 통합을 계기로 급부상하였고 마침내 改正法案이 국회에서 날치기로 통과되었다. 개정된 국군조직법에 따르면 작전·지휘 등 軍令權은 합참의장이, 인사·군수 등 軍政權은 각군 참모총장이 갖도록 2중구조로 짜여졌는데 이는 합참의장에게는 합참을 포함해 예하 작전지휘부대 지휘관의 인사에 아무런 권한을 행사하지 못한다는 불만을, 각군 총장에게는 교육훈련과 전투준비를 하면서도 작전지휘선상에서 배제된다는 모순을 드러내는 것이다. 이런 문제점을 해소하기 위해 정부는 군구조개편 후속조치로 각군 총장이 거의 독점적으로 행사해왔던 장성 인사권 가운데 합참의 작전지휘를 받는 육·해·공 9개 사령부와 군단장급 이상의 장성을 임명할 때 각군 총장이 합참의장과 事前協議토록 했다(軍人事 20).

합동참모회의(合同參謀會議) 軍의 전략지침, 전략계획 및 용병작전에 관한 사항과 국방부장관이 정하는 군사에 관한 주요 사항 그 밖에도 法令이 정하는 사항을 심의케 하기 위하여 合同參謀本部에 두는 기관. 합동참모회의는 의장과 각군 참모총장으로 구성되는 바, 해병대 등 특정작전부대에 관련된 사항을 심의할 때에는 당해 작전사령관도 그 구성원이 된다(軍組 13).

합동행위(合同行爲) 〔英〕 joint act 〔獨〕 Gesamtakt 〔佛〕 acte joint [1] 방향을 같이하는 다수당사자의 의사표시의 합치로써 이루어지는 법률행위. 協定行爲라고도 한다. 單獨行爲 및 契約에 대립하는 관념. 사단법인의 설립행위가 그 적례. 합동행위는 법률행위의 당사자가 다수라는 점에서 단독행위와 구별되고, 또한 다수의 의사표시가 서로 대립적인 면에서 합치하는 것이 아니라 동일방향을 향하여 합치한다는 점에서 契約과도 구별된다. 또한 계약은 각 당사자가 별개의 경제적 의의를 가지며, 별개의 법률효과를 가져오게 하지만 합동행위는 각 당사자가 동일한 경제적 의의를 가지며 동일한 법률효과를 가져오게 한다. 예컨대 계약인 매매에 있어서는 매도인은 매수인에 대해서 대금청구권을 취득하고 목적물 인도의무를 지는데 반하여, 매수인은 매도인에 대해서 目的物引渡請求權을 취득하고, 대금지급의무를 부담한다(民 563). 그러나 합동행위인 사단법인설립행위에 있어서는 다수당사자가 합동해서 법인설립이라고 하는 목적에 협력하는 것이며 그 결과 사단법인이 성립하면, 각 당사자는 똑같이 社員權을 취득하게 되는 것이다. 또한 組合設立行爲, 婚姻도 형식적으로는 계약으로 파악되지만, 실질적으로는 합동행위라고 보는 것이 타당하다.

[2] 公法上으로도 공법적 효과의 발생을 목적으로 하는 공법행위로서의 합동행위가 있다. 시·군조합설립행위, 공공조합연합회설립행위와 같은 것이 그 예이다.

합명회사(合名會社) 〔英〕 partnership 〔獨〕 offene Gesellschaft 〔佛〕 société en nom collectif 無限責任社員만으로 조직되는 회사. 이 회사는 상호간의 인적 신뢰관계를 기초로 한 가족적인 소수인이 자본의 규합보다도 도리어 노력의 보충을 목적으로 결합되고 사원의 개성이 강하게 會社事業에 반영되어 이른바 人的會社의 전형을 이룬다. 우리나라 상법상으로는 합명회사에도 그 외부적 활동에 있어 이를 단일체로 하여 취급하여 그 법률관계를 간단히 하고자 法人格을 부여하고 있다(170, 171). 그러나 내부관계에 있어서는 組合的 組織을 택하여 사원의 개성이 강하고(195), 내부관계의 규정은 외부관계의 그것과는 달리 任意法規的 性質을 갖고 있다. 회사의 자본을 구성하는 사원의 출자는 물적회사의 경우와 달리 재산출자 외에 勞務出資·信用出資도 인정되며 또한 회사채무에 대하여 각 사원은 회사채권자에게 직접 연대하여 인적 무한책임을 부담한다(212). 따라서 사원의 신용이 중시되므로 入社 및 社員의 지위의 讓渡(→지분의 양도)에서는 타 사원의 승낙을 필요로 하며(197), 그 반면 개인적 사유에 의한 退社의 자유와 특정사원의 개인적 신뢰가 상실되었을 때를 위한 除名의 제도가 인정되어 있다(217, 218vi). 또한 사원의 책임이 크므로 각 사원은 定款에 다른 규정이 없는 한, 회사의 業務執行權 및 代表權을 가져(200, 207) 이른바 기업의 所有와 經營이 합치되어 있다. 이와 같이 사원은 회사사업과 밀접한 관계가 있으므로 회사의 이익을 위하여 競業禁止義務가 부과되어 있다. 또한 社員 및 그 出資는 정관으로 확정되고 사원이 법 또는 정관의 규정에 따라 기관으로 되며 출자의 사전이행은 필요하지 아니하므로 設立節次는 물적회사에 비하여 간단하고 2인 이상의 사원이 정관을 작성하고, 설립등기를 하면 회사는 성립한다(172, 178). 清算에 있어서도 사원이 대외적으로 책임을 부담하고 또 대내적으로는 상호신뢰관계에 있으므로 法定清算 외에 任意清算의 방법이 인정되고 있다(247, 250~265).

합목적성(合目的性) 〔獨〕 Zweckmässigkeit 法哲學的으로는 법의 지배의 원리와 대립되는 법률적 세계관을 의미하며, 實定法的으로는 법의 해석 및 그 적용을 합목적적으로 행한다는 것을 의미한다. 후자의 경우는 현실의 사건을 사회의 실정에 비추어 합목적적으로 판단하여 구체적 타당성을 부여한다는 것으로서 法的 安定性의 고려와 대립된다. 전자의 경우도 형식적으로는 법적 안정성의 이념과 대립되는 것이지만, 실질적으로는 정의의 이념에 반한다는 것이 더 큰 문제가 된다. 즉, 지배자의 합목적적인 고려가 법의 요구를 능가하고 따라서 법은 정책실행의 단순한 도구로 化해 버리는 경우가 그것이다. 경찰국가나 전체주의국가의 법률관에 있어서는 언제나 합목적성의 고려가 제일 앞에 서게 된다. 라드브루흐는 법의 이념으로 正義·合目的性·法的 安定性의 셋을 들고 있다. 그리고 이러한 세 개의 법이념은 각 시대에 따라 각각 달리 적용된다고 한다. 즉, 자연법시대에는 정의의 이념이, 경찰국가시대에는 합목적성의 이념이, 법실증주의시대에는 법적 안정성의 이념이 각각 강조된다고 한다. 또한 법체계에 있어서도, 행정법과 같은 것은 주로 합목적성의 고려가 강하게 작용하며 민법이나 소송법과 같은 것은 법적 안정성의 고려가 강하게 작용하며, 형법과 같은 것은 정의의 고려가 강하게 작용한다고 한다.

합 법(合法) 〔英〕 legality 〔獨〕 Gesetzmässigkeit 〔佛〕 légalité 不法의 반대개념. 현행 법질서에서 정해진 抽象的 法規(대부분은 성문법)에 합치함을 말한다. 합법은 적법보다 더 한층 형식적·추상적인 法規範適合의 형태를 말하는 것이 보통이다. 즉 막연히 법의 취지에 부합되는 것이 아니라 법이 요구하는 세부적인 형식절차에 모두 부합되는 것을 말한다. 그러나 합법과 적법이 구별되지 않고 사용되는 경우도 많다.

합법성(合法性) 〔英〕 legality 〔獨〕 Legalität, Gesetzmässigkeit 〔佛〕 légalité ① 가장 일반적으로는 規範 내지 法則에 적합하는 것. ② 법학상의 개념으로서는 법규범에 합치하는 것. 適法性이라고도 하며 違法性에 대하는 개념. ③ 법철학상 道德性(Moralität)과의 대립에 있어서 도덕으로부터 법을 구별하는 표지로서 칸트에 의하여 定式化된 것. 동기의 여하에 관계없이 어떤 행위가 단지 법칙과 일치하고 있을 뿐인 경우 이것을 합법성이라 하며, 법칙에 따르는 의무의 관념이 동시에 행위의 동기가 되는 경우에는 이것을 도덕성이라 한다. 즉 도덕의 입장은 순수하게 道德法則尊重의 동기로부터 하는 의무이행을 요구하는데 반하여, 법은 행위가 단지 외면적으로 規範에 합치하는 것만으로 족하다고 한다. ④ 정치학상으로는 지배 또는 권력의 정당성의 문제에 있어서 ㉠ 권력의 실질적·윤리적 정당성과의 대조에 있어서 사용되거나, ㉡ 권력의 정당성의 근거의 1종류를 표시하는 것으로 사용되거나(웨버의 合法的 支配), ㉢ 때로는 널리 정당성과 같은 뜻으로 사용된다.

합법적 지배(合法的支配) 〔獨〕 legale Herrschaft 웨버의 지배유형의 일종. 依法的 支配라고도 한다. 지배의 타당근거는 합리적으로 법규화된 질서의 합리성 및 이 질서에 의하여 권한을 부여받은 자의 명령권의 합법성에 대한 團體成員의 신념에 뿌리박고 있다. 服從은 비인격적 질서에 대하여 행하여지는 것이고 私人에 대하여 행하여지는 것은 아니며, 이 한도내에서 그러한 지배는 합리적 성질을 갖는다. 近代官僚制支配는 이에 속한다고 한다. → 카리스마적 지배

합 병(合倂)〔會社의〕 〔英〕 amalgamation 〔美〕 merger, consolidation 〔獨〕 Fusion, Verschmelzung 〔佛〕 fusion 法定節次에 따른 회사간의 법률행위로서 당사자인 회사의 일부 또는 전부가 해산하고 그 재산은 淸算節次를 거치지 아니하고 포괄적으로 存續會社 또는 新設會社에 이전하는 동시에 사원도 그 회사의 사원으로 되게 하는 행위. 기업의 확장, 경영의 합리화, 무용의 경쟁의 배제, 시장의 지배 등 여러가지 경제적 목적을 위하여 한다. 이러한 목적은 어떠한 회사를 해산하고 다른 회사가 그 재산과 사원을 수용하는 것에 의하여, 혹은 복수의 회사가 해산하고 그 재산과 사원으로써 신회사를 설립하는 것에 의하여도 달성할 수 있다. 그러나 이렇게 합병에 관한 法의 特別規定에 따르지 아니하는 것은 이른바 사실상의 합병으로써 여기에 말하는 합병과 구별하여야 한다. 합병에는 全當事會社가 해산하고 동시에 신회사를 설립하여, 후자가 전자의 재산과 사원을 수용하는 新設合倂과 一當事會社만이 존속하고 다른 회사는 해산하여 전자가 후자의 재산과 사원을 수용하는 吸收合倂이 있다. 상법상 합병은 자유로서, 어떠한 회사와의 사이에도 합병할 수 있으나, 다만 합병당사회사의 일방 또는 쌍방이 주식회사 또는 유한회사인 때에는 存續會社 또는 新設會社는 주식회사 또는 유한회사이어야 하며, 해산후의 회사는 존립중의 회사를 존속회사로 하는 경우에 한하여 합병을 할 수 있다(商 174). 또 유한회사와 주식회사의 합병에서 존속회사 또는 신설회사가 주식회사인 경우에는 법원의 인가를 요하고, 합병당사회사의 일방이 社債의 償還을 완료하지 아니한 주식회사인 경우에는 존속회사 또는 신설회사는 주식회

사이어야 한다(600). 합병은 2 이상의 회사의 계약으로서, 그 계약의 직접적 효과로서 당사회사의 合一을 가져오는데, 그 법률상의 성질은 일종의 특별한 社團法上의 契約이라는 것이 통설이다. 合併에 있어서는 먼저 당사회사간에서 합병계약을 체결하여 합병의 조건·존속회사 또는 신설회사의 정관의 내용 등을 정하고 다음에 각 당사회사에서 합병결의를 하여야 한다. 合併決議는 合名會社·合資會社에서는 총사원의 동의, 주식회사·유한회사에서는 주주총회·사원총회의 特別決議에 의한다. 그리고 채권자보호절차를 실천하여야 한다. 新設合併의 경우에는 각 회사에서 합병결의와 동일한 방법에 의하여 선출된 설립위원이 공동하여 정관작성 기타 신회사설립에 필요한 행위를 한다. 최후로 합병의 등기를 함으로써 합병의 효력이 생긴다. 이것에 의하여 흡수합병의 경우에는 흡수되는 회사가, 신설합병의 경우에는 전부의 회사가, 각각 해산하여 清算節次를 거치지 아니하고 소멸하며 또 吸收合併의 경우에는 존속회사의 정관의 변경, 신설합병의 경우에는 신회사가 성립한다. 그리고 消滅會社의 사원은 존속회사 또는 신설회사에 당연히 수용되고 소멸회사의 권리의무도 포괄적으로 존속회사 또는 신설회사에 이전되는 것이다.

합병계약서(合併契約書) 회사의 합병계약의 내용을 기재한 서면. 특히 합병계약서의 작성이 법률상 요구되는 것은 株式會社 또는 有限會社의 경우이다. 작성한 합병계약서에 관하여 株主總會 또는 社員總會의 승인을 얻어야 한다(商 522, 603). 합병계약서는 당사회사의 대표기관에 의하여 작성되어, 합병결의는 이 계약서의 승인이라는 형식으로 하여진다. 합병계약서는 합병당사회사간의 계약의 내용이 되는 동시에 합병당사회사에서의 합병결의의 대상으로 되는 것이다. 합명회사 또는 합자회사에 있어서는 合併契約書의 작성을 요하지 아니하나 존속회사 또는 신설회사가 주식회사인 경우에 합병당사회사의 일방 또는 쌍방이 合名會社 또는 合資會社인 때에는 총사원의 동의를 얻어 합병계약서를 작성하여야 한다(525). 합병계약서의 기재사항은 法定되어 있다(523, 524, 603). 이를 기재하지 아니하든가 또는 그 기재가 위법인 때에는 합병의 무효원인으로 된다. 그러나 이것은 최소한도의 기재사항으로서 合併의 본질 또는 법의 강행규정에 반하지 아니하는 한, 당사회사는 임의로 이 이외의 사항을 기재하여도 상관없다.

ㅎ

합병무효(合併無效)**의 소**(訴) 회사의 合併節次에 결함이 있는 때에는 합병은 무효일 것이나, 다수인에 관계되는 법인격의 존립에 관한 사항을 민법의 일반원칙에 따라 해결한다면 법률관계의 안정을 해하고 부당한 결과를 초래하므로, 상법은 법률관계의 획일적 처리와 기왕의 표현적 사실존중의 필요상 회사설립의 無效의 訴나 新株發行無效의 訴와 거의 같은 합병무효의 소의 제도를 두고 있다. 합병무효는 합병등기가 있은 날로부터 6개월내에 訴만으로 주장할 수 있고 소제기권자는 합명회사 또는 합자회사에서는 각 회사의 사원·청산인·파산관재인 또는 合併不承認의 채권자에 한하고(商 236, 269), 주식회사 또는 유한회사에서는 각 회사의 株主 또는 社員·理事·清算人·破産管財人 또는 合併不承認의 채권자에 한한다(529, 603). 합병을 무효로 하는 판결이 확정되었을 때는 합병전의 당사회사로 분열하게 된다. 그 판결은 당사자 이외의 제3자에게도 그 효력이 있고 무효판결은 합병 후의 존속회사 또는 신설회사, 그 사원과 제3자간에 생긴 권리의무에는 영향이 미치지 아니한다고 정하여(190, 240, 269, 530, 603), 사실상의 합병을 인정하고 있다. 합병을 유효로 하는 판결이 있는 때에는 그 판결의 효력은 제3자에게 미치지 아니하고, 원고에게 악의 또는 중과실이 있는 때에는 회사에 대하여 連帶하여 손해배상책임을 진다(191, 240, 269, 530, 603).

합병선거(合併選擧) 2개 이상의 선거를 1개의 선거로 합병하여 행하는 선거. 2개 이상의 선거를 동시에 시행하는 同時選擧와 다르다. 합병선거는 법률의 규정이 있는 경우에만 허용된다. 선거를 합병하는 것은 小選擧區를 파하고 소수대표의 취지를 살리는 효과가 있다.

합병차익(合併差益) 〔英〕 profit from amalgamation 합병에 의하여 소멸된 회사(消滅會社)로부터 승계한 재산의 가액이 그 회사로부터 승계한 채무액과, 그 회사의 주주에게 지급한 금액(合併交付金) 및 존속회사(吸收合併의 경우)의 자본증가액 또는 신설회사(新設合併의 경우)의 자본액을 초과하는 경우의 초과액을 말한다. 바꾸어 말하면 소멸회사로부터 승계한 순자산액이 소멸회사의 주주에 대한 합병교부금과 존속회사의 자본증가액 또는 신설회사의 자본액을 초과하는 경우에 생기는 超過額이다. 이러한 금액은 이익으로서 처분할 성질의 것이 아니므로, 상법은 資本準備金으로 적립시키고 있다(459 iii).

합성물(合成物) 〔羅〕 res composita 〔獨〕 zusammengesetzte Sachen 〔佛〕 choses composées 각 構成部分이 개성을 잃지 않으나 그래도 결합하여 단일한 형태를 이루는 물건. 예컨대 가

옥·보석이 든 반지. 集合物과는 달라 單一物과 마찬가지로 법률상 1개의 물건으로만 취급되고, 각 구성부분에 別異의 權利는 성립할 수 없다. 別異의 소유자에 속하는 물건이 결합하여 합성물로 된 때에는 각자의 소유권의 존속을 인정할 수 없다. 따라서 소유권의 변동을 일으킨다(民 256~261 참조).

합성행위(合成行爲) 다수인의 의사의 集積에 의하여 법적으로 1 당사자의 하나의 의사를 형성하는 경우에 있어서의 행정행위. 單獨行爲의 한 유형. 단독행위 중의 單純行爲에 대한 것. 합의체의 의결 및 선거 등이 그 예이다. → 단독행위

합수적 공유(合手的共有) → 합유

합수적 조합(合手的組合) 조합체와 같다.

합 유(合有) 〔獨〕 Eigentum zur gesamten Hand 數人이 組合體로서 물건을 소유하는 공동소유의 형태(民 271 I). 합유물은 조합원간의 공동사업을 수행한다는 공동목적에 의하여 통제되는 것이므로, 合有者는 전원의 동의없이는 그 지분을 처분하거나 합유물의 분할을 청구하지 못한다(273). 합유자들은 단체로서의 체제를 갖추지 못하고 團體的 單一性을 가지지 아니한 점에서, 단일적 활동체로서 總有를 하는 법인아닌 사단과 다르고 共有와 비슷하나 합유의 기초인 조합체가 어떤 공동의 목적 밑에 결부되어 있는 결합체이고, 먼저 이러한 결합체가 기초가 되어서 비로소 合有關係가 생긴다는 점에서 공유와 다르고 총유와 비슷하다. 따라서 합유는 공유와 총유와의 중간적 위치에 있는 공동소유의 형태라는 견해도 있다. 합유물을 처분 또는 변경함에는 合有者 전원의 동의가 있어야 한다. 그러나 보존행위는 각자가 할 수 있다(272). 또 合有는 조합체의 해산 또는 합유물의 양도로 인하여 종료하며, 이 경우에 合有物의 分割에 관하여는 共有物分割에 관한 규정을 준용한다(274). 舊民法에서는 명문상 합유의 관념을 인정하지 않았으나, 민법이 비로소 공동소유의 절을 설정하여 명문으로 규정하였다(271~274). 이 외에도 조합재산을 合有로 규정하고(704), 공동상속재산에 관하여는 공유라고 규정하고 있으나 그 성질은 합유라고 설명하는 견해도 있다(1006). 신탁법은 受託者가 수인일 경우에는 신탁재산은 그 합유에 속한다(45 I)고 규정한다. 그리고 채권채무의 합유적인 귀속은 合有債權關係라고 부른다.

합유권(合有權) 합유의 경우에 각 합유자가 가지는 권리. 共有에 있어서의 持分權에 유사하지만, 공동목적을 위하여 그 처분이나 분할의 청구 등에 일정한 구속을 받는다. → 합유

합유채권관계(合有債權關係) 〔獨〕 Schuldverhältnis zur gesamten Hand 1개의 채권관계에 관하여 수인의 채권자 또는 채무자가 있는 경우에 각 채권자가 가지거나 또는 각 채무자가 부담하는 비율이 잠재적인 것이기 때문에, 총채권자 또는 총채무자가 공동하여서만 채권을 행사하거나 또는 채무를 변제할 수 있는 것. 채권·채무의 合有的 歸屬으로 보아야 할 관계. 총유채권관계와 함께 共同債權關係의 일종. 수인의 채권자 또는 채무자의 사이에 團體的 結合(합유를 발생시키는 관계)이 존재하는 경우에 생긴다. 조합의 채권·채무가 이에 속하는데, 수탁자가 수인 있는 경우의 신탁재산에 관하여도 같은 관계가 생긴다(信託 45 I). 채권·채무의 準合有關係로서 합유에 관한 규정이 준용된다(民 278). → 합유

합 의(合意) 〔羅〕 consensus 〔英〕 agreement 〔獨〕 Willensübereinstimmung [1] 민법상 두 개 이상의 의사표시가 합치하는 것. 契約成立의 요건이다. 표시상의 效果意思(→ 의사의 흠결)가 내용에 있어서 객관적으로 일치하고 또한 그 일치하는 바에 따라서 그것에 대응한 법률효과의 발생이 의욕되고 있다고 볼 수 있는 경우에 합의가 있다. 그런데 민법의 講學上 합의라는 말이 가장 자주 쓰이는 것은 物權行爲의 요소로서의 물권적 합의에 관해서이다. → 계약, 물권행위, 물권적 합의

[2] 민사소송법상으로 소송행위는 대체로 일방적이지만 예외적으로 당사자의 합의가 유효한 것으로 인정되는 경우가 있다. 예컨대, 合意管轄(26), 不抗訴合意(360) 등.

합 의(合議) 合議制의 법원의 법관이 모여서 재판내용을 결정짓기 위해 의견을 피력함으로써 의결하는 것으로 評決이라고도 함. 합의는 공개하지 않는다(法組 65). 합의는 헌법 및 법률에 다른 규정이 없으면 과반수로 결정한다. 합의에 관한 의견이 3설 이상 분립하여 각각 과반수에 달하지 못하는 때에는 다음과 같이 한다. 즉, ① 수액에 있어서는 과반수에 달하기까지 最多額의 의견의 순에 순차 소액의 의견의 수를 가하여 그 중 最少額의 의견에 따르고, ② 형사에 있어서는 과반수에 달하기까지 피고인에게 最不利한 의견의 수에 순차 유리한 의견을 가하고 그 중 가장 유리한 의견에 따른다. 합의할 때에는 法官의 서열에 있어서 가장 낮은 사람부터 의견을 진술하는 것이 관례이다.

합의관할(合意管轄) 〔羅〕 forum prorogatum 〔獨〕 Prorogation 〔佛〕 compétence conventionnelle 당사자의 관할의 합의에 기하여 발생하는 법원의 관할. → 관할의 합의

합의기관(合意機關) 〔獨〕 Kollegium 그 기관의 의사가 1인의 의사에 의해서가 아니라 여러 명의 의사의 종합에 의하여 결정되는 기관. 이른바 합의체의 기관. 立法機關 및 司法機關의 대다수가 이것에 속하며, 行政機關도 판단의 공정을 특히 기하는 등의 특별히 필요한 경우에는 이 형태를 취한다(예: 내각·감사원·각종의 행정위원회). 그 구성원은 직무의 행사에 관하여 독립임을 원칙으로 한다.

합의동사(合意同死) 〔英〕 double suicide 〔獨〕 Doppelselbstmord 합의에 기한 共同自殺. 그 한쪽이 살아 남은 경우에 관하여 적어도 자살방조죄에 해당한다고 보는 것이 통설이다. 사정에 따라 自殺教唆罪 혹은 同意殺人罪에 해당할 수도 있을 것이다. 단독의 자살이 처벌되지 않는 것을 논거로 하여 불가벌을 주장하는 설도 있다. 僞計 또는 威力으로써 자살을 결의케 한 때에는 僞計威力殺人罪(刑 253)가 된다.

합의부원(合議部員) 합의부원은 각급법원 합의부의 구성원 중 재판장을 제외한 나머지의 법관. 陪席法官이라는 말과 같이 쓰인다. 법전상의 용어로서는 우리나라가 처음 쓰기 시작한 것으로 생각된다(民訴 126Ⅱ·128·298Ⅴ, 刑訴 80·167Ⅰ·175). 部員이라고 쓰는 수도 있다(刑訴 37Ⅳ).

합의제(合議制) 법관 2인 이상으로써 구성되는 좁은 의미의 법원을 합의제라 한다. 單獨制에 대한 말이다. 합의제는 합의부로 구성되는 재판제도를 이르기도 한다. 대법원·고등법원·특허법원·행정법원·지방법원(가정법원) 또는 지방법원(가정법원)지원에서 합의심판을 요할 때에는 합의부에서 심판한다(法組 7Ⅰ·Ⅲ·Ⅴ, 32, 40). 대법원에는 대법관 전원의 3분의 2 이상으로 구성되는 合議體(大法廷)와 대법관 3인 이상으로 구성되는 부(小法廷)가 있으며, 그 밖의 합의부는 판사 3인으로써 구성된다. 합의제는 공정한 심판을 하는 데는 적합하나, 반면에 소송이 지연되고 소송상 여러모로 비경제적이다. 이런 점에서는 단독제가 우수하다. → 단독제

ㅎ

합의제기관(合議制機關) 하나의 기관을 여러 명의 기관인으로써 구성하는 기관. 합의제기관은 그 의사결정에 있어서 다수인의 의사결합이 요구되며, 법이 정하는 바의 일정한 방법에 의하여 의사가 형성되는 것이다. 이 방법의 가장 일반적인 것이 다수결의 방법이다. 합의제기관은 다수인의 의사를 참작하는 것이므로 의사결정을 경솔히 하지 않는 이점이 있으며, 독립과 공평을 요하는 裁判的 機關에 적합한 것이다. 그러나 한편으로는 사무처리의 지연과 무책임을 가져오기 쉽다는 결점이 있다. 이것이 행정기관이 원칙으로 합의제기관이 아니고 單獨制機關을 위주로 하는 까닭이다.

합의제법원(合議制法院) 법관의 합의체로써 구성되는 법원. 대법원의 審判權은 대법관 전원의 3분의 2 이상의 합의체에서 이를 행하는 것이 원칙이다(法組 7Ⅰ). 고등법원·특허법원 및 행정법원도 3인으로 구성되는 合議部에서 심판하며 그 밖에 지방법원과 가정법원에서도 이 제도가 인정된다(7Ⅲ, 32, 40).

합의해제(合意解除) 계약당사자 쌍방의 합의(解除契約)에 의한 契約解除인 점에 있어서 단독행위인 보통의 해제와 다르다. 해제권이 없는 때에도 합의해제는 자유로 할 수 있다. 합의해제의 효과로서 해제된 계약으로부터 생긴 법률효과는 모두 소급적으로 소멸한다.

합일확정공동소송(合一確定共同訴訟) → 필요적 공동소송

합자회사(合資會社) 〔英〕 limited partnership 〔獨〕 Kommanditgesellschaft 〔佛〕 société en commandite 無限責任社員과 有限責任社員으로 조직된 회사(商 268). 경제적으로 보면 무한책임사원이 경영하는 사업에 대하여 유한책임사원이 자본을 제공하고 그 사업으로부터 생기는 이익에 참여하는 것이다. 이 점에서 匿名組合과 비슷하며, 연혁적으로도 양자는 그 起源(→ 코멘다계약)을 같이 한다. 합자회사는 회사채무에 대하여 會社債權者에게 직접 연대하여 人的無限責任을 부담하는 무한책임사원이 존재하는 점, 각 사원의 개인적 결합관계가 강하고 내부관계는 조합성을 보유하는 점 등에서 대체로 合名會社와 동일하나, 다만 유한책임사원이 존재하는 점에서 이것과 다르다. 그러나 유한책임사원도 책임의 유한성으로부터 생기는 결과를 제외하고는 무한책임사원과 동일하게 취급할 수 있으므로, 상법은 그 별단의 결과에 관하여서만 규정하고 기타의 점에서는 모두 합명회사에 관한 규정을 준용하고 있다(269). 따라서 합자회사도 人的會社에 속한다. 위에서 말한 별단의 결과에 대한 규정으로서는 유한책임사원의 출자는 무한책임사원의 경우와는 달리 재산출자에 한하고(272), 또 그 책임은 직접책임이기는 하나 출자액을 한도로 한다(279). 또한 유한책임사원의 인적 개성은 무한책임사원만큼 중시되지 아니하므로, 持分의 讓渡에 있어서도 무한책임사원

의 승낙은 필요로 하나, 타유한책임사원의 승낙까지 필요로 하지는 아니한다(276). 사원의 사망도 퇴사의 원인으로 되지 아니하며, 상속인이 그 지분을 승계하여 사원이 된다(283). 또한 유한책임사원은 그 責任의 有限性에 대응하여 회사의 업무집행권 및 대표권은 없고(278)(그러나 정관으로 다른 정함을 할 수 있다는 설도 있음), 이 권한은 무한책임사원이 가지며 유한책임사원은 다만 제한적인 감시권이 있을 뿐이다(277). 이와 같이 유한책임사원은 재산적 관계로만 회사와 관계가 있으므로 競業禁止義務도 부과되어 있지 아니하다(275).

합저작물(合著作物) → 공동저작물

합 필(合筆) 登記簿上에 甲, 乙 등의 數筆의 토지를 합병하여 갑이라고 하는 一筆의 토지로 하는 것(不登 97). 分筆에 대한 말이다. 토지소유자는 所管廳에 신청하여, 인접하는 토지들을 자유로이 합병할 수 있다(地籍 18Ⅰ). 합병하였을 때에는 지체없이 그 등기를 신청하여야 할 것으로 되어 있는데, 그 경우에는 乙地 등의 용지를 폐쇄하여 그 여러 기재를 甲地의 용지에 轉寫한다(不登 90~91, 97, 98).

합헌적 해석(合憲的解釋) 〔獨〕 verfassungskonforme Auslegung von Gesetzen 일부는 헌법에 합치하고 다른 부분은 위헌인 법규에 대하여 헌법에 맞도록 법규를 수정 해석하는 것이다. 이와 같은 해석방법은 새로운 입법을 요하지 않는 이점이 있다. 審査對象이 되는 다의적인 法文에 대해 여러 가지 해석가능성이 있고, 그 중 어느 하나가 헌법과 합치한다고 본다면 그 내용에 의하여 그 규정은 유지될 수 있으며, 이에 의하여 헌법과 합치되지 않는 法規解釋은 배제시킬 수 있다. 다만 합헌적 해석에 있어서는 어구나 의미상으로 보아 명백한 규정을 이에 의하여 그와 반대의미를 갖게 해서는 안되는 제약이 있다. 우리 헌법재판소의 합헌적 해석의 판결을 낸 최초의 결정주문에서는 구상속세법 32조의2 1항은 相續回避의 목적이 없는 경우에는 적용되지 아니하는 것으로 해석하는 한 헌법에 위반되지 아니한다고 판시하고 있다.

항(港) 〔英〕 harbour, port 〔獨〕 Hafen 〔佛〕 port 항은 內水를 구성한다. 항 조직의 불가분의 부분을 형성하는 最外側의 永久的 港設備는 해안의 구성부분으로 간주되므로 港의 범위는 항구에 있는 영구적 설비의 최외측의 內部海面이다. 영해는 이 설비의 外方으로 측정된다. 항에 대한 國家權能은 영토에 대한 것과 거의 동일하게 배타적이다. 연안국은 海難·食料·炭水의 결핍과 같은 경우를 제외하고는 외국선박의 입항을 인정할 의무가 없다. 입항하는 경우에는 港稅 및 설비사용료를 과할 수 있다. 港의 호혜적 이용에 관하여 각국은 通商航海條約에 이것을 규정하는 경우가 많다. 항에 있어서의 외국선박에 대한 裁判管轄權은 원칙적으로 연안국에 있으며 이에 대한 제한은 일체 연안국의 재량에 의한 禮讓事項으로 한다. 예를 들면 선박의 내부적 규율사항과 같이 선박내에만 사건이 한정되고 선박 밖에 영향을 미치지 않는 경우에는 원조요청이 없는 한, 연안국이 관할권을 행사치 않는 것이 통례이다. → 해항국제제도조약

항 고(抗告) 〔獨〕 Beschwerde [1] 민사소송법상 판결 이외의 재판인 決定 및 命令에 대해 위법임을 주장하고 그 취소 또는 변경을 구하는 독립의 상소방법. 判決節次에서 종국판결 전에 행하여지는 모든 재판이 반드시 종국적 재판과 더불어 상소법원의 판단을 받게 되는 것이라면 절차가 착잡하여지고, 또한 상급심에서 취소될 가능성도 많아진다. 그렇기 때문에 사건의 실체와의 관계가 희박하고 신속히 해결할 필요가 있는 것에 대하여, 간이한 절차에 의하여 독립하여 상소케 하여 사건의 本流로부터 분리시켜 해결하기 위하여 인정된 제도가 抗告이다. 항고의 종류를 ① 성질에 의하여 나누어 보면 보통항고, 즉시항고, 재심항고, 특별항고로 나눌 수 있고, ② 심급에 의해 구별하면 最初抗告·再抗告로 나눌 수 있다. 항고는 모든 결정·명령에 대하여 인정되는 것은 아니다. 불복신청이 금지되어 있는 재판(25Ⅱ, 310Ⅲ, 435Ⅱ), 支給命令에 대한 異議(438Ⅱ), 假押留, 假處分決定에 대한 異議(703Ⅰ, 715) 등과 같이 항고 이외의 불복수단이 인정되는 재판이나 대법원재판에 대하여는 인정되지 않는다. 그 이외의 법원의 결정이라도 普通抗告는 소송절차를 각하한 결정·명령에 대해서만 인정되고(409), 卽時抗告는 명문이 있는 때만 再審抗告는 즉시항고할 수 있는 재판에 재심사유가 있는 경우에, 또 特別抗告는 불복을 신청할 수 없는 결정·명령에 대해 재판에 영향을 미친 헌법 또는 법률의 위반이 있을 때에 한하여만 할 수 있다(420). 再抗告는 항고법원의 결정과 고등법원의 결정·명령에 대해 재판에 영향을 미친 헌법·법률·명령 또는 규칙위반이 있을 때에 한하여 할 수 있다(412). 항고법원은 普通審級制度와 같다(法組 32Ⅱ ii, 40Ⅱ). 항고는 원심법원에 항고장을 제출함으로써 제기하여야 한다(民訴 415). 항소나 상고와 달라서, 再度의 考案에 의한 원재판의 更正이 인정된다(416Ⅰ). 항고절차에 관하여는 일반적으로 抗訴 및 抗訴審節次에 관한 규정이 준용된다(413Ⅰ). 재항고와 이에 관한 소송절차에는 상

고심절차에 관한 규정이 준용된다(413Ⅱ).

[2] 형사소송법상으로도 같은 뜻이다. 그 항고는 성질에 따라서 보통항고와 즉시항고로 나눌 수 있고 심급에 의하여 최초항고 · 재항고로 나눌 수 있다. 卽時抗告는 단기의 提起期間(405)의 제한이 있고, 항고의 제기가 있는 경우에 재판의 집행이 정지되는 효력(410)이 있는 항고이다. 普通抗告는 즉시항고 이외의 항고를 말한다. 재항고는 항고법원 또는 고등법원의 결정에 대하여 재판에 영향을 미친 헌법 · 법률 · 명령 또는 규칙위반의 경우에 대법원에 卽時抗告하는 것이다(415, 361의4Ⅱ). 항고는 하나의 상소방법이기는 하나 판결에 대한 상소방법인 抗訴 및 上告와는 그 성질이 다르다. 왜냐하면 판결은 중요한 재판이기 때문에 모두 상소를 허용할 필요가 있으나, 결정은 절차상의 사항에 관한 재판이므로 모든 결정에 대하여 상소를 인정할 필요가 없기 때문이다. 이런 견지에서 법은 특히 필요하다고 인정되는 일정한 경우에 抗告를 인정하고 있고 그 절차도 간이화되어 있고 또 신속처리를 위하여 원심법원 또는 법관이 스스로 원결정을 변경할 수 있게 하고 있다(408). → 준항고

항고(抗告)**를 허용**(許容)**하지 않는 결정 · 명령**(決定 · 命令) 일반항고가 허용되지 않는 결정 · 명령. 명령에 대하여는 모두 항고가 허용되지 않지만 결정에 대하여는 몇 개의 예외를 제외하고는 一般抗告가 인정된다(예외: 判決前의 決定(刑訴 403Ⅰ), 항고법원 또는 고등법원의 결정(415)). 또 항고를 허용하지 않는 결정 · 명령에 대하여도 特別抗告(民訴 420Ⅰ, 刑訴 361의4Ⅱ)가 허용되는 것은 말할 나위도 없다. → 특별항고, 항고

항고법원(抗告法院) 항고사건을 심리하는 법원. 지방법원단독판사의 결정 · 명령에 대하여는 지방법원본원합의부가(法組 32Ⅱ ii), 지방법원합의부와 가정법원합의부의 제1심결정 · 명령에 대하여는 高等法院이(28 ii), 그리고 항고법원 · 고등법원 또는 항소법원 · 특허법원의 결정 · 명령에 대한 재항고사건에 대하여는 大法院이(14 ii), 각각 항고법원이다(民訴 412, 刑訴 415). → 재항고

항고소송(抗告訴訟) 行政處分의 違法을 이유로 그 취소 또는 변경을 구하는 소송(行訴 3Ⅰ)을 말하는 학문상의 용어. 當事者訴訟에 대비되는 것으로서 행정주체의 우월한 지배의사의 발동으로서의 행정처분이 있은 뒤에 이에 대한 불복을 주장하는 것이기 때문에 이 명칭이 있다. 행정소송의 전형이며, 행정소송법은 주로 이 소송을 대상으로 하는 규정이다. 항고소송은 ① 행정청의 위법한 처분 등을 취소 또는 변경하는 취소소송, ② 행정청의 처분 등의 효력 유무 또는 존재여부를 확인하는 무효등확인소송, ③ 행정청의 부작위가 위법하다는 것을 확인하는 부작위위법확인소송으로 구분한다(4). 이 소송의 제기에는 이른바 訴願前置主義가 채용되고, 피고를 당해처분을 한 행정청으로 하며(13), 출소기간이 제한되어 있고(5), 피고행정청의 소재지를 관할하는 행정법원의 專屬管轄에 속한다(9). → 집행정지, 당사자소송

항고심(抗告審) 항고법원에 있어서의 소송절차의 전체. 항고심은 항고가 있는 경우에 개시된다. → 항고

항고심판(抗告審判) → 특허심판

항고장(抗告狀) 〔獨〕 Beschwerdeschrift

[1] 민사소송법상 항고하기 위하여 원심법원 또는 항고법원에 제출하여야 할 서면. 항고장에는 항고인, 법정대리인, 원재판, 그 결정 또는 명령에 대하여 항고한다는 사연의 표시(必要的 記載事項) 이외에 準備書面에 준하여 항고이유, 증거방법, 부속서류 따위를 기재할 수 있다. 어떠한 정도로 원재판의 변경을 요구하는지 불복의 범위나 항고이유는 기재하지 않더라도 무방하다(民訴 413Ⅰ, 367). 구민사소송법에서는 이와 같이 서면에 의한 항고 이외에 구술로 항고할 수 있었으나(舊民訴 416Ⅰ), 신민사소송법에서는 소장의 경우와 같이 書面主義로 통일하였다.

[2] 형사소송법상으로는 항고를 함에는 항고장을 원심법원에 제출하여야 한다(406). 즉, 형사소송법에 있어서도 항고의 제기는 要式行爲이고, 구술에 의한 항고의 제기는 허용되지 아니한다. 舊法에서는 이를 抗告申立(請)書라 하였다.

항고쟁송(抗告爭訟) 행정행위가 있은 뒤에 그 행정행위가 위법 또는 부당하다고 불복하는 자로부터의 취소 · 변경의 청구에 의하여 행정기관이 재심사하는 절차. 行政審判이 이에 해당한다.

항공검역(航空檢疫) 전염병을 예방하기 위하여 외래항공기에 대하여 시행하는 검역. 외래항공기는 검역조사를 받고 검역소장으로부터 검역증 또는 가검역증을 받은 후가 아니면 국내의 어떠한 공항에도 입항하지 못한다(檢疫法 4).

항공기(航空機) 〔英〕 aircraft 〔獨〕 Luftfahrzeug 〔佛〕 aéroplane 民間航空에 사용하는 비행기, 비행선, 滑空機, 회전익항공기 기타 대통령령으로 정하는 항공에 사용할 수 있는 기기(航空法 2). 항공기는 건설교통부장관에게 등록하여야 하며

항공기등록원부에 항공기의 型式 등을 기재하여야 하며(3, 8), 등록한 때에 대한민국의 國籍을 취득한다(4). 항공기에 대한 물권의 득실변경은 등록하여야 그 효력이 생긴다(5). 이 이외에 항공법에는 항공기의 등록제한 및 거부(6, 7), 등록사항(8~14), 堪航證明(15), 騷音基準適合證明(16), 형식증명(17), 수리·개조·정리(19~22)에 관하여 규정하고 있다. 또 航空機抵當法은 항공기의 저당에 관하여 규정하고 있다.

항공기등록원부(航空機登錄原簿) 항공기를 등록함에 있어서 각종의 필요한 사항을 기재하는 公簿(航空法 3, 8). 건설교통부에 비치하는 바 누구든지 그 謄本 또는 抄本의 교부·청구 또는 그 열람을 청구할 수 있다(13).

항공기사용사업(航空機使用事業) 타인의 수요에 응하여 항공기를 사용하여 有償으로 여객 또는 화물의 운송 외의 업무를 행하는 사업(航空法 2 xxix). 예컨대 공중에서의 광고선전·사진측량·어업조사 등을 도급하는 사업이다. 항공법에 의하여 건설교통부장관에게 등록하여야 한다(134).

항공기(航空機)**의 불법점유**(不法占有) 항공기내에 탑승한 자가 暴行 또는 脅迫에 의하여 비행중인 항공기를 방해하거나 점유하는 행위 또는 기타 항공기의 조종을 부당하게 행사하는 행위. 불법적으로 범하였거나 또는 이와 같은 행위가 범하여지려고 하는 경우를 말한다.

항공기저당(航空機抵當) 항공의 건전한 발달을 기하기 위하여 航空機抵當法(1961년 12월 23일 法 제867호)에 의하여 인정된 항공기에 관한 動産抵當. 自動車抵當과 더불어 우리나라에서는 처음으로 인정된 동산저당의 경우이다. 항공기저당권의 득실변경은 항공법에 의하여 등록을 받은 비행기와 회전익항공기에 관하여, 항공기등록원부에 등록함으로써 그 효력이 생긴다(航抵 2, 5). 그 法律的 取扱은 자동차저당의 경우와 같으며, 항공기저당법에 규정된 것을 제외하고는, 민법의 抵當權에 관한 규정이 준용된다(9). → 동산저당

항공도(航空島) 海洋橫斷航空의 안전을 위하여 공해에 건설되는 항공기의 발착장. 인공도의 일종이다. 모든 항공도의 건설을 한 국가가 독점하지 않고, 모든 국가의 항공기에 이용이 개방되며, 필요한 행정기관을 관계국간의 협정에 의하여 구성하면 公海自由의 原則에 모순되지 않는다. 항공도의 법적 효력에 관하여는 인공도를 보라.

항공등화(航空燈火) 불빛에 의하여 항공기의 항행을 돕기 위한 航空保安施設로서 건설교통부령이 정하는 시설(航空 2 xvii). 항공등화에 유사한 등화의 설치는 일체 금지된다(84).

항공로(航空路) 건설교통부장관이 항공기의 航行에 적합하다고 지정된 지구 표면상에 표시된 공간의 통로(航空 2 xix). 건설교통부장관은 이를 지정하여 公告함을 요한다(38).

항공우주산업(航空宇宙産業) 항공기·우주비행체·관계부속기기류 또는 관계소재류를 생산(제조·가공·조립·재생·개조 또는 수리하는 것을 포함하되 항공법에 의한 항공기의 정비·수리·개조 등 항공기사용자가 그 운항사의 필요로 행하는 작업을 제외한다)하는 사업과 항공기·우주비행체를 산업자원부령이 정하는 바에 따라 이용하는 應用事業(항공법에 의한 항공운송사업 및 항공기 사용사업은 제외)을 말한다(航空宇宙産業開發促進法 2). 이 법에서 항공기는 항공에 사용할 수 있는 비행기·회전익항공기·활공기·비행선과 기타 대통령령이 정하는 항공에 사용할 수 있는 기기를, 우주비행체는 지구대기권 내외를 비행할 수 있는 우주발사체·항공우주선·인공위성·유인 또는 무인우주선과 기타 대통령령이 정하는 우주비행에 사용할 수 있는 기기를 말하며, 關係附屬機器類라는 것은 항공기 또는 우주비행체의 구성품을 말한다. 끝으로, 關係素材類라는 것은 항공기 또는 우주비행체의 생산에 사용되는 재료를 말한다.

항공우편(航空郵便) 항공기에 의한 우편. 우편규칙 189조 내지 193조에 이것에 관한 규정이 있다. 항공우편은 4킬로그램 이하의 것에 한하여 취급하며 그 요금 및 취급방법이 동규칙에 규정되어 있다.

항공운송(航空運送) 〔英〕 air transport 〔獨〕 Lufttransport 〔佛〕 transport aérien 항공기에 의한 여객 또는 화물의 운송. 空中運送이라고도 한다. 항공운송에 관련된 법규로서는 행정감독적 규정인 항공법이 있으나 航空私法에 관한 특별한 국내입법은 없다. 따라서 항공운송에 따른 사법관계의 해결은 상법의 陸上運送 또는 海上運送의 규정을 준용할 길 밖에 없다.

항공정보구역(航空情報區域) 〔英〕 Flight Information Region 항공기의 通航을 규제·관리하기 위하여 설정하는 飛行管制區域. 우리나라의 상공은 제2차대전후 미극동군이 총괄하여 통제하는 도쿄항공정보구역에 흡수되어 있었다. 1958년 도쿄항공정보구역에 대한 관할권이 전부 일본에 이양됨

에, 한국은 독립적인 항공정보구역을 설정코자 노력하였다. 1962년 뱅쿠버에서의 제2차태평양지역항공회의가 승인한 제안이 國際民間航空機構(ICAO)의 航空委員會(Air Navigation Commission)에 건의되어 한국의 독립적인 대구항공정보지역 설정에 원칙적인 합의를 보았다. ICAO理事會에서도 항공위원회의 의견에 따라 구역제정에 관한 한일양국의 협상을 권고하였다. 1963년 2월 방콕에서 개최된 韓日航空協商會議에서 분쟁구역에 대한 타협이 이루어지지 않자 ICAO이사회가 중재안을 제시, 동 중재안이 수락되지 않게 되자 ICAO理事會는 최종중재안을 제출(동년 3월)하였고 한국정부는 차후 기술상의 난점이 생길 경우 다시 타협한다는 조건부수락을 하였다. 1963년 5월 9일 ICAO위원회와 이사회가 이를 인증함으로써 한국은 독립적인 大邱航空情報區域을 갖게 되었다. 분쟁구역은 32.30N, 126.50E점과 30.00N, 125.25E점, 30.00N, 127.30E점 및 32.30N, 127.50E점을 연결하는 四角區域이다.

항공조약(航空條約) 1929년 바르샤바에서 성립하고 1933년 2월 13일부터 효력이 발생한 國際航空運送에 관한 약간의 규정의 통일에 관한 조약(바르샤바조약). 이 조약은 5장 41조로 되어 있으나, 運送契約의 성립으로부터 종료에 이르기까지의 법률관계를 전반적으로 규정한 것이 아니며, 또 출발지와 도착지가 두개의 체약국의 영토에 있거나 그 양자가 하나의 체약국의 영토에 있더라도 다른 나라에 기항할 예정하에서 행하여진 운송에 한하여 적용된다(同條約 1Ⅱ). 그 내용은 주로 운송인의 책임에 관한 것이며 過失責任主義를 明定하는 동시에, 旅客·荷主를 보호하기 위하여는 과실의 입증책임을 전환하고, 운송인의 면책약관을 무효로 하고 있다. 한편 金額有限責任을 인정하고 다시 수하물과 물품의 손해에 관하여는 이른바 항공상의 과실로 인한 것에 대한 免責을 인정하는 것으로 하여 양 당사자간의 이해를 조정하고 있다. 그러나 1955년의 구조약의 개정에서는 항공상의 과실의 법적 면책을 전면적으로 폐지하고 있다. 조약의 또 하나의 중점은 運送證券에 관한 것으로 航空票, 手荷物證, 航空運送狀에 관하여 상세한 규정을 하고 있다.

항공표지(航空標識) 항공의 안전을 위하여 설치된 표지. 이러한 航空施設의 설치는 건설교통부장관이 행하며(航空法 75Ⅰ), 이 시설을 하려는 자가 있을 때에는 건설교통부장관의 허가를 받아야 한다(75Ⅱ). 허가를 받아서 航空保安施設을 하는 경우에는 항공등화, 무지향성무선표지시설, AN식지향성무선표지시설 및 Z마카표지시설로 하게 되어 있다(航空法施 2).

항로표지(航路標識) 〔英〕nautical mark 〔獨〕Seezeichen 船舶運航의 안전을 위하여 설치되는 표지. 항로표지에 관하여는 항로표지법에 자세한 규정을 두고 있다. 동법에 의한 항로표지는 등광·형상·채색·음향·전파 등의 수단에 의하여 항·만·해협 기타 대한민국연해구역을 항행하는 선박의 표지로 하기 위한 燈臺·燈標·立標·浮漂·霧信號所, 無線方位信號所 기타의 시설을 말한다(2). 항로표지의 설치와 관리는 해양수산부장관이 행한다(3Ⅰ).

항 만(港灣) 〔英〕·〔佛〕port 〔獨〕Hafen 선박의 출입·화물의 적재와 揚陸, 여객의 승강 따위에 필요한 시설이 구비된 곳으로서 指定港灣과 地方港灣 등 두 가지가 있다(港灣法 2 i).

항만정책심의회(港灣政策審議會) 해양수산부장관에 소속되어 港灣基本計劃의 수립 및 변경에 관한 사항, 항만의 지정 및 폐지에 관한 사항, 항만구역의 지정 및 조정에 관한 사항 기타 항만의 개발 및 관리·운영에 관하여 해양수산부장관이 審議에 부친 사항을 심의하는 기관으로 그 構成·機能 및 運營에 관하여는 대통령령으로 정한다(港灣法 4).

항만운송사업(港灣運送事業) 영리를 목적으로 하거나 하지 않거나를 불문하고 항만운송을 하는 사업. 항만운송사업에는 港灣荷役事業·檢數事業·鑑定事業·檢量事業의 네 종류가 있다(港灣運送事業法 3). 소정의 자력 및 시설을 갖춘 자로서 해양수산부장관에게 등록하여 등록증을 교부받아야 하며(5, 6), 항만하역사업의 등록을 한 자는 해양수산부령이 정하는 바에 의하여 운임 및 요금을 정하여 해양수산부장관의 인가를 받아야 한다(10Ⅰ). 항만운송사업법 또는 항만운송사업법에 의한 명령에 위반한 때, 정당한 사유없이 운임 및 요금을 인가받거나 신고한 것과 다르게 받은 때, 법 6조의 규정에 의한 등록기준에 미달하게 된 때 등은 등록을 취소하거나 1월 이내의 기간을 정하여 사업의 정지를 명할 수 있다. 부정한 방법으로 사업의 등록을 한 때는 登錄을 取消해야 한다(26).

항명(抗命)**의 죄**(罪) 군인(또는 준군인)이 상관의 정당한 명령에 반항하거나 복종하지 아니함으로써 성립하는 죄(軍刑 1, 44). 敵前인 경우에는 사형·무기 또는 10년 이상의 징역, 전시·사변 또는 戒嚴地域인 경우에는 1년 이상 7년 이하의 징역, 기타의 경우에는 3년 이하의 징역에 처한다. 집단을 이루어 본죄를 범하면 형이 가중된다(45).

항 변(抗辯) 〔羅〕exceptio 〔獨〕Einrede

〔佛〕 exception 민사소송법상 방어방법의 일종으로서 상대방의 신청 또는 주장의 단순한 否認이 아니고, 상대방의 신청 또는 주장의 배척을 구하기 위하여 별개의 사항을 주장하는 것. 실체법상의 효과에 관계없는 이른바 소송상의 항변과 실체법상의 효과에 관계있는 항변이 있다. 소송상의 항변에는 다시 訴訟要件欠缺의 抗辯(本案前抗辯)과 證據抗辯이 있다. 전자 가운데 擔保提供의 抗辯(民訴 107, 109), 토지관할에 관한 항변은 피고의 주장을 기다려 비로소 돌보아야 하는 것이나, 訴訟係屬의 항변, 旣判力의 항변 등은 직권조사사항이며 반드시 피고의 주장을 필요로 하지 아니하므로, 진정한 의미의 항변이라 할 수 없다. 證據抗辯이라 함은 상대방의 증거신청에 대하여 그 부적법 또는 증거능력·증거력의 흠결을 주장하여 그 불채용을 구하는 진술을 말한다. 실체법상의 효과에 관한 항변은 원고주장의 법률효과의 발생에 장애가 되고(通情虛僞表示), 또는 일단 발생한 효과를 滅却시키는 사실(辨濟·更改·免除)의 진술이다. 그 효과가 실체법상의 형성권의 행사에 의해 비로소 발생하는 경우에는 그 행사가 있었다는 진술이 항변이 된다. 항변은 相計의 抗辯을 빼놓고는(202 Ⅱ), 판결이유 중에서 판단되는데 그치므로, 旣判力은 발생하지 않는다. 항변을 배척하기 위하여 다시 원고측으로부터 再抗辯이 제출된다. 항변이 부인과 효과상 다른 점은 항변사실에 대한 立證責任은 항변제출자에게 있는 것이다.

항변권(抗辯權) 〔羅〕 exceptio 〔獨〕 Einrede 請求權에 대하여 그 청구를 거절하는 작용을 가지는 私權. 同時履行의 항변권·催告의 항변권·檢索의 항변권 등이 그 예. 항변권의 행사에 의하여 청구권의 효력이 저지되는데 그 저지되는 것의 내용은 항변권의 종류에 따라 다르다(民 536, 438 참조). 그러나 어떻든 항변권의 행사에 의하여 上述의 법률효과가 발생하므로 항변권은 形成權의 일종이라고 할 수 있다. 독일의 학자는 항변권을 2종으로 나눈다. 하나는 청구를 일시적으로 저지하여 연기의 효력을 발생시키는 延期的·一時的 또는 停止的 抗辯權(dilatorische od. vorübergehende Einrede)이고, 다른 하나는 청구를 영구적으로 저지하여 청구권소멸의 효과를 발생시키는 否定的·永久的 또는 滅却的 抗辯權(peremptorische od. dauernde Einrede)이다. 독일민법의 소멸시효의 항변권은 후자에 속한다. 우리 민법의 항변권은 모두 전자에 속하고 후자의 예는 없다.

항변(抗辯)**의 절단**(切斷) 어음 또는 수표의 讓渡人에게 대항할 수 있었던 人的抗辯이 讓受人에게 대항할 수 없게 되는 것. 누구라도 자기가 가진 것 이상의 권리를 타인에게 양도하지 못한다라는 원칙에 대하여 어음유통의 보호를 위하여 인정되는 제도로서 어음법상에 정하는 移轉方法(배서양도 또는 교부)에 의한 양수인이 어음채무자를 해치는 것을 모르고 양수한 경우에 인정된다(어음 17·77 Ⅰ ⅰ, 手票 22).

항 복(降伏)(降服) 〔英〕 surrender 〔獨〕 Kapitulation 〔佛〕 capitulation 일방 交戰國의 일부의 군대 또는 함대가 타방 교전국에 대한 戰鬪行爲를 중지하고 요새·군대·군함 등을 적의 권력하에 두는 것이다. 항복의 조건은 降服規約에 의하여 정해지며 군지휘관이 체결한다. 특별한 규정이 없는 한 사람은 포로가 되고 물건은 약정당시의 현상대로 인도된다. 그러나 군인의 명예에 관한 예규를 참작한 확정한 약정은 엄수해야 한다. 無條件降服은 일반적 휴전과 마찬가지로 전투중지의 효과를 가져오는 동시에 전쟁의 사실상의 종료를 의미하는 것이나, 전쟁의 정식적 종료는 平和條約의 締結 또는 전쟁상태의 종결선언시까지 기다려야 한다. 항복의 담판은 백기를 든 군사를 파견하여 개시하며 무조건항복의 경우는 백기를 게양함으로써 의사를 표시한다. → 무조건항복, 전쟁의 종료

항복문서(降伏文書) 〔英〕 Instrument of Surrender 제2차세계대전에서 일본이 무조건항복하여 연합국에 대하여 1945년 9월 2일 동경만상에서 서명한 문서. 이 항복문서는 전승국인 연합국측에 의하여 일방적으로 작성되어 敗戰國인 일본이 서명하고 미·중·영·구소련을 위하여 또한 일본국과 전쟁상태에 있는 다른 연합국 여러 국가의 이익을 위하여 연합국최고사령관 맥아더원수가 이를 수락하고 최고사령관 외에 미·영·구소·중·프랑스·네덜란드·오스트레일리아·뉴질랜드의 9개국 대표가 서명하는 형식으로 되어 있다. 그 내용은 8절로서 ① 포츠담선언의 수락, ② 일체의 군대의 무조건항복, ③ 敵對行爲의 終止와 일체의 선박·항공기 및 군용·비군용재산의 보존, 일본정부 여러 기관의 최고사령관의 명령복종, ④ 일체의 군대지휘관으로 하여금 그 지배하의 군대가 무조건항복할 것을 즉시 명령할 것, ⑤ 일체의 관청, 육군 및 해군의 직원이 최고사령관의 명령·지시를 준수·시행할 것, 離職制限, ⑥ 포츠담선언의 성실한 이행, ⑦ 연합국포로 및 피억류자의 즉시해방과 그의 보호, 수당, 급양 및 지시된 장소에의 즉시수송을 위한 조치, ⑧ 끝으로 포츠담선언에 기한 일본의 관리방식으로서 일본왕 및 일본국정부의 국가통치의 권한은 본항복조항을 실시하기 위하여 적당하다고 인정하는 조치를 취하는 연합국최고사령관의 제한하에 두기로

한다고 규정하고 있다. 이 문서의 조약적 성질에 대하여는 항복문서는 戰勝國의 일방적인 의사표시이며 그 정책을 규정한 것에 불과하며 敗戰國은 단순히 이것을 승인한 것이라고 하여 조약적 성질을 부인하는 설도 있다. 그러나 이 문서는 포츠담선언을 수락한 것으로 일종의 國際的 約定이라고 볼 수 있으며, 전승국과 패전국간에 합의가 패전국의 수락으로 성립되었다고 보아야 할 것이다. → 무조건항복, 항복

항복죄(降服罪) 軍人 또는 準軍人의 지휘관이 그 할 바를 다하지 아니하고 적에게 항복하거나 부대·진영·요새·함선 또는 항공기를 적에게 방임함으로써 성립되는 軍刑法上의 犯罪(22). 미수·예비·음모를 처벌한다(25, 26).

항 소(抗訴) 〔英〕 appeal 〔獨〕 Berufung 〔佛〕 appel [1] 민사소송법상 제1심의 종국판결에 대하여 하는 上訴. 항소의 대상이 되는 것은 지방법원단독판사나 지방법원합의부가 제1심으로서 행한 終局判決이고, 고등법원이 제1심으로서 행한 종국판결에 대해서는 항소를 할 수 없다. 중간판결이나 決定·命令에 대해서는 독립하여 항소할 수 없으나, 종국판결과 같이 항소하면 이러한 것들도 항소심에서의 심판의 대상이 될 수 있다. 항소의 제기가 있을 때에는 항소법원은 불복신청의 한도내에서 새로운 辯論에 기하여 또 제1심의 續審으로서 제1심판결의 당부를 심사한다. 따라서 소송은 항소법원에 옮겨지며(移審의 效力) 또 제1심판결의 확정을 차단한다(停止의 效力).

[2] 형사소송법상 제1심판결에 대한 제2심법원에의 上訴. 제1심판결에 대하여 불복이 있으면 지방법원단독판사가 선고한 것은 지방법원본원합의부에 항소할 수 있으며, 지방법원합의부가 선고한 것은 고등법원에 항소할 수 있다(刑訴 357). 현행법상 抗訴審은 事實點·法律點에 걸쳐 심판을 하지만, 개정전의 형사소송법에서와 같이 覆審으로서 사건의 實體의 심리를 다시 고쳐 하는 것이 아니고 事後審, 즉 제1심판결의 당부를 심사한다. 따라서 항소의 제기에는 항소장 외에 항소이유서를 항소법원에 제출하여 원판결의 오류를 지적하여야 한다. → 항소심

[3] 군사법원법상 보통군사법원 판결에 대한 고등군사법원에의 상소. 군사법원법 414조 1호 내지 12호의 어느 1에 해당하는 사유가 있을 때에 이를 이유로 항소할 수 있다. 항소심의 성격 및 심판범위 등은 일반 형사소송법의 그것과 같다.

[4] 가사소송법상 가정법원합의부의 심판에 대하여도 고등법원에 항소할 수 있다. 抗訴節次는 일반 민사소송의 경우와 동일하지만(家訴 12,19) 그 심판절차는 가정법원의 심판절차에 관한 규정을 준용하며 특히 가정법원의 심판을 되도록 존중하게 할 목적으로 항소가 이유있는 경우라도 심판을 취소하거나 변경함이 社會正義와 衡平의 이념에 배치되거나 가정평화와 美風良俗의 유지에 적합하지 않다고 인정할 때에는 항소를 기각할 수 있게 하고 있다(19Ⅲ).

항소권(抗訴權) [1] 민사소송법상 제1심의 終局判決에 의하여 불이익을 받은 당사자가 원판결의 取消·變更을 구하기 위하여 심리의 續行을 요구하는 소송법상의 권능. 上訴權의 일종이다. 원칙으로 제1심판결로 인하여 불이익을 받은 자에게 생긴다. 불이익의 유무는 청구가 주문에서 배척되었는지의 여부에 의하여 결정되므로 원심판결이유 중의 판단에 관하여 불복이 있더라도 主文과 청구취지가 부합되면 항소의 이익이 없는 것이 원칙이다. 다만 相計의 抗辯에 대하여는 기판력이 미치므로(202Ⅱ), 상계의 항변이 인정되어 승소하였더라도 변제의 主抗辯을 주장하여 승소할 이익이 있으므로 이같은 경우는 항소의 이익이 있다고 할 것이다. 항소권은 不抗訴合意(360Ⅰ但)가 있으면 발생하지 않고, 항소권의 포기(364, 365)와 항소기간의 경과로 인하여 소멸한다(366).

[2] 형사소송법상 제1심판결의 하자를 지적하여 事後審查를 구하는 당사자의 권리. 항소권은 제1심판결의 선고에 의하여 발생하고, 항소기간의 경과, 항소권의 포기·취하에 의하여 소멸한다. 고유의 항소권자는 당사자인 檢事·被告人(338Ⅰ)이나 피고인의 법정대리인(340), 配偶者·直系親族·兄弟姉妹·戶主 또는 原審의 대리인이나 변호인(341Ⅰ)도 항소권을 갖는다. → 상소권

항소권(抗訴權)**의 포기**(拋棄) [1] 민사소송법상 이미 발생한 항소권을 일방적으로 소멸시키는 행위(364). 제1심판결후에 행하여져야 한다. 그러나 항소제기의 전후를 불문한다. 抗訴提起 전에는 제1심법원에, 항소제기후에는 抗訴法院에 서면으로 하여야 한다(365Ⅰ). 다만 항소제기후의 항소권의 포기는 항소취하의 효력도 있다(365Ⅲ). 항소권이 포기되었을 때에는 항소기간 만료시에 제1심판결이 확정된다. 또 상대방 또는 공동소송인의 항소권에는 영향이 없다.

[2] 형사소송법상 검사 또는 피고인은 항소의 포기를 할 수 있다. 다만 피고인측은 사형·무기징역·무기금고가 선고된 판결에 대하여는 抗訴의 拋棄를 할 수 없다(349 참조). → 상소의 포기

항소기각(抗訴棄却) [1] 민사소송법상 제

1심판결이 정당하다고 인정될 때에, 소송절차를 종결시키는 抗訴法院의 의사표시(384). 제1심판결이 그 이유로서는 부당하다 하더라도 항소심의 변론종결 당시의 자료에 의한 사실과 법률상 이유로서는 결론에 있어서 제1심판결과 일치하면 抗訴를 棄却하여야 한다(384Ⅱ). 다만 家事訴訟의 경우에 있어서는 항소가 이유있는 경우라도 심판을 취소하거나 변경함이 사회정의와 형평의 이념에 배치하거나 변경함이 사회정의와 형평의 이념에 배치하거나 가정평화와 미풍양속의 유지에 적합하지 아니하다고 인정할 때는 항소를 기각할 수 있다(家訴 19Ⅲ).

[2] 형사소송법상 항소이유없다고 하여 제1심판결을 유지하는 재판(364Ⅳ·Ⅴ) 및 항소제기가 부적법한 것으로서 형식적으로 항소를 기각하는 재판(361의4, 362). 항소기각의 재판에는 판결에 의하는 경우(364Ⅳ·Ⅴ)와 결정에 의하는 경우(361의4 Ⅰ, 362Ⅰ)가 있다. 또 원심법원이 결정으로 항소를 기각하는 경우도 있다(360Ⅰ). → 상소심의 재판

[3] 군사법원법상 그 의의 및 성질은 일반 형사소송법상의 그것과 같다. 일정한 사유가 있는 때에는 원심군사법원에서 결정으로 抗訴를 棄却하며(417), 또 일정한 사유가 있을 때에는 고등군사법원에서 결정(422) 또는 판결로써 항소를 기각한다(430).

항소기간(抗訴期間) 抗訴를 제기할 수 있는 기간.

[1] 민사소송법상에 있어서는 늦어도 판결의 송달이 있은 뒤 2주일간의 不變期間內에 제기하지 않으면 안되게 되어 있으나, 판결선고후 송달전의 항소제기도 유효하게 하였다(366Ⅰ·Ⅱ). 항소를 제기하지 않고 이 기간을 도과하면 제1심판결은 확정된다.

[2] 형사소송법상 抗訴提起의 기간은 7일이다(358). 이 기간은 판결을 선고 또는 고지한 날로부터 진행된다(343Ⅱ). 다만 선고한 날은 이에 산입하지 않으며(66Ⅰ), 기간의 말일이 공휴일에 해당하는 경우에도 기간에 산입하지 아니한다(66Ⅲ). 항소를 함에는 항소기간내에 항소장을 원심법원에 제출하여야 하고(359) 제1심판결은 항소기간의 도과에 의하여 확정된다. → 상소권회복

[3] 군사법원법상 抗訴의 提起期間은 7일이다(415). 이 기간은 군사법원법 379조 2항의 규정에 의한 군사법원관할관의 확인조치가 송달된 날부터 진행된다(400Ⅱ). 항소를 함에는 抗訴狀을 항소제기기간내에 원심군사법원에 제출하여야 한다(416).

항소심(抗訴審) 〔英〕 Berufungsinstanz 제1심법원의 판결에 대하여 항소가 있을 때에 개시되는 항소법원의 審理節次.

[1] 민사소송법상 소송심은 續審이기 때문에 제1심에서 행한 소송행위 및 준비절차는 항소심에 있어서도 효력을 가지며(379, 380), 따라서 당사자는 변론의 결과를 진술할 것을 요한다(377Ⅱ). 새로운 소송자료의 제출이 인정되나, 시기에 늦은 攻擊防禦方法이면 却下된다(138). 변론은 제1심판결의 변경을 요구하는 한도에 있어서 행하고 또 그 불복신청의 한도에서 판결을 변경할 수 있다(377Ⅰ, 385). 항소심절차에는 제1심의 규정이 준용되나(378), 反訴의 제기에는 상대방의 동의를 필요로 하는 것(382), 변론을 거치지 않는 항소각하의 판결(383) 등의 특례를 두고 있다. 가사소송법상의 항소심절차에 있어서는 가정법원의 심판절차에 관한 규정을 준용하게 되어 있으므로(家訴 12) 家事訴訟의 일반적 특례를 따라야 하며, 또 抗訴棄却에 관한 특칙이 있다(19Ⅱ).

[2] 형사소송법상 당사자의 구체적 구제를 주요목적으로 하는 항소심은 원심판결의 事實點·法律點에 걸쳐서 심판을 할 수 있어야 한다. 다만 개정전의 형사소송법에서의 항소심구조는 覆審으로서 제1심과 꼭 같이 사건의 실체의 심리를 다시 고쳐 하였던 것이나, 현행법은 제1심판결의 당부를 심사하는 事後審構造를 택하고 있다. 이에 관하여는 논의가 있지만 覆審 또는 續審이라면 抗訴理由를 적시하여 항소를 제기할 필요는 없고, 단지 원심판결에 불복하면 족할 것이나 현행법은 361조의5에 열거된 항소이유를 기재한 항소이유서를 제출하여야 하고(361의3), 抗訴法院은 판결에 영향을 미친 사유가 아니면 항소이유에 포함된 사유에 관하여 審判하여야 한다(364Ⅰ·Ⅱ)고 규정하고 있는 점으로 보아 원심판결의 당부를 심사하는 사후심구조에 입각하고 있음이 명백하다. → 항소심절차, 항소심의 재판

항소심(抗訴審)**의 재판**(裁判) 항소심에 있어서 행하여지는 재판.

[1] 민사소송법상 항소심에서 하는 終局判決을 크게 셋으로 나눌 수 있다. ① 항소가 부적법한 경우에는 항소를 却下하고(383), ② 원판결을 정당하다고 인정할 때에는 항소를 棄却하고(384), ③ 원판결을 부당하다고 인정할 때에는 원판결을 취소하여야 한다(386, 家訴 19Ⅲ은 예외). 이 경우에는 항소심은 事實審이기 때문에 取消自判을 원칙으로 한다. 다만 원판결이 각하판결이면 사건을 원심으로 환송할 것을 요한다(必要的 還送)(388). 이 還送判決에 대해서는 그것이 종국판결이냐 중간판결이냐에 관하여 견해가 대립되어 있는데, 판례는 中間判決이라 하여 상고할 수 없다고 한다. 원판결의 전속관할위배를 이유로 하여 취소하는 경우에는 사건을 관할권 있는 제1심법원으로 직접이송한다(移送裁判)(389).

[2] 형사소송법상 항소심의 심리가 끝나면 재판

(終局裁判)에 의하여 절차를 종결하는 것은 제1심의 경우와 같다. 그리고 재판에 관하여는 특별한 규정이 없으면 제1심의 규정을 준용한다(370). 항소심의 재판으로서는 다음과 같은 것이 있다. ① 抗訴棄却의 決定. 소송의 제기가 법률상의 방식에 위반하거나 항소권 소멸후인 것이 명백한 경우에 원심법원이 항소기각의 결정(360)을 하지 아니한 때에는, 결정으로 항소를 기각하여야 한다(362 I). 이 결정에 대하여는 卽時抗告를 할 수 있다(362 II). 또 항소인이나 변호인이 항소법원으로부터 소송기록접수의 통지를 받은 날로부터 20일 이내에 抗訴理由書를 제출하지 아니한 때에는 결정으로 항소를 기각하여야 한다(361의4 I 本). 다만 職權調査事由가 있거나 항소장에 항소이유의 기재가 있는 때에는 예외로 한다(361의4 I 但). ② 公訴棄却의 決定. 형사소송법 328조(공소기각의 결정)에 해당한 사유가 있는 때에는, 항소법원은 결정으로 공소를 기각하여야 한다(363 I). 이 결정에 대하여는 卽時抗告를 할 수 있다(363 II). ③ 抗訴棄却의 判決. 항소이유 없다고 인정한 때에는 판결로써 항소를 기각하여야 한다(364 IV). 결정은 口述辯論에 의거하여야 하는 것이 원칙이지만(37 I), 항소이유 없음이 명백한 때에는 구술변론을 거칠 것까지 없으므로, 이 경우에는 항소장·항소이유서 기타의 소송기록에 의하여 변론없이 판결로써 항소를 기각할 수 있다(364 V). ④ 原審判決破棄의 판결. 항소이유 있다고 인정한 때에는 원심판결을 파기하고, 다시 판결하여야 한다(364 VI). 여기에 다시 판결한다라고 함은 사건의 환송·이송의 경우(366, 367)를 제외하고는 항소법원이 破棄自判하여야 함을 뜻한다. → 파기판결

항소심절차(抗訴審節次) 〔獨〕 Berufungsverfahren [1] 민사소송법상 항소심절차에는 일반적으로 제1심소송절차에 관한 규정이 준용된다(378). 다만 抗訴審의 辯論은 당사자가 제1심판결의 변경을 구하는 한도에서 하고(377 I), 또 항소심은 제1심절차를 계속하는 것이므로(→속심주의) 당사자는 제1심변론의 결과를 진술하여야 한다(377 II). 변론의 준비와 당사자의 결석의 효과는 제1심에서와 같다(378, 245 이하, 137, 241). 그러나 항소심에서는 당사자는 제1심법원이 專屬管轄 이외의 관할권이 없음을 주장할 수 없다(381). 그리고 항소법원은 제1심판결에 대하여 불복신청이 없는 부분에 한하여 당사자의 신청에 의하여 결정으로 假執行宣告를 할 수 있다(375).

[2] 형사소송법상 항소심의 절차에 관하여는 특별한 규정이 없으면 제1심공판의 절차에 관한 규정이 準用된다(370). 다만 항소심의 事後審的 性格으로부터 다음과 같은 특칙이 규정되어 있다. ① 피고인의 출정에 관한 특칙. 피고인이 公判期日에 출정하지 아니한 때에는 다시 공판기일을 정하여야 한다. 피고인이 정당한 사유없이 다시 정한 기일에 출정하지 아니한 때에는 피고인의 진술없이 판결할 수 있다(365 I·II). ② 항소법원의 심판범위에 관한 특칙. 항소법원은 원칙적으로 抗訴理由에 포함된 사유에 관하여 심판하여야 한다(364 I). 그러나 판결에 영향을 미친 사유에 관하여는 항소이유에 포함되지 아니한 경우에도 직권으로 심판할 수 있다(364 II).

항소(抗訴)**의 취하**(取下) → 상소의 취하

항소이유(抗訴理由) 抗訴權者가 적법하게 항소를 제기할 수 있는 이유. 형사소송법상의 항소심은 원칙적으로 원심판결(제1심판결)의 당부를 심사하는 事後審構造로 되어 있으므로, 항소를 제기하기 위하여는 당사자는 원심판결의 하자를 지적하여야 한다. 항소의 이유를 당사자의 자의에 맡기어 무제한으로 인정한다면, 사후심의 구조는 허물어져 결국 覆審과 그리 다를 것이 없게 되므로, 형사소송법은 361조의5에 11개의 사유를 열거하고 있고 따라서 이 이외의 사유를 항소의 이유로 할 수 없다. 항소이유는 絶對的 抗訴理由(361의5 ii ~ iv · vii ~ ix xi)와 相對的 抗訴理由(361의5 i · xii · xiii · xiv · xv)로 구분된다. 전자는 일정한 객관적 사유가 있으면 그것으로서 항소이유가 되는 것이고, 후자는 일정한 객관적 사유의 존재가 판결에 영향을 미치는 경우에는 항소이유가 되는 것이다. 항소법원은 판결에 영향을 미친 사유가 아니면 항소이유에 포함된 사유에 관하여 심판하여야 한다(364). 즉 항소심은 원칙적으로 抗訴理由의 존부를 중심으로 하여 원심판결의 비판을 행한다. 항소심이 항소이유 있다고 인정한 때에는 원심판결을 破棄하고, 다시 판결하여야 하므로(364 VI) 항소이유는 동시에 原審判決破棄의 이유로도 된다. 항소이유가 없는 때에는 抗訴棄却의 判決을 한다(364 IV · V).

항소이유서(抗訴理由書) 형사소송법상 항소의 이유를 기재한 서면. 이는 항소를 제기하는 의사를 명백히 한 의사표시적 문서인 抗訴狀과 구별하여야 한다(→항소장). 항소인 또는 변호인은 항소법원으로부터 소송기록접수의 통지를 받은 날로부터 20일 이내에 항소이유서를 항소법원에 제출하여야 하며 항소법원은 지체없이 이의 副本 또는 謄本을 상대방에게 송달하여야 한다(361의3 I · II). 항소인이나 변호인이 위의 기간내에 항소이유서를 제출하지 아니한 때에는 職權調査事由가 있거나 항소장에 항소이유의 기재가 있는 때를 제외하고는 결정으로

써 항소를 기각하여야 한다(361의4). 이 결정에 대하여는 卽時抗告할 수 있다.

항소장(抗訴狀) 〔獨〕 Berufungsschrift

[1] 민사소송법상 抗訴를 하기 위하여 법원에 제출할 것을 요하는 서면. 提出法院은 제1심법원(367 Ⅰ)이다. 당사자와 법정대리인, 제1심판결의 표시와 그 판결에 대한 항소의 취지는 항소장의 필요적 기재사항이다(367 Ⅱ). 準備書面에 관한 규정이 준용되기 때문에(368), 항소이유를 기재할 수 있다. 항소장에는 訴狀의 印紙額의 1.5배額의 인지를 붙여야 한다(民印 3).

[2] 형사소송법상 항소를 제기하는 의사를 명시한 의사표시적 문서. 항소를 함에는 항소장을 抗訴期間(358)내에 원심법원인 제1심법원에 제출하여야 한다(359). 따라서 항소장은 항소이유를 기록한 서면인 抗訴理由書(361의3)와 구별하여야 하며, 항소장에 항소이유라든가 기타 원심판결에 대한 불복의 점을 적시할 필요는 없다. 다만 항소장에 예외적으로 항소이유의 기재가 허용되는 경우도 있다(361의4 Ⅰ 但).

항해보험(航海保險) 〔英〕 voyage policy 〔獨〕 Reiseversicherung od. Reisepolice 〔佛〕 assurance en voyage 1항해를 보험기간으로 하는 海上保險. 積荷保險에 많이 이용된다. 항해보험의 보험자의 책임은 원칙으로 荷物(또는 底荷)의 선적에 착수한 때에 개시하여 도착항에서 양륙한 때에 종료한다(商 699, 700). 이 상법의 규정에 의하면 船積地 및 揚陸地에서 이른바 艀舟危險은 보험자가 지도록 하였으나 약관에서는 특약이 없는 한 보험자는 이것을 부담하지 않는다고 정하는 것이 보통이다.

항해상(航海上)**의 과실**(過失) 항해 또는 선박 자체의 관리에 관한 선장 기타 선원들의 과실로서 積荷에 직접적·필연적으로 영향을 미치지 않은 것. 航海過失 또는 海技過失(navigational risk)이라고도 한다. 이것은 商業上의 過失에 대한 개념이며, 상법은 1924년의 船荷證券에 관한 통일조약에 따라서 航海過失과 선박에서의 화재로 인한 적하의 손해에 대하여는 海上運送人인 선박소유자 등은 책임을 부담하지 않고, 상업상의 과실(상사과실)의 경우에만 陸上運送人의 경우와 동일한 책임을 지게 하고 있다(788 Ⅰ·Ⅱ). 이 점에 있어서 舊商法이 해상운송인에 대해서도 육상운송인의 책임에 관한 규정을 준용하고 더욱 엄격한 免責約款制限에 관한 규정을 두고 있었던 것에 비하여 훨씬 해상운송인의 책임을 가볍게 한 셈이 된다(舊商 739, 766). 상법은 더욱 일정한 경우에 積荷에 관한 손해발생의 원인사실 또는 그 원인과 손해발생간의 인과관계에 대한 立證責任을 경감함으로써 한층 더 그 책임을 가볍게 하고 있다(789 Ⅱ).

항해선(航海船) 〔英〕 sea going vessel 〔獨〕 Seeschiff 〔佛〕 bâtiment de mer 海水를 항행하는 선박. 湖川·港灣만의 항행을 목적으로 하는 內水船에 대하는 것. 항해선 가운데 短艇 또는 주로 櫓櫂로 운전하는 선박과 국유선 또는 공유선을 제외한 것에 대해서 해상법의 규정을 적용 또는 준용한다(商 741, 船舶法 26). 그러나 선박충돌(商 843)과 해난구조(849)에 관한 규정은 內水航行船에도 적용된다. 다만 이 경우에는 어느 한 쪽 선박은 항해선이라야 한다.

항해일지(航海日誌) 선박서류의 일종으로 항해에 관한 日誌를 말한다(船員 20 Ⅰ iii). 선장은 항해일지를 작성하여 선내에 비치하여야 한다. 그러나 이것은 행정적 감독의 필요에서 요청되는 것일 뿐, 상법상의 서류와는 그 성격을 달리한다. 이 備置義務에 위반하거나 그 내용에 허위의 사실을 기재한 때에는 벌칙이 있다(135 vi).

해 고(解雇) 〔英〕 discharge 사용자가 근로자와의 勤勞契約(雇傭契約)을 일방적으로 해약하는 것. 민법상의 고용계약의 해약(解止)(658~663)과 법률상의 성질은 같은 것이지만, 노동법관계의 용어로서는 해고가 쓰여진다. 민법상으로는 기간의 약정이 없는 때에는 사용자는 1월간의 豫告만 하면 언제든지 해약을 할 수 있는 것이지만, 이는 실제문제로서는 근로자에게 가혹한 것이어서 解雇制限의 문제가 생긴다. → 해고의 자유, 해고의 예고·해고제한

해고권(解雇權)**의 남용**(濫用) 본래는 해고의 자유를 남용하는 것을 말하나 통설·판례는 권리남용의 법리를 해고에 적용시켜 해고의 자유를 제한한다. 解雇權濫用法理는 그 적용영역이 넓어 해고에 정당사유가 필요하다는 설과 큰 차이가 없으며 객관적 표지보다도 주관적 표지에 따르기 쉽다는 것이 그 특징이라고 할 수 있다. 판례가 인정한 해고권의 남용으로는 ① 動機가 부당한 경우, ② 信義誠實의 原則에 위반하는 경우, ③ 상당한 사유가 없는 경우, ④ 기업의 합리성의 유지·증진에 기여하지 않는 경우 등을 들 수 있다.

해고수당(解雇手當) → 해고의 예고

해고(解雇)**의 예고**(豫告) 期間의 約定이 없는 勤勞契約에서는 사용자는 1월의 예고만 하면 언제든지 근로자를 해고할 수 있는 것이지만(民 660),

근로기준법에서는 정당한 이유, 즉 해고를 정당시할 만한 상당한 이유가 있는 경우에 한해서만(勤基 31) 그와 같은 방식으로 해고할 수 있다고 하여, 解雇의 自由에 대한 중대한 제한을 가하였다. 그러나 이 경우에는 30일전에 예고를 하는 대신에, 30일분 이상의 通常賃金(해고수당 또는 예고수당)을 지급하여도 상관없으며, 천재사변이나 기타 이에 준할 만한 부득이한 사유로 사업계속이 불가능한 경우(노동부장관의 승인을 요한다)와, 근로자의 귀책사유로 인한 경우(노동위원회의 인정을 요한다)에는 30일의 예고나 해고수당(예고수당)이 없이도 해고할 수 있다(32). 또한 日傭勤勞者로서 3월을 계속근무하지 아니한 자, 2월 이내의 기간을 정하여 사용된 자, 월급근로자로서 6월이 되지 못한 자, 계절적 업무에 6월 이내의 기간을 정하여 사용된 자, 수습사용중의 근로자들에게는 예고의 필요가 없다(35). →해고제한

해고(解雇)**의 자유**(自由) 使用者는 일반적으로 자유로이 근로자를 해고할 수 있는 것으로 되어 있다. 이를 제한하는 것은 근로기준법의 解雇制限 및 해고의 豫告의 규정(35), 그리고 異論은 있지만 근로기준법의 均等處遇의 규정(5)이 있을 뿐이다.

해고제한(解雇制限) 좁은 뜻으로는 勤勞基準法 30조에 규정된 해고제한만을 가리키나, 넓은 뜻으로는 사용자의 해고의 자유를 제한하는 일체의 제도를 포함해서 말한다. 후자에 대해서는 해고의 자유의 항에서 설명. 전자에 관해서는 우선 사용자는 정당한 이유가 없는 한 근로자를 해고하지 못한다(30 I). 즉, 동법 30조 1항은 解雇權(해고의 자유)에 대한 일반적·기본적인 제한을 가한 규정으로서, 해고의 경우에는 항상 정당사유의 存在與否에 따라서 그것의 유효여부를 판단하게 된다. 다음에는 사용자는 근로자가 업무상의 傷病을 치료하기 위하여 휴업한 기간과, 그 후 30일간 및 産前·産後의 女子에 대해서는 동법 60조의 유급보호휴가기간 60일과 그 후 30일간은 해고를 하지 못한다(30 II). 그러나 使用者가 一時補償金을 지급하였을 경우(87 참조) 또는 천재사변 기타 부득이한 사유로 인하여 사업계속이 불가능한 때에는 예외이다(30 II). →해고의 예고

해공항검역(海空港檢疫) 국외로부터 傳染病이 傳入되는 것을 방지하기 위하여 해·공항에 내항하는 승객·승무원·선박·항공기·화물에 대하여 행하는 검역조치. →검역

해군기지(海軍基地) 軍港과 警備基地를 말한다(海軍基地法 2). ① 군항이란 연합함대 또는 함대의 작전근거지로서(3 I), 현재는 경상남도 진해에 있다(4). 군항에는 통제부를 두고 통제부에 통제부사령관을 둔다. ② 警備基地란 연합함대와의 연락보급과 담당구역의 海上警備任務를 수행하는 해군의 전진근거지로서(3 II), 현재는 인천·군산·목포·여수·제천·부산·포항·묵호에 있다(海軍基地法施 5). 경비기지에 경비부를 두고, 경비부에 경비부사령관을 둔다(8). 군항 또는 경비기지내에서는 각종의 행위가 금지제한되어 있다(10~32).

해기사(海技士) 해양수산부장관이 시행하는 해기사국가시험에 합격하여 海技士의 면허를 받은 자(船舶職員法 4·5, 船舶職員法施 17~44). 해기사가 아닌 자는 선박직원이 될 수 없다(船舶職員法 4 I). 해기사의 면허는 항해사·기관사, 통신사(전파전신급과 전파전자급으로 구분), 운항사 및 소형선박조종사의 직종에 따라 등급별로 행하여지며(4 II), 해기사 免許原簿에 등록한 후 海技士免許證을 교부한다(5 III).

해기사면허증(海技士免許證) 海技士의 免許를 할 때에 수여하는 증서. 해양수산부장관이 해기사의 면허를 할 때에는 해양수산부령이 정하는 바에 의하여 海技免許原簿에 등록한 다음 해기사면허증을 교부하여야 한다(船舶職員法 5 III). 해기사는 그가 받은 해기사면허증을 타인에게 대여하거나 부당하게 행사하여서는 아니되며(22) 해기사가 船舶職員의 업무를 행할 때에는 선박내에 이를 비치하여야 한다(15).

해 난(海難) 〔獨〕 Seenot →해양사고

해난구조(海難救助) 〔英〕 maritime salvage 〔獨〕 Bergung und Hilfsleistung 〔佛〕 sauvetage et assistance maritime →구조료, 해양사고구조

해난구조(海難救助)**에 관한 통일조약**(統一條約) 〔佛〕 Convention pour l'unification de certaines règles en matière d'assistance et de sauvetage maritime 相互扶助를 本旨로 하는 해난구조는 세계적·국제적 성질을 띠고 있으므로 그 법적 규제를 각국의 독자적인 법에 위임하는 불편을 없애기 위하여 1910년 브뤼셀회의에서 본조약이 성립되었다. 다수의 가맹국은 이 조약에 따라 國內法을 개정하고 있다. 우리나라는 가맹하지 아니하고 있으나 상법은 이 조약에 따른 바 많다.

해난심판(海難審判) →해양사고심판

해난심판원(海難審判院) → 해양안전심판원

해륙연락운송(海陸連絡運送) 順次運送에 관한 상법 138조는 육상만의 또는 해상만의 순차운송에 한하여 적용되는 것이 아니라 海·陸의 순차운송에도 적용된다(商 812). 그러나 陸上運送과 海上運送과는 각각 그 성질을 달리하고 있으므로 그 적용법규도 다르지 않을 수 없으며 따라서 損害가 발생한 장소가 육상인가 해상인가에 따라 육상 또는 해상의 운송에 관한 규정 또는 약관이 각각 적용되어야 한다. 그러므로 손해가 육상에서 발생한 경우에는 해상운송인·육상운송인은 해상운송에 관한 규정(예: 750) 또는 約款(免責約款)을 원용할 수 없다. 또 손해가 海·陸 어느 장소에서 생겼는가 불명한 경우에는 운송인은 자기에게 유리한 규정 또는 약관을 원용할 수 없다. 이러한 경우에는 손해가 자기에게 유리한 구간에서 생겼다는 것을 입증할 수 없기 때문이다.

해 법(海法) 〔英〕 maritime law 〔獨〕 Seerecht 〔佛〕 droit maritime 해양에 관한 법률·규칙의 총체. 海洋國際法·海上公法·海上私法으로 구분할 수 있다. 해상공법이란 해상에 관한 국내공법으로서 해상충돌예방법 등이 있다. 해상사법에 관하여는 海商法을, 해양국제법에 관하여는 그 항목을 보라.

해사보좌인(海事補佐人) 1998년 12월 법의 개정으로 審判辯論人으로 명칭이 바뀌었다. 一般裁判에 있어서 변호사처럼, 해양사고의 조사 및 심판에 관한 법률에 의하여 해난심판을 하는 경우, 해양사고관련자 또는 이해관계인을 변호하는 자를 말한다. 해양사고관련자 또는 이해관계인은 심판의 개시에 앞서 심판변호인을 선임할 수 있으며, 해양사고관련자의 법정대리인·배우자·직계친족·형제자매와 호주는 독립하여 심판변호인을 선임할 수 있다. 심판변호인은 중앙해양안전심판원에 심판변호인으로 등록한 자 중에서 선임하여야 하나, 해양안전심판원장의 허가를 받은 때에는 그러하지 아니하다(海洋事故의 調査 및 審判에 관한 法律 27).

해 산(海産) 〔獨〕 Schiffsvermögen 〔佛〕 fortune de mer 선박소유자 등이 해상기업상 부담하는 特定債務에 대하여 면책하기 위하여 委付하는 재산의 총체. 委付主義를 채택하고 있던 구상법(690)에서 인정되고 있던 관념이며 그 범위는 당해 채무가 생긴 항해의 종말에 있어서 선박·운임 및 선박소유자가 선박에 관하여 가지고 있는 損害賠償請求權 또는 報酬請求權 등이다. 또 해산은 1기업항해에 사용된 특정한 1선박을 중심으로 한 책임재산을 포괄한데 불과함을 주의. → 위부주의

해 산(解散) 〔英〕 winding up, dissolution 〔獨〕 Auflösung 〔佛〕 dissolution [1] 法人의 解散. 존속이유를 잃은 법인이 본래의 權利能力을 상실하는 것. 사단법인과 재단법인에 공통한 해산사유로서는 존립기간의 만료, 定款에 정한 해산사유의 발생, 법인의 목적의 달성 또는 달성의 불능, 파산, 설립허가의 취소가 있으며, 사단법인에 특유한 해산사유로서는 사원이 없게 되는 것, 총회의 결의가 있다(民 77). 사단법인의 총회에서 해산결의를 함에는 定款에 다른 규정이 없으면 총사원의 4분의 3 이상의 동의가 있어야 한다(78). 解散한 법인은 清算의 단계에 들어가며, 청산의 목적의 범위내에서만 법인으로서 권리능력이 존속된다(清算法人). 그 밖에 민법은 法人이 아닌 組合에 관하여도 조합관계를 종료하여 재산의 정리(청산)를 할 단계에 들어가는 것을 해산이라고 한다(720 이상). 이것은 가장 넓은 의미에서의 단체가 그 존재를 잃고 재산의 정리상태에 들어가는 점에서는 법인의 해산의 경우와 마찬가지이지만, 조합의 해산에 있어서는 인격의 소멸원인이 아니라는 점에서 다르다.

[2] 會社의 해산. → 회사의 해산

[3] 議會의 해산. → 국회의 해산, 지방의회

[4] 政黨의 해산. → 정당의 해산

해산명령(解散命令) 법령에 위반한 행위를 한 集會 또는 結社를 그 감독권의 발동으로써 해산시키기 위한 명령을 말한다. 이에는 ① 법원에 의한 회사의 해산명령(商 176)과 같이 이해관계인이나 행정청의 신청에 의하여 법원이 행하는 경우와, ② 違法한 집회·시위에 대한 경찰서장의 해산명령(集會 및 示威에 관한 法律 18)과 같이 직접 행정청에 의하여 행하여지는 경우가 있다.

해산보호(解産保護) 생활보호법에 의한 보호의 일종. 要保護者에 대하여 조산과 분만전·후의 필요한 조치·보호를 행하며, 이는 원칙적으로 국가가 경영하거나 지방자치단체가 경영하는 의료시설 또는 보호기관이 특히 지정하는 의료시설에 의한 現物給與로 행하여진다(生活保護法 7, 13).

해상강도죄(海上强盜罪) 多衆의 威力으로 해상에서 선박을 강취하거나 선박내에 침입하여 타인의 재물을 강취하는 죄(刑 340Ⅰ). 본죄는 이른바 해적죄이다. 海上强盜傷害致傷(340Ⅱ), 海上强盜殺人致死强姦(340Ⅲ) 및 常習海上强盜(341)의 경우에는 형이 가중된다. 다중이란 위력을 보일 수 있는 정도의 다수인의 집합을 말한다. 海上은 영해

상이든 공해상이든 가리지 않으며, 선박은 대소·종류의 여하를 묻지 않는다. 未遂犯(342) 및 豫備·陰謀(343)를 처벌한다. → 강도죄

해상물건운송(海上物件運送) 〔獨〕 Seefrachtvertrag 해상에서 선박에 의하여 물건의 운송을 하는 행위. 이에는 傭船契約·個品運送契約·再運送契約·通運送契約 등이 있다. 계약당사자는 선박소유자(선주)와 傭船者 또는 送荷人이며 이 이외에 荷渡人(shipper), 受荷人(consignee) 등의 계약관계자가 있다. 계약의 효력으로서 선박소유자는 운송계약의 취지에 맞는 선박을 용선자나 송하인에게 제공하여야 하며, 또 용선자나 송하인에 대하여 發航의 당시 선박이 안전하게 항해를 할 수 있음을 담보하여야 한다(商 787)(→감항능력주의의무). 선박소유자는 약정한 船積港에 선박을 회항하여 준비를 완료한 때에는 傭船契約의 경우에는 선적준비완료의 통지, 個品運送의 경우에는 선적의 지시를 용선자나 송하인에게 하여야 한다(782, 785 I). 용선자와 송하인은 위의 통지가 있는 때부터 일정기간(船積期間) 내에 운송물의 선적을 하여야 한다(782 I, 785 I). 선박소유자는 운송계약에 기하여 인도된 운송물을 수입하고 積付할 의무가 있으며, 또 船荷證券交付義務가 있다(788, 813). 운송물의 船積·積付가 종료한 때에는 선박소유자는 發航에 착수하여야 한다. 또 선박소유자는 운송물을 수령한 때부터 선량한 관리자의 주의로써 이를 보관하고 양륙항까지 운송하여야 한다(788). 선박소유자는 이 주의의무를 다하였음을 증명하지 않으면 운송물의 滅失·毁損 또는 延着에 관한 손해배상책임을 면하지 못한다(788 I, 789 I). 그러나 선박소유자의 고의·과실없는 화재의 경우에는 그 책임을 면하여(788 II), 또 불가항력 기타 상법 789조 2항에 열거된 사유로 인한 것인 때 그 손해가 그 사실로 인하여 보통 생길 수 있는 것임을 증명할 때에는 책임을 면한다. 선박소유자는 양륙항에서 상륙통지의무·운송물인도의무를 부담하며 운송물이 목적항에 도달한 때에는 운임을 청구할 수 있다. 해상물건운송계약은 용선자 또는 송하인에 의하여 發航의 전후를 불문하고 해제(해지)될 수 있으며, 이 경우의 운임관계에 관하여는 특별규정이 있다(→공적운임, 비율운임). 또 發航의 전후를 불문하고 法定原因에 의하여 계약이 任意解除될 수도 있고(808 I), 또 당연히 계약이 종료되기도 한다(807 I). 이 경우의 운임지급관계에 관하여는 각기 규정이 있다(807 II, 808 II). → 해상운송, 해상여객운송, 운송업, 선하증권, 용선계약, 개품운송계약

해상법(海商法) 〔英〕 maritime commercial law 〔獨〕 Seehandelsrecht 〔佛〕 droit commercial maritime 형식적으로는 商法典 5편의 규정을 말하고 실질적으로는 海上企業에 관한 법을 가리키며 海法의 중심적인 내용이 된다. 陸商法에 대하여 해양을 무대로 하고 선박이라는 용구에 의하는 데서 전체적으로 나타나는 이른바 바다의 색채에 기한 특이성을 가진다. 연혁적으로는 상법의 起源이 되며, 상법상의 제도로서 해상에서 발달한 것이 적지 않다(예: 운송·보험 등). 그 성질상 세계통일법적 경향이 강하며, 이미 통일조약과 국제적인 普通契約約款이 성립한 것이 적지 않으며, 그 대부분이 각국에서 채용되고 있다. 우리 상법의 해상편(제5편)의 규정에 있어서도 舊商法의 그것(제4편)에 비하여 각종 통일조약의 규정을 받아들인 부분이 월등하게 많으며, 이것이 해상법의 큰 특색으로 되어 있다.

해상보험(海上保險) 〔英〕 marine insurance 〔獨〕 Seeversicherung 〔佛〕 assurance maritime 航海에 관한 사고로 인하여 생길 손해의 보상을 목적으로 하는 損害保險(商 693). 14세기경 지중해연안에서 행하여졌던 해상보험이 보험의 기원이라고 한다. 보험사고로서는 선박의 침몰·좌초·충돌 등의 고유한 사고뿐만 아니라 화재·도난·선원의 不法行爲까지도 포함하는 항해에 관련하여 우발적으로 생기는 모든 사고이다. 그러나 普通保險約款에서 보충·변경되는 경우가 많다. 해상보험계약의 목적물은 항해에 관련하여 생기는 위험에 놓여 있는 모든 재산이며, 사람에 대한 것은 人保險에 속한다. 중요한 것은 선박(船舶保險)·적하(積荷保險)·운임(運送賃保險)·希望利益 등이다(商 696~698, 706 i). 보험자의 보상책임은 상법에서 면책되는 경우(706) 외에 약관에서 전쟁위험을 제외하고, 그 책임의 범위를 明定하는 것이 보통이다.

해상여객운송(海上旅客運送) 〔獨〕 Überfahrtsvertrag 運送契約에 의하여 선박으로 사람을 운송하는 행위. 이 계약의 효력으로서 선박소유자는 식사제공의무(商 822), 手荷物無賃運送義務(824), 선박수선중의 거처·식사제공의무(823) 등을 부담하며, 운송의 보수인 운임청구권을 갖는 외에 發航 및 航海繼續의 권리가 있다(825). 한편 여객은 발항 전에는 운임의 반액, 발항후에는 운임의 전액을 지급하여 계약을 해제할 수 있으며(826), 여객이 발항 전에 사망·질병 기타 일신에 관한 불가항력으로 항해를 할 수 없게 된 경우에는 여객은 계약의 해제(해지)를 할 수 있으며, 이 경우에는 比率運賃의 지급의무에 관한 특별규정이 있다(827). 해상여객운송계약에 관하여는 海上物件運送에 관한 많

은 규정이 준용되고 있다(830, 831).

해상운송(海上運送) 〔獨〕 Seetransport 해상에서 항해에 사용되는 선박에 의하여 물건 또는 여객을 운송하는 것. 海上物件運送과 海上旅客運送으로 분류된다. 湖川 · 항만상의 운송은 제외된다. 이것은 陸上運送에 속하나(商 125), 內水運送이 본래의 항해선박에 의하여 행하여지고 항만과 해양에 계속하여 이루어지는 운송인 경우에는 해상운송에 포함된다. 해상운송은 그 기업의 수단이 선박이며 해상에서 실행되므로, 기업보호 및 해상위험이란 見地에서 육상운송과 다른 특이성을 가지며, 이러한 이유에서 한편 상법 제5편 海商에서 특별히 규정되고 있다. 해상운송기업의 주체는 상법상에서는 선박소유자만을 주로 하고 있으나 타인선박으로서 해상기업을 경영하는 船舶賃借人 또는 이에 준하는 定期傭船者 · 運送傭船者 · 再運送人도 해상기업의 주체가 될 수 있다. 해상운송계약은 영업으로서 행할 때에는 商行爲가 된다(商 46 xiii). 이것은 당사자의 일방이 상대방에 대하여 장소적 이전을 약정하고 상대방은 이에 대하여 보수를 지급할 것을 약정하는 계약이다. 그 기본은 노무급부의 약속과 노무의 결과인 장소적 변경에 대한 보수의 지급이므로 민법상의 都給에 속한다(民 664). 상법은 이것을 運送契約이라는 독립형태로서 특수화하고 있다. 그러므로 민법상의 원칙과는 달리 장소적 이전을 완성하지 않는 경우에도 比率運賃(商 808 Ⅱ)을 지급하여야 하고 또한 일의 완성을 표준으로 하지 않는 期間支給(802)의 운임지급제도를 가지고 있다.

해상운송계약(海上運送契約) 〔英〕 contract of carriage by sea 〔獨〕 Seebeförderungsvertrag 〔佛〕 contrat du transport maritime 해상에서 선박에 의하여 물건이나 여객을 운송하는 계약을 말한다. 상법은 이것을 物件運送과 旅客運送의 두 가지로 나누고 있다. 해상이라는 것은 호천 · 항만을 제외하는 水域을 가리키며, 육상 또는 주로 호천 · 항만에서만 행하여지는 운송(內水運送)에 대하여는 육상운송에 관한 규정이 적용된다(商 125). 해상운송은 물건 또는 여객을 한 지점에서 다른 지점으로 수송하는 운송이라는 점에서 육상운송과 공통되기 때문에 육상운송에 관한 규정이 준용되고 있으나(商 812), 운송의 수단이 선박이고 운송장소가 바다라는 데서 양자가 같지 않기 때문에 여러가지 특수한 규정을 두고 있다. 해상운송계약은 물건 또는 여객의 장소적 이동의 완성을 목적으로 하고, 이 목적의 완성에 대하여 보수로서 운임이 지급되는 것이므로 일종의 都給契約의 성질을 가진다. 그러나 상법의 규정이 자세하고, 해상관습과 각종 약관이 특히 발달하고 있기 때문에 실제로 민법의 도급에 관한 규정이 적용될 경우는 흔치 않다. 해상운송은 이것을 영업으로 하는 때는 상행위가 되며(商 46,13), 경영의 주체는 상인이 된다(商 4).

해석규정(解釋規定) → 보충규정 · 해석규정

해석론(解釋論) 일반적으로 法의 解釋의 방법론을 가리켜 말하는 경우와, 특히 立法論에 대하는 것으로 사용되는 경우가 있다. 현행실정법이 부적당해서 사회의 실정에 부합되지 않을 때 해석론으로서는(de lege lata) 이렇다고 말하지 않을 수 없다는 식으로 논하는 것이 입법론과 대립되는 의미에서의 해석론이다. → 입법론

해석법학(解釋法學) 법해석학과 같다.

해석(解釋)**의 신청**(申請) 〔獨〕 Auslegung des zu vollstreckenden Straftitels 刑의 선고를 받은 자는 裁判의 解釋에 대하여 의심이 있을 때, 선고한 법원에 재판의 해석을 구하는 신청을 할 수 있다(刑訴 488). 판례는 注文의 해석에 한하고, 확정전에는 허용하지 않는다고 하나, 학설은 양쪽 모두에 반대하고 있다.

해 손(海損) 〔英〕 average 〔獨〕 Haverei (Havarie) 〔佛〕 avarie 넓은 뜻에 있어서는 항해로 인한 선박 또는 積荷에 발생한 손해와 비용을 말한다. 그 손해는 선박 또는 적하 그 자체의 滅失, 毁損에서 발생하는 경우 또는 선박과 적하를 보존하기 위하여 지출하는 비용인 경우도 있다. 좁은 뜻의 海損은 실정법상 인정된 것으로 共同海損 및 선박충돌에서 발생하는 손해이다. 넓은 뜻의 해손은 通商海損과 非常海損으로 분류된다. 통상해손은 선박 또는 積荷의 자연소모, 導船士費 또는 燈臺稅 등과 같이 항해에 따라 당연히 발생하는 손해이다. 비상손해는 예상하기 곤란한 비상한 항해사의 사고에 의하여 발생하는 손해이다. 이것은 단독해손과 공동해손으로 분류된다. 通常海損 및 單獨海損은 물건의 소유자가 부담한다.

해손계약서(海損契約書) 〔英〕 average agreement(bond) 〔獨〕 Havereirevers 공동해손의 청산종료전에 積荷를 인도하는 경우에 海上運送人과 受荷人간에 精算의 조건에 관하여 약정하는 계약서. 共同海損의 청산에는 특수한 기술을 요하고, 선박소유자 및 이해관계인에게 이해가 상반되는 경우가 많으므로 積荷物의 적기의 인도가 곤란하게 된다. 이것을 용이하게 하기 위하여 해손의 정산에 관한 조건을 약정하고 적하를 인도하는 제도가 인정

되고 있다. 대개의 경우는 受荷人에게 적하의 인도를 받을 때에 상당한 담보를 제공하게 하고 있다.

해안경비대(海岸警備隊) 정식으로는 조선해안경비대. 현 海軍의 母體. 해안경비대령(1946년 軍政令 제86호)에 의하여 설치되었다. 서울에 사령부를 두고, 남한 각 항구에 기지사령부를 두었다. 1948년 정부 수립과 동시에 해군에 흡수.

해안경비법(海岸警備法) 1948년 과도정부법률. 동년 8월 4일 효력발생. 海軍刑事法으로서 실체법과 절차법을 포함한다. 동법 중 實體法的 規定은 군형법에 의하여 폐지되고, 절차법적 규정은 구군법회의법에 의하여 폐지되었다. → 국방경비법

해 약(解約) 解止에 해당하는 구민법상의 용어. → 해지

해약고지(解約告知) 〔獨〕 Kündigung 현존하는 계속적인 契約關係를 장래에 향하여 소멸시키는 일방적 행위인 해약을 고지할 수 있는 권리. 해제와 달라서 고지에는 遡及效가 없으며, 따라서 원상회복의 의무를 발생케 하는 일이 없다. 민법에서는 경우에 따라서 해제, 또는 해약의 신청이라고 한다(民 311, 610, 636, 637).

해약금(解約金) 解約締約金과 같은 말. → 체약금

해약반환금(解約返還金) 〔英〕 surrender value 〔獨〕 Rückkaufswert 〔佛〕 valeur de rachat 生命保險에서 보험계약자가 해약한 경우에 보험자로부터 반환받는 금액. 생명보험계약은 보통 장기간 계속되므로 계약후 사정의 변경에 불구하고 계약자를 구속함은 부당하므로 약관은 보험계약자는 언제든지 임의로 장래에 향하여 계약을 解止할 수 있는 동시에(中途解約) 그 계약을 위하여 적립한 責任準備金 중에서 비용을 공제한 금액을 보험계약자에게 반환할 뜻을 정하는 것을 통례로 하였다. 解約價額·還買價額이라고도 한다. 상법은 이를 명문화하여 어느 종류의 보험이든지 사고발생전(책임개시전이 아니고)에는 계약의 전부 또는 일부를 해지할 수 있게 하는 동시에 이 경우에 당사자간에 다른 약정이 없으면 未經過保險料의 반환을 청구할 수 있게 하였다(商 649). 약관에 의하면 보험계약자가 특히 해약을 하지 아니하는 경우에, 보험료납입을 해태하여 계약이 失效된 때에는 보험계약자가 환매가액에 관한 권리를 주장할 수 있게 함이 통례이다.

해약체약금(解約締約金) → 체약금

해양경찰청(海洋警察廳) 해양경찰에 관한 사무를 관장하는 해양수산부 소속하의 경찰기관으로 治安正監으로 보하게 되는 해양경찰청장은 해양수산부장관의 지휘·감독을 받는다(政組 43).

해양국제법(海洋國際法) 보통 領海, 公海, 公海漁業 및 대륙붕 등 해양에 관한 국제법규(관습 및 조약)의 총체를 의미하며 국제법의 일부를 구성하는 것이다. 해양에 관한 국제법은 국제법의 역사와 같이 오랜 것이며 또한 새로운 것이라고 할 수 있다. 해양국제법이라는 말은 특히 1958년 및 1960년의 海洋法會議(The United Nations Conference on the Law of the Sea)에서부터 일반적으로 사용되게 되었다. 상기한 1958년 및 1960년의 해양법회의에서 채택된 해양법(초안은 국제연합국제법위원회가 작성)은 다음과 같은 네 가지의 조약으로 구성되어 있다. ① 領海 및 接續水域에 관한 조약, ② 公海에 관한 조약, ③ 어업과 공해의 생물자원의 보존에 관한 조약, ④ 대륙붕에 관한 조약. ①에 있어서는 영해의 법적 지위, 영해의 上空·海床·床下地(sub-soil)의 법적 지위, 通常基線, 直線基線(straight base-line), 기선내의 수역, 영해외측의 한계, 港, 灣, 碇泊地, 島, 干出地, 2국간의 영해의 한계, 하구, 無害通航權, 연안국의 의무 및 보호권, 통항중의 외국선박의 의무, 외국선박에 대한 과세, 외국선박내에서의 체포, 민사재판권의 행사를 위한 선박의 억류, 공용선박, 군함, 접속수역 및 다른 조약과의 관계 등을 규정하고 있다. ②에 있어서는 公海의 일반적 성질, 공해의 정의, 공해의 자유, 비연안국, 항행권, 선박의 국적 및 지위, 공용선박, 군함의 특권과 면제, 기타의 정부공용선박의 면제, 항해의 안전, 충돌사건에 관한 형사재판관할권, 해난구조의 의무, 노예매매의 금지, 해적, 臨檢權, 추적권, 海水汚濁, 해저전선과 송유관선 및 타조약과의 관계 등을 규정하고 있다. ③에 있어서는 漁業의 權利와 資源保存의 의무, 공해생물자원의 보존, 어업국의 보존의무, 신참가국에 대한 旣存措置의 적용, 연안국의 특수이해관계, 비어업·비연안국에 있어서의 특수이해관계, 분쟁의 강제적 해결 및 固着魚類 등에 관하여 규정하고 있다. ④에 있어서는 大陸棚의 범위, 연안국의 권리, 연안국의 대륙붕에 대한 권리와 공해의 자유, 대륙붕의 개발과 해저전선 및 송유관선, 대륙붕의 경계, 터널, 대륙붕에 관한 條約의 해석과 적용에 관한 분쟁의 처리 등에 관하여 규정하고 있다.

해양사고(海洋事故) 해양사고라 함은 해양 및 內水面에서 발생한 사고로 ① 선박의 구조·설비 또는 군용과 관련하여 사람이 사망 또는 실종되거나 부상을 입은 사고, ② 선박의 운용과 관련

하여 선박 또는 육상·해상시설에 손상이 생긴 사고, ③ 선박이 滅失·遺棄되거나 행방불명된 사고, ④ 선박의 충돌·좌초·전복·침몰이 있거나 조종이 불가능하게 된 사고를 말한다(海洋事故의 調査 및 審判에 관한 法律 2 i).

해양사고구조(海洋事故救助) 항해선 또는 그 積荷 기타의 물건이 어떠한 수면에서 위난에 조우한 경우에도 의무없이 이를 구조하는 것을 말하는데 구조한 자는 그 결과에 대하여 상당한 보수를 청구할 수 있다. 航海船과 內水航行船간의 구조도 같다(商 849). →구조료

해양사고심판(海洋事故審判) 해양사고의 조사 및 심판에 관한 법률에 정하는 海難이 발생한 경우에 동법에 기하여 해양안전심판원이 행하는 심판. 해양사고의 원인을 구명하고 해양안전의 확보에 기여하고자 하는 수단이다(1). 해양안전심판원은 심판을 함에 있어서 해양사고의 원인을 조사하고 재결로써 그 결론을 명백하게 하여야 한다(4, 5 I). 해양안전심판원은 중앙해양안전심판원과 지방해양안전심판원의 2종으로 구분하며, 각급심판원은 원장 1인과 심판관으로 구성되는데(8), 심판장과 심판관은 독립하여 심판직무를 수행한다(12). 심판원장과 심판관은 임기 3년의 別定職公務員이다(13). 해양사고가 海技士 또는 導船士의 故意·過失로 인한 것일 때에는 징계를 하며, 필요하다고 인정할 때에는 해양사고원인에 관계있는 자에 대하여 권고할 수 있다(5 II·III). 심판전의 절차는 해양안전심판원의 調査官이 행하며(33~39), 심판절차에는 公開主義(41), 口述辯論主義(45)를 채택하고 있다. 해양사고심판은 지방심판원이 제1심으로, 중앙심판원이 제2심으로 각 심판하며(21), 중앙위원회의 재결에 대한 訴는 대법원의 專屬管轄로 한다(74). 다만 해양안전심판원의 재결에 대하여 법원의 판결과 동일한 효력을 부여하는데 관하여는 違憲論이 있다(憲 27 참조).

해양안전심판원(海洋安全審判院) 해양사고사건을 심판하기 위하여 해양수산부장관소속하에 설치된 審判機關을 말하는데 이에는 중앙해양안전심판원과 지방해양안전심판원이 있다(海洋事故의 調査 및 審判에 관한 法律 8 I). 각급심판원에 원장 1인과 대통령령으로 정하는 수의 심판관을 두고, 중앙해양안전심판원의 조직과 지방해양안전심판원의 명칭·조직 및 관할구역은 대통령령으로 정한다(8 II·III). 중앙해양안전심판원의 원장은 심판관의 자격이 있는 자 중에서, 지방해양안전심판원의 원장은 심판관 중에서 해양수산부장관의 제청에 의하여 대통령이 임명한다(9). 調査官·海洋事故 관련자는 지방해양안전심판원의 재결에 대하여 불복이 있을 때에는 중앙해양안전심판원에 제2심의 청구를 할 수 있다(58 I). 중앙해양안전심판원의 재결에 대한 訴는 대법원의 관할에 전속한다(74 I). 대법원은 청구이유가 있다고 인정할 때에는 판결로써 裁決을 취소하고, 이를 중앙해양안전심판원에 還送하여야 하는데, 중앙해양안전심판원장은 이 환송을 받았을 때에는 다시 심판을 행하여야 한다(77).

해양(海洋)**의 자유**(自由) 공해의 자유와 같다.

해양자유론(海洋自由論) 公海는 어떠한 국가의 영유에도 속하지 아니한다고 하는 이른바 공해의 자유의 주장. 오늘날 국제법상 확립되어 있다. 때로는 公海自由의 原則의 결과로서, 공해를 어떠한 국가라도 자유스럽게 사용할 수 있다고 하는 소위 公海使用의 自由를 의미하는 일도 있다. 이 공해사용의 자유는 현재 국제법상 일반적으로 인정되어 있지만, 그 범위에는 제한이 있고 신축이 있다. 제1차세계대전시 미국의 윌슨대통령이 제창한 海洋自由論은 후자이다. →공해, 공해자유의 원칙

해양폐쇄론(海洋閉鎖論) 폐쇄해론과 같다.

해외건설업(海外建設業) 해외에서 시행되는 토목·건축·산업설비와 철강구조물·전기·전기통신 기타 이와 유사한 것으로서 대통령령이 정하는 공사 또는 해외건설공사에 관한 기획·타당성조사·설계·분석·구매·조달·시험·감리·시운전·평가·자본·지도 기타 이와 유사한 것으로서 대통령령이 정하는 활동을 수행하는 사업을 말한다(海外建設促進法 2). 해외건설업을 영위하고자 하는 자는 대통령령이 정하는 영업의 종류별로 건설교통부장관에게 등록하여야 한다(6 I).

해외전환사채(海外轉換社債) 보통사채와 마찬가지로 確定利子를 지급하지만 일정조건하에 투자자에게 발행회사의 주식으로 전환할 수 있는 권리가 주어진 사채, 海外證市에서 발행된다. 轉換請求權은 통상 발행후 2~3개월부터 만기까지 행사가 가능하다. 국외기업의 경우 초장기임을 감안, 이보다 늘려잡고 있다. 발행조건은 株價에 비해 10~30%의 할증률을 붙이는 것이 보통이며, 발행금리는 보통사채보다 저렴한 3~8% 수준. 만기까지 전환이 이루어지지 않을 경우 中途償還條件(put option)이 붙은 경우가 허다하며 換리스크의 위험이 상존한다.

해외직접투자(海外直接投資) 거주자가 외국법령에 의하여 설립된 法人이 발행한 증권을

취득하거나 당해 법인에 대한 금전의 대여 등을 통하여 당해 법인과 경제관계를 수립하기 위하여 하는 거래 또는 행위와 거주자가 외국에서 營業所를 설치 또는 확장하기 위한 자금의 지급으로서 대통령령이 정하는 것을 말한다(外國換去來法 3 xvi).

해운대리점업(海運代理店業) 〔英〕 shipping agent 〔獨〕 Schiffsagent 선박운항업 또는 선박대여업을 하는 자를 위하여 통상적으로 그 사업에 속하는 거래의 대리를 하는 영업. 締約代理商에 속한다(商 87). → 대리상

해운동맹(海運同盟) 〔英〕 shipping conferencering 〔獨〕 Schiffahrtskonzeren 해운업자가 적정한 運賃率의 취득·유지를 목적으로 하거나 비가맹사업자의 경쟁을 조정하기 위하여 계약에 의하여 형성하는 일시적인 사업조정단체. 카르텔의 한 형태로서 19세기 이후 국제적인 동맹이 되었으며 定期航路事業의 대부분이 가입하고 있다.

해운유치권(海運留置權) 선장은 運送契約 또는 船荷證券에 정하여져 있는 운송비 및 그 밖에 법정의 금액의 지급과 상환하지 아니하면 운송물을 인도할 수가 없다(同時履行의 抗辯). 그 지급을 받을 때까지 선장은 운송물을 유치할 수 있다(商 800 Ⅱ). 선박소유자는 법원의 허가를 얻어서 그 留置物을 경매할 수 있다.

해운중개업(海運仲介業) 物品海上運送 또는 선박의 貸渡·매매 혹은 運航委託의 중개를 하는 중개업(商 93)의 일종으로서 사업개시의 신고 등 약간의 행정적 감독을 받는다.

해운항만청(海運港灣廳) 1975년 12월 31일 법률 제2886호 정부조직법 중 개정법률에 의하여 새로이 설치된 중앙행정기관으로서 항만의 건설 및 운영(臨海工業團地 안의 공업항만의 건설은 제외한다)과 해운에 관한 사무를 관장하는 건설교통부장관 소속하의 기관이었으나 정부조직법개정으로 해양수산부로 승격되었다.

해 원(海員) 〔英〕 seamen 〔獨〕 Seeleute 〔佛〕 gens de mer 船內에서 사용되는 선장 이외의 乘船員으로서 노무의 대가로서 봉급 기타의 보수를 지급받는 자. 따라서 선원보다는 좁은 개념이다. 노무의 종류는 불문하며, 선박소유자와의 관계는 고용계약이지만 특정선박에의 乘船契約이 있는 것이 보통이며 이 때에는 해운관청에 신고하여야 한다(船員法 43). 海員은 선내의 기율과 질서를 지켜야 하며, 그 기본적 생활을 보장·향상시키기 위한 근로조건에 관하여 선원법이 있고, 보험제도를 위하여 선원보험법이 있다.

해원명부(海員名簿) 〔英〕 muster-roll 〔獨〕 Musterrolle 〔佛〕 rôle d'équipage → 승무원 명부

해 유(解由) 책임을 해제한다는 뜻. 관리가 임기만료하여 교대할 때, 재직중의 錢穀 등 소장물건의 수납지출을 調査具錄하여 신임관이 戶曹에 보고하고, 호조는 흠결이 없음을 吏曹에 통지하면 이조는 解由狀을 발급하여 그 책임을 해제한 것이다. 이는 唐令에 시작된 제도로 高麗史에 공민왕 3년에 京外官에게 解由를 나누어 주었다는 기사가 있어 해유제도가 고려시대에 있었음을 알 수 있고 조선시대에 들어서 經國大典戶典에 凡除職者考解由, 解由未出入實職不得擬 兼職則勿拘라고 해서 엄격히 시행한 것이며, 관리성적고사의 재료가 된 것이다. 軍資監·豊儲倉·廣興倉은 각각 支應米豆를 所藏倉庫에 나가 逐一點檢調查하였고(反庫), 지방수령은 私庫雜物·城子·鄕校·書冊·祭器·什物 등에 이르기까지 具錄하여 傳掌한 것이다. 수령의 解由狀의 내용을 보면 新任官到任과 동시 전임관의 到任 遞歸日字 公事奉行 該管物件·改名·被劾有無·實歷·告暇·病患日字 등을 차례로 기록한 보고서를 2통 작성하여 관찰사에게 보고하고, 관찰사는 의견을 첨부하여 戶曹에게 송부하였다. 호조는 조사하여 1부는 존치하고 1부에는 해유의 旨를 기입하여 吏曹 또는 兵曹로 보내고 吏·兵曹는 각각 소관신임관을 통하여 전임자에게 手交한 것이다. 經國大典禮典에 解由牒呈式이 규정되어 있다.

해저광물(海底鑛物) 대한민국의 영토인 한반도와 그 부속도서의 해안에 인접한 海域이나 대한민국이 행사할 수 있는 모든 권리가 미치는 대륙붕에 부존하는 천연자원 중 석유 및 천연가스(海鑛 1). 해저광물에 대한 광업권은 정부만이 가질 수 있으며(4 Ⅰ), 법인이 租鑛權을 설정받아 탐사·채취할 수 있다.

해저광업권(海底鑛業權) 대한민국의 영토인 한반도와 그 부속도서의 해안에 인접한 海域이나 대한민국이 행사할 수 있는 모든 권리가 미치는 대륙붕으로 대통령령으로 해저구역 내에서 등록일정한 해저의 구역(海岸鑛區라 함)에서 해저광물을 탐사·채취 및 취득하는 권리(海底鑛物資源開發法 2 iii).

해저전선(海底電線) 해저전선보호를 위하여 1884년 파리해저전선보호만국연합조약이 있고, 그것에 의하여 公海에 있어서의 고의·과실에 의한

절단·파괴·통신방해는 처벌된다. 처벌은 선박소속국이 국내법에 의하여 행한다. 전시에는 交戰國이라도 절대적 필요가 있는 경우 이외에는 점령지·중립지간의 해저전선을 押收·破壞할 수 없다(陸戰規則 54). 이 이외의 전시법규는 확립되어 있지 않다.

해저조광권(海底租鑛權) 정부소유인 해저광구에서 해저광물을 탐사·채취 및 취득하는 권리(海底鑛物資源開發法 2 iv). 해저조광권은 정부의 설정행위에 의하여 설정되며, 탐사권과 채취권의 2종이 있다(5). 探査權의 존속기간은 10년 이내이고, 採取權의 존속기간은 30년인 바(9, 10), 산업자원부장관의 승인을 받아 양도할 수 있다. 해저조광권은 법인에 한하여 향유할 수 있다.

해 적(海賊) 〔英〕 pirate 〔獨〕 Pirat 〔佛〕 pirate 公海에서 私的 目的을 위하여 선박에 대해서 폭행·약탈을 하는 자. 해적행위는 ① 선박에 대해서 행하여지나 선박내에서의 폭행·약탈이 선박 그것을 좌우하는 경우를 포함한다. ② 私的 目的을 위하여 행하여지며, 公的 目的에 의한 폭행·약탈은 포함하지 않는다. ③ 公海에서 행하여지며 領海에서 행하여질 때는 國內法上의 犯罪로 된다. 해적행위를 행한 선박은 일체의 국가의 군함이 언제라도 포획할 수 있다. 현행중임을 요하지 않는다. 군함 이외의 선박은 현행중인 경우에만 포획할 수 있다. 해적처벌의 裁判管轄權은 해적선을 포획한 군함 또는 선박의 소속국에 속하며 처벌은 그 국내법에 따라서 행한다. 해적이 약탈한 물품은 해적행위는 소유권을 변경시키지 않는다라는 원칙에 따라 정당한 소유자에 반환된다. 그 때 소유자는 포획자에 상당한 보수를 지불하여야 한다. 해적이 사용한 선박 기타의 물품은 재판관할권을 가지는 국가에 몰수된다. →국제범죄, 몰수

해전법규(海戰法規) 海上의 戰鬪에 관한 국제법상의 규칙의 총체. 주된 규칙은 1856년의 파리선언. 1907년의 헤이그 평화회의에서 채택된 수개의 조약에 의하여 成文化되었다. 해전법규의 집대성을 기도한 1909년의 런던선언도 체약국간에 비준되지 않은 결과 國際條約으로서 실시되지 않고 있으나 실질상 관례로서 규범적인 의의를 갖고 있다. 기타 잠수함 및 독가스에 관한 워싱턴조약도 실시되지 않았으나 관례로서 規範的 意義를 갖는다. 1930년의 잠수함의 전투행위에 관한 議定書는 특히 상선에 대한 공격방법에 관하여 규정하고 있다.

해 제(解除) 〔英〕 cancellation, rescission 〔獨〕 Rücktritt 〔佛〕 résolution 계약당사자의 일방의 의사표시에 의하여 이미 유효하게 성립한 계약의 효력을 소급적으로 소멸시켜 계약이 처음부터 없었던 것과 같은 법률효과를 발생케 하는 것(民 544~549, 551~553). 繼續的 債權關係의 효력을 장래에 대하여 소멸시키는 解止, 일정한 사실의 발생에 의하여 계약이 당연히 소멸한다고 하는 失權約款, 당사자의 합의에 의하여 계약의 효력을 소멸시키는 合意解除와는 각각 약간의 점에서 다르다. 해제를 할 수 있는 권리, 즉 해제권은 계약에 의해서도 발생하지만(約定解除權), 상대방의 채무불이행에 의하여 생기는 것(法定解除權)이 특히 중요한 의미를 가진다. 당사자의 일방 또는 쌍방이 수인인 때에는 계약의 해제는 그 전원으로부터 또는 전원에 대하여 하여야 한다(解除의 不可分性)(547). 해제의 효과로서는 계약의 효력이 소급적으로 소멸하므로 아직 이행하지 않은 부분에 관하여는 채무가 소멸하고 이행을 한 부분에 관하여는 상대방에게 不當利得返還義務의 일종인 原狀回復義務가 생긴다. 또 해제는 채무불이행에 기한 손해배상의 청구에 영향을 미치지 않는다(551).

해제계약(解除契約) 기존의 계약을 解消하여 계약이 없었던 것과 같은 상태로 만들려고 하는 계약. 反對契約이라고도 부른다. 해제계약에 의한 해제를 合意解除라고 부른다.

해제권(解除權) 〔獨〕 Rücktrittsrecht 解除를 할 수 있는 권리. 계약당사자 일방의 의사표시에 의하여 기존의 계약을 소급적으로 소멸시키는 일종의 形成權. 約定解除權과 法定解除權이 있다. →해제

해제조건(解除條件) 〔羅〕 condicio resolutiva 〔英〕 condition subsequent 〔獨〕 auflösende Bedingung 〔佛〕 condition résolutoire 그 성취에 의하여 法律行爲의 효력을 소멸시키는 조건(民 147 Ⅱ). 停止條件에 대하는 말. 낙제하면 給費를 그만 둔다고 하는 경우의 낙제하면과 같은 것. 행정법상 受益的 處分에 붙이는 해제조건의 경우에는 조건의 성취로 당연히 효력이 소멸되지 않고 受益衡量에 의한 제한이 따르게 된다.

해제조건부범죄(解除條件附犯罪) →반의사불론죄

해 지(解止) 당사자일방의 의사표시에 의하여 계약에 기한 법률관계를 장래에 대하여 소멸시키는 것. 賃貸借·雇傭·委任과 같은 繼續的 債權關係에 있어서는 그 성질상 법률관계를 소멸시킨다고 하더라도 이를 소급적으로는 할 수 없고, 장래에 대하여서만 소멸케 하는 것이다. 해지는 이 점에 있

어서 解除와 다르다. 해지를 할 수 있는 권리, 즉 해지권의 발생원인에는 契約(約定解止權)과 법률의 규정(法定解止權)의 두 가지가 있는데, 법정해지권의 발생원인을 민법은 각종의 계약에 관하여 개별적으로 규정하였을 뿐이고, 해제의 경우와 같이 일반의 계약에 공통한 발생사유를 규정한 것이 없다. 민법이 개별적으로 규정하고 있는 解止權의 발생사유를 개관하면, 첫째로 존속기간의 약정이 없는 경우에는 비교적 수월하게 해지권을 인정하고(603Ⅱ, 613Ⅱ, 635, 660, 689, 699), 존속기간의 약정이 있는 경우에도 일정한 요건하에 해지권을 인정하며(659, 661, 698), 둘째로 중대하게 신의칙에 반하는 사유가 있었거나(625, 640, 641, 658), 계약관계를 존속시키는 것이 중대하게 신의칙에 반하게 될 때(614, 627Ⅱ, 637)에는 해지권을 인정한다. 解止에는 상태회복의 의무가 발생하지 않는다. 또 해지는 解除와 함께 당사자 일방 또는 쌍방이 수인인 때에는 그 전원으로부터 또는 전원에 대하여 하여야 하고(解止의 不可分性)(547), 또 해지는 손해배상의 청구에 영향을 미치지 아니한다(551).

해지권(解止權) 해지를 할 수 있는 권리. 계약당사자 일방의 의사표시에 의하여 기존의 계속적 채권관계를 장래에 대하여 소멸시키는 일종의 形成權. 解除權과 마찬가지로 계약에 의하여 발생하는 경우(約定解止權)와 법률의 규정에 의하여 발생하는 경우(法定解止權)가 있다. 法定解止權의 발생사유는 각종의 계약에 관하여 개별적으로 규정되어 있다(예: 民 603Ⅱ, 613Ⅱ, 614, 625, 627Ⅱ, 635, 637, 640, 641, 659, 660, 661, 689, 699 등).

해지기간(解止期間) → 해지의 통고

해지(解止)의 통고(通告) 해지의 의사표시인데, 의사표시를 함으로써 곧 해지의 효과가 생기는 것이 아니라 일정한 기간(解止期間)이 경과함으로써 비로소 해지의 효과가 생기는 경우(民 635, 660)에 그 해지의 의사표시를 특히 해지의 통고라고 부른다. 消費貸借에 있어서의 返還의 催告(603Ⅱ)도 그 성질은 해지의 통고이다.

해 태(懈怠) 〔獨〕Versäumnis 당사자가 소송행위를 하여야 할 시기에 이를 하지 않은 것. 특히 辯論期日에 출석하지 않고 또는 출석하여도 변론을 하지 않는 것을 期日의 해태라고 하고, 기일내에 하여야 할 소송행위를 하지 않는 것을 期間의 懈怠라고 한다. 기일이나 기간을 懈怠하면 소송법상 각종의 불이익을 입는다. 不可抗力 기타 책임없는 사유로 말미암아 해태한 경우에는 不變期間에 관하여 追完制度(民訴 160)가 있을 뿐 일반기일에 관하여는 아무런 규정이 없다.

해 항(海港) 〔英〕port, sea port, coastal port 해안에 있는 항구. 河港, 즉 강변에 있고 어느 정도 內地에 있는 항구에 대하는 관념. 1923년의 海港의 국제제도에 관한 條約과 規程에서는 항해선이 평시 출입하고 외국무역을 위하여 사용되는 항구는 다 해항으로 하고 있다. 다만 海港과 河港은 절대적인 구별은 못되며, 런던과 같이 하항이라도 바다와 지장없이 연락할 수 있는 경우에는 해항이라고 하는 것도 있다.

해항국제제도조약(海港國際制度條約) 〔英〕Treaty of the International Harbor System 〔獨〕Vertrag über die Internationale Verfassung der Seehäfen 〔佛〕Convention sur le régime international des ports martimes 1923년 제네바에서 체결된 해항의 국제제도에 관한 一般條約을 말한다. 港에 있어서의 국제교통을 촉진할 목적으로 상호주의하에 海港의 이용에 관한 내외선의 평등대우, 관세에 관한 무차별대우를 규정하고 있다. → 항

해 협(海峽) 〔英〕straits 〔獨〕Meerengen 〔佛〕détroits 해협의 법률상의 지위는 연안인 육지의 소속국과 해협의 폭, 해협에 의하여 연결되는 바다의 성질에 따라 다소 相異하다. ① 2개의 閉鎖海를 연결하는 경우에는 연안국의 완전한 領域高權이 존재한다. ② 해협의 한쪽이 폐쇄해에 연결되고 그의 兩岸이 동일국가에 속하며 입구의 폭이 일정거리(10해리가 다수설) 이하인 경우에도 연안국은 해협의 領土高權을 가지며 일반적으로 裁判管轄權을 가지는 것으로 인정된다. ③ 해협이 2개의 공해에 연결하는 경우에 연안이 동일한 국가에 속하고 입구가 일정거리 이하인 경우에는 그 해협은 연안국의 일부를 구성한다. 일정거리 이상인 경우에는 실력으로써 지배할 수 있으면 그 수면은 영해에 속하는 것으로 인정하여야 할 것이다. 公海에 연결하는 해협에 대하여는 국제교통의 필요에 의하여 無害航行의 권리가 인정되지 아니하면 아니된다(코르푸해협사건). 이는 조약에 의한 것과 관습에 의한 것이 있다. ④ 해협의 연안이 여러 국가에 分屬되는 경우, 즉 폭이 일정거리 이하이고 兩岸이 相異한 국가인 경우에는 중앙선에 의해 각 국가의 沿岸海가 정해진다.

해협제도조약(海峽制度條約) 〔英〕Convention concerning the Regime of the Straits 〔佛〕Convention concernant le régime des détroits 1923년 7월 24일 로잔느에서 조인된 平和條約에 부속된 조약으로서 1936년 7월 20일 몽뜨뢰에서 서명되었다. 조약당사국은 다다넬즈해협, 마르모라

해협, 보스포러스해협(이하 해협이라 한다)에 있어 해상·공중의 교통의 자유를 선언하였다. 해협에 있어 상업용의 선박, 항공기 및 군함과 軍用機의 通航은 전시에 터키가 중립국인 경우와 터키가 交戰國인 경우에 따라 달라진다.

핵무기불확산조약(核武器不擴散條約) 1968년 6월 12일 국제연합총회에서 채택된 조약으로 핵무기국은 핵무기의 관리권을 다른 나라에 양도하지 않을 것과 비핵무기국이 핵무기를 가지는 것을 원조하지 않을 것을 약속하고 비핵무기국은 핵무기의 제조·관리권을 가지지 않을 것을 약속하는 동시에, 國際原子力機構에 의한 保障裝置(査察)를 인정하고 원자력의 평화적 이용을 촉진할 것 등을 그 내용으로 하고 있다.

핵실험금지조약(核實驗禁止條約) 〔英〕 Test-Ban Treaty 대기권·외계 및 수중에서의 핵실험금지에 관한 조약과 같다.

행복추구권(幸福追求權) 미국독립선언(1776년)은 타인에게 양도할 수 없는 인간의 권리의 하나로 행복의 추구(pursuit of happiness)를 적고 있다. 현행헌법도 모든 국민은 …행복을 추구할 권리를 가진다(憲 10)고 규정하고 있다. 행복추구권의 본질에 관하여는 설이 갈리나, 일반적으로는 그 내용이 명확한 신체의 자유 등 전형적인 소극적 자유권에 대하여 表現의 자유, 職業選擇의 자유 등 능동적 권리에 중점을 두고 구성된 것으로서 人格形成權, 人格維持權 등과 관련하여 環境權까지도 포함되는 개념으로 이해되고 있다.

행 사(行使) 刑法上 僞造罪(刑 207 내지 240)의 중요한 요소를 이루는 개념으로서 眞正하지 않는 것을 진정한 것처럼 사용하는 것을 말한다. 위조죄에 있어서는 행사의 목적으로 여러 객체를 위조하는 행위 또는 僞造客體를 행사하는 행위에 의하여 범죄가 성립한다. 그런데 모든 僞造罪를 통하여 객체는 그 자체가 타인에게 제시됨을 필요로 하고 단순히 그 寫本을 제시하거나 그 내용을 구두로 전하는 것만으로는 부족하다. 印章에 관한 죄에서는 사용이라는 용어를 쓰고 있지만(刑 238 I) 그 의미는 행사와 같다. 또한 인장에 관한 죄에서는 僞造印章뿐 아니라 타인의 인장을 無權限으로 행사한 행위도 처벌된다(刑 238 이하).

행상책임(行狀責任) 〔獨〕 Lebensführungsschuld 책임(→형사책임)의 근거를 직접적인 行爲責任에 뿐만 아니라 행위자가 여태까지 생활해 오는 동안에 법에 관련하여 어떠한 태도를 취해왔느냐에도 구하는 경우의 책임. 위험한 상습범인에 대한 형의 가중을 설명할 수 있게 하는 이론으로서, 메츠거에 의하여 주장되었으며 人格的 責任論의 모체가 된다.

행 위(行爲) 〔英〕 conduct, act 〔獨〕 Handlung, Tat 〔佛〕 conduite, fait 사람의 내면적인 정신작용이 외면적인 신체의 운동으로서 나타난 것. 내외양면의 統一體이다. 그러나 보통은 밖으로 나타난 부분을 가리켜서 특히 행위라고 한다. 즉 道德의 內面性에 대한 法의 外面性이란, 법의 주된 관심방향이 행위라는 外部的 行態에 향하여진 것을 가리킨다.

[1] 형법상 범죄를 보통 구성요건에 해당하는 違法·有責한 행위라고 말하는데, 여기서의 행위를 어떻게 파악할 것이냐에 관하여는 견해가 갈려져 있다. 종래에는 이른바 因果的 行爲論이 통설이었는데 근자에 대두한 目的的 行爲論도 유력해지고 있다.

[2] 민법상 특히 법률행위를 가리켜서 이렇게 부르는 수가 있다. 예컨대 行爲能力 따위.

행위공동설(行爲共同說) 共同正犯은 여러 명이 공동의 행위에 의하여 1개 또는 여러 개의 죄를 범함으로써 성립하고, 1개의 범죄를 공동하여 행하는 것은 필요없다는 설. 犯罪共同說에 대한다. 행위공동설에 의하면 공동정범의 주관적 요건으로서의 의사의 연락은 반드시 故意를 공동히 함을 요하지 않고 행위의 공동의 점에 의사의 연락이 있으면 된다고 이해하므로 過失犯의 共同正犯·故意犯과 과실범과의 공동정범이 긍정된다. 또 객관적 요건으로서의 공동실행의 사실은 구성요건을 떠난 자연적인 행위를 공동으로 하면 된다고 이해하므로, 상이한 여러 개의 구성요건 사이에도 공동정범이 인정된다.

행위규범(行爲規範) 〔獨〕 Handlungsnorm, Verhaltungsnorm 사회생활에 있어서의 일반적으로 지켜 행하여야 할 것으로 되어 있는 규범. 裁判規範에 대하여 쓰이는 말로서 社會規範이라고도 한다. 여기에서는 法과 道德과의 구별은 하기 힘들다. 그런데 행위규범에 위반되거나 또는 행위규범상의 권리의무의 관계에 관하여 다툼이 일어난 때에는 국가권력이 개입해서 결정지운다. 이를 위한 기준으로서 재판규범이 발달한다. 재판규범은 행위규범에도 살아 있는 법으로서 법적 성격을 가지는 것이 있지만 이것은 재판규범으로 된 경우에 완전한 법적 성격을 가지게 된다.

행위기간(行爲期間) 〔獨〕 Handlungsfrist 訴訟進行의 신속을 도모하기 위하여 법률이 특정한 소송행위를 일정한 기간내에 하도록 정한 경우의 기간. 소송상의 기간은 거의 행위기간이다. 이것은 당사자의 소송행위에 관한 固有期間과 재판기관의 소송행위에 관한 職務期間으로 나누어진다.

행위능력(行爲能力) 〔獨〕 Geschäftsfähigkeit, Handlungsfähigkeit 〔佛〕 capacité d'exercice des droits [1] 私法上 확정적으로 유효한 법률행위를 단독으로 할 수 있는 능력. 단순히 능력이라고도 한다. 自然人과 法人은 모두 권리능력을 가지지만 반드시 행위능력을 가지는 것은 아니다. 자연인 중에 의사능력이 없는 자는 전혀 행위능력이 없고, 그 행위는 무효이지만 민법은 未成年者·限定治産者·禁治産者를 정형적으로 無能力者(행위능력이 없는 자)로 하고 그 보호를 하기 위하여 무능력자가 단독으로 한 법률행위를 취소할 수 있을 것으로 하였다(5, 10, 13). 민법총칙의 능력의 규정은 재산법상의 행위에 관한 것이고 친족법·상속법상의 행위(身分行爲)에 관하여는 적용이 없으며, 민법은 신분상의 행위의 능력에 관하여는 각 행위의 성질을 고려하여 개별적으로 규정하고 있다(예: 788Ⅱ, 800~802, 807, 808, 835, 856 등). 법인은 그 목적의 범위내에서 행위능력을 가진다(35).

[2] 公法的 行爲에 있어서도 그 행위가 법률상 완전히 유효하려면 그 行爲者가 行爲能力을 가지고 있어야 한다. 공법상의 행위능력에 관하여는 일반적인 규정은 없다. 따라서 각 법률에 특별한 규정(民訴 47 이하)이 있는 경우 이외에는 민법의 행위능력에 관한 규정이 적용된다. →의사능력

행위론(行爲論) 刑法上 犯罪는 행위라는 전제에서 출발하여 처벌의 대상이 되는 사상을 통일적으로 모두 인간의 행위라고 설명할 수 있는 行爲槪念이란 어떤 것인가를 중심으로 한 형법상의 이론을 말한다. 종전에는 행위를 의사의 외부적 발현으로 보아, 작위·부작위, 고의행위·과실행위도 모두 의사의 外部的 發現이라는 면에서 행위로 보았으나, 근자에 들어 目的的 行爲論 및 社會的 行爲論이 대두하여 종래의 행위론을 자연적 행위론이라 하여 배격하는 동시에 다시 행위론이 형법이론상의 쟁점으로 대두되었다.

행위무능력자(行爲無能力者) →무능력자

행위반가치(行爲反價値) 〔獨〕 Handlungsunwert 행위에 대한 否定的 價値判斷을 말한다. 고의·과실, 고의 이외의 主觀的 不法要素가 그 내용을 이룬다는 사실에 관하여서는 이론이 없으나, 眞正身分犯에 있어서의 신분과 같은 객관적 행위자적 요소라든가 범행의 형태(예컨대 살해·절취·기망 등)가 行爲反價値에 포함되는가, 結果反價値에 포함되는가에 관하여서는 견해의 대립이 있다. 이들이 법익침해적 측면보다는 범행 자체의 成否 내지 그 不法에 영향을 미친다는 관점에서 행위반가치에 포함된다고 봄이 타당할 것이다. 벨첼에 의하면 형법의 과제는 기본적인 사회윤리적 심정(행위)가치의 보호와 그 속에 포함된 개개의 法益保護이고, 法益侵害는 오직 행위반가치내에서만 의미를 갖는다. 더 나아가 일부 학자들은 순수하게 목적적으로 이해된 不法論의 근거 위에서 결과반가치는 불법을 위하여 하등 의미가 없고, 다만 이것은 處罰性이 금지의 무시라는 외적 징후에 결부되기 때문에 입법자들에 의하여 형법에 취해졌을 뿐이라는 극단적인 이론을 전개한다. 그러나 범죄행위는 엄밀한 의미에서 법익의 침해나 이를 최소한도 위태롭게 한다는 사실에서 완전히 단절될 수 없다. 만일 結果反價値를 완전히 떠나서 규범에 반항하는 내심적 행위결단만으로도 반가치를 논한다면 이것은 법치국가에 있어 용납할 수 없는 心情刑法에 빠지고 말 것이다. 따라서 행위반가치와 결과반가치의 양자는 각각 독자적 가치를 지니면서 함께 범행의 불법형상을 드러낸다고 보아야 할 것이다.

행위법(行爲法) 인간의 행동 자체를 규정하는 법. 組織法에 대하는 관념. 이 대립은 상법에 있어서 특히 날카롭게 나타나 있으며, 조직법의 嚴格主義에 대하여 행위법(상행위법 및 해상법의 일부)은 자유주의가 지배하며 주로 任意法規라고 한다.

행위세(行爲稅) →인세·물세·행위세

행위시법주의(行爲時法主義) 行爲時와 裁判時와의 사이에 형벌법규의 변경이 있는 경우에는 행위시법(구법)을 적용해야 한다는 주의. 신법의 效力不遡及을 원칙이라고 보고 이것이 罪刑法定主義의 결론이라고 한다. 재판시법주의에 대한다. 형법 1조 1항은 행위시법주의를 선언하고 있다. 다만 동조 2항에서 형이 경한 裁判時法(新法)의 소급을 예외적으로 인정하고 있다.

행위(行爲)의 객체(客體) →법익

행위의사(行爲意思) 〔獨〕 Handlungswille 의사표시의 요소인 표시행위의 요건을 이루는 의사. 즉 表示行爲가 될 수 있는 신체의 動靜을 야기하는 의사. 결국 이것은 표시행위가 인간의 행위로서의 가치를 가지기 위하여 필요한 요건으로서 이 의사가 결여된 擧動(예컨대 만취중의 동작)은 행위가 아니며, 따라서 표시행위로도 되지 않는다. →표시행위, 표시의사

행위자책임(行爲者責任) 자기 스스로의 행위로 秩序違反의 상태를 발생시킨 자가 지는 刑法上 또는 警察上 責任을 말한다. 그 행위자는 자연인이거나 법인이거나를 가리지 아니한다.

행위자형법(行爲者刑法) 構成要件의 내용으로서 행위가 아니라 행위자를 규정하고 이에 대하여 刑罰的 效果를 규정한 형법을 말한다. 행위형법에 대한다. 또한 행위자형법이라는 말은 넓은 뜻으로는 행위를 전적으로 무시하는 것은 아니지만 이것을 단순히 행위자의 성격의 징표라고 보는 형법을 의미한다. 이러한 넓은 의미에 있어서는, 主觀主義刑法의 기초개념은 행위자형법이라고 한다.

행위지배(行爲支配) 〔獨〕 Tatherrschaft 행위지배라는 말은 처음에 規範的 責任論의 입장에서 책임개념에 관하여 사용되었다. 즉 거기서는 혹은 행위를 행위자의 심리에 결부시키는 關係判斷의 뜻으로(Hegler), 혹은 自由의 뜻으로(Frank) 이해되었다. 현재는 目的的 行爲論의 입장에서 목적적인 행위지배가 正犯概念의 일반적 특징이라고 한다(目的的 正犯槪念). 여기서 목적적인 행위지배란 행위자가 구성요건을 실현함에 적당하다고 생각한 수단·방법에 의하여 인과관계를 지배·통제할 실현의사를 가지고 행위자에게 지배·통제가 가능한 외부적 행위를 하는 것을 말한다.

행위지법(行爲地法) 〔羅〕 lex loci actus 법률행위가 행해진 장소의 법률. 국제사법상 하나의 準據法으로서 인정되고 있다. 우리나라 섭외사법에 있어서는 當事者自治의 原則이 인정되어(→당사자자치의 원칙) 법률행위의 성립 및 효력에 관하여는 당사자의 의사에 따라서 어느 국가의 법률에 의할 것인가를 정하지만, 당사자의 의사가 분명하지 않은 경우에는 행위지법에 의할 것으로 하고 있고(9), 그 밖에도 유가증권에 관한 행위의 방식(40) 또는 해양사고구조로 인한 報酬請求權(47 前) 등에 관하여 행위지법이 적용된다. 행위지는 단순한 사실관계가 아니고 법적 개념이다. 따라서 행위지법을 적용하기 위하여는 무엇을 행위지로 볼 것인가를 정하지 않으면 안된다. 우리나라 섭외사법은 법을 달리하는 곳에 있는 자에 대하여 한 의사표시에 관하여는 그 통지를 한 곳을 行爲地로 보고(11 Ⅰ), 계약의 성립 및 효력에 관하여는 그 청약의 통지를 한 곳을 그리고 請約을 받은 자가 승낙을 한 때에 그 청약의 발신지를 알지 못하는 경우에는 청약자의 주소지를 각각 행위지로 보도록 하고 있다(11 Ⅱ).

행위지법주의(行爲地法主義) 국제사법상 ① 證券上 方式의 準據法에 관한 견해 중, 증권상 방식에 관해서도 장소는 행위를 지배한다는 원칙이 절대적으로 적용되어야 한다는 주의를 말한다. 섭외사법 36조 1항 본문은 환어음·약속어음 및 手票上 행위의 방식은 署名地法에 의한다 하여 서명지법주의, 즉 행위지법주의의 원칙을 채용하고 있다. 여기서 서명지란 사실상의 서명지를 의미하나, 증권면상에 서명지의 기재가 있으면 그 장소가 사실상의 서명지로서 추정될 수밖에는 없다. 또한 수표의 특질에 비추어 섭외사법 36조 1항 단서는 수표행위의 방식은 支給地法에 의해서도 할 수 있는 것으로 규정함으로써 하나의 補則을 인정하였다. 그러나 섭외사법 36조 2항은 證券上 行爲가 署名地法에 의해서 그 행위방식이 무효인 경우에도 그 후의 증권상 행위가 그 행위지법에 의해서 적법한 것인 때에는 前行爲의 無效에도 불구하고 후행위는 유효한 것으로 인정하였다. 또 섭외사법 36조 3항은 한국인이 외국에서 행한 환어음·약속어음 또는 수표상의 행위가 한국의 법률에 의해서 적법인 때에 한해서 한국인에 대해서도 그 효력이 있는 것으로 인정하였다. ② 法律行爲債權의 準據法의 결정에 관한 견해 중, 객관주의의 입장의 하나를 말한다. 즉 객관주의에는 締結地法主義, 즉 行爲地法主義(Neumeyer, Beale), 履行地法主義(Rabel), 채무자의 本國法主義(Zitelmann, Frankenstein) 등이 있다.

행위책임(行爲責任) 〔獨〕 Tatschuld, Einzeltatschuld 責任(→형사책임)의 근거를 행위자의 성격에서가 아니라, 개개의 행위에서 구하는 경우의 책임. 개개의 행위에 있어서의 나쁜 의사에 구한다는 의미에서 意思責任(Willensschuld)이라고도 한다. 행위자 그 자체(내지 그 성격)에 책임을 인정하는 行爲者責任(내지 性格責任)에 대한다. 행위(의사)책임은 道義的 責任論에서 주장된다. →인격책임론

행위형법(行爲刑法) 구성요건의 내용으로서 행위를 규정하고 이것에 대하여 刑罰的 效果를 규정한 형법을 말한다. 行爲者刑法에 대한다.

행 정(行政) 〔英〕·〔佛〕 administration 〔獨〕 Verwaltung →행정권

행정각부(行政各部) 行政首班인 대통령과 그를 보좌하는 국무총리의 통할하에 있는 국가중앙행정기관이며 외교통상부·재경경제부·법무부·통일부·국방부·행정자치부·교육부·과학기술부·문화관광부·농림부·산업자원부·정보통신부·환경부·보건복지부·노동부·건설교통부·해양수산부 등의 17부가 행정각부로 구성되어 있다(憲 94, 政組 26 Ⅰ). 각부에 장관 1인이 있는데 행정각부장

관은 소관사무를 통할하고 소속공무원을 지휘감독하며 소관사무에 관하여 지방행정의 장을 지휘감독한다(政組 7Ⅰ, 26Ⅱ·Ⅲ). 행정각부에 차관을 둔다. 次官은 장관을 보좌하여 그 부의 사무를 처리하며 소속공무원을 지휘감독하고 장관이 사고가 있을 때에는 그 직무를 대행한다(7Ⅱ).

행정감독(行政監督) 行政官廳이 그의 하급행정기관 또는 그와 특별한 감독관계에 있는 자에 대하여 行政秩序의 유지 또는 法目的의 보장을 위하여 행하는 감독. 상하행정관청간의 관계로서 상급행정관청의 하급행정관청에 대한 행정감독은 職務監視·訓令·認可·取消 등의 현상으로 나타나며 특별한 감독관계에 있는 자에 대한 행정감독은 공기업 또는 허가영업 등의 의무부과·검사·허가취소·업무정지·공기업체의 직원에 대한 징계 등으로 나타난다. →감독권, 감독행위

행정감사(行政監査) 행정기관의 업무집행상황. 公共企業體의 고유업무 또는 국가의 위임이나 보조에 관한 업무의 집행상황 등을 파악하기 위하여 행하는 감사. 국회에 의한 행정감사를 특히 國政監査라고 한다. →사무감사, 감사기관

행정강제(行政强制) 행정주체가 행정객체에 대하여 행정권의 작용으로서 權力的 拘束을 가함으로써 행정목적을 달성하는 것을 말한다. 이것을 행정상의 强制執行과 행정상의 直接制限의 둘로 구분하여 보면 앞의 것은 행정 객체가 법령 또는 행정처분에 의한 행정상의 의무를 이행하지 않을 경우에 그 자에게 권력적 구속을 가함으로써 강제적으로 그 의무를 이행시키거나 이행한 것과 같은 상태를 실현시키는 것을 말한다. 예컨대 行政代執行法 및 國稅徵收法 같은 일반법과 그 밖의 특례가 있다. 뒤의 것으로 행정상의 직접제한은 직접 행정객체의 신상에 권력적 구속력을 가함으로써 필요한 특정한 상태를 실현하는 것을 말한다. 예컨대 경찰관직무집행법 같은 일반법이 그것이다. →행정행위

행정개입청구권(行政介入請求權) 行政廳의 不作爲로 인하여 권익을 침해당한 자가 당해 행정청에 대하여 제3자에 대한 일정한 행정권의 발동을 청구할 수 있는 권리를 말한다. 과거에는 公權과 反射的 利益의 준별을 전제로 하여 행정권의 발동은 공익을 실현하기 위한 것이며, 가령 특정한 개인이 이익을 받더라도 그것은 반사적 이익에 불과한 것이므로 개인이 私益을 위해 행정권의 발동을 요구할 수 없고, 또한 行政便宜主義에 따라 행정청은 행정권을 발동할 것인지의 여부를 스스로 선택·판단할 자유를 가진다고 보았다. 그러나 행정의존의 시대라고 할 수 있는 현대복리국가에 있어서 행정법규는 公益保護를 위한 것이면서도 아울러 사익의 보호를 목적으로 하는 경우가 증대되고 있으며, 행정편의주의에도 일정한 한계가 있으므로 행정청은 裁量이 0으로 수축하게 될 경우에는 일정한 행위를 하여야 할 介入義務를 지게 되며, 개인은 행정청의 위법한 不作爲에 대하여 행정개입청구를 할 수 있는 권리를 갖게 된다는 것이다. 그러나 이러한 청구권을 인정하지 않는 비판적인 견해도 있다. 이를 위한 권리구제수단으로는 不作爲違法確認訴訟이 있다.

행정경찰(行政警察) 〔獨〕 Verwaltungspolizei 넓은 뜻으로는 司法警察에 대하여 행정상의 경찰작용을 의미한다. 전자가 刑事司法權에 부수하는 작용으로서 형사소송법규의 규율을 받는데 대해 행정권의 본래의 작용으로서 각 행정법규의 규율을 받는 경찰이다. 좁은 뜻으로는 위의 행정상 경찰작용 중, 일반공안유지를 임무로 하고 그 자체가 독립한 행정부분을 형성하고 있는 保安警察에 대하여, 위생·교통·경제 등의 행정 각 부문에 부수하여 질서유지를 목적으로 하는 權力作用에 대한 학문상의 개념이다.

행정계약(行政契約) 〔獨〕 Verwaltungsvertrag 〔佛〕 contrat administratif 公法上의 契約과 같은 뜻으로 쓰는 때도 있다. 그러나, 원래 이 용어는 프랑스에서 발달한 관념으로서, 그 곳에서 말하는 행정계약은 우리나라의 행정법에서 말하는 공법상의 계약과 다소 다르다.

행정계엄(行政戒嚴) →계엄, 비상경찰

행정계획(行政計劃) 행정계획이란 행정주체가 일정한 행정활동을 위한 목표를 설정하고, 서로 관련되는 行政手段의 종합 조정을 통하여 목표로 제시된 장래의 일정한 시점에 있어서의 일정한 질서를 실현하기 위한 구상이나 활동기준의 설정을 말한다. 행정계획은 행정 각 분야에 있어서 보다 나은 질서를 창조하기 위한 장래의 목표를 설정하는 기능, 행정기관의 개별적인 行政措置를 일정한 목표에 맞추어 상호 입체적·유기적으로 연관시켜 전체적인 행동방향을 종합적·체계화하는 기능, 국민에 대하여 목표와 그 실현수단을 미리 알려 그 협력을 얻고 또한 국민에 대한 지침적·유도적인 효과와 때로는 規制的 效果를 얻는 기능을 한다. 행정계획은 法治主義의 形骸化를 가져올 우려가 있다는 점, 그 법적 성질이 애매하다는 점, 계획변경으로 손해를 입은 경우에 배상을 청구할 수 있는가의 문제가 있다.

행정공무원(行政公務員) 넓은 뜻으로는

국가의 行政事務를 담당하는 공무원의 총칭. 좁은 뜻으로는 행정부의 공무원을 말한다. → 공무원

행정과목(行政科目) 예산의 집행상의 편의와 費途의 명시라든가 편성의 근거를 명시하기 위하여 만든 예산의 細部科目. 立法科目에 대한 것. 행정과목은 입법과목인 項을 다시 細項·目으로 구분한 것이며, 중앙관서의 장은 재정경제부장관의 승인을 얻어 행정과목을 운용할 수 있다(豫會 37 I). → 예산의 구분, 예산과목

행정과정(行政過程) 〔英〕 administrative process 權力分立制度 아래에서 행정부의 기관에 부여된 기능을 수행함에 관한 통일적인 절차의 集積. 주로 美國法曹에 의하여 19세기말경부터 사용되기 시작한 용어. 행정과정에 있어서는 그 절차적 측면에서 적법절차가 문제되나, 원칙적으로 準司法·立法作用에 한정적으로 요구된다는 것이 통설이다.

행정과학(行政科學) 행정에 관한 과학. 이 행정과학은 다시 그의 연구대상을 표준으로 하여 행정의 사실을 대상으로 하는 行政學과 행정정책을 대상으로 하는 行政政策學 및 행정에 관한 법을 대상으로 하는 行政法學으로 나누어질 수 있다.

행정관리(行政管理) 〔英〕 administrative management 행정기관이 일정한 행정상의 목적 또는 목표를 설정하고 그것을 달성하기 위하여 필요한 사항을 計劃·조직하고 지도·지시하며 조정·통제하는 것. 행정목적의 효과적 달성의 수단으로서 일종의 技術管理이며 그것은 인력·시간·경비 및 물자를 최소한도로 사용하여 최대한의 효과를 거두는 經濟性의 原則이 적용되도록 하여, 주어진 업무의 목적을 가장 능률적으로 완수함으로써 국민에게 최대의 봉사를 이룩하는데 궁극의 목표가 있다. 이러한 목표에 비추어 볼 때에 행정관리의 지도이념으로는 ① 봉사의 원리, 즉 民主主義. ② 능률성의 원리, 즉 生産性. ③ 합리성의 원리, 즉 經濟性 등의 세 가지를 들 수 있는데 이것을 행정관리의 3원칙이라고도 한다.

행정관청(行政官廳) 行政事務에 관하여 국가의 의사를 결정하고 그 의사를 외부국민에 대하여 표시·집행할 수 있는 권한을 가진 국가기관. 첫째로 행정관청은 국가의 기관이다. 그러므로 국가 이외의 행정단체, 즉 지방자치단체나 공공조합의 행정기관은 행정관청이 아니다. 둘째로, 행정관청은 국가의 행정사무에 관하여 국가의 의사를 결정하는 기관이다. 행정사무를 담당하는 기관은 많이 있으나 國家意思를 결정하는 기관은 그 일부분에 지나지 않고, 그 대부분은 행정기관의 국가의사의 결정에 있어서 준비적 행위를 하는데 지나지 않는 행정기관, 즉 補助機關이다. 예를 들면 행정각부장관은 행정관청이지만, 차관 이하의 기관은 보조기관이다. 그러나 보조기관도 委任에 의하여 意思決定權이 부여되었을 경우에는 그 범위내에서 행정관청의 지위를 취득할 수 있다. 셋째로, 행정관청은 국가의 의사를 결정하고 그것을 외부국민에 대하여 表示·執行할 수 있는 권한이 있는 기관이다. 행정내부에서 의사결정을 할 수 있는 권한만으로는 행정관청이 될 수 없고, 그 의사결정을 外部行政客體에 대하여 표시·집행할 수 있는 권한이 있어야 한다는 것이 행정관청의 요점이다. 이 점에 있어서 행정관청은 다만 國家意思만을 결정할 수 있는 의사기관과도 구별되는 것이다. 예를 들면 징계위원회는 징계에 관한 국가의사를 결정할 수 있으나 피징계자에게 직접 그 의사를 표시·집행하며, 공무원으로서의 법적 지위를 결정할 수 없는 기관이기 때문에 행정관청이 아니다.

행정관청(行政官廳)**의 권한**(權限) 행정관청은 법률상 일정한 범위 안에서 行政强制를 행하는 權能을 가지는데 이와 같은 권능을 행정관청의 권한이라고 하며, 職務權限, 職責 또는 管轄이라고도 한다. 행정관청의 권한은 법률에 의하여 토지 및 사물적으로 구별된다. 土地管轄과 관련하여 그 권한이 전지역에 미치게 될 때, 이것을 中央行政官廳이라고 하고 특히 한정된 지역에만 미치게 될 경우를 地方行政官廳이라고도 한다. 사물의 관할도 둘로 구분하여 보면, 그 권한이 따로 규정이 없는 한 일반사물에 미치게 되는 보통행정관청과 특수사무에만 한정되는 특별행정관청이 있다. 행정관청의 권한은 경우에 따라서 해당 행정관청 자체가 이것을 행하지 않고, 다른 행정관청에 의하여 행해지는 일도 있다. 이 밖에도 권한의 위임, 대리 및 관리 등이 있다. → 행정관청

행정구역(行政區域) 행정권발동의 地域的 管轄. 이것은 國家行政, 즉 官治行政에서도 중요시되지만 특히 행정학에서는 자치단체의 구역을 중심삼아 중요시되고 있다. 우리나라의 지방자치단체는 도·서울특별시·광역시·군 등이 있거니와 이러한 단체를 어떻게 정할 것인가에 관하여 適正規模(proper unit)의 원칙이 있다. 적정규모를 결정함에는 공동사회·행정량·재원·행정의 편의의 네 가지 조건이 구비되어야 한다.

행정구제(行政救濟) 違法 또는 不當한 행정작용의 시정과 행정작용에 기인하는 국민의 재산

적 손해의 塡補에 관한 제도를 일괄하여 부르는 개념. 이에 관한 여러 제도는 法治行政을 형식적 원리로 하고, 국민의 基本權保障을 실질적 내용으로 하는 근대법치국가주의의 실현을 지향하는 점에 있어서 모두 공통한 의의를 가진다. 이러한 행정구제의 제도는 대략 다음의 3종으로 나눌 수 있다. ① 위법 또는 부당한 행정작용의 시정에 관한 수단. 이것이 行政審判·行政訴訟 등의 행정쟁송의 제도. ② 위법한 行政作用으로 인한 손해의 배상에 관한 제도. 이것이 행정상의 損害賠償. ③ 적법한 행정작용으로 인하여 국민에게 특별한 재산적 손실(희생)을 가한 경우의 그 손실보상에 관한 제도. 이것이 行政上의 損失補償. 우리나라 헌법은 행정청의 위법행위에 대하여는 일반적으로 법원에 출소할 수 있는 길을 열고(憲 107Ⅱ, 法組 2Ⅰ), 국가 또는 공공단체의 배상책임을 확인하고(憲 29), 재산권의 침해에 대하여는 보상을 요하도록 함으로써(23Ⅲ) 行政救濟制度의 완비를 기하였다.

행정국가(行政國家) 〔獨〕 Verwaltungsstaat 〔佛〕 pays à régime administratif ① 정부형태에 있어서 行政權이 다른 권력에 비하여 우위를 차지하고 있는 국가. 立法國家·司法國家에 대한 말. ② 행정법상으로 행정제도를 가지고 있는 국가 → 행정제도.

행정권(行政權) 일반행정을 행하는 국가의 統治權의 權能. 행정의 실질적 개념을 일반적으로 통치권의 작용으로부터 입법 및 사법을 제외한, 즉 법규하에서 사법 이외의 國家目的(주로 일반공익의 실현)을 구체적으로 실현하는 작용으로 정의하는 것이 보통이지만, 그것과 입법·사법과의 구별과 한계는 이론상 반드시 명확하지는 않으며 權力分立主義를 전제로 하여 역사적으로 발전해 온 개념이다. 즉 포괄적인 군주의 統治權에서 입법이 의회가 관여하는 작용으로 분화해 가고 사법이 독립한 법원이 행하는 작용으로 분화한 후의 남은 작용이 행정으로서 입법권이 정립하는 법규하에서 군주 기타 행정부의 기관에 유보된 것이다. 따라서 무엇을 行政權의 作用이라고 하느냐는 때와 곳에 따라 다르며 상대적으로 생각할 수 있을 뿐이다. 또한 제도상 입법부·사법부와 구별된 행정부가 행하는 작용을 그 실질의 여하를 불문하고 행정이라고 부르는 경우도 있다(形式的 意義의 行政). 우리나라에 있어서는 이러한 의미의 행정권은 대통령을 수반으로 하는 행정부의 권한에 속한다(憲 66Ⅳ). 그런데 행정권은 국가의 統治權의 일부이지마는 그 행사에 있어서는 지방자치단체 기타의 자치단체에 分與되거나(自治行政) 또는 자치단체나 私人에게 위임되는 일이 있다(委任行政). → 입법권, 사법권, 권력분립주의

행정규정(行政規程) 行政規則·行政命令과 같은 뜻으로 많이 쓰여진다. 때로는 행정규칙을 행정권이 정립하는 一般的 法規範으로 관념하고, 그 가운데서 특히 법규를 내용으로 하지 않는 것을 행정규정이라고 하는 수도 있다. 그리고 규정이란 말은 실정법상 개개의 조항이 아니라, 이들 개개의 조항의 체계적인 一團을 가리키는 것으로 쓰여지는 것이 보통이다. → 행정규칙

행정규제(行政規制) 국가 또는 지방자치단체가 특정한 行政目的을 실현하기 위하여 국민의 권리를 제한하거나 의무를 부과하는 것으로 허가·인가·특허·면허·승인·지정·검정·영업정지·개선명령·허가의 취소·등록말소·고용의무·보고의무·공급의무 등이 이에 해당한다.

행정규칙(行政規則) 〔獨〕 Verwaltungsvorschrift, Verwaltungsnorm 行政主體가 정립하는 일반적인 규정으로서 법규의 성질을 가지지 않은 것. 즉, 行政命令과 같은 의미로 쓰여진다. 다만 행정청이 정립하는 일반적인 법규범을 행정규칙이라고 총칭하는 용어법도 있다. 行政組織內部와 공법상의 特別權力關係에 있어서의 조직·활동을 규율한다. 행정사무의 분배와 같은 국민의 권리의무에 관계없는 규정 또는 특별권력관계에 기한 규정(예: 훈령·국립도서관규칙·특허명령) 등이 그 예이다. 따라서 행정규칙의 정립은 行政權에 당연히 따르는 권능이며, 법률의 수권을 필요로 하지 않는다. → 행정명령, 행정상 입법행위

행정기관(行政機關) 국가 또는 지방자치단체의 행정사무를 담당하는 기관. 국가의 행정기관은 그 權限의 차이에 의하여 행정관청·의결기관·보조기관·자문기관·집행기관·감사기관 등으로 구별된다. 따라서 그 각각이 행정기관이다. 이에 대해서 이론상의 行政官廳·補助機關 등에 의해서 구성되는 관서인 部·處 등을 가리키는 경우도 있다. 정부조직법이 중앙행정기관은 …부·처·청 및 국으로 한다라고 하는 경우나(2Ⅱ), 각 중앙행정기관의 …국장은이라고 하는 경우(2Ⅵ)가 그 일례이다. 또한 지방자치단체의 장이 국가의 사무를 위임받아 처리하는 경우에는 國家機關이 되며 독립한 법인이 특정의 법령에 근거하여 국가의 사무를 처리할 때에도 동일하다.

행정기관(行政機關)**의 장**(長) 각 부·처·청·국 등 행정기관의 장. 장관·처장·청장·국장 등이 그 예이다. 그 행정기관의 사무를 통할하

며, 소속공무원을 지휘·감독하고 告示·訓令·通牒과 국무총리의 경우에는 總理令, 행정각부장관의 경우에는 部令 등을 발하는 권한을 가진다. 合議制의 행정기관에 있어서는 행정기관의 장은 형식적인 대표권만을 가지는 것이 보통이다.

행정능률(行政能率) 〔英〕 administrative efficiency 행정활동은 여러가지의 정신적·물질적 수단을 이용하여 행하여지는데, 이 경우에 지출된 정신적·물질적 비용과, 이것으로부터 발생한 성과와의 비율. 미국행정학은 행정을 기술체계로서 능률을 중심으로 이해하여 行政分析이나 職分測定이라는 방식을 낳았는데, 그것이 목적으로부터 분리된 독립의 기술로 생각될 때 경영능률과 다름이 없는 機械的·功利的 能率의 주장을 가져온다.

행정명령(行政命令) 〔獨〕 Verwaltungsverordnung 행정부가 발하는 모든 명령을 말하며 법규의 성질을 가진 명령(法規命令)·법규의 성질을 가지지 않는 명령을 포함하여 사용되기도 하나, 일반적으로는 이 중 법규의 성질을 가지지 않은 명령, 즉 行政規則의 의미로 사용된다. 그러나 이것은 학자에 따라 일정치 않고 더구나 행정명령을 법규명령의 의미로 사용하는 학자들도 있다.

행정물(行政物) 국가 또는 공공단체 등의 행정주체가 직접적으로 행정목적을 위하여 공용하는 물건. 公物, 즉 公用物과 公共用物이 이에 해당한다. 국유의 행정물을 行政財産이라 한다(國財 4Ⅱ).

행정벌(行政罰) 〔獨〕 Verwaltungsstrafe 행정법상의 義務違反에 대하여 일반통치권에 기하여 과하는 制裁. 과거의 의무위반에 대한 제재인 점에서 장래의 의무의 이행을 강제하기 위한 수단인 執行罰과 구별되며 일반통치권에 기하여 과하는 제재인 점에서 특별권력관계에 기한 懲戒罰과 구별된다. 또한 행정벌은 반드시 일반의 刑事罰과 같이 범인의 反社會性을 처벌하는 것이 아니고, 행정목적의 실현을 위한 명령·금지(行政法上 義務)의 위반을 처벌하여 행정법규의 실효성을 확보함을 목적으로 하는 것이므로, 그 적용원리에 관하여 특별한 고려를 필요로 한다. 따라서 행정벌로서 형벌을 과하는 경우(즉, 行政刑罰)에는 원칙적으로 형법총칙의 적용이 있을 것이나(刑 8), 명문으로써 그 적용을 배제하고 있는 경우는 물론 그와 같은 명문의 규정이 없는 경우에도 그대로 이것을 적용할 수 없는 경우가 있다. 행정벌에는 형법에 刑名이 있는 형벌을 과하는 경우, 즉 行政刑罰, 過怠料를 과하는 경우, 즉 行政秩序罰(辯 95, 商工會議所法 51, 特許 232), 地方自治法上의 過怠料(20) 등이 있다. → 행정범

행정범(行政犯) 〔獨〕 Verwaltungsdelikt 행정상의 목적을 위하여 정하여진 법규에 위반하는 행위로서 그 행위 자체는 반사회성·반도의성을 갖지 않고 법규에 정한 명령·금지에 위반하기 때문에 비로소 위법성을 가지게 되는 범죄. 刑事犯에 대하여 사용되는 관념으로서 自然犯에 대하여 사용될 때에는 法定犯이라고 한다. 행정범에 대한 제재법을 行政刑法이라고 한다. → 행정형법

행정법(行政法) 〔英〕 administrative law 〔獨〕 Verwaltungsrecht 〔佛〕 droit administratif 행정권의 조직 및 작용에 관한 國內公法. 이것은 근대법치국가의 지반 위에서 생겨났다. 즉 거기에서는 행정권의 恣意를 방지하기 위하여 權力分立을 전제로 하고 입법권이 정립하는 법률에 기하여 행정을 하게 함으로써 近代法治主義가 확립되고 행정권의 발동을 국민에 대한 관계에 있어서 구속하고 국민을 행정권의 자의에서 보장하는 것을 목적으로 하는 國法이 생겼다. 이와 같은 법은 근대국가가 다 같이 가지고 있는 것이다. 그러나 일반적으로 行政法이란 행정에 관한 고유·특수한 法體系를 지칭하고 있다. 즉 행정권과 국민과의 관계를 지배하는 법이 일반국민상호간의 관계를 규율하는 법(私法)과 다른 특수한 법체계(公法體系)를 구성하는 경우에 그것을 고유한 의미에서의 行政法이라 한다. 그러한 행정법은 프랑스를 그 모국으로 한다. 거기서는 오로지 역사적인 사정에서 행정권을 사법권의 제약으로부터 해방하기 위하여 行政裁判所制度가 설치되고 행정재판소의 판결례에 의하여 점차 一般私法과 다른 행정에 관한 법원리(公法原理)가 인정되어 특수한 행정법의 체계가 발전하였었다. 이 제도는 그 후 독일 기타의 대륙제국에 퍼지게 되었고(行政國家), 우리나라도 과거 일본을 거쳐 이 체제의 영향 아래 행정법을 가졌다. 따라서 이러한 의미에 있어서의 행정법의 존재는 대륙법계제국의 특색을 이루고 있을 뿐(다만, 그것이 역사적 소산인 결과 그 체계와 원리에 있어서는 각 국가에 따라 상당한 차이가 있음에 주의하여야 한다), 영미법계제국에서는 원칙적으로 이러한 특수한 행정법을 인정하지 않았으나 근래에 이르러 행정 각 분야에 있어서의 행정적 심판기관의 출현은 새로운 의미의 행정법의 발전을 촉진하고 있다. 이상과 같이 행정법의 성립은 私法에 비하여 비교적 새롭고 그 체계도 法典化되기까지에는 완결되지 못하고 개개의 행정법규의 형태로서 散在함에 그치며 특히 그 총칙부분은 아직 거의 입법화되어 있지 않다. 따라서 이 산재하는 행정법규에 내재하는 공통된 원리를 명백히 하여 입법에 없는 것은 이론으로써 보충하고 행정법의 통

일적인 체계를 구성하려는 것이 行政法學의 임무이다.

행정법관계(行政法關係) 행정상 법률관계 중에서 행정법이 규율하는 법률관계를 말한다. 행정법은 公法에 속하므로 행정법관계는 곧 公法關係인 것이다. 이러한 행정법관계에는 ① 행정주체에 대하여 公權力의 주체로서의 우월한 지위를 인정하고 그에 따르는 행위에 특수한 법적 효력을 인정하는 권력관계와, ② 行政主體가 재산관리의 주체인 지위에서 공공복리의 실현을 위하여 公的인 재산 또는 사업을 관리·경영하는 법률관계인 管理關係가 있다. 행정법관계의 내용인 행정법체계의 당사자의 권리·의무, 즉 公權과 公義務는 私權과 私義務에 대하여 본질적으로 차이가 없으나 여러가지 점에서 다른 특성도 인정되고 있다.

행정법상(行政法上)**의 법률사실**(法律事實) 행정법관계의 發生·變更·消滅이라는 법률효과를 발생시키는 원인이 되는 사실을 행정법상의 법률요건이라고 하는데, 이러한 법률요건을 이루는 하나하나의 사실을 행정법상의 법률사실이라고 한다. 행정법상의 법률사실에는 사람의 정신작용을 요소로 하는지 여부에 의하여 ① 이를 요소로 하지 않는 행정법상의 事件과, ② 이를 요소로 하는 행정법상의 容態로 나눌 수 있다. 또한 용태는 외부적 용태인 行爲와, 내부적 용태인 故意·過失 등으로 구분된다.

행정법상(行政法上)**의 법률요건**(法律要件) 행정법관계의 발생·변경·소멸의 법률효과를 발생시키는 원인이 되는 사실을 말한다. 이러한 행정법상의 법률요건을 이루는 하나하나의 사실을 행정법상의 法律事實이라고 한다. 이러한 법률사실 하나 또는 두개가 모여 법률요건을 구성한다.

행정법상(行政法上)**의 사건**(事件) 행정법상의 法律事實의 한 종류로서 사람의 정신작용을 요소로 하지 아니하는 행정법상의 법률사실을 말한다. 사람의 生死, 시간의 경과와 같은 자연적 사실과 물건의 소유·점유 등의 事實行爲가 있다.

행정법상(行政法上)**의 용태**(容態) 행정법상의 법률사실의 한 종류로서 사람의 정신작용을 요소로 하는 것을 말한다. 행정법상의 용태에는 정신작용의 발현인 사람의 거동으로서 법률적 효과를 발생하는 外部的 容態와 외부에 나타나지 않는 정신적 상태로서 법률적 효과를 발생시키는 內部的 容態가 있다.

행정법원(行政法院) 행정법원에 判事를 두며, 여기에 배치할 판사의 수는 대법원규칙으로 정한다(法組 5). 행정법원에는 行政法院長을 두되 판사로써 보한다. 행정법원장은 그 법원의 司法行政事務를 관장하며, 소속공무원을 지휘·감독한다. 행정법원에는 部를 두고 부에는 부장판사를 둔다. 심판은 판사 3인으로 구성된 合議部에서 행한다(7Ⅲ). 행정법원은 ① 행정소송법에서 정한 行政事件과 ② 다른 법률에 의하여 행정법원의 권한에 속하는 사건을 第1審으로 심판한다(40의4).

행정법학(行政法學) 행정법을 연구대상으로 하는 법률학의 한 分科. 즉 역사적으로 부여된 행정에 관한 法規範의 내용·타당성·상호관계를 명백히 함으로써 그 법규범에 공통한 法原理를 탐구함을 목적으로 하는 학문이다. 행정법학은 행정에 대한 法的 統制의 필요와 行政制度의 발달을 계기로 하여 먼저 프랑스에서, 그에 뒤따른 독일·오스트리아 등 유럽대륙의 여러 나라에 있어서 19세기말경에 법률학의 한 분과로서 독립하게 되었다. 이에 비해서 영미에서는 法의 支配의 原理에 따라 국가나 공무원도 일반국민과 동일한 법의 적용을 받아 옴으로써 행정법 및 그에 따른 행정법학의 생성발달은 유럽대륙국가에 있어서보다 뒤떨어졌다. 즉 영미에 있어서는 資本主義의 폐해가 고조되어 경제적·사회적 분야에 대한 국가적 개입이 불가피하게 된 19세기 초엽에 이르러 비로소 행정법 및 그것을 연구대상으로 하는 행정법학의 시작을 보게 되었다. → 행정과학

행정분석(行政分析) 〔英〕 administrative analysis 行政管理의 합리화·능률화를 확보하기 위하여 취하여지는 방법. 그 직접목표는 행정활동을 그 관리적 측면에서 분석·개선하는데 두며, 주된 對象領域을 형성하는 것은 운영관리·조직관리·인사관리·재무관리·사무관리·물적 설비관리이다.

행정사(行政士) 타인의 委囑을 받아 행정기관에 제출할 서류 기타 권리·의무와 사실증명에 관한 서류의 작성, 행정기관의 업무에 관련된 서류의 번역, 작성된 서류제출의 代行, 인가·허가 및 면허 등 행정기관에 제출하는 신고·신청·청구 등의 대리, 행정관계법령 및 행정에 대한 相談 또는 諮問, 법령으로 위탁받은 사무의 事實調査 및 確認을 업무로 하는 자(行政士法 2). 행정사법으로 이미 폐지된 代書士取締規則(1938년 總督府令 제138호)과 鑛業代書士取締規則(1941년 總督府令 제75호)에 의한 代書士를 개칭한 것이다. 법원·검찰청에 제출할 서류의 작성을 의무로 하는 法務士와 구별된다. 행정사는 그 소관업무에 따라 이를 一般·技術 및 外國語飜譯에 관한 행정사로 구분하고 종류

별 업무의 범위와 내용은 대통령령으로 정한다(3). 行政自治部長官이 시행하는 행정사시험에 합격한 자나 대통령이 정한 경력이 인정되는 자가 행정사의 자격을 부여받는다. 행정사는 성실의 의무, 사실의 누설금지, 위촉에 응할 의무, 부당한 業務介入禁止, 등록증의 貸與禁止, 業務處理簿의 비치·기재 등의 의무를 부담한다(17~23).

행정사건(行政事件) 〔獨〕 Verwaltungssache 〔佛〕 contentieux administratif 행정법규에 적용에 관한 소송사건. 民事事件·刑事事件에 대응하는 개념. 行政裁判制度를 취하는 대륙법계제국에 있어서는 일정한 표준에 의하여 행정사건을 민사사건으로부터 구별하는 것은 裁判管轄의 분배상 중요한 의미를 가진다. 그러나 우리나라 헌법은 행정사건도 司法法院이 통일적으로 관할하게 하였으므로 이 의미에 있어서의 행정사건·민사사건의 구별의 의의는 없지마는 행정사건에 관하여는 소송절차상 일반민사사건과 다른 다소의 특례가 인정되므로(행정소송법 참조), 이 개념을 구성하는 실익이 있다. → 행정재판, 행정소송

행정사무(行政事務) 행정기관이 맡아 처리하는 사무 또는 그 성질상 行政作用에 속하는 사무. 전자에 해당하는 것이 정부나 자치단체의 행정사무이고 후자에 해당하는 것이 국회나 법원에 의한 행정사무이다.

행정사법(行政私法) 최근에 문제가 되는 관념으로서 종래 넓은 의미의 國庫行政으로 설명되고 私法의 지배를 받던 행정활동 중에서 직접 행정목적을 수행하는 것으로서 일정한 公法的 規律을 받는 것을 말한다. 오늘날 행정사법의 문제가 제기되고 있는 것은 사회국가·복리국가적인 현대국가에 있어서 행정활동의 행위형식이 다양화되고 종래 명령·강제의 權力的 行政에서 給付行政 등 非權力行政으로 행정의 중심분야가 변천됨에 따라서, 행정주체는 주로 급부행정의 분야에서 사법적 형식의 행정활동을 통하여 행정목적을 수행하게 되었으며, 이러한 활동에 대한 공법적 규율의 허용 문제와 관련하여 행정사법이론이 등장한 것이다.

행정상(行政上)**의 강제집행**(强制執行) → 강제집행

행정상(行政上)**의 강제징수**(强制徵收) → 강제징수

행정상(行政上)**의 법률관계**(法律關係) 행정에 관한 법률관계로서 국가·지방자치단체와 같은 行政主體와 상대방인 국민과의 법률관계를 말한다. 그러나 넓은 의미에서는 행정주체 상호간의 법률관계인 행정조직법적 관계도 포함한다. 이러한 행정상의 법률관계에는 公法關係인 권력관계와 관리관계가 있으며 私法關係인 국고관계로 나누어 볼 수 있다. 이 때 ① 權力關係란 행정주체에 대하여 公權力의 주체로서의 우월한 지위를 인정하고 그에 따르는 행위에 특수한 효력을 인정하는 법률관계를 말하며, ② 管理關係란 행정주체가 재산관리의 주체의 지위에서 특정한 공공복리의 실현을 위하여 공적인 재산 또는 사업을 관리·경영하는 準高權的 내지는 非權力的 關係를 말하며, ③ 國庫關係란 행정주체가 당사자인 경우에도 행정주체가 공권력의 주체로서가 아니라, 私人으로서 일반사인에 대한 관계를 말한다. 이 중 공법관계인 권력관계와 관리관계를 가리켜 행정법관계라 한다.

행정상(行政上)**의 사실행위**(事實行爲) 행정행위 기타 법률적 행위와는 다르게 일정한 法律的 效果의 발생을 의도하지 않고 직접적으로 일정한 사실상의 결과의 발생만을 목적으로 하는 행정주체의 일체의 행위를 말한다. 사실행위는 정신작용의 유무 또는 그 내용에 관계없이 단지 객관적으로 행위가 행하여진 사실 또는 그 결과에 대하여 法的 效果가 부여될 뿐이다. 다만 경우에 따라서는 간접적으로 법적 효과를 발생하는 경우도 있다. 행정상의 사실행위에 대하여 行政爭訟이 허용될 수 있는가에 관하여 논의가 있는데 ① 긍정하는 견해는 권력적 사실행위는 행정쟁송의 대상인 처분으로서 행정청의 公權力行使에 해당하는 것으로 보는데 반하여(소위 쟁송법상의 처분 또는 형식적 행정행위), ② 부정하는 견해는 직접 법률적 효과를 발생하지 않으므로 法執行行爲라고 할 수 없다고 본다. 따라서 부정설에 의하면 結果除去請求訴訟 또는 妨害排除請求訴訟을 통하여 구제받아야 한다고 한다.

행정상(行政上)**의 손실보상**(損失補償) 공법상의 손실보상과 같다

행정상(行政上)**의 손해배상**(損害賠償) → 국가의 불법행위책임

행정상(行政上)**의 손해전보**(損害塡補) 행정상의 손해전보에 대하여 현행법은 국가 또는 공공단체의 不法行爲로 인한 행정상의 손해배상과 국가나 공공단체의 適法行爲에 따르는 행정상의 손실보상을 인정하고 있다. ① 行政上의 損害賠償이란 공무원의 위법한 職務執行行爲 또는 국가나 공공단체가 관리·경영하는 사업 및 영조물의 하자로 인하여 개인이 손해를 입은 경우에 국가나 공공단체가 그 손해를 배상하는 것으로서 完全補償을 목적

으로 한다. ② 이에 대하여 行政上의 損失補償이란 공공필요에 의한 적법한 공권력의 행사로 개인에게 특별한 희생을 가한 경우에, 국가 또는 공공단체가 전체적인 평등부담의 견지에서 행하는 손실의 보상으로서 調整的 補償을 목적으로 한다.

행정상(行政上)**의 의무이행강제**(義務履行强制) 행정청이 행정법상의 의무이행상태를 실현하기 위하여 개인의 신체 또는 재산에 실력을 가함으로써 행정상 필요한 상태를 실현시키는 작용을 말한다. 이러한 행정법상의 이행을 강제하는 방법에는 ① 직접적인 의무이행강제수단으로서 義務不履行에 대해 실력을 행사하여 장래에 그 의무이행의 실현을 확보하려는 行政强制와 ② 간접적인 의무이행강제수단으로서 과거의 義務違反에 대하여 일정한 제재를 과함으로써 의무자에게 심리적 압박을 가하는 行政罰이 있다. ③ 뿐만 아니라 오늘날 행정작용의 다양화에 따라 새로운 유형의 의무이행 강제수단이 등장하고 있는 바, 履行强制金·供給拒否·名單公表 등이 그 예이다.

행정상(行政上)**의 즉시강제**(卽時强制) 즉시강제와 같다.

행정상 입법행위(行政上立法行爲) 국가나 공공단체와 같은 행정주체가 일반적·추상적인 규정을 정립하는 작용을 학문상 행정상 입법행위라 한다. 이러한 뜻의 행정상의 입법에는 國家行政權에 의한 立法과 自治立法이 포함된다. 전자에는 法規命令(예: 대통령의 긴급재정·경제명령(또는 법률대위명령)·위임명령·집행명령)과 行政規則(예: 조직규칙·근무규칙·영조물규칙)이 있는데 법규명령은 행정권이 정립하는 명령으로서 法規(좁은 의미)의 성질을 가지는 것임에 반하여, 행정규칙은 국가가 정립하는 일반적인 규정으로서 법규(좁은 의미)의 성질을 가지지 아니한 것을 말한다. 또한 후자, 즉 자치입법에는 현행법상 지방자치단체의 條例와 規則이 있다.

행정선례법(行政先例法) 행정선례법이란 行政組織이나 運用에 있어서 행정청의 선례가 장기적으로 반복되어 시행됨으로써 국민의 法的 確信을 얻은 것을 말한다. 국세기본법 18조 3항은 세법의 해석 또는 국세행정의 관행이 일반적으로 납세자에게 받아들여진 후에는 그 해석 또는 관행에 의한 행위 또는 계산은 정당한 것으로 보며, 새로운 해석 또는 관행에 의하여 소급하여 과세되지 아니한다라고 규정하여 租稅行政에서의 행정선례법의 성립가능성을 명시하고 있다.

행정소송(行政訴訟) 〔獨〕 Verwaltungsrechtspflege, Verwaltungsstreitigkeit 〔佛〕 contentieux administratif 行政法規의 적용에 관한 분쟁의 판정을 위하여 정식의 소송절차에 의하여 하는 소송. 行政爭訟의 일종으로서 판정기관이 지위의 독립성을 가지고 있는 점, 원칙적으로 口述辯論을 거치는 점, 법률문제만을 쟁송사항으로 하는 점 등에서 行政審判과 다르다. 행정법규의 정당한 적용과 동시에 국민의 권리구제라는 이중적 기능을 가지는데, 이 중 행정법규의 적용의 면을 중시할 때에는 그 본질이 行政作用이라 할 수 있고, 반대로 국민의 권리구제의 면을 중시할 때에는 그 본질이 司法作用이라 할 수 있다. 행정소송에는 抗告訴訟·當事者訴訟·民衆訴訟·機關訴訟이 있다. 행정소송은 대개의 경우는 覆審的 訴訟이다. 영미법계의 국가에서는 행정소송을 민·형사소송과 같이 사법재판소에서 통일적으로 관할하나(司法國家主義), 대륙법계의 국가에서는 사법재판소와는 별개의 행정재판소를 두어 그로 하여금 행정소송을 관할하도록 하고 있다(行政國家主義). 행정소송은 보통 이 행정재판소에 의한 판정절차를 말하며, 그것은 민사소송에 비하여 행정소송사항의 한정, 출소기한의 제한, 職權審理主義要素의 채용 등의 특색을 가지고 있다. 우리나라에 있어서는 행정소송을 행정법원의 관할로 하고 있는 점에서 대륙법계의 행정국가주의를 취하고 있다고 할 수 있다.

행정소송사항(行政訴訟事項) 〔獨〕 verwaltungsstreitsache 행정소송을 제기할 수 있는 사항. 대륙법계 국가의 行政裁判制度에 있어서는 私法關係에 관한 분쟁은 언제나 민사소송을 제기하여 그 구제를 구할 수 있음에 반하여, 公法關係에 관한 분쟁에 관하여는 행정소송을 가지고 반드시 유일한 救濟手段으로 하지 않고, 행정감독 등의 수단에 의하여서도 그 목적을 달성할 수 있을 것, 또한 분쟁의 성질에 따라서는 행정소송을 인정하지 않는 것이 적당한 것이 있다는 고려에서 행정소송을 제기할 수 있는 사항에 일정한 제한을 두는 것이 보통이었다. 행정소송사항을 정하는 방법에는 개괄적으로 이것을 정하는 槪括主義와 소송사항을 열기하여 한정하는 列記主義가 있다. 우리나라 현행법하에 있어서는 공법관계의 분쟁도 法律的 爭訟에 해당하는 한, 최종적으로는 법원에 出訴할 수 있다는 의미에서 개괄주의를 채택하고 있다(憲 107Ⅱ, 法組 2, 行訴 1).

행정심판(行政審判) 행정상의 법률관계에 관하여 분쟁이 있는 경우에 행정기관이 이것을 심리판정하는 절차. 행정기관에 의한 심판이라고도 한다. 원래 행정심판의 제도는 大陸法系의 국가에 있어서 이른바 行政制度의 관념을 기초로 하여 행정권의 자율성을 보장하고, 행정권을 사법권에 의한 제약으로부터 해방하려는 의미를 가졌다. 현재에 있어서도 특히 프랑스의 行政裁判制度는 이러한 사상적 배경을 가지고 있다. 그러나 우리나라에서의 행정법원이 설치되기 전까지 행정심판의 체계는 사법적 통제를 전제로 하여 行政訴訟의 前審으로서 인정되고 있었다. 그것은 사법절차의 대상·한계를 보충하고 행정상의 쟁송을 기술적·전문적으로 간이·신속하게 처리하여, 행정소송과 아울러 전체로서의 합리적인 행정쟁송제도를 구성하는 데에 그 존재이유를 가지고 있다. 반면에 行政審判은 略式爭訟으로서 정식쟁송으로서의 행정소송과는 달리 권리구제제도로서는 書面審理主義, 심판기관의 비독립성 등의 결함을 가지고 있다.

행정심판기록제출명령(行政審判記錄提出命令) 당사자의 신청이 있을 때 법원의 결정에 의하여 行政審判記錄을 제출하도록 명령하는 것을 말한다(行訴 25 I). 그 제출명령을 받은 행정청은 당해 기록을 지체없이 법원에 제출하여야 할 의무를 진다. 여기에서 행정심판기록이란 당해 행정심판에 관한 기록을 총체로서 가리키는 것이다. 그러므로 行政審判請求書와 그에 대한 답변서 및 재결서뿐만 아니라 行政審判委員會의 회의록 기타 행정심판위원회에서의 심리를 위하여 제출된 모든 증거 기타의 자료를 포괄하는 것이다.

행정심판사항(行政審判事項) 행정심판의 대상을 말한다. 이는 審判請求의 제기대상으로 삼을 수 있는 사항이라고도 할 수 있다. 이러한 행정심판사항을 어떻게 정할 것인지는 각국의 정치·사회적인 배경과 역사적인 여건 등을 고려하여 立法政策的으로 결정할 문제라고 하겠는데, 이에 관하여는 개괄주의와 열기주의의 두 가지 방법이 있다. ① 概括主義란 행정심판사항을 한정하여 제한하지 아니하고 하자있는 행정행위를 일반적으로 행정심판사항으로 하는 제도이다. 이러한 개괄주의는 국민의 權益救濟에는 충실하나 濫訴 또는 행정심판의 한계가 불분명하다는 문제점이 있다. ② 반면에 列記主義란 행정심판사항을 법령이 열기하는 특정사항에 관해서만 인정하고 행정심판의 제기를 허용하는 제도를 말한다. 열기주의는 개괄주의와는 반대되는 장·단점을 갖게 된다. 우리의 행정심판법은 행정심판사항에 대하여 개괄주의를 취하여 법규가 특히 행정심판의 제기를 금지하거나 성질상 행정심판을 제기할 수 없는 경우를 제외하고는 모든 행정청의 處分이나 不作爲에 대하여 행정심판을 인정하고 있다(行審 3).

행정심판위원회(行政審判委員會) 행정심판에 있어서 審判請求事件을 심리하고 재결할 내용을 의결하기 위하여 재결청 소속하에 설치하게 되는 非常設行政機關을 말한다. 행정심판위원회는 裁決廳으로부터 회부된 심판청구사건을 심리·의결하는 議決機關으로서의 성격을 가진다. 따라서 재결청은 심판청구사건에 대한 재결을 함에 있어서 당해 행정심판위원회의 의결내용에 기속되며, 이와는 다른 내용으로 재결을 하지 못한다. 행정심판위원회는 각 재결청 소속하에 설치하는 것이 원칙이며, 그 구성은 재결청이 임명 또는 위촉하는 15인의 위원으로 구성하며(단 국무총리 소속하의 경우는 50인 이하의 위원으로 구성하되 위원 중 상임위원은 2인 이내로 한다), 조직 및 운영과 위원의 임기 및 신분보장 그 밖에 필요한 사항은 대통령령으로 정한다(단 국회사무총장의 경우는 國會規則으로, 법원행정처장의 경우는 대법원규칙으로, 헌법재판소사무처장의 경우에는 헌법재판소규칙으로 정하게 됨(行審 6)). 그리고 행정심판위원회는 심판청구사항을 심리하고 재결할 내용을 의결하는 審理權과 議決權이 있으며, 기타 이에 부수하는 여러가지 권한을 갖는다.

행정심판전치주의(行政審判前置主義) 위법 또는 부당한 處分 등에 대하여 法令이 행정심판을 인정하고 있는 경우에(行審 1), 그 행정심판을 行政訴訟의 제기를 위한 필요적인 前審節次로 하는 제도를 말한다. 이러한 행정심판전치주의를 인정하는 근거는 행정청에게 반성의 기회를 부여하여 자율적으로 시정케 하고, 행정의 능률을 보장하며 법원의 소송부담을 경감시키고 또한 행정청의 전문지식을 활용할 수 있다는 점에서 볼 수 있다. 이와 관련 판례는 심판기간이 경과한 처분에 대해 실질적인 재결이 있었다고 하더라도 행정심판전치의 요건을 不備한 것으로 파악하고 있다. 행정심판전치주의는 항고소송·당사자소송·기관소송·민중소송 등에 적용되는데, 다만 항고소송 중 無效等確認訴訟의 경우는 행정심판전치주의가 적용되지 않는다. 이러한 행정심판전치주의에 대하여 그의 일률적 적용에서 오는 결함을 막기 위하여 예외를 인정하고 있다. 즉 行政訴訟法 18조는 행정심판의 재결을 거칠 필요가 없는 경우와, 행정심판의 제기 자체를 필요로 않는 경우로 나눠 규정하고 있다. 전자의 예로는 ① 行政審判請求가 있은 날로부터 60일이 지나도 裁決이 없는 때, ② 處分의 집행 또는 절차의 속행으로 생길 중대한 손해를 예방하여야 할 긴급한 필요가 있는 때, ③ 法令의 규정에 의한 행정심판기관이 의결 또는 재결을 하지 못할 사유가 있는 때, ④ 그 밖의 정당한 사유가 있는 때 등이고, 후자의 예로는 ①

동종사건에 관하여 이미 행정심판의 棄却裁決이 있은 때, ② 서로 내용상 관련되는 처분 또는 같은 목적을 위하여 단계적으로 진행되는 처분 중 어느 하나가 이미 행정심판의 재결을 거친 때, ③ 행정청이 事實審의 변론종결 후 소송의 대상인 處分을 변경하여 당해 변경된 處分에 관하여 訴를 제기하는 때, ④ 처분을 행한 행정청이 행정심판을 거칠 필요가 없다고 잘못 알린 때 등이다.

행정위원회(行政委員會) 〔英〕 administrative commission (or board) 일반행정권으로부터 어느 정도의 독립적 지위를 가진 합의제행정기관으로서 처분권한 등의 행정적 권능 외에 때로 쟁송의 판단 등의 準司法的 權能과 規則制定 등의 準立法的 權能을 가지는 위원회. 미국·영국에서 발전한 獨立規制委員會(independent regulatory commission)가 그 전형적인 예이다. 행정위원회의 특색은 ① 일반행정기관으로부터 어느 정도의 직무상 독립성이 인정되어 있는 점, ② 행정적 권한 외에 준입법적·준사법적 권한까지를 통합하여 행사하는 점, ③ 독자적 책임하에서 행정사무를 집행하는 권한을 가진 官廳的 機關인 점, ④ 위원의 신분의 보장이 있는 점 등에 있다. 그 구성에 있어서는 ① 정당적 이해관계없는 공정중립의 제3자로써 구성되는 것(예: 선거관리위원회), ② 기술적 전문가로써 구성되는 것(예: 금융통화운영위원회), ③ 각계·각층의 이익 또는 세력을 대표하는 자로써 구성되는 것(예: 노동위원회), ④ 이상의 여러 요소를 혼합한 형태로 구성되는 것 등이 있다. 우리나라에서도 行政委員會制度를 도입하였으나 현행법상의 대부분의 위원회는 諮問機關 내지 議決機關(예: 국세심사위원회, 각종의 공무원징계위원회 등)이고, 전기한 행정위원회적 성격을 가진 것으로는 감사원·각급선거관리위원회·금융통화운영위원회·각급노동위원회·각급토지수용위원회 등 소수에 불과하다. 반면 국민경제가 발달·복잡화하고 있는 현대에는 어느 나라를 막론하고 그 채택이 증가해 가는 추세이다.

행정응원(行政應援) 대등한 행정기관 상호간에 직무수행상 필요한 특정행위 또는 일반적 협력을 다른 기관에게 요구하는 경우가 있다. 이러한 요구에 응하는 협력행위를 行政應援이라고 한다. 행정응원은 법의 근거가 없이도 가능하지만, 특히 법의 규정이 있을 때에는 요구받은 기관은 이를 거부하지 못하는 것이다. 재해·사변 기타 비상시에 처하여 한 행정기관의 기능만으로는 행정목적을 달성할 수 없을 때에 당해기관의 청구에 의하여 다른 기관이 자기의 기능의 전부 또는 일부를 동원하여 이를 응원하는 경우가 있다. 行政應援이라고 할 때에 보통은 이것을 말한다. 현행법상으로는 警察應援(警職 2), 消防應援(消防 76), 軍事應援(衛戍令) 등이 있다.

행정(行政)**의 자기구속**(自己拘束)**의 원칙**(原則) 행정청의 상대방에 대하여 제3자에게 同種事案에 있어서 행한 결정에 구속되는 것을 말한다. 행정의 자기구속은 법률에 의한 구속으로 대표되는 他自拘束과 구별되며, 行政規則이나 개별적인 訓令 등이 행정기관에 대하여만 가지는 內部拘束과도 구별된다. 행정의 자기구속은 특히 행정규칙과 관련하여 중요시 되는데 종래의 견해에 의하면 행정규칙의 법규성을 부정하여 이에 위반하여도 위법이 되지 않고 司法審査의 대상이 되지 않는다고 하였다. 그런데 행정청이 裁量準則을 정하여 놓은 경우 그러한 준칙을 벗어난 처분은 결국 타인에 대하여 行政先例 내지 관례에 어긋나는 것으로서 불평등한 수익이나 부담을 과하는 것이 되어 평등원칙을 위반하는 것이되므로 行政規則(즉 裁量準則)의 위반은 위법을 구성하게 되므로 행정규칙을 법의 영역으로 접근시키게 된다. 여기에서 보듯이 행정의 자기구속론은 행정규칙을 법규로 전환시키는 轉換規範으로서의 기능을 한다.

행정입법(行政立法) 행정청이 法條의 형식으로 장래에 향하여 적용되는 일반적·추상적 규범을 정립하는 작용을 말한다. 權力分立의 원리와 법의 지배를 기반으로 하고 있는 근대 법치국가에 있어서는 國會立法이 원칙이나 복리국가로 특징지어지는 현대국가에 있어서 行政機能이 질적·양적으로 확대되고 행정권이 강화됨에 따라 전문적이고 기술적인 입법사항의 증대, 사정변화에 적응하기 위한 탄력성있는 입법필요성의 증가 등을 이유로 행정입법을 허용하기에 이른 것이다. 이러한 행정입법에는 法律留保의 原則 및 法律優位原則의 적용을 받는 法規命令과 법규의 성질을 갖지 않아 법률유보의 원칙을 적용받지 아니하는 行政規則으로 구분된다. 다만 행정규칙에 대하여도 최근에 들어 법규성을 인정하는 견해도 나타나고 있다.

행정작용(行政作用) 行政主體가 행정목적의 실현을 위하여 행하는 일체의 작용(법률적 작용·사실적 작용, 권력적 작용·비권력적 작용, 입법적 작용·사법적 작용, 통치적 작용·사법적 작용을 모두 포함). → 행정권

행정재산(行政財産) 〔獨〕 Verwaltungsvermögen 普通財産에 대한 개념으로서 국유재산법상의 용어. 학문상으로는 널리 국가 또는 공공적 단체에 의하여 직접 행정목적에 공용되는 재산을 말

한다. 국유재산법상의 행정재산에는 公用財産·公共用財産·企業用財産의 3종이 있다(4Ⅱ). 행정재산은 각 중앙기관의 장이 관리처분하며(6), 그 용도 또는 목적에 장해가 없는 한도내에서 사용 또는 수익을 허가하는 경우를 제외하고는 이를 貸付·賣却·交換 또는 讓渡하거나 출자의 목적으로 하거나 私權을 설정하지 못한다(20).

행정재판(行政裁判) → 행정소송

행정재판소(行政裁判所) 〔獨〕 Verwaltungsgericht 〔佛〕 tribunal administrative 행정사건의 재판관할을 위하여 司法裁判所의 계통과는 별도로 행정부내에 설치되고 또한 통상의 행정계통으로부터 독립한 지위를 가지는 재판소. 프랑스·독일 등 이른바 대륙법계의 행정국가에서 설치하고 있는 특별재판소이다. 영미법계의 사법국가에서는 원칙적으로 이를 인정하지 않는다. 우리나라 제도도 영미법계를 따라 行政事件을 사법재판소의 통일적 관할하에 두고 있으므로 행정재판소는 설치되어 있지 않았었다. 현재는 행정법원이 설치되어 있다(法組 40의2~40의4).

행정재판제도(行政裁判制度) 大陸法系의 行政訴訟制度를 가리키는 말이다. 즉 대륙법계에서는 행정소송을 일반법원의 관할로 하지 않고, 조직상 행정부에 속하는 기관인 행정법원에서 관장하도록 하는데 이를 가리켜 행정재판제도라고 부른다. 이러한 행정재판제도는 일반법원에서 행정사건을 심판하는 司法審査制度와는 다른 여러가지 특색을 가지는데, 권한재판의 제도가 필요하고 裁判管轄을 분리하기 위해 민사사건과 형사사건의 분리기준이 필요하며, 예외적으로 일반법원에게 관할권이 부여되는 경우가 있으므로 행정법에 관한 판례가 통일을 기하기 어렵다는 점 등이 있다. 그러나 제2차 세계대전 이후에는 행정재판제도도 英美의 司法審査主義로 접근하는 경향을 보이고 있다.

행정쟁소(行政爭訴) → 행정쟁송

행정쟁송(行政爭訟) 넓은 뜻으로는 행정상의 법률관계에 관하여 紛爭 또는 疑問이 있는 경우에, 이해관계자에 의한 쟁송의 제기에 기하여 일정한 판단기관이 이를 심판하는 절차의 총칭. 이러한 의미의 행정쟁송은 영미법계의 국가에서도 인정되지만, 종래 보통으로는 특수한 행정재판제도를 취하는 대륙법계국가에 있어서 일반법원과 계통을 달리하는 행정권 내부의 기관에 의한 爭訟裁決의 節次(좁은 뜻의 행정쟁송)를 의미하였다. 그러나 현재 우리나라에서는 보통 행정쟁송을 행정기관에 의한 심판절차(審査請求·異議申請·行政審判)와 행정소송을 포함한 의미로 사용하고 있다.

행정적 통제(行政的統制) 특히 국가가 지방자치단체를 감독·통제하는 한 양식을 말할 때가 많다. 즉 국가의 행정기관에 의하여 지방자치단체를 통제하고자 하는 것이다. 그 방법은 법률이나 명령에 의한 감독권한의 행사 및 그것에 기한 通牒·回答·指示·指定·基準設定·附款·內示·調査에 기한 의견 등의 기술적 수단으로 행해진다. 행정적 통제는 立法的 統制에 비해 탄력성이 풍부하며, 司法的 統制에 비해 시간과 비용의 낭비를 방지할 수 있는 장점이 있으나 실질적으로는 허가권·지도권을 통해 지방자치의 위축을 가져오기 쉽다. → 사법적 통제

행정절차(行政節次) 〔英〕 administrative procedure 〔獨〕 Verwaltungsverfahren ① 행정기관이 규칙제정·쟁송의 裁決 등과 같은 행정행위를 하는 경우에 準據하여야 할 절차. 특히 쟁송의 당사자 또는 이해관계인의 보호를 위하여 요청되는 일정한 형식(예: 구술의 심리·증거조사·청문 등)을 가지는 경우에는 準司法的 節次라고도 칭한다. 주로 미국행정법상의 용례에서 발단한 것이다. ② 법원에 의한 심리재판을 司法節次라고 부르는데 대하여, 행정기관에 의한 심판을 행정절차라고 부르는 수도 있다. 행정절차와 사법절차와의 관계에 관하여는 법률문제에 관한 한, 행정절차로서 終審으로 하는 것은 금지되지만(憲 107Ⅱ), 사법절차에 의거하기 전에 행정절차를 거치는 것이 원칙적으로 요구된다(行訴 18)(→ 행정심판전치주의). 또한 입법례에 따라서는 행정기관의 사실인정이 법원을 어느 정도 구속하는 수가 있다.

행정절차법(行政節次法) 행정기관이 처분, 쟁송의 재결, 규칙제정 등을 행하는 경우의 준칙이 되는 법. 근래 행정기관(특히 행정위원회)의 권능, 더욱이 準立法的 權能 및 準司法的 權能의 증대에 따라서 이 경향을 용인하는 동시에 국민의 권리보호를 위하여 공개의 심리, 당사자·이해관계인의 변론, 증거조사 등 준사법적 절차의 채용을 내용으로 하는 통일적인 행정기관의 권한행사의 준칙의 입법화가 요청되고 있다. 외국의 예로서 미국의 行政節次法(Administrative Procedure Act, 1946)은 이에 응하는 것이다.

행정제도(行政制度) 〔佛〕 régime administratif 行政權의 地位(특히 사법권에 의한 제약으로부터 독립된 지위)를 보장하여 그의 자율을 인정하는 제도. 즉 행정권에 대한 사법권의 간섭을 배

제하기 위하여 행정법이라는 국가에게만 적용되는 특수한 법체계와 行政裁判所라는 일반 司法裁判所로부터 독립한 特別裁判所를 가지는 것이 이 제도의 특색이다. 일찍이 절대왕정 이래의 강대하고 집권적인 행정기구의 전통과 사법에 대한 불신을 배경으로 프랑스에서 성립·발전하여 독일·오스트리아 등의 대륙제국에 파급되어 과거의 일본·우리나라에서도 이 제도가 채택되었다. 이에 대해 영미법계의 국가에서는 이와 같은 정치적 기반이 결여되어 있었으므로 행정제도가 성립되지 않았다. 행정제도를 인정하는 국가를 行政國家라 하고 행정제도를 인정치 않는 국가를 司法國家라 한다.

행정조사(行政調査) [1] 행정청이 행정작용을 위하여 필요한 자료를 얻기 위하여 하는 權力的 調査作用. 종래에는 行政上의 卽時强制의 테두리 속에서 다루어졌던 탓으로 독자적 개념구성을 보지 못하였으나 근래에 와서 즉시강제의 개념에 대한 재검토를 통하여 즉시강제로부터 분리되어 행정조사의 개념이 부각되게 되었다.

[2] 행정학상의 행정에 관한 社會調査. 행정학에 대하여 方法的 規準을 부여하는 역할을 한다. 뉴욕시정조사회에 의하여 시작된 것으로서, 그것은 정부기관의 목적·권한·구조·기능에 관한 자료수집, 자료에 기한 분석, 이에 의한 技術的 規準의 확립이라고 하는 점이 특색이다.

행정조직(行政組織) 행정기관의 조직 및 권한에 관한 사항의 총칭. 행정조직은 국가의 행정조직과 공공단체의 행정조직으로 구별된다. 이 구별은 행정권의 주체에 國家와 公共團體의 두 가지가 있다는 데서 유래되는 것이다. 행정조직은 행정의 합리화 내지 능률화를 중심으로 하여 조직되어야 하지만 國家觀에 의하여 좌우되는 수가 많다. 현대국가의 행정조직은 순수한 자유주의적 요소를 극복하는 데서부터 출발한다. 왜냐하면 현대국가는 사회생활의 전반을 육성 통제하는 職能國家(service state)이며, 양적으로 확대되어 가는 행정활동을 유감없이 처리하기 위해서는 행정조직을 통일·강화하고 그 운영에 있어서 기술을 극도로 이용하지 않을 수 없기 때문이다. 이리하여 현대의 행정조직은 자유주의 시대에서 볼 수 있었던 分權制·合議制·分立制·獵官制를 서서히 극복하면서 집권제·단독제·통합제·관료제에로 移向하는 경향이 있다.

행정주체(行政主體) 公權力의 담당자. 원칙으로는 국가와 공공단체이나 때로는 私人일 때도 있다. 국가나 공공단체가 행정활동을 하기 위하여, 그 의사를 결정 표시하고 또는 그 의사를 집행하는 行政機關과 구별하여야 한다. → 행정기관

행정지도(行政指導) 행정지도란 행정주체가 일정한 行政秩序를 형성하기 위하여 일정한 방향에로 행정객체를 유도할 의도로 하는 非權力的 事實行爲이다. 이는 행정주체와 상대방간에 직접적인 법률관계를 형성하지 않고서도 公行政의 구체적 활동형식으로서의 기능을 할 수 있으며, 행정기관과 상대방간의 몰이해에서 생길 수 있는 분쟁의 事前回避手段이 되고 또한 기술·지식 등의 제공수단이 될 수 있다. 그러나 행정지도를 남용할 때에는 상대방의 권익을 침해할 수 있다. 행정지도도 공행정인 이상 정치행정의 원리의 지배를 받을 것인가에 관한 문제가 제기된다. 行政爭訟은 그 대상이 처분이므로 단순히 권고·지도만으로는 쟁송대상이 될 수 없고 위법·부당하게 행하여진 행정지도를 따르지 아니함을 이유로 어떤 처분이 행하여진 경우에만 가능하다.

행정질서벌(行政秩序罰) → 행정벌, 질서벌

행정집행령(行政執行令) 1928년 制令 제23호. 일제시대에 당시 조선에 있어서의 檢束·假領置 기타 행정상의 즉시강제에 관한 여러 수단과 代執行·執行罰·直接强制 등 행정상의 강제집행수단을 규정한 일반법. 해방후 형사소송법의 개정에 의하여 폐지되었다. → 행정대집행법

행정처분(行政處分) 〔獨〕 Verwaltungsverfügung 행정주체가 법 아래에서 구체적 사실에 관한 법집행으로서 행하는 공법행위 중의 權力的 單獨行爲(행정주체가 행하는 행위 중에서 사실행위·통치행위·입법행위·司法行爲·관리행위·私法行爲를 제외). 영업면허·공기업의 특허·조세의 부과와 같은 것이 그 예. 실정법상의 행정처분 또는 처분이 이에 해당하나, 실정법상의 그것에는 행정주체의 법률행위 뿐만 아니라 사실행위·입법행위까지를 포함하는 때가 있다(行訴 1, 行審 1). 행정처분은 법규와 행정목적에 적합하여야 하며, 법규에 위반하는 처분은 위법처분으로서 행정심판·행정소송의 대상이 되고 행정목적에 위반하는 처분은 不當處分으로서 행정심판의 대상이 된다.

행정청(行政廳) ① 行政官廳에 대비되는 관념으로서 지방자치단체의 의사기관을 의미한다. ② 그러나 현행법에는 그 용례가 일정치 않아, 행정관청과 여기 말하는 좁은 뜻의 행정청을 모두 포함하는 경우가 많다. ③ 한편 통속적 의미에서는 행정의 補助機關과 물적시설까지도 포함하여 최광의로 사용하기도 한다.

행정편의주의(行政便宜主義) 行政權을 발동할 것인가의 여부 또는 어떤 행동을 할 것인가의 선택의 자유 및 판단의 자유를 행정청이 갖는다는 것을 말한다. 따라서 국민의 행정권의 발동을 요구할 수 없다는 것이다. 그러나 현대 福利行政에 있어서 개인의 생활관계 내지 공익을 위하여 행정권의 적극적인 개입이 요구되는 경우가 증가하고 있으며(예컨대, 裁量의 0으로의 收縮), 또한 法이 행정청에 대하여 일정한 공익목적을 도모하기 위한 行政介入權을 부여한 것은 단순한 권한에 그치는 것이 아니라 의무성이 수반되는 것이라 할 수 있음에 비추어 행정편의주의에도 일정한 한계가 있다고 보는 것이 일반적이다. 견해에 따라서는 裁量의 統制論 또는 裁量權의 收縮理論을 전개하기도 한다.

행정학(行政學) 〔英〕 science of public administration 〔獨〕 Verwaltungslehre 좁은 뜻에 있어서는 과거에 있어서의 중앙·지방의 행정의 변천, 현재에 있어서의 중앙·지방의 행정의 실제 그리고 장래에 있어서의 중앙·지방의 행정의 可能態를 통계의 힘을 빌어 고찰하고 과거·현재 및 장래의 내외의 중앙·지방의 행정을 비교대조함으로써(예컨대, 공무원제·지방자치제·공기업제 등) 복잡다기한 행정현상 속에서 일반적인 社會學的 法則을 발견하는 것을 목적으로 하는 학문이다. 넓은 뜻에 있어서는 현행정제도의 이해득실을 비판적으로 연구하고 일정한 이상에 비추어 그에 적합한 개선을 요구하는 行政政策學을 포함하는 의미로 쓰여진다. 행정학은 행정사실을 대상으로 한다는 의미에서 그것은 법학의 영역에 속하는 것이 아니라 政治學의 영역에 속한다. 근대행정학은 독일에 있어서는 슈타인(Lorenz von Stein) 등에 의하여 창시되었지마는 行政法學의 발달에 따라 행정학 그 자체는 쇠퇴하고 현재는 주로 英·美에 있어서 행정의 과학기술적 관리의 요청에 기하여 새로운 발전을 보여주고 있다. → 행정과학

행정해석(行政解釋) 행정기관에 의한 법의 해석. 有權解釋의 한 형태. 법을 집행함에 즈음하여 행정기관은 독자적으로 법을 해석하고 그 해석을 기술한 문서를 내는 일이 많다. 행정해석은 대체로 유효하지만 최종적인 拘束力은 없다.

행정행위(行政行爲) 〔英〕 administrative act 〔獨〕 Verwaltungsakt 〔佛〕 acte administratif 行政權에 의하여 행정법규를 구체적으로 적용·집행하는 행위를 말하는 理論的 槪念. 실정법상의 용어가 아니고 실정법의 이론구성으로서 발달한 학문상의 개념이므로, 그 내용은 학자에 따라 광협의 여러가지의 차이가 있으나 최협의로는 행정주체가 법아래에서 구체적 사실에 관한 법집행으로서 행하는 權力的 單獨行爲인 公法行爲(행정주체가 하는 행위중, 事實行爲·私法行爲·統治行爲·立法行爲·司法行爲를 제외)의 뜻으로 쓰여진다. 실정법상의 행정처분 또는 처분이라는 말이 대체로 이에 해당한다. 행정행위도 법적 행위로서는 司法行爲와 본질적인 차이는 없으나(순수법학파는 이와 같은 입장에서 행정행위라는 특수한 개념을 부정한다), 실정법상 상술한 바와 같은 행정권의 행위는 그 성립·효력 등에 있어서 사법의 원리와는 다른 공법상의 특수한 법원리가 적용된다. 여기에 행정행위의 개념을 구성하는 요소가 있다. 행정행위는 보통 그 행위의 요소인 정신작용이 효과의사냐 아니냐에 따라 法律行爲的 行政行爲와 準法律行爲的 行政行爲로 분류되고, 전자에는 命令的 行爲(하명·허가·면제 등)와 形成的 行爲(특허·인가 등)가 있고, 후자에는 확인·공증·통지·수리행위 등이 있다. 그러나 최근에는 법률효과에 따라 授益的 行政行爲와 侵益的 行政行爲 및 複效的 行政行爲로 구별하는 경향이 강하다. 행정행위는 보통 다음과 같은 특색을 가진다(물론 이것은 반드시 명문으로 규정되어 있지는 않으나 실정법상의 이론구성으로서 승인되어 있다). 즉 행정행위는 법(특히 법률)에 의거하여 법에 따르지 않으면 안되며(法適合性) 그 성립에 하자가 있을지라도 절대무효인 경우 이외에는 적법이라는 추정을 받고, 권한있는 기관의 취소가 있을 때까지는 유효한 구속력을 가지며(公定性), 스스로 그 내용으로 하는 바를 상대방에 대하여 강제하여 실현할 수 있는 힘을 가지며(實效性), 일정한 기간의 경과 후에는 그 효력을 다툴 수 없고(不可爭性), 어떤 경우에는 행정주체도 이를 변경할 수 없으며(不可變性) 또 그 취소·변경을 구하는 소송은 행정소송으로서 특수한 규율을 받고 행정행위에 의한 손해의 배상책임도 민사상의 不法行爲責任과 다른 특색을 가진다(救濟制度의 특수성). → 행정처분, 무효인 행정행위, 취소할 수 있는 행정행위, 구속력, 공정력, 확정력, 집행력

행정행위(行政行爲)**의 무효**(無效) → 무효

행정행위(行政行爲)**의 부관**(附款) → 부관

행정행위(行政行爲)**의 부존재**(不存在) 〔獨〕 Nichtverwaltungsakt 행정행위의 관념에 상당하는 사실이 형식상으로도 존재하지 않는 것. 행정행위가 외형상 존재하고 있으나 법률효과를 발

생하지 못하는 행정행위의 無效와 다르다. ① 행정기관이 아닌 私人의 행위, ② 행정기관의 행위일지라도 行政權發動으로 볼 수 없는 행위, ③ 행정기관내부의 의사결정일 뿐이고 외부에 표시하지 않은 행위 등이 그 예이다. 그러나 행정행위의 존재여부를 확인하는 것이 국민의 法的 安定性을 위해 필요한 경우가 있으므로 현행 행정심판법과 행정소송법은 무효등확인심판·소송을 인정하고 있다(行審 4 ii, 行訴 4 ii).

행정행위(行政行爲)**의 실효**(失效) 〔獨〕 Verwirkung 아무런 瑕疵없이 유효하게 성립·발효된 행정행위가 행정청에 의하지 않고 일정한 객관적인 사유의 발생에 의하여 장래에 향하여 당연히 효력이 소멸되는 것을 말한다. 행정행위의 실효는 일단 적법하게 효력이 발생한다는 점과, 瑕疵와는 관계가 없다는 점, 그리고 장래에 향하여 효력이 소멸된다는 점 등에서 처음 효력이 발생하지 않고 하자가 원인이 되는 行政行爲의 無效와 구별된다. 실효의 사유에는 행정행위 대상의 소멸, 행정행위의 목적달성, 解除條件의 성취, 期限의 도래 등이 있다.

행정행위(行政行爲)**의 철회**(撤回) → 철회

행정행위(行政行爲)**의 취소**(取消) → 취소

행정행위(行政行爲)**의 폐지**(廢止) 행정행위의 철회와 같다.

행정행위(行政行爲)**의 하자**(瑕疵) 행정행위로서의 완전한 효력의 발생을 저해하는 사유가 되는 欠缺. 행정행위의 하자에 관한 문제는 법치행정의 요청을 실현하기 위한 이론의 하나로서 독일을 중심으로 발달되었다. 행정행위의 하자의 유형에 관하여는 여러 학설이 대립되고 있으나 종래의 통설은 사법상의 法律行爲의 경우와 같이 무효와 취소의 두 가지로 구분한다. 無效인 行政行爲와 取消할 수 있는 행정행위의 구별표준에 관한 태도에도 논리적·형식적인 입장에 서는 것과 경험적·목적론적인 견해를 가지는 것 등이 있으나, 이 문제는 내포된 하자의 객관적 명백성 여부 및 중요성의 여하에 따라 구체적으로 결정하여야 한다. 일정한 사유나 법률행위의 존재로써 취소할 수 있는 행정행위의 하자가 治癒되는 경우가 있다.

행정행위(行政行爲)**의 효력**(效力) 행정행위가 成立要件과 效力發生要件을 구비하였을 때 현실적으로 발생하는 효력. 어떠한 행정행위가 어떠한 내용의 효력을 발생하는가는 행정행위의 종류에 따라 일정치 않다. 통설에 의하면 절대무효의 경우를 제외하고는 대체로 拘束力·公定力·確定力·執行力 등의 효력을 발생한다고 한다. → 행정행위, 구속력, 공정력, 확정력, 집행력

행정협정(行政協定) 〔英〕 executive agreement 執行協定, 政府間協定이라고도 한다. 헌법에 조약체결의 요건으로서 규정된 국회의 동의(예: 憲 60)없이 행정부만의 행위에 의하여 체결되는 條約. 주된 條約의 규정만을 시행하기 위하여 필요한 細則的 規定을 내용으로 하거나 또는 그 주된 조약의 위임에 의거하거나 또는 미국의 경우와 같이 일정한 관행에 기초를 둔다. 미국의 관행에 의하면 육해공군총사령관으로서의 대통령에게 부여된 군사권에 관한 사항, 법률에 의하여 위임된 사항, 條約規定에 의하여 위임된 사항, 장래의 외교교섭의 기초가 될 사항, 외교상의 잠정적인 약정, 미국민이 외국에서 받은 손해에 대한 외국정부의 배상에 관한 사항 등에 관하여 대통령이 행정협정을 체결할 수 있는 권리가 인정되고 있다. 영국에 있어서도 批准을 요하지 않는 외국과의 합의는 정부만으로 행정협정으로서 체결되고 있다. 예컨대 1952년의 美·日行政協定은 1951년의 美·日安全保障條約의 위임에 의거한 것이므로 국회의 동의가 필요없었다. 주한미국군대의 형사재판관할권 등에 관한 韓美行政協定은 외국군대의 지위에 관한 조약이 헌법 60조에 의하여 국회의 동의를 얻게 되어 있으므로 국회의 동의를 얻어 체결되었음을 주의하여야 한다.

행정형벌(行政刑罰) 행정법상의 의무위반에 대하여 그 제재로서 형법에 刑名이 있는 형벌(死刑·懲役·禁錮·資格喪失·資格停止·罰金·拘留·科料·沒收)을 과하는 행정벌의 일종. 행정형벌에 관하여는 원칙적으로 형법총칙의 규정이 적용될 것이나(刑 8) 명문으로써 그 적용을 배제하고 있는 경우는 물론, 그와 같은 명문의 규정이 없는 경우에도 行政犯의 특수성을 고려하여 故意, 法人의 犯罪能力, 타인의 비행에 대한 책임, 공범 등에 관하여 형법총칙이 그대로 적용될 수 없다고 하는 것이 통설이다. 행정형벌의 과형은 원칙적으로 법원에서의 刑事訴訟節次에 의하여 하고 예외적으로 즉결심판절차·통고처분절차에 의한다.

행정형법(行政刑法) 〔獨〕 Verwaltungsstrafrecht 行政的 刑罰法規의 총체, 즉 行政罰 중 특히 형법(41)에 刑名이 있는 벌(행정형벌)에 관한 법규의 총체. 特別刑法의 일종. 넓은 뜻으로는 행정벌에 관한 법규의 총체를 의미하는 수도 있다. 행정형법은 행정적인 단속목적을 위하여 刑罰이라

는 수단을 빌려 쓰는 것이며(그 행정목적에 따라서 조세형법·경제형법·노동형법 등의 분야로 구분된다), 고유의 형법(司法刑法(Justizstrafrecht), 刑事刑法(Kriminalstrafrecht))에 비하여 윤리적 요소가 약하고 기술적·합목적적 요소가 강하다. 행정형법과 고유의 형법과의 구별은 범죄의 면에서 보면 行政犯과 刑事犯과의 구별에 대응한다. 형법총칙의 적용을 배제하는 특별규정(刑 8 참조)은 특히 행정형법의 영역에 많다. 예컨대 형사미성년자·심신미약자·농아자의 규정의 적용배제(예: 담배事業法 31, 稅犯罰 4), 법률의 착오의 규정의 적용배제(예: 같음), 從犯減輕의 적용배제(예: 같음), 酌量減輕의 적용배제(예: 담배事業法 31), 兩罰規定(예: 稅犯罰 3, 勞整 94) 등.

행 형(行刑) 〔獨〕 Strafvollzug 自由刑의 執行. 이는 형의 집행과 구별하여야 한다. 형의 집행은 자유형 이외에 死刑·財産刑의 집행을 포함하므로 행형보다 넓은 개념이지만 자유형의 집행에 관하여도 이를 형식적으로 판결의 집행이라고 하는 관점에서 본 경우는 형의 집행이고, 내용적으로 개선목적의 달성이라고 하는 관점에서 관찰한 경우는 행형이라고 할 수 있다. 行刑은 다음 세 개의 요소를 포함한다. ① 행형이 국가의 행정의 일부분인 것. 여기에서 行刑의 합목적성이 요구된다. ② 行刑은 국가와 수형자간의 법률관계인 것. 여기에서 행형의 정밀한 법적 규제가 요구된다(우리나라는 행형법 기타 몇 개의 부속법규를 가지고 있으므로, 행형의 법률화는 비교적 앞서 있다고 말할 수 있다). ③ 행형은 受刑者에 대한 교육인 것. 여기에서 行刑이 수형자를 개선하고 사회에 복귀시키기 위하여 유효한 작용을 하는 것이 요망되고, 그 방책으로서 범인의 인격조사, 범죄인의 분류, 누진제, 囚人自治制 등이 그 중심으로 되어 있다.

행형학(行刑學) 〔英〕 penology 〔獨〕 Gefängniskunde 〔佛〕 science pénitentiaire 刑事學의 일부로서 행형상의 여러 문제를 대상으로 하는 학문. 教育刑主義에 입각한 科學的 行刑의 요구에 의하여 행형시설·구금제도·수형자분류 등이 논의되게 되었고 특히 과학적 행형을 위하여 사회학·경제학·생물학·생리학·심리학·정신병학·생태학 등 자연과학의 응용이 요청되게 되었는데, 행형학은 행형상의 여러 제도와 수형자의 사회복귀를 위한 行刑過程에 있어서 응용될 여러 과학의 종합적 응용과학으로서의 특수성을 지닌 학문으로 등장하게 되었다. 監獄學이라고도 하고 최근에는 矯正科學이라고도 부른다.

향교재단(鄕校財團) 道內 소재의 각 文廟의 유지, 교육 기타 교화사업의 경영, 儒敎의 진흥과 문화의 발전을 기함을 목적으로 하는 재단. 향교재단은 그 재산으로부터 생기는 수입은 일정한 목적 이외에는 이를 사용할 수 없으며(鄕校財産法 6), 일정한 행위에 대하여는 시·도지사의 허가를 요한다(11). 그리고 향교재단에 속하는 鄕校建物 등은 원칙으로 압류할 수 없다(12).

향 약(鄕約) 鄕黨의 약속. 촌락과 같은 地緣共同社會에서 自衛自强을 위하여 구성된 단체의 규약을 말한다. 향약의 典據는 宋의 呂氏鄕約에 있는 바 향약정신이 유교정신과 합치되므로 朱子가 이를 損益修正하여 선전함으로써 널리 알려졌다. 朱子學의 전래와 더불어 고려말기에 도입된 것으로 생각되며, 우리나라에서 향약 전파의 위력은 이퇴계와 이율곡에 힘 입은 바 크다.

향토예비군(鄕土豫備軍) 전시·사변 기타 이에 준하는 國家非常事態下에서 현역군 부대의 편성이나 작전수요를 위한 동원에의 대비, 적 또는 반국가단체의 지령을 받고 무기를 소지한 적 또는 무장공비의 소멸 등을 목적으로 조직된 軍隊(鄕土豫備軍設置法 2).

허 가(許可) 〔獨〕 Erlaubnis 법령에 의한 일반적인 상대적 제한·금지를 특정한 경우에 해제하여 적법하게 일정한 事實行爲 또는 法律行爲를 할 수 있게 하는 행정행위. 실정법상으로는 허가라는 용어 이외에 免許·認可·特許·承認·登錄·指定 등 각종으로 쓰여지고 있다. 허가는 법령상의 제한·금지를 제거하여 자유를 회복시키는 행위이므로, 권리를 설정하는 특허나 타인의 행위의 법률적 효력을 보완하는 인가와 다르다. 그러나 실정법상으로는 이 말은 반드시 정밀하게 구별되어 있지는 않다. 허가를 요하는 행위를 허가없이 한 때에는 처벌 또는 行政上의 强制執行의 대상이 되는 일이 있지만, 반드시 그 행위의 법률적 효력이 부정되는 것은 아니다.

허가사용(許可使用) 公物의 사용내용이 일반사용으로는 적합하지 아니한 경우에, 그러한 내용의 자유로운 사용을 금지하고 특정한 경우에 그 금지를 해제받아 사용하게 하는 것을 말하는데, 이를 特許使用의 허가라고도 한다. 이는 公共用物의 경우와 公用物의 경우로 나누어진다.

허가상고제(許可上告制) 대법원의 허가를 받아야 상고할 수 있는 제도. 소송촉진 등에 관한 특례법은 訴訟促進을 위하여 민사소송법상의 상고이유를 대폭 제한한 후, 소정의 상고이유가 없을 경우에는 법령의 해석에 관한 중요한 사항을 포함하는 것으로 인정되는 사건일 때에 대법원의 허가를 받아 상고할 수 있도록 하였으나(12 I), 헌법재판소의 違憲判決로 현재에는 폐지되었다.

허가어업(許可漁業) 漁業調整의 필요에서 일정한 어업이 금지되어 있는 경우에 그 금지를 해제받아 하는 어업. 免許漁業에 대한 말. 해양수산부장관에 의한 허가어업과 시·도지사에 의한 허가어업이 있는데, 전자에는 대통령령이 정하는 총톤수 8톤 미만의 동력어선을 사용하는 어업과 해외수역을 조업구역으로 하는 어업(遠洋漁業)이 있고 전자에는 무동력어선 또는 총톤수 8톤 미만의 動力漁船을 사용하는 어업으로서 근해어업, 해상종묘생산어업 등이 있다. 이 외에도 허가를 받아야 할 어업의 종류 및 기타 허가에 관하여 필요한 사항은 해양수산부령으로 정한다(水產 41 IV). 존속기간은 5년 이내로 하며 5년한도로 연장될 수 있다(43).

허가영업(許可營業) 행정상의 필요에 의하여 일반적으로 금지되어 있어, 특정의 경우에 행정청의 금지의 解除(許可)를 얻어 비로소 적법하게 할 수 있는 영업. 전당포 등이 그 예. → 허가

허가주의(許可主義)〔法人設立의〕〔獨〕Konzessionssystem 행정기관의 개별적인 허가(또는 인가)에 의하여서 사단·재단에 법인격을 부여하는 법인설립상의 立法主義. 特許主義와 準則主義의 중간에 위치하는 주의이다. 허가주의를 인정하게 된 사회적 기초는 자본주의사회는 필연적으로 자본의 축적과 집중을 일으켰으며, 그 결과 자본의 결합을 기초로 하는 단체에 의한 강력한 이익추구의 현상을 일으켜 그 단체의 거래사회에 있어서의 法的 主體性의 승인이 요청되게 되고, 또 비영리적인 사업을 실현하는데 있어서도 개인이 결합함으로써 또 특정의 목적에 제공된 재산을 이용함으로써 개인으로서는 할 수 없는 큰 작용을 하는 사정이 생겨, 마찬가지로 그것들의 법상의 주체성의 승인이 요망되게 되었음에 있다. 민법은 비영리법인에 관하여 許可主義를 취하고 있다(32). 이 경우의 허가는 행정기관의 自由裁量에 달려 있는 것으로 되어 있지만 최근에는 민법 이외의 법인에 관하여, 일단 인가를 요하는 것으로 하면서, 법률에 정한 요건만 구비하면 행정기관은 반드시 인가하여야 한다고 정함으로써, 準則主義에 가까운 입장을 취하는 경향이 있다.

허용규정(許容規定) 직접 …하지 않으면 아니된다(또는 …하여서는 아니된다)라고 하는 命令(또는 禁止)을 내용으로 하지 않고, …할 수 있다라고 하는 허용을 내용으로 하는 법규. 권리를 부여하는 규정은 대부분 이 형식을 취한다. → 명령적 규정

허용(許容)**된 위험**(危險) 〔獨〕erlaubtes Risko 오늘날의 사회생활에 있어서 예컨대 광산·대공장의 경영, 철도·항공기·자동차 등의 고속도교통기관 등과 같이 法益侵害의 위험과 필연적으로 결부되어 있으나 사회적으로 유익 내지 필요한 사업이 있다. 만약 이들의 사업이 법익침해의 위험이 있다고 하여 위법이고 허용되지 않는다면, 우리들의 일상생활은 곧 마비될 것이다. 그래서 허용된 위험은 이와 같이 위험하지만 사회적으로 유익하고 불가결한 행위의 適法性을 긍정하기 위하여 고안된 이론이다.

허위감정통역번역죄(虛僞鑑定通譯飜譯罪) 법률에 의하여 선서한 鑑定人·通譯人 또는 飜譯人이 허위의 감정·통역 또는 번역을 하는 罪(刑 154). 謀害目的으로 범한 때에는(→ 모해허위감정통역번역죄) 형을 가중한다. 허위의 감정은 소신에 반하여 허위의 의견·판단을 진술하는 것을 말하며, 그 의견·판단이 객관적 사실과 일치하더라도 본죄의 성립에는 영향이 없고, 감정이 어떻게 채택되었는가도 가리지 않는다.

허위공문서작성죄(虛僞公文書作成罪) 공무원이 행사할 목적으로 그 직무에 관한 허위의 문서 또는 도화를 작성하거나 變作하는 죄(刑 227). 本罪는 目的犯이다. 주체는 그 문서·도화를 작성할 직무상 권한있는 공무원이며, 이러한 의미에서 身分犯이다. 허위문서(도화)의 作成·變作에 관하여는 文書僞造를 보라. 미수범을 처벌한다(235). → 문서에 관한 죄

허위매매(虛僞賣買) → 탄식행위

허위진단서작성죄(虛僞診斷書作成罪) 醫師·韓醫師·齒科醫師 또는 助産師가 허위의 진단서·검안서 또는 生死에 관한 증명서를 작성하는 죄(刑 233). 주체가 한정되어 있으므로 身分犯이다. 診斷書란 의사가 진단의 결과에 관한 판단을 기재하여 병명 기타 사람의 건강상의 상태를 증명하기 위하여 작성한 문서를 말하고, 檢案書란 의사가 사람의 신체에 대하여 검진한 것을 기재한 문서를 말하고, 生死에 관한 證明書란 의사가 그 진찰한 사람이 사망한 경우에 작성하는 일종의 진단서와 死體에 대한 사망원인을 증명하는 문서를 말한다. 허위문서의 작성에 관하여는 文書僞造를 보라. 미수범을 처벌한다(235).

허위표시(虛僞表示) 〔羅〕simulatio〔獨〕

(Scheingeschäft Simulation 〔佛〕 simulation 넓은 뜻으로는 진의가 아닌 것을 표의자 자신이 알면서 하는 의사표시를 말하며 單獨虛僞表示와 通情虛僞表示로 나눈다. 그러나 보통 전자를 心裡留保라 하고, 후자만을 허위표시라 한다. 이 의미에 있어서 허위표시는 상대방과 통정하여 행하여지는 眞意아닌 의사표시이다. 또한 이 점에서 상대방과 통정하지 않고 하는 단독허위표시인 심리유보와 구별된다. 통정허위표시는 보통 제3자를 기망할 것을 목적으로 하는데 예컨대, 채권자의 압류를 면하기 위해 友人과 통정하여 부동산을 매매한 것으로 가장하여 그 우인의 명의로 登記를 이전하는 것 따위이다. 이러한 허위표시를 요소로 하는 법률행위를 假裝行爲라고도 한다. 그러나 이것은 隱匿行爲나 信託行爲 등과는 구별된다는 것을 주의해야 한다. 허위표시행위의 효과는 당사자간에서는 물론 무효이나, 이로써 선의의 제3자에게 대항할 수는 없다(民 108). 거래의 안전을 보호하기 위함이다. 즉 前例에서 그 友人의 소유물이라고 오신하고 그것을 매수하여 등기이전을 받은 제3자는 그 부동산의 소유권을 취득한다.

헌 법(憲法) 〔英〕·〔佛〕 constitution 〔獨〕 Verfassung 국가나 統治體制의 기초를 정한 법(根本法 또는 基礎法)의 전체. 이와 같은 의미의 헌법(이른바 고유한 의미의 헌법)에 대하여, 자유주의에 입각한 헌법을 특히 憲法(입헌주의적 의미의 헌법)이라고 하는 경우도 있다. 1789년의 프랑스의 人權宣言 16조가 권리의 보장이 확보되지 않고, 權力分立이 정해져 있지 않는 사회는 헌법을 가진 것이 아니다라고 한 경우에 있어서의 헌법은 이와 같은 의미의 헌법을 말한다. 그와 같은 헌법(실질적 의미의 헌법)이 성문법의 형성을 취하게 될 때 成文憲法(또는 형식적 의미의 헌법)이라고 불린다. 근대 여러 국가는 대부분 성문헌법을 가지고 있으므로 여기에서 단지 헌법이라고 할 때에는 그 성문헌법을 가리킬 때가 많다.

헌법개정(憲法改正) 〔英〕 amendment of consititution 〔獨〕 Verfassungsänderung, Verfassungsrevision 〔佛〕 revision de la consititution 성문헌법에 규정된 개정절차에 의하여 헌법의 基本的 自同性, 즉 根本規範을 파괴하지 않고 헌법조항을 수정하거나 삭제하거나 증보하는 것. 部分的 改正과 一般的 改正이 있다. 不文憲法은 헌법 자체가 법률의 형식으로 존재하기 때문에 이의 개정에는 법률개정의 절차를 따르게 마련이지만, 성문헌법은 그 개정에 있어서 일반법률의 개정의 경우에 비하여 엄격한 절차를 요구하고 있는 것이 각국 헌법에 공통된 원칙이며 이것은 근대헌법을 성문화하는 목적의 하나이기도 하다. 우리나라에 있어서의 헌법의 개정은 대통령 또는 국회재적의원 과반수의 發議로 제안된다(憲 128 I). 제안된 헌법개정안은 대통령이 20일 이상 공고하고 국회가 60일내에 의결(재적 3분의 2 이상)하면 國民投票에 붙여 확정된다(129, 130).

헌법률(憲法律) 〔獨〕 Verfassungsgesetz 헌법을 국가 그 자체의 질서와 똑같이 보는 경우, 절대적 의미의 헌법 또는 고유한 의미의 헌법에는 헌법과 개개의 조문으로 구성된 헌법률이 구별된다. 여기에서 헌법률이란 국가 그 자체의 질서를 이루고 있는 헌법을 전제로 그 위에 입각한 헌법을 말한다. 이것을 相對的 意味의 憲法이라고도 한다.

헌법보장(憲法保障) 헌법에 대한 침해나 위반으로부터 헌법질서의 존속과 안정을 유지하는 것을 말한다. 成文憲法은 스스로 제정한 헌법질서를 유지하기 위하여 헌법보장을 위한 제도를 두고 있다. 헌법보장제도로는 ① 宣言的 保障(헌법에 대한 충성, 선서, 헌법옹호의 의무), ② 統治構造上의 保障(권력분립제·양원제·의원내각제·사법권의 독립), ③ 社會的 保障(여론·헌법의식), ④ 法的 保障(입법적 보장: 헌법개정의 특별규정, 집행적 보장, 재판적 보장) 등이 있는 바, 이 중 보장제도의 중심이 되는 것은 憲法裁判所制度이다. 그런데 실질적인 헌법보장은 제도만으로 되는 것은 아니며, 결국 국민의 헌법의식에 따라 결정되는 것이므로 궁극적으로 헌법보장의 수호자는 국민이라고 하겠다.

헌법불합치결정(憲法不合致決定) 실정법상의 용어는 아니나, 헌법재판소의 위헌 여부 판단 중 變形判決의 하나로 위헌심판결정의 主文이 헌법에 합치하지 아니한다고 선고하면서 일정기한까지 그 법률의 효력을 당분간 지속시킬 수 있도록 하는 결정을 말한다. 헌법불일치라는 용어에 대하여는 單純違憲의 결정을 하여 그 결정이 있은 날로부터 법률의 효력을 즉시 상실하게 하는 하나의 極에서부터 單純合憲의 결정을 하여 법률의 효력을 그대로 유지시키는 또 하나의 極 사이에서, 문제된 법률의 效力喪失의 時期를 결정한 날로부터 곧바로가 아니라 새 법률이 개정될 때까지 일정기간 뒤로 미루는 방안을 택하는 형태의 法定主文을 헌법에 합치되지 아니한다로 표현하기로 한 것이다.

헌법상(憲法上)**의 기관**(機關) 국회·법원·대통령 등 헌법의 직접적인 규정에 의하여 설치된 국가기관. 憲法改正에 의하지 않는 한 이것을 폐지하거나 그 조직·권한을 변경할 수 없는 점에 특색이 있다. 直接機關이라고도 한다. → 직접기관

헌법소원(憲法訴願) 〔獨〕 Verfassungsbeschwerde 어떠한 법률의 違憲與否가 개인의 권리와 이해관계가 있을 경우에, 그 개인의 신청에 의하여 그 법률의 위헌여부를 심사하게 하는 것. 이러한 의미의 헌법소원은 제2차대전 이후 독일연방공화국기본법에 있어서 비로소 채용되고 있다. 다만 독일연방공화국기본법에 있어서는 이러한 헌법소원은 입법 외의 國家權力行爲에 대해서도 인정되고 있다. 우리나라의 제2공화국헌법에 있어서는 입법에 대해서만 이러한 憲法訴請을 인정했지만 현행헌법은 헌법재판소에 대해 법률이 정하는 사항에 관한 憲法訴願審判權을 인정하고 있다(憲 111 Ⅰ ⅴ).

헌법연구관(憲法硏究官) 憲法裁判所長의 명을 받아 사건의 심리 및 심판에 관한 조사·연구에 종사하는 자를 말한다. 헌법재판소에 헌법재판소규칙으로 정하는 수의 헌법연구관 또는 헌법연구관보를 두는데, 헌법연구관은 1급 내지 3급의 일반직국가공무원 또는 1급 내지 3급 상당의 별정직국가공무원으로, 憲法硏究官補는 4급의 일반직국가공무원 또는 4급 상당의 별정직국가공무원으로 補한다. 헌법연구관은 ① 판사·검사 또는 변호사의 자격이 있는 자, ② 공인된 대학의 법률학조교수 이상의 직에 있던 자, ③ 국회·정부 또는 법원 등 국가기관에서 4급 이상의 공무원으로서 5년 이상 법률에 관한 사무에 종사한 자, ④ 헌법재판소에서 憲法硏究官補로 5년 이상 근무한 자 중에서 헌법재판소장이 재판관회의의 의결을 거쳐 임면하고, 憲法硏究官補는 ① 판사·검사 또는 변호사의 자격이 있는 자, ② 공인된 대학의 법률학 전임강사 이상의 직에 있던 자, ③ 법률학에 관한 박사학위소지자로서 공법학에 전문적인 지식을 가진 자, ④ 국회·정부 또는 법원 등 국가기관에서 5급 이상의 공무원으로서 4년 이상 법률에 관한 사무에 종사한 자 중에서 헌법재판소장이 재판관회의의 의결을 거쳐 임면한다. 憲法裁判所長은 다른 국가기관에 대하여 그 소속공무원을 헌법연구관 또는 헌법연구관보로 근무하게 하기 위하여 헌법재판소에서의 파견근무를 요청할 수 있다(憲裁 19).

헌법우위설(憲法優位說) 헌법과 조약과의 효력관계에 있어서 條約優位說에 상대되는 견해로, 헌법이 조약보다 우위에 있다는 학설을 말한다. 우리나라도 이와 같은 입장을 취하고 있다.

헌법위반(憲法違反) [1] 민사소송법상 재판에 영향을 미친 헌법위반이 있는 때에는 판결의 경우에는 上告理由, 抗告法院의 결정·명령의 경우에는 再抗告事由, 불복할 수 없는 결정·명령의 경우에는 特別抗告事由가 된다(民訴 393, 412, 420). 구민사소송법에서는 재판에 영향을 미친 경우인가 아닌가의 구별없이 憲法解釋의 착오 기타 헌법위반이 있는 경우에 이와 같은 불복사유가 되었으나, 개정된 민사소송법은 법률·명령·규칙위반의 경우와 같이 재판에 영향을 미친 때로 한정하였다. 대법원의 부담을 경감케 하려는 취지로 보인다.

[2] 형사소송법상 헌법위반은 抗訴理由 및 上告理由 또는 再抗告事由가 된다(刑訴 361의5ⅰ, 383ⅰ, 415). 재판에 영향을 미친 경우에 한한다. 헌법위반이란 원심판결의 형성과정에 있어서 그 절차가 헌법이 요구하는 규범에 준수되어 행하여지지 않는 경우를 의미하며, 公判節次를 공개하지 아니한 경우(憲 109), 형벌법규를 소급하여 적용하고 또는 이미 확정판결이 있는 사실에 대하여 재차 유죄의 판결이 있는 경우(13Ⅰ) 등이 이에 해당한다. 또한 舊憲法에 있어서는 고문·폭행 등에 의한 자백을 유죄의 증거로 하거나, 자백을 유일한 증거로 하여 유죄를 인정한 경우에도 이에 해당한다.

헌법위원회(憲法委員會) 구헌법상 法律의 違憲의 여부만을 심사하던 기관(舊憲 81Ⅱ). 현행 헌법은 이 제도를 인정하지 않고 그 권한을 憲法裁判所에 부여시키고 있다(憲 111Ⅰⅰ).

헌법(憲法)**의 변천**(變遷) 관행 또는 국가기관의 公權的 解釋 등을 통하여 헌법조항의 뜻이 변경되고 또한 그것이 오랜 기간 계속되어, 변경된 것이 오히려 헌법의 바른 解釋이라고 일반에게 인식되게 되는 것을 말한다. 헌법조항의 문자는 그대로 있다는 점에서 헌법개정과 구별되며 또 변화가 관행·선례·판결 등에 의하여 행하여진다는 점에서 비합법적인 헌법의 破壞와도 구별된다.

헌법(憲法)**의 수호자**(守護者) 〔獨〕 Hüter der Verfassung 헌법의 實效性을 보장하기 위한 기관. 그러나 구체적으로 어떠한 기관이 과연 그 헌법의 수호자이냐 하는 문제는 경우에 따라서 각각 다르다. 立憲君主制의 헌법에 있어서는 헌법침해의 위험은 군대와 공무원을 가진 군주에 있다고 보고, 그 大臣의 탄핵을 심판할 기관이 헌법의 수호자로 간주되어 왔다. 그러나 민주국가에 있어서는 의회가 바로 憲法侵害의 대상자로 간주되고 따라서 다수자의 횡포에 의한 입법으로부터의 헌법의 수호가 필요하게 된다. 다만 이 경우에 있어서도 내각책임제일 경우에는 정당으로부터 초연한 대통령이 헌법의 수호자로 간주되는 경우도 있고, 違憲法律의 심사를 담당한 憲法裁判所나 법원이 헌법의 수호자로 간주될 때가 있다. 그러나 민주국가의 헌법은 국민에게 그 정당성의 기초를 두고 있는 까닭에 그 헌법의 최후의 수호자는 국민으로 간주되고 있다. 국민을 헌법의 최후의 수호자로 보는 경우에는 국가기관의 違憲行爲로부터 헌법을 구출하기 위한 국민의 反抗權(Widerstandsrecht)이 문제되게 된다. 제9차개정헌법은 대통령에게 헌법수호책임을 지우고 있다(66Ⅱ).

헌법재판(憲法裁判) 〔獨〕 Verfassungsgerichtsbarkeit 의회에서 제정한 법률이 헌법에 위배되느냐 아니냐 하는 것을 심사하고, 그것이 헌법에 위배되었을 경우에는 그 법률의 효력을 상실케 하든가 또는 그 적용을 거부하는 제도. 법률의 違憲審査라고도 한다. 헌법재판에 대해서는 다음과 같은 세 가지 주의가 대립되고 있다. ① 헌법재판을 인정하지 않는 주의. 영국은 그 不文憲法主義로 인하여 헌법과 법률과의 차이가 없으므로 헌법에 위배되는 법률의 심사란 있을 수 없고, 구소련을 비롯한 공산주의국가에 있어서는 그 철저한 권력통합주의로 인하여 인민의 의사인 법률의 위헌심사를 금하고 있다. ② 헌법재판권을 일반법원과는 구별되는 독립한 憲法裁判所(Verfassungsgericht)로 하여금 담당케 하는 주의. 오스트리아 · 이탈리아 · 독일 및 우리나라 헌법 등이 그 대표적인 경우이다. 이 경우에는 그 헌법재판소의 관할권은 법률의 위헌심사 이외에 權限爭議 · 政黨의 解散 등에 확대되는 것을 그 특색으로 한다. ③ 憲法裁判權을 일반법원으로 하여금 담당하게 하는 주의. 미국, 일본헌법이 이 주의를 채용하고 있다. 이 경우에는 법률의 위헌심사는 다만 구체적인 사건이 소송에 걸렸을 때에 한해서만 그것을 심사할 수 있는데 불과하며(具體的 規範統制), 또한 그 법률의 위헌성이 발견되었을 경우에도 다만 그 법률의 적용을 거부할 뿐이지, 그 법률의 효력을 상실케 하지 않는 것이 특색이다.

헌법재판소(憲法裁判所) 〔獨〕 Verfassungsgericht 司法法院이 구체적인 소송에 적용할 법령의 合憲性을 판단하는 것과는 달리, 법령의 합헌성 그 자체를 대상으로 하여 일종의 소송절차에 의해 판정하기 위하여 설치한 特別裁判所. 제1차대전후 독일 · 오스트리아 등에 설치된 바 있었고, 우리나라에서도 제2공화국하의 헌법 및 현행헌법에서 인정하고 있다. 헌법재판소는 법령의 합헌성뿐만 아니라 연방국에 있어서는 聯邦과 支分國 또는 지분국 상호간의 권한쟁의 또는 장관책임소송이나 憲法訴願 등에 대한 권한을 갖는 경우가 많다. → 헌법재판

헌법쟁의(憲法爭議) 憲法의 解釋에 관하여 국가기관끼리 서로 분쟁이 있는 경우를 말한다. 국가기관끼리의 헌법쟁의는 대체로 입법 · 행정 · 사법 사이의 권한의 다툼이 있을 경우에 일어나게 된다. 이러한 경우를 權限爭議라고도 한다.

헌법전문(憲法前文) 성문헌법의 첫머리에 있는 문장을 말하며 그 헌법제정의 沿革, 根本思想 등을 나타내는 것이다. 헌법에 전문을 붙여 헌법제정의 유래와 헌법이 채택하고 있는 基本原理를 선언하고 있는 것은 대다수의 헌법에서 취하는 원리이다. 우리 헌법도 전문을 두고 헌법제정의 취지와 헌법이 입각하고 있는 기본원리를 명시하고 있다. 학설상 헌법전문은 헌법제정의 역사적 설명에 불과하거나 제정 유래 또는 목적 등을 선언할 뿐이라는 이유로 그 이유로 法的 性格을 부인하는 설도 있으나, 우리나라의 통설은 그 법적 성격을 인정하여 헌법전문은 憲法制定權力의 소재를 밝힌 것으로서 전체적 결단으로서의 헌법의 본질적 부분을 내포하고 있다고 한다. 우리 헌법은 전문에서 1948년 7월 12일에 제정되고 8차에 걸쳐 개정된 헌법을 이제 국회의 의결을 거쳐 國民投票에 의해 개정하였음을 명확히 하는 한편, 다음과 같은 기본이념을 명시하고 있다. 즉 ① 우리 대한민국은 3 · 1운동으로 건립된 大韓民國臨時政府의 법통과 불의에 항거한 4 · 19 민주이념을 계승한다고 하고, 조국의 민주개혁과 평화적 통일의 사명에 입각하고 있음을 선언하고 있다. 이것은 대한민국의 정통성과 독립정신 및 평화적 통일 · 民主改革을 천명한 것이고, 대한민국이 단일국가로서 진정한 민주공화국을 지향하고 있음을 선언한 것이다. ② 정의 · 인도와 동포애로써 민족의 단결을 공고히 하고 모든 사회적 폐습과 불의를 타파하며라고 규정하였다. ③ 자유민주적 기본질서를 더욱 확고히 하여 정치 · 경제 · 사회 · 문화의 모든 영역에 있어서 各人의 기회를 균등히 하고 능력을 최고도로 발휘하게 하며… 안으로는 國民生活의 균등한 향상을 기하고라고 하여, 우리의 정치제도가 자유민주적 기본질서에 입각하여야 할 것과, 국민의 실질적 평등과 자유를 확보할 것을 표현하고 있다. 또 우리들과 우리들의 자손의 안전과 자유와 행복을 영원히 확보하려고 한다. 따라서 우리나라는 자유 · 안전 · 평등 · 행복이라는 基本的 保障에 노력하고 있음을 나타내고, 권리에 따르는 의무와 책임을 강조하고 있다. ④ 밖으로는 항구적인 世界平和와 人類共榮에 이바지 함으로써라고 하여, 우리나라가 항구적 세계평화를 지향하고 있음을 나타내고 있다.

헌법제정권력(憲法制定權力) 〔獨〕 verfassungsgebende Gewalt 〔佛〕 pouvoir constituant 국가의 基礎法인 헌법 자체를 제정하는 권력. 이것은 헌법에 의하여 조직된 입법 · 행정 · 사법

등의 諸權力(pouvoir constitué)과 대응하여 사용되는 개념이다. 후자는 이른바 統治權을 의미하는데, 헌법제정권력은 이와는 구별되어 사용된다. 이것은 憲法改正權力과도 물론 구별된다. 후자도 역시 전자에 의하여 부여된 권력이다. 헌법제정권력은 프랑스 혁명당시 시에예스에 의하여 주장되고 근래에 와서는 슈미트(Carl Schmitt)에 의하여 강조되기도 한다. 이 개념은 또한 主權과 같은 의미로 사용되기도 한다. 따라서 헌법제정권력의 소재를 변경하는 것은 憲法破壞를 의미하며, 헌법개정절차에 의해서도 이를 변경하지 못한다는 것이 통설이다.

헌법파괴(憲法破壞) 〔獨〕 Verfassungsvernichtung 헌법의 全體的 自同性을 상실케 하는 행위. 이것은 결국 헌법제정권력의 파괴를 의미한다는 점에서 하나의 革命이다. 이러한 예는 군주주권적 사회로부터 국민주권적 사회로 전환하는 과정에서 발견할 수 있다.

헌 병(憲兵) 국방부에 소속하고 각군 參謀總長의 지휘·감독을 받아 군사에 관한 경찰을 장리하는 집행기관(憲兵令 1). 軍事에 관한 사항에 한하여 行政警察權과 司法警察權을 행한다(2 I). 지방방위에 관한 군사경찰에 있어서는 사단장 또는 그 소재지의 군사령관의 지휘·감독을 받으며(3), 그 職務範圍內에서 정당한 직권을 가지는 자로부터 원조요구가 있을 때는 이에 응할 의무가 있다(4).

헤브라이법(法)(**헤브라이·유대법**(法)) 〔英〕 Hebrew Law(Hebrew Jewish Law) → 모세·탈무드법

헤이그국적조약(國籍條約) 국적법의 저촉에 관한 조약과 같다.

헤이그국제법전회의(國際法典會議) 〔英〕 Conference for the Codification of International Law 〔佛〕 Conférence pour la Codification du Droit International 1930년 國際聯盟의 주최하에 네덜란드 수도 헤이그에서 개최된 국제법의 漸進的 法典化(국제법의 여러 문제 중에서 종래의 관습법규가 이미 성숙하고, 성문화함에 적합한 것으로부터 순차 조약으로 성문화하여 가는 것)를 위한 국제회의. 제1회의 회합에서 國籍·領海·國家責任의 세 가지 문제를 취급하였으나, 國籍法의 저촉에 관한 條約 이외에, 그리 성과가 오르지 않고, 제2회 이후의 회합은 중지되었다. 국제연합에서는 다시 법전화의 문제를 취급하고 있다.

헤이그국제법학원(國際法學院) 〔佛〕 Académie de Droit International 카네기財團의 기부에 의하여 1923년 헤이그에서 발족. 국제법 및 그 관련과목에 관한 고도의 연구센터. 매년 여름 10여명의 우수한 학자를 초빙하여 강의와 세미나를 연다. 이것을 모은 Recueil des Cours는 國際法研究에 불가결의 문헌으로 친다.

헤이그국제사법조약(國際私法條約) 〔英〕 Hague Conventions on private international law 〔獨〕 Haager Abkommen über internationales Privatrecht 〔佛〕 Conventions de la Haye sur le droit international privé → 헤이그국제사법회의

헤이그국제사법회의(國際私法會議) 〔英〕 Hague Congresses on private international law 〔獨〕 Haager Konferenzen über internationales Privatrecht 〔佛〕 Conférences de la Haye sur le droit international privé 國際私法의 통일을 목적으로 한 네덜란드정부의 발의에 의하여 헤이그에서 개최된 列國會議. 제1회 1893년, 제2회 1894년, 제3회 1900년, 제4회 1904년, 제5회 1925년, 제6회 1928년, 제7회 1951년, 제8회 1956년. 모두가 헤이그에서 개최되어 국제사법에 관한 여러가지 사항의 條約案을 작성하였지만, 그 중 다음의 6개조약이 1902년 또는 1905년에 調印되어 유럽대륙의 수개국간에 행해지게 되었다. ① 민사소송에 관한 조약, ② 혼인에 관한 법률의 저촉을 규정한 조약, ③ 혼인과 별거에 관한 법률 및 裁判管轄의 저촉을 규정한 조약, ④ 미성년자의 後見에 관한 조약, ⑤ 부부의 신분상 및 재산상에 미치는 혼인의 효과에 관한 법률의 저촉을 규정한 조약, ⑥ 禁治産 및 이와 유사한 보호수단에 관한 조약 등이다. 이러한 조약에 가입한 국가는 유럽 대륙제국 중 수개국에 불과하며, 영국은 가입하지 않았다. 또 당초 가입한 국가 중에서도 후에 조약 중 수개종 또는 1개종으로부터 탈퇴한 국가가 적지 않다.

헤이그육전규칙(陸戰規則) 정식으로는 陸戰의 法規慣例에 관한 규칙(〔英〕 Regulations concerning the laws and customs of war on land 〔佛〕 Règlement concernant les lois et coutumes de la guerre sur terre)이라고 한다. → 헤이그육전조약

헤이그육전조약(陸戰條約) 정식으로는 陸戰의 法規慣例에 관한 조약(〔英〕 Convention concerning the laws and customs of war on land 〔佛〕 Convention concernant les lois et coutumes de la guerre sur terre). 1899년의 헤이그제1차 平和會議에서 처음으로 체결되고, 1907년의 제2차 평화회의에서 개정. 조약은 그 자체 겨우 9조에 지

나지 않으나, 56조로 구성된 陸戰의 법규관례에 관한 규칙이 부속되어 있다. 후자는 交戰者의 자격·포로·전투행위·점령 등 육전에 관한 여러 규칙의 대부분을 망라하고 있다. 대체로 당시의 慣習法을 성문화한 것이나 새로 정한 것도 적지 않다.

헤이그중재재판소(仲裁裁判所) → 상설중재재판소와 같다.

헤이그평화회의(平和會議) 〔英〕 Hague peace conferences 〔獨〕 Haager Friedenskonferenzen 〔佛〕 Conférences de la paix de la Haye 1899년과 1907년에 러시아 황제 니콜라스 2세의 발의에 의하여 네덜란드의 수도 헤이그에서 개최된 국제회의. 각기 제1평화회의, 제2평화회의라고 부른다. 平和를 확보하여야 할 방법의 연구를 제1목적으로 개최되었으므로 평화회의라고 한다. 제1평화회의는 군비축소를 주요의제로 하며 국제분쟁의 평화적 처리의 방법의 연구를 부수적 의제로 하며 참가국 26. 전자는 성과가 없으며 후자에 관하여 중요한 國際紛爭의 평화적 해결에 관한 조약 외에 육전의 법규관례에 관한 조약(→헤이그육전조약) 및 적십자조약을 海戰에 응용하는 조약이 체결되었다. 제2차평화회의는 분쟁의 평화적 처리와 戰時法規의 제정에 중점을 두고, 참가국 44. 전자에 관하여는 제1평화회의의 국제분쟁의 평화적 해결에 관한 조약의 개정과 계약상의 채무회수를 위한 병력사용의 제한에 관한 조약의 체결, 후자에 관하여는 제1평화회의에서 체결된 상술한 2조약의 개정과 開戰, 개전시 敵商船의 취급, 상선의 군함에의 변경, 전시해군력에 의한 포격, 自動觸發海低水雷의 부설, 海戰에 있어서의 포획권행사의 제한, 국제포획심판소의 설립, 陸戰에 있어서의 중립, 海戰에 있어서의 중립에 관한 9조약의 체결이 행하여졌다. 헤이그평화회의는 평화 확보의 방법 그 자체를 목적으로 하여 개최된 최초의 국제회의였다는 점, 전시법규에 관한 다수의 일반조약이 체결된 것, 국제법사상 가장 다수국가가 참가한 회의였다는 점 등에 의하여 국제회의의 가장 중요한 것의 하나이다.

헤이비어스 코퍼스 〔羅〕·〔英〕 (writ of) habeas corpus 人身保護令狀, 인신제출영장. 인신제출이 原意. 사람을 구금하는 자에 대해서, 피구금자의 신체를 재판소 또는 재판관 앞에 제출(have the body)할 것을 명하는 국왕의 大權令狀(prerogative writ)의 총칭. 영장 중에 人身을 제출하라(habeas corpus, you have the body)라는 말이 쓰여진 데서 이와 같이 부르게 되었다. 그 중에서 가장 중요한 것은 haveas corpus ad faciendum, subjiciendum, et recipiendum으로서 이것은 피구금자의 몸을 그 구금일 및 이유를 명시하여 제출하고, 재판소가 명령하는 사항을 遂行(faciendum)하고, 受認(subjiciendum)하고, 受領(recipiendum)할 것을 명하는 것이다. 보통 Habeas corpus라고 부르는 것은 이 영장을 가리킨다. 이 영장은 보통법에 의해서 발전된 것이며 1679년, 1816년, 1862년의 각 人身保護法(Hebeas Cropus Acts)에 의해서 수정 확대되었다. 英本國뿐만 아니라 영연합의 自治領 및 식민지에도 보급되었으며 또한 미국에도 계수되어 違法的인 구속에 대한 人身自由의 최고의 법적 구제방법으로서, 영미법상 가장 저명한 법제도의 하나이다. 人身保護令狀에는 여러가지의 종류가 있다. 우리나라에도 헌법과 형사소송법에 이 원칙이 도입되어 있다. →인신보호영장, 구속적부심사

헤지 펀드(Hedge Fund) 국제증권 및 외환시장에 투자해 단기이익을 올리는 民間投資基金. 개인이나 기관투자가들로부터 모은 돈의 이윤을 극대화하기 위한 일종의 投資信託이다. 헤지펀드는 수익이 나는 곳이면 세계 어디든 외환, 주식, 채권을 가리지 않고 攻擊的 投賣를 한다. 세계금융계를 좌지우지하는 대표적 헤지펀드가 바로 조지 소러스가 운용하는 퀀텀펀드, 이 밖에 전세계에 3천여개의 헤지펀드가 있는 것으로 알려졌다. 헤지펀드의 자체 자금규모는 세계적으로 약 5백억달러에 불과하지만 은행으로부터 투자자금을 빌리기도 하고 구입한 채권을 다시 담보로 해 投資資金을 부풀린다. 이같은 信用再創出을 감안하면 이들 헤지펀드가 운용할 수 있는 투자규모는 수천억달러가 넘는 것으로 추산된다. 따라서 이들 헤지펀드가 先物옵션, 先物스왑 등 派生金融商品을 이용해 공격적 투기를 할 경우 國際換市場이 들썩거릴 수밖에 없는 것이다. 매일 1조달러가 거래되는 국제금융시장 거래량의 70% 이상을 이들이 장악하고 있다.

헬레니즘법(法) 〔英〕 Hellenistic Laws 〔獨〕 hellenistische Rechte 동부지중해세계에 있어서, 알렉산더대왕의 시대로부터 로마의 지배가 시작할 때(30 B.C.)까지의 사이에 형성된 法인데, 로마의 지배하에 있어서도 로마제국법과 나란히 오랫동안 존속하였다. 내용적으로는 그리스적·東方的 여러 요소의 복합체이다. 이러한 법은 메소포타미아·시리아·키레네에 있어서도 楔形文字文書·羊皮紙文書·金石文 등에 의하여 한정된 시대에 관하여 그 존재를 알 수 있지만, 이집트에 있어서는 많은 파피루스 문서에 의하여 기원전 3세기로부터 기원후 7세기에 이르는 약 10세기에 걸친 이른바 그리스=이집트 法의 존재를 알 수 있다. →법파피루

스학, 고대법사론

혁 명(革命) 〔英〕·〔佛〕 revolution 〔獨〕 Revolution 현실의 사회제도에 불만을 품고, 비합법적 수단으로써 그 제도를 뒤엎은 다음, 새로운 이상밑에서 새로운 사회제도를 창설하게 하는 것. 그러나 이러한 의미의 혁명에도 대체로 넓은 의미의 그것과 좁은 의미의 그것이 구별되고 있다. 좁은 의미에 있어서는 프랑스 대혁명이나 러시아의 10월 혁명에서 볼 수 있는 바와 같이 국가의 기본질서 그 자체까지를 파괴하는 경우를 말한다. 이러한 경우에는 국가와 헌법의 自同性까지가 상실되게 된다. 넓은 의미에 있어서는 비합법적 수단으로써 정부를 전복하게 하는 모든 政治的 措置를 말한다. 따라서 쿠데타·政變 등은 모두 이러한 의미의 혁명을 의미하고 있다. 그러나 이러한 의미의 혁명일 경우에는 그 헌법의 기본질서에는 아무런 관계가 없고, 따라서 국가나 헌법의 自同性은 그대로 계속되고 있다. 그러나 이러한 경우에도 국가의 원수까지가 교체되었을 때에는 국제법상으로 政府承認의 문제가 새로이 생기게 된다. 우리나라의 4·19 혁명과 5·16 혁명도 넓은 의미의 혁명의 하나로 간주되고 있다.

혁명재판소(革命裁判所) 국가재건비상조치법 22조 1항의 규정에 의하여 제정된 특별법에 해당하는 자를 수사·심판하기 위한 特別裁判所. 혁명재판소는 심판부 5부와 상소심판부 2부를 두는 바 심판부는 5인의 심판관, 상소심판부는 7인의 심판관으로써 각각 구성하며, 裁判長은 국가재건최고회의의 제청에 의하여 대통령이 임명한다(革命裁判所組織法 4). 재판소는 ① 특수범죄처벌에 관한 특별법 및 부정축재정리법에 규정된 죄, ② 부정선거관련자처벌법에 규정된 죄를 심판함을 목적으로 한다(7). 1962년 국가재건최고회의의 의결로써 해체되었다.

현금출납공무원(現金出納公務員) → 출납공무원

현금(現金)**흐름표** 〔英〕 statement of cash flows 일정기간 동안에 자금이 어떻게 조달되어 활용되었는가 하는 것(資金의 增減)을 표시하여 주는 보고서이다. 즉 기업의 현금의 變動內容을 명확하게 보고하기 위하여 그 회계기간에 속하는 현금의 유입과 유출내용을 적정하게 표시하는 서류이다(企業會計基準 83Ⅰ). 여기에서 현금이란 현금과 예금 및 現金等價物을 말한다(83Ⅱ).

현명주의(顯名主義) 〔英〕 named principal, disclosed principal 〔獨〕 Offenheitsprinzip 代理人이 代理行爲를 함에는 본인을 위한 것임을 표시하여 행위의 효과의 귀속을 받을 자를 상대방에게 표시하여야 한다는 주의. 민법은 이 주의를 취하고 있다(114). 그러나 상법에서는 상행위는 개성이 희박하므로 顯名主義를 취하지 않는다(48). 그러나 어음행위에 관하여는 법률관계가 증권상에 기재되는 것을 요하므로 다시 현명주의가 취하여지고 있다(어음 8, 手票 11). 본인을 위한 것임을 표시하는 의사표시, 즉 대리의사는 반드시 명시적일 필요는 없고 묵시적이라도 좋다(民 115 但). 受動代理에서는 상대방이 대리인에 대하여 대리의사를 표시하여야 한다(114Ⅱ). 대리의사를 표시하지 않은 경우에는 거래의 상대방을 보호하기 위하여 代理人 자신에게 행위의 효과가 발생한다(115 本).

현물급여(現物給與) 실물임금과 같다.

현물보상(現物補償) 損失補償은 金錢補償을 원칙으로 하나, 법률이 정하는 바에 따라 그 이외의 방법에 의한 보상이 인정되는 경우가 있는 바, 현물보상이 그 예이다. 현물보상이란 부동산의 수용 또는 사용 등에 따르는 손실을 換地의 제공 등과 같이 수용 또는 사용하는 물건에 갈음하는 물건을 제공함으로써 보상하는 것을 말한다. 이 경우에 교환될 토지는 종전의 地目·地籍·等位 기타의 객관적 이용도 등을 참작하여 等價의 것일 뿐만 아니라 피수용자의 생활관계에 부당한 영향을 미치지 아니하는 것으로 하여야 한다.

현물분할·가치분할(現物分割·價值分割) 公有物의 분할방법으로서 공유물 자체를 분할하는 경우를 현물분할이라 하고, 공유물을 매각하여 그 대금을 분할하거나(代金分割) 어느 공유자가 공유물을 차지하고 다른 공유자에게 그 지분에 해당하는 금전을 지급하는 경우(價格賠償)를 가치분할(價格分割)이라 한다. → 공유물분할, 공유물분할의 소

현물출자(現物出資) 〔獨〕 Sacheinlage 〔佛〕 apport en nature 금전 이외의 재산을 목적으로 하는 출자. 회사가 사업을 경영하기 위하여 특정한 재산을 필요로 하는 경우에 金錢出資에 대한 예외로서 인정된다. 목적이 될 수 있는 재산은 대차대조표상 자산의 부에 기재할 수 있는 讓渡可能한 자산으로서, 동산·부동산·無體財産權 등은 물론, 고객관계·영업상의 비결 등 재산적 가치있는 사실관계도 된다. 출자의 방법은 재산권 자체를 회사에 이전하든, 그 사용·수익권만을 제공하든 상관없다. 현물출자의 목적물이 과대평가될 경우에는 회사의 자본적 기초를 위태롭게 하여 회사채권자를 해칠 위험이 있고 현물출자자를 다른 사원에 비하여 부당하

게 이득시키게 되므로, 물적회사의 설립에 있어서는 이것을 變態設立事項으로 하여 엄격한 법의 규제를 받게 하고, 주식회사의 경우에는 發起人에 한하여 인정하였다(商 290 ii, 298~300, 302 Ⅱ ii, 310, 314, 544 i). 그리고 신주의 발행에 있어서는 현물출자에 관한 사항을 이사회의 결의로써도 정할 수 있으나(416 iv), 설립의 경우와 동일한 취지에서 그에 준한 규제를 받는다(420 iii, 422). 현물출자는 金錢出資와 동시에 이행되고(295 Ⅱ, 305 Ⅲ, 548 Ⅱ), 이행지체 · 위험부담 · 하자담보 등에 관하여는 雙務契約에 관한 일반규정을 유추적용한다.

현 상(懸賞) 특정한 설문에 대하여 그 해답의 제시 또는 적중을 조건으로 응모자로부터 금품을 모아 그 설문에 대한 정답자나 적중자의 전부 또는 일부에 대하여 재산상의 이익을 주고 다른 참가자에게 손실을 주는 행위로 射倖行爲 등 規制 및 處罰特例法에 의한 규제를 받는다(2 Ⅰ i 나).

현상광고(懸賞廣告) 〔獨〕Auslobung〔佛〕promesse publique 廣告者가 어느 행위를 한 자에게 일정한 보수를 지급할 의사를 표시하고, 이에 응한 자(응모자)가 그 광고에 정한 행위를 함으로써 성립하는 契約(民 675). 家出人의 수색, 遺失物의 수색, 학술적 발명 등에 널리 행하여지고 있다. 廣告란 불특정다수인에게 了知시키는 표시방법이고 법률적 의의는 불특정다수인에 대한 의사표시를 말한다. 따라서 觀念의 通知(사원총회소집공고 등)와 특정인에 대한 의사표시는 광고가 아니다. 표시방법에는 제한이 없고 보통 신문 · 잡지에의 게재, 라디오 · 텔레비전의 방송, 차내 · 게시판에의 게시 등으로 한다. 어느 행위(特定行爲)에 관하여 특별한 제한은 없어도 사회질서에 반하는 행위는 당연히 금지된다. 또 어느 사실상태의 존재(우량아 · 재해를 입은 자)에 대하여 이익(상금 · 금품)을 주는 내용도 특정행위가 아니기 때문에 광고는 아니다. 報酬는 반드시 금전적 가치가 없어도 좋으며 그 종류는 제한하지 않는다. 광고행위는 請約이고 지정행위의 완료는 承諾이며 그 합치로써 계약의 효력이 생기기 때문에 要物契約이다. 양 당사자가 채무를 부담하지만 지정행위의 완료와 광고자의 보수지급이 對價關係가 없으므로 有償 · 片務契約이다. 광고에 지정된 행위의 완료자는 보수청구권을 취득한다(676). 여러 사람이 동시에 완료하면 각각 균등한 비율로 보수를 받을 것이나, 보수의 성격이 분할할 수 없으면 추첨에 의하여 정한다. 여러 사람이 공동으로 완료하면 報酬請求權은 다수당사자의 채권이 된다. 특히 문제가 되는 것은 광고있음을 알지 못하고 광고에 지정한 행위를 완료한 경우이다. 이것은 請約에 대하여 승낙을 한 것이 아니므로 계약은 성립되었다고 볼 수 없다. 그러나 민법은 이런 때에도 계약의 성립을 인정하여 보수청구권이 있다고 특별규정을 하였다(677). 이 현상광고는 指定行爲를 완료한 자가 있기 전에는 그 광고와 동일한 방법으로 광고를 철회할 수 있다(679). 만일 동일한 방법의 撤回가 불가능하면 그와 유사한 방법으로 철회할 수 있으나 철회를 모르고 指定行爲를 완료한 자가 있으면 보수를 줄 의무가 있다. → 우수현상광고

현상학적 법학(現象學的法學) 〔獨〕phänomenologische Rechtslehre 후설(Edmund Husserl)의 현상학을 法哲學 내지 法學에 적용하려는 학파. 法現象學이라고도 한다. 이 학파에는 크게 나누어 두개의 경향이 있다. 그 하나는 후설의 문하인 라이나하가 개척하려고 한 先驗的 法學(apriorische Rechtslehre)이며, 다른 하나는 현상학과 켈젠의 純粹法學을 결합하려는 슈라이어(Fritz Schreier), 카우프만(Felix Kaufmann) 등의 시도이다. 라이나하는 법적 대상의 본질적 법칙을 발견하는 것을 과제로 하여 약속 · 소유권 · 대표 등에 관해서 고찰하고, 슈라이어는 可能法의 이론을 주장하였다. 그러나 현상학적 법학의 주장은 오늘날 후설의 근본정신에서 멀어져 단순한 法的 번쇄주의로 항상하고, 아직 법학에 대하여 결정적 영향을 미치지 못하고 있는 것으로 생각되고 있다.

현실매매(現實賣買) 〔獨〕Realkauf, Handkauf, Naturalkauf 契約과 동시에 당사자의 일방이 대금을 지급하고, 이에 대하여 상대방이 재산권을 이전하는 매매. 卽時賣買라고도 한다. 자동판매기에 의한 매매, 小賣商의 점포에서 현금을 지급하고 상품을 사는 경우 등이 그 예. 뒤에 이행할 채무를 남기지 않으므로, 먼저 채무를 부담하고 후에 이것을 이행하는 보통의 매매와 같으냐라는 문제가 있다. 이 경우에도 당사자 쌍방이 대금지급 의무와 목적물의 소유권을 이전할 채무를 부담한다는 것이 적어도 관념상 선행하고, 그 채무의 이행으로서 서로 相換으로 대금과 목적물의 소유권을 이전한다고 생각하여야 할 것이다. 그러므로 이에 관하여도 매매의 규정이 적용되며, 목적물에 하자가 있는 경우에는 瑕疵擔保의 규정의 적용이 있다고 해석하여야 할 것이다(民 580, 581). 그러나 현실매매에 있어서는 채권의 성립과 동시에 쌍방의 채무가 이행되므로 보통의 매매와는 달라 同時履行의 抗辯이나 危險負擔은 사실상 문제가 되지 않는다.

현실(現實)**의 인도**(引渡) 占有物의 사실적 지배를 현실적으로 이전하는 것. 인도의 원칙적

방법이며(민법 196조 1항에 말하는 인도는 이것을 의미한다), 다른 편의적인 인도방법인 簡易引渡·占有改定·返還請求權의 讓渡에 의한 인도와 대립된다(→인도). 어떠한 경우에 사실적 지배의 이전이 있다고 보느냐는 사회통념에 의하여 결정하게 된다. 동산에 관하여는 장소의 이동이 있게 되는 것이 보통이나, 不動産에 관하여는 보통은 이용이나 관리가 옮겨진다.

현실재단(現實財團) 파산관재인이 파산재단으로서 현실로 점유·관리하는 총재산. 이를 實在財團이라고도 한다. 이것은 法定財團에 대한 말이다. 법정재단과 현실재단은 반드시 일치하는 것은 아니다. 이와 같은 불일치는 환취권에서 나타난다. 즉, 법정재단 외의 재산이 우연히 管財人이 지배하는 현실재단 중에 있을 때 이해관계인으로부터 그 배제를 구하는 권리를 파산법상 還取權이라 부르는 것이다. 파산법은 파산재단이라는 말을 두 가지로 사용하고 있는데 파산법 79조에서 말하는 파산재단은 현실재단을 뜻한다.

현실적 이행(現實的履行)**의 청구**(請求) →강제이행

현실제공(現實提供) 〔獨〕 tatsächliches Angebot 辨濟의 提供의 원칙적인 방법이며, 사실상의 제공이라고도 한다. 채권자가 단지 수령만 하면 이행이 완료할 정도로 이행의 준비를 하여, 그 사실상태 자체를 채권자에게 제시할 것이 필요하다. 예컨대 목적물을 매수인에게 送付하겠다는 약속이 있는 경우에 매도인이 이것을 현실로 매수인의 주소에 송부하는 따위. 口頭提供에 대한 관념이다(民 460).

현실증여(現實贈與) 〔獨〕 Realschenkung, Handschenkung 증여자가 계약과 동시에 목적물을 受贈者에게 교부하는 증여. 뒤에 어떠한 의미에서도 목적물을 교부할 채무(이행의 문제)를 남기지 않으므로 법률상의 성질이 문제가 되는데, 일반적으로 특수한 증여로서 증여의 규정, 특히 擔保責任에 관한 규정의 적용이 있다고 한다. →현실매매

현업기관(現業機關) 영조물의 관리를 임무로 하는 營造物機關과 재력취득을 목적으로 하는 企業機關을 포함하는 개념. 그러나 엄밀한 의미에서는 재력취득을 목적으로 하는 전매사업기관 또는 영리성을 부수하는 철도관서·우체관서 등과 같은 기업기관만을 현업기관이라고 한다.

현 역(現役) →병역

현장검증(現場檢證) 범죄의 현장 기타 법원 외의 일정한 장소에 臨하여 행하는 검증. 臨檢이라고도 한다. 법원이 행하는 경우와 수사기관이 행하는 경우가 있다. 수사기관이 행하는 때에는 법관의 영장을 필요로 하나, 법원이 행하는 때에는 이를 필요로 하지 않는다. →검증

현장보존(現場保存) 犯罪의 현장에 있는 수사자료 및 證據의 가치를 보존하고, 그에 의하여 과학적인 판단을 행하고, 범죄의 진상 및 범인체포에 도달하기 위하여 취하여지는 절차를 말하며, 범행직후의 현장의 상태를 가능한 한 발각당시의 모습으로, 가장 유효적절한 방법으로, 일정기간 보존하는 것을 말한다. 수사의 제일보는 우선 현장의 보존에서부터이다. 보존에 필요한 조치로서는 ① 직접 보존에 필요하다고 인정되는 구역을 지정하여 사람의 출입은 물론 禽獸의 출입도 시키지 않도록 주의하여, 현장을 파괴·손상·변경하지 않는 것, ② 범죄의 발견자나 목격자, 또는 현장에 출입하여 증거물건에 접촉하는 자 등의 조사를 하는 것, ③ 정확·상세한 기록도면을 작성하거나 정밀한 사진촬영을 행하여, 永久的 現場保存을 행하는 것 등이 있다.

현장부재증명(現場不在證明) →알리바이

현장조세죄(現場助勢罪) 舊刑法上의 죄명인데, 상해죄, 상해치사죄가 행하여지는 현장에서 조세한 자는 스스로 사람을 상해하지 아니할지라도 현장조세죄로서 처벌하였다(舊刑 206). 본죄는 幇助의 한 유형이지만, 군중심리를 고려하여 특히 경한 형을 규정한 것이다.

현재(現在)**의 이행**(履行)**의 소**(訴) →이행의 소

현존이익(現存利益) →현존이익의 한도

현존이익(現存利益)**의 한도**(限度) 어떤 사실에 의하여 받은 이익이 그 후의 滅失·毁損·消費 등에 의하여 감소한 때에 있어서, 그 잔여의 이익을 현존이익이라고 하는 바, 이익은 반드시 원형으로 남아 있음을 요하지 않고 이익의 경제적 가치, 즉 受益者의 증가된 재산상태가 현존하면 족하다. 따라서 취득한 금전으로 구입한 물건이 남아 있을 때에는 물론, 받은 이익을 전부 소비하더라도 그로 인하여 다른 재산의 소비를 면한 때(예: 생활비로 충당한 때)에도 이익은 현존한다. 그리고 이익의 현존 여부는 返還請求當時를 표준으로 하며, 수익자가 받은 이익은 현존하는 것으로 추정되기 때문에 이익이 현존하지 않는다는 사실은 수익자가 입증함을 요한다. 민법은 취득한 이익을 전부 반환시키는 것이

과중하다고 생각되는 때에는 이것을 제한하기 위하여 이 표준을 사용한다. 민법은 현존이익의 한도라고 표현할 때도 있고(444Ⅱ, 739 Ⅲ), 이익이 현존하는 한도(29 Ⅱ, 141 但) 또는 이익이 현존한 한도(748Ⅰ)라고 표현할 때도 있으나, 그 의의는 동일한 것이다.

현주건조물(現住建造物) 放火罪(刑 164)의 추상적 위험의 객체로, 현실적으로 사람이 주거로서 사용하거나 혹은 사람이 현존하는 건조물을 말한다. 일상사용하는 가옥은 물론 숙직실이나 숙직실이 있는 校舍 등의 建造物도 사람의 주거에 사용되는 건조물이다. 사람의 주거로 사용되고 있을 때에는 사람이 반드시 現存함을 요하지 않고, 또 사람이 현존할 때에는 반드시 사람의 주거로 사용되어야 함을 요하지 않는다.

현행범인(現行犯人) 〔獨〕 frische Tat 〔佛〕 délit flagrant 범죄의 실행중이거나 실행직후인 자(刑訴 211Ⅰ). 豫備·陰謀를 벌할 때에는 예비·음모 그 자체가 실행행위가 되고, 敎唆犯·從犯에 있어서는 교사행위·방조행위가 실행행위가 된다. 현행범은 로마법의 現行盜(furtum manifestum)에서 유래된 것으로, 당시는 비현행범보다 엄격한 처벌을 한다는 실체법적인 의의를 가졌으나, 후에 절차법적인 의미를 갖게 되어 누구든지 체포할 수 있다는 强制處分의 예외로 인정되었다. 현행범인은 누구든지 영장없이 체포할 수 있다(212). 현행범인은 범인의 일종이 아니고 일정한 시간적 단계에 있어서의 범인을 말하므로, 그 시간적 단계를 경과하면 현행범인이 아니게 되나, 일정한 경우에는 準現行犯人이라 하여 現行犯人과 같이 취급되는 수가 있다(211Ⅱ). → 현행범인체포, 준현행범인

현행범인체포(現行犯人逮捕) 현행범인은 누구든지 영장없이 체포할 수 있다(刑訴 212). 국회의원도 현행범인인 경우에는 국회의 동의없이 체포할 수 있다(憲 44Ⅰ). 學園內에 있는 교원도 현행범일 경우에는 소속장의 동의없이 체포할 수 있다(敎公 48). 검사 또는 사법경찰관리 아닌 자가 현행범인을 체포한 때에는 즉시 검사 또는 사법경찰관리에게 인도하여야 한다(刑訴 213Ⅰ). 또 사법경찰관리가 현행범인의 인도를 받은 때에는 체포자의 성명·주거·체포의 사유를 물어야 하고 필요한 때에는 체포자에 대하여 경찰관서에 동행을 요구할 수 있다(213Ⅱ). 그러나 현행범인이라 하더라도 경미한 사건, 즉 5만원 이하의 罰金, 拘留 또는 科料에 해당하는 죄의 현행범인에 대하여는 범인의 주거가 분명치 아니한 때에 한하여 현행범인에 대한 체포의 절차를 적용한다(214). 현행범인을 누구든지 체포할 수 있게 한 근거는 急速을 요하는 점과 범인임이 명백하므로 잘못이 일어날 염려가 없는 점 등을 들 수 있다. → 현행범인

현행법(現行法) 〔英〕 law in force 〔獨〕 geltendes Recht 〔佛〕 droit en vigueur 현실적으로 定立되고 더욱이 현실적으로 효력을 가지는 법. 實定法이 이와 같은 의미로 쓰이는 경우가 있으나 실정법을 과거의 법까지 포함하는 의미로 본다면, 현행법보다 넓은 의미인 것이 된다. 또한 제정법이라고 하면 成文法에 국한시키는 경향이 있으므로 不文法을 포함하는 현행법보다 좁은 의미인 것이 된다. 현실적으로 효력을 가지는 이라고 하는 것이 어떤 의미이냐에 관해서는, 법의 효력을 보라.

혈액검사(血液檢査) 〔英〕 blood test 血痕檢査라고도 하며, 범죄수사상 중요한 법의학적 검사이다. 혈흔이냐 아니냐의 예비시험 및 본시험, 人血이냐 아니냐, 혈액형은 무엇이냐라고 하는 단계를 거쳐서 행하여진다. 예비시험은 血痕에 반드시 특이적인 것이 아니라도, 매우 민감하다고 말하여지는 반응을 이용하는 것이 보통이며, 벤치진반응, 루미놀검사, 판덴의 과약법, 페놀프타린시험 등 다수의 방법이 있다. 이에 대하여 본시험은 예민도는 떨어지더라도, 어떤 오래된 것도 정확하게 나온다고 하는 방법이 사용된다. 高山氏 헤모크로모겐법, 헤민시험 등이 있다. 人血試驗에는 血淸沈降案法 등이 행하여진다. 혈액형결정에도 각종의 방법이 있다.

혈액형(血液型) 널리 알려져 있는 것은 O, A, B, AB의 4형으로 분류하는 방법이지만, 이 밖에 MN식·P식·Q식·E식·S식·Rh식 등의 혈액형이 있다. 혈액형과 범죄와의 관계는 아직 해명되어 있지 않다. 지능범에는 A와 O가 많고 폭력범에는 O, 경범죄에는 B가 많다고 말하여진다. 혈액형의 검정은 法醫學上 중요한 지위를 차지하지만 개인을 직접적으로 식별하기까지에는 이르지 못한다. 刑事事件의 범인의 특정과 민사에서 친자관계의 확인에 응용된다. 상이한 혈액형은 동일인의 것이 아니라고 하는 소극적 자료로 밖에 되지 못하지만, 추정범인의 범위를 좁히는 의미에서는 적극적인 유용성도 있다.

혈 족(血族) 자연적인 혈연이 있는 자와 혈연이 있는 것으로 법률상 擬制된 자. 전자를 自然血族이라 하고 후자를 法定血族이라 하는데 우리나라 민법에서는 양자를 포함하여 친족이라 한다. 혈족은 친족관계의 기초가 되는 것이지만 민법상으

로는 다른 규정이 없는 한 父系 또는 母系의 구분없이 8촌까지를 일반적으로 효력이 미치는 친족으로 하고 있다(777 i · ii). → 친족

혈족혼(血族婚) 〔英〕 consanguinity marriage 혈족간의 혼인. 오늘날은 근친혼의 관념에 포함되어 일정한 범위에서만 금지하는 것이 통례이지만, 우리나라 민법에서는 혈족혼을 8촌이내의 부계혈족 또는 모계혈족 사이는 금지하고 있다(809 Ⅰ). 역사상으로는 널리 행해졌다고 전해지고 있지만 어느 정도의 혈족혼이 행해졌는가는 명백하지 않다. → 근친혼, 동성동본불혼의 원칙

혈통주의(血統主義) 〔羅〕 ius sanguinis 출생으로 인한 國籍의 취득에 관한 한 주의로서, 출생시의 부모의 국적에 의하여 국적을 결정하는 것. 出生地主義에 대비되는 말. 屬人主義라고도 한다. 유럽 각국과 일본과 같은 단일민족 내지 소수민족의 국가에서 채택하고 있다. 우리나라의 국적법은 친자간의 혈통관계에 중점을 두어 출생지의 여하를 불문하고 子는 父母의 국적을 취득하게 하고, 다만 예외적으로 대한민국에서 발견된 棄兒의 경우 出生地主義를 채택하고 있다(2). → 생지주의

혐 의(嫌疑) 犯罪事實存在의 蓋然性. 수사개시의 동기가 된다(刑訴 195). 수사는 수사기관의 주관적인 심증(主觀的 嫌疑)에서 시작되어, 범죄사실과 증거를 조사하여 이를 법률적으로 구성함으로써 점차 객관적 혐의로 되는 것이다. 搜査開始의 당초부터 객관적 혐의의 존재를 필요로 하지 않으며, 또 주관적 혐의를 가지게 된 원인에는 제한이 없다. 그 원인에는 수사기관 스스로의 체험에서 오는 것(현행범인의 발견 등)과 타인의 체험의 청취(고소 · 고발 등)가 있다. 혐의는 소송의 발전과 함께 발전하여, 確定判決에 의하여 확정한다.

협동연구개발(協同研究開發) 大學 · 企業 또는 研究所가 다른 대학 · 기업 · 연구소 또는 그에 상응하는 외국의 연구개발관련기관과 동일한 연구개발과제의 수행에 소요되는 연구개발비, 연구개발요원, 연구개발시설 · 기자재 및 연구개발정보 등을 공동으로 제공하여 추진하는 것을 말한다. 여기에서 大學이라 함은 고등교육법 2조의 규정에 의한 대학 · 교육대학 · 산업대학 · 전문대학 · 방송통신대학 · 기술대학, 한국과학기술원법에 의한 한국과학기술원 및 광주과학기술원법에 의한 광주과학기술원을 말하며, 기업이라 함은 政府投資機關管理基本法 2조 규정에 의한 정부투자기관 외의 기업으로서 기술개발촉진법 8조의3 1항 2호의 규정에 의한 기업부설연구소 및 산업기술연구조합육성법에 의한 산업기술연구조합을 포함한다. 그리고 研究所라 함은 특정연구기관육성법의 적용을 받는 연구기관, 국 · 공립연구기관, 중소기업의 경영안정 및 구조조정촉진에 관한 특별조치법에 의한 생산기술연구원 및 연구소와 民法 또는 다른 법률에 의하여 설립된 과학기술분야의 법인인 연구기관을 말한다(協同研究開發促進法 2).

협동조합(協同組合) 〔英〕 cooperation, cooperative association 〔獨〕 Genossenschaft 〔佛〕 coopération, société coopérative 넓은 뜻의 중소기업자나 소비자가 그들의 경제적 지위의 향상을 도모하거나 혹은 경제적 편익을 제공할 것을 목적으로 하여 조직하는 非營利法人. 푸리에(François Marie Charles Fourier), 생 시몽(Claude Henri de Rouvroy, Comte de Saint-Simon), 오웬(Robert Owen) 등에 의하여 처음으로 제창되었다. 우리나라 헌법은 원칙적으로 경제질서는 개인과 기업의 경제상의 자유와 창의를 존중함을 기본으로 하면서 그 구체적 일환으로서 국가는 농 · 어민과 중소기업의 자조조직을 육성하여야 하며, 그 자율적 활동과 발전을 보장한다고 하고 있다(憲 123Ⅴ). 협동조합에는 농업협동조합법에 의한 농업협동조합, 수산업협동조합법에 의한 수산업협동조합, 중소기업협동조합법에 의한 중소기업협동조합 등이 있다.

협 박(脅迫) 〔羅〕 metus 〔英〕 coercion, duress 〔獨〕 Drohung 〔佛〕 menace 민법상의 强迫과 같다. 刑法典에 있어서의 협박이란 말은 여러가지 의미로 사용되고 있다. 즉 ① 넓은 뜻으로는 일반적으로 사람에게 공포심을 일으키게 할 만한 害惡을 告知하는 것을 말한다. 예컨대 公務執行妨害罪(刑 136Ⅰ) · 職務强要罪(136Ⅱ)에 있어서의 협박을 말하며, 해악의 고지로 인하여 상대방이 현실로 공포심을 일으켰음을 요하지 아니한다. ② 좁은 뜻으로는 넓은 뜻의 그것과 마찬가지이지만, 다만 예컨대 脅迫罪(283Ⅰ) · 强要罪(324)에 있어서의 협박과 같이 상대방이 현실로 공포심을 일으켰음을 요한다. ③ 가장 좁은 뜻으로는 상대방의 항거를 현저히 곤란케 할 정도의 공포심을 일으킬 害惡의 告知(예: 强姦罪(297) · 强制醜行罪(298)에 있어서의 협박)이거나 상대방의 반항을 억압할 정도의 공포심을 일으킬 해악의 고지(예: 强盜罪(333) · 準强盜罪(335)에 있어서의 협박)를 말한다.

협박죄(脅迫罪) 사람을 협박하는 죄(刑 283Ⅰ). 본죄의 보호법익은 사람의 의사의 자유 또는 법적 안전의 의식이다. 尊屬脅迫(283Ⅱ) · 特殊脅迫(284) · 常習脅迫(285)의 경우에는 형을 가중한

다. 여기서의 협박은 害惡을 고지함으로써 상대방에게 공포심을 일으키게 하는 것을 말한다. 해악의 발생이 직접·간접으로 행위자에 의하여 좌우되는 것으로서 고지됨을 요한다. 이 점에서 행위자의 지배력을 초월해서 발생할 해악의 고지(예: 단순히 천재지변·길흉화복·인과응보의 도래를 고지하는 것)인 警告와 구별된다. 물론 제3자가 해를 가하리라는 고지도, 고지자가 좌우할 수 있는 지위에 있다는 것을 고지할 때에는 협박이 된다. 해악의 고지로서 상대방이 현실로 공포심을 일으키지 아니한 때에는, 본죄의 미수범이 된다. 이러한 의미에서의 본죄는 侵害犯이다. 미수범은 처벌한다(286).

협 상(協商)〔國際法上〕 협상이라는 용어로는 보통 다음과 같은 두 가지 의미로 쓰인다. ① 협상은 交涉(negotiation)과 같은 의미로서, 당사자간의 타협 또는 합의를 형성하기 위한 행위이다. ② 협상은 국가간의 提携關係(entente)를 의미하는 것으로서, 동맹과 같이 조약에 의한 군사적 원조의 약속이 아니고, 단지 국가간의 중대사태 또는 일정한 사유가 발생한 경우에 당사국이 일치해서 취할 태도를 결정하기 위하여 공동으로 협의할 것을 약속하는 경우, 또는 특정사항에 관한 諒解(understanding) 혹은 合意(agreement)가 성립한 경우를 말한다. 예컨대 小協商(Petite Entente; Little Entente), 1904년의 親和協商(Entente Cordiale) 등. → 동맹

협 약(協約) 〔英〕·〔佛〕 convention 〔獨〕 Konvention [1] 국제법상의 협약에 관하여는 조약을 보라.

[2] 노동법상의 협약에 관하여는 단체협약을 보라.

협약능력(協約能力) 〔獨〕 Tariffähigkeit 團體協約을 체결할 수 있는 자격. 단체협약은 사용자 또는 사용자단체의 대표자와 노동조합의 代表者 또는 組合의 委任을 받은 자간에 체결하는 것이므로 협약능력자라 함은 사용자, 사용자단체, 노동조합을 말한다. 그러므로 쟁의를 위한 일시적인 집단인 소위 爭議團과 같은 것은 협약능력이 없다고 보는 것이 통설이다. 노동조합법이 요구하고 있는 요건을 구비하고 있지 못하는 소위 法外組合도 협약능력이 있느냐에 관하여는 학자들간에 다툼이 있다.

협약(協約)**에 위반**(違反)**되는 근로계약**(勤勞契約) 단체협약에 위반되는 근로계약은 대체로 협약에서 정하는 기준보다 낮은 경우이며 이 경우에는 소위 단체협약의 規範的 效力에 의하여 위반되는 근로협약의 부분은 무효가 되며 그 무효로 된 부분은 계약에서 정한 기준에 따르게 된다(勞整 33). 근로계약에서 정한 기준이 협약에서 정한 기준보다 높은 경우에는 그것의 효력 유무에 대해서 학자간에 이론이 있다. 즉, 협약에서 정한 바의 기준은 최저기준이므로 기준보다 유리한 勤勞契約은 유효하다고 하는 견해와 기준보다 높은 근로계약은 소수의 근로자를 유리하게 함으로써 오히려 다수의 조합원에게 악영향을 미치게 되므로 인하하여야 한다는 견해로 구별된다.

협약헌법(協約憲法) 〔獨〕 die paktierte Verfassung 君主와 國民(국민의 대표자)의 합의에 의하여 제정되는 헌법을 말한다. 협약헌법은 君主主權의 사상과 市民主權의 사상의 타협의 산물로서, 欽定憲法과 民定憲法과의 중간에 위치하는 것이라고 할 수 있다. 그 예로서 중세 군주와 等族會議의 협정에 의해 국가의 기본법이 제정되었는데, 부분적 성문헌법의 성질을 지닌 영국의 1215년 대헌장, 1689년 권리장전은 그 형식에 있어서는 欽定憲法의 형태이나, 그 사실은 군주와 봉건귀족 사이의 協定憲法이다. 또 프랑스의 국왕 루이 필립(Louis Philippe, 1773~1850)과 의회와의 합의에 의한 1830년 프랑스헌법과 1809년의 스웨덴헌법이 그 예이다.

협 의(協議) 특정사항이 2 이상의 행정기관의 권한에 관련되는 경우에는 행정기관간의 협의에 의하여 처리한다. 협의에는 첫째로, 2 이상의 행정기관이 공동주관관청으로서 대등하게 협의하는 경우가 있다. 이 경우에는 共同主管官廳의 공동명의로 외부에 표시하며 합의가 하나의 有效要件이 된다. 둘째로, 주관관청이 관계관청과 협의하는 경우가 있다. 이 경우에는 주관관청의 명의로 외부에 표시하며 협의는 다만 주관관청의 의사결정을 위한 내부적 절차에 지나지 않는 까닭에 협의를 거치지 않아도 그 결정은 원칙적으로 무효가 아니다. 셋째로, 관청이 일정한 사업을 경영함에 있어서 그 사업의 주관관청과 협의하는 경우가 있다.

협의상(協議上)**의 이혼**(離婚) 부부가 협의에 의하여 하는 이혼. 원인 여하를 불문하고 할 수 있는 점에 있어서, 일정원인이 있는 경우에 국가의 승인에 의하여 인정되는 裁判上의 離婚과 다르다. 구미의 대다수국가에서는 재판상의 이혼만을 인정한다. 協議離婚도 혼인의 경우와 같이 신고에 의하여 성립된다. 즉 당사자 쌍방과 성년자인 證人 2인의 連署가 있는 서면으로 하여야 한다(民 836, 戶 79). 그러나 미성년자 또는 금치산자는 부모·후견인 또는 친족회의 동의를 얻어야 한다(民 835). 또한 부부간에 子가 있는 경우에는 그 養育

에 관하여도 협정을 하겠지만, 협정을 하지 않은 때에는 父에게 양육책임이 있고, 협정이 불성립 또는 불가능한 때에는 법원의 처분에 따라야 한다(837). 배우자 일방의 不知中에 타방이 임의로 신고를 한 경우에는 물론 무효이며, 詐欺·强迫으로 인하여 신고된 경우에는 그 이혼의 취소를 법원에 청구할 수 있다(838). 또 법은 이러한 사태를 예방하기 위하여 본적지 또는 소재지를 관할하는 가정법원의 확인을 받도록 함과 아울러 協議離婚申告를 수리하는 호적공무원에게는 실질적 심사권을 부여하였다(戶79의2).

협의상(協議上)**의 파양**(罷養) 入養의 당사자가 협의로써 하는 罷養(民 898Ⅰ). 養親이나 養子가 금치산자인 경우에는 후견인의 동의를 얻어야 하고(902), 양자가 15세 미만인 때에는 입양의 경우의 代諾權者가 양친과 협의하여야 하며, 그 대락권자가 사망 또는 기타의 사유로 협의할 수 없을 때에는 生家의 다른 직계존속과 협의하여야 한다(899). 양자가 15세 이상의 미성년자인 경우에는 父母, 부모가 없으면 다른 直系尊屬, 다른 직계존속도 없으면 후견인의 동의를 얻어야 한다(900). 이상의 모든 경우에 동순위의 존속 중에서는 연장자가 선순위가 된다(民 870Ⅱ, 901). 協議罷養의 일방당사자가 부부인 경우에는 부부가 같이 파양하려는 것이라면 공동으로 협의하여야 할 것은 의심할 바 없다(874Ⅰ 類推). 협의상의 파양이 유효하게 성립하기 위해서는 호적법에 정한 바에 의하여 신고함으로써 그것이 실현되어야 하는 것과 그 신고는 성년자인 증인 2인이 連署한 서면으로써 하여야 할 것은 혼인과 마찬가지이다(878·904, 戶 72·73). 또한 협의상의 파양의 무효·취소의 이론도 역시 協議上의 離婚의 경우와 동일하다.

협의약관(協議約款) 團體協約 등에서 사용자가 일정사항에 대하여 사전에 노동조합과 협의할 것을 정한 조항을 말한다. 단체협약에서 정하는 협의약관에 대하여 종래 이에 반한 해고의 효력과 관련하여 협의약관이 規範的 部分에 속하느냐, 債務的 部分에 속하느냐, 組織的 部分에 속하느냐에 관해 다툼이 있었으나 통설은 이에 위반한 해고는 무효로 본다.

협의(狹義)**의 행정심판**(行政審判) 행정심판의 의미는 형식적 의미와 실질적 의미로 나누어 볼 수 있고, 실질적 의미에서는 넓은 의미와 좁은 의미로 나누어 볼 수 있다. 좁은 의미의 행정심판이란 행정기관이 裁決廳이 되어 행하는 爭訟節次를 총칭하는 말이다. 행정심판은 실정법상으로는 行政審判·異議申請·審査請求·審判請求 등 여러가지 이름으로 불리우고 있으며, 이들은 서로 다른 절차가 마련되어 있다. 그럼에도 불구하고 이들은 심판기관이 행정기관이란 점 및 略式節次가 인정된다는 점 등에 있어서 행정소송과 구별되는 행정심판으로서의 공통성을 가진다. 일반적으로 행정심판이라고 할 때에는 좁은 의미의 행정심판을 가리키는 것이다.

협 정(協定)〔國際法上의〕 〔英〕 agreement 〔獨〕 Abmachung 〔佛〕 accord 實質的 意義의 條約의 한 명칭. 주로 정부가 행정권에 속하는 사항에 관하여 단독으로(즉 立法府의 동의없이) 외국정부와 체결하는 약정(政府間協定)에 쓰인다. 그러나 협정이라는 명칭은 대단히 중요한 정치적인 조약에 쓰이는 경우도 있으며, 최근에는 外國駐留軍의 지위에 관한 조약이 대개 협정의 형식으로 체결되고 있다. 이러한 중요한 내용의 협정은 각국 헌법의 규정에 따라 다르나, 일반적으로 입법부의 동의를 요하는 것이다. 行政協定에 관하여는 그 항목을 보라. →조약

협정가격(協定價格) 업자간 또는 정부의 지정에 의해 성립하는 가격. 불경기대책으로서 最低價格을 협정하는 경우와 물가앙등의 억제를 위하여 물가정책에 따른 最高價格을 협정하는 경우가 있는바, 전자는 카르텔助成法에 의하여 강제되는 일이 있고, 후자는 물가안정에 관한 법률에 의하여 정부가 지정한 최고판매가격으로 된다(物價安定에 관한 法律 2).

협정보험가액(協定保險價額) 損害保險契約의 당사자에 의하여 협정된 보험가액. 이는 보험가액을 지정하는 것은 아니지만 현저히 과다하지 않는 한 보험자는 이를 다툴 수 없고, 따라서 그 塡補額의 감소를 청구하지 못한다(商 670). 이 경우의 보험증권은 평가를 마친 保險證券이라고도 한다.

협정세율(協定稅率) 조약에 의하여 특별히 협정된 관세의 세율. 한 국가가 자기의 법률에 정하는 관세의 세율인 國定稅率에 대한 말. 협정세율이 있는 화물에 관하여는 국정세율은 적용없고 협정세율이 적용된다. 협정세율의 적용을 받고자 할 때는 生産原地證明書를 제출하여야 한다.

협정헌법(協定憲法) 〔獨〕 paktierte Verfassung 協約憲法이라고도 한다.

협해계약(協諧契約) 〔英〕 composition 〔獨〕 Zwangsvergleich 〔佛〕 concordat 현행파산법상의 强制和議에 해당하는 구일본파산법상의 제도. 그 조건은 현행법상 강제화의에 비하여 여러가

지 점에서 엄격하다.

형 기(刑期) 自由型의 執行期間(→기간). 또한 판결선고전의 구금일수는 그 전부 또는 일부를 유기징역·유기금고·벌금이나 科料에 관한 留置 또는 拘置에 산입하며(刑 57 I), 이 경우에는 구금일수의 1일은 징역·금고·벌금이나 과료에 관한 유치 또는 구류의 기간의 1일로 계산한다(57 II).

형기우무형(刑期于無刑) 書傳大禹謨의 刑期于無刑民協於中時乃功懋哉에서 나온 말이며, 唐律疏議도 名例律疏에서 書傳의 이 말을 인용하였고, 또 以刑止刑, 以殺止殺이라 설명하여, 형벌을 과하는 목적이 일반예방을 관철하여 無刑의 세계를 現出함에 있음을 말하고 있는 것이다. 장래 다시 처벌하는 일이 없도록 하기 위하여 처벌한다는 의미로 辟以止辟이나 獄空思想, 孔子가 논어에서 말한 使無訟思想 등이 모두 공통되는 사상으로 東洋刑法思想의 기초원리라 할 것이다.

형망제급(兄亡弟及) 宗法上 祭祀相續人, 즉 祭主選定에 있어서 祭主가 될 敵長子가 早失한 경우, 그 子(嫡長子孫)가 祭主가 되는 것을 承重奉祀라고 하고 그 弟(嫡次子)가 祭主가 되는 것을 兄亡弟及이라 부른다. 전자가 嫡系主義이고 兄亡弟及은 輩行主義이다. 적장자가 早失한 경우 그 子, 즉 嫡長孫의 유무에 불구하고 次子인 弟에 미치는 형망제급주의는 殷의 禮制에 기원하므로 殷禮 또는 殷及의 禮라고도 한다. 漢代封建家族法에서도 封爵의 상속을 兄亡弟及으로 하고 孫行의 承重을 금지하였다. 그러나 조선중엽에는 兄亡弟及의 非禮를 지적하고 일반이 배척하여 적장자가 조실한 경우는 그 장남을 위하여 立後(繼後), 즉 死後養子를 택하여 奉祀시키는 것을 원칙으로 하고, 입양하지 아니하는 경우에 한하여 次子 또는 그 子인 姪이 승계하는 것이었다. 그러므로 적장자가 조실한 경우 嫡次子孫을 死後養子로 함으로써 立後의 원칙과 兄亡弟及의 원칙을 조화시킨 것이었다.

형무소(刑務所) 교도소의 구법상의 용어.

형무위원회제도(刑務委員會制度) 受刑者의 교정·보호를 위하여 교도소내의 자유형에 관여하는 위원회 제도. 의사·심리학자·법관·검사·교도관·일반독지가 등으로 조직되고, 분류제·누진제·가석방 등의 사항에 관하여 심사·협의한다. 교도관 이외의 경우에는 行刑陪審이라고도 한다. 미국에 있어서 어덜트 오소리티, 假釋放委員會(Parole Board), 矯導官會議(Warden's Committee), 分類委員會(Classification Committee), 영국의 巡視委員會(Visiting Committee), 訪問者委員會(Board of Visitors) 등이 그것이다. 우리나라에도 在所者教化對策委員會·特殊受刑者教化對策委員會·假釋放審查委員會 등이 있다.

형 벌(刑罰) 〔英〕 punishment 〔獨〕 Strafe 〔佛〕 peine 범죄에 대한 법률상의 효과로서 행위자에게 과하여지는 法益의 剝奪(制裁). 형벌의 본질에 관하여는 應報刑論과 目的刑論과의 대립이 있으며 목적형론은 다시 一般豫防說과 特別豫防說로 나누어져 있다. 또한 목적형론은 특히 教育刑論으로 발전하고 있다. 형벌의 종류로서는 生命刑·身體刑·名譽刑·自由刑 및 財産刑 등이 있다. 우리 형법은 형벌이라는 용어를 사용치 않고 형이라고 부르며 그 종류로서 사형·징역·금고·자격상실·자격정지·벌금·구류·과료 및 몰수를 규정하고 있고(刑 41), 몰수는 원칙적으로 附加刑으로 하고 있다(48). 또한 형벌과 保安處分의 관계에 관하여 구파는 양자간에 질적 차이를 인정하며, 신파는 단순히 양적 차이에 불과하다고 한다.

형벌능력(刑罰能力) 〔獨〕 Straffähigkeit 형벌을 과함에 적당한 능력. 사회적 책임론의 입장에서는 責任能力이란 범죄에 대한 법적 효과로서 保安處分이 아니라 형벌이라는 사회의 보통인에 대한 제재를 과함에 적당한 능력(刑罰適應能力)을 말한다고 한다. → 책임능력

형벌법규(刑罰法規)**의 착오**(錯誤) → 금지의 착오

형벌(刑罰)**의 개별화**(個別化) 〔獨〕 Individualisierung der Strafe 〔佛〕 individualisation de la peine 主觀主義 刑法理論의 중심사상으로서 형벌을 개별적으로 범인의 개성에 적응토록 다루고자 하는 것. 형벌의 개별화는 立法·裁判·行刑의 3단계에서 가능하다. 첫째로 입법에 있어서는 구성요건의 불필요한 복잡화를 피함과 동시에, 刑의 量定의 표준을 범인의 위험성에 치중코자 하는 것이며, 둘째로 裁判에 있어서는 형사피고인의 종류에 따라 형사절차를 개별화하고자 하는 것이며, 셋째로 行刑에 있어서는 범죄인의 人格調査·分類를 기초로 하여 형의 집행을 受刑者의 개성에 적응토록 하고자 하는 것이다. 教育刑論은 형벌의 개별화에 따라 일반예방과 특별예방을 종합하는 것을 중심적인 사상으로 삼고 있다.

형벌적응능력(刑罰適應能力) 〔獨〕 Strafanpassungsfähigkeit 형벌능력과 같다.

형벌제한사유(刑罰制限事由) → 형벌확

장사유, 확장적 정범개념

형벌조각사유(刑罰阻却事由) 〔獨〕 Strafausschliessungsgründe 범죄가 성립하고 있음에도 불구하고 刑罰權의 발생이 저지되는 일정한 사유. 범죄의 구성요건에도 행위의 위법성에도 행위자의 책임에도 속하지 아니한다. 그 사유가 범인의 일신적인 사정에 기하는 때에는 一身刑罰阻却事由라고 부른다. 또한 넓은 뜻으로는 犯罪阻却事由를 포함하여 쓰인다.

형벌확장사유(刑罰擴張事由) 〔獨〕 Strafausdehnungsgrund 未遂犯 및 共犯을 포함하는 일반적 개념. 형법은 원래 단독으로 완전히 구성요건을 충족하는 행위만을 처벌의 대상으로 함에 대하여, 미수범 및 공범은 법이 원래의 처벌대상의 주변에까지 형벌을 확장한 예외규정이라고 본다. 예외규정이므로 미수범·공범의 범위를 확장해서는 안된다는 사상을 포함한다. 형벌확장사유는 刑罰制限事由에 대하는데 특히 공범(敎唆犯·從犯)의 규정에 관하여, 制限的 正犯概念을 취하는 입장에서는 전자를 정한 것이라고 보고 확장적 정범개념을 취하는 입장에서는 후자를 정한 것에 불과하다고 본다.

형 법(刑法) 〔羅〕 ius poenale 〔英〕 criminal law 〔獨〕 Strafrecht 〔佛〕 droit criminal, droit pénal 실질적 의의에 있어서의 형법은 범죄와 형벌에 관한 법체계, 즉 어떠한 행위가 처벌되고 그 처벌은 어떠한 종류·정도의 것인가를 규정하는 法規範이다. 이에 대하여 형식적 의의에 있어서의 형법은 동명의 法典(刑法典)을 가리킨다. 우리 형법은 1953년 9월 18일 법률 제293호로 공포되고 동년 10월 3일에 시행된 법전으로서, 본문 372조 및 부칙 11조로 구성되어 있다(→특별형법). 형법의 기능으로서는 秩序維持機能·自由保障機能 또는 범죄와의 관계에 있어서의 保障的 機能, 법익보호에 관한 保護的 機能, 형벌과의 관계에 있어서의 規範的 機能을 들 수 있다. 국가의 법체계를 公法·私法으로 나누면 형법은 공법에 속하고, 입법법·행정법·사법법으로 나누면 형법은 재판에 있어서 적용될 법, 즉 司法法에 속한다. 또한 형법은 범죄 및 이에 대한 형벌을 규정한 실체법이므로 形式法(節次法)으로서의 형사소송법과 구별된다.

형법대전(刑法大全) 조선말기의 형법전. 高宗 光武 9년 4월에 편찬을 완료하고 同 5월 29일에 공포한 법전. 공포명은 단순히 刑法으로 되어 있었다. 大典會通·六典條例 등 조선말엽의 여러 법전이 순한문으로 편찬되어, 구세기적인 점에 반하여 이 법전은 한자와 한글을 병용하고 있는 점이 획기적일 뿐 아니라 제1·2·3편은 총칙적 규정, 제4·5편은 각칙적 규정으로 서구식 근대형법전 편찬방식을 대량 繼受한 점이 두번째 특색이다. 다만 고유의 의미의 형법적 규정뿐 아니라 官吏法·민사법·민사소송법·형사소송법 등에 관한 규정도 많이 포함하고 있으므로, 동양적인 舊來法과 서구식 근대법과의 가교적 역할을 한 법전으로 볼 수 있다. 그러므로 체계와 형식은 근대법적 범주에 속하지만 규정내용은 다분히 明律的 規定을 기본으로 하고 있다. 범죄를 정의하여 國家常典 또는 인민의 도의에 위배하여 公益·私益 또는 公益權·私權을 侵害 또는 壞亂하는 행위를 말한다고 하고(60), 그러한 범죄는 법률에 正條가 없어도 사형을 제외한 그 외의 형을 引律比附(→비부원인)하여 처단한다고 규정하여(2), 근대 형법의 기본사상인 罪刑法定主義를 채택하지 않고, 구래의 東洋律令思想을 답습하고 있다. 그러나 형사책임을 범인 개인에 국한시키고 있는 점은(1, 89) 舊來의 緣坐刑思想을 버린 것이며, 本法典이 근대 형법이론의 하나의 所産이 됨을 증명하고 있는 것이다. 다만 그 규정이 680조로 너저분하고 자차분한 것과 형벌이 일반적으로 준엄한 점과 형법규정 이외의 부적당한 규정을 포함 혼합한 것은 본법전의 결점이라 할 것이다.

형법불소급(刑法不遡及)**의 원칙**(原則) 〔獨〕 Prinzip der Nichtrückwirkung der Strafgesetze 〔佛〕 principe de non-rétroactivité des lois pénales →죄형법정주의, 사후법의 금지

형법(刑法)**의 보장적 기능**(保障的機能) 형법이 국가의 刑罰權의 한계를 명백히 하여 恣意的인 형벌로부터 국민의 자유와 권리를 보장하는 기능을 말한다(罪刑法定主義). 형법은 두 가지 측면에서 보장적 기능을 가진다. 즉 ① 형법은 일반국민에 대하여서는 형법에 규정된 범죄를 행하지 아니하는 한 어떠한 행위를 하더라도 범죄자로서 처벌을 받지 아니한다는 것을 보장하므로, 이러한 관점에서 형법은 선량한 국민의 權利章典이라 하겠고, ② 한편 형법은 범죄자에 대하여 그가 범한 죄에 정한 刑罰 이외의 부당한 형벌을 받지 아니할 것을 보장하므로 이러한 관점에서 형법은 범죄자의 權利章典이 되기도 한다.

형법학파(刑法學派)**의 항쟁**(抗爭) 〔獨〕 Streit der Strafrechtsschulen 보통은 19세기의 말엽부터 20세기의 초기에 걸쳐서 독일에 있어서 이른바 舊派(古典學派)와 新派(近代學派)와의 사이에 전개된 理論的 抗爭을 말한다. 구파의 대표자는 처음은 빈딩이었으나 후에는 비르크마이어가 선두

에 섰고, 한편 신파의 대표자는 리스트였다. 일본에 있어서는 독일에 있어서의 학파의 항쟁의 영향하에, 마끼노(牧野英一)·미야모토(宮本英脩)·기무라(木村龜二) 등에 의하여 대표되는 신파의 입장과 오오바(大場茂馬)·오노(小野淸一郞)·다끼가와(瀧川幸辰) 등에 의하여 대표되는 구파의 입장과의 사이에 논쟁이 행하여졌으나, 근래에는 양파의 입장의 지양을 기도하는 경향이 커지고 있다. 독일에 있어서의 논쟁은 刑罰論이 중심이었으나, 일본에 있어서는 犯罪論이 오히려 중심이 되었다. 그리고 제2차대전후에는 독일에서 벨첼에 의하여 대표되는 目的的 行爲論이 정면으로 등장하고 다시 社會的 行爲論이 대두되어 종래의 因果的 行爲論과 더불어 논쟁이 계속중이다. → 구파, 신파, 인과적 행위론, 사회적 행위개념, 목적적 행위론

형사기록(刑事記錄)**의 열람·복사요구권**(閱覽·複寫要求權) 형사피의자와 형사피고인은 자신의 피의사실과 관련하여 그 조사절차나 공판절차 등 刑事節次에 관하여 자세한 사항을 알 권리를 가지므로, 적어도 자신에 관한 형사소송기록과 소송계속중인 증거서류들을 열람하고 복사하여 주도록 요구할 권리를 가진다. 형사소송법 55조는 형사피고인이 公判調書의 열람 또는 등사를 청구할 수 있음을 규정하고 있고, 292조 2항은 형사피고인에게 증거된 서류의 열람 또는 등사를 하게 할 수 있음을 규정하고 있다.

형사미성년자(刑事未成年者) 14세가 되지 아니함으로써(→ 책임연령) 형법상 責任能力이 없는 것으로 擬制되는 자. 형사미성년자의 행위는 벌하지 아니한다(9). 그 不處罰의 이유는 책임능력의 고려뿐 아니라 아직 심신의 발육도상에 있는 연소자에 대하여 刑罰을 과하는 것이 人道上·敎育上 또 형사정책상 좋지 않다는 고려도 포함되어 있다.

형사범(刑事犯) 〔獨〕 Kriminaldelikt 法規의 설정을 기다리지 않고 그 행위 자체가 반사회적·반도의적인 범죄(예: 殺人罪·窃盜罪). 行政犯·法定犯에 대하여 사용되는 관념이며 自然犯과 같은 뜻으로 사용되기도 한다. → 행정범

형사법(刑事法) 국가의 刑罰權의 행사를 규율하는 법. 형법 기타의 實體法(실질적 의의의 형법)·형사소송법 기타의 節次法(실질적 의의의 형사소송법) 및 行刑法을 포함한다.

형사보상(刑事補償) 〔英〕 indemnity 〔獨〕 Entschädigung 〔佛〕 indemnité 國家刑事司法의 과오에 의하여 죄없이 구금 또는 형의 집행을 받은 사람에 대하여 국가가 그 손해를 補償하는 것. 誤判補償이라고도 한다. 형사보상은 프랑스·독일 등 유럽대륙에서 발달한 제도이며 초기에는 국왕의 은혜로서 관념되었으나, 오늘날에는 국가의 의무로 발전되었다. 이 보상의 본질에 관하여는 法律義務說과 公評說과의 대립이 있다. 전자는 처분의 객관적 위법에 그 근거를 구함에 대하여, 후자는 공법상의 調節補償에 그 본질이 있다고 한다. 우리나라에서는 공평설적인 사고방법에 기하여 일종의 공법상의 無過失損害賠償이라고 하는 견해가 유력하다. 우리나라에 있어서 형사보상에 관한 사항은 헌법 28조에 의한 형사보상법에서 정하고 있다. 형사보상에는 형사소송법의 일반절차·재심·비상상고 또는 상소권회복에 의한 상소절차에서 무죄판결을 받거나(刑補 1), 免訴 또는 公訴棄却의 재판을 받았으나 이러한 재판을 할 사유가 없었으면 무죄의 재판을 받을 만한 현저한 사유가 있는 자(25)가 미결구금·구금 또는 형의 집행을 받았어야 한다. 다만 이러한 요건이 갖추어진 경우에도 일정한 사유가 있는 경우에는 법원의 재량에 의하여 補償請求의 전부 또는 일부를 棄却할 수 있다(3).

형사보상금(刑事補償金) 刑事訴訟에 있어서 재판을 받아 유죄판결을 받은 자가 再審請求 또는 비상상고의 절차에서 무죄판결을 받았을 때 구속되어 무죄가 확정된 날까지 교도소에 구금된 일수를 계산하여 국가로부터 보상받는 금전.

형사사건(刑事事件) 형법(실질적 의의)의 적용을 받게 될 사건. 民事事件이나 行政事件에 대한다. 형사사건은 형사소송법, 군사법원법 등의 節次法의 적용을 받는다.

형사사회학파(刑事社會學派) 〔獨〕 kriminalsoziologische Schule 범죄의 원인을 주로 사회적 요소에 구하는 刑事學의 한 학파. 페리 및 리스트의 학파를 말한다. 혹은 페리는 실증학파로서 구별하고, 리스트의 학파만을 말한다. 국제형사학협회는 그 기관이었다.

형사소송(刑事訴訟) 〔英〕 criminal procedure 〔獨〕 Strafprozess 〔佛〕 procédure criminelle 범죄를 인정하고 형벌을 과하는 절차. 좁은 뜻으로는 國家刑罰權의 구체적 행사에 관한 절차, 즉 검사의 소송의 제기로부터 재판의 확정에 이르기까지의 일련의 절차를 말하며 넓은 뜻으로는 국가형벌권의 실행에 관한 일체의 절차, 즉 좁은 뜻의 형사소송과 이에 전후하여 존재하는 절차를 포함하여 수사절차·공판절차 및 집행절차의 전부를 가리킨다. 소송구조의 형태로 보면, 재판기관 이외의 사인의

訴追(被害者訴追 또는 公衆訴追)를 기다려 소송을 개시하는 彈劾主義의 절차와 일정한 訴追權者의 소추에 의하지 아니하고 법원이 직권에 의하여 자발적으로 소송을 개시하여 소송이 개시된 뒤는 소송의 주체로서 법원·피고인의 2면관계만 있는 糾問主義의 절차가 있고, 넓은 뜻으로는 탄핵주의의 일종이지만 재판기관 이외의 국가기관인 검사가 당사자로 되어 공소를 제기하고 유지하는 國家訴追主義가 있다. 역사적으로 보면 탄핵주의의 절차가 로마초기 및 게르만시대에 행하여졌으며, 중세말기에는 糾問主義의 절차가 행하여졌고, 근세에 들어와서 국가소추주의의 형사소송이 성립하였다. 프랑스 형사소송법(1808) 이후 대륙법계의 형사소송은 대체로 이 형태를 취하고 있으며, 우리의 형사소송법도 이 주의를 채용하였다(246). 또한 형사소송은 법원에 권한을 집중하여 직권조사를 하고 소송의 진행을 당사자의 임의에 맡기는 일없이 법원의 직권으로 진행하는 職權主義와 소송진행의 주도권을 당사자에 맡기는 當事者主義의 양 형태가 있으며, 우리 형사소송법은 영미법의 영향을 받아 당사자주의적 색채를 많이 가미하였다.

형사소송법(刑事訴訟法) 1954년 법률 제341호. 刑事訴訟節次를 규율하는 국가의 법률체계. 우리나라는 일본의 구형사소송법(日本 大正 11년 法 제75호)을 朝鮮刑事令에 의하여 의용하고 있었으나, 해방후 군정법령 제176호에 의하여 형사소송법의 개정을 단행하여 當事者主義訴訟節次를 도입하였고, 1954년 9월 23일에 현행 형사소송법을 제정공포하였다. 그 뒤 10번 개정되었는데, 그 중 중요한 것을 열거하면 다음과 같다. ① 영미식의 交互訊問制度를 도입하고, 항소심을 事後審으로 하였고(1961년 법률 제705호), ② 控訴를 抗訴로 고치고 단독판사사건이나 합의부사건을 막론하고 대법원을 終審으로 복구시켰으며(1963년 법률 제1500호), ③ 身體拘束適否審制度를 폐지하고, 簡易公判節次를 신설하였으며(1973년 법률 제2450호), ④ 구속적부심의 절차와 피고인의 無罪推定에 관하여 정하였다(1980년 법률 제3282호). ⑤ 헌법개정에 따라 구속적부심청구에 대한 제한규정을 삭제하고 형사피의자의 裁判上 陳述權을 보장함으로써 국민의 기본적 인권을 신장하였으며(1987년 법률 제3955호), ⑥ 형사소송법이 제정된 이후 정치·경제·사회 등 모든 영역에서의 발전과 변화로 인해 法規範과 현실간의 괴리를 해소하고, 민주화의 결과에 따라 人身拘束制度를 획기적으로 개선하면서 逮捕制度의 도입, 구속전 被疑者審問制度를 신설하고 보증금납입조건부 피의자석방제도의 신설, 代表辯護人制度의 도입, 闕席裁判도입, 검사의 拘束場所의 監察 강화 등을 정하였다(1995년 법률 제5054호).

형사인류학파(刑事人類學派) 〔獨〕 kriminalanthropologische Schule 〔佛〕 école d'anthropologie criminelle 범죄인은 解剖學的·人類學的으로 일정한 變質徵候를 가지고 있다는 롬브로조의 生來的 犯罪人說을 계수하여, 범죄의 원인을 주로 인류학적 요소에 구하는 刑事學의 일파. 국제형사인류학회의는 그 기관이었다.

형사재판권(刑事裁判權) 넓은 뜻으로는 형사사건에 관하여 심판하는 권한 및 이에 부수하는 권한을 말한다. 이러한 의미에서 형사재판권은 결국 형사소송법 및 군사법원법의 적용범위의 문제이며, 事物·人·土地·時의 한계를 말하게 된다. 좁은 뜻으로는 人에 관한 적용범위의 문제이며, 여기서 형사재판권은 대한민국의 영역내에 있는 일체의 내외국인에게 미침을 원칙으로 한다. 예외로 국내법상 대통령은 內亂 또는 外患의 罪를 犯한 때 이외에는 재직중 형사상의 소추를 받지 아니하고(憲 84) 국회의원은 국회에서 직무상 행한 발언과 표결에 관하여는 免責特權을 가지고(45), 국제법상으로는 외국의 원수 및 治外法權을 향유하는 외교사절은 형사상의 소추는 물론 증인으로서 訊問도 할 수 없다. 다만 치외법권향유의 지위를 상실한 후에는 소추할 수 있다. 신임받고 한국영역내에 주둔하는 외국의 군인에 대한 刑事裁判權의 문제는 조약(一행정협정)에 의하여 결정된다(60). 다만 우리나라에서는 아직 외국군대의 지위에 관한 조약이 체결되지 않고 있다.

형사정책(刑事政策) 〔英〕 criminal policy 〔獨〕 Kriminalpolitik 〔佛〕 politique criminelle 넓은 뜻으로는 범죄의 원인을 탐구해서 이에 기하여 범죄를 막는 대책을 강구하는 것을 말한다. 이 의미에서는 일체의 犯罪對策, 특히 社會政策·教育政策 등도 형사정책에 포함된다. 좁은 뜻으로는 범죄정책을 직접의 목적으로 하는 현존의 여러 제도를 비판하고 이를 개량·보충하는 방책을 세우는 것을 말한다.

형사정책적 범죄인유형(刑事政策的犯罪人類型) 〔獨〕 kriminalpolitische Verbrechertypen 일정한 형사정책적 범죄투쟁수단을 기준으로 하여 이에 적합하도록 분류된 범죄인의 유형. 따라서 이 유형은 새로운 犯罪鬪爭手段의 도입에 의하여 변하는 것이다. 이 분류방법은 그 관점에 따라 병원학적 분류·예후진단적 분류·연령계층적 분류로 나누어진다. ① 病院學的 分類. 범죄원인을 중심으로 한 분류인데, 엑스너(Exner)는 이 방법으로 4

개의 유형을 들고 있다. ㉠ 內因的 狀態犯罪人. 범죄에의 성향이 소질적으로 설정된 자. ㉡ 外人的 狀態犯罪人. 범죄에의 성향이 환경에 의하여 설정된 자. ㉢ 發展的 犯罪人. 그 범죄성이 인격의 고유한 발전에 유래하는 자. 발육의 결과로서의 사춘기범죄 등이 이에 속한다. ㉣ 脫線的 人格. 이른바 기회범죄인. ② 豫後診斷的 分類. 형사정책적 수단이 영향 가능성 있느냐 없느냐라고 하는 관점으로부터의 분류이며, 이른바 개선가능자와 개선불가능자의 2유형으로 나누인다. 리스트 이래 개선가능자에게는 개선을, 개선불가능자에게는 除害를 이라고 하는 것은 고전적 명제로 되어 있다. ③ 年齡階層的 分類. 소년·청년·성인·노인 등의 범죄인유형을 설정하고 있다. → 상태범죄인, 기회범죄인, 범죄인의 분류

형사책임(刑事責任) 형벌이라는 법률적 효과를 과할 수 있는 (법률적)책임. 행위가 구성요건에 해당하고 違法·有責인 때에 형사책임을 지게 된다. 그리고 형법상 단지 책임이라고 하는 경우에는 보통 構成要件該當性·違法性과 별개인 제3의 범죄성립요건으로서의 有責性을 가리킨다(→ 범죄). 그리고 이러한 의미의 책임에 있어서는 그 의의에 관하여 道義的 責任論과 社會的 責任論, 그 근거에 관하여 行爲(意思)責任論·性格責任論·人格責任論, 그 실체 내지 본질에 관하여 心理的 責任論과 規範的 責任論이 대립한다.

형사피고인(刑事被告人)**의 무죄추정**(無罪推定) 유죄판결을 받을 때까지는 형사피고인은 無罪人으로서 취급을 받는다는 사상 또는 합리적인 의심이 없는 정도의 증명이 없으면 무죄를 선고하여야 한다는 사상을 말한다. 이는 의심스러운 때에는 피고인의 이익으로라는 法諺으로 표현되며, 우리 헌법도 형사피고인은 유무의 판결이 확정될 때까지는 무죄로 추정한다고 규정하고 있다(憲 27 Ⅳ). 또 형사소송법이 擧證責任은 검사측에 있다고 하고, 必要的 保釋을 인정하는 것 등은 모두 이 사상의 표현이라고 이해된다.

형사학(刑事學) 〔英〕 criminology 〔獨〕 Kriminologie 〔佛〕 criminologie 좁은 뜻으로는 사회적 사실로서의 犯罪의 원인을 탐구하는 학문을 말하고, 넓은 뜻으로는 여기에 刑事政策論도 포함한 의미로 사용된다. 보통은 좁은 뜻으로 사용되며 犯罪學이라고도 한다(→ 범죄학).

형성권(形成權) 〔獨〕 Gestaltungsrecht 권리자의 일방적인 의사표시로 일정한 법률관계의 변동, 즉 법률관계의 발생·변경·소멸을 발생시키는 私權. 取消權·追認權·解除權·解止權·認知權 등이 그 예. 私權을 작용에 의하여 분류하는 경우에 지배권·청구권과 병립하는 것. 형성되는 권리관계는 財産權的인 것도 있고(解除權·解止權·財産的 契約의 取消權 등), 身分權的인 것도 있으므로(認知權·離婚請求權·婚姻取消權 등), 형성권은 재산권도 아니고 신분권도 아니다. 형성권을 행사함에는 보통의 의사표시만으로써 족한 것이 원칙이지만(취소권·해제권·해지권·추인권 등), 법원의 판결로써 의사표시를 할 수 있는 요건이 있는 것이 확인되어야 비로소 효력을 발생하는 경우도 있다(詐害行爲取消權·이혼청구권·認知請求權·혼인취소권 등). 그리고 형성권을 變動權(Recht auf Rechtsänderung)·可能權(Kannrecht) 등으로 부르는 자도 있고, 또 의사표시뿐만 아니라 널리 단독의 사실행위에 의하여 법률관계를 발생시키는 권리를 형성권이라 부르고 광업권·어업권 따위를 이에 포함시키는 자도 있다.

형성력(形成力)〔判決의〕 〔獨〕 Gestaltungswirkung 形成判決이 확정된 때 또는 假執行宣告가 붙여진 때(民訴 508, 716 참조)에 그에 의하여 기존의 법률관계의 발생·변경·소멸을 가져오는 효력. 創設力이라고도 한다. 형성력은 일반적으로 제3자에게도 미친다. 이것은 형성판결에 있어서는 그 旣判力이 이해관계인인 제3자에 확장되는 이유에서(→ 기판력), 또는 제3자는 자신이 독립한 形成訴權을 가지지 않는 결과 당사자간의 판결의 반사적 효력을 받게 되므로, 일반 제3자도 형성의 효과인 법률관계의 변동을 승인하지 않을 수 없는 이유때문이다. 피고에게 의사표시를 명하는 판결은 그 확정에 의하여 의사표시를 한 것으로 간주되나(695), 이것은 履行判決의 强制執行으로서 특별한 취급을 한데 지나지 않으며 형성력은 아니다. 형성력있는 판결은 예를 들면 각종 人事訴訟의 형성판결과 회사관계의 각종 형성판결 등이다.

형성(形成)**의 소**(訴) 〔獨〕 Gestaltungsklage, Rechtsänderungsklage 청구가 판결에 의한 기존의 법률상태의 변경 또는 새로운 권리관계의 발생의 要件存在를 주장하는 訴. 創設의 訴 또는 權利變更의 訴라고도 한다. 私法上의 권리관계의 변동은 보통 의사표시 기타의 法律要件事實에 기하여 당연히 발생하는 것으로 되어 있으나 그렇게 되어서는 과연 변동이 발생하였느냐가 관계인에게도 불명확하며, 소송상으로도 분쟁이 있을 때마다 개별적·상대적으로 해결되게 된다. 그러나 身分關係나 團體關係 또는 公法上의 관계 등에 관하여는 다수의 관계인간에 명확하게 또 일률적으로 정하지 않으면 법률생활의 혼란을 발생할 것이므로 변동의 요건의 존부를

직접 소송의 목적으로서, 판결에 의한 그 존재의 확정을 기다려 비로소 그 변동이 발생하는 것으로 하여, 그 때까지는 누구라도 그 변동을 주장치 못하는 것으로 할 필요가 있다. 따라서 그 변경을 訴로써 주장할 수 있다든가, 법원에 청구할 수 있다든가의 규정이 있을 때 특히 인정되는 소이다. 예컨대, 離婚, 婚姻의 무효·취소의 청구, 會社設立無效의 訴, 株主總會決議取消의 訴, 행정처분의 취소·변경을 구하는 訴(소위 抗告訴訟) 및 政黨解散訴訟 등이다. 이에 반하여 당사자가 재판 외에서 一方的 意思表示(형성권의 행사)에 의하여, 스스로 법률관계를 변경시킬 수 있을 때(무능력·착오·사기 등에 의한 법률행위의 취소, 계약의 해제·해지, 상계)는 항상 변경후의 법률관계에 기하여 履行의 訴 또는 確認의 訴를 제기할 것이고 형성의 소로 될 수 없다. 형성의 소에는 再審의 訴나 準再審과 같은 소송법상의 법률상태의 변경을 목적으로 하는 것도 있다. 형성의 소에 있어서의 原告勝訴判決은 법률상태의 변경을 선언하는 形成判決이며 그 형성력으로서 변경이 생긴다. 형성소송의 형식으로 처리되는 사건이지만 형성의 기준이 되는 법규(형성요건)가 없는 것을 형식적 형성소송이라 하는데, 여기에는 共有物分割의 訴(民 269), 境界確定의 訴, 父를 결정하는 訴(845) 등이 있다.

형성적 등기(形成的登記) 창설적 등기와 같다.

형성적 신분행위(形成的身分行爲) 직접으로 신분의 창설 또는 해소를 목적으로 하는 법률행위. 신분행위의 일종. 신분에의 행위라고도 한다. 예컨대 分家·入籍·廢家·婚姻·離婚·入養·罷養·認知 등이다.

형성적 행정행위(形成的行政行爲) 法律行爲的 行政行爲는 상대방에게 일정한 의무를 부과하거나 이를 해제하는 것을 내용으로 하는 命令的 行爲와, 상대방에게 일정한 권리·능력·포괄적 법률관계 기타의 법률상의 힘을 설정·변경·소멸시키는 형성적 행위로 나누어 볼 수 있다. 이러한 형성적 행위는 특정인을 위하여 새로운 법률상의 힘을 부여하는 행위인 特許와, 성립된 법률적 행위를 보충하여 그 법률상의 효력을 완성시켜 주는 행위인 認可, 그리고 제3자가 행하여야 할 행위를 행정주체가 대신하여 행하는 代理 등으로 구분된다. 형성적 행위에 위반된 행위는 원칙적으로 그 효력이 부인되는데 그치고 특별한 규정이 없는 한 처벌의 대상이 되지 않는다.

형성처분(形成處分) 法律上의 狀態(법률관계·권리의무·능력·자격)를 변동시키는 것을 내용으로 하는 행정처분. 創設處分·變更處分·消滅處分으로 나눌 수 있다. 창설처분은 새로이 법률상의 상태를 설정하는 처분으로서 下命·許可·特許·認可 등이 있다. 형성처분은 이 창설처분을 가리킬 때가 있다.

형성판결(形成判決) 〔獨〕 Gestaltungsurteil, Konstitutivurteil 〔佛〕 jugement constitutif

[1] 민사소송법상 법률관계의 설정·변경·소멸을 선고하는 판결. 創設判決 또는 權利變更判決이라고도 한다. 일반적으로 형성의 소에 대하여 원고의 청구를 인용하는 판결을 말하나(기각하는 판결은 確認判決이다), 假執行宣告나, 상급심에서 원판결을 취소·파기하는 판결, 환송·이송의 판결도 소송상의 효과를 변경케 하므로 넓은 뜻으로는 형성판결이라 할 수 있다. 형성판결이 가지는 법률관계변경의 효과를 形成力이라 한다.

[2] 행정소송상 抗告訴訟에 있어서의 행정처분취소의 판결이 이에 해당한다. 행정행위를 변경하는 판결, 즉 적극적 형성판결은 헌법상의 권력분립제도와의 관계로 보아 할 수 없으며, 一部取消를 명하는 의미에서의 소극적 형성판결만을 할 수 있다고 보는 것이 통설이나 유력한 반대설이 있다.

형성행위(形成行爲) 〔獨〕 konstitutiver Akt 권리·능력·포괄적 법률관계 기타의 법률상의 힘을 발생·변경·소멸시키는 행위. 행정청이 하는 具體的 形成行爲(예: 공무원의 임명, 공법인의 설립, 공기업의 특허 등)를 특히 形成處分이라고 한다. 私法上의 형성권을 행사하는 행위, 소송법상의 形成判決도 일종의 형성행위이다.

형식범(形式犯) 〔獨〕 Formaldelikt 구성요건상 보호법익에 대한 침해 내지 그 위험의 발생을 필요로 하지 않는 범죄. 實質犯에 대한다. 단순거동범과 같다고도 한다. 즉 형식범에 抽象的 危殆犯을 포함시키는 입장에서는 실질범·형식범의 구별과 結果犯·單純擧動犯과의 구별은 일치하게 되지만, 좁은 뜻으로 형식범은 구성요건상 추상적 위험의 발생조차도 필요로 하지 않는다는 입장(따라서 단순거동범 가운데서도 실질범이 되는 것이 있다(예: 住居侵入罪)에서는 양 구별은 완전히 일치하지는 않게 된다.

형식법(形式法) 〔獨〕 formelles Recht 실체법의 적용·실현의 방법·형식을 규정한 법규. 節次法과 대체로 같은 뜻으로 사용된다. 예컨대 私人間의 생활관계에 관한 민사사건의 실체·내용을 규율하는 민법·상법 등은 實體法임에 대하여, 이것을 적용·실현하여 사건을 처리하는 방법 또는 형식는 민사소송을 규율하는 민사소송법은 형식법이다. 형사에 관해서는 형법이 實體法이고, 형사소송법이 형식법이다.

형식상인(形式商人) 〔獨〕 Formkaufleute 독일 상법에서는 株式會社·有限責任會社·產業組合은 비영리사업을 목적으로 하는 경우에도 그 기업형태로 말미암아 당연히 상인으로 인정하고 있으므로(6) 이것을 형식상인이라고 한다. 우리나라에는 非營利目的의 회사는 없으므로 이러한 의미의 형식상인은 없으나 擬制商人은 상행위를 하지 아니하여도 상인적인 설비와 방법으로 영업을 하거나 회사형태를 취함으로써 당연히 상인이 되므로(5) 이것을 形式商人이라고 하는 자도 있다. → 의제상인

형식적 공소권(形式的公訴權) → 공소권

형식적 당사자능력(形式的當事者能力) 대표자·관리인이 있는 법인이 아닌 社團 또는 財團(즉 권리능력이 없는 사단 또는 재단)에 대하여 인정되는 당사자능력을 말한다(民訴 48). 한편 법인격이 있는 자에게 인정되는 당사자능력을 實質的當事者能力이라 하여 이것과 구별하는 경우가 있다.

형식적 당사자소송(形式的當事者訴訟) 行政廳의 處分 등을 원인으로 하는 법률관계에 관한 소송 기타 공법상의 법률관계에 관한 소송(行訴 3 ii)으로서, 그 법률관계의 한쪽 당사자를 피고로 하는 소송을 當事者訴訟이라고 하는데, 이러한 당사자소송은 형식적 당사자소송과 실질적 당사자소송으로 구분된다. 여기서 형식적 당사자소송이란 행정청의 處分이나 裁決을 원인으로 하는 법률관계에 대한 소송으로서, 그 법률관계의 한쪽 당사자를 피고로 하는 소송을 말한다. 이는 토지수용위원회의 재결이 있은 후에 하는 소송이므로 실질적으로는 그 처분이나 재결의 효력을 다투는 것이 되나, 형식적으로는 당해 처분이나 재결의 처분청을 피고로 하지 않고, 그 법률관계의 한쪽 당사자를 피고로 하여 당해 법률관계의 존부 또는 내용 등을 다투는 소송인 것이다. 따라서 형식적 당사자소송은 실질적으로는 처분등의 효력을 다툰다는 점에서 抗告爭訟的인 것이라고 할 수 있으나, 당해 법률관계의 한쪽을 소송당사자로 한다는 점에서 형식상 당사자소송으로서의 성질을 가지는 것이라고 하겠다. 그러나, 현행법상 收用補償裁決에 대한 보상액의 다툼은 裁決取消로서 항고소송과 보상액의 증감에 관한 당사자소송이 합쳐진 필요적 공동소송의 형태를 취하게 된다(土收 75의2).

형식적 민사소송(形式的民事訴訟) 민사소송에 속하지 않는 사건이지만, 실질적으로는 정책적인 견지에서 通常法院의 권한에 속하게 하여 그 형식·절차 등에 있어서 민사소송법에 의하여 처리하도록 되어 있는 소송. 예컨대 非訟事件을 민사소송으로서 처리하는 形式的 形成訴訟은 그 일종.

형식적 법치주의(形式的法治主義) 행정에 대한 議會立法의 우위를 전제로 한 형식적 법률의 지배를 말한다. 법치주의를 법률의 支配 또는 행정의 法律適合性으로 보는 경우에, 그것은 행정으로 하여금 의회가 제정한 형식적 법률에 적합하게 행해질 것을 요청할 뿐, 법률의 목적이나 내용을 문제삼지 아니하는 형식적 법치주의를 의미한다. 이러한 형식적 법치주의는 法律優位를 절대시하여 법률을 빙자한 국가권력에의 무조건 복종을 강요할 수 있게 되고, 입법의 包括的 授權, 행정을 위한 광범위한 自由裁量權의 설정 등을 가능케 하여 독재제의 출현을 가능케 하였다. 그러나 제2차세계대전의 결과 형식적 법치주의는 實質的 法治主義로 대체되었다.

형식적 소송조건(形式的訴訟條件) 〔獨〕 formelle Prozessvoraussetzung 형사소송에 있어 절차면에 관한 사유로서 實體的 審判의 조건이 되는 것. 소송조건의 하나이며 實體的 訴訟事件에 대한 말. → 소송조건

형식적 심사주의·실질적 심사주의(形式的審査主義·實質的審査主義) 形式的 適法主義·實質的 適法主義라고도 한다. 일반적으로도 사용되나, 특히 登記의 신청에 관해서 등기공무원에게 그것이 일정한 형식적 요건을 구비하고 있는가를 심사하는 권한만을 부여하는 입법주의를 形式的 審査主義(〔獨〕 formelles Legalitätsprinzip)라고 하며, 그 이상으로 그것이 실질상의 권리관계와 합치하는가를 심사하는 권한도 부여하는 입법주의를 實質的審査主義(〔獨〕 materielles Legalitätsprinzip)라고 한다. 우리나라에서는 부동산등기에 관하여 형식적 심사주의를 채용한다(不登 55). 商業登記에 관하여는 어느 것이냐에 관하여 논쟁이 있다(非訟 204). 어느 입장을 취하는 학설에 있어서도 실질상의 權利關係에 합치하지 않는 것이 등기공무원에게 명백한 때에만 심사권이 있다는 결과에 있어서는 일치하고 있다.

형식적 위법성(形式的違法性) 〔獨〕 formelle Rechtswidrigkeit 행위가 법의 명령 또는 금지의 규범에 위반함으로써 법의 견지에서 허용되지 않는 성질을 가지는 것. 實質的 違法性에 대하여 논하여진다.

형식적 의미(形式的意味)**의 행정**(行政) 행정의 실질을 도외시하고 제도적인 입장에 따라 현실적인 국가기관의 권한을 기준으로 하여 정립한 개념으로서, 조직법상 行政機關의 권한에 속하는 國家作用이면 그것이 성질상 입법이냐 사법이냐를 가리지 않고 모두 행정으로 보는 것을 말한다. 행정법은 實質的 意味의 行政을 그 중심으로 하면서도 형식적 의미의 행정을 규율대상으로 하고 있다. 즉 실질적 의미에서는 입법에 속하는 行政立法 및 사법에 속하는 行政爭訟 등이 行政法의 규율대상이 되는 반면, 실질적 의미에서는 행정에 속하는 사법행정이나 입법행정은 행정법에서 다루지 않는다.

형식적 의미(形式的意味)**의 행정심판**(行政審判) 행정심판에 관한 일반법인 行政審判法이 규정하고 있는 행정심판을 말한다. 행정심판법은 행정심판의 개념을 직접 규정하고 있지 않으나, 위법 또는 부당한 處分 기타 公權力의 행사·불행사 등으로 인한 국민의 권익의 침해에 대한 구제를 도모하기 위한 행정기관에 의한 審判節次를 의미하는 것으로 보는 것이 보통이다. 이러한 의미의 행정심판에는 쟁송을 처분청에 제기하는 異議申請的인 것과, 상급감독청에 제기하는 訴願的인 것으로 구분하여 볼 수 있다.

형식적 의미(形式的意味)**의 헌법**(憲法) 〔獨〕 Verfassung im formellen Sinne 成文憲法의 형식을 갖춘 헌법. 實質的 意味의 헌법에 대응하는 말. 형식적 의미의 헌법은 成文憲法이고, 원칙적으로 硬性憲法이다. 그 내용은 실질적 의미의 헌법과 일치되는 것이 이론상의 요구이기는 하나, 입법기술상 또는 의식적으로 불일치하는 경우가 있다. →실질적 의미의 헌법

형식적 재판(形式的裁判) 〔獨〕 Formale-Entscheidung [1] 민사소송법상 소송판결, 즉 本案의 裁判에 대하여 소송요건의 흠결이나 상소요건의 흠결을 이유로 訴 또는 上訴를 부적법으로 却下하는 판결을 말한다.

[2] 형사소송법상 사건의 실체에 관하여 심리하지 않고 절차적·형식적 법률관계를 판단하는 재판을 말한다. 終局前의 재판은 모두 형식재판이며, 종국재판 가운데 소송조건의 결여를 이유로 하는 公訴棄却의 裁判(刑訴 327, 328), 免訴의 판결(326), 관할위반의 재판(319) 등이 해당한다. 다만 학설로서는 免訴의 裁判이 실체적 재판이라는 설도 있으나, 통설은 형식적 재판(實體的 形式裁判)이라고 한다. 형식재판이 확정되면 旣判力은 발생하지 아니한다. 단 면소의 판결은 실체관계적 형식재판이기 때문에 一事不再理의 효력인 기판력이 발생한다.

형식적 증거력(形式的證據力) 문서를 증거방법으로 하는 경우(書證)에 그 문서에 기재된 것이 擧證者가 그 문서의 작성자라고 주장하는 특정인의 의식·판단·감정 등의 표시라고 인정할 수 있는 것. 人證과 달라서(人證의 경우에는 신문전에 동일인인가 아닌가를 확인할 수 있다), 書證의 경우에는 그 문서의 신빙력은 그 문서에 기재된 것이 누구의 진술인가의 여부가 판명되지 않으면 결정할 수 없다. 즉 그 문서의 眞正成立이 인정된 후에 비로소 採證의 기초가 되는 것이다(→실질적 증거력). 또한 작성자가 習字 기타의 목적으로 書寫한 것인 경우에는 그것이 진정으로 성립한 것이라도 의식의 표시라고는 인정되지 않으므로 형식적 증거력은 부정되어야 할 것이다. →서증

형식적 증거주의(形式的證據主義) 법정증거주의와 같다.

형식적 진실주의(形式的眞實主義) 〔獨〕 Prinzip der formellen Wahrheit 재판의 기초가 되는 事實의 確定에 관하여 당사자 사이에 다툼이 없는 사실은 증거에 의하지 않고 이를 진실한 것으로 보며, 또한 係爭事實은 당사자가 제출한 증거만에 의하며 인정하여야 한다는 주의. 實體的 眞實主義에 대한 말이다. 변론주의를 채용하는 통상의 민사소송에 관하여 인정된다. 그러나 민사소송에서도 그 성실상 당사자의 利益追行을 이용하는 것이 오히려 진실발견에 편리하다는 고려에 의거하는데 그치고, 실체적 진실의 발견을 포기한 것은 아니다. 왜냐하면 법원이 職權證據調査를 할 수 있는 점(民訴 265), 公知의 事實과 상반되는 自白을 無效로 인정할 여지가 있는 점, 법원이 소송관계를 명백히 하기 위하여 釋明權을 행사할 수 있는 점(126)을 들 수 있기 때문이다.

형식적 형성소송(形式的形成訴訟) →형식적 민사소송, 형성의 소

형식적 확정력(形式的確定力) 〔獨〕 formelle Rechtskraft 소송법상 재판이 당해 소송절차내에서 上訴 등의 보통의 不服申請手段(재심·특별항고는 여기에서 제외된다)에 의하여 취소될 가능성이 없는 것. 實體的 確定力에 대하는 것으로 外部的 確定力이라고도 한다. 판결에 대하여는 上訴를 불허하는 경우(상고심판결, 또 민사소송에서는 불상소합의가 있은 때)에는 선고와 동시에, 상소를 허용하는 경우에는 上訴期間의 徒過, 상소의 취하 또는 상소권의 포기가 있은 때, 상소기간 만료시에 소

급하여 확정력이 발생한다. 결정은 항고를 허용하지 않은 것에 대하여는 즉시 확정되고, 항고를 허용하는 결정으로서 卽時抗告를 허용하는 것은 제소기간의 徒過, 항고의 포기·취하, 항고에 대한 재판에 의하여 확정된다. 普通抗告를 허용하는 것은 원결정을 취소하여도 실익이 없는 때에 확정된다.

형식적 효력(形式的效力) 각 法形式이 가지는 효력. 형식적 효력에 상하의 차등이 있는 법령이 서로 저촉한 때에는 하위의 법령은 그 효력을 상실한다. 명령이 법률에 저촉되는 때가 그러한 경우이다.

형식주의(形式主義) → 의사주의·형식주의

형식혼주의(形式婚主義) 혼인의 성립에 있어서 일정한 형식을 요건으로 하는 立法主義. 종교적 의식을 갖출 것을 요구하는 宗教婚主義와 법률적 형식에 의하여 할 것으로 하는 法律婚主義가 있다. → 사실혼주의

형(刑)**의 가중**(加重) 형벌을 法定刑 이상으로 가중하는 것. 형의 가중은 법률에 규정이 있는 경우에 한하고 재판상의 가중은 인정되지 않는다. 좁은 뜻으로는 형법총칙에 규정되어 있는 特殊教唆·特殊幇助(刑 34Ⅱ)·累犯加重(35Ⅱ) 및 競合犯加重(38Ⅰ)만을 말하고, 넓은 뜻으로는 각칙본조에 의한 가중, 예컨대 공무원의 職務上 犯罪(135)·特殊公務妨害罪(144Ⅰ)·常習傷害暴行罪(264) 등을 포함하여 말한다. 유기징역 또는 유기금고에 대하여 형을 가중하는 때에는 25년까지로 한다. → 가감례

형(刑)**의 감경**(減輕) 형벌을 법정형 이하로 감경하는 것. 법률상의 감경과 재판상의 감경(酌量減輕이라고 한다)이 있다. 법률상의 감경에는 필요적인 것으로, 예컨대 심신미약(刑 10Ⅱ)·聾啞(11)·從犯(32Ⅱ)이 있고, 또 형의 면제와의 선택을 허용하는 것으로서 중지범(26)·內亂豫備陰謀의 자수(90Ⅰ但)·外患豫備陰謀의 자수(101Ⅰ但)·外國私戰豫備陰謀의 자수(111Ⅲ但) 등이 있다. 임의적인 것으로는 장애미수(25Ⅱ) 이외에 과잉방위(21Ⅱ)·과잉피난(22Ⅲ)·過剩自救行爲(23Ⅱ)·不能未遂犯(27 但)·자수(52Ⅰ)·自服(52Ⅱ)이 있다. 또한 여기서의 형의 감경은 사면의 일종으로서의 減刑과 다르다. → 가감례

형(刑)**의 경중**(輕重) 형의 경중은 형법 41조 기재의 순서에 의한다(50Ⅰ本). 즉 ① 死刑, ② 懲役, ③ 禁錮, ④ 資格喪失, ⑤ 資格停止, ⑥ 罰金, ⑦ 拘留, ⑧ 科料, ⑨ 沒收의 순이다. 다만 무기금고와 유기징역은 금고를 중한 것으로 하고, 유기금고의 장기가 유기징역의 장기를 초월하는 때에는 금고를 중한 것으로 한다(50Ⅰ但). 동종의 형은 장기의 긴 것과 다액의 많은 것을 중한 것으로 하고, 장기 또는 다액이 동일한 때에는 그 단기의 긴 것과 소액의 많은 것을 중한 것으로 한다(50Ⅱ). 그리고 이상에 의하는 것 이외에는 罪質과 犯情에 의하여 경중을 정한다(50Ⅲ).

형(刑)**의 기간**(期間) 형기의 산정에 있어서 年 또는 月로써 정하여진 기간은 중간의 일·시·분·초를 정산하지 않고 연·월을 단위로 계산하는 曆法的 計算方法에 의한다(刑 83). 이 점은 당사자 사이의 약정에 따라 週·月 또는 年의 기간을 역수에 따라 계산하는 민법상의 기간계산방법(民 160)과 다르다. 형기는 판결이 확정된 날로부터 기산한다(刑 84Ⅰ). 징역·금고·구류와 유치에 있어서는 구속되지 아니한 일수는 형기에 산입하지 아니한다(84Ⅱ). 형의 집행과 시효기간의 初日은 시간을 계산함이 없이 1일로 산정하며(85), 석방은 刑期 종료일에 하여야 한다(86). 또한 판결선고 전의 구금일수는 그 전부 또는 일부를 유기징역·유기금고·벌금이나 과료에 관한 유치 또는 구류에 산입하며(57Ⅰ), 이 경우에는 구금일수의 1일은 징역·금고·벌금이나 과료에 관한 유치 또는 구류의 기간은 1일로 계산한다(57Ⅱ).

형(刑)**의 면제**(免除) 〔獨〕Strafaufhebung 〔佛〕extinction de la peine 유죄의 경우에 그 科刑을 면제하는 것. 형의 면제는 법률상의 규정이 있는 경우에 한한다. 법률상 형의 면제의 사유에는 필요적인 것(예: 刑 328Ⅰ)과 임의적인 것(예: 27 但, 52Ⅰ·Ⅱ)이 있다. 또한 일반범죄에 공통한 것(예: 26, 27 但, 52Ⅰ·Ⅱ)과 어떤 종류의 범죄에 한하여 인정되는 것(예: 328, 365Ⅰ·Ⅱ)이 있다. 형의 면제는 범죄의 불성립 및 刑의 執行의 免除와 구별함을 요한다. 형의 면제는 판결로써 선고하여야 하며(刑訴 322) 이 때에는 형의 선고를 받은 것이 되지 않으므로 재차 범죄를 범하여도 累犯이 되지 않는다.

형(刑)**의 변경**(變更) 형법상 범죄후 법률의 변경에 의하여 과하여야 할 형이 구법보다 輕하게 변경된 때에는 신법에 의한다(1Ⅱ後). 범죄후의 법률에는 中間時法도 포함한다. 다만 범죄행위시의 법이 限時法인 경우에도 신법에 의할 것인가에 관하여는 설이 나누어져 있다(→ 한시법). 형사소송법상 특히 判決後 형의 변경은 상소이유가 된다(361의5 ⅱ, 383ⅱ). 이는 상소심에 續審的 性格을 주는 것

으로서, 여기에서 형의 변경이라 함은 형법 1조 2항과의 관계에서 輕하게 변경된 경우만을 의미한다. 다만 형의 변경은 형식적 의미의 형(刑 41 참조)이 변경된 경우만을 의미하는가, 그 외에 형의 선고유예·집행유예의 조건 등이 완화된 경우도 포함하는가(일본판례는 이를 부정한다)는 다투어진다.

형(刑)**의 선고**(宣告) 재판의 선고 중 有罪判決의 告知를 말한다. 이 경우에는 상소기간 및 상소신청서를 제출할 법원을 피고인에게 고지해야 한다. 辯論終結 후의 선고기일에 피고인이 출석하지 아니한 경우에도 판결은 선고에 의하여 고지된 것으로 한다. 또한 재판장은 형의 선고 후 피고인에 대하여 적당한 훈계를 할 수 있다(刑訴 42, 43, 343, 314, 301, 374, 404~406).

형(刑)**의 소멸**(消滅) 형의 선고의 판결이 확정함으로써 발생한 刑罰權이 소멸하는 것. 따라서 그것은 재판청구권의 소멸인 公訴權의 소멸과 구별되며, 또한 형의 소멸사유는 범죄에 의하여 발생한 구체적 형벌권을 소멸케 하는 사유로서 처음부터 범죄를 구성하지 않는, 따라서 구체적 형벌권의 발생을 저지하는 犯罪阻却事由(違法性阻却事由·責任阻却事由)와 구별된다. 刑의 소멸사유는 형의 집행의 종료, 형의 집행유예기간 또는 가석방기간의 만료, 형의 집행의 免除, 형의 시효의 완성, 범인의 사망, 赦免 등이다. 또한 현행 형법은 총칙 3장 8절에서 형의 소멸을 규정하는데, 이는 상술한 의미의 형의 소멸을 말하는 것이 아니다. 즉 그것은 형벌권의 소멸이 아니라, 형벌권이 소멸한 후에도 아직 남아 있는 형의 선고의 효력을 재판에 의하여 소멸케 하는 것이다(→형의 실효, 재판상의 복권).

형(刑)**의 시효**(時效) 형의 선고를 받은 후 일정한 기간의 경과로 인하여 그 집행이 免除되는 것(刑 77). 형의 시효는 범죄후 일정한 기간 소추를 받지 않고 경과함으로써 이제는 소추할 수 없게 되는 公訴의 時效와 구별된다. 다같이 刑事時效이기는 하지만 전자는 형의 선고후의 집행권의 소멸을 가져오는 것임에 반하여 후자는 형의 선고전의 형사소추권의 소멸을 가져오는 것으로서, 전자는 實體法인 형법상의 제도이고 후자는 節次法인 소송법상의 제도이다. 그 기간은 선고된 형이 ① 死刑이면 30년, ② 무기의 징역·금고이면 20년, ③ 10년이상의 징역 또는 금고이면 15년, ④ 3년 이상의 징역·금고 또는 10년 이상의 자격정지이면 10년, ⑤ 3년 미만의 징역·금고, 또는 5년 이상의 자격정지이면 5년, ⑥ 5년 미만의 자격정지, 벌금, 몰수 또는 추징이면 3년, ⑦ 구류 또는 과료는 1년이다(78). 형의 집행의 유예나 정지 또는 假釋放 기타 집행할 수 없는 기간에는 위 시효기간이 진행되지 않는다(79). 시효는 사형·징역·금고와 구류에 있어서는 受刑者를 체포함으로써 벌금·과료·몰수의 추징에 있어서는 强制處分을 개시함으로써 중단된다(80). 일단 시효가 중단된 경우에는 다시 全期間의 진행을 필요로 한다.

형(刑)**의 실효**(失效) 형의 선고가 그 효력을 상실하는 것. ① 裁判에 의한 경우. 징역 또는 금고의 집행을 종료하거나 집행이 면제된 자가 피해자의 손해를 보상하고 자격정지 이상의 刑을 받음이 없이 7년을 경과한 때에는 본인 또는 검사의 신청에 의하여 그 재판의 실효를 선고할 수 있다(刑 81). 이 선고는 그 사건에 관한 기록이 보관되어 있는 검찰청에 대응하는 법원에 대하여 신청하여야 하며(刑訴 337Ⅰ), 이 신청에 의한 선고는 決定으로 한다(337Ⅱ). 또한 그 신청을 각하하는 결정에 대하여는 卽時抗告를 할 수 있다(337Ⅲ). 형법은 재판에 의한 형의 失效를 裁判上의 復權과 더불어 형의 소멸이라는 절(총칙 3장 8절)에서 규정하고 있다. ② 사면에 의한 경우(→일반사면, 특별사면). →재판상의 복권

형(刑)**의 양정**(量定) 〔獨〕 Strafzumessung 處斷刑의 범위내에서 구체적으로 宣告刑을 결정하는 것. 형법은 형의 양정에 있어서 법관에게 극히 광범위한 자유재량의 여지를 허용하고 있으면서도 양형의 표준에 관한 일반적 지침을 표시하고 있다(51). 즉, ① 범인의 연령·性行·지능과 환경, ② 피해자에 대한 관계, ③ 범행의 동기·수단과 결과, ④ 범행후의 정황 등을 참작하여야 한다. 그러나 自由裁量이라고 하여서 법관의 主觀的 恣意를 허용하는 것이 아니다. 그것은 객관적 정의와 범죄의 具體的 當罰性에 관한 합목적성의 평가를 요청하고 있다. 제1심판결의 형의 양정이 부당하다고 인정할 사유가 있는 때에는 항소이유가 되고(刑訴 361의5 xv), 사형, 무기 또는 10년 이상의 징역이나 금고가 선고된 사건에 있어서 제2심판결의 형의 양정이 심히 부당하다고 인정할 현저한 사유가 있는 때에는 上告理由가 된다(383 iv).

형(刑)**의 집행**(執行) 〔獨〕 Strafvollstreckung 선고된 刑罰을 실현하는 것. 이에는 사형의 집행, 자유형의 집행, 재산형의 집행, 名譽刑의 집행이 있다. 형의 집행은 行刑(Strafvollzug)과 구별된다. 전자는 형의 집행을 형식적으로 판결의 집행이라는 관점으로부터 法的 安定性에 관계시켜 파악하는 경우임에 대하여, 후자는 특히 自由刑의 집행

을 실질적으로 受刑者의 개선이라는 견지에서 합목적성에 관계시켜 규제하는 경우를 말한다. 형의 집행의 통칙으로서는 ① 裁判을 한 법원에 대응한 검찰청검사가 그 집행의 지휘를 한다는 것(刑訴 460 Ⅰ本)(執行指揮의 방식에 관하여는 刑訴 461), ② 형의 집행의 순서는, 2 이상의 형의 집행은 원칙적으로 資格喪失·資格停止·罰金·科料와 沒收 외에는 그 중한 형을 먼저 집행하고, 예외적으로 검사가 소속장관의 허가를 얻어 중한 형의 집행을 정지하고 다른 형의 집행을 할 수 있다는 것이다(462). 死刑·自由刑·財産刑·名譽刑 등의 집행에는 각각 특별한 규정이 있다(463~492).

형(刑)의 집행(執行)의 면제(免除) 범죄의 성립이 있고 형의 선고를 받았으나, 다만 형의 집행이 면제되는 경우를 말한다. 형의 집행의 면제의 原由로는 형법상의 것과 赦免法上의 것과의 두 가지가 있다. 전자는 刑의 時效가 완성한 때(刑 77), 외국에서 확정판결을 받은 자가 우리나라에서 동일행위에 관하여 처벌되는 경우에, 이미 외국에서 형의 전부 또는 일부의 집행을 받은 때(7) 등에 행하여지는 것이요, 후자는 赦免의 일종으로서 형의 선고를 받은 특정의 자에 대하여 행하는 것이다(특별사면(赦免 5Ⅰⅱ)). 형의 집행의 면제는 형의 면제와 구별하여야 한다. 왜냐하면 전자에 있어서는 형의 선고는 있지만 후자에 있어서는 형의 선고가 없으며, 또 전자는 累犯의 성립에 관해서는 前科로서 취급되나 후자는 累犯關係를 발생시키지 않기 때문이다.

형(刑)의 집행정지(執行停止) 法定의 원인이 존재하는 경우에 형의 목적 이외의 불이익을 受刑者에게 입히지 않도록 하기 위하여, 그 집행을 일시정지하는 것. 死刑 및 自由刑에 관하여 인정되며, 財産刑의 집행정지의 제도는 없다(사형의 집행정지에 관하여는 刑訴 469, 자유형의 집행정지에 관하여는 刑訴 470, 471 참조). 그러나 벌금 또는 과료를 완납하지 못한 受刑者에 대한 勞役場留置의 집행에 관하여는 자유형의 경우를 준용한다(492). 또한 재심개시의 결정을 할 때에는 법원은 법정으로 형의 집행을 정지하여야 한다(435).

형(刑)의 폐지(廢止) 특정한 범죄에 대하여 국가가 그 처벌의사를 廢棄하는 것을 말한다. 범죄 후의 법령에 의하여 형이 폐지된 때에는 免訴의 판결을 하여야 한다(刑訴 326ⅳ).

형 조(刑曹) 형조는 周制의 秋官, 漢魏의 都官, 隋唐 이래의 刑部에 해당한다. 신라는 秋官으로서 左右理方府를 두고, 고려시대는 刑部·典法 등이라고 불렀다. 고려말에 刑曹라 하였고, 조선은 고려제에 의하여 그대로 형조라고 한 것이다. 經國大典에 의하면 掌法律, 奴婢之政이라고 규정하고 그 분과로, 詳覆司, 考律司(律令), 掌禁司(刑獄禁令), 掌隷司(奴隷簿籍, 浮囚)의 4司를 두고, 各司를 2房으로 편성하고 參判 1員, 參議 1員, 正郎 4員, 佐郎 4員, 律學教授 1員, 別提 2員, 明律 1員, 審律 2員, 律學訓導 1員, 檢律 2員의 직원과 錄事 7員, 書吏 48員을 두고, 기타 다수의 使令·房直·庫直 등이 있었다. 刑曹所屬官廳으로는 律學廳·典獄署·掌隷院·保民司·左右捕廳·左右巡廳 등의 6司가 分屬하고 있었다. 형조는 司憲府·漢城府와 같이 주로 刑獄과 詞訟을 掌理하였으므로 三法司의 하나라고 칭하였고, 조선말 갑오개혁에 法務衙門으로 개편되었다.

형지안(形止案) 조사한 현황 또는 자초지종의 始末을 기록한 簿冊을 形止案 또는 形止記라 한다. 五層塔助成形止記는 사원에서 5층탑을 건축 후, 그 전말을 기록한 簿冊이고, 實錄曝曬形止案은 실록보존장소를 受命官員이 조사점검한 전말을 기록한 簿冊이고, 實錄閣修正形止案은 그 修改의 전말을 기록한 것이다. 各司奴婢形止案은 各司所屬公奴婢를 점검 精査하여 기록한 奴婢臺帳이다. 經國大典公賤條를 보면 公賤每三年成續案, 每二十年成正案 藏於本曹, 議政府, 掌隷院, 司贍司, 本道, 本邑이라 하여 各司所屬公奴婢를 매 20년마다 精査하여 正案을 만들어 所屬官府에 보관한 것이며, 매 3년에는 續案을 작성한 것인 바, 이 正案과 續案을 形止案이라고 부른 것이다. 公奴婢 중 內需司 소속의 노비는 그 案을 국왕의 査閱을 받으므로, 이를 특히 宣頭案이라 한 것이다.

형집행장(刑執行狀) 사형·징역·금고 또는 구류의 형을 선고받은 자가 구금되지 아니한 경우에 형을 집행하기 위하여 소환하는 명령서. 형집행장은 검사가 발부하며(刑訴 473Ⅱ), 拘束令狀과 동일한 효력이 있다.

형태적 요소(形態的要素) 公物이 성립되기 위해서는 먼저 일정한 물건이 공공의 목적을 위하여 공용될 수 있는 형태를 갖추어야 하며 實體가 존재하지 아니하는 경우에는 공물이 성립될 수 없는 바, 공공의 목적을 위하여 供用될 수 있는 실체를 형태적 요소라고 한다. 도로·도시공원 등과 같은 人工公物의 경우에는 인공에 의하여, 하천·항만 등과 같은 自然公物은 그의 자연적인 상태 자체로서 公共의 用에 제공될 수 있는 실체를 갖추게 된다.

형 평(衡平) 〔羅〕aequitas〔英〕equity

〔獨〕 Billigkeit 〔佛〕 équité 정의의 구체적 내용을 형평이라고 한다. 형평은 법률 및 재판의 이념으로 되어 있으며 영국에 있어서는 慣習法인 보통법과 함께 판례법의 2大法源을 이루고 있다(→에퀴티). 영국의 衡平法裁判所(Court of Equity)는 보통법재판소와 병존하면서 보통법의 결함을 補正하여 올바른 사회질서를 보장하는데 노력하여 왔다. 더구나 국제사회의 질서이념인 형평과 선은 흔히 국제재판의 준칙이 되는 경우가 많다(→형평과 선). 아리스토텔레스는 法律的 正義가 實質的 正義에서 遊離됨으로 인하여 간격이 생긴 경우에는 응당 형평을 개입시켜 그 공간을 메워야 한다고 하였다. 罪刑法定主義에 의한다면 형평이 직접 재판규범이 될 수는 없으나 실제에 있어서는 법의 제정, 재판관의 재량, 법의 해석, 또는 조리로서 구체적으로 재판에 관여하고 있다. →정의

형평(衡平)**과 선**(善)〔國際裁判上의〕 〔獨〕 ex aequo et bono 國際司法裁判所規定 38조 2항에 당사국의 합의가 있으면 재판소가 형평과 선에 의하여 사건을 해결하는 권한을 해치지 않는다고 규정하였다. 따라서 재판소는 어떤 사건의 당사국이 합의하여 형평과 선에 의한 재판을 요구하면 그에 따라 재판할 권한을 가진다. 제1차대전후의 중재재판조약 중에서 非法律的 紛爭을 해결하는데 있어서 중재재판소가 형평과 선에 의하여 재판할 것을 정한 예가 많다. 衡平과 善에 의한 재판은 실정법규에 구속되지 않은 판단에 의하여 분쟁을 해결하는 것을 의미한다. 이런 경우에 그것은 재판관이 그의 양심, 정의의 감정, 政治的 賢明의 原則 또는 자연법을 말하지만, 재판관은 그렇다고 법규에 반하는 재판을 할 수 있다는 것을 의미하지는 않는다. 그것은 裁判官이 판단하는데 있어서 당사자의 의사를 존중하여 합리적 방법에 의거한다는 것을 의미한 것이다. →법의 일반원칙, 정치적 분쟁, 재판의 준칙

형평법(衡平法) →에퀴티

형평법재판소(衡平法裁判所) 〔英〕 Court of Chancery 영국에 있어서의 大法官府(Chancery)의 재판소. 보통법의 결함보충을 위하여 성립하여 에퀴티의 법리를 형성·발전시켰다. 1875년의 영국의 裁判所構成法(주디커쳐 액트)에 의하여 독립한 재판소로서는 폐지되고, 그 관할은 하이 코트 오브 저스티스의 衡平法部(Chancery Division)로 옮겨졌다. 대법관을 장으로 하고 6인의 陪席判事로 구성된다. Court of Equity, Court of Conscience라고도 한다. →에퀴티

호(戶) 烟 또는 烟戶라고도 칭한다. →연

호민관(護民官) 〔羅〕 tribunus plebis 기원전 5세기 전반의 로마에 있어서, 귀족·평민의 계급투쟁의 결과, 평민의 이익을 옹호하기 위하여 설치되었다고 전하여지는 관직(복수). 뜨리부스平民會(→꼬미띠아에 의하여 선출되며, 貴族政務官(마기스뜨라뚜스)의 직권행위에 대한 拒否權, 뜨리부스평민회를 소집하고 이에 제안을 하는 권리, 뜨리부스평민회의 의결의 집행과 자기의 권리의 행사와를 확보하기 위한 懲戒權을 가지고 있었다. 당초, 호민관의 권력은 그의 불가침성을 인정하는 취지가 평민들에 의하여 서약되고 또한 귀족도 실제상 그것을 다룰 수 없었다고 하는 사실에 기초하고 있었으나 평민회의결이 법률(렉스)의 효력을 인정받은 기원전 287년에 이르러, 護民官은 政務官으로 국법상 승인되었다. 오늘날 옴브즈만(Ombudsmann)의 뜻으로 쓰이기도 한다.

호 선(互選) 選擧權의 요건과 피선거권의 요건과가 일치하는 선거. 예를 들면 위원장은 위원중에서 호선한다는 경우와 같다.

호 송(護送) 〔英〕 convoy 〔獨〕 Geleit 〔佛〕 convoi 戰時에 군함이 상선 특히 중립상선의 항행을 비호하는 것. 교전국 군함이 호송하면 임검에 대하여 강력으로 저항하는 것으로 간주되어 나포된다. 중립국 군함의 호송은 이것과 상이하여 일반의 慣行(영국은 제외)은 본국 군함에 의하여 호송되는 中立船의 臨檢을 면제한다. 런던선언도 이를 면제하였으나 교전국 군함의 청구가 있으면 호송군함으로부터 선박과 화물의 성질을 서면으로서 통지하고 교전국 군함이 역시 의심할 수 있는 경우에는 호송군함지휘관으로 하여금 검증케 하고(검증조사서를 작성하여 그 謄本 1통을 교전국군함에게 교부한다), 상기 군함이 선박의 나포를 정당하다고 인정할 때에는 그 보호를 撤回하여야 한다고 하였다(61, 62).

호유권(互有權) 〔佛〕 mitoyenneté 성질상 公有物의 분할청구권이 인정되지 않는 공유권을 이렇게 부르는 수가 있다. 즉 민법은 건물의 구분소유의 경우에 그 건물과 부속물 중 公用部分(215 Ⅰ), 경계에 설치된 境界標·담·溝渠 등(239)은 이를 공유로 추정하면서도 이 공유물에 대해서는 공유자의 分割請求權을 인정하지 않는다(268 Ⅲ).

호의(好意)**어음** →융통어음

호의적 중립(好意的中立) 〔英〕 benevolent neutrality 〔獨〕 wohlwollende Neutralität 〔佛〕 neutralité bienveillante 중립국이 중립의무에 위반하지 않는 한도내에서 交戰國의 일방에 대하

여 여러가지 방법으로(이를테면 언론·출판을 통한 단순한 호의표시) 이익을 주는 것을 말하는데, 실질적으로는 보통의 중립과 같은 것이다. 오늘날에 있어서는 條約上이나 外交交涉上 가끔 修辭的인 것으로서 사용되는데 불과하다. →중립

호 적(戶籍) 家를 단위로 하여 그 家에 속하는 자의 신분에 관한 사항을 기재한 公文書. 연혁적으로는 인구를 파악하고 과세의 표준을 명백히 하는 등 행정상의 목적에 사용되었으나 오늘날에 있어서는 민법상의 家의 소속원으로서의 신분관계를 기재한 私法的 意義를 가지는 문서이다. 戶籍事務의 관장자는 시·읍·면의 장이다(戶 2). 실제의 사무는 戶籍係 등의 시·읍·면의 공무원이 하는 것이 보통이나, 책임자(戶籍公務員)는 시·읍·면의 장(서울특별시와 구를 둔 시에 있어서는 구청장) 자신이며, 호적사무의 집행은 모두 그의 명의로써 한다. 그 사무는 시·읍·면의 사무소의 소재지를 관할하는 가정법원장의 감독을 받는다(4). 사무에 관하여 시·읍·면의 장에게 懈怠 또는 부당한 행위가 있으면 過怠料의 처분을 받는다(132). 그 시·읍·면에 分家·就籍과 같이 家가 새로 생긴 경우에는 새로운 호적이 편제되고, 戶籍簿가 멸실되거나 또는 멸실될 염려가 있을 경우에는 대법원장의 명령에 의하여 再製 또는 보완할 수 있다(13). 호적은 호주를 기준으로 하여 家別로 편제되고(8), 본적, 전호주의 성명 및 호주와의 관계, 호적의 편제 기타 호적변동사유의 내용과 연월일, 호주 및 가족의 성명·본·성별·출생연월일 및 주민등록번호, 호주 및 가족이 된 원인과 연월일 등이 기재된다(15). 戶籍簿에의 기재는 신고에 의하는 것이 보통이나 신청에 의하는 경우도 있다. 신고는 신고사건의 본인의 본적지 또는 신고인의 소재지나 현재지에서 하며 그 형식은 書面이나 口述로써도 할 수 있다(25, 27). 서면으로써 하는 경우에는 신고인이 記名捺印하여야 할 것이며 그 기재사항은 신고의 종류에 따라서 상세한 규정을 두고 있다(25 이하). 2개소 이상의 市·邑·面의 사무소의 호적에 기재하여야 할 경우에는 그 수만큼의 신고서를 제출하여야 한다(35). 다음에 구술로써 하는 경우에는 신고인의 구술을 시·읍·면의 장이 필기하고 그 서면에 記名捺印시킨다(36). 또한 신고가 신고기간경과후에 행해진 경우라도 시·읍·면의 장은 이를 수리하여야 한다(45). 호적은 편철하여 戶籍簿를 만들고 폐지된 호적은 除籍簿로 옮겨서 일반에 공개한다. 호적의 기재가 법률상 허용될 수 없는 것이며 또는 錯誤·遺漏가 있는 경우 이해관계인은 관할가정법원의 허가를 얻어 호적의 訂正을 신청할 수 있다(120). 호적사건에 관한 시·읍·면의 장의 처분을 위법·부당하다고 생각하는 경우 호적사무의 관할가정법원에 불복신청을 할 수 있다(125 이하). 호적의 기재를 되도록 진실과 합치시키기 위해 신고의무위반 등에 대해서는 過怠料의 처분에 관한 규정을 두고 있다(130~134). 1990년의 民法 일부개정에 의하여 壻養子, 死後養子, 遺言養子, 태아의 호주상속, 强制分家에 관한 민법의 규정이 삭제되었고, 이에 따라 1990년 12월 31일 호적법개정으로 그에 관한 申告制度를 폐지하고, 혼인이 해소된 妻가 親家復籍과 一家創立을 선택할 수 있게 하여 女權의 신장을 꾀하여 그에 관한 신고절차를 마련하였으며, 혼인외의 子가 認知된 경우와 부모가 이혼한 경우에는 친권행사자를 정하게 되었으므로, 그에 관한 신고절차를 마련하였다. 또 호주상속제도를 戶主承繼制度로 바꾸고 호주승계도 포기할 수 있게 되었으므로 그에 따른 신고절차를 정비하였다.

호적공무원(戶籍公務員) 호적사무를 관장하는 공무원. 現行戶籍法에서는 시·읍·면의 장(서울특별시 및 광역시와 구를 둔 시에 있어서는 구청장)이 호적사무를 관장한다(2). 이 호적사무에 대해서는 시·읍·면의 사무소의 소재지를 관할하는 가정법원장이 감독한다(4). 그리고 시·읍·면의 장 이외에 외국주재의 大使·公使·領事도 그 국내에 있는 한국인으로부터의 신고를 수리하는 권한이 부여되어 있으므로(39, 40, 41) 그 한도내에서는 호적공무원이라고 할 수 있다.

호적등본(戶籍謄本) 호적의 전부를 謄寫한 것. 시·읍면의 장(서울특별시 및 광역시와 구를 둔 시에 있어서는 구청장)이 만들며 원본과 동일한 양식의 용지를 사용하여 원본과 相違없다는 취지를 기재하고 또한 이에 職·姓名을 나타내고 職印을 한다. 누구든지 시·읍·면의 장에게 수수료를 납부하고 그 교부를 청구할 수 있으며 또 수수료 이외에 우송료를 납부하고 그 송부를 청구할 수 있다(戶 12).

호적부(戶籍簿) 동일한 시·읍·면의 호적을 本籍의 지번순서와 호주성명의 한글 자모순서에 따라서 편철한 장부. 戶籍은 원본과 부본으로 작성되기 때문에 호적부에도 正本과 副本이 있으며, 정본은 시·읍·면의 사무소에 비치되고 부본은 감독법원에 보존되고 있다(戶 10). 호적부는 그 본래의 사명상 공개되어야 하는 것이다. 공개의 방법은 閱覽과 謄本 또는 抄本의 교부이며 그것은 청구자 자신의 호적에 관한 것에 한하지 않고 전혀 타인의 호적에 관한 것이라도 정당한 사유가 없으면 거부할 수 없다(132 I·Ⅳ). 호적부의 전부 또는 일부가

멸실하거나 또는 멸실할 염려가 있는 경우에는 대법원장의 명령을 얻어 그 再製·補完 또는 보존을 위하여 필요한 조치를 할 수 있으며, 멸실된 경우에는 그 사실을 공고하여야 한다(13).

호적사무(戶籍事務) 出生·死亡·入養·罷養·婚姻·離婚 따위의 사람의 신분관계에 관해서 민법·호적법·호적법시행령 등이 정하는 신고 등을 수리하고 이를 호적에 등재하여 신분관계를 공증하는 사무를 말한다.

호적(戶籍)**의 신고**(申告) 호적의 기재는 신고·보고·신청 등에 의하여 행해지며(戶 17) 職權에 의한 기재도 있으나(22, 43, 44), 그 중 신고에 의하여 행해지는 것이 통례이다. 호적법 제4장은 신고에 관해서 상세한 규정을 두고 있는 바, 호적법 등에 의하여 법정되어 있는 여러 종류의 신고는 이를 대별하여 報告的 申告와 創設的 申告의 두 가지로 나눌 수 있다. 보고적 신고라 함은 기성의 사실 또는 법률관계에 관한 신고이다. 예컨대, 출생·사망 등 이미 생긴 사실에 관한 신고나 失踪·離婚 등 이미 재판에 의해서 생긴 효과에 관한 신고가 그것이다. 보고적 신고라 함은 당해 신고에 의해서 일정한 신분관계가 변동하는 효과를 일으키는 신고를 말한다. 즉 특정의 신분행위의 방식으로서 요구되는 신고이다. 예컨대 認知·入養·婚姻·協議上의 罷養·離婚의 신고, 轉籍·就籍의 신고가 그것이다. 신고를 해야 할 자는 전자에 있어서는 제마다의 신고에 관해서 호적법에 의해서 신고의무자가 법정되어 있고, 후자에 있어서는 당해 신분행위를 하는 자가 민법·호적법에 의하여 대체로 신고인으로서 정해져 있다. 신고는 의사능력이 있는 한, 無能力者(특히 禁治産者)라도 법정대리인의 동의를 얻지 않고 스스로 할 수 있다(31 참조). 신고는 대법원규칙이 정하는 양식에 따라서 서면 또는 구술로 할 수 있으며(27, 28), 신고의 장소는 호적법에 의하여 法定되어 있다(25, 26 등). 신고서의 기재사항은 각각 호적법·동시행령에 규정되어 있으며 신고인이 記名捺印하여야 한다(29 등).

호적(戶籍)**의 임시조치**(臨時措置)**에 관한 규정**(規定) 軍政法令 제179호. 1948년 4월 북위 38도선 이북의 조선에 본적을 두고, 38도선 이남의 조선에 거주하고 있는 자의 호적에 관한 특별조치를 하기 위하여 제정된 軍政法令. 1945년 8월 15일 현재로 북위 38도선 이북의 조선에 본적을 두고, 이남의 지역에서 거주하고 있는 자는 그 戶籍簿의 謄·抄本 또는 그 本籍地를 다 아는 성년자 2인 이상의 보증서를 첨부하여 관할행정청에 신고함으로써 그 거주지를 假本籍地로 할 수 있다(2). 1945년 8월 15일 현재 그 본적지가 북위 38도선 이남의 지역인 자로서 그 호적부가 이북의 지역에 있는 자의 경우도 위에 준하여 假本籍地를 가질 수 있다(3). 假戶籍은 남북조선이 통일되어 原戶籍簿를 사용할 수 있을 때까지 조선호적령에 의한 호적과 동일한 법적 효력을 가진다(4). 이 군정법령은 호적법(1960년 법률 제535호)에 의하여 폐지되었으나, 假戶籍制度는 그대로 호적법에 의하여 존치되어 오던 중 1962년 12월 호적법의 개정으로(附則 Ⅱ) 폐지되었다.

호적정정(戶籍訂正) 호적의 기재가 법률상 허가될 수 없는 것 또는 그 기재에 錯誤나 遺漏가 있을 때(戶 22, 120), 즉 호적의 기재가 부적법하거나 진실에 반할 때에 그 기재를 진정한 신분관계에 일치시키는 것. 호적정정의 신청에는 감독법원의 허가를 얻어서 행하여지는 것과(120~122), 確定判決에 기하여 행하여지는 것이 있다(123). 기타 市·邑·面의 長이 감독법원(지방법원)의 허가를 얻어서 직권으로써 戶籍訂正을 행하는 때도 있다(22).

호적초본(戶籍抄本) 호적의 기재 중에서 청구자가 지정한 부분만을 抄寫한 것. 그 취급은 戶籍謄本과 같다.

호 주(戶主) 호적상 一家의 家長으로서 그 家의 구성원인 가족을 통솔하는 자. 家에는 반드시 한 사람의 호주가 있다. 호주의 신분은 戶主承繼·分家·一家創立·廢家나 無後家의 復興 등을 원인으로 취득한다(民 778). 家는 법인이 아니므로 호주는 家 또는 家族의 대표자일 수는 없고 또한 오늘날 그 공법상의 의의는 소멸하였으므로 호주의 지위도 역시 私法上의 신분에 지나지 않는다. → 호주권

호주권(戶主權) 호적상 一家의 家長을 호주라 하는 바, 戶主인 신분으로 인해서 가족을 통솔하기 위해 갖는 권리·의무를 말한다. 호주제도 자체가 역사적인 변천을 겪어 왔기 때문에 호주권도 그에 따라 변모해왔다. 구민법상의 호주의 권한은 ① 가족의 居所指定權, ② 가족의 교육·감호·懲戒權, ③ 가족의 婚姻·入養에 대한 동의권, ④ 가족의 庶子의 入籍에 대한 동의권, ⑤ 가족의 去家에 대한 동의권, ⑥ 가족의 分家에 대한 동의권, ⑦ 가족의 재산관리권·처분승낙권, ⑧ 가족의 禁治産·準禁治産宣告의 청구권 및 그 취소권, ⑨ 가족의 後見人·保佐人이 될 권리, ⑩ 친족회에 관한 권리, ⑪ 가족에 대한 부양의무, ⑫ 상속에 있어서의 특권 등이다. 즉 구민법에서는 호주의 권한이 가족에 대해서 거의 무제한적으로 인정되고 있었다. 그러나

이와 같은 호주권은 민법을 제정할 당시 상당히 약화되었다. 즉 ① 가족의 婚姻·入養에 대한 동의권, ② 가족의 庶子에 대한 동의권, ③ 가족의 分家에 대한 동의권, ④ 가족의 교육·감호·징계권, ⑤ 가족의 재산관리권·처분승낙권 등이 민법에서는 인정되지 않았다. 1990년 민법일부개정으로 호주의 권리·의무는 거의다 삭제되었으며, 남은 것은 親族會에 관한 여러 권리와 他家에 加捧子로 入籍하는 자에 대한 去家同意權 및 他家의 호주아닌 자기의 直系尊屬이나 直系卑屬의 入籍權 밖에 없다. 따라서 호주의 가족에 대한 의무는 없어진 것이다. 현재까지 남아 있는 권리로는 ① 妻가 夫의 혈족이 아닌 자기의 直系卑屬이 있는 때에는 그 夫의 동의를 얻어 그 家에 入籍하게 할 수 있는데(民 784Ⅰ), 妻의 직계비속, 즉 加捧者가 他家의 가족으로 있는 때에는 그 家의 호주의 동의를 얻어야 한다는 가족의 去家에 대한 동의권과, ② 호주는 他家의 호주아닌 자기의 직계존속이나 직계비속을 그 家에 入籍하게 할 수 있는 권리(785), ③ 기타 친족회에 관한 권리 등이 있다(966, 968, 969, 972 등). 여기에는 친족회의 소집·의사개진·결의를 갈음하는 가정법원의 심판을 청구하는 권리와, 결의에 대해서 異議를 제기하는 권리 등이 포함된다.

호주승계(戶主承繼) 호주가 사망 기타 사유로 인하여 戶主權을 상실한 경우에 호주의 지위를 승계하는 것을 말한다. 1990년 민법 일부개정에서 戶主相續을 호주승계로 용어를 변경하였다. 그러므로 현행법상 신분의 상속이란 없는 것으로 보아야 한다. 호주가 승계되는 이유는 ① 호주의 사망(民 980 i 前), ② 국적상실(980 i 後), ③ 養子인 호주가 입양의 무효 또는 취소로 인하여 離籍된 때(980 iv), ④ 女戶主가 친가에 복적하거나 파양으로 인하여 他家에 入籍한 때(980 iii) 등의 것이다. 승계의 개시는 위의 원인이 발생한 때이고, 승계개시장소는 피승계인의 주소지이다(981). 피승계인의 주소가 여러 개인 경우는 최후의 거주지에 의해야 할 것이다.

호주승계결격(戶主承繼缺格) 호주의 승계관계에 관하여 심히 부당한 행위를 한 자의 承繼權을 당연히 상실시키는 제도를 말한다. 어떤 사람의 호주의 지위를 그 사람과 일정한 신분관계에 있는 사람들에게 승계시키는 것은 피승계인과 그 사람 사이에 承繼協同體라고 할 수 있는 윤리적인 결합관계가 있어야 하는 것을 전제로 한다. 따라서 이 협동체적 결합을 깨뜨리는 비행이 있는 자에게는 승계권을 인정해서는 안된다는 것이 이 제도의 존재이유이다. 그 구체적인 내용은 ① 고의로 直系尊屬, 被承繼人, 그 배우자 또는 호주승계의 선순위자를 살해하거나 살해하려 한 것(民 992 i), ② 고의로 直系尊屬, 被承繼人과 그 배우자에게 상해를 가하여 사망에 이르게 한 것(992 ii) 등이다. 결격원인의 발생에 따라 결격은 법률상 당연히 생기며 결격자는 호주승계권을 잃게 된다. 결격의 효과는 특정의 피승계인에 대한 관계에만 미친다. 다른 피승계인에 대한 승계자격에는 영향을 미치지 않는다. 상속개시 전에 결격사유가 발생하였을 때는 推定承繼人은 장래에 승계권을 취득한다는 희망적 지위를 잃는다.

호주승계신고(戶主承繼申告) 호주승계의 신고는 호주승계인이 이 승계의 사실을 안 날부터 1월 이내에 하여야 한다. 신고서에는 ① 호주승계의 원인 및 戶主가 된 연월일, ② 前戶主의 성명 및 전호주와 호주와의 관계, ③ 호주승계인이 前戶主와 本籍을 달리하는 경우에는 그 취지 및 본적의 표시, ④ 先順位와 호주승계인이 호주승계권을 포기한 때에는 그 취지와 포기자의 성명 및 본적을 기재하여야 한다. 한편 호주승계인이 외국에 있는 경우에는 3월 이내에 신고서를 발송하여야 하며, 호주의 사망신고를 호주승계인이 하는 경우에는 호주승계신고와 함께 이를 할 수 있다(戶 96). 그런데 이 신고는 피승계인이 본적지에서도 할 수 있다(101).

호주승계인(戶主承繼人) 戶主承繼의 開始로 인하여 호주의 지위를 승계한 자를 말한다. 被承繼人이 남자인 경우는 직계비속 남자, 가족인 직계비속 여자, 妻, 가족인 직계존속 여자, 家族인 직계비속의 妻의 순서로 호주승계인이 되고, 피승계인의 女戶主인 경우는 民法 984조의 규정에 의한 직계비속이나 직계존속이 있는 경우에도 그 직계비속이 그 家의 系統을 계승할 혈족이 아니면 호주승계인이 되지 못한다. 호주승계인이 될 자격은 권리능력이 있는 모든 자에게 있다. 단, 법인과 외국인은 제외된다. 그런데 1990년 민법 일부개정에서 代襲戶主承繼는 삭제되었기 때문에 호주의 승계에서 태아는 제외된다고 할 수 있다.

호주승계회복청구권(戶主承繼回復請求權) 호주승계가 개시되었을 때 호주승계인이 아닌 자가 고의로 혹은 잘못하여 호주승계를 하고 있는 경우에 이 진정하지 않는 호주승계인, 즉 僭稱戶主承繼人에 대하여 진정한 호주승계인이 호주승계회복청구를 할 수 있는 권리를 말한다(民 982Ⅰ). 승계회복청구권자는 호주승계인 또는 그 법정대리인이며, 그 청구권은 승계인의 일신에 전속하므로 친족 기타 누구라도 승계인이 아닌 자는 그 청구를 할 수 없다. 承繼權을 침해당한 승계인이 승계회복청구를 하지 않고 사망하였을 때에, 그 승계회복청구권이 승계되는가에 대해서는 이를 긍정하는 견해가 있으나 그 청구권은 당연히 소멸하며, 그 승계인의 승계인이 이를 승계하지 않는다고 해석된다. 이 경우에 승계인의 승계인은 자기의 승계권이 침해당한 것을 이유로 하여 承繼回復請求를 할 수 있다. 회복청구권의 상대방은 호주승계인을 침해한 僭稱戶主이다. 예컨대 결격자가 호주승계인으로 되어 있는 경우에는 그 결격자에 대하여 한다. 상대방이 무능력자일 때에는 그 法定代理人이 그에 갈음하여 상대방이 된다. 참칭호주의 승계인도 상대방이 될 수 있다. 참칭호주의 선의·악의 또는 과실·무과실을 불문한다. 회복청구는 가정법원에 대한 訴의 제기로써 하며(家訴 2Ⅰ 가(1)vii), 이 경우에 僭稱承繼人과 被承繼人과의 신분관계에 관한 소송을 경유할 필요가 없는데, 회복청구를 하는 승계인은 자기가 승계권이 있는 사실을 입증하여야 한다. 호주승계회복의 소를 제기하여 승계회복재판이 확정되면, 진정호주승계인은 상속개시시에 소급하여 호주승계인의 지위를 회복하며, 僭稱戶主는 당연히 그 지위를 잃는다. 호주승계회복의 재판이 확정된 경우에는 소를 제기한 자가 재판의 확정일로부터 1일 이내에 재판의 謄本 및 그 확정증명서를 첨부하여 그 취지를 피승계인의 본적지에서 신고하여야 한다(戶 100, 63, 101). 호주승계회복청구권은 그 침해를 안 날로부터 3년, 승계가 개시된 날로부터 10년을 경과하면 소멸한다(民 982Ⅱ). 戶主承繼權은 포기할 수 있으므로 호주승계회복청구권도 포기할 수 있다고 해석된다.

호천항만(湖川港灣) 호천·항만에 있어서의 운송은 陸上運送이며(商 125) 해상운송에서 제외된다. 항만과 해상의 분계점은 平水區域에 의하며(商附 2), 평수구역은 선박안전법시행령에 구체적으로 열거되고 있다(船舶安全法施 24).

호프레히트 〔獨〕 Hofrecht 莊園法. 西洋法制史上 프랑크시대 이래 대토지소유의 경영조직으로서 장원제(그룬트헤르샤프트)가 발전하였다. 장원에 있어서의 領主 대 莊民의 관계는 사법상의 토지대차관계에 그치지 않고 영주는 莊民에 대하여 어느 정도의 公法上의 지배권·재판권도 가졌으며, 莊園裁判所(Hofgericht)를 통하여 이를 행사하였다. 장원법이라 함은 장원에 있어서의 古來의 관습이나 장원재판소의 판결에 기하여 발전한 것으로서, 領主 대 莊民(특히 장민의 여러 의무) 및 장민 상호간의 莊園關係를 규율한 법이다. 장원법으로서 가장 유명한 것은 워름스 교회의 家法(Lex familiae Wormatiensis ecclesiae)이다. 장원법은 대부분 관습법이었는데, 그의 전승은 領主 또는 代官(莊吏)이 매년 莊民의 집회의 석상에서 영내현행의 법률을 질문하고 장민으로 하여금 답신케 한다는 방식에 의하였다. 이 답신을 기록한 것이 와이스튀머이다. 와이스튀머는 11세기말에 성립한 것으로부터 18세기에 성립한 것까지 있는데, 15·6세기에 성립한 것이 다수이다.

호프만식 계산법(式計算法) 〔獨〕 Hoffmannsche Methode 無利子期限附債權의 기한이 아직 도래하지 않은 때에 그 현재가액을 산정하는 방법. 소요의 현재가액에 대하여 현재(예컨대 파산선고를 한 때) 이후 변제기에 이르기까지의 法定利子(單利法에 의한다. 民事는 年5分, 商事는 年6分)를 가한 것을 채권의 명의액과 동등히 하여 산출한다. 채권의 名義額을 S, 辨濟期限까지의 연수를 n, 법정이율을 i라 하면 현재채권의 가액 P는 $P=S/(1+ni)$로 표시된다. 파산법에서 期限附債權은 파산선고시에 변제기가 도래된 것으로 간주하므로(16), 그 금액을 곧 破産債權으로 하는 것은 그 채권자를 부당하게 이롭게 하는 결과가 되므로, 이와 같은 산정법에 의해 中間利子를 공제하고 배당에 가입할 수 있게 한다. 민사소송에 있어서 불법행위에 의한 손해배상액의 산정 기타의 경우에도 이 방법이 사용될 때가 많다. 카르프초우식계산법에 비하여 정확하며, 라이프니츠식계산법에 비하여 간명하기 때문이다.

혼 동(混同) 〔羅〕 confusio 〔英〕 merger 〔獨〕 Konfusion, Vereinigung 〔佛〕 confusion 서로 대립하는 2개의 법률적 지위가 동일인에게 귀속함을 말하는데, 주로 물권과 채권의 소멸원인으로서 의미가 있다. 즉 所有權과 制限物權(地上權·抵當權 등)이 동일인에게 귀속하면 제한물권이 소멸하고(民 191Ⅰ·Ⅱ) 채권과 채무가 동일인에게 귀속한 때에는 그 채권은 소멸한다(507 本). 이는 그 제한물권이나 채권을 존속시킬 필요가 없기 때문이다. 그러므로 권리를 특히 존속시킬 필요가 있는 때에는 예외가 인정된다. 즉 어음 또는 수표에 표창된 채권과 같이 證券化한 채권은 채무자로부터 독립한 재산적 가치로 인정되는 것이므로 혼동으로 인하여 소멸하지 않고(民 509Ⅰ, 어음 11Ⅲ, 手票 14Ⅲ), 또 혼동으로 인하여 권리를 소멸시킴으로써 제3자에게 부당하게 손해를 입히게 할 수는 없는 것이므로 혼동된 채권 또는 물권이나 그 목적물이 제3자의 권리의 목적인 때에는 그 채권 또는 물권은 소멸하지 않는다(民 507 但, 191Ⅰ 但). 예컨대 채권이 入質되거나 부동산에 2번저당권이 있는 때에는 그 채권 또는 1번저당권이 채무자 또는 소유자에게 歸屬하더라도 소멸하지 않는다.

혼성계약(混成契約) 혼합계약과 같다.

혼성조건(混成條件) 〔獨〕 gemischte bedingung 예를 들어, 네가 甲과 賣買契約을 체결한다면…과 같이 조건의 成否가 당사자 일방의 의사뿐만 아니라 제3자의 의사에 따라 결정되는 경우를 말한다.

혼 약(婚約) 약혼과 같다.

혼 인(婚姻) 〔英〕 marriage 〔獨〕 Ehe 〔佛〕 mariage 사회제도로서 보장되는 남녀의 계속적인 性的 結合關係 또는 이 관계에 들어가는 법률행위. 연혁적으로 그 결합형식에 있어서 雜婚·團體婚·一妻多夫婚·一夫多妻婚 등이 있었고 그 성립형식에 있어서는 掠奪婚·賣買婚·贈與婚 등이 있었다고 생각되고 있다. 우리나라 민법이 인정하는 혼인은 일남일녀의 합의에 의거하는 정당한 終生的 共同生活이며 다음과 같은 형식적 요건과 실질적 요건을 갖추어야 한다. 즉, 혼인은 형식적 요건으로서 당사자쌍방과 성년자인 증인 2인이 連署하고 호적법에 의한 사항을 기재한 혼인신고서를 夫의 본적지 또는 주소지나 現住地(入夫婚姻의 경우에는 妻의 본적지 또는 주소지나 현주지)의 市·邑·面의 장에게 제출하여야 한다(812). 이 신고가 없으면 혼인은 성립될 수 없고(形式婚主義), 그 남녀는 사실혼의 夫婦에 지나지 않는다. 그리고 신고가 受理되기 위하여는 일정한 실질적 요건이 갖추어져야 한다. 우선 당사자에게 부부관계를 성립시키고자 하는 의사가 있어야 하기 때문에 假裝婚姻·同一性婚 등은 정당한 혼인의사가 있는 것으로는 볼 수 없고 또 성질상 條件이나 期限을 붙이는 것은 허용되지 않는다. 그 밖에 양자가 혼인적령에 이르고 있어야 하고(民 807), 일정한 자는 父母 또는 後見人·親族會의 동의가 있어야 하며(808), 동성동본의 혈족간의 혼인이나 그 밖의 근친혼(809), 중혼(810)이 아니어야 한다. 또 여자는 再婚禁止期間中의 혼인이 아니어야 한다(811). 이러한 요건이 결여된 혼인은 無效이거나 取消할 수 있다. 즉, 혼인의사가 없는 혼인과 비교적 가까운 친족간의 혼인은 무효이며(815), 그 밖의 경우에는 취소할 수 있음에 그친다(816~823). 혼인의 취소는 반드시 訴에 의하여야 하며 遡及效는 없다(816, 824). 혼인의 효과는 財産的 效果와 身分的 效果로 구별된다. 전자는 부부재산제가 주된 것이며, 후자는 家籍의 變更(826Ⅲ), 同居·扶養·協助의 義務(826Ⅰ), 정조의무, 후견의 권리의무(932~934), 혼인을 기초로 하는 인척(777), 繼母子關係, 嫡母庶子關係 등의 발생이다. 혼인은 이혼에 의하여 완전히 소멸하고 또 그 효과는 부부일방의 사망에 의하여도 대부분 소멸한다. →혼인의 해소

혼인결정(婚姻決定)**의 자유**(自由) 혼인관계에 있어 기초가 되는 것은 혼인에 관한 개인의 자유로운 결정이다. 혼인은 남녀의 자유로운 합의에 의한 것이어야 하기 때문에 혼인을 할 것인가 하지 않을 것인가를 스스로 결정할 수 있어야 하고, 배우자선택과 혼인시기의 결정도 자유로운 의사에 의한 것이어야 한다. 국가도 혼인에 있어 당사자의 의사를 존중하여야 하며 이를 강제할 수 없다. 그러므로 인신매매적 혼인, 지나친 早婚, 强制婚 내지 掠奪婚 등은 허용되지 아니한다.

혼인거행지주의(婚姻擧行地主義)〔國際私法上〕 혼인의 실질적 성립요건의 준거법에 관한 立法例 중 혼인을 하나의 계약으로 봄으로써 계약이 行爲地의 법률에 의하는 것과 동일하게 혼인을 그 擧行地의 법률에 의하게 하고자 하는 입장(미국·남미·구소련 등)을 말한다.

혼인무효확인(婚姻無效確認)**의 소**(訴) →혼인의 무효

혼인비용(婚姻費用) 가정에 있어서의 의식주의 비용 뿐만 아니라 자녀의 교양비용, 가정노무자에 대한 급료, 보육소에 대하여 지급할 비용, 葬式費 등 부부와 자녀를 포함하는 공동생활에 필요한 모든 비용. 固定資産稅와 같은 이른바 公租公課는 과세물건의 소유자인 夫나 妻가 지급하여야 하겠지만 기타의 잡세 같은 것은 혼인비용 속에 포함된다고 보아야 할 것이다. 민법에서는 夫婦의 공동생활에 필요한 비용의 부담은 당사자간에 특별한 약정이 없으면 부부가 공동으로 부담하기로 되어 있다(833).

혼인비해소주의(婚姻非解消主義) 〔羅〕 indissolubilitas matrimonii 〔英〕 indissolubility of marriage 〔獨〕 Unlösbarkeit der Ehe 〔佛〕 indissolubilité du lien 하나님이 짝지어 주신 것을 사람이 나누지 못할 지니라(마태복음19장)라고 하는 기독교의 敎義로서 이혼을 엄격히 제한하는 주의. 이와 같은 교의는 로마교회가 세력을 얻음과 동시에 점차로 각국의 법률에 채용되어 10세기경에는 거의 전유럽에 걸쳐졌다. 그러나 이혼하지 말라는 戒律은 종교재판소의 어떠한 준엄성을 가지고도 夫婦의 떨어져 나가는 마음을 막을 수는 없었다. 교회도 드디어 별거를 인정하고, 혼인무효의 선언을 행하여 미완성혼에 대해서는 이혼을 허용하게 되었다(→별거제도). 이리하여 끝내는 婚姻還俗運動이 목

적을 달성함으로써 근대유럽에 法定離婚原因主義가 등장하게 되었다.

혼인빙자간음죄(婚姻憑藉姦淫罪) 음행비상습부녀간음죄와 같다.

혼인신고(婚姻申告) → 혼인

혼인예약(婚姻豫約) 〔獨〕 Verlöbnis 〔佛〕 fiançailles 약혼과 같다.

혼인외(婚姻外)**의 출생자**(出生子) 〔英〕 bastard, illegitimate child, child born out of wedlock 〔獨〕 uneheliches Kind 〔佛〕 enfant naturel 혼인관계에 있지 않은 남녀에서 출생한 子. 非嫡出子라고도 한다. 구법에서는 법률상 父를 갖지 않은 私生子와 父로부터 認知된 子를 의미하는 庶子를 구별하였지만 현행민법은 양자를 일괄하여 혼인외의 출생자라고 한다. 혼인외의 출생자와 父와의 법률상 친자관계는 認知가 없으면 발생하지 않는다. 그러나 認知가 없더라도 그 부모가 혼인하면 혼인중의 출생자가 된다(→ 준정). 혼인외의 출생자는 戶主承繼의 순위의 경우(民 985 I 後, 989)를 제외하고는 혼인중의 출생자와 법률상 아무런 차별도 받지 않는다.

혼인(婚姻)**의 무효**(無效) 〔獨〕 Nichtigkeit der Ehe 형식상 申告의 受理가 있었다 하더라도 혼인의 성립을 인정하지 않는 것. 민법이 규정하는 無效原因은 ① 당사자간에 혼인의 합의가 없는 때, ② 혼인이 8촌이내의 부계혈족 또는 모계혈족 사이의 혼인인 경우, ③ 당사자간에 직계인척관계가 있거나 또는 있었던 때, ④ 당사자간에 양부모계의 직계혈족관계 또는 직계인척관계가 있었던 때이다(民 815).

혼인의사(婚姻意思) → 혼인

혼인(婚姻)**의 취소**(取消) 〔獨〕 Aufhebung(od. Anfechtbarkeit) der Ehe 法定의 事由가 있는 경우에 일정한 자가 법원에 청구함으로써 일단 성립된 혼인을 취소하는 것. 민법이 규정하는 取消할 수 있는 혼인으로서는 ① 혼인적령미달자의 혼인, ② 미성년자나 금치산자가 동의권자의 同意없이 한 혼인, ③ 重婚, ④ 혼인당사자일방에 부부생활을 계속할 수 없는 중대한 사유가 있음을 알지 못하고 한 혼인, ⑤ 詐欺 또는 强迫으로 인하여 혼인의 의사표시를 한 혼인이다(816~823). 혼인이 취소되더라도 그 효력은 기왕에 遡及하지 않는다(824). 따라서 취소된 혼인으로 인하여 출생한 子는 혼인중의 出生子로서의 신분을 잃지 않는다. 그 밖의 효력도 혼인의 경우와 동일하다.

혼인(婚姻)**의 해소**(解消) 〔獨〕 Auflösung der Ehe 일단 완전히 유효하게 성립하였던 혼인이 종료하는 것. 따라서 처음부터 혼인에 瑕疵가 있는 것을 이유로 취소되는 혼인의 취소와는 본질적으로 다르다. 또한 配偶者의 사망과 離婚도 부부공동생활을 전제로 하는 혼인의 本體的 效果가 종료하는 점에서 양자가 동일하지만 인척관계 등 기타의 효과의 점에서는 離婚은 모든 것이 종료하는데 반하여 배우자의 사망에 의해서는 그렇지 않은 점에 있어서 중요한 차이가 있다. 즉, 부부의 일방이 사망한 경우에는 生存配偶者가 재혼한 때에 혼인관계가 종료하게 된다.

혼인장애(婚姻障碍) 혼인의 성립을 인정하지 않거나 또는 혼인을 금지하게 되는 원인인 사유. 민법이 규정하는 婚姻障碍로서는 ① 혼인의사의 결여, ② 혼인적령미달(807), ③ 일정한 자의 동의결여(808), ④ 동성혼 또는 근친혼(809), ⑤ 중혼(810)이다. 혼인장애가 존재하는 경우에는 혼인이 無效이거나(815) 또는 取消할 수 있다(816). → 혼인의 무효, 혼인의 취소

혼인적령(婚姻適齡) 〔獨〕 Ehemündigkeit 법률상 유효하게 혼인을 할 수 있는 연령. 우리나라 민법은 남자 만 18세 이상 여자 만 16세 이상으로써 婚姻年齡으로 한다(807). 老齡에 관하여는 아무런 제한도 없다.

혼인중(婚姻中)**의 출생자**(出生子) 〔英〕 legitimate child 〔獨〕 eheliches Kind 〔佛〕 enfant légitime 혼인관계에 있는 남녀에서 출생한 子. 嫡出子 또는 嫡子라고도 한다. 胞胎時가 표준이 되기 때문에 혼인의 해소후에 출생한 경우라도 무방하다. 그러나 혼인외의 출생자가 부모의 혼인으로 인하여 혼인중의 출생자로서의 지위를 취득하는 경우도 있다(→ 준정). 따라서 해석상으로는 혼인전에 포태되어 그 부모가 혼인한 후에 출생한 子도 당연히 혼인중의 출생자로 다루어야 할 것이다. 민법이 혼인성립일로부터 200일후, 혼인관계종료일로부터 300일 이내에 출생한 子를 혼인중에 포태한 것, 즉 婚姻中의 出生子로 추정하고 있는 것도(844 II) 요컨대 그러한 子를 자기의 子가 아니라고 하는 夫의 주장을 제한하는 것이며, 기타의 子를 혼인중의 출생자로 인정하지 않는다는 취지는 아니라고 해석하여야 할 것이다. 혼인중의 출생자는 당연히 父家에 入籍하고(781 I) 호주승계의 순위에 있어서는 혼인외의 출생자에 우선한다(985 I 後).

혼인취소(婚姻取消)**의 소**(訴) → 혼인의 취소

혼인퇴직제(婚姻退職制) 婚姻의 自由와 관련하여 혼인퇴직제의 위헌 여부가 문제되고 있다. 여성근로자들이 혼인을 하게 되면 퇴직할 것을 조건으로 근로계약을 체결하는 혼인퇴직제 혹은 獨身條項에 대하여 학설과 판례는 위헌무효라고 한다.

혼인환속운동(婚姻還俗運動) 〔佛〕 sécularisation de mariage 혼인에 관한 재판과 입법의 權能을 敎會로부터 國家로 옮기려고 하였던 운동. 유럽 특히 프랑스에서 경험한 것. 10세기 이후 수세기간에 걸친 王權의 衰微는 혼인법을 오직 교회의 것으로 만들어버렸지만, 16세기에 이르러 왕권의 신장과 國民信仰의 불일치를 계기로 하여 부부의 재산관계를 비롯하여 점차 혼인의 효과에 관한 사건이 民事法院으로 옮겨지게 되고 루이16세의 1787년의 勅令을 거쳐 1791년의 혁명헌법은 드디어 법은 혼인을 民事契約에 불과한 것으로 인정한다고 선고함으로써 이른바 婚姻의 還俗을 실현하였다.

혼장임치(混藏任置) 〔獨〕 Sammeldepot 여러 사람으로부터 보관을 의뢰받은 유류·곡물 등 동종·동등의 代替物을 혼합하여 보관하고, 그 중에서 受置한 것과 동량의 물건을 반환하는 임치. 창고의 공간의 절약이 되고 보관료가 염가로 되는 장점이 있다. 목적물은 任置人들의 共有로 된다. 受置人이 소비할 수 없는 점이 消費任置와 다르다.

혼장창고임치(混藏倉庫任置) 〔獨〕 Vermengungslagergeschäft, Sammellagergeschäft 창고업자가 행하는 혼장임치. 混合倉庫任置라고도 한다. 혼장임치란 수인의 任置人의 소유에 속하는 代替物(예컨대 유류·곡물 등)을 혼합하여 보관하고 그 중에서 보관받은 것과 동량의 물건을 반환하는 것으로, 창고의 공간을 유효·적절히 사용할 수 있다는 경제적 이익이 있다. 混藏任置物의 소유권은 수인의 任置人의 共有에 속하므로 혼장임치도 창고에 의한 물건의 보관방법의 일종에 불과하다. 따라서 상법에는 명문규정이 없으나 창고업의 목적으로 되며, 이 점에서 창고업자가 임치물의 소유권을 취득하는 消費任置(數量倉庫任置)와 상이하다.

혼재운송주선(混載運送周旋) 〔獨〕 Sammelladungsspedition 운송주선인이 자기의 계산으로 다수의 위탁자로부터 운송주선의 위탁을 받은 물건을 일괄하여 운송인과 貨車(貨切)의 운송계약을 체결하여 운송하는 경우. 이 경우에 운송주선인은 특약이 없으면 運賃割引에서 생기는 경제적 이득을 각 위탁자에게 均霑시킨다.

혼취강도죄(昏醉强盜罪) 사람을 昏醉케 하여 그 재물을 盜取하는 죄(舊刑 239). 혼취케 한다고 함은 주류, 모르핀 기타의 마취제를 사용하거나 또는 최면술의 施用 기타 방법으로 사람을 저항불능의 상태에 이르게 하는 것을 말한다. 형법은 혼취케 하는 것을 폭행의 개념에 포함되는 것으로 보고 혼취강도의 규정을 따로 두지 않고 있다. →강도죄

혼합계약(混合契約) 〔獨〕 gemischter Vertrag → 전형계약

혼합대표(混合代表) 구상법상 대표사원과 이사의 회사대표권행사방법의 제한으로서 공동대표의 경우에 준하여 인정되고 있었던 지배인과 공동하여 하는 會社代表. 그러나 상법상에서는 인정되지 않는다.

혼합민주정체(混合民主政體) 直接民主制와 間接民主制를 혼합한 정체. 근대국가의 정체는 대부분 간접민주제를 원칙으로 하는데, 간접민주제의 폐단을 시정하고 국민으로 하여금 직접 국정에 참여하고, 그것을 통제하기 위해 때로는 國民表決制·國民發案制·國民召還制 같은 직접민주제의 요소를 간접민주제에 가미시키는 경우가 있다. 우리나라도 대의제를 원칙으로 하면서도 헌법개정에 있어서 국민투표를 인정하고 있다는 점에서 直接民主政體에 입각하고 있다고도 볼 수 있다.

혼합법(混合法) 〔羅〕 statuta mixta 法則區別說의 분류방법에 의하여 인정된 일종의 법. 14·15세기경 이탈리아에서 일어나 오늘날 國際私法學의 시작이 되었던 법칙구별설은 법률의 적용범위를 정함에 있어서 그 성질에 따라 법칙을 인법·물법·혼합법으로 분류하여, 人法은 사람이 가는 곳에 따라서 적용되고, 물법과 혼합법은 屬地的으로 모든 사람 또는 물건에 대하여 적용되는 것으로 하였다. 법률을 민법·물법·혼합법으로 구별하여 그 적용범위를 정하는 것은 19세기초까지 행해진 바 있으며, 오늘날의 國際私法이 법칙구별설의 명칭으로 연구되어 왔을 정도이다.

혼합보험(混合保險) 〔英〕 mixed insurance, endowment insurance 〔獨〕 gemischte Versicherung 〔佛〕 assurance mixte 보험사고 기타의 사항에 있어서 數種을 혼용하는 경우의 보험. 그 대표적인 예가 養老保險으로서 이는 死亡保險과 生存保險의 혼합을 가리킨다. 즉, 피보험자가 일정한 연령에 달하기 전에 사망한 때 또는 일정한 연령

에 달한 때에 보험금액이 지급되는 生命保險이다. 이것은 보험사고인 사망·생존의 양자를 혼합한 예이다. 이 외에 보험사고를 같이하는 경우에도 보험기간을 정함에 있어서 그 방법을 혼용하는 때에도 혼합보험이라고 한다. 즉, 해상보험에 있어서 보험자의 책임의 始期·終期가 일정한 때로써 정하여지는 定時保險 또는 期間保險(예: 1년 또는 6월을 보험기간으로 하는 선박보험)과 한번의 항해를 보험기간으로 하는 航海保險(예: 부산에서 샌프란시스코까지의 積荷保險)을 혼합하여, 一定時와 一航海로써 정하는 경우(예: 부산서 샌프란시스코까지 6월간의 선박을 목적으로 하는 해상보험)의 보험이 이에 속한다. 이에 대하여 보험사고 등을 1개로 하는 경우를 單純保險이라고 한다.

혼합심사위원회(混合審査委員會) 〔英〕 Joint High Commission of Inquiry 1911년 미국이 영국 및 프랑스간에 각각 맺은 녹스條約(Knox Treaty)에 의하여 설치된 국제분쟁의 평화적 해결을 위한 국제기관. 이 위원회는 브라이언平和條約에 의하여 설치된 상설국제위원회와 같이 제1차전후의 국제분쟁의 평화적 해결을 위한 過渡的 機關이다. 이 條約에 의하면 당사국간에 분쟁이 발생될 경우에는 그 때마다 위원회를 설치하며 당사국의 일방이 위원회의 설치를 청구하면 상대방은 반드시 그에 응해야 한다. 위원회는 각 당사국이 지명하는 각기의 3명으로 구성된다. 위원회는 분쟁의 事實問題의 심사뿐만 아니라 法律問題에 관해서도 심사한다. 그리고 이 위원회는 심사의 결과의 보고 뿐만 아니라 분쟁의 해결안을 제출할 수 있다. 그러나 그 해결안에는 法的 拘束力이 없다. 이 기간은 단지 사실심사기관 이상으로 일종의 國際調停委員會의 성질을 갖고 있다. →상설국제위원회, 국제심사위원회, 국제조정위원회

혼합운송(混合運送) 〔獨〕 Sammelsendung 送荷人이 자기의 운송물이 다른 동종동질의 운송물과 같이 혼합되는 것을 승인하고 체결하는 물건운송계약. 주로 海上運送에 있어서 행하여지고 있으며 곡물·석유 등의 운송에 많이 이용되고 있다. 이 혼합운송계약의 특질로서는 ① 到着地(양륙항)에 있어서 혼합운송물에 대한 운송인(선박소유자)의 分割引渡義務와 그 의무내용, ② 혼합으로 인하여 새로 생긴 물건에 대한 여러 수령인의 物權的 共有關係, ③ 운송인(선박소유자)의 책임없는 사유로 인한 혼합운송물의 멸실·훼손 기타의 위험에 대한 각 受荷人의 부담방법, ④ 混合物件의 일부에 생긴 운송인(선박소유자)의 유치권행사방법 등에 있어서 이익 또는 법률공동관계가 생기는 점이다. 이 혼합운송에 관하여는 상법에 아무런 규정이 없으므로 실제에 있어서는 이들 문제는 特殊約款 또는 관습에 의하여 해결되고 있다.

혼합임치(混合任置) 혼장임치와 같다.

혼합재판소(混合裁判所) 〔英〕 mixed court, mixed tribunal 〔獨〕 gemischtes Gericht 〔佛〕 cour mixte, tribunal mixte 서로 다른 국가의 국민간에 발생한 분규를 해결하기 위하여 쌍방의 국가로부터 각기 재판관을 선출하여 구성한 국제재판소로서 1878년 이집트에서 비롯하였다. 원래 自國民에 대한 재판권은 국내재판에 의하여 행사하고, 외국인에 대한 것은 외국의 領事裁判에 회부하였으나, 이집트는 유럽의 기독교제국과 교섭한 후 이집트정부 자체와 이해관계가 없는 민사문제를 해결하기 위하여 혼합재판소를 구성하였다. 이때의 혼합재판소는 주로 이집트상인의 청구권을 해결하기 위하여 구성되는 것이 보통이었다. 실제 알렉산드리아·카이로·만잘라 등지에서 이 혼합재판소가 구성된 예가 있다. 또한 領事裁判에 있어서도 원고와 피고 쌍방의 국가가 상호합의에 의하여 각기 재판관을 선출하여 구성한 재판소를 혼합재판소라고 하나, 이는 영사재판제도가 완전히 폐지된 이후 영사재판에 관련된 혼합재판소도 존재하지 않게 되었다. 또한 혼합재판소와 관련된 국제재판소로서 제1차세계대전 이후의 講和條約에 의하여 설치된 混合仲裁裁判所도 일종의 혼합재판소로서 상이한 국가의 국민사이에 발생한 특정사건을 처리하기 위하여 당사국간에 조약을 체결함으로써 이를 설치한 예가 있다. 이 혼합재판소를 통하여 개인에게 出訴權을 부여함으로써 개인을 국제법상의 주체로 인정하는 국제법의 새로운 경향이 나타났다. 끝으로 국가들은 평시에도 혼합중재재판소 또는 위원회를 조약으로 구성하여 각기 자국민과 타방국민과의 각종 訴請을 판결하는데, 이 재판소의 재판관이 관계국의 國籍을 가진 재판관과 제3국의 국적을 가진 재판관으로 구성되므로, 역시 이 점에서 일종의 혼합재판소라고 할 수 있을 것이다.

혼합적 행위(混合的行爲) →혼합적 허가

혼합적 허가(混合的許可) 허가는 그 주된 대상이 사람인지 물적 상태인지에 따라 對人的 許可, 對物的 許可, 그리고 이들 양자를 포함하는 혼합적 허가로 나눌 수 있다. ① 對人的 許可는 주로 사람의 능력이나 지식 등 주관적 요소를 대상으로 하는 허가로서 그의 양수도가 제한되며, ② 對物的 許可는 물건의 내용이나 상태 등 객관적 요소를 대상으로 하는 허가로서 그 讓受渡가 원칙적으로 허

용되며, ③ 혼합적 허가는 이러한 물적요소와 인적요소가 결합된 상태를 대상으로 한 허가를 말한다. 예컨대 총포·화약류 제조허가 등이다.

혼합점령(混合占領) 〔獨〕 Mischbesetzung 휴전은 성립하였으나 국제법상의 전쟁이 종료하기 이전의 단계에서 당사국의 합의에 의거하여 행하는 점령. 戰時占領은 전쟁수행의 한 수단이며 점령지에 대한 一般的 統治權이 인정되나 혼합점령의 경우에는 점령국의 권리가 휴전협정에 의하여 제한되며 점령행위는 합의를 근거로 한다는 점에 특징이 있다. 그러나 혼합점령이란 용어는 국제문서에서 사용되는 공식용어는 아니고 독일의 국제법학자 슈트루프(Karl Strupp)가 처음으로 창안한 것. 혼합점령의 예로는 제1차대전후 연합국에 의한 라인란트(Rheinland)占領이 있으며, 제2차대전후 연합국에 의한 일본점령도 혼합점령임을 주장하는 학자가 있다. → 점령, 휴전

혼합종류채권(混合種類債權) → 제한종류채권

혼합주(混合株) 數種의 주식(商 344 I)이 있는 경우에 利益配當·建設利子配當·殘餘財産의 분배 중 어느 점에서는 보통주에 대하여 우선적 지위에 있으나, 다른 점에서는 보통주에 대하여 劣後的 地位에 있는 종류의 주식을 말한다.

혼합중재재판소(混合仲裁裁判所) 〔英〕 mixed arbitral tribunal 〔獨〕 gemischter Schiedshof 〔佛〕 tribunal arbitral mixte 제1차대전후의 諸平和條約의 경제조항편에서 舊交戰國간에서(예: 프랑스·독일·영국·오스트리아간 등) 각 1개의 재판소가 설치된 것. 이 재판소는 3명의 재판관으로 구성되고 양 당사국이 각기 1명씩을 임명하고 재판장은 양국의 합의에 의하여 선정한다. 일단 구성된 재판소는 영속되며 常設的 裁判所로서의 존재를 가진다. 재판소는 금전채무·재산·권리·이익·계약·공업소유권 등의 처리에 관한 각개 평화조약의 규정의 이행에 관계하여 발생한 분쟁에 대하여 관리하며 그 판결은 과반수에 의한다. 그런데 이 재판소의 특색은 국가 이외에 개인 및 단체도 소정사항의 범위내에서 직접 타국가를 상대로 소송할 권리가 인정되어 있다는 점이다(대 독일, 베르사이유平和條約 297). 이 재판소는 본래 여러 평화조약이 규정한 이행에 관계하여 생긴 분쟁을 처리하기 위하여 설립된 것이므로 그 후 그 임무완료로써 폐지되었다. 그런데 그 사건처리수는 상당히 많고 프랑스·독일간의 재판소에는 2만건 이상, 영국·독일간에는 약 1만건에 달하였다. → 중재재판

혼합증여(混合贈與) 贈與와 賣買 기타의 有償契約이 결합하여 일체를 이루는 계약. 갑이 을의 開店축하로서 10만원의 가치가 있는 장식품을 을에게 주고, 2만원만 받고 8만원을 증여하는 계약과 같은 것이 그 예이다. 이러한 계약은 증여로 볼 것이냐, 混合契約으로서 볼 것이냐 어떠냐에 관하여 다툼이 있다. 당사자의 의사 그 밖의 사정에 따라 증여적 요소가 강하냐 어떠냐에 의하여 결정하여야 할 것이다. 有償性의 요소가 존재하므로 서면에 의하지 않은 경우에도, 이를 해제할 수 없고(民 555 참조), 또한 유상성의 범위에서 擔保責任이 인정된다고 이해되어지고 있다.

혼합지주회사(混合地主會社) 〔英〕 mixed holding company 〔獨〕 gemischte Holdingsgesellschaft 주식보유를 주된 목적으로 하면서 부수적으로 생산 또는 상업을 영위하는 지주회사. 純粹持株會社에 대하는 것.

혼합책임(混合責任) 行爲責任과 狀態責任이 결합되어 질서위반의 상태가 빚어진 경우의 책임을 말한다. 즉 사람의 행위나 물건의 상태만으로는 사회공공의 안녕질서에 대한 위해가 발생하지 아니하나, 이들 양자가 결합됨으로써 질서위반의 상태가 빚어지는 경우의 책임인 것이다.

혼 화(混和) 〔羅〕 confusio 〔英〕 confusion 〔獨〕 Vermengung, Vermischung 〔佛〕 mélange 각각 소유자를 달리하는 물건이 混合(곡물과 같은 固形物의 경우) 또는 融和(주류와 같은 流通物의 경우)하여 원물을 식별할 수 없게 되는 것. 이 경우에 原物의 소유자는 혼화물의 분리를 청구하지 못하고, 혼화물의 소유권은 그 주된 동산의 소유자가 이를 취득하고, 만약 그 主從의 구별을 할 수 없는 때에는 混和當時의 價額의 비율에 의하여 각 소유자가 이를 共有한다(民 258). 혼화로 인하여 소유권을 상실한 자는 부당이득에 관한 규정에 의하여 보상을 청구할 수 있고(261), 또 소유권이 소멸한 동산을 목적으로 하는 다른 권리는 혼화물에 존속하고 그 동산의 소유자가 혼화물의 공유자가 된 때에는 그 지분에 존속한다(260 II).

홀란드학파(學派) 〔英〕 Dutch School 〔獨〕 holländische Schule 〔佛〕 école hollandaise 國際私法의 한 학파. 17세기의 네덜란드 및 벨기에에서 제창되었다. 이 학파의 학설은 극히 屬地主義的이며, 따라서 외국법이 적용되는 경우가 적은 것과, 사람의 신분·능력에 관하여 屬人法이 적용되는 경우에 있어서도 그 근거를 國際禮讓에 두는 것이 특색이다. 16세기에 프랑스의 다르장뜨레의 학설이

한층 그 봉건주의적인 본질을 발휘하였다. 이 학파의 대표자로 인정되는 것은 네덜란드의 후베르이다. 그의 학설은 19세기에 들어서 미국의 스토리에 의하여 지지되어 오늘날의 英美國際私法에 중대한 영향을 미치게 되었다.

홀로코스트 〔英〕 Holocaust 나치의 유대인 대학살. 종교적으로는 양을 통째로 구워 신 앞에 제물로 바치던 유대교 종교의식인 全燔祭를 뜻하나 역사적으로는 독일 나치정권에 의한 유대인대학살을 의미한다. 히틀러는 동유럽의 反유대인 감정에 편승하여 1933～45년 12년간 아우슈비츠수용소 등지에서 유대인 600여만명을 학살했는데 전후 홀로코스트는 이같은 참상을 뜻하는 고유명사로 바뀌었다. 추모일은 1943년 바르샤바유대인 지역봉기로 시작된 날을 기념해 4월 19일 혹은 20일로 정해졌다.

홍삼전매(紅蔘專賣) 홍삼의 수출입·제조·판매 등의 國家的 獨占. 지금은 인삼산업법의 제정으로 폐지되었다.

화 랑(花郎) 신라의 青年集會(Männerhaus)의 정신적 지도자. 신라에서는 성년기에 달한 귀족의 子弟를 奉하여 화랑으로 하고 동시에 성년입회식을 받은 동년배의 청년일단을 화랑의 徒라 칭하고 花郎團體를 조직한 것이다. 그 기원은 명백치 않으나 원시시대에 보편적으로 알려져 있던 청년집회와 같은 성질인 것 같으며 화랑도의 기능은 ① 社交的 機能. 歌舞遊樂을 交驩하는 사교클럽의 성질. ② 宗敎的 機能. 화랑은 신선과 통하는 종교적 의례를 행하였다. ③ 軍事的 機能. 국가유사시에 青年戰士團을 형성하였다. 신라군의 大幢·貴幢·郎幢·誓幢 등은 화랑도가 그 핵심이었다. ④ 敎育的 機能. 화랑도는 국가적·사회적 교육과 훈련을 쌓는 도장이었다. 화랑의 史上初見은 진흥왕 23년 加羅 정벌에 軍功을 세운 斯多含이며, 명장 김유신도 진평왕대의 郎徒였다. 화랑도는 盡忠報國과 義俠精神을 기초로 하였으며 원광법사가 낭도에게 명시하였다는 소위 世俗五戒(事君以忠·事親以孝·交友以信·臨戰無退·殺生有擇)는 화랑교육의 강령을 집약한 것으로 볼 수 있다. 화랑정신은 진흥·진평왕대의 발흥과 무열·문무왕대의 통일사업의 원동력이 되어 戰士的 性質이 농후하다. 통일후는 외래사상의 감염으로 尙武精神보다는 풍류를 즐기는 집단으로 변질하여 버렸다.

화랑무공훈장(花郎武功勳章) 무공훈장의 하나로서 戰時·事變 기타 국가비상시에 있어서 비상한 공로가 있는 자 또는 평시에 우수한 복무로 중대책임을 완수하여 다대한 공훈이 있는 자에 수여하였던 것(武勳令 5)으로서 현행 상훈법상 무공훈장 4등급에 해당한다(附則 Ⅱ).

화물상환증(貨物相換證) 〔英〕 carriage note, waybill 〔獨〕 Ladeschein 〔佛〕 bulletin de chargement 陸上運送에 있어서 운송인이 운송물의 수령을 증명하고 증권소지인에게 운송물을 반환할 것을 약정하는 증권. 주로 貨換어음에 이용된다. 화물상환증의 법적 성질은 운송계약에 기하여 운송물인도청구권을 표창하는 유가증권으로서, 그것이 표창하는 운송물인도청구권의 발생에는 증권의 작성을 필요로 하지 않으나 그 이전 또는 행사에는 증권의 점유를 필요로 하는, 要式證券(商 128Ⅱ), 相換證券(129), 법률상 당연한 指示證券(130), 文言證券(131), 處分證券(132)이다. 화물상환증은 送荷人의 청구에 의하여 운송인이 발행한다(128Ⅰ). 화물상환증에는 법정사항을 기재하여야 하나 요식성은 그다지 엄한 것은 아니다. 화물상환증은 채권적 효력과 물권적 효력을 갖는 바, 채권적 효력에 있어서 문제가 되는 것은 그 증권의 文言性과 要因性에 관련된 것으로 空券의 경우에 문언성을 중시하느냐 요인성을 중시하느냐에 따라 반대의 결과가 생기게 된다. 최근에는 화물상환증의 유통안전을 꾀하는 견지에서 문언성을 중시하는 견해가 유력하다. 화물상환증의 물권적 효력은 운송물을 받을 수 있는 자에게 화물상환증을 교부한 때에는 운송물 위에 행사하는 權利(物權)의 취득에 관하여 운송물의 인도와 동일한 효력이 있는 것을 말한다(133). 이 물권적 효력의 근거에 관하여는 代表說·純正相對說·絶對說 등의 학설대립이 있다. →처분증권

화백제도(和白制度) 신라시대의 국왕의 선거, 宣傳 그 밖의 국가중대사를 의결하던 기관. 화백제도는 六村時代로부터 승계된 것으로서 처음에는 부락민이 모여 의논하던 기관이었으나 후에는 일종의 貴族會議의 성격을 지니게 되었다. 唐書에 의하면 이 회의는 1인이라도 이의가 있으면 부결되는 만장일치제라고 한다. 이 제도를 민주적 제도의 선봉이라고 하는 학자도 있으나 이 회의가 비록 전원일치의 형식을 취하고 있으나 이는 원시민족사회의 遺俗이고, 실질은 소수귀족의 독재적인 것이라고 보는 학자도 있다.

화약류(火藥類) 흑색화약 또는 초산염을 主成分으로 하는 화약·무연화약 또는 초산에스테르를 주성분으로 하는 화약과 그 밖에 이와 비슷한 추진적 폭발에 사용될 수 있는 것으로서 대통령령이 정하는 화약, 뇌홍·아지화연·로단염류·테트라센

등의 기폭제·초안폭약·염소산칼리폭약·카리트, 그 밖의 초산염·염소산염 또는 과염소산염을 주성분으로 하는 폭약, 니트로글리세린·니트로글리콜 그 밖의 폭약으로 사용되는 초산에스테르·다이나마이트 그 밖의 초산에스테르를 주성분으로 하는 폭약, 폭발에 쓰이는 트리니트로벤젠·트리니트로토루엔·피크린산·트리니트로클로로벤젠·테트릴·트리니트로아니졸·핵사니트로디페닐아민·트리메틸렌·트리니트라민·펜트리트 및 니트로기 3 이상이 들어 있는 그 밖의 니트로화합물과 이들을 주성분으로 하는 폭약, 액체산소폭약 그 밖의 액체폭약, 그 밖의 비슷한 파괴적 폭발에 사용될 수 있는 것으로서 대통령령이 정하는 것 등의 폭약과 공업용뇌관·전기뇌관·총용뇌관 및 신호뇌관·실포(산탄을 포함) 및 공포, 신관 및 화관·도폭선·미진동파쇄기·도화선 및 전기도화선·신호염관·신호화전 및 신호용화공품·시동약·꽃불 그 밖의 화약이나 폭약을 사용한 화공품·장남감용 꽃불 등으로서 내무부령이 정하는 것 등의 화공품을 말한다(銃砲·刀劍·火藥類 등 團束法 2).

화염병(火焰甁) 유리병 기타의 용기에 휘발유, 등유 기타 불붙기 쉬운 물질을 넣어 그 물질이 유출하거나 비산하는 경우에 이것을 연소시키기 위한 發火裝置 또는 點火裝置를 한 물건으로서 사람의 생명, 신체 또는 재산에 위해를 가하는데 사용되는 것을 말한다(火焰甁使用 등의 處罰에 관한 法律 2).

화 의(和議) 〔獨〕 Vergleich, Ausgleich 파산예방을 위하여 하는 强制和議. 파산에는 경합하는 총채권자에 공평·평등의 만족을 주는 장점이 있지만, 파산자의 全財産關係의 清算이라는 크고도 엄격한 절차가 따르기 때문에, 이를 완수함에는 상당히 많은 시간과 노력을 요하고 이른바 費用倒가 되어, 채권자에는 결국 비교적 低率의 배당을 줄 수밖에 없게 되고, 또 일단 破産宣告에 의하여 사업을 잃은 파산자는 다시 세간의 신용을 회복하여 경제적으로 재기한다는 것은 다시 사실상 곤란하게 되었는데다가, 그 사업재산도 이미 換價되어 처분되었기 때문에 기업으로서의 가치는 해체소멸되고, 종업원도 실직의 위협에 놓이게 된다. 이와 같은 파산제도의 숙명적 결함때문에 채권자의 이익을 심히 해하지 않는 한 破産을 방지하는 것은 다만 채권자·채무자만 아니라 사회 전체를 위하여 요망된다. 이른바 私的整理도 파산의 방지를 위한 수단이기는 하지만 반드시 좋은 결과를 얻을 수는 없다. 그래서 종래 파산법에 있어서 파산절차의 종결의 한 방법으로서 발달하여 온 强制和議를 파산개시에 앞서서 파산절차외에 있어서, 파산을 예방하는 방법으로서 행하려는 것이 화의의 제도이고 이에 관하여는 和議法의 규정이 있다. 화의의 법적 성질에 관하여는 학설이 나누어져 있으나 대별하면 ① 認可決定에 의하여 효력이 생긴다고 하는 형식에 중점을 두는 判決說, ② 실질에 착안하는 契約說, ③ 어느 일면에만 중점을 두어서는 안된다고 하여, 이것을 특수한 행위라고 하는 特殊行爲說 등이 있는데 契約說이 다수설이다. 화의절차는 관할화의법원에 대한 채무자의 화의개시신청에 의하여 개시되고 신청을 기각할 만한 사유가 없다고 인정하면 整理委員을 선임하여 그 의견을 듣고 적당하다고 인정하면 개시결정을 한다. 동시에 管財人을 선임하고 또 채권신고기일과 채권자집회의 기일을 지정하여 이를 공고한다. 화의절차중에는 채권자는 재산의 관리 및 처분의 권한을 상실하지 않으나 관재인(和議管財人)의 감독을 받는다. 화의결의를 위한 債權者集會가 열리고, 제출한 和議條件이 출석채권자의 과반수로써 그 채권액이 총채권액의 반액을 초과하는 자의 찬성을 얻어서 가결되고, 법원의 인가를 얻으면 화의가 성립된다. 일정한 사유가 있을 때는 양보의 취소 외에 화의의 취소가 인정되고, 否決·不認可·取消 등 화의가 불성공으로 끝난 경우에는 당연히 파산으로 轉移된다.

화의개시결정(和議開始決定) 和議法院이 결정의 형식으로 하는 화의절차를 개시하는 취지의 선언. 화의법원은 정리위원의 조사보고를 듣고 그 의견서에 비추어 본 결과, 화의개시의 신청을 기각할 사유없고 화의개시를 함이 상당하다고 인정할 때에는 개시결정을 한다. 결정서에는 결정의 연월일시를 기재하여야 한다(和 26). 화의절차는 개시결정때부터 효력이 발생하는 까닭이다. 이 결정의 전문은 알려진 채권자 등에 통지하여야 한다(28). 이 결정에 대해서는 卽時抗告를 할 수 있는데(27Ⅲ), 이에 기하여 항고법원이나 또는 이 기회에 화의법원 자신이 再度의 考案에 의하여 화의개시결정을 취소할 수 있다. 이 화의개시결정에 의하여 화의절차가 개시된 후에는 破産의 신청이나 채무자의 재산에 대한 强制執行·假押留·假處分을 할 수 없고(15, 40), 또 화의개시전에 착수한 강제집행·가압류·가처분도 續行을 許하지 않고 화의절차중은 중지된다(40Ⅱ). 채무자는 이 결정에 의하여 재산의 管理處分權을 상실하지 않음이 원칙이다(32Ⅰ前). 이 점 파산선고의 경우와 근본적인 차이라 할 수 있겠다. 그러나 이러한 원칙을 무제한하게 방임하면 그 재산상태는 일층 악화되고 和議의 성립이나 이행이 곤란 내지는 불가능하게 되어 결과에 있어서는 화의절차가 파산선고를 지연시키는 수단으로 이용당할 우려가 있다. 그러므로 법률은 보통의 범위에 속하지 않는 행위는 管財人(和議管財人)의 동의없이는 할 수 없고, 보통의 행위라도 관재인의 이의가 있을 때는 할 수 없으며(32) 관재인이 스스로 금전수지를 보겠다고 청구한 때에는 홀로는 金錢收支까지도 할 수 없게 된다(34).

화의개시(和議開始)**의 효력**(效力) 제3자에게는 還取權이 발생하고(和 4) 담보권자에게는 別除權이 발생하며(44), 화의채권자는 채무자에 대하여 相計權으로서 대항할 수 있다(5). 화의의 개시는 파산의 신청과 달리 채무자가 그 재산을 관리·처분하는 권리에 영향을 미치지 않음을 원칙으로 하나, 통상의 범위에 속하지 아니하는 행위를 함에는 和議管財人의 동의를 요하고(32), 금전의 수지는 관재인이 스스로 할 것을 채무자에게 청구할 수 있으며(34), 또 관재인은 법원의 허가를 얻어 채무자 및 그 扶養을 받는 자에게 지급할 扶助料를 정할 수 있다(35). 화의개시후에는 和議債權에 대하여 새로이 강제집행, 가압류를 할 수 없고 화의개시 전에 행하여진 이들 행위는 화의절차 중에는 중지된다(40).

화의관재인(和議管財人) 〔獨〕 Ausgleichsverwalter 화의절차중 채무자의 재산상의 행위를 감독하고, 또 화의에 관하여 제반의 조사·보고 등을 행하는 것을 임무로 하는 화의법상의 기관. 관재인이라는 이름은 붙었지만, 파산관재인이 破産財團에 관하여 파산자를 배제하고 자기의 專權으로써 관리에 당하며 또 그 換價나 배당까지도 실시함에 반하여, 화의관재인은 채무자의 재산을 직접 관리하는 것도 아니고 이를 처분하는 권한도 없으며 다만 중립적 입장과 전문적인 지식경험에 의하여 당사자간에 공정타당한 화의가 성립되도록 협력하는 것이므로, 차라리 和議法院의 보조기관이라 할 것이다. 화의관재인은 화의개시결정과 동시에 화의법원에 의해 선임된다(和 27Ⅰ). 被任資格에는 별단의 제한이 없고 그 員數도 1인에 한하지 않는다(39, 破 148). 관재인의 선임은 일반에 공고하고 또 관계인에 송달하여야 한다(和 28). 화의관재인의 직무는 채무자의 재산상의 행위에 대한 감독(32, 34, 35), 채무자의 재산에 관한 보고(36), 和議債權者의 의결권의 조사나 의결권행사에 대한 異議(51, 52Ⅱ), 채권자집회에 대한 보고(52Ⅰ) 등인데, 관재인이 수인일 때는 이를 공동하여 행사함이 원칙이나, 다만 법원의 허가가 있으면 분장도 할 수 있다(39, 破 153). 화의관재인은 법원의 감독에 속하고 그 직무집행에 당해서는 善管者의 주의의무가 있고, 이를 태만히 한 때에는 이해관계인에 대하여 연대하여 손해배상책임을 지는 것은 破産管財人과 같다(和 39, 破 154). 費用先給과 보수에 관해서는 파산관재인에 준하여 취급된다(和 39, 破 156).

화의기일(和議期日) 〔獨〕 Vergleichstermin 화의절차에 있어서 채무자의 화의제공의 수락여부를 의결하기 위하여 債權者集會를 여는 기일. 이 기일은 和議開始決定과 동시에 법원에 의해 지정되는데, 다만 그 기일과 채권신고기간의 말일과의 사이에는 1주일 이상 1개월 이하의 기간을 두어야 한다(和 27Ⅰⅱ). 그 기일은 공고하여야 하고 또 알려진 채권자 그 밖의 관계인에 대하여 송달하여야 한다(28). 이에는 신고한 和議債權者·和議申請人 및 화의를 위한 채무자의 보증인 그 밖에 공동채무자 또는 담보공여자를 소환할 것을 요한다(50). → 화의, 채권자집회

화의능력(和議能力) 〔獨〕 Vergleichsfähigkeit 和議開始의 결정을 받고 화의절차에 있어서 채무자로 될 자격. 화의는 파산을 예방함을 목적으로 하고 또 그것이 성공하지 못하면 파산으로 이행되기 때문에 화의능력은 원칙적으로 破産能力과 일치한다. 즉, 파산능력없는 자에는 화의능력도 없는 것은 물론이지만, 예외로 파산능력이 있음에도 불구하고 화의능력이 인정되지 않는 것이 있다. 그 適例로서 相續財産이 있는데, 파산법은 상속재산의 파산뿐 아니라 그 종결을 시키기 위한 强制和議를 인정함에도 불구하고, 화의법은 상속재산에 대해서 파산예방을 위하여 하는 화의를 허락하지 아니한다(12Ⅱ). 그 이유는 화의를 허락할 것인가 어떤가는 채무자인 개인의 신용뿐 아니라 성의에 착안하여 이를 결정할 것인데, 상속재산과 같은 純然한 재단에 대하여 화의를 인정하는 것은 화의제도의 本旨에 합당치 않다는데 있다. 그 입법론으로서의 當否를 제쳐 놓고, 상속재산에 화의능력이 없는 이상 화의개시신청후 인가결정확정 전에 신고인인 채무자가 사망했을 때에는 화의절차는 당연히 종료될 수밖에 없다. 이에 반하여 淸算中의 법인에는 그 계속절차가 행하여짐을 전제하여 화의능력을 인정하여도 무방하다. 또 외국인이나 외국법인도 우리나라 법원에 화의개시의 신청을 할 수 있는 것으로, 화의법 11조 1항에 의하여 준용되는 파산법 2조는 그 화의능력에는 아무 상관이 없다.

화의법원(和議法院) 〔獨〕 Vergleichsgericht 화의절차의 개시여부를 결정하고 그 개시후에는 債權者集會를 지휘하고, 화의의 認否決定 등을 행하는 법원. 화의법원은 화의채무자에 대한 파산사건을 관할하는 지방법원이다.

화의원인(和議原因) 채무자의 재산상태가

화의개시를 함이 상당하다 할 정도로 악화된 것으로 인정할 근거로서 법이 정한 바의 사유. 이것은 破産原因과 전혀 같은 것으로(和 12Ⅰ), 즉 支給不能은 자연인과 법인과에 공통되는 화의원인이고, 지급정지의 사실이 있으면 지급불능으로 추정된다(破 116Ⅱ). 債務超過는 법인에 대해서만 인정되는 화의원인이지만 存立中의 합명회사나 합자회사에 있어서는 지급불능만이 화의원인이다(117). 이 화의원인은 화의개시결정의 時에 존재할 것을 요하지만, 그 결정에 대해 항고가 있는 경우에는 그 存否는 항고심의 결정 당시를 표준으로 하여 판단할 것이다.

화의(和議)**의 효력**(效力) 和議認可決定이 확정되면 화의의 효력이 발생한다(和 58). 화의인가결정이 확정되면 和議節次 및 和議管財人과 和議整理委員의 임무도 종료되며, 채권자가 화의개시 전에 채무자의 재산에 대하여 행한 강제집행 등은 그 효력을 잃으나(40), 화의가 성립하여도 채무보증인 등의 의무에는 영향을 미치지 않으며(61) 화의신청에 의하여 중지되었던 破産申請은 그 효력을 잃는다(17).

화의(和議)**의 취소**(取消) 和議債務者에 詐欺破産의 죄에 해당한 행위가 있고 또는 화의의 이행을 태만히 한 경우에(和 67, 68), 화의 그 자체의 효력 전부를 법원의 결정에 의하여 소멸시키는 것. 화의의 취소는 화의 자체의 취소이기 때문에 양보의 취소와 달라서 和議債權者 전원과의 관계에서 화의의 효력이 취소된다. 즉, 총채권자를 위하여 화의에 의하여 양보된 권리가 회복되게 된다. 그리고 화의채권자가 화의에 의하여 취득한 권리에는 영향이 없는 점은 양보의 취소와 같다(69). 또 화의취소가 되어도 화의채권자가 화의의 정하는 바에 따라 이미 받은 변제는 그대로 보유할 수 있다(和 71, 破 312). 그러나 和議節次의 종료후에 일부의 화의채권자에게 채무자로부터 특별히 제공된 담보는 화의의 취소에 의하여 효력을 잃기 때문에, 취소결정의 확정과 함께 선고되는 破産의 재단에 대하여 이를 반환하지 않으면 안된다(和 71, 破 313). 화의의 취소는 화의법원에 의해 결정절차로서 처리된다. 법원이 和議取消申請棄却 또는 화의취소의 결정을 할 때에는 그 주문 및 이유의 요지를 일반에 공고할 것을 요하고(和 70), 또 그 결정을 채무자나 신청인 화의채권자에게 송달하지 않으면 안된다(和 11Ⅰ, 破 102). 화의취소신청기각결정 또는 화의취소결정에 대해서는 각 이해관계인으로부터 卽時抗告에 의한 불복신청을 할 수 있다(和 70Ⅱ).

화의(和議)**의 폐지**(廢止) 일단 개시된 화의절차를 화의의 가결을 보지 않고 중지하는 것. 언제나 화의법원의 재판을 받아야 하지만, 必要的 廢止와 任意的(裁量的) 廢止의 두 가지 경우가 있다. 필요적 폐지(和 63)는 화의의 가결전에 화의의 제공자가 그 제공을 철회했을 때나 또는 債權者集會의 제1회기일로부터 2월내에 화의를 가결하지 아니한 때 법원의 직권으로써 화의폐지의 결정을 하는 경우를 말하고, 任意的 廢止는 화의법 64조 1호 내지 3호의 사유가 있을 때, 법원이 직권으로 또는 管財人이나 정리위원의 신청에 의하여 화의폐지하는 경우인데, 이 때에 있어서는 재량적 폐지를 전제로 하기 때문에 반드시 審訊(問)할 것을 요한다(64). 화의폐지결정에 대해서는 즉시항고가 인정되지 않기 때문에 즉시 확정되어, 和議節次는 종료되고 파산절차로 이행된다(9). 법원이 화의폐지의 결정을 한 때에는 그 주문 및 이유의 요지를 공고할 것을 요하고(65), 또 그 결정은 당사자에게 송달하지 않으면 안된다(和 11Ⅰ, 破 102).

화의인가결정(和議認可決定) 和議期日에 채권자집회가 가결한 화의가 적법한 것을 선고하는 화의법원의 재판. 이는 화의의 내용의 공정을 기하기 위한 국가의 後見的 行爲이다. 화의는 이 결정의 확정에 의하여 효력을 발생한다(和 58). 채권자집회에 있어서 화의가 가결되었을 때에는 법원은 그 기일 또는 즉시로 선고한 기일에 和議의 認否에 관하여 결정할 것을 요하지만 신고한 화의채권자, 화의신청인(채무자), 화의를 위한 보증인 그 밖에 공동채무자나 담보제공자, 관재인 및 정리위원은 화의의 인부에 관하여 의견을 진술할 수 있다(54). 화의법원은 이들의 의견이나 자기의 직권조사를 기초로 하여 화의의 인부에 관하여 판정을 내릴 것이지만, 和議認否決定은 그 기일에 있어서 이를 선고하고 또 그 주문과 이유의 요지를 공고할 것을 요하나 송달은 필요치 않다(56). 화의법 55조 열거의 불인가사유가 없을 때에는 화의인가를 하지 않으면 안된다. 화의의 인가 또는 불인가의 결정에 대하여는 卽時抗告를 할 수 있다(57).

화의전치주의(和議前置主義) 파산의 신청이 있을 때는 먼저 화의를 시도하고, 화의불성립의 경우에 고유의 파산선고를 하게 되어 있는 주의로, 파산신청은 동시에 화의개시의 신청을 겸하는 형식으로 되어 있다. 이에 대하는 和議分離主義는 이와 반대로 和議節次와 破産節次와는 전혀 분리된 절차로 행하게 되어 있고, 따라서 파산법과 화의법과는 개별의 법률로 되어 있다. 영법에서는 화의전치주의를 채택하고 독일법이나 이를 따른 일본법과 우리 법률은 화의분리주의의 입장이다. 그런데 우리화의법에서는 화의절차 개시후 화의불인가로 되면 직권으로써 파산을 개시시켜야 하기 때문에(9), 먼저 화의가 신청되는 경우에는 실질상으로 말하면 화의가 前置되는 것이라 할 것이다.

화의절차(和議節次) 채무자가 破産宣告를 받아야 할 상태에 있는 경우, 채무자로 하여금 파산선고를 면하게 하는 동시에 채권자로서도 파산의 경우에 비하여 유리한 해결을 꾀하기 위한 것이다. 화의는 채무자의 변제조건을 更正하는 내용의 화의의 제공과 債權者集會의 법정다수의 의결 및 법원의 인가로써 성립하는 절차를 말하며, 화의와 파산의 신청이 병존하는 경우에는 파산절차는 중지되고 화의절차개시 후에는 파산신청을 할 수 없다.

화의정리위원(和議整理委員) ① 和議開始前에 채무자의 재산·장부 및 화의의 조건에 관하여 필요한 조사를 하고 보고하는 외에, 화의개시여부에 대하여 의견서를 제출하고, ② 和議開始後에는 화의법원 및 화의관재인을 화의절차면에서 보조하고, 화의관재인을 감독하는 공적 기관을 말한다. 화의정리위원은 소송무능력자가 아닌 한 선임자격에 제한이 없고, 그 員數는 반드시 1인에 그치지 않는다. 중요한 사유가 있는 때에는 법원은 직권 또는 이해관계인의 신청에 의하여 정리위원을 해임할 수 있으며 이 경우에는 정리위원을 審訊하여야 한다(和 21 내지 25).

화의조건(和議條件) 화의에 의하여 행하여지는 채무관계의 처리의 내용, 즉 예를 들면 채무의 一部免除, 기한의 猶豫, 分割辨濟 등과 같은 채무변제의 방법이나, 보증인과 같은 人的擔保나 質權·抵當權과 같은 物的擔保의 제공에 관하여 정하는 것. 화의개시신청을 법원에 할 때에는 반드시 화의조건을 정하여 신청하여야 한다(和 13). 화의내용은 원칙으로 각 和議債權者에 대하여 평등하지 않으면 안된다(和議條件平等의 原則)(53, 破 276). 그러나 불이익을 받는 자의 동의가 있으면 평등하지 아니하여도 상관없다. 또 법률의 규정 및 화의채권자일반의 이익에 반하는 것은 허용되지 아니하며(和 18 ⅳ·ⅴ), 화의조건으로서 표면에 나타나지 아니하고 어떤 채권자에 특별한 이익을 줄 것을 약속하면 그 약속은 무효이다(53, 破 277). 和議開始決定 후에는 화의조건의 변경은 원칙적으로 허용되지 아니한다(和 53, 破 274). 파산법상 강제화의의 조건까지도 포함하여 화의조건이라고 하는 수가 있다.

화의채권(和議債權) 〔獨〕 Vergleichsforderung 화의의 성립에 관하여 債權者集會에 있어서 의결권의 기초가 되고 또 화의성립후에는 법원이 인가한 화의에 구속되고, 따라서 화의조건에 따라 변제를 받게 되어 있는 청구권. 화의채권은 채무자에 대하여 화의개시전의 원인에 기하여 생긴 재산상의 청구권이어야 하고(和 42) 또 채무자에 대한 人的請求權이 아니면 안되나 일반의 우선권있는 채권(商 468), 화의개시후의 이자, 화의개시후의 불이행에 의한 손해배상 및 위약금, 화의절차참가의 비용, 벌금·과료·형사소송비용·추징금·과태료는 화의채권이 되지 아니한다(和 43, 45). 화의개시후의 원인에 기하여 새로 발생한 채권이 화의채권에 속하지 않음은 물론이다. 파산의 경우에 別除權을 행사할 수 있는 권리를 가지는 사람은 그 권리의 행사에 의하여 변제받을 수 없는 채권액에 관하여서만 和議債權者로서 그 권리를 행사할 수 있다(44). 모든 화의채권이 화의개시 당시 이미 履行期에 도달하고, 또 일정액의 내국통화의 무조건의 급부를 목적으로 하는 金錢債權이라 할 수 없으므로, 화의법은 비금전채권·불확정정기금채권·조건부채권·장래의 청구권·기한부무이자채권·확정정기금채권 등에 대하여 화의절차에 있어서 행사를 가능케 하고, 특히 채권자집회에 있어서 의결권의 기준을 정할 필요상, 그 화의채권으로서의 額을 정하는 방법에 관하여 화의법 46조 내지 49조에서 상세히 규정하고 있다. 화의채권의 신고에 관하여는 파산채권의 신고에 관한 규정이 준용된다(49).

화의채권자(和議債權者) 화의채권을 가지는 자. 화의채권자는 화의채권의 신고(和 49, 破 201)에 의하여 화의절차에 참가하고, 채권자집회에서 채무자가 제공한 화의조건의 수락여부의 의사를 발표하고(議決權의 行使)(和 51), 和議認否에 관하여 법원에 의견을 진술하는 것 및 불인가의 신청을 할 수 있고(54, 55), 화의인부에 관하여 즉시항고를 할 수 있다(57). 화의가 성립된 경우에는 화의절차에의 참가여부, 채권자집회에의 출석여부, 화의조건에의 동의여부에 상관없이 모두 화의의 효력을 받아(61, 破 298) 모든 화의채권자는 화의조건에 따라서만 변제받게 되어 있다. 화의채권자는 화의개시후의 채무자의 행위로서 그 재산상태를 일층 악화시키는 것 같은 것에 대하여는 否認權을 행사하여 그 효력을 잃게 할 수 있는 반면(和 33), 화의절차중 그 권리행사가 제약된다. 즉, 채무자의 재산에 대하여 새로이 强制執行·假押留·假處分을 할 수 없고 화의개시전에 행하여진 것은 절차중 중단된다(40). 다만 파산의 경우와 같은 조건으로 相計權은 인정된다(5).

화이트 칼라범죄(犯罪) 〔英〕 white collar crime 미국의 刑事學者 서덜랜드에 의하여 제창

된 개념으로서 상층의 사회적·경제적 계급에 속하는 자들의 法律違反, 다시말하면, 실업계·관계·정계 혹은 교육계·종교계 등, 그 직업상 존경받으며 높은 사회적 지위를 가지고 있는 인간이 저지르는 범죄. 刑事學의 통상의 관심은 범죄의 프롤레타리아화라고 하는 리스트의 표어가 말하여 주는 바와 같이, 사회적·경제적 하층계급의 범죄(이른바 no collar crime), 즉 殺人·强竊盜·性的 犯罪 등의 형사범과 그 통계에로 향하여져 있었으나, 여러 종류의 기업을 둘러싼 여러 입법의 위반, 贈受賂, 사기 등 화이트 칼라의 범죄는 현대자본주의사회의 부패현상으로서 중요하게 나타나고 있다. 그러나 이들 범죄는 조직적이며, 범인들의 지위가 높으므로 검거·재판을 회피할 가능성이 크다.

화 장(火葬) → 매장·화장

화재보험(火災保險) 〔英〕 fire insurance 〔獨〕 Feuerversicherung 〔佛〕 assurance contre l'incendie 화재로 인하여 발생하는 손해의 보상을 목적으로 하는 손해보험. 화재보험의 목적물은 건물·동산 또는 집합된 물건(商 685, 686) 이외에도 橋梁·立木·森林 등이 포함된다. 保險事故인 화재의 원인은 어떠한 것이든 관계 없으나(683), 法定(659Ⅰ, 660, 678) 또는 특약에 의한 면책사유에 해당하는 경우에는 보험자는 손해를 보상할 책임이 없다. 普通保險約款에 있어서는 지진·분화·폭발에 의한 화재를 면책사유로 하고 있으나(地震約款), 약관에 의한 제외가 없는 한 소방·피난에 의한 손해도 포함된다(684). 화재로 인한 인명 및 재산상의 손실의 예방과 災害의 복구 및 인명피해에 대한 적정한 보상을 위하여 제정된 법률로 화재로 인한 災害補償과 보험가입에 관한 법률이 있다.

화 전(火田) 화전정리에 관한 법률의 시행전에 합법적인 절차에 의하지 않고 산림에 불을 놓거나 기타의 방법으로 이를 개간하여 농경지로 사용 또는 사용하였던 토지. 화전정리에 관한 법률에 의해 이 법시행 이전의 화전으로서 保安林·採種林 또는 경사 20도 이상의 산림안에 있던 것은 산림으로, 경사 20도 이하의 산림 안에 있던 것은 원칙적으로 농경지로 조성하기로 되었다(火田整理에 관한 法律 2).

화전정리명령(火田整理命令) 도지사가 火田整理豫定地의 고시내용을 화전이 있는 산림의 소유자·화전의 경작자 및 산림계장에게 통지한 날로부터 30일이 경과한 후 화전정리자에 화전의 정리를 명하는 명령(火田整理에 관한 法律 9Ⅰ). 도지사는 화전정리명령을 함에 있어서 필요한 경우에는 그 정리구역 안에 있는 건물 기타 공작물의 이전 또는 철거를 명할 수 있으며(9Ⅳ). 화전정리명령을 받은 자가 화전정리를 하지 아니하거나 화전정리를 할 수 없을 때에는 경작자 또는 산림계로 하여금 대행하게 하거나, 화전정리로 경작지가 없어진 자 또는 적어진 자 중에서 화전의 분배를 못받은 자로 하여금 정리하게 할 수 있다(9Ⅱ).

화전정리심의위원회(火田整理審議委員會) 火田整理豫定地의 결정 기타 화전의 정리에 필요한 사항을 심의하게 하기 위하여 산림청과 도에 각각 설치된 위원회를 말한다(火田整理에 관한 法律 3).

화 폐(貨幣) 〔英〕 money 〔獨〕 Geld 〔佛〕 monnaie 관점에 따라서 여러가지 뜻으로 사용되고 있다. 鑄造貨幣만을 의미하는 경우도 있고(형법 각칙 18장 通貨에 관한 罪 참조), 정부지폐까지도 포함해서 사용되는 경우도 있으나 보통은 주조화폐·지폐까지도 포함한 넓은 뜻으로 사용되어서 법적 지급능력, 즉 强制通用力이 있는 지급수단을 의미한다. 현재 우리나라에서 강제통용력을 가진 화폐(法貨)는 한국은행이 발행한 한국은행권과 역시 한국은행이 정부의 승인을 얻어 발행한 주화의 양자이다(韓銀 47, 48, 54 참조). 법률상 강제통용력은 없지만 거래상에서는 금전으로서 통용하고 있는 것을 自由貨幣라 한다.

화학전(化學戰) 〔英〕 chemical warfare 특수의 화학작용에 의하여 주로 人畜을 살상하는 것을 직접의 목적으로 하는 물질 및 그것을 응용하는 일체의 기구·재료를 사용하는 전쟁수단. 국제법상 주로 문제가 되는 것은 독가스로서, 독 또는 독으로 가공한 무기(헤이그陸戰規則 23Ⅰ), 질식성 또는 유독성가스의 살포를 유일의 목적으로 하는 발사물(1889년의 헤이그平和會議議定書의 宣言 2)의 사용이 폐지되어, 1925년의 독가스 등의 금지에 관한 議定書는 질식성·독성 또는 기타의 가스 및 일체의 유사한 액체·재료·고안의 사용을 불법한 것으로 하였다.

화 해(和解) 〔羅〕 transactio 〔英〕 compromise 〔獨〕 Vergleich 〔佛〕 transaction 당사자가 서로 양보하여 당사자 사이의 분쟁을 終止할 것을 약정함으로써 성립하는 계약(民 731). 화해는 당사자 쌍방의 양보를 요하며 일방은 조금도 양보하지 않는 권리의 확인 또는 포기와 다르고, 당사자가 서로 紛爭解決에 나서지 않고 제3자에게 맡기는 仲裁와 구별한다. 화해계약은 분쟁의 종지를 위하여 당사자쌍방이 자기의 주장을 부분적으로 변경 또는 포기할 채무를 부담하고 양보로써 서로가 손해를 보게 되므로 雙務·有償契約이다. 화해가 성립하려면 그 전제로서 반드시 분쟁이 존재하여야 한다. 따라서 법률관계의 내용의 불확정을 확정시키는 것은 화해의 대상이 못된다. 또 분쟁은 法律關係(權利義務)에 관한 당사자의 주장의 대립이며, 이 분쟁이 되는 법률관계의 종류는 특별한 제한은 없어도 당사자가 처분할 수 있는 것이어야 하기 때문에, 親族關係의 존재에 관한 분쟁은 화해의 목적이 될 수 없다. 화해의 결과 서로가 양보한 바에 따라 법률관계는 확정된다. 당사자의 일방 또는 쌍방은 화해로써 확정된 의무를 이행하여야 하므로, 양보한 일방의 권리는 소멸하고 상대방은 화해로써 얻은 권리를 취득한다(732). 이로써 당사자는 화해 이전의 법률관계를 주장할 수 없다. 화해계약의 의사표시에 錯誤가 있어도 화해계약을 취소하지 못한다(733). 그것은 화해로 인하여 법률관계가 創設的 效力을 가지기 때문이다. 그러나 화해당사자의 자격 또는 화해의 목적인 분쟁 이외의 사항의 착오는 취소할 수 있다(733 但). 이런 사항은 화해의 대상이 아니므로 창설적인 효력을 인정함은 화해 및 당사자의 本意에 반하고 이런 사항은 취소하여도 화해의 결과를 번복하지 않기 때문이다. 당사자 스스로 이러한 평화적 방법으로써 분쟁을 해결함은 양보로써 다소의 불이익을 감수하고 소송의 방법에 의한 번잡과 다액의 비용을 피할 수 있고 신속히 분쟁을 해결할 수 있는 이득이 있다. 이것을 민법상의 화해 또는 裁判外의 和解라고 한다. 이런 화해 이외에 법원에서 행하여지는 화해에 관하여는 裁判上의 和解, 提訴前의 和解를 보라.

화해절차(和解節次) → 제소전의 화해, 재판상의 화해

화해조서(和解調書) 訴訟上의 和解, 提訴前의 화해의 내용을 기재한 조서. 이 조서는 確定判決과 동일한 효력을 가진다(民訴 206). 조서에 기재한 범위에서 소송은 당연히 종료하고(다만 제소전의 화해에 있어서는 화해의 절차가 종료되는데 그친다), 이에 기재된 권리 또는 법률관계에 대해서는 旣判力이 생기고, 구체적인 이행의 의무가 기재되었으면 執行力도 생긴다(520). 화해조서에 再審事由가 있는 때에는 재심절차에 준하여 재심을 제기할 수 있다.

화환(貨換)어음 〔英〕 documentary bill (draft) 〔獨〕 Documentenwechsel(-tratte) 〔佛〕 traite documentaire 隔地者간의 매매거래에 있어서 매도인이 매수인을 지급인으로 하고 자기 또는 자기의 거래은행을 수취인으로 하여, 매매대금상당액을 어음금액으로 하는 換어음을 발행하고 이에 매매목적물에 관한 운송증권(貨物相換證·船荷證券)을 첨부한 것. 화환어음이라는 일종의 특수한 어음이 존재하는 것은 아니고 일반 환어음에 다만 運送證券이 첨부되어 있는 것에 불과하다. 따라서 소지인은 환어음을 운송증권에서 분리하여 背書讓渡할 수도 있으며, 이 경우에는 단순한 환어음으로서 유통하게 된다. 화환어음에는 割引貨換어음과 推尋貨換어음이 있으나, 보통 화환어음이라고 할 때에는 전자를 가리킨다. 즉, 매도인은 화환어음을 은행에 교부하여 운송증권을 담보로 하고 어음할인을 구함으로써, 매매대금에 상당하는 금액을 조기에 입수하고, 은행은 이것을 매수인 거주지의 지점 또는 거래은행에 이송하여 매수인에게 제시하고 매수인의 어음금액의 지급(또는 인수)과 相換으로 운송증권을 교부하여 매매목적물을 수령하게 함으로써 매매의 목적을 실현한다. 만약 매수인이 어음금액을 지급(또는 인수)하지 아니하는 때에는 은행은 어음에 의하여 매도인에게 遡求할 수 있고, 또 매매목적물을 처분하여 어음채무의 변제에 충당할 수도 있다. 할인어음의 담보인 운송증권의 受荷人이 매도인인 때에는 매도인이 백지배서로 은행에 양도하는 것이 보통이며, 이 경우의 법률관계에 관해서는 운송물상의 質權設定으로 보는 입장도 있으나, 다수설은 운송물의 신탁적 양도로 보고 있다. 매수인이 운송증권의 受荷人인 때에는 은행은 운송물상에 질권을 취득하거나 운송물의 소유권을 신탁적으로 취득할 수 없고, 다만 운송증권을 留置하여 매수인의 어음금액의 지급을 간접적으로 강제할 수 있는데 불과하다고 하는 것이 통설이다. 매도인이 어음할인에 의하여 매매대금에 상당한 금액을 받았더라도 매수인의 대금지급채무는 어음금액을 지급할 때까지는 소멸하지 아니한다고 하는 것이 통설이다. 매매목적물의 소유권이 수하인에게 이전하는 시기에 관해서는 통설은 매수인이 어음금액을 지급하고 운송증권을 취득한 때로 보며 운송증권의 수하인이 매수인인 때에는 매수인은 매매계약성립과 동시에 그 운송물의 소유권을 취득하고 운송증권의 취득은 다만 제3자대항요건에 불과하다고 한다.

화 회(和會) 화회는 和解와 동일한 일반적 의미를 가지지만, 法制史的 意味의 화회는 호주 또는 가장인 자가 分財하지 않고 사망한 경우 그 소유재산을 자손 또는 친족이 分財함에 있어, 가족입회하에 작성된 재산분배에 관한 문서이며 이를 和會文記 또는 分衿文記라 하고 그러한 합의를 화회라 칭한다. 經國大典刑典私賤條에 父母·祖父母·外祖父母·妻父母·夫妻妾及同生和會分執外用官署文記

라 하여, 和會文記에 의한 協議分財의 효력을 인정하고 있다. 관례상 證筆의 附記가 효력요건으로 되어 있었다. 續大典刑典에는 父母·奴婢·和會文記一人未着名則勿施라 하여, 화회당사자 중 1인이라도 서명하지 아니하면 시행할 수 없음을 규정하고 있다.

확대관할권(擴大管轄權) 〔羅〕 forum prorogatum 국제재판소의 관할권에 동의하는 당사자간의 공동 및 사전의 합의가 존재하지 않는 경우에도 만약 일방의 당사자가 분쟁을 재판소에 일방적으로 부탁하고 타방의 당사자가 이에 대한 節次開始에 반대하지 않으면서 재판을 위하여 출정하든가 또는 訴訟節次에 참가하는 경우에는 裁判所의 管轄權이 성립된다. 이와 같이 성립되는 관할권을 확대관할권이라고 하며 영국과 알바니아간의 코르푸해협사건에 관한 국제사법재판소의 판결에서 그 이론이 완성되었다. → 재판관할권

확신범(確信犯) 〔獨〕 Überzeugungsverbrechen 도덕적·종교적 또는 정치적 의무의 확신이 결정적 동기가 되어 행하여지는 범죄. 이러한 범죄의 행위자를 確信犯人이라고 한다. 확신범은 사회의 급격한 변동기 또는 종교적·정치적 사상의 급변하는 시기에 많이 나타난다. 사상범·정치범·국사범 등의 범죄는 확신범의 성격을 지니는 것이 보통이다. 확신범은 형법이론상으로는 확신범인에게 違法性의 의식이 있는가 또는 期待可能性이 있는가 등으로 문제가 되고, 형사정책상으로는 확신범인에게 통상의 형벌을 과하는 것이 적당한가 또는 保安處分·不定期刑이 필요하지 않을까 하는 문제가 있다. 확신범인은 자기의 사상에 충실한 결과로서 범죄를 행하므로, 형벌에 의하여 확신을 버리게 하는 것은 곤란하다는 이유로 라트브루흐는 1922년의 독일형법초안에서 확신범인에 대하여는 名譽拘禁의 성질을 가지는 拘禁刑(Einschliessung)을 과할 것을 규정하였다.

확 약(確約) 〔獨〕 Zusicherung 행정청이 시민에 대한 관계에 있어서 자기구속을 할 의도로서 장래에 향하여 일정한 作爲 또는 不作爲를 약속하는 의사표시로 確認(Zusage)이라고도 한다. 확약의 예로는 각종의 인·허가에 있어서 內認可·內許可, 무허가건물의 자진철거자에게 아파트 입주권을 주겠다는 약속 등을 들 수 있다. 확약은 행정청에 대하여 장래에 이행 또는 불이행을 의무지우는 효과를 발생시키는 점에서 行政行爲의 성질을 가지는 것으로 보는 것이 일반적이다. 적법한 확약이 있는 경우에 행정청은 상대방에게 확약된 행위를 하여야 할 자기구속적인 의무를 갖게 되고, 상대방은 그 확약된 내용의 이행을 청구할 수 있는 권리를 갖게 된다. 따라서 확약된 내용의 의무를 행정청이 이행하지 않는 경우에 상대방은 행정심판법상의 義務履行審判이나 행정소송법상의 不作爲違法確認訴訟 등의 행정쟁송을 통하여 그 의무의 이행을 구할 수 있다.

확 인(確認) 특정한 사실·법률관계의 存否 또는 正否를 공권력으로 확정하는 행위. 질병 기타 급박한 사정으로 인하여 口授證書에 의하여 하는 유언에 대한 법원의 檢印(民 1070)도 그 예. 그 성질은 확인행위와 같다. → 확인행위

확인(確認)의 소(訴) 〔獨〕 Feststellungsklage 특정의 권리 또는 법률관계의 현재에 있어서의 존재 또는 부존재를 주장하여 그 확정을 구하는 소. 그 존재를 구하는 소를 積極的 確認의 訴, 그 부존재를 주장하는 소를 消極的 確認의 訴라고 한다. 확인의 소의 목적이 되는 것은 원칙으로 특정한 권리 또는 법률관계의 존부에 한하고 추상적인 법률문제(예: 어떤 법률의 위헌문제)나 사실의 유무(예: 명예훼손의 여부, 과실의 유무) 등은 목적으로 할 수 없다. 다만 예외로서 證書眞否確認의 訴(民訴 228)와 事實上 婚姻關係存否確認請求(家訴 2 Ⅰ)가 허용된다. 확인의 소는 그 권리 등의 존부를 판단하는 確認判決을 얻어 당사자간의 분쟁을 해결하고 그 법적 지위를 명확히 하는 것이 목적이긴 하지만, 그러기 위해서는 원고에게 판결에 의한 확인을 구할 만한 법률적인 이익 또는 필요가 있는 경우에 한한다. 이 확인의 이익이 없으면 원고의 訴權은 인정되지 않고, 그 소는 확인판결을 얻지 못하고 배척된다. 履行의 訴나 形成의 訴도 판결의 旣判力에 의한 권리 등의 확정을 구하는 점에서 확인의 소를 포함하고 있고, 오히려 그 특수한 형태라고 볼 수 있으므로 이론상으로는 확인의 소가 모든 소의 기본이라 할 수 있다. 행정법관계에 관한 확인의 소는 당사자소송(行訴 3ⅱ)에 속하는 것이 보통이나, 행정행위의 무효확인의 소의 성질에 대하여는 確認訴訟說·抗告訴訟說 및 準抗告訴訟說이 대립되어 있고 준항고소송설이 통설이다.

확인(確認)의 이익(利益) 〔獨〕 Feststellungsinteresse 확인의 소에 관하여 요구되는 訴權(權利保護)利益. 卽時確定의 利益이라고도 한다. 내용적으로는 소의 목적인 권리 또는 법률관계의 존부에 관하여 당사자간에 분쟁 내지 이익의 대립이 있고 判決로써 확정하는 것이 원고의 법률적 지위의 위험 또는 불안을 제거함에 적당한 것을 말한다. 또 이와 같은 위험이나 불안을 제거하기 위해서는,

판결에 의해 그 권리관계의 존부를 확정하는 것 이외에 적당한 수단이 없는 경우가 아니면, 확인의 이익은 인정되지 않는다.

확인재결(確認裁決) 無效等確認審判의 제기가 있는 경우에 본안을 심리한 결과 심판청구가 이유있다고 인정하여 당해 처분의 효력의 유무 또는 존재 여부를 확인하는 재결을 말한다. 즉 행정행위의 유효·무효나 존재·부존재를 公權的으로 확인하는 것으로서 아무런 형성적 효과도 수반되지 아니한다.

확인조치(確認措置) 군사법원 판결에 대하여 당해 관할관이 그 판결의 확정전에 하는 事後審査制度. 관할관은 이 확인절차에서 판결을 그대로 확인할 수도 있고, 刑法 51조의 사항을 참작하여 그 형이 부당하다고 인정할 만한 사유가 있는 때에는 그 형을 減輕 또는 형의 執行을 면제하여 확인할 수 있다(軍法法 379Ⅰ). 이 확인조치는 판결이 선고된 때로부터 10일 이내에 하여야 하며 피고인과 검찰관에게 송달되어야 한다(379Ⅱ). 상소기간이 확인조치가 송달된 날로부터 진행한다(400Ⅱ). 판결은 확인조치로 말미암아 그 내용이 변경된다고 해석하고, 上訴의 경우 상소심 군사법원의 관할관이 확인조치를 한 상소심 판결과 1심의 그것과를 대상으로 不利益變更禁止의 原則의 적용을 논하는 것이 대법원의 태도이다. 관할관에게 이와 같은 권한을 부여하는 것은 군사법원의 특수성에 기원하며 미국의 군법회의제도에 유래한다.

확인판결(確認判決) 〔英〕 declaratory judgment 〔獨〕 Feststellungsurteil 〔佛〕 jugement déclaratif [1] 민사소송법상 확인의 소에 대하여 내리는 본안판결. 履行의 訴, 形成의 訴에 있어서 원고의 청구를 기각하는 本案判決도 그 청구권의 부존재를 확정하므로 그 旣判力에 의하여 당사자간에 현재의 법률상태가 확정된다(즉, 소극적 확인판결로서의 의의가 있다). 확인판결에는 기판력이 발생할 뿐 執行力·形成力은 발생하지 않는다. 다만 좁은 뜻의 집행력이 없고 넓은 뜻의 집행력은 있을 수 있다. → 집행력

[2] 行政訴訟에 있어서도 일정한 권리관계의 존부를 확인하는 本案判決. 적극적 확인판결과 소극적 확인판결로 구분할 수 있다. 공법상의 권리의 존부나 의무의 존부에 관한 확인의 소에 대하여 행하여지는 바, 행정행위의 무효선언은 확인판결에 속하며, 행정청의 羈束行爲에 대한 부작위의 위법성을 확인하는 판결도 확인판결의 일종이다. 우리 행정소송법상 無效 등 確認判決과 不作爲違法確認判決이 여기에 해당한다. → 형성판결

확인행위(確認行爲) 〔獨〕 Feststellungsakt 특정한 사실·법률관계에 관하여 의문이 있는 경우에 공권적으로 그 存否 또는 正否를 확정하는 準法律行爲. 실정법상 재결·결정·사정·검정·검인·특허 등 용어가 혼용되고 있다. 效果意思의 표시가 아니고 판단의 표시이며, 확인의 법률적 효과는 구체적인 법규의 정하는 바에 의하지만, 그 공통적 효력은 그 공적 권위에 의하여 확정된 것은 일정한 절차에 의하지 않고는 누구도 이를 다툴 수 없게 되는 점에 있다. 당선인의 결정, 국가시험합격자의 결정, 하천구역의 인정, 교과서의 검정, 소득금액의 결정, 行政訴訟의 確認判決 등이 그 예이다.

확장규정(擴張規定) 〔獨〕 Ausdehnungsnorm 일방적 저촉규정과 같다.

확장(擴張)**된 법률행위**(法律行爲) 타인의 법률행위에 의하여 본인에게 직접 법률효과가 발생하는 법률행위. 본인의 법률행위에 의하여서만 본인에게 법률효과가 발생하는 것이 私的自治의 原則이지만, 대체로 사람의 능력에는 한계가 있고 우리의 사회생활은 점점 그 범위가 확대되어 가므로 본인의 행위만으로써는 도저히 그것을 혼자 처리하여 나갈 수가 없게 된다. 그러므로 본인의 직접행위가 아니고 타인의 행위에 의하여서라도 마치 본인이 한 행위와 같은 효과를 내어서 권리·의무관계를 창설시키는 제도가 필요하게 되었다. 이것이 소위 확장된 법률행위이다. 결국 그것은 사법자치의 범위를 확대시킨 것이다. 민법이 인정하는 확장된 법률행위로서는 代理와 제3자를 위한 契約의 2종이 있다. → 대리

확장수용(擴張收用) 수용에 있어서 본래 필요한 한도를 넘어서 수용하는 것. 公用收用은 공익사업을 위하여 피수용자의 의사 여하를 불문하고 법률에 의하여 일방적으로 재산권을 취득하는 제도인 까닭에 그 수용할 목적의 범위는 원칙적으로 그 사업을 위하여 필요한 최소한도에 그쳐야 하나, 이 한도를 넘어서 수용을 허용하는 것이 오히려 형평의 요구에 합치될 때가 있다. 공용수용에 있어서 이와 같이 그 필요한도를 넘어서 수용할 수 있는 예외적인 경우로는 다음의 세 가지가 있다. ① 完全收用. 토지의 사용이 3년 이상일 때, 토지의 사용으로 인하여 토지의 형질이 변경된 때, 또는 사용될 토지에 토지소유자의 건물이 있을 때 피수용자가 토지수용을 청구하는 경우(土收 48Ⅱ). ② 移轉에 갈음하는 收用. 수용 또는 사용할 토지에 있는 물건은 移轉料를 보상하고 이전시킴이 원칙이나 물건의 이전이

현저히 곤란하거나 이전으로 인하여 종래의 목적에 사용할 수 없게 될 때에는 所有者가, 그리고 그 이전료가 그 물건의 가격을 초과하는 경우에는 起業者가, 각각 그 물건의 수용을 청구할 수 있는 경우(49 Ⅲ·Ⅳ). ③ 殘地收用. 토지의 일부를 수용함으로 인하여 잔지를 종래 이용하고 있던 목적에 계속 사용함이 현저하게 곤란하게 될 때에 土地所有權者가 그 토지전부의 수용을 청구할 수 있는 경우(48 Ⅰ, 都計 29Ⅱ) 등이 그것이다. → 수용, 공용수용

확장적 정범개념(擴張的正犯槪念) 〔獨〕 extensiver Täterschaftsbegriff 구성요건적 결과의 발생에 原因力을 준 행위를 하는 것을 정범이라고 하는 정범개념. 制限的 正犯槪念에 대한다. 그러한 행위를 하는 자를 정범자라고 부르므로, 擴張的 正犯者槪念(extensiver Täterbegriff)이라고도 한다. 이 개념을 취하면 敎唆行爲·幇助行爲를 행하는 것도 본래의 정범이며, 법률이 특히 교사범·종범으로서 규정하고 있는 것은 형벌제한사유를 정한 것에 불과하게 된다. 또한 간접정범도 당연히 정범으로서 파악된다.

확장해석(擴張解釋) 〔羅〕 interpretatio extensiva 〔獨〕 ausdehnende Auslegung 〔佛〕 interprétation extensive 法規의 文章(法文)의 의미를 확장하여 널리 이해하는 법의 해석의 한 방법. 文理解釋에 의한 법문의 단순한 해석이 너무 좁아서 법규의 진정한 의도를 실현할 수 없을 때, 論理解釋에 의한 논리적 방법으로 법문의 의미를 확장하여 널리 해석하는 법해석의 한 태도를 말한다. 예를 들면 형법 257조의 傷害에 있어서 법문의 의미상으로만 본 生理的 障碍에 국한하지 않고 여성의 두발을 절단함으로써 외관상 손상을 초래한 경우에도 상해죄를 적용하도록 상해의 의미를 확장하여 널리 이해하는 것과 같다. 이에 대하여 법문의 의미를 축소하여 좁게 이해하는 법의 해석의 방법을 縮小解釋이라 한다. 일반적으로 私法에서는 널리 인정되지만 형법에서는 罪刑法定主義의 취지에서 부정되는 일이 많다.

확장규범(擴張規範) 法律要件과 法律效果가 뚜렷하게 완전히 규정되어 있는 법규. → 백지법규

확정기매매(確定期賣買) 〔獨〕 Fixhandelskauf 定期行爲인 賣買, 즉 계약의 성질 또는 당사자의 의사표시에 의하여 일정한 시일 또는 일정한 기간내에 이행하지 않으면 계약을 한 목적을 달성할 수 없는 매매. 당사자의 일방이 그 확정된 시일에 이행을 하지 않는 경우에는 다른 당사자는 催告없이 즉시 계약을 解除할 수 있다(民 545). 商事賣買의 경우에는 상거래의 신속결제가 요청되므로, 확정기이행의 의무자의 상대방이 확정기 경과후 즉시 이행을 청구하지 않는 한, 당연히 계약은 해제된 것으로 본다(商 68). → 정기행위

확정기한(確定期限) 〔羅〕 dies certus 〔獨〕 gewisse Zeitbestimmung 〔佛〕 terme certain 不確定期限에 대하는 용어이며, 금년 12월말부터라든가 3년후라든가 하는 따위와 같이 도래할 시기가 확정되어 있는 기한.

확정력(確定力) 〔獨〕 Rechtskraft, Feststellungskraft [1] 소송법상 形式的 確定力과 實質的 擴張力을 포함하는 개념. 각각 그 항목을 보라.

[2] 행정법상 유효하게 성립된 行政行爲는 일정한 기간이 徒過한 후에는 그 상대방 기타의 이해관계인이 그 효력을 다툴 수 없을 뿐만 아니라, 그 처분을 한 행정청도 특별한 사유가 있는 경우 외에는 그 행위를 변경할 수 없는 효력. 전자를 특히 不可爭力(Unanfechtbarkeit) 또는 形式的 確定力(formelle Rechtskraft)이라고 하며, 후자를 不可變力(Unabänderlichkeit) 또는 實質的 確定力(materielle Rechtskraft)이라 한다. 불가쟁력은 쟁송절차상의 審級制度와의 관련아래 쟁송수단이 인정되고 있는가의 여부에 따라 출소기간이 도과하거나 소정의 심급이 종료된 때, 행정행위에 성립·발효시에 각각 발생된다. 不可變力은 행정행위의 하자가 있으면 처분청 자신이 직권으로 또는 상급행정청이 감독권의 발동으로 이를 취소할 수 있는 것이나 그렇다고 하여 행정청이 언제나 취소·변경할 수 있는 것이 아니고 일정한 절차를 거친 결과 성질상 당연히 취소할 수 없는 효력이 발생하며 이것이 곧 불가변력이 된다.

확정일자(確定日字) 증서에 대하여 그 작성된 일자에 관한 완전한 證據力을 주는 것으로 법률상 인정되는 日字(日子). 공증인 또는 법원서기의 확정일자인 있는 私文書는 그 작성일자에 대한 공증력이 있다(民 450Ⅱ). 公正證書에 기입한 일자 또는 공무소에서 사문서에 어느 사항을 증명하고 기입한 일자는 확정일자로 한다(예: 內容證明의 郵便). 주택임대차보호법상 임대차계약증서에 있는 확정일자는 임차주택에 관련한 권리순위의 결정의 기준이 되는 역할을 한다(住宅賃貸借保護法 3의2).

확정일출급(確定日出給)**어음** 〔英〕 bill payable on a fixed day 〔獨〕 Tagwechsel 〔佛〕 billet payable à jour fixé 확정한 날을 만기로 하는 어음. 1999년 10월 1일과 같이 연월일로 표시하는

것이 보통이나, 특정일을 정확히 인지할 수 있는 한 1999년 개천절과 같은 기재도 유효하다. 또 만기의 표시로서 월일만을 기재하고 연호를 빠트렸을 경우에도 어음상의 다른 기재로서 年號를 推知할 수 있는 한 유효하다. 또한 月初, 月中, 月終 등으로서 만기를 정하였을 때는 그 월의 1일, 15일 또는 말일이 만기가 된다(어음 36Ⅲ, 77Ⅰii). 만기는 가능한 날임을 요하고, 曆에 존재하지 않는 날을 만기로 한 어음·수표는 무효이다. 또한 만기일이 도래할 것인가 아닌가 또는 언제 도래할 것인가가 불확정한 날을 만기로 하는 어음은 무효이다. 어음금액의 일부를 별개의 기일로 하는 分割出給어음도 무효이다(33Ⅱ, 77Ⅰii). 발행지와 歲曆을 달리하는 地에서 확정일에 지급할 어음은 어음의 文言 또는 증권의 단순한 기재에 의하여 별단의 의사를 알 수 없는 한, 만기는 지급지의 歲曆에 의하여 정한 것으로 본다(37Ⅰ·Ⅳ, 77Ⅰii).

확정일후일람출급(確定日後一覽出給)**어음** 일람출급어음으로서, 발행인에 의하여 일정의 기일까지 지급제시가 금지되어 있는 것(어 34Ⅱ, 77Ⅰii)을 말한다. 이는 발행인이 일정기일까지 자금의 준비를 할 수 없는 경우 등에 이용된다. 한편 일정기일을 기재하는 대신, 일정기간을 기재하는 경우를 一定期間後一覽出給어음이라 한다. 定期後一覽出給어음이라고도 한다.

확정적 고의(確定的故意) 〔羅〕 dolus determinatus 고의의 일종으로서, 확정적인 결과를 인식하는 것. 不確定的 故意에 대한다. 예컨대, 갑을 살해할 의사로써 행위하는 경우의 고의가 이에 해당한다.

확정채권(確定債權) 〔獨〕 festgestellte Konkursforderung 파산채권으로써 파산법원에 신고하여 채권조사기일에 있어서 破産管財人이나 다른 채권자로부터 아무런 이의가 없든가, 이의가 있으나 이의자에 대한 破産債權確定訴訟에서 이의를 배척할 수 있었던 채권(破 213). 확정채권을 가진 자만이 현실의 배당을 받을 수 있다.

확정판결(確定判決) 〔獨〕 rechtskräftiges Urteil 형식적 확정력을 가지는 판결. 즉, 통상의 不服申請方法으로 취소할 수 없는 상태에 도달한 판결.

[1] 민사소송법상 확정판결은 그 내용에 따른 旣判力·執行力(履行判決에 대해)·形成力(形成判決에 대해)을 갖는다. 그리고 확정된 지급명령, 청구의 포기, 청구의 승낙, 재판상의 화해의 조서(206), 파산채권의 채권표의 기재(破 215), 정리채권자표, 정리담보권자표, 査定(會整 146, 76), 調整調書(民調 28, 家訴 59Ⅱ)에는 확정판결과 동일한 효력이 인정된다. 또 행정소송사건의 확정판결에는 관계행정청을 구속하는 효력이 인정된다(行訴 30). 확정판결 및 그와 동일한 효력이 있는 조사에 대한 불복방법으로서는 再審과 準再審이 있다.

[2] 형사소송법상 확정판결은 旣判力(一事不再理의 效力) 및 형의 執行力을 갖는다(459). 확정판결에 대하여는 재심 또는 비상상고의 방법에 의하지 않고는 불복신청을 할 수 없다. 그리고 확정판결은 형식적으로 확정된 유죄·무죄의 실체판결 외에 免訴의 判決도 포함된다. 약식명령이 확정된 경우에도 확정판결과 동일한 효력을 가진다(457). 租稅犯則者가 통고의 취지를 이행한 때(租稅罰節 11, 12Ⅰ)에 관하여는 논의가 있다.

환(換) 〔英〕 exchange 〔獨〕 Wechsel 〔佛〕 change 격지자간의 貸借決濟를 위하여 換어음의 매매에 의하여 현금의 수송에 갈음하는 방편. 채무자가 은행으로부터 환어음을 매수하여 채권자에게 송부하면 은행을 통하여 송금한 것으로 되고(送金換) 또한 채권자가 환어음을 발행하여 은행에서 어음할인을 받아 은행이 지점, 자기의 거래처에 의하여 그것을 推尋하면 은행을 통해 채권을 추심한 것으로 된다(逆換·推尋換).

환가명령(換價命令) 금전채권을 추심하기 위한 강제집행에 의하여 압류의 목적재산을 보통의 시기 또는 방법에 의하지 않고 금전에 환가하는 것을 명령하는 집행법원의 결정. 민사소송법 584조의 賣却命令, 574조의 특별한 換價處分, 709조 5항 단서의 가압류목적물의 환가명령 등.

환가처분(換價處分) [1] 민사소송법상 對價保管이라고도 하는 것으로 압수한 물건이 몰수의 판결을 받은 후 멸실·파손 또는 부패할 염려가 있거나 보관이 불편할 때 이를 매각하여 대가를 보관하는 것을 말한다. 환가처분은 몰수하여야 할 압수물에 대하여만 할 수 있으므로 몰수해야 할 물건이 아닌 이상 멸실·부패의 염려가 있어도 환가처분은 허용되지 않는다. 몰수하여야 할 압수물에는 필요적 몰수뿐만 아니라 任意的 沒收도 포함된다. 흡수의 대상인 압수물이 동시에 證據物인 때에도 환가처분을 할 수 있다. 환가처분을 할 때는 미리 검사·피해자·피고인·변호인에게 통지해야 한다(刑訴 135, 219).

[2] 행정법상 督促과 滯納處分으로 구성되는 행정상의 강제징수는 행정법상의 금전지급의무의 불이행이 있는 경우에, 의무자의 재산에 실력을 가함

으로써 그 의무가 이행된 것과 같은 상태를 실현시키게 되는 바 체납처분은 재산의 압류, 압류재산의 환가처분, 配分(淸算)의 절차를 거친다. 이 때 압류재산의 환가처분이란 금전 이외의 재산을 매각 등의 방법에 의하여 상당한 가액의 금전으로 바꾸는 행위를 말한다. 환가처분은 압류재산이 부패·변질 또는 감량되기 쉬운 것으로서 신속한 매각을 요하는 것이거나, 압류재산의 見積價額이 10만원 미만의 것 등일 때에 수의계약을 할 수 있고 그 외의 경우는 公賣의 방법에 의한다.

환각범(幻覺犯) 〔獨〕Putativdelikt, Wahnverbrechen〔佛〕délit putatif 법률상 죄가 되지 않는 행위를 죄가 된다고 믿고서 행하여진 행위. 錯覺犯·誤想犯이라고도 한다. 환각범이 범죄가 아님은 물론이다.

환거래(換去來) 〔獨〕Wechselgeschaft 격지자간의 대차결제에 환을 이용하는 계약. 이를 영업으로 한 때에는 은행거래의 일종으로 商行爲가 되며(商 46viii). 이를 업으로 하는 자는 은행이 된다. 환거래는 은행과 고객 및 관계은행 상호간의 양면적 법률관계에서 이루어진다. 은행법에서 말하는 환거래는 전자를 목표로 하고(銀行 3), 경제계에서 말하는 환거래계약은 후자를 뜻하는데 다같이 환거래관계의 半面에서 양자는 필연적으로 수반한다. 전자의 법률적 성질은 그 여러 형태에 따라서 다르다. 후자는 은행이 환거래의 필요가 있는 隔地에 자기의 영업소를 가지지 못할 경우에 그곳에 있는 다른 은행과의 사이에 체결하는 환거래계약이다. 이것은 서로 상대방 은행의 송금의 지급, 추심위임어음의 추심 및 이에 수반하는 여러 사항을 정하는 것이며, 상호간의 자금결제는 對替의 방법에 의하여 행해지는 것이 보통이다.

환 경(環境) 〔英〕environment〔獨〕Umwelt 인간에 직접 또는 간접으로 영향을 미치는 外界의 전체. 상대적인 관계개념이다. 자연적 환경과 인적환경, 물적환경과 정신환경, 물리적 환경과 사회적 환경, 사건환경과 상태환경 등으로 나누어진다.

[1] 刑事學上 의의있는 것은 개인적 환경과 일반적 환경, 범인성행위환경과 범인성인격환경의 구별이다. 個人的 環境은 구체적인 개인에게 특징적인 환경으로 가정·학교·직업·교우·배우의 관계 등이 있다. 一般的 環境으로는 국가·지역·경제·문화·자연적 사상 등이 있다. 犯因性行爲環境이라 함은 행위시의 태도에 영향을 미쳐 범죄를 실행하게 한 것으로, 자연·酩酊·군중·경제·전쟁 등이 있다. 犯因性人格環境이라 함은 지속적인 영향으로 범죄의 경향을 낳는 것으로, 胚種이나 태아의 손상·중독·가정·학교·거주지·문화 등이 있다. 인간의 행동은 그 소질과 환경의 상호작용의 산물이다. 일정의 소질이 환경의 작용에 의하여 순차발전한다. 그 발전의 방향, 양을 결정하는 것이 환경이다. 범죄는 환경이 규정한다고 하는 학설이 있지만 이처럼 간단한 것이 아니고, 인간의 소질이 환경을 의식적 또는 무의식적으로 선택·변경하고, 그 선택·변경된 환경이 거꾸로 인격의 형성을 규제한다고 하는 관계에 선다. 양자는 다이내믹하게 복잡한 상호작용을 하면서 인간행동을 규제한다. 그리고 환경이 인격에 작용하는 경우도 개개의 사실이 단독으로 작용하는 것은 아니고 다른 것과의 변동의 결과인 환경의 전체가 영향을 미친다고 생각하지 않으면 안된다.

[2] 環境法上 의의있는 것은 환경을 형태의 가시성여부에 의한 물리적 환경과 사회적 환경 그리고 그 창출의 인공성 여하에 의한 自然環境과 人工環境의 구별을 종합하여 자연환경·물리적 인공환경·사회적 환경으로 3분하는 것이다. 자연환경은 生態系, 물리적 인공환경은 造形系, 그리고 사회적 환경은 制度系로서의 의미를 가진다. 자연환경과 물리적 인공환경은 물리적 형태로서 가시적인 점에서 같고, 物理的 人工環境과 社會的 環境은 인간에 의하여 조형되었다는 점에서 같다.

환경감시원(環境監視員) 環境汚染物質을 배출하는 시설 등에 대한 감시업무를 수행하는 자로서 환경부장관 또는 시·도지사가 소속공무원 중에서 임명하게 된다(環基 39, 同法施行令 28). 환경감시원이 될 수 있는 자는 環境技士 1급 또는 2급의 기술자격취득자, 교육법 및 독학에 의한 학위취득에 관한 법률에 의한 이공계의 학사학위를 취득한 자, 외국에서 이공계의 학사학위를 취득한 자로서 환경감시원으로 적합하다고 인정되는 자로 한다.

환경경영(環境經營) 기업이 環境親和的인 경영목표를 설정하고 이를 달성하기 위하여 인적·물적자원 및 관리체제를 일정한 절차 및 技法에 따라 체계적이고 지속적으로 관리하는 경영활동을 말한다(環境親和的 産業構造로의 轉換促進에 관한 법률 2iii).

환경권(環境權) 인간이 건강한 생활을 영위할 수 있고 인격을 자유로이 發現할 수 있으며, 생존에 있어 양질의 生活環境은 향유할 수 있는 권리. 종래에는 헌법상 인간의 존엄성규정(舊憲 8)과 인간다운 생활을 할 권리규정(舊憲 30) 및 보건법규정(舊憲 31) 등을 근거로 하여 환경권이 주장되었으나 제8차개정헌법은 33조에서 모든 국민은 깨끗한 환경에서 생활할 권리를 가지며 국가와 국민은 환경보전을 위하여 노력하여야 한다라고 명문으로 이를 채택하였고, 제9차개정헌법 35조 1항에서 모든 국민은 건강하고 쾌적한 환경에서 생활할 권리를 가지며, 국가와 국민은 환경보전을 위하여 노력하여야 한다고 규정하였으며, 35조 2항에서 環境權의 내용과 행사에 관하여는 법률로 정하도록 규정하였다.

환경기준(環境基準) 사람이 건강하고 쾌적한 생활을 하기 위하여서는 大氣나 水質 등의 환경상의 오염을 어느 정도로 억제하여야 하느냐 하는 기준을 말한다. 환경정책기본법에 의하면 정부는 국민의 건강을 보호하고 쾌적한 환경을 조성하기 위하여 환경기준을 설정하여야 하며 環境與件의 변화에 따라 그 적정성이 유지되도록 하여야 한다고 규정하고, 이 규정에 의한 환경기준은 대통령령으로 정하도록 하고 있다. 또 서울특별시장·광역시장 또는 도시자는 지역환경의 특수성을 고려하여 필요하다고 인정하는 때에는 환경부장관의 승인을 얻어, 당해 지방자치단체의 條例로 별도의 환경기준을 설정할 수 있도록 하였다(環基 10).

환경법(環境法) 환경의 이용·보전과 環境被害救濟에 관한 법. 인구의 증가와 물질문명의 발달은 인간을 둘러싸고 있는 生活環境의 훼손을 가져 왔으며, 이는 인류전체의 생존을 위협하는 중대한 문제로 등장하였다. 이에 인간다운 생활을 하기 위한 쾌적한 외부상황의 보장을 의미하는 環境權思想이 대두되면서, 환경의 이용·보전과 환경피해구제에 관한 각종 법령이 제정됨으로써 독립된 법체계로서의 환경법이 탄생하게 되었다.

환경보전(環境保全) 〔獨〕 environment preservation 환경오염으로부터 환경을 보호하고 오염된 환경을 개선함과 동시에 쾌적한 환경의 상태를 유지·조성하기 위한 행위를 말한다. 환경보전은 공해방지보다 종합적이며 광범한 개념이다. 공해방지는 환경오염과 같은 소극적 현상에 대한 鎭壓的·對症療法的 接近인데 비하여, 환경보전은 환경전반에 대한 적정관리적인 접근이라는 점에 차이가 있다. 여기서 환경이라 함은 자연환경과 생활환경을 포괄하는 개념이다(環基 3 i·v). → 환경

환경보전위원회(環境保全委員會) 환경의 長期計劃 및 環境保全에 관한 정부의 주요시책 등을 심의하기 위하여 국무총리 소속하에 환경보전위원회를 둔다(環基 36).

환경보전(環境保全)**을 위한 국가선언**(國家宣言) 날로 악화되고 있는 우리의 환경을 개선하고 헌법에 규정된 環境權을 구현하기 위해 국가가 강력한 의지를 표명한 선언. 1992년 6월 5일 세계환경의 날에 선포되었다. 전문과 환경보전기본원칙 14개조로 구성되어 있다. 전문에서는 환경이란 인간 존재의 근본이며 삶의 터전이므로 환경을 잘 보전하는 것이 人間生活의 윤리이며 가치임을 창조하고 있으며 기본원칙에서는 ① 쾌적한 환경창출을 위한 국민과 정부의 공동노력, ② 지속적 성장을 위한 개발과 환경보전의 조화있는 추진, ③ 환경보전을 위한 기업인의 책임과 의무, ④ 훼손된 자연환경과 파괴된 生態系 보전, ⑤ 지구환경문제에 적극 동참, ⑥ 삶의 질을 높이는 성장개념의 확립 등을 규정하고 있다.

환경보전자문위원회(環境保全諮問委員會) 환경보전에 관한 技術的 諮問에 응하기 위하여 환경부장관 소속하에 중앙환경보전자문위원회를, 시·도지사 소속하에 지방환경보전자문위원회를 둔다(環基 37). 환경보전자문위원회의 구성·운영 기타 필요한 사항은 대통령으로 정한다(37Ⅱ).

환경보전협회(環境保全協會) 환경보전에 관한 조사 연구·기술개발 및 教育·弘報 등을 하기 위하여 환경보전협회를 둔다(環基 38Ⅰ).

환경분쟁조정(環境紛爭調整) 環境汚染에 관한 분쟁을 신속·공정하고 효율적으로 해결하여 환경을 보전하고 국민의 건강 및 재산상의 피해를 구제함을 목적으로 채용한 조정제도를 말한다(環境紛爭調整法 1). 환경오염으로 인한 분쟁의 해결에는 성질상 장시일이 요하고 다액의 비용이 소요되며, 피해자의 다중성에 따라 실효성있는 분쟁의 追行이 어렵기 때문에 조정제도를 채용하는 예가 많다.

환경분쟁조정위원회(環境紛爭調整委員會) 환경분쟁의 조정, 환경피해와 관련되는 民願의 조사·분석 및 상담, 분쟁의 예방 및 해결을 위한 제도와 정책의 연구 및 건의, 환경피해의 예방 및 구제와 관련된 교육 및 홍보, 기타 법령에 의하여 위원회의 소관으로 규정된 사항을 관장하기 위해 설치(環境紛爭調整法 5). 환경부에 中央環境紛爭調整委員會, 특별시·광역시 또는 도에 地方環境紛爭調整委員會를 설치한다(4). 중앙환경분쟁조정위원회는 위원장 1인을 포함한 9인의 위원으로 구성하며, 그 중 상임위원은 3인 이내로 한다. 지방환경분쟁조정위원회는 위원장 1인을 포함한 20인 이내의 위원으로 구성하되 상임위원은 1인을 둘 수 있다. 위원회 위원의 임기는 2년이다(7).

환경(環境)스와프 〔英〕 environmental swap 오염물질 배출이 많은 개발도상국의 對外債務와 그 나라의 환경보전을 交換(swap)하는 것으로 自然保護－債務 스와프라고도 부른다. 개발도상국의 채무를 선진국 민간단체 등이 매입하여 이를 탕감해주는 대신 그 국가의 정부로 하여금 자체 재정으로 자연보호대책을 실시토록 하는 방식으로, 개도국의 외채 및 환경보전자금 조달문제 해결방법으로 주목받고 있다. 미국의 민간단체가 1987년 볼리비아에 대해 처음 실시한 후 전세계적으로 확대되는 추세다.

환경영향평가(環境影響評價) 〔英〕 environmental impact assessment 도시의 개발, 산업입지 및 공업단지의 조성, 에너지개발, 항만건설, 도로건설, 수자원개발, 철도의 건설, 공항의 건설 등 環境影響評價對象事業(環境影響評價法 4)의 사업계획을 수립함에 있어서 당해 사업의 시행으로 인하여 환경에 미치는 해로운 영향을 미리 豫測·分析하여 환경영향을 줄일 수 있는 방안을 강구하는 것을 말한다(2 i). 이러한 환경영향평가는 대상사업의 시행으로 영향을 받게 될 自然環境, 生活環境 및 社會·經濟環境 분야에 대하여 실시하게 된다(5). 1969년 미국이 國家環境政策法을 제정해 이 제도를 세계에서 처음 시행하였다. 우리나라는 1990년 환경정책기본법을 제정해 이 제도를 도입하여 시행해오다 환경의 중요성에 대한 인식이 증대되면서 1993년에 별도 법령인 환경영향평가법을 제정했다. 그 동안 우리나라에서 시행됐던 환경영향평가는 사업 시행전에 하는 일종의 要式節次로 사실상 환경파괴에 대한 면죄부로 인식되어 왔다. 그러나 앞으로는 사업시행의 계획에서부터 마무리까지 전과정에 걸쳐 환경영향의 정도를 완벽하게 추적할 수 있게 돼 환경파괴를 최소한으로 줄일 수 있게 되었다.

환경오염(環境汚染) 事業活動이나 사람의 활동에 따라 발생하는 대기오염, 수질오염, 토양오염, 해양오염, 방사성오염, 소음·진동, 악취 등으로서 사람의 건강이나 환경에 피해를 주는 상태를 말한다.

환경위생(環境衛生) 〔英〕 environmental sanitation 人體 그 자체에 관한 위생에 대하여 인체와 외계와의 교섭면, 즉 생활환경을 대상으로 하는 위생.

환경친화기업(環境親和企業) 환경부장관은 오염물질의 현저한 저감, 자원 및 에너지의 절감, 제품의 環境性 개선, 기타 환경보호활동 등을 통하여 환경개선에 크게 기여하는 사업장에 대하여 환경친화기업으로 지정할 수 있다. 指定基準 등 지정에 관한 세부사항은 공업진흥청장과 협의하여 환경부령으로 정하며, 공업진흥청장이 인정한 환경경영체제 認證企業에 대하여는 지정시 우선 고려한다(大氣環境保全法 10의2).

환경표지제도(環境標識制度) 환경에 피해를 덜주는 低公害商品에 환경부가 인증표시를 해주는 제도(環境技術開發 및 支援에 관한 法律 11, 12) 1992년 6월부터 시행되었다. 이 제도는 소비자에게는 저공해상품의 소비를 유도하고 기업에는 청정기술개발 및 저공해상품개발을 촉진시키는 이점이 있다. 環境마크對象品目은 ① 90% 이상 재생지를 사용한 화장지류, ② 50% 이상 재생지를 쓴 종이제품류, ③ 60% 이상 재생률의 플라스틱제품류, ④ 프레온가스(CFC)를 전혀 사용하지 않은 스프레이류 등 4종류이며 1993년부터 세제류 등으로 확대되었다. 환경마크를 획득한 해당업체는 제품의 소매가를 기준으로 매년 ① 500원 미만 30만원, ② 500～1000원 미만 50만원, ③ 1000～5000원 미만 70만원, ④ 5000～1만원 미만 90만원, ⑤ 1만원 이상 100만원의 수수료를 내야 한다. 이 제도는1979년 독일이 처음 시행한 후 일본, 미국, 캐나다, 프랑스 등 선진국에서 채택해 시행하고 있다.

환권계획(換權計劃) 再開發事業이 완료된 경우에 할 換權處分의 예정을 말하는데, 이는 시행자가 분양설계, 분양대상자의 주소·성명, 분양대상자별 분양예정의 垈地나 건축시설의 推算額과 종전의 토지 및 건축물의 명세와 가격, 분양대상자의 종전토지와 건축물에 관한 소유권 이외의 권리명세 등에 관하여 정하여 건설교통부장관의 인가를 받음으로써 성립한다.

환권처분(換權處分) 公用換權의 본체를 이루는 것으로서 재개발사업의 완료로 시행자가 환권계획에 따라 분양처분 및 청산을 하는 形成的 行政行爲를 말한다.

환급금(還給金) 납세의무자가 국세·가산금 또는 체납처분비로서 납부한 금액 중 過誤納付한 금액이 있거나 세법에 의하여 환급하여야 할 환급세액이 있을 때에는 그 誤納額·초과납부액 또는 환급세액을 國稅還給金으로 결정하고 납세의무있는 다른 국세에 충당하고 잔여가 있을 경우 그 결정일로부터 30일 내에 납세자에게 환급하는 금액. 환급금 100원에 대하여 1일 3전으로 계산한 가산금이 합산되어 환급된다(國稅基 51·52, 施行令 30).

환 매(還買) 〔獨〕 Wiederkauf 〔佛〕 réméré,

rachat [1] 넓은 뜻으로는 매도인이 한번 매도한 물건을 대가를 지급하고 도로 찾는 것. 이와 같은 환매의 권리를 보류하기 위한 법률적 수단으로는 解除權留保賣買(좁은 뜻의 환매)와 再賣買의 豫約의 두 가지가 있다. 소유권이전의 형식에 의한 채권담보의 작용을 한다.

[2] 좁은 뜻으로는 민법의 환매. 민법상의 환매는 매도인이 매매계약과 동시에 한 계약에 의하여 원칙적으로 매수인이 지급한 대금과 契約費用(특약이 있으면 그 약정에 의한다)을 반환하고, 그 매매를 해제하여 물건을 도로 찾는 것을 말한다(590～595). 민법은 환매는 오래도록 목적물의 귀속을 불안정한 상태에 놓이게 하고 또한 재산의 개량을 막고 공익상 그 해가 크다고 하는 이유에서, 환매의 기간은 환매계약의 때로부터 부동산은 5년, 동산은 3년을 넘을 수 없고, 還買權의 保留는 매매계약과 동시에 등기하지 않으면 이로써 제3자에 대항할 수 없고, 환매권의 행사에는 원칙적으로 대금과 계약비용을 제공하지 않으면 안되는 등, 여러가지의 엄격한 제한을 정하고 있다.

[3] 공익사업을 위하여 수용한 토지가 그 사업의 폐지·변경 기타의 사유로 인하여 불필요하게 된 경우에 元土地所有者 또는 그의 包括承繼人이 일정한 조건하에 그 소유권을 다시 매수하는 것. 환매를 할 수 있는 권리를 還買權이라 한다. 토지수용법은 환매에 관하여 엄격한 규정을 하고, 환매의 기회를 보장하기 위하여 통지·공고에 관하여 규정하고 있다(71, 72).

환매권(還買權) 收用目的物인 토지가 공익사업의 폐지·변경으로 인하여 불필요하게 되거나, 그 공익사업에 현실적으로 供用되지 아니한 경우에, 그 토지의 소유자인 피수용자가 일정한 대가를 지급하고 原所有權을 다시 취득할 수 있는 권리를 말한다. 이는 피수용자의 감정의 존중 및 공평의 원칙을 위하여 인정되는 제도이다. 환매권을 가지는 자는 수용 당시에 당해 토지의 소유자이었던 자 또는 그의 포괄승계인인데, 包括承繼人이라 함은 자연인인 상속인 및 합병 후의 新法人을 가리킨다. 환매를 할 수 있는 것은 수용일로부터 10년 이내에 사업의 폐지·변경 기타의 사유로 인하여 수용한 토지의 전부 또는 일부가 필요없게 되었을 때 또는 수용일로부터 5년을 지나도 수용한 토지의 전부를 사업에 이용하지 아니하였을 때이다.

환매약관부매매(還買約款附賣買) 〔佛〕 vente à réméré 매도인이 장래 목적물을 환매할 수 있다는 특약이 따른 매매. →환매

환매조건부채권(還買條件負債權) 〔英〕 repurchase agreement(RP) 일정 기간이 지난 뒤 다시 매입하는 조건으로 파는 채권. 환매조건부채권 또는 還買債라고 부른다. 발행목적에 따라 크게 두 종류로 나뉜다. 한국은행이 통화조절용수단으로 시중은행에 판매하는 RP가 있다. 돈이 많이 풀려있다면 RP를 매각, 통화를 흡수하고 반대로 돈이 부족하다고 판단되면 RP를 되사 시중에 통화를 공급한다. 은행·증권사 등 금융기관이 개인고객에게 파는 受信商品 RP도 있다. 최근 確定高金利商品으로 인기가 높다.

환배서(還背書) 〔英〕 indorsement to party liable on bill(re-issue) 〔獨〕 Rückindossament 인수인·발행인·배서인 등 이미 어음(수표)상의 채무자인 자를 피배서인으로 하여서 하는 배서를 환배서 또는 逆背書라 한다(어음 11Ⅲ·77Ⅰi, 手票 14Ⅲ). 인수하지 아니한 지급인에 대한 배서는 엄격히 말하면 환배서가 아니나, 법은 이것도 환배서에 관한 조건 중에 규정하고 있다. 또 수표의 지급인에 대한 배서는 영수증의 효력만이 있다(手票 15Ⅴ本). 환배서의 경우에도 어음(수표)이 流通證券이라는 특성에서 混同의 法理를 배제하고 피배서인이 어음(수표)상의 권리를 취득하나 피배서인은 자기자신에 대하여는 물론 이전에 자기의 후자였던(還背書의 결과 자기의 전자가 된) 중간의 배서인에 대하여는(자기가 그 자들에 대한 채무자인 점에서) 권리를 행사할 수 없다.

환 부(還付) 押收物을 피압수자에게 반환하는 것(刑訴 133Ⅰ前, 219). 환부에는 피고사건 또는 피의사건의 종결전의 환부와 종결후의 환부가 있다. 종결후의 환부는 그 물건이 재판에 의하여 몰수되지 않는 이상 당연한 것이고(332), 종결전의 환부는 압수가 권리자에 대한 권리의 침해인 이상 유치의 필요가 없게 되면 조금이라도 지체하지 않고 반환하는 것이 당연하다는 이유에서 인정된 것이다(133Ⅰ前). 환부에 관하여는 被還付者에 관한 특별한 규정이 없으므로 당연히 피압수자에게 환부하여야 할 것이다.

환부거부(還付拒否) →법률안의 환부, 법률안거부권

환부금(還付金) 國民生命保險에 있어서 계약의 해제·실효·변경·보험금지급의 면책 등의 경우에, 보험금을 수령할 자의 청구에 의하여 피보험자를 위하여 積立한 금액 중에서 정부가 환부할 금액(舊國民生命保險法 24). 이 경우에 그 계약에 관한 貸付金이 있을 때에는 지급할 금액에서 이를

공제한다(26). 還付金受取權은 양도·압수할 수 없다(11,12). 정부는 보험계약자의 청구가 있을 때에는 보험계약의 해제로 인하여 환부한 금액의 범위 내에서 대부할 수 있다(25).

환부이자(還付利子) 납세의무자 또는 특별징수의무자가 납부 또는 납입한 지방자치단체의 징수금에 과오납이 있을 경우에 그 過誤納金을 지방세법 45조 1항의 규정에 의하여 충당하거나 환부할 때에는 47조의 규정에 의한 날로부터 과오납금의 지급을 통지한 날 또는 충당한 날까지 금융기관의 예금이자율 등을 참작하여 대통령령이 정하는 이자율에 따라 계산한 금액을 말한다(地稅 46).

환 송(還送) [1] 민사소송법상 상급심에서 원판결을 취소한 경우에 하는 조처의 하나로서, 심리를 다시 하게 하기 위하여 항소심 혹은 제1심에 移審하는 것. 항소심에서의 환송에는 訴却下의 제1심판결을 취소하는 경우에 행하는 必要的 還送(388)이 있을 뿐이다(우리 민사소송법에서는 구민사소송법에서 인정되는 任意的 還送制度를 없앴다). 상고심에서는 환송은 원판결을 파기하여 原審級에 환송하는 경우와 원판결을 파기하는 동시에 제1심판결을 취소하고 사건을 제1심법원에 환송하는 경우(388, 389, 406)가 있다. 전자는 사건에 관하여 다시 事實審理를 하지 않으면 원판결에 갈음하는 재판을 할 수 없을 경우로서 이것이 가장 많다. 후자는 訴를 却下하였거나 또는 專屬管轄의 규정에 위반한 제1심판결을 認容한 항소심판결을 파기한 경우에 한다.

[2] 형사소송법상 항소심 또는 상고심이 원심판결 또는 제1심판결을 파기하는 때에는, 自判·移送할 경우를 제외하고 사건은 원심법원 또는 제1심법원에 환송된다(366, 393, 395, 397).

환송판결(還送判決) 〔獨〕 Züruckverweisungsurteil 상급심이 原審判決을 취소 또는 파기하여 사건을 다시 심판하기 위하여 원심법원으로 돌려 보내는 판결로 대법원판례는 이를 中間判決이라고 해석하여 항소심에 있어서의 환송판결에 대해서는 직접 상고할 수 없다고 하지만, 학설은 이를 終局判決의 일종으로 보아 상고를 인정한 것이라 한다.

환수증권(還受證券) 〔獨〕 Einlösungspapier 증권과 相換하는 것이 아니면 증권상의 채무이행을 필요로 하지 않는 유가증권. 증권을 환수하는 것은 債務履行 후 선의의 제3자가 증권을 취득하여 다시 청구하는 위험을 방지하기 위해서이며, 채권자로서도 권리 전부를 행사한 이상 증권을 돌려줘도 무방하기 때문이다. 따라서 어음, 수표, 화물상환증, 창고증권, 선하증권 등 대다수의 유가증권은 환수증권이지만 주권 등은 권리의 계속적 행사를 요하기 때문에 환수증권이 아니다. 또 환수증권도 日字支給의 경우 등에는 환수에 대신하는 조치가 취해진다(어음 39Ⅲ, 手票 34Ⅲ). 그리고 선하증권 등에서는 다시 청구를 받을 위험에 대비하여 제3자에게 보증을 세워 가지고 증권과 상환하지 않고 이행하는 일도 있다.

환시세(換時勢) 〔英〕 rate of foreign exchange 〔獨〕 Wechselkurs 〔佛〕 cours de change 內國換時勢와 外國換時勢가 있는데 보통 후자만을 가리키는 경우에 쓴다. 즉 자국화폐와 외국화폐와의 교환비율이거나 혹은 한 나라에 있어서의 외국화폐의 가격이라고도 할 수 있다. 또 실제에는 對外債權의 매매가 환시세를 결정지우므로 외국 환어음의 매매가격으로서 나타난다. 민법상 외국금액 채무자는 이행지에 있어서의 환시세에 의하여 한국의 통화로써 변제를 할 수 있게 되어 있다(民 378 참조).

환(換)어음 〔英〕 bill of exchange 〔獨〕 gezogener Wechsel 〔佛〕 lettre de change 어음의 작성자, 즉 발행인이 제3자, 즉 지급인에 대하여 증권상에 기재된 금액을 일정일에 증권상의 권리자(受取人 또는 그 指示人)에게 지급할 것을 무조건으로 위탁하는 증권이다. 支給委託形式의 어음인 점에서 지급약속형식인 약속어음과 본질적으로 다르다. 즉 약속어음에 있어서는 발행인이 동시에 그 어음의 지급을 하여야 할 자이지만, 환어음에 있어서는 원래 지급을 하여야 할 자는 지급인이며 지급인이 발행인의 계산에서 지급하는 것이다. 뿐만 아니라 약속어음에 있어서는 발행당초부터 발행인이 어음의 주된 채무자인데 대하여, 환어음에 있어서는 지급인이 발행에 의하여 지급인으로 지정된 것만으로 어음상의 의무를 부담하는 것이 아니고 지급인이 인수라는 어음행위를 함으로써 비로소 어음상의 주된 채무자가 되고 어음상의 의무를 부담하는 것이다. 약속어음과의 관계에서 환어음에 특유한 것으로는 ① 지급위탁의 형식이기 때문에 어음당사자로는 發行人, 受取人, 支給人의 3자를 필요로 한다(어음 1). ② 발행인은 어음의 발행자임에 그치고 어음상의 의무로서는 배서인과 함께 遡求義務者로서 지급인에 의한 인수 및 지급을 담보할 의무를 부담하는데 불과하고, 다만 그 지급에 관한 擔保義務에 대하여는 이를 담보하지 아니한다는 뜻을 어음에 기재할 수 없는 점에서 배서인의 의무와 다르다(9). ③ 발행인은 지급인에게 지급을 위탁하는 것이기 때문에 어음 외의 관계에 있어서는 이른바 資金關係가 존재한다. ④ 발행인에 의하여 지급인은 지급권한을 취득하지만 어음상의 지급의무를 부담하는 것은 아니며 인수에 의하여 비로소 주된 채무자로서 어음金支給의 절대적 의무가 발생한다. ⑤ 어음引受制度가 있어서 만기전에 있어서도 인수제시에 대하여 인수가 거부되면 소구가 행하여지고 따라서 遡求義務者인 발행인·배서인은 지급뿐만 아니라 인수에 대하여도 부담책임이 부과된다(→인수거절). ⑥ 그 외에 인수제도에 대응하여 참가에는 參加支給뿐만 아니라 參加引受의 제도가 인정되고 또 複本은 대부분의 경우 인수를 구하는데 사용되기 때문에 환어음에만 인정되고 약속어음에는 인정되지 않는다.

환 전(換錢) 한 나라의 法貨와 다른 나라의 화폐를 일정한 換算率에 따라 교환(또는 그 반대)하는 것을 환전이라고 한다.

환 지(換地) →공용환지, 환지처분

환지계획(換地計劃) 農地改良事業 또는 土地區劃整理事業의 공사의 결과 환지처분의 필요가 있는 경우에 그 공사의 시행자가 정하는 환지의 계획(土地區劃 46). 환지계획은 경작자의 경영합리화에 이바지하도록 정하여야 하며, 그 계획에 관한 토지의 가옥 기타 공작물의 소유자의 3분의 2 이상의 동의를 얻어서 정하고, 농림부장관(土地區劃整理事業法에 의한 환지계획은 원칙적으로 특별시장·광역시장·도지사)의 인가를 받아야 한다(47). 이 환지계획에는 종전의 토지와 교환될 토지·청산방법 등을 상세히 정하여야 한다. →환지처분

환지교부(換地交付) 농지개량 또는 토지구획정리공사의 결과, 종전의 토지의 위치·지목·면적·土質·환경·이용상황 등에 변경이 생겨 그 토지 위에 존재하는 所有權 기타의 권리관계에 변경을 가할 필요가 있는 경우에 종전의 토지 대신에 이에 상당한 토지(換地)를 교부하는 행위. →환지처분

환지등기(換地登記) 시행자의 신청 또는 촉탁에 의하여 일괄적으로 행하여진 換地交付에 따른 등기를 말한다. 시행자는 환지처분의 공고를 한 후 지체없이 그 내용을 관할등기소에 통지함과 아울러, 시행지구 내의 토지나 건물에 관한 권리에 변동이 있을 때에는 그에 관한 등기를 신청 또는 촉탁하여야 한다.

환지예정지(換地豫定地) 토지구획정리사업의 시행자가 그 區劃整理事業을 위하여 필요하다고 인정할 때에 그 시행지구 내의 토지에 대하여 지정한 토지를 말한다. 환지예정지의 지정은 그 시행자가 누구인지에 관계없이 公權的 作用이며, 행정소송의 대상인 처분으로서의 성질을 가진다. 환지처분이 완료되기까지는 상당한 시일이 걸리기 때문에, 종전의 토지 위의 건축물 등을 환지에 이전시킨다거나 종전 토지의 소유권 기타의 권리관계를 될 수 있는 대로 빨리 안정시킴으로써, 실질적으로 환지처분이 종료된 것과 같은 효과를 생기게 할 필요가 있는데, 여기에 換地豫定地指定制度의 의의가 있다.

환지처분(換地處分) 농지개량 또는 토지구획정리를 위하여 실시하는 공사의 결과 그 토지상에 존재하는 종래의 所有權 기타의 권리에 변동을 가할 필요가 있을 때, 권리의 목적물인 종래의 토지와 동가치의 토지로 교환하고(換地交付), 同價値의 토지를 얻기 어려운 때에는 금전으로 청산하는(換地淸算) 行政處分. 토지구획정리사업법에 기하여 행하여진다. 환지처분은 농지개량공사의 결과 필요하게 되었을 때에 행하는 토지상의 권리의 강제적 交換分合인 점에서, 농지개량공사와 관련없이 행하는 강제적 교환분합인 단순한 교환분합과 다르다.

환지청산(換地淸算) 농지개량공사 또는 토지구획정리사업의 결과 환지처분에 의하여 교부될 환지와 종전의 토지간에 위치·지목·면적·土質·수리·이용상황·환경 등을 종합적으로 감안하여 상계할 수 없는 부분이 있는 경우에 금전으로 청산하는 행정행위. 환지처분의 일종이며 換地交付에 대한 말이다. 환지교부가 形成的 行政行爲인데 대하여 환지청산은 下命的 行政行爲라는 점에서 성질상의 차이가 있다. →환지처분, 교환분합

환취권(還取權) 〔獨〕 Aussonderungsrecht 제3자가 財團을 관리하는 破産管財人의 지배하에 있는 재산이 파산재단에 소속되지 아니함에 기하여 그 지배의 배제를 구하는 권리. 즉, 法定財團이외의 재산이 우연히 관재인이 지배하는 現實財團중에 포함된 것을 배제할 것을 이해관계인이 주장하는 것을 파산법상 환취권이라 한다. 이를 구법에서는 取戾權이라 일컬었다. 환취권에는 一般還取權과 特別還取權이 있다. 전자는 파산선고전부터 일정한 권리자인 제2자에게 속한다고 보아야 할 것으로(破 79), 파산법이 창설한 권리는 아니고, 다만 확인적 의의를 가질 뿐이다. 파산자에게 임대 또는 任置된 물건을 파산관재인이 破産財團에 넣어서 점유한 뒤에 제3자가 반환을 요구하는 경우가 그 전형적인 예이다. 파산자에 대하여서는 그 권리를 주장할 수 있으며 제3자에 대항할 수 없는 경우에는 환취권의 기초가 될 수 없다. 그리고 파산자에 대하여 일정한 경제적 목적을 위해서만 권리를 이전하는 이른바 신탁적 행위의 경우에도 제3자와의 관계에서는 파산자가 권리자로 되기 때문에 還取할 수 없다. 파산법 80조는 양도담보에 관하여 이와 같은 취지를 明

定하였지만, 推尋·任置 등의 목적을 위하여 이전한 경우에도 같다. 그리고 후자에는 매도인의 還取權(81) 및 代償的 還取權(83)의 두 가지가 있다. 환취권은 파산절차에 의하지 않고 재판상 또는 재판외에서 파산관재인에 대하여 행사한다. 파산관재인은 파산자가 가지고 있었던 모든 防禦方法으로 이에 대항할 수 있다. 그러나 환취권의 주장이 정당하다고 인정할 때에는 파산관재인은 환취권을 승인하여야 한다(187 xiii).

황금교설(黃金橋說) 〔獨〕 die Theorie von der goldenen Brücke 中止未遂에 대해 필요적 刑罰減免을 하는 법적 근거에 관한 학설의 하나로서 이는 이미 범죄의 실행에 나아간 자일지라도 그에게 퇴각을 위한 황금의 다리를 놓아 줌으로써 범죄의 완성을 방지하려는 刑事政策的인 고려를 형벌면제의 근거로 보는 견해를 말한다. 그러나 이에 대하여는 ① 행위자는 대부분 행위시에 이러한 고려를 하지 않으므로 이는 행위자의 결의에 아무런 영향을 미치지 못하며, ② 中止未遂를 벌하지 않는 독일 형법과는 달리 필요적 감면사유에 지나지 않는 우리 형법의 해석상 이 효과는 크게 고려되었다고 할 수 없고 또 ③ 減輕과 免除의 기준을 제시하고 있지도 않다는 비판이 가하여지고 있다.

환 퇴(還退) 별칭 權賣. 不眞正賣買의 뜻. 부동산매매에 있어서 매도인이 그 필요상 매각하였으나, 후일 還買할 수 있는 권리를 유보한 것이다. 그 부동산의 점유·사용·수익의 권한을 매수인에게 이전하는 점의 典當과의 차이점이다. 법률상 還買約款附賣買에 해당한다. 환퇴에 사용되는 文記를 還退文記 또는 權賣文記라고 하며 문서 중에 환퇴의 문구를 명기하고 매도인으로부터 매수인에게 교부하는 것이다. 이 文記에는 期限(대략 3년 내지 10년)을 명기한 것과 명기하지 않은 것이 있다. 그 중에는 待紓力以本價還退, 즉 매도인이 환매할 수 있는 경제력이 생기면 언제든지 本價로 환매할 수 있다는 따위의 불확정한 것도 있다. 기한이 경과되면 放賣文記를 작성하여 還退文記와 교환하여 소지함이 관례였다.

환형처분(換刑處分) 일정한 형의 집행에 대신하여 다른 형을 집행하는 처분. 벌금·과료를 완납할 수 없는 자는 일정한 기간 勞役場에 유치되는데(刑 69~71)(→노역장유치), 이 경우를 환형처분이라고 한다.

황견계약(黃犬契約) 〔英〕 yellow-dog contract 근로자가 노동조합에 가입하지 않을 것, 또는 조합으로부터 탈퇴할 것을 雇傭條件으로 하는 근로계약. 특히 미국에 있어서 조합을 싫어하는 사용자가 전세기말로부터 1920년대에 걸쳐서 흔히 사용하였었다. 조합활동을 억제하기 위해서는 극히 유력한 수단이다. 이 계약은 우리나라에서도 헌법상의 團結權(33)을 침해하는 것이어서 당연히 무효가 되는 것으로 생각될 뿐만 아니라, 황견계약의 체결은 사용자의 不當勞動行爲가 된다(勞整 81 ii). 와그너법에 의하면 조합의 정당한 행위를 행하지 않는 계약, 조합조직을 방해할 목적으로 노사의 合資經營의 형식을 취하는 계약도 부당노동행위가 된다. →노리스·라가디아법

황금문서(黃金文書) 〔獨〕 Goldene Bulle 1936년 독일의 유력한 諸侯가 황제 카를 4세를 강요하여 발포케 한 헌법적 문서. 金印憲章·金印勅書·黃金憲章이라고도 한다.

황색노동조합(黃色勞動組合) →황색조합

황색조합(黃色組合) 〔獨〕 gelbe Gewerkschaft 독일에서는 사용자의 영향을 받은 노동조합을 황색조합이라고 일컫는다. 御用組合과 같은 뜻이다.

황폐지(荒廢地) 자연적 또는 인위적인 원인으로 인하여 산지 기타 토지가 붕괴되거나 토사의 유출 또는 모래의 날림 등이 발생하는 지역으로서 국토의 보전, 재해의 방지, 경관의 조성 또는 水源의 함양을 위하여 복구공사가 필요한 지역을 말한다(砂防事業法 2 i).

회계감사(會計監査) 회사의 계산서류의 기재가 회사의 財政狀態를 적정히 반영하고 있는가의 여부에 대한 감사를 말한다. 회계감사는 업무집행 필요상 이사 자신에 의한 內部監査로서도 행하여지지만, 법률상으로는 업무담당자 이외의 감사기관에 의한 감사가 문제가 된다. 이런 의미에서 회계감사는 상법상 감사의 職務權限으로 되어 있다(商412, 413, 447, 569, 570). 그런데 회계감사는 독립적이고 공정한 입장에서 하여야 하므로 감사는 이사 또는 지배인 기타의 사용인의 직무를 겸임하지 못한다(商 411, 569). 회계감사는 이사의 업무집행에 관한 업무감사와 구별된다.

회계검사(會計檢査) 수입·지출의 決算을 검사하는 것. 국가 뿐만 아니라 모든 단체에도 회계검사제도가 있다. 국가의 회계감독기관은 監査院이며, 그 권한은 정부의 각 기관과 그 감독하에 있는 모든 기관 또는 단체의 회계를 常時 감사하며 회계상의 비위를 시정하는 것이다(憲 97~100, 監査

院法 2장).

회계관계직원(會計關係職員) 예산회계법 등 국가의 예산 및 회계에 관계되는 사항을 정한 법령의 규정에 의하여 국가의 회계사무를 집행하는 세입징수관·재무관·지출관·계약관 및 출납공무원, 都給經費取扱公務員·유가증권취급공무원·操替給命令官·기금의 출납을 명하는 자·채권관리관·물품관리관·물품운용관·물품출납공무원 및 물품사용공무원, 재산관리관·國稅還給金의 지급명령관·關稅還給金의 지급을 명하는 공무원, 기타 국가의 회계사무를 처리하는 자 및 이들의 대리자·分任者 또는 대리분임자와 지방재정법 등 지방자치단체의 예산 및 회계에 관계되는 사항을 정한 법령의 규정에 의하여 지방자치단체의 會計事務를 집행하는 징수관·경리관·지출원·출납원·물품관리관 및 물품사용공무원, 감사원법에 의하여 감사원의 감사를 받는 단체의 회계사무를 집행하는 자로서 관계법령·定款 또는 社規 등에 규정되거나 관계법령·정관 또는 사규 등에 의하여 임명된 자 및 그 대리자·분임자 또는 대리분임자 등을 말한다(會計關係職員 등의 責任에 관한 法律 2 등 참조).

회계관계직원(會計關係職員)**의 변상책임**(辨償責任) → 공무원의 변상책임

회계법인(會計法人) 공인회계사에 의하여 이 직무를 조직적으로 행하기 위하여 설립된 법인(公認會計士法 23). 회계법인의 사원은 공인회계사에 한하고, 5인 이상이어야 하며 일정한 결격사유가 없어야 한다(26). 회계법인을 설립하고자 하는 자는 일정한 사항을 기재한 定款을 작성하여 재정경제부장관의 인가를 받아야 하며(24), 회계법인은 設立登記를 함으로써 성립한다(25). 회계법인은 원칙적으로 그 사원 이외의 자로 하여금 회계에 관한 감사 또는 증명에 관한 사무를 행하게 하여서는 아니되며, 회계법인이 財務諸表에 대하여 감사 또는 증명을 하는 경우에는 그 업무를 집행한 사원은 당해 서류에 그 자격을 표시하고 기명날인하여야 한다(34). 회계법인에 대하여는 공인회계사법에 규정이 있는 경우를 제외하고는 상법 중 유한회사에 관한 규정이 준용된다(40).

회계연도(會計年度) 〔英〕 fiscal year 〔獨〕 Etatsjahr, Rechnungsjahr 〔佛〕 année budgétaire, année fiancière 歲入·歲出의 기본이 되는 기간. 세입·세출을 일정한 기간마다 구분정리하여 그 관계를 명료하게 하고 양자간의 균형을 유지시키기 위하여 이러한 제도를 둔 것이다. 일반적으로 1년을 1期로 하여 이것을 1회계연도라 한다. 국가의 회계연도는 매년 1월 1일에 시작하여 12월 31일에 종료한다(豫會 2). 각 회계연도는 상호 독립함을 원칙으로 하여, 각 회계연도에 있어서의 경비는 그 회계연도의 세입으로써 支辨하여야 하며 또한 매 회계연도의 세출예산은 원칙으로 다음연도에 사용할 수 없다(38 I, 地財 3). 지방자치단체의 회계연도도 매년 1월 1일에 시작하여 그해 12월 31일에 종료한다(地自 116).

회계연도독립(會計年度獨立)**의 원칙**(原則) 1會計年度의 經費는 당해연도의 세입으로 지출하여야 하며, 따라서 매회계연도의 세출예산의 경비의 금액은 다음 연도에 사용할 수 없음을 내용으로 하는 원칙(豫會 3·38 I 本, 地財 3). 회계연도독립의 원칙의 예외로 繼續費(憲 55, 豫會 22, 地財 33)·移越使用(豫會 23·38 I 但, 地財 40)(→예산의 이월)·過年度支出(豫會 71, 地財 58) 등이 있다.

회계장부(會計帳簿) 〔英〕 books of account 회계에 관한 장부로 계산서류, 부속명세서의 원자료가 되는 것. 원장·분개장·日記帳·傳票 등이 그 예이며, 信書·계약서·영수증 등과 같은 회계의 서류와 구별.

회계장부열람권(會計帳簿閱覽權) 〔英〕 right of information, access to books, right to inspect the books and records 물적회사의 회계의 장부와 서류의 열람 또는 등사를 청구할 수 있는 주주 또는 사원의 권리. 帳簿閱覽權이라고도 한다. 代表訴訟·留止請求權과 같은 감독행사의 준비수단으로서 신상법이 미국법상의 제도를 도입한 것이다(466, 581, 583). 열람권의 대상은 회계장부 및 회계서류에 한하며 회계재산이나 업무활동에는 미치지 않는다. 閱覽權者는 발행주식총수 또는 자본의 100분의 3 이상에 해당하는 株式 또는 出資座數를 가진 주주·사원이며 小數株主(社員)權의 하나이다. 모법인 미국법에서는 단독주주에게 이 권리가 인정되고 있으나, 상법은 그 남용의 위험성을 고려하여 개개의 주주·사원에게는 이를 인정하지 않고 그 대신 계산서류부속명세서의 열람권을 부여하였었다(583. 1984년 삭제). 그러나 유한회사에서는 정관에 의하여 이 권리를 부여할 수 있다(581 II). 閱覽·謄寫의 청구는 이유를 붙인 서면으로 하지 않으면 안된다. 이러한 청구가 부당함을 증명하지 않으면 이를 거부하지 못한다. 만일 정당한 이유없이 열람청구를 거절한 때는 주주·사원은 열람청구의 訴를 제기하고 또 장부서류의 가처분신청을 할 수 있으며, 관계이사는 過怠料의 처벌을 받는다(635 I iv).

회계통일(會計統一)**의 원칙**(原則) → 예

산총계주의, 예산단일주의, 단일예산주의

회귀적 급부(回歸的給付) 〔獨〕 wiederkehrende Leistung 일정한 기간의 간격을 두고 일정한 행위를 계속적으로 반복하여 행하는 給付. 예컨대 매일 신문·우유를 배달하든가 매월 학비를 송부하는 경우가 예. 이것은 넓은 뜻의 繼續的 給付의 일종이다. → 계속적 급부

회 기(會期) 국회 및 지방의회가 활동능력을 가지는 기간. 국회의 회기는 定期會는 100일 이내의, 臨時會는 30일 이내의 기간 안에서 국회의 집회후 즉시 스스로 결정한다(憲 47Ⅱ, 國會 7). 국회의 회기와 관련되는 문제로 一事不再議의 原則, 會期不繼續의 原則이 있다.

회기계속(會期繼續)**의 원칙**(原則) 〔英〕 continuity of session 어느 회기 중에 완결되지 아니한 議案 또는 動議는 그 회기가 끝남과 동시에 소멸하지 않고, 次回의 회기에 계속되는 원칙을 말한다. 외국에서는 會期不繼續(discontinuity of session)의 原則을 채택하고 있는데, 우리나라에서는 회기계속의 원칙을 채택하고 있다. 즉 헌법 51조는 국회에 제출된 法律案 기타의 議案은 회기 중에 의결되지 못한 이유로 폐기되지 아니한다라고 하여 회기계속의 원칙을 규정하고 있다. 그러나 국회의원의 임기가 만료된 때에는 회기가 계속되지 않도록 하였는데(憲 51 但), 이는 立法期 자체의 변경을 의미하는 것이기 때문에 당연하다고 하겠다. → 회기, 회기불계속의 원칙

회기불계속(會期不繼續)**의 원칙**(原則) 〔英〕 discontinuity of session 어느 회기중에 완결되지 아니한 議案, 動議는 그 회기가 끝남과 동시에 소멸되며, 次回의 회기에 계속되지 아니한다는 원칙. 국회 및 지방의회 등은 그 회기중에만 활동능력을 가진다는 점에서, 이들 회의체는 각 회기마다 별개의 존재이며, 前會와 後會 사이에는 의사의 연속이 없다는 데에서 나온 것. 국회의원의 임기중 여러 차례의 회기가 존재할 수 있는 경우 여러가지 불합리한 점이 있기 때문에 헌법은 국회에서의 회기불계속의 원칙을 부인하는 명문의 규정을 두었으며(51本), 예외적으로 국회의원의 任期終了로 인한 회기가 만료된 경우에 한해 이 원칙을 인정하고 있다(51 但).

회복등기(回復登記) 일단 소멸한 등기를 회복하는 등기. 終局登記의 일종으로서 소멸한 등기의 효력을 유지시킴을 목적으로 한다. 등기부가 멸실한 경우의 滅失回復登記(不登 24, 79~81)와 舊登記가 부적법하게 말소된 경우의 抹消回復登記(75, 76)가 있다.

회부규범(回付規範) 法文의 일부가 다른 법규의 설명과 중복되는 경우 그 부분에 대하여 반복하지 아니하고, 당해조문을 지시함과 같은 법규. 예컨대 채권자의 善意消費·讓渡와 求償權에 관한 민법 465조가 변제로서의 타인의 물건의 인도와 양도능력없는 소유자의 물건인도에 관하여 설명하고 있는 다른 條文을 원용하여, 前 2조의 경우에…라고 하는 경우를 말한다. 다른 규범의 援用을 포함하고 있는 점에 있어서는 백지법규와 비슷하나 白地法規는 미제정의 다른 여러 규범을 지시하는 것이고, 법이 어떻게 이들 규범을 정하는가라고 하는 데에 관하여 告示함에 그치지만, 회부규범은 이미 제정된 다른 특정의 규범, 다른 현행법을 원용하는 것이고 따라서 단지 그 규범의 文面을 원용할 뿐이므로 確定規範이다.

회부안(回附案)〔國會에서의〕 국회에 제출되었거나 발의된 議案으로서 본회의에 상정됨에 앞서 상임위원회 또는 특별위원회의 심사에 붙여진 안. 의장은 의안이 발의 또는 제출되었을 때에는 본회의에 상정하기에 앞서 소관상임위원회 또는 특별위원회에 회부하여 심사토록 한다(國會 81~83). 議案의 回附에 있어서는 그 심사기간을 붙일 수 있다(85Ⅰ).

회 사(會社) 〔英〕 company, corporation 〔獨〕 Handelsgesellschaft 〔佛〕 société commerciale 商行爲 기타 영리를 목적으로 하여 설립한 社團(商 169). 즉, 회사의 요건으로서는 ① 營利性, 즉 영리를 목적으로 하되 그 이익을 사원에게 귀속시키는 요구가 있어야 하며, ② 社團性, 즉 복수인의 공동목적을 위한 결합체이어야 하며(주식회사에서는 1인회사가 인정되는 점을 주의), 따라서 사원이 1인이 되는 것은 회사의 解散事由가 되며, ③ 法人性, 즉 회사는 모두 법인이어야 하나(171) 합명회사·합자회사에서는 내부관계에 組合의 규정이 준용되며, ④ 商人性, 즉 회사는 상행위를 함으로써 當然商人, 상행위 이외의 영업행위를 함으로써 擬制商人이 되며, ⑤ 準則性, 즉 회사는 상법 회사편의 규정에 따라 설정되어야 한다. 회사는 상법상의 종류로서 합명회사·합자회사·주식회사·유한회사의 4종이 있으며 이 이외에도 학문상의 분류로서 인적회사·물적회사의 구별 또는 단체주의적 회사와 개인주의적 회사라는 구별이 있으며, 法源上의 구별로서 일반법상의 회사·특별법상의 회사, 일반회사·특수회사라는 구별도 있다.

회사대표(會社代表) 회사의 기관을 구성하는 자가 대외적 관계에 있어서 회사명과 기관자격을 표시하고 한 행위(회사대표행위)의 효과가 직접회사에 귀속하는 관계. 業務執行의 대외적 측면에 불과하다. 合名會社·合資會社의 業務執行社員, 주식회사의 대표이사, 유한회사의 이사 또는 대표이사는 원칙적으로 각자 단독으로 회사를 대표하나(商 201, 273, 389Ⅰ, 562Ⅰ) 특히 共同代表(208, 269, 389Ⅱ, 562Ⅲ)를 정할 수 있다. 대표권에 가한 제한으로 선의의 제3자에게 대항하지 못하며(209Ⅱ, 269, 389Ⅲ, 567), 이 점이 비영리법인의 이사의 대표권에 대한 제한이 등기함으로써 제3자에게 대항할 수 있게 되는 것과 다르다(民 60 참조). 대표에는 대리에 관한 규정이 준용되나(59Ⅱ), 대리는 대립된 2인격자간의 個人法的 二元的 法律關係인데 대하여 대표는 기관과 법인의 社團法的인 一元關係임을 주의하여야 한다.

회사등기(會社登記) 상법 또는 비송사건절차법에 의하여 商業登記簿에 회사에 관한 사항을 등기하는 것. 회사에 관한 등기사항으로는 회사의 설립, 業務執行社員·理事·監事·代表社員·대표이사·공공대표, 해산·청산, 자본증감, 사채, 합병, 계속, 조직변경 등이 있다(非訟 3편 4장 참조). 회사등기는 신청에 의하는 것이 원칙이나 법원이 職權으로 등기를 등기소에 촉탁하는 경우도 적지 않다(법원의 재판에 의한 경우가 그것이다).

회사범죄(會社犯罪) 會社制度를 남용하는 違法行爲 중 형벌의 대상이 되는 행위. 이른바 화이트 칼라 범죄의 중심이 된다. 범죄와 형벌에 관하여는 일반법으로서 형법이 있으나 회사범죄를 처벌하기 위하여 상법에 특별형법적인 규정을 두고 있다(商 622~634). 피처벌자로서는 發起人, 理事와 그 직무대행자, 淸算人과 그 직무대행자, 외국회사의 대표자, 감사와 그 직무대행자, 檢査人, 社債權者集會의 대표자와 그 決議執行者, 주식 또는 사채의 募集受託者와 賣出人, 은행 기타의 금융기관, 주주 또는 사채권자 기타의 공중이다. 제재의 종류로서는 懲役·罰金·沒收가 있고 징역의 최고는 10년, 벌금은 3000만원이 최고이다. 加罰行爲로서는 특별배임행위, 반자본단체행위, 부실문서의 행사, 納入假裝行爲, 초과발행행위, 임원의 瀆職罪, 권리행사의 방해 등이다.

회사법(會社法) 실질적 의의로는 회사에 관한 法規一般을 가리키지만 보통은 회사의 조직에 관한 私法的 規定을 말하며, 형식적 의의로는 상법 3편 회사를 의미한다. 회사법의 법원은 상법 회사편을 주로 하는 것이지만 이 이외에도 특별법령, 상관습법, 각 회사의 定款 등을 들 수 있다. 회사법은 공동기업형태로서의 회사의 종류, 조직, 설립, 계산, 해산에 대하여 그 내외의 법률관계를 규정하는 것이므로 企業法으로서의 상법의 중요한 일부문을 차지하고 있다.

회사설립(會社設立)**의 무효**(無效) 회사의 설립절차가 진행되어 設立登記에 의하여 회사가 성립된 후 설립절차의 하자로 인하여 그 설립이 무효가 되는 것. 설립의 무효를 민법의 일반원칙에 따라 처리하면 무효의 주장에 제한이 없어 다수인이 관계하는 회사의 법률관계를 처리하기가 곤란하기 때문에 법은 設立無效의 訴라는 제도를 인정하여 무효를 주장할 수 있는 자, 시기·방법 등을 제한하고 함부로 무효를 주장하지 못하게 하고 또 무효를 획일적으로 확정하여 법률관계의 혼란을 방지하는 동시에 무효의 효과를 소급시키지 않음으로써 기존상태를 존중하여 법적 안정성을 꾀하고 있다(商 184~193). 설립의 절차에 들어간 회사가 설립의 등기에 이르지 못하고 그친 경우는 會社의 不成立이다. 회사설립의 無效原因에는 主觀的 無效原因, 즉 개개의 사원의 설립행위가 무효가 되는 경우, 이를테면 사원의 심신상실과 같은 것과 客觀的 無效原因, 즉 설립의 준칙을 따르지 않았다든가, 定款에 필요적 기재사항을 기재하지 않았다든가, 설립등기가 무효가 되었다든가 하는 것이 있는 바, 株式會社의 경우에는 發起人의 3인 미달, 공증인의 인증부존재, 창립총회의 부존재 등도 客觀的 無效原因이 된다. 設立無效의 주장은 회사를 피고로 하는 訴만으로 할 수 있으며 항변의 방법에 의할 수 없다. 제소권자는 합명회사·합자회사에는 사원, 주식회사·유한회사에는 주주·사원 또는 理事에 한하며 제소기간은 회사성립후 2년내에 한한다(184Ⅰ, 269, 328Ⅰ, 613Ⅰ). 이 訴에 관하여는 專屬管轄, 訴의 공고, 訴의 병합심리, 법원의 裁量棄却의 규정이 있다(186~ 189). 설립무효의 판결은 소의 당사자뿐만 아니라 제3자에 대하여도 그 효력이 미치며(形成判決), 다시는 누구도 이를 다툴 수 없게 된다(190本). 그러나 원고패소의 판결은 일반원칙에 따라 당사자간에만 효력이 있다. 그것은 패소의 효력까지 제3자에게 미치게 하면 원고와 회사가 詐害訴訟을 할 염려가 있기 때문이다. 敗訴한 원고에 악의 또는 중대한 과실이 있는 때에는 회사에 대하여 손해배상 책임이 있다(191). 설립무효의 판결은 판결확정전에 생긴 회사·사원 및 제3자간에 생긴 권리의무에 영향을 미치지 않는다(190 但). 즉, 사실상의 회사가 인정된다.

회사설립(會社設立)**의 취소**(取消) 합명회사·합자회사·유한회사에 있어서 개개의 사원의 設立行爲에 일반사법상의 취소원인이 있는 경우에 회사설립 자체를 취소하는 것. 설립의 취소를 민법의 일반원칙에 의하여 처리할 것이 아니라는 것은 회사설립의 무효의 경우와 같고 법은 設立取消의 訴라는 제도를 두어 취소할 수 있는 시기와 방법을 제한하고 취소를 획일적으로 확정하며 그 취소의 효과의 遡及效를 제한하고 있다(商 184~193). 취소의 원인은 설립행위를 한 사원의 무능력 또는 의사표시의 하자(民 140), 사원이 채권자의 强制執行을 회피하기 위하여 재산은닉의 수단으로 회사를 설립한 것 등이다. 人的會社나 有限會社에 있어서는 이상과 같이 1사원의 설립행위의 취소원인이 당연히 회사설립의 취소원인이 되는 바, 이것은 사원간에 人的 依賴關係가 두텁기 때문이다. 이에 대하여 주식회사에 있어서는 발기인 또는 주식청약인 개개인의 설립행위의 취소는 있을 수 있어도 그것을 원인으로 한 회사설립의 취소는 있을 수 없고, 개개인의 설립행위의 취소도 무능력 등이 이유가 되는 경우는 몰라도 詐欺·强迫·錯誤 등을 원인으로 하는 취소는 설립등기 후에는 할 수 없다(商 320). 설립취소의 소의 제소권자는 민법 140조에 의하여 무능력자, 하자있는 의사표시를 한 자, 그 대리인 또는 승계인과 詐害行爲로 害를 입는 채권자로 되어 있는 점이 설립무효의 경우와 다르고 그 밖의 점은 設立無效의 訴의 경우와 같다(184~193)(→회사설립의 무효).

회사(會社)**의 계산**(計算) 기업은 영리추구를 목적으로 하는 경제적 생활체로서 未必的 利益을 계획적으로 추구하기 위하여 計算本位로 움직이고 있다고 할 수 있다. 따라서 이 계산이 진실·적정·명료하게 운영되는 것은 기업 자체를 위해서 뿐만 아니라 기업에 대한 채권자의 보호, 나아가서는 국민경제의 건전한 발달을 위해서도 매우 필요하다. 특히 株式會社와 有限會社는 자본단체로서 그 재산은 회사채권자의 유일한 담보가 되어 있기 때문에 더욱 이 점이 두드러지게 강조된다. 회사법은 이 요구에 응하기 위하여 會社의 계산이라는 1절을 두었는데 첫째, 계산서류의 작성·공시·승인에 관한 규정을 두어 주주와 회사채권자로 하여금 회사의 재산상태에 관한 명확한 지식을 갖게 하였으며 둘째, 財産目錄과 貸借對照表에 기재할 재산과 그 항목 및 그 평가에 관하여 상세한 규정을 두었으며 셋째, 法定準備金과 이익이나 이자의 배당에 관한 규정을 두어 회사자본의 견실성을 촉구하고 있으며 넷째로, 회사의 업무와 재산상태의 조사에 관한 규정을 두어 경리의 부정을 시정하는 방책을 세우고 있다. 회사의 계산에 관한 규정은 强行規定이다.

회사(會社)**의 계속**(繼續) 〔英〕 continuation of company or corporation 〔獨〕 Fortsetzung der Gesellschaft 〔佛〕 continuation de société 회사는 일단 解散하여 영업능력을 상실한 후에도 일정한 경우에는 다시 그 능력을 회복하여 法人格의 同一性을 유지하며 영업을 계속할 수 있다. 이와 같은 회사의 계속은 ① 회사가 존립기간의 만료 기타 定款으로 정한 사유의 발생, 또는 ② 총사원의 동의나 株主總會·社員總會의 결의에 의하여 해산한 경우에는 모든 종류의 회사에 인정된다. 이러한 경우에 회사를 계속하려면 사원의 동의 또는 주주총회·사원총회의 特別決議가 있어야 한다(商 229Ⅰ, 269, 519, 610Ⅰ). 다만 합명회사와 합자회사에 있어서는 계속에 동의하지 아니한 사원은 退社한 것으로 보고 동의한 사원만으로 계속한다(229, 269). 이상의 경우 외에도 ③ 合名會社나 有限會社에 있어서 사원이 1인으로 되어 또는 ④ 合資會社에 있어서 무한책임사원 전원이 또는 유한책임사원 전원이 퇴사함으로써 해산한 경우에도 필요한 신사원을 새로 가입시켜 회사를 계속하는 것이 인정된다(229Ⅱ, 285Ⅱ, 610Ⅱ). 이상은 통상의 경우의 회사의 계속이고, 이 이외로 조직변경에 의한 회사의 계속도 인정되고 있다. 그 하나는 사원이 1인으로 되어 解散한 합명회사가 새로 有限責任社員을 가입시켜 합자회사로서 계속하는 경우이며(242Ⅱ), 또 하나는 유한책임사원 전원이 퇴사함으로써 해산한 합자회사가 무한책임사원만으로 합명회사로서 계속하는 경우이다. 그러나 이상 두 가지 경우는 회사의 종류 및 변경을 수반하는 점에서 통상의 회사의 계속과는 구별되어야 한다. 회사의 계속은 미국 회사법상의 회사의 復活(revival) 내지 復權(reinstatement)과 영국 회사법상의 解散의 撤回(revocation of dissolution) 내지 商號의 復活(restoration of the company's name) 등과 비슷한 제도이다.

회사(會社)**의 기관**(機關) 법인으로서의 회사의 의사결정 기타의 활동을 실제로 담당하는 자로서 그 행위가 회사 자신의 행위로 되는 자. 기관자격이 사원자격을 수반하는 경우를 自己機關이라 말하고 그렇지 않은 경우를 제3자기관이라 한다(→단체주의적 회사·개인주의적 회사). 또 單獨制機關, 合議制機關, 會議機關으로 구별된다. 물적 회사에서는 대체로 제3자기관이며 기관의 분화도 현저한 바, 주식회사의 경우에는 의사결정기관인 株主總會, 업무집행기관인 理事會, 업무집행 및 회사대표기관인 代表理事, 회계감사기관인 監事로 삼권분립이 되어 있으며, 유한회사는 감사가 임의기관일 뿐만 아니라 업무감사권도 가지고 있는 점이 주식회사와 다르고 人的會社에서는 대체로 이러한 기관분화가 이루어지지 않고 있다.

회사(會社)**의 능력**(能力) 회사는 法人이므로 그 權利能力 자체는 원칙으로 자연인의 경우와 같으나 회사가 현실로 향유하고 또는 부담할 수 있는 개개의 권리의무에는 법인이라는 성질상 일정한 제한이 있다. 회사는 생명 · 신체 · 신분 등 自然人을 전제로 하는 성질의 권리를 향유하거나 의무를 부담하지 못한다(性質上의 制限). 법인격을 법률이 부여하는 바이므로 당연히 법률에 의하여 제한을 받는다(法律上의 制限). 회사는 목적을 중심으로 하는 인격자이므로 권리능력은 당연히 목적에 의하여 제한을 받아서 定款所定의 목적의 범위내에서만 권리를 가지고 의무를 부담하며(民 34 참조). 회사의 목적의 범위 외의 사항은 설사 어떠한 행위가 會社名義로 하여지더라도 회사에 대하여는 무효로 된다(目的에 의한 制限). 목적의 범위내의 행위라 함은 그 목적에 반하지 아니하는 한 목적 자체에 속하는 행위와 목적을 달성하는데 필요한 행위 그 밖의 모든 행위를 포함한다고 해석하고 있다. 그러나 營利法人인 회사는 활동의 범위가 넓고 또 목적에 의한 권리능력을 남용할 위험이 많은 데서 한걸음 나아가서 회사는 본질적인 영리라는 목적의 범위내에서 일반적으로 권리능력을 가지고, 정관소정의 목적인 회사사업은 다만 내부적으로 회사기관의 권한을 제한하는데 지나지 못한다는 설이 유력하여지고 있다. 회사는 법인이므로 자연인과 같이 자기 자신이 행위를 할 수 없고, 그 기관을 구성하는 자연인의 현실의 행위를 매개로 하여 활동할 수밖에 없다. 법률적으로는 기관이 하는 행위는 당연히 회사의 행위가 되고 이것을 代表關係라고 한다. 기관에 의한 법인의 대표는 이론상 個人法的 代理와는 다른 것이나, 기관의 대표행위에 관하여는 특별한 규정이 없으므로 대리에 관한 규정을 유추적용한다고 하는 것이 통설이다. 行爲能力을 인정하는 것과 같은 이유에서 회사의 불법행위능력도 인정된다(商 210, 269, 389 Ⅲ, 567). 또 회사는 訴訟能力도 있고 형사상의 책임을 부담하는 일도 있다.

회사(會社)**의 등기**(登記) 상법과 비송사건절차법에 따라 商業登記簿에 회사에 관한 사항을 등기하는 것을 말한다. 회사등기는 신청에 의하는 것이 원칙이지만 법원이 직권으로 등기를 등기소에 囑託하는 경우도 있다. 한편 회사에 관한 등기사항에는 회사의 설립, 업무집행사원, 이사 · 감사 · 대표사원 · 대표이사 · 공동대표 · 해산 · 청산 · 자본증감 · 사채, 합병, 계속, 조직변경 등이 있다(非訟事件節次法 3편 4장).

회사(會社)**의 부존재**(不存在) 회사의 설립등기는 되어 있으나 회사의 실체가 결여되어 사실상 존재하지 않는 경우를 말한다. 會社設立節次의 하자가 극단적으로 현저한 경우로서, 회사설립무효의 소에 의하지 않더라도 누구라도 또 어느 때라도 무효를 주장할 수 있다고 해석된다(通說 · 判例의 입장). 예컨대 발기인에 의한 정관의 작성이라든지 인수액의 납입도 없고, 창립총회의 개최, 이사 등 기관의 선임도 없이 설립등기만 한 경우 등이다.

회사(會社)**의 불성립**(不成立) 회사의 설립이 중도에서 좌절되어 회사가 법률상 · 사실상 존재에 이르지 못한 경우를 말한다. 설립등기를 하게 되면, 설립절차에 하자가 있어도 設立無效 또는 회사의 不存在의 訴의 대상이 되지만, 회사의 불성립은 거기까지 이르지 못한 경우이다. 이러한 경우 發起人은 회사의 설립에 관련되는 행위에 대하여 연대하여 책임을 진다(商 326Ⅰ). 설립비용도 발기인의 부담이 된다(商 326Ⅱ).

회사(會社)**의 설립**(設立) 〔獨〕 Errichtung der Gesellschaft 회사의 실체를 형성하고 法人格을 취득시켜 회사라는 社團法人을 형성하는 절차. 회사의 실체의 형성은 단체의 근본규칙인 定款의 작성, 단체의 구성원인 사원의 확정, 사업에 필요한 物的手段을 제공하는 出資의 확정 및 단체의 활동을 위한 기관의 설치를 하여야 하며, 이에 등기를 함으로써 法人格이 부여된다. 이러한 일련의 절차로 법인격을 취득하는 것을 회사의 설립이라고 한다. 설립에 관하여 전형적인 人的會社인 합명회사와 物的會社인 주식회사를 비교하면 전자는 절차가 간단하나 후자는 복잡하다. 즉, 합명회사에서는 각 사원과 그 출자의무는 정관 자체에서 확정되고(商 179 iii · iv) 회사의 설립은 정관의 작성과 설립등기로 완성한다. 그러나 주식회사에서는 정관에서는 회사가 발행할 주식의 총수, 1주의 금액 및 회사의 설립시에 발행하는 주식의 총수만을 기재할 뿐, 주주의 확정은 現物出資의 경우를 제외하고는(290 ii) 정관 외에서 행해진다. 그 방법에는 발행인이 주식의 총수를 인수하는 방법(發起設立)(293, 295)과 그 일부만을 인수하고 잔여주식을 일반공중으로부터 모집하는 방법(募集設立)(301)이 있다. 기관의 설치는 합명회사에서는 정관에 다른 정함이 없는 한 각 사원이 법률상 당연히 기관이 되나(200), 주식회사에서는 이사 · 감사는 주주의 자격과는 분리되어 발기인이나 創立總會에서 선임한다(296, 312). 뿐만 아니라 주식회사의 주주는 유한책임을 지므로 설립경과도 법원이 선임하는 검사인이 조사하여 법원 또는 창립총회에 보고하여야 하며(299, 310), 發起人 등 설립관계자에게는 엄격한 책임을 부과하고 있다(321~327). 회사의 설립에 관하여는 원칙적으로 準則主義를 채용하고 있으므로 인적회사나 물적회사나 일정한 법정요건을 구비하여 설립등기를 함으로써 당연히 설립하고(172), 行政官廳의 허가 또는 면허를 요하지 아니한다.

회사(會社)의 임원(任員) 주식회사·유한회사 및 상호회사의 理事·監事, 합명회사 및 합자회사의 의무를 집행하는 무한책임사원, 특수회사의 이사·감사 기타 淸算人, 顧問, 相談役 등 위에 준하는 역, 지배인 또는 본점·지점의 영업의 주임자의 총칭. 경쟁회사의 임원의 겸임은 競業禁止에 의하여 제한되어 있다(商 198, 397, 567). 기관적 지위에 있는 임원은 속칭 重役이라고 한다.

회사(會社)의 정관(定款) 〔英〕 memorandum of association 〔美〕 articles of incorporation 〔獨〕 Statzung, Statut 〔佛〕 statut 회사의 조직활동을 정하는 근본규칙 또는 그 근본규칙을 기재한 서면. 정관의 작성이라 함은 회사의 근본규칙인 정관을 확정하고, 이것을 서면으로 작성하는 것을 의미하는데, 發起人이 법정사항을 기재한 정관을 작성하고 전원이 기명날인하여야 한다. 그리고 株式會社와 有限會社의 정관은 공증인의 인증을 받음으로써 효력이 생긴다(商 292, 543Ⅲ). 정관의 기재사항에는 법률이 그 기재를 절대적으로 요구하는 사항, 즉 그 欠缺이 있으면 정관이 무효로 되는 絶對的 記載事項(179, 270, 289, 543)과 정관에 기재하지 아니하여도 정관의 효력에는 영향이 없으나, 정관에 기재하지 않으면 법률상 그 사항의 효력을 발생하지 아니하는 相對的 記載事項(200Ⅰ, 227ⅰ, 290, 344, 345, 463, 544)과 법률상 별다른 제한없이 법의 强行規定, 선량한 풍속 기타 사회질서 또는 회사의 본질에 위반하지 않는 한, 임의로 기재할 수 있는 任意的 記載事項이 있다. 정관은 회사의 自治法規로서 회사의 구성원 및 기관을 구속한다.

회사(會社)의 정리(整理) 〔英〕 corporate reorganization 회사정리법에 의한 회사의 更生節次. 즉, 재정적 궁핍으로 파탄에 직면하였으나 갱생의 가망이 있는 주식회사에 관하여 채권자, 주주 기타의 이해관계인의 이해를 조정하며, 그 사업의 정리재건을 목적으로 하는 절차(會整 1). 정리절차는 비송사건적 성질이 강한 것이지만 정리절차에 관하여 특별한 정함이 없는 때에는 민사소송법이 준용된다(8). ① 整理의 開始. 회사가 그 사업의 계속에 현저한 지장을 초래함이 없이는 변제기에 있는 채무를 辨濟할 수 없는 때에는 회사 자신이, 회사의 파산의 원인인 사실이 생길 염려가 있는 때에는 회사 이외에 자본의 10분의 1 이상에 해당하는 채권자 또는 발행주식총수의 10분의 1 이상에 해당하는 주식을 가진 주주의 신청에 의하여 법원이 이를 결정한다(30). 정리사건은 본점소재지의 지방법원본원합의부의 관할에 속하며(6), 법원은 신청을 받은 후 결정을 하기까지의 사전조치로서 破産·和議·會社關係訴訟 등의 여러 절차의 중지를 명하거나, 이미 하고 있는 强制執行·假押留·假處分·競賣節次 또는 租稅滯納處分 등의 중지를 명할 수 있고(37), 회사의 업무와 재산에 관하여 필요한 보전처분도 할 수 있다(39). 또 경우에 따라서는 정리절차개시의 여러 조건이 갖추어졌는가를 조사하게 하기 위한 조사위원을 선임할 수 있는 바(40 이하), 여하간 다방면으로 조사하여 갱생의 가망이 없을 때에는 신청을 기각하게 된다. 만일 정리절차개시의 결정이 있으면 이 절차를 우선적으로 진행시키기 위하여 이것과 대립관계 내지 흡수관계에 있는 破産·和議의 신청이나 强制執行·假押留·假處分 및 競賣는 모두 금지되며 이미 하고 있는 절차도 중지된다(67). ② 整理團體. 정리절차의 개시결정에 의하여 회사와는 별개로 정리단체가 구성되는 바, 이는 정리채권자, 즉 정리절차개시전의 원인에 의하여 생긴 재산상의 청구권을 가진 자(113), 정리담보권자, 즉 정리채권자와 회사 이외의 자에 대한 채권자로서 정리개시일에 회사재산 위에 留置權·質權·抵當權·傳貰權·優先特權을 가지는 자와 주주에 의하여 구성되며, 이 단체는 법인격도 없고 고유의 재산도 없으나 집행기관인 관리인과 의결기관인 관계인집회를 갖는다. ③ 整理計劃의 결정과 수행. 정리계획은 관리인이 작성하여서 관계인집회의 결의를 얻어야 하는 바(192, 200) 그 내용은 공정·형평하고 수행가능한 것이어야 한다(228, 229, 233Ⅰⅱ). 계획에 포함된 구체적 조항은 法定되어 있다(212, 226). 관계인집회에서 가결된 정리계획안은 법원의 인가에 의하여 효력이 생긴다(232, 233, 236). 인가 결정된 정리계획을 수행하는 것은 관리인의 임무이며(247) 법원은 회사·이해관계인 및 관리인에 대하여 정리계획의 수행에 필요한 명령을 할 수 있다(248). ④ 整理計劃의 終了. 정리계획이 수행된 또는 수행이 확실시된 때에는 법원은 관리인의 신청에 의하거나 직권으로 정리절차종결의 결정을 하여야 한다(271). 이 결정에 의하여 法院과 管理人의 임무는 끝나고 회사의 기관은 그 지위를 회복하여 절차개시전의 상태로 되돌아가게 된다. 그러나 소정기간내에 정리계획안이 제출되지 않는다든가, 제출된 계획안이 가망성없는 것이라든가, 계획안이 가결되지 않은 경우에는 직권에 의하여 정리절차의 폐지를 결정하고(272), 신고한 모든 整理債權者와 整理擔保權者에 대한 채무를 완제할 수 없음이 명백해진 때에는 관계인의 신청에 의하여 정리절차의 폐지결정을 하고(273), 또 정리계획안의 결정후에 계획수행의 가망이 없음이 명백한 때에는 관리인의 신청이나 직권으로 역시 정리절차를 폐지한다(276). 정리절차는 그 폐지에 의하여 종료하며, 경우에 따라 破産節次와 和議節次로 옮겨갈 수 있으나(23, 27) 특별한 경우를 제외하고 당연히 파산으로 옮기게 된다.

회사(會社)의 조직변경(組織變更) 〔獨〕 Umwandlung der Handelsgesellschaft 〔佛〕 transformation de société 회사가 그 인격의 동일성을 유지하면서 그 법률상의 조직을 변경하여 다른 종류의 회사로 되는 것. 따라서 會社의 合併은 복수의 회사가 합동하여 그 기구를 변경하는데 대하여, 회사의 조직변경은 단일한 회사가 그 자체내에서 그 기구의 유형을 변하는 것이므로 합병의 경우와 같은 권리의무의 문제는 생기지 아니하며 또 그 절차에 있어서 解散 및 設立에 관한 登記를 요하지만 이것은 오직 형식에 불과하고 인격의 소멸이나 창설이 생기는 것이 아니다. 이 제도는 기업의 維持精神에서 인정되나 무제한하게 인정하게 된다면 도리어 혼란을 일으키게 되므로, 그 범위는 人的會社相互間, 物的會社相互間에 한정되어 있다. 회사의 조직변경에는 다음의 4종류가 있다. ① 合名會社는 총사원의 동의를 얻어 일부사원을 유한책임사원으로 하거나 유한책임사원을 새로 가입시켜서 합자회사로 변경할 수 있다(商 242Ⅰ). 채권자를 보호하기 위하여 일부사원을 有限責任社員으로 변경할 경우에는 그 책임을 변경한 사원의 퇴사에 대하여는 無限責任社員의 퇴사에 준하여 본점소재지에서 조직변경등기를 하기 전에 생긴 회사채무에 관하여 등기후 2년내에는 무한책임을 면하지 못한다(244). ② 合資會社는 사원 전원의 동의를 얻어 그 조직을 합명회사로 변경할 수 있다(286Ⅰ). 이 경우에는 회사채권자의 이익을 害할 우려가 없으므로 보호절차가 필요없다. ③ 株式會社는 총주주의 일치에 의한 총회의 결의로서 그 조직을 변경하여 유한회사로 할 수가 있다(604Ⅰ). 총주주의 일치를 요구하는 것은 持分의 讓渡가 곤란해지고(556), 주주가 유한회사의 사원이 됨으로써 塡補의 責任을 부담하게 되기 때문이다(605). 유한회사는 社債의 發行이 인정되지 않으므로 사채의 償還을 완료할 것(604Ⅰ但)과 자본충실을 위하여 회사에 현존하는 순재산액보다 많은 금액을 자본의 총액으로 하지 못한다(604Ⅱ). 이에 위반하였을 경우에는 組織變更決議 당시의 이사와 주주는 회사에 대하여 연대하여 그 부족액을 지급할 책임이 있다(605Ⅰ). ④ 有限會社는 총사원의 일치에 의한 총회의 결의로써 그 조직을 변경하여 이를 주식회사로 할 수 있다(607Ⅰ). 그러나 이 경우에는 조직변경 당시에 발행하는 주식의 발행가액의 총액은 회사에 현존하는 순재산액을 초과하지 못한다(607Ⅱ). 법원의 인가를 효력발생요건으로 하는 것과 종전의 지분에 대한 질권의 보호, 채권자에 異議申請의 기회를 주는 것 등은 주식회사의 組織變更의 경우와 대체로 동일하다.

회사(會社)의 주소(住所) 회사의 주소는 本店所在地에 있는 것으로 본다(商 171Ⅱ). 회사의 주소의 법률상의 의미는 채무의 이행지(56), 등기소 또는 법원의 관할의 기준(34, 民訴 4, 破 96, 참조), 거절증서의 작성장소(拒絶證書令 8), 회사의 國籍決定의 표준(商 614), 소송서류의 송달장소(民訴 170)의 결정에 있다.

회사(會社)의 해산(解散) 〔英〕 winding up of company 〔獨〕 Auflösung der Gesellschaft 〔佛〕 dissolution de société ① 會社의 法人格의 소멸원인이 되는 法律事實을 말한다. 회사는 해산함으로써 그 법인격이 즉시 소멸하여야 할 것 같으나 해산후에도 기존의 법률관계의 사후처리를 할 수 있도록 그 범위내에서는 회사를 존속시킬 필요가 있다. 그래서 법은 회사가 해산하여도 淸算終結時까지는 그 법인격이 존속하는 것으로 보고 있다(商 245, 269, 542Ⅰ, 613Ⅰ). 회사의 解散事由는 다음과 같다. ① 존립기간의 만료 기타 정관으로 정한 사유의 발생(227ⅰ, 269, 517ⅰ, 609Ⅰⅰ). ② 회사가 다른 회사와 합병한 경우. 단, 존속회사는 제외한다(227ⅳ, 269, 517ⅰ, 609Ⅰⅰ). ③ 회사가 파산한 경우(227ⅴ, 269, 517ⅰ, 609Ⅰⅰ). ④ 법원이 회사를 해산하는 명령 또는 판결을 한 경우(227ⅵ, 269, 517ⅰ, 609Ⅰⅰ). ⑤ 사원의 해산결의가 있는 경우. 다만 인적회사인 합명회사와 합자회사에 있어서는 총사원의 동의를 필요로 하되(227ⅱ, 269), 物的會社인 주식회사와 유한회사에 있어서는 주주총회 또는 사원총회의 特別決議(518, 434, 609Ⅱ, 585)가 있으면 된다(517ⅱ, 609Ⅰⅱ). ⑥ 합명회사·합자회사·유한회사에 있어서 사원이 1인으로 된 경우(227ⅲ, 269, 609Ⅰⅰ). 이에 반하여 주식회사에 있어서는 주주가 1인으로 되어도 해산하지 아니한다. 회사는 해산사유의 발생으로 즉시 청산절차에 들어가고 그 활동능력도 淸算의 목적범위내로 감축된다(245, 269, 542 I, 613 I). 다만 合併의 경우에는 회사 재산의 포괄승계가 있고 破産의 경우에는 파산절차에 들어가므로 청산절차는 개시하지 아니한다. 이상 두 가지 경우를 제외하고 회사가 해산한 때는 본점소재지에서는 2주간내에, 지점소재지에서는 3주간내에 그 登記를 하여야 한다(228, 269, 530 I, 613 I). ② 會社整理法上 회사정리절차개시후 종료까지의 사이는 회사는 解散하지 못한다(會整 52 I). 다만, 整理計劃에서 해산에 관한 조항을 정할 수 있으며 합병(회사의)에 의하지 아니하고 해산할 때에는 그 뜻 및 해산의 시기를 계획 중에 기재하지 않으면 안된다(211 II, 227). 합병에 의하지 아니하는 해산의 조항을 정하는 경우에는 제2회사를 설립하거나 또는 營業讓渡를 하여 舊會社가 해산하는 경우와 그렇지 아니한 경우가 있으나, 후자의 경우에는 정리계획안의 작성에 관하여 법원의 허가가 필요하다(191). 해산을 정한 정리계획이 인가된 경우에는 해산결의를 요하지 않으며, 회사는 정리계획에서 정하는 시기에 당연히 해산한다(261).

회사정리절차(會社整理節次) 會社整理法에 의한 주식회사의 영업의 정리재건을 도모함을 목적으로 하는 재판상의 절차. 특별한 규정이 없는 때에는 민사소송법의 준용이 있으나(會整 8), 대립적인 당사자가 존재하지 않으므로 성질상으로는 非訟事件節次에 속한다. 정리사건은 회사의 본점소재지(외국에 본점이 있는 때에는 대한민국에 있는 주된 영업소의 소재지)의 지방법원의 管轄에 專屬한다(6). 법원은 회사 또는 자본의 10분의 1 이상에 해당하는 채권을 가진 채권자 또는 발행주식의 총수의 10분의 1 이상에 해당하는 주식을 가진 주주의 신청에 기하여 정리원인이 존재한다고 인정하면, 整理節次開始決定을 한다(30). 신청이 있은 경우에는 調査委員을 선임하여 필요한 조사를 하게 할 수 있다(40). 개시결정과 동시에 정하는 사항은, 파산선고의 경우와 대체로 마찬가지이다(46). 즉, 整理管理人(관리인)을 선임하여 회사의 업무 및 재산의 관리를 하게 하여야 한다(53). 나아가 整理債權, 整理擔保權 및 株式의 신고기간, 제1회의 관계인집회의 기일, 정리채권 및 정리담보권의 조사의 기일을 정한다. 제1회의 관계인집회에서는 관리인으로부터 절차개시의 사정, 회사의 업무 및 재산상태, 권리신고의 개황 등을 보고하고 또한 관계인의 의견을 듣는다(187, 188). 그 후 관리인은 整理計劃을 입안하여 법원에 제출하고 법원은 관계인집회를 소집하여 이를 심리시킨다(189, 192, 193). 다른 한편으로 신고된 정리채권 및 정리담보권에 관해서는 조사기일에 있어서 관리인 및 출석한 관계인에게 그 권리의 存否內容 및 議決權의 額에 관해서 이의가 없으면 확정한 것으로 하지만, 이의가 있으면, 이의자와의 간의 확정소송으로 해결하는 것으로 하는 점은 破産債權의 確定과 마찬가지이다(143, 146～156). 정리계획안의 심리기일후에 다시 이를 결의하기 위한 關係人集會를 연다(200). 정리채권자 · 정리담보권자 및 주주는 분류된 組로 나누어져서 결의하고 계획은 제마다의 조에서 法定의 다수의 동의로 가결되지 않으면 안된다(203～205). 계획이 가결된 경우는 법원은 이에 관하여 認否의 결정을 하고 인가결정이 있으면 정리계획이 효력을 발생한다(232, 236). 정리계획의 수행에는 역시 관리인이 당하지만, 그것이 수행된 때 또는 수행이 확실하다고 인정되기에 이른 때에는 법원은 정리절차종결의 결정을 한다(247, 271). 이로써 整理會社는 법원의 손을 떠나는 셈으로 된다. 정리절차가 여기까지 가지 않고 종료하는 경우로서는 정리계획의 불인가의 결정의 확정 및 정리절차의 폐지가 있다. 기간내에 충분한 整理計劃案이 제출되지 아니할 때 또는 계획안이 부결되거나 2월내에 가결되지 아니한 때에는 직권으로 폐지의 결정을 한다(272). 인가결정 후라도 계획수행의 가망이 없음이 명백하게 된 때에는 폐지의 결정을 한다(276). 이러한 경우 破産原因인 사실이 있으면 직권으로 파산선고를 할 수 있다(23). 그러나 和議의 가망이 있으면 화의의 申請을 하는 것을 인가할 수 있다(27). 그리고 회사가 정리를 필요로 하지 않는다는 것이 명백하게 되면 폐지의 결정을 한다(273).

회사조합(會社組合) 어용조합과 같다.

회사체기업(會社體企業) 국가나 공공단체가 자본금의 전부 또는 일부를 출자한 商事會社의 조직형태를 가지는 法人에 의하여 관리 · 경영되는 公企業을 말한다. 한국도로공사 · 한국증권거래소 · 한국담배인삼공사 등이 그 예이다.

회사합병등기(會社合併登記) 합병 후 존속하는 회사에 관여하는 變更登記, 합병으로 인하여 소멸하는 회사에 관하여는 解散登記, 합병으로 인하여 설립한 회사에 관하여는 設立登記를 하여야 한다(商 228, 269, 528 I, 602). ① 합명회사나 합자회사의 합병으로 인한 변경등기의 신청은 소멸회사의 총사원의 동의가 있음을 증명하는 서면 등의 제출이 있어야 하고(非訟事件節次法 193, 200), ② 주식회사의 합병으로 인한 변경등기의 신청은 合併契約書를 첨부하고 소멸회사의 주주총회 또는 이사회의 의사록이나 사원총회의 의사록 또는 총사원의 동의가 있음을 증명하는 서면 등의 제출이 있어야 한다(215), ③ 유한회사의 합병으로 인한 변경등기는 합병계약서, 소멸회사의 사원총회 또는 주주총회의 의사록을 첨부하여 신청하는 것 등이 있다(223).

회사해산명령(會社解散命令) 會社制度가 濫用되어 공익상 회사의 존립을 용납할 수 없다고 인정되는 일정한 경우에는 법원은 그 회사의 해산을 명할 수 있다(商 176). 이 법원의 해산명령은 모든 종류의 회사에 공통하는 解散原因이고 이로써 회사는 당연히 해산한다(227ⅵ, 269, 517ⅰ, 609Ⅰⅰ). 법원이 회사의 해산을 명할 수 있는 것은 회사의 설립목적이 불법한 것인 때, 회사가 정당한 사유없이 설립 후 1년내에 영업을 개시하지 아니하거나 1년 이상 영업을 休止하는 때, 理事 또는 會社의 업무를 집행하는 사원이 법령 또는 정관에 위반하여 회사의 존속을 허용할 수 없는 행위를 한 때의 세 가지 경우에 한한다(176Ⅰ). 여기에 설립목적이 불법이라 함은 정관에 정한 목적이 위법인 경우와 그 목적은 적법일지라도 실제의 의도가 위법인 경우를 포함한다. 營業의 開始라 함은 정관에 정한 사업 자체의 개시를 말하고 그 준비행위는 포함되지 아니한다. 또 영업개시의 범위에 관하여는 전부의 개업을 요한다는 설, 중요부분의 개업으로 족하다는 설, 그리고 일부의 개업만이라도 족하다는 설로 분립되고 있다. 理事 또는 業務執行社員의 위반행위는 그가 기관구성원으로서 하거나 권한을 남용하여 개인적 목적으로 하거나를 불문하되, 다만 그 위반행위의 정도가 중대하여 공익상 견지에서 회사 자체의 존속을 허용할 수 없는 것이어야 한다. 解散命令은 법원이 이해관계인이나 검사의 청구에 의하여 또는 직권으로 한다(176). 이해관계인이 해산명령을 청구한 경우에는 법원은 회사의 청구에 의하여 상당한 담보를 제공할 것을 명할 수 있으나, 회사가 이 청구를 함에는 그 이해관계인이 악의임을 疏明하여야 한다(176Ⅲ·Ⅳ). 또 해산명령 전이라도 재산의 隱匿 기타의 不正行爲를 방지하기 위하여 법원은 관리인의 선임 기타 회사재산의 보전에 필요한 처분을 할 수 있다(176Ⅱ).

회사해산판결(會社解散判決) 회사의 운영이 타개할 수 없을 정도로 침체되어 있는 등 일정한 사유가 있을 때에는 사원은 그 회사를 解散하는 판결을 법원에 청구할 수 있다. 다만 해산을 청구할 수 있는 요건은 회사의 종류에 따라 약간 다르다. 合名會社와 合資會社에 있어서는 부득이한 사유가 있는 때에는 각 사원이 해산을 청구할 수 있다(商 241Ⅰ, 269). 여기에 부득이한 사유라 함은 사원간의 불화 또는 중심적 지위에 있는 사원의 사망으로 인하여 회사의 계속 또는 그 목적달성이 곤란한 경우 등을 이른다. 株式會社와 有限會社에 있어서는 회사의 업무가 현저히 침체된 상태를 계속하여 회복할 수 없는 손해가 생긴 때나 생길 염려가 있는 때, 또는 회사재산의 관리 또는 처분의 커다란 잘못으로 인하여 회사의 존립을 위태롭게 한 때에 한하며, 이런 경우에도 해산 이외로는 주주 또는 사원의 정당한 이익을 보호할 방법이 없는 등 부득이한 사유가 있어야 한다(520Ⅰ, 613Ⅰ). 解散請求의 訴를 제기할 수 있는 자는 발행주식의 총수의 100분의 10 이상에 해당하는 주식을 가진 주주 또는 자본의 총액의 100분의 10 이상에 해당하는 出資座數를 가진 사원이다. 解散請求의 訴는 회사를 피고로 하는 形成의 訴이고 회사의 본점소재지를 관할하는 지방법원의 專屬管轄에 속하며(186, 214Ⅱ, 269, 520Ⅱ, 613Ⅰ), 원고승소의 판결의 확정으로 회사는 당연히 해산한다(227ⅵ, 269, 517ⅰ, 609Ⅰⅰ). 원고가 敗訴한 경우에 악의 또는 중대한 과실이 있는 때에는 회사에 대하여 연대하여 손해를 배상할 책임이 있다(191, 241Ⅱ, 269, 520Ⅱ, 613Ⅰ).

회의록(會議錄) 合議體의 기관이 그 회의의 의사경과 및 결과 등에 관하여 기재한 문서. 회의체의 의사경과를 명백히 하기 위하여 법령에 의하여 그 작성·보존이 요구되고 있는 경우가 많다. 국회는 개의·회의중지와 散會의 일시, 議事日程, 出席議員數, 付議案件과 그 내용, 의장 및 위원회의 보고, 의사 등에 관한 사항을 速記法에 의하여 회의록에 기재하고, 의장 또는 의장을 대리한 부의장, 임시의장과 사무총장 또는 그 대리인이 서명·날인하여야 한다(國會 115). 발언한 의원 등은 회의록이 배부된 날의 다음날 오후 5시까지 그 字句의 정정을 요구할 수 있다(117). 국회의 회의록은 의원에게 배부하고 일반에게 반포하여야 한다(118). →의사록

회의(會議)의 공개(公開) 行政過程의 공개와 관련하여 合議體의 회의의 공개는 특별한 의미를 가진다. 회의의 공정성을 확보하는 동시에 외부에 대한 情報公開의 기능도 아울러 가지기 때문이다. 입법례로서 일명 會議公開法이라고도 불리우는 미국의 政府日照法(Government in the Sunshine Act, 1976)은 좋은 예이다. 情報公開(法)가 기록의 공개를 목적으로 하는데 대하여, 회의의 공개는 행정기관 또는 공공기관의 의사결정과정 자체를 공개하는 것을 목적으로 하는 것으로서, 行政公開는 회의공개까지 이루어져야 그의 참다운 목적달성이 가능하다고 할 수 있다.

회의정체(會議政體) →회의제

회의제(會議制) 〔英〕 conventional government 〔獨〕 Versammlungsregierung 〔佛〕 gouvernement d'assemblée 會議政體 또는 國民公會制라고도 한다. 회의제란 한마디로 말해서 立法府가 국가의 모든 권력을 독점하며, 執行府는 마치 입법부의 사용인에 불과할 만큼 입법부에 종속하는 정부형태를 말한다. 그 밖에 국회는 자연 單院制인 것이 원칙이고 국가의 원수를 두지 않는 것이 보통이다. 이러한 회의제의 고전적 형태는 영국의 제1차청교도혁명시의 長期議會(Long Parliament)(1640~1660)의 지배에서 찾을 수 있으며 근대에 이르러서는 프랑스의 혁명 당시의 國民公會(Convention)의 執權이 그 전형적인 예이다. 오늘에 있어서는 1936년 스탈린헌법 이래의 구소련의 정부형태가 이에 속한다고 보고 있다. 우리나라에 있어서는 5·16군사혁명후의 국가재건비상조치법에 의거한 정부형태가 會議制라고 불리었다. 그 근거는 국가재건비상조치법하에 있어서의 대한민국의 最高統治機關인 국가재건최고회의가 국회의 권한을 대행하는 입법기관이며(9), 執行府인 내각이 그에 절대 종속한 것(13, 15)을 이유로 한다. 그러나 회의제에 있어서의 立法府란 국민에 의해 선출된 의원으로 구성되고 있는 것을 말하는데 대하여, 국가재건최고회의는 국민에 의해 선출된 의원에 의해 구성된 기관이 아닌 점에서 군사정부는 엄격한 의미의 會議制는 아니다.

회 피(回避) 〔獨〕 Selbstablehnung 〔佛〕 abstention 법관·법원서기관·서기·통역인이 사건에 관하여 除斥 또는 忌避의 원인이 있다고 생각하여 스스로 사건을 취급하는 것을 피하는 것. 민사소송법상은 사법행정상의 감독권을 행사하는 법원의 허가를 얻어 회피하도록 되어 있다(45, 46). 형사소송법상은 소속법원에 서면으로써 하며 忌避申請의 경우와 같이 법원의 결정을 기다려야 한다(24, 25).

회피(回避)**의 의무**(義務) 〔英〕 duty of abstention 피지의 의무와 같다.

횡령죄(橫領罪) 〔英〕 embezzlement 〔獨〕 Unterschlagung, Veruntreuung 타인의 재물을 보관하는 자가 그 재물을 횡령하거나 그 반환을 거부하는 죄(刑 355Ⅰ). 財物罪·領得罪이다. 업무상횡령(356)의 경우에는 형을 가중하며, 占有離脫物橫領罪(360)의 경우에는 형을 감경한다. 횡령죄는 信任에 위배하여 재산상의 손해를 가하는 점에서 背任罪와 공통성을 가지나, 전자는 개개의 재물에 대한 것임에 반하여 후자는 財産狀態(전재산)에 대한 것인 점에서 서로 구별된다. 주체는 타인의 재물을 보관하는 자이며 이러한 의미에서 본죄는 身分犯이다. 보관이란 위탁관계에 기인한 현실적 지배를 의미한다. 위탁관계가 불법함으로 말미암아 위탁자가 민법상 위탁물의 반환청구를 할 수 없는 경우에(民 746)(→불법원인급여), 이러한 재물에 대한 橫領罪를 인정할 것이냐에 관하여는 견해가 나뉘어 있다. 현실적 지배는 사실적 지배와 법률적 지배를 포함한다. 횡령행위의 개념에 관하여는 不法領得의 의사를 실현하는 행위를 횡령행위라고 하는 領得行爲說과, 영득의사를 필요로 하지 않고 다만 보관물에 대하여 권한을 초월하는 행위를 하면 횡령이 된다고 하는 越權行爲說이 대립되어 있는데 전설이 통설·판례이다. 未遂犯은 처벌한다(刑 359). 영득의 의사가 실현된 때에 비로소 旣遂가 되며 따라서 예컨대 매매의 경우에 있어서 그 청약을 함에 그친 때에는 未遂이다. 그러나 영득의 의사가 객관적으로 명확히 표현되면 기수가 되므로 본죄의 미수는 실제상 인정하기 어렵다는 반대설도 있다. →업무상횡령죄

횡선수표(橫線手票) 〔英〕 crossed cheque 〔獨〕 gekreuzter Scheck 〔佛〕 chèque barré 수표의 표면에 두 줄의 평행선을 그은 수표. 一般橫線과 特別橫線의 2종이 있다(手票 37). 전자는 평행선에 아무 지정도 없거나, 은행 또는 이와 동일한 의의를 가진 문자를 기재한 수표이고 후자는 평행선내에 지정한 은행명을 기재한 수표를 말한다. 수표는 一覽出給이고 또한 소지인출급식이 늘 사용되므로 이것을 분실하거나 竊取당한 경우에는 악의의 소지인이 지급을 받는 위험이 많은 바, 이 위험을 방지하고자 생각해낸 제도로서 영국에서 오랜 관습에서 기원한 橫線手票(crossed cheque)와 독일에서 창안된 計算手票(Verrechnungsscheck)(증권면에 계산을 위하여라는 기재가 있는 수표)가 있다. 統一法은 이 양 제도를 병용하고 그 留保事項(第2附屬書 18Ⅰ)에서 그 한쪽만을 채용하는 것을 허용하고 있다. 수표법은 유보사항에 기하여 횡선제도만을 인정하고 있다(37~38, 65). 다만 계산수표를 인정하는 외국에서 우리나라를 지급지로 하는 계산수표가 발행된 경우에는 計算手票를 인정하지 아니하는 우리나라에서는 一般橫線手票와 같이 취급한다(涉私 42, 43 참조). 일반횡선수표의 지급인은 은행 또는 지급인의 거래처에 대하여서만 지급할 수 있는데 대하여(手票 38Ⅰ), 특정횡선수표의 지급인은 지정된 은행에 대하여서만 또는 지정된 은행이 지급인인 때에는 자기의 거래처에 대하여서만 지급을 할 수 있다(38Ⅱ). 또한 은행은 자기의 거래처 또는 다른 은행으로부터만 그것을 취득하거나 推尋委任을 받을 수 있고 그 이외의 자를 위하여 횡선수표의 推尋을 하지 못한다(38Ⅲ). 수개의 特定橫線이 있는 수표의 지급인은 이를 지급하지 못한다. 그러나 2개의 횡선이

있는 경우에 하나가 어음교환소에 제시하여 推尋하게 하기 위한 것인 때에는 예외이다(38Ⅳ). 이상의 규정을 위반한 지급인이나 은행은 이로 인하여 생긴 손해에 대하여 수표금액의 한도내에서 배상할 책임이 있다(38Ⅴ). 횡선은 발행인 이외에 소지인도 그을 수 있으나 특정횡선을 일반횡선으로 변경하거나 횡선을 말소하지 못한다(37Ⅳ·Ⅴ).

횡적 공범(橫的共犯) → 종적 공범

효과법(效果法) 〔獨〕 Wirkungsstatut 준거법과 같다.

효과(效果)**없는 교사**(敎唆) → 교사의 미수

효과의사(效果意思) 〔獨〕 Erfolgswille 일정한 法律效果의 발생을 의욕하는 의사. 예컨대 물건을 팔고 사려는 매도인과 매수인의 의사, 婚姻을 하고자 하는 남녀의 의사 등이 그것이다. 표의자가 그의 內心에 있어서 진실로 의욕하는 효과의사를 특히 내심의 효과의사 또는 眞意라고 한다. 내심의 효과의사는 표시행위에 잘못이 없는 한 表示行爲에 의하여 추측되는 효과의사, 즉 표시상의 효과의사와 일치하는 것이 보통이나, 표시행위에 잘못이 있으면 양자는 불일치하게 된다. 錯誤는 그러한 것의 일례이다. 효과의사의 내용에 관해서는 법이 규정한 법률효과를 의욕하지 않으면 안되는가(法律效果說), 혹은 경제적 효과를 의욕함으로써 족한가(經濟效果說), 효과에 대한 인식만으로써 족한가(認識說), 혹은 의욕하지 않으면 안되는가(意欲說) 등의 문제가 있다. 일반적으로 효과의사의 내용은 법이 법률효과를 부여할 수 있을 정도로 사회관계에 있어서의 사실적 효과를 의욕하면 족하다고 이해되고 있다. 이러한 의사가 없는 경우로서는 예컨대 內親간의 근소한 貸借나 友人간의 의례적인 약속 등이 있는데 이러한 것도 법률관계를 형성하려는 의사가 있는 경우가 있을 것이므로 그러한 의사의 존재여부는 각 구체적인 경우의 해석문제로 될 것이다. → 의사주의·표시주의

효 력(效力) → 법의 효력

효력규정(效力規定) 〔獨〕 Müssenvorschrift 그 내용이 법률상의 효력에 관한 것으로서 이에 위반한 행위를 무효로 하는 규정. 强行規定의 일종으로서 效力法規 또는 能力規定이라고도 한다. 이것은 강행규정을 그 효력면에서 團束規定과 구별하여 말할 때에 쓰인다. 즉, 단속규정은 그 위반행위를 한 자에 대하여 제재를 가하여 그것을 금지하는데 그칠 뿐이나, 강행규정은 그 사법상의 효과를 부인한다. 이러한 의미에서 强行規定을 단속규정에 대하여 효력규정이라고 부른다. 또한 訓示規定에 대하는 개념으로도 쓰인다.

효력발생요건(效力發生要件) 제3자의 거래안전을 보호하기 위하여 優先的 效力을 무제한으로 인정하지 않는 것. 민법은 물권의 변동은 登記와 引渡를 효력발생요건으로 한다(民 186). 상속, 공용징수 판결, 경매 그 밖에 법률의 규정에 의하여 물권을 취득하는 경우(時效取得 포함)에는 그 취득요건이 법정되어 있으므로 公示의 점에 있어서나 公信의 점에 있어서 부당한 바가 없다는 것이 통례이다. 또한 동산에 관한 물권의 양도는 그 動産을 인도하여야 효력이 생긴다고 규정하였으므로 인도는 동산물권이 공시방법임을 알 수 있다(188). 또 現實引渡, 占有改定(189), 簡易引渡(188Ⅱ) 및 指示引渡(190)를 포함한다.

후 견(後見) 〔羅〕 tutela 〔英〕 guardianship 〔獨〕 Vormundschaft 〔佛〕 tutelle 未成年者·禁治産者·限定治産者를 보호·교양하고 그 자의 행위를 대리하며 그 재산을 관리하는 것. 그러나 미성년자에게 친권자가 있는 경우에는 이 제도가 필요없기 때문에 친권자가 없거나 대리권·재산관리권이 없을 때에 비로소 후견이 개시된다(民 928). 무능력자의 보호제도인 것은 물론이다. 후견기관으로서는 후견의 사무 자체를 집행하는 후견인과 후견인을 감독하는 親族會와 法院이 있다.

후견인(後見人) 〔羅〕 tutor 〔英〕 guardian 〔獨〕 Vormund 〔佛〕 tuteur 후견사무를 직접 행하는 기관. 미성년자에게 親權者가 없거나 친권자가 법률행위의 대리권과 재산관리권을 가지지 않은 경우, 금치산·한정치산선고가 있은 경우에 후견인을 붙이며 그 수는 1인에 한한다(民 928~930). 미성년자에 대하여 친권을 행사하는 부모는 유언으로 미성년자의 후견인을 지정할 수 있다. 그러나 법률행위의 대리권과 재산관리권 없는 친권자는 이를 지정하지 못하는데(931), 이 규정에 의한 후견인의 지정이 없는 때에는 미성년자의 직계혈족, 3촌이내의 방계혈족의 순위로 후견인이 된다(932). 후견인은 충분한 능력을 갖추고 피후견인의 이익을 꾀할 수 있어야 하기 때문에 未成年者, 禁治産者, 限定治産者, 破産者, 資格停止 이상의 刑의 선고를 받고 그 刑期中에 있는 자, 법원에서 해임된 법정대리인 또는 친족회원, 행방불명자, 피후견인에 대하여 소송을 하였거나 하고 있는 자 또는 그 配偶者와 直系血族 등은 후견인이 될 수 없다(937). 후견인은 정당한 사유가 있으면 법원의 허가를 얻어서 사퇴할 수 있고

(939). 가정법원은 피후견인의 복리를 위하여 후견인을 변경할 필요가 있다고 인정되는 경우에는 피후견인의 친족이나 검사의 청구 또는 직권에 의하여 후견인을 변경할 수 있다. 이런 경우 민법 932조 내지 935조에 규정된 후견인의 순위에 불구하고 4촌 이내의 친족 기타 적합한 자를 후견인으로 정할 수 있다(940). 미성년자의 후견인은 미성년자의 보호·교양·거소지정·징계에 관하여 친권자와 동일한 권리·의무를 가지며(945) 禁治産者의 後見人은 금치산자의 요양·감호의 의무를 지는(947) 외에 일반적으로 피후견인의 재산을 관리하고 재산상의 행위에 관하여 피후견인을 대리하며(949), 친권을 대행하는(948) 등의 職務權限을 가지며 법원에 의하여 상당한 보수를 받을 수 있다(955). 또 그 직무수행에 관하여는 다음과 같은 준칙이 있다. ① 미성년자의 보호·교양권 수행에 있어서 親族會의 동의를 얻어야 한다(945但). ② 禁治産者의 監禁治療에 있어서는 법원의 허가를 얻어야 한다(947Ⅱ本). ③ 후견인은 피후견인의 재산목록을 작성하여야 한다(941). ④ 후견인은 재임중 피후견인의 재산을 善良한 管理者의 主意義務를 가지고 관리하여야 한다(949, 959, 681). ⑤ 후견인은 중요한 法律行爲를 대리하거나 그에 동의할 때에는 친족회의 동의를 얻어야 한다(950). ⑥ 후견인은 그 임무가 끝나면 관리의 계산을 하여야 한다(957). 후견의 직무는 피후견인의 사망, 행위능력의 취득, 금치산·한정치산선고의 취소, 입양, 喪失親權의 회복 그리고 후견인의 사망, 결격, 사퇴, 解任 등에 의하여 종료한다.

후계유증(後繼遺贈) 受遺者가 받은 이익이 어떤 조건의 성취 또는 기한의 도래시로부터 다른 자에게 이전하게 할 것을 정한 내용의 유증.

후기주석학파(後期註釋學派) 〔獨〕 Postglossatoren 주석학파의 뒤를 이어 13세기중엽 이후 이탈리아를 중심으로 하여 일어난 로마법연구학파. 주석학파와 달라 體系的인 註解(commentarium)를 그 사업으로 한데서 콤멘타토오렌(Kommentatoren)(註解學派)이라고도 불리고(근래의 유럽의 학계에서는 이것이 통례의 칭호이다), 또 바르똘루스를 중심인물로 한데서 바르똘리스텐(Bartolisten)이라고도 불린다. 그들의 학풍은 한편, 전성기인 스콜라학파의 영향하에 실정법상의 여러 제도를 자연법을 중심으로 체계화하려고 한 점에서 철학적 경향을 띠고 있음과 동시에, 다른 한편 그들의 연구대상은 로마法大典의 자체가 아니라 註釋附 로마법(로마법대전의 正文과 이에 대한 註釋과를 합하여 일체로 된 것), 특히 標準註解(→주석학파)이었는데, 이것을 당시 행하여지고 있었던 이탈리아법과 융합하려고 한 점에서 실제적 경향을 보여 주며, 이른바 판덱텐의 近代的 慣用의 선구를 이룬다. 로마법은 이 학파에 의하여 실용화되어 실제 적용이 가능한 普通法으로 되고, 근세초기의 유럽제국에 포괄적으로 繼受되었다(→게마이네스 레히트). 이 학파 이후, 근세초기의 로마법연구소는 復古學派에 의하여 계승되었다.

후마니스텐 〔獨〕 Humanisten →복고학파

후발적 불능(後發的不能) 〔獨〕 nachträgliche Unmöglichkeit 債權에 관하여 이행이 그 성립시에는 가능하였으나 후에 이르러 불능으로 되는 것. 原始的 不能에 대립하는 말. 후발적 불능의 경우에는 채권 및 그 채권의 성립을 목적으로 하는 법률행위는 성립하여 있으며 다만 그 채권의 효력이 문제로 된다. 즉, 불능이 채무자의 책임있는 사유에 기인한 때에는 債務不履行(履行不能)으로 되고 그렇지 않은 경우에는 채무는 소멸하고 雙務契約에 있어서는 위험부담의 문제가 생긴다.

후배주(後配株) 〔英〕 deferred share or stock 〔獨〕 Nachzugsaktie 數種의 株式(商 344Ⅰ)이 있는 경우에 이익이나 이자의 배당 또는 殘餘財産의 분배에 관하여 특히 劣後的 地位에 있는 종류의 주식. 劣後株, 後順位株, 後取株라고도 한다. 이런 종류의 주주는 보통주에게 일정한 우선배당 또는 우선적 분배를 한 후에 배당 또는 분배를 받게 된다. →수종의 주식

후버주의(主義) 〔英〕 Hoover Doctrine 스팀슨주의와 같다.

후법우선(後法優先)**의 원칙**(原則) Lex posterior derogat (legi) priori와 같다.

후보자(候補者) 公職選擧 및 選擧不正防止法에 의한 선거에서 피선거권을 가진 자가 당선인이 되기 위하여 취득함을 요하는 자격(公選 16). 관할선거구 선거관리위원회에 등록함으로써 취득된다(49).

후보자제도(候補者制度) 선거에 있어서 당선코자 하는 자를 미리 선거인에게 周知케 하는 제도. 각국에서 예외없이 채용하고 있다. 후보자의 자격·등록방법 및 후보자의 선거운동 등에 관하여는 법률의 정하는 바에 의한다. 선거운동의 단속 특히 公營選擧制에 있어서 필요한 제도. 우리나라에서는 건국 이래 각종 선거법에서 이 제도를 채용하고 있다. →대통령후보자, 국회의원후보자

후설립(後設立) → 사후설립

후순위정리채권(後順位整理債權) 정리채권 중 다른 채권의 후순위로 되는 종류의 채권(會整 121). 대체로 後順位破産債權에 해당한다(破 37). 이 채권의 채권자는 관계인집회에 있어서 결의하는 경우에 다른 정리채권자와 다른 조를 구성하는 것이 원칙이다(會整 159 Ⅰ·Ⅱ, 204).

후순위주(後順位株) → 후배주

후순위채권(後順位債權) 破産債權으로서 파산절차에 참가하지만 배당에 있어서는 일반의 파산채권에 뒤떨어지는 것. 새 파산법에 의하여 종래 파산채권에서 공제된 중간이자나 파산채권으로 보지 않았던 파산선고 후의 이자, 破産宣告 후의 불이행으로 인한 손해배상액 및 위약금, 파산절차 참가의 비용, 벌금·과료·형사소송비용의 추징금 및 과태료도 파산채권이지만 일반의 파산채권보다 후순위로 되었다(破 37).

후순위청구권(後順位請求權) → 열후적 파산채권

후 자(後者) → 전자·후자

훈데르트샤프트 〔獨〕 Hundertschaft 百人組. 게르만고대에 있어서의 까뷔따스의 하부조직. 수개의 지페로써 구성되는(반드시 百人에 한하지 않는다) 인적인 단체이며, 兵制上의 단위로도 되었으나, 게르만민족의 定住後는 人的이라기보다는 오히려 지역적인 조직으로 되어, 주로 배상사건을 취급하는 백인조재판소의 관할구역으로서의 의미를 가졌다. 프랑크시대에는 地方伯領(Grafschaft)의 하급행정구역으로 되고, 그 長(centenarius)은 地方伯의 감독하에 百人組의 사법·행정을 掌理하였다.

훈 령(訓令) 〔獨〕 Verwaltungsanweisung 하급관청의 權限行使를 지휘하기 위하여 발하는 명령. 훈령 중에도 하급관청의 신청 또는 문의에 의하여 발하는 것을 특히 指令이라고 한다. 그리고 훈령은 대체로 官報로써 告示하는 것이지만 고시하지 않는 것도 있다. 이것을 內訓이라고도 한다. 하여튼 그 어느 것에 있어서도 하급관청을 구속함으로써 그 지휘에 따라 활동케 하는 구속력이 있을 따름이고 일반사인에 대해서는 직접 하등의 구속을 주는 것이 아니다. 따라서 훈령은 法規가 아니다. 훈령에 위반한 것만으로써 하급기관의 행위를 위법이라고 하고, 더 나아가서 그에 대한 구제를 구할 수 없는 것은 물론이다. 훈령은 어느 기관에게나 발할 수 있는 것이 아니다. 行政官廳 중에서도 독립된 기관은 훈령에 복종할 의무가 없다. 권한의 독립을 가진 기관은 그 범위에 있어서는 설사 훈령이 발하여졌을지라도 그것은 무권한의 것이므로 그에 복종할 필요가 없게 된다. 훈령은 職務命令과 구별되어야 한다. 訓令은 원칙적으로 의사기관인 기관상호간, 즉 상급관청이 하급관청에 대해서 발하는 것이지만 직무명령은 기관을 구성하는 특정인이 아니라 상급공무원이면 누구나 하급공무원에 대해서 발할 수 있는 지휘명령을 총칭하는 개념이다. 또 직무명령은 현재 담당하고 있는 직무에 관한 것 뿐만 아니라 널리 직무와 관련되고 있는 사항에 대해서도 발할 수 있다. 즉 훈령은 직무명령의 일부분이 될 따름이다. 훈련은 행정의 豫防的 監督手段의 하나이다.

훈시규정(訓示規定) 각종의 절차를 정한 규정 가운데서 전혀 법원이나 또는 행정부에 대한 명령의 성질을 가진 것. 效力規定에 대한 말이다. 훈시규정의 위반은 부적법이 아니므로 행위의 효력에는 아무런 영향이 없다는 것이 통설이다. 훈시규정은 爭訟節次에 관한 것이 대부분이며 그 예로는 민사소송법 184조·192조·196조, 형사소송법 116조·198조 등이 있다.

훈 장(勳章) 국가 또는 사회에 대한 공헌을 표창하기 위하여 대통령이 수여하는 기장으로서 榮典의 일종을 말한다. 우리나라 훈장의 종류로는 ① 최고훈장으로서 대통령, 대통령의 배우자, 우방국원수 및 그 배우자에게 수여되는 무궁화대훈장, ② 대한민국의 건국에 공로가 뚜렷한 자에게 수여하는 建國勳章, ③ 정치·경제·사회·교육·학술분야에 공을 세워 국민의 복지향상과 국가발전에 공적이 뚜렷한 자에게 수여하는 國民勳章, ④ 전시 또는 이에 준하는 비상사태하에서 전투에 참가하여 뚜렷한 무공을 세운 자에게 수여하는 武功憲章, ⑤ 군인·군무원을 제외한 공무원으로서 그 직무에 精勵하여 공적이 뚜렷한 자에게 수여하는 勤政勳章, ⑥ 국가안전보장에 뚜렷한 공을 세운 자에게 수여하는 保國勳章, ⑦ 국권의 신장 및 우방과의 친선에 공헌이 뚜렷한 자에게 수여하는 修交勳章, ⑧ 국가산업발전에 기여한 공적이 뚜렷한 자에 수여하는 産業勳章, ⑨ 새마을운동을 통하여 국가사회발전에 기여한 공적이 뚜렷한 자에게 수여하는 새마을훈장, ⑩ 문화예술발전에 공을 세워 국민문화향상과 국가발전에 기여한 공이 뚜렷한 자에게 수여하는 文化勳章, ⑪ 체육발전에 공을 세워 국민체위향상과 국가발전에 기여한 공로가 뚜렷한 자에게 수여하는 體育勳章 등이 있다(賞勳法 10~17의 4). 훈장 등의 영전은 이를 받는 자에게만 효력이 있고 어떠한 특권도 이에 따르지 아니한다(憲 11Ⅲ). 敍勳의 대상자는 중앙행정기관의 장의 추천에 의하여 국무회의의 심의를 거쳐 대통령이 결정한다(賞勳法 5, 7). 훈장은 수여함을 원칙으로 하며(憲 80, 賞勳法 29), 훈장을 받은 자에게는 부상을 併授할 수 있다(賞勳法 32). 훈장은 본인에 한하여 종신 이를 패용하여 死後에는 그 유족이 이를 보존하되, 이를 패용하지 못한다(34).

휘틀리위원회(委員會) 〔英〕Whitley Committee 1917년 영국의 휘틀리를 위원장으로 하여 노사관계개선을 목적으로 하는 조사위원회가 제출한 권고에 의거하여 설치된 産業別 勞使合同協議委員會를 말한다.

휴 가(休暇) 근로기준법상 근로자에게 근로의무가 없는 날을 말한다. ① 月次有給休暇. 사용자는 1월에 대하여 1일의 유급휴가를 주어야 하는데 근로자의 자유의사로 1년간에 한하여 積置하여 사용하거나 분할하여 사용할 수 있다(勤基 57). ② 年次有給休暇. 사용자는 1년간 개근한 근로자에 대하여는 10일, 9할 이상 출근한 자에 대하여는 8일의 有給休暇를 주어야 하며, 2년 이상 계속 근로한 근로자에 대하여는 1년을 초과하는 계속근로년수 1년에 대하여 위의 휴가에 1일을 가산한 유급휴가를 주어야 한다. 다만, 그 휴가총일수가 20일을 초과할 경우에는 그 초과하는 일수에 대하여는 통상임금을 지급하고 有給休暇를 주지 아니할 수 있다. 이러한 유급휴가는 근로자의 청구가 있는 시기에 주어야 하며 그 기간에 대하여는 취업규칙이나 기타로 정하는 바에 의한 통상임금 또는 평균임금을 지급하여야 한다. 다만, 근로자의 청구한 시기에 유급휴가를 주는 것이 사업운영에 심대한 지장이 있는 경우에는 그 시기를 변경할 수 있다. 근로자가 업무상의 부상 또는 질병으로 휴업한 기간과 산전·산후의 여자가 勤勞基準法 72조(産前後休暇)의 규정에 의하여 휴업한 기간은 연차휴가로 개근의 적용에 있어서는 출근한 것으로 본다. 위 年次有給休暇는 1년간 행사하지 아니한 때에는 소멸되나 사용자의 歸責事由로 사용하지 못한 경우에는 그러하지 아니하다(59). ③ 生理休暇. 사용자는 여자인 근로자에 대하여 월 1일의 유급생리휴가를 주어야 한다(71). ④ 産前後休暇. 사용자는 임신중의 여자에 대하여는 산전후를 통하여 60일의 유급보호휴가를 주어야 한다. 다만, 유급보호휴가는 산후에 30일 이상 확보되도록 한다. 또한 妊娠中의 여자근로자의 청구가 있는 경우에는 輕易한 근로에 전환시켜야 하며 시간외 근로를 시키지 못한다(72).

휴 게(休憩) 소모된 몸을 쉬고 피로한 정신을 회복하는 것. 이를 위해서 근로기준법은 휴게시간을 요구하고 있다. 즉 근로시간이 계속 4시간인 경우에는 30분 이상을, 8시간인 경우에는 1시간 이상을 휴게시간으로 주도록 규정하였다(勤基 53). 휴게시간은 모든 근로자에게 일제히 주어야 한다(일제휴게의 원칙). 또 휴게시간은 근로자가 자유로 이용할 수 있도록 하여야 한다(휴게시간자유이용의 원칙). 그러나 예외가 인정된다(58, 61).

휴대수하물(携帶手荷物) 旅客運送契約에 있어서 여객이 운송인 등에 인도를 하지 아니하고 직접 휴대하는 수하물을 말한다. 해상여객운송의 경우에는 원칙적으로 운임을 청구할 수 없다는 규정(商 824)이 있는데, 철도운송이나 자동차운송에서도 유추적용된다. 이러한 휴대수하물은 운송인의 보관에 속하지 않으므로 그 멸실 또는 훼손에 대하여서 여객이 운송인이나 그 사용인의 과실을 증명하지 않는 한 운송인의 損害賠償責任이 없다(150, 830 I).

휴대품(携帶品) 극장·여관·음식점 기타 客의 集來를 위한 시설에 의한 거래를 영업으로 하는 公衆接客業者(商 151)에게 반입한 客이 휴대한 물건을 말한다. 공중접객업자는 客으로부터 賃置를 받은 물건의 멸실 또는 훼손에 대하여 불가항력으로 인함을 증명하지 아니하면 그 손해를 배상할 책임을 면하지 못하며, 공중접객업자는 객으로부터 임치를 받지 아니한 경우에도 그 시설 내에 휴대한 물건이 자기 또는 그 사용인의 과실로 인하여 멸실 또는 훼손된 때에는 그 손해를 배상할 책임이 있다. 또 客의 휴대물에 대하여 책임이 없음을 게시한 때에도 공중접객업자는 위의 책임을 면하지 못한다(商 152). 그러나 화폐·유가증권 기타의 고가물에 대하여는 客이 그 種類와 價額을 명시하여 임치하지 아니하면 공중접객업자는 그 물건의 멸실 또는 훼손으로 인한 손해를 배상할 책임이 없다(153). 위의 책임은 公衆接客業者가 任置物을 반환하거나 객이 휴대물을 가져간 후 6월을 경과하면 소멸시효가 완성하는데, 이 기간은 물건이 전부 멸실한 경우에는 客이 그 시설을 퇴거한 날로부터 기산한다. 그러나 공중접객업자나 그 사용인이 악의인 경우에는 적용하지 아니한다(154).

휴면회사(休眠會社) 영업을 폐지하여 실체가 없음에도 불구하고 등기부상으로만 남아 있는 회사. 휴면회사는 거래에 악용될 염려가 있고, 타인이 상호를 선정·등기하는데 지장을 주는 폐해가 있다. 수년간에 걸쳐 아무런 登記도 하지 아니한 회사중에는 이러한 회사가 많기 때문에, 1984년 개정상법은 이러한 휴면회사를 정리하기 위한 제도를 신설하였다(商 520의2). 이에 의하면, 법원행정처장은 관보로써 최후의 등기후 5년을 경과한 회사는 본점의 소재지를 관할하는 법원에 아직 영업을 폐지하지 아니하였다는 뜻의 신고를 할 것을 공고할 수 있고, 이 경우에 공고일 현재 이미 최후의 등기 후 5년을 경과한 회사는 공고한 날로부터 2월 이내에 대통령령이 정하는 바에 의하여 신고를 하여야 하며, 위 기간내에 신고를 하지 아니한 때에는 그 신고기간이 만료된 때에 해산한 것으로 본다. 다만 그 기간내에 등기를 한 회사에 대하여는 그러하지 아니하다(520의2 I). 위 公告가 있는 때에는 법원은 해당 회사에 대하여 그 공고가 있었다는 뜻의 통지를 발송하여야 한다(520의2 II). 휴면회사는 해산된 것으로 의제된 때부터 3년 이내에 주주총회의 特別決議에 의하여 회사를 계속할 수 있다(520의2 III). 이것은 기업의 유지를 위하여 인정된 것이다. 휴면회사가 해산한 것으로 의제된 때로부터 3년 이내에 회사계속의 특별결의에 의하여 회사를 계속하지 아니한 경우에는 그 회사는 3년이 경과한 때에 청산이 종결된 것으로 본다(520의2 IV).

휴업보상(休業補償) 근로자가 업무상 부상·질병으로 인한 휴업 중에 있을 때 平均賃金의 100분의 60의 임금을 사용자가 지급하는 것을 말한다(勤基 82). 그러나 산업재해보상보험법상의 휴업급여는 평균임금의 100분의 70에 상당하는 금액으로 되어 있어 근로기준법상의 급여수준보다 높게 책정되어 있다. 다만 취업하지 못한 기간이 3일 이내인 때는 지급하지 아니한다(産業災害補償保險法 41). 또한 근로기준법시행령 제5조에서는 평균임금의 개정에 관한 규정을 두어 근로자의 요양이 장기간이고, 물가의 변동 등으로 임금수준이 변동된 때에는 휴업보상액도 일반임금의 수준에 따라 증감시키는 賃金變動順應率制를 채택하고 있다. 그리고 산업재해보상보험법 38조 3항에서도 통상임금이 변동되거나 사업의 폐지·휴업 기타의 부득이한 사유가 있을 때에는 평균임금을 증감하도록 규정하고 있다. 이러한 평균임금의 증감은 휴업보상뿐만 아니라 障害補償과 遺族補償 및 一時補償에도 적용된다.

휴업지불(休業支拂) 부득이한 사유로 사업계속이 불가능하여 노동위원회의 승인을 얻은 경우가 아닌한 사용자의 歸責事由에 의해서 휴업을 하는 경우에는 사용자는 휴업기간 중 해당근로자에게 평균임금의 100분의 70 이상의 수당을 지급해야 한다(勤基 45). 근로자는 임금을 받아 생계를 유지하는데 자신의 귀책사유없이 회사가 휴업하는 경우에 생계가 곤란하게 될 것이므로 근로자의 최저생활을 보장한다는 취지로 마련된 것이다. 이 때 休業의 의미는 근로계약상의 근로의무가 있는 시간에 근무를 제공할 수 없게 되는 경우이고, 전체적인 휴업이든 일부휴업이든 관계없이 휴업된 근로자에게는 休業手當을 지급해야 한다. 여기서 문제가 되는 것은 이른바 귀책사유의 의미이다. 원래 민법 538조 2항에 따르면 채권자(使用者)의 귀책사유로 인한 채무자(勤勞者)의 채무(勤勞義務)가 이행불능인 경우에는 채무자는 反對給付請求權(賃金請求權)을 상실하지 않는다. 즉 사용자의 귀책사유에 의한 휴업시 민법 규정에 따르면 근로자는 100%의 賃金支給請求權을 가진다. 그러나 근로자보호법의 성질을 갖는 근로기준법은 오히려 사용자의 귀책사유임에도 평균임금의 100분의 70 이상을 지급하도록 하고 있다. 그리하여 민법의 규정과 휴업수당시의 歸責事由의 의미를 달리 해석하는 경향이 있다. 즉 휴업수당이 지급되는 귀책사유는 民法上의 귀책사유(즉 故意·過失 또는 신의칙상 이와 동일시해야 하는 사유)보다 넓게 해석하는데, 즉 민법상으로는 사용자의 귀책사유가 아닌 경영장애도 포함한다고 해석한다. 요컨대 天災·事變 등 불가항력 이외의 사유에 의한 휴업의 경우에 근로자의 최저생활을 보장하는 취지로 지급하는 휴업수당은 민법에 의해 보장된 賃金請求權 중 평균임금의 100분의 70에 해당하는 부분의 지급을 벌칙을 두어 강제하려고 한 규정에 그치지 않고, 사용자의 귀책사유도 확대하여 해석하는 규정이다. 休業手當支給을 발생시키는 사유는 일반적으로 기계의 검사, 원료부족, 유통구조의 열악에 의한 자재구입난, 감독행정청에 의한 操業停止, 母會社 및 子會社의 경영난으로 인한 자금획득곤란 등이 포함된다.

휴 일(休日) 일을 일반적으로 쉬는 날. 세가지 뜻이 있다. ① 國家가 職務·業務의 집행을 쉬는 것으로 특정한 날. 공휴일이 이에 해당한다(官公署의 公休日에 관한 件). ② 특정한 사회에서 일반적으로 업무를 쉬는 날. 각종의 법률에서 一般의 休日이라 불리며 공휴일 이외에, 경우에 따라서는 端午, 寒食이 포함될 수 있다. 이 날에는 일정한 행위는 할 수 없고, 기간의 만료일은 다음날로 연장된다(民訴 153·157 II·175, 刑訴 66, 어음 72·81, 手票 60·66). 民法이 기간의 말일이 휴일에 해당하면, 다음날로 연장한다는 것도 같은 뜻이다(161). ③ 근로기준법상의 휴일로 사용자가 근로자의 쉬는 날로 정한 날(勤基 55~61). → 휴가, 휴일근로, 유급휴가, 연차유급휴가, 월차유급휴가

휴일근로(休日勤勞) 휴일에 근로하는 것. 휴일근로에 대해서는 보통임금의 100분의 50 이상의 휴일근로수당이 지급된다(勤基 55). 휴일에는 有

給休日과 無給休日이 있으므로 무급휴일근로와 유급휴일근로와는 지급되는 임금에 차이가 있다. → 유급휴일, 휴일

휴 전(休戰) 〔英〕·〔佛〕 armistice 〔獨〕 Waffenstillstand 전쟁중 전투행위의 중지를 내용으로 하는 합의. 일반적 휴전과 부분적 휴전이 있다. 一般的 休戰(general armistice)은 交戰國간의 전지역에 있어서의 전투를 전면적으로 중지하는 것이며 일반적 또는 전반적 휴전은 전쟁의 사실상의 종료와 같은 政治的 效果를 결과하는 것이 보통이다. 그러나 법적으로는 휴전 자체가 전쟁을 종료하는 것은 아니다. 이와 같은 정치적 중요성으로 인하여 일반적 휴전협정의 체결은 교전국정부 자신 또는 군의 총사령관만이 할 수 있으며 批准을 요한다. 部分的 休戰(partial armistice)은 일정한 군사적 필요에 의하여 일정한 지역에서만 일시적으로 戰鬪行爲를 중지하는 것이다. 부분적 또는 지방적 휴전은 일선사령관 사이의 합의에 의하여 성립하는 것이며 전쟁의 종료와는 아무런 관계도 없다. 특별한 규정이 없는 한 비준을 요치 않는다. 그런데 일반적 휴전이 성립하면 교전국 군대간의 전투행위는 전면적으로 중지되나 전쟁상태가 종료되는 것은 물론 아니다. 휴전기간중 交戰當事國간에는 여전히 전쟁상태가 계속하며 교전국과 제3국간에는 중립관계가 존속한다. 전투행위의 준비에 대하여는 특별한 규정이 없는 한 전선 외에서는 할 수 있으나 전선내에서는 할 수 없다고 보는 것이 다수설이다. 휴전의 종료는 휴전협정에 기간이 정해진 것은 그 기간의 만료와 동시에 또 解除條件이 붙은 것은 그 조건이 되는 사건의 발생과 동시에 종료한다. 당사자의 일방에 휴전조건의 위반이 있을 경우에는 國際違反行爲를 구성하며 당사자의 일방에 중대한 휴전협정위반이 있을 경우에는 타방이 協定廢棄의 권리를 가질 뿐만 아니라 긴급의 경우에는 즉각으로 전투를 개시할 수 있다(陸戰法規 40). 개인의 위반에 대하여는 협정 그 자체가 무효로 되지 않고 위반자의 처벌 및 손해배상의 청구권이 발생한다(41). → 전투정지, 전쟁의 종료, 한국휴전협정

휴전규약(休戰規約) 전쟁중 일시 전투행위를 중지할 것을 내용으로 하는 書面上의 合意. → 휴전

휴 지(休止)〔訴訟節次의〕 〔獨〕 Ruhen des Verfahrens 당사자의 의사 또는 태도에 의하여 訴訟節次를 정지하는 것. 입법례에 따라서는 합의에 의한 휴지를 인정하고 또 辯論期日에 당사자쌍방이 불출석한 때에도 절차를 휴지시킨다. 그러나 현행법은 소송의 진행에 관하여 職權主義를 철저히 하여 이를 채택하지 않고 있다.

휴 직(休職) 공무원으로서의 신분을 가지면서 일정한 기간 동안 職務擔當을 해제하는 것을 말한다. 휴직의 기간은 休職事由에 따라서 각기 다른데, 신체·정신상의 장애로 長期療養을 요할 때(1년내), 병역법에 의한 병역복무를 필하기 위하여 징집 또는 소집되었을 때(服務期間 만료시까지), 천재·지변·전란 및 기타 재해에 의하여 생사나 소재가 불명한 때(3월내) 법률의 규정에 의한 의무수행을 위하여 직무를 이탈할 때(복무기간만료시까지)이다(國公 71, 72). 휴직기간 중이라도 그 휴직사유가 소멸된 때에는 당해 공무원은 30일 이내에 임용권자나 임용제청권자에게 그 뜻을 신고하여야 하며, 그 신고를 받은 임용권자는 지체없이 복직을 명하여야 하고, 휴직기간이 만료된 공무원은 30일 이내에 復歸申告를 함으로써 당연히 복직된다(73).

휴 회(休會) 국회가 그 의결로 회기중 그 활동을 일정기간 休止하는 것(國會 8 I). 休會는 국회가 자율적으로 행하는 점에서 君主 또는 행정부의 명령에 의하여 그 활동을 휴지하는 停會와 구별된다. 또 散會(74)·延會·休憩는 개의당일에 일어나는 일이나, 휴회는 개회중(회기중) 일정한 기간 회의를 개의하지 않는 것을 말한다. 휴회는 국회의 의결에 의하여 행하여지나 일정한 기간 附議案件이 없어서 회의를 열지 않는 경우를 특히 自然休會라고 한다. 국회는 휴회중이라도 대통령이 요구하거나 의장이 긴급한 필요가 있다고 인정하거나 在籍議員 4분의 1 이상의 요구가 있을 때에는 회의를 재개한다(8 II).

흉 기(凶器) 사람을 殺傷할 특성을 가진 기구. 흉기를 性質上의 흉기(좁은 의미)와 用法上의 흉기(넓은 의미)로 나눌 수 있다. 전자는 총포도검과 같이 그 기구의 본래의 성질로 보아 사람을 살상하기 위하여 만들어진 것이고, 후자는 곤봉과 같이 사람을 살상하기 위하여 만들어진 것은 아니지만 殺傷을 위하여 사용하려면 사용할 수 있는 기구이다. 다만 흉기라고 하기에는 사회통념상 일반인이 그 用法에 대하여 위험을 느낄 만한 것이어야 하므로 지팡이·새끼줄 등은 이에 해당하지 않는다고 보아야 할 것이다.

흑 해(黑海) 〔英〕 Black Sea 〔獨〕 Schwarzes Meer 〔佛〕 Mer Noire 흑해는 원래 터키의 영토로써 둘러 싸여 있고 또 그 입구에 해당하는 해협의 폭은 6해리 이하로서 당시 전부 터키의 영역에 속하였던 것이다. 1774년 쿠츄크·가이나르지조약

에 의하여 러시아가 흑해의 연안국이 되고 그 후 19세기에 이르러 루마니아·불가리아 등이 연안국이 됨으로써 흑해는 公海가 되었다. 흑해는 보스포러스 및 다다넬즈의 해협에 의하여 지중해에 통하는 수역으로서 좁은 뜻의 內海와 그 성질을 달리하는 것이다. 따라서 터기 외에 러시아·루마니아·불가리아가 연안국이 된 때에 연안국에 의하여 分屬되는 것이 아니라 연안에 연하여 沿岸海의 범위를 측정하고 그 잔여의 부분이 공해가 되는 것이다. 1841년의 소위 海峽制度條約에 의하여 터키가 평화관계에 있을 동안에는 터키는 해협을 일체의 외국의 군함에 대하여 폐쇄하는 원칙을 유지할 것을 정하였다. 그 후 1856년의 파리조약에 의하여 흑해는 소위 중립화가 되어 일체의 국가의 상선에 개방되었으나, 연안의 임무수행을 위한 터키와 러시아의 公船 이외의 연안국 또는 기타의 국가의 군함의 출입을 금지하였다. 1871년 런던조약에 의하여 흑해의 중립 및 군함배제의 제도는 폐지되었으나 해협폐쇄의 원칙은 유지되었다. 1923년 로잔느조약에 부속된 海峽制度에 관한 조약에 의하여 흑해와 지중해간의 통과 및 항행의 자유를 유지하며 다만 평시 한 나라가 흑해를 목적지로 하여 해협을 통과할 수 있는 해군력에 제한을 두고, 흑해를 목적지로 하여 해협을 통과할 수 있는 최대의 軍力은 흑해연안제국에 속하는 최강의 함대, 즉 그 통과당시 同海에 현존하는 軍力을 초과할 수 없다. 단 각국은 때와 사정의 여하를 불문하고 1만톤을 각각 초과하지 않는 군함 3척 이내의 군력을 흑해에 파견하는 권리를 留保한다. 1937년 몽뜨뢰條約(Montreux Convention)에 의하여 연안국의 안전의 범위내에서 항행의 자유를 인정한다. 따라서 금일에도 흑해는 公海로서 존재한다고 할 수 있다.

흠결(欠缺)**의 보충**(補充) 행정에 관한 수많은 규정에도 불구하고, 행정법의 영역에는 단일화된 법전이 없으며, 특히 총칙에 해당되는 부분이 成文化되어 있지 않다. 그만큼 행정법에 있어서는 법의 흠결 내지는 공백이 많은 셈이다. 그 흠결을 메꿈에 있어서는 우선 다른 법 분야에서 발전된 방법론과 기술을 원용할 필요가 있는데 이것을 흠결의 보충이라 한다. 법의 흠결을 메꾸는 가장 보편적인 방법이 유사한 법령의 준용이다. 종래 우리나라에 있어서는 행정법의 흠결이 있는 경우에 선진법인 私法(특히 민법)을 준용하는 방법으로 문제를 해결함이 일반적이었으며, 그에 관해 公法規定을 준용하는 것에 대해서는 거의 언급이 없었다. 하지만 대법원도 공법규정의 유추적용을 적극적으로 인정하고 있다.

흠의 치유(治癒) 행정행위의 성립 당시에 흠있는 행정행위가 그 흠의 事後追完, 事後補完을 통해 흠없는 행위로 되는 것을 행정행위의 흠의 치유라고 한다. 대표적인 사례가 聽聞과 理由提示를 결여하였거나 불완전하게 한 경우, 사후에 추완 또는 보완하는 경우이다. 우리나라에서는 학설과 판례가 다 같이, 그 흠의 치유에 대해 엄격한 편이다. 즉 행정쟁송을 제기하기 이전의 치유만 인정하는 경향에 있다.

흠정헌법(欽定憲法) 〔獨〕oktroyierte Verfassung 군주 한 사람의 의사로 제정되는 헌법. 君主主權理論에 입각한 헌법으로서 군주국가에서 볼 수 있는 헌법이다. 국민주권국가에 있어서 국민의 의사로 제정되는 民政憲法에 대응하는 개념이다.

흠흠신서(欽欽新書) 鄭若鏞의 저서로 30권으로 되어 있다. 형옥에 관하여 기록한 서적. 당시 순조시대에 黨爭이 심하여 刑獄이 빈번하여 偏頗輕率하여 寃抑이 심하였으므로 斷獄의 任에 있는 자의 지침으로 상술한 것이다. 내용은 徑史要義 3권, 批祥之雋 5권, 擬律之差 4권, 詳刑追攷 15권, 剪跋蕪詞 3권으로 구성된다. 徑史要義는 中朝의 古訓先例를 인용하여 해석한 것. 批詳之雋는 斷獄에 관계되는 批(題辭)와 祥(牒呈) 기타 奏議·駁擬 등을 들어 해석한 것. 擬律之差는 淸國擬律實例(현대의 판례)를 淸率條例 중에서 선택하여 비판한 것. 詳刑追攷는 정조시대의 郡縣의 公案, 曹議, 判旨 등을 蒐集彙分하여 사견을 가한 것. 剪跋蕪詞는 자신이 謫居中 견문한 斷獄事件을 集錄한 것. 이상 獄事審擬에 관하여 예를 들어 설명하고 비판한 것으로 조선말엽의 刑獄制度의 연구자료가 된다.

흡수관계(吸收關係) →법조경합

흡수합병(吸收合併) 〔美〕merger 〔獨〕Verschmelzung durch Aufnahme 〔佛〕fusion par voie d'absorption, annexion 합병당사회사의 하나가 존속하고 다른 회사가 소멸하여 전자가 후자의 재산과 사원을 승계·흡수하는 형태의 합병. 併呑合併 또는 存續合併이라고도 한다. 新設合併에 대하는 말이다. 소멸회사의 사원이 존속회사에 수용되어야 하므로 주식회사의 흡수합병의 경우에는 존속회사는 신주를 발행하여 이를 消滅會社의 주주에게 배정하여야 한다. 그러므로 存續會社의 발행예정 주식총수 중 미발행주식의 부분이 이에 부족한 때에는 이를 증가하여야 하고 또 신주발행으로 인하여 존속회사의 자본과 준비금의 증가를 가져오게 된다. 이 증가액은 소멸회사로부터 승계하는 소멸회사의 實財産, 즉 순재산의 범위내에서 적절하고 올바르게 결정되는 것이지, 단순한 계산상의 數額에 불과한 소멸회사의 자본금과 준비금의 額數에 따르는 것이 아니라는 점에 주의하여야 한다. 또 주식회사 또는 유한회사에 있어서는 흡수합병에 특유한 절차로서 합병에 관한 사항을 보고하는 합병보고총회를 여는 점이다. 이 총회에서는 존속회사에 수용될 消滅會社의 주주 또는 사원은 존속회사의 주주 또는 사원과 동일한 권리가 있다(商 526, 603).

희망권(希望權)　기대권과 같다.

희망이익보험(希望利益保險)　〔英〕insurance on profits on goods〔獨〕Versicherung von imaginärem Gewinn〔佛〕assurance du profit espéré　운송물의 도착으로 인하여 얻을 이익 또는 보수를 목적으로 하는 손해보험. 여기서 이익은 운송물이 목적지에 도착하여 증가된 價額이고, 보수는 仲介人·委託賣買人 등이 운송물의 도착으로 인하여 취득하는 보수이다. 이 보험은 주로 海上保險에서 이용되며, 陸上運送保險에 있어서도 당사자간의 특약에 의하여 활용된다(商 689Ⅱ). 육상운송보험에 있어서의 희망이익은 당사자의 약정이 있는 때에 한하여 保險價額에 산입한다(689Ⅱ). 또 해상보험에 있어서의 희망이익보험은 실제에 있어서는 積荷保險에 부수하여 積荷의 보험가액의 비율에 따라 그 보험가액을 정하는 것이 보통인데, 상법은 保險價額不變更主義를 취하여 당사자간의 협정이 없으면 보험금액을 보험가액으로 한 것으로 추정한다(698).

히타이트법서(法書)　〔英〕Laws of Hittites〔獨〕Hethitische Gesetze〔佛〕Code Hettite(Lois de Hettetes)　기원전 14세기에 히타이트인이 편찬한 것으로 이른바 法書(law book, Rechtsbuch)에 속하는 것이며 엄밀한 의미에서는 공적인 권위를 가지는 법전은 아니고 법의 정통자가 판례를 주로 하고 그 밖에 法律·註釋 등을 자료로 한 私撰의 법률서이다. 刑罰規定을 주로 하고 이에 관련하는 재산법·친족법의 규정을 포함하고 있다. 法條數는 200. 내용적으로는 함무라비법전의 영향을 받고 있으며 그 형벌법은 온화하고 인도적이며 진보한 단계를 보여 주고 있다. 원본은 泥板文書이며, 독일학자들에게 의하여 금세기초에 발견되었는데 함무라비법전·앗시리아법서와 함께 楔形文字法의 法源으로서 가장 중요한 것이다. 또한 바빌로니아·앗시리아·이스라엘 등 셈계와 일찍부터 역사적으로 긴밀한 교섭을 가지고 있었던 히타이트인은 아리아계에 속하며, 이 법서는 소아시아에 나타난 최초의 印歐民族의 법이며, 아리아어로 쓰여진 最古의 法書이다(사용문자는 설형문자이고, 언어의 구조는 아리아어에 속한다).

法諺

法令名

人名

法制史年代表

법 언(法 諺)

A

Accessorium sequitur principale. 〔羅〕 從物은 主物에 따른다(D. 34, 2, 19, 13, Ulpianus). 동산 또는 부동산에 從的인 입장에서 부속된 물건은, 그 주된 물건소유자에게 귀속하고(民 256, 257), 또한 그 主物의 處分이 따른다(Coke, Institutes, 3, 139). 자기의 소유에 속하는 물건을 종물로서 주물에 부속시킨 때(그것은 구성부분과 달라 법적으로 독립되어 있지만) 그 물건(pertinenta)은 법률행위의 해석의 문제로서 명료한 의사표시가 없는 경우에는 주물의 처분에 追隨하는 것으로 되어 있다(民 100).

Actori imcumbit probatio. 〔羅〕 원고는 擧證의 責任을 진다(D. 22, 3, 21). 현재의 민사소송에 있어서는 원고라고 하여 당연히 거증책임을 지는 것이 아님은 명백하다.

Actor sequitur forum rei. 〔羅〕 원고는 피고의 裁判籍에 따른다(C. 3, 19, 3). 원고는 피고의 관할법원에 제소하지 않으면 안된다고 하는 것. 우리 민사소송법에서는 普通裁判籍은 피고의 주소 또는 거소에 의하여 정하여지게 되어 있다(民訴 1, 2).

Actus legis nemini est damnosus. 〔羅〕 법이 행하는 바는 어느 누구에 대해서도 權利侵害로 되지 않는다(Coke, Reports, 5, 81). 이 명제에 따라 英法에서는 자주 법의 행위(act of law)와 당사자의 의사에 의한 행위(act of parties)를 나누고, 법에 의하여 부여된 權限의 濫用은 최초부터의 법의 侵犯者(tresspasser ab initio)로 보는데 대하여, 당사자 상호간에 부여된 권한의 남용은 그렇게 취급되지 않는다. 그리고 이 구분은, 법은 어느 누구에 대해서도 惡을 행하지 않는다고 하는 원칙에서 나오는 것이다.

A l'impossible nul n'est tenu. 〔佛〕 어느 누구도 不能에 구속되지 아니한다(D. 50, 17, 185). 목적이 불가능한 債務는 무효이다. 프랑스 민법 900조, 1172조, 1302조, 1303조 등의 여러 조항은 이 법언의 표현이다. →Impossibilium nulla obligatio est.

An eye for an eye, a tooth for a tooth. 〔英〕 눈에는 눈을, 이에는 이를. 탈리오의 법칙이라고 불리는 고대의 刑罰思想. 이것은 힘에 의하여 정의를 실현하려는 복수의 관념으로, 가해자가 타인의 法益에 대하여 가한 것과 사실상 동일한 고통을 가해자에게 주려는 형벌이다. 따라서 이것은 純結果責任主義, 純客觀主義의 以尺報尺(like for like, measure for measure)의 사상이며 제도이다. 복수의 盲目性·衝動性에 대하여 합리적 제한을 가한 점에 있어서 시대적 진보성과 타당성을 가진 문화적 입법의 기원이라고 할 수도 있다. 비교법상 함무라비法典과 같은 설형문자법계와 모세法典(Code of Moses)에 전형적으로 나타나 있으며, 로마의 12表法과 고대동양법제도에도 보인다.

B

Bellum omnium contra omnes. 〔羅〕 萬人의 만인에 대한 鬪爭(홉스가 사용한 말). 그로티우스나 로크가 인간의 본성에 관하여 낙관적인 생각을 가지고 있었는데 대하여, 홉스는 비관적인 생각(性惡說)을 가지고 있어, 배타적인 자기보존의 본능만이 바로 인간의 본성이며, 따라서 想定된 자연상태하에서는 인간의 생활은 만인과 만인과의 사이의 부단한 투쟁이라고 하였다. 그리고 이 투쟁을 없애고 평화로운 생활을 이룩하는 유일한 길은 社會契約에 의하여 절대적인 지배의 체제를 세우는 것이라고 하였다. → 사회계약론

Between equal equities the law must prevail. 〔英〕 에퀴티상의 권리가 동등한 자에 관하여는 普通法상의 우위자를 승리시켜야 한다. 형평법재판소에 제소하는 자의 이유가 에퀴티상의 구제권이 있다고 하는 것인 경우, 상대방도 평등하게 에퀴티상의 訴權을 가지고 있으면, 소구자는 구제권이 없다. 이 법언은 捺印證書訂正의 訴에는 적용되지 않는다고 한다.

Bis de eadem re ne sit actio. 〔羅〕 동일한 사물에 관해서는 訴權은 두번 존재하지 않는다. 동일물에 관하여 재차의 소송은 허용되지 않는다(Gaius, Institutiones, 3, 181; 4, 108). 一事不再理를 의미하며, 로마법에 있어서의 통상소송인 법률소송(레기스 악치오)이나 方式書訴訟에서 인정되었다.

Bonae fidei iudiciis exceptiones insunt. 〔羅〕 誠意訴訟에는 항변은 당연히 포함된다(D. 18, 5, 3, Julianus=Paulus). 로마법상, 嚴正訴訟(→ 악치오 스뜨릭띠 유리스)에 있어서는 피고가 항변을 제출하는 때에는 그 항변은 방식서(→ 방식서소송)에 삽입되고, 심판인(→ 유덱스)은 이러한 抗辯의 사실이 존재하느냐 어떠냐를 심사할 것을 지시받았는데 대하여, 성의소송(→ 악치오 보나에 피데이)의 심판인은 信實誠意에 따라(ex bonae fidei) 판결할 것을 지시받으며, 따라서 당연히 피고의 항변을 고려하여 판결하여야 하므로, 그 방식서에 특히 항변을 삽입할 필요는 없었다. 즉 성의소송에는 항변은 당연히 포함되는 것으로 보았다.

C

Casum sentit dominus. 〔羅〕 소유자는 事變(不可抗力)으로 인한 손실을 부담한다. 개인주의적인 賠償의 法理에 따라 불가항력으로 인하여 발생한 손해는 피해자인 (이익의) 소유자자신이 스스로 이를 부담하여야 하며 타인에게 전가시킬 수 없다는 뜻이다. 따라서 그 반면에 타인의 歸責事由로 인하여 손해가 발생한 때에는, 그 유책자에게 損害의 塡補를 구할 수 있다.

Caveat emptor; qui ignorare non debuit quod ius alienum emit. 〔羅〕 買受人이여, 주의하라, 왜냐하면 누구도 매도인의 권리의 내용에 관하여 無知함이 허용되지 않기 때문이다. 賣渡人의 명시 또는 묵시의 담보(warranty)가 있거나, 詐欺가 있는 경우가 아니면 매수인은 스스로의 위험으로 사는 것이며, 목적물의 하자 등을 이유로 구제를 구할 수 없다고 하는 自由放任主義經濟思想下에 확립한 매매법상의 원리를 표현한 격언.

Cessante causa cessat effectus. 〔羅〕 原因이 그치면 效果도 그친다(Coke-Littell, Reports 70). 법률이 적용되는 원인이 소멸하면 당연히 그로부터 발생하는 法律效果도 소멸한다고 하는 원칙. 로마의 시민법상 諾成契約을 제외하고 계약의 성립에는 원인을 필요로 하며(有因契約), 따라서 그 원인의 소멸은 계약의 효과의 소멸을 가져온 데서 유래한다.

Cessante causa legis cessat lex. 〔羅〕 법의 原因이 그치면 법의 適用도 그친다(Coke-Littell, Reports, 70). 원인이 없어지면 결과도 없어진다라고 하는 論理法則이 법에 적용된 것으로, 법의 적용범위를 제한하는 뜻이다. 예컨대 국회의원의 불체포특권(憲 44)과 같다. → Cessante causa cessat effectus.

Cogitationis poenam nemo patitur. 〔羅〕 어느 누구도 그 思考에 대하여 刑罰을 받지 아니한다(D. 48, 19, 18, Ulpianus). 처벌받는 것은 외부적 행위, 위법한 행위이다. 아무리 犯罪의 계획을 세우고, 나쁜 의사를 가지고 있더라도, 이 때문에 처벌받지 않는다. 이것이 刑法의 대원칙이다. 범죄진압을 위한 투쟁은 행위의 미발달의 단계에서 붙들어, 이것을 처벌하는 경향을 가지지만, 이에는 한계가 있으며, 사고까지 처벌의 대상으로 할 수는 없다.

Communis error facit ius. 〔羅〕 一般的 誤謬는 법으로 된다(Coke, Institutes, 4, 240). 특정의 권리에 관한 일반적인 誤信은 권리의 존재와 같다고 하는 의미로서 로마법(D. 1, 14, 3, Ulpianus)에 유래한다고 한다. 그렇지만, 이 격언의 적용에는 비상한 주의가 필요하므로, 오히려 一般的 誤謬(communis error)라 함은 一般的 信念(communis opinio)의 의미이고, 그것이 행위의 근거 혹은 기준으로 된 경우에 법의 보호를 받는 취지라고 해석된다.

Consensus facit legem. 〔羅〕 合意는 (당사자간에) 法을 만든다(Branch, Principia legis et equitatis). 그것에 의하여 구속받을 것을 동의한 당사자간의 합의는 법으로서의 효력을 가진다. 이

원칙은 현행 프랑스민법(1134 I) 및 이탈리아민법(1372 I)에 그대로 반영되어 있다.

Consensus, non concubitus, facit matrimonium. 〔羅〕 婚姻을 성립시키는 것은 합의이지 同棲는 아니다(Coke, Institutes, 6, 22).

Convenances vainquent loi. 〔佛〕 合意는 법에 이긴다(Loisel, Institutes coutumières, n° 356). 계약자유의 원칙을 말한다.

Conventio vincit legem. 〔羅〕 契約은 법률에 이긴다. 계약자유의 원칙을 강조한 법언. → Convenances vainquent loi.

Creditors have better memories than debtors. 〔英〕 채권자는 채무자보다도 기억이 좋다.

Creditur virgini praegnanti. 〔羅〕 妊娠한 處女는 믿어진다(앙샹 드로아의 법언). 이전에는 부의 搜索을 널리 인정하고 혼인외의 출생자에 관한 부의 인정은 그 母의 指名에 의하여 결정한다고 하는 뜻으로 해석되었으나, 그 후는 일층 좁은 의미로, 즉 産褥의 母가 지명하는 자에게 분만비 및 영아의 양육비를 부담시키는 취지로 이해하고, 혼인외의 출생자에 관한 父의 인정은 그 밖의 確證을 기다려 결정되었다고 한다.

Cuius commodum, eius et periculum. 〔羅〕 利益을 얻는 자에게 損失(危險)도 또한 속한다(Inst. 3, 23, 3). 특정물의 매매계약체결후에 객체가 멸실 또는 훼손되고 또한 매도인이 그 책임을 짐을 요하지 않는 경우에, 로마법은 매도된 객체에 관한 위험은 곧 매수인이 이를 부담하는 것을 원칙으로 하였다(債權者主義). 그것은 이 원칙은, 멸실의 위험이 있는 특정물을 팔아 금전을 얻으려고 하는 매도인의 의사에 합치하고, 매수인은 매매성립후 객체에 발생한 모든 이익을 취득하는 대신에 위험도 부담하는 것이기 때문이다(舊民 534). 우리 민법은 債務者主義를 취하고 있다(民 537).

Cuius est solum, eius est usque ad caelum et ad inferos. 〔羅〕 토지소유자의 권리는 地上은 天空까지, 地下는 地核까지 미친다(주석학파의 법언)(Coke-Littell, Reports, 4). 토지소유권행사의 한계가 지상·지하에 미치는 것은 로마법에 기원하지만, 그것을 무한대로, 즉 天空까지(usque ad caelum) 내지 地核까지(usque ad inferos)도 미치는 것 같은 해석을 내린 것은 주석학파이다(民 212 참조).

D

Debita sequuntur personam debitoris. 〔羅〕 債務는 채무자의 인격에 수반한다(Halkerstone, Latin maxims, 13). 債權은 그 발생원인이 계약이든 불법행위이든 또는 그 밖의 사실이든지를 불문하고, 소유권 내지 기타의 物權과는 달라 모든 사람에 대항할 수 있는 배타적인 권리가 아니고, 특정인의 다른 특정인에 대한 권리이며, 또한 특정의 급부를 하게 하는 권리임을 표시하는 것이다.

De minimis (minima) non curat praetor. 〔羅〕 裁判官은 사소한 일에 유의하지 않는다. 본래는 소액 또는 경미한 사건은 치안재판소의 관할에 속하고, 보통의 재판소에 係屬하지 않는 것을 의미하였으나, 변화하여 경미한 위법도 위법이며, 범죄를 성립시키는 것은 틀림이 없지만, 벌하기에는 너무 경미한 것은 이것을 문제삼아 처벌할 필요는 없다고 하는 의미를 가진다. 微罪不起訴는 이 사상에 기한 것이다.

Der Bauer hat nur ein Kind. 〔羅〕 농부는 한 아이만을 가진다. 다수의 同順位相續人 중에서 1인만이 농업자산의 상속에 있어서 고려되어야 한다는 독일농민간에 발생한 一子相續의 근본사상을 표현한다. 근대에 있어서도 농업자산의 세분은 농업경영의 유지를 곤란하게 하는 일이 많으므로, 共同相續·均分相續의 사상과의 타협이 논의되고 있다.

Der Tote erbt den Lebendigen. 〔羅〕 死者가 生者에게 相續시킨다. 중세 게르만에 있어서는 상속인은 피상속인 사망의 순간에 법률상 당연히 상속재산을 취득하였다. 상속인의 상속의사의 유무를 불문하며 또 상속인이 상속재산의 引渡를 받을 필요가 없을 뿐만 아니라 상속개시의 사실을 알 필요도 없었다. 또한 상속개시와 동시에 소유권 뿐만 아니라 게베레도 취득하였다. 이와 같은 권리의무의 필연적 移轉의 관계를 표현하는 법언이다. 즉 상속인이 어떤 법률적 행위를 행하는 것이 아니라, 피상속인 자신이 자신의 사망으로 상속인을 자신의 현재까지의 자리로 들여 놓는다는 의미이다(독일·스위스의 현행법은 그 핵심에 있어서 이에 입각하고 있다(獨民 1992, 瑞民 560 참조)). 이 원칙은 고대의 가족공동체에 유래하는 것이다. 즉 가족공동체에 있어서는 家子들은 이미 부의 생존시로부터 그 家産을 그 家父와 더불어 合有하고 있는 것이며, 가부가 사망하면 단지 지금까지 잠재적이었던 권능이 顯在的으로 될 뿐이지 아무런 새로운 취득의 절차를 필요로 하지 않았었다. 프랑스에서는 Le mort saisit le vif.(死者가 生者를 부른다)라고 표현하였다. 로마법에 있어서는 게르만법에 있어서와 같이 相續財産이 법률상 당연히 취득됨은 家內相續人(sui heredes)에 한하고, 그 외의 상속인에 있어서는 상속인이 明示的 또는 默示的으로 승인함을 요하였다.

Die oldere sal delen unde die jüngere sal kiesen. 〔獨〕 年長者가 분할하고 年少者가 선택할지어다(작센슈피겔 Ⅲ 29 § 2). 중세게르만법상의 공동상속재산분할의 구체적 방법에 관한 규칙 중에서 가장 중요한 것. 이 규칙은 본래 상속인이 2인일 때에 행하여진 것이다.

Dies interpellat pro homine. 〔羅〕 期限은 사람에 갈음하여 催告한다(註釋學派의 법언). 履行期가 정하여진 채무(確定期限附의 채무)는 채권자의 최고가 없더라도 이행기의 도래로써 당연히 채무자의 履行遲滯를 일으킨다고 하는 원칙(民 387). 로마법에서는 오히려 반대이며, 채무가 확정기한부인 때에도 의연히 최고가 필요하였으며, 기한도래에 의하여 債務者遲滯를 일으킬 특약이 있는 경우에만 최고없이도 지체로 되었다. 주석학파가 근거로 한 법문은 違約罰의 問答契約(스띠뿔라치오)에 따르는 채무에 관한 것이다.

Dolus circuitu non purgator. 〔羅〕 詐欺는 迂廻에 의하여 정당화되지 아니한다. 외관상은 적법한 것처럼 보이는 행위에 의하여 위법한 결과를 달성하려고 하는 경우에도 그 위법성이 소멸하는 것은 아니다. 특히 국제법상 화물의 나포를 면하기 위하여 중립항에 수송하고, 여기서 적성지역으로 수송되는 경우에도, 직접 나포해도 무방하다고 하는 連續航海主義를 정당화하는 말로 되어 있다.

Dura lex, sed lex. 〔羅〕 惡法도 法이다. 出典은 명백하지 않지만, 옛부터 행하여지고 있는 법언이며, 특히 法實證主義에 철저한 입장에서 주장된다. 법은 정의의 요구에 알맞고, 사회의 실용에 이바지하는 것임을 그 취지로 한다. 이러한 의미에서 정의에 반하는 것을 내용으로 하는 악법은 법이 아니다라고도 말하여진다. 그러나 법이 옳으냐, 실용적이냐라고 하는 價値判斷은 사람에 따라, 입장에 따라 다르다. 따라서, 사회에 생활하는 各人이, 자기가 옳지 않다고 생각한 법을 법이 아니라고 하여 행동하는 것을 허용한다면, 사회의 질서는 하루도 유지될 수 없다. 법에 과하여진 가장 주요한 사명은 社會秩序를 안정시키는데 있다. 라드브루흐가 정의 이상으로 절실한 법의 임무는 법적 안정성이라고 말한 것은 이 때문이다. 악법도 법이다라고 하는 법언은, 이러한 입장을 대변하고 있다. 代表民主主義의 국가에서는 법은 의회의 다수결에 의하여 제정된다. 그 법의 是非善惡에 관하여 논의가 있더라도, 일단 제정된 법은 정규의 입법절차를 거쳐 改廢될 때까지는 법으로서 효력을 가진다. 다만, 제정법이 명백히 사회의 실정에 맞지 않는 경우, 법을 파괴한다고 하는 위험에 빠지지 않고, 법해석학의 노력에 의하여 법을 사회의 요구에 순응시켜 나가는 것은 오히려 法秩序에 彈力性있는 안정성을 부여하는 까닭이다.

E

Ei incumbit probatio qui dicit, non qui negat. 〔羅〕 擧證責任은 주장자에게 있지 부정자에게 있지 않다. 빠울루스가 제창하였다(D. 22, 3, 2). 주장자 및 부정자의 의미가 명확하지 않으며, 이 원칙에 의하여 민사소송에 있어서의 거증책임의 분배를 충분히 설명할 수는 없지만, 후대의 학설을 위하여 길을 열어 준 것이다.

Eigentum verpflichtet. 〔獨〕 所有權은 의무를 지운다(의무를 포한다)(바이마르 헌법 153조 3항의 규정의 文言). 소유권은 오직 개인의 이익을 위해서만 인정되고, 따라서 소유자의 完全無碍한 사용·처분권을 의미하는 것은 아니며, 사회적 부담을 지고, 소극적으로는 공공복리를 위하여 필요한 제한을 받고 적극적으로는 공공복리에 적합하도록 행사할 의무를 내포한다는 의미. 1789년 프랑스인권선언이 보장한 不可侵 또는 神聖한 권리로서의 個人主義的 觀念과 달라, 소유권의 사회연대적인 성격을 보여주고 있다.

Ein Mann, ein Wort. 〔獨〕 1人 1言. 사람은 자기의 말을 지키지 않으면 안된다고 하는 의미. 고대 게르만법은 의사표시는 외부에 표시된 말(表象)을 그대로 판단하면 충분하다고 하여, 錯誤를 인정하지 않았다.

Eisern Vieh stirbt nicht. 〔獨〕 鐵의 가축은 죽지 아니한다. 게르만법에 있어서 가축의 用益賃貸借(Viehpacht, Viehstellung)가 임대인이 임차인에게 가축을 인도하고, 임차인은 同種·同質·同量의 가축을 반환할 것을 약속함으로써 성립한 경우, 임대인은 언제나 가축의 반환을 청구할 수 있게 되므로, 철의 가축 혹은 久遠의 소(Immerkuh)라고 불리었다. 즉 실질적으로는 消費貸借와 같다. 스위스법은 지금도 약간의 규정을 두고 있다(瑞債 302, 303).

En fait de meubles, possession vaut titre. 〔佛〕 동산에 관하여는 占有는 權原에 값한다(Bourjon, Droit commun de la France, Ⅱ, 1. ch. Ⅵ, n°1). 동산의 善意占有者에게 所有權取得을 인정하는 프랑스 민법 2279조에 표현되어 있다. 이 법언의 해석은 반드시 일정하지 않지만, 의식적으로 동산의 점유를 잃은 소유권자의 回復請求權을 인정하지 않고, 선의의 점유라고 하는 사실에 법률상 특히 소유권이전의 효과를 부여함으로써 동산거래의 안전을 보장하려고 하는 원칙이라고 하는 설이 유력하며, 善意取得의 原則을 표시하는 것이다.

Equity acts in personam. 〔英〕 에퀴티는 대인적으로 작용한다. 衡平法裁判所는 피고가 그 관할내에 있는 사건에 관하여 관할권을 가지며, 또한 판결은 대인적임을 원칙으로 한다.

Equity follows the law. 〔英〕 (**Equitas sequitur legem.** 〔羅〕) 에퀴티는 보통법에 따른다. 이 법언의 효력은 좁은 범위에 한정된다고 하며, 반대의 법언도 있다. 즉 에퀴티는 보통법을 訂正·補充하는 것을 임무로 하고 영국의 재판소구성법(쥬디커쳐 액트)은 에퀴티와 보통법이 충돌하는 경우에는 전자가 우선한다고 규정하고 있다.

Equity regards substance rather than the form. 〔英〕 에퀴티는 形式보다도 實質을 중시한다. 예를 들면 모게지(mortgage)에 있어서의 채무자의 還受請求權(equity of redemption)을 인정하는 것 등.

Equity suffers not a right without a remedy. 〔英〕 에퀴티는 救濟가 없는 권리를 좌시하지 않는다. 에퀴티가 보통법의 형식주의를 타파하고 당사자의 실질적 형평을 기조로 하여 판단한 것을 가리킨다.

Ex nudo pacto non oritur actio. 〔羅〕 단순한 合意로부터는 訴權(악치오)은 발생하지 아니한다. 로마의 市民法에서는 채무관계는(이에 기한 訴權도) 단순한 합의만으로는 발생하지 않았으며 특정방식의 이행 또는 물건의 공여를 요하였다. 이 원칙에 대해서는 諾成契約인 賣買(emptio venditio), 賃約(locatio conductio), 委任(mandatum) 및 組合(societas)이 예외를 이룬다. 영법에서는 約因(콘시더레이션)이 없는 경우 및 날인증서에 의하지 않는 경우가 이에 해당한다.

Ex turpi causa non oritur attio. 〔羅〕 不倫한 원인으로부터는 訴權(악치오)은 발생하지 않는다(Cowper, Reports, 343). 법이 금하는 사항 또는 부도덕한 원인에 기하여 쌍방의 당사자가 성립시킨 계약은 그 이행의 실현에 대하여 訴權에 의한 원조가 부여되지 않는다고 하는 뜻(民 748 참조).

F

Force is inimical to the laws. 〔英〕 힘은 법률의 적이다. →Vis legibus est inimica.

Force n'est pas droit. 〔佛〕 힘은 權利가 아니다(Loisel, Les Institutes coutumières n° 710). 권리는 법률상의 힘이며, 법외의 힘, 즉 실력은 권리가 아니다. 따라서 누구도 自力救濟의 權利를 갖지 못한다고 하는 뜻(다만 국제법에 있어서는 원칙적으로 자력구제가 인정된다).

Forma regiminis mutata, non mutatur civitas ipsa. 〔羅〕 政府의 형태는 변화할지라도, 국가 자신은 변화하지 아니한다. 정부가 革命 또는 쿠데타 등의 非合法的인 수단에 의하여 변경된 경우, 신정부가 국제사회의 여러 나라와의 사이에 國際法上의 交通을 열기 위해서는 후자로부터 이른바 정부의 승인을 받지 않으면 안된다. 그러나 이 정부의 승인은 국가의 승인과 달라, 단지 일반국제법관계를 승인국과 피승인국간에 발생시킬 뿐만이 아니고, 구정부시대의 특별조약관계도 부활시킨다. 이것은 정부의 형태가 변화하여 헌법상의 繼續性은 단절하더라도, 국가의 사실상의 기저를 이루는 것은 전과 동일하고 국가로서의 同一認識이 가능하므로, 기본적으로는 국가로서의 국제법주체성을 보지하고 있고, 다만 일시적으로 一般國際法 및 特別條約의 효력이 정지되어 있던 것을, 정부의 승인에 의하여 자동적으로 부활시키는 것이라고 하는 이론을 간명하게 표현한 법언.

Frauengut soll weder wachsen noch schwinden. 〔獨〕 妻의 재산은 증감해서는 안된다. 婚姻解消時에 妻 내지 그 상속인이 처가 지참한 것과 동범위의 것 또는 그 가치를 반환받는다는 것. 管理共通制가 순수하게 관철되어, 동산까지도 夫의 것이냐 妻의 것이냐의 출처에 따라 엄격하게 구별된 약간의 스위스 법에서는, 종종 와이스퉈머에 이 법언이 보이지만, 生存配偶者에게 配偶者相續權이 부여되는 경우에는 이미 단순한 재산복귀가 아니라 분할이 문제로 되므로, 이러한 반환범위의 확정은 배제되게 된다.

Free ships make free goods. 〔英〕 中立國船舶은 그 적재화물을 포획당하지 않는다. → 자유선박 · 자유화물

Fructus pendentes pars fundi videtur. 〔羅〕 未分離果實은 토지의 일부로 간주된다(Gaius, D. 6, 1, 44). 로마법에서는, 天然果實(fructus naturales)은 元物로부터 분리되지 않은 동안은 원물의 일부를 이루었다(民 101 참조). 따라서 독립한 존재는 아니고, 원물의 구성부분으로 된다.

Fur semper moram facere videtur. 〔羅〕 도둑은 언제나 遲滯하고 있는 것으로 간주된다(D. 13, 1, 8, 1, Ulpianus). 로마법에서는 절도를 원인으로 하는 利得返還請求訴訟(condictio ex causa furtiva)에 있어서는 도둑은 반환의 필요를 알고 있기 때문에 항상 지체하고 있는 것으로 인정되고, 특히 盜品이 불가항력에 의하여 멸실 또는 훼손된 경우에도 항상 履行遲滯로 되고, 이 소송에 의하여 책임을 졌다. 따라서 催告는 필요하지 않다. 가이우스는 이 소송의 불합리성을 인정한다(Gaius, Institutiones, 4, 4).

G

Gemeinnutz geht vor Eigennutz. 〔獨〕 公益은 私益에 우선한다. 나치스독일에서 많이 주장된 말. 민족 혹은 국가 등의 團體의 이익이 항상 절대적으로 개인에 우월하는 가치를 가지며 개인의 권리나 이익은 언제든지 전체사회의 필요를 위하여 희생시킬 수 있다고 하는 것을 의미한다.

Generalia specialibus non derogant. 〔羅〕 一般法은 特別法을 폐하지 아니한다. → Lex specialis derogat (legi) generali.

Generalibus specialia derogant. 〔羅〕 特別法은 一般法을 폐한다. 어떤 사항에 관하여 특별법에 규정이 있는 때에는, 일반법의 효력을 배제하고, 그 특별법의 규정이 우선적으로 적용되고, 이 경우 일반법은 보충적인 효력밖에 못가진다.

(A) good lawyer is a bad neighbour. 〔英〕 훌륭한 법률가는 나쁜 이웃이다. 法律家 내지 辯護士로서 훌륭하면 훌륭할수록 이웃으로서는 골치아픈 존재라고 하는 의미. 요컨대 법률가 내지는 변호사라고 하는 사람들은 자칫하면 법률적으로 까다롭게 따지는 것만으로 만사를 해결하려고 하지만, 사회생활에는 인정도 필요하고, 타협도 필요하므로, 그러한 법률지식만으로 순조롭게 영위되는 것은 아니다. 이른바 法律萬能思想을 경계한 말이다.

Gott, nicht der Mensch, macht die Erben. 〔獨〕 사람이 아니라 神이 相續人을 만든다. Tacitus의 Germania의 기사에 상속인이 되는 것은 實子뿐이고 그들 간에서는 유언은 행하여지지 않았다고 한다(20장). 이와 같이 고대게르만법에 있어서는 상속인은 오로지 血緣關係에 의하여 生來的으로 결정되며, 피상속인의 의사는 절대적으로 배척되었다(法定相續主義). 이러한 원칙을 표현하는 법언이다. 이 원칙은 게르만시대, 프랑크시대, 중세를 통하여 일관하고 있었다. 이 점 로마법에서는 遺言相續을 원칙으로 삼고 法定相續은 無遺言相續(successio ab intestato)이라는 명칭으로 유언이 없을 때에 한하여 보충적으로 행하여졌음과 현저한 정반대를 이루는 것이다.

H

Hand muss Hand wahren. 〔獨〕 손이 손을 지켜야 한다. 손이 손을 보장하여야 한다라고 하는 의미의 독일어. 중세 게르만법에서는 소유자가 점유를 어떻게 해서 잃었느냐에 따라서 동산을 추급할 수 있는 범위에 근본적인 차이가 있었다. 즉, 盜難 · 遺失 기타 소유자의 의사에 의하지 아니하고 占有를 잃은 물건(이른바 占有離脫物)(abhanden gekommene Sachen)은 소유자가 무제한으로 追及할 수 있지만, 이와 반대로, 賃貸 · 任置 등 소유자가 그 의사에 의하여 타인에게 믿고 맡겼던 물건(이른바 委託物)(anvertraute Sachen)은 오로지 그 맡았던 사람으로부터만 반환을 청구할 수 있고, 만약에 그 맡은 자가 제3자에게 인도한 경우에는 소유자는 이 제3자에 대하여는 추급할 수 없었다. 이러한 게르만법상의 원칙을 의미하는 법격언. 문자대로의 의미는 수중에 게베레를 놓아진 자의 손만이 그것을 놓은 자의 손(目的物의 返還)을 보장하여야 한다는 것이다. Wo du deinen Glauben gelassen hast, da musst du ihn suchen(네가 믿음을 둔 곳에서 그 믿음을 도로 찾아야 한다)이라고 하는 법격언도 같은 의미이다.

Hand wahre Hand. 〔獨〕 손이 손을 지킬지어다, 손이 손을 보장할 지어다라고 하는 의미의 독일어. Hand muss Hand wahren과 같다.

Heirat macht mündig. 〔獨〕 婚姻은 成年을 이룬다. 게르만법상 딸이 혼인에 의하여 父權으로부터 벗어난 것을 말한다. 婦女後見(Geschlechtsvormundschaft)이 존속한 동안은 딸에게 있어서는 유일한 父權終了原因이었지만, 딸은 妻로서 곧 夫權에 따랐으므로 엄격한 의미에서의 성년이라고 하기는 어렵다. 근대법상 독일민법은 미성년인 딸이 혼인을 하면 親權을 제한함에 그치지만, 스위스민법 및 일본민법은 남녀의 구별이 없이 미성년자가 혼인을 하면 성년을 이루는 것으로 하고 있다.

Hereditas iacens personam defuncti sustinet. 〔羅〕 相續人 없는 상속재산은 死者(被相續人)의 인격을 지지한다(Inst. 2, 14, 2. 및 3, 17 pr.에 기한 중세의 법언). 법상 당연히 상속인으로 되는 것이 아니라, 承認의 의사표시를 요하는 임의상속인에 관하여는 상속의 개시와 상속인의 확정과의 사이에 시간적 간격이 있고, 상속재산은 無主의 상태에 있지만, 로마법은 이것을 법인으로 하고, 또 이 상속재산이 사망한 被相續人의 人格을 지지하여, 즉 피상속인의 인격은 그 사후에도 상속의 승인까지 존속한다고 설명하였다.

He who comes into a court of equity must come with clean hands. 〔英〕 衡平法裁判所에 出訴하는 자는 깨끗한 손을 가지고 와야 한다. → 클린 핸즈

He who seeks equity must do equity. 〔英〕 衡平을 구하는 자는 자신이 형평함을 요한다. 에퀴티상 救濟를 구하려면, 그 구제의 전제로서 형평이라고 생각되는 바를 우선 행하여야 한다.

Hominium causa ius constitutum est. 〔羅〕 사람을 위하여 法은 存在한다. 법은 그 자신을 위하여 존재하는 것이 아니라, 사람을 위하여 존재한다. 따라서 법의 적용은 法理念 내지 법의 목적을 실현하도록 행하지 않으면 안되지만, 이 때문에 인간관계에 있어서의 具體的 妥當性을 잃어서는 안된다.

I

Ignorantia legis neminem excusat. 〔羅〕 법의 不知는 용서되지 아니한다(누구에 대해서도 抗辯事由로 되지 아니한다). 국민은 자기의 일상생활에 관계있는 법을 알고 있을 의무가 있다. 따라서, 그 사실이 법률상 금지되어 있다는 것을 모르고 행하였더라도 그것으로 刑事責任을 면할 수 없다. 그렇지만 현대와 같이 법이 복잡·다기하면, 그 전부를 알고 있을 것을 기대할 수 없으며, 刑事責任을 도덕적 책임과 본질적으로 같은 것이라고 하면, 법의 부지에 대하여 본인을 비난할 수 없는 경우에도 형사책임을 지게 하는 것은 불합리하다. 그러므로, 오늘날에는 법의 不知는 혹은 故意를 阻却한다고 하고, 혹은 적어도 行政犯에 관하여는 고의를 조각한다고 하고, 혹은 법의 부지에 관하여 본인에게 과실이 있는 경우 내지 정당한 이유가 없는 경우(刑 16 참조)에만 故意 내지 刑事責任의 성립을 인정하고 있다.

Il n'est héritier qui ne veut. 〔佛〕 원하지 않는 자는 相續人으로 되지 아니한다(Loisel, Institutes coutumières, n° 318). 누구도 상속을 승인할 의무를 지지 아니한다는 것, 즉 相續抛棄自由의 原則을 말한다. 우리 민법은 戶主承繼에 관하여는 포기를 인정하고 있으며(民 991), 상속재산에 관하여도 이를 인정하고 있다(1041～1044).

Impossibilium nulla obligatio est. 〔羅〕 불가능한 것의 債務는 없다(D. 50, 17, 185, Celsus). 사실상 또는 법률상 불가능한 사항을 목적으로 하거나, 내지는 불가능한 給付를 내용으로 하는 법률행위는 무효이다.

In dubio, pars mitior est sequenda. 〔羅〕 의심스러운 때에는 관대한 것에 좇아야 한다. 형사소송에 있어서는, 眞僞不明의 경우에 피고인에게 관대한 쪽을 채용하여야 한다고 한 것으로, 의심스러운 때에는 被告人의 利益으로(In dubio pro reo)와 같은 취지.

In dubio pro reo. 〔羅〕 의심스러운 때에는 被告人의 利益으로. 피고인을 유죄로 하는 데에는 의심할 수 없을 정도의 有罪의 입증이 있어야 한다는 설명에 관한 법언. 따라서 立證責任은 소추측인 검사에게 있고, 피고인은 검사의 범죄사실 등에 관한 적극적인 증명이 없으면 유죄로 되지 아니한다. → 입증책임

In pari causa melior est causa possidentis. 〔羅〕 동일조건의 경우에는 占有者의 지위가 우월한다(D. 50, 17, 128 pr. Paulus; Plowden, English King's Bench Commentaries or Reports, 296). 로마법에는 불명예로운 原因으로 인한 이득에 있어서, 그 원인 또는 목적이 이득의 供與者 및 受領者의 쌍방에 있는 때에는 이득의 반환을 청구할 수 없으며 당사자 중에서 공여의 객체를 현재 점유하고 있는 자에게 우월한 지위를 인정하였다. 英

法에서는 일반적으로 현실적 점유자의 유리한 지위를 설명한 것이라고 한다(民 197).

In pari delicto, potior est conditio possidentis. 〔羅〕 같은 過失에 있어서는 占有者(被告)의 조건이 유력하다(Caine, Term Reports, 4, 564). 英法上 賃借地의 占有回復訴訟에 있어서 점유는 그 이상의 權原을 가지지 아니하는 상대방에 대해서는 충분한 권원으로 되고, 따라서 이것을 부인하고자 하는 상대방은 자기에게 일층 유력한 권원이 필요하다고 하는 法理가 불법한 합의에 적용된 것. 사기행위 및 재산권의 양도 내지 이전에도 공통하다.

In propria causa nemo iudex. 〔羅〕 어느 누구도 자기의 사건의 裁判官으로 되지 못한다. 우리 민사소송법에 있어서도 법관이 사건의 당사자인 때에는 除斥의 原因으로 된다(37 i).

Invito beneficium non datur. 〔羅〕 어느 누구도 그 의사에 반하여 利益을 부여받지 아니한다(D. 50, 17, 69, Paulus). 누구도 법에 기하여 供與되는 이익을 거부하거나 혹은 特權을 포기할 수 있다고 하는 뜻이다. 예컨대 상속의 포기, 청구의 포기 등.

Iuris executio non habet iniuriam. 〔羅〕 권리의 행사는 侵害를 수반하지 아니한다(D. 47, 10, 13, 1, Ulpianus). Nemo damnum facit qui suo iure utitur와 같은 의미.

J

Jahr und Tag ist die rechte Gewähr (Gewere). 〔獨〕 1년과 1일은 정당적 게베레이다. 선의로 부동산의 게베레를 취득한 자는 1년과 1일 동안(一耕作期間을 의미한다) 추급받지 아니하면, 비록 처음에는 無權原이었더라도 정당적 게베레로 된다. 善意取得의 제도는 이러한 물권의 追及的 效力의 제한에서 비롯한 것이라고 한다. →야르운트 타크

Je näher dem Blut, je näher dem Gut. 〔獨〕 피가 가까우면 가까울수록 財産에도 가깝다. 親等이 가까운 혈족이 상속한다고 하는 고대 게르만법언.

K

Kauf bricht Miete. 〔獨〕 매매는 賃貸借를 깨뜨린다라고 하는 의미의 독일어. 賃借權은 임대인에 대한 채권에 불과하고, 제3자에 대항할 수 있는 효력을 가지지 않는 것으로 하면(예컨대 로마법은 그러하였다), 임대인이 목적물을 타인에게 매각하면, 이 매수인(新所有者)에 대하여 임차인은 그의 권리(임차권)를 주장할 수 없게 되어, 매매에 의하여 임대차는 깨뜨려지게 된다. 이래서는 임차인의 권리는 안정을 해치게 되므로, 현대 각국의 입법은 물건(특히 부동산)의 利用權을 확보하려는 취지에서, 많든 적든 게르만법의 매매는 임대차를 깨뜨리지 않는다(kauf bricht nicht miete)라는 원칙을 채용하여, 임차권의 보호(임차권의 物權化)를 꾀하고 있다(예 : 獨民 571, 佛民 1743). 우리나라에 관하여는 임차권을 보라.

Kauf bricht nicht Miete. 〔獨〕 賣買는 賃貸借를 깨뜨리지 않는다라고 하는 의미의 독일어. →Kauf bricht Miete.

Kauf geht vor Miete. 〔獨〕 賣買는 임대차에 우선한다. 매매는 임대차를 깨뜨린다고 하는 것과 같은 의미. →Kauf bricht Miete.

Kindesgut ist eisern Gut. 〔獨〕 子産은 鐵産이다. Kindesgut soll weder wachsen noch schwinden과 같은 의미이며, 父가 父權의 종료시에 子의 재산을 증감하지 않고 인도하여야 한다는 것을 말한다.

Kindesgut soll weder wachsen noch schwinden. 〔獨〕 子의 재산은 증감해서는 안된다. 父가 父權의 종료후 子의 재산의 元本을 증감하지 않고서 子에게 인도하여야 함을 말한다. 게르만법상 父는 子에 대한 문트의 효력으로서 法定後見 게베레(Gewere zu rechter Vormundschaft), 즉 법상 당연한 管理收益權(동산에 대해서는 自由處分權)을 가지고 있었으나, 자는 재산의 소유자였으므로, 부는 부권종료후 수익을 공제하고 재산을 그대로 반환하여야 하고(nicht wachsen), 과실로 인한 재산감소에 대해서는 배상하여야 할 것으로(nicht schwinden) 되어 있었다. 작센슈피겔 1권 11조는 바로 이 취지이며 Kindesgut ist eisern Gut도 같은 의미이다. 그리고 이러한 親權的 收益權은 현대법에도 종종 잔존하지만(獨民 1649, 佛民 384, 瑞民 290 이하 등), 친권의 후견적 성격이 강조됨에 따라 점

차 제거되어 가고 있다. 우리 민법상 이 收益權은 흔적만 남기고 있을 뿐이다(民 923). → 친권

(Das) Kind folgt der ärgern Hand. 〔獨〕 子는 나쁜 편에 따른다. 게르만법상 不自由人인 婦女와의 性的 結合에 의하여 출생한 婚外子는 부자유인으로 된 것을 말한다. 만일 母가 자유인이면 그 子는 모와 친족관계에 서지만, 부자유인의 경우에는 모와의 사이에도 친족관계는 발생하지 않았다. 현대법상은 부자유인은 존재하지 않지만, 사생아문제는 子의 보호라고 하는 이상이 강조됨에 이르러 큰 사회문제로 되어 있다.

King can do no wrong. 〔英〕 國王은 惡을 행할 수 없다. 국왕은 정치상으로나 사생활에 있어서나 그 원하는 바는 무엇이든지 할 수 있으며, 또한 그 행위에 관해서는 神 이외에는 누구에 대해서도 책임을 지지 않는다고 하는 뜻. 또한 국왕은 法의 淵源이기 때문에 그 행위는 모두 合法이라고 하는 뜻으로도 쓰인다. 王權神授說 및 絶對君主制의 이데올로기. 立憲君主制下에서는 大臣責任制와 결합하여, 한편에서는 군주로부터 정치적 결정권을 빼앗고, 다른 한편에서는 국왕의 보필기관인 대신의 책임을 가져 왔다.

(The) King Never dies. 〔英〕 王은 죽지 아니한다. 국왕이 사망한 순간에 다음의 承繼順位者가 법상 당연히 국왕으로 되고, 전국왕이 제정한 법률 기타의 일체의 국가행위가 그대로 유효하게 존속한다고 하는 뜻. 국왕이 國家機關이고, 통치관계의 주체가 국가라고 하는 것을, 君主主權的 이데올로기로 표현한 것.

L

La bonne foi est toujours présumée. 〔佛〕 善意는 항상 추정된다. 프랑스민법 2268조. 우리 민법 197조는 이것의 적용이라고 한다.

Landrecht bricht gemeines Recht. 〔獨〕 란트법은 普通法을 깨뜨린다. → 게마이네스 레히트

Längst Leib längst Gut. 〔獨〕 오래 살수록 財産을 오래 지닌다. 중세의 게르만법에 있어서 부부의 한쪽이 사망하고 子가 없을 때에는, 生存配偶者와 死者의 相續人간에 재산이 분할되었으나, 생존배우자가 우대되게 된 결과 종종 재산의 전부를 생존배우자가 단독으로 소유하게 된 것을 의미하는 법언.

Le doute profite à l'accusé. 〔佛〕 의심스러운 것은 被告를 이롭게 한다. 라틴어의 법언 In dubio pro reo와 같은 의미.

Leges posteriores, priores contrarias abrogant. 〔羅〕 後法은 상대하는 前法을 폐한다. → Lex posterior derogat (legi) priori.

Le mari est seigneur et maître de la communauté. 〔佛〕 夫는 공동재산의 君主이다. 夫의 권리를 총칭하는 법언. 부부간의 공동재산관계는 夫가 수장인 조합이라고 생각된다. 프랑스민법 1421조가 이 법언의 적용이다.

Le mort saisit le vif. 〔佛〕 死者가 生者를 부른다. → Der Tote erbt den Lebendigen.

Lex posterior derogat (legi) priori. 〔羅〕 後法은 前法을 폐한다. 후에 성립한 법(신법)은 전의 법(구법)을 폐지하여 그 효력을 상실시킨다라고 하는 말.

Lex specialis derogat (legi) generali. 〔羅〕 特別法은 一般法에 우선한다. 특별법은 일반법에 대하여 우선적 효력을 가지며, 따라서 일반법은 특별법에 규정이 없는 경우에 한하여 보충적으로 적용된다고 하는 법의 적용에 있어서의 원칙을 표현하는 말이다.

L'intérêt est la mesure de l'action. 〔佛〕 利益은 訴權의 척도이다. 모든 사람은 금전적 혹은 정신적인 이익을 입증할 수 있는 경우에만 소송을 제기할 수 있다. 즉, 소송의 제기에는 확정할 수 있는 권리보호의 이익의 존재가 당연히 요구되는 것이다. → Pas d'intérêt, pas d'action.

Locus regit actum. 〔羅〕 場所는 행위를 지배한다. 법률행위의 방식에 관하여 行爲地法의 적용을 인정하는 國際私法上의 한 원칙. 우리나라 섭외사법은 법률행위의 방식에 관하여는 법률행위의 효력의 準據法을 적용할 것을 원칙으로 하고 있지만(10 Ⅰ), 행위지법에 의하여 한 방식까지도 유효한 것으로 하고 있다(10 Ⅱ 本). 이것은 장소는 행위를 지배한다는 원칙을 인정한 것이다. 즉 여기에서는 이 원칙은 법률행위의 방식에 관한 보칙이며, 임의적인 원칙으로 되어 있다. 그러나 이 보칙은 사항의 성질상 물권 기타 등기하여야 할 권리를 설정하거나 처분하는 법률행위에 관하여는 적용되지 않는다(10 Ⅲ). 유언의 방식에 관하여도 이 원칙이 임의적인 보칙으로 인정되고 있다(27 Ⅲ). 장소는 행

위를 지배한다라는 원칙은 재산적 법률행위 및 신분적 법률행위에 관하여 다같이 적용되는 것이 원칙이지만, 婚姻에 관하여는 補則으로서가 아니고 本則으로서 적용된다. 즉 혼인의 방식은 擧行地法에 의하는 것이 원칙이다(15 I 但).

M

Mala fides superveniens non nocet. 〔羅〕 後發的 惡意는 害로 되지 아니한다(D. 41, 3, 15, 2~3, Paulus. C. 7, 31, 1, 3). 시효취득자가 선의로 점유를 開始하였으면, 후에 악의로 되더라도 취득에는 영향이 없다. 즉, 선의는 점유개시의 때에 존재하면 충분한데, 이것을 로마법주의라 하며, 敎會法이 全期間을 통하여 선의를 요구한 것에 대립된다.

Male nostro iure uti non debemus. 〔羅〕 우리는 악의로 우리의 權利를 행사해서는 안된다. 로마시민법상 권리의 행사에 관하여는, Nemo damnum facit qui suo iure utitur 라고 하는 원칙이 행하여져, 權利濫用을 금하는 일반원칙은 없었으나, 법학자는 각 경우에 대하여 타인을 해하는 권리의 행사를 제한하는 이론을 형성하였다. 그 한 경우로서, 이 法文은 노예학대의 금지에 관한 것이다.

Man glaubt den Augen weiter als den Ohren. 〔獨〕 사람은 귀보다는 눈을 믿는다(독일법언). 訴訟審理에 있어서의 口述主義를 주장하는 말. 구술주의는 표의자가 명백하고 또한 그 태도도 함께 證據로 할 수 있는 점에서, 진실을 발견하는데 書面主義보다 우수하다. 그러므로 현대에서는 각국이 거의 다 같이 민사·형사를 불문하고 구술주의를 원칙으로 하고 있다.

Meubles n'ont pas de suite. 〔佛〕 動産은 追及당하지 않는다. →Meubles n'ont pas de suite par hypothèque.

Meubles n'ont pas de suite par hypothèque. 〔佛〕 動産은 抵當權에 의하여 追及당하지 않는다(Coutumes d'Anjou, n° 228; Loisel, Institutes coutumières, n° 487). 債權者는 동산 위에도 저당권에 기한 優先辨濟權을 가지지만 동산거래의 안전을 보호하기 위하여 채무자의 자산을 벗어나서 제3자의 수중에 들어간 동산에 대해서는 저당권은 이를 추급할 수 없다고 하는 원칙을 말하는 경우도 있고, 또 일반저당권은 부동산 및 일정한 동산(선박·항공기)에 밖에 미칠 수 없다고 하는 원칙을 말하는 일도 있다(佛民 2119). 단순히 Meubles n'ont pas de suite라고 생략하여 쓰기도 한다.

Might is right. 〔英〕 실력이 법이다. 법은 힘에 의하여 만들어지며, 힘이 바로 법이다라고 하는 法實力說의 입장을 밝힌 관용구.

Mobilia personam sequuntur. 〔羅〕 動産은 사람에 따른다(Broom, Maxims, 522). 國際私法上 동산에 관한 物權關係는 그 소유자의 住所地法에 따른다(동산에 관한 물권관계는 屬人法에 의하여야 한다)라고 하는 원칙. 우리 섭외사법은 同則主義를 취하여, 동산에 관한 물권관계는 부동산의 그것과 마찬가지로 목적물의 所在地法에 의한다(12).

Mündelgut soll weder wachsen noch schwinden. 〔獨〕 被後見人의 재산은 증감해서는 안된다. 후견인이 後見終了時에 재산의 수익을 빼고 또한 감소에 대해서는 배상을 하여 피후견인에게 재산을 반환하여야 함을 말한다. 13세기 중엽 이전의 게르만후견은 後見人이 법정후견게베레, 즉 법상 당연한 收益管理權을 가진 이른바 收益後見(tutela fructuaria)이었으므로, 이 법언이 타당하였다. 그러나 그 시기 이후 후견은 계산의무를 수반하는 순수한 재산관리로 변하고 수익권은 없어졌으므로, 후견의 自益性을 표시하는 이러한 법언은 타당하지 않게 되었다. →Kindesgut soll weder wachsen noch schwinden.

N

Narra mihi factum, narro tibi ius. 〔羅〕 나에게 사실을 말하면 그대에게 權利를 말하겠노라. 그대는 나에게 사실을 말하라, 그러면 나는 그대에게 권리를 말하겠노라. 민사소송에 있어서 당사자가 사건의 구체적 사실관계를 진술하면, 법원은 그 職責으로서, 이에 법규를 적용하여 권리의 존부를 판단하는 것을 말하며, 辯論主義에 있어서의 당사자와 법원의 역할을 표현한 것. 그러나 이것으로부터 곧 訴訟上의 請求로서는 사실관계를 진술하면 되고 권리관계의 주장임을 요하지 아니한다고 하는 것은 잘못이다.

Nasciturus pro iam nato habetur, quotiens de commodis eius agitur. 〔羅〕 태아는 그 이익에 관한 한 이미 出生한 것으로 본다(D. 1, 5, 7, Paulus; D. 1, 5, 26, Iulianus). 로마법에서는 始源

的으로는 상속에 관하여 태아가 家內後生者(postumus suus)인 경우에, 法務官法에 있어서 그 태아의 상속보전을 위하여 保佐人(curator ventris)을 두었으나, 위의 격언은 유스티니아누스법의 소산이다. 현행민법도 개별주의에 기하여 不法行爲上의 損害賠償請求權(民 762), 相續權(1000 Ⅲ), 遺贈을 받을 권리(1064)를 인정하고 있다. → 태아

Ne bis in idem. (Non bis in idem) 〔羅〕 동일한 사물에 관하여 재차는 不可. 동일사건에 대해서는 다시 하지 않는다. 一事不再理를 말한다.

Necessitas non habet legem. 〔羅〕 必要(緊急)는 법칙을 가지지 아니한다. 통상의 경우에 法上 허용되지 않는 행위라도 긴급 부득이한 경우에는 免責된다. 형법상 緊急避難이 책임조각사유로 되는 것은 이러한 고려에서이다. 그러나 필요앞에 법이 없다고 하는 사상은 자칫하면 남용되기 쉬우며, 특히 국제법상 침략에 구실을 줄 위험이 있다. 이러한 견지에서 형법에서도 緊急避難의 요건이 엄격하게 법정되어 있다.

Necessitas publica maior est quam privata. 〔羅〕 公共의 필요는 개인의 필요에 우월한다. 국가·사회 등의 公共의 利益을 위하여 어떤 특정의 처치를 할 필요도는 그 구성원인 개인의 이익을 위한 필요도보다 우월하며, 따라서 개인의 이익은 사회를 위하여 희생되더라도 어쩔 수 없는 것이라고 하는 뜻.

Necessitas quod cogit defendit. 〔羅〕 必要(緊急)는 필요상 부득이하여 행한 행위를 正當化한다. Necessitas non habet legem과 같은 의미. 緊急避難을 정당화하는 법언.

Necessity creates equity. 〔英〕 必要는 에퀴티를 만든다.

Neminem laedit qui suo iure utitur. 〔羅〕 자기의 권리를 행사하는 자는 어느 누구도 害하지 아니한다. 권리의 행사에 의하여 타인에게 손해를 가하더라도 違法性은 없다고 하는 뜻이다. 그러나 權利濫用은 허용되지 않는다고 하는 입장에서 이 법언은 비판받고 있다. → Nemo damnum facit qui suo iure utitur.

Nemo auditur turpitudinem suam allegans. 〔羅〕 어느 누구도 자기의 背德行爲를 援用하지 못한다(C. 2, 4, 30, V° magis에 관한 註釋, Décrétales de Grégoire Ⅸ 3, 24, C. 8; Coke, Institutes, 4, 276. In re Hallet, 13 ch. D. 696 참조). 상대방의 作爲 또는 不作爲를 구하기 위하여 공여를 한 경우에, 원인 또는 목적에 불명예로운 요소가 있으면 供與의 객체의 반환을 구할 수 없다고 하는 로마법의 원칙에 기하여, 訴權의 행사 또는 給付의 반환청구를 위하여 자기의 파렴치행위의 援用을 허용하지 않는다는 중세의 법언. → He who comes into a court of equity must come with clean hands, 클린 핸즈

Nemo bis punitur pro eodem delicto. 〔羅〕 어느 누구도 동일한 범죄에 대하여 거듭 처벌받지 아니한다(A. Hawkins의 저서에 유래한다고 한다). 英美法에 있어서의 一事不再理를 표현한 말. 영미에서는 오히려 절차상의 효과로서 인정되며, 2중의 위험이라는 이름으로 旣判力의 문제가 다루어지고 있다(憲 13 Ⅰ 참조).

Nemo censetur ignorare legem. 〔羅〕 어느 누구도 법률을 모른다고 간주되지 아니한다. 모든 사람은 자기의 행위에 관계되는 법률을 알고, 이에 적합하게 자기의 행위를 통제할 의무가 있다. 따라서 누구도 법규의 存在의 不知를 주장하여 그 적용을 면할 수 없다.

Nemo damnum facit qui suo iure utitur. 〔羅〕 자기의 權利를 행사하는 자는 어느 누구도 害하지 아니한다(D. 50, 17, 55, Gaius; D. 50, 17, 151, Paulus). 로마시민법상, 土地所有權의 행사에 관해서는 權利濫用을 금하는 일반원칙은 없고, 거꾸로 권리의 행사에 의하여 違法한 결과는 발생하지 않는다고 하는 취지이다. 이것이 일반화되어 특정 행위를 할 권리를 가지는 자는 (남용하지 아니하는 한) 그 행위에 대하여 過失이 있다고 할 수 없으며, 이로 인하여 야기한 손해에 대해서도 배상책임을 지지 않는다고 하였다.

Nemo dat quod non habet. 〔羅〕 어느 누구도 자기가 가지지 아니한 것을 줄 수 없다(J. Faure, Inst. 1, 5 pr.). 所有權이 없는 자가 행한 讓渡는 소유권을 이전하지 않는다. 이것은 Nemo Plus iuris ad alium transferre potest quam ipse habet의 원칙의 특수한 적용이다.

Nemo debet esse iudex in propria causa. 〔羅〕 어느 누구도 자기의 사건의 裁判官으로 되지 못한다. In propria causa nemo iudex와 같은 의미.

Nemo iudex sine actore. 〔羅〕 訴人없으면 재판관 없다. 소가 없으면 재판없다고도 말하여지며, 不告不理의 原則을 표현한 것. 형사소송과

민사소송에서 인정되고 있다. →사건의 동일성, 처분권주의

Nemo ius ignorare censetur. 〔羅〕 어느 누구도 법을 모른다고 간주되지 아니한다. Nemo censetur ignorare legem 과 같은 의미.

Nemo plus iuris ad alium transferre potest quam ipse habet. 〔羅〕 어느 누구도 자기가 가지는 이상의 권리를 타인에게 줄 수 없다(D. 50, 17, 54, Ulpianus). 본래는 法定相續人의 상속재산 점유에 관한 法務官의 告示의 註解에서, 包括承繼에 관한 설명으로서 말하여진 것이나, 일반적으로 권리의 승계에 적용된 원칙으로 되기에 이르렀다. 또한 權利移轉의 의사표시에 의하여 언제나 이전자가 가진 권리만이 이전되고, 讓受人이 선의인 경우에도 그 이상의 권리를 취득할 수 없다고 하는 뜻을 표현한다.

Nemo pro parte testatus pro parte intestatus decedere potest. 〔羅〕 어느 누구도 일부에 관하여 유언을 작성하고 일부에 관하여는 無遺言으로 死亡할 수 없다. 로마법에 있어서의 法定相續과 遺言相續은 양자가 서로 배척하는 관계에 있으며, 유언인은 그 재산의 일부에 대해서만 상속인을 지정하고 다른 부분에 대해서는 법정상속이 행하여지도록 유언을 할 수 없었다. 이러한 유언이 있은 경우에는 이에 의하여 상속인으로 지정된 자가 전부를 상속하였다.

Nemo potest esse simul actor et iudex. 〔羅〕 어느 누구도 원고인 동시에 재판관일 수 없다. 우리 민사소송법에 있어서도, 법관이 사건의 당사자인 것은 除斥의 原因이다(民訴 37 i).

Nemo tenetur ad impossibile. 〔羅〕 어느 누구도 不能에 拘束되지 아니한다(Jenkins, Eight Centuries of Reports, 7). 法上의 의무 또는 책임이, 당사자의 과실없이 이행이 불가능하게 되고, 또한 구제의 길이 없는 때에는 免責된다고 하는 취지이다. 그리고 계약에 의하여 명백하게 당사자가 표시한 債務의 不履行은 일반적으로 면책의 이유로는 되지 않지만, 그 채무가 법적으로 이행불능의 경우에는 면책된다.

Non bis in idem. 〔羅〕 →Ne bis in idem

Non dat qui non habet. 〔羅〕 가지지 아니한 자는 줄 수 없다(Jenkins, Eight Centuries of Reports, 250). 英法에 있어서 制限不動産權 혹은 制限自由保有權의 소유자는 타인에게 자기가 가지는 부동산물권 및 그로부터 발생하는 하위의 권리밖에 양도할 수 없다고 하는 뜻이다. 이 원칙은 商事去來 및 무체재산에도 적용되지만, 공개시장에 있어서의 善意取得 및 流通證券의 移轉에 관해서는 중대한 예외가 있다.

Non debeo melioris condicionis esse quam auctor meus quo ius in me transit. 〔羅〕 나는 나에게 권리를 이전한 前主보다 일층 유리한 地位에 설 수 없다(D. 175, 1, Paulus). Nemo plus iuris ad alium transferre potest quam ipse habet 와 같은 취지.

Non omne quod licet honestum est. 〔羅〕 법이 허용하는 것이 모두 (도덕적으로) 옳은 것은 아니다(D. 50, 17, 144 pr, Paulus). 로마의 법학자는 법을 道德의 한 분야로 하고 法學을 哲學의 한 영역으로 하는 그리스사상의 영향밑에, 법과 도덕과를 밀접하게 관련시키는 이론을 구성하였지만, 법이 도덕과 분리된 독자의 존재를 가지고, 법학이 철학을 기초로 하면서도 독립된 학문임을 인정하는 태도를 보여 주고 있는데, 이러한 그들의 사상의 표현이다.

No one can grant or convey what he does not own. 〔英〕 어느 누구도 자기가 가지지 아니한 것을 授與하거나 또는 讓渡할 수 없다. Nemo dat quod non habet 의 英譯. Nemo dat qui non habet 와 같은 의미.

No taxation without representation. 〔英〕 대표없이 課稅없다. 아메리카식민지가 영본국으로부터 독립하려는 운동의 계기로 된 印紙稅法(Stamp Act, 1765)에 대한 비난으로서 아메리카식민지에서 주창되었다. 母國에 살지 않고 식민지에 살고 있고, 영본국의회에 대의원를 보내고 있지 않은 영국인에 대하여, 영국의회는 과세할 권리는 없다고 하는 의미. 國民主權의 原理가 과세의 면에 나타난 것.

Noxa caput sequitur. 〔羅〕 加害責任은 加害物에 따른다(Heineccius, Elementa Iuris Civilis, 1., 4. t. 8, 1231). 로마시민법에 있어서 家長이 그 권력에 복종하는 자의 가해행위에 관하여 罰金 또는 損害額을 지급하는(noxam sarcire)대신에, 가해자 또는 가해동물을 委付하여(noxae datio) 그 책임을 면할 수 있는 소송을 加害訴訟(actio noxalis)이라 하며, 이 소송은 가해의 당시가 아니라, 현재 즉 委付請求의 때에 가해자 · 가해동물에 대하여 권력을 가지는 자에 대하여 제기된다.

Nuda pactio obligationem non parit. 〔羅〕

단순한 약정은 債務關係를 발생시키지 아니한다(D. 2, 14, 7, 4, Ulpianus; Broom, Maxims, 746). 채권의 발생에 있어서의 형식주의를 표현한 말. → Ex nudo pacto non oritur actio.

Nulla poena sine lege. 〔羅〕 법률없으면 刑罰없다(포이에르바하의 말). 보통 이것은 Nullum crimen sine lege(법률없으면 범죄없다)에 계속된다. 근대형법의 대원칙인 罪刑法定主義를 선언한 법언.

Nullus videtur dolo facere qui suo iure utitur. 〔羅〕 어느 누구도 자기의 권리를 행사하는 자는 惡意로써 한다고는 간주되지 아니한다(D. 50, 17, 55, Gaius). 로마시민법에 있어서, 所有權 기타 일반적으로 권리의 행사에 의하여서는 위법한 결과가 발생하지 않는다고 하는 원칙의 표명이다. 相隣關係에 있어서 자연적 유수의 忍容義務, 疏通工事權 및 豫防工事請求權(民 221~223)은 이 원칙을 부인하는데서부터 유래하고 있다.

Nul ne peut (doit) s'enrichir au dépens d'autrui. 〔佛〕 어느 누구도 타인의 손실에 있어서 이득할 수 없다. 不當利得의 法理를 표명한 법언.

〔羅〕 모든 건설물은 土地에 속한다(D. 41, 1, 7, 10, Gaius). 로마법에서는 지상의 여러 건설물은 토지에 흡수되어 토지의 소유자에게 歸屬하고, 독립적인 존재로 인정되지 않았다. 이것은 본래는 토지에 건물을 세운 경우로서 不動產의 附合에 관한 것이지만, 멀리는 12表法의 규정을 기초로 한다. → Superficies solo cedit.

Omnis definitio in iure civili periculosa est. 〔羅〕 법학에 있어서는 무릇 定義는 위험하다(Javolenus의 말). 로마의 법학자는 각개의 현상을 특정의 概念에 환원하고, 각개의 규정을 일정한 원칙에 의하여 통합하는 抽象이나 歸納에 힘쓰기보다도, 이러한 추상·귀납에 의하여 각개의 개성이 손상되는 것을 극도로 혐오하였는데, 이러한 그들의 태도를 표현한 말이다.

Optimus legum interpres consuetudo. 〔羅〕 慣習은 법의 최선의 解釋者이다. 관습은 사회의 내부에 저절로 생성하는 사회규범이며 따라서 사실에 가장 가까운 것이므로, 이러한 관습에 기하여 성립하는 법, 즉 관습법만이 무리가 없는 가장 훌륭한 법이다. 法的 安全性의 견지, 또는 관습법을 중시하는 歷史法學의 입장에서 주장된다.

O

Ohne Faust kein Pfand. 〔獨〕 파악없으면 質權없다. 질권의 요건에 質物의 점유가 불가결하다고 하는 것을 말한다. 게르만법에서는 動產質은 占有質(Faustpfand)에 한하였다. 그것은 動產物權은 사실상의 소지에 의거하고 있으며, 질권자의 현실의 게베레에 속할 것을 요하기 때문이다. 우리 민법도 질권에 관하여 점유를 요건으로 한다(民 329, 330, 332).

Ohne Interesse keine Versicherung. 〔獨〕 이익없는 곳에 保險없다. 손해보험이 피보험이익의 缺損의 塡補를 목적으로 하고 적극적으로 이익을 주는 것은 아니라는 것을 표시하는 원칙. 연혁적으로는 보험을 도박과 구별하기 위하여 강조되었었고 현재에 있어서도 피보험이익을 결여하는 보험계약은 그것으로서도 당연히 무효이다(→ 피보험이익). 생명보험에는 피보험이익의 관념이 없으며 따라서 이 원칙도 없다(→ 생명보험). 프랑스어로는 Pas d'assurance sans intérêt.

Omne quod solo inaedificatur solo cedit.

P

Pacta quae contra leges constitutiones que vel contra bonos mores fiunt, nullam vim habere, indubitati iuris est. 〔羅〕 법률 내지 선량한 풍속에 반하는 合意는 효력을 가지지 아니하는 것, 이것은 의심할 바 없이 법이다(C. 2, 3, 6). 재산권의 設定·移轉 및 遺贈에 붙여진 條件·約款 등의 합의는 법에 위반하는 경우 내지 공공의 이익 또는 제3자를 해하는 경우에는 그 효력의 발생이 허용되지 않는다는 의미이다(民 103 참조).

Pacta sunt servanda. 〔羅〕 약속은 준수되어야 한다. 약속은 拘束力을 가지며, 약속한 자는 그것을 준수하고 그것에 복종하여야 한다는 것을 의미한다. 국제법상은 종래 條約이 구속력을 가지는 이유를 설명하기 위하여 사용되고 있었으나, 일반의 계약에 관하여도 사용된다. 또 純粹法學에서는 국제법의 근본규범으로 인정하고 있다.

Pacta tertiis nec nocent nec prosunt. 〔羅〕 條約은 제3국에 해도 주지 않고 이익도 주지 않는다. 조약의 효력은 締約當事國간에만 한하고, 제3

국에는 미치지 않는다고 하는 원칙을 표현하는 법언. 그러나 이 원칙은 절대적인 것은 아니며, 제3국의 권리나 이익을 조약속에서 인정하는 일이 자주 있다(예컨대 國際運河에 관하여). 이 경우, 제3국에 부여되는 것은 권리가 아니라 反射的 利益에 불과한 일이 많다. 또한 조약에 의하여 직접 제3국에 의무를 과할 수는 없지만, 미리 제3국까지도 포함한 일반적인 國際慣習法 또는 國際條約에 의하여, 그것이 인정되어 있는 경우에는 조약에 의하여 제3국도 일정한 의무를 지는 일이 있을 수 있다(예컨대 國際聯合憲章의 개정).

Par in parem non habet imperium. 〔羅〕 동등한 자는 동등한 자에 대하여 命令權이 없다(Jenkins, Eight Centuries of Reports, 174). 현재에는 國際法에 있어서 국가의 평등성에 기하여 1國이 他國에 대하여 명령권을 가지지 않는 것, 특히 타국에 대한 재판권을 행사할 수 없는 것(1國의 재판소에 외국을 상대로 하는 訴訟提起가 불가능한 것)을 표현하는데 쓰인다.

Pas d'intérêt, pas d'action. 〔佛〕 이익없으면 訴權없다. 소송을 제기하는 자는 소권의 행사에 관하여 유형내지 무형의 정당한 이익을 입증하지 아니하면 청구를 기각당한다. 따라서 권리라 할지라도 재판으로 주장할 수 없는 성질을 가진 自然債務, 독립하여 판결로 확정할 필요가 없는 보통의 形成權 등은 청구의 적격을 결한다. →L'intérêt est la mesure de l'action.

Pater is est quem nuptiae demonstrant. 〔羅〕 父라 함은 혼인이 지시하는 자이다(D. 2, 4, 5, Paulus). 父子關係를 직접으로 증명하는 것은 불가능하므로 혼인중의 출생자에 관하여는 母의 夫를 子의 父로 추정한다. 우리 민법도 같다(844).

Pirata est hostis humani generis. 〔羅〕 해적은 인류의 적이다. 해적은 어떤 국가의 선박에 대해서도 행하여지기 때문에, 인류일반의 적으로 보고 國際法上 어떤 국가의 군함도 해적선은 포획하여 자국의 국내법에 따라 처벌할 수 있다고 하는 것을 표현한 법언.

Possession is nine points of the law. 〔英〕 占有는 9할의 승산이 있다.

Princeps legibus solutus. 〔羅〕 君主는 법에 구속되지 아니한다. 絶對專制君主의 법적 지위를 나타낸 말. 군주는 법의 원천이며, 법의 制定權이므로, 군주는 법을 초월하고, 법에 구속되지 아니한다는 뜻.

Prior tempore, potior iure. 〔羅〕 時에 있어서 우선하는 자는 權利에 있어서 우월하다(C. 8, 17, 3, Caracalla). 동일물건에 존재하는 物權의 순위는 設定의 때를 표준으로 하여 정하며, 성립의 때가 빠른 것은 권리로서 보다 강력하다. 英法에 있어서는(Coke-Littell, Reports, 14a., Broom, Maxims, 354, 358) 매장물, 漂着難破物, 海中에 遺棄 된 선박 또는 화물, 무주물, 방황하는 소유자불명의 有用動物, 특허권, 저작권 및 인적·물적 재산의 소유권취득 등에 적용된다.

Q

Quidquid est in territorio est etiam de territorio. 〔羅〕 領土內에 있는 것은, 또한 영토의 것이다. →Qui in territorio meo est, etiam meus subditus est.

Qui épouse le corps épouse les dettes. 〔佛〕 身體와 결혼하는 자는 債務와도 결혼한다(Loisel, Institutes coutumières, n° 110). 法定共同財産에 있어서는 혼인전의 배우자의 채무는 공동재산 중에 들어 간다(佛民 1410).

Qui in territorio mep est, etiam meus subditus est. 〔羅〕 나의 영토내에 있는 것은, 또한 나에게 從屬한다. 국제법상 1국의 영역내에 있는 사람 또는 물건은, 당연히 그 국가의 管轄權에 속하는 것을 표현하는 법언. 외국인이나 그 재산도 일국의 영토에 들어 가면 곧 그 국가의 법률밑에 서게 된다. →속지주의

Qui ne dit mot consent. 〔佛〕 침묵하는 자는 동의한다. 이 격언은 법률상은 적용되지 않는다고 한다. 즉 원칙으로 침묵은 承諾으로 해석해서는 안된다. →묵시의 의사표시

Qui per alium facit per seipsum facere videtur. 〔羅〕 타인에 의하여 한 자는 스스로 한 것으로 본다. 타인을 도구로 이용한 범죄의 正犯性을 인정한 영국의 법언. 즉 제1급 主犯은 자기의 손으로 실행행위를 한 자 뿐만 아니라, 정신병자나 소년이나 고의없는 자를 이용하여 행한 자도 포함한다. 그러나 이 법언을 확대하여 해석하면 敎唆犯에 상당하는 事前從犯까지도 正犯으로 罰하는 것으로 되고, 현재 이러한 제정법도 나와 있으므로 확대해석은 경계하여야 한다.

Qui sentit commodum, sentire debet et onus. 〔羅〕 이익을 享受하는 자는 부담도 지지 않으면 안된다(Coke, Reports, 1,99). 英法에 있어서 토지에 관한 暗默契約이 성립하거나, 또는 현재의 토지소유자 내지 점유자가 이전의 占據者와의 사이의 明示契約에 의하여 拘束되는 경우에는 토지는 부담과 함께 이전한다. 또 대리인에 의한 계약의 체결에 있어서는 이익과 함께 부담도 본인에게 돌아간다는 뜻이다.

Qui s'oblige oblige le sien. 〔佛〕 채무를 지는 자는 자신의 전자산을 擔保로 한다. 옛날에, 채무자가 계약 중에 삽입한, 일체의 동산·부동산으로써 책임을 지는 뜻의 約款에서 유래하는 격언으로, 인적으로 의무를 지는 자는 누구도 그 의무를 현재 및 장래의 동산·부동산으로써 다하여야 한다는 것을 의미한다. 채무자의 재산이 채권자의 一般擔保로 된다고도 한다(佛民 2092).

Qui tacet consentire videtur. 〔羅〕 침묵하는 자는 동의하는 것으로 본다(Modern Reports, 9, 38, Bonifacius Ⅷ). 이 법언은 예외적인 경우를 제외하고는 거의 적용의 여지가 없으며, 英法에서는 오류에 의하여 이익을 얻고자 하는 當事者의 默認은 효과의 발생이 저지되며, 이 원칙에 權利拋棄(Waiver)의 이론이 입각하고 있다. 그리고 사기를 숨기는 것은 사기이며, 아무 말도 않는 것과 불충분하게 말하는 것은 동일하며, 막을 수 있는 것을 (잠자코 있어) 막지 않는 자는 그것을 행한다고 생각된다. → 묵시의 의사표시

Quod nullius est, est domini regis. 〔羅〕 어느 누구에게도 속하지 않는 것은 군주에게 속한다. 無主物의 國庫歸屬의 원칙을 표현한 법언. 우리 민법 252조 2항은 그 표현이다. → 무주물선점

Quod principi placuit, legis habet vigorem. 〔羅〕 군주가 원하는 바는 법률의 효력을 가진다. 絶對專制君主의 지위를 나타낸 말. 군주는 법의 원천이며, 유일한 법의 制定權者이므로 그 원하는 바에 따라 법을 만들 수 있다고 하는 뜻. → Princeps legibus solutus.

Quot generations, tot gradus. 〔羅〕 世帶數가 親等. 로마법식친등제를 표현한 법언.

R

Ratihabitio mandato comparatur. 〔羅〕 追認은 委任에 비하여진다(D. 46, 3, 12, 4, Ulpianus). 사무관리에 있어서 본인의 추인에 의하여 관리인의 管理事務는 위임과 마찬가지로 유효하게 된다고 하는 뜻이다. 즉 특정의 행위에 관한 한 추인에 대리권의 수여와 동일한 효과를 부여하는 생각을 엿볼 수 있다. 또 이 법언에 기하여 英法에서는 모든 추인은 回顧的인 효과를 가지며, 또한 그것을 하기 이전의 요구와 같다(Coke Littell, Reports, 207)라고 하는 법언이 발생하였다.

Reichsrecht bricht Landrecht. 〔獨〕 帝國法은 란트법을 깨뜨린다. 독일民法施行前에 있어서는 일반적으로 독일普通法이 행하여지고 있었지만, 이에 대하여, 각 란트의 내부에서는 지방적인 特別法으로서 란트법이 우선적으로 적용되었다. 그러나 독일제국의 법인 독일민법의 시행에 의하여 지방적인 란트법은 통일되고, 그 효력을 잃게 되었다. 이와 같이, 독일제국의 통일후, 帝國의 법이 법으로서 獨占的인 地位를 차지하기에 이른 사태를 가리켜 제국법은 란트법을 깨뜨린다고 한다.

Res inter alios acta aliis nec nocet nec prodest. 〔羅〕 타인간의 행위는 우리를 害하지도 利롭게 하지도 아니한다(C. 7, 56, 1의 註譯). 원칙적으로 법률행위는 이를 하는 사람에 대해서만 효력을 발생하고, 제3자는 이에 의하여 이익도 손해도 받지 아니한다. 이 法理는 특히 계약과 판결에 대해서 적용이 있으며, 말하자면 그들의 효과는 상대적임에 불과하다.

Res judicata pro veritate accipitur (habetur). 〔羅〕 旣判事項은 사실로 인정된다(D. 50, 17, 207, Ulpianus). 소송에 있어서의 紛爭은 언제까지라도 계속할 수 있어서는 안된다. 한번 正規의 절차를 거쳐 판결이 내려지면, 그것을 진실한 것으로 보고, 다시 그 사건에 관하여 다투는 것을 금지하여야 한다. 이것이 바로 이 법언이 말하려고 하는 바이다. 형사소송법에 있어서, 實體的 確定力, 즉 實體裁判이 확정된 경우에, 일사부재리의 효력이 인정되는 것은 이 때문이다.

S

Salus populi est suprema lex. 〔羅〕 人民(公共)의 복지는 至高의 法이다. 민주주의의 기본관념을 표현한 말. 모든 法 및 權力은 인민의 행복에 봉사하여야 하며, 인민의 행복이 법질서의 최

고의 지도이념이라고 하는 의미.

Scienti et volenti non fit iniuria. 〔羅〕 알고 또한 원하는 자에 대해서는 침해는 존재하지 않는다. (被害者의) 認諾은 不法行爲(權利侵害)의 성립을 조각한다(Bracton, de Legibus et Consuetudinibus Anglicae, fol. 20). 로마법의 그것을 원하는 자에게 행하여진 것은 결코 侵害가 아니다. (Nulla iniuria est, quae in volentem fiat.)(D. 47, 10, 1, 5, Ulpianus)라고 하는 法文을 기초로 하여 만들어진 원칙이며, 어느 누구도 자기가 승낙한 행위에 의한 피해에 대해서는 손해배상을 청구할 수 없다고 하는 뜻이다. 刑事에 있어서도 경우에 따라 公訴權의 행사를 조각하는 일이 있다. 安死術 등은 가장 문제로 될 수 있다고 생각된다. → 피해자의 승낙

Sehen geht über Hören. 〔獨〕 보는 것은 듣는 것보다 낫다. 法學上으로 쓰일 때에는 Man glaubt den Augen weiter als den Ohren과 같은 의미.

Semel heres semper heres. 〔羅〕 한번 상속인으로 된 자는 영구히 상속인. 로마법상 法定이든 遺言에 의하여든 불문하고 한번 상속인으로 된 자는 영구히 상속인으로 되어야 하며, 解除條件 또는 終期附로 상속인이 될 수는 없었다.

Specialis derogat (legi) generali. 〔羅〕 特別法은 一般法에 우선한다. → Lex specialis derogat (legi) generali.

Stadtluft macht frei. 〔獨〕 도시의 공기(市風)는 자유롭게 한다. Jacob Grimm 이래 이 말은 법언으로 높여졌다. 市風自由의 原則이라고 불리운다. 중세도시법상 본래 自由人이 아니라도 도시에 이주하여 일정한 기간을 주인의 이의없이 경과하면 자유인의 신분을 취득하였다. 도시 자체가 가지는 게베레가 來住者 위에 적용된 효과로 본다. 이 원칙은 도시에 있어서의 자유인만의 통일적인 市民層의 形成에 이바지하였다. 단순히 Luft macht frei 라고도 한다.

Stadtrecht bricht Landrecht. 〔獨〕 都市法은 란트법을 깨뜨린다라고 하는 의미의 독일어. 도시법은 란트법에 우선하여 적용되며, 란트법은 도시법이 규정하지 않는 사항에 관하여서만 보충적으로 적용된다고 하는 의미의 독일중세의 법언. 중세 독일에 있어서는, 프랑크시대의 屬人主義에 대신하여 屬地主義가 채용되기에 이르렀으며, 많은 屬地法이 성립하여 법의 지역적 분열이 심하여졌는데, 이 때에 보다 좁은 지역의 特別法은 보다 넓은 지역의 보통법에 우선하여 적용되었다. 이 법언은 이러한 원칙의 하나의 표현이다. 프로이센 普通國法은 이러한 사태를 극복하고 도시법에 우선하는 효력이 인정된 최초의 란트법이다.

Subsequent laws repeal prior conflicting ones. 〔英〕 後法은 상치되는 前法을 폐한다. → Lex posterior derogat (legi) priori.

Summum ius, summa iniuria. 〔羅〕 법의 극치는 不正의 極致(키케로의 말). 법을 지나치게 엄격하게 적용하거나, 法上의 權利를 지나치게 강력하게 주장하면, 도리어 그것이 不正한 상태를 야기한다. 법적 안정성의 극단적인 요구나 權利濫用을 경계한 것.

Superficies solo cedit. 〔羅〕 地上物은 토지에 속한다(Gaius, Institutiones, 2, 73). 로마법에 있어서의 附合의 原則. 로마법에서는 지상에 정착하는 건물, 수목 등은 토지와 일체를 이루고 독립성이 없으며 土地所有權의 객체로 된다(民 99 참조).

Suppressio veri, expressio falsi. 〔羅〕 眞實의 은폐는 虛僞表示와 같다(Wendell, New York Reports 11, 374, 417). 자기의 眞意를 은폐하고 숨은 의사를 가지고 法規의 적용을 면하려고 행위한 경우, 혹은 제3자를 詐欺하려고 한 경우, 이것은 허위표시와 같다고 하는 뜻이다. 따라서 契約의 본질을 이루는 사실에 관하여 이런 일이 행하여졌다면, 이로 인하여 權利侵害를 입은 상대방은 구제를 받을 수 있다.

Suum cuique. 〔羅〕 각자에 그의 것을. 처음에 키케로에 의하여 正義의 定義로서 쓰여지고, 그 후 울피아누스의 正義라 함은 각자에게 그의 권리를 부여하는 恒常不斷의 의사이다(Constans et perpetua voluntas, ius suum cuique tribuendi)라고 하는 정의에 의하여 보편화하여, 후세 公理와 같이 통용되기에 이르렀다. 그의 것이라 함은, 각자가 어떤 물건 또는 어떤 행위에 관하여 법에 의하여 보호받을 利益을 가리키며, 이 점에서 자기에게 속할 것까지도 隣人에게 줄 것을 요구하는 道德과 다르다. 토마스 아퀴나스는 이 법언을, 아리스토텔레스가 말하는 配分的 正義 및 平均的 定義의 양자를 총괄하는 의의를 가지는 것이라고 하였다.

T

Terrae potestas finitur ubi finitur armorum vis. 〔羅〕 領域權은 무력이 끝나는 곳에서 끝난다. 국제법상 領海의 범위를 해안에 비치한 대포의 사정거리가 미치는 범위에 한정하려고 하는 18세기의 국제법학설의 법언. 3해리설은 이 설에서 나온 것이다. → 착탄거리설

U

Ubi eadem est ratio, idem ius. 〔羅〕 동일이유가 있는 곳에는 동일한 權利가 있다(J. Faure, Inst. 1. 12. 1. 註釋 2節; Coke-Littell, Reports, 191). 類推論法에 의하여 法의 解釋의 확장을 가능하게 하는 원칙이다. 즉 어떤 경우의 法的 解決은 이와 동일성을 가지는 모든 경우에 적용되게 된다. 또한 동시에 法은 理性에 기초하고 있고, 따라서 이성에 반하는 것은 법에도 반한다고 하는 사상을 뜻한다. 말하자면 법률의 理性(ratio legis)은 법률의 精神(anima legis)이다(Jenkins, Eight Centuries of Reports, 45).

Ubi ius ibi remedium. 〔羅〕 權利가 존재하는 곳에는 救濟가 있다(Coke-Littell, Reports, 197). 이 경우의 권리라 함은 작위 내지 급부를 청구할 수 있는 法的 權能이며, 구제라 함은 그 권리의 회복 또는 주장을 위하여 법에 의하여 부여된 訴權 혹은 기타의 수단을 말한다.

Ubi meam rem invenio, ibi vindico. 〔羅〕 내가 나의 물건을 발견하는 곳에서 나는 이것을 회수한다. 로마법에 있어서는 소유자가 객체의 占有를 잃은 때에는, 所有物回收訴訟(레이 윈디까치오)을 실행할 수 있었는데 소유자는 本訴訟에 의하여 점유자가 아무리 善意·無過失로 취득하였더라도, 아무 보상도 하지 않고 객체를 도로 찾을 수 있었다.

Ubi societas ibi ius. 〔羅〕 사회있는 곳에 법이 있다. 사회생활의 조건으로서 법이 불가결하다는 것을 표시한 라틴 관용구. 그 出典은 분명치 않지만, 古來로 사회와 법이 불가분의 관계에 있다는 것을 표시하는 말로서 사용되고 있다. 공동생활의 조건으로서의 법이 없으면 사회가 존립할 수 없고, 그리고 반대로 사회를 떠나서 법을 생각할 수가 없다는 의미로서는 이 말은 일반적·보편적으로 용납될 수 있는 提言이라고 말할 수가 있다. 그러나 사회나 법의 概念內容은 一義的이 아니기 때문에, 이 命題의 구체적인 의미는 때로는 달라질 수도 있다. 가령 법을 근대국가의 입법에만 국한한다든가 또는 법을 오로지 階級對立의 산물이라고 정의하는 경우에는, 원시사회나 또는 가상된 공산사회에서는 법은 발견될 수가 없다는 것이 된다. 이 명제는 주로 自然法論者에 의하여 애용되고 있고, 그리고 근대적 입법의 원리가 통용되지 않는 사회에서 생겨나는 법을 발견하려고 하는 法社會學의 입장에서도 이것은 적극적인 의의를 부여받고 있다.

Uxor familiae suae et caput et finis est. 〔羅〕 妻는 그 가족의 처음이자 마지막이다. 로마법상 혼인을 하여 처가 夫權에 복종하게 되면, 처는 그 生家에 있어서의 신분을 상실하고, 그 본래의 宗族關係에서 벗어나서 婚家의 가족으로 되고, 혼가에 있어서 자기의 夫의 딸과 동일한 지위(loco filiae)를 취득하였다. 이러한 경우 처의 生家의 관계는 처로 됨으로써 끝나고 婚家의 관계는 처로 됨으로써 시작한다는 의미이다.

V

Vir et uxor consentur in lege una persona. 〔羅〕 夫婦는 법률상 一體로 간주된다(Jenkins, Eight Centuries of Reports, 27). 옛날의 보통법에 있어서의 혼인의 효과의 擬制的 表現. 이 원칙에 의하여 妻의 독립성은 인정되지 않으며, 처의 재산은 약간의 예외를 제외하고 夫의 소유로 되고, 또한 夫는 처에게 재산의 양도를 할 수 없으며(실질적으로는 信託을 이용하여 양도할 수 있었다), 또한 처의 채무나 불법행위에 대한 夫의 책임도 인정되었다.

Vis legibus est inimica. 〔羅〕 힘은 法의 적이다. 법은 힘에 의하여 지지되어서는 안되며, 正義의 理念에 의하여 뒷받침되어야 하는 것이다. 힘은 자칫하면 법을 침해하며, 따라서 법의 적이라고 하는 뜻.

Voies de fait sont défendues. 〔佛〕 自力救濟는 금지된다(Loisel, Institutes coutumières, n° 790). 문명국에 있어서는 權利侵害가 있은 때 법률상의 방법에 의하여서만 구제를 구하여야 하며,

自力에 의하는 것은 허용되지 않는 것을 원칙으로 한다. →자력구제

Volenti non fit iniuria. 〔羅〕 승낙하는 자에게는 不法은 행하여지지 않는다. 일반적으로 자기가 승낙한 행위로 인하여 발생한 손해에 대해서는 損害賠償을 청구할 수 없다고 하는 것을 말하는데, 특히 형법에 있어서는 피해자의 승낙이 위법성을 阻却한다고 하는 원칙을 가리킨 것이다. →Scienti et volenti non fit iniuria.

W

Was die Fackel verzehrt, ist Fahrnis. 〔獨〕 횃불이 태울 수 있는 것은 動產이다. 목조가옥은 동산이라고 하는 의미. 게르만법은 유체물을 자연적 성질에 따라 동산과 부동산으로 나누었는데, 석조가옥과 달리 목조가옥은 움직일 수 있다고 생각하여 동산으로 하였다. 우리 민법은 건물은 모두 부동산으로 한다.

Was in des Nachbars Hof fällt, ist sein. 〔獨〕 이웃 사람의 뜰에 떨어진 물건은 이웃사람의 것이다. 게르만법은 相隣關係에 있어서 隣地에 떨어진 果實은 수목소유자에게 속하지 아니하고 낙하한 隣地의 토지소유자에게 속하는 것으로 하고, 이웃사람의 권리를 Überfallsrecht(落下果實收取權)라 불렀다(獨民 911 前). 자연적으로 낙하한 경우뿐만 아니라 수목소유자가 나무를 흔들어 떨어뜨린 경우도 마찬가지였다. 우리 민법에는 이러한 규정이 없으므로, 果實은 수목소유자에게 속한다고 해석하여야 할 것이다. →Wer den bösen Tropfen geniesst, geniesst auch den guten.

Wer den bösen Tropfen geniesst, geniesst auch den guten. 〔獨〕 쓴 물을 맛보는 자는 단물도 맛본다. 게르만법은 相隣關係에 있어서 隣地에 낙하한 果實은 수목소유자에 속하게 하지 않고 인지소유자에게 속하는 것으로 하였다. 그것은 隣地所有者는 뻗어 나온 나무가지 때문에 그늘지는 등의 손해를 입으므로 형평의 관념에서 과실의 取得權을 인정한 것이다. →Was in des Nachbars Hof fällt, ist sein.

Wer den Weg fordert, soll ihn mit Garben belegen. 〔獨〕 길(통로)을 요구하는 자는 그 길에 곡식의 단을 깔아야 한다. 게르만법상 주위의 토지를 통행하거나 통로로 하지 않으면 公路에 출입할 수 없는 토지(이른바 대지)의 소유자에게 隣接地所有者는 공로에 출입하기 위하여 필요한 도로를 제공할 의무가 있었는데(즉 대지의 소유자는 周圍土地通行權이 있었다), 이것은 그 도로의 제공이 원칙적으로 有償임을 표현하는 법언이다.

Wer die Augen nicht auftut, tut den Beutel auf. 〔獨〕 눈을 뜨고 있지 않는 자는 지갑을 비운다. 고대 게르만법은 瑕疵있는 목적물을 수령한 매수인은 동의한 것으로 간주되고, 매도인에게 대하여 瑕疵擔保責任은 물을 수 없게 하였다. 따라서 매수인은 계약체결전에 목적물을 검사하여야 하였다. 다만 送付된 물건의 경우나 매도인이 故意로 숨긴 중대한 하자(Hauptmängel)가 있는 경우는 예외이다. Wer närrisch kauft, muss weislich bezahlen(어리석게 물건을 산 사람은 현명하게 지급하지 않으면 안된다)이라고 말하는 것과 같은 의미.

Wer sät, der mäht. 〔獨〕 씨뿌린 자가 거둬 들인다. 게르만법에서는 토지의 果實은 토지소유자에게 歸屬하지 않고, 이것을 생산한 자, 즉 경작한 자에게 귀속한다고 하는 원칙(生產者主義)을 취하였다. 작센슈피겔 2권 46조에도 같은 뜻의 규정이 있다. 이에 반하여 로마법 및 이에 따른 우리 민법은 元物主義를 취한다. 즉 果實은 분리시까지는 독립하여 소유권의 객체가 되지 못하고 분리와 동시에 원칙적으로 토지소유자에게 歸屬한다(民 102). 그리고 우리 민법 201조는 선의점유자에게 果實取得權을 인정하고 있는데, 이것은 게르만법상의 원칙의 영향을 받은 것이라고 할 수 있다.

Wer will wohl und selig sterben, der lasse sein Gut den rechten Erben. 〔獨〕 평안하고 축복받는 죽음을 원하는 자는 그 재산을 정당한 (법정)상속인에게 상속시키라. 게르만법에 있어서의 혈족중심의 法定相續思想을 표현하는 법언. 중세후기의 게르만법에서는 유언이나 상속계약에 의한 自由相續도 발생하여 있었으나, 원칙은 어디까지나 法定相續이었다. 그 결과, 家產이 가족공동체 밖으로 유출하는 것이 저지되고, 또한 혈족이 아닌 생존배우자에게는 상속권은 쉽사리 부여되지는 않았다. 근대법은 대체로 법정상속을 원칙으로 하고 遺言制度를 병용하고 있다.

Willkür bricht Stadtrecht, Stadtrecht bricht Landrecht, Landrecht bricht Gemeines Recht. 〔獨〕 恣意는 都市法을 깨뜨리고, 도시법은 란트법을 깨뜨리고, 란트법은 普通法을 깨뜨린

다. 독일은 중세이래 독일제국의 통일에 이르기까지, 절대군주적인 小邦制(Kleinstaaterei)下에 있어, 특별법인 란트법은 일반법인 독일普通法(게마이네스 레히트)에 대하여 優先的 效力을 가지고, 도시법은 란트법에 대하여 우선적 효력을 가지고 있었지만, 절대군주의 지배에는 하등의 한계도 없었고, 군주의 자의가 가장 우선적 효력을 가지고, 도시법을 비롯한 모든 형태의 법을 깨뜨려 버린다고 하는 사태를 가리킨다. 그러나 Willkür라고 하는 말은 자유로운 의사라고 하는 의미도 가지고 있으며, 이와 같이 해석하는 때에는, 당사자의 의사가, 모든 형태의 법에 우선하여, 法源으로서의 효력을 가진다고 하는 뜻으로 쓰인다.

Wo du deinen Glauben gelassen hast, da sollst du ihn suchen. 〔獨〕 네가 믿음을 둔 곳에서 그 믿음을 도로 찾아야 한다. →Hand muss Hand wahren.

법령명(法令名)

≫ㄱ≪

가계조사규칙(家計調査規則) 1970년 9월 16일 구경제기획원령 59호로 제정된 이 규칙은 통계법시행령 14조의 규정에 의하여 지정통계(중앙행정기관이나 지방자치단체 또는 대통령령이 정하는 기관이 작성하는 통계로서, 재정경제부장관이 지정하여 고시하는 조사통계와 보고통계)를 작성하기 위한 조사 중 가계조사의 시행에 관하여 필요한 사항을 규정하고 있다. 이 규칙에서 家計調査라 함은 국민소비생활의 실태 및 생활수준의 변동상황을 관찰하는 조사를 말한다. 전문 11조와 부칙으로 되어 있다.

가금등의뢰검사규칙(家禽等依賴檢査規則) 1969년 8월 28일 農林部令 398호(한글화)로 제정된 이 규칙은 식용에 제공하기 위하여 도살되는 닭·오리·거위·칠면조와 개 및 토끼의 의뢰검사에 관하여 필요한 사항을 규정하고 있다. 全文 10조와 부칙으로 되어 있다.

가등기담보(假登記擔保) **등에 관한 법률**(法律) 1983년 법률 3681호. 借用物의 반환에 관하여 借主가 借用物에 갈음하여 다른 재산권을 이전할 것을 예약함에 있어서 그 재산의 예약 당시의 가격이 借用額 및 이에 붙인 이자의 합산액을 초과하는 경우에 이에 따른 擔保契約과 그 담보의 목적으로 經了된 가등기 또는 所有權移轉登記의 효력을 정할 목적으로 제정한 법률. 이 법은 용어의 정의(2), 담보권의 실행의 통지와 청산기간(3), 청산금의 지급과 소유권의 취득(4), 후순위권리자의 권리행사(5), 채무자 등 외의 권리자에 대한 통지(6), 청산금에 대한 처분제한(7), 통지의 구속(9), 법정지상권(10), 경매의 청구(12), 우선변제청구권(13), 담보가등기권리의 소멸(15), 경매 등에 관한 특칙(16), 파산 등의 경우의 담보가등기(17) 등을 규정하고 있다.

가사소송규칙(家事訴訟規則) 1990년 대법원규칙 1139호. 총칙, 가사소송, 가사비송, 가사조정, 이행의 확보, 監置의 裁判 등 6개편과 부칙으로 구성되어 있다.

가사소송법(家事訴訟法) 1990년 법률 4300호. 종래의 人事訴訟法과 家事審判法을 통폐합한 법률로서 인격의 존엄과 남녀의 평등을 기본으로 하고 가정평화와 친족상조의 미풍양속을 유지향상하기 위하여 가사에 관한 訴訟과 非訟 및 調整에 대한 절차의 특례를 규정하고 있다.

가사심판법(家事審判法) → 가사소송법

가석방단속규정(假釋放團束規程) 1970년 2월 16일 대통령령 4628호로 제정된 이 영은 징역 또는 금고의 집행 중에 있는 자로서 刑法 72조(가석방의 요건), 行刑法 52조(가석방허가) 또는 소년법 65조의 규정에 의하여 가석방의 처분을 받은 자에 대한 가석방기간중의 감호에 관하여 규정하고 있다. 전문 23조와 부칙으로 되어 있다.

가석방심사(假釋放審査) **등에 관한 규칙**(規則) 1978년 법무부령 206호. 受刑者의 가석방을 위한 심사기준과 절차 및 假釋放取消의 節次 등에 관하여 필요한 사항을 규정함을 목적으로 한 규칙. 이 규칙은 假釋放의 審査와 具申(3~21), 가석방의 취소(22~26), 보칙(27~29)과 부칙으로 되어 있다.

가석방심사위원회규정(假釋放審査委員會規程) 1969년 6월 30일 법무부령 130호로 제정된 이 규정은 위원장의 직무·위원의 위촉(行刑 50 I)·書記·表決·任期·假釋放審査簿·手當 등 가석방심사위원회의 운영에 관하여 필요한 사항을 규정하고 있다. 전문 8조와 부칙으로 되어 있다.

가스사업법(事業法) →도시가스사업법

가정의례(家庭儀禮)**에 관한 법률**(法律) 1993년 법률 4637호 전문개정. 가정의례에 있어서 虛禮虛飾을 일소하고 그 의식절차를 합리화함으로써 낭비를 억제하고 건전한 사회기풍을 진작함을 목적으로 제정된 법률. 이 법은 全文 15조 부칙으로 구성되어 있다.

가정의례준칙(家庭儀禮準則) 1973년 5월 17일 대통령령 6680호로 제정된 이 영은 가정의례에 관한 법률 3조 2항의 규정에 의하여 가정의례의 의식절차에 관한 기준을 정하고 있다. 總則(제1장)·儀禮(제2장)·喪禮(제3장)·祭禮(제4장)·回甲宴(제5장) 등 5장 전문 24조와 부칙으로 되어 있었다.

가정폭력방지(家庭暴力防止) **및 피해자 보호**(被害者保護) **등에 관한 법률**(法律) 1997년 법률 5487호. 家庭暴力을 예방하고 가정폭력의 피해자를 보호함으로써 건전한 가정을 육성함을 목적으로 제정된 법률. 이 법은 용어 정의, 가정의 보호와 유지, 국가 등의 책무, 상담소의 설치·운영, 상담소의 의무, 보호시설의 설치, 피해자 의사의 존중의무, 감독, 경비의 보조, 영리목적 운영의 금지, 비밀엄수의 의무, 유사명칭사용 금지, 치료보호, 권한의 위임, 양벌규정 등 全文 22조 부칙 등으로 구성되어 있다.

가정폭력범죄(家庭暴力犯罪)**의 처벌**(處罰) **등에 관한 특례법**(特例法) 1997년 법률 5436호. 가정폭력범죄의 刑事處罰節次에 관한 특례를 정하고 가정폭력범죄를 범한 자에 대하여 환경의 조정과 性行의 교정을 위한 保護處分을 행함으로써 가정폭력범죄로 파괴된 가정의 평화와 안정을 회복하고 건강한 가정을 육성함을 목적으로 제정된 법률. 이 법은 총칙(1장), 가정보호사건(2장), 민사처리에 관한 특례(3장), 벌칙(4장)과 부칙을 규정하고 있다.

가축방역대책위원회규정(家畜防疫對策委員會規程) 1970년 7월 9일 대통령령 5168호로 제정된 이 영은 농림부장관의 자문에 응하여 가축방역대책에 관한 사항을 심의하게 하기 위하여 농림부에 두는 가축방역대책위원회의 설치와 운영에 관하여 필요한 사항의 규정. 전문 8조와 부칙으로 되어 있다.

가축전염병예방법(家畜傳染病豫防法) 가축의 傳染性疾病이 발생하거나 퍼지는 것을 막음으로써 축산업의 발전과 公衆衛生의 향상에 관하여 정한 법률. 가축소유자의 구청장 또는 시·읍·면장에의 죽은 가축의 신고의무(11), 가축소유자 또는 관리자와 수의사의 구청장 또는 시·읍·면장에의 병든 가축의 신고(4), 특별시장·광역시장 또는 도지사의 家畜檢疫·殺處分·격리 또는 이동제한의 명령(5, 8, 10)과, 그 외에 輸出入檢疫(20~26) 등을 규정하고 있다.

가축통계조사규칙(家畜統計調査規則) 1977년 1월 20일 농림부령 666호로 제정된 이 규칙은 통계법시행령 14조의 규정에 의하여 가축통계에 관한 조사를 실시함에 필요한 사항을 규정하고 있다. 전문 17조와 부칙으로 되어 있다.

각급법원(各級法院)**의 설치**(設置)**와 관할구역**(管轄區域)**에 관한 법률**(法律) 1963년 법률 1497호. 法院組織法의 규정(3)에 의하여, 고등법원, 지방법원과 동지원 및 가정법원의 설치와 그의 관할구역을 정한 법률. 종래의 하급법원의 설치와 관할구역에 관한 법률을 폐지, 이에 대치된 법률이다.

각종기념일(各種紀念日) **등에 관한 규정**(規程) 1973년 3월 30일 대통령령 6615호로 제정된 이 영은 政府가 주관하는 각종 기념일 및 기념주간 등의 제정과 그 기념일에 있어서의 전국적 또는 지역적 규모의 의식 및 그에 부수되는 행사 등에 관하여 필요한 사항을 규정하고 있다. 전문 3조와 부칙으로 되어 있다.

각종전염병예방약(各種傳染病豫防藥)**및 혈청류분여규정**(血淸類分與規程) 1969년 6월 27일 보건복지부령 290호로 제정된 이 규정은 國立保健硏究院에서 보유하는 각종 전염병예방약 및 치료 血淸類를 무상 또는 유상으로 분여하여 방역정책에 기여함을 목적으로 한다. 전문 8조와 부칙으로 되어 있다.

감사원법(監査院法) 1963년 법률 1495호. 감사원의 組織·職務範圍, 감사위원의 임용자격, 감사대상기관 및 공무원의 범위와 기타 필요한 사항을 규정하기 위하여 제정된 법률. →감사원, 감사위원

감정평가(鑑定評價)**에 관한 법률**(法律) →지가공시 및 토지 등의 평가에 관한 법률

감형령(減刑令) 1948년 9월 27일 대통령령 7호, 1950년 12월 28일 대통령령 426호, 1952

년 8월 15일 대통령령 667호에 의한 減刑令이 있었다.

개발이익환수(開發利益還收)**에 관한 법률**(法律)　1989년 법률 4175호. 각종 개발사업 기타 사회·경제적 요인에 따른 地價上昇으로 발생하는 개발이익이 해당 토지소유자에 私有化됨으로써 개발이익을 목적으로 하는 투기가 성행하는 것을 방지하기 위하여 開發利益還收制度를 도입·지가상승분의 일정액을 환수함으로써 토지의 효율적인 이용을 촉진하고 국민경제의 건전한 발전에 이바지함을 목적으로 제정된 법률이다.

개방대학설치운영규정(開放大學設置運營規程)　1982년 4월 6일 대통령령 10786호로 제정된 이 규정은 구교육법 128조의 7의 규정에 의하여 開放大學의 설치기준 및 그 운영에 관하여 필요한 사항을 규정하고 있다. 입학자격은 고등학교 졸업자 또는 이와 동등 이상의 학력이 있다고 인정된 자로서 학칙이 정하는 산업체 등에서 근무하고 있거나 1년 이상 근무한 경력이 있는 자로 하며, 개방대학의 학생 중 학칙이 정하는 바에 따라 전문대학 졸업자와 동등한 학력인정 또는 학사학위를 수여한다. 단, 개방대학의 수업연한 및 재학연한은 이를 제한하지 아니한다. 전문 15조와 부칙으로 되어있다. 개방대학은 기술대학으로 바뀌었다(高等敎育法 55～58).

개항질서법(開港秩序法)　1991년 법률 4359호. 開港의 港界內에서의 선박교통의 안전 및 질서의 유지에 관하여 정한 법률. 선박의 입출항 및 정박의 방법(5～11), 危險物積載船舶의 입출항 및 정박의 방법(20～23), 항계내 또는 그 부근에서의 선등 또는 신호의 표시방법(29～32), 航路와 航法(11～19) 기타 당해 지방항만관리청장의 감독(35～42) 등을 규정하고 있다.

거절증서령(拒絶證書令)　1970년 대통령령 4919호. 어음법 84조 및 수표법 70조의 규정에 의하여 거절증서의 작성의 기관·방식·장소 등에 관하여 규정하는 대통령령.

건널목개량촉진법(改良促進法)　1973년 법률 2462호. 기존 건널목의 개량을 촉진하고 철도 또는 도로를 신설하거나 개량할 때 철도와 도로가 교차되는 곳은 입체교차화함으로써 교통사고의 방지와 交通流通의 원활화에 기여함을 목적으로 제정된 법률. 全文 9조 附則으로 된 이 法律은 개량할 건널목의 지정과 개량 계획의 수립·실시, 노선의 신설·개량시의 입체교차화, 비용부담과 국고보조 등에 관하여 규정하고 있다.

건설공무원교육원직제(建設公務員敎育院職制)　1983년 9월 7일 대통령령 11229호로 제정된 이 영은 건설분야 직무에 종사하는 국가공무원 및 지방공무원과 건설교통부 산하단체의 임직원에게 그 업무수행에 필요한 지식과 기술의 배양을 위한 교육훈련을 실시하기 위하여 건설교통부장관 소속하에 두는 건설공무원교육원의 설치와 운영에 관하여 필요한 사항을 규정하고 있었다. 그러나 1991년 2월 1일 건설교통부와 그 소속기관직제의 제정으로 폐지되었다.

건설교통부(建設交通部)**와 그 소속기관직제**(所屬機關職制)　1991년 2월 1일 대통령령 13293호로 전문 개정된 이 영은 국토건설종합계획의 수립 및 이에 따르는 각급 國土建設計劃의 조정, 국토 및 수자원의 보전·이용·개발 및 개조, 도시·도로·주택의 건설과 해안·하천 및 간척과 陸運·航空에 관한 사항을 관장하는 건설교통부의 직제와 그 소속기관, 즉 국립지리원·건설공무원교육원·국립건설시험소 및 중앙장비관리사무소 그리고 지방국토관리청·제주개발건설사무소 및 홍수통제소의 직제에 관하여 규정하고 있다. 건설교통부의 하급조직으로는 제1차관보·제2차관보·기획관리실 그리고 총무과·국토계획국·토지국·지가조사국·도시국·주택국·수자원국·상하수도국·도로국 및 건설경제국을 두며, 또 장관 밑에 공보관, 차관 밑에 감사관·비상계획관·기술관리관 및 신도시건설기획관 각 1인을 둔다.

건설근로자(建設勤勞者)**의 고용개선**(雇傭改善) **등에 관한 법률**(法律)　1996년 법률 5249호. 건설근로자의 고용안정과 직업능력의 개발·향상을 지원·촉진하고 건설근로자에게 퇴직공제금을 지급하는 建設勤勞者退職共濟事業을 실시함으로써 건설근로자의 雇傭改善과 福祉增進을 도모하고 건설산업의 발전에 이바지함을 목적으로 제정된 법률. 이 법률의 구성은 총칙(1장), 건설근로자의 고용개선(2장), 건설근로자의 퇴직공제사업(3장), 보칙(4장), 벌칙(5장) 등을 규정하고 있다.

건설기계관리법(建設機械管理法)　1993년 법률 4561호 전문개정. 건설기계의 登錄·檢査·型式承認 및 建設機械事業과 建設機械操縱士免許 등에 관한 사항을 정하여 건설기계의 안전도를 확보함으로써 건설공사의 기계화를 촉진함을 목적으로 하는 법률. 이 법의 적용을 받는 건설기계는 건설공사에 사용되는 기계로서 대통령령으로 정하는 것을 말한다. 건설기계는 서울특별시장·광역시장 또는 도지사에게 등록하여야 하며, 등록하지 아니하고는 사용할 수 없다(3~6). 건설기계의 구조와 성능은 건설교통부령이 정하는 기준에 적합하여야 하고 건설기계의 소유자는 건설교통부령이 정하는 바에 의하여 건설기계의 검사를 받아야 한다(12, 20). 건설기계는 건설기계조종면허시험에 합격하여 건설교통부장관의 주기조종면허를 받은 자만이 조종할 수 있다(26~31).

건설기계저당법(建設機械抵當法) 1961년 법률 1855호. 1993년 법률 4561호에 의해 중기저당법에서 건설기계저당법으로 바뀜. 건설기계의 動産信用을 증진시킴으로써 건설사업의 원활한 수행을 기하게 함을 목적으로 제정된 법률. 이 법은 全文 9조 부칙으로 구성되어 있다.

건설기술관리법(建設技術管理法) 1987년 법률 3934호. 建設技術의 연구·개발을 촉진하고 이를 효율적으로 이용 관리하게 하여 기술수준을 향상시킴으로써, 건설기술의 국제경쟁력을 강화시키고, 건설공사의 적정한 시공과 이를 통한 品質向上을 기하기 위하여 건설기술의 연구·개발기반과 관리체제를 확립하려는 목적에서 제정된 법률.

건설산업기본법(建設產業基本法) 1996년 법률 5230호. 建設業을 영위하는 자에 대한 조사·설계·시공·감리·유지관리·기술관리 등에 관한 기본적인 사항과 건설업의 免許 및 등록, 건설공사의 도급 등에 관하여 건설공사의 적정한 시공을 확보함과 동시에 건설업의 건전한 발전을 도모하기 위하여 제정된 법률. 이 법률은 대통령령으로 정하는 경미한 공사를 제외한 모든 건설공사를 도급하는 것을 영업으로 하는 자에게 적용되며(4), 건설업자의 면허 등(8~21), 건설공사의 도급 및 하도급계약(22~38), 건설업자에 대한 건설교통부장관의 감독(81~86), 건설협회에 관한 사항(50~53) 및 벌칙(93~101) 등에 관하여 정하고 있다. 또한 종래 이 법에 포함되어 있던 해외건설업에 관한 사항은 별도의 海外建設促進法으로 독립되었다.

건축물대장(建築物臺帳)**의 기재**(記載) **및 관리**(管理) **등에 관한 규칙**(規則) 1992년 건설부령 507호. 이 규칙은 건축법 29조 및 동법시행령 25조의 규정에 의하여 건축물 대장의 서식·기재 내용 및 기재절차 등에 관하여 필요한 사항을 규정함을 목적으로 하고 있다. 이 규칙은 건축물대장의 기재, 종류, 서식, 작성절차 등과 건축물대장의 전환 및 합병, 기재사항의 정정·말소, 건축물대장 등·초본의 발급 및 열람, 수수료, 건축물대장의 작성 및 운영에 관한 세부기준 등의 내용으로 全文 12조 부칙으로 구성되어 있다.

건축법(建築法) 1991년 법률 4381호 전문개정. 건축물의 대지, 구조, 設備의 기준 및 용도에 관하여 규정함으로써 공공복리의 증진을 도모하기 위하여 제정된 법률. 전문 83조 부칙으로 된 이 법률은 總則(1~6), 건축물의 대지, 구조 및 건축설비(30~67), 도로 및 건축선(33~37), 지역 및 지구내의 건축물의 제한(34, 37), 건축물의 면적 및 높이(47~53), 감독(68) 등에 관하여 규정하고 있다.

건축사법(建築士法) 1963년 법률 1536호. 건축사의 자격과 그 업무에 관한 사항을 규정함으로써 건축물의 質的 向上을 도모하기 위하여 제정된 법률. 동법은 건축사의 면허·의무·시험 등에 관하여 규정함과 동시에 건축사사무소와 건축사협회에 관하여도 규정하고 있다. → 건축사

검사(檢事)**의 보수**(報酬)**에 관한 법률**(法律) 1962년 법률 1045호. 검사의 봉급과 기타 보수에 관한 사항을 정한 법률.

검사(檢事)**의 직무**(職務)**를 대리**(代理)**하는 사법대학원생**(司法大學院生)**에 대한 실비지급규정**(實費支給規程) 1970년 1월 30일 대통령령 4555호로 제정된 이 규정에 따라 검사의 직무를 대리하는 司法大學院生(현행 司法研修院生)이 공무로 국내에 여행할 때에는 국내여비규정이 정하는 3급을류(현행 5급) 공무원의 여비에 상당하는 금액의 여비를 지급한다.

검사징계법(檢事懲戒法) 1957년 법률 438호. 檢事의 懲戒에 관하여, 그 事由·種類·節次 등의 정한 법률. ① 檢事가 재직중 국회 또는 지방의회의 의원이 되거나, 정치운동에 관여하거나, 금전상의 이익을 목적으로 하는 의무에 종사하거나, 소속장관의 허가없이 보수있는 일에 종사하는 경우, ② 직무상의 의무에 위반하거나 직무를 태만하였을 경우, ③ 직무의 내외를 막론하고 검사로서의 체면이나 위신을 손상하는 행위를 하였을 때(2), 징계의 종류로는 重懲戒(면직·정직·감봉)와 輕懲戒(중근신·경근신·견책)가 있고 징계위원회의 의결로써 결정한다(4, 6, 18).

검역법(檢疫法) 1954년 법률 307호. 국내 또는 국외로 전염병이 전염됨을 방지하기 위하여 대한민국 海·空港에 來港하거나 出港하는 선박·항공기·그 승객 및 승무원 또는 하물에 대한 檢疫節次와 豫防措置를 정한 법률. 이 법은 검역조사(9), 검역증(19~23), 물품수입의 제한 기타의

조치(24~29), 육로검역(36) 등을 규정하고 있다. 이 법의 原名은 해공항검역법이었으나, 1963년의 개정(법률 1273호)에 의하여 검역법으로 개칭되었다.

검찰근무규칙(檢察勤務規則) 1981년 12월 24일 법무부령 322호로 제정된 이 규칙은 검찰청법 11조의 규정에 의하여 검찰청의 사무감사·직무의 대리 및 수사지휘, 당번감사의 근무 등에 관한 사항을 규정하고 있다. 전문 13조와 부칙으로 되어 있다.

검찰보고사무규칙(檢察報告事務規則) 1981년 12월 24일 법무부령 235호로 제정된 이 규칙은 검찰청법 11조의 규정에 의하여 檢察事務報告(제2장)와 情報報告(제3장)에 관한 사항을 규정하고 있다. 3장 전문 10조와 부칙으로 되어 있다.

검찰보존사무규칙(檢察保存事務規則) 1981년 12월 24일 법무부령 234호로 제정된 이 규칙은 사건부록·재판서 기타 검찰청에서 처리된 문서의 보존·관리에 관한 사항을 규정하고 있다. 總則(제1장), 裁判確定記錄의 보존(제2장), 不起訴事件記錄의 보존(제3장), 재판서의 보존(제4장), 기타 保存事務處理(제5장) 등 5장 전문 22조와 부칙으로 되어 있다.

검찰사건사무규칙(檢察事件事務規則) 1981년 12월 24일 법무부령 230호로 제정된 이 규칙은 검찰청법 11조의 규정에 의하여 각급 검찰청의 사건의 受理·搜査·處理 및 公判遂行 등에 관한 사항을 규정하고 있다. 제1편의 총칙, 제2편 지방검찰청 및 지청에서의 절차(사건의 수리, 사건의 수사, 사건의 처리, 준기소절차, 항고·재항고, 공판절차, 상소, 재심, 진정·탄원·투서), 제3편 고등검찰청에서의 절차, 제4편 대검찰청에서의 절차 등 4편 전문 131조와 부칙으로 되어 있다.

검찰사무집행규칙(檢察事務執行規則) 1981년 12월 24일 법무부령 232호로 제정된 이 규칙은 검찰청법 11조의 규정에 의하여 사형과 자유형의 집행에 관한 사무의 방식과 절차를 규정하고 있다. 총칙(제1장)·집행원부의 기재(제2장)·형의 집행(제3장), 累犯加重請求 등의 절차(제4장), 刑執行停止(제5장), 共助(제6장), 보칙(제7장) 등 7장 전문 43조와 부칙으로 되어 있다.

검찰압수물사무규칙(檢察押收物事務規則) 1981년 12월 24일 법무부령 231호로 제정된 이 규칙은 검찰청법 11조의 규정에 의하여 押收物을 수리하여 처분할 때까지의 사무에 관한 사항을 규정하고 있다. 총칙(제1장), 압수물의 처리(제2장), 압수물의 領置(제3장), 압수물의 처분(제4장), 검찰청외 보관증거물(제5장), 共助(제6장), 상소사건의 특례(제7장), 보칙(제8장) 등 8장 전문 87조와 부칙으로 되어 있다.

검찰인사위원회규정(檢察人事委員會規程) 1972년 10월 24일 대통령령 12260호로 제정된 이 영은 검찰청법 35조의 규정에 의하여 검사의 임용·승진 기타 인사에 필요한 사항에 관하여 법무부장관의 자문에 응하기 위하여 두는 檢察人事委員會의 구성·운영 및 자문사항에 관한 사항을 규정하고 있다. 전문 9조와 부칙으로 되어 있다.

검찰징수사무규칙(檢察徵收事務規則) 1981년 12월 24일 법무부령 233호로 제정된 이 규칙은 검찰청법 11조의 규정에 의하여 벌금·과료·추징금·과태료·소송비용 및 비용배상의 재판의 집행에 관한 사항을 규정하고 있다. 총칙(제1장), 徵收(제2장), 收納(제3장), 强制勞役(제4장), 노역장유치의 집행(제5장), 徵收節次停止處分 및 徵收不能의 결정(제6장), 假納(제7장), 豫納(제8장), 囑託(제 9 장), 서류의 정리(제10장), 통계 및 보고 등(제11장), 보칙(제12장) 등 12장 전문 49조로 되어 있다.

검찰청방호원복제(檢察廳防護員服制) 1982년 11월 19일 법무부령 249호로 제정된 이 규칙은 검찰청방호원의 복제와 제복 및 제모의 대여에 관한 사항을 규정하고 있다. 전문 6조와 부칙으로 되어 있다.

검찰청법(檢察廳法) 1986년 법률 3882호 전문개정. 검찰청의 조직 직무범위 및 인사를 정한 법률. 검찰청은 검사의 사무를 통할하는 기관으로서 大檢察廳, 高等檢察廳과 地方檢察廳으로 하고, 대법원, 고등법원과 지방법원에 대치한다(2). 각 검찰청의 관할구역, 명칭·위치(3), 검사의 직무와 권한(4), 검사의 자격(29), 검찰총장 등의 임명자격(27), 검찰청직제 및 직원(16, 45~52)에 관하여 규정하였다.

검찰청사무기구(檢察廳事務機構)**에 관한 규정**(規程) 1973년 1월 25일 대통령령 6472호로 전문 개정된 이 영은 검찰청의 하부조직과 검사이외의 검찰청공무원의 정원에 관한 사항을 규정하고 있다. 전문 19조와 부칙으로 되어 있다.

결핵예방법(結核豫防法) 1967년 법률 1881호. 결핵의 예방과 結核患者에 대한 적정한 醫療行爲를 위하여 필요한 사항을 정한 법률. 국가·

지방자치단체 및 의사 등의 의무(3), 사업주·학교장 또는 시설의 장의 건강진단대상자에 대한 정기건강진단실시의무(4), 건강진단대상자의 건강진단수험의무(5~7), 출생아에 대한 결핵예방접종(12), 환자의 취업금지 및 정지(23), 치료판정과 재취업(24), 재소중인 환자의 격리(26) 및 大韓結核協會(32~37) 등에 관하여 규정하고 있다.

경륜·경정법(競輪·競艇法) 1991년 법률 4476호. 競輪·競艇을 실시하여 국민의 여가선용 및 청소년의 건전한 육성을 도모하고, 경륜·경정에 의한 이익금을 국민체육진흥·청소년육성 및 자전거와 모터보트産業 등의 발전을 위한 基金 등에 출연할 수 있도록 하며 나아가 자전거 및 모터보트 등의 경기수준향상에 이바지하려는 목적으로 제정한 법률. 이 법은 용어의 정의(2), 경륜 및 경정의 시행 등(4~17), 보칙(18~22), 벌칙(23~32) 등과 부칙을 규정하고 있다.

경매규칙(競賣規則) 1983년 7월 9일. 대법원규칙 849호로 제정된 이 규칙은 舊競賣法에 의한 경매의 절차에 관하여 규정하고 있다. 경매에 관하여 이 규칙에 특별한 규정이 없는 경우에는 그 성질이 반하지 아니하는 한 민사소송규칙 제5편(强制執行)의 규정을 준용하였다. 전문 9조와 부칙으로 되어 있다. 그러나 1990년 8월 21일. 대법원규칙 제1119호 민사소송규칙 부칙 2조로 폐지되었다.

경매법(競賣法) → 민사소송법에 흡수(1990년 법률 4201호).

경범죄처벌법(輕犯罪處罰法) 1983년 법률 3680호 전문개정. 押留 또는 科料에 처할 비교적 경미한 犯罪(소위 違警罪)에 관하여 규정한 법률. 종래의 경찰범처벌규칙은 헌법의 정신에 반하므로 전면적으로 개정하고 법률의 형식으로 제정되었다. 罰號는 全部 54개이고 종래의 警察犯處罰規則이 자칫하면 범죄수사를 위한 편의수단으로 악용되어 대중운동탄압의 도구로 이용되었던 경우가 적지 아니하였으므로, 본법은 특히 4조에서 본법의 적용에 있어서 國民의 權利를 부당하게 침해하지 아니하도록 세심한 주의를 기울여야 하며 본래의 목적에서 벗어나 다른 목적을 위하여 본법을 적용하여서는 아니된다고 규정하고 있다. 그리고 본법의 죄를 범한 자에 대하여는 情狀에 의하여 그 형을 면제하거나 拘留와 科料를 倂科할 수 있고(2), 또 본법의 죄를 教唆 또는 幇助한 자(→ 교사범·방조범)는 正犯에 준한다(3).

경비업법(警備業法) 1999년 법률 5940호로 제정. 용역경비업법을 경비업법으로 명칭을 변경하고 조문을 수정하였다. 1999년 9월부터 시행.

경제(經濟)의 안정(安定)과 성장(成長)에 관한 긴급명령(緊急命令)에 의한 조세특례(租稅特例) 1972년 12월 8일 대통령령 6395호에 의해 경제의 안정과 성장을 위해 마련된 긴급명령 19조, 25조, 59조 내지 63조의 규정에 의해 조세특례에 관한 조치를 시행하기 위해 필요한 사항을 규정하고 있다.

경제활동인구조사규칙(經濟活動人口調査規則) 1970년 9월 16일. 재정경제부령 58호로 제정된 이 규칙은 통계법시행령 14조의 규정에 의하여 지정통계를 작성하기 위한 조사 중 경제활동인구조사의 시행에 관하여 필요한 사항을 규정하고 있다. 전문 12조와 부칙으로 되어 있다.

경찰공무원법(警察公務員法) 1982년 법률 3606호. 경찰공무원의 任用·教育訓練·服務·身分保障 및 賞勳과 懲戒 기타 警察公務員에 관한 기본적인 사항을 규정한 법률. 공공의 안녕질서유지에 종사하는 경찰관의 직무의 특수성에 비추어, 一般職國家公務員에 관하여 규정한 국가공무원법에 대한 특별법으로 제정된 법률이며, 동법은 경찰공무원을 特定職公務員으로 하였으며, 많은 경우에 국가공무원법이 준용된다(58).

경찰관직무집행법(警察官職務執行法) 1981년 법률 3427호 전문개정. 경찰관이 그의 직무를 충실히 수행하는데 필요한 수단을 규정한 行政上의 卽時强制에 관한 일반법. 본법은 危險發生의 방지(5), 범죄의 예방과 제지(6), 무기의 사용(11), 不審檢問(3), 보호조치(4) 등의 수단을 인정하고 있다. 그러나 이와 같은 여러 수단은 卽時强制의 수단으로서 법치국가에 있어서의 예외적 작용이므로 그 필요한 최소한도의 범위내에서 행사되어야 한다(1). → 불심검문, 보호조치, 무기사용, 행정상의 즉시강제

경찰법(警察法) 1991년 법률 4369호. 경찰의 민주적인 관리·운영과 효율적인 임무수행을 위하여 경찰의 基本組織 및 職務範圍 기타 필요한 사항을 규정함을 목적으로 제정한 법률. 이 법률은 경찰위원의 설치(5), 경찰청(11~13), 지방경찰(14~18), 경찰공무원(23~24) 등을 규정하고 있다. 해양경찰에 대해서는 1996년 해양수산부로 이관됨으로 인해 삭제되었음.

경찰위원회규정(警察委員會規程) 1991년 7월 23일 대통령령 13432호로 제정된 이 영은

경찰법 10조 3항의 규정에 의하여 경찰위원회의 운영 등에 관하여 필요한 사항을 규정하고 있다. 이에 따라 위원장은 위원회를 대표하며 그 회무를 통할하는데, 위원장은 非常任委員 중에서 호선한다. 전문 11조와 부칙으로 되어 있다.

경찰직무응원법(警察職務應援法) 1955년 법률 358호. 突發事態의 진압 또는 公共秩序가 교란되었거나 교란될 우려가 현저한 지역의 경비의 충실을 기하기 위하여 행하는 경찰응원에 관하여 규정한 법률. 전문 9조 부칙으로 된 이 법률은 응원경찰관의 파견, 경찰기동대의 편성, 경찰관의 이동근무 등에 관하여 규정하였다.

경찰청(警察廳)**과 그 소속기관**(所屬機關)**등 직제**(職制) 1991년 7월 23일. 대통령령 13431호로 제정된 이 영은 警察廳과 그 소속기관 등의 조직과 분장사무에 관하여 필요한 사항을 규정하고 있다. 警察廳은 치안 및 해양경찰에 관한 사무를 관장하며, 경무국·방범국·형사국·교통지도국·경비국·정보국 및 보안국을 둔다. 경찰대학은 국가치안업무에 종사할 경찰간부가 될 자에게 학술을 연마하고 심신을 단련시키기 위한 교육훈련과 치안에 관한 이론 및 정책연구에 관한 사무를 관장한다. 警察綜合學校는 경찰공무원 및 경찰간부후보생에 대한 교육훈련을, 中央警察學校는 경찰공무원(전투경찰순경을 포함한다)에 대한 교육훈련을 관장한다. 警察病院은 경찰업무를 행하는 기관에 근무하는 공무원 및 그 가족과 경찰교육기관에서 교육을 받고 있는 자와 전투경찰순경의 질병진료에 관한 사무를 관장한다. 海洋警察廳은 해양경찰에 관한 사무를 관장하는바, 경무부·경비부·정보수사부·해양오염관리부를 두며, 또 해양경찰서에는 경무과·경비통신과·정비보급과·정보수사과 및 해양오염관리과를 둔다. 지방경찰관서로서 서울특별시지방경찰청에 경무부·방범부·형사부·교통지도부·경비부 및 정보관리부 및 보안부를 두며, 廣域市 및 도의 지방경찰청에 경무과·방범과·수사과·강력과·교통과·경비과·작전과·정보과·보안과·외사과 및 통신과를 둔다. 한편 경찰서에는 경무과·방범과·수사과·경비과 및 정보과를 둔다. 7장 전문 89조와 부칙으로 되어 있다.

계량기(計量器)**의 검정·교정검사**(檢定·校正檢査)**에 관한 수수료**(手數料) **및 비용징수규칙**(費用徵收規則) 1989년 9월 13일. 산업자원부령 677호로 전문 개정된 이 규칙은 계량 및 측정에 관한 법률 14조 및 33의 규정에 의한 계량기의 검정과 계량기의 비교검사·보정 및 교정에 관한 수수료와 비용의 징수에 관하여 필요한 사항을 규정하고 있다. 전문 6조와 부칙으로 되어 있다.

계량(計量) **및 측정**(測定)**에 관한 법률**(法律) 1992년 법률 4529호. 계량 및 측정에 관한 國家標準을 확립하고 이의 체계적인 보급과 통일적인 적용으로 적정한 計量 및 測定의 실시를 확보하여 산업의 선진화에 이바지할 목적으로 제정된 법률. 계량 및 측정에 관한 중요한 사항에 관하여 산업자원부장관의 자문에 응하기 위하여 산업자원부에 계량측정심의회를 둔다. 測定標準 및 試驗·檢査機關(2장), 계량기에 관한 사업(3장) 그 밖에 계량의 안전확보(4장), 事後管理(5장), 補則(6장), 벌칙(7장) 등을 규정하고 있다.

계산증명규칙(計算證明規則) 1976년 12월 30일. 감사원규칙 63호로 전문 개정된 이 규칙은 감사원법 25조에 규정된 계산서(증명책임자가 취급한 회계사무의 집행실적을 기간별로 계수로 집계한 서류) 기타 회계관계서류의 제출에 관하여 규정하고 있다. 총칙(제1장)·세입(제2장)·세출(제3장)·국고금의 운용(제4장)·현금의 출납(제5장)·국가의 채권 및 채무의 증감(제6장)·물품의 관리(제7장)·국유재산의 관할 및 처분(제8장)·유가증권에 관한 계산증명(제9장)·한국은행의 국고금출납 및 정부유가증권 受拂(제10장)·한국은행의 계산증명(제11장)·지방자치단체의 계산증명(제12장)·출자단체, 보조단체 등의 계산증명(제13장)·회계에 관한 자료제출(제14장) 등 14장 전문 91조와 부칙으로 되어 있다.

계약사무처리규칙(契約事務處理規則) 1994년 12월 23일. 재정경제부령 581호로 제정된 이 규칙은 계약담당공무원의 계약사무처리에 관하여 필요한 사항을 규정하고 있다. 이 규칙에서 契約擔當公務員이라 함은 세입의 원인이 되는 계약에 관한 사무를 중앙관서의 장으로부터 위임받은 공무원, 예산회계법 59조의 규정에 의한 財務官(대리재무관·분임재무관 및 대리분임재무관을 포함한다), 동법 61조의 규정에 의하여 지출관으로부터 자금을 교부받아 출납공무원사무처리규칙 34조의 지급원인 행위를 할 수 있는 전도자금출납공무원(대리전도자금출납공무원·분임전도자금출납공무원 및 대리분임전도자금출납공무원을 포함한다)과 법령에 의하여 세입세출 외의 자금 또는 기금의 출납의 원인이 되는 계약을 담당하는 공무원을 말한다. 總則(제1장)·一般競爭入札(제2장)·制限競爭入札 및 指名競爭入札(제3장)·希望數量에 의한 一般競爭 및 指

名競爭入札(제4장)·隨意契約(제5장)·保證金의 納付(제6장)·契約(제7장)·補則(제8장) 등 8장 전문 72조와 부칙으로 되어 있다.

계엄법(戒嚴法) 1981년 법률 3442호 전문개정. 憲法 77조 1항의 규정에 의하여 대통령의 戒嚴宣布 등에 관하여 정한 법률. 계엄의 종류, 계엄선포의 절차, 계엄의 효력 및 계엄의 해제 등에 관하여 규정하였다.

계엄사령부직제(戒嚴司令部職制) 1981년 12월 19일 대통령령 10646호로 전문 개정된 이 영은 계엄법 5조 4항의 규정에 의하여 戒嚴司令部의 조직 및 기능에 관하여 필요한 사항을 규정하고 있다. 전문 9조와 부칙으로 되어 있다.

계엄하 군사재판(戒嚴下軍事裁判)**에 관한 특별조치령**(特別措置令) 계엄선포지역내의 군사재판의 소송절차를 간략히 하여 범죄의 사건처리를 신속히 하기 위한 것. 계엄고등군사법원의 설치장관은 필요하다고 인정할 때에는 판사로 하여금 군법무관의 직무를 행하게 하고, 군검찰관은 刑事訴訟法에 규정한 검사와 동일한 권한을 가지며, 판사 또는 검사로 하여금 변호인의 직무를 행하게 할 수 있다. 그리고 계엄고등군사법원에서 언도한 판결의 집행은 당해 군사법원 설치장관의 승인으로써 이를 행할 수 있다.

고등교육법(高等教育法) 1997년 법률 5439호. 教育基本法 9조의 규정에 따라 高等教育에 관한 사항을 정함을 목적으로 제정된 법률. 이 법은 총칙(1장), 학생과 교직원(2장), 학교(3장) 중에서 대학, 산업대학, 교육대학 등, 전문대학, 방송통신대학, 기술대학, 각종학교 등, 보칙과 벌칙(4장) 등의 내용을 규정하고 있다.

고령자고용촉진법(高齡者雇傭促進法) 1991년 법률 4487호. 최근 평균수명의 연장 등으로 人口構成에 있어 고령자가 차지하는 비율이 증가하고 있음에도 이들의 취업이 저조하며, 産業人力의 부족현상이 심각해지고 있는 점 등을 감안하여 고령자가 그 능력에 적합한 직업에 취업하는 것을 지원·촉진함으로써 고령자의 雇傭安定과 국민경제의 발전에 이바지함을 목적으로 제정된 법률. 이 법률의 구성은 총칙(1장), 정부의 고령자취업지원(2장), 고령자의 고용촉진(3장), 정년(4장), 보칙(5장)과 부칙 등으로 규정되어 있다.

고문변호사위촉규정(顧問辯護士委囑規程) 1970년 1월 30일 대통령령 4553호로 제정된 이 규정은 국가를 당사자로 하는 소송사무에 관하여 법무부장관의 자문에 응하기 위하여 법무부에 두는 5인 이내의 고문변호사에 관한 사항을 규정하고 있다. 전문 3조와 부칙으로 되어 있다.

고속국도법(高速國道法) 1970년 법률 2231호. 高速國道에 관하여 도로법에 규정한 것 외에 그 노선의 지정, 도로의 구조·관리 및 보전 등에 관하여 필요한 사항을 규정함으로써 고속국도의 정비를 도모하고 自動車交通網의 발전에 기여함을 목적으로 제정된 법률. 이 법은 全文 14조 부칙으로 규정되어 있다.

고속전철(高速電鐵) **및 신국제공항건설추진위원회규정**(新國際空港建設推進委員會規程) 1987년 7월 24일 대통령령 12762호로 제정된 이 영은 고속전철 및 신국제공항의 건설에 관한 기본계획 및 중요정책 등을 심의·조정하기 위하여 두는 고속전철 및 신국제공항건설추진위원회의 설치 및 운영에 관하여 필요한 사항을 규정하고 있다. 전문 12조와 부칙으로 되어 있다.

고속철도건설촉진법(高速鐵道建設促進法) 1996년 법률 5250호. 고속철도의 신속한 建設에 필요한 사항을 규정함으로써 고속철도건설사업을 효율적으로 추진하여 급증하는 交通需要에 대비하고 나아가 국민경제의 발전에 이바지함을 목적으로 제정된 법률. 이 법률은 全文 21조 부칙으로 구성되어 있다.

고아입양특례법(孤兒入養特例法) 1961년 법률 731호. 外國人이 대한민국 국민인 고아를 양자로 함에 있어서 그 요건과 절차를 정한 법률. 1976년 법률 2977호에 의해 폐지되었다.

고압(高壓)**가스안전관리법**(安全管理法) 1983년 법률 3703호 전문개정. 危害豫防과 공공의 안전을 위하여 고압가스의 제조·저장·판매·운반·사용과 가스용기 및 용기, 냉동기, 특정설비 등의 제조 및 검사 등을 규정한 법률.

고엽제후유의증환자지원(枯葉劑後遺疑症患者支援) **등에 관한 법률**(法律) 1993년 법률 4547호. 枯葉劑後遺疑症患者에 대한 국가유공자 등 예우 및 지원 등에 관한 법률에 대한 지원에 관하여 필요한 사항과 枯葉劑가 인체에 미치는 영향 등에 관한 疫學調査 및 연구 등을 행하기 위하여 필요한 사항을 규정함을 목적으로 제정한 법률. 이 법률은 용어의 정의(2), 적용대상자(3), 적용대상자의 결정·등록 등(4), 고엽제후유증환자에 대한 보상 등(5), 고엽제후유증환자에 대한 진료 등

(6), 비용부담(9), 관계기관의 협조(10) 등을 규정하고 있다.

고용보험법(雇傭保險法) 1993년 법률 4644호. 雇傭保險의 시행을 통하여 失業의 예방, 고용의 촉진 및 근로자의 직업능력의 개발, 향상을 도모하고 국가의 職業指導·職業紹介機能을 강화하며 근로자가 失業한 경우에 생활에 필요한 급여를 실시함으로써 근로자의 생활의 안정과 求職活動을 촉진하여 경제·사회발전에 이바지함을 목적으로 제정된 법률.

고용정책기본법(雇傭政策基本法) 1993년 법률 4643호. 國家가 고용에 관한 정책을 종합적으로 수립·시행함으로써 국민 개개인이 그 능력을 최대한 개발·발휘할 수 있도록 하고, 노동시장의 효율성의 제고와 勞動力의 수급균형을 도모하여 고용의 안정, 근로자의 경제적·사회적 지위의 향상 및 國民經濟·社會의 균형있는 발전에 이바지함을 목적으로 제정한 법률.

고용직공무원규정(雇傭職公務員規程) 1972년 4월 11일 대통령령 6133호로 전문 개정된 이 영에 따라 국가공무원법 2조 3항 4호에 규정된 雇傭職公務員의 임용 등에 관하여는 다른 법령이 정한 것을 제외하고는 이 영에 의한다. 고용직공무원이란 특수경력직공무원으로서 단순한 노무에 종사하는 공무원을 말한다. 전문 9조와 부칙으로 되어 있다.

골재채취법(骨材採取法) 1991년 법률 4428호. 골재의 원활한 수급과 골재채취에 따른 재해를 예방하기 위하여 골재의 수급계획·骨材採取業의 登錄 등 골재채취에 관한 기본적인 사항을 정함으로써 骨材資源의 효율적인 이용과 국민경제 발전에 이바지함을 목적으로 제정된 법률. 이 법은 골재의 수급조정, 골재채취업의 등록, 골재의 채취 등, 골재채취단지의 지정, 골재협회, 보칙과 벌칙 등에 관하여 정하고 있다.

공공기관(公共機關)**의 개인정보보호**(個人情報保護)**에 관한 법률**(法律) 1994년 법률 4734호. 公共機關의 컴퓨터에 의하여 처리되는 個人情報의 보호를 위하여 그 취급에 관하여 필요한 사항을 정함으로써 公共業務의 적정한 수행을 도모함과 아울러 국민의 권리와 이익을 보호함을 목적으로 제정된 법률. 이 법의 내용은 총칙(1장), 개인정보의 수집 및 처리(2장), 처리정보의 열람·정정 등(3장), 보칙(4장), 벌칙(5장) 등이다.

공공기관(公共機關)**의 정보공개**(情報公開)**에 관한 법률**(法律) 1996년 법률 5242호. 공공기관이 보유·관리하는 정보의 公開業務 및 국민의 정보공개청구에 관하여 필요한 사항을 정함으로써 국민의 알權利를 보장하고 國政에 대한 국민의 참여와 국정운영의 투명성을 확보함을 목적으로 제정된 법률. 이 법률의 주요내용은 총칙(1장), 정보공개청구자 및 비공개대상정보(3장), 불복구제절차(4장), 보칙(5장) 등이다.

공공용지(公共用地)**의 취득**(取得) **및 손실보상**(損失補償)**에 관한 특례법**(特例法) 1975년 법률 2847호. 公共事業에 필요한 토지 등의 취득·사용 등을 용이하게 하고, 이에 따른 損失補償에 관한 기준과 방법 등을 정하여 공공사업의 원활한 수행과 損失補償의 적정을 기하도록 하기 위하여 제정된 법률. 이 법의 적용범위는 토지를 수용·사용할 수 있는 공공사업에 한정하고(2 ii), 보상대상에 移徙費와 移農費를 추가하여, 재산의 평가방법·보상액의 산정방법 및 기준은 대통령령으로 정하게 하고(4), 保存登記 또는 移轉登記未畢土地의 보상금은 정당한 소유권자에게 지급하게 하며(5), 소유권자 불명인 토지에 대하여는 公示送達로써 협의에 갈음하게 하고, 공공사업용지에 편입된 토지 등의 소유자로서 移住가 필요한 자에게 이주대책을 수립·실시하게 하고, 이 경우 국민주택자금을 우선지원하게 하였다(8).

공공자금관리기금법(公共資金管理基金法) 1993년 법률 4677호. 연금 및 기금은 公共資金的 성격이 있음에도 불구하고 그 여유자금이 주로 민간금융기관에 예탁·운영됨에 따라 公共部門資金흐름의 왜곡현상이 있으므로 이를 해소하고, 社會間接資本확충과 중소기업 및 농어촌지원 등 향후 지속적으로 늘어날 財政投融資需要에 대비한 재원의 효율적 조달을 위하여 공공자금관리기금을 설치하려는 목적으로 제정된 법률. 이 법은 全文 16조 부칙으로 구성되어 있다.

공공차관(公共借款)**의 도입**(導入) **및 관리**(管理)**에 관한 법률** 1998년 법률 5551호. 공공차관의 효율적인 도입 및 관리에 관하여 필요한 사항을 규정함으로써 국민경제의 건전한 발전에 이바지함을 목적으로 제정된 법률. 총칙, 공공차관의 도입, 공공차관의 관리, 보칙, 벌칙 등 全文 26조 부칙으로 구성되어 있다.

공공철도건설촉진법(公共鐵道建設促進法) 1991년 법률 4357호. 公共鐵道의 건설·개량사업의 시행에 필요한 行政節次를 간소화하여 공공철도를 효율적으로 건설·개량할 수 있게 함으로써 철도 교통망의 확충과 공공복리의 증진에 이바지함을 목적으로 제정된 법률. 이 법은 1984년 國有鐵道建設促進法으로 제정되었으나 한국철도공사법이 1989년에 제정됨과 관련하여 공공철도건설촉진법으로 변경되게 되었다.

공공측량(公共測量)**의 작업규정기준**(作業規定基準)**에 관한 규칙**(規則) 1979년 12월 4일 254호로 전문 개정된 이 규칙은 測量法 25조의 규정에 의하여 공공측량의 작업규정에 관한 기준을 규정하고 있다. 전문 2조와 부칙으로 되어 있다.

공기업(公企業)**의 경영구조개선**(經營構造改善) **및 민영화**(民營化)**에 관한 법률**(法律) 1997년 법률 5379호. 國民經濟에 중요한 영향을 미치는 공기업에 대하여 전문경영인에 의한 責任經營體制를 도입하여 경영의 효율성을 향상시키며 조속한 민영화를 추진하는 한편, 이를 추진함에 있어 경제력 집중을 방지할 수 있도록 함으로써 건전한 企業文化의 창달과 국민경제의 균형있는 발전에 이바지함을 목적으로 제정한 법률. 이 법은 全文 20조 부칙으로 구성되어 있다.

공무원고충처리규정(公務員苦衷處理規程) 1981년 6월 10일 대통령령 10344호로 제정된 이 영은 국가공무원법 76조의2 및 76조의3, 경찰공무원법 25조, 소방공무원법 22조 및 교육공무원법 49조의 규정에 의하여 공무원의 人事相談 및 苦衷審査에 관한 苦衷審査委員會의 구성과 심사절차 등을 규정하고 있다. 공무원은 누구나 근무조건·인사관리 기타 신상문제에 대하여 人事相談 및 苦衷審査를 청구할 수 있다. 전문 14조와 부칙으로 되어있다.

공무원교육훈련법(公務員教育訓練法) 1973년 법률 2461호. 公務員에게 국민전체의 봉사자로서 갖추어야 할 정신적 자세와 맡은 바 직무를 효과적으로 수행할 수 있는 기술과 능력을 배양하기 위하여 공무원에 대한 훈련의 실시에 관한 사항을 규정한 법률. 훈련의 중앙관장기관(2), 중앙공무원교육원을 비롯한 특수훈련기관(3, 7), 訓練計劃의 작성과 실시(8, 10, 13) 등을 규정하고 있다.

공무국외여행규정(公務國外旅行規程) 1988년 12월 31일 대통령령 12582호로 전문개정된 이 영은 공무원 및 정부투자기관 임·직원의 국외출장 기타 公務로 인한 국외여행에 관하여 필요한 사항을 규정하고 있다. 전문 10조와 부칙으로 되어 있다.

공무원당직(公務員當職) **및 비상근무규칙**(非常勤務規則) 1981년 9월 11일 총리령 254호로 제정된 이 규칙은 공무원의 당직 및 비상근무에 관한 사항을 규정하고 있다. 통칙·기관별 당직·당직사령·당직총사령·당직의 감사 등(제2장 당직근무), 통칙·비상연락 등(제3장 비상근무), 연락체계의 유지(제4장), 보칙(제5장) 등 5장 전문 41조와 부칙으로 되어 있다.

공무원(公務員) **및 사립학교교직원의료보험법**(私立學校教職員醫療保險法) 1977년 법률 3081호. 公務員·私立學校教職員 및 그 扶養家族의 질병·부상·분만·사망 등에 대하여 保險給與를 실시함으로써 그들의 건강을 향상시키고 사회보장의 증진을 도모하기 위하여 제정된 법률. 피보험대상과 자격취득 및 상실시기(5~8), 保險者(9~26), 보험급여(27~47), 보험료 등 보험재무(48~60), 심의청구(61~62), 보칙(63~72) 및 벌칙(73~76) 등을 정하고 있다. 1997년 법률 5488호 국민의료보험법 제정으로 폐지되었다.

공무원범죄(公務員犯罪)**에 관한 몰수특례법**(沒收特例法) 1995년 법률 4934호. 그 동안 깨끗한 정부의 실현을 목표로 公職者의 구조적 비리척결을 위한 강력한 사정활동을 전개하여 왔으나 아직도 공직자의 부정부패가 완전히 없어지지 않고 있으므로 공무원이 특정한 犯罪行爲를 통하여 취득한 不法收益 등을 철저히 추적·환수하는 제도적 장치를 마련하여 공직사회의 부정부패요인을 근원적으로 제거하고, 깨끗한 공직풍토를 조성하려는 것으로써, ① 特定公務員犯罪(형법상 뇌물죄, 회계관계직원에 의한 국고 등 횡령·배임죄, 특정범죄가중처벌 등에 관한 법률상 뇌물죄 및 국고손실죄)를 통하여 취득한 불법수익 등을 철저히 추적·환수하기 위하여 형법상의 몰수보다 그 대상을 확대함으로써 특정공무원범죄로 직접 얻은 재산 뿐만 아니라 그로부터 유래한 財産까지 몰수하고, 회계관계직원에 의한 국고손실죄와 관련된 不法財産도 몰수할 수 있도록 하여 몰수대상재산을 확대(2, 3, 4)함, ② 不法收益의 입증책임완화(7) : 몰수대상 확대에 따른 입증의 불가능 또는 어려움을 제거하기 위하여 범인이 취득한 재산이 불법수익으로 형성되었다고 볼만한 상당한 蓋然性이 있는 경우 엄격한 증명이 없더라도 이를 인정할 수 있도록 입증책임을 완화하되 개연성의 판단자료로서 취득재산의 가액, 범인의 재산운용상황, 불법수익금액 및 재산취득시기등 제반요소를 고려하도록 그 요건을 엄격히 함, ③ 제3자 保護節次(제4장) : 제3자의 재산이 이 법의 규정에 의하여 몰수대상이 된 경우 그 제3자가 당해 刑事訴訟節次에 참가하여 자신의 권리를 주장할 기회를 부여하고, 귀책사유 없이 참가하지 못한 제3자는 民事訴訟 등 다른 절차에 의하여 권리를 구제받을 수 있도록 함, ④ 沒收·追徵保全制度(제5장) : 몰수·추징을 피하기 위한 재산도피행위를 사전에 차단하기 위하여 기소전 또는 기소후 검사의 청구나 직권으로 법원이 몰수·추징保全命令을 발하여 재산에 관한 처분을 금지하도록 하고, 부동산·동산·채권 등 몰수·추징대상 재산의 종류에 따른 세부적 보전절차의 규정 등을 그 내용으로 한다.

공무원보수규정(公務員報酬規程) 1986년 12월 30일 대통령령 12026호로 전문 개정된 이 영은 국가공무원법·외무공무원법·경찰공무원법·전투경찰대설치법·소방공무원법·교정시설경비교도대설치법·교육공무원법·군인보수법·군무원인사법 및 국가안전기획부직원법의 규정에 의하여 국가공무원의 보수에 관하여 필요한 사항을 규정함을 목적으로 한다. 이 규정에서 ① 報酬라 함은 봉급과 기타 각종 수당을 합산한 금액을 말하고, ② 俸給이라 함은 직무의 곤란성 및 책임의 정도에 따라 직책별로 지급되는 기본급여 또는 직무의 곤란성 및 책임의 정도와 재직기간 등에 따라 계급(직위를 포함한다)별·호봉별로 지급되는 기본급여를 말하며, ③ 手當이라 함은 직무여건 및 생활여건 등에 따라 지급되는 부가급여를 말하고, ④ 職務給이라 함은 봉급 중 직무의 곤란성 및 책임의 정도에 따라 계급별로 정해지는 기본급여를 말하며, ⑤ 勤續給이라 함은 봉급 중 재직기간 등에 따라 계급별·호봉별로 정해지는 기본급여를 말하고, ⑥ 昇給이라 함은 일정한 재직기간의 경과 기타 법령의 규정에 의하여 현재의 號俸보다 높은 호봉을 부여하는 것을 말하며, ⑦ 보수의 日割計算이라 함은 그 달의 보수를 그 달의 일수로 나누어 계산하는 것을 말한다. 총칙(제1장), 봉급(제2장), 호봉획정 및 승급(제3장), 보수지급(제4장), 수당(제5장), 공무원보수조정심의위원회(제6장) 등 6장 전문 43조와 부칙으로 되어 있다.

공무원수당규정(公務員手當規程) 1982년 12월 20일 대통령령 10957호로 全文改正된 이 영은 公務員報酬規程 31조의 규정에 의하여 국가공무원에게 지급하는 수당에 관한 사항을 규정하고 있다. 여기서 手當이라 함은 직무여건 및 생활여건 등에 따라 지급되는 부가급여를 말한다. 이 영은 규정에 의하여 중앙행정기관의 장이 수당의 지급액·지급범위 또는 지급방법을 정하는 경우에는 재정경제부장관 및 행정자치부장관과 협의하여야 한다(2). 手當의 종류를 보면 직무수당 및 상여수당에는 직무수당(월봉급액의 10퍼센트)·기말수당(분기별)·장려수당(사무관 대우 공무원)·정근수당(근무연수에 따라 1월과 7월)·장기근속수당(근무연수)·모범공무원수당, 家計補塡手當에는 가족수당(부양수당)·자녀학비보조수당·주택수당·특수지근무수당, 특수근무수당에는 위험근무수당·특수업무수당, 초과근무수당에는 시간외근무수당·야간근무수당·휴일근무수당·당직근무자에 대한 수당이 있다. 7장 전문 20조와 부칙으로 되어 있다.

공무원승진규정(公務員昇進規程) 1961년 각령 324호. 공무원의 승진기준을 정함으로써 유능한 공무원을 공정하게 승진케 하여 직무능률의 향상을 기함을 목적으로 하는 것. 공무원의 승진은 본령의 규정에 의한 기준에 따라 職列別·職群別·職類別로 급별순위에 따라 승진시킴을 원칙으로 한다.

공무원연금법(公務員年金法) 1982년 법률 3586호. 공무원의 疾病·負傷·廢疾 등의 경우에 지급하는 급여에 관하여 정한 법률. 급여로서 短期給與(공무상 요양비·공무상 요양일시금·재해부조금·사망조위금)와 長期給與(퇴직급여·장해급여·유족급여)를 규정하고, 本法의 운영을 위한 공무원의 기여금·부담금의 納付義務를 과하고 있다. 공무원의 在職期間은 공무원으로 임명된 날이 속하는 월로부터 퇴직 또는 사망한 날이 속하는 월까지의 연월수에 의한다(23). 퇴직한 공무원 또는 군인이 공무원으로 임용된 때에는 그의 의사에 따라 종전의 재직기간을 합산할 수 있게 하고 있다(23Ⅱ).

공무원인사기록(公務員人事記錄) **및 인사사무처리규칙**(人事事務處理規則) 1969년 12월 6일 총리령 83호로 제정된 이 규칙은 국가공무원법 19조(인사기록) 및 공무원임용령 52호(임용규정)의 규정에 의하여 공무원의 인사기록 및 인사사무처리에 관한 통일적인 서식과 절차를 규정하여 인사관리의 합리화를 기함을 목적으로 한다. 총칙(제1장), 인사기록(제2장), 임용과 발령(제3장), 인사관계보고 기타(제4장) 등 4장 전문 30조와 부칙으로 되어 있다.

공무원임용령(公務員任用令) 1969년 대통령령 3877호. 일반직 및 기능직국가공무원의 임용에 관한 세부사항을 國家公務員의 委任 및 그 시행을 위하여 필요한 범위내에서 규정한 대통령령. 이 令은 적용범위·임용권의 위임·임용시기·공개경쟁시험합격자의 우선임용 등의 총칙적 규정과 아울러 신규채용, 특별채용, 시보임용, 겸임 및 파견, 시설관리 및 인사교류, 轉補 및 전직, 승진시험, 신분보장 등에 관하여 규정하고 있다.

공무원임용(公務員任用) **및 시험시행규칙**(試驗施行規則) 1969년 9월 2일 총리령 82호로 제정된 이 규칙은 국가공무원법 36조(응시자격)·공무원임용시험령·연구직 및 지도직공무원의 임용 등에 관한 규정의 시행에 관하여 필요한 사항을 규정하고 있다. 전문 18조와 부칙으로 되어 있다.

공무원임용시험령(公務員任用試驗令) 1969년 대통령령 2405호. 일반직 및 기능직국가공무원과 외무공무원의 任用을 위한 시험에 관한 일반결정(1). 시험실시기관·시험의 방법과 과목 및 합격결정 등의 총칙, 채용시험, 轉職 및 승진시험, 身分保障, 補則에 관하여 규정하고 있다.

공무원재해보상규정(公務員災害補償規程) 1961년 각령 265호. 國家公務員法 77조의 규정에 의하여 공무원이 공무로 인한 질병·부상 또는 사망에 대한 보상에 관한 사항을 규정한 것. 재해보상에는 요양보상·휴업보상·장해보상·유족보상·葬祭補償·一時補償·피해보상의 7종이 있는바(7), 재해보상을 받고자 하는 자는 소정의 청구서를 재해보상청구위원회에 청구하여야 한다(18). → 공무원연금법

공무원직장협의회 설립·운영(公務員職場協議會 設立·運營)**에 관한 법률**(法律) 1998년 법률 5516호. 공무원의 근무환경개선, 업무능률향상 및 고충처리 등을 위한 직장협의회의 설립 및 운영에 관한 기본적인 사항을 규정함을 목적으로 제정된 법률.

공무원징계양정등(公務員懲戒量定等)**에 관한 규칙**(規則) 1981년 7월 14일 총리령 251호로 제정된 이 규칙은 공무원의 懲戒量定의 기준과 가중·감경사유 등을 정함으로써 징계양정의 형평을 기함을 목적으로 한다. 전문 9조와 부칙으로 되어 있다.

공무원징계령(公務員懲戒令) 1970년 대통령령 5046호. 行政府所屬의 일반직 및 기능직공무원과 외무공무원에 대한 懲戒에 관하여 정한 대통령령. 징계위원회의 종류·관할·구성, 징계의결의 요구, 징계의결의 절차 및 징계의 집행 등에 관하여 규정하고 있다.

공무원채용신체검사규정(公務員採用身體檢查規程) 1970년 6월 15일 대통령령 5040호로 제정된 이 영은 국가공무원을 신규로 채용함에 있어 직무를 담당할 수 있는 신체상의 능력을 판정하기 위하여 실시하는 採用身體檢查에 관한 사항을 규정하고 있다. 임용권자 또는 채용시험실시기관의 장은 신체검사에 불합격판정을 받은 자를 채용하거나 채용시험의 합격자로 결정할 수 없다. 다만, ① 국가유공자예우 등에 관한 법률 4조 4호 ·6호·10호·12호 및 14호의 규정에 의한 전상군경·공상군경·4.19의거상이자·공상공무원·국가사회발전특별공로상이자, ② 越南歸順勇士特別報償法 8조의 규정에 의한 월남귀순상이자, ③ 재해구제로 인한 의사상자구호법 2조 2항의 규정에 의한 의상자, ④ 障碍人福祉法 2조의 규정에 의한 심신장애자에 해당하는 자 중 당해 직무수행에 지장이 없는 자는 이를 채용하거나 합격자로 결정할 수 있다. 전문 7조와 부칙으로 되어 있다.

공무원특별훈련규칙(公務員特別訓練規則) 1979년 2월 21일 총리령 219호로 제정된 이 규칙은 공무원교육훈련법 13조 및 동 시행령 제4장(31조 내지 36조)의 규정에 의하여 행정자치부장관이 관계 중앙행정기관의 소속 공무원을 대상으로 실시하는 特別訓練에 있어서 피교육자의 선발과 지도·감독 및 교육훈련비의 지급 등 훈련의 시행에 필요한 사항을 규정하고 있다. 전문 16조와 부칙으로 되어 있다.

공무원평정규칙(公務員評定規則) 1973년 4월 19일 총리령 119호로 제정된 이 규칙은 公務員任用令 36조 내지 38조 및 연구직 및 지도직공무원의 임용 등에 관한 규정 16조 내지 21조의 규정에 의한 근무성적평정·경력평정·훈련성적평정·승진후보자명부작성 및 인사평정서 작성에 관한 사항을 규정하고 있다. 總則(제1장), 經歷評定(제2장), 訓練成績評定(제3장), 加點評定(제4장), 昇進候補者名簿 작성(제5장), 人事評定書 작성(제6장) 등 6장 전문 25조와 부칙으로 되어 있다.

공무원해외출장규정(公務員海外出張規程) 1961년 각령 419호. 국가공무원과 지방공무원의 해외출장에 관한 사항을 규정한 것. 해외출장의 허가, 출장기준, 특수사정의 보고, 출장공무원의 언동, 復命 등의 사항에 관하여 규정한다.

공사채등록법(公社債登錄法) 1970년 법률 2164호. 公社債의 발행을 간편하게 하고, 公社債權者의 권리보전에 기여함을 목적으로 정한 법률. 이 법은 공사채의 정의, 등록기관, 공사채의 등록과 채권, 등록공사채의 이전, 이전등록의 청구제한 등 全文 18조와 부칙으로 구성되었다.

공소보류자관찰규칙(公訴保留者觀察規則) 1969년 8월 23일 법무부령 163호로 제정된 이 규

칙은 국가보안법 20조 3항의 규정에 의하여 공소보류의 결정을 받은 자에 대한 감시 및 보도에 관한 사항을 규정하고 있다. 전문 13조와 부칙으로 되어 있다.

공소유지담당변호사보수법(公訴維持擔當辯護士報酬法) 1988년 법률 4055호. 刑事訴訟法 265조의 규정에 의하여 公訴의 유지를 담당할 자로 지정받은 변호사의 보수 등에 관한 사항을 정함을 목적으로 하는 법률. 이 법률은 全文 5조와 부칙으로 구성되어 있다.

공업(工業) **및 에너지 기술기반조성**(技術基盤造成)**에 관한 법률**(法律) → 산업기술기반조성에 관한 법률

공업발전법(工業發展法) → 산업발전법

공업배치(工業配置) **및 공장설립**(工場設立)**에 관한 법률**(法律) 1990년 법률 4212호. 工業의 合理的 配置를 유도하고 공장의 원활한 설립을 지원하며 工業立地 및 공업단지의 체계적 관리를 실현함으로써 지속적인 공업발전 및 균형있는 지역발전을 통하여 국민경제의 건전한 발전에 이바지할 목적으로 제정된 법률. 이 법에 의해 공업배치법과 공업단지관리법은 폐지되었다.

공업용수공급규칙(工業用水供給規則) 1969년 6월 30일 건설교통부령 78호로 제정된 이 규칙은 水道法 32조의5 1항 및 동조 2항의 규정에 의하여 건설교통부장관이 공급하는 工業用水의 요율·급수 기타 공급에 관하여 필요한 사항을 규정하고 있다. 전문 13조와 부칙으로 되어 있다.

공업장려금교부규칙(工業奬勵金交付規則) 1969년 12월 5일 대통령령 4414호로 제정된 이 규칙은 산업자원부장관이 공업경영의 합리화, 기술의 향상에 관한 연구조사와 공업을 장려하기 위하여 매년도 예산의 범위 내에서 교부할 수 있는 공업장려금에 관하여 필요한 사항을 규정하고 있다. 전문 17조와 부칙으로 되어 있다.

공업표준화법(工業標準化法) → 산업표준화법

공연법(公演法) 1961년 법률 902호. 諸般公演에 있어서 藝術의 自由를 보장하고 건전한 國民娛樂을 육성하기 위하여 公演에 관한 사항을 규정한 법률. 公演者(3~6의2), 공연장(7~13), 공연(14~19의3), 공연자·공연장경영자·관람자의 준수사항(20~23) 및 공연윤리위원회에 관한 규정(25의3), 무대예술에 대한 진흥(25의5) 등을 규정하고 있다.

공영주택법(公營住宅法) 1963년 1457호로, 지방자치단체와 대한주택공사가 정부와 협조하여 公營住宅을 건설하여 주택이 없는 국민에게 주택을 공급함으로써 국민의 주거생활의 안정과 공공복리의 증진에 기여함을 목적으로 제정된 법률. 공영주택의 건설(6~9), 공영주택의 관리(10~16)에 관하여 자세한 규정을 둔 국민의 주거생활의 안정과 공공복리의 증진에 관한 법이다. 1927년 주택건설촉진법의 제정으로 폐지되었다.

공유수면관리법(公有水面管理法) 1961년 법률 848호. 공유수면의 보전·이용 기타 관리에 관하여 필요한 사항을 규정하여 公害를 예방 또는 경감하거나 그 이용을 증진시켜 공공의 복리에 기여하기 위하여 公有水面의 管理廳(3), 공유수면에 대한 금지행위(9), 占用 및 使用許可(4~6), 허가를 받은 자의 의무(7, 10~12), 허가의 取消와 損失補償(13, 14) 등을 규정하고 있다.

공유수면매립법(公有水面埋立法) 1962년 법률 986호. 공유수면의 埋立 및 利用에 관하여 규정한 법률. 공유수면을 매립하고자 하는 자는 대통령령이 정하는 바에 의하여 건설교통부장관의 면허를 얻어야 한다(그 매립의 목적이 농업 또는 수산업일 때에도 건설교통부장관의 면허를 얻어야 한다)(3, 4). 매립의 免許는 공유수면을 점유하여 이에 매립공사를 시행함과 함께 그 준공을 조건으로 하여 원칙적으로 매립지의 所有權을 취득시키는 행위이다(14 참조). 매립의 면허를 받은 자는 매립공사의 착수와 준공을 건설교통부장관이 지정하는 기간내에 하여야 할 의무가 있다(10). 건설교통부장관이 매립을 면허하였을 때에는 일정한 면허수수료를 징수할 수 있다.

공유토지분할(公有土地分割)**에 관한 특례법**(特例法) 1995년 법률 4875호(2000년 3월 31일 실효되는 한시법). 1필의 토지를 여러 명이 共有持分登記하여 공동소유하고 있는 토지 중에는 순수한 공유관계의 경우만이 아니라 실제로 그 공유자 각자가 그 토지의 특정지분으로 한 이른바 구분소유적 공유의 토지가 많은 바, 이 경우 등기부상의 권리관계가 매우 복잡하고, 구분소유적 공유의 경우에는 간이한 절차에 따라 등기부상의 所有關係와 실제의 權利關係를 일치시키고 순수한 공유토지의 경우에는 간이한 절차에 따라 분할을 할 수 있도록 하여 토지에 대한 소유전행사와 토지의 이용에 따르는 불편을 해소하고 기타 土地의 公示 및 관리제도의 적정을 기하려는 것으로서, ① 이 법에 의하여 분할

할 수 있는 공유토지는 공유자총수의 3분의 1 이상이 그 지상에 건물을 소유하는 방법으로 1년 이상 자기지분에 상당하는 토지부분을 특정하여 점유하고 있는 토지로 한정하되, ㉠ 公有物分割의 訴 또는 이에 준하는 소송에서 공유물분할 또는 이에 준하는 내용의 판결이 있었거나 이에 관한 소송이 법원에 계속중인 토지 또는 ㉡ 民法 268조 1항 단서의 규정에 의하여 분할을 하지 아니할 것을 약정한 토지는 이 법에 의한 분할을 할 수 없도록 함(3), ② 공유토지 분할사무는 지적공부를 보관·관리하고 있는 소관청이 관장한다. ③ 이 법에 의한 共有土地의 분할은 각 공유자가 실제로 점유하고 있는 현재의 占有狀態를 기준으로 하되, 서로 인접한 토지부분을 점유한 공유자가 그 점유상태와 달리 분할하기로 합의한 경우에는 그 합의에 따라 분할하도록 하는 한편, 토지를 소규모로 분할하는 것을 제한하고 있는 현행의 국토이용관리법·도시계획법·건축법 등의 규정을 배제하여 이 법에 의한 분할의 경우에는 이들 제한규정에 불구하고 점유상태에 따라 소규모로 분할할 수 있도록 규정한 외에(5, 6) ④ 각 共有者가 分割받게 될 토지의 점유면적과 등기부상의 공유지분 해당면적이 일치하지 아니하는 경우 그 과부족면적에 대하여는 분할조서에 기재된 내용에 따라 淸算을 하도록 하되, 해당공유자들이 청산금액에 관하여 합의를 한 경우에는 그에 의하고, 합의가 없는 경우에는 대통령령이 정하는 기준에 의하여 算定하도록 함(40), ⑤ 국가 또는 지방자치단체가 받아야 할 청산금 중 私道 등의 부분에 포함되어 있다고 인정되는 면적에 대한 청산금과 공유자가 원래 토지의 분산매도자인 경우 그 공유지분의 사도 등에 포함되어 있다고 인정되는 부분에 대한 청산금은 이를 지급하지 아니하도록 함(41), ⑥ 淸算金에 관한 합의가 있어 이를 주고 받을 자가 확정된 경우를 제외하고는 소관청이 이를 징수하여 교부하되, 일정기간내에 청산금을 납부하지 아니할 때에는 체납처분의 예에 따라 강제징수할 수 있도록 함(42), ⑦ 이 법에 의한 분할에 소요되는 비용의 일부는 共有土地를 分割取得한 각 공유자의 부담으로 하도록 하고, 기타 분할비용의 징수절차등을 정함(43), 기타 ⑧ 僞計에 의하여 토지의 조사·측량에 착오를 일으키게 한 자에 대하여는 2년이하의 징역 또는 200만원 이하의 벌금에 처하도록 하는 것(46) 등을 내용으로 한다.

공익법무관(公益法務官)**에 관한 법률**(法律) 1994년 법률 4836호. 최근 수년간 병역미필 사법연수원 수료자 중 매년 軍法務官으로 임용되는 인력이 소요인원을 초과함으로써, 상당수의 과잉인력이 발생하여 이들에 대한 효율적인 활용방안의 필요성이 대두되어 옴에 따라 병역미필 사법연수원 수료자 중 일부를 군복무에 갈음하는 公益法務官으로 임용하여 법률구조법과 법무부 소속기관, 각급검찰청에 배치하여 법률구조업무 및 국가소송 등 관련사무에 종사하도록 하고, 이를 통해 법률구조전담변호사의 부족을 해소시켜 법률구조의 활성화를 도모하고, 무변촌·농어촌지역 등에 대한 法律救助 혜택의 확대를 통하여 법률복지를 증진하고 대통령 공약사항인 가난한 자를 위한 변호사 선임비용 국가부담의 실천의지를 가시화 하고자 함과 아울러 국가 또는 지방자치단체의 訴訟關聯事務處理를 효율적으로 지원하여 국가소송 등 수행의 적정화를 기하고 국가경쟁력을 제고하기 위하여 제정된 법으로서, ① 兵役法의 特別法 성격을 가지는 점, 병역법 중 공익근무관련 특별법의 명칭이 국제협력요원에 관한 법률과 농어촌 등 보건의료를 위한 특별조치법인 점을 고려하여 이 법의 명칙을 공익법무관에 관한 법률로 함, ② 이 법에서 정한 임무를 수행하는 자를 公益性을 강조하면서 병역의무로서 군법무관을 대신하는 법률담당공무원의 의미를 내포하는 공익법무관으로 함(2Ⅰ), ③ 公益法務官의 신분을 법무부 소속 전문직 공무원으로 함(3), ④ 法務部長官은 공익법무관에 편입된 사람을 소집하여 직무수행에 필요한 교육을 실시하고, 대통령령이 정하는 바에 따라 근무할 각급기관과 근무지역을 정하여 법률구조업무나 국가소송 등 관련사무에 종사할 것을 명함(5), ⑤ 공익법무관의 의무복무기간은 3년으로 규정함(8Ⅰ), ⑥ 公益法務官이 담당하는 업무는 법률구조업무 또는 국가소송등 관련사무와 법률이 정한 업무로 함(9), ⑦ 法務部長官이 공익법무관의 복무에 대하여 지휘·감독하도록 함(11), ⑧ 각급기관의 장은 공익법무관의 근무상황과 업무수행실적을 평가하여 매반기 종료후 1월이내에 법무부장관에게 보고하도록 함(13), ⑨ 각급기관의 장의 허가 또는 정당한 이유없이 직장이탈을 금지하고, 위반시에는 법무부장관은 직권으로 신분을 박탈하도록 함(10, 16Ⅲ), ⑩ 軍人報酬의 한도안에서 보수 및 직무수행에 필요한 여비 등을 지급하도록 하여 군법무관과의 형평을 유지하도록 함(14), 기타 공익법무관이 국가공무원법 33조의 각호의 1에 해당할 경우에는 당연히 身分을 喪失하도록 함(15) 등을 내용으로 한다.

공익법인(公益法人)**의 설립·운영**(設立·運營)**에 관한 법률**(法律) 1975년 법률 2814호. 公益法人의 設立·運營 등에 관한 민법의 규정을 보완함으로써 공익법인으로 하여금 그 公益性을 유지하며, 건전한 활동을 할 수 있도록 하게 함을 목적으로 하는 법률. 공익법인의 설립허가기준(4), 임원(5), 이사회의 구성·기능·소집(6~8), 감사의 직무(10), 재산관리(11), 잔여재산의 귀속(13), 조세감면(15), 벌칙(19) 등에 관하여 정하고 있다.

공인노무사법(公認勞務士法) 1984년 법률 3771호. 공인노무사제도를 확립하여 노동관계업무의 원활한 운영을 기하고 사업 또는 사업장의 自律的 福祉增進과 기업의 건전한 발전에 이바지함을 목적으로 정한 법률. 이 법은 직무의 범위(2), 자격(3), 결격사유(4), 등록(5), 노무법인(7~7의 7), 노무사의 성실의무(12), 비밀엄수(14), 금지행위(13), 겸직금지(15) 등 전문 31조와 부칙을 규정하고 있다.

공인회계사법(公認會計士法) 1997년 법률 5225호 전문개정. 公認會計士制度를 확립함으로써 국민의 권익보호와 기업의 건전한 경영 및 國家經濟의 발전에 이바지함을 목적으로 제정된 법률. 이 법은 공인회계사의 직무범위·자격·결격사유(2~4), 시험(5~6), 등록 및 개업(7~11), 권리와 의무(12~22), 회계법인(23~40), 공인회계사회(41~47), 징계(48~49), 보칙과 벌칙 등으로 규정되어 있다. 본법의 제정으로 계리사법이 폐지되었다. 본법은 1996년에 국회에서 통과되어 1997년 3월 1일부터 시행되었다.

공장저당법(工場抵當法) 1961년 법률 749호. 생산공업의 여러 企業으로 하여금 資金을 확보하게 하여 기업의 유지와 발전을 기하기 위하여 제정된 법. 여기에는 工場抵當과 工場財團抵當의 두 가지가 규정되어 있다. 전자는 공장의 토지 또는 건물에 설정한 저당권의 효력을 그 토지 또는 건물에 부가설치된 기계, 기구 기타 공용물에까지 미치게 하는 제도이고(4~10), 후자는 공장과 그에 속하는 재산 또는 물건의 전부 또는 일부를 포괄하여 공장재단을 구성하고 이를 일체로서 저당권의 목적으로 하는 것이다(11~31). 工場財團은 1개의 不動産으로 보며(→財團抵當), 공장재단의 所有權保존의 등기는 그 등기후 10월내에 저당권 설정의 등기를 하지 않으면 그 효력을 상실한다. 工場抵當法은 그 외에 수개의 재단의 합병과 수개의 공장을 포함하는 1재단의 분할을 인정하고 있다.

공중목욕장법(公衆沐浴場法) 1962년 법률 808호. 공중목욕장에 관하여 공중위생 및 풍기 등의 견지에서 규정을 하는 법률. 공중목욕장의 경영을 특별시·도지사의 許可制로 하고, 입욕자·영업자·설비 등의 단속을 규정한다. 현재는 공중위생법의 제정으로 폐지되었다.

공중목욕장업법(公衆沐浴場業法) → 공중위생관리법

공중위생관리법(公衆衛生管理法) 1999년 법률 5839호. 공중이 이용하는 영업과 시설의 위생관리 등에 관한 사항을 규정함으로써 위생수준을 향상시켜 국민의 건강증진에 기여함을 목적으로 제정된 법률. 全文 23조 부칙으로 구성되어 있다.

공중위생법(公衆衛生法) 1986년 법률 3822호. 公衆이 이용하는 衛生接客業 기타 위생관련영업의 시설 및 운영 등에 관한 사항과 공중이용시설, 음용수 및 衛生用品의 위생관리 등에 관한 사항을 규정함으로써 國民保健을 위한 위생수준을 향상시켜 공공복리의 증진에 기여하기 위하여 제정된 법률. 숙박업·목욕장업·이용업·미용업·유기장업 등 위생접객업과 세탁업·위생관리용역업·위생처리법 등 위생관련영업 및 세척제 등 위생용품제조업 등에 관한 시설기준·허가, 영업의 운영, 지도·감독 등을 규정하고 있다. 1999년 법률 5839호에 의해 공중위생관리법으로 대체되어 폐지되었다.

공증인법(公證人法) 1961년 법률 723호. 公證人의 地位와 그의 事務處理에 관하여 정한 법률. 공증인의 임면과 그 소속(10~15), 공증인의 직무와 의무(2~6, 16~24), 公正證書作成의 방법과 절차(25~56), 私署證書作成의 방법과 절차(57~66의 2), 공증직무의 대리와 인계(67~77), 공증인에 대한 감독(78~87) 등을 규정하고 있다. →공증인

공직선거(公職選擧) **및 선거부정방지법**(選擧不正防止法) 1994년 법률 4739호. 憲法과 地方自治法에 의한 選擧가 국민의 자유로운 의사와 민주적인 절차에 의하여 공정히 행하여지도록 하고, 선거와 관련한 부정을 방지함으로써 民主政治發展에 기여함을 목적으로 종래의 대통령·국회의원·지방자치단체장 및 지방의회의원 선거법 등 4대 선거법을 통합한 법률로써, ① 지금까지 별개의 선거법 체계로 되어 있던 大統領選擧法·國會議員選擧法·地方議會議員選擧法·地方自治團體의 長選擧法을 하나의 단일법으로 통합함(2), ② 選擧日을 法定化하여 대통령선거는 그 임기만료일전 70일 이후 첫번째 목요일, 국회의원선거는 그 임기만료일전 50일 이후 첫번째 목요일, 지방자치단체의 의원 및 장의 선거는 그 임기만료일전 60일 이후 첫번째 목요일에 하도록 하되, 선거일이 공휴일이거나 선거일 전일 또는 그 다음날이 공휴일인 때에는 각각 그

다음주의 목요일로 하도록 함(34), ③ 公務員 등이 입후보할 경우 선거일전 90일까지 그 직에서 사임하도록 하되, 대통령선거와 국회의원선거에 있어 국회의원이 그 직을 가지고 입후보하는 경우와 지방자치단체의 의원 및 장의 선거에 있어 당해 지방자치단체의 의원 및 장이 그 직을 가지고 입후보하는 경우는 제외함(53Ⅰ), ④ 選擧運動의 公營制를 확대하여 선거벽보 비용, 합동연설회 개최비용 등을 국가 또는 지방자치단체가 부담하도록 함으로써 후보자의 부담을 최소화함(64), ⑤ 候補者 및 그 배우자와 연설원은 선거운동기간중에 각각 자동차와 확성장치를 사용하여 도로변, 시장 등 다수인이 왕래하는 공개된 장소에서 횟수에 제한없이 연설을 하거나 대담을 할 수 있도록 함(79), ⑥ 社團·財團 등 명칭 여하를 불구하고 모든 團體는 선거기간중 그 명의로 특정 정당이나 후보자를 지지·반대하거나 지지·반대를 권유하는 행위를 할 수 없도록 함(87), ⑦ 누구든지 選擧期間 중 선거운동 또는 입당권유를 위한 호별방문을 할 수 없도록 하되, 관혼상제의 장소나 시장·대합실 등에는 방문할 수 있도록 함(106), ⑧ 후보자등록신청개시일부터 선거일 투표마감시각까지 선거에 관한 輿論調査의 경위와 그 결과를 공표하거나 인용하여 報道할 수 없도록 함(108), ⑨ 돈이 적게 드는 選擧風土를 조성하기 위하여 선거비용의 지출을 최소화하였는 바, 그 평균제한비용은 대략 대통령선거 193억원, 시·도지사선거 7억1천만원, 지역구국회의원선거 5천700만원, 구·시·군의 장선거 5천600만원, 시·도의회의원선거 1천800만원, 구·시·군의회의원선거 1천100만원 정도가 될 것임(121), ⑩ 選擧費用의 수입과 지출은 은행계좌를 통해서만 하도록 하고, 그 수입·지출명세서를 3개월간 選擧管理委員會에 비치하여 공개하도록 함(127), ⑪ 全國區國會議員이 소속정당의 합당·해산 또는 제명 외의 사유로 黨籍을 이탈·변경하거나 2 이상의 당적을 가지고 있는 때에는 퇴직되도록 함(189Ⅰ, 192Ⅲiii), ⑫ 選擧費用制限額의 200분의 1 이상을 초과지출한 이유로 선거사무장 또는 선거사무소의 회계책임자가 징역형을 선고받은 때 또는 후보자의 직계존·비속 및 배우자, 선거사무장, 선거사무소의 회계책임자가 매수 및 이해유도죄, 당선무효유도죄 또는 기부행위의 금지제한 등의 죄를 범하고 징역형의 선고를 받은 때에는 그 후보자의 당선을 무효로 함(263, 265), ⑬ 有權者買收罪나 利害誘導罪 또는 공무원의 선거범죄에 대하여 고발한 경우 검사가 공소를 제기하지 아니하는 때에는 고등법원에 그 當否에 관한 裁定申請을 할 수 있도록 함(273), 기타 ⑭ 이 법 시행 후 최초로 실시하는 지방자치단체의 장선거와 지방의회의원선거는 1995년 6월 27일 동시에 실시하도록 하되, 그 임기는 1998년 6월 30일에 만료되도록 함(附則 7) 등을 내용으로 하고 있다.

공직자윤리법(公職者倫理法) 1981년 법률 3520호. 公職者 및 公職候補者의 財産登錄과 등록재산공개를 제도화하고 공직을 이용한 재산취득의 규제·공직자의 선물신고·퇴직공직자의 취업제한 등을 규정함으로써 공직자의 부정한 財産增殖을 방지하고 公務執行의 공정성을 확보하여 국민에 대한 봉사자로서의 공직자의 윤리를 확립함을 목적으로 제정한 법률. 이 법률은 재산등록 및 공개(3~ 14의 3), 선물신고(15, 16), 퇴직공직자의 취업제한(17~19), 보칙과 징계 및 벌칙을 규정하고 있다.

공탁법(供託法) 1958년 법률 492호. 民法 기타의 법령의 규정에 의하여 행하는 공탁절차를 규정한 법률. 3조의 부칙규정을 합하여 全文 17조로 구성되어 있다. 供託事務의 집행자와 供託物保管者의 지정에 관한 규정을 먼저 두고(2, 3), 그 다음에 공탁절차의 대강과 공탁공무원의 처분에 관한 抗告節次(4, 10) 등을 규정하고 있다. 공탁법은 공탁절차의 상세한 것까지를 빠짐없이 규정하는 방법을 취하지 아니하고, 그 대강만을 정하고 있으므로, 공탁절차의 상세한 것에 관하여는 따로 공탁사무처리규칙이 있다.

공탁사무처리규칙(供託事務處理規則) 1962년 대법원규칙 129호. 供託事務를 합리적으로 처리하기 위하여 이에 관한 절차를 정한 규칙.

과학관육성법(科學館育成法) 1991년 법률 4490호. 전국적으로 균형있는 과학관의 설립을 촉진하고 과학관이 성장·발전할 수 있도록 지원·육성함으로써 과학기술문화를 창달하고, 청소년의 과학에 대한 탐구심을 함양하며, 과학기술에 대한 범국민적 이해증진에 이바지함을 목적으로 제정된 법률.

과학교육진흥법(科學教育振興法) 1967년 법률 1927호. 자연과학에 관한 教育의 진흥을 도모하기 위하여 국가와 지방자치단체의 임무, 과학자와 학교의 일정한 研究機關利用請求權, 科學教育審議會와 科學教育基金의 설치 등에 관하여 규정한 법률.

과학기술진흥법(科學技術振興法) 1991년 법률 4402호 전문개정. 科學技術振興에 관한 종합적인 기본정책과 계획을 수립하고 그 시행을 위한 체제의 확립과 재정조치의 강구에 관한 사항을 정한 법률. 정부의 과학기술진흥 및 인력개발을 위한 綜合計劃과 이에 따른 관계부처간의 종합조정방안을 심의하기 위한 국무총리소속하의 종합과학기술심의회와 과학기술부장관의 자문기관으로서의 科學技術振興委員會의 설치(5), 연구개발계획의 수립(7), 과학기술투자의 확대(9) 및 과학기술재단의 설치(15) 등에 관하여 규정하고 있다.

과학기술혁신(科學技術革新)**을 위한 특별법**(特別法) 1997년 법률 5340호. 최근 과학기술이 國家經濟産業發展 뿐만 아니라 국민의 삶의 질 향상에 있어 핵심적인 요소로 등장하고 있는 바, 21세기를 대비하여 향후 5년간 우리의 科學技術革新을 적극적으로 추진하기 위하여 정부연구개발투자를 확대하고 연구개발지원의 효율적인 활용 및 기업연구개발활동을 촉진하며 科學技術者의 사기를 앙양하는 등 종합적인 科學技術革新을 위한 제도적 장치를 마련하려는 목적으로 제정된 법률. 이 법은 全文 19조 부칙으로 구성되어 있다.

관공서(官公署)**의 공휴일**(公休日)**에 관한 규정**(規程) 1990년 대통령령 13155호. 관공서의 공휴일에 관하여 규정하고 있는 대통령령. → 공휴일

관광기본법(觀光基本法) 1975년 법률 2877호. 종래의 觀光事業振興法을 폐지하고, 동법 중 관광에 관한 기본적인 사항을 규정하여 관광사업을 전략산업으로 국가적인 차원에서 적극 진흥시키기 위해 필요한 사항을 정한 법률. 관광진흥에 관한 정부의 시책(관광진흥계획의 수립)과, 동시책수행을 위한 국가적 임무를 정하고, 매년도 관광진흥에 관한 시책동향의 대국회보고(4), 외국관광객에 대한 편의제공(7), 관광자원보호(9), 관광종사자의 자질향상(11), 관광지의 지정·개발(12), 관광진흥개발기금의 설치(14) 및 관광정책심의회(15)에 관한 규정을 두고 있다.

관광사업법(觀光事業法) → 관광진흥법

관광숙박시설지원(觀光宿泊施設支援) **등에 관한 특별법**(特別法) 1997년 법률 5276호. 開催豫定인 2000년 ASEM會議와 2002년의 월드컵대회 등 각종 국제행사에 대비하여 관광호텔시설의 부족을 해소하고 觀光宿泊業의 서비스개선을 위하여 2002년까지 한시적으로 관광호텔시설의 건설과 확충 등에 필요한 지원에 관한 사항 기타 관광숙박업의 시설 및 운영의 개선에 관한 사항을 정함으로써 각종 국제행사의 성공적인 개최와 관광산업의 발전을 도모하려는 목적으로 제정된 법률. 이 법은 全文 24조 부칙으로 구성되어 있다.

관광진흥법(觀光振興法) 1986년 법률 3910호 전문개정. 觀光與件을 조성하고 觀光資源을 개발하며 관광사업의 지도 및 육성을 도모할 목적의 법률. 관광사업을 여행업, 관광숙박업, 관광객이용시설업, 국제회의용역법 및 관광편의시설업으로 나누고(3) 이러한 관광사업을 하고자 하는 자는 건설교통부령으로 정한 등록기준에 따라 등록하도록 규정하고 있는 외에(4, 5) 觀光의 振興과 弘報(20~22), 관광지의 개발(22의 2~37), 관광종사원(38~41) 및 관광사업자단체(42~48) 등을 규정하고 있다.

관보규정(官報規程) 1969년 2월 1일 대통령령 3759호로 제정된 이 영은 정부에서 발행하는 관보의 편찬·보급 기타 관보에 관하여 필요한 사항을 규정하고 있다. 행정자치부장관이 주관하며, 관보에 게재한 사항 중 총리령으로 정하는 ① 法令 공포의 통지, ② 훈령 및 대통령령·국무총리의 지시사항, ③ 행정 각 기관에 대한 인사발령통지, ④ 기타 관보규정 제10조(회보란)에 해당하는 내용으로서 관보에 公文代替의 뜻을 기재하여 게재한 사항은 공문으로 시행한 것으로 본다. 전문 18조와 부칙으로 되어 있다.

관세법(關稅法) 1967년 법률 1976호. 關稅의 賦課·徵收 및 수출입물품의 通關節次에 관하여 정한 법률. 과세와 징수(3~43의 7), 국제관세협력(43의 8~43의 17), 운수기관(44~64), 보세구역(65~127), 운송 및 통관과 통관업자(128~171의 4), 세관공무원의 직권(172~178), 벌칙 등을 규정하고 있다. → 관세

관세사법(關稅士法) 1995년 법률 4984호. 關稅士의 通關서비스의 기능을 높이고 시대흐름에 맞도록 관세사제도를 개선함과 아울러 전문자격인으로서 관세사의 역할을 제고하기 위하여 관세법의 일부로 되어 있는 關稅士制度를 분리하여 별도의 관세사업으로 제정하려는 목적으로 제정된 법률. 이 법은 관세사의 직무(2), 관세사의 자격과 시험(4~6), 등록과 개업(7~10), 관세사의 권리와 의무(11~16), 관세사법인 등(17~20), 관세사회(21~22), 보칙(23~26), 징계(27~28), 벌칙(29~32) 등을 규정하고 있다.

관인규정(官印規程) 1962년 각령 644호. 공무에 관하여 기관 또는 기관장의 명의로 發翰·교부 또는 인증이 필요한 문서에 사용하는 관인에 관하여 필요한 사항을 규정하는 것. 관인의 비치, 印影 및 규격, 관인의 등록, 특수기관의 관인규격, 임시기관의 관인 등에 관한 사항을 규정한다.

광고물 등 단속법(廣告物等團束法) → 옥외광고물 등 관리법

광산보안법(鑛山保安法) 1963년 법률 1292호. 鑛山從業員에 대한 위해를 방지하고 또한 鑛害를 방지함으로써 지하자원의 합리적 개발을 도모함을 목적으로 하여 제정된 법률. 사람에 대한 危害의 방지, 지하자원의 보호, 광업시설의 보전, 鑛害의 방지를 위하여 광산의 보안방법을 정하고 있다. 즉 광업권자·광산종업원의 의무, 시설·기계류의 설치규제·보안관리직원, 보안명령, 주무관청, 광산보안관, 광산보안위원회 등에 관한 규정을 그 주된 내용으로 하고 있다.

광업등록령(鑛業登錄令) 1970년 대통령령 5231호. 광업에 관한 등록의 절차 등을 규정한 대통령령. 등록관청(산업자원부), 鑛業原簿·鑛業信託原簿·鑛區圖臺帳·登錄接受簿 등의 등록에 관한 장부, 등록절차에 관한 준칙, 광업권에 관한 등록절차, 저당권에 관한 등록절차, 말소에 관한 등록절차, 신탁에 관한 등록절차, 가등록과 예고등록 등에 관하여 상세히 규정하고 있다.

광업법(鑛業法) 1981년 법률 3357호 전문개정. 광물자원을 합리적으로 개발함으로써 국가산업의 발달을 도모하기 위하여 광업에 관한 기본적 제도를 규정한 법률. 鑛業權(12~51), 租鑛權(52~66), 鑛區 등의 조정(67~77), 國營鑛業(78~82), 토지의 사용과 수용(83~90), 감독과 조성(99~104), 鑛害賠償(91~98), 異議申請(105~113)과 벌칙 등을 규정하고 있다.

광업재단저당법(鑛業財團抵當法) 1961년 법률 750호. 광업권자로 하여금 자금을 확보하게 하며 지하자원의 개발과 산업의 발달을 도모할 목적으로, 광업재단의 구성과 그 재단에 대한 抵當權의 인정 등에 관하여 규정한 규율. 공장저당법의 규정을 많이 준용하고 있다. 광업재단은 鑛業權 및 附屬諸設備로써 구성되고 1개의 부동산으로 간주되며, 광업재단목록에 재단의 구성요소를 기재하여 광업재단등기부에 등기함으로써 抵當權을 인정한다(6).

광주민주화운동관련자보상(光州民主化運動關聯者補償) **등에 관한 법률**(法律) 1990년 법률 4266호. 1980년 5월 18일 전후한 光州民主化運動과 관련하여 사망하거나 행방불명된 자 또는 傷痍를 입은 자와 그 遺族的인 보상을 함으로써 생활안정과 민주발전에 이바지함을 목적으로 제정된 법률. 이 법은 全文 22조 부칙으로 구성되어 있다.

교과용도서(敎科用圖書)**에 관한 규정**(規程) 1977년 대통령령 8660호. 초·중등교육법 29조 2항의 규정에 의하여 각 학교의 교과용도서의 범위·저작·검정·인정·발행·공급·선정 및 가격사정에 관하여 필요한 사항을 규정함을 목적으로 제정된 대통령령이다. 총칙, 교과용도서의 편찬·검정 및 인정, 교과용도서심의회, 수정 및 개편, 발행, 가격사정, 보칙 등 8개장과 부칙으로 구성되어 있다.

교도작업관용법(矯導作業官用法) 1962년 법률 960호. 교도작업에 의하여 생산되는 물건이나 자재를 국가, 지방자치단체의 기관이나, 국영 또는 정부관리기업체에 우선적으로 공급하게 하여 교도작업의 능률을 향상함으로써 矯導義務의 원활한 수행과 國庫歲入의 증대를 도모함을 목적으로 하는 법률.

교수연구실적심사규정(敎授硏究實績審査規程) 교육에 관한 임시특례법의 규정에 의하여 국·공·사립의 대학교 또는 대학의 교수, 부교수, 조교수 또는 전임강사의 임용에 있어서 그 임용후보자의 연구실적의 심사에 관한 사항을 규정한 것. 국·공·사립의 대학교 또는 대학에서 교수를 신규채용 또는 승진 임명하고자 할 때에는 연구실적 심사신청서에 소정의 서류를 첨부하여 敎授資格審査委員會 위원장에게 제출하면 위원장은 1개월 이내에 심사를 완료하여 그 합격 여부를 결정한다(4). 이 밖에 일정한 자에 대한 심사의 면제, 심사요구의 제한 등에 관하여 규정한다(1961년 閣令 제274호).

교수자격기준(敎授資格基準) **등에 관한 규정**(規程) 1969년 대통령령 4395호. 고등교육법 16조의 규정에 의하여 敎授(교수·부교수·조교수·전임강사)·조교의 자격기준 및 資格認定에 관한 사항을 정한 대통령령. 별표에 규정된 대학·전문대학졸업자와 동등자격자의 범위, 연구실적 및 교육경력의 범위, 연구실적의 환산율, 교수자격심사위원회, 자격인정의 대상 및 절차 등을 규정하고 있다.

교원(敎員)**의 노동조합설립**(勞動組合設立) **및 운영**(運營) **등에 관한 법률**(法律) 1999년 법률 5727호. 국가공무원법 66조 1항 및 사립학교법 55조의 규정에 불구하고 노동조합 및 노동관계조정법 5조 단서의 규정에 의하여 교원의 노동조합설립에 관한 사항을 정하고 교원에 적용할 노동조합 및 노동관계조정법에 대한 특례를 규정함을 목적으로 제정된 법률. 1999년 7월 1일부터 시행한다.

교원자격검정령(敎員資格檢定令) 1978년 대통령령 9258호. 초·중등교육법 21조 4항의 규정에 의하여 교원의 資格檢定과 敎員資格檢定委員會에 관한 사항을 정한 대통령령. 이 령에 의하면 자격검정에는 무시험검정과 시험검정의 양자가 있다. 자격검정은 교원자격검정위원회가 행하며, 합격자에 대하여는 교육부장관이 자격증을 수여한다(3).

교원교재연구비지급규정(敎員敎材硏究費支給規程) 교육공무원법 38조의 규정에 의하여 국·공립의 각 학급 학교 교원에게 교재연구비를 지급하기 위하여 규정한 것. 국·공립의 모든 교원은 원칙으로 연구비를 지급받을 수 있으나 휴직·정직 또는 사사로운 사고로 인하여 집무하지 못하는 자는 그 기간중 연구비를 지급받지 못한다. 연구비의 지급시기는 매월 봉급지급시에 이를 지급한다. 그리고 교원이 사망했을 경우에는 그 연구비는 유족에게 지급한다(1961 閣令 2호).

교원지위향상(敎員地位向上)**을 위한 특별법**(特別法) 1991년 법률 4376호. 교원에 대한 예우 및 처우를 개선하고 신분보장을 강화함으로써 교원의 지위를 향상시키고 교육발전을 도모함을 목적으로 제정된 법률. 교원보수의 우대, 교원의 불체포특권, 신분보장, 교원의 지위향상을 위한 교섭·협의 등에 대해 규정하고 있다.

교육개혁심의회규정(敎育改革審議會規程) 1985년 3월 7일 대통령령 11657호로 제정된 이 규정은 선진조국을 이끌어 나갈 위대한 국민역량의 바탕이 되는 국가교육의 발전을 위하여 주체적인 敎育理念에 기초한 교육정책 및 교육제도의 종합적인 개선책의 수립 등에 관하여 대통령의 자문에 응하기 위하여 대통령 소속하에 두는 敎育改革審議會의 조직과 운영에 관하여 필요한 사항을 규정하고 있다. 全文 13조와 附則으로 되어 있다.

교육공무원 공무국외여행규칙(敎育公務員公務國外旅行規則) 1988년 9월 15일 교육부령 566호로 전문 개정된 이 규칙은 공무국외여행규정 2조 4항의 규정에 의한 교육공무원의 국외여행에 관하여 필요한 사항을 규정하고 있다. 전문 12조와 부칙으로 되어 있다.

교육공무원법(敎育公務員法) 1981년 법률 3458호 전문개정. 교육에 종사하는 공무원의 資格·任用·報酬·硏修 및 身分保障 등을 정한 법률. 교육에 종사하는 공무원의 직무와 책임의 특수성에 비추어 일반직국가공무원의 인사·복무에 관하여 정한 국가공무원법의 특별법으로 제정된 법이며, 상훈과 복무에 관하여는 國家公務員法이 준용된다.

교육공무원승진규정(敎育公務員昇進規程) 1969년 12월 4일 대통령령 4393호로 제정된 이 규정은 교육공무원의 경력·근무성적·연수성적(연수·재교육·기타 훈련의 성적과 연구실적을 말한다)의 평정과 승진후보자명부의 작성에 관한 사항을 규정함으로써 교육공무원의 승진임용에 있어서의 인사행정의 공정을 기함을 목적으로 한다. 總則(제1장)·經歷評定(제2장)·勤務成績評定(제3장), 硏修成績의 평정(제4장), 昇進候補者名簿(제5장) 등 5장 전문 41조와 부칙으로 되어 있다.

교육공무원인사위원회규정(敎育公務員人事委員會規程) 1969년 8월 11일 대통령령 4007호로 제정된 이 규정은 교육공무원법 3조의 규정에 의한 교육공무원인사위원회의 운영과 동법 5조의 규정에 의한 대학인사위원회의 조직·기능 및 운영에 관한 필요한 사항을 규정하고 있다. 전문 17조와 부칙으로 되어 있다.

교육공무원임용령(敎育公務員任用令) 1969년 11월 24일 대통령령 4303호로 제정된 이 영은 교육공무원 임용에 관하여 필요한 사항을 규정하고 있다. 한편 교육공무원법 33조의 규정에 의하여 대통령은 任用權 중 일부를 교육부장관에게, 또 교육부장관은 총장·교육감 등에게 위임한다. 총칙(제1장)·신규채용(제2장)·임시교원의 임용(제3장)·전직 및 전보(제3장의 2)·승진 및 강임(제4장)·보직(제5장) 등 5장 전문 24조와 부칙으로 되어 있다.

교육공무원징계령(敎育公務員懲戒令) 1969년 12월 4일 대통령령 4394호로 제정(한글화)된 이 영은 교육공무원에 대한 징계에 관하여 필요한 사항을 규정하고 있다. 징계에는 重懲戒(파면·해임 또는 정직)와 輕懲戒(감봉 또는 견책)가 있으며, 징계위원회는 총장·학장 및 교육감징계위원회, 특별징계위원회와 일반징계위원회로 구분한다. 전문 21조와 부칙으로 되어 있다.

교육과정심의회규정(敎育課程審議會規程) 1969년 12월 4일 대통령령 4388호로 제정된 이 규정은 교육부장관의 자문에 응하여 대학·사범대학과 각종 학교를 제외한 각급학교의 敎育課程의 제정에 관한 사항을 심의하며, 이에 관한 조사연구를 하게 하기 위하여 교육부에 두는 교육과정심의회의 조직과 운영에 관하여 필요한 사항을 규정하고 있다. 전문 13조와 부칙으로 되어 있다.

교육기본법(敎育基本法) 1997년 법률 5437호. 교육에 관한 국민의 權利·義務와 국가 및 지방자치단체의 책임을 정하고 敎育制度와 그 운영에 관한 기본적 사항을 규정한 법률. 총칙(1장), 敎育當事者(2장), 敎育의 振興(3장)으로 구성되었다.

교육법(敎育法) 1949년 법률 86호. 敎育은 弘益人間의 이념아래 모든 국민으로 하여금 인격을 완성하고 자주적 생활능력과 公民으로서의 資源을 具有하게 하여 民主國家發展에 봉사하여 인류공영의 이상실현에 기여하게 함을 목적으로 제정한 법률. 이 법은 교육의 理念과 方法(1~5), 교육의 權利·義務(8), 敎育行政(6, 9~72), 교원(73~80), 교육기관(81~149), 과학과 교재(155~157), 수업(150~154), 장학(158~162) 등을 규정하고 있다. 1968년 11월 15일의 개정(법률 2045호)으로 중학교의 입학을 무시험으로 하여 그 방법과 절차를 대통령령으로 정하도록 하였고, 대학입학학력고사제를 마련하여 이에 합격한 자만 대학(예술·교육학계 제외)에 입학할 수 있도록 하였다. 1997년 법률 5437호 敎育基本法의 제정으로 폐지되었다.

교육부(敎育部)**와 그 소속기관직제**(所屬機關職制) 1991년 2월 1일 대통령령 13282호로 전문 개정된 이 영은 정부조직법 33조에 의해 학교교육·평생교육 및 학술에 관한 사무를 관장하는 교육부의 직제와 국사편찬위원회·중앙교육평가원 및 중앙교육연수원의 職制에 관한 사항을 규정하고 있다. 교육부의 하부조직으로 기획관리실·총무과·장학편수실·대학정책실·보통교육국·교직국·과학교육국·사회국제교육국 및 교육시설국을 두며, 장관 밑에 공보관을, 차관 밑에 감사관·비상계획관 각 1인을 둔다. 全文 61조와 附則 5조로 되어 있다.

교육비특별회계소관관용차량관리규칙(敎育費特別會計所管官用車輛管理規則) 1988년 4월 12일 교육부령 563호로 제정된 이 규칙은 지방재정법시행령 75조의7 1항의 규정에 의하여 교육비특별회계소관 관용차량(각 교육위원회, 시·군 교육장, 교육위원회·교육장 소속의 기관 및 각급 학교에서 관리하는 자동차)의 定數의 책정·배정 및 내용기간 등 관용차량의 관리에 필요한 사항을 규정하고 있다. 전문 18조와 부칙으로 되어 있다.

교육세법(敎育稅法) 1990년 법률 4279호. 교육의 질적 向上을 도모하기 위하여 필요한 敎育財政의 확충에 소요되는 재원을 확보함을 목적으로 제정된 법률. 이 법은 전문 13조 부칙으로 규정되어 있다.

교육(敎育)**에 관한 임시특례법**(臨時特例法) 1961년 법률 708호. 敎育行政 또는 學校法人(사립학교의 설립경영을 목적으로 하는 법인)에 관하여 교육법에 대한 특례를 규정한 법률. 문교부장관은 문교재건자문위원회의 자문을 거쳐 각급 학교(사립교 포함) 상호간의 換置를 명할 수 있으며(4), 초등학교 교원의 양성을 위한 교육대학의 신설(6), 종래 65세를 정년으로 했던 국·공·사립의 각급 학교교원의 정년을 60세로 한정하고(15), 명예교수제를 두었으며, 교원의 노동운동 및 집단적 행동을 금한다(13). 또 4년제 대학에 있어서 전 과정을 이수하면 자동적으로 학사학위를 수여하던 제도를 개정하여 전 과정을 이수하더라도 국가에서 시행하는 학사자격고시에 합격하지 못하면 학위를 수여받지 못한다(21). 1963년에 폐지되었다.

교통사고처리특례법(交通事故處理特例法) 1981년 법률 3490호. 業務上 過失 또는 중대한 過失로 교통사고를 일으킨 운전자에게 관한 刑事處罰 등의 特例를 정함으로써 교통사고로 인한 피해의 신속한 회복을 촉진하고 국민생활의 편익을 증진함을 목적으로 제정한 법률. 이 법은 全文 6조 부칙으로 규정되어 있으며, 1997년 8월 30일 화물자동차운송사업법이 제정되어 관련사항을 정비하였다.

교통세법(交通稅法) 1993년 법률 4667호. 도로 및 지하철 등 사회간접자본의 건설을 위한 投資財源의 조달은 수송부문과 관련된 석유류제품을 세원으로 하는 것이 受益者負擔 및 原因者負擔의 차원에서 바람직하므로, 현재 도로사업특별회계 및 도시철도사업특별회계에 전입되어 도로 및 도시철도건설에 사용되고 있는 휘발유 및 경유에 대한 特別消費稅를 한시적으로 목적세로 전환하여 교통시설투자에 전액 사용하도록 하려는 목적으로 제정된 법률. 이 법은 全文 24조 부칙 등으로 구성되어 있다.

교통안전공단법(交通安全公團法) 1995년 법률 4927호. 교통안전공단을 설립하여 교통사고의 예방을 위한 사업을 행하게 함으로써 교통안전관리의 효율화를 도모하고 국민의 생명, 신체 및 재산의 보호에 기여하게 함을 목적으로 제정된 법률.

교통안전법(交通安全法) 1979년 법률 3184호. 交通安全에 관한 시책의 기본을 규정함으로써 종합적·계획적 추진을 도모하기 위하여 제정된 전문 30조 부칙으로 구성된 법률. 국가와 지방자치단체에게 交通安全을 위한 제반시책의 수립의무를 부여하고(3, 4), 도로설치관리자, 차량 등의 제조사업자, 사용자, 운전자 기타 보행자와 국민의 의무를 규정하고(5～10), 국무총리를 위원장으로 하는 교통안전정책심의위원회와 서울특별시·광역시·도 등에 교통안전대책위원회를 설치하여 교통안전에 관한 기본계획과 종합정책을 심의한다(13).

국가공무원법(國家公務員法) 1963년 법률 1325호. 國家公務員 人事行政의 공정을 기함과 아울러 국가공무원으로 하여금 국민전체에 대한 봉사자로서 행정의 민주적·능률적인 운영을 기하기 위하여, 국가공무원에게 적용할 인사행정의 근본기준을 정한 법률. 중앙인사관장기관으로서의 행정자치부장관(6, 17～20), 訴請審査委員會(9～15), 직위분류제(21～24), 임용과 시험(26～45), 보수(46～48), 복무상의 의무(55～67), 신분보장(68～74), 권익보장(75～77), 훈련(50), 提案制度(53), 賞勳制度(54), 懲戒(78～83의 3), 罰則(84) 등을 규정하고 있다. 본법은 보수 및 복무에 관한 것을 제외하고는 원칙적으로 경력직공무원에게만 적용된다(3).

국가공무원법(國家公務員法) **제3조 단서**(但書)**의 공무원**(公務員)**의 범위**(範圍)**에 관한 규정**(規程) 1970년 대통령령 5037호. 국가공무원법 3조 단서의 규정에 의하여 국가공무원법 중 정치운동 및 집단행위의 금지에 관한 규정(65, 66)의 적용으로부터 배제될 別定職公務員의 범위를 정하는 대통령령. 정치운동 및 집단행위의 금지에 관한 국가공무원법의 규정이 적용되지 아니하는 별정직공무원으로서, 대통령, 국무총리, 국무위원, 국회의원, 처의 장, 각부처의 차관, 위의 것의 비서실장·비서관·보좌관·비서·교섭단체의 정책연구원 등을 규정하고 있다.

국가공무원복무규정(國家公務員服務規程) 1995년 12월 대통령령 4825호. 국가공무원법 제55조 내지 67조의 규정에 의한 국가공무원의 복무에 관한 사항을 규정함을 목적으로 규정한 대통령령. 즉, 공무원의 국민전체에 대한 봉사자로서의 服務上의 의무(2～8)와 근무시간(9), 휴가(14～ 24), 영리업무 및 겸직금지(25～26), 정치운동 및 노동운동금지(27, 28) 등을 규정하고 있다.

국가기술자격법(國家技術資格法) 1973년 법률 2672호. 기술자격에 관한 기준과 명칭을 통일하여 적정한 자격제도를 확립하고 그 관리와 운영의 효율화를 기하려는 법률. 기술자격을 技術系와 技能系·서비스계로 분류하고(3), 기술자격취득자는 이 법에 의한 기술자격검정에 합격한 자로 하며(4), 각급 실업계 및 기술계학교 중 대통령령으로 정하는 학교의 졸업자 및 직업훈련법에 의한 직업훈련이수자는 문화관광부장관 또는 주무부장관이 시행하는 기술자격검정을 의무적으로 받게 하고 있다(4의 3). 정부·지방자치단체 등은 기술자격취득자를 우대하도록 하고(10), 기술계 및 기능계의 자격의 등급·기준·명칭은 이 법에 정하는 바에 따라 통일하게 하고 있다(14).

국가(國家)**를 당사자**(當事者)**로 하는 계약**(契約)**에 관한 법률**(法律) 1995년 법률 4868호. 국가를 當事者로 하는 계약에 관한 기본적인 사항을 정함으로써 契約業務의 원활한 수행을 도모함을 목적으로 하는 법률. 정부조달협정의 타결에 따른 정부조달시장의 개방에 대비하여 정부조달협정의 차질없는 이행과 계약업무의 원활한 수행을 도모하기 위하여 정부조달협정 및 國際規範을 반영하여 공정하고 효율적인 정부계약에 관한 제도를 마련하고자 현행 豫算會計法上 契約에 관하여 규정한 제6장을 대체하는 법률을 따로 제정한 것으로써, ① 정부조달협정 협상시 우리나라가 양허한 내용을 국제입찰에 의할 정부조달의 범위로 정하고, 정부조달협정 적용대상이 아닌 계약일 경우에는 발주관서가 필요하다고 인정하는 경우에는 國際入札에 의할 수 있도록 함(4), ② 정부조달협정의 적용을 받는 계약의 경우에는 발주관서가 입찰에 참가하려는 자의 국적이나 물품의 생산지를 부당하게 제한하는 契約이나 條件을 정할 수 없도록 함(5), ③ 계약은 일반공개경쟁입찰을 원칙으로 하고, 대통령령에서 정하는 바에 따라 제한경쟁입찰, 지명경쟁입찰을 실시하거나 隨意契約을 체결할 수 있도록 함(7), ④ 정부조달협정의 내용에 따라 충분한 계약이행능력이 있는 자 중 최저입찰자 또는 가장 유리한 조건을 제시한 자를 落札者로 하고, 계약의 성질·규모 등을 감안하여 대통령령에서 별도의 기준을 정한 경우에는 그 기준에 가장 적합한 자를 낙찰자로 함(10) 및 ⑤ 정부조달협정에 분쟁처리기구를 설치하도록 되어 있으므로 이의 이행을 위하여 대통령령으로 규정되어 있는 특례조달분쟁심의위원회를 국제계약분쟁조정위원회로 대체하기 위하여 그 법적 근거를 명시함(28 내지 31)을 그 내용으로 한다.

국가(國家)**를 당사자**(當事者)**로 하는 소송**(訴訟)**에 관한 법률**(法律) 1981년 법률 3466호 전문개정. 국가를 당사자 또는 참가인으로 하는 소송에 있어서의 國家代表 및 訴訟遂行에 관하여 정한 법률. 이 소송에 있어서는 법무부장관이 국가를 대표한다(2). 법무부장관은 법무부나 각급 검찰청의 검사 중에서 일정한 자를 지정·선임하여 그로 하여금 소송을 수행시킬 수 있으며(3), 國家 또는 公共의 利益에 중대한 관계가 있는 소송에 대하여는 법원에 법률적 의견을 제출하거나 그 지정하는 직원 또는 검사로 하여금 의견을 제출케 할 수 있다(4). 行政廳을 당사자 또는 참가인으로 하는 소송은 당해 행정청이 그 소속직원 또는 변호사 중에서 일정한 자를 지정·선임하여 訴訟을 수행하며, 직원을 지정하여 소송을 수행하는 경우에는 법무부장관의 지휘를 받는다(5, 6). 調停·非訟事件에도 동법의 규정이 준용된다(2～8).

국가배상법(國家賠償法) 1967년 법률 1899호. 국가 또는 지방자치단체의 損害賠償責任과 賠償節次를 규정한 법률. 국가배상금청구에 관한 절차법을 폐지하고 동법의 내용을 흡수규정함과 동시에 새로이 決定前置主義를 취하였고(9～17), 군인·군무원·경찰공무원 또는 향토예비군대원이 전투·훈련 기타 공무집행 중에 받은 피해로 다른 법령에 의하여 災害補償金·遺族年金 또는 傷痍年金 등을 받을 수 있을 때에는 국가배상법과 민법에 의한 배상을 않도록 하여 종래의 판례가 인정하여 온 이른바 二重賠償을 배제하였으며(2 I 但), 신체·생명의 침해의 경우에 이에 대한 배상액의 기준을 정하였고(3), 신체·생명의 침해로 인한 배상금청구권은 讓渡나 押留할 수 없게 하였다(4).

국가보안법(國家保安法) 1980년 법률 3318호 전문개정. 國家의 안전을 위태롭게 하는 反國家活動을 규제하기 위하여 제정된 법률로서 종전의 반공법을 본법에 흡수통합(1980년 12월 31일 법률 3318)하여 국가의 안정보장을 침해하는 범죄의 처벌·예방의 일원화를 기할 수 있도록 한 것이며, 이 법의 규제대상인 반국가단체는 정부를 僭稱하거나 국가를 변란할 것을 목적으로 하는 국내외의 결사 또는 집단으로서 지휘통솔체제를 갖춘 단체를 말한다(2). 全文 25조로 되어 있고 제2장에 罪와 刑에 관한 규정, 제3장에 特別刑事訴訟 規定(증인의 구인·유치·구속기간·공소·보류)을 두고 있으며, 제4장에 보상과 수호에 관한 규정을 두고 있다.

국가보안유공자상금지급(國家保安有功者賞金支給) **등에 관한 규정**(規程) 1981년 6월 18일 대통령령 10357호로 제정된 이 규정은 國家保安法 21조 내지 25조의 규정에 의한 상금 또는 보조금의 지급과 원호 및 국가보안유공자심사위원회의 조직·운영에 관한 사항을 규정하고 있다. 전문 19조와 부칙으로 되어 있다.

국가보안유공자상금지급(國家保安有功者賞金支給)**에 관한 규정**(規程) **제8조 단서**(但書)**의 규정**(規定)**에 의한 무기지정규칙**(武器指定規則) 1981년 7월 29일 法務部令 226호로 제정된 이 규칙은 國家保安有功者賞金支給 등에 관한 規程 8조 단서의 규정에 의한 무기의 종류를 총포류·화약 기타 폭발물류로 정하고 있다.

국가보위(國家保衛)**에 관한 특별조치법 제5조 제4항**(特別措置法第五條第四項)**에 의한 동원대상지역내**(動員對象地域內)**의 토지**(土地)**의 수용·사용**(收用·使用)**에 관한 특별조치령**(特別措置令) 1971년 대통령령 5912호. 國家非常事態에 있어서 국가동원령이 발하여진 동원대상지역에서 군작전수행상 긴절한 필요가 있는 토지의 신속한 사용과 수용에 관한 사항을 정하여 徵發法上의 흠결을 보완하기 위한 대통령령.

국가보증채무관리규정(國家保證債務管理規程) 1969년 7월 25일 재무부령 654호로 제정된 이 규정은 豫算會計法 85조 2항과 동법시행령 154조 내지 154조의 3의 규정의 시행에 관하여 필요한 사항을 규정하고 있다. 채무보증서의 신청(2), 채무보증의 승인(3), 채무보증의 교부(4) 등 전문 7조와 부칙으로 되어 있다.

국가안전기획부법(國家安全企劃部法) → 국가정보원법

국가안전보장회의법(國家安全保障會議法) 1963년 법률 1508호. 國家安全保障會議의 조직·직무범위·기타 필요한 사항을 규정함을 목적으로 하여 제정된 법률. → 국가안전보장회의

국가(國家)**에 귀속**(歸屬)**하는 상속재산이전**(相續財產移轉)**에 관한 법률**(法律) 1961년 법률 860호. 상속인의 부존재로 인한 상속재산의 國家歸屬에 있어서의 절차를 규정한 법률. 상속인 없는 재산이 국내에 있는 경우에는 상속재산관리인은 피상속인의 주소지를 관할하는 세무서장에게 지체없이 그 상속재산의 관리를 이전하여야 하고(1), 피상속인의 주소가 외국인 경우에는 영사 또는 영사의 직무를 행하는 자에게 지체없이 그 相續財產의 관리를 이전하여야 할 것으로 하고 있다(2).

국가유공자(國家有功者) **등 예우**(禮遇) **및 지원**(支援)**에 관한 법률**(法律) 1984년 법률 3742호. 국가를 위하여 공헌하거나 희생한 國家有

功者와 그 遺族에 대하여 국가가 응분의 예우를 행함으로써 국가유공자와 그 유족의 생활안정과 복지향상을 도모하고 아울러 국민의 애국정신함양에 이바지함을 목적으로 하는 법률. 국가유공자를 순국선열, 애국지사, 전몰군경, 전상군경, 순직군경, 공상군경, 무공·보국수훈자, 6·25참전재일학도의용군인, 4·19의거사망자, 4·19의거상이자, 순직공무원, 공상공무원, 국가사회발전특별공로순직자, 국가사회발전특별공로상이자 및 국가사회발전특별공로자 등으로 나누고(4), 이들에 대한 報償原則(7) 및 報償金(2장), 교육보호(3장), 취업보호(4장) 등을 정하고 있다.

국가시책(國家施策) **및 고유문화선전단체**(固有文化宣傳團體)**에 대한 보조금교부규정**(補助金交付規程) 1960년 3월 10일 대통령령 1567호로 제정된 이 영은 매년도 예산의 범위 내에서 국가의 시책과 우리나라 固有文化의 선전사업을 주요목적으로 하는 단체에 대하여 그 사업을 장려 육성하기 위하여 국무총리소속의 공보실장이 교부하는 보조금에 관하여 필요한 사항을 규정하고 있다. 전문 10조와 부칙으로 되어 있다.

국가정보원법(國家情報院法) 1980년 법률 3313호. 國家情報院의 組織 및 職務範圍와 國家安全保障業務의 효율적인 수행을 위하여 필요한 사항을 규정함을 목적으로 제정된 법률. 이 법은 국가정보원의 직무, 직원, 조직 등에 관한 사항과 겸직금지, 정치활동금지, 무기사용, 국회에 대한 증언 등의 사항을 주요내용으로 하고 있다.

국가정보자료관리규정(國家情報資料管理規程) 1982년 5월 11일 대통령령 10819호로 제정된 이 영은 國家情報政策의 수립 및 시행의 효율성을 높이기 위한 국가정보자료의 효율적인 관리 및 공동활용체제의 확립에 관하여 필요한 사항을 규정하고 있다. 이 영에서 ① 國家情報資料라 함은 국가정보정책의 수립에 기여할 수 있는 국내외 정치·경제·사회·문화·군사·과학·지리·통신 등 각 분야별 기본정보와 각 분야에 영향을 미칠 수 있는 인적·물적 정보 등의 내용이 수록된 자료를 말하며, ② 專擔管理機關이라 함은 국가정보자료 중 특정분야의 자료를 종합 관리하는 기관을 말하고, ③ 각급기관이라 함은 情報 및 保安業務企劃·調整規定 5조에 규정된 기관을 말한다. 전문 9조와 부칙으로 되어 있다.

국가채권관리법(國家債權管理法) 1970년 법률 2250호. 국가채권의 적정한 관리를 위하여 국가채권에 대한 통일적인 관리조직을 확립하고 그 밖에 관리절차와 내용(효력)변경 등에 관한 기준을 정한 법률. 이에 따라 국유의 부동산은 國有財産法, 동산은 物品管理法, 현금은 豫算會計法, 채권은 이 법이 각각 규율하는 체제를 갖추게 되었다. 全文 39조 부칙으로 된 이 법률은 적용될 채권의 범위(3), 관리기관과 총괄기관(5~10), 채권의 파악과 장부(11~12), 채권의 회수·보전(13~25), 채권의 내용변경 및 면제(26~31), 연체금(32) 등을 규정하고 있다.

국가표준기본법(國家標準基本法) 1999년 법률 5930호. 국가표준제도의 확립을 위한 기본적인 사항을 규정함으로써 과학기술의 혁신과 산업구조고도화 및 정보화사회의 촉진을 도모하여 국가경쟁력 강화 및 국민복지향상에 기여함을 목적으로 제정된 법률. 총칙, 국가표준제도의 확립, 국가표준제도의 선진화, 국가표준체계의 운영 및 관리, 보칙 등 5개장 31조 및 부칙으로 구성되어 있다.

국경일(國慶日)**에 관한 법률**(法律) 1949년 법률 53호. 국경일을 정한 법률. →국경일

국고금단수계산법(國庫金端數計算法) 1950년 법률 141호. 國庫金의 端數의 계산에 관하여 일반적인 규정을 한 법률. 국고금의 수입·지출금으로서 10원 미만의 단수가 있을 때에는 그 단수를 계산하지 않고, 또 그 금액이 10원 미만일 때에도 금액을 계산하지 않는다고 하고 있다(1 Ⅰ).

국공유부동산(國公有不動産)**의 등기촉탁**(登記囑託)**에 관한 법률**(法律) 1961년 법률 843호. 국가 또는 지방자치단체의 소유에 속하는 부동산에 관한 權利의 登記에 관하여 부동산등기법의 규정에 의한 등기의 촉탁을 할 관서를 지정하여 부동산물권의 변동의 정확을 기하기 위하여 제정된 법률.

국군조직법(國軍組織法) 1963년 법률 1343호. 국군의 조직과 편성의 大綱을 정하여 軍政과 軍令의 유기적이고 체계있는 國防機能의 수행을 목적으로 제정된 법률. 국군의 조직(2), 각군의 조직과 임무(3, 14, 15), 군사권한(6~11), 합동참모본부 및 합동참모회의(12, 13), 군기(5), 군무원(16) 등을 규정하고 있다.

국군포로대우(國軍捕虜待遇) **등에 관한 법률**(法律) 1999년 법률 5705호. 국군포로에 대하여 필요한 대우와 지원을 행함으로써 국군포로와 그 가족의 생활안정 및 복지향상을 도모함을 목적으로 제정된 법률. 全文 18조 부칙으로 구성되어 있다.

국내여비규정(國內旅費規程) 1970년 11월 3일 대통령령 5380호로 제정된 이 영은 국가공무원이 공무로 국내여행을 할 때에 지급하는 여비에 관한 사항을 규정하고 있다. 여비는 운임·현지교통비·숙박료·식비·식탁료·이전비 및 가족이전비로 한다. 이 영에서 식탁료라 함은 水路旅行에 있어서 선박운임 외에 따로 식비를 필요로 하거나 선박운임을 필요로 하지 아니하여도 식비를 필요로 하는 경우에 밤의 수에 따라 지급하는 것을 말하고, 移轉費라 함은 부임의 명을 받은 자에게 지급하는 것을 말한다. 6장 전문 26조와 부칙으로 되어있다.

국내재산도피방지법(國內財産逃避防止法) 1950년 법률 129호. 국내에 있는 재산을 도피시킬 목적으로 외국 또는 軍事分界線 이북의 지역에 이동하거나 이동하는 결과를 낳게 하는 행위를 금지하는 법률.

국립묘지령(國立墓地令) 1970년 1월 9일 대통령령 4510호로 제정된 이 영은 군인·군무원으로서 사망한 자와 국가에 有功한 자의 유골 또는 시체를 안장하고, 그 충의와 위훈을 영구히 추앙하기 위하여 국방부장관 소속하에 두는 국립묘지에 관한 사항을 규정하고 있다. 한편 묘지를 관리하기 위하여 國立墓地管理所를 둔다. 전문 18조와 부칙으로 되어 있다.

국무총리비서실직제(國務總理秘書室職制) 1970년 6월 22일 대통령령 5104호로 제정된 이 영은 국무총리의 비서와 기타 특명받은 기밀사항에 관한 사무를 관장하는 국무총리비서실의 職制에 관한 사항을 규정하고 있다. 비서실장(2), 공무원의 정원(3) 등 전문 3조와 부칙으로 되어 있다.

국무회의규정(國務會議規程) 1969년 11월 26일 대통령령 4321호로 제정된 이 영은 정부조직법 12조 4항의 규정에 의하여 국무회의의 운영에 관하여 필요한 사항을 규정하고 있다. 國會運營(2), 議案提出(3), 合意(4), 議案의 심의(5), 議事 및 議決定足數(6), 代理出席(7), 配席(8), 보충설명(9), 幹事(10), 國務會議錄(11) 등 전문 11조와 부칙으로 되어 있다.

국민건강보험법(國民健康保險法) 1999년 법률 5854호. 국민의 질병·부상에 대한 예방·진단·치료·재활과 출산·사망 및 건강증진에 대하여 보험급여를 실시함으로써 국민보건을 향상시키고 사회보장을 증진함을 목적으로 제정된 법률. 총칙, 가입자, 국민건강보험, 공단, 보험급여, 건강보험심사평가원, 보험료, 보칙, 벌칙 등 9개장 100조 및 부칙으로 구성되어 있다.

국민건강증진법(國民健康增進法) 1995년 법률 4914호. 국민의 생활수준에 따라 급성전염병의 발생은 줄어들고 있으나 식생활변화·운동부족·흡연·음주 등으로 인하여 만성퇴행성질환이 증가하고 있어 保健政策의 방향을 종래의 치료중심의 소극적 방법에서 보건교육·영양개선·건강생활 실천 등 事前豫防的 事業으로 전환하여 국민건강증진을 도모하려는 것으로서, ① 보건복지부장관은 국민건강증진에 관한 기본시책을 수립·시행하고, 이에 따라 지방자치단체의 장은 지역주민의 건강증진에 관한 세부계획을 수립·시행하도록 함(4), ② 節酒를 유도하기 위하여 주류의 판매용 용기에 과다한 음주는 건강에 해롭다는 내용이 표시된 경고문구를 표기하도록 함(8Ⅲ), ③ 禁煙을 유도하기 위하여 담배자동판매기는 대통령령으로 정하는 일정장소에만 설치할 수 있도록 제한하고, 19세 미만의 자에 대하여는 담배를 판매할 수 없도록 하며, 공중이 이용하는 시설의 소유자 등은 당해 시설을 금연구역과 흡연구역으로 구분하여 지정하도록 함(9), ④ 건강한 생활을 위하여 지역사회 주민·단체 및 공공기관이 참여하는 건강생활실천협의회를 구성하여 健康生活實踐運動을 전개하도록 함(10), ⑤ 시장·군수·구청장은 지역주민의 건강증진을 위하여 보건소장으로 하여금 보건교육·영양관리·건강증진사업을 수행할 수 있도록 함(19), 기타 ⑥ 건강증진사업의 추진에 필요한 재원을 확보하기 위하여 담배사업자의 공익사업출연금 및 의료보험보험자의 부담금으로 조성되는 國民健康增進基金을 설치할 것(23) 등을 내용으로 한다.

국민연금법(國民年金法) 1986년 법률 3902호 전문개정. 국민의 노령·폐질 또는 사망에 대하여 年金給與를 실시함으로써 국민의 생활안정과 복지증진에 기여함을 목적으로 하는 법률. 국민연금가입자(6~21), 국민연금관리공단(22~44), 급여(45~73), 비용부담(74~81), 국민연금기금(82~87), 이의신청 및 심사청구(88~103) 및 벌칙(104~108) 등을 정하고 있다.

국민의료보험법(國民醫療保險法) 1997년 법률 5488호. 국민의 질병·부상·분만·사망 등에 대하여 保險給與를 실시함으로써 국민건강을 향상시키고 사회보장의 증진을 도모함을 목적으로 제정. 총칙(1장), 피보험자(2장), 보험자(3장), 보험급여(4장), 재무(5장), 심사청구(6장), 보칙(7장), 벌칙(8장) 등으로 구성. 1998년 10월 1일부터 시행한다.

국민체육진흥법(國民體育振興法) 1982년 법률 3612호 전문개정. 國民體育을 진흥함으로써 국민의 체력을 증진하고 건전한 정신을 함양하여 명랑한 국민생활을 영위하게 하며, 나아가 체육을 통하여 국위선양에 이바지함을 목적으로 하는 법률. 국민체육진흥심의위원회의 설치(5), 체육진흥을 위한 조치(7~17), 국민체육진흥기금(18~22), 대한체육회 등의 육성(23~28) 및 보칙과 벌칙 등을 정하고 있다.

국민투자기금법(國民投資基金法) 1973년 법률 2635호. 중화학공업 등 주요산업의 건설촉진과 수출증대를 위한 범국민적 저축과 참여를 바탕으로 필요한 投融資資金을 위한 조달·공급하는 國民投資基金을 설치하고 이의 효율적인 운용을 기하기 위한 법률. 국민투자기금의 재원(4), 국민투자채권의 발행 및 그 방법(6, 7), 국민투자채권의 인수 등(8), 동채권의 주식 등 전환(10)과 이들과의 교환비율·국민투자채권의 가액계산 등(11), 동채권소지자의 우대(12), 동채권의 이자율·만기상환일상환조건 등(14), 동채권의 운용관리(16), 동기금의 회계기관과 연도별 조달 및 운용계획(19) 및 동기금의 수입·지출 등에 관한 규정을 두고 있다.

국민투표법(國民投票法) 1989년 법률 4086호 전문개정. 국가의 重要政策과 憲法改正案에 대한 국민투표에 관하여 필요한 사항을 정한 법률. 투표권(7~9), 국민투표에 관한 구역(10~13), 투표인명부(14~21), 국민투표안의 게시 등(22~24), 국민투표에 관한 운동(25~48), 국민투표일과 투표(49~71), 개표(72~83), 확정(84~91), 소송(92~96), 재투표(97), 투표의 연기(98), 벌칙(99~121) 등을 규정하고 있다. 국민투표는 특별한 규정이 있는 경우를 제외하고는 中央選擧管理委員會가 통할 관리하며 하급선거관리위원회의 위법·부당한 처분에 대하여 이를 취소하거나 변경할 수 있다(6).

국방·군사시설사업(國防·軍事施設事業)**에 관한 법률**(法律) 1991년 법률 4319호. 국방·군사시설사업을 행함에 있어서 국민의 財産權을 보장하고 국토의 합리적인 이용을 도모하며 國防·軍事施設事業을 효율적으로 시행하여 국방력의 증진에 이바지하려는 목적으로 제정한 법률. 이 법은 사업시행자(3), 실시계획의 승인(4), 협의 및 고시 등(5), 수용 및 사용(6), 다른 법률과의 관계(7), 토지매수 업무 등의 위탁(8) 등과 부칙으로 구성되어 있다.

국방대학원설치법(國防大學院設置法) 1974년 법률 2700호. 종래의 합동참모대학을 국방대학원에 흡수하고, 國家安全保障에 관한 학술을 교수하며, 이에 관한 사항을 분석·연구·발전시키고, 각군·정부기관 및 대통령령으로 정하는 정부관리기업체에서 선발된 학생에게 국가안전보장에 관한 간부로서의 실질을 부여하기 위하여 국방부소관으로 국방대학원을 설치하려는 법률. 수업연한, 입학자격, 교육과정 등에 관한 규정(2~5), 기구조직에 관한 규정(6~7)이 있고, 그 밖에 국가안전보장문제연구소(8)를 부속기관으로 두고 있다.

국방부(國防部)**와 그 소속기관직제**(所屬機關職制) 1991년 3월 28일 대통령령 13335호로 전문 개정된 이 직제는 국방에 관련된 軍政 및 軍令과 기타 군사에 관한 사무를 관장하는 국방부와 그 소속기관인 국립묘지관리소·국군홍보관리소 및 국방전산소의 직제에 관하여 규정하고 있다. 국방부에 下部組織으로 제1차관보와 제2차관보를 두며, 기획관리실·총무과·국방정책실·인사국·재정국·동원국·복지보건국·군수국·획득개발국 및 시설국을 두며, 장관 밑에 군사보좌관·공보관 및 의전담당관을, 차관 밑에 법무관리관·감사관·사업조정관·평가관리관 및 민정협력관 각 1인을 둔다. 전문 50조와 부칙으로 되어 있다.

국방부행정감사규칙(國防部行政監査規則) 1975년 6월 25일 국방부령 73호로 제정된 이 규칙은 국방부장관 및 그 소속기관(부대를 포함한다)의 장이 실시하는 감사에 관하여 규정하고 있는 바, 行政監査規程 및 다른 법령에 특별한 규정이 있는 경우를 제외하고는 이 규칙이 정하는 바에 의한다. 전문 27조와 부칙으로 되어 있다.

국새규정(國璽規程) 1970년 대통령령 4773호. 정부에 비치하는 국새의 字體·規格·印影登錄·管守 등에 관하여 규정한 대통령령.

국세기본법(國稅基本法) 1974년 법률 2679호. 국세에 관한 基本的 事項 및 共通的 事項과 위법·부당한 국세처분에 대한 不服節次를 규정함으로써 국세에 관한 법률관계를 확실히 하고, 課稅의 공정을 도모하며, 국민의 납세의무의 원활한 이행을 도모하려는 법률. 세법에 있어 기간계산은 민법의 원칙에 따르고, 서류송달은 到達主義에 의하게 하며(4, 12), 국세의 부과에 있어서는 실질과세의 원칙, 신의·성실의 원칙, 근거과세의 원칙 등을 확립하며(14~16), 세법의 해석기준, 소급과세의 금지, 세무공무원의 재량의 한계, 기업회계의 존중 등에 관하여 규정하고 있다(18~20). 납세의무의 성립 · 확정 · 소멸시효를 명시하고(21, 22, 26~28), 담보의 종류를 확대하였으며(29), 종래 國稅徵收法에 규정되어 있던 납세의무의 승계, 연대납세의무, 국세의 일반채권에 대한 우선권, 제2차납세의무, 납세관리인과 국세환급에 관한 규정을 이 법에 옮겼음(23~25, 35~41, 51~54, 82). 국세 과세표준의 신고 · 결정 · 更正決定의 관할청을 명시하며, 신고후 일정기간내의 추가신고 또는 추가자진납세를 할 수 있게 하며(43~46), 종래의 國稅審查請求法을 폐지하고 이 법에서 국세심사청구제도를 舊 3심제에서 2심제로(55), 최종심을 집행기관에서 분리하여 재정경제부장관의 국세심판소로 하였음(67 I). 또한 청구인에게 의견진술, 관계서류의 열람, 항변자료의 제출, 심판관의 기피 등을 할 수 있게 하는 규정(58, 71, 74) 등을 두고 있다.

국세(國稅)**와 지방세**(地方稅)**의 조정**(調整)**등에 관한 법률**(法律) 1961년 법률 780호. 국세와 지방세의 조정 및 국세의 지방양여에 관하여 필요한 사항을 정한 법률. 국가와 지방자치단체는 이 법에 규정한 것을 제외하고는 과세조건이 중복되는 여하한 명목의 세법도 제정하지 못한다(4).

국세징수법(國稅徵收法) 1974년 법률 2680호. 국세의 징수에 관한 제반절차를 정한 법률. 종래 이 법의 규정 중, 국세에 관한 통칙적 규정이 國稅基本法으로 흡수규정됨에 따라 이 법의 체제도 재정비하였음. 총칙, 징수, 체납처분 등 3개장 88조와 부칙으로 구성되어 있다.

국세청(國稅廳)**과 그 소속기관직제**(所屬機關職制) 1991년 2월 1일 대통령령 13277호로 전문 개정된 이 영은 내국세의 부과 · 감면 및 징수에 관한 사무를 관장하는 국세청과 그 소속기관인 세무공무원교육원 · 국세청기술연구소 · 지방국세청 · 세무서 · 지서 · 출장소의 職制에 관한 사항을 규정하고 있다. 국세청의 하부조직으로는 총무과와 징세심사국 · 직세국 · 재산세국 · 간세국 · 국제조세국 및 조사국을 두고, 청장 밑에 국제조세조정관 및 공보담당관을, 차장 밑에 기획관리관 · 자료관리관 · 감사관 및 비상계획담당관 각 1인을 둔다. 전문 15조와 부칙으로 되어 있다.

국외유학(國外留學)**에 관한 규정**(規程) 1985년 12월 31일 대통령령 11826호로 全文 改正된 이 규정은 구교육법 160조의 2의 규정에 의하여 국외유학에 관하여 필요한 사항을 규정하고 있다. 총칙(제1장) · 자비유학(제2장) · 국비유학(제3장) · 국비연수(제4장) · 재외공관장의 지도(제5장) 등 5장 전문 42조와 부칙으로 되어 있다.

국유재산관리특별회계법(國有財產管理特別會計法) 1993년 법률 4676호. 국유재산관리가 여러 會計로 분산되어 있어 국유재산의 체계적이고 효율적인 관리가 어려우므로 軍用施設郊外移轉特別會計로 통합하려는 목적으로 제정된 법률. 이 법은 全文 13조 부칙으로 구성되어 있다.

국유재산법(國有財產法) 1976년 법률 2950호 전문개정. 국유재산을 보호하며 그 取得, 維持, 保存, 運用과 處分의 적정을 기함을 목적으로 제정된 법률. 국유재산의 범위 · 구분과 종류(3, 4), 관리기관과 처분기관(6, 15~19), 관리 · 처분(20~45), 대장과 보고(46~50) 등의 규정이 있으며, 물품관리법 · 군수품관리법 등은 국유재산법에 대한 특례를 규정한 특별법이다.

국유재산(國有財產)**의 현물출자**(現物出資)**에 관한 법률**(法律) 1963년 법률 1430호. 국유재산의 政府出資企業體에 대한 현물출자에 관한 사항을 규정함으로써 정부출자기업체의 건전한 육성을 기함을 목적으로 제정된 법률. 정부출자기업체는 정부가 출자하였거나 출자한 기업체로서 대통령령으로 정하게 하고(2), 현물출자의 절차, 출자가액의 결정, 부속재산의 현물출자, 상법규정의 適用排除 등에 관하여 규정하고 있다.

국유철도(國有鐵道)**의 운영**(運營)**에 관한 특례법**(特例法) 1995년 법률 5027호. 만성적 적자상태에 있는 국유철도사업에 대한 경영을 획기적으로 개선하고 낙후된 철도기술의 진흥을 위한 특례를 규정함으로써 국유철도사업의 財政自立을 도모하고 철도시설의 확충과 철도기술 수준을 향상시켜 국민의 교통편의 증진 및 국가경제발전에 이바지함을 목적으로 제정된 법률. 이 법은 총칙(1장), 국유철도사업 및 경영개선을 위한 特例(2장), 철도재산의 활용(3장), 철도기술의 진흥(4장), 부칙 등으로 구성되어 있다.

국유특허권(國有特許權)**의 처분 · 관리규정**(處分 · 管理規程) 1976년 4월 21일 대통령령 8095호로 제정된 이 규정은 특허법 39조 5항의 규정에 의하여 국유특허권의 처분 및 관리에 관한 사항을 규정하고 있다. 전문 22조와 부칙으로 구성되어 있다.

국장 · 국민장(國葬 · 國民葬)**에 관한 법률**(法律) 1967년 법률 1884호. 국가 또는 사회에 현저한 공훈을 남김으로써 국민의 추앙을 받는 자가 逝去한 경우에 그 葬儀를 경건하고 엄숙하게 집행하는데 필요한 사항을 정한 법률. 종래에는 國

葬令에서 그 일부를 규정하고 있었다.

국적법(國籍法) 1997년 법률 5431호. 전문 개정 헌법 2조에 기하여 대한민국 국민의 국적의 取得과 喪失의 요건을 규정하고 있는 법률. 우리나라는 父系血統主義를 채택하여 왔으나 부 또는 모 어느 한쪽이 대한민국 국민이면, 그 자녀에게 우리 국적을 부여하는 父母兩系血統主義로 전환(2 Ⅰ i), 대한민국 국민과 혼인한 외국인은 남녀 모두 결혼후 국내에 2년 이상 거주하는 등 일정요건을 갖추고 법무부장관의 귀화허가를 받으면 우리 국적을 취득할 수 있다(6 Ⅱ). 개정법률에서는 남편이 우리 국적을 취득하면 그 처도 자동으로 대한민국 국민이 되는 수반취득조항과 처의 단독귀화를 금지하는 조항을 삭제함으로써 혼인한 여성에게 독자적인 國籍選擇權을 보장하였다. 한편 20세 전에 우리 국적과 외국국적을 함께 가지게 되는 2중국적자는 22세전까지, 20세 후에 2중국적자가 된 자를 그 때부터 2년내에(병역미필자는 병역을 필한 후 2년내에) 국적을 택일하게 하고, 그 중 우리 국적을 선택하지 아니한 사람은 우리 국적을 상실하도록 하는 國籍選擇制度를 신설하였다(12, 14). 부모양계혈통주의를 채택함에 따라 외국인 父와 한국인 母 사이에 출생한 자녀는 모의 성과 본을 따를 수 있고 모의 호적에 入籍하도록 민법의 내용을 일부 정비함(附則 8). 이번의 개정 법률은 현실에 맞지 아니하거나 입법상 미비한 점을 합리적으로 개선·보완한 것이다.

국정감사(國政監査) **및 조사**(調査)**에 관한 법률**(法律) 1988년 법률 4011호. 國政監査와 國政調査에 관한 절차 기타 필요한 사항을 규정함을 목적으로 제정한 법률. 이 법은 감사(2), 조사(3), 조사위원회(4), 사무보조자(6), 감사의 대상(7), 공개원칙(12), 제척과 회피(13), 주의의무(14), 징계(17) 등 全文 18조와 부칙으로 구성되어 있다.

국제공항운영협의회규정(國際空港運營協議會規程) 1979년 7월 20일 대통령령 9540호로 제정된 국제공항운영에 관련된 관계 부처간의 협조체제를 확립함으로써 국제공항운영의 효율화를 기하고, 국제공항을 이용하는 출입국자의 편의를 도모하기 위하여 건설교통부에 두는 交通空航運營協議會의 운영에 관하여 필요한 사항을 규정하고 있다. 전문 10조와 부칙으로 되어 있다.

국제금융기구(國際金融機構)**에의 가입조치**(加入措置)**에 관한 법률**(法律) 1963년 법률 1446호. 大韓民國이 각 國際金融機構에 가입하여 각 국제금융기구의 협정을 이행함에 필요한 조치를 할 수 있게 함을 목적으로 제정된 법률. 각 국제금융기구에 대한 출자금, 출자방법, 재정증권에 대한 지급, 위원, 資産의 任置所 등에 관하여 규정하고 있다. 재정경제부장관은 각 국제금융기구의 대한민국 정위원이 되며, 한국은행총재는 그 대리위원이 된다(5).

국제노동기구(國際勞動機構, ILO) **헌장**(憲章) 1991년 발효조약 1066호. 세계의 항구적 평화는 사회정의에 기초함으로써만 확립될 수 있으며, 세계의 平和와 和合이 위협을 받을 만큼 커다란 불안을 가져오고 수많은 사람들에게 불의·고난 및 궁핍 등을 주는 근로조건이 존재하며 이러한 조건은 1일 및 1주당 최장근로시간의 설정을 포함한 근로시간의 규정, 노동력의 공급조절·실업의 예방, 적정생활급의 지급·직업상 발생하는 질병·질환 및 상해로부터 근로자의 보호, 아동·청소년 및 여성의 보호 등, 자기 나라 외의 다른 나라에서 고용된 근로자의 권익보호, 동등한 가치결사의 자유원칙의 인정, 직업교육 및 기술교육실시와 다른 조치들을 통하여 시급히 개선되는 것이 요구되며 체약당사국들은 정의 및 인도주의와 세계의 항구적 평화를 확보하고자 하는 염원에서 규정된 목표를 달성하기 위하여 국제노동기구헌장에 동의한다.

국제민사사법공조법(國際民事司法共助法) 1991년 법률 4342호. 민사사건에 있어 외국으로의 사법공조촉탁절차와 외국으로부터의 사법공조촉탁에 대한 처리절차를 규정함을 목적으로 제정된 법률. 3개장 17조 및 부칙으로 구성되어 있다.

국제선박등록법(國際船舶登錄法) 1997년 법률 5365호. 국제선박의 등록과 국제선박에 대한 지원 등에 관한 사항을 규정함으로써 海運産業의 國際競爭力을 높이고 국민경제의 발전에 이바지함을 목적으로 제정된 법률. 이 법은 全文 13조 부칙으로 규정되어 있으며, 우리나라 外航商船의 경우 종전에는 임금수준이 낮은 외국인선원의 고용에 있어 상당한 제한이 있어 왔고 선박의 취득 및 유지와 관련된 세금도 先進海運國에 비하여 상대적으로 과중하여 해운산업의 경쟁력확보에 어려움이 있었던바, 이를 개선하기 위하여 선진해운국을 중심으로 보편화 되고 있는 국제선박등록제도를 도입하여 이 법에 의하여 등록된 국제선박에 대하여는 외국인 선원의 승선범위를 확대하고 조세를 감면하여 주는 등의 정책적인 지원을 함으로써 우리나라의 외항상선대가 선진국의 상선대와 경쟁할 수 있는 여건을 마련하는 동시에 우리나라 외항상선의 海洋移籍

을 방지하여 국민경제의 발전과 국가안보의 증진을 도모하는데 있다.

국제우편규정(國際郵便規程) 1971년 6월 30일. 대통령령 5690호로 제정된 이 영은 우편에 관한 國際條約에 의하여 우리나라와 외국간에 교환하는 우편물의 취급에 관하여 필요한 사항을 규정하고 있다. 전문 46조와 부칙으로 되어 있다.

국제우편환규칙(國際郵便換規則) 1980년 6월 26일. 정보통신부령 675호로 전문 개정된 이 규칙은 만국우편연합의 우편환 및 여행자우편수표약정 및 우리나라와 외국간의 雙務約定에 의하여 교환하는 국제우편환의 처리에 관한 사항을 규정하고 있다. 전문 23조와 부칙으로 되어 있다.

국제협력요원(國際協力要員)**에 관한 법률**(法律) 1994년 법률 4715호. 特定協力對象地域에 국제협력요원을 파견하여 이들 지역의 경제·사회·문화발전 등을 효율적으로 지원하게 함으로써 국제협력의 증진과 이들 지역에서의 대한민국의 국익증진과 이들 지역에서의 대한민국의 국익증진 및 在外國民의 후생복지증진에 이바지함을 목적으로 정한 법률. 이 법률은 全文 15조와 부칙으로 구성되어 있다.

국제형사사법공조법(國際刑事司法共助法) 1991년 법률 4343호. 國際去來 및 海外交流의 확대로 범죄의 수사와 재판에도 외국과의 협조가 절실히 요청되고 있어, 이에 刑事事件의 수사나 재판과 관련하여 외국과 협조하는 범위와 그 절차 등을 정함으로써 범죄의 진압과 예방에 국가간의 협력을 증진하고 범죄의 국제화추세에 대비하기 위하여 제정한 법률. 이 법은 용어의 정의(2), 공조조약과의 관계(3), 상호주의(4), 공조의 범위와 제한(5~10), 외국의 요청에 따른 수사에 관한 공조(11~22), 외국의 요청에 따른 형사재판에 관한 공조(23~28), 외국에 대한 수사에 관한 공조요청(29~32), 외국에 대한 형사재판에 관한 공조요청(33~35), 보칙(36~40) 등을 규정하고 있다.

국제회의산업육성(國際會議産業育成)**에 관한 법률**(法律) 1996년 법률 5210호. 國際會議의 유치를 촉진하고 그 원활한 개최를 지원하여 국제회의 산업을 육성·진흥함으로써 관광산업의 발전과 國民經濟의 향상 등에 이바지함을 목적으로 제정된 법률. 이 법은 全文 10조 부칙으로 구성되어 있다.

국채법(國債法) 1979년 법률 3178호 전문개정. 國債의 발행 및 관리에 관한 국채업무의 효율적 처리를 위한 법률. 國債證券의 형식, 登錄국채의 이전 또는 質權設定의 대항요건, 국채증권의 멸실 또는 분실, 국채의 소멸시효 등에 관하여 규정한 국채에 관한 기본법.

국채발행규칙(國債發行規則) 1983년 1월 21일 구재무부령 1550호로 제정된 이 규칙은 國債法 3조의 규정에 의하여 국채의 발행방법·이율 및 상환기한 등에 관하여 규정하고 있다. 이 규칙의 적용을 받는 국채의 종류는 국고채권·철도채권·국민투자채권·국민주택채권 및 국민주택기금채권·양곡기금증권·외국환평형기금채권·대외경제협력기금채권·농어촌지역개발채권 등이다. 전문 9조와 부칙으로 되어 있다.

국채사무처리규칙(國債事務處理規則) 1980년 5월 24일 구재무부령 1435호로 제정된 이 규칙은 國債法 3조 1항 및 2항의 국채에 관한 사무처리에 대하여 규정하고 있다. 處理機關(한국은행)(2)·국채발행 상황보고(3)·국채발행 수입금 등의 납부(4)·공고(5)·상환추첨(6) 등 전문 27조와 부칙으로 되어 있다.

국토건설종합계획법(國土建設綜合計劃法) 1963년 법률 1415호. 국토의 자연조건을 종합적으로 이용·개발·보전하며, 産業立地와 生活環境의 적정화를 기하기 위하여 국토건설종합계획과 그의 기초가 될 국토조사에 관한 사항을 규제함으로써 국토의 경제적·사회적·문화적 발전을 이룩하기 위하여 제정된 법률. 국토계획의 구분, 국토계획 상호간의 관계, 특정지역의 지정, 국토건설종합계획 심의회의 설치, 국토계획의 작성과 실시, 국토조사 등에 관하여 규정하였다.

국토이용관리법(國土利用管理法) 1972년 법률 2408호. 국토를 효율적으로 계획·관리하며 토지의 이용가치를 높임으로써 公共福利의 향상과 地域社會의 발전에 기여하기 위하여 국토건설종합계획에 따른 토지이용계획의 입안 및 결정과 土地去來의 규제 및 토지이용의 조정 등에 관하여 필요한 사항을 정한 법률. 토지이용계획(6~13), 다른 토지이용계획과의 관계(13의 2~13의 3), 토지이용과 관리(14~21), 토지거래 등의 규제 등(21의 2~21의 18), 국토이용계획심의회(22), 용도지역 등 내에서 기존공작물의 용도변경시 조치(24), 지가동향조사 등(28), 타법의 배제(27) 등에 관하여 규정하고 있다.

국회공무원복무규정(國會公務員服務規程) 1972년 8월 1일. 국회규정 36호로 제정된 이 규정은 국회 소속공무원의 宣誓(2), 當職勤務(5), 派遣勤務(7), 兼任勤務(7의 2) 등 복무에 관한 사항을 규정하고 있다. 전문 25조와 부칙으로 되어 있다.

국회도서관법(國會圖書館法) 1988년 법률 4037호. 국회도서관의 조직·직무 및 권한, 공무원의 종류 기타 필요한 사항을 규정한 법률. 도서관의 직무와 그 기구(2, 4), 諸資料의 납입·기증 등에 관하여 규정하였음.

국회법(國會法) 1988년 법률 4010호 전문개정. 국회의 內部組織·議事節次 및 內部規律에 관하여 규정한 기본법. 국회법에 관한 외국의 입법례를 보면 헌법하에 바로 의원규칙을 정하는 방법과, 헌법하에 먼저 법률로서 대강을 정하고 그 법률하에 비로소 의원규칙을 정하는 방법이 있는데, 우리나라는 후자의 방법을 취하고 있다(憲 100 I 참조). 동법은 국회의 집회·회기·휴회, 국회의 기관과 의원의 권리와 의무 및 신분관계, 交涉團體, 각 위원회, 회의절차, 會議錄, 국무총리·국무위원·정부위원과 질문, 청원, 국회와 국민·행정기관과의 관계, 彈劾訴追, 질서와 경호 등에 관하여 규정하고 있다.

국회사무처법(國會事務處法) 1984년 법률 3733호 전문개정. 국회사무처의 職務 및 公務員의 종류 기타 필요한 사항을 규정하기 위하여 제정된 법률. →국회사무처

국회사무처직제(國會事務處職制) 1984년 12월 14일. 國會規則 30호로 전문 개정된 이 규칙은 국회사무처법의 규정에 따라 국회사무처의 하부조직과 그 분장사무, 직위에 대한 직무, 공무원의 직급별 정원 기타 사무처 운영에 필요한 사항을 규정하고 있다. 下部組織으로 事務次長 밑에 총무과·기획예산실·관리국·섭외국을, 立法次長 밑에 의사국, 입법조사국, 기록편찬국을, 사무총장 밑에 도서관을 두며(2 I), 또 사무총장 밑에 감사관 1인을, 사무차장 밑에 비상기획관 1인을 둔다(2 II). 전문 16조와 부칙으로 되어 있다.

국회(國會)에서의 증언·감정(證言·鑑定) 등에 관한 법률(法律) 1988년 법률 4012호 전문개정. 국회법 121조 1항의 규정에 의한 국회의 본회의·위원회에서의 特定事業에 대한 조사 또는 案件審議와 직접 관련하여 행하는 증언·감정 등에 관한 절차를 정한 법률. 증인의 출석·서류제출의무(2), 증인 등의 거부(3), 증언·서류의 제출(4), 증인·감정인의 선서(7), 증인의 보호(9), 불출석의 죄(12) 및 고발(15)에 관한 규정 등을 두고 있다.

국회청원심사규칙(國會請願審査規則) 1984년 7월 10일 국회규칙 29호로 제정된 이 규칙은 국회법이 정하는 請願의 효율적인 심사를 위하여 청원서의 제출(2), 소개의견서 첨부(3), 청원서 보완요구(14), 不受理 사항의 통지(5), 異議申請(6), 청원서 회부(7), 請願審査委員會(8), 소개의원의 취지설명(9), 請願人 등 진술(10), 본회의 심사보고(11), 본회의에 부의하지 아니하는 청원(12), 청원인에 통지(13), 청원의 철회(14), 소개의 철회와 청원의 효력(15) 등 전문 15조와 부칙으로 되어 있다.

군검찰사무운영규정(軍檢察事務運營規程) 1988년 9월 19일 대통령령 12516호로 전문 개정된 이 규정은 檢察事務의 지휘·감독, 검찰관의 사무처리, 군사법경찰관리의 파견 등 軍事法院法에 규정된 군검찰사무의 운영에 관하여 필요한 사항을 규정하고 있다. 한편 군사법원 검찰부의 사무처리는 다른 법령에 특별한 규정이 있는 것을 제외하고는 1969년 9월 2일 국방부령 187호로 제정된 軍檢察事務處理規則에 의한다. 이 규정은 전문 38조와 부칙으로 되어 있다.

군근무성적평정규정(軍勤務成績評定規程) 1970년 4월 20일 대통령령 4924호로 제정된 이 규정은 現役에 근무하는 將校 및 准士官(필요에 따라 하사관에 대하여도 적용한다)의 근무의 능률증진과 공정한 인사관리를 위한 근무성적평정에 관하여 필요한 사항을 규정하고 있다. 전문 12조와 부칙으로 되어 있다.

군기령(軍旗令) 1984년 12월 19일 대통령령 11561호로 제정된 이 영은 국군조직법 5조 2항의 규정에 의하여 軍旗의 종류·규격·사용 및 관리 등에 관하여 필요한 사항을 규정하고 있다. 군기는 各軍旗·部隊旗·兵科旗·小部隊旗로 구분한다. 전문 10조와 부칙으로 되어 있다.

군기술위탁생규정(軍技術委託生規程) 군에서 필요한 技術要員을 확보하기 위하여 국내 실업고등학교 또는 이와 동등한 기관에 委託敎育을 시키는데 관한 사업을 규정한다(1961년 閣令 66호).

군무원인사법(軍務員人事法) 1989년 법률 4159호 전문개정. 군무원에게 적용할 人事行政의 기준을 정하는 법률. 군무원의 계급과 신분상의 대우·임면·보수·복무·능률·신분보장·징계 등을 규정하고 있다.

군법무관임용법(軍法務官任用法) 1952

년 법률 243호. 군법무관의 임용자격을 정한 법률. → 군법무관

군법회의법(軍法會議法) → 군사법원법

군복(軍服) **및 군용장구**(軍用裝具)**의 단속**(團束)**에 관한 법률**(法律) 1973년 법률 2457호. 군복 및 군용장구의 착용 또는 사용과 그 製造 및 販賣를 규제함으로써 軍需品의 유출을 방지하고 국방력 강화에 기여함을 목적으로 제정된 법률. 전문 7조 부칙으로 된 이 법률은 군복 및 군용장구와 유사품의 착용·사용금지, 군복 및 군용장구의 제조·판매업의 허가와 유사품의 제조·판매 및 판매목적의 소지금지, 벌칙 등에 관하여 규정하고 있다.

군사기밀보호법(軍事機密保護法) 1993년 법률 4616호 전문개정. 軍事上의 기밀을 보호하여 國家安全保障에 이바지함을 목적으로 제정된 법률. 全文 22조 부칙으로 된 이 법률은 군사상 기밀의 범위(2 및 별표), 기밀보호조치(5), 벌칙으로 기밀보호조치불이행죄(10)·탐지·수집죄(11)·누설죄(12~14)·외국을 위한 罪에 관한 가중처벌(15) 등을, 그 밖에 타법과의 관계 및 검사의 수사지휘(22) 등에 관하여 규정하고 있다.

군사법원법(軍事法院法) 1987년 법률 3993호. 헌법 110조의 규정에 의하여 軍事裁判을 관할할 군사법원의 조직·권한·재판관의 자격 및 심판절차와 군사법원에 附置되는 군검찰의 조직·권한 및 수사절차를 정한 법률. 군사법원 및 군검찰(1~47), 소송절차(48~468), 특별소송절차(469~501의 13), 재판의 집행(502~532), 전시·사변시의 특례(534~535) 및 보칙(536)을 정하고 있다.

군사법원(軍事法院)**의 재판권**(裁判權)**에 관한 법률**(法律) 1951년 법률 210호. 일반법원과 군사법원과의 사이에서 발생된 재판권에 관한 쟁의에 대한 裁判節次를 규정한 법률. 본법에 의하면 일반법원과 군사법원과 재판권에 관한 쟁의에 대한 裁定은 대법원에서 한다(2).

군사시설보호법(軍事施設保護法) 1993년 법률 4617호 전문개정. 重要軍事施設의 보호와 軍作戰의 원활한 수행에 필요한 사항을 정한 법률. 全文 18조 부칙으로 된 이 법률은 군사시설보호구역의 설정과 출입 등의 제한(5~8), 퇴거의 강제(9), 비행금지구역의 설정(9), 위반자에 대한 벌칙(14~18) 등에 관하여 규정하고 있다.

군수조달(軍需調達)**에 관한 특별조치법**(特別措置法) → 방위산업에 관한 특별조치법

군수품관리법(軍需品管理法) 1963년 법률 1310호. 軍需品의 管理에 관한 기본적 사항을 규정함으로써 군수품을 효율적으로 또한 적절하게 관리할 목적으로 제정된 법률. 물품관리법에 대한 특별법이라고 할 수 있다(物品管理法 3 참조). 그러므로 이 법률에서는 많은 경우에 물품관리법을 준용하고 있다(本法 4 등 참조). 이 법에서 軍需品이라 함은 물품관리법 2조 1항의 규정에 의한 물품 중 국방부 및 그 직할기관과 육·해·공군 및 해병대에서 관리하는 물품을 말하며, 그 용도에 따라서 전비품과 통상품으로 나누인다(2). 국방관서와 각 군의 소관에 속하는 군수품의 관리에 관한 제도와 사무의 통제기관은 국방부장관이며, 국방관서의 장과 각군 참모총장이 그 소관에 속하는 군수품의 관리기관이다(5). 이 밖에 군수품의 획득·출납·처분·재고조사와 조정, 군수품관리의 특례, 물품관리 공무원 등의 책임, 감사와 계리제도 등에 관한 규정들이 이 법의 주된 내용을 이루고 있다.

군수품표준화심의회규정(軍需品標準化審議會規程) 1978년 3월 20일 대통령령 8893호로 제정된 이 규정은 군수품의 표준품목지정·국방표준 및 규격의 제정에 관한 사항을 심의하게 하기 위하여 국방부에 두는 軍需品標準化審議會의 조직과 운영에 관하여 필요한 사항을 규정하고 있다. 전문 14조와 부칙으로 되어 있다.

군예식령(軍禮式令) 1970년 4월 23일 대통령령 4970호로 제정된 이 영은 국군의 예식에 관한 기준을 정하여 국가에 대한 忠誠과 군인 상호간의 信愛 및 團結을 공고히 함으로써 엄정한 軍紀를 확립함을 목적으로 한다. 總則(제1장)·敬禮(제2장)·儀仗禮(제3장)·禮砲(제4장)·儀式(제5장)·補則(제6장) 등 6장 전문 140조와 부칙으로 되어 있다.

군용물등범죄(軍用物等犯罪)**에 관한 특별조치법**(特別措置法) 1966년 법률 1769호. 軍用物 및 軍用施設에 대한 범죄의 처벌 등에 관한 사항을 규정하기 위하여 제정된 법률. 全文 6조 부칙으로 된 이 법률은 적용범위(2), 군용물범죄에 대한 형의 가중(3), 군용시설 등 침입(4), 타법과의 관계(5), 검사의 수사지휘 등(6)에 관하여 규정하고 있다.

군용전기통신법(軍用電氣通信法) 1961년 법률 901호. 軍用電氣通信施設의 건설 및 보호에 관하여 정한 법률. 군용전기통신은 군사상 필요

한 장소에 이를 시설한다(4). 군용전기통신시설의 건설 또는 보수를 위하여 필요한 때에는, 타인의 건물 또는 토지에 출입할 수 있고(6), 타인의 토지·수면 또는 영조물을 사용할 수 있으며(7), 공중·사설전기통신시설에 접촉시킬 수 있고(5), 장애물을 제거할 수 있다(8). 군사전기통신시설을 보호하기 위하여, 특별보호구역을 지정하여 그 구역내에서의 고주파전류품의 사용을 제한할 수 있고(9, 10), 장애물을 제거할 수 있으며(8), 통신 및 시설을 침해한 자를 처벌한다(16~23). 군용전기통신시설의 건설 및 유지에서 발생한 손실은 보상한다(11~14).

군용항공기지법(軍用航空基地法) 1970년 법률 2225호. 1997년 법률 5269호에 의해 공군기지법에서 軍用航空基地法으로 바뀌었음. 현재 우리나라에는 空軍作戰의 근거지인 공군기지에서 항공기의 이착륙상의 비행안전, 기타 보위 및 기타에 관한 군사기밀의 안전보호에 관한 規制法律이 없는 관계로 기지주변에 고층건물 등의 비행장애물을 설치하거나 또는 기지주변에서 철도 등의 개통, 하천의 매립 기타 광물의 採取 등의 사례로 공군항공기의 비행안전과 기지의 보위 및 군사기밀의 안전보호에 중대한 위해를 초래하고 있어 공군작전의 원활한 수행을 확보하기 위하여 공군비행장을 중심으로 하여 비행안전에 대한 위험시설물 등의 설치를 제한함과 아울러 기지에 관한 軍事機密을 보호할 수 있는 법적 근거를 마련하는 목적으로 제정된 법률.

군위탁생규정(軍委託生規程) 1970년 6월 16일 대통령령 5051호로 제정된 이 규정은 군교육기관에서 양성하기 곤란한 특수업무에 복무할 자를 국내외의 교육기관 또는 연구기관에서 소요의 학술을 전공하게 함으로써 군에서 필요로 하는 당해 業務要員을 확보하기 위해 필요한 사항을 규정하고 있다. 군위탁생은 이를 갑종 위탁생과 을종 위탁생으로 구분한다. 전문 13조와 부칙으로 되어 있다.

군인보수법(軍人報酬法) 1963년 법률 1388호. 군인의 보수에 관한 사항을 규정함을 목적으로 제정된 법률. 현역 또는 소집되어 實役에 복무하는 군인에게 적용되며(2), 보수는 현금지급을 원칙으로 한다는 것(3), 보수의 구분 등에 관해서 상세한 규정을 두고 있다(6 이하). 전문 23조 부칙으로 이루어져 있다.

군인보험법(軍人保險法) 1962년 법률 1036호. 군인에게 복무중 보험에 가입하게 함으로써 死亡 또는 退役後 본인이나 그 가족의 생활안정 및 복리의 향상에 기여하고 軍事援護對象者定着貸付의 기금을 조성함을 목적으로 하는 일종의 사회보험에 관하여 규정한 법률. 이 법은 중사 이상의 군인에게 적용되며(2), 보험의 종류는 10년 미만의 일종으로서 1인 1좌에 한하되(6), 보험금은 본인이 납입한 보험료에 일정한 이자를 가산한 보험저축원리금, 戰公死傷 또는 非戰公死傷의 경우에 지급하는 보장보험금, 보험가입기간이 5년 이상 경과한 경우에 지급하는 장려금(7)이며, 保險料는 대통령령이 정하는 계급별 기준 호봉에 해당하는 월봉급액의 1,000분의 25에 상당하는 금액이고(9) 그 중 5분의 1을 國庫에서 부담한다(9, 10).

군인복무규율(軍人服務規律) 1970년 4월 20일 대통령령 4923호로 제정된 이 영은 정예한 국군을 양성하기 위하여 내무생활 기타 군인의 복무규율에 관한 사항을 규정하고 있다. 총칙(제1장)·綱領(제2장)·명령·보고 및 신고(제3장), 호칭 및 태도(제4장)·내무생활(제5장)·근무(제6장)·건강관리(제7장)·안전 및 비상대책(제8장)·軍事保安(제9장)·補則(제10장) 등 10장 전문 182조와 부칙으로 되어 있다.

군인복제(軍人服制) 1971년 2월 25일 대통령령 5538호로 제정된 이 영은 군인이 착용할 군복의 祭式·服裝과 그 착용에 관한 사항을 규정하고 있다. 총칙(제1장), 군복의 종류 및 그 제식(제2장)·복장(제3장)·착용구분(제4장)·보칙(제5장) 등 5장 전문 20조와 부칙으로 되어 있다.

군인복지기금법(軍人福祉基金法) 1995년 법률 5062호. 군의 복지사업을 효율적으로 수행하기 위하여 군인 등의 생활안정과 국군의 戰力向上에 이바지함을 목적으로 한 법률. 이 법은 전문 11조와 부칙으로 규정되었다.

군인사법(軍人事法) 1962년 법률 1006호. 군인의 책임 및 직무의 중요성과 身分 및 근무조건의 특수성을 고려하여 그 任用·服務·敎育訓練·士氣, 복지 및 신분보장 등에 관하여 국가공무원법에 대한 특례를 규정함을 목적으로 하는 법률. 계급 및 분과(3~5), 보임(9~21), 진급(24~34), 복무(6~8), 권리 및 의무(44~51), 능률(22, 23), 보수(52~55), 징계(56~61), 전역 및 제적(35~43) 등을 규정하고 있다.

군인연금법(軍人年金法) 1963년 법률 1260호. 군인이 상당한 연한 성실히 복무하고 퇴직하였거나 心身의 障碍로 인하여 퇴직 또는 사망한 때에 본인이나 그 유족에게 적절한 급여를 지급함으로써 본인 및 그 유족의 生活安定과 福利向上에 기여함을 목적으로 제정된 법률. 이 법률은 현역 또는 소집되어 실역에 복무하는 군인에게 적용되고, 장기복무를 원하지 아니하는 자로서 하사관으로 임명된 자 및 병에게는 재해보상금을 제외하고는 적용이 배제된다(2). 급여의 종류로서 퇴역연금·퇴역연금일시금·퇴역연금공제일시금·퇴직일시금·상이연금·유족연금·유족연금부가금·유족연금특별부가금·유족연금일시금·유족일시금·재해보상금·사망조위금·재해보조금·퇴직수당·공무상 요양비의 15종을 들고(6), 그 각각의 것에 관하여 지급요령을 명시함과 아울러 급여의 제한 및 기금과 비용부담 등에 관하여 규정하고 있다.

군일반교육령(軍一般教育令) 1970년 4월 20일 대통령령 4948호로 제정된 이 영은 군인의 자질을 향상시키고 勤務遂行能力을 배양하기 위하여 필요한 성인교육과정과 기술교육과정에 관하여 규정하고 있다. 전문 7조와 부칙으로 되어 있다.

군표창규정(軍表彰規程) 1970년 4월 9일 대통령령 4882호로 제정된 이 규정은 軍務遂行에 공적이 현저하여 다른 사람의 모범이 되는 자에게 표창하는 공적상·우등상·정근상·협조상에 관하여 규정하고 있다. 전문 15조와 부칙으로 되어 있다.

군행형법(軍行刑法) 1962년 법률 1005호. 군사법원에 의하여 懲役刑·禁固刑 및 勞役場留置와 拘留刑을 받은 자를 격리보호·교정교화하여 사회 또는 군에 복귀케 함을 목적으로 하는 법률. 교도소의 설치(2), 수용(6~11), 계호(12~14), 접견과 서신(15, 16), 급여(17~20), 위생과 의료(21~25), 청원(4), 교육과 교회(26~29), 작업(30~35), 영치(36~39), 상벌(40~44), 가석방(45~47), 석방(48~51), 사형집행과 시체처리(52~56), 미결수용(57~62) 등을 규정하고 있다.

군형법(軍刑法) 1962년 법률 1003호. 軍事犯罪(군의 조직·질서 및 그 통제력에 대한 侵害行爲를 내용으로 하는 범죄)와 그에 대한 형벌을 정한 법률. 형법에 대하여 特別刑法의 성격을 띠고 있다. 그러므로 군인(또는 이에 준하는 자)의 범죄행위에 대하여는 본법이 우선하여 적용되고, 本法에 규정이 없는 경우에만 형법이 보충적으로 적용된다(14)(→특별법우선의 원칙). 본법은 피적용자를 정하고(1) 반란의 죄, 사적의 죄, 지도권남용의 죄, 지휘관의 항복과 도피의 죄, 守所離脫의 죄, 군무이탈의 죄, 군무태만의 죄, 항명의 죄, 폭행강박의 죄, 모욕의 죄, 군용물에 관한 죄, 違令의 죄, 약탈의 죄, 포로에 관한 죄 및 기타의 죄와 그에 관한 각 형벌을 규정하고 있다.

귀속재산처리법(歸屬財産處理法) 1949년 법률 74호. 産業復興과 國民經濟의 안정을 기하기 위하여 귀속재산의 유효적절한 처리에 관한 사항을 정한 법률. 귀속재산의 범위(2), 공유물로의 지정(5~7), 매각(3, 8~23), 관리(24~36의 2), 관재업무관장기관(37~39) 등을 규정하고 있다.

귀순북한동포보호법(歸順北韓同胞保護法) 평화적 통일이 달성될 때까지 군사분계선이북지역에서 대한민국으로 귀순한 동포들을 보호하기 위한 법(1). 귀순북한동포는 대한민국정부로부터 생활보호·주거지원·취업알선·교육보호·의료보호·정착금지원 및 특별임용 등의 보호를 받는다(4~10). 1996년 북한 이탈주민의 보호 및 정착지원에 관한 법률로 대체되었다.

근로기준법(勤勞基準法) 1997년 법률 5309호 제정. 헌법 32조 3항의 규정에 의거하여 제정된 통일적인 勞動保護法. 이 법은 근로조건의 最低基準을 정함으로써 근로자의 근로의욕을 환기하고, 그 지위의 향상과 기본적 생활보장을 실현하며, 나아가 국민경제의 발전을 기하려고 한다. 이 법은 5인 이상의 근로자를 사용하는 모든 사업 또는 사업장에 적용되지만 동거의 친족만을 사용하는 사업 또는 사업장과 가사사용인에 대해서는 적용하지 않는다(10). 적용범위는 국가, 특별시·광역시·도, 시·군·읍·면·동 기타 이에 준하는 것에 미친다(11). 본법의 附屬法規로는 본법시행령, 노동보건관리규정, 노동안전관리규정, 기능자육성령, 근로감독관규정 등이 있다.

근로자(勞動者)**의 생활향상**(生活向上)**과 고용안정지원**(雇傭安定支援) **등에 관한 법률**(法律) 1997년 법률 5397호. 근로자의 生活向上과 雇傭安定을 지원하기 위하여 필요한 사항을 규정함으로써 근로자의 복지증진에 이바지함을 목적으로 제정된 법률. 이 법은 용어의 정의(2), 기본계획 수립 등(4), 근로자의 주거안정(6~10), 근로자의 생활안정 및 재산형성(11~16), 고용안정지원(17~23), 보칙(24~25) 등과 부칙으로 규정되어 있다.

근로자(勞動者)**의 주거안정**(住居安定)**과 목돈마련지원**(支援)**에 관한 법률**(法律) 1987년 법률 3930호. 근로자의 住居安定과 목돈마련을 지원하기 위하여 필요한 사항을 정한 법률. 근로자의 주거안정을 위한 주택자금의 조성 및 세제지원(3~11), 주택자금의 원활하고 건전한 융통을 위한 주택신용보증기금의 설치(12~25), 기타 근로자의 목돈마련을 지원하기 위한 저축장려금(29), 재형저축기관의 자금운용(45) 등을 규정하고 있다.

근로자직업훈련촉진법(勤勞者職業訓練促進法) 1997년 법률 5474호. 근로자의 직업능력의 개발을 위한 훈련 등을 통하여 근로자가 직업능력을 최대한 개발·발휘하도록 함으로써 근로자의 고용증진 및 지위향상과 기업의 생산성향상을 도모하고 경제·사회발전에 이바지함을 목적으로 제정된 법률. 7개장 36조 부칙으로 구성되어 있다.

근로자참여(勞動者參與) **및 협력증진**(協力增進)**에 관한 법률**(法律) 1997년 법률 5312호. 이 법은 노사관계개혁위원회의 입법활동에 의하여 종전의 노사협의회법이 폐지되고 새로이 제정된 법률이다. 이 법의 입법취지는 근로자와 사용자 쌍방이 참여와 협력을 통해 노사공동의 이익을 증진함으로써 기업의 경쟁력 강화와 근로자의 삶의 질 향상을 도모하기 위한 것이다. 주요 내용은 다음과 같다. ① 노사협의회의 근로자위원 위촉은 노동조합이 근로자의 과반수를 대표할 때에 한하여 근로자위원을 위촉하도록 하고 그 외의 경우에는 근로자가 직접 선출하도록 하여 근로자위원의 대표성을 확보하고 있다(6 Ⅱ). ② 노사협의회에서 협의할 협의사항으로 성과배분, 고용조정에 관한 사항, 신기계·기술의 도입 또는 작업공정의 개선 등에 관한 사항을 규정하고 있다(19). ③ 노사협의회에서 처리하여야 할 합의사항으로서 근로자의 교육훈련 및 능력개발 기본계획의 수립, 복지시설의 설치와 관리, 사내복지기금의 설치 등에 관한 사항은 노사협의회의 의결을 거쳐 결정하도록 함(20). ④ 사용자가 기업의 경제적·재정적 상황 등에 관하여 노사협의회에 보고 및 서명을 하지 아니하는 경우에는 근로자위원이 당해 사항에 관한 자료의 제출을 요구할 수 있도록 하고 있다(21). ⑤ 노사협의회의 합의사항에 관하여 노사협의회의 의결이 성립되지 아니하거나 노사협의회에서 의결된 사항의 해석·이행에 관하여 다툼이 있는 경우에는 이의 해결을 위하여 노동위원회 등의 중재를 받을 수 있도록 한다(24). ⑥ 중앙노사협의회에서 정부대표를 참여시킴으로써 국가의 산업·경제·사회정책과 관련한 노·사·정의 협의기능을 강화하고 있다(28).

금융감독기구(金融監督機構)**의 설치**(設置) **등에 관한 법률**(法律) 1997년 법률 5490호. 금융감독위원회와 금융감독원을 설치하여 건전한 신용질서와 공정한 금융거래관행을 확립하고 예금자 및 투자자 등 금융수요자를 보호함으로써 국민경제의 발전에 기여함을 목적으로 제정된 법률. 5개장 70조 부칙으로 구성되어 있다.

금융기관부실자산(金融機關不實資産)**등의 효율적 처리**(效率的 處理) **및 성업공사**(成業公社)**의 설립**(設立)**에 관한 법률**(法律) 1997년 법률 5371호. 금융기관이 보유하는 不實資産의 효율적 정리를 촉진하고 부실징후기업의 經營正常化 노력을 지원하기 위하여 필요한 사항을 규정하며 부실채권정리기금을 설치하고 成業公社를 설립하여 관련업무의 수행과 지원을 함께 함으로써 금융기관자산의 流動性과 건전성을 提高하여 금융산업 및 국민경제의 발전에 이바지함을 목적으로 제정한 법률.

금융기관(金融機關)**의 연체대출금**(延滯貸出金)**에 관한 특별조치법**(特別措置法) 1966년 법률 1808호. 금융기관의 업무수행을 저해하는 延滯貸出金을 신속히 회수하여 그 운영을 정상화하고 금융자금의 유동성을 확보하기 위하여 제정된 법률. 公示送達과 최저경매가격결정의 특례 및 이해관계인의 제한을 규정함과 동시에, 한국산업은행은 不振企業體에 대한 채권과 그 변제를 받기 위하여 인수한 물건을 한국산업은행법의 규정에 불구하고 成業公社에 이관하여 그 대출금을 회수할 수 있게 하며(6), 한국산업은행 이외의 금융기관이 보유하는 연체대출금 중 원금 또는 할부금의 상환이 1년반 이상 연체되거나 그 延滯金額이 5백만원 이상인 것은 한국산업은행법의 규정에 불구하고 성업공사에 위임하여 회수할 수 있게 하고 있다(7).

금융산업(金融産業)**의 구조개선**(構造改善)**에 관한 법률**(法律) 1997년 법률 5257호 전문개정. 금융기관의 합병·전환 또는 정리 등 금융산업의 構造改善을 지원하여 금융기관간의 건전한 경쟁을 촉진하고 금융업무의 효율성을 높임으로써 금융산업의 균형있는 발전에 이바지함을 목적으로 제정된 법률. 이 법은 용어의 정의(2), 금융기관의 합병과 전환(3~9), 부실금융기관의 정비(10~14), 금융기관의 청산 및 파산(15~23), 금융기관을 이용한 기업결합의 제한(24), 보칙(25~26) 등과 부칙을 규정하고 있다.

금융실명거래(金融實名去來) **및 비밀보장**(秘密保障)**에 관한 법률**(法律) 1997년 법률 5493호. 實地名義에 의한 금융거래를 실시하고 그 비밀을 보장하여 금융거래의 정상화를 기함으로써 經濟正義를 실현하고 국민경제의 건전한 발전을 도모하려는 것을 목적으로 제정된 법률. 이 법은 全文 9조 부칙으로 구성되어 있다.

기능장려법(機能獎勵法) 1989년 법률 4123호. 국민에게 機能習得을 장려하고 기능인이 긍지와 자부심을 가지고 맡은 분야에 정진하도록 하며 기능인의 경제적·사회적 지위향상에 이바지함을 목적으로 제정된 법률. 이 법은 全文 22조 부칙으로 구성되어 있다.

기금관리기본법(基金管理基本法) 1991년 법률 4461호. 법률에 의하여 설치된 기금의 관리·운용에 관한 기본적인 사항을 규정함으로써 기금운용의 公共性과 財政의 효율성 증진에 기여함을 목적으로 제정된 법률. 이 법은 기금설치제한(2), 기금운용의 원칙(3), 회계연도는 매년 1월 1일에 시작하여 12월 31일에 종료(4), 기금운용계획(5, 6, 7, 8), 기금결산(9), 기금운용심의회(11), 공공기금운용의 감독(12), 국정감사(13) 등과 부칙을 규정하고 있다.

기능대학법(機能大學法) 1997년 법률 5475호 전문개정. 산업현장에서 필요로 하는 多技能技術者, 技能長 등 고급기능인력을 양성하기 위한 기능대학의 설립, 경영에 관한 사항을 정하여 國家產業人力의 개발에 이바지함을 목적으로 제정된 법률. 이 법은 용어의 정의(2), 기능대학의 설립, 과정의 구분, 직업훈련과정의 설치·운영 등 직원등의 복무, 교원 등과 시설·장비의 공동운용, 학위수여, 사업계획의 제출, 감독·유사명칭의 사용금지, 과태료 등을 내용으로 포함하고 있다.

기부금품모집금지법(寄附金品募集禁止法) →기부금품모집규제법

기부금품모집규제법(寄附金品募集規制法) 1995년 법률 5126호 전문개정. 이 법은 寄附金品의 모집절차 및 사용방법 등에 관하여 필요한 사항을 규정함으로써 기부금품의 무분별한 모집을 규제하고, 모집된 기부금품이 적정하게 사용될 수 있게 함을 목적으로 제정된 법률.

기상업무법(氣象業務法) 1996년 법률 5232호 전문개정. 기상업무의 효율적 수행에 필요한 기본적 사항을 정하여 기상업무의 건전한 발전을 도모함으로써 氣象災害로부터 국민의 생명과 재산을 보호하고 產業振興 등 公共福利增進에 기여함과 동시에 기상업무에 관한 국제적 협조를 행함을 목적으로 제정된 법률. 기상청의 조직과 임무, 관측, 예보와 특보, 기상 등의 증명 및 감정, 공용부담, 특권 등을 규정하고 있다.

기생충질환예방법(寄生蟲疾患豫防法) 1991년 법률 4354호 전문개정. 기생충질환의 예방과 근절을 기함으로써 國民保健의 향상과 증진에 이바지하기 위하여 제정된 법률. 전문 11조 부칙으로 된 이 법률은 기생충질환의 검사와 치료의 의무, 예방시설의 설치, 분뇨사용의 제한, 임검과 수거, 기생충검사기관의 지정, 기생충대책위원회의 설치, 한국기생충박멸협회의 설립 및 보조 등에 관하여 규정하였다.

기술개발촉진법(技術開發促進法) 1972년 법률 2399호. 산업기술의 자주적 발전과 도입기술의 소화·개량을 촉진하여 그 성과를 보급하게 함으로써 기업의 國際競爭力을 강화하고 국민경제 발전에 기여함을 목적으로 제정된 법률. 전문 19조 부칙으로 된 이 법률은 기술도입자 등의 기술개발 준비금의 적립의무와 준비금의 타목적사용금지, 물품수입업자의 기술개발장려, 정부의 자금·조세 및 기술정보의 지원, 국산신기술제품제조자의 보호, 과학기술부에 기술개발심의위원회설치 등에 관하여 규정하고 있다.

기술사법(技術士法) 1992년 법률 4500호. 기술상의 職務遂行과 그 관리에 관한 사항을 규정함으로써 산업기술분야에서의 기술사 활용을 장려하고, 아울러 과학기술의 진흥과 국민경제의 발전에 이바지함을 목적으로 제정된 법률. 이 법은 全文 22조 부칙으로 구성되어 있다.

기업예산회계법(企業豫算會計法) 1961년 법률 928호. 政府企業의 합리적 경영을 위하여 一般豫算會計에 대한 정부기업의 特別豫算會計制度를 정한 법률. 종래에는 기업의 예산회계에 관한 사항이 각 개별법률에 의하여 또 일반계획에 같은 원리에 입각하여 규율되어 왔으나, 기업의 예산회계는 일반예산회계와는 달리 생산경제적 예산회계이므로 그 특수성에 입각한 특별예산회계로써 통일적 규율을 하고자 함에 있다. 즉 이 법은 특별회계로서 철도사업·통신사업·전매사업·양곡관리사업 및 조달사업의 각 특별회계를 설정하고(3), 자산 또는 저장품의 관리와 보유, 繰替受拂, 回轉資産의 보유, 수입금의 마련과 지출 등에 있어서 統一國庫主義에 대한 예외를 인정하고 있다(16, 17, 19, 20, 24).

기업활동규제완화(企業活動規制緩和)**에 관한 특별조치법**(特別措置法) 1995년 법률 4900호. 기업활동에 관한 行政規制의 완화 및 특례에 관한 사항을 규정하여 원활한 기업활동을 도모하고 국민경제의 건전한 발전에 기여함을 목적으로 제정된 법률. 이 법은 창업 및 공장설립에 관한 규제완화(4～27), 고용의무의 완화(28～42), 수출입에 관한 규제의 완화(43～46), 검사 등의 완화(47～55), 진입제한 등의 완화(56～60), 기업활동규제심

의위원회(61～73), 벌칙(74～75) 등과 부칙을 규정하고 있다.

기초과학연구진흥법(基礎科學研究振興法) 1989년 법률 4196호. 기초과학연구를 효율적으로 지원·육성하여 창조적 연구역량을 축적하고 우수한 과학·기술인력 양성능력을 함양함으로써 과학문화창달과 신기술창출에 이바지함을 목적으로 제정된 법률.

≫ㄴ≪

나라문장규정(紋章規程) 1970년 대통령령 5151호. 외국에 발신하는 공문서와 국가적 중요문서 기타 시설·물자 등에 대하여 대한민국을 상징하는 휘장으로 사용하기 위한 나라문장에 관하여 필요한 사항을 규정함을 목적으로 제정된 영.

낙농진흥법(酪農振興法) 1997년 법률 5349호 전문개정. 낙농산업의 構造改善, 原乳와 乳製品의 수급조절, 가격안정과 유통구조의 개선을 통하여 낙농업과 낙농관련 산업의 발전에 이바지함을 목적으로 제정한 법률. 이 법은 용어의 정의(2), 낙농진흥계획의 수립(3), 낙농지구지정(4), 낙농진흥회의 설립(5), 원유 등의 수급계획수립(8), 원유에 관한 사항(9～14), 낙농상황의 파악 등(15), 보고 및 감독(17), 권한의 위임 등(18)과 부칙에 관하여 규정하고 있다. 1999년 1월 1일부터 시행되었다.

낚시어선업법(漁船業法) 1995년 법률 5078호. 낚시어선의 이용 및 안전 등에 관하여 필요한 사항을 정함으로써 낚시어선을 이용하는 승객의 안전을 도모하고 낚시어선업의 건전한 발전과 漁家의 소득증대에 이바지함을 목적으로 제정된 법률. 全文 24조 부칙으로 구성되어 있다.

남녀고용평등법(男女雇傭平等法) 1987년 법률 3989호. 헌법의 평등이념에 따라 고용에 있어서 남녀의 평등한 기회 및 대우를 보장하는 한편 母性을 보호하고 직업능력을 개발하여 근로여성의 地位向上과 福祉增進에 기여함을 목적으로 제정된 법률. 이 법은 총칙(1장), 고용에 있어 남·여 평등한 기회 및 대우 등(2장), 모성보건 및 복지시설 설치(3장), 분쟁의 조정(4장), 보칙(5장), 벌칙(6장) 등과 부칙으로 구성되어 있다.

남녀차별금지(男女差別禁止) **및 구제**(救濟)**에 관한 법률**(法律) 1999년 법률 5934호. 헌법의 평등이념에 따라 고용, 교육, 재화·시설·용역 등의 제공 및 이용, 법과 정책의 집행에 있어서 성별을 이유로 한 남녀차별 및 성희롱을 금지하고, 이로 인한 피해자의 권익을 구제함으로써 사회의 모든 영역에서 남녀평등의 실현을 목적으로 제정된 법률. 全文 43조 부칙으로 구성되어 있다.

남북교류협력(南北交流協力)**에 관한 법률**(法律) 1990년 법률 4239호. 남·북한간의 人的·物的交流와 협력을 원활히 할 수 있도록 하기 위하여 교통·협력에 대한 승인·신고절차 등 필요한 사항을 정함을 목적으로 제정된 법률. 이 법은 全文 30조 부칙으로 구성되어 있다.

남북교류협력추진협의회규정(南北交流協力推進協議會規程) 1989년 3월 31일 대통령령 12670호로 제정된 이 영은 남북간의 상호교류와 협력에 관한 주요정책을 심의하고 조정하기 위하여 통일부에 두는 南北交流協力推進協議會의 설치 및 운영에 관하여 필요한 사항을 규정하고 있었다. 이 규정은 남북교류협력에 관한 법률로 폐지되었다. → 남북교류협력에 관한 법률

남북협력기금법(南北協力基金法) 1990년 법률 4240호. 남북간의 諸般交流와 協力을 증진하여 民族共同體를 회복하고 조국의 평화적 통일 촉진하기 위하여 남북교류협력을 지원할 남북협력기금을 설치하고 그 운용·관리에 필요한 사항을 정함을 목적으로 제정한 법률.

내수면어업개발촉진법(內水面漁業開發促進法) 1975년 법률 2835호. 內水面漁業開發에 관한 기본적인 사항을 정함으로써 내수면어업의 종합적인 개발을 촉진하고, 수산자원의 보호육성을 기하게 하려는 목적으로 제정된 법률. 정부에 의한 내수면어업개발촉진시책(2), 내수면의 범위(3～3의3), 내수면개발심의회의 설치(4)와 그 밖에 내수면개발지역의 지정·고시(51), 해양수산부장관의 개발대집행(6), 면허어업·허가어업의 종류(7, 8), 어업의 유효기간(10), 遊漁行爲의 규제(13) 및 벌칙규정(17, 18)을 두고 있다.

노동부(勞動部)**와 그 소속기관직제**(所屬機關職制) 1991년 2월 1일 대통령령 13295호로 제정된 이 영은 노동부와 그 소속기관의 조직과 직무범위 기타 필요한 사항을 규정하고 있다. 이에 따라 노동부장관의 관장사무를 지원하게 하기 위하여 노동부장관소속하에 노동연수원 및 국립중앙직업안정소를 두며, 또 노동부장관의 관장사무를 분장하게 하기 위하여 지방노동청을 두고, 지방노동청장 소속

하에 地方勞動事務所를 둔다. 한편 노동부는 근로조건의 기준, 노사관계의 조정, 산업안전보건, 근로자복지후생, 직업안정 및 실업대책, 직업훈련, 사업재해보상보험, 노동조합 지도, 노동위원회 및 최저임금심의위원회의 관리 기타 勞動에 관한 사무를 관장하며, 下部組織으로 기획관리실·총무과·노사정책실·근로기준국·산업안정국·직업안정국·직업훈련국 및 노동보험국을 두고, 長官 밑에 공보관, 차관밑에 감사관·부녀지도관 및 비상계획관 각 1인을 둔다. 전문 34조와 부칙으로 되어 있다.

노동위원회법(勞動委員會法) 1997년 법률 5311호에 의한 제정. 노동관계에 있어서 判定 및 調整業務의 신속·공정한 수행을 위하여 노동위원회를 설치하고 그 운영에 관한 사항을 규정함으로써 노동관계의 안정과 발전에 이바지함을 목적으로 제정한 법률. → 노동위원회

노동조합(勞動組合) **및 노동관계조정법**(勞動關係調整法) 1997년 3월 13일 법률 5310호 제정. 헌법에 의한 근로자의 단결권·단체교섭권 및 단체행동권을 보장하여 근로조건의 유지·개선과 근로자의 경제적·사회적 지위의 향상을 도모하고 노동관계를 공정하게 조정하여 勞動爭議를 예방해결함으로써 산업평화의 유지와 국민경제의 발전에 이바지함을 목적으로 제정된 법률. 이 법은 노동조합의 조직과 운영의 自主性 및 民主性을 확대하고 노사간의 자율적인 단체교섭의 기반을 정비하여 노동쟁의 조정절차와 쟁의행위 행사요건을 합리적으로 개선함으로써 자율성과 대등성에 기초한 노동관계의 발전을 도모하고자 하는데 있다. 이 법의 구성은 총칙(1장), 노동조합(2장), 단체교섭 및 단체협약(3장), 쟁의행위(4장), 노동쟁의조정(5장), 부당노동행위(6장), 보칙(7장), 벌칙(8장) 등과 부칙으로 되어 있다.

노사정위원회규정(勞使政委員會規程) 1998년 대통령령 15746호. 경제위기 극복과 21세기 선진국가로의 재도약을 위한 노사정간의 협력방안 등을 협의하여 대통령의 자문에 응하게 하기 위하여 대통령 소속하에 노사정위원회를 설치할 목적으로 그 기능, 구성, 회의, 실무위원회 등 사항을 규정하고 있다. 全文 15조 부칙으로 구성되어 있다.

노인복지법(老人福祉法) 1997년 법률 5359호. 노인의 질환을 사전예방 또는 조기발견하고 疾患狀態에 따른 적절한 치료·요양으로 심신의 건강을 유지하고 老後의 생활안정의 위하여 필요한 조치를 강구함으로써 노인의 보건복지증진에 기여함을 목적으로 제정된 법률. 이 법은 노인복지대책위원회(5), 노인복지상담원(7)을 두고 복지조치로써 노인전용거소시설(8) 등을 지원하고, 경로연금(9~22)을 지급하고 보건·복지조치로써 노인사회참여지원, 생업지원 등(23~30), 노인복지시설의 설치·운영(31~44), 비용(45~49), 보칙과 벌칙 등을 규정하고 있다.

농가대여양곡(農家貸與糧穀)**의 전용**(轉用)**에 관한 법률**(法律) 1973년 법률 2621호. 農家貸與糧穀制度의 존치가 무의미하게 됨에 따라 종래 농림부장관이 시장·군수에게 매도한 농가대여양곡의 판매대금 중 시장·군수가 정부의 양곡관리기금에 납부하지 아니한 분에 대하여는 납부의무를 면제함과 아울러 이에 상당하는 양곡을 지방자치단체의 경지정리사업의 재원으로 전용하고 여분이 있을 때에는 絶糧對策用糧穀으로 사용할 수 있게 하기 위하여 제정된 법률. 이 법의 시행으로 농가대여양곡법은 폐지되었다.

농림수산업자신용보증법(農林水産業者信用保證法) 1971년 법률 2277호. 擔保能力이 약한 農林水産業者를 위하여 그 신용을 公的 基金으로 보증함으로써 소요자금을 원활하게 마련할 수 있게 하여 농어촌경제의 균형있는 발전을 위하여 제정된 법률. 全文 15조 부칙으로 된 이 법률은 농림수산업자신용보증심의회 및 농림수산업자신용보증기금의 설치, 기금의 관리기관·회계 및 그 사용, 보증관계·보증한도 및 보증료, 보증채무의 이행 등을 규정하고 있다.

농산물가격유지법(農産物價格維持法) 1961년 법률 636호. 農業生産 및 農家經濟의 안정을 기하기 위하여 농산물의 적정가격을 유지함을 목적으로 제정된 법률. 정부는 농산물의 가격유지를 위하여 필요한 때에는 농산물의 매수, 농산물담보에 의한 융자, 농산물의 수출장려(확보자금융자, 보조금교부)를 할 수 있고(3, 4, 6, 7), 매수한 농산물을 당해농산물의 수급·시가 등을 고려하여 처분하도록(5) 되어 있다.

농산물검사법(農産物檢査法) 1962년 법률 1228호. 농산물의 품질향상과 개선을 촉구하며 공정·원활한 거래와 소비의 합리화를 기하고 農家經濟의 발전에 기여하기 위하여 농산물에 대한 국가의 검사의 실시를 규정한 법률. 검사대상(3), 검사항목(6), 검사공무원(9), 검사규격(7), 검사장소·기일(5, 12), 검사방법(8), 검사료(11, 14), 검사증명(13), 미검품과 불합격품의 거래제한(3의 2), 검사실효(16), 이의신청(18) 등을 규정하고 있다.

농수산물가공산업육성(農水産物加工産業育成) **및 품질관리**(品質管理)**에 관한 법률**(法律) → 농수산물가공산업육성법

농수산물가공산업육성법(農水産物加工産業育成法) 1993년 법률 4553호. 농수산물가공산업을 육성하여 農水産物의 부가가치를 높일 수 있는 기반을 마련하고 농수산물의 적정한 품질관리를 통하여 商品性 제고와 공정한 거래의 실현을 도모함으로써 農漁業人의 소득증대와 소비자보호에 이바지함을 목적으로 제정된 법률. 이 법률은 농산물가공산업의 육성, 농수산물가공품의 품질관리, 보칙과 벌칙으로 구성되어 있다.

농수산물수출진흥법(農水産物輸出振興法) 1971년 법률 2289호. 농수산물의 生産·募集·加工 및 수출제제를 계열화하여 안정된 輸出基盤을 조성함으로써 농수산물의 수출진흥과 농어민소득증대에 기여하기 위하여 제정된 법률. 이 법률은 농수산물수출진흥심의회의 설치, 수출단지의 지정·지원, 권한의 위임 등을 규정하고 있다. 이 법의 시행과 동시에 잠사가격안정기금법은 폐지되었다.

농수산물유통공사법(農水産物流通公社法) 1986년 법률 3887호 전문개정. 농수산물유통공사를 설립하여 농산물·임산물·축산물 및 수산물의 가격안정 및 유통개선사업을 통하여 농수산물 수급의 안정을 기함으로써 농어민의 所得增進과 國民經濟의 균형있는 발전에 이바지함을 목적으로 하는 법률. 全文 18조와 부칙으로 이루어져 있다.

농수산물유통(農水産物流通) **및 가격안정**(價格安定)**에 관한 법률**(法律) 1976년 법률 2962호. 농수산물의 유통의 원활을 기하고 적정한 가격을 유지하게 함으로써 生産者와 消費者의 이익을 보호하고, 국민생활의 안정을 도모하기 위하여 제정된 법률. 농수산물의 생산 및 출하조정(5~11), 농수산물도매시장의 개설(12~38), 농수산물공판장 등(39~43), 농수산물가격안정기금의 설치·운영(44~53), 농수산물유통기구의 정비(54~59), 기타 농수산물도매시장과 농수협공판장의 감독(60~63) 등을 정하고 있다. 이 법의 시행과 동시에 종래의 농수산물도매시장법과 농수산물가격안정기금법은 폐지되었다(附 2).

농약관리법(農藥管理法) 1995년 법률 5023호 전문개정. 농약의 품질향상, 유통의 원활 및 적정한 사용을 통하여 농업생산의 안정과 生活環境保全을 도모하기 위하여 농약의 제조·수입·판매 및 사용방법을 정한 법률. 이 법은 영업의 등록(3~7), 농약의 등록(8~17), 농약의 유통 관리 등(18~25), 보칙과 벌칙으로 구성되어 있다.

농어가(農漁家) **목돈마련저축**(貯蓄)**에 관한 법률**(法律) 1985년 법률 3797호. 농어민의 재산형성을 지원하고 저축의욕을 높여 농어민의 생활기반을 조성하는 한편 농어민소득을 저축으로 유도하여 농·수·축산자금 공급을 증대시켜 농·수·축산업발전에 이바지하게 함을 목적으로 제정된 법률. 全文 19조 부칙으로 구성되어 있다.

농어가부채경감(農漁家負債輕減)**에 관한 특별조치법**(特別措置法) 1989년 법률 4172호. 農漁家의 金融負擔을 완화함으로써 농어업의 경영비를 절감하고 농어가의 부채상환부담을 경감함을 목적으로 제정된 법률. 이 법은 용어의 정의(2), 중장기자금의 이자감면 및 상환연기(3), 상호 금융차입금의 이자감면 및 상환연기(4), 대상농어가·양축가의 심사 등(5), 利差補塡(6) 등을 규정하고 있다.

농어업재해대책법(農漁業災害對策法) 1990년 법률 4250호. 농업 및 어업생산에 대한 재해의 예방과 그 事後對策을 강구함으로써 농업 및 어업의 생산력을 증진하고 농업 및 어업의 경영의 안정을 꾀하는 법률. 全文 10조 부칙으로 구성되어 있다.

농어촌개발공사법(農漁村開發公社法) → 농수산물유통공사법

농어촌구조개선특별회계법(農漁村構造改善特別會計法) 1994년 법률 4772호. 전문개정. 농수산물의 수입개방에 대응하여 농수산업의 競爭力提高 및 專門營農人力의 육성 등 구조개선사업을 촉진하고, 환경개선 등 농어촌의 활력을 증대시켜 나가기 위하여는 投資財源의 확보가 무엇보다 중요하므로 이러한 투자재원을 안정적으로 확보할 수 있도록 농어촌구조개선특별회계를 설치하고 그 운용에 관한 사항을 규정함을 목적으로 제정된 법률.

농어촌도로정비법(農漁村道路整備法) 1991년 법률 4416호. 농어촌도로는 농어촌지역주민의 통행 및 농수산물의 생산·유통 등 농어촌지역의 소득기반 조성에 중추적 역할을 담당하고 있으나 그간의 投資가 도로법상에 규정된 도로에 편중된 반면 농어촌도로는 부분적·산발적으로 정비되어 왔을 뿐 아니라 사업시행에 필요한 제도적인 장치가 마련되지 아니하여 도로상호간 교통망체계의 연계가 곤란하고 路幅·두께 등 도로의 구조가 事業施行者別로 相異하여 이미 시공된 포장도로를 재정비하여야 하는 등 문제점이 있으므로 지방양여금

중 일정액을 농어촌도로의 정비에 투자하게 됨을 계기로, 일관성 있는 농어촌 도로망구성과 농어촌실정에 맞는 시설기준 및 관리방법에 대한 제도적 장치를 마련함으로써 농어촌지역주민의 교통편익증진은 물론 소득창출에 의한 農漁村地域開發을 활성화시키려는 목적으로 제정된 법률.

농어촌 등 보건의료(農漁村等保健醫療)**를 위한 특별조치법**(特別措置法) 1991년 법률 4430호 전문개정. 농어촌 등 保健醫療脆弱地域의 주민에게 보건의료를 효율적으로 제공함으로써 국민의 醫療均霑과 保健向上에 기여하기 위하여 국민보건의료를 위한 특별조치법의 규정내용을 흡수·통합한 법률. 공중보건의사를 의료취약지역 및 군보건소 또는 읍·면보건지소 등에 배치할 수 있도록 하고(2 Ⅱ), 군수는 보건의료취약지역의 주민에 대한 보건의료를 행하도록 하기 위하여 보건진료소를 설치·운영하며(15), 보건진료원은 간호사·조산사 기타 대통령령으로 정하는 자격을 가진 자로서 군수가 위촉하며, 이들은 의료법의 규정에 불구하고 경미한 의료행위를 할 수 있도록 하였다(16~19).

농어촌발전특별조치법(農漁村發展特別措置法) 1990년 법률 4228호. 농림어업의 발전을 도모하고 농업인·임업인·어업인의 이익을 보호하기 위하여 농림어업의 구조를 개선하여 생산성을 향상시키고 농어촌공업을 육성하는 등 농어촌의 소득원을 확충하며 생활환경을 개선하여 농어촌을 쾌적한 생활공간으로 조성함으로써 농업인·임업인·어업인의 복지향상에 이바지함을 목적으로 제정된 법률. 全文 78조 부칙으로 구성되어 있다.

농어촌전화촉진법(農漁村電化促進法) 1965년 법률 1737호. 전기가 공급되고 있지 아니한 농어촌의 전화를 촉진함으로써 농어촌의 生産力을 증강하고 농어민의 생활을 향상시키기 위하여 제정된 법률. 전기시설공사에 소요되는 자금인 배전시설공사비는 전기사업자의 자기부담금과 융자금으로 충당하고, 내선시설공사비는 전기수요자의 부담으로 하며, 지방자치단체도 공사비의 일부를 부담할 수 있다(3, 3의 2).

농어촌정비법(農漁村整備法) 1994년 법률 4823호. 農漁村의 開發 및 整備事業을 체계적이고 종합적으로 추진하기 위하여 농업생산 기반정비사업을 확대하고, 농어촌의 주택, 도로 등 농어촌생활환경을 정비하며, 농어촌의 所得增大事業을 다방면으로 추진함으로써 현대적인 농어촌을 조성하고 국가의 균형있는 발전에 이바지하려는 것으로서, ① 農地, 농어촌용수 등의 자원을 효율적으로 이용하여 농업의 생산성을 제고할 수 있도록 하기 위하여 농업생산 기반정비사업을 관개, 배수시설 등 논 위주의 농지개량사업에서 농업주산단지조성 및 영농시설 확충사업 기타 농지의 개발 또는 이용을 위하여 필요한 사업까지 그 사업 영역을 확대함(2), ② 農業經營의 합리화를 위하여 농업생산기반정비사업 시행자로 하여금 농지규모확대 및 집단화 도모와 농지세분화 방지에 노력하도록 함(13), ③ 농업생산 시설관리자가 농업생산기반시설 또는 용수를 농업 등 본래 이외의 목적으로 사용하고자 할 때에는 시·도지사의 승인을 얻도록 함(20), ④ 수산업생산 기반정비사업은 단위사업별 추진방식에서 벗어나 사업시행지역의 바다상황, 해양환경전망, 경제성 및 수산업생산 기반정비사업에 참가할 수 있는 자격이 있는 자의 동의 등을 감안하여 지역단위 종합개발방식으로 전환하여 종합적·체계적으로 추진할 수 있도록 함(22), ⑤ 농어촌생활환경 정비사업 시행시 지역개발여건, 소득원확충 등을 고려하여 필요한 경우 농업생산 기반정비사업, 수산업생산 기반정비사업 또는 농어촌휴양자원 개발 및 한계농지 등의 정비사업을 병행하여 실시할 수 있도록 함(29), ⑥ 농업생산 기반정비사업과 생활환경 정비사업의 시행자는 필요한 경우에는 사업시행전의 토지에 대신하여 사업시행후의 토지를 정하고, 이로 인한 이해관계의 불균형을 금전으로 청산하게 하기 위한 환지계획을 수립하여 시행하도록 함(43), ⑦ 수산업생산 기반시설정비가 어촌의 생활환경 정비에 병행하여 종합시행될 수 있도록 하고, 정비에 필요한 대상지역을 확보할 수 있는 방안으로 어장교환제도를 도입함(65), ⑧ 해양수산부장관은 농어촌지역의 자연경관을 보존하고 농어촌소득증대를 위하여 농어촌휴양자원을 개발하고 농어촌휴양사업을 지도·육성할 수 있도록 함(66), ⑨ 농림부장관은 한계농지와 그 주변산지 등 토지를 효율적으로 관리·이용 및 개발하기 위하여 한계농지 등의 정비에 관한 기본방침을 수립할 수 있도록 함(76), ⑩ 정비사업의 시행자가 주민의 점차적 참여를 보장하기 위하여 정비사업의 계획을 수립하는 때에는 주민 및 관계전문가 등으로부터 의견을 청취하도록 하고, 그 의견이 타당하다고 인정하는 경우에는 이를 정비사업의 계획에 반영하도록 함(86), 기타 ⑪ 정비사업시행의 절차를 간소화하기 위하여 인·허가 등이 의제규정을 폭넓게 인정함(87) 등을 내용으로 한다.

농어촌주택개량촉진법(農業村住宅改良促進法) 1995년 법률 5051호. 낡고 헐었거나 불량한 農漁村住宅의 개량을 촉진하고 농어촌지역에 있어서 뒤떨어진 住居環境의 향상을 도모하기 위하여 필요한 사항을 규정함을 목적으로 제정된 법률.

농어촌진흥공사(農業村振興公社) **및 농지관리기금법**(農地管理基金法) 1990년 법률 4229호. 농어촌진흥공사를 설립하고 농지관리기금을 설치하여 농가의 경영규모 적정화를 촉진하고 농업생산기반의 확충 및 생활환경의 개선을 추진함으로써 농어촌의 경제·사회적 발전에 이바지함을 목적으로 제정된 법률. 이 법은 농어촌진흥공사(4~26), 농지관리기금(27~37), 보칙(38~51) 등과 부칙으로 구성되어 있다.

농업기계화촉진법(農業機械化促進法) 1994년 법률 4788호 전문개정. 農業機械의 보급을 촉진하고, 효율적인 이용을 도모함으로써 農業生産力의 증진과 農業近代化에 기여하기 위하여 제정된 법률. 정부 및 지방자치단체의 농업기계화촉진 등의 의무(3), 자금지원(4), 농업기계화기본계획의 수립(5) 외에 공동이용(8), 농업기계의 검사, 사후관리·안전관리·농업기계화사업 위탁·청문·권한의 위임·벌칙(9~18) 등을 정하고 있다.

농업기반공사(農業基盤公社) **및 농지관리기금법**(農地管理基金法) 1999년 법률 5759호. 농업기반공사를 설립하고 농지관리기금을 설치하여 농어촌정비사업을 시행하고 산업기반시설을 종합관리하며 농업인의 영농규모적정화를 촉진함으로써 농업생산성을 증진시키고, 농어촌의 경제·사회적 발전에 이바지함을 목적으로 제정된 법률. 全文 51조 부칙으로 구성되어 있다.

농업기본법(農業基本法) 1967년 법률 1871호. 農業經營을 근대화하고 農業生産力을 발전시켜 식량 기타 농산물의 증산을 기하고 농산물의 생산·가격·유통구조의 개선, 농가소득의 증진, 他産業從事者와의 소득의 균형을 실현하여 농촌의 생활 및 문화수준을 향상시키기 위하여 농촌에 관한 國家施策의 기본을 정한 법률. 농업생산성의 향상·농가소득의 증대 및 농업구조의 개선 등에 필요한 정부의 종합적 시책의 수립, 농업관측, 재정 및 금융조치, 조세감면조치, 농업생산, 농산물의 가격안정·유통개선 및 수입조절과 수출진흥, 농업구조의 개선 등에 관한 제반시책의 강구 및 농업정책심의회에 관하여 규정하고 있다.

농업·농촌기본법(農業·農村基本法) 1999년 법률 5758호. 국가와 국민경제의 기반인 농업과 농촌의 발전을 도모하기 위하여 농업·농촌이 나아갈 방향과 국가의 정책방향에 관한 기본적인 사항을 규정함을 목적으로 제정된 법률. 全文 48조 부칙으로 구성되어 있다.

농업협동조합법(農業協同組合法) 1961년 법률 670호. 農業協同組合의 設立·運營·事業·解散 등에 관하여 정한 법률. → 농업협동조합

농업협동조합합병촉진(農業協同組合合併促進)**에 관한 법률**(法律) 1996년 법률 5239호. WTO의 출범 등 국내외 농업여건의 변화에 대응하여 農業과 農村의 자조적인 기반조직인 농업협동조합을 읍·면단위 중심의 조직에서 生活圈·經濟圈을 중심으로 한 보다 효율적인 경영체제를 갖춘 조직으로 규모화하기 위하여 農業協同組合의 합병결의 및 자금지원 등에 관한 특례를 두어 組合合併을 촉진함으로써 농업과 농업협동조합의 경쟁력을 강화하고 나아가 조합원의 경제적·사회적 지위향상을 도모하려는 목적으로 제정된 법률. 이 법은 합병결의 등에 관한 특례(2), 합병에 따른 임원임기에 관한 특례(3), 자금지원(4), 조세감면(5), 조합합병추진협의회의(6), 합병경영계획서의 제출(7), 합병권고 불이행 조합에 대한 조치(8), 부칙 등을 규정하고 있다.

농지개량조합법(農地改良組合法) 1995년 법률 5077호. 농민의 자주적인 조직을 통하여 農業生産基盤整備事業을 시행하고 농업생산기반시설을 유지관리·이용함으로써 農業生産性의 향상과 농촌경제의 발전을 도모하는 한편 농민의 경제적 자립과 이익의 증진에 이바지함을 목적으로 제정된 법률. 이 법은 용어의 정의(2), 농지개량조합의 설립(8~18), 조합원(19~22), 조합의 기관(23~31), 임원 및 직원(32~40), 사업(41~42), 경비부과(43~51), 회계(52~60), 합병·분할·해산 및 청산(61~69), 농지개량조합연합회(71~82), 농지개량조합 자립육성금고(83~87), 보칙과 벌칙 등을 규정하고 있다.

농지법(農地法) 1994년 12월 22일 법률 4817호. 농업의 국제경쟁력을 확보하고 농촌의 활력을 증진하기 위하여 1949년 농지개혁법 제정이후 영세·생계농 보호위주로 운용되어 온 農地制度를 개편하여 다양한 농업경영체의 육성을 지원하고 농지유동화를 촉진시킬 수 있도록 농지의 소유·거래 및 이용에 관한 각종 규제를 완화하는 등 농업 현실에 부응하고 그 구조개선을 효율적으로 뒷받침할 수 있는 농지제도로 발전시키는 한편, 농지개혁법·농지의 보전 및 이용에 관한 법률·농지임대차관리법·농어촌발전특별조치법 등 여러 법률에 복잡하게 분산규정되어 있는 농지관련법률과 제도를 통합·정비함으로써 농지에 관한 종합적이고 기본적

인 법률.

농촌진흥법(農村振興法) 1995년 법률 5020호 전문개정. 국가의 기본산업인 농업의 발전과 농업인의 복진향상을 도모하기 위해 農業科學技術의 진흥을 위한 試驗硏究事業·농촌지도사업 및 농업관련인에 대한 교육훈련사업의 실시에 관하여 필요한 사항을 규정함을 목적으로 제정된 법률. 시험연구사업·지도사업·수련사업의 내용 및 사업의 실시, 연구공무원과 지도공무원의 배치·임용·복무·시험·연구사업 및 지도사업에 대한 조성금 또는 보조금의 지급 등에 관하여 규정하고 있다.

≫ㄷ≪

단기금융업법(短期金融業法) 1972년 법률 2339호. 단기금융업을 건전하게 보호·육성하고 이를 합리적으로 규제함으로써 신용질서의 확립에 이바지하기 위하여 제정된 법률. 全文 26조 부칙으로 된 이 법률은 단기금융업의 인가, 영업체의 형태, 단기금융회사의 업무, 料率의 最高限度, 단기금융회사 발행어음 등의 1매당 발행단위, 어음의 발행·인수 등 한도, 주무부장관의 감독과 재정경제부 소속공무원의 검사 등에 관하여 규정하고 있다. 종합금융회사에 관한 법률 부칙 2조에 의해 1998년 폐지되었다. → 종합금융회사에 관한 법률

단기사관학교설치법(短期士官學校設置法) 1974년 법률 2703호. 軍의 유능한 초급간부를 확보하여 國軍將校의 자질을 향상시키며, 군을 정예화하기 위하여 단기사관학교를 설치하려는 법률. 수업연한은 2년으로 하고(2), 입학자격(3), 교과과정(4), 교수자격 및 임용절차(6), 졸업자의 자격(8) 등의 규정을 두고 있다.

담배사업법(事業法) 1988년 법률 4065호. 原料用 잎담배의 생산 및 수매와 製造담배의 제조 및 담배의 판매 등에 관한 사항을 정한 법률. 연초의 경작 및 잎담배의 수매(3~10), 제조·판매 및 수출입(11~22), 보칙 및 벌칙 등에 관하여 규정하고 있다.

담보부사채신탁법(擔保附社債信託法) 1962년 법률 991호. 담보부사채의 발행에 관하여 그 信託業務를 지도·감독하고 社債權者를 보호하여 사채에 대한 일반투자를 용이하게 함을 목적으로 하는 법률. 그 내용은 사채·담보에 관한 규정, 신탁에 관한 규정, 신탁회사의 사법상의 지위·행정감독에 관한 규정으로 크게 나눠지는데 이 중에서 社債·擔保·信託會社의 私法上의 지위에 관한 사항에 관하여 예외적 또는 보충적 규정을 두고 있음에 불과하다. 다만, 신탁 및 신탁업일반에 관하여는 신탁법·신탁업법이 제정되어 있고, 상법은 본법상의 여러 제도를(예: 사채권자집회·수탁회사의 지위) 일반의 무담보사채에 관하여도 많이 인정하고 있으므로, 본법과 이들 법규사이에 無用의 중복 또는 모순이 생겨서, 그 조정이 필요하게 되어 있다.

대기환경보전법(大氣環境保全法) 1990년 법률 4262호. 대기오염으로 인한 國民健康 및 環境上의 危害를 예방하고 대기환경을 적정하게 관리·보전함으로써 모든 국민이 건강하고 쾌적한 환경에서 생활할 수 있게 함을 목적으로 제정한 법률. 이 법은 사업장 등의 대기오염물질 배출규제(8~25), 생활환경상의 대기오염물질 배출규제(26~30), 자동차 배출가스의 규제(31~43), 방지시설업(44~47), 보칙과 벌칙으로 구성되어 있다.

대도시권광역교통관리(大都市圈廣域交通管理)**에 관한 특별법**(特別法) 1997년 법률 5333호. 대도시권의 交通問題를 광역적인 차원에서 효율적으로 해결하기 위하여 필요한 사항을 정함을 목적으로 제정된 법률. 이 법은 全文 14조 부칙으로 구성되어 있다.

대마관리법(大麻管理法) 1976년 법률 2895호. 大麻의 남용으로 인한 保健衛生上의 위해를 방지하기 위하여 대마의 재배를 엄격히 규제하고, 그 취급을 적정히 하여 대마의 유출을 억제하기 위하여 제정된 법률. 대마의 재배·소지·수수나 사용의 허가제(3, 5), 대마의 매매나 흡연·섭취의 금지, 대마의 수출입·제조의 허가제(4)를 정하고, 보건복지부·서울특별시·광역시·도·시·군·구에는 대마감시원을 두게 하며(15), 기타 검사·수거(13), 제보자에 대한 보상금(16) 및 벌칙(18~24) 등에 관한 규정을 두고 있다.

대외경제정책연구원법(對外經濟政策硏究院法) 1989년 법률 4138호. 國際經濟政策에 관련된 문제를 조사·연구하여 政策手段을 개발함으로써 국가의 대외경제정책수립에 이바지하기 위하여 對外經濟政策硏究院을 설립하려는 목적으로 제정된 법률. 이 법에서는 대외경제정책연구원을 법인으로 설정하고, 연구원의 임원으로 이사장 및 원장을 포함한 11인 이내의 이사와 감사 1인을 두되원장으로 하여금 연구원을 대표하게 한다. 또한 정부는 연구원의 설립 및 운영에 소요되는 경비를 예산의 범위안에서 교부할 수 있도록 하고 國有財産을 無償으

로 대부하거나 사용·수익하게 할 수 있도록 하고 연구원은 재정경제부장관에게 매년 事業計劃書 및 예산·결산서를 제출하도록 하고 있다.

대외무역법(對外貿易法) 1996년 법률 5211호 전문개정. 대외무역을 진흥하고 공정한 去來秩序를 확립하여 國際收支의 균형과 통상의 확대를 도모함으로써 국민경제의 발전에 이바지함을 목적으로 하는 법률. 외교통상부장관의 무역진흥조치(3), 통상진흥정책의 수립(8), 무역업 및 무역대리업(10~12), 수출입의 승인(13~25), 수입에 의한 산업피해조사(26~38), 수출입의 질서유지(39~44), 수출조합 및 수입조합(45~48)와 보칙 및 벌칙을 정하고 있다.

대전(大田)**엑스포기념재단법**(紀念財團法) 1993년 법률 4570호. 大田엑스포紀念財團을 설립하여 大田世界博覽會 관련 자산을 효율적으로 관리하고 박람회장을 미래사회에 대비한 국민교육시설로 운영하도록 지원함으로써 박람회의 성과를 계승·기념하고 첨단산업·과학기술을 발전시키며, 미래사회에 대한 국민적인 인식을 높이는데 이바지함을 목적으로 제정된 법률.

대체(代替)**에너지개발**(開發) **및 이용·보급촉진법**(利用·普及促進法) 1997년 법률 5446호. 대체에너지의 技術開發 및 이용·보급을 촉진하여 에너지원을 다양화하고 대체에너지의 활용을 증대함으로써 국가경제의 건전한 발전과 국민복지의 증진에 기여하게 함을 목적으로 제정된 법률. 이 법은 全文 17조 부칙으로 구성되어 있다.

대통령경호실법(大統領警護室法) 1963년 법률 1507호. 대통령경호실의 설치와 그의 任務, 구성원의 任用 및 職務 등에 관하여 규정한 법률. → 대통령경호실, 경호원

대통령비서실직제(大統領秘書室職制) 1970년 2월 25일 대통령령 4660호로 제정된 이 영은 대통령의 國政遂行 보필에 관한 사무를 관장하는 대통령비서실의 職制에 관한 사항을 규정하고 있다. 政務職으로 장관급의 비서실장은 대통령의 명을 받아 대통령비서실의 사무를 처리하며 소속공무원을 지휘·감독하고, 또는 차관급의 비서관이 있다. 이외에 일반직 및 기능직공무원이 있다. 전문 3조와 부칙으로 되어 있다.

대통령표장(大統領標章)**에 관한 건**(件) 1967년 1월 31일 대통령고시 7호로 제정된 이 고시는 대통령의 標章을 大統領旗와 大統領徽章으로 구분하여 그 규격·사용·기타 사항을 규정하고 있다.

대학설치기준령(大學設置基準令) 1982년 대통령령 10983호. 舊敎育法 75조 1항 6호·85호 1항, 동법 시행령 53조 2항의 규정에 의하여 대학·사범대학·교육대학의 교원과 대학 및 이에 준하는 각종 학교의 시설·설비에 관한 기준을 정한 대통령령. 대학설립인가기준(2), 일반대학·교육대학 등의 교원(3~5), 시간강사의 대치(6), 설비(9), 체육장(10) 및 도서관 등(12)에 관하여 정하고 있다.

대학학생정원령(大學學生定員令) 1969년 대통령령 4475호. 舊敎育法施行令 56조 5항 및 59조 3항의 규정에 의하여 대학과 사범대학의 학생정원에 관한 사항을 정한 대통령령.

대한교원공제회법(大韓敎員共濟會法) 1971년 법률 2296호. 교원의 生活安定과 福利增進을 위하여 교원공제회를 설립하기 위하여 제정된 법률. 全文 25조 부칙으로 된 이 법률은 공제회의 법인격, 정관사항과 사업, 회원자격, 조직, 임원 및 직원, 회계 등을 규정하고 있다.

대한무역투자진흥공사법(大韓貿易投資振興公社法) 1986년 법률 3830호 전문개정. 대한무역투자진흥공사를 설립하여 무역진흥과 국내외기업간의 투자 및 産業技術協力의 지원 등에 관한 업무를 수행하게 함으로써 국민경제의 발전에 이바지하게 함을 목적으로 제정한 법률. 공사는 법인으로 하며(2), 자본금은 50억원으로 그 전액을 정부가 출자하도록 되어 있는 외에(4), 사장의 대표권제한, 비밀누설금지, 사업, 손익금의 처리, 보조금 및 외교통상부장관의 감독 등을 정하고 있다.

대한민국(大韓民國)**과 일본국간**(日本國間)**의 어업**(漁業)**에 관한 협정시행**(協定施行)**의 건**(件) 1970년 대통령령 5186호. 대한민국과 일본국간의 어업에 관한 협정의 시행에 필요한 사항을 규정한 대통령령. 일정한 어업에 종사하는 漁船의 선장의 正午位置報告義務(2), 일정한 어업경영자 및 도지사의 어획량보고의무(3), 網目 및 燈船·집어 등의 광력의 제한(4), 고등어채낚기어업의 조업구역과 조업기간(5), 出漁鑑札 및 漁船標識(6), 일정한 수역내에서의 일정한 어업경영자의 조업금지(7, 8) 및 出漁鑑札의 회수(10) 등을 규정하고 있다.

대한민국예술원법(大韓民國藝術院法) 1988년 법률 4046호. 대한민국 예술원을 설치하여 藝術創作에 현저한 공적이 있는 예술가를 우대지원

하고 예술창작활동·지원사업을 행함으로써 예술발전에 이바지함을 목적으로 제정된 법률. 예술원은 100인 회원으로 구성되며 회원의 임기는 4년으로 하되, 연임할 수 있으며 비상근으로 한다.

대한민국재외공관설치법(大韓民國在外公館設置法) 1950년 법률 107호. 대한민국재외공관의 설치(1), 공관의 종류(2), 공관의 외교관·직원 등에 관하여 규정한 법률. →공관

대한민국재향군인회법(大韓民國在鄕軍人會法) 1963년 법률 1367호. 대한민국재향군인회의 설립과 조직에 관하여 정한 법률. 대한민국재향군인회는 재향군인 상호간의 친목을 도모하고, 회원의 권익을 향상시키며 국가발전과 사회공익을 증진하는 법인이다(2Ⅰ). 대한민국재향군인회는 定款을 작성하여 국가보훈처장의 승인을 받아 登記함으로써 설립된다(2Ⅱ). 그 회원의 자격은 육·해·공군의 예비역·보충역·국민역으로서 實役服務를 마친 자, 정관이 정하는 바에 의하여 퇴역·면역된 將校·준사관·하사관·병 등이다(5). 대한민국재향군인회에는 본부(수도권에), 지회(서울특별시·광역시·도에), 연합분회(시·군·구에), 분회(읍·면·동에)를 둔다(6). 그 의결기관으로서 총회·이사회가 있고(7, 11), 임원으로서 본부임원은 회장·부회장·사무총장·이사 및 감사를 둔다. 임원의 수는 정관으로 정한다(12). 그 재정은 회원의 회비 기타 수입으로 충당하며, 정부의 보조금을 교부받을 수 있다(16). 대한민국재향군인회는 政治活動을 할 수 없으며(3), 국방부장관의 감독을 받는다(17). 대한민국재향군인회에 대하여 이 법에 규정된 것을 제외하고는 民法 중의 法人에 관한 규정을 준용한다.

대한민국학술원법(大韓民國學術院法) 1988년 법률 4045호. 대한민국학술원을 설치하여 學術發展에 현저한 공적이 있는 과학자를 우대·지원하고 학술연구와 그 지원사업을 행함으로써 학술발전에 이바지함을 목적으로 제정된 법률. 학술원은 150인의 회원으로 구성되며 회원의 임기는 4년으로 하되, 연임할 수 있으며, 비상근으로 한다.

대한민국헌법(大韓民國憲法) 제2차세계대전이 일본의 패망으로 종결됨으로써 主權을 回復한 大韓民國이 民選된 國會에 의하여 제정, 1948년 7월 17일에 공포·실시한 헌법. 전문 103조 및 부칙으로 구성된 同憲法은 기본적 인권의 보장, 권력분립, 의회제도의 확립 등 전형적인 서구적 민주제의 원리에 입각한 것이었다. 그러나 동헌법의 그 뒤의 운용과정은 결코 순탄한 것이 되지 못하여 제정 후 수차의 개정을 겪었다. 제1차는 1952년 7월 4일에(이른바 발췌개헌), 제2차는 1954년 11월 27일에(이른바 사사오입개헌), 제3차는 1960년 6월 15일에(이른바 내각책임제개헌), 제4차는 1960년 11월 28일에, 제5차는 1962년 12월 26일에(전면개정), 제6차는 1969년 10월 21일에, 제7차는 1972년 12월 27일에(전면개정) 각각 개정되었다. 이 중에서 제3차개헌과 제5차개헌 및 제7차개헌은 그것이 이른바 4·19의거, 5·16군사혁명, 10월 유신이라는 歷史的 事件에 수반하여 이루어졌다는 점에서 획기적인 의의를 가진다. 이들의 개헌은 그 개정된 조항과 범위가 광대한 점에서도 특기할 만하다. 제3차개헌 후의 한국의 新秩序를 보통 제2공화국이라 부르고, 제5차개헌에 의해 초래된 신질서를 제3공화국이라 부르며, 제7차개헌에 의해 이룩된 신체제를 제4공화국이라 이름지음도 바로 이로부터 연유한다. 그러나 제5차개헌은 그것이 민선된 국회가 아닌 국가재건최고회의에서 發議·議決되었고 또한 前文을 포함한 全面改正이었다는 점에서 비록 國民投票의 절차를 거치긴 하였으나 그것이 개정헌법이냐 신헌법이냐 하는 것이 학자간에 논의되었었다. 대통령에게 行政權 및 기타 강대한 권한을 부여함으로써 제1공화국헌법에서 보다 강화된 대통령제를 채택하고, 철저한 政黨政治體制를 도입한 이 헌법은 1963년 12월 26일 공포되고 이 헌법에 의한 국회의 최초의 집회일(1963년 12월 17일)에 효력을 발생하게 되었다(부칙 1). 그때까지는 國家再建非常措置法과 그에 저촉되지 않는 범위내의 개정전헌법이 대한민국의 헌법질서를 규율하였다. 제6차개헌은 대통령의 계속 3선을 허용하였고, 국회의원의 수를 증가시켰으며(150인 이상 250인 이하), 국무총리와 국무위원의 국회의원겸직이 허용되었을 뿐더러 대통령에 대한 국회의 彈劾訴追의 의결정족수를 가중하였다(재적의원 3분의 2 이상의 찬성). 유신헌법이라고도 불리우는 제7차개헌은 내외의 위기를 극복하고 조국의 평화적 통일을 위한 국력의 효율적 결집을 위하여 대통령에게 행정권 외에 국가영도자로서의 막강한 非常大權을 부여함으로써(53) 어느 때보다도 강화된 대통령제를 채택하는 반면 정당국가적 경향을 완화하여 무소속출마를 허용하고 국론통일을 위한 국민의 主權的 受任機關으로서 統一主體國民會議를 창설하였다(35 이하). 제5공화국 헌법으로 불리어지는 제8차개헌에서는 국민의 기본적 인권의 신장(基本的 人權의 不可侵性(9), 財産權의 보장강화(22Ⅲ)와 選擧人團에 의한 大統領間選制(39), 대통령 7년단임제(45) 및 重任禁止規定(129Ⅱ) 등을 둠으로써 평화적 정권교체를 위한 제도적 장치를 마련하고 있다. 현행헌법인 제9차개헌 헌법에서는 대통령직선제의 채택(67)과 單任制(70), 대

통령의 비상조치권 · 국회해산권을 폐지하고 국정감사권을 부활하고 헌법재판소의 신설, 구속적부심사청구권의 전면 보장, 형사보상제도의 확대, 범죄피해자에 대한 국가구조제 신설 등 국민의 기본적 인권을 대폭 신장시켰다. 통치구조면에서는 국민의 대표기관인 국회를 제3장에 두고 정부를 제4장, 법원은 제5장에 두는 특색을 가진 외에 헌법수호기관으로서 헌법재판소를 제6장에 신설하고 있다. 대통령은 국민의 보통 · 평등 · 직접 · 비밀선거에 의해 선출되도록 규정되어 있다(67 I).

대한석탄공사법(大韓石炭公社法) 1986년 법률 3835호 전문개정. 정부가 지정하는 석탄광산을 운영관리하며 석탄의 生産 · 加工 · 販賣 및 이에 부대하는 사업을 경영하도록 대한석탄공사를 설립 · 운영하게 함을 목적으로 제정된 법률. 대한석탄공사의 설립에 관한 자본금과 출자, 정관 및 등기, 임원의 임명 · 직무 · 신분 및 신분보장, 정부의 감독과 조성 및 회계 등에 관하여 규정하고 있다.

대한적십자사조직법(大韓赤十字社組織法) 1987년 법률 3988호 전문개정. 大韓赤十字社의 조직 · 업무에 관한 大綱을 정하여 제네바 협약의 정신과 적십자 기본원칙에 입각한 赤十字事業의 원활한 수행을 도모함으로써 적십자의 이상인 인도주의를 실현하고 세계평화와 인류의 복지에 공헌함을 목적으로 제정된 법률. 이 법은 총칙(1장), 의결기관(2장), 집행기관(3장), 재정(4장), 보칙(5장), 벌칙(6장) 등과 부칙으로 구성되어 있다.

대한주택공사법(大韓住宅公社法) 1986년 법률 3841호 전문개정. 大韓住宅公社를 설치하여 그로 하여금 주택을 건설, 공급 및 관리하고 不良住宅을 개량하여 국민생활의 안전과 공공복리의 증진에 기여하게 함을 목적으로 제정된 법률. 대한주택공사의 법인격, 사업, 사무소, 출자와 임원의 임명, 임기, 결격사유, 신분, 이사회, 회계 및 감독 등에 관하여 규정하고 있다.

도농복합형태(都農複合形態)**의 시설치**(市設置)**에 따른 행정특례등**(行政特例等)**에 관한 법률**(法律) 1994년 법률 4796호. 지방자치법이 개정(1994년 3월 16일 법률 4741호)되어 시와 군을 통합하여 都農複合形態의 市를 설치할 수 있게 하였으며, 이 규정에 따라 도농복합형태의 시가 설치되는 경우 군지역의 주민이 농어촌지역주민으로서의 혜택을 상실하게 되는 등의 문제가 있어 농어촌지역 및 그 주민에 대하여 기존의 이익을 보호하고 개발을 지원하는 등 행정운영의 합리화를 도모하기 위하여 필요한 특례를 정하려는 것으로서, ① 市와 郡의 통합으로 인하여 어느 일방의 지방자치단체나 특정지역이 기존의 행정 · 재정상 혜택을 상실하거나 地域住民에게 새로운 부담이 추가되지 아니하도록 함(2), ② 中央行政機關의 장 및 도지사는 도농복합형태의 시에 있어서는 농어촌지역 또는 낙후지역개발을 위하여 따로 개발계획을 수립하거나 재정상의 특별한 지원을 할 수 있도록 하고, 개발촉진지구의 지정 등 특정지역의 개발을 위한 지구의 지정에 있어서 도농복합형태의 시지역을 우선적으로 지정할 수 있도록 함(3), ③ 市와 郡이 통합되는 경우에는 종전의 시 · 군소속 공무원이 상호간에 인사상의 불이익을 받지 아니하도록 동등하게 처우하도록 함(4), ④ 市와 郡을 통합하여 설치된 도농복합형태의 시의 의회에는 통합당시의 의원임기에 한하여 부의장 2인을 둘 수 있도록 하되, 이 중 1인은 시의회의원 중에서, 1인은 군의회의원 중에서 선출하도록 함(5), 기타 ⑤ 시와 군을 통합하여 설치된 도농복합형태의 시의 자동차운수사업에 대하여 적용되는 운임과 요금의 기준 및 料率을 도농복합형태의 시 설치후 1년이내에 조종하도록 하고, 그 동안은 기존의 기준과 料率에 의할 수 있도록 하되, 택시운송사업에 적용되는 시계외할증요금은 통합시부터 폐지함(8) 등을 내용으로 한다.

도로교통법(道路交通法) 1984년 법률 3744호 전문개정. 도로에서 발생하는 모든 交通上의 危害를 방지하여 교통의 안전과 원활을 확보함을 목적으로 제정된 법률. 신호기 등의 설치 · 관리, 신호 또는 지시에 따를 의무, 통행의 금지 및 제한, 혼란완화를 위한 조치, 보행자 · 마차 및 궤도차의 통행방향, 운전자 및 고용자 등의 의무, 도로의 사용, 운전면허, 수수료 기타 직종의 위임과 벌칙, 범칙행위에 대한 약식절차 등에 관하여 규정하고 있다.

도로법(道路法) 1961년 법률 871호. 道路管理의 적정을 기하기 위하여 도로에 관하여 그 路線의 지정 또는 인정, 관리, 施設基準, 보전 및 비용에 관한 사항을 정함으로써 교통의 발달과 공공복리의 향상에 기여하기 위하여 제정된 법률. 全文 88조 부칙으로 된 이 법률은 도로의 종류와 등급 및 노선의 인정(11, 18, 19), 도로의 관리(22~39), 도로의 점용(40~46), 도로의 보전 및 공용부담(47~54의 2), 도로에 관한 비용과 수익(55~73), 감독(74~78), 손실보상(79, 80) 및 벌칙 등에 관하여 정하였다.

도로운송차량법(道路運送車輛法) → 자동차관리법

도로정비촉진법(道路整備促進法) 1967년 법률 1893호. 도로에 관한 財源을 확보하고 이를 효과적으로 운용함으로써 도로의 정비를 촉진하고 도로교통의 발달에 기여함을 목적으로 제정된 법률. 건설교통부장관의 도로정비장기계획의 수립과 지방도로관리청의 도로정비장기계획의 수립, 연차사업실시계획의 수립, 국가와 지방자치단체의 정비사업비재원의 확보, 도로정비관련사업에 대한 비용의 貸下 등에 관하여 규정하고 있다.

도서개발촉진법(島嶼開發促進法) 1986년 법률 3923호. 우리나라는 3면이 바다로서 수많은 島嶼를 갖고 있으면서도 그 동안 이 지역에 대한 국가차원의 적극적인 지원시책이 없어 내륙과의 격차가 심화되고 이로 인해 도서인구가 급속히 감소되는 추세에 있으므로 도서를 종래의 지방자치단체에 의한 단기적이고 산발적인 개발방식을 지양하고 국가의 지원아래 장기적인 開發計劃을 수립 추진함으로써 도서주민의 소득증대와 생활수준향상을 도모하려는 목적으로 제정된 법률. 이 법은 全文 15조 부칙으로 구성되어 있다.

도서관(圖書館) **및 독서진흥법**(讀書振興法) 1994년 법률 4746호 전문개정. 圖書館 및 文庫의 설립·운영과 독서진흥을 위한 환경조성에 필요한 사항을 육성과 讀書增進活動을 활성화함으로써 사회각 분야에 대한 문화발전 및 평생교육에 이바지함을 목적으로 하는 법률. 도서관의 종류(3), 문화시설과의 협력(7), 도서관발전위원회(9), 도서관진흥기금(10), 도서관협회(14) 등을 정하고 있다.

도서·벽지교육진흥법(島嶼·僻地敎育振興法) 1967년 법률 1871호. 도서벽지의 의무교육을 진흥함을 목적으로 제정된 법률. 국가 및 지방자치단체의 임무, 도서벽지수당 등을 규정하고 있다.

도선법(導船法) 1986년 법률 3908호 전문개정. 導船士에 대한 行政的 監督을 정한 법률. 도선방법과 도선사의 자격을 규정함으로써 導船區에 있어서의 선박운항의 안전을 도모할 것을 목적으로 한다.

도시(都市)**가스사업법**(事業法) 1983년 법률 3705호. 도시가스사업을 합리적으로 조정·육성하여 使用者의 이익을 보호하고 도시가스사업의 건전한 발전을 도모함으로써 공공의 이익과 안전을 확보함을 목적으로 제정된 법률. 이 법은 총칙(1장), 都市가스事業(2장), 가스공급시설 및 사용시설(3장), 가스공급(4장), 안전관리(5장), 토지의 사용 등(6장), 감독(7장), 보칙(8장), 벌칙(9장), 부칙 등을 규정하고 있다.

도시계획법(都市計劃法) 1971년 법률 2291호 전문개정. 도시의 건전한 발전을 도모하고 공공의 안녕질서와 공공복리의 증진에 기여하기 위하여 도시의 건설·정비·개량 등을 위한 도시계획의 立案·決定·執行節次에 관한 사항을 정한 법률. 도시계획의 입안과 결정(10의 2~16), 지역·지구 및 구역의 지정(17~22), 도시계획사업의 시행(23~67), 도시계획위원회(68~77), 벌칙(90~94) 등을 규정하고 있다.

도시공원법(都市公園法) 1980년 법률 3256호. 도시에 있어서의 공원의 설치·관리와 綠地의 보전·관리에 관한 사항을 규정함으로써 쾌적한 都市環境을 형성하여 건전하고 문화적인 도시생활의 확보와 공공의 복리증진에 기여하려는 법률. 전문 34조 부칙으로 된 법률로서, 종전의 공원법 중 도시공원에 관한 사항을 분리·규정한 것. 도시공원이란 도시계획구역 안에서 자연경관의 보호와 시민의 건강·정서생활의 향상을 위하여 도시계획법 12조에 의하여 결정한 것을 말한다.

도시교통정비촉진법(都市交通整備促進法) 1992년 법률 4533호 전문개정. 交通施設의 정비를 촉진하고 교통수단 및 교통체계를 효율적으로 운영·관리하여 도시교통의 원활한 소통과 교통편의 증진에 이바지함을 목적으로 제정된 법률. 이 법은 날로 심화되고 있는 도시교통문제에 효율적으로 대처하기 위하여 도시교통정비에 관한 계획을 기본계획·중기계획 및 연차별 시행계획으로 체계화하고 都市交通整備地域 외의 지역에 대하여도 교통영향평가를 실시할 수 있도록 하며, 지방자치단체로 하여금 자동차운행제도·혼잡통행료징수 등의 교통수요관리를 자율적으로 실시할 수 있도록 하려는데 있다.

도시재개발법(都市再開發法) 1995년 법률 5116호 전문개정. 도시의 계획적인 재개발에 관하여 필요한 사항을 규정함으로써 再開發事業을 촉진하고 도시의 건전한 발전과 공공복리의 증진에 기여함을 목적으로 하는 법률. 종래에는 도시계획법에서 도시재개발에 관하여 규정하고 이에 따라 도시재개발을 시행하여 왔으나 이로써는 여러가지 미비점이 노출되어 이를 보완하기 위하여 동법에서 분리제정된 것으로서 도시재개발사업의 시행자·시행절차와 그 효력, 사업에 필요한 비용의 부담과 보조, 감독 및 재개발기금의 설치 등에 관하여 규정하고 있다.

도시철도법(都市鐵道法) 1979년 법률 3167호. 都市交通圈域의 원만한 교통소통을 위하여 도시철도의 건설을 촉진하고 그 운영을 합리화하여 도시교통의 발전과 도시교통이용자의 편리증진에 이바지할 목적으로 제정된 법. 도시철도사업면허(4~4의 2), 역세권개발사업을 정하고 있는 외에 지하보상(4의 6)을 규정하고 있는 특색을 갖고 있다.

독립기념관법(獨立紀念館法) 1986년 법률 3820호. 국민의 정성어린 성금으로 건립되고 있는 독립기념관의 준공을 앞두고 이 독립기념관의 설립 및 운영에 관하여 필요한 사항을 정함으로써 온 국민에게 투철한 국가관을 심어주고 강인한 民族精神을 선양하는 국민정신교육의 道場으로서의 역할을 효율적으로 수행할 수 있도록 하려는 목적에서 제정된 법률. 이 법은 全文 22조 부칙으로 구성되어 있다.

독립유공자예우(獨立有功者禮遇)**에 관한 법률**(法律) 1994년 법률 4856호. 일제로부터 조국의 자주독립을 위하여 공헌한 독립유공자와 그 유족에 대하여 국가가 응분의 예우를 함으로써 독립유공자와 그 유족의 생활안정과 복지향상을 도모하고 나아가 국민의 애국정신을 함양하여 民族正氣를 宣揚함을 목적으로 제정된 법률. 총칙, 예우, 기금, 보칙, 벌칙 등 全文 45조 부칙으로 구성되어 있다.

독물(毒物) **및 극물**(劇物)**에 관한 법률**(法律) → 유해화학물질관리법

독점규제(獨占規制) **및 공정거래**(公正去來)**에 관한 법률**(法律) 1990년 법률 4198호 전문개정. 사업자의 시장지배적 지위의 남용과 과도한 경제력의 집중을 방지하고 부당한 공동행위 및 불공정거래를 규제하여 공정하고 자유로운 경쟁을 촉진함으로써 창의적인 기업활동을 조장하고 소비자를 보호하기 위하여 헌법 119조 2항의 정신에 따라 物價安定 및 公正去來에 관한 법률 중 獨寡占事業者의 가격신고(5), 不公正去來行爲의 금지(7), 競爭制限行爲의 금지(8)와 이들에 관련되는 규정을 흡수하여 제정한 법률. 이 법은 본칙 14장 71조와 부칙으로 구성되었는 바, 2조에서 사업자 등 용어의 정의를 하고, 제2장에서 시장지배적 지위의 남용금지, 제3장에서 기업결합의 제한, 제4장에서 부당한 공동행위의 제한, 제5장에서 불공정거래행위의 금지, 제6장에서 사업자단체, 제7장에서 재판매가격유지행위의 제한, 제8장에서 국제계약의 체결제한, 제9장에서 전담기구로 공정거래위원회를 설치하고, 제10장에 이 법 위반행위의 인지·신고 등의 절차와 제10장의 2의 과징금부과 및 징수 등, 제11장에 사업자 또는 사업자단체 등의 무과실손해배상책임, 제12장에서 법령에 따른 정당한 행위의 적용배제규정과 제13장의 보칙규정, 제14장에 벌칙규정을 두고 있다.

독학(獨學)**에 의한 학위취득**(學位取得)**에 관한 법률**(法律) 1990년 법률 4227호로 제정된 이 법은 독학자에게 학사학위 취득의 기회를 부여함으로써 平生敎育의 이념을 구현하고 개인의 自我實現과 국가사회의 발전에 기여함을 목적으로 한다. 시험은 교양과정 인정시험, 전공기초과정 인정시험, 專攻深化課程 인정시험, 학위취득 종합시험의 단계로 되어 있다. 전문 7조와 부칙으로 되어 있다.

동물보호법(動物保護法) 1991년 법률 4379호. 動物에 대한 虐待行爲의 방지 등 동물을 적정하게 보호·관리하기 위하여 필요한 사항을 규정함으로써 동물의 생명과 안전을 보호하도록 하여 생명의 존중 등 국민의 정서함양에 이바지함을 목적으로 제정된 법률. 이 법은 全文 12조 부칙으로 구성되어 있다.

≫ ㅁ ≪

마약류불법거래방지(麻藥類不法去來防止)**에 관한 특례법**(特例法) 1995년 법률 5011호. 국제적 협력하에 마약류와 관련된 不法行爲를 조장하는 행위 등의 방지를 통하여 마약류범죄의 진압과 예방을 도모하고 이에 관한 국제협약의 효율적 시행을 위하여 痲藥法·향정신성의약품관리법·대마관리법 기타 관계법률에 대한 특례 등을 규정함을 목적으로 제정된 법률. 이 법은 총칙, 입국 및 상륙절차 등의 특례(3~5), 벌칙(6~18), 몰수에 관한 절차 등의 특례(19~22), 제3자참가신청 등의 특례(23~32), 보전절차(33~63), 몰수재판 및 추징재판의 집행과 보전에 관한 국제공조절차(64~78)등과 벌칙을 규정하고 있다.

마약법(痲藥法) 1957년 법률 440호. 마약의 害毒을 방지하기 위하여 그 사용을 정당한 醫療用과 科學用에 국한하여 그 취급의 적정을 기할 목적으로 제정된 법률. 먼저 총칙적인 규정으로서 용어의 정의, 마약취급자의 정의, 무면허취급의 금지, 마약취급의 제한 등을 규정하고, 마약취급자 등

에의 면허, 마약의 관리, 마약취급자, 마약중독자, 감독과 단속, 잡칙, 벌칙 따위의 장별로 나누어 상세히 규정하고 있다.

매장(埋葬) **및 묘지등**(墓地等)**에 관한 법률**(法律) 1961년 법률 799호. 매장·화장 및 改葬과 묘지·화장지 및 납골당의 시설과 관리에 관한 사항을 규정함으로써 보건위생상의 위해를 방지하고 공공복리의 증진에 기여함을 목적으로 제정된 법률. 매장 및 화장의 시기, 매장·인장 및 개장의 장소·신고기준, 공설묘지와 사설묘지·화장장 등의 설치, 매장·화장 또는 개장의 절차, 검사와 보고, 묘지·화장장 또는 납골당의 이전 및 허가취소, 손실보상, 개장명령, 시체운반업 등에 관하여 규정하고 있다.

먹는물관리법(管理法) 1995년 법률 4908호. 맑은물 공급을 위한 정부의 수질관리 일원화 시책에 따라 현재 식품위생법, 공중위생법 등에 분산되어 있는 먹는물관련규정을 통합하여 단일법으로 제정함으로써 먹는물로 인한 국민건강상의 危害를 예방하고 먹는물의 합리적인 수질관리를 도모하려는 것으로서, ① 환경부장관은 먹는물에 관한 수질기준을 설정·보급하는 등 먹는물의 수질관리를 위한 시책을 강구하도록 함(5), ② 시·도지사는 먹는물 공동시설의 관리를 위하여 정기적으로 水質檢査를 실시하는 등 필요한 조치를 하도록 하고, 약수터 등 먹는물 공동시설의 수질을 오염시키거나 시설을 훼손하는 행위를 금지함(7), ③ 먹는샘물을 암반대수층내의 지하수, 용천수 등 수질의 안전성을 계속 유지할 수 있는 자연상태의 깨끗한 물을 물리적으로 처리하여 먹는데 적합하도록 제조한 샘물로 한정하고, 먹는샘물 외의 물을 판매를 금지함(3, 16), ④ 환경부장관은 수질이 오염되었거나 오염될 우려가 있는 지역, 지하수오염이나 지반침하 등이 우려되는 지역을 환경부령이 정하는 바에 의하여 먹는샘물 개발제한구역으로 지정·고시할 수 있도록 함(8), ⑤ 먹는샘물제조업을 하고자 하는 자는 水源開發 허가를 받도록 하고, 환경영향대행자가 작성한 환경영향조사서를 제출하도록 하며, 환경부장관의 제조허가를 받도록 함(9 내지 15, 18 내지 21), ⑥ 먹는샘물을 수입하고자 하는 자는 환경부장관에게 신고하도록 하고, 신고한 먹는샘물에 대하여는 관계공무원 또는 관계검사기관으로 하여금 필요한 검사를 하도록 함(23), ⑦ 환경부장관은 먹는샘물제조업자 및 수입판매업자에 대하여 지하수자원의 보호와 먹는샘물 水質改善을 위한 負擔金을 먹는샘물판매가액의 100분의 20의 범위안에서 대통령령이 정하는 率에 따라 부과·징수할 수 있도록 하되 징수금액의 100분의 50에 상당하는 금액은 取水井이 위치한 시·군·구의 세입으로 하도록 함(28), ⑧ 환경부장관은 먹는샘물 등의 제조방법 등에 관한 기준을 설정하고, 그 용기나 포장의 표시에 관하여 필요한 기준을 정할 수 있도록 하며, 공익상 필요하다고 인정하는 때에는 광고를 금지 또는 제한할 수 있도록 하고, 허위나 과대표시를 하지 못하도록 함(29 내지 32), 기타 ⑨ 이 법 또는 이 법에 의한 명령에 위반한 경우 먹는샘물 등의 관련영업자에 대하여 시설개선 등의 개선명령, 먹는샘물개발의 원상복구명령, 시설폐쇄조치, 먹는샘물의 폐기처분, 허가취소 등 필요한 行政制裁를 할 수 있도록 함(36 내지 40) 등을 내용으로 한다.

명예교수규칙(名譽敎授規則) 1987년 12월 30일 敎育部令 561호로 全文 改正된 이 규칙은 舊敎育法 75조 2항의 규정에 의하여 名譽敎授의 자격·추대절차·복무 기타 명예교수의 추대에 관하여 필요한 사항을 규정하고 있다. 全文 6조와 부칙으로 되어 있다.

모든 형태(形態)**의 인종차별철폐**(人種差別撤廢)**에 관한 국제협약**(國際協約) 〔英〕 International Convention on the elimination of all forms of Racial Discrimination 1979년 조약 667호. 國際聯合憲章과 世界人權宣言의 정신에 입각하여 인종·피부색·가문 또는 民族이나 種族의 起源에 근거를 둔 어떠한 구별·배척·제한 또는 우선권을 주장하는 모든 것을 인종차별로 규정하고 이를 금지하기 위한 국제조약. 1966년 미국에서 서명된 開放條約으로서 체약국의 인종차별철폐추구의무 등(2 이하)을 정하고 있다.

모자보건법(母子保健法) 1986년 법률 382호 전문개정. 母性의 생명과 건강을 보호하고 건강한 자녀의 출산과 양육을 도모하기 위하여 제정된 법률. 全文 29조 부칙으로 된 이 법률은 국가와 지방자치단체의 책임·모성 등의 의무·모자보건수첩의 발급·安全分娩措置·영유아의 건강관리·人工妊娠中絶手術의 허용과 형법의 適用排除 등에 관하여 규정하고 있다.

모자복지법(母子福祉法) 1989년 법률 4121호. 도시화·공업화·핵가족화되고 있는 오늘날의 산업사회는 배우자와의 사별·이혼·유기·별거 등의 사유로 배우자가 없거나 배우자가 있어도 폐질·불구 등으로 장기간 근로능력을 상실하여 여성이 생계의 책임을 지는 모자가정이 날로 격증하고 있는 바, 이들 모자가정이 자립자활할 수 있도록 생계보호·교육보호·생업자금융자·주택제공 등을 통하여 母子家庭의 건강하고 문화적인 생활을 보장하려는 목적으로 제정된 법률. 이 법은 총칙(1장), 복지의 내용과 실시(2장), 모자복지시설(3장), 비용(4장), 보칙(5장)과 부칙으로 구성되어 있다.

몰수금품등처리(沒收金品等處理)**에 관한 임시특례법**(臨時特例法) 1962년 법률 1167호. 國家保安法이 정한 죄를 범한 자로부터 몰수하거나 국가에 歸屬된 금품을 타법령의 규정에 불구하고 국가의 안전보장을 위하여 신속하고 유효 적절하게 처리하기 위하여 그 절차를 규정한 법률. 형사소송법 483조에 대한 특별법.

무역업무자동화촉진(貿易業務自動化促進)**에 관한 법률**(法律) 1991년 법률 4479호. 무역업무의 자동화를 촉진하여 貿易節次의 간소화와 무역정보의 신속한 유통을 실현하고 무역업무의 처리시간과 비용을 절감하여 산업의 국제경쟁력을 높임으로써 국민경제의 발전에 이바지함을 목적으로 제정한 법률. 이 법은 총칙(1장), 무역자동화사업자(2장), 무역자동화망의 구성 및 이용(3장), 전자문서의 표준화 및 효력(4장), 전자문서 및 무역정보의 보안관리(5장), 보칙(6장), 벌칙(7장) 등과 부칙으로 구성되어 있다.

무역거래법(貿易去來法) →대외무역법

문화보호법(文化保護法) →대한민국학술원법

문화산업진흥기본법(文化産業振興基本法) 1999년 법률 5927호. 문화산업의 지원 및 육성에 필요한 사항을 정하여 문화산업발전의 기반을 조성하고 경쟁력을 강화함으로써 국민의 문화적 삶의 질 향상과 국민경제의 발전에 이바지함을 목적으로 제정된 법률. 全文 43조 부칙으로 구성되어 있다.

문화예술진흥법(文化藝術振興法) 1995년 법률 4883호 전문개정. 우리 고유의 傳統的 文化藝術을 승계하고, 새로운 문화를 창조함으로써 민족문화의 중흥에 이바지 될 문화예술진흥사업과 활동을 지원하기 위하여 제정된 법률. 全文 29조 부칙으로 된 이 법률은 국가와 지방자치단체의 保護育成義務, 관계기관간의 협조, 문화예술진흥위원회의 설치, 한국문화예술진흥원의 설립과 동기구내에 진흥기금의 설치, 기금의 모금과 국고보조, 문화의 날 등의 설정과 행사 등에 관하여 규정하고 있다.

문화재보호법(文化財保護法) 1982년 법률 3644호 전문개정. 문화재를 보존하여 이를 활용함으로써 국민의 문화적 향상을 도모하는 동시에 인류문화의 발전에 기여함을 목적으로 제정된 법률. 문화재의 정의(2), 문화관광부장관의 자문기관으로 文化財委員會 설치(3), 指定文化財의 지정·관리 및 보호(7～32), 문화재의 공개의무(33～39), 관리상황의 보고 등(40～42), 매장문화재(43～49), 국유문화재에 대한 특례(50～54), 시·도문화재의 지정, 관리 및 보호(55～58) 등에 관하여 규정하고 있다.

물가안정(物價安定)**에 관한 법률**(法律) 1995년 법률 4861호. 물가의 안정을 기함으로써 소비자의 권익을 보호함과 아울러 국민생활과 국민경제의 안정 및 발전에 기여함을 목적으로 제정된 법률. 이로써 물가안정에 관한 법률과 공공요금심사위원회설치법은 폐지되었음. 정부의 最高價格指定(2), 價格表示命令(3), 公共料金決定(4)에 관한 규정과 정부의 緊急需給調整措置(6)와 사업자의 買占賣惜行爲의 禁止(7) 및 이에 위반한 행위에 대한 정부의 시정명령(9)에 관한 규정을 두고, 물가안정위원회에 관한 규정(10)과 그 구성·의결사항을 두는 외에, 이 법에 의한 각종 보고·검사 등 사항(16)과 벌칙규정(25～30)을 두고 있었으나 독점규제 및 공정거래에 관한 법률 부칙 2조의 규정에 의하여 이 법 중 독과점사업자의 가격신고(5), 불공정거래행위의 금지(7), 경쟁제한행위의 금지(8)와 이들에 관련되는 조문이 삭제되고, 최고가격의 지정(2), 가격의 표시(3), 공공요금 등의 결정(4), 물품의 긴급수급조정조치(6) 및 물가안정위원회(10～15)와 이들에 관련되는 조문이 존치되었다. →불공정거래행위, 최고가격

물품관리법(物品管理法) 1987년 법률 3947호 전문개정. 국가의 물품의 取得·保管·使用 및 處分에 관한 기본적 사항을 정한 법률. 물품의 분류 및 표준화(5～6), 물품의 관리기관(7～14), 물품의 관리(15～44), 물품관리공무원의 책임(45), 물품검사(48) 등을 규정한 국가의 물품의 관리에 관한 일반법이다(4).

미성년자보호법(未成年者保護法) 1961년 법률 834호. 미성년자의 흡연과 음주 및 善良한 風俗을 해하는 행위를 제한 또는 금지함으로써 미성년자의 건강을 보호하고 善導育成을 하기 위한 목적으로 제정된 법률. 이 법에 의하면, 미성년자는 흡연·음주, 선량한 풍속을 해할 염려가 있는 흥행장·유흥업소·사행행위장·유기장 등에의 출입, 숙박업소·해수욕장·수영장·공원·관광지·명승지 기타 유원지 등에서의 풍기를 문란하게 하는 행위 등을 할 수 없다(2).

민방위기본법(民防衛基本法) 1975년 법

률 2776호. 적의 침공이나 전국이나 일부지방의 안녕질서를 위태롭게 할 災難으로부터 주민의 생명과 재산을 보호하고, 군사작전상 필요한 노력지원 등 민방위에 관한 기본적인 사항을 정한 법률. 민방위의 내용은 위의 목적으로 정부의 지도하에 주민이 수행하여야 할 방공·방재·구조·복구 및 군사방위 지원활동을 포함한 일체의 자위적인 활동으로 하고 있다(2 I). 정부와 주민의 民防衛計劃의 수립 및 그 任務遂行義務(3), 이 법과 타법과의 관계(4), 中央民防衛協議會(5, 6), 민방위의무의 총괄·집행기관(7), 民防衛準備命令(14), 민방위대의 설치·조직·편성·신고의무·교육훈련·동원 등(16~25)과 벌칙규정(30~33) 등을 두고 있다. 법률 3173호로 방공법을 폐지하였다. →민방위대, 민방위사태

민 법(民法) 1958년 법률 471호(1990년 법률 4109호 일부개정). 일제하에 의용되었던 일본민법전에 대체하여 財産關係와 家族關係를 규율할 새로운 민법을 제정함으로써 국민의 기본적인 法生活의 안정을 기하려는 것이다. 이 법은 총칙·물권·채권·친족·상속의 5編으로 하였다. 민법의 法源은 법률·관습법·조리의 순에 의하도록 하였고, 물권의 종류를 점유권·소유권·지상권·지역권·전세권·유치권·질권·저당권으로 하였으며, 債權의 목적·효력·소멸 등에 관하여 정하였다. 그리고 親族의 범위·호주와 가족, 혼인·상속 등에 관한 사항을 규정하였다. 민법은 1118개 조문으로 된 우리나라 최대의 법률이다. 그렇지만 그 골격은 크게 3가지로 나눌 수 있다. 그것은 권리의 主體, 권리의 客體, 권리의 變動의 문제를 다루는 것이라고 말할 수 있다.

민법·민사소송법시행(民法·民事訴訟法施行)**에 관한 임시조치법**(臨時措置法) 1960년 법률 556호. 민법은 1960년 1월 1일부터 시행되었고, 민사소송법은 1960년 7월 1일부터 시행되었는데, 이 2대법률의 시행과 더불어, 종전에 타법률에서 舊民法이나 舊民事訴訟法의 조항을 인용하고 있는 것도, 법률개정의 절차를 밟아서 개정하지 않으면 아니될 처지에 놓이게 되었다. 그러나 그러한 법률을 모조리 이와 같은 까다로운 절차를 밟아서 개정하는 것은 매우 번거로운 일이므로, 이것을 일거에 해결하기 위하여 제정된 것이 바로 이 법률이다. 즉 이 법률은 민법과 민사소송법의 조항을 인용한 경우에는 그에 대치하여 민법과 민사소송법의 조항을 인용한 것으로 간주한다는 뜻을 규정하고 있다.

민사소송법(民事訴訟法) 1960년 법률 547호. 현행법은 1912년에 공포된 朝鮮民事令 16조 내지 72조에 의하여 일본민사소송법이 부분적으로 의용되어 오다가 미군정시에는 미군정법령 21조로서 유효한 법으로 확인되고 대한민국 헌법 공포와 동시에 동법 100조에 의하여 동헌법에 저촉되지 않는 한도내에서 그 효력을 지속하여 현재에 이르렀는바 민사소송제도의 이상인 적정·공평·신속·경제의 4대 이상을 바탕으로 濫訴를 방지하여 소송경비를 촉진하고 소송지연을 방지하는 동시에 소송절차가 사회실정에 적합하여 실체적 진실발견에 유감됨이 없도록 하고 또 당사자간에 공평을 기하는 민사소송절차에 관한 사항을 정한 것이다. 1편 총칙, 2편 제1심 소송절차, 3편 상소, 4편 재심, 5편 독촉절차, 6편 공시최고절차, 7편 강제집행과 부칙으로 구성되어 있다.

민사소송비용법(民事訴訟費用法) 1954년 법률 336호. 민사소송에 관하여 法院 및 當事者가 지출한 비용 중 소송당사자가 부담하여야 할 費用(訴訟費用)의 범위, 산정의 표준 등에 관한 사항을 정한 법률.

민사소송등인지법(民事訴訟等印紙法) 1990년 법률 4299호 전문개정. 민사소송 또는 비송사건에 관해서 법원이 행하는 행위에 관해서의 수수료는 訴狀·反訴狀·支給命令申請書·答辯書 등의 서류에 인지를 첩부하여 국고에 납부하는 바, 이 법률은 주로 그 액을 규정한 법률이다. 소장에는 소송목적의 가액에 1천분의 5를 곱하여 산출한 금액상당의 인지를 붙여야 한다.

민사조정법(民事調停法) 1990년 법률 4202호. 민사에 관한 분쟁을 간이한 절차에 따라 당사자 사이의 상호양해를 통하여 條理를 바탕으로 실정에 맞게 해결함을 목적으로 제정한 법률. 이 법률은 조정사건, 관할법원, 이송, 신청방식, 조정기관, 조정위원회, 수수료납부의 심사, 조정신청 등의 송달등 全文 43조와 부칙으로 구성되었다.

민원사무처리규정(民願事務處理規程) 1982년 대통령령 10869호 전문개정. 각급행정기관에서 民願事務를 신속·친절·공정·명확하게 처리함으로써 국민에게 최대한으로 봉사하게 함을 목적으로 민원사무의 처리에 관하여 정한 대통령령. 민원사무의 정의(2), 기간의 계산, 민원실의 설치(5), 민원사항의 처리(11~19), 민원사무의 통제 등(20~22), 민원공지와 행정예고(23~24). 종래의 민원서류처리규정은 이 규정의 실시와 동시에 폐지되었다.

민원사무처리(民願事務處理)**에 관한 법률**(法律) 1997년 법률 5369호. 民願事務處理에

관한 기본적 사항을 규정하여 민원사무의 공정한 행정제도의 합리적 개선을 도모함으로써 국민의 권익을 보호함을 목적으로 제정된 법률. 이 법은 용어의 정의(2), 적용범위(3), 민원사무처리(4∼13), 국민고충처리위원회(14∼36), 민원행정제도의 개선(37∼41), 부칙 등을 규정하고 있다.

밀항단속법(密航團束法) 1961년 법률 831호. 대한민국 국민이 적법한 절차를 밟지 않고 대한민국 외의 지역으로 渡航 또는 越境하는 것을 방지함을 목적으로 제정된 법률. 먼저 密航·離船·離機 등의 정의를 하고 밀항·이선·이기하였거나 이에 착수한 자에 대한 처벌, 밀항·이선·이기의 교사·방조자 등의 처벌, 형의 가중·감면·고발자 등에 대한 상금지급 등에 관해서 규정하고 있다.

≫ㅂ≪

박물관(博物館) **및 미술관진흥법**(美術館振興法) 1991년 법률 4410호. 박물관 및 미술관을 건전하게 육성함으로써 문화·예술 및 학문의 발전과 일반공중의 문화교육에 이바지함을 목적으로 정한 법률. 이 법은 全文 27와 부칙으로 구성되어 있다.

반국가행위자(反國家行爲者)**의 처벌**(處罰)**에 관한 특별조치법**(特別措置法) 1977년 법률 3045호. 형법상의 내란죄, 외환죄, 공무상비밀누설죄, 군형법상의 叛亂罪, 利敵罪와 국가안정법 또는 군사비밀보호법에 규정된 죄를 범한 자로서 외국정부에 대하여 도피처 또는 보호를 요청하거나 외국에서 귀국하지 아니한 자의 처벌에 관한 특별조치를 정하기 위한 법. 闕席裁判이 허용되며 그 밖에 上訴와 再審의 특칙, 형사소송법의 적용배제, 연금 등의 지급정지, 서훈의 취소 등을 정하고 있다.

반도체집적회로(半導體集積回路)**의 배치설계**(配置設計)**에 관한 법률**(法律) 1992년 법률 4526호. 반도체집적회로의 배치설계에 관한 創作者의 權利를 보호하고 配置設計의 공정한 이용을 도모하여 반도체 관련산업과 기술을 진흥함으로써 국민경제의 건전한 발전에 이바지함을 목적으로 제정된 법률. 이 법은 총칙(1장), 배치설계권(2장), 배치설계의 등록(3장), 배치설계심의조정위원회(4장), 권리의 침해에 대한 구체(5장), 보칙(6장)과 벌칙(7장)으로 구성되어 있다.

반론보도(反論報道) **등 청구사건심판규칙**(請求事件審判規則) 1996년 대법원규칙 1432호. 정기간행물의 등록 등에 관한 법률, 방송법·종합유선방송법의 규정에 의한 법원의 反論報道請求權 및 추후보도청구사건의 심판에 관하여 필요한 사항을 정함을 목적으로 제정한 규칙. 이 규칙은 全文 5조 부칙으로 구성되어 있다.

발명진흥법(發明振興法) 1994년 법률 4757호. 發明을 장려하고 발명의 신속하고 효율적인 權利化와 事業化를 촉진함으로써 산업의 기술분쟁력을 제고하고 나아가 국민경제발전에 이바지함을 목적으로 정한 법률. 이 법은 발명의 인식제고와 발명활동의 촉진(5∼7), 직무발명의 촉진(8∼14), 산업재산권 정보공급의 효율화(15∼17), 발명의 권리화 지원(18∼20), 발명의 사업화 촉진(21∼28), 산업재산권 분쟁의 조정 및 기술공유촉진(29∼31), 한국발명진흥회설립(32) 등, 보칙과 부칙으로 구성되었다.

발전소주변지역지원(發電所周邊地域支援)**에 관한 법률**(法律) 1989년 법률 4134호. 발전소주변지역에 대한 지원사업을 효율적으로 추진함으로써 電源開發을 촉진하고 발전소의 원활한 운영을 도모하여 지역발전에 기여함을 목적으로 제정된 법률. 이 법은 총칙, 지원사업기금, 지원사업의 시행, 보칙과 부칙에 관하여 규정하고 있다.

방문판매(訪問販賣) **등에 관한 법률**(法律) 1995년 법률 5086호. 訪問販賣, 通信販賣, 多段階販賣에 의한 상품의 판매 및 용역의 제공에 관한 거래를 공정하게 하여 소비자의 이익을 보호하고 商品의 유통 및 用役의 제공을 원활히 함으로써 국민경제의 건전한 발전에 이바지함을 목적으로 제정된 법률. 이 법은 방문판매(4∼16), 통신판매(17∼27), 다단계판매(28∼48), 보칙(49∼57), 벌칙(58∼64) 등과 부칙으로 구성되어 있다.

방송문화진흥회법(放送文化振興會法) 1988년 법률 4032호. 韓國放送公社가 소유하고 있는 株式會社文化放送의 주식을 출연받을 방송문화진흥회를 설립하여 동주식을 정부 또는 외부의 간섭없이 독자적으로 운용·관리함으로써 동문화방송의 公正性과 獨自性을 보장하고 나아가 방송문화의 발전 및 공공복지향상에 이바지 할 수 있도록 하려는 목적으로 제정된 법률. 이 법은 全文 15조 부칙으로 구성되어 있다.

방송법(放送法) 1987년 법률 3978호. 방송의 자유와 공적 기능을 보장함으로써 민주적 여론형성과 國民文化의 향상을 도모하고 공공복지의 증진에 기여함을 목적으로 하는 법률. 방송편성의 자유(3), 방송의 공적 책임(4)과 방송의 공정성과 공공성(5)을 규정하고 이를 위하여 방송위원회를 설치하도록 하고 있다(11~24).

방어해면법(防禦海面法) 1963년 법률 1311호. 군사상 방어를 요하는 海面의 구역을 지정하고 그 구역 안에서의 航行·漁撈 기타의 행위를 통제하여 海上作戰의 원활한 수행을 기하기 위하여 제정된 법률. 전시·사변 기타 군사상 특히 필요한 경우 대통령의 방어해면구역의 지정·고시(2), 대통령의 구역지정을 기다릴 여유가 없을 때의 緊急指定(3), 선박의 방어해면구역에서 출입·항행의 허가(4), 출입항행선박의 의무(5) 등에 관하여 규정하고 있다.

방위산업(防衛產業)**에 관한 특별조치법**(特別措置法) 1973년 법률 2540호. 방위산업을 합리적으로 지도·육성하고 조성함으로써 효율적인 防衛產業의 진흥발전과 방위산업물자의 조달에 기여할 목적으로 제정된 법률.

방조제관리법(防潮堤管理法) 1963년 법률 1470호. 농업을 목적으로 하는 간척지를 보존하고 농수산물의 재해를 방지하기 위하여 특히 필요한 방조제를 국가나 지방자치단체가 관리함으로써 農業生產力의 증진과 國民經濟發展을 기하고 국토를 보존함을 목적으로 제정된 법률. 국가관리방조제의 결정, 지방자치단체관리방조제의 결정, 관리의 해제, 방조제의 관리 및 관리비의 부담, 방조제관리심의회의 설치, 관리비의 강제징수, 긴급사태하의 응급조치, 손실보상, 이용자부담, 공공단체 등에 의한 유지보수 등에 관하여 규정하고 있다.

배타적경제수역(排他的經濟水域)**에서의 외국인어업**(外國人漁業) **등에 대한 주체적 권리**(主體的權利)**의 행사**(行使)**에 관한 법률**(法律) 1996년 법률 5152호. 海洋法에 관한 國際聯合協約의 관계 규정에 의하여 대한민국의 배타적 경제수역에서 행하여 지는 외국인의 어업활동에 관한 우리나라의 主權的 權利의 행사 등에 관하여 필요한 사항을 규정함으로써 해양생물자원의 적정한 보존관리 및 이용에 이바지함을 목적으로 제정한 법률. 이 법은 全文 26조 부칙으로 구성되어 있다.

벌금등임시조치법(罰金等臨時措置法) 1951년 법률 216호. 경제사정의 변동에 따르는 罰金·科料·過怠料의 額에 관한 특례를 정한 법률. 즉 본법은 경제사정의 변동에 따라 화폐가치가 低落하여졌으므로 ① 본법 또는 다른 법령에 의하여 산출 되거나 다른 법령에 규정된 벌금의 多額이 10만원 미만일 때에는 그 다액을 10만원으로 한다. ② 1953년 2월 14일까지 제정된 법령 중 벌금 또는 과태료에 관한 규정을 적용할 때에는 그 규정에 정하여진 화폐단위 圓을 원으로, ③ 1953년 2월 15일부터 1962년 6월 9일까지 제정된 법령 중 벌금 또는 과태료에 관한 규정을 적용할 때에는 그 규정에 정하여진 화폐단위 환(圜)을 원으로, ④ 1962년 6월 10일부터 1966년 12월 31일까지 제정된 법령 중 벌금 또는 과태료에 관한 규정을 적용할 때에는 그 벌금 또는 과태료의 액은 규정된 액의 4배에 상당한 액으로, ⑤ 1967년 1월 1일부터 1973년 12월 31일까지 제정된 법령 중 벌금 또는 과태료에 관한 규정을 적용할 때에는 그 벌금 또는 과태료의 액은 규정된 액의 2배에 상당한 額으로 한다(3, 4).

범죄인인도법(犯罪人引渡法) 1988년 법률 4015호. 범죄인의 海外逃避現象이 격증함에 따라 범죄인 인도에 관한 국내법을 제정하여 범죄인인도 협약체결의 기반을 조성하고, 犯罪鎭壓에 있어서도 국제협력을 증진시키려는 목적으로 제정된 법률. 이 법은 범죄인인도사건의 전속관할(3), 상호주의(4), 인도사유와 인도의 제한(5~10), 인도심사절차(11~18), 범죄인의 인도구속(19~31), 범죄인의 인도(32~41), 외국에 대한 인도청구(42~44), 보칙(45~50) 등과 부칙으로 구성되어 있다.

범죄피해자구조법(犯罪被害者救助法) 1987년 법률 3969호. 사람의 생명 또는 신체를 해하는 범죄행위로 인하여 사망한 자의 遺族이나 중장해를 당한 자를 구조함을 목적으로 제정된 법률. 이 법은 全文 19조 부칙으로 구성되어 있다.

법관(法官) **등의 보수**(報酬)**에 관한 법률**(法律) 1962년 법률 1044호. 법관의 봉급과 기타 보수에 관한 사항을 규정한 법률. 보수의 기준 및 그 지급방법을 규정하고 있다.

법관징계법(法官懲戒法) 1956년 법률 381호. 법관의 징계에 대한 법률. 징계사유, 징계의 종류, 징계위원회의 구성, 징계절차 등을 규정하고 있다. 징계로는 譴責·減俸·停職의 세 종류가 있다(3).

법령(法令) **등 공포**(公布)**에 관한 법률**(法律) 1963년 법률 1539호. 법령 등의 공포절차에 관하여 규정함을 목적으로 하여 제정된 법률. 동법에 의하여 公布式令(1948년 대통령령 1호)은 폐지되고 1982년 법률 3573호에 의해 개정되었다.

법률구조법(法律救助法) 1986년 법률

3862호. 경제적으로 어렵거나 법을 모르기 때문에 법의 보호를 충분히 받지 못하는 자에게 법률구조를 하여줌으로써 基本的 人權을 옹호하고 나아가 법률복지의 증진에 이바지하게 함을 목적으로 정한 법률. 이 법은 全文 39 부칙으로 구성되어 있다.

법무사법(法務士法) 1996년 법률 5180호 전문개정. 법무사제도를 확립하여 국민의 법률생활의 편익을 도모하고 司法制度의 건전한 발전에 기여함을 목적으로 하는 법률.

법원조직법(法院組織法) 1987년 법률 3992호 전문개정. 헌법 101조에 기하여 제정된 법원에 관한 기본적인 법률. 제1편 총칙에서 본법의 목적(1), 法院의 권한과 종류(2, 3), 법관과 법원의 직원의 종류(5, 10), 제2편 내지 제3편에서 대법원 및 각종의 하급법원의 組織·構成·審判權, 제4편은 법관의 임면·자격·지위 등을 정하고, 법원조직(제5편), 재판(6편), 대법원의 기관(7편) 및 법원의 경비(8편) 등에 대하여 각각 규정하고 있다.

법인세법(法人稅法) 1967년 법률 1964호. 법인세의 부과·징수에 관하여 정한 법률. 納稅義務·課稅所得의 범위 등 총칙적 규정과 더불어 내국법인의 각사업연도의 소득에 대한 법인세(8~41)와 내국법인의 청산소득에 대한 법인세(42~52) 및 외국법인의 각사업연도의 소득에 대한 법인세(53~59)로 크게 나누어 각기 과세표준·세율 등에 관하여 규정하고 있다.

벤처기업육성(企業育成)**에 관한 특별조치법**(特別措置法) 1997년 법률 5381호. 우리 경제의 量的 成長을 뒷받침하여 온 대기업 중심의 대규모 생산방식으로는 경제생활의 회복과 지속적인 경제발전에 한계가 있어 기존 중소기업의 벤처기업으로서의 전환과 새로운 벤처기업의 창업을 촉진하는 한편 벤처기업에 대하여 금융·인력·기술·입지 등 생산요소들이 원활히 공급될 수 있도록 관련 여건을 개선하고 벤처기업에 대한 규제를 완화함으로써 벤처기업을 효과적으로 육성하여 우리 산업의 構造調整을 원활히 하고 경쟁력을 제고하는데 기여함을 목적으로 제정된 법률.

변리사법(辨理士法) 1961년 법률 864호. 변리사의 자격, 缺格事由 및 징계에 관한 사항과 변리사의 등록, 변리사회의 조직 및 회칙에 관한 사항을 규정하여 변리사제도를 확립하려는 목적으로 제정된 법률. 이 법은 全文 26조 부칙으로 구성되어 있다.

변호사법(辯護士法) 1982년 법률 3954호 전문개정. 基本的 人權을 옹호하고 社會正義를 실현함을 사명으로 하는 변호사의 사명과 직무(제1장), 자격(제2장), 등록과 개업(제3장), 권리와 의무(제4장) 및 법무법인(5장)과 지방변호사회(6장) 등을 정한 법률.

별정우체국법(別定郵遞局法) 1981년 법률 3530호 전문개정. 우체국이 없는 지역에 別定郵遞局을 설치함으로써 국민의 편리에 제공함과 아울러 직원의 퇴직 및 사망에 대하여 적절한 급여제도를 확립함으로써 직원 및 그 유족의 경제적 생활안정과 복리향상에 기여함을 목적으로 하는 법률.

별정직공무원인사규정(別定職公務員人事規程) 1963년 각령 1318호. 행정부에 소속된 별정직국가공무원의 任用과 服務에 관하여 규정한 대통령령. 일반직국가공무원 5급 이상 상당의 별정직국가공무원은 소속장관의 제청으로 대통령이 임면하고, 6급 이하 상당의 별정직공무원의 임용절차·복무는 일반직국가공무원의 예에 준하도록 하였다(4, 6).

병역법(兵役法) 1993년 법률 4685호 전문개정. 대한민국 국민의 병역의무에 관하여 규정한 법률. 병역의무(3), 병역의 종류(5), 병역의무의 부과(2장), 징병검사(3장), 현역병 등의 복무(4장), 보충력의 복무(5장), 병력동원소집 등 의무부과(6장), 학생군사교육 및 의무장교 등의 병적편입(7장), 병역의무의 연기 및 감면(8장), 병역의무자의 거주지 이동 및 국외여행(9장), 병역의무의 종료(10장), 병역의무이행자 등에 대한 권익보장(11장), 병무행정(12장), 戰時特例(13장), 보칙 등을 규정하고 있다.

보건범죄단속(保健犯罪團束)**에 관한 특별조치법**(特別措置法) 1969년 법률 2137호. 부정식품 및 첨가물, 부정의약품 및 화장품, 不正有毒物 제조와 無免許醫療行爲 등의 범죄에 대하여 가중처벌 등을 행함으로써 국민보건의 향상에 기여하기 위하여 제정된 법률. 부정식품·부정의약품·부정독극물사범 및 부정의료업자에 대한 가중처벌(2~5), 허가취소(7), 상금(9), 畜産物衛生處理法(4조)·酒稅法(5조)·農藥管理法(7조 및 8조)에 의하여 허가·면허·등록을 받아야 할 축산물·주류·유독성 농약에 대한 본법의 적용(10) 등에 관하여 규정하고 있다.

보건의료기술진흥법(保健醫療技術振興法) 1995년 법률 5017호. WTO의 출범 등 국내외 경제환경의 변화추세에 대비하여 낙후되어 있는 보건의료산업의 국제경쟁력을 제고하고 나아가 보건의료산업을 21세기 성장선도산업으로 육성하기 위하여 保健醫療技術의 진흥을 위한 중장기계획의 수립, 보건의료기술연구개발사업의 수행 및 보건의료정보 등에 관한 사항을 정하려는 목적으로 제정된 법률.

보건환경연구원법(保健環境硏究院法) 1991년 법률 4356호. 보건환경연구원을 설치하여 보건·환경에 관한 검사 및 연구업무를 합리적으로 운영함으로써 국민보건의 증진과 環境保全에 이바지함을 목적으로 제정된 법률. 이 법은 보건환경연구원을 서울특별시·광역시 및 도에 설치하고, 유사명칭의 사용금지, 연구원에 공무원을 두며, 국고보조 등을 국가로부터 받으며, 연구원은 국민보건에 관한 의무를 다하여야 하는 등의 규정에 관하여 규정하고 있다.

보안관찰법(保安觀察法) 1989년 법률 4132호. 특정범죄를 범한 자에 대하여 再犯의 위험성을 방지하고 건전한 社會復歸를 촉진하기 위하여 보안관찰처분을 함으로써 국가의 안전과 사회의 안녕을 유지할 목적으로 제정된 법률. 全文 27조 부칙으로 구성되어 있다.

보안업무규정(保安業務規程) 1970년 대통령령 5004호. 안전기획부법 2조 2항의 규정에 의하여 보안업무수행에 필요한 사항을 규정하기 위하여 제정된 대통령령. 保安責任(3), 비밀보호(4~30), 身元調査(31~34), 보안조사(35~43), 보안담당관(44), 계엄지역의 보안(45) 등에 관하여 규정하고 있다.

보조금(補助金)**의 예산**(豫算) **및 관리**(管理)**에 관한 법률**(法律) 1986년 법률 3874호 전문개정. 補助金豫算의 편성·교부신청·교부결정 및 사용 등에 관하여 기본적인 사항을 규정함으로써 효율적인 보조금예산의 편성과 그 적정한 관리를 기할 목적으로 제정된 법률.

보험업법(保險業法) 1977년 법률 3043호 전문개정. 보험사업에 대한 행정적 감독에 관한 규정인 동시에, 保險者(保險會社)의 조직·운영에 관한 기준을 정한 법률이다. 營利保險 외에 相互保險에 관하여 상세하게 규정하고 있다. 보험사업은 일반국민에게 미치는 영향이 크므로 보험업법은 엄격한 감독규제를 두었다. 예를 들면, 보험사업을 경영하기 위하여서는 재정경제부장관의 허가를 받아야 하며(5), 일정액 이상의 자본금(상호회사의 경우에는 기금)의 주식회사(또는 상호회사)가 아니면 경영할 수 없다(5, 6). 또 무면허영업, 각종위원들의 배임 등의 경우에는 벌칙이 적용된다(7장).

보호관찰(保護觀察) **등에 관한 법률**(法律) 1996년 법률 5178호 전문개정. 죄를 범한 자로서 재범방지를 위하여 保護觀察·社會奉仕·受講 및 更生保護 등 체계적인 사회내 처우가 필요하다고 인정되는 자에 대하여 지도·원호를 함으로써 건전한 사회복귀를 촉진하고, 효율적인 범죄예방활동을 전개함으로써 개인 및 공공의 복지를 증진함과 아울러 사회를 보호함을 목적으로 제정한 법률. 이 법률은 보호관찰기관(5~18), 보호관찰(19~58), 사회봉사 및 수강(59~64), 갱생보호(65~98), 벌칙 등을 규정하고 있다.

복표발행(福票發行), **현상**(懸賞) **기타 사행행위단속법**(射倖行爲團束法) → 사행행위 등 규제법

부가가치세법(附加價値稅法) 1976년 법률 2934호. 재화나 용역의 공급 또는 재화의 수입시 사업자가 부가하는 가치(마진)에 대하여 과세하는 부가가치세의 부과·징수에 관하여 정한 법률. 과세대상과 납세의무자(1, 2, 6~10), 課稅期間(3), 事業者登錄(5), 零稅率適用과 免稅(11, 12), 課稅標準과 稅額(13~17), 신고와 납부(18~20), 更正·徵收와 還給(21~24), 課稅特例(25~30), 記帳(31) 등을 정하고 있다. 부가가치세는 모든 거래에 대하여 단일의 세율을 적용하게 되므로 이를 보완하기 위하여 사치품 등 고가의 내구소비재 등을 과세대상으로 하는 特別消費稅法이 아울러 제정되었다. 부가가치세법의 시행과 동시에 이와 중복되는 종래의 내국간접세 중 영업세법·물품세법·직물류세법·석유류세법·전기가스세법·통행세법·입장세법 및 유흥음식세법의 8개 세법이 폐지되었다(附 2).

부당이득세법(不當利得稅法) 1974년 법률 2688호. 구물가안정에 관한 법률 기타 법률에 의하여 정부가 결정·지정·승인·인가 또는 허가한 물품의 가격·부동산 등의 임대료·요금 등의 최고액을 기준으로 국세청장이 따로 거래단계별·지역별 등으로 따로 정한 기준가격을 초과한 거래에서 생긴 부당한 이득을 稅額으로 흡수하려는 법률. 不當利得稅의 課稅標準稅率, 부과와 징수, 納稅地(2~5) 등에 관한 규정을 두고 있다.

부동산등기법(不動産登記法) 1960년 법률 536호. 부동산등기에 관한 사항을 규정하는 법률. 物的編成主義로서 一筆一用紙主義를 취하고 있다. → 부동산등기

부동산등기특별조치법(不動産登記特別措置法) 1990년 법률 4244호. 不動産去來에 대한 실체적 권리관계에 부합하는 등기에 관한 특례 등에 관한 사항을 정함으로써 건전한 부동산거래질서를 확립함을 목적으로 제정한 법률. 이 법은 부동산소유권이전등기신청을 의무화하고, 부동산투기의 수단으로 이용되는 虛僞·不實登記申請行爲와 不動産投機抑制를 위한 去來制限法令을 회피하여 나가는 각종 편법·탈법행위를 직접적으로 규제함으로써 등기부기재와 거래의 실제내용이 일치하도록 하여 건전한 부동산거래질서를 확립하려는데 있다.

부동산소유권이전등기(不動産所有權移轉登記) **등에 관한 특별조치법**(特別措置法) 1992년 법률 4502호. 부동산등기법에 의하여 등기하여야 할 부동산으로서 이 법 시행당시 소유권보존등기가 되어 있지 아니하거나 등기부기재가 실제 권리관계와 일치하지 아니하는 부동산을 간이한 절차에 의하여 등기할 수 있게함을 목적으로 제정된 법률. 1993년 1월 1일부터 1994년 12월 31일까지 효력을 갖는 限時法이었다.

부동산실권리자명의등기(不動産實權利者名義登記)**에 관한 법률**(法律) 1995년 법률 4944호. 부동산에 관한 소유권 기타 物權을 그 실체적 권리관계에 부합하도록 실권리자 명의로 등기하게 함으로써 不動産登記制度를 악용한 투기·탈세·탈법행위 등 반사회적 행위를 방지하고 부동산거래의 정상화와 부동산가격의 안정을 도모하여 국민경제의 건전한 발전에 이바지하려는 법률. 그 주요내용을 살펴보면 ① 1995년 7월 1일 이후에는 부동산의 물권변동등기는 실권리자 명의로 하도록 하고 타인과 맺은 명의신탁약정은 무효로 하며, 계약명의신탁의 경우를 제외하고는 명의신탁약정에 의한 부동산의 物權變動은 무효로 하되, 등기부에 양도담보사실을 표시한 경우는 예외로 함(3, 4). ② 타인명의로 등기를 한 명의신탁자에 대하여는 부동산가액의 30퍼센트를 과징금으로 부과하고, 과징금을 부과받은 자가 실권리자 명의로 등기를 하지 아니하는 경우에는 첫해에는 부동산가액의 10퍼센트, 둘째 해에는 20퍼센트의 이행강제금을 부과하며, 양도담보사실기재의무를 위반한 채권자에 대하여는 과징금을 부과함(5, 6). ③ 명의신탁약정에 의하여 타인명의로 등기를 한 명의신탁자와 양도담보사실기재의무를 위반한 채권자 및 그 교사자 등에 대하여는 5년 이하의 징역 또는 2억원 이하의 벌금, 명의수탁자 및 그 교사자에 대하여는 3년 이하의 징역 또는 1억원 이하의 벌금, 방조자에 대하여는 1년 이하의 징역 또는 3천만원 이하의 벌금에 처함(7). ④ 종중이나 배우자간에 타인명의로 등기를 한 경우로서 조세포탈, 강제집행의 면탈 또는 법령상 제한의 회피 등 위법을 목적으로 하지 아니하는 경우에는 그 등기를 유효한 것으로 하고, 과징금 부과 및 처벌을 하지 아니함(8). ⑤ 부동산취득일로부터 60일이내에 소유권이전등기를 하지 아니하여 현행 부동산등기특별조치법에 의하여 과태료의 부과대상이 되는 자로서 3년이 지나도록 所有權移轉登記를 하지 아니한 자에 대하여는 명의 신탁약정이 있는 경우와 같이 과징금을 부과함(10). ⑥ 1995년 6월 30일 이전의 기존명의신탁자는 1995년 7월 1일부터 1년 이내에 실명등기를 하거나 당해 부동산에 관한 물권을 매각처분하도록 하고, 실권리자의 귀책사유 없이 다른 법률의 규정에 의하여 실명등기나 매각처분을 할 수 없는 경우에는 그 사유가 소멸한 후 1년이내에 실명등기 또는 매각처분을 하도록 하며, 그 기간내에 실명등기 또는 매각처분을 하지 아니한 경우에는 그 명의 신탁약정은 무효로 하고 과징금을 부과함(11, 12 Ⅰ Ⅱ). ⑦ 1995년 6월 30일 이전에 명의신탁약정에 의한 등기를 한 사실이 없으면서 실명등기를 가장하여 등기명의를 이전하는 경우에는 5년 이하의 징역 또는 2억원 이하의 벌금에 처함(12Ⅲ). ⑧ 기존의 名義信託約定에 의한 등기를 실명등기함에 따라 종전에 조세를 누락한 사실이 밝혀지면 누락세액을 추징하되, 實名登記를 한 부동산이 1건이고, 그 가액이 5천만원 이하인 경우에는 과거에 비과세된 1세대1주택 양도소득세 및 증여세 누락에 대하여는 추징하지 아니하고, 비업무용부동산이 유예기간중 업무용으로 전환된 경우에는 취득세를 중과하지 아니하도록 함(13). ⑨ 1995년 6월 30일 이전의 기존의 讓渡擔保權者는 1995년 7월 1일부터 1년 이내에 채무자·채권금액 및 채무변제를 위한 담보라는 뜻이 기재된 서면을 등기공무원에게 제출하여야 하며, 이를 위반한 양도담보권자 등에 대하여는 당해 不動産評價額의 30퍼센트의 과징금을 부과함(14) 등을 규정하고 있다.

부동산중개업법(不動産仲介業法) 1983년 법률 3676호. 不動産仲介業을 건전하게 지도·육성하고 부동산중개업무를 적절히 규율함으로써 부동산중개업자의 공신력을 높이고 공정한 부동산거래질서를 확립하여 국민의 재산권보장에 기여함을 목적으로 하는 법률.

부재선고(不在宣告) **등에 관한 특별조치법**(特別措置法) 1967년 법률 1867호. 미수복 지구에서 그 이남의 지역에 옮겨 새로이 就籍한 자중 未收復地區殘留者에 대한 부재선고와 미수복지구이남의 지역에서 주소나 거소를 떠나 행방불명이 된 자에 대한 失踪宣告의 절차에 관한 특례 및 二重戶籍의 정리에 관한 사항을 규정함을 목적으로 정한 법률. 부재선고의 審判節次 및 取消節次(3~10), 민법상의 失踪宣告制度에 대한 특례(11, 12), 이중호적의 정리(13) 등에 관하여 규정하고 있다. 실종선고의 청구 및 이중호적의 신고기간은 이 법 시행일로부터 2년이다(11 I, 13 I).

부정경쟁방지(不正競爭防止) **및 영업비밀보호**(營業秘密保護)**에 관한 법률**(法律) 1986년 법률 3897호 전문개정. 국내에 널리 알려진 타인의 상표·상호 등을 부정하게 사용하는 등의 不正競爭行爲와 타인의 營業秘密을 침해하는 행위를 방지하여 건전한 거래질서를 유지하기 위해 제정된 법률. 총칙, 부정경쟁행위의 금지 등, 영업비밀의 보호, 보칙 등 全文 20조 부칙으로 구성되어 있다.

부정경쟁방지법(不正競爭防止法) → 부정경쟁방지 및 영업비밀보호에 관한 법률.

부정수표단속법(不正手票團束法) 1961년 법률 645호. 국민의 경제생활의 안정과 유가증권인 手票의 기능을 보장하기 위하여, 부정수표의 발행을 단속·처벌하고, 수표의 위조·변조에 관하여 형법의 有價證券僞造·變造罪에 대한 加重處罰을 규정하고 있는 법률. 여기서 부정수표라 함은 ① 假設人의 명의로 발행한 수표, ② 은행과 당좌예금계정의 약정없이 또는 거래정지처분을 받은 후에 발행한 수표, ③ 은행에 등록된 것과 상위한 서명 또는 기명날인의 발행수표, ④ 예금부족으로 제시기일에 지급이 안되는 수표 등을 말한다(2). 금융기관에 종사하는 자가 직무상 부정수표를 발견한 때는 48시간 이내에 수사기관에 이를 고발하여야 한다(7).

부정축재처리법(不正蓄財處理法) 1961년 법률 623호. 국가의 공직 또는 정당의 지위나 권력을 이용하거나 詐僞 기타의 부정행위로써 재산을 저축한 不正公務員·不正利得者 및 學園不正蓄財者에 대한 행정상 및 형사상의 특별조치를 하기 위하여 제정된 법률로써 遡及立法의 일종. 부정축재자의 정의를 명시한 후, 부정축재자의 처리를 위한 부정축재처리위원회의 설치, 부정축재자의 처리, 부정축재자에 대한 통고, 이 법의 규정에 의한 처분에 대한 소의 불인정(22) 등에 관하여 규정하였는 바, 3회에 걸친 개정이 있었다.

부정축재환수절차법(不正蓄財還收節次法) 1961년 법률 753호. 부정축재처리법에 의하여 확인 통고된 還收金·追徵金·罰科金·沒取金·賠償金 등 還收債權을 확보하는 조치와 그 징수의 신속한 집행을 도모하기 위하여 제정된 법률. 환수처리기관으로서 부정축재환수처리위원회를 설치하고(2), 부정축재기업체의 감독, 환수채권보전에 관한 조치, 환수재산의 평가, 환수채권의 강제징수, 납기내납부에 대한 특혜조치 및 납부재산의 국유화 등에 관하여 규정하였다.

북방국가(北方國家)**와의 통상**(通商)**에 관한 요령**(要領) 1990년 12월 3일 상공부告示 90-38호. 對外貿易法, 북방교류협력에 관한 기본지침 및 북방경제교류조정에 관한 지침에 의거하여 북방국가와의 통상에 관한 사항을 정함으로써 通商秩序를 유지하고 상호간의 經濟協力을 효과적으로 추진하는데 그 목적으로 함을 정한 법령.

북한이탈주민(北韓離脫住民)**의 보호**(保護) **및 정착지원**(定着支援)**에 관한 법률**(法律) 1997년 법률 5259호. 이 법은 軍事分界線 이북지역에서 벗어나 대한민국의 보호를 받고자 하는 북한주민이 정치·경제·사회·문화 등 모든 생활영역에 있어서 신속히 적응·정착하는데 필요한 보호 및 지원에 관한 사항을 규정함을 목적으로 제정한 법률. 이 법은 적용범위(3), 기본원칙(4), 보호기준 등(5), 북한이탈주민대책위원회(6), 보호에 관한 사항(7~9), 정착지원시설의 설치·보호(10~11), 기타 여러 제반사항 등을 규정한 全文 33조 부칙으로 되어 있다.

불교재산관리법(佛敎財産管理法) → 전통사찰보존법

비료관리법(肥料管理法) 1995년 법률 5019호 전문개정. 비료의 품질을 보전하고 수급의 원활과 가격안정을 기하여 農業生産力의 유지·증진을 도모하고자 비료의 생산·거래·관리 등에 관하여 정한 법. 비료의 종류별 공정규격(4), 수급계획(5), 농업환경보호 및 비료개발(6), 공급(7), 비료최고판매가격의 지정(9), 보증표시 부정사용금지(15), 품질검사(18) 등을 정하고 있다.

비상대비자원관리법(非常對備資源管理法) 1984년 법률 3745호. 전시·사변 또는 이에 준하는 비상시에 있어서 국가의 인력·물자 등 자원을 효율적으로 활용할 수 있도록 이에 대비한 계획의 樹立·資源調査 및 訓練 등에 관하여 필요한 사항을 규정함을 목적으로 제정된 법률. 이 법률은 비상대비기관(4~6), 비상대비조치(7~13), 비상대비훈련(14~19), 보칙과 벌칙, 부칙 등에 관하여 규정하고 있다.

비송사건절차법(非訟事件節次法) 1991년 법률 4423호 전문개정. 본법 시행전에는 朝鮮民事令 1조 18호에 의하여 일본의 비송사건수속법(日명치 31년 법률 10호)이 사용되었었다. 본법은 대체로 독일의 비송사건절차법(1898년)을 계수한 일본의 非訟事件手續法을 따른 것이다. 그 제1편은 총칙이라 하여 본법의 적용범위, 관할, 관계인, 심문절차, 재판, 비용 등을 개괄규정하고, 제2편은 民事訴訟事件이라 하여 법인에 관한 사건, 신탁에 관한 사건, 재판상의 대위에 관한 사건, 보존공탁, 보관 및 감정에 관한 사건, 법인과 부부재산약정의 등기 등을 규정하고, 제3편은 商事非訟事件이라 하여 會社와 競賣에 관한 사건, 社債에 관한 사건, 회사의 청산에 관한 사건 및 상업등기를 규정하고, 제4편에서는 잡칙이라 하여 민사법 중에서 규정한 과태료를 과하는 절차를 규정하고 있다.

≫ ㅅ ≪

사격(射擊) **및 사격장단속법**(射擊場團束法) 1980년 법률 3226호. 사격과 사격장을 단속하여 公安上 危害를 미연에 방지하기 위하여 제정된 법률. 사격이라 함은 총기를 사용하여 실탄을 발사하는 일체의 행위를 말하고, 사격장이라 함은 사격을 하는 특정의 장소를 말한다(2). 동법은 사격장 이외의 장소에서의 사격금지(4), 사격장설치허가(6) 및 그에 대한 제한(8), 사격의 제한(13), 수수료(20), 벌칙(22~25) 등에 관하여 규정하고 있다.

사관학교설치법(士官學校設置法) 1955년 374호. 사관학교의 설치(1), 修業年限(2), 입학자격(3), 교과(4), 校長과 公務員의 임명(5) 및 졸업생에 대한 소위임명과 이학사·문학사·공학사 학위수여 등에 관하여 규정한 법률.

사내근로복지기금법(社內勤勞福祉基金法) 1991년 법률 4391호. 사업주로 하여금 사업의 이익의 일부를 재원으로 사내근로복지기금을 설치하여 이를 효율적으로 관리·운영하게 함으로써 근로자의 生活安定과 福祉增進에 이바지하게 함을 목적으로 제정된 법률. 이 법은 全文 31조 부칙으로 구성되었다.

사도법(私道法) 1961년 법률 872호. 사도의 설치·관리·사용 및 구조에 관한 사항을 규정한 법률. 사도 중에는 공원·광구·공장 기타 동일한 시설내에 설치된 도로와 5호 이내의 사용에 공하는 도로 및 법률에 의하여 설치되는 도로에는 이 법을 적용하지 않는다(3). →사도

사료관리법(飼料管理法) 1981년 법률 3396호. 사료의 수급 및 가격의 안정을 도모하고 그 물질향상을 기하여 畜産業의 발전에 기여하게 하기 위하여 제정된 법률. 사료를 단미사료·배합사료 및 보조사료로 구분하고(2ⅰ), 농림부장관의 사료의 需給調節·價格安定措置權을 인정하며(5, 6), 배합사료와 보조사료의 제조업도 농림부장관의 허가(9Ⅰ), 단미사료의 제조업은 시·도지사에게 등록(9Ⅱ)하도록 하고, 사료판매업의 신고(10), 공정규격의 설정(11), 사료성분등록사항의 표시(13), 유해사료의 제조·수입·판매의 금지(14) 및 사료의 검사(15) 등에 관하여 규정하고 있다.

사료(史料)**의 수집**(蒐集) **및 보존**(保存)**등에 관한 법률**(法律) 1987년 법률 3976호. 우리나라의 역사를 연구하고 그 체계를 정립함에 필요한 각종 史料의 조사·수집·보존·편찬 및 발간을 원활하게 함으로써 國史硏究의 심화와 체계적인 발전에 기여함을 목적으로 제정된 법률. 이 법률은 全文 18조 부칙으로 구성되어 있다.

사립학교교원연금법(私立學校敎員年金法) 1973년 2650호. 사립학교교장의 건강진단·질병·부상·폐질·분만·퇴직 또는 사망에 대하여 적절한 급여를 행하게 하고, 교원 및 그 유족에 대한 經濟的 生活安定과 福祉向上을 기하도록 하려는 법률. 이 법의 적용범위, 사립학교교원연금관리공단(4~30), 재직기간(31, 32), 급여의 결정, 급여액산정, 유족의 우선순위, 다른 법령에 의한 급여와의 조정, 공무원연금법의 준용(33~42), 비용부담, 개인부담금, 국가부담금, 법인부담금, 전출시부담금 및 강제징수(43~52), 심사청구(53), 시효(54), 戰時·事變時의 특례(59), 국고보조 및 벌칙규정(62) 등을 두고 있다.

사립학교법(私立學校法) 1963년 법률 1362호. 사립학교의 設立·經營에 관하여 정한 법률. 사립학교에 대한 관할청(4), 사립학교설립자로서의 학교법인의 설립·기관·재산·회계·감독(5~48), 사립학교경영자(49~51), 사립학교교원(52~69) 등에 관하여 규정하고 있다. →사립학교

사면법(赦免法) 1948년 법률 2호. 헌법 79조 3항의 규정에 의하여 赦免·減刑 및 復權에 관하여 규정한 법률. 全文 27조 부칙으로 됨. 사면·감형 및 복권의 대상·절차와 효과 등에 관하여 규정하였다.

사무관리규정(事務管理規程) 1991년 대통령령 13390호. 행정기관의 事務管理에 관한 사항을 규정함으로써 사무의 간소화·표준화 및 과학화를 기하여 행정의 능률을 높임을 목적으로 정한 법령. 이 영은 적용범위(2), 公文書管理(7∼34), 관인관리(35∼41), 보고사무(42∼54), 협조사무(55∼69), 서식관리(70∼77), 자료관리(78∼84), 업무편람(90∼100), 사무자동화(101∼110), 사무환경(111∼116), 보칙(117∼118), 부칙 등을 규정하고 있다.

사방사업법(砂防事業法) 1994년 법률 4748호 전문개정. 국토의 황폐화를 방지하고 이를 보전하여 공공이익의 증진과 산업발전에 기여함을 목적으로 砂防地의 지정, 사방사업의 시행, 砂防施設의 관리, 費用負擔과 수입 등을 규정하고 있는 법률. 사방사업을 국가가 시행하나 지방자치단체나 공공조합 또는 私人도 산림청장의 승인을 얻어 사방사업을 시행할 수 있다(6).

사법경찰관리(司法警察官吏)**의 직무**(職務)**를 행**(行)**할 자**(者)**와 그 직무범위**(職務範圍)**에 관한 법률**(法律) 1956년 법률 380호. 형사소송법 197조의 규정에 의거, 山林·專賣·行刑·出入國·軍搜査機關 기타 특별한 사항에 관하여 사법경찰관리의 직무를 행할 자와 그 직무의 범위를 정한 법률. 검찰서기와 검찰서기보, 교도소장·구치소장·소년원장·소년감별소장 및 출입국관리에 종사하는 공무원, 산림보호에 종사하는 공무원, 항공기승무원, 검사장의 지명에 의한 사법경찰관리 등의 사법경찰관직무 또는 사법경찰관직무를 행할 자를 구분하고, 직무범위와 수사관할, 선장·해원·정보수사요원·군사법경찰관리의 직무범위 등에 관하여 규정하고 있다.

사법서사법(司法書士法) →법무사법

사법시험령(司法試驗令) 1970년 대통령령 4979호. 판사·검사·변호사 또는 군법무관이 되려는 자에게 필요한 능력과 학식의 유무를 검정하기 위한 司法試驗에 관하여 규정한 대통령령. 全文 23조 부칙으로 구성되었는 바, 사법시험의 실시기관, 응시자격, 시험방법, 수험절차, 시험과목, 시험의 합격결정 등에 관하여 규정하고 있다.

사설강습소(私設講習所)**에 관한 법률**(法律) →학원의 설립·운영에 관한 법률

사행행위등규제(射倖行爲等規制) **및 처벌특례법**(處罰特例法) 1991년 법률 4339호 전문개정. 건전한 국민생활을 저해하는 과도한 射倖心의 유발을 방지하고 선량한 풍속을 유지하기 위하여 사행행위관련 영업의 지도와 규제에 관한 사항을 정한 법률. 사행행위는 경찰청장의 허가를 받아 하여야 한다(4∼8). 사행기구를 제조하고자 할 경우에도 경찰청장의 허가를 받아야 한다(13).

사회간접자본시설(社會間接資本施設)**에 대한 민간자본유치촉진법**(民間資本誘致促進法) 1994년 법률 4773호. 사회간접투자시설 분야에 민간의 참여를 촉진하여 창의적이고 효율적으로 사회간접자본시설을 확충·운영하도록 하기 위하여 다양한 사회간접자본시설에 공통적으로 적용될 수 있는 민간자본유치의 절차와 방법, 수익성과 경영권의 보장 및 租稅減免 등 각종 지원에 관한 사항을 규정함으로써 원활한 社會間接資本施設事業의 추진이 가능하도록 하여 국토의 균형개발, 산업의 경쟁력 강화 및 국민생활의 편익증진을 도모하려는 목적으로 제정된 법률. 이 법은 사회간접자본시설사업(6∼39), 감독(40∼43), 보칙(44∼53), 벌칙(54∼58) 등과 부칙으로 구성되어 있다.

사회교육법(社會教育法) 1982년 법률 3648호. 모든 국민에게 평생을 통한 사회교육의 기회를 부여하여 국민의 자질을 향상하게 함으로써 國家社會의 발전에 기여함을 목적으로 제정된 법률. 이 법은 적용범위(3), 기회균등 및 자율성의 보장(4), 국가 및 지방자치단체의 임무(11∼16), 전문요원(17∼20), 사회교육시설(21∼23), 학교 및 대중매체와 사회교육(24∼27), 보칙과 부칙 등에 관하여 규정하고 있다.

사회보장기본법(社會保障基本法) 1995년 법률 5134호. 사회보장에 관한 국민의 권리와 국가 및 지방자치단체의 책임을 정하고 社會保障制度에 관한 기본적인 사항을 규정함으로써 국민의 복지증진에 기여함을 목적으로 제정된 법률. 이 법은 1963년 제정된 사회보장에 관한 법률을 폐지하고 우리나라의 경제·사회의 발전수준과 국민의 福祉欲求에 부합하는 사회보장제도를 확립하는데 그 목적이 있다.

사회보호법(社會保護法) 1980년 법률 3286호. 再犯의 위험성이 있고 또한 특수한 교육개선이나 치료가 필요하다고 인정되는 자에게 保護處分을 함으로써 사회복귀를 촉진하고 사회를 보호하기 위하여 제정된 법률. 보호처분의 종류와 내용(5∼11), 절차(12∼21), 집행(22∼31), 사회보호위원회(32∼35의 2), 시효(36∼42의 2), 실효(39), 감호사건의 관할(4) 등을 정하고 있다.

사회복지공동모금법(社會福祉共同募金法) 1997년 법률 5317호. 사회복지사업을 지원하기 위하여 국민의 자발적인 성금으로 공동모금된 財源을 효율적으로 관리·운용함으로써 社會福祉의 증진에 이바지함을 목적으로 제정된 법률. 이 법은 全文 23조 부칙으로 구성되어 있다.

사회복지사업법(社會福祉事業法) 1997년 법률 5358호. 社會福祉事業에 관한 기본적 사항을 규정하여 사회복지를 필요로 하는 사람의 인간다운 생활을 할 권리를 보장하고 사회복지의 전문성을 높이며, 사회복지사업의 공정투명·적정을 기함으로써 사회복지의 증진에 이바지함을 목적으로 제정된 법률. 이 법은 사회복지사업에 관한 중요사항을 심의 또는 건의하는데 필요한 사회복지위원회를 특별시, 광역시, 도 및 시·군·구에 각각 설치한다. 그리고 국가와 지방자치단체는 복지증진의 책임을 진다. 이 법률은 총칙(1장), 사회복지법인(2장), 사회복지시설(3장), 보칙(4장), 벌칙(5장)등과 부칙에 관하여 규정하고 있다.

사회안전법(社會安全法) → 보안관찰법

삭도·궤도법(索道·軌道法) 1977년 법률 3087호. 궤도사업법을 폐지하고, 동법에 의한 궤도사업 외에 새로이 삭도사업을 흡수하여 이들에 관한 일반규정을 정한 법률. 事業免許와 그 사업에 관한 각종 認可(4, 7, 14, 17~19), 사업자의 의무(8, 11~13, 20 등) 기타 건설교통부장관의 감독(30, 32) 등을 정하고 있다.

산림법(山林法) 1980년 법률 3232호 전문개정. 산림에 관한 기본원칙을 정하여 산림의 保護育成과 經濟的 資源增殖 및 公益的 機能의 증진을 도모하기 위하여 제정된 법률. 산림의 구분(3), 산림자원의 조성과 감독(6~55), 보안림·천연보호림 등(56~70), 국유림의 관리·처분 및 産物賣却(71~ 89), 산림의 보호(90~103), 산림개발기금과 재정지원(104~109), 임야의 매매(110~112의 2), 산림보호 등(113, 114)에 관한 규정을 두고 있다. 산림조합에 관한 사항은 따로 산림조합법을 제정하고, 임산물단속에 관한 법률과 산림개발법을 폐지하였다(附則 2).

산림조합법(山林組合法) → 임업협동조합법.

산업교육진흥법(産業教育振興法) 1995년 법률 4880호 전문개정. 산업교육이 국가경제 발전과 국민생활향상의 기초임에 비추어, 산업교육을 통하여 근로정신을 함양하고 産業技術을 습득시켜 창조능력을 배양함으로써, 國民經濟의 발전에 이바지할 수 있는 산업인력의 양성에 필요한 산업교육의 진흥을 도모함을 목적으로 제정된 법률. 국가의 임무, 산업자문, 실험·실습시설의 확보, 실험·실습비에 대한 특별조치, 실과교원의 자격·정원·대우·교육과정 및 신기계공급(2~13)과, 산업교육심의회(14), 국가 및 지방자치단체의 부담(18~23) 등에 관하여 규정하고 있다.

산업기술기반조성(産業技術基盤造成)**에 관한 법률**(法律) 1994년 법률 4824호 전문개정. 공업·광업 및 에너지産業의 발전을 위한 技術基盤을 조성하고 공업·광업 및 에너지산업의 경쟁력 강화에 기여하는 사업의 지원을 위하여 필요한 사항을 규정함으로써 국민경제의 발전에 이바지함을 목적으로 제정된 법률. 이 법은 기술시책의 강구, 기술기반 조성사업, 기술인력의 교육·훈련 등, 산업정보의 안전관리 등, 기술연구 시설 등의 확충, 기술진단·지도의 실시, 산업기반 기금의 사용 등, 한국산업기술평가원의 설립 등, 전문생산기술연구소의 설립, 한국공학한림원의 설립 등과 벌칙 등을 규정하고 있다.

산업기술연구조합육성법(産業技術研究組合育成法) 1986년 법률 3851호. 산업기술의 연구개발과 선진기술의 도입·보급 등을 협동적으로 수행하기 위한 산업기술연구조합의 설립과 그 육성에 관하여 필요한 사항을 정하여 이를 지원함으로써 산업기술의 향상을 통한 國民經濟의 발전에 이바지함을 목적으로 제정된 법률. 이 법은 全文 21조 부칙으로 구성되어 있다.

산업기지개발촉진법(産業基地開發促進法) → 산업입지 개발에 관한 법률

산업(産業)**디자인진흥법**(振興法) 1996년 법률 5214호. 산업디자인분야에 대한 정부의 지원을 확대하고 그에 대한 보호를 강화함으로써 동분야가 國民經濟의 開放化·國際化 추세에 능동적으로 대응할 수 있도록 하고 나아가 우리 산업의 국제경쟁력의 강화에 이바지함을 목적으로 제정된 법률. 이 법은 全文 20조 부칙으로 구성되어 있다.

산업발전법(産業發展法) 1999년 법률 5825호. 산업의 경쟁력을 강화하고 균형있는 산업발전을 도모하여 산업구조의 고도화를 촉진함으로써 국민경제의 발전에 이바지함을 목적으로 제정된 법률. 총칙, 산업의 경쟁력 강화, 기업구조조정전문회사, 산업기술 및 생산성의 향상, 산업기반기금, 국제산업협력의 증진, 산업발전심의회, 보칙 등 全文

44조 부칙으로 구성되어 있다.

산업설비수출촉진법(産業設備輸出促進法) → 대외무역법

산업안전보건법(産業安全保健法) 1990년 법률 4220호 전문개정. 産業安全·保健에 관한 기준을 확립하고 그 책임의 소재를 명확하게 하여 산업재해를 예방하고 쾌적한 작업환경을 조성함으로써 근로자의 안전과 보건을 유지·증진함을 목적으로 하는 법률.

산업입지(産業立地) **및 개발**(開發)**에 관한 법률**(法律) 1990년 법률 4216호. 産業立地의 원활한 공급과 산업의 합리적 배치를 통하여 균형있는 국토개발과 지속적인 産業發展을 촉진함으로써 국민경제의 건전한 발전에 이바지함을 목적으로 제정된 법률. 이 법에 의해 산업기지개발촉진법과 지방공업개발법은 폐지되었다. 이 법은 총칙(1장), 공업입지개발지침(2장), 공업단지의 지정(3장), 공업단지의 개발(4장), 공업단지 외의 지역에서의 공장입지(5장), 보칙(6장) 등과 부칙에 관하여 규정하고 있다.

산업재해보상보험법(産業災害補償保險法) 1994년 법률 4826호 전문개정. 사회보장에 관한 법률 및 근로기준법에 의하여 産業災害補償保險事業을 행함으로써 근로자의 업무상의 재해를 신속·공정하게 보상하고 이에 필요한 보험시설을 설치·운영하여 재해예방 기타 근로자의 복지증진을 위한 사업을 행함으로써 근로자의 보호에 이바지함을 목적으로 제정된 법률. 이 법은 보험사업의 관장기관과 산업재해보상심의위원회 설치, 보험가입자, 근로복지공단설치, 보험급여와 보험료, 근로복지사업, 보칙 등에 관하여 규정하였다.

산업표준화법(産業標準化法) 1992년 법률 4528호. 적정하고 합리적인 産業標準을 제정·보급함으로써 광공업품의 品質高度化 및 동제품 관련서비스의 향상, 生産效率의 향상, 生産技術革新을 기하며 거래의 단순·공정화 및 소비의 합리화를 통하여 산업경쟁력을 향상시키고 국민경제발전에 이바지함을 목적으로 제정된 법률. 이 법률은 全文 43조 부칙으로 구성되어 있다.

상공회의소법(商工會議所法) 1952년 법률 274호. 상공업의 개선·발전과 국민경제의 성장을 도모하고 아울러 國際經濟의 진전에 기여하기 위하여 상공회의소 및 대한상공회의소의 조직과 운영에 관한 사항을 규정한 법률. 총칙에서 이 법의 목적, 상공회의소와 대한상공회의소의 법인격, 건의와 답신, 사업의 범위를 명시하고, 제2장에서 상공회의소의 목적·회원·설립과 의원의 선거, 의원의 임기, 의원총회의 결의사항, 임원, 사무국, 회비, 상공회의소의 해산 등에 관하여 규정하였으며, 제3장에서는 대한상공회의소의 목적, 설립, 회원, 의원총회, 임원, 회비 등에 관하여 규정하고 있다.

상 법(商法) 1962년 법률 1000호. → 상법

상법시행법(商法施行法) 1962년 법률 1213호. 상법시행에 따르는 經過規定을 중심으로 하는 時際法. 全文 61조 부칙으로 되어 있다.

상법(商法)**의 일부규정**(一部規定)**의 시행**(施行)**에 관한 규정**(規程) 1984년 대통령령 11485호. 상법 9조, 33조 4항, 125조, 337조 2항, 447조의2 2항 단서의 규정의 시행에 관하여 필요한 사항을 정함을 목적으로 제정된 법률. 이 법령은 全文 7조 부칙으로 구성되어 있다.

상속세(相續稅) **및 증여세법**(贈與稅法) 1996년 법률 5193호 전문개정. 상속세 및 증여세의 賦課·徵收에 관하여 정한 법률. 이 법은 상속세 과세대상, 증여세 과세대상·납부의무(1~3), 상속세의 과세표준과 세액의 계산(7~30), 증여세의 과세표준과 세액의 계산(31~59), 재산의 평가(60~66), 신고와 납부(67~75), 결정과 경정(76~79), 보칙(80~86)과 부칙을 규정하고 있다.

상표등록령(商標登錄令) 1973년 대통령령 6981호. 商標의 登錄에 관하여 필요한 사항을 규정한 대통령령. 상표에 관한 등록을 할 사항, 예고등록과 부기등록을 할 사항, 상표원부, 등록신청과 직권등록, 등록신청서의 기재사항과 첨부서류, 상표권이전의 등록, 등록신청의 각하, 등록의 말소 등에 관하여 규정하고 있다.

상표법(商標法) 1990년 법률 4201호 전문개정. 商標를 보호함으로써 상표사용자의 業務上의 신용유지를 도모하여 산업발전에 이바지함과 아울러 수요자의 이익을 보호할 목적으로 제정된 법률. 상표등록요건과 상표등록출원(2장), 심사(3장), 상표등록료 및 상표등록 등(4장) 및 상표권(5장), 상표권자의 보호(6장), 심판(7장), 재심 및 소송(8장), 보칙(9장), 벌칙(10장) 등을 규정하고 있다.

상품권법(商品券法) 1994년 법률 4700호 전문개정. 상품권의 발행과 償還 등에 관하여 필요한 사항을 규정함으로써 商品券流通의 건전한 질서를 확립하고 消費者의 권익의 보호함을 목적으로

제정된 법률. 상품권의 정의와 종류(2, 4), 상품권의 발행(5~17), 상품권소유자의 권리 및 권리실행(18~24), 보칙과 벌칙 등을 규정하고 있다.

상호신용금고법(相互信用金庫法) 1972년 법률 2333호. 庶民과 소규모기업의 金融便宜와 貯蓄增大에 이바지할 상호신용금고를 건전한 지역 금융기관으로 육성하여 이를 합리적으로 규제함으로써 信用秩序의 확립에 기여함과 아울러 去來者를 보호함을 목적으로 제정된 법률. 종래 국민은행법에 위배하여 사실상 영위되어오던 私設無盡業을 양성화한 것으로서 상호신용금고의 형태, 자본금, 영업의 인가, 업무, 재정경제부장관의 감독, 상호신용금고연합회와 상호신용보증기금의 설립 및 설치, 은행법·국민은행법 등의 적용배제 등에 관하여 규정하고 있다. → 상호신용금고

상훈법(賞勳法) 1967년 법률 1885호 전문개정. 內外國人으로서 대한민국에 공로가 뚜렷한 자에 대한 敍勳에 관한 사항을 규정하기 위하여 제정된 법률. 서훈의 원칙, 重敍禁止, 서훈의 추천, 치탈 등을 규정한 총칙과 아울러 훈장과 포상의 종류·등급, 수여, 패용, 벌칙 등에 관하여 규정하고 있다.

새마을금고법(金庫法) 1989년 법률 4152호 전문개정. 국민의 자주적인 協同組織을 바탕으로 우리나라 고유의 상부상조정신에 입각하여 資金의 조성 및 이용과 회원의 경제적·사회적·문화적 지위의 향상 및 地域社會를 통한 건전한 국민정신의 함양과 국가경제발전에 기여함을 목적으로 제정된 법률. 이 법률의 내용은 총칙(1장), 금고(2장), 연합회(3장), 감독(4장), 보칙(5장), 벌칙(6장)과 부칙 등으로 되어 있다.

새마을운동조직육성법(運動組織育成法) 1980년 법률 3269호. 새마을運動組織을 지원·육성하기 위하여 제정된 법률. 새마을 운동조직은 새마을운동중앙본부와 그 산하조직인 새마을지도자중앙협의회·새마을부녀회중앙연합회·직장새마을운동중앙협의회·공장새마을운동추진본부·기능새마을운동중앙협의회 기타 새마을운동기관조직 및 그 계선조직으로서 주무부관청의 인가를 받아 설립된 법인으로 하고(2), 국가·지방자치단체의 새마을운동조직에의 출연금 및 보조금의 교부(3), 국·공유재산의 대부(4), 조세감면(5) 등을 규정하고 새마을운동중앙본부의 각급행정기관에의 새마을운동요원의 파견요청(6), 새마을운동조직의 국가기관 등에의 자료제공요청(7)에 관한 규정을 두고 있다.

생명공학육성법(生命工學育成法) 1983년 법률 3718호. 유전자 재조립·세포융합·핵치환 등의 기술과 발효기술·세포배양기술 등을 사용하여 生命科學産業發展을 도모하는 학문과 기술인 유전공학의 연구기반을 조성하여 遺傳工學을 보다 효율적으로 육성·발전시키고 그 개발기술의 산업화를 촉진하여 국민경제의 건전한 발전에 기여하게 하려는 목적으로 제정된 법률. 이 법은 全文 20조 부칙으로 구성되어 있다.

생활보호법(生活保護法) 1982년 법률 3623호 전문개정. 생활유지의 능력이 없거나 생활이 어려운 자에게 필요한 보호를 행하여 이들의 最低生活을 보장하고 自活을 조성함으로써 사회복지의 향상에 기여함을 목적으로 하는 법률. 생계보호·의료보험·자활보호·교육보호·解産保護·喪葬保護 등의 6종의 보호종류(7)와 이러한 종류의 보호를 위한 보호시설(25)이 있다. → 구빈제도

석유사업법(石油事業法) 1995년 법률 5092호 전문개정. 석유의 需給 및 價格의 안정을 기하고 石油製品의 적정한 품질을 확보함으로써 국민경제의 발전과 국민생활의 향상에 이바지함을 목적으로 하는 법률. 산업자원부장관의 석유수급계획수립, 석유정제업의 허가 및 허가기준, 석유수입업의 신고, 석유판매업의 허가, 사업의 폐지, 석유판매가격의 최고액 또는 최저액의 결정 및 고시, 석유사업기금, 산업자원부장관의 석유제조업자·석유수입업자·석유판매업자에 대한 사업조정과 석유배정명령 및 석유배급조치 등에 관하여 규정하고 있다.

석유화학공업육성법(石油化學工業育成法) → 공업발전법

석탄산업법(石炭産業法) 1986년 법률 3807호. 石炭資源의 합리적인 개발과 효율적인 이용을 위하여 석탄산업을 건전하게 육성·발전시키고 석탄 및 석탄가공제품의 需給安定과 流通의 원활을 기하며 탄광지역의 진흥사업을 원활히 추진함으로써 국민경제의 균형발전과 국민생활의 향상에 이바지함을 목적으로 하는 법률. 이 법률에 의하여 석탄개발임시조치법, 석탄산업육성에 관한 임시조치법 및 石炭需給調整에 관한 임시조치법이 폐지되었다.

선거관리위원회법(選擧管理委員會法) 1987년 법률 3938호 전문개정. 헌법 114조 7항의 규정에 의하여 選擧와 國民投票의 공정한 관리와 政黨에 관한 사무를 관장하는 선거관리위원회의 조직과 그 직무에 관한 사항을 정한 법률. 全文 20조 부칙으로 된 이 법률은 선거관리위원회의 종류·직

무, 그 위원의 임명 및 위탁 등을 비롯하여 시·도 선거관리위원회급 이상의 선거관리위원회의 상임위원에 관한 사항 및 위원회의 의사·의결정족수와 위원의 신분보장 등에 관하여 규정하고 있다.

선물거래법(先物去來法) 1995년 법률 5041호. 선물거래가 공정하고 원활하게 이루어지도록 하여 委託者 및 投資者를 보호하고 先物業의 육성 및 선물시장의 발전을 도모함으로써 국민경제의 발전에 이바지함을 목적으로 제정한 법률. 이 법은 총칙(1장), 선물거래소(2장), 선물거래(3장), 선물업(4장), 선물거래위원회(5장), 선물협회(6장), 감독(7장), 보칙(8장), 벌칙(9장) 등을 규정하고 있다.

선박등기법(船舶登記法) 1963년 법률 1331호. 船舶法 8조 4항의 규정에 의하여 선박의 登記에 관한 사항을 정한 법률(1). 본법은 20톤 미만의 船舶과 端舟·櫓櫂船에는 적용되지 않으며(2), 본법에 의하여 등기할 사항은 소유권·저당권·임차권이다(3). 全文 6조 부칙 3조로 구성되어 있다.

선박법(船舶法) 1982년 법률 3641호 전문개정. 선박의 國籍에 관한 사항과 1969년 선박톤수측정에 관한 國際協約이 효력을 발생하게 됨에 따라 그 시행에 필요한 사항 기타 선박톤수의 측정에 관한 사항을 규정함으로써 海事에 관한 제도의 적정한 운영과 海上秩序의 유지를 확보하여 국가권익을 보호하고 국민경제의 향상에 기여함을 목적으로 하는 법률.

선박소유자(船舶所有者) **등의 책임제한절차**(責任制限節次)**에 관한 법률**(法律) 1991년 법률 4471호. 상법 746조 내지 752조의 2의 규정에 의한 선박소유자 등의 責任制限의 節次에 관하여 필요한 사항을 규정함을 목적으로 제정된 법률. 선박소유자 등의 이른바 총체적 책임제한의 항변을 허용하는 전제조건으로서 法定責任制限基金을 먼저 관할 법원에 供託, 형성하게 함으로써 재산적 손해를 부담하는 채권자와 責任制限主體인 채무자의 공평한 대우에 합당한 제도를 마련하고, 特定法院에서 이를 일괄 배당하게 함으로써 채권자마다 서로 다른 법원에 소송을 제기함에 따른 無用의 비용과 시간의 낭비를 방지하여 訴訟經濟를 도모하려는 것이라 할 수 있다.

선박안전법(船舶安全法) 1961년 법률 919호. 선박으로 하여금 堪航性을 保持하고 인명과 재화의 안전보장에 필요한 시설을 하게 함으로써 海上에 있어서의 여러 위험을 방지함을 목적으로 제정된 법률. 구조선선박안전령(1935년 훈령 1호)에 대치된 법률.

선박적량측정법(船舶積量測定法) → 선박법

선박직원법(船舶職員法) 1983년 법률 3715호 전문개정. 구조선선박직원령(1913년 훈령 10호)에 대치된 법률. 船舶航行의 안전을 기하기 위해 선박직원으로서 선박에 승무할 자의 자격을 규정하고, 선박직원이 되고자 하는 자는 해양수산부장관의 海技士免許를 받아야 하며, 해기사의 면허는 해기사국가시험에 합격한 자에 대하여 수여된다(4, 5).

선원법(船員法) 1984년 법률 3751호 전문개정. 구조선선원령(1943년 훈령 4호)에 대치된 법률. 선원의 職務와 紀律을 확립함으로써 船內의 질서를 유지하고 선원의 근로조건을 정함으로써 선원의 기본적 생활을 보장·향상시킴을 목적으로 하는 법률(1). 본법에서 선원이라고 하는 것은 임금을 받을 목적으로 배안에서 근로를 제공하기 위하여 고용된 자를 말하며 선박에 승무하는 선장·해원과 예비원을 말하며, 이 경우의 선박에는 ① 총톤수 5톤 미만의 선박, ② 호·강 또는 항내만을 항행하는 선박, ③ 총톤수 30톤 미만의 어선으로서 해양수산부령이 정하는 선박은 제외된다.

선원보험법(船員保險法) 1962년 법률 964호. 선원보험법을 조선에 시행하는 건(1940년 日勅令 65호)에 대치된 법률. 선원에 대한 保險制度를 실시하여 선원과 그 가족의 복지증진에 기여함을 목적으로 한다. 선원보험은 피보험자 또는 피보험자이었던 자의 질병·부상·노령·폐질·탈퇴 또는 사망에 관하여 保險給與를 하는 것으로 되어 있으며, 정부가 이를 관장한다(2, 3).

섭외사법(涉外私法) 1962년 법률 966호. 우리나라의 國際私法에 관한 單行法典. 全文 3개장 47개조로 되어 있다. 섭외사법이 채용하고 있는 국제사법상의 특색으로서는, ① 법률관계에 관하여 그 성질에 따라서 적용할 법률을 정한 것, 즉 이른바 法律關係性質說을 채용한 것, ② 원칙적으로 이른바 完全雙方的 抵觸規定의 형식을 가지고 있는 것, ③ 屬人法으로서 本國法主義를 채용한 것, ④ 국제민법과 국제상법을 통일적으로 규정한 것 등을 들 수 있다.

성업공사령(成業公社令) 1969년 대통령령 4250호. 韓國産業銀行法의 규정(53의 3)에 의하여 성업공사에 관하여 필요한 사항을 정한 대통령령. 成業公社란 한국산업은행으로부터 융자를 받은 기업체 중 한국산업은행이 계속 융자 또는 투자함이 적합하지 아니하다고 인정되는 기업체에 대한 한국산업은행의 채권과 한국산업은행의 채권의 辨濟를 받기 위하여 인수한 물건을 정리하기 위하여 설립된 법인이다(韓國産業銀行法 53의3 Ⅰ·Ⅱ). 그 자본금은 그 설립일에 승계한, 재정부장관이 지정하는 한국산업은행의 채권과 재산의 가액으로 하는데, 그 全額이 承繼日字로 한국산업은행으로부터 출자된 것으로 한다(53의3 Ⅲ·Ⅳ·Ⅴ). 임원으로는 사장(1인)·부사장(1인)·이사(3인)·감사(1인)가 있다(成業公社令 5). 그 업무는 한국산업은행으로부터 계승한 채권과 재산의 보전·추심·처분, 금융기관으로부터 회수위임을 받은 채권의 보전·추심 및 이에 부대하는 업무로서 재정경제부장관의 승인을 얻은 업무이다(12). 그 사업연한은 정부의 회계연도에 의하고(13), 그 예산·결산·회계는 정부의 승인·검사를 받아야 하고(14, 18), 기타 성업공사는 재정경제부장관의 감독을 받는다(19). 성업공사의 재산과 업무에 대하여는 국가 또는 지방자치단체의 세금과 부과금을 면제한다(韓國産業銀行法 53의3 Ⅶ).

성폭력범죄(性暴力犯罪)**의 처벌**(處罰) **및 피해자보호**(被害者保護) **등에 관한 법률**(法律) 1994년 법률 4702호. 性暴力犯罪를 예방하고 그 피해자를 보호하며, 성폭력범죄의 처벌 및 그 절차에 관한 특례를 규정함으로써 국민의 인권신장과 건강한 사회질서의 확립에 이바지함을 목적으로 제정된 법률. 이 법은 국가와 지방자치단체의 의무(3), 피해자에 대한 불이익처분의 금지(4), 성폭력범죄의 처벌 및 절차에 관한 특례(5~22), 성폭력 피해상담소 등(23~34), 벌칙(35~37) 등과 부칙으로 구성되어 있다.

세계무역기구협정(世界貿易機構協定)**의 이행**(履行)**에 관한 특별법**(特別法) 1995년 법률 4858호. 世界貿易機構設立을 위한 마라케쉬협정(WTO협정)이 발효됨에 따라 세계무역기구회원국으로서 우리나라의 이익을 확보하고 협정의 이행으로 인하여 발생할 수 있는 피해를 최소화하여 국민경제의 건전한 발전을 보장하여는 것으로 ① WTO협정의 어느 조항도 세계자유무역체제의 일원으로서 우리의 정당한 經濟的 權益을 침해하는 것으로 해석될 수 없음(2), ② 남·북간의 거래는 民族內部去來로서 협정에 의한 국가간의 거래로 간주하지 않음(5), ③ 정부는 농림수산물의 수입물량이 급증하거나 國際價格이 현저히 하락하는 때에는 협정과 관계법령이 정하는 바에 따라 특별긴급관세를 부과할 수 있음(6), ④ 정부는 협정 발효후 생산통제를 목적으로 한 직접지불·영세농 등을 위한 보조·환경보전을 위한 유기농·耕種農에 대한 보조·농림수산업 재해에 대한 지원·생산과 연계되지 아니하는 所得補助 등에 대한 지원조치를 강구하도록 함(11).

세무사법(稅務士法) 1961년 법률 712호. 稅務行政의 원활과 세무의무의 적정한 勵行을 위한 세무사제도에 관하여 정한 법률. 세무사의 직무·자격·고시·권리의무와 세무사회 등에 관하여 규정하고 있다. 세무절차가 복잡하여 그것을 잘 모르는 납세의무자는 본법에 의하여, 세무사에게 그 납세의무의 이행을 위촉하여 그로 하여금 대리취급케 함으로써 세무사정 등에 있어서의 억울함을 면할 수 있게 되었다.

소개영업법(紹介營業法) → 부동산중개업법

소기업지원(小企業支援)**을 위한 특별조치법**(特別措置法) 1997년 법률 5331호. 소기업의 자유로운 생산활동을 촉진하고 構造改善 및 經營安定을 도모하여 균형있는 국민경제의 발전에 기여함을 목적으로 제정된 법률.

소년법(少年法) 1988년 법률 4057호 전문개정. 反社會性있는 소년에 대해 그 환경의 조정과 性行의 矯正에 관한 保護處分을 행하고 형사처분에 관한 특별조치를 행함으로써 소년의 건전한 육성을 꾀할 목적으로 제정된 법률. 청소년에 관하여는 따로 少年院法이 있다. 역사적으로는 1899년 미국 시카고에 소년법원이 창설된 것을 계기로 하여 그 후 유럽 각국에서 소년법이 제정되었다. 우리나라는 뒤늦게 1942년에 조선소년령(제령 8호)이 제정되어 시행되다가 1958년에 구소련법이 제정되고 현행소년법은 1988년에 개정되었다.

소년원법(少年院法) 1988년 법률 4058호. 소년원과 소년감별소의 조직과 기능 기타 소년의 矯正敎育 등에 관하여 필요한 사항을 정한 법률.

소득세법(所得稅法) 1994년 법률 4803호 전문개정. 소득세의 부과와 징수에 관한 기본적인 사항을 정한 법률. 거주자의 綜合所得, 退職所得 및 山林所得에 대한 납세의무(12~86), 거주자의 양도소득에 대한 납세의무(88~118), 비거주자의 납세의무(119~126), 원천징수(127~159)와 보칙, 부칙 등으로 구성되어 있다.

소방공무원법(消防公務員法) 1982년 법

률 3593호 전문개정. 국가소방관과 지방소방관의 임용·보수·교육·훈련·복무·신분보장 및 상훈과 징계 기타 인사에 관한 사항을 정한 법. 공공의 안녕질서유지에 종사하는 소방관의 직무의 특수성에 비추어 일반직공무원에 관하여 규정한 국가공무원법과 지방공무원법에 대한 특별법으로 제정된 법률.

소방법(消防法) 1991년 법률 4419호 전문개정. 화재를 예방·경계 또는 진압하여 국민의 생명·신체 및 재산을 보호함으로써 공공의 안녕질서의 유지와 사회의 복리증진을 도모하기 위한 법률. 시·도의 소방책임(3), 화재의 예방(4~14), 위험물의 취급(15~29), 소방시설의 기준 및 점검 등(30~43), 소방용기계·기구 등의 제조 및 검정(44~51), 소방설비공사업 등(52~65), 화재의 경계(66~70), 소화활동 등(71~80), 화재의 조사(81~85), 의용소방대 및 청원소방원(86~92), 구급 및 구조(93~94), 소방력기준 등(95~96) 기타 한국소방안전협회 및 한국소방검정공사(97~109), 벌칙(110~119), 부칙 등을 규정하고 있다.

소비자보호법(消費者保護法) 1986년 법률 3921호 전문개정. 消費者의 基本權益을 보호하기 위하여 국가·지방자치단체 및 사업자의 의무와 소비자 및 소비자단체의 역할을 규정함과 아울러 소비자보호시책의 종합적 추진을 위한 기본적 사항을 규정함으로써 消費生活의 향상과 합리화를 기함을 목적으로 하는 법률.

소송촉진(訴訟促進) **등에 관한 특례법**(特例法) 1981년 법률 3361호. 소송의 지연을 방지하고 국민의 권리의무의 신속한 실현과 분쟁처리의 촉진을 위하여 소송절차 등의 특례를 정한 법률. 法定利率의 특례로는 금전채무의 履行判決이 선고된 경우에는 訴狀 또는 이에 준하는 서면이 채무자에게 송달된 날의 翌日부터 은행금리에 상당하는 법정이율이 적용되도록 하고(3), 형사소송에 대하여는 판결선고와 略式命令期間(21, 22), 제1심公判(23), 상소제기 후 판결전 拘禁日數의 산입(24), 제1심 또는 제2심 형사공판절차에서의 특정범죄행위로 인한 物的 被害 및 治療費損害賠償命令制度(25~36) 등에 대하여 광범위한 특례를 정하고 있다.

소액사건심판법(少額事件審判法) 1973년 법률 2547호. 대법원규칙으로 정하는 소액의 민사사건을 간이한 절차에 따라 신속히 처리하기 위하여 민사소송법에 대한 특례를 정한 법률. 전문 16조 부칙으로 된 이 법률은 상고 및 재항고의 제한, 口述 또는 任意出席에 의한 訴提起, 소송대리, 심리절차 및 증거조사상의 諸特則과 調書의 기재생략, 巡廻裁判 등에 관하여 규정하고 있다. → 소액사건

소음·진동규제법(騷音·振動規制法) 1990년 법률 4259호. 공장·건설공사장·도로·철도 등으로부터 발생하는 소음·진동으로 인한 피해를 방지하고 소음·진동을 적정하게 관리·규제함으로써 모든 국민이 靜穩한 환경에서 생활할 수 있게 함을 목적으로 제정된 법률. 이 법은 용어의 정의(2), 상시측정(3), 공장소음·진동의 규제(8~22), 건설소음·진동의 규제(23~27), 교통굉음·진동의 규제(28~38), 생활소음의 규제(39~41), 항공기소음의 규제(42), 방지시설업 등(43~48), 보칙(49~56), 벌칙(57~62) 등을 규정하고 있다.

소청절차규정(訴請節次規程) 1973년 대통령령 4420호. 行政機關所屬公務員의 訴請에 관한 절차를 정한 대통령령. 全文 21조 부칙으로 된 이 영은 소청심사청구의 서식과 절차, 청구서에 흠결이 있는 경우의 보정명령, 소청위원의 기피·회피, 심사의 범위 등에 관하여 규정하고 있다.

소프트웨어개발촉진법(開發促進法) 1995년 법률 4997호 전문개정. 소프트웨어의 개발·이용을 촉진하고 소프트웨어의 산업을 진흥함으로써 國民生活의 향상과 국민경제의 건전한 발전에 이바지하게 함을 목적으로 제정된 법률. 이 법은 용어의 정의(2), 시책의 기본방향(3), 소프트웨어진흥협의회(4), 소프트웨어 개발사업(5), 정보관리와 사업자의 신고(6, 7), 품질보증기준(8), 한국소프트웨어산업협회의 설립(13), 재무상의 조치 등(14), 부칙 등을 규정하고 있다.

소하천정비법(小河川整備法) 1995년 법률 4873호. 하천의 발원이 되는 원천으로서 전국방방곡곡의 마을 주변에 분포되어 각종 용수를 제공하고 용·배수로 등으로 사용되는 등 國民生活과 밀접한 관련을 맺고 있으나 그 동안 법제적인 뒷받침이 미약하여 체계적이고 효율적인 하천관리가 이루어지지 못하여 매년 수해발생의 주요인으로 작용하고 있을 뿐 아니라 각종 쓰레기의 투기 및 축산오·폐수 등의 유입으로 인하여 하천의 환경오염이 심화되는 등 날로 황폐화되어 가고 있는 현실을 감안하여 소하천의 체계적인 정비를 위한 제도적 장치를 마련함으로써 소하천정비에 대한 투자를 촉진시키고 종합적이고 효율적인 관리·운영을 도모하려는 것으로서, ① 소하천은 하천법의 적용 또는 준용을 받지 아니하는 비법정하천으로서 시장·군수 또는 구청장이 그 명칭과 구간을 지정·고시한 것으로 정의함(2), ② 소하천의 정비·유지관리는 시장·군수·구청장이 수행하도록 하고, 그 외의

자가 소하천공사를 시행하는 경우에는 시장·군수 또는 구청장의 허가를 받도록 함(3, 10), ③ 시장·군수·구청장은 새로이 소하천구역으로 편입될 토지가 있을 때에는 당해 토지를 소하천예정지로 지정할 수 있도록 함(4 I), ④ 소하천의 체계적이고 종합적인 정비를 위하여 소하천정비 종합계획과 5년단위의 소하천정비 중기계획을 수립하고, 매년 소하천정비 시행계획을 수립하여 사업을 추진하도록 하며, 소하천정비계획 등의 수립시에는 미리 관계 전문가와 지역주민의 의견을 듣도록 함(6 내지 8, 11), ⑤ 소하천정비의 시행을 위하여 필요한 경우 토지·건축물 등의 수용근거를 마련하고, 관계 중앙행정기관의 장과 시·도지사는 소하천정비 등에 소요되는 비용을 보조할 수 있도록 함(12, 13), ⑥ 소하천의 적정한 관리를 위하여 점용·사용허가 및 허가제한 대상과 소하천점용사용자의 법령위반 또는 공익을 위하여 필요한 경우 등의 처분절차를 정함(14 내지 18), ⑦ 행정자치부장관은 소하천의 정비·보전에 관하여 관리청에 대하여 지도·감독을 할 수 있고, 시·도지사는 필요한 경우 관리청이 행한 처분이나 공사에 대하여 취소·변경 등을 할 수 있도록 함(19), ⑧ 관리청이 이 법에 의한 허가를 함에 있어 공사착수기한 등을 정한 경우 지정된 기일내에 공사착수 등을 하지 아니한 때에는 그 허가효력을 상실하도록 함(20), ⑨ 소하천으로부터 생기는 수익과 비용의 범위 및 징수절차와 공용부담에 따른 손실보상과 기타 폐천부지의 관리에 필요한 사항을 정함(21 내지 25), 기타 ⑩ 소하천의 무단훼손 및 산출물 무단채취 등의 행위에 대하여 벌칙을 정함(27, 28)을 내용으로 한다.

송유관사업법(送油管事業法) 1990년 법률 4215호. 송유관의 계획적인 설치와 송유관사업의 공정한 운영을 통하여 저렴하고 안정적인 石油輸送을 도모하고 송유관사업에 제공되는 시설에 대하여 公共의 安全을 확보함으로써 국민경제의 건전한 발전에 이바지함을 목적으로 제정된 법률. 이 법은 총칙(1장), 송유관건설기본계획(2장), 사업허가(3장), 공사계획과 완성검사(4장), 석유수송(5장), 사업용시설의 완전관리(6장), 보칙과 벌칙 등과 부칙을 규정하고 있다.

수난구호법(水難救護法) 1994년 법률 4793호 전문개정. 조난된 사람과 선박 등의 수색·구조 및 보호에 필요한 사항을 규정하고 해상에 있어서의 수색 및 구조에 관한 국제협약의 내용을 규정함으로써 조난사고로부터 인명과 재산의 보전에 이바지할 목적으로 제정된 법률. 이 법은 총칙(1장), 수난대비계획(2장), 수난구호활동(3장), 수난통신(4장), 구호업무(5장), 표류물 및 침몰품의 처리(6장), 벌칙(7장), 부칙 등을 규정하고 있다. → 해난구조

수도권신공항건설촉진법(首都圈新空港建設促進法) 1991년 법률 4383호. 수도권신공항의 신속한 건설에 필요한 사항을 규정함으로써 首都圈新空港建設事業을 효율적으로 추진하여 급증하는 수도권의 항공수요에 대비하고 나아가 국민경제의 발전에 이바지함을 목적으로 제정한 법률. 이 법은 全文 20조 부칙으로 구성되어 있다.

수도권정비계획법(首都圈整備計劃法) 1994년 법률 4721호. 수도권의 정비에 관한 종합적인 계획의 수립과 시행에 관하여 필요한 사항을 정함으로써 수도권에 과도 집중된 人口 및 産業의 적정배치를 유도하여 수도권의 질서있는 정비와 균형있는 발전을 기함을 목적으로 제정된 법률.

수도법(水道法) 1991년 법률 4429호 전문개정. 수도에 관한 종합적인 계획을 수립하고 수도를 적정하고 합리적으로 설치·관리함으로써 공중위생의 향상과 생활환경의 개선에 이바지할 목적으로 제정된 법률. 수도에는 一般水道·工業用水道 및 專用水道로 구분되고(3 i·vi), 수도사업은 건설교통부장관이 특히 필요하다고 인정하는 경우를 제외하고는 지방자치단체가 아니면 이를 경영할 수 없다(8). 일반수도사업을 경영하고자 하는 자는 건설교통부장관의 認可를 받아야 하고(12), 그가 수도에 관한 공사를 준공했을 때는 대통령령이 정하는 바에 의한 준공검사와 수질검사를 받아야 한다(15). 일반수도사업자는 水質檢査·衛生措置·給水消火栓設置 등의 의무를 지고(19, 21, 24, 30), 급수조사를 위한 타인토지건물에의 출입 등의 권리를 가진다(45). 건설교통부장관은 일정한 경우 인가취소·개선명령·공급조건변경·보고요구 등을 할 수 있다(46~49).

수로업무법(水路業務法) 1988년 법률 4063호 전문개정. 수로조사를 실시하여 그 성과를 공표함으로써 海上交通安全 및 海洋開發에 이용하게 하고 국제간에 수로업무의 효율적인 증진에 이바지함을 목적으로 하는 법률. 총칙(1장), 수로조사(2장), 수로정보(3장), 수로측량업(4장), 보칙(5장) 및 벌칙(6장) 등 38개 조문으로 구성되어 있다.

수산물검사법(水産物檢査法) 1981년 법률 3367호 전문개정. 수산물의 品質의 향상과 規格의 적정을 기하기 위하여 수산물의 검사에 관한 사항을 규정한 법률. 검사의 대상인 수산물은 冷凍

品·乾製品·鹽藏品·調味加工品·통조림품·병조림品·魚肝油·魚油·魚粉·魚肥·海藻類·寒天 등이다(3). 검사는 원료·품질·건조·조제·선별·용량·중량·포장·생산과정 등에 대하여 행하고(4), 검사를 받은 수산물에 대하여는 검사결과를 표시하며, 그 소유자에 대하여는 검사증명서를 교부하여야 한다(6). 검사의 대상인 수산물로서 검사에 불합격하거나 검사의 표시가 없는 것은 국내에서 이를 판매할 수 없다(7). 검사를 받을 때에는 검사수수료를 납부하여야 한다(18).

수산업법(水產業法) 1990년 법률 4252호 전문개정. 수산업에 관한 기본제도를 정하고 水面의 종합적 이용으로써 수산업의 발전과 어업의 민주화를 도모하며 水產資源의 보호를 목적으로 하는 법률. 어업의 면허, 허가와 신고(8~45), 어획물운반업 및 수산물제조업(46~51), 漁業調整(52~63), 토지·토지정착물의 사용(64~66), 자원의 보호관리(67~80), 보상과 보조 및 재정(81~88), 수산조정위원회(89~91), 벌칙(94~100) 등을 규정하고 있다.

수산업협동조합법(水產業協同組合法) 1962년 법률 1013호. 漁業人과 水產製造業者의 협동조직을 촉진하여 그 경제적·사회적 지위의 향상과 수산업의 생산력의 증강을 도모함으로써 국민경제의 균형있는 발전을 기함을 목적으로 하는 법률.

수산자원보호령(水產資源保護令) 이 영은 수산자원의 번식보호와 어업조정에 관한 사항을 규정함으로써 수산업의 균형있는 발전에 기여함을 목적으로 정한 법령.

수상(水上)**레저 안전법**(安全法) 1999년 법률 5910호. 수상레저활동의 안전과 질서를 확보하고 수상레저사업의 건전한 발전을 도모함을 목적으로 제정된 법률. 총칙, 조종면허, 안전준수의무, 안전관리, 수상레저사업, 보칙, 벌칙 등 全文 41조 부칙으로 구성되어 있다.

수의사법(獸醫師法) 1974년 법률 2739호 전문개정. 수의사의 기능과 獸醫業務에 관한 필요한 사항을 정하여 축산업의 발전과 공중위생의 향상에 기여하려는 법률. 수의사의 직무(3), 수의사면허의 자격과 면허의 등록(4, 6), 수의사국가시험(8, 9), 진료업무 및 진료거부금지(10, 11), 수의사의 신고의무(14), 동물병원개설의무(17 I), 수의사회(23), 진료보수 등(20, 22), 과대광고금지(35)에 관한 규정 등을 두고 있다.

수입인지(收入印紙)**에 관한 법률**(法律) 1979년 법률 3193호. 수입인지의 수요가 증가됨에 따라 국고수입도 증가일로 있으나 수입인지의 관리 또는 유통구조가 취약하여 원활한 수요에 지장을 초래하고 있음에 비추어 종전의 收入印紙에 의한 세입금납부에 관한 법률을 개편·보완하려는 목적으로 제정된 법률.이 법은 全文 10조 부칙으로 구성되어 있다.

수질환경보전법(水質環境保全法) 1990년 법률 4260호. 수질오염으로 인한 국민건강 및 환경상의 위해를 예방하고 河川·湖沼 등 公共水域의 수질을 적정하게 관리·보전함으로써 모든 국민이 건강하고 쾌적한 환경에서 생활하게 할 수 있게 함을 목적으로 정한 법률. 이 법률은 폐수의 배출규제(8~24), 폐수의 종말처리시설(25~27), 공공수역의 수질보전(28~32의 3), 특정호소의 수질보전(33~38), 방지시설업 등(39~44), 토양오염방지(45~47), 보칙과 벌칙(48~61), 그리고 부칙으로 구성되어 있다.

수출보험법(輸出保險法) 1968년 법률 2063호. 수출무역 기타 대외거래에서 발생하고 통상의 보험으로는 구제하기 곤란한 위험으로 인한 財產上의 損失을 보상하는 제도를 확립함으로써 輸出貿易 기타 對外去來의 진흥을 도모함을 목적으로 제정된 법률. 보험료의 결정(4), 총보험금액한도(8) 등에 관하여 명시하고, 보험의 종류로서 일반수출보험, 수출금융보험, 수출어음보험, 중·장기연불수출보험, 수출대금금융보험, 위탁판매수출보험, 해외투자보험, 해외건설공사보험, 수출보증보험의 9종을 두어 각각 그의 保險契約·保險金 등에 관한 사항을 규제하였으며, 수출보험기금과 한국수출보험공사에 관하여 규정하고 있다. 한국수출보험공사를 1981년에 本法律 8장에 신설하여 설립한다고 규정하였다.

수출용원재료(輸出用原材料)**에 대한 관세**(關稅) **등 환급**(還給)**에 관한 특례법**(特例法) 1996년 법률 5197호 전문개정. 관세·임시수입부가세·특별소비세·주세·교통세·농어촌특별세 및 교육세의 적정한 환급을 기함으로써 수출의 지원과 균형있는 산업발전을 이룩하게 하기 위하여 수출물품제조용수입원재료의 租稅還給에 있어서 관세법 및 임시수입부가세법·특별소비세법 및 주세법·교통세법·농어촌특별세법 및 교육세법과 국세기본법 및 국세징수법에 대한 특례를 규정한 법률. 수출품제조용수입원재료에 대한 관세 등의 과세를 수입시에 하되, 일정기간징수유예할 수 있게 하고(3, 4), 제품수출시에는 정액환급율표에 따라 수입원재료에 대한 관세 등을 환급하며(5, 6), 기타 경과조치를 두고 있다(附 3, 4).

수출자유지역설치법(輸出自由地域設置法) 1970년 법률 2180호. 臨海의 특정지역에 수출자유지역을 설치하여 외국인의 투자를 유치함으로써 輸出의 진흥, 雇傭의 증대 및 技術의 향상을 기하여 국민경제의 발전에 기여함을 목적으로 제정된 법률. 수출자유지역의 지정 및 조성, 토지 등의 매각 및 임대, 입주허가 및 입주기업체의 자격, 공장 등의 건축, 수입물품의 사용 및 관리, 제품 등의 반입제한과 토지 등의 양도제한, 수입의 허가와 입주허가의 취소 및 토지 등의 양도, 토지 등의 수용, 입주기업체에 대한 군사원호대상자고용법의 배제, 감독 등에 관하여 규정하고 있다.

수출품품질향상(輸出品品質向上)**에 관한 법률**(法律) 1993년 법률 4623호. 輸出品에 대한 검사를 貿易業者 등이 자율적으로 실시하게 하고 국가가 그에 대한 지원을 함으로써 수출품의 품질향상을 도모함을 목적으로 하는 법률. 수출품에 대한 품질실태조사(2), 품질향상계획 수립, 검사기준의 제정과 보급, 검사기관의 지정, 업무의 규정과 계획, 임원선임 등과 벌칙조항으로 규정되어 있다.

수표법(手票法) 1963년 법률 1002호. → 수표, 수표법

수표법(手票法)**의 적용**(適用)**에 있어서 은행**(銀行)**과 동시**(同視)**되는 사람 또는 시설**(施設)**의 지정**(指定)**에 관한 규정**(規程) 1970년 대통령령 4920호. 수표법상 다음 각호의 1에 해당하는 사람 또는 시설은 은행과 동시된다. (1) 우체국 (2) 농업협동조합법 158조 1항 4호의 사업을 행하는 단위농업협동조합, (2-2) 농업협동조합법 125조 1항 3호의 2의 사업을 행하는 특수농업협동조합, (3) 농업협동조합법 153조 1항 5호의 사업을 행하는 경우의 農業協同組合中央會, (4) 수산업협동조합법 65조 1항 4호의 사업을 행하는 지구별수산업협동조합 및 업종별수산업협동조합, (5) 수산업협동조합법 105조 1항 6호의 사업을 행하는 水産製造業協同組合, (6) 수산업협동조합법 132조 1항 5호의 사업을 행하는 경우의 수산업협 동조합중앙회, (7) 그 밖에 축산업협동조합법 123조 1항 13호의 사업을 하는 축산업협동조합중앙회, 53조 1항 12호의 사업을 하는 지역별 축산업협동조합과 102조 11호의 사업을 하는 업종별 축산업협동조합이 있다.

숙박업법(宿泊業法) → 공중위생법

스카우트활동육성(活動育成)**에 관한 법률**(法律) 1969년 법률 2118호. 대한민국의 青少年 및 少女의 스카우트 활동을 지원하여 이를 선도 육성하기 위하여 필요한 사항을 정한 법률.

습지보전법(濕地保全法) 1999년 법률 5866호. 습지의 효율적 보전·관리에 필요한 사항을 규정하여 습지와 그 생물다양성의 보전을 도모하고, 습지에 관한 국제협약의 취지를 반영함으로써 국제협력의 증진에 이바지함을 목적으로 제정된 법률. 총칙, 습지의 보전 및 관리, 보칙, 벌칙 등 全文 27조 부칙으로 구성되어 있다.

승강기제조(昇降機製造) **및 관리**(管理)**에 관한 법률**(法律) 1991년 법률 4482호. 건축물의 고층화추세로 인하여 승강기의 수요가 늘어남에 따라 안전사고의 위험이 증대되고 있으므로 승강기의 製造段階까지 체계적인 안전관리를 통하여 製造設置 및 사용에 따른 사고를 사전에 방지하고 승강기의 품질을 향상시켜 승강기 이용자를 보호함을 목적으로 제정된 법률.

시설물(施設物)**의 안전관리**(安全管理)**에 관한 특별법**(特別法) 1995년 법률 4922호. 시설물의 안전점검 및 적정한 유지관리를 통하여 國民의 생명과 財産을 보호하고 시설물의 효용성을 증진시킴으로써 공중의 안전을 확보하여 나아가 국민복리의 향상을 도모하려는 목적으로 제정된 법률. 이 법은 시설물의 안전조치 등과 시설물의 유지관리, 시설안전기술공단, 보칙과 벌칙 등을 규정하고 있다.

시장법(市場法) → 도·소매업진흥법

시체해부(屍體解剖) **및 보존**(保存)**에 관한 법률**(法律) 1995년 법률 4915호 전문개정. 死因의 조사와 病理學的·解剖學的 연구의 적정을 기함으로써 국민보건을 향상시키고 의학의 교육 및 연구에 기여하기 위하여 屍體(妊娠 4월 이상의 死胎를 포함)의 해부·보존 및 部分分離에 관한 사항을 정함을 목적으로 하는 법률. 동법은 해부에 대한 허가와 승인(2, 4), 시체의 부분분리(5), 사인불명시의 해부명령(6), 인수자없는 사체에 대한 조치(11), 시체의 인수와 보존(13, 14, 16) 등에 관하여 규정하고 있다.

식물방역법(植物防疫法) 1995년 법률 5021호 전문개정. 輸出入植物과 國內植物의 檢疫, 식물에게 해를 끼치는 동식물의 방제 등에 관하여 정한 법률. 국제식물검역, 국내식물검역, 방제, 이의신청, 벌칙 등에 관하여 규정하고 있다.

식품위생법(食品衛生法) 1986년 법률 3823호 전문개정. 식품으로 인한 衛生上의 危害의 방지와 식품영양의 질적 향상을 도모함으로써 국민보건의 향상과 증진에 기여하기 위하여 食品·飮品에의 첨가·혼합·浸潤物, 화학적 합성품, 음식기구, 식품영양, 調理士 및 營養士 등의 규제에 관하여 정한 법률. 이 법은 식품 및 식품첨가물(2장), 기구와 용기·포장(3장), 표시(4장), 식품 등의 공전(5장), 검사 등(6장), 영업(7장), 조리사 및 영양사(8장), 식품위생심의위원회(9장), 식품위생단체(10장), 시정명령·허가취소 등 행정제재(11장), 보칙과 벌칙 등에 관하여 규정하고 있다.

신기술사업금융자원(新技術事業金融支援)**에 관한 법률**(法律) 1988년 법률 4068호 전문개정. 신기술사업금융회사를 건전하게 육성·지원하는 한편 技術信用保證基金을 설립하여 기술신용보증제도를 정착·발전시킴으로써 신기술사업에 대한 자금의 공급을 원활하게 하고 나아가 국민경제의 발전에 이바지하게 함을 목적으로 제정된 법률. 이 법은 총칙(1장), 신기술사업금융회사 등(2장), 기술신용보증기금(3장), 보칙(4장), 벌칙(5장) 등과 부칙으로 구성되어 있다.

신용관리기금법(信用管理基金法) 1982년 법률 3633호. 신용관리기금을 설립하여 상호신용금고 등에 대한 檢査 및 經營正常化에 관한 업무를 행하게 함으로써 예금자를 보호하고 상호신용금고 등의 건전한 육성과 신용질서의 유지 및 국민경제의 발전에 기여함을 목적으로 하는 법률. 본법은 운영위원회(2장), 임원과 직원(3장), 업무(4장), 부실금고의 경영정상화(5장), 재무 및 회계(6장), 보칙(7장)과 부칙 등으로 구성되어 있다. 1998년 법률 5501호 상호신용금고법 부칙 2조에 의해 폐지되었다.

신용보증기금법(信用保證基金法) 1974년 법률 2695호. 法人體인 信用保證基金을 설립하여 擔保能力이 미약한 기업이 부담하는 의무를 보증하게 함으로써 기업의 자금융통의 원활을 기하고 건전한 신용질서를 확립하게 하는 법률. 법인인 신용보증기금이 각 금융기관을 통합관장한다(1, 4, 附2). 신용보증을 받을 수 있는 업종(2 I), 기금재산의 출연자(6), 기금의 신용보증총액의 한도(25), 보증요율(33) 등을 규정하고 있다.

신용정보(信用情報)**의 이용**(利用) **및 보호**(保護)**에 관한 법률**(法律) 1995년 법률 4866호. 신용조사업제도의 개선이 행정쇄신과제로 대두됨에 따라 信用情報業을 건전하게 육성하고 신용정보의 효율적 이용과 체계적 관리를 기하는 한편, 신용정보의 오용·남용으로부터 사생활의 비밀 등을 적절히 보호함으로써 건전한 신용질서를 확립하기 위하여 현행 信用調査業法을 폐지하고 그 내용을 보완하기 위한 법으로서 ① 신용정보라 함은 금융거래 등 상거래에 있어서 거래상대방에 대한 식별·신용거래능력 등의 판단을 위하여 필요로 하는 정보를 말하며 그 구체적인 내용 및 범위는 대통령령으로 정함(2 i), ② 신용정보업자는 재정경제부장관의 허가를 받도록 하고 신용정보업자의 업무는 타인의 의뢰를 받아서 신용정보를 조사하고 이를 제공하는 업무, 신용정보를 수집·정리·처리하고 의뢰인의 조회에 따라 제공하는 업무 및 채권추심업무 등으로 함(4, 6), ③ 신용정보업자의 자본금 또는 기본자산은 100억원 이상으로 하여 공신력을 유지할 수 있도록 함(5), ④ 신용정보업자 또는 신용정보집중기관은 공공기관에 대하여 관계 법령의 규정에 의하여 공개가 허용되는 신용정보의 열람 또는 제공을 요청할 수 있도록 함(14), ⑤ 국가의 안보 및 비밀에 관한 정보, 기업의 영업비밀, 개인의 정치적 사상이나 종교적 신념 기타 신용정보와 무관한 사생활에 관한 정보 등의 수집·조사를 제한함(15), ⑥ 재정경제부장관은 금융기관 등이 보유하고 있는 신용정보를 집중관리·활용하게 하기 위하여 신용정보집중기관을 지정하거나 신용정보 집중관리기관으로 등록하게 하도록 함(17), ⑦ 금융기관·백화점·할부판매회사 등 신용정보제공·이용자가 비밀보장의 대상이 되는 금융거래정보·개인질병정보 등을 신용정보업자 등에게 제공하고자 하는 경우에는 당사자인 개인으로부터 사전에 서면에 의한 동의를 얻도록 함(23), ⑧ 신용정보주체는 신용정보업자 등에게 본인의 신용정보에 대한 열람을 청구할 수 있으며 본인의 신용정보가 사실과 다른 경우에는 정정을 청구할 수 있도록 함(25) 등을 내용으로 한다.

신용(信用)**카드업법**(法) 1997년에 與信專門金融業法의 제정으로 폐지되었다.

신용협동조합법(信用協同組合法) 1972년 법률 2338호. 상호유대를 가진 자간의 협동조직을 통하여 자금의 조성 및 이용과 구성원의 자질향상을 도모하기 위하여 信用協同組合 및 마을金庫의 설립·운영 등에 관하여 필요한 사항을 정한 법률. 全文 97조 附則으로 구성된 이 법률은 조합의 설립(5~8), 조합원의 출자(9~19), 기관(20~30), 업무(31~37), 회계(38~45), 해산(46~50), 연합회(51~83), 조합과 연합회의 등기(4), 정치관여의 금지(90), 주무부장관의 감독(84~86) 등에 관하여

규정하고 있다. →신용협동조합

신원보증법(身元保證法) 1957년 법률 449호. 身元保證人의 책임을 정한 법률. 신원보증인의 책임은 사용인·보증인간의 계약에서는 매우 과중한 일이 많았으므로 판례의 노력을 이어 받아 신원보증인의 책임의 한도를 정하고, 종래와 같이 過重한 책임을 지우는 일이 없도록 그 책임을 경감하였다. →신원보증

신탁법(信託法) 1961년 법률 900호. 信託에 관한 일반적인 私法的 法律關係를 규율함을 목적으로 하는 법률. 비록 타율적으로나마 법제일반에 걸쳐서 대륙법을 계수한 우리나라에서는 처음에는 信託에 관한 일반적인 법규는 없었던바, 일제의 大正年間에 일본에서 신탁법이 제정된 것(1911년)을 계기로 하여 朝鮮民事令이 그것을 의용한데서 신탁제도에 관한 일반적인 규율을 보게 되었다. 이와 같이 일정시대 이래로 조선민사령이 의용한 일본의 신탁법이 최근까지 시행되어 왔는데, 신탁법은 이에 갈음한 것이다. 우리나라에서도 바야흐로 신탁제도가 널리 행해져 가는 추세에 있으므로, 이 법률이 적용될 마당도 또한 일익 증가될 것으로 추측된다. →신탁

신탁업법(信託業法) 1961년 법률 945호. 신탁업을 보호·감독하고 信託會社의 조직과 경영의 합리화를 기하여 수익자를 보호함을 목적으로 제정된 법률. 신탁업의 대사회적 영향이 크고 중요함에 비추어 신탁업을 인가사업으로 하고(3), 영업체는 자본금 5억원 이상의 주식회사가 아니면 하지 못하도록 제한하였으며(4), 신탁회사는 이 법과 이 법에 의하여 발하는 명령에 의하여 운영하도록 하였다(2). 그리고 신탁업에 관한 업무, 회계, 금지사항, 감독 등에 관하여 구성하고 있다.

신항만건설촉진법(新港灣建設促進法) 1996년 법률 5251호. 신항만의 신속한 건설에 필요한 사항을 정함으로써 新港灣建設事業을 효율적으로 추진하여 급증하는 항만수요에 대비하고 나아가 국민경제의 발전에 이바지함을 목적으로 정한 법률. 이 법은 全文 24조 부칙으로 구성되어 있다.

실용신안법(實用新案法) 1990년 법률 4209호 전문개정. 실용적인 고안을 보호·장려하고 그 이용을 도모함으로써 기술의 발전을 촉진하여 산업발전에 이바지할 목적으로 제정된 법. 實用新案登錄要件(4~6), 登錄出願(7~11), 심사(12~15), 등록료 및 실용신안등록 등(16~20), 실용신안권(21~31), 심판·항고심판·재심 및 소송(32~35) 기타 특허협력조약에 의한 국제출원(36~45) 등을 정하고 있다. →실용신안권, 특허법

실화책임(失火責任)**에 관한 법률**(法律) 1961년 법률 607호. 民法 750조의 규정은 失火의 경우에는 중대한 過失이 있을 때에 한하여 적용할 것을 규정한 법률. 민법상의 不法行爲에 대한 특례를 인정한 법률이다. →실화

심신장애자복지법(心身障碍者福祉法) →장애인복지법

≫ ㅇ ≪

아동복지법(兒童福祉法) 1981년 법률 3438호 전문개정. 아동이 그의 보호자로부터 遺失·遺棄 또는 離脫되었을 경우, 보호자가 아동을 육성하기 부적당하거나 양육할 수 없는 경우, 아동의 건전한 출생을 기대할 수 없는 경우 등에 있어서의 아동의 건전하고 행복한 育成의 보장에 관하여 정한 법률. 본법에서 보호하는 대상인 아동은 18세 미만의 자를 말한다(2 i). 아동복지위원회의 설치(5), 행정청의 보호조치(11~13), 아동에 대한 금지행위(18), 아동복지시설의 설치(20) 및 아동복지시설에 수용중인 아동에 대한 교육(25) 등을 규정하고 있다.

액화석유(液化石油)**가스의 안전**(安全) **및 사업관리법**(事業管理法) 1983년 법률 3704호. 액화석유가스의 충전·저장·판매·사용 및 가스 用品의 安全管理에 관한 사항을 정하고 액화석유가스사업을 합리적으로 조정함으로써 액화석유가스를 적정히 공급·사용하게 함을 목적으로 제정된 법률.

약관(約款)**의 규제**(規制)**에 관한 법률**(法律) 1986년 법률 3922호. 約款에 의한 去來는 현대의 대량산업·대량소비사회에서 등장하게 된 새로운 현상으로서 여러가지 유용한 기능을 해온 것이 사실이므로 이에 약관에 대한 법률을 제정하여 信義誠實의 原則에 반하여 공정을 잃은 조항들을 무효화하고 약관심사위원회를 설치하여 이 法에 위반되는 조항을 적용한 사업자에 대하여 시정권고하도록 함으로써 경제적 약자가 명실상부한 契約의 自由를 누릴 수 있도록 보장하려는 목적으로 제정된 법률이다.

약사법(藥事法) 1963년 법률 1491호. 국

민보건의 향상을 기하기 위하여 약사 및 의약품에 관한 규제를 정한 법률. 약사의 자격과 면허, 약국 및 調製, 藥師會, 藥事審議委員會, 의약품 등의 제조·수출입 및 판매업과 그에 대한 감독 등을 규정하고 있다. 특정한 약사법위반자에 대하여는 보건범죄단속에 관한 특별조치법 3조에 의하여 가중처벌된다.

양곡관리법(糧穀管理法) 1994년 법률 4707호 전문개정. 양곡을 관리하여 양곡의 需給調節과 適正價格을 유지함으로써 국민식량의 확보와 국민경제의 안전을 도모함을 목적으로 제정된 법률. 양곡의 정의와 양곡수급계획의 수립(2, 3), 생산자 또는 소유자에 대한 양곡의 매도명령(4), 양곡의 예매·교환(5, 6), 체납처분(8), 양곡의 판매(9), 양곡의 매매가격결정(8), 양곡의 비축·수출입 및 수출입허가(10~12), 양곡의 매점·매석행위의 금지(15), 양곡의 출하(16), 매매업 및 가공업의 허가(18, 19), 양곡매매업자 등에 관한 명령(20), 양곡가공업자 등의 영업정지 등과 미곡유통의 육성(21, 22), 양곡유통위원회(23), 업무대행(24), 보칙 및 벌칙(26~36) 등에 관하여 규정하고 있다.

양곡증권법(糧穀證券法) 1993년 법률 4691호 전문개정. 양곡관리기금법에 의한 糧穀管理基金의 부담으로 발행한 糧穀證券의 원금을 상환하기 위한 양곡증권의 발행과 양곡증권의 상환·관리에 필요한 양곡증권정리기금의 설치 등에 관하여 필요한 사항을 규정함을 목적으로 제정된 법률. 이 법은 용어의 정의(2), 양곡증권의 발행(3), 사무의 처리(5), 국채법의 준용(7), 양곡증권관리기금의 설치(8), 기금의 조성(9), 예산의 반영(10) 등 全文 16조 부칙 등을 규정하고 있다.

어선법(漁船法) 1993년 법률 4559호. 어선의 建造調整과 어선의 등록·검사에 관하여 선박법에 대한 특례를 정하고 아울러 漁業生産力의 증강과 수산업의 합리적 발전을 도모하기 위하여 어선에 관한 시험·연구 등을 정한 법. 어선에 관한 주무부서를 해양수산부장관으로 하고 있다.

어업등록령(漁業登錄令) 1970년 대통령령 5229호. 수산업법의 규정(16Ⅲ)에 의한 漁業權과 이를 목적으로 하는 권리 및 入漁에 관한 사항의 등록에 관하여 정한 대통령령. 등록관청(2, 8), 등록의 종류(3~5), 등록한 권리의 순위(6), 등록에 관한 장부(9~18), 등록절차(19~141) 등을 규정하고 있다.

어업자원보호법(漁業資源保護法) 1953년 법률 299호. 1952년 1월 18일자 국무원고시 제14호 大韓民國 隣接海洋의 主權에 대한 대통령의 선언으로써 선포한 海洋主權線(소위 李라인) 내의 수역을 어업자원의 관할수역으로 결정하고, 그 관할수역내에서의 어업은 해양수산부장관의 허가를 받아서 하도록 함으로써 魚族의 감소를 방지하고 어업에 의한 국민의 복지향상을 도모할 목적으로 제정된 법률. 즉 본법은 관할수역의 범위, 보호수역내에 있어서의 어업을 위한 주무부장관의 허가(2), 허가를 받지 아니하고 어업을 한 사람에 대한 처벌(3) 및 이 법률에 위반한 범죄의 수사를 위하여서의 특별사법경찰관리의 인정과 그들의 직무권한(4) 등에 관하여 규정하고 있다. 다만, 대한민국과 일본국간의 어업에 관한 협정이 체결됨에 따라 일본국에 관한 한, 어업자원 관할수역은 同協定 1조에 의한 어업에 관한 수역의 범위에로 수정되고, 동협정이 이 법률에 대한 특별법의 관계에 선다.

어음법(法) 1962년 법률 1001호. →어음법

어항법(漁港法) 1993년 법률 4558호 전문개정. 어항의 지정·개발 및 관리 등에 관한 사항을 규정함으로써 어항의 개발을 촉진하고 그 관리와 이용의 효율성을 도모하여 水産業의 진흥과 漁村地域의 발전에 이바지함을 목적으로 정한 법률. 이 법률은 어항시설계획(7~11), 어항의 개발(12~26), 어항의 관리 및 사용(27~33), 권리·의무의 이전·권한의 위임(34~35), 벌칙(39~42) 등을 규정하고 있다.

언론기본법(言論基本法) 방송법 및 정기간행물의 등록에 관한 법률로 분리.

에너지경제연구원법(經濟硏究院法) 1986년 법률 3838호. 에너지경제연구원을 설치하여 국내외의 동향 및 地下資源에 관한 각종 동향과 정보를 신속히 수집·조사·연구하고 이를 보급·활용하게 함으로써 국가의 動力 및 지하자원에 관한 정책의 수립과 국민경제의 향상에 이바지하게 함을 목적으로 제정된 법률. 이 법은 全文 19조 부칙으로 구성되어 있다.

에너지 및 자원사업특별회계법(資源事業特別會計法) 1994년 법률 4752호. 정부의 신경제5개년계획의 일환으로 사업성격이 유사한 特別會計 및 政府管理基金을 통합하여 재정체계를 단순화하기로 한 財政改革計劃에 따라 현재의 石油事業基金 등 에너지 및 자원관련 5개기금을 하나의 특별회계로 통합하여 에너지 및 자원사업특별회계를 설치

하고 그 운용에 관한 사항을 규정함을 목적으로 제정된 법률. 이 법은 全文 15조 부칙으로 구성되어 있다.

에너지이용합리화법(利用合理化法) 1995년 법률 4891호 전문개정. 에너지의 需給安定을 기하고, 에너지의 합리적인 이용을 증진하며 에너지 소비로 인한 環境被害를 줄임으로써 국민경제의 건전한 발전을 도모하기 위하여 제정된 법률. 全文 100조 부칙으로 이루어져 있으며, 열관리법을 폐지. 에너지이용합리화계획 및 시책, 부간별에너지관리, 열사용기자재의 관리, 에너지이용합리화기금 및 에너지관리공단, 한국열관리시공협회 등에 관하여 규정하였다.

엔지니어링기술진흥법(技術振興法) 1992년 법률 4501호. 엔지니어링 활동주체의 技術集約化를 촉진하여 제조업 등 관련 산업과의 균형발전을 도모하고, 과학기술분야에서 연구개발결과의 실용화를 촉진함으로써 국민경제의 발전에 이바지함을 목적으로 제정된 법률. 全文 30조 부칙으로 구성되어 있다.

여객자동차운수사업법(旅客自動車運輸事業法) 1997년 법률 5448호로 전문개정. 여객자동차운수사업에 관한 질서를 확립하고 여객의 원활한 운송과 여객자동차운수사업의 종합적인 발달을 도모함으로써 公共福利를 증진함을 목적으로 제정된 법률. 총칙(1장), 여객자동차운송사업(2장), 자동차대여사업(3장), 여객자동차터미널사업(4장), 여객자동차운수사업의 진흥(5장), 여객자동차운수사업단체(6장), 공제조합(7장), 補則(8장), 벌칙(9장) 및 부칙으로 구성되어 있다.

여객자동차(旅客自動車)**터미널법**(法) 1971년 법률 2273호. 여객자동차터미널 사업의 적정한 운영과 여객자동차터미널의 합리적인 管理 및 整備를 촉진하여 자동차교통의 발전에 이바지함을 목적으로 정한 법률. 이 법은 여객자동차터미널에 관한 제반사항을 규정한 全文 43조 부칙으로 구성되어 있다.

여권법(旅券法) 1961년 법률 940호. 旅券의 발급·효력 기타 여권에 관한 사항을 규정함을 목적으로 제정된 법률. 이 법은 여권의 종류로서 一般旅券, 官用旅券 및 外交官旅券의 3종을 규정하고, 여권발급권자를 국내에서는 외교통상부장관으로 하였다(3, 4).

여성기업지원(女性企業支援)**에 관한 법률**(法律) 1999년 법률 5818호. 여성의 創業과 여성기업의 활동을 적극적으로 지원함으로써 경제영역에 있어 남녀의 실질적인 평등을 도모하고 여성의 경제활동을 제고하여 국민경제발전에 이바지함을 목적으로 제정된 법률. 全文 21조 부칙으로 구성되어 있다.

여성발전기본법(女性發展基本法) 1995년 법률 5136호. 헌법의 男女平等理念을 구현하기 위한 국가와 지방자치단체의 책무 등에 관한 기본적인 사항을 규정함으로써 정치·경제·사회·문화의 모든 영역에 있어서 남녀평등을 촉진하고 여성의 발전을 도모함을 목적으로 제정된 법률. 이 법은 여성정책 기본계획 등(2장), 여성정책의 기본시책(3장), 여성발전기금(4장), 여성단체의 지원 등(5장), 보칙과 부칙 등으로 규정되어 있다.

여신전문금융업법(與信專門金融業法) 1997년 법률 5374호. 信用카드업, 시설대여업·할부금융업·신기술사업금융업 등은 受信機能이 없이 與信業務만을 취급하는 유사한 성격의 금융업임에도 개별근거법에 의하여 별도 회사를 설립하여야만 영위할 수 있도록 되어 있으므로, 단일법을 제정하여 이러한 유사한 금융업을 종합적으로 영위할 수 있도록 하고, 아울러 진입 및 영업에 관한 규제도 대폭 완화하여 자유롭게 영업할 수 있도록 함으로써 국민의 다양한 금융수요를 효과적으로 충족시키는 한편, 이러한 금융업의 경쟁력을 높이려는 목적으로 제정된 법률.

연안관리법(沿岸管理法) 1999년 법률 5913호. 연안의 효율적인 보전·이용 및 개발에 관하여 필요한 사항을 규정함으로써 연안환경을 보전하고 연안의 지속 가능한 개발을 도모하여 연안을 쾌적하고 풍요로운 삶의 터전으로 조성하는 것을 목적으로 제정된 법률. 총칙, 연안의 종합관리, 연안정비사업, 연안관리심의회, 보칙 등 全文 29조와 부칙으로 구성되어 있다.

연호(年號)**에 관한 법률**(法律) 1961년 법률 775호. 대한민국의 公用年號를 西歷紀元으로 한 법률.

염관리법(鹽管理法) 1995년 법률 5087호 전문개정. 鹽田의 개발과 鹽의 수급을 조절함으로써 鹽產業의 건전한 육성을 도모하고 국민경제발전에 기여하기 위하여 제정된 법률. 염전이라 함은 염을 제조하기 위하여 바닷물을 농축하는 자연증발지를 가진 지면을 말하고, 鹽이라 함은 100분의 40 이상의 염화소다를 함유하는 광물을 말한다. 동법은 염제조업의 허가와 신고(3), 휴·폐업의 신고(6), 염의 수급조절(8), 염의 품질검사(10), 판매금지(11), 수입염에 관한 규정(12, 13, 14), 천일염전의 폐전지원 등(15), 폐전에서의 생산금지(16) 등에 관하여 규정하고 있다.

염업조합법(鹽業組合法) 1967년 법률 1936호. 염업조합의 設立·構成·業務 및 鹽安定基金의 적립 등에 관하여 규정한 법률. 염업조합은 법인으로 하며(3 I), 염관리법이 정하는 바에 의하여 염제조허가를 받은 자는 조합원이 된다(8). 조합원은 출자 1좌 이상을 가져야 하며, 조합원의 출자총좌수의 100분의 20을 초과하지 못한다(9 I). 조합원의 책임은 경비를 부담하는 외에는 그 出資金을 한도로 한다(9 V).

엽연초생산협동조합법(葉煙草生産協同組合法) 1989년 법률 4119호 전문개정. 煙草耕作者의 조직을 통하여 잎담배생산력의 증진과 경작자의 경제적·사회적 지위향상을 도모하고 담배사업의 건전한 발전에 이바지함을 목적으로 제정된 법률로서 엽연초생산협동조합과 엽연초생산협동중앙회의 설립과 사업을 정하고 이에 대한 재정경제부장관의 감독권을 규정하고 있다.

영상진흥기본법(映像進興基本法) 1995년 1월 5일 법률 4882호. 21세기 뉴미디어 영상시대의 본격적인 도래와 국내외 경제적·문화적 여건의 급속한 변화에 능동적으로 대응하기 위하여 문화적·산업적 가치가 큰 映像文化 및 映像産業을 국가적 차원에서 적극적으로 진흥하는데 필요한 기본적인 사항을 정하려는 것으로서, ① 국가는 영상물에 관한 創作의 自由를 보장하고 자율성을 존중하도록 함(4), ② 政府는 영상문화 및 영상산업진흥에 관한 기본적이고 종합적인 시책을 수립·시행하도록 함(5), ③ 정부는 영상문화 및 영상산업진흥에 관한 시책을 실시하기 위하여 필요한 법제상·재정상 및 금융상의 조치를 할 수 있도록 함(6), ④ 정부는 영상문화 및 영상산업의 발전을 위한 영상물의 창작 및 제작의 진흥에 필요한 시책을 수립·시행하도록 함(9), ⑤ 정부는 영상산업의 현대화와 國際競爭力을 강화하기 위하여 영상물제작기술의 개발에 필요한 시책을 수립·시행하도록 함(9), ⑥ 정부는 영상문화 및 映像産業專門人力의 양성에 필요한 시책을 수립·시행하도록 함(11), 기타 ⑦ 정부는 영상문화 및 영상산업진흥을 위한 國際交流 및 協力의 진흥을 위하여 필요한 사항을 지원하도록 하는 것(14) 등을 그 내용을 한다.

영유아보육법(嬰幼兒保育法) 1991년 법률 4328호. 保護者가 근로 또는 질병 기타 사정으로 인하여 보호하기 어려운 嬰兒 및 幼兒를 心身의 보호와 건전한 교육을 통하여 건강한 社會成員으로 육성함과 아울러 보호자의 경제적·사회적 활동을 원활하게 하여 가정복지증진에 기여함을 목적으로 정한 법률. 이 법률은 보육시설의 설치(6~14), 보육시설의 운영(15~20), 비용(21~26), 다른 법률과의 관계(27), 벌칙(31~33), 부칙 등으로 규정되어 있다.

영해(領海) **및 접속수역법**(接續水域法) 1977년 법률 3037호. 헌법 3조에 기하여 대한민국의 領海의 범위와 領海內에서의 외국선박의 通航의 규제 등을 정한 법률. 영해는 내수와 원칙적으로 基線으로부터 측정하여 그 외측 12해리까지로 하고(1), 측정의 기초가 되는 기선은 통상기선과 직선기선을 병용하며(2), 외국선박에 대하여는 영해의 무해통항을 허용하되, 외국의 선박에 대하여는 사전통고를 요구하고(5), 대한민국의 평화·공공질서 또는 안전보장에 위해할 때에는 停船·拿捕 등 강제조치와 벌칙을 과하고 있다(6, 7).

영화법(映畵法) →영화진흥법

영화진흥법(映畵振興法) 1995년 법률 5129호. 영화예술의 질적 향상을 도모하고, 映畵産業의 육성·발전을 촉진함으로써 국민의 문화생활향상과 민족문화의 진흥에 이바지함을 목적으로 제정된 법률. 영화제작자와 외국영화를 수입하고자 하는 자는 문화관광부장관에 등록하여야 한다(4). 영화제작자가 영화를 제작하려면 문화관광부장관에게 신고하여야 하며 공동제작영화를 제작하려면 문화관광부장관에게 신고하여야 한다(7, 9). 영화의 수입은 한국공연예술진흥협의회의 추천을 받아야 한다(10). 모든 영화는 상영전에 한국공연예술진흥협의회로부터 상영등급을 부여받아야 한다(12). 그 밖에 영화산업의 육성·지원을 위하여 영화진흥금고를 설치한다(28) 등을 규정하고 있다.

예금자보호법(預金者保護法) 1995년 법률 5042호. 은행이 破産 등의 사유로 예금 등을 지급할 수 없는 상황에 대처하기 위하여 預金保險制度 등을 효율적으로 운영함으로써 예금자를 보호하고 예금제도의 안정성을 유지하는데 이바지함을 목적으로 제정한 법률. 이 법은 총칙(1장), 예금보험공사(2장), 예금보험(3장), 자금지원(4장), 벌칙(5장) 등으로 구성되어 있다.

예산회계법(豫算會計法) 1989년 법률 4102호 전문개정. 국가의 예산과 회계 및 이에 관련된 사항의 기본에 관하여 정한 법률. 종래의 재정법에 대치된 법률이다. 예산과 회계를 분리하여 법을 제정한 국가도 있으나(예 : 일본), 우리나라에서는 단일의 예산회계법에 이 양자를 포함하고 있다. 본법은 單一豫算主義(18, 42 이하), 會計年度獨立의 原則(3), 會計機關分立의 원칙(70) 등을 선택한 점에 있어서는 종래의 재정법과 대동소이하나, 지출예산에 관한 기능별·성질별의 업무단위별예산제도(성과주의예산제도)(25, 42)와 기업회계제도(10)를 채택한 점에 큰 차이가 있다.

예산회계(豫算會計)**에 관한 특례법**(特例法) 1963년 법률 1349호. 예산 및 결산에 관한 特例節次를 규정함으로써 國家安全保障業務의 효율적인 수행을 도모하기 위하여 제정된 법률. 국가의 안전보장을 위한 활동에 소요되는 예비비의 사용과 결산은 예산회계법의 규정에 불구하고 총액으로 하며, 재정경제부소관으로 하도록 하였다(2).

오물청소법(汚物淸掃法) → 폐기물관리법

오수·분뇨(汚水·糞尿) **및 축산폐수**(畜産廢水)**의 처리에 관한 법률**(法律) 1991년 법률 4364호. 오수·분뇨 및 축산폐수를 적정하게 처리하여 자연환경과 生活環境을 청결히 하고 水質汚染을 감소시킴으로써 국민보건의 향상과 환경보전에 이바지함을 목적으로 제정된 법률. 이 법은 총칙(1장), 汚水의 처리(2장), 糞尿의 처리(3장), 畜産廢水의 처리(4장), 분뇨관련영업의 허가 등(5장), 보칙(6장)과 벌칙(7장) 등을 규정하고 있다.

5·18 민주화운동(民主化運動) **등에 관한 특별법**(特別法) 1995년 법률 5029호. 1979년 12월 12일과 1980년 5월 18일을 전후하여 발생한 憲政秩序破壞犯罪行爲에 대한 公訴時效停止등에 관한 사항 등을 규정함으로써 國家紀綱을 바로잡고 민주화를 정착시키며 民族精氣를 함양함을 목적으로 제정한 법률. 이 법률은 全文 7조 부칙으로 구성되어 있다.

오존층보호(層保護)**를 위한 특정물질**(特定物質)**의 제조규제**(製造規制) **등에 관한 법률**(法律) 1991년 법률 4322호. 오존층보호를 위한 비엔나협약과 오존층 破壞物質에 관한 몬트리올의정서의 시행을 위하여 특정물질의 제조 및 사용 등을 규제하고 대체물질의 개발 및 이용의 촉진과 특정물질의 배출억제 및 使用合理化 등을 효율적으로 추진하는 것을 목적으로 제정된 법률. 이 법은 총칙(1장), 特定物質製造 등의 규제(2장), 특정물질의 배출억제 및 사용합리화(3장), 특정물질사용합리화 기금(4장), 보칙(5장), 벌칙(6장) 등과 부칙을 규정하고 있다.

오지개발촉진법(奧地開發促進法) 1988년 법률 4060호. 產業 및 生活基盤施設 등이 다른 지역에 비하여 현저히 낙후된 오지지역을 종합적으로 개발함으로써 지역주민의 소득증대와 복지향상을 기하고 지역간 격차를 해소하여 국토의 균형있는 발전을 도모함을 목적으로 제정한 법률. 이 법률은 全文 16조 부칙으로 구성되어 있다.

옥외광고물(屋外廣告物) **등 관리법**(管理法) 1990년 법률 4242호. 屋外廣告物의 표시장소·표시방법과 게시시설의 설치·유지 등에 관하여 필요한 사항을 규정함으로써 미관풍치와 미풍양속을 유지하고 公衆에 대한 위해를 방지함을 목적으로 하는 법률. 광고물의 허가 또는 신고(3), 금지광고물 등(5), 광고물관리위원회(7), 광고물 등의 안전도검사(9), 한국광고사업협회의 설립(11의 2) 허가의 취소 및 영업의 정지 등(13, 14)을 규정하고 있다.

온천법(溫泉法) 1995년 법률 5121호 전문개정. 溫泉의 적절한 보호와 효율적인 이용·개발을 도모함으로써 公共의 福祉增進에 이바지함을 목적으로 제정한 법률. 온천과 온천지역의 정의를 하고(2), 시·도지사는 온천지역을 지정하며(3), 온천지역의 시장·군수는 온천개발계획(4)을 세우도록 하고, 온천용출을 위한 토지의 굴착과 온천의 채수를 위한 동력장치의 설치는 시·도지사의 허가(8, 11)를 받도록 하며, 기타 온천의 이용허가(13), 온천의 수질검사(15), 이용시설 등의 개선명령(14), 온천의 공동급수(16)에 관한 규정을 두고, 온천발견자의 신고(17)와 온천발견자의 토지굴착허가 등의 우선혜택에 관하여 규정하고 있다.

외국간행물수입배포(外國刊行物輸入配布)**에 관한 법률**(法律) 1993년 법률 4688호. 외국간행물의 건전한 수입질서를 확립하여 국제문화교류의 증진과 出版文化의 건전한 발전을 도모하고 공공의 안녕질서와 民族固有의 미풍양속을 보호하기 위하여 외국에서 발행되는 간행물의 수입배포에 관한 사항을 규정한 법률. 문화관광부장관에게 등록(3), 수입추천(5), 외국간행물의 제출과 업무감독, 등록취소, 영업정지(6, 8, 9) 등을 규정하고 있다.

외국민간원조단체(外國民間援助團體)**에 관한 법률**(法律) 1963년 법률 1480호. 국내에 있어서의 외국민간원조단체의 사업의 적정을 도모함으로써 社會福祉事業의 향상에 기여하게 함을 목적으로 정한 법률. 이 법률은 全文 17조 부칙으로 구성되어 있다.

외국인(外國人)**의 서명날인**(署名捺印)**에 관한 법률**(法律) 1958년 법률 488호. 우리나라 법령의 규정상 署名捺印(기명날인 포함) 또는 捺印만을 하여야 할 경우에 서명날인의 제도를 가지지 아니하는 외국인을 위하여 서명만으로써 이에 갈음시킬 수 있음을 규정한 법률.

외국인토지법(外國人土地法) 1998년 법률 5544호 전문개정. 외국인의 대한민국 영토안의 토지취득 등에 관하여 필요한 사항을 규정함을 목적으로 제정된 법률. 토지에 관한 권리의 향유에 있어서는 상호주의를 채택하였고(3), 계약에 의한 토지취득의 신고 등, 계약외의 원인으로 인한 토지취득의 신고, 계속보유신고, 벌칙, 양벌규정, 과태료 등 全文 9조 부칙으로 구성되어 있다. 1999년 7월 1일부터 시행된다.

외국인(外國人)**의 토지취득**(土地取得) **및 관리**(管理)**에 관한 법률**(法律) → 외국인토지법

외국인투자(外國人投資) **및 외자도입**(外資導入)**에 관한 법률**(法律) → 외국인투자촉진법

외국인투자촉진법(外國人投資促進法) 1998년 법률 5559호 전문개정. 외국인 투자에 대한 지원과 편의제공을 통하여 외국인투자의 유치를 촉진함으로써 국민경제의 발전에 이바지함을 목적으로 제정된 법률. 총칙, 외국인투자절차, 외국인투자에 대한 지원, 외국인투자지역, 외국인투자의 사후관리, 기술도입계약, 보칙, 벌칙 등 전문 36조 부칙으로 구성되어 있다.

외국환거래법(外國換去來法) 1998년 법률 5550호 전문개정. 외국환거래 기타 대외거래의 자유를 보장하고 시장기능을 활성화하여 대외거래의 원활화 및 국제수지의 균형과 통화가치의 안정을 도모함으로써 국민경제의 건전한 발전에 이바지함을 목적으로 제정된 법률. 총칙, 외국환업무취급기관 등, 외국환평형기금, 지급과 거래, 보칙, 벌칙 등 전문 32조 부칙으로 구성되어 있다.

외국환관리법(外國換管理法) 1991년 법률 4447호 전문개정. 外國換과 그 去來 기타 對外去來를 합리적으로 조정 또는 관리함으로써 대외거래의 원활화를 기하고 국제수지의 균형과 通貨價值의 안정을 도모하여 국민경제의 건전한 발전에 이바지함을 목적으로 제정된 법률. 換率(4), 외국환은행 및 환전상(7~13), 외국환평형기금(14), 외환의 지급과 거래에 대한 행정처분(26~29) 등을 규정하고 있다. 1998년 법률 5559호에 의해 폐지되었다.

외무공무원법(外務公務員法) 1981년 법률 3384호. 外務公務員의 身分에 관한 기본법으로서 종래 국가공무원법의 적용을 받아 왔으나 그 任用資格·方法·教育訓練·服務·報酬·身分保障 등에 있어 특례를 정한 법률. 외무공무원은 외교직공무원·특임공관장·외무행정직공무원·외신직공무원으로 구분하고, 계급구분은 외교직공무원의 경우 특1급, 특2급과 1급 내지 5급으로, 외무행정직 및 외신직공무원은 1급 내지 9급(일반직공무원의 계급구분과 유사함)으로 구분하여(4), 종래의 대사는 특1급으로, 공사는 특2급의 외교직공무원으로 구분된다(附則 2). 그 외에 일반직공무원에 대한 특징으로서 외무공무원법은 연령정년제 및 계급정년제를 채택하여 연령은 최고 65세(특1급)에서 최저55세(4급 이하)까지 근무할 수 있게 하고, 계급에 있어서는 특1급·특2급 및 1급은 8년, 2급과 3급은 10년, 4급은 12년으로 동일계급의 근무연수를 제한하고 공관장 12년의 근속정년제(21 Ⅱ)와 1년간의 특명제도(21 Ⅲ)를 두고 있으며, 외무공무원의 인사의 공정성을 확보하기 위하여 외무인사위원회를 설치하고(6, 7), 임용결격사유를 일반직공무원보다 강화하였으며 신분보장(20~22)에 관하여 특수한 규정을 두고 있다.

용역경비업법(用役警備業法) 1976년 법률 2946호. 都給에 의하여 특정시설·장소에서의 도난·화재 기타 혼잡 등으로 인한 危害와 운반 중에 있는 現金·有價證券 등의 도난·화재 등 危害發生을 방지하는 용역경비업무의 실시에 관한 사항을 정한 법률. 용역경비업의 허가(3~5), 용역경비업자의 의무(6), 경비원의 결격사유와 복장 및 장구(7, 8), 용역경비업자의 손해배상책임(14) 등을 정하고 있다. 1999년 3월 법률 5940호에 의해 경비업법으로 명칭이 변경되었다. → 경비업법

우정사업운영(郵政事業運營)**에 관한 특례법**(特例法) 1996년 법률 5216호. 우정사업의 經營合理化와 운영의 자율성을 도모하고 우정사업의 운영에 企業經營的 要素를 보완하기 위하여 우정사업부문의 조직·인사 및 예산 등에 있어서의 政府組織法·國家公務員法 및 예산회계법 등에 대한 특례를 정하고 국가경제의 발전에 이바지함을 목적으로 제정된 법률.

우편대체법(郵便對替法) 1975년 법률 2881호. 郵便對替를 간편하고 확실한 送金 및 債

權·債務決濟手段으로 편리하게 이용하게 하기 위하여 제정된 법률. 이 법은 원래 우편저축법 중 우편대체저금으로 되어 있던 것을 분리하여 독립된 법률로 한 것이다. 우편대체의 관리청을 정보통신부장관으로 하고(2), 우편대체계좌에 수입된 금액에 대한 이자의 지급여부·이율 및 계산방법은 정보통신부령으로 정하고(4), 그 밖에 계좌의 명칭, 법인 등의 계좌가입, 대리서명인·참가서명인(7, 8), 계좌의 가입(10), 계좌의 개설(11), 우편대체의 취급종류·방법·조건(12), 수표발행(14), 지급증서의 금액제한(15), 지급증서의 유효기간(16), 현재고초과대체 등 제한(20), 체신관서의 면책(24), 권리의 양도금지(25), 권리의 소멸(27), 비상시의 특별취급(29) 등에 관한 규정을 두고 있다.

우편법(郵便法) 1960년 법률 542호. 郵便利用에 관한 기본적인 사항을 규정한 법률. 우편의 경영주체가 국가임을 명시하고(2), 우편물의 구분과 종류(13, 14), 우편에 관한 요금(19~26의 2), 우편물의 취급(27~37의 2), 손해배상(38~45), 벌칙 등에 관하여 규정하고 있다. 국제우편에 관하여는 만국우편조약(1954년 9월 1일 한국가입발효), 대한민국과 미합중국간의 소포우편물협정(1949년 7월 1일 비준발효), 대한민국과 홍콩간의 소포우편물교환에 관한 협정(1951년 12월 1일 비준발효) 등이 있다.

우편환법(郵便換法) 1993년 법률 4579호 전문개정. 우체국으로 하여금 우편환에 관한 업무를 취급하게 하여 격지자의 송금의 편의를 도모함으로써 국민생활의 편익을 증진하고 국민경제에 이바지할 목적으로 제정된 법률. 국제우편환에 관하여는 만국우편조약이 있다.

원격영상재판(遠隔映像裁判)**에 관한 특례법**(特例法) 1995년 법률 5004호. 遠隔映像裁判의 실시에 필요한 사항과 이에 관한 裁判節次상의 특례를 규정함을 목적으로 제정한 법률. 이 법률은 용어정의(2), 적용범위(3), 원격영상재판의 효과(4), 원격영상재판의 장치(5), 변호권 등의 보장(6), 녹화(7), 시행규칙(8) 등과 부칙으로 구성되어 있다.

원자력법(原子力法) 1982년 법률 3549호 전문개정. 原子力의 연구·개발·생산·이용과 이에 따른 安全管理에 관한 사항을 규정하여 학술의 진보와 산업의 진흥을 촉진함으로써 국민생활의 향상과 복지증진에 기여하며 방사선에 의한 災害의 방지와 公共의 안전을 도모하기 위한 법률.

원자력손해배상법(原子力損害賠償法) 1969년 법률 2094호. 原子爐의 운전 등으로 인하여 원자력손해가 발생한 경우의 손해배상에 관한 사항을 규정함으로써 被害者를 보호하고 原子力事業의 건전한 발전에 기여함을 목적으로 제정된 법률. 원자력사업자의 무과실책임, 구상권 및 손해배상조치의 의무(3~5), 배상조치액(6), 손해배상청구권의 우선(8), 정부의 조치(14), 원자력손해배상심의회의 설치(15), 보고 및 검사(16) 등에 관하여 규정하고 있다. → 원자력손해배상

원자력손해배상보상계약(原子力損害賠償補償契約)**에 관한 법률**(法律) 1975년 법률 2764호. 원자력손해배상법에 의하여 政府와 原子力事業者間에 체결하여 原子力損害賠償補償契約에 관한 사항을 정함으로써 원자력으로 인한 피해자의 보호 및 원자력사업의 건전한 발전을 도모하려는 법률. 정부가 원자력 손해배상보상계약에 의하여 보상하는 손해의 범위(4), 보상계약금액 및 보상계약기간에 관한 사항(5, 6), 원자력 사업자가 정부에 납입할 보상료(7), 1회계연도내 체결하는 보상계약의 회계액에 대한 제한(10), 보상금을 받을 권리의 시효(12), 정부가 보상금을 반환받는 경우(14), 보상계약의 해지(15) 등에 관한 규정을 두고 있다.

원호재산특별처리법(援護財産特別處理法) 1963년 법률 1368호. 국가가 원호대상자에게 사용 또는 수익을 허가한 國有財産 또는 歸屬財産을 그 사용 또는 수익이 허가된 자에게 증여함으로써 원호대상자로 하여금 상부상조하여 自活能力을 배양함을 목적으로 제정한 법률. 이 법률은 全文 10조 부칙으로 구성되어 있다.

원호대상자직업재활법(援護對象者職業再活法) → 한국보훈복지공단법

월남귀순용사특별보상법(越南歸順勇士特別報償法) 1978년 법률 3150호. 북한괴뢰집단에 항거하여 귀순한 동포의 安住를 돕는 한편 자유롭게 生業에 종사할 수 있도록 필요한 報償과 援護를 정한 법률. 귀순용사의 확인과 등록(2), 월남귀순용사보상심사위원회(3), 신분보장(4), 보상금·연금·주택 기타 원호(5, 8~14), 특별임용과 직장알선(6, 10) 등을 정하고 있다. 1993년 법률 4568호로 귀순북한동포보호법으로 改題되고 다시 1997년 법률 5259호로 북한이탈주민의 보호 및 정착지원에 관한 법률로 改題되었다.

위생사(衛生士) **등에 관한 법률**(法律) 1975년 법률 2859호. 위생사무에 종사하는 자의

資格과 業務의 範圍 등에 관하여 필요한 사항을 정하려는 목적으로 제정된 법률. 위생업무의 범위를 정하고(2Ⅰ), 위생사의 종류, 그들의 면허에 관한 사항을 정하였으며(2Ⅱ, 4~7), 무면허자의 업무금지(8), 비밀누설의 금지(9), 겸직금지(10), 면허의 취소(11), 취업정지(13) 및 벌칙규정(14)을 두고 있다.

위수령(衛戍令) 1970년 대통령령 4949호. 육군부대가 영구히 1地區에 주둔하여, 當該地區의 경비, 陸軍의 질서 및 軍紀의 감시와 육군에 속하는 건축물 기타 시설의 보호에 임하는 것에 관하여 정한 대통령령.

유기장업법(遊技場業法) → 공중위생법

유네스코활동(活動)**에 관한 법률**(法律) 1963년 법률 1335호. 유네스코(國際聯合教育科學文化機構)활동에 대한민국정부와 국민이 적극적으로 협력하여 교육·과학 및 문화생활을 통하여 국제연합헌장·유네스코헌장 및 세계인권선언의 정신을 실현하기 위하여 제정된 법률. 유네스코활동이란 유네스코의 목적을 실현하기 위하여 행하는 모든 활동을 말한다(2). 유네스코활동의 목표(3), 국가 및 지방자치단체의 유네스코활동(5), 국민에 의한 유네스코활동(6), 유네스코한국위원회(7~25) 등을 규정하고 있다.

유료도로법(有料道路法) 1963년 법률 1441호. 도로에 관한 財源을 확보하고 도로의 정비를 촉진하며 교통의 편리를 증진하기 위하여 通行料를 징수할 수 있는 도로의 신설·개축·유치·수선 기타 관리에 관하여 도로법에 대한 특례를 규정함을 목적으로 제정된 법률. 유료도로의 설치와 유료도로신설 등의 허가, 구조 등의 기준, 유료도로공사의 공고·검사와 검사합격전의 사용금지, 고속자동차도로의 지정, 특별회계와 감독 등에 관하여 규정하고 있다.

유류오염손해배상보장법(油類汚染損害賠償保障法) 1992년 법률 4532호. 종래 상법의 규정을 적용하던 유류오염손해배상에 관하여 상법의 개정(1991년 12월 31일)으로 유류오염손해에 대한 賠償에 있어서 特別法制定을 전제로 상법규정의 적용을 배제하였으므로 이에 관한 법적 근거를 마련하고 海上油類物動量의 증가로 대량유류오염사고의 위험이 증대함에 따라 관련 국제협약을 국내법에 수용함으로써 어민 등 유류오염피해자에 대한 손해배상을 원활히 하고 海上油類運送의 건전한 발전을 도모함을 목적으로 제정된 법률.

유선방송관리법(有線放送管理法) 1986년 법률 3914호. 유선방송의 합리적인 관리를 통하여 유선방송의 건전한 발전과 이용의 효율화를 기하기 위하여 제정된 법률. 유선방송사업에 대한 정보통신부장관의 허가(3), 유선방송사업의 결격사유(4), 유선방송시설의 기술기준(6) 및 유선방송사업의 허가(10) 등을 규정하고 있다.

유선(遊船) **및 도선사업법**(渡船事業法) 1993년 법률 4619호 전문개정. 遊船事業 및 渡船事業에 관하여 필요한 사항을 규정하여 유선이나 도선으로 인하여 발생하는 위해를 방지하여 공공의 안전을 도모하기 위하여 종전의 遊船營業團束法과 渡船業團束法을 통합하여 제정한 법률. 사업의 면허 또는 신고(3), 유선사업(11~13), 도선사업(14~19), 안전검사 및 안전관리(20~31), 운항약관(32), 보험가입(33), 요금 및 운임(34), 벌칙(39~42) 등을 규정하고 있다.

유실물법(遺失物法) 1961년 법률 717호. 전문 16조와 부칙으로 되어 있으며, 유실물을 습득한 경우에 있어서의 그 취급 또는 처리방법을 정한 법률(→유실물). 埋藏物에 관하여서도 본법이 準用된다(13)(→매장물).

유아교육진흥법(幼兒教育振興法) 1982년 법률 3635호. 유아에게 좋은 교육환경을 마련하여 心身發達의 충실을 기함과 아울러 무한한 잠재력을 신장하게 함으로써 장차 건전한 人格을 가진 국민으로 성장하여 개인으로서 행복을 누리고 나아가 그들의 역량을 국가발전에 기여하게 하기 위하여 幼兒教育과 保育을 진흥함을 목적으로 제정한 법률. 이 법률은 全文 20조 부칙으로 구성되어 있다.

유통단지개발촉진법(流通團地開發促進法) 1995년 법률 5105호. 유통시설용지를 원활히 공급하고 유통시설을 합리적으로 배치하여 流通構造의 개선과 流通產業의 발전을 촉진함으로써 산업경쟁력을 강화하고 국토의 균형있는 발전과 국민경제의 건전한 발전에 이바지함을 목적으로 제정한 법률. 이 법은 유통단지심의위원회(3), 유통단지의 개발(4~27), 유통단지의 분양·임대 및 관리(28~37), 조세 등의 감면(38), 부칙 등으로 구성되어 있다.

유통산업합리화촉진법(流通產業合理化促進法) 1980년 법률 3244호. 유통산업의 건전한 발전을 촉진함으로써 流通構造를 개선하고 소비자와 생산자를 보호하여 物價安定 및 國民經濟의 균형있는 발전에 기여하게 하기 위하여 제정된 全文 18조 부칙으로 된 법률. 합리화촉진의 대상이 되는 유통산업의 범위, 유통산업합리화기본계획, 유통단지의 지정과 구성 및 관리운영, 자금지원, 유통합리화추진위원회의 설치 등에 관하여 규정하였다. 1997년 법률 5327호 유통산업발전법 부칙 2조 1호에 의해 폐지되었다.

유통산업발전법(流通産業發展法) 1997년 법률 5327호. 유통산업의 효율적인 진흥과 균형적인 발전을 도모하고 건전한 商去來秩序를 확립함으로써 消費者를 보호하고 국민경제의 발전에 이바지함을 목적으로 제정한 법률. 이 법은 총칙(1장), 유통산업발전계획(2장), 유통산업의 진흥(3장), 유통산업발전기반의 육성(4장), 중소유통기업의 구조개선(5장), 유통산업의 국제화(6장), 보칙(7장), 벌칙(8장) 등과 부칙으로 구성되어 있다.

유해화학물질관리법(有害化學物質管理法) 1996년 법률 5221호 전문개정. 화학물질로 인한 國民健康 및 환경상의 危害를 예방하고 유해화학물질을 적정하게 관리함으로써 모든 국민이 건강하고 쾌적한 환경에서 생활할 수 있게 함을 목적으로 제정된 법률. 유해화학물질의 적정관리에 대한 국가의 책무(4), 영업자의 책무(6)를 규정하고 제2장에서는 화학물질의 유해성 심사를, 제3장에서는 유독물영업자의 등록을 그리고 제4장에서는 유독물의 관리를 규정하고 있다. 제5장에서는 유독물관리자에 대한 교육 등을 정한 보칙을 두고 제6장에서는 이 법의 실효성을 담보하는 벌칙을 두고 있다.

육운진흥법(陸運振興法) 1977년 법률 3086호. 陸運事業을 진흥하여 公路運送의 원활을 기하고 국민경제의 발전을 도모하기 위하여 제정된 법률. 정부의 지원(4), 건설교통부장관의 버스노선 개설명령과 경영개선명령(5, 6), 조세의 감면과 공제사업 등(7, 8)을 정하고 있다. 1997년 법률 5448호 자동차운수사업법 부칙 3조 2호에 의해 폐지되었다.

윤락행위 등 방지법(淪落行爲等防止法) 1995년 법률 4911호 전문개정. 善良한 風俗을 해치는 윤락행위를 방지하고 윤락행위를 하거나 할 우려가 있는 자를 선도함을 목적으로 정한 법률. 윤락행위라 함은 불특정인으로부터 금전 기타 재산상의 이익을 授受 또는 約束을 하거나 기타 영리의 목적으로 성행위를 하는 것을 말한다(2). 윤락행위뿐만 아니라 유인행위 · 매개행위 등도 금지하며(4), 윤락행위의 상습이 있는 자와 윤락행위를 할 현저한 우려가 있는 자를 善導保護하기 위하여 중요도시 기타 필요한 곳에 保護所를 설치하고(6), 그들에 대하여 자립갱생의 정신과 능력을 함양하기 위하여 필요한 곳에 직업보도시설을 설치한다(9). 영리의 목적으로 윤락행위를 매개 · 유인한 자가 요보호여자에게 가지는 채권은 무효로 한다(20). 본법에 위반할 경우에는 여러가지 벌칙의 규정이 있다(24~28).

은행법(銀行法) 1950년 법률 139호. 금융기관의 건전한 운영을 기하고 예금자를 보호하며 신용질서를 유지할 목적으로 제정된 법. 이 법과 한국은행법은 국내의 금융기관을 규율하는 일반법이다. 금융기관의 受信業務가 대량적 · 장기적이며 또한 公共的 性質을 띠고 있으므로 상세한 법률적인 감독규정을 두고 있으며, 금융기관의 자본금과 적립금, 은행업무, 금지사항, 은행업무에 대한 통제, 預金支拂準備金, 검사, 貸借對照表와 보고서 등에 관하여 규정하고 있다.

음반(音盤) **· 비디오물**(物) **및 게임물**(物)**에 관한 법률**(法律) 1999년 법률 5925호. 헌법재판소의 비디오물에 대한 제한 · 삭제 등의 심의제를 위헌으로 결정한 바, 심의제도를 等級分類制로 전환하는 등 음반 · 비디오물 및 게임물의 제작 · 유통과 관련된 규제를 과감히 폐지 · 완화하려는 목적으로 제정된 법률.

응급의료(應急醫療)**에 관한 법률**(法律) 1994년 법률 4730호. 危急狀態에 있는 환자에 대하여 適期에 적정수준의 응급의료를 제공하는데 필요한 사항을 규정함으로써 위급환자의 생명과 건강을 보호하고 국민의료의 적정을 기함을 목적으로 제정한 법률. 이 법률은 국가 · 지방자치단체의 의무(3조), 응급의료 및 응급환자진료시설 등(4~14), 응급구조사(15~24), 응급환자 정보센터(25~31), 구급차 등의 운용(32~39), 응급환자이송업(40~46), 허가취소 등(47~49), 보칙과 벌칙, 부칙 등으로 구성되어 있다.

의료기사(醫療技士) **등에 관한 법률**(法律) 1995년 법률 4912호 전문개정. 의사 또는 치과의사의 지도하에 진료 또는 의화학적 검사에 종사하는 자, 醫務에 관한 기록을 주된 업무로 하는 자, 시력보정용 안경의 제조 및 판매를 주된 업무로 하는 자의 자격 · 면허 등에 관하여 필요한 사항을 정함으로써 국민의 保健 및 醫療向上에 이바지함을 목적으로 제정된 법률. 의료기사법에서 이 법으로 개정되었다.

의료법(醫療法) 1973년 법률 2533호. 國民醫療에 관하여 필요한 사항을 규정함으로써 의료의 적정을 기하여 국민의 건강을 보호 증진함을 목적으로 제정된 법률. 의료인의 자격과 면허, 권리와

의무, 의료기관, 의료법인, 의료광고의 규칙, 의료관계자단체 등을 규정하고 있다. 특정한 의료법위반자에 대하여는 보건범죄단속에 관한 특별조치법 5조에 의하여 가중처벌된다.

의료보험법(醫療保險法) 1994년 법률 4728호 전문개정. 국민의 疾病·負傷·死亡 또는 分娩 등에 관하여 保險給與를 행함으로써 국민의 의료보험제도를 확립하고 건강을 증진하여 국민의 경제적 생활안전과 복지생활향상에 기여함을 목적으로 제정된 법률. 全文 90조 부칙으로 된 이 법률은 피보험자의 자격취득시기와 자격상실(9~11), 보험자(12~28), 보험료 기타 재무(48~59), 보험급여(29~47), 보험급여명분에 대한 심사청구와 이를 위한 의료보험심사위원회에 대한 심사청구(60~70) 등에 관하여 규정하였다.

의료보호법(醫療保護法) 1991년 법률 4353호. 생활보호법에 의하여 生計保護對象者로 지정된 자 등 생활유지의 능력이 없거나 생활이 어려운 자에게 의료보험를 실시하여 社會福祉의 향상을 목적으로 하는 법률. 보호대상자(4), 보호의 내용(8), 보호진료기관의 지정(10), 기금(21) 등을 정하고 있다. 생활보호법 중 의료보호를 구체화한 것으로서 동법에 대한 특별법이다.

의사상자예우(義死傷者禮遇)**에 관한 법률**(法律) 1990년 법률 4307호 전문개정. 타인의 危害를 구제하다가 신체의 부상을 입은 자와 그 가족 및 사망한 자의 유족에 대하여 필요한 報償 등 國家的 禮遇를 함으로써 社會正義의 具現에 이바지함을 목적으로 제정한 법률. 이 법률은 全文 15조 부칙 등으로 구성되어 있다.

의장법(意匠法) 1990년 법률 4208호 전문개정. 意匠의 保護 및 利用을 도모함으로써 의장의 창작을 장려하여 산업발전에 이바지함을 목적으로 제정된 법률. 용어의 정의(2), 의장등록의 대상(3), 의장등록요건 및 의장등록출원(5~24), 심사(25~30), 등록료 및 의장등록 등(31~38), 의장권(39~60), 의장권자의 보호(62~67), 심판(68~72), 재심 및 소송(73~75), 보칙과 벌칙 등을 규정하고 있다. → 의장권, 특허법

이용사(理容師) **및 미용사법**(美容師法) → 공중위생법에 흡수됨.

이자제한법(利子制限法) 1962년 법률 971호. 高利의 단속을 목적으로 제정된 법률. 私法上의 金錢의 消費貸借로 인하여 생긴 債權의 利子에만 적용된다. 대차원금이 5,000원 이상인 경우의 이율의 최고한도를 제한하여, 이것을 초과하는 부분은 무효로 한다. 다만 채무자가 임의로 지급한 때에는 그 반환을 청구할 수 없다고 하는 것이 판례이다(많은 학설은 반대). 그리고 이 법률은 실질적으로 이자이면 棒利 기타의 명칭을 사용하더라도 제한하는 외에, 위약금, 배상액의 예정까지도 제한한다. 종전의 이식제한령(1911년 제령 14호)을 폐지한 대체법률이었다. 1998년 법률 5507호에 의해 폐지되었다.

인감증명법(印鑑證明法) 1961년 법률 724호. 印鑑申告, 印鑑臺帳 및 인감증명에 관한 절차를 정한 법률. 인감신고는 구청장 또는 시·읍·면장에게 하며(3), 1인 1종에 한하고(5), 신고를 받은 구청장 또는 시·읍·면장(증명청)은 이를 인감대장으로 비치하여야 하며(4, 10), 본인의 願에 의하여 인감증명을 교부한다(12).

인사소송법(人事訴訟法) → 가사소송법

인삼산업법(人蔘産業法) 1995년 법률 5022호. 人蔘 및 人蔘類의 경작·제조·검사 등에 관하여 필요한 사항을 규정함으로써 인삼을 特産物로 보호·육성하고 인삼산업의 건전한 발전에 이바지함을 목적으로 정한 법률. 인삼산업진흥시책의 강구(3), 인삼경작 및 수확(4~9), 계약경작 및 수급조절(10~11), 인삼제조(12~16), 검사 및 수출입등(17~20), 인삼류의 표기(21~22), 인삼산업진흥기금(23~27), 보칙과 벌칙 등을 규정하고 있다.

인삼협동조합법(人蔘協同組合法) 1988년 법률 4066호. 人蔘耕作者는 自主的인 조직으로써 인삼협동조합 및 인삼협동조합중앙회를 설립하여 인삼경작기술의 지도 및 보급활동을 효과적으로 수행하는 동시에 인삼경작자의 권익보장 및 소득향상을 도모함을 목적으로 제정된 법률. 이 법은 총칙(1장), 조합(2장), 중앙회(3장), 보칙(4장), 벌칙(5장) 등과 부칙을 규정하고 있다.

인장업법(印章業法) 1972년 법률 2384호. 印章業者와 그 이용자를 보호하기 위하여 제정한 법률. 全文 12조 부칙으로 된 이 법률은 인장업의 신고, 경영자의 금지사항, 신원의 확인 및 인영의 보존, 신고 및 임검, 벌칙 등을 규정하고 있다.

인지세법(印紙稅法) 1991년 법률 4452호 전문개정. 印紙稅의 부과·징수에 관하여 정한 법률. 납세의 의무, 과세문서 및 세액, 기재금액의 계산, 보안문서, 비과세문서, 인지세의 납부, 소인 등을 규정하고 있다.

인지첩부(印紙貼付) **및 공탁제공**(供託提供)**에 관한 특례법**(特例法) 1961년 법률 832호. 국가를 당사자로 하는 소송 및 행정소송에 있어서 민사소송법 및 민사소송인지법의 규정에 불구하고 認知貼付 및 供託提供에 관하여 특별규정을 한 법률. 즉 국가를 당사자로 하는 소송 및 행정소송에 있어서 국가는 민사소송인지법규정의 인지를 첩부하지 않으며, 민사소송법규정의 공탁을 하지 아니한다고 규정하고 있다(2, 3).

일본국정부동결재산(日本國政府凍結財産)**의 반환**(返還)**에 관한 법률**(法律) 1961년 법률 947호. 日本敵産管理人名義의 登記抹消에 관한 법률을 보충하여 1945년 8월 9일 이전에 일본정부에 의하여 敵産으로서 동결되고 처리된 미반환재산의 반환절차를 규정한 법률.

일제하일본군위안부(日帝下日本軍慰安婦)**에 대한 생활안정지원법**(生活安定支援法) 1993년 법률 4565호. 일제에 의하여 강제동원되어 일본군위안부로서의 생활을 강요당한 자에 대하여 국가가 인도주의정신에 입각하여 生活保護法에 의한 생활보호·의료보호법에 의한 의료보호 및 생활안정지원금의 지급 등을 제공하도록 한 법률.

임금채권보장법(賃金債權保障法) 1998년 법률 5513호. 景氣의 변동 및 産業構造의 변화 등으로 사업의 계속이 불가능하거나 企業의 경영이 불안정하여 채금을 지급받지 못한 상태로 퇴직한 근로자에게 賃金支給을 보장하는 조치를 강구함으로써 근로자의 생활안정에 이바지함을 목적으로 제정된 법률. 이 법은 용어의 정의(2), 적용범위(3), 국고의 부담(4), 임금채권보장기금심의위원회(5), 임금채권의 지급보장(6~14), 임금채권보장기금(15~18), 보칙(19~23), 벌칙(24~26) 등과 부칙에 관하여 규정하고 있다.

임대주택법(賃貸住宅法) 1993년 법률 4629호 전문개정. 임대주택의 건설·공급 및 관리와 주택임대사업에 필요한 사항을 촉진하고 國民住宅生活의 안정을 도모함을 목적으로 제정된 법률. 이 법률은 임대주택의 우선 건설(4), 임대주택의 건설재원(5), 임대사업자의 등록(6), 임대주택의 매각제한·전대제한 등(12, 13), 특별수선충당금의 적립(17의 2), 벌칙(23) 등 全文 25조 부칙을 규정하고 있다.

임시행정수도건설(臨時行政首都建設)**을 위한 특별조치법**(特別措置法) 1977년 법률 3007호. 臨時行政首都建設에 선행하여 건설예정지역 地價의 현저한 변동과 부동산의 투기를 미연에 방지하고 각종 계획을 조정함으로써 臨時行政首都建設의 원활한 추진을 기하기 위하여 제정된 법. 건설예정지역의 지정이 있게 되면 동지역에 대한 다른 사업계획은 그 시행 여부에 관하여 건설교통부장관과 협의하여야 하며(3), 基準地價를 고시하게 되고(4), 임시행정수도건설에 지장을 줄 우려가 있는 각종 행위가 규제되며(5), 토지의 거래에 있어서는 관할 도지사의 허가를 받게 되는 등(6) 부담이 따르게 된다.

임업진흥촉진법(林業振興促進法) 1997년 법률 5325호. 임업의 구조개선을 통하여 생산성을 향상시키고 林業人의 經營能力과 權益을 증진시킴으로써 임업을 경쟁력있는 산업으로 육성하고 나아가 국토의 보전과 국민경제의 건전한 발전에 이바지함을 목적으로 제정한 법률. 이 법은 임업의 구조개선(6~14), 임업진흥권역의 지정(15~17), 임업진흥기금(18~22), 보칙(23~25)과 부칙을 규정하고 있다.

임업협동조합법(林業協同組合法) 1980년 법률 3231호. 山林所有者와 山林經營者의 協同組織을 통하여 그 구성원의 경제적·사회적 지위향상을 도모하고 산림의 보호와 개발을 촉진함으로써 국민경제의 균형있는 발전에 기여함을 목적으로 하는 법률. 이 법은 임업협동조합(3장)에서 설립·조합원기관·사업·관리 등이 규정되어 있고 임업협동조합중앙회(4장)에는 설립·회원·기관·사업·관리·감독·보칙·벌칙 등으로 구성되어 있다.

입목(立木)**에 관한 법률**(法律) 1973년 법률 2484호. 樹木의 集團(立木)에 대한 登記 및 抵當權의 設定 등에 관하여 필요한 사항을 정한 법률. 全文 23조 부칙으로 된 이 법률은 경제계의 요청에 부응하여 입목을 독립의 부동산으로 하지 않고 있는 민법 및 부동산등기법의 결함을 보완하여 토지에 부착된 수목의 집단을 등기에 의하여 地盤인 토지로부터 분리된 독립의 부동산으로 하고 所有權을 이전하거나 抵當權을 설정할 수 있게 하였다. → 입목

입양촉진(入養促進) **및 절차**(節次)**에 관한 특례법**(特例法) 1995년 법률 4913호 전문개정. 보호시설에서 보호를 받고 있는 要保護兒童의 입양을 촉진하고 양자로 되는 자의 안전과 복리증진을 도모하기 위하여 제정된 법률. 민법의 附屬法이라고 할 수 있으며 양자와 양친될 자격(4, 5), 입양절차(7~9), 입양기관(10), 입양아동 등에 대한 복지시책(21~23) 등을 정하고 있다. 민법에 우선

하여 이 법이 적용된다.

≫ ㅈ ≪

자격기본법(資格基本法) 1997년 법률 5314호. 産業社會의 발전에 따른 다양한 자격수요에 부응하여 자격제도에 관한 기본적인 사항을 정함으로써 자격제도의 관리·운영을 체계화·효율화하고 자격제도의 공신력을 높여 국민의 직업능력개발을 촉진하고 社會經濟的 地位向上에 이바지함을 목적으로 제정한 법률. 이 법은 국가자격(6~14), 민간자격(15~26), 자격의 효력(27~28), 청문(29), 허위광고의 금지 등(30), 벌칙(32~35) 등 全文 35조 부칙으로 구성되고 있다.

자동차관리법(自動車管理法) 1995년 법률 5104호 전문개정. 자동차의 등록·안전기준·형식승인·점검·정비·검사 및 자동차관리사업 등에 관한 사항을 정하여 자동차를 효율적으로 관리하고 자동차의 성능 및 안전을 확보함으로써 公共의 福利를 증진하려는 법률.

자동차등록령(自動車登錄令) 1996년 대통령령 15162호 전문개정. 자동차관리법에 의한 자동차의 등록과 자동차저당법에 의한 자동차의 저당권의 등록에 관한 사항을 정한 대통령령.

자동차손해배상보장법(自動車損害賠償保障法) 1984년 법률 3774호 전문개정. 자동차의 운행으로 사람의 生命 또는 身體가 死傷된 경우에 있어서의 損害賠償을 보장하는 제도를 확립함으로써 피해자의 보호를 도모하고 自動車運送의 건전한 발달을 촉진함을 목적으로 제정된 법률. 자기를 위하여 자동차를 운행하는 자는 그 운행으로 타인의 생명 또는 신체를 사상한 때에는 그 손해를 배상할 책임을 진다. 다만, 사상된 자가 승객 이외의 자인 경우에 자기 및 운전자가 자동차의 운행에 관하여 주의를 태만히 하지 아니하고 피해자 또는 운전자 이외의 제3자에게 고의 또는 과실이 있으며 또 자동차의 구조상의 결함 또는 기능의 장해가 없었다는 것을 증명한 때, 사상된 자가 승객인 경우에 있어서 그 자가 고의 및 자살행위로 인하여 사상된 때에는 예외이다(3). 자기를 위하여 자동차를 운행하는 자의 손해배상의 책임에 관하여는 이 규정(3)에 의하는 외에는 민법의 규정에 의한다(4). 本法은 이외에 자동차손해배상을 위한 보험가입(5~13), 자동차손해배상보장사업(14~18) 기타 벌칙 등을 규정하고 있다.

자동차운수사업법(自動車運輸事業法) 1961년 법률 916호. 1997년 법률 5448호에 의해 여객자동차운수사업법으로 題名이 개정되었다.

자동차저당법(自動車抵當法) 1993년 법률 4646호. 自動車의 抵當權에 관한 사항을 정하여 자동차 저당에 의한 자금의 확보를 도모하고 자동차저당권자와 자동차소유의 權益을 균형있게 보호함을 목적으로 제정된 법률. 이 법은 全文 10조 부칙으로 구성되어 있다.

자산유동화(資産流動化)**에 관한 법률**(法律) 1998년 법률 5555호. 금융기관과 일반기업의 자금조달을 원활하게 하여 재무구조의 건전성을 높이고 장기적인 주택자금의 안정적인 공급을 통하여 주택금융기반을 확충하기 위하여 자산유동화에 관한 제도를 확립하며, 자산유동화에 의하여 발행되는 유동화증권에 투자한 투자자를 보호함으로써 국민경제의 건전한 발전에 기여함을 목적으로 제정된 법률. 총칙, 자산유동화계획의 등록 및 유동화자산의 양도 등 유동화 전문회사, 유동화채권의 발행, 보칙, 벌칙 등 全文 42조 부칙으로 구성되어 있다.

자산재평가법(資産再評價法) 1965년 법률 1691호. 법인 또는 개인의 事業用資産을 현실에 적합하도록 재평가하여 적정한 減價償却을 가능하게 하고 기업자본의 정확을 기함으로써 經營의 합리화를 도모하게 함을 목적으로 한 법률. 이 법은 매매계약이 체결된 국공유재산을 제외하고는 국가나 지방자치단체에 소속된 자산에 대하여는 적용하지 않는 것으로서(3), 적용대상에 대한 재평가의 시기와 대상범위, 재평가액과 재평가차액, 재평가설, 신고와 결정, 심사, 재평가심의회, 재평가차액의 경리, 자본전입 기타 정부의 질문·검사와 보고징수 등에 관하여 규정하고 있다. → 자산재평가

자연공원법(自然公園法) 1980년 법률 3243호. 自然風景地를 보호하고, 적정한 이용을 도모하여 국민의 保健·休養 및 情緖生活의 향상에 기여하기 위하여 자연공원의 지정·이용·관리를 정한 법률. 자연공원은 지정권자와 풍경지의 수려도에 따라 국립, 도립 및 군립으로 세분된다(2, 4~6). 이 법은 공원법을 폐지하였으므로, 도시공원법과 함께 우리나라 공원에 관한 기본법이다.

자연재해대책법(自然災害對策法) 1995년 법률 4993호 전문개정. 자연재해로부터 國土와 國民의 생명·신체 및 재산에 재해, 즉 홍수·호

우·폭설·폭풍 또는 해일 기타 이에 준하는 自然現象으로 인하여 발생하는 피해로부터 보호하기 위하여 防災計劃의 수립과 재해예방·재해응급대책·재해복구 기타 재해대책에 관하여 필요한 사항을 규정한 법률. 국가는 방재기본계획과 방재업무계획을 작성하여야 하며, 지방자치단체는 국가의 방재기본계획과 중앙행정기관의 방재업무계획에 기하여 지역방재계획을 작성하여야 한다. 방재조직으로서 재해대책위원회와 중앙재해대책본부와 지방재해대책본부를 둔다.

자연환경보전법(自然環境保全法) 1997년 법률 5392호 전문개정. 자연환경을 인위적 훼손으로부터 보호하고, 다양한 生態系를 보전하며 야생물·식물의 멸종을 방지하는 등 자연환경을 체계적으로 보전·관리함으로써 국민이 쾌적한 자연환경에서 여유있고 건강한 생활을 할 수 있도록 함을 목적으로 하는 법률.

자원(資源)**의 절약**(節約)**과 재활용촉진**(再活用促進)**에 관한 법률**(法律) 1992년 법률 4538호. 자원의 효율적인 이용과 폐기물의 발생억제, 자원의 절약 및 재활용촉진을 통하여 환경을 보전하고 지속적인 經濟發展과 國民福祉向上에 이바지함을 목적으로 정한 법률. 이 법은 자원활용의 촉진을 위한 지도 등(8～19), 폐기물관리기금(20), 재활용산업의 육성(25～32), 보칙(33～37), 벌칙(38～42) 등을 규정하고 있다.

자전거이용활성화(自轉車利用活性化)**에 관한 법률**(法律) 1995년 법률 4870호. 최근 심각한 교통난 및 환경문제에 대처하고 국민의 健康增進과 勤儉節約하는 사회적 분위기를 조성하기 위하여 자전거도로 등 자전거이용시설의 정비 및 자전거이용방법 등 자전거이용의 활성화에 관하여 필요한 사항을 규정하려는 것으로써, ① 특별시장·광역시장 또는 시장·군수는 자전거도로 등 자전거이용시설의 정비계획을 수립하여 행정자치부장관의 승인을 얻도록 함(5), ② 자전거도로 등 자전거이용시설에 대한 구체적인 구조 및 시설기준을 행정자치부·건설교통부의 공동부령으로 정하도록 함(9), ③ 도로관리청과 택지개발 등의 공공사업시행자는 자전거이용시설의 정비계획에 따라 자전거도로 등을 설치하도록 함(10, 12), ④ 시장·군수가 설치하는 노외주차장은 대통령령이 정하는 바에 따라 일정비율을 자전거주차장으로 설치하고, 시장·백화점 등에는 자전거주차장의 설치를 권장할 수 있도록 함(11), ⑤ 자전거이용자는 교통법규를 준수하여 자동차의 통행을 방해하거나 보행자에게 危害를 주는 일이 없도록 힘쓰도록 함(15 I), 기타 자전거이용자 및 각종 시설의 보호를 위하여 자전거도로의 차량통행 및 주·정차 등을 금지하고 그 위반행위에 대한 벌칙규정(18, 24)을 두는 것으로 한다.

잠업법(蠶業法) 1994년 법률 4844호. 蠶絲類의 생산 및 유통을 원활하게 함으로써 잠사업의 발전을 도모함을 목적으로 정한 법률. 이 법은 全文 30조 부칙으로 구성되어 있다.

장기(臟器) **등 이식**(移植)**에 관한 법률**(法律) 1999년 법률 5858호. 장기 등의 기증에 관한 사항과 사람의 장기 등을 다른 사람의 장기 등의 기능회복을 위하여 적출 및 이식하는데 필요한 사항을 규정함으로써 장기 등의 적출 및 이식의 적정을 도모하고, 국민보건의 향상에 이바지함을 목적으로 제정된 법률. 총칙, 생명윤리위원회 및 장기이식관리기관, 장기 등의 적출 및 이식 등, 감독, 보칙, 벌칙 등 全文 49조 부칙으로 구성되어 있다. 2000년 2월 이후 시행.

장기신용은행법(長期信用銀行法) 1979년 법률 3176호. 長期信用銀行制度를 확립하고 그 운영의 적정을 기함으로써 기업에 대한 長期資金의 공급을 원활히 하여 국민경제의 발전에 기여함을 목적으로 제정된 법률. 이 법은 全文 25조 부칙으로 구성되어 있다.

장애인고용촉진(障碍人雇傭促進) **등에 관한 법률**(法律) 1990년 법률 4219호. 장애인이 그 능력에 맞는 職業生活을 통하여 장애인의 고용촉진과 직업재활 및 직업안정을 도모함을 목적으로 제정한 법률. 이 법은 국가 및 지방자치단체의 책임(3), 한국장애인고용촉진공단(12～46), 장애인고용촉진기금(47～52), 장애인직업생활상담원(53), 해고의 신고(54), 벌칙 등을 규정하고 있다.

장애인·노인·임산부(障碍人·老人·妊産婦) **등의 편의증진보장**(便宜增進保障)**에 관한 법률**(法律) 1997년 법률 5332호. 장애인·노인·임산부 등이 생활을 영위함에 있어 다른 사람의 도움없이 안전하고 편리하게 施設 및 設備를 이용하고 情報에 접근하도록 보장함으로써 이들의 사회활동참여와 복지증진에 이바지함을 목적으로 제정된 법률.

장애인복지법(障碍人福祉法) 1989년 법률 4179호 전문개정. 障碍人對策에 관한 국가, 지방자치단체의 책무를 명백히 하고 障碍發生의 예방과 장애인의 의료·훈련·보호·교육·고용의 증진·수당의 지급 등 障碍人福祉對策의 기본이 되는 사업을 정함으로써 장애인복지대책의 종합적 추진을 도모하며, 장애인의 自立 및 保護에 관하여 필요한 사항을 정함으로써 장애인의 생활안정에 기여하는 등 장애인의 복리증진에 기여함을 목적으로 제정된 법률.

재난관리법(災難管理法) 1995년 법률 4950호. 재난으로부터 국민의 생명과 재산을 보호하기 위하여 국가 및 지방자치단체의 災難管理에 관하여 필요한 사항을 규정함을 목적으로 정한 법률. 이 법은 국가 등의 책무(3), 재난관리체제(7~10), 재난의 예방(11~13), 재난의 수습(14~19), 긴급구조구난(20~29), 특별재난지역(30~32), 긴급조치(33~42), 벌칙(43~45) 등을 규정하고 있다.

재외공관공증법(在外公館公證法) 1963년 법률 1479호. 大韓民國領土 밖에서의 公證事務의 처리에 관한 규정이 없어 앞으로 재외공관에서 공증사무를 적절하게 처리할 수 있도록 하려는 목적으로 제정된 법률. 이 법은 구성은 총칙(1장), 직무집행에 관한 통칙(2장), 증서의 작성(3장), 인증(4장), 확인 등(5장)의 내용을 규정하고 있다.

재외공관수입금(在外公館收入金) **등 직접 사용**(直接使用)**에 관한 법률**(法律) 1964년 법률 1660호. 대한민국재외공관의 수입금 및 前渡資金使用殘額을 當該在外公館에서 직접 사용하게 함으로써 국고에의 납입에 따르는 사무와 번잡을 피하고 外貨의 효율적인 사용을 도모하기 위하여 제정된 법률. 외교통상부장관은 재외공관의 장으로 하여금 당해재외공관에 배정된 예산의 범위내에서 그 수입금과 전도자금사용잔액을 직접 사용하게 할 수 있으며(2), 재외공관에 자금을 송금할 때 재외공관의 장이 직접 사용한 수입금 등에 상당하는 금액을 송금할 금액에서 공제하여 국고에 납입하게 되어 있다(3).

재외공관용재산(在外公館用財産)**의 취득관리 등**(取得管理等)**에 관한 특례법**(特例法) 1963년 법률 1318호. 재외공관에서 사용하는 부동산과 자동차의 관리 및 재외공관의 賃借와 取得에 관한 특례를 규정하기 위한 법률. 부동산 및 자동차의 처분 또는 그 매입에 관한 특례(2, 3)를 규정하고 있다. 국유재산법 및 예산회계법에 대한 특별법.

재외국민등록법(在外國民登錄法) 1949년 법률 70호. 외국에 居住 또는 滯留하는 국민의 登錄에 관하여 정한 법률. 본법에 의하여 외국에서 일정한 장소에 주거 또는 거소를 정하거나 외국에서 일정한 장소에 20일 이상 체류하는 대한민국 국민은, 외국에 있는 총영사관 또는 영사관(총영사관 또는 영사관의 관할구역에 속하지 아니하는 지역과 총영사관의 관할구역에 속하지 아니하는 지역과 총영사관 또는 영사관을 두지 아니한 외국에 있어서는 대사관 또는 공사관)에, 본적·주소·거소 또는 체류장소, 성명, 성별, 생년월일, 직업과 직업적 기능, 前居住의 장소, 병역관계, 본인이 가족인 경우에는 호주의 성명과 호주와의 관계 또한 외국에서 일정한 장소에 20일 이상 체류하는 자에 있어서는 체류의 목적을 등록하게 되어 있다(2~4).

재외국민취적(在外國民就籍)·**호적정정**(戶籍訂正) **및 호적정리**(戶籍整理)**에 관한 임시특례법**(臨時特例法) 1973년 법률 2622호. 在外國民으로서 본적을 가지지 아니하거나 분명하지 아니한 자, 호적 기재에 착오 또는 遺漏가 있는 자, 入籍 또는 除籍되어야 할 자로서 호적부상 정리되지 아니한 자의 간이한 就籍·訂正 또는 整理節次에 관하여 정한 법률. 재외국민이 취적 또는 정정하고자 할 때에 취적 또는 정정허가 등, 정리하고자 할 때에는 정리를 住所地를 관할하는 재외공관의 장에게 신청하고(3), 신청을 받은 재외공관의 장은 지체없이 외교통상부장관을 거쳐 취적 또는 정정허가의 경우에는 관할가정법원에, 정리의 경우에는 본적지의 시·구·읍·면의 장에게 송부하며(5), 법원이 허가하면 취적지의 시·읍·면의 장이 호적을 편제하도록 규정하고 있다(6). 이 법률은 2000년 12월 31일까지 시행하는 限時法이다.

재외동포재단법(在外同胞財團法) 1997년 법률 5313호. 재외동포에 대한 支援事業의 중요성이 증대됨에 따라 재외동포재단을 설립하여 재외동포들이 居住國 안에서 한민족으로서 일체감을 가지고 모범적인 생활을 할 수 있도록 지원하려는 목적으로 제정된 법률. 이 법은 全文 29조 부칙 등으로 되어 있다.

재정증권법(財政證券法) 1967년 법률 1914호. 國庫金의 출납과 金融通貨에 관한 정책을 효율적으로 수행하기 위하여 재정증권을 발행함에 필요한 사항을 정한 법률. 재정경제부장관은 각 회계 또는 국고여유자금조정계정의 부담으로 국회의 의결을 얻은 최고액의 범위내에서 금융통화운영위원회의 자문을 거쳐 발행하며(2), 발행된 재정증권의 상환기한은 발행일로부터 1년 이내로 하되 당해 연도의 세입으로 상환하여야 한다(3). 재정증권에는 무기명증권과 등록증권의 2종이 있다(4). 재정증권상의 청구권은 만기상환일이 경과한 날로부터 5년간 행사하지 아니하면 시효로 소멸한다(7).

재해구호법(災害救護法) 1962년 법률 1034호. 非常災害가 발생하였을 때에 재해의 복구, 罹災民의 보호와 사회질서의 유지를 목적으로 응급적인 구호를 행하기 위하여 마련된 법률.

저작권법(著作權法) 1986년 법률 3916호 전문개정. 著作者의 권리와 이에 인접하는 권리를 보호하고 著作物의 공정한 이용도모를 통한 문화의 향상발전을 목적으로 제정된 법. 저작자의 권리, 출판권, 저작인접권, 영상제작물에 관한 특례, 저작위탁관리업 및 저작권에 관한 심의 및 분쟁의 조정 등을 규정하고 있다.

전기공사업법(電氣工事業法) 1976년 법률 2967호 전문개정. 전기공사업을 영위하는 자에 대한 免許의 부여, 技術者의 보유 및 전기공사의 안전하고 적정한 시공의 확보로써 전기공사업의 건전한 발달을 도모함을 목적으로 하여 제정된 법률. 전기공사라 함은 전기사업법 2조 7호 내지 10호에 규정한 전기설비와 전기에 의한 신호표지의 설치, 보수공사 및 이에 따른 부대공사로서 대통령령이 정한 것을 말하며 공사업이란 이러한 전기공사를 업으로 하는 것을 말한다(2 i · ii). 이 외에도 동법은 전기공사업의 면허(2장), 전기공사업조정위원회(3장), 전기기술자(4장), 도급계약(5장), 전기공사업에 대한 감독(6장), 한국전기공사협회(7장), 보칙(8장) 및 벌칙(9장) 등에 관하여 규정하고 있다.

전기사업법(電氣事業法) 1990년 법률 4214호 전문개정. 전기사업에 관한 기본제도를 확립하여 전기사업을 합리적으로 운용함으로써 전기사용자의 利益保護와 전기사업의 건전한 발전을 도모하고 전기설비의 공사·유지 및 운용에 관하여 필요한 사항을 정한 법률. 사업의 허가·양도·취소 등(5~14), 供給業務 등(16~19), 전기설비의 안전관리(29~47), 한국전기안전공사의 설립 등(48~54) 그 밖에 방사성폐기물의 관리, 토지 등의 사용과 벌칙을 규정하고 있다.

전기용품안전관리법(電氣用品安全管理法) 1974년 법률 2674호. 이 법은 舊電氣事業法에 규정된 전기용품의 製造免許와 形式承認에 관한 사항을 보완함과 아울러 전기용품의 판매·사용 등을 규제하여 불량전기용품으로 인한 위험 및 障害防止를 목적으로 제정된 법률. 1종 전기용품 제조업의 등록(4), 전기용품의 형식승인(9), 불량전기용품의 판매·진열금지(14), 사용금지(15), 지정시험기관의 시험(16), 불량전기용품의 파기 또는 수거명령(23) 및 벌칙규정(32~35)을 두고 있다.

전기통신공사업법(電氣通信工事業法) → 정보통신공사업법

전기통신기본법(電氣通信基本法) 1991년 법률 4393호 전문개정. 電氣通信에 관한 기본적인 사항을 정하여 전기통신의 효율적 관리와 그 발전의 촉진을 꾀하기 위하여 제정된 법. 전기통신기술의 진흥, 전기통신설비, 전기통신기자재의 관리 및 통신위원회 등을 정하고 있다.

전기통신사업법(電氣通信事業法) 1991년 법률 4394호 전문개정. 전기통신사업의 운영을 적정하게 하여 전기통신사업의 건전한 발전을 기하고 이용자의 편의를 도모함으로써 公共福利의 증진에 이바지하기 위해 제정된 법률. 전기통신사업자의 종류와 요건, 이용자의 권리와 의무 등을 규정하고 있다.

전당포영업법(典當鋪營業法) 1961년 법률 763호. 전당포영업의 許可·業務, 그에 대한 監督 등에 관하여 정한 법률. 1999년 3월 법률 5936호에 의해 폐지되었다. → 전당포

전력기술관리법(電力技術管理法) 1995년 법률 5132호. 전력기술의 연구개발을 촉진하고 이를 효율적으로 이용·관리함으로써 전력기술수준을 향상시키고 電力施設物設置의 적정을 기하여 공공의 안전을 확보하고 국민경제의 발전에 이바지함을 목적으로 제정한 법률. 이 법은 전력기술의 진흥(3~8), 전력시설물의 설계·감리(9~17), 한국전력기술인협회(18~22), 보칙(23~27), 벌칙(28~32) 등과 부칙으로 구성되어 있다.

전산망보급확장(電算網普及擴張)**과 이용촉진**(利用促進)**에 관한 법률**(法律) 1986년 법률 3848호. 전산망의 개발보급과 이용 등을 촉진하고 전산망의 안정적 관리·운영을 통하여 情報社會의 기반을 조성함으로써 국민생활의 향상과 公共福利의 증진에 이바지함을 목적으로 제정한 법률. 이 법은 전산망보급의 제반사항을 규정한 全文 33조 부칙 등으로 구성되어 있다. 1999년 법률 5835호에 의해 정보통신망이용촉진 등에 관한 법률로 명칭이 변경되고 전문개정되었다.

전시근로동원법(戰時勤勞動員法) 1953년 법률 292호. 戰爭完遂 또는 災害復舊에 필요한 중요업무에 종사하게 하기 위하여 국민의 근로를 동원함을 목적으로 제정된 법률. 동원의 제한·동원연령·동원종류·여비부담과 임금선불·피동원자직장보호·동원면허·동원협의회 등에 관하여 규정하고 있다.

전염병예방법(傳染病豫防法) 1954년 법률 308호. 전염병의 발생과 유행을 방지하기 위하여 제정된 법률. 의사 등의 신고의무(4~7), 건강진단(8, 9), 예방접종(10~22), 예방시설(23~28), 예방조치(39~43), 防疫官·檢疫委員·豫防委員(44~46), 환자·患家에 대한 교통차단 등(29~ 38), 이들에 소요된 비용의 부담(47~54) 등을 규정하고 있다. 본법은 콜레라·페스트 등의 제1종전염병의 유사증 또는 병원체보유자에게도 적용된다.

전원개발(電源開發)**에 관한 특례법**(特例法) 1978년 법률 3131호. 電源開發事業을 효율적으로 추진함으로써 電力需給의 안정을 도모하고, 국민경제의 발전에 기여하기 위하여 제정된 법률. 전원개발사업자의 지정(3), 실시계획의 승인(5), 토지 등 매수업무의 지방자치단체에의 위탁(9), 전원개발사업예정구역의 지정·고시(11), 토지제공자의 이주대책(10), 기타 정책지원(13, 15) 등을 정하고 있다.

전자거래기본법(電子去來基本法) 1999년 법률 5834호. 전자문서에 의하여 이루어지는 거래의 법적 효력을 명확히 하여 그 안전성과 신뢰성의 확보 및 거래의 공정을 기함으로써 건전한 거래질서를 확립하고 전자거래를 촉진하여 국민경제의 발전에 이바지함을 목적으로 제정된 법률. 총칙, 전자문서, 전자거래의 안전, 전자거래의 촉진, 소비자의 보호, 보칙 등 全文 34조 부칙으로 구성되어 있다.

전자서명법(電子署名法) 1999년 법률 5792호. 전자문서의 안전과 신뢰성을 확보하고 그 이용을 활성화하기 위하여 전자서명에 관한 기본적인 사항을 정함으로써 국가사회의 정보화를 촉진하고 국민생활의 편익을 증진함을 목적으로 제정된 법률. 총칙, 공인인증기관, 인증서, 인증업무의 안전 및 신뢰성확보, 보칙, 벌칙 등 全文 34조 부칙으로 구성되어 있다.

전직대통령예우(前職大統領禮遇)**에 관한 법률**(法律) 1969년 법률 2086호. 前職大統領의 身分과 禮遇에 관한 사항을 규정한 법률. 이 법의 적용범위는 전직대통령 또는 그 유족으로 하고(3), 전직대통령에게는 생존하는 동안 연금을 지급하며 전직대통령은 비서 3인을 채용할 수 있다(4, 6). 전직대통령의 유족에게도 연금을 지급하되, 적용대상자가 공무원으로 취임한 경우에는 지급을 정지하고 이 법에 의하여 연금을 지급받으면 타법에 의한 지급은 금지된다(5~8).

전통건조물보존법(傳統建造物保存法) 1984년 법률 3777호. 주거양식·건축양식 등의 변화에 따라 점차 사라져가는 우리나라의 전통적인 건조물의 원형을 유지·보존하여 이를 후세에 傳承할 수 있도록 保存對象傳統建造物 및 保存地區를 지정하고 그 보존에 필요한 조치를 강구할 수 있도록 하려는 목적으로 제정한 법률. 이 법은 全文 15조 부칙으로 구성되어 있다.

전통사찰보존법(傳統寺刹保存法) 1987년 법률 3974호. 民族文化의 유산으로서 역사적 의의를 가진 전통사찰을 보존함으로써 민족문화의 향상에 이바지하게 할 목적으로 제정된 법률로 이 법률에 의해 종래의 불교재산관리법은 폐지되었다.

전파법(電波法) 1961년 법률 924호. 전파의 효율적인 이용 및 관리에 관한 사항을 정하여 電波利用 및 전파에 관한 기술의 개발을 촉진함으로써 전파의 진흥을 도모하고, 공공복지의 증진에 이바지함을 목적으로 정한 법률. 즉 無線局의 허가 및 그 운용(4~23, 38~59), 無線設備(24~29의 3), 無線從事者(30~37), 무선국에 대한 정보통신부장관의 감독(64~71), 무선종사자협회(71의 2~71의 9) 등을 규정하고 있다.

전화세법(電話稅法) 1967년 법률 1975호. 전화를 소유하고 이를 이용하는 자는 세부담의 능력이 있다고 보아 이들이 지불하는 通貨料金을 기준으로 하여 전화세를 부과함으로써 재정수입의 증가를 도모하려는 목적으로 제정된 법률.

정기간행물(定期刊行物)**의 등록**(登錄) **등에 관한 법률**(法律) 1987년 법률 3979호. 정기적으로 발행하는 新聞·通信·雜誌 기타 간행물에 관한 사항을 정한 법률로 정기간행물의 등록(7), 결격사유(9), 등록취소의 심판청구 등(12), 정기간행물에 의한 피해자의 정정보도청구권 등의 권리구제(16~21) 기타 벌칙(22~24)을 정하고 있다.

정당법(政黨法) 1962년 법률 1246호. 정당이 국민의 政治的 意思形成에 참여하는데 필요한 조직을 확보하고 정당의 민주적인 조직과 활동을 보장함으로써 國民政治의 건전한 발전에 기여함을 목적으로 제정된 법률. 정당의 정의를 명시함과 동시에(2), 그 구성요소로서 중앙당과 지구당을 규정하였으며(3), 정당의 창당준비 및 성립·등록과 당원의 자격(4~18), 합당(4의 2), 입당과 탈당(19~23), 법정지구당수, 정당소속국회의원의 제명, 재산상황 등의 보고, 기부금품모집금지법의 적용배제 등에 관하여 규정하고 있다(25, 32~34).

정보통신정책연구원법(情報通信政策研究院法) 1987년 법률 3952호. 정보통신정책연구원을 설립하여 국내외의 정보화 및 정보통신분야의 정책·제도·산업 등에 관한 각종 정보를 수집·조사·연구하고 이를 보급·활용하게 함으로써 情報化社會의 구현을 위한 국가의 정보통신정책의 수립과 국민경제의 향상에 이바지하게 함을 목적으로 제정된 법률. 전문 18조 부칙으로 구성되어 있다.

정보화촉진기본법(情報化促進基本法) 1995년 법률 4969호. 정보화를 촉진하고 情報通信産業의 기반을 조성하며 정보통신기반의 高度化를 실현함으로써 국민생활의 질을 향상하고 국민경제의 발전에 이바지함을 목적으로 제정한 법률. 이 법은 정보화의 촉진(5~16), 정보통신산업의 기반조성(17~25), 정보통신기반의 고도화(26~32), 정보화 촉진기금(33~35), 보칙(36) 등과 부칙으로 구성되어 있다.

정보통신공사업법(情報通信工事業法) 1997년 법률 5386호. 정보통신공사의 調査·設計·施工·監理·유지관리·技術管理 등에 관한 기본적인 사항과 정보통신공사업의 허가 및 공사의 도급 등에 관하여 필요한 사항을 규정함으로써 공사의 적정한 시공과 공사업의 건전한 발전을 도모함을 목적으로 제정한 법률. 이 법은 총칙(1장), 공사의 설계·감리(2장), 공사의 시공(3장), 정보통신기술자(4장), 공사관련단체(5장), 정보통신공사업분쟁조정위원회(6장), 감독(7장), 보칙(8장), 벌칙(9장) 등의 내용을 규정하고 있다.

정보통신망이용촉진(情報通信網利用促進) **등에 관한 법률**(法律) 1999년 법률 5835호 전문개정. 정보통신망의 이용을 촉진하고 안정적인 관리·운영을 도모하며, 정보통신서비스를 이용하는 자의 개인정보를 보호하여 정보사회의 기반을 조성함으로써 국민생활의 향상과 공공복리의 증진에 이바지함을 목적으로 제정된 법률. 총칙, 정보통신망의 이용촉진, 전자문서에 의한 허가 등, 개인정보의 보호, 정보통신망의 보호 등, 보칙, 벌칙 등 全文 32조 부칙으로 구성되어 있다.

정부대표(政府代表) **및 특별사절**(特別使節)**의 임명**(任命)**과 권한**(權限)**에 관한 법률**(法律) 1962년 법률 1081호. 특정한 目的을 위하여 정부를 대표하여 外國政府 또는 國際機構와 교섭하거나 국제회의에 참석하거나 조약에 서명하거나 가서명하는 권한을 가진 자와 외국에서 행하여지는 주요의식에 참석하거나 특정한 목적을 위하여 정부의 입장과 인식을 외국정부 또는 국제기구에 전하거나 외국정부 또는 국제기구와 교섭하거나 國際會議에 참석할 수 있는 권한을 가진 자의 임명과 권한 기타 필요한 사항에 관하여 규정함을 목적으로 정한 법률.

정부조직법(政府組織法) 1998년 법률 5529호. 國家行政事務의 체계적이고 능률적인 수행을 위하여 국가행정기관의 설치·조직과 직무 범위의 大綱을 정한 법률. 제1장 총칙, 제2장 대통령, 제3장 국무총리, 제4장 행정각부, 부칙으로 편별되어 있다.

정부투자기관관리기본법(政府投資機關管理基本法) 1983년 법률 3690호. 정부투자기관의 責任經營體制에 관한 기본적인 사항을 규정함으로써 투자기관의 經營合理化와 政府出資의 효율적 관리를 도모함을 목적으로 제정한 법률. 全文 31조 부칙으로 된 이 법률은 정부투자기관의 정부투자기관경영평가위원회 임원의 명칭·정원한도·선임절차·임기·자격기준, 예산·운영계획서의 작성·제출, 물품관리의 적정화와 감사방법 등에 관하여 규정하고 있다.

정신보건법(精神保健法) 1995년 법률 5133호. 精神疾患의 예방과 정신질환자의 의료 및 사회복귀에 관하여 필요한 사항을 규정함으로써 국민의 정신건강증진에 이바지함을 목적으로 제정한 법률. 이 법은 정신건강시설(8~21), 보호 및 치료(22~28), 퇴원의 청구·심사 등(29~41), 권익보호 및 지원 등(42~56), 벌칙 등과 부칙을 규정하고 있다.

정치자금(政治資金)**에 관한 법률**(法律) 1980년 법률 3302호 전문개정. 産業·經濟人 기타 一般人이나 團體가 정치단체에 정치자금을 제공하는 행위를 보장하고 그 수입과 지출상황을 공개함으로써 정치활동의 公明化와 건전한 민주적 발전에 기여하게 함을 목적으로 제정된 법률. 당비(4), 후원회(5~10), 선거관리위원회에의 정치자금기탁(11), 기탁된 정치자금의 배분과 지급 및 지급공고(15, 26), 제공된 정치자금에 관한 법인세·소득세 및 증여세의 면제(27) 등에 관하여 규정하고 있다.
→정치자금·정치자금규제

조달사업(調達事業)**에 관한 법률**(法律) 1994년 법률 4697호 전문개정. 調達事業의 효율적 수행을 위하여 조달사업의 운영 및 관리에 관하여 필요한 사항을 정함을 목적으로 제정된 법률. 조달물자·수요물자·비축물자 및 수요기관을 정의하고 조달사업의 범위, 선물거래, 契約의 특례, 수수료, 시설관리의 위탁 등 조달절차 등을 정하고 있다.

조선산업(造船産業)**의 정상적 경쟁조건**(正常的競爭條件)**에 관한 법률**(法律) 1995년 법률 5084호. 商業的 船舶建造 및 修理産業의 정상적 경쟁조건에 관한 협정의 이행을 위하여 필요한 사항을 규정함을 목적으로 제정한 법률. 이 법은 조선업자의 자료제출(3), 협정위반 지원조치로 인한 수혜자에 대한 부과금(8), 판정 등의 불이행 당사국에 대한 양허의 정지(9), 대체적 구제조치 및 판매의 취소(11), 피해가격 과징금에 관한 사항(12, 14), 분쟁에 관한 사항(15, 16, 19), 벌칙(24) 등을 규정한 全文 25조 부칙으로 구성되어 있다.

조세감면규제법(租稅減免規制法) 1993년 법률 4666호 전문개정. 조세의 감면 및 이에 관련되는 특례에 관한 사항을 규제하여 과세의 공평을 기하고 租稅政策을 효율적으로 수행함을 목적으로 제정된 법률. 조세의 감면은 이 법 國稅基本法 및 條約 기타 동법 3조 1항에 열거한 법률 이외에는 할 수 없게 하고, 4조 이하에서 중요산업 등에 대한 소득세 등의 감면과 세액계산의 특례를 규정하고 있다.

조세범처벌법(租稅犯處罰法) 1951년 법률 199호. 조세에 관한 법률에 위반한 자에 대한 처벌에 관하여 규정한 법률. 조세는 國稅를 말하되 關稅를 제외하였고(2), 범법행위자는 원칙적으로 고발을 기다려 논하는 것으로 되어 있으며(6), 각종 범칙행위와 그에 대한 형량을 규정하고 있다.

조세범처벌절차법(租稅犯處罰節次法) 1951년 법률 200호. 조세에 관한 범칙사건을 간편·신속하게 처리하기 위한 절차를 정한 법률. 세무공무원의 犯則事件調査를 위한 尋問·搜索·押收·領置(2~6), 세무서장·지방국세청장·국세청장의 통고처분·고발(8, 9, 12) 등을 규정하고 있다.

조수보호(鳥獸保護) **및 수렵**(狩獵)**에 관한 법률**(法律) 1983년 법률 3673호 전문개정. 野生鳥獸의 보호와 수렵에 관한 사항을 규정함으로써 야생조수를 보호·번식시키고 자연생태계의 균형을 유지하도록 하여 국민의 쾌적한 자연환경과 생활환경을 확보하는 한편, 수렵으로 인한 국민의 생명·신체와 재산에 대한 危害를 미리 방지할 목적으로 제정된 법률. 조수보호계획, 조수보호구, 수렵면허, 수렵금지장소 기타 특별한 목적을 위한 포획허가 등의 규정을 두고 있다.

종자산업법(種子産業法) 1995년 법률 5024호. 식물의 新品種에 대한 育成者의 권리보호, 주요물건의 品種性能의 관리, 종자의 생산·보증 및 유통 등에 관한 사항을 규정함으로써 종자산업의 발전을 도모하고 농업·임업·수산업생산의 안정에 이바지함을 목적으로 제정된 법률. 全文 176조 부칙으로 된 이 법률은 육성자의 권리보호, 품종의 명칭, 품종성능의 관리, 종자의 보증, 종자의 유통, 종자기금, 보칙과 벌칙으로 구성되었다.

종합금융회사(綜合金融會社)**에 관한 법률**(法律) 1995년 법률 5045호 전문개정. 外資導入業務와 長期金融業務를 주로 영위하는 종합금융회사를 지원하여 國際金融 및 資本市場에서의 외자도입의 경로를 확대·다양화하는 한편, 당해 해외시장에 관한 신속한 정보의 제공과 외국의 선진금융기술의 도입에 의하여 國內民間長期金融市場을 육성함으로써 기업의 복합적인 財務構造를 충족시키기 위하여 제정된 법률. 종합금융회사는 주식회사로서 재정경제부장관의 인가를 받은 회사로 하고(2), 업무(7), 채권의 발행(10), 증권투자신탁업의 특례(11), 채무부담한도(14) 및 벌칙규정(28) 등을 정하고 있다.

종합유선방송법(綜合有線放送法) 1991년 법률 4494호. 綜合有線放送의 건전한 육성·발전과 이용자의 편의를 도모함으로써 국민문화의 향상과 公共福利의 증진에 이바지함을 목적으로 제정한 법률. 이 법은 정부의 시책(3), 경영제한 등(4), 종합유선방송사업(7~21), 종합유선방송의 운영(22~23), 종합유선방송위원회(34~44), 침해에 대한 구제(45), 보칙(46~51), 벌칙(53~56) 등과 부칙으로 구성되어 있다.

주민등록법(住民登錄法) 1962년 법률 1067호. 시·군·구에 주민을 등록하게 함으로써 住民의 居住關係를 파악하고 상시로 인구의 동태를 명확히 하여 행정사무의 적정하고 간이한 처리를 도모함을 목적으로 하는 법률. 30일 이상 일정한 장소에 거주할 목적으로 주소 또는 거소를 둔 자는 시장·군수 또는 구청장에게 주민등록을 하여야 하는 바(2, 6), 登錄義務者는 원칙적으로 世帶主이며(11), 시장·군수 또는 구청장은 개인별 및 세대별로 주민등록표를 작성·비치하여야 하며(7 I), 주민등록은 원칙적으로 申告主義를 취한다(8). 주민등록이 된 17세 이상의 자에게는 주민등록증을 발급하는 바(17의 8), 사법경찰관리는 그 직무수행상 필요한 때에는 주민등록증의 제시를 요구할 수 있다

(17의 10). 주민등록지는 다른 법률에 특별한 규정이 없는 한 공법상의 법률관계에 관한 주소로 된다(17의 7).

주세법(酒稅法) 1949년 법률 60호. 주세의 賦課·徵收에 관하여 규정한 법률로서, 全文 45조 부칙으로 구성됨. 주류·제조·판매의 면허(5~18의 2), 주세의 부과·징수(19~34), 종래의 음료세령의 폐지 등에 관하여 정하고 있다.

주식회사(株式會社)**의 외부감사**(外部監査)**에 관한 법률**(法律) 1980년 법률 3297호. 독립된 외부의 감사인이 주식회사에 대한 會計監査를 실시하게 하여 회계처리의 적정을 기하고 아울러 이해관계인의 보호와 기업의 건전한 발전을 도모하기 위하여 제정된 법률. 외부감사를 받아야 할 대상(2), 감사인의 자격과 선임(3, 4), 감사인의 권한과 직무(6~14), 감사인의 임무태만시의 징계와 배상책임(16, 17) 등을 정하고 있다.

주차장법(駐車場法) 1979년 법률 3165호. 주차장의 設置·整備 및 관리에 관하여 필요한 사항을 정함으로써 자동차 교통을 원활하게 하여 公衆의 편의를 도모함을 목적으로 제정된 법률. 권한과 주차장설비기준 등(5, 6), 노상주차장(7~11), 노외주차장(12~18), 건축물부설주차장(19), 기계식주차장(19의 5~19의 12), 기타 보조 또는 융자(21)와 감독 등(23)을 정하고 있다.

주택건설촉진법(住宅建設促進法) 1977년 법률 3075호 전문개정. 住宅없는 국민의 住居生活의 안정을 도모하고 모든 국민의 주거수준의 향상을 기하기 위하여 주택의 건설·공급과 이를 위한 자금의 조달·운영 등에 관하여 필요한 사항을 정하기 위한 법률. 이 법률은 주택건설종합계획의 수립·실시, 주택건설업자의 등록, 국민주택기금의 설치·운용·관리, 아파트지구개발기본계획의 수립과 그 시행자 등을 정하는 외에 공동주택의 관리를 업으로 하는 住宅管理業免許 등을 정하고 있다.

주택임대차보호법(住宅賃貸借保護法) 1981년 법률 3379호. 住居用建物의 임대차에 관하여 민법에 대한 특례를 규정함으로써 국민의 住居生活의 안정을 보장함을 목적으로 제정된 법률. 이 법은 ① 세든 사람이 등기를 하지 않아도 입주한 후 주민등록을 마치면 제3자에 대해 대항력을 가지며, ② 1년 미만의 임대기간은 그 기간을 정하지 않은 것으로 보며, ③ 임대기간이 없으면 입주 후 6개월이 넘은 다음에야 해약통고를 할 수 있고, ④ 임대기간 만료전 6개월부터 1개월 사이에 갱신신고가 없으면 자연연장되도록 하는 것 등이 골자를 이루고 있다. 이 법은 1983년 말에 개정, 소액보증금의 우선변제조항과 주택임대료의 인상폭을 제한할 수 있는 조항이 신설되어 1984년부터 시행되었다. 1987년 대통령선거 이후 나타난 집세 폭등현상으로 세입자에 대한 보호장치를 시급히 마련해야 할 필요성이 대두되어 1989년 12월 30일 주택임대차보호법이 개정·공포되고 1990년 2월 9일 그 시행령이 확정되었다. 현행법상으로는 ① 주택의 인도와 주민등록의 전입신고를 마치고 임대차계약서상의 확정일자를 갖춘 임차인은 경매 등의 절차에 있어서 후순위권리자 기타 채권자보다 우선하여 임차보증금을 변제받을 수 있도록 하며, ② 주택임대차 기간은 2년으로 한다는 것과 ③ 우선변제를 받을 임차인의 범위는 보증금이 특별시 및 광역시(군지역 제외)에서는 3,000만원 이하, 기타의 지역에서는 2,000만원 이하인 임차인을 한도로 우선변제받을 수 있도록 하고 있다(施行令 4).

주택저당채권유동화회사법(住宅抵當債權流動化會社法) 1999년 법률 5692호. 주택자금의 장기적·안정적 공급으로 주택금융의 기반을 확충하기 위하여 주택저당채권유동화회사의 설립·운영과 주택저당채권담보부채권 및 주택저당증권의 발행에 관하여 필요한 사항을 규정함으로써 국민경제의 건전한 발전에 기여함을 목적으로 제정된 법률. 全文 26조 부칙으로 구성되어 있다.

중소기업근로자복지진흥법(中小企業勤勞者福祉振興法) 1993년 법률 4640호. 중소기업근로자를 위한 체계적인 福祉事業의 수행에 필요한 사항을 규정함으로써 중소기업근로자의 복지향상 및 국민경제의 균형있는 발전에 기여함을 목적으로 제정한 법률. 이 법은 근로복지시설의 설치(5~7), 근로복지진흥기금(8~14), 지도감독 등(15), 권한의 위임(16), 과태료(17) 등에 관하여 규정하고 있다.

중소기업기본법(中小企業基本法) 1995년 법률 4897호 전문개정. 중소기업이 나아갈 방향과 중소기업의 육성을 위한 시책의 기본적인 사항을 규정함으로써 창의적이고 자주적인 중소기업의 성장을 조장하고 나아가 産業構造의 고도화와 국민경제의 균형있는 발전을 도모함을 목적으로 제정한 법률. 국가시책의 대상이 되는 중소기업자의 범위(2), 중소기업에 관한 기본적 및 종합적 시책의 강구를 비롯한 경영관리·유통기구의 합리화, 기술·품질의 향상, 작업환경의 개선, 시설의 근대화, 과도경쟁의 방지, 기업규모·도급거래·세제의 적정화, 중소기업자의 사업분야의 확보, 수출의 진흥, 수입품의 조정, 중소기업금융의 확보 등 제반시책의 강구 및 중소기업정책심의회에 관하여 규정하고 있다.

중소기업(中小企業)**의 구조개선**(構造改善) **및 경영안정지원**(經營安定支援)**을 위한 특별조치법**(特別措置法) 1995년 법률 5093호. 중소기업의 구조개선을 촉진하고 경영안정을 도모하여 균형있는 國民經濟의 발전에 이바지함을 목적으로 제정한 법률. 이 법은 全文 10조 부칙으로 되어 있다.

중소기업(中小企業)**의 사업영역보호**(事業領域保護) **및 기업간협력증진**(企業間協力增進)**에 관한 법률**(法律) 1995년 법률 4898호. 中小企業者의 사업활동기회를 적정하게 확보하여 줌으로써 중소기업의 경영안정을 도모함과 아울러 기업간협력을 증대시켜 分業에 의한 상호이익을 증진하고 산업의 國家競爭力向上과 國民經濟의 균형있는 발전에 기여함을 목적으로 제정된 법률. ① 중소기업고유업종제도를 탄력적으로 운용하기 위하여 고유업종의 해제근거를 마련하고 대기업의 비고유업종참여의 조정기간을 1년에서 2년으로 연장하여 사업조정제도의 실효성이 확보되도록 함(3, 7), ② 대기업과 중소기업간의 합리적인 역할분담을 조장하기 위하여 대기업이 영위하는 사업을 중소기업에 이양할 경우 금융·세제상의 지원을 할 수 있도록 함(10, 11), ③ 중소기업과 대기업간의 분업을 촉진하기 위하여 系列化業種의 지정 및 장기위탁계약의 체결 등 중소기업계열화촉진법상의 관련규정을 대부분 흡수하되, 공동사업계획서 작성, 계열화 조성기준, 시범기업체 지정 등 기업규제적이거나 실효성이 없는 제도를 폐지함(12, 13), ④ 공정한 거래질서의 확립을 위하여 납품대금의 60일 이내 지급, 검사의 합리화, 부당한 수령거부의 금지 및 품질수준의 유지 등 위탁기업과 수탁기업의 준수사항 등을 下都給去來公正化에 관한 법률의 내용과 같이 정함(19~23), 기타 ⑤ 위탁기업과 수탁기업간에 분쟁이 발생한 경우 산업자원부장관에게 분쟁조정을 요청하고 산업자원부장관은 심사후 위반사항에 대하여 시정의 권고 또는 명령을 할 수 있도록 함(25) 등을 내용으로 한다.

중소기업은행법(中小企業銀行法) 1961년 법률 641호. 中小企業銀行을 설치하여 중소기업자에 대한 효율적인 信用制度를 확립함으로써 중소기업자의 자주적인 경제활동을 원활히 하고 그 경제적 지위의 향상을 도모함을 목적으로 정한 법률. 중소기업은행은 중소기업자에 대한 효율적인 신용제도를 확립함으로써 중소기업자의 자주적인 경제활동을 원활히 하고 그 경제적 지위의 향상을 도모함을 목적으로 하는 법인이다(1, 3 I). 임원에는 이사장·은행장·이사·감사가 있는데, 은행장은 업무운영과 관리를 보충하고 은행을 대표하는 기관이다(25, 25 II). 그 주요업무는 중소기업자에 대한 자금의 대출과 어음할인, 예금과 적금업무, 내국환거래, 보호예수, 국고대리점 등이다(33). 그 재산과 업무에 관하여는 조세·공과금의 면제의 특전이 주어진다(50). 중소기업은행의 사업연한은 정부의 회계연도에 의하고(37), 기타 중소기업은행의 업무에 관하여는 주무부장관·산업자원부장관의 감독을 받는다(46~49).

중소기업진흥(中小企業振興) **및 제품구매촉진**(製品購買促進)**에 관한 법률**(法律) 1994년 법률 4825호. 중소기업의 構造高度化를 통하여 중소기업의 경쟁력을 강화하고 중소기업제품의 구매촉진 및 販路擴大와 중소기업의 경영기반을 확충함으로써 국민경제의 균형있는 발전에 기여함을 목적으로 제정한 법률. 이 법은 중소기업의 구조고도화(3~8), 중소기업제품의 구매촉진 및 판로확대(9~17), 중소기업의 경영기반 확충(18~40), 중소기업창업 및 진흥기금(41~46), 중소기업진흥공단(47~56) 등과 벌칙에 관하여 규정하고 있다.

중소기업창업지원법(中小企業創業支援法) 1986년 법률 3831호. 製造業 등의 중소기업의 설립을 촉진하고, 중소기업을 창업한 자가 성장·발전할 수 있도록 적극 지원하며, 특히 농어촌지역에서의 중소기업설립을 촉진함으로써 중소기업의 발전과 지역간 균형있는 성장을 통하여 건실한 産業構造의 구축에 기여함을 목적으로 정한 법률. 이 법은 全文 30조 부칙으로 구성되어 있다.

중소기업협동조합법(中小企業協同組合法) 1961년 법률 884호. 중소기업협동조합의 설립·운영·업무·해산 등에 관하여 정한 법률. →중소기업협동조합

중재법(仲裁法) 1966년 법률 1767호. 당사자간의 합의로 私法上의 紛爭을 법원의 판결에 의하지 아니하고 仲裁人의 판정에 의하여 신속하게 해결함을 목적으로 제정한 법률. 이 법은 중재계약(2), 직소금지(3), 중재인의 선정(4), 중재인의 결격사유(5), 중재인의 기피(6), 중재절차(7), 중재판정(11), 중재판정에 의한 강제집행(14), 소제기기간(16), 관할법원(17), 중재규칙의 승인(18) 등에 관하여 규정하고 있다.

즉결심판(卽決審判)**에 관한 절차법**(節次法) 1989년 법률 4131호 전문개정. 20만원 이

하의 벌금 · 구류 또는 과료에 해당하는 犯證이 명백하고 죄질이 경미한 犯罪事件을 신속 · 적정한 절차로 심판하기 위하여 제정된 법률. 즉결심판의 청구는 관할경찰서장 또는 관할해양경찰서장이 관할법원에 서면으로 하며(3), 이는 檢事의 公訴權獨占에 대한 예외이다. 즉결심판에 付하여진 사건에 대하여 판사는 다음과 같이 처리한다. 범죄의 성질상 즉결심판이 부적당하다고 인정될 즉결심판청구를 기각하고 기각결정이 있으면 경찰서장은 지체없이 사건을 관할검찰청에 송치할 것을 경찰서장에게 명령하고(5), 즉결심판함이 타당하다고 인정하는 경우에는 즉시 심판을 하며 처리는 공개한 장소에서 행하여야 하되 경찰서 이외의 장소임을 요한다(6, 7 I). 피고인이 기일에 출석하지 않으면 개정할 수 없는 것이 원칙이나, 벌금 또는 과료를 선고하는 경우에 피고인이 출석하지 아니할 때에는 피고인의 진술을 듣지 아니하고 형을 선고할 수 있다(8, 8의 2). 즉결처분사건에 있어서는 사건의 성질상 피고인의 自白만으로 유죄의 인정을 할 수 있고, 검사가 작성한 것은 물론 사법경찰관이 작성한 피의자신문조서도 본인이 그 내용을 인정하지 않는 경우에도 이를 유죄의 증거로 할 수 있다(10). 즉결심판은 그 선고후 7일 이내에 정식재판을 청구하지 않으면 확정판결과 동일한 효력을 발생하며(16), 그 집행은 경찰서장이 하는 것이 원칙이다(18).

증권거래법(證券去來法) 1976년 법률 2920호 전문개정. 유가증권의 발행과 매매 기타의 거래를 공정하게 하며, 유가증권의 유통을 원활히 하여 國民經濟의 발전과 投資者의 보호를 목적으로 제정된 법률. 증권투자가 대중화되어 감에 따라 미국의 증권법(Security Act, 1933)과 증권거래법(Securities Exchange Act, 1934)을 계승한 일본의 증권인수법을 참작함과 아울러 우리나라의 증권거래의 현실에 입각하여 유가증권의 發行市場과 流通市場을 종합적으로 규제한 법률. 全文 215조 부칙으로 된 이 법률은 유가증권의 등록(3~6), 모집 또는 매출(7~20), 공개매수(21~27), 증권업(28~70), 투자자문업(70의 2~70의 7), 한국증권거래소(71~117), 증권관리위원회 · 증권감독원 · 증권관계단체(118~181), 상장법인의 관리(182~193) 등을 규정하고 있다.

증권거래세법(證券去來稅法) 1978년 법률 3104호. 株券 또는 持分의 讓渡에 대하여 증권거래세를 부과 · 징수하기 위하여 제정된 법률. 과세대상(1), 납세의무자(3), 과세표준(7), 세율(8) 등을 규정하고 있다.

증권(證券)**에 의한 세입납부**(歲入納付)**에 관한 법률**(法律) 1961년 법률 876호. 租稅 기타의 國庫의 세입은 印紙 또는 우표로써 납부하여야 할 경우를 제외하고는 閣令의 정하는 바에 의하여 證券으로써 납부시킬 수 있고, 증권의 不渡된 경우의 조치, 서울특별시와 시 · 군의 책임 등에 관하여 규정한 전문 6조 부칙으로 구성되어 있다.

증권투자신탁업법(證券投資信託業法) 1995년 법률 5044호 전문개정. 일반투자자의 증권투자를 용이하게 하기 위한 증권투자신탁제도를 확립하고, 증권투자신탁의 수익자를 보호함으로써 國民經濟의 발전에 이바지함을 목적으로 제정된 법률. 이 법률은 용어의 정의(2), 수익증권(6), 이익분배(19), 준비금의 적립(20), 위탁회사의 행위제한(32~37), 수탁회사의 업무(38~41) 등에 관하여 규정하였다.

증권투자회사법(證券投資會社法) 1998년 법률 5557호. 증권투자회사의 설립, 자산운용의 방법, 주식의 발행 및 還買 등에 관하여 필요한 사항을 정함으로써 투자자에게 다양한 증권투자수단을 제공하고 자본시장에서의 투자를 활성화하여 국민경제의 발전에 이바지함을 목적으로 제정된 법률. 총칙, 설립 및 등록, 기관, 업무, 계산, 합병 등, 감독, 해산 및 청산, 등기, 보칙, 벌칙 등 全文 90조 부칙으로 구성되어 있다.

지가공시(地價公示) **및 토지**(土地) **등의 평가**(評價)**에 관한 법률**(法律) 1989년 법률 4120호. 토지의 적정가격을 평가 · 공시하여 地價算定의 기준이 되게 하고, 토지 · 건물 · 동산 등의 감정평가에 관한 사항을 정함으로써 이의 적정한 價格形成을 도모하며, 나아가 국토의 효율적인 이용과 국민경제의 발전에 이바지할 목적으로 제정된 법률. 公示地價의 효력(3), 지가의 조사 · 평가 및 공시(4~12), 감정평가사 · 감정평가업(13~32), 기타 벌칙(33~36) 등을 정하고 있다.

지방공기업법(地方公企業法) 1969년 법률 2101호. 地方自治團體가 직접 설치하거나 법인을 설립하여 경영하는 기업의 운영에 관하여 필요한 사항을 정하여 그 경영을 합리화함으로써 지방자치의 발전과 주민의 복리증진에 기여함을 목적으로 하는 법률. 全文 83조 부칙 3항으로 되어 있다. 이 법의 적용대상인 사업은 수도사업 · 공업용수도사업 · 궤도사업 · 자동차운송사업 및 가스사업 등이다(2 I).

지방공무원교육훈련법(地方公務員教育訓練

法) 1995년 법률 4871호. 地方自治時代를 맞아 지역주민에 대한 봉사자로서 지방공무원의 자질향상을 위한 교육훈련체제를 확립하는 동시에 지방자치행정의 특성에 맞는 교육훈련이 될 수 있도록 지방자치단체의 자율성과 책임을 확보하는 등 지방공무원의 教育訓練에 관한 기본적인 사항을 정하려는 것으로서, ① 지방공무원의 교육훈련에 관한 기본정책의 수립·운영에 관하여 필요한 사무는 행정자치부장관 및 교육부장관이 총괄하며, 지방자치단체의 장은 소속 지방공무원교육훈련계획을 수립·시행하도록 함(3Ⅰ·Ⅱ), ② 모든 지방공무원은 勤務能率과 對民奉仕의 질을 높이기 위하여 이 법에 의한 교육훈련을 성실히 이수하도록 함(4Ⅰ), ③ 5급이상 지방공무원에 대한 교육훈련을 관장하기 위하여 행정자치부장관소속하에 지방행정연구원을 두도록 함(5Ⅰ), ④ 지방공무원의 교육훈련을 관장하기 위하여 특별시장·광역시장 및 도지사소속하에 지방공무원교육원을 두고, 시장·군수·자치구의 구청장소속하에는 대통령령이 정하는 바에 의하여 지방공무원연구소를 둘 수 있도록 함(5Ⅱ·Ⅲ), ⑤ 행정자치부장관 및 교육부장관은 국가공무원의 교육훈련에 관한 基本政策을 반영하여 지방공무원의 교육훈련에 관한 일반지침을 수립하고, 지방자치단체의 장은 이에 따라 소속 공무원에 대한 교육훈련계획을 수립·시행하도록 함(7), 기타 ⑥ 행정자치부장관·교육부장관 또는 지방자치단체의 장은 필요하다고 인정할 경우 대통령령이 정하는 바에 의하여 지방공무원에 대한 국외교육훈련계획을 수립하고 그 대상공무원을 국외에 파견하여 교육훈련을 받게 할 수 있도록 함(14Ⅰ)을 그 내용으로 한다.

지방공무원법(地方公務員法) 1963년 법률 1427호. 地方自治團體의 공무원에게 적용할 인사행정의 근본기준을 확립하여 地方自治行政의 민주적이며 능률적인 운영을 도모하기 위하여 제정된 법률. 全文 12장 82조 부칙으로 된 이 법률은 지방공무원의 종류와 계급, 인사위원회, 지방공무원소청심사위원회, 직위분류제, 지방공무원의 임용과 시험·보수·복무·신분보장 및 징계, 지방공무원의 교육훈련과 국가공무원과의 교류 등에 관하여 규정하고 있다.

지방교부세법(地方交付稅法) 1961년 법률 931호. 地方自治團體의 행정운영에 필요한 재원을 교부하여 그 財政을 조정함으로써 지방행정의 건전한 발전을 기함을 목적으로 제정한 법률. 이 법은 교부세의 종류(3), 교부세의 재원(4), 예산계상(5), 기준재정수요액(7), 기준재정수입액(8), 특별교부세의 교부(9), 교부시기(10), 부당교부세의 시정(11), 교부세액 등에 대한 이의신청(13) 등에 관하여 규정하고 있다.

지방교육양여금법(地方教育讓與金法) 1990년 법률 4301호. 國稅와 地方稅의 조정 등에 관한 법률 5조 2항의 규정에 의하여 국세의 일부를 지방자치단체에 양여하기 위한 讓與基準 등 필요한 사항을 규정함을 목적으로 제정한 법률. 이 법은 全文 7조 부칙으로 구성되어 있다.

지방교육자치(地方教育自治)**에 관한 법률**(法律) 1991년 법률 4347호. 教育의 自主性 및 專門性과 지방교육의 특수성을 살리기 위하여 지방자치단체의 교육·과학·기술·체육 기타 학예에 관한 사무를 관장하는 기관의 설치와 그 조직 및 운영 등에 관한 사항을 정한 법률.

지방교육재정교부금법(地方教育財政交付金法) 1971년 법률 2330호. 지방자치단체가 教育機關 및 教育行政機關을 설치·경영함에 필요한 재원의 전부 또는 일부를 국가가 교부하여 교육의 균형적 발전을 기하기 위하여 제정된 법률. 全文 12조 부칙으로 된 이 법률은 교부금의 종류와 재정규모(3), 교부(5), 예산계상(9) 등을 규정하고 있다. 이 법률의 제정으로 의무교육재정교부금법과 지방교육교부세법은 폐지되었다. →지방교육재정교부금

지방문화원진흥법(地方文化院振興法) 1994년 법률 4718호. 지방문화원의 설립·운영 및 지원에 관한 사항을 규정하여 지방문화원을 건전하게 육성·발전시킴으로써 균형있는 地域文化振興에 이바지함을 목적으로 정한 법률. 이 법은 全文 19조 부칙으로 구성되어 있다.

지방세법(地方稅法) 1961년 법률 827호. 지방세의 賦課·徵收에 관하여 정한 법률. 지방세에 관한 條例主義(3,9), 지방세의 종류로서의 특별시(廣域市 포함)·도·시·군세(5, 6, 104~252), 납세의무 및 납세의무자(15~24), 지방세우선원칙(31~36), 징수절차(25~30, 37~47, 51~66) 등을 규정하고 있다.

지방양여금법(地方讓與金法) 1990년 법률 4270호 전문개정. 國稅 수입의 일부를 지방자치단체에 양여하여 지방자치단체의 재정기반을 확충하고 도로정비사업 등을 추진함으로써 지역간의 균형있는 발전을 도모함을 목적으로 제정된 법률. 용어의 정의(2), 양여금의 財源(3), 양여금의 대상사업(4) 등 전문 12조 부칙으로 구성되어 있다.

지방자치법(地方自治法) 1988년 법률 4004호 전문개정. 地方自治團體의 종류와 그 조직 및 운영에 관한 사항을 정하고 국가와 지방자치단체와의 기본적 관계를 정함으로써 지방자치행정의 民主性과 能率性을 도모하며 지방의 균형적 발전과 대한민국의 민주적 발전을 도모하기 위해 제정된 법률. 전문 10장 162조 부칙으로 된 이 법률은 지방자치단체를 광역자치단체와 기초자치단체로 나누고(2), 일정한 범위에서 조례 및 규칙을 제정할 권한과(15, 16) 지방의회의 권한, 집행기관, 지방의회와 집행기관과의 관계 등을 규정하고 있다.

지방재정법(地方財政法) 1988년 법률 4006호 전문개정. 지방자치단체의 財政 및 會計에 관한 기본원칙을 정하여 지방재정의 건전한 운영과 엄정한 관리를 도모함을 목적으로 하여 제정된 법률. 각 회계연도의 경비는 원칙적으로 그 연도의 세입으로 충당하여야 하고(3 I), 그 세입도 원칙적으로 지방 외의 것이어야 하며(7), 法令 또는 條例에 의한 것, 歲出豫算金額 또는 繼續費의 총액의 범위 안의 것 이외에 債務負擔의 원인이 될 계약의 체결 기타의 행위를 하고자 할 때에는 미리 예산으로 회계의 의결을 얻어야 한다(8). 공공사무에 관하여 필요한 경비는 원칙으로 당해 자치단체의 재정사정상 특히 필요한 경우에 한한다(16, 18). 예산의 편성은 법령과 조례가 정하는 범위 안에서 합리적인 기준에 의하여야 하고 지방세 기타의 세입은 법령·조례·규칙에 따라 징수·수납하여야 함은 물론(35), 지출은 經理官의 지출원인행위와 지출원의 지급명령에 의하여 행하여야 하며(49~58), 징수기관과 수납기관은 서로 겸할 수 없다(57)고 규정하고 있다. 이 외에도 동법은 계약의 방법, 시효, 회계관계공무원의 책임, 공유재산의 관리 등에 관한 규정이 있다.

지역균형개발(地域均衡開發) **및 지방중소기업육성**(地方中小企業育成)**에 관한 법률**(法律) 1994년 법률 4722호 전문개정. 國土를 합리적으로 이용·개발 보전하기 위하여 지방의 發展潛在力을 개발하고 民間部門의 자율적인 참여를 유도하여 지역개발사업이 효율적으로 시행될 수 있도록 함과 아울러 지방중소기업을 적극적으로 육성함으로써 인구의 지방정착을 유도하고 지역경제를 활성화시켜 국토의 균형있는 발전에 기여함을 목적으로 제정된 법률. 이 법은 광역개발사업계획의 수립 및 시행(4~8), 지역개발사업의 촉진(9~38), 지방중소기업의 육성(39~50), 보칙(51~59) 등과 부칙에 관하여 규정하고 있다.

지역보건법(地域保健法) 1995년 법률 5101호. 保健所 등 지역보건의료기관의 설치·운영 및 지역보건의료사업의 연계성 확보에 필요한 사항을 규정함으로써 保健施策을 효율적으로 추진하여 국민보건의 향상에 이바지함을 목적으로 제정한 법률. 이 법은 국가와 지방자치단체의 의무(2), 지역보건의료계획의 수립 등(3), 보건의료원(8), 보건소의 의무(9), 보건지소의 설치(10), 보건소의 조직(11), 전문인력의 적정배치(12), 보건교육 등의 조정 등(18), 비용보조(19), 의료보험법 등에 대한 특례(23), 벌칙 등에 관하여 규정하고 있다.

지적법(地籍法) 1975년 법률 2801호 전문개정. 地籍을 명확히 하기 위하여 토지를 地籍公簿에 등록하는 절차와 지적측량을 정한 법률. 토지의 등록의무와 지번·지목·면적의 등위 등을 정한 총칙(1~7), 지적공부(8~14), 토지이동의 신청·신고(15~24), 지적측량(25~35), 지적정리(36~43), 벌칙 등을 규정하고 있다.

지하생활공간공기질관리법(地下生活空間空氣質管理法) 1996년 법률 5224호. 지하생활공간의 空氣質을 적정하게 관리·보전함으로써 국민의 건강을 보호하고 환경상의 危害를 예방함을 목적으로 제정한 법률. 이 법은 全文 12조 부칙으로 구성되어 있다.

지하수법(地下水法) 1997년 법률 5286호 전문개정. 지하수의 무분별한 개발이용으로 인한 지하수의 오염 및 고갈을 방지하기 위하여 지하수의 개발 이용을 신고제에서 허가제로 바꾸고, 다른 법률에 의하여 지하수를 개발·이용하는 경우에도 原狀復舊를 명할 수 있게 하며 지하수개발·이용시공업의 등록제를 신설하는 등 지하수의 보전·관리를 보다 철저하게 함으로써 公共의 福利增進과 국민경제의 발전에 기여함을 목적으로 제정된 법률. 이 법은 지하수의 조사 및 개발·이용, 지하수의 보전·관리, 지하수 개발·이용시공업, 지하수 영향조사기관, 보칙과 벌칙으로 구성되어 있다.

지하철도건설촉진법(地下鐵道建設促進法) →도시철도법

직무대리규정(職務代理規程) 1962년 각령 769호. 각 行政機關의 職務上 空白을 없게 하며 그 책임을 명백히 하기 위하여 직무대리에 관한 사항을 정한 일반규정(1, 2). 법정대리(3)와 지정대리(4)를 규정하고 있다.

직업교육훈련촉진법(職業敎育訓練促進法) 1997년 법률 5316호. 직업교육훈련을 촉진하는데 필요한 사항을 정하여 모든 국민에게 소질과 적성

에 맞는 다양한 직업교육훈련의 기회를 제공하고 직업교육훈련의 효율성과 질을 높임으로써 國民生活 수준의 향상과 국가경제의 발전에 이바지함을 목적으로 제정된 법률. 총칙(1장), 직업교육훈련의 촉진(2장), 職業教育訓練政策審議會 등(3장), 교육훈련기관의 평가 및 정보의 승계(4장) 및 부칙으로 구성되어 있다. 본법은 1999년 12월 1일부터 시행되었다.

직업안정법(職業安定法) 1994년 법률 4733호 전문개정. 勤勞者가 각자의 능력을 계발·발휘할 수 있는 직업에 취직할 기회를 제공하고 산업에 필요한 노동력의 충족을 지원함으로써 근로자의 직업안정을 도모하고 균형있는 국민경제의 발전에 이바지함을 목적으로 제정한 법률. 이 법률은 1961년에 제정되어 1989년에 職業安定 및 雇傭促進에 관한 法律로 개칭했으며 다시 1994년에 직업안정법으로 변경하였다. 이 법의 구성은 총칙(1장), 직업안정기관의 직업소개 및 직업지도 등(2장), 직업안정기관의 장외의 자가 행하는 직업소개사업·직업정보제공사업·근로자모집 또는 근로자제공사업 등(3장), 보칙(4장)에서 허위구인광고금지, 허가 또는 등록사업의 폐지신고, 폐쇄조치, 결격사유, 비밀보장의무 등을 규정하고, 벌칙(5장) 등과 부칙으로 구성되어 있다.

직업훈련기본법(職業訓練基本法) 1981년 법률 3507호 전문개정. 勤勞者에게 職業訓練을 실시하여 그 능력을 개발·향상하게 함으로써 근로자의 지위향상을 도모하고 국민경제의 발전에 기여함을 목적으로 하는 법률. 이 법률의 구성은 총칙(1장), 직업훈련일반(2장), 공공직업훈련(3장), 인정직업훈련(4장), 사업주의 직업훈련의무(5장), 직업훈련교사(6장), 보칙(7장), 벌칙(8장) 등과 부칙으로 되어 있다. 1999년 1월 1일부터 폐지되었다.

집단(集團)**에너지사업법**(事業法) 1991년 법률 4425호. 집단에너지 공급을 확대하고, 집단에너지사업을 합리적으로 운영하며, 집단에너지시설의 설치·운용 및 안전에 관한 사항을 정함으로써 에너지절약 및 국민생활의 便益增進에 이바지함을 목적으로 제정된 법률. 이 법은 집단에너지 공급(2장), 사업의 허가 등(3장), 공급규정 등(4장), 시설의 설치 및 운용(5장), 한국지역난방공사(6장), 보칙(7장), 벌칙(8장) 등과 부칙으로 구성되어 있다.

집합건물(集合建物)**의 소유**(所有) **및 관리**(管理)**에 관한 법률**(法律) 1984년 법률 3725호. 이 법은 건물의 구분소유에 대한 所有權에 관한 법률로써, 전문부분과 공용부분으로 나누어 정의하고 공용부분(10~19), 대지 사용권(20~27), 규약 및 집회(28~42), 의무위반자에 대한 措置(43~46), 재건축 및 복구, 단지관리단(51), 구분건물의 가옥대장(53~64), 벌칙 등으로 이루어진 법률이다.

집행관법(執行官法) 1995년 법률 5002호. 법원조직법 55조의 집행관에 관한 사항을 규정함을 목적으로 제정된 법률. 집행관이 광의의 사법기관으로서 국가에 대하여 가지는 직무상의 권리의무, 임명자격, 除斥, 징계처분 등에 관하여 27조에 걸쳐 규정하였다. 집행관의 수수료에 관하여는 執達行手數料 規則(大法院規則 751호)에 의한다. 이 법률에 의하여 조선민사령(1912년 제령 7호) 중 執達吏에 관한 규정은 폐지되었다.

집회(集會) **및 시위**(示威)**에 관한 법률**(法律) 1989년 법률 4095호 전문개정. 집회 및 시위를 최대한 보장하고, 위법한 시위로부터 국민을 보호함으로써 집회 및 시위의 권리의 보장과 공공의 안녕질서가 적절히 조화되게 함을 목적으로 제정된 법률. 全文 22조 부칙으로 된 이 법률은 屋外集會 및 示威의 申告(6), 집회 및 시위 금지(5), 집회·시위에 대한 방해금지(3), 옥외집회 및 시위의 금지시간 및 금지장소(10, 11) 및 집회·시위의 해산(18) 등에 관하여 규정하였다.

징발법(徵發法) 1963년 법률 1336호. 전시·사변 또는 이에 준하는 비상사태 기타 軍作戰上 긴절한 경우에 그 작전수행상 필요한 토지·물자와 시설 또는 권리의 徵發과 그 補償에 관한 사항을 규정함을 목적으로 하여 제정된 법률. 동법은 징발관, 징발목적물, 징발집행절차, 징발물에 대한 보상 및 벌칙 등을 규정하고 있으며 징발에 관한 특별조치령(1950년 대통령령(긴급명령) 6호)은 동법에 의하여 폐지되었다. → 징발

징병신체검사(徵兵身體檢查) **등 검사규칙**(檢查規則) 1984년 국방부령 361호. 병역법 및 병역법시행령의 규정에 의한 徵兵身體檢查, 입영신체검사, 지원병신체검사, 병역처분변경 등의 대상자에 대한 신체검사와 질병 또는 심신장애로 입영기일이 연기된 자에 대한 신체검사에 관하여 필요한 사항을 규정함을 목적으로 정한 규칙. 이 규칙은 징병신체검사(3~16), 입영 등 신체검사(17), 지원병신체검사(18~19), 병역처분변경 등(20), 보칙(21) 등과 부칙으로 구성되어 있다.

징발재산정리(徵發財産整理)**에 관한 특별조치법**(特別措置法) 1970년 법률 2172호. 징발법 시행당시에 징발된 재산을 1973년 12월 31일

까지 買受補償 및 徵發解除하기 위하여 필요한 사항을 정한 법률. 전문 21조 부칙으로 된 이 법률은 징발재산의 매수와 가격사정(2, 3), 징발보상에 대한 특례(8), 지급결정의 전치주의와 보상청구기준(8의 2, 8의 3), 징발보상증권에 의한 보상금지급(9), 증권의 상환(15) 및 환매권(20) 등에 관하여 규정하고 있다.

≫ ㅊ ≪

차지차가조정법(借地借家調停法) → 민사조정법

참전군인(參戰軍人) **등 지원**(支援)**에 관한 법률**(法律) 1993년 법률 4658호. 6·25사변 등의 전투 또는 월남전에 참전하여 국가를 위하여 헌신하고 轉役하거나 퇴직한 參戰軍人 등에 대하여 그 명예를 宣揚하고 응분의 예우를 함으로써 국민의 애국정신 함양에 이바지함을 목적으로 정한 법률. 이 법은 全文 8조 부칙으로 구성되어 있다.

철도법(鐵道法) 1961년 법률 714호. 철도를 원활히 운영하여 공공의 복리를 증진하고자 철도의 運營·保護에 관한 사항을 정한 법률. 철도로서 국가철도 외에 사설철도(공영과 사영 포함)·전용철도를 인정하고(5), 여객운송·화물운송·철도경영자책임·철도보호 등에 관하여 상세한 규정을 두고 있다. → 철도

철도소운송업법(鐵道小運送業法) 1961년 법률 865호. 철도소운송업에 관한 질서의 확립, 小運送業의 건전한 발전과 運送效率의 향상을 도모하여 공공의 복지를 증진함을 목적으로 규정한 법률. 철도소운송업의 허가와 그 사업에 관한 각종의 인가 기타 건설교통부장관의 監督(3~17), 일정한 요건을 구비한 화물운송의 受領拒絶禁止와 貨物受託順位에 의한 운송 기타의 철도소운송업자의 의무(18~24) 등을 규정하고 있다.

철도운송규정(鐵道運送規程) 1969년 대통령령 4451호. 철도운송에 관하여는 철도법에 규정하는 것을 제외하고는 이 영이 정하는 바에 의하고, 건설교통부장관은 사설철도의 상황에 따라 이 영에 의하지 아니한 운송을 명할 수 있는 규정이다. 이 규정은 여객운송(5~21), 수소화물운송(21~31), 화약류운송(42~58), 대화물운송(59~70), 철도경영자의 책임(72~79)과 부칙 등으로 규정되어 있다.

청구권자금(請求權資金)**의 운용**(運用) **및 관리**(管理)**에 관한 법률**(法律) 1966년 법률 1741호. 대한민국과 일본국간의 재산 및 청구권에 관한 문제의 해결과 경제협력에 관한 협정에 의하여 수입되는 자금을 사용함에 있어서, 국민경제의 자주적이고 균형있는 발전에 기여할 수 있도록 효율적으로 운용·관리 또는 도입하기 위하여 필요한 사항을 규정한 법률. 자금사용제한(3), 민간인의 대일청구권보상(5), 특별회계의 설치(6), 위원회의 구성(8), 사절단의 설치(12), 벌칙(25~27) 등에 관하여 규정하고 있다. 1982년 법률 3613호에 의해 폐지되었다.

청소년기본법(青少年基本法) 1991년 법률 4477호. 청소년의 권리 및 책임과 가정·사회·국가 및 지방자치단체의 청소년에 대한 책임을 정하고 青少年育成政策에 관한 기본적인 사항을 규정한 법률. 청소년육성정책을 문화관광부 장관이 총괄하도록 하고 청소년 수련활동의 지원을 위해 필요한 시설, 지구의 지정에 관한 사항과 청소년 복지 등을 규정하고 있다.

청소년보호법(青少年保護法) 1997년 법률 5297호. 우리 사회의 자율화와 물질만능주의 경향에 따라 날로 심각해지고 있는 음란·폭력성의 青少年有害媒體物과 有害藥物 등의 청소년에 대한 유통과 유해한 업소에의 청소년 출입 등을 규제함으로써, 성장과정에 있는 청소년을 각종 유해한 사회환경으로부터 보호·구제하고 나아가 건전한 人格體로 성장할 수 있도록 하려는 목적으로 제정된 법률. 이 법은 용어의 정의(2), 가정의 역할(3), 사회·국가·지방자치단체의 책임(4, 5), 청소년유해매체물의 청소년대상 유통규제(7~23), 청소년유해업소 및 청소년 유해약물 등의 규제(24~26), 청소년보호위원회(27~33), 보칙(34~49), 벌칙(50~56) 등과 부칙을 규정하고 있다.

청원경찰법(請願警察法) 1973년 12월 31일 법률 2666호. 청원경찰을 배치할 수 있는 대상을 정하고, 청원경찰의 직무 및 임용에 관한 규정(3~5), 청원경찰의 경비부담(6), 직무수행 중의 부상·폐질·사망에 대한 적절한 보상금(7), 직무중의 제복착용·무기휴대(8), 지방경찰청장에 의한 請願警察配置中止要求權(9) 등을 규정하고 있다.

청원법(請願法) 1963년 법률 1283호. 헌법상의 국민의 請願權行使에 관한 절차와 처리에 관한 사항을 규정함을 목적으로 하여 제정된 법률. 다른 법률에 특별한 규정이 없으면 청원에 관하여는 본법에 의한다(3). 청원사항(4), 청원방법(6),

이중청원의 금지(8), 청원서의 처리(9), 모해의 금지(10) 등에 관하여 규정하고 있다. → 청원

청원산림보호직원배치(請願山林保護職員配置)**에 관한 법률**(法律) 1963년 법률 1267호. 산림의 소유자 또는 관리자의 청원에 의하여 산림의 被害防止와 保護育成을 기하기 위하여 청원산림보호직원의 배치에 관한 사항을 규정한 법률. 全文 7조 부칙으로 된 이 법률은 산림보호직원의 배치, 경비부담, 산림보호직원의 직무와 임용 등에 관하여 규정하였다.

체신창구업무(遞信窓口業務)**의 위탁**(委託)**에 관한 법률**(法律) 1982년 법률 3601호. 체신관서에서 취급하는 郵票類의 판매 등 창구업무의 일부를 일정한 자에게 위탁함으로써 이용창구의 확대와 효율적인 事業運營을 통하여 국민편의증진과 체신사업의 발전을 도모하려는 목적에서 제정된 법률. 이 법은 全文 22조 부칙으로 구성되어 있다.

체육시설(體育施設)**의 설치·이용**(設置·利用)**에 관한 법률**(法律) 1989년 법률 4106호. 체육시설의 설치·이용을 장려하고 체육시설업을 건전하게 발전시켜 국민의 健康增進과 여가선용에 이바지하게 함을 목적으로 제정된 법률. 이 법은 국가와 지방자치단체의 지원(3), 체육시설업의 구분(4), 시설기준(5), 등록(6), 사업계획의 승인 등(7), 미성년자의 보호(9), 체육시설업자협회의 설립(14), 체육지도자의 배치(15), 체육지도자 교육(16), 벌칙(22) 등을 규정하고 있다.

초·중등교육법(初·中等教育法) 1997년 법률 5438호. 교육기본법 9조의 규정에 따라 幼兒教育 및 初·中等教育에 관한 사항을 정함을 목적으로 한 법률 총칙(1장), 의무교육(2장), 학생과 교직원(3장), 학교(4장), 보칙 및 벌칙(5장)으로 구성되었다.

초지법(草地法) 1980년 법률 3238호 전문개정. 초지의 조성·개량·보전·관리·이용 및 보전에 관한 사항을 규정함으로써 畜産振興에 기여하기 위하여 제정된 법률. 全文 32조 부칙으로 된 이 법률은 초지의 조성(5~8), 私有 미개간지의 賃借造成과 국공유지의 貸付(14, 17) 및 사후관리(21~24의 3) 등에 관하여 규정하였다.

총포·도검·화약류 등 단속법(銃砲·刀劍·火藥類等團束法) 1984년 법률 3743호 전문개정. 社會公共의 위험·화재의 미연방지를 위한 총포·도검·화약류·분사기·전자충격기·석궁의 제조·거래·소지·사용 기타의 취급의 규칙에 관하여 정한 법률. 본법은 총포·도검·화약류·분사기·전자충격기·석궁의 제조업을 경영하고자 하는 자는 제조소마다 행정자치부장관의 허가를 받아야 하고(4), 그것의 거래를 하고자 하는 자는 판매소의 소재지를 관할하는 지방경찰청장의 許可를 받아야 하며(6~9), 그것을 소지하려고 하는 자는 총포에 대하여는 주소지를 관할하는 지방경찰청장의, 도검·화약류·분사기 및 전자충격기·석궁에 대하여는 관할 경찰서장의 허가를 받아야 하고(12), 발견·습득자의 신고의무를 정하며(23), 화약류의 저장은 화약저장소에서 하도록 하여야(24) 한다고 하고 있다. 그 외에 허가관청의 감독(43~47) 등을 규정하고 있다.

최저임금법(最低賃金法) 1986년 법률 3927호. 근로자에 대하여 임금의 최저수준을 보장하여 근로자의 生活安定과 勞動力의 질적 향상을 기함으로써 국민경제의 건전한 발전에 이바지함을 목적으로 제정된 법률. 이 법은 最低賃金(4~7), 최저임금의 결정(8~11), 최저임금심의위원회(12~22), 생계비 및 임금실태 등의 조사(23), 근로감독관의 권한(26), 벌칙(28~30) 등과 부칙을 규정하고 있다.

축산물가공처리법(畜産物加工處理法) 1997년 법률 5443호. 가축의 도살·처리와 축산물의 가공·유통 및 검사에 관하여 필요한 사항을 정함으로써 축산물의 위생적인 관리와 그 品質의 향상을 도모하여 축산업의 건전한 발전과 공중위생의 향상에 이바지할 목적으로 제정된 법률.

축산법(畜産法) 1993년 법률 4557호 전문개정. 가축의 개량·증진과 보호 등 畜産振興과 축산물의 需給調節 및 價格安定에 관한 사항을 규정함으로써 축산업의 발전을 도모함을 목적으로 하여 제정된 법률. 가축이라 함은 사육하는 소·말·산양·영양·돼지·닭 기타 농림부령이 정하는 짐승·가금을 말한다(2). 동법은 종축(즉 본법에 의하여 종축검사에 합격된 가축과 등록된 가축으로서 우량한 성능이 보증된 가축), 가축개량 및 가축인공수정, 축산물 등의 수급 및 가격안정, 축산물 등의 유통, 가축공제, 축산발전기금, 보칙 및 벌칙 등에 관하여 규정하고 있다.

축산업협동조합법(畜産業協同組合法) 1980년 법률 3276호. 畜産人의 자주적인 협동조합을 육성하여 畜産業의 진흥과 그 구성원의 경제적·사회적 지위향상을 도모함으로써 국민경제의 균형있는 발전을 기함을 목적으로 제정된 법률. 이 법은 지역별축산업협동조합에 관한 사항(12~97), 업종

별축산업협동조합에 관한 사항(98~103), 축산업협동조합중앙회에 관한 사항(104~133), 감독(134~142의 2), 벌칙규정을 정하고 있다.

출입국관리법(出入國管理法) 1992년 법률 4522호 전문개정. 대한민국에 입국하거나 대한민국으로부터 출국하는 모든 국민 및 외국인의 出入國管理와 대한민국내에 체류하는 외국인의 滯留管理 및 難民의 인정절차 등에 관한 사항을 규정함을 목적으로 제정된 법률. 국민의 출입국, 외국인의 입국 및 상륙, 외국인의 체류와 출국, 강제퇴거등, 외국인의 등록, 선박 등의 검색, 선박 등의 장 및 운수업자의 책임, 난민의 인정, 보칙, 벌칙 등에 관하여 규정하고 있다.

출판사(出版社) **및 인쇄소**(印刷所)**의 등록**(登錄)**에 관한 법률**(法律) 1961년 법률 904호. 출판업과 인쇄업을 보호함으로써 出版文化의 향상발전을 도모하기 위하여 제정된 법률. 同法은 출판업·인쇄업의 등록과 취소, 간행물의 납본, 폐업신고, 청문 등에 관하여 규정하고 있다.

측량법(測量法) 1986년 법률 3898호 전문개정. 土地의 측량에 관한 기준을 정하여 측량의 정확성을 확보함으로써 測量制度의 발전을 도모함을 목적으로 제정된 법률. 측량표(3), 측량의 기준(5), 기본측량(2 ii, 7~27), 공공측량(2 iii, 28~38), 측량업의 등록(39~49), 측량기술자(50~53), 측량협회(54~56) 및 벌칙(63~68) 등을 규정하고 있다.

≫ ㅋ ≪

컴퓨터프로그램보호법(保護法) 1986년 법률 3920호. 컴퓨터프로그램 著作物의 저작자의 권리를 보호하고 프로그램의 공정한 이용을 도모하여 프로그램 관련산업과 기술을 진흥함으로써 국민경제의 건전한 발전에 이바지함을 목적으로 제정된 법률. 이 법은 프로그램저작물(6~20), 등록(21~24), 권리의 침해에 대한 구제(25~28), 프로그램심의 조정위원회(29~29의 9), 보칙(30~33의 2), 벌칙 등을 규정하고 있다.

≫ ㅌ ≪

택지개발촉진법(宅地開發促進法) 1980년 법률 3315호. 도시지역의 시급한 주택난을 해소하기 위하여 주택건설에 필요한 택지의 취득·개발·공급 및 관리 등에 관하여 都市計劃法 등에 대한 특례를 정한 법률. 宅地開發豫定地區의 지정, 토지형질변경 등 행위의 제한, 택지개발사업의 시행자, 택지개발사업의 시행절차, 토지의 수용, 간선시설의 설치, 택지의 공급과 환매, 자금의 지원 등에 관하여 규정하고 있다.

택지소유상한(宅地所有上限)**에 관한 법률**(法律) 1989년 법률 4174호. 宅地를 소유할 수 있는 면적의 한계를 정하여 국민이 택지를 고르게 소유하도록 유도하고 택지의 공급을 촉진함으로써 국민의 住居生活의 안정을 도모함을 목적으로 제정한 법률. 이 법은 적용대상지역(3), 택지소유의 상한(7~9), 택지취득의 허가·신고 등(10~18), 초과소득부당금(19~32), 허가증명서의 제출(33), 벌칙(39) 등을 규정하고 있다. 1998년 법률 5571호에 의해 폐지되었다.

토양환경보전법(土壤環境保全法) 1995년 법률 4906호. 土壤汚染으로 인한 국민건강 및 환경상의 위해를 예방하고 토양을 적정하게 관리·보전함으로써 모든 국민이 건강하고 쾌적한 삶을 누릴 수 있게 함을 목적으로 정한 법률. ① 환경부장관 및 시·도지사는 土壤汚染實態를 파악하기 위하여 토양측정망을 설치하여 상시 운영하고, 토양오염 우려지역에 대하여 토양정밀조사를 실사하며, 측정된 결과를 공개하도록 함(5), ② 유류저장소 등 대통령령이 정하는 토양오염 유발시설을 설치하고자 하는 자는 대통령령이 정하는 바에 따라 시·도지사에게 신고를 하고 토양오염방지조치를 하며, 정기적으로 토양관련전문기관으로부터 당해 시설의 부지 및 주변지역에 대한 토양오염검사를 받아 그 결과를 기록·비치하도록 함(11), ③ 시·도지사는 土壤汚染誘發施設의 설치자가 토양오염방지조치를 하지 아니하거나 토양오염검사결과 토양오염우려기준을 초과하는 경우에는 시정 등 필요한 조치 명령을 하고 그 명령을 이행하지 아니하거나 이행하더라도 토양오염의 정도가 토양오염 우려 기준 이하로 개선될 가능성이 없다고 인정되는 경우에는 당해 토양오염 유발시설의 사용중지를 명할 수 있도록 함(12), ④ 사람의 건강 및 재산과 동·식물의 생육에 지장을 초래할 우려가 있는 토양오염 우려기준과 동기준을 초과하여 사람의 건강 등에 지장을 주어서 토양오염에 대한 대책을 필요로 하는 土壤汚染對策基準을 환경부령으로 정하도록 하고, 환경부장관 또는 시·도지사는 이들 기준을 초과할 때에는 각각 토양오염 방지조치를 명하거나 그 지역을 토양보전대책지역으로 지정할 수 있도록 함(14~17), ⑤ 시·도지사는 土壤保全對策地域에 대한 오염토양개선사업 및 토지 등의 이용 방안 등을 포함한 대책계획을 수립하여 환경부장관의 승인을 얻어 시행하도록 하되, 汚染土壤改善事業은 시·도지사가 오염원인자에게 사업의 전부 또는 일부의 실시를 명할 수 있도록 함(18, 19), ⑥ 시·도지사는 토양보전대책지역안에서는 그 지정목적을 해하는 土地의 利用 등을 제한할 수 있도록 하고, 누구든지 동지역 안에서는 특정수질유해물질·폐기물·분뇨 등을 버리거나 그 지정목적을 해하는 시설을 설치할 수 없도록 하고 위 행위 등으로 인하여 토양이 오염되었거나 오염될 우려가 있다고 인정하는 때에는 당해 행위자 또는 시설설치자에게 토양오염물질의 제거 또는 시설의 철거 등을 명할 수 있도록 함(20 및 21), 기타 ⑦ 토양보전대책계획의 수립·시행으로 토양오염의 정도가 토양오염우려기준 이하로 개선되었거나 對策地域으로서의 지정목적이 상실된 경우에는 그 지정을 해제 또는 변경할 수 있도록 하여 국민의 재산권 행사에 대한 제한을 해제하도록 하는 것(22) 등을 규정하고 있다.

토지구획정리사업법(土地區劃整理事業法) 1966년 법률 1822호. 토지구획정리사업의 집행절차·방법 및 비용부담 등에 관한 사항을 규정함으로써 토지구획정리사업을 촉진하고 도시의 건전한 발전과 公共福利의 증진에 기여함을 목적으로 정한 법률. 종래에는 도시계획법에 토지구획정리사업에 관하여 규정하고 거기에 규정되지 않은 것은 토지개량사업법을 준용하게 하였는데, 이로 말미암아 혼란이 일어날 염려가 있었으므로 이러한 혼란을 피하고 여러가지 미비점을 보충하기 위하여 제정된 것으로서 토지구획정리사업의 시행자, 시행절차와 그 효력, 사업에 필요한 비용의 부담 및 보조, 감독 등에 관하여 규정하고 있다.

토지수용법(土地收用法) 1962년 법률 965호. 토지의 수용 또는 사용에 관한 일반법으로서, 특정한 公益事業을 위하여 필요한 토지 등의 수용·사용의 요건, 절차·효과 및 이에 따른 보상 등을 정한 법률. 국민의 재산권은 보장하되 공공필요에 의하여 그것을 수용·사용할 수 있다고 한 헌법의 규정(23)에 따라 공공복리의 증진과 私有財産權과의 조절의 목적하에 제정된 법률이다. →토지수용·공용사용·공용수용

토지초과이득세법(土地超過利得稅法) 1989년 법률 4177호. 開發事業 기타 사회경제적 요인으로 遊體土地 등의 地價가 상승함으로 인하여 그 소유자가 얻는 토지초과이득을 조세로 환수함으로써 租稅負擔의 형평과 地價의 안정 및 토지의 효율적 이용을 기하고 나아가 국민경제의 건전한 발전에 이바지함을 목적으로 제정된 법률. 이 법은 유휴토지 등의 범위(8~9), 과세표준과 세액(10~12), 정상지가상승률의 고시와 부과·징수 등(13~22), 예정결정기간에 대한 토지초과이득세(23~24), 보칙(25~29) 등과 부칙으로 규정되어있다.

통계법(統計法) 1995년 법률 5043호 전문개정. 통계조사사항의 종합적 조정과 통계의 체계적 확립을 위하여 統計調査의 실시와 그 승인·조정 등에 관하여 정함으로써 통계의 진실성과 統計制度의 효율적을 확립하려는 법률. 통계의 종류를 지정통계와 일반통계로 하고(3), 지정통계는 정부·지방자치단체 또는 지정기관이 작성하는 통계로서 재정경제부장관이 지정·고시하는 조사통계와 보고통계를 말하고(3ⅱ), 일반통계는 지정통계를 제외한 통계를 말한다(3ⅲ). 통계의 실시와 통계간행물의 발간은 각각 통계청장의 승인을 요한다(18). 통계를 작성한 기관의 장은 지체없이 그 통계표를 통계청장에게 제출, 협의를 거쳐 그 결과를 공표하여야 하고(15 本), 그 승인을 얻은 때에는 결과를 공표하지 않을 수 있다(15 但). 통계자료의 분류는 통계청장이 고시하는 표준분류에 의한다(17). 기타 예산 및 인력의 지원 및 벌칙규정(21, 23, 24)을 두고 있다.

통신개발연구원법(通信開發硏究院法) 1997년 법률 5407호에 의해 정보통신정책연구원법으로 바뀌었다.

통신비밀보호법(通信秘密保護法) 1993년 법률 4650호. 통신 및 대화의 비밀과 자유에 대한 제한은 그 대상을 한정하고 엄격한 法的 節次를 거치도록 함으로써 통신비밀을 보호하고 통신의 자유를 신장함을 목적으로 제정한 법률. 이 법으로 임시우편단속법은 폐지되었다.

통합방위법(統合防衛法) 1997년 법률 5246호. 적의 침투·도발이나 그 위협에 있어서 國家總力戰의 개념에 입각하여 國家防衛要素를 통합·운용하기 위한 통합방위대책을 수립, 시행하는데 필요한 사항을 규정함을 목적으로 제정된 법률. 이 법은 全文 20조 부칙으로 구성되어 있다.

특별소비세법(特別消費稅法) 1976년 법률 2935호. 사치품 등 특정한 물품과 특정한 장소에의 入場行爲에 대하여 과세하는 특별소비세의 부과·징수에 관하여 정한 법률. 과세대상과 종별세율

(1), 납세의무자(3), 과세표준(8), 납부(10) 기타 면세(15 이하) 등을 정하고 있다. 특별소비세법은 부가가치세제도를 보완하기 위하여 제정된 것으로서 사치품·휘발유와 고가의 내구소비재 등은 과세대상으로 하고 세율구조도 단순화된 것이 그 특색이다.

특수교육진흥법(特殊教育振興法) 1994년 법률 4716호 전문개정. 특수교육을 필요로 하는 사람에게 국가 및 지방자치단체가 적절하고 고른 教育機會를 제공하고 教育方法 및 여건을 개선하여 자주적인 생활능력을 기르게 함으로써 그들의 생활안정과 사회참여에 기여함을 목적으로 제정된 법률. 특수교육대상자의 선정(10), 국가 및 지방자치단체의 임무(3), 의무교육(5), 사립의 특수교육기관에 대한 보조(6), 교육과정의 운영(25), 장학금 지급(24), 취학편의(12), 치료교육담당교원의 배치(19) 등을 정하고 있다.

특정강력범죄(特定强力犯罪)**의 처벌**(處罰)**에 관한 특례법**(特例法) 1990년 법률 4295호. 基本的 倫理와 社會秩序를 침해하는 특정강력범죄에 대한 처벌과 절차에 관한 특례를 규정함으로써 국민의 생명과 신체의 안전을 보장하고 犯罪로부터 사회를 방위함을 목적으로 제정한 법률. 이 법은 全文 13조 부칙으로 구성되어 있다.

특정경제범죄가중처벌(特定經濟犯罪加重處罰) **등에 관한 법률**(法律) 1983년 법률 3693호. 건전한 국민경제윤리에 반하는 특정경제범죄에 대한 가중처벌과 그 犯罪行爲者에 대한 취업제한 등을 규정함으로써 경제질서를 확립하고 나아가 국민경제의 발전에 이바지함을 목적으로 제정된 법률. 이 법은 全文 14조 부칙으로 구성되어 있다.

특정다목적(特定多目的)**댐법**(法) 1966년 법률 1785호. 수자원을 합리적으로 개발이용하여 국민경제의 발전을 도모하기 위한 다목적댐의 건설 및 관리에 관하여 河川法의 특례를 규정하며, 建設投資金의 回轉活用으로 다목적댐 건설을 촉진하기 위하여 제정된 법률. 다목적댐의 건설(5~14)과 관리(29~34), 댐 사용권의 설정(15~18)·성질(20, 21)·처분 및 포기의 제한(22, 23), 등록(26), 부담금·납부금의 강제징수(37), 손실보상(41) 및 벌칙(43) 등을 규정하고 있다.

특정범죄가중처벌등(特定犯罪加重處罰等)**에 관한 법률**(法律) 1966년 법률 1744호. 刑法·關稅法·租稅犯處罰法·山林法·痲藥法에 규정된 특정범죄에 대한 가중처벌 등을 규정함으로써 건전한 社會秩序의 유지와 국민경제의 발전에 기여하기 위하여 제정된 全文 16조 부칙으로 된 법률. 수뢰에 따르는 뇌물죄의 가중처벌, 외국으로부터의 수뢰의 가중처벌, 알선수뢰행위의 처벌, 뇌물죄적용대상의 확대, 체포·감금 등의 가중처벌, 약취, 유인, 도주차량운전자의 가중처벌, 관세법위반행위의 가중처벌, 관계공무원의 무기사용, 조세포탈과 산림법 및 마약법위반행위의 가중처벌, 공무상비밀누설의 가중처벌 및 외국인을 위한 탈법행위의 처벌 등에 관하여 규정하였다.

특정범죄가중처벌등(特定犯罪加重處罰等)**에 관한 법률시행령**(法律施行令) 1995년 대통령령 14879호 전문개정. 특정범죄가중처벌 등에 관한 法律 4조의 규정에 의하여 賂物罪에 관한 규정을 적용할 정부관리기업체와 그 간부직원의 범위를 정한 대통령령. 全文 3조 부칙으로 구성된 이 대통령령은 정부관리기업체로서 한국은행·대한석탄공사 등 51개의 법인을 규정하고(2), 원칙적으로 동법인 등의 임원 및 과장대리급 이상의 직원을 간부직원으로 규정하고 있다(3).

특정연구기관육성법(特定研究機關育成法) 1973년 법률 2671호. 科學技術과 産業經濟의 발전을 위하여 정부가 출연하는 연구기관의 保護育成을 목적으로 제정된 법률. 특정연구기관이 될 수 있는 자격은 특별법에 의하여 설립된 연구기관과 재단법인인 연구기관으로서 대통령령으로 정하는 연구기관이다(2). 정부의 출연금(3), 국유재산의 무상양여(4), 사업계획서제출과 승인(5), 결산(6), 비밀엄수의무(7), 연구협약의 체결 및 벌칙규정(8, 9)을 두고 있다.

특허관리특별회계법(特許管理特別會計法) 1986년 법률 3889호. 특허행정을 효율적으로 운영하기 위하여 特許管理特別會計를 설치하고, 그 세입으로써 그 세출에 충당하게 함을 목적으로 제정된 법률. 이 법은 全文 8조 부칙으로 구성되어 있다.

특허권(特許權)**의 수용·실시 등**(收用·實施等)**에 관한 규정**(規程) 1969년 대통령령 4216호. 특허법의 규정(19, 50~52)에 의한 국방상 또는 공익상 필요에 다른 出願特許의 不許與, 特許發明不實施 및 特許權濫用 경우의 허가권에 대한 수용·제한·취소 또는 기타 처분에 관하여 필요한 사항을 정한 대통령령. 처분의 신청·결정(2~5), 송달(8), 산업재산권심의위원회(9~12) 등을 규정하고 있다.

특허법(特許法) 1990년 법률 4207호 전문개정. 발명을 보호 · 장려하고 그 이용을 도모함으로써 기술의 발전을 촉진하여 産業發展에 이바지함을 목적으로 하는 법률. 특허요건 및 특허출원(29~56), 심사(57~78), 특허료 및 특허등록증(79~86), 특허권(87~125), 특허권자의 보호(126~132), 심판 및 항고심판(133~177), 재심(178~185), 소송(186~191), 특허협력조약에 의한 국제출원(192~214) 및 보칙(215~224)과 벌칙(225~232) 등을 규정하고 있다.

≫ ㅍ ≪

파견근로자보호(派遣勤勞者保護)**등에 관한 법률**(法律) 1998년 법률 5512호. 勤勞者派遣事業의 적정한 운영을 기하고 파견근로자의 근로조건 등에 관한 기준을 확립함으로써 派遣勤勞者의 고용안정과 복지증진에 이바지하고 인력수급을 원활하게 함을 목적으로 제정된 법률. 이 법은 총칙(1장), 근로자파견사업의 적정운영(2장), 파견근로자의 근로조건 등(3장), 보칙(4장), 벌칙(5장) 등과 부칙으로 규정하고 있다.

파산법(破産法) 1962년 법률 998호. 1912년 제령 7호. 조선민사령 11호에 의하여 의용되던 일본파산법(日大正 11년 법률 71호)에 대치된 법률. 대체로 舊破産法을 그대로 모방한 것이나 전세권자에게 別除權을 인정했다는 점, 免責制度의 채용, 當然復權制度의 신설 등 몇가지 특색있는 새로운 제도를 채택하였다. 실체규정 · 절차규정 · 면책 및 복권 · 벌칙 등 4편 374조로 구성되어 있다.

폐광지역개발지원(廢鑛地域開發支援)**에 관한 특별법**(特別法) 1995년 법률 5089호. 石炭産業의 사양화로 인하여 낙후된 폐광지역의 경제를 진흥시켜 지역간의 균형있는 발전과 주민의 생활향상을 도모함을 목적으로 제정된 법률. 이 법은 全文 23조 부칙으로 되어 있다.

폐기물관리법(廢棄物管理法) 1991년 법률 4363호 전문개정. 폐기물을 적정하게 처리하여 自然環境 및 生活環境을 청결히 함으로써 環境保全과 국민생활의 질적 향상에 이바지함을 목적으로 제정된 법률. 이 법은 용어 정의(2), 적용범위(3), 국가 및 지방자치단체의 책무(4), 국민의 책무(6), 폐기물의 배출 및 처리(12~25), 폐기물처리업 등(26~35), 폐기물처리업자 등에 대한 지도 · 감독 등(39~43), 폐기물의 수입제한(44), 폐기물처리시설의 사후관리 등(47), 폐기물사업의 조정(51), 벌칙(59~63) 등과 벌칙에 관하여 규정하고 있다.

폐기물(廢棄物)**의 국가간이동**(國家間移動) **및 그 처리**(處理)**에 관한 법률**(法律) 1992년 법률 4534호. 有害廢棄物의 국가간 이동 및 그 처리의 統制에 관한 바젤 협약의 시행을 위하여 폐기물의 수출 · 수입 및 국내경유를 규제함으로써 폐기물의 국가간 이동으로 인한 환경오염을 방지하고 國際協力을 증진함을 목적으로 제정된 법률. 이 법은 용어의 정의(2), 적용범위(3), 국가의 책무(4), 폐기물수출입자 등의 책무(5), 폐기물의 수출입 등의 통제 및 관리(6~22), 주무관청 등의 지정(25), 권한의 위임 · 위탁(27), 벌칙 등에 관하여 규정하고 있다.

폐기물처리시설설치촉진(廢棄物處理施設設置促進) **및 주변지역지원**(周邊地域支援) **등에 관한 법률**(法律) 1995년 법률 4907호. 폐기물처리시설의 부지확보의 촉진과 그 주변지역 주민에 대한 지원을 통하여 폐기물처리시설의 설치를 원활히 하고 주변지역주민의 복지를 증진함으로써 環境保全 및 국민생활의 질적 향상에 이바지함을 목적으로 제정된 법률. 총칙(1장), 폐기물처리시설 설치사업의 촉진(2장), 폐기물처리시설 주변영향지역의 지원 등(3장), 보칙(4장), 벌칙(5장), 부칙으로 구성되어 있다.

포획심판령(捕獲審判令) 1952년 대통령령 긴급명령 12호. 포획사건을 條約과 일반적으로 승인된 國際法規에 의거하여 심판함을 목적으로 하는 대통령의 긴급명령. 포획심판소 및 고등포획심판소의 조직, 포획심판절차 등을 규정하고 있다.

폭력행위등처벌(暴力行爲等處罰)**에 관한 법률**(法律) 1961년 법률 625호. 集團的, 常習的 또는 야간에 폭력행위 등을 자행하는 자 등을 처벌할 목적으로 제정된 법률. ① 상습적으로 상해 · 폭행 · 체포 · 감금 · 협박 · 주거침입 · 退去不應 · 폭력에 의한 권리행사 방해 · 공갈 · 損壞 또는 폭력에 의한 權利行使妨害의 罪를 범하거나, 야간 또는 2인 이상이 공동하여 위의 죄를 범한 때, ② 團體나 多衆의 威力으로써 또는 단체나 집단을 가장하여 위력을 보이거나, 흉기 기타 위험한 물건을 휴대하여 죄를 범한 때, ③ 위의 범죄를 목적으로 한 단체 또는 집단을 구성하거나 이를 이용하여 죄를 범할 때 등에 관하여 무거운 형을 과하고 있다(2~5).

표시 · 광고(表示 · 廣告)**의 공정화**(公正化)

에 관한 법률(法律) 1999년 법률 5814호. 상품 또는 용역에 관한 표시·광고에 있어서 소비자를 속이거나 소비자로 하여금 잘못 알게 하는 부당한 표시·광고를 방지하고 소비자에게 바르고 유용한 정보의 제공을 촉진함으로써 공정한 거래질서를 확립하고 소비자를 보호함을 목적으로 제정된 법률. 총칙, 부당한 표시·광고행위의 금지 등, 손해배상, 보칙, 벌칙 등 全文 20조 부칙으로 구성되어 있다.

표준시(標準時)**에 관한 법률**(法律) 1986년 법률 3919호. 동경 135도를 우리나라의 표준자오선으로 정한 법률. → 표준자오선변경에 관한 건

품질경영촉진법(品質經營促進法) 1993년 법률 4622호. 工産品을 제조·공급하는 기업으로 하여금 품질경영체제를 확립하고 그에 대한 認證制度를 도입하여 품질 및 기술경쟁력을 강화하고 품질표시 및 안전검사제도를 실시함으로써 소비자의 이익과 안전을 도모함을 목적으로 제정된 법률.

풍속영업(風俗營業)**의 규제**(規制)**에 관한 법률**(法律) 1991년 법률 4337호. 風俗營業을 영위하는 장소에서의 선량한 풍속을 해치거나 청소년의 건전한 육성을 저해하는 행위 등을 규제하여 美風良俗의 보존과 청소년의 보호에 이바지함을 목적으로 제정한 법률. 이 법은 풍속영업의 범위(2), 준수사항(3), 풍속영업의 통보·신고(4, 5), 위반사항통보 등(6), 행정처분(7), 벌칙(10) 등과 부칙에 관하여 규정하고 있다.

≫ㅎ≪

하도급거래공정화(下都給去來公正化)**에 관한 법률**(法律) 1984년 법률 3779호. 공정한 하도급거래질서를 확립하여 原事業者와 受給事業者가 대등한 지위에서 상호보완적으로 균형있게 발전할 수 있도록 함으로써 국민경제의 건전한 발전에 이바지함을 목적으로 제정된 법률. 이 법은 全文 35조 부칙으로 구성되어 있다.

하수도법(下水道法) 1966년 법률 1825호. 하수도를 개량하고 정비하기 위하여 그 설치 및 관리의 기준 등을 정함으로써 도시 및 지역회사의 건전한 발전과 公衆衛生의 향상에 기여하고 公共水域의 수질을 보전함을 목적으로 제정한 법률. 도시생활에서 발생하는 시가지내의 하수를 배제·처리하는 공공하수도의 설치·관리·사용·보전 및 공용부담에 관한 규정(5의 2~27)과 아울러 공공하수도에 관한 비용부담(28~35), 감독(36~38), 손실보상(39~40) 및 벌칙 등에 관하여 규정하고 있다.

하천법(河川法) 1971년 법률 2292호. 河水로 인한 피해를 예방하고 河川使用의 이익을 증진시키기 위하여 하천의 지정·관리·사용·보전 및 비용 등에 관하여 정한 법률. 하천의 국유(3), 하천의 관리청 및 그 관리와 감독행위(11~24, 67~73), 하천사용의 허가(25~28), 수리권의 조정(29), 하천의 보전과 공용부담(37~46), 하천에 관한 비용과 수익(47~66), 손실보상(74, 75), 하천부지의 관리(76~78) 등을 규정하고 있다.

학교급식법(學校給食法) 1981년 법률 3356호. 학교급식을 통한 학생의 심신의 건전한 발달을 도모하고 나아가 國民食生活 개선에 기여하기 위하여 학교급식을 제도화한 법률. 국가 및 지방자치단체의 학교급식시책강구의무(3), 급식대상(4), 급식시설·설비(5), 급식의 운영원칙과 관리기준(6), 경비부담(8) 등을 정하고 있다.

학교보건법(學校保健法) 1967년 법률 1928호. 학생과 교직원의 건강을 보호·증진하게 함으로써 학교교육의 능률을 기하기 위하여 학교의 保健管理와 環境衛生淨化에 필요한 사항을 규정한 법률. 학교의 설립자는 학교보건과 신체검사에 필요한 시설·기구를 갖출 의무를 지며(3), 학교의 장은 공기오염·환기·채광·조명·온습도·오물처리 등 환경위생 및 식품위생을 적절히 유지하여야 할 의무를 지며(4), 교육위원회는 학습과 학교보건에 악영향을 주는 행위 및 시설이 제한되는 학교환경위생정화구역을 설정하게 하고 있다(5).

학교시설사업촉진법(學校施設事業促進法) 1982년 법률 3634호. 초등학교, 중학교, 고등학교 및 特殊學校의 시설의 設置移轉 및 확장을 위한 사업시행에 필요한 절차를 간소화하여 학교시설의 설치이전 및 확장을 용이하게 함으로써 학교환경의 개선 및 학교교육의 발전에 기여함을 목적으로 제정한 법률. 이 법은 全文 12조 부칙으로 구성되어 있다.

학교용지확보(學校用地確保)**에 관한 특례법**(特例法) 1995년 법률 5072호. 公立의 초등학교, 중학교, 고등학교용 학교용지의 조성·개발·공급 및 관련경비의 부담 등에 관한 特例를 規定함으로써 학교용지의 확보를 용이하게 함을 목적으로

제정한 법률. 이 법은 용어의 정의(2), 학교용지의 조성개발(3), 학교용지의 확보 및 경비의 부담(4), 학교용지부담금의 부과징수(5), 시·도 부담경비의 재원(6), 학교시설기준 적용완화(8) 등 부칙으로 구성되어 있다.

학술진흥법(學術振興法) 1979년 법률 3205호. 학술진흥에 관한 종합적인 基本政策 및 계획의 수립과 學術活動의 적극적 지원육성에 관한 사항을 규정함으로써 학술발전을 촉진하기 위하여 제정한 全文 27조 부칙으로 된 법률. 학술진흥시설의 강구, 학술진흥공단의 설립 및 학술진흥기금의 조성 등에 관하여 규정.

학원(學院)**의 설립·운영**(設立·運營)**에 관한 법률**(法律) 1995년 법률 4964호 전문개정. 학원의 설립 및 운영에 관한 사항을 규정하여 학원의 건전한 발전을 도모함으로써 社會敎育의 진흥에 이바지하게 할 목적으로 제정된 법률. 학원의 종류별 시설기준(3), 학원의 설립(5), 사회교육요원의 배치(9), 수강료(12) 기타 벌칙 등을 규정하고 있다.

학점인정(學點認定)**등에 관한 법률**(法律) 1997년 법률 5275호. 평가인정을 받은 학습과정을 이수한 자 등에게 학점인정을 통하여 學力認定과 학위취득의 기회를 부여함으로써 평생교육의 이념을 구현하고 개인의 자아실현과 국가사회의 발전에 기여함을 목적으로 제정된 법률.

한국(韓國)**가스공사법**(公社法) 1986년 법률 3836호 전문개정. 한국가스공사를 설립하여 가스를 장기적으로 安全供給할 수 있는 기반을 마련함으로써 국민생활의 편익을 증진하고 공공복리의 향상에 이바지하게 함을 목적으로 정한 법률. 전문 20조 부칙으로 구성되어 있다.

한국고속철도건설공단법(韓國高速鐵道建設公團法) 1991년 법률 4456호. 한국고속철도건설공단을 설립하여 鐵道交通網의 확충을 위한 고속도로를 효율적으로 건설함으로써 국민의 교통편의를 증진하고 국민경제의 건전한 발전에 이바지함을 목적으로 제정된 법률. 이 법은 全文 38조 부칙으로 구성되어 있다.

한국공항공단법(韓國空港公團法) 1979년 법률 3219호. 한국공항공단을 설립하여 공항시설의 건설과 이의 효율적인 관리·운영을 통하여 航空輸送의 원활화를 도모하고 항공의 총합적인 발달에 이바지함을 목적으로 제정된 법률. 1991년 법률 4436호에 의해서 한국공항관리공단법에서 한국공항공단법으로 명칭이 바뀌었다.

한국과학기술원법(韓國科學技術院法) 1980년 법률 3310호. 高級科學技術人材의 양성과 中長期硏究開發 및 항공기관이나 產業界 등에 대한 항공지원을 하기 위하여 한국과학기술원의 설립·운영에 관하여 정한 법률. 기술원은 법인으로 하며(2), 임원(6), 원장(7), 이사회(8), 정부 또는 정부투자기관의 출연금(10), 국유재산의 무상양여(11), 과학기술부장관의 조정·감독(13), 학위과정(14) 등을 규정하고 있다. 이 법에 의하여 한국과학원법과 한국과학기술연구소육성법은 폐지되고 이들의 권리·의무는 기술원에 포괄·승계되었다.

한국과학재단법(韓國科學財團法) 1976년 법률 2943호. 科學技術硏究能力의 배양과 과학교육의 진흥 및 과학기술의 國際交流를 증진하기 위하여 한국과학재단의 설립·운영에 관하여 정한 법률. 재단은 법인으로 하며(2), 재단의 사업(5), 기금의 설치(11), 정부출연금(12), 국유재산의 무상대부(13) 등을 정하고 있다.

한국관광공사법(韓國觀光公社法) 1986년 법률 3845호. 韓國觀光公社를 설립하여 관광진흥자원개발, 관광산업의 연구개발 및 관광요원의 양성·훈련에 관한 사업을 수행하게 함으로써 국가경제발전과 국민복지증진에 이바지하게 함을 목적으로 제정된 법률. 이 법은 全文 18조 부칙으로 되어 있다.

한국교육방송원법(韓國敎育放送院法) 1997년 법률 5273호. 한국교육방송원을 설립하여 교육방송과 멀티미디어 교육을 행함으로써 학교교육을 보완하고 社會敎育을 확충하여 언제, 어디서나 교육을 받을 수 있는 사회의 구현에 이바지함을 목적으로 제정된 법률. 全文 22조 부칙으로 구성되어 있다.

한국국제교류재단법(韓國國際交流財團法) 1991년 법률 4414호. 한국국제교류재단을 설립하여 대한민국과 외국간의 각종 교류사업을 시행하게 함으로써 국제사회에서의 한국에 대한 올바른 인식과 이해를 도모하고 國際的 友好親善을 증진하는데 이바지함을 목적으로 제정된 법률. 이 법은 국제교류를 전담할 한국국제교류재단을 法人으로 설립한다는 규정과 재단의 사업, 재단에 대한 임원과 이사회, 직원의 임무 등 기본적 사항에 대한 내용을 규정하고 있다.

한국국제협력단법(韓國國際協力團法) 1991년 법률 4313호. 대한민국과 特定協力對象地

域과의 우호협력관계의 경제·사회발전을 지원하기 위하여 한국국제 협력단을 설립, 각종 협력사업 및 海外人力協力事業을 수행하게 함으로써 국제협력의 증진에 이바지함을 목적으로 제정된 법률. 이 법은 全文 32조 부칙으로 되어 있다.

한국노동교육원법(韓國勞動敎育院法) 1990년 법률 4253호. 한국노동교육원을 설립하여 중립적이고 공신력 있는 교육을 실시하여 民主的 勞使關係를 정립하고 산업평화를 이룩함으로써 勞使共存共榮理念을 구현하고 국민경제발전에 기여함을 목적으로 제정된 법률. 이 법은 全文 26조 부칙으로 되어 있다.

한국노동연구원법(韓國勞動硏究院法) 1988년 법률 4078호. 한국노동연구원을 설립하여 노동관계 제문제를 체계적으로 연구·분석함으로써 합리적인 노동정책개발과 노동문제에 관한 국민일반의 認識提高에 이바지하게 함을 목적으로 제정된 법률.

한국농촌경제연구원육성법(韓國農村經濟硏究院育成法) 1978년 법률 3122호. 農林·水産經濟 및 農·漁村社會開發에 관한 정책수단의 조사·연구를 위하여 설립된 재단법인 한국농촌경제연구원을 보호·육성함으로써 農林水産施策의 수립과 농·어촌사회의 발전에 기여하게 함을 목적으로 제정된 법률. 이 법은 全文 9조 부칙으로 구성되어 있다.

한국(韓國)**담배인삼공사법**(人蔘公社法) 1988년 법률 4064호. 한국담배인삼공사를 설립하여 담배·人蔘事業을 행하게 함으로써 담배·인삼사업의 건전한 발전을 도모하는 법률. 公社는 법인으로(2) 자본금은 4조원으로 하되 정부가 100분의 51 이상을 출자한다(4). 公社에 대한 지도·감독자는 재정경제부장관으로 한다(16). 1997년 법률 5380호로 폐지되었다.

한국도로공사법(韓國道路公社法) 1986년 법률 3842호 전문개정. 한국도로공사를 설립하여 도로의 설치와 관리를 하게 함으로써 도로의 장비를 촉진하고, 道路交通의 발달에 기여하고자 제정된 법률. 全文 21조 부칙으로 된 이 법률은 法人인 한국도로공사를 설립하여 그 資本金은 5조원으로 하고, 국가나 지방자치단체 또는 한국산업은행이 출자하되 자본금의 2분의 1을 초과하지 않는 범위 안에서 주주를 모집할 수 있도록 하였다(4).

한국마사회법(韓國馬事會法) 1990년 법률 4251호 전문개정. 한국마사회의 조직·운영과 경마에 관한 사항을 정함으로써 競馬의 공정한 시행과 원활한 보급을 통하여 마사의 진흥 및 축산의 발전에 이바지함을 목적으로 제정된 법률. 총칙(1장), 경마의 시행(2장), 한국마사회(4장) 및 벌칙(5장) 등 61개 조문으로 구성되어 있다.

한국방송공사법(韓國放送公社法) 1987년 법률 4264호. 한국방송공사를 설립하여 國內外放送을 효율적으로 실시하고 전문에 방송의 시청을 가능하게 함으로써 放送文化發展과 공공복지 향상에 이바지하게 함을 목적으로 제정된 법률. 이 법은 공사는 법인으로 하고(2), 자본금은 3천억원으로 하고 그 전액을 정부가 出資한다(3)고 규정되었으며, 이사회(8~13), 집행기관(14~21), 회계(27~32), 텔레비전방송수신료의 납부와 징수(25~39), 벌칙 등으로 구성되어 있다.

한국방송광고공사법(韓國放送廣告公社法) 1980년 법률 3317호. 한국방송광고공사를 설립하여 공공에 봉사하는 放送廣告秩序를 정립하고 방송광고영업의 代行에 의한 방송광고수입의 일부를 재원으로 하여 방송과 문화·예술의 진흥사업을 지원하게 함으로써 국민의 건전한 문화생활과 방송문화의 발전 및 방송광고진흥에 이바지함을 목적으로 제정된 법률. 총칙(1장), 기관(2장), 업무(3장), 회계(4장), 公益資金(5장), 補則(6장), 벌칙(7장) 및 부칙으로 구성되어 있다.

한국보훈복지공단법(韓國報勳福祉公團法) 1981년 법률 3419호. 國家有功者禮遇 등에 관한 법률 및 월남귀순용사 특별보상법의 적용대상자에 대한 진료와 重傷痍者에 대한 의학적·정신적 재활 및 직업재활을 행하여 그 자립정착을 도모하고 복지증진에 기여하기 위하여 제정된 법률.

한국사학진흥재단법(韓國私學振興財團法) 1989년 법률 4103호. 한국사학진흥재단을 설립하여 私學學校의 敎育環境改善을 지원함으로써 사학교육진흥에 이바지하게 함을 목적으로 제정한 법률. 이 법은 全文 32조 부칙으로 되어 있다.

한국산업안전공단법(韓國産業安全公團法) 1987년 법률 3931호. 한국산업안전공단을 설립하여 産業災害豫防技術의 연구·개발과 보급, 産業安全保健技術指導 및 교육, 有害危險設備의 진단 및 검사 등 산업재해예방에 관한 사업을 효율적으로 수행하게 함으로써 근로자의 안전과 보건을 유지증진하고 사업주의 재해예방활동을 촉진하여 국민경제발전에 기여함을 목적으로 제정된 법률. 이 법은 全文 30조 부칙으로 되어 있다.

한국산업은행법(韓國産業銀行法) 1953년 법률 302호. 한국산업은행의 설립·운영에 관하여 정한 법률. 한국산업은행은 국책에 순응하여 산업의 부흥과 국민경제의 발전을 촉진하기 위한 重要産業資金을 공급·관리함을 주요목적으로 설립되는 법인이다(1, 2). 장기금융기관으로서 자본금은 5兆원이고, 정부가 전액출자하며(4), 재정경제부장관의 감독을 받는다(47). 그 주요업무는 시설자금과 운영자금의 대출과 관리, 자금조달을 위한 사채·공채의 인수·보증, 주식인수와 이익배당의 담보, 타금융기관의 출자로 인한 사채의 보증과 외국자본의 차입에 관련한 한국은행에 대한 보증 등인데(18의 2), 자본조달면에서는 산업금융채권의 발행이 인정되고(25~30), 요구불예금의 수입이 원칙으로 제한되어 있음이 특색이다(18 vii 라). →성업공사

한국산업인력공단법(韓國産業人力公團法) 1991년 법률 4332호. 한국산업인력관리공단을 설립하여 직업훈련의 실시, 기술자격검정, 기능장려사업 및 이에 관한 研究·開發事務를 수행하게 함으로써 산업인력의 양성 및 수급의 효율화를 도모하고 국민경제의 건전한 발전과 국민복지증진에 이바지함을 목적으로 제정된 법률.

한국석유공사법(韓國石油公社法) 1986년 법률 3837호 전문개정. 한국석유개발공사를 설립하여 石油資源의 개발, 석유의 비축, 石油流通構造의 개선에 관한 사업을 효율적으로 수행하게 함으로써 석유수급의 안전을 도모함과 아울러 국민경제발전에 기여하게 하기 위하여 제정된 법률. 공사의 자본금은 3兆원으로 하되, 정부와 석유사업법에 의한 석유사업기금에서 출자하며(4), 그 밖에 사장의 대표권 제한(7), 사업(10), 토지의 수용·사용(17) 등을 정하고 있다.

한국수자원공사법(韓國水資源公社法) 1987년 법률 3997호. 한국수자원공사를 설립하여 수자원을 종합적으로 개발·관리하여 生活用水 등의 공급을 원활하게 하고 수질을 개선함으로써 국민생활의 향상과 公共福利의 증진에 이바지하게 함을 목적으로 제정된 법률. 이 법은 全文 40조 부칙으로 구성되어 있다.

한국수출입은행법(韓國輸出入銀行法) 1969년 법률 2122호. 輸出入과 海外投資 및 海外資源開發에 관한 금융을 공여하게 함으로써 무역을 주로 하는 외국과 국제교류를 촉진하기 위하여 한국수출입은행의 설립·운영에 관하여 정한 법률. 한국수출입은행의 자본금은 1조원이며, 정부·국책은행 기타 금융기관, 수출업자단체 및 국제금융기구가 출자하는 법인이다(2 I, 4). 임원으로 은행장(1인), 전무이사(1인), 이사(5인 이내) 및 감사(1인)가 있으며(8), 사무수행상 필요한 자금의 조달을 위하여 정부나 외국 또는 국제금융기관으로부터 자금을 차입할 수 있으며(19), 외국에서 외화표시의 수출입금융채권을 발행할 수 있다(20).

한국식품개발연구원육성법(韓國食品開發研究院育成法) 1987년 법률 3985호. 농림수산물의 貯藏·加工 등 식품에 관한 기술의 개발과 보급을 위하여 설립된 재단법인 한국식품개발연구원을 보호 육성함으로써 식품산업의 기술기반을 향상시켜 農林水産物의 부가가치의 제고를 통한 농어민의 소득증대에 기여하게 함을 목적으로 제정된 법률.

한국여성개발원법(韓國女性開發院法) 1982년 법률 3632호. 시대발전에 부응하여 현재 충분히 활용되지 못하고 있는 女性人力의 활용도를 높이며 여성의 사회참여를 신장하고 복지를 증진하기 위하여 여성과 관련된 문제에 관한 조사·연구, 여성의 능력개발을 위한 教育訓練 및 女性活動에 대한 지원 등의 업무를 효율적으로 수행하도록 한국여성개발원을 설립·운영하는데 필요한 사항을 정하려는 목적으로 제정된 법률.

한국은행법(韓國銀行法) 1997년 법률 5491호 전문개정. 한국은행의 설립·운영에 관한 법률. 한국은행은 우리나라의 中央銀行으로서 국민경제발전을 위한 通貨價値의 안정, 銀行·信用制度의 건전화와 그 기능향상에 의한 경제발전과 국가자원의 유효한 이용 등의 도모를 주요목적으로 하는 無資本特殊法人이다(1, 3, 4). 본법 기타 정식으로 비준된 금융·통화에 관한 국제협정을 포함하는 법령과 정관에 의하여 운영되며(1 Ⅲ), 재정경제부의 업무검사와 감사원의 회계검사를 받는다(40). 그 기관으로는 최고정책결정기관으로 금융통화운영위원회가 있고(7 이하), 그에 소속하여 모든 금융기관의 감독과 정기검사에 종사하는 은행감독원과 통화·재정·물가 등에 관한 조사·통계에 종사하는 조사부가 있으며(28, 36), 임원으로는 총재·부총재·이사·감사가 있다(22). 그 업무는, 은행권의 발행, 금융기관의 예금과 예금지급준비, 은행업무에 대한 특별통제, 금융기관에 대한 출자, 國庫金의 預受, 정부대행기관업무, 공개시장에서의 증권매매, 통화·신용정책과 외환업무 등이다(47~101). 한국은행은 원칙적으로 대한민국내에 있는 민간인과 예금·대출의 거래를 하거나 영리기업의 소유·운영에

참가할 수 없다(93, 112). 한국은행의 일정한 임원과 직원은 국가공무원에 준하는 신분을 가진다(112의 2).

한국은행통화안정증권법(韓國銀行通貨安定證券法) 1961년 법률 760호. 한국은행이 발행하는 通貨安定證券에 관하여 규정한 법률. 한국은행은 금융통화운영위원회가 통화정세를 감안하여 설정하는 한도내에서 통화안정증권을 발행할 수 있도록 하고, 그 발행방법 및 소멸시효에 관하여 규정하였다.

한국자원재생공사법(韓國資源再生公社法) 1993년 법률 4655호. 한국자원재생공사를 설립하여 폐기물의 발생억제 및 재활용촉진을 위한 사업을 효율적으로 수행하게 함으로써 재활용 가능한 폐기물의 資源化를 촉진하고 나아가 환경보전에 기여함을 목적으로 제정된 법률. 全文 30조 부칙으로 구성되어 있다.

한국자유총연맹육성(韓國自由總聯盟育成)**에 관한 법률**(法律) 1989년 법률 4107호. 대한민국의 자유민주주의 체제를 항구적으로 옹호·발전시키고 이와 관련된 민간단체에 대하여 지도적 역할을 범국민 조직으로 지도육성함으로써 사회 모든 분야에서 自由民主主義 理念의 창달에 기여하게 함을 목적으로 제정된 법률.

한국전력공사법(韓國電力公社法) 1989년 법률 4093호 전문개정. 한국전력공사의 설립·운영에 관하여 정한 법률. 공사는 電源開發의 촉진과 전기사업의 합리적인 운영을 통한 電力需給의 안정을 도모하기 위하여 종래의 한국전력주식회사의 권리·의무를 包括承繼한 公法人이다(2). 자본금은 6조원이고, 정부가 100분의 51 이상을 출자하며 산업자원부장관의 감독을 받는다(4).

한국정신문화연구원육성법(韓國精神文化研究院育成法) 1998년 법률 3116호. 韓國文化의 정수를 깊이 연구하여 새로운 창조의 기반으로 삼아 주체적 역사관과 건전한 가치관을 정립하고, 미래 한국의 좌표와 그 기본원리를 탐구하기 위하여 설립된 제단법인 한국정신문화원을 보호·육성함으로써 民族中興을 위한 국민정신을 드높이고 민족문화창달에 기여하게 함을 목적으로 제정된 법률. 全文 12조 부칙으로 구성되어 있다.

한국조세연구원법(韓國租稅研究院法) 1991년 법률 4453호. 租稅制度 및 租稅行政에 관한 사항을 조사·연구·분석하여 장기적인 조세정책수단을 개발함으로써 국민경제의 발전에 이바지하기 위하여 한국조세연구원을 설립하려는 목적으로 제정된 법률. 이 법은 全文 22조 부칙으로 구성되어 있다.

한국조폐공사법(韓國造幣公社法) 1995년 법률 5046호 전문개정. 한국조폐공사를 설립하여 貨幣·銀行券·國債·公債·각종 유가증권 및 정부·지방자치단체 등이 사용할 특수제품의 제조업무를 수행하게 함으로써 국민경제발전에 이바지함을 목적으로 제정된 법률. 한국조폐공사는 貨幣·銀行券·國債·福票·收入印紙 기타 증권과 그 용지 및 정부가 지정한 목적에 사용할 特殊用紙를 제조함을 목적으로 하는 公法人이다(1, 2). 자본금은 150억원으로 정부가 전액출자하며(4), 재정경제부장관의 감독을 받는다(32~35). 임원으로서 사장·부사장(1인)·이사(5인 이내)·감사(1인)가 있는데(10), 사장·부사장은 재정경제부장관의 제청으로 대통령이 임명하고 임기는 3년, 부사장 및 이사는 사장의 제청으로 재정경제부장관이 임명하고 임기는 3년, 감사는 재정경제부장관이 임명하고 임기는 2년이다(12). 한국조폐공사의 임원과 직원의 신분은 국가공무원에 준한다(17). 그 사업연도는 정부의 회계연도에 의한다(19).

한국종합기술금융주식회사법(韓國綜合技術金融株式會社法) 1991년 법률 4491호. 한국종합기술금융주식회사를 설립하여 기업의 技術開發을 촉진함으로써 산업구조를 고도화하고 국제경쟁력을 강화하여 국민경제발전에 기여하게 함을 목적으로 제정된 법률. 이 법은 全文 29조 부칙으로 구성되어 있다.

한국주택은행법(韓國住宅銀行法) 1967년 법률 1940호. 한국주택은행을 설립하여 아파트를 포함한 庶民住宅資金의 自助的 造成을 뒷받침하고 주택자금의 공급과 관리의 효율화를 기하기 위하여 제정된 법률. 한국주택은행은 법인으로 하며, 그 자본금은 1兆원으로 하고, 株式으로 分割한다(4). 그 업무로는 ① 주택의 건설·구입 및 垈地造成에 관한 자금의 대출, ② 주택건설용 기자재의 생산에 필요한 자금의 대출, 일반대출 및 어음할인, ③ 주택부금 및 예금의 수입, ④ 주택채무·주택복권의 발행 기타 위의 업무에 부대되는 업무 등인데, 필요한 경우에는 재정자금의 차입과 외국차관을 할 수 있다(24, 29). 재정경제부장관의 감독을 받으며, 예산과 회계에 관하여는 政府投資機關管理基本法의 적용을 받는다(32). 개방화·자율화의 추세에 따른 금융환경의 급격한 변화에 대응하여 상법과 은행법의 적용을 받는 일반상업은행으로 전환되었다. 본법은 1997년 법률 5403호로 폐지되었다.

한국직업능력개발원법(韓國職業能力開發院法) 1997년 법률 5315호. 한국직업능력개발원을 설립하여 職業教育訓練政策 프로그램의 개발·보급 등의 업무를 효율적으로 수행하게 함으로써 직업교육훈련의 활성화 및 국민의 직업능력향상에 이바지함을 목적으로 제정된 법률. 이 법은 全文 28조 부칙으로 되어 있다.

한국(韓國)**진도개보호육성법**(保護育成法) 1997년 법률 5347호. 진도개固有의 혈통을 보존하고 그 증식 및 보급확대를 통하여 진도개의 우수성을 高揚하고 그 활용도를 높이고자 함으로 목적으로 제정된 법률. 이 법은 全文 15조 부칙으로 되어 있다.

한국청소년연맹육성(韓國青少年聯盟育成)**에 관한 법률**(法律) 1981년 법률 3434호. 대한민국 청소년 및 소녀의 全人教育·訓練을 통하여 새로운 民族觀과 國家觀을 정립시켜 조국통일과 민족웅비의 새 역사창조에 이바지할 수 있는 민족주체세력을 양성함과 동시에 세계로 향한 진취적 기상을 진작시키기 위하여 설립된 사단법인 한국청소년연맹을 지원·육성함으로써 民族의 번영과 국가사회발전에 기여함을 목적으로 제정한 법률. 이 법은 全文 12조 부칙으로 구성되어 있다.

한국(韓國)**컨테이너 부두공단법**(埠頭公團法) 1989년 법률 4191호. 한국컨테이너 부두공단을 설립하여 컨테이너 부두를 효율적으로 개발 및 관리·운영하게 함으로써 컨테이너 貨物의 원활한 유통을 촉진하고 국민경제의 건전한 발전에 이바지함을 목적으로 제정된 법률. 이 법은 全文 40조 부칙으로 되어 있다.

한국토지공사법(韓國土地公社法) 1986년 법률 3843호 전문개정. 한국토지공사를 설립하여 토지를 취득·관리·개발 및 공급하게 함으로써 토지의 이용도를 증진시키고 건전한 국민경제발전에 기여하게 하기 위하여 제정된 법. 公社의 자본금은 5조원으로 하되, 정부가 전액출자하며(4), 그밖에 사장의 대표권제한(7), 업무와 자금조달(9~11), 매입대상토지와 대금지급방법(12, 13), 매입토지의 관리와 매각(14, 15) 등을 정하고 있다. 공사의 설립과 동시에 토지금고는 해산되고 그 권리와 의무는 공사에 포괄승계되었다.

한국한의학연구원법(韓國韓醫學研究院法) 1994년 법률 4758호. 우리 민족의 傳統醫學인 한의학을 체계적으로 육성·발전시켜 국민보건향상에 이바지할 수 있도록 하기 위하여 한의학에 관한 종합적인 연구·분석업무를 담당할 한국한의학연구원을 설립·운영하려는 목적으로 제정된 법률. 이 법은 全文 20조 부칙으로 구성되어 있다.

한국해양수산개발원법(韓國海洋水産開發院法) 1997년 법률 5339호. 한국해양수산개발원을 설립하여 海洋의 개발·이용·보전과 수산업의 진흥에 관한 사항을 체계적으로 연구분석하고 海洋·水産 분야에 관한 국내외 동향과 정보를 신속히 수집·관리함으로써 국가의 海洋·水産政策 수립을 지원하고 나아가 해양·수산 관련산업의 진흥과 국민경제의 발전에 이바지함을 목적으로 제정된 법률. 이 법은 全文 21조 부칙으로 구성되어 있다.

한국해운조합법(韓國海運組合法) 1961년 법률 917호. 한국해운조합의 설립·운영·해산 등에 관하여 정한 법률. 한국해운조합은 해운업자가 그들 상호간의 협조와 해운업의 발전향상을 위하여, 전국을 단위로 하여 설립하는 공공조합이며 韓國海運組合은 법인으로 한다(1, 4, 8). 그 설립은, 해운업자 3분의 2 이상의 동의, 창립총회에서의 정관작성 기타 사업계획에 관한 의결, 해양수산부장관의 인가, 登記를 거쳐서 한다(9, 44~46). 그 기관으로는, 임원으로서 회장·부회장·이사장·상무이사·이사·감사가 있고, 의결기관으로서 총회·이사회가 있으며, 이사회의 자문기관으로서 분과위원회가 있다(16, 22, 27, 29). 그 사업은, 조합원의 사업을 위한 공동시설사업, 사업자금주선, 기술협조, 공제사업 등이다(6). 한국해운조합의 사업연도는 정부의 회계연도에 의하며(31), 조합에는 국고보조, 면세 등의 특혜가 있고(36, 37), 정부의 해운업에 관한 처분에는 조합의 의견을 들어서 하여야 한다(38). 한국해운조합은 일정한 사유가 있을 때에는 해산하며, 그 청산인은 원칙적으로 회장이 된다(42, 43). 한국해운조합에 관하여는 본법에 특별한 규정이 있는 것을 제외하는 민법 중의 법인에 관한 규정을 적용한다(4, 43Ⅴ, 46).

한국행정연구원법(韓國行政研究院法) 1991년 법률 4335호. 급격한 行政環境變化에 적극적·주관적으로 대응할 수 있도록 行政體制의 비전 및 行政制度의 개선 등에 관한 사항을 전문적·체계적으로 연구하여 국가행정 발전의 기반구축에 이바지하기 위하여 제정된 법률. 이법은 全文 23조, 부칙으로 구성되어 있다.

한글전용(專用)**에 관한 법률**(法律) 1948년 법률 6호. 대한민국의 공문서를 한글로 쓰도록 정한 법률. 다만 이 법은 당분간은 한자를 병용할 수 있도록 정하고 있다.

한 · 미행정협정(韓 · 美行政協定) 대한민국과 아메리카 합중국의 相互防衛條約 4조에 의한 시설과 구역 및 대한민국에서의 합중국군대의 지위에 관한 협력의 合意議事錄. 동협정의 일부 폐기를 위한 대한민국정부와 미합중국 정부간의 각서교환. 동협정 5조에 대한 特別措置에 관한 대한민국과 미합중국간의 협정.

할부거래(割賦去來)**에 관한 법률**(法律) 1991년 법률 4480호. 割賦契約에 의한 거래를 공정하게 함으로써 소비자 등의 이익을 보호하고 국민경제의 건전한 발전에 이바지함을 목적으로 제정된 법률.

항공공업진흥법(航空工業振興法) → 항공우주산업개발촉진법

항공기운항안전법(航空機運航安全法) 1974년 법률 2742호. 운항 중인 항공기를 납치하여 航空機와 그 탑승자의 안전을 위협하고, 항공기내의 재산 · 기물을 위태롭게 하거나 위태롭게 할 염려가 있는 행위 기타 機內의 질서 및 規律을 해하는 행위를 방지하기 위한 법률. 항공기의 납치라 함은 폭력 또는 협박 기타의 방법으로 운항 중인 항공기를 강탈하거나 그 운항을 강제하는 것인 바, 운항 중이라 함은 승객이 탑승한 후 항공기의 모든 문이 닫힌 때부터 승객이 내리기 위하여 항공기의 문을 열 때까지를 말하는 바(2), 이 법의 적용대상인 행위는, 항공기내에서 범한 범죄 및 기타 행위에 관한 條約(Convention on Offences and Certain Other Acts Committed on Board Aircraft) 1조에 규정된 모든 범죄행위로 하고 있다(3). 이 법에는 휴대 · 탑승이 금지되거나 탑재가 금지되는 물건(4), 기장의 권한(5), 기장의 범인인도와 그 인수방법(6), 예비조사(7), 항공기납치죄 및 납치치사상죄(8, 9), 항공기납치예비 · 음모죄(10) 등을 규정하고 있다.

항공기저당법(航空機抵當法) 1961년 법률 867호. 항공기에 抵當權을 설정하여 動產信用을 증진시킴으로써 항공의 건전한 발달을 기함을 목적으로 제정한 법률. 이 법은 全文 9조 부칙으로 구성되어 있다.

항공법(航空法) 1991년 법률 4435호 전문개정. 國際民間航空條約의 규정과 동조약의 부속서로서 채택된 표준과 방식에 준거하여 항공기의 운행의 안전을 도모하기 위한 방법을 정함과 아울러 航空運送事業의 질서를 확립하여 항공의 발달을 도모하기 위하여 제정된 법률. 全文 184조 부칙으로 된 이 법률은 총칙(1, 2), 항공기(3～24), 항공종사자(25～37), 항공기의 운항(38～74), 항공시설(75～111), 항공운송사업 등(112～136), 항공기취급 등(137～143), 외국항공기(144～152) 및 보칙(153～155)과 벌칙(156～184)의 규정이 있다.

항공우주산업개발촉진법(航空宇宙產業開發促進法) 1987년 법률 3991호. 항공우주산업을 합리적으로 지원 · 육성하고 航空宇宙科學技術을 효율적으로 연구 · 개발함으로써 국민경제의 건전한 발전과 국민생활의 향상에 이바지할 목적으로 제정된 법률. 정부의 항공우주산업개발기금계획이 수립의무(3), 산업자원부장관의 특정사업자의 지정 및 지원(5), 항공우주산업개발정책심의회의 설치 등을 규정하고 있다. 이 법에 의하여 航空工業振興法은 폐지되었다.

항공운송사업진흥법(航空運送事業振興法) 1971년 법률 2275호. 항공운송사업을 진흥시킴으로써 국민경제의 발전에 기여함을 목적으로 제정된 법률. 全文 13조 부칙으로 된 이 법률은 항공운송사업조성을 위한 보조금 또는 장려금의 교부나 財政資金의 융자, 航空機擔保의 특례, 航空保險의 가입의무, 民間航空團體의 육성 등을 규정하고 있다.

항로표지법(航路標識法) 1961년 법률 811호. 항로표지를 설치하고 그를 합리적이고 능률적으로 운영하여 船舶運航의 안전과 능률증진에 寄與함을 목적으로 하는 법률(1). 구조선항로표지규칙(1932년 조선총독부령 30호)에 대치된 법률.

항만법(港灣法) 1991년 법률 4358호 전문개정. 항만의 지정 · 개발 · 관리 및 사용에 관한 사항을 규정함으로써 항만의 건설을 촉진하고 그 관리 · 운용의 효율화를 도모하여 국민경제의 발전에 이바지함을 목적으로 하는 법률. 항만은 指定港灣과 地方港灣으로 구분된다. → 지정항만, 지방항만

항만운송사업법(港灣運送事業法) 1963년 법률 1404호. 항만운송에 관한 질서를 확립하고 港灣運送事業의 건전한 발전을 도모하여 공공의 복리를 증진함을 목적으로 하는 법률. 본법의 규율의 대상이 되는 항만운송사업의 종류는 港灣荷役事業, 檢數事業, 鑑定事業, 檢量事業의 4종이며(3), 그 밖에 항만운송부대사업(2Ⅳ)이 인정되고, 이상의 사업을 영위하고자 하는 자는 해양수산부장관의 면허를 받아야 하고(4, 26의 2), 해운운송사업자는 건설교통부령이 정하는 바에 의하여 임금과 요금, 항

만운송약관을 정하여 해양수산부장관의 허가를 받아야 한다(10, 12). 이 밖에 일정한 사유가 있는 경우에는 해양수산부장관이 사업의 정지 또는 면허의 취소를 할 수 있게 하는 등(26) 감독을 엄격히 하여 무질서한 항문운송사업을 적절히 규율할 수 있도록 하고 있다.

해군기지법(海軍基地法) 1982년 법률 3564호 전문개정. 海軍基地의 보호에 관하여 필요한 사항을 정한 법률. 해군기지구역은 陸上區域과 水域으로 구분되고 수역은 다시 통제보호구역과 제한보호구역으로 구분된다(3).

해난심판법(海難審判法) → 해양사고의 조사 및 심판에 관한 법률

해상교통안전법(海上交通安全法) 1986년 법률 3909호. 해상에서 일어나는 선박항행상의 모든 위험을 방지하고 장해를 제거함으로써 海上交通의 안전을 확보함을 목적으로 제정된 법률. 이 법은 용어의 정의(2), 적용범위(3), 다른 법률과의 관계(4), 해상안전관리(6~11), 해상교통관리(12~50), 사업의 정지 등(51), 권한의 위임위탁(52), 벌칙(53~56) 등을 규정하고 있다.

해양개발기본법(海洋開發基本法) 1987년 법률 3983호. 海洋 및 海洋資源의 합리적인 개발·이용 및 보전에 필요한 정부의 基本政策方向을 규정함으로써 국가경제의 발전과 국민복지의 향상에 이바지함을 목적으로 제정한 법률. 이 법은 全文 24조 부칙으로 구성되어 있다.

해양과학조사법(海洋科學調査法) 1995년 법률 4941호. 1994년 11월 16일부터 발효하는 國際聯合海洋法協約 제13장에 규정된 해양과학조사제도에 의하여 외국 또는 국제조직이 대한민국의 관할해역에서 해양과학조사를 하는 경우 이를 허가·동의하고 규율할 수 있는 국내법절차를 정하고, 국내 각 연구기관·대학 및 국가기관 등이 국가 또는 지방자치단체의 예산으로 수행하여 얻어진 해양과학조사자료의 공동이용체제를 마련함으로써 해양과학기술의 진흥을 도모하려는 것으로서 ① 대한민국 領海에서 海洋科學調査를 하고자 하는 외국인 또는 국제조직은 조사실시예정일 6월전까지 조사계획서를 제출하여 허가·동의를 받도록 하고, 허가·동의를 받지 아니하고 해양과학조사를 수행한 경우에는 처벌할 수 있도록 함(6, 7, 13, 19), ② 해양과학조사를 하는 외국인 등에 대한민국 국민 중 과학기술부장관이 지정하는 자의 참여보장 및 보수 등 비용부담, 확보된 조사자료의 제출의무 등을 부과하고, 해양과학조사를 수행함에 있어 대한민국의 국민 및 국가기관의 인적·물적재산에 피해를 발생하게 한 때에는 배상하도록 함(10, 16), ③ 해양과학조사를 수행한 국가기관 등의 장, 법인의 대표자는 해양과학조사의 결과물인 조사자료를 관리·공개하고 이용자에게 제공하도록 함(21), 기타 ④ 관계부처의 장은 해양과학조사자료의 공동활용을 위하여 관리기관을 지정·운영할 수 있도록 함(22) 등을 내용으로 한다.

해양사고(海洋事故)**의 조사**(調査) **및 심판**(審判)**에 관한 법률**(法律) 1971년 법률 2306호. 해양사고에 대한 조사 및 심판을 통하여 해양사고의 원인을 규명함으로써 해양안전의 확보에 이바지함을 목적으로 제정된 법률. 총칙, 심판원의 조직, 심판원의 관할, 심판변론인, 심판전의 절차, 지방심판원의 심판, 중앙심판원의 심판, 이의신청, 재결 등의 집행, 보칙, 벌칙 등 全文 91조 부칙으로 구성되어 있다.

해양오염방지법(海洋汚染防止法) 1991년 법률 4365호 전문개정. 선박 및 해양시설 등에서 해양에 배출하는 기름 有害液體物質 등과 폐기물을 규제하고, 해양의 오염물질을 제거하여 해양환경을 보전함으로써 국민의 건강과 재산을 보호하기 위하여 제정된 법률. 적용범위는 대한민국영토에 접속되는 해역 및 대통령령이 정하는 해역안의 모든 선박 또는 해양시설, 海底鑛物資源開發法 3조의 규정에 의한 해저광구의 개발 등과 관련한 해양오염으로 하고(3), 그 밖에 선박으로부터의 기름 또는 폐기물의 排出規制(5~23), 해양시설로부터의 기름 또는 폐기물의 도출규제(34~36), 폐유처리사업 등(37~46), 海洋汚染防除措置(47~52), 벌칙(71~80) 기타 임검 등을 정하고 있다. 해양오염의 방지에 관한 국제조약으로는 1954년의 油類에 의한 海洋의 汚染防止를 위한 國際協約(1978년 11월에 가입)이 있는 바 이 법은 동조약의 여러 원칙을 따르고 있다.

해외건설촉진법(海外建設促進法) 1993년 법률 4573호 전문개정. 해외건설업의 登錄과 海外工事에 대한 지원 등 해외건설의 촉진에 관하여 필요한 사항을 정함으로써 해외건설산업의 진흥과 국제수지의 향상에 기여함을 목적으로 제정한 법률. 해외건설업을 海外建設工事와 海外建設用役으로 하고(2), 해외건설업자의 등록(5, 6), 海外建設業의 등록기준(7), 해외공사의 遂行計劃의 신고(11), 해외건설진흥기금(19~22), 해외건설협회 감독(29~33), 보칙과 벌칙 등을 규정하고 있다.

해외이주법(海外移住法) 1962년 법률 1030호. 국민의 해외진출을 장려함으로써 人口政策의 적정과 국민경제의 안정을 기함과 동시에 국위를 선양함을 목적으로 제정된 법률. 해외이주자의 결격사유(3), 이주의 종류·제한구역(4, 5), 해외이주의 신고와 포기(6, 11), 해외이주자의 財産搬出(8), 海外移住斡旋者(10) 등을 규정하고 있다.

해외자원개발사업법(海外資源開發事業法) 1982년 법률 3637호. 해외자원의 개발을 추진하여 장기적이고 안정적으로 자원을 확보함으로써 국민경제의 발전과 對外經濟協力의 증진에 기여함을 목적으로 하는 법률. 해외자원개발사업의 허가(5~9), 해외자원개발사업의 조성(10~14), 주무부장관의 지도·감독(15~19) 및 보칙과 벌칙을 정하고 있다.

해운법(海運法) 1983년 법률 3716호. 海上運送의 질서를 유지하고 해운업의 건전한 발전을 도모함으로써 국민경제의 발전과 公共福利의 증진에 기여함을 목적으로 제정한 법률. 이 법은 용어의 정의(2), 해상여객운송사업(3~24), 해상화물운송사업(25~33), 해운중개업·해운대리점업·선박대여업·선박관리업(34~39), 해무사 및 해기관리사(40~43), 해운산업연구원(44~51), 보칙과 벌칙으로 구성되어 있다.

해운산업육성법(海運産業育成法) 1984년 법률 3750호. 海運産業의 건전한 육성에 필요한 사항을 정함으로써 해운산업의 국제경쟁력을 높이고 국민경제의 발전에 이바지함을 목적으로 하는 법률. 全文 28조 부칙으로 되어 있다.

해저광물자원개발법(海底鑛物資源開發法) 1970년 법률 2184호. 대한민국의 영토인 한반도와 그 부속도서의 해안에 인접한 海域이나 대한민국이 행사할 수 있는 모든 권리가 미치는 大陸棚에 부존하는 천연자원 중 석유 및 천연가스를 합리적으로 개발토록 하기 위하여 제정된 법률. 全文 38조 부칙으로 된 이 법률은 海底鑛業權을 정부만이 가질 수 있도록 한다. 동시에, 해저조광권의 설정 및 종류와 존속기간, 해저조광권의 설정기준, 조광료, 해저광물의 처분명령 등에 관하여 규정하고 있다.

행정감사규정(行政監査規程) 1974년 대통령령 7082호. 國家施策의 철저한 구현과 그 효율적인 운영을 기하기 위하여 각 行政機關(지방자치단체의 집행기관을 포함)에 대한 통일적인 행정감사규준과 그 시행방법을 규정함으로써 單一行政監査體制를 확립함을 목적으로 한다. 행정감사에 대한 총칙(1~3), 감사의 종류(4~7), 감사의 계획과 실시(11~29), 감사결과의 처리(30~32) 등을 규정하고 있다.

행정규제기본법(行政規制基本法) 1997년 법률 5368호. 행정규제에 관한 기본적인 사항을 규정하여 불필요한 행정규제를 폐지하고 비효율적인 행정규제의 신설을 억제함으로써 사회·경제 활동의 自律과 創意를 촉진하여 국민의 삶의 질을 높이고 國家競爭力의 지속적인 향상을 도모함을 목적으로 제정된 법률. 총칙(1장), 규제의 신설·강화에 대한 원칙과 심사(2장), 기존 규제의 정비(3장), 規制改革委員會(4장), 補則(5장) 및 부칙으로 구성되어 있다.

행정대집행법(行政代執行法) 1954년 법률 314호. 대집행의 일반적 요건과 절차를 정한 법률. 대집행은 대체적인 作爲義務의 불이행의 경우, 다른 수단으로써 그 이행을 확보하기 곤란하고 또한 그 불이행을 방치하는 것이 심히 公益을 해할 것으로 인정될 때 발동된다(2). 그 절차는 ① 이행기간을 정하여 기한내에 이동하지 않으면 대집행을 한다는 뜻의 戒告, ② 대집행명령에 의한 통지, ③ 대집행의 실시, ④ 國稅徵收法의 예에 의한 비용의 징수이다(3~6). 대집행의 실시에 있어서는 집행책임자는 집행책임자임을 표시하는 증표를 휴대·제시하여야 한다(4). 대집행에 관하여 불복이 있는 자는 行政審判을 제기할 수 있다.

행정사법(行政士法) 1995년 법률 4874호. 行政士制度의 확립하여 국민의 편의를 도모하기 위하여 제정된 법률. 행정사의 업무(2), 종류와 자격(3, 4)을 정하고, 행정사의 자격시험(5), 시험면제(6), 등록신청(9), 합동사무소(11), 지득사실누설금지(18), 등록증대여금지(22), 행정사의 징계(29, 30) 및 벌칙규정(35~38) 등을 두고 있다. → 행정서사

행정소송법(行政訴訟法) 1984년 법률 3754호. 行正訴訟節次를 통하여 행정청의 위법한 처분 그 밖에 公權力의 행사·불행사 등으로 인한 국민의 권리 또는 이익의 침해를 구제하고 공법상의 권리관계 또는 법적용에 관한 다툼을 적정하게 해결함을 목적으로 하는 법률. 행정소송의 종류로 항고소송, 민중소송, 당사자소송 및 기관소송을 두고(3), 항고소송에는 취소·무효 등 확인·부작위 위법확인소송을 두고 있다.

행정심판법(行政審判法) 1984년 법률 3755호. 행정심판절차를 통하여 행정청의 違法 또는 부당한 처분 그 밖에 公權力의 行使·불행사 등

으로 인한 국민의 권리 또는 이익의 침해를 구제하고 아울러 행정의 적정한 운영을 기함을 목적으로 제정된 법률. 행정심판의 종류로 취소심판 · 무효등 확인심판 · 의무이행심판을 정하고 있다(4).

행정절차법(行政節次法) 1996년 법률 5241호. 행정절차에 관한 공통적인 사항을 규정하여 국민의 행정참여를 도모함으로써 行政의 공정성 · 투명성 및 신뢰성을 확보하고 국민의 권익을 보호함을 목적으로 제정한 법률. 이 법은 정의와 적용범위(2, 3), 행정청의 관할 및 협조, 당사자 등, 송달 및 기간 · 기한의 특례(6~16), 처분(17~39), 신고(40), 행정상 입법예고(41~45), 행정예고(46~47), 행정지도(48~51), 보칙 등을 규정하고 있다.

행형법(行刑法) 1961년 법률 858호 전문개정. 受刑者를 격리하여 矯正 · 敎化하며 건전한 국민사상과 근로정신을 함양하고 技術敎育을 실시하여 사회에 복귀하게 하며, 未決收容者의 수용에 관한 사항을 정함을 목적으로 하는 법률(1). 全文 69조 및 부칙으로 되어 있고, 수용 · 戒護, 접견과 서신, 급여, 위생과 의료, 교육과 敎誨, 작업, 영치, 분류와 처우, 가석방, 석방, 사형의 집행 및 사망, 미결수용 등에 관하여 규정한다.

향교재산법(鄕校財産法) 1962년 법률 958호. 鄕校財産의 적절한 관리와 운용을 도모하기 위하여 제정된 법률. 향교재단법인의 설립, 향교재산의 매매금지, 향교재단의 목적, 향교재단의 수입의 사용 및 향교건물 등의 압류금지 등에 관하여 규정하였다.

향정신성의약품관리법(向精神性醫藥品管理法) 1979년 법률 3216호. LSD 등 向精神性醫藥品의 적정한 관리를 위하여 필요한 사항을 정한 법률. 취급의 금지 또는 제한, 제조업자 · 원료사용자 · 수출입업자 또는 학술연구자 등의 허가, 도매업자 또는 관리자의 지정, 제조허가 讓渡承認 등에 관하여 규정하고 있다. 종전의 습관성의약품관리법에 대체하여 제정된 법률이다.

향토예비군설치법(鄕土豫備軍設置法) 1968년 법률 2017호. 鄕土를 방위하기 위하여 향토예비군의 설치 · 조직 · 편성과 동원 등에 관한 사항을 규정하기 위한 법률.

헌법재판소국선대리인(憲法裁判所國選代理人)**의 선임**(選任) **및 보수**(報酬)**에 관한 규칙**(規則) 1988년 헌법재판소규칙 6호. 헌법재판소법 70조 2항과 4항에 의한 國選代理人의 선임 및 보수 등에 필요한 사항을 규정함을 목적으로 제정한 규칙이다.

헌법재판소법(憲法裁判所法) 1988년 법률 4017호. 헌법재판소의 조직 및 운영과 그 審判節次에 관하여 필요한 사항을 정한 법률. 헌법재판소는 9인의 재판관으로 구성되며(3), 법원의 제청에 의한 법률의 위헌여부심판, 탄핵의 심판, 정당의 해산심판, 권한쟁의에 관한 심판 및 헌법소원에 관한 심판을 관장한다(2).

혈액관리법(血液管理法) 1970년 법률 2229호. 輸血 또는 血液製劑의 제조를 위한 혈액의 순결과 供血者를 보호하고 혈액관리의 적정을 기함으로써 국민보건의 향상에 기여하기 위하여 제정된 법률. 全文 19조 부칙으로 구성. 혈액원의 개설허가(4) 및 혈액원에 대한 보고 · 지시(10~13)에 관하여 규정함과 동시에, 혈액원이 아닌 자의 수혈 또는 혈액제제의 제조에 필요한 채혈 · 조작 · 보존 또는 공급업무의 금지(3)에 관하여 규정하였다.

협동연구개발촉진법(協同硏究開發促進法) 1994년 법률 4710호. 국가와 연구개발활동을 산업계 · 학계 · 연구계의 協同硏究開發體制 중심으로 개혁하여 기술혁신에 수반되는 위험부담의 감소와 성공가능성의 향상을 기하는 동시에 국내의 제한된 연구개발비 · 인력 · 정보 · 시설 등을 효과적으로 활용하도록 하려는 목적으로 제정된 법률.

형 법(刑法) 1953년 법률 293호. → 형법

형사보상법(刑事補償法) 1958년 법률 494호. 刑事被告人으로서 구금되었던 자가 무죄판결을 받았을 때에는 법률이 정하는 바에 의하여 국가에 대하여 補償을 청구할 수 있다는 헌법의 규정(28)에 의하여, 그 요건 및 절차를 규정한 법률. 보상요건은 형사소송법에 의한 일반절차, 재심 · 비상상고 또는 상소권회복에 의한 상소 · 재심 · 비상상고의 절차에서 무죄의 재판을 받은 사람이 미결구금, 구금 또는 형의 집행을 받았을 것이며(1), 또한 면소 또는 公訴棄却의 재판을 받았으나 이러한 재판을 할 사유가 없었으면 무죄의 재판을 받을 만한 현저한 사유가 있었을 때에도 무죄의 재판을 받은 사람에 대한 것과 같다(25). 이상의 요건이 구비되었다 하더라도 ① 형법 9조 및 10조 1항의 사유에 의하여 無罪判決을 받은 경우, ② 본인이 수사 또는 심판을 그르칠 목적으로 허위의 자백을 하거나 또는 다른 유죄의 증거를 만듦으로써 起訴 · 未決拘禁 또는 有罪判決을 받게 된 것으로 인

정된 경우, ③ 일개의 재판으로써 競合犯의 일부에 대하여 무죄판결을 받고 다른 부분에 대하여 유죄판결을 받았을 경우에는 법원은 재량에 의하여 보상청구의 전부 또는 일부를 기각할 수 있다(3). 구금되었던 사람이 검사의 不起訴處分으로 석방된 때에는 보상청구를 인정하지 아니하나, 이는 입법론상 고려하여야 할 문제이다. 청구권자가 사망한 때에는 그 상속인이 청구하며(2), 보상청구권은 양도 또는 구류할 수 없다(22). 補償額은 구금, 사형의 집행, 벌금 또는 과료, 몰수 등에 따라 상세하게 규정하였으며(4), 기타 補償節次와 軍事法院에 대한 본법준용(28) 등의 규정이 있다. 형사보상을 받을 자가 다른 법률의 규정에 의하여 손해배상을 청구하는 것은 상관이 없지만, 동일한 원인에 대하여 이중으로 보상 또는 배상을 받지 못하도록 규정하고 있다(5).

형사소송법(刑事訴訟法) 1954년 법률 341호. → 형사소송법

형사소송비용법(刑事訴訟費用法) 1954년 법률 338호. 형사소송의 소송비용에 관하여 그 範圍 및 算定基準을 규정한 법률. 소송비용은 판결전에 청구하지 아니하면 지급을 받지 못한다(5). →소송비용

형(刑)의 실효(失效) 등에 관한 법률(法律) 1980년 법률 3281호. 前科者의 정상적인 사회복귀를 촉진·보장하기 위하여 前科記錄의 관리와 형법 81조에 의한 刑失效의 특례를 정한 법률. 수형인명부, 수형인명표 및 수사자료표의 작성·관리(3~5)와 형의 실효기준(7), 형실효 등에 따른 전과기록의 관리절차 등을 정하고 있다.

호소수질관리법(湖沼水質管理法) 1997년 법률 5390호. 湖沼水質保全에 관한 기본적인 사항을 규정함으로써 湖沼水의 이용목적에 따른 수질보전대책의 수립·시행을 통하여 깨끗한 호소수의 보전·이용에 이바지함을 목적으로 제정된 법률. 이 법은 용어의 정리(2), 호소수의 수질보전(6~14), 보칙(15~17), 벌칙(18~20) 등과 부칙으로 구성되어 있다.

호적법(戶籍法) 1960년 법률 535호. 호적제도를 규율하는 법률. 우리나라에서는 三國時代에 이미 호구를 조사·등록한 戶口帳簿가 있었으며 특히 신라시대에는 당의 제도를 모방한 戶令規定이 있었다는 것이 신라민정문서에 나타내고 있다. 고려시대에는 式年制, 조선시대에는 隣保正長法·호패법(모두 태종시)·호구식(세종시)·호구조사규칙(건양원년) 등이 시행된 바 있었지만, 그것들은 호구조사를 주로 한 것에 지나지 않고, 民籍法(융희 3년)에 이르러 어느 정도 정비되었으나, 舊民法에 부속하여 제정된 조선호적령(1922년 부령 154호)에 의하여 비로소 신분관계를 공증하는 문서로서의 호적의 개념이 명확하게 되었다. 현행법은 신분등기제를 채용하지 않고 일원적으로 신분에 관한 모든 사항을 호적에 기재하는 제도를 채용하고 있다. 부속법령으로 호적법시행규칙이 있다.

혼인신고특례법(婚姻申告特例法) 1968년 법률 2067호. 전쟁 또는 사변에 있어서 전투에 참가하거나 전투수행을 위한 공무에 종사하므로 인하여 婚姻申告를 當事者 雙方이 하지 못하고 그 일방이 사망한 경우에 관한 특칙을 규정한 법률로서, 全文 5조 부칙으로 구성. 혼인신고의무자의 일방이 위의 사유로 사망한 경우에는 생존자가 가정법원의 확인을 받아 신고를 할 수 있도록 규정하였다(2).

화물유통촉진법(貨物流通促進法) 1991년 법률 4433호. 物流標準化·情報化와 복합운송주선업·화물터미널사업 및 창고업 등에 관한 사항을 규정하여 화물의 유통과 관련된 사업의 건전한 발전을 도모하고 화물의 유통을 촉진하기 위해 제정된 법.

화물자동차운수사업법(貨物自動車運輸事業法) 1997년 법률 5408호. 화물자동차운수사업의 경영개선을 도모하기 위하여 현재 여객 위주로 운영되고 있는 자동차운수사업법으로부터 화물운수분야를 분리하는 한편, 화물자동차운송사업을 免許制에서 登錄制로 전환하는 등 화물운수질서를 전면적으로 개편함으로써 경제규모의 확대와 더불어 발생하는 새롭고 다양한 運送需要에 효율적으로 대응하고 화물자동차운수사업을 효율적으로 관리하고 건전하게 육성하여 화물의 원활한 운송을 도모함으로써 公共福利의 증진에 기여함을 목적으로 제정된 법률.

화염병 사용(火焰甁使用) 등의 처벌(處罰)에 관한 법률(法律) 1989년 법률 4129호. 국민의 생명·신체 및 재산을 보호하고 공공의 안녕과 질서를 유지하기 위하여 화염병을 제조·보관·운반·소지 또는 사용한 자를 처벌함을 목적으로 제정한 법률. 이 법은 全文 4조 부칙으로 구성되어 있다.

화의법(和議法) 1962년 법률 997호. 和議(파산예방을 위해서 하는 强制和議, 파산 외의 강제화의)의 절차를 규정하는 법률. 8장 74조와 부칙으

로 이루어진 小法典이지만, 파산법의 규정을 준용하는 경우가 많고, 실질적으로는 상당한 大法典이다. 1962년 1월 20일부터 시행하게 되었다. 그 이전에는 조선민사령(1912년 제령 7호) 1조 12호에 의하여 일본화의법을 우리나라에서 의용하고 있었다. 이 법의 내용은 총칙(1장), 화의의 개시(2장), 화의채권 및 그 신고(3장), 채권자집회(4장), 和議의 認否(5장), 화의의 폐지(6장), 양보 및 화의취소(7장), 벌칙(8장) 등을 규정하고 있다.

화재(火災)**로 인한 재해보상**(災害補償)**과 보험가입**(保險加入)**에 관한 법률**(法律) 1973년 법률 2482호. 화재로 인한 재해의 신속한 復舊와 人命被害에 대한 적정한 보상을 하게 함으로써 國民生活의 안정에 기여함을 목적으로 제정된 법률. 全文 25조 부칙으로 된 이 법률은 이 법의 적용지역, 특수건물소유자의 손해배상책임과 보험가입의무, 보험금액, 한국재해보험협회의 설립, 동 협회의 보험계약체결시의 안전점검실시의무와 개선건의 및 재정경제부장관의 감독 등을 규정하고 있다.

화전정리(火田整理)**에 관한 법률**(法律) 1966년 법률 1778호. 1966년 5월 23일 이전에 합법적인 절차에 의하지 아니하고 산림에 불을 놓거나 기타의 방법으로 이를 개간하여 農耕地로 사용 또는 사용하였던 토지를 정리함으로써 국토의 황폐화를 방지하고 山林資源을 조성하여 산업발전을 기함과 동시에 火田耕作者의 생활안정을 도모하기 위하여 제정된 법률. 全文 21조 부칙으로 된 이 법률은 정리대상지, 화전정리심의위원회, 화전신고, 화전정리예정지의 결정·고시, 화전정리지의 분배 등에 관하여 규정하고 있다.

화학무기(化學武器)**의 금지**(禁止)**를 위한 특정화학물질**(特定化學物質)**의 제조·수출입 규제**(製造·輸出入規制) **등에 관한 법률**(法律) 1966년 법률 5162호. 화학무기의 개발·생산비축·사용의 금지 및 폐기에 관한 협약의 시행을 위하여 화학무기제조에 이용할 수 있는 특정화학물질의 製造 및 輸出入規制 등에 관하여 필요한 사항을 규정함을 목적으로 제정된 법률.

환경개선비용부담법(環境改善費用負擔法) 1991년 법률 4493호. 環境改善을 위한 대책을 종합적·체계적으로 추진하고 이에 따른 投資資源을 합리적으로 조달하여 환경개선을 촉진함으로써 국가의 지속적인 발전의 기반이 되는 쾌적한 환경의 조성에 이바지함을 목적으로 제정한 법률. 이 법은 全文 22조 부칙으로 구성되어 있다.

환경개선특별회계법(環境改善特別會計法) 1994년 법률 4714호. 환경개선을 위한 투자재원확충방안을 마련하고 環境改善負擔金, 폐기물부담금 등 오염원인자부담원칙의 확대에 따라 마련된 재원이 民間基金 및 政府管理基金에서 산발적으로 관리되고 있어서 이를 통합하여 재원을 효율적으로 配分할 수 있도록 하기 위하여 환경부장관이 관리하는 환경개선특별회계를 설치·운용하려는 목적으로 제정된 법률.

환경관리공단법(環境管理公團法) 1983년 법률 3657호. 환경관리공단을 설립하여 환경오염방지사업 기타 환경개선사업을 효율적으로 수행하게 함으로써 環境保全에 기여함을 목적으로 제정된 법률. 全文 27조 부칙으로 구성되어 있다.

환경기술개발(環境技術開發) **및 지원**(支援)**에 관한 법률**(法律) 1994년 12월 22일 법률 4830호. 최근 환경과 무역을 연계시키려는 국제동향에 따라 환경기술의 중요성이 더욱 증대되고 있으므로 국내의 환경기술을 체계적·종합적으로 개발·육성하고, 低汚染技術開發을 촉진하기 위한 제도적 장치를 마련하는 것으로서, ① 환경부장관은 10년마다 장기환경기술개발계획을 수립하고 연도별로 연구과제를 선정하여 환경기술연구개발사업을 추진하고, 선정된 연구과제를 국공립연구기관 등과 협약을 맺어 연구하게 할 수 있도록 하며, 이 경우 정부에서 출연금을 지급할 수 있도록 함(3, 4), ② 정부는 환경기술개발을 하는 사업자 등을 육성하기 위하여 필요한 시책을 강구하도록 하고, 환경부장관은 환경기술에 대한 정보의 수집보급에 관한 구체적인 시책을 강구하도록 함(7, 8), ③ 환경부장관은 環境基準의 달성을 위하여 필요하다고 인정되는 경우에는 대통령령이 정하는 지역의 관계행정기관의 장에 대하여 우수한 환경기술의 사용·보급을 권고할 수 있도록 함(8), ④ 환경부장관은 중소기업의 환경시설이 효율적으로 운영될 수 있도록 기술을 지원하고, 공공의 환경기술에 대하여 技術診斷을 실시할 수 있도록 함(9, 10), ⑤ 저오염기술개발을 촉진하고 소비자의 환경보전의식을 높이기 위하여 환경표지의 사용을 인증할 수 있는 근거를 마련함(11~17), 기타 ⑥ 환경부장관은 公共機關의 長에게 환경표지표시제품에 대한 우선구매등의 필요한 조치를 요구할 수 있도록 함(18) 등을 내용으로 한다.

환경농업육성법(環境農業育成法) 1997년 법률 5442호. 농업의 환경보전기능을 증대시키고 농업으로 인한 환경오염을 줄이며, 환경농업을 실천하는 농업인을 육성함으로써 지속 가능하고 環境親和的인 농업을 추구함을 목적으로 제정된 법률. 총칙, 환경농업육성 및 지원, 환경농산물의 유통관리, 국방협력 등, 벌칙 등 全文 27조 부칙으로 구성되어 있다.

환경범죄(環境犯罪)**의 처벌**(處罰)**에 관한 특별조치법**(特別措置法) 1991년 법률 4390호. 사람의 생명·신체, 上水源 또는 自然生態系 등에 유해한 環境汚染 또는 파괴를 초래하는 행위 등을 처벌함으로써 환경보전에 이바지함을 목적으로 제정한 법률. 이 법은 全文 6조 부칙으로 구성되어 있다.

환경분쟁조정법(環境紛爭調整法) 1997년 법률 5393호. 環境紛爭의 알선·조정 및 裁定의 절차 등을 규정함으로써 환경분쟁을 신속·공정하고 효율적으로 해결하여 환경을 보전하고 국민의 건강 및 재산상의 피해를 구제함을 목적으로 제정된 법률. 이 법은 총칙(1장), 환경분쟁조정위원회(2장), 분쟁조정(3장), 다수인관련 분쟁의 조정(4장), 보칙(5장), 벌칙(6장) 등으로 규정되어 있다.

환경영향평가법(環境影響評價法) 1993년 법률 4567호. 環境影響評價對象事業의 사업계획을 수립·시행함에 있어서 미리 당해 사업이 환경에 미칠 영향을 평가·검토하여 환경적으로 건전하고 지속가능한 개발이 되도록 함으로써 쾌적한 환경을 유지·조성함을 목적으로 제정된 법률. 환경영향평가대상사업으로서 도시의 개발, 산업입지 및 공업단지의 조성, 에너지개발, 항만건설, 도로건설, 수자원개발, 철도의 건설 등 16가지의 사업을 정하고 있다(4).

환경정책기본법(環境政策基本法) 1990년 법률 4257호. 環境保全에 관한 국민의 권리·의무와 국가의 책무를 명확히 하고 환경보전시책의 기본이 되는 사항을 정함으로써 환경오염으로 인한 危害를 예방하고 자연환경 및 생활환경을 적정하게 관리·보전할 목적으로 제정된 법률. 정부의 환경기준설정의무(10), 환경부장관의 환경보전장기종합계획의 수립의무(12), 분쟁조정 및 피해구제(29~31) 등을 정하고 있다.

환경친화적 산업구조(環境親和的産業構造)**로의 전환촉진**(轉換促進)**에 관한 법률**(法律) 1995년 법률 5085호. 환경친화적인 산업구조의 구축을 촉진하여 에너지 및 자원을 절약하고 環境汚染을 줄이는 산업활동을 적극 추진함으로써 국민경제의 균형있는 발전에 기여함을 목적으로 제정된 법률. 이 법은 환경친화적인 산업구조로의 전환(3~14), 환경경영체제의 인증(15~23), 우수사례의 발굴·홍보(24), 산업환경정책심의회(27), 벌칙(29~31) 등을 규정하고 있다.

회계관계직원등(會計關係職員等)**의 책임**(責任)**에 관한 법률**(法律) 1957년 법률 441호. 國家·公共團體 또는 監査院의 검사를 받는 단체의 會計執行의 적정화를 도모하기 위하여 회계관계직원의 책임에 관하여 정한 법률. 회계관계직원의 정의(2). 회계관계직원의 의무와 변상책임(3, 4), 위법한 회계관계행위를 명하거나 요구한 상사의 책임(7) 등을 규정하고 있다.

회사정리법(會社整理法) 1962년 법률 1214호. 재정적 궁핍으로 파탄에 직면하였으나 갱생의 가망이 있는 주식회사에 관하여 債權者·株主 기타의 利害關係人의 이해를 조정하여 그 사업의 정리재건을 도모하기 위하여 제정된 법률. 舊商法上의 정리제도(舊商 381~403)를 대신하여 단행법으로 제정된 것이며, 미국 Corporate Reorganization의 제도와 破産法을 절충한 법이다. 총칙(1~29), 정리절차의 개시(30~93), 관리인(94~101), 정리채권자, 정리담보권자와 주주(102~163), 관계인집회(164~173), 정리절차개시후의 절차(174~210), 정리계획의 조항(211~231), 정리계획의 認否와 수행(232~271), 정리절차의 폐지(272~283), 보수와 보상금(284~288), 벌칙(289~294)을 규정하고 있다. 이 절차를 舊法에 의한 整理制度, 화의법에 의한 화의절차와 비교하면 절차개시의 원인이 넓어졌다는 것. 會社의 債權者 외에 회사의 재산 위에 質權·抵當權 등을 갖는 擔保權者와 주주도 절차에 참가시키고 있는 것, 强制和議的 성질이 한층 강화되어 있는 것, 회사의 資本構成의 변경·新會社의 설립 등과 채무의 정리를 결합한 방법에 의하여 會社更生을 용이하게 한 것, 정리계획의 수행을 확보하는데 유의하고 있는 것, 정리계획에서 인정되지 않는 회사의 채무에 관하여 이른바 면책의 제도를 채용하고 있는 것들이 그 특색이라고 할 수 있다.

후천성면역결핍증예방법(後天性免疫缺乏症豫防法) 1987년 법률 3943호. 후천성면역결핍증의 예방과 그 감염자의 보호·관리에 관하여 필요한 사항을 정함으로써 國民健康의 보호에 기여함을 목적으로 제정한 법률. 이 법은 국가·지방자치단체 및 국민의 의무(3), 후천성면역결핍증 대책위원회(4), 신고 및 보고(5~7), 검진(8~12), 감염자의 보호·관리(13~19), 보칙(20~24), 벌칙(25~28)과 부칙 등을 규정하고 있다.

인 명(人 名)

≫ㄱ≪

가 로 Garraud, Jean René(1849~1930) 프랑스의 형법학자. 리용대학교수. 가르송과 함께 현대 프랑스형법학의 기초를 세운 사람. 실증학파 및 형사정책학파의 이론을 해석론에 채용한 점에 그 공적이 있다. 주요저서는「刑法의 理論과 實際」(Traité théorique et pratique du droit pénal, 1889~94).

가로팔로 Garofalo, Raffaele(1852~1934) 이탈리아의 형법학자. 롬브로조, 페리와 함께 형법에 있어서의 이탈리아학파의 수립자. 그의 사상은 롬브로조, 페리와 비교하여, 범죄의 심리적 고찰을 출발점으로 하는 것, 형법의 제도 및 운영에 대하여 방향을 주고 있는 점에 특색이 있다. 범죄의 본질을 연민 또는 성실의 결여에 있다고 하고, 형벌을 범죄인의 위험성과 사회적 적응성에 적합시켜야 한다고 하였다. 주요저서「刑事學」(Criminologia, 1885)은 세계적으로 영향을 미쳤다. 그리고 현행 이탈리아형법전의 기초에도 공헌하였다.

가루스 Gollus, Caibs Aquilius 로마 공화정 시대의 법률학자. 키케로와 같은 시대의 학자로서 相續權 등에 대하여 이색적인 학설을 수립하였다.

가르송 Garçon, Emile(1851~1922) 19세기말엽으로부터 20세기 초두에 걸쳐서의 프랑스 형법학계의 중진이며, 동시대에 활약한 리용대학의 가로교수와 더불어 근대 프랑스형법학을 수립한 쌍벽이다. 그는 20년간 리유(Lille)대학에서 형법을 강의한 후, 1898년에 파리대학의 형법교수가 되었다. 그의 형법이론은 살아 있는 實用的인 法學(une science juridique vivante et appliquée)으로서의 형법이라는 점에 중점을 두었다. 그는 그 연구방법에 있어서, 항상 법률의 현실적 작용인 판례를 기초로 하여, 이것에 이론적 근거를 부여하였다. 그의 업적은 필생의 대저서인「刑法註釋書」(Code pénal annoté. 제1권 1901~1906, 제2권 1911)인데,면밀·정치한 주석서이다. 이 책은 루슬레(Marcel Rousselet)·파탱(Maurice Patin)·앙셀(Marc Ancel)에 의하여 증보신판(제1권 1952, 제2권 1955)이 나왔다.

가이우스 Gaius 2세기의 로마의 법학자. 引用法의 5인 중의 1인. 캐쥬스틱한 경향이 강하였던 고전시대(→유리스 쁘루덴치아)盛期의 법학자 중에서 뽐뽀니우스와 함께 이색적 존재이었고, 로마법에 관한 개설적인 서술, 역사적인 설명에 손대었다. 그의 생애는 전혀 불명하며, 가장 유명한 사람인 동시에 수수께끼의 인물이다. 가이우스라는 이름도 그의 가명인지 개인명인지 불명하며 단지 가이우스라고만 알려져 있다. 그의「法學提要」(Institutiones)는 간이한 입문서로서 후대 로마의 각지에서 중요시되었던 것 같고 유스티니아누스의 동명의 서의 範型으로 되었으며, 그를 로마법학자 중 가장 유명하게 만들었다. 이 저서는 고전시대의 학자의 저작 중, 學說彙纂에의 채록을 매개로 하지 아니하고 직접 대부분이 현대에 전하여지는 유일한 것인 점 및 그 중의 역사적인 설명이 고전시대 이전의 로마법의 모습을 전하여 주고 있는 점에서 로마법의 역사적인 연구에 있어서 극히 중요한 史料로 되고, 특히 고전시대까지의 민사소송제도에 관하여 거의 유일한 史料로 되고 있다. 법학제요가 채용한 체계는 후세의 법학자들에 의하여 답습되어, 근세에 들어와서도 모범적 사법체계인 프랑스民法典(Code civil, 1804)의 編別에 영향을 주었다. 그 밖에, 주요저서로는「屬縣告示註解」,「十二表法註解」,「市法務官告示註解」가 있다.

게르버 Gerber, Carl Friedrich von(1823~91) 독일의 법학자. 특히 법률적 방법에 의한

헌법학을 수립한 최초의 학자이다. 주요저서는 「公法論」(Über öffentliche Rechte, 1852), 「독일國法綱要」(Grundzüge des deutschen Staatsrechts, 1865, 3. Aufl., 1880) 외에 民法·商法 등에 관한 저서도 있다.

겐틸리스 Gentilis, Alberico(1552~1608) 국제법의 창시자로 일컬어지는 그로티우스의 선구자 중에서 가장 우수한 이탈리아의 법학자. 후에 영국의 옥스포드대학의 사법교수. 국제법을 신학이나 윤리학으로부터 명확히 구별하여 법학의 일부분으로 취급한 최초의 학자. 「外交使節論」(De legationibus, 1585), 「戰爭法註釋」(Commentationes de jure belli, 1588~89), 그 增訂版으로서 1598년에 「戰爭法」(De jure belli)을 출판하였다. 사후 1613년에 「스페인辯護論」(Advocatio Hispanica)이 공간되었다. 「전쟁법」은 그로티우스의 「전쟁과 평화의 법」의 제1권과 제3권의 모범이 된 것으로, 현재의 국제법에의 제1보는 그로티우스에 의하여서가 아니고 겐틸리스에 의하여 시작되었다라고 하는 사람도 있다. 스페인변호론은 그로티우스의 「自由海論」의 반박이고, 스페인과 영국에 의한 바다의 領有를 변호한 것이다.

겔다트 Geldart, William Martin (1870~1922) 영국의 법학자. 옥스포드대학에서 배우고 변호사실무를 한 후, 옥스포드대학교수. 학내행정과 건강때문에 세상에 내놓은 학문적 업적은 적지만, 그의 주요저서 「英法原理」(Elements of English Law, 1911)는 영법의 간명한 입문서로서 정평이 있으며, 비상한 압축력으로써 制定法·보통법·에퀴티·교회법·海事法 및 형법에 걸쳐 설명하고 있다.

고토프레두스 Gothofredus, Dionysius (Godefroy, Denys)(1549~1622) 프랑스의 복고학파에 속하는 법학자. 로마법대전의 간행자로서 유명. 「로마法大全」(Corpus Iuris Civilis)이라는 명칭은, 고토프레두스가 「學說彙纂」·「法學提要」·「勅法彙纂」·「新勅法」을 일체로서 출판함에 즈음하여, 「敎會法大全」(Corpus Iuris Canonici)에 대립시켜 붙인 것이다. 「로마법대전」은 1583년 제네바에서 간행, 20판을 거듭하였으며, 그의 사후 암스테르담판(1633)과 라이프치히판(1740)이 나와 있다. 그의 차남 Jacobus Gothofredus(Jacques Gode-froy, 1588~1652)도 법학자.

골트슈미트 Goldschmidt, James Paul (1874~?) 독일의 소송법·형법학자. 베를린대학교수(1908~33). 소송을 하나의 법률관계로 보는 콜러 이래의 訴訟法律關係論을 비판하고, 소송은 旣判力을 종점으로 하는 浮動的 法律狀態라고 주장한 것으로 유명하다(→ 소송법률상태). 주요저서 「訴訟法律狀態論」(Der Prozess als Rechtslage, 1925).

골트슈미트 Goldschmidt, Levin(1829~97) 독일의 상법학자. 하이델베르크대학교수(1860), 라이프치히연방고등상사재판소판사(70)를 거쳐, 베를린대학 상법교수(75~97)로 되었다. 해박한 지식을 가지고 상법의 역사적·비교법적·경제적 연구를 개척함과 동시에 그 체계적·기본적 고찰을 하였으며, 특히 일반상법사의 비판적 연구에 위대한 공헌을 하였다. 그 밖에 독일 민사소송법의 대강의 결정에 참여하기도 하였으며, 「全商法雜誌」(Zeitschrift für das gesamte Handelsrecht. 보통 Z.H.R.로 약칭된다)를 창간하기도 하였다. 주요저서 「商法提要」(Handbuch des Handelsrechts, Bd. I. 1864~68), 「一般商法史」(Universalgeschte des Handelsrechts, 1891), 「商法體系」(System des Handelsrechts, 4. Aufl., 1892).

굼플로비츠 Gumplowicz, Ludwig(1838~1909) 오스트리아의 사회학자·법학자. 사회현상에 대하여 엄격한 자연과학적 방법을 쓴 것으로 알려져 있다. 특히 국가의 성립에 관하여 征服說을 취하고 있는 점에서 마르크스주의 국가학설과 비슷하다고 인정되고 있다. 주요저서는 「一般國法」(Allgemeines Staatsrecht, 1897), 「種族鬪爭論」(Der Rassenkampf, 1883), 「社會學的 國家理念」(Die soziologische Staatsidee, 1892), 「國家學說史」(Geschichte der Staatstheorien, 1905).

굿나우 Goodnow, Frank Johnson(1859~1939) 미국의 공법학자·정치학자. 컬럼비아대학 합중국행정법강사(1883), 동교수(91). 중국정부법률고문으로 북경에 滯在하였다(1913~14). 존스 홉킨스대학총장(14~28). 그는 프랑스 행정법의 영향을 받으면서, 정치와의 관련에 있어서 행정을 파악하고, 행정의 실질적 고찰을 함과 아울러, 현대사회에 있어서의 행정은 중요성과 행정개혁, 시정개혁의 필요를 강조하였다. 미국행정학 및 행정법학의 아버지라고 불린다. 주요저서 「比較行政法」(Comparative Administrative Law, 1893), 「政治와 行政」(Politics and Administration, 1900), 「美國行政法原理」(Principles of the Administrative Law of the United States, 1905).

귀르비치 Gurvitch, Georges(1894~1965) 러시아계의 사회학자·법학자. 법철학·법사회학에 특히 論著가 많고 프랑스에서 낸 「社會法의 觀念」

(L'idée du droit social, 1934), 미국에서 낸「法社會學」(Sociology of Law, 1947)과 같은 것은 그 대표적인 것이다. 現象學의 영향을 받으면서도 극히 다각적인 견지에서 법의 철학적·사회학적 구조를 분석하는 경향이 있고, 파운드 등과 함께 현대 미국법학계의 제1선에서 활약했었다.

그나이스트 Gneist, Rudolph von(1816~95) 독일의 공법학자·정치가. 특히 영국공법의 연구가로서 알려졌다. 프로이센의 행정법, 특히 행정재판소의 창설에 큰 영향을 주었으며, 주요저서는「現代英國憲法·行政法」(Das heutige englische Verfassungs- und Verwaltungsrecht, 1857),「英國의 立憲主義的 國法에 의한 豫算과 法律」(Budget und Gesetz nach dem konstitutionellen Staatsrecht Englands, 1867),「法治國」(Der Rechtsstaat und die Verwaltungsgerichte in Deutschland, 1864).

그로티우스 Grotius, Hugo(1583~1645) 네덜란드의 법학자·정치가. 근세의 자연법론과 국제법학의 기초를 닦은 대법학자로, 자연법의 아버지·국제법의 아버지라 불린다. 라이덴대학에서 수학하고, 15세에 변호사가 되었다. 네덜란드의 델프트에서 출생하여, 중년에는 종교상의 분쟁으로 투옥당하였으나, 프랑스로 피하고, 후에 스웨덴으로 가서 任官되었고, 거기서 사망하였다. 그는 자연의 본성에 기한 합리적인 개인간의 법은 가령 神이 존재치 않더라도 이것만은 존재한다고까지 極言하여 일체를 신의 의사에 의존시켰던 중세의 종교사상으로부터 법을 해방시켰다. 국제법에 관하여는 자연법의 이론을 응용하여 국가간에도 법이 존재함을 역설하여, 후세의 국제법과 국제법학에 커다란 영향을 주었다. 그의 이전에도 국가간의 법에 관하여 논한 한둘의 학자가 있지만, 그가 국제법의 아버지임에는 틀림없다. 저서는 모두 직접으로는 국제법에 관한 것이며, 1609년에 유명한「自由海論」(Mare liberum), 1625년에 불후의 대저서「戰爭과 平和의 法」(De jure belli ac pacis)이 공간되었다. 전자는 公海自由의 기초를 닦은 것, 후자는 國際法의 기초를 세우고 체계를 세운 것이며, 그로 하여금 자연법과 국제법의 아버지라는 이름을 받게 한 것이다. 사후 1864년에「捕獲法論」(De jure praedae)의 원고가(위 自由法論도 포함) 발견되어, 1868년에 공간되었다.

그롤만 Grolmann, Karl Ludwig Wilhelm von(1775~1829) 기센대학의 소송법·형법교수. 特別豫防說의 창시자로서 일반예방설을 주장한 포이에르바하와의 논쟁이 유명하다. 주요저서「刑法學의 根本原則—독일 刑法의 精神의 體系的 敍述」을 포함하여」(Grundsätze der Criminalrechtswissenschaft nebst einer systematischen Darstellung des Geistes der deutschen Criminalgesetze, 1798),「訴訟法理論」(Theorie des gerichtlichen Verfahrens in bürgerlichen Rechtsstreitigkeiten nach den gemein deutschen G.).

글 릭 Glueck, Sheldon(1896~1980) 미국의 형법·형사학자. 소셜 워커인 Eleanor 부인과 협력하여 스스로 얻은 자료에 기하여, 수형자의 추적(follow-up)연구, 범죄의 예측연구를 발전시켰다. 특히 소년비행의 조기예측의 연구인「少年非行의 解明」(Unraveling Juvenile Delinquency)은 형사학상의 획기적인 勞作이다. 이 연구는 社會的 因子, 로르샤하 테스트에 의한 성격특징, 정신의학적 면접에 의한 인격특성의 三組의 因子에 기하여 예측표를 작성하였다. 다른 여러 나라에서도 追試的 調査·檢定이 행하여지고 있으며, 대체로 좋은 결과를 보여주고 있다. 다만 이 표는 상습적인 비행소년이 될 것을 예측하고자 하는 것이고, 모든 장래의 비행을 예측하고자 하는 것이 아님을 주의하지 않으면 안된다. → 사회적 예후

기이르케 Gierke, Julius von(1875~1960) 독일의 상법학자. 기이르케(Otto von Gierke)의 아들. 주요저서로는「商法·海商法」(Handelsrecht und Schiffahrtsrecht, 7. Aufl., 1955). 그 외에「保險法」(Versicherungsrecht, 2 Bde., 1937~1947),「有價證券法」(Das Recht der Wertpapiere, 1954) 등이 있다.

기이르케 Gierke, Otto Friedrich von(1841~1921) 독일의 법학자. 브레슬라우, 하이델베르크, 베를린의 각 대학교수. 게르마니스텐의 대표자. 단체법을 중심으로 전개한 그 연구는 法制史·法思想史·法哲學·公私兩法의 각 분야에 많은 성과를 남겼으며, 독일민법 제1초안에 대하여 로마법적으로 치우쳐 현실의 타당성을 缺하였다고 비난하고 독일 고유법의 사상에 의하여 민법을 제정하여야 한다고 주장하였다(民法典草案과 독일法(Der Entwurf eines bürgerlichen Gesetzbuches und das deutsche Recht, 1889)). 주요저서는「독일團體法論」(Das deutsche Genossenschaftsrecht 4 Bde., 1868~1913),「團體理論」(Die Genossenschaftstheorie und die deutsche Rechtssprechung, 1887),「독일私法」(Deutsches Privatrecht, 3 Bde., 1895~1917) 등.

≫ ㄴ ≪

니퍼다이 Nipperdey, Hans Carl(1895~?) 독일의 노동법학자. 독일노동재판소장. 주요저서로는 휘크(Hueck)와의 공저 「勞動法敎科書」(Lehrbuch des Arbeitsrechts, 6. Aufl., 1959)가 있으며, 전후 勞動法誌를 主宰하였으며, 그 밖에 휘크와 더불어 단행법의 코멘타르를 저술하였다.

≫ ㄷ ≪

다르장트레 d'Argentré(Argentraeus)(1519~90) 프랑스의 법학자. 특히 국제사법의 연구에 있어서 저명하다. 귀족출신으로서 봉건제도의 옹호자이었기 때문에 그의 학설도 극히 屬地主義的이다. 이 점에 있어서 동시대의 뒤물랑과 對蹠的地位에 있다. 그는 법칙을 人法·物法·混合法으로 3분하여, 물법 및 혼합법을 속지법으로서 영토내에 있어서 효력을 가지는 것이라 하고, 人法은 영토외에 있어서도 효력을 가지는 것이라고 하였지만 人法의 범위를 좁게 보았다. 그의 학설은 17세기의 네덜란드학파에 의하여 계승·발전되었다.

다 안 Dahn, Julius Sophus Felix(1834~1912) 독일의 법학자·역사가·작가. 뮌헨, 브레슬라우 등 각 대학의 교수. 「法에 있어서의 理性」(Die Vernunft im Recht, 1879)에서는 자연법을 부정하는 동시에, 법을 인간생활의 외부적 관계에 관한 이성적인 평화질서라 하고, 법철학의 발전에는 비교법학적 견지가 불가결하다고 강조하였다. 실정법으로서는 상법을 취급하였으며, 역사에도 조예가 깊었고, 또한 문예방면에도 재능을 발휘했다. 주요저서로는 그 외에 「게르만諸王」(Die Könige der Germanen, 20 Bde., 1861~1911), 「게르만民族과 로만民族의 太古史」(Urgeschichte der germanischen und romanischen Völker, 4 Bde., 1881~90) 등이 있다.

다이시 Dicey, Albert Venn(1835~1922) 영국의 헌법학자. 옥스포드대학 영국보통법의 교수. 「法律季刊評論誌」(Law Quarterly Review)를 창간. 그의 「憲法論」(Introduction to the study of the law of the constitution, 1885)에서 영국헌법을 오스틴류의 분석적 방법에 따라서 분석하여 대륙제국의 헌법·행정법과 비교하면서 의회주의와 법의 지배와의 양원칙을 명백히 하였고, 「19세기 英國에 있어서의 法과 世論의 關係」(Lectures on the relation between law and public opinion in England during the 19th century, 1905)에서는 당시 개인주의적 풍조의 집단주의에로의 이행이 입법에 주는 영향을 논하였다. 또 그는 이 저서에서 법의 효력의 근거를 世論에 구하고, 이러한 착상하에, 19세기 이후에 있어서의 영국의 입법이 항상 세론의 힘에 의하여 지도되었던 경과를 극히 명쾌하게 분석하였다. 후년에는 현실정치의 토론에 몰두하였고, 아일랜드 자치에 반대하였다.

데겐콜프 Degenkolb, Heinrich(1832~1909) 독일의 사법학자. 처음에는 몸젠의 영향하에 있었던 로마니스텐. 독일의 민법전편찬에 반대. 후에 민사소송법의 분야에 들어가 현대의 독일소송법의 기초를 쌓았다. 주요저서 「民事訴訟의 諸問題」.

데른부르크 Dernburg, Heinrich(1829~1907) 독일의 민법학자. 취리히·할레·베를린 각 대학교수역임, 프로이센상원의원을 겸하였다. 로마법·독일보통법을 전공하였고, 양법을 관련시켜서 연구를 하여 프로이센법학을 재생시키는 데에 공적이 컸다. 또 실제적이고 냉엄한 해석을 하여 실제생활에 유익한 법률해석학자인 점에 그의 특색이 있다. 그의 주요저서 「판덱텐敎科書」(Lehrbuch der Pandekten, 3 Bde., 1884~87), 「독일 및 프로이센 民法」(Das bürgerliche Recht des Deutschen Reiches und Preussens, 6 Bde., 1902~98)은 윈트샤이트의 저서와 함께 大陸法系에 속하는 나라의 民法解釋學에 커다란 영향을 미쳤다.

델 비키오 Del Vecchio, Giorgio(1878~1970) 현대 이탈리아의 대표적 법철학자. 페라라, 테사리아, 메시나, 볼로냐를 거쳐, 1920년이래 로마대학의 법철학교수. 그 「法哲學原理」(Lezioni di filosofia del diritto, 1930)에 있어서는 법과 도덕과의 근본적 동일성을 인정하는 한편, 법에 있어서의 相互拘束性과 强制可能性과에 의하여 법독자의 성격을 규정하려고 하였다. 대체로 칸트주의의 넓은 기반 위에 서고 있다.

뒤 기 Duguit, Léon(1859~1928) 프랑스의 공법학자. 사회현상을 실험적으로 취급하고, 아프리오리와 형이상학을 철저히 배척하는 입장에서, 전통적인 공법이론, 특히 권력적인 독일이론 및 개인적인 프랑스이론을 예리하게 비판하였다. 주요저서는 「私法變遷論」(Les transformations générales du droit privé depuis le Code Napoléon, 1912), 「公法變遷論」(Les transformations du droit public, 1913), 「憲法槪論」(Traité de droit constitutionnel, 2e éd., 1912~25).

뒤르케임 Durkheim, Émile(1858~1917) 프랑스의 사회학자. 특히 종교현상의 사회학적 연구에 탁월한 이론적 성공을 거두었다. 「宗教生活의 基礎形態」(Les formes élémentaires de la vie religieuse, 1912)에서는 고대사회에 있어서 종교적 현상이 다른 여러 현상에 우위하였음을 설명하고, 특히 토테미즘을 고찰의 초점으로 하여 종교의 사회적 기원과 기능을 명백히 하였다. 주요저서는 「社會分業論」(De la division du travail social, 1893), 「社會學的 方法의 諸法則」(Les règles de la méthode sociologique, 1895) 등.

뒤물랑 Dumoulin, Charles ou Molinaeus(1500~66) 프랑스의 법학자. 특히 국제사법의 연구에 있어서 저명하다. 중앙집권·법률통일론자이며 이탈리아의 법칙구별설을 프랑스에 도입하였고 동시에 동시대의 다르쟝뜨레와는 달리 人法의 범위를 확장하려고 노력하였다. 또한 오늘날 일반적으로 인정되고 있는 국제사법상의 當事者自治의 原則을 창설한 것은 특히 유명하다.

드몰롱브 Demolombe, Jean Charles Florent(1804~1887) 19세기의 저명한 프랑스의 민법학자이며 변호사. 오랫동안 까앙의 법률학교의 교수를 역임하고, 이른바 프랑스 주석학파의 1인으로서 실용법학의 보급에 공헌하였다. 그의 중요한 업적은 「判例批評誌」(Revue critique de jurisprudence)를 창간한 것이었다. 주요저서 「나폴레옹法典講義」(Cours de code Napoléon, 31 vols., 1844~82).

≫ㄹ≪

라반트 Laband, Paul(1838~1918) 독일의 법학자. 특히 공법학에 있어서 법학적 방법을 사용하여 이것을 정치학·행정학으로부터 독립시켰다. 그 공법학설은 비스마르크 헌법시대의 독일에서 半官的 地位를 인정받았다. 주요저서는 「프로이센憲法典의 規定에 의한 豫算議決權」(Das Budgetrecht nach den Bestimmungen der preussischen Verfassungsurkunde, 1871), 「독일國法」(Das Staatsrecht des deutschen Reiches, 1. Aufl., 1876; 5. Aufl., 1911).

라 벨 Rabel, Ernst(1874~1955) 처음에 독일에, 위에 미국에 거주한 로마법·비교법 및 국제사법학자. 국제재판소에서 판사로도 활약. 법률관계의 성질결정에 있어서 섭외사법상의 자주적 성질결정을 주장하였다. 주요저서 「로마私法綱要」(Grunzüge des römischen Privatrechts, 1915).

라 손 Lasson, Adolf(1832~1917) 독일의 철학자·법학자. 베를린대학에 취직. 후에 명예교수, 철학회회장 등을 역임. 19세기의 법실증주의의 흐름 속에서도 헤겔철학을 견지하였다. 다안과 같이, 자연법이론을 脫却하고, 철학적 연구와 역사적 연구와의 결합을 꾀하였다. 주요저서 「法哲學體系」(System der Rechtsphilosophie, 1882)에서는 법을 그 내면적 본성으로부터 또한 기타의 생활현상으로부터 합리적으로 이해하는 것을 법철학의 과제로 삼았다. 신헤겔학파의 선구자.

라스크 Lask, Emil(1875~1915) 독일의 철학자·법철학자. 하이델베르크대학의 교수로 재직하였으나, 제1차대전에서 전사. 서남독일학파의 영향을 받아 독자의 법학방법론을 수립하였다. 즉 주요저서 「法哲學」(Rechtsphilosophie, 1905)에서는 법학에 특유한 사실인식과 의미이해의 이면성을 지적하고, 법에 관한 조직적 문화과학을 법사회학과 법해석학과의 둘로 나누어, 이른바 법학적 방법 2원론에의 길을 개척하였다.

라스키 Laski, Harold Joseph(1893~1950) 영국의 정치학자. 주권과 자유의 문제를 중심으로 페비언적 사회주의 이론을 기조로 한 우수한 이론적·사상사적·학설사적 연구를 하였다. 다원적 국가론에서 마르크스적 국가론으로 나아갔으나, 소련 공산주의에 대하여는 엄정한 비판적 태도를 취하였다. 런던대학의 정치학교수이었음과 동시에 영국노동당의 이론적 지주이었으며 또한 그 전국집행위원회위원장으로서 중요한 실천적 역할을 하였다. 주요저서는 「政治學範典」(A grammar of politics, 1925), 「共産主義」(Communism, 1927), 「近代國家에 있어서의 自由」(Liberty in the modern state, 1930), 「國家, 그 理論과 實際」(The state in theory and practice, 1935), 「유럽 自由主義의 發達」(The rise of European liberalism, 1936), 「英國의 議會政治」(Parliamentary government in England, 1938), 「美國의 大統領制」(The American presidency, 1940), 「現代革命의 考察」(Reflections on the revolution of our time, 1943), 「信仰·理性·文明」(Faith, reasons and civilization, 1944), 「美國의 民主主義」(American democracy, 1948), 「憲法考」(Reflections on the constitution, 1951).

라이나하 Reinach, Adolf (1883~1919) 독일의 법철학자. 후설(Husserl)의 영향을 받아,

현상학적 방법을 법철학에 적용하였다. 제1차대전 중 전사. 주요저서「民法의 先驗的 基礎」.

라이프니츠 Leibnitz (또는 **Leibniz**), **Gottfried Wilhelm**(1646~1716) 독일의 철학자. 그러나 법학자로서도 자연법론을 주장하여, 자연법의 근원을 신에 구하여 법과 도덕의 결합을 시도하였으며, 또한 복지국가론도 전개하였다. 주요저서「法學新方法論」.

라테나우 Rathenau, Walther(1867~1922) 독일의 실업가·정치가. 復興相·외무상을 역임. 경제문제 및 사회문제에 관하여 많은 저술을 하였는데, 특히「株式會社論」(Vom Aktienwesen, Eine geschäftliche Betrachtung, 1918)에서의 그의 사상은 하우스만에 의하여 기업 자체의 사상으로서 특징지워졌고, 이 기업 자체의 사상은 그 후의 주식회사법의 이론 및 입법에 중요한 영향을 주었다.

라트브루흐 Radbruch, Gustav(1878~1949) 독일의 법철학자이며 형법학자. 주로 하이델베르크 대학교수. 바이마르공화국의 司法相이 된 일도 있다. 신칸트철학을 기초로 상대주의의 법철학을 주장하고 민주주의에 깊은 이론적 근거를 제공하였다. 그에 의하면 법은 법가치 또는 법이념에 봉사하는 실재이다. 법의 이념은 정의이고, 정의는 각자에 그의 것을(suum cuique) 주는 사회관계 속에서 실현된다. 그리고 무엇이 그의 것인가에 관하여는, 개인주의·단체주의·문화업적주의와 같은 상이한 세계관의 입장으로부터 각각 상이한 해답이 주어진다. 법철학은 그 중의 어느 하나를 절대로 옳다고 채용하여서는 안될 것이다(相對主義). 그러나 상이한 입장이 계속하여 병존·항쟁하여서는 단일의 법적 결정에 도달할 수 없다. 그리하여 하나의 사회에는 하나의 질서가 없어서는 안된다는 법적 안정성의 요구에 기하여, 다수가 지지하는 견해에 대하여 입법의 지도권이 주어진다(民主主義). 그러나 이러한 상대주의적 관용성의 원리 그 자체를 부정하려는 독재주의에 대하여는 투쟁하지 않으면 안된다는 것이다. 더욱 라트브루흐는 상대주의의 입장으로부터 정치상의 확신범에 대한 특별처우의 필요를 말하였다. 주요저서는「法學入門」(Einführung in die Rechtswissenschaft, 1910),「法哲學」(Rechtsphilosophie, 1932),「포이에르바하」(Paul Johann Anselm Feuerbach, 1934).

라페리에르 Laferrière, Edouard(1841~1901) 프랑스의 법률가. 오랫동안 행정관으로서 활약하고 많은 공법적 연구를 남겼다. 특히「行政裁判權과 上訴에 관한 硏究」(Traité de la juridiction administrative et des recours contentieux, 1887~88, 2e éd., 1896)는 비체계적이었던 프랑스행정법학을 확립한 획기적인 책이다. 그러므로 그를 프랑스행정법의 아버지라고 칭한다.

랭 델 Langdell, Christopher Columbus(1826~1906) 미국의 법학자. 뉴욕시에서 변호사를 개업(1854), 하바드대학교수. 영미법의 제판례를 모은 케이스북을 기초로 교수와 학생이 협력하여 歸納的으로 법의 개념을 명확히 하고자 하는 케이스 메소드를 법학교육에 도입. 이 방법은 현재 미국에서 널리 채용되고 있으며, 그의 이름을 따서 Langdell method라고도 불린다. 이것은 후에 問題式方法(problematic method)으로 개정되어, 장래의 문제의 판단의 훈련, 사회학적 고찰의 법학교육에의 가미에로 나아갔다. 주요저서「契約」(Cases on the law of contracts, 1871),「에퀴티」(Cases on equity pleading, 1875).

레겔스베르거 Regelsberger, Ferdinand(1831~1910) 독일의 민법학자로서 로마니스텐에 속한다. 質權優先論을 비롯하여 抵當權·留置權 등 담보물권의 영역에서 뛰어난 연구를 남겼다. 주요저서「판덱텐」(Pandekten).

레 너 Renner, Karl(1870~1950) 오스트리아의 경제학자·법학자·정치가. Joseph Karner의 筆名도 사용하였다. 1907년 이래 하원의원, 제1차대전후 독일계 오스트리아내각의 宰相, 제2차대전후는 首相, 대통령이 되었다. 소위 오스트로 마르크스 주의자이고, 주로 경제학상의 문필활동에 종사하였으나, 법학상으로는 주요저서「私法의 法律制度와 그 社會的 機能」(Die Rechtsinstitute des Privatrechts und ihre soziale Funktion, 1929)에서 부르조아법학의 비판을 꾀하고, 소유권의 사회적 기능의 분석을 통하여, 법률은 언제나 경제의 조건이기는 하나, 경제적 관계의 변경과 발전의 원인은 아니다라고 하는 명제를 역사적으로 실증하려고 하였다.

레에만 Lehmann, Karl(1858~1918) 독일의 상법학자. 로스토크대학의 교수를 거쳐 괴팅겐대학의 교수 역임. 1895년에 유명한「프랑스 商法典에 이르기까지의 株式(會社)法의 史的發展」(Die geschichtliche Entwicklung des Aktienrechts bis zum Code de commerce)을 저술하여, 근대주식회사의 기원을 논하였는데, 이것은 아직까지도 주식회사의 발생사에 관한 통설로 되어 있다. 이어서 대저서「株式會社法」(Das Recht der Aktiengesellschaften, Bd. 1. 1898, Bd. 2. 1904)을 저

술. 본서는 주식회사법에 관한 가장 상세한 법사적·비교법적 연구로서, 현재까지도 그 권위를 유지하고 있다. 또한 링(Ring)과의 공저인「商法註釋書」(Das Handelsgesetzbuch für das Deutsche Reich, Bd. 1, 1901, Bd. 2, 1905)는 명쾌·간결한 설명으로 유명하며, 상법전반에 걸친 저술인「商法敎科書」(Lehrbuch des Handelsrechts, 1907)는 금세기초에 있어서의 상법에 관한 전형적인 體系書이다.

레온하르트 Leonhard, Rudolf(1851~1921) 독일의 로마법·민법학자. 괴팅겐, 마르부르크, 브레슬라우 등 여러 대학에 봉직. 주요저서「로마法에 의한 無效인 契約의 경우의 錯誤」(Das Irrtum bei nichtigen Verträgen nach römischem Recht, 2 Bde., 1882~83), 「民法總則」(Der allgemeine Teil des Bürgerlichen Gesetzbuchs in seinem Einflusse auf die Fortentwicklung der Rechtswissenschaft, dargest., 1900).

렌 트 Lent, Friedrich(1882~1960) 독일의 민사소송법학자·민법학자. 예나, 에를랑겐대학교수. 주요저서는「民法 및 民事訴訟에 있어서의 法條競合」(Die Gesetzeskonkurrenz im bürgerlichen Recht und Zivilprozess, Bd. Ⅰ.1912, Bd. Ⅱ. 1916) 이지만, 제2차대전후에는 베크서점의「法學提要叢書」(Beck'sche Juristische Kurzlehrbücher)의 일환으로서 民事訴訟法, 强制執行 및 破産法, 非訟事件節次法, 物權法의 교과서를 저술하였다. 민사소송법상으로는 구소송물론의 최후의 고수자의 하나. 다만 그도 후에는 입장을 약간 바꾸어 신소송물론에 접근한 독자적 이론을 구성하였다.

로아젤 Loisel, Antoine(1536~1617) 프랑스의 관습법학자. 고등법원의 변호사로서 활약. 프랑스법언집·법격언집으로 유명한「프랑스 慣習法」(Institutes Coutumières)이란 책의 저자.

로젠베르크 Rosenberg, Leo(1879~?) 독일의 민사소송법학자·민법학자. 기센대학의 교수를 거쳐 뮌헨대학교수가 됨. 독일민사소송법학계의 元老. 「民法·民事訴訟法上의 擧證責任」(Die Beweislast auf der Grundlage des bügerlichen Gesetzbuches und der Zivilprozessordnung, 1900)은 擧證責任에 관한 결정판이며, 「독일民事訴訟法敎科書」(Lehrbuch des deutschen Zivilprozessordnung, 1927)는 독일민사송법에 관한 표준적 저작으로서, 1960년에는 제8판이 출판되듯이 판을 거듭하였다. 그는 이 책에서 종래의 권리보호청구권설의 입장에 선 학설을 비판하면서, 신소송물론을 제창하고 旣判力에 관하여 一事不再理說을 주장하였다.

로 크 Locke, John(1632~1704) 영국의 경험주의철학자. 神權說을 배척하고, 1688년의 영국혁명을 정당화하는 이론을 전개하여, 근대민주정치의 기초원리를 확립하였다. 로크에 의하면, 자연상태에 있어서의 인간은 노동에 의하여 생활의 기초를 세우고, 자기의 노동에 의하여 인생에 유용한 사물을 자기의 재산으로 할 권리를 가지고 있었다. 그러나, 자연상태에 있어서의 자연권에는 안전의 보장이 없기 때문에, 사람들은 합의에 의하여, 각인의 신체·자유·재산의 보전을 목적으로 하는 공동체의 조직을 만들었다. 공동체에서는 다수가 전체의 권력을 갖는다. 국가의 권력은 사람들이 사회를 조직한 근본목적을 위해서만 행사되어야 할 信託的 權力이다. 권력자가 신탁에 위반한 때에는 국민은 정부를 경질시킬 최고권을 가진다. 그리하여 지배자는 국민다수의 의사에 기한 법으로써 자기의 권력행사의 제약으로 하고, 공공의 복리를 施政의 목적으로 하여야 한다. 그러므로 그는 법이 그치는 데, 거기에서 專制가 시작한다. 국왕의 권위는 법에 의하여 주어진다라고 말한다. 로크의 자연법사상은 영국민주주의의 源流일 뿐 아니라, 미국독립의 지도정신이 되고, 그 영향은 멀리 현재의 한국헌법에도 미친다. 주요저서는「政府二論」(Two treatises on civil government, 1690), 「人間悟性論」(Essay concerning human understanding, 1690).

롬브로조 Lombroso, Cesare(1836~1909) 이탈리아의 정신병학자·범죄인류학자. 1867년 파뷔아대학의 교수, 1876년 이후 토리노대학의 정신병학 및 법의학의 교수로 됨. 이탈리아학파의 수립자의 1인이다. 그는 다위니즘의 신봉자로서, 범죄의 인류학적 원인을 강조하고, 隔世遺傳과 犯罪定型을 기초로 하여 生來的 犯罪人의 범주를 확립하였다. 주요저서「犯罪人論」(L'uomo delinquente, 3 vols., 1876)은 형법학에 큰 영향을 주었다. 그의 犯罪人類型, 生來的 犯罪人의 사상은 현재에는 부정되지만, 범죄의 실제적 연구를 발전시키는 단서를 연 공적은 부정할 수 없다.

뢰벤슈타인 Löwenstein, Karl(1891~?) 독일태생의 공법학자·정치학자. 1931년 뮌헨대학 私講師. 유대계였으므로 나치의 박해를 피하여 1932년에 미국으로 망명하여, 1934년 예일대학 정치학부교수. 1936년 이후 앰허스트대학 William Nelson Cromwell 교수로 있으면서 법학과 정치학을 강의. 주요저서로는「憲法改正의 形態」(Erscheinungsformen der Verfassungsänderung, 1931), 「政治權力과 統治過程」(Political Power and Governmental Process, 1957), 「憲法學」(Verfassungslehre, 1958)(독일어로 된 전기 영문서의 증보수정판이다), 「美國의 憲法과 憲法實際」(Verfassungsrecht und Verfassungspraxis der Vereinigten Staaten, 1960).

뢰슬러 Roesler, Karl Friedrich Hermann (1834~94) 독일의 법학자·경제학자. 로스토크대학의 국가학교수(1861). 1878년 일본에 초빙되어 일본구헌법의 제정, 구상법의 起草 등에 공헌했다. 그 연구는 公私兩法에 걸치고, 또 경제학상에 있어서는 그 윤리적 입장으로부터의 아담 스미드의 비판이 저명하지만, 그때, 이미 사회법이라는 개념을 취급했다. 주요저서는 「아담 스미드의 國民經濟理論의 基本原理」(Über die Grundlehren der von Adam Smith begründeten Volkswirtschaftstheorien, 1868), 「社會的 行政法敎科書」(Lehrbuch des sozialen Verwaltungsrechts, 2 Bde., 1872~73).

루 소 Rousseau, Jean Jacques(1712~1778) 제네바에서 태어난 대사상가. 정치·법률에 관한 방면에서는 기성의 자연법사상을 비판하고, 국가권력의 이론적 근거를 契約에서 찾으려 하였으며, 주권적인 국민의 의사(즉 總意(볼롱떼 제네랄))는 대표되지 않는다고 주장한 점에서 직접민주제의 주창자로 알려져 있다. 그 사회계약은 개인을 국가 안에 전부 몰입시키는 경향이 있는 까닭에, 이런 점에 미국독립선언에서 표시된 것과 같은 로크류의 자유주의와는 상반되는 의미를 가진다. 주요저서는 「社會契約」(Du contrat social ou principes du droit politique), 「人間不平等起源論」(Discours sur l'origne et les fondements de l'inégalité parmi des hommes, 1754).

루엘린 Llewellyn, Karl Nickerson(1893~1962) 미국의 법학자. 예일대학조교수(1922~25), 컬럼비아대학교수(1927~51), 시카고대학교수(1951~). 法理學者로서 네오 리얼리즘(neorealism)의 대표적 학자. 법은 구체적 사건에 있어서의 판결 이외에는 존재하지 않으며 일반적·추상적 법이라는 것은 단순한 명목에 불과하다고 하는 점에 있어서는, 같은 네오 리얼리스트에 속하는 프랑크(Frank)와 같지만, 그보다는 온건하며, 판결의 예언가능성을 강조한다. 즉, 법원의 사실에 대한 법률적인 견해, 판결에의 사고과정은 현실로 뚜렷이 목격되는 것이며 그것으로부터 판결의 예언이 가능하게 된다고 한다. 그리고 그는 여기에 법적 안정성의 기초를 구하고 있다. 그리고 루엘린과 파운드의 논쟁은 유명하다. 주요저서 「法의 諸傳統과 社會科學方法論」(Legal Traditions and Social Science Methods in Essay on Research in the Social Sciences, 1931).

뤼쿠르고스 Lykurgos 기원전 9세기경의 그리스(스파르타)의 입법자. 전설적 인물이며, 그의 입법은 엄격하였다고 말하여지고 있는데, 당시의 사회의 요청에 응한 시대적 산물일 것이다. 엄격한 兵制를 수반하는 민주적 제도에 의하여 특징있는 스파르타 國政을 확립하였다.

르나르 Renard, Georges(?) 프랑스의 법학자. 신자연법론자의 1인. 자연법과 실정법과의 결합을 강조하였다. 또한 제도법학자로서 오류와 함께 유명. 주요저서 「公法要論」, 「法과 正義와 秩序」.

르 노 Renaud, Achilles(1819~84) 프랑스의 위그노파의 귀족의 출신으로 독일상법학자. 베른, 기센대학의 員外敎授, 하이텔베르크대학교수. 매우 박식한 학자이며, 그 연구분야는 상법 외에 독일사법·민사소송법·법사 및 프랑스법에 미쳤다. 주요저서는 「어음法」(Wechselrecht, 3. Aufl., 1868), 「株式會社法」(Das Recht der Aktiengesellschaften, 1863~73), 「독일私法敎科書」(Lehrbuch des deutschen Privatrechts, Bd. Ⅰ, 1848).

리페르 Ripert, Georges(1880~1958) 프랑의 민·상법학자. 에크스대학, 파리법과대학교수. 파리법과대학학장·프랑스학사원회원·프랑스해법회명예회장·문교부장관 등을 역임. 주요저서 「海法論」(Traité de droit maritime, 1913, 4e éd., 1950~53), 「商法論」(Traité de droit commercial, 1948, 4e éd., 1959~60), 「쁠라니올교수저의 개정인 民法要論」(Traité élémentaire de droit civil d'après le traité de Planiol)(이는 1939년부터 Boulanger에 의하여 개정되고 있다) 등.

리스트 List, Franz von(1851~1919) 독일의 형법학자. 1879년에 기센대학교수가 되고, 1899년 이후 1917년에 퇴직할 때까지 베를린대학교수. 그의 학문적 공헌은 매우 광범하나, 가장 현저한 공헌은 형법을 중심으로 하는 刑事政策學, 刑法解釋學 및 比較刑法學이며, 新派刑法理論의 지도자로서의 리스트의 영향은 세계적이다. 그의 형법에 관한 근본사상은 「刑法에 있어서의 目的觀念」(Der Zweckgedanke im Strafrecht, 1882)에 요약되어 있다. 그가 형사정책에 있어서 범인의 위험성을 중시한 것, 형법에 있어서의 그 마그나 카르타적 기능을 강조한 것은 너무나 유명하다. 「全刑法雜誌」(Zeitschrift für die gesamte strafrechtswissenschaft, 1881～)의 창간자 중의 1인인 동시에 국제형사학협회의 창립자의 1인이다. 주요저서는 「독일刑法敎科書」(Lehrbuch des deutschen Strafrechts, 1881) 외에 「刑法論文集」(Strafrechtliche Aufsätze, 2 Bde., 1905)이 있다.

리옹·카앙 Lyon=Caen, Charles Léon(1843～1935) 프랑스의 상법학자. 그의 르노(Renault)와의 공저 「商法論과 商法提要」(Manuel de droit commercial, 15e éd., 1928)는 프랑스商法學의 가장 권위있는 저서로 현재도 아직 후계자에 의하여 增訂을 거듭하고 있다.

리프만 Liepmann, Moritz(1869～1928) 킬, 함부르크대학의 형법교수. 그 학문적 경향은 사회적 형법학파에 속하고, 형사정책상은 사형의 반대자인 동시에 교육형의 주창자이다. 주요저서 「독일刑法改正論」(Die Reform des deutschen Strafrechts, 1921), 「독일에 있어서의 自由刑執行에 관한 새로운 근본원칙」(Die neuen Grundsätze über den Vollzug von Freiheitsstrafen in Deutschland, 1924).

≫ㅁ≪

마르텐스 마르텐스라는 국제법학자는 2인 있다.

[1] **Martens, Friedrich von**(1845～1909) 러시아의 국제법학자로서, 그 저서 「國際法概論」(Traité de droit international, 3 vols., 1883～87)은 여러 나라 말로 번역된 명저이다.

[2] **Martens, Georg Friedrich von**(1756～1821) 독일의 외교관·국제법학자. 괴팅겐대학의 교수(1783). 모제르의 思潮를 따서 실정법주의에 의한 국제법학의 건설에 공헌한 학자. 주요저서는 「現行유럽國際法」(Précis du droit des gens moderne de l'Europe, 1785), 「外交論」(Cours diplomatique, 3 vols., 1801). 유명한 「마르텐스條約集」(Martens, Recueil des Traités)의 창시자이고, 이 조약집은 1791년부터 현재까지 계속되고 있으며, 세계에서 가장 중요한 條約集의 하나이다.

마리탕 Maritain, Jacques(1882～1973) 현대 프랑스의 최대의 토마스철학자. 소르본느대학에서 자연과학을 수업하고, 베르그송 밑에서 형이상학을 배우고 가톨릭에 개종하였다. 파리대학교수, 바티칸大使를 역임. 프랑스 가톨릭 革新運動의 지도자가 되고, 새로운 그리스도교적 인도주의를 제창했다. 프린스턴대학 초빙교수로도 활동했다. 토마스 아퀴나스의 형이상학의 현대적 체계화에 노력하는 네오 토미스트의 제일인자. 제2차대전후 법·정치의 분야에 토미즘의 원리를 전개하고, 휴머니즘의 정치철학에 의하여 異色을 나타냈다. 유네스코刊의 「人權의 歷史」(The human rights, 1949)의 편집을 하였다. 주요저서 「人權과 自然法」(Les droits de l'homme et la loi naturelle, 1924), 「基督敎와 民主主義」(Le christianisme et la démocratie, 1940).

마이어 Mayer, Max Ernst(1875～1923) 독일의 형법학자·법철학자. 新칸트學派의 문화 내지 가치의 관념을 형법에 도입하여 구파형법학을 탈피시켰다. 특히 법규범의 배후에 문화규범을 인정하는 것이 특징. 주요저서 「法規範과 文化規範」(Rechtsnormen und Kulturnormen, 1903), 「法哲學」(Rechtsphilosophie, 1922), 「刑法總論」(Der allgemeine Teil des deutschen Strafrechts, 1915).

마이어 Mayer, Otto(1846～1924) 독일의 공법학자. 종래의 국가학적·행정학적 방법에 의한 행정법의 연구를 극복하고, 법률학적 방법에 의하여 행정법을 체계화하여, 독일행정법학을 확립하였다. 그 학풍은 라반트와 같은 실증주의에 속한다. 주요저서 「프랑스行政法의 理論」(Die Theorie des französischen Verwaltungsrechts, 1886), 「독일行政法」(Deutsches Verwaltungsrecht, 2 Bde., 1895～96, 3. Aufl., 1924).

마이어 Meyer, Georg(1841～1900) 독일의 공법학자. 비스마르크헌법하에 있어서의 國法學의 대표자의 1인. 또한 국가학적 방법으로 행정법을 체계지워, 행정학과 행정법과의 가교를 놓았다. 주요저서 「독일國法敎程」, 「독일行政法敎程」.

마키아벨리 Machiavelli, Niccolo(1469～1527) 이탈리아의 정치학자·역사가. 정치현상을 윤리적·종교적 입장으로부터 떠나서 고찰하려고 한 점에서 근대정치학의 아버지라고 불린다. 무엇보다도 권력의 확대를 국가의 목적으로 하는 그 實力說은 근대의 파시즘에 의하여 원용되었다. 마키아벨리즘(조금도 도덕에 구속되지 않는 정치술)이란 말은 그로부터 유래하나, 그것은 반드시 그의 정치사상의 논리필연적인 결론은 아니다. 주요저서는 「君主論」(Il principe, 1513), 「티토 리비오의 最

初의 十編에 관한 論」(Discorsi sopra la prima Deca di Tito Livio, 1531), 「戰術論」(Del l'Arte della guerra, 1519~20).

만치니 Mancini, Pasquale Stanislao(1817~88) 이탈리아의 정치가 겸 학자. 1851년에 뚜린대학의 개강연설에서 국제법 및 국제사법의 기초로서의 민족주의를 제창하였다. 그 영향으로서 국제사법상 본국법주의를 강조하는 이른바 이탈리아學派가 일어나고 프랑스·벨기에 등에서도 유력한 지지자가 나왔다. 그는 국제사법의 통일의 필요성을 역설하고 이탈리아 정부내에서 당국자로서 그 실현을 위하여 노력하였지만, 생존중에는 그 성과를 보지 못하고, 사후에 헤이그국제사법조약으로서 실현을 보게 된 셈이다.

말리노우스키 Malinowski, Bronislaw Kasper(1884~1942) 폴란드태생의 인류학자. 영국으로 건너가 런던대학문화인류학강사(1924), 同교수(27), 후에 미국의 예일대학 객원교수(29 이래). 제1차대전중 뉴기니아 및 멜라네시아 지방의 트로브리안드(Trobriand)제도의 미개민족의 연구를 행하여(14~18), 면밀한 관찰을 기초로 하여, 거기에 표현되어 있는 여러 사실의 일반적 의의를 기능적으로 해명하여, 독특한 사회인류학적 체계를 건설하여, 문화인류학에 있어서의 機能主義(functionalism)를 창시하였다. 또한 아메리카 원주민의 연구를 행하여(34), 그의 문화변용의 분석을 통하여 문화의 동태를 밝혔다. 이와 같은 미개사회의 실증적 연구에 의하여 법사회학상 귀중한 재료를 제공하였다. 주요저서 「未開社會에 있어서의 犯罪와 慣習」(Crime and custom in savage society, 1926).

맥클레난 McLennan, John Ferguson(1827~81) 영국의 법률가인 동시에 사회학자. 원시시대의 혼인·친족제도의 연구로써 유명하다. 그에 의하면 원시사회에서는 族外婚(남자는 자기가 속하는 집단 이외에서 여자를 구하여야 한다는 제도)의 종족과, 族內婚(남자는 반드시 자기가 속하는 집단내에서 여자를 구하여야 한다는 제도)의 종족이라는 대립하는 두 종족이 존재하였다는 것, 그리고 족외혼 발생의 원인으로서는 여아살육의 풍습의 결과 여자의 수가 적고 동종족 중에 남자과잉을 일으켜 그것이 한편에서는 다부일처제를 발생시킨 것과 동시에 또 한편에서는 족외혼 나아가서는 약탈혼을 발생시켰다는 것, 다부일처의 결과로서는 모계친족제도가 발생하였다는 것을 주장하였다(「原始婚姻論」(Primitive marriage, 1865)). 그의 이론에 대하여는 많은 반대론이 있지만 족외혼의 일반적 존재 및 그 중요성을 지적하고 모계친족제도가 가장 원시적인 친족제도란 것을 인정하는 점은 그의 공적이었다. 또한 그의 저서로서는 「古代史研究」(Studies in ancient history, 2 vols., 1876, 1896)가 있다.

맨스필드 Mansfield, Lord(1705~93) 윌리암 머레이(William Murray)라고도 부른다. 영국의 정치가·법학자. 법무부장관, 왕좌재판소의 수석재판관 등을 역임. 종래 사실인 관습으로서 인정되어 온 상관습법을 보통법의 체계 속에 도입하고, 또 그 상관습법의 기초 위에 근대적인 판례채권법을 확립하였다. 영국에 있어서의 상법의 아버지라고 불린다.

메르켈 Merkel, Adolf Josef(1836~96) 독일의 형법학자. 프라그(1868), 비인(72), 슈트라스부르크(74)의 각 대학교수. 형법의 기초라고 생각되었던 自由意思說과 非決定論을 부정하고, 형벌을 반사회적 사실인 범죄에 대한 반동이라고 하여, 결정론적 견지로부터 應報思想과 目的刑論과의 조화를 시도하였다. 주요저서 「독일刑法教科書」(Lehrbuch des deutschen Strafrechts, 1889), 「刑法에 있어서의 應報思想과 目的思想」(Vergeltungsidee und Zweckgedanke im Strafrecht, 1892).

메르클 Merkl, Adolf(1890~?) 오스트리아의 법학자. 비인學派에 속한다. 法段階說을 제창하여 켈젠에 영향을 주었으며, 순수법학의 입장에서 행정법의 체계를 세웠다. 주요저서 「一般行政法」(Allgemeines Verwaltungsrecht, 1927), 「確定力의 理論」(Die Lehre von der Rechtskraft, 1923).

메이틀랜드 Maitland, Frederic William(1850~1906) 영국의 법사학자·변호사. 母校 케임브리지대학교수. 면밀한 자료의 조사와 예민한 분석력에 의하여 영국의 법제사를 연구하였다. 단순한 역사적 사실뿐만 아니라, 역사상의 인물들의 사고·심리도 파악하려고 하였다. 영국법사를 영국인의 생활의 일면으로 하여서 정치·경제·종교의 각 분야와의 관계에 있어서 논술한 점에 특히 그 공적이 인정된다. 주요저서 「英國法制史」(History of English Law before the time of Edward I, 2 vols., 1895)(폴록과 공저), 「英國憲法史」(Constitutional history of England, 1908), 「衡平法」(Equity, also the forms of action at common law, 1909), 「論文集」(Collected papers, 3 vols., 1911).

메 인 Maine, Sir Henry James Sumner

(1822~88) 영국의 법제사가 · 비교법학자. 사비니 등 독일 역사법학파의 영향을 받고, 예링의 로마法의 精神, 다윈의 種의 起源 등에 자극되어, 역사적 방법과 비교적 방법에 기하여 명저 「古代法」(Ancient law, 1861)을 저술하였다. 그 의도는 古代法에 나타난 인류초기의 관념의 근대문화에 대한 관계를 명시하는데 있으며, 근대문명형성의 요인인 질서와 자유의 기원을 로마法에 구하여 그 발생발전과정을 탐구한다. 진전하는 사회의 추이는 지금까지는 身分으로부터 契約으로(from status to contract)의 추이라고 하는 것이 그 결론이다. 다만 메인은 원래 보수주의자이므로, 데모크라시에 대한 이해에 부족한 점이 있으며, 「初期法律 및 慣習法」(Dissertations on early law and custom, 1883)은 이것을 잘 표시하고 있는 것이라고 한다. 이밖에 「村落共同體」(Village communities, 1871), 「初期制度史講」(Lectures on the early history of institutions, 1875), 「民衆政府」(Popular government, 1885), 「國際法」(International law, 1888)이 있다.

메츠거 Mezger, Edmund(1883~1962) 독일의 형법 · 법철학자. 마이어(M.E. Mayer)류의 규범적 형법에 따르는 한편, 정신병리학적 입장을 도입. 주요저서 「法에 있어서의 存在와 當爲」(Sein und Sollen im Recht, 1920), 「刑法教科書」(Strafrecht, Ein Lehrbuch, 1931), 「刑法」(Strafrecht, Ein Studienbuch, Allgemeiner Teil, 1948, Besonderer Teil, 1949).

멩 거 Menger, Anton(1841~1906) 오스트리아의 법학자. 비인대학에서 민사소송법을 강의하고, 同대학의 법학부장 · 총장을 역임. 사회주의의 법학적 연구를 목적으로 하는 법적 사회주의(법조사회주의)의 대표자. 법질서를 깨뜨림으로써가 아니라, 법의 진보를 통하여 사회주의를 실현하는 것의 가능성과 필요를 論하였다. 勤勞全收權 · 생존권의 이론으로서 알려졌다. 주요저서 「勤勞全收權史論」(Das Recht auf den vollen Arbeitsertrag, in geschichtlicher Dartstellung, 1886), 「新國家論」(Neue Staatslehre, 1903), 「民法과 無産者階級」(Das bürgerliche Recht und die besitzlosen Volksklassen, 1903).

모데스티누스 Modestinus, Herennius 3세기 전반경의 로마의 법학자. 인용법의 5법학자의 1인. 울삐아누스의 門弟이며, 고전시대의 최후의 법학자이다. 그리스어로 된 1저작(「後見 및 保佐의 免除」, 6卷)이 있는 것으로 보아 그리스어를 일상어로 하는 屬縣(provincia)의 출신으로 생각된다. 「解答錄」과 그 이외에 많은 초보적 입문서를 저술하였으나, 그 저서들의 내용은 벌써 법학의 쇠퇴기에 들어섰다는 것을 말하여 주고 있다.

모르간 Morgan, Lewis Henry(1818~81) 미국 사회학자 · 인류학자. 이로쿠오이(Iroquoi)족을 중심으로 하여 미국흑인의 친족 · 가족제도를 연구하고, 원시적 혼인의 한 형태로서의 集團婚(communal marriage)의 존재와, 그것만에 의하여 설명될 수 있는 친족제도의 존재를 풍부한 자료에 의거하여 설명하고(「血族 및 姻戚의 諸制度」(Systems of consanguinity and affinity, 1871)), 나아가서는 족내혼과 족외혼이 매클레난이 주장하는 바와 같이 대립하였다는 것은 입증될 수 없고, 집단혼이 행해진 종족에 있어서는 모계에 의하여 나누어지는 많은 집단인 씨족이 존재하고 그 내부에서는 혼인금지(族外婚主義)가 행해졌지만, 이러한 여러 씨족을 포괄하는 종족내에서는 족내혼이 강제되었다는 것을 주장하고, 문화제민족에 있어서의 父權制度의 전단계로서의 모권제도의 존재를 설명하였다. 주요저서 「古代社會」(Ancient society, 1877). 「엥겔스의 家族 · 私有財産 및 國家의 起源」(Der Ursprung der Familie, des Privateigentums und des Staats, 1884)은 모르간의 그러한 획기적 연구의 발전이었다.

모 사 Mossa, Lorenzo(1886~1957) 이탈리아의 상법학자. 피사대학교수. 그의 학문적 업적은 많지만, 널리 비교법적 시야 위에 서있는 것이 특징이며, 어음이론과 기업이론을 연구대상의 초점으로 하였다. 주요저서에는 야코비의 權利外觀理論을 소화 · 발전시킨 「手票法」(Diritto dello check, 1919), 「어음表示論」(La dichiarazione cambiaria, 1930)을 비롯하여 「新商法論」(Trattato del nuovo diritto commerciale, Ⅰ.1942, Ⅱ.1951, Ⅲ.1953, Ⅳ. 1957) 등이 있다.

모제르 Moser, Johann J.(1701~85) 독일의 국제법학자. 18세기에 있어서의 국제법상의 실정법파의 유력한 1인으로서, 자연법을 배제하고 조약과 관습을 기초로 하는 국제법을 설명하고, 국제법을 보편적인 것으로서가 아니라 유럽적인 현상이라고 생각하였다. 주요저서 「最近 유럽 平時 및 戰時國際法의 硏究」(Versuch des neuesten europäischen Völkerrechts in Friedensund Kriegszeiten, 1777~30).

몰리토르 Molitor, Erich(1886~?) 독일의 노동법 · 민법학자. 주요저서 「勞動契約의 本質」(Das Wesen des Arbeitsvertrags, 1925).

몸 젠 Mommsen, Theodor(1817~1903) 독일의 역사가. 킬대학에서 법학을 공부하고(1838~43), 이어 프랑스·이탈리아에서 碑文을 조사하여(44~47), 그 사료적 가치를 검토하였다. 취리히대학 로마法교수(52~54), 베를린대학고대사교수(58~1903). 그 사이 정치에도 관계하여 프로이센의 下院議員(1863~68)으로 비스마르크에 맹렬하게 반대하였다. 이어 국민자유당(73~79), 帝國議會의 자유당에(81), 다시 독일자유당(84)에 속하였다. 주요저서 로마史(Römische Geschichte, Ⅰ~Ⅲ, 1854~56)는 불후의 명저로서, 제4권은 단편만으로 미완, 제5권은 케사르로부터 디오클레티아누스에 이르기까지의 縣史(Geschichte der Provinzen von Cäsar bis Diocletian, 1885)로 간행되었다. 로마法大全의 감수자로서도 유명. 노벨문학상을 수상(1902)했다. 주요저서로 전기 외에 「로마國法」(Römisches Staatsrecht, Ⅰ~Ⅱ, 1871~75, Ⅲ, 1877~78), 「로마硏究論集」(Römische Forschungen, 2 Bde., 1864~78), 「라틴碑銘文集成」(Corpus inscriptionum Latinarum, 1857).

몽테스키외 Montesquieu, Charles Louis de Secondat, baron de la Brède et de(1689~1755) 프랑스의 18세기의 대사상가. 사회현상의 연구에 있어 경험적·역사적 방법을 사용한 사람으로서, 근대사회학 내지 비교법학의 선조라고 한다. 정치적으로는 철저한 자유주의자로서, 특히 그 권력분립론은 유명하다. 주요저서는 「페르시아人의 便紙」(Les lettres persanes, 1721), 「로마盛衰起源論」(Considérations sur les causes de la grandeur et de la décadence des Romains, 1734), 「法의 精神」(De l'esprit des lois, 1748).

뮐러·에르츠바하 Müller=Erzbach, Rudolf (1874~?) 독일의 상법학자. 상법에 있어서의 이익법학적 연구를 제창. 주요저서 「독일商法」(Deutsches Handelsrecht, 1928), 「團體構成員地位論」(Das private Recht der Mitgliedschaft als Prüfstein kausalen Rechtsdenkens, 1948).

밀 Mill, John Stuart(1806~73) 영국의 철학자·경제학자. 공리주의의 입장에 선다. 벤담의 功利主義(實利主義)의 근본사상인 最大多數의 最大幸福의 개념을 발전시키고, 어느 정도의 다수의 사람들에게 어느 정도의 幸福을 가져오는가로써, 모든 평가의 척도로 하였다. 주요저서는 「經濟學原理」(Principles of political economy, 1848), 「自由論」(On liberty, 1859), 「功利主義」(Utilitarianism, 1863), 「代議政體論」(Considerations on representative government, 1861).

≫ ㅂ ≪

바 르 Bar, Karl Ludwig von(1836~1913) 독일의 국제사법학자. 사비니의 학설을 승계하여 이를 발전대성시켰다. 事物의 本性(Natur der Sache)에 따라 법률관계의 준거법을 결정할 것을 주장하였다. 주요저서 「國際私法 및 國際刑法」(Das internationale Privat- und Strafrecht, 1862), 「國際私法의 理論과 實際」(Theorie und Praxis des internationalen Privatrechts, 2 Bde., 1889).

바르톨루스 Bartolus(1314~55 또는 57) 이탈리아의 후기주석학파에 속하는 대표적 법학자. 그의 유스티니아누스법전에 대한 간명한 주해는 큰 권위를 갖고 있으며, 스페인에서는 일시 성문법의 효력을 인정받았다. 또한 국제사법학의 시조로 받들어지고 있다. 그의 연구의 성과는 로마법의 繼受를 통하여 근세의 법 및 법학에 큰 영향을 미쳤다.

바르베이라크 Barbeyrac, Jean(1674~1744) 프랑스의 학자로서 그로티우스·퓌펜도르프 등의 저서를 프랑스어로 번역하고 상세한 주석을 가하였다. 그 자신도 당시 국제법상의 자연법학의 1인이었다.

바브레 Vabres, Henri Donnedieu de (1880~1952) 프랑스의 파리대학의 형법교수. 국제형법이라는 새로운 분야를 개척하였으며, 비교법적 연구가 그 특색이다. 그의 형법이론은 절충주의로서 형벌은 사회방위 뿐 아니라 도의적 응보도 목적으로 하고 설명하는데, 전자에 중점을 두고 있다. 주요저서 「國際刑法硏究序說」(Introduction à l'étude du droit pénal international, 1922), 「刑法 및 比較刑法要論」(Traité de droit criminel et de législation pénale comparé, 1937), 「刑法要論」(Précis de droit criminel, 3e éd., 1953).

바카리우스 Vaccarius(1120~1200경) 이탈리아의 주석학파에 속하는 법학자. 초청을 받고 영국으로 건너가 옥스포드대학에서 로마법을 강의하였다. 학설휘찬과 칙법휘찬의 발췌에 의한 로마법 교과서로서 「貧民의 書」(Liber pauperum)가 있다.

바 텔 Vattel, Emerich de(1714~67) 스위스사람으로서 외교관인 동시에 국제법학자. 그의 저서 「國際法」(Le droit des gens, 1758)은 널리 보급되어 유럽의 외교계에 큰 영향을 주었다. 그는 18세기에 있어서의 그로티우스학파의 대표자이며,

주권국가의 독립·자유를 기본으로 하는 원자론적 국제법사상을 전개하였다.

바 하 Wach, Adolf(1843~1926) 독일의 민사소송법학자. 로스토크대학·튀빙겐대학·본대학의 교수를 거쳐 라이프치히대학의 교수가 되었다. 민사소송법학에 있어서는 權利保護請求權說의 제창자로서 저명하고, 저서는 「이탈리아의 假押留節次」(Der italienische Arrestprozess, 1868), 「독일民事訴訟法要論」(Handbuch des deutschen Civilprozessrechts, Bd. Ⅰ, 1885), 「帝國民事訴訟法에 관한 講演集」(Vorträge über die Reichscivilprozessordnung, 1876)이 있다. 형법·형사소송법의 영역에서도 큰 공적을 남기고 있다. 「독일 및 外國刑法의 比較法的 說明」(Vergleichende Darstellung des deutschen und ausländischen Strafrechts, 1906~09)은 이에 관한 대표적 역작이다.

바호펜 Bachofen, Johann Jacob(1815~87) 스위스의 법제사가·언어학자. 고대생활의 핵심에 이르기 위하여 고대법을 연구하였다. 그에 있어서는 로마법은 고전고대의 연구를 포함한 전연구목적의 일부로서의 의미를 가지며, 고대사회와 원시사회의 재료를 가지고서 모계제의 존재를 주장하였다. 주요저서 「母權論」(Das Mutterrecht, 1961)에서, 고대의 부계원칙에 선행하고 이에 대립하는 모계제의 법체계의 존재를 제시하는 동시에 여성이 家(집)와 아울러 나라도 지배하였음을 헤로도토스의 서술로부터 연역하였다. → 모권설

발두스 Baldus de Ubaldis, Petrus(1327~1406) 이탈리아의 후기주석학파에 속하는 법학자. 바르톨루스의 제자. 교회법에도 조예가 깊고, 封建法書註解의 명저가 있다.

베카리아 Beccaria, di, Cesare Bonesana, Marquisi(1738~94) 이탈리아의 형법학자·철학자·중농주의경제학자. 밀라노의 귀족출신. 밀라노대학의 법학·경제학교수. 그의 사상은 프랑스의 계몽사상, 특히 루소의 영향을 많이 받아 앙샹 레짐의 형벌제도의 비인도적 성질을 비판하고, 형벌의 공정신속, 罪刑의 균형, 죄형의 법정(→죄형법정주의)을 강조하며, 사회계약설·공리주의·인도주의의 입장으로부터 사형폐지론을 주장하였다. 그의 명성을 불후의 것으로 한 「犯罪와 刑罰」(Die delittie delle pene 1764)은 당시의 형벌제도의 비판에 그치지 않고 프랑스혁명을 통하여 19세기의 형법이론의 초석으로 되었다.

베롤츠하이머 Berolzheimer, Fritz(1869~1920) 독일의 법철학 및 경제철학자. 콜러와 더불어 신헤겔학파의 대표자. 법철학·경제철학국제학회 회장을 역임하고, 또 그 기관지의 창시자이기도 하다. 그 업적은 형법과 법철학에 걸친다. 주요저서 「法哲學과 經濟哲學의 體系」(System der Rechts- und Wirtschaftsphilosophie, 5 Bde., 1904~07)에서는 법과 경제와의 밀접한 관련을 강조하였으며, 널리 법을 가지고 문화현상의 하나로 해석하고, 법제사 및 비교법의 자료에 의하여 이를 설명하였다. 형법학상에서는 일종의 應報刑論을 취한다.

베르크봄 Bergbohm, Karl(1849~1927) 독일의 법학자. 본대학교수. 법철학 및 국제법의 연구에 종사하였다. 법실증주의의 조류에 서서 철저한 자연법부정의 입장을 취하여, 자연 또는 이성으로부터는 법의 명제를 연역할 수 없다고 설명하며, 또한 법감정·법이념 등의 개념까지도 자연법적·형이상학적 개념이라고 하여 피하려고 하였다. 주요저서는 「法學과 法哲學」(Jurisprudenz und Rechtsphilosophie, 1829), 「國際法의 法源으로서의 條約과 法律」(Staatsverträge und Gesetze als Quelle des Völkerrechts, 1877), 「武裝中立」(Bewaffnete Neutralität, 1884).

베 버 Weber, Max(1864~1920) 독일의 사회학자·경제학자·법학자. 하이델베르크 및 베를린대학에서 배우고, 同대학에서 私講師·員外교수를 지낸 후, 프라이부르크를 거쳐, 하이델베르크 대학교수. 그 연구는 대단히 광범하며, 철학에서는 서남 독일학파의 영향을 받으면서 사회과학방법론에 新機軸을 내는 한편, 사회학을 중심으로 한 經濟史·法制史·宗敎 등의 연구에도 다대한 공적을 남겼다. 특히 그의 「經濟와 社會」(Wirtschaft und Gesellschaft, 1921)는 법과 경제와의 관계를 다각적으로 포착하는 동시에, 법사회학적인 문제의 취급방법에 관하여서도 하나의 입장을 보여준 것이다. 다른 주요저서는 「學問論論集」(Gesammelte Aufsätze(이하 G.A.라 약함) zur Wissenschaftslehre, 1922), 「經濟史論集」(G.A. zur Wirtschaftsgeschichte, 1924), 「宗敎社會學論集」(G.A. zur Religionssoziologie, 3 Bde., 1922~1923), 社會·經濟史論集(G.A. zur Sozial- und Wirtschaftsgeschichte, 1924), 社會學·社會政策學論集(G.A. zur Soziologie und Sozialpolitik, 1924). → 이념형

베어드로스 Verdross, Alfred(1890~1980) 오스트리아의 국제법학자. 켈젠 등과 함께 빈법학파를 형성하고, 국제법상위설을 주장하였다. 더욱이 방법론적으로는 자연법을 인정하며, 켈젠 등의

순수법학과 반드시 입장을 같이하는 것은 아니다. 주요저서 「國際法」(Völkerrecht, 3. Aufl., 1955).

베이컨 Bacon, Francis(1561~1626) 영국의 정치가·철학자. 하원의원·검찰총장·대법관 등을 역임. 근대경험론의 선구자. 데카르트(Descartes)와 함께 근대철학의 시조임. 스콜라(shola) 철학에 반대하여 모든 先入觀과 偏見, 곧 우상을 없애고, 관찰과 실험을 통한 경험을 지식의 유일한 원천으로, 귀납법을 유일한 방법으로 삼아 자연을 올바르게 인식하고 이 인식을 통하여 자연을 지배함을 학문의 최고과제라 하였음. 주요저서에 「노붐 오르가눔」(Novum Organum)·「隨想錄」 등이 있음.

베젤러 Beseler, Georg(1809~88) 독일의 사법학자. 바젤(1835), 로스토크(37), 그라이프스발트(42), 베를린(59)의 각 대학교수. 프랑크푸르트국회의원(48~49), 헌법기초위원회에 관여, 프로이센국회의원(49), 독일국회의원(74), 상원의원(75). 로마법의 기반을 벗어나서 게르만법을 존중할 것을 주장하였다. 「相續契約論」(Über die Lehre von den Erbverträgen, 3 Bde., 1835~40), 「民衆法과 法曹法」(Volksrecht und Juristenrecht, 1843)의 二著를 통하여, 역사학파의 사비니와 치열한 논쟁을 전개하였다. 그 밖에 주요저서 「普通독일私法體系」(System des gemeinen deutschen Privatrechts, 3 Bde., 1847~55)가 있다.

베커 Bekker, Ernst Immanuel(1827~1916) 독일의 사법학자이며 로마니스텐. 언어학적 소양에 기하여 악치오를 연구하는 한편, 예리한 분석력에 의하여 점유의 순객관설을 주창하였다. 주요저서 「現代판덱텐體系」(System des heutigen Pandektenrechts, Bd. Ⅰ, 1886, Bd. Ⅱ, 1889), 「로마私法의 訴權」(Die Aktionen des römischen Privatrechts, Bd. Ⅰ, 1871, Bd. Ⅱ, 1874).

벤담 Bentham, Jeremy(1748~1832) 영국의 법학자, 공리주의(실리주의)의 철학자. 그의 근본사상은 最大多數의 最大幸福(the greatest happiness of the greatest number)에 요약되며, 도덕도 정치도 법도 이 척도에 의하여 평가되며 실행되어야 할 것을 주장한다. 그리하여 법은 사회생활의 실익을 증진할 것을 임무로 한다는 입장으로부터, 당시 블랙스톤에 의하여 대표된 보수주의적 법이론에 반대하여 실익없는 법제도의 개혁과 사회의 실리에 기여할 입법정책의 촉진을 주장하였다. 귀족지주가 특권계급을 이루고 있던 당시의 사회에 있어서, 그의 최대다수의 최대행복의 개념은 중산계급을 위하여 개인주의적 공리주의의 행동원리를 제공하였다. 법학상의 주요저서는 「政府小論」(Fragment on government, 1776), 「立法論」(Theory of legislation), 「道德과 立法의 原理」(Introduction to the principles of morale and legislation, 1789).

벨링 Beling, Ernst(1866~1932) 독일의 형법·형사소송법학자. 1893년 브레슬라우대학사강사, 1898년 동 대학교수, 1900년 기센대학교수, 1902년 튀빙겐대학교수, 1913년 이래 뮌헨대학교수. 특히 구성요건이론의 창작자로서 유명하다. 또한 비르크마이어와 더불어 舊派(고전학파)의 대표자로서 리스트의 新派(근대학파)에 대항하였다. 주요저서는 「犯罪의 理論」(Die Lehre vom Verbrechen, 1906), 「構成要件의 理論」(Lehre vom Tatbestand, 1930).

벨첼 Welzel, Hans(1904~77) 독일의 형법·법철학자. 1935년에 쾰른대학사강사, 1937년에 괴팅겐대학조교수 그리고 교수, 1952년 이래로 본대학교수가 되었다(1962년 동대학총장). 종래의 형법체계가 입각하고 있던 인과적 행위개념(자연적 행위개념)(→인과적 행위론)을 비판하여 목적적 행위개념에 입각한 새로운 형법체계를 수립한, 목적적 행위론의 주창자이다. 이에 따라 종래에 책임요소로 보아 오던 고의(단, 사실적 고의)를 행위요소로서 구성요건요소 내지 불법요소로서 파악하고, 위법성의 의식을 고의와 독립된 책임요소로서 파악하고(책임설), 과실(사회생활상 필요한 주의의 태만)을 구성요건의 문제로 삼고(얼마 전까지는 위법성의 요소로서 파악했음), 인적불법개념을 주장한다. 또한 법철학의 면에서는 사물논리적 구조에 구속받는 자연법론을 주장한다. 주요저서로는 「사무엘 푸펜도르프의 自然法論」(Die Naturrechtslehre Samuel Pufendorfs, 1958), 「독일刑法」(Das deutsche Strafrecht, 1947), 「自然法과 實質的 正義」(Naturrecht und materiale Gerechtigkeit, 1951) 등이 있다. →목적적 행위론

보네카즈 Bonnecase, Julien(1873~?) 프랑스의 海法 및 法理學者. 보르도대학교수. 그는 「海商法의 特殊性」(Le particularisme du droit commercial maritime, 1921)에서, 빠르드쉬 이래의 해상법의 특수성 이론을 상세히 검토 비판하고, 그 특이성은 상대적이고 특정적인 의미와 범위에서만 인정됨에 불과하다고 주장하여 유명하다. 그 밖의 주요저서 「海商法論」(Traité de droit commercial maritime, 1927).

보댕 Bodin, Jean(1530~96) 프랑스의 법학자·정치가·사회사상가. 절대군주제가 확립하

여 가고 있었던 당시의 프랑스에서 법을 주권의 상위에 놓는 중세적 국가개념에 반대하여 국가주권을 최고절대의 것으로 인정하여, 근대적 주권개념을 확립하였다. 신과 자연의 법 이외에 어느 것에도 복종하는 일이 없는 이 권력은 보댕에 의하여 majestas라고 이름지어졌다. 그리하여 主權不可分論, 주권자의 명령으로서의 법의 이론이 전개되었다. 그의 주권론은 중세적 질서의 붕괴에 의한 혼란을 강대한 프랑스 군주제의 수립에 의하여 방지하려고 하는 시도였었다. 경제학·역사철학의 분야에서도 선구적 업적을 남겼다. 주요저서 「國家論」(De la république, 6 vols., 1576).

보마노아르 Beaumanoir, Philippe de Rémi, Sire de(1246~96) 유명한 프랑스의 관습법학자로서, 로마법과 교회법에도 해박하였다. 꾸뛰미에 중의 걸작인 「꾸뛈 드 보봐지」의 저자로서 알려져 있는 외에, 시인으로서 약간의 문학적 작품까지도 남기고 있다.

보아소나드 Boissonade de Fontarabie, Gustave Emile(1825~1910) 프랑스의 법학자. 파리대학교수로 재임중, 일본정부의 초빙으로 도일하여(1873), 일본의 입법 및 법학교육을 위하여 진력하였다. 즉 그는 일본최초의 근대적 법전인 舊民法·舊刑法·治罪法을 기초하였고(後二者는 1882년부터 시행되었으나, 민법만은 주로 영국법학파의 반대로 인하여 결국 실시되지 못하였다). 또한 사법성법학교 및 동경대학에서 자연법이론과 프랑스제법을 강의하여, 일본에 서구의 법학을 이식하였다. 그의 저서는 퍽 많지만, 前記諸法典의 註釋, 즉 「刑法草案註釋」(Projet de code pénal pour l'empire du Japon accompagné d'un commentaire, 4 vols., 1882), 「刑事訴訟法草案註釋」(Projet de code de procédure criminelle acc. d'un com., 2 vols., 1882), 「民法草案註釋」(Projet de code civil acc. d'un com., 5 vols., 1882~89) 등이 중요하다.

볼 프 Wolff, Martin(1862~?) 독일의 민법학자·국제사법학자. 물권법·친족법을 전공하였으며, 에넥케루스·키프(Kipp)와의 공저 「民法教科書」(Lerhbruch des bürgerlichen Rechts)에서는 물권법·혼인법을 담당하여 유명. 따로 주요저서 「독일國際私法」(Das internationales Privatrecht Deutschlands, 3. Aufl., 1954)이 있다.

볼 프 Wolff(Wolf), Christian(1679~1754) 독일의 철학자. 라이프니츠의 제자. 1706년 할레대학의 수학교수, 후에 마르부르크로 전임하고, 40년에 다시 할레에 돌아왔다. 계몽적 철학의 대표자. 라이프니츠의 사상을 전개하여 라이프니츠 볼프 철학을 수립하였다. 법률학상 자연법을 인정하고, 완성의 이념을 법률의 근본개념으로 한다. 국제법상은 18세기의 그로티우스학파의 대표적인 한 사람. 국제법상의 견해는 그의 세계국가(civitas gentium maxima)의 사상의 영향이 강하다. 국제법을 자연적·인위적·관습적·조약상의 4종으로 나누어, 前二者는 보편적으로 타당하며 영구불변이고, 後二者는 수락하는 국가에만 타당하며 가변적이라 하였다. 인위적 국제법이라 함은 세계국가에 의해서 묵시적으로 과해진 국제법규를 말한다. 독일의 철학용어를 확립하여, 철학을 신학으로부터 독립시켜, 철학을 체계화한 점에 있어서 후에 독일철학의 발전에 기여한 바가 크다. 주요저서는 「科學的 方法에 의한 自然法」(Ius naturae methodo scientifica pertractatum, 9 vols., 1740~49)으로서, 그 9권의 「科學的 方法에 의한 國際法」(Ius gentium methodo scientifica pertractatum, 1749)은 국제법상 특히 중요하다. 「自然法과 國際法提要」(Institutiones juris naturae et gentium, 1750)는 상기 주요저서의 요약.

뵈스텐되르퍼 Wüstendörfer, Hans(1875~1951) 독일의 해상법학자. 베를린대학에서 배우고, 「로마법에서 본 독일民法 278條」(Dissertation: §278 BGB im Lichts des römischen Rechts, 1897)에 의하여 박사학위를 받았으며, 사법관시보·퀼른고등상업학교강사·로스토크대학교수를 거쳐 1919년 함부르크대학교수가 되어 만년까지 재임. 다방면에 걸친 업적을 통하여 일관한 그의 주제는 해상법의 분야에 있어서의 이익법학의 확립과 실천이었다. 그는 법과 그 경제적 기반과의 관계를 중시하고, 이 인식에 입각하여 법전의 자구의 말소에 구애되지 않는 신해석을 역설하였다. 오랫동안 개념적 해석학을 벗어날 수 없었던 독일해상법을 각성시킨 것은 그의 공적이다. 또 그는 비교법학적 방법을 존중하고, 특히 영·미해상법과의 관련에서 독일해상법을 검토하는 것을 잊지 않았다. 주요저서는 「近代에 있어서의 海上運送契約의 發展에 관한 研究」(Studien zur modernen Entwicklung des Seefrachtvertrags, 1905~1909), 「헤이그規則」(The Hague Rules, 1922), 「海上航行法」(Das Seeschiffahrtsrecht, 1923) 등이며, 「現代海商法論」(Neuzeitliches Seehandelsrecht, 1. Aufl., 1946, 2. Aufl., 1950)은 그의 50여년간의 연구의 총결산으로서, 독일해상법의 해설서로서 최고의 지위를 갖는다.

뷔일란트 Wieland, Karl(1864~1936) 독

일의 상법학자. 경제학상의 기업이라는 개념을 상법의 지도원리로 도입하여, 새로운 각도에서 상법학을 체계적으로 건설. 주요저서「商法」(Handelsrecht, Bd. Ⅰ, 1921, Bd. Ⅱ, 1931).

뷘트샤이트 Windscheid, Bernhard(1817~92) 독일의 법학자. 뮌헨(57)·하이델베르크(71)·라이프치히(74)의 각 대학교수. 독일민법전기초위원회위원장(74~83). 판덱텐법학을 정밀하게 해석적·이론적으로 구성하고, 또한 이를 실제적 효용있는 것으로 하여, 그 후의 판례에 큰 영향을 주었다. 그는 권리에 관하여는 의사설의 입장을 취하여, 권리라 함은 법질서에 의하여 부여된 의사력 또는 의사지배라고 주장하였다. 그의 actio(訴權)와 Anspruch(請求權)에 관한 이론은 독일민법에 다대한 영향을 주었다. 주요저서는「판덱텐法敎科書」(Lehrbuch des Pandektenrechts, 3 Bde., 1862~70)

뷜로우 Bülow, Oskar(1837~1907) 독일의 민사소송법학자. 하이델베르크대학에서 교수의 자격을 얻고, 기센·튀빙겐·라이프치히의 각 대학교수. 그의 학설의 중축을 이루는 것은 소송법률관계론과 판결에 법창조적 기능을 인정하는 소송이론이라고 할 수 있다. 주요저서「訴訟抗辯說 및 訴訟要件」(Die Lehre von den Prozesseinreden und die Prozessvoraussetzungen, 1868),「訴와 判決」(Klage und Urteil, 1903).

브라이스 Bryce, James(1838~1922) 영국의 역사학자·정치학자·법학자·정치가. 그 풍부한 지식과 체험으로써「神聖로마帝國」(Holy Roman Empire, 1864),「아메리카國家論」(The American Commonwealth, 1888),「近代民主政治」(Modern democracies, 1921)를 저술하였다. 그의 정치학은 정치적 심리를 좌우하는 인간적 요소(예를 들면 당파·금전·신문)를 사회학적으로 파악한 점에 그 특색을 가진다. 법학상의 성과로서는, 메인의 사상을 흡수하고 우수한 비교법적 방법에 의해 저술한「歷史 및 法理學 硏究」(Studies in history and jurisprudence, 2 vols., 1901)가 있다. 또 정치가로서는 閣員이 되어, 그 깊은 식견에 의하여 영미양국의 상호이해에 공헌한 바 지대하다.

브랙톤 Bracton, Henry de(?~1268) 헨리 3세시대의 재판관. 원래 승려였으나, 후에 순회재판소 및 중앙재판소재판관을 하였다.「英國法律慣習論」(De legibus et consuetudinibus angliae)으로 유명하다. 이것은 미완이나, 블랙스톤의 시대까지 영국법의 典書로 되었다. 로마법·교회법에 조예가 깊으며 그 영향을 깊이 받았다고 말하여지나, 판례를 기초로 하고 판례가 확정하지 아니한 부분만을 로마법으로써 보충하였다. 國王이라 할지라도 神과 法밑에 있다라고 하는 그 법지상주의는 후에 코크의 스튜어트왕조와의 항쟁에 이용되어, 결국 영국법사상이나 정치제도의 골간을 이루게 되었다. →법의 지배

브랜다이스 Brandeis, Louis Dembitz(1856~1941) 미국최고재판소판사(1916~39). 경제적 민주주의를 주장하고, 진보적인 생각을 가지고 있었다. 법관이 되기 전에는 변호사로서 노동입법지지를 위하여 활약하였다. 저서로는「實業—專門職」(Business—a Profession, 1914),「브랜다이스判事의 社會·經濟觀」(The social and economic views of Mr. Justice Brandeis, 1930, Lief編),「宏大의 咀呪」(The curse of bigness, 1934, Frankel編).

브루너 Brunner, Heinrich(1840~1915) 독일의 법제사학자. 렘베르크(1866), 프라그(70), 슈트라스부르크(72), 베를린(73)의 각 대학교수. 프랑크법을 중심으로 비교법제사적 방법을 구사할 뿐만 아니라, 사회적 요인에도 주의하여, 봉건제도의 성립 등에 고전적 학설을 전개하였다. 주요저서「독일法의 歷史와 源泉」(Geschichte und Quellen des deutschen Rechts, 1890),「독일法制史」(Deutsche Rechtsgeschichte, 2 Bde., 1887~92),「독일法制史綱要」(Grundzüge der deutschen Rechtsgeschichte, 1901).

브룬스 Bruns, Karl Georg(1816~80) 독일의 탁월한 법사가이며 사법학자. 로스토크·할레·튀빙겐대학의 교수를 거쳐 베를린대학교수가 되었다. 1861년에는「法史雜誌」(Zeitschrift für Rechtsgeschichte)를 편집. 주요저서는「中世 및 現代의 占有權」(Das Recht des Besitzes im Mittelalter und in der Gegenwart, 1848),「古代로마法源」(Fontes iuris Romani antiqui, 1860).

브린츠 Brinz, Aloys von(1820~87) 독일의 로마법학자. 목적재산설로 알려져 있지만, 책임과 채무의 구별이론은 로마법학에 기초이론을 제공하였을 뿐만 아니라 게르마니스텐의 채무와 책임이론에도 매개적인 기여를 하였다. 주요저서「판덱텐敎科書」(Lehrbuch der Pandekten, 3 Bde., 1857~71).

블라이 Bley, Erich(1890~1953) 독일의 민법·소송법·경제법학자. 그라이프스발트·기센·

그라츠 · 본의 각 대학교수. 학위논문인 「破産債權者의 權利의 確定」(Die Feststellung des Konkursgläubigerrechts, 1914)을 비롯하여 많은 저서 · 논문을 발표한 외에, 1934년 이후 「破産 · 信託制度雜誌」(Zeitschrift für Konkurs- und Treuhandwesen)의 발행인으로서도 활약하였다. 訴權論에 있어서 추상적 소권설의 빈약함을 메우고 구체적 소권설의 지나침을 제한하여 이른바 본안판결청구권설을 주장한 것으로 유명하다. 주요저서 「訴權과 正當한 利益」(Klagrecht und rechtliches Interesse, 1923), 「和議法註釋」(Vergleichsordnung, Kommentar, 1935).

블랙스톤 Blackstone, Sir William(1723~80) 영국의 법률가. 런던에서 출생하여, 옥스포드 · 미들 템플을 졸업. 그 때까지 오로지 로마법만이 강의되고 있던 영국법과대학에서, 처음으로 영국법강의를 담당하였다(영국법은 인스 오브 코트에서만 강의되었다). 불후의 대저서 「英法釋義」(Commentaries on the laws of England, 4 vols., 1765~69)의 완성후는 재판관으로 되었다. 본서는 중세로부터 근세에로 전화 · 완성한 영국법질서 전체를 체계적 망라적으로 서술한 것. 로마법적인 개념 · 체계 · 분류에 의하고 있다고 말하여지나, 영국법의 전체를 하나의 발전하고 있는 통일체로서 파악하기 위하여 도리어 그 역사적 내용에 따라서 분류하고, 체계화하는데 노력하였다. 브랙톤의 저서와 함께 널리 알려진 권위적인 전서이며, 영국법원상에서 학설법으로서 중요하다. 벤담은 합리주의적 입장으로부터 그를 보수주의자라고 혹평하였으나, 그는 결코 맹목적 보수주의자는 아니며, 도리어 역사주의를 대표한다. 메인에 의하여 수계된 그의 역사주의는 오스틴 등의 합리주의적 분석학파의 반대에도 불구하고, 의연히 영국법사상의 정통이 되어 있다. 19세기 이후의 영국에 있어서의 법학의 발흥, 독립전후의 미국에 있어서의 영국법계수는 그의 힘에 의한 바가 많다.

블룬출리 Bluntschli, Johann Kaspar(1808~81) 스위스출생의 법학자. 1833년 신설의 취리히대학교수, 후에 뮌헨대학에 옮기고, 또한 1861년 하이델베르크대학교수. 그 주요저서 「一般國法」(Allgemeines Staatsrecht, 1852, 2. Aufl., 2 Bde., 1857, 5. Aufl., 3 Bde., 1875)에서는, 국가를 인간의 유기체와 비교할 수 있는 도덕적 · 정신적 인격으로 간주하고 있으며, 이로 말미암아 그는 국가유기체설의 1인으로 알려져 있다. 그 밖에 「독일私法」(Deutsches Privatrecht, 1853)이 있다.

비 꼬 Vico, Giovanni Battista(1668~1744) 이탈리아의 철학자 · 법학자. 나폴리에서 출생. 법학 · 역사학 · 철학 · 언어학을 수학하고, 1697년 나폴리대학의 修辭學 교수가 되었다. 주요저서 「諸國民의 共通의 性質에 관한 새로운 學問의 原理」(Principi di una scienza nuova d'intorno alla commune natura delle nazioni, 1725)로써 저명하게 되었다. 그 특이한 체계(철학과 언어학, 이념과 사실의 결합), 역사철학(회전적 발전의 이론)에 있어서 근대사회학과 역사철학의 시조라고 불린다. 그의 이론은 법제사 및 비교법학에 영향을 주었다. 법의 계수를 부정하지만, 그것은 인간정신의 동일성의 원리에 대한 오해에 의한 것이다.

비노그라도프 Vinogradoff, Sir Paul(1854~1925) 러시아계의 영국의 역사학자 · 법학자. 모스크바에서 교사의 아들로 출생. 모스크바대학 졸업후, 베를린의 몸젠 · 브루너의 세미나에 출석, 이탈리아 · 영국에도 유학. 1884년~1901년간 모스크바대학 역사학교수. 정부의 방침에 반대하여 추방. 사직후 옥스포드대학의 법리학교수의 자리를 얻었다. 브랙톤의 노트북을 발견해서 유명해졌다. 스스로 세미나를 열어 학생의 연구를 지도하고, 「社會史 및 法制史에 관한 옥스포드研究集」(Oxford studies in social and legal history)을 그 성과로서 간행. 여러 고전어 · 외국어에 조예가 깊었기 때문에, 대륙과 영국의 학자 및 학문간의 교류에 힘쓸 수 있었다. 「中世유럽에 있어서의 로마法」(The Roman law in mediaeval Europe, 1909)은 그의 어학력의 성과이며, 영국학자의 대륙법연구에 귀중한 기여를 하였다. 법제사, 특히 농업경제사에 우수하며, 「英國隷農制」(Villeinage in England, 1892), 「莊園의 發達」(The growth of manor, 1905), 「11세기에 있어서의 英國社會」(English society in the 11th century, 1905) 등을 간행. 그의 법제사가로서의 가치는 영국인이 아니므로 메이틀랜드에 따르지 못한다고 하나, 메인을 계승하는 역사학파의 법철학자로서 정평이 있다. 미완의 「歷史法學大綱」(Outlines of historical jurisprudence, 2 vols., 1920~22)은 역사적 제유형을 기초로 한 다원론적 역사법학의 경향을 가진다. 그 외에 「法에 있어서의 常識」(Common sense in law, 1923), 「慣習과 權利」(Custom and right, 1925) 등의 저서가 있다.

비르크마이어 Birkmeyer, Karl von(1847~1920) 독일의 형법 · 형사소송법학자. 1874년에 로스토크대학교수가 되었고, 1886년 이후 1912년에 이르기까지 뮌헨대학교수였다. 또한 독일新형법전제정을 위한 위원회의 위원직도 맡았다. 뮌헨시대에는 형법학파의 항쟁이 한창이었는데, 비르크마이어는 舊派(고전학파)의 선두에서 新派(근대학파)의 대표자인 리스트와 논쟁하여 크게 활약하였다. 주요저서 「刑罰과 保安處分」(Strafe und sichernde Massnahmen, 1906), 「독일刑法講義綱要」(Grundriss zur Vorlesung über das deutsche Strafrecht, 1890), 「독일刑事訴訟法」(Deutsches Strafprozessrecht, 1898).

비반떼 **Vivante, Cesare**(1855~1944) 이탈리아의 상법학자. 독일·프랑스의 모방으로부터 벗어나서 독자의 이탈리아상법학(이탈리아학파)을 건설. 「商法雜誌」(Rivista di diritto commerciale)를 창간(1903). 주요저서 「保險契約論」(Il contratto di assicurazione, 1888), 「商法論」(Trattato di diritto commerciale, 1893).

비어만 **Biermann, Johannes**(1863~1915) 독일의 사법학자. 로마니스텐에 속하며, 물권법과 부동산등기법의 연구에 뛰어났다. 주요저서 「假想의 引渡」. 독일민법주석서의 감수자이며, 그 자신은 그 중 물권법을 담당하였다.

비얼링 **Bierling, Ernst Rudolf**(1841~1919) 독일의 법학자. 그라이프스발트대학 공법교수. 일반법학의 수립자의 한 사람으로서 저명하다. 또한 그 이론은 법의 효력의 근거를 현실의 다수인에 의한 승인에 구하였으므로, 일반적으로 승인설이라 불린다. 주요저서는 「法律上의 基本槪念의 批判」(Zur Kritik der juristischen Grundbegriffe, 2 Bde., 1877~83), 「法原則論」(Juristische Prinzipienlehre, 5 Bde., 1894~1917).

빈 더 **Binder, Julius**(1870~1939) 독일의 법철학자. 新헤겔학파의 1인. 처음에는 신칸트학파로부터 출생하였으나, 그의 주요저서 「法哲學」(Philosophie des Rechts, 1925)에서는 상당히 헤겔철학에 접근을 보이고, 그 후에는 「法哲學의 基礎理論」(Grundlegung zur Rechtsphilosophie, 1935), 「法哲學의 體系」(System der Rechtsphilosophie, 1937)에서 나치스의 정치이념을 정면으로부터 내세우게 되었다.

빈 딩 **Binding, Karl**(1841~1920) 독일의 형법학자. 1866년 바젤대학의 교수로 되어, 그 후 프라이부르크·슈트라스부르크 및 라이프치히에 전임하였다. 리스트의 新派에 대립한 舊派의 최대의 이론가. 형벌법규와 규범과를 준별하고, 규범의 독자성을 주장하여, 범죄를 규범의 위반으로서 파악한 그의 規範說(Normentheorie)은 특히 유명하다. 법이론상으로는 일반법학의 계통에 속한다. 주요저서는 「刑法要義」(Handbuch des Strafrechts, 1885), 「規範과 그 違反」(Die Normen und ihre Übertretung, 4 Bde., 1872~1920).

≫ ㅅ ≪

사비누스 **Sabinus, Massurius** 1세기전반경의 로마의 법학자. 카피토(Capito)의 뒤를 이어 사비니아니를 창시하여 프로쿨리아니에 대립하였다. 주요저서 「三卷의 市民法論」(Libri tres iuris civilis).

사비니 **Savigny, Friedrich Karl von**(1779~1861) 독일의 법학자·정치가. 역사법학파의 건설자. 로마니스텐의 대표자의 1인이며, 베를린대학창립(1810)과 함께 로마법의 교수가 되어, 한 때 총장의 직에도 있었고, 1842년 입법개정대신이 되기까지 동대학의 강단에 섰다. 그의 학문적 업적은 로마법의 역사적 체계적 연구를 통하여 민법학 및 국제사법학에 많은 공헌을 한 외에, 특히 역사법학을 확립하여, 19세기 전반의 독일법학계를 지도한 데에 있다. 독일통일민법전의 필요를 역설한 티보에 반대하여 쓰여진 「立法과 法律學에 관한 現代의 任務」(Vom Beruf unserer Zeit für Gesetzgebung und Rechtswissenschaft, 1814)는 역사법학의 근본사상을 전개한 획기적 저작이다. 그는 당시의 법전편찬론이 자연법사상에 지도되고 있는 것을 지적하고, 법의 역사성·민족성을 강조하여, 일시의 정책적 이유에 의한 입법은 尙早라고 하는 반대론을 주장하였다. 주요저서는 「占有權論」(Das Recht des Besitzes, 1803), 「現代로마法體系」(System des heutigen römischen Rechts, 8 Bde., 1840~49), 「中世로마法史」(Geschichte des römischen Rechts im Mittelalter, 7 Bde., 1834~51). 그리고 그는 아이히호른과 함께 「歷史法學雜誌」(Zeitschrift für geschichtliche Rechtswissenschaft, 1815~50)를 간행하였다.

살레이유 **Saleilles, Sébastien Félix Raymond**(1855~1912) 프랑스의 법학자. 그르노블·디죵·파리 각 대학교수를 역임하고, 법제사·비교형법·민법·비교민법 등을 강의. 법전을 金科玉條로 하는 사상에 반대하여 법의 해석에 진화의 개념을 넣어 제니와 같이 프랑스에 있어서 자유법론의 제창자로 되었다. 그는 법을 사회와 같이 진화할 것으로 생각하였으나, 또한 법을 규범의 면에서 보아 그 안정성의 요청을 인정하고, 진화와 안정의 이율배반의 해결을 위하여 일생을 바쳤다. 주요저서는 「독일民法第一草案의 債權總論硏究」(Essai d'une théorie générale de l'obligation d'après le projet de Code civil allemand, 1890), 「刑의 個別化」(L'individualisation de la peine, 1898), 「比較法學의 概念과 目的」(Conception et objet de la science du droit comparé, 1900).

살몬드 Salmond, Sir John William(1862~1924) 뉴질랜드의 법관·법학자. 애들레이드·뉴질랜드대학교수를 거쳐, 뉴질랜드 최고재판소판사를 역임. 그의 온건한 입장에 의한 현행법의 해설은 교과서로서 널리 평판을 갖고 있으며, 영본국에서도 대표적 교과서의 하나로 되어 있다. 주요저서 「法理學」(Jurisprudence, 1902), 「契約法原理」(Principles of the law of contract, 1927), 「不法行爲法」(The law of torts, 1907).

샤르몽 Charmont, Joseph(1859~1922) 프랑스법학자. 몽페리에대학에서 민법을 강의, 새로운 자연법론을 제창하여, 유명한 「自然法의 復興」(Le renaissance du droit naturel, 1910)을 저술. 역사법학 이래의 법사상으로부터 당시 지배적이었던 사회연대주의나 실용주의 등을 검토하여, 그들 속에 숨어져 있는 자연법긍정의 사실과 이론내용과의 갭을 지적하고, 과거의 凝固한 자연법 대신, 현실과 이상을 조화하는 유동적인 新자연법을 唱導하였다. 그 밖의 주요저서로는, 「法과 民主的 精神」(Le droit et l'esprit démocratique, 1908), 「民法의 變遷」(Les transformations du droit civil, 1912).

서덜랜드 Sutherland, Edwin Hordin(1883~1950) 미국의 사회학자·형사학자. 전통적인 미국사회의 영향하에 미국형사학의 지도적 역할을 담당하였다. 그는 범죄의 원인을 特異接觸(differential association)(사람은 反法律的인 規範意識을 가진 사람에 접촉하여 이를 배움으로써 범죄를 행하게 된다는 것)에 있다고 보아, 그것을 1원적으로 설명하려고 했다. 그 이론의 실증으로 행하여진 것으로, 화이트칼라犯罪·職業的 窃盜 등이 있다. 주요저서는 「刑事學原理」(Principles of criminology, 1924), 「화이트칼라犯罪」(White collar crime, 1949)이다.

셀 덴 Selden, John(1584~1654) 영국의 법학자·역사가·정치가. 17세기 전반에 있어서 학문적 연구와 정치운동에 의하여 국왕의 전제를 억제하려 하였던 법률가 및 의회주의자 중에서 가장 주목할 만한 학자이다. 그로티우스의 海洋自由論에 대하여 海洋閉鎖論을 주창한 것으로 유명하다. 매우 박학하여 그의 이름을 붙인 유력한 法制史學會 셀덴 소사이어티(Selden Society)가 있다. 주요저서 「廢鎖海論」(Mare clausum, 1635).

솔로비요프 Soloviyov(Solovjeff), Vladimir (Waldimir)(1853~1900) 러시아유수의 철학자. 모스크바 및 페테르부르크대학의 교수였었으나, 교단을 추방당하여, 晩年 20년간을 민간학자로서 지냈다. 사상적으로 톨스토이적 무정부주의 및 헤겔·치체린적 국가지상주의에 반대하여 中庸의 自由神政을 주장하였기 때문에 정치적으로는 서구주의와 汎슬라브주의로부터 挾擊당하였다. 그의 사상은 전일적·역사적·단계적인 점에 이색이 있고, 법이나 국가도 중간적인 것으로서 이 체계의 단계속에 편입되어, 상대적 의의가 부여되어 있다. 주요저서 「善의 理由」, 「藝術의 一般的 意義」, 「思辨哲學의 第一原理」.

솔 론 Solon(B.C. 638경~B.C. 558경) 그리스(아테나이)의 입법가·정치가. 그리스 7賢人의 1人. 아르콘으로 되어, 채무해제법, 채권담보를 위하여 하는 人身入質의 금지법 외에, 종래의 귀족제를 廢하여 시민의 소득액에 따른 징세를 정하여 金權政을 확립하여 후의 民主政의 기초를 쌓았다.

쇤펠트 Schönfeld, Walter(1888~?) 독일의 법학자. 독일관념론, 특히 헤겔적 변증법의 입장에서 독일법사와 독일적 철학의 전개를 시도했으나, 후에 나치스이론가와 접근하여, 민족공동체와 개인의 인격과의 변증법적 통일을 강조하여, 거기에서 법의 본질을 얻으려고 한 新헤겔학파의 1인. 주요저서는 「法秩序의 論理的 構造」(Die logische Struktur der Rechtsordnung, 1927), 「法史學의 問題」(Vom Problem der Rechtsgeschichte, 1927), 「辨證法的 法學의 概念」(Über den Begriff einer dialektischen Jurisprudenz, 1929), 「法의 認識」(Von der Rechtserkenntnis, 1931).

셍 케 Schönke, Adolf(1908~53) 독일의 형법·민사소송법학자. 주요저서는 「刑法註釋書」(Strafgesetzbuch Kommentar, 10. Aufl., 1961. 1954 7. Aufl.,부터 슈리터가 뒤를 이음), 슈타인요나스의 뒤를 이은 「民事訴訟法註釋書」(Kommentar zur Zivilprozessordnung, 18. Aufl., 2 Bde., 1952부터 폴레가 다시 뒤를 이음).

소믈로 Somlò, Felix(1873~1920) 헝가리의 법학자. 법의 근본개념을 명백히 하기 위하여, 법규범의 내용을 해석하기만 하는 법학과는 상이한 법학원론의 존립의 필요를 논하였다. 그러나 그것은 법규범의 구속력의 근거를 사회의 사실력에 구하는 경험주의적·실증주의적인 것이다. 법의 실효성의 근거로 되어 있는 그와 같은 사실력을 法實力(Rechtsmacht)이라고 칭하며, 包括的·恒常的 最高實力의 規範을 법이라고 정의하였다. 주요저서는 「法學原論」(Juristische Grundlehre, 1917).

수아레스 Suárez, Francisco(1548~1617) 스페인의 신학자·법학자. 스페인·포르투갈의 여러 대학의 교수를 역임하고 국제법이론에 있어서 그로티우스의 선구자로서 비토리아와 함께 저명하다. 그 법사상은 스콜라 학파적인 자연법이지만, 실정법에 있어서의 입법자의 의사를 문제로 하는 점에서 토마스 아퀴나스와 근세의 법사상과의 중간에 있다. 전쟁의 정당원인을 상론하여, 그로써 국제법의 기초를 세웠다. 주요저서는 「法 및 立法論」(De legibus ac legislatore, 1612), 「形而上學論集」(Disputationes metaphisicae, 2 Bde., 1957), 「神學上의 세 개의 德에 관한 著作」(Opus de triplici virtute theologica, 1621).

수아레츠 Suarez, Carl Gottlieb(1746~98) 독일의 자연법학자. 카르메르(Carmer)의 뒤를 이어 프로이센보통국법의 편찬에 종사하여, 클라인 등과 함께 이를 완성하였다. 주요저서로는 「王太子法學御前講演集」, 「法典解說」이 있다.

슈미트 Schmidt, Eberhard(1891~?) 독일의 형법·형사소송법학자. 형법이론상의 업적으로서는 확장적 정범개념의 수립, 객관적 위법성설의 주장, 규범적 책임론의 채택 등을 들 수 있다. 특히 리스트의 교과서를 이어 받아 이를 개정한 것으로 유명하다. 주요저서는 「독일刑法敎科書」(Liszt-Schmidt, Lehrbuch des deutschen Strafrechts, 25. Aufl., 1927, 26. Aufl., Allg. Teil. 1932), 「刑事司法史序說」(Einführung in die Geschichte der deutschen Strafrechtspflege, 1951).

슈미트 Schmitt, Carl(1888~1985) 독일의 공법학자. 정치적 현실주의에서 켈젠의 규범주의에 비판을 가하고, 독특한 구체적 질서사상을 설명하였다. 전체주의의 사상가로 보지만, 나치스의 견해와 달라 전체주의의 어용학자는 아니었다. 법학의 사유방법에 있어서 결정론과 규범주의를 지양하기 위하여 具體的 秩序 및 形成의 思考를 제창한 것으로 유명. 「憲法論」(Verfassungslehre, 1928)을 비롯하여 공법관계에 많은 저작이 있다.

슈타믈러 Stammler, Rudolf(1856~1938) 독일의 新칸트학파법철학의 창시자. 마르부르크학파에 속하며, 엄밀한 방법에 따라서 법의 순수형식을 정하고, 비판주의적 법철학의 광대한 체계를 세웠다. 그는 법개념으로부터 일체의 경험적 가변적 재료를 배제하고, 경험내용의 비판적 분석에 의하여 통일적 보편적 제약자를 추상하여, 不可侵的 自主的으로 結合하는 意欲 그것을 구하였다. 그리하여 법개념에 의하여 파악된 의욕을 합법칙적으로 규정하는 방법으로서의 법이념을 가능적인 완성태로서 추구하여 이른바 正法의 사상으로 이끈다. 自由로이 의욕하는 사람들의 共同體의 이념이 이와 같은 올바른 법질서를 지향하는 그의 이론인데, 이것은 옛 자연법이나 근대의 법실증주의를 다같이 비판하여 유명한 可變的 內容을 가진 自然法의 제창으로 발전되었다. 슈타믈러의 철저한 형식주의는 내용이 없는 법형식의 보편타당성에 집착하여 산 현실을 잃고 있다고 비판되지만, 법철학 재흥의 기운을 일으키고 自由法運動(→자유법론)에 기여하는 등 그 남긴 공적은 높이 평가하여야 할 것이다. 주요저서는 「經濟와 法」(Wirtschaft und Recht nach der materialistischen Geschichtsauffassung, 1889), 「正法論」(Die Lehre vom richtigen Recht, 1902), 「法學理論」(Theorie der Rechtswissenschaft, 1911), 「法哲學敎科書」(Lehrbuch der Rechtsphilosophie, 1922) 등이다. →정법

슈 탈 Stahl, Friedrich Julius(1802~62) 독일의 정치학자·법철학자·교회법학자·정치가. 에를랑겐대학(1884), 베를린대학(1840)의 교수. 보수당의 당수. 헤겔의 사상을 받아 독일절대군주제의 기초를 세운 이론가. 다만 국가절대주의를 취하는 동시에, 법치주의도 인정하고, 근대적 입헌국가를 위한 사상적 배경을 제공하려는 면도 있었다. 주요저서는 「法哲學」(Philosophie des Rechts, 1829).

슈타우딩거 Staudinger, Julius Ritter von(1836~1902) 독일의 법률가. 바이에른사법성에 근무하면서 바이에른형법전과 형사소송법전의 편찬에 종사하였고, 뮌헨고등재판소부장을 역임. 이른바 대주석서의 대표인 독일民法註釋書(J.v. Staudingers Kommentar zum bürgerlichen Gesetzbuch und dem Einführungsgesetz, 6 Bde., 1898~1903)의 편집으로써 특히 유명하다.

슈타인 Stein, Friedrich(1859~1923) 독일의 민사소송법학자·사회학자. 브레슬라우에서 출생하고, 1887년 이래 라이프치히대학에 사강사로 있었고 1908년에 정교수로 되었다. 그는 슈타인의 코멘타르의 이름으로 불리는 독일민사소송법의 주

석서로써 유명하고(이 책은 카우프가 창시하고, 슈타인이 승계하였으나, 그의 사후 요나스, 셍케, 다시 폴레에 의하여 승계되어 1952년에 18판이 나왔다). 우리나라의 소송법학계에 헬비히와 같이 많은 영향을 준 학자이다. 주요저서 「裁判官의 私知」(Das private Wissen des Richters, 1893), 「독일國民事訴訟法」(Die Zivilprozessordnung für das Deutsche Reich, 2 Bde., 1896~98), 「民事訴訟法과 破産法綱要」(Grundriss des Zivilprozessrechts und des Konkursrechts, 1920~21).

슈타인 Stein, Lorenz von(1815~90) 독일의 사회학자·법학자·재정학자. 특히 독일적 사회과학의 체계가로서 저명. 법을 사회발전의 역사적 소산으로 설명하는 점에서는 법사회학의 선구자라 할 수 있다. 자본주의사회의 계급구성을 경제적으로 분석하여, 국가에 의한 사회정책을 주장하였다. 또 관방학적 행정학을 집대성함과 동시에, 그를 극복하여 근대적 행정학을 기초지워 주고 새로운 행정법학 수립의 길을 열어 주었다. 주요저서 「1879년부터 今日에 이르는 프랑스社會運動史」(Die Geschichte der sozialen Bewegung in Frankreich von 1789 bis auf unsere Tage, 3 Bde., 1850), 「行政學」(Die Verwaltungslehre, 7 Bde., 1865~84).

슈토스 Stooss, Carl(1849~1934) 스위스의 형법학자. 변호사·재판장을 거쳐 1883년에 베를린대학교수, 1896년에 비인대학교수가 되었다. 그는 스위스형법기초자로서 유명하다. 특히 1893년의 제1스위스형법초안은 그에 의하여 작성됨으로써 슈토스안이라고 불린다. 이 초안에서 그는 형벌이외에 보안처분의 독자성을 인정하여, 이른바 二元主義下에 형벌과 보안처분을 체계적으로 규정하였다. 이 초안은 그 후의 세계제국의 형법 및 형법초안의 보안처분의 규정에 커다란 영향을 미쳤다. 또한 그는 「스위스刑法雜誌」(Schweizerische Zeitschrift für Strafrecht, Revue pénale suisse)를 1889년에 창간하였다. 주요저서로는 「스위스刑法綱要」(Die Grundzüge des schweizerischen Strafrechts, 1892), 「오스트리아刑法教科書」(Lehrbuch des österreichischen Strafrechts, 1910) 등이 있다.

스크러튼 Scrutton, Sir Thomas Edward (1856~1934) 영국의 재판관·배리스터로서 海法 및 商法의 연구가. 주요저서 「傭船契約 및 船荷證券論」(Charterparties and bills of lading, 1886, 16. ed., 1955), 「商法槪論」(Elements of mercantile law, 1891).

스테펜 Stephen, Sir James Fizjames (1829~94) 영국의 법률·정치학자. 인도에 있어서의 法典編纂(契約法·刑法·刑事訴訟法)에 대성공을 이루었으나, 영국의 의회에서는 그의 기대는 모두 배반되어, 그 反민주주의적 경향은 일층 강하여졌다. 그 후 교사·재판관의 지위에 취임하였다. 주요저서 「英國刑法史」(A history of the criminal law of England, 3 vols., 1883).

스토리 Story, Joseph(1779~1845) 미국의 법률가. 메사추세츠 출생. 연방최고재판소의 판사, 하바드대학교수를 역임. 헌법·포획심검법 등에 관하여 중요한 판결을 내린 것으로 저명하다. 그는 법의 저촉에 관하여 영어로 체계적으로 서술한 최초의 학자이며(「國際私法釋義」(Commentaries on the conflict of laws, 1834)), 또 헌법·형평법에 있어서의 업적은 후세에 큰 영향을 주었다. 주요저서 「合衆國憲法釋義」(On the constitution of the U.S., 1833), 「衡平法釋義」(Commentaries on equity jurisprudence, 1836).

스펜서 Spencer, Herbert(1820~1903) 영국의 사회학자. 진화론을 받아들인 사회철학사상으로써 저명하며, 경험주의의 입장에 입각한 不可知論에 특색이 있다. 사회와 생물유기체를 동시하여, 단순·동질의 사회로부터 複雜·異質의 사회로의 진화를 주장하여 군사형사회와 산업형사회를 대조하고, 그곳으로부터 자유방임주의를 도출했다. 주요저서 「第一原理」(First Principles, 1860~62), 社會學原理(Principle of sociology, 1876~96), 道德原理(Principle of morality, 1879~93).

시에예스 Siéyès, Emmanuel Joseph(1748~1836) 프랑스의 정치사상가. 처음에 三部會議員이 되고, 그 國家論으로 유명하다. 대혁명전야의 이론가. 1814년의 헌법을 기초후, 1815년부터 1830년의 7월혁명까지 망명. 만년에는 아카데미회원이 되어 저술에 종사하였다. 第三階級이란 무엇인가(Qu'estce que le tiersétat, 1789)는 가장 저명. 루소의 사상을 祖述하고 있지만, 국민의 헌법제정권력의 이론을 제창한 것으로 유명하다. 그의 사상은 혁명후의 헌법제도와 의회에 영향하는 바 크고, 인권선언도 그의 저서 「人間과 市民의 權利의 認定과 解說」(Reconnaissance et exposition des droits de l'homme et du citoyen, 1789)에 힘입은 바 적지 않다고 한다.

≫ o ≪

아쿠르시우스 Accursius, Franciscus(1182경~1260) 이탈리아의 註釋學派에 속하는 법학자. 주석학파의 선인들이 學說彙纂·勅法彙纂·法學提要에 대하여 행한 주석에 자기의 견해를 가하여 「標準註解」(glossa ordinaria, glossa magistralis)를 저술하였다.

아들러 Adler, Max(1873~1937) 오스트리아의 사회학자. 빈대학교수. 칸트와 마르크스의 연결을 기도하여 수정적인 입장에서 마르크스주의를 논하였음.

아리스토텔레스 〔英〕 **Aristotle,** 〔獨〕 **Aristoteles** 〔佛〕 **Aristote**(384~322 B.C.) 그리스의 철학자. 그의 形而上學은 사물을 素材(hylé)와 形相(eidos)과의 관계에서 포착하여, 만물은 형상의 실현을 목표로 하여 발전한다고 한다. 인간은 사회에서 그 본성의 충족을 찾아내는 동물이며, 사회의 기본적 형태는 국가이다. 인간의 생활은 국가에서 비로소 완전한 것이 된다. 이리하여 인간은 본성적으로 都市國家的 動物(zoon politikon)이다라고 한다. 아리스토텔레스는 정의를 최고의 德이라고 부르며, 국가공동체의 행복을 창조해내는 것이 이 究極的인 德의 일부분으로서의 정의를 다시 배분적인 것과 평균적인 것으로 나누어, 후세의 정의론의 기초가 되는 정밀한 분석을 주었다. 즉 좁은 의미의 정의는 다시 개개인에게 개개인의 가치에 해당하는 것을 주는 배분적 정의와 교환·배상 등 이해득실의 평균을 기하는 평균적 정의로 나뉘며, 전자에 있어서의 개개인의 균등은 기하학적 비례에 기하며, 후자에 있어서의 그것은 산술적 비례에 기하는 것이라 한다. 주요저서 「니코마코스倫理學」(Ethica Nicomachea)·「政治學」(Politica)·「辯論術」(Rhetorica)·「生成消滅論」(De generatione animalium)·「生命原理論」(De anima)·「氣象論」(Meteorologica)·「自然學」(Physica)·「動物誌」(Historia animalium)·「形而上學」(Metaphysica).

아미라 Amira, Karl von(1848~1930) 독일의 사법학자. 프라이부르크·뮌헨의 각 대학교수 역임. 게르마니스텐에 속하며, 北게르만법을 엄격한 문헌학적 기초에 의하여 재구성하고 또한 법사와 일반문화사와를 결합하였다. 특히 채무와 책임의 연구에 있어서 양 개념의 구별을 처음으로 명백히 한 것으로 유명하다. 주요저서 「게르만法史의 目的과 方法」(Über Zweck und Mittel der germanischen Rechtsgeschichte, 1876), 「北게르만債務法」(Nordgermanisches Obligationenrecht, 2 Bde., 1882~96), 「게르만法綱要」(Grundriss des germanischen Rechts, 1913).

아샤펜부르크 Aschaffenburg, Gustav(1866~1994) 독일의 형사학자. 처음에 정신의학을 전공했으나 1930년에 그 주요저서 「犯罪와 그 鬪爭」(Das Verbrechen und seine Bekämpfung)을 저술한 이후부터는 형사학계의 중진이 되었다. 쾰른대학 교수로 있다가 1934년 나치에 추방되어 미국에서 그 생애를 마쳤다. 그의 범죄인분류는 유명하다. → 아샤펜부르크의 범죄인분류

아우구스티누스 Augustinus, Aurelius(354~430) 중세 教父時代의 신학자·철학자. 그 고유의 인생체험과 직관에 기하여 많은 저서를 냈다. 法思想上 중요한 것은 주요저서 「神의 나라」(De civitate dei). 스토아학파의 영향을 받아서, 無原罪·自由·平和의 이상사회인 신의 나라와, 강제가 불가피한 현세적 국가와의 이원적 대립을 그려 내었으며, 인간의 사회적 본성에 기한 국가, 그것의 권위, 그것에의 복종의 필요는 이를 인정하였다. 스토아의 자연법을 기독교교리의 기초로 삼고, 신의 우주계획인 永久法이 이성적 인간사회에 있어서 자연법이 된다는 것, 다시 자연법이 현세의 법의 보편적 원리가 된다는 것을 명백히 하였다.

아이네르트 Einert, Karl(1777~1855) 독일의 상법학자. 1835년 작센왕국의 사법성고문으로 초청받아 同왕국을 위하여 어음조례의 초안을 작성하고, 1847년의 라이프치히 어음법회의에는 同왕국의 대표자로서 출석하였다. 주요저서 「19世紀에 있어서의 어음거래의 요구에 응한 어음法」(Das Wechselrecht nach dem Bedürfnis des Wechselgeschäfts im 19. Jahrhundert, 1839)에서, 그는 어음행위의 본질이 계약이라고 하는 당시의 定說에 대하여 과감한 공격을 가하여 뒤의 단독행위설을 낳는 계기가 되었다.

아이케 폰 레프고우 Eike von Repgow (Repgau) (약 1180~1233) 중세독일의 법률가. 작센의 기사이며 參審員(Schöffe)이었다. 그의 주군인 地方伯(Graf) Hoyer von Falkenstein의 명에 따라 라틴어의 1草稿(현재 逸失되어 있다)를 기초로 하여 독일어로 「작센슈피겔」이라는 1법률서를 편찬하였다. 그 밖에 「작센의 世界史書」(Sächsische Weltchronik)를 저술하였는데, 이것은 독일어로 된 최초의 역사서술이며, 작센슈피겔의 설명을 위해서도 가치가 있는 것이다. → 작센슈피겔

아이히호른 Eichhorn, Karl Friedrich(1781~1854) 독일의 법학자. 괴팅겐·프랑크푸르트(오데르河畔)·베를린의 각 대학교수를 역임. 게르마니스텐의 開祖. 사비니 등과 함께 「法史學雜誌」(Zeitschrift für geschichtliche Rechtswissenschaft)를 창간하였다. 주요저서 「독일國家 및 法制史」(Deutsche Staat- und Rechtsgeschichte, 4 Bde., 1808~23), 「독일私法序說」(Einleitung in das deutsche Privatrecht mit Einschluss des Lehnrechts, 1823).

아 조 Azo (Azzo)(1150~1230경) 이탈리아의 주석학파에 속하는 법학자. 볼로냐대학에서 로마법을 강의했었다. 그 강의안 「勅法彙纂法學提要概論」(Summa codicis et institutionum)은 로마법을 이론적으로 해설한 것으로서 존중되었으며 아조를 가지지 않는 자는 法廷에 가지 마라(Chi non ha Azzo, non vada a palalzzo)라는 말까지 있었다.

알치아토 Alciato, Andrea(1492~1550) 이탈리아의 법학자. 프랑스인문학파(復古學派)의 수립자. 원래는 로마법학자이지만, 교회법, 프랑스·독일·이탈리아의 법에도 조예가 깊다. 유스티니아누스법전에 관한 주석서를 공간한 이외에 문예적 저술도 많다.

알투지우스 Althusius, Johannes(1557~1633) 독일의 법학자·정치학자. 社會契約思想史上 중요한 위치를 차지한다. 그는 국가제도의 성립에 기초가 되는 계약에는 사회계약과 지배계약의 둘이 있음을 지적하였다. 즉, 인간의 공동생활은 사람들의 합의에 의하여 성립된다(社會契約). 다음에 인민과 지배자와의 사이에, 지배·복종의 관계를 설정하는 계약이 체결된다(支配契約). 국가의 권력은 개인의 자연적 권리로부터 발생하는 것임을 명확히 하였다. 그 사상은 네덜란드에서의 칼비니즘의 운동의 이론적 지주가 되었다. 알투지우스의 학설은 기에르케의 「요하네스·알투지우스와 自然法的 國家理論의 發展」(Johannes Althusius und die Entwicklung der naturrechtlichen Staatstheorien, 1880)에서 널리 소개되었다. 주요저서 「組織政治學」(Politica methodice digesta atque exemplis sacris et profanis illustrata, 1603).

앤 슨 Anson, Sir William Reynell(1843~1914) 영국의 법학자이며 교육가. 모교 옥스포드대학에 있어서의 법학연구의 부흥을 위하여 노력하였으며, 그 결과 학생을 위한 중요한 교과서가 출판되었고, 1884년에는 유명한 「法律季刊評論」(Law Quarterly Review)의 발간을 보기에 이르렀다. 옥스포드대학에 있어서의 강의의 성과인 「英國契約法原理」(The Principles of the English Law of Contract, 1879)는 보통법을 대륙법식으로 체계적으로 서술하고자 한 것이고, 「憲法과 憲法慣習」(The Law and Custom of the Constitution, 2 vols., 1886~98)은 영국헌법의 기구를 극명하게 분석한 것으로서 다같이 당시에 있어서의 명저였다. 그리고 영국의 교육제도의 개혁에도 큰 공헌을 하였다.

야코비 Jacobi, Erwin(1884~?) 독일의 공법·노동법학자. 순수법학적 입장에서 노동법을 연구. 주요저서 「勞動法原理」.

에넥케루스 Enneccerus, Ludwig(1843~1928) 독일의 민법학자. 괴팅겐(1870), 마르부르크(1873~1921)의 각 대학교수. 프로이센의회의원(1882~98), 독일국회의원(87~90; 93~98). 法律行爲·條件 및 始期(Rechtsgeschäft, Bedingung und Anfangstermin, 1889) 등 민법총칙이나 채권에 관한 연구가 있다. 특히 볼프(Martin Wolff), 키프(Kipp)와의 공저인 「民法敎科書」(Lehrbuch des bürgerlichen Rechts)에서는 총칙·채권을 담당하였는데 동서는 외국에서도 널리 읽혀지고 있다.

에렌베르크 Ehrenberg, Viktor(1851~1929) 독일의 상법학자. 「全商法敎科書」(Handbuch des gesamten Handelsrechts)를 監修. 주요저서는 「保險法」(Versicherungsrecht, Bd. Ⅰ, 1893), 「독일法制史와 法學敎育」(Die deutsche Rechtsgeschichte und die juristische Bildung, 1894).

에를리히 Ehrlich, Eugen(1862~1922) 오스트리아의 법학자. 비인대학사강사, 후에 체르노뷔츠대학의 로마법교수. 自由法運動(→자유법론)의 선구자의 1인으로서 「自由法發見과 自由法學」(Freie Rechtsfindung und freie Rechtswissenschaft), 「法學의 論理」(Juristische Logik) 등의 저서에 의해서 법규를 편중하는 종래의 법해석학의 통폐를 배척하는 동시에, 풍부한 법사학상의 지식을 기초로 하여 사회생활 가운데에 살아서 작용하고 있는 법의 실상을 파악하려고 하였다. 다시 그의 주요저서인 「法社會學의 基礎理論」(Grundlegung der Soziologie des Rechts, 1913)에서는, 법이 무엇인가를 이해하는 데에는 파생적인 법규보다도 그 근저를 이루는 사회단체의 내부적 질서를 분석하고, 그것에 의해서 살아 있는 法을 명백히 할 필요가 있다고 하여, 이곳으로부터 이 주장의 이론적 기초로서 소위 법사회학을 제창하고, 법의 사실적 연구에 신생면을 개척하였다. 이 외에 「黙示的 意思表

示」(Die stillschweigende Willenserklärung, 1893), 「社會學과 法學」(Soziologie und Jurisprudenz, 1906), 「權利能力論」(Die Rechtsfähigkeit, 1909) 등이 있다.

에스망 Esmein, Emmanuel(1848~1913) 프랑스의 법학자. 파리대학교수(1888년 이래). 프랑스의 정통적인 헌법학의 확립자이며, 또한 법사학자이기도 하다. 주요저서 「프랑스法史原論」(Cours élémentaire d'histoire du droit français, 1892), 「프랑스憲法 및 比較憲法綱要」(Éléments de droit constitutionnel français et comparé, 1896).

엔데만 Endemann, Wilhelm(1825~99) 독일의 상법학자·민사소송법학자. 예나(1862 이래)·본(75~95)의 각 대학교수. 법에 있어서의 형식주의에 반대하여, 상법 및 민사소송법을 체계적·역사적·법정책적으로 취급하였다. 주요저서 「독일商法」(Das deutsche Handelsrecht, 1865), 「독일民事訴訟法」(Das deutsche Zivilprozessrecht, 1868).

엠 스 Ames, James Burr(1846~1910) 미국의 법학자. 특히 法制史에 관심을 가졌다. 하바드대학을 졸업하고, 그 교수로부터 학장이 되어 생애를 同대학에서 보냈다. 그의 최대의 공적은 랭델에 의하여 창시된 케이스 메소드라는 법학교육의 방법을 완성한 것이다. 처음에는 異論이 많았던 방법이었으나, 그의 노력과 개선에 의하여, 그의 사망시에는 거의 모든 미국의 법과대학에서 채용하게 되어, 현재에 이르고 있다. 주요저서는 「法制史講義」(Lectures on legal history and miscellaneous legal essays, 1913).

예 거 Jaeger, Ernst(1869~1944) 독일의 파산법학자. 1893년 에를랑겐대학으로부터 독토르학위를 받고, 1895년 바이에른州의 區재판소판사에 임명되었는데, 1897년에 발표한 합명회사의 파산에 관한 논문이 인정되어, 에를랑겐대학의 員外교수(1899), 비르츠부르크대학의 정교수(1900)를 거쳐, 1905년에 라이프치히대학으로 옮겨 1935년 퇴직시까지 민법·민사소송법·파산법강좌의 담당자로서 중요한 위치를 차지하였다. 「破產法註釋書」(Kommentar zur Konkursordnung, 1901, 7. Aufl., 1937)는 예거의 이름을 불후하게 한 것이며, 이는 斯學의 최고권위서로서 독일학계와 재판실무상에 지도적 역할을 해오고 있을 뿐만 아니라, 독일법계의 여러 나라의 파산법의 입안·해석에도 결정적인 영향을 주고 있다. 그 밖의 주요저서로서 「독일破產法敎科書」(Lehrbuch des deutschen Konkursrechts, 8. Aufl., 1932)가 있다.

예 링 Jhering, Rudolf von(1818~92) 19세기 독일의 최고의 법학자의 하나. 로마법의 연구와 법철학상의 업적으로 저명. 당초는 역사법학파로부터 출발하였으나, 후에 사회적 실리주의에 서서 이른바 목적법학을 확립하기에 이르렀다. 대저서 「로마法의 精神」(Geist des römischen Rechts, 4 Bde., 1852~92)은 그가 로마法을 통하여 로마法위로라는 목표를 내세우고, 로마의 각 시대의 법의 역사적 발전을 상세히 연구한 勞作으로서, 그것은 단순히 외면적인 역사사실의 서술을 초월하여, 로마법의 발전현상 가운데에 관류하는 역사의 내적동인과 정신문화적인 관련성을 탐구한 획기적인 문헌이다. 다시 「法에 있어서의 目的」(Der Zweck im Recht, 2 Bde., 1877~83)에서는 目的은 모든 法의 創造者이다라는 지도원리하에, 목적법칙과 보상·강제·윤리 등의 사회적 운동의 상호관계를 분석하고 목적법학의 기초를 수립하여, 후의 이익법학의 선구가 되었다. 이상의 것 이외에 「權利를 위한 鬪爭」(Der Kampf ums Recht, 1872), 「法學에 있어서의 諧謔과 眞摯」(Scherz und Ernst in der Jurisprudenz, 1885), 「占有意思論」(Der Besitzwille, 1889) 등의 저작이 있다.

엘리네크 Jellinek, Georg(1851~1911) 독일의 법학자. 비인·바젤·하이델베르크의 여러 대학 교수. 빈델반트의 영향을 받아, 新칸트학파의 입장을 취했다. 오스트리아의 관리로서 근무후, 대학에서 근무했으며, 그는 범위가 좁은 실증주의적 법학에 반대하여 법학을 철학적·비교법학적·사회학적인 기초 위에 종합적으로 수립하려고 하였다. 국가를 법률학적·사회학적 2측면에 의하여 고찰할 것을 주장하고(→국가양면설), 게르버, 라반트 이래의 독일공법학을 집대성하였을 뿐 아니라, 세계의 공법학·정치학에 큰 영향을 주었다. 주요저서 「一般國家學」(Allgemeine Staatslehre, 1900), 「公權의 體系」(System der subjektiven öffentlichen Rechte, 1892), 「人權宣言」(Die Erklärung der Menschen-und Bürgerrechte, 1895).

엘리네크 Jellinek, Walter(1885~1955) 독일의 행정법학자. 엘리네크(Georg Jellinek)는 그의 아버지. 마이어(Otto Mayer), 플라이너(Fritz Fleiner) 이래의 법학적 방법에 의한 실증주의적인 행정법학을 현대적 행정현상에 즉응하여 집대성하였다. 주요저서 「行政法」(Verwaltungsrecht, 1931).

오 류 Hauriou, Maurice(1856~1929) 프랑스의 공법학자. 매우 다각적인 사회학적·전통철학적인 제도이론을 전개하여, 르나르의 제도이론에 큰 영향을 주었다. 주요저서 「行政法綱要」(Précis de droit administratif, 1892), 公法原理(Principes de droit public, 1910), 「憲法綱要」(Précis de droit constitutionnel, 1923) 외에, 특히 판례연구를 모은 것으로서 「行政判例」(La jurisprudence administrative, 3 vols., 1929).

오스번 Osborne, Thomas Mott(1859~1926) 미국의 행정가. 囚人自治制를 처음으로 주창한 자. 行刑을 교육의 방법이라 하며, 사회복귀의 수단이라고 보는 사상에 기하여, 1914년에 미국의 오번교도소에서 이를 적용실시하였다. 사람들을 자유생활에 적응케 하려면 자유 밑에서만 교육하여야 한다라 하여, 囚人自身에 의한 相互福利團(Mutual Welfare League)을 조직케 하고, 綠·白의 二色을 희망과 진실의 표지로 삼았다. 그의 行刑思想은 구소련의 勞動改善法, 벨기에의 소년행형에 있어서의 自治코테지에 각각 영향을 주었다고 한다. 주요저서 「矯導所 울 안」(Within prison walls,1914).

오스틴 Austin, John(1790~1859) 영국의 법학자. 처음에 군인·변호사, 후에 런던대학의 法理學(신설)의 교수(7년후 사직). 병약으로 인하여 충분히 學才를 발휘치 못하였으나, 진보된 법제에 있어서의 법률상의 근본관념을 검토한 최초의 영국인이다. 법과 도덕을 준별하며, 법을 주권자의 명령이라 하여, 벤담의 공리주의에 찬성하였다. 소위 분석법학의 확립자·대표자로서 후세에 그의 공적이 인정되고 있다. 주요저서 「法理學講義」(Lectures on jurisprudence, 2 vols., 1863), 「法理學의 範域」(The province of jurisprudence determined, 1832).

오펜하이머 Oppenheimer, Franz(1864~1943) 독일의 사회학자·경제학자로 유대인이다. 사회형식과 내용을 구별하지 않는 사회과정의 이론을 수립하여 사회학적 국가관의 시조로 알려져 있다. 저서에 「國家論」등이 있다.

오르트만 Oertmann, Paul(1865~1938) 독일의 민법학자·노동법학자. 에를랑겐대학조교수(1896), 同교수(1901)를 거쳐, 괴팅겐대학교수(17), 계약체결상의 과실책임과 신탁행위 등에 관한 연구가 많고 특히 「民法註釋書」(Kommentar zum BGB, Buch Ⅰ. Allgemeiner Teil; Buch Ⅱ. Recht der Schuldverhältnisse, 1899)는 학리적인 것으로 유명. 독일노동법학의 선구자의 1인. 주요저서 「독일勞動契約法」(Deutsches Arbeitsvertragsrecht mit Einfluss der Arbeitskämpfe, 1923), 「독일民事訴訟法綱要」(Grundriss des deutschen Zivilprozessrechts, 1924).

오펜하임 Oppenheim, Lassa Francis Lawrence(1858~1919) 독일태생의 영국의 법학자. 프라이부르크(1885)·바젤(91)의 각 대학교수. 영국으로 건너가(95) 국제법을 연구하고, 케임브리지대학의 교수가 되었다(1908~19). 「國際法雜誌」(Zeitschrift für Völkerrecht)를 편집. 그의 저서 「國際法」(International law, 2 vols., 1905~06))은 널리 인정을 받았다(이 책은 그의 사후, 제3판은 Roxburgh, 제4판은 McNair, 그리고 제5판 이후는 Lauterpacht에 의하여 증보되어 왔다). 국제법학에 있어서 실정법주의를 취하고, 국내법·국제법을 준별하는 二元論의 입장에서, 국제관계에 있어서의 국가주권의 최고성을 강조하였으나, 國際聯盟과 그 諸問題(The League of Nations and its problems, 1919)에서 그 설을 완화하였다.

와이스 Weiss, André(1858~1928) 프랑스의 법학자. 디종·파리 각 대학의 교수로서 주로 國際法·國際私法을 강의하고, 1921년 이래 헤이그의 상설 국제사법재판소의 판사로서 활약하였다. 학자로서는 특히 국제사법에 있어서 유명하다. 그의 학설은 본국법주의였으며, 19세기의 후반에 이탈리아에서 일어난 이른바 속인법학파 중의 巨星이다. 그의 저서로서는 「國際私法論」(Traité théorique et pratique de droit international privé, 6 vols.)이 대표적인 것이다.

울피아누스 Ulpianus, Domitius 3세기전반경의 로마의 법학자. 小아시아출신이다. 파울루스와 함께 근위도독 파피니아누스의 보좌관이었으며, 222년 이래 근위도독으로 되고 세베루스 알렉산데르(Severus Alexander)帝의 고문회에 참여하였으나, 228년 개혁을 시도하다 군대의 반란에 우연히 관련되어 살해되었다. 인용법의 5법학자의 1인. 파울루스와 더불어 로마법학자 중 최대의 다작가이다. 그는 놀랄만치 방대한 저서를 저술하여 고전시대(→유리스 쁘루덴치아)의 초기성기의 법학자들이 남긴 업적을 집대성하고, 이에 의하여 다음 시대의 법학 및 유스티니아누스의 법전편찬에 지대한 영향을 주었다. 「告示註解」 83권, 「市民法註解」 51권 등 23종의 저술이 알려져 있다. 학설휘찬에 채록된 학설이 가장 많은 것은 그인데, 학설휘찬의 전법문의 약 3분의 1에 달한다.

웅 거 Unger, Josef(1828~1913) 오스트리아의 사법학자. 독일보통법을 기초로 한 오스트리아 私法學의 형성자. 1871~79년에는 수상을 지내고, 1881년에는 오스트리아최고재판소장이 되었다. 그가 빈에서 배울 당시의 오스트리아법학은 다만 조문의 나열에 불과한 것이었는데, 그는 사비니의 저서에 접하고 깨달은 바 있어, 법과 법률에 관한 사비니의 직관을 오스트리아에 도입하는 것, 특히 이것에 기하여 오스트리아민법을 형성하고 오스트리아民法典(ABGB)을 해명하고 비판하는 것을 자기의 사명으로 삼았다. 1855년 빈대학조교수, 1857년에 同대학교수. 주요저서 「오스트리아 一般私法의 體系」(System des österreichischen allgemeinen Privatrechts, Bd. Ⅰ. 1856, Bd. Ⅱ. 1856~59) 외에 많은 논문이 있다.

웨스터마크 Westermarck, Edward Alexander(1862~1939) 핀란드 출생의 스웨덴인으로서 인류학자·사회학자. 모르간의 설을 반박한 「人類婚姻史」(The history of human marriage, 1891; 5 ed., 3 vols., 1921)에서 난혼의 존재를 부정하고, 사회단위의 가장 초기의 형태로 부친을 보호자로 하는 가족의 존재를 주장하고, 모계제가 부계제에 선행한다고 하는 이론을 배척하였다. 다른 저서로는 「道德觀念의 起源과 發展」(The origin and development of the moral ideas, 1906~08) 등이 있다.

웨스틀레이크 Westlake, John(1828~1913) 영국의 국제법 및 국제사법학자. 케임브리지대학의 국제법교수(1888~1902), 상설국제중재재판소 재판관(1900~06). 국제법학회의 창설에 진력. 주요저서 「國際私法論」(Treatise on private international law, or conflict of laws, 1858), 「國際法」(International law, 2 vols., 1904~07).

위그모어 Wigmore, John Henry(1863~1944) 하바드대학졸업. 변호사·법학자. 1890년부터 3년간 일본에 체류하면서 일본의 법제·판례를 연구하였다. 노스 웨스턴대학교수, 학장역임. 증거법, 불법행위법, 비교법제사의 업적으로 서명하고, 특히 혼란상태에 있었던 前二者의 법역의 역사적 해명 및 체계화에 불후의 공헌을 하였다. 주요저서는 「보통법裁判에 있어서의 英美式證據法論」(A treatise on the Anglo-American system of evidence in trials at common law, 5 vols., 1904~23, Supplement, 1934), 「世界法系大觀」(A panorama of the world's legal systems, 3 vols., 1928).

위신스키 Vyshinsky, Andrei Yanuarievich(1883~1954) 구소련의 법학자·외교관·정치가·국제연합대표. 1935년의 숙청시에는 검찰총장을 지냈으며, 소비에트 아카데미법률부부장을 거쳐, 동국 외무인민위원이 되었다. 1938년 파슈카니스, 스투치카비판후는 마르크스 레닌주의의 법과 국가이론의 정통적 승계·발전자로서 소비에트법학 내부에 지배적 지위를 차지한다. 주요저서는 「소비에트法」(The law of the Soviet State, 1948).

유스티니아누스 Justinianus, Flavius Petrus Sabbatius(483~565) 동로마제국중흥의 황제로서 527~565년 재위. 로마의 고전시대를 재현하여 그 세계지배를 회복하고자, 영토의 회복에 의한 제국의 통일, 이단의 배척에 의한 종교의 통일, 법전편찬에 의한 법의 통일을 도모하였다. 그 명에 의하여 편찬된 여러 법전은, 로마역사상 일대기념비를 이루고 있다. → 로마법대전.

율리아누스 Julianus, Salvius 2세기경의 로마법학자. 하드리아누스帝의 고문회의 일원이었으며, 帝의 명에 좇아 「永久告示錄」(Edictum Perpetuum)(→ 명예법)을 편찬하였다. 그의 학적 권위에 의하여 고전시대의 프로쿨리아니와 사비니아니의 대립이 해소될 정도로 우수한 법학자였다. 주요저서로는 90권에 달하는 「法學大全」(Digesta)이 있으며, 신이론에 의한 진보적 경향으로써 동시대 및 후의 시대에 대하여 커다란 영향을 미쳤으며, 풍부한 지식·독창적 두뇌·명쾌한 해명에 의하여 다수의 논쟁에 종국적 해결을 주었다.

이르네리우스 Irnerius(1055~1130) 이탈리아의 법학자. 주석학파의 學祖이며, 그의 학문적 권위 때문에 法의 明星(lucerna iuris)이라고 불리었다. 그는 유스티니아누스의 법을 연구함에 있어서 법문의 해석을 법전의 사본의 행간 또는 欄外의 여백에 註(glossa)로서 기입하는 방법을 사용하였으며, 후계자들도 이에 따랐다. 주석학파라는 말은 여기서 나온 것이다.

≫ ㅈ ≪

자우어 Sauer, Wilhelm(1879~1961) 현대 독일의 법학자. 쾨니히스베르크·뮌스터의 각 대학교수. 널리 법학의 여러 분야에 걸쳐 업적이 있고, 수십점의 역작을 내고 있다. 특히 법철학자·형법학자·민사소송법학자로서 알려져 있다. 주요저서는 「訴訟法의 基礎」(Grundlagen des Prozessrechts, 1919, 2. Aufl., 1929), 「訴訟法의 一般理論」(Allgemeine Prozessrechtslehre, 1951).

제 니 Geny, François(1861~1956) 현대 프랑스의 법철학자. 낭시법과대학교수(1901), 동학장(19~25), 동명예학장. 프랑스에 있어서 자유법론의 제창자. 프랑스에서는 민법의 二法典이 1세기 동안이나 변경되지 않았고, 다만 그 논리적 해석과 개념구성에만 열중했으므로, 법전과 사회실정과는 현격이 특히 심하였다. 그래서, 제니는 살레이유 등의 경향을 철저화하는 동시에, 자유법운동에 과학적 기초를 주려고 하였다. 그는 해석자(법관)가 외부적 영향으로부터 자유로움과 동시에, 주관적 자의적 판단에 빠지지 않도록 해석의 객관적 척도를 과학적으로 탐구하여, 이로써 자유법이 다만 계몽적 운동이 아니라, 과학으로서 성립할 것을 역설하였다. 주요저서는 「實定私法에 있어서의 解釋方法과 法源」(Méthode d'interprétation et sources en droit privé positif, 2 vols., 1919), 「實定私法에 있어서의 科學과 技術」(Science et technique en droit privé positif, 3 vols., 1919).

제 즈 Jéze, Gaston(1869~1953) 프랑스의 공법학자·재정학자. 파리대학명예교수. 국제공법도서관 및 국제재정학도서관장. 「財政學 및 財政立法雜誌」(Revue de science et de legislation financière, 1903 이래). 「公法雜誌」(Revue de droit public, 1904 이래)의 편집자. 행정법학 및 재정학의 분야에서 실증적인 연구를 남겼다. 주요저서 「行政法一般原理」(Principes généraux du droit administratif, 6 vols., 1936), 「財政學」(Traité de science des finances, 5 vols., 6e éd., 1934).

젱크스 Jenks, Edward(1861~1939) 영국의 법학자·정치학자. 멜버른대학법학부장을 거쳐 리버풀·옥스포드·런던 각 대학교수를 역임. 「英法略史」(Short history of English law, 1928), 「英法書」(The book of English law, 1936)는 영국법입문서로 알려져 있다. 「新法理學」(New jurisprudence, 1933)은 법리학입문서이나, 그 법률사상은 역사적 비교적 방법으로 착색되어 있으면서도, 전통적 분석학파에 가깝다. 이상의 학문적 업적 외에 「英國市民法彙纂」(A digest of English civil law, 그 4th ed.은 Jenks' English civil law라는 이름으로 간행)의 편자로 영국법을 대륙법식으로 편찬하여 외국인의 영국법연구에 도움이 되며, 리스테이트먼트 운동의 基因을 만들었다. 법률학협회(Law Society)의 회장으로서, 또 法律教授協會(Society of Public Teachers of Law)의 설립자로서, 법학교육의 개혁 향상에도 공적이 크다.

좀 Sohm, Rudolf(1841~1917) 독일의 법학자. 괴팅겐(1866), 프라이부르크(70), 슈트라스부르크(72), 라이프치히(87)의 각 대학교수. 로마니스텐에 속하며, 독일민법제2초안편찬위원회위원으로서, 1891년부터 96년까지 활약하였다. 로마법과 게르만법을 연구하였으며, 만년에는 교회법의 연구에 종사하였다. 로마법의 체계적 저술 「로마法提要—로마私法의 歷史와 體系」(Institutionen. Geschichte und System des römischen Privatrechts, 1883)는 로마법학에 관한 명저. 주요저서로는 그 밖에 「教會史綱要」(Kirchengeschichte im Grundriss, 1888), 「教會法」(Kirchenrecht, 2 Bde., 1892~1923) 등이 있다.

조이페르트 Seuffert, Lothar, Ritter von(1843~1920) 독일의 민사소송법학자. 기센(1876), 에를랑겐(84), 뷔르츠부르크(88), 뮌헨(95)의 각 대학의 로마법 및 민사소송법교수. 그의 저서 「독일民事訴訟法註釋書」(Kommentar zur Zivilprozessordnung für das Deutsche Reich, 1879)는 널리 읽혀졌다.

주 치 Zouche, Richard(1590~1660) 그로티우스보다 약간 후배인 영국 국제법학자로서, 國際法의 제2의 건설자라고 불린다. 옥스포드대학의 사법교수, 해사재판소의 판사를 겸하였다. 1650년에 「페키알리스의 法과 裁判, 즉 國際法」(Iuris et iudici fecialis, sive, iuris inter gentes)을 공간. 그는 자연법을 부정하지는 않으나, 관습국제법이 국제법의 가장 중요한 부분을 차지한다고 하며, 그로티우스의 자연법적 경향에 반하여 실정법적 경향이 현저하였다. 17, 18세기에 있어서의 국제법상의 실정법파는 그 流를 받아들인 것이다.

진츠하이머 Sinzheimer, Hugo(1875~1945) 독일의 노동법학자. 프랑크푸르트 암 마인대학교수(1920). 후에 나치스정권의 확립과 함께 망명(33), 암스테르담대학으로 옮겼다. 노동법의 사회학적 고찰을 시도하여 「勞動法原理」(Grundzüge des Arbeitsrechts, 1927)를 저작하고, 또 단체협약의 사회적 의의를 설명하여, 입법에 의한 규정의 필요를 주장, 통일노동법의 필요를 역설했다. 주요저서는 전기 외에 「團體協約法論」(Ein Arbeitstarifgesetz, 1916).

≫ ㅊ ≪

차하리에 Zachariä von Lingenthal, Karl Eduard(1812~1894) 독일의 비잔틴법사학자. 유럽 각지의 도서관에서 비잔틴의 고문서를 섭렵하고 복각하였다. 주요저서 「프로케이로스法典」(Procheiros nomos, 1837), 「그리스·로마법」(Ius graeco-romanum, 1856~84). 그의 아버지 칼 솔로모

차하리에(Karl Solomo Zachariä, 1769~1843)도 유명한 법학자·국가학자로서, 「프랑스民法提要」(Handbuch des französischen Civilrechts, 1808) 등의 저서가 있다.

찰머스 Chalmers, Sir MacKenzie D.(1847~1927) 영국의 법률가로서, 각종의 상사법전의 기초자로서 이름이 높다. 1822년의 어음法(Bills of Exchange Act), 1894년의 物品販賣法(Sale of Goods Act), 1906년의 海上保險法(Marine Insurance) 등을 기초하였다. 주요저서는 「어음法彙纂」(Digest of the law of bills of exchange, promissory notes, cheques and negotiable securities,1878).

치텔만 Zitelmann, Ernst(1852~1923) 독일의 법학자. 괴팅겐·할레·본의 대학교수를 역임하고 사법, 특히 국제사법의 연구 및 세계법론에서 저명하다. 「國際私法」(Internationales Privatrecht, 2 Bde., 1897~1912)은 권리성질설로 특이한 지위를 차지하고, 또 「世界法의 可能性」(Die Möglichkeit eines Weltrechts, 1888)은 법적 사유의 형식과 법을 발생시키는 실체로서의 생활관계의 실질내용(그는 종교적·윤리적 이념·합목적성·논리적 귀결을 든다)과의 동일성을 세계법의 논거로서 설명한다(자연법을 부정한 고로 상술의 국제사법의 저술의 논거간에 모순이 있는 감이 있다).

≫ㅋ≪

카도조 Cardozo, Benjamin Nathan(1870~1938) 미국의 법학자. 뉴욕에서 변호사를 지낸 후, 同州최고재판소판사(1914), 동항소원수석판사(27), 합중국최고재판소판사(32). 홈즈나 파운드와 같은 계통의 프래그머티즘법사상의 대표자이고, 법은 현실과 타협할 것이고, 진보를 방해하는 것과 같은 경우는 법적 논리도 선례도 양보하지 않으면 아니된다고 주장하였다. 주요저서 「司法節次의 本質」(The nature of the judicial process, 1921), 「法의 成長」(The growth of the law, 1928), 「法學의 逆說」(The paradox of legal science, 1928). 이상은 법관으로서의 풍부한 경험을 참작하여서, 이러한 법사상을 전개한 것이다.

카르프초프 Carpzov, Benedikt(1595~1666) 독일에 있어서, 로마법의 계수후의 이른바 현대적 관용(usus modernus)의 시대를 대표하는 법률실무가. 특히 작센의 형법·소송법의 권위. 처음에는 배석판사로 출발하여(1620), 항소원판사를 거쳐서(39), 라이프치히대학교수로 되었다(45). 재판관으로서 많은 공판에 참여하였으며, 이단자재판에서는 2만 내지 3만의 사형의 판결을 내렸다. 주요저서로 「實用新작센帝國刑法」(Practica nova Imperialis Saxonia rerum criminalium, 1635), 「로마·작센訴訟法學」.

카 버 Carver, Thomas Gilbert(1848~1906) 영국의 해법연구가·배리스터·판사. 캠브리지대학에서 배우고, 1897년 왕실변호사로 되어 실무에 종사하다가, 1904년 링컨스 인(Lincoln's Inn)의 간부회원이 되고, 1899년 국제법협회에 의하여 국제해상보험규칙의 기초위원에 피임되고, 또 1904~5년의 선박우선특권·저당권통일조약초안작성을 위한 국제회의에 영국대표의 일원으로 출석하였다. 그의 최대의 업적은 유명한 「海上物品運送法論」(Carriage of goods by sea, 1st ed., 1885, 10th ed., 1957)이라 할 수 있는데, 이는 현재 영국해상법의 최고권위서로 인정되어 있고, 영국법이 세계해상법을 지도하게 된 것도 본서에 힘입은 바 크다.

카스켈 Kaskel, Walter(1882~1928) 독일의 노동법학자. 베를린대학교수(1920 이래). 해석법학적 입장에 서서 노동법을 연구한 대표적인 학자. 근대노동법 및 사회법의 대표자의 1인. 주요저서 「新勞動法」(Das neue Arbeitsrecht, 1920).

카피탕 Capitant, Henri Lucien(1865~1937) 프랑스의 민법학자·노동법학자. 근대 프랑스의 전형적인 해석학자의 1인. 그와 꼴랑(A. Colin)의 공저 「民法講義」(Cours de droit civil, 1914)는 매우 유명하여 전문가와 학생의 필독문헌으로 되어 있고, 그 착실하고 정확한 해석학적 태도는 살레이유, 제니의 학문상의 선배들이 주창한 과학적 방법의 영향을 받은 것이며, 플라니올의 그것과 함께 가장 적당하다고 인정되고 있다. 그는 成文法과 慣習法·判例를 상호보충의 관계에 있는 법원으로 본다. 주요저서는 「主要民事判例集」(Les grands arrêts de la jurisprudence civile), 「民法變遷論」(Les transformations du droit civil, 1922), 「勞動法講義」(Cours de législation industrielle, avec P. Pouche, 1921) 등.

칸토로비츠 Kantorowicz, Hermann(1877~1940) 독일의 법학자. 프라이부르크대학의 형법 및 법철학의 교수. 콜롬비아대학객원교수(27), 나치스의 정권확립과 동시에 망명. 독일에 있어서의 자유법운동의 선구자이며(→자유법론), Gnaeus Flavius의 가명으로 「法學을 위한 鬪爭」(Der Kampf um die Rechtswissenschaft, 1906)을 발표하였다. 자유법이란 말은 본서에서부터 유래한다고 한다. 또

법사회학의 필요를 주장하여 「法學과 社會學」(Rechtswissenschaft und Soziologie, 1911)을 썼다. 형법에 관하여는 「行爲와 責任」(Tat und Schuld, 1933)이 있다.

칸 트 Kant, Immanuel(1724~1804) 독일이상주의에 기초를 준 비판철학의 수립자. 인식에 있어서의 코페르니쿠스적 회전을 통하여 형이상학과 경험주의의 수립을 극복하고, 自然因果律을 초월한 선험적 자유에 도덕률의 근거를 구하고, 그 비판주의에 의하여 철학계에 획기적 업적을 남겼다. 그는 법을 한사람의 의욕과 타인의 의욕과를 자유의 일반법칙에 따라서 결합시킬 수 있는 모든 조건의 총체이다라고 하고, 법의 본질을 행위의 외면성과 강제의 계기에 발견함으로써, 도덕규범과의 구별을 명백히 하였다. 계몽적 자연법의 계약설을 사실의 문제에서 논리의 문제로 전환시키고, 법의 외면성을 지적한 것은 그의 법철학의 뛰어난 특색이다. 국가질서에 관하여는 보수적 성격에 기울어졌지만, 국제사회의 항구평화를 정치상의 최고선으로 하여, 그 실현을 위하여 국제연맹의 결성을 제창한 것은 널리 알려져 있는 바이다. 법철학관계의 주요저서는 「道德形而上學」(Metaphysik der Sitten, 1797), 「永久平和論」(Zum ewigen Frieden, 1795).

캄바세레스 Cambacérès, Jean Jacques Régis de(1753~1824) 대혁명 당시에 활약한 프랑스의 정치가·사법학자. 포르탈리스와 함께 프랑스 민법전의 주요기초자. 그 전에도 여러 차례 私案을 발표한 일이 있다.

케 니 Kenny, Courtney Stunhope(1847~1930) 19세기 중엽으로부터 20세기 초두에 걸쳐서 영국이 낳은 위대한 형법학자. 캠브리지대학교수. 그는 형법 이외에 상속제도의 역사나 불법행위론에 관한 책 등 기타 많은 논문을 남겼으나, 그로 하여금 오늘의 명성을 얻게 한 것은 역시 그의 생애의 대작인 「刑法概論」(Outlines of criminal law, 1902)(제자 터너에 의한 전정판 16th ed., 1952, 17th ed., 1958)이다. 그의 형벌론은 예방이론에 입각하여 형벌의 주목적은 범죄의 반복을 방지함에 있다고 하고, 이를 보충하는 것으로 피해자의 감정의 만족과 도덕적 응보가 생각되었다. 또 범죄원인론은 빈곤·음주·도박에 중점을 두었다.

케틀레 Quételet, Lambert Adolphe Jacques (1796~1874) 벨기에의 통계학자·천문학자·수학자. 통계적 방법을 사회적 현상에 응용하여 그 법칙성을 명백히 하고, 또한 범죄통계로 犯罪社會學에 공헌하였다.

켈수스 Celsus, Publius Iuventius(98~117) 1세기후반부터 2세기전반경의 로마의 법학자. 트라이아누스제 및 하드리아누스제의 시대에 현직에 있었으며, 선의의 상속재산점유자의 보호에 관한 유벤티아눔 元老院議決(Senatus Consultum Iuventianum)(129)은 제안자인 그의 이름을 붙인 중요한 법이다. 율리아누스와 함께 로마법학사상 이른바 고전시대(→유리스 쁘루덴치아)의 전성기를 장식하는 법학자이며, 명민·예리하여 독창적 재능이 있었으나, 한편으로 준엄·신랄로 알려져 있다. 주요저서로는 「法學大全」(digesta)과 「質疑錄」(quaestiones)이 있다. 학설휘찬의 첫머리에 법을 善 및 衡平의 技術이라고 한 그의 정의는 유명하다.

켈 젠 Kelsen, Hans(1881~1973) 오스트리아의 법학자. 순수철학의 창시자로서 빈법학파를 지도하였고, 20세기 전반의 최대의 법학자의 하나로 헤아려진다. 나치스의 탄압을 받고 국외로 망명하여 제네바와 프라하로 이전하면서 연구를 계속하다가, 제2차대전발발후 미국에 망명하여, 버클리의 캘리포니아대학의 정치학부교수로서 활약하였다. 그는 新칸트학파의 마르부르크학파로부터 영향을 받고, 선험적 인식론 및 존재와 당위의 이원론의 입장에 서서 실정법의 순수이론을 건설하였다. 주관적 가치판단과 사회학적(인과과학적) 방법을 배척하고, 실정법 규범을 실증적으로 분석한 그의 이론은 순수법학의 이름으로써 유명하며, 법단계설·근본규범의 이론 등 많은 빛나는 업적을 공법 및 국제법의 영역에 남기고 있다. 주요저서로서 「國法學의 主要問題」(Hauptprobleme der Staatsrechtslehre, 1911, 2. Aufl., 1923), 「一般國家學」(Allgemeine Staatslehre, 1925), 「純粹法學」(Reine Rechtslehre, 1934), 「法과 國家의 一般理論」(General theory of law and state, 1945)이 있는 외에 중요한 저서·논문이 많다.

코사크 Cosack, Konrad(1855~1933) 독일의 사법학자. 로마니스텐에 속한다. 베를린(1882), 기센(89), 프라이부르크(93), 본(96~1915), 뮌헨(18)의 각 대학교수를 역임. 그의 저서 「商法教科書」(Lehrbuch des Handelsrechts)는 상법의 표준적 교과서로서 오늘날도 널리 읽혀지고 있다. 그 밖에 그의 주요저서로는 「독일民法教科書」(Lehrbuch des deutschen bürgerlichen Rechts auf der Grundlage des Bürgerlichen Gesetzbuchs, 2 Bde., 1898~1900).

코샤커 Koschaker, Paul(1879~1951) 독일의 법학자. 프라그·프랑크푸르트·라이프치히·

베를린 각 대학의 교수. 민법·로마법 및 동부법을 연구 교수하였지만, 비상한 어학력을 구사하여 동부법 특히 설형문자법을 연구한 것으로 유명하다. 주요저서 「楔形文字法」(Keilschriftrecht, Zeitschrift der deutschen morgenländischen Gesellschaft, 1935), 「로마法의 危機와 로마法學」(Die Krise des römischen Rechts und die romanistische Rechtswissenschaft, 1938), 「유럽과 로마法」(Europa und das römische Recht, 1947).

코올러 **Kohler, Joseph**(1849~1919) 독일의 법학자. 비르츠부르크(1878), 베를린대학교수(1888 이래). 거의 법학의 전영역을 연구섭렵하고, 어느 영역에 있어서도 수많은 업적을 남겼다. 법학의 각 분야에 널리 관계하는 학자를 Aller Kohler라고 풍자적으로 부르는 것도 Kohler의 이와 같은 태도에서 나온 말이다. 법철학상으로는 法哲學敎科書(Lehrbuch der Rechtsphilosophie, 1909)에 있어서, 법을 문화의 발전단계의 한 양상으로서 진화사적으로 기술하고, 법철학에 있어서의 新헤겔학파로서 자부하였다. 또한 베롤츠하이머와 함께 1907년에 「法哲學·經濟哲學雜誌」(Archiv für Rechts- und Wirtschaftsphilosophie)를 창간하고, 법철학의 발전에 다대한 공헌을 하였다. 그 밖의 주요저서로서 「訴訟法律關係論」(Der Prozess als Rechtsverhältnis, 1888), 「民法敎科書」(Lehrbuch des bürgerlichen Rechts, 4 Bde., 1906~19) 등이 있다.

코 크 **Coke, Sir Edward**(1552~1634) 영국의 법학자로서, 법무장관·판사·하원의장을 역임. 권리청원의 기초자. 보통법의 투사로서 교회, 해사재판소, 星法院, 왕권과 다투어 그 우월을 수호하였으나, 에퀴티에는 항쟁하지 못하였다. 대저서 「英法提要」(Institutes of the laws of England)는 후세에 권위서로서 찬양하였지만, 그의 정치색은 본서의 학문적 가치를 약간 손상시키고 있다. 주요저서로는 앞의 책 외에 「判例集」(Reports=Coke's Reports, 1600~15)이 있다.

코 잉 **Coing, Helmut**(1912~) 현대 독일의 법제사학자이며, 동시에 법철학자. 프랑크푸르트, 암 마인대학 교수(1948). 로마法繼受史의 연구자로 알려져 있다. 법철학자로서는 자연법론의 입장을 취하고, 법에 있어서의 윤리적 계기, 특히 자유의 가치를 강조하였다. 주요저서는 「法의 最高原理」(Die obersten Grundsätze des Rechts, 1947), 法哲學綱要(Grundzüge der Rechtsphilosophie, 1950), 「로마法의 繼受」(Rezeption des römischen Rechts, 1939).

콕체이 **Cocceji, Samuel von**(1679~1755) 프로이센의 재상·자연법학자. 프리드리히 빌헬름 1세의 위촉을 받아 「프리드리히法典」(Corpus iuris Fridericiam)을 입안하였으며, 새로운 소송법을 확립하였다.

콜 **Cole, George Douglas Howard**(1889~1959) 영국의 경제학자. 사회주의운동연구가. 길드(guild)사회주의를 지도, 라스키 등과 함께 多元的 國家論을 제창하였다. 그의 저서는 50권이나 되는데 대표작은 「社會理論」, 「勞動의 世界」, 「産業價値論」, 「社會主義經濟學」 등이 있고, 그의 부인과의 공저로 30편에 이르는 추리소설이 있다.

콤 뜨 **Comte, Auguste**(1798~1857) 프랑스의 사회학자로서, 실증주의 및 사회학의 창시자. 사회주의자 생 시몽에 師事하였으나, 독자의 입장에서 사회학을 창시하였다. 인간에 있어서는 지성이 향상됨에 따라 이타적 사회적 본능이 이기적본능을 억제하여, 사회적 질서에로의 성향을 보임에 이르는 것이며, 개인은 사회적 전체(인류사회)의 한 기관으로서, 사회의 완성에 봉사하여야 하는 것이라고 한다. 그의 실증철학에 기초를 둔 사회학의 방법론은 법률학의 분야에도 도입되었다. 그 학파를 총칭하여 社會學派라고 부른다. 주요저서 「實證哲學講義」(Cours de philosophie posi-tive, 4 vols., 1830~42).

쾰로이터 **Koelleuter, Theodor Otto**(1883~?) 독일의 공법학자. 국가를 민족의 생명형태라고 하며, 민족적 법치국가론을 주장하였다. 주요저서 「民族的 法治國家」, 「憲法危機에 있어서의 民族과 國家」, 「一般國家論綱要」, 「독일指導者國家」.

쿠야키우스 **Cujacius** 본명: **Jacques de Cujas(Cujaus)**(1522~90) 프랑스의 복고학파의 법학자. 툴루즈, 몽페리에, 바랑스, 부르쥬 등의 각 대학에서 로마법을 강의하였으며 다수의 제자를 양성하였다. 로마법의 연구에 관하여 언어학 및 역사학에 관한 해박한 지식을 이용하여, 유스티니아누스제의 법전의 자료로 된 고전시대의 학자의 正文 등을 그 원상에 회복하여 그 역사적 의의를 명백히 하려고 하였다. 특히 인떼르뽈라치오의 발견은 로마법연구사상 높이 평가되고 있다. 주요저서 「Observationes et emendationes, 18 vols」.

쿨랑쥬 **Coulanges, Numa-Denis Fustel de**(1830~89) 프랑스의 史家. 스트라스부르대학·파리고등사범·소르본느대학에서 고대사를 강의하였다. 자료에 충실한 과학적 태도로써 역사를 관찰하고, 고대문명의 연구, 특히 원시시대의 경제사적 연구에 공적을 남겼다. 고대토지·재산제를 신앙 및 종교적 제도와의 관련에 있어서 명백히 하고, 공유설에 반대하여 영주적 소유설을 제창하였다. 「古代都市」(La cité antique, 1861)는 고대 그리스 및 로마의 신앙·법·제도를 실증적으로 연구한 고전적 명저로 알려져 있다 이 외에 주요저서 「古代 프랑스 政治制度史」(Histoire des institutions politique de l'ancienne, 6 vols., 1875~92)가 있다.

크라베 Krabbe, Hugo(1857~?) 네덜란드의 공법학자. 종래의 권력주의적인 주권개념을 배척하고 법주권설을 주창하였다. 그것에 의하면, 주권은 군주·국민·국가의 어느 것에도 존재하지 않고, 국민의 법의식의 표현인 법 그 자체에 있다. 그리하여 우리들은 오늘 이미, 자연의 사람이든 법적으로 구성된 사람이든, 사람의 지배하에 생활하는 것이 아니라, 규범의 지배, 정신력의 지배하에 생활하고 있는 것이라고, 즉 어떠한 권력도 법의 지배하에 복종한다고 주장하는 점에서, 켈젠의 규범주의와 친근한 관계에 있다. 주요저서는 「近代國家理念」(Die moderne Staatsidee, 1919).

크레취머 Kretschmer, Ernst(1888~1964) 독일의 정신병학자. 마르부르크, 튀빙겐 양 대학교수를 역임. 체질의 연구를 행하여, 세 유형으로 나누어 체형·기질·정신병성향, 범죄성이 상관관계에 서 있음을 주장한 것은 유명. 이 학설은 오늘날에도 받아들여지고 있다. 주요저서는 「體格과 性格」(Körperbau und Charakter, 1921).

크로퍼드 Crawford, John J. 미국인이며, 뉴욕의 법률가. 流通證券法(Negotiable Instruments Law)의 기초자로서 유명하다. 주요저서 「流通證券法」(Negotiable Instruments Law, 4th ed., 1918).

클라인 Klein, Franz(1854~1926) 오스트리아의 민사소송법학자·정치가. 同國 민사소송법의 기초자로서 유명하며, 그 영향은 독일을 비롯하여 유럽 각국의 민사소송법전에 미쳤다. 빈대학사강사, 사법대신을 역임. 주요저서 「오스트리아民事訴訟法」(Der Zivilprozess Österreichs, 1927), 「訴訟에 있어서의 時代思潮와 動向」(Zeit und Geistesströmungen im Prozesse, 2. Aufl., 1948).

키르히만 Kirchmann, Julius Heinrich von(1802~1884) 독일의 법학자·철학자. 베를린 형사재판소검사장(1846), 라티보르고등재판소부장(48)이 되었으나, 공산주의에 관한 강연을 한 까닭으로 파면되었다. 독일국회진보당의원(71~67). 철학자로서는 경험적 실재론의 입장을 취하였다. 또한 「哲學文庫」(Philosophische Bibliothek)를 편집하여(68 이래), 독일 및 여러 나라의 중요한 고전을 모아, 스스로 그 번역에 종사하였다. 1847년 베를린법조회에서의 강연 法律學의 科學으로서의 無價値(Die Wertlosigkeit der Jurisprudenz als Wissenschaft)는 법학이 대중성으로부터 유리한 것을 통격하고, 역사주의와 주석만능의 법학계에 자극을 주어, 닥쳐오는 자유법운동(→자유법론)의 보이지 않는 도화선이 되었다. 슈테른베르크(Sternberg)의 「키르히만과 그의 法律學批判」(J. H. v. Kirchmann und seine Kritik der Rechtswissenschaft, 1908)은 재비판으로서 중요하다. 그의 저서로는 그 밖에 「독일刑法典」(Strafgesetzbuch für das Deutsche Reich, 1871), 「知識의 哲學」(Philosophie des Wissens, 1863), 「實在論의 原則에 관하여」(Über das Prinzip des Realismus, 1875) 등이 있다.

키케로 Cicero, Marcus Tullius(106~43 B.C.) 로마의 변론가·정치가·철학자. 에피큐로스, 스토아 등의 그리스 사상과 재래의 로마 사상과의 전형적 媒介者로서, 절충적 상식적 철학자. 법철학관계의 저작으로서 「國家論」(De republica), 「法律論」(De legibus), 「義務論」(De officiis), 「善惡極限論」(De finibus bonarum et malorum)이 있다. 법의 본성은 인간의 본성으로부터 도출되어야 한다고 하여 스토아적 자연이성에 기한 자연법을 인정하고, 그 아래에 특수화에 의한 발전으로서 萬民法과 市民法을 인정하여, 삼자간의 조화를 주장하였다. 또 국가도 자연의 소산으로 보아, 자연법과 실정법 및 국가와의 조화는 형평에 의하여 이루어질 수 있다고 생각하였다.

≫ ㅌ ≪

타르드 Tarde, Jean Gabriel(1843~1904) 프랑스의 사회학자·형사학자. 사회학에 관한 것과 함께, 법철학적 논저로서 「刑事哲學」(Philosophie pénale, 1890) 등이 있다. 롬브로조의 형법이론을 비판하고, 사회심리학적 입장에서 범죄의 연구를 하였다. 주요저서는 「模倣의 法則」(Les lois de l'imitation, 1890), 「比較犯罪性說」(La criminalité comparée, 1886), 「法의 變遷」(Les transformations du droit, 1893).

토마스 아퀴나스 Thomas Aquinas(1225~

74) 이탈리아의 신학자·철학자·성인. 大아르베르투스에 師事하고, 파리대학신학교수가 되었다. 새로이 아리스토텔레스의 철학에 의거하여 기독교의 세계관을 집대성하였다. 그 대저서 「神學大全」(Summa theologica), 「哲學大全」(Summa contragentiles) 중에는 스콜라학파의 법사상이 전개되어 있다. 그는 법을 영구법·자연법·인정법으로 구별하였다. 영구법은 신의 이성에서 출발한 세계지배의 원리이고, 자연법은 이성있는 인간이 그 이성의 빛에 의하여 알 수 있었던 한도에 있어서의 행위의 보편원리이고, 인정법은 자연법을 때와 곳을 달리하는 현실사회에 적용하기 위하여 필요한 세목규정이라고 생각하였다. 자연법의 근본원리(선을 행하고 악을 피하라)와 아울러 그 일반적 귀결(각자에 그의 것을)을 제외한 인정법의 가변성·상대성을 인정한 점에서, 근세자연법과 다른 특색을 가진다. 법을 公共福利를 위한 理性의 命令이라고 정의하고, 지배자의 의사에 대한 이성의 우위, 이성에 대한 존재 및 그것을 지배하는 법(영구법)의 우위를 설명하면서, 현세적 국가 및 법의 상대적 존재가치를 명백히 인정한 점에서, 教父時代의 자연법에서 일보를 진전하였다고 볼 수 있다.

토마지우스 Thomasius, Christian(1655~1728) 독일의 철학자·법학자. 할레대학의 창설에 진력하고 同대학의 법학교수. 퓌펜도르프의 영향을 받은 계몽사상의 선구자. 주요저서 「自然法 및 國際法의 基礎」(Fundamenta iuris naturae et gentium, 1705)에서는 인간의 궁극적 목표를 복리에 있다고 하고, 이 전제하에 법과 도덕을 위치시켜, 강제의 유무로써 법과 도덕을 식별한다. 이 점에서 칸트의 법사상의 선구자이다. 그 외에 과학과 종교와의 분리, 고문제도의 폐지 등을 말하였다. 주요저서는 「神法學提要」(Institutiones iuris prudentiae divianae, 1687), 「理性論入門」(Einleitung zur Vernuftlehre, 1691), 「賢愚의 歷史」(Historie der Weisheit und Torheit 3 Bde., 1693).

퇴니스 Tönnies, Ferdinand(1855~1936) 독일의 사회학자. 킬대학의 철학·사회학교수. 독일사회학회장. 또 홉스의 연구자로도 저명하다. 주요저서 「共同社會와 利益社會」(Gemeinschaft und Gesellschaft, 1887)에 있어서는 홉스·메인의 영향하에 사회결합의 기본형태를 공동사회와 이익사회로 나누고, 두 기본형태에서 화합적 법과 계약적·채권적 법과를 구분함으로써 사회뿐만 아니라 법의 기본적 성격을 밝히고, 아울러 자연법의 사회학적 의의를 설명하였다. 그 밖에 저서로서는 「토마스 홉스」(Thomas Hobbes, 1896), 「社會問題의 發展」(Die Entwicklung der sozialen Frage, 1907), 「社會學入門」(Einführung in die Soziologie, 1931) 등이 있다.

트리보니아누스 Tribonianus(543~545간에 歿) 동로마의 법학자·정치가. 유스티니아누스의 命을 받아, 그 법전편찬(→로마법대전)에 있어서 중심인물로 활약하였다. 인떼르뽈라치오는 전에는 그의 이름을 따서 뜨리보니아누스의 修正(emblemata Triboniani)이라고 불리었다.

티 보 Thibaut, Anton Friedrich Justus(1772~1840) 독일 19세기전반의 유력한 로마법학자. 나폴레옹 전쟁당시 발흥한 민족통일운동의 기운에 즈음하여, 입법에 의한 신사회질서의 건설을 구상하고, 「독일 一般民法典의 필요에 관하여」(Über die Notwendigkeit eines allgemeinen bürgerlichen Gesetzbuches für Deutschland, 1814)를 저술하였다. 이것을 둘러싸고 사비니의 역사법학적 입장에서의 비판이 행하여진 것은 유명하다(→법전논쟁). 주요저서는 「판덱텐法體系」(System des Pandektenrechts, 2Bde., 1803), 「로마法의 論理的 解釋의 理論」(Theorie der logischen Auslegung des römischen Rechts, 1799).

≫ ㅍ ≪

파르드수 Pardessus, Jean-Marie(1772~1853) 프랑스의 상법학자. 변호사·시장·입법원의원·파리법과대학교수·문예원회원 등 다채로운 경력을 가졌다. 주요저서의 하나는 「商法教科書」(Cours de droit commerical, 5 vols., 1813~17)는 오늘날도 귀중한 문헌의 하나이며, 그 밖에 「18世紀以前의 海法의 集成」(Collections des lois maritimes antérieures au XVIIIe siècle, 6 vol., 1828~1945) 등이 있다.

파슈카니스 Pashukanis, Evgenii Bronislawovich(1891~1937) 구소련의 법학자. 일시 소비에트 아카데미 법률부회에 자리를 가졌었다. 그 연구는 마르크스주의법리학 및 국제법학의 영역에 걸친다. 주요저서 「法의 一般理論과 마르크시즘」(Allgemeine Rechtslehre und Marxismus, 1927)에서는 資本論을 본받아 법을 상품교환관계의 반영으로 생각하고, 법은 자본주의사회에 있어서 가장 전형적 발전을 수행할 수 있다고 논하였다. 이 이론은 1939년 위신스키의 철저한 비판을 받을 때까지 구소련의 법학에 지배적 지위를 차지하였다.

파운드 Pound, Roscoe(1870~1964) 미국의 법학자. 하바드대학에서 배우고, 변호사·판사를 거쳐, 네브라스카·노스웨스턴·시카고의 각 대학교수. 1910년 이래 하바드의 법학부교수, 1916년 이래 同학부장, 후에 이르러 명예학부장으로 되었다. 그 학식은 대단히 광범하며, 분석법학·역사법학·사회심리학파 등의 영향을 받고, 법의 역사적 발달의 유래를 존중하며, 사회적 사실상에 나타난 법현상의 연구를 중요시함과 동시에, 장래에 향하여 법의 개선, 법의 발달을 도모할 필요를 역설하며, 사실에 입각한 법의 목적론적 고찰을 하고 있다. 따라서, 특히 큰 업적은 프래그머티즘의 철학과 소셜 엔지니어링의 이론(→공학적 해석)을 기초로 한 법철학 및 법사회학의 분야에 있으나, 그 외에 법사학, 법에 의한 사회통제의 연구 등도 중요하다. 주요저서는 「英美法의 精神」(The spirit of the common law, 1921), 「法哲學入門」(An introduction to the Philosophy of law, 1922), 「法律史觀」(Interpretations of legal history, 1923), 「法과 道德」(Law and morals, 1924), 「美國에 있어서의 刑事裁判」(Criminal justice in America, 1930), 「法을 통한 社會統制」(Social control through law, 1942), 「法理學講義槪要」(Outlines of lectures on jurisprudence, 5th ed., 1943). 그리고 1947년에는 탄생 75주년 기념논문집(Interpretations of the modern legal philosophy, presented to R. Pound)이 출간되었다.

파울루스 Paulus, Julius 3세기전반경의 로마의 법학자. 스카에볼라(Cervidius Scaevola)의 문제이며, 울피아누스와 함께 후세에 큰 영향을 주었으며, 경력도 유사하여, 동시에 근위도독 파피니아누스의 보좌관, 후에 또한 같이 근위도독이 되었다. 또한 저작의 점에서도, 그와 같이 다작가로 알려지며, 학설휘찬에의 인용법문수도 그에 이어 압도적으로 많다. 양자 다같이 인용법의 5법학자의 1인. 주요저서로는 「告示註解」 78권, 「市民法註解」 16卷이 있다. 파울루스는 울피아누스와 더불어, 종래의 저작을 집대성한 점에 특색이 있으며, 독창적이라고는 말하기 어려우나, 울피아누스에 비하면 비판적·이론적 면에 뛰어났었다.

파이너 Finer, Herman(1898~1969) 영국 출신의 미국의 행정학자로 런던대학 강사와 시카고대학 교수를 역임하였다. 英美의 정치제도의 비교연구로 널리 알려진 학자로서 주요 저서로는 「現代政府의 理論과 現實」, 「現代政府의 將來」가 있다.

파펜하임 Pappenheim, Max(1860~1934) 독일의 해상법학자. 베를린대학에서 「독일商法307條의 無記名式證券의 意義 및 種類」(Dissertation: Begriff und Arten der Papiere auf den Inhaber im Sinne des §307 HGB., 1880)로써 독토르 유리스를 받고, 사법관시보, 브레슬라우·킬대학교수를 역임. 주요저서 「海法提要」(Handbuch des Seerechts, Bd. Ⅱ, 1906, Bd. Ⅲ, 1918).

파피니아누스 Papinianus, Aemilius(?~212) 로마의 법학자. 셉티미우스·세베루스의 고문회의 성원이었으며, 또한 원수정하의 최고관직인 근위도독을 지냈다. 로마법학자는 모두 우수한 법학자이지만, 그는 그 중에서도 최고봉이라고 말하여지고 있다. 그 주요저서로는 「質疑錄」(quaestiones) 37卷, 「解答錄」(responsa) 19卷이 있다. 까라깔라(Caracalla)帝가 그 동생 게따(Geta)를 살해하였을 때, 그 정당성의 주장을 파피니아누스에게 요구하였으나, 이에 응하지 아니하였기 때문에 帝의 명에 의하여 살해되었으며, 정의의 體現者로서 후대의 존경을 받았다. 인용법의 5법학자 중 최상위를 차지하고 있다. 로마법학의 완성자로서 간결한 표현, 날카로운 해결을 보여준다. 유스티니아누스帝는 그를 특히 존숭한 결과, 법학교육의 과정에 있어서는 제3년생의 과정에서 파피니아누스를 연구하게 하였다. 따라서 제3년생은 파피니아누스생이라 호칭되었으며, 또한 제3년생의 파피니아누스에 관한 강의의 개강일을 이 숭고한 법학자를 기념하는 祭日로 하였다.

페 리 Ferri, Enrico(1856~1929) 이탈리아의 형사학자며 정치가. 1880년 볼로냐대학교수로 되고 1909년 이후는 로마대학교수. 형사학에 있어서는 이탈리아학파의 수립자이다. 롬브로조에 사사하였으나, 롬브로조의 학설에 사회학적 색채를 가미하여, 인류학적 원인 외에 물리적 원인, 사회적 원인을 가하고, 범죄원인의 3원설을 수립하였던 바, 특히 사회적 원인을 강조하여, 저서도 「犯罪社會學」(La sociologia criminale, 1897)이라는 표제를 붙였다. 또 자유의사에 의한 도의적 책임론을 부정하고 사회적 책임론을 주장하였다. 責任과 刑罰없는 刑法으로 유명한 1921년의 이탈리아형법초안(소위 페리초안)의 기초자이다.

페트라셰크 Petraschek, Karl(1876~?) 독일의 법철학자. 1929년까지 뮌헨대학강사. 스콜라학파에 속하는 신자연법론자. 자연법을 도덕과 법을 연결하는 법형식으로 보며, 특히 자연법의 존립을 법의 경험적 요소의 탐구를 통해서 밝히려고 시도하여 법을 도덕성과 안정성의 양 요소를 가능케 하는 질서라고 생각하였다. 주요저서는 「悲觀主義의 法哲學」(Rechtsphilosophie des Pessimismus, 1929), 「法哲學體系」(System der Rechtsphilosophie, 1932).

포르스토프 Forsthoff, Ernst(1902~74) 독일의 국법·행정법학자. 뒤스부르크=라르(Duisburg=Laar)에서 태어났으며 현재 하이델베르크대학교수이다. 주요저서는 「近代독일憲法史」(Deutsche Verfassungsgeschichte der Neuzeit, 1941), 「行政法」(Lehrbuch des Verwaltungsrechts, 1. Aufl., 1949), 「現行行政의 法律問題」(Rechtsfragen der leistenden Verwaltung, 1959), 「憲法解釋의 問題點」(Zur Problematik der Verfassungsauslegung, 1961) 등.

포르탈리스 Portalis, Jean Etienne Marie(1746~1807) 프랑스의 법학자. 에크스대학졸업후 변호사, 집정보좌관이 되었으며, 혁명후 입법원의원이 되었다. 추방되어 사망했으나, 뒤에 나폴레옹통령정부의 국무종무관·종교대신을 역임. 프랑스민법의 편찬과 콘코르다트의 체결은 그 필생의 사업이었다. 온건중정한 자유주의자로서 혁명의 과격함에 반대하고 혁명후의 질서재건에 그 학식과 인격을 바쳤다. 그는 이성의 발현으로서의 자연법을 승인하였으나, 경험적 자료, 즉 실정법에 의하여 구체화·내용화되지 않는 한 자연법도 의미를 갖지 않는다고 논하였다. 주요저서는 「民法典序論」(Discours préliminaire, 1827).

포이에르바하 Feuerbach, Paul Johann Anselm(1775~1883) 독일에 있어서의 근대적 형법학의 수립자. 인간은 快苦에 따라서 행동하므로, 범죄에 의한 쾌락 이상의 고통을 예고함으로써, 범죄를 예방하여야 한다고 하는 심리강제설을 주장하고, 그것을 위하여는 죄형을 법률로 明定하는 것이 필요하다고 하여, 罪刑法定主義(Nulla poena sine lege, nullum crimen sine lege란 말은 그가 쓴 말이다)의 기초를 세웠다. 주요저서는 「實定刑法의 原則과 基本槪念의 再檢討」(Revision der Grundsätze und Grundbegriffe des positiven peinlichen Rechts, 1799), 「刑法敎科書」(Lehrbuch des peinlichen Rechts, 1801). 또 1813년의 바이에른형법은 그의 사상을 실현한 것이다.

포티에 Pothier, Robert-Joseph(1699~1772) 18세기의 프랑스에 있어서의 최대의 법학자. 오를레앙에서 출생하여, 同地의 대학의 교수를 역임. 저서로는 프랑스관습법에 관하여 「오를레앙의 慣習」(Coutume d'Orleans, avec des observations nouvelles, 3 vols., 1760), 로마법에 관하여 「유스티아누스帝學說彙纂新版」(Pandectae Justinianae in novum ordinem digestae, 3 vols., 1748~52), 민법에 관하여 「債務論」(Traité des obligations, 1761) 등 다수 있는데, 그의 연구의 성과는 프랑스민법편찬의 자료로서 이용된 바가 많았다.

폴 록 Pollock, Sir Frederick(1845~1937) 영국에서 법률가의 가계로서 유명한 폴록家 3대째의 법학자. 캠브리지대학졸업후, 법관으로 되고, 1883년으로부터 1903년까지 옥스포드대학교수로서 法理學(Jurisprudence)을 강의하였으며, 그 후 왕정변호사(King's Counsel), 판사로 되었다. 「法律季刊評論」(Law Quarterly Review)의 편집자로서 저명. 학문적 업적으로서는, 교과서인 「契約原理」(Principles of contract, 1876), 「不法行爲法」(Law of torts, 1887) 외에 중세영국법사의 결정판이라고도 말할 수 있는 메이틀랜드와의 공저 「英法史」(History of English law before the time of Edward 1, 2 vols., 1895)가 있다. 「法理學入門書」(A first book of jurisprudence, 1895)는 그의 심혈을 기울인 법학입문서로서 널리 읽혀진다. 그의 법사상은 역사주의와 합리주의와의 중용에 서는 漸進的 理想主義(progressive idealism)라고 평하여지고 있다.

폼포니우스 Pomponius, Sextus 2세기경의 로마의 법학자. 「市民法註解」, 「告示註解」에 관한 三大著 이외에 다수의 단권서 등, 수량 및 영역에 있어서 다작인 점에는 다른 법학자에게 뒤지지 아니한다. 독창적이라기보다는 명확하고 종합적인 기술의 점에서 고전시대후기의 학자의 특색을 지니고 있다. 그 밖의 저서로는 「法學通論」(enchiridium)이 있다. 學說彙纂에는 폼포니우스의 장문의 로마법학사가 채록되어 있는데, 이것은 그의 法學通論에서 인용한 것이며, 로마의 법학자에 의한 로마법학사의 서술로는 유일한 것이며, 로마법학의 단서를 알기 위한 자료로서 귀중한 것이다.

퓌펜도르프 Pufendorf, Samuel Freiherr von(1632~94) 독일의 법학자이며, 역사가인 동시에 정치가. 1661년 이래 하이델베르크의 자연법 및 국제법의 교수, 후에 스웨덴의 룬드대학교수. 그 사상은 그로티우스와 홉스의 절충설이다. 자연법의 기초를 自利心으로부터 나온 인간의 사회성에 두고, 국가의 목적을 사회의 평화 및 안전에 있다고 생각하였다. 국제법상에서도 관습이나 조약에 기한 실정국제법의 존재를 부정하고, 일체의 국제법을 자연법의 일부로 하였다. 그로티우스 이래에 있어서의 국제법상의 자연법파의 제1인자이다. 주요저서는 「一般法律學原論」(Elementa jurisprudentiae universalis, 1666), 「自然法과 國際法」(De iure naturae et gentium, 1672), 「自然法에 基한 사람과 市民의 義務」(De officio hommis et civis iuxtaegem naturalem, 1673).

푸흐타 Puchta, Georg Friedrich(1789~1846) 독일의 법학자. 역사법학파에 속하며 로마니스텐의 대표자의 한 사람. 사비니의 뒤를 계승하여 베를린대학교수가 되어, 그 이론을 계승하였다. 그는 소위 槪念法學의 시조라고 하며, 로마법의 연구에 있어서는 철학적 사색과 개념적인 이론구성을 중시하고 있는 것이 그의 특색이다. 주요저서 「慣習法」(Gewohnheitsrecht, 2 Bde., 1828~37), 「판덱텐敎科書」(Lehrbuch der Pandekten, 1838), 「法學提要講座」(Cursus der Institutionen, 3 Bde., 1841~47).

프랑크 Frank, Reinhard von(1860~1934) 독일의 법학자. 1887년 마르부르크, 1890년 기센, 1900년 할레, 1902년 튀빙겐, 1914년 뮌헨의 각 대학교수를 역임하여, 형법 및 민사소송법을 강의하였으며, 후에 국제법도 강의하였다. 특히 「註釋書」(Das Strafgesetzbuch für das Deutsche Reich, 1897)가 유명하다.

프로이덴탈 Freudenthal, Berthold(1827~1929) 독일의 형법학자. 리스트의 연구실, 즉 베를린대학의 형법연구소에서 배우고, 후에 프랑크푸르트대학교수가 되었다. 그의 학문상의 업적으로서는 프랑크, 골트슈미트(J.Goldschmidt), 슈미트(E. Schmidt)와 함께 規範的 責任論의 선구자의 한 사람으로서, 그것에 중요한 방향을 부여한 점이다. 이것은 「現行刑法에 있어서의 責任과 非難」(Schuld und Vorwurf im geltenden Strafrecht, 1922)에 전개되어 있다. 특히 그는 기대가능성의 사상을 보급시켰다.

프로쿨루스 Proculus, Sempronius 1세기전반의 로마의 법학자. 라베오(Labeo)의 뒤를 이어 쁘로꿀리아니를 창시하여 사비니아니에 대립하였다. → 쁘로꿀리아니

플라니올 Planiol, Marcel(1853~1931) 프랑스의 민법학자. 그르노블, 렌느 각 대학의 교수, 후에 파리대학의 민법교수가 되었다. 리페르와의 공저 「프랑스民法論」(Traité pratique de droit civil français, 14 vols., 1925~34)과 「民法要論」(Traité élémentaire de droit civil, 3 vols., 1900~1901)은 매우 유명하고, 프랑스민법의 연구자에게 필독의 문헌으로 되어 있다.

플라톤 〔英〕·〔佛〕 **Plato** 〔獨〕 **Platon**(427~347 B.C.) 그리스의 철학자. 그 대규모의 철학체계, 특히 國家(Politeia) 및 法律(Nomoi)이라는 2개의 대화편 가운데서, 법의 근본원리가 조직적으로 진술되어 있다. 그것에 의하면, 처음에 이데아계에 속하고 있었던 인간은 현재에 있어서는 개념에 의하여 이데아의 모습을 상기하고(anamnesis), 이성에 의하여 의사와 욕망을 통제하고, 예지·용기·절도의 3원덕을 닦고, 3원덕 조화의 정의를 실현하여야 한다. 여기서, 이성＝통치자, 의지＝무인, 욕망＝생산자라는 인간정신과 국가와의 구성상의 대비가 생각된다. 이와 같이 하여 통치자가 예지를, 무인이 용기를, 생산자가 절도를 발휘하는 때, 국가에 있어서의 정의가 실현된다. 그리고 이와 같은 이상국은 哲人政治하에서만 가능하다고 한다. 이 국가의 논지는 현실의 정치와 너무나 떨어져 있었다. 이리하여 플라톤은 예지없는 潛主가 행하는 정치보다도 법에 기한 정치가 오히려 좋다고 하여, 법률에 있어서는 차선의 국가를 주창하였다.

플랑크 Planck, Gottlieb(1824~1910) 독일의 사법학자. 하노버(Hanover)의 정부에 仕官, 정치운동에 참가하여(1848 이래), 同國의 하원의원(52), 북독일의회의원(67~69), 프로이센국회의원(67~69) 등을 역임. 괴팅겐대학교수(89). 근대법전, 예컨대 독일민사소송법전의 편찬에 종사하고, 특히 독일민법전(BGB)의 입안에 관여하였으며(74), 그 성립에도 지도적 역할을 하여, 민법전의 아버지라고 불린다. 그의 주요저서인 「註釋書」(Kommentar zum bürgerlichen Gesetzbuch, 7 Bde., 1897~1902)도 널리 읽혀지고 있다.

피히테 Fichte Johann Gottlieb(1762~1814) 독일의 관념론철학자. 칸트의 비판주의로부터 헤겔의 절대관념론에로의 이행을 매개하는 위치에 있다. 초기에 있어서의 계몽적 개인주의로부터 만년의 민족국가주의에 이르기까지 다채로운 사상의 추이를 보여 주고 있으나, 혁명의 정당성의 시인, 기본권(Urrecht) 특히 생존권의 주장, 또는 봉쇄상업국가의 제창 등에 현저한 독자성을 보이고 있다. 법철학상의 주요저서는 「自然法의 基礎」(Grundlage des Naturrechts, 1796), 「封鎖商業國家論」(Der geschlossene Handelsstaat, 1800).

필 레 Pillet, Antoine(1857~1926) 근대 프랑스의 가장 저명한 국제사법학자의 한 사람. 헤이그의 국제법 아카데미의 교수. 그 학설의 특색은

보편주의적이며, 법의 사회적 목적에 의하여 법의 적용관계를 정하고자 한 것, 또 기득권존중의 원칙으로써 법률의 저촉과는 독립되는 국제사법상의 원칙을 인정한 것 등이다. 주요저서는 「國際私法原理」(Principe de droit international privé, 1903), 「國際私法의 理論 및 實際」(Traité theórique et pratique de droit international privé, 2 vols., 1923~24).

필 머 **Filmer, Robert**(1589~1653) 영국의 정치사상가. 王權神受說의 대표적 주창자이며 청교도혁명에서는 국왕파로서 활약하였다. 그가 죽은 후에 간행된 「父權論」은 왕정복고기에 높이 평가되었었다.

≫ㅎ≪

하우스만 **Haussmann, Fritz**(1885~ ?) 독일의 법률가. 베를린항소원소속의 변호사. 기업합동법 및 주식회사법에 관한 많은 勞作을 발표하고 있고, 특히 기업합동법의 연구에 있어서는 독일 제1인자라고 할 수 있다. 주요저서 「子會社」(Die Tochtergesellschaft, 1923), 「企業合同法의 基礎理論」(Grundlegung des Rechts der unternehmenszusammenfassungen, 1926), 「企業合同法」(Das Recht der Unternehmenszusammenfassungen, 1937), 「株式制度와 株式會社法」(Vom Aktienwesen und vom Aktienrecht, 1928).

하워드 **Howard, John**(1726~90) 영국의 박애주의자. 1773년에 囚人의 비참한 경지를 보고 감옥개량의 뜻을 품고, 잉글랜드·웨일즈 및 유럽대륙의 감옥을 시찰하고, 행형개량에 대하여 중대한 영향을 주었다. 유명한 「잉글랜드 및 웨일즈에 있어서의 監獄의 狀態」(State of the prisons in England and Wales, 1777)는 그 시찰여행의 기록이다. 그는 당시의 감옥제도가 혼잡하고 무질서한 것을 지적하고, 수인에 대한 개선주의와 주야독거제를 고창하였다. 이탈리아의 베카리아와 함께 근대적 행형사조의 선구자이다. 만년에 질병방지에 헌신하여 러시아의 육군병원을 시찰중 병사하였다.

헤 겔 **Hegel, Georg Wilhelm Friedrich**(1770~1831) 독일관념론의 완성자. 논리학·자연철학·정신철학을 독창적인 변증법적 방법에 의하여 광대한 체계로 만들어 내었다. 「法哲學綱要」(Grundlinien der Philosophie des Rechts, 1821)는 원숙기에 있어서의 대표적 저작으로서, 추상적 법·도덕·인륜(인륜은 다시 가족·시민사회·국가의 3형태로 된다)의 변증법적 구성하에 널리 법철학·윤리학·사회철학·국가철학 등을 포함하고 있다. 보통법이라고 불리는 것은, 그에 의하면 객관적 정신의 卽自的인 抽象態이며 정신은 자유로운 자기를 완성시키기 위하여, 보다 고차의 도덕단계를 거쳐 인륜태로 나아가지 않으면 안된다. 이 人倫態도 사랑의 공동체인 가족으로부터 출발하여, 인륜의 喪失態인 사회에 분열하고, 다시 개별과 보편을 종합함으로써 완전한 자유를 실현하는 국가에 이른다고 하는 변증법적 발전을 걷는다. 정신의 이와 같은 발전과정에서 이성과 현실의 일치를 본 그는 극단의 국가절대주의자로서 비난받지만, 그 충실한 논리와 통찰에 찬 내용은 법·사회 등의 분석에 풍부한 유산을 남기고 있다.

헤 크 **Heck, Philipp von**(1858~1943) 독일법학자로서 이익법학의 대표자. 개념법학에 대하여 공격적 비판적 태도를 취하는 점에서는 자유법론이나 목적법학과 같은 조류이지만, 그는 일층 적극적으로 이익의 개념을 법학에 도입하여, 법과 사회생활의 결합을 시도하였다. 다만 그는 이익법학을 實用法學에 대한 方法論이라 하여, 법철학적인 가치형량을 피하여, 주로 법관을 위한 이론이라고 규정하고 있다. 주요저서는 「法律解釋과 利益法學」(Gesetzesauslegung und Interessenjurisprudenz, 1914), 「概念形成과 利益法學」(Begriffsbildung und Interessenjurisprudenz, 1932), 「利益法學」(Interessenjurisprudenz, 1933).

헬뷔히 **Hellwig, Konrad**(1856~1913) 독일의 민사소송법학자. 기센대학교수, 에를랑겐대학교수를 거쳐, 1902년 베를린대학교수가 되었다. 에를랑겐시대에 「第3者에 대한 給付를 구하는 契約」(Verträge auf Leistung an Dritte, 1899), 「請求權과 訴權」(Anspruch und Klagrecht, 1900), 「旣判力의 本質과 主觀的 限界」(Wesen und subjektive Grenzen der Rechtskraft, 1901)를 저술하여 명성을 올리고, 베를린대학에 옮긴 이후에는, 민사소송법의 체계수립을 의도하여, 「독일民事訴訟法敎科書」(Lehrbuch des deutschen Zivilprozessrechts, 3 Bde., 1902~08), 「독일民事訴訟法體系」(System des deutschen Zivilprozessrechts, 2 Bde., 1912~19, 未完成, Oertmann編)를 저작. 그 밖에 「訴權과 起訴自由」(Klagrecht und Klagmöglichkeit, 1905), 「訴訟行爲와 法律行爲」(Prozesshandlung und Rechtsgeschäft, 1910) 등이 있다. 그 방법론은 반드시 독창적은 아니며, 바하의 입장을 승계한 것이나, 위대한 해석학자이며, 독일민사소송법학의 수립자의 한 사람으로서 큰 공적이 있으며 우리 학

계에도 큰 영향을 미쳤다.

호이슬러 Heusler, Andreas(1834~1921) 스위스의 법학자. 바젤대학교수(1863~1913), 항소원장(1891). 중세게르만법을 연구하여, 로마법과 날카롭게 대조시키면서 근대국가의 민법에 미친 게르만법의 영향을 지적하였다. 민사소송법초안의 작성에도 진력하였다. 주요저서 「게베레」(Gewere, 1872), 「독일私法提要」(Institutionen des deutschen Privatrechts, 2 Bde., 1885~86)).

홀 Hall, William Edward(1835~1894) 영국의 국제법학자. 19세기 후반의 대표적 실정법주의자. 國際法學會(Institut de Droit International)의 멤버로서 활약. 주요저서 「國際法論」(Treatise on International Law, 1880).

홀즈워드 Holdsworth, Sir William Searle (1871~1944) 영국의 법제사학자. 옥스포드대학교수. 그의 주요저서 「英國法制史」(A history of English law, 12 vols., 1903~1938)는 영국법의 역사에 관하여 가장 권위있는 저서이다.

홈 즈 Holmes, Oliver Wendell(1841~1935) 미국의 법관·법학자. 보스톤에서 출생하여, 하바드대학을 졸업하고, 변호사로 되었다. 로웰협회에서 보통법을 강의하고, 1881년에 普通法(The common law)을 출판하여 명성을 올렸다. 다음 해 하바드법과대학교수. 그러나 매사추세츠州 최고재판소판사에 임명되었으므로 바로 교수의 지위를 사임하였다. 1902년 연방최고재판소판사로 되어, 偉大한 反對意見者(the great dissenter)로서 진보적인 해석을 주장하고, 보수적인 연방최고재판소에서 활약하였다. 그는 종래의 전통적 자연법론, 따라서 자연권의 절대성을 부정하고, 입법부에 대하여 관용한 태도를 취하였다. 그리하여 실정법규범을 기술적 체계로 보고, 그것이 특정사회의 힘(裁判所)에 의하여 실현되는가 안되는가에 법의 실정성의 근거를 두고, 그것에 그의 법제사해석에 기하는 시간의 요인을 넣어서, 법예언설을 주창하였다. 주요저서는 「講演集」(Speeches, 1891), 「論文集」(Collected papers, 1920), 「反對意見」(Dissenting opinions, edited by Lief, 1929), 「代表的 意見」(Representative opinions, 1931).

홉 스 Hobbes, Thomas(1588~1679) 영국의 철학자. 그에 의하면, 萬人에 대한 萬人의 鬪爭(bellum omnium contra omnes)이 행하여지는 자연상태로부터 피하기 위하여, 사람들은 사회계약을 체결한다. 이 계약에 의하여 발생한 지배자에 따르는 것은 자기자신에 따르는 것이다. 이와 같이 하여 모든 사람들의 1個의 人格에의 眞正한 結合이 성립한다. 그것이 리바이던(Leviathan)이라고 불리는 절대전능의 국가이다. 그러나 이 주권자에 복종할 의무는 주권자가 사람들을 보호할 수 있는 힘을 가지는 한에서 계속되는 것이라고 하고 있는 점에서, 홉스는 事實上(de facto)의 정부 이외의 지배권력을 인정하지 않는 입장을 취하였다. 주요저서는 「法의 要素」(Element of law, 1640), 臣民法(De cive, 1642), 「리바이던」(Leviathan, 1651).

후 고 Hugo, Gustav(1764~1844) 독일의 법학자. 근대의 법사상에 있어서 자연법론으로부터 역사법학에의 과도기를 매개하는 지위를 차지한다. 18세기말에 벌써 법과 민족생활과의 유기적 관련을 역설하였으며, 역사법학의 선구자로 간주되고 있다. 주요저서 「實定法의 哲學으로서의 自然法」(Naturrecht als Philosophie des positiven Rechts, 1798).

후 버 Huber, Eugen(1849~1923) 스위스의 사법·법사·법철학자. 게르마니스텐에 속하고, 스위스민법의 기초·편찬자로서 유명하다. 게베레와 부부재산제의 연구에 공적이 있다. 주요저서 「스위스私法의 體系와 歷史」(Das System und die Geschichte des schweizerischen Privatrechtes, 1885~93), 「독일物權法에 있어서의 게베레의 意義」(Die Bedeutung der Gewere im deutschen Sachenrecht, 1894).

후베르 Huber, Ulricus(1636~94) 네덜란드의 법학자. 특히 17세기 국제사법의 이른바 네덜란드학파의 대표적 학자로 인정되고 있다. 그 저서 「로마 및 現時의 法律」(Praelectionis iuris romani et hodierni) 중에서는 각국법률의 저촉문제를 논하고 三大公理를 설정하였다. 그 공리는 극히 속지주의적인 것이었으며, 법은 원칙적으로 속지적이며 각국의 통치자는 다른 국가의 법규가 자국군주의 권력 또는 그 인민의 권리를 해하지 않는 한 禮讓으로서 그 효력을 보유하도록 노력하여야 한다고 주장하였다. 이 국제사법학설은 당시 벨기에에서도 인정되어, 후에 영미에 들어와서는 오늘날의 영미 국제사법의 기초를 이루었다.

후 설 Husserl, Edmund(1859~1938) 독일의 철학자. 現象學의 창시자로 하이데거, 사르트르 등의 실존주의에 기본적 지주를 주었음. 주요저서는 「論理硏究」, 「純粹現象學과 現象學哲學의 理念」 등이 있다.

휴 즈 Hughes, Charles Evans(1862~1948) 미국의 법률가·정치가. 뉴욕 주지사·미국 대법원 판사를 거쳐 1916년 대통령선거의 공화당후보였으며, 미국무장관으로 워싱턴회의에서 國際軍縮 실현에 노력하였으며, 그 후 국제사법재판소·미국대법원장을 지냈다.

히 펠 Hippel, Robert von(1866~1951) 독일의 형법·형사소송법학자. 1891년 킬대학사강사, 1892년 슈트라스부르크대학조교수, 1895년 로스토크대학교수, 1899년 이래 괴팅겐대학교수. 그는 고의론에 있어서 의사주의에 입각하여 미필적 고의와 인식있는 과실과의 구별에 관한 인용설과 개연성설에 대하여 명확히 후자를 부정하고 전자에 이론적 밑받침을 준 공적이 크다. 또한 법사학에 있어서의 업적도 위대하며 「독일刑法」 제1권은 이 분야의 명저이다. 주요저서는 「故意와 過失과의 限界」(Die Grenze von Vorsatz und Fahrlässigkeit), 「독일刑法」(Deutsches Strafrecht, Bd. Ⅰ, 1925, Bd. Ⅱ, 1930), 「독일刑事訴訟法」(Der deutsche Strafprozess)이다.

法律學辭典〔第4全訂版〕

1964年 5月 10日 初版發行
1966年 5月 20日 增補版發行
1968年 5月 25日 第二增補版發行
1970年 11月 20日 第三增補版發行
1973年 12月 1日 新版發行
1976年 11月 1日 第一補訂版發行
1980年 6月 20日 第二補訂版發行
1981年 12月 31日 第三補訂版發行
1999年 6月 10日 第 4 全訂版發行
2006年 6月 15日 第 4 全訂版 3刷發行

責任編輯委員 金 曾 漢
發 行 人 裵 孝 善
發 行 處 圖書出版 法 文 社
413-756 京畿道 坡州市 交河邑 文發里 526-3
(坡州出版文化情報産業團地)
登錄 1957년 12월 12일 제2-76호(倫)
電話 (營業)031)955-6500~6 (編輯)031)955-6511
Fax (營業)031)955-6525 (編輯)031)955-6528
e-mail (營業)bms@bobmunsa.co.kr
(編輯)edit66@bobmunsa.co.kr
홈페이지 http: // www.bobmunsa.co.kr
組版 法文社電算室

定價 150,000원 ISBN 89-18-01027-3

이 책의 무단전재 또는 복제행위는 저작권법 제97조에 의거, 5년이하의 징역 또는 5,000만원이하의 벌금에 처하게 됩니다.